LAROUSSE

DICCIONARIO
ESPAÑOL-INGLÉS
ENGLISH-SPANISH
DICTIONARY

LAROUSSE

21 Rue du Montparnasse
75298 París Cedex 06

Dinamarca 81
México 06600, D. F.

Elsley House 24-30
Londres WIP 7AD

Av. Diagonal 407 Bis-10
08008 Barcelona

95 Madison Avenue
Nueva York 10016

Valentín Gómez 3530
1191 Buenos Aires

ISBN 2-03-451338-X (Larousse, París)
ISBN 970-607-993-9 (Ediciones Larousse, México)

SEGUNDA EDICIÓN — 5ª reimpresión

Impreso en México — Printed in Mexico

Colaboradores

Contributors

Editores-redactores/Project Editors

José A. Gálvez
Liam Rodger
Mónica Tamariz

Redactores/Editors

Joaquín Blasco
Serenella Flackett
Lesley Johnston
Eduardo Vallejo

Dirección editorial/Publishing Manager

Patrick White

Corrección de pruebas/Proofreaders

Lynda Carey
Tim Gutteridge
Laurence Larroche

Español de América/Latin American Spanish

Aaron Alboukrek
Débora Farji-Haguet

Marcas Registradas

Trademarks

Índice

Contents

Prefacio

Esta edición completamente renovada del diccionario **Larousse Standard Español-Inglés Inglés-Español** presenta de forma muy accesible una gran cantidad de información actualizada. Está diseñado para responder a las necesidades de los que utilizan el inglés tanto para estudiar como para trabajar, sin olvidarse del inglés utilizado en el habla cotidiana. Con estos objetivos, el diccionario incorpora varias características que serán de gran utilidad para el usuario.

Palabras productivas Las ''palabras productivas'' están formadas por una selección de las 400 palabras más utilizadas en cada uno de los dos idiomas. A ellas hemos dedicado una atención particular. Las palabras productivas son fáciles de identificar, porque la presentación de sus entradas es diferente de las del resto, con el lema metido en un cuadro. Incluyen:

– verbos importantes utilizados en muchas frases y expresiones idiomáticas, como **come**, **go**, **get**; **dar**, **ir**, **tomar**

– nombres que tienen muchas acepciones y aparecen en muchas expresiones idiomáticas, como **head**, **back**, **part**; **cara**, **fin**, **razón**

– palabras gramaticales, como preposiciones (p.ej.; **by**, **to**, **with**; **con**, **de**, **por**)

Estas entradas reciben un tratamiento mucho más detallado de lo que es normal en un diccionario de este tamaño, y contienen numerosos ejemplos.

Expresiones idiomáticas Creemos que un diccionario bilingüe debe reflejar la realidad del lenguaje tal y como es utilizado, por lo que incluimos un gran número de expresiones idiomáticas en inglés y español, y muchos ejemplos del habla familiar. Tanto las expresiones idiomáticas como los proverbios aparecen claramente identificados en el texto con etiquetas. Los términos que son vulgares y que, por lo tanto, pueden ofender a algunas personas, también aparecen claramente marcados.

Lenguaje técnico Este diccionario incluye toda una serie de términos técnicos que un usuario no especializado puede encontrar en sus lecturas o estudios. Las áreas abarcan desde la Anatomía y la Medicina hasta el Cine y el Deporte, con un énfasis especial en términos informáticos, incluyendo terminología relacionada con Internet y el correo electrónico.

Ámbito internacional El inglés y el español son las dos principales lenguas del mundo por el número de usuarios y ámbito geográfico. El diccionario refleja este hecho en la cobertura que damos de ambos lenguajes. En inglés, distinguimos las palabras y expresiones específicas del inglés británico de las del americano. En español distinguimos entre términos utilizados únicamente en España y términos utilizados en uno o más países latinoamericanos. Incluimos etiquetas regionales (p.ej.; *Andes*, *Carib*, *RP*) cuando una palabra se utiliza en una región, y etiquetas para países individuales. Así, para la palabra inglesa **car** damos las traducciones generales **coche** y **automóvil**, la traducción general latinoamericana **carro** (etiquetada *Am*) y la traducción rioplatense **auto** (etiquetada *RP*).

Falsos amigos Hay muchas palabras inglesas y españolas muy parecidas, y a menudo esta similitud lleva a cometer errores. Un hablante español, por ejemplo, puede decir que está **constipated** (= estreñido), creyendo que la palabra significa lo mismo que el español **constipado**. Para avisar claramente de estas palabras que tienen peligro de confusión (o ''falsos amigos'') hemos incluido notas en la mayoría de los casos. Estas notas aparecen en cuadros grises detrás de las entradas correspondientes. Como por ejemplo, en las entradas: **actually/actualmente**; **cynic/cínico**; **disgust/disgustar**; **genial**; **sensible**; **topic/tópico**.

Preface

This is a completely new edition of the **Larousse Standard Spanish-English English-Spanish Dictionary**. It aims to provide the maximum of useful and up-to-date information in the most accessible form possible. It is designed to meet the needs of people who use English at work as well as for study, and it also covers the everyday English encountered in the conversation of native speakers. With these ends in mind, we have incorporated several special features into the dictionary which we believe will make it particularly helpful to the user.

Productive words We have identified about 400 of the most commonly used words from each language as "productive words", and given them particular attention. These words are easy to identify, as their entries are presented differently from the rest, with the headword enclosed in a box. They include:

– important verbs used in many phrases and idioms, such as **come**, **go**, **get**; **dar**, **ir**, **tomar**

– nouns which have many senses and are used in many idioms, such as **head**, **back**, **part**; **cara**, **fin**, **razón**

– grammatical words, such as prepositions (eg **by**, **to**, **with**; **con**, **de**, **por**)

These are given much more detailed treatment than is usual in a dictionary of this size, and we provide a wealth of idiomatic examples of their many uses.

Idiomatic language We believe a dictionary should reflect language as it is actually used, so we include a large number of commonly used English and Spanish idioms and many examples of familiar language. Both idioms and proverbs are clearly marked with special labels in the text. Items which are vulgar and therefore likely to offend some people are also clearly marked.

Specialist language We have included a wide range of specialist terms which the non-specialist user may encounter in general reading or study. The areas covered range from Anatomy and Medicine to Cinema and Sports, but a particular emphasis has been placed on computer-related terms, including Internet and e-mail terminology.

International coverage English and Spanish are the two major world languages in terms of numbers of users and geographical range. We reflect this in our coverage of both languages. In English we mark words and expressions specific to British or American English. In Spanish we similarly distinguish items used only in Spain or specific to one or more Latin American countries. We include both regional labels (eg *Andes*, *Carib* and *RP*) where a word or usage is common throughout a region, and also labels for individual countries.

Thus for the English word **car** we give the general translations **coche** and **automóvil**, the general Latin American translation **carro** (marked *Am*), and the translation **auto** used in Argentina, Uruguay and Paraguay (marked *RP*).

False friends Many English and Spanish words look remarkably similar, but frequently this similarity is misleading and can lead to mistakes. A Spanish speaker may, for example, say they are **constipated**, in the mistaken belief that the word means the same as the Spanish **constipado** (= having a cold). To give clear warning of these potential causes of confusion (or "false friends" as they are often called), we have included notes on the most common cases. These are placed in grey panels after the relevant entry. See, for example, the entries for: **actually/actualmente**; **cynic/cínico**; **disgust/disgustar**; **genial**; **sensible**; **topic/tópico**.

Estructura de las Entradas

Structure of Entries

Indicadores de campo semántico para los términos especializados
Field labels indicate senses belonging to a particular subject area

En los ejemplos sólo aparece la inicial de la palabra de la entrada
Headword abbreviated to first letter in examples

abdomen ['æbdəmən] *n Anat & Zool* abdomen *m*

accelerator [ək'seləreɪtə(r)] *n also Comptr* acelerador *m* ❑ *Comptr* ***a. board*** *or* ***card*** tarjeta *f* aceleradora

Cada categoría gramatical aparece precedida por un número en negrita en un nuevo párrafo
New grammatical category introduced by bold numeral, placed on new line

El género de las traducciones se indica en letra cursiva
Gender of noun translations shown in italic

access ['ækses] **1** *n* (**a**) *(entry, admission)* acceso *m*; **to gain a. to sth** acceder a algo; **to have a. to sth** disponer de algo ❑ ***a. road*** (vía *f* de) acceso *m* (**b**) *(for divorced parent)* derecho *m* de visita *(a los hijos)* (**c**) ***a. code*** código *m* de acceso; *Comptr* ***a. level*** nivel *m* de acceso; ***a. time*** tiempo *m* de acceso

2 *vt* (**a**) *also Comptr (data, information)* acceder a (**b**) *Formal (building)* accedra

Se señalan las acepciones usadas en inglés americano
American English senses indicated

Todas las entradas llevan la transcripción fonética completa
Phonetics shown in full for all headwords

aces ['eɪsəs] *adj US Fam (excellent)* genial

Achilles' heel [ə'kɪli:z'hi:l] *n* talón *m* de Aquiles

Las unidades formadas por más de una palabra aparecen en la entrada correspondiente al primer elemento y ordenadas alfabéticamente después del símbolo ❑
Compounds placed under first element and listed in alphabetical order after the symbol ❑

Se muestran todas las terminaciones femeninas
Feminine inflections shown consistently

acid ['æsɪd] **1** *n* (**a**) *(chemical)* ácido *m* (**b**) *Fam (LSD)* ácido *m*; **to drop a.** tomar *or* meterse ácido (**c**) *Mus* ***a. house*** acid house *m*

2 *adj* (**a**) *(chemical, taste)* ácido(a) ❑ ***a. rain*** lluvia *f* ácida; ***a. rock*** *(music)* rock *m* psicodélico; *Fig* ***a. test*** prueba *f* de fuego (**b**) *(tone, remark)* sarcástico(a)

Los indicadores semánticos van entre paréntesis y en cursiva
Sense indicators shown in italic in brackets

Las formas homógrafas aparecen numeradas
Superscript number marks homographs

alight[1] [ə'laɪt] *adj (burning)* **to be a.** estar ardiendo *or* en llamas; **to set sth a.** prender fuego a algo

alight[2] *vi* (**a**) *Formal (from train, car)* apearse (**at** en) (**b**) *(of bird, glance)* posarse (**on** sobre *or* en)

▸**alight on** *vt insep (fact, solution)* dar con

Los verbos con partícula vienen precedidos por el símbolo ▸
Phrasal verbs introduced by ▸

La traducción funciona también en sentido figurado
This label means that the translation also works in a figurative sense

antidote ['æntɪdəʊt] *n also Fig* antídoto *m* (**to** contra)

arbour, *US* **arbor** ['ɑ:bə(r)] *n* cenador *m*, pérgola *f*

Se da la ortografía americana cuando es diferente de la británica
American spelling variants shown

En las abreviaturas siempre se da la forma completa, así como una traducción
Full form of all abbreviations given, with translation

AUP [eɪju:'pi:] *n Comptr (abbr* **acceptable use policy***)* política *f* aceptable de uso

Ave *(abbr* **Avenue***)* Avda.

Este número remite a las tablas de conjugación de verbos irregulares
Number refers user to verb tables in appendix

Los equivalentes culturales van precedidos del signo ≃
Cultural equivalents introduced by ≃

AA EE (*abrev de* **Asuntos Exteriores**) **Ministerio de AA EE** Ministry of Foreign Affairs, *Br* ≃ Foreign Office, *US* ≃ State Department

abanicar [59] **1** *vt* to fan
2 abanicarse *vpr* to fan oneself; **se abanicó la cara** she fanned her face

Cuando no hay traducción posible, se da una explicación introducida por el signo =
Explanations introduced by = when no translation possible

abatible *adj* **mesa a.** foldaway table; **asientos abatibles** *(en coche)* = seats that tip forwards or fold flat

Se indican claramente las traducciones británicas y americanas
Differences in British and American translations clearly marked

abridor *nm* (**a**) *(abrebotellas)* (bottle) opener (**b**) *(abrelatas) Br* (tin) opener, *US* (can) opener

Los proverbios aparecen claramente señalados
Proverbs clearly marked

abril *nm* April; **tiene 14 abriles** he is 14 (years of age); PROV **en a., aguas mil** March winds, April showers; *ver también* **septiembre**

Se remite al lector a otra entrada en la que se amplía la información
Cross-reference to an entry where more information is given

Las preposiciones más comunes se dan a continuación de la traducción
Typical prepositions indicated after translations

abstenerse [65] *vpr* (**a**) *(guardarse)* to abstain (**de** from); **se abstuvo de mencionar su embarazo** she refrained from mentioning her pregnancy; **nos abstuvimos de beber** we didn't touch a drop (**b**) *(en votación)* to abstain; **me abstuve en las últimas elecciones** I didn't vote in the last election

En caso de ambigüedad, se indica el número de las traducciones
English translations which look plural but are in fact singular are labelled

acatamiento *nm* compliance (**de** with)

acería *nf* steelworks *(singular)*

Los términos y usos del español de América llevan indicadores que especifican si se utilizan en todo el continente o en regiones o países determinados
Latin-American words and uses labelled to indicate whether used generally, regionally or in specific countries

Las expresiones idiomáticas aparecen claramente indicadas, con EXPR en el lado español e IDIOM en el lado inglés
Idioms clearly marked in text, with EXPR for Spanish and IDIOM for English

afiche *nm Am* poster

agosto *nm* (**a**) *(mes)* August; EXPR **hacer el a.** to line one's pockets; *ver también* **septiembre** (**b**) *(cosecha)* harvest (time)

agravar 1 *vt (situación, enfermedad)* to aggravate
2 agravarse *vpr* to get worse, to worsen

Los verbos pronominales aparecen claramente destacados en el texto
Spanish reflexive verbs given special status

ají *nm* (**a**) *Andes, RP (pimiento)* chilli (pepper) (**b**) *Andes, RP (salsa)* = sauce made from oil, vinegar, garlic and chilli (**c**) *Ven* ***a. chirel*** = small, hot chilli pepper

Cada nueva acepción aparece precedida por una letra en negrita y entre paréntesis
New sense category introduced by bold letter in brackets

Indicadores de uso
Clear usage labels

alberca *nf* (**a**) *(depósito)* water tank (**b**) *Méx (piscina)* swimming pool

alígero, -a *adj Literario (rápido)* fleet-footed

Los indicadores de registro señalan el uso coloquial y formal
Level of language labels mark formal and informal usages

antigualla *nf Pey (cosa)* museum piece; *(persona)* old fogey, old fossil

arrejuntarse *vpr muy Fam (pareja)* to shack up together

atribular *Formal* **1** *vt* to distress
2 atribularse *vpr* to be distressed

Símbolos Fonéticos del Inglés

Consonantes

[b]	but [bʌt]
[d]	dab [dæb]
[dʒ]	jam [dʒæm]; gem [dʒem]
[f]	fat [fæt]
[g]	go [gəʊ]
[h]	hat [hæt]
[j]	yet [jet]
[k]	cat [kæt]
[l]	lad [læd]
[m]	mat [mæt]
[n]	no [nəʊ]
[ŋ]	bang [bæŋ]
[p]	pat [pæt]
[r]	rat [ræt]
[(r)]	*(se pronuncia únicamente cuando le sigue directamente un sonido vocálico)* far [fɑ:(r)]
[s]	sat [sæt]
[ʃ]	sham [ʃæm]
[t]	tap [tæp]
[tʃ]	chat [tʃæt]
[θ]	thatch [θætʃ]
[ð]	that [ðæt]
[v]	vat [væt]
[w]	wall [wɔ:l]
[z]	zinc [zɪŋk]
[ʒ]	pleasure ['pleʒə(r)]
[χ]	loch [lɒχ]

Vocales

[æ]	bat [bæt]
[ɑ:]	art [ɑ:t]
[e]	bet [bet]
[ɜ:]	curl [kɜ:l]
[ə]	amend [ə'mend]
[i:]	bee [bi:]
[ɪ]	bit [bɪt]
[ɒ]	wad [wɒd]
[ɔ:]	all [ɔ:l]
[ʊ]	put [pʊt]
[u:]	shoe [ʃu:]
[ʌ]	cut [kʌt]

Diptongos

[aɪ]	life [laɪf]
[aʊ]	house [haʊs]
[eə]	there [ðeə(r)]
[eɪ]	date [deɪt]
[əʊ]	low [ləʊ]
[ɪə]	beer [bɪə(r)]
[ɔɪ]	boil [bɔɪl]
[ʊə]	poor [pʊə(r)]

Spanish Phonetic Symbols

Consonants

[b]	bola ['bola], vaca ['baca]
[β]	abuelo [a'βuelo], novio ['noβjo] - *A very soft 'b' with the lips barely touching*
[tʃ]	chocar [tʃo'kar]
[k]	campo ['kampo], kilo ['kilo], queso ['keso]
[θ]	cereza [θe'reθa] - *Pronounced as* [s] *in Latin American Spanish*
[d]	decir [de'θir]
[ð]	adiós [a'ðjos] - *A very soft 'd'; the tip of the tongue barely touches the back of the teeth*
[f]	feroz [fe'roθ]
[g]	gato ['gato]
[ɣ]	agua ['aɣwa] - *A very soft 'g'; the back of the tongue barely touches the soft palate*
[χ]	ajo ['aχo] - *Like the Scottish 'ch' in loch*
[l]	luna ['luna]
[λ]	lluvia ['λuvia] - *Like the 'll' in million; although considered the correct pronounciation of 'll', it is in practice substituted by the semivowel* [j] *except in some areas of Northern Spain*
[m]	mano ['mano]
[n]	no [no]
[ŋ]	anca ['aŋka]
[ɲ]	año ['aɲo] - *Nasal sound similar to 'ny' in canyon*
[p]	pan [pan]
[r]	cura ['kura]
[rr]	ahorro [a'orro] - *Strong 'r' trilled with the tip of the tongue, similar to Scottish 'r'*
[s]	sopa ['sopa]
[t]	tela ['tela]

Note that the 'h' is not pronounced at all in Spanish (except when forming 'ch', which is pronounced [tʃ]*).*

Vowels

The vowel sounds in Spanish are shorter than even the shortest English vowels but approximate equivalents are given below:

[a]	casa ['kasa]	*first element of* [aɪ] *as in might or* [aʊ] *as in how*
[e]	elefante [ele'fante]	*first element of* [eɪ] *as in pay*
[i]	pila ['pila]	[iː] *as in see, but shorter*
[o]	oso ['oso]	*somewhere between* [ɒ] *as in lot and* [ɔː] *as in caught*
[u]	cuna ['kuna]	[uː] *as in food, but shorter*

Diphthongs

The pronunciation of the Spanish vowel pairs 'ai', 'au', 'ei', 'eu', 'oi', 'ou' presents no difficulties since these are merely combinations of the pure vowels above.

Semivowels

[j]	yo [jo], diente ['djente]
[w]	hueso ['weso]

Abreviaturas

Abbreviations

gloss [introduces an explanation]	=	glosa [introduce una explicación]
cultural equivalent [introduces a translation which has a roughly equivalent status in the target language]	≃	equivalente cultural [introduce una institución, un objeto, etc. equivalente en el idioma de destino]
abbreviation	*abbr, abrev*	abreviatura
adjective	*adj*	adjetivo
adverb	*adv*	adverbio
agriculture	*Agr*	agricultura
Latin American Spanish	*Am*	español de América
anatomy	*Anat*	anatomía
Andean Spanish (Bolivia, Chile, Colombia, Ecuador, Peru)	*Andes*	español andino (Bolivia, Chile, Colombia, Ecuador, Perú)
architecture	*Archit, Arquit*	arquitectura
Argentinian Spanish	*Arg*	español de Argentina
article	*art*	artículo
astronomy	*Astron*	astronomía
Australian and New Zealand English	*Austr*	inglés de Australia y Nueva Zelanda
cars	*Aut*	automóvil
auxiliary	*aux*	auxiliar
aviation	*Av*	aviación
biochemistry	*Biochem, Bioquím*	bioquímica
biology	*Biol*	biología
Bolivian Spanish	*Bol*	español de Bolivia
botany	*Bot*	botánica
British English	*Br*	inglés británico
Caribbean Spanish (Cuba, Puerto Rico, Dominican Republic, Venezuela)	*Carib*	español caribeño (Cuba, Puerto Rico, República Dominicana, Venezuela)
Central American Spanish	*CAm*	español centroamericano
Canadian English	*Can*	inglés de Canadá
chemistry	*Chem*	química
Chilean Spanish	*Chile*	español de Chile
cinema	*Cin*	cine
Colombian Spanish	*Col*	español de Colombia
commerce	*Com*	comercio
computing	*Comptr*	informática
conjunction	*conj*	conjunción
building industry	*Constr*	construcción
Costa Rican Spanish	*CRica*	español de Costa Rica
Cuban Spanish	*Cuba*	español de Cuba
cooking	*Culin*	cocina
sport	*Dep*	deporte
law	*Der*	derecho
economics	*Econ*	economía

Ecuadorian Spanish	*Ecuad*	español de Ecuador
education	*Educ*	educación
electronics	*Elec*	electrónica
Peninsular Spanish	*Esp*	español de España
specialist use	*Espec*	usado en contextos especializados
euphemism	*Euph, Euf*	eufemismo
exclamation	*exclam*	interjección
feminine	*f*	femenino
familiar	*Fam*	familiar, coloquial
pharmacy	*Farm*	farmacia
railways	*Ferroc*	ferrocarril
figurative	*Fig*	figurado
finance	*Fin*	finanzas
physics	*Fís*	física
physiology	*Fisiol*	fisiología
photography	*Fot*	fotografía
geography	*Geog*	geografía
geology	*Geol*	geología
geometry	*Geom*	geometría
grammar	*Gram*	gramática
Guatemalan Spanish	*Guat*	español de Guatemala
history	*Hist*	historia
Honduran Spanish	*Hond*	español de Honduras
humorous	*Hum*	humorístico
industry	*Ind*	industria
computing	*Informát*	informática
exclamation	*interj*	interjección
invariable [noun whose plural form is the same as the singular]	*inv*	invariable [nombre cuya forma plural es igual a la forma singular]
journalism	*Journ*	periodismo, prensa
linguistics	*Ling*	lingüística
literature	*Lit*	literatura
adjectival phrase	*loc adj*	locución adjetival
adverbial phrase	*loc adv*	locución adverbial
conjunction phrase	*loc conj*	locución conjuntiva
prepositional phrase	*loc prep*	locución preposicional
verbal phrase	*loc verbal*	lucución verba
masculine	*m*	masculino
mathematics	*Math, Mat*	matemáticas
medicine	*Med*	medicina
weather	*Met, Meteo*	meteorología
Mexican Spanish	*Méx*	español de México
masculine and feminine noun [same form for both genders]	*mf*	nombre masculino y femenino [formas idénticas]
masculine and feminine noun [different form in the feminine]	*m,f*	nombre masculino y femenino [formas diferentes]
military	*Mil*	militar
mining	*Min*	minería
mythology	*Mitol*	mitología

noun which can have either gender	*m or f*	nombre de género ambiguo
music	*Mus, Mús*	música
noun	*n*	nombre
ships	*Naut, Náut*	náutica
feminine noun	*nf*	nombre femenino
feminine plural noun	*nfpl*	nombre femenino plural
Nicaraguan Spanish	*Nic*	español de Nicaragua
masculine noun	*nm*	nombre masculino
masculine and feminine noun [same form for both genders]	*nmf*	nombre masculino y femenino [formas idénticas]
masculine and feminine noun [different form in the feminine]	*nm,f*	nombre masculino y femenino [formas diferentes]
plural noun	*npl*	nombre plural
noun which can have either gender	*nm o nf*	nombre de género ambiguo
masculine plural noun	*nmpl*	nombre masculino plural
number	*núm*	número
Paraguayan Spanish	*Par*	español de Paraguay
parliament	*Parl*	parlamento
pejorative	*Pej, Pey*	peyorativo
pharmacy	*Pharm*	farmacia
philosophy	*Phil*	filosofía
photography	*Phot*	fotografía
physics	*Phys*	física
physiology	*Physiol*	fisiología
plural	*pl*	plural
politics	*Pol*	política
past participle	*pp*	participio pasado
prefix	*pref*	prefijo
preposition	*prep*	preposición
Puerto Rican Spanish	*PRico*	español de Puerto Rico
pronoun	*pron*	pronombre
proverb	*Prov*	proverbio
psychology	*Psy, Psi*	psicología
past tense	*pt*	pretérito
chemistry	*Quím*	química
registered trademark	®	marca registrada
radio	*Rad*	radio
railways	*Rail*	ferrocarril
Dominican Spanish	*RDom*	español de la República Dominicana
religion	*Rel*	religión
Spanish from Argentina, Uruguay, Paraguay	*RP*	español de los países ribereños del Río de la Plata
Salvadoran Spanish	*Salv*	español de El Salvador
somebody	*sb*	alguien
school	*Sch*	escuela
Scottish English	*Scot*	inglés de Escocia
specialist use	*Spec*	usado en contextos especializados
something	*sth*	algo
suffix	*suf*	sufijo

bullfighting	*Taurom*	tauromaquia
technology	*Tech, Tec*	tecnología
telecommunications	*Tel*	telecomunicaciones
textiles	*Tex*	textil
theatre	*Th*	teatro
television	*TV*	televisión
printing	*Typ*	imprenta
university	*Univ*	universidad
Uruguayan Spanish	*Urug*	español de Uruguay
American English	*US*	inglés norteamericano
verb	*v*	verbo
auxiliary verb	*v aux*	verbo auxiliar
Venezuelan Spanish	*Ven*	español de Venezuela
intransitive verb	*vi*	verbo intransitivo
impersonal verb	*v impersonal*	verbo impersonal
reflexive verb	*vpr*	verbo pronominal
transitive verb	*vt*	verbo transitivo
inseparable transitive verb [phrasal verb where the verb and the adverb or preposition cannot be separated, e.g. **look after** (cuidar); she **looked after** the children (cuidó a los niños)]	*vt insep*	verbo transitivo inseparable [verbo con preposición, entre cuyos elementos no se puede intercalar un objeto, p.ej.: **look after** (cuidar); she **looked after** the children (cuidó a los niños)]
separable transitive verb [phrasal verb where the verb and the adverb or preposition can be separated, e.g. **send back** (devolver); he **sent back** the present or he **sent** the present **back** (devolvió el regalo)]	*vt sep*	verbo transitivo separable [verbo con preposición, entre cuyos elementos se puede intercalar un objeto, p.ej.: **send back** (devolver); he **sent back** the present o he **sent** the present **back** (devolvió el regalo)]
vulgar	*Vulg*	vulgar
zoology	*Zool*	zoología

Español-Inglés

Spanish-English

A

A (*pl* **Aes**), **a** (*pl* **aes**) [a] *nf (letra)* A, a

A

> **a** combines with the article **el** to form the contraction **al** (e.g. **al centro** to the centre).

prep (**a**) *(indica dirección)* to; **voy a Sevilla** I'm going to Seville; **me voy al extranjero** I'm going abroad; **gira a la derecha/izquierda** turn right/left; **¡vete a casa!** go home!; **llegó a Barcelona/a la fiesta** he arrived in Barcelona/at the party; **se cayó al pozo** he fell into the well

(**b**) *(indica posición)* **está a la derecha/izquierda** it's on the right/left; **nos veremos a la salida del trabajo** we'll meet outside after work; **se encuentra al sur de la ciudad** it's to the south of the city; **vivimos al sur del país** we live in the south of the country; **a orillas del mar** by the sea; **escribe al margen** write in the margin; **sentarse a la mesa** to sit down at the table; **se puso a mi lado** she stood by my side

(**c**) *(indica distancia, tiempo)* **está a más de cien kilómetros** it's more than a hundred kilometres away; **está a cinco minutos de aquí** it's five minutes (away) from here; **está a tres días de viaje** it's a three-day journey away

(**d**) *(después de)* **a las pocas semanas** a few weeks later; **al mes de casados** a month after they were married; **a los quince minutos de juego** fifteen minutes into the game

(**e**) *(hasta)* to; **de Segovia a Madrid** from Segovia to Madrid; **abierto de lunes a viernes** open from Monday to Friday; **de aquí al día de la boda pueden pasar muchas cosas** a lot can happen between now and the wedding day

(**f**) *(momento preciso)* at; **a las siete** at seven o'clock; **a los 11 años** at the age of 11; **al caer la noche** at nightfall; **a la hora de la cena** at dinnertime; **al día siguiente** the following day; **a mediados de año** halfway through the year; **¿a cuánto estamos? — a 15 de febrero** what is the date today? – (it's) 15 February; **al oír la noticia se desmayó** on hearing the news, she fainted; **al oirla la reconocí** when I heard her voice, I recognized her; **me di cuenta al volver** I realized when I returned; **iremos al cine a la salida del trabajo** we're going to the cinema after work

(**g**) *(indica frecuencia)* per, every; **40 horas a la semana** 40 hours per *o* a week; **tres veces al día** three times a day

(**h**) *(con complemento indirecto)* to; **dáselo a Juan** give it to Juan; **dile a Juan que venga** tell Juan to come; **les enseño informática a mis compañeros** I'm teaching my colleagues how to use computers; **se lo compré a un vendedor ambulante** I bought it from a hawker

(**i**) *(con complemento directo)* **busco a mi hermano** I'm looking for my brother; **quiere a sus hijos/a su gato** she loves her children/her cat; **me tratan como a un hijo** they treat me as if I was their son; **estudio a Neruda** I'm studying Neruda

(**j**) *(cantidad, medida, precio)* **a cientos/miles/docenas** by the hundred/thousand/dozen; **a... kilómetros por hora** at... kilometres per hour; **¿a cuánto están las peras?** how much are the pears?; **tiene las peras a cien pesetas** she's selling pears for *o* at a hundred pesetas; **tocamos a cinco por cabeza** we should get five each; **ganaron por tres a cero** they won three zero

(**k**) *(indica modo)* **lo hace a la antigua** he does it the old way; **a lo bestia** rudely; **al compás (de la música)** in time (with the music); **pagar al contado** to pay cash; **una camisa a cuadros/a lunares** a check/polka-dot shirt; **comieron a discreción** they ate as much as they wanted; **a escondidas** secretly; **a lo grande** in style; **ir a pie/a caballo** to walk/ride, to go on foot/on horseback; **a lo Mozart** after Mozart; **a oscuras** in the dark; **poner algo a remojo** to leave sth to soak; **cortar algo a rodajas** to cut sth in slices, to slice sth; **un folleto a todo color** a full-colour brochure; **a trompicones** in fits and starts; **merluza a la vasca/gallega** Basque-style/Galician-style hake; **pollo al ajillo** = chicken fried with garlic

(**l**) *(instrumento)* **escribir a máquina** to type; **a lápiz** in pencil; **a mano** by hand; **afeitarse a navaja** to shave wet, to shave with a razor; **pasar un documento a ordenador** to type a document (up) on the computer; **avión a reacción** jet (plane); **olla a presión** pressure cooker

(**m**) *(indica finalidad)* to; **aprender a nadar** to learn to swim; **a beneficio de los más necesitados** for the benefit of those most in need; *Fam* **¿a qué tanto ruido?** what's all this noise about?

(**n**) *(complemento de nombre)* **sueldo a convenir** salary to be agreed; **temas a tratar** matters to be discussed

(**o**) *(indica condición)* **a no ser por mí, hubieses fracasado** had it not been *o* if it hadn't been for me, you would have failed; **a decir verdad, no valió la pena** to tell the truth, it wasn't worth it; **a juzgar por lo visto...** judging from what I can see...; **a la luz de la información disponible** in the light of the available information

(**p**) *(en oraciones imperativas)* **¡a la cama!** go to bed!; **¡a callar todo el mundo!** quiet, everyone!; **¡a bailar!** let's dance!; **¡a trabajar!** let's get to work!

(**q**) *(en comparación)* **prefiero el té al café** I prefer tea to coffee; **prefiero pasear a ver la tele** I prefer going for walks to watching the telly

(**r**) *(indica contacto, exposición)* **ir con el pecho al aire** to go barechested; **se disuelve al contacto con el agua** it dissolves on (coming into) contact with water; **al influjo de** under the influence of; **al calor del fuego** by the fire; **a la sombra de un árbol** in the shade of a tree; **estar expuesto al sol** to be in the sun

(**s**) *(en busca de)* **ir a por pan** to go for bread; **voy a por el periódico** I'm going to go for *o* get the paper

(**t**) *(en cuanto a)* EXPR **a bruto no le gana nadie** he's as stupid as they come

(**u**) *(indica desafío)* **¿a que te caes?** be careful or you'll fall over; **¿a que no adivinas quién ha venido?** I bet you can't guess who has come, guess who has come; **¿a que no lo haces? — ¿a que sí?** I bet you can't do it! – bet I can!; **¿a que se han marchado sin esperarme?** don't tell me, they've left without waiting for me; **¿a que te llevas una bofetada?** do you want to get smacked?

AA *nmpl (abrev de* **Alcohólicos Anónimos**) AA

AA EE (*abrev de* **Asuntos Exteriores**) **Ministerio de AA EE** Ministry of Foreign Affairs, *Br* ≃ Foreign Office, *US* ≃ State Department

Aaiún *n* **(el) A.** Laayoune

ABA *nmpl* (*abrev de* **Agentes de Bolsa Asociados**) = Spanish association of stockbrokers

ababol *nm (amapola)* poppy

abacería *nf* grocery store

abacial *adj* **iglesia a.** abbey (church)

ábaco *nm (para contar)* abacus

abad *nm* abbot

abadejo *nm* cod

abadesa *nf* abbess

abadía *nf* abbey

abajeño, -a, abajero, -a *Am* **1** *adj* lowland; **la población abajeña** the lowland population, lowlanders
 2 *nm,f* lowlander

ABAJO **1** *adv* (**a**) *(posición) (en general)* below; *(en edificio)* downstairs; **boca a.** face down; **de a.** bottom; **el estante de a.** the bottom shelf; **si no quieres subir hasta la cumbre, espérame a.** if you don't want to climb to the top, wait for me at the bottom; **tengo el coche a. en la calle** my car is parked down in the street; **vive (en el piso de) a.** she lives downstairs; **está aquí/allí a.** it's down here/there; **a. del todo** right at the bottom; **más a.** further down; **la parte de a.** the bottom; **Italia va dos puntos a.** Italy are two points down, Italy are losing by two points; **echar** *o* **tirar a.** *(pared)* to knock down; **venirse a.** *(proyecto, edificio)* to fall down, to collapse; *(persona)* to go to pieces; *Am* **a. de** below, under
 (**b**) *(dirección)* down; **ve a.** *(en edificio)* go downstairs; **hacia** *o* **para a.** down, downwards; **tirar hacia a.** to pull down; **calle/escaleras a.** down the street/the stairs; **cuesta a.** downhill; **tres portales más a.** three doors further along; **río a.** downstream
 (**c**) *(en una escala)* **niños de diez años para a.** children aged ten or under; **de tenientes para a.** everyone of the rank of lieutenant and below; **a. de** less than
 (**d**) *(en un texto)* below; **la dirección se encuentra más a.** the address is given below; **el a. citado...** the undermentioned...; **el a. firmante** the undersigned
 2 *interj* **¡a...!** down with...!; **¡a. la dictadura!** down with the dictatorship!

abalanzar [14] **1** *vt* (**a**) *(lanzar)* to fling, to hurl (**b**) *Am (caballo)* to rear
 2 abalanzarse *vpr* (**a**) *(lanzarse)* to rush, to hurl oneself; **a. hacia** to rush towards; **el policía se abalanzó sobre el atracador** the policeman pounced on the robber; **los niños se abalanzaron sobre la comida** the children fell upon the food (**b**) *(precipitarse)* to rush in; **no te abalances, piensa antes de actuar** don't just rush in, think before doing anything (**c**) *RP (caballo)* to rear

abalear *vt Andes, CAm, Ven (tirotear)* to shoot

abalorio *nm* (**a**) *(cuenta)* glass bead (**b**) *(bisutería)* trinket

abancalar *vt* to terrace

abanderado, -a *nm,f* (**a**) *(quien lleva la bandera)* standard-bearer (**b**) *(defensor, portavoz)* champion

abanderamiento *nm Náut* registration

abanderar *vt* (**a**) *Náut* to register (**b**) *(defender)* to champion

abandonado, -a *adj* (**a**) *(desierto)* deserted; **una casa abandonada** *(desocupada)* a deserted house; *(en mal estado)* a derelict house; **viven en un cobertizo a.** they live in a disused shed (**b**) *(desamparado)* abandoned (**c**) *(descuidado) (persona)* unkempt; *(jardín, casa)* neglected; **tiene la tesis muy abandonada** he has hardly done any work on his thesis (recently) (**d**) *Perú (depravado)* depraved

ABANDONAR **1** *vt* (**a**) *(lugar)* to leave; *(barco, vehículo)* to abandon; **abandonó la sala tras el discurso** she left the hall after the speech; **abandonó su pueblo para trabajar en la ciudad** she left her home town for a job in the city; **a. el barco** to abandon ship; **¡abandonen el barco!** abandon ship!; **a. algo a su suerte** *o* **destino** to abandon sth to its fate; **los cascos azules abandonarán pronto la región** the UN peacekeeping troops will soon be pulling out of the region
 (**b**) *(persona)* to leave; *(hijo, animal)* to abandon; **abandonó a su hijo** she abandoned her son; **a. a alguien a su suerte** *o* **destino** to abandon sb to their fate; **¡nunca te abandonaré!** I'll never leave you!
 (**c**) *(estudios)* to give up; *(proyecto)* to abandon; **abandonó la carrera en el tercer año** she dropped out of university in her third year, she gave up her studies in her third year; **han amenazado con a. las negociaciones** they have threatened to walk out of the negotiations; **han amenazado con a. la liga** they have threatened to pull out of the league; **a. la lucha** to give up the fight
 (**d**) *(sujeto: suerte, buen humor)* to desert; **le abandonaron las fuerzas y tuvo que retirarse** his strength gave out and he had to drop out; **nunca le abandona su buen humor** she never loses her good humour
 2 *vi* (**a**) *(en carrera, competición)* to pull out, to withdraw; *(en ajedrez)* to resign; *(en boxeo)* to throw in the towel; **abandonó en el primer asalto** his corner threw in the towel in the first round
 (**b**) *(rendirse)* to give up; **no abandones ahora que estás casi al final** don't give up now you've almost reached the end
 3 abandonarse *vpr* (**a**) *(de aspecto)* to neglect oneself, to let oneself go
 (**b**) **abandonarse a** *(desesperación, dolor)* to succumb to; *(placer, sentidos)* to abandon oneself to; *(vicio)* to give oneself over to; **se abandona con facilidad a la desesperación** she is quick to despair

abandono *nm* (**a**) *(descuido) (de aspecto, jardín)* state of abandon; *(de estudios, obligaciones)* neglect; **la iglesia se encontraba en estado de a.** the church was derelict (**b**) *(de lugar, profesión, cónyuge)* leaving; *(de hijo, proyecto)* abandonment ▫ *Der* ***a. de hogar*** desertion *(of family, spouse)* (**c**) *(entrega)* abandon, abandonment; **se entregó con a. a su amante** she gave herself with abandon to her lover (**d**) *(de competición, carrera)* withdrawal; **el a. se produjo en el kilómetro 10** he pulled out after 10 kilometres; **ganar por a.** to win by default

abanicar [59] **1** *vt* to fan
 2 abanicarse *vpr* to fan oneself; **se abanicó la cara** she fanned her face

abanicazo *nm* **me dio un a. en la cabeza** she hit me on the head with her fan

abanico *nm* (**a**) *(para abanicarse)* fan; **hizo un a. con los naipes** he fanned out the cards (**b**) *(gama)* range; **tenemos un amplio a. de modelos** we have a wide range of models (**c**) *Geol* ***a. aluvial*** alluvial fan

abanique *etc ver* **abanicar**

abaniqueo *nm (con abanico)* fanning

abarajar *vt Am Fam (agarrar)* to catch in flight

abaratamiento *nm* reduction *o* fall in price; **el a. de los precios** the reduction *o* fall in prices

abaratar **1** *vt (precio, coste)* to bring down, to reduce; *(artículo)* to reduce the price of
 2 abaratarse *vpr (precio, coste)* to fall; *(artículo)* to go down in price, to become cheaper

abarca *nf* = type of sandal worn by country people

abarcar [59] *vt* (**a**) *(incluir)* to cover; **nuestra hacienda abarca un tercio de la comarca** our estate covers a third of the district; **este artículo intenta a. demasiado** this article tries to cover too much; **el libro abarca cinco siglos de historia de Latinoamérica** the book covers *o* spans five centuries of Latin American history; PROV **quien mucho abarca poco aprieta** don't bite off more than you can chew
 (**b**) *(ver)* to be able to see, to have a view of; **desde la torre se abarca todo el valle** you can see the whole valley from the tower; **hasta donde abarca la vista** as far as the eye can see

abarque *etc ver* **abarcar**

abarquillar **1** *vt (madera)* to warp
 2 abarquillarse *vpr (madera)* to warp

abarrajar *Perú* **1** *vt (tirar)* to hurl, to throw
 2 abarrajarse *vpr* (**a**) *(tropezarse)* to trip, to stumble (**b**) *(depravarse)* to become corrupt

abarrajo *nm Perú* fall, stumble

abarrotado, -a *adj* (**a**) *(lleno) (teatro, autobús)* packed (**de** with); *(desván, baúl)* crammed (**de** with) (**b**) *Ven* **estar a. de trabajo** to have a lot of work

abarrotamiento *nm* crush; **¡qué a.!** what a crush!

abarrotar *vt* (**a**) *(teatro, autobús)* to pack (**de** *o* **con** with); *(desván, baúl)* to cram full (**de** *o* **con** of); **los curiosos abarrotaban la estancia** the room was packed with onlookers (**b**) *CAm, Méx Com* to monopolize, to buy up

abarrotería *nf CAm* grocer's (store)

abarrotero, -a *nm,f Am* grocer

abarrotes *nmpl Am* groceries; **tienda de a.** grocer's shop, *US* dry goods store

abastecedor, -ora *nm,f* supplier

abastecer [46] **1** *vt* to supply (**de** with); **a. de agua a la ciudad** to supply the city with water; **esa región nos abastece de materias primas** that region supplies *o* provides us with raw materials

2 abastecerse *vpr* to stock up (**de** on); **tienen problemas para abastecerse de combustible** they have problems in obtaining fuel; **se abastecen de agua en el pozo de la plaza** they get their water from the well in the square

abastecido, -a *adj* supplied, stocked (**de** with); **una tienda bien abastecida** a well-stocked store

abastecimiento *nm* supplying; **se ha interrumpido el a.** they've cut off the supply ❑ ***a. de aguas*** water supply

abastezco *etc ver* **abastecer**

abasto *nm* (**a**) *(provisión, suministro)* supply; **lo compramos en el mercado de abastos** we bought it in the food market (**b**) EXPR **no dar a.** to be unable to cope; **no da a. con tanto trabajo** she can't cope with so much work

abatatar *RP Fam* **1** *vt (turbar, confundir)* to frighten, to scare

2 abatatarse *vpr (acobardarse, avergonzarse)* to become embarrassed

abate *nm* abbé *(title given to French or Italian priest)*

abatible *adj* **mesa a.** foldaway table; **asientos abatibles** *(en coche)* = seats that tip forwards or fold flat

abatido, -a *adj* dejected, downhearted; **"no me quiere", respondió a.** "she doesn't love me," he said dejectedly *o* downheartedly

abatimiento *nm (desánimo)* low spirits, dejection; **el a. se instaló en las almas de los soldados** an air of despondency set in amongst the soldiers; **con a.** dejectedly, downheartedly

abatir 1 *vt* (**a**) *(derribar) (muro)* to knock down; *(avión)* to shoot down (**b**) *(desanimar)* to depress, to dishearten

2 abatirse *vpr* (**a**) *(caer)* **abatirse sobre algo/alguien** to pounce on sth/sb; **la desesperación se abatió sobre ellos** they were overcome by a feeling of despair (**b**) *(desanimarse)* to become dejected *o* disheartened; **no te dejes a. por tan poca cosa** don't let yourself be upset by something so trivial

abdicación *nf (de monarca)* abdication

abdicar [59] **1** *vt (trono, corona)* to abdicate; **a. el trono (en alguien)** to abdicate the throne (in favour of sb)

2 *vi* **a. de** *(principios, ideales)* to renounce; **abdicó de su derecho a apelar** she gave up her right to appeal

abdomen *nm (de persona, insecto)* abdomen

abdominal *adj* abdominal; **dolores abdominales** abdominal pains

abdominales *nmpl* (**a**) *(ejercicios)* sit-ups (**b**) *(músculos)* stomach muscles

abducción *nf* abduction

abductor *nm Anat* abductor

abecé *nm también Fig* ABC; **no sabe ni el a. de lingüística** he doesn't know the first thing about linguistics

abecedario *nm* (**a**) *(alfabeto)* alphabet; **ya se sabe el a.** she already knows the *o* her alphabet (**b**) *(libro)* spelling book

abedul *nm* birch (tree)

abeja *nf* bee ❑ ***a. obrera*** worker bee; ***a. reina*** queen bee

abejaruco *nm* bee-eater

abejorro *nm* bumblebee

aberración *nf* (**a**) *(desviación de la norma)* **me parece una a.** I find it ridiculous; **echó gaseosa al champán, ¡qué a.!** he put lemonade in the champagne? that's sacrilege! ❑ ***a. sexual*** sexual perversion (**b**) *Fot & Fís* aberration

aberrante *adj* (**a**) *(absurdo)* ridiculous, idiotic (**b**) *(perverso)* perverse (**c**) *(anormal)* abnormal, aberrant

abertura *nf* (**a**) *(agujero)* opening; *(ranura)* crack (**b**) *Fot* aperture ❑ ***a. del diafragma*** aperture

abertzale [aβer'tʃale] *adj & nmf Pol* = radical Basque nationalist

abeto *nm* fir ❑ ***a. blanco*** silver fir; ***a. rojo*** Christmas tree, common spruce

abey *nm* jacaranda

abicharse *vpr Chile, RP (fruta)* to become worm-eaten

Abidjan *n ver* **Abiyán**

abiertamente *adv (claramente)* clearly; *(en público)* openly

---

ABIERTO, -A 1 *participio ver* **abrir**

2 *adj* (**a**) *(puerta, boca, tienda, herida)* open; **dejar el grifo a.** to leave the tap on *o* running; **llevas abierta la camisa** your shirt is undone; EXPR **a. de par en par** wide open; **a. hasta tarde** open late; **a. al público** open to the public; **bien** *o* **muy a.** wide open

(**b**) *(claro)* open; **mostró su abierta oposición al proyecto** he was openly opposed to the project

(**c**) *Ling (vocal)* open

(**d**) *(liberal)* open-minded; **tiene una mentalidad muy abierta** she's very open-minded; **estar a. a cualquier sugerencia** to be open to suggestions

(**e**) *TV* **un programa en a.** = on pay TV, a programme which is not scrambled so that non-subscribers may also watch it

3 *nm* (**a**) *Dep* Open (tournament) ❑ ***el a. británico/USA*** the British/US Open

(**b**) *Col (terreno)* cleared land

---

abigarrado, -a *adj* (**a**) *(mezclado)* **la habitación está abigarrada** the room is a real jumble of different things (**b**) *(multicolor)* multi-coloured

ab intestato, abintestato *adv Der (sin testamento)* intestate

abisal *adj* **fosa a.** ocean trough; **pez a.** abyssal fish

Abisinia *n Antes* Abyssinia

abisinio, -a *adj & nm,f Antes* Abyssinian

abismal *adj* (**a**) *(diferencia, distancia)* vast, colossal; **una caída a. de los precios** a huge *o* massive drop in prices (**b**) *(del abismo)* abyssal; **las profundidades abismales** the depths of the ocean

abismar 1 *vt Formal* **a. a alguien en la desesperación** to plunge sb into despair

2 abismarse *vpr* (**a**) **abismarse en** *(lectura)* to become engrossed in (**b**) *Andes, Arg (sorprenderse)* to be amazed (**c**) *Carib (arruinarse)* to be ruined

abismo *nm* (**a**) *(profundidad)* abyss; *Fig* **estar al borde del a.** to be on the brink of ruin *o* disaster (**b**) *(diferencia)* gulf; **entre su sueldo y el mío hay un a.** there's a huge difference between our salaries

Abiyán, Abidjan *n* Abidjan

abjuración *nf Formal* abjuration, renunciation

abjurar *Formal* **1** *vt (fe, creencias)* to abjure, to renounce

2 *vi* **a. de** *(fe, creencias)* to abjure, to renounce

ablación *nf Med (de tejido, órgano)* excision, surgical removal ❑ ***a. del clítoris*** female circumcision

ablandamiento *nm también Fig* softening

ablandar 1 *vt (objeto, material)* to soften; *Fig* **sus ruegos no lo ablandaron** her pleas did not soften him

2 ablandarse *vpr (objeto, material)* to soften, to become softer; *(actitud, rigor)* to soften; **su padre se ablandó cuando la vio llorar** her father relented when he saw her crying

ablande *nm RP Aut* **en a.** running in

ablativo *nm Gram* ablative

ablución *nf Rel & Hum* **hizo sus abluciones** he performed his ablutions

ablusado, -a *adj (vestido, camisa)* loose, baggy

abnegación *nf* abnegation, self-denial; **trabajó toda su vida con a.** she worked selflessly all her life

abnegado, -a *adj* selfless, unselfish

abnegarse [43] *vpr* to deny oneself

abobadamente *adv Fam* blankly, bewilderedly

abobado, -a *adj Fam* (**a**) *(estupefacto)* blank, uncomprehending; **se quedó a. al enterarse** he was astounded *o* speechless when he found out (**b**) *(estúpido)* stupid

abocado, -a *adj* (**a**) *(destinado)* destined (**a** to); **este proyecto está a. al fracaso** this project is heading for failure (**b**) *(vino)* = blended from sweet and dry wines

abocar [59] **1** *vi* **a. en un fracaso** to end in failure

2 abocarse *vpr Chile, RP (comprometerse)* to dedicate oneself

abochornado, -a *adj* embarrassed

abochornar 1 *vt* (**a**) *(avergonzar)* to embarrass (**b**) *(acalorar)* **¡este calor abochorna a cualquiera!** this heat is stifling!

2 abochornarse *vpr* (**a**) *(avergonzarse)* to get embarrassed (**b**) *(acalorarse)* to swelter

abofetear *vt* to slap *(on the face)*; **el**

viento le abofeteaba en la cara the wind buffeted him in the face

abogacía *nf* legal profession; **ejercer la a.** to practice law; **estudiar a.** to study law

abogado, -a *nm,f* (**a**) *Der* lawyer ▫ ***a. defensor*** counsel for the defence; ***a. del Estado*** public prosecutor; ***a. laboralista*** labour lawyer; ***a. de oficio*** legal aid lawyer (**b**) *(intercesor)* intermediary; *(defensor)* advocate; **siempre ha sido un a. de los pobres** he has always stood up for the poor ▫ ***a. del diablo*** devil's advocate; **hacer de a. del diablo** to play devil's advocate

abogar [38] *vi* (**a**) *Der* **a. por alguien** to represent sb (**b**) *(defender)* **a. por algo** to advocate *o* champion sth; **a. por alguien** to stand up for sb, to defend sb

abolengo *nm* lineage; **de (rancio) a.** of noble lineage

abolición *nf* abolition

abolicionismo *nm Hist* abolitionism

abolicionista *adj & nmf Hist* abolitionist

abolir [73] *vt* to abolish

abollado, -a *adj* dented

abolladura *nf* dent; **el automóvil estaba lleno de abolladuras** the car was dented all over

abollar 1 *vt* to dent

2 abollarse *vpr* to get dented

abombado, -a 1 *n Col, RP Fam* idiot

2 *adj* (**a**) *(hacia fuera)* buckled; **la lata está un poco abombada** the tin has buckled slightly outwards; **una pared abombada** a wall bulging outwards (**b**) *Am (comida)* bad, off (**c**) *RP Fam (aturdido)* dazed

abombar 1 *vt* to buckle (outwards)

2 abombarse *vpr* (**a**) *(pared)* to buckle (outwards) (**b**) *Am (estropearse)* to spoil, to go off (**c**) *RP Fam (aturdirse)* to be dazed

abominable *adj* abominable ▫ ***el a. hombre de las nieves*** the abominable snowman

abominación *nf* abomination

abominar 1 *vt (detestar)* to abhor, to abominate

2 *vi* **a. de** *(condenar)* to condemn, to criticize

abonable *adj Fin (pagadero)* payable

abonado, -a *nm,f* (**a**) *(a teléfono, revista)* subscriber (**b**) *(al fútbol, teatro)* season-ticket holder

abonar 1 *vt* (**a**) *(pagar)* to pay; **a. algo en la cuenta de alguien** to credit sb's account with sth; **¿cómo desea abonarlo?** how would like to pay for that?; **¿desea a. con tarjeta o en efectivo?** would you like to pay by credit card or in cash? (**b**) *(fertilizar)* to fertilize (**c**) *(suscribir)* **a. a alguien a una revista** to get sb a subscription to a magazine (**d**) *(acreditar)* **le abona un brillante pasado** he brings with him an outstanding reputation

2 abonarse *vpr* (**a**) *(a revista)* to subscribe (**a** to) (**b**) *(al fútbol, teatro)* to buy a season ticket (**a** for)

abonero, -a *nm,f Méx* hawker, street trader

abono *nm* (**a**) *(pase)* season ticket; **un a. de diez viajes** a ten-journey ticket ▫ ***a. transporte*** travel pass *(for bus, train and underground)* (**b**) *(fertilizante)* fertilizer ▫ ***a. orgánico*** organic fertilizer; ***a. químico*** artificial *o* chemical fertilizer (**c**) *(pago)* payment; **realizar un a.** to make a payment (**d**) *Com* credit entry (**e**) *Méx (plazo)* instalment; **pagar en abonos** to pay by instalments

aboque *etc ver* **abocar**

abordable *adj (persona)* approachable; *(tema)* that can be tackled; *(tarea)* manageable

abordaje *nm Náut* boarding; **¡al a.!** attack!; **los piratas entraron al a.** the pirates boarded them

abordar *vt* (**a**) *(barco)* to board *(in attack)* (**b**) *(persona)* to approach; **nos abordaron unos maleantes** we were accosted by some undesirables (**c**) *(resolver)* to tackle, to deal with; **no saben cómo a. el problema** they don't know how to deal with *o* tackle the problem (**d**) *(plantear)* to bring up; **el artículo aborda el problema del racismo** the article deals with the issue of racism

aborigen 1 *adj* (**a**) *(indígena)* indigenous, native (**b**) *(de Australia)* Aboriginal

2 *nm* (**a**) *(población indígena)* native; **aborígenes** indigenous population, natives (**b**) *(de Australia)* Aborigine; **aborígenes** Aborigines

aborrascarse [59] *vpr* to become stormy

aborrecer [46] *vt* to abhor, to loathe; **me hizo a. la comida picante** it really put me off spicy food; **aborrece la soledad** she loathes being on her own

aborrecible *adj* abhorrent, loathsome

aborrecimiento *nm* loathing, hatred

aborregado, -a *adj* (**a**) *Fam (adocenado)* **estar a.** to be like sheep (**b**) **cielo a.** mackerel sky

aborregarse [38] *vpr* (**a**) *Fam* to become like sheep (**b**) *(cielo)* to become covered with fleecy clouds

aborrezco *etc ver* **aborrecer**

abortar 1 *vt* (**a**) *(feto)* to abort (**b**) *(misión, aterrizaje)* to abort; *(atentado)* to foil; **abortaron la operación antes de que empezara** they called off the operation before it had started (**c**) *Informát (programa)* to abort

2 *vi (espontáneamente)* to have a miscarriage, to miscarry; *(intencionadamente)* to have an abortion

abortista 1 *adj* pro-abortion

2 *nmf* abortionist

abortivo, -a 1 *adj* abortifacient

2 *nm* abortifacient

aborto *nm* (**a**) *(espontáneo)* miscarriage; *(intencionado)* abortion; **tuvo un a.** she had a miscarriage; **le practicaron un a.** she had an abortion ▫ ***a. clandestino*** backstreet abortion; *Med* ***a. eugénico*** therapeutic abortion (**b**) *(feto)* aborted foetus (**c**) *muy Fam (persona fea)* freak (**d**) *muy Fam (idiota)* moron

abotagado, -a, abotargado, -a *adj* (**a**) *(hinchado)* swollen; *(cara)* puffy (**b**) *(atontado)* **tengo la mente abotargada** my mind has gone fuzzy

abotagarse, abotargarse [38] *vpr* (**a**) *(hincharse)* to swell (up) (**b**) *(atontarse)* to become dull

abotinado, -a *adj* **zapato a.** boot

abotonar 1 *vt* to button up

2 abotonarse *vpr* to do one's buttons up; **abotonarse la camisa** to button one's shirt up; **este vestido se abotona por detrás** this dress buttons up the back

abovedado, -a *adj* vaulted

abovedar *vt* to arch, to vault

ABRA *nf (abrev de* **Asociación de Bancos de la República Argentina**) = Argentinian banking organization

abra *nf*

> Takes the masculine articles **el** and **un**.

(**a**) *(bahía)* bay (**b**) *(valle)* valley (**c**) *(grieta)* fissure (**d**) *Col (de puerta)* leaf; *(de ventana)* pane (**e**) *RP (en bosque)* clearing

abracadabra *nm* abracadabra

abrace *etc ver* **abrazar**

abrasado, -a *adj* burned, scorched

abrasador, -ora *adj* burning; *Fig* **pasión abrasadora** burning passion

abrasar 1 *vt* (**a**) *(quemar) (casa, bosque)* to burn down; *(persona, mano, garganta)* to burn (**b**) *(desecar)* to scorch; **el sol abrasó los campos** the sun parched the fields (**c**) *(consumir)* to consume; **lo abrasaba el deseo** he was consumed by desire

2 *vi (café, sopa)* to be boiling hot; **este sol abrasa** the sun is really hot today

3 abrasarse *vpr (casa, bosque)* to burn down; *(persona)* to burn oneself; **me abrasé los brazos** I burnt my arms; **los campos se abrasaron con el calor** the heat parched the fields

abrasión *nf* (**a**) *(fricción)* abrasion (**b**) *Med (por fricción)* abrasion; *(por agente corrosivo)* burn

abrasivo, -a 1 *adj* abrasive

2 *nm* abrasive

abrazadera *nf* (**a**) *Tec* brace, bracket (**b**) *(en carpintería)* clamp

abrazar [14] **1** *vt* (**a**) *(rodear con los brazos)* to hug, to embrace (**b**) *(doctrina)* to embrace (**c**) *(profesión)* to go into

2 abrazarse *vpr* to hug, to embrace; **abrazarse a alguien** to hug sb, to cling to sb; **se abrazó a un árbol** he clung to a tree; **se abrazaron con pasión** they embraced passionately

abrazo *nm* embrace, hug; **un (fuerte) a.** *(en cartas)* Yours, Best wishes; **Marina te manda un a.** Marina sends you her love

abreboca *ver* **abriboca**

abrebotellas *nm inv* bottle opener

abrecartas *nm inv* paper knife, letter opener

abrechapas *nm inv* bottle opener

abrecoches *nm inv* commissionaire, doorman

abrelatas *nm inv Br* tin opener, *US* can opener

abrevadero *nm (construido)* drinking trough; *(natural)* watering place

abrevar *vt* to water, to give water to

abreviación *nf (de texto)* abridgement

abreviadamente *adv* briefly, succinctly

abreviado, -a *adj (texto)* abridged

abreviar 1 *vt (proceso, explicación)* to shorten; *(texto)* to abridge; *(palabra)* to abbreviate; *(viaje, estancia)* to cut short

2 *vi (darse prisa)* to hurry up; **para a.** *(al hacer algo)* to keep it quick; *(al narrar algo)* to cut a long story short; **¡venga, abrevia!** come on, keep it short!

3 abreviarse *vpr CAm* to hurry, to make haste

abreviatura *nf* abbreviation

abriboca *nmf RP Fam Pey* big mouth, blabbermouth

abridor *nm* **(a)** *(abrebotellas)* (bottle) opener **(b)** *(abrelatas) Br* (tin) opener, *US* (can) opener

abrigado, -a *adj* **(a)** *(persona)* well wrapped-up **(b)** *(jersey)* warm **(c)** *(lugar)* sheltered (**de** from)

abrigador, -ora *nm,f Méx* accessory (after the fact)

abrigar [38] **1** *vt* **(a)** *(arropar)* to wrap up; *(calentar)* to keep warm **(b)** *(albergar) (esperanza)* to cherish; *(sospechas, malas intenciones)* to harbour

2 *vi (ropa, manta)* to be warm; **esta chaqueta no abriga nada** this jacket is useless at keeping you warm

3 abrigarse *vpr* **(a)** *(arroparse)* to wrap up; **abrígate más, así vas a tener frío** wrap up warmer, you'll be cold like that **(b)** *(resguardarse)* to shelter (**de** from)

abrigo *nm* **(a)** *(prenda)* coat, overcoat ❑ ***a. de piel*** fur coat **(b)** *(refugio)* shelter; **al a. de** *(peligro, ataque)* safe from; *(lluvia, viento)* sheltered from; *(ley)* under the protection of **(c)** EXPR *Fam* **se organizó una pelea de a.** a real free-for-all broke out; *Fam* **es un tipo de a.** he's a dodgy character; *Fam* **es un niño de a.** he's a little scamp

abrigue *etc ver* **abrigar**

abril *nm* April; **tiene 14 abriles** he is 14 (years of age); PROV **en a., aguas mil** March winds, April showers; *ver también* **septiembre**

abrillantado, -a 1 *adj RP (fruta)* glazed

2 *nm (acción)* polish; **a. de suelos** floor polishing

abrillantador *nm (sustancia)* polish

abrillantadora *nf (máquina)* polisher

abrillantar *vt* to polish

ABRIR 1 *vt* **(a)** *(en general)* to open; *(alas)* to spread; *(melón, sandía)* to cut open; *(agua, gas)* to turn on; *(cerradura)* to unlock, to open; *(cremallera)* to undo; *(frontera)* to open (up); **ella abrió la caja** she opened the box; **abre el grifo** turn the tap on; **a. un libro** to open a book; **a. la licitación/sesión** to open the bidding/session; **abrimos también los domingos** *(en letrero)* also open on Sundays ; EXPR **en un a. y cerrar de ojos** in the blink *or* twinkling of an eye

(b) *(túnel)* to dig; *(canal, camino)* to build; *(agujero, surco)* to make; **la explosión abrió un gran agujero en la pared** the explosion blasted a big hole in the wall; **le abrieron la cabeza de un botellazo** they smashed his head open with a bottle

(c) *(inaugurar)* to open; **van a a. un nuevo centro comercial** they're going to open a new shopping centre

(d) *(apetito)* to whet; **la natación abre el apetito** swimming makes you hungry

(e) *(encabezar) (lista)* to head; *(manifestación, desfile)* to lead

(f) *(mentalidad)* to open; **viajar le ha abierto la mente** travelling has opened her mind *o* made her more open-minded

(g) *Fig (posibilidades)* to open up; **el acuerdo abre una nueva época de cooperación** the agreement paves the way for a new era of cooperation; **la empresa intenta a. nuevos mercados en el exterior** the company is trying to open up new markets abroad

(h) **a. fuego (sobre** *o* **contra)** *(disparar)* to open fire (on)

(i) *también Fig* **a. paso** *o* **camino** to clear the way; *Fig* **su dimisión abre paso a una nueva generación** his resignation clears the way for a new generation

(j) *Informát* to open

(k) *Dep* **a. el juego** to play a more open *o* expansive game

(l) *Fam (operar)* **tuvieron que a. al paciente para sacarle la bala** they had to cut the patient open to remove the bullet

(m) *Col, Cuba (desbrozar)* to clear

2 *vi* **(a)** *(en general)* to open; **la tienda abre a las nueve** the shop opens at nine (o'clock)

(b) *(abrir la puerta)* to open the door; **¡abra, policía!** open up, it's the police!

(c) *(en juego de cartas)* to open; **me toca a. a mí** it's my lead

(d) *Fam (en operación)* **será una intervención sencilla, no hará falta a.** it's a straightforward procedure, we won't need to cut her open

3 abrirse *vpr* **(a)** *(puerta, caja)* to open; *(cremallera, chaqueta)* to come undone; **este bote no se abre** this jar won't open; **la puerta se abre fácilmente** the door opens easily; **se te ha abierto la camisa** your shirt has come undone; **la pared se abrió a causa del terremoto** the earthquake caused a crack to appear in the wall

(b) *(empezar) (película, función)* to open, to begin; **el libro se abre con una escena muy violenta** the book opens with a very violent scene

(c) *(sincerarse)* to open up; **abrirse a alguien** to open up to sb, to confide in sb; **tienes que abrirte más a la gente** you should be more open with people

(d) *(posibilidades)* to open up; **tras su marcha se abrieron nuevas posibilidades** after she left, new opportunities arose

(e) *(cielo)* to clear

(f) *(flores)* to blossom

(g) *(vehículo en una curva)* to go wide; **se abrió demasiado en la curva y se cayó de la bici** he went too wide on the bend and fell off his bike

(h) *Dep* **se abrió por la banda para esquivar a la defensa** he moved out onto the wing to get behind the defence

(i) *(rajarse)* to split open; **se cayó del caballo y se abrió la cabeza** she fell off her horse and split her head open

(j) *también Fig* **abrirse paso** *o* **camino** to make one's way

(k) *muy Fam (irse)* to clear off; **nosotros nos abrimos ya** it's time for us to be off

(l) *Col, RP (retirarse)* to back out

---

abrochadora *nf RP* (grapadora) stapler

abrochar 1 *vt* **(a)** *(botones, camisa)* to do up; *(cinturón)* to fasten **(b)** *RP (grapar)* to staple

2 abrocharse *vpr (botones, camisa)* to do up; *(cinturón)* to fasten; **abrocharse la camisa** to do up one's shirt; **este vestido se abrocha por detrás** this dress does up at the back; **¡abróchate!** *(el abrigo)* do your coat up!; **abróchense los cinturones de seguridad** fasten your seat belts

abrogación *nf Der* abrogation, repeal

abrogar [38] *vt Der* to abrogate, to repeal

abroncar [59] *vt* **(a)** *(reprender)* to tell off **(b)** *(abuchear)* to boo

abrótano *nm* ***a. hembra*** santolina; ***a. macho*** southernwood

abrumado, -a *adj* **(a)** *(agobiado)* overwhelmed; **a. por el trabajo** overwhelmed *o* swamped with work **(b)** *(molesto)* annoyed

abrumador, -ora *adj* overwhelming

abrumar *vt (agobiar)* to overwhelm; **me abruma estar entre mucha gente** I find being in large crowds oppressive

abruptamente *adv* abruptly

abrupto, -a *adj* **(a)** *(escarpado)* sheer; *(accidentado)* rugged **(b)** *(brusco)* abrupt, sudden

ABS *nm (abrev de* **antilock braking system***)* ABS; **frenos A.** anti-lock brakes

absceso *nm Med* abscess

abscisa *nf Mat* x-axis

absenta *nf (bebida)* absinthe

absentismo *nm* **(a)** *(de terrateniente)* absentee landownership **(b)** *(de trabajador, alumno)* ***a. escolar*** truancy; ***a. laboral*** *(justificado)* absence from work; *(injustificado)* absenteeism

absentista *adj & nmf* absentee

ábside *nm* apse

absolución *nf* **(a)** *Der* acquittal **(b)** *Rel* absolution; **dar la a. a alguien** to give sb absolution

absolutamente *adv (completamente)* absolutely, completely

absolutismo *nm* absolutism

absolutista *adj & nmf* absolutist
absoluto, -a *adj* (**a**) *(no relativo)* absolute; *(completo)* total, absolute; **es un a. sinvergüenza** he's completely shameless (**b**) **en absoluto** *loc adv* **nada en a.** nothing at all; **no me gustó en a.** I didn't like it at all; **¿te importa? — en a.** do you mind? – not at all
absolutorio, -a *adj* absolutory, absolving
absolver [41] *vt* (**a**) *Der* to acquit; **lo absolvieron de los cargos** he was acquitted of the charges (**b**) *Rel* **lo absolvió (de sus pecados)** he absolved him of his sins
absorbencia *nf* absorbency; **una tela de gran a.** a very absorbent cloth
absorbente 1 *adj* (**a**) *(esponja, material)* absorbent (**b**) *(persona, carácter)* demanding (**c**) *(actividad)* absorbing
2 *nm* absorbent
absorber *vt* (**a**) *(líquido, gas)* to absorb; **esta aspiradora no absorbe el polvo muy bien** this vacuum doesn't pick up dust very well; **absorbió el refresco con la pajita** he sucked the soft drink through a straw; **esta crema se absorbe muy bien** this cream works into the skin very well
(**b**) *(consumir)* to take up, to soak up; **esta tarea absorbe mucho tiempo** this task takes up a lot of time
(**c**) *(atraer, dominar)* **este trabajo me absorbe mucho** this job takes up a lot of my time; **su mujer le absorbe mucho** his wife is very demanding; **la televisión los absorbe** television dominates their lives
(**d**) *(empresa)* to take over; **Roma Inc. absorbió a su mayor competidor** Roma Inc took over its biggest rival
absorción *nf* (**a**) *(de líquido, gas)* absorption; **con gran poder de a.** highly absorbent (**b**) *(de empresa)* takeover
absorto, -a *adj* absorbed (**en** in)
abstemio, -a 1 *adj* teetotal
2 *nm,f* teetotaller
abstención *nf* abstention; **hubo mucha a.** *(en elecciones)* there was a low turnout; **se espera un nivel de a. del 30 por ciento** 30 percent of the electorate are expected not to vote
abstencionismo *nm* abstentionism
abstencionista *adj & nmf* abstentionist
abstenerse [65] *vpr* (**a**) *(guardarse)* to abstain (**de** from); **se abstuvo de mencionar su embarazo** she refrained from mentioning her pregnancy; **nos abstuvimos de beber** we didn't touch a drop (**b**) *(en votación)* to abstain; **me abstuve en las últimas elecciones** I didn't vote in the last election
abstinencia *nf* abstinence
abstracción *nf* abstraction; **la capacidad de a.** the capacity for abstract thought; **el concepto de número es una a.** number is an abstract concept
abstracto, -a 1 *adj* abstract
2 *nm* **en a.** in the abstract
abstraer [66] **1** *vt* to consider separately, to detach
2 abstraerse *vpr* to detach oneself (**de** from)
abstraído, -a *adj* lost in thought
abstruso, -a *adj* abstruse
abstuviera *etc ver* **abstenerse**
absuelto, -a *participio ver* **absolver**
absuelvo *etc ver* **absolver**
absurdo, -a 1 *adj* absurd; **lo a. sería que no lo hicieras** it would be absurd for you not to do it
2 *nm* **decir/hacer un a.** to say/do something ridiculous *o* idiotic; **reducción al a.** reductio ad absurdum
abubilla *nf* hoopoe
abuchear *vt* to boo
abucheo *nm* booing
Abu Dabi, Abu Dhabi *n* Abu Dhabi
abuelo, -a *nm,f* (**a**) *(familiar)* grandfather, *f* grandmother; **abuelos** grandparents; EXPR *Fam* **¡cuéntaselo a tu abuela!** pull the other one!; EXPR *Fam* **éramos pocos y parió la abuela** that was all we needed; EXPR *Fam* **no necesitar abuela** to be full of oneself ❑ ***a. materno*** maternal grandfather; ***a. paterno*** paternal grandfather (**b**) *(anciano) (hombre)* old man, old person; *(mujer)* old woman, old person
abuhardillado, -a *adj* **habitación abuhardillada** attic room
Abuja *n* Abuja
abulense 1 *adj* of/from Avila
2 *nmf* person from Avila
abulia *nf* apathy, lethargy
abúlico, -a 1 *adj* apathetic, lethargic
2 *nm,f* apathetic *o* lethargic person
abultado, -a *adj (paquete)* bulky; *(labios)* thick; *(frente)* prominent; **estómago a.** pot belly; *Fig* **ganaron por una abultada mayoría** they won by a large majority
abultamiento *nm (bulto)* bulkiness
abultar 1 *vt* (**a**) *(mejillas)* to puff out (**b**) *(cifras, consecuencias)* to exaggerate
2 *vi* (**a**) *(ocupar mucho espacio)* to be bulky; **el equipaje abulta mucho** the luggage takes up a lot of room (**b**) *(formar un bulto)* to bulge; **la pistola le abulta debajo de la americana** you can see the bulge of his gun under his jacket
abundamiento *nm Formal* **a mayor a., presenté las cifras** I provided the figures for further clarification
abundancia *nf* (**a**) *(gran cantidad)* abundance; **la región posee petróleo en a.** the region is rich in oil; **teníamos comida en a.** we had plenty of food (**b**) *(riqueza)* plenty, prosperity; EXPR **nadar** *o* **vivir en la a.** to be filthy rich; **un área de gran a. biológica** an area rich in animal and plant life
abundante *adj* abundant; **teníamos comida a.** we had plenty of food
abundar *vi* (**a**) *(ser abundante)* to abound; **aquí abundan los camaleones** there are lots of chameleons here (**b**) **a. en** *(tener en abundancia)* to be rich in; **la región abunda en recursos naturales** the region is rich in natural resources (**c**) **a. en** *(insistir)* to insist on; **en su discurso abundó en la necesidad de recortar gastos** in her speech she insisted on the need to cut costs (**d**) **a. en** *(estar de acuerdo con)* to agree completely with; **abundo en vuestra opinión** I entirely agree with you
aburguesado, -a *adj* bourgeois
aburguesamiento *nm* bourgeoisification
aburguesarse *vpr* to adopt middle-class ways; **se han aburguesado mucho desde que se casaron** they've become very bourgeois *o* middle-class since they married
aburrido, -a 1 *adj* (**a**) *(harto, fastidiado)* bored; **estar a. de hacer algo** to be fed up with doing sth; EXPR *Fam* **estar a. como una ostra** to be bored stiff (**b**) *(que aburre)* boring
2 *nm,f* bore; **¡eres un a.!** you're so boring!
aburrimiento *nm* boredom; **hasta el a.** to the point of boredom; **¡qué a.!, ¡vámonos!** this is so boring!, let's leave!; **¡qué a. de película!** what a boring film!
aburrir 1 *vt* to bore; **este trabajo me aburre** this job is boring; **aburre a todo el mundo con sus batallitas** he bores everyone with his old stories
2 aburrirse *vpr* to get bored; *(estar aburrido)* to be bored; *(hartarse)* to be bored sick (**de** of); EXPR *Fam* **aburrirse como una ostra** to be bored stiff
abusado, -a *adj Méx* astute, shrewd; **¡a.!** look out!
abusar *vi (excederse)* to go too far; **a. de algo** to abuse sth; **a. del alcohol** to drink to excess; **no le conviene a. de la bebida** he shouldn't drink too much; **puedes comer dulces, pero sin a.** you can eat sweets, but don't overdo it; **a. de alguien** *(aprovecharse)* to take advantage of sb; *(forzar sexualmente)* to sexually abuse sb
abusivamente *adv* improperly
abusivo, -a *adj* (**a**) *(trato)* **recibimos un trato a.** we were treated like dirt; **la policía infligió tratos abusivos a los detenidos** the police mistreated the detainees (**b**) *(precio)* extortionate
abuso *nm* (**a**) *(uso excesivo)* abuse (**de** of) ❑ ***a. de autoridad*** abuse of authority; ***a. de confianza*** breach of confidence; ***a. de poder*** abuse of power (**b**) *(atropello)* scandal, outrage; **¡esto es un a.!** this is outrageous! (**c**) *Der* ***abusos deshonestos*** indecent assault
abusón, -ona *Fam* **1** *adj* (**a**) *(caradura)* selfish (**b**) *(matón)* bullying
2 *nm,f* (**a**) *(caradura)* selfish person (**b**) *(matón)* bully
abyección *nf Formal* (**a**) *(bajeza)* vileness (**b**) *(pobreza)* wretchedness
abyecto, -a *adj Formal* (**a**) *(malo)* vile (**b**) *(pobre)* wretched
a. C. (*abrev de* **antes de Cristo**) BC
ACA ['aka] *nm* (*abrev de* **Automóvil Club Argentino**) *Br* ≃ AA, RAC, *US* ≃ AAA, = Argentinian automobile association

acá *adv* (**a**) *(lugar)* here; **de a. para allá** back and forth; **más a.** closer; **¡ven a.!** come (over) here! (**b**) *(tiempo)* **de una semana a.** during the last week; **de un tiempo a.** recently

acabado, -a 1 *adj* (**a**) *(terminado)* finished (**b**) *(completo)* perfect, consummate (**c**) *(fracasado)* finished, ruined
2 *nm* (**a**) *(de producto)* finish ▫ ***a. mate*** matt finish; ***a. satinado*** satin finish (**b**) *(de piso)* décor

---

ACABAR 1 *vt (terminar)* to finish; **hemos acabado el trabajo** we've finished the work; **todavía no ha acabado el primer plato** he still hasn't finished his first course
2 *vi* (**a**) *(terminar)* to finish, to end; **el cuchillo acaba en punta** the knife ends in a point; **el asunto acabó mal** *o* **de mala manera** the affair finished *o* ended badly; **detesto las películas que acaban bien** I hate films that have a happy ending; **acabó sus días en el exilio** he ended his days in exile; **ése acabará en la cárcel** he'll end up in jail; **cuando acabes, avísame** tell me when you've finished; **a. de trabajar/comer** to finish working/eating; **a. con algo** *(poner fin a)* to put an end to sth; **a. por hacer algo, a. haciendo algo** to end up doing sth; **acabarán por llamar** *o* **llamando** they'll call eventually *o* sooner or later; **para a. de arreglarlo** to cap it all; *Fam* **¡acabáramos!** so that's what it was!
(**b**) *(haber hecho recientemente)* **a. de hacer algo** to have just done sth; **acabo de llegar** I've just arrived
(**c**) **a. con** *(destruir) (enemigo)* to destroy; *(salud)* to ruin; *(violencia, crimen)* to put an end to; **a. con la paciencia de alguien** to exhaust sb's patience; **está acabando con mi paciencia** she's trying my patience; **acabaron con todas las provisiones** they used up all the provisions; **la droga acabó con él** drugs killed him; **¡ese niño va a a. conmigo!** that boy will be the death of me!
(**d**) *(volverse)* to end up; **a. loco** to end up (going) mad
(**e**) *(en construcciones con infinitivo)* **no acabo de entenderlo** I can't quite understand it; **no acaba de parecerme bien** I don't really think it's a very good idea; **no acaba de gustarme del todo** I just don't really like it
(**f**) EXPR **de nunca a.** never-ending; **este proyecto es el cuento de nunca a.** this project just seems to go on and on
3 acabarse *vpr* (**a**) *(agotarse)* to be used up, to be gone; **se nos ha acabado la gasolina** we're out of petrol; **se ha acabado la comida** there's no more food left; **se ha acabado la leche** the milk has run out, we've run out of milk; **no corras tanto, se te acabarán las fuerzas** don't run so fast, you'll run out of energy
(**b**) *(terminar) (guerra, película)* to finish, to be over
(**c**) *(consumir) (comida)* to eat up; **¡acábatelo todo y no dejes ni una miga!** make sure you eat it all up!
(**d**) EXPR **¡se acabó!** *(¡basta ya!)* that's enough!; *(se terminó)* that's it, then!; **¡te quedarás en casa y se acabó!** you'll stay at home and that's that *o* that's the end of it!; **se acabó lo que se daba** that is/was the end of that

---

acabóse *nm* **¡es el a.!** it really is the limit!

acacia *nf* acacia ▫ ***a. espinosa*** mimosa thorn

academia *nf* (**a**) *(colegio)* school, academy ▫ ***a. de idiomas*** language school; ***a. militar*** military academy (**b**) *(sociedad)* academy

académicamente *adv* academically

academicismo *nm* academicism

académico, -a 1 *adj* academic
2 *nm,f* academician

acadio, -a 1 *adj & nm,f* Akkadian
2 *nm (lengua)* Akkadian

acaecer [46] *vi Formal* to take place, to occur

acallar *vt* (**a**) *(silenciar)* to silence (**b**) *(calmar)* to pacify, to calm down

acaloradamente *adv (debatir)* heatedly; *(defender)* passionately, fervently

acalorado, -a *adj* (**a**) *(por calor)* hot (**b**) *(por esfuerzo)* flushed (with effort) (**c**) *(apasionado) (debate)* heated; *(persona)* hot under the collar; *(defensor)* fervent

acaloramiento *nm* (**a**) *(calor)* heat (**b**) *(pasión)* passion, ardour; **discutieron con a.** they argued heatedly

acalorar 1 *vt* (**a**) *(dar calor)* to (make) warm (**b**) **a. a alguien** *(excitar)* to make sb hot under the collar
2 acalorarse *vpr* (**a**) *(coger calor)* to get hot (**b**) *(excitarse)* to get hot under the collar

acampada *nf (acción)* camping; **ir/estar de a.** to go/be camping; **(zona de) a. libre** *(en letrero)* free campsite

acampanado, -a *adj (pantalones)* flared

acampar *vi* to camp; **prohibido a.** *(en letrero)* no camping

ácana *nm o nf*

Takes the masculine articles **el** and **un**.

= hard, reddish Cuban wood

acanalado, -a *adj* (**a**) *(columna)* fluted (**b**) *(tejido)* ribbed (**c**) *(hierro)* corrugated

acanaladura *nf Arquit* groove, fluting

acanalar *vt* (**a**) *(terreno)* to dig channels in (**b**) *(plancha)* to corrugate

acantilado *nm* cliff

acanto *nm* acanthus

acantonamiento *nm Mil (acción)* billeting; *(lugar)* billet

acantonar *Mil* **1** *vt* to billet
2 acantonarse *vpr* to be billeted

acaparador, -ora 1 *adj* greedy
2 *nm,f* hoarder

acaparamiento *nm* (**a**) *(monopolio)* monopolization (**b**) *(en tiempo de escasez)* hoarding

acaparar *vt* (**a**) *(monopolizar)* to monopolize; *(mercado)* to corner; **acaparaba las miradas de todos** all eyes were upon her; **los atletas alemanes acapararon las medallas** the German athletes swept the board (**b**) *(aprovisionarse de)* to hoard

acápite *nm Am* paragraph

acapulquense, acapulqueño, -a 1 *adj* of/from Acapulco
2 *nm, f* person from Acapulco

acaramelado, -a *adj* (**a**) *Fam (pareja)* lovey-dovey; **los vi muy acaramelados en un banco del parque** I saw them being all lovey-dovey on one of the park benches (**b**) *Fam (afectado)* sugary (sweet) (**c**) *(con caramelo)* covered in caramel

acaramelar 1 *vt* to cover in caramel
2 acaramelarse *vpr* to be starry-eyed

acariciar 1 *vt* (**a**) *(persona)* to caress; *(animal, pelo, piel)* to stroke; **la brisa acariciaba su piel** the breeze caressed her skin (**b**) *(idea, proyecto)* to cherish
2 acariciarse *vpr (mutuamente)* to caress (each other); **se acarició el pelo** she stroked her hair

ácaro *nm* mite

acarraladura *nf Perú (en la media)* run, *Br* ladder

acarrear *vt* (**a**) *(transportar)* to carry; *(carbón)* to haul (**b**) *(ocasionar)* to bring, to give rise to; **los hijos acarrean muchos gastos** children occasion a lot of expense

acarreo *nm* (**a**) *(transporte)* transporting; **animales de a.** beasts of burden, draught animals (**b**) *Informát* carry

acarroñarse *vpr Col Fam (acobardarse)* to chicken out

acartonado, -a *adj* (**a**) *(piel)* wizened; **tengo la piel acartonada** my skin feels dry (**b**) *(tela)* stiff

acartonar 1 *vt* (**a**) *(piel)* **los años le han acartonado la piel** the years have left her skin wizened (**b**) *(tela)* to make stiff
2 acartonarse *vpr* to become wizened

acaso *adv* perhaps; **¿a. no lo sabías?** are you trying to tell me you didn't know?; **llévatelo por si a.** take it just in case; **por si a. no te veo mañana, toma la llave ahora** (just) in case I don't see you tomorrow, take the key now; **¿te traigo algo? — si a., una botella de vino** can I get you anything? — you could get me a bottle of wine, if you like; **si a. lo vieras, dile que me llame** if you should see him, ask him to phone me

acatamiento *nm* compliance (**de** with)

acatar *vt* (**a**) *(normas)* to respect, to comply with; *(órdenes)* to obey (**b**) *Am (notar)* to notice

acatarrado, -a *adj* **estar a.** to have a cold

acatarrarse *vpr* to catch a cold

acaudalado, -a *adj* well-to-do, wealthy

acaudalar *vt* to accumulate, to amass

acaudillamiento *nm* leadership, command

acaudillar *vt también Fig* to lead

ACB *nf (abrev de* **Asociación de Clubes de Baloncesto**) = Spanish basketball association; **la Liga A.** = Spanish basketball premier league

acceder *vi* (**a**) *(consentir)* to agree; **a. a una petición** to grant a request; **accedió a venir** she agreed to come (**b**) *(tener acceso)* **a. a algo** to enter sth, to gain entry to sth; **se puede a. directamente a la sala por la puerta trasera** there is direct access to the hall by the rear entrance; **las sillas de ruedas accederán por una rampa** there is wheelchair access via a ramp (**c**) *(alcanzar)* **a. al trono** to accede to the throne; **a. al poder** to come to power; **accedió al cargo de presidente** he became president

accesibilidad *nf* accessibility; **mejorar la a. de los discapacitados a edificios públicos** to improve disabled access to public buildings

accesible *adj* (**a**) *(lugar)* accessible (**b**) *(persona)* approachable (**c**) *(texto, explicación)* accessible

accésit *nm inv* runner's-up prize

acceso *nm* (**a**) *(entrada)* entrance (**a** to); **la policía vigila todos los accesos a la capital** the police are watching all the approaches to the capital
(**b**) *(paso)* access (**a** to); **un edificio con a. para sillas de ruedas** a building with wheelchair access; **esta escalera da a. a los pisos superiores** this staircase gives access to the upper floors; **tener a. a algo** to have access to sth
(**c**) *(carretera)* access road
(**d**) *(ataque)* fit; *(de fiebre, gripe)* bout
(**e**) *Formal* ***a. carnal*** *(acto sexual)* sexual act
(**f**) *Informát* access; *(a página Web)* hit ❑ ***a. aleatorio*** random access; ***a. secuencial*** sequential access

accesorio, -a 1 *adj* incidental, of secondary importance
2 *nm (utensilio)* accessory
3 *nmpl* **accesorios** *(de moda, automóvil)* accessories

accidentado, -a 1 *adj* (**a**) *(vida)* turbulent; *(viaje)* eventful (**b**) *(terreno, camino)* rough, rugged
2 *nm,f* injured person, victim

accidental *adj* (**a**) *(circunstancial)* accidental; **tuvo una caída a.** she accidentally fell (**b**) *(no esencial)* incidental, of secondary importance (**c**) *(imprevisto)* chance, unforeseen

accidentalmente *adv* accidentally, by accident

accidentarse *vpr* to be involved in *o* have an accident

accidente *nm* (**a**) *(suceso)* accident; **tener** *o* **sufrir un a.** to have an accident; **por a.** by accident, accidentally ❑ ***a. aéreo*** plane crash; ***a. de automóvil*** *o* ***automovilístico*** car crash; ***a. de avión*** plane crash; ***a. de circulación*** road *o* traffic accident; ***a. ferroviario*** railway accident; ***a. laboral*** industrial accident; ***a. mortal*** fatal accident; ***a. de trabajo*** industrial accident; ***a. de tráfico*** road *o* traffic accident (**b**) *(irregularidad)* **los accidentes del terreno** the unevenness of the terrain ❑ ***a. geográfico*** geographical feature

acción 1 *nf* (**a**) *(efecto de hacer)* action; **rocas erosionadas por la a. del viento** rocks eroded by the wind; **en a.** in action, in operation; **entrar** *o* **ponerse en a.** *(persona)* to go into action; **pasar a la a.** to take action; **puso la maquinaria en a.** she switched on the machinery ❑ ***a. detergente*** detergent effect; ***a. y reacción*** action and reaction
(**b**) *(hecho)* deed, act; **una buena a.** a good deed ❑ *Rel* ***a. de gracias*** thanksgiving
(**c**) *Fin* share ❑ ***acciones en cartera*** *Br* shares *o US* stock in portfolio; ***a. ordinaria*** ordinary *Br* share *o US* stock; ***a. preferente*** preference *Br* share *o US* stock; ***acciones de renta fija*** fixed-interest shares; ***acciones de renta variable*** variable-interest shares
(**d**) *(de relato, película)* action; **la a. tiene lugar en Venezuela** the action takes place in Venezuela
(**e**) *Der* ***a. popular*** action brought by the People
2 *interj* **¡luces!, ¡cámaras!, ¡a.!** lights!, camera!, action!

accionable *adj* **a. por control remoto** remote-controlled

accionamiento *nm* activation

accionar 1 *vt* (**a**) *(mecanismo, palanca)* to activate (**b**) *Am Der* to bring a suit against
2 *vi (gesticular)* to gesture, to gesticulate

accionariado *nm Fin Br* shareholders, *US* stockholders

accionista *nmf Fin Br* shareholder, *US* stockholder

Accra *n* Accra

ace [eis] *nm (en tenis)* ace

acebo *nm (árbol)* holly bush *o* tree; **hojas de a.** holly

acebuche *nm* wild olive tree

acechanza *nf* observation, surveillance

acechar *vt* to watch, to spy on; **el cazador acechaba a su presa** the hunter was stalking his prey

acecho *nm* observation, surveillance; **estar al a. de** to lie in wait for; *Fig* to be on the lookout for

acecinar *vt* to cure

acedera *nf* sorrel

acedía *nf (pez)* plaice

acéfalo, -a *adj* (**a**) *(sin cabeza)* headless (**b**) *(estado, organización)* leaderless

aceitar *vt* (**a**) *(motor)* to lubricate (**b**) *(comida)* to pour oil onto

aceite *nm* oil ❑ ***a. de cacahuete*** peanut oil; ***a. de coco*** coconut oil; ***a. de colza*** rapeseed oil; ***a. esencial*** essential oil; ***a. de girasol*** sunflower oil; ***a. de hígado de bacalao*** cod-liver oil; ***a. de linaza*** linseed oil; ***a. lubricante*** lubricating oil; ***a. de oliva*** olive oil; ***a. de palma*** palm oil; ***a. de ricino*** castor oil; ***a. de soja*** soybean oil; ***a. para el sol*** suntan oil; ***a. vegetal*** vegetable oil

aceitera *nf* oilcan; **aceiteras** cruet set *(for oil and vinegar)*

aceitero, -a *adj* oil; **el sector a.** the oil-producing industry; **una región aceitera** an oil-producing region

aceitoso, -a *adj* oily

aceituna *nf* olive ❑ ***a. negra*** black olive; ***a. rellena*** stuffed olive; ***a. verde*** green olive

aceitunado, -a *adj* olive; **piel aceitunada** olive skin

aceitunero, -a *nm,f* (**a**) *(recogedor)* olive picker (**b**) *(vendedor)* olive merchant

aceituno *nm* olive tree

aceleración *nf* acceleration ❑ *Fís* ***a. centrípeta*** centripetal acceleration; *Fís* ***a. lineal*** linear acceleration

acelerada *nf Méx (acelerón)* acceleration, burst of speed

aceleradamente *adv* at top speed

acelerado, -a *adj* (**a**) *(rápido)* rapid, quick (**b**) *Fís* accelerated (**c**) *Fam Fig* **estar a.** *(persona)* to be hyper (**d**) *Aut* **el motor está a.** the engine is racing

acelerador, -ora 1 *adj* accelerating
2 *nm* (**a**) *(de automóvil)* accelerator; **pisar el a.** to step on the accelerator; *Fig* to step on it ❑ *Fís* ***a. de partículas*** particle accelerator (**b**) *Informát* accelerator ❑ ***a. de vídeo*** video accelerator

aceleramiento *nm* acceleration, speeding up

acelerar 1 *vt* (**a**) *(proceso)* to speed up (**b**) *(vehículo)* to accelerate; *(motor)* to gun (**c**) *Fam Fig (persona)* to get hyper
2 *vi* (**a**) *(conductor)* to accelerate (**b**) *(darse prisa)* to hurry (up); **acelera, que llegamos tarde** hurry up, we're late!
3 acelerarse *vpr* (**a**) *(proceso)* to speed up (**b**) *(motor)* to accelerate (**c**) *Fam Fig (persona)* to get hyper

acelerón *nm (de corredor, coche)* burst of speed; **dar un a.** *(conductor, coche)* to speed up; *Fig* to get a move on

acelga *nf* chard

acendrado, -a *adj Formal* untarnished, pure

acendrar *vt Formal (cualidad, sentimiento)* to refine

acento *nm* (**a**) *(entonación)* accent; **tener a. andaluz** to have an Andalusian accent; **habla con a. colombiano** she speaks with a Colombian accent (**b**) *(ortográfico)* accent ❑ ***a. agudo*** acute accent; ***a. circunflejo*** circumflex accent; ***a. grave*** grave accent; ***a. ortográfico*** written accent; ***a. prosódico*** stress (**c**) *(énfasis)* emphasis; **poner el a. en algo** to emphasize sth, to put the emphasis on sth

acentuable *adj Gram* that should have an accent

acentuación *nf* (**a**) *(de palabra, sílaba)* accentuation (**b**) *(intensificación)* intensification; *(de problema)* worsening; **una a. de las actitudes racistas** a rise in racist attitudes

acentuadamente *adv (marcadamente)* markedly, distinctly

acentuado, -a *adj* (**a**) *(sílaba)* stressed; *(vocal) (con tilde)* accented (**b**) *(marcado)* marked, distinct

acentuar [4] **1** *vt* (**a**) *(palabra, letra) (al escribir)* to accent, to put an accent on; *(al hablar)* to stress (**b**) *(intensificar)* to accentuate; **la inflación acentuó la crisis** inflation made the recession even worse; **el maquillaje acentúa su belleza** the make-up enhances her beauty (**c**) *(recalcar)* to stress, to emphasize; **a. la necesidad de hacer algo** to emphasize the need to do sth

2 acentuarse *vpr* (**a**) *(intensificarse)* to deepen, to increase (**b**) *(llevar acento)* **las consonantes nunca se acentúan** consonants never have an accent

aceña *nf* (**a**) *(rueda)* water wheel (**b**) *(molino)* water mill

acepción *nf (de palabra, frase)* meaning, sense

aceptable *adj* acceptable

aceptación *nf* (**a**) *(aprobación)* acceptance (**b**) *(éxito)* success, popularity; **tener gran a. (entre)** to be very popular (with *o* among)

aceptar *vt* to accept; **no aceptará un "no" por respuesta** he won't take no for an answer

aceptor *nm Fís & Quím* acceptor

acequia *nf* irrigation channel *o* ditch

acera *nf* (**a**) *(para peatones) Br* pavement, *US* sidewalk; EXPR *Fam* **ser de la otra a., ser de la a. de enfrente** *(ser homosexual)* to be one of them (**b**) *(lado de la calle)* side of the street; **el colegio está en la a. de los pares/de la derecha** the school is on the even-numbered/right-hand side of the street

acerado, -a *adj* (**a**) *(con acero)* containing steel (**b**) *(fuerte, resistente)* steely, tough (**c**) *(mordaz)* cutting, biting

acerar *vt* (**a**) *(poner aceras)* to pave (**b**) *(convertir en acero)* to turn into steel

acerbo, -a *adj Formal* (**a**) *(áspero)* bitter (**b**) *(mordaz)* caustic, cutting

acerca: acerca de *loc prep* about

acercamiento *nm (de personas, estados)* rapprochement; **se produjo un a. entre sus posturas** their positions moved closer to each other

acercar [59] **1** *vt* to bring nearer; **acércame el pan** could you pass me the bread?; **la acercó a la estación en moto** he gave her a *Br* lift *o US* ride to the station on his bike; **la desgracia común los acercó** shared misfortune brought them together

2 acercarse *vpr* (**a**) *(aproximarse)* to come closer, to approach; **acércate a ver esto** come and have a look at this; **no te acerques al precipicio** don't go near the edge; *Fig* **se acercó a él en busca de protección** she turned to him for protection

(**b**) *(ir)* to go; *(venir)* to come; **se acercó a la tienda a por pan** she popped out to the shops for some bread; **acércate por aquí un día de estos** come over and see us some time

(**c**) *(tiempo)* to draw nearer, to approach; **se acerca la Navidad** Christmas is coming; **nos acercamos al verano** it will soon be summer

(**d**) *(parecerse)* **acercarse a** to resemble; **su estilo se acerca más a la poesía que a la prosa** his style is closer to poetry than to prose

acería *nf* steelworks *(singular)*

acerico *nm* pincushion

acero *nm* (**a**) *(metal)* steel; *Fig* **nervios de a.** nerves of steel ▫ ***a. inoxidable*** stainless steel (**b**) *(espada)* blade

acerque *etc ver* **acercar**

acérrimo, -a *adj (defensor)* diehard, fervent; *(enemigo)* bitter

acertadamente *adv* (**a**) *(correctamente)* correctly (**b**) *(oportunamente, adecuadamente)* wisely, sensibly

acertado, -a *adj* (**a**) *(certero) (respuesta)* correct; *(disparo)* on target; *(comentario)* appropriate (**b**) *(oportuno)* good, clever; **estuvo muy a. en su elección** he made a very clever choice

acertante 1 *adj* winning

2 *nmf* winner; **los máximos acertantes** *(de quiniela, lotería)* the jackpot winners

acertar [3] **1** *vt* (**a**) *(adivinar)* to guess (correctly); **acerté dos respuestas** I got two answers right (**b**) *(blanco)* to hit

2 *vi* (**a**) *(al contestar, adivinar)* to be right; *(al escoger, decidir)* to make a good choice (**b**) *(conseguir)* **a. a hacer algo** to manage to do sth; **no acierto a entenderlo** I can't understand it at all; *Fig* **acertaba a pasar por allí** she happened to pass that way (**c**) **a. con** *(hallar)* to find

acertijo *nm* riddle; **ponerle un a. a alguien** to ask sb a riddle

acervo *nm Pol* ***a. comunitario*** acquis communautaire; ***a. cultural*** *(de una nación, región)* cultural heritage; ***a. popular*** popular culture

acetaldehido *nm Quím* acetaldehyde

acetato *nm Quím* acetate

acético, -a *adj Quím* acetic

acetileno *nm Quím* acetylene

acetona *nf* (**a**) *Quím* acetone (**b**) *(quitaesmaltes)* nail-polish remover

achacable *adj* attributable (**a** to)

achacar [59] *vt* to attribute (**a** to); **achacó la intoxicación al marisco** she blamed the food poisoning on the seafood

achacoso, -a *adj* (**a**) *(persona)* frail (**b**) *(cosa)* faulty, defective

achaflanar *vt* to chamfer, to bevel

achampañado, -a *adj* sparkling

achamparse *vpr Andes* (**a**) *(quedarse con)* to retain *(another's property)* (**b**) *(establecerse)* to settle, to put down roots

achanchar 1 *vt Chile (en damas)* to trap

2 achancharse *vpr* (**a**) *Am (apoltronarse)* to get lazy (**b**) *Andes Fam (engordar)* to get fat

achantar 1 *vt Fam* to put the wind up; **a ese no le achanta nada** nothing gets him scared

2 achantarse *vpr Fam* to get the wind up; **no se achanta ante nada** she doesn't get frightened by anything

achaparrado, -a *adj* squat

achaparrarse *vpr* (**a**) *(árbol)* to grow squat (**b**) *(engordar)* to get chubby

achaque 1 *ver* **achacar**

2 *nm* ailment, complaint

achatado, -a *adj* flattened; **la Tierra está achatada por los polos** the Earth is flattened at the poles

achatar 1 *vt* to flatten

2 achatarse *vpr* to level out

achicar [59] **1** *vt* (**a**) *(empequeñecer)* to make smaller (**b**) *(acobardar)* to intimidate (**c**) *(agua) (de barco)* to bale out; *(de mina)* to pump out

2 achicarse *vpr (acobardarse)* to be intimidated

achicharrado, -a *adj* (**a**) *(quemado)* burnt to a crisp (**b**) *(acalorado)* boiling (hot)

achicharrante *adj (calor, sol)* boiling, roasting

achicharrar 1 *vt* (**a**) *(quemar)* to burn (**b**) *(a preguntas)* to plague, to overwhelm (**a** with) (**c**) *Andes, Cuba, RP (aplastar, estrujar)* to squash

2 *vi (sol, calor)* to be boiling

3 achicharrarse *vpr Fam* (**a**) *(quemarse)* to fry, to get burnt (**b**) *(de calor)* to be boiling (hot) (**c**) *(volverse loco)* to go mad

achichincle, achichinque *nm Méx* lackey

achicoria *nf* chicory

achinado, -a *adj* (**a**) *(ojos)* slanting (**b**) *(persona)* Chinese-looking (**c**) *RP* Indian-looking

achiote *nm* annatto

achique 1 *ver* **achicar**

2 *nm* (**a**) *Náut* baling out (**b**) *(en fútbol)* offside trap

achiquitar *Am Fam* **1** *vt* to diminish, to make smaller

2 achiquitarse *vpr* to become diminished, to get smaller

achispado, -a *adj Fam* tipsy

achispar *Fam* **1** *vt* to make tipsy

2 achisparse *vpr* to get tipsy

acholado, -a *adj Andes* (**a**) *Pey (mestizo)* adopting mestizo ways (**b**) *(avergonzado)* ashamed, red in the face

acholar *Andes* **1** *vt* to embarrass, to make blush

2 acholarse *vpr* (**a**) *Pey (acriollarse)* to adopt mestizo ways (**b**) *(avergonzarse)* to be ashamed (**c**) *(atemorizarse, acobardarse)* to be frightened

achuchado, -a *adj Fam* hard, tough; **la vida está muy achuchada** life is very hard, money is tight

achuchar *Fam* **1** *vt* (**a**) *(abrazar)* to hug (**b**) *(estrujar)* to push and shove, to jostle (**c**) *Fig (presionar)* to be on at, to badger

2 achucharse *(abrazarse)* to hug, to cuddle; **se pasaron la tarde achuchándose en el sofá** they spent the afternoon cuddling on the sofa

achucharrar 1 *vt Col, Hond* to crush, to squash

2 achucharrarse *vpr* (**a**) *Méx (desanimarse)* to be disheartened, to be discouraged (**b**) *Col, Méx (quemarse) (carne)* to burn *o* get burnt; *(planta)* to wither (in the sun)

achuchón *nm Fam* (**a**) *(abrazo)* big hug; **me dio un a.** he gave me a big hug (**b**) *(estrujón)* push, shove; **había achuchones para entrar** there was pushing and shoving to get in (**c**) *(indisposición)* mild illness; **le dio un a.** he came over all funny

achucutar, achucuyar 1 *vt* (**a**) *CAm, Col, Cuba, Ecuad (abatir)* to dishearten (**b**) *CAm, Col, Cuba, Ecuad (humillar)* to humble (**c**) *Guat (marchitar)* to wither, to fade
2 achucutarse, achucuyarse *vpr* (**a**) *CAm, Col, Cuba, Ecuad (abatirse)* to be disheartened (**b**) *CAm, Col, Cuba, Ecuad (humillarse)* to humble oneself (**c**) *Guat (marchitarse)* to wither, to fade

achulado, -a *adj* cocky

achunchar *Andes* **1** *vt* (**a**) *(avergonzar)* to shame (**b**) *(atemorizar, acobardar)* to frighten
2 achuncharse *vpr* (**a**) *(avergonzarse)* to be ashamed (**b**) *(atemorizarse, acobardarse)* to be frightened

achurar *vt RP Fam* (**a**) *(acuchillar)* to stab to death (**b**) *(animal)* to disembowel

achuras *nfpl RP* (dish of) offal

aciago, -a *adj Formal* black, fateful; **un día a.** a fateful day

aciano *nm* cornflower

acíbar *nm* (**a**) *(planta)* aloes (**b**) *Literario (amargura)* bitterness

acicalado, -a *adj* natty, dapper

acicalar 1 *vt* to do up, to spruce up
2 acicalarse *vpr* to do oneself up, to spruce oneself up

acicate *nm* (**a**) *(espuela)* spur (**b**) *(estímulo)* incentive

acicatear *vt* to spur, to incite

acícula *nf Bot* needle, *Espec* acicula

acidez *nf* (**a**) *(química, de sabor)* acidity; **grado de a.** degree of acidity; **a. (de estómago)** heartburn ▫ ***a. del suelo*** soil acidity (**b**) *(desagrado)* acidity, bitterness; **habló con a.** she spoke caustically *o* acidly

acidificar [59] **1** *vt* to acidify
2 acidificarse *vpr* to become acidic

ácido, -a 1 *adj* (**a**) *(bebida, sabor)* acid, sour (**b**) *Quím* acidic (**c**) *(desabrido)* caustic, acid; **habló con tono á.** she spoke caustically *o* acidly
2 *nm* (**a**) *Quím* acid ▫ ***á. acético*** acetic acid; ***á. acetilsalicílico*** acetylsalicylic acid; ***á. ascórbico*** ascorbic acid; ***á.-base*** acid-base; ***á. cítrico*** citric acid; ***á. clorhídrico*** hydrochloric acid; *Bioquím* ***á. desoxirribonucleico*** deoxyribonucleic acid; ***á. fólico*** folic acid; ***á. graso*** fatty acid; *Bioquím* ***á. nucleico*** nucleic acid; *Bioquím* ***á. ribonucleico*** ribonucleic acid; ***á. sulfhídrico*** hydrogen sulphide; ***á. sulfúrico*** sulphuric acid; ***á. úrico*** uric acid (**b**) *Fam (droga)* acid

acierto 1 *ver* **acertar**
2 *nm* (**a**) *(a pregunta)* correct answer (**b**) *(en quinielas)* = correct prediction of results in football pools entry (**c**) *(habilidad, tino)* good *o* sound judgement; **dijo con a. que debíamos esperar** she wisely said we should wait; **fue un a. vender las acciones** it was a good *o* smart idea to sell the shares

ácimo *adj (pan)* unleavened

acimut (*pl* **acimutes**) *nm Astron* azimuth

aclamación *nf* acclamation, acclaim; **por a.** unanimously; **fue declarado el mejor por a. popular** it was hailed as the best by public acclaim

aclamar *vt* (**a**) *(aplaudir)* to acclaim (**b**) *(proclamar)* **fue aclamado emperador** he was proclaimed emperor

aclaración *nf* explanation, clarification

aclarado *nm* rinsing; **dar un a. a algo** to rinse sth, to give sth a rinse

aclarar 1 *vt* (**a**) *(enjuagar)* to rinse
(**b**) *(explicar)* to clarify, to explain; **aclaremos una cosa** let's get one thing clear
(**c**) *(color)* to make lighter; **el sol aclara el pelo** the sun makes one's hair lighter
(**d**) *(lo espeso) (chocolate, sopa)* to thin (down); *(bosque)* to thin out; **aclaró la pintura con un poco de aguarrás** she thinned the paint with a little turpentine
2 *v impersonal* **ya aclaraba** *(amanecía)* it was getting light; *(se despejaba)* the sky was clearing
3 aclararse *vpr* (**a**) *(entender)* to understand; **no me aclaro con este programa** I can't get the hang of this program; **a ver si nos aclaramos** let's see if we can get this straight; **con tres monedas diferentes no hay quién se aclare** with three different currencies nobody knows where they are
(**b**) *(explicarse)* **se aclaró la situación** the situation became clear
(**c**) *(tener las cosas claras)* to know what one wants; **mi jefe no se aclara** my boss doesn't know what he wants; **aclárate, ¿quieres venir o no?** make up your mind! do you want to come or not?
(**d**) **aclararse la garganta** to clear one's throat
(**e**) **aclararse el pelo** *(de color)* to dye one's hair a lighter colour

aclaratorio, -a *adj* explanatory

aclimatación *nf* acclimatization; **la a. al nuevo entorno laboral le llevó unos meses** it took her a few months to become accustomed to the new working environment

aclimatar 1 *vt (planta, animal)* to acclimatize (**a** to)
2 aclimatarse *vpr* (**a**) *(planta, animal)* to acclimatize (**a** to) (**b**) *Fig (acostumbrarse)* to settle in; **aclimatarse a algo** to get used to sth

acné *nm Med* **a. (juvenil)** acne

ACNUR [ak'nur] *nf* (*abrev de* **Alta Comisaría de las Naciones Unidas para los Refugiados**) UNHCR

acobardamiento *nm* cowardice, cowardliness

acobardar 1 *vt* to frighten, to scare
2 acobardarse *vpr* to get frightened *o* scared; **acobardarse ante un reto** to shrink back from a challenge; **no se acobarda ante nada** nothing scares him

acodado, -a *adj* (**a**) *(persona)* leaning (on his/her elbows) (**b**) *(cañería)* elbowed

acodadura *nf (en tubo, varilla)* bend, angle

acodar 1 *vt* (**a**) *(tubo, varilla)* to bend (at an angle) (**b**) *Bot* to layer
2 acodarse *vpr* to lean (**en** on)

acodo *nm Bot* shoot, *Espec* layer

acogedoramente *adv* hospitably

acogedor, -ora *adj* (**a**) *(país, persona)* friendly, welcoming (**b**) *(casa, ambiente)* cosy

acoger [52] **1** *vt* (**a**) *(recibir) (persona)* to welcome; *(idea, noticia)* to receive (**b**) *(dar refugio a)* to take in; **Suecia acogió a los refugiados políticos** Sweden took in the political refugees; **que Dios lo/la acoja en su seno** God rest his/her soul
2 acogerse *vpr* **acogerse a** *(ley, derecho)* to take refuge in, to have recourse to; **no te acojas a una excusa tan tonta** don't try and hide behind such a ridiculous excuse

acogida *nf (de persona)* welcome, reception; *(de idea, película)* reception; **tener buena/mala a.** to be well/badly received, to go down well/badly

acogido, -a 1 *nm,f (pobre)* poorhouse resident
2 *nm Agr* pasturing fee

acogotar *vt* (**a**) *(matar)* to kill *(with a blow to the neck)* (**b**) *Fam (derribar)* to knock down (**c**) *Fam (intimidar, agobiar)* to pester; **me acogotaba pidiéndome cosas todo el día** she was driving me mad asking me to do things all day

acojo *ver* **acoger**

acojonado, -a *adj Vulg* (**a**) *(ajustado)* shit-scared (**b**) *(impresionado)* **quedarse a.** to be gobsmacked

acojonante *adj Vulg* (**a**) *(impresionante)* bloody incredible (**b**) *(que da miedo)* bloody scary

acojonar *Vulg* **1** *vt* (**a**) *(asustar)* **a. a alguien** to scare sb shitless (**b**) *(impresionar)* to gobsmack
2 *vi (asustar)* to be bloody scary
3 acojonarse *vpr* to get shit-scared

acojone, acojono *nm Vulg* **me entró un a. terrible** I started shitting myself; **¡qué a. de película!** what a wicked film!

acolchado, -a 1 *adj* padded; **tela acolchada** quilted material
2 *nm RP (edredón)* bedspread

acolchar *vt* to pad

acólito *nm* (**a**) *(monaguillo)* altar boy (**b**) *(acompañante)* acolyte

acollarar *vt Chile, RP (unir)* to tie together

acomedido, -a *adj Am* accommodating, obliging

acometer 1 *vt* (**a**) *(atacar)* to attack (**b**) *(emprender)* to undertake; **acometió la tarea con ilusión** she took on the task with enthusiasm (**c**) *(sobrevenir)* **me acometió un dolor punzante** I was hit by a stabbing pain; **le acometió el sueño** he was overcome by sleepiness
2 *vi (embestir)* to attack; **a. contra** to attack, to charge at

acometida *nf* (**a**) *(ataque)* attack, charge (**b**) *(de luz, gas)* (mains) connection

acomodación *nf* accommodation

acomodadamente *adv* (**a**) *(convenientemente)* conveniently (**b**) *(confortablemente)* comfortably

acomodadizo, -a *adj* accommodating, easy-going

acomodado, -a *adj* (**a**) *(rico)* well-off, well-to-do (**b**) *(instalado)* ensconced (**c**) *Chile, Méx, RP (colocado en un trabajo)* **es un a.** he got his job by pulling strings

acomodador, -ora *nm,f Cine & Teatro* usher, *f* usherette

acomodar 1 *vt* (**a**) *(instalar) (persona)* to seat, to instal; *(cosa)* to place; **acomodó a los niños en la habitación de invitados** she put the children in the guest room
(**b**) *(adaptar)* to fit
(**c**) *Chile, Méx, RP (colocar en un trabajo)* **a. a alguien** to get sb a job through connections *o* influence
2 acomodarse *vpr* (**a**) *(instalarse)* to make oneself comfortable; **se acomodó en el sillón** he settled down in the armchair
(**b**) *(adaptarse)* to adapt (**a** to); **el presupuesto deberá acomodarse a nuestras necesidades** our budget should meet our needs
(**c**) *Chile, Méx, RP (colocarse en un trabajo)* to set oneself up through connections

acomodaticio, -a *adj (complaciente)* accommodating, easy-going

acomodo *nm* (**a**) *(alojamiento)* accommodation; *Fig* **dar a. a algo** to allow for sth, to take sth into account (**b**) *RP, Chile (influencia)* string-pulling, influence (**c**) *Méx (empleo temporal)* seasonal job

acompañado, -a *adj* accompanied (**de** by)

acompañamiento *nm* (**a**) *(comitiva) (en entierro)* cortege; *(de rey)* retinue (**b**) *(guarnición)* accompaniment; **pescado frito y de a. ensalada** fried fish served with a salad (**c**) *(musical)* accompaniment

acompañante *nmf* companion; **los acompañantes no pueden entrar al quirófano** anyone accompanying a patient may not be present in the operating *Br* theatre *o US* room

acompañar 1 *vt* (**a**) *(ir con)* to go with, to accompany; **a. a alguien a la puerta** to show sb out; **a. a alguien a casa** to walk sb home; **su esposa lo acompaña en todos sus viajes** his wife goes with him on all his trips
(**b**) *(hacer compañía)* **a. a alguien** to keep sb company; **la radio me acompaña mucho** I listen to the radio for company
(**c**) *(compartir emociones con)* **a. en algo a alguien** to be with sb in sth; **lo acompaño en el sentimiento** (you have) my condolences
(**d**) *(adjuntar)* to enclose; **acompañó la solicitud de** *o* **con su curriculum vitae** he sent his *Br* CV *o US* resumé along with the application
(**e**) *(con música)* to accompany; **ella canta y su hermana la acompaña al piano** she sings and her sister accompanies her on the piano
(**f**) *(añadir)* **a. la carne con verduras** to serve the meat with vegetables
2 *vi (hacer compañía)* to provide company
3 acompañarse *vpr Mús* **canta y se acompaña con el piano** she sings and accompanies herself on the piano

acompasado, -a *adj* (**a**) (crecimiento, desarrollo) steady (**b**) *(pasos)* measured

acompasar *vt* to synchronize (**a** with)

acomplejado, -a 1 *adj* **está a. por su calvicie** he has a complex about his bald patch
2 *nm,f* **es un a.** he has got a complex

acomplejar 1 *vt* to give a complex; **no dejes que el triunfo de tu rival te acompleje** don't give yourself a complex about your rival winning
2 acomplejarse *vpr* to develop a complex

Aconcagua *nm* **el A.** Aconcagua

aconcharse *vpr* (**a**) *Chile, Perú (sedimiento)* to settle (**b**) *Chile, Perú (situación)* to settle down, to calm down (**c**) *Chile (atemorizarse)* to take fright, to get scared

acondicionado, -a *adj (equipado)* equipped; **estar bien/mal a.** to be in a fit/no fit state; **con aire a.** air-conditioned

acondicionador *nm* (**a**) *(de aire)* air-conditioner (**b**) *(de pelo)* conditioner

acondicionamiento *nm* (**a**) *(reforma)* conversion, upgrading (**b**) ***a. de aire*** air conditioning

acondicionar 1 *vt* (**a**) *(reformar)* to convert, to upgrade (**b**) *(preparar)* to prepare, to get ready
2 acondicionarse *vpr (aclimatarse)* to become accustomed

aconfesional *adj* secular

aconfesionalidad *nf* secular nature

acongojadamente *adv* in distress, in anguish

acongojado, -a *adj (apenado)* distressed, anguished

acongojar 1 *vt* to distress, to cause anguish to
2 acongojarse *vpr* to be distressed

acónito *nm* aconite, wolfsbane

aconsejable *adj* advisable

aconsejado, -a *adj* sensible, prudent

aconsejar *vt* (**a**) *(dar consejos)* to advise; **a. a alguien (que haga algo)** to advise sb (to do sth); **le pedí que me aconsejara (acerca de)** I asked him for advice (about) (**b**) *(hacer aconsejable)* to make advisable; **la delicadeza de la situación aconseja actuar con prudencia** the delicacy of the situation makes caution advisable

acontecer [46] *vi* to take place, to happen

acontecimiento *nm* event; **esto es todo un a.** this is quite an event!; **adelantarse a los acontecimientos** *(precipitarse)* to jump the gun; *(prevenir)* to take preemptive measures

acontezca *etc ver* **acontecer**

acopiar *vt* to gather

acopio *nm* stock, store; **hacer a. de** *(existencias, comestibles)* to stock up on; *(valor, paciencia)* to summon up

acoplable *adj* attachable (**a** to)

acoplado, -a 1 *adj* coupled, joined
2 *nm Chile, RP* trailer

acoplador *nm Tec* ***a. direccional*** directional coupler

acopladura *nf* joint, connection

acoplamiento *nm (de piezas)* attachment, connection ▫ ***a. espacial*** docking in space

acoplar 1 *vt* (**a**) *(pieza)* to attach (**a** to) (**b**) *(persona)* to adapt, to fit
2 acoplarse *vpr* (**a**) *(piezas)* to fit together; **acoplarse a algo** to fit sth (**b**) *(persona)* to adjust (**a** to); **se han acoplado muy bien el uno al otro** they get on well together (**c**) *(micrófono)* to give feedback (**d**) *(animales)* to mate (**e**) *muy Fam (apoltronarse)* **se acopló en el sillón** he *Br* plonked *o US* plunked himself down in the armchair

acoquinado, -a *adj Fam* timid, nervous

acoquinar *Fam* **1** *vt* to put the wind up
2 acoquinarse *vpr* to get the wind up

acorazado, -a 1 *adj* armour-plated
2 *nm (buque de guerra)* battleship

acorazar [14] *vt* to armour-plate, to armour

acorazonado, -a *adj* heart-shaped

acordado, -a *adj* (**a**) *(con acuerdo)* agreed (upon); **lo a.** what has been agreed upon (**b**) *(sensato)* prudent, sensible

ACORDAR [63] **1** *vt* (**a**) *(ponerse de acuerdo en)* to agree (on); **a. hacer algo** to agree to do sth; **acordaron que lo harían** they agreed to do it; **el Consejo de Ministros acordó los nuevos precios de la gasolina** the Cabinet fixed *o* set the new petrol prices
(**b**) *Am (conceder)* to award
2 *vi* to go together
3 acordarse *vpr* (**a**) *(recordar)* **acordarse (de algo/de hacer algo)** to remember (sth/to do sth); **ella no se acuerda de eso** she doesn't remember that; **si mal no me acuerdo** if I remember correctly, if my memory serves me right
(**b**) *(ponerse de acuerdo)* to agree, to come to an agreement; **no se acuerdan con nosotros** they don't agree with us; **se acordó que no harían declaraciones** it was agreed that they wouldn't make any statements
(**c**) *Fam (como amenaza)* **¡te vas a a.!** you're in for it!, you'll catch it!; **¡como rompas algo, te vas a a.!** if you break anything, you've had it!
(**d**) *Fam (como insulto)* **salió del campo acordándose de toda la familia del árbitro** he left the field calling the referee all the names under the sun; **cuando vi que la calefacción seguía sin funcio-**

nar, me acordé de toda la familia del fontanero when I saw that the heating still wasn't working, I swore inwardly at the plumber

---

acorde 1 *adj (conforme)* in agreement; **estar a. con** to be in keeping with; **tienen puntos de vista acordes** they see some things the same way
2 *nm Mús* chord

acordeón *nm* (**a**) *Mús* accordion (**b**) *Méx Fam (en examen)* crib

acordeonista *nmf* accordionist

acordonado, -a *adj* (**a**) *(área)* cordoned off (**b**) *Méx (animal)* thin, lean

acordonamiento *nm (de área)* cordoning off

acordonar *vt* (**a**) *(área)* to cordon off (**b**) *(atar)* to do up, to lace up

acornear *vt* to gore

ácoro *nm* calamus, sweet flag

acorralamiento *nm* cornering

acorralar *vt también Fig* to corner

acortar 1 *vt* (**a**) *(longitud, cuerda)* to shorten (**b**) *(falda, pantalón)* to take up (**c**) *(reunión, viaje)* to cut short
2 *vi* **por este camino acortaremos** we'll get there quicker this way
3 acortarse *vpr (días)* to get shorter

acosado, -a *adj* (**a**) *(por perseguidores)* hounded, pursued (**b**) *(por molestia)* plagued, beset; **a. por las dudas** plagued by doubts

acosador, -ora *adj* relentless, persistent

acosamiento *nm* harassment

acosar *vt (perseguir)* to pursue relentlessly; *(hostigar)* to harass

acoso *nm (persecución)* relentless pursuit; *(hostigamiento)* harassment ❑ ***a. y derribo*** = rural sport in which horsemen harry and bring down bulls; *Fig* constant harrying; ***a. sexual*** sexual harassment

acostado, -a *adj (tumbado)* lying down; *(en la cama)* in bed

acostar [63] **1** *vt* (**a**) *(tumbar)* to lie down; *(en la cama)* to put to bed (**b**) *Náut* to bring alongside
2 acostarse *vpr* (**a**) *(irse a la cama)* to go to bed; **suele acostarse tarde** he usually goes to bed late (**b**) *(tumbarse)* to lie down (**en** on) (**c**) *Fam (tener relaciones sexuales)* **acostarse con alguien** to sleep with sb; **acostarse juntos** to sleep together

acostumbrado, -a *adj* (**a**) *(habitual)* usual (**b**) *(habituado)* **estamos acostumbrados** we're used to it; **estar a. a algo/a hacer algo** to be used to sth/to doing sth

acostumbrar 1 *vt (habituar)* **a. a alguien (a hacer) algo** to get sb used to (doing) sth
2 *vi (soler)* **a. a hacer algo** to be in the habit of doing sth; **acostumbra a trabajar los sábados** he usually works on Saturdays
3 acostumbrarse *vpr (habituarse)* **te acostumbrarás pronto** you'll soon get used to it; **acostumbrarse a (hacer) algo** to get used to (doing) sth

acotación *nf* (**a**) *(nota)* note in the margin (**b**) *Teatro* stage direction

acotado, -a *adj* enclosed

acotamiento *nm* (**a**) *(de terreno, campo)* enclosing, demarcation (**b**) *Méx (arcén) Br* hard shoulder, *US* shoulder

acotar *vt* (**a**) *(terreno, campo)* to enclose, to demarcate; *(tema, competencias)* to delimit (**b**) *(texto)* to write notes in the margin of

ACP *(abrev de* **África, el Caribe y el Pacífico**) ACP; **países A.** ACP countries

ácrata *adj & nmf* anarchist

acre 1 *adj* (**a**) *(olor)* acrid, pungent; *(sabor)* bitter (**b**) *Fig (brusco, desagradable)* caustic
2 *nm* acre

acrecentamiento *nm* increase, growth

acrecentar [3] **1** *vt* to increase
2 acrecentarse *vpr* to increase

acreditación *nf* (**a**) *(de periodista)* press card (**b**) *(de diplomático)* credentials

acreditado, -a *adj* (**a**) *(médico, abogado)* distinguished; *(marca)* reputable (**b**) *(embajador, representante)* accredited

acreditar *vt* (**a**) *(certificar)* to certify; *(autorizar)* to authorize, to entitle (**b**) *(demostrar)* to prove, to confirm; **este diploma lo acredita como traductor jurado** this diploma certifies that he is an official translator (**c**) *(dar fama a)* to do credit to; **el premio lo acreditó como escritor** the award confirmed his status as a writer (**d**) *(embajador)* to accredit (**e**) *Fin* to credit

acreditativo, -a *adj* accrediting; **diploma a.** certificate

acreedor, -ora 1 *adj* **hacerse a. de algo** to earn sth
2 *nm,f Fin* creditor

acribillado, -a *adj* **a. a balazos** riddled with bullets; **a. por los mosquitos** bitten all over by mosquitos

acribillar *vt* to perforate, to pepper with holes; **a. a alguien a balazos** to riddle sb with bullets; **me han acribillado los mosquitos** the mosquitoes have bitten me all over; **a. a alguien a preguntas** to fire questions at sb

acrílico, -a 1 *adj* acrylic
2 *nm Arte* acrylic

acriminarse *vpr Chile* to disgrace oneself

acrimonia *nf (aspereza)* acrimony; **con a.** bitterly

acriollado, -a *adj Am* integrated

acriollarse *vpr Am* to adopt native ways

acrisolado, -a *adj* (**a**) *(irreprochable)* irreproachable (**b**) *(probado)* proven, tried and tested

acrisolar *vt* (**a**) *(metal)* to refine, to purify (**b**) *(purificar)* to clarify (**c**) *(verdad)* to prove

acristalado, -a *adj (terraza, galería)* glazed

acristalar *vt* to glaze

acrítico, -a *adj* uncritical

acritud *nf (aspereza)* acrimony; **con a.** bitterly

acrobacia *nf* (**a**) *(en circo)* acrobatics; *Fig* **hacer acrobacias con las cifras** to massage the figures (**b**) *(de avión)* aerobatic manoeuvre

acróbata *nmf* acrobat

acrobático, -a *adj (ejercicios, espectáculo)* acrobatic

acromático, -a *adj* achromatic, colourless

acromegalia *nf Med* acromegaly

acronimia *nf* **su nombre se forma por a.** its name is an acronym

acrónimo *nm* acronym

acrópolis *nf inv* acropolis

acróstico *nm* acrostic

acta *nf*

Takes the masculine articles **el** and **un**.

(**a**) **acta(s)** *(de junta, reunión)* minutes; *(de congreso)* proceedings; **constar en a.** to be recorded in the minutes; **levantar a.** to take the minutes (**b**) *(certificado)* certificate; **a. (de nombramiento)** certificate of appointment ❑ ***a. de defunción*** death certificate; ***a. de diputado*** = document certifying that the holder is member of parliament; **no piensa renunciar a su a. de diputada** she has no plans to resign her seat in parliament; ***a. notarial*** affidavit (**c**) *Pol* ***A. Única (Europea)*** Single European Act

actinia *nf* sea anemone

actínido *nm Quím* actinide

actinio *nm* actinium

actitud *nf* (**a**) *(disposición de ánimo)* attitude; **llegó en a. de criticar todo** he arrived ready to find fault with everything (**b**) *(postura)* posture, position

activación *nf* (**a**) *(de alarma, mecanismo)* activation; **la luz provoca la a. del dispositivo** the device is activated by light (**b**) *(de economía)* stimulation

activador, -ora *adj & nm* activator

activamente *adv* actively

activar *vt* (**a**) *(alarma, mecanismo)* to activate (**b**) *(explosivo)* to detonate (**c**) *(economía)* to stimulate; **a. los intercambios comerciales** to stimulate trade

actividad *nf* activity; **desplegar una gran a.** to be in a flurry of activity; **en a.** active ❑ ***a. económica*** economic activity; *Educ* ***actividades extraescolares*** extracurricular activities

activismo *nm Pol* activism

activista *nmf Pol* activist

activo, -a 1 *adj* (**a**) *(dinámico)* active (**b**) *(que trabaja)* working; **en a.** *(en funciones)* on active service; EXPR *Fam* **hemos tratado por activa y por pasiva de...** we have tried everything to... (**c**) *Gram* active
2 *nm Fin* assets ❑ ***a. fijo*** fixed assets; ***a. financiero*** financial assets; ***a. líquido*** liquid assets

acto *nm* (**a**) *(acción)* act; **no es responsable de sus actos** she's not responsible for her actions; **hacer a. de presencia** to attend ❑ ***a. de fe*** act of faith; ***a. reflejo*** reflex action; ***a. sexual*** sexual act; ***a. de solidaridad*** show of solidarity (**b**) *(ceremonia)* ceremony (**c**) *Teatro* act (**d**) **acto seguido** *loc adv* immediately after (**e**) **en el acto** *loc adv* on the spot, there and then; **reparaciones en el a.** repairs done while you wait; **lo cazaron en el a. de huir con el dinero** they caught him just as he was making off with the money

actor *nm* actor ▫ ***a. cómico*** comic actor; ***a. de doblaje*** = actor who dubs voices in a foreign-language film; ***a. dramático*** dramatic actor; ***a. principal*** lead actor; ***a. secundario*** *o* ***de reparto*** supporting actor

actriz *nf* actress ▫ ***a. cómica*** comic actress; ***a. de doblaje*** = actress who dubs voices in a foreign-language film; ***a. dramática*** dramatic actress; ***a. principal*** leading actress; ***a. secundaria*** *o* ***de reparto*** supporting actress

actuación *nf* (**a**) *(conducta, proceder)* conduct, behaviour (**b**) *(interpretación)* performance; **esta tarde vamos a una a. de unos cómicos** we're going to a comedy show this evening (**c**) *Der* **actuaciones** proceedings

actual *adj* (**a**) *(del momento presente)* present, current; **las tendencias actuales de la moda** current fashion trends (**b**) *(de moda)* modern, present-day (**c**) *(de interés)* topical; **el desempleo es un tema muy a.** unemployment is a very topical issue

> Observa que la palabra inglesa **actual** es un falso amigo y no es la traducción de la palabra española **actual**. En inglés, **actual** significa "verdadero, real".

actualidad *nf* (**a**) *(situación)* current situation; **en la a.** *(momento presente)* at the present time, nowadays; **estar de a.** *(ser de interés)* to be topical; **poner algo de a.** to make sth topical; **la a. política** the current political situation (**b**) *(noticia)* news (singular); **la a. informativa** the news; **la a. deportiva** the sports news; **ser a.** to be making the news (**c**) *(vigencia)* relevance to modern society; **sus libros siguen teniendo gran a.** her books are still very relevant today

actualización *nf* (**a**) *(de información, datos)* updating (**b**) *(de tecnología, industria)* modernization (**c**) *Informát (de software, hardware)* upgrade

actualizar [14] *vt* (**a**) *(información, datos)* to update (**b**) *(tecnología, industria)* to modernize (**c**) *Informát (software, hardware)* to upgrade

actualmente *adv* (**a**) *(en estos tiempos)* these days, nowadays; **a. casi nadie viaja en burro** hardly anyone travels by donkey nowadays (**b**) *(en este momento)* at the (present) moment; **su padre está a. en paradero desconocido** his father's present whereabouts are unknown

> Observa que la palabra inglesa **actually** es un falso amigo y no es la traducción de la palabra española **actualmente**. En inglés, **actually** significa "en realidad".

actuante *nmf* performer

actuar [4] *vi* (**a**) *(obrar, producir efecto)* to act; **actúa de** *o* **como escudo** it acts *o* serves as a shield; **este tranquilizante actúa directamente sobre los centros nerviosos** this tranquilizer acts directly on the nerve centres; **los carteristas actúan principalmente en el centro de la ciudad** the pickpockets are mainly active in the city centre (**b**) *Der* to undertake proceedings (**c**) *(en película, teatro)* to perform, to act; **en esta película actúa Cantinflas** Cantinflas appears in this film

actuarial *adj* actuarial

actuario, -a *nm,f* (**a**) *Der* clerk of the court (**b**) *Fin* ***a. de seguros*** actuary

acuadrillar *vt Chile (atacar)* to gang up on

acualún *nm* aqualung

acuarela *nf (técnica, pintura)* watercolour

acuarelista *nmf (pintor)* watercolourist

acuario 1 *nmf (persona)* Aquarius

2 *nm* (**a**) *(edificio, pecera grande)* aquarium; *(pecera)* fish tank (**b**) *(zodiaco)* Aquarius; **ser a.** to be (an) Aquarius

acuartelado, -a *adj* (**a**) *Mil* quartered, billeted (**b**) *(escudo)* quartered

acuartelamiento *nm Mil* (**a**) *(acción)* confinement to barracks (**b**) *(lugar)* barracks

acuartelar *vt Mil* (**a**) *(alojar)* to quarter (**b**) *(retener)* to confine to barracks

acuático, -a *adj* aquatic; **deportes acuáticos** water sports

acuatizaje *nm Av* landing on water

acuatizar [14] *vi* to land on water

acuchillado, -a 1 *adj* (**a**) *(herido)* knifed, slashed (**b**) *(madera)* planed; *(suelo)* sanded

2 *nm (de suelos)* sanding

acuchillador *nm (de suelos)* floor sander

acuchillamiento *nm (apuñalamiento)* stabbing, slashing

acuchillar *vt* (**a**) *(apuñalar)* to stab (**b**) *(suelos)* to sand

acuciante *adj* urgent, pressing

acuciar *vt (instar)* to goad; *Fig* to press; **el deseo me acuciaba** I was driven by desire

acucioso, -a *adj* (**a**) *(diligente)* diligent, meticulous (**b**) *(deseoso)* eager

acuclillarse *vpr (agacharse)* to squat (down)

acudir *vi* (**a**) *(ir)* to go; *(venir)* to come; **a. a una cita/un mitin** to turn up for an appointment/at a rally; **a. a la mente** to come to mind; **a. en ayuda de alguien** to come to sb's aid *o* assistance; **nadie acudió a mi llamada de auxilio** no one answered my cry for help; **Sr. Pérez, acuda a recepción** could Mr Perez please come to reception?; **a. a las urnas** to (turn out to) vote (**b**) *(recurrir)* **a. a alguien** to turn to sb; **si necesitas ayuda, puedes a. a mí** if you need help you can ask me *o* come to me

acueducto *nm* aqueduct

acuerdo 1 *ver* **acordar**

2 *nm (determinación, pacto)* agreement; **llegar a un a.** to reach (an) agreement; **tomar un a.** to make a decision ▫ ***A. General sobre Aranceles y Comercio*** General Agreement on Tariffs and Trade; *Ind* ***a. marco*** framework agreement; ***a. tácito*** tacit agreement

3 de acuerdo *loc adv* (**a**) *(vale, bien)* all right

(**b**) **de a. con** *(conforme a)* in accordance with; **estar de a. con alguien** to agree with sb; **estar de a. en algo** to agree on sth; **estamos de a. en que es necesario encontrar una solución** we agree that we have to find a solution; **ponerse de a. (con alguien)** to agree (with sb), to come to an agreement (with sb); **de común a.** by common consent

acuesto *etc ver* **acostar**

acuícola *adj* aquatic

acuicultivo *nm* hydroponics *(singular)*

acuicultura *nf (de peces)* fish farming; *(explotación de recursos)* aquiculture, aquaculture

acuífero *nm Geol* aquifer

acuilmarse *vpr CAm, Méx* to falter, to lose one's nerve

acullá *adv* (over) there, yonder; **aquí, allá y a.** here, there and yonder

acumulable *adj* **el máximo a.** the maximum possible; **los puntos no son acumulables para la segunda ronda** points are not carried forward to the second round

acumulación *nf* (**a**) *(acción)* accumulation (**b**) *(montón)* accumulation, collection; **una a. peligrosa de residuos** a dangerous build-up of waste deposits

acumulador, -ora 1 *adj* **proceso a. de información** information gathering process; **proceso a. de riqueza** process of enrichment

2 *nm Elec* accumulator, storage battery

acumular 1 *vt* to accumulate; **le gusta a. recuerdos de sus viajes** she likes collecting souvenirs of her trips

2 acumularse *vpr* to accumulate, to build up; **se acumularon varias circunstancias desfavorables** various unfavourable circumstances combined together; **se me acumula el trabajo** work is piling up on me

acumulativo, -a *adj* cumulative

acunar *vt (en cuna)* to rock; *(en brazos)* to cradle

acuñar *vt* (**a**) *(moneda)* to mint (**b**) *(palabra, expresión)* to coin

acuosidad *nf* wateriness

acuoso, -a *adj* (**a**) *(que contiene agua)* watery (**b**) *(jugoso)* juicy

acupuntor, -ora *nm,f* acupuncturist

acupuntura *nf* acupuncture

acurrucarse [59] *vpr (encogerse)* to crouch down; *(por frío)* to huddle up; *(por miedo)* to cower; **se acurrucó en un sillón** he curled up in an armchair; **se acurrucaron el uno contra el otro** they huddled up together

acusación *nf* (**a**) *(inculpación)* charge, accusation; **verter acusaciones (contra**

alguien) to make accusations (against sb) (**b**) *Der* **la a.** the prosecution ❑ ***a. particular*** private action

acusado, -a 1 *adj (marcado)* marked, distinct
2 *nm,f (procesado)* accused, defendant

acusador, -ora *adj* accusing

acusar 1 *vt* (**a**) *(culpar)* to accuse; *Der* to charge; **lo acusaron de asesinato** he was accused of *o* charged with murder (**b**) *(mostrar, resentirse de)* to show; **su rostro acusaba el paso del tiempo** the passage of time had taken its toll on his face; **su espalda acusó el esfuerzo** the effort had taken its toll on his back; **a. el golpe** to show the effects (**c**) *(recibo)* to acknowledge; **acusamos la recepción del paquete** we acknowledge the receipt of your package
2 acusarse *vpr (mutuamente)* to blame one another (**de** for); *(uno mismo)* **acusarse de haber hecho algo** to confess to having done sth; **¡padre, me acuso!** father, I confess

acusativo *nm Gram* accusative

acusatorio, -a *adj Der & Formal* accusatory

acuse *nm* ***a. de recibo*** acknowledgement of receipt; *Informát* acknowledgement

acusica *nmf Fam (lenguaje infantil)* telltale

acusón, -ona *Fam* **1** *nm,f* gossip
2 *adj* gossipy

acústica *nf* (**a**) *(ciencia)* acoustics *(singular)* (**b**) *(de local)* acoustics

acústico, -a *adj* acoustic

AD *nf (abrev de* **Acción Democrática** = Venezuelan political party

ada *nm Informát* Ada

adagio *nm* (**a**) *(sentencia breve)* adage (**b**) *Mús* adagio

adalid *nm* champion, leader

adamantino, -a *adj* adamantine, diamond-like

adán *nm Fam (desaliñado)* ragamuffin, scruffy man; EXPR **ir hecho un a.** to be scruffily dressed, to go about in rags; EXPR **ir en traje de a.** to be in one's birthday suit, to be naked

adaptabilidad *nf* adaptability

adaptable *adj* adaptable

adaptación *nf* (**a**) *(acomodación)* adjustment (**a** to); **a. al medio** adaptation to the environment (**b**) *(modificación)* adaptation; **la película es una buena a. del libro** the film is a good adaptation of the book

adaptado, -a *adj* suited (**a** to); **una especie adaptada al clima desértico** a species which is adapted to the desert climate; **está bien a. a su nuevo colegio** he's quite at home in his new school now

adaptador *nm Elec* adapter ❑ ***a. de corriente*** transformer; *Informát* ***a. de vídeo*** video adaptor

adaptar 1 *vt* (**a**) *(acomodar, ajustar)* to adjust (**a** to) (**b**) *(modificar) (libro, obra de teatro)* to adapt (**a** for)
2 adaptarse *vpr* to adjust (**a** to)

addenda *nf,* **addendum** *nm* addendum

Addis Abeba *n* Addis Ababa

adecentar 1 *vt* to tidy up; **van a a. la fachada del edificio** they're going to give the building a face-lift
2 adecentarse *vpr* to smarten oneself up

adecuación *nf Formal* (**a**) *(idoneidad, conveniencia)* suitability (**b**) *(adaptación)* adaptation

adecuado, -a *adj* appropriate, suitable

adecuar 1 *vt* to adapt
2 adecuarse *vpr (ser apropiado)* to be appropriate (**a** for); **las medidas se adecuan a las circunstancias** the measures are in keeping with the situation

adefesio *nm Fam* (**a**) *(persona)* fright, sight (**b**) *(cosa)* eyesore, monstrosity

a. de JC. *(abrev de* **antes de Jesucristo**) BC

adelantado, -a 1 *adj* advanced; **Galileo fue un hombre a. a su tiempo** Galileo was a man ahead of his time; **llevamos el trabajo muy a.** we're quite far ahead with the work; **llevo el reloj a.** my watch is fast; **por a.** in advance; **hay que pagar por a.** you have to pay in advance
2 *nm,f Hist* = governor of a frontier province

adelantamiento *nm (en carretera)* overtaking

ADELANTAR 1 *vt* (**a**) *(vehículo, competidor)* to overtake; **me adelantó en la última vuelta** she overtook me on the final lap
(**b**) *(mover hacia adelante)* to move forward; *(pie, reloj)* to put forward; *(balón)* to pass forward; **adelantó su coche para que yo pudiera aparcar** she moved her car forward so I could park
(**c**) *(en el tiempo) (reunión, viaje)* to bring forward; **me quedaré en la oficina para a. el trabajo** I'm going to stay on late at the office to get ahead with my work
(**d**) *(dinero)* to pay in advance; **pedí que me adelantaran la mitad del sueldo de julio** I asked for an advance of half of my wages for July
(**e**) *(información)* to release; **el gobierno adelantará los primeros resultados a las ocho** the government will announce the first results at eight o'clock; **no podemos a. nada más por el momento** we can't tell you *o* say any more for the time being
(**f**) *(mejorar)* to promote, to advance; **¿qué adelantas con eso?** what do you hope to gain *o* achieve by that?
2 *vi* (**a**) *(progresar)* to make progress; **la informática ha adelantado mucho en la última década** there has been a lot of progress in information technology over the past decade
(**b**) *(reloj)* to be fast; **mi reloj adelanta** my watch is fast
(**c**) *(en carretera)* to overtake; **prohibido a.** *(en señal)* no overtaking
(**d**) *(avanzar)* to advance, to go forward; **la fila adelanta con lentitud** the *Br* queue *o US* line is moving forward *o* advancing slowly
3 adelantarse *vpr* (**a**) *(en el tiempo)* to be early; *(frío, verano)* to arrive early; **la reunión se ha adelantado una hora** the meeting has been brought forward an hour; **este año se ha adelantado la primavera** spring has come early this year
(**b**) *(en el espacio)* to go on ahead; **se adelantó unos pasos** he went on a few steps ahead; **me adelanto para comprar el pan** I'll go on ahead and buy the bread
(**c**) *(reloj)* to gain; **mi reloj se adelanta cinco minutos al día** my watch is gaining five minutes a day
(**d**) *(anticiparse)* **adelantarse a alguien** to beat sb to it; **se adelantó a mis deseos** she anticipated my wishes; **se adelantaron a la competencia** they stole a march on their rivals

ADELANTE 1 *adv* (**a**) *(movimiento)* forward, ahead; **(de ahora) en a.** from now on; **en a., llame antes de entrar** in future, knock before coming in; **mirar a.** to look ahead; **no sé cómo vamos a sacar a. la empresa** I don't know how we're going to keep the company going; **saca a. a su familia con un mísero salario** he supports his family on a miserable salary; EXPR **salimos a.** we put our problems behind us
(**b**) *(posición)* **los asientos de a.** the front seats; **más a.** *(en el tiempo)* later (on); *(en el espacio)* further on; **más a. ampliaremos el negocio** later on, we'll expand the business; **más a. se encuentra el centro de cálculo** further on is the computer centre
2 *interj* **¡a.!** *(¡siga!)* go ahead!; *(¡pase!)* come in!

adelanto *nm* (**a**) *(de dinero)* advance (**b**) *(técnico)* advance; **este descubrimiento supone un gran a.** this discovery is a great advance (**c**) *(de noticia)* advance notice; **un a. del programa de festejos** a preview of the programme of celebrations

adelfa *nf* **a. de monte** oleander

adelfilla *nf* spurge laurel

adelgazamiento *nm* slimming; **plan de a.** slimming plan; **esa droga tiene como efecto un acusado a.** this drug causes considerable weight loss

adelgazante *adj* slimming

adelgazar [14] **1** *vt (kilos)* to lose; **esta faja te adelgaza la figura** that girdle makes you look slimmer
2 *vi* to lose weight, to slim; **ha adelgazado mucho** he has lost a lot of weight

ademán 1 *nm (gesto) (con las manos)* gesture; *(con la cara)* face, expression; **hizo a. de decir algo/de huir** he made as if to say sth/run away; **se acercó en a. de**

pegarle she approached him as if to hit him
2 *nmpl* **ademanes** *(modales)* manners

ADEMÁS *adv* moreover, besides; *(también)* also; **es guapa y a. inteligente** she's beautiful, and clever too; **canta muy bien y a. toca la guitarra** not only does she sing very well, she also plays the guitar; **no sólo es demasiado grande, sino que a. te queda mal** it's not just that it's too big, it doesn't suit you either; **a. hay que tener en cuenta que...** it should, moreover, be remembered that...; **a. de** as well as; **a. de simpático es inteligente** as well as being nice, he's intelligent; **a. de perder el partido, enfadaron a la afición** on top of losing the match they upset their supporters

ADENA [a'ðena] *nf (abrev de* **Asociación para la Defensa de la Naturaleza**) *Br* ≃ NCC, = Spanish nature conservancy organization

adentrarse *vpr* **a. en** *(jungla, barrio)* to go deep into; *(asunto)* to study in depth

adentro *adv* inside; **pasen a.** come/go inside; **le clavó el cuchillo muy a.** she plunged the knife deep into him; **tierra a.** inland; **mar a.** out to sea; **para mis/tus/** *etc* **adentros** *(pensar, decir)* to myself/ yourself/*etc*; **sonrió para sus adentros** he smiled to himself

adepto, -a 1 *adj (partidario)* supporting; **ser a. a** to be a follower of
2 *nm,f* follower (**a** *o* **de** of)

aderezar [14] *vt* (**a**) *(sazonar) (ensalada)* to dress; *(comida)* to season (**b**) *(conversación)* to liven up, to spice up

aderezo *nm* (**a**) *(aliño) (de ensalada)* dressing; *(de comida)* seasoning (**b**) *(adorno)* adornment

adeudar 1 *vt* (**a**) *(deber)* to owe (**b**) *Com* to debit; **a. 5.000 pts a una cuenta** to debit 5,000 pesetas to an account
2 **adeudarse** *vpr* to get into debt

adeudo *nm Fin* debit; **con a. a mi cuenta corriente** debited to my current account

adherencia *nf* (**a**) *(de sustancia, superficie)* stickiness, adhesion; *Aut (de ruedas)* roadholding (**b**) *(parte añadida)* appendage

adherente *adj* adhesive, sticky

adherir [62] **1** *vt* to stick
2 **adherirse** *vpr* (**a**) *(pegarse)* to stick (**b**) **adherirse a** *(opinión, idea)* to adhere to; *(partido, asociación)* to join; **me adhiero a tu propuesta** I support your proposal

adhesión *nf* (**a**) *(a opinión, idea)* support (**a** of) (**b**) *(a una organización)* entry (**a** into)

adhesivo, -a 1 *adj* adhesive
2 *nm* (**a**) *(pegatina)* sticker (**b**) *(sustancia)* adhesive

adhiero *etc ver* **adherir**

adhiriera *etc ver* **adherir**

ad hoc *adj* ad hoc; **una medida a.** an ad hoc measure

adicción *nf* addiction (**a** to); **esa droga produce una fuerte a.** this drug is highly addictive

adición *nf* (**a**) *(suma)* addition; **hay que efectuar la a. de todos los gastos** we have to calculate the total cost (**b**) *RP (cuenta)* bill, check

adicional *adj* additional; **hubo que contratar a personal a. durante la temporada alta** we had to take on extra *o* additional staff during the high season

adicionalmente *adv* additionally, in addition

adicionar *vt* (**a**) *(añadir, sumar)* to add (**b**) *(alargar)* to extend, to prolong

adictivo, -a *adj* addictive

adicto, -a 1 *adj* (**a**) *(a droga, hábito)* addicted (**a** to) (**b**) *(partidario)* **a. a** in favour of; **no soy muy a. a las reformas propuestas** I'm not greatly enamoured of the proposed reforms
2 *nm,f* (**a**) *(a droga, hábito)* addict; **un a. a la heroína/al tabaco** a heroin/nicotine addict (**b**) *(partidario)* supporter; **los adictos al régimen** the supporters of the regime

adiestrado, -a *adj* trained; **un perro a. para la caza** a dog trained for hunting

adiestrador, -ora *nm,f (de animales)* trainer

adiestramiento *nm* training

adiestrar *vt* to train; **a. a alguien en algo/para hacer algo** to train sb in sth/to do sth

adinerado, -a *adj* wealthy

ad infinitum *adv* ad infinitum

adiós (*pl* **adioses**) **1** *nm* goodbye; *Fig* **decirle a. a algo** to wave *o* kiss sth goodbye
2 *interj* (**a**) *(saludo)* **¡a.!** goodbye!; *(al cruzarse con alguien)* hello! (**b**) *(expresa disgusto)* **¡a.!** blast!

adiposidad *nf* fattiness

adiposo, -a *adj* fatty ❑ *Anat* ***tejido a.*** adipose tissue

aditamento *nm (complemento)* accessory; *(cosa añadida)* addition

aditivo *nm* additive ❑ ***a. alimentario*** food additive

adivinable *adj* foreseeable

adivinación *nf* (**a**) *(predicción)* prophecy, prediction ❑ ***a. del pensamiento*** mind reading (**b**) *(conjetura)* guessing

adivinador, -ora *nm,f* fortune-teller

adivinanza *nf* riddle; **me puso una a.** she asked me a riddle

adivinar 1 *vt* (**a**) *(predecir)* to foretell; *(el futuro)* to tell
(**b**) *(acertar)* to guess; **¡adivina en qué mano está la moneda!** guess which hand the coin is in!; **adivinó el acertijo** he worked out the riddle
(**c**) *(intuir)* to suspect; **adivino que le pasa algo** I've got the feeling something's wrong with him
(**d**) *(vislumbrar)* to spot, to make out; **la propuesta deja a. las verdaderas intenciones de los generales** this proposal reveals the generals' true intentions; **la madre adivinó la tristeza oculta bajo su sonrisa** her mother could see the sadness behind her smile
2 **adivinarse** *vpr (vislumbrarse)* to be visible; **el castillo apenas se adivinaba en la lejanía** the castle could just be made out in the distance

adivinatorio, -a *adj* prophetic; **las artes adivinatorias** the arts of prophecy

adivino, -a *nm,f* fortune-teller; **no soy a.** I'm not psychic

adjetivado, -a *adj* used as an adjective

adjetivar *vt* (**a**) *(calificar)* to stick labels on (**b**) *Gram* to use adjectivally

adjetivo, -a 1 *adj* adjectival
2 *nm* adjective ❑ ***a. calificativo*** qualifying adjective; ***a. demostrativo*** demonstrative adjective; ***a. numeral*** quantitative adjective

adjudicación *nf* awarding ❑ ***a. de obras*** awarding of contracts *(for public works)*

adjudicar [59] **1** *vt (asignar)* to award; **el testamento les adjudicó los muebles** the furniture was left to them in the will
2 **adjudicarse** *vpr* (**a**) *(apropiarse)* to take for oneself (**b**) *(triunfo)* to win; **adjudicarse la victoria** to win, to be victorious

adjudicatario, -a *nm,f* awardee

adjudique *etc ver* **adjudicar**

adjuntar *vt* to enclose *(in letter)*

adjunto, -a 1 *adj* (**a**) *(incluido)* enclosed; **a. le remito el recibo** please find receipt enclosed (**b**) *(auxiliar)* assistant; **profesor a.** assistant lecturer
2 *nm,f (auxiliar)* assistant

adlátere *nmf Formal* cohort, acolyte

adminículo *nm* gadget

administración *nf* (**a**) *(de compañía)* administration, management ❑ ***a. de empresas*** business administration; ***a. de recursos*** resource management (**b**) *(oficina)* manager's office (**c**) *(del Estado)* **la A.** *Br* the Government, *US* the Administration ❑ ***a. de justicia*** legal system; ***a. local*** local government; ***a. pública*** civil service (**d**) *(de medicamentos)* administering; **a. por vía oral** to be taken orally (**e**) *Esp* ***a. de loterías*** lottery outlet

administrado, -a *adj* **a. por la ONU** under UN administration
2 *nm,f* person under administration

administrador, -ora *nm,f* (**a**) *(de empresa)* manager (**b**) *(de bienes ajenos)* administrator

administrar 1 *vt* (**a**) *(empresa, finca)* to manage, to run; *(casa)* to run; *(país)* to govern, to run; *(recursos)* to manage (**b**) *(medicamento, sacramentos)* to administer
2 **administrarse** *vpr (organizar dinero)* to manage one's finances

administrativo, -a 1 *adj* administrative; **personal a.** administrative staff
2 *nm,f* white-collar worker

admirable *adj* admirable

admiración *nf* (**a**) *(sentimiento)* admiration; **"¡eres la mejor!", dijo con a.** "you're the best!" he said admiringly; **digno de a.** worthy of admiration, admirable (**b**) *(signo ortográfico) Br* exclamation mark, *US* exclamation point

admirador, -ora *nm,f* admirer

admirar 1 *vt* (**a**) *(personaje, obra de arte)* to admire; **lo admiro por su honradez** I admire his honesty; **ser de a.** to be admirable (**b**) *(sorprender)* to amaze; **me admira su descaro** I can't believe his cheek
2 admirarse *vpr* to be amazed (**de** by)

admirativo, -a *adj (maravillado)* admiring; **una mirada admirativa** an admiring look

admisibilidad *nf* acceptability

admisible *adj* acceptable

admisión *nf (de persona)* admission; *(de solicitudes)* acceptance; **reservado el derecho de a.** *(en letrero)* the management reserves the right to refuse admission

admitir *vt* (**a**) *(dejar entrar)* to admit, to allow in; **a. a alguien en** to admit sb to (**b**) *(reconocer)* to admit; **admito que estaba equivocado** I admit I was wrong (**c**) *(aceptar)* to accept; **se admiten propinas** *(en letrero)* gratuities at your discretion; **admitimos todas las tarjetas de crédito** we accept all credit cards (**d**) *(permitir, tolerar)* to allow, to permit; **no admite ni un error** he won't stand for a single mistake; **este texto no admite más retoques** there can be no more changes to this text

admón. *(abrev de* **administración**) admin.

admonición *nf Formal* warning

admonitorio, -a *adj* warning; **voz admonitoria** voice with a note of warning

ADN 1 *nm (abrev de* **ácido desoxirribonucleico**) DNA
2 *nf (abrev de* **Acción Democrática Nacionalista**) = Bolivian political party

ad nauseam *adv* ad nauseam

adobado, -a *adj* marinated

adobar *vt* to marinate

adobe *nm* adobe

adobo *nm* (**a**) *(acción)* marinating (**b**) *(salsa)* marinade; **en a.** marinated; **poner en a. durante dos horas** marinade for two hours

adocenado, -a *adj* mediocre, run-of-the-mill

adocenarse *vpr* to lapse into mediocrity

adoctrinamiento *nm* (**a**) *(de ideas)* indoctrination (**b**) *(enseñanza)* instruction

adoctrinar *vt* (**a**) *(inculcar ideas)* to indoctrinate (**b**) *(enseñar)* to instruct

adolecer [46] *vi* **a. de** *(enfermedad)* to suffer from; *(defecto)* to be guilty of; **adolece de falta de entusiasmo** she suffers from a lack of enthusiasm

adolescencia *nf* adolescence

adolescente *adj & nmf* adolescent

adolezco *etc ver* **adolecer**

adonde 1 *adv* where; **la ciudad a. vamos** the city we are going to; *ver* **donde**
2 *prep Fam (a casa de)* **vamos a. la abuela** we're going to granny's

adónde *ver* **dónde**

adondequiera *adv* wherever

adonis *nm inv Fig* Adonis, handsome young man

adopción *nf* (**a**) *(de hijo)* adoption; **Uruguay es mi país de a.** Uruguay is my adopted country; **tomó a dos niños coreanos en a.** he adopted two Korean children (**b**) *(de moda, decisión)* adoption; **estoy en contra de la a. de medidas sin consultar al interesado** I'm against taking any steps without consulting the person involved

adoptante 1 *adj* adopting
2 *nmf* adopter, adoptive parent

adoptar *vt* to adopt; **su timidez adopta la forma de agresividad** his shyness manifests itself as aggressiveness

adoptivo, -a *adj* (**a**) *(hijo, país)* adopted (**b**) *(padre)* adoptive

adoquín *nm* (**a**) *(piedra)* cobblestone (**b**) *Fam (persona)* blockhead

adoquinado, -a 1 *adj* cobbled
2 *nm* (**a**) *(suelo)* cobbles (**b**) *(acción)* cobbling

adoquinar *vt* to cobble

adorable *adj (persona)* adorable; *(lugar, película)* wonderful

adoración *nf (de dios, ídolo)* adoration, worship; *(de persona)* adoration; **"lo que tú quieras" dijo con a.** "whatever you want," he said adoringly; **se prohibió la a. de los dioses paganos** the worship of pagan gods was forbidden; **sentir a. por alguien** to worship sb ❑ *Rel* ***la A. de los Reyes Magos*** the Adoration of the Magi

adorador, -ora 1 *adj* (**a**) *(enamorado)* adoring (**b**) *Rel* worshipping
2 *nm,f* (**a**) *(enamorado)* adorer (**b**) *Rel* worshipper

adorar *vt* (**a**) *(persona, comida)* to adore (**b**) *(dios, ídolo)* to worship

adormecer [46] **1** *vt* (**a**) *(producir sueño)* to lull to sleep (**b**) *(aplacar) (miedo, ira)* to calm; *(pena, dolor)* to alleviate, to lessen
2 adormecerse *vpr* to drift off to sleep

adormecido, -a *adj* (**a**) *(soñoliento)* sleepy, drowsy (**b**) *(entumecido)* numb, asleep

adormecimiento *nm* (**a**) *(acción)* dozing off (**b**) *(sueño)* sleepiness (**c**) *(modorra)* drowsiness

adormezco *etc ver* **adormecer**

adormidera *nf* poppy

adormilado, -a *adj* (**a**) *(dormido)* dozing; **se quedó a. en el sillón** he dozed off in the armchair (**b**) *(con sueño)* sleepy

adormilarse *vpr* to doze; **se adormiló en el sofa** she dozed off on the sofa

adornado, -a *adj* decorated (**con** with)

adornar 1 *vt* (**a**) *(decorar)* to decorate (**b**) *(aderezar)* to adorn (**con** with); **adornó el relato con florituras del lenguaje** she embellished the story with fancy language
2 *vi* to be decorative

adorno *nm* decoration; **de a.** *(árbol, figura)* decorative; *Fam Fig* **estar de a.** *(persona)* to be a waste of space

adosado, -a 1 *adj* (**a**) *(casa)* semi-detached; **chalé a.** semi-detached house (**b**) *(columna)* half-relief
2 *nm* terraced house

adosar *vt* **a. algo a algo** to push sth up against sth

adquiero *etc ver* **adquirir**

adquirible *adj* acquirable, obtainable

adquiriera *etc ver* **adquirir**

adquirido, -a *adj* acquired; **tener derecho a. sobre algo** to have acquired a right to sth

adquiriente *adj & nmf ver* **adquisidor**

adquirir [5] *vt* (**a**) *(comprar)* to acquire, to purchase (**b**) *(conseguir) (conocimientos, hábito, cultura)* to acquire; *(éxito, popularidad)* to achieve

adquisición *nf* (**a**) *(compra, cosa comprada)* purchase; **ser una buena/mala a.** to be a good/bad buy (**b**) *(de conocimiento, hábito)* acquisition; **a. de conocimientos** acquisition of knowledge (**c**) *Fam (persona)* **el nuevo secretario es toda una a.** the new secretary is quite a find

adquisidor, -ora, adquiriente 1 *adj* (**a**) *(que obtiene algo)* acquiring (**b**) *(comprador)* buying
2 *nm,f* (**a**) *(que obtiene algo)* acquirer (**b**) *(comprador)* buyer

adquisitivo, -a *adj* **poder a.** purchasing power

adrede *adv* on purpose, deliberately

adrenalina *nf Med* adrenalin; *Fam Fig* **le dio una subida de a.** it gave him a rush *o* buzz

Adriático *nm* **el (mar) A.** the Adriatic (Sea)

adscribir 1 *vt* (**a**) *(asignar)* to assign (**b**) *(destinar)* to appoint; **lo adscribieron a Guadalajara** they sent him to Guadalajara
2 adscribirse *vpr* **adscribirse a** *(grupo, partido)* to become a member of; *(ideología)* to subscribe to

adscripción *nf* (**a**) *(destino laboral)* assignment, appointment (**b**) *(atribución)* attribution, ascription

adscrito, -a 1 *participio ver* **adscribir**
2 *adj* assigned

aduana *nf* customs *(singular)*; **derechos de a.** customs duty; **pasar por la a.** to go through customs

aduanero, -a 1 *adj* customs; **controles aduaneros** customs controls
2 *nm* customs officer

aducir [18] *vt (motivo, pretexto)* to give, to furnish; **adujo insolvencia para evitar pagar a sus acreedores** he claimed insolvency to avoid paying his creditors; **"estaba muy cansado," adujo** "I was very tired," he explained

adueñarse *vpr* (**a**) **a. de** *(apoderarse de)* to take over, to take control of; **se adueñó de la mejor cama sin consultar a nadie** he claimed the best bed for himself without asking anyone (**b**) *(dominar)* to take hold of;

el pánico se adueñó de ellos panic took hold of them
adujera *etc ver* **aducir**
adujo *etc ver* **aducir**
adulación *nf* flattery
adulador, -ora 1 *adj* flattering
2 *nm,f* flatterer
adular *vt* to flatter
adulón, -ona *nm,f* toady
adulteración *nf* (**a**) *(de sustancia)* adulteration (**b**) *(de información)* distortion
adulterar *vt* (**a**) *(alimento)* to adulterate (**b**) *(información, verdad)* to doctor, to distort
adulterino, -a *adj* **hijo a.** illegitimate child
adulterio *nm* adultery
adúltero, -a 1 *adj* adulterous
2 *nm,f* adulterer, *f* adulteress
adulto, -a 1 *adj* adult; **la edad adulta** adult age, adulthood
2 *nm,f* adult; **película para adultos** adult film
adustez (*pl* **adusteces**) *nf* dourness, severity; **con a.** dourly, severely
adusto, -a *adj* dour, severe
aduzco *ver* **aducir**
advenedizo, -a *adj & nm,f* upstart
advenimiento *nm* (**a**) *(llegada)* advent; **el a. de la democracia** the advent *o* coming of democracy; **el Santo A.** the Second Coming (**b**) *(ascenso al trono)* accession
adventicio, -a *adj* (**a**) *(ocasional)* accidental, adventitious (**b**) *(raíz, tallo)* adventitious
adventismo *nm* (Seventh Day) Adventism
adventista *adj & nmf* (Seventh Day) Adventist
adverbial *adj Gram* adverbial
adverbio *nm Gram* adverb ▫ ***a. de cantidad*** adverb of degree; ***a. de lugar*** adverb of place; ***a. de modo*** adverb of manner; ***a. de tiempo*** adverb of time
adversario, -a *nm,f* adversary, opponent; **fueron adversarios en varios torneos** they played against each other in several competitions
adversativo, -a *adj Gram* adversative
adversidad *nf* adversity; **puedes contar con él en la a.** you can count on him when things get difficult; **se enfrentó a todo tipo de adversidades** he faced up to all sorts of difficulties
adverso, -a *adj* (**a**) *(condiciones)* adverse; **incluso en las condiciones más adversas** even in the worst *o* most adverse conditions (**b**) *(destino)* unkind (**c**) *(suerte)* bad; **la suerte le fue adversa** fate was unkind to him (**d**) *(viento)* unfavourable
advertencia *nf* warning; **servir de a.** to serve as a warning; **hacer una a. a alguien** to warn sb
advertido, -a *adj* (**a**) *(avisado)* informed, warned; **¡estás a.!** you've been warned! (**b**) *(capaz)* capable, skilful
advertir [62] *vt* (**a**) *(notar)* to notice (**b**) *(prevenir, avisar)* to warn; **me advirtió del peligro** he warned me of the danger; **¡te lo advierto por última vez!** I'm telling you for the last time!; **te advierto que no me sorprende** mind you, it doesn't surprise me
adviento *nm Rel* Advent
advierto *etc ver* **advertir**
advirtiera *etc ver* **advertir**
adyacencia *nf Formal* adjacency
adyacente *adj* adjacent; **viven en la casa a. a la nuestra** they live in the house next to ours
AEE *nf* (*abrev de* **Agencia Espacial Europea**) ESA
Aenor *nf* (*abrev de* **Asociación Española para la Normalización y Certificación**) *Br* ≃ BSI, *US* ≃ ASA, = body which certifies quality and safety standards for manufactured goods
aeración *nf* aeration
aéreo, -a *adj* (**a**) *(del aire)* aerial (**b**) *(de la aviación)* air; **base aérea** airbase; **controlador a.** air-traffic controller
aerobic, aeróbic *nm* aerobics *(singular)*
aeróbico, -a *adj* aerobic
aerobio, -a *adj Biol* aerobic
aerobús (*pl* **aerobuses**) *nm* airbus
aeroclub (*pl* **aeroclubes**) *nm* flying club
aerodeslizador *nm* hovercraft
aerodinámica *nf* (**a**) *(ciencia)* aerodynamics *(singular)* (**b**) *(línea)* **el nuevo prototipo tiene una a. avanzada** the new prototype has advanced aerodynamics
aerodinámico, -a *adj* (**a**) *Fís* aerodynamic (**b**) *(forma, línea)* streamlined
aeródromo *nm* airfield, aerodrome
aeroespacial, aerospacial *adj* aerospace
aerofaro *nm Av* beacon
aerofobia *nf* fear of flying
aerofotografía *nf* (**a**) *(técnica)* aerial photography (**b**) *(fotografía)* aerial photograph
aerogenerador *nm* wind turbine
aerógrafo *nm Arte* airbrush
aerolínea *nf* airline
aerolito *nm* aerolite
aeromarítimo, -a *adj* aeromarine
aeromodelismo *nm* airplane modelling
aeromozo, -a *nm,f Am* air steward, *f* air hostess
aeronauta *nmf* aeronaut
aeronáutica *nf* aeronautics *(singular)*
aeronáutico, -a *adj* aeronautic
aeronaval *adj* **fuerzas aeronavales** air and sea forces
aeronave *nf* (**a**) *(avión, helicóptero)* aircraft (**b**) *(dirigible)* airship
aeroplano *nm* aeroplane
aeropuerto *nm* airport
aerosol *nm* aerosol (spray); **también se encuentra en a.** it's also available in aerosol
aerospacial *adj ver* **aeroespacial**
aerostación *nf* ballooning
aerostática *nf* aerostatics *(singular)*
aerostático, -a *adj* **globo a.** hot-air balloon
aeróstato, aerostato *nm* hot-air balloon
aerotaxi *nm Av* light aircraft *(for hire)*
aeroterrestre *adj Mil* air-land, air-to-ground
aerotransportado, -a *adj (tropas, polen)* airborne
aerotransportar *vt* to airlift
aerotrén *nm* maglev
aerovía *nf* airway, air lane
AES ['aes] *nm* (*abrev de* **acuerdo económico y social**) = agreement between Spanish government and trade unions on social and economic issues
AFA ['afa] *nf* (*abrev de* **Asociación de Fútbol Argentino**) = Argentinian Football Association
afabilidad *nf* affability; **con a.** affably
afable *adj* affable
afamado, -a *adj* famous
afán *nm* (**a**) *(esfuerzo)* hard work; **con a.** energetically, enthusiastically (**b**) *(anhelo)* urge; **a. de riquezas** desire for wealth; **su único a. es salir por televisión** his one ambition is to appear on television; **tienen mucho a. por conocerte** they're really keen to meet you; **lo único que le mueve es el a. de lucro** he's only interested in money; **una organización sin a. de lucro** *Br* a non-profit making *o US* not-for-profit organization; **lo hizo sin a. de lucro** she did it with no thought of personal gain
afanar 1 *vt Fam (robar)* to pinch, to swipe
2 afanarse *vpr (esforzarse)* to work hard; **se afanó mucho por acabarlo a tiempo** he worked hard to finish it on time
afanosamente *adv* eagerly, zealously
afanoso, -a *adj (trabajador, diligente)* keen, eager
afarolarse *vpr Andes, Cuba Fam* (**a**) *(exaltarse)* to get excited, to get worked up (**b**) *(enojarse)* to get angry
afasia *nf Psi* aphasia
afear *vt* (**a**) *(volver feo)* to make ugly, to scar (**b**) *(criticar)* **a. a alguien su conducta** to condemn sb's behaviour
afección *nf* complaint, disease; **a. cutánea/del riñón** skin/kidney complaint
afectación *nf* affectation; **con a.** affectedly
afectadamente *adv* affectedly
afectado, -a 1 *adj* (**a**) *(amanerado)* affected (**b**) *(afligido)* upset, badly affected
2 *nm,f* victim; **los afectados por las inundaciones serán indemnizados** the people affected by the floods will receive compensation

afectar *vt* (**a**) *(influir)* to affect; **todo le afecta** he's very sensitive; **le afectó mucho la muerte de su hermano** his brother's death hit him hard (**b**) *(afligir)* to upset, to affect badly (**c**) *(alterar)* to damage; **a esta madera le afecta mucho la humedad** this wood is easily damaged by damp (**d**) *(simular)* to affect, to feign; **afectó enfado** he feigned *o* affected anger (**e**) *RP (destinar, asignar)* to assign

afectísimo, -a *adj (en carta)* **suyo a.** *(si se desconoce el nombre del destinatario)* yours faithfully; *(si se conoce el nombre del destinatario)* yours sincerely

afectivamente *adv* emotionally

afectividad *nf* emotions; **la a. en el niño** the emotional world of the child

afectivo, -a *adj (emocional)* emotional; **tener problemas afectivos** to have emotional problems

afecto *nm* (**a**) *(cariño)* affection, fondness; **sentir a. por alguien** *o* **tenerle a. a alguien** to be fond of sb; **lo trata con a.** she's very affectionate towards him (**b**) *(sentimiento, emoción)* emotion, feeling

afectuosamente *adv* (**a**) *(cariñosamente)* affectionately (**b**) *(en carta)* (yours) affectionately

afectuoso, -a *adj* affectionate, loving

afeitada *nf Am (del pelo, barba)* shave; **se dio una a. rápida** he shaved himself quickly, he had a quick shave

afeitado *nm* (**a**) *(del pelo, barba)* shave; **se dio un a. rápido** he shaved himself quickly, he had a quick shave (**b**) *Taurom* = blunting of the bull's horns for safety reasons

afeitadora *nf* electric razor *o* shaver

afeitar 1 *vt* (**a**) *(barba, pelo, persona)* to shave (**b**) *Taurom* = to blunt the bull's horns for safety reasons

2 afeitarse *vpr (uno mismo)* to shave; **se afeitó las piernas** she shaved her legs

afeite *nm Anticuado (cosmético)* make-up

afelpado, -a *adj* plush

afeminado, -a 1 *adj* effeminate

2 *nm* effeminate man

afeminamiento *nm* effeminacy

afeminar 1 *vt* to make effeminate

2 afeminarse *vpr* to become effeminate

aferrar 1 *vt* to grab (hold of)

2 aferrarse *vpr también Fig* **aferrarse a algo** to cling to sth

affaire [a'fer] *nm* affair; **un a. político** a political scandal

affmo., -a. *(abrev de* **afectísimo, -a.**) *(en carta)* **suyo a.** *(si se desconoce el nombre del destinatario)* yours faithfully; *(si se conoce el nombre del destinatario)* yours sincerely

Afganistán *n* Afghanistan

afgano, -a *adj & nm,f* Afghan

afianzamiento *nm* (**a**) *(de construcción)* reinforcement (**b**) *(de ideas, relaciones)* consolidation

afianzar [14] **1** *vt* (**a**) *(construcción)* to reinforce (**b**) *(posición)* to make secure; **afianzó el pie en el escalón** he steadied his foot on the step (**c**) *(idea, relación)* to consolidate

2 afianzarse *vpr* (**a**) *(en lugar)* to steady oneself; **afianzarse en una posición** *(en organización)* to establish oneself in a position (**b**) *(idea, creencia)* to take root; *(relación)* to become stronger *o* closer; **se afianzó en su opinión** he became more convinced of his opinion

afiche *nm Am* poster

afición *nf* (**a**) *(inclinación)* fondness, liking; **lo hago por a.** I do it because I enjoy it; **tener a. a algo** to be keen on sth (**b**) *(interés)* interest, hobby; **su mayor a. es la lectura** his main interest is reading (**c**) *(aficionados)* fans; **la a. futbolística** soccer *o Br* football fans; **la a. taurina** followers of bullfighting, bullfighting fans

aficionado, -a 1 *adj* (**a**) *(interesado)* keen; **ser a. a algo** to be keen on sth (**b**) *(no profesional)* amateur

2 *nm,f* (**a**) *(interesado)* fan; **a. al cine** film buff; **un gran a. a la música clásica** a great lover of classical music; **los aficionados a los toros** followers of bullfighting, bullfighting fans (**b**) *(no profesional)* amateur; **un trabajo de aficionados** an amateurish piece of work

aficionar 1 *vt* **a. a alguien a algo** to make sb keen on sth

2 aficionarse *vpr* to become keen (**a** on); **últimamente se está aficionando demasiado a la bebida** he's been getting a bit too fond of drink lately

afiebrarse *vpr Am* to develop a temperature

afijo, -a 1 *adj* affixed

2 *nm Gram* affix

afilado, -a 1 *adj* (**a**) *(cuchillo, punta)* sharp (**b**) *(dedos, rasgos)* pointed (**c**) *(comentario, crítica)* cutting; **tiene la lengua muy afilada** he has a very sharp tongue

2 *nm* sharpening

afilador, -ora 1 *adj* sharpening

2 *nm,f (persona)* knife grinder

3 *nm (objeto)* sharpener; **a. de cuchillos** knife sharpener

afilalápices *nm inv* pencil sharpener

afilar 1 *vt (cuchillo, lápiz)* to sharpen; **la envidia le afiló aún más la lengua** envy gave her an even sharper tongue

2 *vi RP (flirtear)* to flirt

3 afilarse *vpr (hacerse puntiagudo)* to become pointed, to taper; **se le ha afilado mucho la lengua** he has become very sharp-tongued

afiliación *nf* (**a**) *(acción)* joining (**b**) *(efecto)* membership

afiliado, -a *nm,f* member (**a** of)

afiliar *vt* **1 quieren a. el club a la federación** they want to affiliate the club to the federation; **me afilió al sindicato** he signed me up to the union

2 afiliarse *vpr* to join; **a. a un partido** to join a party

afín *adj* similar; **su postura es a. a la nuestra** his opinion is close to ours; **ideas afines** similar ideas

afinación *nf (de instrumento)* tuning

afinador, -ora 1 *nm,f* tuner

2 *nm (electrónico)* (electronic) tuner; *(diapasón)* tuning fork

afinar 1 *vt* (**a**) *(instrumento)* to tune; **a. la voz** to sing in tune (**b**) *(perfeccionar, mejorar)* to fine-tune; **a. la puntería** to improve one's aim (**c**) *(pulir)* to refine

2 *vi (cantar)* to sing in tune

3 afinarse *vpr* (**a**) *(hacerse más delgado)* to become *o* get thinner (**b**) *(perfeccionarse)* **se ha afinado mucho en los ultimos años** he's become quite sophisticated in recent years; **se le ha afinado el olfato** her sense of smell has become keener

afincarse [59] *vpr* to settle (**en** in)

afinidad *nf* (**a**) *(armonía, semejanza)* affinity; **sentir a. hacia alguien** to feel one has something in common with sb (**b**) *(parentesco)* **por a.** by marriage (**c**) *Quím* affinity

afirmación *nf* (**a**) *(declaración)* statement, assertion; **esas afirmaciones son falsas** those statements are false (**b**) *(asentimiento)* affirmative response

afirmar 1 *vt* (**a**) *(decir)* to say, to declare; **afirmó que...** he stated that... (**b**) *(reforzar)* to reinforce

2 *vi (asentir)* to agree, to consent; **a. con la cabeza** to nod (in agreement)

3 afirmarse *vpr* (**a**) *(asegurarse)* **afirmarse en los estribos** to steady oneself in the stirrups (**b**) *(ratificarse)* **afirmarse en algo** to reaffirm sth

afirmativa *nf* affirmative

afirmativo, -a *adj* affirmative; **una respuesta afirmativa** an affirmative answer

aflautado, -a *adj* high-pitched

aflicción *nf* suffering, sorrow

afligido, -a *adj* (**a**) *(triste)* afflicted, distressed; *(rostro, voz)* mournful (**b**) *(desconsolado)* bereaved

afligir [24] **1** *vt (causar daño)* to afflict; *(causar pena)* to distress; **su partida la afligió** she was saddened by his leaving

2 afligirse *vpr* to be distressed (**por** by); **no te aflijas, seguro que vuelve** don't get upset, he's bound to come back

aflojar 1 *vt* (**a**) *(presión, tensión)* to reduce; *(cinturón, corbata, tornillo)* to loosen; *(cuerda)* to slacken; *Fig* **a. las riendas** to ease up (**b**) *Fam (dinero)* to fork out; **por fin aflojó los 100 pesos que me debía** he finally coughed up the 100 pesos he owed me

2 *vi* (**a**) *(disminuir)* to abate, to die down; **por fin aflojó el viento** finally the wind died down (**b**) *(ceder)* to ease off

3 aflojarse *vpr (presión, cinturón)* to come loose; *(cuerda)* to slacken; **se aflojó la corbata** he loosened his tie

afloramiento *nm (de mineral)* outcrop

aflorar *vi* (**a**) *(surgir) (río)* to come to the surface; *(sentimiento)* to surface, to show; **su talento para la música no afloró hasta la edad adulta** her musical talent became apparent only in adulthood (**b**) *(mineral)* to outcrop

afluencia *nf* (**a**) *(concurrencia)* influx; **hubo una gran a. de público** the attendance was high (**b**) *(abundancia)* abundance

afluente 1 *adj (locuaz)* fluent
2 *nm* tributary

afluir [34] *vi* (**a**) *(gente)* to flock (**a** to) (**b**) *(río)* to flow (**a** into) (**c**) *(sangre, fluido)* to flow (**a** to)

aflujo *nm* (**a**) *(concurrencia)* influx; **un gran a. de turistas extranjeros** a huge influx of foreign tourists (**b**) *(de sangre, fluido)* **se produce un a. de sangre hacia la zona infectada** blood flows towards the infected area

afmo., -a. *(abrev de* **afectísimo, -a**) *(en carta)* **suyo a.** *(si se desconoce el nombre del destinatario)* yours faithfully; *(si se conoce el nombre del destinatario)* yours sincerely

afonía *nf* **tener a.** to have lost one's voice

afónico, -a *adj* **quedarse a.** to lose one's voice; **estoy a.** I've lost my voice

aforado, -a *nm,f Der (parlamentario)* = person enjoying parliamentary immunity

aforar *vt Tec* to gauge

aforismo *nm* aphorism

aforo *nm (de teatro, plaza de toros)* capacity; **la sala tiene un a. de 600 personas** the hall holds 600 people

afortunadamente *adv* fortunately, luckily

afortunado, -a 1 *adj* (**a**) *(persona)* lucky, fortunate; **el a. candidato que consiga el puesto** the candidate fortunate enough to obtain the position; **el a. ganador** the lucky winner; EXPR **a. en el juego... (desafortunado en amores)** lucky in cards, unlucky in love (**b**) *(coincidencia, frase)* happy, felicitous; **una sugerencia poco afortunada** an unfortunate suggestion
2 *nm,f (persona)* lucky person; *(en lotería)* lucky winner; **la afortunada que se llevó el mayor premio** the lucky person who won the first prize

afótico, -a *adj Biol* aphotic

afrancesado, -a 1 *adj* Frenchified
2 *nm,f Hist* = supporter of the French during the Peninsular War

afrenta *nf (ofensa, agravio)* affront

afrentar *vt (ofender)* to affront

afrentoso, -a *adj (ofensivo)* offensive, insulting

África *n* Africa ▫ ***el Á. negra*** Black Africa; ***el Á. subsahariana*** sub-Saharan Africa

africada *nf Ling* affricate

africado, -a *adj Ling* affricative

africanismo *nm* Africanism

africano, -a *adj & nm,f* African

afrikaans *nm (lengua)* Afrikaans

afrikáner *adj & nmf* Afrikaner

afro *adj inv* afro; **un peinado a.** an afro (hairstyle)

afroamericano, -a *adj & nm,f* Afro-American, African American

afrodisiaco, -a, afrodisíaco, -a, *adj & nm* aphrodisiac

afrontar *vt (hacer frente a)* to face; **a. las consecuencias** to face (up to) the consequences; **afrontó la situación con entereza** she faced up squarely to the situation

afrutado, -a *adj* fruity

afta *nf*

Takes the masculine articles **el** and **un**.

Med mouth ulcer

after shave ['after seif] *nm* aftershave

afuera 1 *adv* outside; **por (la parte de) a.** on the outside
2 *nfpl* **afueras las afueras** the outskirts; **en las afueras** on the outskirts
3 *interj* **¡a.!** get out!

agachadiza *nf* snipe

agachar 1 *vt* to lower; **a. la cabeza** *(inclinar)* to bow one's head; *(repentinamente)* to duck (one's head)
2 agacharse *vpr (acuclillarse)* to crouch down; **se agachó a recoger el pañuelo** she bent down to pick up the handkerchief; **nos agachamos al empezar el tiroteo** we ducked down when the shooting began

agalla *nf* (**a**) *(de pez)* gill (**b**) *(de árbol)* gall, gallnut (**c**) **agallas** *(valentía)* guts, pluck; **tener agallas para hacer algo** to have the guts to do sth

ágape *nm* banquet, feast

agar-agar *nm* agar

agarrada *nf Fam* row, bust-up

agarradera *nf Am* handle

agarraderas *nfpl Fam* pull, influence

agarradero *nm* (**a**) *(asa)* hold (**b**) *Fam (pretexto)* pretext, excuse

agarrado, -a 1 *adj* (**a**) *(asido)* **me tenía a. de un brazo/del cuello** he had me by the arm/the throat; **agarrados del brazo** arm in arm; **agarrados de la mano** hand in hand (**b**) *Fam (tacaño)* tight, stingy
2 *nm Fam (baile)* slow dance

AGARRAR 1 *vt* (**a**) *(asir)* to grab; **me agarró de** *o* **por la cintura** he grabbed me by the waist; **agarra bien al niño y no se caerá** hold onto the child tight and he won't fall
(**b**) *Fam (pillar) (ladrón, enfermedad)* to catch; **¡si la agarro, la mato!** if I catch her I'll kill her!; **me agarró desprevenido** he caught me off guard
(**c**) *Fam (conseguir)* to get; **agarraron lo que querían** they got what they wanted
(**d**) *Fam (velocidad)* to gain, to gather; **agarra los cien por hora en pocos segundos** it can do nought to a hundred in a matter of seconds; **agarramos los doscientos por hora** we got up to two hundred kilometres an hour
(**e**) *Am (tren, avión)* to get, to take; **agarró el autobús** he took the bus
(**f**) EXPR *Fam* **agarrarla, a. una buena** to get sloshed; *Fam* **esto no hay por dónde agarrarlo** this is a mess!; *RP* **agarrarle la mano a algo** to get to grips with sth; *RP* **a. viaje** to accept an offer
2 *vi* (**a**) *(asir)* **a. de** to take hold of; **¡agarra de la cuerda!** grab the rope!
(**b**) *(tinte)* to take
(**c**) *(planta)* to take root
(**d**) *(ruedas)* to grip
(**e**) *(clavo)* to go in; **el tornillo no ha agarrado** the screw hasn't gone in properly
(**f**) *Am (encaminarse)* **a. para** to head for; **agarró para la izquierda** he took a left
(**g**) EXPR *Fam* **a. y hacer algo** to go and do sth; **agarró y se fue** she upped and went
3 agarrarse *vpr* (**a**) *(sujetarse)* to hold on; **¡agárrate bien!** hold on tight!; **agarrarse a** *o* **de algo** to hold on to sth; **este coche se agarra bien al firme** this car holds the road well; **se agarró de la mano de su madre** she held on to *o* gripped her mother's hand; *Fam Fig* **¡agárrate!** guess what!; *Fam Fig* **¡agárrate!, ¿a qué no sabes qué han hecho los niños?** are you sitting down?... guess what the children have done, prepare yourself for a shock when I tell you what the children have done
(**b**) *(pegarse)* to stick; **el arroz se ha agarrado a la cazuela** the rice has stuck to the pot; **se me han agarrado los macarrones** the macaroni have stuck together
(**c**) *Fam Fig (pelearse)* to scrap, to have a fight; *Am* **agarrarse a golpes** to get into a fistfight
(**d**) *(pretextar)* **agarrarse a algo** to use sth as an excuse; **se agarra a su cansancio para no hacer nada** she uses tiredness as an excuse to do nothing
(**e**) EXPR *Am* **agarrársela con alguien** to pick on sb

agarre *nm* (**a**) *(acción de agarrar)* grabbing, grasping (**b**) *(de vehículos)* roadholding (**c**) *(valor)* guts

agarrón *nm* (**a**) *(tirón)* pull, tug (**b**) *Fam (altercado)* scrap, fight

agarrotado, -a *adj* (**a**) *(rígido)* stiff, tense (**b**) *(mecanismo)* jammed

agarrotamiento *nm* (**a**) *(rigidez)* stiffness, tenseness (**b**) *(opresión)* oppression, harassment

agarrotar 1 *vt* (**a**) *(parte del cuerpo)* to cut off the circulation in (**b**) *(ejecutar con garrote)* to garotte
2 agarrotarse *vpr (parte del cuerpo)* to go stiff; *(mecanismo)* to jam, to seize up

agasajar *vt* to lavish attention on, to treat like a king; **a. a alguien con algo** to lavish sth upon sb; **lo agasajaron con una fiesta de bienvenida** they gave a welcoming party in his honour

agasajo *nm* lavish attention

ágata *nf*

Takes the masculine articles **el** and **un**.

agate

agave *nm* agave

agazapado, -a *adj* crouching

agazapar 1 *vt Fam* to nab, to seize

2 agazaparse *vpr* (**a**) *(para esconderse)* to crouch; **se agazapó tras unos arbustos** he crouched down behind some bushes (**b**) *(agacharse)* to bend down

agencia *nf* (**a**) *(empresa)* agency ❑ ***a. de aduanas*** customs agent's; ***a. de colocaciones*** employment agency; ***A. Espacial Europea*** European Space Agency; ***a. inmobiliaria*** *Br* estate agent's, *US* real estate office; ***a. matrimonial*** marriage bureau; ***a. de modelos*** modelling agency; ***a. de noticias*** news agency; ***a. de prensa*** press agency; ***a. de publicidad*** advertising agency; ***a. de seguros*** insurance company; *Esp* ***A. Tributaria*** = tax office; ***a. de viajes*** travel agency
(**b**) *(sucursal)* branch ❑ ***a. urbana*** (bank) branch

agenciar *Fam* **1** *vt* **a. algo a alguien** to fix sb up with sth
2 agenciarse *vpr* to get hold of, to fix oneself up with

agenda *nf* (**a**) *(de notas, fechas)* diary; *(de anillas)* Filofax®; *(de teléfonos, direcciones)* address book; **tener una a. muy apretada** to have a very busy schedule ❑ ***a. electrónica*** electronic personal organizer (**b**) *(de trabajo, reunión)* agenda

agente 1 *nmf* (**a**) *(persona)* agent ❑ ***a. de aduanas*** customs officer; ***a. artístico*** theatrical agent; ***a. de (cambio y) bolsa*** stockbroker; ***a. comercial*** broker; ***a. de policía*** policeman, *f* policewoman; ***a. de la propiedad*** *Br* estate agent; *US* real estate agent; ***a. secreto*** secret agent; ***a. de seguros*** insurance salesman; *RP* ***a. de tránsito*** traffic policeman (**b**) *Econ* ***agentes económicos*** *o* ***sociales*** social partners
2 *nm (causa activa)* agent ❑ *Quím* ***a. oxidante*** oxidizing agent; *Quím* ***a. reductor*** reducing agent; *Quím* ***a. tensioactivo*** surfactant; *Informát* ***a. de usuario*** user agent

agigantado, -a *adj* (**a**) *(muy grande)* huge, gigantic; **avanzar a pasos agigantados** to advance by leaps and bounds (**b**) *(extraordinario)* extraordinary

agigantar *vt* to blow up, to magnify

ágil *adj* (**a**) *(movimiento, persona)* agile (**b**) *(estilo, lenguaje)* fluent; *(respuesta, mente)* nimble, sharp

agilidad *nf* agility; **moverse con a.** to move with agility, to be agile ❑ ***a. mental*** mental agility

agilipollado, -a *adj muy Fam* **estar a.** *(atontado)* to be out of it

agilización *nf* speeding up

agilizar [14] *vt (trámites, proceso)* to speed up

ágilmente *adv* agilely, nimbly

agio *nm Econ* agio

agiotaje *nm Econ* agiotage, speculation

agiotista *nmf* stockjobber

agitación *nf* (**a**) *(intranquilidad)* restlessness, agitation; **respondió con a.** she answered agitatedly; **el café le provoca a.** coffee makes him nervous (**b**) *(jaleo)* racket, commotion (**c**) *(conflicto)* unrest (**d**) *(de las aguas)* choppiness

agitadamente *adv* agitatedly

agitado, -a *adj* (**a**) *(persona)* worked up, excited (**b**) *(mar)* rough, choppy

agitador, -ora *nm,f* (**a**) *(persona)* agitator (**b**) *(varilla)* stirring rod; *(para cóctel)* swizzle stick

agitanado, -a *adj* gypsy-like

agitar 1 *vt* (**a**) *(sacudir)* to shake; *(remover)* to stir; **a. los brazos/un pañuelo** to wave one's arms/a handkerchief; **agítese antes de usar** shake before use (**b**) *(poner nervioso a)* to get worked up (**c**) *(inquietar)* to worry, to upset (**d**) *(masas, pueblo)* to stir up
2 agitarse *vpr* (**a**) *(moverse)* to move, shake (**b**) *(ponerse nervioso)* to get worked up (**c**) *(inquietarse)* to become agitated

aglomeración *nf (de objetos, sustancia)* build-up; *(de gente)* crowd; **se produjo una a.** a crowd formed ❑ ***a. urbana*** large city

aglomerado *nm* (**a**) *(agregación)* agglomerate (**b**) *(de madera)* chipboard (**c**) *(combustible)* coal briquette

aglomerante *adj* agglomerative

aglomerar 1 *vt* to bring together
2 aglomerarse *vpr* to mass *or* gather together

aglutinación *nf* agglutination

aglutinante 1 *adj* (**a**) *(sustancia)* binding (**b**) *Ling* agglutinative
2 *nm* binding agent

aglutinar 1 *vt (aunar, reunir) (personas)* to unite, to bring together; *(ideas, esfuerzos)* to pool
2 aglutinarse *vpr (pegarse)* to bind (together); *(agruparse)* to gather, to come together

agnosticismo *nm* agnosticism

agnóstico, -a *adj & nm,f* agnostic

ago. *(abrev de* **agosto***)* Aug

agobiado, -a *adj (de trabajo)* snowed under (**de** with); *(de problemas)* weighed down (**de** with); **está a. por las deudas** he's weighed down with debt, he's up to his ears in debt

agobiante *adj (presión, trabajo, persona)* overwhelming; *(calor)* stifling; *(ambiente)* oppressive; **problemas agobiantes** overwhelming problems; **trabajo a.** backbreaking work

agobiar 1 *vt* to overwhelm; **me agobia con sus gritos** his shouting really gets me down; **agobia a todos con sus problemas** she drives everyone up the wall with all her problems
2 agobiarse *vpr Fam* to feel overwhelmed; **¡no te agobies!** don't worry!

agobio *nm* (**a**) *(físico)* choking, suffocation; **las aglomeraciones me producen a.** I feel oppressed by crowds of people; **¡qué a.!** it's stifling! (**b**) *(psíquico)* pressure; **¡qué a.!** this is murder *o* a nightmare!

agolparse *vpr (amontonarse) (gente)* to crowd; *(sangre)* to rush; **se le agolpaban los problemas** his problems were piling up

agonía 1 *nf* (**a**) *(del moribundo)* death throes; **su a. duró varios meses** he took several months to die (**b**) *(decadencia)* decline, dying days (**c**) *(sufrimiento)* agony; **tras varias semanas de a., por fin recibió la respuesta** after several weeks of agonized waiting, she finally received the reply
2 *nmf* **agonías** *Fam* **¡qué agonías eres!** what a pain you are!

agónico, -a *adj también Fig* dying; **una dictadura agónica** a crumbling dictatorship

agonista *adj (músculo)* agonist

agonizante *adj también Fig (persona, institución)* dying; **tras quince días de a. espera** after two weeks of agonized waiting

agonizar [14] *vi* (**a**) *(morir)* to be dying (**b**) *(extinguirse)* to fizzle out (**c**) *(sufrir)* to be in agony

ágora *nf*

Takes the masculine articles **el** and **un**.

Hist agora

agorafobia *nf Psi* agoraphobia

agorero, -a *nm,f* prophet of doom

agostado, -a *adj* parched

agostar *vt* **1** (**a**) *(secar)* to wither, to parch (**b**) *(debilitar)* to ruin
2 agostarse *vpr (campo)* to dry up; *(planta)* to wither, to shrivel

agosto *nm* (**a**) *(mes)* August; EXPR **hacer el a.** to line one's pockets; *ver también* **septiembre** (**b**) *(cosecha)* harvest (time)

agotado, -a *adj* (**a**) *(persona, animal)* exhausted, tired out; **estar a. de hacer algo** to be tired out *o* exhausted from doing sth (**b**) *(producto)* out of stock, sold out (**c**) *(pila, batería)* flat

agotador, -ora *adj* exhausting

agotamiento *nm* (**a**) *(cansancio)* exhaustion; **caminaron hasta el a.** they walked until they could go no further (**b**) *(de producto)* selling-out; *(de reservas)* exhaustion

agotar 1 *vt* (**a**) *(cansar)* to exhaust, to tire out; **este niño me agota** this child tires me out
(**b**) *(consumir) (producto)* to sell out of; *(agua)* to use up, run out of; *(recursos)* to exhaust, to use up; **hemos agotado todas las copias** we've sold all the copies; **ya había agotado todos los pretextos** she had run out of excuses
2 agotarse *vpr* (**a**) *(cansarse)* to tire oneself out, to exhaust oneself; **se agotó con la caminata** the walk tired him out *o* exhausted him after the walk
(**b**) *(acabarse)* to run out; *(libro, disco, entradas)* to sell out; *(pila, batería)* to go flat; **las entradas se agotaron en seguida** the tickets sold out almost immediately; **se nos ha agotado ese modelo** that model has sold out

agracejo *nm* barberry

agraciado, -a 1 *adj* (**a**) *(atractivo)* attractive, fetching (**b**) *(afortunado)* **resultó a. con un televisor** he won a television
2 *nm,f (ganador)* lucky winner

agraciar *vt* (**a**) *(embellecer)* to make more

attractive (**b**) *(conceder una gracia)* to pardon (**c**) *Formal (premiar)* to reward

agradable *adj* pleasant

agradar 1 *vi* to be pleasant; **siempre trata de a.** she always tries to please

2 *vt* to please; **me agradó recibir tu carta** I was pleased to receive your letter

agradecer [46] *vt* (**a**) *(sujeto: persona)* **a. algo a alguien** *(dar las gracias)* to thank sb for sth; *(estar agradecido)* to be grateful to sb for sth; **quisiera agradecerles su presencia aquí** I would like to thank you for coming *o* being here; **te lo agradezco mucho** I'm very grateful to you; **le agradezco su interés** thank you for your interest (**b**) *(sujeto: cosa)* to be thankful for; **esa pared agradecería una mano de pintura** that wall could do with a lick of paint

agradecido, -a *adj* grateful; **estar muy a. (por algo)** to be very grateful (for sth); **ser muy a.** *(cosa)* to be very pleasing; **estas plantas son muy agradecidas** these plants don't need much looking after

agradecimiento *nm* gratitude

agradezco *etc ver* **agradecer**

agrado *nm (gusto)* pleasure; **esto no es de mi a.** this is not to my liking; **si algo no es de su agrado, háganoslo saber** if there is anything you are not happy with, please let us know

agrandamiento *nm* increase, enlargement

agrandar 1 *vt (en general)* to make bigger; *(imagen)* magnify; **ese maquillaje te agranda los ojos** that make-up makes your eyes look bigger

2 agrandarse *vpr* to get bigger

agrario, -a *adj (reforma)* agrarian; *(producto, política)* agricultural

agravación *nf*, **agravamiento** *nm* worsening, exacerbation

agravante 1 *adj* aggravating

2 *nm o nf* (**a**) *(problema)* additional problem (**b**) *Der* aggravating circumstance

agravar 1 *vt (situación, enfermedad)* to aggravate

2 agravarse *vpr* to get worse, to worsen

agraviado, -a *adj* offended; **sentirse a. (por algo)** to feel offended (by sth)

agraviar *vt* to offend

agravio *nm* (**a**) *(ofensa)* offence, insult (**b**) *(perjuicio)* wrong ❑ ***a. comparativo*** unequal treatment

agredido, -a *nm,f* victim

agredir *vt* to attack

agregación *nf* (**a**) *(acción de añadir)* addition (**b**) *Fís* aggregation

agregado, -a 1 *adj* (**a**) *(añadido)* added on (**b**) **profesor a.** *(de secundaria)* teacher *(with a permanent post)*

2 *nm,f* (**a**) *(profesor) (de secundaria)* teacher *(with a permanent post)* (**b**) *(diplomático)* attaché ❑ ***a. cultural*** cultural attaché

3 *nm* (**a**) *(conjunto)* aggregate (**b**) *(añadido)* addition (**c**) *Geol* ***a. cristalino*** crystalline aggregate (**d**) *Econ* aggregate

agregar [38] *vt* to add (**a** to)

agresión *nf (ataque)* act of aggression, attack; **sufrir una a.** to be the victim of an attack

agresividad *nf* aggression; **un discurso lleno de a.** a very aggressive speech; **hacer/decir algo con a.** to do/say sth aggressively

agresivo, -a *adj también Fig* aggressive

agresor, -ora *nm,f* attacker, assailant

agreste *adj* (**a**) *(abrupto, rocoso)* rough, rugged (**b**) *(rudo)* coarse, uncouth

agriar [32] **1** *vt* (**a**) *(vino, leche)* to (turn) sour (**b**) *(carácter)* to sour, to embitter; **la úlcera le agrió el carácter** his ulcer made him bad-tempered

2 agriarse *vpr* to turn sour

agrícola *adj (sector, política, producto)* agricultural; **región a.** farming region

agricultor, -ora *nm,f* farmer

agricultura *nf* agriculture ❑ ***a. biológica*** *o* ***ecológica*** organic farming; ***a. extensiva*** extensive farming; ***a. intensiva*** intensive farming

agridulce *adj* (**a**) *(sabor, plato)* sweet-and-sour (**b**) *(carácter, palabras)* bittersweet

agrietado, -a *adj* (**a**) *(muro, tierra, plato)* cracked, covered with cracks (**b**) *(labios, piel)* chapped

agrietamiento *nm* cracking

agrietar 1 *vt* (**a**) *(muro, tierra, plato)* to crack (**b**) *(labios, piel)* to chap

2 agrietarse *vpr* (**a**) *(muro, tierra, plato)* to crack (**b**) *(labios, piel)* to chap

agrimensor, -ora *nm,f* surveyor

agrimensura *nf* surveying

agrio, -a 1 *adj* (**a**) *(ácido)* sour; *(naranja)* sour, sharp (**b**) *(áspero)* acerbic, bitter

2 *nmpl* **agrios** citrus fruits

agriparse *vpr Andes, Méx* to catch the flu

agro *nm (agricultura)* agricultural sector; **el a. español** Spanish agriculture

agroalimentación *nf* **(el sector de) la a.** the food-farming industry

agroalimentario, -a *adj* **el sector a.** the food-farming industry

agronomía *nf* agronomy

agrónomo, -a *nm,f* agronomist

agropecuario, -a *adj* **el sector a.** the farming and livestock sector

agróstide *nf* bent grass

agrotextil *adj* agrotextile

agrupación *nf* (**a**) *(asociación)* group, association (**b**) *(agrupamiento)* grouping

agrupamiento *nm (concentración)* grouping

agrupar 1 *vt* to group (together)

2 *vpr* **agruparse** (**a**) *(congregarse)* to gather (**en torno a** round) (**b**) *(unirse)* to form a group; **se agrupan en dos categorías differentes** they fall into two different categories

AGUA *nf*

Takes the masculine articles **el** and **un**

(**a**) *(líquido)* water; **aguas** *(de río, mar)* waters; **aguas arriba/abajo** upstream/downstream ❑ ***a. de azahar*** = drink made with orange blossom, used as a mild sedative; ***aguas bautismales*** baptismal waters; ***a. bendita*** holy water; ***a. blanda*** soft water; ***a. de coco*** coconut milk; ***a. de colonia*** eau de cologne; ***aguas continentales*** freshwater; ***a. corriente*** running water; ***a. destilada*** distilled water; ***a. dulce*** fresh water; ***a. dura*** hard water; ***a. embotellada*** bottled water; ***a. fuerte*** nitric acid; ***aguas jurisdiccionales*** territorial waters; *Euf* ***aguas mayores*** faeces; ***a. medicinal*** water with medicinal properties; *Euf* ***aguas menores*** urine; ***a. de mesa*** bottled water, table water; *Dep Fam* ***a. milagrosa*** magic sponge; ***a. mineral sin/con gas*** still/sparkling mineral water; ***aguas negras*** sewage; ***a. nieve*** sleet; ***a. de nieve*** melt water; ***a. oxigenada*** hydrogen peroxide; ***a. pesada*** heavy water; ***a. pluvial*** rain water; ***a. potable*** drinking water; ***a. regia*** aqua regia; ***aguas residuales*** sewage; ***a. de rosas*** rosewater; ***a. salada*** saltwater; ***a. salobre*** saltwater; ***a. de Seltz*** Seltzer (water); ***a. subterránea*** groundwater; ***aguas territoriales*** territorial waters; ***a. tónica*** tonic water

(**b**) *(lluvia)* rain; **ha caído mucha a.** there has been a lot of rain

(**c**) *(grieta en barco)* leak; **hacer a.** *(barca)* to leak; EXPR **la empresa está haciendo a.** the company is going under; EXPR **este negocio hace a. por todas partes** this firm is on the point of going under

(**d**) *(manantial)* **aguas** waters, spring; **tomar las aguas** to take the waters ❑ ***aguas termales*** thermal *o* hot springs

(**e**) *(vertiente de tejado)* slope; **un tejado de dos aguas** a ridged roof; **cubrir aguas** to put the roof on

(**f**) *Med* **aguas** waters; **ha roto aguas** her waters have broken

(**g**) **aguas** *(en diamante, tela)* water

(**h**) *Perú Fam (dinero)* dough

(**i**) EXPR *Fam* **¡al a., patos!** *(en piscina)* in you jump!; *Fam* **bailarle el a. a alguien** to lick sb's boots; *Fam* **cambiar el a. al canario** to take a leak; **claro como el a.** as clear as day; **más claro, a.** nothing can be clearer than that; *Méx Fam* **como a. para chocolate** hopping mad, fizzing; **echar a. al mar** to carry coals to Newcastle; **entre dos aguas** in doubt, undecided; **estar con el a. al cuello** to be up to one's neck (in it); **hacerse a. en la boca** to melt in one's mouth; **se me hace la boca a.** it makes my mouth water; **se me hizo la boca a. al ver el pastel** when I saw the cake, my mouth started watering; **nadar entre dos aguas** to sit on the fence; **quedar en a. de borrajas** to come to nothing; **eso es a. pasada** that's water under the bridge; PROV **no digas nunca de esta a. no beberé** you should never say never; PROV **a. pasada no mueve molino** it's no use crying over spilt milk; **sacar a. de las piedras** to make something out of nothing; **sin decir a. va ni a. viene** suddenly, unexpectedly; **venir como a. de mayo** to be a godsend; **las aguas volvieron a su cauce** things got back to normal

---

aguacate *nm* (**a**) *(fruto)* avocado (pear) (**b**) *(árbol)* avocado (tree) (**c**) *Andes, Guat, Ven (enclenque)* weakling, milksop

aguacatillo *nm* = tropical tree, related to the avocado

aguacero *nm* downpour; **cayó un a.** there was a downpour

aguachar *Chile* **1** *vt* (**a**) *(amansar)* to tame (**b**) *(separar de la madre)* to separate from its mother

2 aguacharse *vpr (encariñarse)* to become attached (**de** to)

aguachento, -a, aguachoso, -a *adj Am* watery

aguachirle *nf*

Takes the masculine articles **el** and **un**.

Fam **este café es un a.** this coffee tastes like dishwater

aguacil *nm RP (libélula)* dragonfly

aguada *nf Arte* gouache

aguadilla *nf* ducking; **hacer una a. a alguien** to give sb a ducking

aguado, -a *adj* (**a**) *(con demasiada agua)* watery (**b**) *(diluido a propósito)* watered-down (**c**) *Méx, RP, Ven (insípido)* tasteless (**d**) *Am (sin fuerzas)* weak (**e**) *CAm, Méx, Ven Fam (aburrido)* dull, boring

aguador, -ora *nm,f* water vendor

aguafiestas *nmf inv* spoilsport

aguafuerte *nm Arte* etching

aguaje *nm* (**a**) *CAm (regañina)* reprimand, telling-off (**b**) *Andes, CAm (aguacero)* downpour (**c**) *Cuba, Ven Fam (fanfarronería)* swaggering, boasting (**d**) *Ven Fam (aburrimiento)* pain in the neck

aguamanil *nm* ewer and basin

aguamarina *nf* aquamarine

aguamiel *nm o nf* (**a**) *Am (bebida)* = water mixed with honey or cane syrup (**b**) *Méx (jugo)* agave juice

aguanieve *nf* sleet; **está cayendo a.** it's sleeting

AGUANTAR **1** *vt* (**a**) *(sostener)* to hold; **aguanta los libros mientras limpio la estantería** hold the books while I dust the shelf

(**b**) *(peso, presión)* to bear; **esa estantería no va a a. el peso de los libros** that shelf won't take the weight of the books; **la presa no aguantará otro terremoto** the dam won't withstand another earthquake; **está aguantando bien las presiones** she's holding *o* bearing up well under the pressure

(**c**) *(tolerar, soportar)* to bear, to stand; **no puedo aguantarlo, no lo aguanto** I can't bear him; **no sé cómo la aguantas** I don't know how you put up with her; **ya no aguanto más este dolor** this pain is unbearable; **no sabe a. una broma** he doesn't know how to take a joke

(**d**) *(tiempo)* to hold out for; **no creo que aguante mucho tiempo fuera su país** I don't think he'll be able to last long abroad; **¿cuánto tiempo aguantas sin fumar un cigarillo?** how long can you go without smoking a cigarette?

(**e**) *(contener) (respiración, mirada)* to hold; *(risa)* to contain; **debes a. la respiración para hacerte la radiografía** you'll have to hold your breath when you have the X-ray; **apenas pude a. la risa** it was all I could do not to laugh

(**f**) *Méx, RP Fam (esperar)* to wait for

2 *vi* (**a**) *(tiempo)* to hold on; **aguanta un poco más, en seguida nos vamos** hold on a bit longer, we'll be going soon; **no aguanto más — necesito un vaso de agua** I can't take any more, I need a glass of water; **¡ya no aguanto más, vámonos!** I've had enough, let's go!

(**b**) *(resistir)* to last; **estas botas aguantarán hasta al año que viene** these boots should last me till next year; **a. hasta el final** to stay the course *o* the distance; **a pesar de estar lesionado, aguantó hasta el final** despite his injury, he carried on until the end

(**c**) *Taurom* to stand firm

3 aguantarse *vpr* (**a**) *(contenerse)* to restrain oneself, to hold oneself back

(**b**) *(resignarse)* **no quiere aguantarse** he refuses to put up with it; **si no les gusta la película, tendrán que aguantarse** if they don't like the film they'll just have to put up with it, if they don't like the film, too bad; **no quiero — ¡pues te aguantas!** I don't want to — too bad, you'll just have to!

---

aguante *nm* (**a**) *(paciencia)* self-restraint, tolerance (**b**) *(resistencia)* strength; *(de persona)* stamina

aguar [11] **1** *vt* (**a**) *(mezclar con agua)* to water down; **a. el vino** to water the wine down (**b**) *(estropear)* to spoil, to ruin; **la noticia nos aguó la fiesta** the news spoiled our enjoyment (**c**) *Andes, CAm (abrevar)* to water

2 aguarse *vpr* to be spoiled

aguardar 1 *vt* to wait for, to await

2 *vi* to wait; **¡aguarda aquí!** wait here!

aguardentoso, -a *adj Ecuad (ebrio)* drunk

aguardiente *nm* spirit, liquor ❑ ***a. de caña*** cane spirit, rum

aguarrás *nm* turpentine

aguda *nf (palabra)* = word stressed on the last syllable

agudeza *nf* (**a**) *(de vista, olfato)* keenness ❑ *Med* ***a. visual*** visual acuity (**b**) *(mental)* sharpness, shrewdness; **con a.** shrewdly (**c**) *(dicho ingenioso)* witticism (**d**) *(de filo, punta)* sharpness (**e**) *(de sonido)* high pitch

agudización *nf* (**a**) *(agravamiento)* worsening, aggravation (**b**) *(aumento)* increase, intensification

agudizar [14] **1** *vt* (**a**) *(afilar)* to sharpen (**b**) *(sentido)* to make keener; *(mente)* to sharpen; **a. el ingenio** to sharpen one's wits (**c**) *(problema, crisis)* to exacerbate, to make worse; **el frío agudizó el dolor** the cold made the pain worse

2 agudizarse *vpr* (**a**) *(problema, crisis)* to get worse; **la fiebre se agudiza por la noche** the fever gets worse at night (**b**) *(ingenio)* to get sharper

agudo, -a *adj* (**a**) *(filo, punta)* sharp (**b**) *(vista, olfato)* keen (**c**) *(crisis, problema, enfermedad)* serious, acute (**d**) *(dolor)* intense; **sentí un dolor a. al mover el brazo** I felt a sharp pain when I moved my arm (**e**) *(sonido)* high, high-pitched (**f**) *(perspicaz)* keen, sharp (**g**) *(ingenioso)* witty; *Irónico* **¡muy a.!** *(cuando algo no es gracioso)* very clever *o* funny!; *(cuando algo es evidente)* very observant! (**h**) *Gram (palabra)* stressed on the last syllable

agüe *etc ver* **aguar**

agüero 1 *ver* **agorar**

2 *nm (presagio)* **ver un gato negro es un mal a.** it's bad luck if you see a black cat; **de mal a.** that bodes ill

aguerrido, -a *adj (experimentado)* veteran; **soldados/tropas aguerridas** battle-hardened soldiers/troops

aguijón *nm* (**a**) *(de insecto, escorpión)* sting (**b**) *(vara afilada)* goad (**c**) *(estímulo)* spur, stimulus

aguijonazo *nm* sting, prick

aguijonear *vt* (**a**) *(animal)* to goad on (**b**) *(estimular)* to drive on; **a. a alguien para que haga algo** to spur sb on to do sth (**c**) *(atormentar, fastidiar)* to torment

águila *nf*

Takes the masculine articles **el** and **un**.

(ave) eagle; *Méx* **á. o cruz** *(de moneda)* heads or tails; EXPR **ser un á.** *(ser vivo, listo)* to be sharp *o* perceptive ❑ ***á. imperial*** Spanish imperial eagle; ***á. pescadora*** osprey; ***á. ratonera*** buzzard ***á. real*** golden eagle

aguileño, -a *adj* aquiline

aguilón *nm Andes (caballo)* slow horse

aguilucho *nm* (**a**) *(polluelo de águila)* eaglet (**b**) *(ave rapaz)* harrier

aguinaldo *nm* (**a**) *(regalo) (caja, cesta)* Christmas hamper; *(dinero)* Christmas box; **hay unos niños en la puerta pidiendo el a.** there are some carol singers at the door (**b**) *Am (paga extra)* = extra month's pay at Christmas (**c**) *Carib, Méx (planta)* aguinaldo

agüitado, -a *adj Méx (triste)* sad, downhearted

aguja *nf* (**a**) *(de coser, jeringuilla)* needle; *(de hacer punto)* knitting needle; *(de tocadiscos)* stylus, needle ❑ ***a. de crochet*** *o* ***de ganchillo*** crochet hook; ***a. hipodérmica*** hypodermic needle; ***a. de mechar*** larding needle; ***a. de punto*** knitting needle (**b**) *(de reloj)* hand; *(de brújula)* pointer; *(de iglesia)* spire ❑ ***a. horaria*** hour hand; ***a. magnética*** compass needle (**c**) *(de conífera)* needle (**d**) *Ferroc* point (**e**) *(pez)* garfish (**f**) **agujas** *(de res)* ribs

agujerear 1 *vt* to make a hole/holes in

2 agujerearse *vpr* **se me han agujereado los pantalones** I've got a hole in my trousers

agujero *nm* (**a**) *(hueco, abertura)* hole ▫ *Astron* ***a. negro*** black hole; ***a. de (la capa de) ozono*** hole in the ozone layer (**b**) *(deuda)* deficit; **hay un a. de cien millones de pesos** a hundred million pesos are unaccounted for

agujetas *nfpl* (**a**) *(en los músculos)* **tener a.** to feel stiff; **tanto ejercicio me ha dado agujetas** all that exercise has left me feeling stiff (**b**) *Méx (cordones)* shoelaces

agur *interj Fam* **¡a.!** bye!

agustino, -a *adj & nm,f Rel* Augustinian

aguzar [14] *vt* (**a**) *(afilar)* to sharpen (**b**) *(apetito)* to whet (**c**) *(sentido, mente)* to sharpen; **a. el ingenio** to sharpen one's wits; **aguza el oído, a ver si oyes qué dicen** listen carefully and see if you can hear what they're saying

ah *interj* **¡ah!** *(admiración)* ooh!; *(sorpresa)* oh!; *(pena)* ah!; *(al caer en la cuenta de algo)* ah, I see!

AHÍ *adv* (**a**) *(lugar determinado)* there; **a. arriba/abajo** up/down there; **desde a. no se ve nada** you can't see anything from there; **ponlo a.** put it over there; **vino por a.** he came that way; **¡a. están!** there they are!; **¡a. tienes!** here *o* there you are!; **a. vienen los niños** here *o* there come the children; **a. mismo** right there; **déjalo a. mismo** leave it (over) there; *Am* **a. no más** right over there

(**b**) *(lugar indeterminado)* **a. es donde te equivocas** that's where you are mistaken; **la solución está a.** that's where the solution lies; **de a. a la fama hay muy poco** it's not far to go from there to being famous; **de a. a llamarle tonto hay poca distancia** there's little difference between saying that and calling him stupid; **andan por a. diciendo tonterías** they're going around talking nonsense; **está por a.** *(en lugar indeterminado)* she's around (somewhere); *(en la calle)* she's out; **se ha ido a pasear por a.** she's gone out for a walk; **las llaves están por a.** the keys are around there somewhere; *Fam* **andar por a. con los amigos** to hang out with one's friends; **por a.** *(aproximadamente eso)* something like that; **¿te costó mil pesetas? — por a., por a.** it cost you a thousand pesetas, did it? — yes, somewhere around that *o* more or less; **por a. va la cosa** you're not too far wrong; **por a. no paso** that's one thing I'm not prepared to do; EXPR **subió al Everest sin oxígeno, ¡a. es nada!** guess what, he only climbed Everest without any oxygen!; EXPR **ha vendido ya dos millones, ¡a. es nada!** she's sold two million already — you don't say!; EXPR **a pesar de su éxito, la crítica sigue sin aceptarlo, ¡a. le duele!** frustratingly for him, he still hasn't achieved critical acclaim despite his success; EXPR **¡a. me las den todas!** I couldn't care less!

(**c**) **de a. que** *(por eso)* and consequently; **es un mandón, de a. que no lo aguante nadie** he's very bossy, that's why nobody likes him; **de a. su enfado** that's why she was so angry

(**d**) *(momento)* then; **de a. en adelante** from then on

---

ahijado, -a *nm,f* (**a**) *(de padrinos)* godson, *f* goddaughter; **ahijados** godchildren (**b**) *(protegido)* protégé, *f* protégée

ahijar *vt* to adopt

ahínco *nm* enthusiasm, devotion; **con a.** *(estudiar, trabajar)* hard, enthusiastically; *(solicitar)* insistently

ahíto, -a *adj* (**a**) *(saciado)* **estar a.** to be full (**b**) *(harto)* to be fed up (**de** with)

ahogadilla *nf* ducking, **hacer una a. a alguien** to give sb a ducking

ahogado, -a 1 *adj* (**a**) *(en el agua)* drowned; **murió a.** he drowned (**b**) *(falto de aliento) (respiración)* laboured; *(persona)* out of breath; **sus palabras, ahogadas por el llanto, casi no se entendían** it was almost impossible to understand what he was saying through his sobs (**c**) *(apagado) (grito, sonido)* muffled (**d**) *(agobiado)* overwhelmed, swamped (**de** with); **a. de calor** stifling in the heat (**e**) *Andes, Méx (estofado)* stewed

2 *nm,f* drowned person

3 *nm Andes, Méx (guiso)* stew; *(sofrito)* = mixture of onion, garlic, peppers etc fried together as base for stews

ahogador *adj Ven (de caballo)* throatlatch

ahogar [38] **1** *vt* (**a**) *(asfixiar) (en el agua)* to drown; *(cubriendo la boca y nariz)* to smother, to suffocate (**b**) *(estrangular)* to strangle (**c**) *(extinguir) (fuego)* to smother, to put out (**d**) *(dominar) (levantamiento)* to put down, to quell; *(pena)* to hold back, to contain; **ahogó sus penas** *(con la bebida)* he drowned his sorrows (**e**) *Aut (el coche)* to flood (**f**) *Andes, Méx (guisar)* to stew

2 ahogarse *vpr* (**a**) *(en el agua)* to drown; *(asfixiarse)* to suffocate; EXPR **ahogarse en un vaso de agua** to make heavy weather of it (**b**) *(de calor)* to be stifled (**c**) *(fuego, llama)* to go out (**d**) *Aut (motor)* to flood

ahogo *nm* (**a**) *(asfixia)* breathlessness, difficulty in breathing (**b**) *(angustia)* anguish, distress (**c**) *(económico)* financial difficulty (**d**) *Andes (salsa)* stewing sauce

ahondar 1 *vt (hoyo, túnel)* to deepen

2 *vi* **a. en** *(penetrar)* to penetrate deep into; *(profundizar)* to study in depth; **no quiero a. más en esta cuestión** I don't want to go into this matter any further

---

AHORA 1 *adv* (**a**) *(en el presente)* now; **a. los jóvenes se entretienen de otra manera** young people today have different forms of entertainment; **¿no has querido comer? a. te aguantas hasta la hora de la cena** so you didn't eat your lunch up? well, you're just going to have to wait until dinnertime now; **un territorio hasta a. inexplorado** a region as yet unexplored; **hasta a. sólo se han presentado dos voluntarios** so far only two people have volunteered; *Fam* **a. sí que la hemos fastidiado** we've really gone and blown it now; *Fam* **a. lo harás porque lo digo yo** you'll do it because I jolly well say so; **ya verás como a. lo consigues** just wait and see, you'll manage it this time; **¡a. caigo!** *(ahora comprendo)* now I understand!; *(ahora recuerdo)* now I remember!; **a. mismo** right now; **a. o nunca** it's now or never; **a. me entero** it's the first I've heard of it, that's news to me; **¿sabías que no hace falta hacer eso? — ¡a. me entero!** did you know you don't need to do that? — now you tell me!; **a partir de a., de a. en adelante** from now on; **por a.** for the time being; **por a. no hemos tenido ningún problema** we haven't had any problems so far; **a. que lo pienso, no fue una película tan mala** come to think of it, it wasn't that bad a film

(**b**) *(pronto)* in a second; **a. cuando venga descubriremos la verdad** we'll find out the truth in a moment, when she gets here; **a. voy, déjame terminar** let me finish, I'm coming in a minute; **justo a. iba a llamarte** I was just about to ring you this minute; **lo voy a hacer a. mismo, en cuanto acabe de planchar** I'll do it just as soon as I've finished the ironing

(**c**) *(hace poco)* just now, a few minutes ago; **he leído tu mensaje a.** I've just read your message; **se acaban de marchar a. mismo** they just left a few moments ago, they've just left

2 *conj* (**a**) *(ya... ya)* **a. habla, a. canta** one minute she's talking, the next she's singing

(**b**) *(pero)* but, however; **éste es mi plan, a., no vengáis si no queréis** that's my plan, but of course you don't have to come if you don't want to; **a. bien** but; **ven cuando quieras; a. bien, tendrás que esperar a que acabemos** come whenever you like, although you'll have to wait until we've finished; **tienes razón, a., que la historia no está completa** you're right, mind you, the story isn't finished yet

---

ahorcado, -a *nm,f* hanged man, *f* hanged woman; **el (juego del) a.** hangman

ahorcamiento *nm* hanging

ahorcar [59] **1** *vt* (**a**) *(colgar)* to hang (**b**) *(dejar)* **a. los hábitos** to give up the cloth, to leave the clergy

2 ahorcarse *vpr* to hang oneself

ahorita, ahoritita *adv Am Fam* (right) now; **a. voy** I'm just coming

ahormar *vt* (**a**) *(en molde)* to mould, to fit (**b**) *(ropa, zapatos)* to break in (**c**) *(carácter)* to mould

ahorquillar *vt Agr* to prop up with forks

ahorrador, -ora 1 *adj* thrifty, careful with money

2 *nm,f* thrifty person

ahorrar 1 *vt* (**a**) *(guardar)* to save (**b**) *(evitar)* **gracias, me has ahorrado un viaje** thank you, you've saved me a journey; **ahórrame los detalles** spare me the details; **no ahorraremos esfuerzos para conseguir nuestro pro-**

pósito we will spare no effort to achieve our aim

2 ahorrarse *vpr* to save; **nos ahorramos mil pesetas** we saved (ourselves) a thousand pesetas; **ahorrarse la molestia (de hacer algo)** to save oneself the trouble (of doing sth); **me ahorré un viaje** I saved myself a journey

ahorrativo, -a *adj* (**a**) *(persona)* thrifty (**b**) *(medida)* money-saving

ahorro *nm* saving; **ahorros** *(cantidad)* savings; **esta medida supone un a. de varios millones** this measure means a saving of several millions

ahuecado, -a *adj* (**a**) *(vacío)* hollow, empty (**b**) *(mullido) (edredón)* plumped up; **quiero el pelo a.** I'd like my hair to have more body (**c**) *(voz)* deep

ahuecar [59] **1** *vt* (**a**) *(poner hueco) (manos)* to cup; *(tronco)* to hollow out (**b**) *(mullir) (colchón)* to plump up; *(pelo)* to give body to; *(tierra)* to hoe; EXPR *Fam* **a. el ala** to clear off

2 *vi Fam (irse)* to clear off

3 ahuecarse *vpr (engreírse)* to puff up *(with pride)*

ahuehuete *nm* Montezuma cypress

ahuesarse *vpr* (**a**) *Andes Com (artículo)* to become useless *o* worthless (**b**) *Guat (persona)* to become very thin

ahuevado, -a *adj* (**a**) *(forma)* egg-shaped (**b**) *Andes, CAm Fam (tonto)* **estar a. con algo** to be bowled over by sth

ahuevar 1 *vt* (**a**) *(forma)* to make egg-shaped (**b**) *(vino)* to clarify with egg white (**c**) *CAm, Col Fam (volver tonto)* to stupefy

2 ahuevarse *vpr Andes, CAm Fam (atontarse)* **me ahuevé** I didn't know what to say

ahumado, -a 1 *adj* (**a**) *(alimento, cristal)* smoked (**b**) *Fam (borracho)* drunk

2 *nm* smoking

3 *nmpl* **ahumados** = smoked fish and/or meat

ahumar 1 *vt* (**a**) *(jamón, pescado)* to smoke (**b**) *(lugar)* to make all smoky

2 ahumarse *vpr* (**a**) *(llenarse de humo)* to get all smoky (**b**) *(ennegrecerse de humo)* to become blackened with smoke (**c**) *Fam (emborracharse)* to get drunk

ahuyentar *vt* (**a**) *(espantar, asustar)* to scare away (**b**) *(apartar)* to drive away; *(mantener a distancia)* to keep away; **el elevado precio ahuyentó a los compradores** the high price put buyers off; **ahuyentó su mal humor** he shook off his bad mood

AI *(abrev de* **Amnistía Internacional**) AI

AID *nf (abrev de* **Asociación Internacional de Desarrollo**) IDA

AIEA *nf (abrev de* **Agencia Internacional de Energía Atómica**) IAEA

aikido *nm* aikido

ailanto *nm* tree of heaven

aimara *adj & nmf* Aymara

aindiado, -a *adj* Indian *(used of American Indians)*

airado, -a *adj* angry; **"¡eso nunca!", replicó a.** "never!," he replied angrily

airar 1 *vt* to anger, to make angry

2 airarse *vpr* to get angry

airbag [air'ββaɤ] *(pl* **airbags**) *nf (en coche)* airbag

AIRE 1 *nm* (**a**) *(fluido)* air; **al a.** *(al descubierto)* exposed; **a.-a.** *(misil)* air-to-air; **a esta rueda le falta a.** this tyre is a bit flat; EXPR **a mi a.** in my own way; EXPR **tú a tu a., si te aburres vete a casa** do whatever you like, if you're bored just go home; **al a. libre** in the open air; **un concierto al a. libre** an open-air concert; **con el pecho al a.** bare-chested; **con las piernas al a.** with bare legs, bare-legged; **si duermes con los pies al a. te enfriarás** if you sleep with your feet sticking out from under the covers, you'll catch cold; **cambiar de aires** to have a change of scene; **el médico le recomendó cambiar de aires** the doctor recommended a change of air; **dejar algo en el a.** to leave sth up in the air; **el médico le aconsejó que dejara la quemadura al a.** the doctor advised him to leave the burn uncovered; **disparar al a.** to shoot into the air; **estar en el a.** *Fig (sin decidir)* to be in the air; *Rad & TV* to be on the air; *Fig* **el resultado todavía está en el a.** the result could still go either way; **el programa sale al a. los lunes a las nueve** the programme is broadcast on Mondays at nine o'clock; **el automóvil saltó** *o* **voló por los aires** the car was blown into the air; **tomar el a.** to go for a breath of fresh air; EXPR *Fam* **vivir del a.** *(no tener nada)* to live on thin air; *(comer poco)* to eat next to nothing; EXPR *Fam* **sin trabajo ni casa, ¿es que piensa vivir del a.?** how does she expect to survive without a job or a home? ❑ ***a. acondicionado*** air-conditioning; ***a. comprimido*** compressed air; ***a. del mar*** sea air; ***a. puro*** fresh air; ***a. viciado*** foul air

(**b**) *(viento)* wind; **hoy hace mucho a.** it's very windy today; **cierra la puerta que entra a.** close the door, there's a draught ❑ ***a. polar*** polar wind

(**c**) *(aspecto)* air, appearance; **tiene a. de haber viajado mucho** he looks like somebody who has done a lot of travelling; **tiene un a. distraído** she has an absent-minded air about her, she comes across as rather absent-minded

(**d**) *(parecido)* **tiene un a. a su madre** she has something of her mother; **tiene un a. con alguien que conozco** he reminds me of someone I know

(**e**) *(vanidad)* **se da aires de lista** she makes out she's clever; **desde que es jefe se da muchos aires (de grandeza)** since he became the boss he's been giving himself airs

(**f**) *Fam (parálisis)* attack, fit; **le dio un a.** he had a fit

(**g**) *Mús (melodía)* air, tune; *(ritmo)* tempo ❑ ***a. lento*** slow tempo; ***a. popular*** folk song, traditional song; ***a. rápido*** fast *o* upbeat tempo

(**h**) *(ventosidad)* wind; **tener a.** to have wind

2 *interj Fam* **¡a.!** clear off!; **¡a., y no se te ocurra volver por aquí!** clear off and don't let me see you here again!

---

aireación *nf* ventilation

aireado, -a *adj* airy

airear 1 *vt* (**a**) *(ventilar)* to air (**b**) *(contar)* to air (publicly)

2 airearse *vpr (persona)*to get a breath of fresh air; **abre la ventana para que se airee el cuarto** open the window to let the room air *o* to air the room

airoso, -a *adj* (**a**) *(garboso)* graceful, elegant (**b**) *(triunfante)* **salir a. de algo** to come out of sth with flying colours

aislacionismo *nm Pol* isolationism

aislacionista *adj & nmf Pol* isolationist

aisladamente *adv* **considerado/tomado a.** considered/taken in isolation

aislado, -a *adj* (**a**) *(lugar, suceso)* isolated; **nos quedamos aislados por la nieve** we were cut off by the snow (**b**) *(cable, pared)* insulated

aislamiento *nm* (**a**) *(de lugar, persona)* isolation (**b**) *(de cable, vivienda)* insulation ❑ ***a. acústico*** soundproofing; ***a. eléctrico*** electric insulation; ***a. térmico*** thermal insulation

aislante 1 *adj* insulating

2 *nm* (**a**) *(para camping)* camping mat (**b**) *(material)* insulating material ❑ ***a. acústico*** soundproofing material; ***a. eléctrico*** electrical insulator; ***a. térmico*** thermal insulator

aislar 1 *vt* (**a**) *(persona)* to isolate (**b**) *(del frío, de la electricidad)* to insulate; *(del ruido)* to soundproof (**c**) *(lugar)* to cut off; **la nevada aisló la comarca del resto del país** the snow cut the area off from the rest of the country (**d**) *(virus)* to isolate

2 *vi* **estas ventanas aíslan muy bien del frío/ruido** these windows are very good at keeping the cold/noise out

3 aislarse *vpr* to isolate oneself, to cut oneself off (**de** from)

aizkolari *nm* = competitor in the rural Basque sport of chopping felled tree-trunks

ajá *interj* **¡a.!** *(sorpresa)* aha!

ajado, -a *adj (flor)* withered; *(persona)* wizened

ajar 1 *vt (flores)* to wither, to cause to fade; *(piel)* to wrinkle; *(colores)* to cause to fade; *(ropa)* to wear out

2 ajarse *vpr (flores)* to fade, to wither; *(piel)* to wrinkle, to become wrinkled; *(belleza, juventud)* to fade

ajardinado, -a *adj* landscaped; **zonas ajardinadas** landscaped (green) areas

ajardinar *vt* to landscape

a. JC. *(abrev de* **antes de Jesucristo**) BC

ajedrea *nf* savory *(plant)*

ajedrecista *nmf* chess player

ajedrez *nm inv* chess; **un a.** a chess set; **jugar al a.** to play chess

ajedrezado, -a *adj* checked, check

ajenjo *nm* (**a**) *(planta)* wormwood, absinthe (**b**) *(licor)* absinthe

ajeno, -a *adj* (**a**) *(de otro)* of others; **jugar en campo a.** to play away from home; **no te metas en los problemas ajenos** don't interfere in other people's problems
(**b**) *(no relacionado)* **es un problema a. a la sociedad de hoy** it's a problem that no longer exists in today's society; **todo eso me es a.** *(no me atañe)* all that has nothing to do with me; **esto es a. a nuestro departamento** our department doesn't deal with that; **por causas ajenas a nuestra voluntad** for reasons beyond our control; **era ajena a lo que estaba ocurriendo** she had no knowledge of what was happening

ajete *nm* = green stalk of young garlic plant

ajetreado, -a *adj* busy; **he tenido un día muy a.** I've had a very busy day

ajetrearse *vpr (afanarse)* to bustle about

ajetreo *nm* (**a**) *(actividad)* (hustle and) bustle (**b**) *(gestiones, molestias)* running around, hard work

ají *nm* (**a**) *Andes, RP (pimiento)* chilli (pepper) (**b**) *Andes, RP (salsa)* = sauce made from oil, vinegar, garlic and chilli (**c**) *Ven* ***a. chirel*** = small, hot chilli pepper

ajiaceite *nm* = sauce made from garlic and olive oil

ajiaco *nm* (**a**) *Andes, Cuba (estofado)* = chilli-based stew (**b**) *Méx (estofado con ajo)* = tripe stew flavoured with garlic

ajila *interj Cuba* **¡a.!** clear off! get lost!

ajilimójili, ajilmoje 1 *nm* = pepper, garlic and vinegar sauce
2 *nmpl* **ajilimójilis** *Fam* bits and pieces; **con todos sus ajilimójilis** with the works *o* all the trimmings

ajillo *nm* **al a.** = fried with lots of garlic and sometimes chilli; **champiñones/gambas al a.** garlic mushrooms/prawns

ajilmoje = ajilimójili

ajo *nm* (**a**) *(planta, condimento)* garlic; ❑ ***a. blanco*** cold garlic soup; ***a. tierno*** = green stalk of young garlic plant (**b**) EXPR *Fam* **¡a. y agua!** too bad!, tough!; *Fam* **andar** *o* **estar en el a.** to be in on it

ajolote *nm (pez)* axolotl

ajonjolí (*pl* **ajonjolíes**) *nm (planta)* sesame; **semillas de a.** sesame seeds

ajotar *vt PRico* **a. a los perros contra alguien** to set the dogs on sb

ajuar *nm* (**a**) *(de novia)* trousseau (**b**) *(de casa)* furnishings

ajuntar *Fam* **1** *vt (lenguaje infantil)* to be pals *o* friends with
2 ajuntarse *vpr* (**a**) *(lenguaje infantil) (ser amigos)* to be pals *o* friends (**b**) *(irse a vivir juntos)* to move in together

Ajuria Enea *n (gobierno vasco)* = autonomous government of the Basque region

ajustable *adj* adjustable; **sábana a.** fitted sheet

ajustado, -a 1 *adj* (**a**) *(ceñido) (ropa)* tight-fitting; **este vestido me queda muy a.** this dress is really tight on me (**b**) *(tuerca, pieza)* tight (**c**) *(resultado, final)* close (**d**) *(justo)* correct, right; *(precio)* reasonable
2 *nm* fitting

ajustador, -ora 1 *adj* adjusting
2 *nm,f Imprenta* typesetter
3 *nmpl* **ajustadores** *Col, Cuba* bra

AJUSTAR 1 *vt* (**a**) *(encajar) (piezas de motor)* to fit; *(puerta, ventana)* to push to
(**b**) *(arreglar)* to adjust; **el técnico ajustó la antena** the engineer adjusted the aerial
(**c**) *(apretar)* to tighten; **ajusta bien la tapa** screw the lid on tight
(**d**) *(pactar) (matrimonio)* to arrange; *(pleito)* to settle; *(paz)* to negotiate; *(precio)* to fix, to agree; **hemos ajustado la casa en cinco millones** we have agreed a price of five million for the house
(**e**) *(adaptar)* to alter; **el sastre ajustó el vestido** the tailor altered the dress; **tendrás que a. tus necesidades a las nuestras** you'll have to adapt your needs to fit in with ours; **tenemos que a. los gastos a los ingresos** we shouldn't spend more than we earn; **a. las pensiones al índice de inflación** to index-link pensions
(**f**) *(asestar)* to deal, to give
(**g**) *Imprenta* to make up
(**h**) *(reconciliar)* to reconcile
(**i**) *(saldar)* settle; EXPR **ajustarle las cuentas a alguien** to settle a score with sb; EXPR **¡la próxima vez que te vea ajustaremos cuentas!** you'll pay for this the next time I see you!
2 *vi (venir justo)* to fit properly, to be a good fit; **la ventana no ajusta bien** the window won't close properly
3 ajustarse *vpr* (**a**) *(encajarse)* to fit; **el tapón no se ajusta a la botella** the top won't fit on the bottle; *Fig* **tu relato no se ajusta a la verdad** your account is at variance with the truth, your account doesn't match the facts
(**b**) *(adaptarse)* to fit in (**a** with); **es un chico muy sociable, se ajusta a todo** he's a very sociable boy and fits in wherever he goes; **tu plan no se ajusta a nuestras necesidades** your plan doesn't meet our needs; **su arte no se ajusta al paladar europeo** his art doesn't appeal to European taste; **ajústate a lo que te han dicho** do as you've been told; **tenemos que ajustarnos al presupuesto del que disponemos** we have to keep within the limits of our budget; **su decisión no se ajusta a derecho** her decision does not have a sound legal basis; **ajustarse a las reglas** to abide by the rules
(**c**) *(ponerse de acuerdo)* to come to an agreement; **se ajustaron con sus acreedores** they came to an agreement with their creditors

---

ajuste *nm* (**a**) *(de pieza)* fitting; *(de mecanismo)* adjustment (**b**) *(de salario)* agreement (**c**) *Fig* ***a. de cuentas*** settling of scores

ajusticiado, -a *nm,f* executed criminal

ajusticiamiento *nm* execution

ajusticiar *vt* to execute

al *ver* **a, el**

Alá *nm* Allah

ala 1 *nf*

> Takes the masculine articles **el** and **un**.

(**a**) *(de ave)* wing; EXPR **cortar las alas a alguien** to clip sb's wings; EXPR **dar alas a** *(alentar)* to encourage; *(consentir)* to give a free hand to; EXPR *Fam* **cinco mil pesetas del a.** a whopping five thousand pesetas ❑ ***a. delta*** *(aparato)* hang glider; ***hacer a. delta*** to go hang-gliding (**b**) *(de edificio, partido)* wing (**c**) *(de tejado)* eaves (**d**) *(de sombrero)* brim; **un sombrero de a. ancha** a wide-brimmed hat (**e**) *(de nariz)* side (**f**) *(de mesa)* leaf
2 *nmf Dep* winger, wing ❑ ***a. delantero*** *(en rugby)* wing forward; ***ala-pívot*** *(en baloncesto)* power forward

alabanza *nf* praise; **decir algo en a. de alguien** to say sth in praise of sb

alabar 1 *vt* to praise; EXPR *Fam* **¡alabado sea Dios!** *(expresa sorpresa)* good heavens!
2 alabarse *vpr* to boast; **se alaba de valiente** he's always boasting about how brave he is

alabarda *nf* halberd

alabardero *nm* halberdier

alabastro *nm* alabaster

alabear 1 *vt* to warp
2 alabearse *vpr* to warp

alabeo *nm* warping

alacena *nf* kitchen cupboard

alacrán *nm* (**a**) *(escorpión)* scorpion (**b**) ***a. cebollero*** mole cricket

aladares *nmpl (rizos)* earlocks

ALADI *nf* (*abrev de* **Asociación Latinoamericana de Integración**) = Latin American association promoting integration of trade

aladierno *nm* buckthorn

alado, -a *adj (con alas)* winged

ALAI *ver* **ALADI**

ALALC *nf Antes* (*abrev de* **Asociación Latinoamericana de Libre Comercio**) LAFTA

alambicado, -a *adj* (over-)elaborate, involved

alambicar [59] *vt* (**a**) *(destilar)* to distil (**b**) *(complicar)* to over-complicate

alambique *nm* still

alambrada *nf* wire fence

alambrar *vt* to fence with wire

alambre *nm* wire ❑ ***a. de espino*** barbed wire

alameda *nf* (**a**) *(sitio con álamos)* poplar grove (**b**) *(paseo)* tree-lined avenue

álamo *nm* poplar ❑ ***a. blanco*** white poplar; ***a. negro*** black poplar; ***a. temblón*** aspen, trembling poplar

Al-Andalus *n Hist* = Arab kingdom of Andalucia

alano, -a 1 *adj Hist* Alani
2 *nm* (**a**) *(perro)* mastiff (**b**) *Hist (pueblo)* **los alanos** the Alani, = Germanic tribe which invaded Spain in the 5th century AD

alante *adv Fam (considerado incorrecto)* = **adelante**

alar *nm* (**a**) *(del tejado)* eaves (**b**) *Col (acera) Br* pavement, *US* sidewalk

alarde *nm* show, display (**de** of); **hacer a. de algo** to show sth off, to flaunt sth; **en un a. de generosidad, nos invitó a cenar** in a burst of generosity he invited us to dinner

alardear *vi* **a. de** to show off about

alardeo *nm* boasting, bragging

alargadera *nf* extension lead

alargado, -a *adj* long; **tiene la cara alargada** he has a long face

alargador *nm* extension lead

alargamiento *nm* extension, lengthening

alargar [38] **1** *vt* (**a**) *(ropa)* to lengthen (**b**) *(viaje, visita, plazo)* to extend; *(conversación)* to spin out (**c**) *(brazo, mano)* to stretch out (**d**) *(pasar)* **a. algo a alguien** to pass sth (over) to sb

2 alargarse *vpr (hacerse más largo) (días)* to get longer; *(reunión)* to be prolonged; *(hacerse muy largo)* to go on for ages; **la reunión se alargó hasta el alba** the meeting went on *o* stretched on until dawn

alarido *nm* shriek, howl; **dar** *o* **pegar un a.** to let out a shriek *o* howl

alarma *nf* (**a**) *(señal, preocupación)* alarm; **dar la a.** to raise the alarm; **cundió la a.** panic spread (**b**) *Mil* call to arms

alarmante *adj* alarming

alarmar 1 *vt* (**a**) *(avisar)* to alert (**b**) *(asustar)* to alarm

2 alarmarse *vpr (inquietarse)* to be alarmed

alarmismo *nm* alarmism

alarmista *nmf* alarmist

Alaska *n* Alaska

alátere *nmf* (**a**) *(subordinado)* subordinate (**b**) *Pej* underling

alauí, alauita *adj (reino, monarca)* Moroccan, of Morocco

alavés, -esa 1 *adj* of/from Alava

2 *nm,f* person from Alava

alazán, -ana 1 *adj* chestnut

2 *nm,f* chestnut (horse)

alba *nf*

> Takes the masculine articles **el** and **un**.

(**a**) *(amanecer)* dawn, daybreak; **al a.** at dawn (**b**) *(vestidura)* alb

albacea *nmf Der* **a. (testamentario)** executor

albaceteño, -a 1 *adj* of/from Albacete

2 *nm,f* person from Albacete

albacora *nf (pez)* long-finned tuna, albacore

albahaca *nf* basil

albanés, -esa 1 *adj & nm,f* Albanian

2 *nm (lengua)* Albanian

Albania *n* Albania

albañil *nm* bricklayer

albañilería *nf* (**a**) *(oficio)* bricklaying (**b**) *(obra)* brickwork

albarán *nm Com* delivery note

albarda *nf* (**a**) *(arreos)* packsaddle (**b**) *(tocino)* strip of bacon (**c**) *CAm, Méx (silla de montar)* saddle

albardilla *nf* (**a**) *(silla de montar)* training saddle (**b**) *(de tocino)* strip of bacon

albardín *nm* Spanish grasshemp, = type of esparto grass

albaricoque *nm Esp* apricot

albaricoquero *nm Esp* apricot tree

albatros *nm inv* (**a**) *(ave)* albatross (**b**) *(en golf)* albatross

albedrío *nm (antojo, elección)* fancy, whim; **a su a.** as takes his/her fancy; *Filosofía* **libre a.** free will; **a su libre a.** of his/her own free will

alberca *nf* (**a**) *(depósito)* water tank (**b**) *Méx (piscina)* swimming pool

albérchigo *nm* peach tree

albergar [38] **1** *vt* (**a**) *(personas)* to accommodate, to put up (**b**) *(odio)* to harbour; *(esperanzas)* to cherish

2 albergarse *vpr* to stay; **¿en qué hotel se albergan?** what hotel are they staying in?

albergue *nm (alojamiento)* accommodation, lodgings; *(de montaña)* shelter, refuge ▫ ***a. juvenil*** *o* ***de juventud*** youth hostel; *Am* ***a. transitorio*** hourly hotel

alberguista *nmf* youth hosteller

albinismo *nm* albinism

albino, -a *adj & nm,f* albino

albo, -a *adj Literario* white

albóndiga *nf* meatball

albor *nm* (**a**) *Literario (blancura)* whiteness (**b**) *Formal (luz del alba)* first light of day (**c**) **albores** *(principio)* dawn, earliest days; **los albores de la civilización** the dawn of civilization

alborada *nf* (**a**) *(amanecer)* dawn, daybreak (**b**) *Mús* = popular song sung at dawn (**c**) *Mil* reveille

alborear *v impersonal* **empezaba a a.** dawn was breaking

alboreo *nm Literario* daybreak, dawn

albornoz *nm* bathrobe

alborotadamente *adv* (**a**) *(desordenadamente)* excitedly (**b**) *(ruidosamente)* noisily, boisterously

alborotado, -a *adj* (**a**) *(agitado)* rowdy; **los niños están alborotados con la excursión** the children are all excited about the trip; **los ánimos están alborotados** feelings are running high (**b**) *(pelo)* messed up, tousled (**c**) *Cuba (sexualmente)* sex-starved

alborotador, -ora, alborotadizo, -a 1 *adj* rowdy

2 *nm,f* troublemaker

alborotar 1 *vt* (**a**) *(perturbar)* to disturb, to unsettle (**b**) *(amotinar)* to stir up, to rouse (**c**) *(desordenar)* to mess up; **el viento le alborotó el pelo** the wind messed up her hair

2 *vi* to be rowdy; **¡niños, no alborotéis!** calm down, children!

3 alborotarse *vpr* (**a**) *(perturbarse)* to get worked up (**b**) *Chile (encabritarse)* to rear up

alboroto 1 *nm* (**a**) *(ruido)* din; **había mucho a. en la calle** the street was in a hubbub (**b**) *(jaleo)* fuss, to-do; **se armó un gran a.** there was a huge fuss

2 *nmpl* **alborotos** *CAm* popcorn

alborozado, -a *adj* overjoyed, delighted

alborozar [14] *vt* to delight

alborozo *nm* delight, joy; **con a.** delightedly, joyfully

albricias *interj* **¡a.!** great!, fantastic!

albufera *nf* lagoon

álbum (*pl* **álbumes**) *nm* album ▫ ***á. de fotos*** photo album; ***á. de sellos*** stamp album

albumen *nm* (**a**) *Biol* albumen (**b**) *(clara)* egg white

albúmina *nf Quím* albumin

albuminoide *adj Quím* albuminoid

albur *nm* (**a**) *(pez)* bleak (**b**) *(azar)* chance; **dejar algo al a.** to leave something to chance (**c**) *Méx, RDom (juego de palabras)* pun; *(doble sentido)* double meaning (**d**) *PRico (mentira)* lie

albura *nf Formal (blancura)* whiteness

alburear *vi Méx (decir albures)* to pun, to make a pun

alcachofa *nf* (**a**) *(planta)* artichoke (**b**) *(pieza) (de regadera)* rose, sprinkler; *(de ducha)* shower head

alcahuete, -a *nm,f* (**a**) *(mediador)* go-between (**b**) *(chismoso)* gossipmonger

alcahuetear 1 *vt* to procure

2 *vi* (**a**) *(intermediar en amoríos)* to procure, to pimp (**b**) *(chismear)* to gossip

alcahuetería *nf* (**a**) *(acción)* procuring, pimping (**b**) *Fam (triquiñuela)* trick, scheme

alcaide *nm* prison governor

alcalde, -esa *nm,f* mayor, *f* mayoress ▫ ***a. pedáneo*** = mayor of a small village

alcaldía *nf* (**a**) *(cargo)* mayoralty (**b**) *(sede)* mayor's office (**c**) *(término municipal)* municipality

álcali *nm Quím* alkali

alcalino, -a *adj Quím* alkaline

alcaloide *nm Quím* alkaloid

alcance *nm* (**a**) *(de arma, misil, emisora)* range; **de corto/largo a.** short-/long-range (**b**) *(de persona)* **a mi a.** within my reach; **al a. de mi bolsillo** within my means; **al a. de la mano** within arm's reach; **al a. de la vista** within sight; **dar a. a alguien** to catch up with sb; **fuera del a. de** beyond the reach of (**c**) *(de reformas, medidas)* scope, extent; **de a.** important (**d**) *(inteligencia)* **de pocos alcances** slow, dim-witted

alcancía *nf* (**a**) *(hucha)* money box (**b**) *Andes, RP (cepillo de limosnas)* collection box

alcanfor *nm* camphor

alcanforado, -a *adj (con alcanfor)* camphorated

alcanforero *nm* camphor tree

alcantarilla *nf* (**a**) *(de aguas residuales)*

(conducto) sewer; *(boca)* drain (**b**) *Méx (de agua potable)* water tank

alcantarillado *nm* sewers

ALCANZAR [14] **1** *vt* (**a**) *(igualarse con)* to catch up with; **si estudias duro, alcanzarás a tu hermana** if you study hard you'll catch up with your sister; **¿a que no me alcanzas?** bet you can't catch me!
(**b**) *(llegar a)* to reach; *(autobús, tren)* to manage to catch; **a. el autobús** to catch the bus; **lo alcancé con una escalera** I used a ladder to reach it; **los termómetros alcanzarán mañana los 30 grados** the temperature tomorrow will reach *o* go as high as 30 degrees; **a. la mayoría de edad** to come of age; **a. la meta** to reach the finishing line; **a. un precio alto** *(en subasta)* to sell for *o* obtain a high price; **alcanzó la costa a nado** he swam to the coast; **su sueldo no alcanza el salario mínimo** she earns less than the minimum wage; **este coche alcanza los 200 km/h** this car can do up to *o* reach 200 km/h; **el desempleo ha alcanzado un máximo histórico** unemployment is at *o* has reached an all-time high
(**c**) *(lograr)* to obtain; **a. un objetivo** to achieve a goal; **alcanzó su sueño tras años de trabajo** after years of work, he achieved his dream; **el equipo alcanzó su segundo campeonato consecutivo** the team won *o* achieved their second championship in a row; **a. la fama/el éxito** to achieve fame/success; **a. la madurez** to come of age, to reach maturity
(**d**) *(entregar)* to pass; **alcánzame la sal** could you pass me the salt?; **alcánzame ese jarrón, que no llego hasta el estante** could you get that vase down for me, I can't reach the shelf
(**e**) *(golpear, dar)* to hit; **el proyectil alcanzó de lleno el centro de la ciudad** the shell exploded right in the city centre; **le alcanzaron dos disparos** he was hit by two shots; **el árbol fue alcanzado por un rayo** the tree was struck by lightning
(**f**) *(afectar)* to affect; **la epidemia no les alcanzó** they were unaffected by the epidemic; **la sequía no alcanza a esta provincia** this province has been untouched by the drought
2 *vi* (**a**) *(ser suficiente)* **a. para algo/alguien** to be enough for sth/sb; **el sueldo no me alcanza para llegar a fin de mes** my salary isn't enough to make ends meet; **no sé si alcanzará para todos** I don't know if there'll be enough for everyone
(**b**) *(poder)* **a. a hacer algo** manage to do sth; **alcancé a verlo unos segundos** I managed to see him for a few seconds; **no alcanzo a comprender por qué** I can't begin to understand why; **no alcanzo a ver lo que quieres decir** I can't quite see what you mean
(**c**) *(llegar)* **está tan alto que no alcanzo** it's too high for me to reach, it's so high up I can't reach it; **hasta donde alcanza la vista** as far as the eye can see; **hasta donde alcanzo a recordar** as far back as I can remember

alcaparra *nf*, **alcaparrón** *nm* caper

alcaparro *nm* caper plant

alcaraván *nm* stone curlew

alcaravea *nf* caraway

alcatraz *nm* gannet

alcaucil *nm* artichoke

alcaudón *nm* shrike

alcayata *nf* = L-shaped hook for hanging pictures etc

alcazaba *nf* citadel

alcázar *nm* fortress

alce 1 *ver* **alzar**
2 *nm (europeo)* elk; *(americano)* moose

alcista *adj Fin* **mercado a.** bull market

alcoba *nf* bedroom

> Observa que la palabra inglesa **alcove** es un falso amigo y no es la traducción de la palabra española **alcoba**. En inglés **alcove** significa "hueco".

alcohol *nm* alcohol; **tiene problemas con el a.** he has a drink problem ▫ ***a. de 96°*** surgical spirit; *Quím* ***a. etílico*** ethanol; *Quím* ***a. metílico*** methanol; ***a. de quemar*** methylated spirits, meths

alcoholemia *nf* blood alcohol level; **prueba** *o* **test de a.** Breathalyzer® test

alcohólico, -a 1 *adj* **ser a.** to be an alcoholic
2 *nm,f* alcoholic

alcoholímetro, alcohómetro *nm* (**a**) *(para bebida)* alcoholometer (**b**) *(para la sangre) Br* Breathalyzer®, *US* drunkometer

alcoholismo *nm* alcoholism

alcoholizado, -a *adj* **estar a.** to be an alcoholic

alcoholizar [14] **1** *vt* to turn into an alcoholic
2 alcoholizarse *vpr* to become an alcoholic

alcohómetro = **alcoholímetro**

alcor *nm* hill, hillock

alcornocal *nm* grove of cork oaks

alcornoque *nm* (**a**) *(árbol)* cork oak; *(madera)* cork, corkwood (**b**) *Fam (persona)* idiot, fool; **¡pedazo de a.!** you twit!

alcorque *nm* = hollow dug at base of tree to retain rainwater

alcotán *nm* hobby *(bird)*

alcotana *nf* pickaxe

alcurnia *nf* lineage, descent; **una familia de noble a.** a family of noble descent

aldaba *nf* (**a**) *(llamador)* doorknocker (**b**) *(pestillo)* latch

aldabilla *nf* latch, catch

aldabón *nm* (**a**) *(de puerta)* large doorknocker (**b**) *(de cofre, baúl)* large handle

aldabonazo *nm (golpe)* loud knock *(with doorknocker)*; *Fig* **ser un a.** to be a bombshell

aldea *nf* small village ▫ ***la a. global*** the global village

aldeano, -a 1 *adj (pueblerino, rústico)* rustic
2 *nm,f* villager

aldehído *nm Quím* aldehyde

ale *interj* **¡a.!** come on!

aleación *nf* (**a**) *(acción)* alloying (**b**) *(producto)* alloy

alear *vt* to alloy

aleatoriamente *adv* randomly, at random

aleatorio, -a *adj* random

alebrestarse *vpr Col, Méx, Ven* to get nervous *o* excited

aleccionador, -ora *adj* (**a**) *(instructivo)* instructive (**b**) *(ejemplar)* exemplary

aleccionamiento *nm* instruction, training

aleccionar *vt* to instruct, to teach

aledaño, -a 1 *adj* adjacent
2 *nmpl* **aledaños** surrounding area; **en los aledaños del estadio** in the vicinity of the stadium

alegación *nf* (**a**) *(acusación)* allegation (**b**) *(argumento)* claim

alegar [38] **1** *vt (motivos, pruebas)* to put forward; **a. que** to claim (that); **¿tiene algo que a. en su defensa?** do you have anything to say in your defence?
2 *vi Am (quejarse)* to complain

alegato *nm* (**a**) *Der* plea; **hacer un a. a favor de/en contra de** to make a case for/against (**b**) *PRico (disputa)* argument

alegoría *nf* allegory

alegórico, -a *adj* allegorical

alegrar 1 *vt* (**a**) *(persona)* to cheer up, to make happy; *(fiesta)* to liven up; **me alegró el día** it made my day; **le alegró mucho su visita** his visit really cheered her up (**b**) *(habitación, decoración)* to brighten up (**c**) *(emborrachar)* to make tipsy
2 alegrarse *vpr* (**a**) *(sentir alegría)* to be pleased (**de algo/por alguien** about sth/for sb); **me alegro de que me hagas esa pregunta** I'm glad you asked me that; **¡me alegro!** good! (**b**) *(emborracharse)* to get tipsy

alegre *adj* (**a**) *(contento)* happy; *(que da alegría)* cheerful, bright; **¡hay que estar a.!** cheer up!; **es una persona muy a.** she's a very cheerful person (**b**) *(irreflexivo)* happy-go-lucky (**c**) *(borracho)* tipsy (**d**) *Euf* **una mujer de vida a.** a loose woman

alegremente *adv* (**a**) *(con alegría)* happily, joyfully (**b**) *(irreflexivamente)* blithely

alegría *nf* (**a**) *(gozo)* happiness, joy; *(motivo de gozo)* joy; **con a.** happily, joyfully; **a. de vivir** joie de vivre; EXPR *Fam* **ser la a. de la huerta** to be the life and soul of the party (**b**) *(irresponsabilidad)* rashness, recklessness; **gastaron el dinero con demasiada a.** they spent the money too freely (**c**) ***a. de la casa*** *(planta)* Busy Lizzie

alegro *adv & nm Mús* allegro

alegrón *nm* pleasant surprise

alejado, -a *adj* distant (**de** from); **su casa está más alejada de aquí que la mía** her house is further *o* farther (away) from here than mine; **viven muy alejados el uno del otro** they live very far apart

alejamiento *nm* (**a**) *(lejanía)* remoteness (**b**) *(distancia)* distance (**c**) *(separación) (de objetos)* separation; *(entre personas)* estrangement; **se produjo un a. gradual entre los dos hermanos** the two brothers gradually grew apart

Alejandría *n* Alexandria

alejandrino, -a *adj & nm Lit* alexandrine

alejar 1 *vt (poner más lejos)* to move away; *(ahuyentar) (sospechas, temores)* to allay

2 alejarse *vpr* (**a**) *(ponerse más lejos)* to go away (**de** from); *(retirarse)* to leave; **se alejaron demasiado del refugio** they strayed too far from the shelter; **¡aléjate de mí!** go away! (**b**) *(distanciarse)* to grow apart; **se fue alejando de sus amigos** he grew apart from his friends

alelado, -a *adj* in a daze; **estoy a. hoy** I'm just not with it today; **quedarse a.** *(sorprendido)* to be stunned, to be left speechless

alelamiento *nm Fam* **tener un a.** to be out of it

alelar *vt* to daze, to stupefy

alelí (*pl* **alelíes**) *nm* wallflower

aleluya 1 *nm o nf* hallelujah

2 *interj* **¡a.!** hallelujah!

alemán, -ana 1 *adj & nm,f* German

2 *nm (lengua)* German

Alemania *n* Germany ▫ *Antes **A. Occidental*** West Germany; *Antes **A. Oriental*** East Germany

alentador, -ora *adj* encouraging

alentar [3] **1** *vt* (**a**) *(animar)* to encourage (**b**) *Col (palmotear)* to applaud

2 alentarse *vpr Col (recuperarse)* to recover, to get better

alerce *nm* larch ▫ ***a. de Chile*** Patagonia cypress

alergeno, alérgeno *nm Med* allergen

alergia *nf también Fig* allergy; **tener a. a algo** to be allergic to sth ▫ ***a. de contacto*** contact allergy; ***a. al polen*** *o* ***a la primavera*** hayfever

alérgico, -a 1 *adj también Fig* allergic (a to); **todas las personas alérgicas al polen** everyone who suffers from hayfever, all hayfever sufferers

2 *nm,f* allergy sufferer; *(al polen)* hayfever sufferer

alergista *nmf*, **alergólogo,-a** *nm,f* allergist

alergología *nf* = the study and treatment of allergies

alero 1 *nm* (**a**) *(del tejado)* eaves (**b**) *Aut* wing

2 *nmf Dep (en baloncesto)* forward

alerón *nm* (**a**) *Av* aileron (**b**) *muy Fam (axila)* armpit; **le cantan los alerones** he has smelly armpits

alerta 1 *adj inv & adv* alert

2 *nf* alert ▫ ***a. roja*** red alert; ***en estado de a.*** on alert

3 *interj* **¡a.!** watch *o* look out!

alertar *vt* to alert (**de** about, to)

aleta *nf* (**a**) *(de pez)* fin ▫ ***a. dorsal*** dorsal fin (**b**) *(de buzo, foca)* flipper (**c**) *(de automóvil)* wing (**d**) *(de nariz)* flared part

aletargado, -a *adj* drowsy, lethargic

aletargamiento *nm* lethargy, drowsiness

aletargar [38] **1** *vt* to make drowsy, to send to sleep

2 aletargarse *vpr* (**a**) *(adormecerse)* to become drowsy (**b**) *(hibernar)* to hibernate

aletazo *nm* flap *(of fin or wing)*

aletear *vi (ave)* to flap its wings

aleteo *nm* flapping (of wings); **se distraía mirando el a. de los pájaros** he amused himself by watching the birds flapping by

alevín *nm* (**a**) *(cría de pez)* fry, young fish (**b**) *(persona)* novice, beginner (**c**) *Dep* **alevines** colts *(youngest category of players)*

alevosía *nf* (**a**) *(premeditación)* premeditation; **con premeditación y a.** with malice aforethought (**b**) *(traición)* treachery

alevoso, -a *adj* (**a**) *(premeditado)* premeditated (**b**) *(traidor)* treacherous

alfa *nf*

Takes the masculine articles **el** and **un**.

alpha; **a. y omega** beginning and end

alfabéticamente *adv* alphabetically

alfabético, -a *adj* alphabetical

alfabetización *nf* (**a**) *(de personas) (acción)* teaching to read and write; *(estado)* literacy (**b**) *(de palabras, letras)* alphabetization

alfabetizar [14] *vt* (**a**) *(personas)* to teach to read and write (**b**) *(palabras, letras)* to put into alphabetical order

alfabeto *nm* alphabet ▫ ***a. Braille*** Braille alphabet; ***a. Morse*** Morse code

alfajor *nm* (**a**) *(de ajonjolí)* = crumbly shortbread, flavoured with sesame seeds (**b**) *(en Argentina)* = small sponge cake filled with creamy toffee

alfalfa *nf* alfalfa, lucerne

alfanje *nm* scimitar

alfanumérico, -a *adj Informát* alphanumeric

alfanúmero *nm Informát* alphanumeric string

alfaque *nm* sandbank, bar

alfar *nm* potter's workshop, pottery

alfarería *nf* (**a**) *(técnica)* pottery (**b**) *(lugar)* potter's, pottery shop

alfarero, -a *nm,f* potter

alféizar *nm* window-sill

alfeñique *nm (persona)* weakling

alférez *nm Mil* second lieutenant ▫ ***a. de fragata*** *(en la marina) Br* midshipman, *US* ensign

alfil *nm (pieza de ajedrez)* bishop

alfiler *nm* (**a**) *(para coser)* pin; EXPR **no cabe ni un a.** it's jam-packed; EXPR **prendido con alfileres** sketchy; EXPR **lleva la asignatura prendida con alfileres** he has only a sketchy idea of the subject ▫ *Andes, RP* ***a. de gancho*** *(imperdible)* safety pin (**b**) *(joya)* brooch, pin ▫ ***a. de corbata*** tie-pin

alfiletero *nm* (**a**) *(acerico)* pincushion (**b**) *(estuche)* pin box

alfombra *nf* (**a**) *(grande)* carpet; *(pequeña)* rug; **una a. de flores** a carpet of flowers ▫ ***a. persa*** Persian carpet; ***a. voladora*** magic carpet (**b**) *Am (moqueta)* fitted carpet

alfombrado, -a 1 *adj* carpeted; **una calle alfombrada de flores** a street carpeted with flowers

2 *nm* carpets, carpeting

alfombrar *vt también Fig* to carpet

alfombrilla *nf* (**a**) *(alfombra pequeña)* rug (**b**) *(felpudo)* doormat; *(del baño)* bathmat (**c**) *Informát (para ratón)* mouse mat

alfóncigo *nm* pistachio tree

alforfón *nm* buckwheat

alforja *nf* (**a**) *(de persona)* knapsack (**b**) *(de caballo)* saddlebag

alga *nf*

Takes the masculine articles **el** and **un**.

(**a**) *(planta de mar)* **algas** seaweed; **un a.** a piece of seaweed; **la hélice se enredó en un a.** the propeller became fouled in some seaweed (**b**) *Biol (microscópicas)* alga ▫ ***algas verdeazuladas*** blue-green algae

algalia *nf (planta)* abelmosk

algarabía *nf* (**a**) *(habla confusa)* gibberish (**b**) *(alboroto)* racket

algarada *nf* racket, din

algarroba *nf* (**a**) *(planta)* vetch (**b**) *(fruto)* carob *o* locust bean

algarrobo *nm* carob *o* locust tree

Algarve *nm* **el A.** the Algarve

algazara *nf* racket, uproar

álgebra *nf*

Takes the masculine articles **el** and **un**.

algebra ▫ ***á. de Boole*** Boolean algebra

algebraico, -a *adj* algebraic

algicida *adj & nm* algicide

álgido, -a *adj* (**a**) *(culminante)* critical; **en el punto á. del conflicto** at the height of the conflict (**b**) *Formal (muy frío)* bitterly cold, freezing; *(sonrisa)* wintry, frosty

ALGO 1 *pron* (**a**) *(alguna cosa)* something; *(en interrogativas)* anything; **a. de comida/bebida** something to eat/drink; **a. para leer** something to read; **¿necesitas a. para el viaje?** do you need anything for your journey?; **¿te pasa a.?** is anything the matter?; **deben ser las diez y a.** it must be gone ten o'clock; **pagaron dos millones y a.** they paid over two million; EXPR **a. es a.** something is better than nothing; **a. así, a. por el estilo** something like that; **a. así como...** something like...; **por a. lo habrá dicho** he must have said it for a reason; **si se ofende, por a. será** if she's offended, there must be a reason for it

(**b**) *(cantidad pequeña)* a bit, a little; **a. de** some; **habrá a. de comer, pero es mejor que vengáis cenados** there will be some food, but it would be best if you had dinner before coming; **¿habéis bebido cerveza? — a.** did you drink any beer? — a bit

(**c**) *Fam (ataque)* **te va a dar a. como sigas trabajando así** you'll make yourself ill if you go on working like that; **¡a mí me va a dar a.!** *(de risa)* I'm going to do myself an injury (laughing)!; *(de enfado)* this is going to drive me mad!

(**d**) *(cosa importante)* something; **si quieres llegar a ser a.** if you ever want to be anybody, if you ever want to get anywhere; **se cree que es a.** he thinks he's something (special)

(**e**) *Col (refrigerio)* refreshment; **tomar el a.** to have a snack *(between meals)*

2 *adv (un poco)* a bit; **es a. más grande** it's a bit bigger; **estoy a. cansado de vuestra actitud** I'm rather *o* somewhat tired of your attitude; **se encuentra a. mejor** she's a bit *o* slightly better; **necesito dormir a.** I need to get some sleep

3 *nm Col* refreshment

---

algodón *nm* cotton; **una camisa de a.** a cotton shirt; EXPR **criado entre algodones** pampered ❑ ***a. dulce*** candyfloss; ***a. hidrófilo*** *Br* cotton wool, *US* absorbent cotton; ***a. en rama*** raw cotton

algodonal *nm* cotton plantation

algodonero, -a 1 *adj* cotton; **la industria algodonera** the cotton industry

2 *nm* cotton plant

3 *nm,f* (**a**) *(productor)* cotton planter *o* grower (**b**) *(recolector)* cotton picker

algodonoso, -a *adj* fluffy; **nubes algodonosas** cotton-wool clouds

algoritmo *nm Informát* algorithm

alguacil *nm* (**a**) *(del ayuntamiento)* mayor's assistant (**b**) *(del juzgado)* bailiff (**c**) *RP (libélula)* dragonfly

alguacilillo *nm Taurom* = mounted official at bullfight

alguien *pron* (**a**) *(alguna persona)* someone, somebody; *(en interrogativas)* anyone, anybody; **¿hay a. ahí?** is anyone there? (**b**) *(persona de importancia)* somebody; **se cree a.** she thinks she's somebody (special)

ALGUNO, -A

> **algún** is used instead of **alguno** before masculine singular nouns (e.g. **algún día** some day).

1 *adj* (**a**) *(indeterminado)* some; *(en frases interrogativas)* any; **¿tienes algún libro?** do you have any books?; **¿tiene algún otro color?** do you have any other colours?; **algún día** some *o* one day; **en algún lugar** somewhere; **tiene que estar en algún lugar** it must be somewhere or other; **compró algunas cosas** he bought a few things; **ha surgido algún (que otro) problema** the odd problem has come up

(**b**) *(en frases negativas)* any; **no tiene importancia alguna** it's of no importance whatsoever; **no tengo interés a. (en hacerlo)** I'm not in the least (bit) interested (in doing it); **en modo a.** in no way; **no vamos a permitir que este contratiempo nos afecte en modo a.** we're not going to allow this setback to affect us in any way

2 *pron* (**a**) *(persona)* someone, somebody; *(plural)* some people; *(en frases interrogativas)* anyone, anybody; **¿ha llegado a.?** has anyone *o* anybody arrived?; **¿conocisteis a algunos?** did you get to know any?; **algunos de** some *o* a few of; **algunos de nosotros no estamos de acuerdo** some of us don't agree

(**b**) *(cosa)* the odd one; *(plural)* some, a few; *(en frases interrogativas)* any; **¿tienes a.?** have you got any?; **¿queda a.?** are there any left?; **me salió mal a.** I got the odd one wrong; **compraremos algunos** we'll buy some *o* a few; **algunos de** some *o* a few of

---

alhaja *nf* (**a**) *(joya)* jewel; *(objeto de valor)* treasure (**b**) *(persona)* gem, treasure; *Irónico* **¡menuda a.!** he's a right one!

alhajera *nf,* **alhajero** *nm Am* jewellery box

alharaca *nf* fuss; **hacer alharacas** to kick up a fuss

alhelí (*pl* **alhelíes**) *nm* wallflower

alheña *nf* privet

ALI *ver* **ALADI**

aliado, -a 1 *adj* allied

2 *nm,f* ally; *Hist* **los Aliados** the Allies

alianza *nf* (**a**) *(pacto, parentesco)* alliance ❑ ***la A. Atlántica*** NATO; ***a. matrimonial*** *(vínculo)* marriage bond; *(boda)* wedding (**b**) *(anillo)* wedding ring

aliar [32] **1** *vt (naciones)* to ally (**con** with); *(cualidades)* to combine (**con** with)

2 aliarse *vpr* to form an alliance (**con** with); **se aliaron todos contra mí** they all ganged up against me

alias 1 *adv* alias; **Pedro García, a. "el Flaco"** Pedro Garcia, alias *o* a.k.a. "el Flaco"

2 *nm inv también Informát* alias

alicaído, -a *adj* (**a**) *(triste)* depressed (**b**) *(débil)* weak

alicantino, -a 1 *adj* of/from Alicante

2 *nm,f* person from Alicante

alicatado, -a 1 *adj* tiled

2 *nm* tiling

alicatar *vt* to tile

alicates *nmpl* pliers

aliciente *nm* (**a**) *(incentivo)* incentive (**b**) *(atractivo)* attraction

alícuota *adj Mat* aliquot

alienación *nf* (**a**) *(sentimiento)* alienation (**b**) *(trastorno psíquico)* derangement, madness

alienado, -a 1 *adj* insane

2 *nm,f* insane person, lunatic

alienante *adj* alienating

alienar *vt* (**a**) *(volver loco)* to derange, to drive mad (**b**) *Filosofía* to alienate

alienígena *nmf* alien

aliento 1 *ver* **alentar**

2 *nm* (**a**) *(respiración)* breath; **cobrar a.** to catch one's breath; **sin a.** breathless (**b**) *(ánimo)* strength

aligátor *nm* alligator

aligeramiento *nm* (**a**) *(de carga)* lightening (**b**) *(alivio)* alleviation, easing

aligerar 1 *vt* (**a**) *(peso)* to lighten; *(pena)* to relieve, to ease; **aligeró su conciencia** she eased her conscience (**b**) *(ritmo)* to speed up; **a. el paso** to quicken one's pace

2 *vi (darse prisa)* to hurry up; **aligera, que llegamos tarde** hurry up, or we'll be late

alígero, -a *adj Literario (rápido)* fleet-footed

aligustre *nm* privet ❑ ***a. de California*** Californian privet

alijo *nm* contraband; **a. de drogas** consignment of drugs

alimaña *nf* pest *(animal)*

alimentación *nf* (**a**) *(acción)* feeding (**b**) *(comida)* food; **el sector de la a.** the food industry (**c**) *(régimen alimenticio)* diet; **una a. equilibrada** a balanced diet (**d**) *Tec* feed, input

alimentador, -ora 1 *adj Tec* feeding

2 *nm Tec* feed, feeder ❑ *Informát* ***a. de papel*** paper feed

alimentar 1 *vt* (**a**) *(dar comida, energía, material)* to feed; **la lectura alimenta el espíritu** reading improves your mind (**b**) *(motor, coche)* to fuel

2 *vi (nutrir)* to be nourishing; **los garbanzos alimentan mucho** chickpeas are very nutritious

3 alimentarse *vpr (comer)* **alimentarse de** to live on

alimentario, -a *adj* food; **la industria alimentaria** the food industry

alimenticio, -a *adj* nourishing; **productos alimenticios** foodstuffs

alimento *nm* food; *Fig* **la lectura es un a. para el espíritu** reading improves your mind ❑ ***alimentos infantiles*** babyfoods

alimoche *nm* Egyptian vulture

alimón: al alimón *loc adv* jointly, together

alineación *nf* (**a**) *(colocación en línea)* alignment (**b**) *Dep (composición de equipo)* line-up

alineado, -a *adj* (**a**) *(en línea recta)* lined up (**b**) *Dep (en equipo)* selected (**c**) *Pol* **países no alineados** non-aligned countries

alineamiento *nm* alignment; *Pol* **no a.** non-alignment

alinear 1 *vt* (**a**) *(colocar en línea)* to line up (**b**) *Dep (seleccionar)* to select

2 alinearse *vpr Pol* to align (**con** with *o* alongside)

aliñar *vt (ensalada)* to dress; *(carne)* to season

aliño *nm (para ensalada)* dressing; *(para carne)* seasoning

alío *etc ver* **aliar**

alioli *nm* garlic mayonnaise

aliquebrado, -a *adj Fam (abatido)* downhearted, depressed

alirón *interj* **¡a.!** hooray!; EXPR **cantar el**

a. = to shout in celebration at winning the soccer league

alisar 1 *vt* to smooth (down)
2 alisarse *vpr* **alisarse el pelo** to smooth (down) one's hair

aliseda *nf* alder grove

alisio *Meteo* **1** *adj* **vientos alisios** trade winds
2 *nm* trade wind

aliso *nm* alder

alistamiento *nm Mil* enlistment

alistar 1 *vt* (**a**) *(reclutar)* to recruit (**b**) *(inscribir en lista)* to list (**c**) *(preparar)* to prepare, to get ready
2 alistarse *vpr* (**a**) *Mil* **alistarse (en el ejército)** to enlist (in the army), to join up (**b**) *Andes, Méx, Ven (prepararse)* to get ready

aliteración *nf* alliteration

aliviadero *nm (de embalse)* overflow, spillway

alivianado, -a *adj Méx (generoso)* generous

alivianarse *vpr Méx (relajarse)* to let one's hair down

aliviar *vt* (**a**) *(atenuar)* to soothe; **una medicina para a. el dolor** a medicine to soothe *o* relieve the pain (**b**) *(aligerar) (persona)* to relieve; *(carga)* to lighten; **contarle tus penas a alguien te aliviará** it will help if you tell your troubles to someone

alivio *nm* relief; **de a.** *(terrible)* dreadful

aljaba *nf* quiver

aljibe *nm* (**a**) *(de agua)* cistern (**b**) *Náut* tanker

aljófar *nm (perla)* seed pearl

ALLÁ *adv* (**a**) *(indica espacio)* over there; **aquí no hay espacio para esos libros, ponlos a.** there's no room for these books here, put them over there; **no te pongas tan a., que no te oigo** don't stand so far away, I can't hear you; **a. abajo/arriba** down/up there; **a. donde sea posible** wherever possible; **a. lejos** right back there; **a. en tu pueblo se come muy bien** they eat well back in your home town; **hacerse a.** to move over *o* along; **hacia a.** that way, in that direction; **más a.** further on; **no dejes el vaso tan cerca del borde, ponlo más a.** don't leave the glass so near the edge, move it in a bit; **los trenes son un desastre, sin ir más a., ayer estuve esperando dos horas** trains are hopeless, you don't need to look far to find an example, only yesterday I had to wait for two hours; **más a. de** beyond; **no vayas más a. de la verja** don't go beyond the gate; **no se veía más a. de unos pocos metros** visibility was down to a few metres; **voy para a. mañana** I'm going there tomorrow; **échate para a.** move over; **por a.** over there, thereabouts
(**b**) *(indica tiempo)* **a. por los años cincuenta** back in the fifties; **a. para el mes de agosto** around August some time
(**c**) *(en frases)* **a. él/ella** that's his/her problem; **a. tú, a. te las compongas** that's your problem; **a. se las arreglen ellos** that's their problem, that's for them to worry about; **a. cada cual** each person will have to decide for themselves; **a. tú con lo que haces** it's up to you what you do; **los negocios no andan muy a.** business is rather slow at the moment; **no ser muy a.** to be nothing special; **no encontrarse** *o* **sentirse muy a.** to feel a bit funny; **hoy no estoy muy a.** I'm not quite myself today; **¡a. voy!** here I go *o* come!; **¿estamos todos listos? ¡Vamos a.!** is everybody ready? Then let's begin!; **¡vamos a., tú puedes!** go for it *o* go on, you can do it!

allanamiento *nm* forceful entry ▫ *Der* ***a. de morada*** breaking and entering

allanar *vt* (**a**) *(terreno)* to flatten, to level; *Fig (dificultad)* to overcome; **allanarle el camino a alguien** to smooth the way for sb (**b**) *(irrumpir en)* to break into; **las tropas allanaron la ciudad** the troops sacked the city (**c**) *Am (hacer una redada en)* to raid

allegado, -a 1 *adj* close
2 *nm,f* (**a**) *(familiar)* relative (**b**) *(amigo)* close friend (**c**) *Chile Fam (gorrón)* sponger

allegar [38] **1** *vt* (**a**) *(acercar)* to place near (**b**) *(añadir)* to add
2 allegarse *vpr (adherirse)* to conform

allende *prep Literario* beyond; **a. los mares** across the seas; **a. los montes** beyond the mountains

allí *adv* there; **a. abajo/arriba** down/up there; **a. mismo** right there; **está por a.** it's around there somewhere; **se va por a.** you go that way; **está a. dentro** it's in there

ALMA *nf*

> Takes the masculine articles **el** and **un.**

(**a**) *(espíritu)* soul; **es un chico de a. noble** he's a noble-minded boy; **encomiendo mi a. a Dios** I commend my soul to God
(**b**) *(persona)* soul; **un pueblo de doce mil almas** a town of twelve thousand people; **no se ve un a.** there isn't a soul to be seen
(**c**) *(de negocio, equipo)* backbone; **son el a. de la compañía** they're the backbone *o* core of the company; **el a. de la fiesta** the life and soul of the party; **el a. del proyecto** the driving force behind the project; **el humor es el a. de este espectáculo** humour is at the heart of this show
(**d**) *(de cañón)* bore
(**e**) *Mús (de instrumento)* soundpost
(**f**) *(de viga)* web
(**g**) EXPR **a. mía, mi a.** *(apelativo)* dearest, darling; **agradecer algo en el a.** to be deeply grateful for sth; **arrancarle el a. a alguien** *(matarlo)* to kill sb; *Fam* **se le cayó el a. a los pies** his heart sank; **como a. en pena** like a lost soul; *Fam* **como a. que lleva el diablo** like a bat out of hell; **con toda mi/tu/***etc.* **a.** with all my/your/*etc* heart; **lo odia con toda su a.** she hates him with all her heart; **cantaba con toda su a.** he was singing his heart out, he was singing for all he was worth; **deseo con toda mi a. que seas feliz** I hope you'll be happy with all my heart; **me da en el a. que no llamarán** I can feel it in my bones *o* deep down that they're not going to ring; **en el a.** truly, from the bottom of one's heart; **entregar el a.** to give up the ghost; **estar con el a. en un hilo** to be worried stiff; **llegar al a. a alguien** to touch sb's heart; **lo que dijo me llegó al a.** her words really struck home; *Fam* **no puedo con mi a.** I'm ready to drop, I'm completely worn out; **no tener a.** to be heartless; **partir el a. a alguien** to break sb's heart; **me salió del a. contestarle así** I didn't mean to answer him like that, it just came out that way; **sentirlo en el a.** to be truly sorry; **lo siento en el a. pero no puedo ayudarte** I'm truly sorry, but I can't help you; **ser el a. gemela de alguien** to be sb's soul mate; **ser un a. atravesada** *o* **de Caín** *o* **de Judas** to be a fiend *o* a villain; *Fam* **ser un a. de cántaro** to be a mug; **ser un a. de Dios** to be a good soul

Alma Ata *n* Alma-ata

almacén *nm* (**a**) *(para guardar)* warehouse ▫ ***a. frigorífico*** refrigerated storehouse (**b**) *(tienda)* store, shop; *Andes, RP (de alimentación)* grocery store ▫ ***(grandes) almacenes*** department store

almacenaje *nm* storage

almacenamiento *nm también Informát* storage ▫ *Informát* ***a. permanente/temporal*** permanent/temporary storage

almacenar *vt* (**a**) *(guardar) también Informát* to store (**b**) *(reunir)* to collect

almacenero, -a *nm,f*, **almacenista** *nmf* (**a**) *(que almacena)* warehouse worker (**b**) *Andes, RP (vendedor)* storekeeper

almáciga *nf* (**a**) *(resina)* mastic (**b**) *(masilla)* putty (**c**) *(semillero)* nursery, seedbed

almádena *nf* sledgehammer

almadraba *nf* (**a**) *(pesca)* tuna fishing (**b**) *(red)* tuna-fishing net

almagre *nm* red ochre

almanaque *nm* (**a**) *(calendario)* calendar (**b**) *(publicación anual)* almanac

almazara *nf* olive-oil mill

almeja *nf* clam

almena *nf* = upright part of castle battlement, *Espec* merlon; **almenas** battlements

almendra *nf* almond ▫ ***a. amarga*** bitter almond; ***a. dulce*** almond; ***almendras fileteadas*** flaked almonds; ***almendras garrapiñadas*** = almonds covered in caramelized sugar

almendrado, -a *adj* almond-shaped; **ojos almendrados** almond eyes

almendro *nm* almond (tree)

almendruco *nm* green almond

almeriense 1 *adj* of/from Almería
2 *nmf* person from Almería

almez *nm* hackberry tree

almiar *nm* haystack

almíbar *nm* syrup; **en a.** in syrup

almibarado, -a *adj* (**a**) *(con almíbar)* covered in syrup (**b**) *(afectado)* syrupy, sugary

almibarar *vt* to cover in syrup

almidón *nm* starch

almidonado, -a 1 *adj* starched
2 *nm* starching

almidonar *vt* to starch

alminar *nm* minaret

almirantazgo *nm* (**a**) *(dignidad)* admiralty (**b**) *(de la Armada)* Admiralty

almirante *nm* admiral

almirez *nm* mortar

almizclado, -a, almizcleño, -a *adj* musky

almizcle *nm* musk

almizclero *nm* musk deer

almohada *nf* pillow; EXPR **consultarlo con la a.** to sleep on it

almohade 1 *adj* Almohad(e)
2 *nmf* Almohad(e), = member of the Arab dynasty which ruled in North Africa and Muslim Spain in the 7th and 8th centuries

almohadilla *nf* (**a**) *(almohadón pequeño)* cushion (**b**) *(de gato, perro)* pad (**c**) *Am (alfiletero)* pincushion (**d**) *Arg (tampón)* ink pad (**e**) *Bol, Chile (borrador)* blackboard *Br* rubber *o US* eraser

almohadillado, -a *adj* padded

almohadillar *vt* (**a**) *(acolchar)* to pad (**b**) *Arquit* to decorate with bolsters *o* cushions

almohadón *nm* cushion

almoneda *nf* (**a**) *(subasta)* auction (**b**) *(local)* discount store

almorávide 1 *adj* Almoravid
2 *nmf* Almoravid, = member of the Berber dynasty which ruled in North Africa and Muslim Spain in the 6th and 7th centuries

almorranas *nfpl* piles

almorta *nf* chickling vetch

almorzar [31] **1** *vt* (**a**) *(a mediodía)* to have for lunch; **los viernes almuerzan pescado** on Fridays they have fish for lunch (**b**) *(a media mañana)* to have as a mid-morning snack (**c**) *(motor, coche)* to fuel
2 *vi* (**a**) *(a mediodía)* to have lunch (**b**) *(a media mañana)* to have a mid-morning snack

almuerzo *nm* (**a**) *(a mediodía)* lunch; **a. de trabajo** working lunch (**b**) *(a media mañana)* mid-morning snack

aló *interj Am (al teléfono)* **¡a.!** hello!

alocadamente *adv* (**a**) *(locamente)* crazily (**b**) *(irreflexivamente)* thoughtlessly, rashly

alocado, -a 1 *adj* crazy; **lleva una vida alocada** she lives a wild life
2 *nm,f* **es un a.** he's crazy

alocución *nf* address, speech

aloe, áloe *nm* common aloe

alógeno, -a *adj* immigrant, in-coming

alojado, -a *nm,f Andes* guest, lodger

alojamiento *nm* accommodation; **dar a.** a to put up

alojar 1 *vt* to put up
2 alojarse *vpr* (**a**) *(hospedarse)* to stay (**b**) *(introducirse)* to lodge; **la bala se alojó en el pulmón derecho** the bullet lodged in her right lung

alondra *nf* lark

alopatía *nf* allopathy

alopecia *nf* alopecia

alpaca *nf* (**a**) *(metal)* alpaca, German *o* nickel silver (**b**) *(animal)* alpaca

alpargata *nf* espadrille

alpargatería *nf* = shop selling espadrilles

Alpes *nmpl* **los A.** the Alps

alpinismo *nm* mountaineering

alpinista *nmf* mountaineer

alpino, -a *adj* Alpine

alpiste *nm* (**a**) *(planta)* canary grass (**b**) *(semilla)* birdseed

alquería *nf* farmstead

alquilado, -a *adj (casa)* rented; *(coche, traje)* hired

alquilar 1 *vt (casa, televisión, oficina)* to rent; *(coche, traje)* to hire; **le alquilamos nuestra casa** we rented our house to him
2 alquilarse *vpr (casa, televisión, oficina)* to be for rent; *(coche)* to be for hire; **se alquila** *(en letrero)* to let

alquiler *nm* (**a**) *(acción) (de casa, televisión, oficina)* renting; *(de coche)* hiring; **de a.** *(casa)* rented; **coche de a.** hire car; **tenemos pisos de a.** we have *Br* flats *o US* apartments to let; **a. de bicicletas** *(en letrero)* bicycles for hire ▫ ***a. con opción a compra*** rental with option to buy (**b**) *(precio) (de casa, oficina)* rent; *(de televisión)* rental; *(de coche)* hire charge

alquimia *nf* alchemy

alquimista *nmf* alchemist

alquitrán *nm* tar

alquitranar *vt* to tar

alrededor 1 *adv* (**a**) *(en torno)* around; **a. de** around; **de a.** surrounding (**b**) *(aproximadamente)* **a. de** around
2 *nm* **miré a mi a.** I looked around (me); **alrededores** surrounding area; **los alrededores de Guadalajara** the area around Guadalajara; **había mucha gente en los alrededores del estadio** there were a lot of people in the area around the stadium

Alsacia *nf* Alsace

alsaciano, -a *adj & nm,f* Alsatian

alta *nf*

> Takes the masculine articles **el** and **un**.

(**a**) *(del hospital)* **a. (médica)** discharge; **dar de a. a alguien, dar el a. a alguien** to discharge sb (from hospital) (**b**) *(documento)* certificate of discharge (**c**) *(en una asociación)* membership; **darse de a. (en)** to become a member (of); **dar de a. a alguien** *(en club)* to enroll sb (**d**) **dar de a. a alguien** *(en teléfono, gas, electricidad)* to connect sb

altamente *adv* highly, extremely; **a. satisfecho** highly satisfied

altanería *nf* haughtiness; **con a.** haughtily

altanero, -a *adj* haughty

altar *nm* altar; **conducir** *o* **llevar a alguien al a.** to lead sb down the aisle ▫ ***a. mayor*** high altar

altavoz *nm* (**a**) *(para anuncios)* loudspeaker; **la llamaron por el a.** they called her over the loudspeaker (**b**) *(de tocadiscos, ordenador)* speaker

alteración *nf* (**a**) *(cambio)* alteration (**b**) *(excitación)* agitation (**c**) *(alboroto)* disturbance ▫ ***a. del orden público*** breach of the peace

alterado, -a *adj* (**a**) *(cambiado)* altered, changed (**b**) *(perturbado)* disturbed, upset; **los niños están muy alterados con la llegada de las vacaciones** the children are rather over-excited with the holidays coming up (**c**) *(enfadado)* angry, annoyed

alterar 1 *vt* (**a**) *(cambiar)* to alter, to change; **a. el orden de las palabras** to change the order of the words; **esto altera nuestros planes** that changes our plans (**b**) *(perturbar) (persona)* to agitate, to fluster; *(orden público)* to disrupt; **le alteran mucho los cambios** the changes upset him a lot (**c**) *(estropear)* **el calor alteró los alimentos** the heat made the food go off
2 alterarse *vpr* (**a**) *(perturbarse)* to get agitated *o* flustered (**b**) *(estropearse)* to go off

altercado *nm* argument, row; **a. callejero** disturbance

altercar *vi* to argue

álter ego *nm* alter ego

alternadamente *adv* alternately

alternador *nm Elec* alternator

alternancia *nf* alternation ▫ ***a. de poder*** = alternation of different parties in government

alternar 1 *vt* to alternate
2 *vi* (**a**) *(relacionarse)* to mix, to socialize (**con** with) (**b**) *(sucederse)* **a. con** to alternate with
3 alternarse *vpr* (**a**) *(en el tiempo)* to take turns; **se alternan para cuidar al niño** they take it in turns to look after the child (**b**) *(en el espacio)* to alternate

alternativa *nf* (**a**) *(opción)* alternative ▫ ***a. de poder*** alternative party of government (**b**) *Taurom* = ceremony in which bullfighter shares the kill with his novice, accepting him as a professional; EXPR **dar la a. a alguien** to give sb their first big break

alternativamente *adv* alternately

alternativo, -a *adj* (**a**) *(movimiento)* alternating (**b**) *(posibilidad)* alternative (**c**) *(cine, teatro)* alternative

alterne *nm* **bar de a.** = bar where women encourage people to drink in return for a commission; **chica de a.** = woman working in a "bar de alterne", *US* B-girl

alterno, -a *adj* (**a**) *(en el tiempo, espacio)* alternate (**b**) *Elec* alternating

alteza *nf* (**a**) *(de sentimientos)* loftiness (**b**) **A.** *(tratamiento)* Highness; **Su A. Real** His/Her Royal Highness

altibajos nmpl (**a**) (del terreno) unevenness (**b**) (de la vida) ups and downs

altillo nm (**a**) (desván) attic, loft (**b**) (armario) = small storage cupboard above head height, usually above another cupboard (**c**) (cerro) hillock

altímetro nm altimeter

altiplanicie nf, **altiplano** nm high plateau

Altísimo nm Rel **el A.** the Most High

altisonante, altísono, -a adj high-sounding

altitud nf altitude; **viven a más de 4.000 m de a.** they live at an altitude of over 4,000 m

altivez, altiveza nf haughtiness; **con a.** haughtily

altivo, -a adj haughty

ALTO, -A **1** adj (**a**) (persona, árbol, edificio) tall; (montaña) high; **es más a. que su compañero** he's taller than his colleague; **el Everest es la montaña más alta del mundo** Everest is the world's highest mountain; **¡qué alta está tu hermana!** your sister's really grown!; **un jersey de cuello a.** Br a polo neck, US a turtleneck; **tacones altos** high heels; **lo a.** (de lugar, objeto) the top; Fig (el cielo) Heaven; EXPR **hacer algo por todo lo a.** to do sth in (great) style; EXPR **una boda por todo lo a.** a sumptuous wedding; **en lo a. de** at the top of; **el gato se escondió en lo a. del árbol** the cat hid up the tree

(**b**) (indica posición elevada) high; (piso) top, upper; **tu mesa es muy alta para escribir bien** your desk is too high for writing comfortably; **¡salgan con los brazos en a.!** come out with your arms raised o your hands up; **aguántalo en a. un segundo** hold it up for a second; EXPR **mantener la cabeza bien alta** to hold one's head high; **tienen la moral muy alta** their morale is very high; EXPR **pasar algo por a.** (adrede) to pass over sth; (sin querer) to miss sth out; EXPR **esta vez pasaré por a. tu retraso** I'll overlook the fact that you arrived late this time; **el portero desvío el balón por a.** the keeper tipped the ball over the bar; **de alta mar** deep-sea; **en alta mar** out at sea; **le entusiasma la alta montaña** she loves mountaineering; **equipo de alta montaña** mountaineering gear

(**c**) (cantidad, intensidad) high; **tengo la tensión muy alta** I have very high blood pressure; **tiene la fiebre alta** her temperature is high, she has a high temperature ❑ ***a. horno*** blast furnace; ***altos hornos*** (factoría) iron and steelworks; Informát ***alta resolución*** high resolution; ***alta temperatura*** high temperature; ***alta tensión*** o ***voltaje*** high voltage

(**d**) (en una escala) **de a. nivel** (delegación) high-level; **un a. dirigente** a high-ranking leader ❑ Hist ***la alta aristocracia*** the highest ranks of the aristocracy; ***a. cargo*** (persona) (de empresa) top manager; (de la administración) top-ranking official; (puesto) top position o job; **los altos cargos del partido** the party leadership; ***a. cocina*** haute cuisine; Mil ***a. mando*** (persona) high-ranking officer; (jefatura) high command

(**e**) (avanzado) ***alta fidelidad*** high fidelity; Informát ***de a. nivel*** (lenguaje) high-level; ***alta tecnología*** high technology

(**f**) (sonido, voz) loud; **en voz alta** in a loud voice; **el que no esté de acuerdo que lo diga en voz alta** if anyone disagrees, speak up

(**g**) (hora) late; **a altas horas de la noche** late at night

(**h**) Geog upper; **un crucero por el curso a. del Danubio** a cruise along the upper reaches of the Danube; **el A. Egipto** Upper Egypt

(**i**) Hist High; **la alta Edad Media** the High Middle Ages

(**j**) (noble, ideales) lofty

(**k**) (crecido, alborotado) (río) swollen; (mar) rough; **con estas lluvias el río va a.** the rain has swollen the river's banks

2 nm (**a**) (altura) height; **mide dos metros de a.** (cosa) it's two metres high; (persona) he's two metres tall

(**b**) (lugar elevado) height; **los Altos del Golán** the Golan Heights

(**c**) (detención) stop; **hacer un a.** to make a stop; **hicimos un a. en el camino para comer** we stopped to have a bite to eat; **dar el a. a alguien** to challenge sb ❑ ***a. el fuego*** (cese de hostilidades) cease-fire; **¡a. el fuego!** (orden) cease fire!

(**d**) Mús alto

(**e**) (voz alta) **no se atreve a decir las cosas en a.** she doesn't dare say what she's thinking out loud

(**f**) Chile (montón) pile, heap

(**g**) Arg, Chile, Perú **altos** (de edificio) top floor

3 adv (**a**) (arriba) high (up); **volar muy a.** to fly very high

(**b**) (hablar) loud; **por favor, no hables tan a.** please, don't talk so loud

4 interj **¡a.!** halt!, stop!; **¡a.! ¿quién va?** halt! who goes there?; **¡a. ahí!** (en discusión) hold on a minute!; (a un fugitivo) stop!

altocúmulo nm Meteo altocumulus

altoparlante nm Am loudspeaker

altorrelieve nm high relief

Alto Volta n Antes Upper Volta

altozano nm hillock

altramuz nm lupin

altruismo nm altruism; **con a.** altruistically

altruista **1** adj altruistic

2 nmf altruist

ALTURA nf (**a**) (de persona, cosa) height; **mide** o **tiene dos metros de a.** (persona) he's two metres tall; (cosa) it's two metres high

(**b**) (posición) height; **pon los dos altavoces a la misma a.** put both speakers level with each other; **a la a. de los ojos** at eye level; **la serpiente le mordió a la a. del tobillo** the snake bit him on the ankle; **el tráfico está congestionado a la a. del ayuntamiento** there's a traffic jam in the area of the town hall; **¿a qué a. está la oficina de turismo?** how far along the road is the tourist information office?; **está a la a. de la estación** it's next to the station

(**c**) (altitud) height; **Viella está a 1.000 m de a.** Viella is 1,000 m above sea level; **ganar** o **tomar a.** (avión) to climb; **perder a.** (avión) to lose height; **volar a gran a.** to fly at altitude; **volaremos a 2.000 metros de a.** we'll be flying at an altitude of 2,000 metres; **se esperan nevadas en alturas superiores a los 800 metros** snow is forecast on high ground above 800 metres; Fig **las alturas** (el cielo) Heaven; **Gloria a Dios en las alturas** glory to God in the highest

(**d**) (latitud) latitude

(**e**) Fig (nivel) **a la a. de** on a par with; **comprarlo no estaba a la a. de mis posibilidades** it wasn't within my means to buy it; **su última novela no está a la a. de sus anteriores** her last novel isn't up to the standard of her previous ones; **estar a la a. de las circunstancias** to be worthy of the occasion, to be equal to the challenge; **ninguno de los dos equipos estuvo a la a. de las circunstancias** neither of the teams was able to rise to the occasion; **no está a la a. del puesto** he's not up to the job; **la película no estuvo a la a. de sus expectativas** the film didn't come up to o fell short of her expectations; EXPR Fam **nos dejó a la a. del betún** it left us looking really bad; EXPR Fam **hemos quedado a la a. del betún, teníamos que haberle comprado un regalo** it looks really bad that we didn't buy him a present; **la moda inglesa nunca se pondrá a la a. de la italiana** English fashion will never reach the standard of Italian fashion; **intentan ponerse a la a. de los líderes del mercado** they're trying to catch up with the market leaders; **al devolverle el insulto, se puso a su a.** by insulting him back, she showed herself to be no better than him; EXPR Fam **como tenista, no le llega a la a. de los zapatos** he's nowhere near as good a tennis player as her; **rayar a gran a.** to excel, to shine; **jugaron a gran a. y ganaron el título** they played magnificently and won the title

(**f**) Fig (de persona) stature; (de sentimientos, espíritu) loftiness; **un escritor de gran a. moral** a writer with lofty morals

(**g**) (tiempo) **a estas alturas** this far on; **a estas alturas ya tendrían que saber lo que me gusta** by now, they ought to know what I like; **a estas alturas ya no se puede cambiar nada** it's too late to change anything now; **a estas alturas ya debías saber que eso no se hace** you should know better than that by now; **a estas alturas del año ya es muy tarde para ponerse a estudiar** it's a bit late in the year to start studying; **si a estas alturas no te has decidido...** if you haven't decided by now...; **no me digas que a estas alturas todavía tienes**

dudas sobre tu boda don't tell me you still have doubts about getting married even at this late stage
(**h**) *(cumbre)* summit, top; **las grandes alturas alpinas** the great peaks of the Alps
(**i**) *(piso)* floor; **una casa de dos alturas** a two-storey house
(**j**) *(salto de altura)* high jump
(**k**) *Mús* pitch
(**l**) *Náut* **de a.** *(buque)* ocean-going; **flota de a.** deep-sea fleet; **navegación de a.** ocean navigation; **pesca de a.** deep-sea fishing
(**m**) *Geom (de triángulo)* height

alu *nf*

Takes the masculine articles **el** and **un**.

Informát alu

alubia *nf* bean ▫ ***a. blanca*** cannellini bean; ***a. roja*** kidney bean

alucinación *nf* hallucination; **tener alucinaciones** to have hallucinations

alucinado, -a *adj* (**a**) *Med* hallucinating (**b**) *Fam (sorprendido)* staggered, *Br* gobsmacked; **quedarse a. (con)** to be staggered (by) *o Br* gobsmacked (by) (**c**) *Fam (encantado)* **estar a. con algo/alguien** to be wild *o* crazy about sth/sb

alucinante *adj* (**a**) *Med* hallucinatory (**b**) *Fam (extraordinario)* amazing

alucinantemente *adv Fam* stunningly

alucinar 1 *vi* (**a**) *Med* to hallucinate (**b**) *Fam* **¡tú alucinas!** you must be dreaming!; **¡yo alucino!** I can't believe it!; **alucinó con todos los regalos que le hicieron** he was bowled over by all the presents they gave him
2 *vt Fam* (**a**) *(seducir)* to hypnotize, to captivate (**b**) *(gustar)* **le alucinan las motos** he's crazy about motorbikes

alucine *nm Fam* **¡qué a.!** *Br* bloody hell!, *US* goddamn it!; **un a. de moto** a humdinger of a bike, a *Br* bloody *o US* goddamn amazing bike

alucinógeno, -a 1 *adj* hallucinogenic
2 *nm* hallucinogen

alud *nm también Fig* avalanche; **un a. de preguntas** an avalanche *o* flood of questions

aludido, -a *nm,f* **el a.** the aforesaid; **darse por a.** *(ofenderse)* to take it personally; **no darse por a.** to ignore the hint, to pretend one is not being referred to

aludir *vi* **a. a algo** *(sin mencionar)* to allude to sth; *(mencionando)* to refer to sth; **en el discurso evitó a. a los impuestos** he avoided mentioning taxes in his speech

alumbrado *nm* lighting ▫ ***a. público*** street lighting

alumbramiento *nm* (**a**) *(parto)* delivery (**b**) *(con luz)* lighting

alumbrar 1 *vt* (**a**) *(iluminar)* to light up; **alumbró el camino con una linterna** he lit the way with a torch (**b**) *(dar a luz)* to give birth to
2 *vi (iluminar)* to give light; **esa linterna alumbra muy poco** that *Br* torch *o US* flashlight doesn't give much light

alumbre *nm* alum

alúmina *nf Quím Br* aluminium *o US* aluminum oxide

aluminio *nm Br* aluminium, *US* aluminum ▫ ***a. anodizado*** anodized *Br* aluminium *o US* aluminum

aluminosis *nf inv Constr* = structural weakness of buildings as a result of inadequate building materials containing aluminium

aluminoso, -a *adj* aluminous

alumnado *nm (de escuela)* pupils; *(de universidad)* students

alumno, -a *nm,f (de escuela, profesor particular)* pupil; *(de universidad)* student

alunado, -a *adj Am* annoyed, in a bad mood

alunizaje *nm* landing on the moon

alunizar [14] *vi* to land on the moon

alusión *nf (sin mencionar)* allusion; *(mencionando)* reference; **hacer a. a** *(sin mencionar)* to allude to; *(mencionando)* to refer to; **en el discurso evitó hacer a. a los impuestos** he avoided mentioning taxes in his speech; **por alusiones, tiene derecho a responder** because he has been mentioned, he has the right to reply

alusivo, -a *adj* allusive

aluvial *adj Geol* alluvial

aluvión *nm* (**a**) *(de agua)* flood; **un a. de insultos** a torrent of abuse; **un a. de preguntas** a flood *o* barrage of questions (**b**) *Geol (sedimento)* alluvium; **de a.** alluvial; **tierras de a.** alluvial deposits

alveolar *adj Anat & Ling* alveolar

alveolo, alvéolo *nm* (**a**) *(de panal)* cell (**b**) *Anat* alveolus

alza *nf*

Takes the masculine articles **el** and **un**.

(**a**) *(subida)* rise; **en a.** *Fin* rising; *Fig* gaining in popularity; EXPR **jugar al a.** *Fin* to bull the market (**b**) *(de zapato)* raised insole

alzacuello *nm (en traje eclesiástico)* dog collar

alzada *nf* (**a**) *(de caballo)* height (**b**) *Der* appeal

alzado, -a 1 *adj* (**a**) *(sublevado)* raised (**b**) *(precio)* fixed; **a tanto a.** *(modo de pago)* in a single payment (**c**) *Andes, RP (salvaje)* wild (**d**) *Am (en celo) Br* on heat, *US* in heat (**e**) *Am (insolente)* insolent (**f**) *Col, Méx (rebelde)* rebel, in revolt (**g**) *Col (borracho)* drunk
2 *nm (dibujo técnico)* elevation

alzamiento *nm* (**a**) *(hacia arriba)* raising, lifting (**b**) *(revuelta)* uprising, revolt; *Hist* **el A. Nacional** = Francoist term for the 1936 rebellion against the Spanish Republican Government (**c**) *Der* ***a. de bienes*** = concealment of assets to avoid paying creditors

ALZAR [14] **1** *vt* (**a**) *(levantar)* to lift, to raise; *(voz)* to raise; *(vela)* to hoist; *(cuello de abrigo)* to turn up; *(mangas)* to pull up; **alzó la cabeza al oír el ruido** she looked up when she heard the noise; **a. la voz a alguien** to raise one's voice to sb; **¡a mí no me alzas la voz!** don't you talk to me like that!; **a. el vuelo** *(despegar) (pájaro)* to fly off; *(avión)* to take off; **a. un embargo** to lift an embargo
(**b**) *(aumentar)* to raise; **alzaron el precio del petróleo** they put up *o* raised the price of *Br* petrol *o US* gasoline
(**c**) *(construir)* to erect; **han alzado un templete en el medio de la plaza** they've erected a shrine in the middle of the square
(**d**) *(sublevar)* to stir up, to raise; **alzaron a los campesinos contra los terratenientes** they encouraged the peasants to revolt against the landowners
(**e**) *(recoger)* to pick (up); **a. la ropa de invierno** to put away one's winter clothes; **a. los frutos** to gather fruit; **a. la mesa** to clear the table
(**f**) *Rel* to elevate
(**g**) *Imprenta* to collate
2 *vi Rel* to elevate
3 alzarse *vpr* (**a**) *(levantarse)* to rise; **el monumento se alza majestuoso en mitad de la plaza** the monument rises up *o* stands majestically in the middle of the square; **las temperaturas se alzaron por encima de los 40 grados** temperatures rose above 40 degrees; **se cayó y nadie le ayudó a alzarse** she fell over and nobody helped her to get up *o* nobody helped her to her feet; *Fig* **su trabajo se alza muy por encima del resto** his work really stands out above everyone else's
(**b**) *(sublevarse)* to rise up, to revolt; **alzarse en armas** to take up arms; **los rebeldes se alzaron contra el gobierno** the rebels rose up *o* revolted against the government
(**c**) *(conseguir)* **alzarse con la victoria** to win, to be victorious; **se alzó con el premio Nobel** she won the Nobel Prize; **los ladrones se alzaron con un cuantioso botín** the thieves made off with a large sum; **el equipo holandés se alzó con el premio** the Dutch team walked away with *o* carried off the prize
(**d**) *Am (animal)* to run wild
(**e**) *Col (emborracharse)* to get drunk

Alzheimer *nm* **(mal** *o* **enfermedad de) A.** Alzheimer's (disease)

AM *(abrev de* **amplitude modulation***)* AM

a.m. *(abrev de* **ante meridiem***)* a.m.

ama *nf*

Takes the masculine articles **el** and **un**.

(**a**) *(dueña)* owner (**b**) *(de criado)* mistress ▫ ***a. de casa*** housewife; ***a. de cría*** wet nurse; ***a. de llaves*** housekeeper (**c**) *Anticuado (cuidadora)* nanny, nurse

amabilidad *nf* kindness; **¿tendría la a. de...?** would you be so kind as to...?; **tuvo la a. de acompañarme** he was kind enough to accompany me; **siempre nos tratan con a.** they're always nice to us

amabilísimo, -a *superlativo ver* **amable**

amable *adj* kind, nice; **¿sería tan a. de...?** would you be so kind as to...?

amachimbrarse, amachinarse *vpr Am* to live together, to cohabit

amado, -a 1 *adj* **mis seres amados** my loved ones

2 *nm,f* loved one, beloved

amadrinar *vt Andes, RP (en equitación)* to train to follow the lead

amaestrado, -a *adj (animal)* trained; *(en circo)* performing

amaestrador, -ora *nm,f* trainer

amaestrar *vt* to train

amagar [38] **1** *vt* (**a**) *(mostrar la intención de)* to make as if to; **le amagó un golpe** he made as if to hit him; **amagó una sonrisa** she gave a hint of a smile (**b**) *Dep* to dummy; **amagó un pase y batió al portero** he dummied as if to pass and beat the goalkeeper

2 *vi* (**a**) *(tormenta)* to be imminent, to threaten (**b**) *Dep* to dummy

amago *nm* (**a**) *(en boxeo)* feint; **hizo a. de darle un puñetazo** she made as if to punch him; **hizo a. de salir corriendo** he made as if to run off (**b**) *(indicio)* sign, hint; **tuve un a. de gripe** I felt like I had a bout of flu coming on (**c**) *Dep* dummy

amainar 1 *vt Náut* to take in

2 *vi también Fig* to abate, to die down

amalgama *nf también Fig* amalgam; **esa novela es una a. de estilos** that novel is written in a mixture of styles

amalgamación *nf* (**a**) *Quím* amalgamation (**b**) *(mezcla)* amalgamation, combination

amalgamar *vt también Fig* to amalgamate; **su obra amalgama varios estilos** her work combines several styles

amamantar *vt* (**a**) *(animal)* to suckle (**b**) *(bebé)* to breast-feed

amancebamiento *nm* living together, cohabitation

amancebarse *vpr* to live together, to cohabit

amanecer [46] **1** *nm* dawn; **al a.** at dawn

2 *v impersonal* **amaneció a las siete** dawn broke at seven

3 *vi (en un lugar)* to see in the dawn; **amanecimos en Estambul** we arrived in Istanbul at dawn; *Am* **¿cómo amaneciste?** how did you sleep?

amanecida *nf* dawn, daybreak

amanerado, -a *adj* (**a**) *(afeminado)* effeminate (**b**) *(afectado)* mannered, affected

amaneramiento *nm* (**a**) *(afeminamiento)* effeminacy; **con a.** effeminately (**b**) *(afectación)* affectation; **con a.** affectedly

amanerarse *vpr* (**a**) *(afeminarse)* to become effeminate (**b**) *(volverse afectado)* to become affected

amanezco *etc ver* **amanecer**

amanita *nf* amanita

amansadora *nf RP* public waiting room

amansar 1 *vt* (**a**) *(animal)* to tame; PROV **la música amansa a las fieras** music hath charms to soothe the savage breast (**b**) *(persona)* to calm down (**c**) *(pasiones)* to calm

2 amansarse *vpr* to calm down

amante *nmf* (**a**) *(querido)* lover (**b**) *(aficionado)* **ser a. de algo/de hacer algo** to be keen on sth/on doing sth; **los amantes del arte** art lovers

amanuense *nmf* scribe

amañado, -a *adj* (**a**) *(manipulado)* rigged (**b**) *(mañoso)* resourceful

amañar 1 *vt (elecciones, resultado)* to rig; *(documento)* to doctor

2 amañarse *vpr* to manage

amaño *nm (treta)* ruse, dodge; **hizo un a. para no pagar el impuesto** he fixed things so he didn't have to pay the tax

amapola *nf* poppy ❑ ***a. del opio*** poppy, opium poppy

amar 1 *vt* to love; EXPR **amarás a Dios sobre todas las cosas** thou shalt love God above all things; EXPR **ama a tu prójimo como a ti mismo** love thy neighbour as thyself

2 *vpr* **amarse se aman** they love each other

amaraje *nm* (**a**) *(de hidroavión)* landing at sea (**b**) *(de vehículo espacial)* splashdown

amaranto *nm* amaranth

amarar *vi* (**a**) *(hidroavión)* to land at sea (**b**) *(vehículo espacial)* to splash down

amaretto *nm* amaretto

amargado, -a 1 *adj (resentido)* bitter; **estar a. de la vida** to be bitter and twisted

2 *nm,f* bitter person; **ser un a.** to be bitter *o* embittered

amargar [38] **1** *vt* (**a**) *(alimento)* to make bitter (**b**) *(día, vacaciones)* to spoil, to ruin; **a. la vida a alguien** to make sb's life a misery; EXPR **a nadie le amarga un dulce** everyone enjoys a treat

2 amargarse *vpr también Fig* to become bitter; **no te amargues (la vida) por eso** don't let it bother you

amargo, -a 1 *adj también Fig* bitter

2 *nm RP (tipo de mate)* sugarless maté

amargor *nm (sabor)* bitterness

amargura *nf (pena)* sorrow; **lloró con a.** he wept bitterly

amariconado, -a *Fam Pey* **1** *adj* (**a**) *(afeminado)* limp-wristed, *Br* poofy, *US* faggy (**b**) *(delicado)* wimpy, wimpish

2 *nm (delicado)* wimp

amariconar 1 *vt* (**a**) *(volver afeminado)* to make limp-wristed (**b**) *(volver delicado)* to turn into a wimp

2 amariconarse *vpr* (**a**) *(volverse afeminado)* to go limp-wristed (**b**) *(volverse delicado)* to turn into a wimp

amarillear 1 *vt* to turn yellow

2 *vi* to (turn) yellow

amarillento, -a *adj* yellowish

amarillismo *nm Prensa* sensationalism

amarillo, -a 1 *adj* (**a**) *(color)* yellow (**b**) *(prensa)* sensationalist

2 *nm (color)* yellow ❑ ***a. limón*** lemon yellow

amariposado, -a *adj Fam (afeminado)* effeminate

amarra *nf Náut* mooring rope; **largar** *o* **soltar amarras** to cast off; *Fig* **tener amarras** *(contactos)* to have connections, to have friends in high places

amarradero *nm Náut (poste)* bollard; *(argolla)* mooring ring

amarrado, -a *adj Col, Cuba Fam (tacaño)* stingy, mean

amarraje *nm Náut* mooring charge

amarrar 1 *vt* (**a**) *Náut* to moor (**b**) *(atar)* to tie (up); **a. algo/a alguien a algo** to tie sth/sb to sth

2 amarrarse *vpr* (**a**) *Am* **amarrársela** *(emborracharse)* to get sloshed (**b**) *Ven Fam* **hay que amarrársela** *(apretarse el cinturón)* we have to tighten our belts

amarre *nm Náut* mooring; **el temporal hizo necesario el a. de la flota** the storm meant the fleet had to be tied up

amarrete, -a *Chile, RP Fam* **1** *adj* mean, tight

2 *nm,f* mean person, miser

amarronado, -a *adj* brownish

amartelado, -a *adj (ojos, mirada)* adoring; **están amartelados** they are very much in love

amartelarse *vpr* to fall madly *o* deeply in love

amartillar *vt (arma)* to cock

amasadora *nf* mixing machine *(in bakery)*

amasandería *nf Chile* bakery

amasar *vt* (**a**) *(masa)* to knead; *(yeso)* to mix (**b**) *(riquezas)* to amass

amasia *nf CRica, Méx, Perú* mistress

amasiato *nm Andes, CRica, Méx* **vivir en a.** to live together

amasijo *nm* (**a**) *(mezcla)* hotchpotch; **un a. de cables y trozos de metal** a tangle of cables and bits of metal (**b**) *RP Fam (paliza)* thrashing, beating

amateur [ama'ter] (*pl* **amateurs**) *adj & nmf* amateur

amatista *nf* amethyst

amatorio, -a *adj* love; **poesía amatoria** love poetry

amazacotado, -a *adj* (**a**) *(comida)* stodgy (**b**) *(almohadón)* hard

amazona *nf* (**a**) *(jinete)* horsewoman (**b**) *Mitol* Amazon

Amazonas *nm (río)* **el A.** the Amazon

Amazonia *nf (región)* **la A.** the Amazon

amazónico, -a *adj (selva, región)* Amazon; *(tribu, cultura)* Amazonian

ambages *nmpl* **sin a.** without beating about the bush

ámbar *nm* amber

ambarino, -a *adj* amber

Amberes *n* Antwerp

ambición *nf* ambition; **tener ambiciones** to be ambitious

ambicionar *vt* to have as one's ambition; **ambiciona el puesto de presidente** it is his ambition to become president; **ambiciona un gran futuro para la empresa** she has big plans for the company's future

ambicioso, -a 1 *adj* ambitious
2 *nm,f* ambitious person

ambidextro, -a, ambidiestro, -a 1 *adj* ambidextrous
2 *nm,f* ambidextrous person

ambientación *nf* (**a**) *(de película, obra)* setting (**b**) *(de radio)* sound effects

ambientador *nm (de aire)* air-freshener

ambiental *adj* (**a**) *(físico, atmosférico)* ambient (**b**) *(del medio ambiente)* environmental (**c**) *(música, luz)* background

ambientar 1 *vt* (**a**) *(situar)* to set; **la película está ambientada en** the film is set in (**b**) *(iluminar)* to light; *(decorar)* to decorate; **puso música suave para a.** she put on some soft music to give some atmosphere
2 ambientarse *vpr (acostumbrarse)* to settle down *(in new place, job)*

AMBIENTE 1 *adj* ambient; **temperatura a.** room temperature
2 *nm* (**a**) *(aire)* air, atmosphere; **el a. de la capital es irrespirable** you can't breathe the air in the capital; **en el a. había un olor desagradable** there was an unpleasant smell (in the air); **abre la ventana, el a. está muy cargado** open the window, it's very stuffy in here; **el a. está enrarecido** *(cargado)* it's very stuffy; *(con tensión)* the atmosphere is highly charged; *Fig* **se respira una enorme tensión en el a.** the tension (in the atmosphere) is palpable
(**b**) *(entorno)* environment; *(profesional, universitario)* world, circles; **en su última película no consigue recrear el a. de la época** in his latest film, he fails to recreate the atmosphere of the period; **esta lámpara crea un a. muy íntimo** this lamp creates a very intimate atmosphere; **en esta oficina no hay a. para trabajar** the atmosphere in this office is not conducive to work; **creo que no iré a la fiesta, no me van esos ambientes** I don't think I'll go to the party, it's not my sort of crowd *o* it's not my scene; **su cese ha creado muy mal a. entre el personal** her dismissal has created a very bad atmosphere amongst the staff; **entre viejos manuscritos Julián se encuentra en su a.** Julián is in his element when he's surrounded by old manuscripts, Julián is never happier than when he's surrounded by old manuscripts
(**c**) *(animación)* life, atmosphere; **en esta discoteca no hay a.** there's no atmosphere in this disco; **un a. espectacular rodeó la celebración de los Juegos Olímpicos** the atmosphere during the Olympic Games was amazing; **los monarcas fueron recibidos con un a. de gala** the monarchs were received with great pomp
(**d**) *muy Fam* **el a.** *(homosexual)* the gay scene; **bar de a.** gay bar
(**e**) *Andes, RP (habitación)* room

ambigú *nm (bufé)* buffet

ambigüedad *nf* ambiguity; **con a.** ambiguously

ambiguo, -a *adj* ambiguous

ámbito *nm* (**a**) *(espacio, límites)* confines, scope; **una ley de á. provincial** a law which is applicable at provincial level; **dentro del á. de** within the scope of; **fuera del á. de** outside the realm of; *Biol* **á. geográfico de una especie** geographic domain of a species (**b**) *(ambiente)* world, circles

ambivalencia *nf* ambivalence

ambivalente *adj* ambivalent

ambo *nm Chile, RP* two-piece suit

ambos, -as 1 *adj pl* both
2 *pron pl* both (of them)

ambrosía *nf Mitol* ambrosia

ambulancia *nf* ambulance

ambulanciero, -a *nm,f Fam* ambulance man, *f* ambulance woman

ambulante *adj* travelling; **vendedor a.** pedlar, hawker; **prohibida la venta a.** *(en letrero)* no hawking

ambulatorio, -a 1 *adj (tratamiento, clínica)* outpatient; **paciente a.** outpatient
2 *nm* clinic, health centre

ameba *nf* amoeba

amedrentar 1 *vt* to scare, to frighten
2 amedrentarse *vpr* to get scared *o* frightened

amén 1 *nm* amen; EXPR **en un decir a.** in the twinkling of an eye; EXPR **decir a. a** to accept unquestioningly
2 a. de *loc adv* (**a**) *(además de)* in addition to (**b**) *(excepto)* except for

amenaza *nf* threat ▫ ***a. de bomba*** bomb scare; ***a. de muerte*** death threat

amenazador, -ora *adj* threatening, menacing

amenazadoramente *adv* threateningly, menacingly

amenazante *adj* threatening, menacing

amenazar [14] **1** *vt* to threaten; **a. a alguien con hacerle algo** to threaten to do sth to sb; **a. a alguien con hacer algo** to threaten sb with doing sth; **a. a alguien con el despido** to threaten to sack sb; **a. a alguien de muerte** to threaten to kill sb; **esos nubarrones amenazan lluvia** those dark clouds are threatening rain
2 *v impersonal* **amenaza lluvia/tormenta** it looks like it's going to rain/there's going to be a storm

amenidad *nf* (**a**) *(entretenimiento)* entertaining qualities (**b**) *(agrado)* pleasantness

> Observa que la palabra inglesa **amenities** es un falso amigo y no es la traducción de la palabra española **amenidad**. En inglés **amenities** significa "comodidades, servicios".

amenizar [14] *vt* to enliven, to make pleasant; **los músicos amenizaron la velada** the musicians helped make it a pleasant evening

ameno, -a *adj* (**a**) *(entretenido)* entertaining (**b**) *(agradable)* pleasant

amenorrea *nf Med* amenorrhea

amento *nm (planta)* catkin

América *n* (**a**) *(continente)* America ▫ ***A. Central*** Central America; ***A. del Norte*** North America; ***A. del Sur*** South America (**b**) *Am (Latinoamérica)* Latin America

americana *nf (chaqueta)* jacket

americanada *nf Fam Pey (película)* typical Hollywood film; **es una a.** it's terribly American

americanismo *nm* (**a**) *(carácter)* American character (**b**) *(palabra, expresión) (en español)* = Latin-American word or expression; *(en inglés)* Americanism

americanista *nmf* Americanist, = person who studies native American language and culture

americanización *nf* americanization

americanizar [14] **1** *vt* to Americanize
2 americanizarse *vpr* to become Americanized

americano, -a *adj & nm,f* American

amerindio, -a *adj & nm,f* American Indian, Amerindian

ameritar *vt Am* to deserve

amerizaje *nm* (**a**) *(de hidroavión)* landing at sea (**b**) *(de vehículo espacial)* splashdown

amerizar [14] *vi* (**a**) *(hidroavión)* to land at sea (**b**) *(vehículo espacial)* to splash down

amestizado, -a *adj* mestizo-like, having mestizo features

ametralladora *nf* machine gun

ametrallar *vt* (**a**) *(con ametralladora)* to machine-gun (**b**) *(con metralla)* to shower with shrapnel

amianto *nm* asbestos

amida *nf Quím* amide

amigable *adj* amicable

amigarse *vpr* (**a**) *(hacerse amigos)* to become friends (**b**) *(reconciliarse)* to make up

amígdala *nf* tonsil

amigdalitis *nf inv* tonsillitis

amigo, -a 1 *adj* (**a**) *(no enemigo)* friendly (**b**) *(aficionado)* **a. de algo/hacer algo** keen on sth/doing sth; **a. de la buena mesa** partial to good food
2 *nm,f* (**a**) *(persona)* friend; **hacerse a. de** to make friends with; **hacerse amigos** to become friends; *Fam* **los amigos de lo ajeno** the light-fingered (**b**) *Fam (compañero, novio)* partner; *(amante)* lover (**c**) *(tratamiento)* (my) friend; **¡a., eso es otra cuestión!** that's another matter, my friend!

amigote, amiguete *nm Fam* pal, *Br* mate, *US* buddy

amiguismo *nm* **hay mucho a.** there are always jobs for the boys

amilanamiento *nm* **su a. le impedía hablar** he was so intimidated he couldn't speak

amilanar 1 *vt* (**a**) *(intimidar)* to intimidate (**b**) *(desanimar)* to discourage
2 amilanarse *vpr (acobardarse)* to be discouraged, to lose heart

amina *nf Quím* amine

aminoácido *nm Biol* amino acid

aminoración *nf* reduction

aminorar 1 *vt* to reduce
2 *vi* to decrease, to diminish

amistad *nf* friendship; **hacer** *o* **trabar a. (con)** to make friends (with); **amistades** friends

amistosamente *adv* in a friendly way, amicably

amistoso, -a 1 *adj* friendly; *Dep* **un partido a.** a friendly
2 *nm Dep* friendly

Ammán *n* Amman

amnesia *nf* amnesia

amnésico, -a 1 *adj* amnesic, amnesiac
2 *nm,f* amnesiac

amniocentesis *nf inv Med* amniocentesis

amnioscopia *nf Med* amnioscopy

amniótico, -a *adj* amniotic

amnistía *nf* amnesty ❑ ***a. fiscal*** = amnesty during which people guilty of tax evasion may pay what they owe without being prosecuted; ***A. Internacional*** Amnesty International

amnistiado, -a 1 *adj* amnestied
2 *nm,f* amnestied person

amnistiar [32] *vt* to grant amnesty to

amo *nm* (**a**) *(dueño)* owner (**b**) *(de criado, de animal)* master; EXPR *Fam* **ser el a. del cotarro** to rule the roost

amodorrado, -a *adj* drowsy

amodorrar 1 *vt* to make sb (feel) drowsy
2 amodorrarse *vpr* to get drowsy

amohinar 1 *vt* to irritate, to annoy
2 amohinarse *vpr* to become irritated *o* annoyed

amojamar 1 *vt (atún)* to dry and salt
2 amojamarse *vpr* to become wizened (with age)

amolar [63] **1** *vt* (**a**) *(afilar)* to grind, to sharpen (**b**) *(molestar)* to irritate, to annoy
2 amolarse *vpr Am* to become irritated o annoyed

amoldable *adj* adaptable; **ser a. a** to be able to adapt to

amoldamiento *nm (adaptación)* adaptation

amoldar 1 *vt (adaptar)* to adapt (**a** to)
2 amoldarse *vpr (adaptarse)* to adapt (**a** to)

amonal *nm* ammonal

amonestación *nf* (**a**) *(reprimenda)* reprimand (**b**) *Dep* warning (**c**) **amonestaciones** *(para matrimonio)* banns

amonestar *vt* (**a**) *(reprender)* to reprimand (**b**) *Dep* to warn, to caution (**c**) *(para matrimonio)* to publish the banns of

amoniacal *adj* with ammonia

amoniaco, amoníaco *nm* (**a**) *(gas)* ammonia (**b**) *(líquido)* (liquid) ammonia

amónico, -a *adj* **nitrato/cloruro a.** ammonium nitrate/chloride

amonites *nm inv* ammonite

amontillado, -a 1 *adj* **vino a.** amontillado, = medium-dry sherry
2 *nm* amontillado, = medium-dry sherry

amontonamiento *nm* (**a**) *(apilamiento)* piling up (**b**) *(acumulación)* gathering (**c**) *(montón)* heap, pile

amontonar 1 *vt* (**a**) *(apilar)* to pile up (**b**) *(reunir)* to accumulate
2 amontonarse *vpr (personas)* to form a crowd; *(problemas, trabajo)* to pile up; *(ideas, solicitudes)* to come thick and fast

---

AMOR *nm* (**a**) *(sentimiento)* love; **el a. lo transforma todo** love changes everything; *Anticuado* **mantiene amores con un señor de Montevideo** she's having a liaison with a gentleman from Montevideo; PROV **a. con a. se paga** one good turn deserves another; *Formal* **al a. de la lumbre** *o* **del fuego** by the fireside; **a. mío, mi a.** my love; **a. por algo** love of sth; **a. por alguien** love for sb; **siente un gran a. por los animales** she has a great love of animals, she really loves animals; **hacer el a.** *(físicamente)* to make love; *Anticuado (cortejar)* to court; **hacer el a. a** *o* **con alguien** to make love to *o* with sb; **de mil amores** with pleasure; **por a.** for love; *Fam* **por a. al arte** for the love of it; **deme una limosna, por a. de Dios** for charity's sake *o* for the love of God, please spare me something; **¡por el a. de Dios, cállate!** for God's sake shut up! ❑ ***a. de adolescente*** puppy love; *Lit* ***a. cortés*** courtly love; ***a. libre*** free love; ***el a. de madre*** *o* ***materno*** a mother's love; ***a. platónico*** platonic love; ***a. propio*** pride; **tiene mucho/poco a. propio** she has high/low self-esteem; ***a. verdadero*** true love
(**b**) *(persona amada)* love; **un antiguo a.** an old flame; **Ana fue su primer a.** Ana was his first love; **el a. de mi vida** the love of my life
(**c**) *(esmero)* devotion; **escribe con a. su última novela** she's lovingly crafting her latest novel; **limpiaba con a. el valioso jarrón** he cleaned the valuable vase lovingly

---

amoral *adj* amoral

amoralidad *nf* amorality

amoratado, -a *adj* (**a**) *(de frío)* blue (**b**) *(por golpes)* black and blue

amoratar 1 *vt* (**a**) *(sujeto: el frío)* to turn blue (**b**) *(sujeto: persona)* to bruise
2 amoratarse *vpr* (**a**) *(por el frío)* to turn blue (**b**) *(por golpes)* to turn black and blue

amorcillo *nm (figura)* cupid

amordazar [14] *vt (persona)* to gag; *(perro)* to muzzle; *Fig* **a. a la prensa** to gag the press

amorfo, -a *adj* (**a**) *(sin forma)* amorphous (**b**) *(débil de carácter)* lacking in character (**c**) *Fam (contrahecho)* misshapen

amorío *nm* love affair

amorosamente *adv* lovingly, affectionately

amoroso, -a *adj* (**a**) *(trato, sentimiento)* loving; **carta amorosa** love letter; **relación amorosa** love affair; **es muy a. con los niños** he's very affectionate with children (**b**) *RP (encantador)* charming

amortajar *vt (difunto)* to shroud

amortiguación *nf* (**a**) *(de ruido)* muffling; *(de golpe)* softening, cushioning (**b**) *Aut* suspension

amortiguado, -a *adj (ruido)* muffled

amortiguador, -ora 1 *adj (de ruido)* muffling; *(de golpe)* softening, cushioning
2 *nm (de automóvil)* shock absorber

amortiguamiento *nm (de ruido)* muffling; *(de golpe)* cushioning, softening

amortiguar [11] **1** *vt (ruido)* to muffle; *(golpe)* to soften, to cushion
2 amortiguarse *vpr* (**a**) *(ruido)* to die away (**b**) *(golpe)* to be cushioned

amortizable *adj Fin (bonos, acciones)* redeemable

amortización *nf Fin (de deuda, préstamo)* amortization, paying-off; *(de inversión, capital)* recouping; *(de bonos, acciones)* redemption; *(de bienes de equipo)* depreciation

amortizar [14] *vt* (**a**) *(sacar provecho)* to get one's money's worth out of (**b**) *Fin (deuda, préstamo)* to amortize, to pay off; *(inversión, capital)* to recoup; *(bonos, acciones)* to redeem; *(bienes de equipo)* to depreciate (**c**) *(puesto de trabajo)* to abolish, to do away with

amosal *nm* = type of explosive

amoscarse [59] *vpr Fam* to get in a huff

amostazar [14] **1** *vi Fam* to irritate, to annoy
2 amostazarse *vpr* (**a**) *(enfadarse)* to get irritated *o* annoyed (**b**) *Andes, CAm (avergonzarse)* to become embarrassed

amotinado, -a *adj & nm,f* rebel, insurgent

amotinamiento *nm (de subordinados)* rebellion, uprising; *(de marineros)* mutiny

amotinar 1 *vt (a subordinados)* to incite to riot; *(a marineros)* to incite to mutiny
2 amotinarse *vpr (subordinados)* to riot; *(marineros)* to mutiny

amovible *adj (cargo)* revocable

amparar 1 *vt (proteger)* to protect; *(dar cobijo a)* to give shelter to, to take in; **ese derecho lo ampara la Constitución** that right is enshrined in the Constitution
2 ampararse *vpr (cobijarse)* **ampararse de** to (take) shelter from; **ampararse en una ley** to have recourse to a law; **se ampara en la excusa de que no sabía nada** she uses her ignorance as an excuse

amparo *nm* protection; **al a. de** *(persona, caridad)* with the help of; *(ley)* under the protection of; **dar a. a** to give protection to, to protect

amperaje *nm Elec* amperage

amperímetro *nm Elec* ammeter

amperio *nm Elec* amp, ampere

ampliable *adj* (**a**) *(plazo)* extendible (**b**) *Informát* expandable

ampliación *nf* (**a**) *(aumento)* expansion; *(de edificio, plazo)* extension; **la a. de la**

Unión Europea the enlargement of the European Union ❑ *Econ* ***a. de capital*** share issue (**b**) *(de fotografía)* enlargement

ampliador, -ora *adj* extending, expanding

ampliadora *nf (de fotografía)* enlarger

ampliamente *adv* (**a**) *(con espacio)* easily; **aquí cabe todo a.** there's more than enough room for everything here (**b**) *(completamente)* fully; *Fam* **paso a. de hablar con ella** there's no way I'm talking to her

ampliar [32] *vt* (**a**) *(agrandar)* to expand; *(local, vivienda)* to add an extension to; *(plazo)* to extend; **estamos ampliando el negocio** we're expanding the business (**b**) *(fotografía)* to enlarge, to blow up (**c**) *(estudios)* to further, to continue

amplificación *nf* amplification

amplificador, -ora 1 *adj* amplifying
2 *nm* amplifier

amplificar [59] *vt (ampliar) (efecto)* to amplify, to increase; *(onda, señal)* to amplify

amplio, -a *adj* (**a**) *(sala, maletero)* roomy, spacious; *(avenida, gama)* wide (**b**) *(ropa)* loose (**c**) *(explicación, cobertura)* comprehensive; **en el sentido más a. de la palabra** in the broadest sense of the word (**d**) *(ventaja, capacidad)* considerable; **ganaron por una amplia mayoría** they won with a large majority (**e**) EXPR **de amplias miras, a. de miras** broad-minded

amplitud *nf* (**a**) *(espaciosidad)* roominess, spaciousness; *(de avenida)* wideness; **aquí cabe todo con a.** there's more than enough room for everything here (**b**) *(de ropa)* looseness (**c**) *(extensión)* extent, comprehensiveness ❑ ***a. de miras*** broad-mindedness (**d**) *Fís* ***a. de onda*** amplitude

ampolla *nf* (**a**) *(en piel)* blister; **los zapatos nuevos me han levantado ampollas en el pie** my new shoes have given me blisters on my foot; *Fig* **levantar ampollas** to create bad feeling (**b**) *(frasco)* phial; *(para inyecciones)* ampoule

ampollarse *vpr* to blister; **se me han ampollado los pies** I've got blisters on my feet

ampolleta *nf Chile* light bulb

ampulosidad *nf* pomposity; **con a.** pompously

ampuloso, -a *adj* pompous

amputación *nf* (**a**) *(de miembro)* amputation (**b**) *(de libro, película)* mutilation *(by censor)*

amputado, -a 1 *adj* (**a**) *(miembro)* amputated (**b**) *(libro, película)* mutilated *(by censor)*
2 *nm,f* amputee

amputar *vt* (**a**) *(miembro)* to amputate; **le amputaron un brazo** one of his arms was amputated (**b**) *(libro, película)* to mutilate

Amsterdam *n* Amsterdam

amucharse *vpr Andes, RP Fam (juntarse, amontonarse)* to squeeze up, to make room

amueblado, -a 1 *adj (piso)* furnished
2 *nm RP* = room hired for sex

amueblar *vt* to furnish

amuela *etc ver* **amolar**

amuermar *Fam* **1** *vt* (**a**) *(aburrir)* to bore senseless (**b**) *(adormilar)* to make sleepy
2 *vi* (**a**) *(aburrir)* to be incredibly boring (**b**) *(adormilar)* to be sleep-inducing
3 amuermarse *vpr* (**a**) *(aburrirse)* to get bored senseless (**b**) *(adormilarse)* to get sleepy

amulatado, -a *adj* mulatto

amuleto *nm (de la suerte)* lucky charm; *(antiguo)* amulet

amurallado, -a *adj* walled

amurallar *vt* to build a wall around

amurrarse *vpr Chile* to get depressed

anabaptismo *nm* Anabaptism

anabaptista *adj & nmf* Anabaptist

anabolismo *nm Biol* anabolism

anabolizante 1 *adj* anabolic
2 *nm* anabolic steroid

anacahuita *nf* pepper tree

anacarado, -a *adj* pearly

anacardo *nm* cashew nut

anaconda *nf* anaconda

anacoreta *nmf* anchorite, hermit

anacrónico, -a *adj* anachronistic

anacronismo *nm* anachronism

ánade *nm* duck

anaerobio, -a *adj Biol* anaerobic

anafiláctico, -a *adj Med* **choque a.** anaphylactic shock

anáfora *nf* anaphora

anafrodisiaco, -a, anafrodisíaco, -a *adj & nm* anaphrodisiac

anagrama *nm* anagram

anal[1] *adj Anat* anal

anal[2] *nm (libro)* annual, yearbook; *también Fig* **anales** annals

analfabetismo *nm* illiteracy

analfabeto, -a *adj & nm,f* illiterate

analgesia *nf* analgesia

analgésico, -a *adj & nm* analgesic

análisis *nm inv* analysis ❑ ***a. clínico*** (clinical) test; ***a. cualitativo/cuantitativo*** qualitative/quantitative analysis; ***a. gramatical*** sentence analysis; ***a. de mercado*** market analysis; ***a. de orina*** urine test; ***a. químico*** chemical analysis; ***a. de sangre*** blood test; ***a. sintáctico*** syntactic analysis

analista *nmf* analyst; *Informát* (computer) analyst ❑ ***a. de mercado*** market analyst; ***a. de sistemas*** systems analyst

analítica *nf* (medical) tests; **una a. completa** a full set of blood and/or urine tests

analítico, -a *adj* analytical

analizar [14] *vt* to analyze; **a. sintácticamente la siguiente oración** analyze the syntax of the following sentence

analmente *adv* anally

análogamente *adv* similarly

analogía *nf* similarity, analogy; **hizo una a. entre los dos casos** he drew an analogy between the two cases; **por a.** by analogy

analógico, -a *adj* (**a**) *(análogo)* analogous, similar (**b**) *Informát & Tec* analogue, analog

análogo, -a *adj* analogous, similar (**a** to)

ananá *nm*, **ananás** *nm inv RP* pineapple

ANAPO *nf (abrev de* **Alianza Nacional Popular**) = Colombian political party

anaquel *nm* shelf

anaranjado, -a *adj* orange

anarco *Fam* **1** *adj* anarchistic
2 *nmf* anarchist

anarcosindicalismo *nm Pol* anarcho-syndicalism

anarcosindicalista *adj & nmf Pol* anarchosyndicalist

anarquía *nf Pol* (**a**) *(falta de gobierno)* anarchy (**b**) *(doctrina política)* anarchism (**c**) *(desorden)* chaos, anarchy; **en esta oficina reina la a.** this office is in a permanent state of chaos

anárquicamente *adv (desordenadamente)* anarchically, chaotically

anárquico, -a *adj* anarchic

anarquismo *nm* anarchism

anarquista *adj & nmf* anarchist

anarquizar [14] **1** *vt* to make anarchic
2 *vi* to propagate anarchism

anatema *nm* (**a**) *(excomunión)* excommunication, anathema (**b**) *(condena)* condemnation

anatematizar *vt* (**a**) *(excomulgar)* to excommunicate, to anathematize (**b**) *(condenar)* to condemn

anatomía *nf* (**a**) *(ciencia, estructura)* anatomy (**b**) *(cuerpo)* body

anatómicamente *adv* anatomically

anatómico, -a *adj* (**a**) *(de la anatomía)* anatomical (**b**) *(asiento, diseño)* anatomically-shaped; *(calzado)* orthopaedic

anca *nf*

Takes the masculine articles **el** and **un**.

haunch ❑ ***ancas de rana*** frogs' legs

ancestral *adj (costumbre)* age-old

ancestro *nm* ancestor

ANCHO, -A 1 *adj* (**a**) *(abertura, carretera, río)* wide; *(ropa)* loose-fitting; *(muro)* thick; **había rocas a lo a. de la carretera** there were rocks across the middle of the road; **te va** *o* **está a.** it's too big for you; **en este asiento se está muy a.** this seat is nice and wide; **venirle a. a alguien** to be too big for sb; **el puesto de director le viene a.** he doesn't have what it takes for the job of manager; **este vestido me viene a. de cintura** this dress is too big for me around the waist
(**b**) *(persona) (satisfecha, orgullosa)* smug, self-satisfied; *(desahogada)* relieved; **a mis/tus anchas** at ease; **ponte a tus anchas** make yourself at home; **estar/ponerse muy a.** to be/become conceited; **yo tan**

preocupada y él, tan a. I was so worried whereas he didn't seem at all bothered *o* the least bit concerned; EXPR **quedarse tan a.** not to care less; EXPR **lo dijo delante de todos y se quedó tan a.** he said it in front of everyone, just like that; EXPR **¡qué a. me he quedado después del examen!** I'm so relieved to have got the exam over with!; EXPR *Irónico* **¡se habrá quedado a. con la tontería que ha dicho!** he must be delighted with himself for making that stupid remark

2 *nm* width; **¿cuánto mide** *o* **tiene de a.?** how wide is it?; **tener cinco metros de a.** to be five metres wide; **a lo a.** crosswise; **a lo a. de** across (the width of) ▫ *Informát* ***a. de banda*** bandwidth; *Ferroc* ***a. de vía*** gauge

anchoa *nf* anchovy

anchura *nf* width

ancianidad *nf* old age

anciano, -a 1 *adj* old

2 *nm,f (hombre)* old man, old person; *(mujer)* old woman, old person; **los ancianos** the elderly

3 *nm (de tribu)* elder

ancla *nf*

> Takes the masculine articles **el** and **un**.

anchor; **echar/levar anclas** to drop/weigh anchor

anclado, -a *adj* (**a**) *(barco)* at anchor (**b**) *(inmobilizado)* fixed; **está a. en su rechazo** he is absolutely determined in his refusal; **una aldea anclada en el pasado** a village stuck in the past

anclaje *nm* (**a**) *Náut* anchoring (**b**) *Tec* **los anclajes de una grúa** the moorings of a crane

anclar *vi* to (drop) anchor

ancón *nm Col, Méx (rincón)* corner

áncora

> Takes the masculine articles **el** and **un**.

nf Literario anchor

anda *interj* (**a**) *(indica sorpresa)* **¡a.!** gosh!; **¡a. la osa!** good grief!; **¡a., no fastidies!** you're kidding!, you don't say!; **¡a., qué coincidencia!** well, there's a coincidence! (**b**) *(por favor)* **¡a.!** go on!; **¡a., déjame subirme a tu moto!** go on, let me have a go on your motorbike!; **¡a. y déjame en paz!** give me some peace, will you! (**c**) *(venga)* **¡a.!** come on! (**d**) *muy Fam (indica desprecio)* EXPR **¡a. y que te den!** get stuffed!; EXPR *Vulg* **¡a. y que te jodan!** go fuck yourself!; **¡a. ya!** *(negativa despectiva)* get away!, come off it!

andadas *nfpl* EXPR *Fam* **volver a las a.** to return to one's evil ways

andaderas *nfpl* baby-walker

andador, -ora 1 *adj* fond of walking

2 *nm* (**a**) *(tacataca)* babywalker (**b**) *(para adultos)* Zimmer frame®

andadura *nf* **la a. de un país** the evolution of a country; **su a. por Europa** his travels through Europe

ándale *interj CAm, Méx Fam* **¡á.!** come on!

Andalucía *n* Andalusia

andalucismo *nm* (**a**) *Pol (doctrina)* = doctrine favouring Andalusian autonomy (**b**) *(palabra, expresión)* = Andalusian word or expression

andalusí *Hist* **1** *adj* Moorish

2 *nmf* Moor, = of or related to the Arab empire of Al-Andalus in southern Spain 711-1492

andaluz, -uza *adj & nm,f* Andalusian

andamiaje *nm* (**a**) *(andamios)* scaffolding (**b**) *(estructura)* structure, framework

andamiar *vt* to put up scaffolding on

andamio *nm* scaffolding

andanada *nf* (**a**) *también Mil* broadside (**b**) *Taurom* = covered stand in a bullring

andando *interj* **¡a.!** *(yo, nosotros)* come on!, let's get a move on!; *(tú, vosotros)* come on!, get a move on!

andante *adj* (**a**) *(caballero)* errant (**b**) *Mús* andante

andanzas *nfpl (peripecias)* adventures

ANDAR [7] **1** *vi* (**a**) *(caminar)* to walk; *(moverse)* to move; **¿fuiste en autobús o andando?** did you go by bus or on foot?, did you go by bus or did you walk?; **a. por la calle** to walk in the street; **a. deprisa/despacio** to walk quickly/slowly; **a. a gatas** to crawl; **a. de puntillas** to tiptoe

(**b**) *(funcionar)* to work, to go; **la nueva moto anda estupendamente** the new motorbike is running superbly; **el reloj no anda** the clock has stopped; **las cosas andan mal** things are going badly; **los negocios andan muy bien** business is going very well

(**c**) *(estar)* to be; **¿qué tal andas?** how are you (doing)?; **no sabía que habían operado a tu padre — ¿qué tal anda?** I didn't know your father had had an operation, how is he (getting on *o* doing)? **¿dónde anda tu hermano? no lo he visto desde hace meses** what's your brother up to these days? I haven't seen him for months; **creo que anda por el almacén** I think he's somewhere in the warehouse; **a. en boca de todos** to be on everyone's lips; **desde que tiene novia, a. muy contento** ever since he got a girlfriend he's been very happy; **ando muy ocupado** I'm very busy at the moment; **a. preocupado** to be worried; **¿cómo andas de dinero?** how are you (off) for money?; **andamos muy mal de dinero** we're very short of money, we're very badly off for money; **¡date prisa, que andamos muy mal de tiempo!** hurry up, we haven't got much time!, hurry up, we're late!; **a. detrás** *o* **tras algo/alguien** to be after sth/sb; EXPR **de a. por casa** *(explicación, método)* basic, rough and ready; EXPR **mi ropa de a. por casa** my clothes for wearing around the house; EXPR **hice un apaño de a. por casa y ya funciona** I patched it up myself and it works again now; PROV **ande yo caliente, ríase la gente** I'm quite happy, I don't care what other people think; PROV **quien mal anda mal acaba** everyone gets their just deserts

(**d**) *(ocuparse)* **a. en** *(asuntos, líos)* to be involved in; *(papeleos, negocios)* to be busy with; **anda metido en pleitos desde el accidente** ever since the accident he's been busy fighting legal battles

(**e**) *(hurgar)* **a. en** to rummage around in; **¿quién ha andado en mis papeles?** who has been messing around with my papers?

(**f**) *(indica acción)* **a. haciendo algo** to be doing sth; **con esa chulería, David anda buscándose problemas** David's asking for trouble, always being so cocky; **en ese país andan a tiros** in that country they go round shooting one another; **andan a voces todo el día** they spend the whole day shouting at each other; EXPR **a. a vueltas con algo** to be having trouble with sth; **anda echando broncas a todos** he's going round telling everybody off; **anda explicando sus aventuras** he's talking about his adventures

(**g**) *(ir)* **a. con alguien** to go around *o* round with sb; **anda por ahí con una jovencita** he's running around with a young girl; **anda con gente muy poco recomendable** she mixes with *o* goes around with a very undesirable crowd; PROV **dime con quién andas y te diré quién eres** birds of a feather flock together

(**h**) **a. por** *(alcanzar, rondar)* to be about; **anda por los 60** he's about 60; **debe de a. por el medio millón** it must be *o* cost about half a million

(**i**) *Fam (enredar)* **a. con algo** to play with sth

2 *vt* (**a**) *(recorrer)* to go, to travel; **anduvimos 15 kilómetros** we walked (for) 15 kilometres

(**b**) *CAm (llevar puesto)* to wear

(**c**) *CAm (llevar)* to carry

3 andarse *vpr* (**a**) *(obrar)* **andarse con cuidado/misterios** to be careful/secretive; **andarse con rodeos, andarse por las ramas** to beat about the bush; **mi jefa no se anda con bromas, si cometes un error te despide** my boss isn't one to mess around, if you make a mistake, she sacks you

(**b**) *(recorrer)* to walk; **nos anduvimos todas las calles del centro** we walked up and down every street in the city centre

(**c**) **todo se andará** all in good time

4 *nm* (**a**) *(modo de caminar)* gait, walk; **andares** *(de persona)* gait; **tiene andares de modelo** she walks like a model

(**b**) *(transcurso)* **con el a. del tiempo, comprenderás todo mejor** you'll understand everything better with the passing of time

andariego, -a, andarín, -ina *adj* fond of walking

andarivel *nm Andes, RP (para corredor, nadador)* lane

andas *nfpl* = float carried on people's shoulders in religious procession; **llevar a alguien en a.** to give sb a chair-lift

ándele *interj CAm, Méx Fam* **¡á.!** come on!

andén *nm* (**a**) *(en estación)* platform (**b**)

Andes, CAm (acera) Br pavement, *US* sidewalk (**c**) *Andes (bancal de tierra)* terrace

Andes *nmpl* **los A.** the Andes

andinismo *nm Am* mountaineering

andinista *nmf Am* mountaineer

andino, -a *adj & nm,f* Andean

Andorra *n* Andorra

andorrano, -a *adj & nm,f* Andorran

andrajo *nm* rag; **vestido con andrajos** dressed in rags

andrajoso, -a 1 *adj (ropa, persona)* ragged
2 *nm,f* person dressed in rags

androcracia *nf* patriarchy

androfobia *nf* androphobia

andrófobo, -a 1 *adj* man-hating
2 *nm,f* man-hater

andrógeno *nm* androgen

andrógino, -a 1 *adj* androgynous
2 *nm* hermaphrodite

androide *nm (autómata)* android

andrología *nf* andrology, = study of male reproductive system and treatment of its disorders

andrólogo, -a *nm,f* = specialist in the treatment of disorders of the male reproductive system

andromorfo, -a *adj* andromorphous

andropausia *nf* male menopause

andurriales *nmpl* remote place; **¿qué haces por estos a.?** what are you doing so far off the beaten track?

anduviera *etc ver* **andar**

anea *nf* rush, bulrush; **silla de a.** chair with a wickerwork seat

anécdota *nf* (**a**) *(historia)* anecdote; **nos contó una a. muy graciosa** he told us a very amusing anecdote *o* story (**b**) *(suceso trivial)* matter of little importance; **el incidente fue una mera a.** the incident was of no importance

anecdotario *nm* collection of anecdotes

anecdótico, -a *adj* (**a**) *(con historietas)* anecdotal (**b**) *(no esencial)* incidental

anegadizo, -a *adj* frequently flooded, subject to flooding

anegamiento *nm* flooding

anegar [38] **1** *vt* (**a**) *(inundar)* to flood (**b**) *(ahogar) (planta)* to drown
2 anegarse *vpr* (**a**) *(inundarse)* to flood; **anegarse en llanto** to burst into a flood of tears; **sus ojos se anegaron de lágrimas** tears welled up in his eyes (**b**) *(ahogarse)* to drown

anejo, -a 1 *adj* (**a**) *(edificio)* connected (**a** to) (**b**) *(documento)* attached (**a** to)
2 *nm* annexe; **se vende casa de campo con todos sus anejos** farmhouse for sale with all its outhouses

anélido *nm Zool* annelid

anemia *nf* anaemia ▫ *Med* ***a. falciforme*** sickle-cell anaemia

anémico, -a 1 *adj* anaemic
2 *nm,f* anaemia sufferer

anemómetro *nm* wind gauge, *Espec* anemometer

anémona *nf* (**a**) *(planta)* anemone (**b**) *(actinia)* sea anemone

anestesia *nf* anaesthesia ▫ ***a. epidural*** epidural anaesthesia; ***a. general*** general anaesthesia; ***a. local*** local anaesthesia

anestesiar *vt* to anaesthetize, to place under anaesthetic; **me anestesiaron la pierna** they gave me a local anaesthetic in my leg

anestésico, -a 1 *adj* anaesthetic
2 *nm* anaesthetic ▫ ***a. local*** local anaesthetic

anestesiología *nf* anaesthesiology

anestesista *nmf* anaesthetist

aneurisma *nm Med* aneurysm

anexar *vt (documento)* to attach

anexión *nf* annexation

anexionar 1 *vt* to annex
2 anexionarse *vpr* to annex

anexionismo *nm Pol* annexationism

anexionista *nmf Pol* annexationist

anexo, -a 1 *adj* (**a**) *(edificio)* connected (**b**) *(documento)* attached
2 *nm* annexe

anfeta *nf muy Fam* tab of speed

anfetamina *nf* amphetamine

anfibio, -a 1 *adj también Fig* amphibious
2 *nm* amphibian

anfíbol *nm Geol* amphibole

anfibología *nf* amphibology, amphiboly

anfiteatro *nm* (**a**) *(en teatro)* circle; *(en cine)* balcony (**b**) *(romano)* amphitheatre

anfitrión, -ona 1 *adj* host; **país a.** host country
2 *nm,f* host, *f* hostess
3 *nm Informát* host

ánfora *nf*

Takes the masculine articles **el** and **un**.

(cántaro) amphora

anfractuoso, -a *adj Geol* uneven

angarillas *nfpl* (**a**) *(parihuelas)* stretcher (**b**) *(camilla)* packsaddle with panniers (**c**) *(vinagreras)* cruet set

ángel *nm* angel; EXPR **tener á.** to have something special; **¡eres un á.!** you're an angel! ▫ ***á. caído*** fallen angel; ***á. custodio*** *o* ***de la guarda*** guardian angel

angélica *nf* angelica

angelical, angélico, -a *adj* angelic

angelín *nm* dog almond, = Mexican and South American tree

angelito *nm* (**a**) *(ángel)* cherub; EXPR **¡que sueñes con los angelitos!** pleasant *o* sweet dreams! (**b**) *Fam (niño)* cherub, small child; **¡a.!** poor lamb!, poor little thing!

angelote *nm* (**a**) *Fam (estatua)* large figure of an angel (**b**) *(niño)* chubby child (**c**) *(persona sencilla)* good sort

ángelus *nm inv Rel* angelus

angina *nf* (**a**) **anginas** *(amigdalitis)* sore throat; **tener anginas** to have a sore throat (**b**) ***a. de pecho*** angina (pectoris)

angiografía *nm Med* angiogram, = x-ray of circulatory system

angiología *nm Med* = study of the circulatory system and its disorders

angiosperma *nf Bot* angiosperm

anglicanismo *nm Rel* Anglicanism

anglicano, -a *adj & nm,f Rel* Anglican

anglicismo *nm* anglicism

anglo, -a *Hist* **1** *adj* Anglian
2 *nm* Angle; **los anglos** the Angles

angloamericano, -a *adj & nm,f* Anglo-American

anglofilia *nf* anglophilia

anglófilo, -a *adj & nm,f* anglophile

anglofobia *nf* anglophobia

anglófobo, -a *adj & nm,f* anglophobe

anglófono, -a, anglohablante, angloparlante 1 *adj* English-speaking, anglophone
2 *nm,f* English speaker, anglophone

anglonormando, -a *adj & nm,f* Anglo-Norman

anglosajón, -ona *adj & nm,f* Anglo-Saxon

Angola *n* Angola

angoleño, -a, angolano, -a *adj & nm,f* Angolan

angora *nf* (**a**) *(de conejo)* angora (**b**) *(de cabra)* mohair

angosto, -a *adj* narrow

angostura *nf* (**a**) *(estrechez)* narrowness (**b**) *(extracto)* angostura

ángstrom (*pl* **ángstroms**) *nm* angstrom

anguila *nf* eel ▫ ***a. de mar*** conger eel

angula *nf* elver

angular 1 *adj* angular
2 *nm Fot* **gran a.** wide-angle lens

ángulo *nm* (**a**) *(figura geométrica)* angle; ▫ ***á. agudo*** acute angle; ***á. llano*** straight angle; *Mil* ***á. de mira*** line of sight; ***á. muerto*** *(de espejo retrovisor)* blind spot; ***á. obtuso*** obtuse angle; ***á. recto*** right angle; ***á. de reflexión*** angle of reflection; ***á. de refracción*** angle of refraction; *Mil* ***á. de tiro*** elevation (**b**) *(rincón)* corner (**c**) *(punto de vista)* angle; **visto desde este á.** seen from this angle

anguloso, -a *adj* angular

angurria *nf Am* (**a**) *(hambre)* hunger (**b**) *(codicia, avidez)* greed

angurriento, -a *adj Am* (**a**) *(hambriento)* hungry, starved (**b**) *(codicioso, ávido)* greedy

angustia *nf* (**a**) *(aflicción)* anxiety (**b**) *Psi* distress (**c**) *(sensación física)* **a. en el pecho** breathlessness

angustiadamente *adv* anxiously

angustiado, -a *adj* anguished, distressed

angustiar 1 *vt* to distress
2 angustiarse *vpr* to get worried (**por** about)

angustioso, -a *adj (espera, momentos)* anxious; *(situación, noticia)* distressing

anhelante *adj* longing; **estaba a. por verlo** she was longing to see him

anhelar *vt* to long *o* wish for; **a. hacer algo** to long to do sth

anhelo *nm* longing; **con a.** longingly

anheloso, -a *adj* longing

anhídrido *nm Quím* anhydride ❑ ***a. carbónico*** carbon dioxide

anidar *vi* (**a**) *(pájaro)* to nest (**b**) *(sentimiento)* **a. en** to find a place in; **la esperanza anidó en su corazón** hope took root in her heart

anilina *nf* aniline

anilla *nf* ring; *Dep* **anillas** rings

anillado *nm (de aves)* ringing

anillar *vt* (**a**) *(sujetar)* to fasten with rings (**b**) *(aves)* to ring

anillo *nm* (**a**) *(aro)* ring; EXPR *Fam* **me viene como a. al dedo** *(cosa)* it's just what I needed; EXPR **me vienes como a. al dedo, necesitaba un fontanero** how lucky that you should have come, I was looking for a plumber!; EXPR *Fam* **no se me van a caer los anillos** it won't hurt me (to do it) ❑ ***a. de asteroides*** asteroid belt; ***a. de boda*** wedding ring; ***a. de compromiso*** engagement ring; ***a. de crecimiento*** *(de árbol)* growth ring; ***a. de Saturno*** ring of Saturn (**b**) *Zool* annulus

ánima *nf*

Takes the masculine articles **el** and **un**.

soul ❑ ***á. bendita*** *o* ***del Purgatorio*** soul in purgatory

animación *nf* (**a**) *(alegría)* liveliness ❑ ***a. sociocultural*** = organization of social and cultural activities for young people (**b**) *(bullicio)* hustle and bustle, activity (**c**) *Cine* animation ❑ ***a. por ordenador*** computer animation

animadamente *adv* animatedly; **charlaban a.** they were having a lively conversation

animado, -a *adj* (**a**) *(con buen ánimo)* cheerful (**b**) *(divertido)* lively (**c**) *(con alma)* animate, living; **los objetos animados e inanimados** animate and inanimate objects (**d**) *Cine* animated

animador, -ora *nm,f* (**a**) *(en espectáculo)* compere (**b**) *(en hotel)* = organizer of games, outings and social activities for guests (**c**) *(en fiesta de niños)* children's entertainer (**d**) *(en deporte)* cheerleader (**e**) *Cine* animator

animadversión *nf* animosity

animal 1 *adj* (**a**) *(instintos, funciones)* animal; **el reino a.** the animal kingdom (**b**) *(persona)* *(basto)* rough; *(ignorante)* ignorant

2 *nm* animal ❑ ***a. de bellota*** *(cerdo)* pig; *Fam (insulto)* ignoramus; ***a. de carga*** beast of burden; ***a. de compañía*** pet; ***a. doméstico*** *(de granja)* farm animal; *(de compañía)* pet; ***a. protegido*** protected species; ***a. de tiro*** draught animal; ***a. transgénico*** transgenic animal

3 *nmf (persona)* animal, brute

animalada *nf* **decir/hacer una a.** to say/do something crazy

---

ANIMAR 1 *vt* (**a**) *(estimular)* to encourage; **los fans animaban a su equipo** the fans were cheering their team on; **a. a alguien a hacer algo** to encourage sb to do sth; **me animaron a aceptar la oferta** they encouraged me to accept the offer; **lo animó a que dejara la bebida** she encouraged him to stop drinking

(**b**) *(alegrar)* to cheer up; **tu regalo le animó mucho** your present really cheered her up; **los colores de los participantes animaban el desfile** the colourful costumes of the participants brightened up the procession, the costumes of the participants added colour to the procession

(**c**) *(fuego, diálogo, fiesta)* to liven up; *(comercio)* to stimulate; **el tanto del empate animó el partido** the equalizer brought the game to life, the game came alive after the equalizer; **las medidas del gobierno pretenden a. la inversión** the government's measures are aimed at stimulating *o* promoting investment

(**d**) *(mover)* **los artistas animaban los títeres** the puppeteers operated the puppets; **han utilizado la tecnología digital para a. las secuencias de acción** the action shots are digitally generated

(**e**) *(impulsar)* to motivate, to drive; **no le anima ningún afán de riqueza** she's not driven by any desire to be rich; **no me anima ningún sentimiento de venganza** I'm not doing this out of a desire for revenge

2 animarse *vpr* (**a**) *(persona)* to cheer up; *(fiesta, ambiente)* to liven up; **¡anímate!** cheer up!; **la reunión se animó con el reparto de premios** the gathering livened up when the prizes were handed out; **el negocio se va animando** business is picking up

(**b**) *(decidir)* to finally decide (**a hacer algo** to do sth); **se animó a ir al cine** she finally got round to going to the cinema; **¿quién se anima a subir hasta la cumbre?** who's up for climbing right to the top?; **no me animo a decírselo** I can't bring myself to tell her; **no cuentes con él para la excursión, nunca se anima a hacer nada** don't expect him to come along on the trip, he always wimps out

---

anímicamente *adv* emotionally

anímico, -a *adj* **estado a.** state of mind

animismo *nm* animism

animista *nmf* animist

ÁNIMO 1 *nm* (**a**) *(valor)* courage; **me da muchos ánimos saber que contamos contigo** it's comforting to know that we have you with us; **cobrar á.** to take heart

(**b**) *(aliento)* encouragement; **dar ánimos a alguien** to encourage sb; **tienes que darle ánimos para que deje la bebida** you have to encourage him to stop drinking; **iremos al estadio para dar ánimos a nuestros jugadores** we'll go to the stadium to support *o* cheer on our team

(**c**) *(en*[illegible]*y, vitality; *(humor)* disposition, [illegible] **ese á.!** cheer up!; **los ánimos estaban revueltos** feelings were running high; **estoy con el á. decaído** I'm feeling downhearted *o* gloomy; **apaciguar** *o* **calmar los ánimos** to calm things *o* people down; **cuando me enteré de su despido, se me cayeron los ánimos al suelo** when I heard of her dismissal, my heart sank; **tener ánimos para** to be in the mood for, to feel like; **no tiene ánimos para nada** she doesn't feel like doing anything; **trabajar con á.** to work energetically

(**d**) *(intención)* **con/sin á. de** with/without the intention of; **lo dijo con á. de herir** his remark was intended to be hurtful; **han realizado un estudio con á. de conocer mejor el problema** they've carried out a study with a view to achieving a better understanding of the problem; **sin á. de ofenderte, creo que…** no offence (intended), but I think…; **lo hice sin á. de ofenderte** I didn't mean to offend you; **una organización sin á. de lucro** a non-profit-making organization

(**e**) *(alma)* mind

2 *interj* **¡á.!** *(¡adelante!)* come on!; *(¡anímate!)* cheer up!; **¡á., Zaragoza!** *Br* come on you Zaragoza!, *US* go Zaragoza! **¡á., que no ha sido nada!** come (on) now, it was nothing

---

animosidad *nf* animosity

animoso, -a *adj* (**a**) *(valiente)* courageous (**b**) *(decidido)* undaunted

aniñado, -a *adj (comportamiento)* childish; *(voz, rostro)* childlike

anión *nm Elec* anion

aniquilación *nf,* **aniquilamiento** *nm* annihilation

aniquilar *vt* (**a**) *(destruir)* to annihilate, to wipe out (**b**) *(abatir)* to destroy; **tres años en paro la aniquilaron moralmente** three years of unemployment had totally demoralized her

anís (*pl* **anises**) *nm* (**a**) *(planta)* anise (**b**) *(grano)* aniseed ❑ ***a. estrellado*** star anise (**c**) *(licor)* anisette

anisado, -a *adj* aniseed-flavoured

anisete *nm* anisette

aniversario *nm (de muerte, fundación, suceso)* anniversary; *(cumpleaños)* birthday ❑ ***a. de boda*** wedding anniversary

Ankara *n* Ankara

ano *nm* anus

anoche *adv* last night, yesterday evening; **antes de a.** the night before last

anochecer [46] **1** *nm* dusk, nightfall; **al a.** at dusk

2 *v impersonal* to get dark; **anochecía** it was getting dark

3 *vi* **a. en algún sitio** to be somewhere at nightfall

anochecida *nf* nightfall, dusk

anochezco *etc ver* **anochecer**

anodino, -a *adj* unremarkable, uninteresting

ánodo *nm Elec* anode

anofeles *nm inv* anopheles

anomalía *nf* anomaly

anómalo, -a *adj* unusual, anomalous

anón *nm Am* = type of custard apple

anonadado, -a *adj* (**a**) *(sorprendido)* astonished, bewildered (**b**) *(abatido)* stunned

anonadamiento *nm* astonishment, bewilderment

anonadar 1 *vt* (**a**) *(sorprender)* to astonish, to bewilder (**b**) *(abatir)* to stun

2 anonadarse *vpr* (**a**) *(sorprenderse)* to be astonished, to be bewildered (**b**) *(abatirse)* to be stunned

anonimato *nm* anonymity; **permanecer en el a.** to remain nameless; **vivir en el a.** to live out of the public eye; **salir del a.** to reveal one's identity

anónimo, -a 1 *adj* anonymous

2 *nm* anonymous letter

anorak (*pl* **anoraks**) *nm* anorak

anorexia *nf* anorexia

anoréxico, -a *adj & nm,f* anorexic

anormal 1 *adj* (**a**) *(anómalo)* abnormal (**b**) *(subnormal)* subnormal; *(como insulto)* moronic

2 *nmf (persona)* subnormal person; *(como insulto)* moron

anormalidad *nf* (**a**) *(anomalía)* abnormality (**b**) *(defecto físico o psíquico)* handicap, disability

anotación *nf (nota escrita)* note; *(en registro)* entry ▫ *Com* ***a. contable*** book entry

anotador, -ora 1 *nm,f* (**a**) *Dep* scorer (**b**) *Cine* continuity person

2 *nm RP* loose-leaf notebook

anotar 1 *vt* (**a**) *(escribir)* to note down, to make a note of; **el catedrático anotó una edición de La Celestina** the professor provided the notes for an edition of La Celestina (**b**) *(tantos)* to notch up

2 anotarse *vpr* to score; **nos anotamos un triunfo más** we scored another triumph

anovulatorio, -a 1 *adj* anovulatory

2 *nm* anovulant

anoxia *nf Med* anoxia

anquilosamiento *nm* (**a**) *(estancamiento)* stagnation (**b**) *(de articulación) (parálisis)* paralysis; *(entumecimiento)* stiffening

anquilosar 1 *vt* (**a**) *(estancar)* to cause stagnation in (**b**) *(articulación) (paralizar)* to paralyze; *(entumecer)* to stiffen

2 anquilosarse *vpr* (**a**) *(estancarse)* to stagnate (**b**) *(articulación) (paralizarse)* to become paralyzed; *(entumecerse)* to stiffen

ANR *nf* (*abrev de* **Asociación Nacional Republicana**) = Paraguayan political party, better known as the "Colorados"

ánsar *nm* goose

ansarón *nm* gosling

ansia *nf*

> Takes the masculine articles **el** and **un**.

(**a**) *(afán)* longing, yearning (**de** for); **las ansias de vivir** the will to live (**b**) *(ansiedad)* anxiousness; *(angustia)* anguish (**c**) **ansias** *(náuseas)* sickness, nausea

ansiar [32] *vt* **a. algo** to long for sth; **a. hacer algo** to long to do sth

ansiedad *nf* (**a**) *(inquietud)* anxiety; **con a.** anxiously (**b**) *Psi* nervous tension

ansiolítico, -a *adj & nm (medicamento)* sedative

ansioso, -a *adj* (**a**) *(impaciente)* impatient; **estar a. por** *o* **de hacer algo** to be impatient to do sth (**b**) *(angustiado)* in anguish

anta *nf*

> Takes the masculine articles **el** and **un**.

(alce) (europeo) elk; *(americano)* moose

antagónico, -a *adj* antagonistic

antagonismo *nm* antagonism

antagonista *nmf* opponent

antagonizar *vt (fármaco)* to counteract

antaño *adv* in days gone by; **de a.** of yesteryear, of days gone by

antártico, -a 1 *adj* Antarctic; **el océano Glacial A.** the Antarctic Ocean

2 *nm* **el A.** the Antarctic

Antártida *nf* **la A.** the Antarctic

ante[1] *nm* (**a**) *(piel)* suede (**b**) *(animal) (europeo)* elk; *(americano)* moose

ANTE[2] *prep* (**a**) *(delante de, en presencia de)* before; **se arrodilló a. el Papa** he kneeled before the Pope; **comparecer a. el juez** to appear before the judge, to appear in court; **apelar a. el tribunal** to appeal to the court; **es muy tímido y se encoge a. sus superiores** he's very timid and clams up in the presence of his superiors; **nos hicimos una foto a. la Esfinge** we took a photo of ourselves standing in front of the Sphinx; **estamos a. otro Dalí** this is another Dali, we have before us another Dali; **desfilar/marchar a. algo/alguien** to file/march past sth/sb

(**b**) *(frente a) (hecho, circunstancia)* in the face of; **a. una actitud tan intolerante, poco se puede hacer** there is little we can do in the face of such intolerance; **a. la insistencia de su hermano, accedimos a admitirla** at her brother's insistence, we agreed to take her on; **no se detendrá a. nada** she'll stop at nothing, nothing will stop her; **no se amilana a. nada** he isn't scared of anything; **¿cuál es tu postura a. el aborto?** what's your opinion about abortion?; **cerrar los ojos a. algo** *(ignorar)* to close one's eyes to sth; **a. la duda, mejor no intentarlo** if in doubt, it's best not to attempt it; **me descubro a. su esfuerzo** I take my hat off to him for his effort; **extasiarse a. algo** to go into ecstasies over sth; **se quedó solo a. el peligro** he was left to face the danger alone; **se crece a. las dificultades** she thrives in the face of adversity; **ser responsable a. alguien** to be accountable to sb; **retroceder a. el peligro** to shrink back from danger

(**c**) *(respecto de)* compared to; **su obra palidece a. la de su maestro** his work pales in comparison with that of his master; **su opinión prevaleció a. la mía** his opinion prevailed over mine; **a. todo** *(sobre todo)* above all; *(en primer lugar)* first of all

---

anteanoche *adv* the night before last

anteayer *adv* the day before yesterday

antebrazo *nm* forearm

antecámara *nf* antechamber

antecedente 1 *adj* preceding, previous

2 *nm* (**a**) *(precedente)* precedent (**b**) *Gram & Mat* antecedent; **antecedentes** *(de asunto)* background; **estar en antecedentes** to be aware of the background; **poner a alguien en antecedentes (de)** *(informar)* to fill sb in (on) ▫ ***antecedentes penales*** criminal record

anteceder *vt* to come before, to precede

antecesor, -ora *nm,f* (**a**) *(predecesor)* predecessor (**b**) **antecesores** *(antepasados)* ancestors

antedicho, -a *adj* aforementioned

antediluviano, -a *adj también Fig* antediluvian

antefirma *nf* (**a**) *(cargo)* title of the signatory (**b**) *(fórmula)* closing formula

antelación *nf* **con a. (a)** in advance (of); **con dos horas de a.** two hours in advance

antelar 1 *vt Chile (anticipar)* to anticipate

2 *vi Méx (obrar con antelación)* to act ahead of time

antemano *adv* **de a.** beforehand, in advance

antena *nf* (**a**) *(de radio, televisión)* aerial, antenna; **estar/salir en a.** to be/go on the air; EXPR *Fam* **poner la a.** *(escuchar)* to prick up one's ears ▫ ***a. colectiva*** = aerial shared by all the inhabitants of a block of flats; ***a. parabólica*** satellite dish (**b**) *(de animal)* antenna

antenista *nmf* = person who installs, adjusts and repairs TV aerials

anteojeras *nfpl Br* blinkers, *US* blinders

anteojo 1 *nm Fís (telescopio)* telescope, spyglass

2 *nmpl* **anteojos** (**a**) *Anticuado o Am (gafas)* spectacles (**b**) *(prismáticos)* binoculars

antepasado, -a *nm,f también Fig* ancestor

antepecho *nm* (**a**) *(de puente)* parapet (**b**) *(de ventana)* sill

antepenúltimo, -a *adj & nm,f* last but two

anteponer [50] **1** *vt* **a. algo a algo** to put sth before sth; **antepone su trabajo a todo lo demás** he puts his work before everything else

2 anteponerse *vpr* **anteponerse a algo** to come before sth

anteproyecto *nm* preliminary draft ▫ *Pol* ***a. de ley*** draft bill

antepuesto, -a *participio ver* **anteponer**

antera *nf Bot* anther

anterior *adj* (**a**) *(previo)* previous (**a** to) (**b**) *(delantero)* front

anterioridad *nf* **con a.** beforehand, previously; **con a. a** before, prior to

anteriormente *adv* previously

ANTES **1** *adv* (**a**) *(en el tiempo)* before; *(antaño)* formerly, in the past; **lo he dicho a.** I've said it before; **no importa si venís a.** it doesn't matter if you come earlier; **me lo podías haber contado a.** you could have told me earlier *o* before; **a. llovía más** it used to rain more often; **a. no había televisión y la gente se entretenía con la radio** in the past, there wasn't any television, so people used to listen to the radio; **ya no nado como a.** I can't swim as I used to; **desde el accidente, ya no es el mismo de a.** he hasn't been the same since the accident; **cuanto a.** as soon as possible; **mucho/poco a.** long/shortly before; **lo a. posible** as soon as possible; **a. de** before; **a. de entrar dejen salir** *(en letrero)* please let people off first before boarding; **no llegues a. de las cinco** don't get there before five, make sure you arrive no earlier than five; **tenlo preparado a. de medianoche** have it ready by midnight; **a. de hacer algo** before doing sth; **consúltame a. de añadir nada** consult me first before you add anything *o* before adding anything; **a. de que llegaras** before you arrived; **a. de anoche** the night before last; **a. de ayer** the day before yesterday; **a. de Cristo** before Christ, BC; **de a.** *(antiguo)* old; *(anterior)* previous; **el sistema de a. era muy lento** the old system was very slow; **esta cerveza sabe igual que la de a.** this beer tastes the same as the previous one *o* the one before

(**b**) *(en el espacio)* before; **me bajo dos pisos a.** I get off two floors before (you); **a. de** before; **el motel está a. del próximo cruce** the motel is before the next junction

(**c**) *(primero)* first; **esta señora está a.** this lady is first; **ten paciencia, este señor está a. que nosotros** be patient, this man is in front of us; **entraron a. que yo** they went in in front of me; **¿quién va a salir a.?** who's going to leave (the) first?

(**d**) *(expresa preferencia)* rather; **no quiero tener coche, a. me compraría una moto** I don't want a car, I'd rather buy a motorbike; **a.... que** rather... than; **prefiero la sierra a. que el mar** I prefer the mountains to the sea; **iría a la cárcel a. que mentir** I'd rather go to prison than lie; **a. de nada** first of all, before anything else; **a. que nada** *(expresando preferencia)* above all, first and foremost; **a. al contrario** on the contrary; **a. bien** on the contrary; **no le aburría, a. bien parecía agradarle** far from boring him, it appeared to please him

2 *adj (previo)* previous; **la noche a.** the night before

antesala *nf* anteroom; *Fig* **estar en la a. de** to be on the verge of; **hacer a.** *(esperar)* to wait

antevíspera *nf (de hoy)* day before yesterday; **la a. de** two days before

antiabortista 1 *adj* anti-abortion, pro-life

2 *nmf* anti-abortion *o* pro-life campaigner

antiácido, -a 1 *adj* (**a**) *(medicamento)* antacid (**b**) *(anticorrosivo)* anticorrosive

2 *nm (medicamento)* antacid

antiadherente *adj* nonstick

antiaéreo, -a *adj* anti-aircraft

antialérgico, -a *adj & nm* antiallergenic

antiamericano, -a *adj* anti-American

antiarrugas *adj inv* (**a**) *(crema)* anti-wrinkle (**b**) *(tejido, prenda)* non-iron

antiasmático, -a 1 *adj* antiasthmatic

2 *nm* antiasthmatic drug

antiatómico, -a *adj* antinuclear

antibacteriano, -a *adj* antibacterial

antibalas, antibala *adj inv* bullet-proof

antibiótico, -a 1 *adj* antibiotic

2 *nm* antibiotic

antibloqueo 1 *adj inv* **frenos a.** anti-lock brakes

2 *nm inv* anti-lock braking system

anticancerígeno, -a, anticanceroso, -a 1 *adj* **medicamento a.** cancer drug

2 *nm* cancer drug

anticarro *adj inv* antitank

anticaspa *adj* anti-dandruff; **champú a.** (anti-)dandruff shampoo

anticatarral 1 *adj* **medicamento a.** cold remedy

2 *nm* cold remedy

anticelulítico, -a *adj* anticellulite

anticiclón *nm* area of high pressure, *Espec* anticyclone

anticiclónico, -a *adj* **frente a.** high-pressure front

anticipación *nf* earliness; **con a.** in advance; **con un mes de a.** a month in advance; **con a. a** prior to

anticipadamente *adv* in advance, beforehand

anticipado, -a *adj (elecciones)* early; *(pago)* advance; **por a.** in advance, beforehand; **¿va a haber venta anticipada de entradas?** will tickets be on sale in advance?

anticipar 1 *vt* (**a**) *(prever)* to anticipate (**b**) *(adelantar)* to bring forward (**c**) *(pago)* to pay in advance; **me anticiparon dos semanas de sueldo** they gave me an advance of two weeks' salary (**d**) *(información)* to tell in advance; **no te puedo a. nada** I can't tell you anything just now

2 anticiparse *vpr* (**a**) *(suceder antes)* to arrive early; **se anticipó a su tiempo** he was ahead of his time (**b**) *(adelantarse)* **anticiparse a alguien** to beat sb to it

anticipo *nm* (**a**) *(de dinero)* advance; **pedí un a. sobre mi sueldo** I asked for an advance on my salary (**b**) *(presagio)* foretaste; **esto es sólo un a. de lo que vendrá después** this is just a foretaste of what is coming later

anticlerical *adj* anticlerical

anticlericalismo *nm* anticlericalism

anticlímax *nm inv (en discurso, película)* aftermath *(of climax)*

anticlinal *nm Geol* anticline

anticoagulante *adj & nm Med* anticoagulant

anticolonialismo *nm* anticolonialism

anticolonialista *adj & nmf* anticolonialist

anticomunismo *nm* anti-communism

anticomunista *adj & nmf* anti-communist

anticoncepción *nf* contraception

anticonceptivo, -a *adj & nm* contraceptive

anticonformismo *nm* non-conformism

anticonformista *adj & nmf* non-conformist

anticongelante *adj & nm* antifreeze

anticonstitucional *adj* unconstitutional

anticonstitucionalidad *nf* unconstitutionality

anticonstitucionalmente *adv* unconstitutionally

anticorrosión *adj* anticorrosive

anticorrosivo, -a 1 *adj* anticorrosive

2 *nm* anticorrosive substance

anticorrupción *adj inv* anticorruption

anticristo *nm* Antichrist

anticuado, -a *adj* old-fashioned

anticuario, -a 1 *nm,f* (**a**) *(comerciante)* antique dealer (**b**) *(experto)* antiquarian

2 *nm (establecimiento)* antique shop

anticuarse *vpr* to become old-fashioned

anticucho *nm Andes (brocheta)* kebab

anticuerpo *nm Med* antibody

antidemocráticamente *adv* undemocratically

antidemocrático, -a *adj (no democrático)* undemocratic; *(contra la democracia)* antidemocratic

antideportivamente *adv* unsportingly

antideportivo, -a *adj* unsporting, unsportsmanlike

antidepresivo, -a 1 *adj* antidepressant

2 *nm* antidepressant (drug)

antideslizante *adj (superficie)* non-skid

antideslumbrante *adj* anti-dazzle

antidetonante 1 *adj* antiknock

2 *nm* antiknock agent

antidiabético 1 *adj* anti-diabetic

2 *nm* anti-diabetic drug

antidisturbios 1 *adj inv* riot; **material a.** riot gear

2 *nmpl (policía)* riot police

antidopaje, antidoping [anti'ðopin] *Dep* **1** *adj inv* drugs; **prueba a.** drugs test

2 *nm* drugs test

antídoto *nm también Fig* antidote

antidroga *adj* antidrug; **la lucha a.** the fight against drugs

antidumping [anti'ðumpin] *adj Econ (medidas, leyes)* antidumping

antieconómico, -a *adj* (**a**) *(caro)* expensive (**b**) *(no rentable)* uneconomic

antiemético, -a *adj & nm Med* antiemetic

antier *adv Am Fam* the day before yesterday

antiespasmódico, -a *adj & nm* antispasmodic

antiestático, -a *adj* antistatic

antiestético, -a *adj* unsightly

antiestrés *adj* **una medida a.** a way to fight stress

antifascista *adj & nmf* anti-fascist

antifaz *nm* mask *(covering top half of face)*

antifranquista 1 *adj* anti-Franco

2 *nmf* anti-Francoist, opponent of Franco

antifúngico, -a *adj* antifungal

antigás *adj inv* gas; **careta a.** gas mask

antígeno *nm Med* antigen

antigripal 1 *adj* designed to combat flu; **un medicamento a.** a flu remedy

2 *nm* flu remedy

antigualla *nf Pey (cosa)* museum piece; *(persona)* old fogey, old fossil

antiguamente *adv* (**a**) *(hace mucho)* long ago (**b**) *(previamente)* formerly

Antigua y Barbuda *n* Antigua and Barbuda

antigubernamental *adj* anti-government

antigüedad *nf* (**a**) *(edad)* antiquity; *(veteranía)* seniority ❑ ***a. laboral*** seniority (in post) (**b**) *Hist* **la A. (clásica)** (Classical) Antiquity (**c**) *(objeto antiguo)* antique; **antigüedades** *(tienda)* antique shop

antiguo, -a 1 *adj* (**a**) *(viejo)* old; *(inmemorial)* ancient (**b**) *(anterior, previo)* former; **el a. régimen** the former regime; *Hist* the ancien régime (**c**) *(veterano)* senior (**d**) *(pasado de moda)* old-fashioned; **a la antigua** in an old-fashioned way

2 *nm,f (persona)* old-fashioned person; **los antiguos** the ancients

antihéroe *nm* antihero

antihielo *nm* de-icer

antihigiénico, -a *adj* unhygienic

antihistamina *nf* antihistamine

antihistamínico *nm (medicamento)* antihistamine

antiimperialista *adj & nmf* anti-imperialist

antiincendio *adj (medida)* fire-prevention; **normativa a.** fire regulations

antiinflacionista *adj Econ* anti-inflationary

antiinflamatorio, -a 1 *adj* anti-inflammatory

2 *nm* anti-inflammatory drug

antillano, -a 1 *adj* West Indian, of/from the Caribbean

2 *nm,f* West Indian, person from the Caribbean

Antillas *nfpl* **las A.** the West Indies

antílope *nm* antelope

antimateria *nf Fís* antimatter

antimicrobiano, -a *adj* anti-germ

antimilitarismo *nm* antimilitarism

antimilitarista *adj & nmf* antimilitarist

antimisil *adj Mil* antimissile

antimonárquico, -a *adj* antimonarchist

antimonio *nm Quím* antimony

antimonopolio *adj inv Econ* antitrust

antinatural *adj* (**a**) *(contra natura)* unnatural (**b**) *(afectado)* artificial, affected

antiniebla *adj inv* **faros a.** fog lamps

antinuclear *adj* antinuclear

antioqueño, -a 1 *adj* of/from Antioquia

2 *nm,f* person from Antioquia

antioxidante 1 *adj* (**a**) *(contra el óxido)* anti-rust (**b**) *(contra la oxidación)* antioxidant

2 *nm* (**a**) *(contra el óxido)* rustproofing agent (**b**) *(contra la oxidación)* antioxidant

antipalúdico, -a *adj* antimalarial

antipapa *nm* antipope

antiparasitario, -a 1 *adj (para perro, gato)* **collar a.** flea collar; **pastillas antiparasitarias** worming tablets

2 *nm* (**a**) *(para perro, gato) (collar)* flea collar; *(pastilla)* worming tablet (**b**) *Tel* suppressor

antiparras *nfpl Fam* specs

antipartícula *nf Fís* antiparticle

antipatía *nf* dislike; **tener a. a alguien** to dislike sb

antipático, -a 1 *adj* unpleasant; **estuvo muy a. con sus primos** he was very unpleasant to *o* towards his cousins

2 *nm,f* unpleasant person

antipatriótico, -a *adj* unpatriotic

antipedagógico, -a *adj* antipedagogical

antipersona, antipersonal *adj Mil* antipersonnel

antipirético, -a *adj & nm (medicamento)* antipyretic

antípodas *nfpl* **las a.** the Antipodes; **estar en las a. de algo/alguien** *(ser contrario a)* to be diametrically opposed to sth/sb

antipolilla 1 *adj* antimoth

2 *nm* moth killer

antiproteccionista *adj & nmf* anti-protectionist

antiquísimo, -a *superlativo ver* **antiguo**

antirrábico, -a *adj* antirabies

antirracista *adj & nmf* antiracist

antirreflectante *adj* non-reflective

antirreflejos *adj inv* antiglare

antirreglamentariamente *adv* **actuar a.** to break the rules

antirreglamentario, -a *adj* against the rules; **un procedimiento a.** a procedure which contravenes the rules

antirrepublicano, -a *adj & nm,f* antirepublican

antirretroviral 1 *adj* antiretroviral

2 *nm* antiretrovirus

antirreumático, -a *adj & nm* antirheumatic

antirrevolucionario, -a *adj & nm,f* antirevolutionary

antirrobo 1 *adj inv* antitheft; **dispositivo a.** antitheft device

2 *nm* (**a**) *(en coche)* antitheft device (**b**) *(en edificio)* burglar alarm

antisemita 1 *adj* anti-Semitic

2 *nmf* anti-Semite

antisemítico, -a *adj* anti-Semitic

antisemitismo *nm* anti-Semitism

antisepsia *nf (higiene)* antisepsis

antiséptico, -a *adj & nm* antiseptic

antisida *adj inv* anti-Aids

antisísmico, -a *adj* **materiales antisísmicos** = materials designed to resist earthquakes

antisocial *adj* antisocial

antisubmarino, -a *adj* antisubmarine

antisudoral *adj & nm* antiperspirant

antisuero *nm* antiserum

antitanque *adj Mil* antitank

antiterrorismo *nm* fight against terrorism

antiterrorista *adj* anti-terrorist

antítesis *nf inv* antithesis; **es la a. del ejecutivo agresivo** he's the complete opposite of the aggressive executive

antitetánico, -a *adj* anti-tetanus

antitético, -a *adj Formal* antithetical

antitranspirante *adj & nm* antiperspirant

antitumoral 1 *adj* = which combats or prevents the growth of tumours

2 *nm* = medicine which combats or prevents the growth of tumours

antitusígeno, -a 1 *adj* anti-cough, *Espec* antitussive

2 *nm* cough medicine, *Espec* antitussive

antiviral *adj* antiviral

antivirus *nm inv Informát* antivirus system

antofagastino, -a 1 *adj* of/from Antofagasta

2 *nm,f* person from Antofagasta

antojadizo, -a *adj* capricious

antojarse *vpr* (**a**) *(querer)* **se le antojaron esos zapatos** she took a fancy to those shoes; **se le ha antojado comer ciruelas** he has a craving for plums; **cuando se me antoje** when I feel like it; **hace lo que se le antoja** he does whatever he feels like doing (**b**) *(creer)* **se me antoja que...** I have a feeling that...; **eso se me antoja imposible** that doesn't sound in the least likely to me (**c**) *Méx (apetecer)* to feel like, to want

antojitos *nmpl Méx* snacks, appetizers

antojo *nm* (**a**) *(capricho)* whim; *(de*

embarazada) craving; **a mi/tu a.** my/your (own) way; **entraba y salía de la casa a su a.** she went in and out of the house just as she pleased (**b**) *(lunar)* birthmark

antología *nf* anthology; **de a.** memorable, unforgettable

antológico, -a *adj* (**a**) *(recopilador)* anthological (**b**) *(inolvidable)* memorable, unforgettable

antonimia *nf* antonymy

antónimo *nm* antonym

antonomasia *nf* **por a.** par excellence

antorcha *nf* torch □ ***a. olímpica*** Olympic torch

antracita *nf* anthracite

ántrax *nm inv Med* anthrax

antro *nm Fam Pey* dive, dump

antropocéntrico, -a *adj* anthropocentric

antropocentrismo *nm* anthropocentrism

antropofagia *nf* cannibalism, anthropophagy

antropófago, -a 1 *adj* man-eating, cannibalistic
2 *nm,f* cannibal

antropoide *adj & nm* anthropoid

antropología *nf* anthropology

antropológico, -a *adj* anthropological

antropólogo, -a *nm,f* anthropologist

antropometría *nf* anthropometry

antropomórfico, -a *adj* anthropomorphic

antropomorfo, -a 1 *adj* anthropomorphous
2 *nm,f* anthropomorph

anual *adj* annual

anualidad *nf* annuity, yearly payment

anualmente *adv* annually, yearly; **la final se celebra a. en la capital** the final is held in the capital every year

anuario *nm* yearbook

anubarrado, -a *adj* cloudy, overcast

anudar 1 *vt* to knot, to tie in a knot
2 anudarse *vpr (atarse)* to get into a knot; **anudarse los cordones** to tie one's (shoe)laces

anuencia *nf Formal* consent, approval

anuente *adj Formal* approving, permissive

anulación *nf* (**a**) *(cancelación)* cancellation; *(de ley)* repeal; *(de matrimonio, contrato)* annulment (**b**) *Dep (de un partido)* calling-off; *(de un gol)* disallowing; *(de un resultado)* declaration as void

anular[1] 1 *adj (en forma de anillo)* ring-shaped; **dedo a.** ring finger
2 *nm (dedo)* ring finger

anular[2] 1 *vt* (**a**) *(cancelar)* to cancel; *(ley)* to repeal; *(matrimonio, contrato)* to annul (**b**) *Dep (partido)* to call off; *(gol)* to disallow; *(resultado)* to declare void (**c**) *(reprimir)* to repress (**d**) *(restar importancia, presencia)* **su marido la anula totalmente** her husband smothers *o* stifles her personality
2 anularse *vpr* (**a**) *(uno mismo)* **en su presencia, me anulo** I can't be myself when he's there (**b**) *(mutuamente) (efectos, fuerzas)* to cancel each other out; **se anulan el uno al otro** *(personas)* they stifle each other

Anunciación *nf Rel* Annunciation

anunciante, anunciador, -ora 1 *adj* (**a**) *(de publicidad)* advertising; **la empresa a.** the advertiser (**b**) *(de noticia)* announcing
2 *nm,f* (**a**) *(de publicidad)* advertiser (**b**) *(de noticia)* announcer

anunciar 1 *vt* (**a**) *(notificar)* to announce; **hoy anuncian los resultados** the results are announced today; **me anunció su llegada por teléfono** he phoned to tell me that he would be coming (**b**) *(hacer publicidad de)* to advertise (**c**) *(presagiar)* to herald; **esas nubes anuncian tormenta** by the look of those clouds, it's going to rain; **los primeros brotes anunciaban la primavera** the first shoots heralded the spring
2 anunciarse *vpr* (**a**) *(con publicidad)* to advertise (**en** in) (**b**) *(presentarse)* **las elecciones se anuncian reñidas** the election promises to be a hard-fought one

anuncio *nm* (**a**) *(notificación)* announcement (**b**) *(cartel, aviso)* notice; *(póster)* poster □ ***a. luminoso*** illuminated sign (**c**) *(publicitario)* **a. (publicitario)** advertisement, advert □ ***anuncios breves*** *o* ***por palabras*** classified adverts (**d**) *(presagio)* sign, herald

anverso *nm* (**a**) *(de moneda)* head, obverse (**b**) *(de hoja)* front; **en el a. aparece la lista de participantes** the list of participants appears on the front

anzuelo *nm* (**a**) *(para pescar)* (fish) hook (**b**) *Fam (cebo)* bait; **echar el a. a alguien** to put out bait for sb; **tragarse el a.** to take the bait

añada *nf (de cosecha, vino)* year's harvest; **la a. del 1970 fue excelente** 1970 was an excellent year

añadido, -a 1 *adj* added (**a** to)
2 *nm* addition

añadidura *nf* addition; **por a.** in addition

añadir *vt* to add

añagaza *nf* trick, ruse

añares *nmpl RP (mucho tiempo)* ages, years; **hace a. que no lo veo** I haven't seen him for ages *o* years

añejo, -a *adj* (**a**) *(vino, licor)* mature (**b**) *(costumbre)* long-established

añicos *nmpl* **hacer algo a.** to smash sth to pieces, to shatter sth; **hacerse a.** to shatter

añil *adj & nm* indigo

AÑO *nm* (**a**) *(periodo de tiempo)* year; **el a. pasado** last year; **el a. antepasado** the year before last; **el a. que viene** next year; **este a.** this year; **a. tras a.** year in year out, year after year; **durante muchos años** for several years; **en el a. 1939** in 1939; **los años treinta** the thirties; **ganar dos millones al a.** to earn two million a year; **lleva años al servicio de la compañía** he's been with the company for years; **mañana hará un a. que compramos la casa** it'll be a year tomorrow since we bought the house; **le cayeron dos años** *(sentencia)* she got two years; **con el paso de los años** over the years; **¡cómo pasan los años!** how time flies!; **¡los años no pasan en vano!** I'm not getting any younger!; **¡hace años que no voy al teatro!** I haven't been to the theatre for years *o* ages!; EXPR *Fam* **está de buen a.** he's got plenty of meat on him; **Sara no era de mi a.** *(curso académico)* Sara wasn't in my year; **perder un a.** *(por suspender los exámenes)* to have to repeat a year; *(por enfermedad, viaje)* to lose a year; PROV **a. de nieves, a. de bienes** = if there's a lot of snow in winter, it will be a good year for the crops □ ***a. académico*** academic year; ***a. bisiesto*** leap year; *Fam* ***el a. catapún*** the year dot; *Fam* **todavía utilizo una radio del a. catapún** I still use a really ancient radio; *Fam* **vive en Murcia desde el a. catapún** she's been living in Murcia for ages *o* donkey's years; *Rel* ***a. eclesiástico*** Church year; ***a. escolar*** school year; ***a. fiscal*** tax year; *Anticuado* ***a. de gracia*** year of grace; **en el a. de gracia de 1812** in the year of grace *o* our Lord 1812; ***a. gregoriano*** Gregorian year; *Rel* ***a. de jubileo*** Holy Year; ***a. judicial*** judicial year, = working year of Spanish judiciary; ***a. lectivo*** academic year; ***a. legislativo*** parliamentary year; *Astron* ***a. luz*** light year; EXPR ***estar a años luz de*** to be light years away from; *Fam* ***el a. de Maricastaña*** *o* ***de la nana*** the year dot; *Fam* ***ese vestido parece del a. de Maricastaña*** that dress looks ancient; ***a. nuevo*** New Year; ***¡feliz a. nuevo!*** Happy New Year!; PROV ***a. nuevo, vida nueva*** the New Year is as good a moment as any to make a fresh start; *Fam* ***el a. de la pera*** *o* ***polca*** the year dot; ***a. sabático*** sabbatical; *Rel* ***a. santo*** Holy Year; *Astron* ***a. sideral*** sidereal year; ***a. solar*** solar year; *RP, Ven Fam* ***el a. verde*** never; ***a. viejo*** New Year's Eve

(**b**) **años** *(edad)* age; **¿cuántos años tienes? — tengo 17 años** how old are you? — I'm 17 (years old); **cumplir años** to have one's birthday; **cumplo años el 25** it's my birthday on the 25th; **el bebé cumple hoy dos años** it's the baby's second birthday today, the baby's two (years old) today; **los niños aprenden a andar alrededor del a.** children learn to walk when they're about a year old *o* one; **a los 11 años** at the age of 11; **bebía desde los doce años y acabó alcoholizado** he started drinking when he was twelve and became an alcoholic; **me fui de casa a los dieciséis años** I left home at sixteen; **en mis años mozos hubiera ido andando** when I was younger *o* in my youth I would have walked there; **a sus años, no debería trabajar tantas horas** she shouldn't be working such long hours at her age; **metido en años** elderly; **una persona metida en años** an elderly person; **estar entrado** *o* **metido en años** to be getting on; **quitarse años** *(mentir sobre la edad)* to lie about one's age; **te has quitado años de encima** *(rejuvenecer)* you look much younger; **por ti no pasan los años** you never seem to get any older

añojo *nm* (**a**) *(animal)* yearling (**b**) *(carne de res)* veal *(from a yearling calf)*

añoranza *nf (de persona, pasado)* nostalgia (**de** for); *(de hogar, país)* homesickness (**de** for)

añorar *vt* to miss

añoso, -a *adj* old, aged

aorta *nf Anat* aorta

aovado, -a *adj* egg-shaped

aovar *vi (aves, reptiles)* to lay eggs; *(peces)* to spawn

AP *nm* (**a**) *(abrev de* **Alianza Popular**) = former name of PP, Spanish party to the right of the political spectrum (**b**) *(abrev de* **Acción Popular**) = Peruvian political party

APA ['apa] *nf (abrev de* **Asociación de Padres de Alumnos**)

Takes the masculine articles **el** and **un**.

≃ PTA, = Spanish association for parents of schoolchildren

apabullante *adj Fam* overwhelming

apabullar *Fam* **1** *vt* to overwhelm; **me apabulla tanta generosidad** I'm overcome *o* overwhelmed by so much generosity; **su respuesta me apabulló** her reply left me speechless

2 apabullarse *vpr* to be overwhelmed

apacentar [3] *vt* to (put out to) graze, to pasture

apache *adj & nmf* Apache

apachurrado, -a *adj Méx Fam (triste, desanimado)* downhearted

apachurrar *vt Fam* to squash, to crush

apacible *adj* (**a**) *(temperamento, trato)* mild, gentle (**b**) *(lugar, ambiente)* pleasant

apaciento *etc ver* **apacentar**

apaciguador, -ora *adj* calming

apaciguamiento *nm* calming; *Pol* appeasement

apaciguar [11] **1** *vt (tranquilizar)* to calm down; *(dolor)* to soothe; **su discurso apaciguó los ánimos de la gente** his speech calmed people down

2 apaciguarse *vpr (tranquilizarse)* to calm down; *(dolor)* to abate

apadrinamiento *nm (apoyo financiero)* sponsorship, patronage

apadrinar *vt* (**a**) *(niño)* to act as a godparent to (**b**) *(apoyar financieramente)* to sponsor; **apadrinó a varios artistas** *(les dio su apoyo)* he was a patron to various artists

apagado, -a 1 *adj* (**a**) *(luz, fuego)* out; *(aparato)* off (**b**) *(color, persona)* subdued (**c**) *(sonido)* dull, muffled; *(voz)* low, quiet

2 *nm Informát* shutdown ❑ ***a. automático*** automatic shutdown

apagar [38] **1** *vt* (**a**) *(extinguir) (fuego, incendio)* to put out; *(luz)* to switch off; *(aparato)* to turn *o* switch off; *(vela)* to extinguish; *(aparato)* to turn *o* switch off; **a. el fuego de la cocina** to turn *o* switch off the cooker; *Informát* **a. equipo** *(en menú)* shut down (**b**) *(reducir) (sed)* to quench; *(dolor)* to get rid of; *(color)* to soften; *(sonido)* to muffle; *(brillo)* to dull

2 *vi* EXPR *Fam* **si no quieren ayudarnos, ¡apaga y vámonos!** if they don't want to help us, let's not waste any more time over this

3 apagarse *vpr* (**a**) *(extinguirse) (fuego, vela, luz)* to go out; *(dolor, rencor)* to die down; *(ilusión)* to die, to be extinguished; *(sonido)* to die away; *(vida)* to come to an end (**b**) *(reducirse) (sed)* to be quenched; *(dolor)* to die down; *(color)* to fade; *(sonido)* to die away; *(brillo)* to become dull

apagavelas *nm inv* snuffer

apagón *nm* power cut

apaisado, -a *adj (orientación)* landscape; **un cuadro/espejo a.** a painting/mirror which is wider than it is high

apalabrar *vt* (**a**) *(concertar)* to make a verbal agreement regarding; **ya tenemos la venta apalabrada** we've got a verbal agreement on the sale (**b**) *(contratar)* = to engage on the basis of a verbal agreement

Apalaches *nmpl* **los A.** the Appalachians

apalancamiento *nm* (**a**) *Econ* leverage (**b**) *Esp muy Fam* lounging (about)

apalancar [59] **1** *vt* (**a**) *(para abrir)* to lever open; *(para mover)* to lever (**b**) *Esp muy Fam* **se pasó la tarde apalancada delante del televisor** she spent the afternoon lounging in front of the television

2 apalancarse *vpr Esp muy Fam (apoltronarse)* to install oneself

apalanque *nm Esp muy Fam* **¡tengo un a.!** I feel like I've put down roots here!

apaleamiento *nm* beating, thrashing

apalear *vt* to beat up

apanar *vt Andes* to bread, to coat with bread crumbs

apandar *vt Fam* to swipe

apantallar *vt Méx (sorprender, impresionar)* to impress

apañado, -a *adj Fam* (**a**) *(hábil, mañoso)* clever, resourceful (**b**) *Irónico* **estar a.** to have had it; **¡estamos apañados!** we've had it!; **estás a. si te crees que te lo va a dar** you're kidding yourself if you think he's going to give it to you; **¡estaríamos apañados!** that would be the absolute end!, that would be all we need!

apañar *Fam* **1** *vt* (**a**) *(reparar)* to mend (**b**) *(amañar)* to fix, to arrange (**c**) *Bol, Nic, RP (encubrir)* to cover up for, to protect

2 apañarse *vpr* (**a**) *(arreglarse)* to cope, to manage; **se apaña con muy poco dinero** she gets by on very little money; **no sé cómo te las apañas para trabajar y cuidar a tus hijos** I don't know how you manage with the job and the kids to look after (**b**) *Méx* **apañarse con algo** *(apropiarse de, qudarse con)* to manage to get one's hands on sth

apaño *nm Fam* (**a**) *(reparación)* temporary repair, patch-up job; **esto ya no tiene a.** it's beyond fixing, it's had it (**b**) *(chanchullo)* fix, shady deal (**c**) *(acuerdo)* compromise

apapachado, -a *adj Méx* pampered, spoilt

apapachador, -ora *adj Méx* comforting

apapachar *vt Méx* (**a**) *(mimar)* to cuddle (**b**) *(consentir)* to spoil

apapacho *nm Méx (mimo)* cuddle

aparador *nm* (**a**) *(mueble bajo)* sideboard; *(mueble alto)* dresser (**b**) *(escaparate)* shop window

aparato *nm* (**a**) *(máquina)* machine; *(electrodoméstico)* appliance ❑ ***aparatos eléctricos*** electrical appliances, ***aparatos gimnásticos*** gymnastic equipment; ***aparatos de laboratorio*** laboratory apparatus; ***a. de vídeo*** video recorder

(**b**) *(dispositivo)* device

(**c**) *(teléfono)* **¿quién está al a.?** who's speaking?; **¡al a.!** speaking!

(**d**) *(avión)* plane

(**e**) *(prótesis)* aid; *(para dientes)* brace ❑ ***a. para sordos*** hearing aid

(**f**) *Anat* system ❑ ***a. circulatorio*** circulatory system; ***a. digestivo*** digestive system; ***a. excretor*** excretory system; ***a. olfativo*** olfactory system; ***a. reproductor*** reproductive system; ***a. respiratorio*** respiratory system; ***a. visual*** visual system

(**g**) *Pol* machinery; **el a. del partido** the party leadership

(**h**) *(ostentación)* pomp, ostentation

(**i**) *Meteo* ***a. eléctrico*** thunder and lightning

aparatoso, -a *adj* (**a**) *(ostentoso)* ostentatious, showy (**b**) *(espectacular)* spectacular; **el accidente fue muy a., pero no ocurrió nada grave** the accident looked very spectacular, but no one was seriously injured

aparcacoches *nmf inv (en hotel, discoteca)* parking valet

aparcamiento *nm* (**a**) *(para muchos vehículos) Br* car park, *US* parking lot (**b**) *(hueco)* parking place; **tardamos una hora en encontrar a.** it took us an hour to find somewhere to park ❑ ***a. en batería*** = parking at an angle to the *Br* pavement *o US* sidewalk; ***a. en cordón*** *o* ***línea*** = parking end-to-end; ***a. subterráneo*** underground car park

aparcar [59] **1** *vt* (**a**) *(estacionar)* to park (**b**) *(posponer)* to shelve (**c**) *Informát (cabezales)* to park

2 *vi* to park

aparcería *nf* sharecropping

aparcero, -a *nm,f* sharecropper

apareamiento *nm* mating

aparear 1 *vt* to mate

2 aparearse *vpr* to mate

APARECER [46] **1** *vi* (**a**) *(ante la vista)* to appear; *(publicación)* to come out; **a. de**

repente to appear from nowhere; **el mago hizo a. un conejo de su chistera** the magician pulled a rabbit out of his hat; **su número de teléfono no aparece en la guía** her phone number isn't (listed) in the phone book; **la revista aparece los jueves** the magazine comes out *o* is published on Thursdays

(**b**) *(algo perdido)* to turn up; **¿ya ha aparecido el perro?** has the dog been found yet?; **ha aparecido un cuadro inédito de Miró** a previously unknown Miró painting has turned up *o* been discovered

(**c**) *(persona)* to appear; **a. en público** to appear in public; **aparece en varias películas de Ford** she appears in several of Ford's films; *Fam* **a. por** *(lugar)* to turn up at; *Fam* **hace días que Antonio no aparece por el bar** we haven't seen Antonio in the bar for days, it's several days since Antonio showed his face in the bar; *Fam* **¡a buenas horas apareces, ahora que ya hemos terminado!** it's a bit late turning up now, we've already finished!

2 aparecerse *vpr* to appear; **se le aparecen espíritus en sus sueños** she sees ghosts in her dreams; **se le apareció la Virgen** the Virgin Mary appeared to him; *Fam Fig* he had a real stroke of luck; *Fam* **como no se me aparezca la Virgen, no sé cómo voy a aprobar el examen** it's going to take a miracle for me to pass the exam

---

aparecido, -a *nm,f* ghost

aparejado, -a *adj* **llevar** *o* **traer a.** *(conllevar)* to entail

aparejador, -ora *nm,f* = on-site architect, responsible for the implementation of the designing architect's plans, ≃ master builder

aparejar *vt* (**a**) *(preparar)* to get ready, to prepare (**b**) *(caballerías)* to harness (**c**) *Náut* to rig (out)

aparejo *nm* (**a**) *(de caballerías)* harness (**b**) *(de pesca)* tackle (**c**) *Tec (de poleas)* block and tackle (**d**) *Náut* rigging; **aparejos** equipment

aparentar 1 *vt* (**a**) *(parecer)* to look, to seem; **no aparenta más de treinta** she doesn't look more than thirty (**b**) *(fingir)* to feign; **aparentó estar enfadado** he pretended to be angry, he feigned anger

2 *vi (presumir)* to show off; **viste así sólo para a.** she just dresses like that to show off

aparente *adj* (**a**) *(falso, supuesto)* apparent; **con su a. simpatía se ganó el aprecio del jefe** he won the boss over with his apparent friendliness (**b**) *(visible)* visible; **las huelgas son una manifestación a. del descontento social** the strikes are a visible sign of social unrest (**c**) *(vistoso)* elegant, smart

aparentemente *adv* apparently, seemingly; **a. es muy antipático, pero en realidad no lo es** he comes across as rather unpleasant at first, but he isn't really

aparezco *etc ver* **aparecer**

aparición *nf* (**a**) *(de persona, cosa)* appearance; **hizo su a. en la sala** she made her entrance into the hall (**b**) *(de ser sobrenatural)* apparition

apariencia *nf* (**a**) *(aspecto)* appearance; **un príncipe con a. de mendigo** a prince who looks like a beggar; **en a.** apparently; **se llevaban bien sólo en a.** they only appeared to get on well together (**b**) **apariencias** *(indicios)* signs, indications; **las apariencias indican que la situación mejorará** the signs are that the situation will improve; **guardar las apariencias** to keep up appearances; EXPR **las apariencias engañan** appearances can be deceptive (**c**) *(falsedad)* illusion

apartadero *nm* (**a**) *(ferrocarril)* siding ❑ ***a. muerto*** dead-end siding (**b**) *(en carretera)* passing place

apartado, -a 1 *adj* (**a**) *(separado)* **a. de** away from (**b**) *(alejado)* remote; **nuestra casa está bastante apartada del centro** our house is quite far from the centre

2 *nm (párrafo)* paragraph; *(sección)* section ❑ ***a. postal*** *o* ***de correos*** post office box, PO Box

apartahotel = **aparthotel**

apartamento *nm US* apartment, *Br* flat

apartamiento *nm (aislamiento)* remoteness, isolation

APARTAR 1 *vt* (**a**) *(alejar)* to move away; *(quitar)* to remove; **¡apartaos de la carretera, niños!** come away from the road, children!; **aparta el coche, que no puedo pasar** move the car out of the way, I can't get past; **aparta de mí estos pensamientos** *(cita bíblica)* protect me from such thoughts; **el polémico ministro ha sido apartado de su cargo** the controversial minister has been removed from his office; **a. la mirada** to look away; **no apartó la mirada de nosotros** he never took his eyes off us; **sus ojos no se apartaban de ella** his eyes never left her; **aparté la vista de aquel espectáculo tan desagradable** I averted my gaze *o* I turned away from that unpleasant sight; **a. a alguien de un codazo** to elbow sb aside; **a. a alguien de un empujón** to push sb out of the way

(**b**) *(separar)* to separate; **aparta las fichas blancas de las negras** separate the white counters from the black ones; **nadie los apartó, y acabaron a puñetazos** nobody attempted to separate them and they ended up coming to blows

(**c**) *(escoger)* to take, to select; **ya he apartado la ropa para el viaje** I've already put out the clothes for the journey

(**d**) *(disuadir)* to dissuade; **lo apartó de su intención de ser médico** she dissuaded him from becoming a doctor

2 apartarse *vpr* (**a**) *(hacerse a un lado)* to move to one side, to move out of the way; **¡apártense, es una emergencia!** make way, it's an emergency!; **¿podría apartarse, por favor?** could you move out of the way, please?; **apártate a un lado, por favor** please move aside *o* to one side; **se apartó para dejarme pasar** he stood aside to let me pass; **¡apártate de mi vista!** get out of my sight!

(**b**) *(separarse)* to separate, to move away from each other; **apartarse de** *(grupo, lugar)* to move away from; *(tema)* to get away from; *(mundo, sociedad)* to cut oneself off from; **se fue apartando gradualmente de sus amigos** she gradually drifted apart from her friends; **el partido se ha apartado de la ortodoxia leninista** the party has moved away from orthodox Leninism; **nos apartamos de la carretera** we left the road; **nos estamos apartando del camino** we are straying from the path; **el velero se apartó de la ruta** the sailing ship went off course

---

APARTE 1 *adv* (**a**) *(en otro lugar, a un lado)* aside, to one side; **las cartas urgentes ponlas a.** put the urgent letters to one side; **dejando a. tu último comentario...** leaving aside your last comment...; **bromas a.** joking apart

(**b**) *(por separado)* separately; **este paquete vino a.** this parcel came separately; **poner a. el grano y la paja** to separate the grain from the chaff; **la bufanda envuélvala a., es para regalar** please wrap the scarf up separately, it's a gift

(**c**) *(además)* besides; **y a. tiene otro todoterreno** and she has another four-wheel drive besides *o* too; **y a. no tengo por qué hacerte caso** and anyway *o* besides, there's no reason why I should take any notice of you; **a. de** apart from, except for; **a. de esta pequeña errata, el resto está perfecto** apart from *o* except for this small mistake, the rest is perfect; **a. de feo...** besides being ugly...; **no encontré otra razón a. de la que te he explicado** I couldn't find any reason for it other than the one I've told you; **a. de eso, no hay nada más que decir** other than that, there's nothing more to say; **a. de que no es un goleador nato, ha costado muy caro** quite apart from the fact that he isn't an instinctive goal scorer, he cost a lot of money; **es mi mejor amigo, a. de ti, claro está** he's my best friend, apart from you *o* except for you, of course

2 *adj inv* separate; **lo guardaré en un cajón a.** I'll keep it in a separate drawer; **es un poeta a., tremendamente original** he's in a league *o* class of his own as a poet, he's incredibly original; **ser caso** *o* **capítulo a.** to be a different matter; **tu hermana es un caso a.** your sister's a special case; **constituir una clase a.** to be in a league *o* class of one's own

3 *nm* (**a**) *(párrafo)* new paragraph

(**b**) *Teatro* aside; *Fig* **se lo dijo en un a.** she told him when the others couldn't hear her

---

apartheid [apar'xeið] (*pl* **apartheids**) *nm* apartheid

aparthotel, apartahotel *nm* hotel apartments

apartosuite *nf* luxury hotel apartment

apasionado, -a 1 *adj* passionate
2 *nm,f* lover, enthusiast; **es un a. de la música clásica** he's a lover of classical music

apasionamiento *nm* passion, enthusiasm; **con a.** passionately

apasionante *adj* fascinating

apasionar 1 *vt* to fascinate; **le apasiona la música** he's mad about music
2 apasionarse *vpr* to get excited *o* enthusiastic; **apasionarse por** to develop a passion for; **luego se apasionó por el tango durante una época** then he was really keen on tango for a while

apatía *nf* apathy; **con a.** apathetically

apático, -a 1 *adj* apathetic
2 *nm,f* apathetic person

apátrida 1 *adj* stateless
2 *nmf* stateless person

apdo. *nm (abrev de* **apartado**) PO Box; **a. de correos 8000** PO Box 8000

apeadero *nm (de tren) Br* halt, = minor train stop with no permanent buildings

apear 1 *vt* **(a)** *(bajar)* to take down **(b)** *Fam (disuadir)* **a. a alguien de** to talk sb out of; **no pudimos apearle de la idea** we couldn't get him to give up the idea **(c)** *CAm (regañar)* to tell off
2 apearse *vpr* **(a)** *(bajarse)* **apearse de** *(tren)* to alight (from), to get off; *(coche, autobús)* to get out (of); *(caballo)* to dismount (from) **(b)** *Fam* **apearse de** *(idea)* to give up; EXPR **apearse del burro** to back down

apechugar [38] *vi Fam* **a. con** to put up with

apedreamiento *nm* **(a)** *(acción)* stone-throwing **(b)** *(matanza)* stoning

apedrear *vt (persona)* to stone; *(cosa)* to throw stones at

apegarse [38] *vpr* **a. a** to become fond of

apego *nm* fondness, attachment; **tener/tomar a. a** to be/become fond of; **siente mucho a. hacia su ciudad natal** she feels very attached to her home town

apelable *adj Der* open to appeal

apelación *nf* **(a)** *(llamado)* appeal; **hizo una a. al sentimiento nacionalista** she made an appeal to nationalist sentiment **(b)** *Der* appeal; **interponer una a.** to lodge *o* make an appeal

apelar *vi* **(a)** *Der* to (lodge an) appeal; **a. ante/contra** to appeal to/against **(b)** *(recurrir)* **a. a** *(persona)* to go to; *(sentido común, bondad, generosidad)* to appeal to; *(violencia)* to resort to

apelativo *nm* name ❑ ***a. cariñoso*** pet name

apellidar 1 *vt (apodar)* to call
2 apellidarse *vpr* **se apellida Suárez** her surname is Suárez

apellido *nm* surname ❑ ***a. de soltera*** maiden name

apelmazado, -a *adj* **(a)** *(pelo)* matted; **el jersey está todo a.** the jumper has lost its fluffiness **(b)** *(arroz, bizcocho)* stodgy

apelmazar [14] **1** *vt* **(a)** *(jersey, pelo)* to matt **(b)** *(arroz, bizcocho)* to make stodgy
2 apelmazarse *vpr* **(a)** *(jersey, pelo)* to get matted **(b)** *(arroz, bizcocho)* to go stodgy

apelotonar 1 *vt* to bundle up
2 apelotonarse *vpr (gente)* to crowd together

apenado, -a *adj* **(a)** *(entristecido)* sad **(b)** *CAm, Col, Méx (avergonzado)* ashamed, embarrassed

apenar 1 *vt (entristecer)* to sadden; **me apena que te vayas** I'm really sorry that you're leaving
2 apenarse *vpr* **(a)** *(entristecerse)* to be saddened **(b)** *CAm, Col, Méx (avergonzarse)* to be ashamed, to be embarrassed

---

APENAS **1** *adv* **(a)** *(casi no)* scarcely, hardly; **a. duerme/descansa** she hardly sleeps/rests at all; **no estudia a.** he hardly studies at all; **a. te dolerá** it will scarcely *o* hardly hurt at all; **¿solías ir a la discoteca? — a.** did you use to go to the disco? – hardly ever; **a. (si) me puedo mover** I can hardly move; **sin que a. protestara, sin que protestara a.** almost without her protesting (at all), without her hardly protesting (at all); **sin a. dinero** without hardly any money (at all), with next to no money; **sin a. comer** without hardly eating, without eating almost anything
(b) *(tan sólo)* only; **en a. dos minutos** in only two minutes, in little under two minutes; **hace a. dos minutos** only two minutes ago; **a. llevo dos horas en este país** I've hardly been in this country for two hours, I haven't been in this country for more than two hours
2 *conj (tan pronto como)* as soon as; **a. conocido el resultado, comenzaron a celebrarlo** as soon as they heard the result, they started celebrating; **a. llegaron, se pusieron a comer** no sooner had they arrived than they began eating; **a. acabes, dímelo** let me know as soon as you've finished

---

apencar [59] *vi Fam* **a. con** *(trabajo)* to take on; *(responsabilidad)* to shoulder; *(consecuencias, dificultad)* to live with

apéndice *nm* **(a)** *(añadido)* appendix; *Fig* **está harta de ser un a. de su marido** she's tired of being just an appendage of her husband **(b)** *Anat* ***a. cecal*** vermiform appendix; *Anat Zool* ***a. nasal*** nose; *Fam Hum* **¡menudo a. nasal!** what a *Br* conk *o US* schnozz!; *Anat* ***a. vermicular*** (vermiform) appendix

apendicitis *nf inv Med* appendicitis; **me han operado de a.** they took out my appendix

Apeninos *nmpl* **los A.** the Apennines

aperar *vt Andes, RP (caballos)* to harness

apercibimiento *nm Der* warning, notice

apercibir 1 *vt (reprender, advertir)* to reprimand, to give a warning to; *Der* to issue with a warning
2 apercibirse *vpr* **apercibirse de algo** to notice sth

apergaminado, -a *adj (piel, papel)* parchment-like

apergaminarse *vpr (piel)* to become parchment-like

aperitivo *nm (bebida)* aperitif; *(comida)* appetizer; *(pincho con la cerveza)* bar snack; *Esp* **salimos a tomar el a. con ellos** we went out to have a pre-lunch drink with them; *Fig* **¡y esto es sólo un a.!** and that's just for starters!

apero *nm* **(a)** *(utensilio)* tool; **aperos (de labranza)** farming implements **(b)** *Andes, RP* **aperos** *(arneses)* riding gear, trappings

apertura *nf* **(a)** *(acción de abrir)* opening; *(de año académico, temporada)* start **(b)** *Dep (pase)* through ball; *(saque)* kick-off **(c)** *(en ajedrez)* opening (move) **(d)** *(tolerancia)* openness, tolerance ❑ ***a. económica*** economic liberalization **(e)** *Fot* ***a. de campo*** field aperture

aperturismo *nm* **(a)** *(en pro de la democracia)* support for democracy **(b)** *(tolerancia)* openness, tolerance

aperturista 1 *adj* **(a)** *(en pro de la democracia)* pro-democracy **(b)** *(tolerante)* open, tolerant
2 *nmf (partidario de la democracia)* supporter of democracy

apesadumbrado, -a *adj* grieving, sorrowful

apesadumbrar 1 *vt* to sadden
2 apesadumbrarse *vpr* to be saddened

apestado, -a *nm,f* plague victim

apestar 1 *vi* to stink (**a** of); **huele que apesta** it stinks to high heaven; **todo este asunto apesta a corrupción** this whole affair reeks of corruption
2 *vt* **(a)** *(hacer que huela mal)* to infest, to stink out **(b)** *(contagiar la peste a)* to infect with the plague

apestoso, -a *adj* foul

apetecer [46] **1** *vi* **¿te apetece un café?** do you fancy a coffee?; **me apetece salir** I feel like going out; **hace siempre lo que le apetece** he always does what he likes *o* as he pleases
2 *vt* **tenían todo cuanto apetecían** they had everything they wanted

apetecible *adj (comida)* appetizing, tempting; *(vacaciones)* desirable

apetencia *nf* desire (**de** for)

apetezca *etc ver* **apetecer**

apetito *nm* appetite; **abrir el a.** to whet one's appetite; **perder el a.** to lose one's appetite; **tener a.** to be hungry; **este niño tiene buen apetito** this child has a good appetite; **comer con buen a.** to eat heartily ❑ ***a. sexual*** sexual appetite

apetitoso, -a *adj* **(a)** *(comida)* appetizing **(b)** *(oferta, empleo)* tempting

apiadar 1 *vt* to earn the pity of
2 apiadarse *vpr* to show compassion; **apiadarse de alguien** to take pity on sb

ápice *nm* **(a)** *(vértice) (de montaña)* peak; *(de hoja, lengua)* tip **(b)** *(punto culminante)* peak, height **(c)** *(pizca)* iota; **ni un á.** not a single bit; **no cedió un á.** he didn't budge an inch

apícola *adj* = related to beekeeping

apicultor, -ora *nm,f* beekeeper
apicultura *nf* beekeeping
apilable *adj (mesas, sillas, piezas)* stackable
apilamiento *nm* (**a**) *(acción)* piling up (**b**) *(montón)* pile, stack
apilar 1 *vt* to pile up
2 apilarse *vpr* to pile up; **se nos está apilando el trabajo** we've got a backlog of work building up
apiñado, -a *adj (apretado)* packed, crammed
apiñamiento *nm* cramming
apiñar 1 *vt* to pack
2 apiñarse *vpr (agolparse)* to crowd together; *(para protegerse, por miedo)* to huddle together; **apiñarse en torno a alguien/algo** to huddle round sb/sth
apio *nm* celery
apisonado, apisonamiento *nm* rolling, levelling
apisonadora *nf (vehículo)* steamroller
apisonar *vt (con vehículo apisonadora)* to roll; *(con apisonadora manual)* to tamp down
apitutado, -a *nm,f Chile Fam* = person who has got where they are through connections
apitutar *vt Chile Fam* **su padre lo apitutó en la compañía** his father got him a job in the company by pulling strings
aplacamiento *nm* calming
aplacar [59] **1** *vt (persona, ánimos)* to placate; *(hambre)* to satisfy; *(sed)* to quench; *(dolor)* to ease; **aplacaron su ira** they appeased his anger
2 aplacarse *vpr (persona, ánimos)* to calm down; *(dolor)* to abate
aplanadora *nf Am (vehículo)* steamroller
aplanar 1 *vt* to level
2 aplanarse *vpr* (**a**) *(superficie)* to level out (**b**) *(desanimarse)* to become apathetic; **este calor me aplana** this heat really saps my energy
aplastamiento *nm* squashing, crushing; **murieron por a.** they were crushed to death
aplastante *adj (apabullante)* overwhelming, devastating
aplastar 1 *vt* (**a**) *(por el peso)* to squash, to crush (**b**) *(derrotar)* to crush (**c**) *Fam (confundir)* to leave dumbfounded *o* speechless
2 aplastarse *vpr (por el peso)* to get squashed *o* crushed
aplatanado, -a *adj Fam* listless
aplatanamiento *nm Fam* listlessness
aplatanar *Fam* **1** *vt* to make listless; **este calor me aplatana** this heat makes me feel listless
2 aplatanarse *vpr* to become listless
aplaudir 1 *vt* to applaud; **aplaudo su propuesta** I applaud your proposal
2 *vi* to applaud, to clap
aplauso *nm* (**a**) *(ovación)* round of applause; **aplausos** applause; **pido un a. para...** please put your hands together for..., could we have a big hand for... (**b**) *(alabanza)* praise, acclaim; **recibir el a. de la crítica** to be praised by the critics
aplazamiento *nm* postponement; **el presidente ordenó el a. de la reunión** the chairman ordered the meeting to be postponed
aplazar [14] *vt* (**a**) *(posponer)* to postpone (**b**) *Am (suspender)* to fail
aplicable *adj* applicable (**a** to)
aplicación *nf* (**a**) *(uso, utilidad)* application, use (**b**) *(al estudio)* application (**c**) *(decoración)* appliqué (**d**) *Informát* application (**e**) *Mat* map, mapping, function
aplicado, -a *adj* (**a**) *(estudioso)* diligent (**b**) *(ciencia)* applied
aplicar [59] **1** *vt (técnica, pintura, teoría)* to apply; *(nombre, calificativo)* to give, to apply
2 aplicarse *vpr* (**a**) *(esmerarse)* to apply oneself (**en algo** to sth) (**b**) *(concernir)* **aplicarse a** to apply to (**c**) *(a uno mismo)* **¡aplícate eso a ti también!** put your own house in order!
aplique *nm* wall lamp
aplomado, -a *adj* (**a**) *(sereno)* self-assured, self-possessed (**b**) *(plomizo)* lead-coloured
aplomo *nm* self-assurance, self-possession; **con a.** *(decir)* with aplomb; *(actuar)* with assurance
apocado, -a *adj* timid
apocalipsis *nm inv (calamidad)* calamity; **el A.** *(libro)* the Apocalypse, Revelations; *(fin del mundo)* the end of the world
apocalíptico, -a *adj* apocalyptic
apocamiento *nm* timidity; **con a.** timidly
apocar [59] **1** *vt (intimidar)* to intimidate, to make nervous
2 apocarse *vpr (intimidarse)* to be frightened *o* scared; *(humillarse)* to humble oneself
apocopar *vt Gram* to apocopate
apócope *nf Gram* apocopation
apócrifo, -a *adj* apocryphal
apodar 1 *vt* to nickname
2 apodarse *vpr* to be nicknamed; **se apoda "el Flaco"** he's known as "el Flaco"
apoderado, -a *nm,f* (**a**) *Der* (official) representative (**b**) *Taurom* agent, manager
apoderamiento *nm (apropiación)* appropriation, seizure
apoderar 1 *vt (autorizar)* to authorize, to empower; *Der* to grant power of attorney to
2 apoderarse *vpr* (**a**) **apoderarse de** *(adueñarse de)* to seize (**b**) **apoderarse de** *(dominar)* to take hold of, to grip
apodo *nm* nickname
apogeo *nm* (**a**) *(cumbre)* height, apogee; **está en (pleno) a.** it's at its height (**b**) *Astron* apogee
apolillado, -a *adj también Fig* moth-eaten; *Fig* **tengo los logaritmos un poco apolillados** I'm a bit rusty on logarithms
apolillar 1 *vi RP Fam (dormir)* to snooze, to doze
2 apolillarse *vpr* (**a**) *(con polillas)* to get moth-eaten (**b**) *Fam (conocimientos)* to get rusty
apolillo *nm RP Fam (sueño)* sleepiness; **tener a.** to be sleepy
apolíneo, -a *adj* ravishing, stunning
apolítico, -a *adj* apolitical
apologético, -a *adj* apologetic
apología *nf* apology, eulogy; *Der* **a. del terrorismo** defence of terrorism
apologista *nmf* apologist
apoltronarse *vpr* **a. en** *(sillón)* to make oneself comfortable in; **se ha apoltronado mucho desde que se casó** he's settled into an easy life since he (got) married; **se ha apoltronado en su puesto** she's settled into a rut at work
apoplejía *nf Med* apoplexy
apopléjico, -a, apoplético, -a *adj* apoplectic
apoquinar *vt & vi Fam* to fork out
aporreado *nm Cuba, Méx* = beef stew with tomato and garlic
aporrear *vt* to bang
aportación *nf* (**a**) *(suministro)* provision (**b**) *(contribución)* contribution; **hacer una a.** to contribute; **hizo una a. de 10.000 pesos** she made a contribution of 10,000 pesos
aportar *vt* (**a**) *(proporcionar)* to provide (**b**) *(contribuir con)* to contribute
aporte *nm* contribution ❑ ***a. calórico*** calorie content; ***a. vitamínico*** vitamin content
aposentar 1 *vt* to put up, to lodge
2 aposentarse *vpr* to take up lodgings
aposento *nm* (**a**) *(habitación)* room; *Anticuado o Hum* **se retiró a sus aposentos** she withdrew (to her chamber) (**b**) *(alojamiento)* lodgings
aposición *nf Gram* apposition
apósito *nm* dressing
aposta *adv* on purpose, intentionally
apostante *nmf* (**a**) *(que apuesta) Br* better, *US* bettor (**b**) *(en lotería)* = person who plays a lottery
apostar [63] **1** *vt* (**a**) *(jugarse)* to bet; **te apuesto una cena a que gana el Madrid** I bet you (the price of) a dinner that Madrid will win (**b**) *(emplazar)* to post
2 *vi* (**a**) *(confiar en)* to bet (**por** on); **apostaron por una política de reforma** they committed themselves to a policy of reform; **yo apuesto por Gutiérrez** I support Gutierrez (**b**) *(tener seguridad en)* **apuesto a que no viene** I bet he doesn't come
3 apostarse *vpr* (**a**) *(jugarse)* to bet; **apostarse algo con alguien** to bet sb sth; **¿qué te apuestas a que no viene?** how much do you bet he won't come? (**b**) *(colocarse)* to post oneself
apostasía *nf* apostasy
apóstata *nmf* apostate
apostatar *vi (renegar)* to apostatize
a posteriori *adv* with hindsight; **habrá**

que juzgarlo a. we'll have to judge it after the event

apostilla *nf* (**a**) *(nota)* note (**b**) *(comentario)* comment

apostillar *vt* (**a**) *(anotar)* to annotate (**b**) *(añadir)* to add

apóstol *nm también Fig* apostle

apostolado *nm Rel* (**a**) *(de apóstol)* apostolate (**b**) *(de ideales)* mission

apostólico, -a *adj Rel* apostolic

apóstrofe *nm o nf* apostrophe

apóstrofo *nm Gram* apostrophe

apostura *nf* dashing appearance

apoteósico, -a *adj* tremendous; **esa ópera tiene un final a.** that opera has a tremendous finale

apoteosis *nf inv* (**a**) *(culminación)* crowning moment, culmination (**b**) *(final)* grand finale

apoyabrazos *nm inv* armrest

apoyacabezas *nm inv* headrest

apoyamuñecas *nm inv* wrist rest

apoyar 1 *vt* (**a**) *(inclinar)* to lean, to rest; **apoya la cabeza en mi hombro** rest your head on my shoulder

(**b**) *(respaldar)* to support; **lo apoyó mucho durante su depresión** she gave him a lot of support when he was depressed

2 apoyarse *vpr* (**a**) *(sostenerse)* **apoyarse en** to lean on; **la anciana se apoyaba en un bastón** the old woman was leaning on a walking stick; **hace el pino apoyándose sólo en una mano** he can do a handstand supporting his weight on only one hand

(**b**) *(basarse)* **apoyarse en** *(sujeto: tesis, conclusiones)* to be based on; *(sujeto: persona)* to base one's arguments on

(**c**) *(buscar respaldo)* **apoyarse en** to rely on

(**d**) *(respaldarse mutuamente)* to support one another

apoyo *nm también Fig* support; **acudió en su a.** she came to his aid; **presentó las pruebas en a. de su teoría** he presented the evidence to support his theory; **me dio su a. moral** she gave me her moral support

apozarse *vpr Chile, Col (rebalsarse)* to overflow

applet ['aplet] *nm Informát* applet

APRA ['apra] *nf*

Takes the masculine articles **el** and **un**.

(abrev de **Alianza Popular Revolucionaria Americana**) = Peruvian political party to the centre-right of the political spectrum

apreciable *adj* (**a**) *(perceptible)* appreciable, significant (**b**) *(estimable)* worthy

apreciación *nf* (**a**) *(estimación)* evaluation, assessment (**b**) *Fin (de moneda)* appreciation

apreciado, -a *adj* (**a**) *(querido)* esteemed, highly regarded (**b**) *(valorado)* prized (**por** by)

apreciar 1 *vt* (**a**) *(valorar)* to appreciate; **aprecio mucho tu ayuda** I really appreciate your help (**b**) *(sopesar)* to appraise, to evaluate (**c**) *(sentir afecto por)* to think highly of (**d**) *(percibir)* to tell, to make out

2 apreciarse *vpr Fin* (**a**) *(moneda)* to appreciate (**b**) *(notarse)* to be noticeable; **no se apreciaba ninguna diferencia entre los dos** there was no noticeable difference between them

apreciativo, -a *adj* appraising; **una mirada apreciativa** an appraising look

aprecio *nm* esteem; **sentir a. por alguien** to think highly of sb

aprehender *vt* (**a**) *(coger) (persona)* to apprehend; *(alijo, mercancía)* to seize (**b**) *(comprender)* to take in

aprehensión *nf (de persona)* arrest, capture; *(de alijo, mercancía)* seizure

apremiante *adj* pressing, urgent

apremiar 1 *vt* (**a**) *(meter prisa)* **a. a alguien para que haga algo** to urge sb to do sth (**b**) *(obligar)* **a. a alguien a hacer algo** to compel sb to do sth

2 *vi (ser urgente)* to be pressing; **¡el tiempo apremia!** we're running out of time!, time is short!

apremio *nm* (**a**) *(urgencia)* urgency; **hacer algo con a.** *(con prisa)* to do sth hastily *o* in a rush (**b**) *Der* writ

aprender 1 *vt (adquirir conocimientos de)* to learn; *(memorizar)* to memorize; **aprendieron la lección** they learned their lesson

2 *vi* to learn (**a hacer algo** to do sth); **¡aprende de tu hermana!** learn from your sister!; **¡para que aprendas!** that'll teach you!; **¡así aprenderá!** that'll teach him!

3 aprenderse *vpr (adquirir conocimientos de)* to learn; *(memorizar)* to memorize; **aprenderse algo de memoria** to learn sth by heart

aprendiz, -iza *nm,f* (**a**) *(ayudante)* apprentice, trainee; **es a. de carpintero** he's an apprentice carpenter, he's a carpenter's apprentice (**b**) *(novato)* beginner

aprendizaje *nm* (**a**) *(adquisición de conocimientos)* learning (**b**) *(tiempo, situación)* apprenticeship

aprensión *nf* (**a**) *(miedo)* apprehension (**por** about); **con a.** apprehensively (**b**) *(escrúpulo)* squeamishness (**por** about); **me dan a. las lombrices** I'm squeamish about worms

aprensivo, -a *adj* (**a**) *(miedoso)* apprehensive (**b**) *(escrupuloso)* squeamish (**c**) *(hipocondríaco)* hypochondriac

apresamiento *nm* (**a**) *(arresto)* arrest, capture (**b**) *(de barco)* capture, seizure

apresar *vt (presa)* to catch; *(delincuente)* to catch, to capture

apres-ski *adj & nm* après-ski

aprestar 1 *vt* (**a**) *(preparar)* to prepare, to get ready (**b**) *(tela)* to size

2 aprestarse *vpr* **aprestarse a hacer algo** to get ready to do sth

apresto *nm* (**a**) *(rigidez de la tela)* stiffness; **el almidón da a. a las telas** starch is used to stiffen cloth (**b**) *(sustancia)* size

apresurado, -a *adj* hasty, hurried

apresuramiento *nm* haste; **con a.** hastily, hurriedly

apresurar 1 *vt* to hurry along, to speed up; **a. a alguien para que haga algo** to try to make sb do sth more quickly

2 apresurarse *vpr* to hurry; **¡apresúrate!** hurry up!; **apresurarse a hacer algo** to rush to do sth; **se apresuró a aclarar que no sabía nada** she was quick to point out that she knew nothing

apretadamente *adv (por poco, con justeza)* narrowly

apretado, -a *adj* (**a**) *(ropa, nudo)* tight; **estos pantalones me quedan apretados** these trousers are a bit (too) tight for me (**b**) *(estrujado)* packed; *(caligrafía)* cramped; **íbamos un poco apretados en el coche** it was a bit of a squeeze in the car (**c**) *(triunfo)* narrow; *(esprint)* close (**d**) *(apurado)* **ir a. de dinero/tiempo** to be short of money/time

APRETAR [3] **1** *vt* (**a**) *(oprimir) (botón, tecla)* to press; *(gatillo)* to pull, to squeeze; *(nudo, tuerca, cinturón)* to tighten; *(acelerador)* to step on; **el zapato me aprieta** my shoe is pinching; **me aprietan las botas** my boots are too tight; EXPR *Fam* **a. las clavijas** *o* **los tornillos a alguien** to put the screws on sb

(**b**) *(juntar) (dientes)* to grit; *(labios)* to press together; *(puño)* to clench; **tendrás que a. la letra** you'll have to squeeze your handwriting up

(**c**) *(estrechar)* to squeeze; *(abrazar)* to hug; **no me aprietes el brazo, me estás haciendo daño** stop squeezing my arm, you're hurting me; **la apretó contra su pecho** he held her to his chest; **a. la mano a alguien** to shake sb's hand

(**d**) *(acelerar)* **a. el paso** *o* **la marcha** to quicken one's pace; **como no apretemos el paso, no llegaremos nunca** if we don't hurry up, we'll never get there

(**e**) *(exigir)* to tighten up on; *(presionar)* to press; **a. la disciplina** to tighten up on discipline; **lo apretaron tanto que acabó confesando** they pressed him so hard that he ended up confessing; **no me gusta que me aprieten en el trabajo** I don't like to feel pressurized in my work; **lo están apretando para que acepte la oferta** they are pressing him *o* putting pressure on him to accept the offer

(**f**) *(ropa, objetos)* to pack tight

2 *vi* (**a**) *(calor, lluvia)* to get worse, to intensify; **salgo de casa a las dos, cuando más aprieta el calor** I leave home at two o'clock, when the heat is at its worst; **en agosto ha apretado mucho el calor** it got a lot hotter in August; **cuando la necesidad aprieta, se agudiza el ingenio** people become more resourceful when they really have to

(**b**) *(zapatos)* to pinch; *(ropa)* to be too tight

(**c**) *(esforzarse)* to push oneself; **tienes que a. más si quieres aprobar** you'll have to

pull your socks up if you want to pass
(**d**) *Fam* **a. a correr** to run off; **el ladrón apretó a correr** the thief ran off
3 apretarse *vpr (agolparse)* to crowd together; *(acercarse)* to squeeze up; *Fig* **apretarse el cinturón** to tighten one's belt; **apretaos un poco y así cabremos todos** squeeze up a bit so we can all fit in

---

apretón *nm (estrechamiento)* squeeze; **apretones** crush; **hubo apretones para entrar** there was a crush to get in ▫ ***a. de manos*** handshake; ***se dieron un cálido a. de manos*** they shook hands warmly

apretujamiento *nm (de personas)* crush, squeeze

apretujar 1 *vt* (**a**) *(aplastar)* to squash (**b**) *(hacer una bola con)* to screw up
2 apretujarse *vpr* (**a**) *(en banco, autobús)* to squeeze together (**b**) *(por frío)* to huddle up

apretujón *nm (abrazo)* bear hug; **hubo apretujones para entrar en el cine** there was a crush to get into the cinema

apretura *nf (estrechez)* crush; *Fig* **pasar apreturas** to be hard up

aprieto 1 *ver* **apretar**
2 *nm* fix, difficult situation; **poner en un a. a alguien** to put sb in a difficult position; **estar en un a.** to be in a fix; **salir de un a.** to get out of a fix *o* difficult situation

a priori *adv* in advance, a priori

apriorístico, -a *adj* a priori

aprisa *adv* quickly

aprisco *nm* fold, pen

aprisionamiento *nm* **el derrumbe ocasionó el a. de tres personas** three people were trapped when the building collapsed

aprisionar *vt* (**a**) *(encarcelar)* to imprison (**b**) *(inmovilizar)* **a. a alguien con cadenas** to put sb in chains; **quedaron aprisionados bajo los escombros** they were trapped under the rubble

aprobación *nf* approval; **dio su a. al proyecto** he gave the project his approval

aprobado, -a 1 *adj (aceptado)* approved
2 *nm Educ* pass ▫ ***a. raso*** *o* ***raspado*** bare pass; **sacó un a. raso** *o* **raspado** he only scraped a pass

aprobar [63] *vt* (**a**) *(proyecto, moción, medida)* to approve; *(ley)* to pass (**b**) *(examen, asignatura)* to pass; **me han aprobado en química** I passed my chemistry exam (**c**) *(comportamiento)* to approve of

aprobatorio, -a *adj (gesto, mirada)* approving

aprontar *vi Urug* to turn up

apropiación *nf* (**a**) *(incautación, ocupación)* appropriation (**b**) *(robo)* theft (**c**) *Der* ***a. indebida*** embezzlement

apropiado, -a *adj* suitable, appropriate; **su comportamiento no fue muy a.** his behaviour was rather inappropriate; **estos zapatos no son apropiados para la playa** these shoes aren't very suitable for the beach

apropiar 1 *vt* to adapt (**a** to)
2 apropiarse *vpr* (**a**) **apropiarse de** *(tomar posesión de)* to appropriate; **se ha apropiado de ese sillón** he treats that chair as if it belongs to him (**b**) **apropiarse de** *(robar)* to steal

aprovechable *adj* usable

aprovechado, -a 1 *adj* (**a**) *(caradura)* **es muy a.** he's always sponging off other people (**b**) *(bien empleado) (tiempo)* well-spent; *(espacio)* well-planned (**c**) *(aplicado)* diligent
2 *nm,f (caradura)* sponger

aprovechamiento *nm* (**a**) *(utilización)* use (**b**) *(en el estudio)* progress, improvement

---

APROVECHAR 1 *vt* (**a**) *(tiempo, dinero)* to make the most of; *(oferta, ocasión)* to take advantage of; *(conocimientos, experiencia)* to use, to make use of; **han aprovechado todo el potencial del jugador brasileño** they have used the Brazilian player to his full potential; **me gustaría a. esta oportunidad para** I'd like to take this opportunity to; **a. que...** to make the most of the fact that...; **aprovechó que no tenía nada que hacer para descansar un rato** since she had nothing to do, she took the opportunity to have a rest; **aprovechó que sabía alemán para solicitar un traslado a Alemania** she used the fact that she knew German to ask for a transfer to Germany
(**b**) *(lo inservible)* to put to good use; **buscan una forma de a. los residuos** they're looking for a way of putting by-products to good use; **no tiréis los restos de la paella, los aprovecharé para hacer sopa** don't throw what's left of the paella away, I'll use it to make a soup; **el generador aprovecha la fuerza del agua para producir electricidad** the generator uses the power of the water to produce electricity
2 *vi* (**a**) *(mejorar)* to make progress; **desde que tiene un profesor particular aprovecha más en física** since he's had a private tutor he's made more progress in physics
(**b**) *(disfrutar)* **aprovecha mientras puedas** make the most of it *o* enjoy it while you can; **¡cómo aprovechas para comer chocolate, ahora que no te ve nadie!** you're really making the most of the opportunity to eat chocolate while nobody can see you!; EXPR **¡que aproveche!** enjoy your meal!
3 aprovecharse *vpr* (**a**) *(sacar provecho)* to take advantage (**de** of); **nos aprovechamos de que teníamos coche para ir a la ciudad** we took advantage of the fact that we had a car to go to the city; **se aprovechó de que nadie vigilaba para salir sin pagar** she took advantage of the fact that nobody was watching to leave without paying; **aprovecharse de las desgracias ajenas** to benefit from other people's misfortunes
(**b**) *(abusar de alguien)* to take advantage (**de** of); **todo el mundo se aprovecha de la ingenuidad de Marta** everyone takes advantage of Marta's gullible nature; **fue acusado de aprovecharse de una menor** he was accused of child abuse

---

aprovisionamiento *nm* supplying

aprovisionar 1 *vt* to supply; **el río aprovisiona de agua a varios pueblos** the river supplies several towns with water
2 aprovisionarse *vpr* **aprovisionarse de algo** to stock up on sth

aprox. *(abrev de* **aproximadamente***)* approx.

aproximación *nf* (**a**) *(acercamiento)* approach; *(en cálculo)* approximation (**b**) *(de países)* rapprochement; *(de puntos de vista)* converging; **ha habido una ligera a. de las dos partes** *(en negociación)* the two sides have come a little closer (**c**) *(en lotería)* = consolation prize given to numbers immediately before and after the winning number

aproximadamente *adv* approximately

aproximado, -a *adj* approximate

aproximar 1 *vt* to move closer
2 aproximarse *vpr* to come closer; **se aproximan las vacaciones** the holidays are getting nearer; **nos aproximamos a la capital** we are approaching the capital

aproximativo, -a *adj* approximate, rough

apruebo *etc ver* **aprobar**

aptitud *nf* ability, aptitude; **tener aptitudes para algo** to have an aptitude for sth

apto, -a 1 *adj* (**a**) *(adecuado, conveniente)* suitable (**para** for); **apta/no apta para menores** *(película)* suitable/unsuitable for children; **a. para el consumo humano** suitable for human consumption (**b**) *(capacitado) (intelectualmente)* capable, able; *(físicamente)* fit (**c**) *(candidato)* passing; **no a.** failing
2 *nm* pass; **saqué un a./no a.** I passed/failed

apuesta 1 *ver* **apostar**
2 *nf* bet

apuesto, -a 1 *ver* **apostar**
2 *adj* dashing

apunar *Andes* **1** *vt* to cause to have altitude sickness
2 apunarse *vpr* to get altitude sickness

apuntado, -a *adj (arco)* pointed

apuntador, -ora 1 *nm,f Teatro* prompter; *Fam Fig* **hasta el a.** the world and his wife
2 *nm Informát* scrapbook

apuntalamiento *nm* **fue necesario el a. de la casa** the house had to be shored up

apuntalar *vt* (**a**) *(casa)* to shore up (**b**) *(idea)* to underpin

---

APUNTAR 1 *vt* (**a**) *(anotar)* to make a note of, to note down; **a. a alguien** *(en lista)* to put sb down (**en** on); *(en curso)* to put sb's name down (**en** *o* a for); to sign sb up (**en** *o* a for); **apunta en una lista todo lo que quieres que compre** jot down everything you want me to buy, make a list of the things you want me to buy; **tengo que a. tu número de teléfono** I must

make a note of your phone number, I must write your phone number down somewhere; **he apuntado a mi hijo a clases de natación** I've put my son's name down for swimming lessons, I've signed my son up for swimming lessons; **apunté a mis padres para ir a la excursión** I put my parents down for the trip; **apúntamelo (en la cuenta)** put it on my account; **ya puedes ir con cuidado, que esto lo apunto** *(amenaza)* you'd better watch out, I'm not going to forget this
(**b**) *(dirigir) (dedo)* to point; *(arma)* to aim; **a. a alguien** *(con el dedo)* to point at sb; *(con un arma)* to aim at sb; **a. una pistola hacia alguien, a. a alguien con una pistola** to aim a gun at sb; **les apuntó con una rifle** he aimed *o* pointed a rifle at them; **apuntó al blanco y disparó** he took aim at the target and shot; **la brújula apunta al norte** the compass points (to the) north
(**c**) *Teatro* to prompt; *Fam* **fue expulsada de clase por a. las respuestas a un compañero** she was thrown out of the classroom for whispering the answers to a classmate
(**d**) *(sugerir)* to hint at; *(indicar)* to point out; **apuntó la posibilidad de subir los impuestos** he hinted that he might raise taxes; **la policía ha apuntado la posibilidad de que los secuestradores la hayan matado** the police have admitted that the kidnappers may have killed her; **el joven jugador apunta buenos conocimientos** the young player shows a lot of promise
(**e**) *(afilar)* to sharpen
2 *vi* (**a**) *(vislumbrarse)* to appear; *(día)* to break; **en los árboles ya apuntaban las primeras hojas** the first leaves were appearing on the trees
(**b**) *(indicar)* **a. a** to point to; **todo apunta a que ganará Brasil** everything points to a win for Brazil; **todas las pruebas apuntan a su culpabilidad** all the evidence points to him being guilty; **las sospechas apuntan a un grupo separatista** a separatist group is suspected
(**c**) *Teatro* to prompt
(**d**) *(con un arma)* to aim; **¡carguen, apunten, fuego!** ready, take aim, fire!; EXPR **a. a lo más alto** to set one's sights very high
3 apuntarse *vpr* (**a**) *(en lista)* to put one's name down; *(en curso)* to enrol; **me he apuntado a** *o* **en un curso de alemán** I've enrolled on a German course; *Esp* **apuntarse al paro** *Br* to sign on, *US* ≃ to go on welfare
(**b**) *(participar)* to join in (**a hacer algo** doing sth); **nos vamos al cine, ¿te apuntas?** we're going to the cinema, do you want to come too?; **yo me apunto** I'm in; **no le digas nada sobre la fiesta, que se apuntará** don't say anything to her about the party or she'll want to come too; **¿quién se apunta a una partida de cartas?** does anyone fancy a game of cards?, who's up for a game of cards?; EXPR *Fam* **ese se apunta a un bombardeo** he's game for anything; **se apunta a todas las celebraciones** she never misses a party
(**c**) *(tantos, éxitos)* to score, to notch up; **se apuntó la canasta de la victoria** he scored the winning basket; EXPR *Fam* **¡apúntate diez!** *(al acertar)* bingo!, bang on!; **apuntarse un éxito** to score a success; **apuntarse un tanto (a favor)** to earn a point in one's favour
(**d**) *(manifestarse)* **este cambio de política ya se apuntaba hace meses** this change of policy has been coming for months

apunte *nm* (**a**) *(nota)* note; **apuntes** *(en colegio, universidad)* notes; **tomar** *o Esp* **coger apuntes** to take notes (**b**) *(boceto)* sketch (**c**) *Com* entry (**d**) *Teatro* prompt (**e**) *Chile, RP* EXPR *Fam* **llevar el a.** to pay attention

apuntillar *vt* (**a**) *Taurom* **a. al toro** = to kill the bull with a dagger when the bullfighter has repeatedly failed to finish it off (**b**) *(rematar)* to finish off

apuñalamiento *nm* stabbing

apuñalar *vt* to stab

apurado, -a 1 *adj* (**a**) *(necesitado)* in need; **a. de** short of (**b**) *(avergonzado)* embarrassed (**c**) *(difícil)* awkward, difficult; **una situación apurada** a tricky situation (**d**) *(afeitado)* smooth, close (**e**) *Am (con prisa)* **estar a.** to be in a hurry
2 *nm (afeitado)* **proporciona un a. perfecto** it gives a perfect shave

apurar 1 *vt* (**a**) *(agotar)* to finish off; *(existencias, la paciencia)* to exhaust; **apurar algo hasta la última gota** to finish sth down to the last drop (**b**) *(meter prisa)* to hurry (**c**) *(preocupar)* to trouble (**d**) *(avergonzar)* to embarrass (**e**) EXPR **tardaré tres días, dos si me apuras...** it'll take me three days, two if you push me; **había unos diez, doce si me apuras** there were about ten, twelve at the most
2 *vi (afeitar)* to give a close *o* smooth shave
3 apurarse *vpr* (**a**) *(preocuparse)* to worry (**por** about) (**b**) *(darse prisa)* to hurry

apuro *nm* (**a**) *(dificultad)* fix, difficult situation; **estar en un a.** to be in a tight spot (**b**) *(penuria)* **pasar apuros** to undergo *o* experience hardship (**c**) *(vergüenza)* embarrassment; **me da a. (decírselo)** I'm embarrassed (to tell her); **¡qué a.!** how embarrassing (**d**) *Am (prisa)* **tener a.** to be in a hurry

aquejado, -a *adj* **a. de** suffering from

aquejar *vt* to afflict; **le aquejan varias enfermedades** he suffers from a number of illnesses

AQUEL, -ELLA (*pl* **aquellos, -ellas**) **1** *adj demostrativo* that; *(plural)* those; **las fotos aquellas que te enseñé** those photos I showed you
2 *nm* **no es guapa pero tiene su a.** she's not pretty, but she's got a certain something

AQUÉL, -ÉLLA (*pl* **aquéllos, -éllas**)

> Note that **aquél** and its various forms can be written without an accent when there is no risk of confusion with the adjective.

pron demostrativo (**a**) *(ese)* that (one); *(plural)* those (ones); **este cuadro me gusta pero a. del fondo no** I like this picture, but I don't like that one at the back; **a. fue mi último día en Londres** that was my last day in London
(**b**) *(nombrado antes)* the former; **teníamos un coche y una moto, ésta estropeada y a. sin gasolina** we had a car and a motorbike, the former was out of *Br* petrol *o US* gas, the latter had broken down
(**c**) *(con oraciones relativas)* whoever, anyone who; **a. que quiera hablar que levante la mano** whoever wishes *o* anyone wishing to speak should raise their hand; **aquéllos que...** those who...

aquelarre *nm* coven

aquella *ver* **aquel**

aquélla *ver* **aquél**

AQUELLO *pron demostrativo* that; **¿has hecho a. que te pedí?** did you do what I asked you to?; **no consiguió saber si a. lo dijo en serio** he never found out whether she meant those words *o* that seriously; **a. de su mujer es una mentira** all that about his wife is a lie

aquellos, -as *ver* **aquel**

aquéllos, -as *ver* **aquél**

AQUÍ *adv* (**a**) *(indica lugar)* here; **a. abajo/arriba** down/up here; **a. dentro/fuera** in/out here; **a. mismo** right here; **a. y ahora** here and now; **a. y allá** here and there; **¡a. tienes!** *(dando algo)* here you are!; *Fam* **a. Clara, una amiga** this is my friend Clara; *Fam* **a. el señor quería una cerveza** this gentleman wanted a beer; **los a. presentes** everyone here *o* present; **¡fuera de a.!** go away!; **¡ven a.!** come here!; **era muy desordenado y dejaba las cosas a. y allá** he was very untidy and left things lying around all over the place; **de a. en adelante** from here on; **de a. para allá** *(de un lado a otro)* to and fro; **va de a. para allá sin tener destino fijo** she travels around without really knowing where she's going; **por a.** over here; **vive por a.** she lives around here somewhere; **vengan todos por a., por favor** please all come this way; **por a. cerca** nearby, not far from here; **razón a.** *(en letrero)* enquire within; EXPR *Fam* **nos cogió una tormenta de a. te espero** we got caught in a mother of a storm; EXPR *Fam* **es un mentiroso de a. te espero** he tells lies like nobody's business, he's a liar through and through; EXPR *Fam* **se organizó un follón de a. te espero** all hell broke loose
(**b**) *(ahora)* now; **de a. a mañana** between now and tomorrow; **la traducción tiene que estar acabada de**

a. a mañana the translation has to be ready by tomorrow; **de a. a poco** shortly, soon; **de a. a un mes** a month from now, in a month; **de a. en adelante** from now on

(**c**) *(en tiempo pasado)* **pasó a leer el manifiesto y a. todo el mundo se calló** he began reading the manifesto, at which point everyone went silent; **a. empezaron los problemas** that was when the problems started

(**d**) *(consecuencia)* **de a. que** *(por eso)* hence, therefore; **llegaba siempre tarde al trabajo, de a. que lo hayan despedido** he was always late for work, so they sacked him

---

aquiescencia *nf Formal* acquiescence

aquiescente *adj Formal* acquiescent

aquietamiento *nm* calming

aquietar 1 *vt* to calm down
2 aquietarse *vpr* to calm down

aquilatamiento *nm (valoración)* assessment

aquilatar *vt* (**a**) *(metales, joyas)* to assay (**b**) *(valorar)* to assess

aquilino, -a *adj (nariz)* aquiline

ar *interj* **¡presenten armas!, ¡ar!** present arms!

ara *nf*

Takes the masculine articles **el** and **un**.

(**a**) *Formal (losa)* altar stone; *(altar)* altar (**b**) **en aras de** for the sake of

árabe 1 *adj* Arab, Arabian
2 *nmf (persona)* Arab
3 *nm (lengua)* Arabic

arabesco *nm* arabesque

Arabia Saudí, Arabia Saudita *n* Saudi Arabia

arábigo, -a *adj (de Arabia)* Arab, Arabian; *(numeración)* Arabic

arabismo *nm* Arabic word *o* expression

arabista *nmf* Arabist

arable *adj* arable

arácnido *nm Zool* arachnid

arado *nm* (**a**) *(apero)* plough; EXPR *Fam* **es más bruto** *o* **bestia que un a.** *(es un impetuoso)* he always charges ahead without thinking; *(es un torpe)* he always makes a mess of everything he does (**b**) *Col (huerto)* orchard

arador *nm* ***a. de la sarna*** scabies mite

Aragón *n* Aragon

aragonés, -esa *adj & nm,f* Aragonese

Aral *nm* **el mar de A.** the Aral Sea

aralia *nf* fatsia japonica

arameo *nm (lengua)* Aramaic

arancel *nm Com* tariff ❑ ***a. aduanero*** customs duty

arancelario, -a *adj Com* tariff; **barreras (no) arancelarias** (non) tariff barriers

arándano *nm* bilberry, blueberry

arándela *nf* (**a**) *(anilla) (de metal)* washer; *(de papel, plástico)* ring reinforcement (**b**) *CAm, Méx (de camisa)* frills, ruffle

araña *nf* (**a**) *(animal)* spider ❑ ***a. de mar*** spider crab (**b**) *(lámpara)* chandelier

arañar *vt* (**a**) *(raspar)* to scratch (**b**) *(reunir)* to scrape together

arañazo *nm* scratch

arar *vt* to plough

arauaco, -a *adj & nm,f* Araucanian

araucano, -a 1 *adj* Araucanian
2 *nm,f* Araucanian
3 *nm (lengua)* Araucanian

araucaria *nf* monkey-puzzle tree

arbitraje *nm* (**a**) *(en fútbol, baloncesto)* refereeing; *(en tenis, voleibol)* umpiring (**b**) *Der* arbitration

arbitral *adj* (**a**) *(en deporte)* **una polémica decisión a.** a controversial decision by the referee/umpire (**b**) *Der* **procedimiento a.** arbitration process

arbitrar 1 *vt* (**a**) *(en fútbol, baloncesto)* to referee; *(en tenis, voleibol)* to umpire (**b**) *(medidas, recursos)* to bring together (**c**) *Der* to arbitrate
2 *vi* (**a**) *(en fútbol, baloncesto)* to referee; *(en tenis, voleibol)* to umpire (**b**) *Der* to arbitrate

arbitrariedad *nf* (**a**) *(cualidad)* arbitrariness (**b**) *(acción)* arbitrary action

arbitrario, -a *adj* arbitrary

arbitrio *nm* (**a**) *(albedrío)* judgment; **dejar algo al a. de alguien** to leave sth to sb's discretion (**b**) **arbitrios** *(impuestos)* taxes

árbitro, -a *nm,f* (**a**) *(en deporte) (en fútbol, baloncesto)* referee; *(en tenis, voleibol)* umpire ❑ ***á. asistente*** *(en fútbol)* assistant referee (**b**) *Der* arbitrator

árbol *nm* (**a**) *(en general)* tree; EXPR **los árboles le impiden ver el bosque** he can't see the wood for the trees; PROV **quien a buen á. se arrima (buena sombra le cobija)** it's good to have friends in high places ❑ *Anat* ***á. bronquial*** bronchial tree; ***á. del caucho*** rubber tree; ***el á. de la ciencia*** the Tree of Knowledge; ***á. genealógico*** family tree; ***á. de la mirra*** myrrh; ***á. de Navidad*** Christmas tree; ***á. del pan*** breadfruit tree; ***á. del Paraíso*** oleaster; ***á. de la quina*** cinchona (**b**) *Informát* tree (**c**) *Tec* shaft; **á. de levas** camshaft (**d**) *Náut* mast

arbolado, -a 1 *adj* (**a**) *(terreno)* wooded; *(calle)* tree-lined (**b**) *(mar)* tempestuous
2 *nm* woodland

arboladura *nf Náut* masts and spars

arbolar 1 *vt* (**a**) *(plantar árboles en)* to plant with trees (**b**) *(barco)* to mast

arboleda *nf* wood

arbóreo, -a *adj* arboreal; **masa arborea** area of forest

arborescencia *nf Bot* arborescence

arboricida *nm* **es un a.** it kills trees

arborícola *adj Zool* arboreal

arboricultura *nf* arboriculture, tree cultivation

arborizar *vt (plantar árboles en)* to plant trees on

arbotante *nm Arquit* flying buttress

arbustivo, -a *adj* shrub-like; **plantas arbustivas** shrubs

arbusto *nm* bush, shrub; **se escondió entre unos arbustos** he hid in some bushes; **arbustos ornamentales** shrubbery

arca *nf*

Takes the masculine articles **el** and **un**.

(**a**) *(arcón)* chest ❑ ***el A. de la Alianza*** the Ark of the Covenant (**b**) **arcas** *(fondos)* coffers; **las arcas públicas** the Treasury (**c**) *(barco)* ***el a. de Noé*** Noah's Ark

arcabuz *nm* arquebus

arcada *nf* (**a**) *(de estómago)* **me dieron arcadas** I retched (**b**) *Arquit (arcos)* arcade; *(de puente)* arch

arcaico, -a *adj* archaic

arcaísmo *nm* archaism

arcaizante *adj* archaizing

arcángel *nm* archangel; **el A. San Gabriel** the archangel Gabriel

arcano, -a 1 *adj* arcane
2 *nm* (**a**) *(misterio)* mystery (**b**) *(del tarot)* arcana, = subdivision of the pack of tarot cards

arce *nm* maple ❑ ***a. blanco*** maple; ***a. sacarino*** sugar maple

arcén *nm (de autopista)* hard shoulder; *(de carretera)* verge

archiconocido, -a *adj* very well-known

archidiácono *nm* dean *(of cathedral)*

archidiócesis *nf inv* archdiocese

archiducado *nm* archdukedom

archiduque, -esa *nm,f* archduke, *f* archduchess

archimillonario, -a *nm,f* multimillionaire

archipiélago *nm* archipelago; **el a. balear** the Balearic Islands

archisabido, -a *adj* very well-known

archivador, -ora 1 *nm,f* archivist
2 *nm* (**a**) *(mueble)* filing cabinet (**b**) *(cuaderno)* ring binder

archivar *vt* (**a**) *también Informát* to file (**b**) *(olvidar)* to push to the back of one's mind

archivero, -a *nm,f* **archivista** *nmf* archivist

archivo *nm* (**a**) *(lugar)* archive; *(documentos)* archives; *TV* **imágenes de a.** library pictures ❑ ***el A. de Indias*** = archive in Seville storing documents relating to the administration of Spain's colonial empire (**b**) *(informe, ficha)* file (**c**) *Informát* file ❑ ***a. adjunto*** attachment; ***a. invisible*** invisible file; ***a. oculto*** hidden file; ***a. de texto*** text file

arcilla *nf* clay

arcilloso, -a *adj* clay-like, clayey; **suelo arcilloso** clayey soil

arcipreste *nm* archpriest

arco *nm* (**a**) *también Arquit (forma)* arch ❑ ***a. apuntado*** Gothic arch; ***a. de herradura*** horseshoe arch; ***a. iris*** rainbow; ***a. de medio punto*** semicircular arch; *Anat* ***a.***

superciliar superciliary arch; ***a. triunfal*** *o* ***de triunfo*** triumphal arch (**b**) *Dep (para tiro)* bow (**c**) *Mús (de instrumento de cuerda)* bow (**d**) *Elec* ***a. eléctrico*** *o* ***a. voltaico*** electric arch (**e**) *Geom* arc (**f**) *Dep (portería)* goal, goalmouth

arcón *nm* large chest

arder *vi* (**a**) *(con llama)* to burn; *(sin llama)* to smoulder; *Fig* **a. de** to burn with (**b**) EXPR **¡está que arde!** *(persona)* he's fuming; *(reunión)* it's getting pretty heated; **a. en deseos de hacer algo** to be dying to do sth; **la ciudad ardía en fiestas** the city was one great party; *Fam* **con eso va que arde** that's more than enough

ardid *nm* ruse, trick

ardido, -a *adj Andes, Guat (enfadado, enojado)* irritated

ardiente *adj* (**a**) *(en llamas)* burning; *(líquido)* scalding (**b**) *(ferviente) (deseo)* burning; *(admirador, defensor)* ardent; **un a. discurso** a passionate speech

ardientemente *adv* ardently, fervently

ardilla *nf* squirrel

ardite *nm* **no vale un a.** it isn't worth a brass farthing

ardor *nm* (**a**) *(calor)* heat; *(quemazón)* burning (sensation) (**b**) *(entusiasmo)* fervour; *(pasión)* passion; **con a.** passionately, fervently (**c**) ***a. de estómago*** heartburn

ardoroso, -a *adj* (**a**) *(caliente)* hot, burning (**b**) *(apasionado)* ardent, fervent

arduo, -a *adj* arduous

área *nf*

> Takes the masculine articles **el** and **un**.

(**a**) *(superficie, zona, ámbito)* area ▫ ***á. de descanso*** *(en carretera) Br* lay-by, *US* rest area; *Econ* ***á. de libre cambio*** free exchange area; ***á. metropolitana*** metropolitan area; ***á. protegida*** protected area; ***á. de servicio*** *(en carretera)* service area (**b**) *(medida)* are, = 100 square metres (**c**) *Dep* **á. (de penalty** *o* **castigo)** (penalty) area

areca *nf (palmera)* areca, betel palm

ARENA *nf (abrev de* **Alianza Republicana Nacionalista***)* = right wing Salvadoran political party

arena *nf* (**a**) *(de playa)* sand ▫ ***arenas movedizas*** quicksand; ***a. negra*** black sand (**b**) *(escenario de la lucha)* arena; **la a. política** the political arena (**c**) *Taurom* bullring

arenal *nm* area of sandy ground

arenero *nm Taurom* = boy who smooths the surface of the bullring with sand

arenga *nf* (**a**) *(discurso)* harangue (**b**) *Chile Fam (disputa)* quarrel, argument

arengar [38] *vt* to harangue

arenilla *nf* (**a**) *(polvo)* dust (**b**) **arenillas** *(cálculos de la vejiga)* bladder stones

arenisca *nf* sandstone

arenoso, -a *adj* sandy

arenque *nm* herring

areola, aréola *nf* areola

arepa *nf Am* = pancake made of maize flour

arequipe *nm Col (dulce de leche)* = toffee pudding made with caramelized milk

arete *nm Am* earring

argamasa *nf* mortar

Argel *n* Algiers

Argelia *n* Algeria

argelino, -a *adj & nm,f* Algerian

argentado, -a *adj (de color plateado)* silver, silvery

argénteo, -a *adj (de plata)* silver

argentífero, -a *adj* silver-bearing

Argentina *n* **(la) A.** Argentina

argentinismo *nm* = word peculiar to Argentinian Spanish

argentino, -a *adj & nm,f* Argentinian

argolla *nf* (**a**) *(aro)* (large) ring (**b**) *Am (alianza)* wedding ring (**c**) *Andes, CAm Fam (camarilla)* **formar a.** to form a monopoly

argon, argón *nm Quím* argon

argonauta *nm* Argonaut

argot *(pl* **argots***)* *nm* (**a**) *(popular)* slang (**b**) *(técnico)* jargon

argucia *nf* deceptive argument

argüir [8] **1** *vt* (**a**) *Formal (argumentar)* to argue (**b**) *(demostrar)* to prove, to demonstrate (**c**) *(deducir)* to deduce

2 *vi (argumentar)* to argue

argumentación *nf* line of argument

argumental *adj (de novela, película)* **hilo a.** plot; **tema a.** subject, theme

argumentar 1 *vt (alegar)* to argue (**que** that); **no argumentó bien su hipótesis** he didn't argue his theory very well

2 *vi (discutir)* to argue

argumento *nm* (**a**) *(razonamiento)* argument (**b**) *(trama)* plot

arguyera *etc ver* **argüir**

arguyo *etc ver* **argüir**

aria *nf*

> Takes the masculine articles **el** and **un**.

(de ópera) aria

aridez *nf (de terreno, clima)* aridity, dryness

árido, -a 1 *adj* (**a**) *(terreno, clima)* arid, dry (**b**) *(libro, tema)* dry

2 *nmpl* **áridos** dry goods; *Constr* **áridos de construcción** aggregate

aries 1 *nm inv* Aries; **ser a.** to be (an) Aries

2 *nmf inv (persona)* Aries

ariete *nm* (**a**) *Hist & Mil* battering ram (**b**) *Dep* centre forward

ario, -a *adj & nm,f* Aryan

arisco, -a *adj* surly

arista *nf* (**a**) *(borde)* edge (**b**) *Geom* edge

aristocracia *nf* aristocracy

aristócrata *nmf* aristocrat

aristocrático, -a *adj* aristocratic

aristotélico, -a *adj & nm,f Filosofía* Aristotelian

aritmética *nf* arithmetic; **a. parlamentaria** parliamentary arithmetic

aritmético, -a *adj* arithmetic(al); **progresión aritmetica** arithmetic progression

arizónica *nf* Arizona cypress

arlequín *nm* harlequin

arma *nf*

> Takes the masculine articles **el** and **un**.

(**a**) *(instrumento)* arm, weapon; **presentar/rendir armas** to present/surrender arms; **alzarse en armas** to rise up in arms; *Fig* **a. de doble filo** double-edged sword; EXPR **ser de armas tomar** to be someone to be reckoned with; **pasar a alguien por las armas** to have someone shot (by a firing squad) ▫ ***a. blanca*** blade *(weapon with a sharp blade)*; ***a. de fuego*** firearm; ***a. homicida*** murder weapon; ***a. nuclear*** nuclear weapon; ***a. química*** chemical weapon

(**b**) *(medio)* weapon; **la mejor arma contra la arrogancia es la indiferencia** the best defence against arrogance is to ignore it

(**c**) **las armas** *(profesión)* the military career, the Army

armada *nf* (**a**) *(marina)* navy; **la A.** the Navy ▫ *Hist* ***la A. Invencible*** the Spanish Armada (**b**) *(escuadra)* fleet

armadillo *nm* armadillo

armado, -a *adj* (**a**) *(con armas)* armed; *Fig* **a. hasta los dientes** armed to the teeth (**b**) *(con armazón)* reinforced

armador, -ora *nm,f* (**a**) *(dueño)* shipowner (**b**) *(constructor)* shipbuilder

armadura *nf* (**a**) *(de guerrero)* armour (**b**) *(de barco, tejado)* framework

armamentismo *nm* policy of heavy armament

armamentista, armamentístico, -a *adj* arms; **carrera armamentista** arms race

armamento *nm* (**a**) *(armas)* arms; **a. ligero/pesado** light/heavy weaponry (**b**) *(acción)* arming

ARMAR 1 *vt* (**a**) *(montar) (mueble, modelo)* to assemble; *(tienda)* to pitch

(**b**) *(ejército, personas)* to arm; **armaron a los ciudadanos con fusiles** they armed the citizens with rifles; **a. caballero a alguien** to knight sb

(**c**) *(fusil, pistola)* to load

(**d**) *Fam (lío, escándalo)* to cause; **armarla** to cause trouble; **armó una buena con sus comentarios** she really went and did it with the comments she made; **¡buena la has armado!** you've really gone and done it now!; **a. bronca** *o* **bulla** to kick up a row *o* racket; **a. camorra** to pick a fight; EXPR **a. la gorda** to kick up a fuss *o* stink

(**e**) *(fundar, sentar)* to base, to found

(**f**) *Náut* to fit out

(**g**) *Am (cigarrillo)* to roll

2 armarse *vpr* (**a**) *(con armas)* to arm oneself; *Fig* **armarse hasta los dientes** to arm oneself to the teeth; *Fig* **armarse de** *(valor, paciencia)* to summon up; **se armó de valor y le contó la verdad** he plucked up his courage and told her the truth

(**b**) *Fam (organizarse)* **se armó un gran escándalo** there was a huge fuss; **con**

tantas instrucciones, me armé un lío tremendo with all those instructions I got into a terrible muddle; **la que se va a a. cuando se entere tu padre** all hell's going to break loose when your father finds out; **si no paras de una vez se va a a. una buena** if you don't stop that at once, there'll be trouble; EXPR **se armó la gorda** *o* **la de San Quintín** *o* **la de Dios es Cristo** *o* **la de Troya** all hell broke loose (**c**) *Am (obstinarse)* to balk, to be obstinate

armario *nm* (**a**) *(para objetos)* cupboard; *(para ropa)* wardrobe ❑ ***a. empotrado*** fitted cupboard/wardrobe; ***a. de luna*** wardrobe *(with mirrors on the doors)*; ***a. ropero*** wardrobe (**b**) *Fam (jugador, deportista) Br* donkey, carthorse, *US* goat

armatoste *nm* (**a**) *(mueble, objeto)* unwieldy object (**b**) *(máquina)* contraption

armazón *nm or nf (estructura)* framework, frame; *(de avión, coche)* chassis; *(de edificio)* skeleton

Armenia *n* Armenia

armenio, -a *adj & nm,f* Armenian

armería *nf* (**a**) *(depósito)* armoury (**b**) *(tienda)* gunsmith's (shop) (**c**) *(arte)* gunsmith's craft

armero *nm (fabricante)* gunsmith; *Mil* armourer

armiño *nm* (**a**) *(piel)* ermine (**b**) *(animal)* stoat

armisticio *nm* armistice

armonía, harmonía *nf* harmony; **la falta de a. entre los miembros del gabinete** the lack of agreement within the cabinet

armónica *nf* harmonica

armónico, -a 1 *adj* harmonic
2 *nm Mús* harmonic

armonio *nm* harmonium

armonioso, -a *adj* harmonious

armonización *nf* harmonization; **la a. de políticas agrarias entre los miembros de la UE** the harmonization of agricultural policy among EU members

armonizar [14] **1** *vt* (**a**) *(concordar)* to match; **a. las políticas de los Estados miembros** to harmonize the policies of the member states (**b**) *Mús* to harmonize
2 *vi (concordar)* **a. (con)** to match

ARN *nm (abrev de* **ácido ribonucleico**) RNA

arnés (*pl* **arneses**) *nm* (**a**) *Hist* armour (**b**) *(para escalada)* harness (**c**) **arneses** *(de animales)* trappings, harness

árnica *nf*

Takes the masculine articles **el** and **un**.

arnica

aro *nm* (**a**) *(círculo)* hoop; *Tec* ring; **los aros olímpicos** the Olympic rings; EXPR **pasar por el a.** to knuckle under; **un sostén de aros** an underwired bra ❑ ***aros de cebolla*** onion rings (**b**) *Am (pendiente)* earring

aroma *nm (olor)* aroma; *(de vino)* bouquet; **a. artificial** artificial flavouring

aromaterapia *nf* aromatherapy

aromático, -a *adj* aromatic

aromatizador *nm* air freshener

aromatizante *nm* flavouring

aromatizar [14] *vt* (**a**) *(con perfume)* to perfume (**b**) *(comida)* to flavour

aromatoterapia *nf* aromatherapy

arpa *nf*

Takes the masculine articles **el** and **un**.

harp ❑ ***a. de boca*** Jew's harp

arpegiar *vi Mús* to play arpeggios

arpegio *nm Mús* arpeggio

arpía *nf* (**a**) *Mitol* harpy (**b**) *(mujer mala)* witch

arpillera, harpillera *nf* sacking, *Br* hessian, *US* burlap

arpista *nmf* harpist

arpón *nm (para pescar)* harpoon

arponear *vt* to harpoon

arquear 1 *vt* (**a**) *(madera)* to warp; *(vara, fusta)* to flex (**b**) *(cejas, espalda)* to arch; **el gato arqueó el lomo** the cat arched its back (**c**) *Am Com* to do the books
2 arquearse *vpr* (**a**) *(madera)* to warp (**b**) *(cejas, espalda)* to arch

arqueo *nm* (**a**) *(de cejas, espalda, lomo)* arching (**b**) *Com* cashing up (**c**) *Náut* registered tonnage

arqueología *nf* archeology

arqueológico, -a *adj* archeological

arqueólogo, -a *nm,f* archeologist

arquería *nf (arcos)* arcade

arquero *nm* (**a**) *Dep & Mil* archer (**b**) *(tesorero)* treasurer (**c**) *Dep (portero)* goalkeeper

arqueta *nf* casket

arquetípico, -a *adj* archetypal

arquetipo *nm* archetype; **es el a. de hombre de los 80** he's the archetypal 80's man

arquitecto, -a *nm,f* architect ❑ ***a. técnico*** = on-site architect, responsible for the implementation of the designing architect's plans

arquitectónico, -a *adj* architectural; **el patrimonio a. de Barcelona** the architectural heritage of Barcelona

arquitectura *nf también Informát* architecture ❑ *Informát* ***a. abierta*** open architecture; ***a. civil*** = non-ecclesiastical architecture; ***a. de interiores*** interior design; ***a. naval*** naval architecture; ***a. religiosa*** ecclesiastical *o* church architecture

arquitectural *adj* architectural

arquitrabe *nm Arquit* architrave

arquivolta *nf Arquit* archivolt

arrabal *nm* (**a**) *(barrio pobre)* slum (**b**) *(barrio periférico)* outlying district

arrabalero, -a 1 *adj* (**a**) *(barriobajero)* rough, coarse (**b**) *(periférico)* outlying
2 *nm,f (barriobajero)* rough *o* coarse person

arracimarse *vpr* to cluster together

arraclán *nm* alder buckthorn

arraigado, -a *adj* (**a**) *(costumbre, idea)* deeply rooted (**b**) *(persona)* established

arraigar [38] **1** *vt* (**a**) *(establecer)* to establish (**b**) *Andes, Méx Der* to limit *o* restrict the movement of
2 *vi también Fig* to take root
3 arraigarse *vpr (establecerse)* to settle down

arraigo *nm* roots; **tener mucho a.** to be deeply rooted

arramblar *vi* (**a**) *(destruir)* **a. con** to sweep away (**b**) *Fam (arrebatar)* **a. con** to make off with

arrancada *nf* (**a**) *(de vehículo)* start (**b**) *(en halterofilia)* snatch

ARRANCAR [59] **1** *vt* (**a**) *(sacar de su sitio) (árbol)* to uproot; *(malas hierbas, flor)* to pull up; *(cable, página, pelo)* to tear out; *(cartel, cortinas)* to tear down; *(muela)* to pull out, to extract; *(ojos)* to gouge out; *(botón, etiqueta)* to tear *o* rip off; **arranqué el póster de la pared** I tore the poster off the wall; **a. de cuajo** *o* **de raíz** *(árbol)* to uproot; *(brazo, pierna)* to tear right off; *Fig* **a. a alguien de un sitio** to shift sb from somewhere; *Fig* **a. a alguien de las drogas/del alcohol** to get sb off drugs/alcohol
(**b**) *(arrebatar)* **a. algo a alguien** to grab *o* snatch sth from sb; **a. algo de las manos de alguien** to snatch sth out of sb's hands; **el vigilante consiguió arrancarle el arma al atracador** the security guard managed to grab the robber's gun; **el Barcelona consiguió a. un punto en su visita a Madrid** Barcelona managed to get a point from their visit to Madrid
(**c**) *(poner en marcha) (coche, máquina)* to start; *Informát* to start up, to boot (up)
(**d**) *(obtener)* **a. algo a alguien** *(confesión, promesa, secreto)* to extract sth from sb; *(sonrisa, dinero, ovación)* to get sth out of sb; *(suspiro, carcajada)* to bring sth from sb; **no consiguieron arrancarle ninguna declaración** they failed to get a statement out of him
2 *vi* (**a**) *(partir)* to leave; **¡corre, que el autobús está arrancando!** quick, the bus is about to leave; **el Tour ha arrancado finalmente** the Tour has finally got *o* is finally under way
(**b**) *(sujeto: máquina, coche)* to start; **no intentes a. en segunda** you shouldn't try to start the car in second gear
(**c**) *Fam* **a. a hacer algo** *(sujeto: persona)* to start doing *o* to do sth; **arrancó a llorar de repente** she suddenly started crying, she suddenly burst into tears
(**d**) *(provenir)* **la tradición arranca de la Edad Media** the tradition dates back to the Middle Ages; **el río arranca de los Andes** the river has its source in the Andes; **todos los problemas arrancan de una nefasta planificación** all the problems stem from poor planning
3 arrancarse *vpr* (**a**) **arrancarse a hacer algo** to start doing *o* to do sth; **arrancarse a llorar** to start crying, to burst into tears
(**b**) *Taurom* to charge off
(**c**) *Chile (salir corriendo)* to rush off

arranchar *vt Andes (arrebatar)* to seize, to snatch

arranque 1 *ver* **arrancar**

2 *nm* (**a**) *(comienzo)* start (**b**) *Aut (motor)* starter (motor); *(puesta en marcha)* **durante el a.** while starting the car (**c**) *(arrebato)* fit; **en un a. de ira/generosidad** in a fit of anger/generosity

arrapiezo *nm Fam (persona)* urchin, young scallywag

arras *nfpl* (**a**) *(fianza)* deposit (**b**) *(en boda)* = coins given by the bridegroom to the bride

arrasamiento *nm* destruction, razing

arrasar 1 *vt* to destroy, to devastate

2 *vi Fam (triunfar)* to win overwhelmingly; **esa película arrasó en toda Europa** the film was a massive success throughout Europe

arrastrado, -a *adj* (**a**) *(miserable)* miserable, wretched (**b**) *(pronunciación, letra)* drawn out

arrastrar 1 *vt* (**a**) *(objeto, pies) también Informát* to drag; *(carro, vagón)* to pull; **el viento arrastró las hojas** the wind blew the leaves along; *Informát* **a. y soltar** to drag and drop

(**b**) *(convencer)* to win over, to sway; **a. a alguien a algo/a hacer algo** to lead sb into sth/to do sth; **dejarse a. por algo/alguien** to allow oneself to be swayed by sth/sb

(**c**) *(producir)* to bring

(**d**) *(soportar)* **arrastra una vida miserable** she leads a miserable life; **arrastra muchas deudas/muchos problemas** he has a lot of debts/problems hanging over him

(**e**) *(al hablar)* to draw out; **arrastra las erres** he rolls his r's

2 *vi* (**a**) *(rozar el suelo)* to drag along the ground; **te arrastra el vestido** your dress is dragging on the ground

(**b**) *(en juegos de cartas)* **a. con** to lead

3 arrastrarse *vpr* (**a**) *(por el suelo)* to crawl; **los soldados se arrastraban por el barro** the soldiers crawled through the mud

(**b**) *(humillarse)* to grovel; **se arrastró ante ella** he grovelled to her

arrastre *nm* (**a**) *(acarreo)* dragging; *Fam* **estar para el a.** to have had it; *Fam* **el partido de tenis me ha dejado para el a.** the tennis match has done me in (**b**) *(pesca)* trawling (**c**) *Geol* **de a.** alluvial (**d**) *RP (atracción)* influence, pull (**e**) *Col, Méx (molino)* silver mill

arrayán *nm* myrtle

arre *interj* **¡a.!** gee up!

arrea *interj Fam* **¡a.!** *(caramba)* good grief!, *(vamos)* come on!, get a move on!

arrear *vt* (**a**) *(azuzar)* to gee up; **¡arreando!** *(¡vamos!)* come on!, let's get a move on! (**b**) *(propinar)* to give; **a. una bofetada a alguien** to give sb a thump (**c**) *(poner arreos)* to harness (**d**) *Arg, Chile, Méx (robar)* to steal, to rustle

arrebatado, -a *adj* (**a**) *(impetuoso)* impulsive, impetuous (**b**) *(iracundo)* enraged

arrebatador, -ora *adj* captivating

arrebatamiento *nm (furor)* fury, rage; *(apasionamiento)* passion, enthusiasm

arrebatar 1 *vt* (**a**) *(quitar)* **a. algo a alguien** to snatch sth from sb; **les arrebataron sus tierras** their land was seized (**b**) *(cautivar)* to captivate (**c**) *Ven (atropellar)* to knock down

2 arrebatarse *vpr (enfurecerse)* to get furious

arrebato *nm* (**a**) *(arranque)* fit, outburst; **un a. de amor** a crush; **en un a. de generosidad** in a fit of generosity (**b**) *(furia)* rage, fury; **con a.** in fury, enraged

arrebol *nm* (**a**) *(de cara)* rosiness, ruddiness (**b**) *(de nubes)* red glow

arrebolado, -a *adj* blushing

arrebolar 1 *vt (ruborizar)* to redden

2 arrebolarse *vpr (mejillas)* to redden, to blush

arrebujar 1 *vt* (**a**) *(amontonar)* to bundle (up) (**b**) *(arropar)* to wrap up (warmly)

2 arrebujarse *vpr (arroparse)* to wrap oneself up; *(encogerse)* to huddle up; **se arrebujó entre las mantas** he snuggled up under the blankets

arrechar *CAm, Col, Méx muy Fam* **1** *vt* to make horny, to turn on

2 arrecharse *vpr* to get horny

arrecho, -a *adj CAm, Col, Méx muy Fam* horny, randy

arrechucho *nm Fam* **me dio un a.** I was ill, I wasn't feeling too well

arreciar 1 *vi* (**a**) *(temporal, lluvia)* to get worse (**b**) *(críticas)* to intensify

2 arreciarse *vpr* to intensify; *Am* **se arrecia el viento** the wind is growing stronger

arrecife *nm* reef ▫ ***a. barrera*** barrier reef

arredrar 1 *vt* to put off, to frighten off; **no le arredra nada** nothing puts him off

2 arredrarse *vpr* **arredrarse ante** to be put *o* frightened off by

arreglado, -a *adj* (**a**) *(reparado)* fixed, repaired; *(ropa)* mended (**b**) *(ordenado)* tidy (**c**) *(bien vestido)* smart (**d**) *(solucionado)* sorted out; **¡y asunto a.!** that's that!; *Irónico* **estamos arreglados** we're really done for; *Irónico* **¡estaríamos arreglados!** that would be all we need! (**e**) *(precio)* reasonable

ARREGLAR 1 *vt* (**a**) *(reparar)* to fix, to repair; **me arreglarán el tocadiscos en una semana** they'll fix *o* repair my record player for me within a week; **están arreglando la autopista** they're repairing the motorway; *Fam* **me ha costado una fortuna arreglarme la boca** it cost me a fortune to have my teeth seen to

(**b**) *(ropa) (estrechar)* to take in; *(agrandar)* to let out

(**c**) *(ordenar)* to tidy (up); **a. la casa** to do the housework

(**d**) *(solucionar)* to sort out; **todo arreglado, podemos pasar** everything's been sorted out now, we can go in; **arreglaron los papeles para casarse** they got all the necessary papers together so that they could marry; **ya arreglaremos cuentas cuando hayas cobrado** we'll settle once you've been paid, we'll sort out who owes what once you've been paid

(**e**) *Mús* to arrange

(**f**) *(acicalar)* to smarten up; *(cabello)* to do; **arregla a los niños, que vamos a dar un paseo** get the children ready, we're going for a walk; **tengo que arreglarme el pelo para la fiesta** I have to get my hair done before the party

(**g**) *(adornar)* to decorate

(**h**) *(plato)* to season; **¿quieres que arregle la ensalada?** shall I put some dressing on the salad?

(**i**) *Fam (escarmentar)* **¡ya te arreglaré yo!** I'm going to sort you out!

2 arreglarse *vpr* (**a**) *(asunto, problema)* to sort itself out; **no llores, todo se arreglará** don't cry, it'll all sort itself out *o* work out in the end

(**b**) *(tiempo)* to improve, to get better; **si se arregla el día saldremos de excursión** if the weather improves *o* gets better we can go on a trip somewhere

(**c**) *(apañarse)* to make do (**con algo** with sth); **es muy austero, con poca cosa se arregla** he's very austere, he makes do with very little; **no me prepares nada especial, me arreglo con un café** don't make anything special for me, a coffee will do fine; **arreglárselas (para hacer algo)** to manage (to do sth); **nos las arreglamos como pudimos** we did the best we could; **¡arréglatelas como puedas!** that's your problem!; **siempre se las arregla para conseguir lo que quiere** she always manages to get what she wants; **no sé cómo te las arreglas para perder siempre** I don't know how you always manage to lose

(**d**) *(acicalarse)* to smarten up; **no he tenido tiempo para arreglarme** I didn't have time to get ready; **se pasa la mañana arreglándose** she spends all morning doing herself up

arreglista *nmf Mús* (musical) arranger

arreglo *nm* (**a**) *(reparación)* mending, repair; **hacer un a. a un vestido** to do an alteration to a dress; *también Fig* **no tener a.** to be beyond repair; **¡ese niño no tiene arreglo!** that child will be the death of me! (**b**) *(solución)* settlement (**c**) *(acuerdo)* agreement; **llegar a un a.** to reach an agreement; **con a. a** in accordance with; **un a. pacífico de las diferencias** an amicable settlement of differences (**d**) *(aseo)* **a. personal** (personal) appearance (**e**) *Mús* **arreglos musicales** musical arrangements

arrejuntarse *vpr muy Fam (pareja)* to shack up together

arrellanarse *vpr* to settle back

arremangado, -a *adj Fam* (**a**) *(mangas)* rolled-up (**b**) *(persona)* with one's sleeves rolled up

arremangar [38] *Fam* **1** *vt* to roll up

2 arremangarse *vpr* to roll up one's sleeves

arremeter *vi* **a. contra** to attack, to lay into

arremetida *nf* attack

arremolinar 1 *vt* **el viento arremolina las hojas** the wind swirled the leaves around

2 arremolinarse *vpr* **(a)** *(agua, hojas)* to swirl (about) **(b)** *(personas)* **arremolinarse alrededor de** *o* **en torno a** to mill round about, to crowd round

arrendador, -ora *nm,f* lessor

arrendajo *nm (ave)* jay

arrendamiento *nm* **(a)** *(acción)* renting, leasing; **tomar algo en a.** to rent *o* lease sth; **contrato de a.** lease **(b)** *(precio)* rent

arrendar [3] *vt* **(a)** *(dar en arriendo)* to let, to lease; **me arrendó su casa** he let *o* rented his house to me **(b)** *(tomar en arriendo)* to rent, to lease; **arrendamos sus tierras desde hace años** we have leased his land for years; *Am* **se arrienda** *(en letrero)* for *o* to rent

arrendatario, -a 1 *adj* leasing

2 *nm,f* leaseholder, tenant

arrendaticio, -a *adj* **condiciones arrendaticias** terms of lease

arreos *nmpl* **(a)** *(de caballo)* harness **(b)** *(equipo)* accessories, equipment

arrepanchigarse [38] *vpr Fam* to stretch out, to sprawl

arrepentido, -a 1 *adj* repentant; **estoy muy a. de lo que hice** I'm deeply sorry for what I did; **un terrorista a.** a reformed terrorist

2 *nm,f* **(a)** *Rel* penitent **(b)** *Pol* = person who renounces terrorist activities

arrepentimiento *nm* **(a)** *(de pecado, crimen)* repentance **(b)** *(cambio de idea)* change of mind

arrepentirse [62] *vpr* **(a)** *(de acción)* to regret it; **a. de algo/de haber hecho algo** to regret sth/having done sth; **ven a Cuba, no te arrepentirás** come to Cuba, you won't regret it **(b)** *(de pecado, crimen)* to repent; **a. de algo/de haber hecho algo** to repent (of) sth/having done sth **(c)** *(volverse atrás)* **al final, me arrepentí y no fui** in the end, I decided not to go; **no te arrepientas en el último momento** don't change your mind at the last minute

arrestado, -a 1 *adj* under arrest

2 *nm,f* detainee, person under arrest

arrestar *vt* to arrest

arresto *nm (detención)* arrest; **su a. se produjo en plena calle** he was arrested in broad daylight; **durante su a. lo interrogaron y torturaron** while under arrest he was questioned and tortured ❑ *Der* ***a. domiciliario*** house arrest

arrestos *nmpl* courage; **tener a. para hacer algo** to have the courage to do sth

arrianismo *nm Rel* Arianism, Arian heresy

arriano, -a *adj & nmf Rel* Arian

arriar [32] *vt (velas, bandera)* to lower

arriate *nm* (flower) bed

ARRIBA 1 *adv* **(a)** *(posición) (en general)* above; *(en edificio)* upstairs; **me he dejado el paraguas a.** I've left my umbrella up in the *Br* flat *o US* apartment; **te esperaremos a., en la cumbre** we'll wait for you up at the top; **de a.** top; **el estante de a.** the top shelf; **el piso de a.** *(el siguiente)* the upstairs *Br* flat *o US* apartment; *(el último)* the top *Br* flat *o US* apartment; **vive a.** she lives upstairs; **los vecinos de a.** the upstairs neighbours; **está aquí/allí a.** it's up here/there; **a. del todo** right at the top; **más a.** further up; **ponlo un poco más a.** put it a bit higher up; **el Estudiantes va dos puntos a.** Estudiantes are two points up, Estudiantes are winning by two points; *Am* **a. de** above

(b) *(dirección)* up; **ve a.** *(en edificio)* go upstairs; **hacia** *o* **para a.** up, upwards; **empujar hacia a.** to push upwards; **calle/escaleras a.** up the street/stairs; **cuesta a.** uphill; **río a.** upstream; **tres bloques más a.** three blocks further along *o* up

(c) *(en una escala)* **los de a.** *(los que mandan)* those at the top; **personas de metro y medio para a.** people of one and a half metres or over, people taller than one and a half metres; **de sargentos para a.** everyone above the rank of sergeant; **a. de** more than

(d) *(en un texto)* above; **más a.** above; **el a. mencionado** the above-mentioned

(e) EXPR **de a. abajo** *(cosa)* from top to bottom; *(persona)* from head to toe; **inspeccionar algo de a. abajo** to inspect sth thoroughly; **mirar a alguien de a. abajo** *(con desdén)* to look sb up and down

2 *prep Am* **a. (de)** *(encima de)* on top of

3 *interj* **¡a.!** up you get!; **¡a., que se hace tarde!** come on, get up, it's getting late!; **¡a....!** up (with)...!; **¡a. la república!** long live the republic!; **¡a. los mineros!** up (with) the miners!; **¡a. las manos!** hands up!

arribada *nf Náut (llegada)* arrival, entry into port

arribar *vi (llegar)* to arrive; *Náut* to reach port

arribismo *nm* **(a)** *(oportunismo)* opportunism **(b)** *(ambición)* social climbing

arribista *adj & nmf* arriviste

arribo *nm (llegada)* arrival

arriende *etc ver* **arrendar**

arriendo *nm* **(a)** *(acción)* leasing; **estos terrenos están en a.** *(cedidos)* this land is being rented *o* leased **(b)** *(precio)* rent

arriero, -a *nm,f* muleteer

arriesgado, -a *adj* **(a)** *(peligroso)* risky **(b)** *(osado)* daring

arriesgar [38] **1** *vt* **(a)** *(exponer a peligro)* to risk; **arriesgó la vida por sus ideales** she risked her life for her beliefs **(b)** *(proponer)* to venture, to suggest

2 arriesgarse *vpr* to take risks/a risk; **no quiero arriesgarme** I don't want to risk it; **si no te vas ahora te arriesgas a perder el tren** if you don't go now you risk missing the train

arrimado *nm Col, Méx* scrounger; **está de a. en mi casa** he's living off me

arrimar 1 *vt* **(a)** *(acercar)* to move *o* bring closer; **a. algo a** *o* **contra algo** *(pared, mesa)* to move sth up against sth; EXPR *Fam* **a. el hombro** to lend a hand, to muck in; PROV **a. el ascua a su sardina** to look after number one

(b) *(arrinconar)* to put away

2 arrimarse *vpr* **(a)** *(acercarse)* to come closer; **arrímate, que no cabemos** move up or we won't all fit in; **arrimarse a algo** *(acercándose)* to move closer to sth; *(apoyándose)* to lean on sth; **arrímate más a la mesa** move in closer to the table

(b) *(ampararse)* **arrimarse a alguien** to seek sb's protection; PROV **quien a buen árbol se arrima (buena sombra le cobija)** it pays to have friends in high places

arrimo *nm (amparo)* protection; **al a. de** under the protection of

arrinconado, -a *adj* **(a)** *(abandonado)* discarded, forgotten **(b)** *(acorralado)* cornered

arrinconamiento *nm (abandono)* **la guerra causó el a. del asunto** the issue was shelved because of the war

arrinconar *vt* **(a)** *(apartar)* to put in a corner; *(persona) (dar de lado)* to cold-shoulder **(b)** *(abandonar)* to discard, to put away **(c)** *(acorralar)* to (back into a) corner

arriscar [59] **1** *vt Andes, CAm, Méx (arremangar)* to turn up

2 *vi Col (engalanarse)* to dress up

3 arriscarse *vpr Perú, Salv (engalanarse)* to dress up

arritmia *nf Med* arrythmia

arrítmico, -a *adj (irregular)* irregular

arroba *nf* **(a)** *(peso)* = 11.5 kg; *Fig* **por arrobas** by the sackful **(b)** *Informát (en dirección de correo electrónico)* at, @ symbol

arrobado, -a *adj* enraptured

arrobar 1 *vt* to captivate

2 arrobarse *vpr* to go into raptures

arrobo, arrobamiento *nm* rapture; **la miraba con a.** he looked at her in rapture

arrocero, -a 1 *adj* rice; **una región arrocera** a rice-growing region

2 *nm,f* rice grower

arrodillar 1 *vt* to force to kneel

2 arrodillarse *vpr* **(a)** *(ponerse de rodillas)* to kneel down (**ante** in front of *o* before) **(b)** *(someterse)* to go down on one's knees, to grovel (**ante** to)

arrogación *nf Der* adoption

arrogancia *nf* arrogance; **con a.** arrogantly

arrogante *adj* arrogant

arrogantemente *adv* arrogantly

arrogar [38] **1** *vt (adoptar)* to adopt

2 arrogarse *vpr (poderes)* to assume, to arrogate to oneself

arrojadizo, -a *adj* **utilizar algo como arma arrojadiza** *(botella, ladrillo)* to use sth as a missile; *Fig* **servirá como arma**

arrojadiza contra el gobierno it will be used as a stick to beat the government

arrojado, -a *adj* bold, fearless

arrojar 1 *vt* (**a**) *(lanzar)* to throw; *(con violencia)* to hurl, to fling (**b**) *(despedir) (humo)* to send out; *(olor)* to give off; *(lava)* to spew out; *Fig* **a. luz sobre algo** to throw light on sth (**c**) *(echar)* **a. a alguien de** to throw sb out of (**d**) *(resultado)* to produce, to yield (**e**) *(vomitar)* to throw up

2 arrojarse *vpr* to hurl oneself; **arrojarse en los brazos de alguien** to fling *o* throw oneself at sb

arrojo *nm* courage, fearlessness; **con a.** courageously, fearlessly

arrollador, -ora *adj (victoria, superioridad)* overwhelming; *(belleza, personalidad)* dazzling

arrollar *vt* (**a**) *(enrollar)* to roll (up) (**b**) *(atropellar)* to knock down, to run over (**c**) *(tirar) (sujeto: agua, viento)* to sweep away (**d**) *(vencer)* to crush

arropar 1 *vt* (**a**) *(con ropa)* to wrap up (**b**) *(en cama)* to tuck up (**c**) *(proteger)* to protect

2 arroparse *vpr* to wrap oneself up

arrope *nm* grape syrup

arrorró (*pl* **arrorroes**) *nm Andes, RP Fam* lullaby

arrostrar *vt* to face up to

arroyada *nf* (**a**) *(crecida)* flood, freshet (**b**) *(cauce)* channel

arroyo *nm* (**a**) *(riachuelo)* stream (**b**) *(de la calle)* gutter; *Fig* **sacar a alguien del a.** to drag sb out of the gutter; *Fig* **terminaron las dos en el a.** they both ended up in the gutter

arroz *nm* rice; EXPR *Fam* **¡que si quieres a., Catalina!** for all the good that did! ▫ ***a. blanco*** boiled rice; ***a. de grano largo*** long-grain rice; ***a. integral*** brown rice; ***a. con leche*** rice pudding; ***a. vaporizado*** easy-cook rice

arrozal *nm* paddy field

arruga *nf* (**a**) *(en ropa, papel)* crease (**b**) *(en piel)* wrinkle, line; **con arrugas** wrinkled (**c**) *Andes, Pan (estafa)* trick, swindle

arrugado, -a *adj* (**a**) *(ropa)* creased (**b**) *(piel)* wrinkled, lined

arrugar [38] **1** *vt* (**a**) *(ropa, papel)* to crease, to crumple (**b**) *(piel)* to wrinkle

2 arrugarse *vpr* (**a**) *(ropa, papel)* to get creased; *(piel)* to get wrinkled; **se le arrugaron las yemas de los dedos** *(en el baño)* his fingertips wrinkled up (**b**) *Fam (acobardarse)* to be intimidated; **no se arrugaron** they were undaunted

arruinado, -a *adj (persona)* ruined, bankrupt; *(empresa)* failed, bankrupt; **una familia arruinada** a family that has seen better days

arruinar 1 *vt también Fig* to ruin

2 arruinarse *vpr* to go bankrupt, to be ruined

arrullar 1 *vt* (**a**) *(para dormir)* to lull to sleep (**b**) *Fam (personas)* to whisper sweet nothings to

2 arrullarse *vpr (animales)* to coo

arrullo *nm* (**a**) *(de palomas)* cooing (**b**) *(nana)* lullaby (**c**) *(de agua, olas)* murmur; **se quedó dormido al a. de las olas** he was lulled to sleep by the murmur of the waves

arrumaco *nm Fam* **hacerse arrumacos** *(amantes)* to be lovey-dovey; **hacer arrumacos a** *(bebé)* to coo at

arrumar *vt Andes, Ven (amontonar)* to pile up

arrumbar *vt (apartar)* to put away

arrume *nm Col, Ven* pile

arrurruz (*pl* **arruruces**) *nm (fécula)* arrowroot

arsenal *nm* (**a**) *(de barcos)* shipyard (**b**) *(de armas)* arsenal (**c**) *(de cosas, pruebas)* array

arsénico *nm Quím* arsenic

art *nm Arte* ***a. decó*** art deco; ***a. nouveau*** art nouveau, modern style

art. (*abrev de* **artículo**) art.

arte *nm o nf*

Takes the masculine articles **el** and **un**.

(**a**) *(creación estética)* art; EXPR **como por a. de birlibirloque** *o* **de magia** as if by magic ▫ ***a. abstracto*** abstract art; ***artes decorativas*** decorative arts; ***a. dramático*** drama; ***artes gráficas*** graphic arts; ***a. figurativo*** figurative art; ***artes liberales*** liberal arts; ***artes marciales*** martial arts; ***artes y oficios*** arts and crafts; ***artes plásticas*** plastic arts

(**b**) *(habilidad, estilo)* artistry; **con (buen) a.** with (great) style; **tiene mucho a. para recitar** she's got a real talent for reciting poetry

(**c**) *(astucia)* artfulness, cunning; EXPR **no tener a. ni parte en** to have nothing whatsoever to do with; **malas artes** trickery

(**d**) **artes (de pesca)** *(instrumentos)* fishing tackle

artefacto *nm (aparato)* device; *(máquina)* machine; **a. explosivo** explosive device

artemisa, artemisia *nf (hierba medicinal)* mugwort

arteria *nf también Fig* artery ▫ ***a. aorta*** aortic artery; ***a. carótida*** carotid artery; ***a. coronaria*** coronary artery; ***a. femoral*** femoral artery; ***a. pulmonar*** pulmonary trunk *or* artery

artería *nf* cunning, slyness

arterial *adj* arterial

arterioesclerosis, arteriosclerosis *nf inv Med* arteriosclerosis

arteriola *nf* arteriole

artero, -a *adj* cunning, sly

artesa *nf* kneading trough

artesanado *nm* (**a**) *(artesanos)* craftsmen (**b**) *(arte)* artisanship, artisanry

artesanal *adj (hecho a mano)* handmade

artesanalmente *adv* **fabricado a.** made by traditional methods

artesanía *nf* (**a**) *(arte)* craftsmanship (**b**) *(productos)* crafts

artesano, -a *nm,f* craftsman, *f* craftswoman

artesiano, -a *adj* **pozo a.** artesian well

artesonado *nm Arquit* coffered ceiling

ártico, -a 1 *adj* Arctic; **el océano Glacial Á.** the Arctic Ocean

2 *nm* **el Á.** the Arctic

articulación *nf* (**a**) *Anat & Tec* joint (**b**) *Ling* articulation (**c**) *(estructuración)* coordination

articulado, -a *adj* articulated

articular 1 *adj Med* articular; **problemas articulares** problems with the joints

2 *vt* (**a**) *(palabras, piezas)* to articulate; **a. bien** to pronounce words clearly (**b**) *(ley, contrato)* to break down into separate articles (**c**) *(plan, proyecto)* to coordinate

articulista *nmf* feature writer; **según el a.** according to the author *o* writer (of the article)

artículo *nm* (**a**) *Gram* article ▫ ***a. definido*** definite article; ***a. indefinido*** indefinite article (**b**) *(periodístico)* article; *(de diccionario)* entry ▫ ***a. de fondo*** editorial (**c**) *Com* article, item ▫ ***a. básico*** basic product; ***artículos de fumador*** smokers' requisites; ***a. de importación*** import; ***a. de primera necesidad*** basic commodity (**d**) *Rel & Fig* **a. de fe** article of faith; **tomar algo como a. de fe** to take sth as gospel (**e**) EXPR **in a. mortis** *(al morir)* on one's deathbed

artífice *nmf* architect

artificial *adj (flor, persona)* artificial; *(material)* man-made, artificial

artificialidad *nf* artificiality

artificialmente *adv* artificially

artificiero *nm (desactivador)* bomb disposal expert

artificio *nm* (**a**) *(aparato)* device (**b**) *(falsedad)* artifice; *(artimaña)* trick

artificiosidad *nf* artificiality; **con a.** unnaturally, artificially

artificioso, -a *adj (no natural)* contrived

artillería *nf Mil* artillery

artillero *nm Mil* artilleryman

artilugio *nm* gadget, contrivance

artimaña *nf* trick, ruse

artista *nmf (creador)* artist; *(de espectáculos)* artiste; **es una a. en la cocina** she is a superb cook; **un a. de cine** a film actor

artístico, -a *adj* artistic

artrítico, -a *adj & nm,f* arthritic

artritis *nf inv Med* arthritis ▫ ***a. reumatoide*** rheumatoid arthritis

artrópodo *nm Zool* arthropod

artroscopia *nm Med* arthroscopy

artrosis *nf inv Med* arthrosis

artúrico, -a *adj* Arthurian

arveja *nf Am* pea

arzobispado *nm* archbishopric

arzobispal *adj* archiepiscopal

arzobispo *nm* archbishop

arzón *nm* = front or back part of a Spanish saddle

as *nm* (**a**) *(carta, dado)* ace; **el as de picas** the ace of spades; EXPR **tener un as en la manga** to have an ace up one's sleeve (**b**) *(campeón)* **un as del volante** an ace driver; **ser un as** to be brilliant **(c)** *Náut* ***as de guía*** *(nudo)* bowline

ASA *n (abbr* **American Standards Association**) ASA

asa *nf*

Takes the masculine articles **el** and **un**.

handle

asado 1 *adj* **(a)** *(en el horno) (carne)* roast; *(papa o patata) (en trozos)* roast; *(entera con piel)* baked **(b)** *(a la parilla) (pescado)* grilled
2 *nm* **(a)** *(carne)* roast **(b)** *Chile, Col, RP (barbacoa)* barbecue

asador *nm* **(a)** *(aparato)* roaster **(b)** *(varilla)* spit **(c)** *(restaurante)* grill, grillroom; **a. de pollos** = shop selling ready-roast chicken **(d)** *RP (persona)* = person who cooks at a barbeque

asaduras *nfpl (de cordero, ternera)* offal; *(de pollo, pavo)* giblets

asaetar, asaetear *vt (disparar)* to shoot arrows at; *(matar)* to kill with arrows

asalariado, -a *nm,f* salaried employee

asalariar *vt* to take on

asalmonado, -a *adj* salmon (pink); **trucha asalmonada** salmon trout

asaltacunas *nmf inv Fam Hum* cradle-snatcher

asaltante *nmf* **(a)** *(agresor)* attacker **(b)** *(atracador)* robber

asaltar *vt* **(a)** *(atacar)* to attack; *(castillo, ciudad)* to storm **(b)** *(robar)* to rob **(c)** *(sujeto: dudas)* to assail; **le asaltó el pánico** he was overcome by panic **(d)** *(importunar)* to plague

asalto *nm* **(a)** *(ataque)* attack; *(de castillo, ciudad)* storming; **tomar algo por a.** to storm sth **(b)** *(robo)* robbery **(c)** *(en boxeo)* round; *(en disputa)* round, bout

asamblea *nf* **(a)** *(reunión)* assembly **(b)** *Pol* mass meeting; **a. de trabajadores** works meeting

asambleario, -a *adj* **reunión asamblearia** full meeting; **decisión asamblearia** decision taken by a meeting

asambleísta *nmf* member of an assembly, assembly member

asar 1 *vt* **(a)** *(alimentos) (al horno)* to roast; *(a la parrilla)* to grill **(b)** *Fam (importunar)* **a. a alguien a preguntas** to plague sb with questions
2 asarse *vpr* to be boiling hot

asaz *adv Anticuado & Hum* very, exceedingly

asbesto *nm* asbestos

asbestosis *nf inv Med* asbestosis

ascendencia *nf* **(a)** *(linaje)* descent; *(extracción social)* extraction **(b)** *(influencia)* ascendancy

ascendente 1 *adj* rising
2 *nm (en astrología)* ascendant

ascender [64] **1** *vi* **(a)** *(subir)* to go up, to climb **(b)** *(aumentar, elevarse)* to rise, to go up **(c)** *(en empleo, deportes)* to be promoted **(a** to) **(d) a. a** *(totalizar)* to come *o* amount to
2 *vt* **a. a alguien (a)** to promote sb (to)

ascendiente 1 *nmf (antepasado)* ancestor
2 *nm (influencia)* influence

ascensión *nf* ascent; *Rel* **la A.** the Ascension

ascenso *nm* **(a)** *(en empleo, deportes)* promotion **(b)** *(a montaña)* ascent

ascensor *nm Br* lift, *US* elevator; **yo subo en a.** I'm taking the *Br* lift *o US* elevator

ascensorista *nmf Br* lift attendant, *US* elevator attendant

asceta *nmf* ascetic

ascético, -a *adj* ascetic

ascetismo *nm* asceticism; **con a.** ascetically

asciendo *etc ver* **ascender**

ASCII ['asθi] *nm Informát (abrev de* **American Standard Code for Information Interchange**) ASCII

asco *nm (sensación)* disgust, revulsion; **con a.** with disgust; **siento a.** I feel sick; **¡qué a. de tiempo!** what foul weather!; **me da a.** I find it disgusting; **¡qué a.!** how disgusting!; **tener a. a algo** to find sth disgusting; EXPR **hacer ascos a** to turn one's nose up at; EXPR **no le hace ascos a nada/nadie** he won't turn down anything/anyone; **un a. de lugar/tiempo** a rotten place/rotten weather; *Fam* **estar hecho un a.** *(cosa)* to be filthy; *(persona)* to be a real sight; *Fam* **ser un a.** to be the pits

ascórbico *adj Quím* ascorbic

ascua *nf*

Takes the masculine articles **el** and **un**.

ember; **tener a alguien en** *o* **sobre ascuas** to keep sb on tenterhooks

aseado, -a *adj* **(a)** *(limpio)* clean **(b)** *(arreglado)* smart

ASEAN [ase'an] *(abrev de* **asociación de naciones del sudeste asiático**) ASEAN

asear 1 *vt* to clean
2 asearse *vpr* to get washed and dressed

asechanza *nf* snare

asediar *vt* **(a)** *(ciudad)* to lay siege to **(b)** *(persona)* to pester, to badger; **lo asediaron a preguntas** he was barraged with questions

asedio *nm* **(a)** *(de ciudad)* siege **(b)** *(molestia, insistencia)* pestering, badgering; **la prensa lo sometía a un a. constante** he was hounded by the press

asegurado, -a *nm,f* policy-holder

asegurador, -ora 1 *adj* insurance; **compañía aseguradora** insurance company
2 *nm,f* insurer

asegurar 1 *vt* **(a)** *(fijar)* to secure
(b) *(garantizar)* to assure; **te lo aseguro** I assure you; **a. a alguien que...** to assure sb that...; **el gobierno aseguró que no subiría los impuestos** the government promised it would not increase taxes; **¿y quién me asegura que no me está mintiendo?** and what guarantee do I have he isn't lying to me?
(c) *(contra riesgos)* to insure **(contra** against); **a. algo a todo riesgo** to take out comprehensive insur-ance on sth; **a. en** *(cantidad)* to insure sth for
2 asegurarse *vpr* **(a)** *(cerciorarse)* **asegurarse de que...** to make sure that...; **asegúrate de cerrar la puerta** make sure you close the door
(b) *Com* to insure oneself, to take out an insurance policy

asemejar 1 *vt* **ese peinado lo asemeja a su padre** that hairstyle makes him look like his father
2 *vi* **a. a** to be similar to, to be like
2 asemejarse *vpr* to be similar; **asemejarse a** to be similar to

asenso *nm Formal* assent

asentaderas *nfpl Fam (nalgas)* behind, buttocks

asentado, -a *adj (establecido)* settled, established

asentador, -ora 1 *nm,f (mercader)* wholesale dealer
2 *nm Méx (en imprenta)* planer

asentamiento *nm (de población)* settlement

asentar [3] **1** *vt* **(a)** *(instalar) (empresa, campamento)* to set up; *(comunidad, pueblo)* to settle **(b)** *(asegurar)* to secure; *(cimientos)* to lay
2 asentarse *vpr* **(a)** *(instalarse)* to settle down **(b)** *(sedimentarse)* to settle

asentimiento *nm* approval, assent

asentir [62] *vi* **(a)** *(estar conforme)* to agree **(a** to) **(b)** *(afirmar con la cabeza)* to nod; **asintió con la cabeza** she nodded in agreement

aseo *nm* **(a)** *(limpieza) (acción)* cleaning; *(cualidad)* cleanliness; **a. personal** personal cleanliness *o* hygiene **(b)** *(habitación)* bathroom; **aseos** *Br* toilets, *US* restroom

asepsia *nf* **(a)** *(higiene)* asepsis **(b)** *(indiferencia)* detachment

asépticamente *adv* **(a)** *(higiénicamente)* aseptically **(b)** *(con indiferencia)* with detachment

aséptico, -a *adj* **(a)** *(desinfectado)* sterilized **(b)** *(indiferente)* lacking in emotion, emotionless

asequible *adj* **(a)** *(accesible, comprensible)* accessible **(b)** *(razonable) (precio, producto)* affordable

aserción *nf* assertion

aserradero *nm* sawmill

aserrar [3] *vt* to saw

aserrín *nm* sawdust

aserto *nm* assertion

asesinar *vt (persona)* to murder; *(rey, jefe de Estado)* to assassinate

asesinato *nm (de persona)* murder; *(de rey, jefe de Estado)* assassination

asesino, -a 1 *adj también Fig* murderous
2 *nm,f (de persona)* murderer, *f* murderess; *(de rey, jefe de Estado)* assassin ▫ ***a. a sueldo*** hired killer; ***a. profesional*** professional killer

asesor, -ora *nm,f* adviser; *Fin* consultant

▫ ***a. fiscal*** tax adviser; ***a. de imagen*** image consultant

asesoramiento *nm* advice; *Fin* consultancy; **esta empresa proporciona a. de imagen a varios políticos** this company acts as image consultant to several politicians

asesorar 1 *vt* to advise; *Fin* to provide with consultancy services

2 asesorarse *vpr* to seek advice; **asesorarse de** *o* **con** to consult

asesoría *nf* (**a**) *(oficio)* consultancy (**b**) *(oficina)* consultant's office ▫ ***a. financiera*** financial consultant's; ***a. fiscal*** *(oficina)* financial adviser's office; ***a. de imagen y comunicación*** PR company; ***a. jurídica*** legal consultant's

asestar *vt (golpe)* to deal; *(tiro)* to fire; **le asestó un golpe en la cabeza** she hit him on the head

aseveración *nf* assertion

aseverar *vt* to assert

asexuado, -a *adj* asexual

asexual *adj* asexual

asexualmente *adv* asexually

asfaltado *nm* (**a**) *(acción)* asphalting, surfacing (**b**) *(asfalto)* asphalt, (road) surface

asfaltadora *nf* (road) surfacer

asfaltar *vt* to asphalt, to surface

asfalto *nm* asphalt

asfixia *nf* asphyxiation, suffocation

asfixiante *adj* asphyxiating; *Fig* **hace un calor a.** it's stiflingly hot

asfixiar 1 *vt* (**a**) *(ahogar)* to asphyxiate, to suffocate (**b**) *(agobiar)* to overwhelm

2 asfixiarse *vpr* (**a**) *(ahogarse)* to asphyxiate, to suffocate (**b**) *(agobiarse)* to be overwhelmed; **¡aquí me asfixio!** *(de calor)* I'm suffocating in here!

asgo *etc ver* **asir**

ASÍ 1 *adv* (**a**) *(de este modo)* this way, like this; *(de ese modo)* that way, like that; **ellos lo hicieron a.** they did it this way; **a. es la vida** that's life; **¿a. me agradeces todo lo que he hecho por ti?** is this how you thank me for everything I've done for you?; **a. no vamos a ninguna parte** we're not getting anywhere like this *o* this way; **¿eso le dijo? — a., como te lo cuento** did she really say that to him? – (yes) indeed, those were her very words; **a. a.** *(no muy bien)* so-so; **¿cómo te ha ido el examen? — a. a.** how did the exam go? – so-so; **algo a.** *(algo parecido)* something like that; **tiene seis años o algo a.** she is six years old or something like that; **algo a. como** *(algo igual a)* something like; **el piso les ha costado algo a. como 20 millones** the *Br* flat *o US* apartment cost them something like 20 million; **a. como** *(también)* as well as; *(tal como)* just as; **las inundaciones, a. como la sequía, son catástrofes naturales** both floods and droughts are natural disasters; **a. como para los idiomas no vale, para las relaciones públicas nadie la supera** whilst she may be no good at languages, there is no one better at public relations; **a. como a.** *(como si nada)* as if it were nothing; *(irreflexivamente)* lightly; *(de cualquier manera)* any old how; **¡no puedes marcharte a. como a.!** you can't leave just like that!; **a. cualquiera gana** anyone could win that way *o* like that; **subimos hasta la cumbre en teleférico — ¡a. cualquiera!** we reached the summit by cable car – anyone could do that!; **a. de...** so...; **no seas a. de celoso** don't be so jealous; **era a. de largo** it was this/that long; **es a. de fácil** it's as easy as that; *Irónico* **me ha costado muy barato — a. de bueno será** it was very cheap – don't expect it to be any good, then; **a. es/era/fue como...** that is/was how...; **a. es** *(para asentir)* that is correct, yes; **¡a. me gusta!** that's what I like (to see)!; **¡a. me gusta, sigue trabajando duro!** excellent, keep up the hard work!, that's what I like to see, keep up the hard work!; *Fam* **a. o asá** either way, one way or the other; **el abrigo le quedaba pequeño, a. es que se compró otro** the coat was too small for her, so she bought another one; **a. sea** so be it; *Esp* **a. sin más**, *Am* **a. no más** *o* **nomás** just like that; **a. y todo** even so; **se ha estado medicando mucho tiempo y, a. y todo, no se encuentra bien** he's been taking medication for some time and even so he's no better; **aun a.** even so; **o a.** *(más o menos)* or so, or something like that; **y a.** thus, and so; **y a. sucesivamente** and so on, and so forth; **y a. todos los días** and the same thing happens day after day

(**b**) **así que** *loc conj (de modo que)* so; **la película empieza dentro de media hora, a. que no te entretengas** the film starts in half an hour, so don't be long; **¿a. que te vas a presentar candidato?** so you're going to stand as a candidate, are you?

(**c**) **así que** *loc adv (tan pronto como)* as soon as; **a. que tengamos los resultados del análisis, le citaremos para la visita** as soon as we have the results of the test we'll make an appointment for you

(**d**) **así pues** *loc conj* so, therefore; **no firmaron el tratado, a. pues la guerra era inevitable** they didn't sign the treaty, so war became inevitable

2 *conj* (**a**) *(aunque)* even if; **te encontraré a. tenga que recorrer todas las calles de la ciudad** I'll find you even if I have to look in every street in the city

(**b**) *Am (aun si)* even if; **no nos lo dirá, a. le paguemos** he won't tell us, even if we pay him

3 *adj inv (como éste)* like this; *(como ése)* like that; **no seas a.** don't be like that; **con un coche a. no se puede ir muy lejos** you can't go very far with a car like this one; **una situación a. es muy peligrosa** such a situation is very dangerous

4 *interj* **¡a....** I hope...; **¡a. no vuelva nunca!** I hope he never comes back!; **¡a. te parta un rayo!** drop dead!

Asia *n* Asia ▫ ***A. Menor*** Asia Minor

asiático, -a 1 *adj* Asian, Asiatic; **el sudeste a.** Southeast Asia

2 *nm,f* Asian, Asiatic

asidero *nm* (**a**) *(agarradero)* handle (**b**) *(apoyo)* support

asiduidad *nf* frequency; **con a.** frequently, regularly

asiduo, -a *adj & nm,f* regular

asiento 1 *ver* **asentar**

2 *ver* **asentir**

3 *nm* (**a**) *(silla, butaca)* seat; **tomar a.** to sit down; **a. abatible** seat that can be tipped forward (**b**) *(base)* bottom (**c**) *(excavación arqueológica)* site (**d**) *Com* entry ▫ ***a. contable*** book entry (**e**) *Méx (zona minera)* mining district *o* area

asierro *etc ver* **aserrar**

asignación *nf* (**a**) *(atribución)* allocation (**b**) *(sueldo)* salary; **le dan una a. semanal de 2.000 pesetas** they give him *Br* pocket money *o US* an allowance of 2,000 pesetas a week

asignar *vt* (**a**) *(atribuir)* **a. algo a alguien** to assign *o* allocate sth to sb; **a. importancia a algo** to confer importance on sth (**b**) *(destinar)* **a. alguien a** to send sb to

asignatura *nf Educ* subject ▫ ***a. pendiente*** = subject in which a pupil or student has to retake an exam; *Fig* unresolved matter

asilado, -a *nm,f* (**a**) *(huérfano, anciano)* = person living in an old people's home, convalescent home etc (**b**) *(refugiado político)* **a. (político)** political refugee

asilar *vt* (**a**) *(huérfano, anciano)* to put into a home (**b**) *(refugiado político)* to grant political asylum to

asilo *nm* (**a**) *(hospicio)* home ▫ ***a. de ancianos*** old people's home (**b**) *(refugio)* refuge, sanctuary; *(amparo)* asylum ▫ ***a. político*** political asylum

asilvestrado, -a *adj* feral

asilvestrarse *vpr* to become feral

asimetría *nf* asymmetry

asimétricamente *adv* asymmetrically

asimétrico, -a *adj* asymmetric, asymmetrical

asimilación *nf* (**a**) *también Ling* assimilation (**b**) *(comparación)* comparison (**c**) *(equiparación)* granting of equal rights

asimilar 1 *vt* (**a**) *(idea, conocimientos, alimentos)* to assimilate (**b**) *(comparar)* to compare (**c**) *(equiparar)* to grant equal rights to

2 asimilarse *vpr Ling* to become assimilated; *(parecerse)* **asimilarse a algo** to resemble sth

asimismo *adv (también)* also, as well; *(a principio de frase)* likewise; **creo a. importante recalcar que...** in the same way I feel it important to emphasize that...

asíncrono, -a *adj Informát* asynchronous

asintiera *etc ver* **asentir**

asíntota *nf Geom* asymptote

asir [9] **1** *vt* to grasp, to take hold of

2 asirse *vpr también Fig* to cling (**a** to)

Asiria *n Hist* Assyria

asirio, -a *adj & nm,f Hist* Assyrian

asistemático, -a *adj* unsystematic

asistencia *nf* (**a**) *(ayuda)* assistance; **prestar a. a alguien** to give assistance to sb ▫ ***a. en carretera*** breakdown service; ***a. a domicilio*** *(sanitaria)* home visits *(by nurse, doctor)*; ***a. jurídica*** *o* ***letrada*** legal advice; ***a. médica*** medical attention; ***a. pública*** social security; ***a. sanitaria*** health care; ***a. social*** social work; ***a. técnica*** technical assistance
(**b**) *(presencia) (acción)* attendance; *(hecho)* presence; **la a. a las prácticas de química es obligatoria** attendance at chemistry practicals is compulsory
(**c**) *(afluencia)* audience
(**d**) *Dep* assist
(**e**) *Col, Méx (pensión)* guesthouse

asistencial *adj (sanitario)* health care; **servicios asistenciales** health care services

asistenta *nf* cleaning lady

asistente *nmf* (**a**) *(ayudante)* assistant, helper ▫ *Informát* ***a. personal*** personal assistant; ***a. social*** social worker; (**b**) *(presente)* person present; **los asistentes** *(el publico)* the audience

asistido, -a *adj* (**a**) *Aut* power; **dirección asistida** power steering (**b**) *Informát* computer-assisted

asistir 1 *vt* (**a**) *(ayudar)* to attend to; **le asiste el doctor Jiménez** he is being treated by Dr Jiménez; **la comadrona que me asistió en el parto** the midwife who helped me at the birth; EXPR **¡Dios nos asista!** God above!, Good heavens! (**b**) *(acompañar)* to accompany
2 *vi* to attend; **a. a un acto** to attend an event

asma *nf*

Takes the masculine articles **el** and **un**.

asthma

asmático, -a *adj & nm,f* asthmatic

asno *nm también Fig* ass

asociación *nf* association ▫ ***a. de consumidores*** consumer association; ***a. de ideas*** association of ideas; ***a. de padres de alumnos*** parents' association; ***a. de vecinos*** residents' association

asociacionismo *nm* **una época caracterizada por el a.** a period which saw the formation of many organizations

asociado, -a 1 *adj* (**a**) *(relacionado)* associated (**b**) *(miembro)* associate; **director asociado** associate director
2 *nm,f* (**a**) *(miembro)* associate, partner (**b**) *Educ* associate lecturer

asocial *adj* asocial

asociar 1 *vt* (**a**) *(relacionar)* to associate (**b**) *Com* to take into partnership
2 asociarse *vpr* to form a partnership

asociativo, -a *adj* associative

asolado, -a *adj* devastated

asolador, -ora *adj (destructor)* ravaging, devastating

asolamiento *nm* devastation

asolar [63] *vt* to devastate

asoleada *nf Am (insolación)* sunstroke

asolear 1 *vt* to expose to the sun, to put in the sun
2 asolearse *vpr* (**a**) *(tomar el sol)* to bask in the sun, to sun oneself (**b**) *CAm, Col, Méx (insolarse)* to get sunstroke (**c**) *Col, Méx (trabajar)* to work, to slave

ASOMAR 1 *vt* **a. la cabeza por la ventana** to stick one's head out of the window; **asomaron el bebé al balcón** they took the baby out onto the balcony; **prohibido a. la cabeza por la ventanilla** *(en letrero)* do not lean out of the window; *Fig* **a. la cabeza** to show one's face
2 *vi (sobresalir)* to peep up; *(del interior de algo)* to peep out; **el castillo asomaba en el horizonte** the castle could be made out on the horizon; **la sábana asoma por debajo de la colcha** the sheet is peeping out from under the bedspread; **el lobo asomaba por detrás del árbol** the wolf was peeping out from behind the tree; **sus zapatos asoman por detrás de las cortinas** her shoes are showing below *o* peeping out from below the curtains; **ya le asoman los primeros dientes** his first teeth are coming through already, he's already cutting his first teeth; **asoma el día** day is breaking; **las flores asoman ya** the flowers are already starting to come out
3 asomarse *vpr* (**a**) *(sacar la cabeza)* **asomarse a la ventana** to stick one's head out of the window; **asomarse al balcón** to go out onto the balcony, to appear on the balcony; **prohibido asomarse por la ventanilla** *(en letrero)* do not lean out of the window; *Fig* **nos vamos a a. ahora a un tema polémico** we are now going to touch upon a controversial subject
(**b**) *(mostrarse)* to show oneself, to appear; **después de una recepción tan hostil, no se volverá a a. por aquí en mucho tiempo** after such a hostile reception, she won't show her face *o* herself round here again for a while

asombrar 1 *vt* (**a**) *(causar admiración)* to amaze (**b**) *(causar sorpresa)* to surprise
2 asombrarse *vpr* (**a**) *(sentir admiración)* to be amazed (**de** at) (**b**) *(sentir sorpresa)* to be surprised (**de** at)

asombro *nm* (**a**) *(admiración)* amazement (**b**) *(sorpresa)* surprise; **no salía de su a.** she couldn't get over her surprise; **con a.** in amazement *o* astonishment

asombroso, -a *adj* (**a**) *(sensacional)* amazing (**b**) *(sorprendente)* surprising

asomo *nm (indicio)* trace, hint; *(de esperanza)* glimmer; **ni por a.** not under any circumstances; **no se parece a su madre ni por a.** he doesn't look the least bit like his mother

asonada *nf* (**a**) *(protesta)* protest demonstration (**b**) *(intentona golpista)* attempted coup

asonancia *nf (de rima)* assonance

asonante *adj (rima)* assonant

asorochar *Andes* **1** *vt* to cause to have altitude sickness
2 asorocharse *vpr* (**a**) *(por la altitud)* to get altitude sickness (**b**) *(sonrojarse)* to blush

aspa *nf*

Takes the masculine articles **el** and **un**.

(**a**) *(figura)* X-shaped cross (**b**) *(de molino)* arm (**c**) *RP (cuerno)* horn

aspado, -a *adj (con forma de cruz)* cross-shaped

aspar *vt* (**a**) *(hilo)* to reel, to wind (**b**) *(crucificar)* to crucify (**c**) *Fam (mortificar)* to mortify (**d**) *(ofender)* to vex, to annoy (**e**) EXPR *Fam* **¡que me aspen si lo entiendo!** I'll be damned if I understand it

aspartamo *nm (edulcorante)* aspartame

aspaviento 1 *ver* **aspaventar**
2 *nm* **aspavientos** furious gesticulations; **¡deja de hacer aspavientos!** stop making such a fuss!

aspecto *nm* (**a**) *(apariencia)* appearance; **tener buen/mal a.** *(persona)* to look well/awful; *(cosa)* to look nice/horrible; **tenía a. de vagabundo** he looked like a tramp (**b**) *(faceta)* aspect; **bajo este a.** from this angle; **en ese a.** in that sense *o* respect; **en todos los aspectos** in every respect (**c**) *Gram* aspect

aspereza *nf* (**a**) *(al tacto)* roughness (**b**) *(rudeza)* abruptness; **decir algo con a.** to say something sharply *o* abruptly

asperjar *vt Rel* to sprinkle with holy water

áspero, -a *adj* (**a**) *(rugoso)* rough (**b**) *(desagradable) (sabor)* sharp, sour; *(persona, carácter)* sour, unpleasant; **una áspera disputa** *(entre grupos)* a bitter dispute

asperón *nm* sandstone

aspersión *nf (de jardín)* sprinkling; *(de cultivos)* spraying; **riego por a.** spraying *(of garden or field with sprinkler)*

aspersor *nm (para jardín)* sprinkler; *(para cultivos)* sprayer

áspic *nm Culin* **un a. de pollo** chicken in aspic

áspid *nm* asp

aspillera *nf (abertura)* loophole, crenel

aspiración *nf* (**a**) *(pretensión)* aspiration (**b**) *(de aire) (por una persona)* breathing in; *(por una máquina)* suction

aspirado, -a *adj Ling* aspirated

aspirador *nm*, **aspiradora** *nf* vacuum cleaner; **pasar el a.** to vacuum, *Br* to hoover

aspirante 1 *adj (persona)* aspiring
2 *nmf (candidato)* candidate (**a** for); *(en deportes, concursos)* contender (**a** for)

aspirar 1 *vt* (**a**) *(aire) (sujeto: persona)* to breathe in, to inhale; *(sujeto: máquina)* to suck in (**b**) *(limpiar con aspirador)* to vacuum, to hoover; **tengo que limpiar el polvo y aspirar toda la casa** I have to dust and hoover the whole house (**c**) *Ling* to aspirate
2 *vi* **a. a algo** *(ansiar)* to aspire to sth

aspirina *nf* aspirin

asqueado, -a *adj* (**a**) *(con asco)* sick; **estar a. de (hacer) algo** to be sick of (doing) sth (**b**) *(aburrido)* sick **está a. de su trabajo** he's sick of his job

asquear *vt* to disgust, to make sick

asquerosidad *nf (cosa asquerosa)* disgusting *o* revolting thing; **vimos una a. de película** we saw a revolting film

asqueroso, -a 1 *adj* disgusting, revolting

2 *nm,f* disgusting *o* revolting person; **es un a.** he's quite disgusting *o* revolting

Assuán *n* Aswan

asta *nf*

Takes the masculine articles **el** and **un.**

(**a**) *(de bandera)* flagpole, mast; **a media a.** at half-mast (**b**) *(de lanza)* shaft; *(de brocha)* handle (**c**) *(cuerno)* horn

astado *nm (toro)* bull

astato, ástato *nm Quím* astatine

astenia *nf (debilidad)* fatigue, *Med* asthenia

asténico, -a *adj (débil)* easily fatigued, *Med* asthenic

asterisco *nm* asterisk

asteroide *nm* asteroid

astigmático, -a *adj* astigmatic

astigmatismo *nm* astigmatism

astil *nm (de hacha, pico)* haft; *(de azada)* handle

astilla *nf* splinter; **hacer astillas** to smash to smithereens

astillar 1 *vt (mueble)* to splinter; *(tronco)* to chop up

2 astillarse *vpr* to splinter

astillero *nm* (**a**) *(de barcos)* shipyard (**b**) *Méx (en monte)* lumbering site

astilloso, -a *adj* splintery

astracán *nm* astrakhan

astracanada *nf Fam* farce

astrágalo *nm* (**a**) *Anat* astragalus (**b**) *Arquit* astragal

astral *adj* astral

astringencia *nf (capacidad astringente)* binding qualities

astringente *adj (alimento)* binding

astro *nm* (**a**) *(cuerpo celeste)* heavenly body (**b**) *(persona famosa)* star

astrofísica *nf* astrophysics *(singular)*

astrofísico, -a *adj* astrophysical

astrolabio *nm* astrolabe

astrología *nf* astrology

astrológico, -a *adj* astrological

astrólogo, -a *nm,f* astrologer

astronauta *nmf* astronaut

astronáutica *nf* astronautics *(singular)*

astronave *nf* spacecraft, spaceship

astronavegación *nf* space navigation

astronomía *nf* astronomy

astronómico, -a *adj también Fig* astronomical

astrónomo, -a *nm,f* astronomer

astroquímica *nf* astrochemistry

astroso, -a *adj (andrajoso)* shabby, ragged

astucia *nf* (**a**) *(trampas)* cunning (**b**) *(sagacidad)* astuteness; **con a.** astutely

asturiano, -a *adj & nm,f* Asturian

Asturias *n* Asturias

astuto, -a *adj* (**a**) *(ladino, tramposo)* cunning (**b**) *(sagaz, listo)* astute

asuelo *etc ver* **asolar**

asueto *nm* break, rest; **unos días de a.** a few days off

asumir *vt* (**a**) *(adoptar)* to assume; **el descontento asumió caracteres alarmantes** the discontent began to take on alarming proportions; **cuando murió su padre, él asumió el papel de cabeza de familia** when his father died he took over as head of the family (**b**) *(aceptar)* to accept; **a. la responsabilidad de algo** to take on responsibility for sth; **no asume la muerte de su esposa** he can't come to terms with his wife's death

asunceno, -a, asunceño, -a 1 *adj* of/from Asunción

2 *nm,f* person from Asunción

Asunción *n* Asunción

asunción *nf* assumption; *Rel* **la A.** the Assumption

asuntar *vi RDom (prestar atención)* to pay attention

asunto *nm* (**a**) *(tema) (general)* subject; *(específico)* matter; *(de obra, libro)* theme; **anda metido en un a. turbio** he's mixed up *o* involved in a dodgy affair ❑ ***asuntos a tratar*** agenda (**b**) *(cuestión, problema)* issue; **¡y a. concluido!** and that's that!; **no es a. tuyo** it's none of your business; **el a. es que...** the thing is that... (**c**) *(romance)* affair (**d**) *Pol* ***asuntos exteriores*** foreign affairs (**e**) *Col, Ven* **poner el a.** to watch one's step

asustadizo, -a *adj* easily frightened

asustado, -a *adj* frightened, scared

asustar 1 *vt* (**a**) *(dar miedo)* to frighten, to scare; **¡me has asustado!** you gave me a fright! (**b**) *(preocupar)* to worry

2 asustarse *vpr* (**a**) *(tener miedo)* to be frightened (**de** of); **me asusté al verlo** I got a shock when I saw him (**b**) *(preocuparse)* to get worried; **no te asustes, seguro que no le ha pasado nada grave** don't get worried, I'm sure nothing bad has happened to him;

Atacama *nm* **el (desierto de) A.** the Atacama (Desert)

atacama 1 *adj* Atacaman

2 *nm,f* Atacaman indian

atacante 1 *adj* attacking

2 *nmf (agresor)* attacker

3 *nm Dep* forward

atacar [59] *vt* (**a**) *(acometer)* to attack; **le atacó la risa/fiebre** he had a fit of laughter/a bout of fever; **me ataca los nervios** it gets on my nerves (**b**) *(corroer)* to corrode

atado *nm* (**a**) *(conjutno, montón)* bundle (**b**) *RP (cajetilla)* cigarette pack

atadura *nf también Fig* tie

atajador *nm Chile, Méx (arriero)* cattle driver

atajar 1 *vi (acortar)* to take a short cut (**por** through)

2 *vt* (**a**) *(contener)* to put a stop to; *(hemorragia, inundación)* to stem; **a. un problema** to nip a problem in the bud (**b**) *(interrumpir)* to cut short, to interrupt

3 atajarse *vpr RP Fam* to get all defensive

atajo *nm* (**a**) *(camino corto, medio rápido)* short cut; **tomar** *o Esp* **coger un a.** to take a short cut ❑ *Informát* ***a. de teclado*** keyboard shortcut (**b**) *Pey (panda)* **¡a. de cobardes/ladrones!** you bunch of cowards/thieves!

atalaya *nf* (**a**) *(torre)* watchtower (**b**) *(altura)* vantage point

atañer *vi* (**a**) *(concernir)* **a. a** to concern; **en lo que atañe a este asunto** as far as this subject is concerned (**b**) *(corresponder)* **a. a** to be the responsibility of

ataque 1 *ver* **atacar**

2 *nm* (**a**) *(acometida) también Dep* attack ❑ ***a. aéreo*** *(sobre ciudad)* air raid; *(sobre tropas)* air attack (**b**) *(acceso)* fit, bout; **le dio un a. de risa** he had a fit of the giggles ❑ ***a. cardíaco*** heart attack; ***a. de nervios*** attack of hysteria

atar 1 *vt* (**a**) *(unir) (nudo, cuerda)* to tie; *(caballo, barco)* to tie up (**b**) *(relacionar)* to link together; EXPR **a. cabos** to put two and two together; EXPR **dejar todo atado y bien atado** to make sure everything is settled (**c**) *(constreñir)* to tie down; **esa cláusula nos ata las manos** our hands are tied by that clause; **a. corto a alguien** to keep a tight rein on sb; **su trabajo la ata mucho** her work takes up a lot of her time

2 atarse *vpr* (**a**) *(uno mismo)* to tie oneself down (**b**) **atarse los zapatos** to tie one's shoes *o* shoelaces

atarazana *nf* shipyard

atardecer [46] **1** *nm* dusk; **al a.** at dusk

2 *v impersonal* to get dark; **está atardeciendo** it's getting dark

atareado, -a *adj* busy

atarearse *vpr* to busy oneself, to occupy oneself

atarjea *nf Perú (depósito)* water supply

atascado, -a *adj* blocked (up)

atascar [59] **1** *vt* to block (up)

2 atascarse *vpr (obstruirse)* to get blocked up; *(detenerse)* to get stuck; *(al hablar)* to dry up; **se atascó al pronunciar mi nombre** he got his tongue tied in a knot when he tried to say my name

atasco *nm (obstrucción)* blockage; *(de vehículos)* traffic jam

ataúd *nm* coffin

ataviar [32] **1** *vt* to dress up

2 ataviarse *vpr* to dress up; **se atavió con sus mejores galas** she dressed herself up in all her finery

atávico, -a *adj* atavistic

atavío *nm* (**a**) *(adorno)* adornment (**b**) *(indumentaria)* attire

ate *nm Méx* quince jelly

ateísmo *nm* atheism

atemorizado, -a *adj* frightened

atemorizar [14] **1** *vt* to frighten
2 atemorizarse *vpr* to get frightened

atemperar *vt (críticas, protestas)* to temper, to tone down; *(ánimos, nervios)* to calm

atemporal *adj* timeless

Atenas *n* Athens

atenazar [14] *vt (sujetar)* to clench; *Fig* **el miedo la atenazaba** she was gripped by fear

ATENCIÓN **1** *nf* (**a**) *(interés)* attention; **tienes que dedicar más a. a tus estudios** you've got to put more effort into your studies, you've got to concentrate harder on your studies; **miraremos tu expediente con mucha a.** we'll look at your file very carefully; **aguardaban el resultado con a.** they were listening attentively for the result; **escucha con a.** listen carefully; **a la a. de** for the attention of; **llamar la a.** *(atraer)* to attract attention; **lo que más me llamó la a. fue la belleza del paisaje** what struck me most was the beauty of the countryside; **su belleza llama la a.** her beauty is striking; **al principio no me llamó la a.** at first I didn't notice anything unusual; **llamar la a. a alguien** *(amonestar)* to tell sb off; **le llamé la a. sobre el coste del proyecto** I drew her attention to the cost of the project; **con sus escándalos, andan llamando la a. todo el tiempo** they are always attracting attention to themselves by causing one scandal or another; **le gusta llamar la a.** she likes to be noticed; **el desastre electoral fue una llamada de a. al partido gobernante** the disastrous election results were a clear message to the governing party; **a los niños pequeños les cuesta mantener la a.** small children find it difficult to stop their attention from wandering; **poner** *o* **prestar a.** to pay attention; **si no pones** *o* **prestas a., no te enterarás de lo que hay que hacer** if you don't pay attention, you won't know what to do
(**b**) *(cortesía)* attentiveness; **atenciones** attentiveness; **tenía demasiadas atenciones con el jefe** she was overly attentive towards the boss; **nos colmaron de atenciones** they waited on us hand and foot; **deshacerse en atenciones con** to lavish attention on; **en a. a** *(teniendo en cuenta)* out of consideration for; *(en honor a)* in honour of; **en a. sus méritos** in honour of her achievements; **organizaron una cena en a. al nuevo embajador** they held a dinner in honour of the new ambassador; **le cedió el asiento en a. a su avanzada edad** he let her have the seat because of her age
(**c**) *(servicio)* **la a. a los ancianos** care of the elderly; **horario de a. al público** opening hours ❑ *Com* ***a. al cliente*** customer service; ***a. domiciliaria*** *(de médico)* home visits; **para la a. domiciliaria, llamar al...** if you wish to call a doctor out, ring this number...; ***a. hospitalaria*** hospital care; ***a. primaria*** *(en ambulatorio)* primary health care; ***a. sanitaria*** health care
2 *interj* **¡a.!** *(en aeropuerto, conferencia)* your attention please!; *Mil* attention!; **¡a., van a anunciar el ganador!** listen, they're about to announce the winner!; **¡a., peligro de incendio!** *(en letrero) (con materiales inflamables)* (warning!) fire hazard; *(en bosques)* danger of forest fires in this area!

ATENDER [64] **1** *vt* (**a**) *(satisfacer) (petición, ruego)* to agree to; *(consejo, instrucciones)* to heed; **no pudieron a. sus súplicas** they couldn't answer her pleas; **a. las necesidades de alguien** to meet sb's needs
(**b**) *(cuidar de) (necesitados, invitados)* to look after; *(enfermo)* to care for; *(cliente)* to serve; **el doctor que atendió al accidentado** the doctor who treated the accident victim; **¿qué médico te atiende normalmente?** which doctor do you normally see?; **atiende la farmacia personalmente** she looks after the chemist's herself; **vive solo y sin nadie que lo atienda** he lives alone, without anyone to look after him; **¿me puede a. alguien, por favor?** could somebody help *o* serve me, please?; **¿le atienden?, ¿le están atendiendo?** are you being served?; **en esta tienda te atienden muy bien** the service in this shop is very good; **me temo que el director no puede atenderlo en este momento** I'm afraid the manager can't see you just now; **la operadora atiende las llama-das telefónicas** the operator answers the phone calls
(**c**) *(tener en cuenta)* to keep in mind
(**d**) *(esperar)* to await, to wait for
2 *vi* (**a**) *(estar atento)* to pay attention (**a** to); **lo castigaron porque no atendía en clase** he was punished for not paying attention in class; **¡cállate y atiende de una vez!** shut up and pay attention *o* listen!; **no atiendes a las explicaciones que te hacen tus invitados** you're not paying attention to what your guests are saying
(**b**) *(considerar)* **atendiendo a...** taking into account...; **atendiendo a las circunstancias, aceptaremos su candidatura** under the circumstances, we will accept your candidacy; **atendiendo a las encuestas, necesitamos un cambio radical de línea** if the opinion polls are anything to go by, we need a radical change of policy; **la clasificación atiende únicamente a criterios técnicos** the table only takes into account technical specifications, the table is based purely on technical specifications; **le enviamos la mercancía atendiendo a su petición** following your order, please find enclosed the goods requested; **cuando se enfada, no atiende a razones** when she gets angry, she refuses to listen to reason
(**c**) *(ocuparse)* **no puedo a. a todo** I can't do everything (myself); **en esta tienda atienden muy mal** the service in this shop is very poor; **¿quién atiende aquí?** who's serving here?
(**d**) *(llamarse) (animal)* **a. por** to answer to the name of; **el perro atiende por el nombre de Chispa** the dog answers to the name of Chispa; **su nombre es Manuel, pero en la cárcel atiende por Manu** his real name is Manuel, but they call him Manu in jail

ateneo *nm* athenaeum

atenerse [65] *vpr* (**a**) **a. a** *(promesa, orden)* to stick to; *(ley, normas)* to observe, to abide by; **a. a la verdad** to stick to the truth (**b**) **a. a las consecuencias** to accept the consequences

ateniense *adj & nmf* Athenian

atentado *nm* **a. (terrorista)** terrorist attack; **a. contra alguien** attempt on sb's life; **a. contra algo** crime against sth; **sufrir un a.** to be attacked ❑ ***a. político*** political assassination

atentamente *adv* (**a**) *(con atención, cortesía)* attentively; **mire a.** watch carefully (**b**) *(en cartas)* **a. (se despide)** *(si se desconoce el nombre del destinatario)* Yours faithfully; *(si se conoce el nombre del destinatario)* Yours sincerely

atentar *vi* **a. contra (la vida de) alguien** to make an attempt on sb's life; **atentaron contra la sede del partido** there was an attack on the party headquarters; **a. contra algo** *(principio)* to be a crime against sth; **esta decoración atenta contra el buen gusto** this decor is an offence against good taste

atento, -a *adj* (**a**) *(pendiente)* attentive; **estar a. a** *(explicación, programa, lección)* to pay attention to; *(ruido, sonido)* to listen out for; *(acontecimientos, cambios, avances)* to keep up with (**b**) *(cortés)* considerate, thoughtful

atenuación *nf (de dolor)* easing, alleviation; *(de sonido, luz)* attenuation

atenuante *nm Der* extenuating circumstance

atenuar [4] **1** *vt (disminuir, suavizar)* to diminish; *(dolor)* to ease, to alleviate; *(sonido, luz)* to attenuate
2 atenuarse *vpr (disminuir, suavizarse)* to lessen, to diminish

ateo, -a **1** *adj* atheistic
2 *nm,f* atheist

aterciopelado, -a *adj* velvety

aterido, -a *adj* freezing; **a. de frío** shaking *o* shivering with cold

aterirse *vpr* to be freezing

aterrado, -a *adj* terror-stricken

aterrador, -ora *adj* terrifying

aterrar **1** *vt* to terrify; **me aterran las tormentas** I'm terrified of storms
2 aterrarse *vpr* to be terrified

aterrizaje *nm (de avión)* landing; **a. forzoso** emergency landing

aterrizar [14] *vi* (**a**) *(avión)* to land; **el tapón aterrizó en mi plato** the cork landed on my plate (**b**) *(aparecer)* to turn up; **aterrizó en la cárcel** she landed up in jail

aterrorizador, -ora *adj* terrifying

aterrorizar [14] **1** *vt* to terrify; **me aterrorizan las arañas** I'm terrified of spiders; **el atracador aterrorizaba a sus víctimas** the robber terrorized his victims

2 aterrorizarse *vpr* to be terrified

atesoramiento *nm* hoarding

atesorar *vt* (**a**) *(riquezas)* to hoard (**b**) *(virtudes)* to be blessed with

atestado 1 *adj* packed (**de** with)

2 *nm* official report

atestar 1 *vt* (**a**) *(llenar)* to pack, to cram (**de** with) (**b**) *Der* to testify to

2 atestarse *vpr (llenarse)* to get *o* become packed (**de** with)

atestiguar [11] *vt* (**a**) *(declarar)* to testify to (**b**) *(demostrar, probar)* to be a sign of, to indicate

atezado, -a *adj* tanned

atiborrar *Fam* **1** *vt* to stuff full

2 atiborrarse *vpr* to stuff one's face (**de** with)

ático *nm* (**a**) *(piso)* penthouse flat *(with roof terrace)* (**b**) *(desván)* attic

atiendo *etc ver* **atender**

atiene *etc ver* **atener**

atierre *nm Méx (cubrimiento)* covering with earth

atigrado, -a *adj* (**a**) *(gato)* tabby (**b**) *(estampado)* striped *(like tiger)*

atildado, -a *adj* smart, spruce

atildar 1 *vt (acicalar)* to smarten up

2 atildarse *vpr* to smarten oneself up

atinado, -a *adj* (**a**) *(acertado) (respuesta)* correct; *(comentario)* appropriate; **estuvo muy a. en sus críticas** his criticisms were very telling *o* very much to the point (**b**) *(oportuno)* good, clever

atinar *vi* (**a**) *(adivinar)* to guess correctly (**b**) *(dar en el blanco)* to hit the target; **a. a hacer algo** to succeed in doing sth; **sólo atinaba a mirarla boquiabierto** all he could do was stare at her in astonishment; **a. con** to hit upon

atingencia *nf Am (relación)* connection

atípico, -a *adj* atypical

atiplado, -a *adj* high-pitched

atisbar *vt* (**a**) *(divisar, prever)* to make out (**b**) *(acechar)* to observe, to spy on

atisbo *nm (indicio)* trace, hint; *(de esperanza)* glimmer

atiza *interj* **¡a.!** my goodness!, you don't say!

atizador *nm* poker

atizar [14] **1** *vt* (**a**) *(fuego)* to poke, to stir (**b**) *(sospechas, discordias)* to fan (**c**) *(puñetazo, patada)* to land, to deal; **me atizó bien fuerte** he hit me really hard

2 atizarse *vpr Fam (comida, bebida)* to guzzle

atlante *nm Arquit* atlas, telamon

atlántico, -a 1 *adj* Atlantic; **el océano A.** the Atlantic (Ocean)

2 *nm* **el A.** the Atlantic (Ocean)

Atlántida *n* **la A.** Atlantis

atlantismo *nm Pol* pro-NATO stance

atlas *nm inv* atlas

atleta *nmf* athlete

atlético, -a *adj* (**a**) *(deportivo)* athletic (**b**) *(del Atlético de Madrid)* = of or relating to Atlético de Madrid Football Club

atletismo *nm* athletics *(singular)*

atmósfera *nf también Fig* atmosphere

atmosférico, -a *adj* atmospheric

atocinado, -a *adj Fam (persona)* porky, fat

atole, atol *nm CAm, Méx* = drink made of corn meal; EXPR **dar a. con el dedo a alguien** to take sb in, to fool sb

atolladero *nm* (**a**) *(lodazal)* mire, muddy spot (**b**) *(apuro)* fix, jam; **meter en/sacar de un a. a alguien** to put sb in/get sb out of a tight spot

atollarse *vpr* to be bogged down

atolón *nm* atoll

atolondrado, -a 1 *adj* (**a**) *(precipitado)* hasty, disorganized (**b**) *(aturdido)* bewildered

2 *nm,f (precipitado)* = hasty *o* disorganized person

atolondramiento *nm* (**a**) *(precipitación)* haste, disorganization (**b**) *(aturdimiento)* bewilderment

atolondrar 1 *vt* to bewilder; **me atolondra tanto griterío** all this shouting is making my head spin

2 atolondrarse *vpr (por golpe)* to be stunned; *(por griterío, confusión)* to be bewildered; **se atolondró con el golpe** she was stunned by the blow

atómico, -a *adj (energía, armas)* atomic, nuclear; *(central)* nuclear; **núcleo a.** (atomic) nucleus

atomismo *nm Filosofía* atomism

atomización *nf* atomization

atomizador *nm* atomizer, spray

atomizar [14] *vt (líquido)* to atomize

átomo *nm también Fig* atom ❑ ***á. gramo*** gram atom

atonal *adj Mús* atonal

atonalidad *nf Mús* atonality

atonía *nf (de mercado, economía)* sluggishness

atónito, -a *adj* astonished, astounded

átono, -a *adj* atonic

atontado, -a 1 *adj* (**a**) *(aturdido)* dazed, stunned (**b**) *(tonto)* stupid

2 *nm,f* idiot, half-wit

atontamiento *nm* (**a**) *(aturdimiento)* confusion, bewilderment; **¡tengo un a. hoy!** I really can't think straight today! (**b**) *(alelamiento)* stupefaction

atontar 1 *vt* (**a**) *(aturdir)* to daze, to stun (**b**) *(volver tonto)* to dull the mind of

2 atontarse *vpr* to become stupefied

atontolinado, -a *adj Fam (atontado)* dazed; **estar a.** *(despistado)* to have one's head in the clouds

atontolinar *Fam* **1** *vt (aturdir)* to daze, to stun

2 atontolinarse *vpr* to go off in a world of one's own

atoramiento *nm* obstruction, blockage

atorar 1 *vt* to obstruct, to clog

2 atorarse *vpr* (**a**) *(atragantarse)* to choke (**con** on) (**b**) *(cortarse, trabarse)* to get stuck (**c**) *Am (atascarse)* to get caught (**d**) *Am (meterse en un lío)* to get into a mess

atormentado, -a *adj* tormented

atormentar 1 *vt* (**a**) *(torturar)* to torture (**b**) *(sujeto: sentimiento, dolor)* to torment

2 atormentarse *vpr* to torment *o* torture oneself (**con** about)

atornillar *vt* to screw

atorrante, -a *RP* **1** *adj* lazy

2 *nmf* layabout

atortolarse *vpr (enamorarse)* to fall in love

atosigamiento *nm (apremio)* urging, pressing

atosigar [38] *vt (apremiar)* to harass

ATP *nf Dep (abrev de* **Asociación de Tenistas Profesionales***)* ATP

atrabiliario, -a *adj* foul-tempered, bilious

atracada *nf Carib, Méx, PRico (banquete)* feast

atracadero *nm* landing stage

atracador, -ora *nm,f (de banco)* armed robber; *(en la calle)* mugger

atracar [59] **1** *vt* (**a**) *(banco)* to rob; *(persona)* to mug; **nos atracaron en el parque** we got mugged in the park (**b**) *Chile (golpear)* to beat, to hit

2 *vi (barco)* to dock (**en** at)

3 atracarse *vpr* (**a**) *(comer)* to eat one's fill (**de** of) (**b**) *CAm, Carib (pelearse)* to fight, to quarrel

atracción *nf* (**a**) *(física)* attraction ❑ ***a. gravitacional*** gravitational pull (**b**) *(atractivo)* attraction; **sentir a. por** *o* **hacia alguien** to feel attracted to sb (**c**) *(espectáculo)* act (**d**) *(centro de atención)* centre of attention (**e**) *(de feria)* fairground attraction; **nos montamos en todas las atracciones** we went on all the rides

atraco *nm* robbery; *Fig* **¿cinco mil pesetas por eso? ¡menudo a.!** five thousand pesetas for that? that's daylight robbery! ❑ ***a. a mano armada*** armed robbery

atracón *nm Fam* (**a**) feast; **darse un a. de algo** *(de comida)* to stuff one's face with sth; *(de películas, televisión)* to overdose on sth (**b**) *Ven (embotellamiento)* traffic jam

atractivamente *adv* attractively

atractivo, -a 1 *adj* attractive

2 *nm (de persona)* attractiveness, charm; *(de cosa)* attraction; **tener a.** to be attractive

atraer [66] **1** *vt* (**a**) *(causar acercamiento)* to attract; *(atención)* to attract, to draw; **lo atrajo hacia sí tirándole de la corbata** she pulled him towards her by his tie (**b**) *(gustar)* to attract; **no me atrae mucho la comida china** I'm not too keen on Chinese food; **no me atrae mucho la idea** the idea doesn't appeal to me much;

la miel atrae a las moscas honey attracts flies; **la asistencia de personajes famosos atrajo a gran cantidad de público** the presence of the famous drew huge crowds
2 atraerse *vpr (mutuamente)* to attract one another

atragantarse *vpr* (**a**) *(ahogarse)* to choke (**con** on) (**b**) *Fam (no soportar)* **se me ha atragantado este libro/tipo** I can't stand that book/guy

atraigo *etc ver* **atraer**

atrajo *etc ver* **atraer**

atrancar [59] **1** *vt* (**a**) *(cerrar)* to bar (**b**) *(obstruir)* to block
2 atrancarse *vpr* (**a**) *(encerrarse)* to lock oneself in (**b**) *(atascarse)* to get blocked (**c**) *(al hablar, escribir)* to dry up

atrapamoscas *nf inv (planta)* Venus flytrap

atrapar *vt (agarrar, alcanzar)* to catch

atrás 1 *adv* (**a**) *(detrás) (posición)* behind, at the back; *(movimiento)* backwards; **el asiento de a.** the back seat; *Am* **a. de** behind; **dejar a alguien a.** to leave sb behind; **echarse para a.** to move backwards; **dar un paso a.** to take a step backwards; **hacia a.** backwards; **la falda es más larga por a.** the skirt is longer at the back; **quedarse a.** to fall behind; *Méx Fam* **estar hasta a.** *(borracho)* to be plastered (**b**) *(antes)* earlier, before; **años a.** *(desde ahora)* years ago; *(desde el pasado)* years before *o* previously
2 *interj* **¡a.!** get back!

atrasado, -a *adj* (**a**) *(en el tiempo)* delayed; *(reloj)* slow; *(pago)* overdue, late; **mi reloj va a.** my watch is slow; **vamos atrasados en este proyecto** we're behind schedule on this project; **número a.** back number (**b**) *(en evolución, capacidad)* backward; **las regiones más atrasadas del país** the most backward regions of the country

atrasar 1 *vt (retrasar) (cita, reloj)* to put back; *(poner más atrás)* to move (further) back
2 *vi (reloj)* to be slow; **mi reloj atrasa cinco minutos al día** my watch loses five minutes a day
3 atrasarse *vpr* (**a**) *(demorarse)* to be late (**b**) *(quedarse atrás)* to fall behind (**c**) *Andes (no crecer)* to be stunted

atraso *nm* (**a**) *(del reloj)* slowness (**b**) *(de evolución, desarrollo)* backwardness (**c**) **a. mental** *(retraso)* mental retardation (**d**) *Fin* **atrasos** arrears

atravesado, -a *adj* (**a**) *(cruzado)* **hay un árbol atravesado en la carretera** there's a tree lying across the road; *Fig* **tengo a. a Manolo** somehow I've never managed to get on with Manolo (**b**) *(bizco)* cross-eyed, cock-eyed

atravesar [3] **1** *vt* (**a**) *(interponer)* to put across (**b**) *(cruzar)* to cross; **atravesó el río a nado** she swam across the river; **atravesó la calle corriendo** he ran across the street (**c**) *(traspasar)* to pass *o* go through (**d**) *(pasar)* to go through, to experience; **a. una mala racha** to be going through a bad patch
2 atravesarse *vpr (interponerse)* to be in the way; *Fig* **se me ha atravesado la vecina** I can't stand my neighbour

atrayente *adj* attractive

atrechar *vi PRico Fam* to take a short cut

atreverse *vpr* to dare; **a. a hacer algo** to dare to do sth; **a. a algo** to be bold enough for sth; **a. con alguien** to take sb on; **no me atrevo a entrar ahí** I daren't go in there, I'm scared to go in there; **¿a que no te atreves a saltar desde ahí?** I bet you're too scared to jump from there!; **¡atrévete y verás!** just you dare and see what happens!

atrevido, -a 1 *adj* (**a**) *(osado)* daring (**b**) *(caradura)* cheeky
2 *nm,f* (**a**) *(osado)* daring person (**b**) *(caradura)* cheeky person

atrevimiento *nm* (**a**) *(osadía)* daring (**b**) *(insolencia)* cheek; **con a.** cheekily

atrezo, atrezzo *nm Teatro & Cine* props

atribución *nf* (**a**) *(imputación)* attribution (**b**) *(competencia)* responsibility, duty

atribuir [34] **1** *vt (imputar)* **a. algo a** to attribute sth to; **un cuadro atribuido a Goya** a painting attributed to Goya; **atribuyen la autoría del delito al contable** they think the accountant committed the crime
2 atribuirse *vpr (méritos)* to claim to have; *(poderes)* to assume for oneself; *(culpa, delito)* to take, to accept

atribulado, -a *adj* distressed

atribular *Formal* **1** *vt* to distress
2 atribularse *vpr* to be distressed

atributivo, -a *adj Gram* attributive

atributo *nm* attribute

atribuyo *etc ver* **atribuir**

atril *nm (para libros)* lectern; *(para partituras)* music stand

atrincherado, -a *adj* (**a**) *(en trinchera)* entrenched, dug in (**b**) *(en postura, actitud)* entrenched

atrincheramiento *nm* entrenchment

atrincherar 1 *vt* to entrench, to surround with trenches
2 atrincherarse *vpr* (**a**) *(en trinchera)* to entrench oneself, to dig oneself in (**b**) *(en postura, actitud)* **se atrincheró en su oposición a la propuesta** he persisted in his opposition to the proposal; **se atrincheraron en su postura** *(en negociación)* they dug their heels in and refused to give up their position

atrio *nm* (**a**) *(pórtico)* portico (**b**) *(claustro)* cloister

atrocidad *nf (crueldad)* atrocity; *Fig* **decir/hacer una a.** *(necedad)* to say/do something stupid

atrofia *nf* (**a**) *(de músculo, función orgánica)* atrophy (**b**) *(deterioro)* atrophy, deterioration

atrofiado, -a *adj también Fig* atrophied

atrofiar 1 *vt* (**a**) *(músculo, función orgánica)* to atrophy (**b**) *(deteriorar)* to weaken
2 atrofiarse *vpr* (**a**) *(músculo, función orgánica)* to atrophy (**b**) *(deteriorarse)* to deteriorate, to become atrophied

atronador, -ora *adj* deafening

atronamiento *nm* deafening noise

atronar *vt* to deafen

atropelladamente *adv* (**a**) *(con prisa)* hastily, hurriedly (**b**) *(en desorden)* helter-skelter, pell-mell

atropellado, -a *adj* hasty

atropellar 1 *vt* (**a**) *(sujeto: vehículo)* to run over; **lo atropelló un coche** he was knocked down *o* run over by a car (**b**) *también Fig (sujeto: persona)* to trample on
2 atropellarse *vpr (al hablar)* to trip over one's words

atropello *nm* (**a**) *(por vehículo)* running over (**b**) *(moral)* abuse; **¡esto es un a.!** this is an outrage! (**c**) *(precipitación)* **con a.** hastily

atropina *nf* atropin, atropine

atroz *adj* terrible, horrific; **hace un frío a.** it's terribly *o* bitterly cold

atruena *etc ver* **atronar**

ATS *nmf (abrev de* **ayudante técnico sanitario***)* qualified nurse

attaché [ata'tʃe] *nm* attaché case

atte. *(abrev de* **atentamente***) (si se desconoce el nombre del destinatario)* Yours faithfully; *(si se conoce el nombre del destinatario)* Yours sincerely

atuendo *nm* attire

atufar *Fam* **1** *vi* to stink (**a** of); **¡huele que atufa!** it really stinks!
2 *vt (persona)* to overpower
3 atufarse *vpr Andes (aturdirse)* to become dazed *o* confused

atún *nm* tuna

atunero, -a 1 *adj* tuna
2 *nm,f (barco)* tuna-fishing boat; *(persona)* tuna-fisherman

aturdido, -a *adj* dazed

aturdimiento *nm* (**a**) *(desconcierto)* bewilderment, confusion (**b**) *(torpeza mental)* slowness

aturdir 1 *vt* (**a**) *(sujeto: golpe, noticia)* to stun (**b**) *(sujeto: alcohol)* to fuddle (**c**) *(sujeto: ruido, luz)* to confuse, to bewilder
2 aturdirse *vpr* (**a**) *(por golpe, noticia)* to be stunned (**b**) *(por alcohol)* to get fuddled (**c**) *(con ruido, luz)* to get confused

aturullar *Fam* **1** *vt* to fluster
2 aturrullarse *vpr* to get flustered

atusar 1 *vt* (**a**) *(recortar) (pelo)* to trim, to cut; *(planta)* to prune, to trim (**b**) *(alisar)* to smooth, to slick back
2 atusarse *vpr* (**a**) *(arreglarse)* to do oneself up in one's finery (**b**) *(alisarse)* **atusarse el bigote/pelo** to smooth one's moustache/hair (**c**) *PRico (enfadarse)* to get angry

aucuba *nf* Japan laurel

audacia *nf* (**a**) *(valentía)* daring, boldness; **con a.** daringly, boldly (**b**) *(descaro)* gall, cheek

audaz *adj* daring, bold

audible *adj* audible

audición *nf* (**a**) *(acción de oír)* hearing (**b**) *(de música)* concert; *(de poesía)* reading, recital (**c**) *(selección de artistas)* audition

audiencia *nf* (**a**) *(recepción)* audience; **dar a.** to grant an audience (**b**) *(público)* audience (**c**) *Der (juicio)* hearing; *(tribunal, edificio)* court ❑ ***A. Nacional*** = court in Madrid dealing with cases that cannot be dealt with at regional level; ***a. provincial*** provincial court; ***a. pública*** public hearing; ***a. territorial*** regional court

audífono *nm* hearing aid

audímetro *nm TV* audiometer, audience-monitoring device

audiometría *nf* audiometry

audiómetro *nm* audiometer

audiovisual 1 *adj* audiovisual
2 *nm* (**a**) *(montaje, presentación)* audiovisual presentation (**b**) **audiovisuales** *(recursos)* audiovisual aids

auditar *vt Fin* to audit

auditivo, -a *adj* hearing; **tener problemas auditivos** to have hearing problems

auditor, -ora *nm,f Fin* auditor ❑ ***a. censor jurado de cuentas*** *Br* chartered accountant, *US* accountant

auditoría *nf Fin* (**a**) *(profesión)* auditing (**b**) *(despacho)* auditor's, auditing company (**c**) *(balance)* audit ❑ ***a. de cuentas*** audit; ***a. externa/interna*** external/internal audit

auditorio, auditórium *nm* (**a**) *(público)* audience (**b**) *(lugar)* auditorium

auge *nm también Econ* boom; **estar en (pleno) a.** to be booming; **cobrar a.** *(popularidad)* to become more popular

augur *nm Hist* augur

augurar *vt (sujeto: persona)* to predict; *(sujeto: suceso)* to augur; **estas nubes no auguran nada bueno** those clouds don't look too promising

augurio *nm* omen, sign; **un mal a.** a bad sign, *Literario* an ill omen

augusto, -a *adj* august

aula *nf*

> Takes the masculine articles **el** and **un**.

(de escuela) classroom; *(de universidad)* lecture room ❑ ***a. magna*** great hall

aulaga *nf* gorse

aullador *nm (mono)* howler monkey

aullar *vi* to howl

aullido *nm* howl

aumentar 1 *vt* to increase; **a. la producción** to increase production; **la lente aumenta la imagen** the lens magnifies the image; **me han aumentado el sueldo** my salary has been raised; **aumentó casi diez kilos** he put on almost ten kilos
2 *vi* to increase, to rise; **a. de peso/precio/tamaño** to increase in weight/price/size

aumentativo, -a *adj & nm* augmentative

aumento *nm* (**a**) *(incremento)* increase; *(de sueldo, precios)* rise; **ir** *o* **estar en a.** to be on the increase; **experimentar un a.** to increase, to rise ❑ ***a. lineal*** *(de sueldo)* across-the-board pay rise (**b**) *(en óptica)* magnification; **una lente de 20 aumentos** a lens of magnification x 20 (**c**) *Méx (posdata)* postscript

AUN 1 *adv* even; **a. los más fuertes lloran** even the strongest people cry
2 *conj* even; **a. estando cansado, lo hizo** even though he was tired, he did it; **a. sin dinero, logró sobrevivir** she managed to survive even without any money; **ni a. puesta de puntillas logra ver** she can't see, even on tiptoe; **a. cuando** *(a pesar de que)* even though, although; *(incluso si)* even if; **es muy pesimista, a. cuando todos los pronósticos le son favorables** she's very pessimistic, even though all the predictions seem to favour her; **a. cuando nos cueste, tenemos que hacerlo** even if it's difficult, we have to do it; **a. así** even so; **a. así, deberías decirle algo** even so, you ought to say something to her; **ni a. así lograron la victoria** even then they still didn't manage to win

AÚN *adv* (**a**) *(todavía)* still; *(con negativo)* yet, still; **a. no** not yet; **a. no lo he recibido** I still haven't got it, I haven't got it yet; **están a. aquí** they are still here; **¿y a. quieres que te haga caso?** and you still expect me to listen to you? (**b**) *(incluso)* even; **a. más** even more; **si ganamos, lo pasaremos a. mejor que ayer** if we win, we'll have an even better time than yesterday; **¡jugad con más pasión a.!** play with even more passion!

aunar 1 *vt* to join, to pool; **a. esfuerzos** to join forces
2 aunarse *vpr (aliarse)* to unite

AUNQUE *conj* (**a**) *(a pesar de que)* even though, although; *(incluso si)* even if; **tendrás que venir a. no quieras** you'll have to come, even if you don't want to; **a. quisiera no podría** even if I wanted to, I wouldn't be able to; **a. es caro, me lo voy a comprar** although it's expensive I'm going to buy it, I'm going to buy it even though it's expensive; **a. me cae bien, no me fío de él** much as I like him, I don't trust him; **a. no te lo creas llegó el primero** believe it or not, he came first; **a. parezca mentira** strange as it may seem, believe it or not; **a. parezca raro** oddly enough, odd though it may seem; **cómprale a. sea una caja de bombones** buy her something, even if it is only a box of chocolates
(**b**) *(pero)* although; **es lista, a. un poco perezosa** she's clever, although *o* if a little lazy; **aquellos cuadros no están mal, a. éstos me gustan más** those paintings aren't bad, but I like these (ones) better

aúpa *interj* (**a**) **¡a.!** *(¡levántate!)* get up!; *(al coger a un niño en brazos)* upsa-daisy! (**b**) *(¡viva!)* **¡a. (el) Atleti!** up the Athletic! (**c**) *Fam* **una comida de a.** a brilliant meal; **un susto de a.** a hell of a fright

au pair [o'per] (*pl* **au pairs**) *nf* au pair

aupar 1 *vt* (**a**) *(subir)* to help up (**b**) *(coger en brazos)* to lift up in one's arms (**c**) *(animar)* to cheer on
2 auparse *vpr* to climb up

aura *nf*

> Takes the masculine articles **el** and **un**.

(**a**) *(halo) también Med* aura (**b**) *(viento)* gentle breeze (**c**) *Carib (ave)* turkey buzzard

áureo, -a *adj* golden

aureola *nf* (**a**) *Astron & Rel* halo (**b**) *(fama)* aura

aurícula *nf Anat (del corazón)* auricle, atrium

auricular 1 *adj* auricular
2 *nm (de teléfono)* receiver; **auriculares** *(cascos)* headphones

aurífero *adj* gold-bearing

aurora *nf* (**a**) *(alba)* first light of dawn; **al despuntar** *o* **romper la a.** at dawn (**b**) ***a. austral*** aurora australis, southern lights; ***a. boreal*** aurora borealis, northern lights; ***a. polar*** aurora

auscultación *nf* auscultation

auscultar *vt* (**a**) *Med* **a. a alguien** to listen to sb's chest; **le auscultó el pecho** she listened to his chest (**b**) *(sondear)* to sound out

ausencia *nf* (**a**) *(de persona, cosa)* absence; **brillar por su a.** to be conspicuous by one's/its absence; **en a. de** in the absence of; **si llama alguien en mi a., toma el recado** if anyone calls while I'm out, take a message (**b**) *Med* absence, petit mal

ausentarse *vpr* to go away; **se ausentará durante el fin de semana** she will be away for the weekend; **se ausentó de su país durante varios años** he lived abroad for several years

ausente 1 *adj* (**a**) *(no presente)* absent; **estará a. todo el día** he'll be away all day (**b**) *(distraído)* absent-minded
2 *nmf* (**a**) *(no presente)* **hay varios ausentes** there are a number of absentees; **criticó a los ausentes** she criticized the people who weren't there (**b**) *Der* missing person

ausentismo *nm* absenteeism

auspiciar *vt (apoyar, favorecer)* to back;

auspicio *nm* (**a**) *(protección)* protection; **bajo los auspicios de** under the auspices of (**b**) **auspicios** *(señales)* omens

auspicioso, -a *adj* auspicious, favourable

austeridad *nf* austerity; **con a.** austerely

austero, -a *adj* austere; **adoptar un presupuesto a.** to limit budgetary expenditure

austral 1 *adj* southern
2 *nm Antes (moneda)* austral

Australia *n* Australia

australiano, -a *adj & nm,f* Australian

australopiteco *nm* Australopithecus

Austria *n* (**a**) *(país)* Austria (**b**) *(dinastía española)* **los Austrias** the Habsburgs *(who ruled Spain from 1516-1699)*

austriaco, -a, austríaco, -a *adj & nm,f* Austrian

austro *nm Literario* south

austrohúngaro, -a *adj Hist* Austro-Hungarian

autarquía *nf* (**a**) *Econ* autarky, self-sufficiency (**b**) *Pol* autarchy

autárquico, -a *adj* (**a**) *Econ* autarkic, self-sufficient (**b**) *Pol* autarchical

autenticación *nf también Informát* authentication

autenticar *vt Der (firma, documento)* to authenticate

autenticidad *nf* authenticity

auténtico, -a *adj* genuine, real; **ser a.** to be genuine; **un a. imbécil** a real idiot

autentificación *nf también Informát* authentication

autentificar [59] *vt* to authenticate

autillo *nm* European scops owl

autismo *nm* autism

autista 1 *adj* autistic
2 *nmf* autistic person

autístico, -a *adj* autistic

auto *nm* (**a**) *Am (coche)* car ▫ ***autos de choque*** Dodgems®, bumper cars
(**b**) *Der* judicial decree; **autos** case documents; **constar en autos** to be recorded in the case documents; **la noche de autos** the night of the crime; **poner a alguien en autos** *(en antecedentes)* to inform sb of the background ▫ ***a. judicial*** judicial decree; ***a. de prisión*** arrest warrant; ***a. de procesamiento*** indictment
(**c**) *Hist* ***a. de fe*** auto-da-fé, = public punishment of heretics by the Inquisition
(**d**) *Lit* = short play with biblical or allegorical subject, ≃ mystery play ▫ ***a. sacramental*** = allegorical play celebrating the eucharist

autoabastecerse *vpr (ser autosuficiente)* to be self-sufficient (**de** in)

autoabastecimiento *nm* self-sufficiency

autoadhesivo, -a, autoadherente *adj* self-adhesive

autoafirmación *nf* assertiveness

autoalimentación *nf Informát* automatic paper feed

autoaprendizaje *nm* self-directed learning; **un libro de a.** a teach-yourself book

autoayuda *nf* self-help

autobanco *nm* drive-in cash machine

autobiografía *nf* autobiography

autobiográfico, -a *adj* autobiographical

autobombo *nm Fam* **darse a.** to blow one's own trumpet

autobronceador *nm* self-tanning cream

autobús (*pl* **autobuses**) *nm* bus ▫ ***a. de línea*** (inter-city) bus, *Br* coach; ***a. urbano*** city bus

autocar *nm* coach

autocaravana *nf* camper (van)

autocarril *nm Bol, Chile, Nic (automotor)* railcar *(with own power unit)*

autocartera *nf* = shares in a company held by that same company

autocensura *nf* self-censorship

autocine *nm* drive-in (cinema)

autoclave *nm Med* autoclave, sterilizing unit

autocomplacencia *nf* self-satisfaction

autocomplaciente *adj* self-satisfied

autocontrol *nm* self-control

autocracia *nf Pol* autocracy

autócrata *nmf Pol* autocrat

autocrático, -a *adj* autocratic

autocrítica *nf* self-criticism

autocrítico, -a *adj* self-critical

autóctono, -a 1 *adj* indigenous, native
2 *nm,f* native

autodefensa *nf* self-defence

autodefinido *nm* = type of crossword

autodenominado, -a *adj* self-proclaimed

autodestrucción *nf* self-destruction

autodestructivo, -a *adj* self-destructive

autodestruirse *vpr* to self-destruct

autodeterminación *nf Pol* self-determination; **el derecho a la a.** the right to self-determination

autodiagnóstico *nm Informát* self-test

autodidacta 1 *adj inv* self-taught
2 *nmf* self-taught person

autodidacto, a = autodidacta

autodirigido, -a *adj* guided

autodisciplina *nf* self-discipline

autodominio *nm* self-control

autódromo *nm* motor racing circuit

autoedición *nf Informát* desktop publishing

autoeditor, -a *nm,f Informát* DTP operator

autoempleo *nm* self-employment

autoencendido *nm Aut* automatic ignition

autoescuela *nf* driving school

autoestima *nf* self-esteem

autoestop *nm* hitch-hiking; **hacer a.** to hitch-hike

autoestopista *nmf* hitch-hiker

autoevaluación *nf* self-assessment

autoexcluirse *vpr* to exclude oneself

autoexec [auto'eksek] *nm Informát* autoexec file

autoexilio *nm* voluntary exile

autofecundación *nf (de planta)* self-fertilization, self-pollination

autofinanciación *nf Fin* self-financing

autofinanciar 1 *vt* to self-finance
2 autofinanciarse *vpr* to be self-financed

autofocus *nm inv* autofocus

autógeno, -a *adj (soldadura)* autogenous

autogestión *nf* (**a**) *(de empresa)* self-management (**b**) *(de región, país)* self-government

autogestionar 1 *vt* **autogestionan sus fondos** they manage their own finances
2 autogestionarse *vpr* (**a**) *(empresa)* to manage itself (**b**) *(región, país)* to govern itself

autogiro *nm* autogiro

autogobierno *nm Pol* self-government, self-rule

autogol *nm Dep* own goal

autógrafo *nm* autograph

autoinculpación *nf* self-incrimination

autoinculparse *vpr* **a. de algo** to incriminate oneself of sth

autoinmune *adj Med* autoimmune

autoinmunidad *nf* autoimmunity

automarginación *nf* self-exclusion from society

autómata *nm también Fig* automaton, robot

automáticamente *adv* automatically

automático, -a 1 *adj* automatic
2 *nm (cierre)* press-stud

automatismo *nm* automatism

automatización *nf* automation

automatizar [14] *vt* to automate

automedicación *nm* self-medication

automedicarse [59] *vpr* to self-administer medicine

automoción *nf (sector)* car industry

automotor, -triz 1 *adj* self-propelled
2 *nm* railcar *(with own power unit)*

automóvil *nm* car, *US* automobile

automovilismo *nm* motoring; *Dep* motor racing

automovilista *nmf* motorist, driver

automovilístico, -a *adj* motor; *Dep* motor-racing; **accidente a.** car accident; **industria automovilística** motor industry

autonomía *nf* (**a**) *Pol (facultad)* autonomy; *(territorio)* autonomous region (**b**) *(de persona)* independence (**c**) *(de vehículo)* range; *(de videocámara)* recording time ▫ ***a. de vuelo*** *(de avión)* range

autonómico, -a *adj Pol* autonomous

autonomismo *nm Pol* autonomy movement

autonomista *adj & nmf Pol* autonomist

autónomo, -a 1 *adj* (**a**) *Pol* autonomous (**b**) *(trabajador)* self-employed; *(traductor, periodista)* freelance
2 *nm,f (trabajador)* self-employed person; *(traductor, periodista)* freelance, freelancer

autopista *nf Br* motorway, *US* freeway ▫ ***a. de peaje*** *Br* toll motorway, *US* turnpike; *Informát* ***autopista(s) de la información*** information superhighway

autoproclamado, -a *adj (proclamado)* self-proclaimed; *(supuesto)* soi-disant

autoproclamarse *vpr* to proclaim oneself

autopropulsado, -a *adj* self-propelled

autopropulsión *nf* self-propulsion

autopsia *nf Med* autopsy, post-mortem

autor, -ora *nm,f* **(a)** *(de libro)* author; *(de cuadro)* painter; *(de canción)* writer; *(de sinfonía)* composer; **de a. anónimo** *o* **desconocido** anonymous **(b)** *(de crimen, fechoría)* perpetrator; *Der* **a. material del hecho** actual perpetrator of the crime **(c)** *(de gol)* scorer
autoría *nf (de obra)* authorship; *(de crimen)* perpetration
autoridad *nf* authority; **impusieron su a.** they imposed their authority; **es una a. en historia** he is an authority on history; **habla siempre con mucha a.** she always talks with great authority; **la a.** the authorities; **entregarse a las autoridades** *(a la policía)* to give oneself up
autoritariamente *adv* in an authoritarian way, dictatorially
autoritario, -a *adj & nm,f* authoritarian
autoritarismo *nm Pol* authoritarianism
autorización *nf* authorization; **dar a. a alguien (para hacer algo)** to authorize sb (to do sth); **tenemos a. para usar la sala** we have permission to use the hall
autorizado, -a *adj* **(a)** *(permitido a)* authorized; **no a.** unlicensed, unauthorized **(b)** *(digno de crédito)* authoritative
autorizar [14] *vt* **(a)** *(dar permiso a)* to allow; *(en situaciones oficiales)* to authorize; **a. la publicación de un informe** to authorize the publication of a report **(b)** *(capacitar)* to allow, to entitle; **este título nos autoriza para ejercer en la UE** this qualification allows us to practise in the EU **(c)** *(justificar)* to justify
autorradio *nm o nf* car radio
autorregulación *nf* self-regulation
autorretorno *nm Informát* word wrap
autorretrato *nm* self-portrait
autorreverse *nm* auto-reverse
autorreversible *adj* auto-reverse; **un casete a.** a cassette recorder with auto-reverse
autoservicio *nm* **(a)** *(restaurante)* self-service restaurant **(b)** *(supermercado)* self-service shop
autostop *nm* hitch-hiking; **hacer a.** to hitch-hike
autostopista *nmf* hitch-hiker
autosuficiencia *nf* self-sufficiency
autosuficiente *adj* self-sufficient
autosugestión *nf* autosuggestion
autosugestionarse *vpr* to convince oneself (**de** of)
autótrofo, -a *adj Biol* autotrophic
autovacuna *nf Med* autoinoculation
autovía *nf Br* dual carriageway, *US* divided highway
auxiliar 1 *adj también Gram* auxiliary
2 *nmf* assistant ❏ ***a. administrativo*** office clerk; ***a. de vuelo*** air steward(ess)
3 *nm Gram* auxiliary
4 *vt* to assist, to help
auxilio 1 *nm* assistance, help; **pedir/prestar a.** to call for/give help; **primeros auxilios** first aid
2 *interj* **¡a.!** help!

av. *(abrev de* **avenida***)* Ave
aval *nm* **(a)** *(persona)* guarantor **(b)** *(documento)* guarantee, reference ❏ ***a. bancario*** banker's reference **(c)** *Com* endorsement
avalancha *nf* avalanche; *Fig* **una a. de solicitudes/preguntas** an avalanche of applications/questions
avalar *vt (préstamo, crédito)* to guarantee; **su reputación lo avala** his reputation is guarantee enough
avalista *nmf* guarantor
avance 1 *ver* **avanzar**
2 *nm* **(a)** *(movimiento hacia delante)* advance; **avances científicos** scientific advances **(b)** *Fin (anticipo)* advance payment **(c)** *Rad & TV (de futura programación)* preview ❏ ***a. informativo*** news in brief
avanzada *nf Mil* advance patrol
avanzadilla *nf* **(a)** *(grupo)* advance party **(b)** *Mil* advance patrol
avanzado, -a 1 *adj* **(a)** *(adelantado)* advanced **(b)** *(progresista)* progressive **(c)** *(hora)* late; **a avanzadas horas de la noche** late at night
2 *nm,f* person ahead of his/her time
avanzar [14] **1** *vi* to advance; **el tiempo avanza muy deprisa** time passes quickly; **las tropas continúan avanzando** the troops continue to advance
2 *vt* **(a)** *(adelantar)* to move forward; **avanzaron varias posiciones en la clasificación de liga** they moved up several places in the league **(b)** *(noticias)* **a. algo a alguien** to inform sb of sth in advance
avaricia *nf* greed, avarice; EXPR **la a. rompe el saco** greed doesn't pay; EXPR *Fam* **ser feo/pesado con a.** to be ugly/boring in the extreme
avaricioso, -a 1 *adj* **(a)** *(tacaño)* avaricious, miserly **(b)** *(codicioso)* greedy
2 *nm,f* **(a)** *(tacaño)* miser **(b)** *(codicioso)* greedy person
avariento, -a 1 *adj* avaricious, miserly
2 *nm,f* miser
avaro, -a 1 *adj* **(a)** *(tacaño)* miserly, mean **(b)** *(codicioso)* greedy
2 *nm,f* **(a)** *(tacaño)* miser **(b)** *(codicioso)* greedy person
avasallador, -ora 1 *adj* overwhelming
2 *nm,f* slave driver
avasallamiento *nm (de pueblo)* subjugation
avasallar 1 *vt* **(a)** *(arrollar)* to overwhelm; **va por la vida avasallando a todo el mundo** she barges her way through life; **dejarse a.** to let oneself to be pushed *o* ordered around **(b)** *(someter)* to subjugate
2 *vi (arrollar)* **va por la vida avasallando** she barges her way through life
avatar *nm* **(a)** *(cambio)* vagary, sudden change; **los avatares de la vida** the ups and downs of life **(b)** *Informát* avatar
Avda, avda. *(abrev de* **avenida***)* Ave
AVE *nm (abrev de* **alta velocidad española***)* = Spanish high-speed train

ave[1] *nf*

> Takes the masculine articles **el** and **un**.

(a) *(animal)* bird; EXPR **ser un a. de paso** to be a rolling stone ❏ ***a. acuática*** waterfowl; ***aves de corral*** poultry; *también Fig* ***el A. Fénix*** the phoenix; ***a. lira*** lyrebird; ***a. marina*** seabird; ***a. migratoria*** migratory bird; ***a. nocturna*** nocturnal bird; ***a. del Paraíso*** bird of paradise ***a. rapaz*** *o* ***de rapiña*** bird of prey **(b)** *Arg (pollo)* chicken
ave[2] *interj* **¡A. María Purísima!** *(indica sorpresa)* saints preserve us!
avecinarse *vpr* to be on the way; **¡la que se nos avecina!** we're really in for it!
avefría *nf* lapwing
avejentado, -a *adj (persona, cuero)* aged
avejentar 1 *vt* to age, to put years on
2 avejentarse *vpr* to age
avellana *nf* hazelnut
avellanal, avellanar *nm* grove of hazel trees
avellano *nm* hazel (tree)
A. María *nf (oración)* Hail Mary
avemaría *nf*

> Takes the masculine articles **el** and **un**.

(oración) Hail Mary
avena *nf* **(a)** *(planta)* oat ❏ ***a. loca*** wild oats **(b)** *(grano)* oats
avenencia *nf (acuerdo)* compromise
avengo *etc ver* **avenir**
avenida *nf* **(a)** *(calle)* avenue **(b)** *(crecida de río)* flood, freshet
avenido, -a *adj* **bien/mal avenidos** on good/bad terms
avenir [69] **1** *vt* to reconcile, to conciliate
2 avenirse *vpr* **(a)** *(llevarse bien)* to get on (well) **(b)** *(ponerse de acuerdo)* to come to an agreement; **avenirse a algo/a hacer algo** to agree on sth/to do sth
aventajado, -a *adj (adelantado)* outstanding
aventajar 1 *vt* **(a)** *(rebasar)* to overtake **(b)** *(estar por delante de)* to be ahead of; **a. a alguien en algo** to surpass sb in sth
2 aventajarse *vpr (mejorar)* to improve, to get better
aventar [3] **1** *vt* **(a)** *(abanicar)* to fan **(b)** *Agr* to winnow **(c)** *CAm, Méx, Perú (empujar)* to push, to shove **(d)** *Andes, CAm, Méx (tirar)* to throw
2 aventarse *vpr Méx (tirarse)* to throw oneself
aventón *nm* **(a)** *Am* **pedir/dar a.** to hitch/give a lift **(b)** *CAm, Méx, Perú (empujón)* push, shove
aventura *nf* **(a)** *(suceso, empresa)* adventure; **embarcarse en una a.** to set off on an adventure **(b)** *(relación amorosa)* affair
aventurado, -a *adj* risky
aventurar 1 *vt* **(a)** *(dinero, capital)* to risk, to venture **(b)** *(opinión)* to venture, to hazard
2 aventurarse *vpr* to take a risk/risks; **aventurarse a hacer algo** to dare to do sth

aventurero, -a 1 *adj* adventurous
2 *nm,f* adventurer, *f* adventuress

avergonzado, -a *adj* **(a)** *(humillado, dolido)* ashamed **(b)** *(abochornado)* embarrassed

avergonzar [10] **1** *vt* **(a)** *(deshonrar, humillar)* to shame **(b)** *(abochornar)* to embarrass
2 avergonzarse *vpr (por remordimiento)* to be ashamed (**de** of); *(por timidez)* to be embarrassed (**de** about)

avería *nf (de máquina)* fault; *(de vehículo)* breakdown; **tuvimos una a. en la carretera** we broke down on the road; **llamar a averías** *(para vehículo)* to call the garage; *(para aparato)* to call the repair service; *Fam* **hacerse una a.** *(herida)* to hurt oneself

averiado, -a *adj (máquina)* out of order; *(vehículo)* broken down

averiar [32] **1** *vt* to damage
2 averiarse *vpr* to break down

averiguación *nf* **(a)** *(indagación)* investigation; **hacer averiguaciones** to make inquiries **(b)** *CAm, Méx (discusión)* argument, dispute

averiguar [11] **1** *vt* **(a)** *(indagar)* to find out **(b)** *(adivinar)* to guess
2 *vi CAm, Méx (discutir)* to argue, to quarrel

aversión *nf* aversion; **tener a. a, sentir a. hacia** to feel aversion towards

avestruz *nm* ostrich; **la política/táctica del a.** burying one's head in the sand

avezado, -a *adj* accustomed (**a** to)

aviación *nf* **(a)** *(navegación)* aviation **(b)** *(ejército)* air force

aviador, -ora *nm,f* **(a)** *(piloto)* aviator **(b)** *Méx muy Fam* = person listed as an employee in a government office and who is paid but who never comes to work

aviar [32] **1** *vt* **(a)** *(preparar)* to prepare **(b)** *Fam (apañar)* **¡estamos aviados!** we've had it!; **estás aviado si te crees que te lo va a dar** you're kidding yourself if you think he's going to give it to you; **¡estaríamos aviados!** that would be the absolute end!, that would be all we need!
2 aviarse *vpr Fam (manejarse)* to manage; **se las avía muy bien solo** he manages very well on his own

avícola *adj* poultry; **granja a.** poultry farm

avicultor, -ora *nm,f* poultry breeder, chicken farmer

avicultura *nf* poultry farming

ávidamente *adv* **(a)** *(ansiosamente)* avidly, eagerly **(b)** *(codiciosamente)* greedily, avariciously

avidez *nf* eagerness; **con a.** eagerly

ávido, -a *adj* eager (**de** for)

aviene *etc ver* **avenir**

aviento *etc ver* **aventar**

avieso, -a *adj (malo)* evil, twisted

avinagrado, -a *adj también Fig* sour

avinagrar 1 *vt (vino, alimento)* to sour, to make sour
2 avinagrarse *vpr* **(a)** *(vino, alimento)* to go sour **(b)** *(persona, carácter)* to become sour; **se le avinagró el carácter** she became bitter

avío *nm* **(a)** *(preparativo)* preparation **(b)** *(víveres)* provisions; *Fam* **avíos** *(equipo)* things, kit

avión *nm* **(a)** *(aeronave)* plane; **en a.** by plane; **por a.** *(en sobre)* airmail ▫ ***a. de caza*** fighter plane; ***a. cisterna*** tanker (plane); ***a. de despegue vertical*** jump jet; ***a. invisible*** stealth bomber/fighter; ***a. nodriza*** refuelling plane; ***a. de pasajeros*** passenger plane; ***a. a reacción*** jet **(b)** *(pájaro)* house-martin

avioneta *nf* light aircraft

aviónica *nf* avionics *(singular)*

avisado, -a *adj* prudent, discreet

avisar *vt* **(a)** *(informar)* **a. a alguien de algo** to let sb know sth, to tell sb sth **(b)** *(advertir)* to warn (**de** of); **entró sin a.** she came in without knocking **(c)** *(llamar)* to call, to send for

aviso *nm* **(a)** *(advertencia, amenaza)* warning; **andar sobre a.** to be on the alert; **estar sobre a.** to be forewarned; **poner sobre a. a alguien** to warn sb; **¡que te sirva de a.!** let that be a warning to you! ▫ ***a. de bomba*** bomb warning **(b)** *(notificación)* notice; *(en teatros, aeropuertos)* call; **hasta nuevo a.** until further notice; **sin previo a.** without notice; **llegó sin previo a.** he arrived without warning ▫ *Com* ***a. de vencimiento*** due-date reminder **(c)** *Taurom* = warning to matador not to delay the kill any longer

avispa *nf* wasp

avispado, -a *adj Fam* sharp, quick-witted

avispar 1 *vt Chile (espantar)* to frighten
2 avisparse *vpr Fam (despabilarse)* to become alert, to become quick-witted

avispero *nm* **(a)** *(nido)* wasp's nest **(b)** *Fam (lío)* mess; **meterse en un a.** to get into a mess

avispón *nm* hornet

avistar *vt* to sight, to make out

avitaminosis *nf inv Med* vitamin deficiency

avituallamiento *nm* provisioning

avituallar *vt* to provide with food

avivar 1 *vt* **(a)** *(sentimiento)* to rekindle **(b)** *(color)* to brighten **(c)** *(fuego)* to stoke up **(d)** *(acelerar)* **a. el paso** to quicken one's pace, to go faster
2 avivarse *vpr* **(a)** *(sentimiento)* to be rekindled **(b)** *(color)* to brighten **(c)** *(fuego)* to flare up

avizor *adj* **estar ojo a.** to be on the lookout

avizorar *vt* to watch, to spy on

avoceta *nf* avocet

avutarda *nf* great bustard

axial *adj* axial

axila *nf* armpit

axilar *adj* underarm; **zona a.** armpit

axioma *nm* axiom

axiomático, -a *adj* axiomatic

axón *nm Anat* axon

ay *interj* **¡ay!** *(dolor físico)* ouch!; *(sorpresa, pena)* oh!; **¡ay de mí!** woe is me!; **¡ay de ti si te cojo!** Heaven help you if I catch you!

aya *nf*

> Takes the masculine articles **el** and **un**.

governess

ayatola, ayatolá *nm* ayatollah

ayer 1 *adv (el día anterior)* yesterday; *(en el pasado)* in the past; **a. (por la) noche** last night; **a. por la mañana** yesterday morning
2 *nm* **el a.** yesteryear

ayo *nm (tutor)* tutor

ayuda 1 *nf* **(a)** *(asistencia)* help, assistance; **acudir en a. de alguien** to go to sb's assistance; **prestar a.** to help, to assist ▫ ***a. en carretera*** breakdown service; *Informát* ***a. en línea*** on-line help; *Informát* ***a. en pantalla*** onscreen help **(b)** *Pol & Econ* aid ▫ ***a. al desarrollo*** development aid; ***a. exterior*** foreign aid; ***a. humanitaria*** humanitarian aid
2 *Hist* ***a. de cámara*** royal valet

ayudanta *nf* assistant

ayudante 1 *adj* assistant
2 *nmf* assistant ▫ ***a. técnico sanitario*** qualified nurse

ayudantía *nf (en universidad)* assistantship

ayudar 1 *vt* to help; **a. a alguien a hacer algo** to help sb (to) do sth; **¿en qué puedo ayudarle?** how can I help you?
2 ayudarse *vpr* **ayudarse de** *o* **con** to make use of

ayunar *vi* to fast

ayunas *nfpl* **estar en a.** *(sin comer)* not to have eaten; *Fig (sin enterarse)* to be in the dark; **venga en a. para hacerse el análisis de sangre** don't eat anything before you come for your blood test

ayuno *nm* fast; **hacer a.** to fast

ayuntamiento *nm* **(a)** *(corporación)* town council, *US* city council **(b)** *(edificio)* town hall, *US* city hall **(c)** *Formal* **a. (carnal)** *(coito)* sexual intercourse

azabache *nm* jet; **negro como el a.** jet-black

azada *nf* hoe

azadón *nm* (large) hoe

azafata *nf* air stewardess, *Br* air hostess ▫ ***a. de exposiciones y congresos, a. de ferias y congresos*** (conference) hostess; ***a. de tierra*** stewardess; ***a. de vuelo*** air stewardess, *Br* air hostess

azafrán *nm (condimento)* saffron

azafranado, -a *adj* saffron(-coloured)

azahar *nm* **(a)** *(del naranjo)* orange blossom **(b)** *(del limonero)* lemon blossom

azalea *nf* azalea

azar *nm* chance, fate; **al a.** at random; **por (puro) a.** by (pure) chance

azaramiento *nm* embarrassment

azarar 1 *vt (avergonzar)* to embarrass, to fluster; **a. a alguien** *(ruborizar)* to make sb blush
2 azararse *vpr (avergonzarse)* to be

embarrassed, to be flustered; *(ruborizarse)* to blush

azaroso, -a *adj* (**a**) *(peligroso)* hazardous, risky (**b**) *(con aventuras)* eventful

Azerbaiyán *n* Azerbaijan

azerbaiyano, -a, azeri *adj & nm,f* Azerbaijani, Azeri

ázimo *adj (pan)* unleavened

azimut (*pl* **azimutes**) *nm Astron* azimuth

azogar [38] *vt* to quicksilver, to silver

azogue *nm Anticuado* quicksilver, mercury

azor *nm* goshawk

azorado, -a *adj* embarrassed, flustered

azoramiento *nm* embarrassment

azorar 1 *vt* to embarrass
 2 azorarse *vpr* to be embarrassed

Azores *nfpl* **las A.** the Azores

azotado, -a *adj Chile (atigrado)* striped

azotaina *nf Fam* **dar una a. a alguien** to give sb a good smacking

azotar 1 *vt (pegar, golpear)* to beat; *(en el trasero)* to smack, to slap; *(con látigo)* to whip; *Fig* **la epidemia azotó la región** the region was devastated by the epidemic
 2 azotarse *vpr* (**a**) *(persona)* to flog oneself (**b**) *Bol (lanzarse)* to throw oneself

azote *nm* (**a**) *(utensilio para golpear)* whip, scourge (**b**) *(latigazo)* lash; *(en el trasero)* smack, slap; **dar un a. a alguien** to smack sb (**c**) *(calamidad)* scourge

azotea *nf* (**a**) *(de edificio)* terraced roof (**b**) *Fam (cabeza)* **estar mal de la a.** to be funny in the head

AZT *nm* AZT

azteca 1 *adj* (**a**) *(precolombino)* Aztec (**b**) *Fam (mexicano)* **el equipo a.** the Mexican team
 2 *nmf* Aztec
 3 *nm (lengua)* Nahuatl, Aztec

azúcar *nm o nf* sugar; **sin a.** sugar-free ▫ ***a. blanquilla*** refined sugar; ***a. cande*** *o* ***candi*** sugar candy; *Chile* ***a. Flor*** icing sugar; ***a. glass*** icing sugar; *RP* ***a. impalpable*** icing sugar; ***a. de lustre*** icing sugar; ***a. moreno*** brown sugar

azucarado, -a *adj* sweet, sugary

azucarar 1 *vt* (**a**) *(endulzar)* to sugar-coat, to sugar (**b**) *Fam (suavizar)* to sweeten
 2 azucararse *vpr* (**a**) *(almibarar)* to become sugary (**b**) *Am (cristalizar)* to crystallize

azucarera *nf* (**a**) *(fábrica)* sugar refinery (**b**) *(recipiente)* sugar bowl

azucarero, -a 1 *adj* sugar; **la industria azucarera** the sugar industry
 2 *nm* sugar bowl

azucarillo *nm* (**a**) *(terrón)* sugar lump (**b**) *(dulce)* lemon candy

azucena *nf* white lily

azufaifa *nf* jujube fruit

azufaifo *nm* common jujube

azufre *nm* sulphur

azufroso, -a *adj* sulphurous

azul 1 *adj* (**a**) *(color)* blue (**b**) *(pescado)* oily
 2 *nm* (**a**) *(color)* blue ▫ ***a. celeste*** sky blue; ***a. de cobalto*** cobalt blue; ***a. eléctrico*** electric blue; ***a. marino*** navy blue; ***a. de metileno*** methylene blue ***a. de Prusia*** Prussian blue; ***a. turquesa*** turquoise ***a. de ultramar*** ultramarine (**b**) *Am (azulete)* blue

azulado, -a *adj* bluish

azulejo 1 *adj (azulado)* bluish
 2 *nm* (**a**) *(baldosín)* (glazed) tile (**b**) *Ven (pájaro)* = type of bluebird

azulete *nm (para lavar)* blue

azulgrana *adj inv Dep* = relating to Barcelona Football Club

azuzar [14] *vt* (**a**) *(animal)* **a. a los perros contra alguien** to set the dogs on sb (**b**) *(persona)* to egg on

B

B, b [be] *nf (letra)* B, b

baba *nf* (**a**) *(saliva) (de niño)* dribble; *(de adulto)* spittle, saliva; *(de animal)* slobber; *Fam* **se le cae la b. con su hija** she drools over her daughter; *Fam* **se le cae la b. escuchando a Mozart** he's in heaven when he's listening to Mozart; *Fam* **tener mala b.** to be bad-tempered (**b**) *(de caracol)* slime (**c**) *Ven (caimán)* cayman, alligator

babear *vi (niño)* to dribble; *(adulto, animal)* to slobber; *Fam (de gusto)* to drool (**con** over)

babel *nm o nf Fam* **el debate se convirtió en una b.** the debate degenerated into noisy chaos

babeo *nm* dribbling

babero *nm* bib

babi *nm Fam* = child's overall

Babia *nf* EXPR **estar** *o* **quedarse en B.** to have one's head in the clouds

babieca *Fam* **1** *adj* simple, stupid
2 *nmf* fool, idiot

babilla *nf* (**a**) *(de res)* stifle (**b**) *(rótula)* kneecap

Babilonia *n Hist* Babylon

babilónico, -a, babilonio, -a *adj* (**a**) *Hist* Babylonian (**b**) *(fastuoso)* lavish

bable *nm* = Asturian dialect

babor *nm* port; **a b.** to port

babosa *nf* slug

babosada *nf CAm, Méx Fam (disparate)* daft thing; **no digas babosadas** don't talk *Br* rubbish *o US* bull!

babosear *vt* to slobber on *o* all over

baboseo *nm* (**a**) *(de babas)* dribbling (**b**) *(molestia, insistencia)* **me irrita con su b.** I hate the way he sucks up to me

baboso, -a 1 *adj* (**a**) *(niño)* dribbling; *(adulto, animal)* slobbering (**b**) *Am Fam (tonto)* daft, stupid (**c**) *Fam (despreciable)* slimy
2 *nm,f Fam* (**a**) *(persona despreciable)* creep (**b**) *Am (tonto)* twit, idiot

babucha *nf (zapatilla)* slipper; *(árabe)* Moorish slipper

baca *nf* roof rack

bacaladera *nf Esp Fam* = press for transferring credit card details to a paper slip

bacaladero, -a 1 *adj* cod-fishing; **la flota bacaladera** the cod-fishing fleet
2 *nm* cod-fishing boat

bacaladilla *nf* blue whiting

bacalao *nm* cod; EXPR *Fam* **cortar o partir el b.** to be the boss ▫ ***b. al pil-pil*** = Basque dish of salt cod cooked with olive oil and garlic; ***b. salado*** salt(ed) cod; ***b. a la vizcaína*** = Basque dish of salt cod cooked in a tomato and red pepper sauce

bacán *nm* (**a**) *RP (hombre rico)* toff; **como un b.** like a real gentleman (**b**) *Cuba (empanada)* tamale

bacanal *nf* orgy

bacarrá, bacará *nm* baccarat

bachata *nm Cuba, PRico (juerga, jolgorio)* rave-up, binge; **estar de b.** to have a noisy party

bache *nm* (**a**) *(en carretera)* pothole (**b**) *(en un vuelo)* air pocket (**c**) *(dificultades)* bad patch

bachiller *nmf* = person who has passed the "bachillerato"

bachillerato *nm* = academically orientated Spanish secondary school course for pupils aged 14–17 ▫ *Antes* ***b. elemental*** = first two years of "bachillerato"; *Antes* ***b. superior*** = final years of "bachillerato"; *Antes* ***b. unificado polivalente*** = academically orientated Spanish secondary school course for pupils aged 14–17

bacilo *nm* bacillus ▫ ***b. de Koch*** tubercle bacillus, Koch's bacillus

bacín *nm,* **bacinilla** *nf (orinal)* chamber pot

bacinica *nf Am* chamber pot

backgammon *nm* backgammon

backup [ba'kap] (*pl* **backups**) *nm Informát* backup

bacon ['beikon] *nm inv Esp* bacon; **b. entreverado** streaky bacon

bacoreta *nf (pez)* little tunny

bacteria *nf* bacteria, *Espec* bacterium; **bacterias** bacteria; **el aire está lleno de bacterias** the air is full of germs

bacteriano, -a *adj* bacterial

bactericida 1 *adj Med* bactericidal
2 *nm* bactericide

bacteriófago *nm Med* bacteriophage

bacteriología *nf* bacteriology

bacteriológico, -a *adj* **guerra bacteriológica** germ *o* bacteriological warfare

bacteriólogo, -a *nm,f* bacteriologist

báculo *nm* (**a**) *(de obispo)* crosier (**b**) *(sostén)* support; **ella será el b. de mi vejez** she'll comfort me in my old age

badajo *nm* clapper *(of bell)*

badana *nf (de sombrero)* hatband; *Fam* **zurrarle a alguien la b.** to tan sb's hide

badén *nm* (**a**) *(de carretera)* ditch (**b**) *(cauce)* channel

badil *nm,* **badila** *nf* fire shovel

bádminton *nm inv* badminton

badulaque 1 *adj (tonto)* foolish, stupid
2 *nm (tonto)* fool, idiot

bafle (*pl* **bafles**), **baffle** ['bafle]; (*pl* **baffles**) *nm* loudspeaker

bagaje *nm* background ▫ ***b. cultural*** cultural baggage

bagatela *nf* trifle

bagazo *nm* (**a**) *(de caña de azúcar)* bagasse, sugarcane pulp (**b**) *(de linaza)* linseed pulp (**c**) *(de frutas)* marc, waste pulp

Bagdad *n* Baghdad

bagre *nm* (**a**) *(pez)* catfish (**b**) *Perú, RP Pey (mujer)* ugly woman (**c**) *CRica Pey (prostituta)* prostitute (**d**) *CAm (persona astuta)* astute person (**e**) *Andes (sujeto desagradable)* fool, idiot

bagual, -ala *Bol, RP* **1** *adj (feroz)* wild, untamed
2 *nm (caballo)* wild horse

bah *interj* **¡b.!** bah!

Bahamas *nfpl* **las B.** the Bahamas

bahamés, -esa (*pl* **bahameses**) **1** *adj* of/relating to the Bahamas
2 *nm,f* person from the Bahamas

bahía *nf* bay ▫ ***b. de Cochinos*** bay of Pigs

bahiano, -a 1 *adj* of/from Bahia
2 *nm,f* person from Bahia

Bahrain *n* Bahrain

Baikal *nm* **el (lago) B.** Lake Baikal

bailable *adj* danceable; **música b.** music you can dance to

bailaor, -ora, bailador, -ora *nm,f* flamenco dancer

bailar 1 *vt* to dance; **b. una rumba** to dance a rumba; **es difícil b. esta música** it's difficult to dance to this music; EXPR *Fam* **que me quiten lo bailado** no one can take away the good times
2 *vi* (**a**) *(danzar)* to dance; **sacar a alguien a b.** *(bailar)* to dance with sb; *(pedir)* to ask sb to dance *o* for a dance; EXPR *Fam* **es otro que tal baila** he's just the same, he's no different; EXPR **el padre era un mujeriego y el hijo es otro que tal baila** the father was a womanizer and his son's a chip off the old block; *Fig* **ése baila al son que le tocan los de arriba** he does whatever his bosses tell him to do
(**b**) *(no encajar)* to be loose; **le baila un diente** he has a loose tooth; **los pies me**

bailan (en los zapatos) my shoes are too big

bailarín, -ina *nm,f* dancer; *(de ballet)* ballet dancer

baile *nm* (**a**) *(pieza, arte)* dance; **¿me concede este b.?** may I have the pleasure of this dance? ❑ ***b. clásico*** ballet; ***b. de disfraces*** fancy-dress ball; ***b. de máscaras*** masked ball; ***bailes de salón*** ballroom dances; ***b. de San Vito*** *(enfermedad)* St Vitus' dance; EXPR *Fam* **tener el b. de San Vito** *(no estar quieto)* to have ants in one's pants (**b**) *(fiesta)* ball (**c**) *(en contabilidad)* ***b. de cifras*** number transposition

bailón, -ona *adj & nm,f Fam* **ser muy b.** to love dancing

bailongo *nm Fam* bop, boogie

bailotear *vi Fam* to bop, to boogie

bailoteo *nm Fam* bopping

BAJA *nf* (**a**) *(descenso)* drop, fall; **una b. en las temperaturas** a drop in temperature; **no se descarta una b. en los tipos de interés** a cut in interest rates isn't being ruled out; **redondear el precio a la b.** to round the price down; **el precio del cacao sigue a la b.** the price of cocoa is continuing to fall, the slump in the price of cocoa is continuing; **la bolsa de Madrid sigue a la b.** share prices on the Madrid stock exchange are continuing to fall; **tendencia a la b.** downward trend; **las eléctricas cotizaron ayer a la b.** share prices for the electricity companies fell yesterday; *Fin* **jugar a la b.** to bear the market

(**b**) *(cese)* redundancy; **han anunciado veinte bajas** *(forzadas)* they have announced twenty redundancies; **la empresa ha sufrido bajas entre sus directivos** *(voluntarias)* a number of managers have left the firm; **la pérdida de las elecciones provocó cientos de bajas en el partido** the election defeat caused hundreds of people to leave the party; **dar de b. a alguien** *(en una empresa)* to lay sb off; *(en un club, sindicato)* to expel sb; **darse de b. (de)** *(dimitir)* to resign (from); *(salirse)* to drop out (of); **pedir la b.** *(de un club, organización)* to ask to leave; *(del ejército)* to apply for a discharge ❑ ***b. incentivada*** voluntary redundancy; ***b. por jubilación*** retirement

(**c**) *(por enfermedad) (permiso)* sick leave; *(documento)* sick note, doctor's certificate; **estar/darse de b.** to be on/take sick leave ❑ ***b. por enfermedad*** sick leave; ***b. por maternidad*** maternity leave

(**d**) *Mil* loss, casualty; **se registraron numerosas bajas en el combate** they suffered heavy casualties in the battle, a number of people were lost in the battle

(**e**) *Dep (por lesión)* casualty, injured player; *(por sanción)* suspended player; **el Boca tiene varias bajas** Boca have a number of players injured/suspended; **al no haberse recuperado todavía, el brasileño causa** *o* **es b. para el próximo encuentro** as he still hasn't recovered from injury, the Brazilian is out of the next game; **acudieron a la final con varias bajas importantes** they went into the final with a number of important players missing

bajá *(pl* **bajás***) nm* pasha, bashaw

bajada *nf* (**a**) *(descenso)* descent; **cuando veníamos de b.** on our way (back) down ❑ ***b. de bandera*** *(de taxi)* minimum fare (**b**) *(pendiente)* (downward) slope (**c**) *(disminución)* decrease, drop; **b. de los precios** *(caída)* drop *o* fall in prices; *(rebaja)* reduction in prices

bajamar *nf* low tide

bajante *nf (tubería)* drainpipe

bajaquillo *nm* groundsel tree

BAJAR **1** *vt* (**a**) *(poner abajo) (libro, cuadro)* to take/bring down; *(telón, persiana)* to lower; *(ventanilla)* to wind down, to open; **he bajado la enciclopedia de la primera a la última estantería** I've moved the encyclopaedia down from the top shelf to the bottom one; **ayúdame a b. la caja** *(desde lo alto)* help me get the box down; *(al piso de abajo)* help carry the box downstairs

(**b**) *(ojos, cabeza, mano)* to lower; **bajó la cabeza con resignación** she lowered *o* bowed her head in resignation

(**c**) *(descender) (montaña, escaleras)* to go/come down; **bajó las escaleras a toda velocidad** she ran down the stairs as fast as she could; **bajó la calle a todo correr** he ran down the street as fast as he could

(**d**) *(reducir) (inflación, hinchazón)* to reduce; *(precios)* to lower, to cut; *(música, volumen, radio)* to turn down; *(fiebre)* to bring down; **b. el fuego (de la cocina)** to reduce the heat; **b. el tono** to lower one's voice; **b. la moral a alguien** to cause sb's spirits to drop; **b. los bríos** *o* **humos a alguien** to take sb down a peg or two; **b. la guardia** to lower *o* drop one's guard; **no bajaré la guardia ni un instante** I won't lower *o* drop my guard for a second

(**e**) *(hacer descender de categoría)* to demote

(**f**) *Fam Informát* to download

(**g**) *Carib Fam (pagar)* to cough up, to pay up

2 *vi* (**a**) *(apearse) (de coche)* to get out; *(de moto, bicicleta, tren, avión)* to get off; *(de caballo)* to dismount; *(de árbol, escalera de mano, silla)* to come/get down; **b. de** *(de coche)* to get out of; *(de moto, bicicleta, tren, avión)* to get off; *(de caballo)* to get off, to dismount; *(de árbol, escalera, silla, mesa)* to come/get down from; **es peligroso b. de un tren en marcha** it is dangerous to jump off a train while it is still moving; **b. a tierra** *(desde barco)* to go on shore; **bajo en la próxima parada** I'm getting off at the next stop

(**b**) *(descender)* to go/come down; **¿podrías b. aquí un momento?** could you come down here a minute?; **tenemos que b. a sacar la basura** we have to go down to put the *Br* rubbish *o* *US* trash out; **bajo enseguida** I'll be down in a minute; **b. corriendo** to run down; **b. en ascensor** to go/come down in the *Br* lift *o* *US* elevator; **b. por la escalera** to go/come down the stairs; **b. (a) por algo** to go down and get sth; **ha bajado a comprar el periódico** she's gone out *o* down to get the paper; **b. a desayunar** to go/come down for breakfast; **el río baja crecido** the river is high; **está bajando la marea** the tide is going out; **el jefe ha bajado mucho en mi estima** the boss has gone down a lot in my estimation

(**c**) *(disminuir)* to fall, to drop; *(fiebre, hinchazón)* to go/come down; *(cauce)* to go down, to fall; **los precios bajaron** prices dropped; **bajó la gasolina** the price of *Br* petrol *o* *US* gasoline fell; **la peseta bajó frente a la libra** the peseta fell against the pound; **bajó la Bolsa** share prices fell; **las acciones de C & C han bajado** C & C share prices have fallen; **han bajado las ventas** sales are down; **este modelo ha bajado de precio** this model has gone down in price, the price of this model has gone down; **el coste total no bajará del millón** the total cost will not be less than *o* under a million; **no bajará de tres horas** it will take at least three hours, it won't take less than three hours

(**d**) *Fam (ir, venir)* to come/go down; **bajaré a la capital la próxima semana** I'll be going down to the capital next week; **¿por qué no bajas a vernos este fin de semana?** why don't you come down to see us this weekend?

(**e**) *(descender de categoría)* to be demoted (**a** to); *Dep* to be relegated, to go down (**a** to); **el Atlético bajó de categoría** Atlético went down

3 bajarse *vpr* (**a**) *(apearse) (de coche)* to get out; *(de moto, bicicleta, tren, avión)* to get off; *(de árbol, escalera, silla)* to get/come down; *(de caballo)* to dismount; **bajarse de** *(de coche)* to get out of; *(de moto, bicicleta, tren, avión)* to get off; *(de caballo)* to get off, to dismount; *(de árbol, escalera, silla)* to come/get down from; **nos bajamos en la próxima** we get off at the next stop; **¡bájate de ahí ahora mismo!** get/come down from there at once!; EXPR *Fam* **bajarse del burro** to back down

(**b**) *Fam (ir, venir)* to come/go down; **bájate a la playa conmigo** come down to the beach with me

(**c**) *(agacharse)* to bend down, to stoop; **¡bájate un poco, que no veo nada!** move your head down a bit, I can't see

(**d**) *(medias, calcetines)* to pull down; **bajarse los pantalones** to take one's trousers down; *Fam* EXPR to climb down

(**e**) *Fam Informát* to download; **me he bajado un juego estupendo** I've downloaded an excellent game onto my computer

bajativo *nm Andes, RP* (**a**) *(licor)* digestive liqueur (**b**) *(tisana)* herbal tea

bajel *nm Literario* vessel, ship

bajera *nf* (**a**) *RP (de cabalgadura)* saddle blanket (**b**) *CAm, Col, Méx (tabaco)* bad tobacco

bajero, -a *adj* lower; *(sábana)* bottom

bajeza *nf* (**a**) *(cualidad)* baseness; **con b.** basely, vilely (**b**) *(acción)* vile deed

bajial *nm Perú* lowland

bajinis *nm* EXPR *Fam* **decir algo por lo b.** to whisper sth, to say sth under one's breath

bajío *nm* (**a**) *(de arena)* sandbank (**b**) *(terreno bajo)* low-lying ground

bajista 1 *adj Fin* bearish; **mercado b.** bear market

2 *nmf (músico)* bassist

BAJO, -A 1 *adj* (**a**) *(objeto, cifra)* low; *(persona, estatura)* short; **es más b. que su amigo** he's shorter than his friend; **el pantano está muy b.** the water (level) in the reservoir is very low; **tengo la tensión baja** I have low blood pressure; **tener la moral baja, estar b. de moral** to be in low *o* poor spirits; **estar en baja forma** to be off form; **han mostrado una baja forma alarmante** they have shown worryingly poor form, they have been worryingly off form; **los precios más bajos de la ciudad** the lowest prices in the city; **tirando** *o* **calculando por lo b.** at least, at the minimum; **de baja calidad** poor (quality); **b. en calorías** low-calorie; **b. en nicotina** low in nicotine (content) ❑ *Arte* ***b. relieve*** bas-relief; *Informát* ***baja resolución*** low resolution

(**b**) *(cabeza)* bowed; *(ojos)* downcast; **paseaba con la cabeza baja** she was walking with her head down

(**c**) *(poco audible)* low; *(sonido)* soft, faint; **en voz baja** softly, in a low voice; **pon la música más baja, por favor** turn the music down, please; **por lo b.** *(en voz baja)* in an undertone; *(en secreto)* secretly; **reírse por lo b.** to snicker, to snigger

(**d**) *(grave)* deep

(**e**) *Geog* lower; **el b. Amazonas** the lower Amazon

(**f**) *Hist* lower; **la baja Edad Media** the late Middle Ages

(**g**) *(pobre)* lower-class ❑ ***los bajos fondos*** the underworld

(**h**) *(vil)* base

(**i**) *(soez)* coarse, vulgar; **se dejó llevar por bajas pasiones** he allowed his baser instincts to get the better of him

(**j**) *(metal)* base

2 *nm* (**a**) *(dobladillo)* hem; **meter el b. de una falda** to take up a skirt

(**b**) *(planta baja) (piso) Br* ground floor flat, *US* first floor apartment; *(local) Br* premises on the ground floor, *US* premises on the first floor; **los bajos** *Br* the ground floor, *US* the first floor

(**c**) *Mús (instrumento, cantante)* bass; *(instrumentista)* bassist

(**d**) *Mús (sonido)* bass

(**e**) *Aut* **bajos** *(de vehículo)* underside

(**f**) *(hondonada)* hollow

(**g**) *(banco de arena)* shoal, sandbank

3 *adv* (**a**) *(hablar)* quietly, softly; **ella habla más b. que él** she speaks more softly than he does; **¡habla más b., vas a despertar al bebé!** keep your voice down or you'll wake the baby up!

(**b**) *(caer)* low; *Fig* **¡qué b. has caído!** how low you have sunk!

(**c**) *(volar)* low

4 *prep* (**a**) *(debajo de)* under; **b. su apariencia pacífica se escondía un ser agresivo** beneath his calm exterior there lay an aggressive nature; **b. cero** below zero; *Fig* **b. cuerda** *o* **mano** secretly, in an underhand manner; *Fig* **le pagó b. mano para conseguir lo que quería** he payed her secretly to get what he wanted; **b. este ángulo** from this angle; **b. la lluvia** in the rain; **b. techo** under cover; **dormir b. techo** to sleep with a roof over one's head *o* indoors

(**b**) *(sometido a)* **b. coacción** under duress; **b. control** under control; **b. el régimen de Franco** under Franco's regime; **fue encarcelado b. la acusación de...** he was jailed on charges of...; *Der* **b. fianza** on bail; **b. mando de** under the command of; **prohibido aparcar b. multa de 5.000 pesetas** no parking – penalty 5,000 pesetas; **b. observación** under observation; **b. palabra** on one's word; **el trato se hizo b. palabra** it was a purely verbal *o* a gentleman's agreement; **b. pena de muerte** on pain of death; **b. tratamiento médico** receiving medical treatment; **b. la tutela de** in the care of

bajón *nm* (**a**) *(bajada)* slump; **dar un b.** to slump (**b**) *Fam* **le dio un b.** *(desánimo)* he got a bit down

bajonazo *nm* **dar un b.** *(salud)* to get worse; *(ventas)* to decline

bajonear *RP* **1** *vt (abatir, deprimir)* **b. a alguien** to get sb down

2 bajonearse *vpr* to get depressed

bajorrelieve *nm* bas-relief

bajura *nf* **pesca de b.** coastal fishing

bakaladero, -a *adj Fam (música)* rave

bakalao *Fam* **1** *adj* rave

2 *nm (música)* rave music; *Esp* **la ruta del b.** = originally, string of rave clubs along the Madrid-Valencia road, now also the rave scene in general

Bakú *n* Baku

bala 1 *nf* (**a**) *(proyectil)* bullet; **entró como una b.** she rushed in; **salió como una b.** he shot off ❑ ***b. de fogueo*** blank cartridge, blank; ***b. de goma*** rubber bullet (**b**) *(fardo)* bale (**c**) *Chile* EXPR **no le entra b.** *(es inflexible)* he is unyielding

2 *nmf Fam* ***b. perdida*** *o* ***rasa*** good-for-nothing, ne'er-do-well

balacear *vt Am (tirotear)* to shoot

balacera *nf Am* shootout

balada *nf* ballad

baladí (*pl* **baladíes**) *adj* trivial

baladre *nm* oleander

baladrón, -ona *nm,f* braggart

baladronada *nf* boast; **echar baladronadas** to boast, to brag

bálago *nm* (**a**) *(paja)* grain stalk (**b**) *(espuma)* soapsuds

balalaika, balalaica *nf* balalaika

balance *nm* (**a**) *Com (operación)* balance; *(documento)* balance sheet ❑ ***b. consolidado*** consolidated balance sheet (**b**) *(resultado)* outcome; **el b. de la experiencia fue positivo** on balance, the experience had been positive; **hacer b. (de)** to take stock (of); **el accidente tuvo un b. de seis heridos** a total of six people were wounded in the accident (**c**) *Cuba (balancín)* rocking chair

balancear 1 *vt (cuna)* to rock; *(columpio)* to swing

2 balancearse *vpr (en columpio, hamaca)* to swing; *(de pie)* to sway; *(en cuna, mecedora)* to rock; *(barco)* to roll

balanceo *nm* (**a**) *(de columpio, hamaca)* swinging; *(de cuna, mecedora)* rocking; *(de barco)* roll; *(de barco, avión)* rolling (**b**) *Am Aut* wheel balance

balancín *nm* (**a**) *(mecedora)* rocking chair; *(en el jardín)* swing hammock (**b**) *(columpio)* seesaw (**c**) *Aut* rocker arm (**d**) *Perú (coche)* jalopy, crock

balandra *nf (embarcación)* sloop

balandrista *nmf* yachtsman, *f* yachtswoman

balandro *nm* yacht

bálano, balano *nm* (**a**) *(del pene)* glans penis (**b**) *(bellota de mar)* acorn barnacle

balanza 1 *nf* (**a**) *(báscula)* scales; **la b. se inclinó a nuestro favor** the balance *o* scales tipped in our favour ❑ ***b. de cocina*** kitchen scales; ***b. de precisión*** precision balance (**b**) *Com* ***b. comercial*** balance of trade; ***b. de pagos*** balance of payments

2 *nf inv* (**a**) *(signo)* Libra; **ser b.** to be a Libran (**b**) *(zodiaco)* Libra

3 *nmf (persona)* Libra

balanzón *nm Méx (de balanza)* pan

balar *vi* to bleat

balarrasa *nm Fam* good-for-nothing, ne'er-do-well

balasto *nm* (**a**) *Ferroc* ballast (**b**) *Col (en carreteras)* gravel bed

balaustrada *nf* (**a**) *Arquit* balustrade (**b**) *(de escalera)* banister

balaustre, balaústre *nm (de barandilla)* baluster, banister

balay (*pl* **balays** *o* **balayes**) *nm* (**a**) *Am (cesta)* wicker basket (**b**) *Carib (para arroz)* wooden bowl for washing rice

balazo *nm* (**a**) *(disparo)* shot (**b**) *(herida)* bullet wound (**c**) *RP Fig* **ser un b.** to be a whizz

balboa *nm* balboa

balbucear, balbucir 1 *vt (excusa)* to stammer out; **ya balbucea sus primeras palabras** he's saying his first words

2 *vi* to babble

balbuceo *nm* (**a**) *(palabras)* **sus balbuceos denotaban nerviosismo** you could tell he was nervous by the way he was stammering (**b**) **balbuceos** *(inicios)* first steps

balbuciente *adj* (**a**) *(palabras)* faltering, hesitant (**b**) *(incipiente)* **una democracia b.** a fledgling democracy

balbucir [72] = **balbucear**

Balcanes *nmpl* **los B.** the Balkans
balcánico, -a *adj* Balkan
balcanización *nf Pol* balkanization
balcón *nm* (**a**) *(terraza)* balcony; **b. corrido** long balcony *(along front of building)* (**b**) *(mirador)* vantage point
balconada *nf (balcón corrido)* long balcony *(along front of building)*
balda *nf* shelf
baldado, -a *adj* (**a**) *(tullido)* crippled (**b**) *Fam (exhausto)* shattered
baldaquín, baldaquino *nm* (**a**) *(palio)* pallium (**b**) *(pabellón)* canopy, baldachin
baldar 1 *vt* (**a**) *(tullir)* to cripple (**b**) *Fam (agotar)* to exhaust, to shatter
2 baldarse *vpr Fam (agotarse)* to get exhausted, to get worn-out
balde *nm* (**a**) *(cubo)* pail, bucket (**b**) **de b.** *(gratis)* free (of charge) (**c**) **estar de b.** *(estar sin hacer nada)* to be hanging around doing nothing (**d**) **en b.** *(en vano)* in vain
baldear *vt* to sluice down
baldíamente *adv (inútilmente)* fruitlessly, for nothing
baldío, -a 1 *adj* (**a**) *(sin cultivar)* uncultivated; *(no cultivable)* barren; **un terreno b.** an area of wasteland (**b**) *(inútil)* fruitless
2 *nm* uncultivated land
baldón *nm* **ser un b. para** to bring shame upon
baldosa *nf (en casa, edificio)* floor tile; *(en la acera)* paving stone
baldosín *nm* tile
balear 1 *vt* (**a**) *Am (disparar)* to shoot (**b**) *CAm (estafar)* to swindle
2 *adj* Balearic; **el archipiélago b.** the Balearic Islands
3 *nmf* = person from the Balearic Islands
Baleares *nfpl* **las B.** the Balearic Islands
baleárico, -a *adj* Balearic
balero *nm* (**a**) *(juego) RP, Méx* cup and ball (**b**) *Méx (articulación)* bearing
Bali *n* Bali
balido *nm* bleat, bleating
balín *nm* pellet
balística *nf* ballistics *(singular)*
balístico, -a *adj* ballistic
baliza *nf Náut* marker buoy; *Av* beacon; *Aut* warning light *(for roadworks)* ▫ ***b. de seguimiento*** tracking buoy; ***b. sonora*** sonar beacon
balizamiento, balizado *nm* (**a**) *Náut* marker buoys (**b**) *Av* beacons (**c**) *Aut* warning lights *(for roadworks)*
balizar *vt* (**a**) *Náut* to mark out with buoys (**b**) *Av* to mark out with beacons (**c**) *Aut* to mark out with warning lights
ballena *nf* (**a**) *(animal)* whale ▫ ***b. azul*** blue whale; ***b. vasca*** right whale (**b**) *(varilla) (de corsé)* stay; *(de paraguas)* spoke
ballenato *nm* whale calf
ballenero, -a 1 *adj* whaling; **barco b.** whaler, whaling ship
2 *nm (barco)* whaler, whaling ship
ballesta *nf* (**a**) *Hist* crossbow (**b**) *Aut* (suspension) spring
ballestero *nm* crossbowman
ballet [ba'le] (*pl* **ballets**) *nm* ballet
ballico *nm* ryegrass ▫ ***b. perenne*** perennial ryegrass
balneario 1 *adj Am* **ciudad balnearia** seaside resort
2 *nm* spa
balompédico, -a *adj* soccer, *Br* football
balompié *nm* soccer, *Br* football
balón *nm* *(pelota)* ball; EXPR **echar balones fuera** to evade the issue; **jugada a b. parado** *(en fútbol)* set piece, dead ball situation ▫ ***b. medicinal*** medicine ball; *Fig* ***b. de oxígeno*** shot in the arm
balonazo *nm* **rompió la ventana de un b.** he smashed the window with the football; **me dio un b. en la cara** he hit me right in the face with the ball
baloncestista *nmf* basketball player
baloncestístico, -a *adj* basketball
baloncesto *nm* basketball
balonmano *nm* handball
balonvolea *nm* volleyball
balotaje *nm Am* run-off, = second round of voting
balsa *nf* (**a**) *(embarcación)* raft (**b**) *(estanque)* pond, pool; EXPR **ser una b. de aceite** *(mar)* to be as calm as a millpond; *(reunión)* to go smoothly (**c**) *(árbol)* balsa; *(madera)* balsa-wood
balsámico, -a *adj* balsamic
balsamina *nf* balsamine
bálsamo *nm* (**a**) *(medicamento)* balsam (**b**) *(alivio)* balm
balsero, -a *nm,f (de Cuba)* = refugee fleeing Cuba on a raft
báltico, -a 1 *adj (país, mar)* Baltic
2 *nm* **el B.** the Baltic (Sea)
baluarte *nm* (**a**) *(fortificación)* bulwark (**b**) *(bastión)* bastion, stronghold
baluma, balumba *nf Cuba, Ecuad (alboroto)* row, din
bamba *nf* (**a**) *(bollo)* cream bun (**b**) **bambas** *(zapatillas de deporte) Br* plimsolls, *US* sneakers
bambalina *nf* backdrop; **entre bambalinas** backstage
bambi *nm Fam* baby deer
bambolear 1 *vt* to shake
2 bambolearse *vpr (árbol, persona)* to sway; *(mesa, silla)* to wobble; *(tren, autobús)* to judder
bamboleo *nm (de árbol, persona)* swaying; *(de mesa, silla)* wobbling; *(de tren, autobús)* juddering
bambú (*pl* **bambúes** *o* **bambús**) *nm* bamboo
banal *adj* banal
banalidad *nf* banality
banalizar [14] *vt* to trivialize
banana *nf* banana ▫ ***b. split*** *(postre)* banana split
bananal, bananar *nm* (**a**) *(plantío)* banana grove (**b**) *(plantación)* banana plantation
bananero, -a 1 *adj* banana; **república bananera** banana republic
2 *nm (árbol)* banana tree
banano *nm* banana tree
banasta *nf* large wicker basket, hamper
banasto *nm* round basket
banca *nf* (**a**) *(actividad)* banking ▫ ***b. electrónica*** electronic banking; ***b. telefónica*** telephone banking (**b**) *(institución)* **la b.** the banks (**c**) *(en juegos)* bank; **hacer saltar la b.** to break the bank (**d**) *(asiento)* bench (**e**) *RP* **tener b.** to have influence *o* pull
bancada *nf* (**a**) *(asiento)* stone bench (**b**) *(mesa)* large table (**c**) *Náut* rower's bench (**d**) *Tec* bedplate, bed
bancal *nm* (**a**) *(para cultivo)* terrace (**b**) *(parcela)* plot
bancar *Arg Fam* **1** *vt* (**a**) *(aguantar, soportar)* to put up with, to stand (**b**) *(pagar)* to pay for, to fund
2 bancarse *vpr (aguantar, soportar)* to put up with, to stand
bancario, -a *adj* banking; **crédito b.** bank loan; **sector b.** banking sector
bancarrota *nf* bankruptcy; **estar en b.** to be bankrupt; **ir a la b.** to go bankrupt
banco *nm* (**a**) *(asiento)* bench; *(de iglesia)* pew; *Pol* **b. azul** = seats in Spanish parliament where government ministers sit (**b**) *(institución financiera)* bank ▫ ***b. central*** central bank; ***B. Central Europeo*** Central European Bank; ***b. comercial*** commercial bank; ***b. emisor*** issuing bank; ***el B. de España*** ≃ *Br* the Bank of England; *US* Federal Reserve System; ***b. industrial*** industrial bank; ***B. Interamericano de Desarrollo*** = Inter American Development Bank; ***el B. Mundial*** the World Bank
(**c**) *(de peces)* shoal ▫ ***b. de peces*** shoal of fish; ***b. de pesca*** fishing ground, fishery
(**d**) *(depósito)* bank ▫ *Informát* ***b. de datos*** data bank; ***b. de sangre*** blood bank; ***b. de semen*** sperm bank
(**e**) *(de carpintero, artesano)* workbench
(**f**) *Tec* ***b. de pruebas*** test bench; *Fig* testing ground
(**g**) ***b. de arena*** sandbank; ***b. de niebla*** fog bank
banda *nf* (**a**) *(cuadrilla)* gang ▫ ***b. armada*** terrorist organization
(**b**) *(de música)* band
(**c**) *(faja)* sash
(**d**) *(cinta)* ribbon ▫ ***b. magnética*** magnetic strip; ***b. de Möbius*** Möbius strip; ***b. sonora*** *(de película)* soundtrack; ***b. transportadora*** *(para bultos, mercancía)* conveyor belt; *(para peatones)* moving walkway
(**e**) *(franja)* stripe ▫ ***b. sonora*** *(en carretera)* rumble strip
(**f**) *Rad* waveband ▫ ***b. de frecuencias*** frequency (band)
(**g**) *(en fútbol)* **línea de b.** touchline; **el balón salió por la b.** the ball went out of play; **avanzar por la b.** to go down the wing

(**h**) *(en billar)* cushion
(**i**) EXPR **cerrarse en b.** to dig one's heels in; *Fam* **agarrar** *o Esp* **coger a alguien por b.** *(para reñirle)* to have a little word with sb; *(atrapar)* to buttonhole sb

bandada *nf (de aves)* flock; *(de peces)* shoal

bandazo *nm (del barco)* lurch; **dar bandazos** *(barco, borracho)* to lurch; *Fig (ir sin rumbo)* to chop and change; **dar un b.** *(con el volante)* to swerve violently

bandear 1 *vt* to buffet
2 bandearse *vpr* to look after oneself, to cope

bandeja *nf* (**a**) *(para servir, trasladar)* tray; EXPR **servir** *o* **poner algo a alguien en b.** to hand sth to sb on a plate (**b**) *(para comida)* serving dish, platter (**c**) *(en baloncesto)* lay-up

bandera *nf* flag; *Fam* **de b.** *(magnífico)* fantastic, terrific; EXPR **hasta la b.** *(lleno)* chock-a-block, full to bursting ❑ ***b. azul*** *(en la playa)* blue flag; ***b. blanca*** white flag; ***b. de conveniencia*** flag of convenience; ***la b. pirata*** the Jolly Roger

banderazo *nm Dep* ***b. de llegada*** waving of flag *(as racing car or bike crosses finishing line)*; ***b. de salida*** starting signal *(with flag)*

banderilla *nf* (**a**) *Taurom* banderilla, = barbed dart thrust into bull's back (**b**) *(aperitivo)* = hors d'œuvre of pickles and olives on a cocktail stick

banderillear *vt Taurom* **b. al toro** to stick "banderillas" in the bull's back

banderillero, -a *nm,f Taurom* banderillero, = bullfighter's assistant who sticks "banderillas" into the bull

banderín *nm* (**a**) *(bandera)* pennant (**b**) *Mil* pennant-bearer (**c**) *Dep* **b. (de córner)** corner flag

banderola *nf* (**a**) *(bandera)* pennant (**b**) *RP (de puerta)* transom

bandidaje *nm* banditry

bandido, -a *nm,f* (**a**) *(delincuente)* bandit (**b**) *(granuja)* rascal, scamp; **ese tendero es un b.** that shopkeeper is a shark

bando *nm* (**a**) *(facción)* side; **pasarse al otro b.** to change sides (**b**) *(edicto)* edict

bandolera *nf (correa)* bandoleer; **en b.** slung across one's chest

bandolerismo *nm* banditry

bandolero, -a *nm,f* bandit

bandolina *nf* mandolin

bandoneón *nm* bandoneon, = musical instrument, similar to accordion, used in tango music

bandoneonista *nmf* bandoneon player

bandurria *nf* = small 12-stringed guitar

Bangkok *n* Bangkok

Bangladesh [baŋgla'ðeʃ] *n* Bangladesh

Bangui *n* Bangui

banjo *nm* ['banjo] banjo

Banjul *n* [ban'jul] Banjul

banquero, -a *nm,f* banker

banqueta *nf* (**a**) *(asiento)* stool (**b**) *CAm, Méx (acera) Br* pavement, *US* sidewalk

banquete *nm (comida)* banquet; **dar un b.** to have *o* hold a banquet; **se dieron un b. de marisco** they had a wonderful meal of seafood ❑ ***b. de boda*** wedding breakfast; ***b. eucarístico*** holy communion

banquillo *nm* (**a**) *(asiento)* low stool (**b**) *Der* **b. (de los acusados)** dock; **estas acusaciones llevarán al b. a muchos políticos** these accusations will land many politicians in the dock (**c**) *Dep* bench; *Fam Fig* **chupar b.** to be confined to the bench

banquina *nf RP (arcén)* verge

bantú (*pl* **bantúes**) *nm (pueblo africano)* Bantu

bañadera *nf Am (bañera)* bath

bañado, -a 1 *adj* (**a**) **b. en oro/plata** gold-/silver-plated (**b**) **b. en sudor** bathed in sweat
2 *nm Bol, RP (terreno)* marshy area

bañador *nm (de mujer)* swimsuit; *(de hombre)* swimming trunks

bañar 1 *vt* (**a**) *(asear)* to bath; *Med* to bathe (**b**) *(remojar)* to soak (**c**) *(revestir)* to coat (**d**) *(sujeto: río)* to flow through; **el Índico baña las costas del país** the Indian Ocean laps the coast of the country (**e**) *(sujeto: sol, luz)* to bathe
2 bañarse *vpr* (**a**) *(en el baño)* to have *o* take a bath; *Am (ducharse)* to have a shower (**b**) *(en playa, piscina)* to go for a swim

bañera *nf* bathtub, bath ❑ ***b. de hidromasaje*** whirlpool bath, Jacuzzi®

bañista *nmf* bather

baño *nm* (**a**) *(acción) (en bañera)* bath; *(en playa, piscina)* swim; **darse un b.** *(en bañera)* to have *o* take a bath; *(en playa, piscina)* to go for a swim; *Fig* **dar un b. a alguien** to run rings round sb; **tomar baños de sol** to sunbathe ❑ ***b. de asiento*** hip bath; ***b. (de) María*** bain Marie; *Fig* ***b. de sangre*** bloodbath; ***b. turco*** Turkish bath
(**b**) *(bañera)* bathtub, bath
(**c**) *(cuarto de aseo)* bathroom; **necesito ir al b.** I need to go to the *Br* toilet *o US* bathroom
(**d**) **baños** *(balneario)* spa; **tomar los baños** to go to a spa ❑ ***baños termales*** thermal baths
(**e**) *(vahos)* inhalation (**f**) *(capa)* coat

baobab *nm* baobab (tree)

baptista *adj & nmf* Baptist

baptisterio *nm* baptistry

baqueano, -a *Am* **1** *adj* familiar with a region
2 *nm,f (conocedor de una zona)* guide

baquelita *nf* Bakelite®

baqueta *nf* (**a**) *(de fusil)* ramrod; *Fig* **tratar** *o* **llevar a la b.** to treat harshly (**b**) *Mús* drumstick

baquetazo *nm Fam* (**a**) *(golpe)* thump; **tratar a alguien a baquetazos** to treat sb like dirt (**b**) *(caída)* fall; **darse** *o* **pegarse un b.** to give oneself a real thump, to have a nasty fall

baqueteado, -a *adj Fam* **estar muy b.** to have been to the school of hard knocks

baquetear *Fam* **1** *vt (maltratar, molestar)* to push around
2 *vi (equipaje)* to bump up and down

baqueteo *nm Fam (molestias)* stresses and strains, hassle

bar *nm* (**a**) *(establecimiento)* bar; **ir de bares** to go out drinking, to go on a pub crawl ❑ ***b. de copas*** bar; ***b.-terraza*** = stand selling alcoholic and soft drinks, surrounded by tables and chairs for customers (**b**) *(unidad)* bar

barahúnda, baraúnda *nf* racket, din

baraja *nf Br* pack *o US* deck (of cards); *Fig* **jugar con dos barajas** to play a double game

barajar 1 *vt* (**a**) *(cartas)* to shuffle; **b. a la americana** to riffle (**b**) *(considerar) (nombres, posibilidades)* to consider; *(datos, cifras)* to mention (**c**) *RP (agarrar)* to grab, to snatch; **b. un golpe** to parry a blow
2 barajarse *vpr (nombres, posibilidades)* to be considered; *(datos, cifras)* to be drawn upon, to be marshalled

baranda, barandilla *nf (al borde de algo)* rail, handrail; *(en escalera)* banister

barata *nf* (**a**) *Méx (rebaja)* sale (**b**) *Andes (insecto)* cockroach

baratero, -a *nm,f Am (comerciante)* owner of a cheap shop

baratija *nf* trinket, knick-knack; **baratijas** junk

baratillo *nm* (**a**) *(género)* junk (**b**) *(tienda)* junk shop; *(mercadillo)* flea market

barato, -a 1 *adj* cheap
2 *adv* cheap, cheaply; **vender algo b.** to sell sth cheaply

baraúnda = **barahúnda**

barba 1 *nf* (**a**) *(pelo)* beard; **apurarse la b.** to shave close; **dejarse b.** to grow a beard; **lo hizo en sus (propias) barbas** he did it right under her nose; **reírse de alguien en sus propias barbas** to laugh in sb's face; **un hombre con toda la b.** a real man; **barbas** *(de persona)* beard; *(de pez)* barbel; PROV **cuando las barbas de tu vecino veas cortar, pon las tuyas a remojar** you should learn from other people's mistakes ❑ ***b. cerrada*** thick beard; ***b. de chivo*** goatee; ***b. incipiente*** stubble ***b. de tres días*** three day's growth of stubble
(**b**) *(persona)* **por b.** *(cada uno)* per head; **la comida nos ha salido a 2.000 pesetas por b.** the meal cost us 2,000 pesetas per head
(**c**) *(de ballena)* whalebone
2 barbas *nm inv Fam (barbudo)* beardy

barbacana *nf* (**a**) *(de defensa)* barbican (**b**) *(saetera)* loophole, embrasure

barbacoa *nf* (**a**) *(asado, carne)* barbecue; **hacer una b.** to have a barbecue (**b**) *(desván, entretecho)* loft, garret (**c**) *(baile) Bol* tap dance

barbadejo *nm* wayfaring tree

barbado, -a *adj* bearded

Barbados *n* Barbados

barbárico, -a *adj* barbaric, barbarian

barbaridad *nf* (**a**) *(cualidad)* cruelty (**b**) *(disparate)* stupid thing; **¡qué b.!** that's ridiculous!; **decir barbaridades** to talk nonsense (**c**) *(montón)* **una b. (de)** tons (of); **se gastó una b.** she spent a fortune

barbarie *nf* (**a**) *(crueldad) (cualidad)* cruelty, savagery; *(acción)* atrocity (**b**) *(incultura)* barbarism

barbarismo *nm* (**a**) *(extranjerismo)* foreign word (**b**) *(incorrección)* substandard usage

bárbaro, -a 1 *adj* (**a**) *Hist* barbarian (**b**) *(cruel)* barbaric, cruel (**c**) *(bruto)* uncouth, coarse (**d**) *Fam (excelente)* brilliant, great; **hacía un frío b.** it was absolutely freezing
2 *nm,f* (**a**) *Hist* barbarian (**b**) *(persona bruta)* brute, animal
3 *adv Fam (magníficamente)* **pasarlo b.** to have a wild time

barbear *vi CAm, Méx (adular)* to flatter, to butter up

barbechar *vt Agr* (**a**) *(no cultivar)* to leave fallow (**b**) *(arar)* to plough for sowing

barbecho *nm (sistema)* crop rotation; *(campo)* fallow field; **tierras en b.** fallow land

barbería *nf* barber's (shop)

barbero 1 *adj Méx* flattering, wheedling
2 *nm* barber

barbilampiño, -a 1 *adj* smooth-faced, beardless
2 *nm* beardless man

barbilla *nf* chin

barbitúrico *nm* barbiturate

barbo *nm* barbel ❑ ***b. de mar*** red mullet

barboquejo *nm* chinstrap

barbotar *vi & vt* to mutter

barbudo, -a 1 *adj* bearded; **la mujer barbuda** *(en circo)* the bearded woman
2 *nm* man with a beard

barbullar *vi* to jabber

Barça ['barsa] *nm Dep* Barcelona (Football Club)

barca *nf* dinghy, small boat; **b. de remos** rowing boat

barcarola *nf* barcarole, gondolier's song

barcaza *nf* barge, lighter

Barcelona *n* Barcelona

barcelonés, -esa 1 *adj* of/from Barcelona
2 *nm,f* person from Barcelona

barcelonista *adj & nmf Dep* = of or relating to Barcelona Football Club

barchilón, -ona *nm,f Perú (enfermero)* nurse

barco *nm (pequeño)* boat; *(de gran tamaño)* ship; **en b.** by boat ❑ ***b. cisterna*** tanker; ***b. deportivo*** sailing boat *(for sport or pleasure sailing)*; ***b. de guerra*** warship; ***b. mercante*** cargo ship; ***b. nodriza*** refuelling ship; ***b. de pasajeros*** passenger ship; ***b. de pesca*** *o* ***pesquero*** fishing boat; ***b. de vapor*** steamer, steamboat; ***b. de vela*** sailing ship

barda *nf Méx* fence

bardaguera *nf* willow

bardana *nf* burdock

bardo *nm* bard

baremar *vt* to mark using a scale

baremo *nm* (**a**) *(escala)* scale (**b**) *(norma)* yardstick

bareto *nm muy Fam (bar)* boozer

bargueño *nm* = carved-wood cabinet with many small drawers

bario *nm* barium

barita *nf Geol* barium sulfate

baritina *nf Geol* barytine

barítono *nm* baritone

barlovento *nm Náut* windward (side)

barman (*pl* **barmans**) *nm* barman

Barna. (*abrev de* **Barcelona**) Barcelona

barnacla *nf* ***b. canadiense*** Canada goose; ***b. cariblanca*** barnacle goose

barniz *nm (para madera)* varnish; *(para cerámica)* glaze ❑ ***b. de uñas*** nail varnish

barnizado, -a 1 *adj (madera)* varnished; *(cerámica)* glazed
2 *nm (acción) (de madera)* varnishing; *(de cerámica)* glazing

barnizador, -ora *nm,f* French polisher

barnizar [14] *vt (madera)* to varnish; *(cerámica)* to glaze

barométrico, -a *adj* barometric

barómetro *nm* barometer

barón *nm* (**a**) *(noble)* baron (**b**) *Pol* **los barones del partido** the party's power-brokers

baronesa *nf* baroness

barquero, -a *nm,f* boatman, *f* boatwoman

barquilla *nf* (**a**) *(de globo)* basket (**b**) *Carib (helado)* ice cream cone

barquillo *nm (plano)* wafer; *(cono)* cornet, cone; *(enrollado)* rolled wafer

barquisimetano, -a 1 *adj* of/from Barquisimeto
2 *nm,f* person from Barquisimeto

barra *nf* (**a**) *(pieza alargada)* bar; *(de hielo)* block; *(para cortinas)* rod; *(de bicicleta)* crossbar; **la b.** *(de tribunal)* the bar; *Fig* **no se para en barras** nothing stops him ❑ ***b. espaciadora*** space bar; ***b. de labios*** lipstick; ***b. de pan*** baguette, French stick
(**b**) *(de bar, café)* bar *(counter)* ❑ ***b. americana*** = bar where hostesses chat with clients; ***b. libre*** = unlimited drink for a fixed price
(**c**) *(para bailarines)* barre
(**d**) *Dep* ***barras asimétricas*** asymmetric bars; ***b. de equilibrios*** balance beam; ***b. fija*** *(de gimnasia)* horizontal bar, high bar; *(de ballet)* barre; ***barras paralelas*** parallel bars
(**e**) *(signo gráfico)* slash, oblique stroke ❑ ***b. invertida*** backslash
(**f**) *Informát* ***b. de menús*** menu bar
(**g**) *Geol* bar, slug
(**h**) *RP (grupo de amigos)* gang, group of friends; **b. brava** = group of violent soccer supporters
(**i**) *Andes, RP (público)* public, spectators

barrabás *nm (adulto)* devil, brute; *(niño)* rogue, scamp; **¡ese niño es mas malo que B.!** that child is a little devil!

barrabasada *nf Fam* piece of mischief; **hacer barrabasadas** to get up to mischief; **aquello fue una b.** that was a really mischievous thing to do; **hacer una b. a alguien** to mess sb around, *Br* to do the dirty on sb

barraca *nf* (**a**) *(chabola)* shack (**b**) *(caseta de feria)* stall (**c**) *(en Valencia y Murcia)* thatched farmhouse (**d**) *Am (almacén)* ware-house

barracón *nm* large hut

barracuda *nf (pez)* barracuda

barragana *nf (concubina)* concubine

barranca, barranquera *nf* gully

barranco, barranquera *nm* (**a**) *(precipicio)* precipice (**b**) *(cauce)* ravine

barranquismo *nm Dep* canyoning

barraquismo *nm* **erradicar el b.** to deal with the shanty-town problem

barreminas *nm* minesweeper

barrena *nf* (**a**) *(herramienta)* drill (**b**) **entrar en b.** *(avión)* to go into a spin; *Fig (persona, gobierno)* to totter

barrenador *nm (insecto)* woodworm

barrenar *vt* (**a**) *(taladrar)* to drill (**b**) *(frustrar)* to scupper

barrendero, -a *nm,f* street sweeper

barrenillo *nm* (**a**) *(insecto)* boring insect, borer (**b**) *Cuba (manía)* mania, obsession

barreno *nm* (**a**) *(instrumento)* large drill (**b**) *(agujero) (para explosiones)* blast hole

barreño *nm* washing-up bowl

barrer 1 *vt* (**a**) *(con escoba)* to sweep (**b**) *(sujeto: viento, olas)* to sweep away; **el huracán barrió todo a su paso** the hurricane destroyed everything in its path (**c**) *(con escáner)* to scan (**d**) *Fam (derrotar)* to thrash, to annihilate
2 *vi* (**a**) *(con escoba)* to sweep; *Fig* **b. hacia** *o* **para adentro** *o* **para casa** to look after number one (**b**) **b. con** *(llevarse)* to finish off, to make short work of (**c**) *Fam (arrasar)* to sweep the board

barrera *nf* (**a**) *(obstáculo)* barrier; *Ferroc* crossing gate; *(de campo, casa)* fence; **poner barreras a algo** to erect barriers against sth, to hinder sth; **se casaron saltándose las barreras sociales** they married despite the huge difference in their social backgrounds ❑ ***barreras arancelarias*** tariff barriers; ***barreras arquitectónicas*** *(para sillas de ruedas)* obstructions for wheelchair users; ***b. del sonido*** sound barrier (**b**) *Taurom* = barrier around the edge of a bullring (**c**) *Dep (de jugadores)* wall

barreta *nf Méx (piqueta)* pick, pickaxe

barretina *nf* = traditional Catalan cap, made of red wool and similar to a nightcap in shape

barriada *nf* (**a**) *(barrio)* neighbourhood, area (**b**) *Am* shanty town

barrial *Am* **1** *adj* neighbourhood; **las tiendas barriales** the local shops
2 *nm (barrizal)* bog, mire

barrica *nf* keg

barricada *nf* barricade; **levantar barricadas** to put up barricades

barrida *nf* **dar una b. a algo** to give sth a sweep

barrido *nm* (**a**) *(con escoba)* **dar un b. (a**

algo) to sweep (sth); EXPR **servir** *o* **valer tanto para un b. como para un fregado** *(persona)* to be a jack-of-all-trades (**b**) *Informát & Med* scan, scanning (**c**) *Cine* pan, panning

barriga *nf* belly; **echar b.** to get a paunch; EXPR **rascarse** *o* **tocarse la b.** to twiddle one's thumbs, to laze around

barrigazo *nm Fam* **darse un b.** to fall flat on one's face

barrigón, -ona *Fam* **1** *adj* paunchy
2 *nm,f* (**a**) *(persona)* portly person (**b**) *Carib (niño)* tot, nipper
3 *nm (barriga)* big belly

barrigudo, -a *Fam* **1** *adj* paunchy
2 *nm,f (persona)* portly person

barril *nm* barrel; **de b.** *(bebida)* draught ❑ ***b. de petróleo*** oil barrel

barrila *nf* EXPR *Fam* **dar la b.** to go on and on

barrilete *nm* (**a**) *(de revólver)* chamber (**b**) *RP (cometa)* kite

barrilla *nf* salt wort, barilla

barrillo *nm (granito)* blackhead

barrio *nm* area, district, *US* neighborhood; **los barrios bajos** the rough parts of town; **de b.** *(cine, tienda)* local; EXPR *Fam* **irse al otro b.** to kick the bucket, to snuff it; EXPR *Fam* **mandar a alguien al otro b.** to do sb in, to kill sb ❑ ***b. chino*** red light district; ***b. comercial*** shopping district; ***b. latino*** Latin Quarter; ***b. periférico*** outlying district; ***b. residencial*** residential district

barriobajero, -a *Pey* **1** *adj* **un chico b.** a lout, *Br* a yob; **ese acento es muy b.** that accent is very common *o* vulgar
2 *nm,f* lout, *Br* yob, *f* rough girl

barritar *vi (elefante)* to trumpet

barrizal *nm* mire

barro *nm* (**a**) *(fango)* mud; EXPR **arrastrarse por el b.** to abase oneself (**b**) *(arcilla)* clay; **una figurita de b.** a clay figure ❑ ***b. cocido*** terracotta (**c**) *(grano)* blackhead

barroco, -a **1** *adj* (**a**) *Arte* baroque (**b**) *(recargado)* ornate
2 *nm Arte* baroque

barrón *nm* marram grass

barroquismo *nm Arte* baroque style

barroso, -a *adj* muddy

barrote *nm* bar; **estar entre barrotes** *(en prisión)* to be behind bars

barruntar *vt (presentir)* to suspect

barrunto, barruntamiento *nm* (**a**) *(presentimiento)* suspicion (**b**) *(indicio)* sign, indication

bartola *nf* EXPR *Fam* **tumbarse a la b.** to lounge around

bártulos *nmpl* things, bits and pieces; *Fam Fig* **liar los b.** to pack one's bags

barullo *nm Fam* (**a**) *(ruido)* din, racket; **armar b.** to raise hell (**b**) *(desorden)* mess; **se armó un b. con los números** he got into a real mess with the figures

basa *nf Arquit* base

basal *adj Fisiol* basal

basáltico, -a *adj* basaltic

basalto *nm* basalt

basamento *nm Arquit* base, plinth

basar **1** *vt* **b. algo en** to base sth on
2 basarse *vpr* **basarse en** *(persona)* to base one's argument on; *(teoría, obra)* to be based on; **¿en qué te basas (para decir eso)?** what basis do you have for saying that?

basca *nf* (**a**) *muy Fam (de amigos)* pals, mates; **vino toda la b.** the whole crew came along (**b**) *(náusea)* nausea

bascosidad *nf Ecuad (obscenidad)* obscenity, rude word

báscula *nf* scales ❑ ***b. de baño*** bathroom scales; ***b. de precisión*** precision scales

basculador *nm* dumper truck

bascular *vi* to tilt

BASE **1** *nf* (**a**) *(parte inferior)* base; *(de edificio)* foundations; **colocaron un ramo de flores en la b. del monumento** they placed a bunch of flowers at the foot of the monument ❑ ***b. de maquillaje*** foundation (cream)

(**b**) *(fundamento, origen)* basis; **el respeto al medio ambiente es la b. de un desarrollo equilibrado** respect for the environment is *o* forms the basis of balanced development; **el petróleo es la b. de su economía** their economy is based on oil; **salí de la universidad con una sólida b. humanística** I left university with a solid grounding in the humanities; **ese argumento se cae por su b.** that argument is built on sand; **esta teoría carece de b.** this theory is unfounded, this theory is not founded on solid arguments; **partimos de la b. de que...** we assume that...; **se parte de la b. de que todos ya saben leer** we're starting with the assumption that everyone can read; **sentar las bases para** to lay the foundations of; **sobre la b. de esta encuesta se concluye que...** on the basis of this opinion poll, it can be concluded that...

(**c**) *(de partido, sindicato)* **las bases** the grass roots, the rank and file; **afiliado de b.** grassroots member

(**d**) *(militar, científica)* base ❑ ***b. aérea*** air base; ***b. espacial*** space station; ***b. de lanzamiento*** launch site; ***b. naval*** naval base; ***b. de operaciones*** operational base

(**e**) *Quím* base

(**f**) *Mat & Geom* base

(**g**) **a b. de** by (means of); **me alimento a b. de verduras** I live on vegetables; **el flan está hecho a b. de huevos** crème caramel is made with eggs; **a b. de no hacer nada** by not doing anything; **a b. de trabajar duro fue ascendiendo puestos** she moved up through the company by working hard; **aprender a b. de equivocarse** to learn the hard way; *Fig* **se sacó la carrera a b. de codos** she got her degree by sheer hard work; EXPR *Fam* **nos humillaron a b. de bien** they really humiliated us; EXPR *Fam* **lloraba a b. de bien** he was crying his eyes out; EXPR *Fam* **los niños disfrutaron a b. de bien** the children had a great time

(**h**) *Informát* ***b. de datos*** database; ***b. de datos documental/relacional*** documentary/relational database

(**i**) *Fin* ***b. imponible*** taxable income

(**j**) **bases** *(para prueba, concurso)* rules

(**k**) *(en béisbol)* base

(**l**) **en b. a** *(considerado incorrecto)* on the basis of; **en b. a lo visto hasta ahora, no creo que puedan ganar** from what I've seen so far, I don't think they can win; **el plan se efectuará en b. a lo convenido** the plan will be carried out in accordance with the terms agreed upon

2 *nmf (en baloncesto)* guard

BASIC, Basic ['beisik] *nm Informát* BASIC, Basic

básicamente *adv* basically

basicidad *nf Quím* alkalinity

básico, -a *adj (en general)* basic; *Quím* basic, alkaline; **tiene conocimientos básicos de informática** she has some basic knowledge of computers; **lo b. de** the basics of

Basilea *n* Basle, Basel

basílica *nf* basilica

basilisco *nm (lagarto)* basilisk; EXPR *Fam* **ponerse hecho un b.** to go mad, to fly into a rage

básquet, basket *nm* basketball ❑ ***b. average*** basket average

básquetbol *nm Am* basketball

basquetbolista *nmf Am* basketball player

basset *nm* basset hound

basta *interj* **¡b. (ya)!** that's enough!; **¡b. de chistes/tonterías!** that's enough jokes/of this nonsense!

bastante **1** *adj* (**a**) *(suficiente)* enough; **no tengo dinero b.** I haven't got enough money (**b**) *(mucho)* **tengo b. frío** I'm quite *o* pretty cold; **bastantes libros** quite a lot of books, a fair number of books
2 *adv* (**a**) *(suficientemente)* **es lo b. lista para...** she's smart enough to... (**b**) *(considerablemente)* quite, pretty; **es b. fácil** it's pretty *o* quite easy; **b. mejor** quite a lot better; **me gustó b.** I enjoyed it quite a lot (**c**) *Am (muy)* very
3 *pron* **éramos bastantes** there were quite a few *o* a lot of us

bastar **1** *vi* to be enough; **basta con que se lo digas** it's enough for you to tell her; **basta que salga a la calle para que se ponga a llover** all I have to do is go out into the street for it to start raining; **con ocho basta** eight will be enough
2 bastarse *vpr* to be self-sufficient; **él solo se basta para terminar el trabajo** he'll be able to finish the work himself

bastardía *nf* bastardy

bastardilla *nf* **(letra) b.** italics

bastardo, -a **1** *adj (hijo)* bastard
2 *nm,f* (**a**) *(hijo)* bastard (**b**) *muy Fam Pey* bastard, swine

bastedad, basteza *nf* coarseness

bastidor *nm* (**a**) *(armazón)* frame; *(para bordar)* embroidery frame (**b**) *Aut* chassis (**c**) *Teatro* **bastidores** wings; **entre bastidores** behind the scenes (**d**) *Chile (de ventana)* lattice window

bastilla *nf (dobladillo)* hem; **se me ha descosido la b.** my hem is coming down

bastión *nm también Fig* bastion

basto, -a 1 *adj* coarse
2 *nm (naipe)* = any card in the "bastos" suit; **bastos** = suit in Spanish deck of cards, with the symbol of a wooden club

bastón *nm* (**a**) *(para andar)* walking stick; **usar b.** to walk with a stick (**b**) *(de mando)* baton; EXPR **empuñar el b.** to take the helm (**c**) *(para esquiar)* ski stick (**d**) *(en la retina)* rod

bastonazo *nm* blow (with a stick)

bastoncillo *nm* (**a**) *(para los oídos) Br* cotton bud, *US* Q-tip® (**b**) *(de la retina)* rod

bastonera *nf* umbrella stand

bastonero *nm (fabricante)* cane maker; *(vendedor)* cane seller

basura *nf también Fig Br* rubbish, *US* garbage, trash; **tirar algo a la b.** to throw sth away; **este artículo es una b.** this article is *Br* a load of rubbish *o US* trash ❑ ***b. orgánica*** organic waste

basural *nm Chile, RP Br* rubbish dump, *US* garbage dump

basurear *vt Perú, RP* to insult

basurero *nm* (**a**) *(persona) Br* dustman, *US* garbage man (**b**) *(vertedero) Br* rubbish dump, *US* garbage dump

bata *nf* (**a**) *(de casa)* housecoat; *(para baño, al levantarse)* dressing gown (**b**) *(de trabajo)* overall; *(de médico)* white coat; *(de laboratorio)* lab coat

batacazo *nm* (**a**) *(golpe)* bump, bang (**b**) *Chile, RP (triunfo inesperado)* surprise victory; **dar un b.** to pull off a surprise victory

batahola *nf* row, rumpus

batalla *nf* battle; **de b.** *(de uso diario)* everyday ❑ ***b. campal*** pitched battle

batallador, -ora *adj* battling; **es muy b.** he's a real fighter

batallar *vi* (**a**) *(con armas)* to fight (**b**) *(por una cosa)* to battle

batallita *nf Fam* **contar batallitas** = to tell tall tales about the old times

batallón *nm* (**a**) *Mil* battalion (**b**) *(grupo numeroso)* crowd

batasuno,-a, batasunero,-a *Fam Pol* **1** *adj* = of/related to the militant Basque nationalist party Herri Batasuna
2 *nm,f* = member of Herri Batasuna

batata *nf* sweet potato

bate *nm Dep* bat

batea *nf* (**a**) *(embarcación)* flat-bottomed boat ❑ ***b. mejillonera*** = raft for farming mussels (**b**) *Am (artesa)* trough *(for washing clothes)*

bateador, -ora *nm,f Dep* batsman, *f* batswoman

batear *Dep* **1** *vt* to hit
2 *vi* to bat

batel *nm* small boat

batería 1 *nf* (**a**) *Elec & Informát & Mil* battery ❑ ***b. solar*** solar cell (**b**) *Mús* drums (**c**) *Teatro* floodlights (**d**) *(conjunto)* set; *(de preguntas)* barrage ❑ ***b. de cocina*** pots and pans; ***b. de pruebas*** test battery (**e**) **aparcado en b.** parked at an angle to the *Br* pavement *o US* sidewalk
2 *nmf* drummer

batiborrillo, batiburrillo *nm* jumble

batida *nf* (**a**) *(de caza)* beat (**b**) *(de policía)* combing, search

batido, -a 1 *adj* (**a**) *(nata)* whipped; *(claras)* whisked (**b**) *(senda, camino)* well-trodden
2 *nm* (**a**) *(acción de batir)* beating (**b**) *(bebida)* milk shake; **b. de chocolate/fresa** chocolate/strawberry milk shake

batidor *nm* (**a**) *(aparato manual)* whisk (**b**) *(eléctrico)* mixer (**c**) *(en caza)* beater (**d**) *Mil* scout (**e**) *RP Fam (denunciante) Br* grass, *US* rat

batidora *nf (eléctrica)* mixer

batiente 1 *adj* **reír a mandíbula b.** to laugh one's head off, to laugh oneself silly
2 *nm* (**a**) *(de puerta)* jamb; *(de ventana)* frame (**b**) *(costa)* shoreline

batifondo *nm RP Fam* rumpus, uproar

batik *nm* batik

batín *nm* dressing gown

batintín *nm* gong

batir 1 *vt* (**a**) *(mezclar) (huevos, mezcla líquida)* to beat, to whisk; *(nata)* to whip
(**b**) *(golpear)* to beat against; **las olas batían las rocas** the waves beat against the rocks; **el viento batía las ventanas** the windows were banging in the wind; **b. palmas** to clap
(**c**) *(derrotar)* to beat; *(récord)* to break; **b. al portero** *(superarlo)* to beat the goalkeeper
(**d**) *(explorar)* to comb, to search
(**e**) *RP muy Fam (denunciar)* to report, to turn in
2 *vi (sol, lluvia)* to beat down
3 batirse *vpr* (**a**) *(luchar)* to fight; **batirse en duelo** to fight a duel; EXPR *Fam* **batirse el cobre** to break one's back, to bust a gut
(**b**) *(puerta)* to slam shut
(**c**) **batirse en retirada** to beat a retreat

batiscafo *nm* bathyscaphe

batisfera *nf* bathysphere

batista *nf* batiste, cambric

batracios *nmpl Zool* batrachia

Batuecas *nfpl* EXPR *Fam* **estar en las B.** to have one's head in the clouds

baturro, -a 1 *adj* Aragonese
2 *nm,f* Aragonese peasant

batuta *nf* baton; EXPR **llevar la b.** to call the tune

baudio *nm Informát* baud

baúl 1 *nm* (**a**) *(cofre)* trunk (**b**) *RP (maletero) Br* boot, *US* trunk
2 *nf Perú* laziness, idleness

bauprés (*pl* **baupreses**) *nm Náut* bowsprit

bautismal *adj* baptismal

bautismo *nm (sacramento)* baptism ❑ *Fig* ***b. de fuego*** baptism of fire

Bautista *nm* **el B.** St John the Baptist

bautizar [14] *vt* (**a**) *(administrar sacramento)* to baptize, to christen (**b**) *(denominar, poner mote a)* to christen (**c**) *Fam (aguar)* to dilute

bautizo *nm* (**a**) *(ceremonia)* baptism, christening (**b**) *(fiesta)* christening party

bauxita *nf Geol* bauxite

bávaro, -a *adj & nm,f* Bavarian

Baviera *n* Bavaria

baya *nf* berry

bayeta *nf* (**a**) *(tejido)* flannel (**b**) *(para limpiar)* kitchen cloth; **b. de gamuza** chamois

bayo, -a 1 *adj* bay
2 *nm* bay (horse)

bayón *nm* = type of sandalwood

bayonesa *nf (bollo)* = pastry filled with strands of crystallized pumpkin

bayoneta *nf* (**a**) *(arma)* bayonet (**b**) **bombilla de b.** light bulb with bayonet fitting

bayonetazo *nm* (**a**) *(golpe)* bayonet thrust (**b**) *(herida)* bayonet wound

baza *nf* (**a**) *(en naipes)* trick (**b**) *(ventaja)* advantage (**c**) **meter b. en algo** to butt in on sth; **no pude meter b. (en la conversación)** I couldn't get a word in edgeways

bazar *nm* bazaar

bazo *nm* spleen

bazofia *nf* (**a**) *(comida)* pigswill (**b**) *(libro, película)* **ser (una) b.** to be *Br* rubbish *o US* garbage

bazuca, bazooka *nm* bazooka

BBS *nf Informát* (*abrev de* **Bulletin Board Service**) BBS

BCE *nm* (*abrev de* **Banco Central Europeo**) European Central Bank

be *nf (letra)* b; EXPR **be por be** down to the last detail; EXPR **tener las tres bes** to be the perfect buy ❑ *Am* ***be corta*** *o* ***baja*** v *(to distinguish from "b"); Am* ***be larga*** *o* ***alta*** b *(to distinguish from "v");*

bearnesa 1 *adj* bearnaise
2 *nf* bearnaise sauce

beatería *nf* devoutness

beatificación *nf* beatification

beatificar [59] *vt* to beatify

beatífico, -a *adj* beatific

beatitud *nf* beatitude

beatnik ['bitnik] *nm* beatnik

beato, -a 1 *adj* (**a**) *(beatificado)* blessed (**b**) *(piadoso)* devout (**c**) *(santurrón)* sanctimonious
2 *nm,f* (**a**) *Rel* beatified person (**b**) *(piadoso)* devout person (**c**) *(santurrón)* sanctimonious person

bebe, -a *nm,f RP Fam* baby

bebé *nm* baby ❑ ***b. probeta*** test-tube baby

bebedero *nm* (**a**) *(de jaula)* water dish (**b**) *(abrevadero)* drinking trough (**c**) *Guat, Perú* *(bar)* refreshment stand (**d**) *Méx, RP (fuente para beber)* drinking fountain

bebedizo *nm* (**a**) *(brebaje)* potion; *(de amor)* love potion (**b**) *(veneno)* poison

bebedor, -ora *nm,f (borrachín)* heavy drinker; **ser un gran b.** to drink a lot

beber 1 *vt* (**a**) *(líquido)* to drink
(**b**) *(absorber) (palabras, consejos)* to lap up; *(sabiduría, información)* to draw, to acquire; EXPR **b. los vientos por alguien** to be head over heels in love with sb
2 *vi* (**a**) *(tomar líquido)* to drink; **b. de una fuente** to drink from a fountain; **dar de b. a alguien** to give sb something to drink; **me dio de b. un poco de agua** she gave me a little water to drink
(**b**) *(tomar alcohol)* to drink (heavily); **bebí más de la cuenta** I had one too many
(**c**) *(brindar)* **b. a la salud de alguien** to drink to sb's health; **b. por algo** to drink to sth
3 beberse to drink; **se bebió casi un litro de agua** he drank almost a litre of water

bebercio *nm muy Fam* drinking, boozing

bebida *nf* drink; **darse** *o* **entregarse a la b.** to take to drink *o* the bottle; **el problema de la b.** the problem of alcoholism *o* drinking ▫ ***b. alcohólica*** alcoholic drink; ***b. carbónica*** carbonated drink; ***b. refrescante*** soft drink

bebido, -a *adj* drunk

bebistrajo *nm Fam Pey* concoction, brew

beca *nf (del gobierno)* grant; *(de organización privada)* scholarship ▫ ***b. de investigación*** research grant/scholarship

becada *nf* woodcock

becado, -a *adj* **alumno b.** scholarship holder

becar [59] *vt (sujeto: gobierno)* to award a grant to; *(sujeto: organización privada)* to award a scholarship to

becario, -a *nm,f (del gobierno)* grant holder; *(de organización privada)* scholarship holder

becerrada *nf* = bullfight with young bulls

becerro, -a *nm,f* calf ▫ ***el b. de oro*** the golden calf

bechamel *nf* béchamel sauce

becuadro *nm Mús* natural sign

bedel *nm* janitor

beduino, -a *adj & nm,f* Bedouin

befa *nf* jeer; **hacer b. de** to jeer at

befo, -a 1 *adj (de labios gruesos)* thick-lipped; **labios befos** thick lips
2 *nm* thick lower lip

begonia *nf* begonia

BEI *(abrev* **Banco Europeo de Inversiones**) *nm* EIB

beicon *nm Esp* bacon

beige [beis] *(pl* **beiges**) *adj & nm, Esp* **beis** *adj inv & nm inv* beige

Beirut *n* Beirut

béisbol *nm* baseball

beisbolista 1 *adj* baseball
2 *nmf* baseball player

bejuco *nm* (**a**) *(en América)* liana (**b**) *(en Asia)* rattan

bel canto *nm* bel canto

beldad *nf Formal o Hum* fairness, beauty

belemnites *nm inv* belemnite

Belén *n* Bethlehem

belén *nm* (**a**) *(de Navidad)* crib, Nativity scene (**b**) *Fam (desorden)* bedlam (**c**) *Fam (embrollo)* mess; **meterse en belenes** to get mixed up in trouble

beleño *nm* henbane

belfos *nmpl* horse's lips

belga *adj & nmf* Belgian

Bélgica *n* Belgium

Belgrado *n* Belgrade

Belice *n* Belize

beliceño, -a *adj & nm,f* Belizean

belicismo *nm* warmongering

belicista 1 *adj* belligerent
2 *nmf* warmonger

bélico, -a *adj* **conflicto b.** military conflict; **esfuerzo b.** war effort; **espiral bélica** spiral towards war

belicosamente *adv* aggressively

belicosidad *nf* aggressiveness

belicoso, -a *adj* (**a**) *(guerrero)* bellicose, war-like (**b**) *(agresivo)* aggressive

beligerancia *nf* belligerence; **con b.** belligerently

beligerante *adj & nmf* belligerent

bellaco, -a 1 *adj* (**a**) *RP (caballo)* spirited, hard to control (**b**) *Ecuad, Pan (valiente)* brave
2 *nm,f* villain, scoundrel

belladona *nf* belladonna, deadly nightshade

bellaquería *nf* wickedness, roguery; **ser una b.** to be a wicked thing to do

belleza *nf* beauty; **productos de b.** beauty products

bello, -a *adj* beautiful ▫ ***bellas artes*** fine arts; ***el b. sexo*** the fair sex

bellota *nf* (**a**) *(de árbol)* acorn (**b**) ***b. de mar*** sea acorn

beluga *nf* beluga, white whale

bemba *nf Andes, Carib* thick lips

bembo, -a *nm,f Méx (tonto)* fool, idiot

bembón, -ona *adj Andes, Carib* thick-lipped

bemol *Mús* **1** *adj* flat
2 *nm* (**a**) *Mús* flat; **doble b.** double flat (**b**) EXPR **tener (muchos) bemoles** *(ser difícil)* to be tricky; *(tener valor)* to have guts; *(ser un abuso)* to be a bit rich *o* much

benceno *nm Quím* benzene

benchmarking *nm* benchmarking

bencina *nf* (**a**) *Quím* benzine (**b**) *Andes (gasolina) Br* petrol, *US* gas

bendecir [51] *vt* to bless; **b. la mesa** to say grace; **que Dios te bendiga** God bless you

bendición *nf* blessing; EXPR **ser una b. de Dios** to be wonderful; **lo hicieron sin la b. de sus padres** they did it without their parents' blessing; *Rel* **bendiciones (nupciales)** *(boda)* wedding

bendigo *etc ver* **bendecir**

bendijera *etc ver* **bendecir**

bendito, -a 1 *adj* (**a**) *(santo)* holy; *(alma)* blessed; *Fam Fig* **¡b. sea Dios!** thank goodness! (**b**) *(dichoso)* lucky (**c**) *(para enfatizar)* damned; **ya está otra vez con esa bendita historia** there she goes again with the same old story!
2 *nm,f* simple soul; **dormir como un b.** to sleep like a baby

benedictino, -a *adj & nm,f Rel* Benedictine

benefactor, -ora 1 *adj* beneficent
2 *nm,f* benefactor, *f* benefactress

beneficencia *nf* charity

beneficiar 1 *vt* (**a**) *(favorecer)* to benefit (**b**) *Carib, Chile (res)* to butcher
2 beneficiarse *vpr* (**a**) *(favorecerse)* to benefit; **beneficiarse de** *o* **con algo** to do well out of sth (**b**) *muy Fam* **beneficiarse a alguien** to lay sb, to sleep with sb

beneficiario, -a *nm,f* (**a**) *(de seguro)* beneficiary (**b**) *(de cheque)* payee

beneficio *nm* (**a**) *(bien)* benefit; **a b. de** *(gala, concierto)* in aid of; **en b. de** for the good of; **ello redundó en b. nuestro** it was to our advantage; **en b. de todos** in everyone's interest; **en b. propio** for one's own good (**b**) *(ganancia)* profit ▫ ***b. bruto*** gross profit; ***b. neto*** net profit (**c**) *Carib, Chile (de res)* slaughter

beneficioso, -a *adj* beneficial (**para** to)

benéfico, -a *adj* (**a**) *(favorable)* beneficial (**b**) *(de caridad)* charity

Benelux *nm* **el B.** Benelux

benemérito, -a 1 *adj* worthy
2 *nf* **la Benemérita** = name given to the "Guardia Civil"

beneplácito *nm* consent; **dio su b.** she gave her consent

benevolencia *nf* benevolence

benevolente, benévolo, -a *adj* benevolent

bengala *nf* (**a**) *(de señalización)* flare (**b**) *(de fiesta)* sparkler

bengalí *adj & nmf* Bengali

benignidad *nf* (**a**) *(de persona, carácter, enfermedad)* benign nature (**b**) *(de clima, temperatura)* mildness

benigno, -a *adj* (**a**) *(persona, carácter, enfermedad)* benign (**b**) *(clima, temperatura)* mild

Benín *n* Benin

benjamín, -ina *nm,f* youngest child

benjuí *(pl* **benjuís** *o* **benjuíes**) *nm (resina)* benzoin, benjamin

benzol *nm Quím* benzol

beodo, -a *adj & nm,f* drunk

beque *etc ver* **becar**

berberecho *nm* cockle

berberisco *adj & nmf* Berber

berbiquí *nm* brace and bit

berceo *nm* (giant) feather grass

bereber, berebere 1 *adj & nmf* Berber
2 *nm (lengua)* Berber

berenjena *nf Br* aubergine, *US* eggplant

berenjenal *nm Fam (enredo)* mess; **meterse en un b.** to get oneself into a right mess

bergamota *nf* bergamot

bergantín *nm* brigantine

beriberi *nm Med* beriberi

berilio *nm Quím* beryllium

Berlín *n* Berlin

berlina *nf* four-door saloon

berlinés, -esa 1 *adj* of/from Berlin
2 *nm,f* Berliner

bermejo, -a *adj* reddish

bermellón *adj inv & nm* vermilion

bermuda *nf (planta)* Bermuda grass

Bermudas *nfpl* **las B.** Bermuda

bermudas *nfpl or nmpl* Bermuda shorts

Berna *n* Berne

bernia *nmf Hond (haragán)* loafer, idler

berrea *nf* rut

berrear *vi* (**a**) *(animal)* to bellow; *(niño)* to howl (**b**) *Fam (cantar mal)* to screech, to howl

berreta *adj RP Fam (barato, de mala calidad)* cheap, cheapo

berrido *nm* (**a**) **dar berridos/un b.** *(animal)* to bellow; *(niño)* to howl (**b**) *Fam (cantar mal)* **dar berridos** to screech

berrinche *nm Fam* tantrum; **agarrarse** *o Esp* **coger un b.** to throw a tantrum

berro *nm* watercress; **comimos una ensalada de berros** we had a watercress salad

berrocal *nm* rocky place

berrueco *nm (roca)* granite rock

berza *nf* cabbage; EXPR *muy Fam* **hoy está con la b.** *(atontado)* he's not with it today

berzas, berzotas *nmf inv Fam* thickhead

besamanos *nm inv* hand-kissing

besamel *nf* béchamel sauce

besar 1 *vt* to kiss
2 besarse *vpr* to kiss

beso *nm* kiss; **dar un b. a alguien** to give sb a kiss, to kiss sb; EXPR **comerse a besos a alguien** to smother sb with kisses; **tirar un b.** to blow a kiss ▫ ***b. de Judas*** Judas' kiss

bestia 1 *adj* (**a**) *(ignorante)* thick, stupid (**b**) *(torpe)* clumsy (**c**) *(maleducado)* rude (**d**) EXPR *Fam* **a lo b.** like mad; *Andes, RP (brutalmente)* roughly, crudely; EXPR **comer a lo b.** to stuff one's face; EXPR **cerró la puerta a lo b.** he slammed the door
2 *nmf* (**a**) *(ignorante, torpe)* brute (**b**) *(maleducado)* rude person; **ese tipo es una mala b.** he's a nasty piece of work
3 *nf (animal)* beast ▫ ***b. de carga*** beast of burden; *Fig* ***b. negra*** bête-noire, sworn enemy

bestiada *nf Fam* (**a**) *(barbaridad)* **decir/hacer una b.** to say/do something stupid (**b**) **una b. de** *(muchos)* tons *o* stacks of

bestial *adj* (**a**) *(brutal)* animal, brutal; *(apetito)* tremendous (**b**) *Fam (formidable)* terrific

bestialidad *nf* (**a**) *(brutalidad)* brutality (**b**) *Fam (barbaridad)* **decir/hacer una b.** to say/do something stupid (**c**) *Fam (montón)* **una b. de** tons *o* stacks of

bestialmente *adv* brutally, savagely

bestiario *nm Lit* bestiary

best-seller [bes'seler] (*pl* **best-sellers**) *nm* best-seller

besucón, -ona *Fam* **1** *adj* kissy
2 *nm,f* kissy person

besugo *nm* (**a**) *(pez)* sea bream (**b**) *Fam (persona)* idiot

besuquear *Fam* **1** *vt* to smother with kisses
2 besuquearse *vpr* to smooch

besuqueo *nm Fam* smooching

beta *nf también Informát* beta

betabloqueante *nm Farm* beta-blocker

betadine® *nm* = type of antiseptic

betarraga, *Méx* **betabel** *nf Br* beetroot, *US* beet

betel *nm* betel (pepper)

bético, -a *adj* (**a**) *(andaluz)* Andalusian (**b**) *Hist* = of or related to Roman province of Betica in southern Spain (**c**) *Dep* = relating to Real Betis Football Club

betún *nm* (**a**) *(para calzado)* shoe polish (**b**) *Quím* bitumen ▫ ***b. asfáltico*** *o* ***de Judea*** asphalt

bi- *prefijo* bi-

biaba *nf RP Fam (paliza)* beating; **darle una b. a alguien** to give sb a beating

bianual *adj* biannual, twice-yearly

bianualmente *adv* biannually, twice-yearly

biatlón *nm Dep* biathlon

biatómico, -a *adj Quím* diatomic

biberón *nm* (baby's) bottle; **dar el b. a** to bottle-feed

Biblia *nf* Bible; EXPR *Fam* **ser la B. en verso** to be endless

bíblico, -a *adj* biblical

bibliobús (*pl* **bibliobuses**) *nm* mobile library

bibliofilia *nf* bibliophile

bibliófilo, -a *nm,f* (**a**) *(coleccionista)* book collector (**b**) *(lector)* book lover

bibliografía *nf* bibliography

bibliográfico, -a *adj* bibliographic

bibliógrafo, -a *nm,f* bibliographer

bibliología *nf* bibliology

bibliomanía *nf* bibliomania

bibliómano, -a *nm,f* bibliomaniac

biblioratо *nm RP* file

biblioteca *nf* (**a**) *(lugar, conjunto de libros)* library ▫ ***b. ambulante*** mobile library; ***b. de consulta*** reference library; ***b. de préstamo*** lending library; ***b. pública*** public library (**b**) *(mueble)* bookcase

bibliotecario, -a *nm,f* librarian

biblioteconomía *nf* librarianship, library science

bicameral *adj Pol* bicameral, two-chamber; **sistema b.** two-chamber *o* bicameral system

bicameralismo *nm Pol* two-chamber system, bicameralism

bicampeón, -ona *nm,f* two-times *o* twice champion

bicarbonato *nm* (**a**) *(medicamento)* **b. (sódico)** bicarbonate of soda (**b**) *Quím* bicarbonate ▫ ***b. sódico*** sodium bicarbonate

bicéfalo, -a *adj* bicephalic, bicephalous

bicentenario *nm* bicentenary

bíceps *nm inv* biceps

bicha *nf Fam* snake

bicharraco *nm Fam* (**a**) *(animal)* disgusting creature (**b**) *(persona mala)* nasty piece of work

bichero *nm Náut* boat hook

bicho *nm Fam* (**a**) *(animal)* beast, animal; *(insecto)* bug; **le picó un b.** he was bitten by an insect; EXPR **¿qué b. le ha picado?** *Br* what's up with him?, *US* what's eating him? ▫ *RP* ***b. bolita*** *(cochinilla)* woodlouse; *RP* ***b. de luz*** *(gusano de luz)* glow-worm (**b**) *(persona mala)* **(mal) b.** nasty piece of work; **b. raro** weirdo; EXPR **todo b. viviente** *(todas las criaturas)* all living things; *(todo el mundo)* very Tom, Dick and Harry (**c**) *(pillo)* little terror (**d**) *Perú (envidia, despecho)* spite, envy; **de puro b.** out of pure spite

bichoco, -a *adj Chile, RP (animal)* old, decrepit

bici *nf Fam* bike

bicicleta *nf* bicycle, bike; **andar** *o* **ir en b.** to go by bicycle; **montar en b.** to ride a bicycle ▫ ***b. de carreras*** racing bike; ***b. estática*** exercise bike; ***b. de montaña*** mountain bike

biciclo *nm* penny-farthing

bicicross *nm* cyclocross

bicoca *nf Fam* (**a**) *(compra, alquiler)* bargain (**b**) *(trabajo)* cushy number (**c**) *Chile (capirotazo)* flick

bicolor *adj* two-coloured

bicóncavo, -a *adj* biconcave

biconvexo, -a *adj* biconvex

bicromía *nf* two-colour print

BID *nm* (*abrev de* **Banco Interamericano de Desarrollo**)

bidé, bidet *nm* bidet

bidimensional *adj* two-dimensional

bidón *nm* (**a**) *(barril)* drum (**b**) *(lata)* (jerry) can (**c**) *(de plástico)* plastic jerry can, = large water container with handle (**d**) *(en bicicleta)* water bottle

biela *nf* connecting rod

bieldo *nm Agr* winnowing fork

Bielorrusia *n* Belarus

bielorruso, -a *adj & nm,f* Belorussian, Byelorussian

biempensante, bienpensante 1 *adj* right-thinking; **la sociedad b.** respectable society

2 *nmf* **los biempensantes** right-thinking *o* respectable people

BIEN **1** *adj inv (respetable)* **una familia b.** a good family; **un barrio b.** a good area; *Pey* a posh area; **un restaurante b.** a posh restaurant; *Pey* **niño b.** rich kid; **gente b.** well-to-do people

2 *nm* **(a)** *(concepto abstracto)* good; **el b. y el mal** good and evil; **hacer el b.** to do good (deeds); **un hombre de b.** a good man; PROV **haz el b. y no mires a quién** do unto others as you would have them do unto you

(b) *(provecho)* good; **los padres desean el b. de los hijos** parents desire the good of their children; **esto te hará b.** this will do you good; **si se marcha, nos hará un b. a todos** if she leaves, she'll be doing us all a favour; **espero que el cambio sea para b.** I hope the change is for the best, I hope the change works out well; **por el b. de** for the sake of; **lo hice por tu b.** I did it for your own good; **han trabajado muy duro por el b. de todos** they have worked very hard for the good of everyone

(c) *(nota)* good, = mark between 5.9 and 7 out of 10

3 *nmpl* **bienes (a)** *(patrimonio)* property ▫ ***bienes comunales*** common property; ***bienes fungibles*** perishables; ***bienes gananciales*** shared possessions; ***bienes inmuebles*** real estate; ***bienes muebles*** personal property; ***bienes raíces*** real estate

(b) *(productos)* goods ▫ ***bienes de consumo*** consumer goods; ***bienes de equipo*** capital goods; ***bienes de producción*** industrial goods

4 *adv* **(a)** *(debidamente, adecuadamente)* well; **¿cómo estás? — b., gracias** how are you? — fine, thanks; **habla inglés b.** she speaks English well; **¡agárrate b.!** hold on tight!; **cierra b. la puerta** shut the door properly; **conoce b. el tema** she knows a lot about the subject, she knows the subject well; **¿vamos b. de gasolina?** are we doing all right for *Br* petrol *o US* gas?, have we got plenty of *Br* petrol *o US* gas?; **b. mirado** *(bien pensado)* if you look at it closely; *(bien visto)* well-regarded; **b. pensado** on reflection; **contestar b.** *(correctamente)* to answer correctly; *(cortésmente)* to answer politely; **escucha b.,...** listen carefully,...; **estar b. relacionado** to have good connections; **le está b. empleado** he deserves it, it serves him right; **hacer algo b.** to do sth well; **has hecho b.** you did the right thing; **hiciste b. en decírmelo** you were right to tell me; **pórtate b.** be good, behave yourself; **salir b. librado** to get off lightly; **todo salió b.** everything turned out well; **vivir b.** *(económicamente)* to be well-off; *(en armonía)* to be happy

(b) *(expresa opinión favorable)* well; **¡muy b.!** very good!, excellent!; **¡b. hecho!** well done!; **me cayó muy b.** I liked her a lot; **me han hablado b. de él** they have spoken well of him to me; **en Portugal se come muy b.** the food is very good in Portugal; **estar b.** *(de aspecto)* to be nice; *(de salud)* to be *o* feel well; *(de calidad)* to be good; *(de comodidad)* to be comfortable; **¡está b.!** *(bueno, vale)* all right then!; *(es suficiente)* that's enough; **este traje te está b.** this suit looks good on you; **la tienda está b. situada** the shop is well situated; **está b. que te vayas, pero antes despídete** it's all right for you to go, but say goodbye first; **tal comportamiento no está b. visto** such behaviour is frowned upon; **encontrarse b.** *(de salud)* to feel well; **no se encuentra nada b.** she doesn't feel at all well; **oler/saber b.** to smell/taste nice *o* good; **¡qué b. huele en esta cocina!** it smells nice *o* good in this kitchen!; **opinar b. de alguien** to think highly of sb; **no acaba de parecerme b.** I don't really think it's a very good idea; **no me parece b. que no la saludes** I think it's wrong of you not to say hello to her; **¿te parece b. así?** is it O.K. like this?, is this all right?; **pasarlo b.** to have a good time; **¡qué b., mañana no trabajo!** great, I don't have to go to work tomorrow!; *Irónico* **¡qué b., ahora dice que no me puede pagar!** isn't that just great, now she says she can't pay me!; **salir b.** to turn out well; **¡qué b. sales en la foto!** you look great in the photo!; **sentar b. a alguien** *(ropa)* to suit sb; *(comida)* to agree with sb; *(comentario)* to please sb; **el rojo no te sienta nada b.** red doesn't suit you at all; **come tan rápido que no le puede sentar b.** she eats so quickly, she's bound to get indigestion; **algunos consideran que una copita de vino sienta b.** some people think a glass of wine is good for you; **no le sentó nada b. que le criticaras en público** he didn't like you criticizing him in public at all, he was none too impressed by you criticizing him in public; **tu ayuda va a venir muy b.** your help will be very welcome; **no me viene nada b. salir esta tarde** it's not very convenient for me *o* it doesn't really suit me to go out this afternoon; PROV **b. está lo que b. acaba** all's well that ends well

(c) *(muy)* **quiero el filete b. hecho** I want my steak well done; **b. abierto** wide open; **abre b. la boca** open wide

(d) *(uso enfático)* pretty; **un regalo b. caro** a pretty expensive present; **vamos a llegar b. tarde** we're going to be pretty late; **estoy b. cansado** I'm pretty tired; **hoy me he levantado b. temprano** I got up nice and early today; **quiero un vaso de agua b. fría** I'd like a nice cold glass of water

(e) *(vale, de acuerdo)* all right, O.K.; **¿nos vamos? — b.** shall we go? — all right

(f) *(de buena gana, fácilmente)* quite happily; **ella b. que lo haría, pero no le dejan** she'd be happy to do it *o* she'd quite happily do it, but they won't let her

(g) *(expresa protesta)* **¡b. podrías haberme avisado!** you could at least have told me!; **¡b. podrías pagar tú esta vez!** it would be nice if you paid for once *o* for a change!

(h) más bien *loc conj* rather; **no estoy contento, más b. estupefacto** I'm not so much happy as stunned; **más b. creo que no vendrá** I rather suspect she won't come, I think it unlikely that she'll come

(i) no bien *loc conj* no sooner, as soon as; **no b. me había marchado cuando empezaron a...** no sooner had I gone than they started...

(j) si bien *loc conj* although, even though

(k) *(en frases)* **b. es verdad que...,** it's certainly true that...; **¡b. por...** three cheers for...; **¡ya está b.!** that's enough!; **¡ya está b. de hacer el vago!** that's enough lazing around!; **estar a b. con alguien** to be on good terms with sb; **¡pues (sí que) estamos b.!** that's all we needed!; **tener a b. hacer algo** to be good enough to do sth; **le rogamos tenga a b. pasarse por nuestras oficinas** we would ask you to (be good enough to) come to our offices

5 *conj* **b.... b.** either... or; **puedes venir b. por avión, b. por barco** you can come by plane or by boat; **dáselo b. a mi hermano, b. a mi padre** either give it to my brother or my father

6 *interj* **(a) ¡b.!** *(aprobación)* good!, great!; *(fastidio)* oh, great!; **hoy saldréis al recreo media hora antes — ¡b.!** break time will be half an hour earlier today – great!; **se acaba de estropear la televisión — ¡b., lo que nos faltaba!** the television has just broken down – oh great, that's all we needed!

(b) *(enlazando)* **y b., ¿qué te ha parecido?** well *o* so, what did you think of it?; **y b., ¿a qué estás esperando?** well, what are you waiting for?

bienal 1 *adj* biennial
2 *nf* biennial exhibition

bienaventurado, -a *nm,f Rel* blessed person; **bienaventurados los pobres de espíritu** blessed are the poor in spirit

bienaventuranza *nf* **(a)** *Rel* divine vision; **las bienaventuranzas** the Beatitudes **(b)** *(felicidad)* happiness

bienestar *nm* wellbeing ▫ ***b. económico*** economic wellbeing

bienhablado, -a *adj* well-spoken

bienhechor, -ora 1 *adj* beneficial
2 *nm,f* benefactor, *f* benefactress

bienintencionado, -a *adj* well-intentioned

bienio *nm* **(a)** *(periodo)* two years **(b)** *(aumento de sueldo)* two-yearly increment

bienquisto, -a *adj* popular, well-liked

bienvenida *nf* welcome; **dar la b. a alguien** to welcome sb

bienvenido, -a *adj* welcome; **¡b.!** welcome!

bies *nm inv* bias binding; **al b.** *(costura, corte)* on the bias; *(sombrero)* at an angle

bifásico, -a *adj Elec* two-phase; **sistema b.** AC system

bife *nm* **(a)** *RP (bistec)* steak **(b)** *Perú, RP (bofetada)* slap

bífido, -a *adj* forked

bífidus *nm* bifidus

bifocal 1 *adj* bifocal
2 *nfpl* **bifocales** *(gafas)* bifocals
bifurcación *nf (división)* fork; **toma la primera b. a la derecha** go right at the first fork
bifurcarse [59] *vpr* to fork
bigamia *nf* bigamy
bígamo, -a 1 *adj* bigamous
2 *nm,f* bigamist
bigardo, -a *nm,f Fam (persona)* strapping man/woman
bígaro *nm* winkle
Big Bang *nm* Big Bang
bigote *nm* moustache; *Fig* **de bigotes** fantastic ▫ ***b. retorcido*** handlebar moustache
bigotera *nf (compás)* bow compass
bigotudo, -a 1 *adj* with a big moustache
2 *nm (ave)* bearded parrotbill
bigudí (*pl* **bigudís** *o* **bigudíes**) *nm* curler
bija *nf* (**a**) *(planta)* annatto (**b**) *(tintura)* annatto (dye)
bikini = **biquini**
bilabial *adj & nf Ling* bilabial
bilateral *adj* bilateral
bilbaíno, -a 1 *adj* of/from Bilbao
2 *nm,f* person from Bilbao
bilet *nm Méx* lipstick
biliar *adj Anat* bile ▫ ***conducto b.*** bile duct
bilingüe *adj* bilingual
bilingüismo *nm* bilingualism
bilioso, -a *adj también Fig* bilious
bilirrubina *nf Bioquím* bilirubin
bilis *nf inv también Fig* bile; *Fig* **tragar b.** to grin and bear it
billar *nm* (**a**) *(juego)* billiards *(singular)* ▫ ***b. americano*** pool; ***b. francés*** billiards; ***b. romano*** bar billiards (**b**) *(mesa)* billiard table (**c**) *(sala)* billiard hall
billete *nm* (**a**) *(de banco) Br* note, *US* bill (**b**) *(de rifa, transporte)* ticket; *Teatro* **no hay billetes** *(en letrero)* sold out ▫ ***b. de banco*** banknote; ***b. de ida*** *Br* single, *US* one-way ticket; ***b. de ida y vuelta*** *Br* return (ticket), *US* round-trip (ticket); ***b. kilométrico*** = ticket to travel a set distance; ***b. de lotería*** lottery ticket; ***b. sencillo*** *Br* single (ticket), *US* one-way (ticket)
billetera *nf*, **billetero** *nm* wallet
billetero, -a *nm,f Méx, Pan (lotero)* lottery ticket vendor
billón *núm* trillion; *ver también* **seis**
bimensual *adj* twice-monthly
bimestral *adj* two-monthly
bimestre *nm* two months
bimetalismo *nm Econ* bimetallism
bimodal *adj* bimodal
bimotor 1 *adj* twin-engine(d); **avión b.** twin-engine(d) plane
2 *nm* twin-engine(d) plane
binario, -a *adj también Informát* binary
bingo *nm* (**a**) *(juego)* bingo (**b**) *(sala)* bingo hall (**c**) *(premio)* (full) house
binocular 1 *adj* binocular
2 *nmpl* **binoculares** *(prismáticos)* binoculars; *(de ópera, teatro)* opera glasses
binóculo *nm* pince-nez
binomio *nm* (**a**) *Mat* binomial (**b**) *(de personas)* duo
biocarburante *nm* biofuel
biocatalizador *nm Biol* biocatalyst
biocenosis *nf Biol* biocoenosis
bioclimatología *nf* bioclimatology
biocombustible *nm* biofuel
biocompatible *adj* biocompatible
biocompatibilidad *nf* biocompatibility
biodegradable *adj* biodegradable
biodegradación *nf*, **biodeterioro** *nm* biodegradation
biodiversidad *nf* biodiversity
bioensayo *nm* bioassay
bioestadística *nf* biostatistics *(singular)*
bioestratigrafía *nf* biostratigraphy *(singular)*
bioética *nf* bioethics *(singular)*
biofísica *nf* biophysics *(singular)*
biofísico, -a *adj* biophysical
biogás *nm* biogas
biografía *nf* biography
biografiar [32] *vt* to write the biography of
biográfico, -a *adj* biographical
biógrafo, -a *nm,f (escritor)* biographer
bioindicador *nm* bioindicator
bioingeniería *nf* bioengineering
biología *nf* biology ▫ ***b. celular*** cell biology; ***b. molecular*** molecular biology
biológicamente *adv* biologically
biológico, -a *adj* biological; *(agricultura, productos)* organic
biólogo, -a *nm,f* biologist
bioluminescencia *nf* bioluminescence
bioma *nm* biome
biomasa *nf Biol* biomass
biombo *nm* (folding) screen
biónica *nf* bionics
biopsia *nf* biopsy
bioquímica *nf (ciencia)* biochemistry
bioquímico, -a 1 *adj* biochemical
2 *nm,f (persona)* biochemist
biorritmo *nm* biorhythm
biosfera *nf* biosphere
biosíntesis *nf inv* biosynthesis
biota *nf Biol* biota
biotecnología *nf* biotechnology
biotipo *nf* biotype
biotita *nf Geol* biotite
biotopo *nm Biol* biotope
bióxido *nm Quím* dioxide ▫ ***b. de carbono*** carbon dioxide
bip *nm Informát* beep
bipartición *nf* splitting (into two parts)
bipartidismo *nm Pol* two-party system
bipartidista *adj Pol* **sistema b.** two-party system
bipartito, -a *adj* bipartite
bípedo, -a 1 *adj* two-legged
2 *nm,f* biped
biplano *nm* biplane
biplaza 1 *adj* **vehículo b.** two-seater
2 *nm* two-seater
bipolar *adj* bipolar
biquini, bikini *nm* (**a**) *(bañador)* bikini; **ir en b.** to wear a bikini (**b**) *(sandwich)* toasted cheese and ham sandwich
birdie ['βirði] *nm (en golf)* birdie; **hacer b. en un hoyo** to birdie a hole
birlar *vt Fam* to pinch, to nick
birlibirloque *nm* EXPR **como por arte de b.** as if by magic
birlocha *nf* kite
Birmania *n* Burma
birmano, -a 1 *adj & nm,f* Burmese
2 *nm (lengua)* Burmese
birome *nm o nf RP* Biro®
birra *nf muy Fam* beer
birreta *nf* biretta
birrete *nm* (**a**) *(de clérigo)* biretta (**b**) *(de catedrático, abogado, juez)* = type of hat worn by university professors, lawyers and judges on formal occasions
birria *nf Fam* (**a**) *(persona)* drip; *(cosa)* junk, *Br* rubbish, *US* garbage; **una b. de jugador** a useless player; **esta película es una b.** this film is a load of *Br* rubbish *o US* garbage; *Col* **jugar de b.** to play half-heartedly (**b**) *Col (capricho)* whim, mania
birriático, -a, birrioso, -a *adj Fam* (**a**) *(malo)* pathetic (**b**) *(escaso)* measly
biruji *nm Fam* **¡qué b. hace!** it's freezing cold!
bis (*pl* **bises**) **1** *adj inv* **viven en el 150 b.** they live at 150a
2 *nm* encore; **hicieron dos bises** they did two encores
3 *adv Mús (para repetir)* bis
bisabuelo, -a *nm,f* great-grandfather, *f* great-grandmother; **bisabuelos** great-grandparents
bisagra *nf (de puerta, ventana)* hinge
bisbisar, bisbisear *vt Fam* to mutter
bisbiseo *nm* muttering
biscote *nm* Melba toast
bisección *nf Mat* bisection
bisectriz *nf Mat* bisector
bisel *nm* bevel
biselado, -a 1 *adj* bevelled
2 *nm* bevelling
biselar *vt* to bevel
bisemanal *adj* twice-weekly
bisexual *adj & nmf* bisexual
bisexualidad *nf* bisexuality
bisiesto *adj* **año b.** leap year
bisílabo, -a, bisilábico, -a *adj* two-syllabled
bisíncrono,-a *adj Informát* bisync, bisynchronous
bismuto *nm Quím* bismuth
bisnieto, -a, biznieto, -a *nm,f (varón)*

great-grandson, great-grandchild; *(hembra)* great-granddaughter, great-grandchild; **bisnietos** great-grandchildren

bisonte *nm* bison

bisoñada *nf (acción)* **éso fue una b.** that was typical of a beginner

bisoñé *nm* toupee

bisoñería *nf* **(a)** *(cualidad)* inexperience **(b)** *(acción)* **éso fue una b.** that was typical of a beginner

bisoño, -a *nm,f* novice, beginner

Bissau *n* Bissau

bistec *nm* steak

bisturí (*pl* **bisturíes**) *nm* scalpel

bisulfato *nm Quím* bisulfate, bisulphate

bisutería *nf* imitation jewellery

bit [bit] (*pl* **bits**) *nm Informát* bit

bitácora *nf Náut* binnacle; **cuaderno de b.** logbook

bíter, bitter *nm* bitters (singular)

bituminoso, -a *adj* bituminous

biunívoco, -a *adj* one-to-one

bivalente *adj Quím* bivalent

bivalvo, -a *adj & nm Zool* bivalve

biyección *nf Mat* bijection

Bizancio *n* Byzantium

bizantino, -a 1 *adj* **(a)** *Hist* Byzantine **(b)** *(discusión, razonamiento)* hair-splitting
2 *nm,f* Byzantine

bizarría *nf* **(a)** *(valor)* bravery; **con b.** bravely, valiantly **(b)** *(generosidad)* generosity

bizarro, -a *adj* **(a)** *(valiente)* brave, valiant **(b)** *(generoso)* generous

bizco, -a 1 *adj* **(a)** *(estrábico)* cross-eyed **(b)** *(pasmado)* **dejar a alguien b.** to dumbfound sb, to flabbergast sb; **se quedó b. con los juegos del mago** the magician's tricks astounded him
2 *nm,f* cross-eyed person

bizcocho *nm* **(a)** *(pastel grande)* sponge (cake); **hizo un b. para merendar** he made a sponge cake to have for tea **(b)** *(pastelillo)* sponge finger □ ***b. borracho*** sponge soaked in alcohol, rum baba

biznieto, -a = **bisnieto**

bizquear *vi* to squint

bizquera *nf* squint

blablablá, bla bla bla *nm Fam* blah, empty talk

black-bass *nf* black-bass

blackjack *nm* blackjack

blanca *nf* **(a)** *Mús* minim **(b)** *(moneda)* = old Spanish coin made from copper and silver; EXPR *Fam* **estar** *o* **quedarse sin b.** to be flat broke **(c)** *(en ajedrez, damas)* white (piece); **la b. doble** *(en dominó)* double blank

Blancanieves *nf* Snow White

BLANCO, -A 1 *adj* white; **se quedó b. del susto** *(pálido)* she turned white *o* pale with fear; **página/verso en b.** blank page/verse; **votar en b.** to return a blank ballot paper; **dejé cuatro respuestas en b.** I left four answers blank, I didn't answer four questions; **se quedó con la mente en b.** his mind went blank; **una noche en b.** *(sin dormir)* a sleepless night
2 *nm,f (persona)* white; **los blancos** whites
3 *nm* **(a)** *(color)* white; **el b. es mi color favorito** white is my favourite colour; **calentar algo al b.** to make sth white-hot; **una televisión en b. y negro** a black-and-white television; **filmado en b. y negro** filmed in black and white; **prefiero el b. y negro al color** I prefer black-and-white to colour □ *Quím* ***b. (de) España*** whiting; ***b. del ojo*** white of the eye; ***b. de la uña*** half-moon
(b) *(diana, objetivo)* target; *(de miradas)* object; **el actor se convirtió en el b. de la crítica** the actor became the target of much criticism; **dar en el b.** to hit the target; *Fig* to hit the nail on the head; **la campaña publicitaria dio en el b.** the advertising campaign really struck a chord; **has dado en el b. con tu último artículo** your last article was spot-on □ ***b. fácil*** sitting duck; ***b. móvil*** moving target
(c) *(espacio vacío)* blank (space); **ha dejado muchos blancos en el examen** she left a lot of things blank in the exam
(d) *(vino)* white (wine)
(e) *PRico (formulario)* blank form

blancor *nm*, **blancura** *nf* whiteness

blancuzco, -a *adj* off-white

blandengue 1 *adj* **(a)** *(material)* soft **(b)** *(persona)* weak, wimpish
2 *nmf (persona)* wimp

blandir *vt* to brandish

blando, -a *adj* **(a)** *(suave, mullido)* soft **(b)** *(persona) (débil)* weak; *(indulgente)* lenient, soft

> Observa que la palabra inglesa **bland** es un falso amigo y no es la traducción de la palabra española **blando**. En inglés **bland** significa "soso, insulso".

blandura *nf* **(a)** *(calidad de suave, mullido)* softness **(b)** *(debilidad)* weakness; *(indulgencia)* leniency

blanduzco, -a *adj Fam* softish

blanqueado = **blanqueo**

blanqueador, -ora 1 *adj* **líquido b.** whitener
2 *nm (líquido)* whitener

blanquear *vt* **(a)** *(ropa)* to whiten; *(con lejía)* to bleach **(b)** *(dinero)* to launder **(c)** *(con cal)* to whitewash

blanquecino, -a *adj* off-white

blanqueo, blanqueado *nm* **(a)** *(de ropa)* whitening; *(con lejía)* bleaching **(b)** ***b. de dinero*** money laundering **(c)** *(encalado)* whitewashing

blanquillo *nm* **(a)** *(árbol)* = Argentinian tree, type of spurge **(b)** *CAm, Méx (huevo)* egg **(c)** *Andes (melocotón)* white peach

blasfemar *vi* **(a)** *Rel* to blaspheme (**contra** against) **(b)** *(maldecir)* to swear, to curse

blasfemia *nf* **(a)** *Rel* blasphemy **(b)** *(palabrota)* curse **(c)** *(injuria)* **es una b. hablar así de…** it's sacrilege to talk like that about…

blasfemo, -a 1 *adj* blasphemous
2 *nm,f* blasphemer

blasón *nm* **(a)** *(escudo)* coat of arms **(b)** *(orgullo)* honour, glory; **hacer b. de** to flaunt

blasonería *nf* heraldry

blaugrana *adj inv Dep* = of/or relating to Barcelona Football Club

blazer ['bleiser] *nm* blazer

bledo *nm* EXPR *Fam* **me importa un b. (lo que diga)** I don't give a damn (about what he says)

blenda *nf Geol* blende

blenorragia, blenorrea *nf Med* gonorrhoea

blindado, -a 1 *adj (puerta)* armour-plated; **coche b.** bullet-proof car; *Mil* **vehículo b.** armoured vehicle; *Mil* **columna blindada** armoured column
2 *nm Mil (vehículo)* armoured vehicle

blindaje *nm* **(a)** *(de puerta)* armour-plating **(b)** *(de vehículo)* armour **(c)** *(de reactor nuclear)* shielding

blindar *vt* to armour-plate

bloc (*pl* **blocs**) *nm* pad □ ***b. de dibujo*** sketch pad; ***b. de notas*** notepad

blocaje *nm (en fútbol)* bodycheck

blocar [59] *vt Dep* to block; *(en fútbol)* to bodycheck; **el portero blocó la pelota** the goalkeeper stopped the ball

blonda *nf* **(a)** *(encaje)* blond lace **(b)** *(para tartas)* doily

blondo, -a *adj Literario* blond (blonde), fair

bloody mary ['bloði'meri] *nm* bloody Mary

bloomers ['blumers] *nmpl Col* knickers

bloque 1 *ver* **blocar**
2 *nm* **(a)** *(edificio, pieza)* block **(b)** *Informát* block **(c)** *Pol* bloc; **en b.** en masse □ *Antes* ***el B. del Este*** the Eastern bloc **(d)** *Tec* cylinder block

bloqueado,-a *adj Informát* locked

bloquear 1 *vt* **(a)** **(b)** *Dep* to block; *(en baloncesto)* to block out, to screen **(b)** *(con ejército, barcos)* to blockade; *(por nieve, inundación)* to cut off **(c)** *Informát (disquete)* to lock **(d)** *Fin* to freeze **(e)** *Aut* to lock
2 bloquearse *vpr* **(a)** *(atascarse)* to be stuck; **se me bloquearon los frenos** my brakes jammed **(b)** *(persona)* to have a mental block **(c)** *Informát (ordenador)* to freeze

bloqueo *nm* **(a)** *(detención)* blocking; *(en baloncesto)* screen □ ***b. mental*** mental block **(b)** *Econ & Mil* blockade; **violar el b.** to break the blockade **(c)** *Fin* freeze, freezing **(d)** *Aut* locking

blues [blus] *nm inv Mús* blues

blusa *nf* blouse □ ***b. camisera*** (plain) blouse

blusón *nm* smock

bluyín *nm*, **bluyines** *nmpl Am* jeans

boa 1 *nf (serpiente)* boa ▫ ***b. constrictor*** boa constrictor
2 *nm (de plumas)* (feather) boa

boatiné *nm* padded fabric; **un bata de b.** a quilted dressing gown

boato *nm* show, ostentation

bobada *nf* **decir/hacer una b.** to say/do something stupid; **decir bobadas** to talk nonsense; **hacer bobadas** to mess about

bobalicón, -ona *Fam* **1** *adj* simple
2 *nm,f* simpleton

bobería *nf Fam* foolish act *o* remark

bóbilis *adv* EXPR *Fam* **de b. b.** *(de balde)* for free, for nothing

bobina *nf* **(a)** *(de cordel, cable, papel)* reel; *(en máquina de coser)* bobbin **(b)** *Elec* coil ▫ ***b. de encendido*** ignition coil

bobinado *nm* reeling

bobinar *vt* to wind

bobo, -a 1 *adj* **(a)** *(tonto)* stupid, daft **(b)** *(ingenuo)* naive, simple
2 *nm,f* **(a)** *(tonto)* fool, idiot; **hacer el b.** to act *o* play the fool **(b)** *(ingenuo)* simpleton
3 *nm CAm, Méx (pez)* = type of Central American freshwater fish

bobsleigh ['boβslei] *(pl* **bobsleighs***)* *nm* bobsleigh

bobtail *nm* Old-English sheepdog

BOCA *nf* **(a)** *(de persona, animal)* mouth; **una b. más para alimentar** one more mouth to feed; **me he arreglado la b. por muy poco dinero** I had my teeth seen to for a very reasonable price; **b. abajo** face down; **no es aconsejable poner a los bebés b. abajo** it's best not to lie babies on their front; **b. arriba** face up; **ronca más cuando duerme b. arriba** he snores more when he sleeps on his back; **poner las cartas b. arriba** to turn one's cards face up; **este paseo me ha abierto b.** this walk has whetted my appetite; *Fig* **no abrió la b.** he didn't open his mouth, he didn't say a word; **será mejor que no abras la b.** it would be best if you didn't say anything; **andar** *o* **correr** *o* **ir de b. en b.** to be on everyone's lips; **andar** *o* **estar en b. de todos** to be on everyone's lips; **buscar la b. a alguien** to draw sb out; *Fam* **¡cállate** *o* **cierra la b.!** shut up!; **siempre que hay problemas calla la b.** whenever there are problems, she keeps very quiet; **apareció en público para cerrar la b. a quienes lo daban por muerto** he appeared in public in order to silence everyone who thought he was dead; **de b. promete mucho, pero luego no hace nada** he's all talk, he makes a lot of promises, but then he never keeps them; **es muy valiente, pero de b.** he's all mouth; **sorprendió escuchar insultos de b. de un obispo** it was surprising to hear insults from the lips of a bishop; **lo escuchamos de b. de los protagonistas** we heard it (straight) from the horse's mouth; EXPR *Fam* **lo dice con la b. chica** she doesn't really mean it; **le dije lo primero que me vino a la b.** I told her the first thing that came into my head; **hablar por b. de ganso** to repeat what one has heard; **dimos un paseo para hacer b.** we went for a walk to work up an appetite; **se me hace la b. agua** it makes my mouth water; **cuando paso delante de una pastelería, se me hace la b. agua** whenever I go past a bakery, my mouth starts to water; **irse de la b.** to let the cat out of the bag; **se fue de la b.** he let the cat out of the bag; **lo han detenido porque su cómplice se ha ido de la b.** he has been arrested because his accomplice gave him away; EXPR **meterse en la b. del lobo** to put one's head into the lion's mouth; EXPR **este cuarto está oscuro como la b. del lobo** this room is pitch-black; **no decir esta b. es mía** not to open one's mouth; **no tienen nada que llevarse a la b.** they don't have a crust to eat; *Fam* **partir la b. a alguien** to smash sb's face in; EXPR **salir/ir a pedir de b.** to turn out/to go perfectly; **si te hace falta algo, pide por esa b.** if you need anything, just say so *o* ask; **poner algo en b. de alguien** to attribute sth to sb; **el gobierno, por b. de su portavoz...** the government, through its spokesperson...; **quedarse con la b. abierta** to be left speechless; **me lo has quitado de la b.** you took the words right out of my mouth; **tapar la b. a alguien** to silence sb; **su nombre no me viene ahora a la b.** I can't think of her name right now; **siempre dice lo primero que le viene a la b.** he always says the first thing that comes into his head; PROV **en b. cerrada no entran moscas, por la b. muere el pez** silence is golden; PROV **quien tiene b. se equivoca** to err is human, everybody makes mistakes ▫ ***b. a b.*** mouth-to-mouth resuscitation; **hacer el b. a b. a alguien** to give sb mouth-to-mouth resuscitation, to give sb the kiss of life; *Bot* ***b. de dragón*** snapdragon; ***b. de fuego*** firearm
(b) *(entrada)* opening; *(de botella)* mouth; *(de buzón)* slot; *(de cañón)* muzzle; *(de escenario)* stage door; *(de puerto)* entrance; *(de túnel)* mouth; **las bocas del Danubio** the mouth of the Danube; *Fam* **a b. de jarro** point-blank ▫ ***b. del estómago*** pit of the stomach; ***b. de incendios*** hydrant; ***b. de metro*** *Br* tube *o* underground entrance, *US* subway entrance; ***b. de riego*** hydrant
(c) *Zool (pinza)* pincer
(d) *(filo)* cutting edge
(e) *(del vino)* flavour
(f) *Guat (aperitivo)* snack

---

bocacalle *nf (entrada)* entrance *(to a street)*; *(calle)* side street; **gire en la tercera b.** take the third turning

bocadillería *nf* sandwich shop

bocadillo *nm* **(a)** *Esp (comida)* sandwich *(made with French bread)*; **¿de qué tienen bocadillos?** what sort of sandwiches do you have? **(b)** *(en cómic)* speech bubble, balloon

bocadito *nm* **(a)** ***b. de nata*** profiterole **(b)** *RP (canapé)* titbit, canapé

bocado *nm* **(a)** *(comida)* mouthful; **no probar b.** *(por desgana)* not to touch one's food; **no he probado b. en todo el día** I haven't had a bite to eat all day; *Fam* **no tener para un b.** to be broke *o* penniless ▫ ***b. de cardenal*** choice morsel **(b)** *(mordisco)* bite; **dar un b. a algo** to take a bite out of sth **(c)** ***b. de Adán*** Adam's apple

bocajarro: a bocajarro *loc adv* **(a)** *(a quemarropa)* point-blank **(b)** *(de improviso)* unexpectedly; **se lo dije a b.** I told him to his face

bocamanga *nf* cuff

bocamina *nf (de mina)* pithead, mine entrance

bocana *nf* **(a)** *(canal)* entrance channel **(b)** *Nic* mouth *(of river)*

bocanada *nf* **(a)** *(de líquido)* mouthful **(b)** *(de humo)* puff; **el humo salía a bocanadas de la chimenea** puffs of smoke were coming out of the chimney **(c)** *(de viento)* gust

bocata *nm Esp Fam* sandwich *(made with French bread)*

bocatería *nf Esp* sandwich shop

bocazas *nmf inv Fam Pey* big mouth, blabbermouth

boceto *nm* sketch, rough outline

bocha *nf* **(a)** *(bolo)* bowl; **bochas** *(juego)* bowls *(singular)* **(b)** *RP Fam (cabeza)* nut, bonce

bochar *vt RP Fam (en examen)* to fail

boche *nm Andes Fam* **(a)** *(barullo)* uproar, tumult; *(lío)* mess, muddle **(b)** *(riña, disputa)* fight, quarrel

bochinche *nm Fam* **(a)** *Am (alboroto)* commotion, uproar **(b)** *PRico (chisme)* gossip **(c)** *Méx (fiesta)* party

bochinchear *vi Am* to cause a commotion *o* an uproar

bochinchero, -a 1 *adj* **(a)** *Andes, RP (alborotador)* rowdy, brawling **(b)** *PRico (chismoso)* gossipy
2 *nm,f* **(a)** *Andes, RP (alborotador)* rowdy, brawler **(b)** *PRico (chismoso)* gossip

bochorno *nm* **(a)** *(calor)* stifling *o* muggy heat **(b)** *(vergüenza)* embarrassment; **¡qué b.!** how embarrassing!

bochornoso, -a *adj* **(a)** *(tiempo)* stifling, muggy **(b)** *(vergonzoso)* embarrassing

bocina *nf* **(a)** *Aut* horn; **tocar la b.** to sound *o* toot one's horn; *Dep* **sobre la b.** on the hooter **(b)** *(megáfono)* megaphone, loudhailer; **colocó las manos en forma de b.** she cupped her hands round her mouth **(c)** *Méx (altavoz)* loudspeaker; *(del teléfono)* mouthpiece

bocinazo *nm* hoot

bocio *nm Med* goitre

bock [bok] *(pl* **bocks***)* *nm* stein

bocón, -ona *nm Carib* Antillian sardine

boda *nf* wedding ▫ ***bodas de diamante*** diamond wedding; ***bodas de oro*** golden wedding; ***bodas de plata*** silver wedding

bodega *nf* **(a)** *(cava)* wine cellar **(b)** *(tienda)* wine shop; *(taberna)* bar *(mainly selling wine)* **(c)** *(en buque, avión)* hold **(d)** *Am (colmado)* small grocery store **(e)** *Méx (almacén)* store

bodegaje *nm Andes, CAm* storage

bodegón *nm* (**a**) *Arte* still life (**b**) *(taberna)* tavern, inn

bodeguero, -a *nm,f (dueño)* = owner of a wine cellar

bodoque *nm* (**a**) *(en bordado)* tuft (**b**) *Fam (persona torpe)* blockhead, dunce (**c**) *Guat, Méx (chichón)* lump, swelling

bodrio *nm muy Fam Pey (comida)* slop, pigswill; **ser un b.** *(película, novela, cuadro)* to be *Br* rubbish *o US* trash; **¡qué b.!** what a load of *Br* rubbish *o US* trash!

body ['boði] (*pl* **bodies**) *nm* body *(garment)* ❑ ***b. building*** b. building; ***b. milk*** b. milk

BOE ['boe] *nm* (*abrev de* **Boletín Oficial del Estado**) official Spanish gazette, = daily state publication, giving details of legislation etc

bóer *nmf* Boer

bofe 1 *adj* (**a**) *Am (desagradable)* disagreeable, unpleasant (**b**) *PRico (trabajo fácil)* easy work, child's play

2 *nm* EXPR *Fam* **echar el b.** *o* **los bofes** to puff and pant

bofetada *nf* slap (in the face); **dar una b. a alguien** to slap sb (in the face); **emprenderla a bofetadas con alguien** to punch sb, to begin hitting sb; *Fig* **darse de bofetadas con algo** *(no armonizar)* to clash with sth

bofetón *nm* hard slap (in the face); **dar un b. a alguien** to give sb a slap in the face, to slap sb's face

bofia *nf Esp muy Fam* **la b.** the pigs, the cops

boga *nf* (**a**) *(moda)* **estar en b.** to be in vogue (**b**) ***b. de río*** *(pez)* = fish similar to carp

bogar [38] *vi* (**a**) *(remar)* to row (**b**) *(navegar)* to sail

bogavante *nm* lobster

bogey, bogui ['βogi] *nm (en golf)* bogey; **hacer b. en un hoyo** to bogey a hole; **doble b.** double bogey

Bogotá *n* Bogota

bogotano, -a 1 *adj* of/relating to Bogotá

2 *nm,f* native/inhabitant of Bogotá

bohardilla (**a**) *(habitación)* attic (**b**) *(ventana)* dormer (window)

Bohemia *n* Bohemia

bohemia *nf* bohemian lifestyle

bohemio, -a 1 *adj* (**a**) *(aspecto, vida, barrio)* bohemian (**b**) *(de Bohemia)* Bohemian

2 *nm,f* (**a**) *(artista, vividor)* bohemian (**b**) *(de Bohemia)* Bohemian

bohío *nm Carib* hut

boicot (*pl* **boicots**) *nm* boycott

boicotear *vt* to boycott

boicoteo *nm* boycotting

boina *nf* beret

boîte [bwat] (*pl* **boîtes**) *nf* nightclub

boj (*pl* **bojes**) *nm* (**a**) *(árbol)* box (**b**) *(madera)* boxwood

bojote *nm Andes, CAm, Carib (paquete)* parcel, package

bol (*pl* **boles**) *nm* bowl

BOLA *nf* (**a**) *(esfera)* ball; *(canica)* marble; *(de helado)* scoop; *Fam (de fútbol, baloncesto)* ball; **tengo una b. en el estómago** my stomach feels bloated; **si sigues comiendo pasteles te pondrás como una b.** if you carry on eating cakes you'll get fat ❑ ***b. de alcanfor*** mothball; ***b. de billar*** billiards ball; ***b. de break*** *(en tenis)* break point; ***b. de cristal*** crystal ball; ***b. de fuego*** fireball; ***b. jugadora*** *(en billar)* cue ball; ***b. del mundo*** globe; ***b. de naftalina*** mothball; ***b. de nieve*** snowball; *Fig* ***convertirse en una b. de nieve*** to snowball; ***b. de partido*** *(en tenis)* match point

(**b**) *Fam (mentira)* fib; **contar bolas** to fib, to tell fibs; **me intentó meter una b.** she tried to tell me a fib; **esa b. no me la trago** I'm not going to fall for that one

(**c**) *Fam (rumor)* rumour; **corre la b. por ahí de que te has echado novio** they say you've got yourself a boyfriend; **¡corre la b.!: nos van a poner un examen mañana** they're going to give us an exam tomorrow, pass it on!

(**d**) *(músculo) Fam* **sacar b.** to make one's biceps bulge

(**e**) ***b. de nieve*** *(planta)* snowball tree

(**f**) *muy Fam* **bolas** *(testículos)* balls; *Fam* **en bolas** *(desnudo)* stark-naked, *Br* starkers; *RP* EXPR **hinchar** *o* **romper las bolas** *(molestar)* to be a pain in the *Br* arse *o* US butt; EXPR *Fam* **pillar a alguien en bolas** *(sin nada, desprevenido)* to catch sb out; EXPR *Fam* **¡me has pillado en bolas!, ¡no tengo ni idea!** you've got me there, I haven't a clue!; EXPR *Fam* **el profesor nos pilló en bolas** the teacher caught us unprepared

(**g**) *Am (betún)* shoe polish

(**h**) *Chile (cometa)* kite *(large and round)*

(**i**) *Méx Fam (grupo de amigos)* gang, crowd; *Méx* **en b.** *(en grupo)* in a crowd

(**j**) *Méx (riña)* tumult, uproar

(**k**) *Cuba, Chile* **bolas** croquet

(**l**) EXPR *Fam* **nosotros trabajando y él, a su b.** we were working and there he was just doing his own thing; *RP, Bol* **andar como b. sin manija** to wander around; *Andes, RP* **dar b. a alguien** to pay attention to sb; **¡dale b.!** come off it!; **dejar rodar la b.** to let it ride; *Méx* **estar** *o* **meterse en b.** to participate

---

bolacear *vi RP Fam* to talk crap

bolada *nf* (**a**) *RP Fam (oportunidad)* opportunity (**b**) *Perú (rumor)* rumour

bolazo *nm* (**a**) *(golpe)* blow with a ball (**b**) *RP Fam (tontería)* silly *o* foolish remark; **de b.** hurriedly, carelessly

bolchevique *adj & nmf* Bolshevik

bolchevismo, bolcheviquismo *nm* Bolshevism

boldo *nm (infusión)* = type of herbal tea

bolea *nf Dep* volley

boleada *nf Méx* shine, polish

boleador *nm Am* shoe shine boy

boleadoras *nfpl* bolas, = set of three ropes, weighted at the ends, used by Argentinian gauchos for capturing cattle by entangling their legs

bolear *vt* (**a**) *(cazar)* to bring down with bolas (**b**) *Méx (sacar brillo)* to shine, to polish

bolera *nf* bowling alley

bolería *nf Méx* shoeshine store

bolero 1 *adj Fam (mentiroso)* fibbing

2 *nm* (**a**) *(baile)* bolero (**b**) *Méx (limpiabotas)* shoeshine

boleta *nf* (**a**) *(para entrar)* (admission) ticket (**b**) *Am (para votar)* ballot, voting slip (**c**) *Chile, Pan, RP (multa)* parking ticket (**d**) *Méx (de calificaciones)* report card

boletear *vi RP Fam* to lie, to cheat

boletería *nf Am (de cine, teatro)* box office; *(de estación)* ticket office

boletero, -a *nm,f Am* box office attendant

boletín *nm* (**a**) *(publicación)* journal, periodical ❑ ***b. informativo*** news bulletin; ***b. meteorológico*** weather forecast; ***b. de noticias*** news bulletin; ***Boletín Oficial del Estado*** official Spanish gazette, = daily state publication, giving details of legislation, etc; ***b. de prensa*** press release; ***b. de suscripción*** subscription form (**b**) *Cuba (billete de tren)* train ticket

boleto *nm* (**a**) *(de lotería, rifa)* ticket; *(de quinielas)* coupon ❑ ***b. de apuestas*** betting slip (**b**) *Am (billete)* ticket ❑ ***b. redondo*** *(de ida y vuelta) Br* return ticket, *US* round trip ticket (**c**) *(seta)* boletus (**d**) *RP Der* ***b. de venta*** *o* ***de compra-venta*** contract of sale (**e**) *RP Fam (mentira, engaño)* lie, whopper

boli *nm Fam* Biro®

boliche *nm* (**a**) *(en petanca)* jack (**b**) *(bolos)* ten-pin bowling (**c**) *(bolera)* bowling alley (**d**) *RP (discoteca)* disco

bólido *nm* racing car; *Fig* **ir como un b.** to go like the clappers

bolígrafo *nm* ballpoint pen, Biro®

bolilla *nf RP (en sorteo)* = small numbered ball used in lotteries

bolillo *nm* (**a**) *(en costura)* bobbin; **hacer (encaje de) bolillos** to make (bobbin *o* pillow) lace (**b**) *Méx (panecillo)* bread roll (**c**) *CRica, Pan Mús* drumsticks (**d**) *Col (porra)* truncheon

bolinga *muy Fam* **1** *adj (borracho)* plastered, *Br* pissed

2 *nm (persona)* boozer, *Br* piss artist

3 *nf* **agarrar una b.** to get plastered

bolitas *nfpl RP* marbles

bolívar *nm* bolivar

Bolivia *n* Bolivia

boliviano, -a 1 *adj & nm,f* Bolivian

2 *nm (moneda nacional)* boliviano, Bolivian peso

bollería *nf* (**a**) *(tienda)* cake shop (**b**) *(productos)* cakes ❑ ***b. industrial*** factory-made cakes and pastries

bollo *nm* (**a**) *(para comer) (de pan)* (bread) roll; *(dulce)* bun (**b**) *(abolladura)* dent; *(abultamiento)* bump (**c**) *Fam (embrollo)* fuss, to-do; **armar un b.** to kick up a fuss (**d**) *Fam (persona atractiva)* dish, gorgeous guy/ woman; **ser un b.** to be a bit of all right (**e**) *Chile, RP Fam (puñetazo)* punch (**f**) *Col (tamal)* tamale (**g**) *Col (dificultad)* trouble, difficulty (**h**) *Col Fam (caca)* turd; **me siento como un b.** I feel crap

bolo *nm* (**a**) *(pieza)* bowling pin; **los bolos** *(juego)* (tenpin) bowling; **jugar a los bolos** to play tenpin bowling (**b**) *Fam (actuación)* gig (**c**) *CAm (borracho)* drunk

BOLSA *nf* (**a**) *(recipiente)* bag; **una b. de patatas fritas** a bag of *Br* crisps *o US* chips ❑ ***b. de agua caliente*** hot-water bottle; ***b. de aire*** air pocket; ***b. de aseo*** toilet bag; ***b. de (la) basura*** bin liner; ***b. de la compra*** shopping bag; ***b. de deportes*** holdall, sports bag; *RP* ***b. de dormir*** sleeping bag; ***b. de hielo*** ice pack; ***b. de mano*** item of hand luggage; ***b. de marginación*** = underprivileged social group *or* area; *Zool* ***b. marsupial*** pouch; ***b. del pan*** = bag hung on outside of door for delivery of fresh bread; ***b. de papel*** paper bag; ***b. de plástico*** *(en tiendas)* carrier *o* plastic bag; ***b. de playa*** beach bag; ***b. de pobreza*** deprived area; ***b. de viaje*** travel bag

(**b**) *Fin* **b. (de valores)** stock exchange, stock market; **ha habido un atentado en la B. de Madrid** there has been a terrorist attack on the Madrid Stock Exchange; **la b. ha subido/bajado** share prices have gone up/down; **jugar a la b.** to speculate on the stock market ❑ ***b. alcista*** bull market; ***b. bajista*** bear market; ***b. de comercio*** commodity exchange; ***b. de trabajo*** *(en universidad, organización)* = list of job vacancies and situations wanted; *(en periódico)* appointments section

(**c**) *(bolso) (de dinero)* purse, pocketbook; EXPR **¡la b. o la vida!** your money or your life!; *Fam* **aflojar la b.** to put one's hands in one's pocket, to fork out; *Fam* **afloja la b. e invítame a una copa** fork out and buy me a drink

(**d**) *(premio)* purse, prize money

(**e**) *Educ (beca)* ***b. de estudios*** (study) grant; ***b. de viaje*** travel grant

(**f**) *Min (de mineral, aire)* pocket

(**g**) *Anat* sac; *(de testículos)* scrotum ❑ ***b. de aguas*** amniotic sac; ***b. sinovial*** synovial bursa

(**h**) *(arruga, pliegue) (en ojos)* bag; **le están saliendo bolsas debajo de los ojos** she's getting bags under her eyes; **esos pantalones te hacen bolsas en la rodilla** those trousers are loose at the knee

(**i**) ***b. de pastor*** *(planta)* shepherd's purse

(**j**) *CAm, Méx, Perú (bolsillo)* pocket

(**k**) EXPR *Chile* **de b.** at someone else's expense; *Chile* **hacer b.** to abuse

bolsada *nf Col* **una b. de algo** a bag *o* bagful of sth

bolsear *CAm, Méx* **1** *vi* to bag

2 *vt* (**a**) *(robar)* to pick the pocket of (**b**) *(registrar)* **b. a alguien** to search sb's pockets

bolsillo *nm* pocket; **calculadora de b.** pocket calculator; **edición de b.** pocket edition; **lo pagué de mi b.** I paid for it out of my own pocket; EXPR **meterse** *o* **tener a alguien en el b.** to have sb eating out of one's hand; EXPR *Fam* **rascarse el b.** to fork out

bolsista *nmf* (**a**) *Fin* stockbroker (**b**) *CAm, Méx (carterista)* pickpocket

bolsístico, -a *adj Fin* stock market; **actividad bolsística** activity on the stock market

bolso *nm* bag; *(de mujer) Br* handbag, *US* purse ❑ ***b. de bandolera*** shoulder bag; ***b. de mano*** clutch bag

bolsón *nm* (**a**) *Andes (de colegial)* school bag (**b**) *Andes, RDom Fam (tonto)* dunce, ignoramus (**c**) *Perú, RP (bolsa de mano)* handbag (**d**) *Bol (de mineral)* pocket (**e**) *Méx (laguna)* lagoon (**f**) *Arg, Méx (de tierra)* hollow

boludez *nf RP muy Fam* **¡qué b.!** what a *Br* prattish *o US* dorky thing to do/say!

boludo, -a *nm,f* (**a**) *RP muy Fam (estúpido) Br* prat, *US* jerk (**b**) *Méx (gordo)* fat

bomba 1 *nf* (**a**) *(explosivo)* bomb; **poner una b.** to plant a bomb ❑ ***b. atómica*** atom *o* nuclear bomb; ***b. fétida*** stink bomb; ***b. H o de hidrógeno*** H *o* hydrogen bomb; ***b. incendiaria*** incendiary (bomb), fire bomb; ***b. lacrimógena*** tear gas grenade; ***b. de mano*** (hand) grenade; ***b. de neutrones*** neutron bomb; *también Fig* ***b. de relojería*** time bomb; ***b. termonuclear*** thermonuclear bomb

(**b**) *(de agua, de bicicleta)* pump ❑ ***b. hidráulica*** hydraulic pump; ***b. neumática*** pneumatic pump; ***b. de vacío*** vacuum pump

(**c**) *(acontecimiento)* bombshell; **caer como una b.** to be a bombshell

(**d**) *(en piscina)* **tirarse en b.** to do a bomb

(**e**) *Am (gasolinera) Br* petrol station, *US* gas station; **b. (de gasolina)** *(surtidor) Br* petrol pump, *US* gas pump

(**f**) *Col, Hond, RDom (burbuja)* bubble

(**g**) *Andes (borrachera)* drinking bout; **estar en b.** to be drunk

(**h**) *Am (cometa)* circular kite

(**i**) EXPR *Fam* **pasarlo b.** to have a great time; *Fam* **la fiesta de anoche fue la b.** the party last night was something else

2 *adj inv Fam* astounding

bombacha *nf RP* (**a**) *(braga)* knickers (**b**) **bombachas** loose trousers

bombachos *nmpl* baggy trousers

bombardear *vt también Fig* to bombard

bombardeo *nm* bombardment ❑ ***b. aéreo*** air raid; *Fís* ***b. atómico*** bombardment in a particle accelerator

bombardero *nm (avión)* bomber

bombardino *nm Mús* saxhorn

bombazo *nm* (**a**) *(explosión)* explosion, blast (**b**) *(noticia)* bombshell

bombear *vt también Dep* to pump

bombeo *nm* (**a**) *(de líquido)* pumping (**b**) *(abombamiento)* bulge

bombero, -a *nm,f* (**a**) *(de incendios)* fireman, *f* firewoman; EXPR **tener ideas de b.** to have crazy ideas (**b**) *Andes (de gasolinera) Br* petrol-pump *o US* gas-pump attendant

bombilla *nf* (**a**) *(de lámpara)* light bulb (**b**) *RP (para mate)* = tube for drinking maté (**c**) *Méx (cucharón)* ladle

bombillo *nm Andes, CAm* light bulb

bombín *nm* (**a**) *(sombrero)* bowler (**b**) *(inflador)* bicycle pump

bombo 1 *nm* (**a**) *(instrumento musical)* bass drum; *Fam* **tengo la cabeza como un b.** my head is throbbing (**b**) *Fam (elogio)* hype; **a b. y platillo** with a lot of hype; **le están dando mucho b. a la nueva película** the new film is getting a lot of hype (**c**) *Tec* drum (**d**) EXPR *muy Fam* **estar con b.** *(embarazada)* to be in the club, to be up the duff (**e**) EXPR *RP Fam* **irse al b.** to fail, to come to nothing; *muy Fam* **mandar a alguien al b.** to bump sb off

2 *adj Cuba (tibio)* lukewarm

bombón *nm* (**a**) *(golosina)* chocolate (**b**) *Fam (persona)* stunner; **es un b.** she's a peach

bombona *nf* cylinder ❑ ***b. de butano*** (butane) gas cylinder

bombonería *nf Br* sweet shop, *US* candy store

bonachón, -ona 1 *adj* good-natured

2 *nm,f* good-natured person

bonachonería *nf* good nature

bonaerense 1 *adj* of/from Buenos Aires

2 *nmf* person from Buenos Aires

bonancible *adj (tiempo)* fair; *(mar)* calm

bonanza *nf* (**a**) *(de tiempo)* fair weather; *(de mar)* calm at sea (**b**) *(prosperidad)* prosperity (**c**) *Náut* **ir en b.** to have a favourable wind

bondad *nf* (**a**) *(cualidad)* goodness (**b**) *(amabilidad)* kindness; **tener la b. de hacer algo** to be kind enough to do sth

bondadosamente *adv* with kindness, good-naturedly

bondadoso, -a *adj* kind, good-natured

bonete *nm* (**a**) *(eclesiástico)* biretta (**b**) *(universitario)* mortarboard

bonetería *nf Méx, RP* haberdashery

bonetero *nm* spindle tree

bongo *nm* (**a**) *(animal)* bongo (**b**) *CAm (canoa)* canoe

bongó *nm* bongo (drum)

boniato *nm* sweet potato

bonificación *nf* (**a**) *(oferta especial)* bonus; *(descuento)* discount (**b**) *(mejora)* improvement (**c**) *(en ciclismo)* time bonus

bonificar [59] *vt* (**a**) *(descontar)* to give a discount of (**b**) *(mejorar)* to improve

bonito, -a 1 *adj* (**a**) *(lindo)* pretty; *(agradable)* nice (**b**) *Irónico* **¡muy b.!** great!, wonderful!; **¿te parece b. lo que has hecho?** are you proud of what you've done, then?

2 *nm* bonito *(type of tuna)* ***b. del norte*** long-finned tuna, albacore

Bonn *n* Bonn

bono *nm* (**a**) *(vale)* voucher (**b**) *Com* bond ❑ ***b. basura*** junk bond; ***b. de caja*** short-term bond; ***b. del Estado*** government bond; ***b.-restaurante*** *Br* luncheon voucher, *US* meal ticket; ***b. del tesoro*** treasury bond

bonobús (*pl* **bonobuses**) *nm Esp* = multiple-journey bus ticket

bonoloto *nm* = Spanish state-run lottery

bonotrén *nm Esp* multiple-journey railway ticket

bonsái *nm* bonsai

bonus-malus *nm Com* no-claims bonus clause

bonzo *nm* (**a**) *(budista)* Buddhist monk, bonze (**b**) **quemarse a lo b.** to set oneself alight

boñiga *nf* cowpat

booleano, -a *adj Mat & Informát* Boolean

boom *nm* boom

boqueada *nf* EXPR **dar las (últimas) boqueadas** to breathe one's last

boquear *vi* to breathe one's last

boquera *nf* = cracked lip in the corner of one's mouth

boquerón *nm* (fresh) anchovy ▫ ***boquerones en vinagre*** pickled anchovy fillets

boquete *nm* hole; **abrir** *o* **hacer un b. en** to make a hole in

boquiabierto, -a *adj* (**a**) *(con boca abierta)* open-mouthed (**b**) *(embobado)* astounded, speechless

boquilla *nf* (**a**) *(para fumar)* cigarette holder (**b**) *(de pipa, instrumento musical)* mouthpiece (**c**) *(de tubo, aparato)* nozzle (**d**) *Fam* **es todo de b.** it's all hot air (**e**) *Ecuad (rumor)* rumour, gossip

borato *nm Quím* borate

bórax *nm* borax

borbollar *vi (líquido)* to bubble, to boil

borbollón *nm* bubbling; **a borbollones** furiously; **hablar a borbollones** to talk furiously

Borbón *n* Bourbon; **los Borbones** the Bourbons

borbónico, -a *adj* Bourbon

borbotear, borbotar *vi* to bubble

borboteo *nm* bubbling

borbotones *nmpl* **salir a b.** *(líquido)* to gush out; **hablar a b.** to gabble

borda *nf Náut* gunwale; EXPR **tirar** *o* **echar algo por la b.** to throw sth overboard; **un fuera b.** *(barco)* an outboard motorboat; *(motor)* an outboard motor

bordado, -a 1 *adj* embroidered; *Fig* **el discurso/examen le salió b.** his speech/the exam went like a dream

2 *nm* embroidery

bordador, -ora *nm,f* embroiderer

bordar *vt* (**a**) *(coser)* to embroider (**b**) *(hacer bien)* to do excellently; **la actriz borda el papel de Cleopatra** the actress is outstanding in the role of Cleopatra

borde 1 *adj Fam (antipático)* miserable, *Br* stroppy

2 *nmf Fam (antipático)* miserable *o Br* stroppy person

3 *nm (límite)* edge; *(de carretera)* side; *(de río)* bank; *(de vaso, botella)* rim; **lleno hasta el b.** full to the brim; *Fig* **al b. de** on the verge *o* brink of

bordeado, -a *adj* **b. de** lined with; **un camino b. de árboles** a tree-lined path

bordear *vt* (**a**) *(estar alrededor de)* to border; *(moverse alrededor de)* to skirt (round); **bordearon la costa** they hugged the coast (**b**) *(rozar)* to be close to

bordelés, -esa *adj* Bordeaux

bordería *nf Fam* **soltar una b.** to come out with something really rude

bordillo *nm Br* kerb, *US* curb

bordo *nm* (**a**) *Náut & Av* **a b.** on board; **bienvenidos a b.** welcome aboard; **viajamos a b. de un trasatlántico de lujo** we travelled on a luxury liner (**b**) *Guat, Méx (presa)* dam, dike

bordón *nm* (**a**) *(estribillo)* chorus, refrain (**b**) *(cuerda)* bass string

boreal *adj* northern

bóreas *nm inv (viento)* Boreas, north wind

borgoña *nm* burgundy

bórico, -a *adj* boric

borincano, -a, borinqueño, -a *adj & nm,f* Puerto Rican

borla *nf (de flecos)* tassel; *(pompón)* pompom

borne *nm Elec* terminal

Borneo *n* Borneo

boro *nm Quím* boron

borona *nf* (**a**) *(mijo)* millet (**b**) *(maíz) Br* maize, *US* corn (**c**) *(pan)* corn bread (**d**) *CAm, Col, Ven (migaja)* breadcrumb

borra *nf (lana basta)* flock

borrachera *nf* (**a**) *(embriaguez)* drunkenness; **tener/agarrarse una b.** to be/get drunk (**b**) *(emoción)* intoxication

borrachín, -ina *nm,f Fam* boozer

borracho, -a 1 *adj* (**a**) *(ebrio)* drunk; *Fam* **b. como una cuba** blind drunk (**b**) *(emocionado)* **b. de** drunk *o* intoxicated with; **estaba b. de alegría** he was wild with joy

2 *nm,f (persona)* drunk

3 *nm (bizcocho)* ≃ rum baba, = sponge cake soaked in alcohol

borrado *nm Informát* clearing

borrador *nm* (**a**) *(escrito)* rough draft; **hacer un b. de** to draft (**b**) *(para pizarra)* board duster; *(goma de borrar) Br* rubber, *US* eraser

borraja *nf* borage

borrajear *vt* to scribble

borrar 1 *vt* (**a**) *(hacer desaparecer) (con goma) Br* to rub out, *US* to erase; *(en ordenador)* to delete; *(en casete)* to erase; *Fig* **b. a alguien/algo del mapa** to wipe sb/sth off the map (**b**) *(tachar)* to cross out; *(de lista)* to take off (**c**) *(la pizarra)* to wipe, to dust (**d**) *Informát* to clear (**e**) *(olvidar)* to erase; **el tiempo borró el recuerdo de aquel desastre** with time, she was able to erase the disaster from her memory

2 borrarse *vpr* (**a**) *(desaparecer)* to disappear; **se bloqueó el ordenador y se borraron algunos documentos** when the computer crashed, certain files were lost; *Fig* **se borró del mapa** he dropped out of sight, he disappeared from circulation

(**b**) *(de lista)* to take one's name off; **me he borrado de las clases** I've stopped going to those classes

(**c**) *(olvidarse)* to be wiped away; **se le borró de la mente** he forgot all about it

borrasca *nf* (**a**) *(tormenta)* thunderstorm (**b**) *Meteo (baja presión)* area of low pressure

borrascoso, -a *adj* (**a**) *(tiempo)* stormy (**b**) *(vida, reunión, relación)* stormy, tempestuous

borrego, -a *nm,f* (**a**) *(animal)* lamb (**b**) *Fam Pey (persona)* sheep; **todos lo siguen como borregos** they all follow him like sheep (**c**) *Arg muy Fam (chico)* lout, uncouth youth (**d**) *Cuba, Méx (engaño)* hoax

borreguil *adj también Fig* sheep-like

borrico, -a 1 *adj* dimwitted, dim

2 *nm,f* (**a**) *(burro)* donkey (**b**) *(tonto)* dimwit, dunce

borriquero, -a *adj* **cardo b.** cotton thistle

borriqueta *n*, **borriquete** *nm* trestle

borrón *nm* (**a**) *(de tinta)* blot (**b**) *(tachón)* scribbling out; EXPR **hacer b. y cuenta nueva** to wipe the slate clean (**c**) *(deshonor)* blemish

borronear *vt* (**a**) *(garabatear)* to scribble on (**b**) *(escribir deprisa)* to scribble

borroso, -a *adj* (**a**) *(foto, visión)* blurred (**b**) *(escritura, texto)* smudgy

boscaje *nm (bosque)* thicket, copse

boscoso, -a *adj* wooded, woody

Bósforo *nm* **el B.** the Bosphorus

Bosnia *n* Bosnia ▫ ***B. y Herzegóvina*** Bosnia-Herzegovina

bosniaco, -a *adj & nm,f* Bosnian Muslim

bosnio, -a *adj & nm,f* Bosnian

bosque *nm (pequeño)* wood; *(grande)* forest; *Fig* **un b. de jugadores** a crowd of players ▫ ***b. tropical*** tropical forest

bosquejar *vt* (**a**) *(esbozar)* to sketch (out) (**b**) *(dar una idea de)* to give a rough outline of

bosquejo *nm* (**a**) *(esbozo)* sketch (**b**) *(de idea, tema, situación)* rough outline

bosquimano, -a *nm,f* Bushman

bossa-nova *nf* bossa nova

bosta *nf* cow dung

bostezar [14] *vi* to yawn

bostezo *nm* yawn

bota *nf* (**a**) *(calzado)* boot; EXPR **morir con las botas puestas** to die with one's boots on; EXPR *Fam* **ponerse las botas** *(comiendo)* to stuff one's face; EXPR **con este negocio nos vamos a poner las botas** we're going to make a fortune with this business ▫ ***botas de agua*** wellingtons; ***botas camperas*** cowboy boots; ***botas de caña alta*** knee-length boots; ***botas de***

esquí ski boots; ***botas de fútbol*** soccer *o Br* football boots; ***botas de montaña*** climbing boots; ***botas de montar*** riding boots; ***botas de senderismo*** hiking *o* walking boots (**b**) *(de vino)* = small leather container for wine

botado *adj Col Fam (fácil)* easy, simple; **eso está b.** that's easy *o* simple

botadura *nf* launching

botafumeiro *nm* censer

botalón *nm Col,Ven (poste)* post, stake

botamanga *nf Andes, RP* turn-up

botana *nf Guat, Méx,Ven* snack

botánica *nf* botany

botánico, -a 1 *adj* botanical
2 *nm,f* botanist

botanista *nmf* botanist

botar 1 *vt* (**a**) *(pelota)* to bounce (**b**) *(barco)* to launch (**c**) *Fam (despedir)* to throw *o* kick out (**d**) *Dep (córner)* to take (**e**) *Am (tirar)* to throw away; *Guat (dejar caer)* to drop (**f**) *Am (malgastar)* to waste, to squander
2 *vi* (**a**) *(saltar)* to jump; *Fam Fig* **está que bota** he is hopping mad (**b**) *(pelota)* to bounce

botarate *nm Fam* madcap

botavara *nf Náut* boom

bote *nm* (**a**) *(envase) (tarro)* jar; *(lata)* tin, can; *(de champú, pastillas)* bottle; **los guisantes ¿son naturales o de b.?** are the peas fresh or tinned? ▫ *Am* ***b. de la basura*** *Br* rubbish bin, *US* garbage can, trash can; ***b. de humo*** smoke canister
(**b**) *(barca)* boat ▫ ***b. salvavidas*** lifeboat
(**c**) *(propinas)* tips; **para el b.** as a tip
(**d**) *(salto)* jump; **dar botes** *(saltar)* to jump up and down; *(vehículo)* to bump up and down; **pegar un b.** *(de susto)* to jump, to give a start
(**e**) *(de pelota)* bounce; **dar botes** to bounce; *Dep* **a b. pronto** on the rebound
(**f**) *(en lotería)* = prize money not won in previous week, and added to current jackpot
(**g**) *Méx Fam (cárcel) Br* nick, *US* joint
(**h**) EXPR **a b. pronto** *(sin pensar)* off the top of one's head; **chupar del b.** to feather one's nest; *Fam* **darse el b.** to go away; **de b. en b.** chock-a-block; **tener en el b. a alguien** to have sb eating out of one's hand

botella *nf* (**a**) *(recipiente)* bottle; **en b.** bottled; EXPR **darle a la b.** *(beber alcohol)* to be a heavy drinker ▫ ***b. de oxígeno*** oxygen cylinder (**b**) *Cuba (autoestop)* **dar b. a alguien** to give sb a lift; **hacer b.** to hitchhike

botellazo *nm* blow with a bottle

botellero *nm* (**a**) *(accesorio)* wine rack (**b**) *Arg (persona)* = person who collects bottles for resale

botellín *nm (de cerveza)* small bottle *(0.2 litre)*

botica *nf Anticuado* pharmacy, *Br* chemist's (shop); **aquí hay de todo como en b.** there's a bit of everything here

boticario, -a *nm,f Anticuado* pharmacist, *Br* chemist

botija *nf* (**a**) *(vasija)* earthenware jar (**b**) *Urug Fam (muchacho)* kid

botijo *nm* = earthenware vessel with a spout used for drinking water

botillería *nf Chile (de vino, licor)* liquor store

botín *nm* (**a**) *(de guerra, atraco)* plunder, loot; **repartirse el b.** to share out the spoils (**b**) *(calzado)* ankle boot

botiquín *nm* (**a**) *(caja)* first-aid kit; *(mueble)* first-aid cupboard (**b**) *(enfermería)* sick bay (**c**) *Ven (taberna)* bar

boto *nm* riding boot

botón *nm* (**a**) *(para abrochar, de aparato)* button; *(de timbre)* buzzer; **darle al b.** to press the button; *Fig* **b. de muestra** sample (**b**) *(de planta)* bud, gemma ▫ ***b. de oro*** buttercup

botonadura *nf* buttons

botonera *nf (planta)* santolina, lavender-cotton

botones *nmpl (de hotel)* bellboy, *US* bellhop; *(de oficina)* errand boy

Botsuana, Botswana *n* Botswana

botsuanés, -esa, 1 *adj* of/relating to Botswana
2 *nm,f* person from Botswana

botulismo *nm* botulism

bouganvillea *nf* bougainvillea

bouquet [bu'ke] (*pl* **bouquets**) *nm* bouquet

bourbon ['burβon] (*pl* **bourbons**) *nm* bourbon

boutique [bu'tik] *nf* boutique ▫ ***b. infantil*** children's boutique; ***b. de novia*** bridal shop; ***b. de señora*** fashion boutique

bóveda *nf* (**a**) *Arquit* vault ▫ ***b. de cañón*** barrel vault; *Fig* ***b. celeste*** firmament; ***b. de crucería*** ribbed vault (**b**) *Anat* **b. craneal** cranial vault

bovino, -a *adj* bovine; **ganado b.** cattle

box (*pl* **boxes**) *nm* (**a**) *(de caballo)* stall (**b**) *(de coches)* pit; **entrar en boxes** to make a pit stop (**c**) *Am (boxeo)* boxing

boxeador, -ora *nm,f* boxer

boxear *vi* to box

boxeo *nm* boxing

bóxer (*pl* **boxers**) *nm* (**a**) *(perro)* boxer (**b**) *(calzoncillo)* boxer shorts

boya *nf* (**a**) *(en el mar)* buoy (**b**) *(de una red)* float

boyada *nf* drove of oxen

boyante *adj* (**a**) *(feliz)* happy (**b**) *(próspero) (empresa, negocio)* prosperous; *(economía, comercio)* buoyant

boy scout [bojes'kaut] (*pl* **boy scouts**) *nm* boy scout

bozal *nm* (**a**) *(para perro)* muzzle (**b**) *Am (cabestro)* halter

bozo *nm (bigote)* down *(on upper lip)*

bps *Informát (abrev de* **bits por segundo***)* bps

braceada *nf (movimiento)* swing of the arms; **dar braceadas** to wave one's arms about

bracear *vi* (**a**) *(mover los brazos)* to wave one's arms about (**b**) *(nadar)* to swim

bracero *nm* (**a**) *(jornalero)* day labourer (**b**) *Am* wetback, = illegal Mexican immigrant in the US

braga *nf* (**a**) *Esp (prenda interior)* knickers; **una b., unas bragas** a pair of knickers; EXPR *muy Fam* **estar hecho una b.** to be whacked; EXPR *muy Fam* **¿la capital de Chad? ¡me pillas** *o* **coges en bragas!** the capital of Chad? you've really got me there! ▫ ***b.-pañal*** disposable *Br* nappy *o US* diaper (**b**) *(para el cuello)* snood

bragazas *nm inv Fam Pey* henpecked man

braguero *nm* truss

bragueta *nf Br* flies, *US* zipper

braguetazo *nm Fam* marriage for money

brahmán, bramán *nm* Brahman

brahmanismo, bramanismo *nm* Brahmanism

braille ['braile] *nm* Braille

brainstorming [brein'stormin] (*pl* **brainstormings**) *nm* brainstorming session

brama *nf* rut, rutting season

bramadera *nf* (**a**) *(juguete)* bull-roarer (**b**) *Mús* reed pipes

bramadero *nm Am (poste)* tethering post

bramán = **brahmán**

bramanismo = **brahmanismo**

bramante *nm* cord

bramar *vi (animal)* to bellow; *(persona) (de dolor)* to groan; *(de ira)* to roar; *(viento)* to howl

bramido *nm* (**a**) *(de animal)* bellow (**b**) *(de persona) (de dolor)* groan; *(de ira)* roar; **dar un b. de cólera** to give a furious roar (**c**) *(del viento)* howl

brandy *nm* brandy

branquial *adj* branchial

branquias *nfpl* gills

braña *nf* mountain pasture

braquial *adj Anat* brachial

brasa 1 *nf* (**a**) *(tizón)* ember; **a la b.** barbecued (**b**) EXPR *muy Fam* **dar la b.** to go on and on (**a/con** at/about)
2 *nmf muy Fam* **ser un b.** to be a champion bore

brasear *vt* to barbecue

brasero *nm* brazier

brasier *nm Am* bra

Brasil *nm* **(el) B.** Brazil

brasileño, -a *adj & nm,f* Brazilian

brasilero, -a *adj & nm,f RP* Brazilian

Brasilia *n* Brasilia

brassier *nm Am* bra

Bratislava *n* Bratislava

bravatas *nfpl* (**a**) *(amenazas)* threats (**b**) *(fanfarronería)* bravado

braveza *nf* (**a**) *(de persona)* bravery (**b**) *(del viento, mar)* fierceness, fury

bravío, -a *adj* (**a**) *(caballo, toro)* spirited (**b**) *(persona)* free-spirited (**c**) *(mar)* choppy, rough

bravo, -a 1 *adj* (**a**) *(valiente)* brave (**b**) *(violento)* fierce; *(airado)* angry; *Am* **ponerse**

b. *(persona)* to get angry (**c**) *(animal, planta)* wild (**d**) *(mar)* rough; **el mar se ha puesto b.** the sea has got rough
2 *interj* **¡b.!** bravo!
3 a las bravas, por las bravas *loc adv* by force

bravucón, -ona 1 *adj* swaggering
2 *nm,f* braggart

bravuconada *nf* show of bravado

bravuconear *vi* to brag

bravuconería *nf* bravado

bravura *nf* (**a**) *(de persona)* bravery (**b**) *(de animal)* ferocity

braza *nf* (**a**) *Esp (en natación)* breaststroke; **nadar a b.** to do the breaststroke (**b**) *(medida)* fathom

brazada *nf* (**a**) *(en natación)* stroke (**b**) *(cantidad)* armful

brazalete *nm* (**a**) *(en la muñeca)* bracelet (**b**) *(en el brazo, para nadar)* armband

brazo *nm* (**a**) *(de persona, sillón)* arm; *(de animal)* foreleg; **del b.** arm in arm; **en brazos** in one's arms; **llevaba al nene en brazos** he was carrying the child in his arms; EXPR **echarse en brazos de alguien** to throw oneself at sb; EXPR **luchar a b. partido** *(con empeño)* to fight tooth and nail; **con los brazos abiertos** with open arms; EXPR **quedarse de brazos cruzados** to sit back and do nothing; EXPR **no dio su b. a torcer** he didn't budge an inch, he didn't allow himself to be persuaded; EXPR **ser el b. derecho de alguien** to be sb's right-hand man (*f* woman)
(**b**) *(de árbol, rio, candelabro)* branch; *(de grúa)* boom, jib; **el b. político de ETA** the political wing of ETA
(**c**) *(trabajador)* hand
(**d**) ***b. de gitano*** *Br* swiss roll, *US* jelly roll
(**e**) *Geog* ***b. de mar*** arm *(of the sea)*

Brazzaville [bratsa'βil] *n* Brazzaville

brea *nf* (**a**) *(sustancia)* tar (**b**) *(para barco)* pitch

break [breik] *nm Dep* break; **punto de b.** break point

break dance [breik'dans] *nm* break dance

brear *vt Fam (a palos)* to bash in; **b. a preguntas** to bombard with questions

brebaje *nm* concoction, foul drink

breca *nf (pez)* pandora

brecha *nf* (**a**) *(abertura)* hole, opening; **hacerse una b. en la cabeza** to cut one's head, to split one's head open; **la b. entre ricos y pobres** the gulf *o* gap between rich and poor (**b**) *Mil* breach (**c**) *(impresión)* impression (**d**) **seguir en la b.** *(no desfallecer)* to keep at it

brécol *nm* broccoli

brega *nf* (**a**) *(lucha)* struggle, fight (**b**) **andar a la b.** to toil, to work hard

bregar [38] *vi* (**a**) *(luchar)* to struggle, to fight (**b**) *(trabajar)* to work hard (**c**) *(reñir)* to quarrel

breña *nf* rugged scrubland *o* brush

breque *nm* (**a**) *(pez)* bleak (**b**) *CAm (freno)* handbrake

Bretaña *n* Brittany

brete *nm* fix, difficulty; **estar en un b.** to be in a fix; **poner a alguien en un b.** to put sb in a difficult position

bretel *nm Chile, RP* **breteles** braces

bretón, -ona 1 *adj & nm,f* Breton
2 *nm (lengua)* Breton

breva *nf* (**a**) *(fruta)* early fig (**b**) *(cigarro)* flat cigar (**c**) *Fam (ventaja)* windfall, piece of luck; EXPR **¡no caerá esa b.!** some chance (of that happening)! (**d**) *CAm, Cuba, Méx (tabaco de mascar)* chewing tobacco

breve 1 *adj* brief; **en b.** *(pronto)* shortly; *(en pocas palabras)* in short; **seré b.** I shall be brief; **en breves instantes** in a few moments
2 *nf Mús* breve

brevedad *nf* shortness; **a** *o* **con la mayor b.** as soon as possible; **se ruega b.** please be brief

brevemente *adv* (**a**) *(durante poco tiempo)* briefly (**b**) *(en breve)* shortly, soon

breviario *nm* (**a**) *Rel* breviary (**b**) *(compendio)* compendium

brezal *nm* moorland, moors

brezo *nm* heather

briaga *nf Méx muy Fam (borrachera)* drinking binge

briago, -a *adj Méx muy Fam* plastered, blitzed

bribón, -ona 1 *adj (pícaro)* roguish
2 *nm,f* scoundrel, rogue

bribonada *nf* **ser una b.** to be a roguish thing to do; **bribonadas** roguery

bricolaje *nm* DIY., do-it-yourself

brida *nf* (**a**) *(de caballo)* bridle (**b**) *(de tubo)* bracket, collar (**c**) *Med* adhesion

bridge [britʃ] *nm* bridge

brie *nm* brie

brigada 1 *nm Mil* warrant officer
2 *nf* (**a**) *Mil* brigade (**b**) *(equipo)* squad, team ❑ ***b. antidisturbios*** riot squad; ***b. antidroga*** *o* ***de estupefacientes*** drug squad; *Hist* ***las Brigadas Internacionales*** the International Brigades; *Hist* ***las Brigadas Rojas*** the Red Brigades

brigadier *nm* brigadier

brigadista *nmf Hist* = member or veteran of the International Brigades during the Spanish Civil War

brillante 1 *adj* (**a**) *(reluciente) (luz, astro)* shining; *(metal, zapatos, pelo)* shiny; *(ojos, sonrisa, diamante)* sparkling (**b**) *(magnífico)* brilliant; **el pianista estuvo b.** the pianist was outstanding
2 *nm* diamond

brillantez *nf* brilliance; **hacer algo con b.** to do sth outstandingly

brillantina *nf* hair cream, Brylcreem®

brillar *vi también Fig* to shine; EXPR **b. por su ausencia** to be conspicuous by its/one's absence; **b. con luz propia** to be outstanding

brillo *nm* (**a**) *(resplandor) (de luz)* brilliance; *(de estrellas)* shining; *(de zapatos)* shine; **sacar b. a** to polish, to shine (**b**) *(lucimiento)* splendour, brilliance (**c**) *(de mineral)* luster (**d**) ***b. de labios*** lip gloss; ***b. de uñas*** clear nail varnish

brilloso, -a *adj Am* shining

brincar [59] *vi (saltar)* to skip (about); **b. de alegría** to jump for joy; *Fig* **está que brinca** *(enfadado)* he's hopping mad

brinco *nm* jump; *Fig* **en un b.** in a second, quickly; **pegar** *o* **dar un b.** to jump, to give a start; *Ven* **quitar los brincos a alguien** to bring sb down a peg

brindar 1 *vi* to drink a toast; **b. por algo/alguien** to drink to sth/sb; **b. a la salud de alguien** to drink to sb's health
2 *vt* to offer; **me brindó su casa** he offered me the use of his house; **b. el triunfo a alguien** to dedicate one's victory to sb; **su visita me brindó la ocasión de conocerlo mejor** his visit gave me the opportunity to get to know him better
3 brindarse *vpr* **brindarse a hacer algo** to offer to do sth

brindis *nm inv* toast; **hacer un b. (por)** *(proponerlo)* to propose a toast (to); *(beber)* to drink a toast (to)

brío *nm (energía, decisión)* spirit, verve; **con b.** spiritedly

brioche *nm* brioche

briofita *nf Bot* bryophyte

brioso, -a *adj* spirited, lively

briqueta *nf (de carbón)* briquette

brisa *nf* breeze ❑ ***b. marina*** *o* ***del mar*** sea breeze

brisca *nf* = card game where each player gets three cards and one suit is trumps

británico, -a 1 *adj* British
2 *nm,f* British person, Briton; **los británicos** the British

brizna *nf* (**a**) *(filamento) (de hierba)* blade; *(de tabaco)* strand (**b**) *(un poco)* trace, bit (**c**) *Ven (llovizna)* drizzle

briznar *v impersonal Ven (lloviznar)* to drizzle

broca *nf* (drill) bit

brocado *nm* brocade

brocal *nm (de pozo)* parapet, curb

brocearse *vpr Andes, Arg* **el filón se ha broceado** the seam has been exhausted

broceo *nm Andes, Arg* exhaustion, depletion

brocha *nf* brush; **de b. gorda** *(basto)* broad, vulgar; **pintor de b. gorda** painter and decorator ❑ ***b. de afeitar*** shaving brush

brochazo *nm* brushstroke

broche *nm* (**a**) *(cierre)* clasp, fastener (**b**) *(joya)* brooch ❑ *Fig* ***b. de oro*** final flourish; **el recital puso el b. de oro a la velada** the recital was the perfect end to the evening (**c**) *Chile (clip)* paperclip (**d**) *Ecuad* **broches** cuff links

brocheta *nf* (**a**) *(de carne)* shish kebab (**b**) *(aguja)* skewer

brócoli, bróculi *nm* broccoli

bróker *nmf* broker

broma *nf (ocurrencia, chiste)* joke; *(jugarreta)* prank, practical joke; **en** *o* **de b.** as a joke; **entre bromas y veras** half joking; **fuera de b., bromas aparte** joking apart; **gastar una b. a alguien** to play a joke *o* prank on sb; **no estar para bromas** not to be in the mood for jokes; **tomar algo a b.** not to take sth seriously; **ni en** *o* **de b.** no way, not on your life; *Fam* **me salió la b. por 80.000 pts** it cost me the tidy sum of 80,000 pesetas ❑ ***b. de mal gusto*** bad joke; ***b. pesada*** nasty practical joke

bromato *nm Quím* bromate

bromatología *nf* nutrition

bromatológico, -a *adj* nutritional

bromear *vi* to joke; **con la religión no se bromea** religion isn't something to be taken lightly

bromista 1 *adj* **ser muy b.** to be a real joker
 2 *nmf* joker

bromo *nm Quím* bromine

bromuro *nm Quím* bromide

bronca *nf* **(a)** *(jaleo)* row; **armar (una) b.** to kick up a row; **buscar b.** to look for trouble **(b)** *(regañina)* scolding, telling-off; **echar una b. a alguien** to give sb a row, to tell sb off **(c)** *RP (enfado)* **me da b.** it makes me mad

bronce *nm* **(a)** *(aleación)* bronze; **Bulgaria se llevó el b.** Bulgaria won (the) bronze **(b)** *(estatua)* bronze (statue)

bronceado, -a 1 *adj* tanned
 2 *nm* tan

bronceador, -ora 1 *adj* **crema bronceadora** suntan cream
 2 *nm (loción)* suntan lotion; *(crema)* suntan cream

broncear 1 *vt* to tan
 2 broncearse *vpr* to get a tan

bronco, -a *adj* **(a)** *(grave) (voz)* harsh; *(tos)* throaty **(b)** *(brusco)* gruff, surly **(c)** *(tosco)* rough; *(paisaje, peñascos)* rugged

broncodilatador, -ora 1 *adj* **un medicamento b.** a bronchodilator
 2 *nm* bronchodilator

bronconeumonía *nf Med* bronchopneumonia

broncoscopia *nf Med* bronchoscopy

bronquedad *nf (tosquedad)* roughness; *(de voz)* harshness; *(de carácter)* gruffness

bronquial *adj* bronchial

bronquio *nm* bronchial tube

bronquiolo *nm Anat* bronchiole

bronquitis *nf inv* bronchitis

broquel *nm* **(a)** *(escudo)* small shield **(b)** *(amparo)* shield

broqueta *nf (varilla)* skewer

brotar *vi* **(a)** *(planta)* to sprout, to bud; **ya le están brotando las flores al árbol** the tree is already beginning to flower **(b)** *(agua, sangre) (suavemente)* to flow; *(con violencia)* to spout; **b. de** to well up out of; **brotaba humo de la chimenea** smoke billowed from the chimney; **le brotaron las lágrimas** tears welled up in her eyes **(c)** *(esperanza, sospechas, pasiones)* to stir **(d)** *(en la piel)* **le brotó un sarpullido** he broke out in a rash

brote *nm* **(a)** *(de planta)* bud, shoot ❑ ***brotes de soja*** beansprouts **(b)** *(inicio)* sign, hint; *(de enfermedad)* outbreak

broza *nf* **(a)** *(maleza)* brush, scrub **(b)** *(relleno)* waffle

brucelosis *nf Med* brucellosis

bruces: de bruces *loc adv* face down; **se cayó de b.** he fell headlong, he fell flat on his face; EXPR **darse de b. con alguien/algo** to find oneself face-to-face with sb/sth

bruja *nf* **(a)** *(hechicera)* witch, sorceress **(b)** *Fam (mujer fea)* hag **(c)** *Fam (mujer mala)* witch **(d)** *Carib, Méx Fam* **estar b.** *(sin dinero)* to be broke *o Br* skint

Brujas *n* Bruges

brujería *nf* witchcraft, sorcery

brujo, -a 1 *adj (hechicero)* enchanting, captivating
 2 *nm* wizard, sorcerer

brújula *nf* compass

brulote *nm Am (palabrota)* swearword

bruma *nf (niebla)* mist; *(en el mar)* sea mist

brumoso, -a *adj* misty

Brunei *n* Brunei

bruno, -a *adj* dark brown

bruñido *nm* polishing

bruñir *vt* to polish

bruscamente *adv* **(a)** *(toscamente)* brusquely **(b)** *(de repente)* suddenly, abruptly

brusco, -a 1 *adj* **(a)** *(repentino, imprevisto)* sudden, abrupt **(b)** *(tosco, grosero)* brusque
 2 *nm,f* brusque person

Bruselas *n* Brussels

bruselense 1 *adj* of/from Brussels
 2 *nmf* person from Brussels

brusquedad *nf* **(a)** *(imprevisión)* suddenness, abruptness; **con b.** suddenly, abruptly **(b)** *(grosería)* brusqueness

brut *nm inv* brut

brutal *adj* **(a)** *(violento)* brutal **(b)** *Fam (extraordinario)* tremendous

brutalidad *nf* **(a)** *(cualidad)* brutality; **con b.** brutally **(b)** *(acción)* brutal act **(c)** *(tontería)* stupidity, foolishness **(d)** *Fam (gran cantidad)* **una b. (de)** loads (of food)

brutalmente *adv* brutally

bruto, -a 1 *adj* **(a)** *(violento)* rough; *(torpe)* clumsy; *(ignorante)* thick, stupid; *(maleducado)* rude; **a lo b.**, *Am* **a la bruta** roughly, crudely **(b)** *(sin tratar)* **en b.** *(diamante)* uncut; *(petróleo)* crude **(c)** *(sueldo, peso)* gross; **gana 300.000 ptas brutas al mes** she earns 300,000 pesetas a month gross
 2 *nm,f* brute

Bs.As. *(abrev de* **Buenos Aires***)* Buenos Aires

buba *nf Med (en ganglio linfático)* bubo

bubón *nm Med* bubo

bubónico, -a *adj* **peste bubónica** bubonic plague

bucal *adj* oral

bucanero *nm* buccaneer

Bucarest *n* Bucharest

búcaro *nm* **(a)** *(florero)* ceramic vase **(b)** *(botijo)* clay water jug

buceador, -ora *nm,f* (underwater) diver

bucear *vi* **(a)** *(en agua)* to swim underwater, to dive **(b)** *(investigar)* **b. en** to delve into

buceo *nm* (underwater) diving

buche *nm* **(a)** *(de ave)* crop **(b)** *(de animal)* maw **(c)** *Fam (de persona)* belly; **llenar el b.** to fill one's belly **(d)** *(trago)* **tomó un b. de agua** he took *o* drank a mouthful of water **(e)** *Ecuad (sombrero)* top hat **(f)** *Guat, Méx (bocio)* goitre

bucle *nm* **(a)** *(de pelo)* curl, ringlet **(b)** *Aut & Informát* loop

bucodental *adj* oral (and dental); **higiene b.** oral hygiene

bucólico, -a *adj* **(a)** *(campestre)* **un paisaje b.** a charmingly rural landscape **(b)** *Literario* bucolic

Buda *nm* Buddha

Budapest *n* Budapest

budín *nm (pastel)* pudding; *Am* bread pudding ❑ *RP* ***b. de pan*** bread pudding

budismo *nm* Buddhism

budista *adj & nmf* Buddhist

buen *ver* **bueno**

buenamente *adv* **hice lo que b. pude** I did what I could, I did as much as I could

buenas *ver* **bueno**

buenaventura *nf* **(a)** *(adivinación)* fortune; **leer** *o* **decir la b. a alguien** to tell sb's fortune **(b)** *(suerte)* good luck

BUENO, -A

> **buen** is used instead of **bueno** before masculine singular nouns (e.g. **buen hombre** good man). The comparative form of **bueno** is **mejor** (better), and the superlative form is **el mejor** (masculine) or **la mejor** (feminine) (the best).

1 *adj* **(a)** *(en general)* good; **tu hijo es muy buen estudiante** your son's a very good student; **hacer ejercicio es b. para la salud** exercise is good for your health; **la cena estaba muy buena** the meal was very good; **una buena oportunidad** a good opportunity; **los buenos tiempos** the good times; **¿tienes hora buena?** do you have the right time?; **el juez de silla señaló que la bola fue/no fue buena** the umpire said the ball was good/called the ball out; **golpeó la pelota con la pierna buena** he struck the ball with his stronger foot; **tener buena acogida** to be well received; **tener buen aspecto** *(persona)* to look well; *(cosa)* to look good; **ir por buen camino** to be on the right track; **tener buen concepto de** to think highly of; **creo que éste no es un buen momento para decírselo** it don't think this is a good time to tell her; PROV **lo b. si breve dos veces b.** you can have too

much of a good thing
(**b**) *(bondadoso, amable)* kind, good; **ser b. con alguien** to be good to sb; **¡sé b.!** be good!
(**c**) *(curado, sano)* well, all right; **ya estoy b.** I'm all right now; **todavía no estoy b. del todo** I'm not completely better *o* recovered yet; **ponerse b.** to get well
(**d**) *(apacible)* nice, fine; **buen tiempo** good *o* fine weather; **hizo buen tiempo** the weather was good; **¿hace b. ahí fuera?** is it nice out?
(**e**) *(aprovechable)* all right; *(comida)* fresh; **esta lecha no está buena** this milk is bad *o* off
(**f**) *(uso enfático)* **ese buen hombre** that good man; **una buena cantidad de comida** a good *o* considerable amount of food; **tiene una buena cantidad de libros** she has a large amount of books, she has several books; **un buen susto** a real fright; **un buen lío** a real *o* fine mess; **un buen día se va a llevar un disgusto** one of these days she's going to get a nasty shock; **le cayó una buena reprimenda** he got a stern ticking-off; **le pegó un puñetazo de los buenos** he punched her really hard, he gave her an almighty punch
(**g**) *Fam (atractivo)* **estar b.** to be a bit of all right, to be tasty; **¡qué b. está tu vecino!** your neighbour's gorgeous *o* a real hunk!
(**h**) *Irónico (muy malo)* fine; **¡b. es lo b.!** enough's enough!; **¡b. está!** that's enough!; **¡buen amigo te has echado!** some friend he is!; **¡buen granuja estás hecho!** you rascal!, you're a real rascal!; **¡buena la has armado** *o* **hecho!** you've really gone and done it now!; **librarse de una buena** to have a lucky *o* narrow escape; **de buena te libraste** you had a lucky *o* narrow escape; **¡si te pillo no te librarás de una b.!** if I catch you you'll be in for it!; **estaría b.** that would really cap it all; **si te crees que va a aceptar, estás b.** you're kidding yourself if you think she's going to accept; **estamos buenos como tengamos que esperarle** if we have to wait for him we've had it; **te has metido en una buena** this is a fine mess you've got *o* gotten yourself into!; **poner b. a alguien** to criticize sb harshly
(**i**) *(en saludos)* **¡buenas!** hello!; **¡buenas!, ¿qué tal?** hi *o* hello, how are you?; **¡buenos días!** good morning!; **¡buenas tardes!** *(hasta las cinco)* good afternoon!; *(después de las cinco)* good evening!; **¡buenas noches!** good night!; **no me dio ni los buenos días** she didn't even say good morning to me
(**j**) *(en frases)* **¡buen provecho!** enjoy your meal!; **¡buen viaje!** have a good trip!; **de buen ver** good-looking, attractive; **de buena gana** willingly; **¡me comería un bocadillo de buena gana!** I really fancy a sandwich!; **lo hizo, y de buena gana** he did it willingly; **lo haría de buena gana, pero estoy ocupado** I'd be pleased o more than happy to do it, but I'm busy; **dar algo por b.** to approve sth; *Am Fam* **estar en la buena** to be on a roll; **lo b. es que...** the best thing about it is that...; **prueba este pastel y verás lo que es b.** try this cake, it's excellent; *Irónico* **como no me lo des, verás lo que es b.** if you don't give it to me, you'll be in for it
2 *nm,f* (**a**) *Cine* **el b.** the goody; **los buenos siempre ganan** the good guys always win
(**b**) *(bonachón)* **el b. de tu hermano** your good old brother
3 *nfpl* **buenas** EXPR **estar de buenas** *(bien dispuesto)* to be in a good mood; **de buenas a primeras** *(de repente)* all of a sudden; *(a simple vista)* at first sight, on the face of it; **así, de buenas a primeras, no sé qué decir** I'm not sure I know what to say without thinking about it first; **por las buenas** willingly; **lo hará por las buenas o por las malas** she'll do it whether she likes it or not; **intentamos persuadirlo por las buenas** we tried to convince him the nice way; **¿quieres hacerlo por las buenas o por las malas?** do you want to do it the easy or the hard way?
4 *adv* (**a**) *(vale, de acuerdo)* all right, O.K.; **¿te acompaño hasta la esquina? — b.** would you like me to walk up to the corner with you? — O.K.; **le pregunté si quería ayuda y me dijo que b.** I asked her if she need any help and she said all right; **¿quieres venir con nosotros? — b.** do you want to come with us? — if you like *o* sure; **b., yo ya me voy** right, I'm off now; **¡te has equivocado! — b. ¿y qué?** you were wrong — yeah, so what?
(**b**) *(pues)* well; **b., el caso es que...** well, the thing is...
(**c**) *Am (bien)* **¡qué b.!** (that's) great!
4 *interj* (**a**) *(expresa sorpresa)* **¡b.!, ¡qué alegría verte por aquí!** hey, how nice to see you!; **¡b., mira quien está aquí!** well, look who's here!
(**b**) *(expresa irritación)* **¡b.!, ¡lo que faltaba!** great, that's just what we needed!
(**c**) *Méx (al teléfono)* **¡b.!** hello

Buenos Aires *n* Buenos Aires

buey (*pl* **bueyes**) *nm* (**a**) *(mamífero)* ox; EXPR **trabajar como un b.** to work like a slave (**b**) *(crustáceo)* ***b. (de mar)*** = large edible crab

búfalo *nm* buffalo

bufanda *nf* scarf, muffler

bufar *vi (toro, caballo)* to snort; *(gato)* to hiss; *Fig (persona)* **está que bufa** he's furious

bufé (*pl* **bufés**), **buffet** (*pl* **buffets**) *nm* (**a**) *(en restaurante)* buffet (**b**) *(mueble)* sideboard

búfer, buffer ['bafer] (*pl* **buffers**) *nm Informát* buffer ❑ ***b. de impresión*** print buffer

bufete *nm* lawyer's practice

bufido *nm* (**a**) *(de toro, caballo)* snort; *(de gato)* hiss (**b**) *Fam (de persona)* snarl of anger

bufo, -a *adj también Mús* comic

bufón *nm* buffoon, jester

bufonada, bufonería *nf* jape; **bufonadas** buffoonery

bufonesco, -a *adj* comical, clownish

bug [buɣ] (*pl* **bugs**) *nm Informát* bug

buga *nm muy Fam (coche)* wheels, *Br* motor

buganvilla *nf* bougainvillea

bugle *nm* bugle

buhardilla *nf* (**a**) *(habitación)* attic (**b**) *(ventana)* dormer (window)

búho *nm* owl ❑ ***b. chico*** long-eared owl; ***b. real*** eagle owl

buhonero, -a *nm,f* hawker, pedlar

buitre 1 *nm* (**a**) *(ave) & Fig* vulture ❑ ***b. leonado*** griffon vulture; ***b. monje*** black vulture (**b**) *CAm* buzzard
2 *adj Fam* **es muy b.** *(con la comida)* he's a greedy pig; *(con las chicas)* he's a real womanizer *o Br* lech

buitrero, -a 1 *adj* vulturine
2 *nm* vulture hunter

buitrón *nm* (**a**) *(para pescar)* fish trap (**b**) *(red)* game-hunting net (**c**) *(trampa)* snare, trap (**d**) *(ave)* fan-tailed warbler (**e**) *Andes (horno)* silver-smelting furnace

bujía *nf* (**a**) *Aut* spark plug (**b**) *(vela)* candle

bula *nf (documento)* (papal) bull

bulbo *nm* (**a**) *Bot* bulb (**b**) *Anat* bulb ❑ ***b. raquídeo*** medulla oblongata

buldog (*pl* **buldogs**) *nm* bulldog

buldózer (*pl* **buldozers**) *nm* bulldozer

bulerías *nfpl* = popular Andalusian song and dance

bulevar (*pl* **bulevares**) *nm* boulevard

Bulgaria *n* Bulgaria

búlgaro, -a 1 *adj & nm,f* Bulgarian
2 *nm (lengua)* Bulgarian

bulimia *nf* bulimia

bulímico, -a *adj* bulimic

bulín *nm RP* bachelor *Br* flat *o US* apartment

bulla *nf Fam* (**a**) *(ruido)* racket, uproar; **armar b.** to kick up a racket (**b**) *(prisa)* **meter b. a alguien** to hurry sb up; **tener b.** to be in a hurry

bullabesa *nf* bouillabaisse

bullanga *nf* merrymaking

bullanguero, -a *adj* **ser muy b.** to love a good time, to love partying

bulldog [bul'doɣ] (*pl* **bulldogs**) *nm* bulldog

bulldozer [bul'doθer] (*pl* **bulldozers**) *nm* bulldozer

bullicio *nm* (**a**) *(de ciudad, mercado)* hustle and bustle (**b**) *(de multitud)* hubbub

bullicioso, -a 1 *adj* (**a**) *(agitado) (reunión, multitud)* noisy; *(calle, mercado)* busy, bustling (**b**) *(inquieto)* rowdy, boisterous
2 *nm,f* boisterous person

bullir *vi* (**a**) *(hervir)* to boil; *(burbujear)* to bubble (**b**) *(multitud)* to bustle; *(ratas, hormigas)* to swarm; *(mar)* to boil; **b. de** to seethe with; **la calle bullía de gente** the street was swarming with people

bullterrier *nmf* bull terrier

bulo *nm* false rumour

bulón *nm RP (tornillo)* = large round-headed screw

bulto *nm* (**a**) *(volumen)* bulk, size; **a b.** approximately, roughly; **hacer mucho b.** to take up a lot of space; *Fig* **un error de b.** a glaring error; **viene de b.** he's not here for any purpose; *Fig* **escurrir el b.** *(trabajo)* to shirk; *(cuestión)* to evade the issue
(**b**) *(abombamiento) (en rodilla, superficie)* bump; *(en maleta, bolsillo)* bulge; **me ha salido un b. en el brazo** I've got a lump on my arm
(**c**) *(forma imprecisa)* blurred shape
(**d**) *(paquete)* package; *(maleta)* item of luggage; *(fardo)* bundle ❑ ***b. de mano*** piece *o* item of hand luggage
(**e**) *CAm, Col, Méx (cartapacio)* briefcase, satchel

bululú (*pl* **bululúes**) *nm Ven Fam (alboroto)* racket, commotion

bumerán (*pl* **bumeranes**) *nm* boomerang

bungaló (*pl* **bungalós**), **bungalow** [buŋga'lo] (*pl* **bungalows**) *nm* bungalow

bunker ['bunker] *nm (en golf)* bunker

búnker (*pl* **bunkeres**) *nm* (**a**) *(refugio)* bunker (**b**) *Pol* reactionary forces

buñuelo *nm* (**a**) *(dulce)* doughnut ❑ ***b. de viento*** doughnut *(filled with cream)* (**b**) *(salado)* dumpling

BUP [bup] *nm Antes (abrev de* **Bachillerato Unificado Polivalente**) = academically orientated Spanish secondary school course for pupils aged 14-17

buque *nm* ship; EXPR *RP Fam Fig* **tomarse el b.** *Br* to play truant, *US* to play hookey ❑ ***b. de cabotaje*** coastal vessel, coaster; ***b. de carga*** cargo ship; ***b. escuela*** training ship; ***b. de guerra*** warship; ***b. insignia*** flagship; ***b. nodriza*** refuelling ship; ***b. oceanográfico*** oceanographical ship; ***b. de pasajeros*** passenger ship, liner

buqué *nm* bouquet

burbuja *nf* bubble; **hacer burbujas** to bubble; **con burbujas** *(bebida)* fizzy

burbujear *vi* to bubble

burbujeo *nm* bubbling

burdamente *adv* crudely

burdel *nm* brothel

Burdeos *n* Bordeaux

burdeos 1 *adj inv* maroon
2 *nm inv* Bordeaux

burdo, -a *adj* (**a**) *(lenguaje, modales)* crude, coarse (**b**) *(tela)* coarse

bureta *nf* burette

búrger, burguer ['burɣer] *nm Fam* burger bar *o* restaurant

burgo *nm Hist* borough, town

burgomaestre *nm* burgomaster, mayor

burgués, -esa 1 *adj* middle-class, bourgeois
2 *nm,f* member of the middle class; *Hist & Pol* member of the bourgeoisie; **pequeño b.** petit bourgeois

burguesía *nf* middle class; *Hist & Pol* bourgeoisie; **alta b.** upper middle class; *Hist & Pol* haute bourgeoisie

buril *nm* burin, engraver's tool

burilar *vt* to engrave

Burkina Faso *n* Burkina Faso

burla *nf* (**a**) *(mofa)* taunt; **hacer b. de** to mock; **fue el blanco de las burlas de sus compañeros** he was the butt of his companions' jokes (**b**) *(broma)* joke (**c**) *(engaño)* trick

burladero *nm Taurom* = wooden board behind which the bullfighter can hide from the bull

burlador *nm* Casanova, Don Juan

burlar 1 *vt (esquivar)* to evade; *(ley)* to flout; **consiguió b. a sus perseguidores** she managed to outwit her pursuers; EXPR **burla burlando** without anyone noticing
2 burlarse *vpr* to mock; **burlarse de algo/alguien** to mock sth/sb, to make fun of sth/sb; **burlarse de las leyes** to flout the law

burlesco, -a (**a**) *adj (tono)* jocular (**b**) *Lit* burlesque

burlete *nm* draught excluder

burlón, -ona *adj* (**a**) *(bromista)* waggish, fond of telling jokes (**b**) *(sarcástico)* mocking

buró *nm* (**a**) *(escritorio)* bureau, writing desk (**b**) *Pol* executive committee (**c**) *Méx (mesa de noche)* bedside table

burocracia *nf* bureaucracy; **ya no hay tanta b. para sacarse el pasaporte** there isn't so much red tape involved in getting a passport any more

burócrata *nmf* bureaucrat

burocrático, -a *adj* bureaucratic

burocratización *nf* bureaucratization

burocratizar [14] *vt* to bureaucratize

burrada *nf* (**a**) *(tontería)* **decir/hacer una b.** to say/do something stupid; **decir burradas** to talk nonsense; **hacer burradas** to act stupidly (**b**) *Fam (cantidad)* **una b. (de)** tons (of), masses (of)

burrero, -a *nm,f* (**a**) *Arg (aficionado a la hípica)* horseracing fan (**b**) *Méx (arriero)* muleteer

burro, -a 1 *adj (necio)* stupid, dim
2 *nm,f* (**a**) *(animal)* donkey; EXPR *Fam* **no ver tres en un b.** to be as blind as a bat (**b**) *Fam (necio)* ass, dimwit; **hacer el b.** to behave like an idiot; EXPR *Fam* **¡la carne de b. no es transparente!** we can't see through you, you great lump! (**c**) *Fam (trabajador)* **b. (de carga)** workhorse; EXPR **trabaja como una burra** she works like a slave (**d**) *Arg (caballo de carreras)* racehorse (**e**) *Cuba (banco)* improvised bench (**f**) *Arg* **b. de arranque** starter motor (**g**) *Carib, Méx (escalera)* stepladder (**h**) *Méx (tabla de planchar)* ironing board

bursátil *adj* **mercado b.** stock market

Burundi *n* Burundi

bus (*pl* **buses**) *nm* (**a**) *Informát* bus (**b**) *Fam (autobús)* bus; **en b.** by bus

busca 1 *nf* search; **(ir) en b. de** (to go) in search of; **a la b. de algo** in search of sth; **orden de b. y captura** arrest warrant; **en b. y captura** on the run (from the police)
2 *nm (buscapersonas)* pager

buscador, -ora 1 *nm,f (en general)* hunter; **b. de oro** gold prospector
2 *nm Informát (en Internet)* search engine

buscapersonas *nm inv* bleeper, pager

buscapiés *nm inv* firecracker, jumping jack

buscapleitos *nmf inv* troublemaker

BUSCAR [59] **1** *vt* (**a**) *(para encontrar)* to look for, to search for; *(provecho, beneficio propio, fortuna)* to seek; **busco piso en esta zona** I am looking for a *Br* flat *o US* apartment in this area; **estoy buscando trabajo** I'm looking for work; **la policía busca a los terroristas** the police are searching *o* hunting for the terrorists; **lo busqué, pero no lo encontré** I looked *o* hunted for it, but I didn't find it; **¿me ayudas a b. las llaves?** would you mind helping me to look for the keys?; **se fue a b. fortuna a América** he went to seek his fortune in America; **fui a b. ayuda** I went in search of help; **¡ve a b. ayuda, rápido!** quick, go for *o* and find help!; EXPR **es como b. una aguja en un pajar** it's like looking for a needle in a haystack
(**b**) *(recoger)* to pick up; **vino a b. sus libros** he came to pick up his books; **voy a b. el periódico** I'm going for the paper *o* to get the paper; **ir a b. a alguien** to pick sb up; **ya iré yo a b. a los niños al colegio** I'll go and pick the children up from school; **pasará a buscarnos a las nueve** she'll pick us up at nine
(**c**) *(en diccionario, índice, horario)* to look up; **buscaré la dirección en mi agenda** I'll look up the address in my address book
(**d**) *(intentar conseguir)* **siempre busca quedar bien con todos** she always tries to please everybody; **no sé qué está buscando con esa actitud** I don't know what he is hoping to achieve with that attitude; **con estas medidas buscan reducir la inflación** these measures are intended to reduce inflation, with these measures they are seeking to reduce inflation; *Fam* **ése sólo busca ligar** he's only after one thing
(**e**) *Informát* to search for
(**f**) *Fam (provocar)* to push, to try the patience of; **no me busques, que me voy a enfadar** don't push me *o* it, I'm about to lose my temper; **b. bronca/camorra** to look for trouble
2 *vi* to look; **busqué bien pero no encontré nada** I had a thorough search, but didn't find anything; **buscamos por toda la casa** we looked *o* searched throughout the house, we searched the house from top to bottom
3 buscarse *vpr* (**a**) *Fam (castigo, desgracia)* **se está buscando problemas** she's asking for trouble; **buscarse la ruina** to bring about one's own downfall; **buscársela** to be asking for it; **no sigas así, te la estás buscando** don't carry on like that, you're asking for it
(**b**) EXPR *Fam* **buscarse la vida** *(ganarse el sustento)* to seek one's fortune; *Fig (arreglárselas uno solo)* to look after oneself; **búscate la vida, pero el trabajo tiene que estar acabado hoy** I don't care how

you do it, but the work has to be finished today

(**c**) *(en letrero)* **se busca (vivo o muerto)** wanted (dead or alive); **se busca: pastor alemán** lost: German shepherd; **se busca camarero** waiter wanted

buscarla *nf (ave)* warbler

buscavidas *nmf inv Fam* (**a**) *(ambicioso)* go-getter (**b**) *(entrometido)* nosy person, *Br* nosy parker

buscón, -ona *nm,f (estafador)* swindler

buscona *nf Fam (prostituta)* whore

buseta *nf Andes* minibus

busilis *nm inv Fam* (**a**) *(clave)* crux (**b**) *(dificultad)* hitch, snag; **ahí está el b.** that's the catch

búsqueda *nf* search

busto *nm* (**a**) *(pecho)* chest; *(de mujer)* bust (**b**) *(escultura)* bust

butaca *nf* (**a**) *(mueble)* armchair (**b**) *(localidad)* seat; **b. de patio** *Br* seat in the stalls, *US* orchestra seat

butacón *nm* large easy chair

Bután *n* Bhutan

butanero, -a *nm,f* = person who delivers gas cylinders

butano *nm* butane (gas)

buten: de buten *loc adv muy Fam* wicked, terrific

butifarra *nf* (**a**) *(embutido)* = type of Catalan pork sausage (**b**) *Perú (bocadillo)* ham, lettuce and onion sandwich

butrón *nm Fam* **método del b.** = method of robbery by breaking into a building via a hole made from inside an adjoining building

butronero, -a *nm,f* = robber who breaks in through a hole made from inside an adjoining building

buzamiento *nm Geol* dip ▫ ***b. de falla*** fault dip

buzo *nm* (**a**) *(persona)* diver (**b**) *Col, RP (sudadera)* sweatshirt

buzón *nm* (**a**) *(para cartas) Br* letterbox, *US* mailbox; **echar algo al b.** *Br* to post sth, *US* to mail sth ▫ ***b. de voz*** voice mail (**b**) *Informát (de correo electrónico)* (electronic) mailbox, e-mail address

buzoneo *nm* leafleting

bypass [bai'pas] (*pl* **bypasses**) *nm Med* heart bypass operation

byte [bait] (*pl* **bytes**) *nm Informát* byte

C

C, c [θe] *nf (letra)* C, c

C++ [θemás'más] *nm Informát* C++

c/ 1 *(abrev de* **cuenta***)* a/c

2 *(abrev de* **calle***)* St; **c/ Mayor** Main St

ca *interj Fam* **¡ca!** *(no)* no way!

cabal 1 *adj* **(a)** *(honrado)* upright, honest **(b)** *(exacto)* exact; *(completo)* complete; **a los nueve meses cabales** at exactly nine months

2 *nmpl* **cabales** EXPR **no está en sus cabales** he's not in his right mind

cábala *nf* **(a)** *(doctrina)* cabbala **(b) hacer cábalas** *(conjeturas)* to speculate, to guess

cabalgadura *nf* mount

cabalgar [38] *vi* to ride

cabalgata *nf* cavalcade, procession □ ***la c. de los Reyes Magos*** = procession to celebrate the journey of the Three Kings, on 5 January

cabalista *nm* **(a)** *(estudioso)* cabbalist **(b)** *(intrigante)* intriguer

cabalístico, -a *adj* **(a)** *(de la cábala)* cabbalistic **(b)** *(oculto)* mysterious

caballa *nf* mackerel

caballada *nf Am (animalada)* stupid thing; **hacer caballadas** to make a fool of oneself

caballar *adj* equine, horse; **ganado c.** horses

caballeresco, -a *adj* **(a)** *(persona, modales)* chivalrous **(b)** *(literatura)* chivalric

caballería *nf* **(a)** *(animal)* mount, horse **(b)** *(cuerpo militar)* cavalry □ ***c. ligera*** light cavalry **(c) novela de c.** tale of chivalry

caballeriza *nf* stable

caballerizo *nm* groom, stable lad

caballero 1 *adj (cortés)* gentlemanly

2 *nm* **(a)** *(señor)* gentleman; *(al dirigir la palabra)* sir; **ser todo un c.** to be a real gentleman; **caballeros** *(en letrero) (en aseos)* gents; *(en grandes almacenes)* menswear **(b)** *(miembro de una orden)* knight; **armar c. a alguien** to knight sb □ ***c. andante*** knight errant **(c)** *(noble)* nobleman

caballerosamente *adv* like a gentleman, chivalrously

caballerosidad *nf* gentlemanliness; **con c.** like a gentleman, chivalrously

caballeroso, -a *adj* chivalrous, gentlemanly

caballete *nm* **(a)** *(de pintor)* easel **(b)** *(de mesa)* trestle **(c)** *(de nariz)* bridge **(d)** *(de tejado)* ridge

caballista *nmf* **(a)** *(experto)* expert on horses **(b)** *(jinete)* expert rider

caballito *nm* small horse, pony; **llevar a alguien a c.** to give sb a piggy-back; EXPR *Fam* **hacer el c.** *(con moto)* to do a wheelie; **caballitos** *(de feria)* merry-go-round □ ***c. del diablo*** dragonfly; ***c. de mar*** seahorse

caballo *nm* **(a)** *(animal)* horse; **montar a c.** to ride; **a c.** on horseback; EXPR **estar a c. entre dos cosas** to be halfway between two things; EXPR **vive a c. entre Madrid y Bruselas** she lives part of the time in Madrid and part of the time in Brussels; EXPR *Fam* **ser más lento que el c. del malo** to be a real *Br* slowcoach *o US* slowpoke; PROV **a c. regalado no le mires el diente** don't look a gift horse in the mouth □ *Fig* ***c. de batalla*** *(dificultad, escollo)* bone of contention; *(objetivo, obsesión)* hobbyhorse; ***c. de carreras*** racehorse; *Fig* ***c. ganador*** front runner

(b) *(pieza de ajedrez)* knight

(c) *(naipe)* = card in Spanish deck with a picture of a knight, equivalent to queen in standard deck

(d) *Tec* **c. (de fuerza** *o* **de vapor)** horsepower

(e) *muy Fam (heroína)* smack, horse

(f) *Dep* ***c. con arcos*** pommel horse

cabalmente *adv* **(a)** *(totalmente)* totally, fully **(b)** *(exactamente)* exactly, precisely **(c)** *(justamente)* fairly

cabaña *nf* **(a)** *(choza)* hut, cabin **(b)** *(ganado)* livestock; **la c. bovina de Gales** the national herd of Welsh cattle **(c)** *RP (finca)* cattle ranch

cabaré, cabaret *(pl* **cabarets***) nm* cabaret

cabaretera *nf* cabaret girl

cabás *(pl* **cabases***) nm* = plastic/metal case with handle, used by schoolgirls for carrying lunch etc

cabe *prep Formal* near

cabecear *vi* **(a)** *(dormitar)* to nod (off) **(b)** *(persona) (negando)* to shake one's head **(c)** *(caballo)* to toss its head **(d)** *(en fútbol)* to head the ball **(e)** *(balancearse) (barco, avión)* to pitch **(f)** *Carib (tabaco)* to bind

cabeceo *nm* **(a)** *(con sueño)* nodding **(b)** *(de caballo)* tossing **(c)** *(de barco, avión)* pitching

cabecera *nf* **(a)** *(de fila, de mesa)* head; *(de cama)* top end; **estar a la c. de (la cama de) alguien** to be at sb's bedside **(b)** *(de texto)* heading; *(de periódico)* headline **(c)** *(de programa televisivo)* title sequence **(d)** *(río)* source

cabecero *nm (de cama)* headboard

cabecilla *nmf* ringleader

cabellera *nf* head of hair; **cortar la c. a** to scalp

cabello *nm* hair; *Fam* **se le pusieron los cabellos de punta** her hair stood on end □ ***c. de ángel*** *(dulce)* = preserve made of strands of pumpkin in syrup

cabelludo, -a *adj* hairy

CABER [12] *vi* **(a)** *(entrar, pasar)* to fit **(en** in *o* into); **los libros no caben en la estantería** the books won't fit on the bookshelves *o* in the bookcase; **caben cinco personas** there is room for five people; **¿cuánta gente cabe en este estadio?** how many people can this stadium hold?; EXPR **no cabía ni un alfiler** the place was packed out; **c. por** to go through; **el armario no cabe por la puerta** the wardrobe won't go through the door; **no me cabe en el dedo** it won't fit (on) my finger; EXPR **no me cabe en la cabeza que se haya ido sin llamar** I simply can't understand her leaving without calling; **no quiero postre, no me cabe nada más** I don't want a dessert, I couldn't eat another thing, I've no room left for a dessert; **esta falda ya no me cabe** I can't get into this skirt any more

(b) *Mat* **nueve entre tres caben a tres** three into nine goes three (times); **tres entre cinco no caben** five into three won't go

(c) *(ser posible)* to be possible; **cabe la posibilidad de que no pueda venir** (it is possible that) he might not come; **sólo cabe una solución: aplazar la conferencia** there is only one solution (available to us), to postpone the conference; **cabe decir** it is possible to say; **cabe destacar que...** it's worth pointing out that...; **cabe esperar que...** it is to be hoped that...; **cabe mencionar que...** it's worth mentioning that..., it should be mentioned that...; **cabe preguntarse si...** one might ask whether...; **el nuevo modelo todavía es mejor, si cabe** the new model is even better, difficult though it may be to imagine

(d) *(corresponder)* **c. a alguien** to be sb's duty *o* honour, to fall to sb; **me cupo a mí darle las noticias** it fell to me to give him the news; **me cabe la satisfacción de ser el que anuncie el resultado** it is my honour to announce the result, I am delighted to have the honour of announcing the result

(**e**) EXPR **dentro de lo que cabe** *(en cierto modo)* up to a point, to some extent; **dentro de lo que cabe, no nos ha ido tan mal** all things considered, it didn't go that badly for us; **no c. en sí de alegría** to be beside oneself with joy; **no cabe más** that's the limit

cabestrante *nm* capstan

cabestrillo *nm* **en c.** in a sling

cabestro *nm* (**a**) *(cuerda)* halter (**b**) *(animal)* leading ox

CABEZA 1 *nf* (**a**) *(de persona, animal)* head; **tiene buena c. para los números** she has a (good) head for numbers; **me duele la c.** I've got a headache; **de c.** *(en fútbol)* with a header; *(inmediatamente)* at once, without thinking twice; **marcó de c.** he scored with his head *o* with a header, he headed a goal; *Am* **en c.** *(sin sombrero)* bareheaded; **por c.** per head; **costará 500 por c.** it will cost 500 per head; **pagamos 2.000 pesetas por c.** we paid 2,000 pesetas each; **tirarse de c. (al agua)** to dive (into the water); **se tiró de c. a la piscina** she dived into the pool; **le lleva una c. a su madre** she's a head taller than her mother ❑ *Culin* ***c. de jabalí*** *Br* brawn, *US* headcheese

(**b**) *(de clavo, alfiler, fémur, cometa)* head ❑ ***c. de ajo*** head of garlic; ***c. atómica*** nuclear warhead; *también Informát* ***c. de borrado*** erase head; ***c. buscadora*** *(en misil)* homing device; ***c. de combate*** warhead; ***c. grabadora*** *(en vídeo, casete)* recording head; ***c. lectora*** *(en vídeo, casete)* (read) head; *Informát* ***c. lectora/grabadora*** read-write head; ***c. de guerra*** warhead; ***c. magnética*** magnetic head; ***c. nuclear*** nuclear warhead; ***c. reproductora*** *(en vídeo, casete)* (playback) head

(**c**) *(pelo)* hair; **lavarse la c.** to wash one's hair

(**d**) *(animal cuadrúpedo)* **c. (de ganado)** head (of cattle)

(**e**) *(población)* main town ❑ ***c. de partido*** *Br* ≃ county town, *US* ≃ county seat

(**f**) *(posición)* front, head; **c. abajo** upside down; **c. arriba** the right way up; **a la** *o* **en c.** *(en competición)* in front, in the lead; *(en lista)* at the top *o* head; **el equipo francés está a la c. de la clasificación** the French team is top of the league; **está situado en (la) c. del pelotón** he's at the front of the pack, he's amongst the leaders of the pack; **a la c. de** *(delante de)* at the head of; *(al cargo de)* in charge of; **estar a la c. de la empresa** to run the company; **Juan está a la c. de la expedición** Juan is the leader of the expedition; **la c. visible del movimiento** the public face of the movement ❑ *Mil* ***c. de playa*** beachhead; *Mil & Fig* ***c. de puente*** bridgehead; *Dep* ***c. de serie*** seed; **el primer c. de serie se enfrenta al segundo** the top *o* number one seed will play the second *o* number two seed

(**g**) EXPR *Fam* **le abrieron la c. de un ladrillazo** they split his skull with a brick; *Fam* **andar/ir de c.** *(muy atareado)* to be snowed under; *Fam* **esta semana voy de c. y no he tenido tiempo de llamar a nadie** I'm really snowed under this week, I haven't had time to call anyone; *Fam* **alzar** *o* **levantar c.** to get back on one's feet, to recover; *Fam* **desde que perdieron la final, no han conseguido alzar** *o* **levantar c.** they still haven't recovered from losing the final, they still haven't managed to pick themselves up after losing the final; *Fam* **no hay manera de que alce** *o* **levante c.** it's hard to see her recovering *o* getting over it; *Fam* **andar** *o* **estar mal de la c.** to be funny in the head; **bajar** *o* **doblar la c.** to bow one's head; **no me cabe en la c.** I simply can't understand it; **no me cabe en la c. que haya sido él** I can't believe it was him; *Fam* **calentar** *o* **hinchar la c. a alguien** to drive sb mad; *Fam* **no te calientes más la c., no hay nada que hacer** stop getting worked up *o* *Br* het up about it, there's nothing we can do; **con la c. (bien) alta** with one's head held high; *Fam* **la c. me da vueltas** my head's spinning; **se dio de c. en la pared por haber actuado tan torpemente** she kicked herself for behaving so stupidly; **escarmentar en c. ajena** to learn from another's mistakes; *Fam* **ir de c. a** to head straight for; *Fam* **ir de c. con alguien** *(enamorado)* to be head over heels in love with sb; *Fam* **se me va la c.** *(me mareo)* I feel dizzy; **se me ha ido completamente de la c.** it's gone clean out of my mind *o* head; **no consigo que el accidente se me vaya de la c.** I can't get the accident out of my mind; *Fam* **los hijos la llevan de c.** the children drive her up the wall; PROV **más vale ser c. de ratón que cola de león** it's better to reign in Hell than to serve in Heaven; **meterle algo en la c. a alguien** to get sth into sb's head; **métete en la c. que no vas a poder ir** get it into your head that you're not going to be able to go; **se le ha metido en la c. que...** he has got it into his head that...; **meter la c.** to get one's foot in the door; **meterse de c. en algo** to plunge into sth; **obrar con c.** to use one's head; **se me pasó por la c.** it crossed my mind; **perder la c.** to lose one's head; **¿has perdido la c. o qué?** are you out of your mind?; **Pedro ha perdido la c. por esa chica** Pedro has lost his head over that girl; *Fam* **me estás poniendo la c. como un bombo con tantas preguntas estúpidas** you're making my head spin *o* hurt with all those stupid questions; *Fam* **tengo la c. como un bombo** my head is throbbing; *Fam* **si no se producen resultados, rodarán cabezas** if things don't get better, heads will roll; *Fam* **le amenazó con romperle la c.** he threatened to smash her head in *o* to bash her brains in; *Fam* **romperse** *o* **quebrarse la c.** to rack one's brains; **sacar la c.** *(aparecer)* to show one's face; *(atreverse)* to speak up; *Fam* **sentar la c.** to settle down; *Fam* **se le subió a la c.** it went to his head; *Fam* **el vino se le subió a la c.** the wine went to her head; *Fam* **se le ha subido a la c. el ascenso** his promotion has gone to his head; *Fam* **tener la c. a pájaros** *o* **llena de pájaros** to have one's head in the clouds; *Fam* **tener la c. como una olla de grillos** to be round the bend; *Fam* **tenía la c. en otra parte** my mind was wandering, my thoughts were elsewhere; *Fam* **tener la c. en su sitio** *o* **bien puesta** to have a sound head on one's shoulders, to have one's head screwed on (properly); **tener mala c.** to act foolishly; **me he olvidado, ¡qué mala c. tengo!** how silly of me to forget!; **esa chica tiene mucha c.** that girl has got brains; **(estar) tocado de la c.** (to be) touched; *Fam* **traer de c. a alguien** to drive sb mad; **venir a la c.** to come to mind; **ahora no me viene a la c.** I can't think of it right now; **volver la c.** *(negar el saludo)* to turn away

2 *nmf Fam* ***c. de chorlito*** scatterbrain; *Fam* ***c. cuadrada*** *o* ***dura:*** **es un c. cuadrada** *o* **dura** he's got his ideas and he won't listen to anyone else; ***c. de familia*** head of the family; *Fam* ***c. hueca*** airhead; *Pol* ***c. de lista*** = person who heads a party's list of candidates; *Fam* ***c. loca*** airhead; **las cabezas pensantes de la derecha venezolana** the policy makers of the Venezuelan right; **las cabezas pensantes de la organización** the brains behind the organization; ***c. rapada*** skinhead; ***c. de turco*** scapegoat

cabezada *nf* (**a**) *(de sueño)* **dar cabezadas** to nod off; **echar** *o* **dar una c.** to have a nap (**b**) *(golpe)* headbutt (**c**) *(de barco, avión)* **dar cabezadas** to pitch (**d**) *Andes, RP (de silla de montar)* saddlebow

cabezal *nm* (**a**) *(de aparato)* head (**b**) *(almohada)* bolster (**c**) *Chile, Méx (travesaño)* lintel

cabezazo *nm* (**a**) *(golpe) (con la cabeza)* headbutt; *(en la cabeza)* blow *o* bump on the head; **se dio un c. con** *o* **contra la lámpara** she banged her head on the light (**b**) *Dep* header

cabezón, -ona 1 *adj* (**a**) *(persona) (de cabeza grande)* **ser c.** to have a big head (**b**) *(terco)* to be pigheaded *o* stubborn (**c**) *Fam* **este vino es muy c.** this wine really goes to your head

2 *nm,f (terco)* pigheaded *o* stubborn person

3 *nm Col (remolino)* eddy

cabezonería, cabezonada *nf Fam* pigheadedness, stubbornness; **con c.** pigheadedly, stubbornly

cabezota *Fam* **1** *adj* pigheaded, stubborn

2 *nmf* pigheaded *o* stubborn person

cabezudo, -a 1 *adj Fam* pigheaded, stubborn

2 *nm,f Fam* pigheaded *o* stubborn person

3 *nmpl* **cabezudos** *(en fiesta)* = giant-headed carnival figures

cabezuela *nf Bot* capitulum

cabida *nf* capacity; **dar c. a, tener c. para** to hold, to have room for; *Fig* **dar c. a** to allow; **tener c. en** to have a place in

cabildo *nm* (**a**) *(municipio)* ≃ district

council (**b**) *(de eclesiásticos)* chapter (**c**) *(sala)* chapterhouse

cabina *nf* (**a**) *(cuartito)* booth, cabin ❑ ***c. de comentaristas*** *(en estadio)* commentary box; ***c. de interpretación*** interpreters' booth; ***c. de proyección*** projection room; ***c. telefónica*** *(con puerta)* phone box, *US* phone booth; ***c. de traducción*** interpreters' booth (**b**) *(de avión) (del piloto)* cockpit; *(de los pasajeros)* (passenger) cabin; *(de camión)* cab ❑ ***c. espacial*** space cabin

cabinera *nf Col* air hostess

cabizbajo, -a *adj* crestfallen, downcast

cable *nm* (**a**) *Elec & Informát (para conectar)* cable, lead; *(dentro de aparato)* wire; EXPR *Fam* **echar un c.** to help out, to lend a hand; EXPR *Fam* **se le cruzaron los cables** *(se confundió)* he got mixed up; EXPR *Fam* **se le cruzaron los cables y le pegó** in a moment of madness, he hit her ❑ ***c. óptico*** optical cable; ***c. de serie*** serial cable (**b**) *(de puente, ascensor, teleférico)* cable (**c**) *(telegrama) Br* telegram, *US* cable; **le pondré** *o* **enviaré un c. para darle la noticia** I'll cable him to let him know the news

cableado, -a *Informát* **1** *adj* hardwired
2 *nm* hardwiring

cablegrafiar [32] *vt* to cable

cablegráfico, -a *adj* **mensaje c.** *Br* telegram, *US* cable

cablegrama *nm* cablegram, cable

cablevisión *nf* cable television

cabo *nm* (**a**) *Mil* corporal ❑ ***c. primero*** = military rank between corporal and sergeant
(**b**) *(accidente geográfico)* cape ❑ ***el C. de Buena Esperanza*** the Cape of Good Hope; ***C. Cañaveral*** Cape Canaveral; ***el C. de Hornos*** Cape Horn; ***C. Verde*** *(país)* Cape Verde
(**c**) *(trozo) (de cuerda)* bit, piece
(**d**) *(trozo final) (de vela)* stub, stump; *(de cuerda)* end; EXPR **de c. a rabo** from beginning to end; EXPR **atar cabos** to put two and two together ❑ ***c. suelto*** loose end; EXPR **no dejar ningún c. suelto** to tie up all the loose ends
(**e**) *(hebra de cuerda)* strand; **lana de cuatro cabos** four-ply wool
(**f**) *Náut (cuerda)* rope
(**g**) **al cabo de** *loc adv* **al c. de una semana** after a week, a week later
(**h**) EXPR **al fin y al c.** after all; **estar al c. de la calle** to be well-informed; **llevar algo a c.** to carry sth out

cabotaje *nm* (**a**) *(navegación)* coastal shipping (**b**) *Arg* **vuelo de c.** *(en avión)* internal flight

caboverdiano, -a *adj & nm,f* Cape Verdean

cabra *nf* (**a**) *(animal)* goat; EXPR *Fam* **estar como una c.** to be off one's head; PROV **la c. siempre tira al monte** you can't make a leopard change his spots ❑ ***c. montés*** wild goat (**b**) *Chile (carruaje)* gig, cabriolet (**c**) *Carib, Col (dado cargado)* loaded die (**d**) *Carib, Col (trampa)* = cheat in game of dice or dominoes

cabrales *nm inv* = Asturian cheese similar to Roquefort

cabré *etc ver* **caber**

cabrear *muy Fam* **1** *vt* **c. a alguien** to get sb's goat, *Br* to piss sb off
2 cabrearse *vpr* to get really *Br* pissed off *o US* pissed (**con** with)

cabreo *nm muy Fam* rage, fit; **agarrar** *o Esp* **coger un c.** to get really *Br* narked *o US* pissed

cabrero, -a *nm,f* goatherd

cabrestante *nm* capstan

cabria *nf* derrick, crane

cabría *etc ver* **caber**

cabrilla *nf* (**a**) *(pez)* cabrilla (**b**) *(ola)* **cabrillas** white horses, foam-crested waves (**c**) *(juego)* **hacer cabrillas** to play ducks and drakes

cabrío *adj* **macho c.** billy-goat

cabriola *nf* prance; **hacer cabriolas** *(caballo)* to prance about; *(niño)* to caper around

cabriolé *nm* (**a**) *(automóvil)* convertible (**b**) *(carruaje)* cabriolet (**c**) *(capote)* short sleeveless cape

cabritas *nfpl*, **cabritos** *nmpl Chile* popcorn

cabritilla *nf (piel)* kid, kidskin

cabrito, -a 1 *nm (animal)* kid (goat)
2 *nm,f muy Fam (cabrón)* bastard

cabritos = cabritas

cabro, -a *nm,f Andes, RP Fam* kid

cabrón, -ona 1 *Vulg adj* **¡qué c. eres!** you bastard!
2 *Vulg nm,f (insulto)* bastard, *f* bitch
3 *nm* (**a**) *Vulg (cornudo)* cuckold (**b**) *(animal)* billy-goat

cabronada *nf Vulg* **hacerle una c. a alguien** to be a bastard to sb

cabronazo *nm Vulg* bastard

cabuya *nf CAm, Col, Ven* rope; **dar c.** *(atar)* to moor; EXPR *Ven* **darle c. a alguien** *(alentar)* to encourage sb; EXPR *Fam* **ponerse en la c.** to catch the drift

caca *nf Fam* (**a**) *(excremento) Br* poo, *US* poop; **hacer c.** to do a *Br* poo *o US* poop; **hacerse c. encima** to make a mess in one's pants, to mess one's pants; **una c. de vaca** a cow pat; **(una) c. de perro** (a piece of) dog *Br* poo *o US* poop (**b**) *(cosa sucia)* nasty *o* dirty thing (**c**) *(cosa mala)* crap; **el partido fue una c.** the match was crap

cacahuete, *Méx* **cacahuate** *nm* (**a**) *(fruto)* peanut (**b**) *(planta)* groundnut

cacao *nm* (**a**) *(polvo)* cocoa, cocoa powder; *(bebida) (caliente)* cocoa; *(fría)* chocolate milk ❑ ***c. en polvo*** cocoa powder (**b**) *(árbol)* cacao; *(semilla)* cocoa bean (**c**) *(para labios)* lip salve (**d**) *Fam (confusión)* chaos, mess; *(jaleo)* fuss, rumpus; **se han metido en un buen c.** they've got themselves in a real mess; EXPR **tiene un c. mental terrible** his head's in a real muddle

cacarear 1 *vt Fam* (**a**) *(jactarse de)* to boast about (**b**) *(pregonar)* to blab about
2 *vi (gallo)* to cluck, to cackle

cacareo *nm* clucking; **nos despertó el c. del gallo** we were woken by the sound of the cock-a-doodle-doo

cacatúa *nf* (**a**) *(ave)* cockatoo (**b**) *Fam (mujer vieja)* old bat

cacereño, -a 1 *adj* of/from Cáceres
2 *nm,f* person from Cáceres

cacería *nf (a caballo)* hunt; *(con fusiles)* shoot; **salieron de c.** they went hunting

cacerola *nf* pot, pan

cacha 1 *nf* (**a**) *Fam (muslo)* thigh (**b**) *(mango) (de cuchillo)* handle; *(de pistola)* butt (**c**) *Andes, CAm (engaño)* trick, deceit (**d**) *Col (cuerno)* horn
2 *nm inv* **cachas** *Fam (hombre fuerte)* he-man, strong man; **estar cachas** to be well-built; **ponerse cachas** to put on muscle

cachaco, -a 1 *adj Andes, Ven* foppish
2 *nm Perú* policeman

cachada *nf* (**a**) *Am Taurom* goring (**b**) *RP (broma)* mockery, taunt

cachalote *nm* sperm whale

cachar *vt* (**a**) *CAm, Ecuad, RP (burlarse de)* to tease (**b**) *Am (acornear)* to gore (**c**) *Nic, RP Fam (agarrar)* to grab (**d**) *Am Fam (sorprender)* to catch (**e**) *CAm (robar)* to steal

cacharrazo *nm Fam* thump; **pegarse** *o* **darse un c.** *(al caer)* to bang oneself; *(en vehículo)* to have a smash

cacharrería *nf* = shop selling terracotta cooking ware, flowerpots etc

cacharro *nm* (**a**) *(recipiente)* pot; **fregar los cacharros** to do the dishes (**b**) *Fam (trasto)* piece of junk; **tendremos que tirar todos estos cacharros** we'll have to throw all this junk *o Br* rubbish out (**c**) *Fam (máquina)* crock; *(automóvil)* heap, banger

cachaza *nf Fam* **tener c.** to be laid-back

cachazudo, -a 1 *adj* (**a**) *(lento)* sluggish (**b**) *(flemático)* calm, placid
2 *nm,f* (**a**) *(lento) Br* slowcoach, *US* slowpoke (**b**) *(flemático)* phlegmatic person (**c**) *Cuba (paciente)* **es un c.** he's the soul of patience
3 *nm Cuba, Méx (gusano)* tobacco worm

caché, cachet [ka'tʃe] *nm* (**a**) *(tarifa de artista)* fee (**b**) *Fam (distinción)* cachet; **estos invitados dan mucho c. al programa** these guests add a real touch of class to the programme (**c**) *Informát* **(memoria) c.** cache memory

cachear *vt* (**a**) *(registrar)* to frisk; **los cachearon a la entrada** they were frisked as they went in (**b**) *Chile (cornear)* to gore

cachemir *nm*, **cachemira** *nf* (**a**) *(tejido)* cashmere (**b**) *(estampado)* **una corbata/un pañuelo de c.** a Paisley (pattern) tie/headscarf

Cachemira *n* Kashmir

cacheo *nm* **someter a alguien a un c.** to frisk sb

cácher *nm (en béisbol)* catcher

cachet = caché

cachetada *nf (en la cara)* slap; *(en el trasero)* slap, smack

cachete *nm* (**a**) *(moflete)* chubby cheek

(**b**) *(bofetada) (en la cara)* slap; *(en el trasero)* slap, smack

cachetear *vt* to slap

cachetero *nm Taurom* = bullfighter who finishes off the bull with a dagger

cachetudo, -a *adj (mofletudo)* chubby-cheeked

cachimba *nf, Am* **cachimbo** *nm* pipe

cachiporra *nf* (**a**) *Fam (garrote)* club, cudgel; *(de policía)* truncheon (**b**) *Cuba (ave)* blacknecked stilt

cachiporrazo *nm* (**a**) *(con cachiporra)* blow with a club; **darle** *o* **pegarle un c. a alguien** to club sb (**b**) *Fam* **me di** *o* **pegué un c.** *(al caer)* I had a nasty fall; *(en la cabeza, rodilla)* I gave myself a real thump *o* bang; *(en automóvil)* I had a crash

cachirulo *nm* (**a**) *(chisme)* thingamajig (**b**) *(pañuelo)* = headscarf worn by men as part of traditional Aragonese costume

cachivache *nm Fam* (**a**) *(chisme)* thingummy, thingumajig; **cachivaches** stuff (**b**) *(trasto)* piece of junk; **cachivaches** junk

cacho *nm* (**a**) *Fam (pedazo)* piece, bit; *Vulg* **¡c. cabrón!** you bastard!; EXPR **ser un c. de pan** *(ser muy bueno)* to have a heart of gold (**b**) *Am (asta)* horn (**c**) *Col, Ven muy Fam (de drogas)* joint (**d**) *Andes (cubilete)* dice cup (**e**) *Andes, Guat, Ven (cuento)* story; *(burla)* joke (**f**) *RP* ***c. de banana*** *(racimo)* large bunch, hand

cachón, -ona *adj CAm, Col (animal)* with large horns

cachondearse *vpr Fam* **c. de alguien** to make a fool out of sb, *Br* to take the mickey out of sb

cachondeo *nm Fam* (**a**) *(diversión)* **ser un c.** to be a laugh; **irse de c.** to go out on the town; **no le hagas caso, está de c.** *(de broma)* don't pay any attention to him, he's having you on (**b**) *Pey (cosa poco seria)* joke; **tomarse algo a c.** to treat sth as a joke

cachondo, -a 1 *adj* (**a**) *Fam (divertido)* **ser c.** to be funny (**b**) *muy Fam (excitado)* **estar c.** to be randy; **poner c.** to turn on; **ponerse c.** to get randy *o* turned on

2 *nm,f Fam* **es un c. (mental)** he's always pissing around

cachopín = **cachupín**

cachorro, -a *nm,f (de perro)* pup, puppy; *(de gato)* kitten; *(de león, lobo, oso)* cub

cachucha *nf Chile (bofetón)* slap

cachuela *nf Andes (río)* rapids

cachumbo *nm Am* (**a**) *(cáscara)* gourd (**b**) *Col Fam (rizo)* curl

cachupín, -ina, cachopín, -ina *nm,f Am* = Spanish settler in South America

cacique *nm* (**a**) *(jefe local)* cacique, local political boss; *Fig Pey (déspota)* petty tyrant (**b**) *(jefe indio)* chief, cacique

caciquil *adj Pey* despotic

caciquismo *nm Pey* caciquism

caco *nm Fam* thief

cacofonía *nf* cacophony

cacofónico, -a *adj* cacophonous

cacto *nm,* **cactus** *nm inv* cactus

cacumen *nm Fam (ingenio)* brains, wits

cacuy, cacuí *nm (ave)* = grey-plumaged nocturnal bird with a mournful cry, native to Argentina

CAD [kað] *nm (abrev de* **computer aided design**) CAD

cada *adj inv* (**a**) *(en general)* each; *(con números, tiempo)* every; **c. dos meses** every two months; **c. cosa a su tiempo** one thing at a time; **c. cual** each one, everyone; **¿c. cuánto?** how often?; **c. uno de** each of; **c. uno** *o* **cual a lo suyo** everyone should get on with their own business; **c. uno es c. uno, c. uno es como es** everyone's different; **c. vez** every time, each time; **c. vez que viene me pide algo prestado** every *o* each time he comes he asks to borrow something

(**b**) *(valor progresivo)* **c. vez más** more and more; **c. vez más largo** longer and longer; **c. día más** more and more each day

(**c**) *(valor enfático)* such; **¡se pone c. sombrero!** she wears such hats!; **¡tiene c. cosa!** the things he comes up with!

cadalso *nm* scaffold

cadáver *nm* corpse, (dead) body; **ingresó c.** *(en hospital)* he was dead on arrival; EXPR **por encima de mi c.** over my dead body

cadavérico, -a *adj* (**a**) *(de cadáver)* cadaverous (**b**) *(pálido)* deathly pale

caddy *(pl* **caddies**) *nm* caddie

cadejo *nm CAm Fam (animal fantástico)* = imaginary animal that comes out at night

cadena *nf* (**a**) *(de eslabones, piezas)* chain; **tirar de la c.** to pull the chain, to flush the toilet; *Fig* **rompió sus cadenas** he broke out of his chains; *Aut* **cadenas** (tyre) chains ▫ ***c. alimenticia*** *o* ***alimentaria*** food chain; ***c. humana*** human chain; ***c. montañosa*** *o* ***de montañas*** mountain range; ***c. de tiendas*** chain of stores; *Biol* ***c. trófica*** food chain

(**b**) *TV* channel; *Rad* station; **¿en qué c. dan la película?** what channel is the movie on?

(**c**) *(de proceso industrial)* line ▫ ***c. de montaje*** assembly line

(**d**) *(aparato de música)* sound system

(**e**) ***c. perpetua*** life imprisonment

(**f**) *Informát* string ▫ ***c. de bits*** bit chain; ***c. SCSI*** SCSI chain

cadencia *nf* rhythm, cadence

cadencioso, -a *adj* rhythmical

cadeneta *nf* chain stitch

cadera *nf* (**a**) *(parte)* hip (**b**) *(hueso)* hip, *Espec* coxa

cadet *nm RP (chico de los recados)* errand boy, office junior

cadete *nm* (**a**) *Mil* cadet (**b**) *Dep* = sports player aged 14-15 (**c**) *RP (chico de los recados)* errand boy, office junior

cadí *nm* cadi, = judge in a Muslim community

cadie *nm* caddie

cadmio *nm Quím* cadmium

caducado, -a *adj (carné, pasaporte)* out-of-date; *(alimento, medicamento)* past its use-by date

caducar [59] *vi (carné, ley, pasaporte)* to expire; *(alimento, medicamento)* to pass its use-by date; **este yogur caduca mañana** this yoghurt's sell-by- date is tomorrow

caducidad *nf* (**a**) *(de carné, alimento)* expiry; **fecha de c.** *(de carné, pasaporte)* expiry date; *(de alimento, medicamento)* use-by date (**b**) *(cualidad)* finite nature

caducifolio, -a *adj Bot* deciduous

caduco, -a *adj* (**a**) *(persona)* decrepit; *(idea, moda)* outmoded; *(perecedero)* perishable (**b**) *Bot* **de hoja caduca** deciduous

caedizo, -a 1 *adj* (**a**) *(que cae)* in danger of falling (**b**) *Bot* deciduous

2 *nm CAm, Col, Méx (saliente)* overhang

CAER [13] **1** *vi* (**a**) *(hacia abajo)* to fall; *(diente, pelo)* to fall out; **cuando caen las hojas** when the leaves fall; **c. de un tejado/árbol** to fall from a roof/tree; **c. en un pozo** to fall into a well; **el avión cayó al mar** the plane crashed into the sea; **tropezó y cayó al suelo** she tripped and fell (over *o* down); **cayó en brazos de su madre** she fell into her mother's arms; **cayó por la ventana a la calle** he fell out of the window into the street; **cayó de bruces/de cabeza** she fell flat on her face/ headlong; **cayó redondo** he slumped to the ground, he collapsed in a heap; **c. rodando por la escalera** to fall down the stairs; *Fig* **c. en una trampa** to fall into a trap; **dejar c. algo** *(objeto)* to drop sth; **dejar c. que** *(comentar)* to let drop that; **dejó c. la noticia de su renuncia como si no tuviera importancia** she casually mentioned the fact that she was resigning as if it were a matter of no importance; **hacer c. algo** to knock sth down, to make sth fall

(**b**) *(lluvia, nieve)* to fall; **caerá nieve por encima de los 1.000 metros** snow is expected in areas higher than 1,000 metres; **cayeron cuatro gotas** there were a few spots of rain; **cayó una helada** there was a frost; **está cayendo un diluvio** it's pouring down; *Fam* **está cayendo una buena** it's pouring down, *Br* it's chucking it down

(**c**) *(sol)* to go down, to set; **al c. el día** *o* **la tarde** at dusk; **al c. el sol** at sunset; **la noche cayó antes de que llegaran al refugio** night fell before they reached the shelter

(**d**) *(colgar)* to fall, to hang down; **el cabello le caía sobre los hombros** her hair hung down to *o* fell over her shoulders

(**e**) *(ciudad, gobierno)* to fall; **el aeropuerto cayó en poder de los insurgentes** the airport fell to the rebels, the airport was taken by the rebels; **el Imperio Romano cayó en el siglo V** the Roman Empire fell in the fifth century; **el escándalo hizo c. al Primer Ministro** the scandal brought the Prime Minister down; **han caído los líderes del comando terrorista** the leaders of the terrorist unit have been captured

(**f**) *(morir) (soldado)* to fall, to be killed; EXPR **los soldados caían como moscas ante las ametralladoras enemigas** the soldiers were dropping like flies under the fire from the enemy machine guns
(**g**) *(decrecer) (interés)* to decrease, to subside; *(precio)* to fall, to go down; **ha caído bastante el interés por estos temas** interest in these subjects has fallen away *o* subsided quite a lot; **ha caído el precio del café** the price of coffee has gone down *o* fallen; **los precios cayeron súbitamente** prices fell suddenly; **la libra ha caído frente al marco** the pound has fallen *o* dropped against the mark
(**h**) *(incurrir)* **siempre cae en los mismos errores** she always makes the same mistakes; *Rel* **no nos dejes c. en la tentación** lead us not into temptation; **tu actitud cae en lo patético** your attitude is nothing less than pathetic
(**i**) *(picar) (en trampa, broma)* to fall for it; **me gastaron una broma, pero no caí** they played a trick on me, but I didn't fall for it
(**j**) *Fig (tocar, ir a parar a)* **me cayó el premio** I won the prize; **nos cayó la mala suerte** we had bad luck; **me cayó el tema que mejor me sabía** I got a question on the subject I knew best; **le cayeron dos años (de cárcel)** he got two years (in jail); **la desgracia cayó sobre él** he was overtaken by misfortune; **¿cómo me ha podido c. a mí un trabajo así?** how did I end up getting a job like this?; **procura que el informe no caiga en sus manos** try to avoid the report falling into her hands
(**k**) *(estar, quedar)* **cae cerca de aquí** it's not far from here; **¿por dónde cae la oficina de turismo?** where's *o* whereabouts is the tourist information centre?; **los baños caen a la izquierda** the toilets are on the left; **cae en el segundo capítulo** it's in the second chapter; **eso cae fuera de mis competencias** that is *o* falls outside my remit
(**l**) *(darse cuenta)* **c. en la cuenta** *(entender)* to realize, to understand; **cuando cayó en la cuenta del error intentó subsanarlo** when she realized her mistake, she tried to correct it; **c. (en algo)** *(recordar)* to be able to remember (sth); **no dije nada porque no caí** I didn't say anything because it didn't occur to me to do so; **¡ahora caigo!** *(lo entiendo)* I see it now!; *(lo recuerdo)* now I remember!; **ahora caigo en lo que dices** now I see what you are saying; **no caigo** I give up, I don't know
(**m**) *(coincidir) (fecha)* **c. en** to fall on; **cae en domingo** it falls on a Sunday
(**n**) *Fig (abalanzarse)* **c. sobre** to fall *o* descend upon; **c. sobre alguien** *(ladrón)* to pounce *o* fall upon sb; **cayeron sobre la ciudad para saquearla** they fell upon the city and pillaged it
(**o**) *(en situación)* **c. enfermo** to fall ill, to be taken ill; **cayó en cama** he took to his bed; **c. en desuso** to fall into disuse; **c. en el olvido** to fall into oblivion; **c. en la desesperación** to fall into despair; **c. en desgracia** to fall into disgrace
(**p**) *(sentar)* **c. bien/mal** *(comentario, noticia)* to go down well/badly; **c. bien/mal a alguien** *(comida, bebida)* to agree/disagree with sb; *(ropa)* to suit/not to suit sb; **su comentario no cayó nada bien** her comment didn't go down well; **los pantalones ajustados no te caen nada bien** tight trousers don't suit you at all; EXPR **c. como un jarro de agua fría** to come as a real shock
(**q**) *Fam (en examen)* to fail; **la mitad de la clase cayó en el primer examen** half the class failed the first exam; **¿cuántas te han caído?** how many did you fail?
(**r**) *Fam (decaer)* to go downhill; **el equipo ha caído mucho en el último mes** the team has gone seriously off the boil over the last month
(**s**) *Com (pago)* to fall due
(**t**) *Am (visitar)* to drop in
(**u**) EXPR **c. (muy) bajo** to sink (very) low; **parece mentira que hayas caído tan bajo** I can hardly believe that you would sink so low; **me cae bien/mal** *(persona)* I like/can't stand him; **Luis me cae bien** I like Luis, Luis seems nice; **tu hermano me cae muy mal** I can't stand your brother; **me cayó mal** I didn't like him at all; *Fam* **tu jefe me cae gordo** I can't stand your boss; **c. por su propio peso** to be self-evident; **todos mis consejos cayeron en saco roto** all my advice fell on deaf ears; **dejarse c. por casa de alguien** to drop by sb's house; **estar al c.** to be about to arrive; **ya son las cinco, así que deben de estar al c.** it's five o'clock, they should arrive any minute now; **el anuncio debe estar al c.** the announcement should be made any minute now; **se proseguirá con la investigación caiga quien caiga** the investigation will proceed no matter who might be implicated *o* even if it means that heads will roll
2 caerse *vpr* (**a**) *(persona)* to fall over *o* down; **el chico resbaló y se cayó** the boy slipped and fell over; **¡ten cuidado o te caerás!** be careful or you'll fall (over)!; **no me caí de milagro** it's a miracle I didn't fall (over); **caerse de algo** to fall from sth; **se cayó de la moto** she fell off her motorbike; **se cayó de bruces/cabeza** she fell flat on her face/headlong; *Fam* **se cayó de culo** he fell flat on his backside; **se cayó de espaldas** he fell over backwards; **se cayó redonda** she slumped to the ground, she collapsed in a heap; **estoy que me caigo** *(de cansancio)* I'm ready to drop; EXPR *Fam* **no tiene dónde caerse muerto** he hasn't got a penny to his name; *Fam* **casi me caigo del susto** I nearly fell over with fright
(**b**) *(objeto)* to drop, to fall; *(árbol)* to fall; **se me cayó el libro** I dropped the book; **agárralo bien, que no se te caiga** hold onto it hard so you don't drop it; **¡se le ha caído la cartera!** you've dropped your wallet!
(**c**) *(desprenderse) (diente, pelo)* to fall out; *(botón, hojas)* to fall off; *(cuadro)* to fall down; **las hojas están empezando a caerse** the leaves are starting to fall; **se me ha caído un diente** one of my teeth has fallen out; **no quiere aceptar que se le esté cayendo el pelo** he refuses to accept that he's going bald *o* that his hair is starting to fall out; EXPR *Fam* **este coche se cae en pedazos** this car is falling to pieces; *Fam* **esta casa se cae de vieja** this house is falling apart with age, this house is so old, it's falling apart
(**d**) *(falda, pantalones)* to fall down; **se te caen los pantalones** your trousers are falling down
(**e**) *Informát (red, servidor)* to go down; **la red se ha caído** the network is down

---

café 1 *nm* (**a**) *(bebida)* coffee ❑ ***c. americano*** large weak black coffee; ***c. cortado*** coffee with a dash of milk; ***c. expreso*** expresso; ***c. instantáneo*** instant coffee; ***c. irlandés*** Irish coffee; ***c. con leche*** white coffee; ***c. molido*** ground coffee; *Andes* ***c. perfumado*** coffee with alcohol; ***c. solo*** black coffee; ***c. soluble*** instant coffee; *Andes* ***c. tinto*** black coffee; ***c. torrefacto*** high-roast coffee; ***c. vienés*** = coffee with whipped cream on top
(**b**) *(establecimiento)* cafe ❑ ***c.-bar*** = cafe where alcohol is also sold; ***c. cantante*** = cafe with resident singer; ***c.-concierto*** = cafe with live music; ***c. teatro*** = cafe with live entertainment
(**c**) *Fam (humor, genio)* **tener mal c.** to be bad-tempered
2 *adj inv (color)* coffee-coloured

cafeína *nf* caffeine; **sin c.** caffeine-free

cafelito *nm Fam* (cup of) coffee

cafetal *nm* coffee plantation

cafetera *nf* (**a**) *(italiana)* = stove-top coffee percolator; *(eléctrica)* (filter) coffee machine; *(en bares)* expresso machine ❑ ***c. de émbolo*** cafetiere (**b**) *Fam (aparato viejo)* old crock

cafetería *nf (establecimiento)* cafe; *(en facultad, hospital, museo)* cafeteria

cafetero, -a 1 *adj* (**a**) *(de café)* coffee; *(país)* coffee-producing; **producción cafetera** coffee production (**b**) *(bebedor de café)* fond of coffee
2 *nm,f (cultivador)* coffee grower; *(comerciante)* coffee merchant

cafetín *nm* small cafe *o* coffee shop

cafeto *nm* coffee bush

cafiche *nm Perú Fam* pimp

cafre 1 *adj* brutish
2 *nmf* brute

cagada *nf* (**a**) *muy Fam (equivocación) Br* cock-up, *US* foul-up; **es una c.** *(cosa mal hecha)* it's (a load of) crap (**b**) *Fam (excremento)* shit; **(una) c. de perro** (a piece of) dog shit

cagado, -a *nm,f muy Fam (cobarde)* yellow-belly, chicken

cagalera *nf Fam (diarrea)* the runs; **le entró c.** he got the runs

cagar [38] **1** *vi Fam (defecar)* to shit, to crap
2 *vt muy Fam Fig* **he cagado la segunda pregunta del examen** I *Br* cocked *o* *US* balled up the second question in the exam; EXPR **cagarla** *(estropear)* **to** *Br* cock *o* *US* ball

(it) up; EXPR **¡la hemos cagado, ahora tendremos que repetirlo otra vez!** we've *Br* cocked *o* *US* balled it up, now we're going to have to do it again!; EXPR **no voy a permitir que llegue él y la cague** I'm not going to let him come along and *Br* cock *o* *US* ball it all up; EXPR **¡la has cagado!** *(estás en un lío)* you're in deep shit *o* up shit creek!

3 cagarse *vpr Fam también Fig* to shit oneself; **se cagó de miedo al oír la explosión** he shat himself *o* he shat his pants when he heard the explosion; *Fig* **fue expulsado por cagarse en la familia del árbitro** he was sent off for calling the referee every name under the sun; *Fig* **va por ahí cagándose en todo el mundo** she goes around insulting everybody; **¡cágate, hemos vendido todas las entradas!** *Br* bloody hell o *US* goddamn it, if we haven't sold all the tickets!; EXPR *Vulg* **¡me cago en la hostia!** fucking hell!; EXPR *muy Fam* **¡me cago en diez** *o* **en la mar** *o* **en la leche!** *Br* bleeding hell!, *US* goddamn it!; EXPR *Vulg* **¡me cago en tu puta madre!** you motherfucker!; *muy Fam* **hace un frío que te cagas ahí fuera** it's *Br* bloody o *US* goddamn freezing out there!; *muy Fam* **me estoy cagando de frío** I'm *Br* bloody o *US* goddamn freezing!; *muy Fam* **me he comprado una moto que te cagas** I've bought a shit-hot new motorbike; *muy Fam* **tu amiga está que te cagas** your friend is *Br* bloody o *US* goddamn gorgeous; *muy Fam* **marcó un golazo de cagarse** he scored a *Br* bloody o *US* goddamn brilliant goal; EXPR *muy Fam* **este pastel está que se caga la perra** this cake is *Br* bloody o *US* goddamn delicious

cagarruta *nf* dropping

cagón, -ona *adj Fam* **(a)** *(que caga)* **este bebé es muy c.** this baby is forever dirtying its *Br* nappy *o* *US* diaper **(b)** *(miedica)* chicken, cowardly

cague 1 *ver* **cagar**

2 *nm Fam (miedo)* **¡me entró un c.!** I was shit-scared!

cagueta *Fam* **1** *adj* chicken, cowardly

2 *nmf* chicken, coward

caída *nf* **(a)** *(de hojas, persona, imperio)* fall; *(de diente, pelo)* loss; **a la c. de la tarde** at nightfall; **en la época de la c. de la hoja** when the leaves fall off the trees ❑ ***c. libre*** free fall **(b)** *(de paro, precios)* drop (**de** in) ❑ ***c. de tensión*** voltage drop **(c)** *(de terreno)* drop (**de** in) **(d)** *(de tela, vestido)* drape **(e)** *Fam Informát (de red)* crash

caído, -a 1 *adj* **(a)** *(árbol, hoja)* fallen **(b)** *(decaído)* low **(c) c. del cielo** *(oportuno)* heaven-sent; *(inesperado)* out of the blue

2 *nmpl* **los caídos** the fallen

caigo *ver* **caer**

caimán *nm* alligator, cayman

Caín *n* EXPR *Fam* **pasar las de C.** to have a hell of a time

Cairo *nm* **El C.** Cairo

caja *nf* **(a)** *(recipiente)* box; *(para transporte, embalaje)* crate; **una c. de cervezas** a crate of beer; EXPR **echar** *o* **despedir a alguien con cajas destempladas** to send sb packing ❑ ***c. de cambios*** gearbox; *Col, RDom* ***c. de dientes*** false teeth; ***c. de la escalera*** stairwell; ***c. de herramientas*** toolbox; ***c. de música*** music box; ***c. negra*** *(en avión)* black box; *Fig* ***la c. de Pandora*** Pandora's box; *Fam Fig* ***la c. tonta*** the box, the telly; ***c. torácica*** thorax

(b) *(para el dinero)* cash box; *(en tienda, supermercado)* till; *(mostrador)* checkout; *(en banco)* cashier's desk; *Com* **hacer c.** to cash up ❑ ***c. de ahorros*** savings bank; ***c. de caudales*** *o* ***fuerte*** safe, strongbox; ***c. registradora*** cash register; ***c. rural*** agricultural credit bank

(c) *(ataúd)* coffin

(d) *Imprenta* case ❑ ***c. alta*** upper case; ***c. baja*** lower case

(e) *(de instrumento musical)* body ❑ ***c. acústica*** loudspeaker; ***c. de resonancia*** soundbox; *Fig* sounding board

(f) *Perú (depósito)* water tank

(g) *Chile (de un río)* dry riverbed

cajamarquino, -a, cajamarqueño, -a 1 *adj* of/from Cajamarca

2 *nm,f* person from Cajamarca

cajero, -a 1 *nm,f (en tienda)* cashier; *(en banco)* teller

2 *nm* **c. (automático)** cash machine, cash dispenser

cajeta *nf* **(a)** *CAm, Méx (dulce de leche)* = toffee pudding made with caramelized milk **(b)** *PRico (turrón)* = type of nougat

cajetilla *nf (de cigarrillos)* packet

cajetín *nm* **(a)** *(en imprenta)* box **(b)** *Elec* cleat insulator

cajista *nmf Imprenta* typesetter

cajón *nm* **(a)** *(de mueble)* drawer ❑ *Fig* ***c. de sastre*** muddle, jumble **(b)** *(ataúd) Br* coffin, *US* casket **(c)** EXPR *Fam* **eso es de c.** that goes without saying

cajonera *nf* **(a)** *(mueble)* chest of drawers **(b)** *(en pupitre)* = shelf under desk for books, papers etc **(c)** *Ecuad (vendedora)* itinerant saleswoman

cajuela *nf Méx (maletero) Br* boot, *US* trunk

cal *nf* **(a)** *(pintura)* whitewash **(b)** *(en polvo)* lime; **el agua tiene mucha c.** the water is very hard; EXPR **cerrar a c. y canto** to shut tight *o* firmly; EXPR **con este hombre, es una de c. y otra de arena** you never know with that man, he's nice one minute and horrible the next; EXPR **el equipo está dando una de c. y otra de arena** the team are good one minute, awful the next ❑ ***c. apagada*** slaked lime; ***c. viva*** quicklime

cala *nf* **(a)** *(bahía pequeña)* cove **(b)** *Náut (parte sumergida)* hold **(c)** *(de melón, sandía)* sample piece **(d)** *(planta)* arum lily **(e)** *Esp Fam (peseta)* peseta

calabacín *nm, Méx* **calabacita** *nf Br* courgette, *US* zucchini

calabaza *nf* pumpkin, gourd; EXPR *Fam* **dar calabazas a alguien** *(a pretendiente)* to turn sb down; *(en exámenes)* to fail sb ❑ ***c. de peregrino*** bottle gourd

calabobos *nm inv* drizzle

calabozo *nm* cell

calada *nf* **(a)** *(inmersión)* soaking **(b)** *(de cigarrillo)* drag; **dar una c.** to take a drag

caladero *nm* fishing grounds, fishery

calado, -a 1 *adj* **(a)** *(empapado)* soaked; **c. hasta los huesos** soaked to the skin **(b)** *(en costura)* embroidered *(with openwork)*

2 *nm* **(a)** *Náut* draught **(b)** *(bordado)* openwork

calador *nm Am (para grano)* grain sampler

calafatear *vt Náut* to caulk

calafateo *nm Náut* caulking

calamar *nm* squid ❑ ***calamares en su tinta*** squid cooked in its own ink; ***calamares a la romana*** squid rings fried in batter

calambre *nm* **(a)** *(descarga eléctrica)* (electric) shock; **le dio un c. al tocar el enchufe** he got a shock when he touched the plug **(b)** *(contracción muscular)* cramp; **me dio un c. en la pierna** I got cramp in my leg

calambuco *nm (árbol)* calaba tree

calamidad *nf* **(a)** *(desgracia)* disaster, calamity; **pasar calamidades** to suffer great hardship; **¡qué c.!** how awful! **(b)** *(persona)* **ser una c.** to be a dead loss

calamina *nf* calamine

calamitoso, -a *adj* calamitous

cálamo *nm* **(a)** *(planta)* calamus **(b)** *(pluma)* pen **(c)** *(caña)* reed, stalk **(d)** *(flauta)* = type of ancient reed flute

calamón *nm (ave)* purple gallinule

calandria *nf (pájaro)* calandra lark

calaña *nf Pey* **de esa c.** of that ilk; **no me junto con los de su c.** I don't mix with people of his sort

calapié *nm* toe-clip

calar 1 *vt* **(a)** *(empapar)* to soak

(b) *(motor)* to stall

(c) *(persona, asunto)* to see through, *Br* to suss out; **lo calé nada más verlo** I had him worked out as soon as I set eyes on him

(d) *(sombrero)* to jam on

(e) *(melón, sandía)* to cut a sample of

(f) *(perforar)* to perforate, to pierce

(g) *Am (grano)* to sample

2 *vi* **(a)** *Náut* to draw

(b) *(ser permeable)* **estos zapatos calan** these shoes let in water

(c) *(penetrar)* **c. (hondo) en** to have a (great) impact on; **sus ideas calaron hondo entre la población** his ideas had a great impact *o* a profound effect on the population

3 calarse *vpr* **(a)** *(empaparse)* to get soaked

(b) *(motor)* to stall

(c) *(sombrero)* to pull down

calato, -a *adj Andes, RP (desnudo)* naked

calavera 1 *nf* **(a)** *(cráneo)* skull **(b)** *Méx Aut* **calaveras** tail lights **(c)** *Méx (dulce)* sugar skull

2 *nm (libertino)* rake

calcado, -a *adj* **(a)** *(dibujo, figura)* traced **(b)** *(muy parecido)* **ser c. a alguien** to be the spitting image of sb

calcamonía *nf Fam* transfer, *US* decal

calcáneo *nm Anat* heel bone, *Espec* calcaneus
calcañal, calcañar *nm* heel
calcar [59] *vt* (**a**) *(dibujo)* to trace (**b**) *(imitar)* to copy
calcáreo, -a *adj (terreno)* chalky; **aguas calcáreas** hard water
calce 1 *ver* **calzar**
2 *nm* (**a**) *(cuña)* wedge (**b**) *Guat, Méx, PRico Der* footnote
calcedonia *nf Geol* chalcedony
calceta *nf (labor)* knitting; **hacer c.** to knit
calcetar *vi* to knit
calcetín *nm* sock ▫ ***c. de ejecutivo*** = man's thin heelless sock
cálcico, -a *adj* calcic
calcificación *nf* calcification
calcificarse [59] *vpr* to calcify
calcinación *nf*, **calcinamiento** *nm* burning
calcinado, -a *adj (material)* burnt, scorched; *(cuerpo)* charred
calcinar *vt* to burn, to scorch
calcio *nm* calcium
calcita *nf Geol* calcite
calco *nm* (**a**) *(reproducción)* tracing (**b**) *(imitación)* carbon copy (**c**) *Ling* calque, loan translation
calcografía *nf* chalcography
calcomanía *nf* transfer, *US* decal
calcopirita *nf Geol* chalcopyrite
calculador, -ora *adj también Fig* calculating
calculadora *nf* calculator ▫ ***c. de bolsillo*** pocket calculator, ***c. científica*** scientific calculator
calcular *vt* (**a**) *(cantidades)* to calculate; **c. mal** to miscalculate (**b**) *(pensar, considerar)* to reckon, to guess; **le calculo sesenta años** I reckon he's about sixty; **no calculó las consecuencias de sus actos** she didn't foresee the consequences of her actions
calculista *nmf Com* planner
cálculo *nm* (**a**) *(operación)* calculation; **hacer cálculos** to do some calculations; **hacer cálculos mentales** to do mental arithmetic (**b**) *(ciencia)* calculus ▫ ***c. diferencial*** differential calculus; ***c. infinitesimal*** infinitesimal calculus; ***c. integral*** integral calculus (**c**) *(evaluación)* estimate; **según mis cálculos, llegaremos a las cinco** by my reckoning, we'll arrive at five o'clock ▫ ***c. de probabilidades*** probability theory (**d**) *Med* stone, calculus ▫ ***c. biliar*** gallstone; ***c. renal*** kidney stone
Calcuta *n* Calcutta
caldas *nfpl* hot springs
caldeamiento *nm* (**a**) *(calentamiento)* warming, heating (**b**) *(excitación)* excitement; **se notaba un c. entre el público** there was growing excitement among the audience
caldear 1 *vt* (**a**) *(calentar)* to heat (up) (**b**) *(excitar)* to warm up, to liven up
2 caldearse *vpr* (**a**) *(calentarse)* to heat up, to warm up (**b**) *(excitarse)* to get heated
calden *nm* mesquite
caldeo, -a *Hist* **1** *adj & nm,f* Chaldean
2 *nm (lengua)* Chaldean
caldera *nf* (**a**) *(recipiente)* boiler; *(olla)* cauldron ▫ ***c. de vapor*** steam boiler (**b**) *Geol* caldera (**c**) *Fam* **las calderas de Pedro Botero** *(el infierno)* (the nethermost depths of) hell (**d**) *RP (hervidor)* kettle
calderería *nf* (**a**) *(oficio)* boilermaking (**b**) *(tienda)* boilermaker's shop
caldereta *nf (de pescado)* fish stew; *(de carne)* meat stew
calderilla *nf (monedas)* small change
caldero *nm* cauldron
calderón *nm Mús* pause
caldo *nm* (**a**) *(para cocinar)* stock; *(sopa)* broth ▫ ***c. de cultivo*** culture medium; *Fig (condición idónea)* breeding ground (**b**) *(vino)* wine (**c**) EXPR *Fam* **poner a alguien a c.** *(criticar)* to slate sb; *(reñir)* to give sb a ticking off (**d**) *Méx (de caña)* sugarcane juice
caldoso, -a *adj (comida)* with lots of stock; **estar demasiado c.** to be watery; **arroz c.** soggy rice
calé *adj & nmf* gypsy
calefacción *nf* heating ▫ ***c. central*** central heating; ***c. por suelo radiante*** underfloor heating
calefactor *nm* heater
calefón *nm Arg (calentador de agua)* water heater
caleidoscopio *nm* kaleidoscope
calendario *nm* calendar; **programaron el c. de actividades para el festival de teatro** they drew up the programme of activities for the theatre festival ▫ ***c. eclesiástico*** ecclesiastic calendar; ***c. escolar*** school year; ***c. gregoriano*** Gregorian calendar; ***c. laboral*** working year
caléndula *nf* calendula, pot marigold
calentador *nm* (**a**) *(aparato)* heater ▫ ***c. de agua*** water heater (**b**) **calentadores** *(prenda)* legwarmers
calentamiento *nm* (**a**) *(subida de temperatura)* heating ▫ ***c. global*** global warming (**b**) *(ejercicios)* warm-up
calentar [3] **1** *vt* (**a**) *(subir la temperatura de)* to heat (up), to warm (up)
(**b**) *(animar)* to liven up; *Fig* **c. motores** to warm up
(**c**) *Fam (pegar)* to hit, to strike; **¡te voy a c.!** you'll feel the back of my hand!
(**d**) *Fam (sexualmente)* to turn on
(**e**) *(agitar)* to make angry, to annoy; **¡me están calentando con tanta provocación!** all their provocation is getting me worked up!; EXPR **calentarle la cabeza a alguien** to pester sb
2 *vi* (**a**) *(dar calor)* to give off heat
(**b**) *(entrenarse)* to warm up
3 calentarse *vpr* (**a**) *(por calor) (persona)* to warm oneself, to get warm; *(cosa)* to heat up
(**b**) *Fam (sexualmente)* to get randy *o* horny
(**c**) *(agitarse)* to get angry *o* annoyed; EXPR **calentarse la cabeza** to worry, to get worked up
calentón *nm* **dar un c. al arroz** to heat up the rice
calentura *nf* (**a**) *(fiebre)* fever, temperature (**b**) *(herida)* cold sore; **me ha salido una c.** I've got a cold sore (**c**) *Chile (tisis)* tuberculosis, consumption (**d**) *Carib (planta)* = type of milkweed (**e**) *Carib (fermentación)* fermentation of tobacco (**f**) *Col, RP Fam (rabieta)* fit of anger, rage
calenturiento, -a *adj* (**a**) *(con fiebre)* feverish; *Fig* **tener una imaginación calenturienta** *(incontrolada)* to have a wild imagination; *(sexualmente)* to have a dirty mind (**b**) *Chile (tísico)* tubercular, consumptive
caleño, -a 1 *adj* of/from Cali
2 *nm,f* person from Cali
calesa *nf* calash
calesitas *nfpl RP* merry-go-round
caleta *nf* (**a**) *(bahía)* cove, inlet (**b**) *PRico (calle)* = short road leading to sea (**c**) *Col (escondite)* hiding place (**d**) *Ven Fam (cosa escondida)* stash
caletear *vi Andes* to dock at all ports
caletero *nm Ven (descargador)* docker, stevedore
calibración *nf*, **calibrado** *nm* (**a**) *(medida)* calibration (**b**) *(de arma)* boring (**c**) *(corrección)* gauging
calibrador *nm (para medir)* gauge; *(de mordazas)* calliper
calibrar *vt* (**a**) *(medir)* to calibrate, to gauge (**b**) *(dar calibre a) (arma)* to bore (**c**) *(juzgar)* to gauge; **tenemos que c. cuidadosamente los pros y los contras** we must carefully weigh up the pros and cons
calibre *nm* (**a**) *(diámetro) (de pistola)* calibre; *(de alambre)* gauge; *(de tubo)* bore (**b**) *(instrumento)* gauge (**c**) *(tamaño)* size; *(importancia)* importance, significance
caliche *nm Andes* (**a**) *(salitre)* sodium nitrate, Chile saltpetre (**b**) *(terreno)* = ground rich in nitrates
calichera *nf Andes* = ground rich in nitrates
calicó (*pl* **calicós**) *nm* calico
calidad *nf* (**a**) *(de producto, servicio)* quality; **de primerísima c.** highest quality; **un género de (buena) c.** a quality product; **una relación c.-precio** good value (for money) ▫ ***c. de imagen*** image quality; ***c. de vida*** quality of life (**b**) *(clase)* class (**c**) *(condición)* **en c. de** in one's capacity as; **me lo dijo en c. de amigo** he told me as a friend; **no le revisan el equipaje por su c. de diplomático** his luggage isn't searched due to his diplomatic status
cálidamente *adv* warmly
cálido, -a *adj* warm
calidoscopio *nm* kaleidoscope
calientapiernas *nmpl inv* legwarmers
calientapiés *nm inv* foot warmer
calientaplatos *nm inv* hotplate
calientapollas *nf inv Vulg* prickteaser

caliente 1 *ver* **calentar**
2 *adj* (**a**) *(a alta temperatura)* hot; *(templado)* warm; *Fig* **en c.** in the heat of the moment (**b**) *(acalorado)* heated (**c**) *(conflictivo)* **la situación se está poniendo c.** the situation is hotting up (**d**) *Fam (cercano)* **¡c.!** you're warm!; **no llegó a encontrarlo, pero anduvo muy c.** he didn't manage to find it but he was very close (**e**) *Fam (excitado)* horny, *Br* randy

caliento *etc ver* **calentar**

califa *nm* caliph

califato *nm* caliphate

calificación *nf* (**a**) *(escolar)* mark (**b**) *Econ* rating

calificado, -a *adj* (**a**) *(importante)* eminent (**b**) *(apto)* qualified

calificador, -ora *adj* (**a**) *(que evalúa)* assessing (**b**) *(que clasifica)* classifying, grading (**c**) *(de examen)* grading, marking

calificar [59] *vt* (**a**) *(denominar)* **c. a alguien de algo** to call sb sth, to describe sb as sth (**b**) *(examen, trabajo)* to mark (**c**) *Gram* to qualify

calificativo, -a 1 *adj* qualifying
2 *nm* epithet; **no merece el c. de corrupto** he doesn't deserve to be called corrupt; **calificativos elogiosos/insultantes** glowing/insulting terms

caligrafía *nf* (**a**) *(arte)* calligraphy (**b**) *(letra)* handwriting; **los niños empiezan a hacer (ejercicios de) c. a los cuatro años** children start writing (exercises) at four years old; **un cuaderno de c.** a handwriting workbook

calígrafo, -a *nm,f* calligrapher

calima, calina *nf* haze, mist

calimocho *nm Fam* = drink comprising red wine and cola

calipso *nm* calypso

cáliz *nm* (**a**) *Rel* chalice (**b**) *Bot* calyx

caliza *nf* limestone

calizo, -a *adj* chalky

callada *nf* EXPR **nos dio la c. por respuesta** he answered us with silence

calladamente *adv* silently

callado, -a *adj* **estar c.** to be quiet *o* silent; **ser c.** to be quiet *o* reserved

callampa *nf Chile (seta)* mushroom

callampas *nfpl RP* shanty town

callana *nf Andes, RP (cazuela)* = earthenware dish for roasting corn

callar 1 *vi* (**a**) *(no hablar)* to keep quiet, to be silent; EXPR **quien calla otorga** silence signifies consent
(**b**) *(dejar de hablar)* to be quiet, to stop talking; **mandar c. a alguien** to tell sb to shut up; **¡calla!** shut up!; **¡calla, si eso me lo dijo a mí también!** guess what, he said that to me, too!; **¡calla, que me he dejado el paraguas en el tren!** gosh! I've left my umbrella on the train!
2 *vt* (**a**) *(ocultar)* to keep quiet about
(**b**) *(acallar)* to silence
3 callarse *vpr* (**a**) *(no hablar)* to keep quiet, to be silent
(**b**) *(dejar de hablar)* to be quiet, to stop talking; **¡cállate!** shut up!
(**c**) *(ocultar)* to keep quiet about; **esa no se calla nada** she always says what she thinks

calle *nf* (**a**) *(en población)* street, road; **salir a la c.** *(salir de casa)* to go out; **¿qué se opina en la c.?** what does the man in the street think?; **el lenguaje de la c.** everyday language; **c. arriba/abajo** up/down the street; **dejar** *o* **poner a alguien en la c.** *(sin trabajo)* to put sb out of a job; *(sin casa)* to throw sb out; **echar a alguien a la c.** *(de un trabajo)* to sack sb; *(de un lugar público)* to kick *o* throw sb out; **echarse a la c.** *(manifestarse)* to take to the streets; EXPR *Fam* **echar** *o* **tirar por la c. de en medio** to go ahead regardless; **el asesino está en la c. tras pasar años en la cárcel** the murderer is out after spending years in prison; EXPR **hacer la c.** *(prostituta)* to walk the streets; EXPR **llevarse a alguien de c.** to win sb over; EXPR **traer** *o* **llevar a uno por la c. de la amargura** to drive sb mad ▫ ***c. de dirección única*** one-way street; ***c. peatonal*** pedestrian street
(**b**) *Dep (en atletismo, natación)* lane; *(en golf)* fairway

calleja *nf* sidestreet, alley

callejear *vi* to wander the streets

callejero, -a 1 *adj* **hace mucha vida callejera** he likes going out a lot; **disturbios callejeros** street riot
2 *nm (guía)* street map

callejón *nm* (**a**) *(calle)* alley ▫ ***c. sin salida*** cul-de-sac; *Fig* blind alley, impasse
(**b**) *Taurom* = barricaded passage between the edge of the bullring and the seats

callejuela *nf* backstreet, sidestreet

callista *nmf* chiropodist

callo *nm* (**a**) *(dureza)* callus; *(en el pie)* corn; EXPR **tener c.** *(estar acostumbrado)* to be hardened; EXPR *Fam* **dar el c.** *(trabajar)* to slog (**b**) *Fam (persona fea)* sight, fright (**c**) *Esp* **callos** tripe ▫ ***callos a la madrileña*** = tripe cooked with ham, pork sausage, onion and peppers

callosidad *nf* callus; **callosidades** calluses, hard skin

calloso, -a *adj* calloused

calma *nf* (**a**) *(sin ruido o movimiento)* calm; **en c.** calm ▫ ***c. chicha*** dead calm (**b**) *(sosiego)* tranquility; **con c.** calmly; **perder la c.** to lose one's composure; **tener c.** *(tener paciencia)* to be patient; **tómatelo con c.** take it easy

calmante 1 *adj* sedative, soothing
2 *nm* sedative

calmar 1 *vt* (**a**) *(mitigar)* to relieve (**b**) *(tranquilizar)* to calm, to soothe
2 calmarse *vpr (persona, ánimos)* to calm down; *(dolor, tempestad)* to abate

calmoso, -a *adj* calm

caló *nm* gypsy dialect

calor *nm* (**a**) *(temperatura alta)* heat; *(tibieza)* warmth; **al c. de la lumbre** by the fireside; **este abrigo da mucho c.** this coat is very warm; **entrar en c.** to get warm; *(público, deportista)* to warm up; **hace c.** it's warm *o* hot; **tener c.** to be warm *o* hot; **voy a abrir la ventana, tengo c.** I'm going to open the window, I'm too hot ▫ ***c. animal*** body heat; *Fis* ***c. específico*** specific heat; ***c. negro*** electric heating (**b**) *(afecto, entusiasmo)* warmth; **la emocionó el c. del público** she was moved by the warmth of the audience

caloría *nf* calorie; **bajo en calorías** low-calorie

calórico, -a *adj* caloric

calorífero, -a *adj (que da calor)* heat-producing

calorífico, -a *adj* calorific

calorímetro *nm* calorimeter

calorro, -a *adj & nm,f muy Fam Pey* gypsy

calostro *nm* colostrum

calumnia *nf (oral)* slander; *(escrita)* libel

calumniador, -ora 1 *adj* slanderous
2 *nm,f* slanderer

calumniar *vt (oralmente)* to slander; *(por escrito)* to libel

calumnioso, -a *adj (de palabra)* slanderous; *(por escrito)* libellous

calurosamente *adv (con afecto)* warmly

caluroso, -a *adj* (**a**) *(excesivamente)* hot; *(agradablemente)* warm (**b**) *(afectuoso)* warm (**c**) *Fam (sensible al calor)* **es muy c.** he can't take the heat

calva *nf* (**a**) *(en la cabeza)* bald patch (**b**) *(en tejido, terreno)* bare patch

calvados *nm inv* Calvados

calvario *nm* (**a**) *(vía crucis)* Calvary, stations of the Cross (**b**) *(sufrimiento)* ordeal

calvero *nm* (**a**) *(claro)* clearing, glade (**b**) *(terreno)* clay pit

calvicie *nf* baldness

calvinismo *nm* Calvinism

calvinista *adj* Calvinist

calvo, -a 1 *adj* bald; **quedarse c.** to go bald; EXPR *Fam Hum* **¡te vas a quedar c.!** *(de tanto pensar)* too much thinking's bad for you!
2 *nm,f* bald person

calvorota *Fam* **1** *adj* bald
2 *nmf* baldy
3 *nf* bald patch

calza *nf* (**a**) *(cuña)* wedge, block (**b**) *Anticuado (media)* stocking (**c**) *Col (empaste)* filling

calzada *nf* road (surface) ▫ ***c. romana*** Roman road

calzado, -a 1 *adj (con zapatos)* shod
2 *nm* footwear ▫ ***c. deportivo*** sports shoes; ***c. ortopédico*** orthopaedic footwear

calzador *nm (para calzarse)* shoehorn

calzar [14] **1** *vt* (**a**) *(calzado)* to wear; **calzaba zapatos de ante** she was wearing suede shoes; **¿qué número calza?** what size (shoe) do you take? (**b**) *(puerta)* to wedge open; *(rueda)* to put a wedge under (**c**) *Col (muela)* to fill
2 calzarse *vpr* to put one's shoes on; **se calzó las botas** he put on his boots; **¡cálzate!** put your shoes on!; **la familia**

real se calza en esa zapatería this shoemaker's is supplier to the royal family

calzo *nm (cuña)* wedge

calzón *nm* **(a)** *Dep* shorts **(b)** *Chile, Col, Méx (braga)* panties, *Br* knickers; **calzones** panties, *Br* knickers **(c)** *Méx* **calzones** *(calzoncillos)* underpants; EXPR *Fam* **se le cayeron los calzones** he was scared witless **(d)** *RP* **en calzones** *(en ropa interior)* in one's underwear **(e)** *Bol (guiso)* pork stew

calzonazos *nm inv Fam* henpecked husband

calzoncillo *nm,* **calzoncillos** *nmpl (slip) Br* underpants, *US* shorts; *(bóxer)* boxer shorts ▫ ***calzoncillos largos*** long johns

CAM [kam] **(a)** *nm (abrev de* **computer aided manufacturing***)* CAM **(b)** *(abrev de* **Comunidad Autónoma de Madrid***)* autonomous region of Madrid, = Madrid and the surrounding province

cama *nf* bed; **estar en** *o* **guardar c.** to be confined to bed; **hacer la c.** to make the bed; EXPR **hacerle** *o* **ponerle la c. a alguien** to plot against sb; EXPR *Dep* **hacerle la c. a alguien** to make a back for sb, to upend sb; PROV **a la c. no te irás sin saber una cosa más** you learn something new every day ▫ ***c. de agua*** water bed; ***c. doble*** double bed; ***c. elástica*** trampoline; ***c. individual*** single bed; ***c. de matrimonio*** double bed; ***c. nido*** pull-out bed *(under other bed)*; ***c. de rayos UVA*** sunbed; ***c. redonda*** group sex; ***c. turca*** divan bed; ***c. de uno*** single bed

camada *nf* litter

camafeo *nm* cameo

camagüeyano, -a 1 *adj* of/from Camagüey

2 *nm,f* person from Camagüey

camal *nm Andes (matadero)* slaughterhouse

camaleón *nm* **(a)** *(reptil)* chameleon **(b)** *(persona cambiante)* chameleon **(c)** *PRico (ave)* falcon

camaleónico, -a *adj Fig* fickle

camalero *nm Perú* slaughterer, butcher

camalotal *nm Am* water hyacinth bed

camalote *nm Am* water hyacinth

cámara 1 *nf* **(a)** *(sala)* chamber ▫ ***c. acorazada*** strongroom; ***c. frigorífica*** cold-storage room; ***c. de gas*** gas chamber; ***c. mortuoria*** funeral chamber

(b) *Pol & Com* chamber ▫ ***C. alta*** upper house; ***C. baja*** lower house; ***c. de Comercio*** Chamber of Commerce; ***c. de compensación*** clearing house; ***C. de los Comunes*** House of Commons; ***C. de los Lores*** House of Lords

(c) *(de fotos, cine)* camera; *también Fig* **a c. lenta** in slow motion ▫ ***c. cinematográfica*** *Br* cine *o US* movie camera; ***c. fotográfica*** camera; *TV* ***c. oculta*** candid camera; ***c. oscura*** camera obscura; ***c. réflex*** reflex *o* SLR camera; ***c. de vídeo*** *(profesional)* video camera; *(de aficionado)* camcorder

(d) *(receptáculo)* chamber ▫ ***c. de aire*** air chamber; ***c. de combustión*** combustion chamber

(e) *(de balón, neumático)* inner tube

2 *nmf (persona)* cameraman, *f* camerawoman

camarada *nmf* **(a)** *Pol* comrade **(b)** *(compañero)* colleague

camaradería *nf* camaraderie

camarera *nf Am (azafata)* air hostess

camarero, -a *nm,f* **(a)** *(de restaurante)* waiter, *f* waitress **(b)** *(de hotel)* steward, *f* chambermaid **(c)** *(de rey)* chamberlain, *f* lady-in-waiting

camareta *nf* **(a)** *Náut* small cabin **(b)** *Andes, Arg (cañón)* = small mortar used in firework displays

camarilla *nf* **(a)** *(acompañantes)* clique **(b)** *Pol* lobby, pressure group

camarín *nm (capilla)* niche, alcove

camarina *nf* broom crowberry

camarista *nm Arg* appeal court judge

camarón *nm* **(a)** *(marisco)* shrimp **(b)** *CAm, Col (propina)* tip **(c)** *Perú (persona)* turncoat

camarote *nm* cabin

camarotero *nm Am (en barco)* steward

camastro *nm* ramshackle bed

cambado, -a *adj RP* bowlegged

cambalache *nm Fam* **(a)** *(trueque)* swap **(b)** *RP (tienda)* junk shop **(c)** *RP (gran desorden)* chaos

cambalachear *vt Fam* to swap

cambalachero, -a *Am* **1** *adj* swapping

2 *nm,f* **(a)** *(trocador)* swapper **(b)** *(vendedor)* second-hand dealer, *Br* junk dealer

cámbaro *nm* = small edible crab

cambiadizo, -a *adj* changeable, variable

cambiado, -a *adj* **está muy c.** he has changed a lot, he's very changed

cambiador, -ora 1 *adj* changing

2 *nm,f* moneychanger

3 *nm* **(a)** *(mando)* control switch **(b)** *Andes, Méx Ferroc Br* pointsman, *US* switchman **(c)** *RP (colchón)* changing mat

cambiante *adj* changeable

CAMBIAR 1 *vt* **(a)** *(alterar, modificar)* to change; **han cambiado la fecha de salida** they've changed *o* altered the departure date; **quiere c. su imagen** she wants to change her image; **el divorcio lo ha cambiado por completo** the divorce has changed him completely, he has changed completely since the divorce; **cambió su sonrisa en llanto** her smile turned to tears; **tus disculpas no cambian nada** your apologies don't change anything

(b) *(trasladar)* to move; **tenemos que c. las sillas de lugar** we have to move the chairs; **cambiaron la sede central a Buenos Aires** they moved their headquarters to Buenos Aires; **lo van a c. a otro colegio** they're going to move him to another school

(c) *(reemplazar)* to change; **tenemos que c. la lavadora** we have to get a new washing machine; **tengo que c. el agua del acuario** I have to change the water in the aquarium, I have to put some fresh water in the aquarium; **c. un artículo defectuoso** to exchange a faulty item; **si no está satisfecho, lo puede c.** if you're not satisfied with it, you can change it; **tuve que cambiarle una rueda al coche** I had to change one of the wheels on the car; **cambiaré este tornillo por otro más largo** I'll swap this screw for a longer one; EXPR *Fam* **¡cambia el disco** *o* **rollo, que ya aburres!** you're getting boring, can't you talk about anything else?

(d) *(intercambiar)* to swap; **c. cromos/sellos** to swap picture cards/stamps; **c. algo por algo** to exchange sth for sth; **cambié mi reloj por el suyo** I swapped watches with him; **he cambiado mi turno con un compañero** I swapped shifts with a colleague; **¿te importa si te cambio el sitio?** would you mind swapping *o* changing places with me?

(e) *(dinero)* to change; **en aquel banco cambian dinero** they change money at that bank; **¿me podría c. este billete en monedas, por favor?** could you give me change for this note in coins, please?; **c. libras en pesetas** to change pounds into pesetas

(f) *(bebé)* to change

2 *vi* **(a)** *(alterarse)* to change; **ha cambiado mucho desde el accidente** she has changed a lot since the accident; **la situación no ha cambiado mucho** there has been little change in the situation; **algunas personas no cambian nunca** some people never change; **ya crecerá y cambiará** she'll change as she gets older; **c. a mejor/peor** to change for the better/worse; **en ese caso, la cosa cambia** that's different, that changes everything; **le ha cambiado la voz** his voice has broken

(b) c. de to change; **c. de autobús/tren** to change buses/trains; *Fig* **c. de camisa/chaqueta** to change one's shirt/jacket; **c. de canal** to turn over, to change channels; **c. de casa** to move (house); **c. de color** to change colour; **c. de dueño** to change hands; **c. de idea/intención** to change one's mind/plans; **c. de manos** *(dinero, vehículo)* to change hands; **c. de ritmo** to change pace; **c. de rumbo** to change course; **c. de táctica** to change one's tactics; **c. de trabajo** to move *o* change jobs

(c) *Aut (de marchas)* **c. (de marcha)** to change gear; **c. a segunda** to change into second gear

(d) *Meteo* to change, to shift; **el viento cambió** the wind changed

3 cambiarse *vpr* **(a)** *(mudarse)* to change; **cambiarse (de ropa)** to change (one's clothes), to get changed; **cambiarse de vestido** to change one's dress; **cambiarse de casa** to move (house); **se cambió de nombre** he changed his name

(b) *(intercambiarse)* to swap; **se cambiaron los cuadernos** they swapped exercise books; **¡no me cambiaría por él!** I wouldn't be in his shoes!; **¿te im-**

portaría cambiarme el sitio? would you mind swapping *o* changing places with me?

cambiavía *nm* (**a**) *(mecanismo) Br* points, *US* switch (**b**) *Col, Cuba, Méx Ferroc Br* pointsman, *US* switchman

cambiazo *nm Fam* (**a**) *(cambio grande)* radical change; **esa chica ha dado un c.** that girl has really changed (**b**) *(sustitución)* switch *(in order to steal bag etc)*; **dar el c.** to do a switch

CAMBIO **1** *nm* (**a**) *(alteración, modificación)* change; **vivimos una época de grandes cambios** we live in times of great change; **c. de actitud** change in attitude; **c. de gobierno** change of government; **c. radical** turnabout, turnround; **c. de tiempo** change in the weather; **ha ganado con el c. de trabajo** he has benefited from changing jobs; **con el c. de política hemos perdido todos** we have all lost out as a result of the change in policy; **se ha producido un c. de situación** the situation has changed, there has been a change in the situation; **el c. al sistema métrico ha sido muy sencillo** the changeover to the metric system has been very straightforward; **tu hijo ha pegado un c. tremendo** your son has really changed; **a las primeras de c.** at the first opportunity; **abandonó la carrera a las primeras de c.** she dropped out of the race almost as soon as it had started *o* shortly after it had started; **cayeron eliminados a las primeras de c.** they fell at the first hurdle ❑ ***c. climático*** *(calentamiento global)* global warming, climate change; ***c. de domicilio*** change of address; ***c. de guardia*** *(ceremonia)* changing of the guard; ***c. horario*** *(bianual)* = putting clocks back or forward one hour; ***c. de imagen*** image change; ***c. de rasante*** brow of a hill; ***c. de sentido*** U-turn; *Der* ***c. de tribunal*** change of venue; *Ferroc* ***c. de vía*** *Br* points, *US* switch

(**b**) *(reemplazo, trueque)* exchange; **(oficina de) c.** *(en letrero)* bureau de change; **durante las rebajas no se admiten cambios** while the sales are on, goods may not be exchanged; **a c. (de)** in exchange *o* return (for); **no pido nada a c.** I'm not asking for anything back *o* in return; **se admite su vieja lavadora a c.** we will take your old washing machine in part exchange; **te dejo el coche a c. de que lo laves** I'll let you use my car if you wash it for me ❑ *Aut* ***c. de aceite*** oil change; ***c. de impresiones*** exchange of opinions

(**c**) *(monedas, billetes)* change; **¿tiene c. de 5.000?** have you got change for *o* of 5,000?; **nos hemos quedado sin cambio(s)** we're out of change; **me dieron 30 pesetas de c.** they gave me 30 pesetas change; **quédese con el c.** keep the change; **me ha dado el c. incorrecto** she gave me the wrong change

(**d**) *Fin (de acciones)* price; *(de divisas)* exchange rate; **ha bajado el c. del peso** the (exchange rate of the) peso has fallen; **los valores eléctricos han mantenido el c.** share prices in the electricity companies have remained steady; **¿a cuánto está el c. de la libra?** what's the exchange rate for pounds? ❑ ***c. base*** base rate; ***c. extranjero*** foreign exchange

(**e**) *Aut* **el c. es muy duro** the gears are rather stiff ❑ ***c. automático*** automatic transmission; ***c. de marchas*** *(acción)* gear change; *(palanca) Br* gear stick, *US* gear shift; ***c. sincronizado*** *(en bicicleta)* indexed gear; ***c. de velocidades*** *(acción)* gear change; *(palanca) Br* gear stick, *US* gear shift

(**f**) *Dep (sustitución)* substitution, change; **hacer un c.** to make a substitution *o* change; **el equipo visitante ha pedido (hacer un) c.** the away team want to make a substitution *o* change; **el jugador lesionado pidió el c. al entrenador** the injured player signalled to the manager that he wanted to come off

(**g**) **en cambio** *loc conj (por otra parte)* on the other hand, however; *(en su lugar)* instead; **ellos no pueden ayudarnos, en c. tú sí** they can't help us, but *o* whereas you can; **éste me gusta, en c. este otro es feo** I like this one, but this other one is horrible

2 *interj Rad* **¡c. (y corto)!** over!; **¡c. y cierro!** over and out!

cambista *nmf* (**a**) *(de dinero)* money changer (**b**) *RP Ferroc Br* pointsman, *US* switchman

Camboya *n* Cambodia

camboyano, -a *adj & nm,f* Cambodian

cámbrico, -a *Geol* **1** *adj* Cambrian

2 *nm* **el c.** the Cambrian (period)

cambur *nm Am* (**a**) *(empleo)* job (**b**) *(empleado)* clerk (**c**) *(plátano)* banana

camelar *vt Fam* (**a**) *(convencer)* to butter up, to win over (**b**) *(enamorar)* to flirt with (**c**) *Méx (observar)* to watch, to observe

camelia *nf* camellia

camelista *Fam* **1** *adj* wheedling, flattering

2 *nmf* flatterer

camellero, -a *nm,f* camel driver

camello, -a *nm,f* (**a**) *(animal)* camel (**b**) *Fam (traficante)* drug pusher *o* dealer

camellón *nm Col, Méx (en avenida) Br* central reservation, *US* median

camelo *nm Fam* (**a**) *(engaño)* **es puro c.** it's just humbug; **nos contó un c. para que le prestáramos dinero** he told us a lie so we'd lend him money (**b**) *(noticia falsa)* hoax

camembert ['kamember] *(pl* **camemberts**) *nm* camembert

camerino *nm Teatro* dressing room

camero, -a *adj* **cama camera** three-quarter bed

Camerún *nm* **(el) C.** Cameroon

camerunés, -esa 1 *adj* Cameroon, of/from Cameroon

2 *nm,f* Cameroonian

camilla 1 *nf* stretcher

2 *adj inv* **mesa c.** = round table, often with a heater underneath

camillero, -a *nm,f* stretcher-bearer

caminante *nmf* walker

CAMINAR **1** *vi* (**a**) *(andar)* to walk; **me gusta c.** I like walking; **nosotros iremos caminando** we'll walk, we'll go on foot; **c. por la acera** to walk on the *Br* pavement *or US* sidewalk; **c. de un lado para otro** to walk up and down, to walk to and fro; **c. derecho** *o* **erguido** to walk with a straight back; **¡camina derecho!** don't slouch!; *Fig* **es difícil c. siempre derecho** it's not easy always to keep to the straight and narrow

(**b**) *(seguir un curso)* **el río camina por el valle hacia la desembocadura** the river passes *o* flows through the valley on its way to the sea

(**c**) *(encaminarse)* **c. hacia** to head for; **c. hacia el desastre** to be heading for disaster; **caminamos hacia una nueva época** we are entering a new era

(**d**) *Am (funcionar)* to work

2 *vt (una distancia)* to walk

caminata *nf* long walk; **se pegaron una buena c.** they had a long walk

CAMINO *nm* (**a**) *(sendero)* path, track; *(carretera)* road; **han abierto un c. a través de la selva** they've cleared a path through the jungle; **acorté por el c. del bosque** I took a shortcut through the forest; EXPR **la vida no es un c. de rosas** life is no bed of roses ❑ ***c. de acceso*** access road; *Fam Fig* ***c. de cabras*** rugged path; ***c. forestal*** forest track; ***c. de herradura*** bridle path; ***c. de hierro*** railway; *Am Fig* ***c. de mesa*** table runner; *Hist* ***c. real*** king's highway; ***C. de Santiago*** *Rel* = pilgrimage route to Santiago de Compostela; *Astron* Milky Way; ***c. de sirga*** towpath; *Fig* ***c. trillado*** well-trodden path; *Fig* **tiene el c. trillado** the hard work has already been done for him; ***c. vecinal*** country lane

(**b**) *(ruta, vía)* way; **el c. de la estación** the way to the station; **equivocarse de c.** to go the wrong way; **indicar el c. a alguien** to show sb the way; **no recuerdo el c. de vuelta** I can't remember the way back; **iremos por el c. más corto** we'll go by the shortest route, we'll go the quickest way; **está c. de la capital** it's on the way to the capital; **me encontré a Elena c. de casa** I met Elena on the way home; **van c. del éxito** they're on their way to success; **en el** *o* **de c.** *(de paso)* on the way; **ve a comprar el periódico, y de c. sube también la leche** go for the newspaper and bring the milk up while you're at it; **me pilla de c.** it's on my way; **a estas horas ya estarán en c.** they'll be on their way by now; **por este c.** this way; PROV **todos los caminos llevan a Roma** all roads lead to Rome

(**c**) *(viaje)* journey; **nos espera un largo c.** we have a long journey ahead of us; **se detuvieron tras cinco horas de c.** they stopped after they had been on the road for five hours; **estamos casi a mitad de c.** we're about halfway there; **pararemos a mitad de c.** we'll stop halfway; **hicimos un alto en el c. para comer** we stopped (along the way) to have a bite to eat; *también Fig* **todavía nos queda mucho c. por delante** we've still got a long way to go; **el c. se me ha hecho eterno** the journey seemed to last for ever; **ponerse en c.** to set off

(**d**) **Caminos(, Canales y Puertos)** *(ingeniería)* civil engineering

(**e**) *(medio)* way; **el c. para conseguir tus propósitos es la honestidad** the way to get what you want is to be honest

(**f**) EXPR **abrir c. a** to clear the way for; **el hermano mayor ha abierto c. a los pequeños** the older brother cleared the way for the younger ones; **dos jinetes abrían c. a la procesión** two people rode ahead to clear a path for the procession; **abrirse c.** to get on *o* ahead; **se abrió c. entre la maraña de defensas** he found a way through the cluster of defenders; **abrirse c. en el mundo** to get one's way in the world; **le costó mucho abrirse c., pero ahora tiene una buena posición** it wasn't easy for him to get on, but he's got a good job now; **allanar el c.** to smooth the way; **atravesarse** *o* **cruzarse** *o* **interponerse en el c. de alguien** to stand in sb's way; **no permitiré que nadie se cruce en mi c.** I won't let anyone stand in my way; *Fam* **tienen un bebé en c.** they've got a baby on the way; **ir por buen c.** to be on the right track; **ir por mal c.** to go astray; **con su comportamiento, estos alumnos van por mal c.** the way they are behaving, these pupils are heading for trouble; **fueron cada cual por su c.** they went their separate ways; **van c. del desastre/éxito** they're on the road to disaster/success; **va** *o* **lleva c. de convertirse en estrella** she's on her way to stardom; **a medio c.** halfway; **siempre deja todo a medio c.** she always leaves things half-done; **estar a medio c.** to be halfway there; **está a medio c. entre un delantero y un centrocampista** he's somewhere between a forward and a midfielder; **quedarse a medio c.** to stop halfway through; **el proyecto se quedó a medio c. por falta de presupuesto** the project was left unfinished *o* was abandoned halfway through because the funds dried up; **iba para estrella, pero se quedó a mitad de c.** she looked as if she would become a star, but never quite made it; **traer a alguien al buen c.** to put sb back on the right track

camión *nm* (**a**) *(de mercancías)* truck, *Br* lorry; EXPR *Fam* **estar como un c.** to be gorgeous ❑ ***c. de la basura*** *Br* dustcart, *US* garbage truck; ***c. cisterna*** tanker; ***c. de mudanzas*** removal van (**b**) *CAm, Méx (autobús)* bus

camionero, -a *nm,f Br* lorry driver, *US* trucker

camioneta *nf* van

camisa *nf* (**a**) *(prenda)* shirt ❑ ***c. de fuerza*** straitjacket (**b**) *(de serpiente)* slough, skin; **cambiar** *o* **mudar de c.** to shed its skin (**c**) *Tec* lining (**d**) EXPR **jugarse hasta la c.** to stake everything; **meterse en c. de once varas** to complicate matters unnecessarily; **mudar(se)** *o* **cambiar(se) de c.** to change sides; **no le llega la c. al cuerpo** she's scared stiff; **perder hasta la c.** to lose one's shirt

camisería *nf (tienda)* shirt shop, outfitter's

camisero, -a 1 *adj (blusa, vestido)* shirtwaist

2 *nm,f* (**a**) *(fabricante)* shirtmaker (**b**) *(vendedor)* outfitter

3 *nm Chile (camisa de mujer)* blouse

camiseta *nf* (**a**) *(interior)* vest (**b**) *(de manga corta)* T-shirt (**c**) *Dep (de tirantes)* vest; *(con mangas)* shirt; *Fig* **defender la c. del Lugo** to play for Lugo

camisola *nf* (**a**) *(prenda interior)* camisole (**b**) *Dep* sports shirt (**c**) *Am (de mujer)* woman's blouse

camisón *nm* (**a**) *(de noche)* nightdress (**b**) *Andes, Carib (de mujer)* chemise

camomila *nf* camomile

camorra *nf* (**a**) *(riña)* trouble; **buscar c.** to look for trouble (**b**) *(organización mafiosa)* **la C.** the Camorra, the Naples Mafia

camorrista 1 *adj* belligerent, quarrelsome

2 *nmf* troublemaker

camote *nm* (**a**) *Am (batata)* sweet potato (**b**) *Am (bulbo)* tuber, bulb (**c**) *Am (enamoramiento)* infatuation; **tener un c.** to be infatuated (**d**) *Am (amante)* lover, sweetheart (**e**) *Chile (mentira)* lie (**f**) *Ecuad, Méx (bobo, tonto)* fool (**g**) *Méx (bribón)* scoundrel, rascal (**h**) *Méx* **tragar c.** *(balbucir)* to stammer

camotillo *nm* (**a**) *Andes (dulce)* = sweet made of mashed sweet potatoes (**b**) *Méx (madera)* = type of violet-coloured wood streaked with black (**c**) *CAm (cúrcuma)* turmeric

camp [kamp] *adj inv (estilo, moda)* retro

campal *adj también Fig* **batalla c.** pitched battle

campamento *nm* (**a**) *(lugar, acción)* camp; **los niños se van de c. este año** the children are going to summer camp this year ❑ ***c. avanzado*** *(en montañismo)* advance camp; ***c. base*** *(en montañismo)* base camp (**b**) *Mil (periodo de instrucción)* training camp

campana *nf* bell; EXPR **echar las campanas al vuelo** to jump for joy; EXPR *Fam* **oír campanas y no saber dónde** not to know what one is talking about ❑ ***c. de buzo*** diving bell; ***c. de cristal*** glass cover; ***c. extractora (de humos)*** extractor hood; *Mat* ***c. de Gauss*** normal distribution curve; ***c. de salvamento*** diving bell

campanada *nf* (**a**) *(de campana)* peal (**b**) *(de reloj)* stroke (**c**) *(suceso)* sensation; EXPR **dar la c.** to make a big splash, to cause a sensation

campanario *nm* belfry, bell tower

campanero, -a *nm,f* (**a**) *(persona que toca)* bell-ringer (**b**) *(fabricante)* bell founder (**c**) *Ven (ave)* bellbird

campanilla *nf* (**a**) *(campana pequeña)* (small) bell; *(con mango)* handbell (**b**) *Anat* uvula (**c**) *(flor)* campanula, bellflower

campanilleo *nm* tinkle, tinkling sound

campante *adj* EXPR *Fam* **estar** *o* **quedarse tan c.** to be quite unruffled

campánula *nf* campanula

campaña *nf* (**a**) *(acción organizada)* campaign; **hacer c. (de/contra)** to campaign (for/against); **una c. de recogida de firmas** a petition campaign ❑ ***c. electoral*** election campaign; ***c. publicitaria*** advertising campaign (**b**) *(periodo de pesca)* fishing season; **la c. del atún** the tuna-fishing season (**c**) *(campo llano)* open countryside (**d**) *Mil* **hospital de c.** field hospital; **uniforme de c.** combat uniform

campar *vi* EXPR **campa por sus respetos** he follows his own rules, he does things his own way; EXPR **c. a sus anchas** to be at (one's) ease, to feel at home

campear *vi* (**a**) *(pacer)* to graze (**b**) *Chile, RP (buscar en el campo)* to search *o* scour the countryside

campechana *nf Cuba, Méx (bebida)* cocktail

campechanía *nf* geniality, good-natured character

campechano, -a 1 *adj* (**a**) *(llano)* genial, good-natured (**b**) *(de Campeche)* of/from Campeche

2 *nm,f (de Campeche)* person from Campeche

campeche *nm* campeche wood

campeón, -ona *nm,f* champion; *Fam* **es todo un c. sacando fotos** he's very good at taking photos

campeonato *nm* championship; *Fig* **de c.** *(bueno)* terrific, great; *(malo)* terrible ❑ ***c. de liga*** league championship; ***c. del mundo*** *o* ***mundial*** World Championship

campera *nf* (**a**) **camperas** *(botas)* cowboy boots (**b**) *RP (chaqueta)* jacket

campero, -a 1 *adj* (**a**) **botas camperas** cowboy boots (**b**) *Chile, RP (persona)* = expert at ranching or farming

2 *nm Am* Jeep®

campesinado *nm* peasants, peasantry

campesino, -a 1 *adj (del campo)* rural, country; *(en el pasado, en países pobres)* peasant; **las labores campesinas** farmwork

2 *nm,f (persona del campo)* country person; *(en el pasado, en países pobres)* peasant

campestre *adj* country; **comida c.** picnic; **fiesta c.** open-air country festival

camping ['kampin] *(pl* **campings***)* *nm* (**a**) *(actividad)* camping; **ir de c.** to go camping ❑ ***c. gas*** portable gas stove (**b**) *(terreno)* campsite

campiña *nf* countryside

campista *nmf* camper

campo *nm* (**a**) *(terreno, área)* field; **el c. de**

las ciencias the field of science; EXPR **dejar el c. libre a algo/alguien** to leave the field clear for sth/sb ❑ ***c. de acogida*** *(de refugiados)* provisional refugee camp; ***c. de aviación*** airfield; ***c. de batalla*** battlefield; ***c. de concentración*** concentration camp; ***el C. de Gibraltar*** = the area of Spain at the border of Gibraltar; ***campos de maíz*** cornfields; ***c. petrolífero*** oilfield; ***c. de refugiados*** refugee camp; ***c. de tiro*** *(para aviones)* bombing range; *(para policías, deportistas)* firing range; ***c. de trabajo*** *(de vacaciones)* work camp; *(para prisioneros)* labour camp; ***c. visual*** visual field

(**b**) *(campiña)* country, countryside; **en mitad del c.** in the middle of the country *o* countryside; **la emigración del c. a la ciudad** migration from rural areas to cities; **c. abierto** open countryside; **a c. traviesa** *o* **a través** cross country

(**c**) *Informát* field

(**d**) *Dep (de fútbol)* pitch; *(de tenis)* court; *(de golf)* course; **jugar en c. propio/contrario** to play at home/away (from home); **el c. contrario** the opponents' half ❑ ***c. atrás*** *(en baloncesto)* backcourt violation; ***c. de deportes*** sports ground

(**e**) *Fís* field ❑ ***c. eléctrico*** electric field; ***c. electromagnético*** electromagnetic field; ***c. gravitatorio*** gravitational field; ***c. magnético*** magnetic field; ***c. magnético terrestre*** terrestrial magnetic field

camposanto *nm* cemetery

campus *nm inv* campus

camuflado, -a *adj (oculto)* hidden; *Mil* camouflaged; **un vehículo c. de la policía** an unmarked police vehicle

camuflaje *nm* camouflage; **ropa de c.** camouflage clothes

camuflar 1 *vt* to camouflage; **camufló el maletín robado entre el resto del equipaje** he concealed the stolen briefcase among the rest of the luggage

2 camuflarse *vpr* to camouflage oneself; **el camaleón se camufla cambiando de color** the chameleon camouflages itself by changing colour

can *nm* dog

cana *nf* (**a**) *(pelo blanco)* grey *o* white hair; **tiene bastantes canas** she has quite a lot of grey hair; EXPR *Fam* **echar una c. al aire** to let one's hair down; EXPR *Fam* **peinar canas** to be getting on, to be old (**b**) *Andes, RP Fam (cárcel) Br* nick, *US* joint (**c**) *RP Fam (policía)* **la c.** the cops

Canadá *nm* **(el) C.** Canada

canadiense *adj & nmf* Canadian

canal 1 *nm* (**a**) *(cauce artificial)* canal ❑ ***c. de riego*** irrigation channel (**b**) *Geog (estrecho)* channel, strait ❑ ***el C. de la Mancha*** the (English) Channel; ***el C. de Panamá*** the Panama Canal; ***el C. de Suez*** the Suez Canal (**c**) *Rad & TV* channel (**d**) *Informát* channel (**e**) *Anat* canal, duct (**f**) *(medio, vía)* channel; **se enteró por varios canales** she found out through various channels ❑ *Econ* ***c. de comercialización*** distribution channel

2 *nm o nf* (**a**) *(de un tejado)* (valley) gutter (**b**) *(res)* carcass; **abrir en c.** to slit open; *Fig* to tear apart

canalé *nm* ribbed knitwear

canaleta *nf RP, Chile (canal)* gutter

canalización *nf* (**a**) *(de agua)* piping; **todavía no tienen c. de agua** they're not yet connected to the water mains (**b**) *(de recursos, esfuerzos)* channelling

canalizar [14] *vt* (**a**) *(territorio)* to canalize; *(agua)* to channel (**b**) *(cauce)* to deepen the course of (**c**) *(recursos, esfuerzos)* to channel

canalla *nmf* swine, dog

canallada *nf* dirty trick

canallesco, -a *adj (acción, intención)* despicable, vile; *(sonrisa)* wicked, evil

canalón *nm (de tejado)* gutter; *(en la pared)* drainpipe

canana *nf* (**a**) *(para cartuchos)* cartridge belt (**b**) *Col (camisa de fuerza)* straitjacket (**c**) *CRica (bocio)* goitre (**d**) *Col* **cananas** *(esposas)* handcuffs

canapé *nm* (**a**) *(para comer)* canapé (**b**) *(sofá)* sofa, couch (**c**) *(debajo del colchón)* bed base

Canarias *nfpl* **las (islas) C.** the Canary Islands, the Canaries

canario, -a 1 *adj* of/from the Canary Islands, Canary

2 *nm,f (persona)* Canary Islander

3 *nm* (**a**) *(pájaro)* canary (**b**) *Chile (silbato)* clay whistle

canasta *nf* (**a**) *(cesto)* basket; *RP Econ* **el precio de la c. familiar** the cost of the average week's shopping (**b**) *(juego de naipes)* canasta (**c**) *(en baloncesto)* basket; **c. de dos puntos** two-pointer; **c. de tres puntos** three-pointer

canastero, -a *nm,f* (**a**) *(fabricante de cestas)* basket weaver (**b**) *Chile (vendedor ambulante)* street vendor

canastilla *nf* (**a**) *(cesto pequeño)* basket (**b**) *(de bebé)* layette

canasto 1 *nm (cesta)* large basket **2** *interj Anticuado o Hum* **¡canastos!** *(expresa enfado)* for Heaven's sake!; *(expresa sorpresa)* good heavens!

Canberra *n* Canberra

cancán *nm* (**a**) *(baile)* cancan (**b**) *(enagua)* frilly petticoat

cáncana *nf Col (persona)* thin person

cancanear *vi CAm, Méx (tartamudear)* to stutter, to stammer

cancaneo *nm CAm, Méx (tartamudeo)* stuttering, stammering

cancel *nm* (**a**) *(puerta)* storm door (**b**) *(reja)* ironwork screen (**c**) *Guat, Méx, PRico (mampara)* folding screen

cancela *nf* wrought-iron gate

cancelación *nf* (**a**) *(anulación)* cancellation (**b**) *(de deuda)* payment, settlement

cancelar *vt* (**a**) *(anular)* to cancel (**b**) *(deuda)* to pay, to settle

cáncer 1 *nmf (persona)* Cancer, Cancerian

2 *nm* (**a**) *(enfermedad)* cancer (**b**) *Fig (mal)* cancer; **la droga es el c. de nuestra sociedad** drugs are the cancer of our society (**c**) *(zodiaco)* Cancer; **ser c.** to be (a) Cancer

cancerbero *nm (en fútbol)* goalkeeper

cancerígeno, -a *adj Med* carcinogenic

cancerología *nf Med* oncology

cancerológico, -a *adj Med* oncological

cancerólogo, -a *nm,f Med* cancer specialist, oncologist

canceroso, -a *Med* **1** *adj (úlcera, tejido)* cancerous; *(enfermo)* suffering from cancer

2 *nm,f (enfermo)* cancer patient

cancha *nf* (**a**) *(de tenis, baloncesto)* court; *Am (de fútbol)* pitch; EXPR *RP* **está en su c.** he's in his element; EXPR *RP* **tener c.** to be experienced ❑ *Am* ***c. de carreras*** racetrack (**b**) *Am (descampado)* open space, open ground (**c**) *Am (corral)* fenced yard (**d**) *Urug (senda)* path, lane (**e**) *Am Fam (maíz) Br* toasted maize, *US* toasted corn (**f**) EXPR **dar c. a alguien** *(darle una oportunidad)* to give sb a chance; *RP Fam* **¡abran c.!** make way!

canchero, -a 1 *adj RP* expert, skilled

2 *nm,f* (**a**) *RP (experto)* expert (**b**) *Am (cuidador)* groundsman, *f* groundswoman

cancho *nm Chile (retribución)* fee

canciller *nm Pol* (**a**) *(de gobierno)* chancellor (**b**) *(de embajada)* chancellor (**c**) *(de asuntos exteriores)* foreign minister

cancillería *nf Pol* (**a**) *(de gobierno)* chancellorship (**b**) *(de embajada)* chancellery (**c**) *(de asuntos exteriores)* foreign ministry

canción *nf* song; *Fig* **la misma c.** the same old story ❑ ***c. de cuna*** lullaby

cancionero *nm* songbook

cancro *nm Med* cancer

candado *nm* padlock

candeal *adj* **pan c.** white bread *(of high quality, made from durum wheat)*

candela *nf* (**a**) *(vela)* candle; *Fam (lumbre)* light (**b**) *(fuego)* fire; *(llama)* flame (**c**) *Fís (unidad)* candle (**d**) *Col, Ven (quemador)* burner (**e**) *Col Fam (ron)* rum (**f**) EXPR *Col Fam* **darle c. a alguien** *(pegarle, darle una paliza)* to thump sb, to beat sb up; *Ven Fam* **echar c. por la boca** *(echar pestes)* to curse and swear; *Carib Fam* **eso está c.** *(eso está que arde)* things are pretty hot

candelabro *nm* (**a**) *(para velas)* candelabra (**b**) *Arg, Méx (cactus)* (barrel) cactus

candelaria *nf* great mullein

candelero *nm (para velas)* candlestick; EXPR **estar en el c.** to be in the limelight

candelilla *nf* (**a**) *(planta)* euphorbia (**b**) *Arg, Chile (fuego fatuo)* will-o'-the-wisp (**c**) *Am (luciérnaga)* firefly, glowworm (**d**) *Am (en costura)* hemstitch (**e**) *Cuba (insecto)* = insect which attacks leaves of tobacco plant

candente *adj* (**a**) *(incandescente)* red-hot (**b**) *(actual)* highly topical; **de c. actualidad** highly topical; **tema c.** burning issue

cándidamente *adv* innocently, naively

candidato, -a *nm,f* candidate

candidatura *nf* (**a**) *(para un cargo)* candidacy; **presentar uno su c. a** to put oneself forward as a candidate for (**b**) *(lista)* list of candidates

candidez *nf* ingenuousness, naivety; **con c.** innocently, naively
candidiasis, candidosis *nf inv Med* vaginal thrush, *Espec* candidiasis
cándido, -a *adj* ingenuous, naive

Observa que la palabra inglesa **candid** es un falso amigo y no es la traducción de la palabra española **cándido**. En inglés **candid** significa "sincero, franco".

candidosis = candidiasis
candil *nm* (a) *(lámpara de aceite)* oil lamp (b) *Méx (candelabro)* chandelier
candileja 1 *nf* (a) *(parte del candil)* oil reservoir (b) *(candil pequeño)* small oil lamp (c) *(planta)* nigella
2 *nfpl* **candilejas** footlights
candombe *nm* *(danza)* = South American carnival dance of African origin
candongas *nfpl Andes (pendientes)* hoop earrings
candor *nm* innocence, naivety
candoroso, -a *adj* innocent, naive
caneca *nf* (a) *Cuba (petaca)* hip flask (b) *Col (para basura) Br* rubbish bin, *US* trash can
canela *nf* cinnamon; EXPR *Fam* **ser c. fina** to be sheer class ▫ ***c. en polvo*** ground cinnamon; ***c. en rama*** stick cinnamon
canelo, -a 1 *adj (caballo, perro)* golden brown
2 *nm* (a) *(árbol)* cinnamon tree (b) EXPR *Fam* **hemos hecho el c.** we've been had!
canelón *nm* (a) *(plato)* **canelones** cannelloni (b) *Guat, Ven (rizo)* corkscrew curl
canesú *(pl* **canesús***)* *nm* (a) *(de vestido)* bodice (b) *(de blusa)* yoke
cangrejo *nm* crab ▫ ***c. cacerola*** king crab, horseshoe crab; ***c. ermitaño*** hermit crab; ***c. de río*** crayfish
canguelo, canguis *nm Fam* **le entró c.** she got the wind up
canguro 1 *nm (animal)* kangaroo
2 *nmf Fam (persona)* babysitter; **hacer de c.** to babysit
caníbal 1 *adj* cannibalistic
2 *nmf* cannibal
canibalismo *nm* cannibalism
canica *nf* marble; **las canicas** *(juego)* marbles; **jugar a las canicas** to play marbles
caniche *nm* poodle
canicie *nf* grey hair
canícula *nf* dog days, high summer
canicular *adj* **calor c.** blistering heat
canijo, -a 1 *adj (pequeño)* tiny; *(enfermizo)* sickly
2 *nm,f (pequeño)* small person; *(enfermizo)* sickly person
canilla *nf* (a) *(espinilla)* shinbone (b) *(bobina)* bobbin (c) *RP (grifo) Br* tap, *US* faucet (d) *RP (pierna)* leg (e) *Méx Fig (fuerza)* strength; **a c.** by force (f) *Perú (juego)* = type of dice game
canillera *nf* (a) *(almohadilla)* shin pad (b) *Am (temblor de piernas)* **tenía c.** his legs were trembling *o* shaking
canillita *nm Am* newspaper vendor
canino, -a 1 *adj* canine
2 *nm (diente)* canine (tooth)
canje *nm* exchange
canjeable *adj* exchangeable; **un vale c. por un regalo** a gift voucher
canjear *vt* to exchange
cannabis *nm inv* cannabis
cano, -a *adj (blanco)* white; *(gris)* grey *(hair)*
canoa *nf* canoe
canódromo *nm* greyhound track
canon *nm* (a) *(norma)* norm, canon; **todos iban vestidos como mandan** *o* **según los cánones** everybody was dressed in the traditional manner; **si la auditoría se hubiera hecho como mandan** *o* **según los cánones...** if they had done the audit properly... (b) *(modelo)* ideal; **el c. griego de belleza** the Greek ideal of beauty (c) *(impuesto)* tax (d) *Mús* canon (e) *Der* **cánones** canon law
canónico, -a *adj* canonical; **derecho c.** canon law
canónigo *nm* canon
canonización *nf* canonization
canonizar [14] *vt* to canonize
canoro, -a *adj* **ave canora** songbird
canoso, -a *adj (persona)* grey-haired; *(cabellera)* grey
canotier [kano'tje] *(pl* **canotiers***)* *nm (sombrero)* straw boater
cansado, -a *adj* (a) *(fatigado)* tired; **estar c. de algo/de hacer algo** to be tired of sth/of doing sth (b) *(pesado, cargante)* tiring
cansador, -ora *adj RP* boring
cansancio *nm* (a) *(fatiga)* tiredness (b) *(hastío)* boredom; **hasta el c.** over and over again
cansar 1 *vt* to tire (out)
2 *vi* to be tiring
3 **cansarse** *vpr también Fig* to get tired (**de** of); **¡ya me he cansado de repetirlo! ¡cállense ahora mismo!** I'm tired repeating it! be quiet this minute!
cansino, -a *adj* lethargic
Cantabria *n* Cantabria
Cantábrico, -a 1 *adj* **la cordillera Cantábrica** the Cantabrian Mountains
2 *nm* **el (mar) C.** the Cantabrian Sea
cántabro, -a *adj & nm,f* Cantabrian
cantada *nf Dep Fam* goalkeeping error
cantado, -a *adj Fam* **el resultado está c.** the result is a foregone conclusion
cantador, -ora *nm,f* traditional folk singer
cantaleta *nf Am* **la misma c.** the same old story
cantamañanas *nmf inv* unreliable person
cantante 1 *adj* singing
2 *nmf* singer
cantaor, -ora *nm,f* flamenco singer
cantar 1 *vt* (a) *(canción)* to sing (b) *(bingo, línea, el gordo)* to call (out); EXPR *Fam* **c. a alguien las cuarenta** to give sb a piece of one's mind; **c. victoria** to claim victory
2 *vi* (a) *(persona, ave)* to sing; *(gallo)* to crow; *(insecto)* to chirp
(b) *Fam (confesar)* to talk; EXPR **c. de plano** to make a full confession
(c) *muy Fam (apestar)* to stink; **le cantan los pies** he has smelly feet
(d) *Fam (ser muy evidente)* to stick out like a sore thumb
(e) *(alabar)* **c. a** to sing the praises of
(f) EXPR *RP Fam* **c. para el carnero** to kick the bucket
3 *nm Lit* poem; EXPR *Fam* **eso es otro c.** that's another story ▫ ***el C. de los Cantares*** *(en la Biblia)* the Song of Songs
cantarín, -ina 1 *adj* fond of singing
2 *nm,f* singer
cántaro *nm* large pitcher; **a cántaros** in torrents; EXPR **llover a cántaros** to rain cats and dogs; PROV **tanto va el c. a la fuente (que al fin se rompe)** if you do something often enough, something is bound to happen
cantata *nf* cantata
cantautor, -ora *nm,f* singer-songwriter
cante *nm* (a) *(arte)* = Andalusian folk song; **c. (hondo** *o* **jondo)** traditional flamenco singing (b) EXPR *muy Fam* **dar el c.** *(llamar la atención)* to stick out a mile; *(dar aviso)* to tip off
cantear *vt Chile (piedra)* to cut
cantegril *nm Urug* shanty town
cantera *nf* (a) *(de piedra)* quarry; *(mina)* open-cut mining (b) *(de jóvenes promesas)* **un jugador de la c.** a home-grown player; **el instituto es una buena c. de lingüistas** the institute produces many linguists
canterano, -a 1 *adj* home-grown
2 *nm,f* home-grown player
cantería *nf* (a) *(arte)* stonecutting (b) *(obra)* stonework
cantero *nm Cuba, RP* flowerbed
cántico *nm* (a) *(canto)* **cánticos** singing (b) *(en estadio)* chant (c) *(poema)* canticle
cantidad 1 *nf* (a) *(medida)* quantity, amount; **la c. de energía que se emite** the amount of energy given off (b) *(abundancia)* abundance, large number; **c. de** lots of; *Fam* **había c. de colegas míos allí** there were lots of my colleagues there; **en c.** in abundance (c) *(número)* number (d) *(suma de dinero)* sum (of money) (e) *Fís* ***c. de movimiento*** momentum
2 *adv muy Fam* really; **me gusta c.** I really like it a lot
cantiga, cántiga *nf* ballad
cantil *nm* (a) *(escalón)* shelf, ledge (b) *Am (borde de acantilado)* cliff edge
cantilena *nf* **la misma c.** the same old story
cantimplora *nf* water bottle
cantina *nf* (a) *(de soldados)* mess (b) *(en fábrica)* canteen (c) *(en estación de tren)* buffet

cantinela *nf* **la misma c.** the same old story
cantinero, -a *nm,f* canteen manager, *f* canteen manageress
canto *nm* (**a**) *(acción, arte)* singing; *(canción)* song; **estudia c.** she studies singing ❑ *Fig* ***c. del cisne*** swan song; ***c. fúnebre*** funeral chant; *Fig* ***c. del gallo*** daybreak; ***c. gregoriano*** Gregorian chant; ***c. guerrero*** war song; *Fig* ***c. de sirena*** wheedling
(**b**) *(lado, borde)* edge; *(de cuchillo)* blunt edge; **de c.** edgeways; *Fam Fig* **por el c. de un duro** by a hair's breadth
(**c**) *(guijarro)* pebble; EXPR **darse con un c. en los dientes** to consider oneself lucky ❑ ***c. rodado*** pebble
(**d**) **al canto** *loc adv* for sure; **cada vez que viene, (hay) pelea al c.** every time she comes, you can be sure there'll be a fight
cantón *nm (territorio)* canton
cantonal *adj* cantonal
cantonalismo *nm* cantonalism
cantonalización *nf Pol* = division of a region into cantons
cantonera *nf (de esquina, libro)* corner piece
cantor, -ora 1 *adj* singing; **ave cantora** songbird
2 *nm,f* singer
cantora *nf Andes Fam* chamber pot
cantoral *nm* choir book
cantueso *nm* lavender
canturrear *vt & vi Fam* to sing softly
canturreo *nm Fam* humming, quiet singing
cánula *nf Med* cannula
canutas *nfpl* EXPR *Fam* **pasarlas c.** to have a rough time
canutillo *nm (para encuadernar)* plastic binding *(for ring binding machine)*
canuto[1] *nm* (**a**) *(tubo)* tube (**b**) *muy Fam (de droga)* joint
canuto[2], **-a** *Ven Fam* **1** *adj (tonto)* thick
2 *nm,f (tonto)* **es un c.** he's really thick
caña *nf* (**a**) *(planta)* cane; *(de río, de estanque)* reed ❑ ***c. de azúcar*** sugar cane; ***c. dulce*** sugar cane (**b**) *(tallo)* cane (**c**) *(de cerveza)* = small glass of beer (**d**) *(pieza alargada)* **c. (de pescar)** fishing rod; **la c. del timón** the helm (**e**) *(de bota)* leg (**f**) *(tuétano)* bone marrow; *(hueso)* shank (**g**) *Andes, Cuba, RP (aguardiente)* rum (**h**) EXPR *Fam* **darle** *o* **meterle c. a algo** to get a move on with sth; **meter c. a la moto** to step on it; **darle c. a alguien** *(pegarle)* to give sb a beating
cañabrava *nf Cuba, RP* = reed used for building roofs and walls
cañada *nf* (**a**) *Cuba, RP (valle)* valley (**b**) *(camino para ganado)* cattle track
cañadón *nm RP (arroyo)* ravine
cañadonga *nf Ven muy Fam* booze-up, *Br* piss-up
cañaduz *nf Andes (caña de azúcar)* sugar cane
cañafístula *nf* cassia
cañamazo *nm* (**a**) *(tela)* hessian (**b**) *(para bordar)* (embroidery) canvas
cáñamo *nm* hemp ❑ ***c. índico*** *o* ***indio*** Indian hemp
cañamón *nm* hempseed
cañavera *nf* reed-grass
cañaveral *nm* reedbed
cañazo *nm Am (aguardiente)* rum
cañería *nf* pipe
cañero, -a 1 *adj muy Fam (música)* heavy
2 *nm Méx (almacén)* sugar mill storeroom
cañí *adj* (**a**) *Fam (folclórico, popular)* = term used to describe the traditional folklore and values of Spain (**b**) *(gitano)* gypsy
cañizo *nm* wattle
caño *nm* (**a**) *(tubo)* tube, pipe; *RP* **dar con un c. a alguien** *(pegar)* to batter sb, to lay into sb; *Fig (criticar)* to lay into ❑ *RP* ***c. de escape*** exhaust (pipe) (**b**) *(en fútbol)* nutmeg; **hacer un c. a alguien** to nutmeg sb (**c**) *Col (río) stream*
cañón *nm* (**a**) *(arma)* gun; *Hist* cannon (**b**) *(tubo) (de fusil, pistola)* barrel; *(de chimenea)* flue; *(de órgano)* pipe ❑ ***c. de nieve*** snow cannon (**c**) *(foco)* spotlight (**d**) *Geog* canyon (**e**) EXPR *Fam* **estar c.** to be gorgeous (**f**) *RP (dulce)* = pastry filled with cream or runny toffee (**g**) *Col (tronco)* tree trunk (**h**) *Perú (sendero)* path (**i**) *Méx (paso estrecho)* defile
cañonazo *nm* (**a**) *(disparo de cañón)* gunshot (**b**) *Fam (en fútbol)* powerful shot
cañonear *vt* to shell
cañonera *nf* gunboat
cañota *nf* = type of tall cane
caoba 1 *adj* mahogany; **color c.** mahogany
2 *nf* (**a**) *(árbol, madera)* mahogany (**b**) *(color)* mahogany, reddish-brown (**c**) *CAm, Chile (caño)* gutter (**d**) *Chile, Nic (artesa)* trough
caolín *nm* kaolin, china clay
caos *nm inv* chaos; **ser un c.** to be in chaos
caóticamente *adv* chaotically
caótico, -a *adj* chaotic
CAP [kap] *nm (abrev de* **Certificado de Aptitud Pedagógica**) = Spanish teaching certificate needed to teach in secondary education
cap. *(abrev de* **capítulo**) ch.
capa *nf* (**a**) *(manto)* cloak, cape; EXPR *Fam* **andar de c. caída** *(persona)* to be in a bad way; *(negocio)* to be struggling; EXPR **hacer de su c. un sayo** to do as one pleases (**b**) *(baño) (de barniz, pintura)* coat; *(de chocolate)* coating; **hay que dar una segunda c.** it needs a second coat (**c**) *(para encubrir)* veneer; **bajo una c. de bondad se esconde su carácter malvado** her evil nature is concealed behind a veneer of kindness (**d**) *(estrato)* layer ❑ ***c. atmosférica*** atmosphere; ***c. de nieve*** layer of snow; ***c. de ozono*** ozone layer (**e**) *(grupo social)* stratum, class (**f**) *Taurom* cape
capacete *nm* (**a**) *(de armadura)* casque (**b**) *Carib, Méx (de automóvil) Br* bonnet, *US* hood
capacha *nf (cesta)* basket
capacho *nm* basket
capacidad *nf* (**a**) *(cabida)* capacity; **unidades de c.** units of capacity; **c. máxima** *(en ascensor)* maximum load; **con c. para 500 personas** with a capacity of 500; **este teatro tiene c. para 1.200 espectadores** this theatre can seat 1,200 people; **la c. de producción de la empresa crece cada año** the company's production capacity increases every year ❑ *Informát* ***c. de memoria*** memory capacity; ***c. pulmonar*** lung capacity
(**b**) *(aptitud, talento)* ability; **no tener c. para algo/para hacer algo** to be no good at sth/at doing sth ❑ ***c. adquisitiva*** purchasing power; ***c. de concentración*** ability to concentrate
capacitación *nf* training; **cursos de c. profesional** professional training courses
capacitar *vt* **c. a alguien para hacer algo** *(habilitar)* to entitle sb to do sth; *(formar)* to train sb to do sth
capacitor *nm Elec* electric capacitor
capado *adj* castrated, gelded
capadura *nf (castración)* castration
capar *vt* (**a**) *(animal)* to castrate, to geld (**b**) *Andes, Carib (podar)* to prune
caparazón *nm también Fig* shell
capataz, -aza *nm,f* foreman, *f* forewoman
capaz *adj* (**a**) *(apto)* capable; **c. de algo/de hacer algo** capable of sth/of doing sth; **es muy c. de robarle a su propia madre** she would be quite capable of stealing from her own mother; **¡no serás c. de dejarme sola!** surely you wouldn't leave me all alone!; **es c. de todo con tal de conseguir lo que quiere** she's capable of anything to get what she wants (**b**) *(espacioso)* **muy/poco c.** with a large/small capacity (**c**) *Der* competent (**d**) **capaz que** *loc conj RP Fam (tal vez, posiblemente)* maybe, perhaps; **c. que viene Pedro** Pedro might come
capazo *nm* (**a**) *(cesta)* large wicker basket (**b**) *(para bebé)* Moses basket, *Br* carrycot
capcioso, -a *adj* disingenuous; **pregunta capciosa** trick question
capea *nf Taurom* = amateur bullfight with young bulls
capear *vt* (**a**) *(eludir) (persona)* to avoid; *(situación)* to get out of; EXPR **c. el temporal** to ride out *o* weather the storm (**b**) *Guat (clase)* to skip
capella: a capella *loc adj & adv Mús* a cappella
capellán *nm* chaplain
capellanía *nf Rel* chaplaincy
capelo *nm* **c. (cardenalicio)** cardinal's hat
Caperucita Roja *n* Little Red Riding Hood
caperuza *nf* (**a**) *(gorro)* hood (**b**) *(capuchón)* top, cap
capicúa 1 *adj inv* reversible
2 *nm inv* reversible number
capilar 1 *adj* (**a**) *(del cabello)* hair; **loción**

c. hair lotion (**b**) *Anat & Fis* capillary
2 *nm Anat* capillary ▫ ***c. sanguíneo*** capillary

capilaridad *nf Fis* capillarity, capillary action

capilla *nf* chapel; EXPR **estar en c.** *(condenado a muerte)* to be awaiting execution; *Fam (en ascuas)* to be on tenterhooks ▫ ***c. ardiente*** funeral chapel

capirotada *nf Méx* = bread pudding with nuts and raisins

capirotazo *nm* flick

capirote *nm (gorro)* hood; EXPR *Fam* **ser tonto de c.** to be a complete idiot

capisayo *nm Col (camiseta) Br* vest, *US* undershirt

capiscar *Fam* **1** *vt* to get; **no te capisco** I don't get you
2 *vi* to get it

cápita *ver* **per cápita**

capital 1 *adj* (**a**) *(importante)* supreme, prime; **es de c. importancia que vengan** it is of prime *o* the utmost importance that they come (**b**) *(principal)* main (**c**) *Rel (pecado)* deadly
2 *nm Econ* capital ▫ ***c. bajo riesgo*** sum at risk; ***c. circulante*** working capital; ***c. escriturado*** declared capital, capital stock; ***c. fijo*** fixed capital; ***c. inmovilizado*** tied-up capital; ***c. líquido*** liquid assets; ***c. de riesgo*** venture capital; ***c. social*** share capital
3 *nf (ciudad)* capital (city); **París es la c. mundial del arte** Paris is the artistic capital of the world ▫ ***c. europea de la cultura*** European city of culture

capitalidad *nf Formal* **ostentar la c. de** to be the capital of

capitalino, -a 1 *adj* of the capital (city), capital; **la vida capitalina** life in the capital (city)
2 *nm,f* citizen of the capital

capitalismo *nm* capitalism

capitalista *adj & nmf* capitalist

capitalización *nf* capitalization

capitalizar [14] *vt* (**a**) *Econ* to capitalize (**b**) *(sacar provecho de, acaparar)* to capitalize on; **la casa de discos capitalizó el triunfo del grupo** the record company cashed in on the group's success

capitán, -ana *nm,f* captain ▫ ***c. de fragata*** commander; ***c. general*** *Br* field marshal, *US* general of the army

capitana *nf (buque)* flagship

capitanear *vt* (**a**) *Dep & Mil* to captain (**b**) *(dirigir)* to head, to lead

capitanía *nf Mil* (**a**) *(empleo)* captaincy (**b**) *(oficina)* military headquarters ▫ ***c. general*** Captaincy General

capitel *nm Arquit* capital

capitolio *nm* (**a**) *(edificio)* capitol; **el C.** *(en Estados Unidos)* the Capitol (**b**) *(acrópolis)* acropolis

capitoste *nmf Fam* big wheel, big boss

capitulación *nf* capitulation, surrender; **capitulaciones matrimoniales** marriage contract

capitular[1] *adj* **sala c.** chapterhouse

capitular[2] *vi* to capitulate, to surrender

capítulo *nm* (**a**) *(de libro)* chapter; *(de serie)* episode (**b**) *(tema)* subject; EXPR **ser c. aparte** to be another matter (altogether) ▫ ***C. Social*** Social Chapter (**c**) EXPR **llamar a alguien a c.** to call sb to account

capo *nm (de la mafia)* mafia boss, capo

capó *nm Br* bonnet, *US* hood

capomo *nm* breadnut (tree)

capón *nm* (**a**) *(animal)* capon (**b**) *Fam (golpe)* rap on the head; **me dio un c.** he rapped me on the head

caporal *nm Mil* corporal

capota *nf* (**a**) *(de vehículo) Br* convertible roof, *US* convertible top (**b**) *(sombrero) Br* bonnet, *US* hood

capotar *vi* (**a**) *(automóvil)* to overturn (**b**) *(avión)* to nosedive

capotazo *nm Taurom* = pass with the cape

capote *nm* (**a**) *(capa)* cape with sleeves; *(militar)* greatcoat (**b**) *Taurom* cape ▫ ***c. de paseo*** = short embroidered silk bullfighter's cape (**c**) EXPR **decir para su c.** *(para sí)* to say to oneself; *Méx* **de c.** *(a escondidas)* secretly; **echar un c. a alguien** to give sb a (helping) hand

capotear *vt Taurom* to distract with the cape

capricho *nm* (**a**) *(deseo)* whim, caprice; **a mi/tu/***etc* **c.** at my/your/*etc* whim; **darse un c.** to treat oneself (**b**) *Arte* caprice

caprichoso, -a *adj* capricious

capricornio 1 *nmf (persona)* Capricorn
2 *nm (zodiaco)* Capricorn; **ser c.** to be (a) Capricorn

cápsula *nf* (**a**) *(recipiente, envoltorio)* capsule (**b**) *(tapón)* cap (**c**) *(píldora)* capsule (**d**) *(de nave espacial)* **c. (espacial)** space capsule (**e**) *Anat* capsule ▫ ***c. suprarrenal*** adrenal gland

capsular *adj* capsular

captación *nf* (**a**) *(de adeptos)* recruitment (**b**) *(percepción, entendimiento)* understanding (**c**) ***c. de fondos*** fundraising

captar 1 *vt* (**a**) *(atraer) (simpatía)* to win; *(interés)* to gain, to capture; *(adeptos)* to win, attract; **esa secta ha captado a muchos jóvenes de la zona** that sect has attracted many young people from the area (**b**) *(percibir)* to detect; **no captó la ironía que había en su voz** she didn't detect the irony in his voice (**c**) *(entender)* to grasp; **c. las intenciones de alguien** to understand sb's intentions (**d**) *(sintonizar)* to pick up, to receive
2 captarse *vpr (atraer)* to win, to attract

captor, -ora *adj & nm,f* captor

captura *nf* capture ▫ *Informát* ***c. de pantalla*** screen capture *o* dump

capturar *vt* to capture

capucha *nf* hood; **con c.** hooded

capuchina *nf* nasturtium

capuchino, -a 1 *adj* Capuchin
2 *nm* (**a**) *(fraile)* Capuchin (**b**) *(café)* cappuccino (**c**) *Carib (cometa)* small paper kite

capuchón *nm* (**a**) *(de prenda)* hood (**b**) *(de bolígrafo, pluma)* top, cap

capullo, -a 1 *adj muy Fam* **ser muy c.** to be a real *Br* prat *o US* jerk
2 *nm* (**a**) *(de flor)* bud; **c. de rosa** rosebud (**b**) *(de gusano)* cocoon (**c**) *Vulg (prepucio)* foreskin
3 *nm,f muy Fam (persona despreciable) Br* prat, *US* jerk

caqui 1 *adj inv (color)* khaki
2 *nm* (**a**) *(color)* khaki (**b**) *(árbol)* kaki; *(fruto)* sharon fruit

---

CARA 1 *nf* (**a**) *(rostro)* face; **tiene una c. muy bonita** she has a very pretty face; **me ha salido un grano en la c.** I've got a spot on my face; **esa c. me suena de algo** I remember that face from somewhere, I've seen that face somewhere before; **los atracadores actuaron a c. descubierta** the robbers didn't bother covering their faces; **castigar a alguien de c. a la pared** to make sb stand facing the wall (as a punishment); **arrugar la c.** to screw up one's face; *también Fig* **asomar la c.** to show one's face; **¡mira quién asoma la c.!** look who's here!; **c. a c.** face to face; **un (encuentro) c. a c. entre los dos candidatos** a head-to-head (debate) between the two candidates; EXPR *Fam* **cruzar la c. a alguien** to slap sb in the face; **mirar a alguien a la c.** to look sb in the face; **le dieron el trabajo por su c. bonita** *o* **por su linda c.** she got the job because her face fitted; **reírse de alguien en su c.** to laugh in sb's face; **en mi c. no se me ríe nadie** nobody laughs at me to my face; *Fam* **romper** *o* **partir la c. a alguien** to smash sb's face in
(**b**) *(expresión, aspecto)* **¡alegra esa c., ya es viernes!** cheer up *o* don't look so miserable, it's Friday!; **cuando se enteró de la noticia puso muy buena c.** when she heard the news her face lit up; **no supe qué c. poner** I didn't know how to react; **¡no pongas mala c.!** don't look so miserable!; **cuando le contamos nuestro plan puso muy mala c.** when we told her our plan she pulled a face; **tener buena/mala c.** *(persona)* to look well/awful; **tiene c. de buena persona** she has a kind face, she looks like a nice person; **tener c. de enfadado** to look angry; **tienes c. de no haber dormido** you look like you haven't slept; **tiene c. de querer comer** she looks as if she'd like something to eat; **esta comida tiene buena c.** this meal looks good; **tiene c. de ponerse a llover** it looks as if it's going to rain; EXPR *Fam* **tener c. de acelga** to have a pale face; EXPR **tener c. de ángel** to look like an angel; EXPR **poner c. de asco** to pull a face, to look disgusted; EXPR *Fam* **puso c. de circunstancias** his face took on a serious expression *o* turned serious; EXPR *Fam* **tener c. de hereje** to have an ugly mug; EXPR *Fam* **poner c. larga** to pull a long face; EXPR *Fam* **tener c. de pascua** to have a happy face; EXPR *Fam* **no pongas esa c. de perro** don't look so miserable; EXPR *Fam* **tiene c. de perro** he has

an unfriendly face; EXPR *Fam* **un enfrentamiento a c. de perro** a crunch match; EXPR **tener c. de pocos amigos** to have an unfriendly face; EXPR *Fam* **tener/poner c. de póquer** to have/pull a poker face; EXPR **tener/poner c. de tonto** to have/pull a stupid face; EXPR *Fam* **tener c. de viernes** to have a long face; EXPR *Fam* **tener c. de vinagre** to have a sour face; EXPR **tener dos caras** to be two-faced; EXPR **lavarle la c. a algo** to make cosmetic changes to sth

(**c**) *(persona)* face; **acudieron muchas caras famosas** a lot of famous faces were there; **veo muchas caras nuevas** I see a lot of new faces here

(**d**) *(lado)* side; *Geom* face

(**e**) *(parte frontal)* front

(**f**) *(de moneda)* heads; **c. o cruz** *o Chile, Col* **sello** *o RP* **seca** heads or tails; **echar algo a c. o cruz** to toss (a coin) for sth; **si sale c. elijo yo** if it's heads, I get to choose

(**g**) *Fam (desvergüenza)* cheek; **tener la c. de hacer algo** to have the nerve to do sth; **tener (mucha) c., tener la c. muy dura** to have a cheek *o* nerve; **¡qué c. más dura!** what a cheek *o* nerve!; EXPR **tener más c. que espalda** to have a cheek *o* nerve; **¡hay que tener c. para decir eso!** what a cheek *o* nerve to say a thing like that!

(**h**) *(indicando posición)* **c. a** facing; **quiero un piso c. al mar** I want a *Br* flat *o US* apartment that looks out on to the sea; **c. al futuro** with regard to the future, in future; **c. arriba/abajo** face up/down; **de c.** *(sol, viento)* in one's face; **los ciclistas tenían el viento de c.** the cyclists were riding into the wind

(**i**) **de c. a** *(indicando objetivo)* with a view to; **de c. a mejorar** with a view to improving

(**j**) EXPR **se le cayó la c. de vergüenza** she blushed with shame; **no sé cómo no se te cae la c. de vergüenza al hablar así a tu madre** you should be ashamed of yourself, talking about your mother like that!; **dar c. a algo** to face *o* confront sth; **dar la c. por alguien** *(disculpar)* to make excuses for sb; *(defender)* to stick up for sb; **ya estoy harto de ser yo el que siempre dé la c.** I'm fed up of always being the one who takes the flak; **decir algo a alguien en** *o* **a la c.** to say sth to sb's face; **si tiene algo que decir, que me lo diga a la c.** if she has something to say to me, she can say it to my face; *Fam* **echar en c. algo a alguien** to reproach sb for sth; *Fam* **es lo más grosero/estúpido que me he echado a la c.** he's the rudest/most stupid person I've ever met; *Fam* **entrar por la c.** *(sin pagar)* to get in without paying; *(sin ser invitado)* to gatecrash; *Fam* **hacer c. a** to stand up to; **plantar c. a alguien** to confront sb; **sacar la c. por alguien** to stick up for sb; **saltar a la c.** to be blindingly obvious; **verse las caras** *(pelearse)* to have it out; *(enfrentarse)* to fight it out; **volver la c.** to look around

2 *nmf Fam* **c. (dura)** shameless person; **tu hermano es un c.** your brother is shameless; **la muy c. no quiso ayudar** the shameless devil refused to help

---

carabao *nm* water buffalo

carabela *nf* caravel

carabina *nf* (**a**) *(arma)* carbine, rifle (**b**) *Fam (acompañante)* chaperone; **ir de c.** *Br* to play gooseberry, *US* to be like a fifth wheel

carabinero *nm* (**a**) *(en España)* customs policeman (**b**) *(en Italia)* carabiniere (**c**) *(marisco)* scarlet shrimp, = type of large red prawn (**d**) *Am (policía)* armed policeman

cárabo *nm (búho)* tawny owl

Caracas *n* Caracas

caracol 1 *nm* (**a**) *(animal)* snail (**b**) *(concha)* shell (**c**) *(del oído)* cochlea (**d**) *(rizo)* curl

2 *interj* **¡caracoles!** good grief!

caracola *nf* (**a**) *(concha, animal)* conch (**b**) *(bollo)* = spiral-shaped bun

caracolada *nf* = stew made with snails

caracolear *vi (caballo)* to prance about

caracolillo 1 *nm* (**a**) *(planta)* Australian pea (**b**) *(café)* pea-bean coffee (**c**) *(caoba)* veined mahogany

2 *nm Teatro* make-up assistant

caracolitos *nmpl RP (pasta)* shell-shaped noodles

carácter (*pl* **caracteres**) *nm* (**a**) *(naturaleza, personalidad)* character; **tener buen c.** to be good-natured; **tener mal c.** to be bad-tempered; **tener mucho c.** to have a strong personality; **tener poco c.** not to have much personality; **una reunión de c. privado/oficial** a private/official meeting (**b**) *(de imprenta)* character; **escriba en caracteres de imprenta** *(en impreso)* please print (**c**) *Biol* ***c. dominante*** dominant character; ***c. ligado al sexo*** sex-linked character

característica *nf* characteristic

característico, -a *adj* characteristic; **este gesto es c. de ella** this gesture is typical *o* characteristic of her

caracterización *nf* (**a**) *(descripción)* description (**b**) *(de personaje)* characterization (**c**) *(maquillaje)* make-up

caracterizador, -ora *nm,f* make-up artist

caracterizar [14] **1** *vt* (**a**) *(definir)* to characterize (**b**) *(representar)* to portray (**c**) *(maquillar)* to make up

2 caracterizarse *vpr* to be characterized (**por** by)

caracú (*pl* **caracús** *o* **caracúes**) *nm Andes, RP* bone marrow

caradura *Fam* **1** *adj* shameless

2 *nmf* shameless person

carajillo *nm* = small black coffee with a dash of spirits

carajito, -a *nm,f CAm, Col, Ven Fam (niño)* kid

carajo 1 *nm* (**a**) *Vulg (pene)* prick, cock (**b**) EXPR *muy Fam* **mandar a alguien al c.** to tell sb to go to hell; **mandó todo al c.** he chucked everything; **me importa un c.** I couldn't give a shit; **irse al c.** *(plan, proyecto)* to go down the tubes; **¡qué c.!** damn it!, hell!; **¡tengo un frío/hambre del c.!** I'm *Br* bloody *o US* goddamn freezing/starving!; **no vale un c.** it isn't worth a damn; **¡vete al c.!** go to hell!

2 *interj muy Fam* **¡c.!** damn it!

caramba *interj* **¡(qué) c.!** *(sorpresa)* good heavens!; *(enfado)* for heaven's sake!; *Irónico* **¡c. con la que no sabía nada!** so she's the one who didn't know anything, eh?

carámbano *nm* icicle; EXPR *Fam* **estar hecho un c.** to be frozen stiff

carambola 1 *nf* cannon *(in billiards)*; *Fig* **de** *o* **por c.** by a (lucky) fluke

2 *interj* **¡carambolas!** good heavens!

caramelizar [1] *vt (bañar)* to cover with caramel

caramelo *nm* (**a**) *(golosina)* sweet; **un c. de limón** a lemon sweet; *Fam Fig* **de c.** great (**b**) *(azúcar fundido)* caramel

caramillo *nm* shepherd's flute

carancho *nm* (**a**) *RP (halcón)* caracara (**b**) *Perú (búho)* owl

carantoñas *nfpl* EXPR **hacer c. a alguien** to butter sb up

caraota *nf Ven* bean

carapacho *nm* carapace

caraqueño, -a 1 *adj* of/from Caracas

2 *nm,f* person from Caracas

carátula *nf* (**a**) *(de libro)* front cover; *(de disco)* sleeve (**b**) *(máscara)* mask (**c**) *Méx (de reloj)* dial, face

caravana *nf* (**a**) *(remolque)* caravan (**b**) *(de camellos)* caravan; *(de carromatos)* wagon train; **la c. presidencial** the presidential motorcade (**c**) *(atasco)* tailback; **había mucha c.** there was a huge tailback

caravaning [kara'βanin] (*pl* **caravanings**) *nm* caravanning

caray *interj* **¡c.!** *(sorpresa)* good heavens!; *(enfado)* damn it!

carbohidrato *nm* carbohydrate

carbón *nm* (**a**) *(para quemar)* coal; EXPR **negro como el c.** *(negro)* black as coal; *(bronceado)* brown as a berry ▫ ***c. de leña*** charcoal; ***c. mineral*** coal; ***c. de piedra*** coal; ***c. vegetal*** charcoal (**b**) *(para dibujar)* charcoal

carbonatado, -a *adj* carbonated

carbonato *nm Quím* carbonate ▫ ***c. cálcico*** calcium carbonate

carboncillo *nm* charcoal; **un dibujo al c.** a charcoal drawing

carbonera *nf* coal bunker

carbonería *nf* coal merchant's

carbonero, -a 1 *adj* coal; **industria carbonera** coal industry

2 *nm,f (persona)* coal merchant ▫ *Fig* ***la fe del c.*** blind faith

3 *nm (ave)* ***c. común*** great tit

carbónico, -a *adj* carbonic

carbonífero, -a *Geol* **1** *adj* Carboniferous

2 *nm* **el c.** the Carboniferous (period)

carbonilla *nf* (**a**) *(ceniza)* cinder (**b**) *(carbón pequeño)* small coal

carbonización *nf* carbonization

carbonizado, -a *adj* charred

carbonizar [14] **1** *vt* to char, to carbonize; **morir carbonizado** to burn to death

2 carbonizarse *vpr* to be charred

carbono *nm* carbon ▫ ***c. 14*** carbon 14

carbunclo *nm* **(a)** *Geol* carbuncle **(b)** *Med* anthrax

carbúnculo *nm* carbuncle

carburación *nf* carburation

carburador *nm* carburettor

carburante *nm* fuel

carburar 1 *vt* to carburate

2 *vi Fam* to function; **mi abuelo ya no carbura** my grandad isn't all there any more

carburo *nm* carbide

carca *Fam Pey* **1** *adj* old-fashioned

2 *nmf* old fogey

carcaj (*pl* **carcajes**) *nm* quiver

carcajada *nf* guffaw; **reír a carcajadas** to roar with laughter; **soltar una c.** to burst out laughing

carcajearse *vpr* **(a)** *(reírse)* to roar with laughter **(b)** *(burlarse)* to make fun (**de** of)

carcajeo *nm* roars of laughter

carcamal, *RP* **carcamán** *nmf Fam Pey* old crock

carcasa *nf* framework

cárcava *nf* **(a)** *(zanja)* gully **(b)** *(foso)* pit

cárcel *nf* prison; **meter a alguien en la c.** to put sb in prison; **lo metieron en la c.** he was put in prison ▫ ***c. de alta seguridad*** top security prison

carcelario, -a *adj* prison; **la vida carcelaria** prison life; **régimen c.** prison conditions

carcelero, -a *nm,f* warder, jailer

carcinógeno, -a 1 *nm* carcinogen

2 *adj* carcinogenic

carcinoma *nm Med* carcinoma, cancerous tumour

carcoma *nf* **(a)** *(insecto)* woodworm **(b)** *(polvo)* wood dust

carcomer 1 *vt también Fig* to eat away at; **le carcome la envidia** he's eaten up with envy

2 carcomerse *vpr (consumirse)* to be eaten up *o* consumed (**de** with)

carcomido, -a *adj (madera)* worm-eaten

carda *nf (acción)* carding; *(instrumento)* card

cardado, -a 1 *adj (lana)* carded; *(pelo)* back-combed

2 *nm (de lana)* carding; *(del pelo)* back-combing

cardador, -ora *nm,f* carder

cardamomo *nm* cardamom

cardán *nm Tec* cardan joint, universal joint

cardar *vt (lana)* to card; *(pelo)* to backcomb

cardenal *nm* **(a)** *Rel* cardinal **(b)** *(hematoma)* bruise **(c)** *Chile (planta)* geranium

cardenalicio, -a *adj* **colegio c.** college of cardinals *(group)*; **manto c.** cardinal's robe

cardenillo *nm* verdigris

cárdeno, -a *adj* purple

cardiaco, -a, cardíaco, -a *adj* cardiac; **paro c.** cardiac arrest; **insuficiencia cardiaca** heart failure; *Fam* **está c.** *(está muy nervioso)* he's a bag of nerves

cárdigan *nm* cardigan

cardillo *nm* golden thistle

cardinal 1 *adj* **(a)** *(principal)* cardinal; **consideramos de c. importancia que asista a la reunión** we think it is of cardinal importance that she attends the meeting **(b)** *(número)* cardinal **(c)** *(punto)* cardinal

2 *nm (número)* cardinal number

cardiografía *nf* cardiography

cardiógrafo *nm* cardiograph

cardiología *nf* cardiology

cardiólogo, -a *nm,f* cardiologist

cardiopatía *nf* heart condition

cardiorrespiratorio, -a *adj Med* cardiopulmonary

cardiovascular *adj* cardiovascular

cardo *nm* **(a)** *(planta)* thistle ▫ ***c. borriquero*** cotton thistle **(b)** *Fam (persona) (fea)* ugly mug; *(arisca)* prickly customer

cardón *nm* **(a)** *Arg (cacto)* = type of giant cactus **(b)** *CRica, Méx, Perú (pita)* = type of agave cactus

cardumen *nm* **(a)** *(de peces)* school, shoal **(b)** *Chile, Urug (abundancia)* abundance

carear *vt (testigos, acusados)* to bring face to face

carecer [46] *vi* **c. de algo** to lack sth

carenado *nm (de moto)* fairing

carencia *nf (ausencia)* lack; *(defecto)* deficiency; **sufrir carencias afectivas** to be deprived of love and affection; **sufrir muchas carencias** to suffer great need; **c. vitamínica** vitamin deficiency

carente *adj* **c. de** lacking (in); **c. de sentido** nonsensical

careo *nm (de testigos, acusados)* confrontation; **someter a un c.** to bring face to face

carero, -a *Fam* **1** *adj* pricey

2 *nm,f (tendero)* = shopkeeper who charges high prices; **el pescadero es un c.** the fishmonger is a bit pricey

carestía *nf (alto precio)* **la c. de la vida** the high cost of living

careta *nf (máscara)* mask ▫ ***c. antigás*** gas mask

careto, -a 1 *adj (animal)* = having a different coloured face from the rest of its head

2 *nm muy Fam (cara)* mug

carey *nm* **(a)** *(material)* tortoiseshell **(b)** *(tortuga)* sea turtle **(c)** *Cuba (planta)* rough-leaved liana

carezco *etc ver* **carecer**

carga *nf* **(a)** *(acción)* loading; **zona de c. y descarga** loading and unloading area

(b) *(cargamento) (de avión, barco)* cargo; *(de tren)* freight

(c) *(peso)* load; *Fig (sufrimiento)* burden; **representa una enorme c. para sus hijos** she is a great burden on her children; **llevar la c. de algo** to be responsible for sth

(d) *(ataque)* charge; **¡a la c.!** charge!; **volver a la c.** *(atacar de nuevo)* to go back on the offensive; *(insistir)* to insist

(e) *(explosivo)* charge ▫ ***c. explosiva*** explosive charge; ***c. de profundidad*** depth charge

(f) *(de mechero, bolígrafo)* refill

(g) *(impuesto)* tax ▫ ***cargas fiscales*** taxes; ***c. tributaria*** levy

(h) *(eléctrica)* charge

(i) *Dep* push *(with one's body)*

cargada *nf RP (broma)* practical joke

cargado, -a *adj* **(a)** *(lleno)* loaded (**de** with); *(arma)* loaded; *Fig* **estar c. de** to have loads of **(b)** *(bebida)* strong **(c)** *(bochornoso) (habitación)* stuffy; *(tiempo)* sultry, close; *(cielo)* overcast **(d)** *Fis (eléctricamente)* charged

cargador *nm* **(a)** *(de arma)* chamber **(b)** *(persona)* loader ▫ ***c. de muelle*** docker, stevedore **(c)** *(de baterías)* charger **(d)** *Col (tirantes) Br* braces, *US* suspenders

cargamento *nm* **(a)** *(de buque)* cargo **(b)** *Fam* **un c. de** *(muchos)* a load of, loads of

cargante *adj Fam* annoying

CARGAR [38] **1** *vt* **(a)** *(llenar) (vehículo, arma, cámara)* to load; *(pluma, mechero)* to refill; **c. algo de** to load sth with; **c. algo en un barco/en un camión** to load sth onto a ship/onto a lorry; **cargaron la furgoneta con cajas** they loaded the van up with boxes; **c. algo demasiado** to overload sth; **ha cargado el guiso de sal** he's put too much salt in the stew, he's overdone the salt in the stew; EXPR **c. las tintas** to exaggerate, to lay it on thick

(b) *(peso encima)* to throw over one's shoulder; **cargué la caja a hombros** I carried the box on my shoulder

(c) *Elec* to charge

(d) *Fam (molestar)* to annoy; **me carga su pedantería** I find his pedantry irritating; **me carga tener que aguantarlo** I can't stand having to put up with him

(e) *(adeudar) (importe, factura, deuda)* to charge (**a** to); **c. un impuesto a algo/alguien** to tax sth/sb; **c. algo a alguien en su cuenta** to charge sth to sb's account; **no me han cargado todavía el recibo de la luz** the payment for the electricity bill still hasn't gone through; **c. de menos** to undercharge

(f) *(responsabilidad, tarea)* to give; **siempre le cargan de trabajo** they always give him far too much work to do; **le cargaron la culpa a ella** they laid *o* put the blame on her

(g) *(producir pesadez) (suj: olor)* to make stuffy; *(suj: comida)* to bloat; **el humo ha cargado la habitación** the atmosphere in the room is thick with smoke

(h) *Informát* to load

(i) *Náut (velas)* to furl, to take in

(j) *Am (llevar encima)* to carry; *(llevar puesto)* to wear; **c. anteojos** to wear glasses

(k) *Chile, Perú (atacar)* to attack

2 *vi* **(a)** **c. con** *(paquete, bulto)* to carry;

(coste, responsabilidad) to bear; *(consecuencias)* to accept; *(culpa)* to get; **cargué con todos los paquetes** I carried all the packages; **hoy me toca a mí c. con los niños** it's my turn to look after the children today
(**b**) *(atacar)* to charge; **la policía cargó contra los alborotadores** the police charged (at) the rioters; **el pelotón cargó sobre la posición enemiga** the platoon charged the enemy position
(**c**) *(recaer)* **c. sobre alguien** to fall on sb
(**d**) *(acento)* **c. sobre** to fall on
(**e**) *Dep* to brush aside, to push *(with one's body)*
(**f**) *Arquit* **c. en** *o* **sobre** to lean *o* rest on; **la bóveda carga sobre cuatro pilares** the vault is supported by four pillars
(**g**) *(tormenta)* to turn, to veer
(**h**) *Elec* to charge; **esta batería ya no carga** this battery won't charge any more
3 cargarse *vpr* (**a**) *Fam (romper)* to break; **se cargó el jarrón** she broke the vase; **se cargó la empresa** he ruined the company; **con ese horrible edificio se han cargado el paisaje** they've ruined *o* spoilt the landscape with that horrible building
(**b**) *Fam (suspender)* to fail; **el profesor se cargó a la mitad de la clase** the teacher failed half the class
(**c**) *Fam (matar) (persona)* to bump off; *(animal)* to kill
(**d**) *Fam (eliminar, prescindir de)* to get rid of; **se han cargado a nuestro representante** they've got rid of our representative
(**e**) *(por olor)* to get stuffy; *(por humo)* to get smoky
(**f**) *(colmarse)* **cargarse de** to be loaded down with; **cargarse de deudas** to get up to one's neck in debt; **se cargó de hijos** she had a lot of children; **los ojos se le cargaban de lágrimas** his eyes filled with tears; **se cargó de responsabilidades** she took on a lot of responsibilities
(**g**) *Fam* **¡te la vas a c.!** you're in for it!; **si no me lo devuelves te la vas a c.** if you don't give it back to me, there'll be trouble
(**h**) *(parte del cuerpo)* **se me han cargado las piernas** my legs are tired; **se me ha cargado la cabeza con tanto ruido** my head's throbbing from all this noise
(**i**) *Elec* to charge; **aún no se ha cargado la batería** the battery still hasn't charged
(**j**) *Meteo* to cloud over; **el cielo se cargó desde primeras horas de la mañana** the sky *o* it clouded over first thing in the morning

---

CARGO *nm* (**a**) *(empleo)* post, position; **ocupa** *o* **es un c. muy importante** she holds a very important position *o* post; **desempeña un c. de ministro** he is a minister; **tomar posesión del c.** to take up office ▫ ***c. directivo*** manager; ***c. público:*** **ostenta** *o* **es un c. público** she holds public office
(**b**) *(cuidado)* charge; **los niños han quedado a mi c.** the children have been left in my care; **una producción a c. del Teatro Nacional** a National Theatre production; **está a c. de la seguridad de la empresa, tiene a su c. la seguridad de la empresa** he is in charge of *o* responsible for company security; **hacerse c. de** *(asumir el control de)* to take charge of; *(ocuparse de)* to take care of; *(comprender)* to understand; **se hizo c. de la gestión de la empresa** she took over the running of the company; **el ejército se hizo c. del poder** the army took power *o* over; **no te preocupes, yo me hago c. de los niños** don't worry, I'll look after the children; **me hago c. de la difícil situación** I am aware of *o* I realize the difficulty of the situation; **tenemos que ir al entierro y llegaremos tarde — sí, me hago c.** we have to go to the funeral, so we'll be late – OK, I understand
(**c**) *Econ* charge; **con c. a** charged to; **han asignado una nueva partida con c. a los presupuestos del estado** they have created a new budget heading; **correr a c. de** to be borne by; **todos los gastos corren a c. de la empresa** all expenses will be borne by the company; **la comida corre a c. de la empresa** the meal is on the company; **la organización corre a c. del Ayuntamiento** the organization will be carried out by the town council, the town council will be organizing the event; **sin c. adicional** for *o* at no extra charge
(**d**) *Der (acusación)* charge; **formular graves cargos contra alguien** to bring serious charges against sb; **se declaró inocente de todos los cargos que se le imputaban** he said he was innocent on all counts; *Fig* **tener c. de conciencia** to feel pangs of conscience, to feel remorse; *Fig* **me da c. de conciencia dejarle pagar** I feel bad about letting him pay; *Fig* **comprar productos de este país me representa un c. de conciencia** I feel guilty about buying this country's products
(**e**) *(buque de carga)* cargo ship

---

cargosear *vt Chile, RP* to annoy, to pester

cargoso, -a *adj Chile, RP* annoying

carguero *nm* (**a**) *(barco)* cargo ship (**b**) *RP (animal)* beast of burden

cariacontecido, -a *adj* crestfallen

cariado, -a *adj (diente, muela)* decayed

cariar *vt* **1** to cause decay in; **el azúcar caria las muelas** sugar causes tooth decay
2 cariarse *vpr* to decay

cariátide *nf* caryatid

Caribe *nm* **el (mar) C.** the Caribbean (Sea); **el C.** *(región)* the Caribbean

caribe *nmf* Carib

caribeño, -a 1 *adj* Caribbean
2 *nm,f* person from the Caribbean

caribú *(pl* **caribús** *o* **caribúes***) nm* caribou

caricato *nm* (**a**) *(actor)* comedian (**b**) *Am (caricatura)* caricature

caricatura *nf* (**a**) *(de personaje)* caricature (**b**) *Méx, RP (dibujos animados)* cartoon

caricaturesco, -a *adj* caricature; **un retrato c. de la situación** a caricature of the situation

caricaturista *nmf* caricaturist

caricaturizar [14] *vt* to caricature

caricia *nf (a persona)* caress, stroke; *(a animal)* stroke; **hacer caricias/una c. a alguien** to caress sb

Caricom *nf (abrev de* **comunidad (económica) del Caribe***)* Caricom

caridad *nf* charity; **¡por c!** for pity's sake!; **le ayudó por c.** she helped him out of pity; **hacer obras de c.** to do charitable works

caries *nf inv* tooth decay; **tengo tres c.** I have three cavities

carilla *nf* (**a**) *(página)* page, side (**b**) *(de colmenero)* beekeeper's mask

carillón *nm* carillon

cariñena *nm* = wine from Cariñena, in the province of Zaragoza

cariño *nm* (**a**) *(afecto)* affection; **tener c. a** to be fond of; **tomar c. a** to grow fond of; **tratar a alguien con c.** to be affectionate to(wards) sb; **con c.** with loving care (**b**) *(muestra de afecto)* sign of affection; **le hizo unos cariños a los niños** he kissed/cuddled the children (**c**) *(cuidado)* loving care (**d**) *(apelativo)* love, dear (**e**) *RP* **cariños** *(en carta)* love (**f**) *CAm, Chile (regalo)* gift

cariñosamente *adv* affectionately

cariñoso, -a *adj* affectionate

carioca 1 *adj* of/from Rio de Janeiro
2 *nmf* person from Rio de Janeiro

carisma *nm* charisma

carismático, -a *adj* charismatic

Cáritas *nf* = charitable organization run by the Catholic Church

caritativo, -a *adj* charitable

cariz *nm* look, appearance; **tomar mal/buen c.** to take a turn for the worse/better

carlanca *nf Chile, Hond (molestia, fastidio)* annoyance

carlinga *nf Av (para piloto)* cockpit; *(para pasajeros)* cabin

carlismo *nm Hist* Carlism

carlista *adj & nmf Hist* Carlist

carmelita 1 *adj* (**a**) *(religioso)* Carmelite (**b**) *Cuba (color)* brown
2 *nmf (religioso)* Carmelite
3 *nm Cuba (color)* brown

carmesí *(pl* **carmesíes***) adj & nm* crimson

carmín 1 *adj (color)* carmine
2 *nm* (**a**) *(color)* carmine (**b**) *(lápiz de labios)* lipstick

carnada *nf también Fig* bait

carnal 1 *adj* (**a**) *(lujurioso)* carnal (**b**) *(parientes)* **primo c.** first cousin; **tío c.** uncle *(not by marriage)*
2 *nm Méx Fam (amigo)* friend, *Br* mate, *US* buddy

carnalmente *adv* carnally

carnaval *nm* (**a**) *(fiesta)* carnival (**b**) *Rel* Shrovetide

carnavalada *nf Fam* farce

carnavalesco, -a *adj* carnival; **ambiente c.** carnival atmosphere

carnaza *nf también Fig* bait

carne *nf* (**a**) *(de persona, fruta)* flesh; **tenía el codo en c. viva** his elbow was raw; *Fig* **tengo la ofensa en c. viva** I'm still smarting from the insult ❑ *Fig* ***c. de cañón*** cannon fodder; ***c. de gallina*** gooseflesh; **se me pone la c. de gallina al ver esas imágenes** it sends a shiver down my spine when I see those pictures
(**b**) *(alimento)* meat ❑ ***c. asada al horno*** roast (meat); ***c. asada a la parrilla*** *Br* grilled meat, *US* broiled meat; ***c. blanca*** white meat; ***c. de carnero*** mutton; ***c. de cerdo*** *o Am* ***chancho*** pork; ***c. de cordero*** lamb; *Culin* ***c. sin hueso*** boned meat; EXPR **ser c. sin hueso** to be a cushy job; ***c. de membrillo*** quince jelly; ***c. picada*** *Br* mince, *US* mincemeat; *Méx* ***c. de res*** beef; ***c. roja*** red meat; ***c. de ternera*** veal; ***c. de vaca*** beef; ***c. de venado*** venison
(**c**) *(sensualidad)* flesh; **los placeres de la c.** the pleasures of the flesh
(**d**) EXPR **se me abren las carnes al ver esas imágenes/oír su llanto** it breaks my heart to see those pictures/hear her crying; *Fam* **córrete a un lado, que la c. de burro no es transparente** move over, I can't see through you, you know!; **cobrar, criar** *o* **echar carnes** to put weight on; **echar** *o* **poner toda la c. en el asador** to go for broke; **en carnes** naked; **en c. y hueso** in person; **nos visitó el Presidente, en c. y hueso** the President himself visited us, the President visited us in person; **te entiendo perfectamente, he vivido tus sufrimientos en c. propia** I know exactly what you're talking about, I've suffered the same experiences as you myself; **entrado** *o* **metido en carnes** plump; **no ser ni c. ni pescado** to be neither fish nor fowl; **perder carnes** to lose weight; **ser de c. y hueso** to be human; **le temblaban las carnes** he was very frightened

carné *(pl* **carnés**), **carnet** *(pl* **carnets**) *nm* (**a**) *(documento)* card ❑ ***c. de alberguista*** youth hostel card; ***c. de conducir*** *o RP* ***de conductor*** *Br* driving licence, *US* driver's license; ***c. de estudiante*** student card; ***c. de identidad*** identity card; ***c. joven*** young person's discount card (**b**) *(agenda)* notebook

carneada *nf Andes, RP (acción)* slaughtering, butchering

carnear *vt* (**a**) *Andes, RP (sacrificar)* to slaughter, to butcher (**b**) *Chile (engañar)* to deceive, to take in

carnero, -a 1 *nm (animal)* ram; *(carne)* mutton
2 *nm,f Andes, RP* (**a**) *(persona débil)* weak-willed person (**b**) *(esquirol)* scab, *Br* blackleg

carnet = **carné**

carnicería *nf* (**a**) *(tienda)* butcher's (**b**) *(masacre)* massacre, bloodbath; **fue una c.** it was carnage

carnicero, -a 1 *adj (animal)* carnivorous
2 *nm,f también Fig (persona)* butcher

cárnico, -a *adj* meat; **industrias cárnicas** meat industry; **productos cárnicos** meat products

carnitas *nfpl Am* barbecued pork

carnívoro, -a 1 *adj* carnivorous
2 *nm* carnivore

carnosidad *nf* fleshy part

carnoso, -a *adj (persona, parte)* fleshy; *(labios)* full

caro, -a 1 *adj* (**a**) *(costoso)* expensive (**b**) *Formal (querido)* cherished
2 *adv* **costar c.** to be expensive; *Fig* **pagar c. algo** to pay dearly for sth; *Fig* **un día te va a salir cara tu conducta** you'll pay dearly for this behaviour one day; **vender c. algo** to sell sth at a high price; *Fig* not to give sth up easily; **vendieron cara su derrota** their enemy paid a high price for their victory

caroba *nf* jacaranda

carolingio, -a *adj & nm,f Hist* Carolingian

carota *nmf Fam* cheeky so-and-so

carótida *adj & nf* carotid

carozo *nm RP* stone, *US* pit *(of fruit)*

carpa *nf* (**a**) *(pez)* carp (**b**) *(de circo)* big top; *(en parque, la calle)* marquee (**c**) *Am (tienda de campaña)* tent

carpanta *nf Fam* ravenous hunger

Cárpatos *nmpl* **los C.** the Carpathians

carpelo *nm Bot* carpel

carpeta *nf* file, folder ❑ *Informát* ***c. del sistema*** system folder

carpetazo *nm* EXPR **dar c. a algo** to shelve sth

carpetovetónico, -a *adj* deeply Spanish

carpincho *nm Chile, RP* capybara

carpintería *nf* (**a**) *(de muebles y utensilios)* carpentry; *(de puertas y ventanas)* joinery ❑ ***c. de aluminio/PVC*** aluminium/PVC window frames (**b**) *(taller)* carpenter's/joiner's shop

carpintero, -a *nm,f (de muebles y utensilios)* carpenter; *(de puertas y ventanas)* joiner

carpir *vt Am (tierra)* to hoe

carpo *nm Anat* carpus

carraca *nf* (**a**) *(instrumento)* rattle (**b**) *(cosa vieja)* old crock (**c**) *(ave)* European roller

carrasca *nf* Evergreen oak

carrascal *nm* = hill covered in Evergreen oaks

carraspear *vi* to clear one's throat

carraspeo *nm* cough, clearing of one's throat

carraspera *nf* **tener c.** to have a frog in one's throat

carrasposo, -a *adj* (**a**) *(con carraspera)* hoarse (**b**) *Am (áspero)* rough

CARRERA *nf* (**a**) *(acción de correr)* **me acerqué a la tienda en una c.** I ran down to the shop; **tuve que dar una c. para atrapar el autobús** I had to run to catch the bus; **me di** *o* **pegué una c. y lo alcancé** I ran and managed to catch it; **a c. abierta** *o* **tendida** at full speed; **a la c.** *(corriendo)* running, at a run; *(rápidamente)* fast, quickly; *(alocadamente)* hastily; **ir a un sitio de una c.** to run somewhere; **tomar c.** to take a run-up
(**b**) *(competición)* race; **carreras** races, racing; **un caballo de carreras** a racehorse; **un coche de carreras** a racing car; **sólo quedan diez motos en c.** only ten motorbikes are left in the race; **echaron una c. hasta la puerta** they raced each other to the door; **¿echamos una c.?** shall we race each other?; **varias empresas han entrado en la c. por ganar el concurso** a number of firms have joined the race to win the competition ❑ ***c. armamentística*** *o* ***de armamentos*** arms race; ***c. de caballos*** horse race; **me gustan las carreras de caballos** I like horseracing; ***c. de coches*** motor race; ***c. contrarreloj*** *(en ciclismo)* time trial; *Fig* race against the clock; ***c. espacial*** space race; ***c. por etapas*** *(en ciclismo)* stage race; ***c. de fondo*** long-distance race; ***c. de galgos*** greyhound race; ***c. de medio fondo*** middle-distance race; ***c. de motos*** motorcycle race; **me gustan las carreras de motos** I like motorcycle racing; ***c. de obstáculos*** steeplechase; *Fig* **este proyecto se ha convertido en una c. de obstáculos** it has been one problem after another with this project; ***c. popular*** fun run; ***c. de relevos*** relay (race); ***c. de vallas*** hurdles race; ***c. de velocidad*** *(en atletismo)* sprint
(**c**) *(en béisbol, críquet)* run
(**d**) *(estudios)* university course; **hacer la c. de derecho/físicas** to study law/physics (at university); **tengo la c. de Medicina** I'm a medicine graduate, I have a degree in medicine; **¿qué piensas hacer cuando acabes la c.?** what do you want to do when you finish your studies?; **dejar** *o* **abandonar la c. a medias** to drop out of university *o US* college; **darle (una) c. a alguien** to pay for sb's studies; *Fam Fig* **¡vaya c. lleva tu hijo!** your son's got quite a record! ❑ ***c. media*** = three-year university course (as opposed to normal five-year course); ***c. superior*** = university course lasting five or six years; ***c. técnica*** applied science degree
(**e**) *(profesión)* career; **eligió la c. de las armas** she decided to join the Army; **de c.** *(de profesión)* career; **es diplomático/militar de c.** he's a career diplomat/soldier; **hacer c.** *(triunfar)* to get on; **está haciendo c. en el mundo periodístico** she's carving out a career for herself as a journalist; **con estos niños tan rebeldes no se puede hacer c.** you can't do anything with these badly behaved children
(**f**) EXPR *Fam* **hacer la c.** *(prostituirse)* to walk the streets
(**g**) *(trayecto)* route
(**h**) *(de taxi)* ride; **¿cuánto es la c. a la estación?** what's the fare to the station?
(**i**) *(en medias) Br* ladder, *US* run; **tener una c.** to have a *Br ladder o US* run
(**j**) *(calle)* street, = name of certain Spanish streets

(**k**) *Náut* route ❑ *Hist* ***la C. de Indias*** the Indies run
(**l**) *Astron* course
(**m**) *(hilera)* row, line; *(de ladrillos)* course
(**n**) *Mec (de émbolo)* stroke ❑ ***c. ascendente*** upstroke; ***c. descendente*** downstroke
(**o**) *Arquit* girder, beam

carreraje *nm (en béisbol)* = calculation of the number of runs

carrerilla *nf* **tomar** *o Esp* **coger c.** to take a run-up; **decir algo de c.** to reel sth off

carreta *nf* cart

carretada *nf* (**a**) *(carga)* cartload (**b**) *Fam (gran cantidad)* cartload

carrete *nm* (**a**) *(de hilo)* bobbin, reel; *(de alambre)* coil; *(de pesca)* reel (**b**) *Fot* roll (of film) (**c**) **dar c. a alguien** to draw sb out

carretera *nf* road ❑ ***c. de circunvalación*** ring road; ***c. comarcal*** minor road; *Méx* ***c. de cuota*** toll road; ***c. nacional*** *Br* ≃ A road, *US* ≃ state highway; ***c. de peaje*** toll road

carretero *nm* **fumar como un c.** to smoke like a chimney

carretilla *nf* (**a**) *(para transportar)* wheelbarrow ❑ ***c. elevadora*** forklift truck (**b**) *Guat (tontería)* nonsense

carricero *nm* reed warbler

carricoche *nm Anticuado* jalopy, *Br* old banger

carril *nm* (**a**) *(de carretera)* lane ❑ ***c. de aceleración*** slip road; ***c. bici*** *Br* cycle lane, *US* bikeway; ***c. bus*** bus lane (**b**) *(de vía de tren)* rail (**c**) *(de ruedas)* rut (**d**) *(guía)* rail

carrilero, -a *nm,f (en fútbol)* wing back

carrillo *nm* cheek; **comer a dos carrillos** to cram one's face with food

carrito *nm* trolley, *US* cart

carrizal *nm* reedbed

carrizo *nm* reed

carro *nm* (**a**) *(vehículo)* cart; EXPR **¡para el c.!** *(espera un momento)* hang on a minute!; EXPR **aguantar carros y carretas** to put up with a lot; EXPR **poner el c. delante del caballo** *o* **de las mulas** to put the cart before the horse; EXPR **tirar del c.** to do all the donkey work ❑ ***c. de combate*** tank (**b**) *(carrito)* trolley; *(de bebé)* *Br* pram, *US* baby carriage ❑ ***c. de la compra*** shopping trolley *(two-wheeled)* (**c**) *(de máquina de escribir)* carriage (**d**) *Am (automóvil)* car (**e**) *Am (vagón)* car ❑ ***c. comedor*** dining car; ***c. dormitorio*** sleeper

carrocería *nf* bodywork

carromato *nm* wagon

carroña *nf* carrion

carroñero, -a *adj (animal)* carrion-eating

carroza 1 *adj Fam* **ser c.** to be an old fogey
2 *nf (carruaje)* carriage
3 *nmf Fam (viejo)* old fogey

carruaje *nm* carriage

carrusel *nm* (**a**) *(tiovivo)* carousel, merry-go-round (**b**) *(de caballos)* dressage, display of horsemanship

carst *nm Geol* karst

CARTA *nf* (**a**) *(escrito)* letter; **echar una c.** to *Br* post *o US* mail a letter ❑ ***c. abierta*** open letter; ***c. de agradecimiento*** letter of thanks, thank you letter; ***c. de amor*** love letter; ***c. bomba*** letter bomb; ***c. certificada*** registered letter; ***c. pastoral*** pastoral letter; ***c. de pésame*** letter of condolence; *Am* ***c. postal*** postcard; ***c. de presentación*** *(para un tercero)* letter of introduction; *(con un currículum)* *Br* covering letter, *US* cover letter; ***c. de recomendación*** reference (letter); ***c. urgente*** express letter
(**b**) *(naipe)* (playing) card; **baraja de cartas** pack *o* deck of cards; **jugar a las cartas** to play cards; **echar las cartas a alguien** to tell sb's fortune *(with cards)*; **voy a ir a que me echen las cartas** I'm going to have my fortune told; EXPR **c. sobre la mesa, pesa** once you've played a card, you can't change your mind; *Fig* **enseñar las cartas** to show one's hand; EXPR **jugar a cartas vistas** *(con honradez)* to act openly; *(con certeza)* to act with certainty; *Fig* **jugar (uno) bien sus cartas** to play one's cards right; EXPR **jugarse la última c.** to play one's last card; EXPR **jugarse todo a una c.** to put all one's eggs in one basket; EXPR **no saber a qué c. quedarse** to be unsure; EXPR **poner las cartas boca arriba** *o* **sobre la mesa** to put one's cards on the table ❑ ***c. falsa*** low card
(**c**) *(menú)* menu; **comer a la c.** to eat à la carte; **no tienen menú del día y hay que comer a la c.** they don't have a set menu, you have to choose from the à la carte menu ❑ ***c. de vinos*** wine list
(**d**) *(mapa)* map; *Náut* chart ❑ ***c. astral*** star chart; ***c. de marear*** *o* ***marina*** sea chart; ***c. meteorológica*** weather map
(**e**) *(documento)* charter ❑ *Astrol* ***c. astral*** star chart; *Náut* ***c. de contramarca*** letter of reprisal; ***cartas credenciales*** letters of credence; *Com* ***c. de crédito*** letter of credit; *Náut* ***c. de fletamento*** charter party; ***c. general*** form letter; ***c. de hidalguía*** letters patent of nobility; *Dep* ***c. de libertad:*** **dar la c. de libertad a alguien** to give sb a free transfer; ***C. Magna*** *(constitución)* constitution; *Náut* ***c. de marca*** letters of marque; ***c. de naturaleza*** naturalization papers; *Com* ***c. de pago*** receipt; *Com* ***c. de pedido*** order; ***la C. Social*** the Social Charter; ***c. de trabajo*** work permit; *Com* ***c. de venta*** bill of sale; ***c. verde*** green card
(**f**) *TV* ***c. de ajuste*** *Br* test card, *US* test pattern
(**g**) EXPR **a c. cabal** through and through; **es un hombre íntegro a c. cabal** he's honest through and through; **adquirir** *o* **tomar c. de naturaleza** *(costumbre, práctica)* to become widely accepted; **c. blanca** carte blanche; **dar c. blanca a alguien** to give sb carte blanche *o* a free hand; **tiene c. blanca para conceder un crédito** she is solely responsible for deciding whether or not to give somebody a loan; **tomar cartas en un asunto** to intervene in a matter

cartabón *nm* (**a**) *(regla)* set square *(with angles of 30°, 60° and 90°)* (**b**) *Am (para medir personas)* measuring stick

cartagenero, -a 1 *adj* of/from Cartagena
2 *nm,f* person from Cartagena

cartaginense *adj & nmf*, **cartaginés, -esa** *adj & nm,f Hist* Carthaginian

cártamo *nm* safflower

cartapacio *nm* (**a**) *(carpeta)* folder (**b**) *(cuaderno)* notebook

cartearse *vpr* to correspond; **nos seguimos carteando** we still write to each other

cartel[1] *nm* (**a**) *(anuncio)* poster; **prohibido fijar carteles** *(en letrero)* billposters will be prosecuted; **estar en c.** *(película, obra de teatro)* to be on, to be showing (**b**) *(fama)* **tener buen/mal c.** to be popular/unpopular (**c**) *(de empresas)* cartel

cartel, cártel[2] *nm Econ & Fig* cartel

cartelera *nf* (**a**) *(tablón)* hoarding, billboard (**b**) *(lista de espectáculos)* entertainments page; **estar en c.** to be showing; **lleva un año en c.** it has been running for a year

cartelero, -a *adj* popular, big-name

cartelista *nmf* poster artist

carteo *nm* correspondence

cárter *nm Aut* housing; *(del cigüeñal)* crankcase

cartera *nf* (**a**) *(para dinero)* wallet, *US* billfold (**b**) *(para documentos)* briefcase; *(sin asa)* portfolio; *(de colegial)* satchel; EXPR **tener algo en c.** to have sth in the pipeline (**c**) *Com, Fin* portfolio ❑ ***c. de pedidos*** *(pedidos pendientes)* orders in hand; *(pedidos atrasados)* backlog; ***c. de valores*** investment portfolio (**d**) *Pol (de ministro)* portfolio (**e**) *Am (bolso)* bag

carterista *nmf* pickpocket

cartero, -a *nm,f Br* postman, *f* postwoman, *US* mailman, *f* mailwoman

cartesiano, -a *adj & nm,f Filosofía* Cartesian

cartilaginoso, -a *adj* cartilaginous

cartílago *nm* cartilage

cartilla *nf* (**a**) *(documento)* book ❑ ***c. de ahorros*** savings book; ***c. militar*** = booklet to say one has completed one's military service; ***c. del paro*** *Br* ≃ UB40, = registration card issued to the unemployed; ***c. de racionamiento*** ration book; ***c. de la seguridad social*** = card bearing national insurance number, doctor's address and other personal details (**b**) *(para aprender a leer)* primer; EXPR **leerle la c. a alguien** to read sb the riot act

cartografía *nf* cartography ❑ ***c. aérea*** aerocartography

cartográfico, -a *adj* cartographic

cartógrafo, -a *nm,f* cartographer

cartomancia *nf* cartomancy, fortune-telling *(with cards)*

cartón *nm* (**a**) *(material)* cardboard ❑ ***c.***

piedra papier mâché (**b**) *(de cigarrillos)* carton (**c**) *(de leche, zumo)* carton

cartoné *nm* **en c.** bound in boards

cartuchera *nf* (**a**) *(para cartuchos)* cartridge belt (**b**) *Fam (grasa acumulada)* saddlebag

cartucho *nm* (**a**) *(de arma, tinta)* cartridge; EXPR **quemar el último c.** to play one's last card ▫ ***c. de tóner*** toner cartridge (**b**) *(envoltorio) (de monedas)* roll; *(cucurucho)* paper cone

cartuja *nf* charterhouse

cartujo, -a 1 *adj* Carthusian
2 *nm* (**a**) *(religioso)* Carthusian (**b**) *(persona retraída)* hermit

cartulina *nf* card, thin cardboard; **una carpeta de c.** a cardboard folder

CASA *nf* (**a**) *(edificio)* house; *(piso) Br* flat, *US* apartment; **vivo en una c. de tres plantas** my house has got three floors; **vivimos en una c. de alquiler** we live in rented accommodation; **buscar c.** to look for somewhere to live; **cambiarse** *o* **mudarse de c.** to move (house); **de c. en c.** house-to-house; **se le cae la c. encima** *(se deprime)* it's the end of the world for him; *Fam* **como una c.** *(enorme)* massive; *Fam* **dijo un disparate como una c.** he made a totally ludicrous remark; *Fam* **una mentira como una c.** a whopping great lie; *Fam* **un fuera de juego como una c.** a blindingly obvious offside; EXPR **echar** *o* **tirar la c. por la ventana** to spare no expense; EXPR **para comprarse un coche tan caro, tiró la c. por la ventana** he spared no expense when he bought that car; EXPR **empezar la c. por el tejado** to put the cart before the horse; **estar de c.** *o RP* **de entre c.** to be casually dressed; *Chile, RP* **las casas** *(en estancia, hacienda)* the farmstead ▫ ***c. adosada*** terraced house; *Am* ***c. de altos*** multistorey building; ***C. Blanca*** *(en Estados Unidos)* White House; ***c. de campo*** country house; ***c. y comida*** board and lodgings; *Esp* ***c. cuartel*** *(de la Guardia Civil)* = police station also used as living quarters by Guardia Civil; *Am* ***c. de departamentos*** *Br* block of flats, *US* apartment building; ***c. de labor*** *o* ***de labranza*** farmhouse; ***C. de la Moneda*** *(residencia presidencial)* = official residence of Chilean president; ***c. de muñecas*** *Br* doll's house, *US* dollhouse; ***la c. natal de Goya*** the house where Goya was born; ***c. de postas*** posthouse, inn; ***c. prefabricada*** prefab; ***C. Rosada*** *(residencia presidencial)* = official residence of Argentinian president; ***c. semiadosada*** semi-detached house; ***c. solariega*** ancestral home, family seat; ***c. unifamiliar*** = house (usually detached) on an estate; ***c. de vecindad*** tenement house
(**b**) *(hogar)* home; **bienvenido a c.** welcome home; **en c.** at home; **¿está tu hermano en c.?** is your brother at home?; **me quedé en c. leyendo** I stayed at home and read a book; **en c. se cena pronto** we have dinner early at home; **unas zapatillas de ir por c.** slippers for wearing around the house; **pásate por c.** come round, come over to my place; EXPR *Fam* **entra y sale como Pedro por su c.** she comes in and out as if she owned the place; **estar fuera de c.** to be out; **ir a c.** to go home; **irse de c.** to leave home; **me fui de c. a los dieciséis años** I left home at sixteen; **pásate por mi c.** come round to my place; **franquear la c. a alguien** to open one's home to sb; **generalmente es la mujer la que lleva la c.** it's usually the woman who runs the household; **no para en c.** he's hardly ever at home; EXPR **no tener c. ni hogar** to be homeless; **ponte como en tu c., estás en tu c.** make yourself at home; **sin c.** homeless; **había varios sin c. durmiendo a la intemperie** there were several homeless people sleeping rough; **hemos recogido a un niño sin c.** we've taken in a child from a broken home; EXPR **nadie se enterará de tu despiste, todo queda en c.** no one will find out about your mistake, we'll keep it between ourselves; EXPR **el padre y el hijo dirigen el negocio, así que todo queda en c.** the business is run by father and son, so it's all in the family; **quiere poner c. en Valencia** she wants to go and live in Valencia; **sentirse como en c.** to feel at home; **ser (uno) muy de su c.** to be a homebody; EXPR *Fam* **los unos por los otros y la c. sin barrer** everybody said they'd do it and nobody did; EXPR *Fam* **esto parece la c. de tócame Roque** everyone just does whatever they want in here, it's like liberty hall in here; PROV **cada uno en su c., y Dios en la de todos** you should mind your own business; PROV **en c. del herrero cuchillo de palo** the shoemaker's wife is always worst shod ▫ ***c. mortuoria*** home of the deceased; ***c. paterna*** parents' home
(**c**) *(familia)* family; *(linaje)* house; **procede de una de las mejores casas de la ciudad** she comes from one of the most important families in the city ▫ *Hist* ***la c. de Austria*** the Hapsburgs; *Hist* ***la c. de Borbón*** the Bourbons; ***c. real*** royal family
(**d**) *(establecimiento)* company; **este producto lo fabrican varias casas** this product is made by several different companies; **por la compra de un televisor, la c. le regala una radio** buy one television and we'll give you a radio for free; **¡invita la c.!** it's on the house!; **especialidad/vino de la c.** house speciality/wine ▫ *Méx* ***c. de asistencia*** boarding house; ***c. de banca*** banking house; *Com* ***c. central*** head office; ***c. de citas*** brothel; ***c. de comidas*** = cheap restaurant serving simple meals; ***c. discográfica*** record company; ***c. editorial*** publishing house; ***c. de empeño*** pawnshop; ***c. exportadora*** exporter; ***c. de huéspedes*** guesthouse; ***c. importadora*** importer; *Com* ***c. matriz*** *(de empresa)* head office; *(de grupo de empresas)* parent company; ***c. de préstamo*** pawnshop; ***c. pública*** brothel; *Vulg* ***c. de putas*** whorehouse
(**e**) *(institución, organismo)* ***c. de baños*** public bathhouse; ***c. de beneficencia*** *o* ***caridad*** poorhouse; *Fin* ***c. de cambio*** bureau de change; ***c. Consistorial*** town hall; ***c. de correos*** post office; ***c. cuna*** *(orfanato)* foundling home; *(guardería)* nursery; ***c. de Dios*** house of God; ***c. de fieras*** zoo; ***c. de locos*** madhouse; *Fig* **¡esto es una c. de locos!** this place is a madhouse!; ***c. de la moneda*** *(fábrica)* mint; ***c. del pueblo*** = village social club run by local council; ***c. rectoral*** rectory; ***c. regional*** = social club for people from a particular region (in another region or abroad); ***c. religiosa*** *(de monjas)* convent; *(de monjes)* monastery; ***c. del Señor*** house of God; ***c. de socorro*** first-aid post; ***c. de la villa*** town hall
(**f**) *Dep* home; **jugar en c.** to play at home; **jugar fuera de c.** to play away (from home); **el equipo de c.** the home team
(**g**) *(en juegos de mesa)* home
(**h**) *(casilla de ajedrez, damas etc)* square
(**i**) ***c. celeste*** *(en astrología)* house

casabe *nm* (**a**) *(pez)* amberfish (**b**) *(planta)* cassava (**c**) *Am (torta)* cassava bread

Casablanca *n* Casablanca

casaca *nf (de chaqué)* frock coat; *(chaquetón)* jacket

casación *nf Der* annulment

casadero, -a *adj* marriageable

casado, -a 1 *adj* married (**con** to)
2 *nm,f* married man, *f* married woman; **los recién casados** the newly-weds; PROV **el c. casa quiere** when you're married you want your own place

casamata *nf* casemate

casamentero, -a 1 *adj* matchmaking
2 *nm,f* matchmaker

casamiento *nm* wedding, marriage

casanova *nm* Casanova

casar 1 *vt* (**a**) *(en matrimonio)* to marry (**b**) *(unir)* to fit together
2 *vi* to match
3 casarse *vpr* to get married (**con** to); **casarse por la iglesia/lo civil** to have a church/civil wedding; EXPR **no se casa con nadie** he maintains his independence, he ploughs his own furrow

cascabel *nm* (small) bell; EXPR **poner el c. al gato** to bell the cat, to dare to go ahead

cascabela *nf CRica* rattlesnake

cascabelear *vi* (**a**) *Fam (estar atolondrado)* to act in a scatterbrained manner (**b**) *Chile Fam (refunfuñar)* to grumble

cascabeleo *nm* tinkle, jingle

cascada *nf* (**a**) *(de agua)* waterfall (**b**) *(gran cantidad)* **una c. de preguntas** a deluge of questions; **en c.** one after another

cascado, -a *adj* (**a**) *Fam (estropeado)* bust; *(persona)* worn-out (**b**) *(ronco)* rasping

cascajo *nm* (**a**) *(cascote)* rubble (**b**) EXPR *Fam* **estar hecho un c.** to be a wreck

cascanueces *nm inv* nutcracker

cascar [59] **1** *vt* (**a**) *(romper)* to crack; **c. un huevo** to crack an egg (**b**) *Fam (dañar)* to damage, to harm; EXPR **cascarla** to kick the bucket (**c**) *Fam (voz)* to make croaky (**d**) *Fam (pegar)* to thump

2 *vi Fam* (**a**) *(hablar)* to witter on (**b**) *(morir)* to kick the bucket

3 cascarse *vpr* (**a**) *(romperse)* to crack (**b**) *Fam* **se le cascó la voz** his voice went croaky (**c**) *muy Fam* **cascársela** *(masturbarse)* to jerk off, *Br* to wank

cáscara 1 *nf* (**a**) *(de almendra, huevo)* shell; *(de limón, naranja)* peel (**b**) *Méx Fam* **echar una c.** *(un partido)* to have a game

2 *interj* **¡cáscaras!** wow!

cascarilla *nf* husk

cascarón *nm* eggshell; **romper el c.** to hatch; EXPR **salir del c.** *(independizarse)* to leave the nest; *(abrirse)* to come out of one's shell

cascarrabias *nmf inv* grouch, misery guts

casco 1 *nm* (**a**) *(para la cabeza)* helmet; *(de albañil)* hard hat; *(de motorista)* crash helmet ▫ ***cascos azules*** UN peacekeeping troops, blue berets

(**b**) *(de barco)* hull

(**c**) *(de ciudad)* ***c. antiguo*** *o* ***histórico*** old (part of) town; ***c. de población*** *o* ***urbano*** city centre; ***c. viejo*** old (part of) town

(**d**) *(de caballo)* hoof

(**e**) *(de botella)* (empty) bottle

(**f**) *(pedazo)* fragment, piece

(**g**) *Méx, RP (en estancia, hacienda)* farmstead

(**h**) *Andes, Cuba, RP (gajo)* segment

2 *nmpl* **cascos** *Fam* (**a**) *(auriculares)* headphones

(**b**) EXPR **calentarse** *o* **rom-perse los cascos** to rack one's brains; **ser alegre** *o* **ligero de cascos** *(irresponsable)* to be irresponsible; *(mujer)* to be flighty

cascote *nm* piece of rubble

caseína *nf* casein

caserío *nm* (**a**) *(aldea)* hamlet (**b**) *(casa de campo)* country house

caserna *nf Mil* bombproof bunker

casero, -a 1 *adj* (**a**) *(de casa) (comida)* home-made; *(trabajos)* domestic; *(celebración)* family (**b**) *(hogareño)* home-loving; **es muy c.** he's a real homebody

2 *nm,f* (**a**) *(propietario)* landlord, *f* landlady (**b**) *(encargado)* house agent (**c**) *Andes, Cuba (cliente)* customer

caserón *nm* large, rambling house

caseta *nf* (**a**) *(casa pequeña)* hut; EXPR *Dep Fam* **mandar a un jugador a la c.** to give a player his marching orders ▫ ***c. de feria*** booth, stall (**b**) *(en la playa)* bathing hut (**c**) *(para perro)* kennel

casete 1 *nf (cinta)* cassette

2 *nm (magnetófono)* cassette *o* tape recorder

casi *adv* almost; **c. me muero** I almost *o* nearly died; **c. no dormí** I hardly slept at all; **no comió c. nada** she ate almost *o* practically nothing; **c., c.** almost, just about; **c. nunca** hardly ever; **c. siempre** almost *o* nearly always; **¿qué te pasa? — ¡c. nada! que me ha dejado mi mujer** what's up? — my wife's only gone and left me, that's all!

casilla *nf* (**a**) *(de caja, armario)* compartment; *(para cartas)* pigeonhole ▫ *Andes, RP* ***c. de correos*** PO Box; *Am* ***c. postal*** PO Box (**b**) *(en un impreso)* box ▫ *Informát* ***c. de verificación*** checkbox (**c**) *(de tablero de juego)* square ▫ ***c. de salida*** start; **volver a la c. de salida** to go back to the start (**d**) *Ecuad (retrete)* toilet (**e**) EXPR *Fam* **sacar a alguien de sus casillas** to drive sb mad; *Fam* **salir** *o* **salirse de sus casillas** to fly off the handle

casillero *nm* (**a**) *(mueble)* set of pigeonholes (**b**) *(casilla)* pigeonhole (**c**) *(marcador)* scoreboard

casino *nm* (**a**) *(para jugar)* casino (**b**) *(asociación)* (social) club

casís *nm inv* (**a**) *(arbusto)* blackcurrant bush (**b**) *(fruto)* blackcurrant (**c**) *(licor)* cassis

casiterita *nf Geol* cassiterite

CASO *nm* (**a**) *(situación, circunstancias, ejemplo)* case; **un c. especial** a special case; **voy a contarles un c. curioso que pasó aquí** I'm going to tell you about something strange that happened here; **les expuse mi c.** I made out my case to them; **el c. es que** *(el hecho es que)* the thing is (that); *(lo importante es que)* what matters is (that); **el c. es que a pesar de la aparatosidad del accidente nadie resultó herido** despite the spectacular nature of the accident, the fact remains that no one was injured; **el c. es que no sé qué hacer** basically, I don't know what to do; **rara vez se da el c. de que dos candidatos obtengan el mismo número de votos** it is very rare for two candidates to receive the same number of votes; **en c. afirmativo/negativo** if so/not; **en c. contrario** otherwise; **en c. de** in the event of; **en c. de emergencia** in case of emergency; **en c. de incendio** in the event of a fire; **en c. de no haber mayoría...** should there be no majority...; **en c. de necesidad** if necessary; **en c. de no poder venir, comuníquenoslo** should you be unable to come, please let us know; **en c. de que** if; **(en) c. de que venga** should she come, if she comes; **en cualquier** *o* **todo c.** in any event *o* case; **dijo que en todo c. nos avisaría** she said she'd let us know, whatever; **no tenemos dinero para un hotel, en todo c. una pensión** we certainly haven't got enough money for a hotel, it'll have to be a guesthouse, if anything; **en el c. de Bosnia, la situación es más complicada** in the case of Bosnia, the situation is more complicated; **en el mejor/peor de los casos** at best/worst; **en el peor de los casos llegaremos un poco tarde** the worst that can happen is that we'll be a few minutes late; **en tal** *o* **ese c.** in that case; **yo en tu c. no iría** I wouldn't go if I were you; **en último c., en c. extremo** as a last resort; **hablar al c.** to keep to the point; **ir al c.** to get to the point; **llegado** *o* **si llega el c., ya veremos qué hacemos** we'll cross that bridge when we come to it; **cuando llegue el c. se lo diremos** we'll tell you when the time comes; **lo mejor del c.** the best thing (about it); **poner por c. algo/a alguien** to take sth/sb as an example; **pongamos por c. que...** let's suppose (that)...; **ponerse en el c. de alguien** to put oneself in sb's position; **según (sea) el c., según los casos** as *o* whatever the case may be; **eso no viene** *o* **hace al c.** that's irrelevant; **tu comportamiento no viene** *o* **hace al c.** your behaviour is out of place; **verse en el c. de hacer algo** to be obliged *o* compelled to do sth

(**b**) *(atención)* attention; **hacer c. a** to pay attention to; **tuve que gritar para que me hicieran c.** I had to shout to attract their attention; **¡maldito el c. que me hacen!** they don't take the blindest bit of notice of me!; **hacer c. omiso de** to ignore; **¡ni c.!, ¡no hagas c.!** don't take any notice!; **se lo dije, pero ella, ni c.** I told her but she didn't take any notice; **no me hace ni c.** she doesn't pay the slightest bit of attention to me

(**c**) *Der & Med* case; **el c. Dreyfus** the Dreyfus affair; **el c. Watergate** Watergate, the Watergate affair; **se han dado varios casos de intoxicación** there have been several cases of poisoning; EXPR *Fam* **ser un c. perdido** to be a lost cause ▫ ***c. clínico:*** **un c. clínico muy interesante** a very interesting case; EXPR *Fam* **ser un c. (clínico)** to be a case, to be a right one; ***c. de conciencia*** matter of conscience; *Der* ***c. fortuito*** act of God; ***c. de fuerza mayor*** force of circumstance(s); **fue un c. de fuerza mayor** it was due to force of circumstance(s); ***c. de honra*** question of honour; *Der* ***c. de prueba*** test case

(**d**) *Gram* case

(**e**) EXPR *Méx* **no tiene c.,** *RP* **no hay c.** *(no tiene solución)* nothing can be done about it

---

casona *nf* large house, mansion

casorio *nm Fam* unwise marriage

caspa *nf* dandruff

Caspio *nm* **el (mar) C.** the Caspian Sea

cáspita *interj Anticuado o Hum* **¡c.!** *(sorpresa)* my word!; *(enfado)* dash it!

casposo, -a *adj Fam (asqueroso)* disgusting

casquería *nf* (**a**) *(tienda)* = shop selling offal (**b**) *(productos)* offal (**c**) *Fam* **en esa película sale demasiada c.** that film is too gory

casquete *nm* (**a**) *(gorro)* skullcap (**b**) *(en esfera)* ***c. esférico*** segment of a sphere; ***c. glacial*** icecap; ***c. polar*** polar icecap (**c**) *muy Fam* **echar un c.** to have a screw *o Br* shag

casquillo *nm* (**a**) *(cartucho de bala)* case (**b**) *(de lámpara)* socket *(for light bulb)* (**c**) *CAm (herradura)* horseshoe

casquivano, -a *adj* (**a**) *Fam (irresponsable)* irresponsible (**b**) *(mujer)* flighty

cassette [ka'sete, ka'set] **1** *nf (cinta)* cassette

2 *nm (magnetófono)* cassette *o* tape recorder

casta *nf* (**a**) *(linaje)* caste; EXPR **de c. le viene al galgo** it runs in the family; **él y todos los de su c.** him and all his sort *o* ilk (**b**) *(especie, calidad)* breed; **es de buena c.**

(persona) he's from good stock (**c**) *(en la India)* caste

castaña *nf* (**a**) *(fruto)* chestnut; EXPR *Fam* **sacarle a alguien las castañas del fuego** to get sb out of trouble ▫ ***c. de agua*** water chestnut; ***c. pilonga*** dried chestnut (**b**) *Fam (golpe)* bash (**c**) *Fam (borrachera)* **agarrarse una c.** to get legless (**d**) *Fam (cosa aburrida)* bore; **este libro es una c.** this book is boring (**e**) *(moño)* bun (**f**) EXPR *Fam* **¡toma c.!** so there! (**g**) *Méx (barril pequeño)* keg

castañar *nm* chestnut grove

castañazo *nm Fam* bash; **darse un c.** *(golpe)* to bump oneself; *(con vehículo)* to have a crash

castañeta *nf Taurom* = bullfighter's ornamental pigtail

castañetear *vi (dientes)* to chatter; **me castañetean las rodillas** my knees are knocking

castañeteo *nm* (**a**) *(de castañuelas)* clacking (**b**) *(de dientes)* chattering

castaño, -a 1 *adj (color)* brown, chestnut; **ojos castaños** brown eyes
2 *nm* (**a**) *(color)* chestnut; EXPR **pasar de c. oscuro** to be beyond a joke (**b**) *(árbol)* chestnut (tree) ▫ ***c. de Indias*** horse chestnut (tree) (**c**) *(madera)* chestnut

castañuela *nf (instrumento)* castanet; EXPR **estar como unas castañuelas** to be over the moon

castellanizar [14] *vt* to hispanicize

castellano, -a 1 *adj & nm,f* Castilian
2 *nm (lengua)* (Castilian) Spanish; **las variedades del c. habladas en América** the varieties of Spanish spoken in Latin America

castellanohablante 1 *adj* Spanish-speaking
2 *nmf* Spanish speaker

castellano-leonés, -esa 1 *adj* of/from Castilla y León
2 *nm,f* person from Castilla y León

castellano-manchego, -a 1 *adj* of/from Castilla-La Mancha
2 *nm,f* person from Castilla-La Mancha

castellanoparlante 1 *adj* Spanish-speaking
2 *nmf* Spanish speaker

casticismo *nm* purism

castidad *nf* chastity

castigador, -ora *Fam* **1** *adj* seductive
2 *nm,f* ladykiller, *f* man-eater

castigar [38] **1** *vt* (**a**) *(imponer castigo a)* to punish (**b**) *Dep* to penalize (**c**) *(dañar) (piel, salud)* to damage; *(sujeto: sol, viento, epidemia)* to devastate; **una zona castigada por las inundaciones** a region severely hit by the floods (**d**) *(enamorar)* to seduce
2 castigarse *vpr* to be hard on oneself; **no te castigues así** don't be so hard on yourself

castigo *nm* (**a**) *(sanción)* punishment; **c. ejemplar** exemplary punishment (**b**) *Dep* **máximo c.** penalty; **el árbitro señaló el máximo c.** the referee pointed to the spot (**c**) *(daño)* damage; **infligir un duro c. a** to inflict severe damage on (**d**) *Fam (molestia, suplicio)* **¡qué c. de niño/hombre!** what a pain that child/man is!

Castilla *n* Castile; EXPR **¡ancha es C.!** well how do you like that! ▫ ***C. la Nueva*** New Castile; ***C. la Vieja*** Old Castile

Castilla-La Mancha *n* Castile and La Mancha

Castilla y León *n* Castile and León

castillo *nm* (**a**) *(edificio)* castle; *Fig* **castillos en el aire** *o* **de naipes** castles in the air ▫ ***c. de fuegos artificiales*** fireworks display (**b**) *Náut* ***c. de popa*** quarterdeck; ***c. de proa*** forecastle

casting ['kastin] *nm Cine & Teatro* audition; **hacer un c.** to hold an audition

castizo, -a *adj* (**a**) *(lenguaje, palabra)* = derived from popular usage and considered linguistically pure (**b**) *(barrio, taberna)* typical; **un andaluz c.** a typical Andalusian

casto, -a *adj* chaste

castor *nm* (**a**) *(animal)* beaver (**b**) *(piel)* beaver fur

castración *nf (de animal, persona)* castration; *(de gato)* neutering; **la c. de gatos es una práctica común hoy en día** neutering cats is common practice nowadays

castrado, -a 1 *adj* (**a**) *(animal, persona)* castrated; *(gato)* neutered (**b**) *(apocado)* emasculated
2 *nm* (**a**) *(hombre)* eunuch (**b**) *(caballo)* gelding

castrador, -ora *adj Fig* **una madre castradora** a domineering *o* dominant mother

castrar *vt* (**a**) *(animal, persona)* to castrate; *(gato)* to neuter (**b**) *(debilitar)* to sap, to impair (**c**) *(anular)* to weaken, to impair

castrense *adj* military

castrismo *nm* Castroism

castrista *adj & nmf* Castroist

casual 1 *adj* accidental; **un encuentro c.** a chance encounter
2 *nm Fam* **por un c.** by any chance

casualidad *nf* coincidence; **la c. hizo que nos encontráramos** chance brought us together; **dio la c. de que...** it so happened that...; **por** *o* **de c.** by chance; **¡qué c.!** what a coincidence!

casualmente *adv* by chance

casucha *nf Pey* hovel, dump

casuística *nf Der* case law

casuístico, -a *adj Formal* casuistic

casulla *nf* chasuble

cata *nf* (**a**) *(de vino)* tasting ▫ ***c. de vinos*** wine tasting (**b**) *Col (secreto)* hidden *o* secret thing (**c**) *Chile, RP (ave)* parakeet

catabolismo *nm* catabolism

cataclismo *nm* cataclysm

catacumbas *nfpl* catacombs

catadióptrico *nm* reflector

catador, -ora *nm,f* taster ▫ ***c. de vinos*** wine taster

catadura *nf* (**a**) *(prueba)* tasting (**b**) *(aspecto)* look, appearance

catafalco *nm* catafalque

catalán, -ana 1 *adj & nm,f* Catalan, Catalonian
2 *nm (lengua)* Catalan

catalanismo *nm* (**a**) *(palabra)* Catalanism (**b**) *Pol* Catalan nationalism

catalanista *adj & nmf* Catalan nationalist

catalejo *nm* telescope

catalepsia *nf* catalepsy

cataléptico, -a *adj* (**a**) *Med* cataleptic; **en estado c.** in (a state of) suspended animation (**b**) *Fam (atontado)* half asleep

catálisis *nf inv* catalysis

catalítico, -a *adj Quím* catalytic

catalizador, -ora 1 *adj* (**a**) *Quím* catalytic (**b**) *Fig* **el principio c. del cambio** *(impulsor)* the catalyst of change
2 *nm* (**a**) *Quím* catalyst (**b**) *Aut* catalytic converter (**c**) *Fig (persona)* catalyst

catalizar [14] *vt* (**a**) *Quím* to catalyse (**b**) *(impulsar)* to provoke

catalogación *nf* cataloguing; **su c. entre los tres mejores me parece injusta** I think it's unfair to rank him among the top three; **no admitir c.** *(ser extraordinario)* to be hard to categorize

catalogar [38] *vt* (**a**) *(en catálogo)* to catalogue (**b**) *(clasificar)* **c. a alguien (de)** to class sb (as)

catálogo *nm* catalogue

catalpa *nf* catalpa

Cataluña *n* Catalonia

catamarán *nm* catamaran

cataplasma *nf* (**a**) *Med* poultice (**b**) *Fam (pesado)* bore

cataplines *nmpl Fam (testículos)* nuts, *Br* goolies

cataplum, cataplún *interj* **¡c.!** crash!, bang!

catapulta *nf* catapult

catapultar *vt* (**a**) *(con catapulta)* to catapult (**b**) *(lanzar)* **salió catapultado del asiento** he was catapulted out of the seat; **c. a alguien a la fama** to shoot sb to fame

catapún *Fam* **1** *interj* **¡c.!** *(en lenguaje infantil)* crash!, bang!; **abrí la puerta y ¡c.!, me encontré con Juanita** I opened the door and who should I see but Juanita!
2 *adj* EXPR **en el año c.** ages ago; **no la veo desde al año c.** I haven't seen her for (absolutely) ages; **es del año c.** it's ancient

catar *vt* to taste

catarata *nf* (**a**) *(de agua)* waterfall ▫ ***las cataratas del Iguazú*** the Iguaçú Falls; ***las cataratas del Niágara*** the Niagara Falls (**b**) *Med* cataract; **le van a operar de cataratas** he's going to have a cataract operation

catarral *adj* catarrhal

catarro *nm* cold

catarsis *nf inv* catharsis

catártico, -a *adj* cathartic

catastral *adj* **registro c.** land register; **valor c.** = value of a property recorded in the land register, *Br* ≃ rateable value, *US* ≃ assessed value

catastro *nm* land registry

catástrofe *nf (calamidad)* catastrophe; *(accidente de avión, tren)* disaster

catastrófico, -a *adj* disastrous, catastrophic

catastrofismo *nm (pesimismo)* scaremongering, alarmism

catastrofista *adj & nmf* alarmist

catatónico, -a *adj* (**a**) *Med* catatonic (**b**) *muy Fam* flabbergasted, *Br* gobsmacked

catavientos *nm inv* wind sleeve, wind cone

catavino *nm* wine-tasting glass

catavinos *nmf inv* wine taster

cátcher *nm (en béisbol)* catcher

catchup *nm* ketchup

cate *nm Fam* fail; **me han puesto un c.** they failed me

catear *vt* (**a**) *Fam (suspender)* to fail, *US* to flunk; **he cateado** *o* **me han cateado la física** I failed *o US* flunked physics (**b**) *Andes, RP (terreno)* to prospect (**c**) *Am (casa)* to search

catecismo *nm* catechism

catecumenado *nm* catechumenism

catecumenal *adj* catechumenal

cátedra *nf* (**a**) *(en universidad)* chair; **ocupa la c. de Historia antigua** she holds the chair of Ancient History EXPR **sentar c.** to lay down the law (**b**) *(en instituto)* post of head of department (**c**) *(departamento)* department

catedral *nf (edificio)* cathedral; EXPR *Fam* **una mentira como una c.** a whopping great lie

catedralicio, -a *adj* cathedral; **ciudad catedralicia** cathedral city

catedrático, -a *nm,f* (**a**) *(de universidad)* professor (**b**) *(de instituto)* head of department

categoría *nf* (**a**) *(clase)* category; **perder la c.** *(en competición deportiva)* to be relegated (**b**) *(posición social)* standing; **de c.** important (**c**) *(calidad)* quality; **de (primera) c.** first-class

categóricamente *adv* categorically, absolutely

categórico, -a *adj* categorical

catequesis *nf inv* catechesis, ≃ Sunday school

catequizar [14] *vt* (**a**) *(enseñar religión a)* to instruct in Christian doctrine (**b**) *(adoctrinar)* to convert

catering ['katerin] *nm* catering

caterva *nf* host, multitude

catéter *nm Med* catheter

cateterismo *nm* catheterization

cateto, -a 1 *adj Pey* uncultured, uncouth
2 *nm,f Pey* country bumpkin
3 *nm Geom* cathetus

catinga *nf Am (olor)* foul smell

catión *nm Elec* cation

catire, -a *adj Carib, Col, Ven* blond(e)

catódico, -a *adj* cathodic, cathode

cátodo *nm* cathode

catolicismo *nm* Catholicism

católico, -a 1 *adj* Catholic; EXPR *Fam* **no estar muy c.** to be under the weather
2 *nm,f* Catholic

catorce *núm* fourteen; *ver también* **seis**

catorceavo, -a, catorzavo, -a *núm (fracción)* fourteenth; **la catorceava parte** a fourteenth

catre *nm (cama)* camp bed; *Fam* **irse al c.** to hit the sack

catrín, -ina *nm,f CAm, Méx Fam* toff

catsup *nm Méx* ketchup

caucásico, -a, caucasiano, -a *adj & nm,f* Caucasian

Cáucaso *nm* **el C.** the Caucasus

cauce *nm* (**a**) *(de río, canal)* bed; **seguir el c. del río** to follow the course of the river; EXPR **ya han vuelto las aguas a su c.** things have returned to normal (**b**) *(camino, forma)* course; **volver a su c.** to return to normal; **abrir nuevos cauces de diálogo** to open new channels for talks (**c**) *(acequia)* channel

cauchal *nm* rubber plantation

cauchera *nf* rubber plant

cauchero, -a 1 *adj* rubber; **la industria cauchera** the rubber industry; **una región cauchera** a rubber-producing area
2 *nm,f* rubber gatherer *o* worker

caucho *nm* (**a**) *(sustancia)* rubber ▫ ***c. sintético*** synthetic rubber; ***c. vulcanizado*** vulcanized rubber (**b**) *(planta)* rubber tree (**c**) *Ven (impermeable) Br* mac, *US* slicker

caución *nf* (**a**) *(precaución)* caution (**b**) *Der* bail; **bajo c.** on bail ▫ ***c. de indemnidad*** bond of indemnity

caucus *nm Pol* caucus

caudal 1 *adj Formal* caudal
2 *nm* (**a**) *(cantidad de agua)* flow, volume (**b**) *(capital, abundancia)* wealth

caudaloso, -a *adj* (**a**) *(río)* with a large flow (**b**) *(persona)* wealthy, rich

caudillaje *nm* leadership

caudillo *nm* (**a**) *(en la guerra)* leader, head (**b**) *Hist* **el C.** = title used to refer to Franco

causa *nf* (**a**) *(origen)* cause; **la c. última** the ultimate cause *o* reason
(**b**) *(ideal, objetivo)* cause; **una c. humanitaria** a humanitarian cause; **dieron su vida por la c.** they gave their lives for the cause; EXPR **hacer c. común con alguien** to make common cause with sb; EXPR **ser una c. perdida** to be a lost cause
(**c**) *(razón, motivo)* reason; **a** *o* **por c. de** because of; **llegaron tarde a** *o* **por c. del intenso tráfico** they arrived late because of the heavy traffic; **ello no es c. suficiente para dejar de asistir a clase** that isn't a good enough reason for stopping going to school; **por c. mayor** for reasons beyond my/our/*etc* control
(**d**) *Der* case ▫ ***c. civil*** lawsuit
(**e**) *Andes (comida ligera)* light meal, snack
(**f**) *Perú (guiso)* = dish of mashed potatoes mixed with cheese, olives, sweetcorn and lettuce, eaten cold

causahabiente *nm Der* assignee

causal *adj* causal

causalidad *nf* causality

causante 1 *adj* **la razón c.** the cause
2 *nmf* **el c. del accidente** the person responsible for *o* who caused the accident

causar *vt (originar)* to cause; *(impresión)* to make; *(placer)* to give; **el accidente le causó graves lesiones** he was seriously injured in the accident

causativo, -a *adj* causative

causeo *nm Andes (comida ligera)* light meal, snack

cáustico, -a *adj Quím & Fig* caustic

cautela *nf* caution, cautiousness; **con c.** cautiously

cautelar *adj* precautionary, preventive

cauteloso, -a 1 *adj* cautious, careful
2 *nm,f* cautious person

cauterización *nf* cauterization

cauterizar [14] *vt* to cauterize

cautivador, -ora 1 *adj* captivating, enchanting
2 *nm,f* charmer

cautivar *vt* (**a**) *(apresar)* to capture (**b**) *(seducir)* to captivate, to enchant

cautiverio *nm* captivity; **pasó cinco años de c. en Argel** he spent five years in prison in Algiers

cautividad *nf* captivity; **vivir en c.** to live in captivity

cautivo, -a *adj & nm,f* captive

cauto, -a *adj* cautious, careful

cava 1 *nm (bebida)* = Spanish sparkling wine
2 *nf* (**a**) *(bodega)* wine cellar (**b**) *(faena agrícola)* = action of hoeing the soil in a vineyard to break it up

cavador, -ora *nm,f* digger

cavar 1 *vt (hoyo)* to dig; *(con azada)* to hoe; **c. un pozo** to sink a well; EXPR **está cavando su propia tumba** she is digging her own grave
2 *vi (hacer hoyo)* to dig; *(con azada)* to hoe

caverna *nf (cueva)* cave; *(más grande)* cavern

cavernícola *nmf* caveman, *f* cavewoman

cavernoso, -a *adj* (**a**) *(con cavernas)* cavernous, with caves (**b**) *(voz, tos)* hollow

caviar *nm* caviar

cavidad *nf* cavity ▫ *Anat* ***la c. bucal*** the buccal *o* oral cavity; *Anat* ***c. peritoneal*** peritoneal cavity; *Anat* ***c. torácica*** thoracic cavity

cavilación *nf* deep thought, pondering; **tras muchas cavilaciones, decidió entregarse** after much thought, he decided to give himself up

cavilar *vi* to think deeply, to ponder

caviloso, -a *adj* thoughtful, pensive

cayado *nm* (**a**) *(de pastor)* crook (**b**) *(de obispo)* crozier

cayena *nf (especia)* Cayenne pepper

cayera *etc ver* **caer**

cayo *nm (isla)* key, islet

cayuco *nm* = Indian canoe

caz (*pl* **caces**) *nm* ditch, canal

caza 1 *nf* (**a**) *(acción de cazar)* hunting; **ir de c.** to go hunting; *Fig* **dar c. a** to hunt down ▫ *Fig* ***c. de brujas*** witch-hunt (**b**) *(animales, carne)* game ▫ ***c. mayor*** big game; ***c. menor*** small game (**c**) *Fam (en ciclismo)* chase (**d**) *Fam (búsqueda)* hunting; **ir a la c. de algo** to go hunting for sth; **ir a la c. de un trabajo** to go job-hunting
2 *nm (avión)* fighter (plane)

cazabe *nm Am* cassava bread

cazabombardero *nm* fighter-bomber

cazador, -ora 1 *adj* hunting
2 *nm,f (persona)* hunter ▫ ***c. furtivo*** poacher

cazadora *nf (prenda)* bomber jacket; **c. vaquera** denim jacket

cazadotes *nm inv* fortune hunter

cazalla *nf (bebida)* = aniseed-flavoured spirit

cazar [14] *vt* (**a**) *(animales)* to hunt (**b**) *Fam (pillar, atrapar)* to catch; *(en matrimonio)* to trap; EXPR **cazarlas al vuelo** to be quick on the uptake; **cazó a una rica heredera** he landed himself a rich heiress (**c**) *Fam (hacer una falta a)* to hack down

cazarrecompensas *nmf inv* bounty hunter

cazatalentos *nmf inv* (**a**) *(de artistas, deportistas)* talent scout (**b**) *(de ejecutivos)* headhunter

cazo *nm* (**a**) *(cacerola)* saucepan (**b**) *(cucharón)* ladle (**c**) *Fam (persona fea)* pig (**d**) EXPR *Fam* **meter el c.** *(meter la pata)* to put one's foot in it

cazoleta *nf* (**a**) *(recipiente)* pot (**b**) *(de pipa)* bowl

cazón *nm* dogfish

cazuela *nf* (**a**) *(recipiente)* pot, saucepan; *(de barro)* earthenware cooking pot (**b**) *(guiso)* casserole, stew; **a la c.** casseroled

cazurro, -a 1 *adj (bruto)* stupid
2 *nm,f (bruto)* idiot, fool

CC *nm* (**a**) *(abrev de* **código civil**) civil code (**b**) *(abrev de* **código de circulación**) highway code (**c**) *(abrev de* **cuerpo consular**) consular staff

cc *(abrev de* **centímetros cúbicos**) cc

c/c *(abrev de* **cuenta corriente**) a/c

CC.AA. *nfpl (abrev de* **Comunidades Autónomas**) = autonomous regions (of Spain)

CC.OO. *nfpl (abrev de* **Comisiones Obreras**) = Spanish left-wing trade union

CD *nm* (**a**) *(abrev de* **club deportivo**) sports club; *(en fútbol)* FC (**b**) *(abrev de* **cuerpo diplomático**) CD (**c**) *(abrev de* **compact disc**) CD

CD-i *nm* CD-i

CD-ROM ['θeðe'rrom] *nm* CD-ROM

CE 1 *nm (abrev de* **Consejo de Europa**) CE
2 *nf (abrev de* **Comunidad Europea**) EC

ce *nf* **ce por be** in great detail

cebada *nf* barley

cebadilla *nf* caustic barley

cebado, -a 1 *adj (gordo)* huge
2 *nm (de tubo, bomba)* priming

cebador, -ora 1 *nm* (**a**) *(de fluorescente)* starter (**b**) *(de pólvora)* primer
2 *nm,f Aut* starter

cebadura *nf RP (de mate)* measure of maté

cebar 1 *vt* (**a**) *(engordar)* to fatten (up) (**b**) *(fuego, caldera)* to stoke, to fuel; *(máquina, arma)* to prime (**c**) *(anzuelo)* to bait (**d**) *(sentimiento)* to feed, to arouse (**e**) *RP (mate)* to prepare, to brew
2 cebarse *vpr* **cebarse en** *(ensañarse)* to be merciless with

cebiche *nm Am* = raw fish marinated in lemon and garlic

cebo *nm* (**a**) *(para pescar)* bait; **c. de pesca** fishing bait (**b**) *(para atraer)* bait; **usó el dinero como c.** she used the money as a bait

cebolla *nf* onion

cebolleta *nf* (**a**) *(planta) Br* spring onion, *US* scallion (**b**) *(en vinagre)* small pickled onion

cebollino *nm* (**a**) *(planta)* chive (**b**) *(cebolleta) Br* spring onion, *US* scallion (**c**) *Fam (necio)* idiot

cebón, -ona 1 *adj* (**a**) *(animal)* fattened (**b**) *Fam (persona)* fat
2 *nm* pig

cebra *nf* zebra

cebú (*pl* **cebúes**) *nm* zebu

CECA ['θeka] *nf (abrev de* **Comunidad Europea del Carbón y del Acero**) ECSC

ceca *nf* mint; EXPR *Fam* **ir de la C. a la Meca** to go here, there and everywhere

cecear *vi* to lisp

ceceo *nm* lisp

cecina *nf* = dried, salted meat

cedazo *nm* sieve; **pasar algo por un c.** to sieve sth

ceder 1 *vt* (**a**) *(traspasar, transferir)* to hand over (**b**) *(conceder)* to give up; **me levanté para c. mi asiento a una anciana** I stood up and gave my seat to an old lady
2 *vi* (**a**) *(venirse abajo)* to give way; **la puerta finalmente cedió** the door finally gave way (**b**) *(rendirse)* to give up; **cedió a sus ruegos** he gave in to their pleading; **c. en** to give up on (**c**) *(destensarse)* to give, to become loose; **ha cedido el jersey** the jersey has gone baggy (**d**) *(disminuir)* to abate, to ease up; **por fin cedió la tormenta** at last the storm eased up

cedilla *nf (letra)* cedilla; **ce (con) c.** c cedilla

cedro *nm* cedar ▫ ***c. del Atlas*** Atlas cedar; ***c. del Líbano*** Cedar of Lebanon

cédula *nf* document ▫ ***c. de citación*** summons *(singular)*; ***c. de habitabilidad*** = certificate stating that a place is habitable; ***c. hipotecaria*** mortgage bond; *Chile, RP* ***c. de identidad*** identity card; ***c. de vecindad*** identity card

CEE *nf Antes (abrev de* **Comunidad Económica Europea**) EEC

cefalea *nf* headache

cefalópodo *nm Zool* cephalopod

cefalorraquídeo *adj Fisiol (líquido)* cerebrospinal

céfiro *nm (viento)* zephyr

cegador, -ora *adj* blinding

cegar [43] **1** *vt* (**a**) *(dejar ciego)* to blind; **esa luz tan intensa me ciega** that very bright light is blinding me (**b**) *(obnubilar)* to blind (**c**) *(tapar) (ventana)* to block off; *(tubo)* to block up
2 *vi* to be blinding
3 cegarse *vpr* (**a**) *(quedarse ciego)* to be blinded (**b**) *(obnubilarse)* to be blinded

cegato, -a *Fam* **1** *adj* short-sighted
2 *nm,f* short-sighted person

cegesimal *adj* = of or relating to CGS units

ceguera *nf (invidencia)* & *Fig* blindness ▫ ***c. nocturna*** night blindness

CEI *nf (abrev de* **Confederación de Estados Independientes**) CIS

ceiba *nf* kapok tree

Ceilán *n Antes* Ceylon

ceilandés, -esa 1 *adj & nm,f* Sinhalese
2 *nm (lengua)* Sinhalese

ceja *nf* (**a**) *(en la cara)* eyebrow; EXPR *Fam* **estar hasta las cejas de algo** to be up to one's eyes in sth; EXPR *Fam* **quemarse las cejas** to burn the midnight oil; EXPR *Fam* **se le metió entre c. y c. que tenía que hacerlo** he got it into his head that he had to do it; EXPR *Fam* **tiene a mi hermano entre c. y c.** he can't stand the sight of my brother (**b**) *(de instrumento de cuerda) (puente)* bridge; *(cejilla)* capo

cejar *vi* to give way, to back down; **c. en** to give up on; **no cejaremos en nuestro empeño (de...)** we will not let up in our efforts (to...)

cejijunto, -a *adj* (**a**) *(persona)* **es c.** his eyebrows meet in the middle (**b**) *(gesto)* frowning

cejilla *nf (de guitarra)* capo

cejudo, -a *adj* bushy-browed, thick-browed

celacanto *nm (pez)* coelacanth

celada *nf* (**a**) *(emboscada)* ambush (**b**) *(trampa)* trick, trap (**c**) *(pieza de armadura)* helmet

celador, -ora *nm,f (de colegio, hospital)* watchman, *f* watchwoman; *(de prisión)* warder; *(de museo)* attendant

celaje *nm* (**a**) *(claraboya)* skylight (**b**) *Carib, Perú (fantasma)* ghost

CELAM *(abrev de* **Conferencia Episcopal Latinoamericana**) *nf* = Latin American episcopal council

celar 1 *vt (encubrir)* to hide, to conceal
2 *vi* **c. por** *o* **sobre** to watch out for, to take care of

celda *nf* (**a**) *(habitación)* cell ▫ ***c. de***

aislamiento** o **castigo solitary confinement cell (**b**) *Informát* cell (**c**) *(de panal)* cell

celdilla *nf* cell

celebérrimo, -a *adj* extremely famous

celebración *nf* (**a**) *(festejo)* celebration (**b**) *(de ceremonia, reunión)* holding; **la oposición exige la c. de elecciones anticipadas** the opposition is calling for early elections to be held; **tras la c. de la misa, el párroco salió a dar un paseo** after mass had been said, the priest went out for a walk

celebrante 1 *adj* celebrating
2 *nmf* participant (in a celebration)
3 *nm (sacerdote)* celebrant

celebrar 1 *vt* (**a**) *(festejar)* to celebrate (**b**) *(llevar a cabo)* to hold; *(oficio religioso)* to celebrate; **celebraremos la reunión esta tarde** we'll hold the meeting this afternoon; **celebró una misa en memoria del difunto** he said *o* celebrated a mass in memory of the deceased
(**c**) *(alegrarse de)* **celebro tu ascenso** I was delighted by your promotion; **celebro que hayas podido venir** I'm delighted you were able to come
(**d**) *(alabar)* to praise, to applaud
2 celebrarse *vpr* (**a**) *(festejarse)* to be celebrated; **esa fiesta se celebra el 25 de Julio** that holiday falls on 25 July; **el fin del asedio se celebró por todo lo alto** the end of the siege was celebrated in style
(**b**) *(llevarse a cabo)* to take place, to be held

célebre *adj* famous, celebrated

celebridad *nf* (**a**) *(fama)* fame (**b**) *(persona famosa)* celebrity

celemín *nm* = dry measure equivalent to 4.625 litres

celeridad *nf* speed; **con c.** rapidly

celesta *nf* celeste

celeste *adj (del firmamento)* celestial, heavenly; **(azul) c.** sky blue

celestial *adj* (**a**) *(del cielo, paraíso)* celestial, heavenly (**b**) *(delicioso)* heavenly

celestina *nf (persona)* lovers' go-between

celibato *nm* celibacy

célibe *adj & nmf* celibate

celidonia *nf* celandine

celinda *nf* syringa, mock orange

celo *nm* **1** (**a**) *(esmero)* zeal, keenness; **con c.** zealously (**b**) *(devoción)* devotion (**c**) *(de animal)* heat; **en c.** *Br* on heat, *US* in heat (**d**) *Esp (cinta adhesiva) Br* Sellotape®, *US* Scotch® tape
2 *nmpl* **celos** jealousy; **dar celos a alguien** to make sb jealous; **tener celos de alguien** to be jealous of sb

celofán *nm* Cellophane®

celosamente *adv* conscientiously, zealously

celosía *nf* lattice window, jalousie

celoso, -a 1 *adj* (**a**) *(con celos)* jealous; **está c. del profesor de tenis** he's jealous of the tennis coach (**b**) *(cumplidor)* keen, eager
2 *nm,f (con celos)* jealous person

celta 1 *adj* Celtic
2 *nmf (persona)* Celt
3 *nm (lengua)* Celtic

celtíbero, -a, celtibero, -a *adj & nm,f* Celtiberian

céltico, -a *adj* Celtic

célula *nf* (**a**) *Biol* cell ▫ **c.T** t-cell (**b**) *Elec* cell ▫ ***c. fotoeléctrica*** photoelectric cell, electric eye; ***c. fotovoltaica*** photovoltaic cell (**c**) *(grupo de personas)* cell

celular *adj* (**a**) *Biol* cellular (**b**) **coche c.** *(de la policía) Br* police van, *US* police wagon

celulitis *nf inv* cellulite

celuloide *nm* (**a**) *Quím* celluloid (**b**) *(película)* film, movie (**c**) *(mundo del cine)* film *o* movie world; **las estrellas del c.** the stars of the silver screen

celulosa *nf* cellulose

cementerio *nm* (**a**) *(de muertos)* cemetery (**b**) *(de objetos, productos)* ***c. de automóviles*** *o* ***coches*** scrapyard; ***c. nuclear*** *o* ***radiactivo*** nuclear dumping ground

cemento *nm (material)* cement; *(hormigón)* concrete ▫ ***c. armado*** reinforced concrete

cemita *nf Arg (pan)* bran bread

cena *nf* dinner, supper; **dar una c.** to give a dinner *o* supper party; **¿qué queréis de c.?** what would you like for dinner *o* supper?; **c. de despedida** farewell dinner; *Rel* **la Última C.** the Last Supper

cenáculo *nm Formal (grupo)* circle

cenador *nm* (**a**) *(en jardín)* arbour, bower (**b**) *(adosado a casa)* conservatory

cenagal *nm* (**a**) *(zona)* bog, mire (**b**) *(situación)* mess

cenagoso, -a *adj* muddy

cenar 1 *vt* to have for dinner *o* supper
2 *vi* to have dinner *o* supper; **c. fuera** to eat out, to go out for dinner; **¡quédate a c.!** stay for dinner *o* supper!

cencerro *nm (campana)* cowbell; EXPR *Fam* **estar como un c.** to be as mad as a hatter

cenefa *nf* (**a**) *(en vestido)* border (**b**) *(en pared)* frieze

cenetista 1 *adj* = relating to the CNT
2 *nmf* member of the CNT

cenicero *nm* ashtray

Cenicienta *nf* Cinderella

ceniciento, -a *adj* ashen, ash-grey

cenit *nm también Fig* zenith

cenital *adj (posición)* zenithal; **luz c.** light from above

ceniza *nf* ash; **cenizas** *(de cadáver)* ashes; **reducir algo a c.** to reduce sth to ashes ▫ ***c. volcánica*** volcanic ash

cenizo, -a 1 *adj* ashen, ash-grey
2 *nm,f Fam (gafe)* jinxed person; **ser un c.** to be jinxed
3 *nm (planta)* fat hen, *US* pigweed

cenobio *nm* monastery

cenotafio *nm Arte* cenotaph

cenote *nm CAm, Méx* natural water well

cenozoico, -a *Geol* **1** *adj* Cenozoic
2 *nm* **el c.** the Cenozoic

censal *adj* **error c.** error in the census

censar *vt* to take a census of

censo *nm* (**a**) *(padrón)* census ▫ ***c. electoral*** electoral roll (**b**) *(tributo)* tax (**c**) *Der* lease

censor, -ora *nm,f* (**a**) *(funcionario)* censor (**b**) *(crítico)* critic (**c**) *Econ* **c. (jurado) de cuentas** auditor

censura *nf* (**a**) *(prohibición)* censorship (**b**) *(organismo)* censors (**c**) *(reprobación)* censure, severe criticism (**d**) *Econ* **c. de cuentas** inspection of accounts, audit

censurable *adj* censurable

censurar *vt* (**a**) *(prohibir)* to censor (**b**) *(reprobar)* to criticize severely, to censure; **siempre censura mi comportamiento** she always criticizes my behaviour

centauro *nm* centaur

centavo, -a 1 *núm* hundredth; **la centava parte** a hundredth; *ver también* **sexto**
2 *nm (moneda) (en países anglosajones)* cent; *(en países latinoamericanos)* centavo; **sin un c.** penniless

centella *nf* (**a**) *(rayo)* flash (**b**) *(chispa)* spark (**c**) **es una c.** *(persona)* he's like lightning; EXPR **rápido como una c.** quick as a flash

centelleante *adj* (**a**) *(luz)* sparkling (**b**) *(destello)* twinkling

centellear *vi* (**a**) *(luz)* to sparkle (**b**) *(estrella)* to twinkle

centelleo *nm (de joya)* sparkle; **el c. de las estrellas/luces** the twinkle *o* twinkling of the stars/lights

centena *nf* hundred; **una c. de coches** a hundred cars

centenar *nm* hundred; **un c. de** a hundred; **a centenares** by the hundred

centenario, -a 1 *adj (persona)* in his/her hundreds; *(institución, edificio)* century-old
2 *nm,f (persona)* centenarian
3 *nm (fecha)* centenary; **quinto c.** five hundredth anniversary

centeno *nm* rye

centesimal *adj* centesimal

centésimo, -a 1 *núm* hundredth; *ver también* **sexto**
2 *nm* cent *(of Uruguayan peso)*

centígrado, -a *adj* centigrade; **veinte grados centígrados** twenty degrees centigrade

centigramo *nm* centigram

centilitro *nm* centilitre

centímetro *nm* (**a**) *(medida)* centimetre (**b**) *(cinta)* measuring tape

céntimo *nm (moneda)* cent; EXPR **estar sin un c.** to be flat broke

centinela *nm* sentry

centollo *nm* European spider crab

centrado, -a *adj* (**a**) *(situado en el centro)* centred (**b**) *(concentrado)* concentrated; **está muy c. en su trabajo** he's very focused on his work (**c**) *(equilibrado)* stable, balanced; **desde que tiene trabajo está más c.**

he's more stable *o* balanced since he's been working (**d**) *(basado)* **c. en** based on

central 1 *adj* central

2 *nf* (**a**) *(oficina)* headquarters, head office; *(de correos, comunicaciones)* main office ▫ ***c. telefónica*** telephone exchange (**b**) *(de energía)* power station ▫ ***c. eléctrica*** power station; ***c. eólica*** wind farm; ***c. geotérmica*** geothermal power station; ***c. hidroeléctrica*** hydroelectric power station; ***c. maremotriz*** tidal plant; ***c. nuclear*** nuclear power station; ***c. solar*** solar power station; ***c. térmica*** thermal power station (**c**) *Carib, CAm (de azúcar)* sugar mill

3 *nm Dep* central defender

centralismo *nm Pol* centralism

centralista *adj & nmf Pol* centralist

centralita *nf* switchboard

centralización *nf* centralization

centralizado, -a *adj* centralized

centralizar [14] *vt* to centralize

centrar 1 *vt* (**a**) *(colocar en el centro)* to centre (**b**) *(persona)* to steady, to make stable (**c**) *(atraer)* to be the centre of; **centraba todas las miradas** all eyes were on her (**d**) *Dep* to centre

2 centrarse *vpr* (**a**) *(concentrarse)* **centrarse en** to concentrate *o* focus on (**b**) *(equilibrarse)* to find one's feet

céntrico, -a *adj* central; **¿cuál es la sucursal más céntrica?** which is the most central branch?

centrifugación *nf* centrifugation

centrifugado *nm (de ropa)* spin

centrifugadora *nf* (**a**) *(para secar ropa)* spin-dryer (**b**) *Tec* centrifuge

centrifugar [38] *vt* (**a**) *(ropa)* to spin-dry (**b**) *Tec* to centrifuge

centrífugo, -a *adj* centrifugal

centrípeto, -a *adj* centripetal

centrismo *nm* centrism

centrista 1 *adj* centre, centrist; **un partido c.** a party of the centre

2 *nmf* centrist; **los centristas propusieron una reforma** the centre proposed a reform

CENTRO *nm* (**a**) *(área, punto central)* centre; **en el c. de la vía** in the middle of the track; **estaba en el c. de la muchedumbre** she was in the middle of the crowd; **las lluvias afectarán al c. del país** the rain will affect the central region *o* centre of the country; **la jardinería es el c. de su existencia** her life revolves around gardening ▫ ***c. de atención*** centre of attention; ***c. de atracción*** centre of attraction; **las playas son el c. de atracción para el turismo** beaches are the main tourist attraction; ***c. de gravedad*** centre of gravity; ***c. de interés*** centre of interest; *Fís* ***c. de masa*** centre of mass; ***c. de mesa*** centrepiece; ***c. nervioso*** nerve centre; *también Fig* ***c. neurálgico*** nerve centre; ***c. óptico*** optic centre

(**b**) *(de ciudad)* town centre; **me voy al c.** I'm going to town; **tengo una casa en pleno c.** I have a house right in the town centre; **c. ciudad** *o* **urbano** *(en letrero)* city/town centre

(**c**) *(establecimiento, organismo)* centre; *(planta)* plant, factory; *(tienda)* branch ▫ ***c. de acogida*** reception centre; ***c. de acogida para mujeres maltratadas*** refuge for battered women; ***c. asistencial de día*** day care centre; ***c. de cálculo*** computer centre; ***c. cívico*** community centre; ***c. comercial*** shopping centre *o US* mall; ***c. concertado*** state-subsidized public school; ***c. de control*** control centre; ***c. demográfico*** centre of population; ***c. deportivo*** sports centre; ***c. de desintoxicación*** detoxification centre *o* clinic; ***c. de detención*** detention centre; ***c. docente*** *o* ***de enseñanza*** educational institution; ***c. espacial*** space centre; ***c. de estudios*** academy, school; ***c. hospitalario*** hospital; *Esp* ***C. de Investigaciones Sociológicas*** = government body responsible for conducting opinion polls, sociological surveys etc; ***c. penitenciario*** prison, *US* penitentiary; ***c. de planificación familiar*** family planning clinic; ***c. regional*** regional office; ***c. de salud*** health centre; ***c. social*** community centre; ***c. de trabajo*** workplace; ***c. turístico*** tourist resort

(**d**) *Pol* centre; **un partido de c.** a centre party; **ser de c.** to be at the centre of the political spectrum

(**e**) *Dep (posición)* **c. del campo** midfield; **juega en el c. del campo** he plays in midfield

(**f**) *Dep (pase)* cross, centre; **envió un c. al área contraria** he crossed the ball into the opposition's penalty area; **consiguió un espectacular gol con un c. chut** he scored a spectacular goal with what was intended more as a cross than a shot

(**g**) *Am (traje)* suit

(**h**) *Hond (chaleco) Br* waistcoat, *US* vest

(**i**) *Cuba (enaguas)* underskirt

centroafricano, -a *adj & nm,f* central African

Centroamérica *n* Central America

centroamericano, -a *adj & nm,f* Central American

centrocampista *nmf* midfielder

centroderecha *nm* centre right

centroeuropeo, -a *adj & nm,f* Central European

centroizquierda *nm* centre left

centuplicar [59] *vt* to increase a hundredfold

céntuplo 1 *adj* hundredfold

2 *nm* hundredfold

centuria *nf* century

centurión *nm Hist* centurion

cenutrio, -a *nm,f Fam (estúpido)* idiot, fool

ceñido, -a *adj* tight

ceñidor *nm* belt

ceñir [47] **1** *vt* (**a**) *(ajustar, apretar)* to take in (**b**) *(poner)* to put on; **le ciñó una banda de honor** a sash of honour was placed around him (**c**) *(abrazar, rodear)* to embrace; **el vestido le ceñía el talle** the dress hugged her figure

2 ceñirse *vpr* (**a**) *(apretarse)* to tighten; **se ciñó la espada** he girded *o* put on his sword (**b**) *(limitarse)* **ceñirse a** to keep *o* stick to

ceño *nm* frown, scowl; **fruncir el c.** to frown, to knit one's brow

ceñudo, -a *adj* frowning, scowling

CEOE *nf (abrev de* **Confederación Española de Organizaciones Empresariales**) = Spanish employers' organization, *Br* ≃ CBI

cepa *nf* (**a**) *(de vid)* vine, stock (**b**) *(de vino)* variety (**c**) *(linaje)* stock; EXPR **de pura c.** *(auténtico)* real, genuine; *(de pura sangre)* thoroughbred (**d**) *(de virus, células)* strain

CEPAL [θe'pal] *nf (abrev de* **Comisión Económica para América Latina**) ECL

cepillado *nm* (**a**) *(con cepillo)* brush, brushing (**b**) *(en carpintería)* planing

cepillar 1 *vt* (**a**) *(ropa, pelo)* to brush (**b**) *(madera)* to plane (**c**) *Fam (robar)* to pinch; **c. algo a alguien** to pinch sth off sb (**d**) *Fam (adular)* to butter up, to flatter

2 cepillarse *vpr* (**a**) *(pelo, ropa)* to brush; **cepillarse el pelo** to brush one's hair (**b**) *Fam (comida, trabajo)* to polish off (**c**) *Fam (suspender)* to flunk; **se lo cepillaron** they flunked him (**d**) *muy Fam* **cepillarse a alguien** *(matarlo)* to bump sb off (**e**) *muy Fam* **cepillarse a alguien** *(copular con él)* to screw sb

cepillo *nm* (**a**) *(para limpiar)* brush; **lleva el cabello cortado a c.** he has a crew cut ▫ ***c. de dientes*** toothbrush; ***c. del pelo*** hairbrush; ***c. de uñas*** nailbrush (**b**) *(de carpintero)* plane (**c**) *(para barrer)* brush; **pasar el c.** to brush the floor (**d**) *(de donativos)* collection box, poor box

cepo *nm* (**a**) *(para cazar)* trap (**b**) *(para vehículos)* wheel clamp (**c**) *(para sujetar)* clamp (**d**) *(para presos)* stocks

ceporro *nm Fam (tonto)* idiot, blockhead; EXPR **dormir como un c.** to sleep like a log

CEPYME [θe'pime] *nf (abrev de* **Confederación Española de la Pequeña y Mediana Empresa**) = Spanish confederation of SMEs

cera *nf* (**a**) *(sustancia)* wax; **hacerse la c.** *(depilarse)* to wax; EXPR **no hay más c. que la que arde** what you see is what you get ▫ ***c. de abeja*** beeswax; ***c. depilatoria*** hair-removing wax; ***c. virgen*** pure wax (**b**) *(para dibujar)* crayon (**c**) *(del oído)* earwax (**d**) *Andes, Méx (vela)* candle (**e**) EXPR *Fam* **dar c.** to give stick; **recibir c.** to get stick

cerámica *nf* (**a**) *(arte)* ceramics *(singular)*, pottery (**b**) *(objeto)* piece of pottery

cerámico, -a *adj* ceramic

ceramista *nmf* potter

cerbatana *nf* blowpipe

CERCA 1 *nf (valla)* fence; *(muro)* wall ▫ ***c. eléctrica*** electric fence; ***c. viva*** hedge

2 *adv* (**a**) *(en el espacio)* near, close; **¿está** *o* **queda c.?** is it near *o* nearby?; **no me hace falta un taxi porque voy c.** I don't need a taxi, I'm not going far; **c. de** near, close to; **la tienda está c. del metro** the shop's near the *Br* underground *o US* subway; **está c. de mí** it's near me; **está c. mío** *(considerado, incorrecto)* it's near me; **estuvo c. de ganar el premio** she came close to winning the prize; **de c.** *(examinar, mirar)* closely; *(afectar)* deeply; *(vivir)* first-hand; **vivió de c. el problema de las drogas** she had first-hand experience of drug addiction; **no ve bien de c.** he's long-sighted; **ver algo/a alguien de c.** to see sth/sb close up; **por aquí c.** nearby

(**b**) *(en el tiempo)* **el verano ya está c.** summer is nearly here, summer isn't far away; **c. del principio** close to *o* near the beginning; **los hechos ocurrieron c. de las seis de la tarde** the events in question took place at around six o'clock in the evening; **estamos c. del final del festival** we are nearing *o* approaching the end of the festival

(**c**) *(indica aproximación)* **c. de** nearly, about; **acudieron c. de 1.000 manifestantes** there were nearly *o* about 1,000 demonstrators there; **si no costó dos millones, andará c.** it can't have cost much less than two million

---

cercado *nm* (**a**) *(valla)* fence (**b**) *(terreno)* enclosure (**c**) *Bol, Perú (división territorial)* district, = provincial capital and surrounding towns

cercanía 1 *nf (proximidad)* nearness, closeness; **cercanías** *(lugar)* outskirts, suburbs; **en las cercanías de** on the outskirts of; **tren de cercanías** local train

2 *nm inv* **cercanías** local train

cercano, -a *adj* (**a**) *(en el espacio)* nearby; **c. a** near, close to (**b**) *(en el tiempo)* near (**c**) *(pariente)* close (**d**) *(fuente de información)* close (**a** to)

cercar [59] *vt* (**a**) *(vallar)* to fence (off) (**b**) *(rodear, acorralar)* to surround

cercenar *vt* (**a**) *(amputar)* to amputate (**b**) *(restringir)* to cut back, to curtail

cerceta *nf* ***c. carretona*** garganey; ***c. común*** Eurasian teal

cerciorar 1 *vt* to convince

2 cerciorarse *vpr* to make sure (**de** of)

cerco *nm* (**a**) *(marca)* circle, ring; **el vaso ha dejado un c. en la mesa** the glass has left a ring on the table (**b**) *(de astro)* halo (**c**) *(asedio)* siege; **poner c. a** to lay siege to (**d**) *(de ventana, puerta)* frame (**e**) *Am (cercado)* enclosure

cerda *nf* (**a**) *ver* **cerdo** (**b**) *(pelo) (de cerdo, jabalí)* bristle; *(de caballo)* horsehair

cerdada *nf* (**a**) *(porquería)* mess (**b**) *Fam (jugarreta)* dirty trick

Cerdeña *n* Sardinia

cerdo, -a 1 *nm,f* (**a**) *(animal)* pig, *f* sow; EXPR *Fam* **come como un c.** *(mucho)* he eats a lot; *(sin modales)* he eats like a pig; EXPR *Fam* **estar como un c.** *(gordo)* to be a fat pig; PROV **a cada c. le llega su San Martín** everyone gets their comeuppance at some point (**b**) *Fam (persona)* pig, swine

2 *nm (carne)* pork

cereal *nm* cereal; **cereales** *(de desayuno)* (breakfast) cereal

cerealista *adj (región)* cereal-growing

cerebelo *nm Anat* cerebellum

cerebral *adj* (**a**) *(del cerebro)* cerebral; **lesión c.** cerebral lesion (**b**) *(racional)* cerebral

cerebro *nm* (**a**) *(órgano)* brain; **lavar el c. a alguien** to brainwash sb ▫ ***c. electrónico*** electronic brain (**b**) *(cabecilla)* brains *(singular)* (**c**) *(inteligencia)* brains (**d**) *(persona inteligente)* brains *(singular)*; **es todo un c.** he's brainy

ceremonia *nf* ceremony

ceremonial *adj & nm* ceremonial

ceremonioso, -a *adj* ceremonious

céreo, -a *adj* wax, waxen; **brillo c.** waxy sheen

cerería *nf (negocio)* candlemaker's shop

cereza *nf* (**a**) *(fruta)* cherry (**b**) *Am (del café)* coffee bean

cerezo *nm* (**a**) *(árbol)* cherry tree (**b**) *(madera)* cherry (wood)

cerilla *nf* match

cerillera *nf*, **cerillero** *nm* (**a**) *(recipiente, caja)* matchbox (**b**) *(vendedor)* match vendor

cerillo *nm Andes, Méx* match

cerner [64], **cernir** [25] **1** *vt* to sieve, to sift

2 cernerse *vpr* (**a**) *(ave, avión)* to hover (**b**) *(amenaza, peligro)* to loom

cernícalo *nm* (**a**) *(ave)* kestrel (**b**) *Fam (bruto)* brute

cernir = cerner

cero 1 *adj inv* zero

2 *núm* zero; *ver también* **seis**

3 *nm* (**a**) *(número)* nought, zero; **cortarse el pelo al c.** to shave one's head, to cut all one's hair off; **partir de c.** to start from scratch; EXPR **ser un c. a la izquierda** *(un inútil)* to be useless; *(un don nadie)* to be a nobody (**b**) *(cantidad)* nothing; *(en fútbol)* nil; *(en tenis)* love (**c**) *(temperatura)* zero; **sobre/bajo c.** above/below zero; **hace 5 grados bajo c.** it's minus 5 ▫ ***c. absoluto*** absolute zero

cerquillo *nm Am Br* fringe, *US* bangs

cerquita *adv* very near

cerrado, -a 1 *participio ver* **cerrar**

2 *adj* (**a**) *(puerta, boca, tienda)* closed, shut; *(con llave, pestillo)* locked; *(puño)* clenched; *(circuito)* closed; **la botella no está bien cerrada** the top of the bottle isn't on properly; **todos los grifos están cerrados** all the *Br* taps *o US* faucets are (turned) off; **en esta habitación huele a c.** this room smells stuffy; **la puerta estaba cerrada con llave** the door was locked; **c. por obras/vacaciones** *(en letrero)* closed for alterations/holidays

(**b**) *(curva)* sharp, tight

(**c**) *(aplauso, ovación)* rapturous

(**d**) *(lucha)* bitter

(**e**) *Ling (vocal)* close

(**f**) *(acento, deje)* broad, thick; **habla con un acento gallego c.** she speaks with a broad *o* thick Galician accent

(**g**) *(mentalidad, sociedad)* closed (**a** to); **tiene una actitud muy cerrada** she has a very closed mentality; **está c. al cambio** he is not open to change

(**h**) *(tiempo, cielo)* overcast; **la noche era cerrada** it was a dark night

(**i**) *(rodeado)* surrounded; *(por montañas)* walled in; **no se adaptan a espacios cerrados** they aren't suited to living in confined spaces

(**j**) *(vegetación, bosque)* thick, dense; *(barba)* thick

(**k**) *(poco claro, difícil)* abstruse

(**l**) *(introvertido, tímido)* reserved

(**m**) *(torpe)* dense, stupid; EXPR *Fam* **ser c. de mollera** to be thick in the head

(**n**) *(obstinado)* obstinate, stubborn

3 *nm* fenced-in garden

cerradura *nf* lock

cerraja *nf* (**a**) *(cerradura)* lock (**b**) *(planta)* sow thistle

cerrajería *nf* (**a**) *(oficio)* locksmithery (**b**) *(local)* locksmith's (shop)

cerrajero, -a *nm,f* locksmith

CERRAR 1 *vt* (**a**) *(en general)* to close; *(puerta, cajón, boca, tienda)* to shut, to close; *(con llave)* to lock; *(grifo, llave de gas)* to turn off; *(botella)* to put the top on; *(tarro)* to put the lid *o* top on; *(carta, sobre)* to seal; *(cortinas)* to draw, to close; *(persianas)* to pull down; *(agujero, hueco)* to fill, to block (up); *(puños)* to clench; **cierra el gas cuando salgas** turn the gas off when you leave; EXPR *Fam* **¡cierra el pico!** shut your trap!

(**b**) *(negocio, colegio) (a diario)* to close; *(permanentemente)* to close down; **el gobierno cerrará dos centrales nucleares** the government is to close down two nuclear power stations

(**c**) *(vallar)* to fence (off), to enclose; **cerraron el balcón para convertirlo en comedor** they closed *o* walled off the balcony and converted it into a dining room

(**d**) *(carretera, calle)* to close off; *también Fig* **c. el paso a alguien** to block sb's way

(**e**) *(manifestación, desfile)* to bring up the rear of; **c. la marcha** *(ir en última posición)* to bring up the rear; **la orquesta cerraba el desfile** the orchestra closed the procession

(**f**) *(gestiones, acuerdo)* to finalize; **han cerrado un trato para...** they've reached an agreement *o* made a deal to...; **cerraron el trato ayer** they wrapped up the deal yesterday; **cerraron las conversaciones sin ningún acuerdo** they ended the talks without reaching an agreement

(**g**) *(cicatrizar)* to heal, to close up

(**h**) *Elec (circuito)* to close

(**i**) *(posibilidades)* to put an end to; **el último atentado cierra cualquier esperanza de acuerdo** the most recent attack puts an end to any hopes of an agreement

(**j**) *(terminar)* to close; **el discurso del Presidente cerró el año legislativo** the President's speech brought the parliamentary year to a close; **esta corrida**

cierra la temporada taurina this bullfight rounds off the bullfighting season
(**k**) *(plegar)* to close up; **cerró el paraguas** he closed his umbrella
(**l**) *Prensa* **el periódico cerró la edición más tarde de lo normal** the newspaper went to press later than usual
2 *vi* (**a**) *(en general)* to close; *(tienda)* to close, to shut; *(con llave, pestillo)* to lock up; **la Bolsa cerró con pérdidas** the stock market closed down several points
(**b**) *(persona)* to close the door; **¡cierra, que entra frío!** close the door, you're letting the cold in!
(**c**) *(negocio, colegio) (a diario)* to close; *(definitivamente)* to close down; **¿a qué hora cierra?** what time do you close?; **la biblioteca cierra a las ocho** the library closes at eight
(**d**) *(en juego de cartas)* to go out; *(en dominó)* to block
(**e**) *(herida)* to close up, to heal
3 cerrarse *vpr* (**a**) *(al exterior)* to close, to shut; **la puerta se cerró accidentalmente** the door closed *o* shut accidentally
(**b**) *Fig (incomunicarse)* to clam up; **cerrarse a** to close one's mind to; **no te cierres tanto a la gente** don't close yourself off to other people so much
(**c**) *(cielo)* to cloud over; **la tarde se está cerrando** it's clouding over this afternoon
(**d**) *(acabar)* to end; **el plazo de inscripción ya se ha cerrado** the deadline for registration is up; **la representación se cierra con una escena muy dramática** the play ends with a very dramatic scene
(**e**) *(vehículo en una curva)* to take the bend tight; **se cerró demasiado** he took the bend too tight
(**f**) *Dep* **tras el gol, el equipo se cerró en su área** after the goal the team sat back and defended
(**g**) *(herida)* to heal, to close up
(**h**) *(acto, debate, discusión)* to (come to a) close

---

cerrazón *nf* (**a**) *(falta de inteligencia)* dimwittedness
(**b**) *(obstinación)* stubbornness, obstinacy
(**c**) *RP (niebla)* heavy mist

cerrejón *nm* hillock

cerrero, -a *adj* (**a**) *(libre)* wandering, roaming (**b**) *(cabezota)* wild, untamed (**c**) *Am (bruto)* rough, coarse

cerril *adj* (**a**) *(animal)* wild (**b**) *(obstinado)* stubborn, obstinate (**c**) *(tosco, grosero)* coarse

cerro *nm* hill; EXPR *Fam* **irse por los cerros de Úbeda** to go off at a tangent, to stray from the point

cerrojazo *nm* **dar c. a** *(puerta)* to bolt shut; *(conversación, reunión)* to bring to a halt

cerrojo *nm (para cerrar)* bolt; **echar el c.** to bolt the door; *Dep Fam* to close the game down

certamen *nm* competition, contest

certero, -a *adj* (**a**) *(tiro)* accurate (**b**) *(comentario, respuesta)* appropriate

certeza, certidumbre, certitud *nf* certainty; **tener la c. de que** to be certain (that)

certificación *nf* (**a**) *(hecho)* certification (**b**) *(documento)* certificate

certificado, -a 1 *adj (documento)* certified; *(carta, paquete)* registered
2 *nm* certificate ▫ ***c. de buena conducta*** certificate of good conduct; ***c. de calidad*** quality guarantee; *Fin* ***c. de depósito*** certificate of deposit; ***c. médico*** medical certificate; *Com* **c. de origen** certificate of origin

certificar [59] *vt* (**a**) *(constatar)* to certify (**b**) *(en correos)* to register (**c**) *(sospechas, inocencia)* to confirm

certificatorio, -a *adj* certifying

certitud = **certeza**

cerúleo, -a *adj* sky-blue

cerumen *nm* earwax

cerval *adj* **miedo c.** terror

cervantino, -a *adj* Cervantine

cervatillo *nm* (small) fawn

cervato *nm* fawn

cervecera *nf* brewery

cervecería *nf* (**a**) *(fábrica)* brewery (**b**) *(bar)* bar *(specializing in beer)*

cervecero, -a 1 *adj* (**a**) *(de la fabricación)* brewing; **fábrica cervecera** brewery; **industria cervecera** brewing industry (**b**) *(aficionado)* who likes beer; **Mario es muy c.** Mario really likes his beer
2 *nm,f (fabricante)* brewer

cerveza *nf* beer ▫ ***c. de barril*** draught beer; ***c. negra*** stout; ***c. rubia*** lager; ***c. sin (alcohol)*** alcohol-free beer, non-alcoholic beer

cervical 1 *adj* (**a**) *(del cuello del útero)* cervical (**b**) *(del cuello)* neck; **lesión c.** neck injury; **vértebra c.** cervical vertebra
2 *nfpl* **cervicales** neck vertebrae

cerviz *nf (nuca)* nape, back of the neck; EXPR **bajar** *o* **doblar la c.** *(humillarse)* to bow down, to submit

cesante 1 *adj* (**a**) *(destituido)* dismissed, sacked (**b**) *Chile, RP (parado)* unemployed
2 *nmf* dismissed civil servant *(after change of government)*

cesantear *vt Chile, RP* to make redundant

cesantía *nf* (**a**) *(destitución)* sacking (**b**) *Chile, RP (desempleo)* unemployment

cesar 1 *vt (destituir)* to sack; *(alto cargo)* to remove from office
2 *vi (parar)* to stop *o* cease; **c. de hacer algo** to stop *o* cease doing sth; **sin c.** non-stop, incessantly; **no cesó de hacer preguntas** she kept asking questions

César *nm Hist* Caesar; EXPR **dar (a Dios lo que es de Dios y) al C. lo que es del C.** to render unto Caesar the things which are Caesar's (and to God the things which are God's)

cesárea *nf* caesarean (section); **le hicieron la c.** she had a caesarean

cese *nm* (**a**) *(detención, paro)* stopping, ceasing (**b**) *(destitución)* sacking; *(de alto cargo)* removal from office; **dar el c. a alguien** to dismiss sb

Cesid *nm* (*abrev de* **Centro Superior de Investigación de la Defensa**) = Spanish military intelligence and espionage service

cesio *nm Quím* caesium

cesión *nf* cession, transfer ▫ *Der* ***c. de bienes*** surrender of property; *Dep* ***c. al portero*** *(en fútbol)* back pass

cesionario, -a *nm,f* transferee, assignee

cesionista *nmf Der* transferor, assignor

césped *nm* (**a**) *(hierba)* lawn, grass; **cortar el c.** to mow the lawn, to cut the grass; **prohibido pisar el c.** *(en letrero)* keep off the grass (**b**) *Dep* field, pitch

cesta *nf* (**a**) *(canasta)* basket; *Econ* **el precio de la c. de la compra** the cost of the average week's shopping ▫ ***c. de Navidad*** Christmas hamper (**b**) *(en baloncesto)* basket (**c**) *(deporte)* ***c. punta*** jai alai, pelota *(played with basket-like rackets)*

cestería *nf* (**a**) *(oficio)* basket-making (**b**) *(tienda)* basket shop

cestero, -a *nm,f* basket weaver

cesto *nm* (**a**) *(cesta)* (large) basket ▫ ***c. de los papeles*** wastepaper basket (**b**) *(en baloncesto)* basket

cesura *nf* caesura

cetáceo *nm* cetacean

cetaria *nf* shellfish farm

cetme *nm* = light automatic rifle used by Spanish army

cetona *nf Quím* ketone

cetrería *nf* falconry

cetrero *nm (cazador)* falconer

cetrino, -a *adj Formal* sallow

cetro *nm* (**a**) *(vara)* sceptre (**b**) *(superioridad)* **ostentar el c. de** to hold the crown of (**c**) *(reinado)* reign

Ceuta *n* Ceuta

ceutí (*pl* **ceutíes**) **1** *adj* of/from Ceuta
2 *nmf* person from Ceuta

ceviche *nm Am* = raw fish salad

cf., cfr. (*abrev de* **confróntese**) cf

CFC *nmpl* (*abrev de* **clorofluorocarbonos**) CFC

cg (*abrev de* **centigramo**) cg

CGA *Informát* (*abrev de* **colour graphics adaptor**) CGA

CGPJ *nm* (*abrev de* **Consejo General del Poder Judicial**) = governing body of the Spanish judiciary, elected by the Spanish parliament

Ch, ch [tʃe] *nf* = ch digraph, traditionally considered a separate character in the Spanish alphabet

ch/ (*abrev de* **cheque**) cheque

chabacanada *nf* vulgar thing; **ser una c.** to be vulgar

chabacanería *nf* (**a**) *(acción, comentario)* **lo que hizo/dijo fue una c.** what he did/said was vulgar (**b**) *(cualidad)* vulgarity

chabacano, -a 1 *adj* vulgar

2 *nm Méx* (**a**) *(fruto)* apricot (**b**) *(árbol)* apricot tree

chabola *nf* shack; **barrio de chabolas** shanty town

chabolismo *nm* **erradicar el c.** to deal with the shanty-town problem; **el crecimiento del c.** the growing number of people living in shanty towns

chabolista *nmf* shanty town dweller

chacal *nm* jackal

chácara *nf* (**a**) *Am (granja)* farm (**b**) *Col, Pan, Ven (bolsa)* large leather bag

chacarero, -a *nm,f Am* farmer

chacha *nf Fam* maid

chachachá *nm* cha-cha

cháchara *nf Fam* chatter, nattering; **estar de c.** to have a natter

chachi *adj inv Fam* **c. (piruli)** cool, neat

chacho *nm Fam* kid

chacina *nf* cured *o* prepared pork

chacinería *nf (tienda)* pork butcher's

chacinero, -a *nm,f* pork butcher

Chaco *nm* **el (Gran) C.** the Chaco, = vast region of scrubland and swamp shared by Argentina, Bolivia and Paraguay

chacolí (*pl* **chacolís**) *nm* = light wine from the Basque Country

chacota *nf* EXPR *Fam* **tomar algo a c.** to take sth as a joke

chacra *nf Am* farm

Chad *nm* **el C.** Chad

chador *nm* chador

chafar 1 *vt* (**a**) *(aplastar)* to flatten (**b**) *(arrugar)* to crease (**c**) *(estropear)* to spoil, to ruin; **el robo nos chafó las vacaciones** the robbery ruined our holiday (**d**) *Fam (abrumar)* to crush, to floor; **su respuesta me dejó chafado** I felt crushed by her reply, her reply floored me

2 chafarse *vpr Fam (estropearse)* to be ruined

chaflán *nm* (**a**) *(de edificio)* (flattened) corner; **la tienda hace c.** the store is on the corner of the building (**b**) *Geom* bevel

chal *nm* shawl

chala *nf* (**a**) *Andes, RP (de mazorca) Br* maize husk, *US* corn husk (**b**) *Chile (sandalia)* leather sandal

chalado, -a *Fam* **1** *adj* crazy, mad; *Fig* **estar c. por algo/alguien** to be crazy about sth/sb

2 *nm,f* loony

chaladura *nf Fam* (**a**) *(locura)* craziness, madness (**b**) *(enamoramiento)* crazy infatuation

chalán, -ana *nm,f (comerciante)* horse-dealer

chalana *nf (embarcación)* barge

chalanear 1 *vi Pey* to wheel and deal

2 *vt Am (adiestrar)* to break

chalar *Fam* **1** *vt* to drive round the bend

2 chalarse *vpr* **chalarse por** to be crazy about

chalé (*pl* **chalés**), **chalet** (*pl* **chalets**) *nm (casa)* detached house (with garden); *(en el campo)* cottage; *(de alta montaña)* chalet ❑ ***c. adosado*** terraced house; ***c. pareado*** semi-detached house

chaleco *nm Br* waistcoat, *US* vest; *(de punto)* tank top ❑ ***c. antibalas*** bullet-proof vest; ***c. antifragmentación*** flak jacket; *Am* ***c. de fuerza*** straitjacket.; ***c. salvavidas*** life-jacket

chalet = **chalé**

chalina *nf Col, CRica, RP (chal)* narrow shawl

chalona *nf Andes, Arg* jerked *o* salted mutton

chalota, chalote *nf* shallot

chalupa *nf* (**a**) *(embarcación)* small boat (**b**) *Méx (torta)* tortilla

chamaco, -a *nm,f Méx Fam* kid

chamán *nm* shaman

chamanismo *nm* shamanism

chamarileo *nm* dealing in second-hand goods

chamarilero, -a *nm,f* junk dealer

chamarra *nf* jacket

chamarreta *nf* bomber jacket

chamba *nf* (**a**) *Fam (chiripa)* fluke; **de** *o* **por c.** by luck (**b**) *Méx, Ven Fam (trabajo)* job (**c**) *Col, Ven (zanja)* ditch

chambelán *nm* chamberlain

chambergo *nm* (**a**) *(chaquetón)* short coat (**b**) *RP (sombrero)* wide-brimmed hat

chamboneada, chambonada *nf Col, RP Fam (chapuza)* botch, botched job

chambonear *vi Am Fam (hacer chapucerías)* to bungle, to botch things up

chamiza *nf* (**a**) *(hierba)* thatch (**b**) *(leña)* brushwood

chamizo *nm* (**a**) *(choza)* thatched hut (**b**) *Fam Pey (lugar)* hovel, dive

champa *nf CAm* (**a**) *(tienda de campaña)* tent (**b**) *(cobertizo)* shed

champán, champaña *nm* champagne

champear *vt Andes* to fill in with turf

champiñón *nm* mushroom

champola *nf* (**a**) *CAm, Carib (refresco de guanábana)* soursop milkshake (**b**) *Chile (refresco de chirimoya)* = drink made from custard apple

champú (*pl* **champús** *o* **champúes**) *nm* shampoo

champús (*pl* **champuses**), **champuz** (*pl* **champuces**) *nm Andes* = cornmeal porridge flavoured with orange juice and sugar

chamuchina *nf Andes, Cuba, Hond (populacho)* mob, rabble

chamuscado, -a *adj (pelo, plumas)* singed; *(tela, papel)* scorched; *(tostada)* burnt

chamuscar [59] **1** *vt (pelo, plumas)* to singe; *(tela, papel)* to scorch; *(tostada)* to burn

2 chamuscarse *vpr (pelo, plumas)* to get singed; *(tela, papel)* to get scorched; *(tostada)* to burn, to get burnt

chamusquina *nf (quemado)* scorching, singeing; EXPR *Fam* **me huele a c.** it smells a bit fishy to me, I don't like the look of this

chancar [59] *vt Am* to crush, to grind

chance *nm o nf Am* opportunity; **¿me das c.?** can I have a go?

chancearse *vpr* **c. de** to make fun of

chanchada *nf Am* dirty trick

chancho, -a *Am* **1** *adj* filthy

2 *nm,f* pig, *f* sow

chanchullero, -a *Fam* **1** *adj* crooked, dodgy

2 *nm,f* trickster, crook

chanchullo *nm Fam* fiddle, racket; **siempre anda metido en chanchullos** he's always on the fiddle, he's always got some racket going; **hicieron un c. para evitar pagar** they worked some fiddle to avoid paying

chancla *nf (sandalia)* backless sandal; *(para la playa)* flip-flop, *US* thong

chancleta *nf* (**a**) *(sandalia)* backless sandal; *(para la playa)* flip-flop, *US* thong (**b**) *Am (bebé)* baby girl

chanclo *nm* (**a**) *(de madera)* clog (**b**) *(de plástico)* galosh

chancro *nm (enfermedad)* chancre

chándal (*pl* **chandals**) *nm* tracksuit

changa *nf* (**a**) *Bol, RP (trabajo temporal)* odd job (**b**) *Andes, Cuba (chiste)* joke

changador *nm RP (cargador)* porter

changarro *nm Méx* small shop

chango, -a 1 *adj* (**a**) *Carib (bromista)* playful, joking (**b**) *Chile (fastidioso)* tedious, annoying (**c**) *Méx, PRico* **estar c.** to be cheap and plentiful

2 *nm,f* (**a**) *Carib (bromista)* joker, prankster (**b**) *Chile (fastidioso)* tedious person (**c**) *Arg, Bol, Méx (muchacho)* youngster

3 *nm* (**a**) *Méx (mono)* monkey (**b**) *Ven* **changos** *(harapos)* rags

changuear *vi Ven* to joke, to jest

changurro *nm* = typical Basque dish of dressed crab

chanquete *nm* = small translucent fish eaten like whitebait

chantaje *nm* blackmail; **hacer c. a alguien** to blackmail sb; **le hicieron un c.** he was blackmailed ❑ ***c. emocional*** emotional blackmail

chantajear *vt* to blackmail; **lo chantajearon con unas fotos comprometedoras** they blackmailed him with some compromising photos

chantajista *nmf* blackmailer

chantar *vt Chile (golpear)* to beat

chantillí *nm* whipped cream

chanza *nf* joke; **estar de c.** to be joking

chañar *nm Andes, RP* (**a**) *(árbol)* Chilean palo verde (**b**) *(fruto)* = fruit of the Chilean palo verde

chao *interj Fam* **¡c.!** bye!, see you!

chapa *nf* (**a**) *(lámina) (de metal)* sheet, plate; *(de madera)* board (**b**) *(de vehículo)* bodywork; **taller de c. y pintura** body shop (**c**) *(de botella)* top, cap; **juego de las chapas** = children's game played with bottle tops (**d**) *(insignia)* badge; **el perro lleva una c. identificativa en el collar**

the dog has an identity tag *o* disc on its collar (**e**) *Am (cerradura)* lock (**f**) *RP (de matrícula) Br* number plate, *US* license plate (**g**) EXPR *Fam* **no ha dado** *o* **pegado ni c.** he hasn't done a stroke (of work); *Fam* **no tener ni c.** *(ni idea)* not to have a clue

chapado, -a *adj* (**a**) *(recubierto) (con metal)* plated; *(con madera)* veneered; **c. en oro** gold-plated; *Fig* **c. a la antigua** stuck in the past, old-fashioned (**b**) *Fam (cerrado)* shut, closed

chapalear *vi (chapotear)* to splash

chapar 1 *vt* (**a**) *(recubrir) (con metal)* to plate; *(con madera)* to veneer (**b**) *Fam (cerrar)* to shut, to close
2 *vi* (**a**) *Fam (cerrar)* to shut, to close (**b**) *Fam (estudiar)* to cram

chaparral *nm* chaparral, = thicket of kermes oaks

chaparro, -a 1 *adj* short and squat
2 *nm,f (persona)* short, squat person
3 *nm* (**a**) *(arbusto)* kermes oak (**b**) *Méx (niño)* child

chaparrón *nm* (**a**) *(lluvia)* downpour; **cayó un c.** there was a downpour (**b**) *Fam (gran cantidad)* torrent, flood; **recibieron un c. de solicitudes** they received a flood of applications

chapear *vt (con metal)* to plate; *(con madera)* to veneer

chapela *nf* beret

chapero *nm muy Fam* rent boy

chapín, -ina *adj & nm,f CAm* Guatemalan

chapista *nmf* panel beater

chapistería *nf (taller)* body shop

chapitel *nm Arquit (de torre)* spire

chapó *interj* **¡c.!** *(¡bien hecho!)* well done!, bravo!

chapola *nf Col* butterfly

chapopote *nm Carib, Méx* bitumen, pitch

chapotear *vi* to splash about

chapoteo *nm* splashing

chapucear *vt* to botch (up)

chapucería *nf* shoddiness; **una c.** a botched job, a shoddy piece of work

chapucero, -a 1 *adj (trabajo)* shoddy, sloppy; *(persona)* bungling
2 *nm,f* bungler

chapulín *nm CAm, Méx* (**a**) *(saltamontes)* grasshopper (**b**) *Fam (niño)* kid

chapurrar, chapurrear *vt* to speak badly; **chapurrea el francés** she speaks broken *o* bad French

chapurreo *nm* jabbering

chapuza 1 *nf* (**a**) *(trabajo mal hecho)* botch, botched job; **esta reparación es una auténtica c.** this repair is a real botched job (**b**) *(trabajo ocasional)* odd job; **vive de las chapuzas** he makes his living by doing odd jobs
2 *nmf inv* **chapuzas** *(persona)* bungler

chapuzón *nm* dip; **darse un c.** to go for a dip

chaqué *nm* morning coat

chaqueño, -a 1 *adj* of/from the Chaco
2 *nm,f* person from the Chaco

chaqueta *nf (de traje, de cuero)* jacket; *(de punto)* cardigan; EXPR **cambiar(se)** *o* **mudarse de c.** to change sides

chaquetear *vi Fam (cambiar de bando)* to change sides

chaqueteo *nm Fam* changing sides

chaquetero, -a *adj & nm,f Fam* turncoat

chaquetilla *nf* short jacket ▫ ***c. torera*** bolero

chaquetón *nm* short coat

charada *nf* = newspaper puzzle in which a word must be guessed, with its meaning and certain syllables given as clues

charanga *nf* (**a**) *(banda)* brass band (**b**) *Fam (fiesta)* party (**c**) *Fam (ruido)* racket

charango *nm* = small South American guitar, often made from armadillo shell

charca *nf* pool, pond

charco *nm* (**a**) *(de líquido)* puddle; **un c. de sangre** a pool of blood (**b**) *Fam (océano Atlántico)* **cruzar el c.** to cross the pond *o* Atlantic

charcutería *nf (tienda)* = shop selling cold meats, sausages etc

charcutero, -a *nm,f* pork butcher

charla *nf* (**a**) *(conversación)* chat (**b**) *(conferencia)* talk; **dar una c.** to give a talk (**c**) *Informát* chat; **c. en tiempo real** real time chat

charlar *vi* to chat (**sobre** about); **c. con alguien** to chat with sb, to have a chat with sb

charlatán, -ana 1 *adj* talkative
2 *nm,f* (**a**) *(hablador)* chatterbox (**b**) *Pey (mentiroso)* trickster, charlatan (**c**) *(indiscreto)* gossip (**d**) *(vendedor)* travelling salesman, *f* travelling saleswoman

charlatanería *nf* (**a**) *Pey (palabrería)* spiel (**b**) *(locuacidad)* talkativeness

charlestón *nm* Charleston

charlotada *nf Fam* (**a**) *(payasada)* **charlotadas** clowning around (**b**) *Taurom* slapstick bullfight

charlotear *vi* to chat

charloteo *nm* chatting; **estar de c.** to be chatting *o* having a chat

charnego, -a *nm,f Fam* = pejorative term referring to an immigrant to Catalonia from another part of Spain

charnela *nf* hinge

charol *nm* (**a**) *(piel)* patent leather (**b**) *(barniz)* varnish (**c**) *Am (bandeja)* tray

charola *nf Andes* tray

charque *nm RP* jerked *o* salted beef

charquear *vt Am (carne)* to dry, to cure

charqui *nm Andes, RP* jerked *o* salted beef

charquicán *nm Andes, Arg* = stew made from salted meat, potatoes, beans and seasoning

charrán *nm* tern

charreada *nf Méx (espectáculo)* display of horseriding skills, ≃ rodeo

charretera *nf* epaulette

charro, -a 1 *adj* (**a**) *(recargado)* gaudy, showy (**b**) *Méx (líder sindical)* = in league with the bosses (**c**) *Esp (salmantino)* Salamancan
2 *nm,f (salmantino)* Salamancan
3 *nm Méx (jinete)* horseman

charrúa *adj inv & nmf* (**a**) *(indio)* Charrua (**b**) *(uruguayo)* Uruguayan

chárter 1 *adj inv* **vuelo c.** charter flight; **¿este vuelo es c. o regular?** is this a charter or a scheduled flight?
2 *nm inv* charter flight

chasca *nf* (**a**) *Fam (hoguera)* camp fire (**b**) *(leña)* brushwood (**c**) *Andes* mop of hair

chascar [59] **1** *vt* (**a**) *(lengua)* to click (**b**) *(dedos)* to snap (**c**) *(látigo)* to crack
2 *vi (lengua)* to click

chascarrillo *nm Fam* funny story

chasco *nm* (**a**) *(decepción)* disappointment; **llevarse un c.** to be disappointed (**b**) *(burla)* trick; **dar un c. a alguien** to play a trick on sb

chasis *nm inv* (**a**) *(de vehículo)* chassis (**b**) *Fot* dark slide (**c**) *Fam (esqueleto)* body

chasqueado, -a *adj (decepcionado)* disappointed

chasquear 1 *vt* (**a**) *(lengua)* to click (**b**) *(dedos)* to snap (**c**) *(látigo)* to crack (**d**) *(dar un chasco a)* to play a trick on, to fool
2 *vi (madera)* to crack

chasqui *nm Andes, Arg* messenger, courier

chasquido *nm* (**a**) *(de látigo, madera, hueso)* crack (**b**) *(de lengua, arma)* click (**c**) *(de dedos)* snap, click

chasquillas *nfpl Chile (flequillo) Br* fringe, *US* bangs

chata *nf (orinal)* bedpan

chatarra *nf* (**a**) *(metal)* scrap (metal) (**b**) *(objetos, piezas)* junk (**c**) *Fam (joyas)* cheap and nasty jewellery; *(condecoraciones)* brass, medals (**d**) *Fam (monedas)* small change

chatarrería *nf* scrapyard

chatarrero, -a *nm,f* scrap (metal) dealer

chatear *vi Fam* to go out drinking, *US* to barhop

chateo *nm Fam* **ir de c.** to go out drinking, *US* to barhop

chato, -a 1 *adj* (**a**) *(nariz)* snub (**b**) *(persona)* snub-nosed (**c**) *(superficie, objeto)* flat (**d**) *PRico, RP Fam (sin ambiciones)* commonplace; **una vida chata** a humdrum existence
2 *nm,f* (**a**) *(persona)* snub-nosed person (**b**) *Fam (apelativo)* love, dear
3 *nm Fam* = small glass of wine

chau *interj RP Fam* **¡c.!** see you later!

chaucha *nf* (**a**) *RP (haba)* early bean (**b**) *Chile (patata)* early potato (**c**) *Andes, RP (moneda)* coin of little value; EXPR **costar chauchas y palitos** to cost next to nothing

chauvinismo [tʃoβi'nismo] *nm* chauvinism

chauvinista [tʃoβi'nista] **1** *adj* chauvinistic
2 *nmf* chauvinist

chaval, -a *nm,f* kid; **está hecho un c.** he's like a young kid

chavalería *nf* kids

chaveta *nf* (**a**) *(clavija)* cotter pin (**b**) *Fam (cabeza)* nut, head; EXPR **perder la c.** to go off one's rocker (**c**) *Andes (navaja)* penknife

chavo, -a 1 *nm,f Méx Fam (chico)* guy; *(chica)* girl
2 *nm Fam (dinero)* **no tener un c.** to be penniless

chayote *nm CAm, Méx* chayote

ché, che *interj* **¡c.!** *(¡oye!)* hey!; *RP* **¡pero qué hacés, c.!** what do you think you're doing?; *RP* **c., ¿viste?** do you know what?

checar *vt Guat, Méx (comprobar)* to check; **chécalo bien** look at that!, check it out!; EXPR *Fam* **ir a c., c. tarjeta** to see one's girlfriend

chechén, -a, chechenio, -a *adj & nm,f* Chechen

Chechenia *n* Chechnya

checo, -a 1 *adj & nm,f* Czech
2 *nm (lengua)* Czech

checoslovaco, -a *adj & nm,f Antes* Czechoslovakian, Czechoslovak

Checoslovaquia *n Antes* Czechoslovakia

chef (*pl* **chefs**) [tʃef] *nm* chef

chela *nf Méx Fam (cerveza) Br* jar, *US* brew

chele *CAm* **1** *adj (rubio)* blond, blonde; *(de piel blanca)* fair-skinned
2 *nmf (rubio)* blond(e) person; *(de piel blanca)* fair-skinned person

cheli *nm Fam* = slang typical of Madrid

chelín *nm* shilling

chelo *nm* cello

chencha *adj Méx* lazy, idle

chepa *nf Fam* hump; EXPR **subírsele a alguien a la c.** to lose one's respect for sb

cheposo, -a, chepudo, -a *Fam* **1** *adj* hunchbacked
2 *nm,f* hunchback

cheque *nm Br* cheque, *US* check; **extender un c.** to make out a cheque ❑ ***c. barrado*** crossed cheque; ***c. en blanco*** blank cheque; EXPR **extenderle a alguien un c. en blanco** to give sb a blank cheque; ***c. cruzado*** crossed cheque; ***c. sin fondos*** bad cheque; ***c. (de) gasolina*** *Br* petrol *o US* gas voucher; ***c. nominativo*** = cheque in favour of a specific person; ***c. al portador*** cheque payable to the bearer; ***c. de ventanilla*** *US* ≃ counter check, = check written by bank teller to be drawn on customer's account; ***c. de viaje*** traveller's cheque

chequear *vt (comprobar)* to check; **c. a un paciente** to examine a patient, to give a patient a checkup; **c. el disco duro** to check the hard drive

chequeo *nm* (**a**) *Med* checkup; **hacerse un c.** to have a checkup ❑ ***c. médico*** checkup, medical (**b**) *(comprobación)* check; **hacer un c. (de algo)** to check (sth)

chequera *nf Br* chequebook, *US* checkbook

cheve *nf Méx Fam (cerveza) Br* jar, *US* brew

chévere *adj Fam* (**a**) *Andes, Carib (estupendo)* great, fantastic (**b**) *Andes, Carib (benévolo, indulgente)* really kind *o* nice (**c**) *Carib (petrimetre)* foppish, dandified (**d**) *Ven (valentón)* swaggering, cocky

cheviot (*pl* **cheviots**) *nm* cheviot

chía *nf Méx* (**a**) sage seed (**b**) *(refresco)* = drink made from sage seeds, lemon juice and sugar

chiapaneco, -a 1 *adj* of/from Chiapas
2 *nm,f* person from Chiapas

chibcha 1 *adj* Chibchan, Chibcha
2 *nmf* Chibcha

chibolo *nm Andes, CAm* swelling, bump

chic *adj inv* chic

chicane *nf Dep* chicane

chicano, -a 1 *adj & nm,f* Chicano, Mexican-American
2 *nm (lengua)* Chicano

chicarrón, -ona *nm,f Fam* strapping lad, *f* strapping girl

chicha *nf* (**a**) *Fam (para comer)* meat; EXPR *Fam* **no ser ni c. ni limonada** *o* **limoná** to be neither one thing nor the other, to be neither fish nor fowl (**b**) *Fam (de persona)* flesh; **tiene pocas chichas** *(está flaco)* he's as thin as a rake (**c**) *Andes* = alcoholic drink made from fermented maize

chícharo *nm CAm, Méx* pea

chicharra *nf* (**a**) *(insecto)* cicada (**b**) *Méx (timbre)* electric buzzer

chicharro *nm (pez)* horse mackerel

chícharro *nm Am (guisante)* pea

chicharrón 1 *nm (frito)* pork crackling
2 *nmpl* **chicharrones** *(embutido)* = cold processed meat made from pork

chiche 1 *adj Andes, RP (delicado)* fine, delicate
2 *nm* (**a**) *Andes, RP Fam (juguete)* toy (**b**) *Andes, RP (adorno)* delicate ornament (**c**) *CAm, Méx muy Fam (pecho)* tit

chichi *nm* (**a**) *muy Fam (vulva) Br* fanny, *US* beaver (**b**) *Guat, Méx (nodriza)* wet nurse (**c**) *Méx muy Fam (pecho)* tit

chichigua *nf Méx, CAm (nodriza)* wet nurse

chichón *nm* bump (on the head); **me di un golpe y me salió un c.** I hit myself on the head and it came up in a bump

chichonear *vi RP* to play jokes

chichonera *nf (para niños)* = protective headband to prevent toddlers hurting themselves when they bang into something; *(para ciclistas)* hairnet, = soft protective headgear for cyclists

chiclé, chicler *nm Aut* jet

chicle *nm* (**a**) *(goma de mascar)* chewing gum; **¿me das un c.?** could you give me a piece of chewing gum?; **mascar c.** to chew gum (**b**) *RP (en juegos)* game, round

chico, -a 1 *adj (pequeño)* small
2 *nm,f* (**a**) *(joven)* boy, *f* girl; **chica** *(criada)* maid ❑ ***chica de alterne*** = girl who works in bars encouraging customers to drink in return for a commission; ***c. de los recados*** *o RP* ***mandados*** *(en oficina)* office-boy; *(en tienda)* errand-boy (**b**) *(tratamiento)* sonny, *Br* mate, *US* buddy; **chica, haz lo que quieras** look, you can do what you want
3 *interj* **¡c., no sé qué decirte!** well, what can I say?; **¡c., qué suerte has tenido!** wow, you've been lucky!, who's a lucky boy/girl then?

chicuelina *nf Taurom* = pass made by the bullfighter, holding the cape at chest height in front of him

chifa *adj & nmf Andes* Chinese

chifla *nf Fam* **tomarse algo a c.** to treat sth as a joke; **tomarse las cosas a c.** to treat everything as a joke

chiflado, -a *Fam* **1** *adj* crazy, mad; **está c. por la música étnica** he's crazy *o* mad about ethnic music
2 *nm,f* loony

chifladura *nf (locura)* madness; **su última c. son las motos** his latest craze is for motorbikes

chiflar 1 *vt Fam (encantar)* **me chifla el pescado frito** I'm mad about fried fish
2 *vi (silbar)* to whistle
3 chiflarse *vpr* **se chifla por las novelas policíacas** he's crazy *o* mad about detective novels

chiflido *nm Am* whistling

chifonier *nm (mueble)* tallboy

chigüín *nm CAm* kid

chihuahua *nm* chihuahua

chihuahuense 1 *adj* of/from Chihuahua
2 *nmf* person from Chihuahua

chií, chiíta *adj & nmf* Shi'ite

chilaba *nf* jellaba

chilango, -a *Méx* **1** *adj* of/from Mexico City
2 *nm,f* person from Mexico City

chilatole, chileatole *nm Méx (guiso)* = pork stew with sweetcorn and chilli

Chile *n* Chile

chile *nm* (**a**) *CAm, Méx Culin* chilli ❑ ***c. ancho*** = dried poblano chilli; ***c. chipotle*** = smoked jalapeño chilli; ***c. jalapeño*** = small hot fresh green chilli; ***c. poblano*** = large fresh chilli, similar to a green pepper (**b**) *CAm Fam (mentira)* fib

chilena *nf Dep* (overhead) scissors kick

chileno, -a *adj & nm,f* Chilean

chilindrón *nm Culin* = seasoning made of tomatoes and peppers

chillar 1 *vi* (**a**) *(gritar) (personas)* to scream, to yell; *(aves, monos)* to screech; *(cerdo)* to squeal; *(ratón)* to squeak (**b**) *(hablar alto)* to shout; **¡no chilles, que no somos sordos!** don't shout, we're not deaf! (**c**) *(chirriar)* to screech; *(puerta, madera)* to creak; *(bisagras)* to squeak
2 *vt Fam (reñir)* to yell at; **siempre le chilla al niño** she's always yelling at the child

chillido *nm* (**a**) *(de persona)* scream, yell; **pegar** *o* **dar un c.** to scream, to yell (**b**) *(de animal) (de ave, mono)* screech; *(de cerdo)* squeal; *(de ratón)* squeak

chillo *nm* (**a**) *(en carpintería)* lath (**b**) *CAm (deuda)* debt

chillón, -ona 1 *adj* **(a)** *(voz)* piercing, screeching **(b)** *(persona)* **es muy c.** he has a really loud voice **(c)** *(color)* loud, gaudy; **una blusa de color amarillo c.** a loud yellow blouse
2 *nm,f* **es un c.** he has a really loud voice
chiloense 1 *adj* of/from Chiloé
2 *nmf* person from Chiloé
chilote *nm Méx (bebida)* = drink made of chilli and pulque
chilpayate, -a *nm,f Méx* kid
chimango *nm (ave)* chimango
chimba *nf Andes (de río)* opposite bank
chimbo, -a *adj Col, Ven* worn-out, exhausted
chimenea *nf* **(a)** *(hogar)* fireplace; **encender la c.** to light the fire **(b)** *(tubo)* chimney; **entrar/salir por la c.** *(humo, viento)* to come down/go up the chimney **(c)** *Geol* vent
chimpancé *nm* chimpanzee
chimichurri *nm Am (salsa)* hot sauce
chin *interj Méx* **¡c.!** *(¡ay!)* blast!, drat!
China *nf* **(la) C.** China
china *nf* **(a)** *(piedra)* small stone, pebble; EXPR *Fam* **le tocó la c.** he drew the short straw **(b)** *muy Fam (droga)* deal *(small amount of cannabis)* **(c)** *Am (india)* Indian woman **(d)** *RP (mujer del gaucho)* = gaucho's wife
chinampa *nf Méx* = man-made island for growing flowers, fruit and vegetables, found in Xochimilco near Mexico City
chinchar *Fam* **1** *vt* to pester, to bug
2 chincharse *vpr* to put up with it; **¡tú no tienes, para que te chinches!** you haven't got any, so there!
chincharrero *nm Andes* small fishing boat
chinche 1 *adj Fam* annoying
2 *nf* **(a)** *(insecto)* bedbug; EXPR *Fam* **caer** *o* **morir como chinches** to drop *o* die like flies **(b)** *Am (chincheta) Br* drawing pin, *US* thumbtack
3 *nmf Fam (persona)* pest, pain
chincheta *nf Br* drawing pin, *US* thumbtack
chinchilla *nf* **(a)** *(animal)* chinchilla **(b)** *(piel)* chinchilla fur
chinchín *nm* **(a)** *(ruido)* = noise of a brass band **(b)** *(brindis)* toast; **¡c.!** cheers! **(c)** *CAm (sonajero)* rattle
chinchón *nm* **(a)** *(bebida)* = aniseed liqueur **(b)** *(juego de cartas)* = card game similar to rummy
chinchorro *nm* **(a)** *Mex (red)* net **(b)** *Chile, Ven (hamaca)* hammock
chinchoso, -a *Fam* **1** *adj* annoying
2 *nm,f* pest, pain
chinchudo, -a *adj RP* prickly, touchy
chinchulines *nmpl Bol, Ecuad, RP (plato)* = piece of sheep or cow intestine, plaited and then roasted
chinela *nf (zapatilla)* slipper
chinero *nm* china cabinet
chinesco, -a *adj* Chinese
chinga *nf* **(a)** *CAm, Ven (colilla)* cigar end **(b)** *Ven (borrachera)* drunkenness **(c)** *CAm, Ven (en el juego)* fee paid by gamblers **(d)** *Méx muy Fam (paliza)* **me dieron una c.** they kicked the shit out of me **(e)** *Méx muy Fam (trabajo duro)* **es una c.** it's a bitch of a job
chingada *nf Méx Vulg* **¡vete a la c.!** fuck off!; **de la c.** *(muy difícil)* fucking hard; **en la casa de la c.** *(muy lejos)* in the back of beyond, away to hell and gone
chingadazo *nm Méx muy Fam (golpe)* thump
chingado, -a *adj* **(a)** *muy Fam (estropeado)* bust, *Br* knackered **(b)** *Méx Vulg (para enfatizar)* fucking
chingar [38] **1** *vt* **(a)** *muy Fam (estropear)* to bust, *Br* to knacker **(b)** *muy Fam* **c. a alguien** *(molestar)* to get up sb's nose, to piss sb off **(c)** *Vulg (copular con)* to screw, to fuck; EXPR *Méx* **¡chinga tu madre!** fuck you! **(d)** *Méx (beber)* to drink a lot of **(e)** *Méx muy Fam* **me chingaron en el examen** *(me suspendieron)* I flunked the exam **(f)** *Méx muy Fam* **chingarle a alguien plata** *(estafarlo)* to screw sb out of some money
2 *vi* **(a)** *Vulg (copular)* to screw, to fuck **(b)** *Méx muy Fam (molestar)* **¡deja de c.!** stop pissing me off!
3 chingarse *vpr Méx muy Fam* **(a)** *(estropearse)* to pack in, to conk out; *(fracasar)* to be a flop **(b)** *(comerse)* to pack away, to wolf down
chingo, -a 1 *adj* **(a)** *CAm, Ven (persona)* snub-nosed **(b)** *CAm (ropa)* short; *(persona)* in one's underwear **(c)** *CAm (animal)* bobtailed
2 *nm Méx muy Fam* **un c. de** *(un montón de)* heaps *o* loads of
3 *nmpl* **chingos** underwear
chingón, -ona *Méx muy Fam* **1** *adj (muy bueno)* fantastic, ace
2 *nm,f (persona)* big shot
chinita *nf* **(a)** *Am (criada)* maid **(b)** *Chile (animal) Br* ladybird, *US* ladybug
chino, -a 1 *adj* **(a)** Chinese
(b) *Am (mestizo)* of mixed ancestry
(c) *Méx (rizado)* curly
2 *nm,f* Chinese person; **un c.** a Chinese man; **una china** a Chinese woman; EXPR **trabajar como un c.** to slave away; EXPR **ser un trabajo de chinos** *(minucioso)* to be a fiddly *o* finicky job; *(pesado)* to be hard work
3 *nm* **(a)** *(lengua)* Chinese; EXPR *Fam* **me suena a c.** *(no lo conozco)* I've never heard of it; *(no lo entiendo)* it's all Greek to me
(b) chinos *(juego)* = game in which each player must guess the number of coins or pebbles in the other's hand
(c) *(pasapuré)* vegetable mill
(d) *Andes, RP (mestizo)* person of mixed ancestry
(e) *Andes, Ven (niño)* child
chip *(pl* **chips***) nm Informát* chip; EXPR *Fam* **cambiar el c.** to get into the right frame of mind
chipa *nf Col* **(a)** *(cesto)* straw basket **(b)** *(rodete)* = roll of cloth formed into a circular pad to support a vessel carried on one's head
chipé, chipén *adj inv Fam* brilliant, terrific; **ser de c.** to be brilliant *o* terrific
chipendi *adv Fam* **c. (lerendi)** great, marvellous
chipirón *nm* baby squid
chipote, chipotazo *nm* **(a)** *Guat (golpe)* slap **(b)** *Méx (chichón)* lump
chipotle *nm Méx (chile)* = smoked jalapeño chilli
Chipre *n* Cyprus
chipriota *adj & nmf* Cypriot
chiqueadores *nmpl Méx (remedio)* = home remedy for headaches
chiquero *nm Taurom* bull-pen
chiquilicuatro, chiquilicuatre *nm* insignificant person, nobody
chiquilín, -ina *nm,f* small boy, *f* small girl
chiquillada *nf (cosa de niños)* childish thing; *(travesura)* childish prank; **hacer una c. (a alguien)** to play a childish prank (on sb)
chiquillería *nf* kids
chiquillo, -a *nm,f* kid
chiquitín, -ina 1 *adj* tiny
2 *nm,f* tiny tot
chiquito, -a 1 *adj* tiny
2 *nm* **(a)** *(de vino)* = small glass of wine **(b)** *RP (instante)* minute; **espere un c.** wait a minute
3 *nfpl* **chiquitas** EXPR **no andarse con chiquitas** not to mess about
chiribita *nf (chispa)* spark; EXPR *Fam* **echar chiribitas** *(de enfado)* to be furious; *Fam* **le hacían chiribitas los ojos al verlo** her eyes lit up when she saw him; *Fam* **ver chiribitas** to see spots in front of one's eyes
chirigota *nf Fam* joke
chirimbolo *nm Fam* thingamajig, whatsit
chirimoya *nf* custard apple
chirimoyo *nm* custard apple tree
chiringuito *nm* **(a)** *(bar)* refreshment stall **(b)** *Fam (negocio)* **montarse un c.** to set up a little business
chiripa *nf Fam* fluke; **de** *o* **por c.** by luck
chiripá *(pl* **chiripaes***) nm RP* = garment worn by gauchos as trousers
chirivía *nf* parsnip
chirla *nf* small clam
chirle *adj Fam* insipid, tasteless
chirola *nf Arg Fam (poco dinero)* **costar chirolas** to cost next to nothing
chirona *nf Esp Fam* clink, slammer; **en c.** in the clink
chirote *nm Andes* **(a)** *(pájaro)* linnet **(b)** *(tonto)* fool, idiot
chirriante *adj (ruidoso)* screeching; *(puerta, madera)* creaking; *(bisagra, muelles)* squeaking
chirriar [32] *vi (sonar)* to screech; *(puerta, madera)* to creak; *(bisagra, muelles)* to squeak
chirrido *nm (ruido)* screech; *(de puerta, madera)* creak; *(de bisagra, muelles)* creak,

squeak; **la bisagra dio un c.** the hinge creaked *o* squeaked

chirrión *nm Am (látigo)* horsewhip

chiruca® *nf* = canvas hiking boot

chis *interj* **¡c.!** ssh!

chisgarabís (*pl* **chisgarabises**) *nm Fam* busybody

chisme *nm* (**a**) *(cotilleo)* rumour, piece of gossip (**b**) *Fam (cosa)* thingamajig, thingy

chismear, chusmear *Am Fam* **1** *vt (contar, chismorrear)* **me chismearon que...** I heard that...

2 *vi (contar chismes)* to gossip

chismografía *nf Fam* (**a**) *(afición al chisme)* fondness for gossip (**b**) *(conjunto de chismes)* gossiping

chismorrear *vi* to spread rumours, to gossip

chismorreo *nm* gossip; **se pasaron la tarde de c.** they spent the afternoon gossiping

chismoso, -a 1 *adj* gossipy

2 *nm,f* gossip, scandalmonger

chispa *nf* (**a**) *(de fuego, electricidad)* spark; EXPR *Fam* **echar chispas** to be hopping mad (**b**) *(pizca)* bit (**c**) *(agudeza, gracia)* sparkle; **esa novela tiene c.** that novel has really got something

chispazo *nm* spark; **dar un c.** to give off a spark, to spark

chispeante *adj* (**a**) *(que chispea)* that gives off sparks (**b**) *(conversación, discurso, mirada)* sparkling

chispear 1 *vi* (**a**) *(chisporrotear)* to spark (**b**) *(relucir)* to sparkle

2 *v impersonal (llover)* to spit (with rain); **empezó a c.** a few spots of rain started to fall

chisporrotear *vi* (**a**) *(fuego, leña)* to crackle (**b**) *(aceite)* to splutter (**c**) *(comida)* to sizzle

chisporroteo *nm* (**a**) *(de fuego, leña)* crackling (**b**) *(de aceite)* spluttering (**c**) *(de comida)* sizzling

chisquero *nm* (cigarette) lighter

chist *interj* **¡c.!** ssh!

chistar *vi* (**a**) *(llamar)* to hiss *(to catch sb's attention)* (**b**) *(replicar)* **sin c.** without a word (of protest)

chiste *nm* joke; **contar chistes** to tell jokes; *Fig* **no tiene ningún c.** there's nothing special about it □ *Esp* ***c. de Lepe*** *Br* ≃ Irish joke, *US* ≃ Polish joke; ***c. verde*** dirty joke

chistera *nf (sombrero)* top hat

chistido *nm (llamada)* hiss *(to attract sb's attention)*

chistorra *nf* = type of cured pork sausage typical of Aragon and Navarre

chistoso, -a 1 *adj* funny

2 *nm,f* amusing *o* funny person

chistu *nm* = Basque flute

chistulari *nmf* = "chistu" player

chita *nf* EXPR *Fam* **a la c. callando** quietly, on the quiet

chitón *interj* **¡c.!** quiet!; *Fam* **de esto que os acabo de contar, ¡c.!** don't say a word (to anyone) about what I've just told you

chiva 1 *nf* (**a**) *(cabra)* kid, young goat (**b**) *RP (barba)* goatee (**c**) *CAm (manta)* blanket

2 *nfpl* **chivas** (**a**) *Méx (pertenencias)* odds and ends (**b**) *Ven (ropa usada)* secondhand clothes

chivar *Fam* **1** *vt* to whisper, to tell secretly

2 chivarse *vpr* (**a**) *(niños)* to tell, *Br* to split (**de** on) (**b**) *(delincuentes)* to squeal, *Br* to grass (**de** on) (**c**) *Am (enfadarse)* to become *o* get angry

chivatazo *nm Fam* tip-off; **dar el c.** to squeal, *Br* to grass

chivatear *vi Fam* (**a**) *(delatar)* to squeal, *Br* to grass (**b**) *Andes (jugar)* to lark about

chivateo *nm Fam* (**a**) *(de delincuente)* squealing, *Br* grassing (**b**) *Andes (juego)* larking about

chivato, -a 1 *nm,f Fam* (**a**) *(delator) Br* grass, *US* rat (**b**) *(acusica)* telltale

2 *nm* (**a**) *(luz)* warning light (**b**) *(alarma)* alarm bell (**c**) *Ven Fam (pez gordo)* big cheese

chivo, -a *nm,f* kid, young goat; *Fig* **ser el c. expiatorio** to be the scapegoat

choc (*pl* **chocs**) *nm* shock

chocante *adj* (**a**) *(raro)* odd, strange; *(sorprendente)* startling (**b**) *(escandaloso)* shocking, scandalous (**c**) *RP (impropio)* inappropriate, unsuitable (**d**) *Am (antipático)* unpleasant

chocantería *nf Am (comentario)* annoying *o* unpleasant remark

CHOCAR [59] **1** *vi* (**a**) *(colisionar)* to crash, to collide (**con** *o* **contra** with); **chocaron dos autobuses** two buses crashed *o* collided; **el taxi chocó con una furgoneta** the taxi crashed into *o* collided with a van; **la moto chocó contra un árbol** the motorbike hit a tree; **iba despistado y chocó contra una farola** he wasn't concentrating and drove into a lamppost; **la pelota chocó contra la barrera** the ball hit the wall; **c. de frente con** to have a head-on collision with; **los dos vehículos chocaron frontalmente** the two vehicles collided head-on

(**b**) *(enfrentarse)* to clash; **mis opiniones siempre han chocado con las suyas** he and I have always had different opinions about things; **tenemos una ideología tan diferente que chocamos constantemente** we have such different ideas that we're always disagreeing about something; **esta política económica choca con la realidad del mercado de trabajo** this economic policy goes against *o* is at odds with the reality of the labour market

(**c**) *(extrañar, sorprender) (ligeramente)* to puzzle, to surprise; *(mucho)* to shock, to astonish; **me choca que no haya llegado ya** I'm surprised *o* puzzled that she hasn't arrived yet; **le chocó su actitud tan hostil** she was taken aback *o* shocked by how unfriendly he was

2 *vt* (**a**) *(manos)* to shake; EXPR *Fam* **¡chócala!, ¡choca esos cinco!** put it there!, give me five!

(**b**) *(copas, vasos)* to clink; **¡choquemos nuestros vasos y brindemos por los novios!** let's raise our glasses to the bride and groom!

---

chocarrería *nf* vulgar joke

chocarrero, -a *adj* coarse, vulgar

chochaperdiz (*pl* **chochaperdices**) *nf* woodcock

chochear *vi* (**a**) *(viejo)* to be senile (**b**) *Fam (de cariño)* **c. por alguien** to dote on sb

chochez *nf* (**a**) *(vejez)* senility (**b**) *(dicho, hecho)* **decir/hacer chocheces** to say/do senile things

chocho, -a 1 *adj* (**a**) *(viejo)* senile (**b**) *Fam (encariñado)* soft, doting (**con** on)

2 *nm* (**a**) *muy Fam (vulva) Br* fanny, *US* beaver (**b**) *Fam (altramuz)* lupin seed *(for eating)*

choclo *nm Andes, RP (maíz) Br* maize, *US* corn

choclón *nm Chile Fam* crowd

choco 1 *adj CAm, Chile, Méx (persona) (cojo)* one-legged; *(manco)* one-armed

2 *nm* (**a**) *(sepia)* cuttlefish (**b**) *Andes (perro)* spaniel (**c**) *Col (persona morena)* dark-skinned person (**d**) *CAm, Chile, Méx (tullido) (cojo)* one-legged person; *(manco)* one-armed person (**e**) *Andes (de pelo rizado)* curly-haired person; **chocos** curls

chocolatada *nf* = afternoon party where thick drinking chocolate is served

chocolate *nm* (**a**) *(alimento)* chocolate; **c. (a la taza)** thick drinking chocolate □ ***c. blanco*** white chocolate; ***c. con leche*** milk chocolate (**b**) *Esp Fam (hachís)* hash

chocolatera *nf (vasija)* = pot for making drinking chocolate

chocolatería *nf* (**a**) *(fábrica)* chocolate factory (**b**) *(establecimiento)* = café where drinking chocolate is served

chocolatero, -a 1 *adj* **ser muy c.** to love chocolate

2 *nm,f* (**a**) *(aficionado al chocolate)* chocaholic, person fond of chocolate (**b**) *(oficio)* chocolate maker/seller

chocolatina *nf* chocolate bar

chofer (*pl* **choferes**) *nmf Am* chauffeur

chófer (*pl* **chóferes**) *nmf Esp* chauffeur

chola *nf Fam (cabeza)* nut

cholla *nf CAm Fam (flema)* sluggishness

chollo *nm Fam* (**a**) *(producto, compra)* bargain (**b**) *(trabajo, situación)* cushy number

cholo, -a *Am* **1** *adj* (**a**) *Am (mestizo)* mestizo, half-caste (**b**) *Chile (cobarde)* cowardly (**c**) *Ven (querido)* dear, darling (**d**) *Ecuad (ordinario)* poor, common; **¡qué c.!** how common!

2 *nm,f* (**a**) *Am (mestizo)* half-caste, mestizo (**b**) *Am (indio)* educated *o* westernized Indian (**c**) *Am (indio puro)* pure Indian (**d**) *Chile (cobarde)* coward

choloque *nm Am* soapberry tree

chomba *nf RP* polo shirt

chompa *nf Andes* sweater, jumper

chompipe *nm CAm* = species of turkey

chonchón *nm Chile* lamp

chones *nmpl Méx Fam* (**a**) *(calzoncillos) Br* underpants, *US* shorts (**b**) *(braga)* panties, *Br* knickers

chongo *nm Méx* (**a**) *(moño)* bun (**b**) *(dulce)* = dessert made from milk curds, served in syrup (**c**) *Fam (broma)* joke

chonta *nf CAm, Perú (palmera)* = type of palm tree

chóped *nm* = type of luncheon meat

chopera *nf* poplar grove

chopito *nm* baby squid

chopo *nm* poplar

choque 1 *ver* **chocar**

2 *nm* (**a**) *(impacto)* impact; *(de automóvil, avión)* crash ▫ ***c. frontal*** head-on collision (**b**) *(enfrentamiento)* clash (**c**) *(impresión)* shock (**d**) *Med* ***c. anafiláctico*** anaphylactic shock

chorbo, -a *nm,f muy Fam (chico)* kid; *(adulto)* guy, *Br* bloke, *f* woman

chorcha *nf* (**a**) *(pájaro)* woodcock (**b**) *Méx (grupo)* get-together

chorear *vi Fam* (**a**) *Chile (refunfuñar)* to grumble, to moan (**b**) *Col, Perú (robar)* to pilfer

choriceo *nm Fam (robo)* robbery; *(timo)* rip-off

chorizar [14] *vt Fam* to swipe, to pinch

chorizo *nm* (**a**) *(embutido)* chorizo, = cured pork sausage, flavoured with paprika (**b**) *Fam (ladrón)* thief (**c**) *RP (pasta de barro y paja)* daub, mud plaster

chorlito *nm* (**a**) *Zool* plover (**b**) *Fam* **cabeza de c.** scatterbrain

choro *nm Andes* mussel

chorote *nm* (**a**) *Col (recipiente)* = unglazed pot for making chocolate (**b**) *Cuba (bebida)* thick chocolate drink

chorra *Esp Fam* **1** *nmf (tonto) Br* wally, *US* jerk; **hacer el c.** to muck about

2 *nf (suerte)* luck

chorrada *nf Fam Br* rubbish, *US* garbage; **decir chorradas** to talk *Br* rubbish *o US* bull; **decir una c.** to say something stupid

chorrear 1 *vi* (**a**) *(gotear) (gota a gota)* to drip; *(en un hilo)* to trickle; **estar chorreando** *(estar empapado)* to be soaking *o* wringing wet (**b**) *(brotar)* to spurt *o* gush (out)

2 *vt (sujeto: prenda)* to drip; *(sujeto: persona)* to drip with

chorreo *nm* (**a**) *(goteo) (gota a gota)* dripping; *(en un hilo)* trickling; *Fig* **un c. de dinero** a steady drain on funds (**b**) *(brote)* spurting, gushing

chorrera *nf* (**a**) *(canal)* channel, gully (**b**) *(adorno, volante)* frill; **chorreras** frill (**c**) *Am (serie)* string

chorretón *nm* (**a**) *(chorro)* spurt (**b**) *(mancha)* stain

chorro *nm* (**a**) *(de líquido) (borbotón)* jet, spurt; *(hilo)* trickle; **salir a chorros** to spurt *o* gush out; EXPR *Fam* **como los chorros del oro** as clean as a new pin (**b**) *(de luz, gente, preguntas)* stream; **tiene un c. de dinero** she has loads of money (**c**) *RP (ladrón)* thief

chotacabras *nm inv* nightjar

chotearse *vpr Fam* to make fun (**de** of)

choteo *nm Fam* joking, kidding; **estar de c.** to be kidding

chotis *nm inv* = dance typical of Madrid

choto, -a 1 *adj Col (dócil, domesticado)* tame

2 *nm,f* (**a**) *(cabrito)* kid, young goat; EXPR *Fam* **estar como una chota** to be crazy, to be off one's rocker (**b**) *(ternero)* calf

chovinismo *nm* chauvinism

chovinista 1 *adj* chauvinistic

2 *nmf* chauvinist

choza *nf* (**a**) *(cabaña)* hut (**b**) *Fam (vivienda)* pad

christma ['krisma] *nm*, **christmas** ['krismas] *nm inv* Christmas card

chubasco *nm (lluvia)* shower

chubasquero *nm* cagoule

chúcaro, -a *adj Am Fam* wild

chucha *nf* (**a**) *Col (animal)* opossum (**b**) *Chile Vulg (vulva)* cunt

chuchería *nf* (**a**) *(golosina)* sweet (**b**) *(objeto)* trinket

chucho *nm* (**a**) *Fam (perro)* mutt, dog (**b**) *Cuba* **dar c.** *(dar golpes)* to lash (**c**) *RP Fam* ***c. de frío*** *(escalofrío)* shiver (**d**) *RP Fam (susto)* fright (**e**) *Chile (cárcel)* jail

chuchumeco *nm PRico Fam* jerk

chueco, -a *adj Am* (**a**) *(torcido)* twisted (**b**) *(patizambo)* bowlegged

chufa *nf* (**a**) *(planta)* chufa (**b**) *(tubérculo)* tiger nut, earth almond

chufla *nf Fam* joke; **estar de c.** to be kidding; **tomarse las cosas a c.** to treat everything as a joke, not to take things seriously

chulada *nf* (**a**) *(bravuconada)* piece of bravado; **chuladas** bravado (**b**) *Fam (cosa bonita)* delight, gorgeous thing

chulapo, -a, chulapón, -ona *nm,f* = lower-class native of 18th-19th century Madrid

chulear *Fam* **1** *vt* **c. a una mujer** to live off a woman

2 chulearse *vpr (fanfarronear)* to be cocky (**de** about); **se está chuleando de que aprobó el examen** he's showing off about having passed the exam

chulería *nf* (**a**) *(bravuconería)* cockiness (**b**) *(salero)* charm, winning ways

chulesco, -a *adj* = relating to lower-class Madrid life of the 18th-19th centuries

chuleta 1 *adj Fam (chulo)* cocky

2 *nf* (**a**) *(de carne)* chop (**b**) *Esp (en exámenes)* crib note

3 *nmf Fam (chulo)* cocky person

chuletada *nf* barbecue

chulo, -a 1 *adj* (**a**) *(descarado)* cocky; **ponerse c.** to get cocky (**b**) *Fam (bonito)* lovely (**c**) *Fam (lesionado)* **tengo la pata chula** I've done my leg in

2 *nm,f* (**a**) *(descarado)* cocky person (**b**) *(madrileño)* = lower-class native of 18th-19th century Madrid

3 *nm Esp (proxeneta)* pimp

chumbar *RP* **1** *vt (disparar)* to shoot

2 *vi (ladrar)* to bark

chumbe *nm* (**a**) *Col, Ven (faja)* sash (**b**) *Andes, Arg (sulfato)* zinc sulphide

chumbera *nf* prickly pear cactus

chumbo *adj* **higo c.** prickly pear

chuminada *nf Fam* silly thing, trifle

chumino *nm muy Fam Br* fanny, *US* beaver; EXPR *Vulg* **no me sale del c.** I can't be bothered, *Br* I can't be arsed

chunchules *nmpl Chile* tripe

chungo, -a *muy Fam* **1** *adj (persona)* horrible, nasty; *(cosa)* lousy; **la cosa está chunga** it's really difficult, it's a real bitch

2 *nf* **chunga tomarse algo a chunga** to take sth as a joke, not to take sth seriously

chunguearse *vpr Fam* **c. de** to make fun of, to have a laugh about

chuño *nm Andes, RP* potato starch

chupa *nf Fam* coat; EXPR **poner a alguien como c. de dómine** to give sb a row, to lay into sb ▫ ***c. de cuero*** leather jacket; ***c. vaquera*** denim jacket

chupachups® *nm inv* lollipop

chupacirios *nmf inv Fam Pey* holy Joe

chupada *nf (de helado) (con la lengua)* lick; *(con los labios)* suck; *(de cigarrillo)* puff, drag

chupado, -a *adj* (**a**) *(delgado)* skinny (**b**) *Fam (fácil)* **estar c.** to be dead easy *o* a piece of cake (**c**) *RP (borracho)* drunk

chupador, -ora *adj* sucking

chupaflor *nm Am* hummingbird

chupamirto *nm Méx* hummingbird

chupar 1 *vt* (**a**) *(succionar)* to suck; *(lamer)* to lick; *(fumar)* to puff at

(**b**) *(absorber)* to soak up

(**c**) *Fam (quitar)* **chuparle algo a alguien** to milk sb for sth; **esa mujer le está chupando la sangre** that woman is bleeding him dry

(**d**) *Fam (en deportes)* **c. la pelota** to hog the ball

(**e**) *Am (beber)* to booze on, to tipple

2 *vi Fam* (**a**) *(en deportes)* to hog the ball

(**b**) *Am (beber)* to booze, to tipple

3 chuparse *vpr* (**a**) *(succionar)* to suck; **chuparse el dedo** to suck one's thumb; EXPR *Fam* **¿te crees que me chupo el dedo?** do you think I was born yesterday?; EXPR **estar para chuparse los dedos** to be mouthwatering; EXPR *Fam* **¡chúpate esa!** take that!

(**b**) *(adelgazar)* to get thinner

(**c**) *Fam (aguantar)* to put up with

chupatintas *nmf inv Pey* pen-pusher

chupe *nm Andes, Arg* stew

chupete *nm Br* dummy, *US* pacifier

chupetear *vt* to suck on, to suck away at

chupeteo *nm* sucking

chupetón *nm* (**a**) *(con la lengua)* lick; *(con los labios)* suck; **dar un c. a algo** to lick sth (**b**) *Fam (moradura en la piel)* lovebite, *US* hickey

chupi *adj Fam* great, brill

chupinazo *nm* (**a**) *(cañonazo)* cannon shot (**b**) *Fam Dep (patada)* hard kick; *(a puerta)* screamer, hard shot
chupito *nm* shot
chupón, -ona 1 *nm,f Fam* (**a**) *(gorrón)* sponger, cadger (**b**) *(en deportes)* hog
2 *nm* (**a**) *Méx (chupete) Br* dummy, *US* pacifier (**b**) *Andes, CAm, Méx (biberón)* (baby's) bottle
chupóptero, -a *nm,f Fam* parasite
churo *nm Col, Ecuad* (**a**) *(rizo)* curl (**b**) *(escalera)* spiral staircase
churrasco *nm* barbecued *o* grilled meat
churrasqueada *nf RP (asado)* barbecue
churrasquear *vi RP* to have a barbecue
churre *nm Fam* grease
churrería *nf* = shop or stall selling "churros"
churrero, -a *nm,f* "churros" seller
churrete *nm (chorro)* spurt; *(mancha)* stain
churria *adj Carib, Col, Guat (diarrea)* diarrhea
churrigueresco, -a *adj Arte* churrigueresque
churro *nm* (**a**) *(para comer)* = dough formed into sticks or rings and fried in oil (**b**) *Fam (fracaso)* botch; **ese dibujo es un c.** that drawing is awful
churruscado, -a *adj (quemado)* burnt; *Fam (crujiente)* crispy
churruscar [59] **1** *vt* to burn, to scorch
2 churruscarse *vpr* to burn, to scorch
churrusco *nm Fam (pan)* piece of burnt toast
churumbel *nm Esp Fam* kid
chusco, -a 1 *adj* funny
2 *nm Fam* crust of stale bread
chusma *nf* rabble, mob
chusmear = **chismear**
chusmerío *nm RP (chisme)* piece of gossip
chuspa *nf Andes, RP* knapsack
chut (*pl* **chuts**) *nm Dep (patada)* kick; *(a puerta)* shot
chuta *nf muy Fam* syringe
chutar 1 *vi* (**a**) *(lanzar la pelota)* to kick the ball; *(a puerta)* to shoot (**b**) *Fam (funcionar)* to work; **esto va que chuta** it's going great; **con eso va que chuta** that's more than enough
2 chutarse *vpr muy Fam* to shoot up
chute *nm muy Fam* fix
chuza *nf Méx (en bolos)* strike
chuzar [14] *vt Col* to prick
chuzo *nm Fam* EXPR **llover a chuzos, caer chuzos de punta** to pour down, *Br* to bucket down
CI *nm (abrev de* **cociente de inteligencia**) IQ
CIA [ˈθia] *nf (abrev de* **Central Intelligence Agency**) CIA
cía., Cía. *(abrev de* **compañía**) Co
cianosis *nf Med* cyanosis
cianuro *nm* cyanide
ciática *nf* sciatica
ciático, -a *adj* sciatic
cibercafé *nm Informát* cybercafe
ciberdelito *nm Informát* cybercrime
ciberespacio *nm Informát* cyberspace
cibernauta *nmf Informát* Nettie, Net user
cibernética *nf Informát* cybernetics *(singular)*
cibernético, -a *adj Informát* cybernetic
ciberpunk *nm Informát* cyberpunk
cibersexo *nm Informát* cybersex
ciborg *nm Informát* cyborg
cica *nf* cycas
cicatería *nf* stinginess, meanness
cicatero, -a 1 *adj* stingy, mean
2 *nm,f* skinflint, miser
cicatriz *nf también Fig* scar
cicatrización *nf* scarring
cicatrizante 1 *adj* healing
2 *nm* healing substance
cicatrizar [14] **1** *vi* to form a scar, to heal (up)
2 *vt* to heal
cicerón *nm* eloquent speaker, orator
cicerone *nmf* guide
ciclamato *nm* cyclamate
ciclamen *nm* cyclamen
ciclamor *nm* Judas tree
cíclicamente *adv* cyclically
cíclico, -a *adj* cyclical
ciclismo *nm* cycling ❑ ***c. en pista*** track cycling; ***c. en ruta*** road racing
ciclista 1 *adj* cycling; **equipo c.** cycling team; **prueba c.** cycle race; **vuelta c.** tour
2 *nmf* cyclist
ciclo *nm* (**a**) *(periodo) también Econ* cycle ❑ ***c. vital*** life cycle (**b**) *(de conferencias, actos)* series; *(de películas)* season (**c**) *RP (curso)* studies course
ciclocross, ciclocrós *nm* cyclo-cross
ciclomotor *nm* moped
ciclón *nm* cyclone ❑ ***c. tropical*** tropical cyclone
cíclope *nm* Cyclops
ciclópeo, -a *adj (enorme)* colossal, massive
ciclostil, ciclostilo *nm* cyclostyle
ciclotrón *nm Fís* cyclotron
cicloturismo *nm* bicycle touring
cicloturista *nmf* = person on cycling holiday
cicloturístico, -a *adj* **ruta cicloturística** tourist cycling route; **vacaciones cicloturísticas** cycling holidays
CICR *nm (abrev de* **Comité Internacional de la Cruz Roja**) IRCC
cicuta *nf* hemlock
cidra *nf* citron
cidro *nm* citron (tree)
ciegamente *adv* blindly
ciego, -a 1 *ver* **cegar**
2 *adj* (**a**) *también Fig (invidente)* blind; **a ciegas** blindly; **andar a ciegas** to grope one's way; **Juan es c. de nacimiento** Juan was born blind; **quedarse c.** to go blind
(**b**) *(enloquecido)* blinded (**de** by); **entonces, c. de ira, lo mató** then, blind with rage, he killed him
(**c**) *(pozo, tubería)* blocked (up)
(**d**) *Esp muy Fam (borracho)* blind drunk, *Br* pissed; *(drogado)* stoned
3 *nm,f (invidente)* blind person; **los ciegos** the blind
4 *nm* (**a**) *Anat* caecum
(**b**) *Esp muy Fam (de droga)* trip; **tener/ cogerse un c.** *(de alcohol)* to be/get blind drunk *o Br* pissed
(**c**) **los ciegos** *(sorteo de la ONCE)* = lottery organized by Spanish association for the blind
(**d**) *RP (en naipes)* = player who has no trump cards in their hand
ciegue *etc ver* **cegar**
cielo *nm* (**a**) *(atmósfera)* sky; **mira hacia el c.** look upwards; **a c. abierto** *(a la intemperie)* in the open; *(mina)* opencast
(**b**) *Rel* heaven; **¡c. santo!, ¡cielos!** good heavens!; **ganarse el c.** to win salvation, to win a place in heaven
(**c**) *(tratamiento)* my love, my dear
(**d**) *(parte superior)* ***c. del paladar*** roof of the mouth; ***c. raso*** ceiling
(**e**) EXPR **me viene bajado del c.** it's a godsend (to me); **como llovido del c.** *(inesperadamente)* out of the blue; *(oportunamente)* at just the right moment; **estar en el séptimo c.** to be in seventh heaven; **se le juntó el c. con la tierra** he lost his nerve; **mover c. y tierra** to move heaven and earth; **ser un c.** to be an angel; **ver el c. abierto** to see one's way out
ciempiés *nm inv* centipede
cien *núm* a *o* one hundred; **c. mil** a *o* one hundred thousand; **por c.** per cent; **c. por c.** a hundred per cent; *ver también* **seis**
ciénaga *nf* marsh, bog
ciencia *nf* (**a**) *(método, estudio)* science; **la c. ya no puede hacer nada para salvar al enfermo** science is unable to do anything more to help the patient; **la astronomía es la c. que estudia los cuerpos celestes** astronomy is the science in which heavenly bodies are studied ❑ ***ciencias económicas*** economics *(singular)*; ***ciencias exactas*** mathematics *(singular)*; ***c. ficción*** science fiction; ***ciencias naturales*** natural sciences; ***ciencias ocultas*** occultism; ***ciencias sociales*** social sciences; ***ciencias de la salud*** medical sciences
(**b**) *(sabiduría)* learning, knowledge; EXPR *Fam* **tener poca c.** to be straightforward; EXPR **la cocina tiene poca c., pero requiere mucho sentido común** cooking doesn't require a lot of skill, but you do need to use common sense; *Hum* **por c. infusa** through divine inspiration
(**c**) *Educ* **ciencias** science; **soy de ciencias** I studied science ❑ ***ciencias mixtas*** = secondary school course comprising mainly science subjects but including some arts subjects; ***ciencias***

puras = secondary school course comprising science subjects only (**d**) **a ciencia cierta** *loc adv* for certain; **no se conoce a c. cierta el número de víctimas** the number of victims isn't known for certain

cienciología *nf* Scientology

cieno *nm* mud, sludge

cientificismo *nm* = over-emphasis on scientific ideas

científico, -a 1 *adj* scientific
2 *nm,f* scientist

cientista *nmf Arg, Chile* ***c. social*** sociologist

ciento *núm* a *o* one hundred; **c. cincuenta** a *o* one hundred and fifty; **cientos de** hundreds of; **por c.** per cent; EXPR *Fam* **darle c. y raya a alguien** to run rings around sb; EXPR *Fam* **eran c. y la madre** everybody and his dog was there; *ver también* **seis**

ciernes *nmpl* **estar en c.** to be in its infancy; **una campeona en c.** a budding champion; **tenemos un viaje en c.** we're planning a journey

cierno *etc ver* **cerner**

cierre *nm* (**a**) *(acción de cerrar)* closing, shutting; *(de fábrica)* shutdown; *Rad & TV* closedown ▫ *Ind* ***c. patronal*** lockout (**b**) *(mecanismo)* fastener ▫ *Aut* ***c. centralizado*** central locking; ***c. metálico*** *(de tienda)* metal shutter (**c**) *Am* **c. (relámpago)** *(cremallera) Br* zip, *US* zipper

ciertamente *adv* (**a**) *(con certeza)* certainly (**b**) *(sí enfático)* of course

cierto, -a 1 *adj* (**a**) *(verdadero)* true; **estar en lo c.** to be right; **lo c. es que…** the fact is that…; **no es c. (que…)** it is not certain (that…); **si bien es c. que…** while it is true that… (**b**) *(seguro)* certain, definite (**c**) *(algún)* certain; **c. hombre** a certain man; **en cierta ocasión** once, on one occasion; **hemos recibido un c. número de quejas** we have received a certain number of *o* some complaints
2 *adv* right, certainly; **por c.** by the way

ciervo, -a *nm,f* (**a**) *(macho)* deer, stag; *(hembra)* deer, hind (**b**) ***c. volante*** *(insecto)* stag beetle

cierzo *nm* north wind

CIF [θif] *nm Esp (abrev de* **código de identificación fiscal**) = number identifying company for tax purposes

cifra *nf* (**a**) *(signo)* figure; **un código de cuatro cifras** a four-digit code; **mi número de teléfono consta de siete cifras** my telephone number has seven digits (**b**) *(cantidad)* number, total; *(de dinero)* sum; **ingresó la c. de un millón de pesetas** he deposited the sum of one million pesetas ▫ *Econ* ***c. de negocios*** turnover (**c**) *(código)* **en c.** in code; **el mensaje estaba en c.** the message was coded *o* in code

cifrado, -a *adj* coded, in code

cifrar 1 *vt* (**a**) *(codificar)* to code (**b**) *(resumir, reducir)* to summarize (**c**) *(tasar)* to evaluate, to estimate; **cifró las pérdidas en varios millones de pesos** he estimated the losses at several million pesos
2 cifrarse en *vpr* (**a**) *(ascender a)* to come to, to amount to (**b**) *(resumirse en)* to be summarized by

cigala *nf* Dublin Bay prawn, scampi

cigarra *nf* cicada

cigarrera *nf (caja)* cigar case

cigarrería *nf Am* tobacconist's

cigarrero, -a *nm,f (persona)* cigar maker

cigarrillo *nm* cigarette

cigarro *nm* (**a**) *(puro)* cigar (**b**) *(cigarrillo)* cigarette (**c**) *Ecuad (insecto)* dragonfly

cigoñino *nm* young stork

cigoto *nm Biol* zygote

ciguato, -a *Carib, Méx* **1** *adj* suffering from fish poisoning
2 *nm,f (enfermo)* fish poisoning victim

cigüeña *nf* stork; EXPR *Fam* **estar esperando a la c.** to be expecting ▫ ***c. blanca/negra*** white/black stork

cigüeñal *nm* crankshaft

cigüeñuela *nf* black-winged stilt

cilantro *nm* coriander

cilicio *nm (faja, cordón)* spiked belt *(of penitent)*; *(vestidura)* hair shirt

cilindrada *nf* cylinder capacity

cilíndrico, -a *adj* cylindrical

cilindro *nm* (**a**) *(figura)* cylinder (**b**) *Aut* cylinder; **un motor de cuatro cilindros** a four-cylinder engine (**c**) *(de imprenta)* roller ▫ ***c. compresor*** steamroller (**d**) *CAm, Méx (organillo)* barrel organ

cima *nf* (**a**) *(cúspide) (de montaña)* peak, summit; *(de árbol)* top (**b**) *(apogeo)* peak, high point

cimarrón, -ona 1 *adj (animal)* feral
2 *nm,f Am Hist (esclavo)* runaway slave

címbalo *nm* cymbal

cimborrio, cimborio *nm Arquit* cupola

cimbra *nf Arquit* form, centring

cimbrar, cimbrear 1 *vt* (**a**) *(vara)* to wave about (**b**) *(caderas)* to sway (**c**) *Arquit* to erect the centring for
2 cimbrearse *vpr* to sway

cimbreante *adj* swaying

cimbrear = **cimbrar**

cimbreo *nm* (**a**) *(de vara)* waving (**b**) *(de caderas)* swaying

cimentación *nf* (**a**) *(acción)* laying of the foundations (**b**) *(cimientos)* foundations

cimentar [3] *vt (edificio)* to lay the foundations of; *(ciudad)* to found, to build; *Fig (idea, paz, fama)* to cement, to consolidate

cimera *nf (de casco, de escudo)* crest

cimero, -a *adj (alto)* topmost; *Fig (sobresaliente)* foremost, most outstanding

cimiento *etc ver* **cimentar**

cimientos *nmpl* (**a**) *Constr* foundation; *también Fig* **echar los c.** to lay the foundations (**b**) *(base)* basis *(singular)*

cimitarra *nf* scimitar

cinabrio *nm* cinnabar

cinamomo *nm* cinnamon tree

cinc *nm* zinc

cincel *nm* chisel

cincelar *vt* to chisel

cincha *nf* girth

cinchar *vt (ceñir)* to girth

cincho *nm* (**a**) *(cinturón)* belt (**b**) *(aro de hierro)* hoop (**c**) *Am (de caballo)* girth, cinch

cinco 1 *núm* five; EXPR *Fam* **¡choca esos c.!** put it there!, give me five!; **el (torneo de las) c. naciones** *(en rugby)* the Five Nations (Championship); *ver también* **seis**
2 *nm Carib (guitarra)* five-string guitar

cincuenta *núm* fifty; **los (años) c.** the fifties; *ver también* **seis**

cincuentavo, -a *núm* fiftieth; *ver también* **sexto**

cincuentena *nf* fifty; **andará por la c.** he must be about fifty; **una c. de personas** fifty people

cincuentenario *nm* fiftieth anniversary

cincuentón, -ona *nm,f Fam* person in his/her fifties

cine *nm* (**a**) *(arte)* cinema; **me gusta el c.** I like cinema *o* films *o* movies; **hacer c.** to make films *o* movies ▫ ***c. de autor*** art cinema; ***c. fórum*** film with discussion group; ***c. de género*** genre cinema; ***c. mudo*** silent films *o* movies; ***c. sonoro*** talking pictures, talkies (**b**) *(edificio)* cinema, *US* movie theater; **ir al c.** to go to the cinema *o* movies ▫ ***c. de barrio*** local cinema *o US* movie theater; ***c. de estreno*** first-run cinema *o US* movie theater; ***c. de verano*** open-air cinema

cineasta *nmf* film maker *o* director

cineclub *nm* (**a**) *(asociación)* film society (**b**) *(sala)* club cinema

cinéfilo, -a *nm,f* film *o* movie buff

cinegético, -a 1 *adj* hunting; **asociación cinegética** hunting club; **deporte c.** blood sport
2 *nf* **cinegética** hunting

cinemascope® *nm* Cinemascope®

cinemateca *nf* film library

cinemática *nf Fís* kinematics *(singular)*

cinematografía *nf* cinematography, film-making

cinematografiar [32] *vt* to film

cinematográfico, -a *adj* film; **guión c.** film script

cinematógrafo *nm* (**a**) *(aparato)* film *o* movie projector (**b**) *(local)* cinema, *US* movie theater

cinerama® *nm* Cinerama®

cinética *nf* kinetics *(singular)*

cinético -a *adj* kinetic

cingalés, -esa *adj & nm,f* Sinhalese

cíngaro, -a *adj & nm,f* Tzigane

cínico, -a 1 *adj (desvergonzado)* shameless
2 *nm,f (desvergonzado)* shameless person

> Observa que la palabra inglesa **cynic** es un falso amigo y no es la traducción de la palabra española **cínico**. En inglés **cynic** significa tanto "descreído, suspicaz" como "desaprensivo".

cinismo *nm (desvergüenza)* shamelessness

Observa que la palabra inglesa **cynicism** es un falso amigo y no es la traducción de la palabra española **cinismo**. En inglés **cynicism** significa "descreimiento, suspicacia".

cinta *nf* (**a**) *(de plástico, papel)* strip, band; *(de tela)* ribbon ▫ ***c. adhesiva*** adhesive *o* sticky tape; *RP (esparadrapo)* surgical tape; ***c. aislante*** insulating tape; ***c. de impresora*** printer ribbon; ***c. métrica*** tape measure; ***c. perforada*** punched tape (**b**) *(de imagen, sonido, ordenadores)* tape ▫ ***c. digital*** digital tape; ***c. digital de audio*** digital audio tape; ***c. magnética*** magnetic tape; ***c. magnetofónica*** recording tape; ***c. de vídeo*** videotape (**c**) *(mecanismo)* belt ▫ ***c. transportadora*** conveyor belt (**d**) *(película)* film

cinto *nm* belt

cintura *nf* waist; **de c. para abajo/arriba** from the waist down/up; EXPR *Fam* **meter en c.** to bring under control

cinturilla *nf* waistband

cinturón *nm* (**a**) *(cinto)* belt; EXPR **apretarse el c.** to tighten one's belt ▫ ***c. de castidad*** chastity belt; *Dep* ***c. negro*** black belt; ***c. de seguridad*** *(en coche, avión)* seat *o* safety belt (**b**) *(de ciudad)* belt; ▫ ***c. de asteroides*** asteroid belt; ***c. industrial*** industrial belt; ***c. verde*** green belt (**c**) *Aut* ring road, *US* beltway

ciñera *etc ver* **ceñir**

ciño *etc ver* **ceñir**

cipayo *nm (soldado indio)* sepoy

cipote[1] *nm* (**a**) *Fam (bobo)* dimwit, moron (**b**) *Vulg (pene)* prick, cock

cipote[2], **-a** *nm,f CAm* kid

ciprés (*pl* **cipreses**) *nm* cypress

CIR *nm Antes* (*abrev de* **Centro de Instrucción de Reclutas**) = Spanish training centre for new army recruits

circadiano, -a *adj* circadian

circense *adj* circus; **artista c.** circus performer; **espectáculo c.** circus show

circo *nm* (**a**) *(espectáculo)* circus (**b**) *Geol* **c. (glaciar)** cirque, corrie

circonio *nm Quím* zirconium

circuitería *nf Informát* circuitry

circuito *nm* (**a**) *Elec* circuit ▫ ***c. cerrado*** closed circuit; ***c. cerrado de TV*** closed-circuit TV; ***c. eléctrico*** electric circuit; ***c. impreso*** printed circuit; ***c. integrado*** integrated circuit (**b**) *Dep (en ciclismo)* course; *(en automovilismo)* circuit; **el c. europeo/americano** *(de golf)* the European/American Tour (**c**) *(contorno)* belt (**d**) *(viaje)* tour

circulación *nf* (**a**) *(movimiento)* movement; **la libre c. de personas** the free movement of people (**b**) *(de la sangre)* circulation; **tiene problemas de c.** he has bad circulation (**c**) *(de vehículos)* traffic (**d**) *Fin* circulation; **fuera de c.** out of circulation; **poner en c.** to put into circulation; **retirar de la c.** to withdraw from circulation ▫ ***c. fiduciaria*** *o* ***monetaria*** paper currency

circulante *adj Fin* **capital c.** working capital

circular 1 *adj & nf* circular

2 *vi* (**a**) *(líquido)* to flow *o* circulate (**por** through); *(persona)* to move *o* walk (**por** around); *(vehículos)* to drive (**por** along); **este autobús no circula hoy** this bus doesn't run today (**b**) *(de mano en mano)* to circulate; **hicieron c. un documento secreto entre los periodistas** they had a secret document circulated among the press (**c**) *(moneda)* to be in circulation (**d**) *(difundirse)* to go round; **circula el rumor de que ha muerto** there's a rumour going round that he's died

circulatorio, -a *adj* (**a**) *Anat* circulatory (**b**) *(del tráfico)* traffic; **caos c.** traffic chaos

círculo *nm también Fig* circle; **círculos económicos/políticos** economic/political circles ▫ *Dep* ***c. central*** centre circle; ***c. polar*** polar circle; ***el C. Polar Antártico*** the Antarctic Circle; ***el C. Polar Ártico*** the Arctic Circle; ***c. vicioso*** vicious circle

circuncidar *vt* to circumcise

circuncisión *nf* circumcision

circunciso *adj* circumcised

circundante *adj* surrounding

circundar *vt* to surround

circunferencia *nf* circumference

circunflejo *adj* **acento c.** circumflex

circunlocución *nf*, **circunloquio** *nm* circumlocution

circunnavegar [38] *vt* to circumnavigate, to sail round

circunscribir 1 *vt* (**a**) *(limitar)* to restrict, to confine (**b**) *Geom* to circumscribe

2 circunscribirse *vpr* to confine oneself (**a** to)

circunscripción *nf* (**a**) *(limitación)* limitation (**b**) *(distrito)* district; *Mil* division; *Pol* constituency

circunscrito, -a 1 *participio ver* **circunscribir**

2 *adj* restricted, limited

circunspección *nf Formal* (**a**) *(comedimiento)* circumspection (**b**) *(seriedad)* graveness, seriousness

circunspecto, -a *adj Formal* (**a**) *(comedido)* circumspect (**b**) *(serio)* grave, serious

circunstancia *nf* circumstance; **en estas circunstancias** under the circumstances; EXPR *Fam* **puso cara de circunstancias** his face took on a serious expression *o* turned serious ▫ *Der* ***c. agravante*** aggravating circumstance; *Der* ***c. atenuante*** extenuating circumstance; *Der* ***c. eximente*** exonerating circumstance

circunstancial *adj* (**a**) *(del momento)* chance; **un hecho c.** a chance occurrence; **una decisión c.** an ad hoc decision (**b**) *Gram* **complemento c.** adjunct

circunvalación *nf* (**a**) *(acción)* going round (**b**) *(carretera)* ring road

circunvalar *vt* to go round

circunvolución *nf* (**a**) *(vuelta)* circumvolution (**b**) convolution ▫ *Anat* ***c. cerebral*** cerebral convolution

cirílico, -a *adj* Cyrillic

cirio *nm* (**a**) *(vela)* (wax) candle ▫ ***c. pascual*** paschal candle (**b**) *Fam (alboroto)* row, rumpus; EXPR **montar un c.** to kick up a row

cirro *nm* (**a**) *Meteo* cirrus (**b**) *Med* scirrhus

cirrocúmulo *nm Meteo* cirrocumulus

cirrosis *nf inv Med* cirrhosis

cirrostrato *nm Meteo* cirrostratus

cirrótico, -a *adj Med* cirrhotic; *Fam Fig* **estar c.** to be an alcoholic

ciruela *nf* plum ▫ ***c. claudia*** greengage; ***c. pasa*** prune

ciruelo *nm* plum tree

cirugía *nf* surgery ▫ ***c. estética*** cosmetic surgery; ***c. facial*** facial surgery; ***c. laparoscópica*** keyhole *o Espec* laparoscopic surgery; ***c. maxilofacial*** facial *o Espec* maxillofacial surgery; ***c. plástica*** plastic surgery

cirujano, -a *nm,f* surgeon ▫ ***c. plástico*** plastic surgeon

CIS [θis] *nm* (*abrev de* **Centro de Investigaciones Sociológicas**) = Spanish government body responsible for conducting opinion polls, sociological surveys etc

ciscar [59] *vt* (**a**) *Fam (ensuciar)* to dirty, to soil (**b**) *Cuba, Méx (fastidiar)* to bother, to distract

cisco *nm* (**a**) *(carbón)* slack; EXPR *Fam* **hecho c.** shattered (**b**) *Fam (alboroto)* row, rumpus; EXPR **armar un c.** to kick up a row

Cisjordania *nf* the West Bank

cisma *nm Rel* schism; *(escisión)* split

cismático, -a *adj & nm,f* schismatic

cisne *nm* swan

cisterciense *adj & nmf* Cistercian

cisterna *nf* (**a**) *(aljibe, tanque)* tank (**b**) *(de retrete)* cistern (**c**) *(camión)* tanker

cistitis *nf inv Med* cystitis

cisura *nf* fissure

cita *nf* (**a**) *(entrevista)* appointment; *(de novios)* date; **darse c.** *(quedar)* to arrange to meet; *(encontrarse)* to meet; **faltar a una c.** to miss an appointment; **decenas de directores se dan c. anualmente en Cannes** scores of directors come together *o* meet up in Cannes every year; **tener una c.** to have an appointment ▫ ***c. a ciegas*** blind date; ***c. con las urnas*** polls (**b**) *(referencia)* quotation

citación *nf Der* summons *(singular)*

citar 1 *vt* (**a**) *(convocar)* to make an appointment with; **el jefe convocó una reunión y citó a todos los empleados** the boss called a meeting to which he invited all his workers; **me citó a la salida del cine** he arranged to meet me at the exit of the cinema

(**b**) *(aludir a)* to mention; *(textualmente)* to quote; **el jefe de la oposición citó algunos ejemplos de corrupción** the

leader of the opposition cited several cases of corruption
(**c**) *Der* to summons; **el juez citó a declarar a los procesados** the judge summonsed the defendants to give evidence
2 citarse *vpr* **citarse (con alguien)** to arrange to meet (sb); **nos citamos a las ocho y media** we arranged to meet at half past eight

cítara *nf* zither

citología *nf* (**a**) *(análisis)* smear test; **hacerse una c.** to have a smear test (**b**) *Biol* cytology

citoplasma *nm Biol* cytoplasm

citotoxicidad *nf Biol* cytotoxicity

citotóxico, -a *adj Biol* cytotoxic

cítrico, -a 1 *adj* citric
2 *nmpl* **cítricos** citrus fruits

CiU [θiu] *nf* (*abrev de* **Convergència i Unió**) = Catalan coalition party to the right of the political spectrum

ciudad *nf* (**a**) *(localidad) (grande)* city; *(pequeña)* town; **la emigración del campo a la c.** migration from the countryside to the city ▫ ***C. del Cabo*** Cape Town; ***la c. condal*** Barcelona; ***c. dormitorio*** commuter town; ***la C. Eterna*** the Eternal City; ***c. jardín*** garden city; ***C. de México*** Mexico City; ***c. natal*** home town; ***la C. Santa*** the Holy City; ***c. satélite*** satellite town; ***C. del Vaticano*** Vatican City (**b**) *(instalaciones)* complex; **c. sanitaria** hospital complex; **c. universitaria** university campus

ciudadanía *nf* (**a**) *(nacionalidad)* citizenship (**b**) *(población)* public, citizens

ciudadano, -a 1 *adj (deberes, conciencia)* civic; *(urbano)* city; **vida c.** city life
2 *nm,f* citizen; **el c. de a pie** the man in the street

ciudadela *nf* (**a**) *(fortificación)* citadel, fortress (**b**) *Náut* bridge

ciudadrealeño, -a 1 *adj* of/from Ciudad Real
2 *nm,f* person from Ciudad Real

ciuredano,-a *nm,f Informát* netizen

cívico, -a *adj (deberes, conciencia)* civic; *(conducta)* public-spirited

civil 1 *adj también Fig* civil; **una boda c.** a civil marriage; **casarse por lo c.** to get married in a registry office
2 *nmf* (**a**) *(no militar, no religioso)* civilian (**b**) *Fam (Guardia Civil)* = member of the "Guardia Civil"

civilidad *nf* civility, courtesy

civilista *nmf (juriconsulto)* = person versed in civil law

civilización *nf* civilization

civilizado, -a *adj* civilized

civilizador, -ora *adj* civilizing

civilizar [14] **1** *vt* to civilize
2 civilizarse *vpr* to become civilized

civismo *nm* (**a**) *(urbanidad)* community spirit (**b**) *(cortesía)* civility, politeness

cizalla *nf* (**a**) *(herramienta)* shears, metal cutters; *(guillotina)* guillotine (**b**) *(recortes)* metal cuttings

cizaña *nf Bot* darnel; EXPR **meter** *o* **sembrar c. (en)** to sow discord (among); EXPR **separar la c. del buen grano** to separate the wheat from the chaff

cl (*abrev de* **centilitro**) cl

clac (*pl* **claques**) *nf Teatro* claque

clamar 1 *vt (exigir)* to cry out for; **c. justicia** to cry out for justice
2 *vi* (**a**) *(implorar)* to appeal (**b**) *(protestar)* to cry out; EXPR **es como c. en el desierto** it's like talking to a brick wall

clamor *nm* clamour

clamoroso, -a *adj* (**a**) *(victoria, éxito)* resounding (**b**) *(protesta, llanto)* loud, clamorous (**c**) *(acogida)* rapturous

clan *nm* (**a**) *(tribu, familia)* clan (**b**) *(banda)* faction

clandestinidad *nf* secrecy; **en la c.** underground

clandestino, -a *adj* clandestine; *Pol* underground

claque *nf* claque

claqué *nm* tap dancing

claqueta *nf* clapperboard

clara *nf* (**a**) *(de huevo)* white (**b**) *Esp Fam (bebida)* shandy

claraboya *nf* skylight

claramente *adv* clearly

clarear 1 *vt* to light up
2 *v impersonal* (**a**) *(amanecer)* **empezaba a c.** dawn was breaking (**b**) *(despejarse)* to clear up, to brighten up; **saldremos cuando claree** we'll go out when it clears up
3 clarearse *vpr (transparentarse)* to be see-through

clareo *nm (de bosque)* clearing

clarete 1 *adj* **vino c.** light red wine
2 *nm* light red wine

claridad *nf* (**a**) *(transparencia)* clearness, clarity (**b**) *(luz)* light, lightness (**c**) *(franqueza)* candidness; **con c.** clearly; **ser de una c. meridiana** to be crystal clear (**d**) *(lucidez)* clarity

clarificación *nf* clarification

clarificador, -ora *adj* clarifying

clarificar [59] *vt* (**a**) *(aclarar)* to clarify; *(misterio)* to clear up (**b**) *(purificar)* to refine

clarín 1 *nm (instrumento)* bugle
2 *nmf (persona)* bugler

clarinete 1 *nm (instrumento)* clarinet
2 *nmf (persona)* clarinettist

clarinetista *nmf* clarinettist

clarisa *nf Rel* nun of the order of St Clare

clarividencia *nf* farsightedness, perception

clarividente 1 *adj* farsighted, perceptive
2 *nmf* perceptive person

CLARO, -A 1 *adj* (**a**) *(en general)* clear; **hablaba con una voz clara/con un lenguaje c.** she spoke in a clear voice/in clear terms; EXPR **pasar una noche en c.** to have a sleepless night; **dejar algo c.** to make sth clear; **poner algo en c.** to get sth clear, to clear sth up; **que quede (bien) c. que no fue idea mía** I want to make it (quite) clear that it wasn't my idea; **sacar algo en c. (de)** to make sth out (from); **después de escuchar su explicación no saqué nada en c.** after listening to her explanation, I was none the wiser; **tengo c. que no puedo contar con él** one thing I'm quite sure about is that I can't rely on him, one thing's for sure, I can't rely on him; EXPR *Fam* **¡lo lleva** *o* **tiene c. si piensa que le vamos a ayudar!** if he thinks we're going to help him, he can think again!; EXPR *Fam* **si no vienen ellos, lo tenemos c.** if they don't come, we've had it; **verlo c.** *(estar seguro)* to be sure
(**b**) *(obvio, evidente)* clear; **está c. que van a ganar** it's clear they're going to win; **está c. que te quieren engañar** it's obvious that they are trying to deceive you, they are obviously trying to deceive you; **está c.** *o* **c. está que si no quieres, no estás obligado a participar** of course *o* obviously you're not obliged to participate if you don't want to; EXPR **está más c. que el agua** it's perfectly *o* crystal clear; **¿está c.?** is that clear?; **a las claras** clearly
(**c**) *(luminoso)* bright; **una habitación clara** a bright *o* light room
(**d**) *(color)* light; **verde c.** light green
(**e**) *(diluido) (té, café)* weak; *(salsa, sopa)* thin; **no me gusta el chocolate c.** I don't like my hot chocolate thin
(**f**) *(poco tupido)* thin, sparse
(**g**) *(sonido)* clear
2 *nm* (**a**) *(en bosque)* clearing; *(en multitud)* space, gap; **vi un c. en la fila** I saw a gap in the row
(**b**) *(en cielo nublado)* break in the clouds; **se esperan nubes y claros** it will be cloudy with some bright spells; **en cuanto haya un c. salimos** we'll go out as soon as it brightens up
(**c**) *(calvicie, calva)* bald patch
(**d**) *(en pintura)* highlight
(**e**) *Arquit* skylight
(**f**) ***c. de luna*** moonlight
3 *adv* clearly; **hablar c.** to speak clearly; **dilo c., ¿te interesa o no?** tell me straight, are you interested or not?; **¡c.!** of course!; **¡c. que sí!, ¡pues c.!** of course!; **¡c. que no!** of course not!; **¡c. que me gusta!** of course I like it!; *Irónico* **¿me ayudarás? — c., no pensaba en otra cosa** will you help me? — oh sure, I wouldn't dream of doing anything else; *Irónico* **ve tú primero — c., así si hay algún agujero me caigo yo** you go first – oh great *o* thanks a lot, that way if there's a hole I'll be the one to fall into it; **c., con un jugador más ya se puede** of course, with an extra player it's hardly surprising; **la obra no tuvo éxito, c. que conociendo al director no me sorprende** the play wasn't a success, but then again that's hardly surprising knowing the director

---

claroscuro *nm* chiaroscuro

CLASE *nf* (**a**) *(grupo, categoría) & Biol* class; **de primera c.** first-class; **de segunda c.** second-class; **una mercancía de primera c.** a first-class *o* top-class product
(**b**) *(en medio de transporte)* class; **primera/segunda c.** first/second class; **viajar en primera/segunda c.** to travel first/second class ▫ ***c. económica*** economy class; ***c. ejecutiva*** business class; ***c. preferente*** club class; *Am* ***c. salón*** *(en tren)* first class; ***c. turista*** tourist class
(**c**) *(grupo social, profesional, institucional)* class; **la c. médica** the medical profession; **la c. política** the political class, politicians ▫ ***c. alta*** upper class; ***c. baja*** lower class; ***la c. dirigente*** the ruling class; ***c. media*** middle class; ***c. media alta/baja*** upper/lower middle class; ***c. obrera*** working class; ***c. ociosa*** the idle classes; ***clases pasivas*** = pensioners and people on benefit; ***c. trabajadora*** working class
(**d**) *(tipo)* sort, kind; **no me gusta esa c. de bromas** I don't like that kind of joke; **toda c. de** all sorts *o* kinds of; **os deseamos toda c. de felicidad** we wish you every happiness; **de toda c.** of all sorts *o* kinds; **sin ninguna c. de dudas** without a (shadow of a) doubt
(**e**) *(asignatura, lección) (en colegio)* class; *(en universidad)* lecture; **una c. de historia** a history class/lecture; **iremos al cine después de c.** *(en colegio)* we're going to the cinema after school; *(en universidad)* we're going to the cinema after class; **me voy a c., nos veremos luego** I'm going to my lecture, see you later; **el profesor no le puede recibir ahora, está en c.** the teacher can't see you now, he's teaching *o* he's giving a class; **dar clases** *(en un colegio)* to teach; *(en una universidad)* to lecture; **da clases de español a un grupo de franceses** she teaches Spanish to a group of French people; **doy c. con el Sr. Vega** Mr Vega is my teacher; **faltar a c.** to miss school; **faltó una semana a c. por enfermedad** she was off school for a week because she was ill; **hoy tengo c.** *(en colegio)* I have to go to school today; *(en universidad)* I've got lectures today ▫ *Esp* ***clases de conducir*** driving lessons; ***c. magistral*** lecture; *Am* ***clases de manejar*** driving lessons; ***c. nocturna*** evening class; ***clases particulares*** private tuition; ***clases de recuperación*** = extra lessons for pupils who have failed their exams
(**f**) *(alumnos)* class; **me encontré a una compañera de c.** I met a classmate
(**g**) *(aula)* classroom
(**h**) *(estilo)* **tener c.** to have class; **una mujer con mucha c.** a very classy woman; **con ese gol demostró su c.** he showed his class with that goal

clásica *nf Dep* classic
clasicismo *nm* (**a**) *Arte & Lit* classicism (**b**) *(carácter de obra, autor)* classical nature
clasicista *adj & nmf* classicist
clásico, -a 1 *adj* (**a**) *(de la Antigüedad)* classical (**b**) *(ejemplar, prototípico)* classic (**c**) *(peinado, estilo, música)* classical (**d**) *(habitual)* customary (**e**) *(peculiar)* **c. de** typical of
2 *nm,f (escritor)* classic
clasificación *nf* (**a**) *(ordenación)* classification ▫ *Econ* ***c. de solvencia*** credit rating (**b**) *Dep* (league) table ▫ ***c. combinada*** combined event; ***c. por equipos*** team classification; ***c. de la regularidad*** points classification
clasificador, -ora 1 *adj* classifying
2 *nm (mueble)* filing cabinet
clasificadora *nf (máquina)* sorter
clasificar [59] **1** *vt* to classify
2 clasificarse *vpr* (**a**) *(ganar acceso)* to qualify (**para** for); **nos hemos clasificado para los cuartos de final** we've got through to *o* qualified for the quarter finals (**b**) *(llegar)* **se clasificó en segundo lugar** she came second
clasificatorio, -a *adj* qualifying
clasismo *nm* class discrimination
clasista 1 *adj* class-conscious; *Pey* snobbish
2 *nmf* class-conscious person; *Pey* snob
claudia *adj* **ciruela c.** greengage
claudicación *nf Formal (cesión, rendición)* capitulation, surrender
claudicar [59] *vi Formal (ceder, rendirse)* to capitulate, to give up
claustro *nm* (**a**) *Arquit* cloister (**b**) *(en universidad)* senate (**c**) *(en instituto, colegio) (profesores)* teaching staff; *(reunión)* ≃ staff meeting (**d**) ***c. materno*** *(matriz)* womb
claustrofobia *nf* claustrophobia
claustrofóbico, -a *adj* claustrophobic
cláusula *nf* clause ▫ ***c. de rescisión de contrato*** *(en fútbol)* = clause stipulating the amount of money that should be paid in the event of a player leaving a team before his contract is out
clausura *nf* (**a**) *(acto solemne)* closing ceremony (**b**) *(cierre)* closing down (**c**) *(aislamiento)* enclosed life, enclosure; *Rel* **convento/monja de c.** convent/nun of an enclosed order
clausurar *vt* (**a**) *(acto)* to close, to conclude (**b**) *(local)* to close down
clavada *nf Fam (precio abusivo)* rip-off
clavadista *nmf CAm, Méx* diver
clavado, -a *adj* (**a**) *(con clavos)* nailed (**b**) *Fam (en punto)* **a las cuatro clavadas** at four o'clock on the dot (**c**) *(a la medida)* just right (**d**) *(parecido)* almost identical; **ser c. a alguien** to be the spitting image of sb (**e**) *(fijo)* fixed
clavar 1 *vt* (**a**) *(clavo, estaca)* to drive; *(cuchillo)* to thrust; *(chincheta, alfiler)* to stick
(**b**) *(letrero, placa)* to nail, to fix
(**c**) *(mirada, atención)* to fix, to rivet; **c. los ojos en** to stare at
(**d**) *Fam (cobrar)* **me han clavado 1.000 pesetas** they stung me for 1,000 pesetas; **en esa tienda te clavan** they charge you an arm and a leg in that shop
2 clavarse *vpr* (**a**) *(hincarse)* **me clavé una astilla en el pie** I got a splinter in my foot
(**b**) *Méx (dedicarse intensamente)* **clavarse a estudiar** to study hard
(**c**) *Méx* **clavarse con alguien** *(enamorarse)* to fall head over heels in love with sb
(**d**) *RP (estar confinado)* **clavarse en casa** to be stuck at home
clave 1 *adj inv* key
2 *nm Mús* harpsichord
3 *nf* (**a**) *(código)* code; **en c.** in code; **nos mandaron los mensajes en c.** they sent us the messages in code, they sent us coded messages ▫ ***c. de acceso*** access code (**b**) *(solución)* key (**c**) *Mús* clef ▫ ***c. de fa*** bass clef; ***c. de sol*** treble clef (**d**) *Informát* password (**e**) *Arquit* keystone
clavecín *nm* spinet
clavel *nm* carnation
clavelito *nm* sweet william
clavellina *nf* small carnation, pink
clavero *nm (árbol)* peacock tree
claveteado *nm* studding
clavetear *vt* (**a**) *(adornar con clavos)* to stud (with nails) (**b**) *(poner clavos en)* to nail *(roughly)*
clavicémbalo *nm* harpsichord
clavicordio *nm* clavichord
clavícula *nf* collar bone
clavija *nf* (**a**) *Elec* pin; *(de auriculares, teléfono)* jack; EXPR *Fam* **apretar las clavijas a alguien** to put the screws on sb (**b**) *Mús* peg
clavijero *nm* (**a**) *Mús* pegbox (**b**) *(percha)* clothes hook *o* peg (**c**) *Agr* clevis (**d**) *Elec* plug
clavo *nm* (**a**) *(pieza metálica)* nail; EXPR *Fam* **agarrarse a un c. ardiendo** to clutch at straws; EXPR **estaré allí como un c.** I'll be there on the dot; EXPR *Fam* **dar en el c.** to hit the nail on the head; PROV **un c. saca otro c.** new cares/pleasures drive old ones away (**b**) *(especia)* clove (**c**) *Fam (precio abusivo)* rip-off (**d**) *Med (para huesos)* pin
claxon *(pl* **cláxones***)* *nm* horn; **tocar el c.** to sound the horn
clemátide *nf* traveller's joy
clembuterol *nm* clenbuterol
clemencia *nf* mercy, clemency
clemente *adj (persona)* merciful, clement; *(invierno)* mild
clementina *nf* clementine
cleptomanía *nf* kleptomania
cleptómano, -a *nm,f* kleptomaniac
clerecía *nf* (**a**) *(clero)* clergy (**b**) *(oficio)* priesthood
clerical 1 *adj* clerical
2 *nmf* clericalist
clericalismo *nm* clericalism
clérigo *nm (católico)* priest; *(anglicano)* clergyman
clero *nm* clergy
clic, click *nm Informát* click; **hacer c.** to click; **hacer doble c.** to double-click
clicar *Informát* **1** *vt* to click on
2 *vi* to click
cliché *nm* (**a**) *Fot* negative (**b**) *Imprenta* plate (**c**) *(tópico)* cliché

click = **clic**
cliente, -a *nm,f (de tienda, garaje, bar)* customer; *(de banco, abogado) & Informát* client; *(de hotel)* guest; **el c. siempre tiene razón** the customer is always right
clientela *nf (de tienda, garaje)* customers; *(de banco, abogado)* clients; *(de hotel)* guests; *(de bar, restaurante)* clientele
clientelismo *nm Pol* = practice of giving preferential treatment to a particular interest group in exchange for its support
clima *nm* (**a**) *(atmosférico)* climate ❑ ***c. árido*** arid climate; ***c. continental*** continental climate; ***c. mediterráneo*** mediterranean climate; ***c. de montaña*** mountain climate; ***c. polar*** polar climate; ***c. subtropical*** subtropical climate; ***c. tropical*** tropical climate (**b**) *(ambiente)* climate; **las negociaciones se desarrollaron en un c. de distensión** the talks took place in a relaxed atmosphere
climatérico, -a *adj* **el periodo c. de la mujer** the female menopause
climaterio *nm* menopause
climático, -a *adj* climatic
climatización *nf* air conditioning
climatizado, -a *adj* air-conditioned; **piscina climatizada** heated swimming pool
climatizar [14] *vt* to air-condition
climatología *nf* (**a**) *(tiempo)* climate (**b**) *(ciencia)* climatology
climatológico, -a *adj* climatological
clímax *nm inv* climax
clínica *nf* clinic ❑ ***c. capilar*** hair restoration clinic; ***c. dental*** dental surgery; ***c. de estética*** cosmetic surgery clinic; ***c. veterinaria*** veterinary surgery
clínicamente *adv* clinically; **c. muerto** clinically dead
clínico, -a 1 *adj* clinical
2 *nm,f* doctor
3 *nm (hospital)* teaching hospital
clip *nm* (**a**) *(para papel)* paper clip (**b**) *(para el pelo)* hairclip (**c**) *(videoclip)* (video) clip
clíper *nm* clipper
clisé *nm* (**a**) *Fot* negative (**b**) *Imprenta* plate (**c**) *(tópico)* cliché
clítoris *nm inv* clitoris
cloaca *nf* (**a**) *(alcantarilla)* sewer (**b**) *Zool* cloaca
clocar [67] *vi* to cluck
clon *nm* clone
clonación *nf* cloning
clonar *vt* to clone
clónico, -a 1 *adj* cloned
2 *nm Informát (ordenador)* clone
cloquear *vi* to cluck
cloración *nf* chlorination
clorado, -a *adj* chlorinated
clorar *vt* to chlorinate
clorato *nm Quím* chlorate
clorhidrato *nm Quím* hydrochlorate
clorhídrico *adj Quím* **ácido c.** hydrochloric acid
clórico, -a *adj Quím* chloric
cloro *nm* (**a**) *Quím* chlorine (**b**) *Am (lejía)* bleach
clorofila *nf* chlorophyll
clorofluorcarbono, clorofluorocarbono *nm* chlorofluorocarbon
cloroformo *nm* chloroform
cloroplasto *nm Biol* chloroplast
cloruro *nm Quím* chloride ❑ ***c. de cal*** bleaching powder; ***c. de polivinilo*** polyvinyl chloride; ***c. potásico*** potassium chloride; ***c. de sodio*** *o* ***sódico*** sodium chloride
clóset (*pl* **clósets**) *nm Am* fitted cupboard
clown (*pl* **clowns**) *nm* clown
club (*pl* **clubs** *o* **clubes**) *nm* (**a**) *(sociedad)* club ❑ ***c. deportivo*** sports club; ***c. de fans*** fan club; ***c. de fútbol*** football *o Br* soccer club; ***c. de golf*** golf club; ***c. náutico*** yacht club; ***c. nocturno*** nightclub; ***c. de tenis*** tennis club (**b**) *(local de alterne)* = roadside bar and brothel
clueca *adj* broody
clueque *etc ver* **clocar**
cluniacense *adj Arte* Cluniac; **monasterio c.** Cluniac monastery
cluster *nm Informát* cluster
cm (*abrev de* **centímetro**) cm
CMYK ['ceemei'ka] *Imprenta* (*abrev de* **Cyan Magenta Yellow Black**) CMYK
CNMV *Esp Fin* (*abrev de* **Comisión Nacional del Mercado de Valores**) *nf Br* ≃ SIB, *US* ≃ SEC
CNT *nf* (*abrev de* **Confederación Nacional del Trabajo**) = Spanish anarchist trade union federation created in 1911
CNUMAD (*abrev de* **Conferencia de las Naciones Unidas sobre el Medio Ambiente y el Desarrollo**) *nf* UNCED
CNV *nf Arg Fin* (*abrev de* **Comisión Nacional de Valores**) *Br* ≃ SIB, *US* ≃ SEC
Co. (*abrev de* **compañía**) Co.
coa *nf* (**a**) *Méx, Pan, Ven (apero)* hoe (**b**) *Chile (argot carcelero)* prison slang
coacción *nf* coercion
coaccionar *vt* to coerce
coactivo, -a *adj* coercive
coadyuvante *adj* helping, assisting
coadyuvar *vi Formal* **c. en algo/a hacer algo** to contribute to sth/to doing sth
coagulación *nf* clotting, coagulation
coagulante 1 *adj* clotting
2 *nm* clotting agent
coagular 1 *vt (sangre)* to clot, to coagulate; *(líquido)* to coagulate
2 coagularse *vpr (sangre)* to clot; *(líquido)* to coagulate
coágulo *nm* clot
coalición *nf* coalition
coaligar [38] **1** *vt* to ally, to unite
2 coligarse *vpr* to unite, to join together
coartada *nf* alibi
coartar *vt* to limit, to restrict
coaseguro *nm* coinsurance
coatí (*pl* **coatís** *o* **coatíes**) *nm (animal)* coati
coautor, -ora *nm,f* coauthor
coaxial *adj* coaxial
coba *nf Fam (halago)* flattery; **dar c. a alguien** *(hacer la pelota)* to suck up *o* crawl to sb; *(aplacar)* to soft-soap sb
cobalto *nm* cobalt
cobarde 1 *adj* cowardly
2 *nmf* coward
cobardía *nf* cowardice
cobardica *Fam Pey* **1** *nmf* scaredy-cat
2 *adj* **no seas c.** don't be a scaredy-cat
cobaya *nmf también Fig* guinea pig
cobertera *nf* (**a**) *(cubierta, tapa)* lid (**b**) *(planta)* white water lily
cobertizo *nm* (**a**) *(tejado adosado)* lean-to (**b**) *(caseta)* shed
cobertor *nm* bedspread
cobertura *nf* (**a**) *(cubierta)* cover (**b**) *(de un servicio)* coverage; **mi teléfono móvil no tiene c. aquí** my mobile network doesn't cover this area; **c. nacional/regional** national/regional coverage ❑ ***c. informativa*** news coverage (**c**) *(de un seguro)* cover
cobija *nf* (**a**) *Am (manta)* blanket (**b**) *PRico (techo)* = roof made from thatched palm leaves
cobijar 1 *vt* (**a**) *(albergar)* to house (**b**) *(proteger)* to shelter (**c**) *PRico (techar)* to thatch
2 cobijarse *vpr* to take shelter
cobijo *nm (refugio)* shelter; *Fig (protección)* protection, shelter; **dar c. a alguien** to give shelter to sb, to take sb in
cobista *nmf Fam* creep
COBOL, Cobol *nm Informát* COBOL, Cobol
cobra *nf* cobra
cobrador, -ora *nm,f (del autobús)* conductor, *f* conductress; *(de deudas, recibos)* collector
cobranza *nf (de pago)* collection

COBRAR 1 *vt* (**a**) *Com (dinero)* to charge; *(cheque)* to cash; *(deuda)* to collect; **cantidades por c.** amounts due; **¿me cobra, por favor?** how much do I owe you?; **nos cobra 100.000 pesetas de alquiler al mes** she charges us 100,000 pesetas rent a month, we pay her 100,000 pesetas rent a month; **cobran 100 pesetas por página** they charge 100 pesetas per page; **te cobrarán un mínimo de 1.000 pesetas por arreglarte los zapatos** it'll cost you at least 1,000 pesetas to get your shoes mended; **me cobró 1.000 pesos de más** he overcharged me by 1,000 pesos; **me cobraron 200 pesos de menos** they undercharged me by 200 pesos; **nos cobró por adelantado** we had to pay her in advance; **cóbrelo todo junto** put it all together, we'll pay for it all together; **no nos cobró la mano de obra** he didn't charge us for labour; **tengo que ir a c. la**

jubilación I have to go and draw my pension; **le cobrarán en aquella ventanilla** you can pay at that counter over there; **el lechero vino a c. la factura mensual** the milkman came with the monthly bill

(**b**) *(un sueldo)* to earn, to be paid; **cobra un millón al año** she earns a million a year; **en junio cobraremos una prima** we'll be paid a bonus in June; **cobro mi pensión por el banco** my pension is paid straight into the bank; **está cobrando el paro** he's receiving unemployment benefit; **sobrevive cobrando diferentes subsidios** she lives by claiming a number of different benefits; **no cobro nada, lo hago porque me gusta** I don't get paid for it, I do it because I enjoy it

(**c**) *(adquirir)* to take on, to acquire; **con su último disco ha cobrado fama universal** with her latest record she has achieved worldwide fame *o* she has become a household name; **cada día cobran más importancia los temas medioambientales** the environment is an issue which is becoming more and more important *o* which is gaining in importance; **cobró aliento y prosiguió la marcha** he paused to get his breath back and continued walking; **c. velocidad** to gather *o* gain speed

(**d**) *(sentir)* **cobrarle afecto** *o* **cariño a alguien/algo** to take a liking to sb/sth; **le cobró miedo al perro y no se atrevió a acercársele** she got scared of the dog and didn't dare go near it

(**e**) *(recuperar)* to retrieve, to recover; **las tropas cobraron el aeropuerto** the troops regained control of the airport

(**f**) *(en caza) (matar a tiros)* to shoot; *(recoger)* to retrieve, to fetch; **cobraron doscientas aves en un solo día** they came back with two hundred birds in just one day

(**g**) *Am (apremiar)* to dun, to press for payment

2 *vi* (**a**) *(en el trabajo)* to get paid; **cobraréis el día cinco de cada mes** you'll be paid on the 5th of every month; **llevan un año sin c.** they haven't had any wages for a year; **c. en efectivo** to be *o get* paid (in) cash

(**b**) *Fam (recibir una paliza)* **¡vas a c.!** you'll catch it!; **el niño cobró por portarse mal** the child got a beating for being naughty

3 cobrarse *vpr* (**a**) *(causar)* **el accidente se cobró nueve vidas** nine people were killed in the crash; **el terremoto se cobró una elevada cantidad de muertos** there was a high death toll as a result of the earthquake

(**b**) *(consumición)* **cóbrese un café, ¿se cobra un café?** could I have the *Br* bill *o* *US* check, please, I had a coffee

---

cobre *nm* copper; EXPR *Am* **no tener un c.** to be flat broke

cobrizo, -a *adj (pelo, piel)* copper

cobro *nm (de talón)* cashing; *(de pago)* collection; **llamar a c. revertido a alguien** *Br* to make a reverse-charge call to sb, *US* to call sb collect ❑ ***c. de comisiones*** *(delito)* acceptance of bribes *o* (illegal) commissions

coca *nf* (**a**) *(planta)* coca (**b**) *Fam (cocaína)* coke (**c**) *Col (boliche)* cup and ball

cocacho *Andes* **1** *adj (frijol)* hard

2 *nm* rap *o* blow on the head

Coca-Cola® *nf* Coca-Cola®, Coke®

cocada *nf (dulce)* = sweet made with shredded coconut

cocaína *nf* cocaine

cocainómano, -a *nm,f* cocaine addict

cocal *nm* (**a**) *Am (cocotal)* coconut grove (**b**) *Perú (plantación de coca)* coca plantation

cocción *nf (de alimentos)* cooking; *(en agua)* boiling; *(en horno)* baking

cóccix *nm inv* coccyx

cocear *vi* to kick

cocedero *nm* **c. (de marisco)** seafood restaurant

cocer [15] **1** *vt* (**a**) *(alimentos)* to cook; *(hervir)* to boil; *(en horno)* to bake (**b**) *(cerámica, ladrillos)* to fire

2 cocerse *vpr (alimentos)* to cook; *(hervir)* to boil; *(en horno)* to bake; *Fig* **¿qué se cuece por aquí?** what's cooking?, what's going on here?

cocha *nf* (**a**) *Perú (pampa)* pampa, plain (**b**) *Andes (charco)* pool

cochabambino, -a 1 *adj* of/from Cochabamba

2 *nm,f* person from Cochabamba

cochambre *nf Fam (suciedad)* filth; *(basura) Br* rubbish, *US* trash

cochambroso, -a *adj Fam* filthy

cochayuyo *nm Andes* seaweed

coche *nm* (**a**) *(automóvil)* car, *US* automobile; **ir en c.** *(montado)* to go by car; *(conduciendo)* to drive; **no me gusta ir en c. al centro** I prefer not to drive into town; **viajar en c.** to travel by car; EXPR *Fam* **ir en el c. de San Fernando** to go on *o* by Shank's *Br* pony *o US* mare ❑ ***c. bomba*** car bomb; ***c. de bomberos*** fire engine, *US* fire truck; ***c. de carreras*** racing car; ***c. celular*** police van; ***coches de choque*** Dodgems®, bumper cars; ***c. deportivo*** sports car; ***c. escoba*** *(en carrera)* sweeper van; ***c. familiar*** estate car; ***c. fúnebre*** hearse; ***c. grúa*** *Br* breakdown truck, *US* tow truck; ***c. de línea*** bus *(between towns)*; ***c. patrulla*** patrol car

(**b**) *(de caballos)* carriage

(**c**) *(de niño) Br* pram, *US* baby carriage

(**d**) *(de tren)* coach, *Br* carriage, *US* car ❑ ***c. cama*** sleeping car, sleeper; ***c. restaurante*** restaurant *o* dining car

cochecito *nm (de niño) Br* pram, *US* baby carriage

cochera *nf* (**a**) *(garaje)* garage (**b**) *(de autobuses, tranvías)* depot

cochero *nm* coachman

cochifrito *nm (de cabrito)* kid stew; *(de cordero)* lamb stew

cochinada *nf* (**a**) *(cosa sucia)* filthy thing; **es una c.** it's filthy; *Fig* **hacer cochinadas** *(porquerías)* to be disgusting; *(sexuales)* to be naughty (**b**) *(grosería)* obscenity, dirty word; **decir cochinadas** to use foul language (**c**) *(mala jugada)* dirty trick

cochinilla *nf* (**a**) *(crustáceo)* woodlouse (**b**) *(insecto)* cochineal

cochinillo *nm* suckling pig

cochino, -a 1 *adj* (**a**) *(sucio)* filthy (**b**) *Fam (maldito) Br* bloody, *US* goddamn

2 *nm,f (animal)* pig, *f* sow

3 *nm Cuba (pez)* triggerfish

cochiquera *nf Fam* pigsty

cocho *nm Chile (maíz)* = mixture of corn meal and carob

cocido, -a 1 *adj* (**a**) *(alimentos)* cooked; *(hervido)* boiled (**b**) *(barro)* fired (**c**) *Esp Fam (borracho) Br* pissed, *US* loaded

2 *nm* stew ❑ ***c. madrileño*** = chickpea stew, containing meat, sausage and potatoes

cociente *nm* quotient ❑ ***c. intelectual*** IQ

cocimiento *nm (cocción)* cooking; *(en horno)* baking

cocina *nf* (**a**) *(habitación)* kitchen (**b**) *(electrodoméstico)* cooker, stove ❑ ***c. eléctrica*** electric cooker; ***c. de gas*** gas cooker (**c**) *(arte)* cooking; **c. española/mexicana** Spanish/Mexican cuisine *o* cooking; **libro/clase de c.** cookery book/class ❑ ***c. casera*** home cooking; ***c. de mercado*** = cooking using fresh market produce

cocinar 1 *vt* to cook; *Fig* **¿qué se cocina por aquí?** what's cooking?, what's going on here?

2 *vi* to cook

cocinero, -a *nm,f* cook; EXPR **ha sido c. antes que fraile** he's got experience on the subject

cocinilla *nf* **1** *(infiernillo)* portable *o* camp stove

2 *nm Fam (persona)* **es un c.** he's great in the kitchen

cocker ['koker] (*pl* **cockers**) *nm* cocker spaniel

coclea *nf Anat* cochlea

coclearia *nf* scurvy grass

coco *nm* (**a**) *(fruto)* coconut (**b**) *Fam (cabeza)* nut, head (**c**) *Fam (fantasma)* bogeyman (**d**) *Biol (bacteria)* coccus (**e**) *Cuba (ave)* white ibis

cocobolo *nm* rosewood (tree)

cococha *nf* barbel

cocodrilo *nm* crocodile

cocoliche *nm Arg Fam* (**a**) *(jerga)* = pidgin Spanish spoken by Italian immigrants (**b**) *(lengua italiana)* Italian

cocotal *nm* coconut grove

cocotero *nm* coconut palm

cóctel, coctel *nm* (**a**) *(bebida, comida)* cocktail (**b**) *(reunión)* cocktail party (**c**) ***c. molotov*** petrol bomb, Molotov cocktail

coctelera *nf* cocktail shaker

coctelería *nf* cocktail bar

cocuyo *nm Carib* (**a**) *(insecto)* firefly (**b**) *(árbol)* bustic

coda *nf Mús* coda

codal *nm (de armadura)* elbow armour piece

codazo *nm (suave)* nudge; *(violento)* jab

(with one's elbow); **abrirse paso a codazos** to elbow one's way through; **dar un c. a alguien** *(suave)* to nudge sb; *(violento)* to elbow sb

codeador, -ora *Andes* **1** *adj* scrounging, sponging
2 *nm,f* scrounger, sponger

codear 1 *vi Andes* to wheedle, to cajole
2 codearse *vpr* to rub shoulders (**con** with)

CODECA *nf* (**a**) (*abrev de* **Corporación de Desarrollo Económico del Caribe**) Caribbean Economic Development Corporation (**b**) (*abrev de* **Confederación de Estados Centroamericanos**) Confederation of Central American States

codecisión *nf Pol* codecision

codeína *nf* codeine

codeo *nm Andes (insistencia)* wheedling, cajoling

codera *nf* elbow patch

codeso *nm* (common) laburnum

códice *nm* codex

codicia *nf* (**a**) *(de riqueza)* greed (**b**) *(de aprender, saber)* thirst (**de** for)

codiciar *vt* to covet

codicilo *nm Der* codicil

codicioso, -a *adj* greedy

codificación *nf* (**a**) *(de norma, ley)* codification (**b**) *(de mensaje en clave)* encoding (**c**) *Informát* coding

codificado, -a *adj (emisión de TV)* scrambled

codificador, -ora 1 *adj* codifying
2 *nm (aparato)* scrambler *(for pay TV)*

codificar [59] *vt* (**a**) *(ley)* to codify (**b**) *(mensaje)* to encode (**c**) *Informát* to code

código *nm también Informát* code ❑ *Informát* ***c. de acceso*** access code; *Informát* ***c. ASCII*** ASCII (code); ***c. de barras*** bar code; *Informát* ***c. binario*** binary code; ***c. de circulación*** highway code; ***c. civil*** civil code; ***c. de comercio*** commercial law; *Informát* ***c. de error*** error code; *Informát* ***c. fuente*** source code; *Informát* ***códigos de fusión*** merge codes; ***c. genético*** genetic code; *Informát* ***c. máquina*** machine code; ***c. mercantil*** commercial law; ***c. Morse*** Morse code; ***c. penal*** penal code; ***c. postal*** *Br* post code, *US* zip code; ***c. de señales*** signal code; ***c. telefónico*** *o* ***territorial*** *Br* dialling code, *US* area code

codillo *nm* (**a**) *(en un cuadrúpedo)* upper foreleg; *(plato)* knuckle of pork (**b**) *(de jamón)* shoulder (**c**) *(de un tubo)* elbow, bend

codirector, -ora *nm,f* co-director

codo[1] *nm* (**a**) *(en brazo)* elbow; **tenía los codos sobre la mesa** she was leaning (with her elbows) on the table; **c. con c., c. a c.** side by side; EXPR *Fam* **empinar el c.** to bend the elbow; EXPR *Fam* **hablar por los codos** to talk nineteen to the dozen, to be a chatterbox; EXPR *Fam* **hincar** *o* **romperse los codos** *(estudiar)* to study hard; *Fam Fig* **se sacó la carrera a base de codos** she got her degree by sheer hard work (**b**) *(en tubería)* bend; *(pieza)* elbow joint (**c**) *(medida)* cubit

codo, -a[2] *adj Méx Fam* stingy, mean

codorniz *nf* quail

COE ['koe] *nm* (*abrev de* **Comité Olímpico Español**) Spanish Olympic Committee

coedición *nf* joint publication

coeditar *vt* to publish jointly

coeficiente *nm (índice)* rate; *Mat & Fís* coefficient ❑ *Fin* ***c. de caja*** cash ratio; *Fís* ***c. de dilatación*** coefficient of expansion; ***c. de goles*** goal difference; ***c. intelectual*** *o* ***de inteligencia*** IQ

coercer [40] *vt* to restrict, to constrain

coerción *nf* coercion

coercitivo, -a *adj* coercive

coetáneo, -a *adj & nm,f* contemporary

coexistencia *nf* coexistence ❑ ***c. pacífica*** peaceful coexistence

coexistente *adj* coexisting

coexistir *vi* to coexist

cofia *nf (de enfermera, camarera)* cap; *(de monja)* coif

cofrade *nmf* (**a**) *(de cofradía religiosa)* brother, *f* sister (**b**) *(de cofradía no religiosa)* member

cofradía *nf* (**a**) *(religiosa)* brotherhood, *f* sisterhood (**b**) *(profesional)* guild

cofre *nm* (**a**) *(arca)* chest, trunk (**b**) *(para joyas)* jewel box

cogedor, -ora *nm,f (persona)* picker, gatherer

COGER [52] **1** *vt* (**a**) *(tomar, agarrar)* to take; **c. a alguien de la mano** to take sb by the hand; **pasear cogidos de la mano** to walk hand in hand; **c. a alguien en brazos** to take sb in one's arms; **coge la tetera por el asa** take *o* hold the teapot by the handle; **coge esta bolsa un momento** hold this bag a moment; **¿puedes c. el teléfono, por favor?** could you pick the phone up *o* answer the phone, please?; *Fam* **éste no ha cogido un libro en su vida** he's never picked up a book in his life; *Fam* **esta película no hay por dónde cogerla** I couldn't make head or tail of this film; *Fam* **tu hermano es muy raro, no hay por dónde cogerlo** your brother's very strange, it's hard to know what to make of him; *Fam* **se sabe todas las respuestas, no hay por dónde cogerlo** he knows all the answers, it's impossible to catch him out
(**b**) *(quitar)* to take; **c. algo a alguien** to take sth from sb; **¿quién me ha cogido el lápiz?** who's taken my pencil?; **te he cogido la calculadora un momento** I've just borrowed your calculator for a moment
(**c**) *(recoger) (objeto caído)* to pick up; *(frutos, flores)* to pick; **se me ha caído el bolígrafo, ¿me lo puedes c.?** I've dropped my pen, could you pick it up for me?; **nos gusta mucho c. setas** we really enjoy picking mushrooms *o* going mushrooming; **cogimos a un autoestopista muy simpático** we picked up a very friendly hitchhiker
(**d**) *(atrapar) (ladrón, pez, pájaro)* to catch; **¿a que no me coges?** bet you can't catch me!; *Fam* **si te cojo te la cargas** if I catch you, you'll be in for it!
(**e**) *(sorprender)* **c. a alguien haciendo algo** to catch sb doing sth; **c. a alguien desprevenido** to take sb by surprise; **c. a alguien in fraganti** to catch sb red-handed *o* in the act; **la tormenta me cogió cerca de casa** the storm broke when I was nearly home; **el terremoto nos cogió en la capital** the earthquake happened while we were in the capital
(**f**) *(alcanzar) (persona, vehículo)* to catch up with; **aceleró para c. al corredor que llevaba delante** she ran faster to try and catch up with the runner in front of her; **cogió la delantera tras la segunda vuelta** she went into *o* took the lead after the second lap
(**g**) *(tren, autobús)* to take, to catch; **no me gusta c. el avión** I don't like flying; **prefiero c. el coche** I'd rather drive
(**h**) *(sacar, obtener)* to get; **he cogido hora con el dentista** I've made an appointment with the dentist; **¿has cogido las entradas?** have you got the tickets?
(**i**) *(quedarse con) (propina, empleo, piso)* to take; **ha cogido un trabajo de mecanógrafo** he has taken a job as a typist; **llegaremos pronto para c. buen sitio** we'll get there early to get a good seat; **están tan ocupados que ya no cogen más encargos** they're so busy they've stopped taking on *o* accepting orders
(**j**) *(contratar, admitir) (personal)* to take on; **el colegio ya no coge más alumnos para este curso** the school has stopped taking pupils for this year
(**k**) *(contraer) (gripe, resfriado)* to catch, to get; **c. frío** to get cold; **c. una insolación** to get sunstroke; **c. el sarampión** to get *o* catch (the) measles; **c. una borrachera** to get drunk; **c. un berrinche** to throw a tantrum
(**l**) *(absorber)* to absorb, to soak up; **este tipo de esponja coge mucha agua** this type of sponge absorbs a lot of water; **esta mesa coge mucho polvo al lado de la ventana** this table gets very dusty *o* gathers a lot of dust next to the window
(**m**) *(sentir) (odio, afecto)* to start to feel; **c. cariño/miedo a** to become fond/scared of
(**n**) *(adquirir) (costumbre, vicio, acento)* to pick up; **los hijos cogen los hábitos de los padres** children pick up the habits of their parents; **ha cogido la costumbre de cantar por las mañanas** she has taken to singing in the mornings; *Fam* **cogerle el truco** *o* **tranquillo a algo** to get the knack of sth; *Fam* **la ha cogido con nosotros, y no deja de molestarnos** she's got it in for us and never leaves us alone
(**o**) *(sintonizar) (canal, emisora)* to get, to receive
(**p**) *(entender)* to get; *(oír)* to catch; **¿coges lo que te digo?** do you get *o* understand what I'm saying to you?; **no cogió la**

indirecta she didn't take the hint; **no cogió el chiste** he didn't get the joke; **cogí su comentario a mitad** I only half heard what she said, I only caught half of what she said
(**q**) *(cobrar)* **c. fuerzas** to build up one's strength; **c. velocidad** to gather *o* gain speed
(**r**) *(sujeto: vehículo)* to knock over, to run over; *(sujeto: toro)* to gore; **me cogió un coche, y ando con muletas** I was run over *o* hit by a car and I'm on crutches now; **le cogió un toro** he was gored by a bull
(**s**) *(abarcar) (espacio)* to cover, to take up; **estas oficinas cogen tres plantas del edificio** these offices take up *o* occupy three floors of the building
(**t**) *(elegir)* to choose; **cogió un mal momento para anunciar el resultado** she chose a bad moment to announce the result
2 *vi* (**a**) *(situarse)* to be; **coge muy cerca de aquí** it's not very far from here
(**b**) *(dirigirse)* **c. a la derecha/la izquierda** to turn right/left; **coge por la calle de la iglesia** take the church road
(**c**) *(enraizar)* to take; **los rosales han cogido** the roses have taken
(**d**) *(indicando acción repentina)* **cogió y se fue** she upped and went; **de pronto cogió y me insultó** he turned round and insulted me; **si seguimos así, cojo y me marcho** if we carry on like this, I'm off
(**e**) *Am Vulg (tener relaciones sexuales)* to screw, to fuck; **c. con alguien** to screw *o* fuck sb
3 cogerse *vpr* (**a**) *(asirse)* **cogerse de** *o* **a algo** to cling to *o* clutch sth; **el anciano se coge del brazo de la enfermera** the old man is clutching the nurse's arm; **cógete bien** hold on tight; **se cogieron de las manos** they held each other's hands
(**b**) *(pillarse)* **cogerse los dedos/la falda con la puerta** to catch one's fingers/skirt in the door; *Fam* **cogerse un cabreo** to throw a fit; **cogerse una gripe** to catch the flu
(**c**) *(sintonizarse) (canal, emisora)* to get; **desde mi casa no se coge el Canal 5** you can't get Channel 5 from my house
(**d**) *Am Vulg (tener relaciones sexuales)* to screw, to fuck; **cogerse a alguien** to screw *o* fuck sb

---

cogestión *nf* joint management, co-management

cogida *nf (de torero)* goring

cognac [ko'ɲak] (*pl* **cognacs**) *nm* brandy, cognac

cognición *nf* cognition

cognitivo, -a *adj* cognitive

cognoscible *adj* knowable

cognoscitivo, -a *adj* cognitive

cogollo *nm* (**a**) *(de lechuga)* heart (**b**) *(brote)* shoot

cogorza *nf* EXPR *Fam* **agarrar una c.** to get smashed, to get blind drunk

cogotazo *nm* rabbit punch

cogote *nm* nape, back of the neck

cogotudo, -a *Am Fam* **1** *adj* rich
2 *nm,f* moneybags, *Br* toff

cogulla *nf Rel* habit

cohabitación *nf* cohabitation

cohabitar *vi* to cohabit, to live together

cohechar *vt (sobornar)* to bribe

cohecho *nm* bribery

coheredero, -a *nm,f* coheir, *f* coheiress

coherencia *nf* (**a**) *(de conducta, estilo)* consistency (**b**) *(de razonamiento)* coherence

coherente *adj* (**a**) *(conducta, estilo)* consistent (**b**) *(razonamiento)* logical, coherent

cohesión *nf* cohesion; **la c. del partido** party unity

cohesionar 1 *vt* to unite
2 cohesionarse *vpr* to unite

cohesivo, -a *adj* cohesive

cohete *nm* (**a**) *(proyectil)* rocket; **cohetes** *(fuegos artificiales)* fireworks; EXPR *Fam* **escapar** *o* **salir como un c.** to be off like a shot ▫ ***c. espacial*** space rocket (**b**) *Méx (pistola)* pistol (**c**) *Méx (agujero)* blasting hole (**d**) *RP Fam* **al c.** *(en vano)* in vain

cohibición *nf* inhibition

cohibido, -a *adj* inhibited

cohibir 1 *vt* to inhibit; **su presencia me cohíbe** her presence inhibits me
2 cohibirse *vpr* to become inhibited; **¡no te cohíbas!** don't be shy *o* embarrassed

cohonestar *vt Formal* to present as justified, to (attempt to) legitimize

cohorte *nf* cohort

COI ['koi] *nm (abrev de* **Comité Olímpico Internacional**) IOC

coima *nf Andes, RP Fam* bribe

coimear *vt Andes, RP (sobornar)* to bribe

coincidencia *nf* coincidence

coincidir *vi* (**a**) *(superficies, versiones, gustos)* to coincide (**b**) *(estar de acuerdo)* to agree; **su versión de los hechos no coincide con la de otros testigos** her version of events doesn't coincide with that of other witnesses; **coincidimos en opinar que...** we both agreed that... (**c**) *(en un sitio)* **coincidimos en la fiesta** we were both at the party; **coincidí con ella en un congreso** I met her at a conference (**d**) *(en el tiempo)* to coincide; **mi cumpleaños coincide con el primer día de clase** my birthday falls on the first day of classes

coito *nm* (sexual) intercourse

coitus interruptus *nm inv* coitus interruptus

cojear *vi* (**a**) *(persona)* to limp; EXPR *Fam* **ya sé de qué pie cojea María** I know Maria's weak points; EXPR *Fam* **los dos cojean del mismo pie** they both have the same problem (**b**) *(mueble)* to wobble (**c**) *(argumento)* to be faulty

cojera *nf* (**a**) *(acción)* limp (**b**) *(estado)* lameness

cojín *nm* cushion

cojinete *nm* (**a**) *(en eje)* bearing (**b**) *(en un riel de ferrocarril)* chair (**c**) *Col, Méx, Ven* **cojinetes** saddlebags

cojo, -a 1 *ver* **coger**
2 *adj* (**a**) *(persona)* lame (**b**) *(mueble)* wobbly (**c**) *(razonamiento, frase)* faulty
3 *nm,f* cripple

cojón *Vulg* **1** *nm* (**a**) *(testículo)* ball; EXPR **tu comentario le cayó** *o* **sentó como una patada en los cojones** she was well fucked off about your remark; **tu moto no vale un c.** your motorbike is *Br* bloody *o US* goddamn useless; **ya está llorando otra vez el niño de los cojones** that fucking child is crying again; **esta comida está de cojones** this meal is *Br* bloody *o US* goddamn delicious; **es bueno/malo de cojones** it's *Br* bloody *o US* goddamn marvellous/awful; **hace un frío de cojones** it's fucking freezing; **estoy hasta los (mismísmos) cojones de nuestros vecinos** I've fucking well had it up to here with our neighbours; **era muy tarde y no hubo más cojones que pillar un taxi** it was late and we had no *o Br* bugger-all choice but to get a taxi; **me importa un c. lo que piense** I couldn't give a shit *o Br* toss what she thinks; **manda cojones que estando enfermo tenga que hacerlo yo** fucking great *o* can you fucking believe it, I'm the one who has to do it, even though I'm ill!; **tus opiniones me las paso por el forro de los cojones** I couldn't give a shit *o Br* toss about what you think; EXPR **¡no me sale de los cojones!** I can't be *Br* bloody *o US* goddamn bothered!, *Br* I can't be arsed!; **¡no me toques** *o* **hinches los cojones y déjame en paz!** why can't you just fucking well leave me alone?; **ahí está todo el día tocándose los cojones mientras nosotros trabajamos** he just sits around doing zilch *o Br* bugger-all all day long while we're busy working; **¡qué resfriado ni qué cojones!** don't give me that crap about having a cold!
(**b**) *(valor)* **tener cojones** *o* **un par de cojones** to have balls; **¡qué cojones tiene, insultarme delante de todos!** what a fucking nerve, insulting me in front of everyone!; **le echó cojones al asunto, y le confesó la verdad** he screwed up every last fucking ounce of courage and confessed the truth to her
2 *interj* **¡cojones!** *(expresa enfado)* for fuck's sake!; **¡que no voy a ir, cojones!** I'm not fucking going, all right?

cojonudo, -a *adj muy Fam Br* bloody *o US* goddamn brilliant; *Irónico* **c., ahora no funciona la lavadora** that's just *Br* bloody *o US* goddamn brilliant, now the washing machine isn't working

cojudear *Andes, RP* **1** *vt Fam (engañar)* to trick
2 *vi (hacer tonterías)* to piss about, to muck about

cojudez *nf Andes, RP muy Fam* **decir cojudeces** to talk garbage *o Br* rubbish; **déjate de cojudeces** stop being stupid

cojudo, -a *adj Andes, RP muy Fam Br* bloody *o US* goddamn stupid

col *nf* cabbage; EXPR *Fam* **entre c. y c., lechuga** variety is the spice of life ❑ ***coles de Bruselas*** Brussels sprouts; ***c. lombarda*** red cabbage

cola *nf* (**a**) *(parte posterior) (de animal, avión, cometa)* tail; *(de vestido de novia)* train
(**b**) *(fila) Br* queue, *US* line; **hacer c.** *Br* to queue (up), *US* to stand in line; **llegué el último y me tuve que poner a la c.** I was the last to arrive, so I had to join the end of the *Br* queue *o US* line; **¡a la c.!** go to the back of the *Br* queue *o US* line! ❑ *Informát* ***c. de impresión*** print queue
(**c**) *(pegamento)* glue; EXPR *Fam* **no pegan ni con c.** they don't match at all ❑ ***c. de pescado*** fish glue
(**d**) *(parte final) (de clase, lista)* bottom; *(de desfile)* end; **ir a la c. del pelotón** to be one of the backmarkers
(**e**) *Fam (consecuencias)* EXPR **tener** *o* **traer c.** to have serious consequences *o* repercussions; EXPR *RP* **comer c.** to suffer a setback
(**f**) *(peinado)* **c. (de caballo)** ponytail
(**g**) *(bebida)* cola
(**h**) *Fam (pene) Br* willy, *US* peter
(**i**) **c. de caballo** *(planta)* horse-tail
(**j**) *Am Fam (nalgas) Br* bum, *US* fanny
(**k**) *RP* **la c. de una película** *(los avances)* the trailer for a film

colaboración *nf* (**a**) *(cooperación)* collaboration; **hacer algo en c. con alguien** to do sth in collaboration with sb; **fue acusado de c. con banda armada** he was accused of collaborating with *o* helping a terrorist organization (**b**) *(de prensa)* contribution, article

colaboracionismo *nm Pol* collaborationism

colaboracionista *Pol* **1** *adj* collaborationist
2 *nmf* collaborator

colaborador, -ora 1 *adj* cooperative
2 *nm,f* (**a**) *(compañero)* associate, colleague (**b**) *(de prensa)* contributor, writer (**c**) ***c. externo*** freelancer

colaborar *vi* (**a**) *(ayudar)* to collaborate (**con** with); **algunos maridos se niegan a c. en las tareas domésticas** some husbands refuse to help with the housework (**b**) *(en prensa)* **c. en** *o* **con** to write for, to work for (**c**) *(contribuir)* to contribute

colación *nf* (**a**) *(para comer)* snack (**b**) *Am (dulce) Br* sweet, *US* candy (**c**) EXPR *Fam* **sacar** *o* **traer algo a c.** *(tema)* to bring sth up; **salir a c.** to come up

colada *nf* (**a**) *(lavado)* laundry, washing; **echar algo a la c.** to put something in the washing; **hacer la c.** to do the washing (**b**) *(ropa limpia)* washing (**c**) *Geol* **una c. de lava** a lava flow

coladera *nf* (**a**) *Am (colador)* colander (**b**) *Méx (alcantarilla)* sewer

coladero *nm Fam* easy way through

colado, -a *adj* (**a**) *(líquido)* strained (**b**) EXPR *Fam* **estar c. por alguien** *(enamorado)* to have a crush on sb

colador *nm (para líquidos)* strainer, sieve; *(para verdura)* colander; EXPR *Fam* **dejar como un c.** *(con agujeros)* to leave full of holes; *(a balazos)* to riddle with bullets

coladura *nf* (**a**) *(acción de colar)* straining (**b**) *Fam (chifladura)* crazy idea (**c**) *Fam (equivocación)* clanger

colage = **collage**

colágeno *nm* collagen

colapsado, -a *adj* *(de actividad)* paralysed; *(de tráfico)* congested; **la oferta tuvo como consecuencia varias centralitas colapsadas** the offer brought several switchboards to a standstill

colapsar 1 *vt* to bring to a halt, to stop; **el tráfico ha colapsado las calles** traffic has blocked the streets
2 colapsarse *vpr (mercado)* to collapse; **se ha colapsado el tráfico** traffic has ground to a halt

colapso *nm* (**a**) *Med* collapse, breakdown; **sufrir un c.** to collapse (**b**) *(de actividad)* stoppage; *(de tráfico)* traffic jam, hold-up

colar [63] **1** *vt* (**a**) *(leche, té)* to strain; *(café)* to filter
(**b**) *Fam (dinero falso)* to pass off as genuine; *(mentira)* to slip through
(**c**) *(en cola)* **me coló** he let me jump the *Br* queue *o US* line
(**d**) *(en fiesta)* **nos coló en la fiesta** he got us into the party
(**e**) *(introducir)* to slip, to squeeze (**por** through)
2 *vi Fam (pasar por bueno)* **esto no colará** this won't wash
3 colarse *vpr* (**a**) *(líquido, gas)* **colarse por** to seep through; **el aire se cuela por esta rendija** air passes through this crack
(**b**) *(en un sitio)* to slip, to sneak (**en** into); **se colaron en el tren** they slipped *o* sneaked onto the train without paying; **colarse en una fiesta** to gatecrash a party
(**c**) *(en una cola)* to jump the *Br* queue *o US* line; **¡eh, no te cueles!** oi, don't jump the queue!
(**d**) *Fam (equivocarse)* to slip up
(**e**) *Fam (enamorarse)* **colarse por alguien** to fall for sb

colateral *adj* (**a**) *(efecto)* collateral, secondary (**b**) *(situación)* on either side

colcha *nf* bedspread

colchón *nm* (**a**) *(de cama)* mattress ❑ ***c. hinchable*** *o* ***inflable*** *o* ***neumático*** air bed (**b**) *Informát* buffer (**c**) **c. de aire** *(en hovercraft)* air cushion

colchonero, -a 1 *nm,f* upholsterer, mattress-maker
2 *adj Dep Fam* = of/relating to Atlético de Madrid Football Club

colchoneta *nf (hinchable)* air bed, lilo®; *(en gimnasio)* mat; *(colchón fino)* narrow mattress

cole *nm Fam* school

colear 1 *vt* (**a**) *Col, Méx, Ven (res)* to throw down by the tail (**b**) *Chile (examen)* to fail (**c**) *Col, Méx Fam (molestar)* to bother, to annoy
2 *vi* (**a**) *(animal)* to wag its tail (**b**) *(asunto, problema)* to drag on
3 colarse *vpr Arg, Ven (patinar)* to skid

colección *nf* (**a**) *(de sellos, objetos)* collection (**b**) *Fam (gran cantidad)* **tiene una c. de primos** he has masses of cousins

coleccionable 1 *adj* collectable
2 *nm* = special supplement in serialized form

coleccionar *vt* to collect

coleccionismo *nm* collecting

coleccionista *nmf* collector

colecta *nf* collection; **hacer una c.** to collect money, to organize a collection

colectar *vt* to collect

colectivamente *adv* collectively, together

colectividad *nf* community

colectivismo *nm Pol* collectivism

colectivista *adj & nmf Pol* collectivist

colectivización *nf* collectivization

colectivizar [14] *vt* to collectivize

colectivo, -a 1 *adj* collective
2 *nm* (**a**) *(grupo)* group; *(en estadística)* collective, population (**b**) *Andes, RP (taxi)* taxi; *(autobús)* bus

colector, -ora 1 *adj* collecting
2 *nm,f (persona)* collector
3 *nm* (**a**) *(sumidero)* sewer ❑ ***c. de basuras*** garbage chute (**b**) *Tec (de motor)* manifold ❑ ***c. solar*** solar collector (**c**) *(de transistor)* collector

colega *nmf* (**a**) *(compañero profesional)* colleague, *US* co-worker (**b**) *(homólogo)* counterpart, opposite number (**c**) *Esp Fam (amigo)* pal, *Br* mate, *US* buddy

colegiado, -a 1 *adj* = who belongs to a professional association
2 *nm,f Dep* referee

colegial, -ala *nm,f* schoolboy, *f* schoolgirl; **cartera/uniforme de c.** school bag/uniform

colegiarse *vpr* to join a professional association

colegiata *nf* collegiate church

colegio *nm* (**a**) *(escuela)* school; **ir al c.** to go to school; **mañana no hay c.** there's no school tomorrow ❑ *Esp* ***c. concertado*** state-assisted (private) school; ***c. de educación especial*** special school; ***c. estatal*** *Br* state school, *US* public school; ***c. homologado*** officially approved school; ***c. nacional*** state primary school; ***c. de pago*** fee-paying school (**b**) *(de profesionales)* **c. (profesional)** professional association ❑ ***c. de abogados*** bar association; ***c. de médicos*** medical association (**c**) *Pol* ***c. electoral*** *(lugar)* polling station; *(votantes)* ward (**d**) ***c. mayor*** hall of residence

colegir [55] *vi* to infer, to gather (**de** from); **de ahí se puede c. que...** it can thus be inferred that...

colegislador, -ora *adj (asamblea)* joint legislative

cóleo *nmf* coleus

coleóptero *nm* beetle

cólera 1 *nm Med* cholera
2 *nf (ira)* anger, rage; **descargar la c. en alguien** to vent one's anger on sb; **montar en c.** to get angry, to lose one's temper

colérico, -a *adj* **(a)** *(furioso)* furious; **estar c.** to be furious **(b)** *(irritable)* bad-tempered

colesterol *nm* cholesterol

coleta *nf* **(a)** *(de pelo)* pigtail; EXPR **cortarse la c.** to call it a day, to retire **(b)** *Ven (paño)* floor cloth

coletazo *nm* flick *o* swish of the tail; *Fig* **está dando (los últimos) coletazos** it's in its death throes

coletilla *nf (de discurso, escrito)* closing comment

coleto *nm* **(a)** *(vestidura)* jerkin **(b)** *Fam (adentros)* inner self; **decir para su c.** to say to oneself; **echarse algo al c.** to eat/drink sth right up; **echarse un libro al c.** to read a book right through **(c)** *Ven (paño)* floor cloth

colgado, -a *adj* **(a)** *(cuadro, jamón)* hanging (**de** from) **(b)** *(teléfono)* on the hook **(c)** *Fam (atontado, loco)* crazy, daft **(d)** EXPR *Fam (abandonado)* **dejar c. a alguien** to leave sb in the lurch **(e)** *Fam (enganchado)* **quedarse c. (con)** to get hooked (on) **(f)** *Fam (pendiente)* **tengo c. el inglés del curso pasado** I have to resit the exam for last year's English course **(g)** *muy Fam (drogado)* stoned

colgador *nm* **(a)** *(percha)* hanger, coat hanger **(b)** *(gancho)* hook

colgadura *nf* (wall) hanging; **pusieron colgaduras en los balcones** they hung banners from the balconies

colgajo *nm* **(a)** *(tela)* hanging piece of material; *(hilo)* loose thread **(b)** *(de piel)* flap

colgante 1 *adj* hanging
2 *nm* pendant

colgar [16] **1** *vt* **(a)** *(suspender)* to hang; **colgó el cuadro** she hung (up) the picture
(b) *(ahorcar)* to hang; **lo colgaron por asesino** he was hanged for murder
(c) *(teléfono)* **c. el teléfono** to hang up; **me colgó en mitad de la frase** she hung up on me when I was in mid-sentence
(d) *(abandonar)* to give up; **c. los hábitos** to give up the cloth, to leave the clergy; *Fig (renunciar)* to give up one's job; **c. los estudios** to abandon one's studies
(e) *(imputar)* **c. algo a alguien** to pin the blame for sth on sb; **le colgaron un robo que no había cometido** they pinned a robbery he hadn't committed on him
(f) *(endilgar)* **le colgaron ese apodo en la escuela** he got that nickname at school; **le colgaron el sambenito de despistado** he got a name for being absent-minded
(g) *Informát (ordenador, computador)* to crash
2 *vi* **(a)** *(pender)* to hang (**de** from); **hay un cable que cuelga** there's a cable hanging loose
(b) *(hablando por teléfono)* to hang up, to put the phone down
3 colgarse *vpr* **(a)** *(suspenderse)* to hang (**de** from)
(b) *(ahorcarse)* to hang oneself (**de** from)
(c) *Informát (ordenador, computador)* to crash; **se me ha colgado el ordenador** my computer has crashed

colibrí *nm* hummingbird

cólico *nm* upset stomach; *Med* colic ▫ ***c. biliar*** *o* ***hepático*** biliary colic; ***c. nefrítico*** *o* ***renal*** renal colic

coliflor *nf* cauliflower

coligación *nf* alliance

coligar [38] **1** *vt* to ally, to unite
2 coligarse *vpr* to unite, to join together

colijo *ver* **colegir**

colilla *nf* cigarette butt *o* stub

colimba *nf Arg Fam* military service

colimbo *nm (ave)* diver

colín *nm* breadstick

colina *nf* hill

colindante *adj* neighbouring, adjacent

colindar *vi* to be adjacent, to adjoin

colirio *nm* eyewash, eyedrops

colisa *nf Chile (sombrero)* straw hat

coliseo *nm* coliseum

colisión *nf* **(a)** *(de vehículos)* collision, crash **(b)** *(de ideas, intereses)* clash ▫ ***c. frontal*** head-on collision; ***c. múltiple*** pileup

colisionar *vi* **(a)** *(vehículo)* to collide (**contra** with), to crash (**contra** into) **(b)** *(ideas, intereses)* to clash

colista *nmf (en liga de fútbol)* bottom team; *(en carreras)* tailender

colitigante *nmf* joint litigant

colitis *nf inv* **tener c.** to have an upset stomach

collado *nm* **(a)** *(colina)* hill **(b)** *(entre montañas)* saddle

collage, colage [ko'laʃ] *nm* collage

collar *nm* **(a)** *(para personas)* necklace **(b)** *(para animales)* collar **(c)** *(abrazadera)* collar, ring

collarín *nm* surgical collar

colleja *nf* **(a)** *(golpe)* **darle una c. a alguien** to slap sb *o* give sb a slap on the back of the neck **(b)** *(planta)* campion

collera *nf Andes* **(a)** *(gemelo)* cufflink **(b)** *(yunta)* brace, yoke

collie ['koli] *nm* collie

colmado, -a 1 *adj* full to the brim (**de** with); **está c. de problemas** he is loaded down with problems
2 *nm* grocer's (shop)

colmar *vt* **(a)** *(recipiente)* to fill (to the brim) **(b)** *(aspiración, deseo)* to fulfil; **c. a alguien de regalos/elogios** to shower gifts/praise on sb

colmena *nf* beehive

colmenar *nm* apiary

colmenero, -a *nm,f* beekeeper

colmillo *nm* **(a)** *(de persona)* canine, eye-tooth; *(de perro)* fang; *Fig* **enseñar los colmillos** to show one's teeth **(b)** *(de elefante)* tusk

colmo *nm* height; **el c. de la estupidez** the height of stupidity; **es el c. de la locura** it's sheer madness; **para c.** to crown it all; **¡eso es el c.!** that's the last straw!; **¡es el c., es la tercera vez que llamo y no me hacen caso!** it's getting beyond a joke, this is the third time I've called and they're not paying any attention!

colocación *nf* **(a)** *(acción)* placing, positioning; *(situación)* place, position **(b)** *(empleo)* position, job

colocado, -a *adj* **(a)** *(en lugar)* placed; **estar muy bien c.** *(en empleo)* to have a very good job **(b)** *Fam (drogado)* high, stoned; *(borracho)* blind drunk, smashed

colocar [59] **1** *vt* **(a)** *(en un sitio)* to place, to put; **el acomodador coloca a los espectadores en sus asientos** the usher shows the audience to their seats **(b)** *(en una posición)* **c. los brazos en alto** to raise one's arms; **hay que c. bien ese cuadro, pues está torcido** that picture needs to be hung properly, it isn't straight **(c)** *(en un empleo)* to find a job for **(d)** *(casar)* to marry off **(e)** *(invertir)* to place, to invest **(f)** *(endilgar)* to palm off (**a** on) **(g)** *Fam (sujeto: droga)* to give a high to; **¿a ti te coloca la marihuana?** does marihuana give you a high?
2 *vi Fam (droga, alcohol)* **este costo coloca cantidad** this hash gives you a real high; **este ponche coloca mucho** this punch is strong stuff
3 colocarse *vpr* **(a)** *(en una posición, en un lugar) (de pie)* to stand; *(sentado)* to sit **(b)** *(en un trabajo)* to get a job **(c)** *Fam (emborracharse)* to get blind drunk *o* smashed; *(drogarse)* to get high *o* stoned

colocón *nm muy Fam* **llevar un c.** *(de droga)* to be high; *(de bebida)* to be pissed

colofón *nm* **(a)** *(remate, fin)* climax, culmination; **como c. a la ceremonia** as a coda to the ceremony, to round off the ceremony **(b)** *(de libro)* colophon

coloidal, coloideo, -a *adj* colloidal

coloide *adj* colloid

Colombia *n* Colombia

colombianismo *nm* Colombian expression

colombiano, -a *adj & nm,f* Colombian

colombino, -a *adj* = relating to Christopher Columbus

Colombo *n* Colombo

colombofilia *nf* pigeon-fancying

colombófilo, -a 1 *adj* pigeon-fancying
2 *nm,f* pigeon fancier

Colón *n* **Cristóbal C.** Christopher Columbus

colon *n Anat* colon

colón, -ona 1 *nm,f Fam (que se cuela) Br* queue-jumper, *US* line jumper
2 *nm (moneda)* colon *(unit of currency in Costa Rica and El Salvador)*

colonense 1 *adj* of/from Colón
2 *nmf* person from Colón

Colonia *n* Cologne

colonia *nf* **(a)** *(estado dependiente)* colony **(b)** *(de niños)* **c. (de verano)** (summer) camp; **ir de colonias** to go on a summer camp **(c)** *(de animales)* colony; **una c. de focas** a seal colony **(d)** *(de personas)* community **(e)** *perfume)* eau de cologne; **me gusta la c. que usa tu novio** I like your boyfriend's aftershave **(f)** *(urbani-*

zación) housing development (**g**) *(barrio)* district ▫ *Méx* ***c. proletaria*** shanty town, slum area (**h**) *Carib (hacienda)* sugarcane plantation

coloniaje *nm Am* (**a**) *(época)* colonial period (**b**) *(gobierno)* colonial government

colonial 1 *adj* colonial

2 coloniales *nmpl Esp* **(tienda de) coloniales** (fancy) grocery, delicatessen

colonialismo *nm* colonialism

colonialista *adj & nmf* colonialist

colonización *nf* colonization

colonizador, -ora 1 *adj* colonizing

2 *nm,f* colonizer, colonist

colonizar [14] *vt* to colonize

colono *nm* (**a**) *(colonizador)* settler, colonist (**b**) *(agricultor)* tenant farmer

coloquial *adj* colloquial

coloquialmente *adv* colloquially

coloquio *nm* (**a**) *(conversación)* conversation (**b**) *(debate)* discussion, debate

COLOR *nm* (**a**) *(que se ve)* colour; **lápices de colores** coloured pencils; **un vestido de colores** a colourful *o* brightly coloured dress; **¿de qué c.?** what colour?; **c. azul** blue; **c. rojo** red; **es de c. azul** it's blue; **pintó las sillas de c. verde** she painted the chairs green; **a todo c.** in full colour; **nos dieron un folleto con fotos a todo c.** they gave us a full-colour brochure; **ha agarrado un c. muy bueno durante sus vacaciones** she's got a nice tan on her vacation; **cambiar** *o* **mudar de c.** to change colour; *Fig (palidecer)* to turn pale; *Fig (sonrojarse)* to blush; **dar c. a algo** to colour sth in; *Fig* to brighten *o* liven sth up; **de c.** *(persona)* coloured; **voy a hacer una colada con ropa de c.** I'm going to wash the coloureds; **fotos en c.** colour photos; **televisión en c.** colour television; **deja el pollo en el horno hasta que comience a tomar c.** leave the chicken in the oven until it starts to brown ▫ ***colores complementarios*** complementary colours; ***c. plano*** spot colour; ***c. primario*** primary colour; ***c. sólido*** fast colour

(**b**) *(para pintar)* paint; **colores** *(lápices)* coloured pencils; **le gusta darse un poco de c. en la cara antes de salir** she likes to put a bit of colour *o* rouge on her cheeks before going out

(**c**) *(aspecto)* tone; **no tienes muy buen c.** you look a bit off-colour; **la situación adquirió un c. trágico** the situation took on tragic overtones

(**d**) *(ideología)* **se le nota su c. político** you can tell his political persuasion; **la televisión pública tiene un claro c. gubernamental** the state-run television channels are clearly biased in favour of the government

(**e**) *(raza)* colour; **sin distinción de credo ni c.** regardless of creed or colour

(**f**) *(animación)* colour; **las fiestas de mi pueblo han ido perdiendo c.** the festivals in my home town have lost a lot of their colour; **el carnaval es una fiesta llena de c.** carnival is a colourful festival ▫ ***c. local*** local colour

(**g**) *(en los naipes)* suit

(**h**) *(bandera, camiseta)* **los colores nacionales** the national colours; **defender los colores del Académico** *(el equipo)* to play for Académico; **el equipo defendió con orgullo sus colores** the players showed great pride in fighting for their team

(**i**) *Formal (pretexto)* **so c. de** under the pretext of

(**j**) EXPR **no hay c.** it's no contest; *Fam* **le descubrieron copiando y se puso de mil colores** she went bright red *o* as red as a beetroot when they caught her copying; **sacarle** *o* **salirle a alguien los colores (a la cara)** to make sb blush; **subido de c.** *(chiste etc)* off-colour; **ver las cosas de c. de rosa** to see things through rose-coloured *o* rose-tinted spectacles

coloración *nf* (**a**) *(acción)* colouring (**b**) *(color)* colouration, colouring (**c**) *Biol* markings ▫ ***c. defensiva*** protective markings

colorado, -a 1 *adj (color)* red; **ponerse c.** to blush, to go red; **tenía la cara colorada** his face was flushed; **me vas a poner c. con tantos elogios** I'm going to blush *o* go red with so much praise

2 *nm (color)* red

colorante 1 *adj* colouring

2 *nm* (**a**) *(aditivo alimentario)* colouring (**b**) *(tinte)* dye, colorant

colorear *vt* to colour (in)

colorete *nm* (**a**) *(en las mejillas)* **tener coloretes** to be red in the face (**b**) *(maquillaje) (de mejillas)* rouge, blusher; *Andes (de labios)* lipstick

colorido *nm* (**a**) *(color)* colourfulness; *Fig* **una fiesta de gran c.** a very colourful local festival (**b**) *(brillo)* verve, style; **el ensayo tiene poco c.** the essay has a rather poor style

colorín *nm* (**a**) *(color fuerte)* bright colour; **de colorines** brightly coloured (**b**) **y c. colorado, este cuento se ha acabado** and that's the end of the story

colorinche *nm RP* gaudy colours

colorismo *nm* (**a**) *Arte* colourist style (**b**) *(del lenguaje)* floridity

colorista *adj* colouristic

colosal *adj* (**a**) *(estatura, tamaño)* colossal (**b**) *(extraordinario)* great, enormous

coloso *nm* (**a**) *(estatua)* colossus (**b**) *(cosa, persona)* giant

cólquico *nm* meadow saffron

colt® [kolt] *nm* Colt®; **un c. del 45** a Colt 45

columbrar *vt* (**a**) *(divisar)* to make out (**b**) *(conjeturar)* to guess

columna *nf* (**a**) *(en edificio)* column, pillar ▫ *Arte* ***c. salomónica*** solomonic column, twisted architectural column (**b**) *(apoyo)* pillar ▫ ***c. vertebral*** spinal column, spine; *Fig* **este tratado es la c. vertebral de la organización** this treaty is the backbone of the organization (**c**) *(de texto)* column; **un artículo a cuatro columnas** a four-column article (**d**) *(de soldados)* column (**e**) *(de humo)* column (**f**) *(altavoz)* loudspeaker (**g**) *Aut* ***c. de dirección*** steering column

columnata *nf* colonnade

columnista *nmf* columnist

columpiada *nf Fam (equivocación)* blunder

columpiar 1 *vt* to swing

2 columpiarse *vpr* (**a**) *(mecerse)* to swing (**b**) *Fam (equivocarse)* to make a blunder, to put one's foot in it

columpio *nm* swing; **los columpios** the children's playground

colutorio *nm* mouthwash, gargle

colza *nf* rape; **aceite de c.** rapeseed oil

coma 1 *nm Med* coma; **en c.** in a coma ▫ ***c. etílico*** = coma caused by alcoholic poisoning; ***c. profundo*** deep coma

2 *nf* (**a**) *Gram* comma; *Fig* **sin faltar una c.** word for word (**b**) *Mat* ≃ decimal point (**c**) *Informát* ***c. flotante*** floating point

comadre *nf* (**a**) *(mujer chismosa)* gossip, gossipmonger (**b**) *(vecina)* neighbour; **mi c. María** my friend Maria

comadrear *vi* to gossip

comadreja *nf* weasel

comadreo *nm* gossip

comadrona *nf* midwife

comal *nm CAm, Méx* = clay or metal dish used for baking "tortillas"

comanche *adj & nmf* Comanche

comandancia *nf* (**a**) *(rango)* command (**b**) *(edificio)* command headquarters

comandante *nm Mil (rango)* major; *(de un puesto)* commander, commandant; *(de avión)* captain ▫ ***c. en jefe*** commander-in-chief

comandar *vt Mil* to command

comanditar *vt Com* to finance as a silent partner

comanditario, -a *Com* **1** *adj* silent

2 *nm,f* silent partner

comando *nm* (**a**) *Mil* commando ▫ ***c. legal*** = terrorist cell, the members of which have no criminal records; ***c. suicida*** suicide squad; ***c. terrorista*** terrorist cell (**b**) *Informát* command ▫ ***c. externo/interno*** external/internal command

comarca *nf* area, district; **una c. arrocera** a rice-growing region *o* area

comarcal *adj* local; **un problema de ámbito c.** a local problem

comatoso, -a *adj* comatose

comay *nf Cuba Fam (vecina)* neighbour; **mi c. María** my friend Maria

comba *nf* (**a**) *(juego)* skipping; **jugar** *o* **saltar a la c.** to skip, *US* to jump rope (**b**) *(cuerda)* skipping rope

combado, -a *adj* warped

combadura *nf (de alambre, barra)* bend; *(de pared)* bulge; *(de viga)* sag

combar 1 *vt* to warp

2 combarse *vpr* to warp

combate *nm (lucha)* fight; *(batalla)* battle; *también Fig* **dejar a alguien fuera de c.** to knock sb out; **un c. desigual** an unequal fight □ ***c. cuerpo a cuerpo*** hand-to-hand combat

combatiente *nmf* combatant, fighter

combatir 1 *vt* to combat, to fight; **un producto para c. la caries** a product which fights tooth decay
 2 *vi* to fight (**contra** against)

combatividad *nf* fighting spirit; **premio a la c.** *(en ciclismo)* most aggressive rider classification

combativo, -a *adj* aggressive, combative

combi *nm* (**a**) *(frigorífico)* fridge-freezer (**b**) *Am (autobús)* minibus

combinación *nf* (**a**) *(unión, mezcla)* combination; **una c. explosiva** an explosive combination (**b**) *(de bebidas)* cocktail (**c**) *(de caja fuerte)* combination (**d**) *(prenda)* slip (**e**) *(plan)* scheme (**f**) *(de medios de transporte)* connections; **no hay buena c. para ir de aquí allí** there's no easy way of getting there from here

combinada *nf Dep* combined

combinado, -a 1 *adj (con distintos elementos)* combined
 2 *nm* (**a**) *(bebida)* cocktail (**b**) *Dep* combined team

combinar 1 *vt* (**a**) *(unir, mezclar)* to combine (**b**) *(bebidas)* to mix (**c**) *(colores)* to match (**d**) *(planificar)* to arrange, to organize
 2 *vi (colores, ropa)* **c. con** to go with

combinatoria *nf Mat* combinatorial analysis

combinatorio, -a *adj* combinatorial

combo *nm* (**a**) *Andes (mazo)* sledgehammer (**b**) *Chile (puñetazo)* punch, blow

combustibilidad *nf* combustibility

combustible 1 *adj* combustible
 2 *nm* fuel □ ***c. fósil*** fossil fuel; ***c. mineral*** mineral fuel; ***c. nuclear*** nuclear fuel

combustión *nf* combustion □ ***c. lenta*** slow combustion; ***c. nuclear*** nuclear combustion

comecocos *nm inv* (**a**) *Fam (para convencer)* **este panfleto es un c.** this pamphlet is designed to brainwash you (**b**) *Fam (cosa difícil de comprender)* mind-bending problem *o* puzzle (**c**) *(juego)* pacman®

comedero *nm (para animales)* trough

comedia *nf* (**a**) *(teatro, género)* comedy; *Fig* **hacer (la) c.** to put on an act □ ***c. musical*** musical (**b**) *(engaño)* farce

comediante, -a *nm,f* (**a**) *(actor)* actor, *f* actress (**b**) *(farsante)* fraud

Observa que la palabra inglesa **comedian** es un falso amigo y no es la traducción de la palabra española **comediante**. En inglés **comedian** significa "humorista".

comedido, -a *adj* (**a**) *(moderado)* moderate, restrained (**b**) *Am (servicial)* obliging

comedimiento *nm* moderation, restraint

comediógrafo, -a *nm,f* playwright, dramatist

comedirse [47] *vpr* (**a**) *(moderarse)* to restrain oneself (**b**) *Am (ofrecerse)* to volunteer oneself

comedor *nm* (**a**) *(habitación) (de casa)* dining room; *(de fábrica)* canteen □ ***c. escolar*** dining hall; ***c. universitario*** refectory (**b**) *(muebles)* dining-room suite

comedura *nf Fam* **ese programa es una c. de coco** that programme is trying to brainwash you; **tiene muchas comeduras de coco** she has lots of things bugging her

comején *nm* termite

comendador *nm* (**a**) *Mil* knight commander (**b**) *Rel* prelate

comendadora *nf (superiora)* mother superior

comensal *nmf* fellow diner; **los comensales charlaban animadamente** the diners were having a lively conversation

comentar *vt* (**a**) *(opinar sobre)* to comment on (**b**) *(hablar de)* to discuss

comentario *nm* (**a**) *(observación)* comment, remark; **hizo un c. muy acertado** she made a very apt remark; **sin comentarios** no comment (**b**) *(crítica)* commentary □ ***c. de texto*** literary commentary, textual analysis (**c**) **comentarios** *(murmuraciones)* gossip

comentarista *nmf* commentator □ ***c. deportivo*** sports commentator

comenzar [17] **1** *vt* to start, to begin; **c. diciendo que...** to start *o* begin by saying that...
 2 *vi* to start, to begin; **c. a hacer algo** to start doing *o* to do sth; **c. por hacer algo** to begin by doing sth; **"hiena" comienza por hache** "hyena" starts with an "h"; **el partido comenzó tarde** the game started late

---

COMER 1 *vt* (**a**) *(alimentos)* to eat; *(al mediodía)* to have for lunch; **hoy hemos comido pescado** we had fish today; **no come carne casi nunca** she hardly ever eats meat
 (**b**) *(en los juegos de tablero)* to take, to capture; **me comió un alfil** he took one of my bishops
 (**c**) *(consumir)* to eat up; **tus gastos nos comen casi todo mi sueldo** your expenses eat up almost all of my salary; **les come la envidia** they're eaten up with envy; **eso me come mucho tiempo** that takes up a lot of my time
 (**d**) EXPR **ni come ni deja c.** he's a dog in the manger; **no tengas miedo, nadie te va a c.** don't be afraid, nobody's going to eat you; *Fam* **comerle el coco** *o* **tarro a alguien** *(convencer)* to brainwash sb; *Vulg* **comerle el coño a alguien** to go muff-diving, to go down on sb; *Vulg* **comerle la polla a alguien** to give sb a blowjob, to go down on sb; **sin comerlo ni beberlo, le hicieron jefe** he became boss through no credit of his own; **sin comerlo ni beberlo, nos encontramos en la bancarrota** through no fault of our own, we went bankrupt

 2 *vi (ingerir alimentos)* to eat; *(al mediodía)* to have lunch; **¿qué hay de c.?** *(al mediodía)* what's for lunch?; *(por la tarde/noche)* what's for dinner?; **en casa comemos a las tres** we have lunch at three o'clock at home; **ahora no tengo ganas de c.** I don't feel like eating *o* I'm not hungry right now; **yo llevaré la bebida, tú compra las cosas de c.** I'll get the drink, you buy the food; **c. fuera, salir a c.** *(en general)* to eat out; *(al mediodía)* to go out for lunch; **¡a c., chicos!** lunch is/dinner's/*etc* ready, children!; EXPR *Fam* **c. a dos carrillos** to stuff one's face; EXPR **c. como una lima** *o* **un regimiento** to eat like a horse; EXPR **comimos como curas** *o* **reyes** we ate like kings; **¡come y calla!** shut up and eat your dinner!; EXPR *Fam* **c. y callar** beggars can't be choosers; **dar de c. al perro** to feed the dog; *Fam Fig* **a mi profesor hay que darle** *o* **echarle de c. aparte** you have to be careful how you deal with my teacher, because you never know how he's going to react; *Fam Fig* **ser de buen c.** to have a healthy appetite; *Fig* **tener qué c.** to have enough to live on; PROV **donde comen dos comen tres** there's always room for one more at the table
 3 comerse *vpr* (**a**) *(alimentos)* to eat; **en mi casa se come a las dos** we have lunch at two o'clock at home; **en ese restaurante se come muy bien** the food is very good at that restaurant; **se comió los tres platos** he had all three courses; **cómetelo todo** eat it all up; **comerse las uñas** to bite one's nails; *Fig* **se me están comiendo los mosquitos** the mosquitoes are eating me alive; *Fig* **comerse a alguien con los ojos** *o* **con la mirada** to be unable to keep one's eyes off sb; *Fig* **comerse a alguien a besos** to cover sb in kisses; EXPR *Fam* **no te comas el coco** *o* **el tarro** don't worry your head about it; *Fam Fig* **tu amigo está para comérselo** your friend's gorgeous; EXPR *muy Fam* **me ha tocado a mí comerme el marrón de limpiar la casa tras la fiesta** I got lumbered with having to clean the house after the party; EXPR *Fam* **presume mucho, pero la realidad es que no se come un rosco** he's always bragging, but the truth of the matter is he never gets off with anyone; *Fam Fig* **como descubra al que ha hecho esto, me lo como vivo** when I find out who did this, I'll have their guts for garters; *Fig* **¿y eso cómo se come?** and what are we/am I supposed to make of that?
 (**b**) *(consumirse)* to eat up; **se la comen los celos, se come de celos** she's consumed with jealousy
 (**c**) *(desgastar) (colores)* to fade; *(metal)* to corrode; **el sol se comió los colores de la ropa** the sun made the clothes fade; **la humedad se come el hierro** moisture causes iron to rust
 (**d**) *(en los juegos de tablero)* to take, to capture; **se me comió la reina** she took my queen
 (**e**) *(palabras, texto)* to swallow; **se comió un párrafo** she missed out a paragraph; **se**

come las palabras al hablar he swallows his words when speaking; *Fam Fig* **se va a c. sus palabras** she'll have to eat her words

(**f**) *(ser mejor que)* to beat; **mi trabajo se come al tuyo** my job beats yours

(**g**) *Am Vulg (fornicar)* **comerse a alguien** to fuck sb

---

comercial 1 *adj* (**a**) *(de empresas)* commercial; *(internacional)* trade; **relaciones comerciales** trade relations (**b**) *Pey (que se vende bien)* commercial

2 *nmf (vendedor, representante)* sales rep

3 *nm Am* commercial, *Br* advert

comercialización *nf* marketing

comercializar [14] *vt* to market

comercialmente *adv* commercially

comerciante *nmf* (**a**) *(negociante)* tradesman, *f* tradeswoman (**b**) *(tendero)* shopkeeper; **pequeños comerciantes** small businessmen

comerciar *vi* to trade, to do business; **c. con armas/pieles** to deal *o* trade in arms/furs

comercio *nm* (**a**) *(de productos)* trade; **libre c.** free trade ▫ *Informát* ***c. electrónico*** e-commerce; ***c. exterior*** foreign trade; ***c. interior*** domestic trade; ***c. justo*** fair trade (**b**) *(actividad)* business, commerce (**c**) *(tienda)* shop, store

comestible 1 *adj* edible, eatable

2 *nmpl* **comestibles** food; **tienda de comestibles** grocer's (shop)

cometa 1 *nm Astron* comet ▫ ***el c. Halley*** Halley's comet

2 *nf* kite

cometer *vt (crimen)* to commit; *(error)* to make

cometido *nm* (**a**) *(objetivo)* mission, task (**b**) *(deber)* duty

comezón *nf* (**a**) *(picor)* **tener c.** to have an itch; **tengo c. en la nariz** I've got an itchy nose (**b**) *(remordimiento)* twinge; *(deseo)* urge, itch

cómic (*pl* **cómics**), **comic** (*pl* **comics**) *nm* (adult) comic

comicidad *nf* humorousness

comicios *nmpl Pol* elections

cómico, -a 1 *adj* (**a**) *(de la comedia)* comedy, comic; **actor c.** comedy actor (**b**) *(gracioso)* comic, comical

2 *nm,f (actor de teatro)* actor, *f* actress; *(humorista)* comedian, comic, *f* comedienne

comida *nf* (**a**) *(alimento)* food ▫ ***c. basura*** junk food; ***c. casera*** home cooking; *Am* ***c. corrida*** *o* ***corriente*** set meal; ***comidas a domicilio*** = home delivery of food; ***comidas para empresas*** business catering; ***c. para perros*** dog food; ***c. rápida*** fast food (**b**) *(almuerzo, cena)* meal; *(al mediodía)* lunch; **dar una c.** to have a lunch party; **una c. de negocios** a business lunch

comidilla *nf Fam* **ser/convertirse en la c.** to be/become the talk of the town

comidió *etc ver* **comedirse**

comido, -a 1 *ver* **comedirse**

2 *adj* fed; **estar c.** to have eaten; EXPR *Fam* **ser lo c. por lo servido** *(no merecer la pena)* to be unprofitable

comienzo 1 *ver* **comenzar**

2 *nm* start, beginning; **a comienzos del siglo XX** at the beginning of the twentieth century; **al c.** in the beginning, at first; **dar c. (a algo)** to start (sth), to begin (sth); **la función dio comienzo a las siete y media** the performance started at half past seven

comillas *nfpl* inverted commas, quotation marks; **abrir/cerrar c.** to open/close quotation marks; **entre c.** in inverted commas

comilón, -ona *Fam* **1** *adj* greedy

2 *nm,f (persona)* greedy pig, glutton

comilona *nf (festín)* blow-out

comino *nm* (**a**) *(planta)* cumin, cummin (**b**) EXPR *Fam* **me importa un c.** I don't give a damn; **no vale un c.** it isn't worth tuppence

comisaría *nf* police station, *US* precinct; **pasó la noche en c.** he spent the night in the police station

comisario, -a *nm,f* (**a**) *(de policía) Br* superintendent, *US* captain (**b**) *(delegado)* commissioner ▫ ***c. europeo*** European Commissioner; ***c. político*** political commissar

comiscar [59] *vt* to nibble

comisión *nf* (**a**) *(delegación)* committee, commission ▫ ***C. Europea*** European Commission; ***c. investigadora*** committee of inquiry; ***c. mixta*** joint committee; ***Comisiones Obreras*** = Spanish left-wing trade union; ***c. parlamentaria*** parliamentary committee; ***c. permanente*** standing committee

(**b**) *Com* commission; **(trabajar) a c.** (to work) on a commission basis ▫ *Econ* ***c. fija*** flat fee

(**c**) *(de un delito)* perpetration

(**d**) *(encargo)* assignment; **c. de servicio** special assignment

comisionado, -a *nm,f* committee member

comisionar *vt* to commission

comisionista *nmf* commission agent

comisquear *vt* to nibble

comisura *nf* corner *(of mouth, eyes)*

comité *nm* committee ▫ *Dep* ***c. de competición*** disciplinary committee; ***c. ejecutivo*** executive committee; *Ind* ***c. de empresa*** works council; ***c. permanente*** standing committee; ***C. de las Regiones*** *(en Unión Europea)* Committee of the Regions

comitiva *nf* retinue

COMO 1 *adv* (**a**) *(comparativo)* **tan... c....** as... as...; EXPR **es (tan) negro c. el carbón** it's as black as coal; **ser c. algo** to be like sth; **habla c. tú** he speaks like you (do); **vive c. un rey** he lives like a king; **lo que dijo fue c. para ruborizarse** his words were enough to make you blush; **nadie escribe c. él (escribe)** no one writes like him *o* like he does; **¿qué hace alguien c. tú en este lugar?** what's a person like you doing in a place like this?

(**b**) *(de la manera que)* as; **lo he hecho c. es debido** I did it as *o* the way it should be done; **lloviendo c. llovía, decidimos no salir** seeing as it was raining so hard, we decided not to go out; **teniendo tanto dinero c. tiene, no sé cómo puede ser tan avaro** I don't know how he can be so mean with all the money he has, I don't know how someone with all that money can be so mean; **hazlo c. te dé la gana** do it whatever way *o* however you like

(**c**) *(según)* as; **c. te decía ayer...** as I was telling you yesterday...

(**d**) *(aproximadamente)* about; **me quedan c. 1.000 pesetas** I've got about 1,000 pesetas left; **estamos c. a mitad de camino** we're about half-way there; **tiene un sabor c. a naranja** it tastes a bit like an orange, it has a slight taste of orange

(**e**) *(por ejemplo)* such as, like; **me gustan deportes c. el tenis y el golf** I like sports such as tennis and golf; **para algunos países, c. Perú o Bolivia,...** for some countries, such as Peru or Bolivia,...

(**f**) *(en que)* **por la manera c. hablaba supe que era extranjero** I knew he was foreign from the way he talked

2 *prep (en calidad de, en concepto de)* as; **c. presidente que es, tiene que asistir** as president, he must attend; **trabaja c. bombero** he works as a fireman; **dieron el dinero c. anticipo** they gave the money as an advance; **c. pintor, no es muy bueno** he's not very good as a painter; **en esta lista aparece c. emigrado** he appears on this list as an emigrant

3 *conj* (**a**) *(ya que)* as, since; **c. no llegabas, nos fuimos** as *o* since you didn't arrive, we left

(**b**) *(si)* if; **c. no me hagas caso, lo pasarás mal** if you don't listen to me, there'll be trouble; **c. no se lo preguntes, nunca lo sabrás** you'll never know unless you ask her

(**c**) *(que)* that; **después de tantas veces c. te lo he explicado** after all the times (that) I've explained it to you

(**d**) *(expresa posibilidad)* **¿quién se olvidó de pagar? — c. no fuera yo...** who forgot to pay? – it could have been me...

(**e**) *(expresa consecuencia)* **es c. para no hablarle nunca más** it's enough to make you never want to talk to her again

(**f**) **como que** *loc conj (que)* that; **le pareció c. que lloraban** it seemed to him (that) they were crying

(**g**) **como que** *loc conj (expresa causa)* **pareces cansado — c. que he trabajado toda la noche** you seem tired – well, I've been up all night working

(**h**) **como que** *loc conj (expresa incredulidad)* **¡c. que te voy a creer a ti que eres un mentiroso!** as if I'd believe a liar like you!

(**i**) **como que** *loc conj (como si)* as if; **haz c. que buscas algo** make as if *o* pretend you're looking for something

(**j**) **como quiera que** *loc conj (de cualquier modo que)* whichever way, however; **c.**

quiera que elijas whichever way *o* however you choose; **c. quiera que sea** whatever the case may be; **Alcazarquivir o c. quiera que se llame** Alcazarquivir, or whatever it's called

(**k**) **como quiera que** *loc conj (dado que)* since, given that; **c. quiera que la mayoría parece estar a favor...** since *o* given that the majority seems to be in favour...

(**l**) **como si** *loc conj* as if; **tú, c. si nada, no le hagas ni caso** just ignore it, don't take any notice of him

---

CÓMO 1 *adv* (**a**) *(de qué manera)* how; **¿c. estás?** how are you?; **¿c. te encuentras?** how are you feeling?; **¿c. te llamas?** what's your name?; **¿c. dices que se llama?** what did you say she was called?; **¿c. lo has hecho?** how did you do it?; **¿c. son?** what are they like?; **¿c. se escribe?** how do you spell it?; **¿c. es de alto?** how tall is he?; **me encanta c. bailas** I love the way you dance

(**b**) *(por qué motivo)* how; **¿c. te dejas tratar de esa manera?** how can you allow yourself to be treated like that?; **¿c. no vinisteis a la fiesta?** why didn't you come to the party?; **pero, ¡c. no lo has dicho antes!** but why didn't you say so earlier?; **no sé c. has podido decir eso** I don't know how you could say that

(**c**) *(exclamativo)* how; **¡c. pasan los años!** how time flies!; **¡c. me alegro!** I'm so pleased!; **¡c. ha crecido tu hijo!** your son has really grown!; **¡c.! ¿no te has enterado?** what! you mean you haven't heard?; **¡c. es posible que no quede café!** how can it be that there's no coffee left?; **han vuelto a mandar el recibo de la luz — ¡c.!, si ya lo hemos pagado** they've sent us another electricity bill – What? But we've already paid it!; **está lloviendo, ¡y c.!** it's raining like crazy!, *Br* it isn't half raining!; **¡c. llueve!** it's raining like crazy!, *Br* it isn't half raining!; **hay que ver c. toca el violín** you wouldn't believe how well she plays the violin

(**d**) *(interrogativo)* **¿a c. están los tomates?** how much are the tomatoes?; **¿c.?, ¿c. dices?** *(¿qué dices?)* sorry?, what?; **¿c. dices?, ¿no piensa pagar?** *(expresa sorpresa)* what do you mean, she doesn't want to pay?; *Fam* **¿c. es eso?** *(¿por qué?)* how come?; **¡c. no!** of course!; **¿c. que no la has visto nunca?** what do you mean you've never seen her?; **no piensa ayudarnos — ¿c. que no?** he doesn't want to help us – how come? *o* what do you mean he doesn't?

2 *nm* **el c. y el porqué** the whys and wherefores

---

cómoda *nf* chest of drawers

cómodamente *adv* (**a**) *(confortablemente)* comfortably (**b**) *(de forma conveniente)* conveniently

comodidad 1 *nf* (**a**) *(estado, cualidad)* comfort; **el equipo ganó con c.** the team won comfortably *o* easily (**b**) *(conveniencia)* convenience; **para su c.** for your convenience

2 *nfpl* **comodidades** comforts

comodín 1 *adj Am (comodón)* comfort-loving

2 *nm* (**a**) *(naipe)* joker (**b**) *(persona)* Jack of all trades; **una palabra c.** an all-purpose word (**c**) *Informát* wild card (**d**) *Am (comodón)* comfort lover

cómodo, -a *adj* (**a**) *(confortable)* comfortable; **estar c.** to feel comfortable; **ponte c.** *(como en casa)* make yourself at home (**b**) *(conveniente)* convenient (**c**) *(oportuno, fácil)* easy; **es muy c. dejar que los demás decidan todo por ti** it's very easy to let others make all the decisions for you

comodón, -ona 1 *adj* (**a**) *(amante de la comodidad)* comfort-loving (**b**) *(vago)* laid-back; **no seas c.** don't be so lazy

2 *nm,f* (**a**) *(amante de la comodidad)* comfort-lover (**b**) *(vago)* laid-back person

comodoro *nm* commodore

comoquiera: comoquiera que *loc adv (de cualquier manera que)* whichever way, however; *(dado que)* since, seeing as

Comoras *nfpl* **las (Islas) C.** the Comoros (Islands)

compa *nmf Fam* pal, *Br* mate, *US* buddy

compact ['kompak] *nm inv* compact disc

compactación *nf Informát* compression; **c. de ficheros** file compression

compactar *vt* to compress

compact disk, compact disc ['kompak'ðis(k)] (*pl* **compact disks, discs**) *nm* compact disc

compacto, -a 1 *adj* compact

2 *nm* (**a**) *(aparato)* compact disc player (**b**) *(disco)* compact disc, CD

compactoteca *nf* compact disc *o* CD collection

compadecer [46] **1** *vt* to pity, to feel sorry for

2 compadecerse *vpr* **compadecerse de** to pity, to feel sorry for; **¿te ha tocado don Florentino de profesor de matemáticas? ¡te compadezco!** you've got Mr Florentino for maths? I feel sorry for you!

compadraje, compadreo *nm* (**a**) *(amistad)* companionship, close friendship (**b**) *(acuerdo)* conspiracy, plot

compadre *nm Fam (amigo)* friend, *Br* mate, *US* buddy

compadrear *vi Am* to brag, to boast

compadreo = **compadraje**

compaginación *nf* (**a**) *(combinación)* reconciling; **es difícil lograr la c. de nuestros horarios de trabajo** it's difficult to get our working hours to fit in together (**b**) *(en imprenta)* page make-up

compaginar 1 *vt* (**a**) *(combinar)* to reconcile, to combine; **compagina muy bien las tareas del hogar con su trabajo** he combines the household chores with his job very well (**b**) *(en imprenta)* to make up

2 compaginarse *vpr* **compaginarse con** to square with, to go together with

compañerismo *nm* comradeship

compañero, -a *nm,f* (**a**) *(pareja, acompañante)* companion; **la actriz asistió junto a su actual c.** the actress was accompanied by her current partner

(**b**) *(colega)* colleague; **c. (de clase)** classmate; **c. (de trabajo)** colleague, workmate, *US* coworker; **fue c. mío en la universidad** he was at university at the same time as me; **hemos sido compañeros de aventuras** we've done lots of things together ▫ ***c. de cuarto*** roommate; ***c. de piso*** flatmate; ***c. de viaje*** travelling companion

(**c**) *(par)* **el c. de este guante** the glove that goes with this one

(**d**) *(camarada)* comrade; **el c. Rodríguez** comrade Rodríguez

compañía *nf* (**a**) *(cercanía)* company; **en c. de** accompanied by, in the company of; **hacer c. a alguien** to keep sb company (**b**) *(acompañante)* company; **andar en malas compañías** to keep bad company (**c**) *(empresa)* company ▫ ***c. naviera*** shipping company; ***c. petrolera*** oil company; ***c. de seguros*** insurance company (**d**) *(de teatro, danza)* company ▫ ***C. Nacional de Danza*** National Dance Company (**e**) **la C. de Jesús** the Society of Jesus, the Jesuits

comparable *adj* comparable

comparación *nf* comparison; **no es conveniente establecer comparaciones entre hermanos** it's not a good idea to compare brothers and sisters; **en c. con** in comparison with, compared to; **las comparaciones son odiosas** comparisons are odious; **no admite c., no hay punto de c.** there's no comparison; **sin c.** by far

comparado, -a *adj* **c. con** compared to; **gramática comparada** comparative grammar

comparar 1 *vt* to compare (**con** to); **c. precios** to compare prices, to shop around

2 *vi* to compare, to make a comparison; **¡no compares, ésta es mucho más bonita!** don't compare, this one's much nicer!

comparativo, -a *adj & nm* comparative

comparecencia *nf*, **comparecimiento** *nm (ante el juez, la prensa)* appearance

comparecer [46] *vi* to appear

compareciente *Der* **1** *adj* appearing

2 *nmf* person appearing

comparsa 1 *nf* (**a**) *Teatro* extras (**b**) *(en carnaval)* = group of people at carnival in same costume and with masks

2 *nmf* (**a**) *Teatro* extra (**b**) *(en carreras, competiciones)* also-ran; **no es más que un c.** he's just there to make up the numbers

compartido, -a *adj (casa, habitación)* shared

compartimentar *vt* to compartmentalize

compartimento, compartimiento *nm* compartment ▫ *c. estanco* watertight compartment

compartir *vt* (**a**) *(ganancias, gastos)* to share (out) (**b**) *(piso, ideas)* to share; **no comparto tu opinión** I don't share your opinion

compás *(pl* **compases)** *nm* (**a**) *(instrumento)* pair of compasses (**b**) *Mús (ritmo)* rhythm, beat; **al c. (de la música)** in time (with the music); **llevar el c.** to keep time; **perder el c.** to lose the beat; ▫ *Mús c. de cuatro por cuatro* four-four time (**c**) *Mús (periodo)* bar; **tocaron unos compases de esa canción** they played a few bars of that song (**d**) *Náut (brújula)* compass (**e**) **c. de espera** pause, interlude; **las negociaciones se hallan en un c. de espera** negotiations have been temporarily suspended

compasillo *nm Mús* four-four time

compasión *nf* compassion, pity; **mover a la c.** to move to pity; **sin c.** merciless; **tener c. de** to feel sorry for; **¡por c.!** for pity's sake!

compasivo, -a *adj* compassionate, sympathetic

compatibilidad *nf también Informát* compatibility

compatibilizar [14] *vt* to make compatible

compatible 1 *adj también Informát* compatible; **c. con versiones anteriores** backward compatible
2 *nm Informát* compatible computer

compatriota *nmf (hombre)* compatriot, fellow countryman; *(mujer)* compatriot, fellow countrywoman

compay *nm Cuba Fam (amigo)* friend, *Br* mate, *US* buddy

compeler *vt* to compel, to force

compendiar *vt* (**a**) *(cualidades, características)* to epitomize (**b**) *(libro, historia)* to abridge

compendio *nm* (**a**) *(libro)* compendium (**b**) *(síntesis)* epitome, essence; **esta muchacha es un c. de virtudes** this girl is the very epitome of virtue, this girl is virtue itself

compenetración *nf* mutual understanding

compenetrado, -a *adj* **están muy compenetrados** they understand each other very well; **es un equipo muy c.** they work very well as a team

compenetrarse *vpr* to understand each other; **se compenetra muy bien con su compañera de trabajo** she has reached a good understanding with her workmate

compensación *nf también Fin* compensation; **en c. (por)** in return (for) ▫ *c. bancaria* bank clearing

compensar 1 *vt* (**a**) *(contrarrestar)* to make up for; **su talento compensa la falta de educación formal** her talent makes up for the fact that she lacks a formal education (**b**) *(indemnizar)* **c. a alguien (de** *o* **por)** to compensate sb (for)
2 *vi* to be worthwhile; **no compensa** it's not worth it; **no me compensa (perder tanto tiempo)** it's not worth my while (wasting all that time)
3 compensarse *vpr* **el mal estado del local se compensa con su excelente situación** the poor condition of the place is offset *o* compensated for by its excellent location

compensatorio, -a *adj* compensatory

competencia *nf* (**a**) *(entre personas, empresas)* competition; **hacer la c. a alguien** to compete with sb ▫ *Com c. desleal* unfair competition (**b**) *(persona, empresa)* **la c.** the competition (**c**) *(incumbencia)* field, province; **no es de mi c.** it's not my responsibility (**d**) *(atribuciones)* **competencias** powers; **tienen competencias en materia de educación** they have authority over educational matters (**e**) *(aptitud)* competence (**f**) *Am (competición)* competition

competente *adj* (**a**) *(capaz)* competent (**b**) *(responsable)* **c. en materia de** responsible for

competer *vi* **c. a** *(incumbir)* to be up to, to be the responsibility of; *(a una autoridad)* to come under the jurisdiction of

competición *nf* competition ▫ *c. deportiva* sports competition; *Dep c. por puntos* points competition

competidor, -ora 1 *adj* rival, competing
2 *nm,f* competitor

competir [47] *vi* (**a**) *(contender)* to compete (**con/por** with/for) (**b**) *(igualar)* **c. (con)** to be on a par (with); **compiten en belleza** they rival each other in beauty

competitivamente *adv* competitively

competitividad *nf* competitiveness

competitivo, -a *adj* competitive

compilación *nf* (**a**) *(acción)* compiling (**b**) *(colección)* compilation

compilador, -ora 1 *adj* compiling
2 *nm,f (persona)* compiler
3 *nm Informát* compiler

compilar *vt también Informát* to compile

compincharse *vpr* **c. para hacer algo** to plot to do sth

compinche *nmf* crony

compitiera *etc ver* **competir**

compito *etc ver* **competir**

complacencia *nf* (**a**) *(agrado)* pleasure, satisfaction (**b**) *(indulgencia)* indulgence

complacer [42] **1** *vt* to please; **me complace anunciar que…** I am pleased to announce (that)…
2 complacerse *vpr* **complacerse en hacer algo** to take pleasure in doing sth

complacido, -a *adj* satisfied, content

complaciente *adj* (**a**) *(amable)* obliging, helpful (**b**) *(indulgente)* indulgent

complazco *etc ver* **complacer**

complejidad *nf* complexity

complejo, -a 1 *adj* complex
2 *nm* (**a**) *(psicológico)* complex ▫ *c. de Edipo* Oedipus complex; *c. de inferioridad* inferiority complex (**b**) *(zona construida)* complex ▫ *c. deportivo* sports complex; *c. industrial* industrial park; *c. residencial* private housing estate (**c**) *(estructura)* complex ▫ *c. vitamínico* vitamin complex

complementar 1 *vt* to complement
2 complementarse *vpr* to complement each other

complementario, -a 1 *adj* complementary
2 *nm Esp (en la lotería)* = complementary number, *Br* ≃ bonus ball

complemento *nm* (**a**) *(añadido)* complement (**b**) *Gram* object, complement ▫ *c. agente* agent; *c. circunstancial* adjunct; *c. directo* direct object; *c. indirecto* indirect object (**c**) **complementos** *(accesorios)* accessories; **complementos de novia** bridal accessories

completamente *adv* completely, totally

completar 1 *vt* (**a**) *(acabar)* to complete (**b**) *(impreso)* to fill out *o* in
2 completarse *vpr* to be completed

completo, -a *adj* (**a**) *(entero, perfecto)* complete; **por c.** completely; **un deportista muy c.** an all-round sportsman (**b**) *(lleno)* full

complexión *nf* build

Observa que la palabra inglesa **complexion** es un falso amigo y no es la traducción de la palabra española **complexión**. En inglés **complexion** significa "tez".

complicación *nf* (**a**) *(proceso)* complication (**b**) *(complejidad)* complexity (**c**) *(problema)* problem, complication; **si no hay complicaciones, le dan el alta mañana** if there are no problems *o* complications, he'll be discharged tomorrow

complicado, -a *adj* complicated

complicar [59] **1** *vt* (**a**) *(dificultar)* to complicate; **complicarle la vida a alguien** to cause sb a lot of trouble (**b**) *(comprometer)* **c. a alguien (en)** to involve sb (in)
2 complicarse *vpr (problema)* to become complicated; *(enfermedad)* to get worse; **la reunión se complicó y terminamos a las once** complications arose at the meeting and we finished at eleven; **¡no te compliques la vida!** don't complicate matters (unnecessarily)!

cómplice 1 *adj* conspiratorial
2 *nmf* accomplice

complicidad *nf* complicity; **una mirada de c.** a conspiratorial look, a look of complicity

complot, compló *nm* plot, conspiracy

componedor, -ora *nm,f* (**a**) *(de texta)* typesetter (**b**) *Am (de huesos)* bonesetter

componenda *nf* shady deal

componente 1 *adj* component, constituent
2 *nm* (**a**) *también Elec* component (**b**)

(persona) member

3 *nf* **viento de c. Este** easterly wind

componer [50] **1** *vt* (**a**) *(formar, ser parte de)* to make up (**b**) *(música, versos)* to compose (**c**) *(reparar)* to repair; *Am (hueso)* to set (**d**) *(adornar) (cosa)* to deck out, to adorn; *(persona)* to smarten up (**e**) *(en imprenta)* to set, to compose

2 componerse *vpr* (**a**) *(estar formado)* **componerse de** to be made up of, to consist of (**b**) *(engalanarse)* to dress up (**c**) **componérselas (para hacer algo)** *(arreglárselas)* to manage (to do sth); **allá se las compongan** that's their problem

compongo *etc ver* **componer**

comportamiento *nm* behaviour

comportar 1 *vt* to involve, to entail

2 comportarse *vpr* to behave

composición *nf* (**a**) *(en general)* composition; **hacerse una c. de lugar** to size up the situation ❑ ***c. musical*** compositon; ***c. poética*** poetic composition, poem (**b**) *Informát* page layout

compositor, -ora *nm,f* (**a**) *(de música)* composer (**b**) *RP (de caballos)* trainer (**c**) *Chile (de huesos)* bonesetter

compost *nm* compost

compostelano, -a 1 *adj* of/from Santiago de Compostela

2 *nm,f* person from Santiago de Compostela

compostura *nf* (**a**) *(de persona, rostro)* composure (**b**) *(en comportamiento)* restraint; **guardar la c.** to show restraint (**c**) *(reparación)* repair

compota *nf* compote, stewed fruit

compra *nf* purchase; **por la c. de una enciclopedia te regalan un televisor** if you buy an encyclopedia, they'll give you a television free; **algunos supermercados te llevan la c. a casa** some supermarkets deliver your shopping to your home; **hacer la c.** to do the shopping; **ir de compras** to go shopping ❑ ***c. al contado*** cash purchase; ***c. a plazos*** hire purchase

comprador, -ora 1 *adj* buying, purchasing

2 *nm,f (adquiriente)* buyer, purchaser; *(en una tienda)* shopper, customer

comprar *vt* (**a**) *(adquirir)* to buy, to purchase; **c. algo a alguien** to buy sth from sb; EXPR *Fam* **¡cómprate un bosque y piérdete!** go and play in the traffic!, take a hike! (**b**) *(sobornar)* to buy (off), to bribe

compra-venta *nf* (**a**) *(intercambio comercial)* trading (**de** in) ❑ ***c. de armas*** arms dealing (**b**) *(venta)* sale

comprender 1 *vt* (**a**) *(incluir)* to include, to comprise (**b**) *(entender)* to understand; **como comprenderás, me enfadé muchísimo** I don't have to tell you I was absolutely furious

2 comprenderse *vpr (personas)* to understand each other

comprensible *adj* understandable, comprehensible

comprensiblemente *adv* understandably

comprensión *nf* understanding; **de fácil/difícil c.** easy/difficult to understand

comprensivo, -a *adj* understanding

> Observa que la palabra inglesa **comprehensive** es un falso amigo y no es la traducción de la palabra española **comprensivo**. En inglés **comprehensive** significa "detallado, completo, rotundo".

compresa *nf* (**a**) *(femenina) Br* sanitary towel, *US* sanitary napkin (**b**) *(para herida)* compress

compresión *nf también Informát* compression ❑ *Informát* ***c. de archivos*** file compression; *Informát* ***c. de datos*** data compression

compresor, -ora 1 *adj* compressing

2 *nm* compressor

comprimido, -a 1 *adj* compressed

2 *nm* pill, tablet

comprimir *vt también Informát* to compress

comprobación *nf* checking

comprobante *nm* (**a**) *(documento)* supporting document, proof (**b**) *(recibo)* receipt

comprobar [63] *vt* (**a**) *(revisar)* to check (**b**) *(demostrar)* to prove

comprometedor, -ora *adj* compromising

comprometer 1 *vt* (**a**) *(poner en peligro) (éxito, posibilidades)* to jeopardize; *(persona, inversión)* to compromise (**b**) *(avergonzar)* to embarrass (**c**) *(hacer responsable)* **c. a alguien (a hacer algo)** to oblige *o* compel sb (to do sth)

2 comprometerse *vpr* (**a**) *(asumir un compromiso)* to commit oneself; **se comprometió a hacerlo** she promised to do it (**b**) *(ideológicamente, moralmente)* to become involved (**en** in) (**c**) *(para casarse)* to get engaged (**con** to)

comprometido, -a *adj* (**a**) *(con una idea)* committed (**con** to) (**b**) *(situación)* compromising, awkward

compromisario *nm Pol* delegate, representative *(in an election)*

compromiso *nm* (**a**) *(obligación)* commitment; *(acuerdo)* agreement; **sin c.** without obligation (**b**) *(cita)* engagement; **esta noche tengo un c. y no podré salir con vosotros** I'm busy this evening, so I won't be able to go out with you (**c**) *(dificultad)* compromising *o* difficult situation; **poner a alguien en un c.** to put sb in a difficult *o* awkward position (**d**) *(para casarse)* **c. matrimonial** engagement; **es una joven soltera y sin c.** she's young, free and single

compruebo *etc ver* **comprobar**

compuerta *nf* floodgate, sluicegate

compuesto, -a 1 *participio ver* **componer**

2 *adj* (**a**) *(formado)* **c. de** composed of, made up of (**b**) *(múltiple)* compound; **interés c.** compound interest; **ojo c.** compound eye (**c**) *(acicalado)* dressed up

3 *nm Quím* compound ❑ ***c. orgánico*** organic compound; ***c. químico*** chemical compound

compulsa *nf* (**a**) *(de documento)* **hacer la c. de una fotocopia** to check a photocopy against the original (**b**) *(copia)* certified copy

compulsar *vt (documento)* to check against the original; **una fotocopia compulsada** a certified copy

compulsivamente *adv* compulsively

compulsivo, -a *adj* compulsive, urgent

compungido, -a *adj* contrite, remorseful

compungir [24] **1** *vt (entristecer)* to sadden

2 compungirse *vpr* **compungirse (por)** *(arrepentirse)* to feel compunction *o* remorse (about); *(entristecerse)* to feel sad (about)

compusiera *etc ver* **componer**

computable *adj* **gastos computables a efectos fiscales** expenditure taken into account for tax purposes

computación *nf* calculation, computation

computacional *adj* computational, computer

computador *nm*, **computadora** *nf* computer ❑ ***c. de a bordo*** onboard computer; ***c. central*** central computer; ***c. compatible*** compatible computer; ***c. personal*** personal computer; ***c. portátil*** laptop computer

computadorizar [14] *vt* to computerize

computar *vt* (**a**) *(calcular)* to compute, to calculate (**b**) *(considerar)* to count, to regard as valid

computarizar, computerizar [14] *vt* to computerize

cómputo *nm (recuento)* calculation; *(de votos)* count; **llevar el c. de algo** to calculate *o* count sth

comulgante *nmf* communicant

comulgar [38] *vi* (**a**) *Rel* to take communion (**b**) *(estar de acuerdo)* **c. con algo** to share sth; EXPR **no me van a hacer c. con ruedas de molino** I'm not going to fall for that

comulgatorio *nm* communion rail

común 1 *adj* (**a**) *(compartido) (amigo, interés)* mutual; *(bienes, pastos)* communal; **el motociclismo es nuestra afición c.** we both like motorcycling; **hacer algo en c.** to do sth together; **tener algo en c.** to have sth in common (**b**) *(habitual)* common; **poco c.** unusual; **por lo c.** generally (**c**) *(ordinario, normal)* ordinary, average; **fuera de lo c.** out of the ordinary

2 *nm* **como el c. de los mortales** like any ordinary person *o* common mortal

comuna *nf* commune

comunal *adj* communal

comunicación *nf* (**a**) *(contacto, intercambio de información)* communication; **ponerse en c. con alguien** to get in touch with sb; **medios de c. de masas**

mass media; **se cortó la c. mientras hablábamos** *(por teléfono)* we were cut off □ ***c. no verbal*** non-verbal communication (**b**) *(escrito oficial)* communiqué (**c**) *(transporte)* communication; **hay muy buena c. con la capital** the capital is easily accessible by public transport or by car; **comunicaciones** communications

comunicado, -a 1 *adj* **bien c.** *(lugar)* well-served, with good connections
2 *nm* announcement, statement □ ***c. oficial*** official communiqué; ***c. a la prensa*** press release

comunicador, -a *nm,f* communicator

comunicante 1 *adj* communicating
2 *nmf* informant

comunicar [59] **1** *vt* (**a**) *(transmitir) (sentimientos, ideas)* to convey; *(movimiento, virus, calor)* to transmit
(**b**) *(información)* **c. algo a alguien** to inform sb of sth, to tell sb sth
(**c**) *(conectar)* to connect; **esta carretera comunica los dos pueblos** this road connects the two towns
2 *vi* (**a**) *(estar conectado)* **c. con** to lead to; **nuestras habitaciones comunican** there's a door between our two rooms; **el vestíbulo comunica con el salón** the hall leads to the living room
(**b**) *(teléfono) Br* to be engaged, *US* to be busy; **está comunicando** the line's *Br* engaged *o US* busy
(**c**) *(hablar)* to get through; **no consigo c. con él** I can't get through to him
3 comunicarse *vpr* (**a**) *(hablarse)* to communicate (with each other)
(**b**) *(dos lugares)* to be connected
(**c**) *(propagarse)* to spread

comunicativo, -a *adj* communicative, open

comunidad *nf* (**a**) *(grupo)* community □ ***c. autónoma*** autonomous region, = largest administrative division in Spain, with its own Parliament and a number of devolved powers; *Antes* ***C. Económica Europea*** European Economic Community; ***la C. Europea*** the European Community; ***la c. internacional*** the international community; ***c. de propietarios*** *o* ***de vecinos*** residents' association (**b**) *(de ideas, bienes)* communion □ ***c. de bienes*** co-ownership *(between spouses)*

comunión *nf* (**a**) *(sacramento)* communion; **hacer la primera c.** to take one's First Communion (**b**) *(unión)* communion

comunismo *nm* communism

comunista *adj & nmf* communist

comunitario, -a *adj* (**a**) *(de la comunidad)* community; **espíritu c.** community spirit (**b**) *(de la UE)* Community, of the European Union; **política comunitaria** EU *o* Community policy (**c**) *Antes (de la CEE)* Community, EEC

comúnmente *adv* (**a**) *(generalmente)* commonly, generally (**b**) *(usualmente)* usually, ordinarily

CON *prep* (**a**) *(indica modo, manera o instrumento)* with; **se cortó c. un cuchillo** she cut herself with a knife; **chocó c. una farola** he bumped into a lamppost; **vino c. un taxi** she came by taxi; **voy cómodo c. estas botas/este jersey** I'm comfortable in these boots/this sweater; **iré a la boda c. un traje negro** I'm going to the wedding in a black suit; **un joven c. muy buenos modales** a very polite young man; **andar c. la cabeza alta** to walk with one's head held high; **ir c. prisa** to be in a hurry; **actuar c. timidez** to behave timidly; **llover c. fuerza** to rain hard; **lo ha conseguido c. su esfuerzo** he has achieved it through his own efforts; **se lo puedes decir c. toda confianza** you needn't worry about telling her; **trátalo c. mucho cariño** treat him with a lot of affection *o* very affectionately; **lo haré c. mucho gusto** it will be a pleasure for me to do it, I'll be delighted to do it; **c. arreglo a la ley** in accordance with the law
(**b**) *(indica compañía, relación o colaboración)* with; **vive c. sus padres** she lives with her parents; **se escribe c. gente de varios países** he corresponds with people from a number of different countries; **¿c. quién vas?** who are you going with?; **está muy enfadado c. su madre** he's very angry with his mother; **está casada c. mi hermano** she's married to my brother; **estoy de acuerdo c. ellos** I agree with them; **habló c. todos** he spoke to everybody
(**c**) *(indica contenido o cualidad)* **una persona c. carácter** a person of character; **una bolsa c. patatas** a bag of potatoes; **una cartera c. varios documentos** a briefcase containing several documents
(**d**) *(indica unión o adición)* **un helado c. nueces** an ice cream with nuts; **un pastel c. nata** a cream cake; **el mío c. leche, por favor** I'd like milk in mine, please, I'd like mine white, please; **el total c. el IVA alcanza un millón** the total is a million including VAT; **tiene cuarenta c. dos décimas de fiebre** her temperature is 40.2 degrees
(**e**) *(indica estado o situación)* **c. buena salud** in good health; **está en cama c. gripe** she's in bed with flu; **está c. un enfado tremendo** he's really angry; **el niño está c. ganas de ir al baño** the child wants to go to the toilet
(**f**) *(indica causa)* **el hielo se derrite c. el calor** ice melts when heated; **me desperté c. la música del vecino** I was woken up by our neighbour playing music; **c. este tiempo no se puede ir de excursión** we can't go out on a trip in this weather; **c. el tiempo lo olvidé** in time I forgot it; **c. todo el trabajo que hemos tenido hoy, se me ha olvidado llamarle** with all the work we've had today, I've forgotten to call her; **se entristeció c. las noticias** she was sad when she heard the news
(**g**) *(a pesar de)* in spite of; **c. todo** despite everything; **c. todo lo raro que es, me encantan sus películas** he may be weird, but I love his films, for all his weirdness, I love his films; **c. lo que hemos caminado hoy, y no estoy cansado** despite the fact that we've walked so far today, I'm still not tired; **c. lo estudioso que es, le suspendieron** for all his hard work, they still failed him
(**h**) *(hacia)* **para c.** towards; **es amable para c. todos** she is friendly towards *o* with everyone
(**i**) *(seguido de infinitivo) (para introducir una condición)* by; **c. hacerlo así** by doing it this way; **c. llamar ya quedarás bien** you'll make a good impression just by phoning; **c. no decírselo a nadie, el secreto está garantizado** if we don't tell anyone, secrecy will be guaranteed; **c. salir a las diez es suficiente** if we leave at ten, we'll have plenty of time
(**j**) *(a condición de que)* **c. que, c. tal de que** as long as; **c. que llegue a tiempo me conformo** I don't mind as long as he arrives on time; **te dejo el gato c. tal de que le des de comer** I'll let you look after the cat as long as you feed it
(**k**) *(para expresar queja o decepción)* **mira que perder, ¡c. lo bien que jugaste!** it's bad luck you lost, you played really well!; **cómprales el libro, ¡c. lo que les gusta leer!** buy them the book, they like reading so much they'll be delighted

conato *nm* attempt; ***un c. de incendio*** the beginnings of a fire; ***c. de robo*** attempted robbery

CONCACAF *nf* (*abrev de* **Confederación Norte-Centroamericana y del Caribe de Fútbol**) = American soccer association, including US, Canada and Latin America

concatenación *nf* succession

concatenar, concadenar *vt* to link together

concavidad *nf* (**a**) *(cualidad)* concavity (**b**) *(lugar)* hollow

cóncavo, -a *adj* concave

concebir [47] **1** *vt* (**a**) *(imaginar)* to imagine; *(plan)* to conceive; **sus palabras me hicieron c. esperanzas** her words gave me hope (**b**) *(creer)* to believe; **no concibe que le hayan tratado de engañar** he can't believe that they tried to deceive him (**c**) *(sentir)* to begin to feel; **c. una antipatía por** to take a dislike to (**d**) *(hijo)* to conceive
2 *vi* to conceive

conceder *vt* (**a**) *(dar)* to grant; *(premio)* to award; *(importancia)* to give; **le concedí el beneficio de la duda** I gave him the benefit of the doubt; **me concedió un deseo** he granted me a wish; **no concede entrevistas** she doesn't give interviews (**b**) *(asentir)* to admit, to concede

concejal, -ala *nm,f* (town) councillor

concejalía *nf* (**a**) *(departamento)* department (**b**) *(puesto)* = seat on the town council

concejo *nm* (**a**) *(ayuntamiento)* (town) council (**b**) *(municipio)* municipality

concelebrar *vt Rel* to concelebrate

concentración *nf* (**a**) *(mental)* concentration (**b**) *(agrupamiento)* concentration ▫ *Econ* ***c. parcelaria*** land consolidation; ***c. urbana*** conurbation (**c**) *(reunión)* gathering (**d**) *Quím* concentration (**e**) *Dep* training camp

concentrado, -a 1 *adj* concentrated
2 *nm* concentrate ▫ ***c. de tomate*** tomato purée

concentrar 1 *vt* (**a**) *(atención, esfuerzos)* to concentrate (**b**) *(gente)* to bring together; *(tropas)* to assemble; **esta zona concentra el 80 por ciento de los casos** 80 percent of the cases occurred in this region
2 concentrarse *vpr* (**a**) *(mentalmente)* to concentrate (**b**) *(disolución)* to become more concentrated (**c**) *(reunirse)* to gather, to congregate

concéntrico, -a *adj* concentric

concepción *nf* conception

concepcionero, -a 1 *adj* of/from Concepción
2 *nm,f* person from Concepción

concepto *nm* (**a**) *(idea)* concept (**b**) *(opinión)* opinion; **tener buen c. de alguien** to have a high opinion of sb (**c**) *(motivo)* **bajo ningún c.** under no circumstances (**d**) *(de una cuenta)* heading, item; **pagar algo en c. de adelanto** to pay sth in advance; **en c. de dietas** by way of *o* as expenses

conceptual *adj* conceptual

conceptualismo *nm* conceptualism

conceptualista 1 *adj* conceptualistic
2 *nmf* conceptualist

conceptualización *nf* conceptualization

conceptualizar *vt* to conceptualize

conceptuar [4] *vt* to consider, to judge

concerniente *adj* **c. a** concerning, regarding

concernir [25] *v impersonal* to concern; **en lo que concierne a** as regards; **por lo que a mí concierne** as far as I'm concerned

concertación *nf* settlement ▫ *Ind* ***c. social*** = process of employer-trade-union negotiations, *Br* ≃ social contract

concertado, -a 1 *adj* (**a**) *(acordado)* arranged (**b**) *Esp (colegio)* state-assisted
2 *nm,f CRica, Ven* servant

concertar [3] **1** *vt* (**a**) *(acordar) (precio)* to agree on; *(cita)* to arrange; *(pacto)* to reach (**b**) *(coordinar)* to coordinate
2 *vi* (**a**) *(concordar)* to tally, to fit in (**con** with) (**b**) *Gram* to agree (**con** with)

concertina *nf* concertina

concertino *nm* first violin

concertista *nmf* soloist

concesión *nf* (**a**) *(de préstamo, licencia)* granting; *(de premio)* awarding (**b**) *(cesión)* & *Com* concession; **hacer concesiones (a)** to make concessions (to)

concesionario, -a *Com* **1** *adj* concessionary
2 *nm,f (persona con derecho exclusivo de venta)* licensed dealer; *(titular de una concesión)* concessionaire, licensee ▫ ***c. de automóviles*** car dealer *(of particular make)*

concha *nf* (**a**) *(de molusco)* shell ▫ ***c. de peregrino*** scallop (**b**) *(carey)* tortoiseshell (**c**) *RP Vulg (vulva)* cunt; EXPR **c. de su madre** motherfucker

conchabar 1 *vt* (**a**) *(unir)* to join (**b**) *(mezclar)* to mix, to blend (**c**) *Am (contratar)* to hire, to take on
2 conchabarse *vpr Fam* **conchabarse para hacer algo** to gang up to do sth

concho *nm Andes (de bebida)* dregs; **conchos** *(de comida)* leftovers

conchudo, -a *adj Perú, RP Vulg Br* bloody *o US* goddamn stupid

concibiera *etc ver* **concebir**

concibo *etc ver* **concebir**

conciencia, consciencia *nf* (**a**) *(conocimiento)* consciousness, awareness; **tener/tomar c. de** to be/become aware of; **perder la c.** to lose consciousness, to faint
(**b**) *(moral, integridad)* conscience; **me remuerde la c.** I have a guilty conscience; **hacer algo a c.** *(con esmero)* to do sth conscientiously; **en c., no puedo decir que su trabajo sea bueno** in all conscience, I can't say that his work is good; **en c., creo que debo quedarme con ella** I really feel I should stay with her; **tener la c. limpia** *o* **tranquila** to have a clear conscience; **tener mala c.** to have a guilty conscience

concienciar 1 *vt* **c. a alguien de algo** to make sb aware of sth
2 concienciarse *vpr* to become aware (**de** of)

concienzudo, -a *adj* conscientious

concierna *etc ver* **concernir**

concierto 1 *ver* **concertar**
2 *nm* (**a**) *(actuación)* concert (**b**) *(composición)* concerto; **c. para piano/viola** piano/viola concerto (**c**) *(acuerdo)* agreement ▫ *Fin* ***c. económico*** economic agreement *o* accord (**d**) *(orden)* order

conciliábulo *nm (reunión secreta)* secret meeting

conciliación *nf (en un litigio)* reconciliation; *(en un conflicto laboral)* conciliation

conciliador, -ora *adj* conciliatory

conciliar 1 *adj* conciliar
2 *vt* to reconcile; **c. el sueño** to get to sleep

conciliatorio, -a *adj* conciliatory

concilio *nm* council ▫ ***c. ecuménico*** ecumenical council; ***C. Vaticano II*** Second Vatican Council

concisión *nf* conciseness; **con c.** concisely

conciso, -a *adj* concise

concitar *vt Formal* to stir up, to arouse

conciudadano, -a *nm,f* fellow citizen

cónclave, conclave *nm Rel* conclave; *Fig (reunión)* meeting

concluir [34] **1** *vt* (**a**) *(acabar)* to conclude; **c. haciendo** *o* **por hacer algo** to end up doing sth (**b**) *(deducir)* to conclude
2 *vi* to (come to an) end; **el plazo concluye hoy** the time limit expires today, the deadline is today

conclusión *nf* conclusion; **en c.** in conclusion; **llegar a una c.** to come to *o* reach a conclusion; **sacar conclusiones** to draw conclusions; **lo que saqué en c. es que...** I've come to *o* reached the conclusion that...

concluyente *adj* conclusive

concluyo *etc ver* **concluir**

concomerse *vpr* **c. de** *(envidia)* to be green with; *(arrepentimiento)* to be consumed with; *(impaciencia)* to be itching with

concomitancia *nf* concomitance

concomitante *adj* concomitant

concordancia *nf* (**a**) *(acuerdo)* agreement (**b**) *Gram* agreement, concord

concordar [63] **1** *vt* to reconcile
2 *vi* (**a**) *(estar de acuerdo)* to agree *o* tally (**con** with); **sus actos no concuerdan con sus ideas** his actions are not in keeping with his ideas (**b**) *Gram* to agree (**con** with)

concordato *nm* concordat

concordia *nf* harmony

concreción *nf* (**a**) *(de idea, medida)* specificity (**b**) *(de partículas)* concretion

concretamente *adv* specifically

concretar 1 *vt* (**a**) *(precisar)* to specify, to state exactly; **finalmente concretaron una fecha para el inicio de las negociaciones** they finally fixed a starting date for the negotiations *o* talks (**b**) *(reducir a lo esencial)* to summarize
2 concretarse *vpr* (**a**) *(limitarse)* **concretarse a hacer algo** to confine *o* limit oneself to doing sth (**b**) *(materializarse)* to take shape

concretizar [14] *vt* to specify, to state exactly

concreto, -a 1 *adj* (**a**) *(no abstracto)* concrete (**b**) *(determinado)* specific, particular; **aún no tenemos una fecha concreta** we don't have a definite date yet; **en c.** *(en resumen)* in short; *(específicamente)* specifically; **nada en c.** nothing definite
2 *nm Am* concrete ▫ ***c. armado*** reinforced concrete

concubina *nf* concubine

concubinato *nm* concubinage

concuerdo *ver* **concordar**

conculcar [59] *vt Formal* to infringe, to break

concuñado, -a *nm,f (hermano del cuñado)* = brother or sister of one's brother-in-law or sister-in-law; *(cónyuge del cuñado)* = spouse of one's brother-in-law or sister-in-law

concupiscencia *nf* lustfulness, concupiscence

concupiscente *adj* lascivious, lustful

concurrencia *nf* (**a**) *(asistencia)* attendance; *(espectadores)* crowd, audience (**b**) *(de sucesos)* concurrence (**c**) *Com* competition; *Der* **no c.** non-competition clause

concurrente 1 *adj* concurrent
2 *nmf* person present

concurrido, -a *adj (bar, calle)* crowded, busy; *(espectáculo)* well-attended

concurrir *vi* (**a**) *(reunirse)* **c. a algo** to go to sth, to attend sth (**b**) *(coincidir)* to coincide; **concurrieron varias circunstancias que agravaron el problema** a number of factors coincided to make the problem worse (**c**) *(participar)* **c. a** *(concurso)* to take part in, to compete in; *(examen)* to take, *Br* to sit

concursante *nmf (en concurso)* competitor, contestant; *(en oposiciones)* candidate

concursar *vi (competir)* to compete, to participate; *(en oposiciones)* to be a candidate

concurso *nm* (**a**) *(prueba) (literaria, deportiva)* competition; *(de televisión)* game show; *(oposición)* = public competitive examination; **presentar una película a c.** to enter a film in competition ❑ ***c. de belleza*** beauty contest; ***c. de saltos*** show-jumping event (**b**) *(para una obra)* tender; **salir a c. público** to be put out to tender (**c**) *(colaboración)* cooperation

condado *nm (territorio)* county

condal *adj* **la ciudad c.** Barcelona

conde, -esa *nm,f* count, *f* countess

condecoración *nf también Mil* decoration

condecorar *vt* to decorate

condena *nf* (**a**) *(judicial)* sentence; **cumplir c.** to serve a sentence (**b**) *(reprobación, crítica)* condemnation (**por** of)

condenable *adj* condemnable

condenadamente *adv* damn

condenado, -a 1 *adj* (**a**) *(a una pena)* sentenced; *(a un sufrimiento)* condemned (**b**) *(maldito)* damned, wretched

2 *nm,f* (**a**) *(a una pena)* convicted person; *(a muerte)* condemned person; EXPR *Fam* **correr como un c.** to run like the blazes *o* *Br* the clappers; EXPR *Fam* **trabajar como un c.** to work like a slave (**b**) *Fam (maldito)* wretch; **esa condenada se niega a pagarme** that wretched woman refuses to pay me

condenar 1 *vt* (**a**) *(declarar culpable)* to convict (**b**) *(castigar)* **c. a alguien a algo** to sentence sb to sth (**c**) *(predestinar)* **estar condenado a** to be doomed to (**d**) *(reprobar)* to condemn

2 condenarse *vpr* to be damned

condenatorio, -a *adj* condemnatory; **sentencia condenatoria** conviction

condensación *nf* condensation

condensado, -a *adj* condensed

condensador, -ora 1 *adj* condensing

2 *nm* condenser ❑ ***c. eléctrico*** electric capacitor

condensar 1 *vt también Fig* to condense

2 condensarse *vpr* to condense, to become condensed

CONDEPA *nf (abrev de* **Conciencia de Patria**) = left-wing Bolivian political party

condescendencia *nf* (**a**) *(benevolencia)* graciousness, kindness (**b**) *(altivez)* condescension

condescender [64] *vi* (**a**) **c. a** *(con amabilidad)* to consent to, to accede to (**b**) **c. a** *(con desprecio, altivez)* to deign to, to condescend to

condescendiente *adj* (**a**) *(amable)* obliging (**b**) *(altivo)* condescending

condestable *nm Hist* constable

CONDICIÓN *nf* (**a**) *(término, estipulación)* condition; **para votar es c. ser mayor de edad** in order to vote you have to be of age; **poner condiciones** to set conditions; **con la** *o* **a c. de que** on condition that; **con una sola c.** on one condition; **sin condiciones** unconditional; **las condiciones de un contrato** the terms of a contract; **condiciones acostumbradas/convenidas** usual/agreed terms ❑ ***condiciones de entrega*** terms of delivery; ***condiciones de pago*** terms of payment; ***c. sine qua non*** prerequisite; **tener experiencia con** *Esp* **ordenadores** *o Am* **computadores es c. sine qua non para obtener este trabajo** a knowledge of computers is essential for this job; ***condiciones de venta*** conditions of sale

(**b**) *(estado)* condition; **en buenas/malas condiciones** in good/bad condition; **tiró la leche porque estaba en malas condiciones** she threw the milk away because it was off; **estar en condiciones de** *o* **para hacer algo** *(físicamente)* to be in a fit state to do sth; *(por la situación)* to be in a position to do sth; **no estar en condiciones** *(carne, pescado)* to be off; *(vivienda)* to be unfit for living in; *(instalaciones)* to be unfit for use; **en tres días me dejaron la moto en condiciones** they fixed my motorbike for me in just three days; **no estaba en condiciones de jugar** he wasn't fit to play

(**c**) **condiciones** *(circunstancias)* conditions ❑ ***condiciones atmosféricas*** weather conditions; ***condiciones de trabajo*** working conditions; ***condiciones de vida*** living conditions

(**d**) *(naturaleza)* nature; **la c. femenina/humana** the feminine/human condition; **un adolescente de c. rebelde** a rebellious youth; **mi c. de mujer...** the fact that I am a woman...

(**e**) *(clase social)* social class; **de c. humilde** of humble circumstances; **en la manifestación había gente de toda c.** there were people of every description at the demonstration

(**f**) *(calidad)* capacity; **en su c. de abogado** in his capacity as a lawyer; **en su c. de parlamentario, tiene derecho a un despacho** as an MP, he has the right to an office

(**g**) *(aptitud)* **es un abogado de excelentes condiciones** he's an extremely able lawyer; **tiene condiciones para la pintura** she has a gift for painting; **no tiene condiciones para estudiar medicina** he's not good enough to study medicine

condicionado, -a *adj* conditioned; **c. a** subject to, dependent upon

condicional 1 *adj* conditional

2 *nm Gram* conditional (tense)

condicionamiento *nm* conditioning

condicionante *nm* determinant

condicionar *vt* (**a**) *(hacer dependiente de)* **c. algo a algo** to make sth dependent on sth (**b**) *(influir)* to influence

condimentación *nf* seasoning

condimentar *vt* to season

condimento *nm (en general)* seasoning; *(hierba)* herb; *(especia)* spice

condiscípulo, -a *nm,f (en la universidad)* fellow student; **fueron condiscípulos en la escuela** they were contemporaries at school

condolencia *nf* condolence; **expresó sus condolencias a la viuda** he offered his condolences to the widow

condolerse [41] *vpr* to feel pity (**de** for)

condominio *nm* (**a**) *Der (de un territorio)* condominium; *(de una cosa)* joint ownership (**b**) *Am (edificio) Br* block of flats, *US* condominium

condón *nm* condom

condonación *nf (de deuda)* remittance

condonar *vt* (**a**) *(deuda, pena)* to remit (**b**) *(violencia, terrorismo)* to condone

cóndor *nm* (**a**) *(ave)* condor (**b**) *Andes (moneda)* condor

condorito *nm Chile (sandalia de playa)* beach sandal

conducción *nf* (**a**) *(de vehículo)* driving ❑ ***c. temeraria*** careless *o* reckless driving (**b**) *(por tubería)* piping; *(por cable)* wiring (**c**) *(conducto) (de agua, gas)* pipe; *(de electricidad)* wiring (**d**) *(de calor, electricidad)* conduction (**e**) *(dirección)* management, running

conducente *adj* conducive, leading (**a** to)

conducir [18] **1** *vt* (**a**) *(vehículo)* to drive (**b**) *(dirigir) (empresa)* to manage, to run; *(ejército)* to lead; *(asunto)* to handle; *(programa televisivo)* to present, to host (**c**) *(persona)* to lead (**d**) *(por tubería, cable) (calor)* to conduct; *(líquido)* to convey; *(electricidad)* to carry

2 *vi* (**a**) *(en vehículo)* to drive (**b**) *(a sitio, situación)* **c. a** to lead to; **esas discusiones no conducen a nada** those discussions won't achieve anything

3 conducirse *vpr* to behave

conducta *nf* behaviour, conduct

conductancia *nf Fís* conduction

conductismo *nm Psi* behaviourism

conductista *nmf Psi* behaviourist

conductividad *nf Fís* conductivity

conducto *nm* (**a**) *(de fluido)* pipe (**b**) *(vía)* channel; **por c. de** through (**c**) *Anat* duct, channel

conductor, -ora 1 *adj Fís* conductive

2 *nm,f* (**a**) *(de vehículo)* driver (**b**) *(de un programa televisivo)* presenter, host (**c**) *Am (cobrador)* conductor

3 *nm* conductor ❑ ***c. eléctrico*** conductor

conductual *adj Psi* behavioural

conduela *etc ver* **condolerse**

conduje *etc ver* **conducir**

conduzco *etc ver* **conducir**

conectado, -a *adj* connected (**a** to); *Informát* **la impresora está conectada a la red** the printer is connected to the network; *Informát* **estar c. a Internet** to be on-line, to be connected to the Internet

conectar 1 *vt también Informát* to connect (**a** *o* **con** to *o* up)
2 *vi* (**a**) *Rad & TV* **c. con** to go over to (**b**) *(persona)* **c. con alguien** *(ponerse en contacto)* to get in touch with sb; *(entenderse)* to relate to sb (**c**) *(vuelo)* to connect (**d**) *Informát* **c. y funcionar** plug and play
3 conectarse *vpr (aparato)* to switch (itself) on; **conectarse a Internet** *(por primera vez)* to get connected to the Internet, to go on-line; *(regularmente)* to access the Internet

conectividad *nf Informát* connectivity

conector *nm* (**a**) *(clavija, enchufe)* connector □ ***c. hembra/macho*** female/male connector (**b**) *(cable)* cable, lead

conejera *nf (madriguera)* (rabbit) warren; *(conejar)* rabbit hutch

conejillo *nm también Fig* ***c. de Indias*** guinea pig

conejo, -a 1 *nm,f* rabbit, *f* doe □ ***c. a la cazadora*** *(plato)* = rabbit cooked in olive oil with chopped onion, garlic and parsley
2 *nm Esp muy Fam (vulva)* pussy, *US* muff

conexión *nf* (**a**) *(vínculo)* connection (**b**) *Rad & TV* link-up □ ***c. vía satélite*** satellite link (**c**) **tener conexiones** *(amistades influyentes)* to have connections (**d**) *(vuelo)* connection

conexo, -a *adj* related, connected

confabulación *nf* conspiracy

confabularse *vpr* to plot *o* conspire (**para** to)

confección *nf* (**a**) *(de ropa)* tailoring, dressmaking; **de c.** off-the-peg (**b**) *(de comida)* preparation, making; *(de lista)* drawing up

confeccionar *vt* (**a**) *(ropa)* to make (up) (**b**) *(lista)* to draw up; *(plato)* to prepare

confederación *nf* confederation □ ***C. Helvética*** Switzerland, Swiss Confederation

confederado, -a 1 *adj* confederate
2 *nm Hist* Confederate

confederarse *vpr* to confederate, to form a confederation

conferencia *nf* (**a**) *(charla)* lecture; **dar una c.** to give a talk *o* lecture □ ***c. de prensa*** press conference (**b**) *(reunión)* conference □ ***C. Intergubernamental*** Intergovernmental Conference (**c**) *(por teléfono)* (long-distance) call; **poner una c.** to make a long-distance call □ ***c. a cobro revertido*** *Br* reverse-charge call, *US* collect call

conferenciante *nmf* speaker

conferenciar *vi* to have a discussion

conferencista *nmf Am* speaker

conferir [62] *vt (cualidad)* to give, to lend; **c. algo a alguien** *(honor, dignidad)* to confer *o* bestow sth upon sb; *(responsabilidades)* to give sth to sb

confesar [3] **1** *vt* (**a**) *(pecado, falta)* to confess (to); **confieso que te mentí** I admit I lied to you; **c. de plano** to make a full confession, to confess to everything (**b**) *(persona)* **el cura confesó al moribundo** the priest heard the dying man's confession
2 confesarse *vpr* **c. (de algo)** to confess (sth); **se confesó culpable del asesinato** she confessed to (being guilty of) the murder

confesión *nf* (**a**) *(de pecado, crimen)* confession; **hacer una c.** to confess; **oír a alguien en c.** to hear sb's confession (**b**) *(credo)* religion, (religious) persuasion

confesional *adj* denominational; **estado c.** = country with an official state religion

confesionario, confesonario *nm* confessional

confeso, -a *adj* self-confessed

confesor *nm* confessor

confeti *nm* confetti

confiable *adj Am (fiable)* trustworthy, reliable

confiado, -a *adj (seguro)* (over)confident; *(crédulo)* trusting

confianza *nf* (**a**) *(seguridad)* confidence (**en** in); **tengo plena c. en su trabajo** I have the utmost confidence in her work; **c. en uno mismo** self-confidence (**b**) *(fe)* trust; **de c.** trustworthy; **una marca de toda c.** a very reliable brand (**c**) *(familiaridad)* familiarity; **amigo de c.** close *o* intimate friend; **en c.** in confidence; **con toda c.** in all confidence; **puedes hablar con toda c.** you can talk quite freely; EXPR *Fam* **donde hay c. da asco** familiarity breeds contempt; **tengo mucha c. con él** I am very close to him

confianzudo, -a *Am Fam* **1** *adj* forward, fresh
2 *nm,f* **es un c.** he's very forward *o* fresh

confiar [32] **1** *vt* (**a**) *(secreto)* to confide (**b**) *(responsabilidad, persona, asunto)* **c. algo a alguien** to entrust sth to sb
2 *vi* (**a**) *(tener fe)* **c. en** to trust; **c. en la suerte** to trust to luck (**b**) *(suponer)* **c. en que** to be confident that
3 confiarse *vpr* (**a**) *(despreocuparse)* to be too sure (of oneself), to be overconfident (**b**) *(sincerarse)* **confiarse a** to confide in

confidencia *nf* confidence, secret; **hacer confidencias a** to confide in

confidencial *adj* confidential

confidencialidad *nf* confidentiality

confidente *nmf* (**a**) *(amigo)* confidant, *f* confidante (**b**) *(soplón)* informer

confiero *etc ver* **conferir**

confieso *etc ver* **confesar**

configuración *nf* (**a**) *(disposición)* configuration; *(del terreno)* lie; *(de la costa)* outline, shape; *(de ciudad)* layout (**b**) *Informát* configuration

configurar *vt* (**a**) *(formar)* to shape, to form (**b**) *Informát* to configure

confín *nm* (**a**) *(límite)* border, boundary (**b**) *(extremo) (del reino, universo)* outer reaches; **en los confines de** on the very edge of

confinamiento *nm*, **confinación** *nf* (**a**) *(de un detenido)* confinement (**en** to) (**b**) *(de un desterrado)* banishment (**a** *o* **en** to)

confinar *vt* (**a**) *(detener, limitar)* to confine (**en** to) (**b**) *(desterrar)* to banish (**a** *o* **en** to)

confiriera *etc ver* **conferir**

confirmación *nf también Rel* confirmation

confirmar *vt* to confirm

confirmativo, -a, confirmatorio, -a *adj* confirmatory, confirmative

confiscación *nf* confiscation, appropriation

confiscar [59] *vt* to confiscate

confitado, -a *adj* candied; **frutas confitadas** crystallized fruit

confitar *vt* to candy

confite *nm Br* sweet, *US* candy

confitería *nf* (**a**) *(tienda)* confectioner's (**b**) *RP (café)* cafe

confitero, -a *nm,f* confectioner

confitura *nf* preserve, jam

conflagración *nf* conflict, war

conflictividad *nf* (**a**) *(cualidad)* controversial nature (**b**) *(conflicto)* conflict □ ***c. laboral*** industrial unrest

conflictivo, -a *adj (asunto)* controversial; *(situación)* troubled; *(persona)* difficult

conflicto *nm (desacuerdo, lucha)* conflict; *(de intereses, opiniones)* clash; **entrar en c. con** to come into conflict with; **conflictos** conflict □ ***c. armado*** *o* ***bélico*** armed conflict; ***c. laboral*** industrial dispute

confluencia *nf* confluence; **la c. de las dos calles** the place where the two roads meet

confluente *adj* confluent

confluir [34] *vi* (**a**) *(corriente, cauce)* to converge, to meet (**en** at) (**b**) *(personas)* to come together, to gather (**en** in)

conformación *nf (configuración)* shape

conformar 1 *vt (configurar)* to shape
2 conformarse con *vpr (suerte, destino)* to resign oneself to; *(apañárselas con)* to make do with; *(contentarse con)* to settle for; **no se conforma con nada** she's never satisfied

conforme 1 *adj* (**a**) *(acorde)* **c. a** in accordance with; **c. al reglamento** in accordance with the rules (**b**) *(de acuerdo)* in agreement (**con** with); **si no estás c., protesta** if you don't agree, say so (**c**) *(contento)* happy (**con** with)
2 *adv* (**a**) *(a medida que)* as; **c. envejecía** as he got older (**b**) *(como)* exactly as; **te lo cuento c. lo vi** I'm telling you exactly what I saw (**c**) *(en cuanto)* as soon as; **c. amanezca, me iré** I'll leave as soon as it gets light

conformidad *nf* (**a**) *(aprobación)* approval; **dio su c.** she gave her consent (**b**) *(acuerdo)* **de** *o* **en c. con** in accordance with

conformismo *nm* conformity, conformism

conformista *adj & nmf* conformist

confort (*pl* **conforts**) *nm* (**a**) *(comodidad)* comfort; **todo c.** *(en anuncio)* all mod cons (**b**) *Chile (papel higiénico)* toilet paper

confortabilidad *nf* comfort

confortable *adj* comfortable

confortablemente *adv* comfortably

confortante *adj* comforting, consoling

confortar *vt* (**a**) *(fortalecer)* **esta sopa te confortará** this soup will do you good (**b**) *(alentar, consolar)* to console, to comfort

confraternidad *nf* brotherhood

confraternizar [14] *vi* to get along (like brothers)

confrontación *nf* (**a**) *(enfrentamiento)* confrontation (**b**) *(comparación)* comparison

confrontar *vt* (**a**) *(comparar)* to compare (**b**) *(encarar)* **confrontaron a los dos testigos** the two witnesses were brought face to face (**c**) *(enfrentar)* to confront

confucianismo, confucionismo *nm* Confucianism

confundido, -a *adj* (**a**) *(avergonzado)* embarrassed (**b**) *(equivocado)* confused

confundir 1 *vt* (**a**) *(trastocar)* **c. una cosa con otra** to mistake one thing for another; **c. dos cosas** to get two things mixed up; **siempre lo confundo con su hermano gemelo** I always mistake him for his twin brother; EXPR *Fam* **c. el tocino con la velocidad** to mix up two completely different things
(**b**) *(desconcertar)* to confuse; **me confundes con tanta información** you're confusing me with all that information
(**c**) *(mezclar)* to mix up
(**d**) *(abrumar)* to confound
2 confundirse *vpr* (**a**) *(equivocarse)* to make a mistake; **confundirse de piso/tren** to get the wrong floor/train; **se ha confundido** *(al teléfono)* (you've got the) wrong number; **no te confundas... yo no soy un mentiroso** don't get the wrong idea... I'm no liar
(**b**) *(liarse)* to get confused; **me confundo con tanta información** I get confused by all that information
(**c**) *(mezclarse) (colores, siluetas)* to merge (**en** into); **confundirse entre la gente** *(personas)* to lose oneself in the crowd

confusamente *adv* (**a**) *(con turbación)* confusedly (**b**) *(en desorden)* in confusion, in disorder

confusión *nf* (**a**) *(desorden, lío)* confusion; **hubo una gran c.** there was great confusion (**b**) *(error)* mix-up; **ha habido una c.** there has been a bit of a mix-up

confusionismo *nm* confusion

confuso, -a *adj* (**a**) *(explicación)* confused (**b**) *(poco claro) (clamor, griterío)* confused; *(contorno, forma)* blurred (**c**) *(turbado)* confused, bewildered

conga *nf* (**a**) *(baile)* conga; **bailar la c.** to dance the conga (**b**) *Arg (juego de naipes)* = card game similar to rummy (**c**) *Cuba, Perú (tambor)* conga (drum) (**d**) *Col (hormiga)* = large poisonous ant

congelación *nf* (**a**) *(de alimento, objeto, persona)* freezing (**b**) *(de dedos, miembro)* frostbite (**c**) *Econ (de precios, salarios)* freeze (**d**) *TV & Cine* ***c. de imagen*** freeze-frame function

congelado, -a 1 *adj* (**a**) *(alimento, objeto, persona)* frozen (**b**) *(dedos, miembro)* frostbitten (**c**) *Econ (precios, salarios)* frozen (**d**) *TV Cine* **imagen congelada** freeze-frame
2 *nmpl* **congelados** frozen foods

congelador *nm* freezer

congelante *adj* freezing

congelar 1 *vt* (**a**) *(alimento, objeto, persona)* to freeze (**b**) *(dedos, miembro)* to affect with frostbite (**c**) *Econ (precios, salarios)* to freeze; **c. una cuenta bancaria** to freeze a bank account (**d**) *TV & Cine (imagen)* to freeze
2 congelarse *vpr* (**a**) *(en general)* to freeze; **¡me congelo de frío!** I'm freezing! (**b**) *(dedos miembro)* to get frostbitten; **se le congelaron los pies y las manos** she got frostbite in her feet and hands

congénere *nmf* **me avergüenzo de mis congéneres** I am ashamed of my kind

congeniar *vi* to get on (**con** with)

congénito, -a *adj* (**a**) *(enfermedad)* congenital (**b**) *(talento, estupidez)* innate

congestión *nf* (**a**) *(de nariz, pulmones)* congestion; **tengo c. nasal** I've got a blocked nose (**b**) *(de tráfico)* congestion

congestionado, -a *adj* (**a**) *(nariz)* blocked; **tener la nariz congestionada** to have a blocked nose (**b**) *(cara)* flushed (**c**) *(tráfico)* congested

congestionar 1 *vt* to block
2 congestionarse *vpr* (**a**) *(cara)* to flush, to turn purple (**b**) *(tráfico)* to become congested

congestivo, -a *adj* congestive

conglomeración *nf* conglomeration

conglomerado *nm* (**a**) *(conjunto, mezcla)* combination (**b**) *(de madera)* chipboard (**c**) *Geol* conglomerate

conglomerante 1 *adj* agglutinative
2 *nm* agglutinant, bonding *o* adhesive material

conglomerar *vt* (**a**) *(intereses, tendencias)* to unite (**b**) *(sustancias)* to conglomerate

Congo *nm* **el C.** (the) Congo ▫ *Antes* ***el C. belga*** the Belgian Congo

congo *nm* (**a**) *Am (de tabaco)* second crop tobacco leaf (**b**) *CAm (mono)* howler monkey (**c**) *Cuba (baile)* congo

congoja *nf* anguish

congoleño, -a *adj & nm,f* Congolese

congraciar 1 *vt* to win over
2 congraciarse *vpr* **congraciarse con alguien** to win sb over, to get on sb's good side

congratulación *nf Formal* **congratulaciones** congratulations; **recibió la c. del ministro** he received the minister's congratulations

congratular *Formal* **1** *vt* to congratulate (**por** on)
2 congratularse *vpr* to be pleased (**por** about)

congratulatorio, -a *adj Formal* congratulatory

congregación *nf* congregation

congregar [38] **1** *vt* to assemble, to bring together
2 congregarse *vpr* to assemble, to gather

congresista, *Am* **congresal** *nmf* (**a**) *(en un congreso)* delegate (**b**) *(político)* congressman, *f* congresswoman

congreso *nm* (**a**) *(de una especialidad)* conference, congress (**b**) *(asamblea nacional)* **C. (de los Diputados)** *(en España) Br* ≃ House of Commons, *US* ≃ House of Representatives, = lower house of Spanish Parliament; **el C.** *(en Estados Unidos)* Congress (**c**) *(edificio)* parliament building

congrí *nm Cuba (plato)* rice and beans

congrio *nm* conger eel

congruencia *nf* consistency

congruente *adj* consistent, coherent

cónica *nf Geom* conic

CONICET *nm* (*abrev de* **Consejo Nacional de Investigaciones Científicas y Técnicas**) = Argentinian council for scientific research

CONICIT *nm* (*abrev de* **Consejo Nacional de Investigación Científica y Tecnológica**) = Venezuelan council for scientific research

cónico, -a *adj* conical

conífera *nf* conifer

conjetura *nf* conjecture; **hacer conjeturas, hacerse una c.** to conjecture

conjeturar *vt* to conjecture about, to make predictions about

conjugación *nf* (**a**) *Gram* conjugation; **un verbo de la 1ª/2ª/3ª c.** a verb ending in -ar/-er/-ir (**b**) *(combinación)* combination; *(de esfuerzos, ideas)* pooling

conjugado, -a *adj* (**a**) *Gram* conjugated (**b**) *(combinado)* combined

conjugar [38] *vt* (**a**) *Gram* to conjugate (**b**) *(combinar)* to combine

conjunción *nf* (**a**) *Gram* conjunction ▫ ***c. adversativa*** adversative conjunction; ***c. copulativa*** copulative conjunction; ***c. disyuntiva*** disjunctive conjunction (**b**) *Astron* conjunction (**c**) *(de circunstancias, hechos)* combination

conjuntado, -a *adj* coordinated

conjuntamente *adv* jointly, together (**con** with)

conjuntar *vt* to coordinate

conjuntiva *nf Anat* conjunctiva

conjuntivitis *nf inv* conjunctivitis

conjuntivo, -a *adj* conjunctive

conjunto, -a 1 *adj (acción, esfuerzo)* joint; **cuenta conjunta** joint account
2 *nm* (**a**) *(agrupación)* collection, group; **un c. de circunstancias** a number of factors (**b**) *(de ciudad)* **la ciudad de Cartagena es un c. histórico-artístico de gran**

interés Cartagena forms a historic and artistic whole of great interest; **un c. urbanístico muy heterógeno** a cityscape of great variety (**c**) *(de ropa)* outfit (**d**) *(de música)* group, band (**e**) *(totalidad)* whole; **en c.** overall, as a whole (**f**) *Mat* set ▫ ***c. vacío*** empty set

conjura *nf* conspiracy, plot

conjurado, -a *nm,f* plotter, conspirator

conjurar 1 *vt* (**a**) *(exorcizar)* to exorcize; *Fig* **sus palabras conjuraron mi miedo** his words dispelled my fears (**b**) *(un peligro)* to ward off, to avert

2 *vi (conspirar)* to conspire, to plot

3 conjurarse *vpr (conspirar)* to conspire, to plot

conjuro *nm* (**a**) *(encantamiento)* spell, incantation (**b**) *(exorcismo)* exorcism

conllevar *vt* (**a**) *(implicar)* to involve, to entail (**b**) *(soportar)* to bear

conmemoración *nf* commemoration; **en c. de** in commemoration of

conmemorar *vt* to commemorate

conmemorativo, -a *adj* commemorative

conmensurable *adj* quantifiable

conmigo *pron personal* with me; **c. mismo/misma** with myself; **llevo siempre el pasaporte c.** I always carry my passport on me; **estaba hablando c. mismo** I was talking to myself

conminación *nf* (**a**) *(amenaza)* threat (**b**) *Der* order

conminar *vt* (**a**) *(amenazar)* **c. a alguien (con hacer algo)** to threaten sb (with doing sth) (**b**) *Der (forzar)* **c. a alguien a hacer algo** to instruct *o* order sb to do sth

conminativo, -a, conminatorio, -a *adj* threatening, menacing

conmiseración *nf* compassion, pity

conmoción *nf* (**a**) *(física)* shock ▫ ***c. cerebral*** concussion (**b**) *(psíquica)* shock (**c**) *(tumulto)* upheaval

conmocionar *vt* (**a**) *(psíquicamente)* to shock, to stun (**b**) *(físicamente)* to concuss

conmovedor, -ora *adj* moving, touching

conmover [41] **1** *vt* (**a**) *(emocionar)* to move, to touch; **nada le conmueve** nothing moves him, he isn't moved by anything (**b**) *(sacudir)* to shake; *Fig* **c. los cimientos de algo** to shake the foundations of sth

2 conmoverse *vpr* (**a**) *(emocionarse)* to be moved, to be touched (**b**) *(sacudirse)* to be shaken

conmuevo *etc ver* **conmover**

conmutación *nf* (**a**) *Der* commutation (**b**) *Informát* ***c. de paquetes*** packet switching

conmutador *nm* (**a**) *(interruptor)* switch (**b**) *Am (centralita)* switchboard

conmutar *vt Der* to commute; **le conmutaron la pena de diez meses por una multa** his ten-month sentence was commuted *o* changed to a fine

conmutativo, -a *adj también Mat* commutative

connatural *adj* innate

connivencia *nf* **en c. (con)** in collusion *o* connivance (with)

connotación *nf* connotation; **una c. irónica** a hint of irony

connotado, -a *adj Am* noted, famous; **el c. autor** the noted author

connotar *vt* to suggest, to have connotations of

connubio *nm Formal* matrimony, marriage

cono *nm* (**a**) *(figura)* cone ▫ *Geol* ***c. de deyección*** debris cone; ***el C. Sur*** = Chile, Argentina, Paraguay and Uruguay; ***c. truncado*** truncated cone (**b**) *(de la retina)* cone

conocedor, -ora *nm,f* expert; **es un gran c. de los vinos franceses** he is a connoisseur of French wine

CONOCER [19] **1** *vt* (**a**) *(saber cosas acerca de)* to know; **conoce la mecánica del automóvil** he knows a lot about car mechanics; **conoce el ruso a la perfección** he's fluent in Russian; **conocen todo lo que pasa en el pueblo** they know (about) everything that goes on in the village; **no conozco bien este tema** I'm not familiar with this subject; *Fam* **conoce el tema al dedillo** she knows the subject inside out; **c. algo a fondo** to know sth well; **dieron a c. la noticia a través de la prensa** they announced the news through the press; **Juan enseguida se dio a c. a mi amiga** Juan immediately introduced himself to my friend; **su segunda película le dio a c.** *o* **se dio a c. con su segunda película como el gran director que es** his second film achieved recognition for him as the great director that he is; **fue, como es de todos conocido, una difícil decisión** it was, as everyone knows, a difficult decision

(**b**) *(lugar, país) (descubrir)* to get to know, to visit for the first time; *(desde hace tiempo)* to know; **no conozco Rusia** I've never been to Russia; **me gustaría c. Australia** I'd like to go to *o* visit Australia; **conoce la región como la palma de su mano** she knows the region like the back of her hand; **a los veinte años se marchó a c. mundo** at the age of twenty he went off to see the world

(**c**) *(a una persona) (por primera vez)* to meet; *(desde hace tiempo)* to know; **¿conoces a mi jefe?** do you know *o* have you met my boss?; **lo conocí cuando era niño** I first met him when he was a child; **lo conozco de cuando íbamos al colegio** I know him from school; **c. a alguien a fondo** to know sb well; **c. a alguien de nombre** to know sb by name; **c. a alguien de oídas** to have heard of sb; **c. a alguien de vista** to know sb by sight; **¿de qué la conoces?** how do you know her?; **no la conozco de nada** I've never met her before, I don't know her at all

(**d**) *(reconocer)* **c. a alguien (por algo)** to recognize sb (by sth); **lo conocí por su forma de andar** I recognized him by the way he walked

(**e**) *(experimentar)* **esta es la peor sequía que ha conocido África** this is the worst drought Africa has ever had *o* known; **la empresa ha conocido un crecimiento espectacular** the company has seen *o* experienced spectacular growth

(**f**) *Anticuado o Hum (sexualmente)* **c. carnalmente a** to have carnal knowledge of; **hasta los treinta años no conoció varón** she had never been with a man until she was thirty

(**g**) *Der (causa)* to try; **el tribunal que conoce el caso se pronunciará mañana** the court trying the case will announce its verdict tomorrow

2 *vi* (**a**) **c. de** *(saber)* to know about

(**b**) *Der* **c. de** to try; **c. de una causa** to try a case; **será juzgado por el tribunal que conoce de casos de terrorismo** he will be tried by the court that deals with cases relating to terrorism

3 conocerse *vpr* (**a**) *(a uno mismo)* to know oneself; **él se conoce mejor que nadie** he knows himself better than anyone

(**b**) *(dos o más personas) (por primera vez)* to meet, to get to know each other; *(desde hace tiempo)* to know each other; **nos conocimos en la recepción de la embajada** we met at the ambassador's reception; **no me engañes, nos conocemos demasiado** you can't fool me, we know each other too well; **se conocen de vista** they know each other by sight; **se conocen de oídas** they have heard of each other

(**c**) *(saber en detalle)* to know; **se conoce todos los trucos del oficio** she knows all the tricks of the trade; **se conoce todas las calles de la ciudad** he knows every street in the city

(**d**) *(haberse descubierto)* **no se conoce ninguna cura para el cáncer** no cure for cancer is known; **no se le conoce ninguna debilidad** he is not known to have any weaknesses, he has not been found to have any weaknesses

(**e**) *(reconocerse)* **se conoce su tristeza por los rasgos de su rostro** you can tell of her sadness by looking at her face

4 *v impersonal (parecer)* **se conoce que...** apparently...; **se conoce que hacía tiempo que estaba enfermo** apparently, he had been ill for some time; **¿no sabes quién es? Se conoce que no ves la televisión** don't you know who she is? You can tell you never watch television

conocido, -a 1 *adj* (**a**) *(famoso)* well-known (**b**) *(sabido)* known; **su último domicilio c.** her last known address

2 *nm,f* acquaintance

conocimiento *nm* (**a**) *(saber)* knowledge; **hablar/actuar con c. de causa** to know what one is talking about/doing; **poner algo en c. de alguien** to bring sth to sb's attention, to inform sb of sth;

tener c. de algo to be aware of sth; **conocimientos** knowledge; **tener muchos conocimientos (acerca de)** to be very knowledgeable (about) (**b**) *(sentido, conciencia)* consciousness; **perder/recobrar el c.** to lose/regain consciousness

conozco *ver* **conocer**

conque *conj* so; **¿c. te has cansado?** so you're tired, are you?; **¿c. esas tenemos?** so that's what you're up to?

conquense 1 *adj* of/from Cuenca
2 *nmf* person from Cuenca

conquista *nf* (**a**) *(de tierras, persona)* conquest; **una nueva c. del Libertadores** another victory for Libertadores (**b**) *(de libertad, derecho)* winning

conquistador, -ora 1 *adj (seductor)* seductive
2 *nm,f* (**a**) *(de tierras)* conqueror (**b**) *Hist* conquistador
3 *nm (seductor)* Casanova, ladykiller

conquistar *vt* (**a**) *(tierras)* to conquer (**b**) *(libertad, derechos, simpatía)* to win (**c**) *(seducir)* to win the heart of

consabido, -a *adj* (**a**) *(conocido)* well-known (**b**) *(habitual)* usual

consagración *nf* (**a**) *Rel* consecration (**b**) *(dedicación)* dedication (**c**) *(reconocimiento)* recognition; **esta obra supuso la c. del joven escritor** this work gained recognition for the young writer

consagrado, -a *adj* (**a**) *Rel* consecrated (**b**) *(dedicado)* dedicated (**c**) *(reconocido)* recognized, established

consagrar 1 *vt* (**a**) *Rel* to consecrate (**b**) *(dedicar) (tiempo, espacio)* to devote; *(monumento, lápida)* to dedicate; **consagró su vida a la literatura** he devoted *o* dedicated his life to literature (**c**) *(acreditar, confirmar)* to confirm, to establish; **la obra que lo consagró como escritor** the work that confirmed *o* established him as a writer
2 consagrarse *vpr* (**a**) *(dedicarse)* to devote *o* dedicate oneself (**a** to) (**b**) *(alcanzar reconocimiento)* to establish oneself

consanguíneo, -a *adj* related by blood; **hermano c.** half-brother *(of same father)*

consanguinidad *nf* consanguinity; **relación de c.** blood relationship

consciencia = **conciencia**

consciente *adj* (**a**) *(despierto)* conscious; **estar c.** to be conscious (**b**) **ser c. de** *(darse cuenta de)* to be aware of

conscientemente *adv* deliberately, consciously

conscripción *nf Arg* conscription

conscripto *nm Arg* conscript

consecución *nf (de un deseo)* realization; *(de un objetivo)* attainment; *(de un premio)* winning

consecuencia *nf* (**a**) *(resultado)* consequence; **a** *o* **como c. de** as a consequence *o* result of; **en c.** consequently; **tener consecuencias** to have consequences; **traer como c.** to result in (**b**) *(coherencia)* consistency; **actuar en c.** to act accordingly; **cuando supo que estaba embarazada actuó en c.** when he found out that she was pregnant he did the decent thing

consecuente *adj (coherente)* consistent; **una persona c. (con sus ideas)** a person of principle, a person who acts according to his/her beliefs

consecuentemente *adv* (**a**) *(por consiguiente)* consequently, as a result (**b**) *(con coherencia)* consistently

consecutivamente *adv* consecutively; **entraron los tres hermanos c.** the three brothers came in one after the other

consecutivo, -a *adj* consecutive; **tres victorias consecutivas** three consecutive victories, three victories in a row; **siete semanas consecutivas** seven consecutive weeks, seven weeks on end

conseguir [61] *vt (obtener)* to obtain, to get; *(un objetivo)* to achieve; **consiguió todo lo que se propuso** she achieved everything she set out to do; **c. hacer algo** to manage to do sth; **no consiguió que me enfadara** she didn't (manage to) get me annoyed; **al menos conseguimos que nos escucharan** at least we got them to listen to us

consejería *nf Esp (de comunidad autónoma)* department

consejero, -a *nm,f* (**a**) *(en asuntos personales)* adviser, counsellor; *(en asuntos técnicos)* adviser, consultant; **es buena/mala consejera** she gives sound/bad advice ❑ ***c. matrimonial*** marriage guidance counsellor (**b**) *(de un consejo de administración)* member ❑ *Com* ***c. delegado*** managing director (**c**) *Pol* councillor

consejo *nm* (**a**) *(advertencia)* advice; **dar un c.** to give some advice *o* a piece of advice; **te voy a dar un c.** I've got a piece of advice for you; **dar consejos** to give (some) advice; **pedir c. a alguien** to ask sb for advice, to ask (for) sb's advice
(**b**) *(organismo)* council; *(reunión)* meeting ❑ ***c. de administración*** board of directors; *(reunión)* board meeting; ***C. de Europa*** Council of Europe; ***C. General del Poder Judicial*** = governing body of the Spanish judiciary, elected by the Spanish parliament; ***c. de ministros*** *(de gobierno)* cabinet; *(reunión)* cabinet meeting; ***c. de ministros*** *(de Unión Europea)* Council of Ministers; ***C. de Seguridad*** Security Council
(**c**) ***c. de guerra*** court martial

consenso *nm (acuerdo)* consensus; *(consentimiento)* consent

consensuado, -a *adj* approved by consensus

consensual *adj* consensual

consensuar [4] *vt* to approve by consensus

consentido, -a 1 *adj* spoilt
2 *nm,f* spoilt brat

consentidor, -ora 1 *adj (que malcría)* pampering, spoiling
2 *nm,f (persona que malcría)* indulgent person

consentimiento *nm* consent

consentir [62] **1** *vt* (**a**) *(tolerar)* to allow, to permit; **no te consiento que lo insultes delante de mí** I won't tolerate *o* have you insulting him in front of me (**b**) *(malcriar, mimar)* to spoil; **le consienten demasiado** they let him have his own way too much
2 *vi* **c. en algo/en hacer algo** to agree to sth/to do sth; **consintió en que se quedaran** he agreed to let them stay

conserje *nmf* (**a**) *(portero)* porter (**b**) *(encargado)* caretaker

conserjería *nf* porter's lodge

conserva *nf* **conservas** canned food, *Br* tinned food; **en c.** canned, *Br* tinned ❑ ***c. de carne*** tinned meat; ***c. de pescado*** tinned fish

conservación *nf* (**a**) *(de costumbres, patrimonio)* conservation; *(de alimentos)* preservation; **en buen estado de c.** in good condition ❑ ***c. de la energía*** energy conservation; ***c. del medio ambiente*** environmental conservation; ***c. de la naturaleza*** nature conservation (**b**) *(mantenimiento)* maintenance

conservacionista *nmf* (**a**) *(ecologista)* conservationist (**b**) *(conservador)* conservative

conservador, -ora 1 *adj (tradicionalista)* conservative; *(del partido conservador)* Conservative
2 *nm,f* (**a**) *(tradicionalista)* conservative; *(miembro del partido conservador)* Conservative (**b**) *(de museo)* curator

conservadurismo *nm* conservatism

conservante *nm* preservative

conservar 1 *vt* (**a**) *(mantener) (alimento)* to preserve; *(amistad)* to sustain, to keep up; *(salud)* to look after; *(calor)* to retain; **c. algo en formol** to preserve sth in formalin; **conserva su buen humor** she keeps her spirits up (**b**) *(guardar) (libros, cartas, secreto)* to keep; **todavía conserva sus primeras zapatillas de ballet** she still has her first ballet shoes
2 conservarse *vpr* (**a**) *(alimento)* to keep (**b**) *(persona)* **se conserva bien** he's keeping well

conservatismo *nm Am* conservatism

conservatorio *nm* conservatoire

conservero, -a *adj* canning; **la industria conservera** the canning industry

considerable *adj* (**a**) *(grande)* considerable (**b**) *(importante, eminente)* notable

considerablemente *adv* considerably

consideración *nf* (**a**) *(reflexión)* consideration, factor; **debemos tener en cuenta estas consideraciones** we must take these factors into consideration; **tomar en c.** to take into consideration *o* account (**b**) *(respeto)* consideration; **en c. a algo** in recognition of sth; **por c. a** *o* **hacia alguien** out of consideration for sb; **tratar a alguien con c.** to be nice to sb; **falta de c.** lack of consideration (**c**) *(importancia)* **de c.** serious; **hubo varios heridos de c.** several people were seriously injured

considerado, -a *adj (atento)* considerate, thoughtful; *(respetado)* respected, highly regarded

considerando *nm Der* legal reason *(for a judge's decision)*

considerar 1 *vt* (**a**) *(pensar en)* to consider; *(juzgar, estimar)* to think; **bien considerado, creo que tienes razón** on reflection, I think you're right (**b**) *(respetar)* to esteem, to treat with respect

2 considerarse *vpr (uno mismo)* to consider oneself; **me considero feliz** I consider myself happy

consiento *etc ver* **consentir**

consigna *nf* (**a**) *(orden)* watchword; **su c. era "divide y vencerás"** his motto was "divide and conquer" (**b**) *(para el equipaje) Br* left-luggage office, *US* baggage room

consignación *nf* (**a**) *Com* consignment, shipment (**b**) *Fin* deposit (**c**) *(asignación)* allocation

consignar *vt* (**a**) *(poner por escrito)* to record, to write down (**b**) *(asignar)* to allocate (**c**) *(mercancía)* to consign, to dispatch (**d**) *(equipaje)* to deposit in the *Br* left-luggage office *o US* baggage room

consignatario, -a *nm,f* (**a**) *(de una mercancía)* consignee (**b**) *(representante)* **c. de buques** shipping agent

consigo 1 *ver* **conseguir**

2 *pron personal (con él)* with him; *(con ella)* with her; *(con ellos, ellas)* with them; *(con usted, ustedes)* with you; *(con uno mismo)* with oneself; **c. mismo/misma** with himself/herself; **lleva siempre el pasaporte c.** she always carries her passport on her; **habla c. mismo** he talks to himself

consiguiente *adj* resulting; **con la c. decepción** with the resulting disappointment; **por c.** consequently, therefore

consiguiera *etc ver* **conseguir**

consintiera *etc ver* **consentir**

consistencia *nf también Fig* consistency

consistente *adj* (**a**) *(masa)* solid; *(crema, salsa)* thick (**b**) *(coherente) (argumento)* sound, convincing (**c**) *(compuesto)* **c. en** consisting of

consistir *vi* (**a**) **c. en** *(ser, componerse de)* to consist of; **¿en qué consiste su problema?** what exactly is your problem?; **su tarea consiste en atender el teléfono** her job simply involves *o* entails answering the phone (**b**) **c. en** *(radicar, basarse en)* to lie in, to be based on

consistorial *adj* of the town *o US* city council; **casa c.** town *o US* city hall

consistorio *nm* town *o US* city council

consola *nf* (**a**) *Informát & Tec* console ❑ ***c. de videojuegos*** video games console (**b**) *(mesa)* console table

consolación *nf* consolation

consolador, -ora 1 *adj* consoling, comforting

2 *nm* dildo

consolar [63] **1** *vt* to console; **me consuela pensar que podría haber sido peor** it's some consolation to reflect that it could have been worse

2 consolarse *vpr* to console oneself, to take comfort; **¡consuélate! al menos no has suspendido** look on the bright side! at least you didn't fail

consolidación *nf* consolidation

consolidado, -a 1 *adj* (**a**) *Fin* consolidated (**b**) *(firme)* established

2 *nm Fin* consolidated annuity

consolidar 1 *vt* to consolidate; **esa victoria la consolidó como una gran atleta** that victory confirmed her as a great athlete

2 consolidarse *(reputación)* to be consolidated; *(amistad)* to grow stronger

consomé *nm* consommé

consonancia *nf* (**a**) *(armonía)* harmony; **en c. con** in keeping with (**b**) *Mús* harmony

consonante 1 *adj* (**a**) *(rima, sonido)* consonant (**b**) *(acorde)* **sus modales son consonantes con su condición social** her manners are in keeping with her social status

2 *nf* consonant

consonántico, -a *adj (sonido)* consonant, consonantal

consorcio *nm* consortium ❑ ***c. bancario*** bankers' consortium

consorte *nmf (cónyuge)* spouse; *(príncipe)* consort

conspicuo, -a *adj* (**a**) *(evidente)* conspicuous (**b**) *(ilustre)* eminent

conspiración *nf* plot, conspiracy

conspirador, -ora *nm,f* conspirator, plotter

conspirar *vi* to conspire, to plot

constancia *nf* (**a**) *(perseverancia) (en una empresa)* perseverance; *(en las ideas, opiniones)* steadfastness; **hacer algo con c.** to persevere with sth (**b**) *(testimonio)* record; **dejar c. de algo** *(registrar)* to put sth on record; *(probar)* to demonstrate sth; **tengo c. de que estuvo aquí** I know for a fact that she was here

constante 1 *adj* (**a**) *(persona) (en una empresa)* persistent; *(en ideas, opiniones)* steadfast (**b**) *(acción)* constant

2 *nf* constant ❑ ***constantes vitales*** life signs; **mantener las constantes vitales de alguien** to keep sb alive

constantemente *adv* constantly

Constantinopla *n* Constantinople

constar *vi* (**a**) *(una información)* to appear, to figure (**en** in); **constarle a alguien** to be clear to sb; **me consta que...** I am quite sure that...; **hacer c. algo** to put sth on record; **que conste que...** let it be clearly understood that..., let there be no doubt that...; **que no conste en acta** *(en juicio)* let it be struck from the record; **y para que así conste, expido este certificado** and in order that this may be officially recorded, I issue this certificate (**b**) *(estar constituido por)* **c. de** to consist of

constatación *nf* confirmation

constatar *vt* (**a**) *(observar)* to confirm (**b**) *(comprobar)* to check

constelación *nf* constellation

consternación *nf* consternation, dismay

consternado, -a *adj* dismayed, extremely upset

consternar *vt* to dismay, to upset

constipado, -a 1 *adj* **estar c.** to have a cold

2 *nm* cold

> Observa que la palabra inglesa **constipated** es un falso amigo y no es la traducción de la palabra española **constipado**. En inglés **constipated** significa "estreñido".

constiparse *vpr* to catch a cold

constitución *nf* (**a**) *(naturaleza)* constitution; **tener una c. fuerte/débil** to have a strong/weak constitution (**b**) **C.** *(de un Estado)* Constitution (**c**) *(creación)* creation, forming (**d**) *(composición)* composition, make-up

constitucional *adj* constitutional

constitucionalidad *nf* constitutionality

constituir [34] **1** *vt* (**a**) *(componer)* to make up; **estas cinco secciones constituyen el primer capítulo** these five sections make up the first chapter (**b**) *(ser)* to be, to constitute; **constituye una falta grave** it is *o* constitutes a serious misdemeanour (**c**) *(crear)* to set up, to constitute

2 constituirse *vpr* (**a**) *(reunirse)* **el tribunal se constituirá mañana** the court will be in session from tomorrow (**b**) **constituirse en** *(erigirse)* to set oneself up as

constitutivo, -a *adj* constituent; **elemento c.** constituent element; **ser c. de algo** to constitute sth; **la apropiación de fondos es c. de delito** embezzling funds constitutes a crime

constituyente *adj & nm* constituent

constreñimiento *nm* constraint, compulsion

constreñir *vt* (**a**) *(obligar)* **c. a alguien a hacer algo** to compel *o* force sb to do sth (**b**) *(oprimir, limitar)* to restrict

constricción *nf (opresión)* constriction

construcción *nf* (**a**) *(acción)* construction; *(de edificio)* building; *(de mueble)* construction; **en c.** under construction; **la c. del teatro llevará dos años** the theatre will take two years to build (**b**) *(edificio, estructura)* building (**c**) *Gram* construction

constructivo, -a *adj* constructive

constructor, -ora 1 *adj* building, construction; **empresa constructora** construction firm, building company

2 *nm* (**a**) *(de edificios)* builder (**b**) ***c. naval*** *o* ***de buques*** shipbuilder

construir [34] *vt* (**a**) *(edificio, barco, muro)* to build; **construyó un mueble para su biblioteca** she made a piece of furniture for her library (**b**) *(aviones, coches)* to manufacture (**c**) *(frase, teoría)* to construct

Observa que el verbo inglés **to construe** es un falso amigo y no es la traducción del verbo español **construir**. En inglés **to construe** significa "interpretar".

consubstancial = **consustancial**

consuegro, -a *nm,f* = father-in-law/ mother-in-law of one's son or daughter

consuelo 1 *ver* **consolar**
2 *nm* consolation, solace

consuetudinario, -a *adj* customary; **derecho c.** common law

cónsul *nm* consul

consulado *nm* (**a**) *(oficina)* consulate (**b**) *(cargo)* consulship

consular *adj* consular

consulta *nf* (**a**) *(sobre un problema) (acción)* consultation; *(pregunta)* query, enquiry; **hacer una c. a alguien** to ask sb's advice; **libros de consulta** reference books (**b**) *(de médico) Br* surgery, *US* office; **horas de c.** surgery hours; **pasar c.** to hold surgery

consultar 1 *vt (dato, fecha)* to look up; *(libro, persona)* to consult; **me consultó antes de hacerlo** *(me pidió consejo)* he consulted me before doing it; *(me pidió permiso)* he asked me before he did it
2 *vi* **c. con** to consult, to seek advice from; **consulté con mis colegas el asunto del que me hablaste** I asked my colleagues about the matter you mentioned; EXPR **c. algo con la almohada** to sleep on sth

consulting [kon'sultin] *nm* consultancy (firm)

consultivo, -a *adj* consultative, advisory

consultor, -ora 1 *adj* consulting
2 *nm,f* consultant

consultora *nf RP* recruitment consultancy

consultoría *nf* (**a**) *(empresa)* consultancy firm ❑ ***c. de empresas*** business consultancy; ***c. fiscal*** tax consultancy; ***c. jurídica*** legal consultancy; ***c. de medio ambiente*** environmental consultancy; ***c. de recursos humanos*** human resources consultancy (**b**) *(actividad)* consultancy, consulting

consultorio *nm* (**a**) *(de un médico)* consulting room (**b**) *(en periódico)* problem page; *(en radio)* = programme answering listeners' questions ❑ ***c. sentimental*** *(en radio)* = phone-in where people get advice on their personal problems (**c**) *(asesoría)* advice bureau

consumación *nf (realización) (de matrimonio, proyecto)* consummation; *(de un crimen)* perpetration

consumado, -a *adj* consummate, perfect; **es un granuja c.** he's a real rascal

consumar *vt (realizar completamente)* to complete; *(un crimen)* to perpetrate; *(el matrimonio)* to consummate

consumibles *nmpl* consumables

consumición *nf* (**a**) *(acción)* consumption (**b**) *(bebida, comida)* **pagué mi c. y me fui** I paid (for what I'd had) and left; **son 1.000 pesetas la entrada con c.** it costs 1,000 pesetas to get in, including the first drink

consumido, -a *adj (flaco)* emaciated

consumidor, -ora *nm,f (de producto)* consumer; *(en bar, restaurante)* patron, customer

consumir 1 *vt* (**a**) *(producto)* to consume; **c. preferentemente antes de...** *(en envase)* best before...; **mi coche consume 7 litros a los cien** ≃ my car does 41 miles to the gallon; **en casa consumimos mucho aceite de oliva** we use a lot of olive oil at home; **consumieron sus refrescos en el bar** they had their drinks at the bar (**b**) *(destruir) (sujeto: fuego)* to destroy; *(sujeto: enfermedad)* to eat away at; *Fig* **los celos lo consumen** he is eaten up by *o* consumed with jealousy
2 *vi* to consume
3 **consumirse** *vpr* (**a**) *(persona)* to waste away (**b**) *(fuego)* to burn out

consumismo *nm* consumerism

consumista 1 *adj* consumerist, materialistic
2 *nmf* **es un c.** he's a shopaholic

consumo *nm* consumption; **bienes de c.** consumer goods; **sociedad de c.** consumer society; **se ha disparado el c. de agua mineral** sales of mineral water have shot up; **c. de drogas** drug-taking

consustancial, consubstancial *adj* **ser c. a algo** to be an integral part of sth

contabilidad *nf* (**a**) *(oficio)* accountancy (**b**) *(de persona, empresa)* bookkeeping, accounting; **llevar la c.** to do the accounts; **doble c.** double-entry bookkeeping

contabilización *nf Com* entering

contabilizar [14] *vt Com* to enter

contable *nmf* accountant

contactar 1 *vt (comunicarse con)* to contact
2 *vi* **c. con** to contact

contacto *nm* (**a**) *(entre dos cosas, personas)* contact; **entrar en c. con algo** to come into contact with sth; **mantener el c.** to keep in touch *o* contact; **perder el c.** to lose touch; **su primer c. con la política tuvo lugar en 1978** his first encounter with politics was in 1978; **ponerse en c. con** to get in touch with (**b**) *Aut* ignition (**c**) *Elec* **hacer c.** to make contact

contactología *nf* = contact lens design and manufacture

contactólogo, -a *nm,f* contact lens specialist

contado, -a *adj* (**a**) *(raro)* rare, infrequent; **en contadas ocasiones** very rarely, on very few occasions (**b**) **pagar algo al c.** *(en un plazo)* to pay for sth all at once *o Br* on the nail; *(en metálico)* to pay for sth in cash, to pay cash for sth (**c**) **había diez personas mal contadas** there were no more than ten people

contador, -ora 1 *nm,f Am (persona)* accountant
2 *nm* (**a**) *(aparato)* meter; **el c. del gas/de la luz** the gas/electricity meter (**b**) *Fís* counter

contaduría *nf* (**a**) *(oficina)* accountant's office (**b**) *(departamento)* accounts office ❑ *Am* ***c. general*** audit office

contagiar 1 *vt (persona)* to infect; *(enfermedad)* to transmit; **me has contagiado el resfriado** you've given me your cold; **contagió su entusiasmo a sus compañeros** he passed his enthusiasm on to his companions
2 **contagiarse** *vpr (enfermedad)* to be contagious; *(risa)* to be infectious; *(persona)* to become infected

contagio *nm* infection, contagion

contagioso, -a *adj (enfermedad)* contagious, infectious; *(risa, entusiasmo)* infectious

contáiner *nm (para mercancías)* container

contaminación *nf* (**a**) *(acción)* contamination (**b**) *(del medio ambiente)* pollution ❑ ***c. acústica*** noise pollution; ***c. ambiental*** environmental pollution; ***c. atmosférica*** air *o* atmospheric pollution

contaminado, -a *adj* (**a**) *(alimento)* contaminated (**b**) *(medio ambiente)* polluted

contaminante 1 *adj* contaminating, polluting
2 *nm* pollutant

contaminar *vt* (**a**) *(envenenar)* to contaminate; *(el medio ambiente)* to pollute (**b**) *(pervertir)* to corrupt

contante *adj* EXPR *Fam* **con dinero c. y sonante** in hard cash

CONTAR [63] **1** *vt* (**a**) *(enumerar)* to count; **contaron doscientos manifestantes en la marcha del domingo** the number of demonstrators at Sunday's march was estimated at two hundred; **se pueden c. con los dedos de una mano** you can count them on (the fingers of) one hand

(**b**) *(incluir)* to count; **cuenta también los gastos de desplazamiento** count *o* include travel costs too; **somos cincuenta y siete sin c. a los niños** there are fifty-seven of us, not counting the children; **la economía, sin c. el desempleo, parece recuperarse** the economy, with the exception of the unemployment situation, seems to be recovering

(**c**) *(narrar)* to tell; **no me cuentes el final** don't tell me what happens; **ya me contarás qué tal te va por la capital** let me know how you get on in the capital; *Fam* **¿qué cuentas?** how are you doing?; **¿qué me cuentas? ¡no me lo puedo creer!** never! I can't believe it!; *Fam* **cuéntame, ¿cómo te va la vida?** tell me, how are things?; *Fam* **no me cuentes tu vida** I don't want to hear your life story; *Irónico* **¿me lo cuentas a mí?** you're telling me!; EXPR *Fam* **¡cuéntaselo a tu abuela!** pull the other one!, come off it!

(**d**) *(tener una cantidad de)* **la población contaba mil habitantes** the village had a thousand inhabitants; **cuenta ya diez**

años she's ten years old now; **el equipo cuenta ya dos victorias** the team has already achieved two wins, the team already has two wins under its belt

(**e**) *(considerar)* **te contaba como una persona seria** I thought you were a serious person; **cuenta que la próxima semana estoy de vacaciones** remember that I'm on holiday next week

2 *vi* (**a**) *(hacer cálculos)* to count; **sabe c. hasta diez** she can count to ten; **c. con los dedos** to count on one's fingers; **un perro, dos gatos y para de c.** a dog, two cats and that's it

(**b**) *(importar)* to count; **lo que cuenta es que te pongas bien** the important thing is for you to get better, what matters is for you to get better; **en esta casa no cuento para nada** I count for nothing in this household; **los dos peores resultados no cuentan para el resultado final** the worst two scores aren't taken into account when calculating the final total

(**c**) **c. con** *(confiar en)* to count on, to rely on; **es un buen amigo, siempre se puede c. con él** he's a good friend, you can count on *o* rely on him; **¡no cuentes con ellos!** don't count on *o* rely on them!; **no cuentes conmigo, no voy a venir** don't expect me, I won't be coming; **cuenta con ello, estaré allí para ayudarte** I'll be there to help you, you can count on it, rest assured, I'll be there to help you

(**d**) **c. con** *(tener, poseer)* to have; **cuenta con dos horas para hacerlo** she has two hours to do it; **las minorías contarán con representación en el nuevo parlamento** minority parties will be represented in the new parliament

(**e**) **c. con** *(tener en cuenta)* to take into account; **con esto no contaba** I hadn't reckoned with that; **no contaban con que se acabara la cerveza tan rápidamente** they hadn't expected the beer to run out so quickly

3 contarse *vpr* (**a**) *(incluirse)* **estoy muy orgulloso de contarme entre sus amigos** I am very proud to number myself among her friends; **las películas europeas se cuentan entre las favoritas** the European films are among the favourites

(**b**) *Fam* **¿qué te cuentas?** how are you doing?

---

contemplación *nf* (**a**) *(meditación, observación)* contemplation (**b**) *(consideración)* **contemplaciones** consideration; **no andarse con contemplaciones** not to beat about the bush; **tratar a alguien sin contemplaciones** not to take sb's feelings into account; **nos echaron sin contemplaciones** they threw us out unceremoniously

contemplar *vt* (**a**) *(opción, posibilidad)* to contemplate, to consider; **la ley contempla varios supuestos** the law provides for *o* covers various cases (**b**) *(paisaje, monumento)* to look at, to contemplate

contemplativo, -a *adj* contemplative

contemporaneidad *nf* contemporaneity, contemporaneousness

contemporáneo, -a *adj & nm,f* contemporary

contemporizador, -ora 1 *adj* accommodating

2 *nm,f* **es un c.** he's very accommodating

contemporizar [14] *vi* to be accommodating

contención *nf* (**a**) *(fuerza)* **muro de c.** retaining wall (**b**) *(moderación)* restraint, self-restraint

contencioso, -a 1 *adj* (**a**) *(tema, cuestión)* contentious (**b**) *Der* litigious

2 *nm* dispute, conflict ❑ ***c. administrativo*** = court case brought against the state

contender [64] *vi (competir)* to contend; *(pelear)* to fight

contendiente 1 *adj (en una competición)* competing; **las partes contendientes** *(en una guerra)* the warring factions; **los ejércitos contendientes** the opposing armies

2 *nmf (en una competición)* contender; *(en una guerra)* warring faction

contenedor, -ora 1 *adj* containing

2 *nm (recipiente grande)* container; *(para escombros) Br* skip, *US* Dumpster® ❑ ***c. de basura*** large wheelie bin; ***c. de vidrio*** bottle bank

contener [65] **1** *vt* (**a**) *(encerrar)* to contain; **¿qué contiene esa maleta?** what's in this suitcase?; **la novela contiene elementos diversos** the novel has many different aspects (**b**) *(detener, reprimir)* to restrain, to hold back; **no pudo c. la risa/el llanto** he couldn't help laughing/crying

2 contenerse *vpr* to restrain oneself, to hold oneself back; **estuve a punto de insultarlo, pero conseguí contenerme** I was about to insult him, but I managed to restrain myself

contengo *ver* **contener**

contenido *nm (de recipiente, libro)* contents; *(de discurso, redacción)* content

contentar 1 *vt* to please, to keep happy

2 contentarse *vpr* **contentarse con** to make do with, to be satisfied with; **no se contenta con nada** she's never satisfied with anything; **me contentaría con una simple disculpa** I'd be happy with a simple apology

contento, -a 1 *adj* (**a**) *(alegre)* happy (**b**) *(satisfecho)* pleased; **no c. con insultarlo, le pegó una bofetada** not content with insulting him, he slapped his face; *Fam* **pagamos cada uno la mitad y todos tan contentos** we paid half each and that was us (**c**) *Fam (achispado)* tipsy, merry

2 *nm* happiness, joy; EXPR **no caber en sí de c.** to be beside oneself with joy

conteo *nm* counting-up

contertulio, -a *nm,f* = fellow member of a "tertulia"

contestación *nf* answer; **se ruega c.** *(en invitación)* RSVP

contestador *nm* **c. (automático)** answering machine

contestar 1 *vt (responder)* to answer; **c. a una pregunta** to answer a question; **contestó que sí/que no** he said yes/no

2 *vi* (**a**) *(responder)* to answer; **no contestan** *(al teléfono)* there's no reply *o* answer (**b**) *(con insolencia)* to answer back; **¡no contestes a tu madre!** don't answer back to your mother!

contestatario, -a *adj* anti-establishment

contestón, -ona *adj* cheeky; **es muy c.** he's always answering back

contexto *nm* context

contextual *adj* contextual

contextualizar [14] *vt (problema, situación)* to put into perspective *o* context

contextura *nf (estructura)* structure; *(complexión)* build

contienda 1 *ver* **contender**

2 *nf (competición, combate)* contest; *(guerra)* conflict, war

contiene *ver* **contener**

contigo *pron personal* with you; **c. mismo/misma** with yourself; **¿estás hablando c. mismo?** are you talking to yourself?

contigüidad *nf* adjacency

contiguo, -a *adj* adjacent; **estar c. a** to adjoin

continencia *nf* continence, self-restraint

continental *adj* continental

continente *nm* (**a**) *Geog* continent (**b**) *(recipiente)* container

contingencia *nf* (**a**) *(eventualidad)* eventuality (**b**) *Formal (posibilidad)* possibility

contingente 1 *adj Formal* possible; **es un hecho c.** its not impossible

2 *nm* (**a**) *(grupo)* contingent (**b**) *Com* quota

continuación *nf (de acción, estado)* continuation; *(de novela, película)* sequel; **a c.** next; **¡a c., para todos ustedes, la gran cantante...!** and now, we bring you the great singer...!; **a c. de** after, following

continuador, -ora 1 *adj* continuing

2 *nm,f* continuator

continuamente *adv* (**a**) *(con repetición)* continually (**b**) *(sin interrupción)* continuously

continuar [4] **1** *vt* to continue, to carry on with

2 *vi* to continue, to go on; **c. haciendo algo** to continue doing *o* to do sth; **continúa lloviendo** it's still raining; **continuará** *(historia, programa)* to be continued

3 continuarse *vpr* to continue

continuidad *nf* (**a**) *(en una sucesión)* continuity (**b**) *(permanencia)* continuation; *Formal* **sin solución de c.** without stopping

continuista *nmf Pol* supporter of the status quo

continuo, -a *adj* (**a**) *(ininterrumpido)* continuous; **las continuas lluvias**

obligaron a suspender el partido the constant *o* continual rain forced them to call off the match; **de c.** continually (**b**) *(perseverante)* continual; **me irritan sus continuas preguntas** her continual questioning irritates me

contonearse *vpr (hombre)* to swagger; *(mujer)* to swing one's hips

contoneo *nm (de hombre)* swagger; *(de mujer)* sway of the hips

contornear *vt (seguir el contorno de)* to go round; *(perfilar)* to outline

contorno *nm* (**a**) *Mat* contour; *(línea)* outline; **c. de cintura** waist (measurement); **c. de pecho** bust (measurement); **el c. accidentado de la isla** the ragged coastline of the island (**b**) **contornos** *(vecindad)* neighbourhood; *(de una ciudad)* outskirts

contorsión *nf* contortion

contorsionarse *vpr (retorcerse)* to do contortions; *(de dolor)* to writhe

contorsionista *nmf* contortionist

Contra *nf (abrev de* **contrarrevolución***) Pol* **la C.** the Contras

contra 1 *prep* (**a**) *(opuesto a)* against; **un jarabe c. la tos** a cough syrup; **en c.** against; **estar en c. de algo, estar c. algo** to be opposed to sth; **en c. de** *(a diferencia de)* contrary to; **eso va c. el reglamento** that's against regulations (**b**) *(junto a)* against; **se apoyó contra el muro** she leant against the wall

2 *nm* **los pros y los contras** the pros and cons

contraalmirante, contralmirante *nm Mil* rear admiral

contraanálisis *nm (de orina, sangre)* **el jugador pidió un c.** the player asked for the second sample to be tested

contraatacar [59] *vi* to counterattack

contraataque *nm* (**a**) *(reacción)* counterattack (**b**) *Dep* counterattack; *(en baloncesto)* fast break

contrabajo 1 *nm (instrumento)* double-bass

2 *nmf (instrumentista)* double-bass player

contrabandista *nmf* smuggler

contrabando *nm (acto)* smuggling; *(mercancías)* contraband; **tabaco de c.** contraband cigarettes; **pasar algo de c.** to smuggle sth in ▫ ***c. de armas*** gunrunning

contracción *nf también Ling & Med* contraction

contracepción *nf* contraception

contraceptivo, -a *adj* contraceptive

contrachapado, -a 1 *adj* (made of) plywood

2 *nm* plywood

contracorriente *nf* crosscurrent; **ir a c.** to go against the current *o* tide

contráctil *adj* contractile

contracto, -a *adj Gram* contracted

contractual *adj* contractual

contractura *nf (muscular)* cramp

contracturado, -a *adj RP* **la pierna está contracturada** he's got cramp in his leg

contracultura *nf* counter-culture

contracultural *adj* counter-culture; **una corriente c.** a counter-culture movement

contradecir [51] **1** *vt* to contradict

2 contradecirse *vpr* to contradict oneself

contradicción *nf* contradiction; **estar en c. con** to be in (direct) contradiction to; **¿una agresión pacífica? ¡eso es una c.!** a peaceful attack? that's a contradiction in terms!

contradice *etc ver* **contradecir**

contradicho, -a *participio ver* **contradecir**

contradictorio, -a *adj* contradictory

contradigo *etc ver* **contradecir**

contraer [66] **1** *vt* (**a**) *(encoger)* to contract (**b**) *(vicio, costumbre, deuda, obligación)* to acquire (**c**) *(enfermedad)* to catch (**d**) **c. matrimonio (con)** to get married (to)

2 contraerse *vpr* to contract

contraespionaje *nm* counterespionage

contrafuerte *nm* (**a**) *Arquit* buttress (**b**) *(del calzado)* heel reinforcement (**c**) *Geog* spur

contragolpe *nm* counter-attack

contrahecho, -a *adj* deformed

contraindicación *nf (en medicamento)* **contraindicaciones: embarazo, diabetes** not to be taken during pregnancy or by diabetics

contraindicado, -a *adj* **este medicamento está c. en pacientes diabéticos** this medicine should not be taken by diabetic patients

contraindicar *vt (médico)* to advise against

contrainsurgente *adj & nmf* counterinsurgent

contralmirante = **contraalmirante**

contralor *nm Chile, Méx, RP* = inspector of public spending

contraloría *nf Chile, Méx, RP* = office controlling public spending

contralto 1 *nm (voz)* contralto

2 *nmf (cantante)* counter tenor, *f* contralto

contraluz *nm (iluminación)* back lighting; **a c.** against the light; **vista a c., parece un león** in silhouette it looks like a lion; **pintó un c. de los árboles al atardecer** she painted the trees silhouetted against the sunset

contramaestre *nm* (**a**) *Náut* boatswain; *Mil* warrant officer (**b**) *(capataz)* foreman

contramano: a contramano *loc adv (en sentido contrario)* the wrong way

contramedida *nf* countermeasure

contraofensiva *nf* counteroffensive

contraoferta *nf* counter offer

contraorden *nf* countermand

contrapartida *nf* compensation; **como c.** to make up for it

contrapelo: a contrapelo *loc adv (acariciar)* the wrong way; *Fig* **su intervención iba a c. del resto** his remarks went against the general opinion; *Fig* **vivir a c.** to have an unconventional lifestyle

contrapesar *vt* (**a**) *(físicamente)* to counterbalance (**b**) *(contrarrestar)* to compensate for

contrapeso *nm* (**a**) *(en ascensores, poleas)* counterweight (**b**) *(fuerza que iguala)* counterbalance

contraplano *nm Cine* reverse shot

contraponer [50] **1** *vt* (**a**) *(oponer)* **a su postura intransigente contrapusimos una más flexible** we responded to his intransigence by suggesting greater flexibility (**b**) *(cotejar)* to compare

2 contraponerse *vpr* to be opposed; **su intransigencia se contrapone al deseo de paz de la población** his unyielding attitude contrasts with the nation's desire for peace

contraportada *nf (de periódico, revista)* back page; *(de libro, disco)* back cover

contraposición *nf* (**a**) *(oposición)* conflict; **en c. con** in contrast to (**b**) *(comparación)* comparison; **en c. con** in comparison with

contraproducente *adj* counterproductive

contraprogramación *nf TV* competitive scheduling

contrapuesto, -a 1 *participio ver* **contraponer**

2 *adj* conflicting

contrapuntear 1 *vi* (**a**) *Andes, RP, Ven (cantar)* to sing improvised verses (**b**) *Carib, RP (rivalizar)* to compete

2 contrapuntearse *vpr Andes, Carib (enfadarse)* to quarrel, to argue

contrapunteo *nm Andes, Carib (disputa)* quarrel, argument

contrapunto *nm* (**a**) *Mús* counterpoint (**b**) *(contraste)* contrast (**c**) *Andes, RP, Ven (desafío poético)* = contest in which poetry is improvised to a musical accompaniment

contrariado, -a *adj* upset

contrariamente *adv* **c. a** contrary to

contrariar [32] *vt* (**a**) *(contradecir)* to go against (**b**) *(disgustar)* to upset

contrariedad *nf* (**a**) *(dificultad)* setback (**b**) *(disgusto)* annoyance; **¡qué c.!** how annoying! (**c**) *(oposición)* contrary *o* opposing nature

CONTRARIO, -A 1 *adj* (**a**) *(opuesto) (dirección, sentido, idea)* opposite; *(opinión)* contrary; **soy c. a las corridas de toros** I'm opposed to bullfighting; **mientras no se demuestre lo c., es inocente** she's innocent until proved otherwise; **de lo c.** otherwise; **respeta a tu madre o de lo c. tendrás que marcharte** show your mother some respect, otherwise you'll have to go; **todo lo c.** quite the contrary;

¿estás enfadado con él? — todo lo c., nos llevamos de maravilla are you angry with him? – quite the contrary *o* not at all, we get on extremely well; **ella es muy tímida, yo soy todo lo c.** she's very shy, whereas I'm the total opposite
(**b**) *(desfavorable, perjudicial)* **es c. a nuestros intereses** it goes against our interests; **el abuso de la bebida es c. a la salud** drinking is bad for your health
(**c**) *(rival)* opposing; **el equipo c. no opuso resistencia** the opposing team *o* opposition didn't put up much of a fight; **el diputado se pasó al bando c.** the MP left his party and joined their political opponents, *Br* the MP crossed the floor of the House
2 *nm,f (rival)* opponent
3 *nm* (**a**) *(rival)* opponent
(**b**) *(opuesto)* opposite; **al c.** on the contrary; **al c. de lo que le dijo a usted** contrary to what he told you; **no me disgusta, al c., me encanta** I don't dislike it, quite the contrary in fact, I like it; **al c. de mi casa, la suya tiene calefacción central** unlike my house, hers has central heating; **no me importa, antes al c., estaré encantado de poder ayudar** I don't mind, on the contrary *o* indeed I'll be delighted to be able to be of help; **no queremos que se vaya, por el c., queremos que se quede** we don't want her to go, on the contrary, we want her to stay; **este modelo, por el c., consume muy poco** this model, by contrast, uses very little; **este año, por el c., no hemos tenido pérdidas** this year, on the other hand, we haven't suffered any losses
4 *nf* EXPR **llevar la contraria** to be awkward *o* contrary; **¡siempre me está llevando la contraria!** *(verbalmente)* she's always contradicting me!; *(con acciones)* she always does the opposite of what I tell her!

---

contrarreembolso *nm* cash on delivery

Contrarreforma *nf Hist* Counter-Reformation

contrarreloj 1 *adj inv Dep* **etapa c.** time trial; *Fig* **trabajar a c.** to work against the clock
2 *nf Dep* time trial ❑ ***c. individual*** individual time trial; ***c. por equipos*** team time trial

contrarrelojista *nmf Dep* time trial specialist

contrarremboIso *nm* cash on delivery

contrarréplica *nf* reply; **en su c., el ministro dijo que...** the minister countered that...

contrarrestar *vt (neutralizar)* to counteract

contrarrevolución *nf* counterrevolution

contrarrevolucionario, -a *adj & nm,f* counterrevolutionary

contrasentido *nm* **hacer/decir eso es un c.** it doesn't make sense to do/say that

contraseña *nf también Informát* password

contrastar 1 *vi* to contrast (**con** with)
2 *vt (comprobar)* to check, to verify; **c. opiniones** to compare opinions

contraste *nm* (**a**) *(diferencia)* contrast; **en c. con** *(a diferencia de)* in contrast with *o* to; *(comparado con)* in comparison with (**b**) *(comprobación)* verification, checking; **tras un c. de opiniones...** after canvassing people's opinions...

contrata *nf Der* (fixed-price) contract

contratación *nf* (**a**) *(de personal)* hiring ❑ ***c. temporal*** hiring on temporary contracts (**b**) *(actividad)* **una empresa de c. artística** a theatrical agency ❑ ***c. de obras*** (building) contracting

contratante *nmf* contracting party

contratar *vt* (**a**) *(obreros, personal, detective)* to hire; *(deportista)* to sign (**b**) *(servicio, obra, mercancía)* **c. algo a alguien** to contract for sth with sb

contraterrorismo *nm* counterterrorism

contraterrorista *adj* counterterrorist

contratiempo *nm (accidente)* mishap; *(dificultad)* setback

contratista *nmf* contractor ❑ ***c. de obras*** building contractor

contrato *nm* contract; **bajo c.** under contract; **por c.** contractually ❑ ***c. administrativo*** administrative contract; ***c. de alquiler*** lease, leasing agreement; ***c. de aprendizaje*** apprentice contract; ***c. de arrendamiento*** lease; ***c. basura*** short-term contract *(with poor conditions)*; ***c. blindado*** golden parachute, cast-iron contract; ***c. de compraventa*** contract of sale; ***c. fijo*** *o* ***indefinido*** permanent contract; ***c. laboral*** work contract; ***c. matrimonial*** marriage contract; ***c. mercantil*** commercial contract; ***c. en prácticas*** work-experience contract; ***c. temporal*** temporary *o* short-term contract; ***c. de trabajo*** work contract; ***c. verbal*** verbal contract

contravención *nf* contravention, violation; **en c. de** in contravention *o* violation of

contraveneno *nm* antidote

contravenir [69] *vt* to contravene

contraventana *nf* shutter

contraventor, -ora *nm,f Der* contravener, violator

contrayente *nmf Formal* bridegroom, groom, *f* bride; **los contrayentes** the bride and groom

contribución *nf* (**a**) *(aporte)* contribution (**b**) *(impuesto)* tax; **contribuciones** taxes, taxation; **exento de contribuciones** tax-exempt ❑ ***c. directa/indirecta*** direct/indirect tax; ***c. urbana*** = tax for local services, *Br* ≃ council tax

contribuir [34] *vi* (**a**) *(aportar)* to contribute (**a** to); **c. con algo para** to contribute sth towards (**b**) *(pagar impuestos)* to pay taxes

contribuyente *nmf* taxpayer

contrición *nf* contrition

contrincante *nmf* rival, opponent

contrito, -a *adj* (**a**) *(arrepentido)* contrite (**b**) *(triste, compungido)* downcast

control *nm* (**a**) *(dominio, mando)* control; **bajo c.** under control; **fuera de c.** out of control; **perder el c.** *(perder la calma)* to lose one's temper ❑ *Econ* ***c. de cambios*** foreign exchange regulation; ***c. de la natalidad*** birth control; ***c. remoto*** remote control
(**b**) *(verificación)* examination, inspection; **(bajo) c. médico** (under) medical supervision ❑ *Informát* ***c. de acceso*** access control; **el c. de acceso al edificio** the system controlling access to the building; ***c. antidoping*** dope *o* drugs test; ***c. de calidad*** quality control
(**c**) *(de policía)* checkpoint ❑ ***c. de pasaportes*** passport control
(**d**) *(examen)* test, *US* quiz
(**e**) *Dep (del balón)* control; **tiene un buen c.** he's got good control

controlado, -a *adj* controlled; **está todo c.** everything is under control

controlador, -ora *nm,f* (**a**) *(persona, aparato)* controller ❑ ***c. aéreo*** air-traffic controller (**b**) *Informát* driver ❑ ***c. de disco*** disk driver; ***c. de impresora*** printer driver

controlar 1 *vt* (**a**) *(dominar)* to control; **c. la situación** to be in control of the situation (**b**) *(comprobar)* to check (**c**) *(vigilar)* to watch, to keep an eye on; **la policía controla todos sus movimientos** the police watch his every move; **nos controlan la hora de llegada** they keep a check on when we arrive
2 *vi Fam (saber)* to know (**de** about)
3 controlarse *vpr* to control oneself

controversia *nf* controversy

controvertido, -a *adj* controversial

contubernio *nm Pey (alianza)* conspiracy, ring

contumacia *nf* obstinacy, stubbornness

contumaz *adj* stubborn, obstinate

contundencia *nf* (**a**) *(de golpes)* force (**b**) *(de palabras, argumentos)* forcefulness

contundente *adj* (**a**) *(arma, objeto)* blunt (**b**) *(golpe)* heavy (**c**) *(razonamiento, argumento)* forceful, convincing

contundentemente *adv* (**a**) *(golpear)* hard (**b**) *Fig (responder, argumentar)* convincingly

conturbar *vt Formal* to trouble, to perturb

contusión *nf* bruise

contusionar *vt* to bruise

contuso, -a 1 *adj* bruised
2 *nm,f* injured person

contuviera *etc ver* **contener**

conuco *nm* (**a**) *Col, Ven (casa y terreno)* small farm, *Br* smallholding (**b**) *Cuba, RDom (parcela)* small plot of land

conurbación *nf* conurbation

conurbano *nm RP* suburbs

convalecencia *nf* convalescence

convalecer [46] *vi* to convalesce (**de** after)

convaleciente *adj* convalescent

convalidación *nf (de estudios, título)* recognition; *(de asignaturas)* validation

convalidar *vt (estudios, título)* to recognize; *(asignaturas)* to validate

convección *nf Fís* convection

convector *nm* convector ❑ ***c. de aire caliente*** convection heater

CONVENCER [40] **1** *vt* (**a**) *(persuadir)* to convince; **si convenzo a mi hermano, iré con su moto** I'll take my brother's motorbike, if I can persuade him to lend me it *o* if I can talk him into lending me it; **c. a alguien de algo** to convince sb of sth; **no le convencieron de que era la mejor idea** they were unable to convince *o* persuade her that it was the best idea; **lo convencí para que me dejara ir a la fiesta** I convinced *o* persuaded him to let me go to the party; **quisimos animarle a que viniera con nosotros, pero no se dejó c.** we tried to encourage him to come with us but were unable to convince him
(**b**) *(satisfacer)* **me convence esta lavadora, la voy a comprar** I like the sound of this washing machine, I'm going to buy it; **su última película no ha convencido a la crítica** her latest film didn't impress the critics, the critics didn't think much of her latest film; **esta manera de hacer las cosas no me convence lo más mínimo** I'm not at all sure that this is the right way to go about it; **es barato, pero no me acaba de c.** *o* **no me convence del todo** it's certainly cheap, but I'm not too sure about it; **tus amigos no me convencen** I'm not too keen on your friends
2 *vi* **su explicación no convenció** his explanation wasn't convincing; **allá donde va, convence** wherever she goes, she creates a good impression; **a pesar de ganar, el equipo no convenció** although they won, the team failed to impress
3 convencerse *vpr* (**a**) *(estar seguro)* **convencerse de** to become convinced of; **me convencí de que decía la verdad** I became convinced *o* I came to believe that she was telling the truth
(**b**) *(aceptar)* **a pesar de haberlo leído en la prensa, no quiere convencerse** despite having read it in the press, she still refuses to believe it; **convéncete, no conseguirás nada actuando así** believe (you) me, you won't get anywhere behaving like that; **convencerse de** to become convinced of; **finalmente se convenció de que tenía que dejar de fumar** he finally came to accept that he had to give up smoking; **me convencí de mi error** I realized my mistake

convencimiento *nm* (**a**) *(certeza)* conviction; **llegar al/tener el c. de algo** to become/be convinced of sth (**b**) *(acción)* convincing

convención *nf* convention

convencional *adj* conventional

convencionalismo *nm* conventionality

convenido, -a *adj* agreed; **hicieron lo c.** they did what they'd agreed

conveniencia *nf* (**a**) *(utilidad)* usefulness; *(oportunidad)* suitability (**b**) *(interés)* convenience; **sólo mira su c.** he only looks after his own interests; **un matrimonio de c.** a marriage of convenience

conveniente *adj* (**a**) *(útil)* useful; *(oportuno)* suitable, appropriate; *(lugar, hora)* convenient (**b**) *(aconsejable)* advisable; **sería c. asistir** it would be a good idea to go; **creer** *o* **juzgar c.** to think *o* see fit

convenio *nm* agreement ❑ *Ind* ***c. colectivo*** collective agreement; ***c. salarial*** wage agreement *o* settlement

convenir [69] **1** *vi* (**a**) *(venir bien)* to be suitable; **no te conviene hacerlo** you shouldn't do it; **este horario me conviene** these hours suit me (**b**) *(ser aconsejable)* **conviene analizar la situación** it would be a good idea to analyse the situation (**c**) *(acordar)* **c. en** to agree on
2 *vt* to agree on

conventillero, -a *nm,f Andes, RP* gossip

conventillo *nm Andes, RP* tenement house

convento *nm (de monjas)* convent; *(de monjes)* monastery

conventual *adj* **la vida c.** *(de monjas)* convent life; *(de monjes)* monastic life

convenzo *etc ver* **convencer**

convergencia *nf* (**a**) *(unión)* convergence (**b**) *Fís (de lente)* power

convergente *adj* converging, convergent

converger [52] *vi* to converge (**en** on)

conversación *nf* conversation; **dar c. a alguien** to keep sb talking; **cambiar de c.** to change the subject; **trabar c.** to strike up a conversation; **conversaciones** *(contactos)* talks

conversada *nf Am* chat

conversador, -ora 1 *adj* talkative
2 *nm,f* conversationalist

conversar *vi* to talk, to converse

conversión *nf* conversion ❑ *Informát* ***c. de archivos*** file conversion; *Informát* ***c. de datos*** data conversion

converso, -a 1 *adj* converted
2 *nm,f* convert

convertibilidad *nf Econ* convertibility

convertible 1 *adj* convertible
2 *nm (automóvil)* convertible

convertidor *nm Elec* converter

convertir [25] **1** *vt* (**a**) *Rel* to convert (**a** to) (**b**) *(transformar)* **c. algo/a alguien en** to convert sth/sb into, to turn sth/sb into; **convirtió la tienda en bar** she converted the shop into a bar; **convirtió al príncipe en rana** she turned the prince into a frog
2 convertirse *vpr* (**a**) *Rel* to convert (**a** to) (**b**) *(transformarse)* **convertirse en** to become, to turn into

convexidad *nf* convexity

convexo, -a *adj* convex

convicción *nf* conviction; **tener la c. de que** to be convinced that; **convicciones** *(principios)* convictions, principles

convicto, -a *adj* convicted; **c. y confeso** guilty in fact and in law

convidado, -a *nm,f* guest; *Fig* **estuvo en la cena como el c. de piedra** he sat through the whole meal without saying a word

convidar 1 *vt (invitar)* to invite; **c. a alguien a una copa** to stand *o* buy sb a drink; **me convidaron a comer en su casa** they invited me round for a meal
2 *vi (mover, incitar)* **el buen tiempo convida a salir** this good weather makes you want to get out

conviene *etc ver* **convenir**

convierto *etc ver* **convertir**

convincente *adj* convincing

conviniera *etc ver* **convenir**

convite *nm* (**a**) *(invitación)* invitation (**b**) *(fiesta)* banquet

convivencia *nf* (**a**) *(de personas)* living together (**b**) *(de grupos sociales)* coexistence

conviviente *nmf* partner

convivir *vi* (**a**) *(personas)* to live together; **c. con** to live with (**b**) *(grupos sociales)* to coexist, to live side by side

convocar [59] *vt (reunión)* to convene; *(huelga, elecciones)* to call

convocatoria *nf* (**a**) *(anuncio, escrito)* notice; **llamar a c.** to summon ❑ ***c. de huelga*** strike call; **hacer una c. de huelga** to call a strike (**b**) *(de examen)* examination session; **tengo el inglés en cuarta c.** I have to retake my English exam for the third time

convocatorio, -a *adj* convening, summoning

convoy (*pl* **convoyes**) *nm* (**a**) *(de barcos, camiones)* convoy (**b**) *(tren)* train

convoyarse *vpr Ven (confabularse)* to conspire, to connive

convulsión *nf* (**a**) *(de músculos)* convulsion (**b**) *(de tierra)* tremor (**c**) *(política, social)* **un periodo de convulsiones** a period of upheaval

convulsionar *vt (sociedad)* to throw into upheaval

convulsivo, -a *adj* convulsive

convulso, -a *adj* convulsed

conyugal *adj* conjugal, marital; **el hogar c.** the marital home; **vida c.** married life

cónyuge *nmf* spouse; **los cónyuges** husband and wife

coña *nf Esp muy Fam* (**a**) *(guasa)* joke; **está de c.** she's joking; **¡ni de c.!** no way!, not on your life! (**b**) *(casualidad)* **acertó de c.** he got it right by chance (**c**) *(molestia)* drag, pain; **dar la c. a alguien** to pester sb

coñá, coñac (*pl* **coñacs**) *nm* brandy, cognac

coñazo *nm Esp muy Fam* pain, drag; **ser un c.** *(aburrido)* to be really boring; *(pesado)* to be a pain; EXPR **dar el c.** to be a pain; EXPR **dar el c. a alguien para que haga algo** to go on at sb to do sth

coño *Esp Vulg* **1** *nm* (**a**) *(vulva)* cunt; EXPR **no me sale del c.** I can't be fucking bothered, *Br* I can't be arsed (**b**) *(para enfatizar)* **¿dónde/qué c....?** where/what the fuck...?
2 *interj* (**a**) *(enfado)* **¡c.!** for fuck's sake! (**b**) *(sorpresa)* **¡c.!** fucking hell!

cooperación *nf* cooperation

cooperador, -ora *adj* cooperative

cooperante 1 *adj* cooperating
2 *nmf* (overseas) volunteer worker

cooperar *vi* to cooperate; **cooperó con nosotros en nuestro primer proyecto** he worked with us on our first project

cooperativa *nf* cooperative ❑ ***c. agrícola*** farming cooperative; ***c. de viviendas*** housing cooperative

cooperativismo *nm* cooperative movement

cooperativista 1 *adj* **economía c.** economy based on cooperatives; **movimiento c.** cooperative movement
2 *nmf* member of a cooperative

cooperativo, -a *adj* cooperative

coordenada *nf* coordinate ❑ *Mat* ***coordenadas cartesianas*** Cartesian coordinates

coordinación *nf* coordination

coordinado, -a *adj* coordinated

coordinador, -ora 1 *adj* coordinating
2 *nm,f* coordinator

coordinadora *nf (organización)* grouping

coordinar 1 *vt* (**a**) *(movimientos, gestos)* to coordinate (**b**) *(esfuerzos, medios)* to combine, to pool; **ella coordina los intercambios universitarios** she is in charge of university exchanges
2 *vi Fam* to think straight

copa *nf* (**a**) *(vaso)* glass; **una c. de vino** a glass of wine; **beber una c. de más** to have a drink too many; **ir de copas** to go out drinking; **¿quieres (tomar) una c.?** would you like (to have) a drink?
(**b**) *(de árbol)* top; EXPR **una mentira como la c. de un pino** a whopper (of a lie); EXPR **un penalti como la c. de un pino** a blatant penalty
(**c**) *(trofeo, competición)* cup ❑ ***la C. del América*** the America's Cup; ***la C. Davis*** the Davis Cup; ***la C. de Europa*** the European Cup; ***la C. Libertadores*** = soccer competition for all South American countries; ***la C. del Rey*** = Spanish soccer cup competition, *Br* ≃ the FA Cup; ***la C. de la UEFA*** the UEFA Cup
(**d**) *(de sombrero)* crown
(**e**) *(de sostén)* cup
(**f**) *(naipe)* = any card in the copas suit; **copas** = suit in Spanish deck of cards, with the symbol of a goblet

copaiba *nf* (**a**) *(bálsamo)* copaiba (balsam o resin) (**b**) *(árbol)* copaiba tree

copal *nm* West Indian locust-tree

copar *vt (llenar)* to fill; **los amigos del presidente han copado todos los puestos** all the positions have been filled by the president's friends; **las mejores horas están ya copadas** the best times are already taken

coparticipación *nf* copartnership

copartícipe *nmf (en empresa)* partner; *(en actividad)* participant

copear *vi* to have a few drinks

Copenhague *n* Copenhagen

copeo *nm* drinking; **ir de c.** to go out drinking

copero, -a *adj Dep* **un equipo c.** a good cup team; **partido c.** cup tie

copete *nm* (**a**) *(de ave)* crest (**b**) *(de pelo)* tuft (**c**) EXPR *Fam* **de alto c.** posh; *RP* **estoy hasta el c. de** *(harto)* I've had it up to here with, I'm sick of; *RP* **estoy hasta el c. de trabajo** I'm up to my eyes in work

copetín *nm Am* cocktail

copetón, -ona 1 *adj* (**a**) *Am (ave)* tufted, crested (**b**) *Col Fam (achispado)* tipsy
2 *nm Col (ave)* crested sparrow

copetona *nf Méx* elegant woman

copetuda *nf* (**a**) *(ave)* skylark (**b**) *Cuba (planta)* marigold

copia *nf* (**a**) *(reproducción)* copy; **hacer una c. de algo** to duplicate sth; **sacar una c.** to make a copy ❑ *Informát* ***c. impresa*** printout; ***c. en limpio*** fair copy; ***c. de seguridad*** backup; **hacer una c. de seguridad** to back up (**b**) *(de disco, libro)* copy (**c**) *(acción)* copying (**d**) *(persona)* (spitting) image (**e**) *(de fotografía)* copy; **quería dobles copias de este carrete, por favor** I'd like an extra set of prints of this film, please ❑ *Fot* ***c. de contacto*** contact print

copiador, -ora *adj* copying

copiadora *nf (máquina)* photocopier

copiapino, -a 1 *adj* of/from Copiapó
2 *nm,f* person from Copiapó

copiar 1 *vt* (**a**) *(reproducir)* to copy; **copió lo que yo iba diciendo** he took down what I was saying; **copia siempre todo lo que hago** she always copies everything I do (**b**) *Informát* to copy; **c. y pegar algo** to copy and paste sth
2 *vi (en examen)* to cheat, to copy
3 copiarse *vpr* to copy; **copiarse de alguien** to copy sb

copichuela *nf Fam* drink

copihue *nm* Chilean bellflower

copiloto *nmf* copilot

copión, -ona *nm,f Fam (imitador)* copycat; *(en examen)* cheat

copiosamente *adv (llover)* heavily; *(sudar)* profusely; **comer c.** to eat a lot; **llorar c.** to cry one's eyes out

copiosidad *nf* copiousness

copioso, -a *adj* abundant

copista *nmf* copyist

copistería *nf (tienda)* copy shop

copla *nf* (**a**) *(canción)* folk song, popular song; *Fig* **ya está otra vez con la misma c.** he's back on his hobbyhorse (**b**) *(estrofa)* verse, stanza

copo *nm* (**a**) *(de nieve, cereales)* flake ❑ ***copos de avena*** rolled oats; ***copos de maíz*** cornflakes; ***c. de nieve*** snowflake (**b**) *(de algodón)* ball (**c**) *RP (de nubes)* bank (**d**) *Col, Ven (de árbol)* treetop

copón *nm muy Fam* **un lío del c.** a hell of a mess; **nos lo pasamos del c.** we had a hell of a good time

copra *nf* copra

coprocesador *nm Informát* coprocessor ❑ ***c. matemático*** maths coprocessor

coproducción *nf* coproduction, joint production

coproducir *vt* to coproduce

coprolito *nm* coprolite

copropiedad *nf* timesharing

copropietario, -a *nm,f* co-owner, joint owner

coprotagonista *nmf* co-star

coprotagonizar *vt* to co-star in

copto, -a 1 *adj* Coptic
2 *nm (lengua)* Coptic

cópula *nf* (**a**) *(sexual)* copulation (**b**) *Gram* copula

copular *vi* to copulate

copulativo, -a *adj Gram* copulative

copyright [kopi'rrait] *nm* copyright

coque *nm* coke

coquear *vi Andes, Arg* to chew coca leaves

coqueta *nf (tocador)* dressing table

coquetear *vi también Fig* to flirt

coqueteo *nm* flirtation

coquetería *nf* coquetry

coqueto, -a *adj* (**a**) *(persona) (que flirtea)* flirtatious; *(que se arregla mucho)* concerned with one's appearance (**b**) *(cosa)* charming, delightful

coquetón, -ona *adj Fam (agradable)* attractive, charming

coquina *nf* lumachelle

coquito *nm* (**a**) *Méx (ave)* turtledove (**b**) *CAm, Méx (árbol)* coquito palm

coraje *nm* (**a**) *(valor)* courage (**b**) *(rabia)* anger; **me da mucho c.** it makes me furious

corajudo, -a *adj (valiente)* brave

coral 1 *adj* choral
2 *nm* (**a**) *(animal)* coral ❑ ***c. blanco/rojo*** white/red coral (**b**) *(composición)* chorale (**c**) *Cuba (arbusto)* coral tree
3 *nf (coro)* choir

coralino, -a, coralífero, -a *adj* coral

Corán *nm Rel* **el C.** the Koran

coránico, -a *adj Rel* Koranic

coraza *nf* (**a**) *(de soldado)* cuirass (**b**) *(de tortuga)* shell (**c**) *(protección)* shield

corazón *nm* (**a**) *(de persona, animal)* heart; EXPR **con el c. en la mano** frankly, openly; **de (todo) c.** from the bottom of one's heart, quite sincerely; **¡Ana de mi c.!** Ana, sweetheart!; **padecer del c.** to have heart trouble; **en pleno c. de la ciudad** right in the heart of the city; **a c. abierto** *(operación)* open-heart; EXPR **no tener c.** to have no heart, to be heartless; *Fig* **se me**

encoge el c. al ver... it breaks my heart to see...; EXPR **romper** *o* **partir el c. a alguien** to break sb's heart; EXPR **tener buen c.** to be kindhearted; EXPR **tener un c. de oro** to have a heart of gold
(**b**) *(de frutas)* core; **sácale el c. a la manzana** core the apple
(**c**) **(dedo) c.** middle finger
(**d**) *Rel* **Sagrado C.** Sacred Heart
(**e**) *(naipe)* heart; **corazones** hearts

corazonada *nf* (**a**) *(presentimiento)* feeling, hunch; **tengo la c. de que va a venir** I have a feeling *o* hunch she'll come (**b**) *(impulso)* sudden impulse

corbata *nf* tie; EXPR *muy Fam* **tenerlos de** *o* **por c.** to be scared stiff, *Br* to be bricking it ▫ ***c. de*** *Ven* ***lacito*** *o Méx* ***moño*** *o Esp* ***pajarita*** bow tie

corbatín *nm Col (corbata de pajarita)* bow tie

corbeta *nf Mil* corvette

Córcega *n* Corsica

corcel *nm* steed

corchea *nf Mús Br* quaver, *US* eighth note

corchera *nf* lane marker *(in swimming pool)*

corchete *nm* (**a**) *(broche)* hook and eye (**b**) *(signo ortográfico)* square bracket (**c**) *Chile (grapa)* staple

corchetear *vt Chile* to staple

corchetera *nf Chile* stapler

corcho *nm* cork; **sacar el c. a una botella** to uncork a bottle

corcholata *nf Méx* (metal) bottle top

córcholis *interj* **¡c.!** good heavens!

corcova *nf* hump

corcovado, -a *nm,f* hunchback

cordada *nf* = roped party of mountaineers

cordado *adj & nm Zool* chordate

cordaje *nm* (**a**) *(de guitarra, raqueta)* strings (**b**) *Náut* rigging

cordal *nm Mús* tailpiece

cordel *nm* cord; **a c.** in a straight line

cordelería *nf (tienda)* = shop selling rope, string etc

cordelero, -a *nm,f (fabricante)* rope maker

cordero, -a *nm,f también Fig* lamb ▫ *Rel* ***c. de Dios*** Lamb of God; ***c. lechal*** suckling lamb

cordial *adj* cordial; **un c. saludo** *(en carta)* best regards

cordialidad *nf* cordiality

cordialmente *adv (afectuosamente)* cordially; *(en una carta)* sincerely

cordillera *nf* mountain range; *RP* **la C.** *(los Andes)* the southern Andes ▫ ***la C. Cantábrica*** the Cantabrian Mountains

cordillerano, -a *adj & nm,f* Andean

córdoba *nm (moneda)* cordoba

cordobán *nm* cordovan

cordobés, -esa 1 *adj* of/from Cordoba
2 *nm,f* person from Cordoba

cordón *nm* (**a**) *(cuerda) & Anat* cord; *(de zapato)* lace ▫ ***c. umbilical*** umbilical cord (**b**) *(cable eléctrico)* flex (**c**) *(para protección, vigilancia)* cordon ▫ ***c. sanitario*** cordon sanitaire (**d**) *(de personas)* cordon ▫ ***c. policial*** police cordon (**e**) **aparcar en c.** to park end-to-end (**f**) *Chile, Cuba, RP (de la acera)* kerb

cordoncillo *nm* (**a**) *(de tela)* rib, cord (**b**) *(de una moneda)* milling

cordura *nf* (**a**) *(juicio)* sanity (**b**) *(sensatez)* sense

Corea *n* Korea ▫ ***C. del Norte*** North Korea; ***C. del Sur*** South Korea

corea *nf Med* chorea ▫ ***c. de Huntington*** Huntington's chorea

coreana *nf (abrigo)* parka, snorkel jacket

coreano, -a *adj & nm,f* Korean

corear *vt (exclamando)* to chorus; *(cantando)* to sing

coreografía *nf* choreography

coreógrafo, -a *nm,f* choreographer

coriandro *nm* coriander

corifeo *nm Fig* leader

corindón *nm* corundum

corintio, -a *adj & nm,f* Corinthian

corista 1 *nmf (en coro)* chorus singer
2 *nf (en cabaret)* chorus girl

cormorán *nm* cormorant

cornada *nf Taurom* = wound from bull's horns; **el torero recibió tres cornadas** the bullfighter was gored three times

cornamenta *nf* (**a**) *(de toro)* horns; *(de ciervo)* antlers (**b**) *Fam (de marido engañado)* cuckold's horns

cornamusa *nf* (**a**) *(trompeta)* hunting horn (**b**) *(gaita)* bagpipes (**c**) *Náut* cleat

córnea *nf* cornea

cornear *vt* to gore

corneja *nf* crow

cornejo *nm* dogwood

córneo, -a *adj* horny

córner (*pl* **córners**) *nm Dep* corner (kick)

corneta 1 *nf (instrumento)* bugle
2 *nmf (persona)* bugler

cornete *nm* (**a**) *(helado)* cornet, cone (**b**) *Anat* turbinate bone

cornetín 1 *nm (instrumento)* cornet
2 *nmf (persona)* cornet player

cornezuelo *nm (hongo)* **c. (del centeno)** (rye) ergot

cornflakes® ['konfleiks] *nmpl* Cornflakes®

cornisa *nf* (**a**) *(moldura, saliente)* cornice (**b**) *Geog* ledge, lead; **la c. cantábrica** the Cantabrian coast

corno *nm* (**a**) **c. (inglés)** *(instrumento)* cor anglais, English horn (**b**) *(árbol)* dogwood tree

Cornualles *n* Cornwall

cornucopia *nf* (**a**) *(espejo)* = small decorative mirror (**b**) *(cuerno)* cornucopia, horn of plenty

cornudo, -a 1 *adj* (**a**) *(animal)* horned (**b**) *Fam (marido)* cuckolded
2 *nm Fam (marido)* cuckold

coro *nm* (**a**) *(parte de iglesia)* choir (**b**) *(grupo de voces)* choir; **contestar a c.** to answer all at once; *Fig* **hacer c. a** to back up (**c**) *(de obra musical)* chorus

corola *nf Bot* corolla

corolario *nm* corollary

corona *nf* (**a**) *(de monarca)* crown (**b**) *(estado)* **la C. de España/Inglaterra** the Spanish/English Crown (**c**) *(de flores)* garland ▫ ***c. fúnebre*** funeral wreath; ***c. de laurel*** laurel wreath (**d**) *(de santos)* halo (**e**) *(moneda)* crown (**f**) *(solar)* corona ▫ ***c. solar*** (solar) corona

coronación, coronamiento *nf* (**a**) *(de monarca)* coronation (**b**) *(remate, colmo)* culmination

coronar *vt* (**a**) *(persona)* to crown (**b**) *(terminar)* to complete; *(culminar)* to crown, to cap (**c**) *(cima)* to reach; **coronaron el Everest** they reached the summit of Mt Everest

coronario, -a *adj Anat* coronary

coronel *nm Mil* colonel

coronilla *nf* crown (of the head); EXPR *Fam* **estar hasta la c. de algo/alguien** to be fed up to the back teeth with sth/sb

corotos *nmpl Carib* things, whatnots

corpachón *nm* big body, big frame

corpiño *nm* (**a**) *(de vestido, top)* bodice (**b**) *RP (sostén)* bra

corporación *nf* corporation ▫ ***corporaciones locales*** local authorities

corporal *adj (calor)* body; *(trabajo)* corporal; *(castigo)* bodily; *(daño)* physical

corporativismo *nm* = self-interested behaviour, especially of professional groups

corporativo, -a *adj* corporate

corpóreo, -a *adj* corporeal

corpulencia *nf* corpulence

corpulento, -a *adj* corpulent

corpus (*pl inv o* **corpora**) *nm* corpus

Corpus Christi ['korpus'kristi] *nm Rel* Corpus Christi

corpúsculo *nm* corpuscle

corral *nm* (**a**) *(para aves)* run; *(para cerdos, ovejas)* pen; **pollo/huevos de c.** free-range chicken/eggs (**b**) *Hist (para teatro)* = open-air theatre in courtyard (**c**) *(para niños)* playpen

corrala *nf* = building with several floors of small flats on running balconies round a central courtyard

corralón *nm RP (solar)* enclosed plot ▫ ***c. de materiales*** builder's yard

correa *nf* (**a**) *(de bolso, reloj)* strap; *(cinturón)* belt; *(de perro)* lead, leash (**b**) *Tec* belt ▫ ***c. de transmisión*** driving belt; ***c. del ventilador*** fan belt

correaje *nm* (**a**) *(de caballo)* harness (**b**) *(de soldado)* equipment belts

corrección *nf* (**a**) *(de error)* correction; *(de examen)* marking; *(de texto)* revision ▫ *Informát* ***c. de color*** colour correction; ***c. de pruebas*** proofreading (**b**) *(perfección)* correctness (**c**) *(de comportamiento)* correctness, courtesy ▫ ***c. política*** political correctness (**d**) *(reprimenda)* reprimand

correccional *nm* reformatory, reform school

correctivo, -a 1 *adj* corrective
2 *nm* punishment; **aplicar un c. a alguien** to punish sb

correcto, -a 1 *adj* (**a**) *(resultado, texto, respuesta)* correct (**b**) *(persona)* polite; *(conducta)* proper
2 *interj* **¡c.!** right!, ok!

corrector, -ora 1 *adj* corrective
2 *nm,f* **c. (de pruebas)** proofreader
3 *nm Informát **c. de estilo*** stylechecker; ***c. ortográfico*** spellchecker

corredera *nf* (**a**) *(ranura)* runner; **puerta c.** sliding door (**b**) *Arg Fam* **la c.** *(diarrea)* the runs

corredero, -a *adj* sliding

corredizo, -a *adj* **nudo c.** slipknot

corredor, -ora 1 *adj* running; **ave corredora** large flightless bird
2 *nm,f* (**a**) *(deportista)* runner ▫ ***c. de fondo*** long-distance runner, distance runner; EXPR **ser un c. de fondo** to have staying power (**b**) *Fin & Com (intermediario)* ***c. de apuestas*** bookmaker; ***c. de bolsa*** stockbroker; ***c. de comercio*** registered broker; ***c. de fincas*** land agent; ***c. de seguros*** insurance broker
3 *nm (pasillo)* corridor, passage

correduría *nf Com (de bolsa)* brokerage ▫ ***c. de seguros*** *(oficina)* insurance broker's

corregidor, -ora *nm,f Hist* = magistrate appointed by the king, especially in former Spanish colonies

corregir [55] **1** *vt* (**a**) *(error)* to correct; *(pruebas, galeradas)* to proofread; *(examen)* to mark (**b**) *(reprender)* to reprimand
2 corregirse *vpr* to change for the better

correlación *nf* correlation

correlacionar *vt* to correlate

correlativo, -a *adj* correlative

correligionario, -a *nm,f (en política, ideología)* person of the same ideological persuasion; *(en religión)* fellow believer; **Churchill y sus correligionarios** Churchill and his fellow conservatives

correntada *nf Andes, RP (de río)* strong current

correntoso, -a *adj Andes, RP (río)* swift, rapid

correo 1 *adj* **tren c.** mail train
2 *nm (sistema, cartas)* post, mail; **a vuelta de c.** by return (of post); **echar algo al c.** to post *o* mail sth; **mandar algo por c.** to send sth by post *o* mail ▫ ***c. aéreo*** airmail; ***c. certificado*** registered post *o* mail; ***c. comercial*** direct mail; *Informát **c. electrónico*** electronic mail, e-mail; *Informát* **me envió un c. (electrónico)** *(un mensaje)* she e-mailed me, she sent me an e-mail; *Informát* **me mandó la información por c. electrónico** she sent me the information by e-mail; ***c. urgente*** special delivery; *Informát **c. de voz*** voice mail

Correos *nm inv (organismo)* the Post Office

correoso, -a *adj (carne)* leathery, tough; *(pan)* chewy

CORRER 1 *vi* (**a**) *(persona, animal)* to run; **me gusta c. todas las mañanas** I like to go for a run every morning; **se fue corriendo** he ran off *o* away; **miles de fans corrieron al encuentro del cantante** thousands of fans ran to greet *o* meet the singer; **¡corre a pedir ayuda!** run for help!; **varias personas corrieron tras el asaltante** several people ran after the robber; EXPR *Fam* **corre que se las pela** she runs like the wind; **se marchó a todo c.** she ran off at full speed *o* pelt; **hay que acabar este trabajo a todo c.** we have to finish this job as quickly as possible; **cuando se enteró de la noticia, vino a todo c.** when she heard the news she came as quickly as she could *o* she came running; **echar a c.** to start running; EXPR *Fam* **el que no corre, vuela** you've got to be on your toes *o* quick around here
(**b**) *(apresurarse)* **¡corre, que vamos a perder el autobús!** hurry up, we're going to miss the bus!; **no corras, que te vas a equivocar** don't rush yourself, or you'll make a mistake; **cuando me enteré del accidente, corrí a visitarla** when I heard about the accident I went to visit her as soon as I could *o* I rushed to visit her; **estoy agotado, toda la mañana corriendo de aquí para allá** I'm exhausted, I've been rushing *o* running around· all morning; **corre, que va a empezar la película** quick, the film's about to start
(**c**) *(participar en una carrera) (atleta, caballo)* to run; *(ciclista)* to ride; **corre con una moto japonesa** he rides a Japanese motorbike; **corre con un coche italiano** he drives an Italian car
(**d**) *(conductor)* to drive fast; **no corras tanto, que vamos a tener un accidente** slow down *o* stop driving so fast, we're going to have an accident
(**e**) *(vehículo)* **el nuevo modelo corre todavía más** the new model is *o* goes even faster; **esta moto no corre nada** this motorbike can't go very fast at all
(**f**) *(río)* to flow; *(agua del grifo)* to run; *(camino)* to run; **la sangre corre por las venas** blood flows through the veins; **deja c. el agua (del grifo)** leave the *Br* tap *o US* faucet running; **la vía del tren corre junto al lago** the railway track runs alongside the lake
(**g**) *(viento)* to blow; **corría una ligera brisa** there was a gentle breeze, a gentle breeze was blowing
(**h**) *(el tiempo, las horas)* to pass, to go by; **esta última semana ha pasado corriendo** this last week has flown by
(**i**) *(transcurrir)* **corría el principio de siglo cuando...** it was around the turn of the century when...; **en los tiempos que corren nadie tiene un trabajo seguro** no one is safe in their job these days *o* in this day and age
(**j**) *(noticia)* to spread; **corre el rumor de que...** there's a rumour going about that...
(**k**) *(encargarse de)* **c. con** *(los gastos)* to bear; *(la cuenta)* to pay; **la organización de la cumbre corrió a cargo de las Naciones Unidas** the United Nations organized the summit, the United Nations took care of the organization of the summit; **la comida corre a cargo de la empresa** the meal is on the company; **esta ronda corre de mi cuenta** this round is on me, this is my round
(**l**) *(moneda)* to be legal tender
(**m**) *(sueldo, renta)* to be payable; **el alquiler corre desde principios de cada mes** the rent is payable at the beginning of each month
(**n**) *(venderse)* to sell; **este vino corre a mil pesetas la botella** this wine sells for a thousand pesetas a bottle
(**o**) *Fam Informát* to run; **el nuevo sistema operativo no correrá en modelos antiguos** the new operating system won't run on older models
2 *vt* (**a**) *(prueba, carrera) (a pie, a caballo)* to run; *(en coche, moto)* to take part in; **corrió los 100 metros** he ran the 100 metres; **correrá el Tour de Francia** he will ride in the Tour de France
(**b**) *(mover) (mesa, silla)* to move *o* pull up; **corre la cabeza, que no veo** move your head out of the way, I can't see
(**c**) *(cerrar) (cortinas)* to draw, to close; *(llave)* to turn; **c. el cerrojo** *o* **pestillo** to bolt the door/gate/*etc*
(**d**) *(experimentar)* **c. aventuras** to have adventures; **c. peligro** to be in danger; **si dejas la caja ahí, corre el peligro de que alguien tropiece con ella** if you leave the box there, (there's a danger *o* risk that) someone might trip over it; **c. el riesgo de (hacer) algo** to run the risk of (doing) sth; **no quiero c. ningún riesgo** I don't want to take any risks; **no sabemos la suerte que correrá el proyecto** we don't know what is to become of the project, we don't know what the project's fate will be; **no se sabe todavía qué suerte han corrido los desaparecidos** the fate of the people who are missing is still unknown
(**e**) *(noticia)* to spread; **corrieron el rumor sobre su dimisión** they spread the rumour of her resignation; **c. la voz** to pass it on
(**f**) *(pintura, colores)* **la lluvia corrió la capa de pintura** the rain made the paint run
(**g**) *Fam Informát (programa, aplicación)* to run; **no consigo c. este programa** I can't get this program to run properly
(**h**) *Com* to auction, to sell at auction
(**i**) *Taurom (torear)* to fight
(**j**) *Fam* **correrla** to go out on the town
(**k**) *Méx, Nic, Ven (despedir)* to throw out
(**l**) *Méx, Ven (ser válido)* to be in use
(**m**) *Méx, Ven (funcionar)* to be running; **hoy no corren los trenes** the trains aren't running today
3 correrse *vpr* (**a**) *(desplazarse) (persona)* to move over; *(cosa)* to slide; **córrete hacia la derecha** move over to the right a bit;

el cargamento se corrió con el movimiento del barco the cargo slid to one side as the boat rocked
(**b**) *(pintura, colores)* to run; **se me ha corrido el rímel** my mascara has run; **se corre al lavarlo** it runs in the wash
(**c**) *muy Fam (tener un orgasmo)* to come; *Fig* **correrse de gusto (con algo)** *(disfrutar)* to get off (on sth)
(**d**) *Fam* **correrse una juerga** to go out on the town
(**e**) *Fam (avergonzarse)* to be embarrassed
(**f**) *Cuba, Guat, Méx (escaparse)* to run away, to escape

correría *nf* foray

correspondencia *nf* (**a**) *(relación, correo)* correspondence (**b**) *(de metro, tren)* connection; **próxima estación, Sol, c. con línea 3** next stop Sol, change here for line 3

corresponder 1 *vi* (**a**) *(compensar)* **c. (con algo) a alguien/algo** to repay sb/sth (with sth); **ella nunca correspondió a mi amor** she never returned my love, she never felt the same way about me; **amor no correspondido** unrequited love
(**b**) *(pertenecer)* to belong
(**c**) *(coincidir, encajar)* to correspond (**a/con** to/with)
(**d**) *(com-peter)* **corresponderle a alguien hacer algo** to be sb's responsibility to do sth
(**e**) *(ser adecuado)* to be right *o* fitting; **voy a darle las gracias como corresponde** I'm going to thank him, as is only right
2 *vt (sentimiento)* to repay; **ella no le correspondía** she didn't feel the same way about him
3 corresponderse *vpr* (**a**) *(escribirse)* to correspond
(**b**) *(amarse)* to love each other
(**c**) *(ser proporcional o adecuado)* to correspond (**con/a** with/to)

correspondiente *adj* (**a**) *(perteneciente, relativo)* corresponding (**a** to); **trajo todos los documentos correspondientes al tema** he brought all the documents relevant to the subject; **el presupuesto c. al ejercicio de 2001** the budget for 2001 (**b**) *(respectivo)* respective; **cada uno tomó su parte c.** each person took their own share

corresponsabilidad *nf* joint responsibility

corresponsal *nmf* (**a**) *Prensa* correspondent (**b**) *Com* agent

corresponsalía *nf* post of correspondent

corretaje *nm Com* brokerage

corretear 1 *vi* (**a**) *(correr)* to run about (**b**) *Fam (vagar)* to hang about
2 *vt* (**a**) *Méx (adelantar)* to overtake (**b**) *Andes (perseguir)* to chase, to pursue (**c**) *CAm (ahuyentar)* to drive away

correteo *nm* **el c. de los niños** the children's running about

correveidile *nmf* gossip

corrida *nf* (**a**) *Taurom* **c. (de toros)** bullfight (**b**) *(acción de correr)* run; *Fam* **darse** *o* **pegarse una buena c.** to run like mad

corrido, -a 1 *adj* (**a**) *(cortinas)* drawn (**b**) *(avergonzado)* embarrassed (**c**) *(continuo)* continuous; **balcón c.** long balcony *(running across building)*; **banco c.** long bench; *Fig* **de c.** by heart; **recitar algo de c.** to recite sth parrot-fashion
2 *nm (canción mejicana)* Mexican ballad

CORRIENTE 1 *adj* (**a**) *(normal)* ordinary, normal; *(frecuente)* common; **es un alumno c.** he's an average pupil; **es un problema muy c.** it's a very common problem; **un reloj normal y c.** an ordinary watch; **una moto de lo más c.** a perfectly ordinary motorbike; **lo c. es comerlo con palillos** it's usually eaten with chopsticks; **en Australia es c. ver koalas por las calles** in Australia you often see *o* it's not uncommon to see koala bears on the streets; **salirse de lo c.** to be out of the ordinary; EXPR *Fam* **c. y moliente** run-of-the-mill
(**b**) *(agua)* running
(**c**) *(cuenta)* current
(**d**) *(mes, año)* current; **en mayo del año c.** in May of this year
2 *nf* (**a**) *(de río)* current; **c. abajo** downstream; **c. arriba** upstream ❑ ***c. de convección*** convection current; ***la c. del Golfo*** the Gulf Stream; ***la C. de Humboldt*** the Humboldt Current; ***c. de lava*** lava flow; ***c. marina*** *o* ***oceánica*** ocean current; *Biol* ***c. de sangre*** *o* ***sanguínea*** bloodstream; ***c. submarina*** underwater current
(**b**) *(de aire)* draught; **en esta habitación hay mucha c.** this room is very draughty ❑ *Meteo* ***c. en chorro*** jet stream
(**c**) ***c. migratoria*** migratory current
(**d**) *(de electricidad)* current; **media ciudad se quedó sin c.** half the city was left without electricity; **le dio la c. al tocar el enchufe** she got an electric shock when she touched the socket ❑ *Elec* ***c. alterna/continua*** alternating/direct current; ***c. eléctrica*** electric current; *Elec* ***c. trifásica*** three-phase current
(**e**) *(tendencia)* trend, current; *(de opinión)* tide; **las corrientes de la moda** fashion trends; **las corrientes de pensamiento que llegan de Europa** the schools of thought that are coming across from Europe
(**f**) EXPR **dejarse llevar de** *o* **por la c.** to follow the crowd; **ir** *o* **nadar** *o* **navegar contra c.** to go against the tide; *Fam* **llévale** *o* **síguele la c. al jefe o te despedirá** you'd better humour the boss or he'll sack you
3 *nm* (**a**) *(mes en curso)* **el 10 del c.** the 10th of this month
(**b**) **al corriente** *loc adv* **estoy al c. del pago de la hipoteca** I'm up to date with my mortgage repayments; **estoy al c. de la marcha de la empresa** I'm aware of how the company is doing; **ya está al c. de la noticia** she has already heard the news; **mantener** *o* **tener a alguien al c. de algo** to keep sb informed about sth; **me mantengo al c. de lo que ocurre en mi país** I keep informed about what's going on in my country; **el profesor puso al c. de las clases a su sustituto** the teacher filled his replacement in on the classes; **tenemos que poner al c. nuestras bases de datos** we have to bring our databases up to date; **ponerse al c.** to bring oneself up to date

corrigió *ver* **corregir**

corrijo *ver* **corregir**

corrillo *nm* knot *o* small group of people

corrimiento *nm* shift, slipping ❑ *Fís* ***c. hacia el rojo*** redshift; ***c. de tierras*** landslide

corro *nm* (**a**) *(círculo)* circle, ring; **en c.** in a circle; **hacer c.** to form a circle; **jugar al c. (de la patata)** = to hold hands in a circle, moving round and singing a song (**b**) *Fin (cotizaciones)* stocks

corroboración *nf* corroboration

corroborar *vt* to corroborate

corroborativo, -a *adj* corroborative

corroer [57] *vt* (**a**) *(desgastar)* to corrode; *Geol* to erode (**b**) *(consumir)* to consume, to eat away at; **le corroe la envidia** he's consumed with envy

corromper 1 *vt* (**a**) *(madera)* to rot; *(alimentos)* to turn bad, to spoil (**b**) *(pervertir)* to corrupt (**c**) *(sobornar)* to bribe (**d**) *Informát (archivo)* to corrupt
2 corromperse *vpr* (**a**) *(pudrirse)* to rot (**b**) *(pervertirse)* to become corrupted (**c**) *Informát (archivo)* to become corrupted

corrosión *nf (desgaste)* corrosion; *(de un metal)* rust

corrosivo, -a *adj también Fig* corrosive

corrupción *nf* (**a**) *(delito, decadencia)* corruption ❑ *Der* ***c. de menores*** corruption of minors (**b**) *(soborno)* bribery (**c**) *(de una sustancia)* decay

corruptela *nf* corruption

corrupto, -a *adj* corrupt

corruptor, -ora 1 *adj* corrupting
2 *nm,f* corrupter; *Der* **c. de menores** corruptor of minors

corrusco *nm* hard crust

corsario, -a 1 *adj (pirata)* pirate; **un buque c.** a pirate ship
2 *nm (pirata)* corsair, pirate

corsé *nm* corset

corsetería *nf* ladies' underwear shop

corso, -a 1 *adj & nm,f* Corsican
2 *nm (dialecto)* Corsican

corta *nf* **a la c. o a la larga** sooner or later

cortacésped *(pl* **cortacéspedes***) nm* lawnmower

cortacigarros *nm inv* cigar cutter

cortacircuitos *nm inv Elec (en circuito)* circuit breaker; *(fusible)* fuse wire, fusible

cortacorriente *nm Elec* switch

cortada *nf* (**a**) *Arg (calle)* side street, close (**b**) *Am (atajo)* shortcut

cortadera *nf Andes, Cuba, RP (planta)* = type of bulrush with sharp leaves

cortado, -a 1 *adj* (**a**) *(labios, manos)* chapped (**b**) *(leche)* sour, off; *(mayonesa)* off (**c**) *(carretera)* closed (**d**) *Fam (persona)* **estar**

c. to be inhibited; **quedarse c.** to be left speechless; **ser c.** to be shy (**e**) *Chile, RP Fam (pobre, sin dinero)* broke, penniless
2 *nm* (**a**) *(café)* = small coffee with just a little milk (**b**) *Fam (persona)* **ser un c.** to be shy

cortador, -ora 1 *adj* cutting
2 *nm (de césped)* lawnmower

cortadora *nf* cutter ▫ ***c. de césped*** lawnmower

cortadura *nf* cut

cortafuego *nm*, **cortafuegos** *nm inv* (**a**) *(en monte)* firebreak (**b**) *(en edificio)* fire wall (**c**) *Informát* firewall

cortante *adj* (**a**) *(afilado)* sharp (**b**) *(tajante) (frase, estilo)* cutting (**c**) *(viento)* biting; *(frío)* bitter

cortapisa *nf* limitation, restriction; **poner cortapisas a** to hinder, to put obstacles in the way of

cortaplumas *nm inv* penknife

cortapuros *nm inv* cigar cutter

CORTAR 1 *vt* (**a**) *(seccionar)* to cut; *(en pedazos)* to cut up; *(escindir) (rama, brazo, cabeza)* to cut off; *(talar)* to cut down; **c. el césped** to mow the lawn, to cut the grass; **hay que c. leña para el hogar** we have to chop some firewood for the hearth; **siempre corta el pavo** he always carves the turkey; **c. una rebanada de pan** to cut a slice of bread; **c. el pan a rodajas** to slice the bread, to cut the bread into slices; **c. algo en pedazos** to cut sth into pieces; **corta la tarta en cinco partes** divide the cake in five, cut the cake into five slices; **corta esta cuerda por la mitad** cut this string in half; **corta la cebolla muy fina** chop the onion very finely; **le cortaron la cabeza** they chopped her head off; **le cortaron dos dedos porque se le habían gangrenado** they amputated *o* removed two of his fingers that had gone gangrenous; **cortarle el pelo a alguien** to cut sb's hair
(**b**) *(recortar) (tela, figura de papel)* to cut out
(**c**) *(interrumpir) (retirada, luz, teléfono)* to cut off; *(carretera)* to block (off); *(hemorragia)* to stop, to staunch; *(discurso, conversación)* to interrupt; **c. la luz** to cut off the electricity supply; **nos han cortado el teléfono** our telephone has been cut off *o* disconnected; **la nieve nos cortó el paso** we were cut off by the snow; **cortaron el tráfico para que pasara el desfile** they closed the road to traffic so the procession could pass by; **cortada por obras** *(en letrero)* road closed for repairs; **en esta cadena de televisión no cortan las películas con anuncios** on this television channel they don't interrupt the films with adverts; EXPR *Fam* **¡corta el rollo!** shut up, you're boring me to death!
(**d**) *(atravesar) (recta)* to cross, to intersect; *(calle, territorio)* to cut across; **el río corta la región de este a oeste** the river runs right across *o* bisects the region from east to west
(**e**) *(labios, piel)* to crack, to chap
(**f**) *(hender) (aire, olas)* to slice through
(**g**) *muy Fam (droga)* to cut
(**h**) *(baraja)* to cut
(**i**) *(leche)* to curdle; **el calor corta la mayonesa** heat makes mayonnaise go off
(**j**) *(recortar) (gastos)* to cut back
(**k**) *(poner fin a) (beca)* to cut; *(relaciones diplomáticas)* to break off; *(abusos)* to put a stop to; **c. un problema de raíz** *(impedirlo)* to nip a problem in the bud; *(erradicarlo)* to root a problem out; EXPR **tenemos que c. este comportamiento por lo sano** we must take drastic measures to put an end to this behaviour
(**l**) *(avergonzar)* **este hombre me corta un poco** I find it hard to be myself when that man's around
(**m**) *(censurar)* to censor; *(película)* to cut
(**n**) *Informát* to cut; **c. y pegar** cut and paste
2 *vi* (**a**) *(producir un corte)* to cut; **estas tijeras no cortan** these scissors don't cut (properly); **corte por la línea de puntos** cut along the dotted line; EXPR **c. por lo sano** *(aplicar una solución drástica)* to resort to drastic measures; EXPR **decidió c. por lo sano con su pasado** she decided to make a clean break with her past
(**b**) *(atajar)* to take a short cut (**por** through); **corté por el camino del bosque** I took a short cut through the forest
(**c**) *(terminar una relación)* to split up (**con** with); **corté con mi novio** I've split up with my boyfriend
(**d**) *(en juego de cartas)* to cut
(**e**) *(ser muy intenso)* **hace un frío que corta** it's bitterly cold
(**f**) *Cine* **¡corten!** cut!
(**g**) *Rad* **¡corto y cierro!** over and out!
3 cortarse *vpr* (**a**) *(herirse)* to cut oneself; **cortarse el pelo** to have a haircut, to have one's hair cut; **cortarse las uñas** to clip *o* cut one's nails; **cortarse las venas** to slit one's wrists; **cortarse (en) la cara** to cut one's face; **cortarse con un cristal** to cut oneself on a piece of glass; **me corté al afeitarme** I cut myself shaving; *Fam* **si no apruebo, me corto el cuello** I'm going to kill myself if I fail; *muy Fam* **si no me dan el trabajo, me la corto** I'm going to kill myself if they don't give me the job
(**b**) *(labios, piel)* to become chapped *o* cracked
(**c**) *(leche)* to curdle; *(mayonesa)* to go off
(**d**) *(interrumpirse)* **se cortó la comunicación** I was/we were/*etc* cut off; **la comunicación telefónica se cortó por culpa de la tormenta** the phone lines went down because of the storm; **se te va a c. la digestión** you'll get stomach cramps
(**e**) *Geom* **dos rectas que se cortan** two intersecting straight lines, two straight lines that intersect
(**f**) *(separarse)* to divide, to split; **el pelotón se cortó en dos grupos** the pack split into two groups
(**g**) *Fam (turbarse)* to become tongue-tied; **no se corta a la hora de criticar** he doesn't mince his words *o* hold back when it comes to criticizing; **no te cortes, sírvete lo que te apetezca** don't be shy *o* polite, take whatever you want; **no se cortó un pelo y vino a la fiesta sin haber sido invitado** he didn't worry about what people might think and came to the party without having been invited
(**h**) *Andes, RP (separarse)* to be left behind
(**i**) *Chile (caballo)* to catch a chill

cortas *nfpl (luces) Br* dipped headlights, *US* low beams

cortaúñas *nm inv* nail clippers

cortavientos *nm inv* windbreak

CORTE 1 *nm* (**a**) *(raja)* cut; *(en pantalones, camisa)* tear; **tiene un c. en la mano** she has cut her hand; **se hizo un c. en la rodilla** he cut his knee ▫ ***c. y confección*** *(para mujeres)* dressmaking; *(para hombres)* tailoring; ***c. de pelo*** haircut
(**b**) *(retal de tela)* length
(**c**) *(interrupción)* **mañana habrá c. de agua de nueve a diez** the water will be cut off tomorrow between nine and ten; **la sequía ha obligado a imponer cortes de agua** the drought has forced the authorities to cut off the water supply for a number of hours each day; **c. de corriente** *o* **luz** power cut ▫ ***c. de digestión*** stomach cramps
(**d**) *(sección)* section; **c. longitudinal** lengthways section, *Espec* longitudinal section; **c. transversal** cross-section
(**e**) *(concepción, estilo)* style; **una chaqueta de c. clásico** a jacket with a classic cut; **una novela de c. fantástico** a novel with an air of fantasy about it; **un gobierno de c. autoritario** a government with authoritarian tendencies
(**f**) *(pausa)* break ▫ ***c. publicitario*** commercial break
(**g**) *(filo)* (cutting) edge; **este c. está muy afilado** this blade is very sharp
(**h**) *(en golf)* cut; **meterse en** *o* **pasar el c.** to make the cut
(**i**) *(helado) Br* wafer, *US* ice-cream sandwich
(**j**) *(en baraja)* cut
(**k**) *Cine (por la censura)* cut
(**l**) *Fam (vergüenza)* embarrassment; **me da c. decírselo** I feel embarrassed to tell him; **¡qué c. tener que hablar con ella!** how embarrassing having to talk to her!
(**m**) *Fam (respuesta ingeniosa)* put-down; **dar** *o* **pegar un c. a alguien** to cut sb dead; **le di un buen c. y dejó de molestarme** my put-down made him stop annoying me
(**n**) ***c. de mangas*** = obscene gesture involving raising one arm with a clenched fist and placing one's other hand in the crook of one's elbow; *Fig* **hacer un c. de mangas a alguien** ≃ to stick two fingers up at sb
(**o**) *Fam (de disco)* track
(**p**) *RP Fam* **darse c.** to put on airs
2 *nf* (**a**) *(del Rey)* court; **la c. celestial** the Heavenly Host
(**b**) *(galanteo)* **hacer la c. a alguien** to court sb
(**c**) *(comitiva)* entourage, retinue; **vino el ministro con toda su c.** the minister

arrived with his entourage
(**d**) *Esp* **las Cortes (Generales)** *(cámara legislativa)* the Spanish parliament ▫ ***Cortes Constituyentes*** constituent assembly
(**e**) *Am (tribunal)* court

cortedad *nf* (**a**) *(de longitud)* shortness; *(de duración)* shortness, brevity (**b**) *(timidez)* shyness ▫ ***c. de miras*** shortsightedness
cortejar *vt* to court
cortejo *nm* (**a**) *(comitiva)* retinue ▫ ***c. fúnebre*** funeral cortège *o* procession (**b**) *(acción de cortejar)* courtship
cortés (*pl* **corteses**) *adj* polite, courteous
cortesano, -a 1 *adj (modales)* courtly; **la vida cortesana** life at court
2 *nm,f (personaje de la corte)* courtier
3 *nf* **cortesana** *(prostituta)* courtesan
cortesía *nf* courtesy; **de c.** courtesy; **por c. de** courtesy of; **una visita de c.** a courtesy call; **tuvo la c. de llamarme** he was kind enough to phone me
cortésmente *adv* courteously, politely
córtex *nm Anat* cortex
corteza *nf* (**a**) *(del árbol)* bark (**b**) *(de pan)* crust; *(de queso, tocino, limón)* rind; *(de naranja)* peel ▫ ***cortezas de cerdo*** pork scratchings (**c**) *Geol (terrestre)* crust ▫ ***la c. terrestre*** the earth's crust (**d**) *Anat* cortex ▫ ***c. cerebral*** cerebral cortex
cortical *adj* cortical
corticoide *nm Bioquím* corticoid
cortijo *nm* (**a**) *(finca)* farm *(typical of Andalusia and Extremadura)* (**b**) *(casa)* farmhouse
cortina *nf* curtain ▫ *Fig* ***c. de agua*** sheet of water; **cayó una c. de agua** there was a downpour; *Am* ***c. de hierro*** steel shutter; *Am Hist* ***la c. de hierro*** the Iron Curtain; *Fig* ***c. de humo*** smoke screen
cortinaje *nm* curtains
cortisona *nf* cortisone
corto, -a 1 *adj* (**a**) *(de poca longitud, duración)* short; **las mangas me quedan cortas** my sleeves are too short
(**b**) *(escaso) (raciones)* small, meagre; *(disparo)* short of the target; **c. de** *(dinero)* short of; *Fig* **c. de miras** short-sighted; **c. de vista** short-sighted
(**c**) *(tonto)* **c. (de alcances)** dim, simple; EXPR *Fam* **ser más c. que las mangas de un chaleco** to be as thick as two short planks
(**d**) EXPR **ni c. ni perezoso** just like that; **quedarse c.** *(al calcular)* to underestimate; **nos quedamos cortos al comprar pan** we didn't buy enough bread; **decir que es bueno es quedarse c.** it's an understatement to call it good
2 *nm Cine* short (film); *Méx* **los cortos de una película** *(los avances)* the trailer for a film
cortocircuito *nm* short circuit
cortometraje *nm* short (film)
coruñés, -esa 1 *adj* of/from La Coruña
2 *nm,f* person from La Coruña
corva *nf* back of the knee
corvallo *nm (pez)* brown meagre
corvejón *nm (articulación)* hock
corvina *nf (pez)* meagre
corvo, -a *adj (curvado)* curved; *(nariz)* hooked
corzo, -a *nm,f* roe buck, *f* roe deer

COSA *nf* (**a**) *(objeto, idea)* thing; **comprar unas cosas en el mercado** to buy a few things at the market; **alguna c.** anything; **¿queréis alguna c.?** is there anything you want?; **¿quiere usted alguna otra c.** *o* **alguna c. más?** do you want anything else?; **cualquier c.** anything; **venden recuerdos, postales y cosas así** they sell souvenirs, postcards and so on *o* and the like; **una c., ¿podrías venir mañana?** by the way, could you come tomorrow?; **escucha, una c., ¿por qué no te quedas esta noche?** listen, I've an idea, why don't you stay here tonight?; **tengo que decirte una c.** I've got something to tell you; **dime una c., ¿qué opinas de ella?** tell me (something), what do you think of her?; **cuando lo vea le voy a decir cuatro cosas** when I next see him I'm going to give him a piece of my mind; **es la c. más natural del mundo** it's the most natural thing in the world, it's completely normal; **¡esas cosas no se dicen!** you mustn't say things like that!; **¡esas cosas no se hacen!** it just isn't done!; **no te preocupes, no es gran c.** don't worry, it's not important *o* it's no big deal; **este cuadro no vale gran c.** this painting isn't up to much; **te han dejado poca c.** they haven't left you much, they've hardly left you anything; **un bocadillo es poca c. para un chico tan voraz como él** a sandwich is very little for a hungry boy like him; **nos hemos comprado un piso, muy poquita c.** we've bought *Br* a flat *o US* an apartment, but it's nothing fancy; **es guapo, pero muy poquita c.** he's good-looking, but he hasn't got much of a body; **este vino es c. fina** this wine is good stuff; **fue una c. nunca vista** it was really out of the ordinary; **¡habráse visto c. igual!** have you ever seen the like of it!; **no hay tal c.** on the contrary; EXPR **llamar a las cosas por su nombre** *(hablar sin rodeos)* to call a spade a spade; EXPR **llamemos a las cosas por su nombre,...** let's be honest about it,...; **¡qué c.!** how strange!; **¡qué c. más** *o* **tan extraña!** how strange!
(**b**) *(asunto)* **tengo muchas cosas que hacer** I've got a lot (of things) to do; **la c. es que ahora no quiere firmar el contrato** the thing is she doesn't want to sign the contract any more; **eso de cambiar de trabajo es c. de pensárselo** changing jobs is something you need to think about carefully; **no me preguntes por qué no queda comida, es c. de los niños** don't ask me why there's no food left, ask the children; **es c. de tener paciencia** it's a question of being patient; **cada c. a su tiempo** one thing at a time; **eso es c. fácil** that's easy; **convencerle no será c. fácil** it won't be easy *o* it'll be no easy task to convince him; **entre unas cosas y otras** what with one thing and another; **está muy enfadada, y la c. no es para menos, le han robado el coche** she's very angry and with good reason, she's had her car stolen; **eso es c. mía** that's my affair *o* business; **no te metas en la discusión, que no es c. tuya** you keep out of the argument, it's none of your business; **no era c. de presentarse sin avisar** you couldn't just turn up without warning; **esto es c. de magia, estoy seguro de que ayer lo dejé aquí** this is most strange, I could swear I left it here yesterday; **no es c. de risa** it's no laughing matter; **esto es c. seria** this is a serious matter; **eso es otra c.** that's another matter; **por unas cosas o por otras, no nos quedó tiempo de escribiros** for one reason or another we didn't have time to write to you
(**c**) *(situación)* **las cosas no van muy bien últimamente** things haven't been going very well recently; **estas cosas no pasarían si fuéramos más cuidadosos** these things wouldn't happen if we were more careful; **...y así es como están las cosas** ...and that's how things are at the moment; **la c. se pone fea** things are getting ugly, there's trouble brewing; EXPR *Fam* **está la c. que arde** things are reaching boiling point; **¿cómo van las cosas?** how are *o* how's things?
(**d**) *(en frases negativas) (nada)* **no hay c. peor que la hipocresía** there's nothing worse than hypocrisy; **no hay c. que me reviente más que su falta de interés** there's nothing (that) annoys me more than her lack of interest, what annoys me most is her lack of interest
(**e**) *(ocurrencia)* funny remark; **se le ocurren cosas graciosísimas** she comes out with some really funny stuff *o* remarks; **¡qué cosas tienes!** you do say some funny things!
(**f**) *(comportamiento)* **son cosas de mamá** that's just the way Mum is, that's just one of Mum's little idiosyncrasies; **no les riñas, son cosas de niños** don't tell them off, children are like that; **tenemos que aceptar su muerte, son cosas de la vida** we have to accept her death, it's one of those things (that happen)
(**g**) **cosas** *(pertenencias, utensilios)* things; **tras su muerte, metieron sus cosas en un baúl** after his death, they put his things *o* belongings in a trunk; **¿dónde guardas las cosas de pescar?** where do you keep your fishing things *o* tackle?
(**h**) *Fam (reparo)* **me da c. decírselo** I'm a bit uneasy about telling him; **el olor a hospital me da c.** the smell of hospitals makes me feel uneasy
(**i**) **cosa que** *loc conj RP, Ven* so that
(**j**) EXPR **tendrá treinta años o c. así** he must be thirty or thereabouts; *Fam* **las cosas claras y el chocolate espeso** stop beating around the bush, tell me things as they are; **se presentó al examen a c. hecha** he sat the exam although he knew he was certain to pass; **(como) c. de** about; **tardará (como) c. de tres semanas** it'll take about three weeks; **hacer algo como**

quien no quiere la c. *(disimuladamente)* to do sth innocently; *(sin querer)* to do sth almost without realizing it; **como si tal c.** as if nothing had happened; **las cosas como son, nunca vas a aprobar ese examen** let's face it, you're never going to pass that exam; *Fam* **las cosas de palacio van despacio** these things usually take some time; *Fam* **me apetece ver esa película c. mala** I'm dying to see that film, *Br* I want to see that film something chronic; **las declaraciones del ganador son c. de oír** the winner's remarks are worth hearing; **esta exposición es c. de ver** this exhibition is really worth seeing; **es c. rara que se equivoque** it's very rare for her to make a mistake; **no ha llegado todavía, c. rara porque siempre es muy puntual** he hasn't arrived yet, which is strange, as he's usually very punctual; **ni c. que se le parezca** nor anything of the kind; **¡eso es otra c.!, esa camisa te sienta mucho mejor** that's more like it, that shirt suits you much better!; *Fam* **a otra c., mariposa** that's enough about that, let's change the subject; **¡lo que son las cosas!** it's a funny old world!; **ten cuidado, no sea c. que te vayas a caer** be careful or you'll fall; **se lo diré yo, no sea c. que se vaya a enterar por otra persona** I'll tell him because I wouldn't want him to find out from somebody else; **no ser c. del otro mundo** *o* **del otro jueves** to be nothing special; **con el ambiente de seriedad que había, no era c. de contar un chiste** given the seriousness of the atmosphere, it was neither the time nor the place to tell a joke

---

cosaco, -a 1 *adj* Cossack
2 *nm,f* Cossack; EXPR *Fam* **beber como un c.** to drink like a fish

coscarse [59] *vpr Fam* **(a)** *(darse cuenta de)* to notice, to realize **(b)** *(entender)* to understand

coscoja *nf* kermes oak

coscorrón *nm (golpe)* bump on the head; *(con los nudillos)* rap on the head; **se dio un c.** he bumped his head

cosecante *nf Mat* cosecant

cosecha *nf (recogida, época)* harvest; *(producto)* crop; **es de la c. del 79** it's the 1979 vintage; **hacer la c.** to harvest; *Fam Fig* **ser de la (propia) c. de alguien** to be made up *o* invented by sb

cosechadora *nf* combine harvester

cosechar 1 *vt* **(a)** *(cultivar)* to grow **(b)** *(recolectar)* to harvest **(c)** *(obtener)* to win, to reap; **su última novela ha cosechado muchos éxitos** his latest novel has been a great success
2 *vi* to (bring in the) harvest

cosechero, -a *nm,f (de cereales)* harvester, reaper; *(de frutos)* picker

cosedora *nf Col (grapadora)* stapler

coseno *nm Mat* cosine

coser 1 *vt* **(a)** *(con hilo)* to sew; **c. un botón** to sew on a button **(b)** *(con grapas)* to staple (together) **(c)** EXPR **c. a alguien a balazos** to riddle sb with bullets; **c. a alguien a cuchilladas** to stab sb repeatedly
2 *vi* to sew; EXPR *Fam* **ser c. y cantar** to be child's play *o* a piece of cake

cosido *nm* stitching

cosmética *nf* cosmetics *(singular)*

cosmético, -a 1 *adj* cosmetic; **productos cosméticos** cosmetics
2 *nm* cosmetic

cósmico, -a *adj* cosmic

cosmogonía *nf* cosmogony

cosmografía *nf* cosmography

cosmología *nf* cosmology

cosmológico, -a *adj* cosmological

cosmonauta *nmf (astronauta)* astronaut; *(ruso)* cosmonaut

cosmonáutica *nf* astronautics *(singular)*

cosmopolita *adj & nmf* cosmopolitan

cosmopolitismo *nm* cosmopolitanism

cosmorama *nm (aparato)* peepshow *(of views etc)*

cosmos *nm inv* cosmos

cosmovisión *nf* world view

coso *nm* **(a)** *Taurom (plaza)* **c. (taurino)** bullring **(b)** *Chile, RP (chisme)* whatnot, thing

cospel *nm RP (ficha)* phone token

cosque *etc ver* **coscarse**

cosquillas *nfpl* **hacer c.** to tickle; **tener c.** to be ticklish; EXPR **buscarle las c. a alguien** to wind sb up, to irritate sb

cosquillear *vt* to tickle

cosquilleo *nm* tickling sensation

costa *nf* **(a)** *(litoral)* coast; **pasan las vacaciones en la c.** they spend their holidays on the coast ▫ ***la C. Azul*** the Côte d'Azur **(b)** *(coste)* **a c. de** at the expense of; **lo hizo a c. de grandes esfuerzos** he did it by dint of much effort; **aún vive a c. de sus padres** he's still living off his parents; **a toda c.** at all costs ▫ *Der* ***costas (judiciales)*** (legal) costs **(c)** ***C. de Marfil*** Ivory Coast; ***C. Rica*** Costa Rica

costado *nm* side; **llevaba una bolsa al c.** he had a bag over his shoulder; **de c.** sideways; **por los cuatro costados** through and through

costal 1 *adj Med* rib, costal; **tiene una fractura c.** he has a fractured rib
2 *nm* sack

costalada *nf*, **costalazo** *nm* heavy fall *(backwards)*; **darse una c.** to fall over backwards

costalero *nm* **(a)** *(mozo de cuerda)* porter **(b)** *Rel* = bearer in Holy Week processions

costanera 1 *nf Chile, RP (orilla, paseo)* seaside promenade
2 *nfpl* **costaneras** rafters

costanero, -a *adj* **(a)** *(de la costa)* coastal **(b)** *(inclinado)* sloping

costar [63] *vi* **(a)** *(dinero)* to cost; **¿cuánto cuesta?** how much is it?; **me costó 3.000 pesetas** it cost me 3,000 pesetas; **costó muy barato** it was very cheap; EXPR **c. un ojo de la cara** *o* **un riñón** to cost an arm and a leg; *Fig* **esa broma le va a c. cara** he's going to pay dearly for that joke **(b)** *(tiempo)* to take; **nos costó seis horas llegar** it took us six hours to get there; **nos costó tres horas de cola** we had to *Br* queue *o US* stand in line for three hours **(c)** *(resultar difícil, penoso)* **me costó decírselo** I found it difficult to tell him; **a este niño le cuesta dormirse** this child has difficulty getting to sleep; **no le habría costado nada ayudarme** it wouldn't have cost him anything to help me; **c. trabajo** to be difficult, to take a lot of work; **me costó (trabajo) acostumbrarme** it took me a while to get used to it; **cuesta (trabajo) abrir esa puerta** this door is difficult to open; **cueste lo que cueste** whatever the cost; **le costó la vida** it cost him his life; EXPR **nos costó Dios y ayuda** it took a huge effort

costarricense, costarriqueño, -a *adj & nm,f* Costa Rican

coste *nm (de producción)* cost; *(de un objeto)* price; *Com* **al c.** at cost ▫ *Com* ***c. diferencial*** marginal cost; *Com* ***c. efectivo*** actual cost; *Com* ***c. de fabricación*** manufacturing cost; *Com* **c. fijo** fixed cost; *Com* ***c. financiero*** financial cost; *Com* ***c. marginal*** marginal cost; *Com* ***c. unitario*** unit cost; ***c. de la vida*** cost of living

costear 1 *vt* **(a)** *(pagar)* to pay for **(b)** *Náut (la costa)* to hug, to keep close to
2 costearse *vpr* **costearse algo** *(pagarse)* to pay for sth oneself; **trabaja para costearse los estudios** she's working to pay for her studies

costeño, -a, costero, -a 1 *adj* coastal; **un pueblo c.** a seaside town
2 *nm,f Am* = person from the coast

costilla *nf* **(a)** *(de persona, animal)* rib; *Fam* **costillas** *(espalda)* back **(b)** *(para comer)* cutlet **(c)** *Fam (cónyuge)* better half **(d)** *Náut* rib

costillar *nm* **(a)** *(de persona)* ribs, ribcage **(b)** *(de carne)* side

costo *nm* **(a)** *(de producción)* cost; *(de un objeto)* price; *Com* **al c.** at cost ▫ *Com* ***c. diferencial*** marginal cost; *Com* ***c. efectivo*** actual cost; *Com* ***c. de fabricación*** manufacturing cost; *Com* ***c. fijo*** fixed cost; *Com* ***c. financiero*** financial cost; *Com* ***c. marginal*** marginal cost; *Com* ***c. unitario*** unit cost; ***c. de la vida*** cost of living **(b)** *muy Fam (hachís)* hash

costoso, -a *adj* **(a)** *(caro)* expensive **(b)** *(trabajo)* exhausting; *(triunfo)* costly

costra *nf* **(a)** *(de suciedad, de tierra)* layer, crust **(b)** *(de pan)* crust **(c)** *(de herida)* scab

costumbre *nf* habit, custom; **tomar/perder la c. de hacer algo** to get into/out of the habit of doing sth; **como de c.** as usual; **la cantidad de c.** the usual amount; **tener la c. de** *o* **tener por c. hacer algo** to be in the habit of doing sth; **costumbres** *(de país, cultura)* customs; *(de persona)* habits; **el hombre es un animal de costumbres** man is a creature of habit; **no hay que perder las buenas costumbres** we don't want to break with tradition

costumbrismo *nm* = literary style that deals with typical regional or national customs

costumbrista *adj (novela)* = describing the customs of a country or region

costura *nf* **(a)** *(labor)* sewing, needlework **(b)** *(en tela)* seam; **sin costuras** seamless **(c)** *(oficio)* dressmaking; **alta c.** haute couture **(d)** *(cicatriz)* scar

costurera *nf* dressmaker, seamstress

costurero *nm (caja)* sewing box

cota *nf* **(a)** *(altura)* altitude, height above sea level; *Fig* **alcanzar altas cotas de popularidad** to become very popular **(b)** *Geol* spot height **(c)** *(armadura)* ***c. de mallas*** coat of mail **(d)** *Mat* bound

cotangente *nf Mat* cotangent

cotarro *nm Fam* riotous gathering; **alborotar el c.** to stir up trouble; **dirigir el c.** to rule the roost, to be the boss

cotejar *vt* to compare (**con** with)

cotejo *nm* comparison

coterráneo, -a 1 *adj* compatriot
2 *nm,f* compatriot, fellow countryman, *f* fellow countrywoman

cotidianamente *adv* daily, every day

cotidianidad *nf (vida cotidiana)* everyday life; *(frecuencia)* commonness

cotidiano, -a *adj* daily; **el trabajo c.** day-to-day tasks; **ser algo c.** to be an everyday occurrence

cotiledón *nm* cotyledon

cotilla *Esp Fam* **1** *adj* gossipy
2 *nmf* gossip, busybody

cotillear *vi Esp* **(a)** *Fam* to gossip **(b)** *(curiosear)* to pry

cotilleo *nm Esp Fam* gossip, tittle-tattle; **tengo que contarte un c.** I've got a bit of gossip to tell you

cotillón *nm* = party on New Year's Eve or 5 of January

cotiza *nf Col, Ven* sandal; EXPR **ponerse las cotizas** to take shelter

cotizable *adj* quotable

cotización *nf* **(a)** *(valor)* value **(b)** *(en Bolsa)* quotation, price **(c)** *(a la seguridad social)* contribution

cotizado, -a *adj* **(a)** *(en Bolsa)* quoted **(b)** *(persona)* sought-after

cotizar [14] **1** *vt* **(a)** *(valorar)* to quote, to price **(b)** *(pagar)* to pay
2 *vi (pagar)* to contribute; **los trabajadores tienen que c. a la seguridad social** employees have to pay Social Security contributions
3 cotizarse *vpr* **(a)** *(estimarse)* to be valued *o* prized; **el conocimiento de idiomas se cotiza mucho** a knowledge of foreign languages is considered extremely important **(b) cotizarse a 1.000 pesetas** *(producto)* to sell for 1,000 pesetas, to fetch 1,000 pesetas; *(bonos, valores)* to be quoted at 1,000 pesetas

coto *nm* **(a)** *(vedado)* preserve; *Fig* **poner c. a** to put a stop to ▫ ***c. de caza*** game preserve; ***c. de pesca*** fishing preserve; ***c. privado*** *(en letrero)* private property **(b)** *Andes, RP (bocio)* goitre

cotón *nm Am (camisa)* = coarse cotton shirt

cotona *nf* **(a)** *Am (camisa)* = coarse cotton shirt **(b)** *Méx (chaqueta)* chamois jacket

cotorra *nf* **(a)** *(ave)* parrot **(b)** *Fam (persona)* chatterbox; **hablar como una c.** to talk nineteen to the dozen

cotorrear *vi Fam* to chatter

cotorreo *nm Fam* chatter

cotorro *adj Méx* **¡qué c.!** *(¡qué curioso!)* how odd!, how strange!

cotoso, -a, cotudo, -a *adj Andes, RP* goitrous

cotufa *nf* EXPR *Fam* **pedir cotufas en el golfo** to ask for the moon

coturno *nm* buskin

COU [kou] *nm (abrev de* **curso de orientación universitaria***)* = one-year course which prepares pupils aged 17-18 for Spanish university entrance examinations

couché *adj* **papel c.** glossy paper

country ['kauntri] **1** *adj* **estilo c.** country (and western) style
2 *nm* country (and western) music

coupé [ku'pe] *nm (automóvil)* coupé

courier *nm* courier

covacha *nf* hovel

coxal 1 *adj* hip; **fractura c.** hip fracture
2 *nm (hueso)* hip bone

coxis *nm inv* coccyx

coyol *nm CAm, Méx* wine palm

coyote *nm* **(a)** *(animal)* coyote **(b)** *Méx (comerciante)* speculator

coyotear *vi Méx* to deal in shares

coyotero *nm Méx (perro)* = dog trained to hunt coyotes

coyuntura *nf* **(a)** *(situación)* moment; **la c. económica** the economic situation **(b)** *(articulación)* joint

coyuntural *adj* temporary, provisional

coz *nf* kick; **dar** *o* **pegar** *o* **tirar coces** to kick; EXPR *Fam* **tratar a alguien a coces** to treat sb like dirt

C.P., cp *(abrev de* **código postal***) Br* postcode, *US* zip code

CPS *Informát (abrev de* **caracteres por segundo***)* CPS

CPU *nf Informát (abrev de* **Central Processing Unit***)* CPU

crac *(pl* **cracs***) nm Fin* crash

crack [krak] *(pl* **cracks***) nm* **(a)** *(estrella)* star, superstar **(b)** *Fin* crash **(c)** *(droga)* crack

cracker *nmf Fam Informát* cracker

crampón *nm* crampon

craneal *adj* cranial

cráneo *nm* skull, *Espec* cranium; EXPR *Fam* **ir de c.** to be doing badly

craneoencefálico, -a *adj Med* **traumatismo c.** (severe) head injuries

craneofacial *adj Med* craniofacial

crápula *nmf* libertine

craso, -a *adj* **(a)** *(grave) (error)* serious; *(ignorancia)* astonishing **(b)** *(grueso)* fat

cráter *nm* crater ▫ ***c. lunar*** lunar crater

crayón *nm Méx, RP (cera)* wax crayon

creación *nf* creation

creacionismo *nm* creationism

creador, -ora 1 *adj* creative
2 *nm,f* creator; **el C.** the Creator; **fue uno de los grandes creadores de este siglo** he was one of the great creative geniuses of this century ▫ ***c. gráfico*** creator *(of cartoon etc)*; ***c. de moda*** fashion designer

crear 1 *vt* **(a)** *(hacer, producir, originar)* to create; **me crea muchos problemas** it gives me a lot of trouble, it causes me a lot of problems; **Picasso creó escuela** Picasso's works have had a seminal influence **(b)** *(inventar)* to invent; *(poema, sinfonía)* to compose, to write; *(cuadro)* to paint **(c)** *(fundar)* to found
2 crearse *vpr (inventarse)* **se ha creado un mundo de fantasía** he lives in his own little world; **se crea problemas él solo** he imagines problems where there aren't any

creatividad *nf* creativity

creativo, -a 1 *adj* creative
2 *nm,f (en publicidad)* ideas man, *f* ideas woman

crecepelo *nm* hair tonic *o* restorer

crecer [46] **1** *vi* **(a)** *(persona, planta)* to grow **(b)** *(días, noches)* to grow longer **(c)** *(río, marea)* to rise **(d)** *(aumentar) (desempleo, valor)* to grow, to increase; *(rumores)* to spread **(e)** *(la luna)* to wax
2 crecerse *vpr* to become more self-confident; **crecerse ante las dificultades** to thrive in the face of adversity

creces: con creces *loc adv* with interest; **los italianos nos superan con c.** the Italians are a lot better than us

crecida *nf* spate, flood

crecido, -a *adj* **(a)** *(cantidad)* large **(b)** *(hijo)* grown-up

creciente *adj* **(a)** *(seguridad, confianza)* growing **(b)** *(luna)* crescent, waxing

crecimiento *nm (desarrollo, aumento)* growth; *(de precios)* rise ▫ ***c. económico*** economic growth; ***c. sostenible*** sustainable growth

credencial 1 *adj* accrediting
2 *nf* **(a)** *(de acceso a un lugar)* pass; **credenciales (diplomáticas)** credentials **(b)** *Chile, Méx, RP (carné)* card ▫ ***c. de socio*** membership card

credibilidad *nf* credibility

crediticio, -a *adj* credit; **entidad crediticia** credit institution, lender

crédito *nm* **(a)** *Econ (préstamo)* loan; **(comprar algo) a c.** (to buy sth) on credit ▫ ***c. bancario*** bank loan; ***c. blando*** soft loan; ***c. comercial*** business loan; ***c. al consumo*** consumer credit; ***c. a la exportación*** export credit; ***c. hipotecario*** mortgage (loan); ***c. oficial*** official credit; ***c. personal*** personal loan; ***c. preferencial*** preferential credit; ***c. vivienda*** mortgage **(b)** *(cantidad de dinero)* credit **(c)** *(plazo de préstamo)* credit

(**d**) *(confianza)* trust, belief; **digno de c.** trustworthy; **dar c. a algo** to believe sth; **¡no doy c. a mis oídos!** I can't believe my ears!
(**e**) *(fama)* standing, reputation
(**f**) *(en universidad)* credit

credo *nm* (**a**) *(religioso)* creed (**b**) *(ideológico, político)* credo

credulidad *nf* credulity

crédulo, -a 1 *adj* credulous, gullible
2 *nm,f* credulous *o* gullible person

creencia *nf* belief; **cada cual es libre de tener sus creencias** everyone is entitled to their own opinion; **es una c. popular** it's a commonly held belief

CREER [37] **1** *vt* (**a**) *(estar convencido de)* to believe; **no te creo** I don't believe you; **no creas nada de lo que te cuenten** don't believe a word they say; **créeme, sólo quería ayudar** believe me *o* honestly, I only wanted to help; EXPR **c. algo a pies juntillas** to believe sth blindly; **no puedo c. lo que ven mis ojos** I can't believe my eyes; **hay que verlo para creerlo** it has to be seen to be believed; **¡ya lo creo que iré!** of course I'll go!, you bet I'll go!; *Irónico* **¿nos puedes ayudar a subir el piano? — ¡ya lo creo!** could you help us carry the piano upstairs? – oh sure, I'd just love to!
(**b**) *(suponer, pensar)* to think; **creo que sí** I think so; **creo que no** I don't think so; **no creo que pueda ir con vosotros** I don't think I can go with you; **¿vendrás a la fiesta? — no creo** are you going to the party? – I don't think so; **creo que va a hacer calor** I think it's going to be hot; **creo que te equivocas** I think you're mistaken; **creo no equivocarme** I believe I'm right, I don't think I'm wrong; **creí oír un llanto** I thought I heard someone crying; **creo que ha sido Sara** I think it was Sara; **creo que está vivo** I think he's alive, I believe him to be alive; **¿crees que lo conseguiremos?** do you think we'll achieve it?, do you expect us to achieve it?; **creo recordar que no es la primera vez que lo hace** I seem to remember it's not the first time she's done it; **no te vayas a c. que soy siempre así** don't think *o* imagine I'm always like this; **no la creía tan simpática** I didn't think she was so nice; **¡quién lo hubiera creído!** who would have thought it!; **se llama Juan, creo** he's called Juan, I think; **están muy afectados, ¿no crees?** they seem very upset, don't you think?
(**c**) *(estimar)* to consider, to regard; **le creo capaz** I consider him competent; **c. a alguien capaz de hacer algo** to believe sb to be capable of doing sth
2 *vi* to believe (**en** in); **no cree, es ateo** he's not a believer, he's an atheist; **c. en Dios** to believe in God; **mis hijos no creen en Papá Noel** my children don't believe in Father Christmas; **creo en tu honestidad** I believe you're being honest; **según creo** to the best of my knowledge; **debe ser bastante interesante — no creas,...** it must be very interesting – far from it *o* don't you believe it,...
3 creerse *vpr* (**a**) *(considerarse)* to believe oneself to be; **se cree Dios** he thinks he's God; **se creen muy inteligentes** they think they're very intelligent; **¿qué te has creído, que soy tu esclava?** do you think I'm your slave or something?; **pero ¿tú quién te has creído que eres?** just who do you think you are?; **invítame a una cerveza — ¡que te lo has creído** *o* **que te crees tú eso!** buy me a beer – get real *o* you must be joking!
(**b**) *(dar por cierto)* to believe completely; **no me lo creo** *o* **puedo c.** I can't *o* don't believe it; **aunque no te lo creas, es una buena persona** she's a good person, whatever you think, you may not think so, but she's a good person; **no te creas, parece travieso pero es un buen chaval** not really, I know he seems naughty, but he's a good lad; **se cree todo lo que lee** he believes *o* swallows everything he reads; **eso no te lo crees ni tú** surely even you can't believe that; **no te creas que es tan fácil** don't imagine it's as easy as that, it isn't that simple; **¡no te vas a c. quién nos visitó ayer!** you'll never guess *o* believe who visited us yesterday!

creíble *adj* credible, believable

creído, -a *adj (presumido)* conceited

crema 1 *nf* (**a**) *(sustancia pastosa)* cream ▫ ***c. dental*** toothpaste; ***c. depilatoria*** hair remover; ***c. hidratante*** moisturizer; ***c. para zapatos*** shoe polish (**b**) *(sopa)* cream ▫ ***c. de espárragos*** cream of asparagus (soup); ***c. de marisco*** seafood bisque (**c**) *(dulce)* = type of custard ▫ ***c. catalana*** ≃ crème brûlée, = custard dessert covered with caramelized sugar; ***c. pastelera*** (confectioner's) custard (**d**) *(de leche)* cream ▫ *Am* ***c. agria*** sour cream; *Am* ***c. líquida*** single cream (**e**) *Fig* **la c. del mundo literario** the cream of the literary world
2 *adj inv* cream; **color c.** cream(-coloured)

cremación *nf* cremation

cremallera *nf* (**a**) *(para cerrar) Br* zip (fastener), *US* zipper (**b**) *Tec* rack

crematístico, -a *adj* financial

crematorio, -a 1 *adj* **horno c.** cremator
2 *nm* crematorium

cremoso, -a *adj* creamy

creosota *nf* creosote

crepe *nf* crepe

crepé *nm (tejido)* crepe

crepitación *nf (chasquido)* crackling; *(de huesos)* crepitus

crepitar *vi* to crackle

crepuscular *adj* crepuscular, twilight; **luz c.** twilight

crepúsculo *nm (al amanecer)* first light; *(al anochecer)* twilight, dusk; *Fig* **en el c. de su vida** in his twilight years

crescendo [kres'tʃendo] *nm Mús & Fig* crescendo; **in c.** growing

creso, -a *adj Fam* **rico y c.** filthy rich

crespo, -a *adj* tightly curled, frizzy

crespón *nm* (**a**) *(tela)* crepe (**b**) *(en señal de luto) (brazalete)* mourning band; *(en bandera)* = piece of black cloth on a flag as a sign of mourning

cresta *nf* (**a**) *(de gallo)* comb; *(de punk)* Mohican (**b**) *(de ola, montaña)* crest; EXPR **estar en la c. (de la ola)** to be riding high (**c**) ***c. de gallo*** *(planta)* cockscomb

Creta *n* Crete

creta *nf* chalk

cretáceo, -a, cretácico, -a *Geol* **1** *adj* Cretaceous
2 *nm* **el c.** the Cretaceous (period)

cretense *adj & nmf* Cretan

cretinismo *nm (enfermedad)* cretinism

cretino, -a *nm,f* cretin

cretona *nf (tejido)* cretonne

creyente 1 *adj* **ser c.** to be a believer
2 *nmf* believer; **no c.** nonbeliever

creyera *etc ver* **creer**

creyó *etc ver* **creer**

crezco *etc ver* **crecer**

cría *nf* (**a**) *(hijo del animal)* **crías** young; **c. de ave** chick; **c. de león** lion cub (**b**) *(crianza) (de animales)* breeding; *(de plantas)* growing

criadero *nm* (**a**) *(de animales)* farm *(breeding place)*; *(de árboles, plantas)* nursery; *Fig* **un c. de ratas** a breeding ground for rats ▫ ***c. canino*** kennels, dog breeders (**b**) *(mina)* mine

criadilla *nf* (**a**) *(testículo)* bull's testicle (**b**) ***c. de tierra*** truffle

criado, -a *nm,f* servant, *f* maid

criador, -ora 1 *adj* producing
2 *nm,f (de animales)* breeder; *(de plantas)* grower

criandera *nf Andes, CAm, Carib* wet nurse

crianza *nf* (**a**) *(de bebé)* nursing, breast-feeding (**b**) *(de animales)* breeding, rearing (**c**) *(del vino)* vintage; **vino de c.** vintage wine (**d**) *(educación)* breeding

criar [32] **1** *vt* (**a**) *(amamantar) (sujeto: mujer)* to breast-feed; *(sujeto: animal)* to suckle (**b**) *(animales)* to breed, to rear; *(flores, árboles)* to grow (**c**) *(vino)* to mature (**d**) *(educar)* to bring up; **niño mal criado** spoilt child; PROV **cría cuervos (y te sacarán los ojos)** = you bring up your children/befriend someone only to see them turn on you
2 criarse *vpr* (**a**) *(crecer)* to grow up; *(educarse)* to be educated (**b**) *(reproducirse)* to breed

criatura *nf* (**a**) *(niño)* child; *(bebé)* baby (**b**) *(ser vivo)* creature

criba *nf* (**a**) *(tamiz)* sieve (**b**) *(selección)* screening

cribar *vt* (**a**) *(con tamiz)* to sieve (**b**) *(seleccionar)* to screen out, to select

cric (*pl* **crics**) *nm* jack ▫ ***c. de tornillo*** screw jack, jackscrew

cricket *nm* cricket

Crimea *n* Crimea

crimen *nm* crime; **cometer un c.** to commit a crime; *Fig* **¡ese corte de pelo es un c.!** that haircut is awful *o* criminal! ▫ ***c. de guerra*** war crime; ***c. organizado*** organized crime; ***c. pasional*** crime of passion

criminal *adj & nmf* (**a**) *(del crimen)* criminal (**b**) *Fam (horrible)* criminal

criminalidad *nf* (**a**) *(cualidad)* criminality (**b**) **(índice de) c.** crime rate

criminalista 1 *adj* criminal; **abogado c.** criminal lawyer
2 *nmf* criminal lawyer

criminalizar *vt* to criminalize

criminología *nf* criminology

criminólogo, -a *nm,f* criminologist

crin *nf* mane; **cepillo de c.** horsehair brush

crío, -a *nm,f (niño)* kid

criobiología *nf* cryobiology

crioconservación *nf* cryopreservation

criodeshidratación *nf* freeze-drying, *Espec* lyophilization

criogenia *nf* cryogenics *(singular)*

criogénico, -a *adj* cryogenic

criollismo *nm* = word or expression indigenous to Latin America

criollo, -a 1 *adj* (**a**) *(persona)* = native to Latin America (**b**) *(comida, lengua)* creole
2 *nm,f (persona)* = person (black or white) born in Latin America; *Perú, PRico, RP* **a la criolla** plainly
3 *nm (idioma)* creole

criónica *nf* cryonics *(singular)*

criopreservación *nf* cryopreservation

crioterapia *nf* cryotherapy

cripta *nf* crypt

críptico, -a *adj* cryptic

criptografía *nf* cryptography

criptograma *nm* cryptogram

criptón *nm Quím* krypton

críquet *nm* cricket

crisálida *nf* chrysalis

crisantemo *nm* chrysanthemum

crisis *nf inv (situación difícil)* crisis; **la c. del petróleo** the oil crisis; **estar en c.** to be in crisis ▫ ***c. económica*** recession; ***c. epiléptica*** epileptic attack; ***c. de identidad*** identity crisis; ***c. ministerial*** cabinet crisis; ***c. nerviosa*** nervous breakdown

crisma[1] *nf Fam* nut, *Br* bonce; **romperle la c. a alguien** to smash sb's head in; **romperse la c.** to bash one's head

crisma[2] *nm inv* Christmas card

crisol *nm* (**a**) *(de metales)* crucible (**b**) *(lugar donde se mezclan cosas)* melting pot

crispación *nf*, **crispamiento** *nm* (**a**) *(de nervios)* tension (**b**) *(de músculos)* tenseness

crispado, -a *adj* tense

crispante *adj* nerve-racking

crispar 1 *vt (nervios)* to set on edge; *(músculos)* to tense; *(manos)* to clench; **este trabajo me crispa los nervios** this work sets my nerves on edge
2 crisparse *vpr* to become tense

cristal *nm* (**a**) *(material)* glass; *(vidrio fino)* crystal; **el suelo está lleno de cristales** there's glass all over the floor ▫ ***c. de aumento*** magnifying lens; ***c. esmerilado*** ground glass; ***c. inastillable*** splinter-proof glass; ***c. labrado*** cut glass; ***c. líquido*** liquid crystal; ***c. de roca*** rock crystal; ***c. tallado*** cut glass; ***c. tintado*** tinted glass (**b**) *(de ventana)* (window) pane; *(de gafas)* lens; **bajar el c.** *(ventanilla)* to open *o* roll down the window (**c**) *Geol* crystal (**d**) *(espejo)* mirror (**e**) *Perú, PRico, RP (jalea)* jelly

cristalera *nf* (**a**) *(puerta)* French window (**b**) *(ventana)* large window

cristalería *nf* (**a**) *(vasos, copas)* set of glasses (**b**) *(tienda)* glazier's (shop); *(fábrica)* glassworks *(singular)*

cristalero, -a *nm,f* glazier

cristalino, -a 1 *adj* crystalline
2 *nm* crystalline lens

cristalización *nf también Fig* crystallization

cristalizar [14] **1** *vi también Fig* to crystallize
2 cristalizarse *vpr* (**a**) *(compuesto)* to crystallize (**b**) *Fig* **cristalizarse en** to develop into

cristalografía *nf* crystallography

cristianamente *adv* as a good Christian, in a Christian way

cristiandad *nf* Christianity

cristianismo *nm* Christianity

cristianización *nf* Christianization, conversion to Christianity

cristianizar [14] *vt* to Christianize, to convert to Christianity

cristiano, -a 1 *adj* Christian
2 *nm,f* (**a**) *(religioso)* Christian (**b**) *CAm (bonachón)* good soul
3 *nm* EXPR *Fam* **hablar en c.** *(en castellano)* to speak (proper) Spanish; *(en lenguaje comprensible)* to speak clearly

Cristo *nm (Jesucristo)* Christ; *(crucifijo)* crucifix; EXPR **armar un C.** to kick up a fuss; EXPR *Fam* **donde C. dio las tres voces** *o* **perdió el gorro** in the back of beyond; EXPR *Fam* **estar hecho un C.** to be a pitiful sight; EXPR *Fam* **ni C.** *(nadie)* absolutely nobody, not a soul; EXPR *Fam* **todo C.** *(todo el mundo)* absolutely everyone

criterio[1] *nm* (**a**) *(norma)* criterion ▫ ***criterios de convergencia*** *(económicos)* convergence criteria (**b**) *(juicio)* taste, discernment (**c**) *(opinión)* opinion

criterio[2], **critérium** *nm Dep* criterium

crítica *nf* (**a**) *(juicio, análisis)* review ▫ ***c. literaria*** literary criticism (**b**) *(conjunto de críticos)* **la c.** the critics (**c**) *(ataque)* criticism

criticable *adj* censurable, open to criticism

criticar [59] **1** *vt* (**a**) *(censurar)* to criticize (**b**) *(enjuiciar) (literatura, arte)* to review
2 *vi* to gossip

crítico, -a 1 *adj* critical
2 *nm,f (persona)* critic

criticón, -ona 1 *adj* nit-picking, overcritical
2 *nm,f* nit-picker

Croacia *n* Croatia

croar 1 *vi* to croak
2 *nm* croaking

croata 1 *adj* Croatian
2 *nmf* Croat, Croatian

crocante *nm (guirclahe)* almond brittle

crocanti *nm (helado)* = ice cream covered in chocolate and nuts

croché, crochet [kro'tʃe] *(pl* **crochets**) *nm* (**a**) *(labor)* crochet; **hacer c.** to crochet; **una colcha de c.** a crocheted bedspread (**b**) *(en boxeo)* hook

croisant [krwa'san] *(pl* **croisants**) *nm* croissant

croisantería [krwasante'ria] *nf* = shop selling filled croissants

crol *nm Dep* crawl; **nadar a c.** to do the crawl

cromado *nm* chromium-plating

Cromañón *nm* Cro-Magnon

cromar *vt* to chrome, to chromium-plate

cromático, -a *adj* chromatic

cromatismo *nm* colouring

cromo *nm* (**a**) *(metal)* chrome (**b**) *(estampa)* picture card; **c. repetido** swap

cromosoma *nm* chromosome ▫ ***c. sexual*** sex chromosome

cromosómico, -a *adj* chromosomal

crónica *nf* (**a**) *(de la historia)* chronicle (**b**) *(de un periódico)* column; *(de la televisión)* feature, programme; **la c. deportiva** the sports news *o* report

crónico, -a *adj* (**a**) *(enfermedad)* chronic (**b**) *Fam (vicio)* ingrained; **es un perezoso/mentiroso c.** he's a hopeless layabout/liar

cronicón *nm* = brief, usually anonymous, chronicle

cronista *nmf* (**a**) *(historiador)* chronicler (**b**) *(en periódico)* writer; *(en televisión)* reporter

crono *nm Dep* time

cronoescalada *nf Dep* time-trial climb

cronología *nf* chronology

cronológicamente *adv* chronologically, in chronological order

cronológico, -a *adj* chronological

cronometrador, -ora *nm,f* timekeeper

cronometraje *nm* timekeeping

cronometrar *vt* to time

cronométrico, -a *adj* **es de una puntualidad cronométrica** he's extremely punctual

cronómetro *nm Dep* stopwatch; *Tec* chronometer

cróquet *nm* croquet

croqueta *nf* croquette

croquis *nm inv* sketch

cross *nm inv Dep* (**a**) *(carrera)* cross-country race (**b**) *(deporte)* cross-country (running)

crótalo *nm* (**a**) *(serpiente)* rattlesnake (**b**) **crótalos** *(castañuelas)* castanets
croupier [kru'pjer] *nm* croupier
cruasán *nm* croissant
cruce 1 *ver* **cruzar**
2 *nm* (**a**) *(de líneas)* crossing, intersection; *(de carreteras)* crossroads *(singular)*; **gira a la derecha en el próximo c.** turn right at the next junction (**b**) *(de animales, plantas)* cross; **un c. de fox-terrier y chihuahua** a cross between a fox terrier and a chihuahua (**c**) *(de teléfono)* crossed line (**d**) *(en fútbol)* crossfield ball (**e**) *(en competición deportiva)* round *(in knockout competition)*
cruceiro *nm Antes (moneda)* cruzeiro
crucero *nm* (**a**) *(viaje)* cruise; **hacer un c.** to go on a cruise (**b**) *(barco)* cruiser (**c**) *(de iglesias)* crossing (**d**) ***C. del Sur*** *(constelación)* Southern Cross
cruceta *nf* (**a**) *(de una cruz)* crosspiece (**b**) *(en fútbol)* angle *(of crossbar and goalpost)* (**c**) *Náut* crosstree
crucial *adj* crucial
crucificado, -a 1 *adj* crucified
2 *nm Rel* **el C.** Jesus Christ
crucificar [59] *vt* (**a**) *(en una cruz)* to crucify (**b**) *(atormentar)* to torment
crucifijo *nm* crucifix
crucifixión *nf* crucifixion
cruciforme *adj* cruciform
crucigrama *nm* crossword (puzzle)
cruda *nf Guat, Méx Fam* hangover
crudeza *nf* (**a**) *(de clima)* harshness; **con c.** harshly (**b**) *(de descripción, imágenes)* brutality, harsh realism
crudo, -a 1 *adj* (**a**) *(natural)* raw; *(petróleo)* crude (**b**) *(sin cocer completamente)* undercooked (**c**) *(realidad, clima, tiempo)* harsh; *(novela)* harshly realistic, hard-hitting (**d**) *(cruel)* cruel (**e**) *(color)* beige (**f**) *Fam (difícil)* **en estos momentos está muy c. encontrar trabajo** it's really tough to find a job just now; **lo tiene c. si piensa que lo voy a invitar** he's in for a big disappointment if he thinks I'm inviting him (**g**) *Guat, Méx Fam (con resaca)* hung over
2 *nm* crude (oil)
cruel *adj* (**a**) *(persona, acción)* cruel (**b**) *(dolor)* excruciating, terrible (**c**) *(clima)* harsh
crueldad *nf* (**a**) *(de persona, acción)* cruelty; *(del clima)* harshness (**b**) *(acción cruel)* act of cruelty
cruento, -a *adj* bloody
crujía *nf* (**a**) *(pasillo)* passage (**b**) *Náut* midship gangway
crujido *nm (de madera)* creaking; *(de hojas secas)* crackling; **un c.** *(de madera)* a creak; *(de hojas secas)* a crackle; **el c. de sus pisadas** the crunch of his footsteps
crujiente *adj (patatas fritas)* crunchy; *(madera)* creaky; *(hojas secas)* rustling; *(pan)* crusty
crujir *vi (patatas fritas, nieve)* to crunch; *(madera)* to creak; *(hojas secas)* to crackle; *(dientes)* to grind
crupier *nm* croupier
crustáceo *nm* crustacean
cruz *nf* (**a**) *(forma)* cross; EXPR *Fam* **hacerse cruces** to be baffled *o* astounded; EXPR *Fam* **hacer c. y raya** to break off relations; **con los brazos en c.** with one's arms stretched out to the sides ▫ ***c. gamada*** swastika; ***c. griega*** Greek cross; ***c. latina*** Latin cross; ***la C. Roja*** the Red Cross; ***C. del Sur*** *(constelación)* Southern Cross (**b**) *(de una moneda)* tails *(singular)* (**c**) *Fam (aflicción)* burden, torment; **¡qué c.!** what a life!
cruza *nf Am* cross, crossbreed
cruzada *nf también Fig* crusade; **las Cruzadas** the Crusades
cruzado, -a 1 *adj* (**a**) *(cheque, piernas, brazos)* crossed (**b**) *(atravesado)* **c. en la carretera** blocking the road (**c**) *(animal)* crossbred (**d**) *(abrigo, chaqueta)* double-breasted
2 *nm también Fig* crusader
cruzamiento *nm* (**a**) *(acción)* crossing (**b**) *(de animales)* crossbreeding
cruzar [14] **1** *vt* (**a**) *(calle, río)* to cross; **cruzó el Atlántico en velero** he sailed across the Atlantic; **nos cruzó al otro lado del río en su barca** he took us across to the other side of the river in his boat; **c. la pelota** *(en fútbol)* to pass the ball across the field
(**b**) *(unas palabras)* to exchange
(**c**) *(animales)* to cross
(**d**) *Fam* **cruzarle la cara a alguien** *(pegarle)* to slap sb across the face
2 cruzarse *vpr* (**a**) *(atravesarse)* to cross; **la A1 no se cruza con la A6** the A1 doesn't meet the A6 at any point; **cruzarse de brazos** to fold one's arms; *Fig (no hacer nada)* to stand back and do nothing; EXPR *Fam* **se le han cruzado los cables** he went mad
(**b**) *(personas)* **cruzarse con alguien** to pass sb
CSCE *nf Antes (abrev de* **Conferencia sobre Seguridad y Cooperación en Europa**) CSCE
CSIC [θe'sik] *nm (abrev de* **Consejo Superior de Investigaciones Científicas**) = Spanish council for scientific research
CSTAL *nf (abrev de* **Confederación Sindical de los Trabajadores de América Latina**) = Latin-American trade union confederation
cta. *(abrev de* **cuenta**) a/c
CTC *nf (abrev de* **Central de Trabajadores de Cuba**) = Cuban trade union
cte. *(abrev de* **corriente**) inst.
ctra. *(abrev de* **carretera**) Rd
c/u *(abrev de* **cada uno**) per item
cuaderna *nf Náut* rib
cuadernillo *nm (de periódico)* supplement
cuaderno *nm (libreta)* notebook; *(de colegial)* exercise book ▫ ***c. de anillas*** ring binder; *Náut* ***c. de bitácora*** logbook; ***c. de dibujo*** sketch pad; ***c. de espiral*** spiral-bound notebook
cuadra *nf* (**a**) *(de caballos)* stable; *Fam (lugar sucio)* pigsty (**b**) *Am (en calle)* block (**c**) *Perú (recibidor)* reception room
cuadrado, -a 1 *adj* (**a**) *(figura) & Mat* square (**b**) *(persona)* square-built, stocky
2 *nm también Mat* square; **tres (elevado) al c.** three square(d)
cuadragésimo, -a *núm* fortieth; *ver también* **sexto**
cuadrangular *adj* quadrangular
cuadrángulo *nm* quadrangle
cuadrante *nm* (**a**) *(de círculo)* quadrant (**b**) *(reloj de sol)* sundial
cuadrar 1 *vi* (**a**) *(información, hechos)* to square, to agree (**con** with); **no le cuadra esa ropa** those clothes don't suit him (**b**) *(números, cuentas)* to tally, to add up (**c**) *(convenir)* to suit; **si te cuadra, te recojo a las seis** if it suits you, I'll pick you up at six
2 *vt (dar forma de cuadrado a)* to make square, to square off
3 cuadrarse *vpr Mil* to stand to attention
cuadratura *nf Geom* quadrature; **la c. del círculo** squaring the circle
cuádriceps *nm inv* quadriceps
cuadrícula *nf* grid
cuadriculado, -a *adj* (**a**) *(papel)* squared (**b**) *Fam (rígido)* **ser muy c.** to be very inflexible
cuadricular *vt* to divide into squares
cuadriga, cuádriga *nf Hist* four-in-hand
cuadrilátero *nm* (**a**) *Geom* quadrilateral (**b**) *(en boxeo)* ring
cuadrilla *nf* (**a**) *(de amigos, trabajadores)* group; *(de maleantes)* gang (**b**) *(de torero)* team of helpers

CUADRO *nm* (**a**) *(pintura)* painting; **un c. de Miró** a Miró, a painting by Miró; **c. al óleo** oil painting
(**b**) *(escena)* scene, spectacle; **después del terremoto, la ciudad presentaba un c. desolador** after the earthquake, the city was a scene of devastation; **¡vaya (un) c. ofrecíamos tras la tormenta!** we were in a sorry state after we got caught in the storm!
(**c**) *(descripción)* portrait ▫ ***c. de costumbres*** = scene portraying regional customs
(**d**) *(cuadrado)* square; *(de flores)* bed; **una camisa a cuadros** a checked shirt; **un diseño a cuadros** a checked pattern
(**e**) *(equipo)* team; **en este hospital hay un buen c. médico** *o* **facultativo** the medical staff in this hospital are good; **el c. directivo de una empresa** the management of a company; **los cuadros medios** *o* **intermedios de la administración** middle-ranking government officials ▫ ***c. flamenco*** flamenco group; ***cuadros de mando*** *(en ejército)* commanding officers; *(en organización)* highest-ranking officials; *(en empresa)* top management
(**f**) *(gráfico)* chart, diagram ▫ ***c. sinóptico*** tree diagram
(**g**) *(de bicicleta)* frame
(**h**) *(de aparato)* panel ▫ ***c. de distribución*** switchboard; ***c. de instrumentos*** *o* ***mandos***

(en avión) control panel; *(en automóvil)* dashboard
(**i**) *Teatro* scene ❑ ***c. vivo*** tableau vivant
(**j**) *Med* **c. (clínico)** symptoms; **presenta un c. de extrema gravedad** her symptoms are extremely serious
(**k**) *(armazón)* framework
(**l**) *Mil* square formation
(**m**) *Informát* box ❑ ***c. de cierre*** close box; ***c. de diálogo*** dialog box
(**n**) *Am (matadero)* slaughterhouse
(**o**) EXPR **la empresa está en c. tras la marcha del equipo directivo** the company has been caught seriously short after its entire management team left; **con la lesión de siete jugadores, el equipo se queda en cuadros** the team has been seriously weakened after the injuries to seven of its players; *Fam* **cuando me dijo que yo era el padre del bebé, me quedé a cuadros** I was completely floored when she told me that I was the father of the baby

---

cuadros *nmpl Chile (braga)* panties, *Br* knickers

cuadrumano, -a 1 *adj* = having feet specialized for use as hands (like monkeys), *Espec* quadrumanous
2 *nm,f* quadrumanous animal

cuadrúpedo *nm* quadruped

cuádruple *nm* quadruple

cuadruplicar [59] *vt* to quadruple

cuádruplo *nm* quadruple

cuajada *nf* curd (cheese)

cuajado, -a *adj* (**a**) *(leche)* curdled (**b**) *(lleno)* **c. de** full of; *(de lágrimas)* filled with; *(de estrellas)* studded with

cuajar 1 *vt* (**a**) *(solidificar) (leche)* to curdle; *(sangre)* to clot, to coagulate (**b**) **c. de** *(llenar)* to fill with; *(cubrir)* to cover with
2 *vi* (**a**) *(lograrse) (acuerdo)* to be settled; *(negocio)* to take off, to get going (**b**) *(nieve)* to settle (**c**) *(ser aceptado) (persona)* to fit in; *(moda)* to catch on
3 cuajarse *vpr* (**a**) *(leche)* to curdle; *(sangre)* to clot, to coagulate (**b**) *(llenarse)* **cuajarse de** to fill (up) with

cuajo *nm* (**a**) *(fermento)* rennet (**b**) *(árbol)* dali (**c**) **de cuajo** *loc adv* **arrancar de c.** *(árbol)* to uproot; *(brazo, cabeza)* to tear right off

---

CUAL 1 *pron relat* (**a**) **el c./la c./los cuales/las cuales** *(de persona) (sujeto)* who; *(complemento)* whom; *(de cosa)* which; **conoció a una española, la c. vivía en Buenos Aires** he met a Spanish girl who lived in Buenos Aires; **le extirparon el apéndice, el c. se había inflamado** they removed her appendix, which had become inflamed; **hablé con dos profesores, los cuales me explicaron la situación** I spoke to two teachers who explained the situation to me; **me encontré con Sandra, a la c. hacía tiempo que no veía** I met Sandra, who I hadn't seen for some time; **son dos personas con las cuales me llevo muy bien** they're two people with whom I get on very well, they're two people I get on very well with; **hablé con la persona a la c. escribí la semana pasada** I spoke with the person who I had written to *o* to whom I had written last week; **la compañía para la c. trabajo** the company I work for, the company for which I work; **un problema para el c. no hay solución** a problem to which there is no solution; **una norma según la c. no se puede entrar a mitad de espectáculo** a rule stating that you may not enter the auditorium while the show is in progress; **estoy muy cansado, razón por la c. no saldré esta noche** I'm very tired, which is why I'm not going out tonight
(**b**) **lo c.** which; **está muy enfadada, lo c. es comprensible** she's very angry, which is understandable; **ha tenido mucho éxito, de lo c. me alegro** she's been very successful and I'm very pleased for her; **...de lo c. concluimos que...** ...from which we can conclude that...; **estaba de muy mal humor, en vista de lo c. no le dije nada** seeing as *o* in view of the fact that she was in a very bad mood, I didn't say anything to her; **por todo lo c. hemos decidido...** as a result of which we have decided...; **todo lo c. me hace pensar que no vendrá** all of which makes me think he won't come
(**c**) *(en frases)* **cada c. tiene sus gustos propios** everyone has his/her own tastes; **que cada c. extraiga sus conclusiones** you may all draw your own conclusions; **sea c. sea** *o* **fuere su decisión** whatever his decision (may be); **le conté lo que había pasado y se quedó tal c.** I told her what had happened and she didn't bat an eyelid
2 *adv Literario (como)* like; **se revolvió c. fiera herida** he writhed around like a wounded beast; EXPR **c. padre, tal hijo** like father, like son

---

CUÁL *pron* (**a**) *(interrogativo)* what; *(en concreto, especificando)* which (one); **¿c. es tu nombre?** what's your name?; **¿c. es la diferencia?** what's the difference?; **no sé cuáles son mejores** I don't know which are best; **dinos c. te gusta más** tell us which (one) you like best; **¿c. prefieres?** which (one) do you prefer?; **¿c. de estos dos te gusta más?** which of these two do you like best?; **¿de c. me hablas?** which (one) are you talking about?
(**b**) *(exclamativo)* **¡c. no sería mi sorpresa al conocer el resultado!** imagine my surprise when I heard the result!
(**c**) *(en oraciones distributivas)* **todos contribuyeron, c. más, c. menos** everyone contributed, although some more than others; **los tres son a c. más inteligente** all three are equally intelligent; **tiene dos casas a c. más lujosa** she has two houses, both of which are equally luxurious, she has two houses, the one as luxurious as the other; **a c. más deprisa** each as fast at the other

---

cualesquiera *ver* **cualquiera**

cualidad *nf* quality

cualificación *nf* degree of skill *(of a worker)*; **debemos mejorar la c. de los obreros** we have to get a more highly skilled workforce

cualificado, -a *adj* skilled

cualificar [59] *vt* to qualify

cualitativamente *adv* qualitatively

cualitativo, -a *adj* qualitative

cualquier *ver* **cualquiera**

CUALQUIERA (*pl* **cualesquiera**)

> Note that **cualquier** is used before singular nouns (e.g. **cualquier hombre** any man).

1 *adj* any; **no es un escritor c.** he's no ordinary writer; **cualquier día vendré a visitarte** I'll drop by one of these days; **cualquier cosa vale** anything will do; **a cualquier hora** any time; **hazlo de cualquier manera** do it any old how; **hace las cosas de cualquier manera** he does things any old how *o* carelessly; **de cualquier manera** *o* **modo, no pienso ayudar** I've no intention of helping, anyway *o* in any case; **en cualquier momento** at any time; **en cualquier lado/lugar** anywhere
2 *pron* anyone; **c. te lo dirá** anyone will tell you; **c. haría lo mismo** anyone would do the same; **¡c. se lo cree!** if you believe that, you'll believe anything!; **que lo haga c., pero rápido** I don't care who does it as long as it's done quickly; **¡c. lo sabe!** who knows!; **¡c. se lo come!** nobody could eat that!; **¡c. entiende a tu madre!** I don't think anyone understands your mother!; **con el mal humor que tiene, ¡c. se lo dice!** it's a brave man who would tell her in that mood!; **c. que** *(persona)* anyone who; *(cosa)* whatever; **c. que te vea se reiría** anyone who saw you would laugh; **c. que sea la razón** whatever the reason (may be); **avisadme, c. que sea la hora a la que llame** let me know, whatever time she calls; **cualesquiera que sean las razones** whatever the reasons (may be)
3 *nmf Pey (don nadie)* nobody; **ser un c.** to be a nobody
4 *nf Fam Pey (prostituta)* tart

---

cuan *adv (todo lo que)* **se desplomó c. largo era** he fell flat on the ground

cuán *adv* how

CUANDO 1 *adv* when; **c. llegue el verano iremos de viaje** when summer comes we'll go travelling; **c. me agacho, me duele la espalda** when *o* whenever I bend down, my back hurts; **se marchó c. mejor lo estábamos pasando** she left just when we were having a really good time; **acababa de cerrar la puerta, c. estalló la bomba** I had just closed the door when the bomb went off; **fue entonces c. comprendí el problema** it was then that I realized the problem; **para c. llegamos,**

la fiesta ya había acabado by the time we arrived the party was already over; **ven a visitarnos c. quieras** come and stay with us whenever you like; **cambia mucho de c. está de buen humor a c. está enfadado** he's very different when he's in a good mood to when he's angry; **¿te acuerdas de c. nos dieron el premio?** do you remember when *o* the time they gave us the prize?; **apenas se marchó el profesor, c. todos los alumnos se pusieron a hablar** no sooner had the teacher left than all the pupils started talking; **de c. en c., de vez en c.** from time to time, now and again; **c. más, c. mucho** at (the) most; **c. más, te ayudaré un rato** I'll help you for a short while, but no longer, at (the) most I'll help you for a short while; **c. menos** at least; **nos harán falta c. menos cinco personas** we'll need at least five people; **c. quiera que me lo encuentro, siempre me sonríe** whenever I meet him he smiles at me

2 *conj* (**a**) *(si)* if; **c. tú lo dices será verdad** it must be true if you say so; **c. no te ha llegado la invitación, será porque no te quieren ver** if you haven't received an invitation, it must be because they don't want to see you; **no será tan malo c. ha vendido tantas copias** it can't be that bad if it's sold so many copies

(**b**) *(después de "aun") (aunque)* **no mentiría aun c. le fuera en ello la vida** she wouldn't lie even if her life depended on it

(**c**) *(indica contraste)* **no tiene muchos amigos, c. en realidad es una persona muy agradable** he doesn't have a lot of friends, even though he's actually a very nice person

(**d**) *(introduce valoración negativa)* when, even though; **siempre está protestando, c. es el que más oportunidades recibe** he's always complaining even though *o* when he's the one who gets more chances than anyone else

3 *prep* **quemaron ese colegio c. la guerra** this school was burned down during the war; **son restos de c. los romanos** they are remains from Roman times; **c. niño, solía bañarme en este río** when I was a boy I used to swim in this river

CUÁNDO 1 *adv* when; **¿c. vas a venir?** when are you coming?; **quisiera saber c. sale el tren** I'd like to know when *o* at what time the train leaves; **¡c. se dará cuenta de su error!** when will she realize her mistake?; **¿de c. es este periódico?** when's this paper from?; **¿desde c. vives en Lima?** how long have you been living in Lima?; **¿desde c. puedes llegar a casa a las dos de la madrugada?** since when were you allowed to get home at two in the morning?; **¿para c. estará arreglado?** when will it be ready?

2 *nm* **ignorará el cómo y el c. de la operación** he won't know how or when the operation will take place

cuantía *nf (suma)* amount, quantity; *(alcance)* extent

cuántica *nf* quantum mechanics *(singular)*

cuántico, -a *Fís adj* quantum; **mecánica/teoría cuántica** quantum mechanics/theory

cuantificable *adj* quantifiable

cuantificar [59] *vt* to quantify

cuantioso, -a *adj* large, substantial

cuantitativamente *adv* quantitatively

cuantitativo, -a *adj* quantitative

CUANTO, -A[1] 1 *adj* (**a**) *(todo)* **despilfarra c. dinero gana** he squanders all the money he earns; **soporté todas cuantas críticas me hizo** I put up with every single criticism he made of me; **todos cuantos intentos hicimos fracasaron** every single one of our attempts met with failure

(**b**) *(algunos)* **unos cuantos chicos** some *o* a few boys; **necesitaré unas cuantas hojas** I'm going to need a few sheets of paper

(**c**) *(antes de adv) (expresa correlación)* **cuantas más mentiras digas, menos te creerán** the more you lie, the less people will believe you; **cuantos más amigos traigas, tanto mejor** the more friends you bring, the better

2 *pron relat* (**a**) *(todo lo que)* everything, as much as; **come c. quieras** eat as much as you like; **comprendo c. dice** I understand everything he says; **heredarás todo c. tengo** you will inherit everything I have; **esto es todo c. puedo hacer** this is as much as *o* all I can do

(**b**) *(expresa correlación)* **c. más se tiene, más se quiere** the more you have, the more you want; **cuantos menos vayamos, más barato saldrá** the fewer of us who go, the cheaper it will be

(**c**) **cuantos** *(todos) (personas)* everyone who; *(cosas)* everything (that); **cuantos fueron alabaron el espectáculo** everyone who went said the show was excellent; **dio las gracias a todos cuantos le ayudaron** he thanked everyone who helped him

(**d**) **unos cuantos** *(algunos)* some, a few; **no tengo todos sus libros, sólo unos cuantos** I don't have all of her books, only some *o* a few of them

3 *adv* (**a**) *(expresa correlación)* **c. más come, más gordo está** the more he eats, the fatter he gets; **c. más lo pienso, menos lo entiendo** the more I think about it, the less I understand it; **c. menos nos distraigas, mejor** the less you distract us, the better; **c. antes llegues, antes empezaremos** the sooner you arrive, the sooner we'll start

(**b**) **cuanto antes** *loc adv* as soon as possible; **hazlo c. antes** do it as soon as possible *o* as soon as you can

(**c**) **en cuanto** *loc prep (en calidad de)* as; **en c. cabeza de familia** as head of the family

(**d**) **en cuanto** *loc conj (tan pronto como)* as soon as; **en c. acabe** as soon as I've finished; **la reconocí en c. la vi** I recognized her as soon as I saw her *o* instantly

(**e**) **en cuanto a** *loc prep* as regards; **en c. a tu petición** as regards your request, as far as your request is concerned; **en c. a temas de literatura, nadie sabe más que él** no one knows more about literature than he does, when it comes to literature, no one knows more than he does

cuanto[2] *nm Fís* quantum

CUÁNTO, -A 1 *adj* (**a**) *(interrogativo) (singular)* how much; *(plural)* how many; **¿c. pan quieres?** how much bread do you want?; **¿cuántas manzanas tienes?** how many apples do you have?; **¿cuántos años tiene?** how old is she?; **¿cuántos kilos pesa?** how many kilos does it weigh?; **¿c. dinero cuesta?** how much money does it cost?; **¿cuánta gente acudió a la fiesta?** how many people came to the party?; **¿con cuántos voluntarios contamos?** how many volunteers do we have?; **no sé cuántos hombres había** I don't know how many men were there; **pregúntale c. dinero tiene** ask her how much money she has

(**b**) *(exclamativo)* what a lot of; **¡cuánta gente (había)!** what a lot of people (were there)!; **¡cuántos problemas da esta televisión!** this television has been one problem after another!, we've had so many problems with this television!; **¡c. tiempo hace que no le veo!** it's been so long *o* ages since I saw her!; **¡cuánta falta hacía esta tormenta!** we really needed that storm!, that storm was long overdue!; **¡cuánta carne ha quedado!** look at all the meat that's left over!; **¡c. aprovechado hay por ahí!** there's a lot of scroungers about!

2 *pron* (**a**) *(interrogativo) (singular)* how much; *(plural)* how many; **¿c. quieres?** how much do you want?; **¿c. es?** how much is it?; **¿c. mide?** how tall is she?; **¿c. pesa?** how much *o* what does it weigh?; **¿c. cobra?** how much *o* what does he earn?; **¿c. vale?** how much is it *o* does it cost?; **¿c. falta para las vacaciones?** how long (is there) to go until the *Br* holidays *o US* vacation?; **¿c. queda para el final?** how long (is there) to go until the end?; **¿c. hay hasta la frontera?** how far is it to the border?; **¿cuántos han venido?** how many came?; **¿cada c. hay una gasolinera?** how often is there a *Br* petrol *o US* gas station?; **¿a c. están los tomates?** how much are the tomatoes?; **¿a c. estamos hoy?** what's the date today?; **¿por c. me saldrá la reparación?** how much will the repairs come to?; **dime cuántas quieres** tell me how many you want; **dime c. te ha costado** tell me how much it cost you; **me gustaría saber c. te costarán** I'd like to know how much they'll cost you; **no sé cuántos acudirán** I don't know how many people will come; **no te imaginas c. lo siento** I can't tell you how sorry I am, I'm so sorry

(**b**) *(exclamativo)* **¡c. han cambiado las cosas!** how things have changed!; **¡c. me gusta!** I really like it!; **¡cuántos han venido!** so many people have come!; **¡c. tardaste, pensaba que ya no venías!** you were so late, I thought you weren't coming!; **¡c. me gustaría ir contigo!** I'd really love to go with you!
(**c**) *Fam* **hablé con un tal Martín no sé cuántos** I spoke to a Martín something or other

cuáquero, -a *nm,f Rel* Quaker
cuarcita *nf* quartzite
cuarenta *núm* forty; **los (años) c.** the forties; *ver también* **seis**
cuarentavo, -a *núm* fortieth; *ver también* **sexto**
cuarentena *nf* (**a**) *(por epidemia)* quarantine; **poner en c.** *(enfermos)* to (put in) quarantine; *(noticia)* to put on hold (**b**) *(cuarenta unidades)* forty; **andará por la c.** he must be about forty; **una c. de…** *(unos cuarenta)* about forty…; *(cuarenta)* forty…
cuarentón, -ona *nm,f Fam* person in his/her forties
cuaresma *nf Rel* Lent
cuarta *nf* (**a**) *(palmo)* span (**b**) *Mús* perfect fourth (**c**) *Méx (para caballo de tiro)* riding crop
cuarteamiento *nm (resquebrajamiento)* cracking
cuartear 1 *vt* (**a**) *(agrietar)* to crack (**b**) *(partir, dividir)* to cut *o* chop up
2 cuartearse *vpr* to crack
cuartel *nm* (**a**) *Mil* barracks ❑ ***c. general*** headquarters (**b**) *(buen trato)* **dar c.** to give quarter, to show mercy; **guerra sin c.** all-out war; **lucha sin c.** fight to the death
cuartelazo *nm*, **cuartelada** *nf* military uprising, revolt
cuartelero, -a *adj* (**a**) *Mil* barracks; **vida cuartelera** life in barracks (**b**) *(lenguaje)* vulgar, coarse
cuartelillo *nm (de la Guardia Civil)* = post of the Guardia Civil
cuarteo *nm* cracking
cuartetista *nmf Mús* member of a quartet
cuarteto *nm* (**a**) *Mús* quartet; **c. de cuerda** string quartet (**b**) *Lit* quatrain
cuartilla *nf* sheet of quarto
cuarto, -a 1 *núm* fourth; **la cuarta parte** a quarter; **el c. poder** *(la prensa)* the Fourth Estate; *RP Fam* **de cuarta** fourth-rate; *ver también* **sexto**
2 *nm* (**a**) *(parte)* quarter; **un c. de hora** a quarter of an hour; **son las dos y c.** it's a quarter *Br* past *o US* after two; **de tres cuartos** *(abrigo, retrato, espejo)* three-quarter (length); EXPR *Fam* **ser tres cuartos de lo mismo** to be exactly the same *o* no different ❑ ***c. creciente*** first quarter; *Dep* ***cuartos de final*** quarter finals; ***c. menguante*** last quarter
(**b**) *(curso universitario)* fourth year
(**c**) *(curso escolar)* = fourth year of primary school, *US* ≃ fourth grade
(**d**) *(de animal)* quarter; **los cuartos delanteros/traseros** front quarters/hindquarters
(**e**) *(habitación)* room ❑ ***c. de aseo*** washroom, small bathroom; ***c. de baño*** bathroom; ***c. de estar*** living room; ***c. de huéspedes*** guestroom; ***c. de juegos*** playroom, *US* rumpus room; ***c. oscuro*** *(para revelar fotografía)* darkroom; *Arg (cabina electoral)* voting booth; ***c. trastero*** lumber room
(**f**) *(dinero)* **estar sin un c.** to be broke; *Fam* **cuartos** dough, cash
cuartofinalista *nmf* quarterfinalist
cuarzo *nm* quartz
cuásar *nm* quasar
cuasidelito *nm Der* quasi delict
cuate 1 *adj Ecuad, Méx* (**a**) *(gemelo)* twin (**b**) *(semejante)* similar
2 *nmf inv CAm, Méx Fam (amigo)* pal, *Br* mate, *US* buddy
cuaternario, -a *Geol* **1** *adj* Quaternary
2 *nm* **el C.** the Quaternary (era)
cuatrerear *vt RP* to rustle, to steal
cuatrero, -a *nm,f (de caballos)* horse thief; *(de ganado)* cattle rustler
cuatricromía *nf Imprenta* four-colour process
cuatrienio *nm* four-year period
cuatrillizo, -a *nm,f* quadruplet, quad
cuatrimestral *adj* (**a**) *(en frecuencia)* four-monthly (**b**) *(en duración)* four-month, lasting four months; *Educ* **asignatura c.** = four-month course in a given subject
cuatrimestre *nm* (period of) four months
cuatrimotor *nm* four-engined plane
cuatripartito, -a *adj* four-part
cuatro 1 *núm* four; EXPR *Méx Fam* **meter las c.** *(meter la pata)* to (really) put one's foot in it ❑ ***c. por c.*** *(todoterreno)* four-wheel drive (vehicle); *ver también* **seis**
2 *adj (poco)* a few; **hace c. días** a few days ago; *Fam* **c. gatos** hardly a soul; *Fam* **éramos c. gatos** there were only a handful of us; **cayeron c. gotas** there were a few spots of rain ❑ *Fam* ***c. ojos*** four eyes
3 *nm Carib* = four-stringed guitar
cuatrocientos, -as *núm* four hundred; *ver también* **seis**
Cuba *n* Cuba; EXPR *Fam* **más se perdió en C.** it's not the end of the world
cuba *nf* (**a**) *(para vino)* barrel, cask; EXPR *Fam* **estar como una c.** to be legless *o* blind drunk (**b**) *(de alto horno)* blast-furnace shaft (**c**) *Col (hijo menor)* youngest child
cubalibre *nm* rum and cola
cubano, -a *adj & nm,f* Cuban
cubata *nm Fam* (**a**) *(combinado)* long drink (**b**) *(ron con coca-cola)* rum and cola
cubero *nm* EXPR **a ojo de buen c.** roughly
cubertería *nf* (set of) cutlery
cubeta *nf* (**a**) *(balde, cubo)* bucket, pail (**b**) *(recipiente rectangular)* tray (**c**) *(de barómetro)* bulb (**d**) *Geol* basin, basin fold
cubicaje *nm Aut* capacity
cúbico, -a *adj* cubic
cubierta *nf* (**a**) *(de libro, cama)* cover ❑ ***c. vegetal*** vegetation (**b**) *(de neumático)* tyre (**c**) *(de barco)* deck
cubierto, -a 1 *participio ver* **cubrir**
2 *adj* (**a**) *(tapado, recubierto)* covered (**de** with); **estar a c.** *(protegido)* to be under cover; *(con saldo acreedor)* to be in the black; **ponerse a c.** to take cover (**b**) *(cielo)* overcast (**c**) *(vacante)* filled
3 *nm* (**a**) *(pieza de cubertería)* piece of cutlery; **cubiertos** cutlery; **pon un c. más en la mesa** set another place at (the) table; **mis cubiertos están sucios** my knife and fork (and spoon) are dirty (**b**) *(para cada persona)* place setting (**c**) *(comida)* set menu
cubil *nm* (**a**) *(de animales)* den, lair (**b**) *(de personas)* poky room
cubilete *nm (en juegos)* cup; *(molde)* mould
cubismo *nm* cubism
cubista *adj & nmf* cubist
cubitera *nf* ice bucket
cubito *nm (de hielo)* ice cube ❑ ***c. de caldo*** stock cube
cúbito *nm Anat* ulna
cubo *nm* (**a**) *(recipiente)* bucket ❑ ***c. de la basura*** *Br* rubbish bin, *US* garbage can (**b**) *(figura)* cube ❑ ***c. de caldo*** stock cube (**c**) *Mat* cube; **elevar al c.** to cube (**d**) *(de rueda)* hub
cubrecama *nm* bedspread
cubrimiento *nm* covering
cubrir 1 *vt* (**a**) *(tapar, recubrir, recorrer)* to cover (**de** with); **c. a alguien de insultos/alabanzas** to heap insults/praise on sb; **Ana cubrió de besos a su padre** Ana covered her father with kisses
(**b**) *(proteger)* to protect; *Mil* to cover; **c. la retirada** to cover the retreat; **esta póliza nos cubre contra cualquier accidente** this policy covers us against all accidents
(**c**) *(ocultar)* to cover up, to hide
(**d**) *(puesto, vacante)* to fill; **hay veinte solicitudes para c. tres plazas** there are twenty applications for three jobs
(**e**) *(gastos)* to cover; **el presupuesto no cubre todos los gastos** the budget doesn't cover all the expenses; **c. gastos** *(exactamente)* to break even
(**f**) *(noticia)* to cover
(**g**) *(recorrer)* to cover
(**h**) *(el macho a la hembra)* **c. a** to mate with
(**i**) *Dep (marcar)* to mark
2 cubrirse *vpr* (**a**) *(taparse)* to become covered (**de** with); EXPR **cubrirse de gloria** *(triunfar)* to cover oneself in *o* with glory; *Irónico* to land oneself in it
(**b**) *(protegerse)* to shelter (**de** from)
(**c**) *(con sombrero)* to put one's hat on
(**d**) *(con ropa)* to cover oneself (**de** with)
(**e**) *(cielo)* to cloud over
cuca *nf* (**a**) *Fam* peseta (**b**) *Chile (ave)* = type of heron (**c**) *Col, Ven Vulg (vulva)* pussy, *Br* fanny
cucamonas *nfpl Fam* sweet talk
cucaña *nf* greasy pole

cucaracha *nf* cockroach

cucarrón *nm Am* beetle

cuchara *nf* (**a**) *(para comer)* spoon ❑ ***c. de madera*** *o* ***de palo*** wooden spoon; ***c. sopera*** soup spoon (**b**) *(cucharada)* spoonful (**c**) **la c. de madera** *(en rugby)* the wooden spoon (**d**) *Am* ***c. de albañil*** trowel

cucharada *nf* spoonful ❑ ***c. colmada*** heaped spoonful; ***c. rasa*** level spoonful; ***c. sopera*** tablespoonful

cucharadita *nf* teaspoon, teaspoonful

cucharilla *nf* (**a**) *(cuchara)* teaspoon ❑ ***c. de café*** teaspoon; ***c. de moka*** coffee spoon (**b**) *(para pescar)* spinner

cucharón *nm* ladle

cucheta *nf RP Náut* berth

cuchichear *vi* to whisper

cuchicheo *nm* whispering

cuchilla *nf* (**a**) *(hoja cortante)* blade ❑ ***c. de afeitar*** razor blade (**b**) *Andes, Carib (cortaplumas)* pocketknife

cuchillada *nf* (**a**) *(golpe)* stab; **dar una c. a alguien** to stab sb (**b**) *(herida)* stab wound

cuchillería *nf* (**a**) *(oficio)* cutlery, knife-making (**b**) *(taller)* cutler's shop

cuchillero *nm (persona)* cutler

cuchillo *nm* knife; EXPR **pasar a c.** to put to the sword ❑ ***c. eléctrico*** electric carving knife; ***c. de monte*** hunting knife

cuchipanda *nf Fam* blow-out

cuchitril *nm* hovel

cuchufleta *nf Fam* joke; **estar de c.** to be joking

cuclillas: en cuclillas *loc adv* squatting; **ponerse en c.** to squat (down)

cuclillo *nm* cuckoo

cuco, -a 1 *adj Fam* (**a**) *(bonito)* pretty (**b**) *(astuto)* shrewd, canny

2 *nm* cuckoo

cucos *nmpl Col (braga)* panties, *Br* knickers

cucú *nm* (**a**) *(canto)* cuckoo (**b**) *(reloj)* cuckoo clock

cucufato *nm Andes* bigot

cucurucho *nm* (**a**) *(de papel)* paper cone; **un c. de palomitas** a paper cone filled with popcorn (**b**) *(para helado)* cornet, cone (**c**) *(gorro)* pointed hat

cueca *nf Andes, RP* = popular dance of Bolivia, Peru, Argentina and Chile

cuece *ver* **cocer**

cuelga *nf* (**a**) *(de frutas)* = bunch of fruit hung out to dry (**b**) *(regalo)* birthday present

cuelgo *etc ver* **colgar**

cuelgue *nm Fam* **tener un c.** to be off one's head

cuellicorto, -a *adj* short-necked

cuellilargo, -a *adj* long-necked

cuello *nm* (**a**) *(de persona, animal, botella)* neck; **al c.** around one's neck; EXPR **hasta el c. de** up to one's eyes in; EXPR **salvar el c.** to save one's skin (**b**) *(de prendas)* collar; EXPR **habla para el c. de la camisa** she mumbles ❑ ***c. de cisne*** polo neck; ***c. de pico*** V-neck; ***c. vuelto*** polo neck (**c**) *Anat* ***c. uterino*** *o* ***del útero*** cervix

cuelo *etc ver* **colar**

cuenca *nf* (**a**) *(de río, mar)* basin ❑ ***c. hidrográfica*** *(de río)* river basin; ***c. oceánica*** oceanic basin; ***c. sedimentaria*** sedimentary basin (**b**) *(del ojo)* (eye) socket (**c**) *(región minera)* **c. (minera)** coalfield

cuenco *nm* earthenware bowl

CUENTA 1 *ver* **contar**

2 *nf* (**a**) *(acción de contar)* count; *(cálculo)* sum; **el niño está aprendiendo a hacer cuentas** the child is learning to do sums; **voy a hacer cuentas de los gastos** I'm going to tot up *o* work out what we've spent; **vamos a echar cuentas de cuánto te debo** let's work out how much I owe you; **espera un momento, que saco la c.** wait a minute, I'll tot it up for you; **¿está llevando alguien la c.?** is anyone keeping count?; **he perdido la c., tendré que empezar de nuevo** I've lost count, I'll have to start again; EXPR *Fam* **hacer las cuentas de la lechera** to count one's chickens before they are hatched; EXPR *Fam* **hacer las cuentas del Gran Capitán** to be overoptimistic in one's calculations; EXPR *Fam* **hacer la c. de la vieja** to count on one's fingers ❑ ***c. atrás*** countdown

(**b**) *(depósito de dinero)* account; **abrir/cerrar una c.** to open/close an account; **abónelo/cárguelo en mi c., por favor** please credit/debit *o* charge it to my account; **me han abonado el sueldo en c.** they've paid my wages into my account; **he cargado el recibo en tu c.** I've charged the bill to your account; **ingresó el cheque en su c.** she paid the cheque into her account; **póngalo en mi c.** put it on my account ❑ ***c. abierta*** active account; ***c. acreedora*** credit account; ***c. de ahorros*** savings account; ***c. de ahorro vivienda*** = tax-exempt savings account used for paying deposit on a house; ***c. bancaria*** bank account; ***c. conjunta*** joint account; ***c. corriente*** *Br* current account, *US* checking account; ***c. de crédito*** current account with an overdraft facility; ***c. deudora*** overdrawn account; ***c. de explotación*** operating statement; ***c. indistinta*** joint account; ***c. a plazo fijo*** deposit account; ***c. a la vista*** instant access account; **c. vivienda** = tax-exempt savings account used for paying deposit on a house

(**c**) **cuentas** *(ingresos y gastos)* accounts; **las cuentas de esta empresa no son nada transparentes** this company's books *o* accounts are not very transparent; **él se encarga de las cuentas de la casa** he deals with the financial side of things in their household; **llevar las cuentas** to keep the books

(**d**) *(factura)* bill; *(en restaurante) Br* bill, *US* check; **la c. del supermercado/teléfono** the shopping/phone bill; **¡la c., por favor!** could I have the *Br* bill *o US* check, please?; **le pedí la c. al camarero** I asked the waiter for the *Br* bill *o US* check; **domiciliar una c.** to pay an account by direct debit; **pasar la c.** to send the bill; *Fig* **tarde o temprano te pasará la c. de los favores que te ha hecho** sooner or later she'll want something in return for *o* she'll call in the favours she's done for you; **pagar 1.000 pesetas a c.** to pay 1,000 pesetas down; **cuentas por cobrar/pagar** accounts receivable/payable ❑ ***c. de gastos*** expenditure account; ***c. pendiente*** outstanding account

(**e**) *Com (cliente, negocio)* account; **se encarga de las grandes cuentas de la empresa** she looks after the company's most important accounts

(**f**) *Informát* account ❑ ***c. de correo (electrónico)*** e-mail account

(**g**) *(obligación, cuidado)* responsibility; **esa tarea es c. mía** that task is my responsibility; **el vino corre de mi c.** the wine's on me; **déjalo de mi c.** leave it to me; **investigaré esto por mi c., no me fío de la policía** I'll look into this matter myself, I don't trust the police; **lo tendrás que hacer por tu c., nadie te va ayudar** you'll have to do it yourself *o* on your own, no one's going to help you; **cualquier daño al vehículo corre por c. del conductor** the driver is liable for any damage to the vehicle; **tomas esa decisión por tu c. y riesgo, yo no te apoyo** on your head be it, I don't agree with your decision; **por la c. que le trae, más vale que llegue pronto** if he's got any sense at all, he'll arrive early; **lo haré bien, por la c. que me trae** I'm going to have to do it well, there's a lot riding on it; **trabajar por c. propia/ajena** to be self-employed/an employee; **ha crecido el número de trabajadores por c. propia** the number of self-employed has risen

(**h**) *(explicación, justificación)* **dar c. de algo** to give a report on sth; **no tengo por qué dar cuentas de mis acciones a nadie** I don't have to explain myself *o* answer to anybody; **no tengo por qué rendirle cuentas de mi vida privada** I don't have to explain to her what I do in my private life; **el jefe nos convocó para darnos cuentas de la situación** the boss called us in to explain the situation to us; **pedir cuentas a alguien** to call sb to account; **rendir cuentas de algo ante alguien** to give an account of sth to sb; **en resumidas cuentas, el futuro es prometedor** in short, the future looks good

(**i**) *(cálculos, planes)* **no entra en mis cuentas cambiarme de casa** I'm not planning to move house; **ese gasto no entraba en nuestras cuentas** we hadn't reckoned with that expense

(**j**) *(consideración)* **tener en c. algo** to bear sth in mind; **ten paciencia, ten en c. que es nuevo en el trabajo** be patient, you have to remember that *o* bear in mind that he's new to the job; **eso, sin tener en c. el dinero que hemos perdido ya** without, of course, taking into account *o* counting the money we've lost so far; **un factor a tener en c. es la reacción del público** one factor that has to be taken into account *o* borne in mind is the public's reaction;

habida c. de considering; **habida c. de todo esto...** bearing all this in mind...; **habida c. de que...** bearing in mind that...

(**k**) *(de collar, rosario)* bead

(**l**) EXPR **no te preocupes, a fin de cuentas es mi problema** don't you worry about it, after all, it's my problem; **¡ya le ajustaré** *o* **arreglaré las cuentas cuando le vea!** I'll get my own back on him next time I see him!; **¡ahora caigo en la c.!** now I see *o* understand!; **no cayó en la c. de su error hasta una semana después** she didn't realize her mistake until a week later; **caí en la c. de que había que hacer algo** I realized that something had to be done; **en menos de cinco minutos dio c. de todos los pasteles** it took him less than five minutes to account for *o* polish off all the cakes; **dieron c. del rival con gran facilidad** they easily disposed of the opposition; **darse c. de algo** to realize sth; **lo hice sin darme c.** I did it without realizing; **¿te das c.? Ya te dije que no era ella** you see, I told you it wasn't her; **no se dio c. de que necesitaba ayuda** she didn't realize that she needed help; **es muy insensible, no se da c. de nada** he's very insensitive, he never notices *o* picks up what's going on; **¿te das c.? No me ha dado las gracias** can you believe it? He didn't even say thank you; **bebí más de la c.** I had one too many, I had too much to drink; **siempre habla más de la c.** he always talks too much, he always has to open his mouth; **sale a c. comprar las patatas en sacos de 10 kilos** it works out cheaper to buy potatoes in 10 kilo sacks; **salir de cuentas** to be due to give birth; **tengo unas cuentas pendientes con él** I've a few scores to settle with him

---

cuentagotas *nm inv* dropper; *Fig* **a** *o* **con c.** in dribs and drabs

cuentahílos *nm inv Imprenta* linen tester

cuentakilómetros *nm inv Aut* (**a**) *(de distancia recorrida) Br* ≃ mileometer, *US* ≃ odometer (**b**) *(de velocidad)* speedometer

cuentapropista *nmf Am (trabajador autónomo)* self-employed person

cuentarrevoluciones *nm inv Aut* tachometer, rev counter

cuentear *vi Am Fam* to gossip

cuentero, -a *RP Fam* **1** *adj* (**a**) *(chismoso)* gossipy (**b**) *(mentiroso)* **es muy c.** he's always telling lies

2 *nm,f* (**a**) *(chismoso)* gossip, gossipmonger (**b**) *(mentiroso)* liar, fibber

cuentista *nmf* (**a**) *(escritor)* short story writer (**b**) *Fam (mentiroso)* fibber, story-teller

cuento 1 *ver* **contar**

2 *nm* (**a**) *(fábula)* tale; **contar un c.** to tell a story; EXPR *Fam* **quitarse** *o* **dejarse de cuentos** to stop beating about the bush; EXPR *Fam* **ser el c. de nunca acabar** to be a never-ending story *o* an endless business; EXPR *Fam* **ir con el c. a alguien** to go and tell sb ▫ ***c. de hadas*** fairy tale; *Fam* ***el c. de la lechera*** wishful thinking

(**b**) *(narración)* short story

(**c**) *Fam (mentira, exageración)* story, lie; **¡déjate de cuentos!** stop telling stories *o* lies!; *Fam* **ese tiene mucho c.** he's always putting it on; **venir con cuentos** to tell fibs *o* stories; EXPR **vivir del c.** to live by one's wits ▫ ***c. chino*** story, lie

(**d**) **venir a c.** to be relevant; **sin venir a c.** for no reason at all

cuerazo *nm Am* lash

cuerda *nf* (**a**) *(para atar) (fina)* string; *(más gruesa)* rope; **saltar a la c.** to skip; EXPR **estar contra las cuerdas** to be on the ropes; *Fam* **tirar de la c.** to go too far, to push it ▫ ***c. floja*** tightrope; EXPR **estar en la c. floja** to be hanging by a thread

(**b**) *(de instrumento)* string

(**c**) *(de mecanismo)* spring; **dar c. a** *(reloj, juguete)* to wind up; **un juguete de c.** a clockwork toy; **un reloj de c.** a wind-up watch; EXPR *Fam* **dar c. a alguien** *(para que siga hablando)* to encourage sb; EXPR *Fam* **este conferenciante todavía tiene c. para rato** this speaker looks like he's going to go on for a while yet

(**d**) *Geom* chord

(**e**) *Anat* ***cuerdas vocales*** vocal cords

(**f**) EXPR **bajo c.** secretly, in an underhand manner; *Fam* **de la misma c.** of the same opinion; **tocar a alguien la c. sensible** to strike a chord with sb

cuerdo, -a 1 *adj* (**a**) *(sano de juicio)* sane (**b**) *(sensato)* sensible

2 *nm,f* sane person

cuereada *nf Ven (zurra)* beating, thrashing

cuerear *vt* (**a**) *Am (azotar)* to whip, to lash (**b**) *RP (desollar)* to skin, to flay (**c**) *RP (criticar)* to slate

cueriza *nf Am* beating

cuernavaquense, cuernavaqueño, -a 1 *adj* of/from Cuernavaca

2 *nmf* person from Cuernavaca

cuerno *nm* (**a**) *(de animal)* horn; *(de ciervo)* antler; EXPR *Fam* **mandar al c. a alguien** to send sb packing; EXPR *Fam* **poner cuernos a alguien, ponerle los cuernos a alguien** to be unfaithful to sb; *(a un hombre)* to cuckold sb; EXPR **romperse los cuernos** *(esforzarse)* to break one's back; EXPR **me supo a c. quemado** it really upset me ▫ ***el c. de la abundancia*** the horn of plenty, cornucopia; *Geog* ***el C. de África*** the Horn of Africa (**b**) *(de bicicleta)* bar end (**c**) *(instrumento)* horn

cuero *nm* (**a**) *(material)* leather; **una chamarra de c.** a leather jacket (**b**) *(piel de animal)* skin; *(piel curtida)* hide; EXPR **en cueros (vivos)** stark-naked ▫ ***c. cabelludo*** scalp (**c**) *(para vino)* wineskin (**d**) *(balón)* ball (**e**) *Ecuad, Ven Pey (mujer) Br* bird, *US* broad (**f**) *Am (látigo)* whip; **arrimar** *o* **dar c. a alguien** to whip sb, to flog sb

cuerpear *vi RP (esquivar)* to swerve, to dodge

CUERPO *nm* (**a**) *(objeto material)* body ▫ *Astron* ***c. celeste*** heavenly body; *Quím* ***c. compuesto*** compound; ***c. extraño*** foreign body; *Náut* ***c. muerto*** mooring buoy; *Fís* ***c. negro*** black body; *Quím* ***c. simple*** element

(**b**) *(de persona, animal)* body; **el c. humano** the human body; **tiene un c. estupendo** he's got a great body; EXPR **le metieron el miedo en el c.** they filled her with fear, they scared her stiff; **¡c. a tierra!** hit the ground!, get down!; **de medio c.** *(retrato, espejo)* half-length; **de c. entero** *(retrato, espejo)* full-length; EXPR *Fam* **a c. (gentil)** without a coat on; **se enfrentaron a c. descubierto** *o* **limpio** they fought each other hand-to-hand; **dar con el c. en la tierra** to fall down; *Fam* **la comida le dejó muy mal c.** the meal disagreed with him; *Fam* **la discusión con mi padre me dejó muy mal c.** the argument with my father left a bad taste in my mouth; **se entrega en c. y alma a la empresa** she gives her all for the company; **se dedicó en c. y alma a ayudar a los necesitados** he devoted himself body and soul to helping the poor; **se echó al c. dos botellas de vino** he downed two bottles of wine; EXPR *Fam Euf* **hacer de c.** to relieve oneself; **luchar c. a c.** to fight hand-to-hand; *Fam* **esta noche el c. me pide bailar** I'm in the mood for dancing tonight; *Fam* **no bebas más si no te lo pide el c.** don't have any more to drink if you don't feel like it; EXPR *Fam* **¡esta película es demasiado para el c.!** this movie is just great!, *Br* this film is the business!; *Fam* **tratar a alguien a c. de rey** to treat sb like royalty *o* like a king; EXPR *Fam* **vivir a c. de rey** to live like a king

(**c**) *(tronco)* trunk

(**d**) *(parte principal)* main body; **el c. del libro** the main part *o* body of the book

(**e**) *(densidad, consistencia)* thickness; **la tela de este vestido tiene mucho c.** this dress is made from a very heavy cloth; **un vino con mucho c.** a full-bodied wine; **dar c. a** *(salsa)* to thicken; **mover hasta que la mezcla tome c.** stir until the mixture thickens; **están tomando c. los rumores de remodelación del gobierno** the rumoured cabinet reshuffle is beginning to look like a distinct possibility; **el proyecto de nuevo aeropuerto va tomando c.** the new airport project is taking shape

(**f**) *(cadáver)* corpse; **de c. presente** (lying) in state

(**g**) *(corporación consular, militar)* corps; **el agente fue expulsado del c. por indisciplina** the policeman was thrown out of the force for indiscipline ▫ ***c. de baile*** dance company; ***c. de bomberos*** fire brigade; ***c. diplomático*** diplomatic corps; ***c. del ejército*** army corps; ***c. expedicionario*** expeditionary force; ***c. médico*** medical corps; ***c. de policía*** police force

(**h**) *(conjunto de informaciones)* body; **c. de doctrina** body of ideas, doctrine; **c. legal** body of legislation

(**i**) *(parte de armario, edificio)* section

(**j**) *(parte de vestido)* body, bodice

(**k**) *(en carreras)* length; **el caballo ganó por cuatro cuerpos** the horse won by four lengths

(**l**) *Der* **c. del delito** corpus delicti, = evidence of a crime or means of perpetrating it
(**m**) *Imprenta* point; **letra de c. diez** ten point font

cuerudo, -a *adj Andes, CAm* (**a**) *(caballo)* slow, sluggish (**b**) *(persona)* shameless, brazen
cuervo *nm* raven
cuesco *nm* (**a**) *Fam (pedo)* loud fart (**b**) *Chile* stone *(of fruit)*
cuesta 1 *ver* **costar**
2 *nf* slope; **c. arriba** uphill; *también Fig* **c. abajo** downhill; **a cuestas** on one's back, over one's shoulders; *Fam Fig* **trabajar los viernes se me hace muy c. arriba** I find working on Fridays heavy going ❑ ***la c. de enero*** = lack of money in January due to Christmas spending
cuestación *nf* collection (for charity)
cuestión *nf* (**a**) *(pregunta)* question (**b**) *(problema)* problem (**c**) *(asunto)* matter, issue; **en c.** in question; **en c. de** *(en materia de)* as regards; **en c. de una hora** in no more than an hour; **es c. de un par de días** it is a matter of a couple of days; **es c. de trabajar más** it's a question of working harder; **será c. de ir yéndose** it's time we were on our way; **será c. de esforzarnos más** we'll just have to work harder
cuestionable *adj* questionable, debatable
cuestionar 1 *vt* to question
2 cuestionarse *vpr (plantearse)* to think about; *(dudar de)* to wonder about
cuestionario *nm* questionnaire
cuesto *etc ver* **costar**
cuete *adj Méx Fam Br* pissed, *US* loaded
cueva *nf* cave
cuévano *nm* pannier, large basket
cuezo 1 *ver* **cocer**
2 *nm Fam* EXPR **meter el c.** to put one's foot in it, to drop a clanger
cuico *nm Méx Fam* cop

CUIDADO, -A **1** *adj* **una edición cuidada** a beautifully produced edition; **es muy c. con su trabajo** he takes great care over his work
2 *nm* (**a**) *(precaución)* care; **con c.** *(con esmero)* carefully; *(con cautela)* cautiously; **hazlo con mucho c.** do it very carefully; **puso mucho c. en sus respuestas** she chose her answers very carefully; EXPR **me tiene** *o* **trae sin c. lo que hagas** I couldn't care less what you do; **ten c. o te harás daño** be careful or you'll hurt yourself; **ten c. al cruzar la calle** take care when crossing the road; **ten c. con el perro, que muerde** mind the dog doesn't bite you; **tuve c. de no decirles nada** I took care *o* was careful not to tell them anything; **hace las cosas sin ningún c.** she does things in a careless way; **¡c. con la cabeza!** mind your head!; **c. con el perro** *(en letrero)* beware of the dog; **c. con el escalón** *(en letrero)* mind the step; **(mucho) c. con lo que vas contando por ahí** you'd better watch what you tell people
(**b**) *(atención) (de personas, objetos)* care; **el c. de la piel/del cabello** skin/hair care; **todo sobre el c. de su gato** everything you need to know about looking after *o* caring for your cat; **el c. de la casa es mi responsabilidad** I'm responsible for doing the housework; **estoy al c. de la contabilidad de la empresa** I'm in charge of the company's accounts; **yo trabajo mientras él está al c. de los niños** I work while he looks after the children; **se quedó al c. de la casa mientras sus padres estaban de viaje** she looked after the house while her parents were away; **dejamos al perro al c. de los vecinos** we left the dog with the neighbours
(**c**) **cuidados** *(asistencia médica)* care; **a pesar de los cuidados recibidos, falleció en el lugar del accidente** despite the medical attention she received, she died at the scene of the accident; **necesitará los cuidados de un veterinario** it will need to be looked at by a vet ❑ ***cuidados intensivos*** intensive care
(**d**) *(miedo, preocupación)* concern, apprehension; **no pases c., que me encargo yo de todo** don't worry, I'll take care of everything
(**e**) *(uso enfático)* **¡c. que es listo este niño!** this boy's really clever!; **¡c. que llegas a ser tonto!** you can be really stupid sometimes!
(**f**) **de cuidado** *loc adj* **tuvo un accidente de c.** she had a nasty accident; **fue un accidente/una fiesta de (mucho) c.** it was some accident/party; **es un niño de c., es muy travieso** he's a little terror, he's so naughty; **es un criminal de c.** he's a dangerous criminal
3 *interj* **¡c.!** careful!, look out!; **¡c.! ¡mira antes de cruzar!** (be) careful, you should look before you cross the road!

cuidador, -ora *nm,f* (**a**) *(de anciano)* carer; *(de niño)* childminder; **el c. de los monos** the person who looks after the monkeys (**b**) *(de parque)* attendant (**c**) *Dep* trainer
cuidadoso, -a *adj* careful
cuidar 1 *vt* (**a**) *(enfermo, niño, casa)* to look after
(**b**) *(aspecto, ropa)* to take care over
(**c**) *(detalles)* to pay attention to
2 *vi* **c. de** to look after; **cuida de que no lo haga** make sure she doesn't do it
3 cuidarse *vpr* (**a**) *(uno mismo)* to take care of *o* to look after oneself
(**b**) *(tener cuidado)* **cuidarse de algo** to be careful about sth, to take care about sth; **se cuidó mucho de que no la vieran** she took great care to ensure that no one saw her; **cuídate mucho de escuchar sus palabras** don't listen to what he says
(**c**) *(ocuparse)* to take care of, to look after; **cúidate de tus asuntos** mind your own business
cuita *nf* trouble, worry
cuja *nf Am (cama)* bed
culantrillo *nm* maidenhair (fern)
culantro *nm* coriander
culata *nf* (**a**) *(de arma)* butt (**b**) *(de animal)* hindquarters (**c**) *(de motor)* cylinder head
culatazo *nm* (**a**) *(golpe)* blow with the butt of a rifle (**b**) *(retroceso)* recoil, kick
culé *adj Fam Dep* = relating to Barcelona Football Club
culebra *nf* snake
culebrear *vi* to zigzag
culebrón *nm Fam* soap opera
culera *nf (remiendo)* patch
culero *nm muy Fam (de drogas)* = person who smuggles drugs by hiding them in their rectum
culinario, -a *adj* culinary
culmen *nm* high point; **en el c. de su carrera** at the peak of her career
culminación *nf* culmination
culminante *adj* culminating; **momento** *o* **punto c.** high point
culminar 1 *vt* to crown (**con** with)
2 *vi* to finish, to culminate
culo *nm*

> Note that in some regions of Latin America this term is vulgar in register.

Fam (**a**) *(nalgas) Br* bum, *US* butt; **le di una patada en el c.** I gave him a kick up the backside, *US* I kicked his butt; **c. firme** firm buttocks; **c. respingón** pert bottom; **¡vaya c. tiene!** she's got a nice *Br* arse *o US* ass!; **me caí de c.** I fell flat on my backside *o Br* bum; *RP* **como el c.** *(fatal)* rotten; *RP* **esa piba me cae como el c.** I can't stand that girl; **su confesión dejó a sus compinches con el c. al aire** his confession left his accomplices up the creek; EXPR *muy Fam* **vive en el c. del mundo** she lives *Br* bloody *o US* goddamn miles from anywhere; *muy Fam* **estoy hasta el c. de trabajo** I've got so much *Br* bloody *o US* goddamn work to do!; EXPR *muy Fam* **el equipo va de c. este año** the team's doing shit *o* crap this year; EXPR *muy Fam* **esta última semana hemos ido de c., sin parar ni un minuto** this last week has been a *Br* bloody *o US* goddamn nightmare, we haven't had a minute's rest; EXPR *muy Fam* **con esa estrategia vas de c.** that strategy's a load of crap; *muy Fam Fig* **siempre está lamiéndole el c. al jefe** he's always licking the boss's *Br* arse *o US* ass, he's always sucking up to *o* brown-nosing the boss; EXPR *RP muy Fam* **meterse algo en el c.** *(quedárselo, guardarlo para sí)* to shove *o* stick it; EXPR *muy Fam* **éste no se moja el c. por nadie** he wouldn't lift a finger to help anyone; EXPR *muy Fam* **con este tío te partes el c.** that guy's a real hoot; *muy Fam* **¡qué estupideces dice!, parece que piense con el c.** what a load of nonsense, she's just talking out of her *Br* arse *o US* ass; *muy Fam* **ha perdido el c. por una compañera de clase** he's madly in love with a girl in his class; *muy Fam* **nos pusimos hasta el c. de cerveza** we got wasted on beer; EXPR **ser un c. inquieto** *o*

de mal asiento *(enredador)* to be fidgety; *(errante)* to be a restless soul
(**b**) *(ano) Br* arsehole, *US* asshole; *Vulg* **dar por el c. a alguien** *(sodomizar)* to give it to sb up the *Br* arse *o Am* ass; EXPR *Vulg* **¡que te den por c.!, ¡vete a tomar por c.!** fuck off!; EXPR *Vulg* **no quiere ayudar — ¡que le den por c.!** he doesn't want to help – well fuck him, then!; EXPR *Vulg* **le pedí dinero prestado, y me mandó a tomar por c.** I asked her to lend me some money and she told me where to stick it *o* to fuck off; EXPR *Vulg* **estoy harto, voy a mandar todo a tomar por c.** I'm fed up, I'm going to pack it all in, *Br* fuck this for a lark, I've had enough of it; EXPR *Vulg* **todo lo que habíamos hecho se fue a tomar por c. con el apagón** the power cut completely fucked up everything we'd done; EXPR *muy Fam* **está a tomar por c.** it's *Br* bloody *o US* goddamn miles from anywhere; *Vulg* **te puedes meter tu propuesta por el c.** you can stick your proposal up your *Br* arse *o US* ass
(**c**) *(de vaso, botella)* bottom; **gafas de c. de vaso** pebble-glasses
(**d**) *(líquido)* **queda un c. de vino** there's a drop (or two) of wine left in the bottom
(**e**) *(zurcido)* **me has hecho un c. de pollo en el calcetín** you've made a mess of darning my sock

culombio *nm Fís* coulomb

culón, -ona *adj Fam* **ser muy c.** to have a big backside, to be broad in the beam

culote *nm* cycling shorts

culpa *nf* (**a**) *(responsabilidad)* fault; **echar la c. a alguien (de)** to blame sb (for); **por c. de** because of; **tener la c. de algo** to be to blame for sth (**b**) *Rel* **culpas** sins

culpabilidad *nf* guilt

culpabilizar [14] **1** *vt* to blame
2 culpabilizarse *vpr* to accept the blame (**de** for)

culpable 1 *adj* guilty (**de** of); **declarar c. a alguien** to find sb guilty; **declararse c.** to plead guilty
2 *nmf Der* guilty party; **tú eres el c.** you're to blame

culpar *vt* **c. a alguien (de)** *(atribuir la culpa)* to blame sb (for); *(acusar)* to accuse sb (of)

culteranismo *nm Lit* = highly elaborate literary style typical of 17th century Spanish writers such as Góngora

cultismo *nm* literary *o* learned word

cultivable *adj* cultivable, arable

cultivado, -a *adj* cultivated

cultivador, -ora *nm,f (persona)* grower

cultivadora *nf (máquina)* cultivator

cultivar 1 *vt* (**a**) *(tierra)* to farm, to cultivate; *(plantas)* to grow; **dejó sus tierras sin c.** he left his land uncultivated (**b**) *(amistad, inteligencia)* to cultivate (**c**) *(arte)* to practise (**d**) *(germen)* to culture
2 cultivarse *vpr (persona)* to improve oneself

cultivo *nm* (**a**) *(de tierra)* farming; *(de plantas)* growing (**b**) *(plantación)* crop ❑ ***c. extensivo*** extensive farming; ***c. hidropónico*** hydroponics; ***c. intensivo*** intensive farming; ***c. de regadío*** irrigated crop; ***c. de secano*** dry-farmed crop (**c**) *Biol* culture ❑ ***c. celular*** cell culture; ***c. de tejidos*** tissue culture

culto, -a 1 *adj (persona)* cultured, educated; *(estilo)* refined; *(palabra)* literary, learned
2 *nm* (**a**) *(devoción)* worship (**a** of); **el c. al diablo** devil worship; **el c. al cuerpo** the cult of the body beautiful; **rendir c. a** *(dios)* to worship; *(persona, valentía)* to pay homage *o* tribute to (**b**) *(religión)* cult

cultura *nf* (**a**) *(de sociedad)* culture ❑ ***la c. del ocio*** leisure culture (**b**) *(sabiduría)* learning, knowledge; **tiene mucha c.** she's very educated, she's very cultured

cultural *adj* cultural

culturalmente *adv* culturally

culturismo *nm* body-building

culturista *nmf* body-builder

culturizar [14] **1** *vt* to educate
2 culturizarse *vpr* to get (oneself) a bit of culture

cumanés, -esa, cumanagoto, -a
1 *adj* of/from Cumaná
2 *nm,f* person from Cumaná

cumbia *nf* = type of Colombian dance and music

cumbiamba *nf Col, Perú (fiesta)* "cumbia" party

cumbiambero, -a *adj & nm,f Col, Perú* "cumbia" dancer

cumbre 1 *adj inv* **el momento c. de su carrera** the peak *o* high point of his career; **su obra c.** her most outstanding work
2 *nf* (**a**) *(de montaña)* summit (**b**) *(punto culminante)* peak, high point (**c**) *Pol* summit (conference)

cumpleaños *nm inv* birthday; **¡feliz c.!** happy birthday!

cumplido, -a 1 *adj* (**a**) *(orden)* carried out; *(promesa)* kept; *(deber, profecía)* fulfilled; *(plazo)* expired (**b**) *(completo, lleno)* full, complete (**c**) *(cortés)* courteous
2 *nm* compliment; **hacer un c. a alguien** to pay sb a compliment; **lo dijo como c.** she said it out of politeness

cumplidor, -ora 1 *adj* reliable, dependable
2 *nm,f* reliable *o* dependable person

cumplimentar *vt* (**a**) *(saludar)* to greet (**b**) *(felicitar)* to congratulate (**c**) *(cumplir) (orden)* to carry out; *(contrato)* to fulfil (**d**) *(impreso)* to fill in *o* out

cumplimiento *nm* (**a**) *(de un deber)* performance (**b**) *(de contrato, promesa)* fulfilment (**c**) *(de la ley)* observance; **en c. del artículo 34** in compliance with article 34 (**d**) *(de órdenes)* carrying out (**e**) *(de condena)* completion (**f**) *(de plazo)* expiry (**g**) *(de objetivo)* achievement, fulfilment

---

CUMPLIR 1 *vt* (**a**) *(orden)* to carry out; *(ley)* to observe; *(contrato, obligaciones)* to fulfil; **cumplí las instrucciones al pie de la letra** I followed the instructions to the letter; **esta máquina cumple todos los requisitos técnicos** this machine complies with *o* meets all the technical requirements; **los candidatos deben c. los siguientes requisitos** the candidates shall meet *o* satisfy the following requirements; **los que no cumplan las normas serán sancionados** anyone failing to comply with *o* abide by the rules will be punished; **el ministerio no está cumpliendo su cometido de fomentar el empleo** the ministry is failing in its task of creating jobs, the ministry is not carrying out its brief of creating jobs
(**b**) *(promesa)* to keep; *(amenaza)* to carry out; **cumplió su deseo de subir al Aconcagua** she fulfilled her wish of climbing the Aconcagua
(**c**) *(años)* to reach; **mañana cumplo veinte años** I'm twenty *o* it's my twentieth birthday tomorrow; **cumple años la próxima semana** it's her birthday next week, she has her birthday next week; **cuando cumplas los dieciocho te regalaremos una moto** we'll give you a motorbike when you're eighteen *o* for your eighteenth (birthday); **¡que cumplas muchos más!** many happy returns!; **tal y como está de salud, el abuelo no cumplirá los ochenta** in his current state of health, it's unlikely that grandad will see his eightieth birthday; **la Feria del Automóvil cumple este año su décimo aniversario** the Motor Show celebrates its tenth anniversary this year
(**d**) *(condena)* to serve; *(servicio militar)* to do
2 *vi* (**a**) *(plazo, garantía)* to expire; **el plazo de matriculación ya ha cumplido** the deadline for registration is already up *o* has already expired
(**b**) *(realizar el deber)* to do one's duty; **c. con alguien** to do one's duty by sb; **para** *o* **por c.** out of politeness; **c. con el deber** to do one's duty; **c. con la palabra** to keep one's word; **yo me limito a c. con mi trabajo** I'm just doing my job
(**c**) *(con norma, condición)* to comply; **este producto no cumple con la normativa europea** this product doesn't comply with *o* meet European standards; **varios países cumplen con los requisitos para acceder al mercado único** several countries fulfil the criteria *o* meet the terms for joining the single market
(**d**) *(por cortesía)* **cumpla usted por mí** pay my respects; **lo dijo por c.** she said it because she felt she had to; **acudió a la boda por c. con su hermano** she went to the wedding out of a sense of duty to her brother; **con el ramo de flores que le enviamos ya cumplimos** I think we've done our duty *o* all that's expected of us by sending her a bunch of flowers
(**e**) *(servicio militar)* to complete one's military service
(**f**) *Fam Euf (satisfacer sexualmente)* **acusó a su marido de no c.** she accused her husband of failing to fulfil his marital duties
3 cumplirse *vpr* (**a**) *(hacerse realidad)* **finalmente se cumplió su deseo** finally

her wish was fulfilled, she finally got her wish; **se cumplieron las predicciones y cayó una intensa tormenta** the predictions were proved right *o* came true and there was a violent storm; **se cumplieron las amenazas y una bomba estalló en el centro de la ciudad** the threats were carried out when a bomb exploded in the city centre
(**b**) *(plazo)* **mañana se cumple el plazo de presentación de solicitudes** the deadline for applications expires tomorrow; **el próximo año se cumple el primer centenario de su muerte** next year will be the hundredth anniversary of his death

cúmulo *nm* (**a**) *(de objetos)* pile, heap (**b**) *(nube)* cumulus ▫ *Astron* ***c. de galaxias*** galaxy cluster (**c**) *(de circunstancias, asuntos)* accumulation, series

cumulonimbo *nm Meteo* cumulonimbus

cuna *nf* (**a**) *(de niño)* cot, cradle (**b**) *(de movimiento, civilización)* cradle; *(de persona)* birthplace

cundir *vi* (**a**) *(propagarse)* to spread; **cundió el pánico** the panic spread, there was widespread panic; **¡que no cunda el pánico!** keep calm, everyone! (**b**) *(dar de sí) (comida, reservas)* to go a long way; *(trabajo, estudio)* to go well; **me cundió mucho el tiempo** I got a lot done

cuneiforme *adj* cuneiform

cuneta *nf* (**a**) *(de una carretera)* ditch (**b**) *(de una calle)* gutter

cunicultura *nf* rabbit-breeding

cunilinguo *nm*, **cunilingus** *nm inv* cunnilingus

cuña *nf* (**a**) *(pieza)* wedge (**b**) *(de publicidad)* commercial break ▫ ***c. informativa*** brief news item, space-filler (**c**) *(orinal)* bedpan (**d**) *Meteo* ridge, band ▫ ***c. anticiclónica*** ridge *o* band of high pressure (**e**) *(en esquí)* snowplough; **frenar haciendo la c.** to slow down using a snowplough (**f**) *Am (enchufe)* **tener c.** to have friends in high places

cuñado, -a *nm,f* brother-in-law, *f* sister-in-law

cuño *nm* (**a**) *(troquel)* die (**b**) *(sello, impresión)* stamp (**c**) EXPR **ser de nuevo c.** to be a new coinage

cuota *nf* (**a**) *(contribución) (a entidad, club)* membership fee, subscription; *(a Hacienda)* tax (payment) ▫ ***c. de admisión*** admission fee; *Informát* ***c. de conexión*** set-up charge *o* fee (**b**) *(precio, gasto)* fee, cost (**c**) *(cupo)* quota ▫ *Econ* ***c. de mercado*** market share

cupé *nm* coupé

cupido *nm (representación del amor)* cupid

cupiera *etc ver* **caber**

cuplé *nm* = saucy popular song

cupletista *nmf* "cuplé" singer

cupo 1 *ver* **caber**
2 *nm* (**a**) *(cantidad máxima)* quota (**b**) *(cantidad proporcional)* share; *(de una cosa racionada)* ration (**c**) *Am (cabida)* capacity, room

cupón *nm* (**a**) *(vale)* coupon (**b**) *(de lotería, rifa)* ticket

cúprico, -a *adj Quím* copper; **óxido/sulfato c.** copper oxide/sulphate

cúpula *nf* (**a**) *Arquit* dome, cupola (**b**) *(mandos)* leaders

cura 1 *nm* priest; **el c. párroco** the parish priest
2 *nf* (**a**) *(curación)* recovery; **tener c.** to be curable; **no tener c.** *(ser incurable)* to be incurable; *Fam (ser incorregible)* to be incorrigible (**b**) *(tratamiento)* treatment, cure; **me tienen que hacer una c. en la herida** I need to get this wound treated; **necesitar una c. de sueño** to need a good sleep ▫ ***c. de reposo*** rest cure (**c**) *Chile (borrachera)* drunkenness

curaca *nm Andes, RP* Indian chief, headman

curación *nf* (**a**) *(de un enfermo) (recuperación)* recovery; *(tratamiento)* treatment; *(de una herida)* healing (**b**) *(de alimento)* curing

curado, -a 1 *adj* (**a**) *(enfermo)* cured; **ya está c. de la hepatitis** he's recovered from his hepatitis; EXPR *Fam* **estar c. de espanto** to be unshockable (**b**) *(alimento)* cured (**c**) *(pieles)* tanned (**d**) *Chile Fam (borracho)* sloshed
2 *nm* (**a**) *(de alimentos)* curing (**b**) *(de pieles)* tanning

curandería *nf* quackery

curandero, -a *nm,f* quack

curanto *nm RP* = stew of meat and shellfish

curar 1 *vt* (**a**) *(sanar)* to cure (**b**) *(herida)* to dress (**c**) *(alimentos)* to cure (**d**) *(pieles)* to tan
2 *vi (enfermo)* to get well, to recover; *(herida)* to heal up
3 curarse *vpr* (**a**) *(sanar)* to recover (**de** from); EXPR **se curó de espanto durante la guerra** after living through the war, nothing could shock him; EXPR **curarse en salud** to play safe, to cover one's back (**b**) *(alimento)* to cure

curare *nm* curare

curasao *nm* curaçao

curativo, -a *adj* curative

curazao [kura'sao] *nm* curaçao

cúrcuma *nf* turmeric

curcuncho *nm Andes* (**a**) *(joroba)* hump (**b**) *(jorobado)* hunchback

curda *nf Fam* **coger** *o* **agarrar una c.** to get plastered

curdo, -a 1 *adj* Kurdish
2 *nm,f (persona)* Kurd
3 *nm (lengua)* Kurdish

curia *nf* (**a**) *Hist & Rel* curia ▫ ***la c. pontificia*** *o* ***romana*** the papal curia (**b**) *Der (abogacía)* legal profession

curiosamente *adv* curiously, strangely; **c., el hielo no se fundió** curiously *o* strangely enough, the ice didn't melt

curiosear 1 *vi* (**a**) *(fisgonear)* to nose around (**b**) *(en tienda)* to browse round
2 *vt (libros, revistas)* to browse through

curiosidad *nf* (**a**) *(deseo de saber)* curiosity; **sentir** *o* **tener c. por** to be curious about (**b**) *(cosa rara)* curiosity, curio; **trajo varias curiosidades de sus viajes** he brought back several interesting things *o* objects from his travels (**c**) *(limpieza)* neatness, tidiness

curioso, -a 1 *adj* (**a**) *(por saber, averiguar)* curious, inquisitive (**b**) *(raro)* odd, strange; **¡qué c.!** how odd!, how strange!; **lo más c. es que...** the oddest *o* strangest thing is that... (**c**) *(limpio)* neat, tidy; *(cuidadoso)* careful
2 *nm,f* onlooker

curita *nf Andes, RP Br* sticking plaster, *US* Bandaid®

currante *Esp Fam* **1** *adj* hard-working
2 *nmf* worker

currar *Esp Fam* **1** *vt (pegar)* to beat up
2 *vi (trabajar)* to work
3 currarse *vpr* **se curró mucho el examen** she really worked hard for the exam; **me curré muchísimo ese dibujo** I slaved over that drawing

curre *nm Esp Fam* work

currelar *vi Esp Fam* to work

currelo *nm Esp Fam* work

currículum (vitae) [ku'rrikulum ('bite)] (*pl* **currícula** *o* **currículums (vitae)**), **currículo** *nm* curriculum vitae, *Br* CV, *US* résumé

currito, -a *nm,f Esp Fam* (ordinary) worker; **no soy más que un c.** I'm just a menial employee

curro *nm Esp Fam* work

currusco *nm Fam* crust (of bread)

currutaco, -a *adj Andes, Guat, Ven (rechoncho)* tubby

curry *nm (especias)* curry powder; **pollo al c.** chicken curry

cursar *vt* (**a**) *(estudiar)* to study; **c. estudios de medicina** to study medicine; **cursaba segundo** she was in her second year (**b**) *(enviar)* to send (**c**) *(ordenar)* to give, to issue (**d**) *(tramitar)* to submit

cursi 1 *adj* (**a**) *(vestido, canción)* tacky, *Br* naff (**b**) *(modales, persona)* affected
2 *nmf* affected person

cursilada *nf* **ser una c.** *(acto, comportamiento)* to be affected; *(comentario)* to be stupid *o Br* naff; *(decoración, objeto)* to be tacky

cursilería *nf* (**a**) **ser una c.** *(acto, comportamiento)* to be affected; *(comentario)* to be stupid *o Br* naff; *(decoración, objeto)* to be tacky (**b**) *(cualidad)* tackiness, *Br* naffness

cursillista *nmf* student on a short course

cursillo *nm* (**a**) *(curso)* short course; **un c. de socorrismo** a first-aid course (**b**) *(conferencias)* series of lectures

cursiva 1 *adj (letra)* italic
2 *nf* italics

cursivo, -a *adj* cursive

curso *nm* (**a**) *(año académico)* year; **¿en qué c. estás?** what year are you in?
(**b**) *(lecciones)* course ▫ ***c. por correspondencia*** correspondence course; ***c.***

intensivo crash course; *Educ* ***c. puente*** = intermediate course which enables a university student to change degree courses (**c**) *(texto, manual)* textbook
(**d**) *(dirección) (de río, acontecimientos)* course; *(de la economía)* trend; **dar c. a algo** *(dar rienda suelta)* to give free rein to sth; *(tramitar)* to process *o* deal with sth; **en el c. de** during (the course of); **en c.** *(mes, año)* current; *(trabajo)* in progress; **seguir su c.** to go on, to continue
(**e**) *(circulación)* **moneda de c. legal** legal tender

cursor *nm Informát* cursor

curtido, -a 1 *adj* (**a**) *(cuero)* tanned (**b**) *(piel)* tanned, weather-beaten (**c**) *(experimentado)* seasoned
2 *nm* tanning

curtidor, -ora *nm,f* tanner

curtiduría *nf* tannery

curtiembre *nf Am (establecimiento)* tannery

curtir 1 *vt* (**a**) *(cuero)* to tan (**b**) *(piel)* to weather (**c**) *(persona)* to harden
2 curtirse *vpr* (**a**) *(piel)* to become tanned *o* weather-beaten (**b**) *(persona)* to become hardened

curva *nf* (**a**) *(gráfico, línea, forma)* curve; *Fam Fig* **c. de la felicidad** *(barriga)* paunch ❑ ***c. de nivel*** contour line (**b**) *(de carretera, río)* bend; **una carretera con muchas curvas** a winding road; **c. cerrada** sharp bend

curvado, -a *adj (forma)* curved; *(espalda)* bent

curvar 1 *vt (doblar)* to bend; *(espalda, cejas)* to arch
2 curvarse *vpr* to become bent

curvatura *nf* curvature

curvilíneo, -a *adj (en geometría)* curved; *(silueta del cuerpo)* curvaceous

curvo, -a *adj (forma)* curved; *(doblado)* bent

cuscurro *nm* (**a**) *(pan frito)* crouton (**b**) *(punta de pan)* end *(of baguette)*

cuscús *nm inv* couscous

cúscuta *nf* common dodder

cusma *nf Andes* = sleeveless woollen shirt worn by Indians

cúspide *nf* (**a**) *(parte superior) (de montaña)* summit, top; *(de torre)* top (**b**) *(apogeo)* peak, height; **en la c. de su carrera** at the peak of her career (**c**) *Geom* apex

custodia *nf* (**a**) *(de cosas)* safekeeping (**b**) *(de personas)* custody; **estar bajo la c. de** to be in the custody of (**c**) *Rel* monstrance

custodiar *vt* (**a**) *(vigilar)* to guard (**b**) *(proteger)* to look after

custodio *nm* guard

cutáneo, -a *adj* skin; **enfermedad cutánea** skin disease; **erupción cutánea** rash

cúter *nm* (**a**) *(cuchilla)* craft knife, Stanley knife® (**b**) *(barco)* cutter

cutícula *nf* cuticle

cutis *nm inv* skin, complexion

cutre *adj Fam* (**a**) *(de bajo precio, calidad)* cheap and nasty, crummy (**b**) *(sórdido)* shabby, dingy (**c**) *(tacaño)* tight, stingy

cutrería, cutrez *nf Fam* (**a**) *(cosa de bajo precio, calidad)* **me regaló una c.** he gave me a cheap and nasty present (**b**) *(sordidez)* shabbiness, dinginess; **este hotel es una c.** this hotel is a dump

cuy (*pl* **cuyes**) *nm Andes, RP (conejillo de indias)* guinea pig

cuyo, -a *adj (posesión) (por parte de personas)* whose; *(por parte de cosas)* of which, whose; **ésos son los amigos en cuya casa nos hospedamos** those are the friends in whose house we spent the night; **ese señor, c. hijo conociste ayer** that man, whose son you met yesterday; **un equipo cuya principal estrella...** a team, the star player of which *o* whose star player...; **en c. caso** in which case

cuzqueño, -a 1 *adj* of/from Cuzco
2 *nm,f* person from Cuzco

CV *nm* (**a**) (*abrev de* **currículum vitae**) *Br* CV, *US* résumé (**b**) (*abrev de* **caballo de vapor**) HP

D

D, d [de] *nf (letra)* D, d

D. (*abrev de* **don**) ≃ Mr

Dª. (*abrev de* **doña**) ≃ Mrs

dabuten, dabuti *adj Esp muy Fam* fantastic, ace; **nos lo pasamos d.** we had a fantastic *o* an ace time

Dacca *n* Dacca

dactilar *adj* **huella d.** fingerprint

dactilografía *nf* typing

dactilógrafo, -a *nm,f* typist

dactilología *nf* sign language

dactiloscopia *nf* study of fingerprints, *Espec* dactylography

dadá, dadaísmo *nm Arte* Dada, Dadaism

dadaísta *adj & nmf Arte* Dadaist

dádiva *nf (regalo)* gift; *(donativo)* donation

dadivoso, -a *adj* generous

dado, -a 1 *adj* (**a**) *(concreto, determinado)* given; **en un momento d.** *(en el tiempo)* at a certain *o* given point
(**b**) *(teniendo en cuenta)* given, in view of; **dada su edad** in view of *o* given his age
(**c**) **ser d. a** *(ser proclive a)* to be inclined *o* given to; **es muy d. a viajar** he's a keen traveller; **somos dados a la conversación** we chat a lot
(**d**) **dado que** *loc conj* since, seeing as
(**e**) EXPR *Fam* **vas d. si crees que te voy a ayudar** you're kidding yourself if you think I'm going to help you, if you think I'm going to help you you can think again; **con el nuevo jefe vamos dados** we're in for it with this new boss; **voy d. como no me eches una mano** if you don't give me a hand I've had it
2 *nm* dice, die

dador, -ora *nm,f* (**a**) *(de letra de cambio)* drawer (**b**) *(de carta)* bearer

daga *nf* dagger

daguerrotipo *nm* daguerreotype

daiquiri *nm* daiquiri

Dakar *n* Dakar

dal (*abrev* **decalitro**) dal

dalai-lama *nm* Dalai Lama

dalia *nf* dahlia

Dalmacia *n* Dalmatia

dálmata 1 *adj (persona)* Dalmatian
2 *nmf (persona)* Dalmatian
3 *nm (perro)* Dalmatian

dalmático, -a *adj & nm,f* Dalmatian

daltónico, -a 1 *adj* colour-blind
2 *nm,f* person with colour blindness

daltonismo *nm* colour blindness

dam (*abrev de* **decámetro**) dam

dama 1 *nf* (**a**) *(mujer)* lady; **damas y caballeros** ladies and gentlemen ▫ ***d. de honor*** *(de novia)* bridesmaid; *(de reina)* lady-in-waiting (**b**) *(en juego de damas)* king; *(en ajedrez, naipes)* queen; **hacer una d.** *(en juego de damas)* to make a king (**c**) **d. de noche** moonflower
2 *nfpl* **damas** *(juego) Br* draughts *(singular), US* checkers *(singular)*

damajuana *nf* demijohn

Damasco *n* Damascus

damasco *nm* (**a**) *(tela)* damask (**b**) *Chile, RP (albaricoque)* apricot

damasquinado *nm* damascene

damero *nm* (**a**) *(tablero) Br* draughts *o US* checkers board (**b**) *(pasatiempo)* = type of crossword

damisela *nf Anticuado* damsel

damnificado, -a 1 *adj* affected, damaged
2 *nm,f* victim

damnificar [59] *vt (cosa)* to damage; *(persona)* to harm, to injure

dan *nm (en artes marciales)* dan

dandi, dandy *nm* dandy

dandismo *nm* dandyism, foppishness

danés, -esa 1 *adj* Danish
2 *nm,f (persona)* Dane
3 *nm (lengua)* Danish

danta *nf* (**a**) *(anta)* elk (**b**) *Am (tapir)* tapir

dantesco, -a *adj* (**a**) *(horroroso)* horrific, grotesque (**b**) *Lit* Dantesque, Dantean

Danubio *nm* **el D.** the (River) Danube

danza *nf* (**a**) *(actividad)* dancing; *(baile)* dance; **hacer d.** to go to dancing classes ▫ ***d. clásica*** classical ballet; ***d. española*** Spanish dance; ***d. del vientre*** belly dance (**b**) EXPR **estar siempre en d.** to be always on the go *o* doing sth; **estamos en d. desde las cinco de la mañana** we've been on the go since five this morning; **estar metido en d.** to be up to no good

danzante 1 *adj* dancing
2 *nmf (bailarín)* dancer

danzar [14] *vi* (**a**) *(bailar)* to dance (**b**) *(ir de un sitio a otro)* to run about

danzarín, -ina 1 *adj* active, lively
2 *nm,f* dancer

danzón *nm* = Cuban music and dance derived from the "habanera"

dañado, -a *adj (objeto, vehículo)* damaged

dañar 1 *vt* (**a**) *(persona)* to hurt; *(vista)* to harm, to damage; **el tabaco daña la salud** tobacco damages your health (**b**) *(pieza, objeto)* to damage; *(cosecha)* to harm, to damage; *(edificio, carretera)* to damage; *(prestigio, reputación)* to damage, to harm
2 dañarse *vpr* (**a**) *(persona)* to hurt oneself (**b**) *(cosa)* to become damaged

dañino, -a, dañoso, -a *adj* harmful

daño *nm* (**a**) *(dolor)* pain, hurt; **hacer d. a alguien** to hurt sb; **hacerse d.** to hurt oneself; **me hacen d. los zapatos** my shoes are hurting me (**b**) *(perjuicio) (a algo)* damage; *(a alguien)* harm; **daños y perjuicios** damages; **los daños se calculan en un millón de pesetas** the damage is estimated to be about a million pesetas

DAR [20] **1** *vt* (**a**) *(entregar, otorgar)* to give; **d. algo a alguien** to give sth to sb, to give sb sth; **da parte de sus ingresos a los necesitados** she gives *o* donates part of her income to the poor; **dame el azúcar, por favor** could you give *o* pass me the sugar, please?; **daría cualquier cosa por saber lo que piensa** I'd give anything to know what he's thinking; **¡dámelo!** give it to me!, give me it!; **se lo di a mi hermano** I gave it to my brother; **30.000 pesetas, ¿quién da más?** *(en subasta)* is there any advance on 30,000 pesetas?
(**b**) *(proporcionar)* to give, to provide with; **la salsa le da un sabor muy bueno** the sauce gives it a very pleasant taste, the sauce makes it taste very nice; **este color le da un aspecto diferente a la habitación** this colour makes the room look different; **le di instrucciones de cómo llegar a casa** I gave her directions for getting to my house; **no nos dio ninguna explicación sobre su ausencia** he didn't give us *o* provide us with any explanation for his absence; **le dimos ánimos para que siguiera con su trabajo** we encouraged her to continue with her work; **su familia hizo un gran esfuerzo por darle estudios universitarios** his family went to a great deal of effort to enable him to go to university
(**c**) *(conceder)* to give; **le han dado el Premio Nobel** she has been awarded *o* given the Nobel Prize; **le dieron una beca** he was awarded *o* given a grant; **yo no le daría demasiada importancia** I wouldn't attach too much importance to it; **al final me dieron la razón** in the end they accepted that I was right; **le dieron una semana más para presentar el**

informe they gave *o* allowed him one more week to hand in the report; **me dieron permiso para ir al médico** I got *o* was allowed time off work to go to the doctor; **¿da su permiso para entrar?** may I come in?; **nos dieron facilidades de pago** they offered us easy payment terms; **los médicos no le dan más de seis meses de vida** the doctors don't give him more than six months (to live); **¿qué interpretación das a este descubrimiento?** how would you interpret this discovery?

(**d**) *(decir)* **d. los buenos días** to say hello; **d. la bienvenida a alguien** to welcome sb; **le di las gracias por su ayuda** I thanked her for her help; **fuimos a darles el pésame** we went to offer them our condolences; **dale recuerdos de mi parte** give him my regards, say hello to him from me; **dale la enhorabuena** give her my congratulations;. **me dio su opinión al respecto** he gave me his opinion on the matter; **¿quién le dará la noticia?** who's going to tell *o* give her the news?

(**e**) *(producir)* to give, to produce; *(frutos, flores)* to bear; *(beneficios, intereses)* to yield; **estas vacas dan mucha leche** these cows produce a lot of milk; **esta cuenta da un 5 por ciento de interés** this account offers a 5 percent interest rate, this account bears interest at 5 percent; **esta lámpara da mucha luz** this light is very bright; **le dio tres hijos** she bore him three children

(**f**) *(luz, agua, gas) (encender)* to turn *o* switch on; *(suministrar por primera vez)* to connect; *(suministrar tras un corte)* to turn back on

(**g**) *(provocar)* to give; **me da vergüenza/pena** it makes me ashamed/sad; **me da risa** it makes me laugh; **me da miedo** it frightens me; **¡me da una rabia que me traten así!** it infuriates me that they should treat me in this way!; **me dio un susto tremendo** she gave me a real fright; **el viaje me dio mucho sueño** the journey made me really sleepy; **da gusto leer un libro tan bien escrito** it's a pleasure to read such a well-written book; **los cacahuetes dan mucha sed** peanuts make you very thirsty; **este paseo me ha dado hambre** this walk has made me hungry *o* given me an appetite; **estas botas dan mucho calor** these boots are very warm

(**h**) *(fiesta, cena)* to have, to hold; **d. una cena en honor de alguien** to hold *o* give a dinner in someone's honour; **darán una recepción antes de la boda** there will be a reception before the wedding

(**i**) *(repartir) (en naipes)* to deal

(**j**) *(sujeto: reloj)* to strike; **el reloj ha dado las doce** the clock struck twelve

(**k**) *Cine, Teatro & TV* to show; *(concierto, interpretación)* to give; **¿qué dan esta noche en la tele? — dan una película del oeste** what's on the TV tonight? — they're showing a western *o* there's a western on; **dieron la ceremonia en directo** they broadcast the ceremony live

(**l**) *(propinar)* **le di una bofetada** I slapped him, I gave him a slap; **dio una patada a la pelota** he kicked the ball; **darle un golpe/una puñalada a alguien** to hit/stab sb

(**m**) *(untar con, aplicar)* **d. una capa de pintura al salón** to give the living room a coat of paint; **d. barniz a una silla** to varnish a chair

(**n**) *(señales, indicios)* to show; **d. pruebas de sensatez** to show good sense; **d. señales de vida** to show signs of life

(**o**) *(enseñar)* to teach; **d. inglés/historia** to teach English/history; **dio una clase muy interesante** she gave a very interesting class; **mañana no daremos clase** there won't be a class tomorrow

(**p**) *(recibir) (clase)* to have; **doy clases de piano con una profesora francesa** I have piano classes with a French piano teacher; **doy dos clases de francés a la semana** I have two French classes a week

(**q**) *(expresa acción)* **d. un grito** to give a cry; **d. un suspiro** to sigh, to give a sigh; **d. un vistazo a** to have a look at; **dio lectura a los resultados de la elección** she read out the election results; **cuando se enteró de la noticia, dio saltos de alegría** when he heard the news, he jumped for joy; **voy a d. un paseo** I'm going (to go) for a walk

(**r**) *Fam (fastidiar)* to ruin; **es tan pesado que me dio la tarde** he's so boring that he ruined my afternoon for me; **el bebé nos da las noches con sus lloros** the baby never lets us get a decent night's sleep

(**s**) *(considerar)* **d. algo por** to consider sth as; **eso lo doy por hecho** I take that for granted; **doy por sentado que vendréis todos a la fiesta** I take it for granted that *o* I assume you'll all be coming to the party; **doy por explicado este periodo histórico** that's all I want to say about this period of history; **doy esta discusión por terminada** I consider this discussion to be over; **d. a alguien por muerto** to give sb up for dead

(**t**) *Fam (presentir)* **me da que no van a venir** I have a feeling they're not going to come

(**u**) EXPR **donde las dan las toman** you get what you deserve; **no d. una** to get everything wrong

2 *vi* (**a**) *(repartir) (en naipes)* to deal; **me toca d. a mí** it's my deal

(**b**) *(entregar)* **dame, que ya lo llevo yo** give it to me, I'll carry it

(**c**) *(horas)* to strike; **dieron las tres** three o'clock struck

(**d**) *(golpear)* **le dieron en la cabeza** they hit him on the head; **la piedra dio contra el cristal** the stone hit the window; **como no te portes bien, te voy a d.** if you don't behave, I'll smack you

(**e**) **d. a** *(accionar) (llave de paso)* to turn; *(botón, timbre)* to press; **dale al control remoto** hit the remote control; **dale al pedal** press down on the pedal; **dale a la tecla de retorno** hit *o* press return; **dale a la manivela** turn the handle

(**f**) *(estar orientado)* **d. a** *(sujeto: ventana, balcón)* to look out onto, to overlook; *(sujeto: pasillo, puerta)* to lead to; *(sujeto: casa, fachada)* to face; **todas las habitaciones dan al mar** all the rooms look out onto *o* face the sea

(**g**) *(sujeto: luz, viento)* **el sol daba de lleno en la habitación** the sunlight was streaming into the room; **la luz me daba directamente en la cara** the light was shining directly in my face; **en el valle da mucho viento** it's very windy in the valley

(**h**) *(encontrar)* **d. con algo/alguien** to find sth/sb; **he dado con la solución** I've hit upon the solution

(**i**) *(proporcionar)* **d. de beber a alguien** to give sb something to drink; **da de mamar a su hijo** she breast-feeds her son

(**j**) *(ser suficiente)* **d. para** to be enough for; EXPR **eso no te da ni para pipas** that's not even enough to buy a bag of peanuts!

(**k**) *(motivar)* **esta noticia va a d. mucho que hablar** this news will set people talking; **aquello me dio que pensar** that made me think

(**l**) *(importar)* **¡y a ti qué más te da!** what's it to you?; **me da igual** *o* **lo mismo** it's all the same to me, I don't mind *o* care; **no vamos a poder ir al cine — ¡qué más da!** we won't be able to go to the cinema — never mind!; **y si no lo conseguimos, ¿qué más da?** if we don't manage it, so what?; **¡qué más da quién lo haga con tal de que lo haga bien!** what does it matter *o* what difference does it make who does it as long as they do it properly?; **lo siento, no voy a poder ayudar — da igual, no te preocupes** I'm sorry but I won't be able to help — it doesn't matter, don't worry; **¿vamos o nos quedamos? — da lo mismo** ¿should we go or should we stay? — it doesn't make any difference

(**m**) *(acertar)* **dio en el blanco** she hit the target; **diste en el blanco, hay que intentar reducir las pérdidas** you hit the nail on the head, we have to try and reduce our losses

(**n**) *(tomar costumbre)* **le ha dado por la gimnasia** she's taken it into her head to start gymnastics; **le dio por ponerse a cantar en medio de la clase** he got it into his head to start singing in the middle of the class; **le ha dado por no comer fruta** she's suddenly started not eating fruit; **¿está aprendiendo ruso? — sí, le ha dado por ahí** is she learning Russian? — yes, that's her latest mad idea

(**o**) *(expresa repetición)* **le dieron de palos** they beat him repeatedly with a stick

(**p**) *(afectar)* **le dio un infarto** he had a heart attack

(**q**) **d. de sí** *(ropa, calzado)* to give, to stretch; **no d. más de sí** *o* **para más** *(persona, animal)* not to be up to much any more; **este sueldo da mucho de sí** this salary goes a long way; **estos zapatos no dan para más** these shoes are no good any more; **es un poco tonto, no da para más** he's a bit stupid, he's not up to anything else (**r**) *(expresa enfado)* **te digo que pares y tú ¡dale (que dale)!** I've told you to stop, but you just carry on and on!; **¡y dale con la música!** there he goes again playing loud music!; **te hemos dicho que no menciones el tema, y tú, dale que te pego** we've told you not to mention the subject, but you just carry on regardless *o* but here you are bringing it up again; **¡y dale! Te lo he dicho bien claro, no voy a ir** how many times do I have to tell you? I've said it once and I'll say it again, I'm not going

(**s**) EXPR *Fam* **¡cómo le da a la cerveza!** he certainly likes his beer!; *Fam* **había cerveza para d. y tomar** *o* **vender** there was loads of beer; *Fam* **si no se calla me va a d. algo** if he doesn't shut up soon, I'll go mad; *Fam* **si sigues trabajando así te va a d. algo** you can't go on working like that; *muy Fam* **¿que no quiere cooperar? ¡que le den!** he doesn't want to cooperate? well stuff him!

3 darse *vpr* (**a**) *(suceder)* to occur, to happen; **se da pocas veces** it rarely happens; **se dio la circunstancia de que un médico pasaba por allí en ese momento** it so happened that a doctor was passing that way at the time; **este fenómeno se da en regiones tropicales** this phenomenon occurs *o* is seen in tropical regions; **si se diera el caso, venid en taxi** if necessary *o* if need be, get a taxi

(**b**) *(entregarse)* **darse a la bebida** to take to drink; **se ha dado a cuidar niños abandonados** she has devoted herself to caring for abandoned children

(**c**) *(golpearse)* **darse contra** *o* **con** to hit; **se dieron contra una farola** they crashed into *o* hit a lamppost; **se dio de narices en la puerta** she bumped *o* walked into the door; **me di con la puerta en los dedos** I caught *o* shut my fingers in the door

(**d**) *(tener aptitud)* **se me da bien/mal el latín** I'm good/bad at Latin; **se me da muy bien jugar al baloncesto** I'm good at basketball; **¿qué tal se te da la química?** are you any good at chemistry?, how are you at chemistry?

(**e**) *(considerarse)* **darse por** to consider oneself (to be); **darse por vencido** to give in; **me doy por satisfecho con tu disculpa** I'm satisfied with your apology; **me doy por satisfecho con que acabemos entre los tres primeros** I'll be satisfied *o* happy if we finish in the first three; **con estos resultados me doy por contento** I'm quite happy with these results, I'll settle for these results; **nos dirigíamos a él, pero no se dio por enterado** our remarks were aimed at him, but he pretended not to notice

(**f**) *(uso recíproco)* **se dieron los regalos** they exchanged presents, they gave each other their presents; **se dieron de puñetazos a la salida del bar** they had a fight outside the bar

(**g**) *(uso reflexivo)* **darse una ducha/un baño** to have a shower/bath; **date prisa, que no llegamos** hurry up, we're late

(**h**) EXPR *Fam* **dársela a alguien** *(engañar)* to take sb in; **se las da de intelectual/elegante** he fancies himself as an intellectual/a dandy; **se las da de listo** he makes out (that) he's clever; **se las da de interesante, pero es aburridísimo** he reckons he's interesting, but he's actually really boring

---

dardo *nm* (**a**) *(juego)* dart; **jugar a los dardos** to play darts (**b**) *(dicho satírico)* caustic remark; **lanzó varios dardos envenenados a la oposición** she directed several caustic remarks at the opposition

dársena *nf* dock

darviniano, -a, darwiniano, -a *adj* Darwinian

darvinismo, darwinismo *nm* Darwinism

darvinista, darwinista *adj & nmf* Darwinian

DAT *nf Informát (abrev de* **digital audio tape**) DAT

data *nf* (**a**) *(fecha)* date (**b**) *Informát* data

datación *nf (de restos arqueológicos)* dating

datagrama *nm Informát* datagram

datar 1 *vt* (**a**) *(poner la fecha en)* to date (**b**) *(restos arqueológicos)* to date

2 *vi* **d. de** to date back to, to date from

dátil *nm* (**a**) *(fruto seco)* date (**b**) *(animal)* **d. (de mar)** date mussel (**c**) *Fam* **dátiles** *(dedos)* fingers

datilera 1 *adj* **palmera d.** date palm

2 *nf* date palm

dativo *nm Gram* dative

dato *nm* (**a**) *(hecho, cifra)* piece of information, fact; **el alto desempleo es un d. que hay que tener en cuenta** the high level of unemployment is a factor which has to be borne in mind; **datos** *(información)* information, data; **datos (personales)** (personal) details ❑ ***datos estadísticos*** statistical data (**b**) **datos** *Informát* data

DC *nf (abrev de* **Democracia Cristiana**) Christian Democracy

dcha. *(abrev de* **derecha**) rt.

DD *Informát (abrev de* **doble densidad**) double density

d. de JC., d. JC. *(abrev de* **después de Jesucristo**) AD

DDT *nm (abrev* **diclorodigenil tricloroetano**) DDT

DE *prep*

> **de** combines with the article **el** to form the contraction **del** (e.g. **del hombre** of the man).

(**a**) *(posesión, pertenencia)* of; **el automóvil de mi padre/mis padres** my father's/parents' car; **es de ella** it's hers; **la maleta es de Eva** the suitcase is Eva's *o* belongs to Eva; **el padre de la niña** the girl's father; **el director de la empresa** the manager of the company, the company's manager; **la boda de un amigo de mi hermano** the wedding of a friend of my brother's, a friend of my brother's wedding; **un equipo de segunda división** a second division team; **la comida del gato** the cat's food; **el título de la novela** the novel's title, the title of the novel; **la pata de la mesa** the table leg; **una subida de precios** a price rise; **los señores de Navarro** Mr and Mrs Navarro

(**b**) *(procedencia, distancia)* from; **salir de casa** to leave home; **soy de Bilbao** I'm from Bilbao; **no soy de aquí** I'm not from round here; **de la playa al apartamento hay 100 metros** it's 100 metres from the beach to the apartment; **estamos a 10 kilómetros de Buenos Aires** we're 10 kilometres away from Buenos Aires; **el rey de España** the king of Spain; **tuvo dos hijos de su primera esposa** he had two children by his first wife; **b de Barcelona** *(deletreando)* b for boy

(**c**) *(en razonamiento)* **de su sonrisa se deduce que todo ha ido bien** you can tell from *o* by her smile that it all went well; **del resultado del experimento induzco que la fórmula no funciona** I infer from the result of the experiment that the formula doesn't work

(**d**) *(con nombre en aposición)* **la ciudad de Caracas** the city of Caracas; **el túnel del Canal** the Channel Tunnel; **el signo de tauro** the sign of Taurus; **el puerto de Cartagena** the port of Cartagena

(**e**) *(en descripciones)* **una película de terror** a horror film; **la señora de verde** the lady in green; **el chico de la coleta** the boy with the ponytail; **una actriz de veinte años** a twenty-year-old actress; **¿de qué tamaño?** what size?; **un político de fiar** a trustworthy politician

(**f**) *(materia)* (made) of; **un vaso de plástico** a plastic cup; **un reloj de oro** a gold watch; **una mesa de madera** a wooden table

(**g**) *(contenido)* **un vaso de agua** a glass of water; **un plato de lentejas** a plate of lentils

(**h**) *(precio)* **he comprado las peras de 100 pesetas el kilo** I bought the pears that were 100 pesetas a kilo; **un sello de 50 pesetas** a 50 peseta stamp

(**i**) *(uso)* **una bici de carreras** a racer; **ropa de deporte** sportswear; **una máquina de escribir** a typewriter

(**j**) *(asunto)* about; **hablábamos de ti** we were talking about you; **libros de historia** history books

(**k**) *(en calidad de)* as; **trabaja de bombero** he works as a fireman; **aparece de cosaco** he appears as a Cossack, he plays a Cossack

(**l**) *(tiempo) (desde)* from; *(durante)* in; **trabaja de nueve a cinco** she works from nine to five; **vivió en Bolivia de 1975 a 1983** she lived in Bolivia between 1975 and 1983, she lived in Bolivia from 1975 to 1983; **de madrugada** early in the morning; **a las cuatro de la tarde** at four in the afternoon; **trabaja de noche y duerme de día** he works at night and sleeps during the day; **es de día** it's daytime; **de niño solía jugar en la calle** as a child I used to play in the street; **un compañero del colegio** a friend from school

(**m**) *(causa)* with; **morirse de hambre** to die of hunger; **llorar de alegría** to cry with joy; **temblar de miedo** to tremble with fear; **eso es de fumar tanto** that's what comes from smoking so much

(**n**) *(manera, modo)* with; **de una patada** with a kick; **rompió el cristal de una pedrada** he shattered the window with a stone; **de una sola vez** in one go; **lo bebió de un trago** he drank it down in one go; **de tres en tres** three at a time; **de fácil manejo** user-friendly; **ponerse de rodillas** to kneel down

(**o**) *(con valor partitivo)* of; **uno de los nuestros** one of ours; **varios de vosotros** several of you; **¿quién de vosotros sabe la respuesta?** which of you knows the answer?

(**p**) *Literario (sobre)* **de la paz y la guerra** of war and peace

(**q**) *(en valoración)* **lo tacharon de vulgar** they branded him as vulgar, they accused him of being vulgar

(**r**) *(en lugar de)* **yo de ti no lo haría** I wouldn't do it if I were you; **yo de Eduardo le pediría perdón** if I were Eduardo, I'd say sorry to her

(**s**) *(en comparaciones)* **más/menos de...** more/less than...; *(con superlativos)* **el mejor de todos** the best of all; **el más importante del mundo** the most important in the world; **la peor película del año** the worst film this year *o* of the year; **la impresora más moderna del mercado** the most up-to-date printer on the market

(**t**) *(antes de infinitivo) (condición)* if; **de querer ayudarme, lo haría** if she wanted to help me, she'd do it; **de no ser por ti, me hubiese hundido** if it hadn't been for you, I wouldn't have made it; **de ir a verte, sería este domingo** if I do visit you, it'll be this Sunday

(**u**) *(después de adjetivo y antes de sustantivo) (enfatiza cualidad)* **el idiota de tu hermano** your stupid brother; **la buena de Susana** good old Susana; **¡pobre de mí!** poor me!

(**v**) *(después de adjetivo y antes de infinitivo)* **es difícil de creer** it's hard to believe

(**w**) *(después del verbo "haber") (obligación)* **he de trabajar más** I have to work harder; **has de gastar menos** you should spend less

(**x**) *(antes de complemento agente)* **una película de Buñuel** a film by Buñuel, a Buñuel film; **vino acompañado de su familia** he was accompanied by his family

(**y**) *(antes de adverbio de lugar)* **el piso de abajo** the downstairs *Br* flat *o US* apartment; **la fila de delante** the front row

---

dé *etc ver* **dar**

dealer ['diler] *nm (de automóviles, informática)* dealer

deambular *vi* to wander (about *o* around); **d. por el centro de la ciudad** to wander round the city centre

deambulatorio *nm* ambulatory

deán *nm* dean

debacle *nf* debacle; **la reunión fue la d.** the meeting was a disaster

---

DEBAJO *adv* underneath; **d. vive un pianista** a pianist lives downstairs; **el de d.** the one underneath; **el mío es el de d.** mine is the one below; **el vecino/la oficina de d.** the downstairs neighbour/office; **d. de** underneath, under; **d. de mí** underneath/below me; **el gato se escondió d. de la mesa** the cat hid under the table; **¿qué llevas d. del abrigo?** what have you got on under your coat?; **sacó el botín de d. de la cama** she took out the loot from under the bed; **por d. de lo normal** below normal; **pasamos por d. del puente** we went under the bridge; **llevo una camiseta por d.** I've got a vest on underneath; **tengo a muchos empleados por d. de mí** I have several employees under me

---

debate *nm* debate; **se necesita un d. abierto sobre el tema** the issue needs to be discussed openly; **un d. público** a public debate

debatir 1 *vt* to debate; **la ley se debate hoy en el Parlamento** the bill is being debated in Parliament today

2 debatirse *vpr (luchar)* to struggle; **debatirse entre la vida y la muerte** to hover between life and death

debe *nm* debit (side); *Fam* **tiene en su d. un pasado turbio** his rather shady past counts against him; **d. y haber** debit and credit

---

DEBER 1 *nm* (**a**) *(obligación)* duty; **mi d. es ayudar** it is my duty to help; **es mi d. intentar detenerle** it is my duty to try to stop him; **cumplir con el d.** to do one's duty; **faltarás a tu d. si no acudes a la reunión** you will be failing in your duty if you don't come to the meeting; **los derechos y los deberes de los ciudadanos** citizens' rights and duties; **mantener la ciudad limpia es d. de todos** keeping the city tidy is everyone's responsibility; **tiene un gran sentido del d.** she has a great sense of duty; **tengo el triste d. de comunicarles la aparición del cuerpo de su hijo** it is my sad duty to inform you that your son's body has been found

(**b**) **deberes** *(trabajo escolar)* homework; **hacer los deberes** to do one's homework; **nos han mandado muchos deberes para el fin de semana** they've set *o* given us a lot of homework for the weekend

2 *vt (adeudar)* to owe; **d. algo a alguien** to owe sb sth, to owe sth to sb; **¿qué** *o* **cuánto le debo?** how much is it?, how much does it come to?; **¿qué se debe?** how much is it?, how much does it come to?; **me deben medio millón de pesos** they owe me half a million pesos; **me debes una cena** you owe me a meal out; **te debo la vida** I owe you my life; **este éxito se lo debo a mis compañeros** I owe this success to my colleagues, I have my colleagues to thank for this success; **debemos mucho a nuestros padres** we owe our parents a lot; **no le debo nada a nadie** I don't owe anybody anything

3 *vi* (**a**) *(antes de infinitivo) (expresa obligación)* **debo hacerlo** I have to do it, I must do it; **deberían abolir esa ley** they ought to *o* should abolish that law; **debes dominar tus impulsos** you must *o* should control your impulses; **debería darles vergüenza** they ought to be ashamed; **no deberías fumar tanto** you shouldn't smoke so much; **no debes decir mentiras** you mustn't *o* shouldn't tell lies; **no debiste insultarle** you shouldn't have insulted her; *Fam* **una película como debe ser** a proper film, a film like films were meant to be

(**b**) *(expresa posibilidad)* **el tren debe de llegar alrededor de las diez** the train should arrive at about ten; **deben de haber llegado ya a casa** they must *o* should be home by now; **deben de ser las diez** it must be ten o'clock; **no debe de ser muy mayor** she can't be very old; **no debe de hacer mucho frío** it can't be very *o* that cold; **debe de ser extranjero** he must be a foreigner; **debes de estar cayéndote de sueño** you must be exhausted; **debo haberlo dejado en casa** I must have left it at home

4 deberse a *vpr* (**a**) *(ser consecuencia de)* to be due to; **su mal humor se debe a su precario estado de salud** her bad mood is due to her poor health; **su ausencia puede deberse a que salieron con retraso** their absence could be down to *o* due to the fact that they left late; **y eso, ¿a qué se debe?** and what's the reason for that?; **¿a qué se debe tanta amabilidad?** what's with all this friendliness?, what's the reason for all this friendliness?; **todo se debió a un malentendido** it was all the result of a misunderstanding

(**b**) *(dedicarse a)* to have a duty *o* responsibility towards; **me debo a mi empresa** I have a duty to my company; **el escritor se debe a sus lectores** writers have a duty *o* a responsibility towards their readers

---

debidamente *adv* properly

debido, -a *adj* (**a**) *(adeudado)* owing, owed

(**b**) *(justo, conveniente)* due, proper; **el tema se abordará en su d. momento** the subject will be dealt with in due course; **con el d. respeto, creo que se equivoca** with all due respect, I think you're mistaken; **creo que he comido más de lo d.** I think I've had a bit too much to eat; **como es d.** properly; **¡pórtate como es d.!** behave yourself!

(**c**) **debido a** *loc prep* **d. a su enfermedad** owing to *o* because of his illness; **esto es d. a la falta de previsión** this is due to lack of foresight; **llegó tarde d. a que no sonó su despertador** she arrived late because her alarm clock didn't go off

débil 1 *adj* (**a**) *(persona) (sin fuerzas)* weak; *(condescendiente)* lax, lenient; **de constitución d.** prone to illness, sickly; **d. de carácter** of weak character (**b**) *(voz, sonido)* faint; *(luz)* dim; **una d. mejoría** a slight improvement; **una d. brisa movía las cortinas** a slight breeze moved the curtains (**c**) *(sílaba)* unstressed
2 *nmf* weak person; **ser un d.** to be weak

debilidad *nf* (**a**) *(flojedad)* weakness; **siento d. en las piernas** my legs feel tired (**b**) *(condescendencia)* laxness; **d. de carácter** weakness of character (**c**) *(inclinación)* **sus nietos son su d.** he dotes on his grandchildren; **tener** *o* **sentir d. por** to have a soft spot for; **el chocolate es su d.** he has a weakness for chocolate

debilitación *nf,* **debilitamiento** *nm* weakening

debilitador, -ora *adj* debilitating

debilitante *adj* debilitating

debilitar 1 *vt* to weaken
2 debilitarse *vpr* to become *o* grow weak

débilmente *adv* (**a**) *(con poca fuerza)* gently, softly (**b**) *(apenas)* faintly

debilucho, -a *nm,f Fam* weakling

debitar *vt* to debit

débito *nm (debe)* debit; *(deuda)* debt

debut *nm (de persona)* debut; *(de obra)* premiere; **su d. en sociedad fue brillante** her entry into society was impressive

debutante *nmf* = person making his/her debut; **está muy nervioso porque es un d.** he's very nervous because it's his first time

debutar *vi (actor, cantante)* to make one's debut; **debutó contra el Boca Juniors** he made his footballing debut against Boca Juniors; **la obra debuta en Madrid el día 4** the play opens in Madrid on the fourth

década *nf* decade; **la d. de los noventa** the nineties

decadencia *nf* decadence; **en d.** *(moda)* on the way out; *(cultura, sociedad)* in decline; **la d. del imperio** the decline of the empire

decadente *adj (ambiente)* decadent; *(economía)* in decline

decaedro *nm* decahedron

decaer [13] *vi (debilitarse)* to decline; *(enfermo)* to get weaker; *(salud)* to fail; *(entusiasmo)* to flag; *(empresa)* to go downhill; **¡que no decaiga!** don't lose heart!; **su belleza no ha decaído con los años** her beauty has not faded with age

decágono *nm* decagon

decagramo *nm* decagram

decaído, -a *adj (desalentado)* gloomy, downhearted; *(débil)* frail

decaigo *etc ver* **decaer**

decaimiento *nm (desaliento)* gloominess; *(decadencia)* decline; *(falta de fuerzas)* weakness

decalcificación *nf Med* loss of calcium

decalcificar [59] *Med* **1** *vt* to decalcify
2 descalcificarse *vpr* to decalcify, to lose calcium

decalitro *nm* decalitre

decálogo *nm Rel* decalogue; *Fig (normas)* golden *o* basic rules

decámetro *nm* decametre

decanato *nm* (**a**) *(cargo)* deanship (**b**) *(despacho)* dean's office

decano, -a *nm,f* (**a**) *(de corporación, facultad)* dean (**b**) *(veterano) (hombre)* senior member, doyen; *(mujer)* senior member, doyenne

decantación *nf* decanting, settling

decantar 1 *vt* to decant
2 decantarse *vpr* (**a**) *(inclinarse)* to lean (towards) (**b**) **decantarse por** *(optar por)* to opt for

decapante 1 *adj* **líquido d.** paint stripper
2 *nm* paint-stripper

decapar *vt (pintura)* to strip; *(herrumbre)* to remove

decapitación *nf* decapitation, beheading

decapitar *vt* to decapitate, to behead

decasílabo, -a 1 *adj* decasyllabic
2 *nm* decasyllable

decatleta *nmf* decathlete

decatlón *nm* decathlon

decayera *etc ver* **decaer**

deceleración *nf* deceleration

decelerar *vt & vi* to decelerate, to slow down

decena *nf* ten; **una d. de...** *(unos diez)* about ten...; *(diez)* ten...; **las víctimas se cuentan por decenas** there have been dozens of casualties; **estos tornillos se venden por decenas** these screws are sold in tens

decenal *adj* **un plan d.** a ten-year plan; **un premio d.** a prize awarded every ten years

decencia *nf* (**a**) *(decoro)* decency; *(en el vestir)* modesty; **vestir con d.** to dress modestly (**b**) *(dignidad)* dignity

decenio *nm* decade

decente *adj* (**a**) *(digno)* decent; **un sueldo d.** a decent salary *o* wage (**b**) *(en el comportamiento)* proper; *(en el vestir)* modest; **este es un establecimiento d.** this is a respectable establishment; **una persona d. no se comportaría así** a respectable person wouldn't behave like that (**c**) *(limpio)* clean

decentemente *adv* (**a**) *(dignamente)* decently; **este sueldo nos permite vivir d.** we can live a decent life on this salary (**b**) *(pulcramente)* neatly

decepción *nf* disappointment; **me llevé una gran d. al oír la noticia** I was really disappointed when I heard the news; **su nueva película ha sido una d.** her new film is disappointing *o* a disappointment

> Observa que la palabra inglesa **deception** es un falso amigo y no es la traducción de la palabra española **decepción**. En inglés **deception** significa "engaño".

decepcionado, -a *adj* disappointed; **estoy muy d. con su comportamiento** I'm very disappointed by his behaviour

decepcionante *adj* disappointing

decepcionantemente *adj* disappointingly

decepcionar *vt* to disappoint; **su última novela me ha decepcionado** I was disappointed by her last novel

deceso *nm* decease, death

dechado *nm* **ser un d. de perfecciones** *o* **virtudes** to be a paragon of virtue

decibelio, *Am* **decibel** *nm* decibel

decible *adj (que se puede decir)* sayable; *(que se puede explicar)* expressible, communicable

decididamente *adv* (**a**) *(con decisión)* resolutely, with determination (**b**) *(sin duda)* definitely; **d., es una buena idea** it's definitely a good idea

decidido, -a *adj* determined; **camina con paso d.** he has a very determined walk; **están decididos a terminar con la corrupción** they are determined to put an end to corruption

DECIDIR 1 *vt* (**a**) *(tomar una decisión)* to decide; **el juez decidirá si es inocente o no** the judge will decide *o* determine whether or not he is innocent; **no hay nada decidido por el momento** nothing has been decided for the moment; **d. hacer algo** to decide to do sth; **he decidido cambiar de piso** I've decided to move *Br* flat *o US* apartment; **decidió que no valía la pena arriesgarse** she decided (that) it wasn't worth the risk; **han decidido que no van a tener más hijos** they've decided not to have any more children
(**b**) *(determinar)* to decide; **el voto de la clase media decidió la elección** middle-class vote decided *o* swung the election; **el gol de Márquez decidió el partido** Márquez' goal decided *o* settled the game
(**c**) *(persuadir)* to persuade, to convince; **lo decidí a quedarse** I convinced him to stay; **su madre le decidió a dejar de fumar** his mother persuaded him to stop smoking
2 *vi* to decide, to choose; **¿a qué restaurante vamos? — tú decides** which restaurant shall we go to? – you decide; **d. entre dos cosas** to choose between two things; **tenemos que d. sobre la decoración del dormitorio** we have to decide how we're going to decorate the bedroom, we have to take a decision on the décor for the bedroom
3 decidirse *vpr* to decide, to make up one's mind; **aún no se ha decidido** he still hasn't decided *o* made up his mind; **¡decídete de una vez!** make up your mind!; **decidirse a hacer algo** to decide to do sth; **al final, me decidí a estudiar**

inglés in the end, I decided to study English; **si te decides a venir, llámame** if you decide to come, give me a ring; **decidirse por** to decide on, to choose; **no sabía por qué color decidirme** I couldn't decide which colour to go for; **me decidí por el más barato** I decided on *o* decided to go for the cheapest

decigramo *nm* decigram

decilitro *nm* decilitre

décima *nf (en medidas)* tenth; **una d. de segundo** a tenth of a second; **ganó por décimas de segundo** he won by tenths of a second; **tiene unas décimas de fiebre** she has a slight fever

decimal *adj & nm* decimal

decímetro *nm* decimetre

décimo, -a 1 *núm* tenth; **la décima parte** a tenth; *ver también* **sexto**

2 *nm* (**a**) *(fracción)* tenth (**b**) *(en lotería)* = ticket giving a tenth share in a number entered in the Spanish "Lotería Nacional" (**c**) *Am (moneda)* ten cent coin

decimoctavo, -a *núm* eighteenth; *ver* **sexto**

decimocuarto, -a *núm* fourteenth; *ver también* **sexto**

decimonónico, -a *adj* (**a**) *(del siglo XIX)* nineteenth-century (**b**) *(anticuado)* old-fashioned

decimonono, -a *núm Formal* nineteenth; *ver también* **sexto**

decimonoveno, -a *núm* nineteenth; *ver también* **sexto**

decimoquinto, -a *núm* fifteenth; *ver también* **sexto**

decimoséptimo, -a *núm* seventeenth; *ver también* **sexto**

decimosexto, -a *núm* sixteenth; *ver también* **sexto**

decimotercero, -a

> **Decimotercer** is used instead of **decimotercero** before singular masculine nouns (e.g. **el decimotercer participante** the thirteenth entrant).

núm thirteenth; *ver también* **sexto**

DECIR [21] **1** *vt* (**a**) *(en general)* to say; **siempre digo lo que pienso** I always say what I think; **es muy callado, nunca dice nada** he's very quiet, he never says anything *o* a word; **¿qué dice la etiqueta?** what does the label say?; **no digas tonterías** don't talk nonsense; **no digas tacos delante de los niños** don't swear in front of the children; **lo dijo en broma** she meant it as a joke; **¿quién te lo ha dicho?** who told you that?; **no se dice "cocreta" sino "croqueta"** it isn't "cocreta", it's "croqueta"; **me da igual lo que diga la gente** I don't care what people say; **al d. esto se marchó** with these words *o* with that, he left; **no sabía qué d.** I didn't know what to say, I was lost for words; **d. que sí/no** to say yes/no; **dice que no viene** she says (that) she's not coming; **como dice el refrán...** as the saying goes...; **dicen que va a ser un verano muy seco** they say it's going to be a very dry summer; *Esp* **¿diga?, ¿dígame?** *(al teléfono)* hello?; *Fam* **¡digo!** *(¡ya lo creo!)* of course!; *(¡madre mía!)* I say!; EXPR **¡díjolo Blas, punto redondo!** sure, whatever!, yes, sure!; EXPR **ayer dijiste que me lo dejarías — sí, pero no puedo — ya, donde dije digo, digo Diego** yesterday you told me you'd lend it to me – yes, but I can't now — you're always saying one thing one minute and another the next

(**b**) *(contar, ordenar)* to tell; **se lo voy a d. a la profesora** I'm going to tell the teacher; **¿qué quieres que te diga?** what do you want me to say?, what can I say?; **ya te lo había dicho yo, es demasiado caro** I told you it's too expensive; **d. la verdad** to tell the truth; **d. mentiras** to tell lies; **la ley dice que es obligatorio el uso del casco** according to the law, *o* the law says that it is compulsory to wear a crash helmet; **d. a alguien que haga algo** to tell sb to do sth; **haz lo que te digan y no protestes** do as you're told and don't complain; **pregunta si le dejas salir — dile que sí/no** she wants to know if she can go out – tell her she can/can't; **quiere saber si hemos terminado — dile que sí/no** he wants to know if we've finished — tell him we have/haven't; **dile que estoy ocupado** tell him I'm busy; **dile que venga** tell her to come; **dígame lo que pasó** tell me what happened; **nos dijeron que nos fuéramos** they told us to go away; **lo vas a hacer porque lo digo yo** you'll do it because I say so; **eso no es lo que me dijo a mí** that's not what she told me; **tengo que hacerte una pregunta — dime** I need to ask you a question — go ahead; **dígame en qué puedo ayudarle** what can I do for you?

(**c**) *(recitar) (de memoria)* to recite; *(leyendo)* to read

(**d**) *Fig (revelar)* to tell, to show; **eso lo dice todo** that says it all; **d. mucho (en favor) de** to say a lot for; **sus ropas dicen bastante sobre su situación económica** her clothes say a lot about her financial situation; **su violenta reacción dice mucho sobre su personalidad** his violent reaction tells us *o* reveals a lot about his personality

(**e**) *(llamar)* to call; **me dicen Paco** they call me Paco; **le dicen la carretera de la muerte** they call it the road of death

(**f**) *(asegurar)* to tell, to assure; **te digo que ella no está mintiendo** I tell you *o* assure you (that) she isn't lying; **dice que llegará mañana sin falta** she assures me (that) she'll definitely arrive tomorrow

(**g**) *(en frases)* **a d. verdad, no me apetece nada ir a la boda** to tell (you) the truth *o* to be honest, I don't really feel like going to the wedding; **como quien dice, como si dijéramos** so to speak; **es, como si dijéramos, una mezcla de danza y teatro** it's a sort of mixture of dance and theatre; **es, como quien dice, el alma de la empresa** he is, so to speak, the soul of the company; **como quien no dice nada** as if it were nothing; **olvídalo, como si no hubiera dicho nada** forget I ever mentioned it; **con decirte que me marché a los diez minutos, te puedes imaginar como fue la fiesta** if I tell you that I left after ten minutes, you can imagine what the party was like; **cualquiera diría que no le dan de comer en casa** anyone would *o* you'd think she never gets fed at home; **d. para sí** to say to oneself; **d. por d.** to talk for the sake of talking; **no te lo tomes en serio, lo dijo por d.** don't take it seriously, she didn't really mean it; **decirle a alguien cuatro verdades** to tell sb a few home truths; **es d.** that is, that's to say; **aracnofobia, es d. miedo a las arañas** arachnophobia, that is *o* that's to say fear of spiders; **tengo otra cita — es d., que no vendrás a la inauguración** I've got another engagement — you mean *o* in other words you're not coming to the opening ceremony; **encantado de conocerte — lo mismo digo** pleased to meet you – likewise; **tu primer examen estaba muy mal, y lo mismo digo del segundo** you did very poorly in your first exam and the same goes for the second one; **ni que d. tiene** needless to say; **tenemos muchas ganas de ir de vacaciones, y nuestros hijos, no digamos** we can't wait to go on holiday and as for our children...; **yo no digo** *o* **no quiero d. nada, pero...** it's not for me to say, but...; **¿sabías que Santiago se ha casado? — ¡no me digas!** did you know that Santiago got married? — no!, never!; **¡no me digas que no te gusta!** don't tell me you don't like it!; **el tenis/este cuadro no me dice nada** tennis/this picture doesn't do anything for me; **no hay más que d.** that's all there is to it, that's that; **(o) mejor dicho** or rather; **por más que digas, no le veo nada especial a esta ciudad** whatever you say, I don't see what's so special about this city; **por decirlo así, por así decirlo** in other words, so to speak; **preocuparse por el qué dirán** to worry about what people will say; **no está lloviendo mucho que digamos** it's not exactly raining hard; **él no es muy inteligente que digamos** he isn't what you'd call intelligent; **ha sufrido un infarto — ¡qué me dices!** she's had a heart attack – no!, surely not!; **¡que no se diga que las fiestas de Valdelapeña son aburridas!** let no one say *o* let it not be said that the festivals in Valdelapeña are boring!; **¡quién lo diría! tan rico y sin embargo tan humilde** who would have thought it, such a rich person and yet so humble!; **tardarán en construirlo cinco años, ¡se dice pronto!** they're going to take five years, no less, to build it!; **yo lo hago en cinco minutos — eso se dice pronto, no sabes lo difícil que es** I'll have it done in five minutes – that's easily said, you've no idea how difficult it is; **si tú lo dices** if you say so; **¡tú lo has dicho!** you said it!; **¡y que lo digas!** you can say that again!

2 decirse *vpr* (**a**) *(reflexionar)* to say to oneself; **a veces me digo, tengo que trabajar menos** sometimes I say to *o* tell myself I have to work less, sometimes I think I ought to work less; **me dije, cállate, no digas nada** I said to myself *o* I thought, it's better not to say anything
(**b**) *(uso impersonal)* **¿cómo se dice "estación" en inglés?** how do you say "estación" in English?; **se dice que...** they *o* people say (that)...; **se dice que subirán los impuestos** it's said they're going to raise taxes; **como se dice vulgarmente...** as they say...
(**c**) *(uso recíproco)* **se dijeron de todo** they called each other everything under the sun
3 *nm* (**a**) *(refrán)* saying
(**b**) *(ocurrencia)* witticism, witty remark
(**c**) *(en frases)* **a d. de todos, según el d. general** by all accounts; **al d. de todos, no parece que vaya a tener mucho éxito** by all accounts, it seems unlikely that she'll have much success; **es un d. que todos tengamos las mismas oportunidades** it's not really true that we all have the same chances in life; **imaginemos, es un d., que...** let us suppose for one moment *o* for the sake of argument that...

---

decisión *nf* (**a**) *(dictamen, resolución)* decision; **la d. está en nuestras manos** the decision is in our hands; **tomar una d.** to make *o* take a decision; **tomó la d. de no ir** she decided not to go (**b**) *(firmeza de carácter)* determination, resolve; *(seguridad, resolución)* decisiveness; **actuar con d.** to act decisively; **es una persona con muy poca d.** he's a very indecisive person

decisivamente *adv* positively

decisivo, -a *adj (muy importante)* crucial; *(batalla)* decisive; **tu apoyo es d.** your support is vital *o* crucial; **su ayuda fue decisiva** her help was decisive

decisorio, -a *adj* decision-making

declamación *nf* (**a**) *(arte)* declamation (**b**) *(recitación)* recital, recitation

declamar *vt & vi* to declaim, to recite

declaración *nf* (**a**) *(manifestación) (ante la autoridad)* statement; **prestar d.** to give evidence; **tomar d. (a)** to take a statement (from) ▫ ***d. del impuesto sobre la renta*** income tax return; ***d. jurada*** sworn statement; ***d. del patrimonio*** = inventory of property, drawn up for tax purposes; ***d. de la renta*** income tax return; **hacer la d. de la renta** to *Br* send in *o US* file one's tax return
(**b**) *(afirmación)* declaration; **en sus declaraciones a la prensa, el ministro dijo que...** in his statement to the press, the minister said that...; **no hizo declaraciones a los medios de comunicación** he didn't make any statement to the media ▫ ***d. de amor*** declaration of love; ***d. de guerra*** declaration of war; ***d. de independencia*** declaration of independence; ***d. de principios*** statement of principles
(**c**) *(documento)* declaration ▫ ***d. universal de los derechos humanos*** universal declaration of human rights
(**d**) *(comienzo) (de incendio, epidemia)* outbreak

declaradamente *adv* clearly, manifestly

declarado, -a *adj (manifiesto)* open, professed; **es un homosexual d.** he is openly gay; **un d. defensor de los derechos humanos** an outspoken defender of human rights; **hay un odio d. entre ellos** there is open hostility between them

declarante *nmf* witness

declarar 1 *vt* (**a**) *(manifestar) (ante la autoridad)* to declare; **d. la verdad** to tell the truth; **d. el patrimonio** to declare one's property; **d. culpable/inocente a alguien** to find sb guilty/not guilty; **¿algo que d.?** *(en aduana)* anything to declare?
(**b**) *(afirmar)* to state, to say; **declaró a la prensa sus próximos proyectos** he informed the press of his future plans/projects; **el monarca declaró su apoyo al nuevo gobierno** the monarch expressed his support for the new government; **el secretario declaró abierta la sesión** the secretary declared the session open; **ha sido declarado candidato a la presidencia** his candidacy for the presidency has been announced
2 *vi Der* to testify, to give evidence; **lo llamaron a d.** he was called to give evidence
3 declararse *vpr* (**a**) *(incendio, epidemia)* to break out; **se declaró un motín a bordo de la embarcación** a mutiny broke out on board the ship
(**b**) *(confesar el amor)* to declare one's feelings *o* love; **se le ha declarado Fernando** Fernando has declared his love to her
(**c**) *(manifestarse)* **declararse a favor de algo** to say that one supports sth; **declararse en contra de algo** to say one is opposed to sth; **declararse culpable/inocente** to plead guilty/not guilty; **declararse en huelga** to go on strike; **declararse en quiebra** to declare oneself bankrupt

declarativo, -a, declaratorio, -a *adj* declarative, declaratory

declinación *nf* (**a**) *(caída)* decline (**b**) *Gram* declension

declinar 1 *vt* (**a**) *(rechazar)* to decline; *(responsabilidad)* to disclaim; **declinó amablemente la invitación** he politely declined the invitation (**b**) *Gram* to decline
2 *vi* (**a**) *(fiebre)* to subside, to abate; *(economía)* to decline; **su interés por la caza ha declinado** his interest in hunting has declined (**b**) *(día, tarde)* to draw to a close; **al d. el día** as the day drew to a close

declive *nm* (**a**) *(decadencia)* decline, fall; **un imperio en d.** an empire in decline (**b**) *(pendiente)* slope; **un terreno en d.** an area of sloping ground

decodificación = **descodificación**

decodificador = **descodificador**

decodificar = **descodificar**

decol *nm Col (lejía)* bleach

decolaje *nm Am* take-off

decolar *vi Andes* to take off

decoloración *nf (pérdida de color)* discoloration, fading; *(de pelo)* bleaching

decolorante 1 *adj* bleaching
2 *nm* bleaching agent

decolorar 1 *vt* to bleach
2 decolorarse *vpr* to fade; **decolorarse el pelo** to bleach one's hair

decomisar *vt* to confiscate, to seize

decomiso *nm* (**a**) *(acción)* confiscation *(by customs)* (**b**) *(objeto)* = goods, such as cameras and radios, confiscated by customs; **tienda de decomisos** = shop selling goods confiscated by customs

decoración *nf* (**a**) *(acción)* decoration; *(efecto)* décor; **me gusta mucho la d. de esta habitación** I like the way this room is decorated ▫ ***d. de escaparates*** window dressing; ***d. de interiores*** interior design (**b**) *(arte)* decorative arts (**c**) *(adorno)* decorations

decorado *nm Cine & Teatro* set; **decorados** sets, scenery

decorador, -ora *nm,f* interior designer; *Cine & Teatro* set designer ▫ ***d. de interiores*** interior designer

decorar 1 *vt* to decorate
2 *vi* to be decorative

decorativo, -a *adj* decorative

decoro *nm* (**a**) *(pudor)* decency, decorum; **guardar el d.** to maintain one's decorum; **saber guardar el d.** to know how to behave properly *o* appropriately; **hablar con d.** to speak with propriety (**b**) *(dignidad)* dignity; **vivir con d.** to live decently

decoroso, -a *adj* (**a**) *(decente)* decent; **un vestido poco d.** a very revealing dress (**b**) *(correcto)* seemly, proper (**c**) *(digno)* decent, respectable; **un sueldo d.** a decent salary

decrecer [46] *vi* (**a**) *(disminuir)* to decrease, to decline; **decreció el interés por la política** interest in politics declined; **el desempleo decreció en un 2 por ciento** unemployment has fallen by 2 percent; **la luna está decreciendo** the moon is on the wane; **los días decrecen conforme se acerca el invierno** the days grow shorter as winter approaches (**b**) *(caudal del río)* to go down

decreciente *adj* declining, decreasing

decremento *nm* (**a**) *(decrecimiento)* decrease (**b**) *Informát* decrement

decrépito, -a *adj Pey* (**a**) *(anciano)* decrepit (**b**) *(civilización, industria)* decadent, declining

decrepitud *nf Pey* (**a**) *(de un anciano)* decrepitude (**b**) *(de una civilización, industria)* decline

decretar *vt* to decree; **se decretó la libertad del acusado** the accused was declared a free man; **el ayuntamiento ha decretado el cierre del bar** the town council has ordered the bar to be closed down

decreto *nm* decree ❑ ***d. ley*** decree, *Br* order in council

decrezco *etc ver* **decrecer**

decúbito *nm Formal* ***en d. lateral*** lying on one's side; ***d. prono*** prone position; ***d. supino*** supine position

décuplo, -a 1 *adj* decuple

2 *nm* **ser el d. de algo** to be tenfold sth

decurso *nm* passage, course; **en el d. del tiempo** in the course of time

dedal *nm* thimble

dedalera *nf (planta)* foxglove

dédalo *nm Fig* labyrinth, maze

dedicación *nf* dedication; **con d. exclusiva** *o* **plena** full-time; **los funcionarios tienen d. exclusiva** civil servants are not allowed to have any other job; **trabaja con d.** he works with real dedication

dedicado,-a *adj Informát* dedicated

dedicar [59] **1** *vt* **(a)** *(tiempo, dinero, energía)* to devote; **dedicó sus ahorros a comprar una nueva casa** he spent his savings on a new house; **dedicaron la bodega a almacén** they used the wine cellar as a storeroom

(b) *(libro, monumento)* to dedicate; **tengo una copia dedicada de su libro** I have a signed copy of his book; **dedicó al público unas palabras de agradecimiento** he addressed a few words of thanks to the audience

(c) *(templo, ofrenda)* to dedicate

2 dedicarse a *vpr* **(a)** *(a una profesión)* **¿a qué se dedica usted?** what do you do for a living?; **se dedica a la enseñanza** she works as a teacher

(b) *(a una actividad, persona)* to spend time on; **los domingos me dedico al estudio** I spend Sundays studying; **se dedica a perder el tiempo** he spends his time doing nothing useful

dedicatoria *nf* dedication

dedicatorio, -a *adj* dedicatory

dedillo: al dedillo *loc adv Fam* **conozco la Patagonia al d.** I know Patagonia inside out *o* like the back of my hand; **cumplir las instrucciones al d.** to carry out instructions to the letter; **saber(se) algo al d.** to know sth off by heart

dedo *nm* **(a)** *(de la mano)* finger; *(del pie)* toe; **meterse el d. en la nariz** to pick one's nose; **¡no señales con el d.!** don't point!; **contar con los dedos** to count on one's fingers ❑ ***d. anular*** ring finger; ***d. corazón*** middle finger; ***d. gordo*** *(de la mano)* thumb; *(del pie)* big toe; ***d. índice*** index finger; ***d. medio*** middle finger; ***d. meñique*** little finger; ***d. pequeño*** *(del pie)* little toe; ***d. pulgar*** thumb

(b) *(medida)* **dos dedos de whisky** two fingers of whisky; **estuvo a dos dedos de morir en el accidente** he came within an inch of being killed in the accident; EXPR *Fam* **no tiene dos dedos de frente** *(es tonto)* he's as thick as two short planks; *(es imprudente)* he hasn't got the sense he was born with

(c) EXPR *Fam* **nombrar** *o* **elegir a alguien a d.** to appoint sb without due regard to procedure; **se me escapó de entre los dedos** it slipped through my fingers; *Fam* **hacer d., ir a d.** to hitchhike; *Fam* **fuimos hasta Guadalajara a d.** we hitchhiked to Guadalajara; *Fam* **nadie movió un d. para ayudarme** nobody lifted a finger to help me; *Fam* **pillarse** *o* **cogerse los dedos** to get one's fingers burnt; *Fam* **poner el d. en la llaga** to put one's finger on it; *Fam* **señalar a alguien con el d.** *(criticar a alguien)* to criticize sb

dedocracia *nf Fam* = situation where appointments are made at the whim of those in power

deducción *nf* **(a)** *(razonamiento)* deduction **(b)** *(descuento)* deduction ❑ ***d. fiscal*** tax-deductible expenditure

deducible *adj* **(a)** *(idea)* deducible **(b)** *(dinero)* deductible

deducir [18] *vt* **(a)** *(inferir)* to guess, to deduce; **por la luz dedujo que debía de ser tarde** he could tell by the light that it must be late; **dedujo quién era el asesino** he worked out who the killer was; **de aquí se deduce que...** from this one concludes *o* infers that... **(b)** *(descontar)* to deduct; **me deducen del sueldo la seguridad social** national insurance is deducted from my salary

deductivo, -a *adj* deductive

dedujera *etc ver* **deducir**

deduzco *etc ver* **deducir**

de facto *adj* de facto

defecación *nf* defecation

defecar [59] *vi* to defecate

defección *nf* defection, desertion

defectivo, -a *adj* defective

defecto *nm* **(a)** *(físico)* defect; **no le veo ningún d. a esta casa** I can't see anything wrong with this house; **siempre le saca defectos a todo** he's always finding fault with everything ❑ ***d. de fábrica*** *o* ***fabricación*** manufacturing defect; ***d. físico*** physical handicap; ***d. de forma*** administrative error; ***d. de pronunciación*** speech defect

(b) *(moral)* fault, shortcoming; **su único d. es su soberbia** his only fault *o* flaw is his pride

(c) en su defecto *loc adv* in its absence; **acuda a la embajada o, en su d., al consulado más cercano** go to the embassy, or, failing that, to the nearest consulate

(d) por defecto *loc adv* by default; **más vale pecar por exceso que por d.** too much is better than not enough

defectuoso, -a *adj (mercancía)* defective, faulty; *(trabajo)* inaccurate

defender [64] **1** *vt* **(a)** *(país, ideas)* to defend; *(amigo)* to stand up for; **d. los intereses de alguien** to defend sb's interests; **defendió su teoría con sólidos argumentos** he supported his theory with sound arguments; **d. una tesis** *(en universidad) Br* ≃ to have one's viva, *US* ≃ to defend one's dissertation; EXPR **d. algo a capa y espada** to defend sth tooth and nail **(b)** *(reo, acusado)* to defend **(c)** *(proteger) (del frío, calor)* to protect (**de** against)

2 defenderse *vpr* **(a)** *(protegerse)* to defend oneself (**de** against); **me defendí como pude de sus ataques** I defended myself from his attacks as best I could **(b)** *Fig (apañarse)* to get by; **se defiende bien en su trabajo** he's getting along okay at work; **se defiende en inglés** he can get by in English; **¿qué tal dibujas? – me defiendo** how are you at drawing? – I'm not too bad

defendible *adj* **(a)** *(castillo, ciudad)* defensible **(b)** *(actitud)* defensible, justifiable

defendido, -a *nm,f (de abogado)* defendant

defenestración *nf Fig* sacking, unceremonious removal

defenestrar *vt Fig* to sack, to get rid of

defensa 1 *nf* **(a)** *(protección)* defence; **la d. del medio ambiente** the protection of the environment; **lleva siempre una pistola como d.** she always carries a gun to defend herself; **acudir en d. de algo/alguien** to come to sb's defence/to the defence of sth; **salir en d. de algo/alguien** to come out in defence of sth/sb ❑ ***d. antiaérea*** anti-aircraft defences; ***la d. nacional*** national defence; ***d. pasiva*** passive resistance; ***d. personal*** self-defence

(b) (el Ministerio de) D. *Br* ≃ the Ministry of Defence, *US* ≃ the Defense Department

(c) *Der* **la d.** *(parte en un juicio)* the defence; **la d. tiene la palabra** *(en juicio)* it is the turn of the defence to speak; **en d. propia, en legítima d.** in self-defence; **basó su d. en la falta de pruebas** he based his defence on the lack of evidence

(d) defensas *(sistema inmunitario)* **tiene las defensas muy bajas** his body's defences are very low

(e) *Dep* defence ❑ ***d. (al) hombre*** man-to-man defence; ***d. en zona*** *(en baloncesto)* zone defence

(f) *Méx (parachoques) Br* bumper, *US* fender

2 *nmf Dep (jugador)* defender ❑ ***d. central*** *(en fútbol)* central defender, centre-back; ***d. de cierre*** *(en rugby)* full back

defensiva *nf* defensive; **ponerse/estar a la d.** to go/be on the defensive; **jugar a la d.** to play defensively

defensivo, -a *adj* defensive; **área defensiva** *(en fútbol)* defence; **estrategia defensiva** defensive strategy

defensor, -ora 1 *adj* **abogado d.** counsel for the defence

2 *nm,f* **(a)** *(de ideal, persona)* defender; *(adalid)* champion; **un gran d. de la paz** a great campaigner for peace ❑ ***d. del lector*** *(en periódico)* = person who represents the readership of a newspaper and deals with their complaints against the newspaper; ***d. de oficio*** court-appointed defence lawyer; ***d. del pueblo*** ombudsman; ***d. del soldado*** = public body created to defend soldiers' rights, especially young soldiers doing military service (**b**) *(abogado)* counsel for the defence

deferencia *nf* deference; **tuvo la d. de llevarme al aeropuerto** she was kind enough to take me to the airport; **por d. a** in deference to

deferente *adj (cortés)* deferential

deferir [62] **1** *vt Der* to refer

2 *vi* to defer (**a** to)

deficiencia *nf* (**a**) *(defecto)* deficiency, shortcoming; **deficiencias técnicas** technical faults; **el plan presenta notables deficiencias** the plan has major shortcomings *o* flaws (**b**) *(insuficiencia)* lack; **d. de medios** insufficient means ❑ ***d. mental*** mental deficiency

deficiente 1 *adj* (**a**) *(defectuoso) (producto)* deficient; *(cantidad)* deficient, inadequate; *(audición, vista)* defective (**b**) *(persona)* handicapped; **las personas deficientes** the handicapped (**c**) *(mediocre)* poor, unsatisfactory

2 *nmf* **d. (mental)** mentally handicapped person

3 *nm (nota)* **muy d.** very poor, E

déficit *(pl* **déficits**) *nm* (**a**) *Econ & Fin* deficit ❑ ***d. comercial*** trade deficit; ***d. presupuestario*** budget deficit (**b**) *(falta)* lack, shortage ❑ ***d. hídrico*** shortfall in water supply

deficitario, -a *adj (empresa, operación)* loss-making; *(balance)* negative, showing a deficit

defiendo *etc ver* **defender**

defiera *etc ver* **deferir**

definición *nf* (**a**) *(de un término)* definition; **por d.** by definition (**b**) *(descripción)* description (**c**) *(en televisión)* resolution; **alta d.** high resolution

definido, -a *adj* (**a**) *(límite, idea)* (clearly) defined (**b**) *Gram* **artículo d.** definite article

definir 1 *vt* (**a**) *(explicar, precisar)* to define (**b**) *(describir)* to describe; **la generosidad define su carácter** generosity typifies his character

2 definirse *vpr* to take a clear stance; **no se quiere d. políticamente** he doesn't want to make his political position clear; **no se definió por ninguno de los dos bandos** he took neither side; **el plan no acababa de definirse** the plan had not yet taken any definite shape

definitivamente *adv* (**a**) *(sin duda)* definitely; **d., el picante no me sienta bien** hot food definitely doesn't agree with me (**b**) *(finalmente)* **nos tienes que decir d. si vas a venir o no** you have to tell us whether you're definitely coming or not; **hasta que no se solucione d. la avería no habrá electricidad** there won't be electricity until the problem is properly sorted (**c**) *(para siempre)* for good

definitivo, -a *adj* (**a**) *(concluyente, final)* final; **la versión definitiva** *(de un texto)* the definitive version; **los resultados definitivos** the final results (**b**) *(decisivo)* decisive; **su intervención fue definitiva para resolver el conflicto** his intervention was decisive in resolving the conflict (**c**) **en definitiva** *loc adv* **en definitiva, el futuro es prometedor** all in all, the future looks promising; **ésta es, en definitiva, la única alternativa que nos queda** this is, in short, the only alternative we have left

definitorio, -a *adj* defining

deflación *nf Econ* deflation

deflacionario, -a *adj Econ* deflationary

deflacionista *adj Econ* deflationary

deflagración *nf* deflagration

deflagrar *vi* to deflagrate

deflector *nm* baffle board *o* plate, deflector

defoliación *nf* defoliation

defoliante *adj* defoliant

deforestación *nf* deforestation

deforestar *vt* to deforest

deformación *nf* (**a**) *(de huesos, objetos)* deformation ❑ ***d. física*** (physical) deformity (**b**) *(de la verdad)* distortion (**c**) **tener d. profesional** to be always acting as if one were still at work

deformado, -a *adj* (**a**) *(cuerpo)* deformed (**b**) *(objeto)* misshapen (**c**) *(verdad, realidad)* distorted

deformar 1 *vt* (**a**) *(huesos, objetos)* to deform (**b**) *(la verdad)* to distort

2 deformarse *vpr* to go out of shape; **se me ha deformado el jersey al lavarlo** my jumper lost its shape when I washed it

deforme *adj (cuerpo)* deformed, disfigured; *(imagen)* distorted; *(objeto)* misshapen

deformidad *nf* deformity

defraudación *nf (fraude fiscal)* tax evasion

defraudador, -ora 1 *adj (a hacienda)* tax-evading

2 *nm,f (a hacienda)* tax evader

defraudar *vt* (**a**) *(decepcionar)* to disappoint; **su última película me defraudó mucho** I was very disappointed by his last film; **creí que podría contar contigo, pero me has defraudado** I thought I could count on you, but you've let me down (**b**) *(estafar)* to defraud; **d. a Hacienda** to practise tax evasion

defunción *nf* decease, death; **cerrado por d.** *(en letrero)* closed due to bereavement

degeneración *nf* degeneration

degenerado, -a *adj & nm,f* degenerate

degenerar *vi* (**a**) *(degradarse)* to degenerate; **este lugar ha degenerado mucho** this place has really gone downhill (**b**) *(convertirse)* to degenerate (**en** into); **el debate degeneró en una discusión tensa** the debate degenerated into an argument

degenerativo, -a *adj (proceso, enfermedad)* degenerative

deglución *nf* swallowing

deglutir *vt & vi* to swallow

degolladero *nm* slaughterhouse

degollar [63] *vt (cortar la garganta a)* to cut *o* slit the throat of; *(decapitar)* to behead; **¡como lo pille, lo degüello!** I'll kill him if I catch him!

degollina *nf Esp Fam (matanza)* bloodbath; **el examen fue una d.** droves of students failed the exam

degradable *adj* degradable

degradación *nf* (**a**) *(de moral, naturaleza)* degradation (**b**) *(de un cargo)* demotion

degradado *nm Informát* blend

degradante *adj* degrading

degradar 1 *vt* (**a**) *(moralmente)* to degrade, to debase; **el alcohol la ha degradado** she's been ruined by drink (**b**) *(la naturaleza)* to degrade; **la contaminación degrada el medio ambiente** pollution damages the environment (**c**) *(de un cargo)* to demote

2 degradarse *vpr* (**a**) *(moralmente)* to degrade *o* lower oneself (**b**) *(medio ambiente)* to deteriorate

degüello 1 *ver* **degollar**

2 *nm (decapitación)* beheading; *(degolladura)* slaughter; EXPR **entrar a d.** to storm in ruthlessly

degustación *nf* tasting *(of wines, food)*; **d. de vinos** wine tasting

degustar *vt* to taste *(wines, food)*

dehesa *nf* meadow

deíctico, -a *adj Ling* deictic

deidad *nf* deity

deificación *nf* deification

deificar [59] *vt* to deify

dejada *nf (en tenis)* drop shot; **hacer una d.** to play a drop shot

dejadez *nf* (**a**) *(abandono)* neglect; *(en aspecto)* slovenliness (**b**) *(pereza)* laziness; **no lo hizo por d.** he didn't do it because he couldn't be bothered

dejado, -a 1 *adj (descuidado)* careless, slovenly; *(desordenado)* slovenly; *(aspecto)* slovenly

2 *nm,f (persona)* slovenly person; **eres un d.** you're so slovenly!

DEJAR 1 *vt* (**a**) *(poner)* to leave, to put; **dejó los papeles en la mesa** he put *o* left the papers on the table; **deja el abrigo en la percha** put your coat on the hanger; **he dejado la moto muy cerca** I've left *o* parked my motorbike nearby; **deja el jarrón que lo vas a romper** put that vase down, you're going to break it; **su compañero le dejó un balón perfecto, y sólo tuvo que rematar a gol** his teammate played a perfect ball for him and all he had to do was tap it in

(**b**) *(olvidar)* to leave; **dejé el paraguas en el cine** I left my umbrella at the cinema

(**c**) *(encomendar)* **dejarle algo a alguien** to leave sth with sb; **le dejé los niños a mi madre** I left the children with my mother

(**d**) *(prestar)* **d. algo a alguien** to lend sb sth, to lend sth to sb; **¿me dejas un paraguas?** could you lend me an umbrella?; **¿nos dejaréis vuestra casa el**

próximo verano? will you let us use your house next summer?

(**e**) *(abandonar) (casa, trabajo, país)* to leave; *(tabaco, estudios)* to give up; *(familia)* to abandon; **dejé la fiesta a medianoche** I left the party at midnight; **dejó el tenis cuando empezó la universidad** she gave up tennis when she started university; **dejó lo que estaba haciendo para ayudarla** he stopped *o* dropped what he was doing to help her; **su marido la ha dejado** her husband has left her; **lo dejó por un hombre más joven** she left him for a younger man; **d. a alguien en algún sitio** *(con el coche)* to drop sb off somewhere; **el avión dejó a treinta pasajeros en la primera escala** thirty passengers got off (the plane) at the first stopover; **d. algo por imposible** to give sth up as a lost cause; **es muy inteligente y ha dejado atrás al resto de la clase** she's very intelligent and has left the rest of the class behind (her), she's very intelligent and is way ahead of the rest of the class; **dejó atrás al resto de corredores** he left the other runners behind *o* in his wake; **te dejo, tengo que irme** I have to leave you now, I must go

(**f**) *(posponer)* to leave; **dejamos el viaje para diciembre** we put off the journey until December; **dejemos esto para la próxima reunión** let's leave this matter until the next meeting; EXPR **no dejes para mañana lo que puedas hacer hoy** don't put off till *o* leave for tomorrow what you can do today

(**g**) *(permitir)* **d. a alguien hacer algo** to let sb do sth, to allow sb to do sth; **d. entrar/salir a alguien** to let sb in/out; **sus gritos no me dejaron dormir** his cries prevented me from sleeping; **déjame a mí, que tengo más experiencia** let me do it, I'm more experienced; **déjame a mí, yo me encargo de preparar la comida** leave it to me, I'll get dinner; **deja que tu hijo venga con nosotros** let your son come with us; **¿me dejas ir?** will you let me go?, can I go?; *Fig* **d. correr algo** to leave sth be; **d. pasar** *o* **escapar algo** to let sth slip; **dejó pasar tres semanas** he let three weeks go by; **el resultado final no deja lugar a dudas** the final result leaves no room for doubt

(**h**) *(reservar)* **deja algo de café para mí** leave some coffee for me; **deja algo para los demás** leave some for the others; **deja tus críticas para una mejor ocasión** save your criticisms for another time

(**i**) *(reportar)* to bring; **el negocio les deja varios millones al año** the business brings them several million a year

(**j**) *(legar)* to leave; **dejó todos sus ahorros a varias instituciones benéficas** she left all her savings to charity

(**k**) *(omitir)* to leave out; **dejemos aparte las introducciones y comencemos la negociación** let's dispense with the introductions and get straight down to the negotiations; **d. algo por** *o* **sin hacer** to fail to do sth; **dejó lo más importante por resolver** he left the most important question unresolved

(**l**) *(en imperativo) (olvidar)* to forget (about); **déjalo, no importa** forget it, it doesn't matter

(**m**) *(en imperativo) (no molestar)* to leave alone *o* in peace; **¡déjame, que tengo trabajo!** leave me alone, I'm busy!; **déjame tranquilo** *o* **en paz** leave me alone *o* in peace; **¡deja a tu padre, está durmiendo!** leave your father alone *o* in peace, he's sleeping!; **déjalo estar** leave it as it is, let it be

(**n**) *(seguido de infinitivo)* **dejó adivinar sus intenciones** she allowed her intentions to be guessed; **lo dejó caer** she dropped it; **dejó caer que no se presentaría a las próximas elecciones** he let it drop that he wouldn't be standing at the next election; **dejó escapar una magnífica oportunidad** she missed an excellent opportunity, she allowed an excellent opportunity to slip by

(**o**) *(indica resultado)* **deja un sabor agridulce** it has a bittersweet aftertaste; **la lejía ha dejado marcas en la ropa** the bleach has left stains on the clothes; **d. algo hecho** to get sth done; **d. algo como nuevo** to leave something as good as new; **el examen me dejó agotado** I was left exhausted by the exam; **esa música me deja frío** this music leaves me cold; **yo dejaría la pared tal y como está** I'd leave the wall as it is; **tu comportamiento deja bastante/mucho que desear** your behaviour leaves quite a lot/a lot to be desired

(**p**) *(esperar)* **d. que** to wait until; **dejó que acabara de llover para salir** he waited until it had stopped raining before going out; **retirar del fuego y d. enfriar** *o* **que se enfríe** remove from the heat and allow to cool; **deja que se calme un poco, y entonces háblale** wait until she calms down a bit before you talk to her

2 *vi* (**a**) *(parar)* **d. de hacer algo** to stop doing sth; **dejó de llover** it stopped raining, the rain stopped; **ha dejado de fumar/beber** he's stopped smoking/drinking; **no deja de venir ni un solo día** he never fails to come; **no deja de ser extraño que haga tanto calor en esta época del año** it really is most strange for it to be so hot at this time of year; **poco a poco dejaron de llamarse** they gradually stopped phoning one another

(**b**) *(expresando promesa)* **no d. de** to be sure to; **¡no dejes de escribirme!** be sure to write to me!

3 dejarse *vpr* (**a**) *(olvidar)* **dejarse algo en algún sitio** to leave sth somewhere; **me he dejado la cartera en casa** I've left my wallet at home

(**b**) *(permitir)* **dejarse engañar** to allow oneself to be taken in; **se dejaron ganar** they lost on purpose; **no te dejes tomar el pelo** don't let them make fun of you; **le quisimos ayudar, pero no se dejó** we wanted to help him, but he wouldn't let us

(**c**) *(no cortarse)* **dejarse la barba** to grow a beard; **dejarse el pelo largo** to grow one's hair long

(**d**) *(cesar)* **dejarse de hacer algo** to stop doing sth; **¡déjate de holgazanear y ponte a trabajar!** stop lazing around and do some work!; **¡déjate de tonterías!** don't talk nonsense!

(**e**) *(descuidarse)* to let oneself go; **se ha dejado mucho desde que perdió el trabajo** she's really let herself go since she lost her job

(**f**) EXPR *Fam* **se dejó caer por la fiesta, aunque no había sido invitado** he turned up at the party even though he hadn't been invited; *Fam* **a lo mejor nos dejamos caer por vuestra casa este fin de semana** we may drop by your house this weekend; **me dejé llevar por la emoción del momento** I got carried away with the excitement of the moment; **se deja llevar por sus impulsos** she allows her impulses to get the better of her; **se dejan ver mucho por lugares de moda** they are often to be seen *o* they like to be seen in the most fashionable places

---

deje, dejo *nm* (**a**) *(acento)* accent; **tiene un d. mexicano** he has a slight Mexican accent (**b**) *(sabor)* aftertaste

del *ver* **de**

delación *nf* denunciation

delantal *nm* (**a**) *(mandil)* apron (**b**) *RP (bata)* white coat

---

DELANTE *adv* (**a**) *(en primer lugar, en la parte delantera)* in front; *(enfrente)* opposite; **d. hay una fábrica** there's a factory opposite; **¿dónde has aparcado? — d.** where have you parked? — opposite; **ve tú d., yo me sentaré detrás** you go in the front, I'll sit at the back; **nos sentamos d. para ver mejor** we sat at the front so we could see better; **el de d.** the one in front; **las luces/el asiento de d.** *(en automóvil)* the front lights/seat; **está sentado en el asiento de d.** *(en el inmediatamente anterior)* he's sitting in the seat in front of me; **d. de** in front of; **d. de mí/ti** in front of me/you; **lo tienes d. de las narices** it's right in front of *o* under your nose; **pasamos por d. de la catedral** we passed in front of the cathedral; **hay que acortar el vestido por d.** the dress needs taking up at the front; **visto por d. resulta impresionante** it's very impressive (seen) from the front; **la avalancha se llevó a los esquiadores por d.** the avalanche engulfed the skiers; **tenemos un mes entero por d.** we have a whole month ahead of us

(**b**) *(presente)* present; **cuando no está d., todos hablan mal de él** everyone speaks ill of him behind his back, whenever he's not there, everyone speaks ill of him

---

delantera *nf* (**a**) *Dep* forwards, forward line (**b**) *(ventaja)* **nos llevan tres minutos de d.** they're three minutes ahead of us; **su hermano le lleva la d. en los estudios** his brother is doing better than him at school (**c**) *(primer puesto)* lead; **coger** *o* **tomar la d.** to take the lead; **coger** *o*

tomar la d. a alguien to beat sb to it; **llevar la d.** to be in the lead (**d**) *Fam (de una mujer)* boobs

delantero, -a 1 *adj* front

2 *nm,f Dep* forward ❑ ***d. centro*** centre forward; *(en rugby)* lock (forward)

3 *nm (de vestido)* front

delatar 1 *vt* (**a**) *(denunciar)* to denounce; **lo delaté a la policía** I reported him to the police (**b**) *(sujeto: sonrisa, ojos)* to betray, to give away

2 delatarse *vpr* to give oneself away

delator, -ora *adj* **1** *(sonrisa, mirada)* telltale

2 *nm,f* informer

delco *nm Aut* distributor

deleble *adj* erasable

delectación *nf Formal* delight, great pleasure; **con d.** with delight, delightedly

delegación *nf* (**a**) *(autorización)* delegation ❑ ***d. de poderes*** devolution (of power) (**b**) *(comisión)* delegation (**c**) *(sucursal)* branch; **ocupar una d.** to be in charge of a branch (**d**) *(oficina pública)* local office ❑ ***D. del Gobierno*** = office representing central government in each province

delegado, -a *nm,f* (**a**) *(representante)* delegate; **el d. de Educación** the representative from the Ministry of Education ❑ ***d. de curso*** class representative; ***d. del gobierno*** = person representing central government in each province (**b**) *(de empresa)* representative

delegar [38] *vt* to delegate; **d. algo en alguien** to delegate sth to sb; **el gobierno central se resiste a d. ciertos poderes** central government is reluctant to delegate certain powers

deleitar 1 *vt* to delight; **la música clásica nos deleita** we love classical music

2 deleitarse *vpr* **deleitarse con** *o* **en algo** to take pleasure in sth; **deleitarse con la vista** to enjoy the view; **deleitarse haciendo algo** to take pleasure in *o* enjoy doing sth

deleite *nm* delight; **para d. de todos los asistentes** to the delight of those present

deletrear *vt* to spell (out); **¿me puede d. su apellido, por favor?** could you spell your surname for me, please?

deletreo *nm (de palabras, sílabas)* spelling

deleznable *adj* (**a**) *(malo) (clima, libro, actuación)* appalling; *(excusa, razón)* contemptible (**b**) *(material)* crumbly

delfín *nm* (**a**) *(animal)* dolphin ❑ ***d. mular*** bottlenose dolphin (**b**) *Hist* dauphin (**c**) *(sucesor)* successor

delfinario *nm* dolphinarium

delgadez *nf (en general)* thinness; *(esbeltez)* slimness

delgado, -a *adj (en general)* thin; *(esbelto)* slim, slender

delgaducho, -a *adj* skinny

deliberación *nf* deliberation; **someter algo a d.** to deliberate about *o* on sth; **tras largas deliberaciones** after much deliberation

deliberadamente *adv* deliberately, on purpose

deliberante *adj (reunión)* empowered to take decisions

deliberado, -a *adj* deliberate

deliberar *vi* (**a**) *(discutir)* to deliberate (**sobre** about *o* on) (**b**) *(meditar, pensar)* to deliberate; **después de mucho d. decidió actuar** after much deliberation she decided to act

delicadamente *adv* delicately

delicadeza *nf* (**a**) *(miramiento) (con cosas)* care; *(con personas)* kindness, attentiveness; **le dio la noticia con d.** he broke the news to her tactfully; **una falta de d.** a lack of tact; **tuvo la d. de no mencionar el tema** he was tactful enough not to mention the subject (**b**) *(finura) (de perfume, rostro)* delicacy; *(de persona)* sensitivity (**c**) *(de un asunto, situación)* delicacy

delicado, -a *adj* (**a**) *(refinado, selecto)* delicate; **un perfume muy d.** a very delicate perfume (**b**) *(persona) (sensible)* sensitive; *(educado)* polite (**c**) *(persona) (muy exigente)* fussy; **es demasiado d. para ir de cámping** he isn't strong enough to go camping (**d**) *(peliagudo)* delicate, tricky; **una situación delicada** a delicate *o* tricky situation (**e**) *(frágil, quebradizo)* delicate, fragile; **piel delicada** delicate skin (**f**) *(débil, enfermizo)* weak, delicate; **estar d. de salud** to be in poor health; **estar d. del corazón** to have a weak heart

delicia *nf* delight; **estos pasteles son una d.** these cakes are delicious; **es una d. escucharle** it's a delight to listen to him; **hacer las delicias de alguien** to delight sb

deliciosamente *adv* (**a**) *(con encanto)* delightfully (**b**) *(sabrosamente)* deliciously

delicioso, -a *adj (comida)* delicious; *(persona, lugar, clima)* lovely, delightful

delictivo, -a *adj* criminal

delimitación *nf* (**a**) *(de terreno)* fixing of the boundaries (**b**) *(de funciones)* delimitation

delimitador *nm Informát* delimiter

delimitar *vt* (**a**) *(terreno)* to set out the boundaries of (**b**) *(funciones)* to define

delinco *etc ver* **delinquir**

delincuencia *nf* crime; **la d. aumentó durante el último año** crime increased last year ❑ ***d. juvenil*** juvenile delinquency; ***d. organizada*** organized crime

delincuente *nmf* criminal ❑ ***d. común*** common criminal; ***d. habitual*** habitual offender; ***d. juvenil*** juvenile delinquent

delineación *nf* delineation, outlining

delineador, -ra *adj* delineating, outlining

delineamiento *nm* delineation, outlining

delineante *nmf Br* draughtsman, *f* draughtswoman, *US* draftsman, *f* draftswoman

delinear *vt* (**a**) *(plano)* to draw (**b**) *Fig (proyecto)* to outline

delinquir [22] *vi* to commit a crime

delirante *adj* (**a**) *(persona)* delirious (**b**) *(idea, fiesta)* wild, crazy

delirar *vi* (**a**) *(enfermo, borracho)* to be delirious (**b**) *(decir disparates)* to talk nonsense; **¡tú deliras!** you're off your head!

delirio *nm* (**a**) *(por fiebre, borrachera)* delirium; *(de un enfermo mental)* ravings; *Fig* **delirios de grandeza** delusions of grandeur (**b**) *(disparate)* crazy idea (**c**) *(pasión desatada)* **tras el gol de la victoria, el campo fue un d.** after the winning goal, the whole stadium went crazy

delírium tremens *nm inv* delirium tremens

delito *nm* crime, offence; **cometer un d.** to commit a crime *o* an offence; **lo cogieron en flagrante d.** he was caught in the act; **no es ningún d. criticar al profesor** it's no crime to criticize the teacher; *Fam* **el corte de pelo que te han hecho es un d.** that haircut you've got is criminal ❑ ***d. común*** common crime; ***d. ecológico*** ecological crime; ***d. fiscal*** tax offence; ***d. político*** political crime; ***d. de sangre*** violent crime

delta 1 *nm (desembocadura)* delta; **el d. del Nilo** the Nile delta

2 *nf (letra griega)* delta

deltoides *nm inv Anat* deltoid (muscle)

demacrado, -a *adj* gaunt, haggard

demacrar 1 *vt* to make gaunt *o* haggard

2 demacrarse *vpr* to become gaunt *o* haggard

demagogia *nf* demagoguery

demagógico, -a *adj* demagogic

demagogo, -a *nm,f* demagogue

demanda *nf* (**a**) *(petición)* request; *(reivindicación)* demand; **en d. de** asking for ❑ ***d. de ayuda*** request for help; ***d. de empleo*** *(solicitud)* job application; ***d. de extradición*** extradition request; ***d. salarial*** wage claim

(**b**) *Econ* demand; **la oferta y la d.** supply and demand; **ha crecido la d. de productos reciclables** there has been an increase in demand for recyclable products; **la d. de trabajo en el sector turístico es muy alta** jobs in the tourist industry are in high demand

(**c**) *Der* lawsuit; *(por daños y perjuicios)* claim; **interponer** *o* **presentar una d. contra** to take legal action against

demandado, -a *nm,f* defendant

demandante *nmf* (**a**) *(en juicio)* plaintiff (**b**) *(solicitante)* ***d. de empleo*** job applicant

demandar *vt* (**a**) *Der* **d. a alguien (por)** to sue sb (for); **los demandaremos ante el juez** we'll take them to court (**b**) *(pedir, requerir)* to ask for, to seek; **este deporte demanda mucha disciplina** this sport calls for *o* requires a lot of discipline

demarcación *nf* (**a**) *(señalización)* demarcation (**b**) *(territorio)* area (**c**) *(jurisdicción)* district (**d**) *Dep* = area of playing field assigned to a player

demarcar *vt* to demarcate, to mark out

demarraje *nm Dep* burst of speed, spurt

demarrar *vi Dep* to put on a burst of speed, to put on a spurt

demás (**a**) *(resto) adj* other; **los d. invitados** the other *o* the remaining guests; **las ranas y d. anfibios** frogs and other amphibians; **lo d.** the rest; **todo lo d.** everything else; **los/las d.** the others, the rest; **no te metas en los problemas de los d.** don't stick your nose in other people's business; **se bebió su cerveza y las de los d.** he drank his beer and everyone else's; **por lo d.** apart from that, otherwise; **y d.** and so on
(**b**) **por demás** *loc adv (demasiado)* **come por d.** he eats too much *o* to excess; **me hacían regalos por d.** they showered me with gifts
(**c**) **por demás** *loc adv (en vano)* unsuccessfully, in vain

demasía: en demasía *loc adv* in excess, too much; **el vino, en d., es malo para la salud** wine, if drunk to excess, is bad for the health

demasiado, -a 1 *adj* (**a**) *(en exceso)* too much; *(plural)* too many; **demasiada comida** too much food; **demasiados niños** too many children (**b**) *Fam (genial)* great, fantastic
2 *adv* too much; *(antes de adj o adv)* too; **habla d.** she talks too much; **iba d. rápido** he was going too fast; **nos lo pasamos d.** we had a great *o* fantastic time
3 *pron* **éramos demasiados** there were too many of us

demasié *Fam* **1** *adj (genial)* **fue una fiesta d.** the party was something else
2 *adv* **nos lo pasamos d.** we had a ball

demencia *nf* madness, insanity ❑ ***d. senil*** senile dementia

demencial *adj (disparatado)* crazy, mad; **¡es d.!** it's insane *o* madness!

demente 1 *adj* mad
2 *nmf* (**a**) *(que padece demencia)* mental patient (**b**) *(loco)* lunatic

demérito *nm Formal (desventaja)* disadvantage; **los méritos y deméritos de algo** the merits and demerits of sth

demiurgo *nm* demiurge

demo *Informát* **1** *adj* demo; **una versión d.** a demo version
2 *nf* demo

democracia *nf* (**a**) *(forma de gobierno)* democracy ❑ ***d. cristiana*** Christian democracy; ***d. popular*** people's democracy (**b**) *(país)* democracy

demócrata 1 *adj* democratic
2 *nmf* democrat

democratacristiano, -a *adj & nm,f* Christian democrat

democráticamente *adv* democratically

democrático, -a *adj* democratic

democratización *nf* democratization

democratizador, -ora *adj* democratizing; **proceso d.** process of democratization

democratizar [14] *vt* to democratize

democristiano, -a *adj & nm,f* Christian Democrat

demodulador *nm Elec* demodulator

demografía *nf* demography

demográficamente *adv* demographically

demográfico, -a *adj (estudio, instituto)* demographic; **crecimiento d.** population increase

demógrafo, -a *nm,f* demographer

demoledor, -ora *adj* (**a**) *(huracán, críticas)* devastating (**b**) *(argumento)* overwhelming, crushing

demoler [41] *vt* (**a**) *(edificio)* to demolish, to pull down (**b**) *(organización, sistema)* to destroy

demolición *nf también Fig* demolition

demoniaco, -a, demoníaco, -a *adj* devilish, diabolic

demonio *nm* (**a**) *(diablo)* devil; *Fig (persona traviesa)* devil; **este niño es el mismísimo d.** that child is a little devil
(**b**) *Fig (persona hábil)* fiend; **es un d. con las motos** he's a fiend with motorbikes
(**c**) *(para enfatizar)* **¿qué d.** *o* **demonios...?** what the hell...?; **¿quién/dónde demonios...?** who/where the hell...?; **¡demonios!** damn (it)!; **¡demonios, no esperaba verte por aquí!** good heavens, I didn't expect to see you here!; **¡d. de ruido!** what a blasted racket!
(**d**) EXPR **se lo llevaban todos los demonios** *(estaba muy enfadado)* he was hopping mad; **¡qué cansancio ni qué demonios! ¡a trabajar todo el mundo!** tired be damned! get to work everyone!; *Fam* **saber/oler a demonios** to taste/smell disgusting; *Fam* **tener el d. en el cuerpo** to have ants in one's pants; **tengo una gripe de mil demonios** I've got the most awful flu; **tiene un humor de mil demonios** she has a foul temper

demontre *interj* blast, damn; **¡d. de niño, no para de comer!** that blasted child never stops eating!; **¿qué/quién/dónde demontres...?** what/who/where the blazes...?

demora *nf (retraso)* delay; **el vuelo sufre una d. de una hora** the flight has been delayed by one hour; **la d. en el pago conlleva una sanción** delay in payment will entail a penalty; **sin d.** without delay, immediately

demorar 1 *vt* to delay
2 demorarse *vpr* (**a**) *(retrasarse)* to be delayed (**b**) *(detenerse)* to stop (somewhere) (**c**) *Am (llegar tarde)* to be late

demostración *nf* (**a**) *(muestra)* demonstration; **una d. de cariño** a demonstration of affection (**b**) *(exhibición)* display; **la policía hizo una d. de fuerza ante los manifestantes** the police made a show of force in front of the demonstrators (**c**) *(del funcionamiento)* demonstration; **hacer una d.** *(de cómo funciona algo)* to demonstrate, to give a demonstration; **me hizo una d. de cómo preparar una paella** he showed me how to make a paella (**d**) *(matemática)* proof

demostrar [63] *vt* (**a**) *(mostrar, exhibir)* to show, to display; **demuestra tener mucho interés (en)** he shows a lot of interest (in); **demostró ser lo suficientemente responsable para el puesto** she showed herself to be responsible enough for the post (**b**) *(probar)* to demonstrate, to prove (**c**) *(funcionamiento, procedimiento)* to demonstrate, to show

demostrativo, -a 1 *adj* (**a**) *(representativo)* representative (**b**) *Gram* demonstrative
2 *nm Gram* demonstrative

demudado, -a *adj* **tenía el rostro d.** his face was pale; **estaba completamente demudada** *(angustiada)* she looked grief-stricken

demudar 1 *vt* to change, to alter
2 demudarse *vpr (tejido)* to change colour; *(persona, rostro)* to change expression

demuelo *etc ver* **demoler**

demuestro *etc ver* **demostrar**

dendrita *nf Anat* dendrite

denegación *nf* refusal, rejection ❑ *Der* ***d. de auxilio*** = failure to assist the victims of an accident, punishable by law

denegar [43] *vt* to turn down, to reject; **me han denegado el crédito** they turned down my loan application

dengue *nm* (**a**) *(melindre)* affectation; **no me vengas con dengues** stop putting on airs (**b**) *(enfermedad)* dengue

deniego *etc ver* **denegar**

denigrante *adj (humillante)* degrading; *(insultante)* insulting

denigrar *vt (humillar)* to denigrate, to vilify; *(insultar)* to insult

denodado, -a *adj* (**a**) *(decidido)* determined; **realizaron un esfuerzo d. por convencerle** they made a determined effort to convince him (**b**) *(valiente)* brave, intrepid

denominación *nf* (**a**) *(nombre)* naming ❑ ***d. de origen*** = guarantee of region of origin of a wine or other product (**b**) *(confesión religiosa)* denomination

denominador *nm* denominator ❑ *Mat* ***d. común*** common denominator; *Fig* **el d. común de todos los candidatos es su ambición política** what the candidates have in common is their political ambition

denominar 1 *vt* to call
2 denominarse *vpr* to be called; **se denominan a sí mismos demócratas** they call themselves democrats

denostar [63] *vt Formal* to insult

denotar *vt* (**a**) *(indicar)* to indicate, to show; **su sudor denotaba nerviosismo** his sweating indicated his extreme nervousness (**b**) *Ling* to denote

densamente *adv* densely

densidad *nf* (**a**) *(concentración)* density ❑ ***d. de población*** population density; ***d. de***

tráfico traffic density (**b**) *Fís* density ▫ ***d. absoluta*** true specific gravity; ***d. de flujo*** flux density; ***d. de radiación*** radiation flux (**c**) *Informát* density; **alta/doble d.** high/double density

denso, -a *adj* (**a**) *(vegetación, humo, niebla)* dense; *(líquido, material)* thick; *(tráfico)* heavy (**b**) *(libro, película)* difficult to follow, involved

dentado, -a *adj (rueda)* cogged, toothed; *(filo, cuchillo)* serrated; *(sello)* perforated; *(hojas)* dentate

dentadura *nf* teeth ▫ ***d. postiza*** false teeth, dentures

dental *adj* dental; **hilo** *o* **seda d.** dental floss

dente: al dente *loc adv Culin* al dente

dentellada *nf* (**a**) *(mordisco)* bite; *(movimiento)* snap of the jaws; **dar dentelladas** to bite; **a dentelladas** with one's teeth (**b**) *(herida, marca)* toothmark

dentera *nf* **dar d. a alguien** to set sb's teeth on edge

dentición *nf* (**a**) *(proceso)* teething (**b**) *(conjunto)* teeth, *Espec* dentition ▫ ***d. definitiva*** adult teeth, *Espec* permanent dentition; ***d. de leche*** *o* ***primaria*** milk teeth, *Espec* lacteal dentition; ***d. secundaria*** adult teeth, *Espec* permanent dentition

dentífrico, -a 1 *adj* **pasta dentífrica** toothpaste
2 *nm* toothpaste

dentina *nf* dentine

dentista *nmf* dentist

dentistería *nf Andes, CRica, Ven* (**a**) *(odontología)* dentistry (**b**) *(consultorio)* dental surgery, dentist's

dentón *nm (pez)* dentex

DENTRO *adv* (**a**) *(en el espacio)* inside; **espera aquí d.** wait in here; **está ahí d.** it's in there; **de d.** inside; **el bolsillo de d.** the inside pocket; **sacamos unas mesas de d.** we brought some tables out from indoors *o* inside; **el abrazo me salió de d.** I hugged her spontaneously; **d. de** in; **d. del coche** in *o* inside the car; **guardo mucho rencor d. de mí** I feel very resentful inside; **consiguió abrir la puerta desde d.** she managed to open the door from the inside; **hacia/para d.** inwards; **por d.** (on the) inside; *Fig* inside, deep down; **está muy limpio por d.** it's very clean inside; **le dije que sí, pero por d. pensaba lo contrario** I said yes, but actually I was thinking the opposite
(**b**) *(en el tiempo)* inside; **d. de poco** in a while; **d. de un año terminaré los estudios** I'll have finished my studies within a year; **d. de los próximos meses** within the next few months; **la cena estará lista d. de nada** dinner will be ready in a moment *o* very soon
(**c**) *(de posibilidades)* **d. de lo posible** as far as possible; **d. de lo que cabe, no ha sido un mal resultado** all things considered, it wasn't a bad result; **esta situación no está prevista d. del reglamento** this situation isn't covered by the regulations; **comprar una nueva casa no está d. de mis posibilidades** buying a new house would be beyond my means

---

dentudo, -a 1 *adj* large-toothed, toothy
2 *nm Cuba (pez)* = type of shark

denuedo *nm (valor)* courage; *(esfuerzo)* resolve; **trabajar con d.** to work determinedly

denuesto *etc ver* **denostar**

denuncia *nf (acusación)* accusation; *(condena)* denunciation; *(a la policía)* complaint; **presentar una d. contra** to file a complaint against; **presentar una d. de robo** to inform the police that a robbery has taken place

denunciante *nmf* = person who reports a crime

denunciar *vt* (**a**) *(delito)* to report; **han denunciado el robo de la moto** they have reported the theft of the motorbike (**b**) *(acusar, reprobar)* to denounce, to condemn (**c**) *(delatar, revelar)* to indicate, to reveal (**d**) *Pol* **d. un tratado** = to announce one is no longer bound by a treaty, *Espec* to denounce a treaty

denuncio *nm Am (acusación)* denunciation

deontología *nf* ethics

deontológico, -a *adj* **código d.** code of ethics

deparar *vt* (**a**) *(traer)* **¿qué nos deparará el futuro?** what will the future bring?, what does the future have in store for us?; **la excursión nos deparó muchas sorpresas** the outing provided us with many surprises (**b**) *(ofrecer)* **d. la ocasión de hacer algo** to provide the opportunity to do sth

departamental *adj* departmental

departamento *nm* (**a**) *(en oficina, organización)* department ▫ ***d. financiero*** finance department; ***d. de ventas*** sales department (**b**) *(en universidad)* department; **D. de Historia Antigua** Department of Ancient History (**c**) *(ministerio)* ministry, department ▫ ***D. de Estado*** State Department (**d**) *(de cajón, maleta, tren)* compartment (**e**) *Am (apartamento)* flat, *US* apartment

departir *vi* to talk, to have a conversation

depauperación *nf* (**a**) *(física)* weakening, enfeeblement (**b**) *(económica)* impoverishment

depauperado, -a *adj* (**a**) *(físicamente)* enfeebled, debilitated (**b**) *(económicamente)* impoverished

depauperar *vt* (**a**) *(físicamente) (persona)* to debilitate, to weaken; *(salud)* to undermine (**b**) *(económicamente)* to impoverish

dependencia *nf* (**a**) *(de una persona, país)* dependence (**de** on) (**b**) *(de drogas)* dependency; **d. del tabaco** tobacco addiction *o* dependency (**c**) *(departamento)* section; *(sucursal)* branch (**d**) *(habitación)* room (**e**) **dependencias** *(instalaciones)* outbuildings; **en dependencias policiales** on police premises

depender *vi* to depend; **d. de algo** to depend on sth; **d. de alguien** to be dependent on sb; **la política educativa depende del gobierno central** educational policy is in the hands of central government; **depende de la caridad para sobrevivir** he/it survives on charity; **depende de ti** it's up to you; **¿vas a venir? — depende** are you coming? – it depends; **si de mí dependiera, el trabajo sería tuyo** if it was up to me, the job would be yours

dependiente, -a 1 *adj* dependent (**de** on)
2 *nm,f Br* shop assistant, *US* salesclerk

depilación *nf* hair removal ▫ ***d. a la cera*** waxing; ***d. eléctrica*** electrolysis

depiladora *nf* ladies' shaver, hair remover

depilar 1 *vt (piernas, axilas)* to remove the hair from; *(cejas)* to pluck; *(con cera)* to wax
2 depilarse *vpr* **depilarse las piernas/axilas** *(con maquinilla)* to shave one's legs/armpits; *(con cera)* to wax one's legs/armpits; **depilarse las cejas** to pluck one's eyebrows

depilatorio, -a 1 *adj* hair-removing; **crema depilatoria** hair-removing cream
2 *nm* hair-remover

deplorable *adj (suceso, comportamiento)* deplorable; *(aspecto)* sorry, pitiful

deplorablemente *adv* deplorably

deplorar *vt* (**a**) *(lamentar)* to regret deeply (**b**) *(desaprobar)* to deplore

deponente 1 *adj Gram* deponent
2 *nm Gram* deponent verb

deponer [50] *vt* (**a**) *(abandonar) (actitud)* to drop, to set aside; *(armas)* to lay down (**b**) *(destituir) (ministro, secretario)* to remove from office; *(líder, rey)* to depose; **d. a alguien de su cargo** to strip sb of his/her office (**c**) *CAm, Méx (vomitar)* to vomit

deportación *nf* deportation

deportado, -a 1 *adj* deported
2 *nm,f* deportee

deportar *vt* to deport

deporte *nm* sport; **hacer d.** to do *o* practise sports; **hacer d. es bueno para la salud** sport is good for your health; **practicar un d.** to do a sport; EXPR **no cobro nada, lo hago por d.** I don't get paid for it, I do it for fun ▫ ***d. blanco*** winter sport; ***d. de competición*** competitive sport; ***deportes ecuestres*** equestrian sports; ***deportes de invierno*** winter sports; ***deportes náuticos*** water sports

deportista 1 *adj* sporty, sports-loving
2 *nmf* sportsman, *f* sportswoman

deportivamente *adv* sportingly

deportividad *nf* sportsmanship

deportivo, -a 1 *adj (conducta, espíritu, gesto)* sportsmanlike; **coche d.** sports car; **instalaciones deportivas** sports facilities; **periódico d.** sports (news)paper
2 *nm* sports car

deposición *nf* (**a**) *(destitución) (de ministro, secretario)* removal from office; *(de* *líder, rey)* overthrow **(b)** **deposiciones** *(heces)* stools

depositante 1 *adj* depositing
2 *nmf* depositor

depositar 1 *vt* **(a)** *(dejar, colocar)* to place; **depositaron al herido en el suelo** they put the wounded man on the floor; **deposite la moneda en la ranura** *(en letrero)* put the coin in the slot **(b)** *(sentimientos)* to place; **depositaron su confianza en ella** they placed their trust in her; **había depositado sus ilusiones en su hijo** he had placed all his hopes on his son **(c)** *(en el banco)* to deposit
2 depositarse *vpr (asentarse)* to settle

depositario, -a *nm,f* **(a)** *(de dinero)* trustee **(b)** *(de confianza)* repository **(c)** *(de mercancías)* depositary

depósito *nm* **(a)** *(almacén) (de mercancías)* store, warehouse; *(de armas)* dump, arsenal; **dejar algo en d.** to leave sth as security ❑ ***d. de cadáveres*** morgue, mortuary; ***d. de equipaje*** *Br* left luggage office, *US* baggage room; ***d. de municiones*** ammunition dump
(b) *(recipiente)* tank ❑ ***d. de agua*** reservoir, water tank; ***d. compresor*** pressure tank; ***d. de gasolina*** *Br* petrol tank, *US* gas tank
(c) *(fianza)* deposit
(d) *(en cuenta bancaria)* deposit ❑ ***d. disponible*** demand deposit; ***d. indistinto*** joint deposit; ***d. a plazo fijo*** *Br* fixed-term deposit, *US* time deposit; ***d. a la vista*** demand deposit
(e) *(de polvo, sedimento)* deposit
(f) **d. legal** = copy of a publication legally required to be sent to the authorities

depravación *nf* depravity

depravado, -a 1 *adj* depraved
2 *nm,f* depraved person; **ser un d.** to be depraved *o* degenerate

depravar 1 *vt* to corrupt, to deprave
2 depravarse *vpr* to become depraved

depre *Fam* **1** *adj* **estar d.** to be feeling down
2 *nf* **tener la d., estar con la d.** to be feeling down; **le ha entrado una d.** he's on a real downer

deprecación *nf Formal* entreaty

depreciación *nf* depreciation ❑ ***d. de la moneda*** currency depreciation

depreciar 1 *vt* to (cause to) depreciate
2 depreciarse *vpr* to depreciate

depredación *nf* **(a)** *(entre animales)* hunting, preying on **(b)** *Fig (daño)* depredation, pillaging

depredador, -ora 1 *adj* predatory
2 *nm,f* predator

depredar *vt (animal)* to prey on; *(piratas, invasores)* to pillage

depresión *nf* **(a)** *(económica)* depression **(b)** *(anímica)* depression ❑ ***d. nerviosa*** nervous breakdown **(c)** *(en superficie, terreno)* hollow, depression **(d)** *Meteo* ***d. atmosférica*** *o* ***barométrica*** atmospheric depression **(e)** *Náut* **d. del horizonte** dip of the horizon

depresivo, -a 1 *adj (propenso a la depresión)* depressive; *(deprimente)* depressing
2 *nm,f (propenso a la depresión)* depressive

depresor, -ora *adj & nm* depressor

deprimente *adj* depressing

deprimido, -a *adj* **(a)** *(terreno)* depressed **(b)** *(persona)* depressed **(c)** *(economía)* depressed

deprimir 1 *vt* to depress
2 deprimirse *vpr* to get depressed; **¡no te deprimas!** don't let things get you down!, cheer up!

deprisa *adv* fast, quickly; **¡d.!** quick!; **tenemos que ir más d.** we need to go faster *o* more quickly; **tuvimos que hacer el equipaje d. y corriendo** we had to pack in a rush

depuesto, -a 1 *participio ver* **deponer**
2 *adj (destituido) (ministro, secretario)* removed from office; *(líder, rey)* deposed

depuración *nf* **(a)** *(de agua)* purification, treatment; *(de metal, gas)* purification **(b)** *(de organismo, sociedad)* purge **(c)** *Informát* debugging

depurado, -a *adj (estilo)* refined, polished; *(diseño, líneas)* sleek, elegant

depurador, -ora 1 *adj* purifying
2 *nm* **(a)** *(de agua, de gas)* purifier **(b)** *Informát* debugger

depuradora *nf* purifier ❑ ***d. de aguas*** water purification plant

depurar *vt* **(a)** *(agua)* to purify, to treat; *(metal, gas)* to purify **(b)** *(organismo, sociedad)* to purge **(c)** *(estilo, gusto)* to refine **(d)** *Informát* to debug

depusiera *etc ver* **deponer**

derby *nm* **(a)** *(en hípica)* derby **(b)** *(en fútbol)* (local) derby

derecha 1 *nf* **(a)** *(contrario de izquierda)* right, right-hand side; **a la d. (de)** to the right (of); **a mi/vuestra d.** on my/your right(-hand side); **girar a la d.** to turn right; EXPR **no hacer nada a derechas** to do nothing right **(b)** *(en política)* right (wing); **la d.** the right; **ser de derechas** to be right-wing **(c)** *(mano)* right hand; *(pierna)* right leg; **marcó con la d.** he scored with his right foot **(d)** *(en tenis)* forehand **(e)** *(puerta)* **el segundo d.** the right-hand *Br* flat *o US* apartment on the *Br* second *o US* third floor
2 *interj* **¡d.!** *(orden militar)* right wheel!

derechazo *nm* **(a)** *(en fútbol)* powerful right-foot shot **(b)** *(en boxeo)* right **(c)** *Taurom* = pass with the cape held in the right hand

derechismo *nm (en política)* right-wing views

derechista 1 *adj* right-wing
2 *nmf* right-winger

derechización *nf (en política)* move to the right

DERECHO, -A 1 *adj* **(a)** *(vertical)* upright; *(recto)* straight; **este cuadro no está d.** this picture isn't straight; **recogió la lámpara del suelo y la puso derecha** she picked the lamp up off the floor and stood it upright; **siéntate** *o* **ponte d. o te dolerá la espalda** sit straight or you'll get backache; **siempre anda muy derecha** she always walks with a very straight back
(b) *(de la derecha)* right; **mano/pierna derecha** right hand/leg; **el margen d.** the right-hand margin; **a mano derecha** on the right, on the right-hand side
(c) *Am (afortunado)* lucky, fortunate
2 *nm* **(a)** *(leyes, estudio)* law; **un estudiante de d.** a law student; **una licenciada en d.** a law graduate; **la Facultad de D.** the Faculty of Law; **voy a D. a una conferencia** I'm going to a lecture in the Faculty of Law; **el d. me asiste** the law is on my side; **conforme** *o* **según d.** according to the law ❑ ***d. administrativo*** administrative law; ***d. canónico*** canon law; ***d. civil*** civil law; ***d. constitucional*** constitutional law; ***d. consuetudinario*** common law; ***d. fiscal*** tax law; ***d. foral*** = ancient regional laws still existing in some parts of Spain; ***d. internacional*** international law; ***d. laboral*** labour law; ***d. mercantil*** mercantile law; ***d. natural*** natural law; ***d. penal*** criminal law; ***d. procesal*** procedural law; ***d. romano*** Roman law; ***d. del trabajo*** labour law
(b) *(prerrogativa)* right; **el d. al voto** the right to vote; **los derechos de la mujer** women's rights; **los derechos y obligaciones del consumidor** the rights and responsibilities of the consumer; *Fam* **me queda el d. al pataleo** all I can do now is complain; **con d. a dos consumiciones** this ticket entitles the holder to two free drinks; **¿con qué d. entras en mi casa sin llamar?** what gives you the right to come into my house without knocking?; **esta tarjeta me da d. a un 5 por ciento de descuento** this card entitles me to a 5 percent discount; **el que sea el jefe no le da d. a tratarnos así** just because he's the boss doesn't mean he can *o* doesn't give him the right to treat us like this; **si quiere abstenerse, está en su d.** if she wants to abstain, she's perfectly within her rights to do so; **hizo valer sus derechos** he exercised his rights; **¡no hay d.!** it's not fair!; **¡no hay d. a que unos tengan tanto y otros tan poco!** it's not fair that some people should have so much and others so little!; **es de d. que consiga la indemnización que reclama** it is only right that she should receive the compensation she is claiming; **miembro de pleno d.** full member; **ha entrado, por d. propio** *o* **por propio d., en la historia de la literatura** she's gone down in literary history in her own right; **reservado el d. de admisión** *(en letrero)* the management reserves the right of admission; **reservados todos los derechos** all rights reserved; **tener d. a algo** to have a right to sth; **tener d. a hacer algo** to have the right to do sth; **tengo d. a descansar, ¿no?** I'm entitled to be able to rest now and then, aren't I?; **no tienes ningún d. a insultarme** you have no right to insult me ❑ ***derechos de antena*** broadcasting rights; ***d. de asilo*** right of

asylum; ***derechos de autor*** *(potestad)* copyright; ***derechos civiles*** civil rights; ***d. de gracia*** right to show clemency; ***derechos humanos*** human rights; ***d. de paso*** right of way; *Hist* ***d. de pernada*** droit du seigneur; ***d. de réplica*** *o* ***respuesta*** right to reply; ***d. de reunión*** right of assembly
(**c**) **derechos** *(tasas)* duties, taxes; *(profesionales)* fees ❑ ***derechos de aduana*** customs duty; ***derechos de autor*** *(dinero)* royalties; ***derechos de entrada*** import duties; ***derechos de examen*** examination fees; ***derechos de inscripción*** membership fee; ***derechos de matrícula*** matriculation fee; ***derechos de puerto*** harbour dues; ***derechos reales*** death duty; *Econ* ***d. de retención*** right of retention
(**d**) *(contrario de revés)* right side; **me puse el jersey del d.** I put my jumper on the right way round *o* properly; **cose los botones del d.** sew on the buttons on the right side
3 *adv* (**a**) *(directamente)* straight; **fue d. a su despacho** she went straight to her office; **se fue d. a casa** she went straight home; **iré d. al asunto** I'll get straight to the point; **todo d.** straight ahead; **siga todo d. para llegar al museo** carry on straight ahead and you'll come to the museum
(**b**) *Am (de frente)* straight on, straight ahead

---

deriva *nf* (**a**) *(de embarcación)* drift; **a la d.** adrift; **ir a la d.** to drift; *Fig* **el gobierno va a la d.** the government has lost its bearings (**b**) *Geol* ***d. continental*** continental drift

derivación *nf* (**a**) *(cable, canal, carretera)* branch (**b**) *Elec* shunt (**c**) *Gram* derivation (**d**) *Mat* derivation

derivada *nf Mat* derivative

derivado, -a 1 *adj Gram* derived
2 *nm (producto)* product; **la gasolina es un d. del petróleo** petrol is obtained from oil

derivar 1 *vt* (**a**) *(desviar)* to divert; **derivó el debate hacia otro tema** he steered the debate onto another topic (**b**) *Mat* to derive
2 *vi* (**a**) *(desviarse)* to change direction, to drift (**b**) *(proceder)* **d. de** to derive from; **la crisis se deriva de una mala gestión** the crisis was caused by bad management (**c**) *Gram* **d. de** to be derived from, to come from
3 derivarse de *vpr* to be derived *o* to come from; **palabras que se derivan del griego** words which come from Greek

dermatitis *nf inv (inflamación)* dermatitis

dermatología *nf* dermatology

dermatológico, -a *adj* dermatological

dermatólogo, -a *nm,f* dermatologist

dérmico, -a *adj* skin; **tejido d.** skin tissue

dermis *nf inv Anat* dermis

dermoprotector, -ora *adj* skin-protecting; **crema dermoprotectora** skin cream

derogación *nf Der* repeal

derogar [38] *vt Der (ley)* to repeal

derogatorio, -a *adj* (**a**) *(ley)* repealing (**b**) *(contrato)* rescinding

derrama *nf* (**a**) *(de impuesto, gasto)* apportionment (**b**) *(impuesto extraordinario)* special *o* additional tax

derramamiento *nm* spilling ❑ ***d. de sangre*** bloodshed

derramar 1 *vt* (**a**) *(por accidente)* to spill; *(verter)* to pour; **d. lágrimas/sangre** to shed tears/blood (**b**) *Méx Fam* **derramarla** *(meter la pata)* to put one's foot in it
2 derramarse *vpr (por accidente)* to spill

derrame *nm* (**a**) *Med* discharge ❑ ***d. cerebral*** stroke; ***d. sinovial*** water on the knee (**b**) *(de líquido)* spilling; *(de sangre)* shedding

derrapaje *nm* skid

derrapar *vi* to skid; EXPR *Fam* **le derrapan las neuronas** he's gone crazy

derrape *nm* skid

derredor *nm* periphery, circumference; **al** *o* **en d.** around; **por todo el d.** all around

derrengado, -a *adj Fam (agotado)* exhausted

derrengar *vt Fig (agotar)* to exhaust, to tire out

derretir [47] **1** *vt (licuar) (mantequilla, nieve, metal)* to melt; *(hielo)* to thaw, to melt
2 derretirse *vpr* (**a**) *(mantequilla, metal, nieve)* to melt; *(hielo)* to thaw, to melt; **la nieve se derrite con el sol** the snow melts in the sunshine (**b**) *Fam Fig (enamorarse)* to be madly in love (**por** with); **se derrite cada vez que ella lo mira** *(se emociona)* his heart misses a beat whenever she looks at him

derribar *vt* (**a**) *(construcción)* to knock down, to demolish (**b**) *(hacer caer) (árbol)* to cut down, to fell; *(avión, jugador)* to bring down; **derribó el castillo de naipes** she knocked down the house of cards (**c**) *(gobierno, gobernante)* to overthrow

derribo *nm* (**a**) *(de edificio)* demolition; **material de d.** rubble (**b**) *(de árbol)* felling; *(de avión, jugador)* bringing down; **el árbitro sancionó el d. con penalti** the referee gave a penalty after the man was brought down (**c**) *(de gobierno, gobernante)* overthrow

derritiera *etc ver* **derretir**

derrito *etc ver* **derretir**

derrocamiento *nm (de gobierno)* toppling, overthrow; *(de rey)* overthrow

derrocar [59] *vt (gobierno)* to topple, to overthrow; *(rey)* to oust

derrochador, -ora 1 *adj* wasteful
2 *nm,f* spendthrift

derrochar *vt* (**a**) *(malgastar)* to waste, to squander (**b**) *(rebosar de)* to ooze, to be full of; **siempre derrocha simpatía** he's always incredibly cheerful

derroche *nm* (**a**) *(despilfarro)* waste, squandering (**b**) *Fig (abundancia)* profusion; **la película es todo un d. de imaginación** the film is prodigiously imaginative

derrota *nf* (**a**) *(fracaso)* defeat; **sufrieron una seria d.** they suffered a serious defeat (**b**) *Náut (rumbo)* course

derrotado, -a *adj* (**a**) *(vencido)* defeated (**b**) *(deprimido)* in low spirits, depressed

derrotar *vt* to defeat; **los derrotaron por tres a cero** they were beaten three nil

derrotero *nm* (**a**) *(camino)* direction; **tomar diferentes derroteros** to follow a different course; **tu hijo no va por buenos derroteros** your son is going astray (**b**) *Náut (rumbo)* course (**c**) *Náut (guía)* pilot book, navigation track

derrotismo *nm* defeatism

derrotista *adj & nmf* defeatist

derrubio *nm* (**a**) *(desgaste)* erosion, washing away (**b**) *(tierra)* alluvium, sediment deposit

derruido, -a *adj (edificio)* ruined

derruir [34] *vt* to demolish, to knock down

derrumbamiento *nm* (**a**) *(de puente, edificio) (por accidente)* collapse; *(intencionado)* demolition ❑ ***d. de tierra*** landslide (**b**) *Fig (de imperio)* fall; *(de empresa)* collapse; *(de persona)* devastation

derrumbar 1 *vt* (**a**) *(puente, edificio)* to demolish (**b**) *Fig (moralmente)* to destroy, to devastate
2 derrumbarse *vpr* (**a**) *(puente, edificio)* to collapse; *(techo)* to fall in, to cave in (**b**) *Fig (persona)* to go to pieces (**c**) *Fig (esperanzas)* to be shattered

derrumbe *nm* (**a**) *(desplome)* collapse (**b**) *(demolición)* demolition, knocking down

derruyo *etc ver* **derruir**

desabastecer [46] *vt* **d. a alguien de** to leave sb short of

desabastecido, -a *adj* without supplies; **d. de** *(con pocas reservas)* short of; *(sin reservas)* out of

desabastecimiento *nm* shortage of supplies

desabollar *vt* to beat the dents out of

desaborido, -a *Fam* **1** *adj (comida)* tasteless, bland; *(persona)* boring, dull
2 *nm,f* bore

desabotonar 1 *vt* to unbutton
2 desabotonarse *vpr (persona)* to undo one's buttons; *(ropa)* to come undone; **desabotonarse la camisa** to unbutton one's shirt

desabrido, -a *adj* (**a**) *(tiempo)* unpleasant, bad; **el día está d.** the weather is bad today (**b**) *(alimento)* tasteless, insipid (**c**) *(persona)* surly; *(tono)* harsh

desabrigado, -a *adj* (**a**) *(descubierto)* unprotected, exposed; **ponle un abrigo al niño, que va muy d.** put a coat on that child or he'll freeze (**b**) *Fig (desamparado)* unprotected, defenceless

desabrigarse *vpr* (**a**) *(en la calle)* **¡no te desabrigues!** make sure you wrap up warmly! (**b**) *(en la cama)* to throw off the covers

desabrochar 1 *vt* to undo
2 desabrocharse *vpr (persona)* to undo one's buttons; *(ropa)* to come undone; **se desabrochó el cuello de la camisa** he unbuttoned his shirtcollar; **se te ha**

desabrochado la bragueta your fly has come undone

desacatar *vt (ley, regla)* to disobey; *(costumbre, persona)* not to respect

desacato *nm* (**a**) *(falta de respeto)* lack of respect, disrespect (**a** for) (**b**) *Der (al juez, tribunal)* contempt of court; **d. a la autoridad** = refusal to obey an official

desaceleración *nf* slowing down

desacertadamente *adv* mistakenly

desacertado, -a *adj (inoportuno)* unwise, ill-considered; *(erróneo)* mistaken, wrong; **estuvo muy d. en sus comentarios** *(inoportuno)* her comments were ill-judged *o* unwise; *(erróneo)* her comments were very wide of the mark

desacierto *nm (error)* error; **fue un d. discutir con el jefe** it was a mistake to argue with the boss

desacomodado, -a *adj RP (desordenado)* untidy, messy

desaconsejado, -a 1 *adj* unwise; **está d. fumar durante el embarazo** you are advised not to smoke during pregnancy
2 *nm,f* unwise *o* imprudent person

desaconsejar *vt* **d. algo (a alguien)** to advise (sb) against sth; **d. a alguien que haga algo** to advise sb not to do sth; **se desaconseja salir durante la tormenta** you are advised not to go out during the storm

desacoplar *vt Elec* to disconnect; *Tec* to uncouple

desacorde *adj (opiniones)* differing, conflicting

desacostumbrado, -a *adj (extraño, no habitual)* unusual, uncommon

desacostumbrar 1 *vt* to get out of the habit; **han desacostumbrado al niño a dormir por la tarde** they have got the child out of the habit of sleeping in the afternoon
2 desacostumbrarse *vpr* to get out of the habit; **me he desacostumbrado a vivir en el campo** I'm not used to living in the country any more

desacralizar *vt* **la Navidad se ha desacralizado** Christmas has become very secular

desacreditado, -a *adj* discredited

desacreditar 1 *vt* to discredit; **su actuación ha desacreditado al partido** his behaviour has brought the party into disrepute
2 desacreditarse *vpr* to become discredited; **con su actitud intransigente se desacreditó él solo** he brought discredit on himself through his intransigent attitude

desactivación *nf* deactivation

desactivado, -a 1 *adj* deactivated
2 *nm* deactivation

desactivador, -ora *adj* **equipo d. de explosivos** bomb disposal team

desactivar *vt* to defuse

desacuerdo *nm* disagreement; **mostró su d. con el proyecto** he made clear his opposition to the project; **estoy en d. con la política del gobierno** I don't agree with *o* I'm opposed to the government's policy

desafección *nf* disaffection, dislike

desafecto, -a *adj (opuesto)* hostile (**a** to)

desafiante *adj* defiant

desafiantemente *adv* defiantly

desafiar [32] *vt* (**a**) *(persona)* to challenge; **lo desafió a un duelo** he challenged him to a duel; **te desafío a subir la cima de esta montaña** I challenge you to climb that mountain (**b**) *(peligro, ley)* to defy; **desafío las órdenes de sus superiores** he disobeyed superior orders

desafilado, -a *adj* blunt

desafilarse *vpr* to get blunt

desafinado, -a *adj (instrumento)* out of tune

desafinar 1 *vi (instrumento)* to be out of tune; *(persona)* to sing out of tune
2 desafinarse *vpr (instrumento)* to go out of tune

desafío *nm* (**a**) *(reto)* challenge (**b**) *(duel)* duel

desaforadamente *adv (excesivamente)* to excess; **gritó d.** he screamed himself hoarse

desaforado, -a *adj (excesivo)* uncontrolled

desafortunadamente *adv* unfortunately

desafortunado, -a 1 *adj* (**a**) *(desgraciado)* unfortunate; **un comentario d.** an unfortunate remark (**b**) *(sin suerte)* unlucky; **fue muy desafortunada en amores** she was very unlucky in love
2 *nm,f* unlucky person

desafuero *nm* (**a**) *(abuso)* outrage, atrocity (**b**) *(violación de leyes)* infringement, violation

desagradable 1 *adj* (**a**) *(sabor, olor)* unpleasant (**b**) *(persona)* unpleasant; **está muy d. con su familia** he's very unpleasant to his family; **no seas d. y ven con nosotros al cine** don't be unsociable, come to the cinema with us
2 *nmf* **son unos desagradables** they're unpleasant people

desagradar *vi* to displease; **me desagrada su actitud** I don't like her attitude; **me desagradó tener que levantarme tan pronto** I didn't like having to get up so early

desagradecido, -a 1 *adj* (**a**) *(persona)* ungrateful; **ha sido muy d. con su familia** he's been very ungrateful to his family (**b**) *(trabajo, tarea)* thankless
2 *nm,f* ungrateful person; **es un d.** he's so ungrateful

desagrado *nm* displeasure; **con d.** reluctantly

desagraviar *vt* **d. a alguien por algo** *(por una ofensa)* to make amends to sb for sth; *(por un perjuicio)* to compensate sb for sth

desagravio *nm* **en señal de d.** (in order) to make amends; **pagó una cantidad en d. por el mal causado** she paid a sum to make up for the harm she'd done

desaguadero, desaguador *nm* drain

desaguar [11] *vi* (**a**) *(bañera, agua)* to drain (**b**) *(río)* **d. en** to flow into

desagüe *nm* (**a**) *(vaciado)* drain (**b**) *(cañería)* drainpipe ❑ ***d. de azotea*** roof drain

desaguisado *nm Fam (destrozo, desorden)* **hacer un d.** to make a mess; **la inauguración fue un verdadero d.** the opening was a disaster

desahogadamente *adv* comfortably

desahogado, -a *adj* (**a**) *(de espacio)* spacious, roomy (**b**) *(de dinero)* well-off, comfortable (**c**) *(de tiempo)* **tengo un trabajo muy d.** there's no rush in my job; **vamos muy desahogados de tiempo** we have more than enough time

desahogar [38] **1** *vt (ira)* to vent; *(pena)* to relieve, to ease; **desahogó su enfado en su mejor amiga** she took out her annoyance on her best friend
2 desahogarse *vpr* (**a**) *(contar penas)* **desahogarse con alguien** to pour out one's woes *o* to tell one's troubles to sb (**b**) *(desfogarse)* to let off steam

desahogo *nm* (**a**) *(alivio)* relief, release; **llorar le sirvió de d.** crying gave him some relief (**b**) *(de espacio)* space, room; **en esta oficina podremos trabajar con más d.** we have more room to work in this office (**c**) *(económico)* ease; **vivir con d.** to be comfortably off

desahuciar *vt* (**a**) *(inquilino)* to evict (**b**) *(enfermo)* **d. a alguien** to give up all hope of saving sb

desahucio *nm (de vivienda)* eviction

desairadamente *adv* angrily, in great annoyance

desairado, -a *adj* (**a**) *(poco airoso) (actuación)* unimpressive, unsuccessful (**b**) *(humillado)* spurned

desairar *vt (persona)* to snub, to slight

desaire *nm (desprecio)* snub, slight; **hacer un d. a alguien** to snub sb; **sufrir un d.** to receive a rebuff

desajustar 1 *vt (piezas)* to disturb, to knock out of place; **el golpe desajustó los tornillos** the blow loosened the screws
2 desajustarse *vpr* **el mecanismo se ha desajustado** the mechanism isn't working properly

desajuste *nm* (**a**) *(de piezas)* misalignment; *(de máquina)* malfunction, fault (**b**) *(de declaraciones, versiones)* inconsistency (**c**) *(económico)* imbalance

desalado, -a *adj* (**a**) *(quitada la sal)* desalted (**b**) *(apresurado)* hurried (**c**) *(ansioso)* anxious, eager

desalar *vt (quitar sal a)* to remove salt from; *(agua)* to desalinate

desalentador, -ora *adj* discouraging, disheartening

desalentar [3] **1** *vt* to dishearten, to discourage; **un resultado así desalienta a cualquiera** a result like this would dishearten anyone

2 desalentarse *vpr* to be discouraged, to lose heart; **no se desalienta con facilidad** she isn't easily discouraged

desaliento *nm* dismay, dejection; **cundió el d. al conocerse el resultado** dismay spread as the result became known; **reaccionaron con d.** they reacted with dismay

desalineación *nf (de ruedas)* misalignment

desalinearse *vpr* to go out of line

desalinizador, -ora 1 *adj* **planta desalinizadora** desalination plant
2 *nf* **desalinizadora** desalination plant

desalinizar *vt* to desalinate

desaliñado, -a *adj (persona, aspecto)* scruffy

desaliñar 1 *vt* (**a**) *(desarreglar)* to make untidy (**b**) *(arrugar)* to crease
2 desaliñarse *vpr* to become untidy

desaliño *nm (de persona, aspecto)* scruffiness

desalmado, -a 1 *adj* heartless
2 *nm,f* heartless person; **es un d.** he's completely heartless

desalojar *vt* (**a**) *(por emergencia) (edificio, personas)* to evacuate (**b**) *(por la fuerza) (ocupantes)* to eject, to remove; *(inquilinos)* to evict; **la policía los desalojó de la sala por la fuerza** the police forcibly removed them from the hall (**c**) *(por propia voluntad)* to abandon, to move out of (**d**) *(contenido, gas)* to expel

desalojo *nm* (**a**) *(por emergencia) (de edificio, personas)* evacuation (**b**) *(por la fuerza) (de ocupantes)* ejection, removal; *(de inquilinos)* eviction (**c**) *(de contenido, gas)* expulsion

desalquilar 1 *vt* (**a**) *(lo alquilado)* to stop renting (**b**) *(mudarse de)* to move out of, to vacate
2 desalquilarse *vpr* to become vacant

desamarrar 1 *vt* to cast off
2 desamarrarse *vpr* to come untied

desambientado, -a *adj (persona)* out of place

desamor *nm (falta de afecto)* indifference, coldness; *(odio)* dislike

desamortización *nf (de propiedades)* disentailment, alienation

desamortizar [14] *vt (propiedades)* to disentail, to alienate

desamparado, -a 1 *adj* (**a**) *(persona)* helpless (**b**) *(lugar)* desolate, forsaken
2 *nm,f* helpless person; **los desamparados** the needy, the helpless

desamparar *vt (persona)* to abandon

desamparo *nm (abandono)* abandonment; *(aflicción)* helplessness

desamueblado, -a *adj* unfurnished

desamueblar *vt* to remove the furniture from

desandar [7] *vt (camino)* to go back over; **tuve que d. 2 kilómetros** I had to go back 2 kilometres; **d. lo andado** to retrace one's steps; *Fig* to go back to square one

desangelado, -a *adj* (**a**) *(casa, habitación)* drab; *(acto, celebración)* dull, uninspiring (**b**) *(persona)* charmless

desangramiento *nm* heavy bleeding

desangrar 1 *vt* (**a**) *(animal, persona)* to bleed; **murió desangrado** he bled to death (**b**) *Fig (económicamente)* to bleed dry
2 desangrarse *vpr* (**a**) *(animal, persona)* to lose a lot of blood (**b**) *Fig (económicamente)* to bleed dry

desanidar *vi* to leave the nest

desanimado, -a *adj* (**a**) *(persona)* downhearted (**b**) *(fiesta, lugar)* quiet, lifeless

desanimar 1 *vt* to discourage; **los comentarios de sus amigos lo han desanimado** he has been put off *o* discouraged by his friends' comments
2 desanimarse *vpr* to get downhearted *o* discouraged; **no te desanimes** don't lose heart, don't be discouraged

desánimo *nm (desaliento)* dejection

desanudar *vt* to untie

desapacible *adj* (**a**) *(tiempo, lugar)* unpleasant (**b**) *(carácter)* unpleasant, disagreeable

desaparecer [46] **1** *vi* (**a**) *(de la vista)* to disappear; **me ha desaparecido la pluma** my pen has disappeared; **será mejor que desaparezcas de escena durante una temporada** you'd better make yourself scarce for a while; **d. de la faz de la tierra** to vanish from the face of the earth (**b**) *(dolor, mancha)* to disappear, to go (**c**) *(en guerra, accidente)* to go missing
2 *vt Am (persona)* = to detain extrajudicially during political repression and possibly kill

desaparecido, -a 1 *adj* (**a**) *(extraviado)* missing (**b**) *(ya no existente)* **el d. John Lennon** the late John Lennon; **la desaparecida Sociedad de Naciones** the now defunct League of Nations
2 *nm,f* (**a**) *(en catástrofe)* missing person; **ha habido veinte muertos y tres desaparecidos** twenty people have been killed and three are missing (**b**) *(en represión política)* missing person *(kidnapped and possibly murdered by authorities)*

desaparición *nf* (**a**) *(de objeto, animal, persona)* disappearance (**b**) *(muerte)* death

desapasionadamente *adv* dispassionately

desapasionado, -a *adj* dispassionate

desapasionarse *vpr* to lose interest

desapego *nm* indifference; **siente gran d. por lo material** she's totally indifferent to material things

desapercibido, -a *adj* (**a**) *(inadvertido)* unnoticed; **pasar d.** to go unnoticed (**b**) *(desprevenido)* unprepared, unready

desaprensivo, -a 1 *adj* (**a**) *(sin escrúpulos)* unscrupulous (**b**) *(gamberro)* reckless, heedless
2 *nm,f (gamberro)* reckless delinquent

desapretar [3] **1** *vt* to loosen, to make loose
2 desapretarse *vpr* to become loose

desaprobación *nf* disapproval; **la miró con d.** he looked at her disapprovingly *o* with disapproval

desaprobador, -ora *adj* disapproving

desaprobar [63] *vt (mostrar disconformidad con)* to disapprove of; *(propuesta, plan)* to reject

desaprovechado, -a *adj* (**a**) *(tiempo, ocasión, talento)* wasted (**b**) *(espacio, recursos, terreno)* not put to the best use; **tierras desaprovechadas** land not being put to good use

desaprovechamiento *nm* (**a**) *(derroche) (de tiempo, ocasión, talento)* waste (**b**) *(no aprovechamiento) (de espacio, recursos, terreno)* failure to exploit fully

desaprovechar *vt* (**a**) *(derrochar) (tiempo, ocasión, talento)* to waste (**b**) *(no aprovechar) (espacio, recursos, terreno)* to underuse, to fail to exploit fully

desapruebo *etc ver* **desaprobar**

desarbolar *vt* (**a**) *Náut* to dismast, to strip of masts (**b**) *Fam (destartalar)* to mess up, to make a mess of; **desarboló a toda la defensa contraria** he ran rings round the opposing defence

desarmable *adj (mueble)* that can be dismantled

desarmado, -a *adj* (**a**) *(persona)* unarmed (**b**) *(desmontado)* dismantled

desarmador *nm Méx* screwdriver

desarmar *vt* **1** (**a**) *(quitar las armas a)* to disarm (**b**) *(desmontar)* to take apart, to dismantle (**c**) *(desconcertar)* to leave without a leg to stand on
2 desarmarse *vpr* (**a**) *(país)* to disarm; *(guerrilla)* to disarm, to give up one's arms (**b**) *(desmontarse)* to come apart

desarme *nm (reducción de armamentos)* disarmament ▫ ***d. nuclear*** nuclear disarmament

desarraigado, -a *adj (persona)* uprooted, rootless

desarraigar [38] *vt* (**a**) *(vicio, costumbre)* to root out (**b**) *(persona, pueblo)* to banish, to drive out

desarraigo *nm* (**a**) *(de vicio, costumbre)* rooting out (**b**) *(de persona, pueblo)* rootlessness

desarrapado, -a *adj* ragged, tattered

desarreglado, -a *adj (cuarto, armario, persona)* untidy; *(vida)* disorganized

desarreglar *vt (armario, pelo)* to mess up; *(planes, horario)* to upset

desarreglo *nm (de cuarto, persona)* untidiness; *(de vida)* disorder; **me siento rara, debo de tener un d. hormonal** I'm feeling a bit funny, it must be my hormones

desarrendar [3] *vt* (**a**) *(dejar de arrendar)* to stop leasing (**b**) *(dejar de alquilar)* to stop renting

desarrollado, -a *adj* (**a**) *(país, proyecto)* developed (**b**) *(niño)* well-developed

desarrollador, -ora *nm,f Informát* developer ▫ ***d. de software*** software developer

desarrollar 1 *vt* (**a**) *(mejorar) (crecimiento, país)* to develop
(**b**) *(exponer) (tema)* to explain, to develop; *(teoría)* to expound, to develop
(**c**) *(realizar) (actividad, trabajo)* to carry out

(**d**) *(velocidad)* **esta moto desarrolla los 200 kilómetros por hora** this bike can reach a speed of 200 kilometres an hour (**e**) *Mat* to expand

2 desarrollarse *vpr* (**a**) *(crecer, mejorar)* to develop

(**b**) *(suceder) (reunión)* to take place; *(película)* to be set; **la acción de la novela se desarrolla en el siglo XIX** the novel is set in the 19th century

(**c**) *(evolucionar)* to develop; **¿cómo se desarrollarán los acontecimientos?** how will events develop?

desarrollismo *nm* = policy of economic development at all costs

desarrollista *adj* **una concepción d. del progreso** a concept of progress based solely on economic development

desarrollo *nm* (**a**) *(mejora)* development; **países en vías de d.** developing countries (**b**) *(crecimiento)* growth; **el d. del ser humano** human development; **la edad del d.** (the age of) puberty (**c**) *(de negociaciones, conferencia)* course (**d**) *(en bicicleta)* gear ratio; **mover un gran d.** to turn a big gear

desarropar 1 *vt* to uncover

2 desarroparse *vpr* **se desarropa durante la noche** he kicks off the bedclothes during the night

desarrugar [38] *vt (alisar)* to smooth out; *(planchar)* to iron out the creases in

desarticulación *nf* (**a**) *(de huesos)* dislocation (**b**) *(de organización, banda)* breaking up

desarticular 1 *vt* (**a**) *(huesos)* to dislocate (**b**) *(organización, banda)* to break up; *(plan)* to foil (**c**) *(máquina, artefacto)* to take apart, to dismantle

2 desarticularse *vpr (huesos)* **se desarticuló la mandíbula** he dislocated his jaw

desaseado, -a *adj (sucio)* dirty; *(desarreglado)* untidy

desaseo *nm* (**a**) *(suciedad)* dirtiness (**b**) *(desarreglo)* untidiness, messiness

desasir 1 *vt* to release, to let go

2 desasirse *vpr* to get loose; **desasirse de** to free oneself of

desasistido, -a *adj* **dejar a alguien d.** to leave sb unattended (to)

desasosegado, -a *adj* uneasy, nervous

desasosegar [43] **1** *vt* to disturb, to make uneasy

2 desasosegarse *vpr* to become uneasy

desasosiego *nm* unease, nervousness; **reina un gran d. entre los aficionados** there is great unease among the fans

desastrado, -a *adj (desaseado)* scruffy; *(sucio)* dirty

desastre *nm* (**a**) *(catástrofe)* disaster ▫ ***d. aéreo*** air disaster; ***d. ecológico*** ecological disaster (**b**) *(persona inútil)* disaster; **su madre es un d.** her mother is hopeless; **soy un d. para los negocios** I'm hopeless at business; **¡vaya d.!** what a shambles! (**c**) *Fam (fracaso)* disaster; **fue un d. de fiesta** the party went disastrously/was a disaster/a flop

desastrosamente *adv* disastrously

desastroso, -a *adj* (**a**) *(castastrófico)* disastrous; **la helada fue desastrosa para la cosecha** the frost had a disastrous effect on the harvest (**b**) *(muy malo)* disastrous; **esta comida es desastrosa** this food is appalling *o* awful

desatado, -a *adj* (**a**) *(atadura, animal)* loose; **llevo los cordones desatados** my laces are undone (**b**) *(descontrolado)* out of control, uncontrollable

desatar 1 *vt* (**a**) *(nudo, lazo)* to untie; *(paquete)* to undo (**b**) *(animal)* to unleash (**c**) *(tormenta, iras, pasión)* to unleash; *(entusiasmo)* to arouse; *(lengua)* to loosen; **la decisión desató una ola de manifestaciones** the decision set off *o* triggered a wave of demonstrations

2 desatarse *vpr* (**a**) *(nudo, lazo)* to come undone (**b**) *(animal)* to get loose *o* free (**c**) *(desencadenarse) (tormenta)* to break; *(ira, cólera)* to erupt; **se desató en insultos contra sus adversarios** she showered streams of insults on her opponents

desatascador *nm* (**a**) *(instrumento)* (sink) plunger (**b**) *(producto químico)* = chemical used to unblock sinks and drains

desatascar [59] **1** *vt* (**a**) *(tubería)* to unblock (**b**) *(negociaciones)* to break a deadlock in

2 desatascarse *vpr* (**a**) *(tubería)* to unblock (**b**) *(negociaciones)* to get past a deadlock, to get moving again

desatención *nf* (**a**) *(falta de atención)* lack of attention (**b**) *(descortesía)* discourtesy, impoliteness

desatender [64] *vt* (**a**) *(obligación, persona)* to neglect (**b**) *(ruegos, consejos)* to ignore

desatendido, -a *adj* (**a**) *(obligación, persona)* neglected (**b**) *(maleta, paquete)* unattended (**c**) *(ruegos, consejo)* ignored

desatento, -a *adj* (**a**) *(distraído)* inattentive (**b**) *(descortés)* impolite; **has estado muy d. con tu abuela** you've been very impolite to your grandmother

desatiendo *etc ver* **desatender**

desatinado, -a *adj* (**a**) *(necio)* foolish, silly (**b**) *(imprudente)* rash, reckless

desatinar *vi (al actuar)* to act foolishly; *(al hablar)* to say stupid things

desatino *nm* (**a**) *(estupidez) (al actuar)* foolish action; *(al hablar)* foolish remark (**b**) *(desacierto)* mistake; **fue un d. no invitarle** it was a mistake not to invite him

desatornillar *vt* to unscrew

desatracar [59] *Náut* **1** *vt* to cast off

2 *vi* to steer away from the coast

desatrancar [59] *vt* (**a**) *(puerta, ventana)* to unbolt (**b**) *(tubería)* to unblock

desautorización *nf* withdrawal of authority

desautorizado, -a *adj* (**a**) *(falto de autoridad)* unauthorized (**b**) *(desmentido)* denied (**c**) *(prohibido)* banned

desautorizar [14] *vt* (**a**) *(desmentir) (noticia)* to deny; **el ministro desautorizó las declaraciones del portavoz** the minister disassociated himself from the statements made by the spokesperson (**b**) *(prohibir) (manifestación, huelga)* to ban (**c**) *(desacreditar)* to discredit

desavenencia *nf (desacuerdo)* friction, tension; *(riña)* quarrel; **desavenencias matrimoniales** marital disagreements

desavenido, -a *adj (enemistado)* at odds (**con** with); **dos familias desavenidas** two families at odds with each other

desavenirse [69] *vpr* to fall out

desaventajado, -a *adj* disadvantaged

desayunado, -a *adj* **salió ya d.** he went out after having breakfast

desayunar 1 *vi* to have breakfast; **tomo tostadas para d.** I have toast for breakfast; **cuando hayas acabado de d. llámame** call me when you've finished (having) breakfast

2 *vt* to have for breakfast; **siempre desayuno cereales** I always have cereal for breakfast

3 desayunarse *vpr* (**a**) *(tomar desayuno)* **se desayunaron con café y tostadas** they had coffee and toast for breakfast (**b**) *(enterarse)* **¿ahora te desayunas?** have you only just found out?

desayuno *nm* breakfast; **tomar el d.** to have breakfast ▫ ***d. continental/inglés*** continental/English breakfast

desazón *nf* (**a**) *(ansiedad)* unease, anxiety (**b**) *(molestia)* annoyance (**c**) *(picazón)* **siento d. en todo el cuerpo** I feel itchy all over

desazonado, -a *adj* (**a**) *(soso)* tasteless, insipid (**b**) *(inquieto)* uneasy, nervous (**c**) *(enfermo)* unwell

desazonar *vt* (**a**) *(causar ansiedad a)* to worry, to cause anxiety to (**b**) *(causar molestia a)* to annoy, to upset

desbancar [59] *vt* (**a**) *(ocupar el puesto de)* to replace, to take the place of (**b**) *(en el juego)* to take the bank from

desbandada *nf, RP* **desbande** *nm (huida desordenada)* breaking up, scattering; **el disparo provocó la d. de los pájaros** the shot sent the birds flying into the air; **los atracadores huyeron en d.** the assailants fled in disarray

desbandarse *vpr* to scatter

desbarajustar *vt* to disorder

desbarajuste *nm* disorder, confusion; **¡vaya d.!** what a mess!

desbaratado, -a *adj (roto)* wrecked, broken down

desbaratar 1 *vt* (**a**) *(romper)* to ruin, to wreck (**b**) *(impedir)* to spoil; **la lluvia desbarató nuestros planes** the rain spoiled *o* put paid to our plans

2 desbaratarse *vpr (planes)* to be spoiled

desbarrar *vi* to talk nonsense

desbastador *nm (en carpintería)* plane

desbastar *vt (en carpintería)* to plane

desbaste *nm (en carpintería)* planing

desbeber *vi Fam* to pee

desbloquear 1 *vt* (**a**) *(carretera)* to unblock, to clear (**b**) *(cuenta)* to unfreeze (**c**) *(negociación)* to end *o* break the deadlock in

2 desbloquearse *vpr* (**a**) *(carretera)* to become unblocked (**b**) *(negociación)* to get over a deadlock, to start moving again

desbloqueo *nm* (**a**) *(de carretera)* unblocking (**b**) *(de cuenta)* unfreezing (**c**) *(de negociación)* ending *o* breaking of a deadlock

desbocado, -a *adj* (**a**) *(caballo)* runaway (**b**) *(prenda de vestir)* stretched around the neck

desbocamiento *nm (de un caballo)* bolting

desbocarse [59] *vpr (caballo)* to bolt

desbordamiento *nm* (**a**) *(de río)* overflowing (**b**) *(de sentimiento)* loss of control (**c**) *Informát* overflow

desbordante *adj* (**a**) *(que se derrama)* overflowing (**b**) *Fig (que sale de sus límites)* boundless, unrestrained

desbordar 1 *vt* (**a**) *(cauce, ribera)* to overflow, to burst; **el río desbordó el dique** the river burst the dyke

(**b**) *(límites)* to break through; **los manifestantes desbordaron el cordón policial** the demonstrators broke through the police cordon

(**c**) *(previsiones, capacidad)* to exceed; *(paciencia)* to push beyond the limit; **la cantidad de pedidos nos desborda** we can't cope with the number of orders; **estamos desbordados de trabajo** we're overwhelmed *o* swamped with work

(**d**) *(pasión, sentimiento)* to brim with, to overflow with

(**e**) *(contrario, defensa)* to get past, to pass

2 *vi* **d. de** to overflow with

3 desbordarse *vpr* (**a**) *(río)* to flood, to burst its banks; *(bañera)* to overflow

(**b**) *(pasión, sentimiento)* to erupt

desborde *nm RP (de río)* overflowing

desboronar *vt Col, Ven (hacer migas)* to crumble

desbravar *vt (ganado)* to tame, to break in

desbriznar *vt* (**a**) *Culin* to chop up (**b**) *Bot* to remove the stamens from

desbrozar [14] *vt* **d. algo** to clear sth of undergrowth

desbrozo *nm (maleza)* undergrowth

descabalar *vt* to leave incomplete

descabalgar [38] *vi* to dismount

descabellado, -a *adj* crazy

descabellar *vt Taurom* to give the coup de grâce to

descabello *nm Taurom* coup de grâce

descabezado, -a *adj (sin cabeza)* headless

descabezamiento *nm* (**a**) *(decapitación)* decapitation, beheading (**b**) *(de árbol)* topping

descabezar [14] *vt* (**a**) *(quitar la cabeza a) (persona)* to behead; *(cosa)* to break the head off; *Fig* **descabezaron al grupo terrorista** they left the terrorist group leaderless (**b**) *(quitar la punta a) (planta, árbol)* to top

descacharrado, -a *adj Fam* clapped-out

descacharrante *adj Fam* hilarious

descacharrar *vt Fam* to smash up

descafeinado, -a 1 *adj* (**a**) *(sin cafeína)* decaffeinated (**b**) *Fig (sin fuerza)* watered down

2 *nm* decaffeinated coffee

descafeinar *vt* (**a**) *(quitar cafeína a)* to decaffeinate (**b**) *Fig (quitar fuerza a)* to water down

descalabrar 1 *vt (herir)* to wound in the head; *Fam Fig (perjudicar)* to do serious damage to

2 descalabrarse *vpr* to hurt one's head; *Fam Fig* to brain oneself

descalabro *nm* major setback, disaster

descalcificación *nf Med* loss of calcium

descalcificar [59] *Med* **1** *vt* to decalcify

2 descalcificarse *vpr* to decalcify

descalificación *nf* (**a**) *(de competición)* disqualification (**b**) *(ofensa)* dismissive insult; **una guerra de descalificaciones** a slanging match

descalificar [59] *vt* (**a**) *(en una competición)* to disqualify (**b**) *(desprestigiar)* to discredit; **descalificó con saña a su oponente** he viciously attacked his opponent

descalzar [14] **1** *vt* **d. a alguien** to take sb's shoes off

2 descalzarse *vpr* to take off one's shoes

descalzo, -a *adj* barefoot

descamación *nf (de la piel)* flaking, peeling

descamarse *vpr (piel)* to flake

descaminado, -a *adj (equivocado)* **estáis descaminados si pensáis que voy a ceder** you're very much mistaken if you think I'm going to give in; **andar** *o* **ir d.** *(caminante, excursionista)* to be heading in the wrong direction; *(estar equivocado)* to be on the wrong track

descaminar 1 *vt (sujeto: malas compañías)* to lead astray; *(sujeto: guía)* to take the wrong way

2 descaminarse *vpr (por malas compañías)* to go astray; *(en una excursión)* to go the wrong way

descamisado, -a 1 *adj* (**a**) *(sin camisa)* barechested (**b**) *(con la camisa por fuera)* with one's shirt outside one's trousers (**c**) *Fig (pobre)* wretched

2 *nm,f* poor wretch

descampado *nm* open country; **juegan al fútbol en un d.** they play football on an area of waste ground

descangallado, -a *adj RP (desaliñado)* shabby

descansado, -a *adj (actividad)* restful; **estar d.** to be rested *o* refreshed

descansar 1 *vt* (**a**) *(reposar)* to rest, to lie; **descansó la cabeza en mi hombro** he laid *o* rested his head on my shoulder

(**b**) *(relajar)* to rest; **dormir descansa la vista** sleep gives your eyes *o* eyesight a rest

(**c**) *Mil* **¡descansen armas!** order arms!

2 *vi* (**a**) *(reposar)* to rest; **después de tanto trabajo necesito d.** I need a rest after all that work; **necesitas d. de tantas preocupaciones** you need a break from all these worries; **descansaremos en una hora** we'll take a break in an hour; **llevo cuatro horas trabajando sin d.** I've been working for four hours non-stop *o* without a break; **descansó un rato antes de seguir** he rested for a while before continuing

(**b**) *(dormir)* to sleep; **¡que descanses!** sleep well!

(**c**) *(estar enterrado)* to lie; **aquí descansan los caídos en la batalla** here lie those fallen in the battle; **que en paz descanse** may he/she rest in peace

(**d**) **d. en** *(viga, argumento)* to rest on; *(persona)* to rely on

(**e**) *(tierra de cultivo)* to lie fallow

(**f**) *Mil* **¡descanso!, ¡descansen!** at ease!

descansillo *nm* landing

descanso *nm* (**a**) *(reposo)* rest; **tomarse un d.** to take a rest; **necesito un d.** I need a rest; **día de d.** day off; **los lunes cerramos por d. semanal** we don't open on Mondays

(**b**) *(pausa)* break; *(en cine, teatro)* interval; *Dep* half-time, interval; **en la escuela hacemos un d. de veinte minutos** at school our break lasts twenty minutes; **el resultado en el d. es de 1-0** the score at half-time is 1-0

(**c**) *(alivio)* relief; **ya no tengo que preocuparme por los exámenes, ¡qué d.!** I don't have to worry about my exams any more, thank God!

(**d**) *(descansillo)* landing

(**e**) *Mil* **adoptar la posición de d.** to stand at ease

descapitalización *nf Com* undercapitalization

descapitalizar [14] *Com* **1** *vt* to undercapitalize

2 descapitalizarse *vpr* to be undercapitalized

descapotable *adj & nm* convertible

descaradamente *adv* cheekily

descarado, -a 1 *adj* (**a**) *(desvergonzado) (persona)* cheeky, impertinent; **¡el muy d. se ha atrevido a burlarse de mí!** the cheeky devil had the nerve to make fun of me! (**b**) *(flagrante)* barefaced, blatant; **¡es un robo d.!** it's daylight robbery!; **¡ha sido un penalti d.!** there's no way that wasn't a penalty! (**c**) *Esp muy Fam (por supuesto, seguro)* **¡d.!** you bet!; **no lo conseguirá, d.** there's no way she'll manage to do it; **¡d. que iremos!** too right we're going to go!

2 *nm,f* cheeky devil

descarga *nf* (**a**) *(de mercancías)* unloading (**b**) *(de electricidad)* shock; **le dio una d. eléctrica** he got an electric shock (**c**) *(disparo)* firing, shots (**d**) *(liberación brusca)* **una d. de adrenalina** a rush *o* surge of adrenalin

descargable *adj Informát* downloadable

descargadero *nm* wharf, unloading dock

descargador, -ora *nm,f (en mercado)* porter; *(en puerto)* docker

descargar [38] **1** *vt* (**a**) *(vaciar) (mercancías)* to unload; **las nubes descargaron varios litros en pocas horas** it rained several inches in a few minutes
(**b**) *(desahogar)* **descargó su cólera sobre mí** he took his anger out on me; **descargó su conciencia en mí** he unburdened his conscience on me
(**c**) *(arma) (disparar)* to fire (**sobre** at); *(vaciar)* to unload
(**d**) *(puntapié, puñetazo)* to deal, to land; **descargó un golpe contra la mesa** he thumped his fist on the table
(**e**) *(pila, batería)* to run down
(**f**) *(exonerar)* **d. a alguien de algo** to free *o* release sb from sth; **lo descargaron de responsabilidades por estar convaleciente** they relieved him of some of his responsibilities as he was convalescing
(**g**) *Der (absolver)* **d. a alguien de algo** to clear sb of sth; **el juez los ha descargado de toda culpa** the judge cleared them of all blame
(**h**) *Informát* to download
2 *vi* to burst; *(tormenta)* to break; **la tormenta descargó en el norte de la ciudad** the storm broke over the north of the city
3 descargarse *vpr* (**a**) *(desahogarse)* **descargarse con** *o* **en alguien** to take it out on sb
(**b**) *Der* to clear oneself (**de** of)
(**c**) *(pila, batería)* to go flat

descargo *nm* (**a**) *(excusa)* **d. a** argument against (**b**) *Der* defence; **en su d.** in her defence (**c**) *Com (de deuda)* discharge; *(recibo)* receipt

descarnadamente *adv Fig* brutally

descarnado, -a *adj* (**a**) *(descripción)* brutal (**b**) *(persona, animal)* scrawny

descarnar *vt* (**a**) *(hueso, piel)* to scrape the flesh from (**b**) *(desmoronar)* to eat away

descaro *nm* cheek, impertinence; **¡qué d.!, acudir sin ser invitados** what a cheek, coming without being invited!; **se dirigió a su profesor con mucho d.** he spoke to his teacher very cheekily

descarozar [14] *vt Andes, RP* to pit, to stone

descarriado, -a *adj (animal)* stray; *Fig* **una mujer descarriada** a fallen woman

descarriarse [32] *vpr (ovejas, ganado)* to stray; *Fig (pervertirse)* to lose one's way, to go astray

descarrilamiento *nm* derailment

descarrilar *vi* to be derailed; **los violentos no harán d. el proceso de paz** the men of violence will not derail the peace process

descarrío *nm* straying

descartar 1 *vt (ayuda)* to refuse, to reject; *(posibilidad)* to rule out
2 descartarse *vpr (en cartas)* to get rid of *o* discard cards; **me descarté de un cinco** I got rid of *o* discarded a five

descarte *nm (de naipes)* discard; **el entrenador tendrá que hacer varios descartes** the manager will have to get rid of several players

descasarse *vpr Fam (divorciarse)* to get divorced

descascar [59] **1** *vt* (**a**) *(almendra, huevo)* to shell (**b**) *(limón, naranja)* to peel
2 descascarse *vpr (romperse)* to break into pieces

descascarar *vt* **1** (**a**) *(almendra, huevo)* to shell (**b**) *(limón, naranja)* to peel
2 descascararse *vpr* to peel (off)

descascarillado, -a *adj (desconchado)* chipped

descascarillar 1 *vt (pelar)* to hull
2 descascarillarse *vpr (desconcharse)* to chip; **la pared se está descascarillando** the paint is flaking off the wall

descastado, -a *nm,f* **ser un d.** to be ungrateful *(towards family or friends)*

descatalogado, -a *adj (disco)* discontinued; **está d.** *(libro)* it's no longer in the catalogue

descatalogar *vt (libro, disco)* **lo han descatalogado** they've dropped it from their catalogue

descendencia *nf* (**a**) *(hijos)* offspring; *(hijos, nietos)* descendants; **morir sin d.** to die without issue (**b**) *(linaje)* lineage, descent

descendente *adj (número, temperatura)* falling; *(movimiento, dirección)* downward, descending

descender [64] **1** *vi* (**a**) *(valor, temperatura, nivel)* to fall, to drop; **ha descendido el interés por la política** there is less interest in politics
(**b**) *(de una altura)* to descend; **el río desciende por el valle** the river runs down the valley; **la niebla descendió sobre el valle** the mist descended on the valley
(**c**) *(de vehículo)* **d. de un avión** to get off a plane; **d. de un coche** to get out of a car
(**d**) *(en competición deportiva)* to be relegated; **d. a segunda** to be relegated to the second division; **d. de categoría** to be relegated
(**e**) *(de antepasado)* **d. de** to be descended from
(**f**) *(en estimación)* to go down
2 *vt (bajar)* **descendieron al paciente de la ambulancia** they took the patient out of the ambulance; **descendió las escaleras rápidamente** she ran down the stairs

descendiente *nmf* descendant

descenso *nm* (**a**) *(de una altura)* descent; **sufrieron un accidente en el d.** they had an accident on the way down ❑ ***d. de barrancos*** canyoning (**b**) *(de valor, temperatura, nivel)* drop; **ir en d.** to be decreasing *o* on the decline (**c**) *(de esquí)* downhill (**d**) *(en competición deportiva)* relegation

descentrado, -a *adj* (**a**) *(geométricamente)* off-centre (**b**) *(mentalmente)* unsettled, disorientated

descentralización *nf* decentralization

descentralizar [14] *vt* to decentralize

descentrar 1 *vt* (**a**) *(geométricamente)* to knock off-centre (**b**) *(desconcentrar)* to distract; **el ruido me descentra** noise distracts me
2 descentrarse *vpr* (**a**) *(geométricamente)* to be knocked off centre (**b**) *(desconcentrarse)* to lose one's concentration; **se descentra fácilmente** he loses his concentration easily, he's easily distracted

desceñir [47] *vt* to unbelt

descepar *vt (planta)* to uproot, to pull up by the roots

descerebrado, -a *Fam* **1** *adj* moronic, brainless
2 *nm,f* moron, halfwit

descerrajar *vt (disparo)* to fire

deschavetado, -a *adj Am Fam* crazy, loony

deschavetarse *vpr Andes, Urug Fam* to go crazy, to go off one's rocker

desciendo *etc ver* **descender**

descifrable *adj (mensaje, jeroglífico)* decipherable; *(letra)* legible

descifrar *vt* (**a**) *(clave, mensaje)* to decipher; **¿has descifrado las instrucciones?** have you managed to make sense of the instructions? (**b**) *(motivos, intenciones)* to work out; *(misterio)* to solve; *(problemas)* to puzzle out; **no consigo d. lo que quiere decir** I can't make out what he's trying to say (**c**) *Informát* to decrypt

desciña, desciñera *etc ver* **desceñir**

desclasificar *vt* to declassify

desclavar *vt* to unnail

descoagulante *adj* liquefying, dissolving

descocado, -a *adj Fam (persona)* carried away; **anoche estaba completamente d.** he was completely over the top last night; **un vestido d.** a provocative dress

descocarse *vpr* to get carried away, to go a bit wild

descoco *nm* **¡qué d.!** how shameless!

descodificación *nf* decoding

descodificador, -ora 1 *adj* decoding
2 *nm (aparato)* decoder; *(para televisión)* scrambler *(for pay TV)*

descodificar [59] *vt (código)* to decode; *(emisión televisiva)* to unscramble

descojonante *adj Vulg* **un chiste d.** a screamingly funny joke; **ser d.** to be a scream, to make one wet oneself

descojonarse *vpr Vulg* to piss oneself laughing (**de** at); **una película para d. de risa** a film that will make you die laughing

descojono, descojone *nm Vulg* **ser un d.** to be a scream, to make one wet oneself

descolgar [16] **1** *vt* (**a**) *(cosa colgada)* to take down; **d. la ropa** to take down the washing
(**b**) *(teléfono) (para hablar)* to pick up, to take off the hook; **descolgamos el teléfono para que no nos molestara nadie** we left the phone off the hook so nobody would disturb us
(**c**) *(corredor) (adelantarse)* **d. a** to pull ahead of

2 descolgarse *vpr* (**a**) *(cosa colgada) (cortinas)* to come loose *o* unhooked; **el póster se ha descolgado** the poster has fallen off the wall
(**b**) *(bajar)* **descolgarse (por algo)** to let oneself down *o* to slide down (sth)
(**c**) *(corredor) (quedarse atrás)* to fall back *o* behind; **descolgarse del pelotón** to fall behind the pack
(**d**) *muy Fam (mencionar)* **se descolgó con unas declaraciones sorprendentes** he came out with some surprising statements; **descolgarse con que** to come out with the idea that

descollar *vi Fig (sobresalir)* to stand out; **descuella entre la clase por su inteligencia** he stands out among his classmates for his intelligence

descolocado, -a *adj* (**a**) *(objeto)* out of place; *(jugador, defensa)* out of position (**b**) *(sin trabajo)* unemployed (**c**) *Fam Fig (confuso)* disorientated, confused

descolocar *vt* (**a**) *(objeto)* to put out of place, to disturb; *(jugador, defensa)* to force out of position (**b**) *Fam Fig (persona)* to confuse; **me descolocó totalmente con esa pregunta** I didn't know what to say in reply to his question

descolonización *nf* decolonization

descolonizador, -ora *adj* **proceso d.** decolonization process

descolonizar [14] *vt* to decolonize

descolorante 1 *adj* (**a**) *(de color)* fading (**b**) *(del pelo)* bleaching
2 *nm* bleach, bleaching agent

descolorar *vt* to fade

descolorido, -a *adj* faded

descolorir 1 *vt* to fade, to discolour
2 descolorirse *vpr* to discolour

descomedido, -a *adj* excessive, uncontrollable

descomedirse [47] *vpr* to be rude, to be impolite

descompasado, -a *adj* (**a**) *(exagerado)* excessive, uncontrollable (**b**) *(instrumento musical)* **llevaban un ritmo d.** they weren't playing in time

descompensación *nf* imbalance

descompensado, -a *adj* unbalanced

descompensar 1 *vt* to unbalance
2 descompensarse *vpr* to become unbalanced

descomponer [50] **1** *vt* (**a**) *(pudrir) (fruta)* to rot; **un organismo que descompone los cadáveres** an organism that causes *o* makes bodies to decompose; **la humedad descompone ciertos alimentos** dampness makes some foods rot
(**b**) *(dividir)* to break down; *(luz)* to split; **d. algo en** to break sth down into
(**c**) *(desordenar)* to mess up
(**d**) *(estropear)* to damage, to break
(**e**) *(la salud)* **la cena le descompuso el vientre** the dinner gave him an upset stomach
(**f**) *(enojar)* to annoy; **su pasividad me descompone** his passivity annoys me
2 descomponerse *vpr* (**a**) *(pudrirse) (fruta)* to rot; *(cadáver)* to decompose
(**b**) *(turbarse, alterarse)* **se le descompuso el rostro** he looked distraught
(**c**) *(desordenarse)* to get messed up
(**d**) *(estropearse) (coche, máquina)* to break down
(**e**) *(estómago)* **se me descompuso el estómago** I had a stomach upset
(**f**) *(irritarse)* to get (visibly) annoyed; **se descompuso al oír tus palabras** he got annoyed when he heard what you said

descomposición *nf* (**a**) *(en elementos)* breaking down; *(de la luz)* splitting (**b**) *(putrefacción) (de fruta)* rotting; *(de cadáver)* decomposition; **en avanzado estado de d.** in an advanced state of decomposition; *Fig* **la d. del régimen político es ya imparable** the decline of the regime is now irreversible (**c**) *(alteración)* distortion (**d**) *(diarrea)* diarrhoea

descompostura *nf* (**a**) *(falta de mesura)* lack of respect, rudeness (**b**) *Méx, RP (avería)* breakdown

descompresión *nf también Informát* decompression

descomprimir *vt también Informát* to decompress

descompuesto, -a 1 *participio ver* **descomponer**
2 *adj* (**a**) *(putrefacto) (fruta)* rotten; *(cadáver)* decomposed (**b**) *(alterado) (rostro)* distorted, twisted (**c**) *(con diarrea)* **estar d.** to have an upset stomach (**d**) *Andes, CAm, PRico (borracho)* tipsy

descomunal *adj* tremendous, enormous

desconcentrar 1 *vt* to distract; **la música me desconcentra** the music is distracting me
2 desconcentrarse *vpr* to get distracted; **cuando estás al volante no te puedes d. ni un momento** when you're behind the wheel you can't lose concentration *o* allow yourself to be distracted for a moment

desconcertado, -a *adj* disconcerted; **estar d.** to be disconcerted *o* thrown

desconcertante *adj* disconcerting

desconcertar [3] **1** *vt* **su respuesta lo desconcertó** her answer threw him; **su comportamiento me desconcierta** I find his behaviour disconcerting
2 desconcertarse *vpr* to be thrown *o* bewildered (**ante** *o* **por** by)

desconchado, desconchón *nm* **la pared tenía varios desconchados** the plaster had come off the wall in several places; **el plato tenía un d.** the plate was chipped

desconchar 1 *vt* to chip
2 desconcharse *vpr (pintura)* to flake off; *(loza)* to chip; **la pared se había desconchado en varios sitios** the plaster had come off the wall in several places

desconchón = **desconchado**

desconcierto 1 *ver* **desconcertar**
2 *nm* (**a**) *(desorden)* disorder (**b**) *(desorientación, confusión)* confusion

desconectado, -a *adj* (**a**) *(aparato)* unplugged (**b**) *(persona)* **está muy d. de su familia** he isn't in touch with his family very often; **está muy d. de la actualidad del país** he's very out of touch with what's going on in the country

desconectar 1 *vt (aparato)* to switch off; *(línea)* to disconnect; *(desenchufar)* to unplug; **desconecta la televisión del enchufe** unplug the television
2 *vi Fam (persona)* to switch off; **d. de la realidad** to cut oneself off from one's surroundings; **vive desconectada de la realidad** she's out of touch with the real world
3 desconectarse *vpr* (**a**) *(aparato)* to unplug, to disconnect; **se desconectó la línea en mitad de conversación** we were cut off in the middle of the conversation; **la televisión se desconectó de repente** the TV suddenly went dead
(**b**) *Fig (aislarse, olvidarse)* to forget about one's worries; **desconectarse de algo** to shut sth out, to forget (about) sth; **me he desconectado de mis compañeros de universidad** I've lost touch with the people I was at university with

desconfiadamente *adv* distrustfully

desconfiado, -a 1 *adj* distrustful
2 *nm,f* distrustful person; **es un d.** he's very distrustful

desconfianza *nf* distrust; **la miró con d.** he looked at her with distrust

desconfiar [32] *vi* (**a**) **d. de** *(sospechar de)* to distrust; **desconfío de él** I don't trust him; **desconfíe de las imitaciones** beware of imitations (**b**) **d. de** *(no confiar en)* to have no faith in; **desconfío de que venga** I doubt whether he'll come; **desconfío de poder obtener un ascenso** I'm not sure if I'll be able to get a promotion

descongelar 1 *vt* (**a**) *(alimento)* to thaw; *(nevera)* to defrost (**b**) *(precios)* to free; *(créditos, salarios)* to unfreeze; **d. las negociaciones** to restart the negotiations, to get the negotiations moving again
2 descongelarse *vpr* (**a**) *(alimento)* to thaw, to defrost; *(nevera)* to defrost (**b**) *(negociaciones)* to start moving again

descongestión *nf* (**a**) *(nasal)* clearing, decongestion (**b**) **d. del tráfico** clearing up of traffic congestion

descongestionante *adj* decongestive

descongestionar *vt* (**a**) *(nariz)* to clear (**b**) *(calle, centro de ciudad)* to make less congested; **d. el tráfico** to reduce congestion

descongestivo, -a 1 *adj* decongestive
2 *nm* decongestant

desconocedor, -ora *adj* unaware (**de** of)

desconocer [19] *vt* (**a**) *(ignorar)* not to know; **desconozco quién es/dónde trabaja** I don't know who he is/where he works; **se desconoce su paradero** her whereabouts are unknown; **sus libros se desconocen fuera de Latinoamérica** his books are unknown outside Latin America (**b**) *(no reconocer)* to fail to recognize; **con ese**

peinado te desconozco I can hardly recognize you with that hairstyle

desconocido, -a 1 *adj* (**a**) *(no conocido)* unknown; **su nombre no me es del todo d.** I've heard his name; **lo d.** the unknown; **nació en 1821, de padre d.** he was born in 1821, and who his father was is not known (**b**) *(muy cambiado)* **estar d.** to have changed beyond all recognition
2 *nm,f* stranger; **un d. le disparó un tiro en la cabeza** an unidentified person shot him in the head

desconocimiento *nm* ignorance, lack of knowledge; **tiene un d. total de la situación** he has absolutely no idea what the situation is

desconozco *etc ver* **desconocer**

desconsideración *nf* thoughtlessness; **me parece una d. por su parte** I think it is rather thoughtless of him

desconsiderado, -a 1 *adj* thoughtless, inconsiderate
2 *nm,f* thoughtless *o* inconsiderate person; **es un d.** he's really thoughtless *o* inconsiderate

desconsoladamente *adv* inconsolably

desconsolado, -a *adj* disconsolate

desconsolar [63] *vt* to distress

desconsuelo *nm* distress, grief

descontado, -a *adj* (**a**) *(rebajado)* discounted (**b**) **por descontado** *loc adv* obviously, needless to say; **¿vendrás a la fiesta? — ¡por d.!** are you going to the party? — but of course!; **por d. que no revelaré el secreto** of course I won't tell anyone the secret; **dar algo por d.** to take sth for granted

descontaminación *nf* decontamination

descontaminar *vt* to decontaminate

descontar [63] *vt* (**a**) *(una cantidad)* to deduct; **me lo descontarán de mi sueldo** it will be deducted from my salary
(**b**) *(hacer un descuento de)* to discount; **me han descontado 1.000 pesos** they gave me a discount of 1,000 pesos; **me descontaron el 5 por ciento del precio de la lavadora** they gave me a 5 percent discount on the (price of the) washing machine
(**c**) *(exceptuar)* **siete, descontando a los profesores** seven, not counting the teachers; **si descuentas los días de vacaciones...** if you leave out the holidays...
(**d**) *Dep* **el árbitro descontó tres minutos** the referee added three minutes to injury time

descontentar *vt* to upset, to make unhappy

descontento, -a 1 *adj* unhappy, dissatisfied
2 *nm* dissatisfaction

descontextualizar *vt* to decontextualize

descontrol *nm* (**a**) *(pérdida de control)* lack of control (**b**) *Fam (caos)* **la fiesta fue un d.** the party was rather wild; **su vida es un d.** he leads a very disorganized life

descontrolado, -a 1 *adj* **estar d.** to be out of control; **el tren circulaba d.** the train was running out of control
2 *nm,f* **un grupo de descontrolados interrumpió la reunión** a rowdy group disrupted the meeting

descontrolar 1 *vt Fam* to confuse; **¡no me descontroles!** stop confusing me!; **el cambio de horario me ha descontrolado** the change in timetable has got me all mixed up
2 *vi Fam* **ese tío descontrola mucho** that guy is pretty wild
3 descontrolarse *vpr* (**a**) *(coche, inflación)* to go out of control (**b**) *(persona)* to lose control; *Fam (desmadrarse)* to go wild, to go over the top

desconvocar [59] *vt* to cancel, to call off

descoordinación *nf* lack of co-ordination

descorazonado, -a *adj* disheartened

descorazonador, -ora *adj* discouraging

descorazonamiento *nm* discouragement

descorazonar 1 *vt* to discourage
2 descorazonarse *vpr* to be discouraged, to lose heart

descorchar *vt* to uncork

descornarse [63] *vpr Fam Fig* to *Br* rack *o US* cudgel one's brains

descorrer *vt* (**a**) *(cortinas)* to draw back, to open (**b**) *(cerrojo, pestillo)* to draw back

descortés (*pl* **descorteses**) *adj* rude, discourteous

descortesía *nf* discourtesy; **se dirigió a nosotros con d.** he addressed us rather rudely; **fue una d. no saludarlos** it was rude not to say hello to them

descortésmente *adv* rudely

descortezar *vt (árbol)* to strip the bark from; *(pan)* to take the crust off

descoser 1 *vt* to unstitch
2 descoserse *vpr* to come unstitched

descosido, -a 1 *adj* unstitched
2 *nm* (**a**) *(roto)* burst seam; **tengo un d. en el pantalón** the seam of my trousers is coming apart (**b**) EXPR *Fam* **como un d.** *(hablar)* endlessly, non-stop; *(beber, comer)* to excess; *(gritar)* wildly

descoyuntar 1 *vt* to dislocate; *Fam Fig* **no hagas eso, que te vas a d.** don't do that, you'll do yourself an injury *o* a mischief
2 descoyuntarse *vpr* to dislocate

descrédito *nm* discredit; **ir en d. de algo/alguien** to count against sth/sb; **estar en d.** to be discredited

descreído, -a *nm,f* non-believer, disbeliever

descreimiento *nm* unbelief

descremado, -a *adj* skimmed

descremar *vt* to skim

describir *vt* (**a**) *(explicar)* to describe (**b**) *(trazar)* to describe

descripción *nf* description; **una d. de los hechos** an account of what happened

descriptivo, -a *adj* descriptive

descrito, -a *participio ver* **describir**

descuajaringado, -a, descuajeringado, -a *adj Fam (coche, aparato)* falling to bits

descuajaringar, descuajeringar [38] *Fam* **1** *vt* to break into pieces
2 descuajaringarse, descuajeringarse *vpr* (**a**) *(descomponerse)* to fall apart *o* to pieces (**b**) *(troncharse de risa)* to fall about laughing

descuartizamiento *nm (de persona)* dismemberment; *(de res)* carving up, quartering

descuartizar [14] *vt (persona)* to dismember; *(res)* to carve up, to quarter

descubierto, -a 1 *participio ver* **descubrir**
2 *adj* (**a**) *(sin cubrir)* uncovered; *(coche)* open; **decir/hacer algo a cara descubierta** to say/do sth openly (**b**) *(cielo)* clear (**c**) *(naipes)* face up (**d**) *(sin sombrero)* bareheaded
3 *nm* (**a**) *Fin (de empresa)* deficit; *(de cuenta bancaria)* overdraft; **al** *o* **en d.** overdrawn (**b**) **al descubierto** *loc adv (al raso)* in the open; **quedar al d.** to be exposed *o* uncovered; **poner al d.** to reveal

descubridor, -ora *nm,f* discoverer

descubrimiento *nm* (**a**) *(de nuevas tierras)* discovery (**b**) *(invención)* discovery (**c**) *(de placa, busto)* unveiling (**d**) *(de complot)* uncovering; *(de asesinos)* detection

descubrir 1 *vt* (**a**) *(hallar)* to discover; *(petróleo)* to strike; **la policía descubrió al secuestrador** the police found the kidnapper
(**b**) *(destapar) (estatua, placa)* to unveil; *(complot, parte del cuerpo)* to uncover; **la entrevista nos descubrió otra faceta de su personalidad** the interview revealed another aspect of his character; EXPR **d. el pastel** to let the cat out of the bag, to give the game away
(**c**) *(enterarse de)* to discover, to find out; **descubrió que su mujer lo engañaba** he discovered *o* found out that his wife was cheating on him
(**d**) *(vislumbrar)* to spot, to spy
(**e**) *(delatar)* to give away
2 descubrirse *vpr* (**a**) *(quitarse el sombrero)* to take one's hat off; *Fig* **me descubro ante tu victoria** I salute your victory
(**b**) *(delatarse)* to give oneself away

descuelgo *etc ver* **descolgar**

descuento 1 *ver* **descontar**
2 *nm* (**a**) *(rebaja)* discount; **hacer d.** to give a discount; **nos hicieron un d. del 10 por ciento** they gave us a 10 percent discount; **con d.** at a discount; **un d. del 5 por ciento** 5 percent off ❑ *Com* **d. duro** hard discount (**b**) *Dep* **(tiempo de) d.** injury time

descuerar *vt Chile* to slam, to criticize

descuerno *etc ver* **descornar**

descuidadamente *adv (conducir, actuar)* carelessly; *(vestir)* untidily

descuidado, -a *adj* (**a**) *(desaseado) (persona, aspecto)* untidy; *(jardín)* neglected (**b**) *(negligente)* careless; **es muy d. con sus cosas** he's very careless with his things (**c**) *(distraído)* **estaba d.** he wasn't paying attention

descuidar 1 *vt (desatender)* to neglect; **descuidó su aspecto** he neglected his appearance

2 *vi (no preocuparse)* not to worry; **descuida, que yo me encargo** don't worry, I'll take care of it

3 descuidarse *vpr* (**a**) *(abandonarse)* to neglect one's appearance; **descuidarse de algo/de hacer algo** to neglect sth/to do sth (**b**) *(despistarse)* not to be careful, to be careless; **no te puedes d. ni un momento** you've got to be alert all the time (**c**) *(en frases)* **en cuanto te descuidas, se pone a llover** it rains all the time; **en cuanto te descuidas se pone a cantar** he'll break into song at the drop of a hat

descuido *nm* (**a**) *(falta de aseo)* carelessness (**b**) *(olvido)* oversight; *(error)* slip; **al menor d.** if you let your attention wander for even a moment; **en un d., borré el fichero** I deleted the file by mistake; *RP* **en un d.** *(cuando menos se espera)* when least expected

DESDE *prep* (**a**) *(tiempo)* since; **no lo veo d. el mes pasado/d. ayer** I haven't seen him since last month/yesterday; **d. ahora** from now on; **d. aquel día, nada volvió a ser igual** from that day on, things were never the same again; **¿d. cuándo os conocéis?** how long *o* since when have you known each other?; **¿d. cuándo no hay que llamar para entrar?** since when has it been all right to come in without knocking?; **d. entonces** since then; **d. hace mucho/un mes** for ages/a month; **trabaja para ellos d. hace poco** she recently started working for them; **te espero d. hace más de una hora** I've been waiting for you for more than an hour; **d.... hasta...** from... until...; **d. el lunes hasta el viernes** from Monday till Friday; **d. el 1 hasta el 15 de septiembre** from 1 to 15 September; **d. niño me enseñaron a dar las gracias** I was brought up to say thank you to people from an early age; **d. el principio supe que no iba a salir bien** I knew it wasn't going to turn out well from the very beginning *o* from the word go; **d. que** since; **d. que le vi en el teatro, no he vuelto a saber nada de ella** I haven't heard from her since (the day) I saw her at the theatre; **d. que murió mi madre** since my mother died; **d. ya** *(inmediatamente)* right now

(**b**) *(espacio)* from; **d. mi ventana se ve el puerto** you can see the harbour from my window; **vinieron a vernos d. Santiago** they came from Santiago to visit us; **d. arriba/abajo** from above/below; **se ve d. lejos** it can be seen from a long way away; **d.... hasta...** from... to...; **d. aquí hasta el centro** from here to the centre; **d. un punto de vista jurídico...** from a legal point of view...

(**c**) *(cantidad)* from; **d. 100.000 pesetas** from 100,000 pesetas

(**d**) *(indica adición)* **se encargan de todo, d. el viaje hasta el alojamiento** they take care of everything, from the travel arrangements to the accommodation; **sabe hacer de todo, d. cambiar la arandela de un grifo hasta arreglar una moto** he can do all sorts of things, from changing the washer in a *Br* tap *o US* faucet to repairing a motorbike

(**e**) **desde luego** *loc adv* **¡d. luego (que sí)!** of course!; **¡d. luego!** *(en tono de reproche)* for goodness' sake!; **¡d. luego, tienes cada idea!** you really come out with some funny ideas!; **¡d. luego que no os ayudaré!** no way am I going to help you!, I'm certainly not going to help you!

desdecir [51] **1** *vi* **d. de** *(desmerecer)* to be unworthy of; *(no cuadrar con)* not to go with, to clash with

2 desdecirse *vpr* to go back on one's word; **desdecirse de** to go back on

desdén *nm* disdain, contempt; **la miró con d.** he looked at her disdainfully *o* with contempt

desdentado, -a *adj* toothless

desdeñable *adj* contemptible; **una cantidad nada d.** a considerable amount

desdeñar *vt* to scorn

desdeñoso, -a *adj* scornful, disdainful

desdibujado, -a *adj* blurred

desdibujar 1 *vt* to blur

2 desdibujarse *vpr* to blur, to become blurred

desdice *etc ver* **desdecir**

desdicha *nf (desgracia) (situación)* misery; *(suceso)* misfortune; **por d.** unfortunately

desdichadamente *adv (vivir)* unhappily; **d., no fue posible** unfortunately, it wasn't possible

desdichado, -a 1 *adj* (**a**) *(decisión, situación)* unfortunate (**b**) *(persona) (sin suerte)* unlucky; *(sin felicidad)* unhappy

2 *nm,f* poor wretch

desdicho, -a *participio ver* **desdecir**

desdigo *etc ver* **desdecir**

desdijera *etc ver* **desdecir**

desdoblamiento *nm* (**a**) *(de objeto)* unfolding (**b**) *(de imagen, personalidad)* splitting; **sufre d. de personalidad** she has a split personality

desdoblar 1 *vt* (**a**) *(servilleta, papel)* to unfold; *(alambre)* to straighten out (**b**) *(dividir)* to split; *(carretera)* to make into a *Br* dual carriageway *o US* divided highway; *(ferrocarril)* to make into a two-track (line)

2 desdoblarse *vpr* (**a**) *(servilleta, papel)* to unfold (**b**) *(carretera)* to turn into a *Br* dual carriageway *o US* divided highway; *(ferrocarril)* to turn into a two-track (line) (**c**) *Fam Fig (multiplicarse)* to be in two places at once

desdoble *nm Econ* split

desdoro *nm Formal* disgrace, cause of shame

desdramatizar [14] *vt* to play down

deseable *adj* desirable

desear *vt* (**a**) *(querer)* to want; *(anhelar)* to wish; **siempre he deseado visitar Australia** I've always wanted to go to Australia; **¿qué desea?** *(en tienda)* what can I do for you?; **¿desea algo más?** *(en tienda)* would you like anything else?, is that everything?; **desearía estar allí** I wish I was there; **estoy deseando que llegue** I can't wait for her to arrive; **es de d. que las negociaciones terminen pronto** a quick end to the negotiations would be desirable; **desearía agradecerle su apoyo** I would like to thank you for your help; **dejar mucho/no dejar nada que d.** to leave much/nothing to be desired; **un embarazo no deseado** an unwanted pregnancy

(**b**) *(felicidad)* to wish; **te deseo mucha suerte** I wish you the best of luck; **me deseó lo mejor/un buen viaje** he wished me all the best/a pleasant journey; **me deseó buenas noches** he said good night (to me)

(**c**) *(sexualmente)* to desire; **no desearás a la mujer de tu prójimo** thou shalt not covet thy neighbour's wife

desecación *nf* desiccation, drying

desecar [59] **1** *vt* to dry out

2 desecarse *vpr* to dry out

desechable *adj (pañal, jeringuilla)* disposable; *(plan, opción)* provisional

desechar *vt* (**a**) *(tirar)* to throw out, to discard (**b**) *(rechazar) (ayuda, oferta)* to refuse, to turn down; *(idea)* to reject; *(plan, proyecto)* to drop (**c**) *(despreciar)* to ignore, to take no notice of

desecho *nm* (**a**) *(objeto usado)* unwanted object; *(ropa)* castoff; **material de d.** *(residuos)* waste products; *(metal)* scrap (**b**) *(escoria)* dregs; **desechos** *(basura) Br* rubbish, *US* garbage, trash; *(residuos)* waste products ▫ ***deshechos radiactivos*** radioactive waste (**c**) *CAm, Carib (tabaco)* class A tobacco

desembalaje *nm* unpacking

desembalar *vt* to unpack

desembalsar *vt* to drain, to empty

desembalse *nm* draining, emptying

desembarazar [14] **1** *vt (habitación, camino)* to clear; **d. a alguien de algo** to rid sb of sth

2 desembarazarse *vpr* **desembarazarse de** to get rid of

desembarazo *nm* ease

desembarcadero *nm* pier, landing stage

desembarcar [59] **1** *vt (pasajeros)* to disembark; *(mercancías)* to unload

2 *vi* (**a**) *(de barco, avión)* to disembark (**b**) *Am (de autobús, tren)* to get off

3 desembarcarse *vpr Am* to get off

desembarco *nm* (**a**) *(de mercancías)* unloading; *(de pasajeros)* disembarkation (**b**)

Mil landing ▫ ***el D. de Normandía*** the Normandy landings

desembarque *nm (de mercancías)* unloading; *(de pasajeros)* disembarkation

desembarrancar [59] *vt* to refloat

desembocadura *nf* (**a**) *(de río)* mouth (**b**) *(de calle)* opening

desembocar [59] *vi* **d. en** *(río)* to flow into; *(calle)* to lead onto; *Fig (asunto)* to lead to, to result in

desembolsar *vt* to pay out

desembolso *nm* payment; **la operación supuso un d. de 100 millones** the operation cost 100 million ▫ ***d. inicial*** down payment

desembozar [14] *vt* (**a**) *(rostro)* to unmask, to uncover (**b**) *(cañería)* to unblock

desembragar [38] *Aut* **1** *vt* **d. el motor** to declutch

2 *vi* to disengage the clutch, to declutch

desembrollar *vt Fam (lío, malentendido)* to straighten out; *(ovillo)* to disentangle

desembuchar *vi Fam Fig* to spit it out

desempacar [59] *vt* to unpack

desempacho *nm Fig* self-confidence

desempalmar *vt* to disconnect

desempañar *vt (quitar el vaho a) (con trapo)* to wipe the steam off; *(electrónicamente)* to demist

desempapelar *vt* (**a**) *(pared, habitación)* to strip the wallpaper from (**b**) *Der* to discontinue an action against

desempaquetar *vt (paquete)* to unwrap; *(caja)* to unpack

desempatar 1 *vt* **su voto desempató la votación** he gave the casting vote; **desempató el partido en el último minuto** he scored the winning goal in the last minute

2 *vi* **todavía no han desempatado** it's still a draw; **jugaron una prórroga para d.** they played extra time to get a winner

desempate *nm* **el d. llegó en el minuto treinta con un gol del Barcelona** Barcelona took the lead in the thirtieth minute; **partido de d.** decider; **marcó el gol del d.** he scored the goal which put them into the lead; **una votación de d.** *(en elección)* a run-off

desempeñar 1 *vt* (**a**) *(función, misión)* to carry out; *(puesto)* to hold; **desempeña el cargo de tesorero** he holds the post of treasurer (**b**) *(papel)* to play; **desempeñó en muchas ocasiones el papel de Drácula** he played (the part of) Dracula many times (**c**) *(joyas)* to redeem

2 desempeñarse *vpr* to get oneself out of debt

desempeño *nm* (**a**) *(de función)* carrying out; **reúne las condiciones para el d. del cargo** he has all the qualifications for the post; **falleció en el d. de sus funciones** he died in the course of his duties (**b**) *(de papel)* performance (**c**) *(de objeto)* redemption

desempleado, -a 1 *adj* unemployed

2 *nm,f* unemployed person; **los desempleados** the unemployed

desempleo *nm* unemployment; **cobrar el d.** to receive unemployment benefit ▫ ***d. de larga duración*** long-term unemployment

desempolvar *vt* (**a**) *(mueble, jarrón)* to dust (**b**) *(recuerdos)* to revive; **un día decidió d. su violín** one day he decided to take up the violin again

desenamorarse *vpr* to fall out of love (**de** with)

desencadenamiento *nm (de tormenta)* breaking; **causar el d. de algo** *(de accidente)* to bring sth about; *(de guerra)* to spark off sth

desencadenante 1 *adj* **los factores desencadenantes de...** the factors which brought about...

2 *nm* **el d. de la tragedia/guerra** what brought about the tragedy/war

desencadenar 1 *vt* (**a**) *(preso, perro)* to unchain (**b**) *(suceso, polémica)* to give rise to, to spark off; *(pasión, furia)* to unleash; **la medida desencadenó fuertes protestas** the measure provoked furious protests

2 desencadenarse *vpr* (**a**) *(preso)* to unchain oneself, to get out of one's chains (**b**) *(pasiones, odios, conflicto)* to erupt; *(guerra)* to break out (**c**) *(viento)* to blow up; *(tormenta)* to burst; *(terremoto)* to strike

desencajado, -a *adj* (**a**) *(mueble)* **la puerta está desencajada** the door won't shut properly (**b**) *(rostro)* contorted

desencajar 1 *vt* (**a**) *(mecanismo, piezas) (sin querer)* to knock out of place; *(intencionadamente)* to take apart (**b**) *(cajón, puerta)* to unjam (**c**) *(rostro)* **el terror le desencajó el rostro** his face was contorted with fear (**d**) *(hueso)* to dislocate

2 desencajarse *vpr* (**a**) *(piezas)* to come apart (**b**) *(rostro)* to distort, to become distorted (**c**) *(hueso)* to dislocate; **se le ha desencajado la mandíbula** he's dislocated his jaw

desencajonar *vt* to take out of a box

desencallar *vt* to refloat

desencaminar *vt* to misdirect

desencantado, -a *adj (desilusionado)* disenchanted

desencantar 1 *vt* (**a**) *(decepcionar)* to disappoint (**b**) *(romper el hechizo)* to disenchant

2 desencantarse *vpr* to be disappointed

desencanto *nm* disappointment

desencapotarse *vpr (cielo)* to clear

desencarcelar *vt* to set free, to release

desenchufar *vt (quitar el enchufe de)* to unplug; *(apagar)* to switch off

desenclavijar *vt (instrumento musical)* to remove the pegs from

desencolar *vt* to unstick

desencuadernar *vt* to unbind

desencuentro *nm (en una cita)* failure to meet up; *Fig (desacuerdo)* disagreement

desenfadadamente *adv (actuar)* in a relaxed *o* easy-going manner; *(vestir)* casually

desenfadado, -a *adj (persona, conducta)* relaxed, easy-going; *(comedia, programa de TV)* light-hearted; *(estilo)* light; *(en el vestir)* casual

desenfadar *vt* to pacify, to appease

desenfado *nm (desenvoltura)* ease; *(desparpajo)* forwardness, uninhibited nature; **se comporta con mucho d.** he's very relaxed *o* easy-going; **viste con d.** she dresses casually

desenfocado, -a *adj (imagen)* out of focus; *(visión)* blurred; **ver d.** to have blurred vision

desenfocar [59] *vt (objeto)* to focus incorrectly; *(foto)* to take out of focus

desenfoque *nm* lack of focus

desenfrenadamente *adv* wildly, in a frenzy

desenfrenado, -a *adj (ritmo, baile)* frantic, frenzied; *(comportamiento)* uncontrolled; *(apetito)* insatiable

desenfrenar 1 *vt (coche)* to take the brake off; *(caballo)* to unbridle

2 desenfrenarse *vpr (persona)* to lose one's self-control

desenfreno *nm* (**a**) *(descontrol)* lack of restraint; **bailaba con d.** he was dancing wildly *o* in a frenzy (**b**) *(vicio)* debauchery

desenfundar *vt (pistola)* to draw; *(mueble)* to uncover; **desenfundó el violín** he took the violin out of its case

desenganchar 1 *vt* (**a**) *(vagón)* to uncouple (**b**) *(caballo)* to unhitch (**c**) *(pelo, jersey)* to free (**d**) *(cortinas)* to unhook

2 desengancharse *vpr Fam (de un vicio)* to kick the habit; **se ha desenganchado de la heroína** he has kicked his heroin habit

desengañado, -a 1 *adj* disillusioned (**de** with)

2 *nm,f* person who has been disillusioned *(with life or love)*; **ser un d.** to have lost one's illusions

desengañar 1 *vt* (**a**) *(a una persona equivocada)* to reveal the truth to (**b**) *(a una persona esperanzada)* to disillusion

2 desengañarse *vpr* to become disillusioned (**de** with); **desengáñate** stop kidding yourself

desengaño *nm* disappointment; **he sufrido muchos desengaños en la vida** I've had a lot of disappointments in my life; **llevarse** *o* **sufrir un d. con alguien** to be disappointed in sb ▫ ***d. amoroso*** unhappy affair

desengarzar [14] *vt (perlas)* to unstring

desengranar *vt* to disengage

desengrasar *vt* to remove the grease from

desenlace *nm (de obra, narración)* denouement, ending; *(de suceso, aventura)* result, outcome

desenlazar [14] *vt (nudo)* to undo; *(brazos)* to unlink; **desenlazó las manos** he unclasped his hands

desenmarañar *vt* (**a**) *(ovillo, pelo)* to untangle (**b**) *Fig (asunto)* to sort out; *(problema)* to resolve

desenmascarar *vt (descubrir)* to unmask

desenmohecer [46] *vt (de moho)* to remove the mildew from; *(de óxido)* to remove the rust from

desenredar 1 *vt* (**a**) *(hilos, pelo)* to untangle (**b**) *Fig (asunto)* to sort out; *(problema)* to resolve

2 desenredarse *vpr* to extricate oneself (**de algo** from sth); **desenredarse el pelo** to unknot one's hair

desenredo *nm* (**a**) *(de hilos, de pelo)* disentangling, untangling (**b**) *Fig (aclaración)* straightening out (**c**) *(de obra)* dénouement

desenrollar 1 *vt (hilo, cinta)* to unwind; *(persiana)* to roll down; *(pergamino, papel)* to unroll

2 desenrollarse *vpr (hilo, cinta)* to unwind; *(persiana)* to roll down; *(pergamino, papel)* to unroll

desenroscar [59] *vt* to unscrew

desensamblar *vt* to take apart, to disassemble

desensibilizar [14] *vt* to desensitize

desensillar *vt* to unsaddle

desentenderse [64] *vpr* **yo me desentiendo** I want nothing to do with it; **d. de** to refuse to have anything to do with; **cuando algo no le interesa, se desentiende por completo** when something doesn't interest him he'll have nothing to do with it

desentendido, -a *nm,f* **hacerse el d.** to pretend one hasn't noticed/heard; **¡no te hagas el d., te toca limpiar a ti!** don't pretend you don't know it's your turn to do the cleaning!

desenterrar [3] *vt* (**a**) *(cadáver)* to disinter; *(tesoro, escultura)* to dig up; EXPR **d. el hacha de guerra (contra)** to declare war (on) (**b**) *(recordar)* to recall, to revive (**c**) *(sacar a la luz)* **d. viejos rencores** to rake up old quarrels

desentiendo *etc ver* **desentenderse**

desentierro *etc ver* **desenterrar**

desentonación *nf* dissonance

desentonar *vi* (**a**) *(cantante)* to sing out of tune; *(instrumento)* to be out of tune (**b**) *(color, cortinas, edificio)* to clash (**con** with); **esa falda desentona con este jersey** this skirt doesn't go *o* clashes with this jersey (**c**) *(persona, modales)* to be out of place; **para no d., llevó un traje** so as not to look out of place, he wore a suit

desentono *nm (de voz, sonido)* dissonance

desentorpecer [46] **1** *vt (músculo, cuerpo)* to rid of numbness *o* stiffness

2 desentorpecerse *vpr (músculo, cuerpo)* to come back to life

desentrañar *vt* to unravel, to figure out

desentrenado, -a *adj (bajo de forma)* out of training; *(falto de práctica)* out of practice

desentrenarse *vpr (bajar de forma)* to get out of training

desentubar *vt Fam* **d. a un enfermo** *(sacar tubos)* to remove a tube/tubes from a patient

desentumecer [46] **1** *vt* to stretch

2 desentumecerse *vpr* to loosen up

desenvainar *vt (espada)* to draw

desenvoltura *nf (al moverse, comportarse)* ease; *(al hablar)* fluency; **ya nada con mucha d.** she can already swim with great ease; **me manejo en mi nuevo trabajo con mucha d.** I'm getting along fine in my new job

desenvolver [41] **1** *vt* to unwrap

2 desenvolverse *vpr* (**a**) *(asunto, proceso)* to progress; *(trama)* to unfold; *(entrevista)* to pass off; **la reunión se desenvolvió con cordialidad** the meeting passed off very amicably (**b**) *(persona)* to cope, to manage; **no te preocupes, sabe desenvolverse ella sola** don't worry, she can cope *o* manage by herself; **se desenvuelve muy bien en su nuevo trabajo** he's getting along fine in his new job

desenvuelto, -a 1 *participio ver* **desenvolver**

2 *adj (comportamiento, movimiento)* natural, easy; *(al hablar)* fluent; **es una joven muy desenvuelta** she's a very easy-going young woman

desenvuelvo *etc ver* **desenvolver**

desenzarzar [14] *vt (prenda)* to untangle

deseo *nm* (**a**) *(pasión)* desire (**b**) *(anhelo)* wish; **buenos deseos** good intentions; **formular un d.** to make a wish; **pedir/conceder un d.** to ask for/grant a wish; **expresó su d. de paz para la región** he expressed his desire for peace in the region; **su último d. fue...** his last wish was...; EXPR **tus deseos son órdenes** your wish is my command

deseoso, -a *adj* **estar d. de algo/de hacer algo** to long for sth/to do sth; **está d. de que apruebes el examen** he really wants you to pass the exam

desequilibrado, -a 1 *adj* (**a**) *(persona)* unbalanced (**b**) *(balanza, eje)* off-centre

2 *nm,f* madman, *f* madwoman

desequilibrante *adj* **es un jugador d.** he's a match winner

desequilibrar 1 *vt* (**a**) *(persona, mente)* to unbalance (**b**) *(objeto)* to knock off balance; *(economía)* to upset

2 desequilibrarse *vpr* (**a**) *(persona, mente)* to become unbalanced (**b**) *(objeto)* to become unbalanced

desequilibrio *nm* (**a**) *(mecánico, en la dieta)* lack of balance (**b**) *(mental)* mental instability (**c**) *(en la economía)* imbalance

deserción *nf* desertion

desertar *vi* (**a**) *(soldado)* to desert; **desertó de su compañía** he deserted from his company (**b**) *Fig* **d. de** *(abandonar)* to abandon; **desertó de sus obligaciones** she neglected her duties

desértico, -a *adj* (**a**) *(del desierto)* desert; **clima d.** desert climate (**b**) *(despoblado)* deserted

desertificación *nf* desertification

desertización *nf (del terreno)* desertification; *(de la población)* depopulation

desertizar 1 *vt* to turn into a desert

2 desertizarse *vpr* to turn into a desert

desertor, -ora *nm,f (del ejército)* deserter; **los desertores del partido** those who have left *o* abandoned the party

desescolarización *nf* lack of schooling

desesperación *nf* (**a**) *(falta de esperanza)* despair, desperation; **con d.** in despair; **se suicidó presa de la d.** despair drove him to suicide (**b**) *(enojo)* **es una d. lo lento que van los trenes** it's maddening how slowly the trains go

desesperadamente *adv* desperately

desesperado, -a *adj (persona, intento)* desperate; *(estado, situación)* hopeless; *(esfuerzo)* furious; **(hacer algo) a la desesperada** (to do sth) in desperation

desesperante *adj* infuriating

desesperanza *nf* lack of hope; **cuando la vio besar a Rodrigo, la d. se apoderó de él** when he saw her kiss Rodrigo he gave up hope

desesperanzar [14] **1** *vt* to cause to lose hope

2 desesperanzarse *vpr* to lose hope

desesperar 1 *vt* (**a**) *(quitar la esperanza a)* to drive to despair (**b**) *(irritar, enojar)* to exasperate, to drive mad

2 *vi* **d. de hacer algo** to lose all hope of doing sth; **desesperan ya de encontrar supervivientes** they have given up hope of finding survivors

3 desesperarse *vpr* (**a**) *(perder la esperanza)* to be driven to despair (**b**) *(irritarse, enojarse)* to get mad *o* exasperated

desestabilización *nf* destabilization

desestabilizador, -ora *adj* destabilizing

desestabilizar [14] **1** *vt* to destabilize

2 desestabilizarse *vpr* to become destabilized

desestima, desestimación *nf* low opinion, lack of respect

desestimar *vt* (**a**) *(rechazar)* to turn down (**b**) *(despreciar)* to turn one's nose up at

desfachatado, -a *adj Fam* cheeky

desfachatez *nf Fam* cheek; **¡qué d.!** the cheek of it!; **actúa con mucha d.** he behaves really brazenly *o* without shame

desfalcar [59] *vt* to embezzle

desfalco *nm* embezzlement

desfallecer [46] *vi* (**a**) *(debilitarse)* to be exhausted; **d. de** to feel faint from; **no desfallezcas, queda poco para llegar** don't give up, we're almost there (**b**) *(desmayarse)* to faint

desfallecido, -a *adj* exhausted, faint

desfallecimiento *nm* (**a**) *(desmayo)* fainting fit (**b**) *(debilidad)* faintness

desfallezco *etc ver* **desfallecer**

desfasado, -a *adj* (**a**) *(desincronizado)* out of synch (**b**) *(persona)* out of touch; *(libro, moda)* out of date; **estar d.** to be out of touch

desfasar *vt Elec* to phase out

desfase *nm (diferencia)* gap; **llevamos un d. de diez años con respecto a Suecia** we are ten years behind Sweden; **hay un d. entre la oferta y la demanda** supply is out of step with demand

desfavorable *adj* unfavourable; **la reacción de la crítica le fue d.** the critics' reaction was largely negative

desfavorablemente *adv* unfavourably

desfavorecer [46] *vt* (**a**) *(perjudicar)* to go against the interest of; **han acusado al gobierno de d. a ciertas regiones** they've accused the government of neglecting certain regions in favour of others; **la suerte nos ha desfavorecido** fortune has been unkind to us (**b**) *(sentar mal a)* not to suit; **esa falda te desfavorece** that skirt doesn't suit you

desfavorecido, -a *adj* (**a**) *(desaventajado)* disadvantaged (**b**) *(feo)* **salí muy d. en la foto** I came out very badly in the photo

desfibrilador *nm Med* defibrillator

desfiguración *nf* (**a**) *(de rostro, cuerpo)* disfigurement (**b**) *(de la verdad)* distortion

desfigurado,-a *adj* disfigured

desfigurar 1 *vt* (**a**) *(rostro, cuerpo)* to disfigure; **el accidente le desfiguró la cara** his face was disfigured in the accident (**b**) *(realidad, verdad)* to distort
2 desfigurarse *vpr* (**a**) *(rostro, cuerpo)* to be disfigured (**b**) *Fig (rostro, expresión)* to become contorted; **se le desfiguró la cara al ver al asesino** her face contorted when she saw the killer

desfiladero *nm* gorge

desfilar *vi* (**a**) *(soldados)* to parade (**b**) *(personas)* to file; **miles de personas desfilaron ante la tumba del presidente** thousands of people filed past the president's tomb (**c**) *(modelos)* to parade (**d**) *Fam (marcharse)* to head off, to leave

desfile *nm* (**a**) *(de soldados)* parade (**b**) *(de personas)* **hubo un d. constante de personas ante la tumba** there was a constant stream of people filing past the tomb (**c**) *(de carrozas)* procession (**d**) ***d. de moda*** *o* ***modelos*** fashion show *o* parade

desfloración *nf*, **desfloramiento** *nm* deflowering

desflorar *vt* to deflower

desfogar [38] **1** *vt* to vent; **desfogó su cólera con su hermano** he took out *o* vented his anger on his brother
2 desfogarse *vpr* to let off steam; **se desfogó llorando** she got some relief by crying

desfogue *nm* letting off of steam

desfondamiento *nm* (**a**) *(de caja, de silla)* breaking of the bottom (**b**) *(de corredor)* **sufrió un d.** he was overcome by exhaustion

desfondar 1 *vt* (**a**) *(caja, bolsa)* to knock the bottom out of; **vas a d. la caja si la llenas más** the bottom will fall out of that box if you put any more in it (**b**) *(agotar)* to wear out
2 desfondarse *vpr* (**a**) *(perder el fondo)* **la caja/bolsa se desfondó** the bottom fell out of the box/bag; **la silla se desfondó** the bottom of the seat gave way (**b**) *(persona)* to become completely exhausted, to run out of steam

desforestación *nf* deforestation

desforestar *vt* to deforest

desgaire *nm (desaliño)* slovenliness, sloppiness; **vestir con d.** to dress sloppily; **al d.** nonchalantly, casually

desgajar 1 *vt (página)* to tear out; *(rama)* to break off; *(libro, periódico)* to rip up; *(naranja)* to split into segments
2 desgajarse *vpr (rama)* to break off; *(hoja)* to fall

desgana *nf* (**a**) *(falta de apetito)* lack of appetite; **comer con d.** to eat with little appetite (**b**) *(falta de ánimo)* lack of enthusiasm; **con d.** unenthusiastically

desganado, -a *adj* (**a**) *(sin apetito)* **estar d.** to be off one's food (**b**) *(sin ganas)* listless, apathetic

desganar 1 *vt* to take away the desire of
2 desganarse *vpr* (**a**) *(perder apetito)* to lose one's appetite (**b**) *Fig (cansarse)* to lose interest

desgano *nm* = **desgana**

desgañitarse *vpr* to scream oneself hoarse

desgarbado, -a *adj* clumsy, ungainly

desgarrado, -a *adj (roto)* torn, ripped

desgarrador, -ora *adj* harrowing

desgarrar 1 *vt* to rip; **el clavo me ha desgarrado la chaqueta** the nail has torn my jacket; EXPR **verles sufrir desgarra el corazón** it breaks my heart to see them suffer
2 desgarrarse *vpr* to rip; **se me desgarró la camiseta** my t-shirt has got torn *o* ripped; EXPR **se me desgarra el corazón (cuando...)** it breaks my heart (when...)

desgarro *nm* (**a**) *(en tejido)* tear (**b**) *(en fibra, músculo)* **sufrió un d.** he tore a muscle

desgarrón *nm* big tear

desgastado, -a *adj* worn

desgastar 1 *vt* (**a**) *(zapato)* to wear out; *(roca)* to wear away (**b**) *(persona, organización)* to wear out
2 desgastarse *vpr* (**a**) *(zapato)* to become worn; *(roca)* to wear away (**b**) *(persona, organización)* to become worn out

desgaste *nm* (**a**) *(de tela, muebles)* wear and tear; *(de roca)* wearing away; *(de pilas)* running down; *(de cuerdas)* fraying; **el d. de las ruedas** the wear on the tyres (**b**) *(de persona, organización)* wear and tear; **el d. de los años** the wear and tear of the years; **presenta todos los síntomas del d. que produce el poder** it displays all the symptoms of having been in power too long

desglosar *vt* to break down

desglose *nm* breakdown

desgobernar [3] *vt (país)* to govern badly

desgobierno *nm (de país)* misgovernment, misrule

desgracia *nf* (**a**) *(mala suerte)* misfortune; **le persigue la d.** he is dogged by misfortune; **ha tenido la d. de sufrir dos accidentes aéreos** she's had the misfortune to be in two air accidents; **por d.** unfortunately; **¿le llegaste a conocer? – por d. para mí** did you ever meet him? – unfortunately for me, I did (**b**) *(catástrofe)* disaster; **es una d. que...** it's a terrible shame that...; EXPR **las desgracias nunca vienen solas** it never rains but it pours ❑ ***desgracias personales*** casualties (**c**) EXPR **caer en d.** to fall into disgrace; **es la d. de la familia** he's the shame of the family

desgraciadamente *adv* unfortunately

desgraciado, -a 1 *adj* (**a**) *(afectado)* unfortunate (**b**) *(sin suerte)* unlucky (**c**) *(infeliz)* unhappy (**d**) *(sin atractivo)* unprepossessing, unattractive; **un físico d.** a wretched physique
2 *nm,f* (**a**) *(persona sin suerte)* born loser (**b**) *(pobre infeliz)* miserable wretch (**c**) *(canalla)* **el muy d. me robó el ordenador** the swine stole my computer

desgraciar 1 *vt* (**a**) *(cosa)* to spoil (**b**) *(deshonrar)* to demean (**c**) *Fam (herir)* **d. a alguien** to do sb a mischief
2 desgraciarse *vpr* (**a**) *(plan, proyecto)* to be a complete disaster, to fall through (**b**) *Fam (herirse)* to do oneself a mischief

desgranar *vt* (**a**) *(insultos, oraciones)* to spout, to come out with (**b**) *(maíz, trigo)* to thresh

desgravable *adj* tax-deductible

desgravación *nf* deduction; **una inversión con derecho a d.** a tax-deductible investment; **una d. del 15 por ciento** a reduction in your tax of 15 percent ❑ ***d. fiscal*** tax relief

desgravar 1 *vt* to deduct from one's tax bill; **los alquileres desgravan un 5 por ciento** 5 percent of rent can be claimed against tax
2 *vi* to be tax-deductible

desgreñado, -a *adj* dishevelled

desgreñar 1 *vt* to dishevel, to tousle
2 desgreñarse *vpr (despeinarse)* to become dishevelled *o* tousled

desguace *nm* (**a**) *(acción) (de coches)* scrapping; *(de buques)* breaking (up); **esa camioneta está para el d.** this van is for the scrapheap (**b**) *(depósito)* scrap yard

desguarnecer [46] *vt* (**a**) *(quitar los adornos de)* to strip (**b**) *(dejar sin protección)* to leave unprotected *o* without troops

desguazar [14] *vt (coche)* to scrap; *(buque)* to break up

deshabillé *nm* negligée

deshabitado, -a *adj (casa)* empty, uninhabited; *(región)* uninhabited

deshabitar *vt* (**a**) *(casa)* to leave (**b**) *(territorio)* to depopulate, to empty of people

deshabituar [4] **1** *vt* **d. a alguien (de)** to get sb out of the habit (of)

2 deshabituarse *vpr* to break the habit (**de** of)

DESHACER [33] **1** *vt* (**a**) *(nudo, paquete)* to undo; *(maleta)* to unpack; *(costura)* to unpick; **tuvo que d. todo el camino porque se había olvidado las llaves en casa** she had to go all the way back because she had left her keys at home

(**b**) *Informát* to undo

(**c**) *(disolver) (helado, mantequilla)* to melt; *(pastilla, terrón de azúcar)* to dissolve; **d. un comprimido en agua** to dissolve a tablet in water

(**d**) *(desarmar, despedazar)* to take apart; *(libro)* to tear up; *(res, carne)* to cut up; *(roca)* to break up; *(castillo de arena)* to destroy; **d. un puzzle** to pull apart a jigsaw; **la tormenta deshizo el techo de la vivienda** the storm caused serious damage to the roof of the house

(**e**) *(desgastar)* to wear out; **te vas a d. la vista, tan cerca de la televisión** you'll ruin your eyesight by sitting so near the television; **el ejercicio excesivo deshace las articulaciones** excessive exercise wears down your joints; **tiene los nervios deshechos** his nerves are in shreds

(**f**) *(destruir) (enemigo)* to rout; *(matrimonio)* to ruin; **tres años de guerra deshicieron al país** three years of war devastated the country; **deshicieron al equipo rival** they destroyed *o* dismantled the opposition

(**g**) *(poner fin a) (contrato, negocio)* to cancel; *(pacto, tratado)* to break; *(plan, intriga)* to foil; *(organización)* to dissolve; **tenemos que d. este lío** we have to sort this problem out

(**h**) *(afligir)* to devastate; **la noticia de su asesinato deshizo a la familia** the news of his murder devastated his family

2 deshacerse *vpr* (**a**) *(costura)* to come undone *o* unstitched; *(trenza)* to come undone

(**b**) *(disolverse) (helado, mantequilla, nieve)* to melt; *(pastilla, terrón de azúcar)* to dissolve; *(niebla)* to lift; **el azúcar se deshace al contacto con el agua** sugar dissolves when it comes into contact with water; **la organización se deshizo tras la guerra** the organization broke up after the war; **la concentración se deshizo antes de que llegara la policía** the crowd dispersed before the police arrived

(**c**) *(desarmarse)* to fall apart; **el jarrón se deshizo en pedazos** the vase smashed to pieces

(**d**) *(librarse, desprenderse)* **deshacerse de** to get rid of; **salió por una puerta trasera para deshacerse del detective** he left by a back door to lose the detective; **nos costó mucho deshacernos de él** it wasn't easy to get rid of him; **se deshicieron de un sofá viejo** they threw out *o* got rid of an old sofa; **se resiste a deshacerse de sus joyas** she's reluctant to part with her jewels

(**e**) *(prodigarse)* **se deshizo en elogios con** *o* **hacia su anfitrión** she lavished praise on her host; **se deshizo en lágrimas al enterarse** he dissolved into tears when he found out; **siempre se deshace en atenciones con nosotros** she is always extremely attentive towards us

(**f**) **deshacerse por alguien** *(desvivirse)* to bend over backwards for sb; *(estar enamorado)* to be madly in love with sb; **se deshace por la empresa, y nadie se lo reconoce** he bends over backwards for the company and no one appreciates it; **deshacerse por hacer/conseguir algo** to go out of one's way to do/get sth

desharrapado, -a 1 *adj* ragged

2 *nm,f* person dressed in rags

deshecho, -a 1 *participio ver* **deshacer**

2 *adj* (**a**) *(nudo, paquete)* undone; *(cama)* unmade; *(maleta)* unpacked

(**b**) *(destruido) (enemigo)* destroyed; *(tarta, matrimonio)* ruined

(**c**) *(derretido) (pastilla, terrón de azúcar)* dissolved; *(helado, mantequilla)* melted

(**d**) *(anulado) (contrato, negocio)* cancelled; *(pacto, tratado)* broken; *(plan, intriga)* foiled; *(organización)* dissolved

(**e**) *(afligido)* devastated; **d. en lágrimas** in floods of tears

(**f**) *(cansado)* exhausted; **la carrera le dejó d.** the run left him exhausted; **vengo d.** I'm wrecked *o* exhausted

3 *nm Am (atajo)* short cut

deshelar [3] **1** *vt (nieve, lago, hielo)* to thaw, to melt; *(parabrisas)* to de-ice

2 deshelarse *vpr* to thaw, to melt

desheredado, -a 1 *adj* (**a**) *(excluido de herencia)* disinherited (**b**) *(indigente)* underprivileged

2 *nm,f (indigente)* deprived person; **los desheredados** the underprivileged

desheredar *vt* to disinherit

deshice *etc ver* **deshacer**

deshidratación *nf* dehydration

deshidratado, -a *adj* dehydrated

deshidratante 1 *adj* dehydrating

2 *nm* dehydrating agent

deshidratar 1 *vt* to dehydrate

2 deshidratarse *vpr* to become dehydrated

deshidrogenar *vt* to dehydrogenate, to dehydrogenize

deshiela *ver* **deshelar**

deshielo *nm también Fig* thaw

deshierra *etc ver* **desherrar**

deshijar *vt CAm, Carib, Col (planta)* to remove the suckers from

deshilachado, -a *adj* frayed

deshilachar 1 *vt* to unravel

2 deshilacharse *vpr* to fray

deshilar *vt* to unravel

deshilvanado, -a *adj* (**a**) *(tela)* untacked (**b**) *Fig (discurso, guión)* disjointed

deshilvanar *vt* to untack

deshinchar 1 *vt* (**a**) *(globo, rueda)* to let down, to deflate (**b**) *(hinchazón)* to reduce the swelling in

2 deshincharse *vpr* (**a**) *(globo, rueda)* to go down; *(neumático)* to go flat (**b**) *(hinchazón)* to go down

deshipoteca *nf* paying off of the mortgage

deshipotecar [59] *vt* to pay off the mortgage on

deshizo *ver* **deshacer**

deshojar 1 *vt (árbol)* to strip the leaves off; *(flor)* to pull the petals off; *(libro)* to pull the pages out of; **d. la margarita** = to pull the petals off a daisy saying "she loves me, she loves me not"

2 deshojarse *vpr (árbol)* to shed its leaves; *(flor)* to drop its petals

deshoje *nm* falling of leaves

deshollinador, -ora *nm,f* chimney sweep

deshollinar *vt* to sweep

deshonestamente *adv* dishonestly

deshonestidad *nf* dishonesty; **actuó con d.** she acted dishonestly

deshonesto, -a *adj* (**a**) *(sin honradez)* dishonest (**b**) *(sin pudor)* indecent

deshonor *nm*, **deshonra** *nf* (**a**) *(pérdida de la honra)* dishonour (**b**) *(cosa deshonrosa)* dishonour; **su comportamiento es un d. para su familia** his behaviour brings shame *o* disgrace on his family

deshonrar *vt* (**a**) *(injuriar)* to dishonour; **con su conducta deshonra a toda la familia** he is dishonouring the entire family with his conduct (**b**) *(mujer)* to dishonour

deshonroso, -a *adj* dishonourable, shameful

deshora *nf* **a d., a deshoras** *(en momento inoportuno)* at a bad time; *(en horas poco habituales)* at an unearthly hour

deshuesa *etc ver* **desosar, deshuesar**

deshuesar *vt (carne)* to bone; *(fruto) Br* to stone, *US* to pit

deshuevarse *vpr muy Fam* to piss oneself, to split a gut

deshumanización *nf* dehumanization

deshumanizar [14] **1** *vt* to dehumanize

2 deshumanizarse *vpr (relaciones)* to become dehumanized; *(persona)* to lose one's humanity

desiderátum *nm inv* greatest wish

desidia *nf (en el trabajo)* carelessness; *(en el aspecto)* slovenliness; **hace las cosas con d.** she does things very carelessly

desidioso, -a *adj (en el trabajo)* careless; *(en el aspecto)* slovenly

desierto, -a 1 *adj* (**a**) *(vacío)* deserted, empty; **una isla desierta** a desert island; **la ciudad se queda desierta en agosto** the city is deserted in August (**b**) *(vacante) (concurso)* void; *(premio)* deferred; **la plaza quedó desierta** the post was left unfilled

2 *nm* desert; EXPR **predicar** *o* **clamar en el d.** to be a voice crying in the wilderness ❑ ***el d. de Atacama*** the Atacama Desert; ***el***

d. de Gobi the Gobi Desert; ***el d. del Sáhara*** the Sahara Desert

designación *nf* (**a**) *(nombre)* designation (**b**) *(nombramiento)* appointment

designar *vt* (**a**) *(nombrar)* to appoint; **han designado a Gómez para el cargo** Gómez has been appointed to the post; **ha sido designada capital europea de la cultura** it has been designated European capital of culture (**b**) *(fijar, determinar)* to name, to fix; **d. medidas contra la corrupción** to draw up measures against corruption (**c**) *(denominar)* to refer to

designio *nm* intention, plan

desigual *adj* (**a**) *(diferente)* different (**b**) *(terreno)* uneven; *(alumno, actuación)* inconsistent; *(tratamiento)* unfair, unequal (**c**) *(tiempo, persona, humor)* changeable (**d**) *(lucha)* unevenly matched, unequal

desigualar 1 *vt* to make unequal
2 desigualarse *vpr* to get ahead

desigualdad *nf* (**a**) *(diferencia)* difference; *(de carácter)* changeability; *(de actuación, rendimiento)* inconsistency (**b**) *(económica, social, racial)* inequality; **acabar con las desigualdades regionales** to put an end to inequalities between the regions (**c**) *(del terreno)* unevenness (**d**) *Mat* inequality

desilusión *nf* (**a**) *(estado de ánimo)* disillusionment; **caer en la d.** to become disillusioned (**b**) *(decepción)* disappointment; **llevarse** *o* **sufrir una d.** to be disappointed; **¡qué d.!** what a disappointment!

desilusionado, -a *adj (decepcionado)* disappointed; **estoy muy d. contigo** I'm very disappointed in you; **está muy d. con la política** he's very disillusioned with politics

desilusionar 1 *vt (desengañar)* to reveal the truth to; *(decepcionar)* to disappoint, to disillusion; **su conferencia me desilusionó** I was disappointed by his talk
2 desilusionarse *vpr (decepcionarse)* to be disappointed *o* disillusioned; *(desengañarse)* to realize the truth; **desilusiónate, no te va a llamar** don't build up false hopes, he's not going to call you

desimantación *nf* demagnetization

desimantar *vt* to demagnetize

desincentivador, -ora *adj* **una medida desincentivadora (de)** a disincentive (to)

desincentivar *vt* to discourage

desincrustar *vt (tuberías)* to descale

desindustrialización *nf* deindustrialization

desinencia *nf* ending

desinfección *nf* disinfection

desinfectante *adj & nm (para objetos)* disinfectant; *(para heridas)* antiseptic

desinfectar *vt* to disinfect

desinflado, -a *adj (neumático)* flat

desinflamar 1 *vt* to reduce the inflammation in
2 desinflamarse *vpr* to become less inflamed

desinflar 1 *vt* (**a**) *(globo, rueda)* to let down, to deflate (**b**) *(quitar importancia a)* to play down (**c**) *(desanimar)* to depress
2 desinflarse *vpr* (**a**) *(perder aire) (balón)* to go down; *(neumático)* to go flat (**b**) *(desanimarse)* to get depressed (**c**) *(achicarse)* to become discouraged, to lose heart; **el equipo se desinfló en el último cuarto del partido** the team ran out of steam in the last quarter

desinformación *nf* misinformation

desinformar *vt* to misinform

desinhibición *nf* lack of inhibition; **se desenvuelve con d.** he behaves with complete lack of inhibition

desinhibidamente *adv* uninhibitedly, without inhibitions

desinhibido, -a *adj* uninhibited

desinhibir 1 *vt* to free from inhibitions
2 desinhibirse *vpr* to lose one's inhibitions

desinsectar *vt* to fumigate

desintegración *nf* (**a**) *(de objetos)* disintegration (**b**) *(de grupos, organizaciones)* breaking up; **la d. de la Unión Soviética** the break-up of the Soviet Union (**c**) *Fís* decay ❑ ***d. nuclear*** nuclear decay

desintegrar 1 *vt* (**a**) *(objetos)* to disintegrate; *(átomo)* to split (**b**) *(grupos, organizaciones)* to break up
2 desintegrarse *vpr* (**a**) *(objetos)* to disintegrate (**b**) *(grupos, organizaciones)* to break up

desinterés (*pl* **desintereses**) *nm* (**a**) *(indiferencia)* disinterest, lack of interest; **mostró gran d. por nuestro trabajo** he showed very little interest in our work (**b**) *(generosidad)* unselfishness; **actúa con d.** she acts unselfishly

desinteresadamente *adv* unselfishly

desinteresado, -a *adj* (**a**) *(indiferente)* uninterested (**b**) *(generoso)* unselfish; **colabora de forma desinteresada** he is helping on a voluntary basis

desinteresarse *vpr* to lose interest (**de** in)

desintoxicación *nf* detoxification; **clínica de d.** *(para alcohólicos)* drying-out clinic

desintoxicar [59] **1** *vt* to detoxify
2 desintoxicarse *vpr (dejar de beber)* to dry out; *Fig* **se fue al campo para desintoxicarse de la ciudad** he went to the country to get the city out of his system

desinversión *nf Econ* disinvestment, divestment

desistimiento *nm* giving up; *Der* abandonment

desistir *vi* to give up, to stop (**de hacer algo** doing sth); **¡nada me hará d.!** nothing will make me give up!; **d. de un derecho** to waive a right

deslavazado, -a *adj (discurso)* disconnected, rambling

desleal *adj* disloyal (**a** *o* **con** to); **competencia d.** unfair competition

deslealmente *adv* disloyally

deslealtad *nf* disloyalty

desleír [56] *vt* to dissolve

deslenguado, -a *Fig* **1** *adj* foul-mouthed
2 *nm,f* foul-mouthed person

deslía *etc ver* **desleír**

desliar [32] *vt* to unwrap

deslíe *etc ver* **desleír**

desligar [38] **1** *vt* (**a**) *(desatar)* to untie (**b**) *Fig (separar)* to separate (**de** from)
2 desligarse *vpr* (**a**) *(desatarse)* to untie oneself (**b**) *Fig (separarse)* to become separated (**de** from); *(distanciarse)* to distance oneself (**de** from)

deslindar *vt* (**a**) *(limitar)* to mark out (the boundaries of) (**b**) *Fig (separar)* to define

deslinde *nm* (**a**) *(delimitación)* delimitation, demarcation (**b**) *(aclaración)* clarification, elucidation

deslió *etc ver* **desleír**

deslío *etc ver* **desleír**

desliz *nm* slip, error; **tener** *o* **cometer un d.** *(error)* to slip up; *(infidelidad conyugal)* to be unfaithful

deslizable *adj* (**a**) *(resbaladizo)* slippery (**b**) *(corredero)* sliding

deslizadizo, -a *adj* slippery

deslizamiento *nm* slide, sliding ❑ ***d. de tierra*** landslide

deslizante *adj* (**a**) *(resbaladizo)* slippery (**b**) *(corredero)* sliding

deslizar [14] **1** *vt* (**a**) *(mano, objeto)* **d. algo en** to slip sth into; **d. algo por algo** to slide sth along sth; **deslizó la mano por la barandilla** he ran his hand down the banister; **deslizó el trapo sobre la mesa** he ran the cloth over the table
(**b**) *(indirecta, comentario)* to slip in; **deslizó un comentario sarcástico** she slipped in a sarcastic comment
2 deslizarse *vpr* (**a**) *(resbalar)* **deslizarse por** to slide along; **el barco se deslizaba por la superficie** the boat slid along the surface; **los esquiadores se deslizaban por la nieve** the skiers slid across the snow; **el patinador se desliza por el hielo** the skater glides across the ice; **los niños se deslizaron por el tobogán** the children slid down the chute
(**b**) *(introducirse)* **deslizarse en** *(persona)* to slip into; *(error)* to creep into
(**c**) *(sujeto: tiempo, vida)* to slip away *o* by

deslomar 1 *vt (a golpes)* to thrash
2 deslomarse *vpr Fam Fig* to break one's back, to wear oneself out; **me deslomé a estudiar, pero no aprobé** I did my head in studying, but I didn't pass

deslucido, -a *adj* (**a**) *(sin brillo)* faded; *(plata)* tarnished (**b**) *(sin gracia) (acto, ceremonia)* dull; *(actuación)* lacklustre, uninspired

deslucir [39] *vt (espectáculo)* to spoil; **la lluvia deslució el desfile** the rain spoiled the parade

deslumbrador, -ora *adj (luz)* dazzling; *Fig (atractivo)* stunning, dazzling

deslumbramiento *nm* (**a**) *(ceguera)* dazzling, dazzle; **sufrí un d. al mirar al sol** I was dazzled when I looked at the sun (**b**) *(confusión)* bewilderment

deslumbrante *adj (luz)* dazzling; *Fig* **María estaba d.** Maria looked stunning

deslumbrar *vt también Fig* to dazzle

deslustrado, -a *adj* (**a**) *(zapatos)* unpolished (**b**) *(ropa)* dingy (**c**) *(metal)* tarnished

deslustrar *vt también Fig* to take the shine off

desluzco *etc ver* **deslucir**

desmadejado, -a *adj (débil, flojo)* weak, worn out

desmadejar *vt* to wear *o* tire out

desmadrarse *vpr Fam* to go wild

desmadre *nm Fam* (**a**) *(caos)* chaos, utter confusion; **esta organización es el d. total** this organization is totally chaotic (**b**) *(desenfreno)* rave-up; **la fiesta fue un d.** the party was really wild

desmagnetización *nf Informát* degaussing

desmalezar [14] *vt Am* to clear of undergrowth

desmán *nm* (**a**) *(exceso)* excess; **con sus desmanes ahuyenta a mis amigos** his outrageous behaviour scares off my friends (**b**) *(abuso de poder)* abuse (of power); **han denunciado los desmanes de los gobernantes** they have condemned the rulers' abuses of power (**c**) *(animal)* Russian desman □ ***d. del Pirineo*** Pyrenean desman

desmanchar 1 *vt Am* to remove the stains from

2 desmancharse *vpr Andes, PRico (apartarse)* to withdraw

desmandado, -a *adj (desobediente)* unruly

desmandarse *vpr (descontrolarse)* to go out of control

desmano *nf* **a d.** *(fuera de alcance)* out of reach; *(fuera del camino seguido)* out of the way; **su pueblo me pilla a d.** his town is out of my way; **su casa cae muy a d.** his house is really off the beaten track

desmantelado, -a *adj* dismantled

desmantelamiento *nm (de casa, fábrica)* stripping; *(de organización)* disbanding; *(de arsenal, andamiaje)* dismantling; *(de barco)* unrigging; **el d. de todas las bases americanas** the closing of all American bases

desmantelar *vt (casa, fábrica)* to clear out, to strip; *(organización)* to disband; *(arsenal, andamio)* to dismantle; *(barco)* to unrig

desmañado, -a *adj* clumsy, awkward

desmaquillador, -ora 1 *adj* **crema/loción desmaquilladora** make-up remover

2 *nm* make-up remover

desmaquillar 1 *vt* to remove the make-up from

2 desmaquillarse *vpr* to take one's make-up off

desmarcado, -a *adj Dep* unmarked

desmarcar [59] **1** *vt Dep* to draw the marker away from

2 desmarcarse *vpr* (**a**) *Dep* to lose one's marker (**b**) *(apartarse)* **se ha desmarcado de la línea oficial del partido** he has distanced himself from the official party line

desmarque *nm* (**a**) *Dep* **Rodríguez realizó un buen d.** Rodríguez lost his marker well (**b**) *(alejamiento)* **su d. de la política del gobierno ha sorprendido a todos** his disavowal of government policy has surprised everyone

desmayado, -a *adj* (**a**) *(persona)* unconscious; **caer d.** to faint (**b**) *(color)* pale; *(voz)* faint, weak

desmayar 1 *vi* to lose heart

2 desmayarse *vpr* to faint

desmayo *nm* (**a**) *(físico)* fainting fit; **sufrir un d.** to faint (**b**) *(moral)* loss of heart; **sin d.** unfalteringly; **con d.** feebly

desmedido, -a *adj* excessive, disproportionate

desmedirse [47] *vpr* to go too far, to go over the top

desmedrar 1 *vt (deteriorar)* to impair, to damage

2 *vi (decaer)* to decline, to deteriorate

desmedro *nm* decline, deterioration

desmejorado, -a *adj* poorly, unwell

desmejorar 1 *vt* to spoil; **ese peinado la desmejora mucho** that hairstyle does absolutely nothing for her

2 *vi* to go downhill, to deteriorate; **desmejoró mucho con la edad** he really went downhill as he got older

3 desmejorarse *vpr* to go downhill, to deteriorate

desmelenado, -a *adj* (**a**) *(persona)* reckless, wild (**b**) *(cabello)* tousled, dishevelled

desmelenar 1 *vt (cabello)* to dishevel

2 desmelenarse *vpr* to go wild

desmembración *nf*, **desmembramiento** *nm* (**a**) *(de cuerpo)* dismemberment; *(de miembro, extremidad)* loss (**b**) *(de estados, partidos)* break-up

desmembrar [3] **1** *vt* (**a**) *(trocear) (cuerpo)* to dismember; *(miembro, extremidad)* to cut off (**b**) *(disgregar)* to break up

2 desmembrarse *vpr* to break up, to fall apart; **el Estado se está desmembrando** the State is breaking up *o* falling apart

desmemoriado, -a 1 *adj* forgetful

2 *nm,f* forgetful person; **ser un d.** to be very forgetful

desmentido *nm* denial

desmentir [62] *vt* (**a**) *(negar)* to deny; **desmintió la noticia** he denied the report; **el primer ministro desmintió a su portavoz** the prime minister contradicted his spokesperson (**b**) *(desmerecer)* to be unworthy of

desmenuzar [14] **1** *vt* (**a**) *(trocear) (pan, pastel, roca)* to crumble; *(carne)* to chop up; *(papel)* to tear up into little pieces (**b**) *Fig (examinar, analizar)* to scrutinize

2 desmenuzarse *vpr (pan, pastel, roca)* to crumble

desmerecedor, -ora *adj* unworthy, undeserving

desmerecer [46] **1** *vt* not to deserve, to be unworthy of

2 *vi* to lose value; **d. (en algo) de alguien** to be inferior to sb (in sth); **ganó el equipo visitante, pero el Betis no desmereció** the visiting team won, but Betis gave a good account of themselves

desmerezco *etc ver* **desmerecer**

desmesura *nf* lack of moderation; **comer con d.** to gorge oneself

desmesuradamente *adv* (**a**) *(excesivamente)* excessively, extremely (**b**) *(descomunalmente)* uncommonly, extremely

desmesurado, -a *adj (excesivo)* excessive, disproportionate; *(enorme)* enormous

desmidiera *etc ver* **desmedirse**

desmido *etc ver* **desmedirse**

desmiembro *etc ver* **desmembrar**

desmiento *etc ver* **desmentir**

desmigajar 1 *vt* to crumble

2 desmigajarse *vpr* to crumble

desmigar *vt* to crumble

desmilitarización *nf (de país, zona)* demilitarization

desmilitarizar [14] *vt* to demilitarize

desmineralización *nf Med* demineralization

desmintiera *etc ver* **desmentir**

desmitificación *nf* demythologizing

desmitificador, -ora *adj* demythologizing

desmitificar [59] *vt* **d. algo/a alguien** to stop idealizing sth/sb; **el escándalo desmitificó al presidente** the scandal showed the president had feet of clay

desmochado, -a *adj (árbol)* polled

desmochar *vt (árbol)* to poll, to pollard

desmoche *nm (poda)* polling, pollarding

desmonetización *nf Econ* demonetarization

desmontable *adj* that can be dismantled; **una librería d.** a self-assembly bookcase

desmontaje *nm* (**a**) *(desarme)* dismantling, disassembly (**b**) *(demolición)* demolition (**c**) *(de arma de fuego)* uncocking

desmontar 1 *vt* (**a**) *(desarmar) (máquina)* to take apart *o* to pieces; *(motor)* to strip down; *(piezas)* to dismantle; *(rueda)* to remove, to take off; *(tienda de campaña)* to take down

(**b**) *(arma)* to uncock

(**c**) *(de caballo, moto, bicicleta)* to unseat; **el caballo desmontó al jinete** the horse threw its rider; **desmontó al niño de la bicicleta** he took the boy off the bicycle

(**d**) *Informát* to unmount

2 *vi* **d. de** *(caballo)* to dismount from; *(moto, bicicleta)* to get off; *(coche)* to get out of

3 desmontarse *vpr* **desmontarse de**

(caballo) to dismount from; *(moto, bicicleta)* to get off; *(coche)* to get out of

desmonte *nm* (**a**) *(terreno)* **un d.** an area of levelled ground (**b**) *(allanamiento)* levelling (**c**) *(de bosque)* clearing

desmoralización *nf* demoralization; **cundió la d. entre los familiares** dismay spread amongst the relatives

desmoralizado, -a *adj* demoralized

desmoralizador, -ora, desmoralizante *adj* demoralizing

desmoralizar [14] **1** *vt* to demoralize
2 desmoralizarse *vpr* to become demoralized

desmoronamiento *nm* (**a**) *(de edificio, roca)* crumbling, falling to pieces (**b**) *(de ideales)* crumbling, falling to pieces; *(de persona)* going to pieces (**c**) *(de imperio)* fall

desmoronar 1 *vt (edificio, roca)* to cause to crumble
2 desmoronarse *vpr* (**a**) *(edificio, roca)* to crumble, to fall to pieces (**b**) *(ideales)* to crumble, to fall to pieces; *(persona)* to go to pieces (**c**) *(imperio)* to fall apart

desmotivado, -a *adj* lacking in motivation

desmotivar *vt* to demotivate

desmovilización *nf* demobilization

desmovilizar [14] *vt* to demobilize

desnacionalización *nf* denationalization, privatization

desnacionalizar [14] *vt* to denationalize, to privatize

desnatado, -a *adj (leche)* skimmed

desnatar *vt* to skim

desnaturalización *nf* (**a**) *(de ciudadano)* denaturalization (**b**) *(de carácter)* perversion, corruption (**c**) *(de texto)* distortion

desnaturalizado, -a *adj (sustancia)* adulterated; *(alcohol)* denatured

desnaturalizar [14] *vt* (**a**) *(ciudadano)* to deprive of citizenship (**b**) *(sustancia)* to adulterate; *(alcohol)* to denature

desnivel *nm* (**a**) *(cultural, social)* inequality, gap; **ha aumentado el d. entre ricos y pobres** the gap between rich and poor has widened (**b**) *(del terreno)* drop; **había un d. de 500 metros** there was a drop of 500 metres

desnivelado, -a *adj (terreno, piso)* uneven; **la mesa está desnivelada** this table isn't level

desnivelar 1 *vt* to make uneven; *(balanza)* to tip
2 desnivelarse *vpr* to become uneven; **el encuentro se desniveló con la expulsión de Ramírez** the sending off of Ramírez made it a very unequal game

desnucar [59] **1** *vt* to break the neck of
2 desnucarse *vpr* to break one's neck

desnuclearización *nf (de armas)* nuclear disarmament; *(de centrales nucleares)* = getting rid of nuclear power

desnuclearizado, -a *adj* nuclear-free

desnuclearizar [14] *vt* to make nuclear-free

desnudar 1 *vt* (**a**) *(persona)* to undress (**b**) *Fig (cosa)* to strip (**de** of); **desnudó su discurso de toda floritura** he avoided all ornament in his speech (**c**) *Fam Fig (quitar el dinero a)* to clean out
2 desnudarse *vpr* to undress, to get undressed; **tuvo que desnudarse de cintura para arriba** he had to strip to the waist

desnudez *nf* (**a**) *(de persona)* nakedness, nudity (**b**) *(de cosa)* bareness

desnudismo *nm* nudism

desnudista *adj & nmf* nudist

desnudo, -a 1 *adj* (**a**) *(persona, cuerpo)* naked; *(hombro)* bare; **d. de cintura para arriba** stripped *o* naked to the waist (**b**) *(salón, árbol)* bare; *Fig (verdad)* plain; *(paisaje)* bare, barren (**c**) **al d.** *(a la vista)* for all to see
2 *nm* nude; **pintar un d.** to paint a nude; **un d. masculino** a male nude; **el d. en el cine** nudity in the movies; **d. frontal** full-frontal nude; **contiene desnudos integrales** there are scenes of total nudity

desnutrición *nf* malnutrition

desnutrido, -a *adj* undernourished

desnutrirse *vpr* to become malnourished

desobedecer [46] *vt* to disobey

desobediencia *nf* disobedience ❑ ***d. civil*** *o* ***pacífica*** civil disobedience

desobediente 1 *adj* disobedient
2 *nmf* disobedient person; **es un d.** he's terribly disobedient

desocupación *nf* (**a**) *(desempleo)* unemployment (**b**) *(ociosidad)* idleness

desocupado, -a *adj* (**a**) *(persona) (ocioso)* free, unoccupied (**b**) *(persona) (sin empleo)* unemployed (**c**) *(asiento)* vacant, unoccupied; **¿está desocupada esta silla?** is this seat free? (**d**) *(asiento)* vacant, unoccupied (**e**) *(tiempo)* free

desocupar 1 *vt (edificio)* to vacate; *(en emergencia)* to leave, to evacuate; *(habitación, mesa)* to leave; **desocupó su silla para cedérsela a la anciana** he gave (up) his seat to the old lady; **si consigo d. una tarde, te llamo** if I can free up an afternoon, I'll call you
2 desocuparse *vpr (habitación, mesa)* to be left free; **el baño ya se ha desocupado** the bathroom is free now

desodorante 1 *adj* deodorant, deodorizing
2 *nm* deodorant ❑ ***d. de barra/de spray*** deodorant stick/spray

desodorizar [14] *vt* to deodorize

desoír *vt* not to listen to, to take no notice of; **d. los consejos de alguien** to ignore sb's advice

desolación *nf* (**a**) *(destrucción)* desolation (**b**) *(desconsuelo)* distress, grief; **sumir en la d.** to devastate

desolado, -a *adj* (**a**) *(paraje)* desolate (**b**) *(persona)* devastated

desolador, -ora *adj (imagen, espectáculo)* desolate; *(noticia, terremoto)* devastating; **ante un panorama tan d., nadie sabía cómo reaccionar** faced with such a bleak prospect, nobody knew how to react

desolar [75] **1** *vt* (**a**) *(destruir)* to devastate, to lay waste (**b**) *(afligir)* to cause anguish to; **la muerte del padre desoló a la familia** the father's death devastated the family
2 desolarse *vpr* to be devastated

desollador *nm (ave)* butcherbird

desolladura *nf (arañazo)* graze

desollar [63] *vt* **1** (**a**) *(despellejar)* to skin; **si lo pillo, lo desuello** if I catch him, I'll skin him alive (**b**) *(criticar)* to flay, to criticize
2 desollarse *vpr* **se desolló las manos sujetando la cuerda** the rope took the skin off his hands

desorbitado, -a *adj* (**a**) *(exagerado)* disproportionate; *(precio)* exorbitant (**b**) **con los ojos desorbitados** pop-eyed

desorbitar 1 *vt* (**a**) *(descontrolar)* to send out of control; **la inflación ha desorbitado los precios** inflation has sent prices sky-high (**b**) *Fig (exagerar)* to exaggerate, to blow out of proportion
2 desorbitarse *vpr* to go out of control; **la inflación se ha desorbitado** inflation has gone out of control *o* through the roof

desorden *nm* (**a**) *(confusión)* disorder, chaos; *(falta de orden)* mess; **tu dormitorio está en d.** your bedroom is in a mess (**b**) *(vida desenfrenada)* excess (**c**) **desórdenes** *(disturbios)* disturbance; **se han producido desórdenes por toda la ciudad** there have been disturbances throughout the city (**d**) *(alteración física)* **sufre desórdenes nerviosos/estomacales** he has a nervous/stomach complaint

desordenadamente *adv* (**a**) *(sin orden)* in a disorderly way (**b**) *(confusamente)* confusedly

desordenado, -a 1 *adj* (**a**) *(habitación, persona)* untidy, messy; *(documentos, fichas)* jumbled (up) (**b**) *Fig (vida, comportamiento)* disorganized, messy
2 *nm,f* untidy person; **es una desordenada** she's very untidy

desordenar 1 *vt (habitación, cajón)* to mess up; *(documentos, fichas)* to jumble up; *(pelo)* to ruffle
2 desordenarse *vpr (habitación, cajón)* to get into a mess; *(documentos, fichas)* to get mixed up *o* out of order

desorejado, -a *adj* (**a**) *Andes, Pan (que tiene mal oído)* tone-deaf (**b**) *Cuba (derrochador)* wasteful

desorganización *nf* disorganization

desorganizado, -a *adj* disorganized

desorganizar [14] *vt* to disrupt, to disorganize

desorientación *nf* (**a**) *(en el espacio)* disorientation (**b**) *(en la mente)* confusion

desorientado, -a *adj* (**a**) *(en el espacio)* lost; **anda completamente d.** he's totally lost (**b**) *(confuso)* confused; **tiene noventa y ocho años y anda ya algo d.** he's ninety-eight and he's a bit confused

desorientar 1 *vt* (**a**) *(en el espacio)* to disorientate, to mislead (**b**) *(en la mente)* to confuse

2 desorientarse *vpr* to lose one's way *o* bearings

desosar [23] *vt (carne)* to bone; *(fruta) Br* to stone, *US* to pit

desovar *vi (peces, anfibios)* to spawn; *(insectos)* to lay eggs

desove *nm (de peces, anfibios)* spawning; *(de insectos)* laying

desovillar 1 *vt (ovillo)* to unwind
2 desovillarse *vpr* to uncurl

desoxirribonucleico *adj Quím* **ácido d.** deoxyribonucleic acid

despabilado, -a *adj* (**a**) *(despierto)* wide-awake (**b**) *(listo)* smart, quick

despabilar 1 *vt* (**a**) *(despertar)* to wake up (**b**) *(hacer más avispado)* to make streetwise
2 despabilarse *vpr* (**a**) *(despertarse)* to wake up (**b**) *(darse prisa)* to hurry up (**c**) *Cuba Fam (marcharse)* to clear off

despachante *nm RP* **d. de aduanas** customs officer

despachar 1 *vt* (**a**) *(mercancía)* to dispatch
(**b**) *(en tienda) (cliente)* to serve; **¿le despachan?** are you being served?
(**c**) *(vender)* to sell
(**d**) *Fam (terminar) (trabajo, discurso)* to finish off; *(comida)* to polish off
(**e**) *Fam (del trabajo)* **d. a alguien (de)** to dismiss *o* sack sb (from)
(**f**) *(asunto, negocio)* to deal with
(**g**) *Fam (matar)* to bump off, to get rid of
(**h**) *Am (facturar)* to check in
2 *vi* (**a**) *(sobre un asunto)* to do business; **la reina despacha semanalmente con el primer ministro** the queen has a weekly meeting with the prime minister
(**b**) *(en una tienda)* to serve
3 despacharse *vpr* (**a**) *(hablar francamente)* **despacharse con alguien** to give sb a piece of one's mind
(**b**) *(desembarazarse)* **despacharse de** to get rid of
(**c**) *(darse prisa)* to hurry up
(**d**) *Arg (comer)* to gorge oneself on

despacho *nm* (**a**) *(oficina)* office; *(en casa)* study (**b**) *(muebles)* set of office furniture (**c**) *(comunicación oficial)* dispatch; **un d. de una agencia** a news agency report (**d**) *(venta)* sale ▫ ***d. de billetes/localidades*** ticket/box office; ***d. de lotería*** lottery kiosk (**e**) *(envío)* dispatch, sending

despachurramiento *nm* squashing

despachurrar *vt Fam* to squash

despacio 1 *adv* (**a**) *(lentamente)* slowly; **¿podría hablar más d., por favor?** could you speak more slowly, please? (**b**) *Am (en voz baja)* in a low voice, quietly
2 *interj* **¡d.!** take it easy!

despacito *adv* EXPR **d. y buena letra** slowly and carefully

despampanante *adj* stunning; **una rubia d.** a stunning blonde

despanzurrar 1 *vt Fam* to cause to burst open
2 despanzurrarse *vpr* to burst (open); **se ha despanzurrado el sofá** the stuffing is coming out of the sofa

desparasitar *vt (de piojos)* to delouse

desparejado, -a *adj (calcetín, guante)* odd

desparejar *vt* to mix up

desparpajo *nm Fam* (**a**) *(desenvoltura)* self-assurance; **tiene mucho d.** she's very self-assured; **con d.** with assurance, confidently (**b**) *CAm (desorden)* chaos, confusion

desparramado, -a *adj (líquido)* spilt; *(objetos, personas)* scattered; **las fotocopias quedaron desparramadas por todo el suelo** the photocopies ended up scattered all over the floor

desparramar 1 *vt* (**a**) *(líquido)* to spill; *(objetos)* to spread, to scatter (**b**) *Fig (dinero)* to squander
2 desparramarse *vpr (líquido)* to spill; *(objetos, personas)* to scatter, to spread out

despatarrado, -a *adj Fam* sprawled

despatarrarse *vpr Fam* to open one's legs wide; **se despatarró en el sofá y se quedó dormido** he sprawled out on the sofa and fell asleep

despavorido, -a *adj* terrified; **salir d.** to rush out in terror

despavorir *vt* to terrify

despecharse *vpr* to get angry

despecho *nm (rencor, venganza)* spite; *(desengaño)* bitterness; **(hacer algo) por d.** (to do sth) out of spite; **a d. de** in spite of, despite

despechugado, -a *adj Fam (hombre)* bare-chested; *(mujer)* bare-breasted, topless

despechugarse [38] *vpr Fam (hombre)* to bare one's chest; *(mujer)* to bare one's breasts, to go topless

despectivamente *adv* scornfully, contemptuously

despectivo, -a *adj* (**a**) *(despreciativo)* scornful, contemptuous (**b**) *(palabra)* pejorative

despedazamiento *nm* (**a**) *(rotura)* breaking *o* tearing to pieces (**b**) *Fig (ruina)* shattering

despedazar [14] *vt* (**a**) *(físicamente)* to tear apart (**b**) *Fig (moralmente)* to shatter

despedida *nf* (**a**) *(adiós)* goodbye, farewell; **odio las despedidas** I hate goodbyes; **como** *o* **por toda d. dijo "adiós"** he said "goodbye", and that was all the farewell we got (**b**) *(fiesta)* farewell party ▫ ***d. de soltera*** hen party; ***d. de soltero*** stag party

despedido, -a *adj (trabajador) (por cierre, reducción de plantilla)* redundant; *(por razones disciplinarias)* sacked

despedir [47] **1** *vt* (**a**) *(decir adiós a)* to say goodbye to; **fuimos a despedirle a la estación** we went to see him off at the station; **nos despidió con la mano** he waved goodbye to us
(**b**) *(de un empleo) (por cierre, reducción de plantilla)* to make redundant, to lay off; *(por razones disciplinarias)* to sack, to fire; *(de un club)* to throw out
(**c**) *(lanzar, arrojar)* to fling; **salir despedido de/por/hacia algo** to fly out of/through/towards sth
(**d**) *(difundir, desprender)* to give off; **despide un olor insoportable** it gives off an unbearable smell
2 despedirse *vpr* (**a**) *(decir adiós)* to say goodbye (**de** to); **se despidieron emocionadamente** they had an emotional leave-taking; **los enamorados se despidieron con un beso** the lovers kissed each other goodbye; **se despide atentamente** *(en carta)* Yours sincerely/faithfully
(**b**) *(olvidar)* **si no apruebas, ya puedes despedirte de la moto** if you don't pass, you can kiss the motorbike goodbye

despegable *adj* detachable

despegado, -a *adj Fig* cold, detached

despegar [38] **1** *vt* (**a**) *(pieza, etiqueta)* to unstick (**b**) *CAm, Méx (caballos)* to unhitch
2 *vi* (**a**) *(avión)* to take off; *(cohete)* to take off, to blast off (**b**) *(empresa, equipo)* to take off; **la compañía no acaba de d.** the company hasn't really been able to take off
3 despegarse *vpr* (**a**) *(etiqueta, pegatina, sello)* to come unstuck (**b**) *(persona)* **despegarse de alguien** to break away from sb; **no se despegó de su novia ni un minuto** he didn't leave his girlfriend's side for a minute; **los ciclistas no consiguen despegarse del pelotón** the cyclists can't break away from the pack

despego *nm* detachment, indifference; **siento d. por mi familia** I feel detached from *o* indifferent to my family

despegue *nm* (**a**) *(de aeronave)* take-off ▫ ***d. vertical*** vertical take-off (**b**) *(de empresa, proyecto)* take-off

despeinado, -a *adj* (**a**) *(por el viento)* windswept (**b**) *(descuidado)* dishevelled

despeinar 1 *vt (pelo)* to ruffle; **d. a alguien** to mess up sb's hair; **el viento la había despeinado** the wind had ruffled her hair
2 despeinarse *vpr* to get one's hair messed up

despejado, -a *adj* (**a**) *(tiempo, día)* clear (**b**) *Fig (sin sueño)* wide awake (**c**) *Fig (mente)* alert (**d**) *(espacio) (ancho)* spacious; *(sin estorbos)* clear, uncluttered

despejar 1 *vt* (**a**) *(habitación, mente)* to clear; *(nariz)* to unblock (**b**) *(pelota)* to clear; **el portero despejó la pelota a córner** the goalkeeper cleared the ball for a corner (**c**) *(misterio, incógnita)* to clear up, to put an end to; **su respuesta no despejó mis dudas** her answer didn't clear up the things I wasn't sure about (**d**) *Mat (incógnita)* to find
2 *vi (en fútbol)* to clear
3 *v impersonal (tiempo)* to clear up; *(cielo)* to clear
4 despejarse *vpr* (**a**) *(espabilarse)* to clear one's head (**b**) *(despertarse)* to wake oneself up

despeje *nm Dep* clearance

despellejar 1 *vt* (**a**) *(animal)* to skin (**b**) *(criticar)* to pull to pieces
2 despellejarse *vpr* to peel; **se te está despellejando la nariz** your nose is peeling

despelotarse *vpr Fam* (**a**) *(desnudarse)* to strip off (**b**) *(mondarse)* **d. (de risa)** to laugh one's head off

despelote *nm Fam* (**a**) *(desnudo)* **hay mucho d. en la playa** there are a lot of people *Br* starkers *o US* buck naked on the beach (**b**) *(caos)* chaos; **se armó un d.** chaos broke out; **ser un d.** *(proyecto, reunión)* to be chaotic (**c**) *(cachondeo)* **tu primo es un d.** your cousin is a good laugh; **esa película es un d.** that film is a great laugh *o* a scream

despeluchado, -a *adj (despeinado)* with dishevelled hair

despeluchar 1 *vt (despeinar)* **d. a alguien** to mess *o* dishevel sb's hair
2 despelucharse *vpr* (**a**) *(despeinarse)* to get one's hair messed up *o* dishevelled (**b**) *(pelarse)* to be *o* get worn bare; **la alfombra se ha despeluchado por el uso** the carpet has been worn bare with use

despeluzar *vt Cuba (dejar sin dinero)* to fleece

despenalización *nf* decriminalization

despenalizar [14] *vt* to decriminalize; **d. las drogas blandas** to decriminalize soft drugs

despenar *vt Chile (desesperanzar)* to deprive of hope

despendolarse *vpr Fam* to go wild

despendole *nm* loss of control; **la fiesta fue un d.** the party was a rave-up

despensa *nf* (**a**) *(lugar)* larder, pantry; *(en barco)* storeroom (**b**) *(provisiones)* provisions, supplies

despeñadero *nm* precipice

despeñar 1 *vt* to throw over a cliff
2 despeñarse *vpr* to fall over a cliff

despepitarse *vpr (gritar)* to rant

desperdiciado, -a *adj* wasted, squandered

desperdiciar *vt (tiempo, comida)* to waste; *(dinero)* to squander; *(ocasión)* to throw away

desperdicio *nm* (**a**) *(acción)* waste (**b**) *(residuo)* **desperdicios** scraps (**c**) EXPR **este libro no tiene d.** this book is excellent from start to finish; **el cerdo no tiene d.** no part of the pig goes to waste; *Irónico* **tus vecinos no tienen d., además de ser ruidosos no limpian la escalera** your neighbours don't go in for half measures, not only are they noisy, but they don't clean the stairs

desperdigado, -a *adj* scattered

desperdigar [38] **1** *vt* to scatter, to disperse
2 desperdigarse *vpr* to scatter

desperezarse [14] *vpr* to stretch

desperezo *nm* (**a**) *(estirón)* stretch, stretching (**b**) *(despertamiento)* waking up

desperfecto *nm* (**a**) *(deterioro)* damage; **el paquete llegó con desperfectos** the package was damaged when it arrived; **pagar los desperfectos ocasionados** to pay for the damage caused; **sufrir desperfectos** to get damaged (**b**) *(defecto)* flaw, imperfection

despersonalizar [14] *vt* to depersonalize

despertador *nm* alarm clock; **apagar/poner el d.** to turn off/set the alarm clock ❑ ***d. telefónico*** alarm call service

despertar [3] **1** *vt* (**a**) *(persona, animal)* to wake (up); **despiértame a la seis, por favor** could you wake me (up) at six, please?
(**b**) *(producir)* to arouse; **d. odio/pasión** to arouse hatred/passion; **el ejercicio me despierta el apetito** exercise gives me an appetite
(**c**) *(recuerdo)* to revive, to awaken; **esta canción despierta en mí buenos recuerdos** this song brings back happy memories
2 *vi* (**a**) *(dejar de dormir)* to wake up
(**b**) *(espabilar)* to wise up
3 despertarse *vpr* to wake up
4 *nm (de sueño)* awakening; *Fig* **el d. de la civilización** the dawn of civilization

despezuñarse *vpr Andes, Hond, PRico* (**a**) *(caminar deprisa)* to go very quickly (**b**) *(esforzarse)* to exert oneself, to make an effort

despiadadamente *adv* pitilessly, mercilessly

despiadado, -a *adj* pitiless, merciless

despidiera *etc ver* **despedir**

despido 1 *ver* **despedir**
2 *nm* (**a**) *(expulsión)* dismissal, sacking ❑ ***d. improcedente*** wrongful dismissal; ***d. libre*** dismissal without compensation (**b**) *(indemnización)* redundancy money *o* payment

despiece *nm* cutting-up

despierto, -a 1 *ver* **despertar**
2 *adj* (**a**) *(sin dormir)* awake (**b**) *(espabilado, listo)* bright, sharp

despilfarrador, -ora 1 *adj* wasteful, spendthrift
2 *nm,f* spendthrift, squanderer

despilfarrar *vt (dinero)* to squander; *(energía, agua)* to waste

despilfarro *nm (de dinero)* squandering; *(de energía, agua)* waste; **sería un d. comprar esa lámpara** buying that lamp would be a waste of money

despintar *vt* to take the paint off

despiojar *vt* to delouse

despiole *nm Arg Fam* rumpus, shindy

despiporre *nm Fam* **fue el d.** it was something else, it was really something

despistado, -a 1 *adj* absent-minded; **en ese momento estaba d. y no la vi** I was distracted at the time and didn't see her
2 *nm,f* **es una despistada** she's very absent-minded; **no te hagas el d., te hablo a ti** stop acting stupid *o US* dumb, I'm talking to you

despistar 1 *vt* (**a**) *(dar esquinazo a)* to throw off the scent; **despistaron a sus perseguidores** they shook off their pursuers (**b**) *(confundir)* to mislead; *(distraer)* to distract; **el ruido me despista** the noise is distracting me
2 despistarse *vpr* (**a**) *(perderse)* to lose one's way, to get lost (**b**) *(confundirse)* to get mixed up *o* confused

despiste *nm* (**a**) *(distracción)* absent-mindedness; *(error)* mistake, slip; **el accidente se debió a un d. del conductor** the accident was caused by a mistake on the part of the driver; **¡qué d.! ¡creía que la reunión era mañana!** how forgetful of me! I thought the meeting was tomorrow! (**b**) *(persona)* **Marta es un d.** Marta is very absent-minded

desplantar *vt* to uproot, to pull up

desplante *nm (dicho)* rude remark; **hacer un d. a alguien** *(con acciones)* to do sth rude to sb; *(con palabras)* to be rude to sb; **le hizo el d. de no acudir a su boda** she was so rude as not to attend his wedding

desplayado *nm Arg* clearing

desplazado, -a 1 *adj* (**a**) *(desambientado)* out of place (**b**) *(emigrado forzoso)* displaced
2 *nm,f* displaced person; **los desplazados** displaced persons

desplazamiento *nm* (**a**) *(viaje)* journey; **gastos de d.** travelling expenses (**b**) *(traslado)* movement ❑ *Fís* ***d. Doppler*** Doppler shift; *Fís* ***d. hacia el rojo*** redshift (**c**) *Náut* displacement

desplazar [14] **1** *vt* (**a**) *(trasladar)* to move (**a** to); **d. algo/a alguien de** to remove sb/sth from (**b**) *(tomar el lugar de)* to take the place of; **la cerveza ha desplazado al vino como bebida más consumida** beer has replaced wine as the most popular drink (**c**) *Náut* to displace
2 desplazarse *vpr* (**a**) *(viajar)* to travel; **se desplazó hasta el lugar del accidente en helicóptero** he travelled to the site of the accident by helicopter (**b**) *(moverse)* to move

desplegable *adj* (**a**) *(mapa)* folded; *(libro)* pop-up (**b**) *Informát (menú)* pop-up

desplegar [43] **1** *vt* (**a**) *(tela, periódico, mapa)* to unfold; *(alas)* to spread, to open; *(bandera)* to unfurl (**b**) *(cualidad)* to display (**c**) *(ejército, misiles)* to deploy
2 desplegarse *vpr* (**a**) *(desdoblarse)* to unfold, to spread out (**b**) *(ejército)* to fan out; **el pelotón se desplegó** the platoon fanned out

despliegue *nm* (**a**) *(de cualidad)* display (**b**) *(de ejército)* deployment ❑ ***d. de misiles*** missile deployment (**c**) *(utilización)* **llevaron a cabo la campaña electoral con un gran d. de medios** they used a wide variety of techniques in their election campaign

desplomar 1 *vt Ven (regañar)* to scold, to reprimand
2 desplomarse *vpr (caer)* to collapse; *(techo)* to fall in; *Fig* **se desplomó agotado en el sillón** he collapsed exhausted into the chair

desplome *nm* (**a**) *(caída)* collapse (**b**) *(salidizo)* overhang

desplumar *vt* (**a**) *(ave)* to pluck (**b**) *Fam (dejar sin dinero) (en el juego)* to clean out; **un ladrón me desplumó** a thief took all my money

despoblación *nf* depopulation

despoblado, -a 1 *adj* unpopulated, deserted
2 *nm* deserted spot

despoblar 1 *vt* to depopulate
2 despoblarse *vpr* to become depopulated

despojar 1 *vt* **d. a alguien de algo** to strip sb of sth; **lo despojaron de todas las joyas** they stole all her jewellery
2 despojarse *vpr* **despojarse de algo** *(bienes, alimentos)* to give sth up; *(ropa, adornos)* to take sth off

despojo *nm* (**a**) *(acción)* stripping, plundering (**b**) **despojos** *(de animales)* offal (**c**) *(cadáver)* **hallaron los despojos del héroe** they found the hero's mortal remains; *Fig* **es un d. humano** he's a (physical/mental) wreck (**d**) *Fig (víctima)* prey, victim; **la juventud es d. del tiempo** youth eventually falls prey to time

despolitizar [14] *vt* to depoliticize

desportilladura *nf* chip

desportillar *vt* to chip

desposado, -a *nm,f (hombre)* groom; *(mujer)* bride; **los desposados** the newlyweds

desposar 1 *vt* to marry
2 desposarse *vpr* to get married, to marry

desposeer [37] **1** *vt* **d. a alguien de algo** to dispossess sb of sth
2 desposeerse *vpr* **desposeerse de** to renounce, to give up

desposeído, -a 1 *adj* (**a**) *(pobre)* poor, dispossessed (**de** of); **un hombre d. de todos sus bienes** a man deprived of all his possessions (**b**) **d. de** *(carente)* lacking (in)
2 *nm,f* **los desposeídos** the have-nots, the wretched

desposeyera *etc ver* **desposeer**

desposorios *nmpl Formal* (**a**) *(compromiso)* betrothal (**b**) *(matrimonio)* marriage, wedding

despostar *vt Andes, RP (res)* to carve up, to quarter

déspota *nmf* despot; **es un d. con sus hijos** he's a tyrant with his children

despóticamente *adv* despotically

despótico, -a *adj* despotic

despotismo *nm* despotism ❑ *Hist* ***d. ilustrado*** enlightened despotism

despotricar [59] *vi* to rant on (**contra** at); **deja de d. del jefe** stop ranting on about the boss

despreciable 1 *adj* (**a**) *(indigno)* contemptible (**b**) *(de poca importancia)* negligible; **nada d.** significant
2 *nmf* contemptible person, wretch

despreciar *vt* (**a**) *(desdeñar)* to look down on, to scorn; **lo desprecian por su egoísmo** they look down on him because of his selfishness (**b**) *(rechazar)* to spurn (**c**) *(ignorar)* **despreció el mal tiempo y se fue a esquiar** scorning the poor weather, he went skiing

despreciativo, -a *adj* scornful, contemptuous

desprecio *nm* scorn, contempt; **siente un d. especial por los grandes estudios cinematográficos** he feels particular contempt for the big film studios; **hacer un d. a alguien** to snub sb; **con d.** contemptuously, with contempt

desprender 1 *vt* (**a**) *(lo que estaba fijo)* to remove, to detach (**b**) *(olor, luz, calor)* to give off
2 desprenderse *vpr* (**a**) *(soltarse)* to come *o* fall off; **la etiqueta se desprendió del vestido** the label fell off the dress (**b**) *(deducirse)* **de sus palabras se desprende que...** from his words it is clear *o* it can be seen that... (**c**) *(librarse)* **desprenderse de** to get rid of (**d**) *(renunciar)* **desprenderse de algo** to part with sth, to give sth up

desprendido, -a *adj (generoso)* generous

desprendimiento *nm* (**a**) *(separación)* detachment ❑ ***d. de retina*** detachment of the retina; ***d. de tierras*** landslide (**b**) *Fig (generosidad)* generosity

despreocupación *nf* lack of concern *o* worry; **con d.** in a carefree manner

despreocupadamente *adv* in a carefree manner

despreocupado, -a 1 *adj (libre de preocupaciones)* unworried, unconcerned; **es demasiado d.** he's too laid-back, he doesn't take things seriously enough
2 *nm,f* = person who doesn't take things too seriously; **es un d.** he's happy-go-lucky, he's very laid-back

despreocuparse *vpr* **d. de** *(asunto)* to stop worrying about; *(persona)* to be neglectful of

desprestigiado, -a *adj* discredited

desprestigiar 1 *vt* to discredit
2 desprestigiarse *vpr* to bring discredit on oneself

desprestigio *nm* discredit; **el d. de esta empresa crece cada día** the company's reputation gets worse every day

despresurización *nf* depressurization; **en caso de d. de la cabina** *(en avión)* if there is a sudden fall in cabin pressure

despresurizar 1 *vt* to depressurize
2 despresurizarse *vpr* to depressurize

desprevenido, -a *adj* unprepared; **pillar** *o Esp* **coger d. a alguien** to catch sb unawares, to take sb by surprise

desproporción *nf* disproportion

desproporcionado, -a *adj* disproportionate

desproporcionar *vt* to disproportion

despropósito *nm* stupid remark; **fue un d.** it was a stupid thing to say; **decir despropósitos** to say stupid things, to talk nonsense

desproteger *vt Informát (programa)* to hack into

desprotegido, -a *adj* unprotected

desprovisto, -a *adj* **d. de** lacking in, devoid of; **la casa está desprovista de comodidades** the house lacks modern conveniences

despuebla *etc ver* **despoblar**

DESPUÉS *adv* (**a**) *(en el tiempo) (más tarde)* afterwards, later; *(entonces)* then; *(justo lo siguiente)* next; **poco d.** soon after; **mucho d.** much later; **un año d.** a year later; **años d.** years later; **d. de Cristo** AD; **ellos llegaron d.** they arrived later; **llamé primero y d. entré** I knocked first and then I went in; **yo voy d.** it's my turn next; **nos veremos d.** see you later; **ahora todo son risitas, d. vendrán los lloros** you may be giggling now, but you'll be crying later; **d. de** after; **llegó d. de ti** she arrived after you; **d. de él, nadie lo ha conseguido** no one else has done it since he did; **d. de hacer algo** after doing sth; **d. de hervir la pasta, añada la salsa** once the pasta is cooked, add the sauce; **d. de desayunar** after breakfast; **¡qué pena que no ganaran, d. de lo bien que lo hicieron!** what a shame they lost after playing so well!; **d. de que** after; **d. de que amanezca** after dawn; **d. de que te fueras a la cama** after you went to bed; **d. de que lo hice** after I did it, after doing it; *Fig* **d. de todo** after all; **d. de todo lo que han hecho por ti, ¿cómo puedes tratarles tan mal?** how can you treat them so badly, after everything they've done for you?; **llegó d. que yo** she arrived after I did *o* after me
(**b**) *(en el espacio)* next, after; **¿qué viene d.?** what comes next *o* after?; **hay una farmacia y d. está mi casa** there's a chemist's and then there's my house; **varios bloques d.** several blocks further on; **está 2 kilómetros d. del pueblo** it's 2 kilometres past the village; **nos bajaremos cinco paradas d.** we get off five stops later
(**c**) *(en una lista, jerarquía)* further down; **d. de** after; **quedó d. del atleta ruso** he finished behind the Russian athlete; **d. de él, soy el primero de la clase** after him, I'm the best in the class; **d. del vino, la cerveza es la bebida más popular** after wine, beer is the most popular drink; **primero viene el deber, y d. el placer** business before pleasure

---

despuntar 1 *vt (romper la punta de)* to break the point off; *(desgastar la punta de)* to blunt
2 *vi* (**a**) *(flor, capullo)* to bud; *(planta)* to sprout (**b**) *(destacar)* to excel, to stand out; **despunta en francés** she excels in French; **despunta por su inteligencia** his intelligence makes him stand out (**c**) *(alba)* to break; *(día)* to dawn; **saldremos de viaje apenas despunte el día** we'll set off at the crack of dawn

despunte *nm Arg, Chile (leña menuda)* twigs

desquiciado, -a *adj (mentalmente)* deranged, unhinged; **nos tiene desquiciados con sus ruidos** he's driving us mad with the noise he makes

desquiciante *adj* maddening

desquiciar 1 *vt* (**a**) *(puerta, ventana)* to unhinge (**b**) *(persona) (desequilibrar)* to

derange, to disturb mentally; *(poner nervioso)* to drive mad
2 desquiciarse *vpr* (**a**) *(puerta, ventana)* to come off its hinges (**b**) *(persona) (descomponerse)* to become unsettled; *(trastornarse)* to become unhinged; **se desquicia con cualquier cosa** the least thing sets him off
desquitarse *vpr* to get one's own back (**de algo/alguien** for sth/on sb)
desquite *nm* revenge; **ya nos tomaremos el d.** we'll soon get our own back
desratización *nf* rodent extermination
desratizar [14] *vt* to clear of rodents
desregulación *nf* deregulation
desregular *vt* to deregulate
desrielar *vi Andes, CAm, Ven (descarrilar)* to derail
desriñonar *Fam Fig* **1** *vt (cansar)* to do in
2 desriñonarse *vpr (cansarse)* **se desriñona trabajando** she breaks her back working
destacable *adj* notable, worthy of comment; **lo más d. de la película fue...** what was most notable about the movie was...
destacado, -a *adj* (**a**) *(persona)* distinguished, prominent; *(acto)* outstanding (**b**) *(tropas)* detached; **las tropas destacadas en Bosnia** the troops stationed in Bosnia
destacamento *nm* (**a**) *(de tropas)* detachment (**b**) *Am* ***d. de policía*** *(comisaría)* police station
destacar [59] **1** *vt* (**a**) *(poner de relieve)* to emphasize, to highlight; **cabe d. que...** it is important to point out that...; **hay que d. el trabajo de los actores** the acting deserves special mention
(**b**) *(tropas)* to detach, to detail
2 *vi (sobresalir)* to stand out; **destaca entre sus otras novelas por su humor** it stands out among her other novels for *o* because of its humour
3 destacarse *vpr* (**a**) *(sobresalir)* to stand out (**de/por** from/because of); **el actor se destacó por sus dotes de cómico** the actor was outstanding in comic roles
(**b**) *(aventajarse)* to draw ahead
(**c**) *(objeto)* to stand out
destajar *vt Ecuad, Méx (res)* to quarter
destajo *nm* piecework; **trabajar a d.** *(por trabajo hecho)* to do piecework; *Fig (mucho)* to work flat out
destapado, -a 1 *adj* (**a**) *(caja, botella)* open (**b**) *(descubierto)* uncovered
2 *nm Méx Fam* = the presidential candidate for the governing party (PRI) after his identity has been revealed
destapar 1 *vt* (**a**) *(caja, botella)* to open; *(olla)* to take the lid off (**b**) *(oídos)* to unblock (**c**) *(descubrir)* to uncover
2 *vi Méx (caballo)* to bolt
3 destaparse *vpr* (**a**) *(desabrigarse)* to lose the covers; **el bebé se destapa por las noches** the baby kicks the blankets off at night (**b**) *(oídos)* to become unblocked (**c**) *(revelarse)* to open up; **al final se destapó el escándalo** in the end the scandal came to light
destape *nm* (**a**) *(en revistas)* nude photos; *(en películas, teatro)* nudity (**b**) *Méx Fam* = public announcement of the official presidential candidate for the PRI
destaponar *vt* (**a**) *(botella)* to uncork (**b**) *(taponamiento)* to unplug, to unstop (**b**) *(oídos)* to unblock
destartalado, -a *adj (viejo, deteriorado)* dilapidated; *(desordenado)* untidy
destejer *vt* (**a**) *(lo tejido)* to undo, to unravel (**b**) *(lo cosido)* to unstitch
destellar *vi (diamante, ojos)* to sparkle; *(estrellas)* to twinkle
destello *nm* (**a**) *(de luz)* sparkle; *(de estrella)* twinkle (**b**) *Fig (manifestación momentánea)* glimmer; **un d. de ironía** a hint of irony
destemplado, -a *adj* (**a**) *(persona)* **me siento un poco d.** I'm feeling a bit cold (**b**) *(instrumento)* out of tune (**c**) *(tiempo, clima)* unpleasant (**d**) *(carácter, actitud)* irritable (**e**) *(voz)* sharp
destemplanza *nf* (**a**) *(del tiempo, clima)* unpleasantness (**b**) *(del pulso)* irregularity, unevenness (**c**) *(desazón)* indisposition
destemplar 1 *vt* (**a**) *(instrumento)* to put out of tune (**b**) *(alterar)* to disturb the order *o* harmony of
2 destemplarse *vpr* (**a**) *(enfriarse)* to catch a chill (**b**) *(irritarse)* to get upset (**c**) *(instrumento musical)* to get out of tune (**d**) *Andes, Guat, Méx (sentir dentera)* to have one's teeth on edge
destemple *nm* (**a**) *(de instrumento)* dissonance (**b**) *(indisposición)* indisposition
destensar 1 *vt (músculo)* to relax; *(cuerda, cable)* to slacken
2 destensarse *vpr (cuerda, cable)* to slacken, to sag
desteñido, -a *adj (descolorido)* faded; *(manchado)* discoloured
desteñir 1 *vt (decolorar)* to fade, to bleach; *(manchar)* to discolour
2 *vi* to run, not to be colour-fast; **estos pantalones destiñen** the colour in these trousers runs
3 desteñirse *vpr* to fade
desternillante *adj* hysterically funny
desternillarse *vpr* **d. de risa** to split one's sides laughing *o* with laughter
desterrar [3] *vt* (**a**) *(persona)* to banish, to exile (**b**) *Fig (idea)* to dismiss; *(costumbre, hábito)* to do away with
destetar 1 *vt* to wean
2 destetarse *vpr* to be weaned; *Hum* **no se destetó hasta los veinticinco años** he didn't leave the family nest till he was twenty-five
destete *nm* weaning
destiempo: a destiempo *loc adv* at the wrong time
destierro 1 *ver* **desterrar**
2 *nm (fuera del país)* exile; *(dentro del país)* internal exile; **fue condenado al d.** he was sentenced to exile; **en el d.** in exile
destilación *nf* distillation
destilado *nm* distillate
destilador *nm* distiller
destilar 1 *vt* (**a**) *(agua, alcohol)* to distil (**b**) *(sangre, pus)* to ooze (**c**) *Fig (cualidad, sentimiento)* to exude, to ooze
2 *vi (gotear)* to trickle, to drip
destilería *nf* distillery
destinado, -a *adj* **d. a** *(cantidad, edificio)* allocated to; *(carta)* addressed to; *(medidas, programa)* designed *o* aimed to
destinar *vt* (**a**) *(a uso, utilización)* **d. algo a** *o* **para** *(cantidad, edificio)* to set sth aside for; *(carta)* to address sth to; *(medidas, programa, publicación)* to aim sth at; **han destinado el salón a oficina** they're using the lounge as an office; **el dinero recogido se destinará a comprar medicinas** the money collected will go to buy medicine (**b**) *(a trabajo)* **d. a alguien a** *(cargo, empleo)* to appoint sb to; *(plaza, lugar)* to post sb to; **está destinado en Colombia** he's been posted *o* sent to Colombia (**c**) **estar destinado al éxito/fracaso** to be destined for success/failure
destinatario, -a *nm,f* addressee
destino *nm* (**a**) *(sino)* destiny, fate; **nunca se sabe lo que el d. te puede deparar** you never know what fate might have in store for you (**b**) *(rumbo)* **(ir) con d. a** (to be) bound for *o* going to; **un vuelo con d. a...** a flight to...; **el tren con d. a La Paz** the train for La Paz, the La Paz train (**c**) *(empleo, plaza)* position, post; **le han dado un d. en las Canarias** he's been posted to the Canaries (**d**) *(finalidad)* use, function (**e**) *(meta)* destination; **llegamos tarde a nuestro d.** we arrived late at our destination
destitución *nf* dismissal
destituir [34] *vt* to dismiss; **lo destituyeron del puesto de tesorero** he was dismissed from his post as treasurer
destornillador *nm* (**a**) *(herramienta)* screwdriver (**b**) *Fam (bebida)* screwdriver
destornillar 1 *vt* to unscrew
2 destornillarse *vpr* to become unscrewed *o* loose
destrabar *vt* (**a**) *(desatar)* to untie (**b**) *(apartar)* to separate, to disconnect
destrenzar [14] *vt* to unbraid, to unplait
destreza *nf* skill, dexterity; **tiene d. para la costura** he's very good at sewing; **hacer algo con d.** to do sth skilfully
destripador, -ora *nm,f* butcher, brutal murderer □ ***Jack el D.*** Jack the Ripper
destripar *vt* (**a**) *(sacar las tripas a) (animal)* to disembowel; *(pescado)* to gut; **el asesino destripaba a sus víctimas** the murderer disembowelled his victims (**b**) *(colchón, muñeca)* to rip open
destronamiento *nm* (**a**) *(del rey)* dethronement (**b**) *Fig (derrocamiento)* overthrow
destronar *vt (rey)* to dethrone, to depose; *Fig (rival)* to unseat, to replace at the top
destroncar [59] *vt (árbol)* to cut down, to fell

destronque *nm Chile, Méx (de planta)* uprooting

destrozado, -a *adj* (**a**) *(vestido, zapatos)* ruined; *(jarrón, cámara)* smashed; **esta estantería está destrozada** these shelves are falling apart; **la lavadora está destrozada** the washing machine is only fit for the scrapheap; **tengo las manos destrozadas de tanto fregar** all that washing up has left my hands in a terrible state; **el autobús quedó d.** the bus was wrecked (**b**) *(persona) (emocionalmente)* shattered, devastated; *(físicamente)* shattered

destrozar [14] **1** *vt* (**a**) *(físicamente) (romper)* to smash; *(estropear)* to ruin; **el terremoto destrozó la ciudad** the earthquake wrecked the city (**b**) *(emocionalmente) (persona)* to shatter, to devastate; *(vida)* to ruin; **el divorcio la ha destrozado** she was devastated by the divorce; **destrozó a su oponente en el debate** he destroyed his opponent in the debate

2 destrozarse *vpr (objeto)* to smash, to break into pieces

destrozo *nm* damage; **alguien tendrá que pagar los destrozos** someone will have to pay for the damage; **ocasionar grandes destrozos** to cause a lot of damage

destrozón, -ona *Fam* **1** *adj* **ese niño es muy d.** that child is always breaking things; **d. con la ropa** hard on one's clothes

2 *nm,f* **ese niño es un d.** that child is always breaking things

destrucción *nf* destruction

destructivo, -a *adj* destructive

destructor, -ora 1 *adj* destructive

2 *nm (barco de guerra)* destroyer

destruir [34] **1** *vt* (**a**) *(deshacer)* to destroy; *(casa)* to demolish; **la explosión destruyó varios edificios** the explosion destroyed several buildings (**b**) *(argumento)* to demolish; *(proyecto)* to ruin, to wreck; *(ilusión)* to dash (**c**) *(hacienda, fortuna)* to squander

2 destruirse *vpr Mat* to cancel (each other) out

desubicar *vt Am* to lose, to misplace

desuello *etc ver* **desollar**

desunión *nf* (**a**) *(separación)* separation (**b**) *(división, discordia)* disunity; **en el sindicato reina la d.** the union is very disunited

desunir *vt* **1** (**a**) *(separar)* to separate (**b**) *(enemistar) (grupos)* to divide, to cause a rift between

2 desunirse *vpr* to separate, to break apart

desusado, -a *adj* (**a**) *(pasado de moda)* old-fashioned, obsolete (**b**) *(desacostumbrado)* unusual

desuso *nm* disuse; **un término en d.** a term which is no longer in common use; **caer en d.** to become obsolete, to fall into disuse

desvaído, -a *adj* (**a**) *(color)* pale, washed-out (**b**) *(forma, contorno)* blurred; *(mirada)* vague

desvalido, -a 1 *adj* needy, destitute

2 *nm,f* needy *o* destitute person; **los desvalidos** the needy, the destitute

desvalijador, -ora *nm,f (de casas)* burglar

desvalijamiento *nm (de casa)* burglary; *(de persona)* robbery

desvalijar *vt (casa)* to burgle; *(persona)* to rob; *Fig* **mis nietos me han desvalijado la nevera** my grandchildren have cleaned out my fridge

desvalimiento *nm Formal* destitution

desvalorización *nf (depreciación)* depreciation; *(de moneda)* devaluation

desvalorizar [14] **1** *vt* to devalue

2 desvalorizarse *vpr (depreciarse)* to depreciate

desván *nm* attic, loft

desvanecer [46] **1** *vt* (**a**) *(humo, nubes)* to dissipate, to disperse (**b**) *(sospechas, temores)* to dispel

2 desvanecerse *vpr* (**a**) *(desmayarse)* to faint (**b**) *(humo, nubes, color)* to clear, to disappear; *(sonido)* to fade away (**c**) *(sospechas, temores)* to fade away; *(esperanzas)* to vanish

desvanecimiento *nm* (**a**) *(desmayo)* fainting fit; **sufrir un d.** to faint (**b**) *(desaparición)* vanishing, disappearance (**c**) *(de colores)* fading

desvariar [32] *vi (delirar)* to be delirious; *Fam (decir tonterías)* to talk nonsense, to rave; **¡no desvaríes!** don't talk nonsense *o Br* rubbish!

desvarío *nm* (**a**) *(dicho)* raving; *(hecho)* act of madness (**b**) *(delirio)* delirium

desvelar 1 *vt* (**a**) *(quitar el sueño a)* to keep awake (**b**) *(noticia, secreto)* to reveal, to tell

2 desvelarse *vpr* (**a**) *(perder el sueño)* **me desvelo con el ruido del tráfico** the noise of the traffic keeps me awake (**b**) *(volcarse)* **se desvela por sus hijos** she does everything she can for her children; **desvelarse por hacer algo** to make every effort to do sth

desvelo *nm* (**a**) *(insomnio)* sleeplessness, insomnia (**b**) *(esfuerzo, cuidado)* **a pesar de nuestros desvelos...** despite all our care and effort...

desvencijado, -a *adj (silla, mesa)* rickety; *(camión, coche)* battered; *(estructura)* ramshackle, tumbledown

desvencijar 1 *vt (romper)* to break; *(desencajar)* to cause to come apart

2 desvencijarse *vpr (romperse)* to break, to come apart

desventaja *nf* disadvantage; **compite con d.** he's competing at a disadvantage; **estar en d.** to be at a disadvantage

desventajoso, -a *adj* disadvantageous, unfavourable

desventura *nf* misfortune

desventurado, -a 1 *adj* unfortunate

2 *nm,f* poor wretch

desvergonzado, -a 1 *adj (con desfachatez)* shameless; *(maleducado)* insolent

2 *nm,f* shameless person; **eres un d.** you're absolutely shameless; **¡habráse visto el d.!** what a bad-mannered lout!

desvergüenza *nf* (**a**) *(atrevimiento, frescura)* shamelessness; **¡después de lo que ocurrió, tiene la d. de llamarla!** after what happened he still has the gall to phone her! (**b**) *(dicho)* shameless remark; *(hecho)* shameless act

desvestir [47] **1** *vt* to undress

2 desvestirse *vpr* to undress (oneself); **tuvo que desvestirse de cintura para arriba** he had to strip to the waist

desviación *nf* (**a**) *(de dirección, cauce, norma)* deviation (**b**) *(en la carretera)* diversion, detour (**c**) *(en estadística)* deviation ❑ ***d. estándar*** *o* ***típica*** standard deviation (**d**) *Med* ***d. de columna*** curvature of the spine

desviacionismo *nm* deviationism

desviado, -a *adj* (**a**) *(cambiado de dirección)* diverted (**b**) *(ojo)* squinty

desviar [32] **1** *vt* (**a**) *(tráfico, río)* to divert; *(dirección)* to change

(**b**) *(fondos)* to divert (**a** into)

(**c**) *(golpe)* to parry; *(pelota, disparo)* to deflect

(**d**) *(pregunta)* to evade; *(conversación)* to change the direction of

(**e**) *(mirada, ojos)* to avert

(**f**) *(disuadir)* to dissuade

2 desviarse *vpr* (**a**) *(cambiar de dirección) (conductor)* to take a detour; *(vehículo)* to go off course; **desviarse de** to turn off

(**b**) *(cambiar)* **desviarse de** *(tema)* to wander from; *(propósito, idea)* to lose sight of

desvincular 1 *vt Der (bienes, propiedades)* to disentail

2 desvincularse *vpr* to disassociate oneself (**de** from); **se desvinculó de sus amigos al acabar la universidad** he lost touch with his friends after he left university

desvío *nm* (**a**) *(rodeo)* diversion, detour; **toma el primer d. a la derecha** take the first turn-off to the right; **d. por obras** *(en letrero)* diversion, men at work (**b**) *(de pelota)* deflection (**c**) *(desviación) Tel* ***d. de llamada*** call transfer

desvirgar [38] *vt* to deflower

desvirtuar [4] *vt (estropear)* to spoil; *(distorsionar)* to distort; **su victoria quedó totalmente desvirtuada** his victory was rendered meaningless; **esta actuación desvirtúa el espíritu del acuerdo** this action violates the spirit of the agreement

desvistiera *etc ver* **desvestir**

desvisto *etc ver* **desvestir**

desvivirse *vpr (desvelarse)* to do everything one can (**por** for); **d. por hacer algo** to bend over backwards to do sth

detalladamente *adv* in (great) detail

detallado, -a *adj (análisis, descripción)* detailed, thorough; *(factura)* itemized

detallar *vt (historia, hechos)* to detail, to give a rundown of; *(cuenta, gastos)* to itemize

detalle *nm* (**a**) *(pormenor, rasgo)* detail; **nos**

dieron todo tipo de detalles they gave us all sorts of details; **con d.** in detail; **entrar en detalles** to go into detail; **dar detalles** to give details
(**b**) *(obsequio)* gift; **me obsequiaron con un pequeño d.** they gave me a small gift *o* a little something
(**c**) *(atención)* kind gesture *o* thought; **¡pero qué d. ha tenido!** what a nice gesture!, how thoughtful of him/her!; **tener un d. (con alguien)** to be considerate (to sb); **es todo un d.** how courteous *o* considerate; EXPR *Fam* **marcarse un d.** to do something nice *o* kind
(**d**) **al detalle** *loc adv Com* retail; **en este almacén no se vende al d.** we don't sell retail in this warehouse

detallista 1 *adj* (**a**) *(meticuloso)* painstaking (**b**) *(atento)* thoughtful
2 *nmf Com* retailer

detección *nf* detection

detectable *adj* detectable

detectar *vt* (**a**) *(descubrir)* to detect, to discover (**b**) *(percibir)* to detect, to notice

detective *nmf* detective ▫ ***d. privado*** private detective

detectivesco, -a *adj* **labor detectivesca** detective work; **novela detectivesca** detective novel

detector, -ora 1 *adj* **un aparato d.** a detector
2 *nm* detector ▫ ***d. de explosivos*** explosives detector; ***d. de humo*** smoke detector; ***d. de mentiras*** lie detector; ***d. de metales*** metal detector; ***d. de minas*** mine detector

detención *nf* (**a**) *(parada)* stopping, holding-up (**b**) *(arresto)* arrest

detener [65] **1** *vt* (**a**) *(parar)* to stop; *(retrasar)* to hold up (**b**) *(arrestar)* to arrest (**c**) *(entretener)* to keep, to delay
2 detenerse *vpr* (**a**) *(pararse)* to stop; **detenerse en seco** to stop dead; **detenerse a hacer algo** to stop to do sth (**b**) *(demorarse)* to hang about, to linger; **se detuvo a hablar con una amiga y llegó tarde** she stopped to talk to a friend and was late

detenidamente *adv* carefully, thoroughly

detenido, -a 1 *adj* (**a**) *(detallado)* careful, thorough; **un examen d.** a careful, detailed examination (**b**) *(paralizado)* **estar d.** to be at a standstill (**c**) *(arrestado)* **(estar) d.** (to be) under arrest
2 *nm,f* prisoner, person under arrest

detenimiento *nm* **con d.** carefully, thoroughly

detentar *vt* (**a**) *(ilegalmente)* to hold unlawfully; **los militares que detentan el poder en...** the military in power in... (**b**) *(considerado incorrecto) (título, puesto)* to hold

detergente *nm* detergent

deteriorado, -a *adj (estropeado)* damaged, spoilt; *(por los elementos naturales)* damaged; *(edificio)* dilapidated

deteriorar 1 *vt* to damage, to spoil
2 deteriorarse *vpr (estropearse)* to deteriorate; *Fig (empeorar)* to deteriorate, to get worse

deterioro *nm (daño)* damage; *(empeoramiento)* deterioration; **el d. de la situación** the worsening of *o* deterioration in the situation; **el d. medioambiental** the deterioration of the environment

determinación *nf* (**a**) *(de precio, fecha)* settling, fixing (**b**) *(resolución)* determination, resolution; **se lanzó a rescatarlo con d.** she set off determinedly to rescue him (**c**) *(decisión)* **tomar una d.** to take a decision

determinado, -a *adj* (**a**) *(concreto)* specific; *(en particular)* particular (**b**) *(resuelto)* determined (**c**) *Gram* definite

determinante 1 *adj* decisive, determining
2 *nm* (**a**) *Gram* determiner (**b**) *Mat* determinant

determinar 1 *vt* (**a**) *(fijar) (fecha, precio)* to settle, to fix
(**b**) *(averiguar)* to determine; **d. las causas de la muerte** to establish the cause of death; **determinaron que el accidente se debió a un error humano** they established that the accident was the result of human error
(**c**) *(motivar)* to cause, to bring about; **aquello determinó su decisión** that led to his decision
(**d**) *(decidir)* to decide; **d. hacer algo** to decide to do sth; **la tormenta lo determinó a salir antes** the storm made him decide to leave early
(**e**) *(distinguir)* to distinguish, to discern; **no pude d. quién era** I couldn't make out who he was
(**f**) *Der* to settle, to decide
2 determinarse *vpr* **determinarse a hacer algo** to make up one's mind to do sth

determinativo, -a *adj* determinative

determinismo *nm* determinism

determinista 1 *adj* deterministic
2 *nmf* determinist

detestable *adj* detestable

detestar *vt* to detest

detiene *etc ver* **detener**

detonación *nf (acción)* detonation; *(sonido)* explosion

detonador *nm* detonator

detonante 1 *adj* explosive
2 *nm (explosivo)* explosive; *Fig* **la subida de los precios del pan fue el d. de la revuelta** the rise in bread prices was what sparked off the rebellion

detonar *vi* to detonate, to explode; **hicieron d. el explosivo** they detonated the explosive

detractor, -ora 1 *adj* disparaging (**de** about)
2 *nm,f* detractor

DETRÁS *adv* (**a**) *(en el espacio)* behind; **tus amigos vienen d.** your friends are coming on behind; **el interruptor está d.** the switch is at the back; **que se pongan d. los más altos** the tallest people at the back, please; **la calle de d. (de nuestra casa)** the street at the back of our house; **d. de** behind; **d. de mí/ti** behind me/you; *también Fig* **d. de alguien** behind sb's back; **la policía marchaba d. de la manifestación** the police were following on behind the demonstrators; **deja un espacio d. de la coma** leave a space after the comma; **ignoramos qué hay d. de su extraño comportamiento** we don't know the reasons behind her strange behaviour; **por d.** at the back; **entró por d. para que no la viera nadie** she came in the back way so nobody would see her; **sobresale un poco por d.** it sticks out a bit at the back; **hablar de alguien por d.** to talk about sb behind his/her back; **voy d. de una buena cámara de vídeo** I'm looking for a good camcorder; **anda d. de mi hermana** he's after my sister
(**b**) *(en el orden)* then, afterwards; **Portugal y d. Puerto Rico** Portugal and then Puerto Rico

---

detrimento *nm* damage; **en d. de** to the detriment of; **eso iría en d. de tus intereses** that would be against your interests

detrito *nm*, **detritus** *nm inv Biol* detritus; **detritos** *(residuos)* waste ▫ ***d. radioactivo*** radioactive waste

detuviera *etc ver* **detener**

deuce [djus] *nm (en tenis)* deuce

deuda *nf* (**a**) *(financiera)* debt; **contraer una d.** to get into debt; **saldar una d.** to pay off *o* settle a debt; **está lleno de deudas** he's heavily *o* deep in debt ▫ *Econ* ***d. amortizable*** repayable debt; *Econ* ***d. exterior*** *o* ***externa*** foreign debt; *Econ* ***d. interior*** *o* ***interna*** internal debt; *Econ* ***d. a largo plazo*** long-term debt; *Econ* ***d. pública*** *Br* national debt, *US* public debt (**b**) *(obligación moral)* debt; *Fig* **estar en d. con alguien** to be indebted to sb (**c**) *(pecado)* **perdónanos nuestras deudas** forgive us our trespasses

deudo, -a *nm,f* relative, relation

deudor, -ora 1 *adj Fin* **saldo d.** debit balance
2 *nm,f* debtor

deuterio *nm Quím* deuterium

devaluación *nf* devaluation

devaluado, -a *adj (moneda)* devalued

devaluar [4] **1** *vt* to devalue
2 devaluarse *vpr (moneda)* to fall (in value); *(precios)* to fall; *(bienes, terrenos)* to go down in value, to depreciate

devanado *nm* (**a**) *Elec* winding ▫ ***d. de campo*** *o* ***inductor*** field winding (**b**) *(de hilo)* reeling

devanador *nm*, **devanadora** *nf Am* winder, reel

devanar 1 *vt* to wind
2 devanarse *vpr Fam* **devanarse los sesos** to *Br* rack *o US* cudgel one's brains

devaneo *nm* (**a**) *(distracción)* idle pursuit (**b**) *(coqueteo)* **tener un d. con alguien**

(amoroso) to have an affair with sb; **me contó sus devaneos con Juan** she told me about her flirtation with Juan; *Fig* **en su juventud tuvo sus devaneos con la ultraderecha** he flirted with the far right when he was young

devastación *nf* devastation

devastado, -a *adj* devastated

devastador, -ora *adj* devastating

devastar *vt* to devastate

devengar [38] *vt (intereses)* to yield, to earn; *(sueldo)* to earn

devengo 1 *ver* **devengar**
 2 *ver* **devenir**
 3 *nm* amount due

devenir [69] **1** *nm* transformation; **el d. de la historia** the course of history; **la vida es un continuo d.** life is a continual process of change
 2 *vi (convertirse)* **d. en** to become, to turn into

devoción *nf* **(a)** *(veneración)* devotion; **con d.** devotedly **(b)** *(afición)* affection, attachment; **tener d. por alguien** to be devoted to sb; **tener d. por algo** to have a passion for sth; **tener por d. hacer algo** to be in the habit of doing sth

devocionario *nm Rel* prayer book

devolución *nf* **(a)** *(de compra)* return; *(de dinero)* refund; **no se admiten devoluciones** *(en letrero)* no refunds (given) □ *Fin* ***d. fiscal*** tax rebate *o* refund **(b)** *(de visita)* return **(c)** *(de pelota)* return

devolutivo, -a *adj Der* returnable, restorable

devolver [41] **1** *vt* **(a)** *(restituir) (coche, dinero)* to give back (**a** to); *(producto defectuoso, carta)* to return (**a** to); **si no queda satisfecho, le devolvemos el dinero** if you're not satisfied, we'll refund you *o* give you back the money; *Fig* **el triunfo devolvió la confianza al equipo** the victory gave the team back its confidence; **devolvieron a los refugiados a su país de origen** they sent the refugees back to their country of origin
 (b) *(restablecer, colocar en su sitio)* **d. algo a** to return sth to
 (c) *(favor, agravio)* to pay back for; *(visita)* to return
 (d) *(pelota)* to pass back; *Fig* **le devolvió la pelota no invitándole a su fiesta** she returned the compliment by not inviting him to her party
 (e) *(vomitar)* to bring *o* throw up
 2 *vi* to throw up; **tener ganas de d.** to feel like throwing up
 3 devolverse *vpr Am* to come back

devónico, -a *Geol* **1** *adj* Devonian
 2 *nm* **el d.** the Devonian

devorador, -ora 1 *adj* devouring; **hambre devoradora** ravenous hunger
 2 *nm,f* devourer; *Fam* **devoradora de hombres** man-eater

devorar *vt* **(a)** *(alimentos)* to devour; **el lobo devoró tres ovejas** the wolf ate three sheep; *Fam Fig* **este niño devora los libros de aventuras** that child devours story books; *Fam* **devoraba a las chicas con la mirada** he ogled the girls
 (b) *(destruir)* **las llamas devoraron el palacio en dos horas** the fire destroyed the palace in two hours
 (c) *(sujeto: sentimiento)* to devour; **le devoraban los celos** he was consumed by jealousy

devoto, -a 1 *adj* **(a)** *(piadoso)* devout; **ser d. de** to have a devotion for **(b)** *(admirador)* devoted (**de** to) **(c)** *(imagen, templo, lugar)* devotional
 2 *nm,f* **(a)** *(beato)* **los devotos** the faithful **(b)** *(admirador)* devotee

devuelta *nf Carib, Col* change

devuelto, -a 1 *participio ver* **devolver**
 2 *nm Fam (vómito)* sick

devuelvo *etc ver* **devolver**

dextrosa *nf Quim* dextrose

deyección *nf* **(a)** *Geol (de una montaña)* debris *(singular)*; *(de un volcán)* ejecta *(plural)* **(b)** *Med* **deyecciones** stools, faeces

DF *nm (abrev de* **Distrito Federal**) *(en México)* = Mexico City; *(en Venezuela)* = Caracas

dg *(abrev de* **decigramo**) dg

DGI *nf Arg (abrev de* **Dirección General Impositiva**) *Br* ≃ Inland Revenue, *US* ≃ IRS

DGS *nf Esp Antes (abrev de* **Dirección General de Seguridad**) = Spanish political police headquarters during Franco's dictatorship

DGT *nf Esp (abrev de* **Dirección General de Tráfico**) = government department in charge of road transport

di (a) *ver* **dar (b)** *ver* **decir**

DÍA *nm* **(a)** *(periodo de tiempo)* day; **un d. de campo** a day out in the countryside; **todos los días** every day; **tres veces al d.** three times a day; **iremos unos días a la playa** we're going to the seaside for a few days; **el referéndum se celebrará el d. 25 de abril** the referendum will take place on 25 April; **un d. martes** one Tuesday; **me voy el d. ocho** I'm going on the eighth; **me pagan el d. primero de cada mes** I get paid on the first of each month; **¿a qué d. estamos?** what day is it today?; **al d. siguiente** (on) the following day; **a los pocos días** a few days later; **al otro d.** the next day, the day after; **el otro d.** the other day; **un d. sí y otro no** every other day; **d. entre semana** weekday; **algún d. me lo agradeceréis** you'll thank me some day; **tenéis que venir por casa algún d.** you should come round some time *o* one day; **ya me han puesto al d. sobre la situación de la empresa** they've already updated me *o* filled me in on the company's situation; **tenemos que poner este informe al d.** we have to update this report *o* bring this report up to date; **está al d. de todo lo que ocurre en la región** she's up to date with everything that's going on in the region; **se ha puesto al d. de los últimos acontecimientos** he's caught up with the latest developments; **estamos al d. de todos nuestros pagos** we're up to date with all our payments; **cualquier** *o* **un d. de éstos** one of these days; **un buen d. me voy a enfadar** one of these days I'm going to get angry; **el d. de hoy** today; **el d. de mañana** in the future; **el d. menos pensado...** when you least expect it...; **el d. que se entere nos mata** when he finds out, he'll kill us; EXPR *Fam* **un d. es un d.** this is a special occasion; *Fam* **un d. sí y otro también** every single day; *Fam* **me ha dado el d.** he's ruined my day (for me); **de d. en d., d. a d.** from day to day, day by day; **se recuperó de un d. a otro** he recovered overnight *o* from one day to the next; **d. tras d.** day after day; **este pan está seco, no es del d.** this bread's stale, it's not fresh; **ha sido la noticia del d.** it was the news of the day; **en su d. te lo explicaré** I'll explain it to you in due course; **en su d. les advertí que esa inversión sería imposible** I told them at the time that the investment would be impossible; **la pintura abstracta no fue valorada en su d.** in its day abstract art wasn't highly thought of; **hoy (en) d.** nowadays; **hoy no es mi d., todo me sale mal** it isn't my day today, I seem to be doing everything wrong; **mañana será otro d.** tomorrow's another day; **los días no pasan para ella** she doesn't look her age; **el tigre de Bengala tiene los días contados** the Bengal tiger's days are numbered, time is running out for the Bengal tiger; **tener un buen/mal d.** to have a good/bad day; *Fam* **¿qué tal es tu compañero de piso? — tiene sus días** what's your flatmate like? — he has his moments; **has estado todo el (santo) d. protestando** you've been complaining all day (long), you've spent the whole day complaining; **no ha parado de llover en todo el (santo) d.** it hasn't stopped raining all day; EXPR **vivir al d.** to live from hand to mouth □ ***d. de Año Nuevo*** New Year's Day; ***d. de asueto*** day off; ***d. de ayuno*** holy day; *Ferroc* ***d. azul*** = cheap day for rail travel in Spain; ***d. D*** D-day; ***d. de descanso*** *(en competición deportiva)* rest day; *Com* ***d. de deuda*** pay-by date; ***d. de los enamorados*** (St) Valentine's Day; ***d. del espectador*** = day when some cinemas sell tickets at a discount; ***d. festivo*** (public) holiday; ***d. de fiesta*** holiday; *Com* ***días de gracia*** days of grace; ***d. de guardar*** holy day; ***d. hábil*** working day; ***d. de la Hispanidad*** Columbus day; ***d. de huelga:*** **convocar un d. de huelga** to call a day of action; ***d. de los Inocentes*** 28 December, ≃ April Fools' Day; ***el d. del juicio:*** EXPR *Fam* **hasta el d. del juicio** until doomsday; ***el D. del Juicio Final*** Judgement Day; ***d. laborable*** working day; ***d. lectivo*** school *o* teaching day; ***d. libre*** day off; ***d. de la madre/del padre*** Mother's/Father's Day; ***d. de pago*** payday; ***d. de Reyes*** Epiphany *(6 January, day on which children receive presents)*; *Ferroc* ***d. rojo*** = day on which rail travel is more expensive in Spain; ***d. señalado*** red-letter day; ***el d. del Señor*** Corpus Christi; ***d. de Todos los Santos*** All Saints' Day; ***d. del trabajador*** Labour Day; ***d. de trabajo*** working day; **me pagan por d. de trabajo** I get paid for each day's work; ***d. útil*** working day; ***d. de vigilia*** day of abstinence

(**b**) *(luz diurna)* daytime, day; **es de d.** it's daytime; *Am* **¡buen d.!** good morning!; **¡buenos días!** good morning!; **hacer algo de d.** to do sth in the daytime *o* during the day; **al despuntar** *o* **romper el d.** at daybreak *o* dawn; **al caer el d.** at dusk; **d. y noche** day and night; **en pleno d., a plena luz del d.** in broad daylight; **los días son más cortos en invierno** the days are shorter in winter; **son tan parecidos como el d. a la noche** they are as like as chalk and cheese

(**c**) *(tiempo atmosférico)* day; **un d. lluvioso** a rainy day; **hace un d. estupendo para pasear** it's a lovely day for a walk, it's lovely weather for walking; **mañana hará un mal d.** tomorrow the weather will be bad; **¿qué tal d. hace?** what's the weather like today?

(**d**) **días** *(tiempo, vida)* days; **en los días de la República** in the days of the Republic; **en mis días** in my day; **en aquellos días no había televisión** in those days we didn't have television; **en aquellos días de felicidad** in those happy times; **terminó sus días en la pobreza** he ended his days in poverty

---

diabetes *nf inv* diabetes *(singular)* ▫ *Med* ***d. insípida*** diabetes insipidus; ***d. mellitus*** diabetes mellitus

diabético, -a *adj & nm,f Med* diabetic

diabla *nf* (**a**) *Fam (diablo hembra)* she-devil (**b**) *Teatro* footlights

diablesa *nf Fam* she-devil

diablillo *nm Fam Fig (persona traviesa)* little devil

diablo 1 *nm* (**a**) *(demonio)* devil; **este niño es un d.** that child is a little devil; **pobre d.** poor devil; **esta comida huele a diablos** this food smells disgusting; **¡al d. con los deberes!** to hell with the homework!; **hoy tiene un humor de mil diablos** he's in a foul mood today; EXPR **mandar al d. a alguien** to send sb packing; EXPR **¡vete al d.!** go to blazes!; EXPR **tener el d. en el cuerpo, ser la piel del d.** to be a little devil; EXPR *Andes, RP* **donde el d. perdió el poncho** in the middle of nowhere, in the back of beyond; PROV **más sabe el d. por viejo que por d.** experience is what really counts; *Am* **diablos azules** delirium tremens ▫ ***d. marino*** scorpaenid; ***d. de Tasmania*** Tasmanian Devil

(**b**) *Chile (vehículo)* ox-cart, dray

2 *interj Fam* **¡diablos!** damn it!; *Fam* **¿dónde/cómo diablos...?** where/how the hell...?

diablura *nf* prank

diabólico, -a *adj* (**a**) *(del diablo)* diabolic (**b**) *Fig (muy malo, difícil)* diabolical

diábolo *nm* diabolo

diaconado *nm Rel* diaconate, deaconship

diaconisa *nf Rel* deaconess

diácono *nm Rel* deacon

diacrítico, -a *adj* (**a**) *(signo)* diacritical (**b**) *(síntoma)* diagnostic

diacronía *nf* diachrony

diacrónico, -a *adj* diachronic

diadema *nf* (**a**) *(joya)* tiara (**b**) *(para el pelo)* hairband

diáfano, -a *adj* (**a**) *(transparente) (cristal)* (almost) transparent; *(tela)* diaphanous (**b**) *(limpio)* clear (**c**) *Fig (evidente)* clear

diafragma *nm* (**a**) *(músculo)* diaphragm (**b**) *Fot* diaphragm ▫ ***d. de apertura*** aperture stop, aperture diaphragm (**c**) *(anticonceptivo)* diaphragm (**d**) *Tec* diaphragm

diagnosis *nf inv* diagnosis

diagnosticar [59] *vt* to diagnose; **le diagnosticaron cáncer** he was diagnosed as having cancer

diagnóstico *nm* diagnosis *(singular)*

diagonal 1 *adj* diagonal

2 *nf* diagonal; **en d.** diagonally

diagonalmente *adv* diagonally

diagrama *nm* diagram ▫ ***d. de barras*** bar chart; ***d. circular*** pie chart; ***d. de flujo*** flow diagram *o* chart; ***d. de sectores*** pie chart

dial *nm* dial

dialectal *adj* **variante/expresión d.** dialect variant/expression

dialéctica *nf* dialectics *(singular)*

dialéctico, -a *adj* dialectic(al)

dialecto *nm* dialect

dialectología *nf* dialectology

diálisis *nf inv* dialysis

dialogadamente *adv* by means of dialogue

dialogado, -a *adj (obra)* written in dialogue

dialogante *adj* **ser una persona d.** to be open to dialogue

dialogar [38] **1** *vi* (**a**) *(hablar)* to have a conversation (**con** with), to talk (**con** to) (**b**) *(negociar)* to hold a dialogue *o* talks (**con** with); **la patronal se ha negado a d. con los sindicatos** the employers have refused to talk to the unions

2 *vt (obra)* to write in dialogue

diálogo *nm* (**a**) *(conversación)* conversation; *Lit* dialogue; **los diálogos** *(en película, serie)* the dialogue ▫ *Fam* ***d. de besugos*** half-witted conversation (**b**) *(negociación)* dialogue; **se ha producido un intento de d. entre las partes** there has been an attempt at dialogue between the two sides; **fue un d. de sordos** nobody listened to anyone else

diamante *nm* (**a**) *(gema)* diamond ▫ ***d. en bruto*** uncut diamond; EXPR **ser un d. en bruto** to have a lot of potential; ***d. falso*** *o* ***de imitación*** paste diamond (**b**) *(en béisbol)* diamond (**c**) *(naipe)* diamond; **diamantes** diamonds

diamantino, -a *adj* (**a**) *(de diamante)* diamantine, diamond-like (**b**) *Fig Literario* adamantine

diametral *adj* diametric, diametrical

diametralmente *adv* diametrically; **d. opuesto a** diametrically opposed to

diámetro *nm* diameter; **mide 3 metros de d.** it's 3 metres in diameter

diana *nf* (**a**) *(de dardos)* dartboard; **¡d.!** bullseye!; **hacer d.** to hit the bull's-eye; EXPR **¡has dado en la d.!** you've hit the nail on the head! (**b**) *(toque de corneta)* reveille; **tocar d.** to sound the reveille (**c**) *(gol)* goal

diantre *interj* **¡d.!** dash it!; **¡d. de chiquillo!** dratted child!

diapasón *nm Mús* tuning fork

diapositiva *nf* slide, transparency

diariamente *adv* daily, every day

diariero, -a *nm,f Andes, RP* newspaper seller

diario, -a 1 *adj* daily; **a d.** every day; **ropa de d.** everyday clothes

2 *nm* (**a**) *(periódico)* newspaper, daily ▫ ***d. hablado*** radio news (bulletin); ***d. de la mañana*** *o* ***matinal*** morning newspaper; ***d. de la noche*** evening newspaper; ***d. televisado*** television news (bulletin); ***d. vespertino*** evening newspaper (**b**) *(relación día a día)* diary ▫ ***d. de a bordo*** logbook; ***d. íntimo*** (personal) diary; ***d. de navegación*** logbook; ***d. de sesiones*** parliamentary report; ***d. de vuelo*** log, logbook (**c**) *(gasto)* daily expenses (**d**) *Com* journal, daybook

diarrea *nf* diarrhoea; EXPR *Fam* **tener una d. mental** not to be thinking straight

diáspora *nf* diaspora

diatomea *nf* diatom

diatriba *nf* diatribe; **en su discurso lanzó diatribas contra el gobierno** he attacked *o* severely criticized the government in his speech

diazepán *nm Farm* diazepam

dibujante *nmf (artista)* drawer, sketcher; *(de dibujos animados, tebeos)* cartoonist; *(de dibujo técnico)* draughtsman, *f* draughtswoman

dibujar 1 *vt & vi* to draw, to sketch

2 dibujarse *vpr* (**a**) *(mostrarse, verse)* to be outlined; **la montaña se dibujaba en el horizonte** the mountain was outlined on the horizon; **todavía no se dibuja el final de la crisis** the end of the crisis is still not in sight (**b**) *(revelarse)* **Fuster se está dibujando como un futuro campeón** Fuster is beginning to look like a future champion

dibujo *nm* (**a**) *(técnica, obra)* drawing; **no se le da el d.** he's no good at drawing ▫ ***d. anatómico*** anatomical drawing; ***dibujos animados*** cartoons; ***d. artístico*** art; ***d. al carboncillo*** charcoal drawing; ***d. a lápiz*** pencil drawing; ***d. lineal*** *(asignatura)* = drawing of geometrical figures; ***d. a mano alzada*** freehand drawing; ***d. técnico*** technical drawing (**b**) *(en tela, prenda)* pattern

dic. *(abrev de* **diciembre***)* Dec., December

dicción *nf* (**a**) *(pronunciación)* enunciation, pronunciation (**b**) *(manera de hablar)* diction

diccionario *nm* dictionary ▫ ***d. bilingüe***

bilingual dictionary; ***d. enciclopédico*** encyclopedic dictionary; ***d. etimológico*** etymological dictionary; ***d. de sinónimos*** thesaurus

dice *etc ver* **decir**

dicha *nf* (**a**) *(felicidad)* joy; **es una d. contar con tu presencia** it's marvellous to have you here (**b**) *(suerte)* good fortune

dicharachero, -a *adj Fam* (**a**) *(hablador)* talkative (**b**) *(gracioso)* witty

dicho, -a 1 *participio ver* **decir**

2 *adj* said, aforementioned; **dichos individuos…** the said *o* aforesaid individuals…; **lo d. no significa que…** having said this, it does not mean (that)…; **de lo d. se desprende que…** from what has been said one gathers that…; **o mejor d.** or rather; **d. y hecho** no sooner said than done; **dejar d.** to leave word; **lo d., no voy a ir** like I said, I'm not going to go; **lo d., os veré en el cine** ok then, I'll see you at the cinema

3 *nm* saying; PROV **del d. al hecho hay un gran** *o* **mucho trecho** it's easier said than done

dichoso, -a *adj* (**a**) *(feliz)* happy; EXPR **¡dichosos los ojos que te ven!** how lovely to see you again! (**b**) *Fam (para enfatizar)* blessed, confounded; **¡siempre está con la dichosa tele puesta!** he always has that blasted TV on!; **no vamos a resolver nunca este d. asunto** we'll never get to the bottom of this blessed business; **¡d. niño, no para de llorar!** the blessed child does nothing but cry!

diciembre *nm* December; *ver también* **septiembre**

dicotiledónea *nf Bot* dicotyledon

dicotomía *nf* dichotomy

dicromático, -a *adj* dichromatic

dictado *nm* (**a**) *(lectura de texto)* dictation; **escribir al d.** to take dictation; **obedecer al d. de** to follow the dictates of (**b**) **dictados** *(órdenes)* dictates

dictador, -ora *nm,f* dictator

dictadura *nf* dictatorship; *Fig* **la d. de la moda** the dictatorship of fashion ▫ ***d. militar*** military dictatorship; ***d. del proletariado*** dictatorship of the proletariat

dictáfono *nm* Dictaphone®

dictamen *nm* (**a**) *(opinión)* opinion, judgement ▫ ***d. médico*** diagnosis *(singular)* (**b**) *(informe)* report

dictaminar 1 *vt* **los expertos dictaminaron que no había peligro** the experts stated that there was no danger; **todavía no se han dictaminado las causas de la enfermedad** the cause of the illness has still not been found *o* determined

2 *vi* to express an opinion

dictar *vt* (**a**) *(texto)* to dictate; *(conferencia)* to give; *(clase)* to teach, to give (**b**) *(emitir) (sentencia, fallo)* to pronounce, to pass; *(ley)* to enact; *(decreto)* to issue; **d. auto de procesamiento contra alguien** to issue an indictment against sb (**c**) *(aconsejar)* **haz lo que te dicte la conciencia** do as your conscience tells you

dictatorial *adj* dictatorial

dictatorialmente *adv* dictatorially

dicterio *nm Formal* insult

didáctica *nf* didactics *(singular)*

didácticamente *adv* didactically

didáctico, -a *adj* educational, didactic; **método d.** teaching method; **un juguete d.** an educational toy

diecinueve *núm* nineteen; *ver también* **seis**

diecinueveavo, -a *núm (fracción)* nineteenth; **la diecinueveava parte** a nineteenth

dieciocho *núm* eighteen; *ver también* **seis**

dieciochoavo, -a *núm (fracción)* eighteenth; **la dieciochoava parte** an eighteenth

dieciséis *núm* sixteen; *ver también* **seis**

dieciseisavo, -a *núm (fracción)* sixteenth; **la dieciseisava parte** a sixteenth

diecisiete *núm* seventeen; *ver también* **seis**

diecisieteavo, -a *núm (fracción)* seventeenth; **la diecisieteava parte** a seventeenth

dieléctrico, -a *adj & nm Elec* dielectric

diente *nm* (**a**) *(pieza bucal)* tooth; **armado hasta los dientes** armed to the teeth; *Fam* **daba d. con d.** her teeth were chattering; **enseñar los dientes** to bare one's teeth; **hablar entre dientes** to mumble, to mutter; *Fam* **hincar el d. a algo** to sink one's teeth into sth; *Fam Fig* to get one's teeth into sth; EXPR *Fam* **ponerle a alguien los dientes largos** to turn sb green with envy; **me hace rechinar los dientes** it sets my teeth on edge ▫ ***d. canino*** canine (tooth); ***d. incisivo*** incisor; ***d. de leche*** milk tooth; ***d. de león*** *(planta)* dandelion; ***d. molar*** molar; ***d. de perro*** *(planta)* dog's-tooth violet

(**b**) ***d. de ajo*** clove of garlic

diera *etc ver* **dar**

diéresis *nf inv* (**a**) *(signo)* diaeresis (**b**) *(pronunciación)* diaeresis

dieron *ver* **dar**

diesel, diésel 1 *adj* diesel

2 *nm (automóvil, combustible)* diesel

diestra *nf* right hand; **a la d.** on the right *o* right-hand side

diestro, -a 1 *adj* (**a**) *(mano)* right; EXPR **a d. y siniestro** left, right and centre, all over the place (**b**) *(persona)* right-handed (**c**) *(hábil)* skilful (**en** at); **es muy d. con los pinceles** he's a talented painter

2 *nm* (**a**) *(persona)* right-handed person; **los diestros** the right-handed, right-handed people (**b**) *Taurom* matador

dieta *nf* (**a**) *(régimen)* diet; **estar a d.** to be on a diet; **poner alguien a d.** to put sb on a diet; **una d. baja en calorías** a low-calorie diet (**b**) *Com* **dietas** *(dinero para gastos)* daily allowance for travelling expenses

dietario *nm (agenda)* diary

dietética *nf* dietetics *(singular)*

dietético, -a *adj* dietetic, dietary; **productos dietéticos** diet foods

dietista *nmf Chile, Méx* dietician

diez 1 *núm* ten; *Fam* **una chica d.** a stunning woman, a ten; *ver también* **seis**

2 *nm (nota)* A, top marks

diezmar *vt* to decimate

diezmo *nm Hist* tithe

difamación *nf (verbal)* slander; *(escrita)* libel

difamador, -ora 1 *adj (de palabra)* defamatory, slanderous; *(por escrito)* libellous

2 *nm,f (de palabra)* slanderer; *(por escrito)* libeller

difamar *vt (verbalmente)* to slander; *(por escrito)* to libel

difamatorio, -a *adj (declaraciones, críticas)* defamatory; *(texto, carta, escrito)* libellous

diferencia *nf* (**a**) *(disimilitud)* difference; **a d. de** unlike; **establecer** *o* **hacer una d. entre** to make a distinction between; **el mejor/peor con d.** by far the best/worst (**b**) *(desacuerdo)* difference; **tuvieron sus diferencias** they had their differences; **limar diferencias** to settle one's differences (**c**) *(en suma, resta)* difference; **tendremos que pagar la d.** we'll have to pay the difference ▫ ***d. de potencial*** potential difference

diferenciación *nf* differentiation

diferencial 1 *adj* distinguishing

2 *nm Aut* differential

3 *nf Mat* differential

diferenciar 1 *vt* (**a**) *(distinguir)* to distinguish (**de** from); **no sabe d. entre las setas venenosas y las comestibles** he can't tell the difference between poisonous mushrooms and edible ones (**b**) *Mat* to differentiate

2 *vi* to distinguish, to differentiate

3 diferenciarse *vpr* (**a**) *(diferir)* to differ, to be different (**de/en** from/in) (**b**) *(descollar)* **diferenciarse de** to stand out from

diferendo *nm Col, Perú, RP (desacuerdo)* dispute

diferente 1 *adj* different (**de** *o* **a** from *o* to); **por diferentes razones** for a variety of reasons, for various reasons

2 *adv* differently; **se comportan muy d. el uno del otro** they behave very differently (from one another)

diferentemente *adv* differently

diferido *nm* **en d.** *(retransmisión, concierto)* recorded; **el canal 2 retransmitirá el partido en d.** channel 2 will show a recording of the game

diferir [62] **1** *vt (posponer)* to postpone, to put off

2 *vi* (**a**) *(diferenciarse)* to differ, to be different; **d. de alguien en algo** to differ from sb in sth (**b**) *(discrepar)* to differ; **difiero de tu punto de vista** I don't share your point of view

difícil *adj* (**a**) *(complicado)* difficult; **d. de hacer** difficult to do; **no me lo pongas d.** don't make things difficult *o* hard for me; **tiene muy d. encontrar trabajo** it's very difficult *o* hard for him to find work (**b**) *(improbable)* unlikely; **es d. que ganen** they are unlikely to win (**c**) *(rebelde)* difficult, awkward; **es un niño muy d.** he's a very awkward *o* difficult child; **tener un carácter d.** to be an awkward person, to be difficult to get on with

difícilmente *adv* with difficulty; **si no me cuentas lo que te pasa, d. te podré ayudar** if you don't tell me what's wrong, I can hardly help you

dificultad *nf* (**a**) *(calidad de difícil)* difficulty (**b**) *(obstáculo)* problem; **encontrar dificultades** to run into trouble *o* problems; **poner dificultades** to raise objections; **superar** *o* **vencer las dificultades** to overcome the difficulties (**c**) *(penalidad)* **pasar por dificultades** to suffer hardship

dificultar *vt (estorbar)* to hinder; *(obstruir)* to obstruct; **el viento dificultaba la navegación** the wind made sailing difficult

dificultoso, -a *adj* hard, fraught with difficulties

difiero *etc ver* **diferir**

difiriera *etc ver* **diferir**

difracción *nf Fís* diffraction

difteria *nf Med* diphtheria

difuminado, -a *adj* (**a**) *Arte* stumped (**b**) *Fot* soft-focus; **en d.** in soft focus (**c**) *(poco claro)* blurred

difuminar 1 *vt* to blur
2 difuminarse *vpr* to grow *o* become blurred

difumino *nm Art* stump, = roll of paper used for blurring chalk or charcoal drawings

difundir 1 *vt* (**a**) *(noticia, doctrina)* to spread; *(emisión radiofónica)* to broadcast (**b**) *(luz, calor)* to diffuse; *(epidemia)* to spread
2 difundirse *vpr* (**a**) *(noticia, doctrina)* to spread (**b**) *(luz, calor)* to be diffused; *(epidemia)* to spread

difunto, -a 1 *adj* deceased, dead; **el d. Sr. Pérez** the late Mr Pérez
2 *nm,f* **el d.** the deceased

difusión *nf* (**a**) *(de cultura, noticia, doctrina)* dissemination; *(de programa)* broadcasting (**b**) *(de luz, calor, ondas)* diffusion; *(de enfermedad)* spread

difuso, -a *adj* (**a**) *(luz)* diffuse (**b**) *(estilo, explicación)* wordy

difusor, -ora 1 *adj (medio, agencia)* broadcasting
2 *nm,f* propagator

diga *etc ver* **decir**

digerir [62] *vt* (**a**) *(comida)* to digest (**b**) *(hechos, noticia)* to assimilate, to take in

digestible *adj* digestible

digestión *nf* digestion; **no te metas en el agua hasta que no hagas la d.** don't go into the water so soon after eating

digestivo, -a 1 *adj* digestive
2 *nm* digestive (drink)

digiero *etc ver* **digerir**

digiriera *etc ver* **digerir**

digital 1 *adj* (**a**) *(del dedo)* **huellas digitales** fingerprints (**b**) *(reloj, televisión, tecnología)* digital
2 *nf (planta)* foxglove

digitalización *nf Informát* digitizing

digitalizador *nm Informát* digitizer

digitalizar *vt Informát* to digitize

dígito *nm* digit ❑ ***d. binario*** binary digit

digitopuntura *nf* acupressure

dignamente *adv* with dignity, in a dignified manner

dignarse *vpr* **d. (a)** to deign to; **no se dignó (a) contestarme** he didn't deign to reply

dignatario, -a *nm,f* dignitary

dignidad *nf* (**a**) *(cualidad)* dignity; **lleva su enfermedad con mucha d.** he bears his illness with great dignity (**b**) *(cargo)* office (**c**) *(personalidad)* dignitary

dignificar [59] *vt* to dignify

digno, -a *adj* (**a**) *(actitud, respuesta)* dignified; **una vida digna** a decent life (**b**) *(persona)* honourable, noble (**c**) *(merecedor)* **d. de** worthy of; **d. de confianza** trustworthy; **d. de elogio** praiseworthy; **no me siento d. de tantos elogios** I don't feel I deserve so much praise; **d. de mención/de ver** worth mentioning/seeing (**d**) *(adecuado)* **d. de** appropriate for, fitting for (**e**) *(decente) (sueldo, actuación)* decent, good

digo *etc ver* **decir**

digresión *nf* digression

dije *adj Chile* nice, pleasant

dijera *etc ver* **decir**

dilacerar *vt* to tear

dilación *nf* delay; **sin d.** without delay, at once

dilapidación *nf* waste, squandering

dilapidar *vt* to squander, to waste

dilatable *adj* expandable

dilatación *nf* (**a**) *(de sólido, gas)* expansion (**b**) *(de pupila, cuello del útero)* dila(ta)tion

dilatado, -a *adj* (**a**) *(pupila, cuello del útero)* dilated (**b**) *(experiencia)* extensive; **una dilatada trayectoria radiofónica** many years' experience in radio

dilatador, -ora 1 *adj* expanding
2 *nm Med* dilator

dilatar 1 *vt* (**a**) *(sólido, gas)* to expand; *(pupila, cuello del útero)* to dilate; **el calor dilata los cuerpos** heat causes bodies to expand (**b**) *(prolongar)* to prolong (**c**) *(demorar)* to delay
2 dilatarse *vpr* (**a**) *(extenderse)* to expand; *(pupila, cuello del útero)* to dilate; **los cuerpos se dilatan con el calor** bodies expand when heated (**b**) *(prolongarse)* to be prolonged, to go on; **la reunión se dilató hasta el amanecer** the meeting went on until dawn (**c**) *(demorarse)* to be delayed

dilatoria *nf* delay; **andar con dilatorias** to waste time, to use delaying tactics

dilatorio, -a *adj Der* dilatory, delaying

dilecto, -a *adj Formal* beloved, loved

dilema *nm* dilemma

diletante *adj & nmf* dilettante

diligencia *nf* (**a**) *(prontitud)* speed; **actuar con d.** to act speedily (**b**) *(trámite, gestión)* **diligencias** formalities, official paperwork (**c**) *(vehículo)* stagecoach (**d**) *Der* **diligencias** proceedings; **instruir diligencias** to start proceedings

diligente *adj* (**a**) *(persona)* efficient, swift (**b**) *(respuesta)* prompt

diligentemente *adv* (**a**) *(con esmero, cuidado)* diligently (**b**) *(con prontitud)* speedily, quickly

dilucidación *nf* elucidation, explanation

dilucidar *vt* to elucidate

dilución *nf* dilution

diluido, -a *adj* diluted

diluir [34] **1** *vt* to dilute
2 diluirse *vpr* to dissolve

diluviar *v impersonal* to pour with rain; **está diluviando** it's pouring with rain

diluvio *nm* (**a**) *(lluvia torrencial)* flood ❑ ***el D. Universal*** the Flood (**b**) *Fig (aluvión)* flood

diluyera *etc ver* **diluir**

diluyo *etc ver* **diluir**

dimanar *vi* **d. de** *(alegría)* to emanate from; *(medidas, consecuencias)* to arise from

dimensión *nf* (**a**) *(tamaño)* dimension; **una habitación de grandes dimensiones** a large room (**b**) *(en el espacio)* dimension; **una película en tres dimensiones** a 3-D film (**c**) *Fig (magnitud)* scale; **las dimensiones de la tragedia** the extent *o* scale of the tragedy

dimensional *adj* dimensional

dimes *nmpl Fam* **el anuncio provocó d. y diretes** the announcement set people talking; **andan todo el día con d. y diretes** they spend the whole day chattering *o* gossiping

diminutamente *adv* (**a**) *(con escasez)* minutely, in small quantities (**b**) *(al por menor)* retail

diminutivo *nm* diminutive

diminuto, -a *adj* tiny, minute

dimisión *nf* resignation; **presentar la d.** to hand in one's resignation

dimisionario, -a, dimitente 1 *adj* resigning
2 *nm,f* person resigning

dimitir *vi* to resign (**de** from)

dimorfismo *nm* dimorphism

dimos *ver* **dar**

Dinamarca *n* Denmark

dinámica *nf* (**a**) *(situación, proceso)* dynamics *(singular)*; **entramos en una d. de desarrollo económico** we are beginning a process of economic development (**b**) *Fís* dynamics *(singular)* ❑ ***d. de fluidos*** fluid dynamics; ***d. de poblaciones*** population dynamics

dinámico, -a *adj* dynamic

dinamismo *nm* dynamism

dinamita *nf* dynamite; **volar algo con d.** to blow sth up with dynamite, to dynamite sth; EXPR *Fam* **ese cóctel/jugador es pura d.** that cocktail/player is dynamite

dinamitar *vt* to dynamite

dinamitero, -a *nm,f* dynamiter

dinamizar [14] *vt* to speed up

dinamo, dínamo *nf* dynamo

dinamómetro *nm* dynamometer

dinar *nm* dinar

dinastía *nf* (**a**) *(de monarcas)* dynasty (**b**) *(de artistas, profesionales)* **una conocida d. de actores de teatro/músicos** a well-known theatrical/musical family

dinástico, -a *adj* dynastic

dineral *nm Fam* fortune

dinero *nm* money; **una familia de d.** a family of means; **andar bien/mal de d.** to be well off for/short of money □ *Econ* ***d. circulante*** money in circulation; ***d. contante (y sonante)*** hard cash; ***d. de curso legal*** legal tender; ***d. en efectivo*** cash; *Informát* ***d. electrónico*** e-cash; ***d. falso*** counterfeit money; ***d. en metálico*** cash; ***d. negro*** undeclared income/payment; ***d. sucio*** dirty money

dinosaurio *nm* dinosaur

dintel *nm* lintel

diñar *vt muy Fam* **diñarla** to snuff it

dio *ver* **dar**

diocesano, -a *adj* diocesan

diócesis *nf inv* diocese

diodo *nm Elec* diode

dioptría *nf* dioptre

diorama *nm* diorama

DIOS, -OSA **1** *nm,f* god, *f* goddess; **Baco es el d. del vino** Bacchus is the god of wine; **los dioses del Olimpo** the gods of (Mount) Olympus

2 *nm* (**a**) *(ser sobrenatural)* God; **el D. de los cristianos** the Christian God

(**b**) EXPR **¡a D. gracias!, ¡gracias a D.!** thank heavens!; **¡gracias a D. que has venido!** thank heavens you've come!; **¡alabado** *o* **bendito sea D.!** praise be (to God)!; *Fig* **¡alabado sea D.!, ¡otra factura!** heavens above, another bill!; *Fig* **¡alabado sea D.!, ¡por fin ha llegado el pedido!** thank heavens, the order has finally arrived!; **¡anda** *o* **ve con D.!** God be with you!; *Fam* **hace las cosas a la buena de D.** he does things any old how; *Fam* **no sabía cocinar, e hizo el guisado a la buena de D.** he didn't know how to cook, so he trusted to luck when making the stew; *Fam* **se armó la de D. es Cristo** all hell broke loose; *Vulg* **¡me cago en D.!** fucking hell!; **D. mediante** God willing; **¡D. mío!** good God!, (oh) my God!; **D. sabe, sabe D.** God (alone) knows; **¡D. Santo** *o* **santo D.!, ¿qué vamos a hacer ahora?** oh my God, what are we going to do now?; *Fam* **tu vecina está como D.** your neighbour's gorgeous; **lo hice como D. me dio a entender** I did it as best I could; *Fam* **hacer algo como D. manda** to do sth properly; **una novela como D. manda** a proper novel; *Fam* **se pasea por ahí como D. lo trajo al mundo** he walks around in his birthday suit; **dejado de la mano de D.** godforsaken; **nos costó D. y ayuda subir el piano hasta el quinto piso** it was a real struggle getting the piano up to the fifth floor; *Fam* **¡D.!, ¡qué aburrimiento!** God, how boring!; *Fam* **¡D.!, ¡qué hambre tengo!** God, I'm hungry!; *Fam* **D. aprieta pero no ahoga** the Lord works in mysterious ways; **D. dirá** it's in the lap of the gods; **¡D. lo quiera!** let's hope so!; **¡D. no lo quiera!** heaven forbid!; PROV **D. los cría y ellos se juntan** birds of a feather flock together; *Fam* **no vino ni D.** not a soul came; *Fam* **esto no lo arregla ni D.** no way will anyone ever fix this; *Fam* **tu letra es muy mala, no hay D. que la entienda** your handwriting's terrible, you can't expect anyone to be able to read it; **¡(que) D. nos ampare!** heaven help us!; **¡(que) D. te oiga!** let's hope so!; **(que) D. te bendiga** God bless you; **(que) D. te lo pague** God bless you; **(que) D. me perdone, pero es una mala persona** forgive me for saying this, but he's not a very nice person; **(que) D. me perdone, pero es un** *Vulg* **cabrón** pardon my French, but he's a bastard; **¡(que) D. nos coja confesados!** heaven help us!; **¡te lo juro por D.!** I swear to God!; **me juró por D. que no había sido él** he swore to God that he hadn't done it; **¡pongo a D. por testigo que yo no lo hice!** may God be my witness, I didn't do it!; **¡por D.!** for God's sake!; *Fam* **que sea lo que D. quiera** what will be will be; *Fam* **¡sabe D.!** God (alone) knows!; **si D. quiere** God willing; **sin encomendarse a D. ni al diablo** throwing caution to the winds; *Fam* **vino todo D.** every man and his dog came; **¡válgame D.!** good heavens!; **¡vaya con D.!** may God be with you; **¡vaya por D.!** for heaven's sake!, honestly!

dióxido *nm* dioxide □ ***d. de carbono*** carbon dioxide

dioxina *nf Quím* dioxin

diplodocus *nm inv,* **diplodoco** *nm* diplodocus

diploma *nm* diploma

diplomacia *nf* (**a**) *(tacto)* diplomacy; **le informó de la decisión con mucha d.** she told him about the decision very tactfully (**b**) *(carrera)* diplomatic service; **la d. española en Bruselas** Spanish diplomats in Brussels

diplomado, -a 1 *adj* qualified

2 *nm,f* holder of a diploma

diplomar 1 *vt* to grant a diploma to

2 diplomarse *vpr* to graduate, to get a diploma; **se diplomó en Enfermería** he got a diploma in nursing, he qualified as a nurse

diplomáticamente *adv* diplomatically, tactfully

diplomático, -a 1 *adj* (**a**) *(de la diplomacia)* diplomatic (**b**) *(sagaz, sutil)* diplomatic

2 *nm,f* diplomat; **un d. de carrera** a career diplomat

diplomatura *nf Educ* ≃ diploma, = qualification obtained after three years of university study

dipolo *nm* dipole

dipsomanía *nf* dipsomania

dipsómano, -a, dipsomaníaco, -a *adj & nm,f* dipsomaniac

díptico *nm Arte* diptych

diptongo *nm* diphthong

diputación *nf* (**a**) *(comisión)* committee □ ***d. permanente*** standing committee (**b**) *(delegación)* delegation, deputation (**c**) *Esp (de comunidad autónoma)* = government and administrative body in certain autonomous regions □ ***d. provincial*** *Br* ≃ county council, = governing body of each province in Spain

diputado, -a *nm,f Br* ≃ Member of Parliament, MP, *US* ≃ representative; **d. por Cádiz** ≃ MP for Cadiz

diputar *vt (delegar)* to delegate

dique *nm* (**a**) *(en río)* dike □ ***d. de contención*** dam (**b**) *(en puerto)* dock □ ***d. flotante*** floating dock; ***d. seco*** dry dock; EXPR **estar en el d. seco** *(persona)* to be out of action (**c**) *Geol* dyke

dirá *etc ver* **decir**

dirección *nf* (**a**) *(sentido)* direction; **cambiar de d.** to change direction; **en d. contraria** in the opposite direction; **calle de d. única** one-way street; **d. prohibida** *(en letrero)* no entry

(**b**) *(rumbo)* direction; **en d. a** towards, in the direction of; **se fue en d. sur** he went south; *Fig* **los acontecimientos han tomado una d. inesperada** events have taken an unexpected turn

(**c**) *(domicilio)* address

(**d**) *Informát* address □ ***d. de correo electrónico*** e-mail address; ***d. IP*** IP address; ***d. de memoria*** memory address; ***d. web*** web address

(**e**) *(mando) (de empresa, hospital)* management; *(de partido)* leadership; *(de colegio)* headship; *(de periódico)* editorship; *(de una película)* direction; *(de una obra de teatro)* production; *(de una orquesta)* conducting; **estudia d. de cine** he's studying film directing

(**f**) *(oficina) (de empresa, hospital)* manager's office; *(de colegio) Br* headmaster's/headmistress's *or US* principal's office; *(de periódico)* editor's office

(**g**) *(junta directiva)* management □ ***d. comercial*** commercial department; ***d. general*** head office; ***D. General de Tráfico*** = government department in charge of road transport

(**h**) *(de un vehículo)* steering □ ***d. asistida*** power steering

(**i**) *Geol* strike

direccionable *adj Informát* addressable

direccionador *nm Informát* router
direccional *adj* directional
direccionamiento *nm Informát* addressing
direccionar *vt Informát* to address
directa *nf Aut* top gear; **poner** *o* **meter la d.** to go into top gear; *Fig* to really get a move on
directamente *adv* (**a**) *(sin paradas, ahora mismo)* straight (**b**) *(sin intermediarios)* directly
directiva *nf* (**a**) *(junta)* board (of directors); *(de partido político)* executive committee (**b**) *(ley de la UE)* directive ❑ ***d. comunitaria*** community directive
directivo, -a 1 *adj* managerial
2 *nm,f (jefe)* manager
directo, -a 1 *adj* (**a**) *(en línea recta)* direct (**b**) *(sin detención)* direct; **no hay tren d. de Barcelona a Roma** there isn't a direct train from Barcelona to Rome (**c**) *(persona, pregunta)* direct; **su lenguaje era d., sin rodeos** her words were direct, she didn't beat about the bush
2 *nm* (**a**) *(en boxeo)* jab ❑ ***d. de derecha/izquierda*** right/left jab (**b**) *(tren)* through train (**c**) *(en televisión)* **en d.** *(retransmisión, concierto)* live; **la televisión retransmite el debate en d.** the debate is being broadcast live on television
3 *adv* straight; **d. a** straight to
director, -ora *nm,f* (**a**) *(de empresa)* director; *(de hotel, hospital, banco)* manager, *f* manageress; *(de periódico)* editor; *(de colegio)* headmaster, *f* headmistress; *(de cárcel)* governor ❑ ***d. adjunto*** associate *o* deputy director; ***d. ejecutivo*** executive director; ***d. espiritual*** father confessor; ***d. general*** general manager; ***d. gerente*** managing director; ***d. técnico*** *(en fútbol)* director of football; ***d. de tesis*** supervisor; ***d. de ventas*** sales director *o* manager
(**b**) *(de obra artística)* director ❑ ***d. artístico*** artistic director; ***d. de banda musical*** bandmaster; ***d. de cine*** film director; ***d. de circo*** ringmaster; ***d. de escena*** producer, stage manager; ***d. de fotografía*** director of photography; ***d. de orquesta*** conductor
directorio *nm* (**a**) *(lista de direcciones)* directory (**b**) *(junta)* directorate, governing body (**c**) *Am (de teléfonos)* directory (**d**) *Informát* directory ❑ ***d. raíz*** root directory
directriz *nf* (**a**) *(norma)* directrix; **directrices** *(normas)* guidelines; **seguir las directrices marcadas** to follow the established guidelines (**b**) *Mat* directrix
dirham *nm* dirham
diría *etc ver* **decir**
dirigente 1 *adj (en partido)* leading; *(en empresa)* management; **la clase d.** the ruling class
2 *nmf (de partido político)* leader; *(de empresa)* manager; **el máximo d. del partido** the leader of the party
dirigible *nm* airship
dirigido, -a *adj* (**a**) *(carta, paquete)* **d. a** addressed to (**b**) **d. por** *(empresa)* managed by; *(colegio, cárcel, periódico)* run by; *(película)* directed by; *(orquesta)* conducted by

DIRIGIR [24] **1** *vt* (**a**) *(conducir) (coche, barco)* to steer; *(avión)* to pilot; **el canal dirige el agua hacia el interior de la región** the canal channels the water towards the interior of the region
(**b**) *(llevar) (empresa, hotel, hospital)* to manage; *(colegio, cárcel, periódico)* to run; *(partido, revuelta)* to lead; *(expedición)* to head, to lead; *(investigación)* to supervise; **dirige mi tesis, me dirige la tesis** he's supervising my thesis, he's my PhD supervisor
(**c**) *(película, obra de teatro)* to direct; *(orquesta)* to conduct
(**d**) *(apuntar)* **dirigió la mirada hacia la puerta** he looked towards the door; **dirige el telescopio al norte** point the telescope towards the north; **dirigió sus acusaciones a las autoridades** her accusations were aimed at the authorities
(**e**) *(dedicar, encaminar)* **nos dirigían miradas de lástima** they were giving us pitying looks, they were looking at us pityingly; **d. unas palabras a alguien** to speak to sb, to address sb; **dirige sus esfuerzos a incrementar los beneficios** she is directing her efforts towards increasing profits, her efforts are aimed at increasing profits; **dirigen su iniciativa a conseguir la liberación del secuestrado** the aim of their initiative is to secure the release of the prisoner; **dirigió sus pasos hacia la casa** he headed towards the house; **no me dirigen la palabra** they don't speak to me; **un programa dirigido a los amantes de la música clásica** a programme (intended) for lovers of classical music; **consejos dirigidos a los jóvenes** advice aimed at the young
(**f**) *(carta, paquete)* to address
(**g**) *(guiar) (persona)* to guide
2 dirigirse *vpr* (**a**) *(encaminarse)* **dirigirse a** *o* **hacia** to head for; **se dirigió al centro de la ciudad por un atajo** she took a shortcut to the city centre; **¿hacia dónde te diriges?** where are you heading for?; **nos dirigimos hacia el río** we made our way towards the river
(**b**) **dirigirse a** *(hablar)* to address, to speak to; *(escribir)* to write to; **se dirigió a mí en un tono amenazador** she addressed me threateningly, she spoke to me in a threatening tone of voice; **se dirigió a varias empresas por escrito para pedir ayuda financiera** he wrote to several firms asking for financial assistance; **el monarca se dirigió a la nación por televisión** the monarch addressed the nation on television, the monarch gave a television address to the nation; **me estoy dirigiendo a vosotros, así que escuchadme** I'm talking to you, so listen; **me dirijo a usted para solicitarle…** I'm writing to you to request…; **diríjase al apartado de correos 42** write to P.O. Box 42

dirigismo *nm* state control
dirimir *vt* (**a**) *(resolver)* to resolve (**b**) *(disolver)* to annul, to dissolve

discante *nm Perú (patochada)* folly, craziness
discapacidad *nf* disability, handicap
discapacitado, -a 1 *adj* disabled, handicapped
2 *nm,f* handicapped person; **los discapacitados** the handicapped, handicapped people; **un d. físico** a physically handicapped person
discar [59] *vt Andes, RP* to dial
discernible *adj* discernible
discernimiento *nm* discernment; **actuar con d.** to act wisely
discernir [25] *vt* to discern, to distinguish; **d. algo de algo** to distinguish sth from sth
disciplina *nf* (**a**) *(normas)* discipline ❑ *Pol* ***d. de voto*** party discipline *(in voting)*; **romper la d. de voto del partido** to vote against the party line, *Br* to break the whip (**b**) *(actitud)* discipline; **tiene mucha d.** he's very (self-)disciplined (**c**) *(asignatura)* discipline (**d**) *(modalidad deportiva)* discipline (**e**) ***d. de monja*** knotweed
disciplinado, -a *adj* disciplined
disciplinar *vt* to discipline
disciplinario, -a *adj* disciplinary
discípulo, -a *nm,f también Fig* disciple
disc-jockey [dis'jokei] *nmf* disc jockey
disco 1 *nm* (**a**) *(de música)* record; EXPR *Fam* **ser como un d. rayado** to go on like a cracked record; EXPR *Fam* **¡cambia de d., que ya aburres!** give it a rest for heaven's sake, you're going on like a cracked record! ❑ ***d. compacto*** compact disc; ***d. de larga duración*** LP, long-playing record; ***d. de oro*** gold disc; ***d. sencillo*** single
(**b**) *(semáforo)* (traffic) light
(**c**) *(deporte)* discus; **lanzamiento de d.** (throwing) the discus
(**d**) *(en hockey sobre hielo)* puck
(**e**) *Informát* disk ❑ ***d. de alta densidad*** high density disk; ***d. de arranque*** startup disk; ***d. compacto interactivo*** interactive compact disc; ***d. de demostración*** demo disk; ***d. de destino*** destination disk; ***d. de doble densidad*** double density disk; ***d. duro*** hard disk; ***d. duro extraíble*** removable hard disk; ***d. flexible*** floppy disk; ***d. maestro*** master disk; ***d. magnético*** magnetic disk; ***d. óptico*** optical disk; ***d. RAM*** RAM disk; ***d. removible*** removable disk; ***d. rígido*** hard disk; ***d. del sistema*** system disk; ***d. virtual*** virtual disk
(**f**) *(del teléfono)* dial
(**g**) *Anat* disc
(**h**) *Astron* disc
(**i**) *Geom* disc
2 *nf Fam (discoteca)* disco
discobar *nm* = bar with music, where one can dance
discóbolo *nm* discus thrower
discografía *nf* discography; **tiene una d. muy extensa** he has recorded lots of albums; **tengo toda la d. de los Beatles** I have all the Beatles' records

discográfica *nf* record company

discográfico, -a *adj* record; **casa discográfica** record company; **la industria discográfica** the recording *o* music industry

díscolo, -a *adj* disobedient, rebellious

disconforme *adj* in disagreement; **estar d. con** to disagree with; **se mostró muy d. con la decisión** he made his disagreement with the decision very clear

disconformidad *nf* disagreement

discontinuar [4] *vt* to discontinue, to interrupt

discontinuidad *nf* **(a)** *(falta de continuidad)* lack of continuity; **una d. en el crecimiento** a change in the rate of growth **(b)** *Mat* discontinuity

discontinuo, -a *adj (intermitente)* intermittent; **línea discontinua** broken *o* dotted line

discopub *nm* = bar with music, where one can dance

discordancia *nf* **(a)** *(de sonidos)* discord; *(de colores)* clash **(b)** *(de opiniones)* clash, conflict; **una d. entre los planes y el resultado final** a discrepancy between the plans and the final result

discordante *adj* **(a)** *(sonidos)* discordant; *(colores)* clashing **(b)** *(opiniones)* conflicting

discordar [63] *vi* **(a)** *(desentonar) (colores, opiniones)* to clash; *(instrumentos)* to be out of tune **(b)** *(discrepar)* **d. de alguien (en)** to disagree with sb (on *o* about)

discorde *adj* **(a)** *(sonidos)* discordant; *(colores)* clashing **(b)** *(opiniones)* clashing

discordia *nf* discord; **sembrar la d.** to sow discord

discoteca *nf* **(a)** *(local)* disco, discotheque **(b)** *(colección)* record collection

discotequero, -a 1 *adj* disco; **música discotequera** disco music

2 *nm,f* nightclubber

discreción *nf* **(a)** *(reserva)* discretion; **actuó con mucha d.** he was very discreet; **tuvo la d. de no mencionarlo** he had the tact not to mention it **(b) a discreción** *loc adv (voluntad)* as much as one wants, freely; **lo dejo a tu d.** I leave it to your discretion; **¡fuego a d.!** fire at will!

discrecional *adj (cantidad)* according to taste; *(poderes)* discretionary; **parada d.** *(en autobús)* request stop

discrepancia *nf* **(a)** *(diferencia)* difference, discrepancy **(b)** *(desacuerdo)* disagreement

discrepante *adj* **(a)** *(diferente)* divergent, differing **(b)** *(en desacuerdo)* dissenting

discrepar *vi* **(a)** *(diferenciarse)* to differ (**de** from) **(b)** *(disentir)* to disagree (**de** with)

discretamente *adv* discreetly

discreto, -a *adj* **(a)** *(prudente, reservado)* discreet **(b)** *(cantidad)* moderate, modest **(c)** *(no extravagante)* modest; **ropa discreta** inconspicuous clothes **(d)** *(normal) (actuación)* fair, reasonable **(e)** *Mat* discrete

discriminación *nf* discrimination ❑ ***d. positiva*** positive discrimination; ***d. racial*** racial discrimination; ***d. sexual*** sex *o* sexual discrimination

discriminador *nm Elec* discriminator

discriminante *nm Mat* discriminant

discriminar *vt* **(a)** *(distinguir)* **d. algo de** to discriminate *o* distinguish sth from **(b)** *(marginar)* to discriminate against

discriminatorio, -a *adj* discriminatory

discuerdo *etc ver* **discordar**

disculpa *nf (pretexto)* excuse; *(excusa, perdón)* apology; **dar disculpas** to make excuses; **pedir disculpas a alguien (por)** to apologize to sb (for)

disculpar 1 *vt* to excuse; **disculpen la tardanza** I'm sorry for being late; **d. a alguien (de** *o* **por algo)** to forgive sb (for sth); **discúlpame por haber olvidado tu cumpleaños** please forgive me for forgetting your birthday

2 disculparse *vpr* to apologize (**de** *o* **por** for); **después de su mala actuación, se disculpó con el público** after his bad performance he apologized to the audience

discurrir 1 *vi* **(a)** *(pasar) (tiempo, vida, sesión)* to go by, to pass; *(personas)* to wander, to walk; **la manifestación discurrió sin incidentes** the demonstration passed off without incident **(b)** *(pasar) (río, tráfico)* to flow (**por** through) **(c)** *(pensar)* to think, to reflect

2 *vt* to come up with

discurso *nm* **(a)** *(charla)* speech **(b)** *(retórica)* rhetoric

discusión *nf* **(a)** *(conversación, debate)* discussion; **en d.** under discussion; **eso no admite d.** there's no point in arguing about it; **es, sin d., el mejor** it is, without question, the best **(b)** *(pelea)* argument

discutible *adj* debatable

discutidor, -ora 1 *adj* argumentative

2 *nm,f* argumentative person

discutir 1 *vi* **(a)** *(hablar)* to discuss **(b)** *(pelear)* to argue (**de** *o* **sobre** about); **ha discutido con su hermano** she's had an argument with her brother; **discuten por cualquier tontería** they argue about the least little thing

2 *vt* **(a)** *(hablar)* to discuss **(b)** *(contradecir)* to dispute; **no te discuto que tengas razón** I don't dispute that you're right

disecación *nf (de animal)* stuffing; *(de planta)* drying

disecado, -a *adj (animal)* stuffed; *(planta)* dried

disecar [59] *vt (animal)* to stuff; *(planta)* to dry

disección *nf* **(a)** *(de cadáver, animal)* dissection **(b)** *Fig (análisis)* dissection, detailed analysis

diseccionar *vt* **(a)** *(cadáver, animal)* to dissect **(b)** *Fig (analizar)* to dissect, to analyse in detail

diseminación *nf (de semillas, ideas, culturas)* spreading, dissemination

diseminado, -a *adj* scattered

diseminar *vt* **1** *(semillas)* to scatter; *(ideas, culturas)* to spread, to disseminate; **diseminaron tropas por todo el territorio** they spread *o* dispersed their troops throughout the territory

2 diseminarse *vpr (semillas)* to be scattered; *(ideas, culturas)* to spread

disensión *nf* disagreement, dissension

disentería *nf* dysentery

disentimiento *nm* dissent, disagreement

disentir [62] *vi* to disagree (**de/en** with/on)

diseñador, -ora *nm,f* designer ❑ ***d. gráfico*** graphic designer; ***d. de interiores*** interior decorator; ***d. de modas*** fashion designer

diseñar *vt* **(a)** *(crear)* to design **(b)** *(dibujar)* to draw, to sketch **(c)** *(con palabras)* to outline

diseño *nm* **(a)** *(creación)* design; **bar de d.** trendy bar; **ropa de d.** designer clothes ❑ *Informát* ***d. asistido por ordenador*** computer-aided design; ***d. gráfico*** graphic design; ***d. industrial*** industrial design **(b)** *(dibujo)* drawing, sketch **(c)** *(con palabras)* outline

disertación *nf (oral)* lecture, discourse; *(escrita)* dissertation

disertar *vi* to speak, to lecture (**sobre** on)

disfraz *nm* **(a)** *(traje)* disguise; *(para baile, fiesta)* fancy dress; **llevar un d.** *(para camuflarse)* to wear a disguise; *(para baile, fiesta)* to wear fancy dress; **un d. de bruja/gorila** a witch/gorilla costume **(b)** *(disimulo)* front, façade

disfrazar [14] **1** *vt* **(a)** *(con traje)* to disguise; **d. a alguien de** to dress sb up as **(b)** *(disimular)* to dissimulate, to dissemble

2 disfrazarse *vpr (para baile, fiesta)* to wear fancy dress; *(para engañar)* to disguise oneself; **disfrazarse de princesa** to dress up as a princess

disfrutar 1 *vi* **(a)** *(sentir placer)* to enjoy oneself; **d. de lo lindo** to enjoy oneself very much, to have a great time; **disfruté mucho con el concierto** I enjoyed the concert a lot; **los niños disfrutan en el circo** children enjoy themselves at the circus; **disfruto escuchándoles reír** I enjoy hearing them laugh **(b)** *(disponer de)* **d. de algo** to enjoy sth; **disfruta de muy buena salud** he enjoys excellent health

2 *vt* to enjoy; **¡que lo disfrutes con salud!** I hope you enjoy it!

disfrute *nm* **(a)** *(placer)* enjoyment **(b)** *(provecho)* benefit, use

disfunción *nf* malfunction

disgregación *nf* breaking up

disgregar [38] **1** *vt* **(a)** *(multitud, manifestación)* to disperse, to break up **(b)** *(roca)* to break up; *(átomo)* to split **(c)** *(imperio, estado)* to break up

2 disgregarse *vpr* **(a)** *(multitud, manifestación)* to disperse, to break up **(b)** *(roca, imperio)* to break up **(c)** *(estado)* to break up

disgustado, -a *adj* **(a)** *(enfadado)* annoyed, displeased; **está muy disgustada con nosotros por nuestro comportamiento** she's very annoyed with us because of our behaviour (**b**) *(apesadumbrado)* worried, anxious

disgustar 1 *vt* (**a**) *(desagradar)* **ese sombrero no me disgusta** that hat's not bad (**b**) *(consternar)* to upset; **le disgustó que olvidáramos su cumpleaños** he was upset that we forgot his birthday

2 disgustarse *vpr (sentir enfado)* to get upset; *(enemistarse)* to fall out; **se disgustó con su hermano por una tontería** she fell out with her brother over nothing

Observa que el verbo inglés **to disgust** es un falso amigo y no es la traducción del verbo español **disgustar**. En inglés **to disgust** significa "repugnar".

disgusto *nm* (**a**) *(enfado)* annoyance; *(pesadumbre)* sorrow, grief; **dar un d. a alguien** to upset sb; **casi nos da un d.** we almost had a tragedy on our hands; **¡este niño no nos da más que disgustos!** that child just gives us one headache after another!; **llevarse un d.** to be upset; EXPR **matar a alguien a disgustos** to worry sb to death; **si sigues trabajando sin casco vas a tener un d.** if you go on working without a helmet you'll have an accident; **hacer algo a d.** to do sth unwillingly *o* reluctantly; **estar a d.** to feel uncomfortable *o* uneasy

(**b**) *(pelea)* **tener un d. con alguien** to have a quarrel with sb

Observa que la palabra inglesa **disgust** es un falso amigo y no es la traducción de la palabra española **disgusto**. En inglés **disgust** significa "asco, repugnancia".

disidencia *nf* (**a**) *(política, religiosa)* dissidence (**b**) *(desacuerdo)* disagreement

disidente 1 *adj (en política)* dissident; *(en religión)* dissenting

2 *nmf (político)* dissident; *(religioso)* dissenter; **un d. soviético** a Soviet dissident

disiento *etc ver* **disentir**

disintiera *etc ver* **disentir**

disímil *adj* dissimilar

disimilitud *nf* dissimilarity

disimuladamente *adv* quietly, discreetly

disimulado, -a 1 *adj* (**a**) *(oculto)* concealed; **un enfado mal d.** barely concealed anger (**b**) *(discreto)* discreet; **no eres nada d.** you're so obvious

2 *nm,f* **hacerse el d.** to pretend not to notice

disimular 1 *vt* (**a**) *(encubrir)* to hide, to conceal (**b**) *(fingir)* to feign, to pretend; **d. ignorancia** to feign ignorance; **lo disimulas muy mal** you're not very good at hiding it

2 *vi* to pretend; **no disimules, que te he visto** don't try to pretend, I saw you

disimulo *nm* pretence, concealment; **con d.** furtively

disintiera *etc ver* **disentir**

disipación *nf* (**a**) *(de dudas, sospechas)* dispelling; *(de ilusiones)* shattering (**b**) *(de fortuna, herencia)* squandering, wasting (**c**) *(de niebla, humo, vapor)* dispersion

disipar 1 *vt* (**a**) *(dudas, sospechas)* to dispel; *(ilusiones)* to shatter (**b**) *(fortuna, herencia)* to squander, to throw away (**c**) *(niebla, humo, vapor)* to drive *o* blow away

2 disiparse *vpr* (**a**) *(dudas, sospechas)* to be dispelled; *(ilusiones)* to be shattered (**b**) *(niebla, humo, vapor)* to vanish

diskette [dis'kete, dis'ket] *nm Informát* diskette, floppy disk

dislate *nm* piece of nonsense *o* absurdity; **su plan es un d.** her plan is absurd

dislexia *nf* dyslexia

disléxico, -a *adj & nm,f* dyslexic

dislocación *nf* dislocation

dislocado, -a *adj (tobillo)* dislocated

dislocar [59] **1** *vt* to dislocate

2 dislocarse *vpr* (**a**) **se me ha dislocado un codo** I've dislocated an elbow (**b**) *Fam Fig* to go wild

dismenorrea *nf Med* dysmenorrhoea

disminución *nf* decrease, drop; **ir en d.** to be on the decrease

disminuido, -a 1 *adj* handicapped

2 *nm,f* handicapped person; **un d. físico/psíquico** a physically/mentally handicapped person

disminuir [34] **1** *vt* to reduce, to decrease

2 *vi (decrecer)* to decrease; *(precios, temperatura)* to drop, to fall; *(vista, memoria)* to fail; *(días)* to get shorter; *(beneficios)* to fall off; *(interés)* to decline, to fall off

disnea *nf* dyspnoea, difficulty in breathing

disociación *nf* dissociation

disociar 1 *vt* to dissociate (**de** from)

2 disociarse *vpr* to dissociate oneself (**de** from)

disolución *nf* (**a**) *(acción)* dissolving (**b**) *(de matrimonio, sociedad, partido)* dissolution (**c**) *(mezcla)* solution ❑ ***d. acuosa*** solution in water; ***d. coloidal*** colloidal solution; ***d. saturada*** saturated solution

disoluto, -a 1 *adj* dissolute

2 *nm,f* dissolute person

disolvente *adj & nm* solvent

disolver [41] **1** *vt* (**a**) *(en líquido)* to dissolve; **d. en leche agitando constantemente** dissolve it in milk, stirring continuously; **d. un caramelo en la boca** to suck a sweet (**b**) *(reunión, manifestación)* to break up; *(parlamento)* to dissolve (**c**) *(familia)* to break up; *(matrimonio)* to dissolve

2 disolverse *vpr* (**a**) *(en líquido)* to dissolve (**b**) *(reunión, manifestación)* to break up; *(parlamento)* to dissolve (**c**) *(familia)* to break up; *(matrimonio)* to be dissolved

disonancia *nf* dissonance

disonante *adj* dissonant, discordant

dispar *adj* disparate, dissimilar

disparada *nf* (**a**) *Am (huida)* flight (**b**) *Chile, RP* **a la d.** in a tearing hurry

disparadero *nm* **poner a alguien en el d.** to push sb too far

disparado, -a *adj* **salir/entrar d.** to shoot out/in

disparador *nm* (**a**) *(de armas)* trigger (**b**) *(de cámara fotográfica)* shutter release ❑ ***d. automático*** automatic shutter release

disparar 1 *vt* (**a**) *(tiro)* to shoot (**b**) *(fotografía)* to take (**c**) *(penalti)* to take

2 *vi* (**a**) *(con arma)* to shoot, to fire; **d. al aire** to shoot in the air; **d. a matar** to shoot to kill; **d. contra el enemigo** to shoot *o* fire at the enemy; *Fig* **tengo varias preguntas para ti — ¡dispara!** I have several questions for you — fire away! *o* shoot! (**b**) *(con cámara)* to shoot, to take a photograph (**c**) *(futbolista)* to shoot; **d. a puerta** to shoot

3 dispararse *vpr* (**a**) *(arma, alarma, flash)* to go off; **se le disparó el arma** his gun went off (**b**) *(precipitarse) (persona)* to rush off; *(caballo)* to bolt (**c**) *(precios, inflación)* to shoot up

disparatado, -a *adj* absurd, crazy

disparatar *vi (decir tonterías)* to talk nonsense; *(hacer tonterías)* to behave foolishly

disparate *nm* (**a**) *(comentario, acción)* silly thing; *(idea)* crazy idea; **¡no digas disparates!** don't talk nonsense!; **cometer** *o* **hacer un d.** to do something crazy; **es un d. salir sin paraguas en un día como hoy** it's madness to go out without an umbrella on a day like this (**b**) *Fam (precio)* **gastar/costar un d.** to spend/cost a ridiculous amount

disparatero, -a *Am* **1** *adj* absurd, foolish

2 *nm,f (que dice disparates)* person who talks nonsense; *(que hace disparates)* person who acts foolishly

disparidad *nf* difference, disparity

disparo *nm* (**a**) *(de arma)* shot ❑ ***d. de advertencia*** *o* ***de aviso*** warning shot (**b**) *(de deportista)* shot (**c**) *(de mecanismo)* release, trip

dispendio *nm* extravagance, spending on luxuries

dispendioso, -a *adj* costly, expensive

dispensa *nf* (**a**) *(de examen)* exemption (**b**) *(para casarse)* dispensation

dispensable *adj* pardonable, excusable

dispensador, -ora 1 *adj* dispensing

2 *nm,f* dispenser

dispensar *vt* (**a**) *(disculpar)* to excuse, to forgive; **¡dispense!** excuse me!, pardon me!, I beg your pardon! (**b**) *(rendir) (honores)* to confer (**a alguien** upon sb); *(bienvenida, ayuda)* to give (**a alguien** to sb) (**c**) *(eximir)* to excuse, to exempt (**de** from)

dispensario *nm* dispensary

dispepsia *nf* dyspepsia

dispersar 1 *vt* (**a**) *(esparcir) (objetos)* to scatter (**b**) *(disolver) (gentío)* to disperse; *(manifestación)* to break up (**c**) *(esfuerzos)* to dissipate

2 dispersarse *vpr* (**a**) *(objeto, luz)* to scatter; *(niebla)* to disperse (**b**) *(gentío)* to disperse; *(manifestación)* to break up (**c**) *(distraerse)* to let one's attention wander

dispersión *nf* (**a**) *(de objetos, gente, luz)* scattering (**b**) *(de manifestación)* breaking up (**c**) *Fís* dispersion

disperso, -a *adj* scattered; **chubascos dispersos** scattered showers

display [dis'plei] *nm Informát* display

displicencia *nf* (**a**) *(desagrado)* contempt; **nos trató con d.** he treated us with contempt (**b**) *(negligencia)* carelessness; *(desgana)* lack of enthusiasm

displicente *adj* (**a**) *(desagradable)* contemptuous (**b**) *(negligente)* careless; *(desganado)* unenthusiastic

disponer [50] **1** *vt* (**a**) *(arreglar)* to arrange; **dispuso todo para el viaje** he got everything ready for the journey (**b**) *(cena, comida)* to lay on (**c**) *(decidir)* *(sujeto: persona)* to decide; *(sujeto: ley)* to stipulate

2 *vi* (**a**) **d. de** *(poseer)* to have; **dispongo de todo el tiempo del mundo** I have all the time in the world (**b**) **d. de** *(usar)* to make use of; **dispón de mi casa siempre que quieras** you're welcome in my house whenever you like

3 disponerse *vpr* **disponerse a hacer algo** to prepare *o* get ready to do sth

disponibilidad *nf* (**a**) *(de plazas, producto)* availability (**b**) *(a ayudar)* readiness to help (**c**) **disponibilidades** *(medios)* financial resources

disponible *adj* available; **no tengo mucho tiempo d.** I don't have much free time

disposición *nf* (**a**) *(colocación)* arrangement, layout (**b**) *(estado)* **estar** *o* **hallarse en d. de hacer algo** to be prepared *o* ready to do sth (**c**) *(orden)* order; *(de ley)* provision (**d**) *(uso)* **a d. de** at the disposal of; **poner algo a la d. de alguien** to put sth at sb's disposal; **los detenidos fueron puestos a d. del juez** the prisoners were brought before the judge; **estoy a tu d.** I am at your disposal (**e**) *(aptitud)* talent; **tiene buena d. para la pintura** he has a natural gift for painting

dispositivo *nm* (**a**) *(mecanismo)* device ❑ *Informát* ***d. de almacenamiento*** storage device; *Informát* ***d. de entrada*** input device; ***d. intrauterino*** intrauterine device, IUD; *Informát* ***d. de salida*** output device (**b**) *(grupo de personas)* **un fuerte d. policial** a large contingent of police; **un impresionante d. de seguridad** impressive security arrangements

dispuesto, -a 1 *participio ver* **disponer**

2 *adj* (**a**) *(preparado)* ready; **estar d. a hacer algo** to be prepared to do sth; **está d. a todo con tal de conseguir lo que quiere** he's prepared to do anything to get what he wants (**b**) *(capaz)* capable; *(a ayudar)* ready to help

dispusiera *etc ver* **disponer**

disputa *nf* dispute; **es, sin d., el más lujoso** it is unquestionably *o* without question the most luxurious

disputable *adj* disputable, debatable

disputar 1 *vt* (**a**) *(cuestión, tema)* to argue about (**b**) *(trofeo, puesto)* to compete for, to dispute; *(carrera, partido)* to compete in; **mañana se disputará la final** the final will take place tomorrow

2 *vi* to argue, to quarrel

3 disputarse *vpr* *(competir por)* to contend *o* compete for; **varios candidatos se disputan el premio** several candidates are competing for the prize

disquete *nm Informát* diskette, floppy disk

disquetera *nf Informát* disk drive

disquisición *nf* (**a**) *(exposición)* disquisition (**b**) **disquisiciones** *(digresiones)* digressions

distancia *nf* (**a**) *(espacio)* distance; **¿a qué d. está el próximo pueblo?** how far is the next town?; **a d.** from a distance; **mantener a d.** to keep at a distance; **mantenerse a una d. prudencial de** to keep at a safe distance from ❑ ***d. focal*** focal distance, focal length; ***d. de frenado*** braking distance; ***d. de seguridad*** safe distance

(**b**) *(en el tiempo)* gap, space

(**c**) *(diferencia)* difference

(**d**) *Fig (entre personas)* distance

(**e**) EXPR **acortar las distancias** to come closer (to an agreement); **guardar las distancias** to keep one's distance; **salvando las distancias** allowing for the obvious differences

distanciamiento *nm* *(afectivo)* distance, coldness; *(de opiniones, posturas)* distancing

distanciar 1 *vt* (**a**) *(alejar)* to drive apart (**b**) *(rival)* to forge ahead of

2 distanciarse *vpr* (**a**) *(afectivamente)* to grow apart; **con el tiempo se fueron distanciando** they grew *o* drifted apart as time went on (**b**) *(físicamente)* to distance oneself; **el barco se distanció de la costa** the ship drew away from the coast; **el corredor no consiguió distanciarse del pelotón** the runner couldn't pull away from the pack

distante *adj* (**a**) *(en el espacio)* far away (**de** from) (**b**) *(en el trato)* distant; **estaba d., con la mirada perdida** he was distant, staring into space

distar *vi* *(hallarse a)* **ese sitio dista varios kilómetros de aquí** that place is several kilometres away from here; *Fig* **este libro dista mucho de ser bueno** this book is far from good

diste *ver* **dar**

distender [64] **1** *vt* (**a**) *(situación, relaciones)* to ease (**b**) *(cuerda)* to slacken

2 distenderse *vpr* (**a**) *(situación, relaciones)* to ease (**b**) *(cuerda)* to become loose *o* slack

distendidamente *adv* in a relaxed manner

distendido, -a *adj* *(ambiente, diálogo)* relaxed

distensión *nf* (**a**) *(entre países)* détente; *(entre personas)* easing of tension (**b**) *(de arco, cuerda)* slackening (**c**) *Med (muscular)* strain

distiendo *etc ver* **distender**

distinción *nf* (**a**) *(diferencia)* distinction; **hacer distinciones en el trato** not to treat everyone the same; **a d. de** in contrast to, unlike; **obsequió a todos sin d.** he gave presents to everyone alike; **sin d. de sexo, raza o religión** without distinction of sex, race or religion (**b**) *(privilegio)* privilege; *(condecoración)* award (**c**) *(modales, elegancia)* refinement, elegance; **viste con d.** he dresses elegantly

distingo 1 *ver* **distinguir**

2 *nm* reservation; **no hacer distingos** to make no distinctions

distinguible *adj* discernible

distinguido, -a *adj* (**a**) *(notable)* distinguished; **d. público...** ladies and gentlemen... (**b**) *(elegante)* refined

distinguir [26] **1** *vt* (**a**) *(diferenciar)* to distinguish; **d. algo de algo** to tell sth from sth (**b**) *(separar)* to pick out (**c**) *(caracterizar)* to characterize (**d**) *(premiar)* to honour (**e**) *(vislumbrar)* to make out

2 distinguirse *vpr* (**a**) *(destacarse)* to stand out; **se distingue por su elegancia** she is noted for her elegance (**b**) *(caracterizarse)* to be characterized (**por** by) (**c**) *(vislumbrarse)* to be visible; *(escucharse)* to be audible

distintivo, -a 1 *adj* distinctive; *(señal)* distinguishing

2 *nm* (**a**) *(señal)* badge (**b**) *(marca)* distinguishing mark *o* characteristic

distinto, -a 1 *adj* (**a**) *(diferente)* different (**de** *o* **a** from *o* to) (**b**) *(claro)* clear; **claro y d.** perfectly clear (**c**) **distintos** *(varios)* various; **hay distintos libros sobre el tema** there are various books on the subject; **hay distintas maneras de preparar este plato** there are various different ways of making this dish

2 *adv* differently; **en este país hacen las cosas d.** they do things differently in this country

distorsión *nf* (**a**) *(de imágenes, sonidos)* distortion ❑ ***d. acústica*** acoustic distortion; ***d. óptica*** optical distortion (**b**) *(de palabras)* twisting

distorsionado, -a *adj* (**a**) *(sonido)* distorted (**b**) *(relato, interpretación)* distorted, twisted

distorsionador, -ora *adj* (**a**) *(efecto)* distorting (**b**) *(análisis, enfoque)* misleading

distorsionar *vt* (**a**) *(imágenes, sonidos)* to distort (**b**) *(palabras)* to twist

distracción *nf* (**a**) *(entretenimiento)* entertainment; *(pasatiempo)* hobby, pastime (**b**) *(despiste)* slip; *(falta de atención)* absent-mindedness; **la d. del piloto provocó el accidente** the pilot's lapse in concentration caused the accident (**c**) *(malversación)* embezzlement, misappropriation

distraer [66] **1** *vt* (**a**) *(divertir)* to amuse, to entertain (**b**) *(despistar)* to distract (**c**) *(malversar)* to embezzle, to misappropriate

2 *vi* *(entretener)* to be entertaining; **la lectura distrae mucho** reading is fun

2 distraerse *vpr* (**a**) *(divertirse)* to enjoy oneself; *(pasar el tiempo)* to pass the time; **trata de distraerte** try to take your mind off things (**b**) *(despistarse)* to let one's mind wander; **no te distraigas y haz los deberes** don't get distracted and do your homework; **este niño se distrae con una mosca** this child can't concentrate for two seconds

distraídamente *adv* absent-mindedly

distraído, -a 1 *adj* (**a**) *(entretenido) (libro)* readable; *(programa de TV, película)* watchable; **una tarde/conversación distraída** quite a nice afternoon/conversation (**b**) *(despistado)* **siempre va d.** he always has his head in the clouds (**c**) *Chile, Méx (desaliñado)* ragged, shabby
2 *nm,f* **ser un d.** to have one's head in the clouds

distraigo *etc ver* **distraer**

distribución *nf* (**a**) *(reparto, división)* distribution ▫ ***d. ecológica*** ecological distribution; ***d. de premios*** prizegiving; ***d. de la riqueza*** distribution of wealth; ***d. de tareas*** assignment of duties; ***d. del trabajo*** division of labour (**b**) *(de mercancías)* delivery; *(de películas)* distribution; **d. comercial** commercial distribution (**c**) *(de casa, habitaciones)* layout (**d**) *(en estadística)* distribution ▫ ***d. normal*** normal distribution (**e**) *Tec* timing gears

distribuidor, -ora 1 *adj (entidad)* wholesale; **una red distribuidora** a distribution network
2 *nm,f* (**a**) *(repartidor)* deliveryman, *f* deliverywoman (**b**) *(firma)* wholesaler, supplier sales representative
3 *nm (máquina de tabaco, bebidas)* vending machine; *(cajero automático)* cash dispenser *o* machine

distribuidora *nf (firma)* wholesaler, supplier; *(de películas)* distributor

distribuir [34] **1** *vt* (**a**) *(repartir)* to distribute; *(carga, trabajo)* to spread; *(pastel, ganancias)* to divide up; *(correo)* to deliver; **d. las tareas** to divide up *o* share out the tasks (**b**) *Com (mercancías)* to distribute (**c**) *(casa, habitaciones)* to arrange
2 distribuirse *vpr* (**a**) *(repartirse)* **nos distribuimos las tareas domésticas** we share the household chores; **las ganancias se distribuirán entre los accionistas** the profits will be divided up among the shareholders (**b**) *(colocarse)* to spread out; **los alumnos se distribuyeron en pequeños grupos** the pupils got themselves into small groups

distributivo, -a *adj* distributive

distribuyo *etc ver* **distribuir**

distrito *nm* district ▫ ***d. electoral*** constituency; ***D. Federal*** *(en México)* Federal District *(= Mexico City)*; *(en Venezuela)* Federal District *(= Caracas)*; ***d. postal*** *(número)* postal code

distrofia *nf* dystrophy ▫ *Med* ***d. muscular*** muscular dystrophy

disturbio *nm* disturbance; *(violento)* riot; **disturbios callejeros** street disturbances, rioting; **d. racial** race riot

disuadir *vt* to dissuade, to deter (**de** from); **no pudimos disuadirle de que fuera** we couldn't dissuade him from going, we couldn't talk him out of going

disuasión *nf* deterrence; **tiene gran capacidad de d.** he's very good at talking people out of things

disuasivo, -a, disuasorio, -a *adj* deterrent; **elemento d.** deterring factor

disuelto, -a *participio ver* **disolver**

disuelva *etc ver* **disolver**

disyunción *nf* disjunction

disyuntiva *nf* straight choice

disyuntivo, -a *adj Gram* disjunctive

disyuntor *nm Elec* circuit breaker

dita *nf CAm, Chile (deuda)* debt

DIU [diu] *nm (abrev de* **dispositivo intrauterino**) IUD, coil; **llevar un D.** to have *o* use an IUD; **ponerse un D.** to have an IUD inserted

diurético, -a *adj & nm* diuretic

diurno, -a *adj (de día)* daytime; *(planta, animal)* diurnal; **horas diurnas** daytime *o* daylight hours

diva *nf Mús* diva, prima donna

divagación *nf* digression

divagar [38] *vi* to digress; **cuando se pone a d. no hay quien lo aguante** he's unbearable when he goes off on one of his tangents

diván *nm* divan; *(de psiquiatra)* couch

divergencia *nf* (**a**) *(de líneas)* divergence (**b**) *(de opinión)* difference of opinion

divergente *adj* (**a**) *(líneas)* divergent, diverging (**b**) *(opiniones)* different, differing

divergir [24] *vi* (**a**) *(calles, líneas)* to diverge (**b**) *(opiniones)* to differ (**en** on)

diversidad *nf* diversity; **d. de opiniones** variety of opinions ▫ ***d. biológica*** biological diversity

diversificación *nf* diversification

diversificar [59] **1** *vt* to diversify
2 diversificarse *vpr* to become more varied, to diversify

diversión *nf* entertainment, amusement; **mi d. favorita es el cine** my favourite pastime is going to the cinema

diverso, -a *adj (diferente)* different; **una producción literaria muy diversa** an extremely varied literary output; **diversos** *(varios)* several, various

divertido, -a *adj* (**a**) *(entretenido) (película, libro)* entertaining; *(fiesta)* enjoyable (**b**) *(que hace reír)* funny (**c**) *Andes, Arg, Guat (achispado)* tipsy

divertimento *nm* (**a**) *(novela, película)* entertainment, divertissement (**b**) *Mús* divertimento

divertimiento *nm* entertainment, amusement

divertir [62] **1** *vt (entretener)* to entertain, to amuse
2 divertirse *vpr* to enjoy oneself; **se divierte con cualquier cosa** she's easily amused; **se divirtieron muchísimo en la excursión** they had a great time on the trip, they really enjoyed the trip

dividendo *nm* (**a**) *Mat* dividend (**b**) *Fin* dividend; **cobrar/repartir dividendos** to be paid/distribute dividends ▫ ***d. a cuenta*** interim dividend

dividido, -a *adj* divided

dividir 1 *vt* (**a**) *(separar)* to divide (**en/entre** into/between); **el río divide en dos la ciudad** the river divides *o* splits the city in two (**b**) *(repartir)* to share out; **nos dividimos las tareas domésticas** we shared the household chores between us (**c**) *(desunir)* **el testamento dividió a los hermanos** the will set the brothers against one another; EXPR **divide y vencerás** divide and rule (**d**) *Mat* to divide by; **d. 12 entre 3** divide 12 by 3; **15 dividido por 3 igual a 5** 15 divided by 3 is 5
2 *vi Mat* to divide
2 dividirse *vpr* to divide, to split (**en** into); **se dividieron en dos grupos** they split into two groups

divierto *etc ver* **divertir**

divieso *nm Med* boil

divinamente *adv también Fig* divinely

divinidad *nf (dios)* divinity, god

divinizar *vt también Fig* to deify

divino, -a *adj también Fig* divine; EXPR **habló de lo d. y lo humano** he talked about everything under the sun

divirtiera *etc ver* **divertir**

divisa *nf* (**a**) *(moneda)* foreign currency; **fuga de divisas** flight of capital; **una d. fuerte** a strong currency ▫ ***d. convertible*** convertible currency (**b**) *(distintivo)* emblem (**c**) *(lema)* motto (**d**) *Taurom* = ribbons which identify the farm from which a bull comes

divisar *vt* to spy, to make out; **divisó un barco en la lejanía** he could make out a ship in the distance; **el Everest se divisaba en la distancia** Everest could be made out in the distance

divisibilidad *nf* divisibility

divisible *adj* divisible

división *nf* (**a**) *(repartición)* division; *(partición)* splitting up ▫ ***d. del trabajo*** division of labour (**b**) *(diversidad)* **hubo d. de opiniones** opinion was divided; **aquí hay d. de gustos musicales** people have different tastes in music here (**c**) *(desunión)* **hay mucha d. en el partido** the party is very divided (**d**) *(departamento)* division, department (**e**) *Mat* division (**f**) *Mil* division ▫ ***d. acorazada*** armoured division (**g**) *Dep* division ▫ ***la d. de honor*** the first division, *Br* ≃ the Premier League; ***la primera/segunda d.*** the first/second division

divisionismo *nm Arte* divisionism

divismo *nm Fig Pey* **están hartos de su d.** they're sick of the way she acts like a prima donna

divisor *nm Mat* divisor

divisoria *nf (línea)* dividing line ▫ ***d. de aguas*** watershed, water divider

divisorio, -a *adj* dividing; **línea divisoria** dividing line

divo, -a *nm,f* (**a**) *Mús (mujer)* diva, prima

donna; *(hombre)* opera singer (**b**) *(celebridad)* star; *Fam* **ir de d.** to give oneself airs

divorciado, -a 1 *adj también Fig* divorced
2 *nm,f* divorcé, *f* divorcée

divorciar 1 *vt también Fig* to divorce
2 divorciarse *vpr* to get divorced (**de** from); **sus padres se han divorciado hace poco** his parents (got) divorced recently

divorcio *nm* (**a**) *(separación)* divorce; **conceder el d. a alguien** *(juez)* to grant sb a divorce; *(pareja)* to give sb a divorce (**b**) *(diferencia)* difference, inconsistency; **el d. entre patronal y sindicatos es total** the split between the bosses and the unions is total (**c**) *Col (cárcel)* women's jail

divulgación *nf (de noticia, secreto)* revelation; *(de rumor)* spreading; *(de cultura, ciencia, doctrina)* popularization; **una obra de d. científica** a work of popular science

divulgador, -ora 1 *adj* divulging, revealing
2 *nm,f* divulger, revealer

divulgar [38] **1** *vt (noticia, secreto)* to reveal; *(rumor)* to spread; *(cultura, ciencia, doctrina)* to popularize
2 divulgarse *vpr* to be revealed

divulgativo, -a *adj* popularizing

dizque *adv Am* apparently

dl *(abrev de* **decilitro***)* dl

dm *(abrev de* **decímetro***)* dm

DNA *nm (abrev de* **ácido desoxirribonucleico***)* DNA

DNI *nm (abrev de* **documento nacional de identidad***)* ID card

Dña. *(abrev de* **doña***)* ≃ Mrs

do *nm (nota musical)* C; *(en solfeo)* doh; **en do mayor/menor** in C major/minor; **do bemol/sostenido** C flat/sharp; **do de pecho** high *o* top C; EXPR *Fam* **tendrás que dar el do de pecho para aprobar** you'll need to pull all the stops out to pass

dóberman *nm* Doberman (pinscher)

dobladillo *nm (de traje, vestido)* hem; *(de pantalón) Br* turn-up, *US* cuff

doblado, -a *adj* (**a**) *(papel, camisa)* folded (**b**) *(voz, película)* dubbed

doblador, -ora 1 *nm,f (de película)* dubber
2 *nm Guat (de tabaco)* = maize husk for rolling tobacco

dobladura *nf* fold, crease

doblaje *nm* dubbing

doblar 1 *vt* (**a**) *(duplicar)* to double; **dobló la apuesta** he doubled the bet; **su padre le dobla la edad** his father is twice his age (**b**) *(plegar)* to fold (**c**) *(torcer)* to bend; EXPR **d. el espinazo** *(someterse)* to bend the knee (**d**) *(esquina)* to turn, to go round (**e**) *(actor) (voz)* to dub; *(en escena)* to stand in for (**f**) *(corredor)* to lap
2 *vi* (**a**) *(girar)* to turn; **dobla en la primera a la derecha** take the first right (**b**) *(campanas)* to toll
3 doblarse *vpr* (**a**) *(someterse)* **doblarse a** to give in to (**b**) *(plegarse)* to fold (**c**) *(de dolor)* to double up

doble 1 *adj* double; **tiene d. número de habitantes** it has double *o* twice the number of inhabitants; **es d. de ancho** it's twice as wide; **una frase de d. sentido** a phrase with a double meaning; **una calle de d. sentido** a two-way street; *Fig* **jugar un d. juego** to play a double game ❑ ***d. falta*** *(en tenis)* double fault; ***d. fondo*** double bottom; ***d. hélice*** double helix; ***d. nacionalidad*** dual nationality; ***d. pareja*** *(en póquer)* two pairs; ***d. ventana*** secondary glazing
2 *nmf (persona parecida)* double; *Cine* stand-in; **buscan a un d. de Groucho Marx** they're looking for a Groucho Marx lookalike; **esa chica es tu d.** that girl is your double
3 *nm* (**a**) *(duplo)* **el d.** twice as much/many; **8 es el d. de 4** 8 is twice 4; **es el d. de alto que su hijo** he's twice as tall as his son; **gana el d. que yo** she earns twice as much as I do, she earns double what I do; **el d. de gente** twice as many people; **d. o nada** double or quits
(**b**) **dobles** *(en tenis)* doubles ❑ ***dobles femeninos*** women's doubles; ***dobles masculinos*** men's doubles; ***dobles mixtos*** *(en tenis)* mixed doubles
(**c**) **dobles** *(en baloncesto)* double dribble; **hacer dobles** to double-dribble
(**d**) *Fam (de cerveza)* = tall glass of beer
4 *adv* double; **trabajar d.** to work twice as hard; EXPR *Fam* **ver d.** to see double

doblegar [38] **1** *vt (someter)* to bend, to cause to give in
2 doblegarse *vpr* to give in, to yield (**ante** to)

doblemente *adv (dos veces)* doubly

doblete *nm* (**a**) *Dep* double; **hacer el d.** to do the double (**b**) **hacer d.** *(actor)* to play two roles *o* parts

doblez 1 *nm (pliegue)* fold, crease
2 *nm o nf Fig (falsedad)* deceit; **actúa siempre con d.** he's always deceitful

doblón *nm* doubloon

doc. *(abrev de* **documento***)* doc.

doce *núm* twelve; **las d. campanadas** the bells *(at New Year)*; *ver también* **seis**

doceavo, -a *núm (fracción)* twelfth; **la doceava parte** a twelfth

docena *nf* dozen; **a docenas** by the dozen; **media d. de niños** half a dozen children

docencia *nf* teaching

docente 1 *adj* teaching; **centro d.** educational institution; **personal d.** teaching staff
2 *nmf* teacher

dócil *adj (niño, animal)* obedient; *(persona)* docile, tractable

docilidad *nf* obedience

dócilmente *adv* obediently

docto, -a *adj* learned

doctor, -ora *nm,f* (**a**) *(de universidad)* doctor (**en** of); **ser d. honoris causa** to have an honorary doctorate; EXPR **doctores tiene la Iglesia** there are others more qualified to give an opinion than I am (**b**) *(médico)* doctor; **la doctora Piñán le atenderá enseguida** Dr Piñán will see you in a minute

doctorado *nm* doctorate

doctoral *adj* doctoral

doctorar 1 *vt* to confer a doctorate on
2 doctorarse *vpr* to get one's doctorate (**en** in)

doctrina *nf* doctrine

doctrinal *adj* doctrinal

doctrinario, -a *adj & nm,f* doctrinaire

docudrama *nm* docudrama

documentación *nf* (**a**) *(ciencia, manuales de uso)* documentation (**b**) *(identificación personal)* papers; *(de un vehículo)* documents

documentado, -a *adj* (**a**) *(informado) (informe, estudio)* researched; *(persona)* informed (**b**) *(con papeles encima)* having identification; **no pudo entrar porque no iba d.** he couldn't get in because he had no identification with him

documental *adj & nm* documentary

documentalista *nmf* (**a**) *(en archivo)* archivist (**b**) *Cine & TV* documentary maker

documentar 1 *vt (evidenciar)* to document
2 documentarse *vpr* to do research; **se documentó antes de escribir el artículo** he read up on the subject before writing the article

documento *nm* (**a**) *(escrito)* document ❑ ***d. nacional de identidad*** identity card (**b**) *(testimonio)* record (**c**) *Informát* document

dodecaedro *nm* dodecahedron

dodecafónico, -a *adj Mús* twelve tone

dodecágono, -a 1 *adj* dodecagonal
2 *nm* dodecagon

dodotis® *nm inv* disposable *Br* nappy *o US* diaper

dogma *nm Rel & Fig* dogma ❑ ***d. de fe*** article of faith

dogmático, -a *adj* dogmatic

dogmatismo *nm* dogmatism

dogmatizante *adj* dogmatic

dogmatizar *vi* to express oneself dogmatically, to pontificate

dogo *nm* bull mastiff

dólar *nm* dollar; EXPR *Fam* **estar montado en el d.** to be rolling in it

dolby® *nm inv* Dolby®

dolencia *nf* complaint, ailment

doler [41] **1** *vi* (**a**) *(físicamente)* to hurt; **me duele la pierna** my leg hurts; **me duele la garganta** I have a sore throat; **me duele la cabeza/el estómago** I have a headache/a stomachache; **me duele todo el cuerpo** I ache all over; **¿te duele?** does it hurt?; EXPR *Fam* **¡ahí le duele!** that has really got to him!
(**b**) *(moralmente)* **me duele ver tanta injusticia** it pains me to see so much injustice; **le dolió en el alma** it upset her terribly; **no me duelen prendas en**

reconocer que me he equivocado I don't mind admitting I was wrong
2 dolerse *vpr* **dolerse de** *o* **por algo** *(quejarse)* to complain about sth; *(arrepentirse)* to be sorry about sth

dolido, -a *adj* hurt, upset; **estar/sentirse d.** to be/feel hurt

doliente *adj (enfermo)* ill; *(afligido)* grieving

dolmen *nm* dolmen

dolo *nm Der* fraud; **hacer algo con d.** to do sth with premeditation *o* wittingly

dolomita *nf Geol* dolomite

Dolomitas *nmpl* **los D.** the Dolomites

dolor *nm* (**a**) *(físico)* pain; **d. sordo** dull pain; **siento un d. en el costado** I have a pain in my side; **(tener) d. de cabeza** (to have a) headache; **¡este niño no nos da más que dolores de cabeza!** that child does nothing but make trouble for us! ❑ ***d. de barriga*** bellyache; ***d. de estómago*** stomachache; ***dolores menstruales*** period pains; ***d. de muelas*** toothache (**b**) *(moral)* grief, sorrow; **le comunicó la noticia con gran d.** she told him the news with great sadness

dolorido, -a *adj* (**a**) *(físicamente)* sore; **tener la pierna/espalda dolorida** to have a sore leg/back (**b**) *(moralmente)* grieving, sorrowing; **estar d.** to be grieving/sorrowing

dolorosa *nf Fam Hum (cuenta)* **la d., por favor** what's the damage?

dolorosamente *adv* painfully

doloroso, -a *adj* (**a**) *(físicamente)* painful (**b**) *(moralmente)* distressing

doloso, -a *adj* fraudulent, deceitful

doma *nf* taming; **d. de caballos** breaking-in of horses

domador, -ora *nm,f (de caballos)* breaker; *(de leones)* lion tamer

domadura *nf (de caballos)* breaking; *(de fieras)* taming

domar *vt* (**a**) *(fiera)* to tame; *(caballo)* to break in (**b**) *Fig (personas, pasiones)* to control

domesticable *adj* which can be domesticated

domesticación *nf* domestication

domesticado, -a *adj (animal)* tame

domesticar [59] *vt también Fig* to tame

doméstico, -a 1 *adj (tarea, animal)* domestic; **las tareas domésticas** housework
2 *nm,f (en ciclismo)* domestique

domiciliación *nf* **pagar mediante d. (bancaria)** *(una cantidad fija)* to pay by direct debit *o* standing order; *(una cantidad variable)* to pay by direct debit

domiciliado, -a *adj* **tengo el pago del teléfono d.** I pay the phone bill by direct debit

domiciliar 1 *vt* (**a**) *(pago) (de una cantidad fija)* to pay by direct debit *o* standing order; *(de una cantidad variable)* to pay by direct debit; **d. la nómina** to have one's salary paid into a bank account (**b**) *Méx (carta)* to address
2 domiciliarse *vpr (persona)* to establish residence

domiciliario, -a *adj Der* **arresto d.** house arrest; **asistente d.** home help

domicilio *nm* (**a**) *(vivienda)* residence, home; **servicio a d.** home delivery; **vender a d.** to sell door-to-door ❑ ***d. particular*** private residence (**b**) *(dirección)* address; **sin d. fijo** of no fixed abode ❑ ***d. fiscal*** registered office; ***d. social*** head office (**c**) *(localidad)* residence

dominación *nf* rule, dominion

dominador, -ora *adj* dominating

dominancia *nf* dominance

dominante 1 *adj* (**a**) *(nación, religión, tendencia)* dominant; *(vientos)* prevailing (**b**) *(persona)* domineering (**c**) *Biol (gen)* dominant (**d**) *Mús* dominant
2 *nf (característica)* predominant feature

dominar 1 *vt* (**a**) *(controlar) (país, territorio)* to dominate, to rule (over); *(pasión, nervios, caballo)* to control; *(situación)* to be in control of; *(incendio)* to bring under control; *(rebelión)* to put down; *(partido)* to dominate; **el castillo domina el pueblo** the castle dominates the town
(**b**) *(divisar)* to overlook; **desde aquí se domina todo Bilbao** you can see the whole of Bilbao from here
(**c**) *(conocer) (técnica, tema)* to master; *(lengua)* to be fluent in; **ha conseguido d. el inglés en pocos meses** he managed to acquire a good command of English within a few months
2 *vi (predominar)* to predominate
3 dominarse *vpr* to control oneself

domingas *nfpl muy Fam* boobs, knockers

domingo *nm* Sunday ❑ ***D. de Pascua*** Easter Sunday; ***D. de Ramos*** Palm Sunday; ***D. de Resurrección*** Easter Sunday; *ver también* **sábado**

dominguero, -a *nm,f Fam Pey (conductor)* Sunday driver; *(en campo, playa)* day tripper

Dominica *n* Dominica

dominical 1 *adj* **excursión/suplemento d.** Sunday outing/supplement
2 *nm (suplemento)* Sunday supplement

dominicano, -a *adj & nm,f* Dominican

dominico, -a *adj & nm,f Rel* Dominican

dominio *nm* (**a**) *(dominación, posesión)* control (**sobre** over) (**b**) *(autoridad)* authority, power (**c**) *(territorio)* domain; *(ámbito)* realm; **dominios** *(territorio)* dominions (**d**) *(conocimiento) (de arte, técnica)* mastery; *(de idiomas)* command; EXPR **ser del d. público** to be public knowledge (**e**) *Informát* domain ❑ ***d. público*** public domain

dominó *nm* (**a**) *(juego)* dominoes *(singular)* (**b**) *(fichas)* set of dominoes

domo *nm (cúpula)* dome, cupola

domótica *nf* = application of computer technology to domestic uses such as controlling temperature, optimizing energy use etc

dompedro *nm (flor)* morning glory

don *nm* (**a**) *(tratamiento)* **d. Andrés Iturbe** Mr Andrés Iturbe; *(en cartas)* Andrés Iturbe Esquire; **d. Andrés** Mr Iturbe; *Irónico* **d. perfecto** Mr Perfect, God's gift; EXPR *Fam* **ser un d. nadie** to be a nobody (**b**) *(habilidad)* gift; **d. de mando** leadership qualities; **tener el d. de la palabra** *(cualidad humana)* to have the gift of speech; *(de orador)* to be a gifted speaker; **tener d. de gentes** to have a way with people; **tiene un d. especial con los niños** he has a special gift for dealing with children

dona *nf Méx (rosquilla)* doughnut

donación *nf* donation

donador, -ora *nm,f (de sangre, de órgano)* donor

donaire *nm* (**a**) *(al expresarse)* wit (**b**) *(al andar, moverse)* grace

donante *nmf* donor ❑ ***d. de sangre*** blood donor

donar *vt* to donate; **d. sangre** to give blood

donativo *nm* donation

doncel *nm Hist* page

doncella *nf* (**a**) *(sirvienta)* maid (**b**) *(chica joven)* maid, maiden (**c**) *(pez)* rainbow wrasse

DONDE

> **donde** combines with the preposition **a** to form **adonde** when following a noun, pronoun or adverb expressing location (e.g. **el sitio adonde vamos** the place where we're going; **es allí adonde iban** that's where they were going).

1 *adv* where; **la casa d. nací** the house where I was born; **el bolso está d. lo dejaste** the bag is where you left it; **allí d. va, causa problemas** he causes trouble wherever he goes; **vayan d. vayan, siempre tienen éxito** wherever they go, they're always successful; **puedes ir d. quieras** you can go wherever you want; **de d.** *(de lo cual)* from which; **de d. se deduce que estás equivocado** from which it can be concluded that you're wrong; **la ciudad de d. viene** the town (where) she comes from, the town from which she comes; **el hotel en d. nos alojamos** the hotel where we're staying, the hotel at which we're staying; **el pueblo hacia d. nos dirigíamos** the town we were heading for, the town for which we were heading; **tenéis que correr hasta d. está la valla** you have to run as far as the fence, you have to run up to where the fence is; **llegaré hasta d. pueda** I'll get as far as I can; **iré por d. me manden** I'll go wherever they send me; **la puerta por d. entró** the door she came in through, the door through which she came in
2 *prep (en casa de)* **fui d. mi madre** I went to my mother's

DÓNDE

> **dónde** can combine with the preposition **a** to form **adónde** (e.g. **¿adónde vamos?** where are we going?).

1 *adv* where; **¿d. está el niño?** where's the child?; **no sé d. se habrá metido** I don't know where she can be; **dime d. lo has escondido** tell me where you've hidden it; **¿d. me llevas?** where are you taking me (to)?; **¿adónde vas?** where are you going?; **¿de d. eres?** where are you from?; **¿de d. has sacado esa corbata?** where on earth *o* wherever did you get that tie?; **¿en d. cenáis normalmente?** where do you normally go for dinner?; **¿hacia d. vas?** where are you heading?; **¿por d.?** whereabouts?; **¿por d. se va al teatro?** how do you get to the theatre from here?; **¿por d. habéis entrado?** where did you come in?; **mira por d., hemos estado discutiendo sobre el tema recientemente** you'll never believe it, but we were discussing the subject only recently; **mira por d., este regalo me hacía mucha falta** funnily enough, this present is just what I needed

2 *nm* **quiero saber el d. y el cuándo** I want to know the time and the place

---

dondequiera *adv* **d. que** wherever

dondiego de noche *nm (planta)* marvel of Peru, four o'clock

donjuán, don Juan *nm Fam* lady-killer, Casanova, Don Juan

donoso, -a *adj Formal* (**a**) *(gracioso)* witty (**b**) *(elegante)* elegant, poised

donostiarra 1 *adj* of/from San Sebastian

2 *nmf* person from San Sebastian

dónut® *nm* doughnut

doña *nf* **d. María Rey** Mrs María Rey; **d. María** Mrs Rey; *Irónico* **d. perfecta** Mrs Perfect, God's gift

dopa *nf Bioquím* dopa

dopado, -a *adj (deportista)* = having taken performance-enhancing drugs

dopaje *nm Dep* drug-taking

dopar 1 *vt* to dope

2 doparse *vpr* to take artificial stimulants

doping ['dopin] (*pl* **dopings**) *nm* doping

doquier *adv* **por d.** everywhere

dorada *nf (pez)* gilt-head

dorado, -a 1 *adj también Fig* golden

2 *nm (parte dorada)* gilt; **limpiar los dorados** to clean the brass fittings

dorador, -ora *nm,f* gilder

dorar 1 *vt* (**a**) *(cubrir con oro)* to gild; EXPR *Fam* **d. la píldora (a alguien)** to sweeten *o* sugar the pill (for sb) (**b**) *(alimento)* to brown (**c**) *(piel)* to turn golden brown

2 dorarse *vpr* (**a**) *(comida)* to brown (**b**) *(piel)* to tan

dórico, -a *adj & nm* Doric

dorio, -a *adj & nm,f* Dorian

dormidera *nf Carib (sensitiva)* sensitive plant

dormido, -a *adj* (**a**) *(persona)* asleep; **quedarse d.** to fall asleep (**b**) *(brazo, pierna)* **tengo el pie d.** my foot has gone to sleep

dormilón, -ona *Fam* **1** *adj* fond of sleeping

2 *nm,f* sleepyhead

dormilona *nf Ven (prenda)* nightshirt, nightdress

dormir [27] **1** *vt* (**a**) *(niño)* to get off to sleep; **d. la siesta** to have an afternoon nap; EXPR *Fam* **dormirla, d. la mona** to sleep it off; *Fam* **el fútbol me duerme** soccer sends me to sleep

(**b**) *(anestesiar)* to anaesthetize

2 *vi* (**a**) *(reposar)* to sleep; EXPR *Fam* **d. a pierna suelta** *o* **como un lirón** *o* **como un tronco** to sleep like a log

(**b**) *(pernoctar)* to spend the night; **dormimos en el autobús** we spent the night on the bus

3 dormirse *vpr* (**a**) *(persona)* to fall asleep

(**b**) *(brazo, mano)* to go to sleep; **se me ha dormido la pierna** my leg has gone to sleep

(**c**) *(despistarse)* to be slow to react; **¡no te duermas y haz algo!** don't just stand there, do something!

dormitar *vi* to doze

dormitorio *nm* (**a**) *(de casa)* bedroom; *(de colegio)* dormitory (**b**) *(muebles)* bedroom suite

dorsal 1 *adj* dorsal

2 *nm Dep (número)* number *(on player's back)*

3 *nf Geol* dorsal □ ***d. oceánica*** oceanic ridge

dorso *nm* back; **al d., en el d.** on the back; **véase al d.** see overleaf; **el d. de la mano** the back of the hand

DOS [dos] *Informát nm (abrev de* **disk operating system**) DOS

dos *núm* two; **de d. en d.** in twos, two by two; EXPR **en un d. por tres** in no time at all; EXPR **cada d. por tres** every five minutes; EXPR **como d. y d. son cuatro** as sure as night follows day □ ***d. caballos*** (Citroën) 2CV; ***d. contra uno*** *(en baloncesto)* double team; ***d. puntos*** colon; *ver también* **seis**

doscientos, -as *núm* two hundred; *ver también* **seis**

dosel *nm* canopy

dosificación *nf* dosage

dosificador *nm* dispenser

dosificar [59] *vt* (**a**) *(determinar dosis de)* to measure out (**b**) *(fuerzas, alimentos)* to use sparingly

dosis *nf inv* (**a**) *(de medicamento)* dose □ ***d. letal*** lethal dose (**b**) *(de paciencia, simpatía)* dose

dossier [do'sjer] *nm inv* dossier, file

dotación *nf* (**a**) *(de dinero, armas, medios)* amount granted; **la d. del premio era de dos millones** there was a prize of two million (**b**) *(personal)* staff, personnel; *(tripulantes)* crew; *(patrulla)* squad

dotado, -a *adj* (**a**) *(persona)* gifted; **d. de** blessed with (**b**) *(premio)* **un premio d. con cinco millones** a prize of five million (**c**) **d. de** *(edificio, instalación, aparato)* equipped with

dotar *vt* (**a**) *(proveer)* **d. algo de** to provide sth with (**b**) *(tripular)* **d. algo de** to man sth with (**c**) *Fig (conferir)* **d. a algo/alguien de** to endow sth/sb with; **la naturaleza le dotó de una gran inteligencia** nature has endowed him with great intelligence (**d**) *(dar una dote a)* to give a dowry to

dote *nf* (**a**) *(en boda)* dowry (**b**) **dotes** *(aptitud)* qualities; **tener dotes de algo** to have a talent for sth; **tiene unas dotes excelentes para la música** he has real musical talent □ ***dotes de mando*** leadership qualities

dovela *nf* voussoir

downsizing [daun'saiθin] *nm Com* downsizing

doy *ver* **dar**

DP *nf (abrev de* **Democracia Popular**) Ecuadoran political party

DPI *Informát (abrev de* **dots per inch**) dpi

dpto. *(abrev de* **departamento**) dept; **d. de personal** personnel dept

Dr. *(abrev de* **doctor**) Dr.

Dra. *(abrev de* **doctora**) Dr.

dracma *nf* drachma

draconiano, -a *adj Fig* draconian

DRAE ['drae] *nm (abrev de* **Diccionario de la Real Academia Española**) = dictionary of the Spanish Royal Academy

draga *nf* (**a**) *(máquina)* dredge (**b**) *(barco)* dredger

dragado *nm* dredging

dragaminas *nm inv* minesweeper

dragar [38] *vt* to dredge

drago *nm* dragon tree

dragón *nm* (**a**) *(monstruo)* dragon (**b**) *(reptil)* flying dragon (**c**) *(planta)* snapdragon (**d**) *(soldado)* dragoon

dragona *nf Méx (capa)* man's cape

dragonear *vi Am* (**a**) **d. de** *(hacerse pasar por)* to pass oneself off as, to pose as (**b**) *(alardear)* to boast

DRAM ['de'rram] *nf Informát (abrev de* **Dynamic Random Access Memory**) DRAM

drama *nm* (**a**) *(obra)* play (**b**) *(desgracia)* drama; *Fam* **hacer un d. (de algo)** to make a drama (out of sth)

dramáticamente *adv* dramatically

dramático, -a *adj* dramatic

dramatismo *nm* dramatic nature, drama; **con d.** dramatically

dramatización *nf* dramatization

dramatizar [14] *vt* to dramatize; *Fam* **¡no hay que d.!** there's no need for melodrama!, don't exaggerate!

dramaturgo, -a *nm,f* playwright, dramatist

dramón *nm Fam* melodrama

drásticamente *adv* drastically

drástico, -a *adj* drastic

drenaje *nm* drainage

drenar *vt* to drain

dribbling ['driβlin] (*pl* **dribblings**) *nm Dep (habilidad)* dribbling; *(regate)* dribble

driblar *Dep* **1** *vt* **d. a un contrario** to dribble past an opponent

2 *vi* to dribble

drible *nm Dep (habilidad)* dribbling; *(regate)* dribble; **hacer un d.** to dribble

dril *nm (mono)* drill

drive [draif] *nm* (**a**) *Informát* drive (**b**) *(en tenis)* drive (**c**) *(en golf)* drive

driver ['draiβer] *nm* (**a**) *Informát* driver (**b**) *(en golf)* driver

droga *nf* (**a**) *(sustancia)* drug; **la d.** drugs ❑ ***d. blanda*** soft drug; ***drogas de diseño*** designer drugs; ***d. dura*** hard drug; ***drogas sintéticas*** designer drugs (**b**) *Chile, Méx, Perú (deuda)* bad debt (**c**) EXPR *CAm, Cuba Fam* **mandar a alguien a la d.** to tell sb to get lost

drogadicción *nf* drug addiction

drogadicto, -a 1 *adj* addicted to drugs
2 *nm,f* drug addict

drogado, -a *adj* drugged

drogar [38] **1** *vt* to drug
2 drogarse *vpr* to take drugs

drogata, drogota *adj & nmf Fam* junkie

drogodependencia *nf* drug dependence, drug addiction

drogodependiente 1 *adj* drug-addicted
2 *nmf* drug addict

drogota = **drogata**

droguería *nf Esp* = shop selling paint, cleaning materials etc

droguero, -a *nm,f* (**a**) *Esp (dependiente)* = shopkeeper in a "droguería" (**b**) *Chile, Méx, Perú (moroso)* defaulter, bad debtor

dromedario *nm* dromedary

drop *nm* (**a**) *(en golf)* drop (**b**) *(en rugby)* drop-kick

dropar *vt (en golf)* to drop

drosera *nf (planta)* common sundew

drugstore ['druɣstor] *nm* = establishment comprising late-night shop and bar

druida *nm*, **druidesa** *nf* druid, *f* druidess

dto. *(abrev de* **descuento***)* discount

DTP *nm Informát (abrev de* **desktop publishing***)* DTP

dual *adj* dual

dualidad *nf* duality

dualismo *nm* dualism

dubitativamente *adv* doubtfully

dubitativo, -a *adj* doubtful

Dublín *n* Dublin

dublinés, -esa 1 *adj* of/from Dublin
2 *nm,f* Dubliner

ducado *nm* (**a**) *(tierras)* duchy (**b**) *(moneda)* ducat

ducal *adj* ducal

ducha *nf* (**a**) *(chorro)* shower; **tomar** *o* **darse una d.** to have *o* take a shower; *Fam Fig* **una d. de agua fría** a bucket of cold water (**b**) *(dispositivo)* shower ❑ ***d. de teléfono*** = shower with hand-held shower head

duchar 1 *vt (dar una ducha a)* to shower; *Fam (mojar)* to soak; **¡me has duchado entero con tu gaseosa!** you've soaked me with your lemonade!
2 ducharse *vpr* to have a shower

ducho, -a *adj* **ser d. en** *(entendido)* to know a lot about; *(diestro)* to be skilled at

dúctil *adj* (**a**) *(metal)* ductile (**b**) *(persona)* malleable

ductilidad *nf* (**a**) *(de metal)* ductility (**b**) *(de persona)* malleability

DUDA *nf* (**a**) *(inseguridad, indecisión)* doubt; **la d. se apoderó de él** he was filled with doubt; **ante la d....** if in doubt; **sacar a alguien de la d.** to remove sb's doubts

(**b**) *(cuestión, problema)* **¿alguien tiene alguna d.?** does anyone have any questions?, is there anything anyone's not clear about?; **todavía me queda una d., ¿por qué lo hizo?** there's still one thing I don't understand, why did she do it?; **me asalta una d., ¿habré hecho bien en dejar a los niños solos?** I can't help wondering whether I was right to leave the children on their own; **resolveré vuestras dudas al final de la clase** I'll answer your questions *o* I'll go over anything you're not sure about at the end of the class; **con su detallada explicación salimos finalmente de dudas** her detailed explanation finally cleared up our doubts

(**c**) *(desconfianza, sospecha)* doubt; EXPR **¡la d. ofende!** how could you doubt me!; **su inocencia está fuera de toda d.** her innocence is not in question, there is no question that she is innocent; **no cabe (la menor) d.** there is (absolutely) no doubt about it; **no cabe d. que el tabaco es perjudicial para la salud** there's no doubt that smoking is bad for your health; **no te quepa d.** don't doubt it, make no mistake about it; **el informe no deja lugar a dudas** the report leaves no room for doubt; **existen dudas sobre la autoría del atentado** there is some doubt surrounding who was responsible for the attack; **expresó sus dudas sobre la oportunidad de celebrar un referéndum** he expressed some doubt about whether it was a good idea to have a referendum; **dice que ha resuelto el problema — lo pongo en d.** she says she has solved the problem – I doubt it; **pongo en d. que pueda hacerlo en una semana** I doubt he can do it in a week, I would question whether he can do it in a week; **el avión es sin d., el medio de transporte más cómodo** the plane is undoubtedly *o* without doubt the most comfortable form of transport; **es, sin d., la mejor lasaña que he probado nunca** it is beyond a doubt *o* definitely the best lasagne I've ever had; **¿vendréis a la fiesta? — ¡sin d.!** are you coming to the party? — of course!; **sin d. alguna, sin alguna d.** without (a) doubt; **sin la menor d.** without the slightest doubt; **sin sombra de d.** beyond the shadow of a doubt; **tengo mis dudas** I have my doubts; **nunca tuve la menor d. de que era inocente** I never for one moment doubted that she was innocent, I never had the slightest doubt that she was innocent

dudar 1 *vi* (**a**) *(desconfiar)* **d. de algo/alguien** to have one's doubts about sth/sb (**b**) *(no estar seguro)* **d. sobre algo** to be unsure about sth (**c**) *(vacilar)* to hesitate; **d. entre hacer una cosa u otra** to be unsure whether to do one thing or another; **no dudes en venir a preguntarme** don't hesitate to come and ask me
2 *vt* to doubt; **lo dudo mucho** I very much doubt it; **dudo que venga** I doubt (whether) he'll come

dudoso, -a *adj* (**a**) *(improbable)* **ser d. (que)** to be doubtful (whether), to be unlikely (that) (**b**) *(vacilante)* hesitant, indecisive (**c**) *(sospechoso)* questionable, suspect; **una broma de gusto d.** a joke in questionable taste; **un penalti d.** a dubious penalty

duela *nf* (**a**) *Med* fluke (**b**) *(de barril)* stave

duelista *nm* duellist

duelo 1 *ver* **doler**
2 *nm* (**a**) *(combate)* duel; **batirse en d.** to fight a duel (**b**) *Fig (pugna)* struggle, battle (**c**) *(sentimiento)* grief, sorrow; **en señal de d.** as a sign of mourning

duende *nm* (**a**) *(personaje)* imp, goblin (**b**) *(encanto)* charm

dueño, -a *nm,f* *(propietario)* owner; *(de piso alquilado)* landlord, *f* landlady; **cambiar de d.** to change hands; **hacerse d. de algo** to take control of sth; **ser d. de** to own, to be the owner of; **ser d. de sí mismo** to be self-possessed; **ser muy d. de hacer algo** to be free to do sth

duermevela *nm* snooze; **en d.** snoozing

duermo *etc ver* **dormir**

Duero *nm* **el D.** the Douro

dueto *nm* duet

dulce 1 *adj* (**a**) *(sabor)* sweet; **ha quedado demasiado d.** it's too sweet (**b**) *(agua)* fresh (**c**) *(mirada)* tender
2 *nm* (**a**) *(caramelo, postre)* sweet; *(pastel)* cake, pastry; EXPR *Fam* **a nadie le amarga un d.** everyone enjoys a treat ❑ *RP* ***d. de leche*** = toffee pudding made with caramelized milk; ***d. de membrillo*** quince jelly (**b**) *CAm (pan de azúcar)* brown sugar

dulcemente *adv* sweetly

dulcificar [59] **1** *vt* (**a**) *(endulzar)* to sweeten (**b**) *Fig (suavizar)* to soften
2 dulcificarse *vpr* to soften

dulzaina *nf* = musical instrument similar to a clarinet, but smaller and higher-pitched, used in folk music

dulzarrón, -ona, dulzón, -ona *adj Fam* sickly sweet, cloying

dulzor *nm* sweetness

dulzura *nf* (**a**) *(suavidad)* sweetness; **habla a los niños con d.** she talks sweetly to the children (**b**) *Fam (apelativo)* **ven aquí, d.** come here, darling *o* sweetheart

dumping ['dumpin] *nm Econ* dumping

duna *nf* dune

dúo *nm* (**a**) *Mús* duet (**b**) *(pareja)* duo;

levantaron la piedra a d. they lifted the stone together; **contestaron a d.** they answered as one

duodécimo, -a *núm* twelfth; *ver también* **sexto**

duodenal *adj Anat* duodenal

duodeno *nm Anat* duodenum

dúplex 1 *adj (circuito)* duplex
2 *nm inv* (**a**) *(piso)* duplex (**b**) *Elec* linkup (**c**) *Informát* duplex

duplicación *nf* duplication

duplicado, -a 1 *adj* **lo tengo d.** *(libro, revista)* I have two copies; **(por) d.** (in) duplicate
2 *nm* duplicate, copy

duplicar [59] **1** *vt* (**a**) *(cantidad)* to double (**b**) *(documento)* to duplicate
2 duplicarse *vpr* to double

duplicidad *nf* (**a**) *(repetición)* duplication (**b**) *(falsedad)* duplicity

duplo, -a *adj & nm* double

duque, -esa *nm,f* duke, *f* duchess

durabilidad *nf* durability

durable *adj* durable, lasting

duración *nf* length; **de corta** *o* **poca d.** short-lived; **de larga d.** *(pila)* long-life; *(disco)* long-playing

duradero, -a *adj (que permanece)* lasting; *(ropa, zapatos)* hard-wearing

duralex® *nm* = heat-resistant glass

duraluminio® *nm* ≃ Dural®, Duralumin®

duramente *adv* (**a**) *(con fuerza)* hard (**b**) *(con agresividad)* severely, harshly

durante *prep* during; **d. las vacaciones** during the holidays; **d. una hora** for an hour; **d. toda la semana** all week; **d. el mes de febrero** in February

durar *vi (continuar siendo)* to last; *(permanecer, subsistir)* to remain, to stay; *(ropa)* to wear well; **¿cuánto dura la película?** how long is the film?; **aún dura la fiesta** the party's still going on; **la leche fresca sólo dura unos pocos días** fresh milk only lasts a few days; **aquellas botas me duraron tres años** those boots lasted me three years

duraznero *nm Am* peach tree

duraznillo *nm* red shank, *US* lady's thumb ▫ ***d. fragante*** lady of the night; ***d. negro*** willow-leaved jessamine

durazno *nm Am* peach

Durex® *nm Méx Br* Sellotape®, *US* Scotch® tape

dureza *nf* (**a**) *(de objeto, metal, agua)* hardness (**b**) *(de clima)* harshness (**c**) *(de persona)* harshness; **la reprendió con d.** he reprimanded her harshly (**d**) *(callosidad)* callus, patch of hard skin

durian *nm (árbol)* durian

durillo *nm (arbusto)* laurustinus

durmiente 1 *adj* sleeping; **la Bella D.** Sleeping Beauty
2 *nm (traviesa) Br* sleeper, *US* tie

durmiera *etc ver* **dormir**

duro, -a 1 *adj* (**a**) *(material, superficie)* hard; *(carne)* tough; *(pan)* stale
(**b**) *(resistente)* tough
(**c**) *(clima)* harsh
(**d**) *(palabras, acciones)* harsh; **estuvo muy d. con él** she was very hard on him; **una entrada muy dura** *(de futbolista)* a very hard tackle
(**e**) EXPR *Fam* **estar a las duras y a las maduras** *(sin rendirse)* to be there through thick and thin; *(sin quejarse)* to take the rough with the smooth; *Fam* **ser d. de mollera** to be thick; *Fam* **ser d. de oído** to be hard of hearing; *Fam* **ser d. de pelar** to be a hard nut to crack
2 *nm* (**a**) *(persona)* tough guy; *(en partido político)* hardliner; **hacerse el d.** to act tough
(**b**) *Esp (moneda)* five-peseta coin; **me debes mil duros** you owe me five thousand pesetas; **cinco duros** *(moneda)* twenty-five peseta coin; **estar sin un d.** to be flat broke
3 *adv* hard; **trabajar d.** to work hard

duty free ['djuti'fri] (*pl* **duty frees**) *nm* duty free shop

d/v (*abrev de* **días vista**) **15 d.** within 15 days

DVD *nm Informát* (*abrev de* **Disco Versátil Digital**) DVD

DYA *nf* (*abrev de* **Detente y Ayuda**) = voluntary organization which operates ambulances on Spanish highways

DYN *nf* (*abrev de* **Diarios y Noticias**) = Argentinian press agency

E

E[1], **e** [e] *nf (letra)* E, e

E[2] *(abrev de* **este***)* E

e *conj* and

> **e** is used instead of **y** in front of words beginning with "i" or "hi" (e.g. **apoyo e interés** support and interest; **corazón e hígado** heart and liver).

ea *interj* **¡ea!** come on!, come along!

eagle ['igel] *nm (en golf)* eagle; **hacer e. en un hoyo** to eagle a hole

EAU *nmpl (abrev de* **Emiratos Árabes Unidos***)* UAE

ebanista *nmf* cabinet-maker

ebanistería *nf* (**a**) *(oficio)* cabinet-making (**b**) *(taller)* cabinet-maker's

ébano *nm* ebony

ebonita *nf* ebonite, vulcanite

ebriedad *nf* drunkenness, inebriation

ebrio, -a *adj* (**a**) *(borracho)* drunk (**b**) *(ofuscado)* **e. de** blind with

Ebro *nm* **el E.** the Ebro

ebullición *nf* (**a**) *(de líquido)* **punto** *o* **temperatura de e.** boiling point; **en e.** boiling (**b**) *Fig* **en e.** *(en apogeo)* at its height; *(en agitación)* in turmoil

ebúrneo, -a *adj Literario* ivory

eccehomo, ecce homo *nm* (**a**) *Rel* ecce homo (**b**) *(persona con mal aspecto)* pitiful wretch; EXPR **estar hecho un e.** to be in a sorry state, to cut a sorry figure

eccema *nm Med* eczema

ECG *nm (abrev de* **electrocardiograma***)* ECG

echada *nf Méx (fanfarronada)* boast

echador, -ora *Cuba, Méx, Ven* **1** *adj (fanfarrón)* boastful, bragging

2 *nm (fanfarrón)* braggart, boaster

ECHAR **1** *vt* (**a**) *(tirar)* to throw; *(red)* to cast; **e. anclas, e. el ancla** to drop anchor; **échame el balón** throw me the ball; **e. algo a la basura** to throw sth in the bin; **e. una moneda al aire** to toss a coin; **e. una piedra por la ventana** to throw a stone through the window; **e. abajo** *(edificio)* to pull down, to demolish; *(puerta)* to break down; *(gobierno)* to bring down; *(proyecto)* to ruin

(**b**) *(meter, poner)* to put; **echa suficiente ropa en la maleta** make sure you pack enough clothes in your suitcase; **échalo en el asiento de atrás** put it on the back seat; **echa esos pantalones a la lavadora** put those trousers in the washing machine; **echa una firma en esta postal** sign *o* put your name on this postcard; **no eches más leña al fuego** don't put any more wood on the fire; EXPR **echar leña al fuego** to add fuel to the fire; EXPR *Fam* **queda sólo una semana, ahora hay que e. el resto** there's only a week to go, from now on we really have to give it our all

(**c**) *(carta, postal) Br* to post, *US* to mail; **e. algo al correo** to put sth in the post, *Br* to post sth, *US* to mail sth

(**d**) *(trago, sorbo)* to take, to have; *(cigarrillo)* to have

(**e**) *(vistazo)* to take, to have; **le he echado una mirada, pero no me parece interesante** I've had a look at it, but I don't think it's very interesting

(**f**) *(mover) (parte del cuerpo)* **echa la pierna a un lado** move your leg aside; **echó la cabeza hacia atrás** she threw her head back

(**g**) *(añadir) (vino, agua)* to pour (**a** *o* **en** into); *(sal, azúcar)* to add (**a** *o* **en** to); **échame más zumo, por favor** could you pour me some more juice, please?

(**h**) *(dar) (comida, bebida)* to give; **echa alpiste al canario** give the canary some birdseed; **hay que e. agua a las plantas** we need to water the plants; *Fam* **Alberto come lo que le echen** Alberto will eat whatever you put in front of him

(**i**) *(decir) (discurso)* to give; *(reprimenda)* to dish out; **e. una maldición a alguien** to put a curse on sb; *Fam* **le echaron una bronca por llegar tarde** they told her off for arriving late; **me echó en cara que no le hubiera ayudado** she reproached me for not helping her

(**j**) *(humo, vapor, chispas)* to give off, to emit; **la fábrica echa mucho humo a la atmósfera** the factory pours out a lot of smoke into the atmosphere; *Fam Fig* **está que echa humo** she's fuming; *Fam Fig* **volvió de vacaciones echando pestes del lugar** she came back from her holiday cursing the place where she had stayed

(**k**) *(hojas, flores)* to sprout, to shoot; *(raíces, pelo, barba)* to begin to grow; *(diente)* to cut; *Fam* **en los últimos meses ha echado mucha barriga** he's developed quite a paunch over the past few months

(**l**) *(expulsar)* **e. a alguien (de)** to throw sb out (of); **le han echado del partido** he's been expelled from the party; **le echaron de clase por hablar con un compañero** he was thrown *o* sent out of the class for talking to a friend

(**m**) *(despedir)* **e. a alguien (de)** to sack sb (from); **¡que lo echen!** sack him!, kick him out!

(**n**) *(accionar)* **e. la llave/el cerrojo** to lock/bolt the door; **e. el freno** to brake, to put the brakes on; *Fam* **¡echa el freno! ¿estás seguro de que podemos pagarlo?** hold your horses, are you sure we can afford it?

(**o**) *(acostar)* to lie (down); **¿has echado al bebé?** have you put the baby to bed?

(**p**) *(tiempo)* **le he echado dos semanas a este proyecto** I've taken two weeks over this project, I've spent two weeks on this project; **echaron dos horas en llegar a Bogotá** it took them two hours to get to Bogotá

(**q**) *(calcular)* **¿cuántos años le echas?** how old do you reckon he is?; **siempre me echan años de menos** people always think I'm younger than I really am

(**r**) *(naipe, partida)* to play; **os echo una carrera** I'll race you; **¿echamos un dominó?** shall we have a game of dominoes?

(**s**) *(buenaventura)* to tell; **e. las cartas a alguien** to read sb's fortune *(in cards)*

(**t**) *Fam (sentencia)* **le echaron diez años** he got ten years

(**u**) *Fam (documento)* **tengo que ir a e. una instancia al Ministerio** I've got to go and hand in a form at the ministry

(**v**) *Fam (en televisión, cine, teatro)* to show; **¿qué echan esta noche en la tele?** what's on telly tonight?; **echan una película de acción** they're showing an action movie

(**w**) *Am (animales)* to urge on

(**x**) EXPR **e. a perder** *(vestido, alimentos, plan)* to ruin; *(ocasión)* to waste; **no puedes e. todo a perder, después de tanto esfuerzo** you can't just throw it all away after all that effort; **e. algo a cara o cruz** to toss (a coin) for sth; **e. algo a suertes** to draw lots for sth; **e. de menos** to miss; **le echa mucho de menos** he misses her a lot; *Chile* **echarlas** to run away; **su marcha echa por tierra nuestros planes** her departure puts paid to *o* ruins our plans

2 *vi* (**a**) *(encaminarse)* **e. por la calle arriba** to go *o* head up the street; **e. por la derecha** to go (to the) right

(**b**) *(empezar)* **e. a andar** to set off; **e. a correr** to break into a run; **e. a llorar** to burst into tears; **e. a reír** to burst out laughing; **e. a volar** to fly off

3 echarse *vpr* (**a**) *(lanzarse)* **echarse al**

agua to dive *o* jump into the water; **echarse al suelo** to throw oneself to the ground; **se echó a sus brazos** she threw herself into his arms; **se echaron encima del enemigo** they fell upon the enemy; **el tren se les echó encima antes de que pudieran reaccionar** the train was upon them before they had time to react; **la noche se nos echó encima antes de llegar al refugio** night fell before we reached the shelter
(**b**) *(acostarse)* to lie down; **me voy a e. un rato** I'm going to have a nap; **se echó en el sofá** she lay down on the sofa; **echarse a dormir** *(acostarse)* to go to bed; *Fig* **no nos podemos e. a dormir** we can't afford to be complacent; **echarse una siesta** to have a nap
(**c**) *(empezar)* **echarse a hacer algo** to start to do sth, to start doing sth; **se echó a cantar/reír** he burst into song/laughter, he started singing/laughing; **se echó a correr** she broke into a run, she started running; **se echó a volar** it flew off
(**d**) *(ponerse)* **se echó encima todo el frasco de colonia** she put the whole bottle of cologne on; **échate un abrigo o pasarás frío** put a coat on or you'll be cold
(**e**) *(apartarse)* **echarse a un lado** to move aside; **se echó a la derecha para dejarle pasar** he moved to the right to allow her to pass; *Fig* **se echó atrás en el último momento** he backed out at the last moment; *Fig* **ya es muy tarde para echarse atrás** it's a bit late to turn back now
(**f**) *(obtener)* **echarse (un) novio** to get oneself a boyfriend
(**g**) *Fam (expulsar)* **se echó un pedo en mitad de la película** he farted in the middle of the film
(**h**) *(tomarse)* **echarse un cigarrillo** to have a cigarette
(**i**) EXPR **echarse a perder** *(comida)* to go off, to spoil; *(plan)* to fall through; *(país, persona)* to go to the dogs; *Fam* **se las echa de entendido en arte** he makes out he's an expert on art

---

echarpe *nm* shawl

eclecticismo *nm* eclecticism

ecléctico, -a *adj & nm,f* eclectic

eclesiástico, -a 1 *adj* ecclesiastical
2 *nm* clergyman

eclipsar 1 *vt* (**a**) *(astro)* to eclipse (**b**) *(persona)* to eclipse
2 eclipsarse *vpr* (**a**) *(astro)* to go into eclipse (**b**) *(persona)* to drop out of the limelight

eclipse *nm* (**a**) *(de astro)* eclipse ❑ ***e. de luna*** eclipse of the moon; ***e. parcial*** partial eclipse; ***e. de sol*** eclipse of the sun; ***e. total*** total eclipse (**b**) *(de persona)* eclipse

eclíptica *nf* ecliptic

eclosión *nf* (**a**) *(de huevo)* hatching, *Espec* eclosion (**b**) *(aparición)* rise

eco 1 *nm* (**a**) *(de sonido)* echo; *Fig* **hacerse e. de algo** *(dar noticia)* to report sth; *(repetir)* to echo sth; *Fig* **tener e.** to arouse interest (**b**) *(rumor)* rumour; **el e. lejano de los tambores** the distant sound of the drums; EXPR **ecos de sociedad** society column (**c**) *Informát* echo
2 *nf Fam (ecografía)* (ultrasound) scan

ecoauditoría *nf* environmental audit

ecoetiqueta *nf* ecolabel

Ecofin *nm Pol* (*abrev de* **Consejo de Ministros de Economía y Finanzas**) Ecofin, EC finance ministers

ecografía *nf (técnica)* ultrasound scanning; *(imagen)* ultrasound (image); **hacerse una e.** to have a scan

ecógrafo *nm* ultrasound scanner

ecoindustria *nf* **la e.** eco-industry, = sector of industry devoted to environmentally-friendly activities, such as recycling, alternative energy production etc

ecología *nf* ecology

ecológicamente *adv* ecologically

ecológico, -a *adj (medioambiental)* ecological; *(alimentos)* organic; *(detergente)* environmentally-friendly

ecologismo *nm* green movement

ecologista 1 *adj* environmental, ecological
2 *nmf* environmentalist, ecologist

economato *nm* company cooperative shop

econometría *nf Econ* econometrics *(singular)*

economía *nf* (**a**) *(actividad productiva)* economy ❑ ***e. doméstica*** housekeeping; ***e. de libre mercado*** free-market economy; ***e. de mercado*** market economy; ***e. mixta*** mixed economy; ***e. planificada*** planned economy; ***e. socialista*** socialist economy; ***e. de subsistencia*** subsistence economy; ***e. sumergida*** black economy *o* market (**b**) *(estudio)* economics *(singular)* ❑ ***e. aplicada*** applied economics; ***e. familiar*** home economics; ***e. política*** political economy (**c**) *(ahorro)* saving; **hacer economías** to save

económicamente *adv* (**a**) *(financieramente)* economically (**b**) *(con ahorro)* cheaply, inexpensively

económico, -a *adj* (**a**) *(asunto, doctrina)* economic (**b**) *(barato)* cheap, low-cost (**c**) *(que gasta poco) (motor, aparato)* economical; *(persona)* thrifty

economista *nmf* economist

economizar [14] *vt también Fig* to save

ecosfera *nf* biosphere

ecosistema *nm* ecosystem

ecosonda *nf* sonar

ecotasa *nf (impuesto)* ecotax

ecoturismo *nm* ecotourism

ecoturista *nmf* ecotourist

ectoplasma *nm* ectoplasm

ecu *nm* (*abrev de* **unidad de cuenta europea**) ecu

ecuación *nf* (**a**) *Mat* equation; **resolver una e.** to solve an equation ❑ ***e. algebraica*** algebraic equation; ***e. diferencial*** differential equation; ***e. de primer/segundo grado*** simple/quadratic equation (**b**) *Quím* equation

Ecuador *n* Ecuador

ecuador *nm* (**a**) *(paralelo)* equator ❑ ***e. magnético*** magnetic equator, aclinic line (**b**) *(punto medio)* half-way point

ecualizador *nm* equalizer ❑ ***e. gráfico*** graphic equalizer

ecuánime *adj* (**a**) *(en el ánimo)* level-headed (**b**) *(en el juicio)* impartial, fair

ecuanimidad *nf* (**a**) *(del ánimo)* equanimity, composure (**b**) *(del juicio)* impartiality, fairness

ecuatoguineano, -a 1 *adj* of/relating to Equatorial Guinea
2 *nm,f* native/inhabitant of Equatorial Guinea

ecuatorial *adj* equatorial

ecuatoriano, -a *adj & nm,f* Ecuadorian, Ecuadoran

ecuestre *adj* equestrian

ecuménico, -a *adj* ecumenical

ecumenismo *nm* ecumenism

eczema *nm* eczema

ed. (**a**) (*abrev de* **editor**) ed. (**b**) (*abrev de* **edición**) edit.

edad *nf* (**a**) *(de persona, objeto)* age; **¿qué e. tienes?** how old are you?; **tiene veinticinco años de e.** she's twenty-five years old; **una persona de mediana e.** a middle-aged person; **una persona de e.** an elderly person; **¡son cosas de la e.!** it's (just) his/her/their age!; **estar en e. de merecer** to be of marriageable age; **estar en e. de trabajar** to be of working age ❑ ***e. escolar*** school age; ***e. del juicio*** age of reason; *Fam* ***e. del pavo*** awkward age; ***e. de la razón*** age of reason
(**b**) *(periodo)* age ❑ ***la e. antigua*** ancient times; ***la e. de*** *o* ***del bronce*** the Bronze Age; ***la e. contemporánea*** the modern age *(since the French revolution)*; ***la e. de hierro*** the Iron Age; ***la E. Media*** the Middle Ages; ***la e. moderna*** = period between 1492 and the French Revolution; *Fig* ***la e. de oro*** the golden age; ***la e. de piedra*** the Stone Age

edafología *nf Geol* pedology

edecán *nm* (**a**) *Mil* aide-de-camp (**b**) *Fig (acompañante)* assistant, aide

edelweiss ['eðelweis] *nm inv* edelweiss

edema *nm Med* oedema

edén *nm Rel* Eden; *Fig* paradise

edición *nf* (**a**) *Imprenta (acción)* publication; **e. de Jorge Urrutia** *(en libro)* edited by Jorge Urrutia
(**b**) *(ejemplares)* edition ❑ ***e. abreviada*** abridged edition; ***e. anotada*** annotated edition; ***e. de bolsillo*** pocket edition; ***e. crítica*** critical edition; ***e. extraordinaria*** special edition; ***e. facsímil*** facsimile edition; ***e. limitada*** limited edition; ***e. de lujo*** deluxe edition; ***e. pirata*** pirate edition; ***e. príncipe*** first edition
(**c**) *Informát* editing
(**d**) *(de un programa)* **la segunda e. del telediario** ≃ the evening news
(**e**) *(celebración periódica)* **la e. de los Oscars/del Mundial de 1998** the 1998

Oscars/World Cup; **la décima e. del festival** the tenth festival

edicto *nm* edict

edificación *nf* building

edificante *adj (conducta)* exemplary; *(libro, discurso)* edifying

edificar [59] **1** *vt* (**a**) *(construir)* to build (**b**) *(aleccionar)* to edify

2 *vi (construir)* to build

edificio *nm* building ▫ ***e. inteligente*** intelligent building

edil *nm* (town) councillor

Edimburgo *n* Edinburgh

editar *vt* (**a**) *(publicar) (libro, periódico)* to publish; *(disco)* to release (**b**) *(modificar) (texto, programa)* to edit (**c**) *Informát* to edit

editor, -ora 1 *adj* publishing; **empresa editora** publishing company

2 *nm,f* (**a**) *(que publica) (libro, periódico)* publisher (**b**) *(que modifica) (texto, programa)* editor

3 *nm Informát* editor ▫ ***e. de textos*** text editor

editorial 1 *adj* **empresa e.** publishing house *o* company; **proyecto e.** publishing project

2 *nm (en periódico)* editorial, leader

3 *nf* publisher, publishing house

editorialista *nmf Prensa* leader writer

edredón *nm* duvet, eiderdown

educación *nf* (**a**) *(enseñanza)* education; **escuela de e. especial** special school ▫ ***e. de adultos*** adult education; ***e. ambiental*** environmental education; ***e. a distancia*** distance education; ***e. escolar*** schooling; ***e. física*** physical education; ***e. primaria/secundaria*** primary/secondary education; ***e. sexual*** sex education (**b**) *(crianza)* upbringing, rearing (**c**) *(modales)* good manners; **¡qué poca e.!** how rude!; **¡un poco de e.!** do you mind!; **mala e.** bad manners; **es una falta de e.** it's bad manners

educadamente *adv* nicely, politely

educado, -a *adj (cortés)* polite, well-mannered; **bien e.** well-bred, well-mannered; **mal e.** rude, ill-mannered

educador, -ora *nm,f* teacher

educar [59] **1** *vt* (**a**) *(enseñar)* to educate (**b**) *(criar)* to bring up (**c**) *(cuerpo, voz, oído)* to train

2 educarse *vpr* to be educated, to receive one's education; **me eduqué en** *o* **con los jesuitas** I went to a Jesuit school

educativo, -a *adj* educational; **sistema e.** education system

edulcorante 1 *adj* **sustancia e.** sweetener

2 *nm* sweetener

edulcorar *vt* to sweeten

EEE *nm (abrev de* **espacio económico europeo**) EEA

EEG *Med (abrev de* **electroencefalograma**) *nm* EEG

EE UU *nmpl (abrev de* **Estados Unidos**) USA

efebo *nm* Adonis

efectismo *nm* striving for effect, sensationalism

efectista *adj* designed for effect, dramatic

efectivamente *adv* precisely, exactly

efectividad *nf* effectiveness

efectivo, -a 1 *adj* (**a**) *(útil)* effective; **hacer e.** *(realizar)* to carry out; *(promesa)* to keep; *(dinero, crédito)* to pay; *(cheque)* to cash (**b**) *(real)* actual, true

2 *nm* (**a**) *(dinero)* cash; **en e.** in cash ▫ ***e. en caja*** *Br* cash in hand, *US* cash on hand (**b**) **efectivos** *(personal)* forces; **habían llegado varios efectivos policiales** a number of policemen had arrived

EFECTO *nm* (**a**) *(consecuencia, resultado)* effect; **los efectos del terremoto fueron devastadores** the effects of the earthquake were devastating; **el analfabetismo es un e. de la falta de escuelas** illiteracy is a result of the lack of schools; **un medicamento de e. inmediato** a fast-acting medicine; **un mecanismo de e. retardado** a delayed-action mechanism; *Esp* **conducía** *o Am* **manejaba bajo los efectos del alcohol** she was driving under the influence (of alcohol); **con e. desde** with effect from; **la ley se aplicará con efectos retroactivos** the law will be applied retroactively; **llevar algo a e.** to put sth into effect, to implement sth; **todavía no me ha hecho e. la aspirina** the aspirin still hasn't taken effect; **las medidas contra el desempleo no han surtido e.** the measures against unemployment haven't had any effect *o* haven't done any good; **tener e.** *(vigencia)* to come into *o* take effect; **la decisión de bajar los tipos de interés tuvo un e. explosivo** the decision to lower interest rates had an explosive impact ▫ *Informát* ***e. 2000*** millennium bug; ***e. bumerán*** boomerang effect; ***e. dominó*** domino effect; *Fís* ***e. Doppler*** Doppler effect; ***e. fotoeléctrico*** photoelectric effect; ***e. invernadero*** greenhouse effect; ***e. mariposa*** butterfly effect; ***e. óptico*** optical illusion; ***e. placebo*** placebo effect; ***efectos secundarios*** side effects; *Fís* ***e. túnel*** tunnelling

(**b**) *(finalidad)* aim, purpose; **al e., a dicho e., a tal e.** to that end; **a estos efectos, se te suministrará el material necesario** you will be provided with the necessary materials for this purpose; **a efectos** *o* **para los efectos de algo** as far as sth is concerned; **a efectos fiscales, estos ingresos no cuentan** this income is not counted for tax purposes, this income is not taxable; **a efectos legales, esta empresa ya no existe** as far as the law is concerned *o* in the eyes of the law, this company no longer exists

(**c**) *(impresión)* impression; **nos hizo mucho e. la noticia** the news came as quite a shock to us; **producir buen/mal e.** to make a good/bad impression

(**d**) *(de balón, bola) (rotación)* spin; **lanzó la falta con mucho e.** he put a lot of bend on the free kick; **dar e. a la pelota, golpear la pelota con e.** *(tenista)* to put spin on the ball, to spin the ball; *(futbolista)* to put bend on the ball, to bend the ball

(**e**) *Cine, TV* ***efectos especiales*** special effects; ***efectos sonoros/visuales*** sound/visual effects

(**f**) *Com (documento)* bill ▫ ***efectos a cobrar*** bills receivable; ***e. de comercio*** commercial paper; ***efectos del estado*** government securities; ***e. de favor*** accommodation bill; ***efectos a pagar*** bills payable; ***efectos públicos*** government securities

(**g**) ***efectos personales*** *(posesiones)* personal possessions *o* effects

(**h**) **efectos** *(mercancía)* goods ▫ ***efectos de consumo*** consumer goods

(**i**) **en efecto** *loc adv* indeed; **y, en e., fuimos a visitar la ciudad** and we did indeed visit the city; **¿lo hiciste tú? — en e.** did you do it? — I did indeed *o* indeed I did

efectuar [4] **1** *vt (realizar)* to carry out; *(compra, pago, viaje)* to make; **el tren efectuará su salida a las ocho** the train will depart at eight

2 efectuarse *vpr* to take place

efedrina *nf Farm* ephedrine

efeméride *nf (suceso)* major event; *(conmemoración)* anniversary; *Prensa* **efemérides** = list of the day's anniversaries published in a newspaper

efervescencia *nf* (**a**) *(de líquido)* effervescence; *(de bebida)* fizziness (**b**) *Fig (agitación, inquietud)* unrest; **estar en plena e.** to be buzzing *o* humming with activity

efervescente *adj (bebida)* fizzy; **aspirina/comprimido e.** soluble aspirin/tablet

eficacia *nf* (**a**) *(de persona)* efficiency (**b**) *(de medicamento, medida)* effectiveness

eficaz *adj* (**a**) *(persona)* efficient (**b**) *(medicamento, medida)* effective

eficazmente *adv* effectively

eficiencia *nf* efficiency

eficiente *adj* efficient

eficientemente *adv* efficiently

efigie *nf* (**a**) *(imagen)* effigy; *(en monedas)* image, picture (**b**) *Fig (personificación)* personification, embodiment

efímero, -a *adj* ephemeral

efluvio *nm* (**a**) *(emanación)* vapour; *(aroma)* scent; **los efluvios de su perfume** the smell of her perfume (**b**) *(de alegría, simpatía)* aura

EFTA ['efta] *nf (abrev de* **European Free Trade Association**) EFTA

efusión *nf (cordialidad)* effusiveness, warmth

efusivamente *adv* effusively

efusividad *nf* effusiveness

efusivo, -a *adj* effusive

EGA *Informát (abrev de* **enhanced graphics adaptor**) EGA

EGB *nf Antes (abrev de* **educación**

general básica) = stage of Spanish education system for pupils aged 6-14

Egeo *nm* **el (mar) E.** the Aegean (Sea)

égida *nf Fig* aegis, protection; **bajo la é. de** under the aegis *o* auspices of

egipcio, -a *adj & nm,f* Egyptian

Egipto *n* Egypt

egiptología *nf* Egyptology

egiptólogo, -a *nm,f* Egyptologist

ego *nm* ego

egocéntrico, -a 1 *adj* egocentric, self-centred

2 *nm,f* egocentric *o* self-centred person

egocentrismo *nm* egocentricity

egoísmo *nm* selfishness, egoism

egoísta 1 *adj* egoistic, selfish

2 *nmf* egotist, selfish person; **ser un e.** to be very selfish, to be an egotist

ególatra 1 *adj* egotistical

2 *nmf* egotist

egolatría *nf* egotism

egregio, -a *adj Formal* illustrious

egresado, -a *nm,f Am* (**a**) *(de escuela)* = student who has completed a course (**b**) *(de universidad)* graduate

egresar *vi Am* (**a**) *(de escuela)* to leave school after graduation (**b**) *(de universidad)* to graduate

egreso *nm Am (de universidad)* graduation

eh *interj* (**a**) *(para llamar la atención)* **¡eh!** hey! (**b**) *(para preguntar)* **¿eh?, ¿y por qué?** really? why's that?; **estaba rico, ¿eh?** it was delicious, wasn't it?

EIA *n (abrev de* **evaluación de impacto ambiental**) EIA, environmental impact assessment

Eire *n Hist* Eire

ej. *(abrev de* **ejemplo**) example, ex.

eje *nm* (**a**) *(de rueda)* axle; *(de máquina)* shaft ▫ ***e. de transmisión*** drive shaft (**b**) *Geom* axis ▫ ***e. de abscisas*** x-axis; ***e. de ordenadas*** y-axis; ***e. de rotación*** axis of revolution; ***e. de simetría*** axis of symmetry (**c**) *Fig (idea central)* central idea, basis; **es el e. de la compañía** she holds the company together (**d**) *Hist* **el E.** the Axis

ejecución *nf* (**a**) *(realización)* carrying out; **tuvimos problemas durante la e. de la tarea** we had problems while carrying out the task; **la e. del golpe fue brillante** it was a brilliantly struck shot (**b**) *(de condenado)* execution (**c**) *(de concierto)* performance, rendition (**d**) *Der (de desahucio)* carrying out, enforcement; **la e. del embargo de algo** the impounding of sth (**e**) *Informát (de un programa)* execution, running

ejecutable 1 *adj* (**a**) *(realizable)* feasible, practicable (**b**) *Informát* executable

2 *nm Informát* exe file

ejecutar *vt* (**a**) *(realizar)* to carry out; **e. las órdenes de alguien** to carry out sb's orders (**b**) *(condenado)* to execute (**c**) *(concierto)* to perform (**d**) *Der (desahucio)* to carry out, to enforce; **e. el embargo de algo** to impound sth (**e**) *Informát (programa)* to execute, to run

ejecutiva *nf (junta)* executive; **la e. del partido socialista** the executive of the socialist party

ejecutivo, -a 1 *adj* executive

2 *nm,f (persona)* executive ▫ ***e. agresivo*** thrusting executive; ***e. de cuentas*** account administrator

3 *nm Pol* **el E.** the government

ejecutor, -ora *nm,f* (**a**) *Der* executor (**b**) *(verdugo)* executioner

ejecutoria *nf* (**a**) *(título)* letters patent of nobility (**b**) *Fig (historial)* record of accomplishment (**c**) *Der (sentencia)* final judgement; *(despacho)* writ of execution

ejecutorio, -a *adj Der* final

ejem *interj* **¡e.!** hum!, ahem!

ejemplar 1 *adj* exemplary; **castigo e.** exemplary punishment

2 *nm* (**a**) *(de libro)* copy; *(de revista)* issue; *(de moneda)* example ▫ ***e. de muestra*** specimen copy; ***e. de regalo*** *(libro)* complimentary copy (**b**) *(de especie, raza)* specimen; **pescó un e. de 200 kilos** he caught one weighing 200 kilos; *Fam* **¡menudo e.!** he's/she's a sly one!

ejemplaridad *nf* exemplary nature

ejemplarmente *adv* in an exemplary manner

ejemplificar [59] *vt* to exemplify

ejemplo *nm* example; **nuestros vecinos son un e. de amabilidad** our neighbours are very kind; **es el vivo e. del optimismo** he's optimism personified; **dar e.** to set an example; **no des mal e. a los niños** don't set the children a bad example; **por e.** for example; **poner un e.** to give an example; **poner de e.** to give as an example; **servir de e.** to serve as an example

ejercer [40] **1** *vt* (**a**) *(profesión)* to practise; *(cargo)* to hold (**b**) *(poder, derecho)* to exercise; *(influencia, dominio)* to exert; **e. presión sobre** to put pressure on; **e. influencia (en)** to have an effect *o* influence (on)

2 *vi* to practise (one's profession); **e. de** to practise *o* work as; **ejerce como abogada** she practises as a lawyer, she's a practising lawyer; *Fig* **ejerce mucho de jefe** he acts like he's the boss

ejercicio *nm* (**a**) *(tarea, deporte)* exercise; **hacer e.** to (do) exercise ▫ *Rel* ***ejercicios espirituales*** retreat; ***e. físico*** physical exercise; ***ejercicios de mantenimiento*** keep-fit exercises (**b**) *(examen)* test, *US* quiz (**c**) *Mil* exercise (**d**) *(de profesión)* practising; *(de cargo, funciones)* carrying out; **ya no está en e.** he no longer practises (**e**) *(de poder, derecho)* exercising; **el e. del voto** the use of one's vote (**f**) *Econ* financial year ▫ ***e. económico/fiscal*** financial/tax year

ejercitación *nf* exercise

ejercitar 1 *vt* (**a**) *(derecho)* to exercise (**b**) *(idioma)* to practise (**c**) *(conocimiento, inteligencia)* to train, to drill

2 ejercitarse *vpr* to train (**en** in)

ejército *nm* (**a**) *(fuerzas armadas)* army ▫ ***E. del Aire*** Air Force; ***e. profesional*** professional army; ***e. regular*** regular army; ***el E. de Salvación*** the Salvation Army; ***E. de Tierra*** army *(as opposed to navy and airforce)* (**b**) *(grupo numeroso)* army

ejote *nm CAm, Méx* green bean

EL (*f* **la**, *mpl* **los**, *fpl* **las**) *art determinado*

> **el** is used instead of **la** before feminine nouns which are stressed on the first syllable and begin with "a" or "ha" (e.g. **el agua**, **el hacha**). Note that **el** combines with the prepositions **a** and **de** to produce the contracted forms **al** and **del**.

(**a**) *(con valor especificador)* the; **el coche** the car; **la casa** the house; **los niños** the children; **el agua/hacha/águila** the water/axe/eagle; **fui a re-coger a los niños** I went to pick up the children

(**b**) *(con sustantivo abstracto, valor genérico)* **el amor** love; **la vida** life; **el hombre** Man, human beings; **los derechos de la mujer** women's rights; **los niños imitan a los adultos** children copy adults; **el pan es un alimento básico** bread is a basic food; **la mayoría de la gente no la conoce** most people don't know her; **vuelve el biquini** bikinis are back

(**c**) *(indica posesión, pertenencia)* **se partió la pierna** he broke his leg; **se quitó los zapatos** she took her shoes off; **tiene el pelo oscuro** he has dark hair; **me han robado la maleta** my suitcase has been stolen; **se dieron la mano** they shook hands

(**d**) *(con días de la semana, fechas, horas)* **vuelven el sábado** they're coming back on Saturday; **los domingos vamos al cine** we go to the cinema (on) Sundays; **llegaré el 1 de mayo** *(escrito)* I'll arrive on 1 May; *(hablado)* I'll arrive on the first of May; **son las siete** it's seven o'clock; **el año pasado/que viene** last/next year

(**e**) *(con nombres propios geográficos)* **el Sena** the (River) Seine; **el Everest** (Mount) Everest; **la India** India; **La Haya** The Hague; **El Cairo** Cairo; **la España de la posguerra** post-war Spain

(**f**) *(con apellido)* **la señora Márquez** Mrs Márquez; **el señor/el doctor Juárez** Mr/Doctor Juárez; **los Amaya** *(matrimonio)* Mr and Mrs Amaya, the Amayas; *(familia completa)* the Amayas, the Amaya family; **los Austrias** the Hapsburgs; **el Hitler español** the Spanish Hitler

(**g**) *Fam (con nombre propio de persona)* **llama a la María** call Maria

(**h**) *(con numerales, porcentajes, fracciones)* **el siete es mi número de la suerte** seven's my lucky number; **llegó el tercero** he came third; **el tercer piso** the third floor; **un aumento del 30 por ciento** a 30 percent increase; **la quinta parte (de)** a fifth (of); **el 20 por ciento (de)** 20 percent (of)

(**i**) *(en proporciones, precios)* **100 pesos el kilo** 100 pesos a *o* per kilo

(**j**) *(con complemento especificativo)* **el/la del sombrero** the one with the hat; **los/las**

de azul *(cosas)* the blue ones; *(personas)* the ones in blue; **he perdido el tren, cogeré el de las nueve** I've missed the train, I'll get the nine o'clock one; **el de aquí** this one here; **¿los del parque son amigos tuyos?** were those people in the park friends of yours?; **prefiero las del escaparate** I prefer the ones in the window; **los del fondo no se callan** the people at the back won't shut up

(**k**) *(con complemento posesivo)* **mi hermano y el de Juan** my brother and Juan's; **el mío** mine; **la tuya** yours; **los suyos** theirs

(**l**) *(con adjetivo)* **prefiero el rojo al azul** I prefer the red one to the blue one; **el/la mejor** the best; **es la mejor de la clase** she's the best in the class, she's top of the class; **los seleccionados realizarán un examen** those chosen will sit an exam; **el tonto de Ignacio se equivocó** that idiot Ignacio got it wrong

(**m**) *(con infinitivo)* **el beber tanto acabó con él** all that drinking is what finished him off; **es amante del buen comer** she loves good food; **me sienta mal el tener que decírtelo** I don't like to have to tell you

(**n**) *(con frases subordinadas)* **el/la que** *(cosa)* whichever; *(persona)* whoever; **los/las que** *(cosas)* whichever; *(personas)* whoever; **coge el/los que quieras** take whichever you like; **el que más corra** whoever runs fastest, the one who runs the fastest; **las que quieran venir que levanten la mano** those who want to come *o* anyone who wants to come should put their hand up; **el que no te guste no quiere decir que sea malo** the fact that you don't like him doesn't make him a bad person

(**o**) *(con valor enfático)* **¡la pena que me dio verlo en ese estado!** I felt so sorry for him when I saw him in that state!

ÉL, ELLA *pron personal*

Usually omitted in Spanish as a subject except for emphasis or contrast.

(**a**) *(sujeto) (persona)* he, *f* she; *(animal, cosa)* it; **él no sabe nada** he doesn't know anything; **¿quién lo dijo? — él** who said so? — he did *o* him; **nosotros estamos invitados, ella no** we're invited, but she's not *o* but not her; **ella misma lo organizó todo** she organized it (all by) herself; **he aprobado — él también** I passed – so did he; **ella se llama Clara** she's called Clara, her name is Clara

(**b**) *(predicado) (persona)* he, *f* she; *(animal, cosa)* it; **es él/ella, abre la puerta** it's him/her, open the door; **mi hermana es ella** she's my sister

(**c**) *(complemento con preposición o conjunción)* him, *f* her; **de él** his; **de ella** hers; **esta casa es de él/ella** this house is his/hers; **eres tan alto como él** you're as tall as him *o* as he is; **voy a ir de vacaciones con ella** I'm going on holiday with her; **díselo a ella** tell it to her, tell her it; **este regalo es para él** this present is for him; **excepto/incluso él** except/including him; **por él no hay problema** there's no problem as far as he's concerned

elaboración *nf* (**a**) *(de producto)* manufacture; **de e. casera** home-made; **proceso de e.** *(industrial)* manufacturing process (**b**) *(de idea)* working out; *(de plan, informe)* drawing up

elaborar *vt* (**a**) *(producto)* to make, to manufacture (**b**) *(idea)* to work out; *(plan, informe)* to draw up

elanio *nm* ***e. azul*** black-winged kite

elasticidad *nf* (**a**) *(de un cuerpo)* elasticity (**b**) *(de horario, interpretación)* flexibility

elástico, -a 1 *adj* (**a**) *(cuerpo)* elastic (**b**) *Fig (horario, interpretación)* flexible
2 *nm (cinta)* elastic; *(goma elástica)* rubber band; *(de pantalón, falda)* elasticated waistband

Elba 1 *nm* **el E.** the Elbe
2 *nf* **la isla de E.** the island of Elba

elección *nf* (**a**) *(nombramiento)* election; **la e. del árbitro no llevó mucho tiempo** it didn't take a long time to choose the referee (**b**) *(opción)* choice; **no tenemos e.** we have no choice; **un regalo de su e.** a gift of his own choosing (**c**) **elecciones** *(votación)* election; **presentarse a las elecciones** to stand in the elections; **las elecciones se celebrarán en octubre** the elections will be held in October ▫ ***elecciones autonómicas*** elections to the regional parliament; ***elecciones generales*** *o* ***legislativas*** elections to the national parliament, *Br* ≃ general election, *US* ≃ congressional elections; ***elecciones municipales*** local elections; ***e. parcial*** by-election; ***elecciones presidenciales*** presidential election; ***elecciones primarias*** primary election

eleccionario, -a *adj Am* electoral

electo, -a *adj* elect; **el presidente e.** the president elect

elector, -ora *nm,f* voter, elector

electorado *nm* electorate

electoral *adj* electoral

electoralismo *nm* electioneering

electoralista *adj* electioneering; **una medida e.** a vote-catching measure

eléctrica *nf* electricity company

electricidad *nf* electricity; **se ha cortado la e.** there's been a power cut ▫ ***e. estática*** static electricity

electricista 1 *adj* electrical
2 *nmf* electrician

eléctrico, -a *adj* electric

electrificación *nf* electrification

electrificar [59] *vt* to electrify

electrizante *adj también Fig* electrifying

electrizar [14] *vt Fig (exaltar)* to electrify

electroacústica *nf* electroacoustics *(singular)*

electrocardiógrafo *nm Med* electrocardiograph

electrocardiograma *nm* electrocardiogram, ECG; **el e. mostró que tenía problemas de corazón** the ECG revealed that there were problems with his heart

electrochoque *nm (terapia)* electric shock therapy

electrocución *nf* electrocution

electrocutar 1 *vt* to electrocute
2 electrocutarse *vpr* to electrocute oneself

electrodeposición *nf* electrodeposition

electrodiálisis *nf* electrodialysis

electrodinámica *nf* electrodynamics *(singular)*

electrodo *nm* electrode

electrodoméstico *nm* electrical household appliance

electroencefalógrafo *nm* electroencephalograph

electroencefalograma *nm* electroencephalogram

electrógeno, -a *adj* **1 grupo e.** generator
2 *nm* generator

electroimán *nm* electromagnet

electrólisis, electrolisis *nf inv* electrolysis

electrólito, electrolito *nm* electrolyte

electromagnético, -a *adj* electromagnetic

electromagnetismo *nm* electromagnetism

electromecánica *nf* electromechanics *(singular)*

electromecánico, -a *adj* electromechanical

electromotor, -ora *o* **-triz 1** *adj* electromotive
2 *nm* electromotor

electrón *nm* electron

electrónica *nf* electronics *(singular)*

electrónico, -a *adj* electronic; **microscopio e.** electron microscope

electroquímica *nf* electrochemistry

electroshock [elektro'ʃok] *nm (terapia)* electric shock therapy

electrostática *nf* electrostatics *(singular)*

electrostático, -a *adj* electrostatic

electrotecnia *nf* electrical engineering

electroterapia *nf* electrotherapy

electrotrén *nm* electric railcar, *Br* sprinter

elefante, -a 1 *nm,f* elephant
2 *nm* ***e. marino*** elephant seal

elefantiasis *nf inv* elephantiasis

elegancia *nf* elegance

elegante *adj* elegant, smart; **ponte e., vamos a una boda** make yourself smart, we're going to a wedding; **es e. en el vestir** he dresses elegantly *o* smartly

elegantemente *adv* elegantly

elegantoso, -a *adj Am* elegant

elegía *nf* elegy

elegiaco, -a, elegíaco, -a *adj* elegiac

elegibilidad *nf* eligibility

elegible *adj* eligible

elegido, -a 1 *adj* (**a**) *(escogido)* selected, chosen (**b**) *(político)* elected
2 *nm,f* person elected/chosen; *Fig* **los elegidos** the chosen few

elegir [55] *vt* (**a**) *(escoger)* to choose, to select; **tiene dos colores a e.** you can choose from two colours (**b**) *(por votación)* to elect; **fue elegido por unanimidad** he was elected unanimously

elemental *adj* (**a**) *(básico)* basic (**b**) *(obvio)* obvious

elemento, -a 1 *nm* (**a**) *(sustancia)* element; **e. químico** chemical element; **estar (uno) en su e.** to be in one's element
(**b**) *(factor)* factor; **el e. sorpresa** the surprise factor
(**c**) *(en equipo, colectivo) (persona)* individual; *(objeto, característica)* element
(**d**) **elementos** *(fundamentos)* rudiments
(**e**) **elementos** *(fuerzas atmosféricas)* elements; *Fig* **luchar contra los elementos** to struggle against the elements; **los cuatro elementos** the four elements
(**f**) **elementos** *(medios, recursos)* resources, means
2 *nm,f* (**a**) *Esp Fam Pey (persona)* **un e. de cuidado** a bad lot; **menuda elementa está hecha** she's a real tearaway
(**b**) *Chile, Perú, PRico (torpe)* dimwit, blockhead

elenco *nm* (**a**) *(reparto)* cast (**b**) *(catálogo)* list, index

elepé *nm* LP (record)

elevación *nf* (**a**) *(de pesos, objetos)* lifting (**b**) *(de nivel, altura, precios)* rise (**c**) *(de terreno)* elevation, rise (**d**) *(de cargo)* promotion (**e**) *(nobleza)* loftiness

elevado, -a *adj* (**a**) *(alto)* high (**b**) *(sublime)* lofty

elevador *nm* (**a**) *(montacargas)* hoist (**b**) *Am (ascensor) Br* lift, *US* elevator

elevadorista *nmf Am (ascensorista) Br* lift operator, *US* elevator operator

elevalunas *nm inv* window winder ▫ ***e. eléctrico*** electric window

elevar 1 *vt* (**a**) *(levantar) (peso, objeto)* to lift; *(pared)* to build, to put up
(**b**) *(aumentar) (precio, cantidad)* to raise
(**c**) *Mat* to raise; **e. x al cuadrado/al cubo** to square/cube x; **diez elevado a quince** ten to the fifteenth (power)
(**d**) *(subir)* to elevate (**a** to); **lo elevaron a la categoría de héroe** they made him into a hero
(**e**) *(propuesta, quejas)* to present; **elevó una instancia al ministerio** he made an appeal to the Ministry
2 elevarse *vpr* (**a**) *(subir)* to rise; **el globo se elevó por los aires** the balloon rose into the air; **elevarse a** *(altura)* to reach
(**b**) *(edificio, montaña)* to rise up
(**c**) *(aumentar) (precio, temperatura)* to increase, to go up; **el peso se ha elevado con respecto al dólar** the peso has risen against the dollar; **elevarse a** *(gastos, daños)* to amount *o* come to; **el número de muertos se eleva ya a treinta** the number of dead has now risen to thirty

elfo *nm* elf

elidir *vt* to elide

eligió *ver* **elegir**

elijo *etc ver* **elegir**

eliminación *nf* (**a**) *(de participante)* elimination (**b**) *(de contaminación, enfermedad)* elimination; *(de fronteras)* removal, elimination ▫ ***e. de residuos*** waste disposal (**c**) *Mat (de incógnita)* elimination; *Fig* **hallar algo por e.** to work sth out by a process of elimination (**d**) *Euf (de persona)* elimination

eliminar *vt* (**a**) *(en juego, deporte)* to eliminate (**b**) *(contaminación, enfermedad)* to eliminate; *(grasas)* to work *o* burn off; *(fronteras)* to remove, to eliminate (**c**) *Mat (incógnita)* to eliminate (**d**) *Euf (matar)* to eliminate, to get rid of

eliminatoria *nf (partido)* tie; *(en atletismo)* heat

eliminatorio, -a *adj* qualifying; **prueba eliminatoria** *(examen)* selection test; *(en deporte)* qualifying heat

elipse *nf* ellipse

elipsis *nf inv* ellipsis

elipsoide *nm* ellipsoid

elíptico, -a *adj* elliptical

élite, elite *nf* elite; **deportista de é.** top-class sportsman/sportswoman

elitismo *nm* elitism

elitista *adj & nmf* elitist

elixir, elíxir *nm* (**a**) *(medicamento)* **e. (bucal)** mouthwash (**b**) *(remedio milagroso)* elixir; **el e. de la eterna juventud** the elixir of eternal youth

ella *ver* **él**

ellas *ver* **ellos**

ello *pron personal (neutro)* **no nos llevamos bien, pero e. no nos impide formar un buen equipo** we don't get on very well, but it *o* that doesn't stop us making a good team; **no quiero hablar de e.** I don't want to talk about it; **por e.** for that reason

ellos, ellas *pron personal*

Usually omitted in Spanish as a subject except for emphasis or contrast.

(**a**) *(sujeto)* they; **e. no saben nada** they don't know anything; **¿quién lo dijo? — e.** who said so? — they did *o* them; **nosotros estamos invitados, e. no** we're invited, but they're not *o* but not them; **ellas mismas lo organizaron todo** they organized it (all by) themselves; **hemos aprobado — e. también** we passed — so did they; **algunos de e.** some of them; **todos e.** all of them
(**b**) *(predicado)* they; **son e., abre la puerta** it's them, open the door; **los invitados son e.** they are the guests
(**c**) *(complemento con preposición o conjunción)* them; **de e.** theirs; **esta casa es de e.** this house is theirs; **me fui después que e.** I left after they did *o* after them; **me voy al bar con ellas** I'm going to the bar with them; **díselo a e.** tell it to them, tell them it; **este regalo es para e.** this present is for them; **excepto/incluso e.** except/including them; **por e. no hay problema** there's no problem as far as they're concerned

ELN *nm (abrev de* **Ejército de Liberación Nacional***)* Army of National Liberation, = Colombian guerrilla group

elocución *nf* elocution

elocuencia *nf* eloquence; **hablar con e.** to speak eloquently

elocuente *adj* eloquent; **se hizo un silencio e.** there was an eloquent silence; **una mirada e.** a meaningful look

elocuentemente *adv* eloquently

elogiable *adj* praiseworthy

elogiar *vt* to praise

elogio *nm* praise; **la crítica sólo tuvo elogios para el director** the critics had nothing but praise for the director

elogioso, -a *adj* appreciative, eulogistic

elongación *nf* elongation

elote *nm CAm, Méx* corncob, *Br* ear of maize

elucidación *nf* elucidation

elucidar *vt* to elucidate, to throw light upon

elucubración *nf (reflexión)* reflection, meditation; *Fig* **eso no son más que elucubraciones suyas** it's all just a lot of crazy ideas he's dreamed up

elucubrar *vt (reflexionar)* to reflect *o* meditate upon; *Fig (teorías, fantasías)* to dream up

eludible *adj* avoidable

eludir *vt* (**a**) *(evitar)* to avoid; **e. a la prensa** to avoid the press; **eludió hacer declaraciones** he avoided making any statement (**b**) *(perseguidores)* to escape (**a** from)

elusivo, -a *adj* evasive

e.m. *(abrev* **en mano***)* by hand

emanación *nf* emanation, emission ▫ ***e. radiactiva*** radioactive emanation

emanante *adj* emanating

emanar 1 *vt* (**a**) *(olor, humo)* to emanate, to give off (**b**) *(hostilidad)* to emanate; *(alegría, confianza)* to exude, to radiate; **emanaba tristeza por todos los poros** she exuded sadness from every pore
2 *vi* to emanate (**de** from)

emancipación *nf (de mujeres, esclavos)* emancipation; *(de menores de edad)* coming of age; *(de países)* obtaining of independence

emancipado, -a *adj (mujer)* emancipated; *(esclavo)* freed; *(joven)* independent, self-supporting; *(país)* independent

emancipador, -ora 1 *adj* emancipating
2 *nm,f* emancipator

emancipar 1 *vt (liberar)* to emancipate, to free; *(países)* to grant independence (to)
2 emanciparse *vpr (país)* to free oneself, to become independent; *(mujer)* to become

emancipated; **se emancipó (de su familia) a los diecisiete años** she became independent from her family at seventeen

embadurnado, -a *adj* smeared (**de** with)

embadurnar 1 *vt* to smear (**de** with)
2 embadurnarse *vpr* to smear oneself (**de** with)

embajada *nf* (**a**) *(edificio)* embassy (**b**) *(cargo)* ambassadorship (**c**) *(empleados)* embassy staff

embajador, -ora *nm,f* ambassador □ ***e. itinerante*** roving ambassador

embaladura *nf Chile, Perú* packing

embalaje *nm* (**a**) *(acción)* packing (**b**) *(material)* packaging

embalar 1 *vt* to wrap up, to pack
2 embalarse *vpr (corredor)* to race away; *(vehículo)* to pick up speed; *Fig (entusiasmarse)* to get carried away; **no te embales, que vamos a tener un accidente** don't go so fast or we'll have an accident; **cuando se embala a hablar no hay quien lo pare** once he gets into his stride you can't shut him up

embaldosado *nm* (**a**) *(acción)* tiling (**b**) *(pavimento)* tiled floor

embaldosar *vt (piso)* to tile

embalsamado, -a *adj* embalmed

embalsamamiento *nm* embalming

embalsamar *vt* to embalm

embalsar 1 *vt* to dam (up)
2 embalsarse *vpr* to collect, to form puddles

embalse *nm* reservoir

embancarse *vpr Chile, Ecuad (río, lago)* to silt up

embanquetar *vt Méx* to pave

embarazada 1 *adj* pregnant; **dejar e. a alguien** to get sb pregnant; **estar e. de ocho meses** to be eight months pregnant; **quedarse e.** to get pregnant
2 *nf* pregnant woman

Observa que la palabra inglesa **embarrassed** es un falso amigo y no es la traducción de la palabra española **embarazada**. En inglés **embarrassed** significa "avergonzado".

embarazar [14] *vt* (**a**) *(preñar)* to get pregnant (**b**) *(impedir)* to restrict (**c**) *(avergonzar)* to inhibit

embarazo *nm* (**a**) *(preñez)* pregnancy □ *Med* ***e. ectópico*** ectopic implantation; ***e. psicológico*** phantom pregnancy (**b**) *(timidez)* embarrassment (**c**) *(impedimento)* obstacle

embarazoso, -a *adj* awkward, embarrassing

embarcación *nf* boat, vessel □ ***e. deportiva*** sailing boat, *US* sailboat *(for sport or pleasure sailing)*; ***e. de recreo*** pleasure boat

embarcadero *nm* jetty

embarcar [59] **1** *vt* (**a**) *(personas)* to board; *(mercancías)* to ship (**b**) *Fig (involucrar)* **e. a alguien en algo** to involve sb in sth
2 *vi* to board
3 embarcarse *vpr* (**a**) *(para viajar)* to board (**b**) *Fig (aventurarse)* **embarcarse en algo** to get oneself involved in sth

embargable *adj* subject to embargo

embargado, -a *adj* **e. por la pena/la alegría** overcome with grief/joy

embargar [38] *vt* (**a**) *Der (bienes)* to seize, to distrain; *(vehículo)* to impound; **le han embargado todos sus bienes** his property has been seized (**b**) *(sujeto: emoción)* to overcome; **la emoción nos embargaba** we were overcome with emotion

embargo *nm* (**a**) *Der* seizure (**b**) *(económico)* embargo (**c**) **sin embargo** *loc conj* however, nevertheless

embarque *nm (de personas)* boarding; *(de mercancías)* embarkation; **el e. se realizará por la puerta G** the flight will board at gate G

embarrado, -a *adj* muddy

embarrancamiento *nm* running aground

embarrancar [59] **1** *vi* (**a**) *(barco)* to run aground (**b**) *Fig (en dificultad)* to get bogged down
2 embarrancarse *vpr (barco)* to run aground; *(coche)* to get stuck

embarrar 1 *vt* (**a**) *(con barro)* to cover with mud (**b**) *Méx (untar)* **e. el pan con mantequilla** to spread butter on the bread (**c**) *Am (calumniar, desacreditar)* to smear (**d**) *CAm, Méx, RP* **e. a alguien en algo** *(en asunto turbio)* to get sb mixed up in sth (**e**) *Carib, Chile, RP Fam* **embarrarla** *(meter la pata)* to put one's foot in it
2 embarrarse *vpr* to get covered in mud

embarullar *Fam* **1** *vt* to mess up
2 embarullarse *vpr* to get into a muddle

embate *nm* (**a**) *(del mar)* pounding; **el e. de las olas** the pounding of the waves (**b**) *(de ira, celos)* attack, spasm

embaucador, -ora 1 *adj* deceitful
2 *nm,f* swindler, confidence trickster

embaucar [59] *vt* to deceive, to take in; **no te dejes e.** don't (let yourself) be taken in; **e. a alguien en algo** to talk sb into sth

embeber *vt* **1** (**a**) *(absorber)* to soak up (**b**) *(empapar)* to soak
2 embeberse *vpr Fig (ensimismarse)* to become absorbed (**en** in); **se embebió en sus fantasías** he lost himself in his dream world; **me embebí de la poesía de Lorca** I immersed *o* steeped myself in Lorca's poetry

embelesado, -a *adj* spellbound

embelesamiento *nm* captivation

embelesar 1 *vt* to captivate; **su belleza lo embelesó** he was enchanted *o* captivated by her beauty
2 embelesarse *vpr* to be captivated

embeleso *nm* (**a**) *(encanto)* captivation (**b**) *Cuba (planta)* leadwort

embellecedor, -ora 1 *adj* beauty; **tratamiento e.** beauty treatment
2 *nm* (**a**) *(moldura)* go-faster stripes (**b**) *(tapacubos)* hubcap

embellecer [46] **1** *vt* (**a**) *(persona)* to beautify, to make beautiful (**b**) *(habitación, calle)* to adorn, to embellish
2 embellecerse *vpr (persona)* to beautify oneself, to make oneself beautiful; **se embellece con los años** she grows more beautiful with the years

embellecimiento *nm* embellishment

embestida *nf (ataque)* attack; *(de toro)* charge; **derribó la puerta de una e.** he broke down the door with a single charge

embestir [47] **1** *vt (lanzarse contra)* to attack; *(toro)* to charge; **el coche embistió al árbol** the car smashed into the tree
2 *vi (lanzarse)* to attack; *(toro)* to charge; **el coche embistió contra el árbol** the car smashed into the tree

embetunar *vt (calzado)* to polish, to black

embijar *vt CAm, Méx (ensuciar)* to soil, to dirty

embisto *etc ver* **embestir**

emblanquecer [46] *vt* to whiten

emblema *nm* (**a**) *(divisa, distintivo)* emblem, badge (**b**) *(símbolo)* symbol

emblemático, -a *adj* symbolic, emblematic; **una figura emblemática del Renacimiento** a representative figure of the Renaissance

embobamiento *nm* stupefaction

embobar 1 *vt* to absorb, to fascinate; **esa mujer lo tiene embobado** he's crazy *o* potty about that woman
2 embobarse *vpr* to be captivated *o* fascinated (**con** by)

embocadura *nf* (**a**) *(de río, puerto)* mouth (**b**) *(de instrumento)* mouthpiece

embocar [59] *vt* to enter *(a narrow space)*, to squeeze into; **e. la pelota** *(en golf)* to get the ball in the hole

embolado *nm Fam* (**a**) *(mentira)* fib (**b**) *(follón)* jam, mess; **en menudo e. me he metido** this is a fine mess I've got myself into

embolador *nm Col* bootblack, shoeshine boy

embolar 1 *vt (toro)* = to tip the horns of with wooden balls
2 embolarse *vpr Arg (aburrirse)* to get bored

embole *nm Arg Fam (aburrimiento)* bore

embolia *nf* clot, embolism

embolismar *vt Chile Fam (alborotar)* to stir up

émbolo *nm Aut* piston

embolsado *nm* **se encargan del e. de la fruta** they put the fruit in bags

embolsarse *vpr (ganar)* to make, to earn

embonar *vt Andes, Cuba, Méx Fam* (**a**) *(ajustar)* to suit (**b**) *(abonar)* to manure (**c**) *(ensamblar)* to join

emboque *nm Chile (juguete)* cup and ball

emboquillado, -a *adj* filter-tipped

emborrachar 1 *vt* to make drunk; **emborrachó el bizcocho en jerez** he soaked the sponge cake in sherry; *Fig* **la alegría lo emborrachaba** he was drunk with joy

2 emborracharse *vpr* to get drunk (**de** on)

emborrascarse [59] *vpr* to cloud over, to turn black

emborronar *vt* (**a**) *(garabatear)* to scribble on; *(manchar)* to smudge (**b**) *(escribir de prisa)* to scribble

emboscada *nf también Fig* ambush; **caer en una e.** to walk into an ambush; **tender una e. (a alguien)** to lay an ambush (for sb)

emboscar [59] **1** *vt* to ambush

2 emboscarse *vpr* to hide oneself in ambush

embotado, -a *adj (sentidos)* dulled; *(cabeza)* muzzy

embotamiento *nm* dullness

embotar 1 *vt (sentidos)* to dull; **tenía la mente embotada de tanto estudiar** his mind had been dulled by so much studying

2 embotarse *vpr (por ruido)* to get confused

embotellado, -a 1 *adj* bottled

2 *nm* bottling

embotelladora *nf* bottling machine

embotellamiento *nm* (**a**) *(de tráfico)* traffic jam (**b**) *(de líquidos)* bottling

embotellar *vt* (**a**) *(tráfico)* to block (**b**) *(líquido)* to bottle

embozar [14] **1** *vt (rostro)* to cover (up)

2 embozarse *vpr (persona)* to cover one's face

embozo *nm (de sábana)* turnover

embragar [38] *vi* to engage the clutch

embrague *nm* clutch

embravecer [46] **1** *vt* to enrage

2 embravecerse *vpr* (**a**) *(animal, persona)* to become enraged (**b**) *(mar)* to become rough

embravecido, -a *adj* rough

embravecimiento *nm* fury, rage

embriagado, -a *adj* intoxicated

embriagador, -ora *adj* intoxicating, heady

embriagar [38] **1** *vt* (**a**) *(extasiar)* to intoxicate (**b**) *(emborrachar)* to make drunk

2 embriagarse *vpr* (**a**) *(extasiarse)* to become drunk (**de** with) (**b**) *(emborracharse)* to get drunk (**con** on)

embriaguez *nf* (**a**) *(borrachera)* drunkenness (**b**) *(éxtasis)* intoxication

embriología *nf* embryology

embrión *nm* (**a**) *Biol* embryo (**b**) *Fig (origen)* **contiene el e. de su teoría** it contains his theory in embryo

embrionario, -a *adj también Fig* embryonic

embrocar *vi Méx (vestirse)* to put a garment on over one's head

embrollado, -a *adj (asunto)* confused, complicated

embrollar 1 *vt* (**a**) *(asunto)* to confuse, to complicate (**b**) *(hilos)* to tangle up

2 embrollarse *vpr* (**a**) *(asunto)* to get muddled up *o* confused (**b**) *(hilos)* to get tangled (up)

embrollo *nm* (**a**) *(lío)* mess; *(mentira)* lie; **en menudo e. nos hemos metido** this is a fine mess we've got ourselves into (**b**) *(de hilos)* tangle

embromado, -a *adj Am Fam* tricky

embromar 1 *vt Am* (**a**) *(burlarse de)* to tease (**b**) *Fam (fastidiar)* to annoy (**c**) *(demorar)* to delay, to hold up

2 embromarse *vpr (enfadarse)* to get annoyed *o* cross

embrujamiento *nm* bewitchment

embrujar *vt* (**a**) *(hechizar)* to bewitch (**b**) *(atraer, cautivar)* to bewitch

embrujo *nm* (**a**) *(maleficio)* curse, spell (**b**) *(de ciudad, ojos)* charm, magic

embrutecedor, -ora *adj* stultifying

embrutecer [46] **1** *vt* to stultify, to make dull; **la televisión embrutece a los niños** television stunts children's mental development

2 embrutecerse *vpr* to become stultified

embrutecimiento *nm (acción)* stultification

embuchado, -a *adj* **carne embuchada** cold cured meat

embuchar *vt* (**a**) *Fam (comer)* to wolf down, to gobble up (**b**) *(embutir)* to process into sausages

embudo *nm* funnel; *Fig* **hay un e. en la entrada a la ciudad** there is a bottleneck in the approach to the city

emburujar *vt Carib (confundir)* to bewilder, to confuse

embuste *nm* lie

embustero, -a 1 *adj (mentiroso)* lying

2 *nm,f* liar

embutido *nm* (**a**) *(comida)* cold cured meat (**b**) *(acción)* sausage-making, stuffing (**c**) *Am (entredós)* panel of lace

embutir 1 *vt (relleno)* to stuff (**de** with)

2 embutirse *vpr Fam Fig* **se embutió en unos pantalones de cuero** he squeezed himself into a pair of leather trousers

eme *nf Fam Euf* **lo mandé a la e.** I told him where to go

emental *nm* Emmental

emergencia *nf* (**a**) *(urgencia)* emergency; **en caso de e.** in case of emergency (**b**) *(brote)* emergence

emergente *adj* emerging

emerger [52] *vi* (**a**) *(salir del agua)* to emerge; **el submarino emergió a la superficie** the submarine surfaced (**b**) *(aparecer)* to come into view, to appear

emérito, -a 1 *adj* emeritus

2 *nm,f* emeritus professor

emerjo *etc ver* **emerger**

emético, -a *adj & nm Farm* emetic

emigración *nf* (**a**) *(de aves)* migration (**b**) *(de personas)* emigration (**c**) *(grupo de personas)* emigrant community

emigrado, -a *nm,f* emigrant

emigrante *adj & nmf* emigrant

emigrar *vi* (**a**) *(persona)* to emigrate (**b**) *(ave)* to migrate

emilio *nm Fam Informát* e-mail (message)

eminencia *nf* (**a**) *(persona)* eminent figure, leading light; *(excelencia)* excellence; **es una e. en neurocirugía** he is an eminent neurosurgeon; **la e. de su obra** the outstanding nature of his work ❑ ***e. gris*** éminence grise (**b**) *(tratamiento)* **Su E.** His Eminence

eminente *adj* (**a**) *(excelente)* eminent (**b**) *(elevado)* high

emir *nm* emir

emirato *nm* (**a**) *(reino)* emirate (**b**) **los Emiratos Árabes Unidos** the United Arab Emirates

emisario, -a 1 *nm,f* emissary

2 *nm (río)* outlet

emisión *nf* (**a**) *(de energía, rayos)* emission (**b**) *(de bonos, sellos, monedas)* issue ❑ *Com **e. gratuita de acciones*** bonus issue; *Com **e. de obligaciones*** debentures issue (**c**) *Rad & TV (transmisión)* broadcasting; *(programa)* programme, broadcast

emisor, -ora 1 *adj* (**a**) *(de radio, TV)* transmitting, broadcasting; **una fuente emisora de calor** a heat source (**b**) *(de dinero, bonos)* issuing

2 *nm (de partículas, ondas)* source; **un e. de ondas de radio** a source of radio waves

emisora *nf (de radio)* radio station

emitir 1 *vt* (**a**) *(rayos, calor, sonidos)* to emit (**b**) *(moneda, sellos, bonos)* to issue (**c**) *(expresar) (juicio, opinión)* to express; *(fallo)* to pronounce (**d**) *(programa)* to broadcast (**e**) *(voto)* to cast

2 *vi* to broadcast

emoción *nf* (**a**) *(conmoción, sentimiento)* emotion; **la e. le impedía hablar** he was so emotional he could hardly speak; **temblaba de e.** he was trembling with emotion (**b**) *(expectación)* excitement; **¡qué e.!** how exciting!; **seguían el partido con e.** they followed the game with excitement

emocionadamente *adv* emotionally

emocionado, -a *adj* (**a**) *(conmocionado)* moved (**b**) *(expectante)* excited

emocional *adj* emotional

emocionalmente *adv* emotionally

emocionante *adj* (**a**) *(conmovedor)* moving, touching (**b**) *(apasionante)* exciting, thrilling

emocionar 1 *vt* (**a**) *(conmover)* to move (**b**) *(excitar, apasionar)* to thrill, to excite

2 emocionarse *vpr* (**a**) *(conmoverse)* to be moved (**b**) *(excitarse, apasionarse)* to get excited

emoliente *adj & nm* emollient

emolumento *nm* emolument

emoticón *nm Informát* smiley

emotividad *nf* **no pudo controlar su e.** he couldn't control his emotions *o* feelings; **unas imágenes de gran e.** highly emotive images

emotivo, -a *adj (persona)* emotional; *(escena, palabras)* moving

empacadora *nf* packing machine

empacar [59] *vt* to pack

empachado, -a *adj* awkward, clumsy; **estar e.** *(de comida)* to have indigestion; *(de situación)* to be fed up, to be sick and tired

empachar 1 *vt* to give indigestion to

2 empacharse *vpr (comer demasiado)* to stuff oneself (**de** with); *(sufrir indigestión)* to get indigestion; *Fam* **me he empachado de televisión** I've overdosed on television

empacho *nm* (**a**) *(indigestión)* indigestion; *Fam Fig (hartura)* **tener un e. de** to have had enough *o* one's fill of; *Fam* **se dio un e. de televisión** he overdosed on television (**b**) *(vergüenza)* embarrassment; **se dirigió a los asistentes sin ningún e.** he addressed the audience without the least embarrassment

empadronamiento *nm (por cuestiones administrativas)* registration of residence; *(para votar)* registration on the electoral roll

empadronar 1 *vt (por cuestiones administrativas)* to register as a resident; *(para votar)* to register on the electoral roll

2 empadronarse *vpr (por cuestiones administrativas)* to register as a resident; *(para votar)* to register on the electoral roll; **me he empadronado en Madrid** I've got my name on the electoral roll in Madrid

empajar 1 *vt Chile (arcilla)* to mix with straw

2 empajarse *vpr PRico, Ven (hartarse)* to eat one's fill

empalagar [38] **1** *vt* (**a**) *(sujeto: dulces)* **los bombones me empalagan** I find chocolates sickly (**b**) *(sujeto: persona)* to weary, to tire; **me empalaga con tanta cortesía** I find his excessive politeness rather cloying

2 empalagarse *vpr* (**a**) *(hartarse)* **empalagarse de** *o* **con** to get sick of (**b**) *(cansarse)* to be weary, to be tired

empalago *nm* cloying taste

empalagoso, -a *adj* (**a**) *(pastel)* sickly-sweet, cloying (**b**) *(persona)* smarmy; *(discurso)* syrupy

empalamiento *nm* impalement, impaling

empalar 1 *vt* to impale

2 empalarse *vpr Chile (entumecerse)* to become numb *o* stiff

empalizada *nf (cerca)* fence; *(defensiva)* stockade

empalmar 1 *vt* (**a**) *(tubos, cables)* to connect, to join (**b**) *(película, foto)* to splice (**c**) *(planes, ideas)* to link (**d**) *(en fútbol)* to volley; **empalmó de cabeza el pase** he got his head to the pass

2 *vi* (**a**) *(autocares, trenes)* to connect (**b**) *(carreteras)* to link *o* join (up) (**c**) *(sucederse)* to follow on (**con** from)

3 empalmarse *vpr Vulg* to get a hard-on

empalme *nm* (**a**) *(entre tubos)* joint; **hacer un e. entre dos cables** to connect two cables (**b**) *(de líneas férreas, carreteras)* junction (**c**) *(de película, foto)* splice, splicing

empanada *nf* pasty; EXPR *Fam* **tener una e. mental** to be in a real muddle, not to be able to think straight □ ***e. gallega*** = pie typical of Galicia, filled with seafood or meat

empanadilla *nf* small pasty

empanado, -a *adj* breaded, covered in breadcrumbs

empanar *vt Culin* to coat in breadcrumbs

empantanado, -a *adj* (**a**) *(inundado)* flooded (**b**) *Fig (atascado)* bogged down

empantanar 1 *vt* to flood

2 empantanarse *vpr* (**a**) *(inundarse)* to be flooded *o* waterlogged (**b**) *Fig (atascarse)* to get bogged down

empañado, -a *adj* (**a**) *(cristal)* misted *o* steamed up; *(metal)* tarnished; **tenía los ojos empañados por las lágrimas** his eyes were misted over with tears (**b**) *Fig (reputación)* tarnished

empañamiento *nm* (**a**) *(de cristal)* misting, steaming up (**b**) *(de fama, reputación)* tarnishing

empañar 1 *vt* (**a**) *(cristal)* to mist up, to steam up (**b**) *Fig (reputación)* to tarnish; *(felicidad)* to spoil, to cloud

2 empañarse *vpr* to mist up, to steam up

empapado, -a *adj* soaked, drenched

empapar 1 *vt* (**a**) *(humedecer)* to soak (**b**) *(absorber)* to soak up (**c**) *(calar)* to saturate, to drench

2 empaparse *vpr* (**a**) *(persona)* to get soaked; **me he empapado los zapatos** I've got my shoes soaked (**b**) *(enterarse bien)* **empaparse de** *o* **en** to become imbued with; **se empapó del tema antes de dar la conferencia** he immersed himself in the subject before giving the talk; EXPR *Fam* **¡para que te empapes!** so there!, stick that in your pipe and smoke it!

empapelado *nm* (**a**) *(acción)* papering (**b**) *(papel)* wallpaper

empapelador, -ora *nm,f* paperhanger

empapelar *vt* (**a**) *(pared)* to paper (**b**) *Fam (procesar)* **lo empapelaron por evadir impuestos** he was had up for tax evasion

empaque *nm* (**a**) *(seriedad, solemnidad) (de ocasión)* solemnity; *(de persona)* presence (**b**) *Chile, Perú, PRico (descaro)* nerve, cheek

empaquetador, -ora *nm,f* packer

empaquetar *vt* (**a**) *(envolver)* to pack, to package (**b**) *Fam Fig (endilgar)* **empaquetarle algo a alguien** to lumber *o* land sb with sth; **me empaquetaron el trabajo** I was lumbered *o* landed with the job

emparamarse *vpr Col, Ven* to freeze to death

empardar *vt RP (empatar)* to draw

emparedado, -a 1 *adj* confined

2 *nm* sandwich

emparedamiento *nm (como castigo)* walling up

emparedar *vt (como castigo)* to wall up

emparejamiento *nm* pairing

emparejar 1 *vt* (**a**) *(juntar en pareja) (personas)* to pair off; *(zapatos, calcetines)* to match (up) (**b**) *(nivelar)* to make level

2 *vi Fig* to be a match

3 emparejarse *vpr* (**a**) *(personas)* to find a partner; **los invitados se emparejaron para el baile** the guests paired off for the dance (**b**) *Méx* **emparejarse con algo** *(conseguir)* to get hold of sth

emparentado, -a *adj* related; **está emparentada con una prima mía** she's related to a cousin of mine

emparentar [3] *vi* **e. con** to marry into

emparrado *nm* = vines trained on an overhead frame to provide shade in a garden

emparrar *vt* to train

empastar 1 *vt (diente)* to fill

2 empastarse *vpr Chile* to become overgrown with weeds

empaste *nm (de diente)* filling

empatado, -a *adj* (**a**) *(partido)* drawn; *(equipos)* level; **los dos equipos van empatados en primer lugar** the two are tying for first place (**b**) *(en elecciones, votación)* equally placed, tied

empatar *vi* (**a**) *(en competición)* to tie; *(en partido)* to draw; **e. a cero** to draw nil-nil; **e. a dos/tres (goles)** to draw two/three all (**b**) *(en elecciones)* to tie (**c**) *Am (enlazar, empalmar)* to join, to link

empate *nm* (**a**) *(en competición)* tie; *(en partido)* draw; **un e. a cero/dos** a goalless/two-two draw; **el gol del e.** the equalizer; **el encuentro terminó con e.** the match ended in a draw; **un gol en el último minuto deshizo el e.** a goal in the last minute broke the stalemate (**b**) *(en elecciones)* to tie

empavar 1 *vt* (**a**) *Perú (burlarse de)* to tease (**b**) *Ecuad (irritar)* to annoy, to irritate

2 empavarse *vpr* (**a**) *Perú (avergonzarse)* to become embarrassed (**b**) *(irritarse) Ecuad* to get annoyed *o* irritated

empavonar 1 *vt Col, PRico (superficie)* to grease

2 empavonarse *vpr CAm* to dress up

empecinado, -a *adj* stubborn

empecinamiento *nm* stubbornness

empecinarse *vpr* **e. en hacer algo** to stubbornly insist on doing sth; **se empecinó en que tenía que viajar en tren** he stubbornly insisted that he would have to go by train

empedarse *vpr RP muy Fam* to get sloshed

empedernido, -a *adj (bebedor, fumador)* heavy; *(criminal, jugador)* hardened

empedrado *nm* paving

empedrar [3] *vt* to pave

empeine *nm (de pie, zapato)* instep

empellón *nm* shove; **abrirse paso a empellones** to get through by pushing and shoving; **echar a alguien a empellones** to remove sb by force

empelotarse *vpr Andes, Cuba, Méx muy Fam (desnudarse)* to strip off

empeñado, -a *adj* (**a**) *(en préstamo)* in pawn (**b**) *(obstinado)* determined; **estar e. en hacer algo** to be determined to do sth

empeñar 1 *vt* (**a**) *(joyas, bienes)* to pawn (**b**) *(palabra)* to give

2 empeñarse *vpr* **(a)** *(obstinarse)* to insist; **empeñarse en hacer algo** *(obstinarse)* to insist on doing sth; *(persistir)* to persist in doing sth; **si te empeñas, te contaré la verdad** if you insist, I'll tell you the truth **(b)** *(endeudarse)* to get into debt; EXPR **se empeñaron hasta las cejas** they got themselves up to their eyeballs in debt

empeño *nm* **(a)** *(de joyas, bienes)* pawning; **casa de empeños** pawnshop **(b)** *(obstinación)* determination; **con e.** persistently, tenaciously; **no cejaremos en nuestro e. (de...)** we will not flag in our efforts (to...); **tener e. en hacer algo** to be determined to do sth; **poner e. en hacer algo** to make a great effort to do sth, to take pains to do sth **(c)** *(intento)* **morir en el e.** to die in the attempt

empeñoso, -a *adj Andes, RP* persevering, tenacious

empeoramiento *nm* worsening, deterioration

empeorar 1 *vi* to get worse, to deteriorate

2 *vt* to make worse; **sólo consiguió e. las cosas** she only managed to make things worse

empequeñecer [46] **1** *vt (quitar importancia a)* to diminish; *(en una comparación)* to overshadow, to dwarf

2 empequeñecerse *vpr* **empequeñecerse ante** to be cowed by

empequeñecimiento *nm* **(a)** *(de tamaño)* diminishing, reduction **(b)** *Fig (de importancia)* overshadowing

emperador *nm* **(a)** *(título)* emperor **(b)** *(pez)* swordfish

emperatriz *nf* empress

emperifollado, -a *adj Fam* dolled up, done up to the nines

emperifollar *Fam* **1** *vt* to doll *o* tart up

2 emperifollarse *vpr* to doll *o* tart oneself up

empero *conj Formal (sin embargo)* nevertheless, nonetheless; **yo, e., sigo teniendo fe en él** I nevertheless *o* nonetheless continue to have faith in him

emperramiento *nm Fam* **(a)** *(obstinación)* stubbornness **(b)** *(rabia)* rage, anger

emperrarse *vpr Fam* **e. en hacer algo** to be dead set on doing sth; **se emperró en que tenía que ir él mismo** he wouldn't have it any other way but that he had to go himself

empertigar [38] *vt Chile* to yoke

EMPEZAR [17] **1** *vt* to begin, to start; **empezó la conferencia dando la bienvenida a los asistentes** she began *o* started her speech by welcoming everyone there; **todavía no hemos empezado el colegio** we still haven't started school; **empecé el libro, pero no lo conseguí acabar** I started (reading) the book, but didn't manage to finish it; **hemos empezado la tarta** we've started the cake; **empezaron otra botella de vino** they started *o* opened another bottle of wine

2 *vi* to begin, to start **(a/por** to/by); **la clase empieza a las diez** the class begins *o* starts at ten o'clock; **el concierto empezó tarde** the concert started late; **la película empieza con una escena muy violenta** the film begins with a very violent scene; **tuvieron que e. de nuevo** they had to start again; **el aprender a nadar, todo es e.** with swimming, getting started is half the battle; **¡no empieces!, ¡ya hemos discutido este tema lo suficiente!** don't you start, we've spent long enough on this subject already!; **¡ya empezamos con el vecino y su música!** here we go again with our neighbour and his music!; **al e. la reunión** when the meeting started *o* began; **al e. resulta un poco difícil** it's quite hard at first *o* to begin with; **en noviembre empezó a hacer frío** it started getting colder in November; **empezó pidiendo disculpas por su retraso** she started *o* began by apologizing for being late; **empieza por el salón, yo haré la cocina** you start on the living room, I'll do the kitchen; **empieza por aflojar los tornillos** first, loosen the screws, start *o* begin by loosening the screws; **empieza por portarte bien, y ya hablaremos** first you start behaving well, then we'll talk; **para e., sopa** I'd like soup for starters *o* to start with; **para e., habrá que comprar los billetes** first of all *o* to start with we'll have to buy the tickets; **no me gusta; para e., es demasiado pequeño** I don't like it, it's too small to start with

empiece 1 *ver* **empezar**

2 *nm Fam* beginning, start

empiedro *etc ver* **empedrar**

empiezo *etc ver* **empezar**

empilchar *RP Fam* **1** *vi (vestir bien)* to dress smartly, to dress to kill

2 empilcharse *vpr (emperifollarse)* to doll *o* tart oneself up

empinado, -a *adj* steep

empinar 1 *vt* **(a)** *(inclinar)* to tip up **(b)** *(levantar)* to raise; EXPR *Fam* **e. el codo** to bend the elbow

2 empinarse *vpr* **(a)** *(animal)* to stand up on its hind legs **(b)** *(persona)* to stand on tiptoe **(c)** *(camino)* to get steeper **(d)** *muy Fam (pene)* **se le empinó** he got a hard-on

empingorotado, -a *adj* stuck-up, posh

empipada *nf Chile, Ecuad, PRico* blowout

empíricamente *adv* empirically

empírico, -a 1 *adj* empirical

2 *nm,f* empiricist

empirismo *nm* empiricism

emplasto *nm* **(a)** *Med* poultice **(b)** *Fam (pegote, masa)* sticky *o* gooey mess

emplazamiento *nm* **(a)** *(ubicación)* location ❑ ***e. arqueológico*** archaeological site **(b)** *Der* summons *(singular)*

emplazar [14] *vt* **(a)** *(situar)* to locate; *(armamento)* to position **(b)** *(citar)* to summon; *Der* to summons

empleado, -a *nm,f (asalariado)* employee; *(de banco, oficina)* clerk; **consultaron la propuesta con los empleados** they discussed the proposal with the staff ❑ ***e. del estado*** civil servant; ***empleada de hogar*** maid; ***e. público*** public employee

empleador, -ora *nm,f* employer

emplear 1 *vt* **(a)** *(usar) (objetos, materiales)* to use; *(tiempo)* to spend; **empleó mucho tiempo en leer el libro** he took a long time to read the book; **si lo consigo, daré por bien empleado el tiempo** if I manage to do it, I'll regard it as time well spent; EXPR **lo tiene** *o* **le está bien empleado** he deserves it, it serves him right **(b)** *(contratar)* to employ **(c)** *(invertir)* to invest

2 emplearse *vpr* **(a)** *(colocarse)* to find a job **(b)** *(usarse)* to be used **(c)** *(esforzarse)* **emplearse a fondo** to work flat out, to pull all the stops out

empleo *nm* **(a)** *(uso)* use; **modo de e.** instructions for use **(b)** *(trabajo)* employment; *(puesto)* job; **un e. de oficinista** an office job; **estar sin e.** to be out of work ❑ ***e. comunitario*** community service; ***e. juvenil*** youth employment, ***e. temporal*** temporary employment **(c)** *Mil* rank

emplomado, -a *adj* leaded

emplomadura *nf RP (diente)* filling

emplomar *vt* **(a)** *(cubrir con plomo)* to lead **(b)** *RP (diente)* to fill

emplumar 1 *vt* **(a)** *(como adorno)* to adorn with feathers **(b)** *(como castigo)* to tar and feather **(c)** *Col Fam* **emplumarlas** *(huir)* to make oneself scarce

2 *vi Andes, PRico (huir)* to flee, to take flight

empobrecer [46] **1** *vt* to impoverish

2 empobrecerse *vpr* to get poorer

empobrecido, -a *adj* impoverished

empobrecimiento *nm* impoverishment

empollar 1 *vt* **(a)** *(huevo)* to incubate **(b)** *Fam (estudiar)* to swot up (on)

2 *vi Fam* to swot

3 empollarse *vpr Fam* to swot up (on)

empollón, -ona *Fam* **1** *adj* swotty

2 *nm,f* swot

empolvado, -a *adj (rostro)* powdered

empolvar 1 *vt (rostro, peluca)* to powder

2 empolvarse *vpr* to powder one's face

emponchado, -a *adj Andes, Arg (con poncho)* wearing a poncho

emponcharse *vpr Andes, Arg* to wrap oneself in a poncho

emponzoñar *vt también Fig* to poison

emporcar [67] **1** *vt* to soil, to dirty

2 emporcarse *vpr* to become soiled *o* dirty

emporio *nm* **(a)** *Hist (centro comercial)* centre of commerce/finance **(b)** *(centro artístico)* **es un importante e. cultural** it's an important cultural centre

emporrado, -a *adj muy Fam* stoned *(on cannabis)*

emporrarse *vpr muy Fam* to get stoned *(on cannabis)*

empotrado, -a *adj* fitted, built-in

empotrar 1 *vt* to fit, to build in; **empotraron el armario en la pared** they built the wardrobe into the wall

2 empotrarse *vpr* **la moto se empotró contra** *o* **en la pared** the motorbike smashed into the wall

emprendedor, -ora *adj* enterprising

emprender *vt* **(a)** *(trabajo)* to start; *(viaje, marcha)* to set off on; **e. el vuelo** to fly off **(b)** EXPR **la emprendió con él sin provocación alguna** she started laying into him without any provocation; **la emprendió a puñetazos con su hermano** he started punching his brother

empresa *nf* **(a)** *(sociedad)* company; **pequeña y mediana e.** small and medium-sized business ▫ ***e. filial*** subsidiary; ***e. funeraria*** undertaker's; ***e. júnior*** junior enterprise, = firm set up and run by business studies students; ***e. libre, libre e.*** free enterprise; ***e. matriz*** parent company; ***e. mixta*** mixed company; ***e. privada*** private company; ***e. pública*** public sector firm; ***e. de seguridad*** security firm; ***e. de servicios*** service company; ***e. de trabajo temporal*** temping agency **(b)** *(acción)* enterprise, undertaking

empresariado *nm* employers

empresarial 1 *adj (estructura, crisis, líder)* business; **estudios empresariales** management *o* business studies; **organización e.** employers' organization

2 *nfpl* **empresariales** business studies

empresario, -a *nm,f* **(a)** *(patrono)* employer; *(hombre, mujer de negocios)* businessman, *f* businesswoman; **pequeño e.** small businessman **(b)** *(de teatro)* impresario

empréstito *nm Fin* debenture loan

empuerca *etc ver* **emporcar**

empuerque *etc ver* **emporcar**

empujar 1 *vt* **(a)** *(puerta)* to push (open); *(vehículo)* to push **(b)** *(forzar, presionar)* to press; **e. a alguien a que haga algo** to push sb into doing sth; **verse empujado a hacer algo** to find oneself forced *o* having to do sth

2 *vi* to push; **e.** *(en letrero)* push; **las nuevas generaciones de abogados vienen empujando con fuerza** the new generation of lawyers is making its presence felt

empuje *nm* **(a)** *(presión)* pressure **(b)** *(energía)* energy, drive **(c)** *(impulso)* thrust **(d)** *Arquit* thrust

empujón *nm* **(a)** *(empellón)* shove, push; **dar un e. a alguien** to give sb a shove *o* push; **abrirse paso a empujones** to shove *o* push one's way through **(b)** *Fig (impulso)* effort; **dar un último e. a** to make one last effort with

empujoncito *nm* prod

empulgar [38] *vt (ballesta)* to set

empuntar 1 *vt* **(a)** *Col (encaminar, encarrilar)* to give directions to **(b)** *Col Fam* **empuntárselas** *(irse)* to scram

2 empuntarse *vpr Ven* to dig one's heels in

empuñadura *nf (de paraguas, bastón)* handle; *(de espada)* hilt

empuñar 1 *vt* to take hold of, to grasp

2 *vi Chile (mano)* to make a fist

emputecer *vt RP muy Fam (fastidiar, hastiar)* to piss off

emú *nm* emu

emulación *nf* **(a)** *(imitación)* emulation **(b)** *Informát* emulation

emulador *nm Informát* emulator

emular *vt* **(a)** *(imitar)* to emulate **(b)** *Informát* to emulate

emulgente *nm* emulsifier

émulo, -a *nm,f Formal* rival

emulsificante *nm* emulsifier

emulsión *nf* emulsion ▫ ***e. fotográfica*** photographic emulsion

emulsionante *nm* emulsifier

emulsionar *vt* to emulsify

EN *nm (abrev de* **Encuentro Nacional**) = Paraguayan political party

---

EN *prep* **(a)** *(lugar) (en el interior de)* in; *(sobre la superficie de)* on; *(en un punto concreto de)* at; **viven en la capital** they live in the capital; **tiene el dinero en el banco** he keeps his money in the bank; **en la mesa/el plato** on the table/plate; **en casa/el trabajo** at home/work; **en la pared** on the wall; **en el primer piso** on the first floor; **tenemos una casa en el campo** we have a house in the country; **en el primer capítulo** in the first chapter; **viven en el número 40** they live at number 40

(b) *(dirección)* into; **el avión cayó en el mar** the plane fell into the sea; **entraron en la habitación** they came/went into the room; **la llave no entra en la cerradura** the key won't fit in *o* into the lock

(c) *(tiempo) (mes, año)* in; *(día)* on; **nació en 1953/marzo** she was born in 1953/March; **en el año 36** in 1936; **en Nochebuena** on Christmas Eve; **en Navidades** at Christmas; **en aquella época** at that time, in those days; **en mis tiempos** in my day; **en esta ocasión** on this occasion; **en un par de días** in a couple of days; **en primavera/otoño** in (the) spring/autumn; **no he descansado en toda la noche** I didn't sleep all night; **lo leí en tres horas** I read it in three hours

(d) *(medio de transporte)* by; **ir en tren/coche/avión/barco** to go by train/car/plane/boat; **dimos un paseo en el coche de Eva** we went for a ride in Eva's car

(e) *(modo)* in; **en voz baja** in a low voice; **una televisión en blanco y negro** a black-and-white television; **lo dijo en inglés** she said it in English; **pagar en libras** to pay in pounds; **todo se lo gasta en ropa** he spends everything on clothes; **salió a abrir en pijama** he came to the door in his pyjamas; **vive en la miseria** she lives in poverty; **está en buenas condiciones** it's in good condition; **en la oscuridad no se ve nada** you can't see anything in the dark; **un edificio en construcción** a building under construction

(f) *(precio, cantidad)* in; **las ganancias se calculan en millones** profits are calculated in millions; **te lo dejo en 5.000** I'll let you have it for 5,000; **la inflación aumentó en un 10 por ciento** inflation increased by 10 percent; **las reservas de agua disminuyeron en una tercera parte** water reserves fell by a third

(g) *(tema)* **es un experto en la materia** he's an expert on the subject; **es doctor en medicina** he's a doctor of medicine

(h) *(causa)* from; **lo detecté en su forma de hablar** I could tell from the way he was speaking; **se lo noté en su mirada** I could see it in her eyes

(i) *(finalidad, objetivo)* **un concierto en ayuda de...** a concert in aid of...; **intervenir en favor de los necesitados** to take measures to help the poor

(j) *(materia)* in, made of; **en seda** in silk

(k) *(cualidad)* in terms of; **le supera en inteligencia** she is more intelligent than he is

---

enagua *nf*, **enaguas** *nfpl* petticoat

enajenación *nf*, **enajenamiento** *nm* **(a)** *(locura)* **e. (mental)** mental derangement, insanity **(b)** *(éxtasis)* rapture **(c)** *Der (de una propiedad)* transfer of ownership, alienation

enajenable *adj* transferable, alienable

enajenamiento = enajenación

enajenar 1 *vt* **(a)** *(volver loco)* to drive mad **(b)** *(extasiar)* to enrapture **(c)** *Der (propiedad)* to transfer ownership of, to alienate

2 enajenarse *vpr* **(a)** *(apartarse)* to become estranged **(b)** *(extasiarse)* to get carried away

enaltecedor, -ora *adj* praising

enaltecer [46] *vt* to praise

enaltecimiento *nm* praising

enamoradamente *adv* **(a)** *(con amor)* lovingly **(b)** *(con pasión)* passionately

enamoradizo, -a 1 *adj* **es muy e.** he falls in love very easily

2 *nm,f* person who falls in love easily; **es una enamoradiza** she falls in love very easily

enamorado, -a 1 *adj* in love (**de**/with)

2 *nm,f* lover; **es un e. de la ópera** he's an opera lover; **el día de los enamorados** St Valentine's Day

enamoramiento *nm* falling in love; **un e. pasajero** a brief infatuation

enamorar 1 *vt* to win the heart of; **la enamoró** she fell in love with him

2 enamorarse *vpr (sentir amor)* to fall in love (**de** with); **se enamoró perdidamente de ella** he fell madly in love with her

enancarse [59] *vpr* **(a)** *Andes, Arg, Perú (montar)* to mount behind **(b)** *Méx (encabritarse)* to rear up

enanismo *nm Med* dwarfism

enano, -a 1 *adj* dwarf

2 *nm,f* **(a)** *(persona pequeña)* dwarf **(b)** *Fam*

Fig (niño) kid; **me lo pasé como un e.** I got a real kick out of it

enarbolar *vt (bandera)* to raise, to hoist; *(pancarta)* to hold up; *(arma)* to brandish

enarcar [59] *vt* to arch

enardecedor, -ora *adj* inflammatory

enardecer [46] **1** *vt (excitar)* to inflame; *(multitud)* to whip up, to inflame

2 enardecerse to become inflamed; **los ánimos se enardecieron tras la intervención del presidente** people were whipped up by the president's speech

enartrosis *nf inv Anat* ball-and-socket joint

encabalgamiento *nm Lit* enjambment

encabestrar *vt (poner cabestro a)* to put a halter on, to halter

encabezado *nm Am (en periódico)* headline

encabezamiento *nm (de carta, escrito)* heading; *(en periódico)* headline; *(preámbulo)* foreword

encabezar [14] *vt* (**a**) *(artículo de periódico)* to headline; *(libro)* to write the foreword for (**b**) *(lista, carta)* to head; **el River encabeza la clasificación** River is at the top of the league (**c**) *(marcha, expedición)* to lead (**d**) *(vino)* to fortify

encabritarse *vpr* (**a**) *(caballo, moto)* to rear up (**b**) *Fam (persona)* to get shirty

encabronar *Vulg* **1** *vt* to piss off

2 encabronarse *vpr* to get pissed off

encadenado, -a 1 *adj (verso)* linked

2 *nm* (**a**) *Cine* fade, dissolve (**b**) *Constr* buttress

encadenamiento *nm* (**a**) *(con cadenas)* chaining (**b**) *(sucesión)* **un e. de circunstancias** a chain of events

encadenar 1 *vt* (**a**) *(atar)* to chain (up); (**b**) *(enlazar)* to link (together)

2 encadenarse *vpr* **se encadenaron a la entrada de la fábrica** they chained themselves to the factory gates

encajar 1 *vt* (**a**) *(meter ajustando)* to fit (**en** into)

(**b**) *(meter con fuerza)* to push (**en** into)

(**c**) *(hueso dislocado)* to set

(**d**) *(golpe, críticas)* to take; **encajaron muy mal el cierre de la fábrica** they took the factory closure very badly

(**e**) *(goles)* to concede; **ha encajado quince goles esta liga** he's let in fifteen goals this season; **e. una derrota** to be defeated

(**f**) *(soltar)* **e. algo a alguien** *(discurso)* to force sb to listen to *o* sit through sth; *(insultos)* to hurl sth at sb

(**g**) *Fam (propinar)* **encajarle un golpe a alguien** to land sb a blow

(**h**) *Fam (endosar)* **me ha encajado a su bebé porque se va al cine** she dumped her baby on me because she's going to the cinema

(**i**) *Fam Fig (dar, engañar con)* to palm off; **le encajaron un billete falso** they palmed off a counterfeit note on him

2 *vi* (**a**) *(piezas, objetos)* to fit

(**b**) *(hechos, declaraciones, datos)* to match; **e. con algo** to match sth

(**c**) *(ser oportuno, adecuado)* to fit nicely (**con** with); **su ropa no encaja con la seriedad del acto** her clothes aren't in keeping with the seriousness of the occasion

3 encajarse *vpr* (**a**) *(pieza, objeto)* to get stuck (**b**) *RP (vehículo)* to get stuck

encaje *nm* (**a**) *(ajuste)* insertion, fitting in (**b**) *(tejido)* lace; **pañuelo/bragas de e.** lace handkerchief/knickers ❑ ***e. de bolillos*** bobbin lace; EXPR **habrá que hacer e. de bolillos para ajustarnos al presupuesto** we'll have to perform a minor miracle to keep within the budget

encajonar 1 *vt* (**a**) *(en cajas, cajones)* to pack, to put in boxes (**b**) *(en sitio estrecho)* to squeeze (**en** into)

2 encajonarse *vpr (río)* to run through a narrow place

encalado, -a 1 *adj* whitewashed

2 *nm* whitewash

encalar *vt* to whitewash

encaletarse *vpr Ven* **se lo encaletó** she kept it for herself

encalladero *nm (de barcos)* shoal, sandbank

encallado, -a *adj* stranded

encallar *vi* (**a**) *(barco)* to run aground (**b**) *Fig (proceso, proyecto)* to founder

encallecer [46] **1** *vt* (**a**) *(manos, piel)* to harden (**b**) *(persona)* to harden, to make callous

2 encallecerse *vpr* (**a**) *(manos, piel)* to become calloused *o* hard (**b**) *(persona)* to become callous *o* hard

encamarse *vpr* (**a**) *(enfermo)* to take to one's bed (**b**) *muy Fam* **e. con alguien** *(acostarse)* to sleep with sb

encaminar 1 *vt* (**a**) *(persona, pasos)* to direct; **han encaminado muy bien las negociaciones** the negotiations have been well-conducted (**b**) *(medidas, leyes, actividades)* to aim; **estar encaminado a hacer algo** *(medidas, actividades)* to be aimed at doing sth

2 encaminarse *vpr* (**a**) *(hacia un lugar)* **encaminarse a/hacia** to set off for/towards (**b**) *(destinarse)* **encaminarse a** to be directed towards, to be aimed at

encamotado, -a *adj Andes, CAm Fam* in love

encamotarse *vpr Andes, CAm Fam* to fall in love

encampanar *vt* (**a**) *Col, PRico, Ven (elevar)* to raise, to lift (**b**) *Méx (dejar solo)* to leave in the lurch

encandelillar *vt* (**a**) *Am (deslumbrar)* to dazzle (**b**) *Andes, Arg (sobrehilar)* to overstitch

encandilado, -a *adj* dazzled, fascinated

encandilar 1 *vt* (**a**) *(entusiasmar)* to dazzle, to impress greatly; **encandila a los niños con sus cuentos** he delights the children with his stories (**b**) *(avivar)* to stir, to poke

2 encandilarse *vpr* to be dazzled

encanecer [46] **1** *vi* to go grey

2 encanecerse *vpr* to go grey

encantado, -a *adj* (**a**) *(contento)* delighted; **está encantada con su nuevo trabajo** she loves her new job; **está e. de la vida** he's absolutely fine (**b**) *(en saludo)* **te presento a mi padre — e.** this my father – pleased to meet you, how do you do; **e. de conocerle** pleased to meet you; **e. de poder ayudar** glad to be able to help (**c**) *(hechizado) (casa, lugar)* haunted; *(persona)* bewitched

encantador, -ora 1 *adj* delightful, charming

2 *nm,f* ***e. de serpientes*** snake-charmer

encantamiento *nm* enchantment

encantar *vt* (**a**) *(gustar)* **me encanta el chocolate** I love chocolate; **le encanta ir al cine** he loves going to the cinema; **¡me encanta!** I love it/him/her! (**b**) *(embrujar)* to bewitch, to cast a spell on

encanto *nm* (**a**) *(atractivo)* charm; **ser un e.** to be a treasure *o* delight; **no me pude resistir a sus encantos** I couldn't resist her charms; **esta película ha perdido su e. con los años** time hasn't been kind to this film (**b**) *(apelativo cariñoso)* darling; **¡qué e. de nietos tiene!** what lovely grandchildren she has! (**c**) *(hechizo)* spell; **como por e.** as if by magic

encañonar *vt (persona)* to point a gun at; **encañonó a los rehenes con un rifle** he pointed a rifle at the hostages

encapotado, -a *adj* overcast

encapotarse *vpr (nublarse)* to cloud over

encaprichamiento *nm* whim, fancy

encapricharse *vpr* (**a**) *(obstinarse)* **e. con algo/hacer algo** to set one's mind on sth/doing sth (**b**) *(sentirse atraído)* **e. de alguien** to become infatuated with sb; **e. de algo** to take a real liking to sth

encapuchado, -a 1 *adj* hooded

2 *nm,f* hooded person; **unos encapuchados asaltaron el banco** some hooded men robbed the bank

encapuchar 1 *vt* to put a hood on

2 encapucharse *vpr* to put one's hood on

encaramar 1 *vt* (**a**) *(subir)* to lift up (**b**) *Am (abochornar)* to make blush

2 encaramarse *vpr* (**a**) *(subir)* to climb up (**a** *o* **en** onto); *Fig* **se encaramaron al primer puesto de la clasificación** they went to the top of the league (**b**) *Am (abochornarse)* to blush

encarar 1 *vt* (**a**) *(hacer frente a)* to confront, to face up to (**b**) *(poner frente a frente)* to bring face to face

2 encararse *vpr (enfrentarse)* **encararse a** *o* **con** to stand up to

encarcelación *nf*, **encarcelamiento** *nm* imprisonment

encarcelar *vt* to imprison

encarecer [46] **1** *vt* (**a**) *(productos, precios)* to make more expensive (**b**) *(rogar)* **e. a alguien que haga algo** to beg *o* implore sb to do sth (**c**) *(alabar)* to praise

2 encarecerse *vpr* to become more

expensive; **los precios de la vivienda se han encarecido** house prices have increased

encarecidamente *adv* earnestly

encarecimiento *nm* (**a**) *(de producto, coste)* increase in price; **el e. de la vida** the rise in the cost of living (**b**) *(empeño)* **con e.** insistently (**c**) *(alabanza)* praise

encarezco *etc ver* **encarecer**

encargado, -a 1 *adj* responsible (**de** for), in charge (**de** of); **está e. de cerrar la oficina** he's responsible for locking up the office, it's his job to lock up the office

2 *nm,f (responsable)* person in charge; *(de negocio, empresa)* manager, *f* manageress ▫ ***e. de negocios*** chargé d'affaires

ENCARGAR [38] **1** *vt* (**a**) *(poner al cargo)* **e. a alguien de algo** to put sb in charge of sth; **e. a alguien que haga algo** to tell sb to do sth; **le han encargado la investigación del caso** they've put him in charge of the investigation, they've charged him with investigating the case; **me han encargado que organice la fiesta** they've asked me to organize the party; **me encargó que le trajera un bumerán** he asked me to bring him back a boomerang

(**b**) *(pedir)* to order; **encargó unas botas de montaña** she ordered some mountaineering boots; **si no lo tienen, encárgalo** if they haven't got it, order it; **he dejado encargada la comida para las dos** I've booked lunch for two o'clock; **el gobierno ha encargado un informe sobre la situación en las prisiones** the government has commissioned a report on the state of the prisons

2 encargarse *vpr (ocuparse)* **encargarse de** to be in charge of; **yo me encargaré de eso** I'll take care of *o* see to that; **tú encárgate de los niños** you look after the children; **se encarga de la informática en la empresa** she is responsible for computing within the company; **me encargo de abrir la puerta todas las mañanas** I see to it that the door is opened every morning; **yo me encargaré de que nadie se pierda** I'll make sure no one gets lost; **la lluvia se encargó de arruinar el espectáculo** the rain made sure the show was ruined, the rain ruined the show

encargo *nm* (**a**) *(pedido)* order; **se hacen paellas por e.** paella can be made to order; **el artista trabaja por e.** the artist does commission work; **hecho de e.** tailor-made; EXPR **es más tonta que hecha de e.** she couldn't be more stupid if she tried (**b**) *(recado)* errand; **tengo que hacerle un e.** I have to run an errand for him (**c**) *(tarea)* task, assignment

encariñarse *vpr* **e. con** to become fond of

encarnaceno, -a 1 *adj* of/from Encarnación

2 *nm,f* person from Encarnación

encarnación *nf* (**a**) *(personificación) (cosa)* embodiment; *(persona)* personification (**b**) *Rel* **la E.** the Incarnation

encarnado, -a 1 *adj* (**a**) *(personificado)* incarnate (**b**) *(color)* red (**c**) **uña encarnada** ingrown toenail

2 *nm* red

encarnar 1 *vt* (**a**) *(ideal, doctrina)* to embody (**b**) *(personaje, papel)* to play

2 encarnarse *vpr* (**a**) *Rel* to become incarnate (**b**) *(uña)* to become ingrown

encarnizadamente *adv* fiercely, bitterly

encarnizado, -a *adj* bloody, bitter

encarnizamiento *nm (crueldad)* bloodthirstiness

encarnizar [14] **1** *vt* to blood

2 encarnizarse *vpr* **encarnizarse con** *(presa)* to fall upon; *(prisionero, enemigo)* to treat savagely

encarpetar *vt* to file away

encarrilar 1 *vt* (**a**) *(tren)* to put back on the rails (**b**) *(negocio, situación)* to put on the right track

2 encarrilarse *vpr* to find out what one wants to do in life

encartar 1 *vt (naipes)* to lead

2 encartarse *vpr (en naipes)* to have to follow suit

encarte *nm* (**a**) *(en naipes)* lead (**b**) *(folleto)* advertising leaflet

encasillado *nm* grid

encasillamiento *nm* pigeonholing

encasillar *vt* (**a**) *(clasificar)* to pigeonhole (**b**) *(actor)* to typecast (**c**) *(poner en casillas)* to put in a box, to enter into a grid

encasquetar 1 *vt* (**a**) *(gorro, sombrero)* to pull on (**b**) *Fam Fig (inculcar)* **e. algo a alguien** *(idea, teoría)* to drum sth into sb; *(discurso, lección)* to force sb to sit through sth (**c**) *Fam Fig (endilgar)* **e. algo a alguien** to lumber sb with sth

2 encasquetarse *vpr (gorro, sombrero)* to pull on

encasquillador *nm Am* farrier

encasquillar 1 *vt* (**a**) *(atascar)* to jam (**b**) *Am (herrar)* to shoe

2 encasquillarse *vpr* (**a**) *(atascarse)* to get jammed (**b**) *Cuba Fam (acobardarse)* to get scared

encausar *vt Der* to prosecute

encauzar [14] *vt* (**a**) *(agua)* to channel (**b**) *Fig (orientar)* to direct

encebollado, -a *Culin* **1** *adj* cooked with onions

2 *nm* = stew of fish or meat and onions

encebollar *vt Culin* to add onions to

encefálico, -a *adj Anat* **masa encefálica** brain mass

encefalitis *nf inv Med* encephalitis

encéfalo *nm Anat* brain

encefalograma *nm Med* encephalogram ▫ ***e. plano*** *(de muerto)* flat line

encefalomielitis *nf inv Med* encephalomyelitis

encefalopatía *nf Med* ***e. espongiforme bovina*** bovine spongiform encephalopathy

encenagado, -a *adj (con cieno)* muddy

encendedor *nm* lighter

encender [64] **1** *vt* (**a**) *(vela, cigarro, chimenea)* to light (**b**) *(aparato)* to switch on; *(vehículo, motor)* to start up (**c**) *(entusiasmo, ira)* to arouse; *(pasión, discusión)* to inflame (**d**) *(guerra, contienda)* to spark off

2 encenderse *vpr* (**a**) *(fuego, gas)* to ignite; *(luz, estufa)* to come on (**b**) *(persona, rostro)* to go red, to blush; *(ojos)* to light up; *(de ira)* to flare up (**c**) *(guerra, contienda)* to break out

encendidamente *adv* passionately

encendido, -a 1 *adj* (**a**) *(luz, colilla)* burning; **la luz está encendida** the light is on (**b**) *(deseos, mirada, palabras)* passionate, ardent (**c**) *(mejillas)* red, flushed

2 *nm* (**a**) *(acción)* lighting (**b**) *Aut* ignition ▫ ***e. electrónico*** electronic ignition

encerado, -a 1 *adj* waxed, polished

2 *nm* (**a**) *(acción)* waxing, polishing (**b**) *(pizarra)* blackboard; **salir al e.** to come/go out to the blackboard

enceradora *nf (aparato)* floor polisher

encerar *vt* (**a**) *(suelo, mueble)* to wax, to polish (**b**) *Méx (iglesia)* to furnish *o* provide with candles

encerrado, -a *adj* **se quedaron encerrados en el ascensor** they were trapped in the lift; **se pasó el día e. en su habitación** he spent the day shut away in his room

encerrar [3] **1** *vt* (**a**) *(recluir)* to shut up *o* in; *(con llave)* to lock up *o* in; *(en la cárcel)* to lock away *o* up; **se encerró en su casa para acabar la novela** she shut herself away in her house to finish the novel

(**b**) *(contener)* to contain; **sus palabras encerraban una amenaza** there was a threat in his words

(**c**) *(en ajedrez)* to checkmate

(**d**) *(con signos de puntuación)* to enclose; **encerró el comentario entre paréntesis** she enclosed the comment in brackets

2 encerrarse *vpr (recluirse)* to shut oneself away; *(con llave)* to lock oneself away; **se ha encerrado en sí misma y no quiere hablar con nadie** she's hidden herself in her shell and doesn't want to talk to anyone; **los estudiantes se encerraron en la biblioteca** the students occupied the library

encerrona *nf (trampa)* trap

encestar 1 *vt (en baloncesto)* to score

2 *vi (en baloncesto)* to score; **e. de tres puntos** to score a three-pointer

enceste *nm Dep* basket; **¡e. de Johnson!** Johnson scores!

enchapado *nm* veneer

encharcado, -a *adj (calle)* covered in puddles; *(campo de juego)* waterlogged

encharcamiento *nm* flooding, swamping

encharcar [59] **1** *vt* to waterlog

2 encharcarse *vpr* (**a**) *(terreno)* to become waterlogged (**b**) *(pulmones)* to become flooded

enchastrar *vt RP* to make dirty

enchastre *nm RP (suciedad)* dirt

enchicharse *vpr Am (emborracharse)* to get drunk

enchilada *nf Guat, Méx, Nic* = filled tortilla baked in chilli sauce

enchilado *nm Cuba, Méx* = shellfish stew with chilli, tomatoes and onions

enchilar 1 *vt* (**a**) *CAm, Méx (alimento)* to season with chilli (**b**) *Méx Fig (persona)* to irritate, to annoy

2 *vi CAm, Méx* to be hot *o* spicy

3 enchilarse *vpr Méx Fam* to get angry

enchinar *vt Méx* to curl

enchinchar 1 *vt* (**a**) *Guat (incomodar)* to annoy, to bother (**b**) *Méx (retrasar)* to delay

2 enchincharse *vpr Méx (retrasar)* to delay

enchiquerar *vt Taurom* to shut in the bullpen

enchironar *vt Esp muy Fam* to put away, *Br* to bang up

enchivarse *vpr Col, Ecuad, PRico (enfurecerse)* to fly into a rage

enchuecar [59] *vt Chile, Méx* to twist

enchufado, -a *Fam* **1** *adj* **estar e.** *(en un puesto)* = to have got one's job through connections; **está e., la profesora siempre le pone buenas notas** he's well in with the teacher, she always gives him good marks

2 *nm,f* = person who has got where they are through connections; **es el e. del director** he got the job because he knows the manager

enchufar 1 *vt* (**a**) *(aparato) (conectar)* to plug in; *Fam (encender)* to turn *o* put on (**b**) *Fam Fig (colocar en un trabajo)* **su padre lo enchufó en la compañía** his father got him a job in the company by pulling strings

2 *vi Informát* **e. y usar** plug and play

enchufe *nm* (**a**) *Elec (macho)* plug; *(hembra)* socket ❑ ***e. de clavija*** jack plug (**b**) *Fam Fig (recomendación)* connections; **tener e.** to have connections; **obtener algo por e.** to get sth by pulling strings *o* through one's connections

enchufismo *nm Fam* string-pulling

encía *nf* gum

encíclica *nf Rel* encyclical ❑ ***e. papal*** papal encyclical

enciclopedia *nf* encyclopedia; *Hum* **es una e. viviente** *o* **ambulante** he's a walking encyclopedia

enciclopédico, -a *adj* encyclopedic

enciclopedista *adj & nmf* encyclopedist

enciendo *etc ver* **encender**

encierro 1 *ver* **encerrar**

2 *nm* (**a**) *(protesta)* sit-in (**b**) *(retiro)* retreat (**c**) *Taurom* running of the bulls

ENCIMA *adv* (**a**) *(arriba)* on top; **yo vivo e.** I live upstairs; **pásame el de e.** pass me the top one *o* the one on top; **el vecino de e.** the upstairs neighbour; *Am* **de e.** in addition, besides; **le cayó e. la responsabilidad de dirigir el partido** the responsibility of leading the party was thrust upon her; **el autobús se le echó e. antes de que pudiera reaccionar** the bus was upon him before he had time to react; **e. de** *(en lugar superior que)* above; *(sobre, en)* on (top of); **vivo e. de tu casa** I live upstairs from you; **el pan está e. de la nevera** the bread is on (top of) the fridge; *Fig* **mi madre está e. de mí todo el día** my mother's on at me *o* on my back all day long; **volaron por e. de los Alpes** they flew over the Alps; **por e. lleva una capa de chocolate** it has a layer of chocolate on top; **lo conozco por e.** I only know it roughly; **sólo lo he leído por e.** I've only read it superficially, I've only skimmed through it; **por e. de** over; **un precio muy por e. de lo que habíamos presupuestado** a price well above what we had budgeted for; **una calidad muy por e. de lo habitual** a much higher quality than usual; **vive por e. de sus posibilidades** he lives beyond his means; **sólo tiene a dos personas por e.** there are only two people above her; **por e. de todo, lo que más me preocupa...** what worries me more than anything else...; **por e. de todo, hazlo con mucho cuidado** above all *o* first and foremost, be very careful; **por e. de todo, no se lo digas a nadie** whatever else you do, don't tell anyone; **ponemos la seguridad por e. de todo** we place safety first *o* before everything else

(**b**) *(en tiempo)* **las elecciones ya están e.** the elections are already upon us; **se nos echó la noche e.** night fell, night descended upon us

(**c**) *(además)* on top of that; **está lejos y e. no hay transporte público** it's a long way away and on top of that *o* what is more, there's no public transport; **e. de ser tonto, es feo** on top of being stupid, he's also ugly; **e. de no hacerlo bien...** on top of not doing it well...

(**d**) *(sobre sí)* **lleva un abrigo e.** she has a coat on; **ponte algo e., vas a tener frío** put something on, you'll be cold; **¿llevas dinero e.?** have you got any money on you?; **le quitaron todo lo que llevaba e.** they took everything he had with him

encimar *Chile* **1** *vt (alcanzar la cima de)* to reach the top of

2 *vi* to reach the top *o* summit

encimera *nf* (**a**) *(de cocina)* worktop (**b**) *(sábana)* top sheet

encimero, -a *adj* top

encina *nf* holm oak

encinar *nm* oak forest/grove

encinta *adj f* pregnant

enclaustrado, -a *adj* cloistered

enclaustrar 1 *vt (en convento)* to shut up in a convent

2 enclaustrarse *vpr* (**a**) *(en convento)* to shut oneself up in a convent (**b**) *(encerrarse)* to lock oneself away

enclavado, -a *adj* set, situated

enclave *nm* enclave

enclavijar *vt (instrumento)* to peg

enclenque *adj* sickly, frail

encofrado *nm* (**a**) *Arquit* formwork, *Br* shuttering (**b**) *Min* plank lining, timbering

encofrador, -ora *nm,f* = building worker who puts up formwork or *Br* shuttering

encofrar *vt* (**a**) *Arquit* to put up formwork *o Br* shuttering for (**b**) *Min* to timber

encoger [52] **1** *vt* (**a**) *(ropa)* to shrink (**b**) *(miembro, músculo)* to contract (**c**) *Fig (ánimo)* **e. el ánimo a alguien** to discourage sb; **sus duras palabras me encogieron** her harsh words took my breath away

2 *vi* to shrink; **el algodón encoge al lavarlo** cotton shrinks when you wash it

3 encogerse *vpr* (**a**) *(ropa)* to shrink (**b**) *(miembro, músculo)* to contract; **encogerse de hombros** to shrug one's shoulders (**c**) *Fig (apocarse)* to cringe; **es muy tímido y se encoge ante sus superiores** he's very timid and he clams up in the presence of his superiors

encogido, -a *adj Fig (tímido)* shy; *(pusilánime)* fearful, faint-hearted

encogimiento *nm* (**a**) *(reducción)* shrinkage; **e. de hombros** shrugging (**b**) *Fig (cobardía)* faint-heartedness

encolado 1 *adj Chile, Méx* foppish

2 *nm* (**a**) *(de material, objeto)* glueing; *(de papel pintado)* pasting (**b**) *(del vino)* fining

encolar *vt* (**a**) *(material, objeto)* to glue; *(papel pintado)* to paste (**b**) *(vino)* to clarify

encolerizado, -a *adj* furious, enraged

encolerizar [14] **1** *vt* to infuriate, to enrage

2 encolerizarse *vpr* to get angry

encomendar [3] **1** *vt* to entrust; **me han encomendado el cuidado de su perro** they've asked me to look after their dog; **encomendó su alma a Dios** he commended his soul to God

2 encomendarse *vpr* **encomendarse a** *(persona)* to entrust oneself to; *(Dios, santos)* to put one's trust in; EXPR *Fam* **(hacer algo) sin encomendarse a Dios ni al diablo** (to do sth) entirely off one's own bat

encomendero *nm* (**a**) *Hist* = Spanish colonist in charge of an "encomienda" (**b**) *Cuba (carnicero)* wholesale meat supplier (**c**) *Perú (tendero)* grocer

encomiable *adj* laudable, praiseworthy

encomiar *vt Formal* to praise, to extol

encomienda *nf* (**a**) *(encargo)* assignment, mission (**b**) *Hist* = area of land and its native inhabitants given to a conquistador (**c**) *Am (paquete)* package, parcel

encomiendo *etc ver* **encomendar**

encomio *nm Formal* praise; **digno de e.** praiseworthy

enconado, -a *adj (lucha)* bitter; *(partidario)* passionate, ardent

enconamiento *nm* (**a**) *(inflamación)* inflammation (**b**) *(rencor)* rancour, animosity

enconar 1 *vt* to inflame

2 enconarse *vpr* (**a**) *(persona)* to get angry (**b**) *(debate, lucha)* to become heated (**c**) *(herida)* to become inflamed

encono *nm (rencor)* rancour, animosity

encontradizo, -a *adj* **hacerse el e.** to contrive a meeting

encontrado, -a *adj (intereses, opiniones)* conflicting

ENCONTRAR [63] **1** *vt* (**a**) *(hallar)* to find; **he encontrado el paraguas** I've found my umbrella; **encontré el libro que buscaba** I found the book I was looking for; **lo encontré muy difícil** I found it very difficult; **le han encontrado un cáncer** they've diagnosed her as having cancer; **encontré la mesa puesta** I found the table already set; **lo encontré durmiendo** I found him sleeping; **encuentro la ciudad/a tu hermana muy cambiada** the city/your sister has changed a lot, I find the city/your sister much changed; **no encuentro palabras para expresar mi gratitud** I can't find the words to express my gratitude

(**b**) *(dificultades)* to encounter; **no encontraron ninguna oposición al proyecto** they encountered no opposition to the project

(**c**) *(juzgar, considerar)* to find; **encontré muy positivos tus comentarios** I found your comments very positive; **encuentro infantil tu actitud** I find your attitude childish; **no lo encuentro tan divertido como dice la gente** I don't find it *o* think it is as funny as people say; **no sé qué le encuentran a ese pintor** I don't know what they see in that painter

2 encontrarse *vpr* (**a**) *(hallarse)* to be; **se encuentra en París** she's in Paris; *Méx* **el Sr. López no se encuentra** *(no está)* Mr Lopez isn't in; **¿dónde se encuentra la Oficina de Turismo?** where's the Tourist Information Office?; **varias ciudades entre las que se encuentra Buenos Aires** several cities, including Buenos Aires; **entre los supervivientes se encuentran dos bebés** two babies are amongst the survivors; **fui a visitarle y me encontré con que ya no vivía allí** I went to visit him only to discover that he no longer lived there; **nos encontramos con que no quedaba comida** we found that there was no food left

(**b**) *(coincidir)* **encontrarse (con alguien)** to meet (sb); **me encontré con Juan** I ran into *o* met Juan; EXPR *Fam* **últimamente me la encuentro hasta en la sopa** I seem to keep bumping into her at the moment

(**c**) *(reunirse)* to meet; **¿dónde nos encontraremos?** where shall we meet?; **quedaron en encontrarse a la salida del cine** they arranged to meet outside the cinema

(**d**) *(de ánimo, salud)* to feel; **¿qué tal te encuentras?** how are you feeling?; **no se encuentra muy bien** she isn't very well; **no me encuentro con ganas de salir** I don't feel like going out; **el médico ha dicho que se encuentra fuera de peligro** the doctor said she's out of danger

(**e**) *(chocar)* to collide; **los dos trenes se encontraron con violencia** the two trains were involved in a violent collision

encontronazo *nm* (**a**) *(golpe)* collision, crash (**b**) *(discusión)* row, set-to; **tuvo un e. con su jefe** she had a set-to with the boss

encoñado, -a *adj Vulg* (**a**) *(enamorado)* **estar e. con alguien** to have the hots for sb (**b**) *(encaprichado)* **estar e. con algo/alguien** to be crazy *o* nuts about sth/sb

encoñarse *vpr Vulg* (**a**) *(enamorarse)* **e. con alguien** to get the hots for sb (**b**) *(encapricharse)* **e. con algo** to go crazy *o* nuts about sth

encopetado, -a *adj* posh, upper-class

encorajinarse *vpr Fam (enfadarse)* to get angry, to lose one's temper

encordar [63] **1** *vt* (**a**) *(instrumento)* to string (**b**) *(con cuerda)* to bind with a cord

2 encordarse *vpr (montañeros)* to rope up

encorsetar *vt* to corset; *Fig (poner límites a)* to straitjacket

encorvado, -a *adj* hunched

encorvadura *nf*, **encorvamiento** *nm* bending, curving

encorvar *vt* **1** to bend

2 encorvarse *vpr* to bend down *o* over

encrespar 1 *vt* (**a**) *(pelo)* to curl; *(mar)* to make choppy *o* rough (**b**) *(irritar)* to irritate

2 encresparse *vpr* (**a**) *(pelo)* to stand on end; *(mar)* to get rough (**b**) *(persona)* to get irritated; **los ánimos se encresparon** people's hackles rose

encriptación *nf también Informát* encryption

encriptar *vt también Informát* to encrypt

encrucijada *nf* (**a**) *(cruce)* **una e. (de caminos)** a crossroads (**b**) *(situación difícil)* **estoy en una e.** I'm in a quandary; **el proceso de paz se encuentra en una e.** the peace process has reached a crossroads

encuadernación *nf (técnica)* binding; *(taller)* binder's, bookbinder's; **Encuadernaciones Olarte** *(empresa)* Olarte the Bookbinders ▫ ***e. en canutillo*** plastic ring-binding; ***e. en cuero*** leather binding; ***e. en rústica*** paperback binding; ***e. en tela*** cloth binding

encuadernador, -ora *nm,f* bookbinder

encuadernar *vt* to bind

encuadrar 1 *vt* (**a**) *(enmarcar)* to frame (**b**) *(clasificar)* to categorize, to regard (**como** as); **la selección mexicana ha quedado encuadrada en el grupo A** the Mexican team has been drawn in group A (**c**) *Cine, TV (imagen)* to frame

2 encuadrarse *vpr* **esta ley se encuadra en la nueva política económica del gobierno** this law forms part of the government's new economic policy; **su obra se encuadra en el modernismo** her work can be classed *o* categorized as modernist

encuadre *nm Fot* composition

encubierto, -a 1 *participio ver* **encubrir**

2 *adj* (**a**) *(intento)* covert (**b**) *(insulto, significado)* hidden

encubridor, -ora 1 *adj* concealing; **no es más que una maniobra encubridora** it's just an attempt to conceal things

2 *nm,f (de delito)* accessory (**de** to)

encubrimiento *nm* (**a**) *(de delito)* concealment (**b**) *(de persona)* harbouring

encubrir *vt* (**a**) *(delito)* to conceal (**b**) *(persona)* to harbour

encuentro 1 *ver* **encontrar**

2 *nm* (**a**) *(acción)* meeting, encounter; **ir** *o* **salir al e. de alguien** *(para recibir)* to go to meet sb; *(para atacar)* to confront sb (**b**) *(reunión)* meeting; *(congreso)* conference (**c**) *Dep* game, match (**d**) *Mil* skirmish

encuerado, -a *adj Cuba, Méx* naked, nude

encuerar *Cuba, Méx* **1** *vt* (**a**) *(desnudar)* to strip (**b**) *Fig (en el juego)* to skin, to clear out

2 encuerarse *vpr (desnudarse)* to strip, to get undressed

encuerdo *etc ver* **encordar**

encuesta *nf* (**a**) *(sondeo)* survey, opinion poll ▫ ***e. de opinión*** opinion poll (**b**) *(investigación)* investigation, inquiry

encuestado, -a *nm,f* person polled; **los encuestados** those polled, the people polled

encuestador, -ora *nm,f* pollster

encuestar *vt* to poll

encumbrado, -a *adj* exalted, distinguished

encumbramiento *nm* (**a**) *(acción)* rise (**b**) *(posición)* distinguished *o* exalted position

encumbrar 1 *vt* to elevate *o* raise to a higher position

2 encumbrarse *vpr* to rise to a higher position

encurtidos *nmpl* pickles

encurtir *vt* to pickle

endeble *adj* (**a**) *(persona)* weak, feeble (**b**) *(objeto)* fragile (**c**) *(argumento)* weak, feeble

endeblez (*pl* **endebleces**) *nf (de objeto)* fragility

endecasílabo, -a 1 *adj* hendecasyllabic

2 *nm* hendecasyllabic verse

endemia *nf Med* endemic disease

endémico, -a *adj Med* endemic; *Fig* **el hambre es e. en la región** hunger is endemic in the region

endemismo *nm* endemic species

endemoniado, -a 1 *adj* (**a**) *Fam Fig (molesto) (niño)* wicked; *(trabajo)* very tricky (**b**) *(desagradable)* terrible, foul (**c**) *(poseído)* possessed (by the devil)

2 *nm,f* person possessed by the devil

endenantes *adv Am Fam* before

enderezamiento *nm* (**a**) *(acción de poner derecho)* straightening (**b**) *(acción de poner vertical)* putting upright

enderezar [14] **1** *vt* (**a**) *(poner derecho)* to straighten (**b**) *(poner vertical)* to put upright

(**c**) *Fig (corregir)* to set right, to straighten out
2 enderezarse *vpr (sentado)* to sit up straight; *(de pie)* to stand up straight

endeudado, -a *adj* indebted, in debt

endeudamiento *nm* indebtedness

endeudarse *vpr* to get into debt

endiablado, -a *adj* (**a**) *(persona) (endemoniado)* wicked; *Fig* **¡esos niños endiablados me van a volver loco!** those little devils are going to drive me mad! (**b**) *(tiempo, genio)* foul (**c**) *(problema, crucigrama)* fiendishly difficult (**d**) *(velocidad)* breakneck

endibia *nf* endive

endilgar [38] *vt Fam* **e. algo a alguien** *(sermón, bronca)* to dish sth out to sb; *(bulto, tarea)* to lumber sb with sth; **me han endilgado la limpieza de la casa** they've lumbered me with (the job of) cleaning the house

endiñar *vt Fam* (**a**) *(golpe)* **le endiñó un puñetazo** she landed a punch on him (**b**) **e. algo a alguien** *(trabajo, tarea)* to lumber sb with sth; **le endiñaron llevar a los niños al cine** he was lumbered with taking the kids to the cinema

endiosamiento *nm* self-importance, conceit

endiosar 1 *vt* to deify
2 endiosarse *vpr* to become conceited *o* full of oneself

endivia *nf* endive

endocrino, -a *Med* **1** *adj* **glándula endocrina** endocrine gland
2 *nm,f* endocrinologist

endocrinología *nf Med* endocrinology

endocrinólogo, -a *nm,f Med* endocrinologist

endogamia *nf* (**a**) *(práctica cultural)* endogamy (**b**) *(en familia real, especies animales)* inbreeding

endógeno, -a *adj* endogenous

endometrio *nm Anat* endometrium

endometriosis *nf inv Med* endometriosis

endometritis *nf inv Med* endometritis

endomingado, -a *adj Fam* dressed-up, dolled-up

endomingar [38] *Fam* **1** *vt* to dress up, to doll up
2 endomingarse *vpr* to get dressed *o* dolled up in one's best clothes

endorfina *nf* endorphin

endorreico, -a *adj Geol* endorheic

endosante *nmf Com* endorser

endosar *vt* (**a**) *Com* to endorse (**b**) *Fam (tarea)* **e. algo a alguien** to lumber sb with sth

endosatario, -a *nm,f Com* endorsee

endoscopia *nf Med* endoscopy

endoscopio *nm Med* endoscope

endoso *nm Com* endorsement

endovenoso, -a *adj Med* intravenous

endrina *nf* sloe

endrino *nm* blackthorn, sloe

endrogado, -a *adj CAm, Méx* **estar e.** to be in debt

endrogarse [38] *vpr Chile, Méx, Perú (endeudarse)* to get into debt

endulzante *nm* sweetener

endulzar [14] *vt* (**a**) *(con azúcar)* to sweeten (**b**) *Fig (con dulzura)* to ease, to make more bearable

endurecedor *nm* hardener

endurecer [46] **1** *vt* (**a**) *(hacer más duro)* to harden (**b**) *(fortalecer)* to strengthen (**c**) *Fig (volver cruel)* to harden; **el sufrimiento endureció su corazón** suffering hardened his heart
2 endurecerse *vpr* (**a**) *(ponerse duro)* to harden, to become hard (**b**) *(robustecerse)* to become tough *o* hardy (**c**) *Fig (volverse cruel)* to become hard-hearted

endurecimiento *nm también Fig* hardening

endurezco *etc ver* **endurecer**

ene. (*abrev de* **enero**) Jan., January

enebro *nm* juniper

eneldo *nm* dill

enema *nm* enema; **poner un e. a alguien** to give sb an enema

enemigo, -a 1 *adj* enemy; **los ejércitos enemigos** the enemy armies; **soy e. de viajar en avión** I really don't like travelling by plane
2 *nm,f* enemy; **va haciéndose enemigos por todas partes** he makes enemies wherever he goes ▫ *Fam* ***el e. malo*** the Devil; ***el e. público número uno*** public enemy number one

enemistad *nf* enmity; **su e. duraba ya años** they had been enemies for years; **siento una profunda e. hacia ellos** I feel intense hatred for them

enemistado, -a *adj* **dos países enemistados por...** two countries who are enemies because of...; **está e. con sus vecinos** he has fallen out with his neighbours

enemistar 1 *vt* to make enemies of; **el testamento enemistó a los hermanos** the will set the brothers against each other
2 enemistarse *vpr* to fall out (**con** with); **si Francia se enemistara con Alemania,...** if France were to fall out with Germany,...

energética *nf* energetics *(singular)*

energético, -a *adj* energy; **las legumbres proporcionan un alto aporte e.** pulses provide lots of energy

energía *nf* (**a**) *(para máquina)* energy ▫ ***energías alternativas*** alternative energy sources; ***e. atómica*** nuclear power; ***e. calórica*** heat energy; *Fís* ***e. cinética*** kinetic energy; ***e. eléctrica*** electric energy; ***e. eólica*** wind power; ***e. geotérmica*** geothermal energy; ***e. hidráulica*** water power; ***e. limpia*** clean energy; ***e. mareomotriz*** tide-power; ***e. nuclear*** nuclear power *o* energy; ***e. del oleaje*** wave motion energy; *Fís* ***e. potencial*** potential energy; ***energías renovables*** renewable forms of energy; ***e. solar*** solar energy *o* power (**b**) *(de persona, respuesta)* strength; **su trabajo le resta energías** his work doesn't leave him much energy; **respondió con e.** he responded energetically; **hay que empujar con e.** you have to push hard

enérgicamente *adv (vigorosamente)* vigorously

enérgico, -a *adj* (**a**) *(energético)* energetic (**b**) *(carácter)* forceful (**c**) *(gesto, medida)* vigorous (**d**) *(decisión, postura)* emphatic

energúmeno, -a *nm,f* lunatic; **se puso hecho un e.** he went berserk *o* crazy; **gritaba como un e.** he was screaming like one possessed; **tuve que trabajar como un e.** I had to work like crazy

enero *nm* January; *ver también* **septiembre**

enervante *adj* (**a**) *(debilitador)* draining (**b**) *(exasperante)* exasperating

enervar *vt* (**a**) *(debilitar)* to sap, to weaken (**b**) *(poner nervioso)* to exasperate

enésimo, -a *adj* (**a**) *Mat* nth (**b**) *Fig* umpteenth; **por enésima vez** for the umpteenth time

enfadadizo, -a *adj* touchy, irritable

enfadado, -a *adj (molesto)* annoyed; *(enojado)* angry; **estar e. con alguien** to be annoyed/angry with sb; **están enfadados desde hace años** they fell out (with each other) years ago

enfadar 1 *vt (molestar)* to annoy; *(enojar)* to anger
2 enfadarse *vpr* to get angry (**con** with); **se enfada por nada** he gets angry for no reason; **no te enfades, pero creo que te equivocas** don't get annoyed, but I think you're wrong; **no te enfades con quien no tiene la culpa** don't get angry with people if it isn't their fault

enfado *nm* (**a**) *(irritación)* anger (**b**) *(enemistad)* hatred; **su e. dura ya años** *(recíproco)* they fell out years ago

enfangar [38] **1** *vt* to cover in mud
2 enfangarse *vpr* (**a**) *(con fango)* to get covered in mud (**b**) *Fam Fig* **enfangarse en un asunto sucio** to get mixed up in shady business

énfasis *nm inv* emphasis; **poner é. en algo** to emphasize sth

enfáticamente *adv* emphatically

enfático, -a *adj* emphatic

enfatizar [14] *vt* to emphasize, to stress

enfermar 1 *vt* (**a**) *(causar enfermedad a)* to make ill (**b**) *Fam (irritar)* **me enferma su falta de seriedad** his lack of seriousness really gets to me
2 *vi* to fall ill; **e. del pecho** to develop a chest complaint
3 enfermarse *vpr* to fall ill

enfermedad *nf* (**a**) *(física)* illness; **contraer una e.** to catch a disease *o* illness; **padecer** *o* **sufrir una e.** to suffer from an illness ▫ *Med* ***e. de Alzheimer*** Alzheimer's disease; ***e. autoinmune*** autoimmune disease; ***e. congénita*** congenital disease; ***e. contagiosa*** contagious disease; ***e. de Creutzfeld-Jakob***

Creutzfeldt-Jakob disease; ***e. hereditaria*** hereditary disease; ***e. incurable*** incurable disease; ***e. infecciosa*** infectious disease; ***e. notificable*** notifiable disease; ***e. de Párkinson*** Parkinson's disease; ***e. profesional*** occupational disease; ***e. del sueño*** sleeping sickness; *Fam* ***e. de las vacas locas*** mad cow disease; ***e. venérea*** venereal disease
(**b**) *(problema)* ill

enfermera *nf* nurse ❑ ***e. jefe*** charge nurse

enfermería *nf* (**a**) *(lugar)* sick bay (**b**) *(oficio, estudios)* nursing

enfermero *nm* male nurse ❑ ***e. jefe*** charge nurse

enfermizo, -a *adj también Fig* unhealthy

enfermo, -a 1 *adj* ill, sick; **caer e.** to fall ill; **está enferma con paperas** she's ill with mumps; *Fig* **su actitud me pone e.** his attitude really gets to me
2 *nm,f (en general)* invalid, sick person; *(en el hospital)* patient; **los enfermos** the sick ❑ ***e. terminal*** terminally ill person/patient

enfermucho, -a *adj Fam* sickly

enfervorizadamente *adv* with wild enthusiasm

enfervorizado, -a *adj* frenzied

enfervorizar [14] *vt* to inflame, to rouse

enfiestarse *vpr Am* to live it up

enfilado, -a *adj* **tener a alguien e.** to have it in for sb

enfilar 1 *vt* (**a**) *(camino)* to go *o* head straight along; **el autobús enfiló la avenida hacia la plaza** the bus went down the avenue towards the square (**b**) *(arma)* to aim (**c**) *(protestas, acciones)* to aim, to direct; **enfiló la conversación hacia temas políticos** she steered the conversation towards political subjects (**d**) *(enhebrar)* to thread, to string
2 *vi* **e. hacia** to go *o* head straight towards; **la embarcación enfiló hacia el norte** the boat headed north

enfisema *nm* emphysema

enflaquecer [46] **1** *vt* to make thin
2 *vi* to grow thin, to lose weight

enflaquecimiento *nm* (**a**) *(adelgazamiento)* losing weight, slimming (**b**) *Fig (debilitación)* weakening, debilitation

enflautar *vt Col, Guat, Méx Fam (encasquetar)* to foist, to unload

enfocar [59] **1** *vt* (**a**) *(imagen, objetivo)* to focus (**b**) *(sujeto: luz, foco)* to shine on; **enfocaron el avión con los reflectores** they caught the plane in the searchlights (**c**) *(tema, asunto)* to approach, to look at
2 *vi* **e. hacia alguien/algo** *(cámara)* to focus on sb/sth; *(luz)* to shine on sb/sth

enfoque *nm* (**a**) *(de una imagen)* focus (**b**) *(de un asunto)* approach, angle (**c**) *(acción)* focusing ❑ ***e. automático*** automatic focusing; ***e. manual*** manual focusing

enfrascado, -a *adj* **estar e. (en)** to be totally absorbed (in)

enfrascamiento *nm* total involvement

enfrascar [59] **1** *vt* to bottle
2 enfrascarse *vpr (riña)* to get embroiled (**en** in); *(lectura, conversación)* to become engrossed (**en** in)

enfrentamiento *nm* confrontation

enfrentado, -a *adj* **mantienen posturas enfrentadas** they hold conflicting views

enfrentar 1 *vt* (**a**) *(hacer frente a)* to confront, to face; **enfrentan el futuro con inquietud** they face the future with unease (**b**) *(poner frente a frente)* to bring face to face
2 enfrentarse *vpr* (**a**) *(luchar, encontrarse)* to meet, to clash; **nos enfrentamos al enemigo** we confronted the enemy; **los dos equipos se enfrentarán por el campeonato** the two teams will play each other for the championship (**b**) *(oponerse)* **enfrentarse con alguien** to confront sb; **se enfrentó a su enfermedad con valor** she faced up to her illness bravely

enfrente *adv* (**a**) *(delante)* opposite; **vive e.** he lives opposite; **la tienda de e.** the shop across the road; **hay un hotel e. de la estación** there's a hotel opposite *o* facing the station; **lo tenía e. de mí y no me daba ni cuenta** he was right in front of me and I didn't even notice (**b**) *(en contra)* **tiene a todos e.** everyone's against her

enfriamiento *nm* (**a**) *(catarro)* cold (**b**) *(acción)* cooling; *Fig* **el e. de las relaciones entre Francia y Estados Unidos** the cooling of relations between France and the United States

enfriar [32] **1** *vt también Fig* to cool
2 *vi* **esta nevera no enfría** this fridge isn't working properly
3 *v impersonal* to get colder
4 enfriarse *vpr* (**a**) *(líquido, pasión, amistad)* to cool down (**b**) *(quedarse demasiado frío)* to go cold; **se te va a e. la sopa** your soup is going to get cold (**c**) *(resfriarse)* to catch a cold

enfundar 1 *vt (espada)* to sheathe; *(pistola)* to put away
2 enfundarse *vpr* **enfundarse algo** to wrap oneself up in sth

enfurecer [46] **1** *vt* to infuriate, to madden
2 enfurecerse *vpr* (**a**) *(enfadarse)* to get furious (**b**) *(mar)* to become rough

enfurecido, -a *adj* (**a**) *(persona)* enraged (**b**) *(mar)* raging

enfurecimiento *nm* anger, fury

enfurezco *etc ver* **enfurecer**

enfurruñado, -a *adj* **estar e.** to be sulking

enfurruñamiento *nm Fam* sulking

enfurruñarse *vpr Fam* to sulk

engalanado, -a *adj* (**a**) *(persona)* dressed up (**b**) *(ciudad, coche)* decked out (**con** with)

engalanar 1 *vt* to decorate
2 engalanarse *vpr* (**a**) *(persona)* to dress up (**b**) *(ciudad)* to be decked out (**con** with)

enganchada *nf Fam* dust-up, set-to

enganchado, -a *adj* (**a**) *(prendido)* caught; **la falda se me quedó enganchada a la puerta** I caught my skirt on the door (**b**) *Fam (adicto)* hooked (**a** on)

enganchar 1 *vt* (**a**) *(agarrar) (vagones)* to couple; *(remolque, caballos)* to hitch up
(**b**) *(pez)* to hook
(**c**) *(colgar de un gancho)* to hang up
(**d**) *Fam Fig (atraer)* **e. a alguien para que haga algo** to rope sb into doing sth
(**e**) *(pillar) (empleo, marido)* to land (oneself)
(**f**) *Taurom* to catch by its horns
2 *vi Fam (hacer adicto)* to be addictive
3 engancharse *vpr* (**a**) *(prenderse)* **engancharse algo con** *o* **en algo** to catch sth on sth; **se le enganchó la falda en las zarzas** she caught her skirt on the brambles; **te has enganchado las medias** you've caught *o* snagged your tights on something
(**b**) *(alistarse)* to enlist, to join up
(**c**) *(hacerse adicto)* to get hooked (**a** on)

enganche *nm* (**a**) *(de trenes)* coupling (**b**) *(gancho)* hook (**c**) *(reclutamiento)* enlistment (**d**) *Méx (depósito)* deposit

enganchón *nm (de ropa, tela)* snag

engañabobos *nm inv Fam* (**a**) *(cosa)* con (trick) (**b**) *(persona)* con man, con artist

engañadizo, -a *adj* gullible, credulous

engañapichanga *nf RP Fam* trick, fraud

engañar 1 *vt* (**a**) *(mentir)* to deceive; **engañó a su padre haciéndole ver que había aprobado** she deceived her father into believing that she had passed; **engaña a su marido** she cheats on her husband; **a mí no me engañas, sé que tienes cincuenta años** you can't fool me, I know you're fifty
(**b**) *(estafar)* to cheat, to swindle; **te engañaron vendiéndote esto tan caro** they cheated you if they sold that to you for such a high price; EXPR **e. a alguien como a un chino** *o* **a un niño** to take sb for ride
(**c**) *(hacer más llevadero)* to appease; **e. el hambre** to take the edge off one's hunger
2 *vi* to be deceptive *o* misleading; **engaña mucho, no es tan tonto como parece** you can easily get the wrong impression, he's not as stupid as he seems; EXPR **las apariencias engañan** appearances can be deceptive
3 engañarse *vpr* (**a**) *(hacerse ilusiones)* to delude oneself; **no te engañes, ya no lo volverás a ver** don't kid yourself, you'll never see it again now; **se engaña si cree esto** she's deluding herself if she thinks so
(**b**) *(equivocarse)* to be wrong

engañifa *nf Fam (estafa)* swindle

engaño *nm* (**a**) *(mentira, broma)* deceit; *(estafa)* swindle; **ha sido víctima de un e. en la compra del terreno** he was swindled over the sale of the land; **no nos llamemos a e., el programa se puede mejorar y mucho** let's not kid ourselves, the program could be a lot better; **que nadie se llame a e., la economía no va bien** let no one have any illusions about it, the economy isn't doing well
(**b**) *(ardid)* ploy, trick; **las rebajas son un e. para que la gente compre estupideces** the sales are a swindle intended to try to make people buy rubbish

(**c**) *Taurom* bullfighter's cape (**d**) *(para pescar)* lure

engañosamente *adv (deshonestamente)* deceitfully

engañoso, -a *adj* (**a**) *(persona, palabras)* deceitful (**b**) *(aspecto, apariencia)* deceptive

engarce *nm* setting

engarzar [14] *vt* (**a**) *(encadenar) (abalorios)* to thread; *(perlas)* to string (**b**) *(diamante)* to set (**c**) *(palabras)* to string together

engastar *vt* to set, to mount

engaste *nm* (**a**) *(en joyería)* setting, mounting (**b**) *(perla)* imperfect pearl

engatusador, -ora *Fam* **1** *adj* coaxing, cajoling

2 *nm,f* coaxer

engatusamiento *nm Fam* coaxing, cajoling

engatusar *vt Fam* to sweet-talk; **e. a alguien para que haga algo** to sweet-talk sb into doing sth

engendrar *vt* (**a**) *(hijo, idea)* to conceive (**b**) *(originar)* to give rise to; **la falta de cariño engendra inseguridad** lack of affection gives rise to insecurity

engendro *nm* (**a**) *(ser deforme)* freak, deformed creature; *(niño)* malformed child (**b**) *Fig (obra fea o mala)* monstrosity

englobar *vt* to include

engolado, -a *adj* (**a**) *(que tiene gola)* having a ruff (**b**) *Fig (presuntuoso)* presumptuous, arrogant; *(pomposo)* pompous, bombastic

engolosinarse *vpr* **e. con** to develop a taste for

engomado *nm Tex* sizing

engomar *vt (dar goma)* to put glue on

engominado, -a *adj (pelo)* slicked-back

engominar *vt* to put hair cream on

engorda *nf Chile, Méx* (**a**) *(ceba)* fattening (up) (**b**) *(ganado)* cattle fattened for slaughter

engordar 1 *vt* (**a**) *(animal)* to fatten up (**b**) *Fig (aumentar)* to swell

2 *vi* (**a**) *(persona)* to put on weight; **he engordado 6 kilos** I've put on 6 kilos (**b**) *(comida, bebida)* to be fattening

engorde *nm* fattening (up)

engorro *nm* nuisance

engorroso, -a *adj (molesto)* bothersome; *(físicamente)* cumbersome

engranaje *nm* (**a**) *(acción)* gearing (**b**) **engranajes** *(de reloj, piñón)* cogs; *Aut* gears; *(conjunto de dientes)* gear teeth (**c**) *Fig (enlace) (de ideas)* chain, sequence (**d**) *(aparato) (político, burocrático)* machinery

engranar *vt* (**a**) *(piezas)* to engage (**b**) *Fig (ideas)* to link, to connect

engrandecer [46] *vt* (**a**) *(ennoblecer)* **su gesto lo engrandece** his gesture does him every credit *o* redounds to his credit (**b**) *(aumentar)* to increase, to enlarge

engrandecimiento *nm* (**a**) *(ensalzamiento)* enhancement (**b**) *(aumento)* increase

engrapadora *nf Am* stapler

engrapar *vt Am (grapar)* to staple

engrasado *nm (acción)* lubrication

engrasador *nm* grease gun

engrasar *vt (motor)* to lubricate; *(bisagra, mecanismo)* to oil; *(eje)* to grease; *(molde de horno)* to grease, to oil

engrase *nm (de motor)* lubrication; *(de mecanismo)* oiling

engreído, -a 1 *adj* conceited, full of one's own importance

2 *nm,f* conceited person; **ser un e.** to be very conceited

engreimiento *nm* pride, haughtiness

engreír [56] **1** *vt* (**a**) *(envanecer)* to make vain *o* conceited (**b**) *Am (mimar)* to spoil, to pamper

2 engreírse *vpr* (**a**) *(envanecerse)* to become vain *o* conceited (**b**) *Am (encariñarse)* **engreírse a algo/alguien** to grow fond of sth/sb

engrescar [59] *vt* to egg on, to incite

engría *etc ver* **engreír**

engriera *etc ver* **engreír**

engrifarse *vpr Fam (persona)* to get high

engrillarse *vpr PRico, Ven (caballo)* to lower its head

engringarse [38] *vpr Am Fam* to adopt American ways

engrió *etc ver* **engreír**

engrosar [63] **1** *vt Fig (aumentar)* to swell; **la herencia pasó a e. la fortuna familiar** the inheritance went to swell the family fortune

2 *vi (engordar)* to put on weight

engrudo *nm* paste

engruesa *etc ver* **engrosar**

enguantarse *vpr* to put one's gloves on

engullir 1 *vt* to gobble up, to wolf down

2 engullirse *vpr* to gobble up, to wolf down

enharinar *vt* to flour

enhebrar *vt* (**a**) *(aguja)* to thread; *(perlas)* to string (**b**) *Fig (palabras)* to string together

enhiesto, -a *adj (derecho)* erect, upright; *(bandera)* raised

enhorabuena 1 *nf* congratulations; **dar la e. a alguien por algo** to congratulate sb on sth; **estar de e.** to be in luck

2 *adv* **¡e. (por...)!** congratulations (on...)!

enigma *nm* enigma

enigmático, -a *adj* enigmatic

enjabonado, -a 1 *adj* (**a**) *(con jabón)* soapy (**b**) *Cuba (caballo)* piebald

2 *nm* soaping

enjabonar 1 *vt* (**a**) *(con jabón)* to soap (**b**) *(dar coba a)* to soft-soap

2 enjabonarse *vpr* to soap oneself

enjaezar [14] *vt* to harness *(with decorative harness)*

enjambre *nm también Fig* swarm

enjaretar *vt* (**a**) *(cinta, cordón)* to thread through a hem (**b**) *Fam Fig (hacer de prisa)* to rush through, to do in a rush (**c**) *Fam (decir sin cuidado)* to reel *o* rattle off (**d**) *Fam (endilgar)* to palm *o* foist off (**e**) *Fam (intercalar)* to insert

enjaulado, -a *adj* caged; **como un perro e.** like a caged animal

enjaular *vt* (**a**) *(en jaula)* to cage (**b**) *Fam Fig (en prisión)* to jail, to lock up

enjoyar 1 *vt* to adorn with jewels

2 enjoyarse *vpr* to put on (one's) jewels

enjuagar [38] **1** *vt* to rinse

2 enjuagarse *vpr* to rinse oneself/one's mouth/one's hands etc; **enjuagarse el pelo** to rinse one's hair

enjuague *nm* rinse ❑ ***e. bucal*** *(acción)* rinsing of the mouth; *(líquido)* mouthwash

enjugador *nm Fot* photographic plate dryer

enjugar [38] **1** *vt* (**a**) *(secar)* to dry, to wipe away; **enjugó sus lágrimas** he dried his tears (**b**) *(pagar) (deuda)* to pay off; *(déficit)* to cancel out

2 enjugarse *vpr (secarse)* to wipe, to dry; **se enjugó el sudor de la frente** he wiped *o* mopped the sweat from his brow

enjuiciable *adj* indictable, liable to prosecution

enjuiciamiento *nm* (**a**) *Der* trial (**b**) *(opinión)* judgment

enjuiciar *vt* (**a**) *Der* to try (**b**) *(opinar)* to judge

enjundia *nf (sustancia)* substance; **su último libro tiene mucha e.** there's a lot in her last book

enjundioso, -a *adj* (**a**) *(grasiento)* fatty (**b**) *(sustancioso)* substantial

enjuto, -a *adj (delgado)* lean

enlace *nm* (**a**) *(conexión)* link (**b**) *Informát* link (**c**) *(persona)* go-between ❑ ***e. sindical*** shop steward (**d**) *Quím* bond ❑ ***e. covalente*** covalent bond; ***e. químico*** chemical bond (**e**) *(boda)* **e. (matrimonial)** marriage (**f**) *(de trenes)* connection; **estación de e.** junction; **vía de e.** crossover

enladrillado *nm* brick paving

enladrillar *vt* to pave with bricks

enlatado, -a 1 *adj* (**a**) *(en lata)* canned, tinned (**b**) *TV (programa)* pre-recorded; *(risa)* canned

2 *nmpl* **enlatados** *Am (comestibles)* groceries

enlatar *vt* (**a**) *(alimento)* to can, to tin (**b**) *CAm (techo)* to roof with tin

enlazar [14] **1** *vt* (**a**) *(con lazos)* to lace (**b**) **e. algo a** *(atar)* to tie sth up to; *(trabar, relacionar)* to link *o* connect sth with

2 *vi (trenes)* to connect (**en** at); **esta carretera enlaza con la autopista** this road joins up with the motorway

3 enlazarse *vpr* (**a**) *(unirse)* to become linked (**b**) *Fig (casarse)* to marry, to get married (**c**) *Fig (emparentarse)* to become related by marriage

enlodar *vt* to cover in mud

enloquecedor, -ora *adj* maddening

enloquecer [46] **1** *vt* (**a**) *(volver loco)* to drive mad (**b**) *Fig (gustar mucho a)* to drive wild *o* crazy; **le enloquece el esquí** she's

mad *o* crazy about skiing
2 *vi* to go mad
enloquecidamente *adv* madly
enloquecido, -a *adj* mad, crazed
enloquecimiento *nm* madness
enlosado *nm* tiled floor
enlosar *vt* to pave
enlozar [14] *vt Am* to cover *o* coat with enamel
enlucido *nm* plaster
enlucidor *nm* (**a**) *(de paredes)* plasterer (**b**) *(de metales)* polisher
enlucir [39] *vt* (**a**) *(blanquear)* to whitewash (**b**) *(enyesar)* to plaster (**c**) *(metales)* to polish
enlutado, -a *adj* in mourning
enlutar 1 *vt* (**a**) *(vestir de luto)* to dress in mourning (**b**) *Fig (entristecer)* to cast a shadow over
2 enlutarse *vpr* to go into mourning
enluzco *etc ver* **enlucir**
enmaderar *vt (pared)* to panel; *(suelo)* to lay the floorboards of
enmadrarse *vpr* to become too tied to one's mother
enmalecerse [46] *vpr (con maleza)* to become covered with undergrowth, to get overgrown
enmarañado, -a *adj* (**a**) *(pelo)* matted, tangled; *(cable)* tangled (**b**) *(asunto)* complicated
enmarañamiento *nm* (**a**) *(de cosas)* tangle (**b**) *(de un asunto)* confusion
enmarañar 1 *vt* (**a**) *(enredar)* to tangle (up) (**b**) *(complicar)* to complicate, to confuse
2 enmarañarse *vpr* (**a**) *(enredarse)* to become tangled (**b**) *(complicarse)* to become confused *o* complicated
enmarcar [59] **1** *vt* (**a**) *(cuadro)* to frame (**b**) *(dar un contexto a)* **enmarcan su política energética dentro del respeto al medio ambiente** their energy policy is placed within a framework of respect for the environment; **enmarcan su obra artística dentro del vanguardismo** they regard his work as forming part of the avant-garde
2 enmarcarse *vpr* **las medidas se enmarcan dentro de la nueva política conciliadora** the measures form part of the new policy of reconciliation; **esta actuación se enmarca dentro de la convención de Viena** this action falls within the provisions of the Vienna convention; **el nuevo grupo se enmarca en el ala izquierda del partido** the new group is on the left of the party
enmascarado, -a 1 *adj* masked
2 *nm,f* masked man, *f* masked woman
enmascarar 1 *vt* (**a**) *(rostro)* to mask (**b**) *(encubrir)* to disguise
2 enmascararse *vpr* to put on a mask
enmendable *adj* (**a**) *(error)* correctable (**b**) *(ley)* amendable
enmendar [3] **1** *vt* (**a**) *(error)* to correct; **el portero enmendó su error despejando la pelota** the goalkeeper made up for his mistake by clearing the ball (**b**) *(ley, dictamen)* to amend (**c**) *(comportamiento)* to mend (**d**) *(daño, perjuicio)* to redress; EXPR **enmendarle la plana a alguien** *(corregir)* to find fault with what sb has done; *(superar)* to go one better than sb
2 enmendarse *vpr* to mend one's ways
enmienda *nf* (**a**) *(acción)* **hacer propósito de e.** to promise to mend one's ways (**b**) *(en un texto)* correction (**c**) *(de ley, contrato)* amendment
enmiendo *etc ver* **enmendar**
enmohecer [46] **1** *vt* (**a**) *(con moho)* to turn mouldy (**b**) *(metal)* to rust
2 enmohecerse *vpr* (**a**) *(con moho)* to grow mouldy (**b**) *(metal)* to go rusty (**c**) *(conocimientos)* to get rusty
enmohecido, -a *adj* (**a**) *(con moho)* mouldy (**b**) *(metal)* rusty (**c**) *(conocimientos)* rusty; **tengo los músculos enmohecidos** my muscles aren't used to all this exercise
enmohecimiento *nm* (**a**) *(con moho)* mould (**b**) *(de metal)* rust (**c**) *(de la memoria)* rustiness
enmontarse *vpr Col, Ven (campo)* to turn into a wilderness
enmoquetado, -a 1 *adj* carpeted
2 *nm* carpeting
enmoquetar *vt* to carpet
enmudecer [46] **1** *vt* to silence
2 *vi (callarse)* to fall silent, to go quiet; *(perder el habla)* to be struck dumb
enmudecimiento *nm* silence
enmugrecer [46], *Am* **enmugrar 1** *vt (ensuciar)* to soil, to dirty
2 enmugrecerse, *Am* **enmugrarse** *vpr (ensuciarse)* to become soiled *o* dirty
ennegrecer [46] **1** *vt (poner negro)* to blacken
2 *vi* to darken
3 ennegrecerse *vpr (ponerse negro)* to become blackened; **el cielo se ennegreció de repente** the sky suddenly darkened *o* grew dark
ennegrecimiento *nm* (**a**) *(acción)* blackening, turning black (**b**) *Fig (oscurecimiento)* darkening
ennoblecer [46] *vt* (**a**) *Fig (dignificar)* **estas acciones lo ennoblecen** these actions do him credit (**b**) *(dar un título a)* to ennoble
ennoblecimiento *nm* ennobling, ennoblement
enojadizo, -a *adj* irritable, touchy
enojado, -a *adj (enfadado)* angry; *(molestado)* irritated, annoyed; **está enojada con sus padres** she's angry with her parents
enojar 1 *vt (enfadar)* to anger; *(molestar)* to annoy
2 enojarse *vpr (enfadarse)* to get angry (**con** with); *(molestarse)* to get annoyed (**con** with)
enojo *nm (enfado)* anger; *(molestia)* annoyance
enojoso, -a *adj (molesto)* annoying; *(delicado, espinoso)* awkward
enología *nf* oenology, study of wine
enólogo, -a *nm,f* oenologist, wine expert
enorgullecer [46] **1** *vt* to fill with pride
2 enorgullecerse *vpr* to be proud (**de** of); **me enorgullezco de pertenecer a esta familia** I am proud to be a member of this family
enorme *adj* (**a**) *(en tamaño)* enormous, huge (**b**) *(en gravedad)* monstrous
enormemente *adv* enormously, extremely
enormidad *nf* (**a**) *(de tamaño)* enormity, hugeness; **me gustó una e.** I liked it enormously (**b**) *(despropósito)* **¡lo que dijo/hizo fue una e.!** what she said/did was crazy!
enotecnia *nf* (art of) wine-making
enquistado, -a *adj Fig (odio, costumbre)* deep-rooted, deeply entrenched
enquistamiento *nm Med* encystment
enquistarse *vpr* (**a**) *Med* to develop into a cyst (**b**) *Fig (odio, costumbre)* to take root, to become entrenched; *(proceso)* to become bogged down
enraizado, -a *adj (costumbre, odio)* deep-rooted
enraizar [14] **1** *vi* (**a**) *(árbol)* to take root, to put down roots (**b**) *(persona)* to put down roots
2 enraizarse *vpr* (**a**) *(árbol)* to take root, to put down roots (**b**) *(persona)* to put down roots
enramada *nf* (**a**) *(espesura)* branches, canopy (**b**) *(cobertizo)* bower
enramar *vt (adornar)* to decorate with branches
enrarecer [46] **1** *vt* (**a**) *(contaminar)* to pollute (**b**) *(rarificar)* to rarefy (**c**) *(situación, ambiente)* to make strained *o* tense
2 enrarecerse *vpr* (**a**) *(contaminarse)* to become polluted (**b**) *(rarificarse)* to become rarefied (**c**) *(situación, ambiente)* to become strained *o* tense
enrarecido, -a *adj* (**a**) *(aire)* rarefied (**b**) *(situación, ambiente)* strained, tense
enrarecimiento *nm (rarefacción)* rarefying
enrarezco *etc ver* **enrarecer**
enredadera *nf* creeper
enredado, -a *adj* (**a**) *(madeja, pelo)* tangled (**b**) *(asunto)* complicated
enredador, -ora 1 *adj (travieso)* naughty, mischievous; *(chismoso)* gossiping
2 *nm,f (travieso)* mischief-maker; *(chismoso)* gossip
enredar 1 *vt* (**a**) *(madeja, pelo)* to tangle up (**b**) *(situación, asunto)* to complicate, to confuse
(**c**) *Fig (implicar)* **e. a alguien (en)** to embroil sb (in), to involve sb (in)
(**d**) *Fig (entretener)* to bother, to annoy
2 *vi Fam* to get up to mischief; **e. con algo** to fiddle with *o* mess about with sth
3 enredarse *vpr* (**a**) *(plantas)* to climb; *(madeja, pelo)* to get tangled up; **la cola de**

la cometa se enredó en unas ramas the tail of the kite got tangled in some branches (**b**) *(situación, asunto)* to become confused (**c**) *(meterse)* **enredarse en un asunto** to get mixed up *o* involved in something; **enredarse a hacer algo** to start doing sth (**d**) *Fam (sentimentalmente)* **enredarse con** to get involved *o* have an affair with

enredo *nm* (**a**) *(maraña)* tangle, knot (**b**) *(lío)* mess, complicated affair; **¡en menudo e. me he metido!** this is a fine mess I've got myself into!; *Cine & Teatro* **comedia de e.** farce (**c**) *(asunto ilícito)* shady affair (**d**) *(amoroso)* (love) affair (**e**) *Lit* plot

enredoso, -a *adj Chile, Méx* (**a**) *(intrigante)* troublemaking, mischievous (**b**) *(chismoso)* gossipy

enrejado *nm* (**a**) *(barrotes) (de balcón, verja)* railings; *(de jaula, celda, ventana)* bars (**b**) *(de cañas)* trellis

enrejar *vt (ventanas)* to bar

enrevesado, -a *adj* complex, complicated

enrielar *vt Chile, Méx (encarrilar)* to set *o* put on the right track

enriquecedor, -ora *adj* enriching

enriquecer [46] **1** *vt* (**a**) *(hacer rico)* to bring wealth to, to make rich (**b**) *(alimento)* to enrich (**c**) *(sustancia)* to enrich; **los viajes enriquecen la personalidad** travelling enriches one's character

2 enriquecerse *vpr* to get rich; **la región se ha enriquecido con el turismo** tourism has made the region rich

enriquecido, -a *adj* enriched

enriquecimiento *nm* enrichment

enriquezco *etc ver* **enriquecer**

enristrar *vt* (**a**) *(ajos, cebollas)* to string (**b**) *(lanza)* to couch

enrocar [59] **1** *vt & vi (en ajedrez)* to castle

2 enrocarse *vpr (en ajedrez)* to castle

enrojecer [46] **1** *vt* (**a**) *(volver rojo)* to redden, to turn red; *(rostro, mejillas)* to cause to blush (**b**) *(con fuego)* to make red-hot

2 *vi (por calor)* to flush; *(por turbación)* to blush; **enrojeció de vergüenza** he blushed with shame

3 enrojecerse *vpr* (**a**) *(por calor)* to flush; *(por turbación)* to blush (**b**) *(por fuego)* to turn red-hot

enrojecimiento *nm* (**a**) *(de la piel)* redness, red mark (**b**) *(de las mejillas)* blushing (**c**) *(de cielo, hierro)* reddening

enrojezco *etc ver* **enrojecer**

enrolar 1 *vt* to enlist

2 enrolarse *vpr (en la marina, el ejército)* to enlist (**en** in); **enrolarse en un barco** to join a ship's crew

enrollado, -a *adj* (**a**) *(en forma de rollo)* in a roll, rolled up (**b**) *Esp Fam (interesante, animado)* fun; **es un tío muy e.** he's a great guy, he's really great (**c**) *Fam (dedicado, entregado)* **están muy enrollados con el parapente** they're into paragliding in a big way (**d**) *Fam (en relaciones amorosas)* **está e. con una sueca** he's got a thing going with a Swedish woman; **están enrollados desde hace tres años** they've been an item for the last three years

enrollar 1 *vt* (**a**) *(arrollar)* to roll up (**b**) *muy Fam (gustar a)* **me enrolla mucho** I love it, I think it's great

2 enrollarse *vpr* (**a**) *Fam (al hablar, escribir)* to go on (and on); **no te enrolles y dime qué quieres** just get to the point and tell me what you want; EXPR **se enrolla como una persiana** *o* **de mala manera** he could talk the hind legs off a donkey; **me enrollé demasiado en la tercera pregunta** I spent too much time on the third question (**b**) *Fam (besarse, abrazarse)* to neck, *Br* to snog (**c**) *Fam (llevarse bien)* **se enrolla muy bien con los clientes** he gets on very well with the clients (**d**) *(arrollarse)* to be rolled up

enronquecer [46] **1** *vt* to make hoarse

2 enronquecerse *vpr* to become hoarse

enroque *nm (en ajedrez)* castling

enroscado, -a *adj (pelo)* curly

enroscadura *nf* (**a**) *(acción)* coiling (**b**) *(rosca)* coil

enroscar [59] **1** *vt* (**a**) *(tuerca)* to screw in; *(tapa)* to screw on (**b**) *(enrollar)* to roll up; *(cuerpo, cola)* to curl up

2 enroscarse *vpr (persona, animal)* to curl up; *(serpiente)* to coil up

enrueca *etc ver* **enrocar**

enrulado, -a *adj Chile, RP* curly

enrular *vt Chile, RP* to curl

ensabanarse *vpr Ven* to rise up, to rebel

ensaimada *nf* = cake made of sweet coiled pastry

ensalada *nf* (**a**) *(de lechuga)* salad; *Fig* **la película acaba con una e. de tiros** the movie ends in a blaze of gunfire ❑ ***e. de frutas*** fruit salad; ***e. mixta*** mixed salad; ***e. rusa*** Russian salad, = salad of boiled, diced potatoes and carrots or peas, in mayonnaise; ***e. verde*** green salad (**b**) *Fam Fig (lío)* mishmash (**c**) *Cuba (refresco)* = mint-flavoured citrus drink

ensaladera *nf* (**a**) *(fuente)* salad bowl (**b**) **e. de plata** *(en tenis)* silver plate

ensaladilla *nf* **e. (rusa)** Russian salad, = salad of boiled, diced potatoes and carrots or peas, in mayonnaise

ensalmo *nm* incantation, spell; **como por e.** as if by magic

ensalzador, -ora *adj* praising

ensalzamiento *nm* praise

ensalzar [14] *vt* (**a**) *(alabar)* to praise (**b**) *(enaltecer)* to exalt, to glorify

ensamblado, -a 1 *adj (mueble, piezas)* assembled

2 *nm* assembly

ensamblador, -ora 1 *nm,f (persona)* joiner

2 *nm Informát* assembler

ensambladura *nf*, **ensamblaje** *nm (acción)* assembly; *(unión)* joint

ensamblar *vt* (**a**) *(piezas)* to assemble; *(madera)* to join (**b**) *Informát* to assemble

ensamble = **ensambladura**

ensanchamiento *nm* (**a**) *(de orificio, calle)* widening (**b**) *(de ropa)* letting out

ensanchar 1 *vt* (**a**) *(orificio, calle)* to widen; *(ciudad)* to expand (**b**) *(ropa)* to let out

2 ensancharse *vpr* (**a**) *(orificio, calle)* to widen, to open out (**b**) *(ropa) (a lo largo)* to stretch; *(a lo ancho)* to become baggy

ensanche *nm* (**a**) *(de calle)* widening (**b**) *(en la ciudad)* new suburb

ensangrentado, -a *adj* bloodstained, covered in blood

ensangrentar [3] **1** *vt* to cover with blood

2 ensangrentarse *vpr* to become bloodstained

ensañamiento *nm* viciousness, savagery; **le golpearon con e.** he was viciously *o* savagely beaten

ensañarse *vpr* **e. con** to torment, to treat cruelly

ensartado, -a *adj (perlas)* strung; **trozos de carne ensartados en un pincho** pieces of meat threaded on a skewer

ensartar 1 *vt* (**a**) *(perlas)* to string; *(aguja)* to thread (**b**) *(atravesar) (torero)* to gore; *(puñal)* to plunge, to bury; **ensartó las verduras en pinchos** he threaded the vegetables on skewers (**c**) *(cosas inconexas)* to reel *o* rattle off; **e. mentiras** to tell one lie after another (**d**) *Am (engañar)* to rip off

2 ensartarse *vpr Am (ser engañado)* to be ripped off

ensayar 1 *vt* (**a**) *(experimentar)* to test (**b**) *(obra de teatro)* to rehearse (**c**) *(metales preciosos)* to assay

2 *vi* (**a**) *(en teatro)* to rehearse (**b**) *(en rugby)* to convert a try

ensayista *nmf* essayist

ensayo *nm* (**a**) *(en teatro)* rehearsal ❑ ***e. general*** dress rehearsal (**b**) *(prueba)* test; **le salió al primer e.** he got it at the first attempt (**c**) *(escrito)* essay (**d**) *(en rugby)* try

enseguida *adv* *(inmediatamente)* immediately, at once; *(pronto)* very soon; **llegará e.** he'll be here any minute now; **vino a las seis, pero se fue e.** he came at six, but he left soon after; **e. lo atiendo** I'll be with you in a minute *o* directly; **cruza el puente y e. verás la casa a la derecha** cross the bridge and you'll see the house on your right

ensenada *nf* (**a**) *(en costa)* cove, inlet (**b**) *Arg (portero)* paddock

enseña *nf* ensign

enseñado, -a *adj* (**a**) *(educado)* educated (**b**) *(perro)* housebroken

enseñante *nmf* teacher

enseñanza *nf (educación)* education; *(instrucción)* teaching; **enseñanzas** *(de filósofo, profeta)* teachings; **la e. de idiomas debe fomentarse** language teaching should be promoted; **de cualquier error puede extraerse una e.** there's a lesson to be learned from every mistake you make ❑ ***e. a distancia*** distance education; ***e. estatal*** state education; ***e. media*** secondary education; ***e. personalizada*** personal *o* individual tutoring; ***e. primaria*** primary education; ***e. privada*** private (sector) education; ***e. pública*** state education; ***e. superior*** higher education; ***e. universitaria*** university education

enseñar *vt* (**a**) *(instruir, aleccionar)* to teach; **está enseñando a su hijo a** *Esp* **conducir** *o Am* **manejar** she's teaching her son to drive; **mi padre me enseñó a hacerlo** my father taught me how to do it; **la derrota les enseñó a ser más humildes** the defeat taught them some humility (**b**) *(mostrar)* to show; **enséñame tu vestido nuevo** show me your new dress; **va enseñando los hombros provocativamente** her shoulders are provocatively uncovered

enseñorearse *vpr* to take possession (**de** of)

enseres *nmpl* (**a**) *(efectos personales)* belongings (**b**) *(muebles, accesorios)* furnishings ❑ ***e. domésticos*** household goods; ***e. de pescar*** fishing tackle

enseriarse *vpr Carib, Perú* to become serious

ensillado, -a *adj (caballo)* saddled

ensillar *vt (caballo)* to saddle up

ensimismado, -a *adj (enfrascado)* absorbed; *(pensativo)* lost in thought

ensimismamiento *nm* self-absorption

ensimismarse *vpr (enfrascarse)* to become absorbed; *(abstraerse)* to lose oneself in thought

ensoberbecer [46] **1** *vt* to fill with pride
2 ensoberbecerse *vpr* to become puffed up with pride

ensombrecer [46] **1** *vt también Fig* to cast a shadow over
2 ensombrecerse *vpr* (**a**) *(oscurecerse)* to darken (**b**) *Fig (entristecerse)* to become sad *o* gloomy

ensoñación *nf* daydream; **ni por e.** not even in one's wildest dreams

ensoñador, -ora 1 *adj* dreamy
2 *nm,f* dreamer

ensopar *vt Am* to soak

ensordecedor, -ora *adj* deafening

ensordecer [46] **1** *vt* (**a**) *(causar sordera a)* to cause to go deaf (**b**) *(sujeto: sonido)* to deafen (**c**) *(amortiguar)* to muffle, to deaden
2 *vi* to go deaf

ensordecimiento *nm* deafness

ensordezco *etc ver* **ensordecer**

ensortijado, -a *adj (pelo)* in ringlets

ensortijamiento *nm* (**a**) *(acción)* curling (**b**) *(rizos)* curls

ensortijar *vt* to curl

ensuciar 1 *vt* (**a**) to (make) dirty (**b**) *(desprestigiar)* to sully, to tarnish; **e. el nombre de alguien** to sully sb's name *o* reputation
2 *vi Fam (defecar, orinar)* to make a mess
3 ensuciarse *vpr* (**a**) *(mancharse)* to get dirty; **la alfombra se ha ensuciado de pintura** the carpet has got paint on it; **se ensució las manos de** *o* **con grasa** he got his hands covered in grease (**b**) *Fam (evacuarse)* to make a mess

ensueño *nm también Fig* dream; **de e.** dream, ideal; **tienen una casa de e.** they have a dream house

entablado *nm (armazón)* wooden platform; *(suelo)* floorboards

entablamento *nm* entablature

entablar *vt* (**a**) *(suelo)* to put down floorboards on (**b**) *(iniciar) (conversación, amistad)* to strike up; *(negocio)* to start up; **entablaron una acalorada discusión** they fell into a heated argument (**c**) *(entablillar)* to put in a splint (**d**) *(en juegos de tablero)* to set up (**e**) *Am (empatar)* to tie, to draw

entablillar *vt* to put in a splint

entalegar [38] *vt* (**a**) *(meter en talegos)* to put into sacks (**b**) *(dinero)* to hoard (**c**) *Esp muy Fam (encarcelar)* to put away, *Br* to bang up

entallado, -a *adj (vestido, chaqueta)* tailored

entalpía *nf Quím* enthalpy

entapar *vt Chile* to bind

entarimado *nm* (**a**) *(plataforma)* wooden platform (**b**) *(suelo)* floorboards

entarimar *vt (suelo)* to put down floorboards on

ente *nm* (**a**) *(ser)* being ❑ ***e. de ficción*** fictional character; ***e. de razón*** imaginary being (**b**) *(corporación)* body, organization; **e. público** *(institución)* = state-owned body *o* institution; *(televisión)* = Spanish state broadcasting company (**c**) *Fam (personaje)* odd bod

entechar *vt Chile* to roof

entelequia *nf (fantasía)* pipe dream

entelerido, -a *adj CAm, Ven (flaco)* weak, sickly

entendederas *nfpl Fam* EXPR **ser corto de e., tener malas e.** to be a bit dim; **tener buenas e.** to be bright

entendedor *nm* PROV **al buen e. le sobran las palabras** *o* **pocas palabras bastan** a word to the wise is sufficient

ENTENDER [64] **1** *vt* (**a**) *(comprender)* to understand; **ahora entiendo lo que quieres decir** now I understand *o* know what you mean; **entiendo perfectamente tu reacción** I completely understand your reaction; **no te entiendo, habla más despacio** I don't understand you, could you speak more slowly?; **no entiendo el chiste** I don't get the joke; **no entiendo los aparatos modernos** I don't understand modern technology; **no entendí nada de lo que dijo** I didn't understand a word of what he said; **no entiendo nada, ¿no deberían haber llegado ya?** I just can't understand it, surely they were supposed to have arrived by now; EXPR *Fam* **no entiendo ni jota** *o RP* **un pito** I can't understand a word (of it); **no entiendo la letra de mi doctor** I can't read my doctor's handwriting; **e. mal algo** to misunderstand sth; **no entiendo cómo puede gustarte Arturo** I don't know what you see in Arturo; **no hay quien entienda a tu novio** no one knows what to make of your boyfriend; **¡no hay quien te entienda!** you're impossible!; **sabe e. a las personas mayores** she understands older people; **¿tú qué entiendes por "amistad"?** what do you understand by "friendship"?; **dio a e. que no le interesaba** she implied (that) she wasn't interested; **nos dio a e. que no estaba de acuerdo** she gave us to understand that she disagreed; **¿debo e. que no estás de acuerdo?** am I to understand that you disagree?; **se hizo e. a base de signos** he made himself understood by using sign language; **¿cómo le puedo hacer e. que eso no se hace?** how can I make her understand *o* get it through to her that that sort of behaviour is out?; **si lo vuelves a hacer te castigaré, ¿entendido?** if you do it again, you'll be punished, is that clear *o* understood?; **hasta que no llegue no podemos empezar, ¿entiendes?** we can't start until she gets here, all right?; **¿entiendes?, si no se lo decimos se va a enfadar** look, if we don't tell him, he's going to get angry; **podríamos hacernos los despistados, ya me entiendes** we could make out we didn't really realize what was going on, you know what I mean
(**b**) *(juzgar, opinar)* to think; **yo no lo entiendo así** I don't see it that way; **entiendo que sería mejor no decir nada** I think it would be better not to say anything; **entendemos que deberías disculparte** we feel you ought to apologize
2 *vi* (**a**) *(saber)* **e. de algo** to know about sth; **e. poco/algo de** to know very little/ a little about; **entiende un montón de jardinería** she knows loads about gardening; **no entiendo nada de informática** I don't know anything about computing
(**b**) *(ocuparse)* **e. de** *o* **en** *(en general)* to deal with; *(sujeto: juez)* to be in charge of; **el magistrado que entiende de casos de terrorismo** the magistrate responsible for *o* in charge of cases involving terrorism
(**c**) *Fam (ser homosexual)* to be one of them; **dicen que tu vecino entiende** they say your neighbour's one of them
3 entenderse *vpr* (**a**) *(comprenderse) (uno mismo)* to know what one means; *(dos personas)* to understand each other; **yo ya me entiendo** I know what I'm doing; **el ilion, para entendernos, un hueso de la pelvis** the ilium, in other words *o* that is, one of the bones of the pelvis; **se entienden en inglés** they communicate with each other in English; **los sordomudos se entienden por señas** deaf-mutes communicate (with each other) using sign language
(**b**) *(uso reflexivo)* **¿cómo se entiende, si no, su actitud?** how else is her attitude to be understood?
(**c**) *(llevarse bien)* to get on; *(amorosamente)* to have an affair (**con** with); **me entiendo**

muy bien con mis compañeros de trabajo I get on very well with my workmates
(**d**) *(ponerse de acuerdo)* to reach an agreement; **te vas a tener que e. con los organizadores** you're going to have to come to *o* reach an agreement with the organizers
(**e**) *Fam (apañarse)* **allá te las entiendas tú con la lavadora** the washing machine's your problem
4 *nm* **a mi e....** the way I see it...

entendido, -a 1 *adj* (**a**) *(comprendido)* understood; **¿e.?** (is that) understood?; **¡e.!** all right!, okay!; **que quede bien e. que...** I want it clearly understood that...; **según tengo e., es una película de terror** from what I gather, it's a horror film (**b**) *(versado)* expert; **un político e. en relaciones internacionales** a politician well-versed in international relations
2 *nm,f* expert (**en** on)

entendimiento *nm* (**a**) *(comprensión)* understanding; **han llegado a un e.** they've reached an understanding (**b**) *(juicio)* judgement; *(inteligencia)* mind, intellect

entente *nf* (**a**) *Pol* ***e. cordial*** entente cordiale (**b**) *Com* agreement

enteradillo, -a *nm,f Fam Irónico* know-all

enterado, -a 1 *adj* (**a**) *(informado)* well-informed (**en** about); **estar e. de algo** to be aware of sth; **ya me doy por e.** I'm already aware of it; **no darse por e.** to turn a deaf ear (**b**) *Chile (engreído)* conceited
2 *nm,f Fam Irónico* know-all; **va de e. por la vida** he acts as if he knows everything

enteramente *adv* completely, entirely

enterar 1 *vt* (**a**) *(informar)* **e. a alguien de algo** to inform sb about sth
(**b**) *CAm, Col, Méx (pagar)* to pay
(**c**) *Chile (completar)* to make up
2 enterarse *vpr* (**a**) *(descubrir, saber)* to find out (**de** about); **¿te has enterado de la noticia?** have you heard the news?; **¿te has enterado del accidente de Ana?** did you hear about Ana's accident?; **no lo sabía, ahora me entero** I didn't know, this is the first I've heard of it; **¡entérate de una vez! ¡yo no soy tu criado!** get this straight, I'm not your servant!
(**b**) *Fam (comprender)* to get it, to understand; **no me enteré de lo que dijo en clase** I didn't understand what she said in the class; *Fam* **no te enteras de nada** you don't understand, do you?
(**c**) *(darse cuenta)* **enterarse (de algo)** to realize (sth); **sus padres no se enteraron de nada** his parents never knew a thing about it
(**d**) EXPR **¡para que te enteres!** I'll have you know!, as a matter of fact!; **¡te vas a e.!** you'll know all about it!, you'll catch it!; **¡se va a e. de quién soy yo!** he's going to find out what sort of stuff I'm made of!; *Fam* **¡te vas a e. de lo que vale un peine!** I'll show you what's what!

entereza *nf* (**a**) *(serenidad)* composure, self-possession; **aceptó su muerte con e.** he accepted his death with great dignity (**b**) *(honradez)* integrity (**c**) *(firmeza)* firmness

enteritis *nf inv* enteritis

enternecedor, -ora *adj* touching, moving

enternecer [46] **1** *vt* to move, to touch
2 enternecerse *vpr* to be moved

enternecimiento *nm* **el desamparo de los refugiados consiguió su e.** he softened when he saw how helpless the refugees were

entero, -a 1 *adj* (**a**) *(completo)* whole; **vi la película entera** I watched the whole film; **por e.** entirely, completely (**b**) *(sin desperfecto)* in one piece; **este cristal está e.** this pane hasn't been broken (**c**) *(robusto)* robust (**d**) *(sereno)* composed; **se mostró muy e. en el juicio** he was very composed at the trial (**e**) *(honrado)* upright, honest (**f**) *Mat (número)* whole (**g**) *Guat, Perú Fam (idéntico)* identical
2 *nm* (**a**) *Fin (en la bolsa)* point (**b**) *Mat* integer, whole number

enterrador, -ora *nm,f* gravedigger

enterramiento *nm (acción, ceremonia)* burial; *(lugar)* burial site

enterrar [3] **1** *vt* (**a**) *(cadáver)* to bury (**b**) *(tesoro)* to bury; EXPR **e. el hacha de guerra** to bury the hatchet (**c**) *(clavar)* to sink *o* drive in (**d**) *(olvidar)* to forget about (**e**) *(sobrevivir)* **enterró a todos sus hermanos** he survived all his brothers
2 enterrarse *vpr Fig* **enterrarse en vida** to hide oneself away

entibar *vt Min (apuntalar)* to shore

entibiar 1 *vt* (**a**) *(enfriar)* to cool (**b**) *(templar)* to warm
2 entibiarse *vpr* to cool; *Fig* **sus relaciones se entibiaron** *(de pareja)* their relationship lost its passion; *(diplomáticas, de amistad)* relations between them became more distant

entidad *nf* (**a**) *(corporación)* body; *(empresa)* firm, company ❑ ***e. bancaria*** bank; ***e. de crédito*** lending institution (**b**) *(en filosofía)* entity (**c**) *(importancia)* importance; **de e.** of importance

entiendo *etc ver* **entender**

entierro 1 *ver* **enterrar**
2 *nm (acción)* burial; *(ceremonia)* funeral; **el e. recorrió el centro de la ciudad** the funeral procession passed through the city centre ❑ ***el e. de la sardina*** the burial of the sardine, = mock burial of a sardine on Ash Wednesday, to mark the beginning of Lent

entintar *vt* (**a**) *Imprenta* to ink (**b**) *Fig (teñir)* to dye, to tint

entlo. *(abrev de* **entresuelo***)* mezzanine

entoldado *nm (toldo)* awning; *(para fiestas, bailes)* marquee

entoldar *vt* to cover with an awning

entomología *nf* entomology

entomológico, -a *adj* entomological

entomólogo, -a *nm,f* entomologist

entonación *nf* intonation

entonado, -a *adj* (**a**) *(en buena forma)* **estar e.** to be in good shape (**b**) *Fam (bebido)* merry; **después de dos cervezas ya se pone e.** after a couple of beers he's well away

entonar 1 *vt* (**a**) *(cantar)* to sing; *(plegaria)* to sing, to sound (**b**) *(tonificar)* to pick up; **esta sopa te entonará** this soup will do you the world of good
2 *vi* (**a**) *(al cantar)* to sing in tune (**b**) *(armonizar)* **e. (con algo)** to match (sth)
3 entonarse *vpr* to become tipsy *o* merry; **se entonó con una copa de oporto** he took a glass of port as a pick-me-up

ENTONCES *adv* (**a**) *(en el tiempo)* then; **e. abrí la puerta y salí corriendo** then I opened the door and ran out; **si no te gusta, e. no vayas** if you don't like it, then don't go; **e., ¿vienes o no?** are you coming or not, then?; **el e. primer ministro** the then prime minister; **los periódicos de e.** the newspapers at that time *o* in those days; **desde e.** since then; **en** *o* **por aquel e.** at that time; **hasta e.** until then; **esperan que para e. las obras estén finalizadas** they hope the roadworks will be finished by then
(**b**) *(introduciendo conclusión)* then; **e. ella es la culpable** so she's to blame, then; **si no ha llegado, e. tiene que estar en la oficina** if he hasn't arrived yet, then he must still be at the office

entontecer [46] *vt* **e. a alguien** to dull sb's brain

entorchado *nm* (**a**) *(bordado)* silk braided with gold or silver (**b**) *Dep* title

entornado, -a *adj (puerta, ventana)* ajar

entornar *vt* to half-close

entorno *nm* (**a**) *(ambiente)* environment, surroundings; **el e. familiar** the home environment (**b**) *Informát* environment

entorpecedor, -ora *adj* numbing, dulling

entorpecer [46] *vt* (**a**) *(debilitar) (movimientos)* to hinder; *(miembros)* to numb; *(mente)* to cloud (**b**) *(dificultar)* to obstruct, to hinder; *(tráfico)* to hold up, to slow down

entorpecimiento *nm* (**a**) *(debilitamiento) (físico)* numbness; *(mental)* haziness (**b**) *(dificultad)* hindrance; **el accidente provocó un e. del tráfico** the accident caused a hold-up in traffic

ENTRADA *nf* (**a**) *(acción)* entry; *(llegada)* arrival; **prohibida la e.** *(en letrero)* no entry; **hizo una e. espectacular** she made a spectacular entrance; **la e. del equipo en el campo fue recibida con aplausos** applause broke out when the team came out on to the pitch; **su e. en escena fue triunfal** he made a triumphant entrance; **la e. de nuevos países a la organización** the entry of new countries into the organization; **están en contra de su e. en la organización** they're opposed to him joining the organization; **celebraron su e. a** *o* **en la sociedad** they celebrated her admission into the society;

hoy se cumple un año de la e. en vigor de la ley it is a year today since the act came into force; **se ha aplazado la e. en funcionamiento de la nueva línea férrea** the opening of the new railway line has been postponed; **dar e. a** to let in, to admit
(**b**) *(lugar)* entrance; *(puerta)* doorway; *(recibidor)* entrance hall; *Min* adit; **e.** *(en letrero)* entrance, way in; **te espero a la e. del cine** I'll meet you outside the cinema ❑ ***e. principal*** main entrance; ***e. de servicio*** tradesman's entrance
(**c**) *Tec* inlet, intake ❑ ***e. de aire*** air intake
(**d**) *(en espectáculos) (billete)* ticket; *(recaudación)* receipts, takings; **sacar una e.** to buy a ticket; **los mayores de 65 años no pagan e.** people over the age of 65 don't have to pay to get in; **no hay entradas** *(en letrero)* sold out; **e. libre** *o* **gratuita** *(en letrero)* admission free
(**e**) *(público)* audience; *(en estadio)* attendance; **el campo registró menos de media e.** the stadium was less than half full
(**f**) *(pago inicial)* down payment, deposit; **dimos una e. de dos millones** we paid a deposit of two million
(**g**) *(en contabilidad)* income
(**h**) *(plato)* starter
(**i**) *(en la frente)* **tener entradas** to have a receding hairline
(**j**) *(en un diccionario)* entry
(**k**) *(principio)* beginning, start; **la e. del año** the beginning of the year; **de e. lo reconocí** I recognized him right from the start; **de e. no me gustó, pero…** at first I didn't like it, but…; **de e. me insultó y luego me explicó sus motivos** first she insulted me, then she explained why; **me di cuenta de e. de que algo andaba mal** I realized from the start *o* from the word go that something was wrong
(**l**) *(en fútbol)* tackle; **e. dura** *o* **violenta** heavy challenge; **e. en plancha** sliding tackle
(**m**) *(en béisbol)* inning
(**n**) *Informát* input ❑ ***e. de datos*** data entry, data input; ***e.-salida*** input-output, I/O
(**o**) *Mús* **la e. de los violines es espectacular** violins come in very dramatically
(**p**) *Cuba, Méx (paliza)* beating

entrado, -a *adj* **e. el otoño** once we're into autumn; **entrada la noche** once night has set in; **e. en años** elderly; **e. en carnes** portly, rather large

entrador, -ora *adj* (**a**) *Méx, Perú, Ven (animoso)* spirited, energetic (**b**) *CRica, RP (agradable)* likeable, charming (**c**) *Chile, Perú (entrometido)* meddling, meddlesome

entramado *nm* framework

entramar *vt* to make the framework of

entrambos, -as *adj Formal* both

entrampado, -a *adj Fam (endeudado)* **estar e.** to be up to one's neck in debt

entrampar 1 *vt* (**a**) *(animal)* to trap, to snare (**b**) *(engañar)* to deceive, to trick (**c**) *Fam (enredar)* to make a mess of (**d**) *Fam (gravar con deudas)* to burden with debts
2 entramparse *vpr Fam (endeudarse)* to get into debt

entrante 1 *adj* (**a**) *(año, mes)* coming (**b**) *(presidente, gobierno)* incoming
2 *nm* (**a**) *(plato)* starter (**b**) *(hueco)* recess (**c**) *(en tierra, mar)* inlet

entrañable *adj* *(amigo)* very dear; *(reunión)* intimate; **es un anciano e.** he's a dear *o* lovely old man

entrañar *vt* to involve

entrañas *nfpl* (**a**) *(vísceras)* entrails, insides; EXPR **arrancarle a alguien las e.** to break sb's heart; EXPR *Fam* **echar las e.** to puke up, to throw up; EXPR **no tener e.** to be heartless (**b**) *(centro, esencia)* heart; **las e. de la Tierra** the bowels of the earth

ENTRAR 1 *vi* (**a**) *(introducirse) (viniendo)* to enter, to come in; *(yendo)* to enter, to go in; **déjame e.** let me in; **e. en algo** to enter sth, to come/go into sth; **entré por la ventana** I got in through the window; **no tiene edad para e. en discotecas** she's not old enough to go to discos; **entró a toda velocidad** he rushed in; **entra al campo Rubio en sustitución de un compañero** Rubio is coming on for his teammate
(**b**) *(penetrar)* to go in; **cierra la puerta, entra mucho viento** close the door, you're letting the wind in; **este disquete no entra en la disquetera** this disk won't go into the disk drive
(**c**) *(caber)* to fit (**en** in); **esta llave no entra en la cerradura** this key won't fit in the lock; **en esta habitación entran dos alfombras** there's room for two rugs in this room; **este anillo no me entra** I can't get this ring on my finger; **el pie no me entra en el zapato** I can't get this shoe on
(**d**) *(incorporarse)* **e. (en algo)** *(colegio, empresa)* to start (at sth); *(club, partido político)* to join (sth); **entró a trabajar de ayudante** he started off as an assistant
(**e**) *(empezar)* **e. a hacer algo** to start doing sth; **entramos a las nueve** we start at nine o'clock; **entró a trabajar hace un mes** she started work a month ago
(**f**) *(participar)* to join in; **e. en** *(discusión, polémica)* to join in; *(negocio)* to get in on; **no entremos en cuestiones morales** let's not get involved in moral issues; **no tuvo tiempo de e. en juego** she didn't have time to get into the game; **yo ahí ni entro ni salgo** it has nothing to do with me
(**g**) *(estar incluido)* **e. en, e. dentro de** to be included in; **la cena entra en el precio** dinner is included in the price; **¿cuántos entran en un kilo?** how many do you get to the kilo?
(**h**) *(figurar)* **entro en el grupo de los disconformes** I number among the dissidents; **este retraso no entraba en nuestros planes** this delay did not form part of our plans
(**i**) *(estado físico, de ánimo)* **le entraron ganas de hablar** he suddenly felt like talking; **me entran ganas de ponerme a cantar** I've got an urge to start singing; **me está entrando frío/sueño** I'm getting cold/sleepy; **me entró mucha pena** I was filled with pity; **entró en calor rápidamente** she soon warmed up *o* got warm; **me entran sudores sólo de pensarlo** it makes me break out in a cold sweat just thinking about it; **me entró la risa** I got the giggles
(**j**) *(período de tiempo)* to start; **el verano entra el 21 de junio** summer starts on 21 June; **e. en** *(edad, vejez)* to reach; *(año nuevo)* to start; **entramos en una nueva era de cooperación** we are entering a new era of cooperation
(**k**) *(concepto, asignatura)* **no le entra la geometría** he can't get the hang of geometry; **no le entra en la cabeza que eso no se hace** he can't seem to get it into his head that that sort of behaviour is out
(**l**) *Aut* to engage; **no entra la tercera** it won't go into third gear
(**m**) *Mús* to come in
(**n**) *Taurom* to charge
(**o**) *Fam (comida, bebida)* to go down; **¡qué bien entra este vino!** this wine goes down a treat!
2 *vt* (**a**) *(introducir)* to bring in; **¿por dónde entraremos el piano?** where are we going to get the piano in?; **entra la ropa antes de que se moje** take *o* bring the washing in before it gets wet
(**b**) *(acometer)* to approach, to deal with; **a ése no hay por donde entrarle** there's no way of getting through to him
(**c**) *(en fútbol)* to tackle; **entró al contrario con violencia** he made a heavy challenge on his opponent

ENTRE *prep* (**a**) *(en medio de dos)* between; **está e. mi casa y la suya** it's between my house and hers, it's on the way from my house to hers; **e. paréntesis** in brackets; **poner algo e. paréntesis** to put sth in brackets, to bracket sth; **e. las diez y las once** between ten and eleven o'clock; **e. 1939 y 1945** between 1939 and 1945, from 1939 to 1945; **no abre e. semana** it doesn't open during the week; **era un color e. verde y azul** the colour was somewhere between green and blue; **su estado de ánimo estaba e. la alegría y la emoción** his state of mind was somewhere between *o* was a mixture of joy and excitement; **se encuentra e. la vida y la muerte** she is fighting for her life; **un artista e. la genialidad y la locura** an artist somewhere between a genius and a madman; **no hay punto de comparación e. la ciudad y el campo** there's no comparison between the city and the countryside; **dudo e. ir o quedarme** I don't know *o* can't decide whether to go or to stay; **e. una(s) cosa(s) y otra(s)…** what with one thing and another…; **e. nosotros** *(en confianza)* between you and me, between ourselves; **que quede esto e. tú y yo** this is between you and me
(**b**) *(en medio de muchos)* among, amongst; **e. los celtas se solía…** the Celts used to…; **e. los médicos se considera que…** most doctors believe that…;

estaba e. los asistentes she was among those present; **lo hicieron e. tres amigos** the three friends did it between them; **e. todos estoy seguro de que lo conseguiremos** I'm sure we'll manage to do it between us; **es el favorito e. los expertos** the experts have him as the favourite; **estuvo e. los mejores** he was one of *o* amongst the best; **no temas, estás e. amigos** don't be afraid, you're amongst friends; **desapareció e. la multitud** she disappeared into the crowd; **apareció de e. el humo** it emerged from the smoke; **e. hombres y mujeres somos más de cien** there are over a hundred of us, men and women together; **me regaló, e. otras cosas, una botella de whisky** she gave me several things, including a bottle of whisky; **lo encontré e. mis papeles** I found it amongst my papers; **e. sí** amongst themselves; **discutían e. sí** they were arguing with each other

(**c**) *(en divisiones)* **divide veinte e. cuatro** divide twenty by four; **ocho e. dos cuatro** eight divided by two is four

(**d**) **entre que** *loc conj Fam (mientras)* **e. que se levanta y se arregla, se le va media mañana** it takes her half the morning just to get up and get ready

(**e**) **entre tanto** *loc adv (mientras tanto)* meanwhile

---

entreabierto, -a 1 *participio ver* **entreabrir**

2 *adj (puerta, ventana, boca)* half-open; **dejó la puerta entreabierta** he left the door half-open *o* ajar

entreabrir *vt* to half-open

entreacto *nm* interval

entrecano, -a *adj (cabello, persona) Br* greying, *US* graying

entrecejo *nm* = space between the eyebrows; **fruncir el e.** to frown

entrecerrado, -a *adj (puerta, ventana)* half-shut

entrecerrar [3] *vt* to half-close

entrechocar [59] **1** *vt (espadas)* to clash; *(vasos)* to clink

2 *vi (dientes)* to chatter

2 entrechocarse *vpr (dientes)* to chatter

entrecomillado, -a 1 *adj* in quotation marks

2 *nm* text in quotation marks

entrecomillar *vt* to put in quotation marks

entrecoro *nm* chancel

entrecortadamente *adv (hablar)* falteringly; *(respirar)* with difficulty

entrecortado, -a *adj (voz, habla)* faltering; *(respiración)* laboured; *(señal, sonido)* intermittent

entrecortar *vt* **1** (**a**) *(cortar)* to cut into, to cut partially (**b**) *(interrumpir)* to interrupt, to cut off

2 entrecortarse *vpr (voz)* to falter

entrecot(e) *nm* entrecôte

entrecruzado, -a *adj* interwoven, intertwined

entrecruzar [14] **1** *vt (entrelazar)* to interweave; *(miradas)* to meet; *(dedos)* to link together

2 entrecruzarse *vpr* to interweave; **sus destinos se entrecruzaban** their destinies were intertwined

entrecubiertas *nfpl Náut* betweendecks

entredicho *nm* (**a**) *(duda)* **estar en e.** to be in doubt; **poner en e.** to question, to call into question (**b**) *Rel* interdict

entredoble *adj (tejido)* of medium thickness

entredós (*pl* **entredoses**) *nm* (**a**) *(en costura)* insert, panel (**b**) *(armario)* dresser

entreforro *nm* interlining

entrega *nf* (**a**) *(acto de entregar)* handing over; *(de pedido, paquete)* delivery; *(de premios)* presentation; **el acto de e. de los Premios Nobel** the Nobel Prize award ceremony; **hacer e. de algo a alguien** to hand sth over to sb; **pagadero a la e.** payable on delivery ❑ ***e. a domicilio*** home delivery (**b**) *(dedicación)* devotion (**a** to) (**c**) *(fascículo)* instalment; **por entregas** in instalments; **publicar por entregas** to serialize (**d**) *Dep* pass

---

ENTREGAR [38] **1** *vt* (**a**) *(dar)* to hand over; **me entregaron un libro para que se lo diera a mi hermano** they gave me a book for my brother; **le entregaron las llaves de la ciudad** they handed over the keys to the city to him; **el presidente entregó los premios a los ganadores** the president handed out *o* presented the prizes to the winners

(**b**) *(pedido, paquete)* to deliver; *(examen, informe)* to hand in

(**c**) *(ciudad, posesiones)* to surrender; **con cinco goles en contra, entregaron el partido** once they were five goals down, they completely surrendered

(**d**) *(dedicar)* to devote; **ha entregado su vida a la lucha por el desarme** she has devoted her life to fighting for disarmament

(**e**) *(persona)* to turn over; **entregó al ladrón a la policía** she turned the thief over to the police; **no entregarán a los rehenes hasta que no reciban el rescate** they won't turn over *o* release the hostages until they receive the ransom

2 entregarse *vpr* (**a**) *(rendirse) (soldado, ejército)* to surrender; *(criminal)* to turn oneself in; **se entregó a la policía** he gave himself up to the police

(**b**) **entregarse a** *(persona, trabajo)* to devote oneself to; *(vicio, pasión)* to give oneself over to; **se entrega por completo a su trabajo** she is totally devoted to her work

---

entreguerras: de entreguerras *loc adj* **período/literatura de e.** time/literature between the wars

entrejuntar *vt (en carpintería)* to assemble, to joint

entrelazamiento *nm Informát* interleaving

entrelazar [14] *vt* to interlace, to interlink; **entrelazaron sus manos** they joined hands

entrelínea *nf* space between two lines

entremedias, entremedio *adv* in between

entremés (*pl* **entremeses**) *nm* (**a**) *(plato frío)* **entremeses** hors d'œuvres (**b**) *(pieza teatral)* = short, amusing one-act play

entremeter 1 *vt* to insert, to put in

2 entremeterse *vpr (inmiscuirse)* to meddle (**en** in)

entremetido, -a 1 *adj* meddling

2 *nm,f* meddler

entremezclar 1 *vt* to mix up

2 entremezclarse *vpr* to mix

entrenador, -ora *nm,f (preparador)* coach; *(seleccionador)* manager

entrenamiento *nm* training

entrenar 1 *vt & vi* to train

2 entrenarse *vpr* to train (**para** for)

entrene, entreno *nm Dep* training

entreoír [44] *vt* to half-hear

entrepaño *nm* (**a**) *Arquit* bay (**b**) *(en carpintería)* shelf

entrepierna *nf* (**a**) *(zona)* crotch; EXPR *muy Fam* **pasarse algo por la e.** to piss on sth from a great height (**b**) *Chile (traje de baño)* bathing *o* swimming trunks

entrepiso *nm Arquit* mezzanine

entreplanta *nf* mezzanine

entresacar [59] *vt* to pick out

entresijos *nmpl* ins and outs; *Fig* **tener muchos e.** *(dificultades)* to be very complicated; *(persona)* to be a dark horse

entresuelo *nm* (**a**) *(en edificio)* mezzanine (**b**) *(en cine)* balcony; *(en teatro)* dress circle

entretanto 1 *adv* meanwhile

2 *nm* **en el e.** in the meantime

entretecho *nm Chile, Col* loft, attic

entretejer *vt* (**a**) *(hilos)* to interweave (**b**) *(enlazar)* to interlace (**c**) *(incluir)* to insert, to put in; **e. citas con el texto** to insert quotations throughout the text

entretela *nf* (**a**) *(de ropa)* inner lining (**b**) *Fig* **entretelas** innermost heart

entretención *nf Am* entertainment

entretener [65] **1** *vt* (**a**) *(despistar)* to distract

(**b**) *(retrasar)* to hold up, to keep; **no te entretengo más** I won't keep you any longer

(**c**) *(divertir)* to entertain; **el libro lo entretuvo toda la mañana** the book kept him amused all morning

(**d**) *(mantener)* to keep alive, to sustain

2 entretenerse *vpr* (**a**) *(despistarse)* to get distracted

(**b**) *(retrasarse)* to be held up; **me entretuve en hablar con ella y perdí el tren** I got held up talking to her and I missed the train

(**c**) *(divertirse)* to amuse oneself; **se entretiene con cualquier cosa** he can keep himself amused with almost anything

entretenida *nf Anticuado (amante)* mistress

entretenido, -a *adj* entertaining, enjoyable

entretenimiento *nm* (**a**) *(acción)* entertainment (**b**) *(pasatiempo)* pastime; **coleccionar sellos le sirve de e.** stamp collecting keeps him amused (**c**) *(conservación, mantenimiento)* maintenance, upkeep

entretiempo: de entretiempo *loc adj* **ropa de e.** mild-weather clothes

entretuviera *etc ver* **entretener**

entrever [70] **1** *vt* (**a**) *(vislumbrar)* to barely make out; *(por un instante)* to glimpse (**b**) *Fig (adivinar)* to see signs of

2 entreverse *vpr* to be barely visible; *Fig* **no se entrevé una solución** there's no sign of a solution

entreverado 1 *adj* **tocino e.** streaky bacon

2 *nm Ven* = roast lamb with salt and vinegar

entreverar *RP* **1** *vt* to mix

2 entreverarse *vpr* to get tangled

entrevero *nm RP* (**a**) *(lío)* tangle, mess (**b**) *(pelea)* brawl

entreviera *etc ver* **entrever**

entrevía *nf* gauge

entrevista *nf* (**a**) *(de periodista, de trabajo)* interview ❑ ***e. de trabajo*** job interview (**b**) *(cita)* meeting

entrevistado, -a *nm,f* interviewee; **uno de cada tres entrevistados...** *(en encuesta)* one in three people interviewed...

entrevistador, -ora *nm,f* interviewer

entrevistar 1 *vt* to interview

2 entrevistarse *vpr* to have a meeting (**con** with)

entrevisto *participio ver* **entrever**

entristecer [46] **1** *vt* to sadden, to make sad; **su muerte entristeció a todos** her death saddened everyone

2 entristecerse *vpr* to become sad; **se entristeció por el resultado de las elecciones** he was saddened by the election result

entristecimiento *nm* sadness

entrometerse *vpr* to interfere (**en** in); **no te entrometas donde no debes** don't interfere where you shouldn't

entrometidamente *adv* intrusively

entrometido, -a 1 *adj* interfering

2 *nm,f* meddler

entrometimiento *nm* meddling

entromparse *vpr* (**a**) *Fam (emborracharse)* to get legless (**b**) *Am (enfadarse)* to get angry

entroncamiento *nm (parentesco)* relationship, connection

entroncar [59] *vi* (**a**) *(emparentarse)* to become related (**con** to) (**b**) *(trenes)* to connect (**c**) *Fig (relacionarse)* to be related (**con** to) (**d**) *Méx (caballos)* to mate

entronización *nf* coronation, enthronement; *Fig* **sus películas son la e. del mal gusto** his films are the height of bad taste

entronizar [14] *vt* to crown, to enthrone; *Fig* to exalt, to praise to the skies

entronque *nm* (**a**) *(parentesco)* blood relationship (**b**) *(de vías, carreteras)* junction

entropía *nf Fís* entropy

entubación *nf*, **entubamiento** *nm* tubing

entubado, -a *adj Med* **tener a alguien e.** to have tubes going into sb

entubar *vt* to fit tubes to, to tube; *Med* to put tubes/a tube into

entuerto *nm* wrong, injustice; **deshacer entuertos** to right wrongs; **le tocó a él deshacer el e.** it fell to him to resolve the situation

entumecer [46] **1** *vt* to numb

2 entumecerse *vpr* to become numb

entumecido, -a *adj* numb

entumecimiento *nm* numbness

enturbiar *también Fig* **1** *vt* to cloud

2 enturbiarse *vpr* to become cloudy

entusiasmado, -a *adj* excited; **estamos entusiasmados con la nueva casa** we're really excited about the new house

entusiasmar 1 *vt* (**a**) *(animar)* to fill with enthusiasm (**b**) *(gustar)* **le entusiasma la música** he loves music; **la idea no le entusiasmó demasiado** he wasn't overly enthusiastic about the idea

2 entusiasmarse *vpr* to get excited (**con** about)

entusiasmo *nm* enthusiasm; **aplaudieron con e.** they applauded enthusiastically

entusiasta 1 *adj* enthusiastic

2 *nmf* enthusiast; **es un e. de la jardinería** he's a keen gardener

entusiastamente *adv* enthusiastically

entusiástico, -a *adj* enthusiastic

enumeración *nf* enumeration, listing

enumerar *vt* to enumerate, to list

enunciación *nf*, **enunciado** *nm* formulation, enunciation

enunciar *vt* to formulate, to enunciate

enunciativo, -a *adj (oración)* declarative

envainar *vt* to sheathe

envalentonamiento *nm* boldness

envalentonar 1 *vt* to urge on, to fill with courage

2 envalentonarse *vpr* to become daring

envanecer [46] **1** *vt* to make vain

2 envanecerse *vpr* to become vain

envanecimiento *nm* vanity

envarado, -a 1 *adj* stiff, formal

2 *nm,f* stiff *o* formal person

envasado *nm (en bolsas, cajas)* packing; *(en latas)* canning; *(en botellas)* bottling ❑ ***e. al vacío*** vacuum-packed

envasador, -ora *nm,f (embolsador)* packer; *(enlatador)* canner; *(embotellador)* bottler

envasar *vt (en bolsas, cajas)* to package; *(en latas)* to can; *(en botellas)* to bottle; **e. al vacío** to vacuum-pack

envase *nm* (**a**) *(envasado) (en bolsas, cajas)* packing; *(en latas)* canning; *(en botellas)* bottling (**b**) *(recipiente)* container; *(botella)* bottle; **e. (retornable)** returnable empty bottle ❑ ***e. desechable*** disposable container; ***e. sin retorno*** non-returnable bottle

envejecer [46] **1** *vi (hacerse viejo)* to grow old; *(parecer viejo)* to age

2 *vt* to age; **la muerte de su madre lo envejeció mucho** his mother's death aged him a lot

3 envejecerse *vpr (hacerse viejo)* to grow old; *(parecer viejo)* to age

envejecido, -a *adj (de edad)* old; *(de aspecto)* aged; **está muy e.** he looks very old

envejecimiento *nm* ageing

envejezco *etc ver* **envejecer**

envenenado, -a *adj* poisoned

envenenador, -ora 1 *adj* poisonous, venomous

2 *nm,f* poisoner

envenenamiento *nm* poisoning

envenenar 1 *vt* (**a**) *(poner veneno a, matar)* to poison (**b**) *(relación)* to poison

2 envenenarse *vpr* (**a**) *(tomar veneno)* to poison oneself; **se envenenaron con setas** they ate poisonous mushrooms (**b**) *(relación)* to become bitter

envergadura *nf* (**a**) *(importancia)* size, extent; *(complejidad)* complexity; **una reforma de gran e.** a wide-ranging reform; **el accidente fue de tal e. que hubo que cerrar el aeropuerto** the accident was so serious that the airport had to be shut down (**b**) *(de ave, avión)* wingspan (**c**) *(de vela)* breadth

envés (*pl* **enveses**) *nm (de hoja)* reverse (side), back; *(de tela)* wrong side

enviado, -a *nm,f* (**a**) *(diplomático)* envoy ❑ ***e. extraordinario*** special envoy (**b**) *(corresponsal)* correspondent ❑ ***e. especial*** special correspondent

enviar [32] *vt* (**a**) *(mandar, remitir)* to send; *(por barco)* to ship; *(por fax)* to fax; **te enviaré la información por correo electrónico** I'll e-mail the information to you, I'll send you the information by e-mail; **envíale mis saludos a tu madre** give my regards to your mother; **envió el balón al fondo de la red** he sent the ball into the back of the net (**b**) *(persona)* to send; **le enviaron de embajador** they sent him as an ambassador; **le enviaron por agua** they sent him for water

enviciar 1 *vt* to addict, to get hooked

2 enviciarse *vpr* to become addicted (**con** to)

envidia *nf* envy; **tener e. de** to envy; **le tiene e. a su hermano** he's jealous of his brother; **siento una e. sana por él** I'm envious but I feel very happy for him; **¡qué e. me das al verte tan feliz con tu hijo!** it makes me really envious seeing you so happy with your son!; *Fam* **se le comía la e. al ver el éxito de sus rivales** he was consumed with envy when he saw his rivals' success; *Fam* **está que se muere de e.** he's green with envy

envidiable *adj* enviable

envidiablemente *adv* enviably

envidiar *vt* to envy; **envidio su valor** I

envy him his courage; **le envidian porque tiene dinero** they're jealous of him because he has money; **mi casa poco tiene que e. a la tuya** my house is just as good as yours

envidioso, -a 1 *adj* envious
2 *nm,f* envious person; **ser un e.** to be very envious

envilecedor, -ora *adj* debasing

envilecer [46] **1** *vt* to debase
2 envilecerse *vpr* to become debased

envilecimiento *nm* debasement

envinagrar *vt* to add vinegar to

envío *nm* (**a**) *Com* dispatch; *(de correo)* delivery; *(de víveres, mercancías)* consignment; *(de dinero)* remittance (**b**) *(paquete)* package

envite *nm* (**a**) *(en el juego)* raise (**b**) *(ofrecimiento)* offer (**c**) *(empujón)* push, shove; **al primer e.** *(de buenas a primeras)* right away, from the outset

enviudar *vi* to be widowed

envoltorio *nm* (**a**) *(para envolver)* wrapper, wrapping (**b**) *(lío, atado)* bundle

envoltura *nf* (**a**) *(capa exterior)* covering; *(de semilla, reactor nuclear)* casing (**b**) *(para envolver)* wrapper, wrapping

envolvente *adj (que envuelve)* enveloping; *(maniobra)* surrounding, encircling

envolver [41] **1** *vt* (**a**) *(embalar)* to wrap (up); **envuélvamelo para regalo, por favor** could you giftwrap it, please?; **envuelve al niño con la manta** wrap the child in the blanket
(**b**) *(enrollar)* to wind; **e. hilo en un carrete** to wind thread onto a spool
(**c**) *(implicar)* **e. a alguien en** to involve sb in
(**d**) *(cubrir, rodear)* to envelop, to cover; **la niebla envolvía el valle** the valley was deep in mist
(**e**) *Mil (enemigo)* to encircle, to surround
2 envolverse *vpr* (**a**) **envolverse en** *o* **con algo** *(cubrirse)* to wrap oneself in sth
(**b**) **envolverse en** *o* **con algo** *(involucrarse)* to get involved with sth; **se ha envuelto en un asunto de drogas** he has got involved in something to do with drugs

envuelto, -a 1 *participio ver* **envolver**
2 *adj (rodeado)* wrapped; **e. para regalo** giftwrapped; **el asesinato sigue e. en un gran misterio** the murder is still shrouded in mystery
3 *nm (tortilla)* = maize tortilla with filling

envuelvo *etc ver* **envolver**

enyesado, -a 1 *adj* plastered
2 *nm* plastering

enyesar *vt (brazo, pierna)* to put in plaster; *(pared)* to plaster

enyetar *vt RP Fam* to jinx

enzarzar [14] **1** *vt* to entangle, to embroil
2 enzarzarse *vpr* **enzarzarse en** to get entangled *o* embroiled in

enzima *nf* enzyme

eoceno, -a *Geol* **1** *adj* Eocene
2 *nm* **el e.** the Eocene

eólico, -a *adj* wind; **energía eólica** wind energy

eón *nm* eon

EPA [epa] *nf Esp (abrev* **encuesta de población activa**) = working population survey

epa *interj Am* (**a**) *(¡hola!)* hi!, hello! (**b**) *(¡ea!)* come on! (**c**) *(¡cuidado!)* look out!

epatar *vt* to shock

e.p.d. *(abrev de* **en paz descanse**) RIP

eperlano *nm (pez)* smelt, sparling

épica *nf* epic

epicentro *nm* epicentre

épico, -a *adj* epic

epicureísmo *nm* Epicureanism

epicúreo, -a *adj & nm,f* Epicurean

epidemia *nf* epidemic

epidémico, -a *adj* epidemic

epidemiología *nf Med* epidemiology

epidemiológico, -a *adj* epidemiological

epidérmico, -a *adj Anat* epidermic

epidermis *nf inv Anat* epidermis

epidural *adj & nf Med* epidural

Epifanía *nf Rel* Epiphany

epífisis *nf inv Anat* pineal gland

epigastrio *nm Anat* epigastrium

epiglotis *nf inv Anat* epiglottis

epígono *nm* epigone

epígrafe *nm* heading

epigrafía *nf* epigraphy

epigrama *nm* epigram

epilepsia *nf* epilepsy

epiléptico, -a *adj & nm,f* epileptic

epilogar [38] *vt (resumir)* to summarize, to sum up

epílogo *nm* (**a**) *(de libro)* epilogue (**b**) *(conclusión)* conclusion

episcopado *nm Rel* (**a**) *(dignidad)* episcopate, episcopacy (**b**) *(territorio)* diocese

episcopal *adj* episcopal

episódico, -a *adj* episodic, episodical

episodio *nm* (**a**) *(de serie, libro)* episode (**b**) *(suceso)* event

epistemología *nf* epistemology

epístola *nf* (**a**) *Formal (carta)* epistle (**b**) *Rel* Epistle

epistolar *adj Formal* epistolary

epistolario *nm* collected letters

epitafio *nm* epitaph

epitelio *nm Anat* epithelium

epíteto *nm* epithet

epitomar *vt Formal* to abridge

epítome *nm* summary, synopsis

EPL 1 *nf (abrev de* **Esperanza Paz Libertad**) = Colombian political party
2 *nm (abrev de* **Ejército Popular de Liberación**) = Colombian guerrilla group

e.p.m. *(abrev de* **en propia mano**) by hand

época *nf* (**a**) *(era)* epoch, era; **la é. victoriana** the Victorian era; **en la é. de Zapata** at the time of Zapata; **un Dalí de su é. joven** an early Dali; **en aquella é.** at that time; **hacer é.** to become a symbol of its time; **una película/una victoria de las que hacen é.** a movie/victory that will go down in history; **coche de é.** vintage car; **muebles de é.** period furniture; **vestido de é.** period dress (**b**) *(período)* period; *(estación)* season; **la é. de las lluvias** the rainy season; **la empresa ha pasado por una mala é.** the company has been through a bad spell (**c**) *Geol* age

epónimo, -a 1 *adj* eponymous
2 *nm* eponym

epopeya *nf* (**a**) *(poema)* epic (**b**) *(hazaña)* feat; **la ascensión de la montaña fue una auténtica e.** the ascent of the mountain was an epic feat

EPS *nm Informát (abrev de* **encapsulated PostScript**) EPS

épsilon *nf* epsilon

equidad *nf* fairness

equidistante *adj* equidistant

equidistar *vi* to be equidistant (**de** from)

équido, -a 1 *adj* equine
2 *nm* = member of the horse family

equilátero, -a *adj Geom* equilateral

equilibrado, -a 1 *adj* (**a**) *(igualado)* balanced; **la final fue muy equilibrada** the final was very evenly matched (**b**) *(sensato)* sensible
2 *nm (de ruedas)* balancing

equilibrar 1 *vt* to balance
2 equilibrarse *vpr* to balance

equilibrio *nm* (**a**) *(estabilidad)* balance; **mantener algo en e.** to balance sth; **mantener/perder el e.** to keep/lose one's balance; *Fig* **hacer equilibrios** to perform a balancing act □ ***e. dinámico*** dynamic balance; ***e. ecológico*** ecological balance; ***e. inestable*** labile equilibrium; ***e. de poder*** *o* ***político*** balance of power; ***e. químico*** chemical equilibrium (**b**) *(contrapeso)* counterbalance, counterpoise (**c**) *Fig (sensatez)* composure, poise

equilibrismo *nm (en trapecio)* trapeze; *(en cuerda)* tightrope walking

equilibrista *nmf (trapecista)* trapeze artist; *(en cuerda)* tightrope walker

équili cua *interj* **¡é.!** that's it!

equino, -a *adj* equine

equinoccial *adj* equinoctial

equinoccio *nm* equinox □ ***e. de otoño*** autumnal equinox; ***e. de primavera*** vernal equinox

equipaje *nm* (**a**) *(maletas) Br* luggage, *US* baggage; **hacer el e.** to pack □ ***e. de mano*** hand luggage (**b**) *Dep (vestimenta)* strip □ ***e. titular/reserva*** home/away strip

equipamiento *nm* (**a**) *(acción)* equipping (**b**) *(equipo)* equipment

equipar 1 *vt* (**a**) *(persona)* **e. a alguien (de** *o* **con)** *(de instrumentos, herramientas)* to equip sb (with); *(de ropa)* to fit sb out (with) (**b**) *(edificio, institución)* to equip, to provide
2 equiparse *vpr* to equip oneself (**de** *o* **con** with)

equiparable *adj* comparable (**a** to)

equiparación *nf* comparison

equiparar 1 *vt* (**a**) *(igualar)* to equal, to make equal; **la nueva ley nos equipara a** *o* **con los funcionarios** the new law makes us equal with *o* puts us on the same footing as civil servants (**b**) *(comparar)* to compare

2 equipararse *vpr (compararse)* to be compared

equipo *nm* (**a**) *(personas)* team; **trabajar en e.** to work as a team ❑ ***e. de salvamento*** *o* ***rescate*** rescue team

(**b**) *(jugadores)* team; **un e. de rugby** a rugby team; **deportes de e.** team sports ❑ ***e. local*** local team; ***e. visitante*** visiting team

(**c**) *(equipamiento)* equipment; **ya tiene listo el e. de esquí** he has got his skiing gear ready now; EXPR *Fam* **caerse** *o* **estrellarse con todo el e.** to get it in the neck ❑ ***e. de oficina*** office equipment; ***e. de primeros auxilios*** first-aid kit; ***e. quirúrgico*** surgical instruments

(**d**) *(de novia)* trousseau; *(de soldado)* kit; *(de colegial)* uniform; *(de deportista)* strip

(**e**) *(de música)* system ❑ ***e. de alta fidelidad*** hi-fi system; ***e. de sonido*** sound system

equis 1 *adj* X; **un número e. de personas** x number of people

2 *nf inv* **la letra e.** the letter x; EXPR *CAm, Col, Ecuad Fam* **estar en la e.** *(estar flaco)* to be as thin as a rake

equitación *nf (arte)* equestrianism; *(actividad)* horse riding

equitativamente *adv* fairly

equitativo, -a *adj* fair, even-handed

equivalencia *nf* equivalence

equivalente *adj* equivalent (**a** to)

equivaler [68] *vi* (**a**) *(ser igual)* to be equivalent (**a** to); **un dólar equivale a 100 centavos** there are 100 cents in a dollar (**b**) *(significar)* to amount, to be equivalent (**a** to)

equivocación *nf (error)* mistake; **cometer una e.** to make a mistake; **ha debido ser una e.** there must have been a mistake; **por e.** by mistake

equivocadamente *adv* mistakenly, by mistake

equivocado, -a *adj* (**a**) *(érroneo)* wrong; **tomó la dirección equivocada** he went in the wrong direction (**b**) *(persona)* mistaken; **estás completamente e.** you're completely mistaken

equívocamente *adv* ambiguously, equivocally

equivocar [59] **1** *vt* (**a**) *(confundir)* **e. algo con algo** to mistake sth for sth; **e. el camino** to take the wrong road; **equivoqué la fecha** I got the date wrong (**b**) *(dar mal consejo a)* **equivocó a su hermano con sus consejos** his brother made a mistake because of his advice

2 equivocarse *vpr* to be wrong; **equivocarse en algo** to make a mistake in sth; **se equivocó de nombre/puerta** he got the wrong name/door; **se equivocó en la suma** she got the total wrong; **te equivocas con tu profesor, no es tan mala persona** you're wrong about your teacher, he's not such a bad person

equívoco, -a 1 *adj* (**a**) *(ambiguo)* ambiguous, equivocal (**b**) *(sospechoso)* suspicious

2 *nm* misunderstanding; **deshacer un e.** to clear up a misunderstanding

era 1 *ver* **ser**

2 *nf* (**a**) *(periodo)* era; **en el año 500 de nuestra e.** in 500 AD ❑ ***e. atómica*** atomic age; ***e. cristiana*** Christian era; ***e. espacial*** space age; ***e. geológica*** geological era; ***e. glacial*** ice age (**b**) *(para trillar)* threshing floor

erario *nm* funds ❑ ***e. público*** exchequer

Erasmus *nm inv (abrev de* **European Action Scheme for the Mobility of University Students***)* Erasmus; **una beca/un estudiante E.** an Erasmus scholarship/student

erección *nf* (**a**) *(de órgano)* erection (**b**) *(construcción)* erection, construction

eréctil *adj* erectile

erecto, -a *adj* erect

erector, -ora 1 *adj* erecting

2 *nm,f* erector, builder

eremita *nmf* hermit

eremítico, -a *adj* hermitical, eremitic

eres *ver* **ser**

ergio *nm Fís (unidad)* erg

ergo *conj Formal* ergo

ergonomía *nf* ergonomics *(singular)*

ergonómico, -a *adj* ergonomic

ergotismo *nm Med* ergotism

erguidamente *adv* upright

erguido, -a *adj* erect

erguir [28] **1** *vt* to raise

2 erguirse *vpr* (**a**) *(persona)* to rise up (**b**) *(edificio)* to rise; **el castillo se yergue sobre el pueblo** the castle rises above the town

erial *nm* uncultivated land

erigir [24] **1** *vt* (**a**) *(construir)* to erect, to build (**b**) *(nombrar)* to name

2 erigirse *vpr* **erigirse en** to set oneself up as

erisipela *nf Med* erysipelas

eritema *nm Med* skin rash, *Espec* erythema

Eritrea *n* Eritrea

eritrocito *nm* erythrocyte

Eriván *n* Yerevan

erizado, -a *adj* (**a**) *(pelo)* on end; *(con púas, espinas)* spiky (**b**) *Fig (lleno)* **e. de** plagued with

erizamiento *nm* bristling, standing on end

erizar [14] **1** *vt* to cause to stand on end

2 erizarse *vpr (pelo)* to stand on end; *(persona)* to stiffen

erizo *nm* (**a**) *(mamífero)* hedgehog (**b**) *(pez)* globefish ❑ ***e. de mar*** sea urchin

ermita *nf* hermitage

ermitaño, -a 1 *nm,f (religioso)* hermit; **llevar una vida de e.** to live like a hermit

2 *nm (cangrejo)* hermit crab

erogación *nf Chile (donativo)* contribution

erógeno, -a *adj* erogenous

eros *nm inv* eros

erosión *nf* (**a**) *(desgaste) también Fig* erosion (**b**) *(herida)* abrasion, graze

erosionar 1 *vt también Fig* to erode

2 erosionarse *vpr también Fig* to erode

erosivo, -a *adj* erosive

erótica *nf* **la e. del poder** the thrill of power

erótico, -a *adj* erotic

erotismo *nm* eroticism

erotizar *vt* to eroticize

erotomanía *nf* erotomania

erradamente *adv* mistakenly

erradicación *nf* eradication

erradicar [59] *vt* to eradicate

errado, -a *adj* (**a**) *(tiro)* wide of the mark, missed (**b**) *(razonamiento)* mistaken (**c**) *(cálculo, respuesta)* incorrect

errante *adj* wandering

errar [29] **1** *vt* (**a**) *(vocación, camino)* to choose wrongly (**b**) *(tiro, golpe)* to miss (**c**) *RP* **errarle a algo** *(equivocarse en algo)* to make a mistake, to be mistaken; **le erraron con el diagnóstico** he was misdiagnosed; **le erré en las cuentas** I made a mistake in the accounts; **le erró, no le tendría que haber dicho nada** he made a mistake, he shouldn't have told him anything

2 *vi* (**a**) *(vagar)* to wander; **erró de pueblo en pueblo** she wandered from town to town (**b**) *(equivocarse)* to make a mistake; **erró en la elección de carrera** he chose the wrong course (**c**) *(al tirar)* to miss

errata *nf* misprint

erráticamente *adv* erratically

errático, -a *adj* wandering

erre *nf* **le dije que no y él, e. que e., seguía insistiendo** I said no, and he just went on and on insisting; **ella sigue e. que e., que no piensa venir** she still absolutely insists that she's not going to come

erróneamente *adv* erroneously, mistakenly

erróneo, -a *adj (juicio)* mistaken; *(cálculo, datos)* incorrect, wrong

error *nm* (**a**) *(falta, equivocación)* mistake, error; **fue un e. invitarla a la fiesta** it was a mistake to invite her to the party; **estar en un e.** to be mistaken; **por e.** by mistake; **salvo e. u omisión** errors and omissions excepted ❑ ***e. absoluto*** absolute error; ***e. de bulto*** huge *o* big mistake; ***e. de cálculo*** miscalculation; ***e. de copia*** clerical error; ***e. humano*** human error; ***e. de imprenta*** misprint; ***e. judicial*** miscarriage of justice; ***e. de muestreo*** sampling error; ***e. relativo*** relative error; ***e. tipográfico*** typo, typographical error

(**b**) *Informát (en un programa)* bug

ertzaina [er'tʃaina] *nmf Esp* = member of Basque regional police force

Ertzaintza [er'tʃaintʃa] *nf Esp* = Basque regional police force

eructar *vi* to belch

eructo *nm* belch

erudición *nf* erudition

eruditamente *adv* eruditely

erudito, -a 1 *adj* erudite
 2 *nm,f* scholar

erupción *nf* (**a**) *(de volcán)* eruption; **en e.** erupting; **entrar en e.** to erupt (**b**) *Med* **e. (cutánea)** rash

eruptivo, -a *adj (roca)* volcanic; *(volcán)* active

E/S *Informát* (*abrev de* **entrada/salida**) I/O

es *ver* **ser**

ESA *nf* (*abrev de* **European Space Agency**) ESA

esa *ver* **ese**

ésa *ver* **ése**

esbeltez *nf* slenderness, slimness

esbelto, -a *adj* slender, slim

esbirro *nm* henchman

esbozar [14] *vt* to sketch, to outline; **e. una sonrisa** to give a hint of a smile

esbozo *nm* sketch, outline

escabechado, -a *Culin* **1** *adj* marinated
 2 *nm* marinade

escabechar *vt* (**a**) *Culin* to marinate (**b**) *Fam (matar)* to bump off (**c**) *Fam (suspender)* to fail, *US* to flunk

escabeche *nm Culin* = pickling liquid made of oil and vinegar, flavoured with bay leaf

escabechina *nf Fam* (**a**) *(desastre)* **el asalto de la policía al banco fue una e. total** the police attack on the bank ended in a complete blood-bath (**b**) *(en examen)* huge number of failures; **el examen final fue una e.** the final exam was a massacre

escabel *nm* (**a**) *(para pies)* footstool (**b**) *(asiento)* stool

escabro *nm Bot* scaly bark

escabrosidad *nf* (**a**) *(de terreno, superficie)* roughness, ruggedness (**b**) *(obscenidad)* indecency, risqué nature (**c**) *(aspereza)* awkwardness

escabroso, -a *adj* (**a**) *(abrupto)* rough (**b**) *(obsceno)* risqué (**c**) *(espinoso)* awkward, thorny

escabullirse *vpr* (**a**) *(desaparecer)* to slip away (**de** from); **siempre que hay trabajo se escabulle** he always slips away when there's work to be done (**b**) *(escurrirse)* **se me escabulló** he slipped out of my hands; **el atracador consiguió escabullirse** the mugger managed to shake off his pursuers

escacharrado, -a *adj Fam* clapped-out

escacharrar *Fam* **1** *vt Br* to knacker, *US* to bust
 2 escacharrarse *vpr Br* to get knackered, *US* to bust

escafandra *nf* diving suit ▫ ***e. espacial*** spacesuit

escafandrista *nmf* diver

escala *nf* (**a**) *(para medir)* scale; *(de colores)* range ▫ ***e. Celsius*** Celsius (temperature) scale; ***e. centígrada*** Celsius scale; ***e. Farenheit*** Fahrenheit scale; *Informát* ***e. de grises*** grayscale; ***e. Kelvin*** Kelvin scale; *Mat* ***e. logarítmica*** logarithmic scale; ***e. de popularidad*** popularity stakes; ***e. de Richter*** Richter scale; ***e. de valores*** set of values
 (**b**) *(de dibujo, mapa)* scale; **una reproducción a e.** a scale model; **un dibujo a e. natural** a life-size drawing
 (**c**) *(de trabajo, plan, idea)* scale; **a e. mundial** on a worldwide scale; **una ofensiva a gran e.** a full-scale offensive
 (**d**) *Mús* scale ▫ ***e. cromática*** chromatic scale; *Mús* ***e. diatónica*** diatonic scale
 (**e**) *(en un vuelo)* stopover; *(en un crucero)* port of call; **hacer e.** to stop over; **sin e.** non-stop ▫ ***e. de repostaje*** *o* ***técnica*** refuelling stop
 (**f**) *(escalera)* ladder ▫ *Náut* ***e. de cuerda*** *o* ***viento*** rope ladder

escalada *nf* (**a**) *(de montaña)* climb ▫ ***e. artificial*** artificial climbing; ***e. libre*** free climbing; ***e. en roca*** rock climbing (**b**) *(de violencia, precios)* escalation, rise (**de** in)

escalador, -ora *nm,f* (**a**) *(alpinista)* climber (**b**) *(ciclista)* climber

escalafón *nm* scale, ladder; **ascendió rápidamente en el e.** she gained promotion quickly

escálamo *nm Náut* oar-lock

escalar 1 *vt* to climb
 2 *vi* to rise, to climb

escaldado, -a *adj* (**a**) *Culin* scalded (**b**) *(receloso)* wary

escaldadura *nf* (**a**) *(quemadura)* scald (**b**) *(acción)* scalding

escaldar 1 *vt* (**a**) *(en agua hirviendo)* to scald (**b**) *(abrasar)* to turn red-hot
 2 escaldarse *vpr* to get burned

escaleno *adj Geom* scalene

escalera *nf* (**a**) *(en edificio)* stairs, staircase; **e. (de mano)** ladder ▫ ***e. automática*** escalator; ***e. de caracol*** spiral staircase; ***e. de incendios*** fire escape; ***e. mecánica*** escalator; ***e. de servicio*** service stairs; ***e. de tijera*** stepladder (**b**) *(en naipes)* run ▫ ***e. de color*** straight flush

escalerilla *nf* (**a**) *(de avión)* stairs (**b**) *(de barco)* gangway

escalfado, -a *adj (huevo)* poached

escalfar *vt* to poach

escalinata *nf* staircase

escalofriante *adj* spine-chilling

escalofrío *nm* shiver; **dar escalofríos a alguien** to give sb the shivers; **tener escalofríos** to be shivering; **me entraron escalofríos** I started shivering

escalón *nm* (**a**) *(de escalera)* step (**b**) *(categoría, nivel)* grade

escalona *nf* shallot

escalonadamente *adv* in stages

escalonado, -a *adj* (**a**) *(en el tiempo)* spread out (**b**) *(terreno)* terraced

escalonar *vt* (**a**) *(en el tiempo)* to spread out (**b**) *(terreno)* to terrace

escalope *nm* escalope

escalpelo *nm* scalpel

escama *nf* (**a**) *(de peces, reptiles)* scale (**b**) *(de jabón, piel)* flake

escamado, -a *adj Fam* suspicious, wary

escamar 1 *vt* (**a**) *(pescado)* to scale (**b**) *Fam (causar recelo a)* to make suspicious
 2 escamarse *vpr Fam* to smell a rat, to get suspicious

escamoso, -a *adj* (**a**) *(pez, reptil)* scaly (**b**) *(piel)* flaky, scaly

escamotear *vt* (**a**) *(ocultar)* to keep secret; **el gobierno ha escamoteado los resultados de la encuesta** the government has suppressed the results of the survey (**b**) *Fam (hurtar)* **e. algo a alguien** to rob sb of sth; **mi hermano me escamoteó la calculadora** my brother swiped my calculator (**c**) *(hacer desaparecer)* to (cause to) vanish

escamoteo *nm* (**a**) *(ocultación)* concealment; **el e. de un informe** the suppression of a report (**b**) *Fam (hurto)* stealing (**c**) *(destreza)* sleight of hand

escampada *nf Fam Meteo* break

escampar *v impersonal* to clear up, to stop raining

escanciar *vt* to serve, to pour out

escandalizar [14] **1** *vt* to scandalize, to shock
 2 *vi (alborotar)* to make a fuss
 3 escandalizarse *vpr* to be shocked

escandallar *vt Náut* to sound

escandallo *nm Náut* sounding lead

escándalo *nm* (**a**) *(inmoralidad)* scandal; *(indignación)* outrage; **los sueldos de los políticos son un e.** *o* **de e.** politicians' salaries are a scandal *o* a disgrace; **sus declaraciones causaron e.** her statements caused a great scandal ▫ ***e. sexual*** sex scandal (**b**) *(alboroto)* uproar, racket; **armar un e.** to kick up a fuss

escandalosa *nf Náut* topsail, gaff

escandaloso, -a 1 *adj* (**a**) *(inmoral)* outrageous, shocking (**b**) *(ruidoso)* very noisy
 2 *nm,f* very noisy *o* loud person; **son unos escandalosos** they're terribly noisy people

Escandinavia *n* Scandinavia

escandinavo, -a *adj & nm,f* Scandinavian

escandio *nm Quím* scandium

escanear *vt Informát & Med* to scan

escáner (*pl* **escáneres**) *nm* (**a**) *Informát* scanner ▫ ***e. plano*** flat bed scanner; ***e. de tambor*** drum scanner (**b**) *Med* scanner; **hacer un e. a alguien** to give sb a scan

escaño *nm* (**a**) *(parlamentario) (cargo)* bench *(in parliament)*; *(asiento)* seat *(in parliament)* (**b**) *(banco)* bench

escapada *nf* (**a**) *(huida)* escape, flight (**b**) *(en ciclismo)* breakaway; **meterse en una e.** to join a breakaway (**c**) *(viaje)* quick trip; **iré**

a comprar el periódico en una e. I'll pop out to get a newspaper

Observa que la palabra inglesa **escapade** es un falso amigo y no es la traducción de la palabra española **escapada**. En inglés **escapade** significa "aventura, correría".

escapado, -a 1 *adj (en ciclismo)* breakaway
2 *nm,f* **los escapados llevan tres minutos de ventaja** the breakaway group have a three-minute lead

escapar 1 *vi* (**a**) *(huir)* to get away, to escape (**de** from); **escapó de la cárcel** he escaped from jail; **escapó por la salida de emergencia** he got out through the emergency exit
(**b**) *(quedar fuera del alcance)* **e. a alguien** to be beyond sb; **ese asunto escapa a mis competencias** that matter is outside my sphere of responsibility
(**c**) *(en carrera)* to break away
(**d**) **dejar e.** *(soltar)* to let out; **dejó e. un grito** he let out a scream; **no quiero dejar e. esta oportunidad para agradecer...** I don't want to let this opportunity pass by without thanking...
2 escaparse *vpr* (**a**) *(huir)* to get away, to escape (**de** from); **escaparse de casa** to run away from home; **no te escapes, que quiero hablar contigo** don't run off, I want to talk to you
(**b**) *(librarse)* **me escapé de milagro** *(de accidente)* I escaped by a miracle; *Fam* **¡de esta no te escaparás!** you're not going to get out of this one!
(**c**) *(en carrera)* to break away; **Herrera se escapó en solitario** Herrera broke away on his own
(**d**) *(gas, agua)* to leak; **el aire se escapa por un agujero** the air is leaking out through a hole
(**e**) *(soltar)* **se me escapó la risa/un taco** I let out a laugh/an expletive; *Fam* **se me ha escapado un pedo** I've just farted
(**f**) *(perder)* **se me escapó el tren** I missed the train; **se me escapó la ocasión** the opportunity slipped by
(**g**) *(quedar fuera del alcance)* to escape, to elude; **los motivos de su comportamiento se me escapan** the reasons for her behaviour are beyond me
(**h**) *(pasar inadvertido)* **a tu madre no se le escapa nada** your mother doesn't miss a thing

escaparate *nm* (**a**) *(de tienda)* (shop) window; **ir de escaparates** to go window-shopping; *Fig* **la Exposición Universal será un e. para el país** the Universal Exposition will be a showcase for the country (**b**) *Col, Cuba, Ven (ropero)* wardrobe

escaparatismo *nm* window dressing

escaparatista *nmf* window dresser

escapatoria *nf* (**a**) *(fuga)* escape; **no tener e.** to have no way out (**b**) *Fam (evasiva)* way (of getting) out

escape *nm* (**a**) *(de gas)* leak; *Fam* **salir a e.** to leave in a rush, to rush off (**b**) *(de vehículo)* exhaust (**c**) *Informát* **tecla de e.** escape key

escapismo *nm* escapism

escapista 1 *adj* escapist
2 *nmf (mago)* escapologist

escapulario *nm Rel* scapular

escaque *nm (en ajedrez)* (chess) square

escaquearse *vpr Fam* to duck out; **e. de (hacer) algo** to worm one's way out of (doing) sth

escara *nf (costra)* eschar, scab

escarabajo *nm* beetle ❑ ***e. pelotero*** dung beetle

escaramujo *nm* (**a**) *(rosal)* wild rose (**b**) *(percebe)* goose barnacle

escaramuza *nf* (**a**) *(combate)* skirmish (**b**) *(riña)* skirmish

escarapela *nf* rosette, cockade

escarapelar 1 *vt* (**a**) *Col (manosear)* to rumple (**b**) *Col, CRica, Ven (descascarar)* to peel
2 escarapelarse *vpr Perú* to get goose flesh *o* pimples

escarbadientes *nm inv* toothpick

escarbar *vt* (**a**) *(suelo)* to scratch, to scrape (**b**) *(dientes)* to pick (**c**) *(fuego)* to rake, to poke (**d**) *(investigar)* to investigate

escarcela *nf (de cazador)* game bag

escarceos *nmpl* (**a**) *(incursiones)* forays ❑ ***e. amorosos*** flirtations (**b**) *(en equitación)* caracoles

escarcha *nf* frost

escarchado, -a *adj* (**a**) *(fruta)* candied (**b**) *(cubierto de escarcha)* frosty

escarchar *v impersonal* to freeze (over)

escarda *nf Agr* (**a**) *(azada)* weeding hoe (**b**) *(acción)* weeding

escardador *nm Tex* breaker

escardar *vt* to weed

escarificar [59] *vt Agr & Med* to scarify

escarlata *adj & nm* scarlet

escarlatina *nf* scarlet fever

escarmentado, -a 1 *adj* having learned one's lesson; **salió e. de la experiencia** he emerged from the ex-perience a wiser man
2 *nm,f* **ser un e.** to have learned one's lesson

escarmentar [3] **1** *vt* to teach a lesson to
2 *vi* to learn (one's lesson); **con eso escarmentará para toda su vida** that's taught him a lesson he'll never forget; **este niño nunca escarmienta** that child never learns

escarmiento *nm* lesson; **dar un e. a alguien** to teach sb a lesson; **servir de e.** to serve as a lesson

escarnecer [46] *vt* to mock, to ridicule

escarnecimiento *nm* mockery, ridicule

escarnio *nm* mockery, ridicule

escarola *nf* (curly) endive

escarpa, escarpadura *nf (en terreno)* slope, scarp

escarpado, -a *adj (inclinado)* steep; *(abrupto)* craggy

escarpadura = escarpa

escarpia *nf* = L-shaped hook for hanging pictures etc

escarpín *nm (calcetín)* outer sock, woollen slipper

escasamente *adv* (**a**) *(apenas)* scarcely, just (**b**) *(con dificultad)* with difficulty

escasear *vi* to be scarce, to be in short supply; **escaseaba la comida entre los refugiados** the refugees didn't have much food

escasez *nf* (**a**) *(insuficiencia)* shortage (**b**) *(pobreza)* poverty

escaso, -a *adj* (**a**) *(conocimientos, recursos)* limited, scant; *(tiempo)* short; *(cantidad, número)* low; *(víveres, trabajo)* scarce, in short supply; *(visibilidad, luz)* poor; **andar e. de** to be short of; **voy e. de dinero** I don't have much money (**b**) *(casi completo)* **un metro e.** barely a metre; **dura dos horas escasas** it lasts barely two hours

escatimar *vt (gastos, comida)* to be sparing with, to skimp on; *(esfuerzo, energías)* to use as little as possible; **no e. gastos** to spare no expense

escatología *nf (sobre excrementos)* scatology

escatológico, -a *adj (de excrementos)* scatological

escay *nm* Leatherette®

escayola *nf* (**a**) *(estuco)* plaster of Paris (**b**) *(vendaje sólido)* plaster; **le pusieron una e. en la pierna** they put a plaster cast on his leg, they put his leg in plaster

escayolado, -a *adj (brazo, pierna)* in plaster

escayolar *vt* to put in plaster

escayolista *nmf* decorative plasterer

escena *nf* (**a**) *(escenario)* stage; *también Fig* **desaparecer de e.** to leave the stage; **llevar a la e.** to dramatize; **poner en e.** to stage; **puesta en e.** staging; **salir a e.** to go on stage
(**b**) *(acto, fragmento)* scene; **la e. del reencuentro fue conmovedora** their reunion was a moving scene ❑ ***e. retrospectiva*** flashback
(**c**) *(arte)* theatre
(**d**) *(lugar)* scene; **la policía se presentó en la e. del crimen** the police arrived at the scene of the crime
(**e**) *(ambiente, circunstancias)* scene; **la e. política está muy animada** the political scene is very lively
(**f**) *Fam (escándalo)* **hacer una e.** to make a scene; **me hizo una e. de celos** she treated me to one of her jealous rages

escenario *nm* (**a**) *(tablas, escena)* stage (**b**) *(de película, obra teatral)* setting (**c**) *(de suceso)* scene; **la cumbre tuvo por e. la capital mexicana** the summit took place in the Mexican capital

Observa que las palabra inglesas **scenario** y **scenery** son falsos amigos y no son la traducción de la palabra española **escenario**. En inglés **scenario** significa "situación hipotética" y **scenery** significa tanto "decorado" como "paisaje".

escénico, -a *adj* scenic

escenificación *nf (de novela)* dramatization; *(de obra de teatro)* staging

escenificar [59] *vt (novela)* to dramatize; *(obra de teatro)* to stage

escenografía *nf* set design

escenógrafo, -a *nm,f* set designer

escépticamente *adv* sceptically

escepticismo *nm* scepticism

escéptico, -a 1 *adj* **(a)** *(filósofo)* sceptic **(b)** *(incrédulo)* sceptical
2 *nm,f* sceptic

escindir 1 *vt* to split
2 escindirse *vpr* to split (**en** into); **la rama política se escindió de la militar** the political wing split off from the military wing

escisión *nf* **(a)** *(del átomo)* splitting **(b)** *(de partido político)* split

esclarecedor, -ora *adj* illuminating

esclarecer [46] *vt* to clear up, to shed light on; **e. los hechos** to establish the facts

esclarecimiento *nm* clearing up, elucidation

esclarezco *etc ver* **esclarecer**

esclava *nf (pulsera)* = metal identity bracelet

esclavina *nf* short cape

esclavismo *nm* (system of) slavery

esclavista 1 *adj* pro-slavery
2 *nmf* supporter of slavery

esclavitud *nf también Fig* slavery

esclavizar [14] *vt también Fig* to enslave; **sus hijos la esclavizan** her children treat her like a servant

esclavo, -a 1 *adj* enslaved
2 *nm,f también Fig* slave; **es una esclava del trabajo** she's a slave to her work; **es un e. del tabaco** he's addicted to tobacco

esclerosis *nf inv Med* sclerosis ▫ ***e. múltiple*** multiple sclerosis

esclerótica *nf Anat* sclera, sclerotic

esclusa *nf* **(a)** *(de canal)* lock **(b)** *(compuerta)* floodgate

escoba *nf* **(a)** *(para barrer)* broom; **pasar la e.** to sweep (up) **(b)** *(juego de cartas)* = type of card game **(c)** *(arbusto)* broom

escobada *nf (barrido)* sweep

escobar *vt (barrer)* to sweep

escobazo *nm* blow with a broom; *Fig* **echar a alguien a escobazos** to kick sb out

escobilla *nf* **(a)** *(escoba)* brush **(b)** *(del limpiaparabrisas)* blade

escobillar *vt Am* **(a)** *(cepillar)* to brush **(b)** *(zapatear)* to tap one's feet quickly on

escobón *nm* broom

escocedura *nf* **(a)** *(herida)* sore **(b)** *(sensación)* smarting, stinging

escocer [15] **1** *vi* **(a)** *(herida)* to sting; **me escuecen los ojos** my eyes are stinging *o* smarting **(b)** *(ofender)* to hurt; **la derrota escoció mucho al equipo** the defeat left the team smarting
2 escocerse *vpr* **(a)** *(herida)* to sting **(b)** *(ofenderse)* **escocerse de algo** to be hurt by sth

escocés, -esa 1 *adj* Scottish; **tela escocesa** tartan; **whisky e.** Scotch whisky
2 *nm,f (persona) (hombre)* Scot, Scotsman; *(mujer)* Scot, Scotswoman
3 *nm (lengua)* Scots *(singular)*

Escocia *n* Scotland

escofina *nf* coarse file, rasp

escoger [52] *vt* to choose; **tiene dos sabores a e.** there are two flavours to choose from; **tenemos que e. entre tres candidatos** we have to choose between three candidates

escogido, -a *adj (elegido)* selected, chosen; *(selecto)* choice, select

escolanía *nf* choirboys

escolapio, -a *nm,f* = member of the religious order of the Escuelas Pías

escolar 1 *adj* school; **edad e.** school age
2 *nmf (niño)* pupil, schoolboy; *(niña)* pupil, schoolgirl

escolaridad *nf* schooling

escolarización *nf* schooling

escolarizar [14] *vt* to provide with schools; **muchos niños están sin e.** many children receive no schooling

escolástica *nf Filos* scholasticism

escolasticismo *nm* **(a)** *(enseñanza)* scholasticism **(b)** *Filos* Scholasticism

escolástico, -a *adj* scholastic

escoliosis *nf inv* scoliosis

escollar *vi Arg, Chile Fig (propósito)* to fail, to come to nothing

escollera *nf* breakwater

escollo *nm* **(a)** *(en el mar)* reef **(b)** *(obstáculo)* stumbling block; **superar un e.** to overcome an obstacle

escolopendra *nf* centipede

escolta 1 *nf (acompañamiento)* escort; **lleva e. veinticuatro horas al día** he has a bodyguard twenty-four hours a day
2 *nmf* **(a)** *(persona)* bodyguard **(b)** *(en baloncesto)* shooting guard

escoltar *vt (proteger)* to escort; **miles de ciudadanos escoltaron el féretro** thousands of citizens accompanied the coffin

escombrera *nf (vertedero)* tip

escombro *nm*, **escombros** *nmpl* rubble, debris *(singular)*; **la comisaría quedó reducida a escombros** the police station was reduced to rubble

esconder 1 *vt* to hide, to conceal
2 esconderse *vpr* to hide (**de** from); **detrás de su seriedad se esconde un gran sentido del humor** his seriousness conceals a lively sense of humour

escondidas: a escondidas *loc adv* in secret; **copiaba a e. de su profesor** he secretly copied from his teacher

escondido, -a *adj (lugar)* secluded, remote

escondite *nm* **(a)** *(lugar)* hiding place **(b)** *(juego)* hide-and-seek

escondrijo *nm* hiding place

escoñar *muy Fam* **1** *vt* to bust, *Br* to knacker; **escoñó la televisión de un golpe** he bust *o Br* knackered the TV with one blow
2 escoñarse *vpr* **(a)** *(objeto)* to get bust *o Br* knackered **(b)** *(hacerse daño)* **se escoñó la muñeca jugando a tenis** he crocked *o Br* knackered his wrist playing tennis

escopeta *nf* shotgun ▫ ***e. de aire comprimido*** air gun; ***e. de cañones recortados*** sawn-off shotgun; ***e. de dos cañones*** double-barrelled shotgun

escopetado, -a *adj* **salir e.** to shoot off; **fue escopetada a ayudar** she rushed to help

escopetazo *nm* **(a)** *(disparo)* shotgun blast **(b)** *(herida)* shotgun wound

escopeteado, -a = **escopetado**

escopetero *nm (insecto)* bombardier beetle

escoplo *nm* chisel

escora *nf (inclinación)* list

escorar 1 *vi Náut* to list
2 escorarse *vpr* **(a)** *Náut* to list **(b)** *(jugador)* to swerve **(c)** *Cuba, Hond (esconderse)* to hide oneself from view, to take cover

escorbuto *nm* scurvy

escoria *nf* **(a)** *(desecho)* dregs, scum; **la e. de la sociedad** the dregs of society **(b)** *(metal)* slag

escorpio 1 *nm (zodiaco)* Scorpio; **ser e.** to be (a) Scorpio
2 *nmf (persona)* Scorpio

escorpión *nm* **(a)** *(animal)* scorpion **(b)** = **escorpio**

escorrentía *nf* run-off

escorzo *nm* foreshortening; **en e.** foreshortened

escota *nf Náut* sheet

escotado, -a *adj (vestido)* low-cut, low-necked

escotadura *nf* low neckline

escotar *vt* to lower the neckline of

escote *nm* **(a)** *(de prendas)* neckline; **un e. generoso** a plunging *o* revealing neckline **(b)** *(de persona)* cleavage **(c)** **pagar a e.** to go Dutch

escotera *nf Náut* clam cleat

escotilla *nf* hatch, hatchway

escotillón *nm* **(a)** *(trampa)* trapdoor **(b)** *Náut* scuttle

escozor *nm* stinging

escrapie *nm (enfermedad de la oveja)* scrapie

escriba *nm* scribe

escribanía *nf* **(a)** *(profesión)* clerkship **(b)** *(útiles de escribir)* inkstand **(c)** *Andes, CRica, RP (notaría)* = notary public's position and duties

escribano *nm* **(a)** *Hist* scrivener **(b)** *(ave)* bunting **(c)** *(insecto)* ***e. de agua*** whirligig beetle **(d)** *Andes, CRica, RP (notario)* notary (public)

escribiente *nmf* clerk

escribir 1 *vt* to write; **hace mucho que**

no me escribe she hasn't written to me for a long time; *Fig* **ha escrito una página brillante en la historia del ciclismo** he has added a glorious page to cycling history
2 *vi* to write; **todavía no ha aprendido a e.** he still hasn't learnt (how) to write; **e. a lápiz** to write in pencil; **e. a mano** to write by hand; **e. a máquina** to type
3 escribirse *vpr* (**a**) *(personas)* to write to one another; **se escribe con un amigo alemán** he corresponds with a German friend (**b**) *(palabras)* **se escribe con "h"** it is spelt with an "h"

escrito, -a 1 *participio ver* **escribir**
2 *adj* written; **por e.** in writing; *Fig* **estaba e. que acabaría mal** it was fated *o* destined to end badly
3 *nm* (**a**) *(texto, composición)* text; *(documento)* document; *(obra literaria)* writing, work (**b**) *Der* brief

escritor, -ora *nm,f* writer

escritorio *nm* (**a**) *(mueble)* desk, bureau (**b**) *(habitación)* office (**c**) *Informát* desktop

escritura *nf* (**a**) *(técnica)* writing (**b**) *(sistema de signos)* script (**c**) *(caligrafía)* handwriting (**d**) *Der* deed; **firmar una e.** to sign a deed ▫ ***e. de compraventa*** contract of sale (**e**) **(Sagradas) Escrituras** Holy Scripture

escrituración *nf Arg, PRico Der* notarizing, notarization

escriturar *vt Der* to execute by deed

escrofularia *nf (planta)* French figwort

escroto *nm* scrotum

escrúpulo *nm* (**a**) *(duda, recelo)* scruple; **sin escrúpulos** unscrupulous (**b**) *(minuciosidad)* scrupulousness, great care (**c**) *(aprensión)* qualm; **le da e.** he has qualms about it

escrupulosamente *adv* scrupulously

escrupulosidad *nf* scrupulousness, extreme care

escrupuloso, -a *adj* (**a**) *(minucioso)* scrupulous (**b**) *(aprensivo)* particular, fussy

escrutador, -ora 1 *adj (mirada)* searching
2 *nm Br* scrutineer, *US* electoral inspector

escrutar *vt* (**a**) *(con la mirada)* to scrutinize, to examine (**b**) *(votos)* to count

escrutinio *nm* (**a**) *(de votos)* count *(of votes)* (**b**) *(inspección)* scrutiny

escuadra *nf* (**a**) *(regla, plantilla)* set square *(with two angles of 45° and one of 90°)* ▫ ***e. de agrimensor*** cross staff, surveyor's cross; ***e. falsa*** *(en carpintería)* bevel square, carpenter's square (**b**) *(de buques)* squadron (**c**) *(de soldados)* squad (**d**) *(en fútbol)* **el disparo entró por la e.** the shot went into the top corner of the net

escuadrilla *nf* (**a**) *(de buques)* squadron (**b**) *(de aviones)* squadron

escuadrón *nm (de aviones, caballería)* squadron ▫ ***e. de la muerte*** death squad

escualidez *nf (delgadez)* emaciation

escuálido, -a *adj* emaciated

escualo *nm (tiburón)* shark

escucha *nf* (**a**) *(acción)* listening in, monitoring; **estar** *o* **permanecer a la e.** to listen in ▫ ***escuchas telefónicas*** telephone tapping (**b**) *(centinela)* night scout

escuchar 1 *vt* (**a**) *(sonido)* to listen to (**b**) *(consejo, aviso)* to listen to, to heed; **nunca escucha mis consejos** he never listens to my advice
2 *vi* to listen
3 escucharse *vpr* **parece que se escucha cuando habla** he likes the sound of his own voice

escuchimizado, -a *Fam* **1** *adj* skinny, thin as a rake
2 *nm,f* skinny person

escudar 1 *vt* to shield
2 escudarse *vpr* **escudarse en algo** to hide behind sth, to use sth as an excuse

escudería *nf* team *(in motor racing)*

escudero *nm* squire

escudilla *nf* deep bowl

escudo *nm* (**a**) *(arma)* shield (**b**) *(moneda)* escudo (**c**)*(emblema)* **e. (de armas)** coat of arms

escudriñar *vt (examinar)* to scrutinize, to examine; *(otear)* to search

escuece *etc ver* **escocer**

escuela *nf* (**a**) *(establecimiento)* school; **no pudo ir a la e.** she was unable to go to school ▫ ***e. de artes y oficios*** = college for the study of arts and crafts; ***e. de bellas artes*** art school; ***e. de equitación*** (horse)riding school; ***e. normal*** teacher training college; ***E. Oficial de Idiomas*** = Spanish State language-teaching institute; ***e. de párvulos*** kindergarten; ***e. primaria*** *Br* primary school, *US* elementary school; ***e. privada*** *Br* private school, public school; ***e. pública*** state school; ***e. secundaria*** *Br* secondary school, *US* high school; ***e. taurina*** bullfighting school; ***e. universitaria*** = section of a university which awards diplomas in a vocational discipline (e.g. engineering, business) after three years of study
(**b**) *(enseñanza, conocimientos)* training; **tiene talento, pero le falta e.** he's talented, but he still has a lot to learn
(**c**) *(de artista, doctrina)* school; **la e. cervantina sigue teniendo seguidores** Cervantes' school still has some followers; **hacer e.** to have a following; **ser de la vieja e.** to be of the old school

escuetamente *adv* concisely

escueto, -a *adj (sucinto)* concise; *(sobrio)* plain, unadorned

escueza *etc ver* **escocer**

escuincle, -a *nm,f Méx* nipper, kid

esculcar [59] *vt Am (registrar)* to search

esculpir *vt* to sculpt, to carve

escultor, -ora *nm,f* sculptor, *f* sculptress

escultórico, -a *adj* sculptural

escultura *nf* sculpture

escultural *adj* (**a**) *(en arte)* sculptural (**b**) *(persona)* statuesque

escupidera *nf* (**a**) *(para escupir)* spittoon (**b**) *Andes, RP (orinal)* chamberpot

escupidor *nm Andes, PRico* spittoon

escupir 1 *vi* to spit
2 *vt (sujeto: persona, animal)* to spit out; *(sujeto: volcán, chimenea)* to belch out

escupitajo *nm Fam* gob, spit

escurreplatos *nm inv (bandeja)* dish rack; *(mueble)* = cupboard with built-in dish rack above sink

escurridero *nm* draining board

escurridizo, -a *adj* (**a**) *(animal, material)* slippery (**b**) *(persona)* slippery, evasive; **hacerse el e.** *(desaparecer)* to make oneself scarce

escurrido, -a *adj* (**a**) *(ropa) (en lavadora)* spun-dry; *(estrujando)* wrung-out (**b**) *(verdura)* drained (**c**) *(persona)* thin, skinny

escurridor *nm* colander

escurrir 1 *vt (platos, verdura)* to drain; *(ropa)* to wring out; *(botella)* to empty (out); EXPR *Fam* **e. el bulto** to skive off
2 *vi (gotear)* to drip
3 escurrirse *vpr* (**a**) *Fam (escabullirse)* to get away, to escape; **si puedo me escurriré de la reunión** I'll slip out of the meeting if I can (**b**) *(resbalarse)* **se me escurrió de las manos** it slipped through my fingers

escusado *nm Euf (retrete)* bathroom

escúter (*pl* **escúteres**) *nm* (motor) scooter

esdrújula *nf* word stressed on the third-last syllable

esdrújulo, -a *adj* stressed on the third-last syllable

ese¹ *nf (figura)* zigzag; **hacer eses** *(en carretera)* to zigzag; *(al andar)* to stagger about

ESE², -A (*pl* **esos, -as**) *adj demostrativo*
(**a**) *(en general) (singular)* that; *(plural)* those; **esa corbata** that tie; **e. regalo** that present (**b**) *Fam Pey (singular)* that; *(plural)* those; **el hombre e. no me inspira confianza** I don't trust that man

ÉSE, -A (*pl* **ésos, -as**) *pron demostrativo*

> Note that **ése** and its various forms can be written without an accent when there is no risk of confusion with the adjective.

(**a**) *(en general) (singular)* that one; *(plural)* those (ones); **ponte otro vestido, é. no te queda bien** put on another dress, that one doesn't suit you; **estos pasteles están muy buenos, pero ésos me gustan más** these cakes are very good but I like those (ones) better; **¡a é.!** stop that man!
(**b**) *Fam (despectivo)* **é. fue el que me pegó** that's the one who hit me; **ésa es una bocazas** she's a bigmouth, she is
(**c**) EXPR **¿conque ésas tenemos?** so that's the deal, is it?; **ahora no me vengáis con ésas** don't give me that nonsense now!; **ni por ésas aceptó el cargo** even then he didn't accept the job; **no me lo vendió ni por ésas** even then he wouldn't sell me it

esencia *nf* (**a**) *(lo principal, lo básico)*

essence; **en e.** in essence, essentially; **quinta e.** quintessence (**b**) *(aceite esencial)* essence ❑ ***e. mineral*** mineral oil; ***e. de trementina*** oil of turpentine

esencial *adj* essential; **lo e.** the fundamental thing; **no e.** nonessential, inessential

esencialmente *adv* essentially, in essence

esfera *nf* (**a**) *(figura)* sphere ❑ ***e. armilar*** armillary sphere; ***e. celeste*** celestial sphere; ***e. terrestre*** (terrestrial) globe (**b**) *(de reloj)* face (**c**) *(círculo social)* circle; **las altas esferas de la política** high political circles ⌋ ***e. de influencia*** sphere of in-fluence

esférico, -a 1 *adj* spherical
2 *nm (balón)* ball

esfero *nm*, **esferográfica** *nf Col, Ecuad, Ven* ballpoint pen

esferoidal *adj* spheroidal

esferoide *nm* spheroid

esfinge *nf* sphinx; **ser** *o* **parecer una e.** to be inscrutable

esfínter (*pl* **esfínteres**) *nm* sphincter

esforzadamente *adv* (**a**) *(con valentía)* bravely, courageously (**b**) *(con ánimo)* spiritedly

esforzar [31] **1** *vt (voz, vista)* to strain; **tuve que e. la voz** I had to strain my voice
2 esforzarse *vpr* to make an effort; **esforzarse en** *o* **por hacer algo** to try very hard to do sth, to do one's best to do sth

esfuerzo *nm* effort; **hacer esfuerzos, hacer un e.** to make an effort, to try hard; **estoy haciendo esfuerzos por no llorar** I'm trying hard not to cry; **haz un último e., ya verás como ahora lo consigues** make one last attempt, you'll do it this time!; **sin e.** effortlessly

esfumarse *vpr* (**a**) *(esperanzas, posibilidades)* to fade away (**b**) *Fam (persona)* to vanish, to disappear; **¡esfúmate!** beat it!, get lost!

esfumino *nm Art* stump, = roll of paper used for blurring chalk or charcoal drawings

esgrima *nf* fencing

esgrimidor, -ora *nm,f Dep* fencer

esgrimir *vt* (**a**) *(arma)* to brandish, to wield (**b**) *(argumento, datos)* to use, to employ

esguince *nm* sprain; **hacerse un e. en el tobillo** to sprain one's ankle

eslabón *nm (de cadena)* link; **el e. perdido** the missing link

eslabonar *vt también Fig* to link together

eslalon (*pl* **eslalons**) *nm Dep* slalom ⌋ ***e. gigante*** giant slalom

eslavo, -a 1 *adj* Slav, Slavonic
2 *nm,f (persona)* Slav
3 *nm (lengua)* Slavonic

eslip (*pl* **eslips**) *nm* briefs

eslogan (*pl* **eslóganes**) *nm* slogan

eslora *nf Náut* length

eslovaco, -a 1 *adj & nm,f* Slovak, Slovakian
2 *nm (lengua)* Slovak

Eslovaquia *n* Slovakia

Eslovenia *n* Slovenia

esloveno, -a 1 *adj & nm,f* Slovene
2 *nm (lengua)* Slovene

esmachar *vt (pelota) (en tenis)* to smash; *(en baloncesto)* to dunk

esmaltado, -a 1 *adj* enamelled
2 *nm* enamelling

esmaltar *vt* to enamel

esmalte *nm* (**a**) *(en dentadura, cerámica)* enamel; *(de uñas)* nail varnish *o* polish ❑ ***e. dental*** dental enamel (**b**) *(objeto, joya)* enamel

esmeradamente *adv* painstakingly, with extreme care

esmerado, -a *adj (persona)* painstaking, careful; *(trabajo)* carefully done, polished

esmeralda 1 *nf (piedra preciosa)* emerald
2 *adj & nm inv* emerald

esmeraldino, -a *adj* emerald, emerald-coloured

esmerarse *vpr (esforzarse)* to take great pains; **tendrás que esmerarte más si quieres aprobar** you'll have to take more care if you want to pass; **se esmeró en hacerlo bien** she took great pains to do it well; **se esmeró por quedar bien delante de sus padres** he made a great effort to impress her parents

esmerejón *nm (ave)* merlin

esmeril *nm* emery

esmerilado, -a *adj (pulido)* polished with emery; *(translúcido)* ground

esmerilar *vt (pulir)* to polish with emery

esmero *nm* great care; **puso mucho e. en la tarea** he took great pains over the task

esmirriado, -a *adj Fam* puny, weak

esmoquin (*pl* **esmóquines**) *nm Br* dinner jacket, *US* tuxedo

esnifada *nf muy Fam (de cola)* sniff; *(de cocaína)* snort

esnifar *vt muy Fam (cola)* to sniff; *(cocaína)* to snort

esnob (*pl* **esnobs**) **1** *adj* **es muy e.** he's always trying to look trendy and sophisticated
2 *nmf* = person who wants to appear trendy and sophisticated

esnobismo *nm* **sólo lo hace por e.** he's just doing that because he thinks it's trendy and sophisticated

ESO *pron demostrativo (neutro)* that; **e. es la Torre Eiffel** that's the Eiffel Tower; **e. es lo que yo pienso** that's just what I think; **e. que propones es irrealizable** what you're proposing is impossible; **e. de vivir solo no me gusta** I don't like the idea of living on my own; **a e. del mediodía** (at) about *o* around midday; **en e.** just then, at that very moment; **¿qué es e. de que no piensas acabarte la comida?** what's this about you not wanting to finish your dinner?; **¿cómo es e.?, ¿y e.?** (¿por qué?) how come?; **¡e., e.!** that's right!, yes!; **¡e. es!** that's it!; **para e. es mejor no ir** if that's all it is, you might as well not go; **¡y para e. me llamas!** you're ringing me up for THAT? ; **por e. vine** that's why I came; **no me sale bien, y e. que lo intento** try as I might, I can't get it right; **sabe tocar el violín, y e. que sólo tiene cinco años** she can play the violin even though she's only five years old

esófago *nm* oesophagus

esos, -as *ver* **ese**

ésos, -as *ver* **ése**

esotérico, -a *adj* esoteric

esoterismo *nm* (**a**) *(impenetrabilidad)* esoteric nature (**b**) *(ciencias ocultas)* esotericism

espabilado, -a *adj* (**a**) *(despierto)* awake (**b**) *(avispado)* quick-witted, on the ball; **este chico es muy poco e.** that boy is rather slow

espabilar 1 *vt* (**a**) *(despertar)* to wake up (**b**) *(avispar)* **e. a alguien** to sharpen sb's wits; **el hambre espabila la mente** hunger sharpens one's wits
2 *vi (darse prisa)* to get a move on; **espabila o vamos a perder el tren** get a move on or we'll miss the train
3 espabilarse *vpr* (**a**) *(despertarse)* to wake up, to brighten up (**b**) *(darse prisa)* to get a move on (**c**) *(avisparse)* to sharpen one's wits

espachurrar *Fam* **1** *vt* to squash
2 espachurrarse *vpr* to get squashed

espaciado, -a 1 *adj* at regular intervals
2 *nm Informát* spacing

espaciador *nm* space bar

espacial *adj* (**a**) *(vuelo, lanzadera)* space; **cohete e.** space rocket (**b**) *(dimensión)* spatial; **coordenadas espaciales** spatial coordinates

espaciar *vt* (**a**) *(en el espacio, en el tiempo)* to space out (**b**) *Informát* to space

espacio *nm* (**a**) *(capacidad, extensión)* space; **la relación entre el e. y el tiempo** the relationship between space and time; **no tengo mucho e.** I don't have much room; **a doble e.** double-spaced ⌋ ***e. aéreo*** air space; ***e. en blanco*** blank; *Informát* ***e. indivisible*** hard space; ***e.-tiempo*** space-time; *Mat* ***e. vectorial*** vector space; ***e. vital*** living space; *Informát* ***e. Web*** Web space
(**b**) *(lugar)* space; **no soporto los espacios cerrados** I can't bear enclosed spaces ❑ ***e. verde*** *(grande)* park; *(pequeño)* lawn green
(**c**) *(radiofónico, televisivo)* programme ❑ ***e. electoral*** party political broadcast; ***e. publicitario*** advertising spot
(**d**) *(duración)* **cortaron el agua por e. de dos horas** the water was cut off for two hours; **en un corto e. de tiempo** in a short space of time; **en el e. de tiempo que se tarda en escribir una postal** in the time it takes to write a postcard
(**e**) *Astron* **el e.** (outer) space; **la conquista del e. es todavía un sueño** the conquest of (outer) space is still a dream ⌋ ***e. exterior*** outer space

espacioso, -a *adj* spacious

espada 1 *nf* (**a**) *(arma)* sword; EXPR **estar entre la e. y la pared** to be between the devil and the deep blue sea ▫ ***la e. de Damocles*** the sword of Damocles; *Fig* ***e. de dos filos*** double-edged sword (**b**) *(naipe)* = any card in the espadas suit; **espadas** = suit in Spanish deck of cards, with the symbol of a sword (**c**) *(pez)* swordfish (**d**) *(espadachín)* swordsman

2 *nm Taurom* matador

espadachín *nm* swordsman

espadaña *nf* (**a**) *(planta)* bullrush (**b**) *(campanario)* bell gable

espadilla *nf (en naipes)* = ace of the "swords" suit in a Spanish deck of cards

espagueti *nm* piece of spaghetti; **espaguetis** spaghetti *(singular)*; EXPR *Fam* **estar como un e.** to be skinny

espalda *nf* (**a**) *(del cuerpo)* back; **cargado de espaldas** round-shouldered; **lo vi de espaldas** I saw him from behind; **caer** *o* **dar de espaldas** to fall flat on one's back; **de espaldas a alguien** with one's back turned on sb; **e. con e.** back to back; **tumbarse de espaldas** to lie on one's back; **por la e.** from behind; *Fig* behind one's back; EXPR *Euf* **le dio una patada donde la e. pierde su (santo) nombre** she kicked him in his rear end; *Fig* **cubrirse las espaldas** to cover oneself; EXPR **echarse algo sobre las espaldas** to take sth on; **hacer algo a espaldas de alguien** to do sth behind sb's back; **hablar de uno a sus espaldas** to talk about sb behind their back; EXPR **tener buenas espaldas** to be mentally tough; EXPR **tirar** *o* **tumbar de espaldas** to be amazing *o* stunning; **volver** *o* **dar la e. a alguien** to turn one's back on sb ▫ ***e. mojada*** wetback

(**b**) *(en natación)* backstroke; **nadar a e.** to do the backstroke

espaldarazo *nm* blow to the back; **eso le dio el e. (definitivo)** that finally earned her widespread recognition

espaldear *vt Chile (proteger)* to guard the back of

espalderas *nfpl* wall bars

espaldilla *nf* shoulder *(of lamb etc)*

espantada *nf* **dar** *o* **pegar una e.** *(caballo)* to bolt; EXPR *Fam* **dar la e.** to bolt, to take to one's heels

espantadizo, -a *adj* nervous, easily frightened

espantado, -a *adj* frightened, scared

espantajo *nm* (**a**) *(espantapájaros)* scarecrow (**b**) *(persona fea)* fright, sight

espantapájaros *nm inv* scarecrow

espantar 1 *vt* (**a**) *(ahuyentar)* to frighten *o* scare away; **espanta a las moscas con el rabo** it keeps the flies off with its tail (**b**) *(asustar)* to frighten, to scare

2 *vi* **esa casa espanta sólo de verla** that house is frightening just to look at

2 espantarse *vpr (asustarse)* to get frightened *o* scared (**con** by); **me espanté al ver lo caro que era todo** I got a shock when I saw how expensive everything was

espanto *nm* (**a**) *(horror)* fright; **le tiene e. a las arañas** he's scared of spiders; **siento e. por las tormentas** I'm frightened of storms; **¡qué e.!** how terrible!; *Fam* **¡qué e. de traje!** what an awful *o* a frightful suit!; **hacía un calor de e.** the heat was appalling (**b**) *Am (fantasma)* ghost

espantosamente *adv* (**a**) *(con espanto)* frighteningly (**b**) *(con asombro)* astonishingly, amazingly

espantoso, -a *adj* (**a**) *(terrorífico)* horrific (**b**) *(enorme)* terrible; **tengo un frío e.** I'm freezing to death (**c**) *(feísimo)* frightful, horrible (**d**) *(asombroso)* astounding, amazing; **su capacidad para mentir es espantosa** he has an amazing ability to lie

España *n* Spain

español, -ola 1 *adj* Spanish

2 *nm,f (persona)* Spaniard

3 *nm (lengua)* Spanish

españolada *nf Pey* = exaggerated portrayal of Spain

españolismo *nm* (**a**) *(apego, afecto)* affinity for things Spanish (**b**) *(carácter, naturaleza)* Spanishness, Spanish character

españolizar [14] **1** *vt* to make Spanish, to hispanicize

2 españolizarse *vpr* to adopt Spanish ways

esparadrapo *nm* (sticking) plaster, *US* Band-aid®

esparcido, -a *adj (desparramado)* scattered; *(diseminado)* widespread

esparcimiento *nm* (**a**) *(diseminación)* scattering (**b**) *(ocio)* relaxation, time off

esparcir [72] **1** *vt (extender)* to spread; *(diseminar)* to scatter

2 esparcirse *vpr* to spread (out); **el azúcar se esparció por toda la mesa** the sugar scattered all over the table

espárrago *nm* stalk of asparagus; **espárragos** asparagus; EXPR *Fam* **me mandó a freír espárragos** he told me to get lost, he told me where to go; EXPR *Fam* **¡vete a freír espárragos!** get lost! ▫ ***espárragos trigueros*** wild asparagus

esparraguera *nf* asparagus (plant)

espartano, -a 1 *adj* (**a**) *(de Esparta)* Spartan (**b**) *Fig (sobrio)* spartan

2 *nm,f* Spartan

esparto *nm* esparto (grass)

espasmo *nm* spasm

espasmódico, -a *adj* spasmodic

espástico, -a *adj* spastic

espatarrarse *vpr Fam* to sprawl *(with one's legs wide open)*

espato *nm Geol* spar ▫ ***e. de Islandia*** Iceland spar

espátula *nf* (**a**) *Culin & Med* spatula; *Arte* palette knife; *Constr* bricklayer's trowel; *(de empapelador)* stripping knife (**b**) *(ave)* spoonbill

especia *nf* spice

especial 1 *adj* (**a**) *(adecuado)* special; **hoy es un día e., celebramos nuestro aniversario** today's a special day, we're celebrating our anniversary; **e. para** specially for (**b**) *(peculiar)* peculiar, strange (**c**) **en especial** *loc adv* especially, particularly; **me gusta la pasta, en e. los macarrones** I like pasta, especially macaroni; **¿alguno en e.?** any one in particular?

2 *nm (programa)* special; **un e. informativo** a news special

especialidad *nf* (**a**) *(en restaurante)* speciality ▫ ***e. de la casa*** speciality of the house (**b**) *(en estudios) US* major, = main subject of degree; **estudia la e. de derecho canónico** she's specializing in canon law; **este tema no es de mi e.** this subject doesn't come into my specialist field; **son cinco años de carrera y tres de e.** there are five years of university study and three years of specialization

especialista 1 *adj* specializing (**en** in); **médico e.** specialist

2 *nmf* (**a**) *(experto)* specialist (**en** in) (**b**) *(médico)* specialist; **el e. de riñón** the kidney specialist (**c**) *Cine* stuntman, *f* stuntwoman

especialización *nf* specialization

especializado, -a *adj* specialized (**en** in); **un abogado e. en casos de divorcio** a lawyer specializing in divorce cases; **no e.** *(mano de obra)* unskilled

especializar [14] **1** *vt* to specialize

2 especializarse *vpr* to specialize (**en** in)

especialmente *adv* especially, specially

especie *nf* (**a**) *(animal)* species *(singular)*; **e. endémica** endemic species; **e. protegida** protected species; **e. en vías de extinción** endangered species (**b**) *(clase)* kind, sort; **llevaba una e. de abrigo** she was wearing some sort of overcoat (**c**) **pagar en e.** *o* **especies** to pay in kind (**d**) *Rel* **especies sacramentales** species

especiería *nf* spice shop

especiero *nm (mueble)* spice rack

especificación *nf* specification

específicamente *adv* specifically

especificar [59] *vt* to specify; **la guía no especifica nada sobre el tema** the guide doesn't go into details on the subject

especificativo, -a *adj* specifying

especificidad *nf* specificity

específico, -a 1 *adj* specific

2 *nmpl* **específicos** *Med* patent medicines

espécimen (*pl* **especímenes**) *nm* specimen

espectacular *adj* spectacular

espectacularidad *nf* spectacular nature

espectacularmente *adv (en sentido positivo)* spectacularly; *(en sentido negativo)* dramatically

espectáculo *nm* (**a**) *(diversión)* entertainment; *(función)* show, performance; **espectáculos** *(sección periodística)* entertainment section; **el e. del fútbol tiene cada día más seguidores** football has more and more followers; **el mundo del e.** (the world of) show business ▫ ***e. pirotécnico*** firework display; ***e. de va-***

riedades variety show (**b**) *(suceso, escena)* sight; **ver cómo le pegaban fue un penoso e.** seeing them hit him was a terrible sight; EXPR *Fam* **dar el e.** to cause a scene

espectador, -ora *nm,f* (**a**) *(de televisión)* viewer; *(de cine, teatro)* member of the audience; *(de espectáculo deportivo)* spectator; **los espectadores** *(de cine, teatro)* the audience (**b**) *(de suceso, discusión)* onlooker; **yo fui un mero e.** I was just an onlooker

espectral *adj* (**a**) *Fís* spectral (**b**) *(misterioso, lúgubre)* ghostly

espectro *nm* (**a**) *Fís* spectrum (**b**) *(gama, abanico)* spectrum; **un antibiótico de amplio e.** a broad-spectrum antibiotic (**c**) *(fantasma)* spectre, ghost (**d**) *(de horror, hambre)* spectre

espectrógrafo *nm Fís* spectrograph

espectroscopia *nf* spectroscopy

espectroscopio *nm* spectroscope

especulación *nf* (**a**) *(económica, financiera)* speculation; **la e. inmobiliaria** property speculation (**b**) *(conjetura)* speculation

especulador, -ora *nm,f* speculator

especular *vi* (**a**) *(reflexionar, formular hipótesis)* to speculate (**sobre** about) (**b**) **e. en** *(comerciar, traficar)* to speculate on; **e. con la propiedad** to speculate with property

especulativo, -a *adj* (**a**) *(comercio, economía)* speculative (**b**) *(conocimiento)* speculative, theoretical

espéculo *nm Med* speculum

espejismo *nm* (**a**) *(imagen)* mirage (**b**) *(ilusión)* illusion

espejo *nm* (**a**) *(para mirarse)* mirror; **dejó la mesa como un e.** he left the table spotless; **los padres se miran en los hijos como en un e.** parents see themselves in their children ▫ ***e. de cuerpo entero*** full-length mirror; ***e. de mano*** hand mirror; ***e. retrovisor*** rear-view mirror (**b**) *(imagen, reflejo)* mirror; **la cara es el e. del alma** the face is the mirror of the soul (**c**) *(modelo)* model, example; **es un e. de virtud** he's a paragon of virtue (**d**) ***e. de los Incas*** *(mineral)* obsidian

espeleología *nf* potholing

espeleólogo, -a *nm,f* potholer

espeluznante *adj* hair-raising, lurid

espeluznar *vt* **1** *(asustar)* to terrify

2 espeluznarse *vpr (asustarse)* to be terrified

espera *nf* (**a**) *(acción)* wait; **después de una e. prudencial, partimos sin él** after waiting for a reasonable amount of time, we left without him; **la e. se nos hizo interminable** the waiting seemed endless; **en e. de, a la e. de** waiting for, awaiting; **seguimos a la e. de su respuesta** *(en cartas)* we await your reply; **en e. de lo que decida el jurado** while awaiting the jury's decision (**b**) *(plazo)* respite

esperanto *nm* Esperanto

esperanza *nf* (**a**) *(deseo, ganas)* hope; *(confianza, expectativas)* expectation; **la reunión ha suscitado nuevas esperanzas de una solución** the meeting has given rise to new hopes of a solution; **tengo e. de que todo se arregle** I have hopes that everything will be sorted out; **mantengo la e. de volver a verla** I still hope to see her again; **él es nuestra única e.** he's our only hope; **está en estado de buena e.** she's expecting; **dar esperanzas a** to encourage, to give hope to; **los médicos no nos han querido dar esperanzas** the doctors don't hold out much hope (for him/her); **perder la e.** to lose hope; **tener e. de hacer algo** to hope to be able to do sth; PROV **la e. es lo último que se pierde** where there's life there's hope ▫ ***e. de vida*** life expectancy; ***e. de vida al nacimiento*** life expectancy at birth

(**b**) *(fe)* faith

esperanzadamente *adv* hopefully

esperanzado, -a *adj* hopeful

esperanzador, -ora *adj* encouraging, hopeful

esperanzar [14] **1** *vt* to give hope to, to encourage

2 esperanzarse *vpr* to be encouraged

ESPERAR **1** *vt* (**a**) *(aguardar)* to wait for; **e. el autobús** to wait for the bus; **te esperaremos en el aeropuerto** we'll meet you at the airport, we'll be waiting for you at the airport; **esperadnos un minuto** wait for us a minute; **¿a qué estás esperando?** what are you waiting for?; **e. a que alguien haga algo** to wait for sb to do sth; **esperaré a que vuelva** I'll wait till she gets back

(**b**) *(tener esperanza de)* **todos esperamos la victoria** we all hope for victory; **esperamos salir al campo el domingo** we are hoping to go on a trip to the countryside on Sunday; **espero poder ayudar** I hope I can be of some help; **e. que** to hope that; **espero que sí/no** I hope so/not; **espero que no te hayas ofendido** I hope you didn't take offence; **esperamos que no sea nada** let's hope it's nothing serious; **es de e. que no ocurra ninguna desgracia** let's hope nothing terrible happens

(**c**) *(tener confianza en)* to expect; **espero que venga esta noche** I expect (that) she'll come tonight; **e. algo de alguien** to expect sth from sb, to hope for sth from sb; **espero discreción de usted** I expect discretion from you, I expect you to be discreet; **no esperaba menos de él** I expected no less of him

(**d**) *(ser inminente para)* to await, to be in store for; **le esperan dificultades** many difficulties await him; *Fam* **¡me espera una buena en casa!** I'm in for it when I get home!

2 *vi* (**a**) *(aguardar)* to wait; **espera en este despacho** wait in this office; **espera, que ya voy** wait a minute, I'm coming; **espera un instante, ¿no es el famoso Pedro Valverde?** hang on *o* wait a minute, isn't that the famous Pedro Valverde?; **no creo que puedas hacerlo — espera y verás** I don't think you'll be able to do it — just (you) wait and see; **su enfado no se hizo e.** it didn't take long for her anger to surface; *Fam* **si crees que te voy a dejar dinero, puedes e. sentado** if you think I'm going to lend you some money, you've got another think coming; **hacer e. a alguien** to keep sb waiting, to make sb wait; PROV **quien espera desespera** a watched pot never boils

(**b**) *(ser inevitable)* **le esperan dificultades** many difficulties await him; **como era de e.** as was to be expected

(**c**) *(estar embarazada)* to be expecting; **está esperando desde hace cuatro meses** she's four months pregnant

3 esperarse *vpr* (**a**) *(imaginarse, figurarse)* to expect; **ya me esperaba yo esta contestación** I expected that answer; **se esperaban lo peor** they expected *o* feared the worst; **¿qué te esperabas?** what did you expect?

(**b**) *(aguardar)* to wait; **espérate un momento** wait a minute; **esperarse a que alguien haga algo** to wait for sb to do sth; **no te esperes a que nadie resuelva tus problemas** don't wait for other people to solve your problems

(**c**) *(uso impersonal)* to be expected; **se esperan lluvias en toda la región** rain is expected *o* there will be rain across the whole region; **se espera que acudan varios miles de personas** several thousand people are expected to attend; **se esperaba que hiciera unas declaraciones** he was expected to make a statement

esperma *nm o nf* sperm ▫ ***e. de ballena*** sperm oil, spermaceti

espermaticida **1** *adj* spermicidal

2 *nm* spermicide

espermatozoide *nm* sperm

espermatozoo *nm* spermatozoon

espermicida **1** *adj* spermicidal

2 *nm* spermicide

esperpéntico, -a *adj* grotesque

esperpento *nm* (**a**) *(persona)* grotesque sight; **vestido así pareces un e.** you look a sight dressed like that (**b**) *(cosa)* absurdity, piece of nonsense

espesante *nm* thickening, thickener

espesar **1** *vt & vi* to thicken

2 espesarse *vpr (líquido)* to grow *o* become thicker

espeso, -a *adj* (**a**) *(crema, pintura, muro)* thick (**b**) *(bosque, niebla)* dense; *(nieve)* deep (**c**) *(complicado)* dense, difficult (**d**) *Perú, Ven Fam (pesado)* **¡no seas e.!** don't be a pain!

espesor *nm* (**a**) *(grosor)* thickness; **tiene 2 metros de e.** it's 2 metres thick (**b**) *(densidad) (de niebla, bosque)* density; *(de nieve)* depth

espesura *nf* (**a**) *(vegetación)* thicket (**b**) *(grosor)* thickness; *(densidad)* density

espetar *vt* (**a**) *(palabras)* to blurt out, to tell straight out (**b**) *(carne)* to skewer

espetón *nm* (**a**) *(pincho)* skewer, spit (**b**) *(pez)* needlefish, pipefish

espía 1 *adj* **avión/satélite e.** spy plane/ satellite
2 *nmf* spy ▫ ***e. doble*** double agent
3 *nf Náut (cabo)* warp

espiar [32] **1** *vt* to spy on
2 *vi* (**a**) *(secretamente)* to spy (**b**) *Náut* to warp

espichar *vt* (**a**) *Chile, Perú (vasija, cuba)* to put a *Br* tap *or US* faucet on (**b**) *muy Fam* **espicharla** *(morir)* to kick the bucket

espiga *nf* (**a**) *(de cereal)* ear (**b**) *(en telas)* herringbone (**c**) *(pieza) (de madera)* peg; *(de hierro)* pin (**d**) *(de espada)* tang (**e**) *Náut* masthead

espigado, -a *adj* (**a**) *(persona)* tall and slim (**b**) *(cereal)* ripe

espigar [38] **1** *vt (información)* to glean
2 **espigarse** *vpr* (**a**) *Fam (persona)* to shoot up (**b**) *(planta)* to go to seed

espigón *nm* breakwater

espiguilla *nf* herringbone

espín *nm Fís* spin

espina *nf* (**a**) *(astilla)* splinter
(**b**) *(de pez)* bone
(**c**) *(de planta)* thorn
(**d**) *Anat* spine ▫ *Med* ***e. bífida*** spina bifida; ***e. dorsal*** spine; *Fig* backbone
(**e**) *(pena, pesar)* grief, sorrow; **sacarse una e.** *(desquitarse)* to settle an old score; *(desahogarse)* to relieve a long-standing frustration; **todavía tengo clavada la e. de no haber ido a la universidad** I still feel bad about not having gone to university
(**f**) *Fam (duda, sospecha)* **me da mala e.** it makes me uneasy, there's something fishy about it; **me da en la e. que...** I've got this funny feeling that...
(**g**) ***e. blanca*** *(planta)* cotton thistle

espinaca *nf* **espinaca(s)** spinach

espinal *adj* spinal

espinazo *nm* spine, backbone; EXPR **doblar el e.** *(humillarse)* to kowtow; *(trabajar duro)* to put one's back into it

espineta *nf* spinet

espinilla *nf* (**a**) *(hueso)* shin, shinbone (**b**) *(grano)* blackhead

espinillera *nf* shin pad

espinillo *nm* (**a**) *RP (árbol)* nandubay (**b**) *Carib (arbusto)* = variety of mimosa

espino *nm* (**a**) *(planta)* hawthorn ▫ ***e. amarillo*** common sea-buckthorn; ***e. cerval*** purging buckthorn; ***e. falso*** common sea-buckthorn; ***e. negro*** buckthorn, blackthorn (**b**) *(alambre)* barbed wire

espinoso, -a 1 *adj* (**a**) *(con espinas)* thorny (**b**) *(asunto)* thorny
2 *nm (pez)* three-spined stickleback

espionaje *nm* espionage ▫ ***e. industrial*** industrial espionage

espira *nf* (**a**) *Mat* spiral, helix (**b**) *Zool* spire (**c**) *(vuelta)* whorl (**d**) *Arquit* surbase

espiración *nf* exhalation, breathing out

espirador, -ora *adj Anat* expiratory; **músculo e.** expiratory muscle

espiral *nf* (**a**) *(línea curva)* spiral; **en e.** *(escalera, forma)* spiral (**b**) *(escalada)* spiral ▫ *Econ* ***e. inflacionaria*** inflationary spiral; ***e. de violencia*** spiral of violence (**c**) *(contraceptivo)* coil (**d**) *(de reloj)* balance spring, hairspring

espirar *vt & vi* to exhale, to breathe out

espiritismo *nm* spiritualism; **sesión de e.** seance

espiritista *adj* spiritualist

espiritoso, -a *adj (bebida)* alcoholic

espíritu *nm* (**a**) *(mente, alma)* spirit; *Rel* soul ▫ ***e. maligno*** evil spirit; ***E. Santo*** Holy Ghost (**b**) *(fantasma)* ghost (**c**) *(actitud)* spirit; **tener e. de contradicción** to be contrary ▫ ***e. deportivo*** sporting spirit; ***e. de equipo*** team spirit; ***e. de venganza*** desire for vengeance; **tener e. de venganza** to be vengeful (**d**) *(carácter)* spirit; **el e. de la época** the spirit of the age; **el e. de la ley** the spirit of the law (**e**) *(ánimo)* **levantar el e.** to cheer up; **levantar el e. a alguien** to lift *o* raise sb's spirits (**f**) *Quím* spirit; **e. de sal/de vino** spirits of salt/of wine

espiritual *adj & nm* spiritual

espiritualidad *nf* spirituality

espiroidal *adj* spiral, spiroid

espirómetro *nm* spirometer

espita *nf* spigot, *Br* tap, *US* faucet

espléndidamente *adv* (**a**) *(con ostentación)* magnificently, splendiferously (**b**) *(con abundancia)* generously, lavishly

esplendidez *nf* (**a**) *(generosidad)* generosity (**b**) *(magnificencia)* splendour

espléndido, -a *adj* (**a**) *(magnífico)* splendid, magnificent (**b**) *(generoso)* generous, lavish

esplendor *nm* (**a**) *(magnificencia)* splendour (**b**) *(apogeo)* greatness; **la empresa atravesaba por su momento de máximo e.** the company was at its most successful

esplendoroso, -a *adj* magnificent

espliego *nm* lavender

espolear *vt* (**a**) *(caballo, persona)* to spur on (**b**) *(persona)* to spur on

espoleta *nf* (**a**) *(de proyectil)* fuse (**b**) *Zool* wishbone

espolón *nm* (**a**) *(de ave)* spur (**b**) *(de sierra)* spur (**c**) *Arquit* buttress (**d**) *(de mar)* sea wall, dike; *(de río) Br* embankment, *US* levee

espolvorear *vt* to dust, to sprinkle

esponja *nf* sponge; **beber como una e.** to drink like a fish ▫ ***e. vegetal*** loofah, vegetable sponge

esponjar *vt* to fluff up

esponjosidad *nf (de toalla)* fluffiness; *(de bizcocho)* sponginess

esponjoso, -a *adj (toalla, jersey)* fluffy; *(bizcocho)* light, fluffy

esponsales *nmpl* betrothal

esponsorizar *vt* to sponsor

espontáneamente *adv* spontaneously

espontaneidad *nf* spontaneity; **actúa con e.** he acts spontaneously

espontáneo, -a 1 *adj* spontaneous
2 *nm,f* = spectator who tries to join in the event (e.g. by jumping into the bullring or climbing on to the stage at a concert)

espora *nf* spore

esporádicamente *adv* sporadically

esporádico, -a *adj* sporadic

esport [es'por]: **de esport** *loc adj* **chaqueta de e.** sports jacket; **ropa de e.** casual clothes

esposa *nf Am (anillo)* episcopal ring

esposado, -a *adj* handcuffed

esposar *vt* to handcuff

esposas *nfpl (objeto)* handcuffs; **ponerle las e. a alguien** to handcuff sb

esposo, -a *nm,f (persona)* husband, *f* wife; **los esposos salieron de la iglesia** the couple *o* the newlyweds left the church

espot [es'pot] (*pl* **espots**) *nm* (TV) advert; **un e. publicitario** a (television) commercial

espray (*pl* **esprays**) *nm* spray

esprint (*pl* **esprints**) *nm* sprint ▫ ***e. especial*** hot spot sprint

esprintar [esprintar] *vi* to sprint

esprínter (*pl* **esprínters**) *nmf* sprinter

espuela *nf* (**a**) *(en el talón)* spur (**b**) EXPR *Fam (última copa)* **tomar la e.** to have one for the road (**c**) ***e. de caballero*** *(planta)* larkspur (**d**) *Arg, Chile (hueso)* wishbone

espuerta *nf (recipiente)* basket; *Fam* **a espuertas** by the sackful *o* bucket

espulgar [38] *vt (de pulgas, piojos)* to delouse

espulgo *nm (de pulgas, piojos)* delousing

espuma *nf (conjunto de burbujas)* foam; *(de cerveza)* head; *(de jabón)* lather; *(de olas)* surf; *(de un caldo)* scum; *(para pelo)* (styling) mousse; **crecer como la e.** *(negocio)* to go from strength to strength; **su fortuna creció como la e.** his fortune mushroomed ▫ ***e. de afeitar*** shaving foam; ***e. de poliuretano*** polyurethane foam

espumadera *nf* skimmer

espumante *adj* foaming, frothing

espumar *vt (caldo)* to skim

espumarajo *nm* froth, foam; *también Fig* **echar espumarajos (por la boca)** to foam at the mouth; **el mar estaba lleno de espumarajos** there was lots of dirty foam on the sea

espumilla *nf CAm, Ecuad (merengue)* meringue

espumillón *nm* tinsel

espumoso, -a 1 *adj (baño)* foamy, bubbly; *(cerveza)* frothy, foaming; *(vino)* sparkling; *(jabón)* lathery
2 *nm* sparkling wine

espundia *nf Bol, Perú, Ven Med* elephantiasis

espúreo, -a, espurio, -a *adj* (**a**) *(bastardo)* illegitimate (**b**) *Fig (falso)* spurious, false

esputar *vi* to cough up *o* spit phlegm

esputo *nm (flema)* spittle; *Med* sputum

esquech (*pl* **esqueches**), **esquetch** (*pl* **esquetches**) *nm* (comic) sketch

esqueje *nm* cutting *(of plant)*

esquela *nf* funeral notice *(in newspaper)*

esquelético, -a *adj* skeletal; *Fam Fig (muy delgado)* skinny; **estar e.** to be extremely thin

esqueleto *nm* (**a**) *(de persona)* skeleton; *Fam* **menear** *o* **mover el e.** to boogie (on down); **estar como un e.** to be skin and bone (**b**) *(armazón)* framework; *(de novela, argumento)* outline (**c**) *Fam (persona muy delgada)* skeleton; EXPR **estar hecho un e.** to be like a skeleton, to be skin and bones (**d**) *CAm, Col, Méx (formulario)* form

esquema *nm* (**a**) *(gráfico)* diagram (**b**) *(resumen)* outline (**c**) *(principio)* **los esquemas mentales de un niño** the world view of a child; EXPR **su respuesta me rompe los esquemas** her answer has thrown all my plans up in the air

esquemáticamente *adv* schematically

esquemático, -a *adj* schematic; **muy e.** *(explicación, resumen)* concise

esquematismo *nm* schematism

esquematizar [14] *vt* (**a**) *(en forma de gráfico)* to draw a diagram of (**b**) *(resumir)* to outline

esquí (*pl* **esquíes** *o* **esquís**) *nm* (**a**) *(tabla)* ski (**b**) *(deporte)* skiing; **hacer e.** to go skiing, to ski ▫ ***e. acuático*** water-skiing; ***e. alpino*** downhill skiing; ***e. de baches*** moguls; ***e. de fondo*** cross-country skiing; ***e. náutico*** water-skiing; ***e. nórdico*** cross-country skiing; ***e. de saltos*** ski-jumping; ***e. de travesía*** cross-country skiing

esquiador, -ora *nm,f* skier

esquiar [32] *vi* to ski; **van a e. a los Alpes** they're going skiing in the Alps

esquila *nf* (**a**) *(cencerro)* cowbell; *(campana pequeña)* small bell (**b**) *(acción de esquilar)* shearing (**c**) *(camarón)* prawn (**d**) *(insecto)* whirligig beetle (**e**) *Bot* squill

esquilador, -ora *nm,f* sheepshearer

esquilar *vt* to shear

esquilmar *vt (recursos)* to overexploit

esquimal 1 *adj & nmf* Eskimo
2 *nm (lengua)* Eskimo

esquina *nf* (**a**) *(en calle)* corner; *también Fig* **a la vuelta de la e.** just round the corner; **doblar la e.** to turn the corner; **hacer e. (con)** to be on the corner (of) (**b**) *(en fútbol)* corner; **saque de e.** corner (kick); **sacar de e.** to take a corner (kick)

esquinado, -a *adj* on the corner

esquinar 1 *vt* (**a**) *(hacer esquina con)* to form a corner with (**b**) *(poner en esquina)* to put in a corner
2 *vi* to form a corner (**con** with)

esquinazo *nm* (**a**) *(esquina)* corner; **dar (el) e. a alguien** to give sb the slip (**b**) *Chile (serenata)* serenade

esquinera *nf* (**a**) *(mueble)* cornerpiece (**b**) *Ven (sábana ajustable)* fitted sheet

esquirla *nf (de loza, hueso)* splinter

esquirol *nm* scab, *Br* blackleg

esquisto *nm Geol* schist

esquite *nm CAm* popcorn

esquivar *vt (persona, discusión)* to avoid; *(golpe)* to dodge

esquivez *nf* shyness

esquivo, -a *adj* **es algo e.** he's not very sociable; **está muy e. con todos nosotros** he's very unsociable towards us all

esquizofrenia *nf* schizophrenia

esquizofrénico, -a *adj & nm,f* schizophrenic

esquizoide *adj* schizoid

esta *ver* **este**

ésta *ver* **éste**

estabilidad *nf* stability ▫ ***e. de precios*** price stability

estabilización *nf* stabilization

estabilizador, -ora 1 *adj* stabilizing
2 *nm (de avión, barco)* stabilizer

estabilizante *nm (aditivo)* stabilizer

estabilizar [14] **1** *vt* to stabilize
2 estabilizarse *vpr* to stabilize, to become stable

estable *adj* (**a**) *(firme)* stable (**b**) *(permanente) (huésped)* permanent; *(cliente)* regular; *(relación)* stable

establecer [46] **1** *vt* (**a**) *(en general)* to establish; *(récord)* to set (**b**) *(negocio, campamento)* to set up
2 establecerse *vpr* (**a**) *(instalarse)* to settle (**b**) *(poner un negocio)* to set up a business

establecido, -a *adj (convencional)* established

establecimiento *nm* (**a**) *(tienda, organismo)* establishment ▫ ***e. de enseñanza*** educational institution; ***e. penitenciario*** penal institution (**b**) *(de normas, hechos)* establishment; *(de récord)* setting (**c**) *(de negocio, colonia)* setting up (**d**) *(de emigrantes, colonos)* settlement

establezco *etc ver* **establecer**

establo *nm (para caballos)* stable; *(para vacas)* cowshed

estabulación *nf (de ganado)* stabling

estaca *nf* (**a**) *(para clavar, delimitar)* stake; *(de tienda de campaña)* peg; **le clavó una e. en el corazón** she drove a stake through his heart (**b**) *(garrote)* cudgel (**c**) *Bot* cutting

estacada *nf* stockade; EXPR **dejar a alguien en la e.** to leave sb in the lurch; EXPR **quedarse en la e.** to be left in the lurch

estacar *vt* **1** *Andes, CAm, Ven (sujetar)* to fasten down with stakes
2 estacarse *vpr CAm, Carib, Col (clavarse una astilla)* to get a splinter

estacazo *nm (golpe)* blow with a stake

estación *nf* (**a**) *(edificio)* station ▫ ***e. de autobuses*** *o* ***autocares*** coach station; ***e. climatológica*** climatological station; ***e. emisora*** broadcasting station; ***e. espacial*** space station; ***e. de esquí*** ski resort; ***e. de lanzamiento*** launching base; ***e. meteorológica*** weather station; ***e. de metro*** *Br* underground station, *US* subway station; ***e. orbital*** space station; ***e. de seguimiento*** tracking station; ***e. de servicio*** service station; ***e. de tren*** railway station (**b**) *(del año, temporada)* season (**c**) *Informát* ***e. de trabajo*** workstation (**d**) *Rel* **estaciones (de la cruz)** Stations of the Cross

estacional *adj (del año, de temporada)* seasonal

estacionamiento *nm* (**a**) *(acción de aparcar)* parking; *(lugar) Br* car park, *US* parking lot ▫ ***e. indebido*** parking offence (**b**) *(estabilización)* stabilization

estacionar 1 *vt (aparcar)* to park; **prohibido e.** *(en letrero)* no parking
2 estacionarse *vpr* (**a**) *(aparcar)* to park (**b**) *(estabilizarse)* to stabilize

estacionario, -a *adj* (**a**) *(inmóvil)* stationary (**b**) *(sin cambio) (economía)* stagnant; *(déficit)* constant; *(estado de salud)* stable

estadática *nf Informát* computational statistics *(singular)*

estadía *nf Am* (**a**) *(estancia)* stay, stop; **planeó una e. de tres días en Lima** he planned a three-day stop in Lima (**b**) *Com* lay day

estadio *nm* (**a**) *Dep* stadium (**b**) *(fase)* stage

estadista *nmf* statesman, *f* stateswoman

estadística *nf* (**a**) *(ciencia)* statistics *(singular)* (**b**) *(dato)* statistic

estadísticamente *adv* statistically

estadístico, -a 1 *adj* statistical
2 *nm,f* statistician

estado *nm* (**a**) *(situación, condición)* state; **su e. es grave** his condition is serious; **estar en buen/mal e.** *(coche, terreno)* to be in good/bad condition; *(alimento, bebida)* to be fresh/off; **en e. de alerta** on (the) alert; **en e. de guerra** at war; EXPR **estar en e. (de buena esperanza)** to be expecting; EXPR **estar en e. de merecer** to be marriageable ▫ ***e. de ánimo*** state of mind; ***e. de bienestar*** welfare state; ***e. civil*** marital status; ***en e. de coma*** in a coma; ***e. de cuentas*** statement of accounts; ***e. de emergencia*** state of emergency; ***e. de equilibrio*** equilibrium state; ***e. estacionario*** *(de enfermo)* stable condition; ***e. de excepción*** state of emergency; ***e. de reposo*** resting stage; ***e. de salud*** (state of) health; ***e. de sitio*** state of siege; ***e. vegetativo*** vegetative state
(**b**) *(sólido, líquido)* state ▫ ***e. cristalino*** crystalline state
(**c**) **el E.** *(Gobierno)* the State; **un hombre de E.** a statesman; **el E. de las Autonomías** = the organization of the Spanish state into autonomous regions with varying degrees of devolved power
(**d**) *(país, división territorial)* state ▫ ***Estados Unidos de América*** United States of America
(**e**) *Mil* ***E. Mayor*** general staff
(**f**) *Hist (estamento)* estate ▫ ***el e. llano*** the third estate, the common people

estadounidense 1 *adj* American; **la política e.** American *o* US politics
2 *nmf* American; **los estadounidenses no necesitan visado** Americans *o* US citizens don't need a visa

estafa *nf (timo, robo)* swindle; *(en empresa, organización)* fraud

estafador, -ora *nm,f (timador)* swindler

estafar *vt (timar, robar)* to swindle; *(a empresa, organización)* to defraud; **estafó cien millones a la empresa** he defrauded the company of a hundred million (pesetas)

estafeta *nf* sub-post office

estafilococo *nm* staphylococcus

estalactita *nf* stalactite

estalagmita *nf* stalagmite

estalinismo *nm* Stalinism

estalinista *adj & nmf* Stalinist

estallar *vi* **(a)** *(reventar) (bomba)* to explode; *(neumático)* to burst; *(volcán)* to erupt; *(cristal)* to shatter; *(olas)* to break, to crash **(b)** *(sonar) (ovación)* to break out; *(látigo)* to crack **(c)** *(guerra, epidemia)* to break out; *(tormenta)* to break; **ha estallado un nuevo escándalo de corrupción** a new corruption scandal has erupted **(d)** *(persona)* **e. en sollozos** to burst into tears; **e. en una carcajada** to burst out laughing; **¡voy a e. de nervios!** I'm so nervous!

estallido *nm* **(a)** *(de bomba)* explosion; *(de trueno)* crash; *(de látigo)* crack **(b)** *(de guerra)* outbreak; **el e. de la tormenta se produjo a las cinco** the storm broke at five o'clock; **el e. del escándalo provocó su dimisión** he resigned when the scandal broke

estambre *nm* **(a)** *(de planta)* stamen **(b)** *(tela)* worsted; *(hilo)* worsted yarn

Estambul *n* Istanbul

estamento *nm* stratum, class; **los estamentos sociales** the strata *o* classes of society; **el e. eclesiástico/intelectual** the clergy/the intelligentsia

estampa *nf* **(a)** *(imagen, tarjeta)* print **(b)** *(aspecto)* appearance **(c)** *(retrato, ejemplo)* image; *Fig* **¡es la viva e. de su madre!** he's the (spitting) image of his mother!; **¡maldita sea su e.!** damn *o* curse him!

estampación *nf* hot stamping *o* printing

estampado, -a 1 *adj* printed
2 *nm* **(a)** *(acción)* printing **(b)** *(dibujo)* (cotton) print

estampar *vt* **1** **(a)** *(imprimir) (en tela, papel)* to print; *(metal)* to stamp **(b)** *(escribir)* **e. la firma** to sign one's name **(c)** *(dejar huella de)* to leave a mark of; **e. el pie en la arena** to make a mark in the sand with one's foot **(d)** *Fig (arrojar)* **e. algo/a alguien contra** to fling sth/sb against, to hurl sth/sb against **(e)** *Fig (dar) (beso)* to plant; *(bofetada)* to land
2 estamparse *vpr (lanzarse, golpearse)* **se estampó contra el muro** he crashed into the wall

estampida *nf* stampede; **de e.** suddenly, in a rush

estampido *nm* report, bang ▫ *Av* ***e. sónico*** sonic boom

estampilla *nf* **(a)** *(para marcar)* rubber stamp **(b)** *Am (de correos)* stamp

estampillar *vt (sellar)* to stamp; *(documentos)* to rubber-stamp

estancado, -a *adj* **(a)** *(agua)* stagnant **(b)** *(economía)* stagnant; *(situación, proyecto)* at a standstill

estancamiento *nm* **(a)** *(de agua)* stagnation **(b)** *(de economía)* stagnation; *(de negociaciones)* deadlock; **temen el e. del proyecto** they're afraid the project will come to a standstill

estancar [59] **1** *vt* **(a)** *(aguas)* to dam up, to stem **(b)** *(progreso, negocio)* to bring to a standstill **(c)** *Com* to monopolize, to convert into a monopoly
2 estancarse *vpr* **(a)** *(líquido)* to stagnate, to become stagnant **(b)** *(economía)* to stagnate, to become stagnant; *(progreso, negocio)* to come to a standstill **(c)** *Com* to be converted into a monopoly

estancia *nf* **(a)** *(tiempo)* stay **(b)** *(habitación)* room **(c)** *RP (hacienda)* cattle ranch

estanciera *nf RP Br* estate car, *US* station wagon

estanciero *nm Andes, RP* ranch owner

estanco, -a 1 *adj* watertight; **compartimento e.** watertight compartment
2 *nm* **(a)** *(de tabaco)* tobacconist's **(b)** *(de licores) Br* off-licence, *US* liquor store

estándar *(pl* **estándares***) adj & nm* standard

estandarización *nf* standardization

estandarizado, -a *adj (normalizado)* standardized

estandarizar [14] *vt* to standardize

estandarte *nm* standard, banner

estanflación *nf Econ* stagflation

estanque *nm* **(a)** *(en parque, jardín)* pond; *(para riego)* reservoir **(b)** *Am (depósito)* tank *(of petrol)*

estanquero, -a *nm,f* tobacconist

estante *nm* **(a)** *(tabla)* shelf **(b)** *CAm (estaca)* post, pillar

estantería *nf (en general)* shelves, shelving; *(para libros)* bookcase

estañar *vt* to tin-plate

estaño *nm* tin

estaquear *vt RP* to stretch with stakes

ESTAR [30] **1** *vi* **(a)** *(hallarse)* to be; **¿dónde está la llave?** where is the key?; **¿está María? — no, no está** is Maria there? — no, she's not here
(b) *(con fechas)* **¿a qué estamos hoy?** what's the date today?; **hoy estamos a martes/a 15 de julio** today is Tuesday/ 15 July; **estábamos en octubre** it was October; **estamos en invierno** it's winter
(c) *(quedarse)* to stay, to be; **estaré un par de horas y me iré** I'll stay a couple of hours and then I'll go; **estuvimos una semana en su casa** we stayed with her for a week, we spent a week at her place
(d) *(antes de "a") (expresa valores, grados)* **estamos a 20 grados** it's 20 degrees here; **el dólar está a 95 pesetas** the dollar is at 95 pesetas; **están a 100 pesetas el kilo** they're 100 pesetas a kilo
(e) *(hallarse listo)* to be ready; **¿aún no está ese trabajo?** is that piece of work still not ready?
(f) *(servir)* **e. para** to be (there) for; **para eso están los amigos** that's what friends are for; **para eso estoy** that's what I'm here for; **la vida está para vivirla** life is for living
(g) *(antes de gerundio) (expresa duración)* to be; **están golpeando la puerta** they're banging on the door
(h) *(antes de "sin" + infinitivo) (expresa negación)* **estoy sin dormir desde ayer** I haven't slept since yesterday; **está sin acabar** it's not finished
(i) *(faltar)* **eso está aún por escribir** that has yet to be written; **eso está por ver** that remains to be seen; **todavía está por hacer** it hasn't been done yet
(j) *(consistir)* **e. en** to be, to lie in; **el problema está en la fecha** the problem is the date
(k) *(hallarse a punto de)* **e. al llegar** *o* **caer** *(persona)* to be about to arrive; *(acontecimiento)* to be about to happen; **e. por hacer algo** to be on the verge of doing sth; **estuve por pegarle** I was on the verge of hitting him; **estoy por no ir** I'm not so sure I want to go
(l) *(expresa disposición)* **e. para algo** to be in the mood for sth; **no estoy para bromas** I'm not in the mood for jokes
(m) *(ser favorable)* **estoy por la libertad de expresión** I'm in favour of *o* for freedom of speech
(n) *(hallarse embarazada)* to be expecting; **está de cinco meses** she's five months pregnant
2 *v copulativo* **(a)** *(antes de adj) (expresa cualidad, estado)* to be; **los pasteles están ricos** the cakes are delicious; **esta calle está sucia** this street is dirty; **¡qué alta estás!** you've really grown!; **estoy cansado/enfadado** I'm tired/angry; **¿qué tal estás?** how are you?; **está muy irritable últimamente** she's been very irritable recently; **está divorciado** he's divorced; **estoy enfermo/mareado** I am ill/sick
(b) *(antes de "con" o "sin" + sustantivo) (expresa estado)* to be; **estamos sin agua** we have no water, we're without water
(c) *(expresa situación, acción)* **e. de vacaciones** to be on holiday; **e. de viaje** to be on a trip; **e. de mudanza** to be (in the process of) moving; **estamos de suerte** we're in luck; **e. de mal humor** to be in a (bad) mood; **¿habéis cambiado la rueda? — estamos en ello** have you changed the tyre? — we're working on it *o* we're doing it right now; *Fig* **¡ya está bien!** that's enough (of that)!
(d) *(expresa permanencia)* **e. en uso** to be in use; **e. en guardia** to be on guard

(**e**) *(expresa apoyo, predilección)* **e. por** to be in favour of; **estoy con vosotros** I'm on your side
(**f**) *(expresa ocupación)* **e. como** *o* **de** to be; **está como** *o* **de cajera** she's a checkout girl
(**g**) *(ropa)* **este traje te está bien** this suit looks good on you; **esa falda te está corta** this skirt's too short for you
(**h**) *(antes de "que" + verbo) (expresa actitud)* **está que muerde porque ha suspendido** he's furious because he failed
3 *v aux* (**a**) *(antes de gerundio)* to be; **estuvo nevando** it was snowing; **se está peinando** she's brushing her hair; **estuvieron discutiendo durante toda la reunión** they spent the whole meeting arguing, they were arguing throughout the whole meeting
(**b**) *(antes de participio)* **está terminado** it's finished; **está organizado por el ayuntamiento** it's organized by the town council
4 estarse *vpr (permanecer)* to stay; **te puedes e. con nosotros unos días** you can stay *o* spend a few days with us; **¡estate quieto!** keep still!

estarcido *nm Tec* stencil printing
estarcir *vt Tec* to stencil
estárter (*pl* **estárters**) *nm* choke
estasis *nf inv Med* stasis
estatal *adj* state; **una empresa e.** a state-owned company; **la política e.** government policy
estatalizar [14] *vt* to nationalize
estática *nf* statics *(singular)*
estático, -a *adj* (**a**) *Fís* static (**b**) *(inmóvil)* stock-still
estatificar [59] *vt* to nationalize
estatismo *nm* (**a**) *Pol* statism, state interventionism (**b**) *(inmovilidad)* stillness
estatua *nf* statue; **¿qué haces ahí parado? pareces una e.** what are you doing standing there so still?
estatuaria *nf* statuary, sculptures
estatuario, -a *adj* statuary
estatuilla *nf* statuette
estatuir [34] *vt* (**a**) *(establecer)* to establish (**b**) *(demostrar)* to demonstrate, to prove; **e. una teoría** to demonstrate a theory
estatura *nf* height; *Fig* stature; **tiene** *o* **mide 1,80 de e.** he's 1.8 m tall; *Fig* **un personaje de gran e. moral** a person of great moral stature
estatus *nm inv* status
estatutario, -a *adj* statutory
estatuto *nm (norma)* statute; *(de empresa)* article (of association); *(de ciudad)* by-law ❑ ***e. de autonomía*** = legislation devolving powers to an autonomous Spanish region
estatuyo *etc ver* **estatuir**
estay (*pl* **estayes**) *nm Náut* stay ❑ ***e. mayor*** mainstay; ***e. de la proa*** forestay
este[1] **1** *adj (posición, parte)* east, eastern; *(dirección, viento)* easterly
2 *nm* east; **viento del e.** east wind; **ir hacia el e.** to go east(wards); **está al e. de Madrid** it's (to the) east of Madrid; **los países del e.** the countries of Eastern Europe

ESTE[2]**, -A** (*pl* **estos, -as**) *adj demostrativo* (**a**) *(en general)* this; *(plural)* these; **esta camisa** this shirt; **e. año** this year
(**b**) *Fam Pey (singular)* that; *(plural)* those; **no soporto a la niña esta** I can't stand that girl

ÉSTE, -A (*pl* **éstos, -as**) *pron demostrativo*

> Note that **éste** and its various forms can be written without an accent when there is no risk of confusion with the adjective.

(**a**) *(en general)* this one; *(plural)* these (ones); **dame otro boli, é. no funciona** give me another pen, this one doesn't work; **aquellos cuadros no están mal, aunque éstos me gustan más** those paintings aren't bad, but I like these (ones) better; **ésta ha sido la semana más feliz de mi vida** this has been the happiest week of my life; **cualquier día de éstos** one of these days
(**b**) *(recién mencionado)* the latter; **entraron Juan y Pedro, é. con un abrigo verde** Juan and Pedro came in, the latter wearing a green coat
(**c**) *Fam (despectivo)* **e. es el que me pegó** this is the one who hit me; **éstos son los culpables de todo lo ocurrido** it's this lot who are to blame for everything
(**d**) *Fam* **en éstas sonó el teléfono** just then *o* at that very moment, the phone rang

esteatita *nf Geol* steatite, soapstone
estela *nf* (**a**) *(de barco)* wake; *(de avión)* vapour trail; *(de humo, olor, estrella fugaz)* trail (**b**) *(impresión)* **su visita dejó una e. imborrable** his visit left an indelible impression (**c**) *Arquit* stele
estelar *adj* (**a**) *Astron* stellar (**b**) *Cine & Teatro* star; **un reparto e.** a star-studded cast; **con la participación e. de…** guest starring…
estenografía *nf* shorthand
estenógrafo, -a *nm,f* stenographer, shorthand writer
estenotipia *nf* (**a**) *(arte)* stenotypy (**b**) *(máquina)* Stenotype®
estenotipista *nmf* stenotypist
estenotipo *nm* Stenotype®
estentóreo, -a *adj Formal* stentorian
estepa *nf* steppe
estepario, -a *adj* steppe; **clima e.** steppe climate
éster *nm Quím* ester
estera *nf (tejido)* matting; *(alfombrilla)* mat; EXPR *Fam* **llevó** *o* **recibió más palos que una e.** he was beaten black and blue
estercolero *nm* dunghill; *Fig (lugar sucio)* pigsty
estéreo *adj inv & nm* stereo
estereofonía *nf* stereo
estereofónico, -a *adj* stereophonic, stereo; **sonido e.** stereo sound
estereografía *nf* stereography
estereoscopia *nf* stereoscopy
estereoscopio, estereóscopo *nm* stereoscope
estereotipado, -a *adj* stereotyped, stereotypical
estereotipar *vt* to stereotype
estereotipia *nf* (**a**) *(arte)* stereotypy (**b**) *(máquina)* stereotype (**c**) *Med (comportamiento estereotipado)* stereotypy
estereotípico, -a *adj* stereotypical, stereotypic
estereotipo *nm* stereotype
estéril *adj* (**a**) *(persona)* infertile, sterile; *(terreno)* barren, infertile (**b**) *(gasa)* sterilized (**c**) *(inútil)* futile, fruitless
esterilete *nm* coil, IUD
esterilidad *nf* (**a**) *(de persona, de imaginación)* sterility; *(de terreno)* barrenness (**b**) *(inutilidad)* futility
esterilización *nf* sterilization
esterilizado, -a *adj* sterilized, sterile
esterilizador, -ora *adj* sterilizing
esterilizar [14] *vt* to sterilize
esterilla *nf* (**a**) *(tapete)* beach mat (**b**) *Am (rejilla)* canework
estérilmente *adv* sterilely
esterlina *adj* **libra e.** pound sterling
esternón *nm* breastbone, sternum
estero *nm* (**a**) *(zona costera)* tideland (**b**) *Am (pantano)* marsh, swamp (**c**) *Ven (charca)* puddle, pool (**d**) *Chile (arroyo)* stream
esteroide *nm* steroid
estertor *nm* death rattle
esteta *nmf* aesthete
estética *nf* (**a**) *(en filosofía)* aesthetics *(singular)* (**b**) *(belleza)* beauty (**c**) *(estilo)* style; **la e. de los años setenta** the style of the seventies
estéticamente *adv* aesthetically
esteticién *nmf* beautician
esteticismo *nm* aestheticism
esteticista *nmf* beautician
estético, -a *adj* aesthetic; **cirugía e.** cosmetic surgery
estetoscopio *nm* stethoscope
esthéticienne [esteti'θjen] *nmf* beautician
estiaje *nm* (**a**) *(nivel de río)* low water (**b**) *(periodo)* period of low water
estiba *nf Náut* stowage
estibador, -ora *nm,f* stevedore
estibar *vt* to stow
estiércol *nm (excrementos)* dung; *(abono)* manure
estigma *nm* (**a**) *(marca)* mark, scar (**b**) *(deshonor)* stigma (**c**) *Bot* stigma (**d**) *Rel* **estigmas** stigmata
estigmatización *nf* (**a**) *(marca)* branding (**b**) *Fig (deshonra)* stigmatization
estigmatizar [14] *vt* (**a**) *(marcar)* to scar; *(con hierro candente)* to brand (**b**) *(deshonrar)* to stigmatize
estilarse *vpr Fam* to be in (fashion); **ya**

no se estila la minifalda the miniskirt has gone out of fashion

estilete *nm* (**a**) *(daga)* stiletto (**b**) *(punzón)* stylus, style (**c**) *Med* stylet

estilismo *nm* styling

estilista *nmf* (**a**) *(escritor)* stylist (**b**) *(de moda, accesorios)* stylist

estilística *nf* stylistics *(singular)*

estilísticamente *adv* stylistically

estilístico, -a *adj* stylistic

estilización *nf* stylization

estilizado, -a *adj (figura, cuerpo)* slim and elegant

estilizar [14] *vt* to stylize

estilo *nm* (**a**) *(artístico, literario)* style; **esta iglesia es de e. gótico** that church was built in the Gothic style; **al e. de** in the style of

(**b**) *(manera, carácter)* style; **esa chica tiene mucho e.** that girl has a lot of style; **cada uno tiene un e. de hacer las cosas** we all have our own way of doing things; **este vestido no es de su e.** that dress isn't her style ❑ ***e. de vida*** lifestyle

(**c**) *(en natación)* stroke; **estilos** medley ❑ ***e. libre*** freestyle

(**d**) *Gram* ***e. directo/indirecto*** direct/indirect speech

(**e**) *Bot* style

(**f**) *(punzón)* stylus, style

(**g**) *(de reloj de sol)* gnomon

(**h**) EXPR **dijo algo por el e.** she said something of the sort; **nos costará tres horas o algo por el e.** it'll take us something like three hours; **ser por el e.** to be similar

estilográfica *nf* fountain pen

estima *nf* esteem, respect; **tiene una gran e. por su padre** he has great respect for his father; **tener a alguien en gran** *o* **alta e.** to hold sb in high esteem

estimable *adj* (**a**) *(cantidad)* considerable (**b**) *(digno de estimación)* worthy of appreciation

estimación *nf* (**a**) *(aprecio)* esteem, respect (**b**) *(valoración)* valuation; *(cálculo aproximado)* estimate; **hacer e. (de algo)** to estimate (sth) (**c**) *(en impuestos)* assessment

estimado, -a *adj* (**a**) *(querido)* esteemed, respected; **e. Señor** *(en carta)* Dear Sir (**b**) *(aproximado)* estimated

estimar 1 *vt* (**a**) *(apreciar)* to think highly of, to value; **estima mucho a sus amigos** he values his friends highly (**b**) *(evaluar)* to value; **e. el valor de algo** to estimate the value of sth; **han estimado que las pérdidas superan los cien millones** the losses are estimated to be over a hundred million (**c**) *(creer)* to consider, to think; **no estimó necesario realizar declaraciones** she didn't think *o* consider it necessary to make any statement

2 estimarse *vpr (tener dignidad)* to have self-respect

estimativo, -a *adj* approximate, rough; **un juicio e. (sobre** *o* **de)** an evaluation (of)

estimulación *nf* stimulation

estimulador, -ora *adj* encouraging

estimulante 1 *adj* (**a**) *(que anima)* encouraging (**b**) *(que excita)* stimulating

2 *nm* stimulant

estimular *vt* (**a**) *(animar)* to encourage; **el orgullo le estimula a seguir** his pride spurs him to go on (**b**) *(excitar)* to stimulate (**c**) *(incitar)* to incite, to urge on; **la muchedumbre lo estimuló con gritos** the crowd shouted him on (**d**) *(apetito, circulación)* to stimulate

estímulo *nm* (**a**) *(aliciente)* incentive; *(ánimo)* encouragement; **servir de e.** to act *o* serve as an incentive (**b**) *(de un órgano)* stimulus

estío *nm* summer

estipendio *nm* remuneration

estípula *nf Bot* stipule

estipulación *nf* (**a**) *(acuerdo)* agreement (**b**) *Der* stipulation

estipular *vt* to stipulate

estirada *nf (en fútbol)* flying save

estirado, -a 1 *adj* (**a**) *(persona) (altanero)* haughty; *(adusto)* uptight (**b**) *(brazos, piernas)* outstretched (**c**) *(jersey)* baggy, shapeless

2 *nm* stretching

estiramiento *nm* stretching

estirar 1 *vt* (**a**) *(alargar)* to stretch; **e. el cuello** to crane; *Fig* **e. las piernas** to stretch one's legs; EXPR *Hum* **e. la pata** to kick the bucket

(**b**) *(desarrugar)* to straighten

(**c**) *(dinero)* to make last; *(discurso, tema)* to spin out; **he de e. el sueldo para llegar a fin de mes** it's an effort to make my salary last till the end of the month

2 *vi* (**a**) *(tirar)* **e. (de)** to pull

(**b**) *(agrandarse)* **el jersey ha estirado al lavarlo** the jersey has gone baggy in the wash

3 estirarse *vpr* (**a**) *(desperezarse)* to stretch

(**b**) *(tumbarse)* to stretch out

(**c**) *(crecer)* to shoot up; **tu hijo se ha estirado mucho en el último año** your son has shot up over the past year

(**d**) *(agrandarse)* **el jersey se ha estirado al lavarlo** the jersey has gone baggy in the wash

(**e**) *Fam (ser generoso)* to splash out; **se estiró y nos invitó a cenar** he splashed out and treated us to dinner

estirón *nm* (**a**) *(acción)* tug, pull (**b**) *(al crecer)* **dar** *o* **pegar un e.** to shoot up suddenly

estirpe *nf* stock, lineage

estivación *nf (adaptación al calor)* aestivation

estival *adj* summer; **vacaciones estivales** summer *Br* holidays *o US* vacation

---

ESTO *pron demostrativo* (**a**) *(en general) (neutro)* this thing; **e. es tu regalo de cumpleaños** this is your birthday present; **e. que acabas de decir no tiene sentido** what you've just said doesn't make sense; **e. de trabajar de noche no me gusta** I don't like this business of working at night; **e. es lo que me dijo** this is what she said to me; **¿para e. me has hecho venir?** you got me to come here for **THIS**?; **a todo e.** by the way; **empezará el próximo mes, e. es, en marzo** it will begin next month, that is (to say) in March; **por e. lo hice** that's why I did it

(**b**) *Esp (como muletilla)* well; **y entonces, e., le dije...** and then, well, I told her...; **es un, e., cómo se llama, un taxidermista** he's a, let me think *o* what's it called, a taxidermist

(**c**) **en esto** *loc adv* **en e. se fue la luz** just then *o* at that very moment, the lights went out; **en e. que entró mi padre** just then *o* at that very moment my father came in

---

estocada *nf* (**a**) *(en esgrima)* stab (**b**) *Taurom* (sword) thrust

Estocolmo *n* Stockholm

estofa *nf Pey* **de baja e.** low-class

estofado *nm* stew

estofar *vt* to stew

estoicismo *nm* stoicism

estoico, -a 1 *adj* stoic, stoical

2 *nm* (**a**) *Filos* Stoic (**b**) *Fig (austero, impasivo)* stoical

estola *nf* stole

estomacal 1 *adj (del estómago)* stomach; *(bebida)* digestive; **afección e.** stomach complaint

2 *nm (bebida)* digestive

estómago *nm* stomach; *Fig* **me revuelve el e. ver imágenes de guerra** it turns my stomach to see pictures of war; EXPR **tener buen** *o* **mucho e.** to be tough, to be able to stand a lot

estomatitis *nf Med* stomatitis

estomatología *nf* stomatology

estomatólogo, -a *nm,f* stomatologist

Estonia *n* Estonia

estonio, -a 1 *adj & nm,f* Estonian

2 *nm (lengua)* Estonian

estopa *nf (fibra)* tow; *(tela)* burlap

estoperol *nm Col (tachuela)* stud

estoque *nm* rapier

estoquear *vt* to stab

estor *nm* Venetian blind

estorbar 1 *vt (obstaculizar)* to hinder; *(molestar)* to bother; **esta mesa estorba el paso** this table is in people's way; **le estorba el flequillo para jugar al tenis** his fringe bothers him when he plays tennis; **el abrigo me estorba con tanto calor** I find wearing my coat uncomfortable in this heat

2 *vi (estar en medio)* to be in the way

estorbo *nm (obstáculo)* hindrance; *(molestia)* nuisance

estornino *nm* starling

estornudar *vi* to sneeze

estornudo *nm* sneeze

estos, -as *ver* **este**

éstos, -as *ver* **éste**

estoy *ver* **estar**

estrábico, -a 1 *adj* squint-eyed
2 *nm,f* person with a squint

estrabismo *nm* squint

estrada *nf* road, highway

estrado *nm* (**a**) *(tarima)* platform; **subir al e.** *(orador)* to go up onto the platform; *(testigo)* to take the stand (**b**) *Der* **estrados** *(salas)* courtrooms

estrafalariamente *adv* (**a**) *(con extravagancia)* outlandishly, eccentrically (**b**) *(de forma desaliñada)* slovenly, sloppily

estrafalario *adj* (**a**) *(extravagante)* outlandish, eccentric (**b**) *(desaliñado)* slovenly, sloppy

estragón *nm* tarragon

estragos *nmpl* **los e. de las heladas arruinaron la cosecha** frost damage ruined the harvest; **el huracán causó** *o* **hizo e. en la costa** the hurricane wreaked havoc on the coast; *Fig* **el cantante hace e. entre las niñas** the singer drives young girls wild

estrambótico, -a *adj* outlandish

estramonio *nm* thorn apple

estrangulación *nf* strangulation

estrangulado, -a *adj* (**a**) *(ahogado)* strangled (**b**) *(vena, conducto)* strangulated

estrangulador, -ora *nm,f* strangler

estrangulamiento *nm* strangulation

estrangular 1 *vt* (**a**) *(ahogar)* to strangle (**b**) *(tubo, conducto)* to constrict; *Med* to strangulate (**c**) *(proyecto)* to stifle, to nip in the bud
2 estrangularse *vpr* (**a**) *(ahogarse)* to strangle oneself (**b**) *(obstruirse)* to be *o* become blocked

estraperlista *nmf* black marketeer

estraperlo *nm* black market; **productos de e.** black market goods

Estrasburgo *n* Strasbourg

estratagema *nf* (**a**) *Mil* stratagem (**b**) *(astucia)* artifice, trick

estratega *nmf* strategist

estrategia *nf* strategy

estratégicamente *adv* strategically

estratégico, -a *adj* strategic

estratificación *nf* stratification

estratificado, -a *adj* stratified

estratificar [59] **1** *vt* to stratify
2 estratificarse *vpr* (**a**) *Geol* to form strata (**b**) *(sociedad)* to become stratified

estratigrafía *nf Geol* stratigraphy

estrato *nm* (**a**) *Geol* stratum (**b**) *Meteo* stratum (**c**) *(clase social)* stratum

estratocúmulo *nm Meteo* stratocumulus

estratosfera *nf* stratosphere

estratosférico, -a *adj* (**a**) *(de la estratosfera)* stratospheric (**b**) *Fam (precio)* astronomical

estrechamente *adv* (**a**) *(íntimamente)* closely (**b**) *(apretadamente)* tightly

estrechamiento *nm* (**a**) *(de calle, tubo)* narrowing (**b**) *(de relaciones) (entre países)* rapprochement; **producir el e. de relaciones entre dos personas** to bring two people closer together

estrechar 1 *vt* (**a**) *(hacer estrecho)* to narrow; *(ropa)* to take in (**b**) *(amistad, relaciones)* to make closer (**c**) *(apretar)* to squeeze, to hug; **e. la mano a alguien** to shake sb's hand; **la estrechó entre sus brazos** he hugged *o* embraced her
2 estrecharse *vpr* (**a**) *(hacerse estrecho)* to narrow (**b**) *(amistad, relaciones)* to become closer (**c**) *(apretarse)* to squeeze up; **se estrecharon la mano** they shook hands

estrechez *nf* (**a**) *(falta de anchura)* narrowness; *(falta de espacio)* lack of space; *(de ropa)* tightness; *Fig* **e. de miras** narrow-mindedness (**b**) *(falta de dinero)* hardship; **vivir en la e.** to live on slender means; **pasar estrecheces** to be hard up (**c**) *(intimidad)* closeness

estrecho, -a 1 *adj* (**a**) *(no ancho)* narrow; *(ropa)* tight; *Fig* **e. de miras** narrow-minded; **desde que he engordado toda la ropa me está estrecha** since I put on weight, all my clothes have been too tight for me; **íbamos muy estrechos en el autobús** our bus was packed
(**b**) *Fig (íntimo)* close; **tengo una estrecha relación con él** I have a close relationship with him
(**c**) *(tacaño)* miserly, mean
(**d**) *(rígido)* strict
2 *nm,f Fam Pey (persona)* prude
3 *nm Geog* strait ▫ ***el E. de Bering*** the Bering Strait; ***el E. de Gibraltar*** the Strait of Gibraltar; ***el E. de Magallanes*** the Strait of Magellan; ***el E. de Ormuz*** the Strait of Hormuz

estrechura *nf* (**a**) *(falta de anchura)* narrowness (**b**) *(aprieto, dificultad)* difficulty

estregar [43] *vt* to rub

estrella 1 *adj inv* star; **producto e.** star *o* flagship product
2 *nf* (**a**) *(astro)* star; *Fig (suerte, destino)* fate; **en forma de e.** star-shaped; EXPR **ver las estrellas** to see stars; EXPR **tener buena/mala e.** to be lucky/unlucky ▫ ***e. binaria*** *o* ***doble*** binary star; ***e. enana*** dwarf star; ***e. enana blanca*** white dwarf star; ***e. enana roja*** red dwarf star; ***e. fugaz*** shooting star; ***e. nova*** nova; ***e. polar*** Pole Star; ***e. supernova*** supernova
(**b**) ***e. de mar*** starfish
(**c**) *(artista, deportista)* star; **es la e. del equipo** he's the star of the team ▫ ***e. de cine*** *Br* film star, *US* movie star; ***e. invitada*** guest star
(**d**) *(símbolo)* star; **un hotel de cuatro estrellas** a four-star hotel
(**e**) *(asterisco)* asterisk

estrellado, -a *adj* (**a**) *(con estrellas)* starry (**b**) *(por la forma)* star-shaped (**c**) *(que ha chocado)* smashed; EXPR **José ha nacido e.** José was born unlucky

estrellar 1 *vt* (**a**) *(arrojar)* to smash; **estrelló el vaso contra el suelo** she smashed the glass on the floor; **estrelló el balón en el poste** he smashed the ball into the post (**b**) *(huevo)* to fry
2 estrellarse *vpr* (**a**) *(chocar) (objeto)* to smash (**contra** against); *(avión, vehículo)* to crash (**contra** into) (**b**) *Fig (persona)* **se estrelló contra la oposición de su jefe** he ran smack into his boss's opposition (**c**) *(fracasar)* to be a complete disaster; **se estrelló con su última película** his last film was a complete disaster *o* a total flop

estrellato *nm* stardom; **alcanzó el e. con su quinta película** she achieved stardom with her fifth film

estrellón *nm Am (choque)* crash

estremecedor, -ora *adj* (**a**) *(ruido)* startling, shocking (**b**) *(por miedo, horror)* terrifying, frightening

estremecer [46] **1** *vt* to shake; **la explosión hizo e. los cimientos del edificio** the explosion shook the foundations of the building; **el asesinato estremeció a todo el país** the assassination shook the whole country
2 estremecerse *vpr (de horror, miedo)* to tremble *o* shudder (**de** with); *(de frío)* to shiver (**de** with); **me estremezco sólo de pensarlo** I get the shivers just thinking about it

estremecimiento *nm (de miedo)* shudder; *(de frío)* shiver

estrenar 1 *vt* (**a**) *(objeto)* to use for the first time; *(ropa)* to wear for the first time; *(piso)* to move into; **se vende bicicleta, a e.** *(en anuncio)* bike for sale, brand-new (**b**) *(película)* to release, to show for the first time; *(obra de teatro)* to premiere
2 estrenarse *vpr (persona)* to make one's debut, to start; **se estrenó como jugador de rugby ayer** he made his debut as a rugby player yesterday

estreno *nm* (**a**) *(de cosa)* first use; **me puse de e. para el baile** I wore a new outfit to the dance (**b**) *(de espectáculo)* premiere, first night; *(de actor)* debut; **la noche del e.** the opening night; **cine de e.** first-run cinema (**c**) *(de casa, exposición)* opening

estreñido, -a *adj* constipated

estreñimiento *nm* constipation

estreñir 1 *vt* to constipate
2 estreñirse *vpr* to get constipated

estrépito *nm* (**a**) *(ruido)* racket, din; **la estantería se cayó con gran e.** the shelves collapsed with a great crash (**b**) *(ostentación)* fanfare

estrepitosamente *adv* (**a**) *(ruidosamente)* noisily (**b**) *(con ostentación)* ostentatiously, showily

estrepitoso, -a *adj* (**a**) *(ruidoso)* noisy; *(aplausos)* deafening (**b**) *(derrota)* resounding; *(fracaso)* spectacular

estreptococo *nm Med* streptococcus

estreptomicina *nf* streptomycin

estrés *nm inv* stress

estresado, -a *adj* stressed, suffering from stress; **estar e.** to be stressed

estresante *adj* stressful

estresar *vt* to cause stress to; **ese ruido me está estresando** that noise is getting on my nerves

estría *nf* (**a**) *(surco)* groove; *(en la piel)* stretch mark (**b**) *Arquit* fluting
estriado, -a *adj* (**a**) *(piel)* stretch-marked (**b**) *(columna)* fluted
estriar [32] **1** *vt* to groove
2 estriarse *vpr* to be striated *o* grooved
estribaciones *nfpl* foothills
estribar *vi* **e. en** to lie in, to consist in
estribera *nf RP (correa)* stirrup strap
estribillo *nm* (**a**) *Mús* chorus; *Lit* refrain (**b**) *Fam (coletilla)* pet word *o* phrase
estribo *nm* (**a**) *(de montura)* stirrup; EXPR *Fam* **perder los estribos** to fly off the handle (**b**) *(de coche; tren)* step (**c**) *Anat* stirrup (bone), *Espec* stapes *(singular)* (**d**) *(contrafuerte)* buttress
estribor *nm* starboard; **a e.** (to) starboard
estricnina *nf* strychnine
estrictamente *adv* strictly
estrictez (*pl* **estricteces**) *nf Am* strictness
estricto, -a *adj* strict
estridencia *nf* (**a**) *(de ruido)* stridency, shrillness (**b**) *(de colores, comportamiento)* loudness
estridente *adj* (**a**) *(ruido)* strident, shrill (**b**) *(color)* garish, loud (**c**) *(persona, comportamiento)* loud
estriega *etc ver* **estregar**
estro *nm* (**a**) *(mosca)* oestrus (**b**) *(inspiración)* inspiration
estroboscopio *nm* stroboscope
estrofa *nf* stanza, verse
estrógeno *nm* oestrogen
estroncio *nm* strontium
estropajo *nm* scourer
estropajoso, -a *adj* (**a**) *(pelo)* coarse; *(textura)* fibrous; *(carne)* dry and chewy (**b**) *(lengua, boca)* dry and pasty
estropeado, -a (**a**) *adj (averiado)* broken (**b**) *(dañado)* damaged (**c**) *(echado a perder)* ruined, spoiled
estropear 1 *vt* (**a**) *(averiar)* to break (**b**) *(dañar)* to damage; **el exceso de sol estropea la piel** too much sun is bad for the skin (**c**) *(echar a perder)* to ruin, to spoil; **la lluvia estropeó nuestros planes** the rain ruined *o* spoiled our plans; **siempre tienes que estropearlo todo** you always have to ruin everything
2 estropearse *vpr* (**a**) *(máquina)* to break down; **se me ha estropeado el despertador** my alarm clock is broken (**b**) *(comida)* to go off, to spoil (**c**) *(persona)* **María se ha estropeado mucho con los años** María hasn't aged well (**d**) *(plan)* to fall through
estropicio *nm Fam* **hacer** *o* **causar un e.** *(desorden)* to make a real mess
estroquear 1 *vt (en béisbol)* **estroqueó la pelota** he was struck out
2 *vi (en béisbol)* to be struck out
estructura *nf* (**a**) *(organización)* structure ▫ ***e. profunda/superficial*** deep/surface structure (**b**) *(armazón)* frame, framework
estructuración *nf* structuring, organization
estructural *adj* structural
estructuralismo *nm* structuralism
estructuralista *adj & nmf* structuralist
estructuralmente *adv* structurally
estructurar *vt* to structure, to organize
estruendo *nm* (**a**) *(ruido)* din, roar; *(de trueno)* crash (**b**) *(alboroto)* uproar, tumult
estruendoso, -a *adj* clamorous, noisy
estrujar 1 *vt* (**a**) *(limón)* to squeeze; *(trapo, ropa)* to wring (out); *(papel)* to screw up; *(caja)* to crush (**b**) *(persona, mano)* to squeeze; **me estrujó un pie** he squashed my foot; **¡no me estrujes!** don't squash *o* crush me! (**c**) *Fig (sacar partido de)* to bleed dry
2 estrujarse *vpr (apretujarse)* to huddle together
estrujón *nm* (**a**) *(abrazo)* bear hug (**b**) *(apretujón)* **hubo muchos estrujones** there was a lot of pushing and shoving
estuario *nm* estuary
estucado *nm* stucco, stucco work
estucar [59] *vt* to stucco
estuche *nm (caja)* case; *(de joyas)* jewellery box; *(de gafas)* glasses case; *(de lápices)* pencil case
estuco *nm* stucco
estudiado, -a *adj* studied
estudiante *nmf (de universidad, secundaria)* student; *(de primaria)* schoolchild, pupil; **una e. de Medicina** a medical student
estudiantil *adj* student; **protestas estudiantiles** student protests; **un bar con ambiente e.** a studenty bar
estudiar 1 *vt* (**a**) *(carrera, libro)* to study; **estudia biológicas** he's studying biology; **después de e. tu propuesta he decidido no aceptarla** after studying your proposal, I've decided not to accept it (**b**) *(observar)* to observe
2 *vi* to study; **estudia todas las tardes** he spends every afternoon studying; **e. para médico** to be studying to be a doctor; **estudié en los jesuitas** I went to a Jesuit school; **estudió con el Presidente** he went to school/university with the President; **estudia en la Universidad Centroamericana** he's a student in the University of Central America; **¿estudias o trabajas?** do you work or are you a student?
3 estudiarse *vpr* (**a**) *(tema, asignatura)* to study; **tengo que estudiarme cinco temas antes del viernes** I have to study five topics by Friday
(**b**) *(observarse)* **las dos fieras se estudiaron antes de atacar** the two animals watched *o* studied each other before attacking
estudio *nm* (**a**) *(actividad)* study; **ha dedicado muchos años al e. del tema** she has studied the subject for many years; **estar en e.** to be under consideration ▫ ***e. de mercado*** *(técnica)* market research; *(investigación)* market survey
(**b**) *(investigación)* study; **ha publicado un e. sobre el tema** she's published a study on the subject; **hacer un e. de algo** to survey sth
(**c**) **estudios** *(serie de cursos)* studies; **el niño va muy bien en los estudios** the boy is doing very well at school; **dar estudios a alguien** to pay for *o* finance sb's education; **tener estudios** to be well-educated; **no tiene estudios** he hasn't had much education ▫ ***estudios primarios*** primary education; ***estudios secundarios*** secondary education; ***estudios superiores*** higher education
(**d**) *(oficina)* study; *(de fotógrafo, pintor)* studio; *RP (de abogado)* practice
(**e**) *(apartamento)* studio *Br* flat *o US* apartment
(**f**) *(en arte)* study
(**g**) *(en música)* étude, study
(**h**) *Cine, Rad & TV* studio; **los estudios de la Metro** the Metro studios ▫ ***e. de grabación*** recording studio
estudioso, -a 1 *adj* studious
2 *nm,f (especialista)* specialist, expert; **un e. de la naturaleza humana** a student of human nature
estufa *nf* (**a**) *(calefacción)* heater, fire ▫ ***e. eléctrica*** electric heater; ***e. de gas*** gas heater (**b**) *Am (cocina)* stove
estulticia *nf* stupidity, foolishness
estupa *nm muy Fam* drug squad detective
estupefacción *nf* astonishment
estupefaciente 1 *adj* narcotic
2 *nm* narcotic, drug; **brigada de estupefacientes** drugs squad
estupefacto, -a *adj* astonished; **quedarse e.** to be speechless *o* flabbergasted
estupendamente *adv* wonderfully; **estoy e.** I feel wonderful; **los niños lo pasaron e. en el parque** the children had a wonderful time in the park
estupendo, -a *adj* wonderful, marvellous; **estás estupenda** you look wonderful; **es una persona estupenda** she's a great person; **¡e.!** wonderful!, marvellous!; **¿vamos mañana a la playa? — ¡e.!** shall we go to the beach tomorrow? – good idea!
estúpidamente *adv* stupidly
estupidez *nf* stupidity; **decir/hacer una e.** to say/do something stupid
estúpido, -a 1 *adj* stupid
2 *nm,f* idiot; **el e. de mi vecino** my idiot of a neighbour
estupor *nm* (**a**) *(asombro)* astonishment; **con e.** in astonishment (**b**) *Med* stupor
estupro *nm Der* = use of deception or misuse of authority by an adult to engage in sex with a minor
esturión *nm* sturgeon
estuve *etc ver* **estar**
estuviera *etc ver* **estar**
esvástica *nf* swastika
ETA *nf* (*abrev de* **Euskadi Ta Askatasuna**) ETA, = terrorist Basque separatist organization

etano *nm* ethane

etanol *nm* ethanol

etapa *nf* (**a**) *(trayecto, fase)* stage; **está pasando una mala e.** he's going through a bad patch; **por etapas** in stages; **quemar etapas** to come on in leaps and bounds, to progress rapidly (**b**) *Dep* stage ▫ ***e. ciclista*** stage *(of cycle race)*; ***e. de montaña*** *(en ciclismo)* mountain stage; ***e. prólogo*** *(en ciclismo)* prologue

etarra 1 *adj* ETA; **el terrorismo e.** ETA terrorism
2 *nmf* member of ETA

etc. (*abrev de* **etcétera**) etc.

etcétera 1 *adv* etcetera
2 *nm* **y un largo e. de…** and a long list of…

éter *nm* (**a**) *(gas)* ether (**b**) *Formal (cielo)* **el é.** the ether, the heavens

etéreo, -a *adj* ethereal

eternamente *adv* eternally

eternidad *nf* eternity; *Fam Fig* **hace una e. que no la veo** it's ages since I last saw her

eternizar [14] **1** *vt* **e. algo** to make sth last forever
2 eternizarse *vpr* **eternizarse (haciendo algo)** to spend absolutely ages (doing sth); **la reunión se eternizó** the meeting went on and on

eterno, -a *adj (perpetuo)* eternal; *Fam Fig (larguísimo)* never-ending, interminable; **la eterna canción** the same old story; **se juraron amor e.** they swore eternal *o* undying love

Ethernet® [eθer'net] *nf Informát* Ethernet®

ética *nf* (**a**) *(en filosofía)* ethics *(singular)* (**b**) *(moralidad)* ethics ▫ ***é. profesional*** (professional) ethics

éticamente *adv* ethically

ético, -a *adj* ethical

etileno *nm Quím* ethylene, ethene

etílico, -a *adj Quím* ethyl; **alcohol e.** ethyl alcohol; **intoxicación etílica** alcohol poisoning

etilismo *nm* intoxication

etilo *nm* ethyl

etimología *nf* etymology

etimológico, -a *adj* etymological

etimólogo, -a *nm,f* etymologist

etiología *nf Med* etiology

etíope 1 *adj & nmf* Ethiopian
2 *nm (lengua)* Ethiopian

Etiopía *n* Ethiopia

etiqueta *nf* (**a**) *(de papel, plástico)* label (**b**) *(calificación)* label; **colgarle a alguien la e. de…** to label sb as… (**c**) *Informát* label (**d**) *(ceremonial)* etiquette; **de e.** formal; **vestirse de e.** to wear formal dress

etiquetado *nm* labelling

etiquetadora *nf* pricing gun

etiquetar *vt* (**a**) *(objeto)* to label (**b**) *(persona)* to label; **e. a alguien de algo** to label sb sth

etiquetero, -a *adj* ceremonious, formal

etnia *nf* ethnic group; **una persona de e. oriental** a person of Asian extraction

étnico, -a *adj* ethnic

etnocentrismo *nm* ethnocentrism

etnocidio *nm* genocide

etnografía *nf* ethnography

etnográfico, -a *adj* ethnographic

etnógrafo, -a *nm,f* ethnographer

etnología *nf* ethnology

etnológico, -a *adj* ethnologic, ethnological

etnólogo, -a *nm,f* ethnologist

etología *nf* ethology

etrusco, -a *adj & nm,f* Etruscan

ETT *nf* (*abrev de* **Empresa de Trabajo Temporal**) temping agency

EUA *nmpl* (*abrev de* **Estados Unidos de América**) USA

eucalipto *nm* eucalyptus

eucaristía *nf* **la e.** the Eucharist

eucarístico, -a *adj* Eucharistic

eufemismo *nm* euphemism

eufemísticamente *adv* euphemistically

eufemístico, -a *adj* euphemistic

eufonía *nf* euphony

eufónico, -a *adj* euphonic, euphonious

euforia *nf* euphoria, elation

eufórico, -a *adj* euphoric, elated

Éufrates *nm* **el É.** the Euphrates

eugenesia *nf* eugenics *(singular)*

eugenésico, -a *adj* eugenic

eugénica *nf* eugenics *(singular)*

eunuco *nm* eunuch

eupepsia *nf Med* eupepsia, good digestion

Eurasia *n* Eurasia

eurasiático, -a *adj* Eurasian

EURATOM [eura'tom] *nf* (*abrev de* **Comunidad Europea de la Energía Atómica**) EURATOM

eureka *interj* **¡e.!** eureka!

euritmia *nf Med* regular heartbeat

euro *nm (moneda)* Euro

euroafricano, -a *adj* Afro-European

euroasiático, -a *adj & nm,f* Eurasian

eurocámara *nf (Parlamento Europeo)* European Parliament

eurocheque *nm* eurocheque

eurocomisario, -a *nm,f* EU commissioner

eurocomunismo *nm* Eurocommunism

eurocomunista *adj & nmf* Eurocommunist

euroconector *nm TV* Euroconnector

eurócrata *adj & nmf* Eurocrat

eurodiputado, -a *nm,f* Euro-MP, MEP

eurodivisa *nf Fin* eurocurrency

eurodólar *nm Fin* Eurodollar

euroescéptico, -a *adj & nm,f* Eurosceptic

euroliga *nf (de fútbol)* European super league

euromercado *nm Fin* euromarket

Europa *n* Europe

europarlamentario, -a 1 *adj* of the European Parliament
2 *nm,f* member of the European Parliament, Euro-MP

europeidad *nf* Europeanness

europeísmo *nm* Europeanism

europeísta *adj & nmf* pro-European

europeización *nf* Europeanization

europeizante *adj* Europeanizing

europeizar [14] *vt* to Europeanize

europeo, -a *adj & nm,f* European

Europol *nf* (*abrev de* **European Police**) Europol

eurotúnel *nm* Eurotunnel, Channel tunnel

eurovisión *nf* Eurovision

Euskadi *n* the Basque Country

euskera, eusquera *nm* Basque

eutanasia *nf* euthanasia ▫ ***e. pasiva*** = not prolonging the life of a terminally ill person by medical means

eutrofización *nf Biol* eutrophication

evacuación *nf* (**a**) *(de zona, edificio)* evacuation (**b**) *(de vientre)* evacuation

evacuado, -a 1 *adj* evacuated
2 *nm,f* evacuee

evacuar *vt* (**a**) *(edificio, zona)* to evacuate (**b**) *(vientre)* to empty, to void (**c**) *(trámite)* to carry out, to transact

evadido, -a 1 *adj* (**a**) *(persona)* escaped (**b**) *(divisas, impuestos)* evaded
2 *nm,f* escapee, fugitive

evadir 1 *vt* (**a**) *(impuestos)* to evade (**b**) *(respuesta, peligro)* to avoid
2 evadirse *vpr* to escape (**de** from)

evaluable *adj* calculable

evaluación *nf* (**a**) *(valoración)* evaluation; **hizo una e. positiva de la situación** he gave a positive assessment of the situation ▫ *Com* ***e. comparativa*** benchmarking (**b**) *Educ (examen)* exam, test; *(período)* = division of school year, of which there may be three to five in total ▫ ***e. continua*** continuous assessment

evaluador, -ora *adj* evaluating, evaluative

evaluar [4] *vt* (**a**) *(valorar)* to evaluate, to assess (**b**) *Educ (alumno)* to assess, to test; *(examen) Br* to mark, *US* to grade

evanescencia *nf Formal* evanescence

evanescente *adj Formal* evanescent

evangélico, -a *adj & nm,f* evangelical

evangelio *nm* (**a**) *Rel* gospel; **el e. según San Marcos** the Gospel according to St Mark ▫ ***los evangelios apócrifos*** the apocryphal Gospels (**b**) *Fam (dogma)* **su opinión es el e.** whatever he says goes, his word is law

evangelismo *nm* evangelism

evangelista *nm* (**a**) *Rel* Evangelist (**b**) *Méx (memorialista)* amanuensis

evangelización *nf* evangelization, evangelizing

evangelizador, -ora 1 *adj* evangelizing
2 *nm,f* evangelist

evangelizar [14] *vt* to evangelize

evaporable *adj* evaporable

evaporación *nf* evaporation

evaporar 1 *vt* to evaporate
2 evaporarse *vpr* (**a**) *(líquido)* to evaporate (**b**) *Fam Fig (persona, fondos)* to disappear into thin air

evasión *nf* (**a**) *(huida)* escape (**b**) *(de dinero)* ***e. de capitales*** *o* ***divisas*** capital flight; ***e. fiscal*** *o* ***de impuestos*** tax evasion (**c**) *Fig (entretenimiento)* amusement, recreation; *(escapismo)* escapism; **literatura de e.** escapist literature

evasiva *nf* evasive answer; **contestar** *o* **responder con evasivas** not to give a straight answer

evasivo, -a *adj* evasive

evasor, -ora 1 *adj* guilty of evasion
2 *nm,f (de la cárcel)* jailbreaker

evento *nm* event

eventual *adj* (**a**) *(no fijo) (trabajador)* temporary, casual; *(gastos)* incidental (**b**) *(posible)* possible

> Observa que la palabra inglesa **eventual** es un falso amigo y no es la traducción de la palabra española **eventual**. En inglés **eventual** significa "final".

eventualidad *nf* (**a**) *(temporalidad)* temporariness (**b**) *(hecho incierto)* eventuality; *(posibilidad)* possibility; **en la e. de que viniera, lo recibiríamos** in the event of his coming, we would receive him

eventualmente *adv* (**a**) *(por casualidad)* by chance (**b**) *(posiblemente)* possibly

> Observa que la palabra inglesa **eventually** es un falso amigo y no es la traducción de la palabra española **eventualmente**. En inglés **eventually** significa "finalmente, al final".

Everest *nm* **el E.** (Mount) Everest

evidencia *nf* (**a**) *(prueba)* evidence, proof (**b**) *(claridad)* obviousness; **ante la e. de las pruebas, tuvo que admitir su culpa** in the face of such undeniable evidence, he had to admit his guilt; **poner algo en e.** to demonstrate sth; **poner a alguien en e.** to show sb up; **quedar en e.** to be shown up

evidenciar 1 *vt* to show, to demonstrate
2 evidenciarse *vpr* to be obvious *o* evident

evidente *adj* evident, obvious; **¿te gustaría ganar más? — ¡e.!** would you like to earn more? – of course!

evidentemente *adv* evidently, obviously

evitable *adj* avoidable

evitar 1 *vt* (**a**) *(evadir)* to avoid; *(desastre, accidente)* to avert; **e. que alguien haga algo** to prevent sb from doing sth; **hemos de e. que se extienda el incendio** we have to stop the fire spreading (**b**) *(eludir)* to avoid; **Javier siempre evita encontrarse conmigo** Javier always avoids meeting me; **no puedo e. ser como soy** I can't help the way I am
2 evitarse *vpr* to save; **esto me evita tener que ir** this gets me out of going; **si sigues mis consejos te evitarás muchos problemas** if you follow my advice, you'll save yourself a lot of problems

evocación *nf* recollection, evocation

evocador, -ora *adj* evocative

evocar [59] *vt* (**a**) *(recordar)* to evoke; **estas imágenes me hacen e. mi infancia** these pictures remind me of my childhood (**b**) *(espíritu)* to invoke, to call up

evocativo, -a *adj* evocative

evolución *nf* (**a**) *(de proceso)* evolution; *(de enfermedad)* development, progress; **me preocupa la e. económica del país** I'm worried by the economic developments in this country
(**b**) *(cambio)* change
(**c**) *(de especies)* evolution; **la e. de las especies marinas** the evolution of marine life
(**d**) *(movimiento)* **contemplaban las evoluciones del jugador en la banda** they watched the player warming up on the sidelines; **me gusta ver las evoluciones de los aviones en el aeropuerto** I like watching planes taking off and landing at the airport
(**e**) *Mil* manoeuvre

evolucionar *vi* (**a**) *(progresar)* to evolve; *(enfermedad)* to develop, to progress; **la tecnología ha evolucionado mucho** technology has evolved a lot; **el paciente no evoluciona** the patient isn't making any progress; **después de la operación evoluciona favorablemente** since the operation, his progress has been satisfactory
(**b**) *(cambiar)* to change; **mis padres han evolucionado con los años** my parents have changed with the years
(**c**) *(especies)* to evolve
(**d**) *(moverse)* **el jugador evolucionaba en la banda** the player was warming up on the sidelines; **el avión evolucionaba sobre la ciudad** the plane was flying over the city
(**e**) *Mil* to carry out manoeuvres

evolucionismo *nm* evolutionism

evolucionista 1 *adj* evolutionary
2 *nmf* evolutionist

evolutivamente *adv* in evolutionary terms

evolutivo, -a *adj* evolutionary

ex 1 *nmf Fam (cónyuge)* ex
2 *pref* ex-, former; **el ex presidente** the ex-president, the former president; **un ex alumno** a former pupil

exabrupto *nm* sharp word *o* remark

exacción *nf (de impuestos, multas)* exaction, collection

exacerbación *nf* exacerbation, aggravation

exacerbado, -a *adj* **los ánimos estaban exacerbados** people were furious

exacerbar 1 *vt* (**a**) *(agudizar)* to exacerbate, to aggravate (**b**) *(irritar)* to infuriate
2 exacerbarse *vpr* (**a**) *(agudizarse)* to get worse (**b**) *(irritarse)* to get *o* become infuriated

exactamente *adv* exactly, precisely

exactas *nfpl* mathematics *(singular)*

exactitud *nf* (**a**) *(precisión)* accuracy, precision; **no lo sé con e.** I don't know exactly (**b**) *(rigor)* rigorousness

exacto, -a 1 *adj* (**a**) *(justo)* exact; **3 metros exactos** exactly 3 metres (**b**) *(preciso)* accurate, precise; *(correcto)* correct, right; **¿llevas la hora exacta?** have you got the right time?; **para ser exactos** to be precise (**c**) *(idéntico)* identical (**a** to); **es e. a su padre** he looks just like his father
2 *interj* **¡e.!** exactly!, precisely!

ex aequo *loc adv* **conceder un premio e.** to award a prize jointly to two people

exageración *nf* exaggeration; **este precio es una e.** that's a ridiculous price; **su reacción me pareció una e.** I thought his reaction was a bit over the top

exagerado, -a *adj (cifra, reacción, gesto)* exaggerated; *(precio)* exorbitant; **es muy e.** *(en cantidad, valoración)* he exaggerates a lot; *(en reacción)* he overreacts a lot; **¡qué e. eres! no había tanta gente** you're always exaggerating! there weren't as many people as that

exagerar *vt & vi* to exaggerate

exaltación *nf* (**a**) *(júbilo)* elation, intense excitement; *(acaloramiento)* overexcitement (**b**) *(ensalzamiento)* exaltation

exaltado, -a 1 *adj (jubiloso)* elated; *(acalorado) (persona)* worked up; *(discusión)* heated; *(excitable)* hotheaded
2 *nm,f (fanático)* hothead

exaltar 1 *vt* (**a**) *(excitar)* **el orador exaltó a las masas** the speaker whipped up the crowds; **la decisión exaltó la cólera de los aficionados** the decision enraged the fans (**b**) *(ensalzar)* to exalt
2 exaltarse *vpr* to get excited *o* worked up (**por** about)

examen *nm* (**a**) *(ejercicio)* exam, examination; **aprobar/suspender un e.** to pass/fail an exam; **hacer un e.** to do *o* take an exam; **presentarse a un e.** to sit an exam □ *Esp* ***e. de conducir*** driving test; ***e. final*** final (exam); ***e. de ingreso*** entrance examination; *Am* ***e. de manejar*** driving test; ***e. oral*** oral (exam); ***e. parcial*** end-of-term exam
(**b**) *(indagación)* consideration, examination; **después de un detallado e., la policía descubrió la verdad** after careful consideration of the facts, the police found out the truth; **someter a e.** to examine; **hacer e. de conciencia** to take a good look at oneself; **libre e.** personal interpretation □ ***e. médico*** medical examination *o* check-up

examinador, -ora *nm,f* examiner

examinando, -a *nm,f* examinee, candidate

examinar 1 *vt* (**a**) *(alumno)* to examine (**b**) *(analizar)* to examine

2 examinarse *vpr* to sit *o* take an exam; **mañana me examino de matemáticas** I've got my maths exam tomorrow

exangüe *adj Formal* exhausted

exánime *adj* (**a**) *(muerto)* dead (**b**) *(desmayado)* lifeless; *Fig (agotado)* exhausted, worn-out

exasperación *nf* exasperation

exasperante *adj* exasperating, infuriating

exasperar 1 *vt* to exasperate, to infuriate; **esta moto exaspera a cualquiera** this bike would drive anyone to despair

2 exasperarse *vpr* to get exasperated

Exc. *(abrev de* **Excelencia**) Excellency

excarcelación *nf* release (from prison)

excarcelar *vt* to release (from prison)

excavación *nf* (**a**) *(acción)* excavation (**b**) *(lugar)* dig, excavation; **e. arqueológica** archaeological dig

excavador, -ora 1 *adj* excavating, digging

2 *nm,f (persona)* excavator, digger

excavadora *nf (máquina)* digger

excavar *vt (cavar)* to dig; *(en arqueología)* to excavate

excedencia *nf (de funcionario, empleado)* leave (of absence); *(de profesor)* sabbatical; **un año de e.** *(de funcionario, empleado)* a year's leave of absence; *(de profesor)* a year's sabbatical

excedentario, -a *adj* surplus; **la balanza de pagos ha sido excedentaria** the balance of payments has been in surplus

excedente 1 *adj* (**a**) *(producción)* surplus (**b**) *(funcionario)* on leave; *(profesor)* on sabbatical

2 *nmf (persona)* person on leave ▫ ***e. de cupo*** = person excused from military service because there are already enough new recruits

3 *nm Com* surplus; **excedentes agrícolas** agricultural surpluses

exceder 1 *vt* to exceed, to surpass

2 *vi* to be greater; **e. a** *o* **de** to exceed

3 excederse *vpr* (**a**) *(propasarse)* to go too far, to overstep the mark (**en** in) (**b**) *(rebasar el límite)* **se excede en el peso** it's too heavy

excelencia 1 *nf (cualidad)* excellence; **por e.** par excellence

2 *nmf* **Su E.** His Excellency, *f* Her Excellency

excelente *adj* excellent

excelentísimo, -a *adj* most excellent; **el e. ayuntamiento de Málaga** Malaga city council; **el e. embajador de...** His Excellency the ambassador of...

excelso, -a *adj Formal* sublime, elevated

excentricidad *nf* (**a**) *(extravagancia)* eccentricity (**b**) *Geom* eccentricity

excéntrico, -a *adj & nm,f* eccentric

excepción *nf* exception; **a** *o* **con e. de** with the exception of, except for; **de e.** exceptional; **e. hecha de Pérez** Pérez excepted; **hacer una e.** to make an exception; **todos sin e. deberán presentarse a las nueve** everyone without exception must be there at nine; PROV **la e. confirma la regla** the exception proves the rule

excepcional *adj* exceptional

excepcionalmente *adv* exceptionally

excepto *adv* except (for); **abierto e. domingos y festivos** *(en letrero)* closed on Sundays and holidays

exceptuar [4] *vt (excluir)* to exclude (**de** from); *(eximir)* to exempt (**de** from); **exceptuando a...** excluding...; **se exceptúa a los menores de dieciséis años** children under the age of sixteen are exempt; **todos fueron castigados, sin e. a ninguno** everyone was punished, without a single exception

excesivamente *adv* excessively

excesivo, -a *adj* excessive

exceso *nm* (**a**) *(demasía)* excess; **en e.** excessively, to excess; **más vale pecar por e. que por defecto** too much is better than not enough ▫ ***e. de confianza*** over-confidence; ***e. de equipaje*** excess baggage; ***e. de peso*** *(obesidad)* excess weight; ***e. de velocidad*** speeding (**b**) *(abuso)* excess; **denunciaron los excesos de los invasores** they condemned the invaders' excesses *o* atrocities; **cometer un e.** to go too far; **cometer un e. en la bebida/comida** to drink/eat to excess

excipiente *nm* excipient

excisión *nf Med* excision

excitabilidad *nf* excitability

excitable *adj* excitable

excitación *nf* (**a**) *(nerviosismo)* agitation; *(por enfado, sexo)* arousal (**b**) *Biol* excitation (**c**) *Elec* excitation

excitado, -a *adj* (**a**) *(nervioso)* agitated; *(por enfado, sexo)* aroused (**b**) *Biol* excited (**c**) *Elec* excited

excitador *nm Elec* exciter

excitante 1 *adj (emocionante)* exciting; *(sexualmente)* arousing; *(café, tabaco)* stimulating

2 *nm* stimulant

excitar 1 *vt* (**a**) *(inquietar)* to upset, to agitate (**b**) *(estimular) (sentidos)* to stimulate; *(apetito)* to whet; *(curiosidad, interés)* to excite; *(sexualmente)* to arouse

2 excitarse *vpr* (**a**) *(alterarse)* to get worked up *o* excited (**por** about) (**b**) *(sexualmente)* to become aroused

exclamación *nf (interjección)* exclamation; *(grito)* cry

exclamar *vt & vi* to exclaim

exclamativo, -a *adj* exclamatory

excluir [34] *vt* (**a**) *(dejar fuera)* to exclude (**de** from); *(hipótesis, opción)* to rule out (**b**) *(hacer imposible)* to preclude

exclusión *nf* exclusion

exclusiva *nf* (**a**) *Prensa* exclusive (**b**) *Com* exclusive *o* sole right; **tenemos la distribución en España en e.** we are the sole distributor in Spain

exclusivamente *adv* exclusively

exclusive *adv* exclusive

exclusividad *nf* (**a**) *(de club, ambiente, producto)* exclusiveness (**b**) *Com (privilegio)* exclusive *o* sole right

exclusivismo *nm* exclusivism

exclusivista *adj & nmf* exclusivist

exclusivo, -a *adj (club, ambiente, producto)* exclusive

excluyente *adj* which excludes

excluyera *etc ver* **excluir**

excluyo *etc ver* **excluir**

Excmo., -a. *(abrev de* **Excelentísimo, -a**) **el E. Ayto. de Málaga** Malaga City Council

excombatiente *nmf Br* ex-serviceman, *f* ex-servicewoman, *US* war veteran

excomulgar [38] *vt* to excommunicate

excomunión *nf* excommunication

excoriar *vt* to chafe

excrecencia *nf* growth

excreción *nf* excretion

excremento *nm* **un e. de perro** a piece of dog dirt; **excrementos** *(de ave, conejo, oveja)* droppings; *(de persona)* excrement

excretar 1 *vt (soltar)* to secrete

2 *vi (evacuar)* to excrete

excretorio, -a *adj* excretory

exculpación *nf* exoneration; *Der* acquittal

exculpar 1 *vt* to exonerate; *Der* to acquit

2 exculparse *vpr* to declare oneself innocent (**de** of)

exculpatorio, -a *adj* exonerative

excursión *nf (viaje)* excursion, trip; **ir de e.** to go on an outing *o* a trip; **e. a pie** *(de poca duración)* walk; *(de larga duración)* hike ▫ ***e. campestre*** picnic; ***e. con guía*** guided tour

excursionismo *nm (en el campo)* rambling; *(de montaña)* hiking

excursionista 1 *adj* **centro e.** hill-walking club

2 *nmf (en el campo)* rambler; *(en la montaña)* hiker; *(en ciudad)* tripper, visitor

excusa *nf* (**a**) *(pretexto, motivo)* excuse; **que mintieras a tu hermano no tiene e.** there's no excuse for you lying to your brother; **no busques más excusas** don't keep trying to find excuses; **¡nada de excusas!** no excuses! (**b**) *(petición de perdón)* apology; **presentó sus excusas** he apologized

excusable *adj* (**a**) *(perdonable)* excusable (**b**) *(evitable)* avoidable

excusado, -a, escusado, -a 1 *adj* (**a**) *(disculpado)* excused (**b**) *(inútil)* unnecessary, superfluous; **e. (es) decir que...** needless to say...

2 *nm Euf* **el e.** *(retrete)* the bathroom, *Br* the smallest room

excusar 1 *vt* (**a**) *(disculpar)* to excuse; *(disculparse por)* to apologize for; **ex-**

cusarle a alguien de algo to excuse sb for sth (**b**) *(evitar)* to avoid; **excuso decir que todos estáis invitados** there's no need for me to say that you're all invited
2 excusarse *vpr* to apologize, to excuse oneself; **se excusaron por no venir a la cena** they apologized for not coming to the meal

exe *nm Informát* exe

execrable *adj* abominable, execrable

execrar *vt Formal* to abhor

exégesis *nf inv* exegesis, explanation

exención *nf* exemption ❑ ***e. fiscal*** tax exemption

exento, -a *adj* exempt; **e. de** *(sin)* free from, without; *(eximido de)* exempt from

exequias *nfpl* funeral, funeral rites

exfoliación *nf* exfoliation

exfoliador *nm Andes, Méx (cuaderno)* loose-leaf notebook

exfoliante 1 *adj* exfoliating; **crema e.** exfoliating cream
2 *nm* = exfoliating cream/lotion etc

exfoliar 1 *vt* to exfoliate
2 exfoliarse *vpr* to flake off, *Espec* to exfoliate

ex gratia ex gratia

exhalación *nf (emanación)* exhalation, vapour; *(suspiro)* breath; EXPR *Fam* **como una e.** as quick as a flash

exhalar *vt* (**a**) *(aire)* to exhale, to breathe out; *(suspiros)* to heave; **e. el último suspiro** to breathe one's last (breath) (**b**) *(olor, vapor)* to give off

exhaustivamente *adv* exhaustively

exhaustividad *nf* exhaustiveness; **investigaron el caso con e.** the case was exhaustively investigated

exhaustivo, -a *adj* exhaustive

exhausto, -a *adj* exhausted

exhibición *nf* (**a**) *(demostración)* show, display (**b**) *(deportiva, artística)* exhibition (**c**) *(de películas)* showing

exhibicionismo *nm* exhibitionism

exhibicionista *nmf (que gusta de llamar la atención)* exhibitionist; *(pervertido sexual)* flasher

exhibir 1 *vt* (**a**) *(cuadros, fotografías)* to exhibit; *(modelos)* to show; *(productos)* to display (**b**) *(joyas)* to show off (**c**) *(cualidades)* **exhibió sus dotes de cantante** she showed how good a singer she was (**d**) *(película)* to show, to screen (**e**) *Méx (pagar)* to pay
2 exhibirse *vpr (alardear)* to show off

exhortación *nf* exhortation

exhortar *vt* **e. a alguien a hacer algo** to urge sb to do sth

exhumación *nf* exhumation, disinterment

exhumar *vt* to exhume, to disinter

exigencia *nf* (**a**) *(requisito)* demand, requirement; **se desnudó por exigencias del guión** she took her clothes off because the script required it (**b**) *(petición)* demand; **venirle a alguien con exigencias** to make demands on sb

exigente 1 *adj* demanding
2 *nmf* demanding person; **ser un e.** to be very demanding

exigible *adj* payable on demand

exigir [24] **1** *vt* (**a**) *(pedir)* to demand; **exigimos nuestros derechos** we demand our rights; **exigen una licenciatura** you need to have a degree; **exijo saber la respuesta** I demand to know the answer; **e. algo de** *o* **a alguien** to demand sth from sb (**b**) *(requerir, necesitar)* to call for, to require; **este trabajo exige mucha concentración** this work calls for a lot of concentration
2 *vi* to be demanding

exigüidad *nf* meagreness, paltriness

exiguo, -a *adj (escaso)* meagre, paltry; *(pequeño)* minute

exiliado, -a 1 *adj* exiled, in exile
2 *nm,f* exile ❑ ***e. político*** political exile

exiliar 1 *vt* to exile
2 exiliarse *vpr* to go into exile; **se exiliaron en Francia** they went into exile in France

exilio *nm* exile; **en el e.** in exile

eximente *Der* **1** *adj* absolutory, absolving; **una circunstancia e. de culpabilidad** a circumstance which frees one from blame
2 *nf* case for acquittal

eximio, -a *adj Formal* eminent, illustrious

eximir *vt* to exempt (**de** from); **han sido eximidos de pagar el IVA** they've been exempted from paying VAT

existencia *nf* (**a**) *(circunstancia de existir)* existence; **este niño me está amargando la e.** that child is making my life a misery (**b**) *Com* **existencias** stock; **quedan muy pocas existencias en el almacén** there's isn't much stock in the warehouse; **en existencias** in stock; **reponer las existencias** to restock

existencial *adj* existential

existencialismo *nm* existentialism

existencialista *adj & nmf* existentialist

existencialmente *adv* existentially

existente *adj* existing, existent

existir *vi* (**a**) *(ser real)* to exist; **los gnomos no existen** gnomes don't exist *o* aren't real (**b**) *(haber)* to exist; **existe el riesgo de...** there is the risk that...; **existe mucha pobreza** there is a lot of poverty (**c**) *(vivir)* to exist; **mientras yo exista no tienes que preocuparte** you don't have to worry while I'm still here

éxito *nm* (**a**) *(logro, fama)* success; **la fiesta fue un é.** the party was a success; **su é. se debe a su esfuerzo** she has achieved success through her own efforts; **con é.** successfully; **tener é.** to be successful ❑ ***é. clamoroso*** *o* ***rotundo*** resounding success (**b**) *(libro)* bestseller; *(canción)* hit; **de é.** *(libro)* bestselling; *(canción)* hit; **ser un é. (de ventas)** *(libro)* to be a bestseller; *(canción)* to be a hit ❑ ***é. editorial*** bestseller; ***é. de taquilla*** box-office hit

exitoso, -a *adj* successful

ex libris *nm* ex libris

éxodo *nm* exodus

exógeno, -a *adj* exogenous

exoneración *nf* (**a**) *(liberación)* exoneration; *(de tarea)* freeing (**b**) *(despido)* dismissal

exonerar *vt* **e. a alguien (de)** *(culpa, responsabilidad)* to exonerate sb (from); *(carga, obligación)* to free sb (from); *(empleo, cargo)* to dismiss *o* remove sb (from)

exorbitante *adj* exorbitant

exorcismo *nm* exorcism

exorcista *nmf* exorcist

exorcizar [14] *vt* to exorcize

exótico, -a *adj* exotic

exotismo *nm* exoticism

expandible *adj Informát* expandible

expandir 1 *vt* (**a**) *(cuerpo, gas)* to expand (**b**) *(empresa, ciudad)* to expand (**c**) *(rumor, noticia)* to spread
2 expandirse *vpr* (**a**) *(cuerpo, gas)* to expand (**b**) *(empresa, ciudad)* to grow, to expand (**c**) *(rumor, noticia)* to spread

expansión *nf* (**a**) *(de cuerpo, gas)* expansion (**b**) *(de economía)* growth; **en e.** expanding (**c**) *(de rumor, noticia)* spread, spreading

expansionar 1 *vt* to expand
2 expansionarse *vpr* (**a**) *(divertirse)* to relax, to let off steam (**b**) *(desarrollarse)* to expand

expansionismo *nm* expansionism

expansionista *adj* expansionist

expansivo, -a *adj* (**a**) *(que se extiende)* expansive (**b**) *(persona)* open, frank

expatriación *nf* expatriation; *(exilio)* exile

expatriado, -a 1 *adj* **los españoles expatriados** *(emigrantes)* expatriate Spaniards; *(exiliados)* Spanish exiles
2 *nm,f (emigrante)* expatriate; *(exiliado)* exile

expatriar [32] **1** *vt (expulsar)* to exile
2 expatriarse *vpr (emigrar)* to leave one's country, to emigrate; *(exiliarse)* to go into exile

expectación *nf* expectancy, anticipation

expectante *adj* expectant

expectativa *nf (esperanza)* hope; *(perspectiva)* prospect; **no tiene muchas expectativas de encontrar trabajo** he doesn't have much hope of finding work; **contra toda e.** against all expectations; **estar a la e.** to wait and see; **estar a la e. de** *(atento)* to be on the lookout for; *(a la espera)* to be hoping for ❑ ***e. de vida*** life expectancy

expectoración *nf Med* (**a**) *(acción)* expectoration (**b**) *(esputo)* sputum

expectorante *adj & nm* expectorant

expectorar *vi Med* to expectorate

expedición *nf* (**a**) *(viaje, grupo)* expedition ❑ ***e. de salvamento*** rescue mission (**b**) *(de documento, decreto)* issue, issuing; **la e. del pasaporte tarda cinco días** it takes five days for the passport to be issued (**c**) *(envío)* shipment, sending

expedicionario, -a 1 *adj* expeditionary
2 *nm,f (en viaje, grupo)* member of an expedition

expedido, -a *adj (documento)* issued; **e. en Bogotá el 15 de diciembre de 1999** issued in Bogota on 15 December 1999

expedidor, -ora *nm,f* sender, dispatcher

expedientar *vt (castigar)* to take disciplinary action against; *(llevar a juicio)* to start proceedings against

expediente *nm* **(a)** *(documentación)* documents; *(ficha)* file

(b) *(historial)* record; EXPR *Fam* **cubrir el e.** to do the bare minimum ❑ ***e. académico*** academic record

(c) *(investigación)* inquiry; **abrir e. a alguien** *(castigar)* to take disciplinary action against sb; *(llevar a juicio)* to start proceedings against sb; **formar** *o* **instruir e. a un funcionario** to impeach a public official

(d) *Econ* ***e. de crisis*** = statement of the economic difficulties of a company, presented to the authorities to justify redundancies; ***e. de regulación de empleo*** redundancy plan, workforce adjustment plan

expedir [47] *vt* **(a)** *(carta, pedido)* to send, to dispatch **(b)** *(pasaporte, decreto)* to issue; *(contrato, documento)* to draw up

expeditivo, -a *adj* expeditious; **utilizar métodos expeditivos** to adopt harsh measures

expedito, -a *adj* clear, free; *también Fig* **tener el paso** *o* **camino e.** to have one's way clear

expeler *vt* to emit

expendedor, -ora 1 *adj* **máquina expendedora** vending machine

2 *nm,f (de mercancía)* dealer, retailer; *(de lotería)* seller, vendor

expendeduría *nf (estanco) Br* tobacconist's, *US* cigar store

expender *vt* to sell, to retail

expendio *nm* **(a)** *Méx (tienda)* shop **(b)** *Méx, RP (venta al detalle)* retailing

expensar *vt Chile* to defray the costs of

expensas *nfpl* **(a)** *(gastos)* expenses, costs **(b) a expensas de** *loc prep* at the expense of; **vive a e. de sus abuelos** his grandparents support him financially

experiencia *nf* **(a)** *(veteranía)* experience; **tiene mucha e. en la reparación de lavadoras** he has a lot of experience at repairing washing machines **(b)** *(vivencia)* experience; **sé por (propia) e. que este trabajo implica sacrificio** I know from my own experience that this job involves a lot of sacrifices **(c)** *(experimento)* experiment

experimentación *nf* experimentation

experimentado, -a *adj* **(a)** *(persona)* experienced **(b)** *(método)* tried and tested

experimentador, -ora 1 *adj* experimenting

2 *nm,f* experimenter

experimental *adj* experimental

experimentalmente *adv* experimentally

experimentar 1 *vt* **(a)** *(sensación, efecto)* to experience **(b)** *(derrota, pérdidas)* to suffer **(c)** *(probar)* to test; *(hacer experimentos con)* to experiment with *o* on

2 *vi* **e. con** to experiment with *o* on

experimento *nm* experiment

experticia *nf Ven* expertise, skill

experto, -a 1 *adj* expert; **es experta en temas medioambientales** she's an expert on environmental matters

2 *nm,f* expert; **un e. en electrónica** an electronics expert

expiación *nf* atonement, expiation

expiar [32] *vt* to atone for, to expiate

expiatorio, -a *adj* expiatory

expidiera *etc ver* **expedir**

expido *etc ver* **expedir**

expiración *nf* expiry

expirar *vi* to expire

explanación *nf* **(a)** *(allanamiento)* levelling **(b)** *Formal (explicación)* explanation, explication

explanada *nf* area of flat *o* level ground

explanar *vt (terreno)* to level

explayarse *vpr* **(a)** *(divertirse)* to amuse oneself, to enjoy oneself **(b)** *(hablar mucho)* to talk at length **(c)** *(desahogarse)* to pour out one's heart (**con** to)

expletivo, -a *adj Gram* expletive

explicable *adj* explicable

explicación *nf* explanation; **dar/pedir explicaciones** to give/demand an explanation; **no tengo que darte explicaciones de lo que hago** I don't have to explain my actions to you

explicar [59] **1** *vt* **(a)** *(exponer, contar)* to explain; *(teoría)* to expound **(b)** *(enseñar)* to teach, to lecture in

2 explicarse *vpr* **(a)** *(comprender)* to understand; **no me lo explico** I can't understand it **(b)** *(dar explicaciones)* to explain oneself **(c)** *(expresarse)* to make oneself understood

explicativo, -a *adj* explanatory

explícitamente *adv* explicitly

explícito, -a *adj* explicit

exploración *nf* **(a)** *(de territorio)* exploration ❑ ***e. submarina*** *(investigación)* underwater exploration; *(deporte)* skin diving **(b)** *Mil* reconnaissance **(c)** *Med (interna)* exploration; *(externa)* examination

explorador, -ora 1 *nm,f* **(a)** *(viajero)* explorer **(b)** *(scout)* boy scout, *f* girl guide **(c)** *Mil* scout

2 *nm Informát* browser

explorar *vt* **(a)** *(averiguar, reconocer)* to explore **(b)** *Mil* to scout **(c)** *Med (internamente)* to explore; *(externamente)* to examine **(d)** *Informát* to browse; **e. Internet** to browse the Internet

exploratorio, -a *adj* **(a)** *(instrumento, técnica)* exploratory **(b)** *(conversaciones)* preliminary

explosión *nf* **(a)** *(de bomba)* explosion; *Fig* **el gol provocó una e. de júbilo** there was an outburst of joy at the goal; **hacer e.** to explode ❑ ***e. atómica*** atomic explosion; ***e. nuclear*** atomic explosion **(b)** *(desarrollo rápido)* explosion ❑ ***e. demográfica*** population explosion; ***e. urbanística*** rapid urban expansion

explosionar *vt & vi* to explode, to blow up

explosivo, -a 1 *adj* **(a)** *(sustancia, artefacto)* explosive **(b)** *Gram* plosive

2 *nm* explosive ❑ ***e. detonante*** *o* ***de gran potencia*** high explosive

explotable *adj* exploitable

explotación *nf* **(a)** *(acción)* exploitation; *(de fábrica, negocio)* running; *(de yacimiento)* mining; *(agrícola)* farming; *(de petróleo)* drilling **(b)** *(instalaciones)* ***e. agrícola*** farm; ***e. minera*** mine; ***e. petrolífera*** oilfield **(c)** *(de personas)* exploitation

explotador, -ora 1 *adj* **(a)** *(de niños, trabajadores)* exploiting **(b)** *(operador)* operating

2 *nm,f* **(a)** *(de niños, trabajadores)* exploiter **(b)** *(operador)* operator

explotar 1 *vt* **(a)** *(persona)* to exploit; **en esta empresa explotan a los trabajadores** this firm exploits its workers **(b)** *(fábrica)* to run, to operate; *(terreno)* to farm; *(mina)* to work

2 *vi* **(a)** *(bomba)* to explode **(b)** *(persona)* to explode (with rage)

expo *nf (exposición universal)* expo

expoliación *nf* pillaging, plundering

expoliador, -ora 1 *adj* pillaging, plundering

2 *nm,f* pillager, plunderer

expoliar *vt* to pillage, to plunder

expolio *nm* pillaging, plundering

exponencial 1 *adj* exponential; **crecer a ritmo e.** to increase exponentially

2 *nf* exponential

exponencialmente *adv* exponentially

exponente *nm* **(a)** *Mat* exponent **(b)** *(representante) (persona)* exponent; **esta película es un buen e. del cine francés actual** this movie is a good example of current French cinema

exponer [50] **1** *vt* **(a)** *(teoría)* to expound; *(ideas, propuesta)* to set out, to explain **(b)** *(cuadro, obra)* to exhibit; *(objetos en vitrinas)* to display **(c)** *(vida, prestigio)* to risk **(d)** *(parte del cuerpo)* to expose; **estar expuesto a** *(viento, lluvia, crítica)* to be exposed to

2 exponerse *vpr (a riesgo)* to run the risk (**a** of); *(a ataque, crítica)* to expose oneself (**a** to)

exportable *adj* exportable

exportación *nf* **(a)** *(acción)* export **(b)** *(mercancías)* exports ❑ *Com* ***exportaciones invisibles*** invisible exports

exportador, -ora 1 *adj* exporting; **país e.** exporting country, exporter

2 *nm,f* exporter

exportar *vt* **(a)** *Com* to export **(b)** *Informát* to export

exposición *nf* **(a)** *(al sol)* exposure **(b)** *Fot* exposure **(c)** *(de arte)* exhibition; *(de objetos en vitrina)* display ❑ ***e. universal*** international exposition *o* exhibition **(d)** *(de teoría)* exposition; *(de ideas, propuesta)* setting out, explanation **(e)** *Mús* exposition

exposímetro *nm* exposure meter
expositivo, -a *adj* explanatory
expósito, -a *Anticuado* **1** *adj* **niño e.** foundling
2 *nm,f* foundling
expositor, -ora 1 *adj* exponent
2 *nm,f* (**a**) *(en feria)* exhibitor (**b**) *(de teoría)* exponent
3 *nm (para productos, folletos)* display stand
exprés 1 *adj inv* (**a**) *(carta)* ≃ first-class (**b**) *(café)* expresso
2 *nm inv (compañía de transportes)* courier company
expresado, -a *adj (mencionado)* above-mentioned
expresamente *adv* (**a**) *(a propósito)* expressly (**b**) *(explícitamente)* explicitly, specifically
expresar 1 *vt (manifestar)* to express; *(mostrar)* to show
2 expresarse *vpr* to express oneself; **no consigo expresarme con fluidez** I can't express myself well
expresión *nf* (**a**) *(de rostro, sentimientos, palabras)* expression; **reducir a la mínima e.** to cut down to the bare minimum ❑ ***e. corporal*** self-expression through movement; ***e. escrita*** writing skills (**b**) *(palabra, locución)* expression (**c**) *Mat* expression
expresionismo *nm* expressionism
expresionista *adj & nmf* expressionist
expresivamente *adv* (**a**) *(con viveza)* expressively (**b**) *(afectuosamente)* affectionately
expresividad *nf* expressiveness
expresivo, -a *adj (vivaz, explícito)* expressive; *(cariñoso)* affectionate
expreso, -a 1 *adj* (**a**) *(explícito)* specific; *(deliberado)* express (**b**) *(claro)* clear
2 *nm* (**a**) *(tren)* = slow overnight train (**b**) *(café)* expresso (**c**) *(correo)* express mail
3 *adv* on purpose, expressly
exprimelimones *nm inv* lemon squeezer
exprimidor *nm* squeezer
exprimir *vt* (**a**) *(fruta)* to squeeze; *(zumo)* to squeeze out (**b**) *(explotar)* to exploit
ex profeso *adv* intentionally, expressly
expropiación *nf* expropriation
expropiar *vt* to expropriate
expuesto, -a 1 *participio ver* **exponer**
2 *adj* (**a**) *(desprotegido)* exposed (**a** to) (**b**) *(arriesgado)* dangerous, risky (**c**) *(dicho)* stated, expressed (**d**) *(exhibido)* on display
expugnar *vt Formal* to (take by) storm
expulsar *vt* (**a**) *(de local, organización)* to throw out; *(de clase)* to send out; *(de colegio, organización)* to expel; *(de país, territorio)* to expel, to throw out (**b**) *Dep* to send off (**c**) *(humo)* to emit, to give off; *(objeto, sustancia)* to expel; *(disquete)* to eject
expulsión *nf* (**a**) *(de colegio, organización)* expulsion (**b**) *Dep* sending-off (**c**) *(de objeto, sustancia)* expulsion
expulsor *nm (en arma de fuego)* ejector
expurgar [38] *vt (texto)* to expurgate
expusiera *etc ver* **exponer**
exquisitamente *adv* exquisitely
exquisitez *nf* (**a**) *(cualidad)* exquisiteness; **se comporta con e.** he behaves impeccably (**b**) *(cosa)* exquisite thing; *(comida)* delicacy
exquisito, -a *adj* (**a**) *(refinado)* exquisite (**b**) *(comida)* delicious, sublime
extasiarse [32] *vpr* to go into ecstasies (**ante** *o* **con** over)
éxtasis *nm inv* (**a**) *(estado)* ecstasy (**b**) *(droga)* ecstasy
extemporáneo, -a *adj* (**a**) *(clima)* unseasonable (**b**) *(inoportuno)* inopportune, untimely
extender [64] **1** *vt* (**a**) *(tela, plano, alas)* to spread (out); *(brazos, piernas)* to stretch out (**b**) *(mantequilla)* to spread; *(pintura)* to smear; *(objetos)* to spread out
(**c**) *(ampliar)* to extend, to widen; **extendieron el castigo a todos los alumnos** the punishment was extended to include all the pupils
(**d**) *(documento)* to draw up; *(cheque)* to make out; *(certificado)* to issue
(**e**) *(prolongar)* to prolong, to extend
(**f**) *(propagar)* to spread; **e. una creencia** to spread a belief
2 extenderse *vpr* (**a**) *(ocupar)* **extenderse por** to stretch *o* extend across
(**b**) *(hablar mucho)* to enlarge, to expand (**en** on)
(**c**) *(durar)* to extend, to last
(**d**) *(difundirse)* to spread (**por** across); **el incendio se extendió por el bosque** the fire spread through the forest
(**e**) *(tenderse)* to stretch out
(**f**) *(alcanzar)* **extenderse hasta** to go as far as
extendido, -a *adj* (**a**) *(esparcido)* spread out (**b**) *(abierto)* outstretched, open (**c**) *(diseminado)* widespread, prevalent
extensamente *adv* extensively
extensible *adj* extensible, extendible
extensión *nf* (**a**) *(superficie)* area, expanse (**b**) *(amplitud) (de país)* size; *(de conocimientos)* extent (**c**) *(duración)* duration, length (**d**) *(ampliación)* extension (**e**) *(sentido)* range of meaning; **en toda la e. de la palabra** in every sense of the word; **por e.** by extension (**f**) *Informát* extension (**g**) *Tel* extension
extensivo, -a *adj* extensive; **hacer algo e. a** to extend sth to
extenso, -a *adj (país)* vast; *(libro, película)* long; *(conocimientos)* extensive
extensor, -ora 1 *adj (músculo)* extensor
2 *nm (aparato)* chest expander
extenuación *nf* severe exhaustion
extenuado, -a *adj* completely exhausted, drained
extenuante *adj* completely exhausting, draining
extenuar [4] **1** *vt* to exhaust completely, to drain
2 extenuarse *vpr* to exhaust oneself, to tire oneself out
exterior 1 *adj* (**a**) *(de fuera)* outside; *(capa)* outer, exterior (**b**) *(visible)* outward (**c**) *(extranjero)* foreign
2 *nm* (**a**) *(superficie)* outside; **en el e.** outside (**b**) *(extranjero)* **en el e.** abroad; **una apertura al e.** an opening to the outside world (**c**) *(aspecto)* appearance (**d**) *Cine* **exteriores** exteriors; **rodar los exteriores** to film the exteriors
exterioridad *nf* outward appearance
exteriorización *nf* outward demonstration, manifestation
exteriorizar [14] *vt* to show, to reveal
exteriormente *adv* outwardly, externally
exterminación *nf* extermination
exterminador, -ora *adj* exterminating
exterminar *vt* (**a**) *(aniquilar)* to exterminate (**b**) *(devastar)* to destroy, to devastate
exterminio *nm* extermination
externamente *adv* externally, outwardly
externo, -a 1 *adj* (**a**) *(de fuera)* external; *(parte, capa)* outer; *(influencia)* outside; *(signo, aspecto)* outward; **pinta la parte externa del cajón** paint the outside of the box (**b**) *Mat (ángulo)* exterior (**c**) *(alumno)* **los alumnos externos** the day pupils
2 *nm,f (alumno)* day pupil
extiendo *etc ver* **extender**
extinción *nf* (**a**) *(de especie)* extinction; **en peligro de e.** in danger of extinction (**b**) *(de fuego, incendio)* putting out, extinguishing (**c**) *(de esperanzas)* loss (**d**) *(de plazos, obligaciones)* termination, end
extinguir [26] **1** *vt* (**a**) *(incendio)* to put out, to extinguish (**b**) *(raza)* to wipe out (**c**) *(afecto, entusiasmo)* to put an end to
2 extinguirse *vpr* (**a**) *(fuego, luz)* to go out (**b**) *(animal, raza)* to become extinct, to die out (**c**) *(ruido)* to die out (**d**) *(afecto)* to die
extinto, -a *adj (especie, volcán)* extinct; **el e. Pedro Bustamante** the late Pedro Bustamante
extintor *nm* fire extinguisher
extirpación *nf* (**a**) *(de tumor)* removal (**b**) *(erradicación)* eradication, stamping out
extirpar *vt* (**a**) *(tumor)* to remove; *(muela)* to extract (**b**) *Fig (erradicar)* to eradicate, to stamp out
extornar *vt Com* to rebate
extorno *nm Com* rebate
extorsión *nf Der* extortion
extorsionar *vt Der* to extort money from
extorsionista *nmf Der* extortionist
extra 1 *adj* (**a**) *(adicional)* extra; **horas extras** overtime (**b**) *(de gran calidad)* top quality, superior
2 *nmf (en película)* extra
3 *nm (gasto)* extra
4 *nf* (**a**) *Fam (paga)* = additional payment of a month's salary or wages in June and December (**b**) *Am (gasolina) Br* 4-star petrol, *US* premium gas
extra- *prefijo* extra-

extraacadémico, -a *adj* extracurricular

extracción *nf* (**a**) *(de astilla, bala)* removal, extraction; *(de diente)* extraction (**b**) *(de carbón)* mining; *(de petróleo)* extraction (**c**) *(de humos)* extraction (**d**) *(en sorteos)* drawing (**e**) *(origen)* **de baja e.** of humble origins, from a humble background ▫ ***e. social*** social extraction

extractar *vt* to summarize, to shorten

extracto *nm* (**a**) *(resumen)* summary, résumé ▫ ***e. de cuentas*** statement (of account) (**b**) *(concentrado)* extract ▫ ***e. de malta*** malt extract

extractor *nm (de humos)* extractor fan

extracurricular *adj Educ* extracurricular

extradición *nf* extradition

extraditable *adj* extraditable

extraditar *vt* to extradite

extraer [66] *vt* (**a**) *(sacar)* to extract (**de** from) (**b**) *(obtener)* to extract (**de** from) (**c**) *(sangre)* to draw (**de** from) (**d**) *(carbón)* to mine (**de** from) (**e**) *(conclusiones)* to come to *o* draw (**de** from)

extraescolar *adj* extracurricular

extrafino, -a *adj* top quality, de luxe

extrahumano, -a *adj* nonhuman

extraigo *etc ver* **extraer**

extrajera *etc ver* **extraer**

extrajudicial *adj* extrajudicial

extralegal *adj* extralegal

extralimitación *nf* abuse *(of power, authority)*

extralimitarse *vpr* to go too far

extramatrimonial, extramarital *adj* extramarital

extramuros *adv* outside the city *o* town

extranjería *nf* foreign status ▫ ***ley de e.*** immigration legislation

extranjerismo *nm* foreign word

extranjerizar [14] *vt* to introduce foreign customs to

extranjero, -a 1 *adj* foreign
2 *nm,f (persona)* foreigner
3 *nm (territorio)* **me gusta viajar por el e.** I like travelling abroad; **del e.** from abroad; **en** *o* **por el e.** abroad; **ir al e.** to go abroad

extranjis: de extranjis *loc adv Fam* on the quiet; **trajeron de e. un televisor** they sneaked in a television; **se encuentra con ella de e.** he meets her in secret

extrañamente *adv* strangely

extrañamiento *nm* banishment

extrañar 1 *vt* (**a**) *(sorprender)* to surprise; **me extraña (que digas esto)** I'm surprised (that you should say that); **no me extraña nada que no haya venido** I'm not in the least surprised he hasn't come (**b**) *(echar de menos)* to miss; **extraña mucho a sus amigos** she misses her friends a lot (**c**) *(encontrar extraño)* to find strange, not to be used to; **he dormido mal porque extraño la cama** I slept badly because I'm not used to the bed (**d**) *(desterrar)* to banish
2 extrañarse *vpr (sorprenderse)* to be surprised (**de** at)

extrañeza *nf* (**a**) *(sorpresa)* surprise; **nos miró con e.** he looked at us in surprise (**b**) *(rareza)* strangeness

extraño, -a 1 *adj* (**a**) *(raro)* strange, odd; **es e. que no hayan llegado ya** it's strange *o* odd they haven't arrived yet; **me resulta e. oírte hablar así** I find it strange *o* odd to hear you talk like that (**b**) *(ajeno)* detached, uninvolved (**c**) *Med* foreign
2 *nm,f* stranger
3 *nm (movimiento brusco)* **el vehículo hizo un e.** the vehicle went out of control for a second

extraoficial *adj* unofficial

extraoficialmente *adv* unofficially

extraordinaria *nf (paga)* = additional payment of a month's salary or wages in June and December

extraordinariamente *adv* extraordinarily

extraordinario, -a 1 *adj* (**a**) *(insólito)* extraordinary (**b**) *(gastos)* additional (**c**) *(edición, suplemento)* special
2 *nm* (**a**) *Prensa* special edition (**b**) *(correo)* special delivery

extraparlamentario, -a *adj* nonparliamentary

extraplano, -a *adj* super-slim, extra-thin

extrapolación *nf* extrapolation

extrapolar *vt* to extrapolate

extrarradio *nm* outskirts, suburbs

extrasensorial *adj* extrasensory

extraterrestre *adj & nmf* extraterrestrial

extraterritorial *adj* extraterritorial

extraterritorialidad *nf* extraterritorial rights

extravagancia *nf* (**a**) *(excentricidad)* eccentricity (**b**) *(rareza)* outlandishness

> Observa que la palabra inglesa **extravagance** es un falso amigo y no es la traducción de la palabra española **extravagancia**. En inglés **extravagance** significa "derroche, despilfarro".

extravagante *adj* (**a**) *(excéntrico)* eccentric (**b**) *(raro)* outlandish

> Observa que la palabra inglesa **extravagant** es un falso amigo y no es la traducción de la palabra española **extravagante**. En inglés **extravagant** significa "derrochador, caro".

extravasarse *vpr* to flow out

extraversión *nf* extroversion

extravertido, -a *adj & nm,f* extrovert

extraviado, -a *adj* (**a**) *(perdido)* lost; *(animal)* stray (**b**) *(descarriado)* debauched

extraviar [32] **1** *vt* (**a**) *(objeto)* to lose, to mislay (**b**) *(excursionista)* to mislead, to cause to lose one's way (**c**) *(mirada, vista)* to allow to wander
2 extraviarse *vpr* (**a**) *(persona)* to get lost (**b**) *(objeto)* to be mislaid, to go missing

extravío *nm* (**a**) *(pérdida)* loss, mislaying (**b**) *(desenfreno)* excess

extremadamente *adv* extremely

extremado, -a *adj* extreme

Extremadura *n* Extremadura

extremar 1 *vt (precaución, vigilancia)* to maximize; **han extremado las medidas de seguridad** security measures have been stepped up to the maximum
2 extremarse *vpr* to take great pains *o* care

extremaunción *nf Rel* extreme unction

extremeño, -a 1 *adj* of/from Extremadura
2 *nm,f* person from Extremadura

extremidad *nf (extremo)* end; **extremidades** *(del cuerpo)* extremities

extremismo *nm* extremism

extremista *adj & nmf* extremist

extremo, -a 1 *adj (sumo)* extreme; *(en el espacio)* far, furthest; **las condiciones climáticas de ese lugar son extremas** the climate here is extreme; **la e. izquierda/derecha** the far left/right
2 *nm* (**a**) *(punta)* end; **los extremos se tocan** extremes meet
(**b**) *(límite)* extreme; **le mimas en e.** you spoil him far too much; **en último e.** as a last resort; **ir** *o* **pasar de un e. al otro** to go from one extreme to the other; **llegar a extremos ridículos/peligrosos** to reach ridiculous/dangerous extremes
(**c**) *(en fútbol)* winger ▫ ***e. derecho/izquierdo*** *(en fútbol)* outside right/left; *(en rugby)* right/left wing
(**d**) *(punto, asunto)* issue, question; **...e. que ha sido rechazado por...** ...a claim which has been denied by...

extremosidad *nf (efusividad)* effusiveness

extremoso, -a *adj (efusivo)* effusive, gushing

extrínseco, -a *adj* extrinsic

extroversión *nf* extroversion

extrovertido, -a *adj & nm,f* extrovert

extrusión *nf Tec* extrusion

exuberancia *nf* (**a**) *(de jardín)* lushness (**b**) *(de persona)* exuberance

exuberante *adj* (**a**) *(jardín)* lush (**b**) *(persona)* exuberant

exudación *nf* exudation

exudar *vt* to exude, to ooze

exultación *nf* exultation

exultante *adj* exultant

exultar *vi* to exult, to rejoice (**de** with)

exvoto *nm* votive offering, ex voto

eyaculación *nf* ejaculation ▫ ***e. precoz*** premature ejaculation

eyacular *vi* to ejaculate

eyección *nf* ejection, expulsion

eyectar *vt* to eject, to expel

eyector *nm (de armas)* ejector; *(de aire, gases)* extractor

EZLN *nm Méx (abrev de* **Ejército Zapatista de Liberación Nacional***)* Zapatista Army of National Liberation

F

F, f ['efe] *nf (letra)* F, f; **el 23 F** 23rd February, = day of the failed coup d'état in Spain in 1981

f. (**a**) *(abrev de* **factura***)* inv. (**b**) *(abrev de* **folio***)* f

fa *nm (nota musical)* F; *(en solfeo)* fa; *ver también* **do**

fabada *nf* = Asturian stew made of beans, pork sausage and bacon

fábrica *nf* (**a**) *(establecimiento industrial)* factory; **es así de f.** it was like that when I bought it □ ***f. de cerveza*** brewery; ***f. de conservas*** canning plant, cannery; ***f. de papel*** paper mill; ***f. siderúrgica*** iron and steelworks *(singular)* (**b**) *(construcción) (ladrillo)* brickwork; *(piedra)* stonework; **un muro de f.** *(de ladrillo)* a brick wall; *(de piedra)* a stone wall

Observa que la palabra inglesa **fabric** es un falso amigo y no es la traducción de la palabra española **fábrica**. En inglés **fabric** significa "tejido".

fabricación *nf* manufacture; **de f. casera** home-made □ ***f. limpia*** *(ecológica)* environmentally friendly manufacturing; ***f. en serie*** mass production

fabricador, -ora 1 *adj (que inventa)* fabricating

2 *nm,f (inventor)* fabricator; **es un f. de mentiras** he's a a liar

fabricante 1 *adj* manufacturing; **la empresa f.** the manufacturer

2 *nmf* manufacturer

fabricar [59] *vt* (**a**) *(producir)* to manufacture, to make (**b**) *(construir)* to build, to construct (**c**) *(inventar)* to fabricate, to make up

fábula *nf* (**a**) *(relato)* fable; *(leyenda)* legend, myth; *Fig* **de f.** *(estupendo)* fabulous, fantastic; *Fig* **lo pasamos de f.** we had a fabulous *o* fantastic time (**b**) *(rumor)* piece of gossip; *(mentira)* story, invention; **sus hazañas no son más que fábulas** those exploits of his are all imaginary

fabulación *nf* invention, fantasy

fabular *vi* to make things up

fabulista *nmf* author of fables

fabulosamente *adv* (**a**) *(mucho)* fabulously, fantastically (**b**) *(estupendamente)* **lo pasamos f.** we had a fabulous *o* fantastic time

fabuloso, -a *adj* (**a**) *(muy bueno)* fabulous, fantastic (**b**) *(ficticio)* mythical

faca *nf* large knife

facción *nf* (**a**) *Pol* faction (**b**) **facciones** *(rasgos)* features

faccioso, -a 1 *adj* factious, rebellious

2 *nm,f* rebel

faceta *nf* facet

facha 1 *nf* (**a**) *Fam (aspecto)* look; **tener buena f.** *(situación)* to look good *o* promising; *(persona)* to lood good *o* attractive; **tener mala f.** *(situación)* to look bad; *(persona)* to look unpleasant (**b**) *Fam (mamarracho)* mess; **vas hecho una f.** you look a mess (**c**) *Fam Pey (fascista)* fascist (**d**) *Chile (presunción)* arrogance, presumption

2 *nmf Fam Pey (fascista)* fascist

fachada *nf* (**a**) *(de edificio)* façade; **con f. a** facing; **hacer f. con** *o* **a** to be opposite, to face (**b**) *(apariencia)* outward appearance; **es pura f.** it's just a show

fachenda *nf Fam (jactancia)* bragging, boasting

fachendoso, -a *Fam* **1** *adj (desastrado)* scruffy

2 *nm,f (desastrado)* scruffy-looking person; **ir hecho un f.** to look like a scarecrow, to look a sight

fachoso, -a *adj* (**a**) *Fam (desastrado)* scruffy (**b**) *Fam Pey (fascista)* fascist (**c**) *Andes, Méx (fanfarrón)* boastful

facial *adj* facial; **rasgos faciales** (facial) features

fácil *adj* (**a**) *(sencillo)* easy; **f. de hacer/decir** easy to do/say; **dinero f.** easy money (**b**) *(tratable)* easy-going (**c**) *(probable)* probable, likely; **es f. que no venga** it's likely she won't come, she probably won't come

facilidad *nf* (**a**) *(simplicidad)* ease, easiness (**b**) *(aptitud)* aptitude; **tener f. para algo** to have a gift for sth; **tiene f. de palabra** he has a way with words; **dar facilidades a alguien para hacer algo** to make it easy for sb to do sth □ ***facilidades de pago*** easy (payment) terms

facilitación *nf* (**a**) *(acción)* facilitation (**b**) *(provisión)* provision

facilitador, -ora *adj* facilitating

facilitar *vt* (**a**) *(simplificar)* to facilitate, to make easy; *(posibilitar)* to make possible; **esta máquina nos facilita mucho la tarea** this machine makes the job a lot easier (for us) (**b**) *(proporcionar)* to provide; **nos facilitaron toda la información que necesitábamos** they provided us with all the information we needed

fácilmente *adv* easily; **tardará f. tres meses** it'll easily take three months

facilón, -ona *adj Fam* (**a**) *(fácil)* dead easy (**b**) *(demasiado fácil)* too simple

facineroso, -a *nm,f* miscreant, criminal

facistol 1 *nm (atril)* lectern

2 *adj Carib, Méx (vanidoso)* vain *o* conceited person

3 *nmf Carib, Méx (vanidoso)* vain *o* conceited person

facón *nm RP* sheath knife; **pelar el f.** to unsheathe one's knife

facóquero *nm* warthog

facsímil, facsímile 1 *adj* facsimile; **edición f.** facsimile edition

2 *nm* (**a**) *(copia)* facsimile (**b**) *(fax)* facsimile, fax

factible *adj* feasible

fáctico, -a *adj* **los poderes fácticos** the powers that be, the forces of the establishment

facto: de facto *loc adv* de facto

factor *nm* factor; **f. (de protección) 8** *(de crema solar)* factor 8 (protection) □ *Econ* ***factores de producción*** factors of production, factor inputs; ***f. Rh*** Rh factor; ***f. riesgo*** risk factor

factoría *nf* (**a**) *(fábrica)* factory (**b**) *Com* outlet, agency

factorial *nm Mat* factorial

factoring ['factorin] *nm Econ* factoring

factótum (*pl* **factotums**) *nmf* factotum

factual *adj* factual

factura *nf* (**a**) *(por mercancías, trabajo realizado)* invoice; *(de compra, luz, teléfono)* bill; **extender una f.** to make out an invoice; **pasar** *o* **presentar una f.** to send an invoice; [EXPR] **pasar f.** *(los excesos, años)* to take their toll □ ***f. detallada*** itemized bill; *Com* ***f. pro forma*** *o* ***proforma*** pro forma invoice (**b**) *(hechura)* **de buena/mala f.** well/badly made (**c**) *Arg (bollo)* bun

facturación *nf* (**a**) *(de equipaje) (en aeropuerto)* checking-in; *(en estación)* registration; **mostrador de f.** check-in desk (**b**) *(ventas) Br* turnover, *US* net revenue (**c**) *(cobro)* invoicing

facturar *vt* (**a**) *(equipaje) (en aeropuerto)* to check in; *(en estación)* to register (**b**) *(vender)* to turn over; **facturaron 4.000 millones en 1996** they had a turnover of 4,000 million in 1996 (**c**) *(cobrar)* **facturarle a alguien algo** to invoice *o* bill sb for sth

facultad *nf* (**a**) *(capacidad)* faculty; **facultades (mentales)** (mental) facul-

ties; **está en pleno uso de sus facultades mentales** she is in full possession of her mental faculties; **está empezando a perder facultades** his mind is beginning to go
(**b**) *(universitaria)* faculty; **estudio en la F. de Química** I'm studying in the Faculty of Chemistry ❑ ***F. de Derecho*** Law Faculty, Faculty of Law; ***F. de Filosofía y Letras*** Arts Faculty, Faculty of Arts; ***F. de Medicina*** Medical Faculty, Faculty of Medicine
(**c**) *(poder)* power, right
(**d**) *(propiedad)* property; **tiene la f. de ablandar la madera** it has the property of softening wood

facultar *vt* to authorize; **este título lo faculta para ejercer en Francia** this qualification allows him to practice in France

facultativo, -a 1 *adj* (**a**) *(voluntario)* optional (**b**) *(médico)* medical
2 *nm,f* doctor

facundia *nf* (**a**) *(elocuencia)* eloquence (**b**) *Fam (verbosidad)* gift of the gab

facundo, -a *adj* (**a**) *(elocuente)* eloquent (**b**) *Fam (parlanchín)* talkative

FAD [fað] *nmpl* (*abrev de* **Fondos de Ayuda al Desarrollo**) = Spanish foreign aid fund

fado *nm* = melancholy Portuguese folk song

faena *nf* (**a**) *(tarea)* task, work; **estar en plena f.** to be hard at work ❑ ***faenas agrícolas*** *o* ***del campo*** farm work, agricultural work; ***faenas domésticas*** housework, household chores
(**b**) *Fam (fastidio)* **hacerle una (mala) f. a alguien** to play a dirty trick on sb; **¡qué f.!** what a pain!
(**c**) *Taurom* = bullfighter's performance; **el torero ejecutó una f. brillante** the bullfighter gave a brilliant performance
(**d**) *Cuba, Guat, Méx (en hacienda)* overtime
(**e**) *Chile (cuadrilla de obreros)* group of labourers
(**f**) *Ecuad (trabajo matinal)* morning work
(**g**) *RP (matanza)* slaughtering *(of cattle)*

faenar 1 *vi (pescar)* to fish
2 *vt RP (ganado)* to slaughter

faenero *nm (barco)* fishing boat

fagocitar *vt (engullir)* to engulf, to swallow up

fagocito *nm Biol* phagocyte

fagocitosis *nf inv Biol* phagocytosis

fagot 1 *nm (instrumento)* bassoon
2 *nmf (músico)* bassoonist

fagotista *nmf* bassoonist

fainá *nf RP (plato)* = baked dough made from chick-pea flour, served with pizza

fair play ['ferplei] *nm* fair play

faisán *nm* pheasant

faja *nf* (**a**) *(prenda de mujer)* girdle; *(terapéutica)* (surgical) corset; (**b**) *(de esmoquin)* cummerbund; *(de campesino)* sash *(wrapped round waist)* (**c**) *(de terreno) (pequeña)* strip; *(grande)* belt (**d**) *(de libro)* band *(around new book)*

fajada *nf Carib (acometida)* attack, assault

fajar 1 *vt* (**a**) *(periódico)* to put a wrapper on; *(libro)* to put a band on (**b**) *RP Fam (pegar)* to thump, to beat (**c**) *Am (acometer)* to attack, to assault (**d**) *Carib (pedir dinero)* to ask for a loan
2 fajarse *vpr* (**a**) *Am Fam (pegarse)* **se fajaron** they thumped *o* beat one another (**b**) *Am Fam (pelearse)* to fight

fajín *nm* sash

fajina *nf Cuba (trabajo extra)* overtime

fajo *nm* (**a**) *(de billetes, papel)* wad; *(de leña, cañas)* bundle (**b**) *Méx (cinturón)* leather belt

fakir *nm* fakir

falacia *nf* (**a**) *(mentira)* lie, untruth; **eso es una f.** that's a lie, that's not true (**b**) *(concepción errónea)* fallacy

falange *nf* (**a**) *Anat* phalanx (**b**) *Mil* phalanx (**c**) *Pol* **la F. (Española)** the Falange

falangismo *nm Pol* Falangist movement

falangista *adj & nmf Pol* Falangist

falaz *adj* false

falca *nf* (**a**) *Méx, Ven (canoa)* = canoe with a roof (**b**) *Col (barcaza)* ferryboat *(at river crossing)*

falda *nf* (**a**) *(prenda)* skirt; *Fam* **tener un lío de faldas** to have woman trouble; EXPR *Fam* **estar pegado** *o* **cosido a las faldas de su madre** to be tied to his/her mother's apron strings ❑ ***f. escocesa*** kilt; ***f. pantalón*** culottes, divided skirt; ***f. de tubo*** pencil skirt; ***f. de vuelo*** full skirt (**b**) *(de montaña)* slope, mountainside; **las faldas de la montaña** the lower slopes of the mountain (**c**) *(regazo)* lap (**d**) **faldas** *(de mesa camilla)* tablecloth

faldero, -a *adj* (**a**) *(dócil)* **perro f.** lapdog (**b**) *(mujeriego)* keen on women

faldeta *nf PRico Fam (camisa)* shirt-tail

faldón *nm* (**a**) *(de chaqueta, camisa)* tail; *(de cortina, mesa camilla)* folds (**b**) *(de tejado)* gable

falencia *nf Am Com* bankruptcy

falibilidad *nf* fallibility

falible *adj* fallible

fálico, -a *adj* phallic

falla *nf* (**a**) *(defecto)* fault, defect (**b**) *Geol* fault (**c**) **las Fallas** *(fiesta)* = celebrations in Valencia during which giant papier mâché figures are burnt (**d**) *Méx (gorro de niño)* baby bonnet

fallar 1 *vt* (**a**) *(equivocar) (respuesta)* to get wrong; *(tiro)* to miss (**b**) *(sentenciar)* to pass sentence on; *(premio)* to award
2 *vi* (**a**) *(equivocarse)* to get it wrong; *(no acertar)* to miss; **sin f.** without fail; **este truco nunca falla** this trick never fails; **¡no falla, en cuanto salimos se pone a llover!** it never fails – whenever we go out, it starts raining!; **si la memoria no me falla** if my memory serves me correctly
(**b**) *(fracasar, flaquear)* to fail; *(no funcionar)* to stop working; *(plan)* to go wrong; **me fallaron los frenos** my brakes didn't work; **falló el suministro eléctrico** there was a power cut
(**c**) *(decepcionar)* **fallarle a alguien** to let sb down
(**d**) *(quebrarse, ceder)* to give way
(**e**) *(sentenciar)* **f. a favor/en contra de alguien** to find in favour of/against sb

falleba *nf* latch

fallecer [46] *vi* to pass away, to die

fallecido, -a *adj & nm,f* deceased

fallecimiento *nm* decease, death; **el f. se produjo a las 5:50** death occurred at 5:50 am

fallero, -a *adj* = relating to the celebrations in Valencia during which giant papier mâché figures are burnt

fallezco *etc ver* **fallecer**

fallido, -a *adj (esfuerzo, intento)* unsuccessful, failed; *(esperanza)* vain; *(disparo)* missed

fallo, -a 1 *nm* (**a**) *(error)* mistake; *Dep* miss; **tener un f.** to make a mistake; **tu ejercicio no ha tenido ningún f.** there were no mistakes in your exercise; *Esp* **fue un f. no llevar el abrelatas** it was silly *o* stupid not to bring the tin opener; **un f. técnico** a technical fault (**b**) *(defecto)* fault; **tener muchos fallos** to have lots of faults; **tener fallos de memoria** to have memory lapses (**c**) *(veredicto)* verdict; **el f. del jurado** the jury's verdict (**d**) *(opinión)* judgment
2 *adj Chile Agr* failed

fallutería *nf RP Fam* hypocrisy

falluto, -a *adj RP Fam* phoney, hypocritical

falo *nm* phallus

falocracia *nf* male chauvinism

falócrata *nm* male chauvinist

falsa *nf Méx (falsilla)* guide sheet *(for writing paper)*

falsamente *adv* falsely

falsario, -a 1 *adj (persona)* untruthful
2 *nm,f* liar

falseador, -ora *adj* falsifying

falseamiento *nm (falsificación)* falsifying, falsification

falsear *vt (hechos, historia, datos)* to falsify, to distort; *(moneda, firma)* to forge

falsedad *nf* (**a**) *(falta de verdad, autenticidad)* falseness (**b**) *(mentira)* falsehood, lie

falseo *nm (falsificación)* forgery

falsete *nm* falsetto; **voz de f.** falsetto voice

falsificación *nf* forgery

falsificado, -a *adj (dinero)* counterfeit, forged; *(documento)* forged

falsificador, -ora *nm,f* forger

falsificar [59] *vt* to forge

falsilla *nf* guide sheet *(for writing paper)*

falso, -a 1 *adj* (**a**) *(afirmación, información, rumor)* false, untrue; **de** *o* **en f.** *(falsamente)* falsely; *(sin firmeza)* unsoundly; **si haces un movimiento en f., disparo** if you move, I'll shoot; **jurar en f.** to commit perjury; **dar f. testimonio** to give false evidence ❑ ***f. estuco*** *(en bricolaje)* stick-on plasterwork; ***f. muro*** false wall; ***f. techo*** false ceiling

(**b**) *(dinero, firma, cuadro)* forged; *(pasaporte)* forged, false; *(joyas)* fake; **un diamante f.** an imitation diamond
(**c**) *(hipócrita)* deceitful; **no soporto a los falsos amigos que te critican a la espalda** I can't stand false friends who criticize you behind your back; EXPR **es más f. que Judas** he's a real snake in the grass ❑ *Ling* ***f. amigo*** false friend; ***falsa modestia*** false modesty
(**d**) *(inadecuado)* wrong, incorrect
2 *nm,f (hipócrita)* hypocrite

FALTA *nf* (**a**) *(ausencia)* absence; *(carencia)* lack; *(escasez)* shortage; **nadie notó su f.** nobody noticed his/its absence; **estos animales tienen f. de cariño** these animals suffer from a lack of affection; **en estos momentos hay f. de trabajo** there's a shortage of work at the moment; **la f. de agua impide el desarrollo de la región** water is in short supply in the region, something which is holding back its development; **estoy cometiendo muchos errores, es la f. de costumbre** I'm making a lot of mistakes, I'm out of practice; **ha sido una f. de delicadeza decirle eso** it was tactless of you to say that to him; **es una f. de educación** it's bad manners; **es una f. de respeto** it shows a lack of respect; **¡qué** *o* **vaya f. de seriedad!** it's disgraceful!; **a f. de** in the absence of; **a f. de un sitio mejor, podríamos ir a la playa** in the absence of anywhere better, we could always go to the beach; EXPR **a f. de pan, buenas son tortas** you have to make the most of what you've got; **echar en f. algo/a alguien** *(notar la ausencia de)* to notice that sth/sb is missing; *(echar de menos)* to miss sth/sb; **no fuimos de vacaciones por f. de dinero** we didn't go on holiday because we didn't have enough money; **si no voy con vosotros no es por f. de ganas** if I don't go with you, it isn't because I don't want to; **sin f.** without fail; **hemos de entregar este proyecto el lunes sin f.** this project has to be handed in on Monday without fail
(**b**) **hacer f.** *(ser necesario)* to be necessary; **me hace f. suerte** I need some luck; **me haces mucha f.** I really need you; **si hiciera f., llamadnos** if necessary, call us; **¡hace f. ser caradura!, ¡volver a pedirme dinero!** what a nerve, asking me for money again!; **espero que le traten con disciplina, que buena f. le hace** I hope they are strict with him, he certainly needs it *o* it's high time someone was
(**c**) *(no asistencia)* absence; **me han puesto dos faltas este mes** I was marked absent twice this month ❑ ***f. de asistencia*** absence
(**d**) *(imperfección)* fault; *(defecto de fábrica)* defect, flaw; **sacarle faltas a alguien/algo** to find fault with sb/sth
(**e**) *(infracción)* misdemeanour; *(incumplimiento)* breach; *(error)* mistake; **una f. contra la disciplina** a breach of discipline; **he tenido tres faltas en el dictado** I made three mistakes in my dictation ❑ *Com* ***f. de pago*** nonpayment; ***f. de ortografía*** spelling mistake
(**f**) *Dep (infracción)* foul; *(en tenis)* fault; **cometer** *o* **hacer una f.** to commit a foul; **cometer** *o* **hacer una f. a alguien** to foul sb; **lanzar** *o* **sacar una f.** to take a free kick; **señalar una f.** to give *o* award a free kick ❑ ***f. antideportiva*** *(en baloncesto)* unsportsmanlike foul; ***f. libre directa/indirecta*** direct/indirect free kick offence; ***f. personal*** *(en baloncesto)* personal foul; ***f. de pie*** *(en tenis)* foot fault; ***f. de saque*** *(en tenis)* service fault; ***f. técnica*** *(en baloncesto)* technical foul
(**g**) *Der* offence
(**h**) *(en la menstruación)* missed period; **ha tenido ya dos faltas** she has missed two periods

FALTAR *vi* (**a**) *(no haber)* to be lacking, to be needed; **falta aire** there's not enough air; **le falta sal** it needs a bit of salt; **faltó comida** there wasn't enough food; **después del robo faltaban dos cuadros** after the robbery, two paintings were missing; **a esta casa no le falta nada** this house lacks nothing *o* has everything
(**b**) *(estar ausente)* to be absent *o* missing; **falta Elena** Elena is missing; **el día que yo falte** when I have passed on; **falta de su domicilio desde hace tres semanas** she has been missing (from home) for three weeks
(**c**) *(no acudir)* **sólo faltaron mis padres** only my parents weren't there *o* failed to turn up; **f. a una cita** not to turn up at an appointment; **¡no faltes (a la cita)!** don't miss it!, be there!; **ha faltado a clase tres veces esta semana** she has been away three days this week; **últimamente ha faltado mucho al trabajo** he's been off work a lot recently, he's had a lot of time off work recently
(**d**) *(no cumplir)* **faltó a su palabra** she went back on her word, she broke *o* didn't keep her word; **faltó a su obligación** he neglected his duty
(**e**) *(ofender)* **f. a alguien en algo** to offend sb in sth; **f. a alguien al respeto** to be disrespectful to sb; **¡a mí no me faltes!** don't you speak to me like that!
(**f**) *(no tener)* **le faltan las fuerzas** he lacks *o* doesn't have the strength; **le falta experiencia** she lacks experience; **le falta una mano** he has got only one hand; **al equipo le faltan buenos defensas** the team is short of good defenders; **le falta una pata a la mesa** the table is missing a leg; **me faltan palabras para expresar mi agradecimiento** I can't find the words to express my gratitude
(**g**) *(hacer falta)* **me falta tiempo** I need time; **para que su felicidad fuera completa sólo faltaba que viniera su hijo** all it needed to make her happiness complete was for her son to arrive; **ganas no nos faltan, pero no vamos a poder ir** it isn't because we don't want to, but we won't be able to go; **sólo le faltó ponerse a llorar** he did everything but burst into tears; **¡lo que me faltaba!** that's all I needed!; **¡lo que faltaba, otro pinchazo!** that's all I needed, another flat tyre!
(**h**) *(quedar)* **falta mucho por hacer** there is still a lot to be done; **falta poco para llenar del todo el camión** the lorry is almost completely full now; **sólo te falta firmar** all you have to do is sign; **falta un mes para las vacaciones** there's a month to go till the holidays; **¿falta mucho para el final?** is there long to go?; **falta poco para las once** it's nearly eleven o'clock; **falta poco para que llegue** it won't be long till he arrives, he'll soon be here; **¿cuánto falta para Bogotá?** how much further is it to Bogota?; **aún faltan 10 kilómetros** there are still 10 kilometres to go; **faltó poco para que le matase** I very nearly killed him; **¿lo mató? — poco faltó** did she kill him? — very nearly
(**i**) *Euf (morir)* to pass away
(**j**) *(en frases)* **¡no faltaba** *o* **faltaría más!** *(asentimiento)* of course!; *(rechazo)* that tops it all!, that's a bit much!; **claro que puedes usar mi teléfono, ¡no faltaba** *o* **faltaría más!** of course you can use my telephone, there's no need for you to ask; **por supuesto que no te dejo ir, ¡faltaría más!** of course I'm not letting you go, what can you be thinking of!

falto, -a *adj* **f. de** lacking in, short of; **f. de recursos/escrúpulos** lacking means/scruples; **f. de imaginación** unimaginative; **en su infancia estuvo f. de cariño** she was starved of affection in her childhood

faltón, -ona *adj* (**a**) *Fam (no fiable)* unreliable, undependable (**b**) *(irrespetuoso)* disrespectful, irreverent

faltriquera *nf (bolso) Br* small handbag, *US* small purse

falucho *nm (embarcación)* felucca

fama *nf* (**a**) *(renombre)* fame; **tener f.** to be famous *o* well-known; **salir en ese programa le ha dado mucha f.** being on that programme has made her very well-known (**b**) *(reputación)* reputation; **buena/mala f.** good/bad reputation; **tener f. de tacaño/generoso** to have a name for being mean/generous; PROV **cría f. y échate a dormir** build yourself a good reputation, then you can rest on your laurels (**c**) *Literario* **es f. que...** *(se dice que)* it is said that...

famélico, -a *adj* starving, famished

familia *nf* family; **de buena f.** from a good family; **en f.** with one's family; **no tuvieron f.** *(hijos)* they never had children; *Fig* **estábamos en f.** there were only a few of us; *Fig* **no te dé vergüenza, que estamos en f.** don't be shy – you're among friends; **di lo que quieras, estamos en f.** say whatever you want, we're in private now; **ser como de la f.** to be like one of the family; **venir de f.** to run in the family; **una f. de lenguas/de plantas** a family of languages/plants ❑ ***f. desestructurada*** dysfunctional family; ***f. nuclear*** nuclear family; *f.* ***numerosa*** large family; ***la f. política*** the in-laws

familiar 1 *adj* **(a)** *(de familia)* family; **reunión f.** family gathering **(b)** *(en el trato) (agradable)* friendly; *(en demasía)* overly familiar **(c)** *(lenguaje, estilo)* informal, colloquial; **una expresión f.** an informal *o* colloquial expression **(d)** *(conocido)* familiar; **su cara me es** *o* **me resulta f.** her face looks familiar

2 *nmf* relative, relation

familiaridad *nf (en el trato)* familiarity; **nos trató desde el principio con mucha f.** from the outset he dealt with us very informally

familiarizado, -a *adj* familiar, conversant (**con** with); **estar f. con algo** to be familiar *o* conversant with sth

familiarizar [14] **1** *vt* to familiarize (**con** with)

2 familiarizarse *vpr* **familiarizarse con** *(estudiar)* to familiarize oneself with; *(acostumbrarse a)* to get used to; **en pocos días se familiarizó con los nombres de todos los alumnos** within a few days she had learnt the names of all her pupils

familiarmente *adv* familiarly; **f. conocido como...** familiarly known as...

famoso, -a 1 *adj* famous; **es famosa por su belleza** she is famous for her beauty

2 *nm,f* famous person, celebrity

fan *nmf* fan

fanáticamente *adv* fanatically

fanático, -a 1 *adj* fanatical

2 *nm,f (exaltado)* fanatic; *Dep* fan

fanatismo *nm* fanaticism; **con f.** fanatically

fanatizar [14] *vt* to arouse fanaticism in

fandango *nm (baile)* fandango

fandanguero, -a *Fam* **1** *adj* fond of noisy parties

2 *nm,f* = person who is fond of noisy parties; **es un f.** he's a party animal

fandanguillo *nm* = type of fandango

fanega *nf* = grain measure which varies from region to region

fanfarria *nf* **(a)** *Fam (ostentación)* show, razz(a)matazz; *(jactancia)* boasting, bragging **(b)** *(de música)* fanfare; *(banda)* brass band

fanfarrón, -ona 1 *adj* boastful

2 *nm,f* braggart, show-off

fanfarronada *nf* brag; **decir** *o* **echar fanfarronadas** to boast, to brag

fanfarronear *vi* to boast, to brag (**de** about)

fanfarronería *nf* showing-off, bragging

fangal, fangar *nm* quagmire

fango *nm* mud

fangoso, -a *adj* muddy

fantasear 1 *vi* to fantasize (**sobre** about)

2 *vt* to imagine, to fantasize about

fantasía *nf* **(a)** *(imaginación)* imagination; *(cosa imaginada)* fantasy; **vive en un mundo de f.** she lives in a world of her own; **bisutería de f.** costume jewellery; **ropa de f.** fancy clothes **(b)** *Mús* fantasia

fantasioso, -a *adj* imaginative

fantasma 1 *adj* **(a)** *(deshabitado)* **pueblo/barco f.** ghost town/ship **(b)** *Fam* **es muy f.** *(persona)* he's a real show-off

2 *nm (espectro)* ghost, phantom; **se le apareció el f. de un pirata** the ghost of a pirate appeared to him

3 *nmf Fam (fanfarrón)* show-off

fantasmada *nf Fam* brag

fantasmagoría *nf* phantasmagoria

fantasmagórico, -a *adj* phantasmagoric

fantasmal *adj* ghostly

fantasmón, -ona *nm,f Fam* show-off

fantásticamente *adv* **lo pasamos f.** we had a fantastic time

fantástico, -a *adj* fantastic

fantochada *nf* crazy *o* mad thing

fantoche *nm* **(a)** *(títere)* puppet **(b)** *(mamarracho)* (ridiculous) sight

fanzine *nm* fanzine

FAO [fao] *nf (abrev de* **Food and Agriculture Organization**) FAO

faquir *nm* fakir

faradio *nm* farad

farallón *nm (roca)* = giant rock

farándula *nf* **la f.** the theatre, the stage

farandulero, -a *adj Fam RP (fanfarrón)* boastful, bragging

faraón *nm* pharaoh

faraónico, -a *adj* **(a)** *(del faraón)* pharaonic **(b)** *(fastuoso)* lavish, magnificent

FARC [fark] *nfpl (abrev de* **Fuerzas Armadas Revolucionarias de Colombia**) Revolutionary Armed Forces of Colombia, = guerrilla group

fardada *nf Fam* showing-off

fardar *vi Fam* to be cool; **¡como farda esa moto!** that bike is so cool!; **f. de algo** to show (sth) off

fardel *nm (talega)* knapsack

fardo *nm* bundle

fardón, -ona *Fam* **1** *adj* flashy

2 *nm,f* flash Harry

Farenheit [faren'χait] *adj* Fahrenheit

farero, -a *nm,f* lighthouse keeper

farfullar *vt & vi (deprisa)* to gabble; *(con enfado)* to splutter; *(en voz baja)* to mutter, to mumble

farináceo, -a *adj* farinaceous

faringe *nf* pharynx

faringitis *nf inv* sore throat, *Espec* pharyngitis

fariña *nf Andes, RP (harina de mandioca)* coarse manioc *o* cassava flour

fario *nf Fam* **mal f.** bad luck

farisaico, -a *adj* **(a)** *Hist (de los fariseos)* Pharisaic, Pharisaical **(b)** *(hipócrita)* hypocritical

fariseísmo *nm* hypocrisy

fariseo, -a *nm,f* **(a)** *Hist* Pharisee **(b)** *(hipócrita)* hypocrite

farmacéutico, -a 1 *adj* pharmaceutical

2 *nm,f* pharmacist, *Br* chemist, *US* druggist

farmacia *nf* **(a)** *(ciencia)* pharmacy **(b)** *(establecimiento)* pharmacy, *Br* chemist's (shop) *US* drugstore ▫ ***f. de turno*** *o* ***de guardia*** duty chemist's

fármaco *nm* medicine, drug

farmacología *nf* pharmacology

farmacológico, -a *adj* pharmacological

farmacopea *nf* pharmacopoeia

farmacoterapia *nf* = treatment using course of drugs

faro *nm* **(a)** *(para barcos)* lighthouse **(b)** *(de coche)* headlight, headlamp ▫ ***f. antiniebla*** fog lamp; ***f. trasero*** rear light

farol *nm* **(a)** *(farola)* street lamp *o* light; *(linterna)* lantern, lamp **(b)** *(en el juego)* bluff; **ir de f., tirarse un f.** to be bluffing **(c)** *Fam (mentira)* fib, lie

farola *nf* **(a)** *(farol)* street lamp *o* light **(b)** *(poste)* lamppost **(c) la F.** *(revista)* = magazine sold by the homeless in Spain, *Br* ≃ The Big Issue

farolear *vi Fam* to fib

farolero, -a 1 *adj Fam* boastful

2 *nm,f* **(a)** *(oficio)* lamplighter **(b)** *Fam (fanfarrón)* show-off

farolillo *nm* **(a)** *(de papel)* paper *o* Chinese lantern **(b)** *(planta)* Canterbury bell **(c)** *Dep* ***f. rojo*** *(en clasificación)* = competitor or team last in a table; **ser el f. rojo** to be propping up the bottom of the table

farra *nf* **(a)** *Fam (juerga)* binge, spree; **ir de f.** to paint the town red **(b)** *Andes, RP* EXPR **tomar a alguien para la f.** *(burlarse)* to make fun of sb

fárrago *nm* hotchpotch

farragoso, -a *adj* confused, rambling

farrear *vi Andes, RP (ir de juerga)* to go on a binge

farruco, -a *adj (valiente)* cocky; **ponerse f.** to get cocky

farsa *nf también Fig* farce

farsante 1 *adj* deceitful

2 *nmf* deceitful person; **es un f.** he's a fraud

farsear *vi Chile Fam* to fool around

FAS *nm inv (abrev de* **Fondo de Asistencia Social**) = Spanish social welfare fund

fascículo *nm (entrega)* part, instalment *(of publication)*; **por fascículos (semanales/mensuales)** in (weekly/monthly) instalments

fascinación *nf* fascination; **sentir f. por algo** to be fascinated by sth

fascinante *adj* fascinating

fascinar *vt* to fascinate; **me fascina Klee** I love *o* adore Klee

fascismo *nm* fascism

fascista *adj & nmf* fascist

fascistoide 1 *n* fascist

2 *adj* fascist

fase *nf (etapa)* phase; *(de la luna)* phase; **la primera f. de la competición** the first round of the competition

faso *nm RP Fam (cigarrillo)* smoke, *Br* fag

fastidiado, -a *adj Fam* (**a**) *(de salud)* ill; **ando f. del estómago** I've got a bad stomach (**b**) *(estropeado)* **la máquina de café está fastidiada** *(no funciona)* the coffee machine is bust; *(funciona mal)* the coffee machine isn't working properly

fastidiar 1 *vt* (**a**) *(estropear) (fiesta, vacaciones)* to spoil, to ruin; *(máquina, objeto)* to break (**b**) *(molestar)* to annoy, to bother; **¿no te fastidia?** *(¿qué te parece?)* would you believe it?

2 *vi* **¡no fastidies!** you're having me on!

3 fastidiarse *vpr* (**a**) *(estropearse) (fiesta, vacaciones)* to be ruined; *(máquina)* to break down (**b**) *(aguantarse)* to put up with it

fastidio *nm* (**a**) *(molestia)* nuisance, bother; **¡qué f.!** what a nuisance! (**b**) *(enfado)* annoyance (**c**) *(aburrimiento)* bore

fastidioso, -a *adj* (**a**) *(molesto)* annoying (**b**) *(aburrido)* boring, tedious

fasto *nm* pomp, extravagance

fastuosamente *adv* (**a**) *(lujosamente)* lavishly (**b**) *(ostentosamente)* ostentatiously

fastuosidad *nf* lavishness, sumptuousness; **con f.** lavishly, sumptuously

fastuoso, -a *adj* lavish, sumptuous

fatal 1 *adj* (**a**) *(mortal)* fatal; **el accidente fue f.** it was a fatal accident (**b**) *(muy malo)* terrible, awful (**c**) *(inevitable)* inevitable (**d**) *(seductor)* **mujer f.** femme fatale

2 *adv* terribly; **está f., igual se muere** he's in a very bad way and may well die; **eso que has hecho está f.** what you've done is awful *o* terrible; **sentirse f.** to feel terrible; **ese vestido te sienta f.** that dress does absolutely nothing for you; **me cae f. su novio** I can't stand her boyfriend

fatalidad *nf* (**a**) *(destino)* fate, destiny (**b**) *(desgracia)* misfortune

fatalismo *nm* fatalism

fatalista 1 *adj* fatalistic

2 *nmf* fatalist

fatalmente *adv* (**a**) *(desdichadamente)* unfortunately, unhappily (**b**) *(inevitablemente)* inevitably (**c**) *(muy mal)* terribly, awfully

fatídico, -a *adj* fateful, ominous

fatiga *nf* (**a**) *(cansancio)* tiredness, fatigue ▫ ***f. nerviosa*** strain, stress; ***f. visual*** eyestrain (**b**) *(ahogo)* shortness of breath, breathlessness (**c**) *(reparo)* **me dio f. decírselo** I felt bad about telling him (**d**) **fatigas** *(penas)* troubles, hardships

fatigado, -a *adj* tired, weary (**de** from)

fatigante *adj* tiring

fatigar [38] **1** *vt* to tire, to weary

2 fatigarse *vpr* to get tired

fatigosamente *adv* wearily

fatigoso, -a *adj* tiring, fatiguing

fatuidad *nf* (**a**) *(necedad)* fatuousness, foolishness (**b**) *(vanidad)* conceit

fatuo, -a *adj* (**a**) *(necio)* fatuous, foolish (**b**) *(engreído)* conceited

fauces *nfpl* jaws

fauna *nf* (**a**) *(animales)* fauna (**b**) *Fam (grupo de gente)* **punks, cabezas rapadas y otras faunas urbanas** punks, skinheads and other urban tribes; **en ese bar se reúne una f. muy rica** you find all sorts of people in that bar

fauno *nm* faun

fausto, -a *adj* happy, fortunate

fauvismo [fo'βismo] *nm* fauvism

favela *nf* = Brazilian shanty town

favor *nm* (**a**) *(servicio)* favour; **de f.** *(gratuito)* complimentary, free; **hacerle un f. a alguien** *(ayudar a)* to do sb a favour; *Fam (acostarse con)* to go to bed with sb; **hágame el f. de cerrar la puerta** would you mind shutting the door, please?; **¡haz el f. de no golpear la puerta!** would you kindly stop slamming that door?; **pedir un f. a alguien** to ask sb a favour; **¿abro la ventana? — si haces el f....** shall I open the window?— please, if you don't mind...; **por f.** *(al pedir algo)* please; *(expresa indignación, sorpresa)* for heaven's sake!; **las cosas se piden por f.** you say "please" when you ask for something; **nos pidió por f. que la acompañáramos** she asked if we could please go with her; *Anticuado o Hum* **favores** *(de una mujer)* favours; *Anticuado o Hum* **la dama le concedió sus favores** the lady graced him with her favours

(**b**) *(apoyo)* **los políticos tienen el f. de sus votantes** the politicians enjoy the support of the voters; **estar a f. de** to be in favour of; **a f.** *(viento, corriente)* favourable; **a f. de** in favour of; **¿tú estás a f. o en contra de la nueva ley?** are you for or against the new law? **extendió un cheque a f. de Henar y Cía.** she made out a cheque to Henar y Cía; **en f. de** to the benefit of; **tener a** *o* **en su f. a alguien** to enjoy sb's support; **tenía a todo el pueblo a su f.** he had the people on his side

favorable *adj* favourable; **tiempo f.** good weather; **ser f. a algo** to be in favour of sth; **el sondeo le es f.** the poll favours him

favorablemente *adv* favourably

favorecedor, -ora *adj* flattering, becoming

favorecer [46] *vt* (**a**) *(beneficiar)* to favour; *(ayudar)* to help, to assist; **esta política favorece a los más pobres** this policy works in favour of the poorest; **a pesar de ser peores, les favoreció la suerte y ganaron el partido** despite being the worse side, luck was on their side and they won the game (**b**) *(sentar bien)* to suit

favorecido, -a *adj (en foto)* **has salido muy favorecida** *(en foto)* you've come out really well

favoritismo *nm* favouritism

favorito, -a *adj & nm,f* favourite

fax *nm* (**a**) *(aparato)* fax (machine); **mandar algo por f.** to fax sth (**b**) *(documento)* fax

faxear *vt Fam* to fax

faz *nf* (**a**) *Formal (cara)* countenance, face (**b**) *(del mundo, de la tierra)* face

FBI *nm* (*abrev de* **Federal Bureau of Investigation**) FBI

F.C. *nm* (**a**) (*abrev de* **ferrocarril**) railway, Ry (**b**) *Dep* (*abrev de* **Fútbol Club**) FC

FDNG *nm* (*abrev de* **Frente Democrático Nueva Guatemala**) = left-wing Guatemalan political party

fe *nf* (**a**) *(creencia)* faith; **la fe católica** the Catholic faith; **hacer algo de buena/mala fe** to do sth in good/bad faith; EXPR **la fe mueve montañas** faith can move mountains

(**b**) *(confianza)* faith, confidence; **ser digno de fe** to be credible; **tener fe en** to have faith in, to believe in; **hay que tener fe en el médico** one must have confidence in one's doctor; **tiene una fe ciega en ese medicamento** he has absolute faith in that medicine

(**c**) *(documento)* certificate ▫ ***fe de bautismo*** baptismal certificate; ***fe de erratas*** errata *(plural)*; ***fe de vida*** = certificate testifying that owner is still alive

(**d**) *(palabra de honor)* **dar fe de que** to testify that; *Anticuado* **a fe mía** on my word (of honour)

fealdad *nf* (**a**) *(de rostro, paisaje, edificio)* ugliness (**b**) *(de conducta)* unworthiness

feb. (*abrev de* **febrero**) Feb

febrero *nm* February; *ver también* **septiembre**

febrífugo, -a *adj Farm* febrifuge; **tiene propiedades febrífugas** it reduces fever

febril *adj* (**a**) *(con fiebre)* feverish (**b**) *(actividad)* hectic

febrilmente *adv* hectically

fecal *adj* faecal; **aguas fecales** sewage

fecha *nf* *(día)* date; *(momento actual)* current date; **una f. señalada** an important date; **en f. próxima** in the next few days; **fijar la f. de algo** to set a date for sth; **a partir de esta f.** from this/that date; **hasta la f.** to date, so far; **ocurrió por estas fechas** it happened around this time of year ▫ ***f. de caducidad*** *(de alimentos)* sell-by date; *(de medicamento)* use before date; ***f. de expedición*** date of issue; ***f. límite*** deadline; ***f. tope*** deadline

fechador *nm* postmark

fechar *vt* to date

fechoría *nf* bad deed, misdemeanour; **cometer una f.** to do sth wicked

fécula *nf* starch *(in food)*

fecundación *nf* fertilization ▫ ***f. artificial*** artificial insemination; ***f. asistida*** artificial insemination; ***f. in vitro*** in vitro fertilization

fecundar *vt* (**a**) *(fertilizar)* to fertilize (**b**) *(hacer productivo)* to make fertile

fecundidad *nf* (**a**) *(fertilidad)* fertility (**b**) *(productividad)* productiveness

fecundizar [14] *vt* (**a**) *(tierra)* to make fertile (**b**) *(hembra)* to fertilize

fecundo, -a *adj* (**a**) *(tierra)* fertile (**b**) *(mujer)* fertile (**c**) *(artista)* prolific

FED (*abrev* **Fondo Europeo de Desarrollo**) *nm* EDF

FEDER ['feder] *nm* (*abrev de* **Fondo Europeo de Desarrollo Regional**) ERDF

federación *nf* federation ▫ ***f. deportiva*** sports federation; ***la F. Rusa*** the Russian Federation

federal *adj & nmf* federal

federalismo *nm* federalism

federalista *adj & nmf* federalist

federar 1 *vt* to federate

2 federarse *vpr* (**a**) *(formar federación)* to become *o* form a federation (**b**) *(ingresar en federación)* to join a federation

federativo, -a 1 *adj* federative

2 *nm,f* member of a federation

feedback ['fiðβak] (*pl* **feedbacks**) *nm* feedback

feérico, -a *adj* fairy

féferes *nmpl Andes, Carib, Méx (trastos)* things, bits and pieces

fehaciente *adj* irrefutable

felación *nf* fellatio

feldespato *nm* feldspar

felicidad *nf* happiness

felicidades *interj* **¡f.!** *(enhorabuena)* congratulations!; *(en cumpleaños)* happy birthday!

felicitación *nf* (**a**) *(acción)* **felicitaciones** congratulations (**b**) *(tarjeta)* greetings card; **no pude asistir a su boda, pero les envié una f.** I couldn't be at the wedding but I sent them a card ▫ ***f. de cumpleaños*** birthday card; ***f. de Navidad*** Christmas card

felicitar 1 *vt* to congratulate (**por** on); **¡te felicito!** congratulations!; **felicita a Juan, es su cumpleaños** wish Juan well, it's his birthday

2 felicitarse *vpr* to be pleased *o* glad (**por** about)

félido *nm* feline, cat

feligrés, -esa *nm,f* parishioner; **cuando los feligreses salen de la iglesia** when the congregation comes out of church

feligresía *nf* (**a**) *(feligreses)* parishioners (**b**) *(parroquia)* parish

felino, -a 1 *adj* feline

2 *nm* feline, cat

feliz *adj* (**a**) *(dichoso, alegre)* happy; **el f. acontecimiento** the happy event; **¡f. Navidad!** happy Christmas!; **¡f. Año Nuevo!** Happy New Year!; **¡felices pascuas!** happy Easter!; EXPR **...y fueron felices y comieron perdices** ...and they all lived happily ever after (**b**) *(afortunado)* lucky (**c**) *(oportuno)* timely

felizmente *adv* (**a**) *(alegremente)* happily (**b**) *(oportunamente)* at the right moment

felonía *nf* (**a**) *(traición)* treachery, betrayal (**b**) *(infamia)* vile deed

felpa *nf (de seda)* plush; *(de algodón)* towelling

felpudo *nm* doormat

femenino, -a 1 *adj* (**a**) *(de mujer)* women's; **baloncesto f.** women's basketball; **un programa dirigido al público f.** a programme aimed at women; **la asistencia femenina al fútbol** the number of women going to football matches; **un toque f.** a woman's touch (**b**) *(de la feminidad)* feminine (**c**) *Bot & Zool* female; **los órganos sexuales femeninos** the female sex organs

2 *nm Gram* feminine

fémina *nf* woman, female

feminidad, femineidad *nf* femininity

feminismo *nm* feminism

feminista *adj & nmf* feminist

feminización *nf* feminization

feminizar [14] *vt* to make feminine

femoral 1 *adj* femoral

2 *nf* femoral artery

fémur (*pl* **fémures**) *nm* femur, thighbone

fenecer [46] *vi Formal* to pass away, to die

fenecimiento *nm Formal (muerte)* passing away, death

fenicio, -a 1 *adj & nm,f* Phoenician

2 *nm (lengua)* Phoenician

fenilo *nm Quím* phenyl

fénix *nm inv (ave)* phoenix; **volvió como el ave f.** he rose like a phoenix from the ashes

fenol *nm Quím* phenol

fenoma *nm Biol* phenome

fenomenal 1 *adj* (**a**) *(magnífico)* wonderful, fantastic (**b**) *(enorme)* phenomenal

2 *adv* wonderfully

fenomenalmente *adv* **lo pasamos f.** we had a wonderful time

fenómeno 1 *adj Fam* amazing, great

2 *nm* (**a**) *(suceso)* phenomenon ▫ ***f. metereológico*** meteorological phenomenon; ***f. paranormal*** paranormal phenomenon (**b**) *(monstruo)* freak (**c**) *Fam (genio)* **es un f. jugando al tenis** he's an amazing tennis player

3 *adv Fam* brilliantly, fantastically; **pasarlo f.** to have a great time

4 *interj* **¡f.!** great!, terrific!

fenomenología *nf* phenomenology

fenotipo *nm* phenotype

feo, -a 1 *adj* (**a**) *(persona)* ugly; EXPR **más f. que picio** as ugly as sin (**b**) *(aspecto, herida, conducta)* nasty; *(tiempo)* foul, horrible; *(color)* unpleasant; **es** *o* **está f. escupir** it's rude to spit; **lo que hiciste quedó f.** that wasn't a very nice thing to do; **ponerse f.** *(situación, tiempo)* to turn nasty; **la cosa está fea** things are looking bad (**c**) *Arg, Col, Méx (olor, sabor)* unpleasant

2 *nm,f (persona)* ugly person; EXPR *Fam* **le tocó bailar con la más fea** he drew the short straw

3 *nm (desaire)* slight, insult; **hacer un f. a alguien** to offend *o* slight sb

FEOGA [fe'oɣa] *nm* (*abrev de* **Fondo Europeo de Orientación y de Garantía Agrícola**) EAGGF, European Agriculture Guidance and Guarantee Fund

feracidad *nf (del campo)* fertility, fecundity

feraz *adj Literario* fertile, fecund

féretro *nm* coffin

feria *nf* (**a**) *(mercado, exhibición)* fair ▫ ***f. del automóvil*** car show; ***f. de ganado*** cattle fair; ***f. del libro*** book fair; ***f. de muestras*** *(event)* trade fair; *(instalaciones)* = permanent site for trade fairs (**b**) *(fiesta popular)* festival; *(de atracciones)* funfair ▫ ***F. de Abril*** = annual fair in Seville (**c**) *Méx (monedas)* small change (**d**) *CAm (propina)* tip

feriado, -a *adj* **día f.** holiday

ferial *adj* fair; **recinto f.** showground, exhibition area

feriante *nmf (vendedor)* exhibitor *(at trade fair)*

fermentación *nf* fermentation

fermentado, -a *adj* fermented

fermentar 1 *vt* to ferment

2 *vi* (**a**) *(con fermento)* to ferment (**b**) *(sentimiento)* **el odio fermentó en su corazón** hatred simmered in her heart

fermento *nm* ferment

ferocidad *nf* ferocity, fierceness

ferodo® *nm* = material used for brake lining

Feroe *nfpl* **las (Islas) F.** the Faeroes, the Faeroe Islands

feromona *nf* pheromone

feroz *adj* (**a**) *(animal, bestia)* fierce, ferocious (**b**) *(criminal, asesino)* cruel, savage (**c**) *(dolor, angustia)* terrible (**d**) *(enorme)* massive

ferozmente *adv* ferociously, fiercely

férreo, -a *adj también Fig* iron; **disciplina férrea** iron discipline

ferretería *nf Br* ironmonger's (shop), *US* hardware store

ferretero, -a *nm,f Br* ironmonger, *US* hardware dealer

férrico, -a *adj* ferric

ferrocarril *nm (sistema, medio)* railway, *US* railroad; *(tren)* train; **ese pueblo no tiene f.** that town isn't on a railway line *o US* a railroad; **por f.** by train ▫ ***f. de cremallera*** rack railway; ***f. funicular*** funicular

ferroso, -a *adj* ferrous

ferroviario, -a 1 *adj* **línea ferroviaria** railway *o US* railroad line; **red ferroviaria** rail(way) *o US* railroad network

2 *nm,f* railway *o US* railroad worker

ferruginoso, -a *adj* containing iron

ferry *nm* ferry

fértil *adj también Fig* fertile

fertilidad *nf también Fig* fertility

fertilización *nf* fertilization ▫ ***f. in vitro*** in vitro fertilization

fertilizador, -ora *adj* fertilizing

fertilizante 1 *adj* fertilizing

2 *nm* fertilizer

fertilizar [14] *vt* to fertilize

férula *nf* (**a**) *Med* splint (**b**) EXPR **estar bajo la f. de alguien** to be under sb's thumb

ferviente, fervoroso, -a *adj* fervent

fervor *nm* fervour; **con f.** fervently, enthusiastically

festejar 1 *vt* (**a**) *(celebrar)* to celebrate (**b**) *(agasajar)* to entertain (**c**) *Méx Fam (golpear)* to beat, to thrash

2 festejarse *vpr (celebrarse)* to be celebrated

festejo *nm* (**a**) *(fiesta)* party; **festejos** *(celebraciones)* public festivities ❑ ***festejos taurinos*** bullfights (**b**) *(agasajo)* entertaining

festín *nm* banquet, feast; **darse un f.** to have a feast

festinar *vt Am (apresurar)* to hasten, to hurry up

festival *nm* festival; *Fam* **un f. de colores** a riot of colour ❑ ***el F. de Eurovisión*** the Eurovision song contest

festivamente *adv* festively

festividad *nf* festivity

festivo, -a *adj* (**a**) *(de fiesta)* festive; **día f.** (public) holiday (**b**) *(alegre)* cheerful, jolly; *(chistoso)* funny, witty

festón *nm (en costura)* scallop; **adornar algo con un f.** to decorate with a scalloped edge, to scallop

festonear *vt (en costura)* to scallop

fetal *adj* foetal

fetén *adj inv Fam* brilliant, great

fetiche *nm* fetish

fetichismo *nm* fetishism

fetichista 1 *adj* fetishistic

2 *nmf* fetishist

fétidamente *adv* **olía f.** it smelt foul

fetidez *nf* fetidness, foul smell

fétido, -a *adj* fetid, foul-smelling

feto *nm* (**a**) *(embrión)* foetus (**b**) *Fam Fig (persona fea)* ugly person, fright

fetuchini, fettuccini [fetu'tʃini] *nm* fettucine

feúcho, -a *adj Fam* plain, *US* homely

feudal *adj* feudal

feudalismo *nm* feudalism

feudo *nm* (**a**) *Hist* fief (**b**) *(dominio)* domain, area of influence

FEVE ['feβe] *nm (abrev de* **Ferrocarriles de Vía Estrecha**) = Spanish narrow-gauge railways

fez *nm* fez

FF. AA. *nfpl (abrev de* **Fuerzas Armadas**) = armed forces

FF.CC. *nmpl (abrev de* **Ferrocarriles**) railways

FIA [fia] *nf Dep (abrev de* **Federación Internacional de Automovilismo**) FIA

fiabilidad *nf* reliability

fiable *adj* (**a**) *(máquina)* reliable (**b**) *(persona) (honesto)* trustworthy; **ese electricista no es muy f.** that electrician isn't very reliable

fiado, -a 1 *adj* trusting

2 *nm* **al f.** on credit; **dar f.** to give credit; **no venden f. a nadie** they don't give credit to anyone

fiador, -ora 1 *nm,f* guarantor, surety; **salir f. por** to vouch for

2 *nm Andes* chinstrap

fiambre *nm* (**a**) *(alimento) Br* cold meat, *US* cold cut (**b**) *Fam (cadáver)* stiff, corpse; **dejar f.** to bump off; **estar f.** to have kicked the bucket

fiambrera *nf* (**a**) *(tartera)* lunch *o* sandwich box (**b**) *RP (fresquera)* meat safe

fiambrería *nf RP* delicatessen

FIAMM *nmpl Fin (abrev de* **Fondos de Inversión en Activos del Mercado Monetario**) = *Br* unit trusts *o US* mutual funds restricted to the currency market

fianza *nf* (**a**) *(depósito)* deposit (**b**) *Der* bail; **bajo f.** on bail (**c**) *(garantía)* security, bond

fiar [32] **1** *vt Com* to sell on credit

2 *vi Com* to sell on credit; *Fig* **ser de f.** to be trustworthy

3 fiarse *vpr* **¡no te fíes!** don't be too sure (about it)!; **fiarse de algo/alguien** to trust sth/sb; **no me fío de sus palabras** I don't trust what he says

fiasco *nm* fiasco

FIBA [fiβa] *nf Dep (abrev de* **Federación Internacional de Baloncesto Amateur**) FIBA

fibra *nf* (**a**) *(de tela, alimenticia)* fibre; *(de madera)* grain; **el acróbata era pura f.** the acrobat was all sinew; **alimentos ricos en f.** foods rich in fibre; *Fig* **le tocó la f. sensible** *(música, imágenes)* it pulled *o* tugged at his heartstrings ❑ ***f. artificial*** artificial fibre, man-made fibre; ***f. de carbono*** carbon fibre; ***f. muscular*** muscle fibre; ***f. óptica*** optical fibre; ***f. sintética*** synthetic fibre; ***f. de vidrio*** fibreglass (**b**) *(energía)* character, vigour

fibrilación *nf Med* fibrillation

fibrina *nf* fibrin

fibroma *nm Med* fibroma

fibrosis *nf inv Med* fibrosis ❑ ***f. cística*** *o* ***quística*** cystic fibrosis

fibroso, -a *adj* (**a**) *(carne)* chewy, tough (**b**) *(persona)* lean (**c**) *Anat (tejido)* fibrous

ficción *nf* (**a**) *(invención)* fiction; **de f.** fictional (**b**) *(simulación)* pretence, make-believe

ficcional *adj* fictional

ficha *nf* (**a**) *(tarjeta)* (index) card; *(con detalles personales)* file, record card; **rellene esta f. con sus datos** fill in your details on this card ❑ ***f. policial*** police record; ***f. técnica*** (technical) specifications (**b**) *(de guardarropa, aparcamiento)* token (**c**) *(de teléfono)* token (**d**) *(de juego)* counter; *(de ajedrez)* piece; *(de ruleta)* chip (**e**) *Dep (contrato)* contract (**f**) *Informát* card ❑ ***f. perforada*** perforated card

fichaje *nm* (**a**) *Dep (contratación)* signing (up) (**b**) *(jugador)* signing (**c**) *(importe)* transfer fee

fichar 1 *vt* (**a**) *(archivar)* to note down on an index card, to file (**b**) *(sujeto: policía)* to put on police files *o* records (**c**) *Dep* to sign up; **lo fichó el Deportivo** he was signed by Deportivo (**d**) *Fam (pillar)* to suss out, to see through

2 *vi* (**a**) *(en el trabajo) (al entrar)* to clock in; *(al salir)* to clock out (**b**) *Dep* to sign up (**por** for)

fichera *nf Méx (prostituta)* prostitute

fichero *nm* (**a**) *(conjunto de fichas)* file (**b**) *(mueble, caja)* filing cabinet (**c**) *Informát* file ❑ ***f. por lotes*** batch file

ficología *nf* phycology

ficticio, -a *adj* (**a**) *(imaginario)* fictitious (**b**) *(convencional)* imaginary

ficus *nm inv* rubber plant

fidedigno, -a *adj* reliable

fideicomisario, -a *nm,f Der* trustee

fideicomiso *nm Der* trust

fidelidad *nf* (**a**) *(lealtad)* loyalty; *(de cónyuge, perro)* faithfulness; **su marido siempre le guardó f.** her husband always remained faithful to her (**b**) *(precisión)* accuracy; **alta f.** high fidelity

fidelización *nf Com* building of customer loyalty

fidelizar *vt Com* **f. a los clientes** to build customer loyalty

fideo *nm* (**a**) *(para sopa)* vermicelli (**b**) *Fam (persona delgada)* beanpole; EXPR **estar** *o* **quedarse como un f.** to be as thin as a rake

fiduciario, -a *adj & nm,f Der & Econ* fiduciary

fiebre *nf* fever; **tener f.** to have a temperature; **ese año llegó la f. de los yoyós** that was the year the yo-yo craze started ❑ ***f. amarilla*** yellow fever; ***f. de Malta*** Malta fever; ***f. del heno*** hay fever; *Fig* ***la f. del oro*** the gold rush; ***f. palúdica*** malaria; ***f. tifoidea*** typhoid (fever)

fiel 1 *adj* (**a**) *(leal) (amigo, seguidor)* loyal; *(cónyuge, perro)* faithful (**b**) *(preciso)* accurate; **esta novela ofrece un f. reflejo de la realidad** this novel gives a very accurate picture of reality

2 *nm* (**a**) *(de balanza)* needle, pointer (**b**) *Rel* **los fieles** the faithful; **el sacerdote y sus fieles** the priest and his flock

fielmente *adv* faithfully

fieltro *nm* felt

fiera *nf* (**a**) *(animal)* wild animal (**b**) *(persona) (genial)* demon; *(cruel)* brute; **estar/ponerse hecho una f.** to be/go wild with anger; *Fam* **es una fiera para la química** she's brilliant *o* a real star at chemistry

fieramente *adv* savagely, ferociously

fiereza *nf (crueldad)* savagery, ferocity; **con f.** savagely, ferociously

fiero, -a *adj* savage, ferocious

fierro *nm Am* (**a**) *(hierro)* iron (**b**) *(marca para ganado)* brand

fiesta *nf* (**a**) *(reunión)* party; **dar una f. en honor de alguien** to give a party in sb's honour; *Fam Fig* **¡se acabó la f., todo el mundo a trabajar!** the party's over, back to work everyone!; EXPR *Fam* **aguar la f. a alguien** to spoil sb's fun; EXPR **no estar para fiestas** to be in no mood for joking; EXPR *Fam* **no sabe de qué va la f.** he hasn't got a clue; EXPR *Fam* **tengamos la f. en paz** let's have no more arguments ❑ ***f.***

benéfica fête; ***f. de disfraces*** fancy-dress party; ***f. de fin de año*** New Year's party; ***la f. nacional*** *(de país)* national day; *(los toros)* bullfighting; ***f. sorpresa*** surprise party

(**b**) **fiestas** *(de pueblo, barrio)* (local) festivities; **el pueblo está en fiestas** the town is holding its annual fair *o* festival ▫ ***fiesta(s) mayor(es)*** = local celebrations for the festival of a town's patron saint; ***fiesta(s) patronal(es)*** = celebrations for the feast day of a town's patron saint

(**c**) *(día)* public holiday; **ser f.** to be a public holiday; **hacer f.** to be on holiday; **fiestas** *(vacaciones)* holidays ▫ *Rel* ***f. de guardar*** *o* ***de prefecto*** holiday of obligation

fiestero, -a *nm,f Fam* party animal

FIFA ['fifa] *nf* (*abrev de* **Federación Internacional de Fútbol Asociación**) FIFA

fifí (*pl* **fifíes**) *nm RP Fam* wimp

fig. (*abrev de* **figura**) fig

figón *nm* cheap restaurant

figura 1 *nf* (**a**) *(de objeto, de persona)* figure; *(forma)* shape; **vislumbré una f. de mujer** I was able to make out the shape of a woman; **hace ejercicio para mantener la f.** she exercises to stay in shape; **tener buena f.** to have a good figure (**b**) *(en naipes)* picture card (**c**) *(personaje)* figure; **es una f. de las letras** she's a well-known figure in the literary world (**d**) *(del lenguaje)* **f. (retórica** *o* **del lenguaje)** figure of speech (**e**) *(en baile)* figure

2 *nmf Fam* **es todo un f.** he's really something

figuración *nf* (**a**) *(representación)* representation (**b**) *(invención)* invention; **figuraciones** imaginings; **son f. tuyas** it's all in your imagination (**c**) *Cine* extras

figuradamente *adv* figuratively

figurado, -a *adj* figurative; **en sentido f.** in a figurative sense

figurante, -a *nm,f* extra

figurar 1 *vi* (**a**) *(aparecer)* to appear, to figure (**en** in) (**b**) *(ser importante)* to be prominent *o* important

2 *vt* (**a**) *(representar)* to represent (**b**) *(simular)* to feign, to simulate

3 figurarse *vpr (imaginarse)* to imagine; **ya me lo figuraba yo** I thought as much; **figúrate si había contaminación que se morían los pajaritos** imagine how polluted it must have been when birds were dying

figurativo, -a *adj Arte* figurative

figurín *nm* fashion sketch; EXPR **ir** *o* **estar hecho un f.** to be dressed up to the nines

figurinista *nmf* costume designer

figurón *nm Fam* (**a**) *(fanfarrón)* poseur (**b**) *(presumido)* = person who wants to be the centre of attention

fija: a la fija *loc adv RP* for sure, for certain

fijación *nf* (**a**) *también Fot* fixing (**b**) *(obsesión)* fixation; **tiene una f. con esa actriz** he's obsessed with that actress (**c**) **fijaciones** *(en esquí)* bindings; *(en ciclismo)* clipless pedals

fijado *nm Fot* fixing, fixation

fijador *nm (líquido)* fixative ▫ ***f. de pelo*** *(crema)* hair gel; *(espray)* hair spray; ***f. fotográfico*** acid fixing, fixing

fijamente *adv* (**a**) *(con atención)* fixedly, attentively (**b**) *(con seguridad)* firmly, assuredly (**c**) *(con intensidad)* intensely, attentively; **mírame f. a los ojos** look me straight in the eye

fijar 1 *vt* (**a**) *(asegurar, sujetar)* to fix (**a** *o* **en** onto); *(cartel)* to stick up; *(sello)* to stick on; **prohibido f. carteles** *(en letrero)* stick no bills

(**b**) *(establecer)* to fix; *(fecha, precio)* to set, to fix; *(significado)* to establish; **f. el domicilio** to take up residence; **f. la mirada/la atención en** to fix one's gaze/attention on

2 fijarse *vpr* (**a**) *(prestar atención)* to pay attention; **fijarse en algo** to pay attention to sth; **¡fíjate!** just imagine!; **¡fíjate en lo que te digo!** mark my words!

(**b**) *(notar algo)* **fijarse en algo** to notice sth; **¿no te has fijado en la expresión de su cara?** didn't you notice the expression on her face?

(**c**) *RP (consultar, mirar)* **fijarse en un diccionario** to consult a dictionary; **fíjate bien de los dos lados antes de cruzar la calle** look carefully both ways before crossing the street

fijeza *nf* firmness; **con f.** *(con seguridad)* definitely, for sure; *(con persistencia)* fixedly

Fiji ['fiji] *n* Fiji

fijiano, -a, fidjiano, -a [fi'jiano] *adj & nm,f* Fijian

fijo, -a 1 *adj* (**a**) *(sujeto)* firmly attached; **un mueble f.** a fixed piece of furniture

(**b**) *(inmóvil)* fixed; **tenía los ojos fijos en él** she didn't take her eyes off him, she had her eyes fixed on him; **tiene residencia fija en Lima** he is domiciled in Lima, his permanent home is in Lima

(**c**) *(seguro, definitivo)* definite; *(empleado, trabajo)* permanent; *(cliente)* regular; **no tienen fecha fija para la boda** they haven't set a date for the wedding; **el reglamento todavía no es f.** the rules haven't been fixed yet; *Fam* **de f.** definitely

2 *adv Fam* definitely; **f. que viene** he's definitely coming

fila *nf* (**a**) *(hilera)* line; *(de asientos)* row; **aparcar en doble f.** to double-park; **en f., en f. india** in line, in single file; **marchaban en f. de a dos** they were marching two abreast; **ponerse en f.** to line up (**b**) *Mil* rank; **filas** ranks; *Fig* **cerrar filas (en torno a alguien)** to close ranks (around sb); **en filas** doing military service; **llamar a filas a alguien** to call sb up; **romper filas** to fall out (**c**) **filas** *(de partido)* ranks; **militaba en las filas socialistas** she was an active member of the socialist party; **milita en el Águilas** he plays for Águilas

filamento *nm* filament

filantropía *nf* philanthropy

filantrópico, -a *adj* philanthropic

filantropismo *nm* philanthropy

filántropo, -a *nm,f* philanthropist

filarmónica *nf* philharmonic (orchestra)

filarmónico, -a *adj* philharmonic

filatelia *nf* philately

filatélico, -a 1 *adj* philatelic

2 *nm,f* philatelist

filatelista *nmf* philatelist

filete *nm* (**a**) *(grueso)* (fillet) steak; *(delgado)* fillet; *(solomillo)* sirloin ▫ ***f. de lomo*** rump steak; ***f. de pescado*** fillet of fish, fish fillet (**b**) *(de tornillo)* thread (**c**) *(franja)* (decorative) border (**d**) *Fam* EXPR **darse el f. (con)** to neck (with), *Br* to snog

filetear *vt* (**a**) *(hacer filetes)* to cut into fillets (**b**) *(adornar)* to fillet, to decorate with fillets

filfa *nf Fam* **¡menuda f.!** *(mentira)* what a whopper!; *(engaño)* what a swizz!

filiación *nf* (**a**) *(ficha militar, policial)* record, file (**b**) *Pol* affiliation (**c**) *(parentesco)* relationship

filial 1 *adj* (**a**) *(de hijo)* filial (**b**) *(de empresa)* subsidiary

2 *nf* subsidiary

filiar *vt* to take down a description of

filibustero *nm* pirate

filiforme *adj* thread-like

filigrana *nf* (**a**) *(en orfebrería)* filigree (**b**) *(habilidad)* skilful work (**c**) *(en billetes)* watermark (**d**) *Cuba (planta)* variety of lantana

filípica *nf* **echar** *o* **soltar una f. a alguien** to give sb a dressing down

Filipinas *nfpl* **(las) F.** the Philippines *(singular)*

filipino, -a 1 *adj & nm,f* Filipino

2 *nm (lengua)* Filipino

filisteo, -a *adj & nm,f* Philistine

film (*pl* **films**) *nm* movie, *Br* film

filmación *nf* filming, shooting

filmadora *nf* (**a**) *(cámara)* cine camera (**b**) *Informát* imagesetter, photosetter

filmar *vt* to film, to shoot

filme *nm* movie, *Br* film

fílmico, -a *adj* movie, *Br* film; **la industria fílmica** the movie *o Br* film industry

filmina *nf* slide

filmografía *nf* filmography

filmoteca *nf* (**a**) *(archivo)* film library ▫ ***la F. Nacional*** the national film archive (**b**) *(sala de cine)* film institute

filo *nm* (**a**) *(borde)* (cutting) edge; EXPR **de doble f., de dos filos** double-edged; **sacar f.** to sharpen; **al f. de** *(en el tiempo)* just before; **al f. de la medianoche** at the stroke of midnight; **al f. de la desesperación** on the verge of despair (**b**) *RP (novio)* boyfriend, *f* girlfriend

filogénesis, filogenia *nf* phylogeny

filología *nf* (**a**) *(ciencia)* philology (**b**) *(carrera)* language and literature

filológico, -a *adj* philological

filólogo, -a *nm,f* philologist

filón *nm* (**a**) *(de carbón, oro)* seam, vein (**b**) *(mina)* gold mine

filoso, -a *adj* sharp

filosofar *vi* to philosophize
filosofía *nf* (**a**) *(estudio)* philosophy (**b**) *(resignación)* **tomarse algo con f.** to be philosophical about sth
filosóficamente *adv* philosophically
filosófico, -a *adj* philosophical
filósofo, -a *nm,f* philosopher
filoxera *nf* phylloxera
filtración *nf* (**a**) *(de agua)* filtration (**b**) *(de información)* leak
filtrante *adj* filtering
filtrar 1 *vt* (**a**) *(tamizar)* to filter (**b**) *(información)* to leak
2 filtrarse *vpr* (**a**) *(penetrar)* to filter, to seep (**por** through) (**b**) *(información)* to be leaked
filtro *nm* (**a**) *(de café, cigarrillo, aparato, cámara) & Informát* filter; **es un f. para eliminar a los peores candidatos** it filters out *o* screens out the poorer candidates ▫ *Informát* ***f. de pantalla*** glare filter *o* screen; ***f. polarizador*** polarizing filter ***f. solar*** sun filter (**b**) *(pócima)* love potion, philtre
filudo, -a *adj Am* sharp
fílum *nm Biol & Zool* phylum
FIM *nmpl Fin* (*abrev de* **Fondos de Inversión Mobiliaria**) *Br* unit trust, *US* mutual fund
fimosis *nf inv Med* phimosis, = condition in which the foreskin is too tight to be retracted

FIN *nm* (**a**) *(final)* end; **el f. del invierno** the end of winter; **F.** *(en película)* The End; **dar** *o* **poner f. a algo** to put an end to sth; **un infarto puso f. a su vida** she died from a heart attack; **tocar a su f.** to come to a close; **a fines de** at the end of; **a f.** *o* **fines de mes** at the end of the month; **al** *o* **por f.** at last, finally; **¡al** *o* **por f. hemos llegado!** we've arrived, at last!; EXPR **a f. de cuentas, al f. y al cabo, al f. y a la postre** after all; **en f., lo volveremos a intentar** well *o* anyway, we can try again; **en f., que si no te interesa, no lo compres** well, if you don't want it, don't buy it; **en f., para resumir,...** anyway, to summarize,...; **sin f.** endless; **diversión sin f.** no end of fun, endless fun; **recibió un sin f. de regalos** she got hundreds of presents ▫ ***f. de año*** *(Nochevieja)* New Year's Eve; **voy a pasar el f. de año con la familia** I'm going to stay with my family over New Year; **nuestros resultados de f. de año** our year end results; ***f. de curso*** *(en colegio)* end of the school year; *(en universidad)* end of the academic year; ***f. de fiesta*** grand finale; ***el f. del mundo*** the end of the world; **anímate, no es el f. del mundo** cheer up, it isn't the end of the world; **al f. del mundo** to the end of the earth (and back); ***f. de semana*** weekend
(**b**) *(objetivo)* aim, goal; **el f. último** the ultimate goal; **con este f.** with this aim, to this end; **una organización con fines benéficos** a charity, a charitable organization; **un concierto con fines benéficos** a charity concert; **con fines lucrativos** profit-making; **esfuérzate a f. de aprobar** make an effort (in order) to try and pass; **han subido los intereses a f. de contener la inflación** they have raised interest rates (in order) to keep inflation down; **compórtate bien a f. de que no te puedan reprochar nada** behave well so (that) they can't reproach you for anything; EXPR **el f. justifica los medios** the end justifies the means

finado, -a *nm,f* **el f.** the deceased
final 1 *adj* final, end; **sus palabras finales fueron muy aplaudidas** her closing words were loudly applauded; **punto f.** end point
2 *nm* (**a**) *(terminación)* end; **a finales de** at the end of; **al f.** *(en conclusión)* in the end; **la cocina está al f. del pasillo** the kitchen is at the end of the corridor ▫ ***f. feliz*** happy ending (**b**) *(examen)* final (exam)
3 *nf* final
finalidad *nf* aim, purpose; **sin ninguna f.** aimlessly
finalísima *nf Dep* grand final
finalista 1 *adj* amongst the finalists; **los atletas finalistas** the athletes competing in the finals
2 *nmf* finalist
finalización *nf (terminación)* end; *(de contrato)* completion
finalizar [14] **1** *vt (terminar)* to finish, to complete; *(contrato)* to complete
2 *vi* to end, to finish (**con** in); **el plazo de inscripciones ya finalizó** the registration period has finished
finalmente *adv* finally; **f. no se llegó a ninguna conclusión** in the end no conclusion was reached
finamente *adv* (**a**) *(con cuidado)* finely (**b**) *(con cortesía)* courteously, politely (**c**) *(en trozos finos)* **picar f. la cebolla** chop the onion finely
financiación *nf, Am* **financiamiento** *nm* financing; **la f. de los partidos políticos** the funding of political parties
financiar *vt* to finance
financiera *nf (firma)* finance company
financiero, -a 1 *adj* financial
2 *nm,f (persona)* financier
financista *nmf Am* financier
finanzas *nfpl (disciplina)* finance; **las f. de la empresa** the company's finances
finar *vi Formal* to pass away
finca *nf* (**a**) *(bien inmueble)* property ▫ ***f. rústica*** property *(in the country)*; ***f. urbana*** property *(in the city)* (**b**) *(casa de campo)* house in the country (**c**) *Am (plantación)* plantation
finés, -esa (*pl* **fineses**) **1** *adj* Finnish
2 *nm,f* Finn
3 *nm (lengua)* Finnish
fineza *nf* (**a**) *(cualidad)* (fine) quality (**b**) *(cortesía)* courtesy
finger ['fiŋger] (*pl* **fingers**) *nm* jetty *(for boarding aircraft)*
fingidamente *adv* feignedly, falsely
fingido, -a *adj* feigned, apparent
fingimiento *nm* pretence
fingir [24] **1** *vt* to feign; **fingió alegría para no desilusionarme** he pretended to be happy so as not to disappoint me
2 *vi* to pretend
3 fingirse *vpr* **se fingió enfermo/cansado** she pretended to be ill/tired
finiquitar *vt Fin (deuda)* to settle; *(trabajador)* to pay off
finiquito *nm Fin (de deuda)* settlement; *(por despido)* redundancy settlement; **dar f.** *(saldar cuenta)* to close *o* settle; *Fig (concluir)* to finish, to wind up
finisecular *adj* fin-de-siècle
finito, -a *adj* finite
finjo *ver* **fingir**
finlandés, -esa 1 *adj* Finnish
2 *nm,f (persona)* Finn
3 *nm (lengua)* Finnish
Finlandia *n* Finland
fino, -a 1 *adj* (**a**) *(de calidad) (tela, alimentos)* fine, high-quality (**b**) *(delgado)* thin; *(cintura)* slim (**c**) *(delicado) (manos)* delicate; *(piel)* smooth; *(pelo)* fine; **es de facciones finas** she has fine features (**d**) *(cortés)* refined (**e**) *(oído, olfato)* sharp, keen (**f**) *(gusto, humor, ironía)* refined
2 *nm* dry sherry
finolis *Fam* **1** *adj inv* affected, fussy; **es muy f. con la comida** he's very fussy about his food
2 *nmf inv* affected *o* fussy person; **es un f.** he's terribly affected *o* fussy
finta *nf (en esgrima, boxeo)* feint; **hacer una f.** *(en fútbol, baloncesto)* to dummy
fintar 1 *vt* **f. alguien** *(en esgrima, boxeo)* to feint at sb; *(en fútbol, baloncesto)* to sell sb a dummy
2 *vi (en esgrima, boxeo)* to feint; *(en fútbol, baloncesto)* to dummy
finura *nf* (**a**) *(buena calidad)* fineness (**b**) *(delgadez)* thinness (**c**) *(cortesía)* refinement (**d**) *(de oído, olfato)* sharpness, keenness (**e**) *(de gusto, humor, ironía)* refinement
fiordo *nm* fjord
firma *nf* (**a**) *(rúbrica)* signature; *(acción)* signing; **estampó su f.** to signed (his name), he wrote his signature; *Fig* **este robo lleva la f. de la banda de Martínez** the robbery has all the hallmarks of Martínez's gang ▫ *Informát* ***f. electrónica*** digital signature (**b**) *(empresa)* firm
firmamento *nm* firmament
firmante 1 *adj* signatory
2 *nmf* signatory; **el abajo f.** the undersigned
firmar *vt* to sign; *Fig* **f. algo en blanco** to rubber-stamp sth
firme 1 *adj* (**a**) *(fuerte, sólido)* firm; *(andamio, construcción)* stable; **tiene unos principios muy firmes** she has very firm principles, she's extremely principled (**b**) *(argumento, base)* solid; **trabaja de f. en el nuevo proyecto** she's working full-time on the new project; **una respuesta en f.** a definite answer; **quedamos en f.**

para el miércoles we are definitely agreed on Wednesday
(**c**) *(carácter, actitud, paso)* resolute; **hay que mostrarse f. con los empleados** you have to be firm with the workers; **¡firmes!** *Mil* attention!; *Fig* **poner f. a alguien** to bring sb into line
2 *adv* hard; **mantenerse f. en** to hold fast to; **se mantuvo f. en su actitud** he refused to give way, he stood his ground
3 *nm* road surface; **f. en mal estado** *(en letrero)* uneven road surface

firmemente *adv* firmly; **me aseguró f. que vendría** he assured me he would definitely be coming

firmeza *nf* (**a**) *(fortaleza, solidez)* firmness; *(de construcción)* stability (**b**) *(de argumento)* solidity (**c**) *(de carácter, actitud)* resolution; **con f.** firmly

firmware ['firmwer] *nm Informát* firmware

firulete *nm Andes, RP* adornment, ornament

FIS [fis] *nm* (*abrev de* **Frente Islámico de Salvación**) Islamic Salvation Front

fiscal 1 *adj* fiscal; **año/asesor/fraude f.** tax year/adviser/fraud
2 *nmf* (**a**) *Der Br* ≃ public prosecutor, *US* ≃ district attorney ▫ ***F. General del Estado*** *Br* ≃ Director of Public Prosecutions, *US* ≃ Attorney General (**b**) *Andes (ayuda de párroco)* church warden

fiscalía *nf Der* (**a**) *(cargo) Br* ≃ post of public prosecutor, *US* ≃ post of district attorney (**b**) *(oficina) Br* ≃ public prosecutor's office, *US* ≃ district attorney's office

fiscalidad *nf (impuestos)* tax burden

fiscalización *nf* investigation, inquiry

fiscalizador, -ora *adj Formal* investigating, auditing; **órgano f.** auditing body; **función fiscalizadora** auditing function

fiscalizar [14] *vt* to inquire into *o* investigate the affairs of

fisco *nm* treasury, exchequer

fisga *nf Guat, Méx Taurom* banderilla, = barbed dart thrust into bull's back

fisgar [38] *vi Fam* to pry

fisgón, -ona *Fam* **1** *adj* nosey, prying
2 *nm,f* busybody, nosy parker

fisgonear *vi Fam* to pry

fisgoneo *nm Fam* prying

fisible *adj* fissile

física *nf (ciencia)* physics *(singular)* ▫ ***f. cuántica*** quantum physics; ***f. de partículas*** particle physics

físicamente *adv* physically; **me resulta f. imposible estar allí a las seis** it's physically impossible for me to be there at six

físico, -a 1 *adj* (**a**) *(en general)* physical (**b**) *Cuba, Méx Fam (melindroso)* finicky
2 *nm,f (persona)* physicist
3 *nm (complexión)* physique; **tiene un f. atlético** he has an athletic physique

fisiocracia *nf* physiocracy

fisiología *nf* physiology

fisiológico, -a *adj* physiological

fisiólogo, -a *nm,f* physiologist

fisión *nf Fís* fission ▫ ***f. nuclear*** nuclear fission

fisionomía = **fisonomía**

fisionomista = **fisonomista**

fisioterapeuta *nmf Med* physiotherapist

fisioterapia *nf Med* physiotherapy

fisonomía, fisionomía *nf* features, appearance

fisonomista, fisionomista *nmf* **ser un buen/mal f.** to be good/bad at remembering faces

fistol *nm Méx (alfiler de corbata)* tie pin

fístula *nf Med* fistula

fisura *nf* (**a**) *(grieta)* fissure, crack (**b**) *(punto débil)* weakness, weak point

fitipaldi *nm Fam (conductor)* **es un f.** he drives like a maniac

fitología *nf* botany

fitoplancton *nm* phytoplankton

fitosanitario, -a *adj* = related to the prevention of the spread of plant and crop diseases

flacidez, flaccidez *nf* flabbiness

flácido, -a, fláccido, -a *adj* flaccid, flabby

flaco, -a *adj* thin, skinny; **le haces un f. servicio** *o* **favor mimándolo tanto** you're not doing him any favours by spoiling him like that

flacón, -ona *adj Am* skinny

flag [flag] *nm Informát* flag

flagelación *nf* flagellation

flagelante *nmf (penitente)* flagellant

flagelar 1 *vt* to flagellate
2 flagelarse *vpr* to flagellate oneself

flagelo *nm* (**a**) *(látigo)* whip (**b**) *(calamidad)* catastrophe, scourge (**c**) *Biol* flagellum

flagrancia *nf* flagrancy

flagrante *adj* flagrant; *Der* **en f. delito** in flagrante delicto

flamante *adj* (**a**) *(vistoso)* resplendent (**b**) *(nuevo)* brand-new

flambear *vt Culin* to flambé

flamear *vi* (**a**) *(fuego)* to blaze, to flare up (**b**) *(bandera, vela)* to flap

flamenco, -a 1 *adj* (**a**) *(música, baile)* flamenco; **cante/espectáculo f.** flamenco singing/show (**b**) *(de Flandes)* Flemish (**c**) *Fam (chulo)* cocky; **ponerse f. (con alguien)** to get cocky (with sb) (**d**) *Carib, Méx (flaco)* skinny
2 *nm,f (de Flandes)* Fleming
3 *nm* (**a**) *(ave)* flamingo (**b**) *(lengua)* Flemish (**c**) *(música, baile)* flamenco

flamencología *nf* study of flamenco

flamencólogo, -a *nm,f* expert in flamenco

flan *nm* crème caramel; **f. de huevo/vainilla** = crème caramel made with egg/vanilla; EXPR *Fam* **estar hecho un f., estar como un f.** to be shaking like a jelly, to be a bundle of nerves

> Observa que la palabra inglesa **flan** es un falso amigo y no es la traducción de la palabra española **flan**. En inglés **flan** significa "tarta".

flanco *nm* flank

Flandes *n* Flanders

flanera *nf* crème caramel mould

flanqueado, -a *adj* flanked (**de** *o* **por** by)

flanquear *vt* to flank

flanqueo *nm* flanking

flaquear *vi* (**a**) *(disminuir) (fuerzas)* to weaken; *(entusiasmo, equipo)* to flag (**b**) *(flojear)* to lose heart

flaqueza *nf* weakness

flas, flash [flaʃ] (*pl* **flashes**) *nm* (**a**) *Fot* flash (**b**) *Rad & TV* **f. (informativo)** newsflash (**c**) *Fam (imagen mental)* flash of inspiration (**d**) *Fam (impresión)* shock; **¡me llevé un f.!** I got a bit of a shock!

flashback ['flasβak] (*pl* **flashbacks**) *nm Cine* flashback

flato *nm* (**a**) *(dolor abdominal)* **tener f.** to have a stitch (**b**) *Am (tristeza)* sadness, melancholy

flatulencia *nf* flatulence, wind

flatulento, -a *adj* flatulent

flauta *nf* (**a**) *(instrumento)* flute; EXPR **sonó la f. (por casualidad)** it was his/her lucky day ▫ ***f. dulce*** recorder; ***f. travesera*** transverse flute (**b**) *Chile, RP Fam* **de la gran f.** tremendous; **¡(la gran) f.!** good grief!, good heavens!

flautín *nm* piccolo

flautista *nmf* flautist ▫ ***el f. de Hamelín*** the Pied Piper of Hamelin

flebitis *nf inv Med* phlebitis

flebólogo, -a *nm,f* = doctor specializing in circulatory disorders

flebotomía *nf Med* blood letting

flecha *nf* (**a**) *(arma, forma)* arrow; **como una f.** like a shot; **salir como una f.** to shoot *o* fly out (**b**) *PRico (eje)* axle

flechado, -a *adj Fam* **salió f.** he shot *o* flew out

flechazo *nm* (**a**) *(con saeta)* arrow shot; *(herida)* arrow wound (**b**) *Fam (amoroso)* **fue un f.** it was love at first sight

fleco *nm* (**a**) *(adorno)* fringe; **con flecos** fringed (**b**) *(de tela gastada)* frayed edge

fleje *nm* (**a**) *(cinta adhesiva)* packing tape (**b**) *(aro)* barrel hoop

flema *nf* (**a**) *(en los bronquios)* phlegm (**b**) *(calma)* composure, phlegm; **la f. británica** British phlegm *o* sangfroid

flemático, -a *adj (tranquilo)* phlegmatic

flemón *nm* gumboil, abscess; **le ha salido un f.** he's got an abscess in his gum

flequillo *nm* fringe

fletamiento *nm (de buque, avión)* charter, chartering

fletán *nm* halibut ▫ ***f. negro*** Greenland halibut

fletar 1 *vt* **(a)** *(carga) (buque, avión)* to charter **(b)** *Andes (insultos)* to hurl
2 fletarse *vpr Am Fam (marcharse)* to scram, to split

flete *nm* **(a)** *(precio)* freightage **(b)** *(carga)* cargo, freight **(c)** *RP (caballo)* spirited horse

fletera *nf Cuba (prostituta)* prostitute

fletero, -a 1 *adj Am (que se alquila)* for hire
2 *nm Am (de barco)* boatman, ferryman; *(de carro)* owner of vehicles for hire

flexibilidad *nf* flexibility ▫ ***f. de horarios*** *(de trabajador)* flexibility about working hours

flexibilización *nf (de normas)* relaxation; *(del mercado de trabajo)* liberalization

flexibilizar [14] *vt* to make flexible

flexible *adj* **(a)** *(material, actitud)* flexible; *(cuerpo)* supple **(b)** *(actitud)* flexible **(c)** *(horario)* flexible

flexión *nf* **(a)** *(de brazo, pierna)* ***flexiones abdominales*** sit-ups; ***flexiones de brazo*** push-ups **(b)** *Gram* inflection

flexionar *vt* to bend

flexo *nm* adjustable table lamp *o* light, Anglepoise® lamp

flexor, -ora 1 *adj* flexional
2 *nm* flexor

flipado, -a *adj* **(a)** *Fam (asombrado)* flabbergasted, *Br* gobsmacked **(b)** *muy Fam (drogado)* stoned, high

flipante *adj Fam* cool, wild

flipar 1 *vi* **(a)** *Fam (asombrarse)* to be flabbergasted *o Br* gobsmacked; EXPR **f. en colores** to be absolutely flabbergasted *o Br* gobsmacked **(b)** *muy Fam (con una droga)* to be stoned *o* high
2 *vt Fam (gustar a)* **me flipan los videojuegos** I'm wild about video games
3 fliparse *vpr* **(a)** *Fam (disfrutar)* to go wild (**con** about) **(b)** *muy Fam (drogarse)* to get stoned *o* high

flipe *nm Fam* **¡qué f.!** what a gas!

flipper *nm* pinball machine

flirtear *vi* to flirt

flirteo *nm* flirtation, flirting; **tuvo un breve f. con Raúl** she had a fling with Raúl

FLN *nm (abrev de* **Frente de Liberación Nacional***)* FLN

flojear *vi* **(a)** *(piernas, fuerzas)* to weaken; *(película, libro)* to flag; *(calor, trabajo)* to ease off; *(ventas)* to fall off; **me flojeaban las fuerzas** I was feeling weak; **le flojea la memoria** his memory is going *o* failing **(b)** *(empeorar)* **f. en algo** to get worse at sth

flojedad *nf* weakness

flojera *nf Fam* **(a)** *(debilidad)* **tengo f. en los brazos** my arms feel weak **(b)** *(desgana)* **tener f.** to be feeling lazy

flojo, -a *adj* **(a)** *(suelto)* loose; **esta falda me queda floja** this skirt is too loose for me **(b)** *(persona, bebida)* weak; *(sonido)* faint; *(salud)* poor; *(viento)* light; **el pianista ha estado un poco f. hoy** the pianist has been a bit off form today **(c)** *(sin calidad, aptitudes)* poor; **estar f. en algo** to be poor *o* weak at sth **(d)** *(mercado, negocio)* slack **(e)** EXPR *muy Fam* **me la trae floja** *Br* I couldn't give a toss, *US* I couldn't give a rat's ass

floppy *nm Informát* **f. (disk)** floppy disk

flor *nf* **(a)** *(en planta)* flower; **en f.** in flower, in bloom; **una camisa de flores** a flowery shirt; EXPR **echar flores a alguien** to pay sb compliments; EXPR **echarse flores** to praise oneself, to blow one's own trumpet; EXPR **ir de f. en f.** to flit from one relationship to another; EXPR **ser f. de un día** to be a flash in the pan ▫ ***f. de lis*** fleur-de-lis; ***f. de nieve*** edelweiss; ***f. del Paraíso*** bird-of-paradise flower; ***f. de Pascua*** poinsettia, Christmas flower
(b) *(lo mejor)* **la f. (y nata)** the crème de la crème, the cream; **en la f. de la edad** *o* **de la vida** in the prime of life
(c) *(superficie)* **a f. de agua/tierra** at water/ground level; **tiene una sensibilidad a f. de piel** she's extremely sensitive
(d) *Chile (en uñas)* white spot *(on fingernails)*
(e) EXPR *Fam (idea)* **no tener ni flores (de)** not to have a clue (about)

flora *nf* flora, plant life ▫ ***f. (gastro)intestinal*** intestinal flora

floración *nf* flowering, blossoming

floral *adj* floral

floreado, -a *adj* flowery

florear *vi CAm (florecer)* to flower

florecer [46] **1** *vi* **(a)** *(dar flor)* to flower **(b)** *(prosperar)* to flourish
2 florecerse *vpr (enmohecerse)* to go mouldy

floreciente *adj (próspero)* flourishing

florecimiento *nm* **(a)** *(de planta)* flowering **(b)** *(prosperidad)* flourishing

Florencia *n* Florence

florentino, -a *adj & nm,f* Florentine

floreo *nm* **(a)** *(a la guitarra)* arpeggio **(b)** *(en danza)* flourish

florería = floristería

florero *nm* vase

floresta *nf (terreno)* wood

floretazo *nm (golpe)* foil thrust

florete *nm* fencing foil

florezca *etc ver* **florecer**

floricultor, -ora *nm,f* flower grower

floricultura *nf* flower growing

floridez *(pl* **florideces***) nf (de lenguaje, estilo)* floridity, floweriness

florido, -a *adj* **(a)** *(con flores)* flowery **(b)** *(estilo, lenguaje)* florid

florín *nm* **(a)** *(moneda holandesa)* guilder **(b)** *Hist* florin

floripondio *nm* **(a)** *(adorno)* gaudy flower **(b)** *(arbusto)* datura

florista *nmf* florist

floristería, florería *nf* florist's (shop)

floritura *nf* flourish

flota *nf* **(a)** *(de barcos, autobuses)* fleet ▫ ***f. pesquera*** fishing fleet **(b)** *Col Fig (fanfarronada)* brag, boast

flotabilidad *nf* **(a)** *(en el agua)* buoyancy **(b)** *Econ* floatability

flotación *nf también Econ* flotation

flotador *nm* **(a)** *(para nadar)* rubber ring **(b)** *(de caña de pescar)* float **(c)** *(de cisternas)* ballcock

flotante *adj* **(a)** *también Econ* floating **(b)** *Col Fam (fanfarrón)* bragging, boastful

flotar 1 *vt Econ* to float
2 *vi* to float; **el aceite flota en el agua** oil floats on water

flote: a flote *loc adv* afloat; **mantenerse a f.** to stay afloat; EXPR **sacar algo a f.** to get sth back on its feet; EXPR **salir a f.** to get back on one's feet

flotilla *nf* flotilla

fluctuación *nf* **(a)** *(variación)* fluctuation **(b)** *(vacilación)* wavering

fluctuante *adj* fluctuating

fluctuar [4] *vi* **(a)** *(variar)* to fluctuate **(b)** *(vacilar)* to waver

fluidez *nf* **(a)** *(de sustancia, líquido)* fluidity; *(del tráfico)* free flow **(b)** *(de relaciones)* smoothness **(c)** *(en el lenguaje)* fluency; **hablar un idioma con f.** to speak a language fluently

fluidificar [59] *vt* to fluidize

fluido, -a 1 *adj* **(a)** *(sustancia, líquido)* fluid; *(tráfico)* free-flowing **(b)** *(relaciones)* smooth **(c)** *(lenguaje)* fluent
2 *nm* fluid ▫ ***f. eléctrico*** electric current *o* power

fluir [34] *vi* to flow

flujo *nm* **(a)** *(movimiento)* flow; **f. y reflujo** ebb and flow ▫ *Com* ***f. de caja*** cash flow; ***f. sanguíneo*** bloodstream **(b)** *(secreción)* ***f. menstrual*** menstrual flow; ***f. vaginal*** vaginal discharge

fluminense 1 *adj* of/from the state of Río de Janeiro
2 *nm,f* person from the state of Río de Janeiro

flúor *nm* fluorine

fluoración *nf* fluoridation

fluorado, -a *adj* flouridized, fluoridated

fluorescencia *nf* fluorescence

fluorescente 1 *adj* fluorescent; **rotulador f.** highlighter (pen)
2 *nm (lámpara)* strip light; *(tubo individual)* fluorescent tube

fluorita *nf Geol* fluorite

fluoruro *nm Quím* fluoride

fluvial *adj* river; **cuenca f.** river basin

fluviómetro *nm* fluviometer, fluviograph

flux *nm inv* **(a)** *(en naipes)* flush **(b)** *Carib, Col, Méx (traje)* suit

fluya *etc ver* **fluir**

fluyera *etc ver* **fluir**

FM *nf (abrev de* **frecuencia modulada***)* FM

FMI *nm (abrev de* **Fondo Monetario Internacional***)* IMF

FMLN *nm (abrev de* **Movimiento** *o* **Frente Farabundo Martí de Liberación Nacional***)* FMLN

FN *nf (abrev de* **Fuerza Nueva***)* = former

Spanish political party to the extreme right of the political spectrum

FNLA *nm* (*abrev de* **Frente Nacional para la Liberación de Angola**) FNLA

FNMT *nf* (*abrev de* **Fábrica Nacional de Moneda y Timbre**) = Spanish national mint

fobia *nf* phobia; **le tiene f. a los perros** he's terrified of dogs

foca *nf* seal; *Fam* EXPR **está como una f.** (*está gorda*) she's like a whale ▫ ***f. monje*** monk seal

focal *adj* focal

focalizar [14] *vt* to focus

focha *nf* coot

foco *nm* (**a**) (*centro*) centre, focal point; (*de epidemia*) source, breeding ground; **un f. de miseria** a severely deprived area; **un f. de infecciones** a source of infection (**b**) (*lámpara*) (*para un punto*) spotlight; (*para una zona*) floodlight (**c**) *Geom* focus (**d**) *Fot* (*enfoque*) focus; **fuera de f.** (*desenfocado*) out of focus; **tiene el f. estropeado** the focus doesn't work (**e**) *Am* (*bombilla*) light bulb (**f**) *Am* (*farola*) street light (**g**) *Am Aut* (car) headlight

fofo, -a *adj* flabby

fogaje *nm* (**a**) *Cuba, Méx* (*erupción*) rash (**b**) *Ecuad* (*llamarada*) blaze (**c**) *Carib* (*sofoco*) stifling heat

fogarada *nf* sudden blaze *o* fire

fogata *nf* bonfire, fire

fogón *nm* (**a**) (*para cocinar*) stove (**b**) (*de máquina de vapor*) firebox (**b**) *Chile, CRica, RP* (*fogata*) bonfire

fogonazo *nm* flash

fogonero, -a *nm,f* stoker

fogosamente *adv* passionately

fogosidad *nf* (*de persona*) passion; (*de caballo*) spirit

fogoso, -a *adj* (*persona*) passionate, intense; (*caballo*) spirited, lively

foguear *vt* (**a**) (*arma, escopeta*) to scale (**b**) (*soldado, caballo*) to accustom to gunfire

fogueo *nm* **de f.** blank

foie-gras [fwa'ɣras] *nm inv* (pâté de) foie-gras

fol. (*abrev de* **folio**) f.

folclore, folclor *nm* folklore

folclórico, -a 1 *adj* traditional, popular
2 *nm,f* = singer of traditional Spanish songs

folclorismo *nm* folklore

fólder *nm Méx, RP* (*carpeta*) folder

foliáceo, -a *adj* (**a**) *Bot* leaf-like, *Espec* foliaceous (**b**) *Geol* foliaceous

foliación *nf* foliation

folicular *adj* follicular

folículo *nm* follicle ▫ ***f. piloso*** hair follicle

folio *nm* (*hoja*) leaf, sheet (*approximately A4 size*); **tamaño f.** ≃ A4-sized (*approximately*)

folk *nm* folk (music)

follado, -a *adj Vulg* (**a**) (*con prisa*) **no me puedo detener, voy f.** I can't stop, I'm in one fuck of a hurry (**b**) (*agotado*) fucked, *Br* shagged out

follaje *nm* foliage

follar *Vulg* **1** *vt* to fuck; EXPR **¡que te folle un pez!** go fuck yourself (sideways)!
2 *vi* to fuck
3 follarse *vpr* (**a**) (*hacer el amor*) **follarse a alguien** to fuck sb (**b**) (*suspender*) **se me han follado en inglés** I fucked up in English

folletín *nm* (*melodrama*) melodrama; **de f.** (*vida, incidente*) melodramatic

folletinesco, -a *adj* melodramatic

folleto *nm* (*turístico, publicitario*) brochure; (*explicativo, de instrucciones*) leaflet ▫ ***f. informativo*** prospectus

follón *nm Esp Fam* (**a**) (*discusión*) row; **se armó un f.** there was an almighty row (**b**) (*lío*) mess; **¡vaya f.!** what a mess!; **me hice un f. con las listas** I got into a real muddle *o* mess with the lists; **esta tarde tengo mucho f., mañana sería mejor** I won't have a minute this afternoon, so tomorrow would be better

follonero, -a *Esp Fam* **1** *adj* **es muy f.** he's a real troublemaker
2 *nm,f* troublemaker

follones *nmpl Ecuad* (*braga*) panties, *Br* knickers

fomentar *vt* (**a**) (*favorecer*) to encourage, to foster (**b**) *Carib, Méx* (*organizar*) to open, to set up

fomento *nm* encouragement, fostering; **Ministerio de F.** ministry of public works

fonación *nf* phonation

fonador, -ora *adj* **el aparato f.** the speech apparatus; **los órganos fonadores** the speech organs

fonda *nf* (**a**) (*pensión*) boarding house; EXPR **hacer parada y f.** (*para comer*) to stop for something to eat; (*para dormir*) to make an overnight stop (**b**) (*mal restaurante*) cheap restaurant

fondant *nm* (**a**) (*para glasear*) fondant icing (**b**) (*chocolate*) **(chocolate) f.** cooking chocolate

fondeadero *nm* anchorage

fondeado, -a *adj* (**a**) (*barco*) anchored (**b**) *Am* (*acaudalado*) rich, wealthy

fondear 1 *vi* to anchor
2 *vt* (**a**) (*sondear*) to sound (**b**) (*registrar*) (*barco*) to search
3 fondearse *vpr Am* to get rich

fondillos *nmpl* seat (*of trousers*)

fondista *nmf* (**a**) *Dep* (*corredor*) long-distance runner; (*nadador*) long-distance swimmer; (*esquiador*) cross-country skier (**b**) (*propietario de fonda*) landlord, *f* landlady

FONDO *nm* (**a**) (*parte inferior*) bottom; **el f. del mar** the bottom of the sea; **fondos** (*de embarcación*) bottom; **dar f.** (*embarcación*) to drop anchor; **echar a f.** (*embarcación*) to sink; **irse a f.** (*embarcación*) to sink, to founder; **sin f.** bottomless; **tocar f.** (*embarcación*) to hit the bottom (of the sea/river); *Fig* (*crisis*) to bottom out; *Fig* **mi paciencia ha tocado f.** my patience has reached its limit; *Fig* **su popularidad ha tocado f.** their popularity has reached an all-time low *o* rock bottom
(**b**) (*de habitación, escenario*) back; **al f. de** (*calle, pasillo*) at the end of; (*sala*) at the back of; **el f. de la pista** the back of the court; **los baños están al f. del pasillo, a la derecha** the toilets are at the end of the corridor, on the right
(**c**) (*dimensión*) depth; **un río de poco f.** a shallow river; **tener un metro de f.** to be one metre deep
(**d**) (*de cuadro, foto, tela*) background; **quiero una tela de flores sobre f. negro** I'd like some material with a pattern of flowers on a black background; **al f.** in the background
(**e**) (*de asunto, problema*) heart, bottom; **el problema de f.** the underlying problem; **la cuestión de f.** the fundamental issue; **llegar al f. de** to get to the heart *o* bottom of; **el gobierno quiere llegar al f. de la cuestión** the government wants to get to the bottom of the matter; **en el f.** (*en lo más íntimo*) deep down; (*en lo esencial*) basically; **en el f. está enamorada de él** deep down, she loves him; **en el f., no es mala persona** deep down, she's not a bad person; **en el f. vuestros problemas son los mismos** basically, you have the same problems
(**f**) (*de una persona*) **tener buen f.** to have a good heart; **tener mal f.** to be a nasty piece of work
(**g**) (*de obra literaria*) substance
(**h**) (*de dinero*) fund; **a f. perdido** (*préstamo*) non-returnable; **no estamos dispuestos a invertir a f. perdido** we're not prepared to pour money down the drain; **fondos** (*capital*) funds; **nos hemos quedado sin fondos** our funds have run out; **un cheque sin fondos** a bad cheque; **estar mal de fondos** (*persona*) to be badly off; (*empresa*) to be short of funds; **recaudar fondos** to raise funds ▫ *Econ* ***f. de amortización*** sinking fund; ***fondos bloqueados*** frozen funds; ***f. de cohesión*** cohesion fund; *Fin* ***f. de comercio*** goodwill; ***f. de compensación interterritorial*** inter-territorial compensation fund; ***f. común*** kitty; ***fondos estructurales*** structural funds; *Fin* ***f. de garantía de depósito*** deposit guarantee fund; *Fin* ***f. de inversión*** investment fund; ***f. de inversión mobiliaria*** *Br* trust fund, *US* mutual fund; ***F. Monetario Internacional*** International Monetary Fund; ***F. Mundial para la Naturaleza*** World Wildlife Fund; *Econ* ***f. de pensiones*** pension fund; ***fondos públicos*** public funds; ***fondos reservados*** = contingency funds available to ministries, for which they do not have to account publicly; ***f. vitalicio*** life annuity
(**i**) (*fundamento*) reason, basis; **sus acciones tienen siempre un f. humanitario** everything she does is for humanitarian reasons
(**j**) **hacer algo a f.** (*en profundidad*) to do sth thoroughly; **hicimos una lectura a f.** we read it through carefully; **hacer una limpieza a f.** to have a thorough clean; **el juez ha ordenado una investigación a f.** the judge has ordered a full enquiry *o* an

in-depth investigation; EXPR **emplearse a f.** to do one's utmost
(**k**) *(de biblioteca, archivo)* catalogue, collection; **f. editorial** collection of published works
(**l**) *Dep (resistencia física)* stamina
(**m**) *Dep (larga distancia)* **de f.** long-distance; **de medio f.** middle-distance ❑ ***f. en carretera*** *(ciclismo)* road race
(**n**) *Dep (ejercicio)* push-up, press-up
(**o**) *Col, Méx (prenda)* petticoat
(**p**) *Cuba (caldero)* cauldron

fondón, -ona *adj Fam* **se ha puesto muy f.** he's got quite beefy *o* chunky

fondue [fon'du] *nf* (**a**) *(comida)* fondue ❑ ***f. de queso*** cheese fondue (**b**) *(utensilios)* fondue set

fonema *nm* phoneme

fonendo, fonendoscopio *nm* stethoscope

fonética *nf (ciencia)* phonetics *(singular)*

fonéticamente *adv* phonetically

fonético, -a *adj* phonetic

fonetista *nmf* phonetician

foniatra *nmf* = doctor specializing in disorders of the vocal apparatus

fónico, -a *adj* phonic

fonoaudiólogo, -a *nm,f RP* speech therapist

fonográfico, -a *adj* phonographic

fonógrafo *nm* gramophone, *US* phonograph

fonología *nf* phonology

fonometría *nf* phonometry

fonoteca *nf* record library

fontana *nf Literario* spring, fount

fontanal *nm* spring

fontanela *nf Anat* fontanel, fontanelle

fontanería *nf* plumbing

fontanero, -a *nm,f* plumber

footing ['futin] *nm* jogging; **hacer f.** to go jogging

foque *nm Náut* jib

forajido, -a *nm,f* outlaw

foral *adj* = relating to ancient regional laws still existing in some parts of Spain

foráneo, -a *adj* foreign

forastero, -a *nm,f* stranger

forcejear *vi* to struggle

forcejeo *nm* struggle

fórceps *nm inv* forceps

forense 1 *adj* forensic; **médico f.** pathologist
2 *nmf* pathologist

forestación *nf* forestation

forestal *adj* forest; **incendio f.** forest fire; **repoblación f.** reforestation

forestar *vt* to plant with trees

forfait [for'fait, for'fe] (*pl* **forfaits**) *nm* (**a**) *Dep* default (**b**) *(para esquiar)* ski pass (**c**) *(precio invariable)* fixed rate; **a f.** fixed price

forja *nf* (**a**) *(fragua)* forge (**b**) *(forjadura)* forging

forjado, -a 1 *adj (hierro)* wrought
2 *nm* forging

forjador, -ora *nm,f (metal)* forger

forjar 1 *vt* (**a**) *(metal)* to forge (**b**) *(persona, nación)* to create, to form; **las guerras forjan héroes** wars create heroes (**c**) *(mentira)* to invent; *(plan)* to form
2 forjarse *vpr* (**a**) *Fig (labrarse)* to carve out for oneself (**b**) *(ilusiones)* to build up; **forjarse demasiadas ilusiones** to build up false hopes (for oneself) (**c**) *(crearse, originarse)* to be forged; **la revolución se forjó en las minas de carbón** the revolution was forged in the coal mines

FORMA *nf* (**a**) *(figura)* shape, form; **¿qué f. tiene?** what shape is it?; **en f. de triángulo** in the shape of a triangle; **en f. de L** L-shaped; **el escultor dio f. al barro** the sculptor shaped the clay; **tener f. ovalada** *o* **de óvalo** to be oval (in shape); **el proyecto comienza a tomar f.** the project is starting to take shape
(**b**) *(manera)* way, manner; **tiene una f. de hablar muy divertida** she has a very funny way of talking; **no ha habido f. de localizarlo** it was impossible to find him; **se puede hacer de varias formas** it can be done in several different ways; **lo siento, es mi f. de ser** I'm sorry, that's just the way I am *o* that's just my way; **¡qué f. de llover!** it's absolutely pouring down!; **de cualquier f., de todas formas** anyway, in any case; **si lo hacemos de esta f., acabaremos antes** if we do it this way, we'll finish earlier; **viajaremos en segunda, de esta f. recortaremos gastos** we can travel second class, that way we'll keep the cost down; **han organizado las conferencias de f. que haya diez minutos de intervalo entre ellas** they've arranged the speeches in such a way that there's a ten minute break between each one; **llegaremos a las ocho, de f. que podamos comenzar temprano** we'll be there by eight so (that) we can start early; **dobla la camisa de f. que no se arruguen las mangas** fold the shirt so (that) the sleeves don't get creased ❑ ***f. de pago*** method of payment
(**c**) *(manifestación)* form; **la fotografía es una f. de arte** photography is an art form
(**d**) *(condición física)* fitness; **estar en f.** to be fit; **estar en baja/plena f.** to be in poor/top shape; **vuelvo a estar en plena f.** I'm fully fit again; **mantenerse/ponerse en f.** to keep/get fit
(**e**) *(de equipo, artista)* form; **estar en f.** to be on form; **estar en baja/plena f.** to be off form/on top form
(**f**) **formas** *(silueta)* figure, curves; **un cuerpo de formas armoniosas** a curvaceous body
(**g**) **formas** *(modales)* manners, social conventions; **guardar las formas** to keep up appearances
(**h**) *(horma, molde)* mould
(**i**) *Rel* host; **la Sagrada F.** the Holy Host
(**j**) *Arte & Lit* form; **a este escritor le importa más la f. que el contenido** this writer is more interested in form than content
(**k**) *Ling* form; **en f. plural** in the plural

formación *nf* (**a**) *(creación)* formation
(**b**) *(educación)* training; **la f. de los jóvenes es prioritaria** the education of young people is of great importance; **sin f. académica** with little formal education ❑ ***f. continua*** in-service training; ***f. de formadores*** teacher training *(other than for schoolteachers)*; ***f. ocupacional*** job training *(for the unemployed)*; ***f. profesional*** = vocationally orientated secondary education in Spain for pupils aged 14-18, currently being phased out
(**c**) *(equipo)* team; *(alineación)* line-up; **f. política** political party
(**d**) *Mil* formation
(**e**) *Geol* formation; **esta zona presenta formaciones calcáreas** there are limestone formations in this area

formado, -a *adj* (**a**) *(hecho, modelado)* formed, shaped (**b**) *(desarrollado)* grown, developed

formador, -ora 1 *adj* forming, constituting
2 *nm,f* trainer

formal *adj* (**a**) *(de la forma, legal)* formal; **en su aspecto f. la novela es excelente** the formal aspects of the novel are excellent; **ser novios formales** to be engaged (**b**) *(que se porta bien)* well-behaved, good (**c**) *(responsable, fiable)* reliable (**d**) *(serio)* serious, sober

formaldehído *nm Quím* formaldehyde

formalidad *nf* (**a**) *(requisito)* formality; **es una mera f.** it's just a formality (**b**) *(educación)* (good) manners (**c**) *(fiabilidad)* reliability (**d**) *(seriedad)* seriousness

formalismo *nm* formalism

formalista 1 *adj* formal
2 *nmf* formalist

formalización *nf* formalization; **ayer tuvo lugar la f. del contrato** the contract was officially signed yesterday

formalizar [14] *vt* to formalize; **formalizaron su relación** *(se casaron)* they got married

formalmente *adv* formally

formar 1 *vt* (**a**) *(hacer)* to form; **f. una bola con algo** to make sth into a ball; **f. un equipo** to make up a team; **formó una asociación cultural** he set up a cultural organization; **f. parte de** to form *o* be part of; **forma parte del equipo del colegio** she's a member of the school team (**b**) *(educar)* to train, to educate (**c**) *Mil* to form up
2 *vi Mil* to fall in
3 formarse *vpr* (**a**) *(hacerse, crearse)* to form; **se formó espuma en la superficie** froth formed on the surface (**b**) *(educarse)* to be trained *o* educated

formateado, -a *Informát* **1** *adj* formatted
2 *nm (proceso)* formatting

formatear *vt Informát* to format

formateo *nm Informát* formatting

formativo, -a *adj* formative
formato *nm también Informát* format ❑ *Informát* ***f. de archivo*** file format
formica® *nf* Formica®
fórmico, -a *adj Quím* formic
formidable *adj* (**a**) *(enorme)* tremendous (**b**) *(extraordinario)* amazing, fantastic
formol *nm* formalin
formón *nm* firmer chisel
fórmula *nf* formula; **tengo la f. para convencerlo** I know the way to persuade him ❑ ***f. de cortesía*** polite expression; *Farm* ***f. magistral*** = medicine made up by pharmacist to doctor's prescription; *Quím* ***f. molecular*** molecular formula; ***f. uno*** formula one
formulación *nf* formulation
formular 1 *vt* to formulate; **f. una pregunta** to ask a question; **formuló cuidadosamente su respuesta** she phrased her reply carefully; **formular graves cargos contra alguien** to bring serious charges against sb
2 *vi* to write formulae
formulario *nm* form; **rellenar un f.** to fill in *o* out a form
formulismo *nm (apego) (a las formas)* formalism; *(a las normas)* sticking to the rules
formulista 1 *adj* formulistic
2 *nmf* formulist
fornicación *nf Formal* fornication
fornicar [59] *vi Formal* to fornicate
fornido, -a *adj* well-built
foro *nm* (**a**) *(tribunal)* court (of law) (**b**) *Teatro* back of the stage; EXPR **desaparecer por el f.** to slip away unnoticed (**c**) *(lugar de discusión)* forum ❑ ***f. de debate*** forum for debate; *Informát* ***f. de discusión*** discussion group
forofo, -a *nm,f Fam* fan, (fanatical) suporter
forrado, -a *adj* (**a**) *(libro)* covered; *(ropa)* lined (**de** with); *(asiento)* upholstered (**b**) *Fam Fig* **estar f.** to be rolling in it
forraje *nm* fodder, forage
forrajero, -a *adj (planta)* for fodder
forrar 1 *vt* (**a**) *(cubrir) (libro)* to cover; *(ropa)* to line (**de** with); *(asiento)* to upholster (**b**) EXPR *Vulg* **f. a alguien a hostias** to kick *o* knock the shit out of sb
2 forrarse *vpr* (**a**) *Fam (de dinero)* to make a packet (**b**) *Am Fam (de comida)* to stuff oneself
forro *nm* (**a**) *(cubierta) de libro)* cover; *(de ropa)* lining; *(de asiento)* upholstery; **tela de f.** lining material ❑ ***f. polar*** fleece jacket (**b**) EXPR *Vulg* **pasarse algo por el f. de los cojones** to shit on sth from a great height; EXPR *Fam* **¡ni por el f.!** no way! (**c**) *Cuba (trampa)* trick
fortachón, -ona *adj* strapping, well-built
fortalecer [46] **1** *vt* to strengthen
2 fortalecerse *vpr (físicamente)* to become stronger
fortalecimiento *nm* strengthening
fortaleza *nf* (**a**) *(fuerza) (física)* strength; *(moral, mental)* strength, fortitude (**b**) *(recinto)* fortress (**c**) *Chile (hedor)* stench, stink
fortalezco *etc ver* **fortalecer**
forte *nm & adv Mús* forte
fortificación *nf* fortification
fortificante *adj* fortifying
fortificar [59] *vt* to fortify
fortín *nm* small fort
fortísimo, -a *superlativo ver* **fuerte**
FORTRAN, Fortran *nm Informát* FORTRAN, Fortran
fortuitamente *adv* fortuitously, by chance
fortuito, -a *adj* chance; **encuentro f.** chance encounter
fortuna *nf* (**a**) *(suerte)* (good) luck; **por f.** fortunately, luckily; **probar f.** to try one's luck; **quiere probar fortuna en América** he's going to America to seek his fortune; **tuvo la mala f. de caerse** he had the misfortune *o* bad luck to fall (**b**) *(destino)* fortune, fate (**c**) *(riqueza)* fortune; **hacer f.** to make one's fortune; **se gasta una f. en ropa** he spends a fortune on clothes
fórum *nm también Informát* forum
forúnculo *nm* boil
forzadamente *adv* by force, forcibly
forzado, -a *adj (sonrisa, amabilidad)* forced; **trabajos forzados** hard labour; **verse f. a hacer algo** to find oneself forced to do sth
forzar [31] *vt* (**a**) *(obligar, empujar)* to force; **f. a alguien a hacer algo** to force sb to do sth; **f. la vista** to strain one's eyes; **f. una cerradura** to force a lock; *Informát* **f. la salida** *(de un programa)* to force quit (**b**) *(violar)* to rape
forzosamente *adv* (**a**) *(por la fuerza)* by force, forcibly (**b**) *(necesariamente)* unavoidably, inevitably; **el ladrón tuvo que entrar f. por esta ventana** the thief MUST have come in through this window
forzoso, -a *adj* (**a**) *(obligatorio)* obligatory, compulsory (**b**) *(inevitable)* inevitable (**c**) *(necesario)* necessary (**d**) *(de emergencia)* **aterrizaje f.** emergency landing
forzudo, -a 1 *adj* strong
2 *nm,f* strong man, *f* strong woman
fosa *nf* (**a**) *(sepultura)* grave ❑ ***f. común*** common grave (**b**) *Anat* cavity; **fosas nasales** nostrils (**c**) *(hoyo)* pit ❑ ***f. abisal*** *o* ***marina*** ocean trench; ***f. séptica*** septic tank; *Geol* ***f. tectónica*** tectonic grave
fosfatar *vt (fertilizar)* to fertilize with phosphates
fosfatina *nf Fam* EXPR **estar hecho f.** to be wrecked *o Br* knackered; **hacer f.** to destroy, to smash up
fosfato *nm* phosphate ❑ ***f. cálcico*** *o* ***de cal*** calcium phosphate
fosforecer = **fosforescer**
fosforero, -a 1 *adj* **la industria fosforera** the match-making industry
2 *nm,f* match seller
fosforescencia *nf* phosphorescence
fosforescente *adj* (**a**) *Fís & Quím* phosphorescent (**b**) *(color, chaleco)* fluorescent
fosforescer, fosforecer [46] *vi* to phosphoresce
fosfórico, -a *adj Quím* phosphoric
fosforito *adj Fam (color, rotulador)* fluorescent
fósforo *nm* (**a**) *Quím* phosphorus (**b**) *(cerilla)* match
fosforoso, -a *adj Quím* phosphorous
fósil 1 *adj* fossil; **combustible f.** fossil fuel
2 *nm* (**a**) *(resto)* fossil (**b**) *Fam (viejo)* old fossil
fosilización *nf* fossilization
fosilizado, -a *adj* fossilized
fosilizarse [14] *vpr* (**a**) *(animal, hueso)* to fossilize (**b**) *Fig (persona)* to turn into an old fossil
foso *nm* (**a**) *(hoyo)* ditch; *(de castillo)* moat; *(de garaje, teatro)* pit (**b**) *Dep* pit; *(en campo de fútbol)* moat *(around football stadium)* ❑ ***f. olímpico*** *(en tiro)* Olympic trench clay-pigeon shooting
foto *nf* photo, picture; **le saqué** *o* **tomé** *o* **tiré una f.** I took a photo *o* picture of him
fotocomponedora *nf Imprenta* typesetter, typesetting machine
fotocomponer *vt Imprenta* to typeset
fotocomposición *nf Imprenta* photocomposition, typesetting
fotocopia *nf* (**a**) *(objeto)* photocopy; **hacer una f. de** to make *o* take a photocopy of (**b**) *(procedimiento)* photocopying
fotocopiadora *nf* (**a**) *(máquina)* photocopier (**b**) *(tienda)* copy shop
fotocopiar *vt* to photocopy
fotodegradable *adj* photodegradable
fotoeléctrico, -a *adj* photoelectric
foto-finish, fotofinis *nf inv Dep* photo finish
fotofobia *nf* photophobia
fotogenia *nf* photogenic qualities
fotogénico, -a *adj* photogenic
fotograbado *nm* photogravure
fotograbar *vt* to photoengrave
fotografía *nf* (**a**) *(arte)* photography ❑ ***f. aérea*** aerial photography; ***f. publicitaria*** commercial photography (**b**) *(objeto)* photograph; **hacer** *o* **sacar una f. a alguien** to take a picture *o* photo of sb ❑ ***f. de (tamaño) carné*** passport-sized photograph; ***f. instantánea*** snapshot
fotografiar [32] *vt* to photograph, to take a photograph of
fotográfico, -a *adj* photographic
fotógrafo, -a *nm,f* photographer
fotograma *nm* still
fotolisis, fotólisis *nf inv Quím* photolysis
fotolito *nm Imprenta* piece of film; **ya han llegado los fotolitos** the film has arrived

fotolitografía *nf* (**a**) *(arte)* photolithography (**b**) *(objeto)* photolithograph
fotomatón *nm* passport photo machine
fotometría *nf* photometry
fotómetro *nm (en fotografía)* light meter
fotomodelo *nmf* photographic model
fotomontaje *nm* photomontage
fotón *nm Fís* photon
fotonovela *nf* photo story
fotoprotector, -ora 1 *adj* **factor f.** sun protection factor
2 *nm* sun cream, sunblock
fotoquímica *nf* photochemistry
fotorrealismo *nm Informát* photorealism
fotorrealista *adj Informát* photorealistic
fotosensible *adj* photosensitive
fotosfera *nf* photosphere
fotosíntesis *nf inv* photosynthesis
fotosintético, -a *adj* photosynthetic
fototeca *nf* photograph library
fotovoltaico, -a *adj* photovoltaic
fotuto *nm Cuba* horn
foulard [fu'lar] (*pl* **foulards**) *nm* headscarf *(of fine material)*
foxterrier [fokste'rrjer, foks'terrjer] (*pl* **foxterriers**) *nm* fox terrier
foxtrot *nm* foxtrot
FP *nf* (*abrev de* **formación profesional**) = vocationally orientated secondary education in Spain for pupils aged 14-18, currently being phased out
FPU *nf Informát* (*abrev de* **floating-point unit**) FPU
fra. (*abrev de* **factura**) inv
frac (*pl* **fracs**) *nm* tails, dress coat
fracasado, -a 1 *adj* failed
2 *nm,f* failure
fracasar *vi* to fail (**en/como** at/as)
fracaso *nm* failure; **todo fue un f.** the whole thing was a disaster; **el problema del f. escolar** the problem of educational failure
fracción *nf* (**a**) *(parte, quebrado)* fraction; **todos recibieron su f. de la herencia** everyone received their part *o* share of the legacy; **f. de segundo** split second ▫ ***f. decimal*** decimal fraction (**b**) *Pol* faction
fraccionadora *nf Méx* estate agent
fraccionamiento *nm* (**a**) *(división)* division, breaking up (**b**) *Méx (urbanización)* housing estate
fraccionar *vt* to divide, to break up
fraccionario, -a *adj* fractional; **moneda fraccionaria** small change
fractal *nm* fractal
fractura *nf* fracture; **presenta f. craneal** he has a fractured skull ▫ ***f. ósea*** (bone) fracture
fracturar 1 *vt* to fracture
2 **fracturarse** *vpr* to fracture; **fracturarse un brazo/una pierna** to fracture one's arm/leg
fragancia *nf* fragrance
fragante *adj* fragrant
fraganti *ver* **in fraganti**
fragata *nf* frigate ▫ ***f. ligera*** corvette
frágil *adj (objeto)* fragile; *(persona)* frail; *(salud, situación)* delicate
fragilidad *nf (de objeto)* fragility; *(de persona)* frailty; *(de situación, salud)* delicacy
fragmentación *nf* (**a**) *(rotura)* fragmentation (**b**) *(división)* division (**c**) *Informát (de disco duro)* fragmentation
fragmentado, -a *adj* (**a**) *(roto)* fragmented (**b**) *(dividido)* divided (**c**) *Informát (disco duro)* fragmented
fragmentar *vt (romper)* to fragment; *(dividir)* to divide
fragmentario, -a *adj (incompleto)* fragmentary
fragmento *nm (pedazo)* fragment, piece; *(de obra)* excerpt
fragor *nm (de batalla)* clamour; *(de trueno)* crash
fragoroso, -a *adj* roaring, thunderous
fragosidad *nf (de terreno)* ruggedness
fragoso, -a *adj* (**a**) *(áspero)* rough, rugged (**b**) *(ruidoso)* roaring, thunderous
fragua *nf* forge
fraguado *nm Constr* setting, hardening
fraguar [11] **1** *vt* (**a**) *(forjar)* to forge (**b**) *(idear)* to think up
2 *vi* to set, to harden
3 **fraguarse** *vpr (tramarse)* to be in the offing; *(crearse, originarse)* to be hatched; **durante aquellos años se fraguó la revolución** it was during those years that the groundwork was laid for the revolution
fraile *nm* friar
frailecillo *nm* puffin
frambuesa *nf* raspberry
francachela *nf Fam (comilona)* spread
francamente *adv (con sinceridad)* frankly
francés, -esa 1 *adj* French
2 *nm,f* Frenchman, *f* Frenchwoman; **los franceses** the French; EXPR **marcharse** *o* **despedirse a la francesa** to leave without even saying goodbye
3 *nm (lengua)* French
francesada *nf Fam Pey (costumbre)* Frenchified habit; **¡es una f.!** *(película, libro)* it's typical French *Br* rubbish *o US* trash!
Fráncfort *n* Frankfurt
franchute, -a *Fam Pey* **1** *adj* Froggy, = pejorative term meaning "French"
2 *nm,f* Frog, = pejorative term referring to a French person
Francia *n* France
francio *nm Quím* francium
franciscano, -a *adj & nm,f* Franciscan
francmasón *nm* Freemason
francmasonería *nf* Freemasonry
francmasónico, -a *adj* masonic
franco, -a 1 *adj* (**a**) *(sincero)* frank, open; *(directo)* frank (**b**) *(sin obstáculos, gastos)* free; **puerto f.** free port; **f. de porte** *(carta)* postpaid; *(pedido)* carriage-paid (**c**) *(manifiesto)* clear, marked; **el paciente ha experimentado una franca mejoría** it the patient has clearly improved (**d**) *Hist* Frankish
2 *nm,f Hist* Frank
3 *nm* (**a**) *(moneda)* franc (**b**) *(lengua)* Frankish
francocanadiense *adj & mf* French Canadian
francófono, -a 1 *adj* francophone
2 *nm,f* Francophone
francófilo, -a *adj & nm,f* francophile
francotirador, -ora *nm,f* (**a**) *Mil* sniper (**b**) *Fig (rebelde)* maverick
franela *nf* (**a**) *(tejido)* flannel (**b**) *Ven (camiseta) Br* vest, *US* undershirt
frangollo *nm Carib (dulce)* = dessert made from mashed bananas
franja *nf (banda, tira)* strip; *(en bandera, uniforme)* stripe ▫ ***f. horaria*** *(en televisión)* time slot; *(huso horario)* time zone
franquear *vt* (**a**) *(dejar libre)* to clear (**b**) *(atravesar)* to negotiate, to cross; *también Fig* **f. el umbral** to cross the threshold (**c**) *(correo)* to attach postage to; **enviar un sobre franqueado** send a stamped (addressed) envelope
franqueo *nm* postage; **f. pagado** freepost
franqueza *nf* (**a**) *(sinceridad)* frankness, openness; **con toda f.** to be perfectly frank *o* honest (**b**) *(confianza)* familiarity
franquicia *nf* (**a**) *(tienda)* franchise (**b**) *(exención)* exemption ▫ ***f. postal*** free postage
franquiciado *nm Com* franchisee, franchise-holder
franquiciador, -ora *nm,f Com* franchiser
franquismo *nm* **el f.** *(régimen)* the Franco regime; *(doctrina)* Franco's doctrine
franquista 1 *adj* pro-Franco, Francoist; **el régimen f.** the Franco regime
2 *nmf* supporter of Franco
frasco *nm* bottle
frase *nf* (**a**) *(oración)* sentence (**b**) *(locución)* expression ▫ ***f. hecha*** *(modismo)* set phrase; *(tópico)* cliché; ***f. lapidaria*** memorable phrase; ***f. proverbial*** proverbial expression
fraseo *nm Mús* phrasing
fraseología *nf* (**a**) *(estilo)* phraseology (**b**) *(palabrería)* verbiage
fraternal *adj* brotherly, fraternal
fraternidad *nf* brotherhood, fraternity
fraternizar [14] *vi* to get on like brothers
fraterno, -a *adj* brotherly, fraternal
fratricida 1 *adj* fratricidal
2 *nmf* fratricide
fratricidio *nm* fratricide
fraude *nm* fraud ▫ ***f. fiscal*** tax evasion
fraudulencia *nf* fraudulence
fraudulento, -a *adj* fraudulent
fray *nm* brother; **F. Julián** Brother Julian
frazada *nf Am* blanket ▫ ***f. eléctrica*** electric blanket
frecuencia *nf* frequency; **el tren pasa con una f. de dos horas** there's a train

every two hours; **con f.** often; **¿con qué f.?** how often?; **alta f.** high frequency; **baja f.** low frequency ▫ ***f. modulada*** frequency modulation

frecuentación *nf* frequenting

frecuentado, -a *adj* **una plaza muy frecuentada** a very busy square; **un lugar muy f. por estudiantes** a place which is very popular with students; **un sitio f. por carteristas** a place frequented by pickpockets

frecuentar *vt (lugar)* to frequent; *(persona)* to see, to visit; **frecuenta unos ambientes poco recomendables** he has some rather dubious haunts; **fuera del trabajo, no frecuenta a sus compañeros** she doesn't socialize with *o* see her colleagues outside work

frecuentativo, -a *adj* frequentative

frecuente *adj (reiterado)* frequent; *(habitual)* common

frecuentemente *adv* frequently

Fredemo *nm (abrev de* **Frente Democrático**) = coalition of right wing Peruvian parties

freelance, free lance ['frilans] **1** *adj* freelance

2 *nmf* freelance; **colabora como f. en varias revistas** he freelances for several magazines

Freetown ['fritaun] *n* Freetown

freeware ['friwer] *nm Informát* freeware

fregadero *nm* (kitchen) sink

fregado, -a 1 *adj Andes (terco)* stubborn, obstinate

2 *nm* (**a**) *(lavado) (de platos, suelo)* wash; *(frotando)* scrub (**b**) *Fam (lío)* mess (**c**) *Fam (discusión)* row, rumpus

fregar [43] *vt* (**a**) *(limpiar)* to wash; *(frotar)* to scrub; **f. los platos** to do the washing-up; **f. el suelo** to mop the floor (**b**) *Am Fam (molestar)* to bother, to pester

fregona *nf* (**a**) *(utensilio)* mop; **pasar la f.** to mop (**b**) *Fam Pey (criada)* skivvy (**c**) *Pey (mujer vulgar)* **es una f.** she's as common as muck

fregotear *vt Fam* to give a good wash to; **f. el suelo** to give the floor a good mop

freidora *nf* deep fat fryer

freiduría *nf* = shop where fried food, especially fish, is cooked and served

freír [56] **1** *vt* (**a**) *(alimento)* to fry; *(con mucho aceite)* to deep fry (**b**) *Fam (molestar)* **f. a alguien a preguntas** to pester sb with questions (**c**) *Fam (matar)* **f. a alguien (a tiros)** to gun sb down

2 freírse *vpr* to be frying; *Fam* **me estoy friendo de calor** I'm boiling *o* roasting

fréjol *nm* bean

FRELIMO *nm (abrev de* **Frente de Liberación de Mozambique**) FRELIMO

frenada *nf* (**a**) *Am (frenazo)* **dar una f.** to brake hard (**b**) *RP* **dar** *o* **pegar una f. a alguien** *(amonestar)* to tell sb off

frenado *nm* braking

frenar 1 *vt* (**a**) *(en vehículo)* to brake (**b**) *(contener)* to check; *(disminuir)* to curb, to slow down

2 *vi (en vehículo)* to brake; *Fig* to slow down

frenazo *nm* (**a**) *(en vehículo)* **dar un f.** to brake hard (**b**) *(parón)* sudden stop

frenesí (*pl* **frenesíes**) *nm* frenzy

frenéticamente *adv* frenziedly, frantically

frenético, -a *adj* (**a**) *(colérico)* furious, mad (**b**) *(enloquecido)* frenzied, frantic

frenillo *nm* (**a**) *(membrana)* frenum, frenulum (**b**) *(defecto del habla)* = speech impediment caused by defect in frenum (**c**) *CAm, Carib (de cometa)* string *(of kite)*

freno *nm* (**a**) *(en automóvil)* brake; **pisar el f.** to step on the brakes ▫ ***frenos ABS*** ABS brakes; ***f. automático*** automatic brake; ***frenos de disco*** disc brakes; ***f. de mano*** handbrake; ***f. neumático*** air brake; ***f. de tambor*** drum brake (**b**) *(de caballerías)* bit (**c**) *(contención)* check; **su deseo de poder no tiene f.** his lust for power is insatiable; EXPR *Fam* **¡echa el f.!** *(detente, cállate)* put a sock in it!, that's enough of that!; *(no te pases)* hold your horses!; **poner f. a** to put a stop to

frenología *nf* phrenology

frenopatía *nf* psychiatry

frenopático, -a 1 *adj* psychiatric

2 *nm Fam (manicomio)* loony bin

FRENTE 1 *nf* forehead; **arrugar la f.** to knit one's brow, to frown; **f. a f.** face to face; EXPR **ir con la f. muy alta** to hold one's head high

2 *nm* (**a**) *(parte delantera)* front; **el f. de la casa está pintado de amarillo** the front of the house is painted yellow; **que den un paso al f. los voluntarios** could the volunteers please step forward?; **su hermano está al f. de la compañía** her brother is in charge of the company; **marchaba al f. de los manifestantes** she was marching at the front of *o* leading the demonstration; **el Académico sigue al f. de la liga** Académico are still top of the league; **de f.** *(hacia delante)* forwards; *(uno contra otro)* head on; **chocaron de f.** they collided head on, they were involved in a head-on collision; **me encontré de f. con él** I found myself face to face with him; **abordar un problema de f.** to tackle a problem head on; **hay una panadería en f.** there's a baker's opposite; **en f. de mi casa** opposite my house; **f. a** *(enfrente de)* opposite; **se encuentra f. a él** she's opposite him

(**b**) *Mil* front; **murió en el f.** he died on the front; EXPR *Hum* **sin novedad en el f.** there's nothing to report; **hacer** *o* **formar f. común** to make common cause ▫ ***f. de batalla*** battlefront

(**c**) *Meteo* front ▫ ***f. cálido/frío*** warm/cold front

(**d**) *(grupo, organización)* front ▫ ***f. popular*** popular front

(**e**) **hacer f. a algo** *(enfrentar algo)* to face up to sth, to tackle sth; **hicieron f. a la situación** they faced up to the situation; **hacer f. a un problema** to tackle a problem

3 *prep* **f. a la injusticia es necesario actuar** we must act to combat injustice; **estamos f. a una revolución científica** we are facing a scientific revolution; **f. al cielo nublado de ayer, hoy tendremos sol** unlike yesterday, when it was cloudy, today it will be sunny; **f. a las duras críticas de la oposición,...** in the face of harsh criticism from the opposition,...; **f. a los habitantes de la costa, los del interior...** compared to people who live on the coast, those who live inland...

Frepaso *nm (abrev de* **Frente País Solidario**) = Argentinian political party

fresa 1 *nf* (**a**) *(fruto)* strawberry; *(planta)* strawberry bush (**b**) *(herramienta) (de dentista)* drill; *(de orfebre)* milling cutter

2 *adj Méx Fam (esnob)* posh

3 *nmf Méx Fam (esnob)* posh person

fresador, -ora *nm,f (persona)* milling machine operator

fresadora *nf (máquina)* milling machine

fresar *vt* to mill

fresca *nf* (**a**) *Fam (insolencia)* EXPR **soltarle una f.** *o* **cuatro frescas a alguien** to tell sb a few home truths (**b**) *Pey (mujer)* loose woman

frescales *nmf inv Fam* brazen *o* cheeky person

fresco, -a 1 *adj* (**a**) *(temperatura, aire)* cool; **corría un viento f.** there was a cool breeze; **tómate algo f.** have a cold drink

(**b**) *(ropa)* **un vestido f.** a cool dress

(**c**) *(alimento)* fresh

(**d**) *(pintura, tinta)* wet

(**e**) *(lozano)* fresh; **ha pasado la noche en vela y está tan f.** he was up all night but he's still fresh as a daisy; EXPR *Fam* **quedarse tan f.** not to bat an eyelid; EXPR *Fam* **dijo una tontería enorme y se quedó tan f.** he made an incredibly stupid remark without batting an eyelid

(**f**) *(espontáneo)* fresh; **este escritor tiene un estilo f.** this writer has a refreshing style

(**g**) *(reciente)* fresh; **noticias frescas** fresh news

(**h**) *(caradura)* cheeky, forward; *Pey (mujer)* loose

2 *nm,f (caradura)* cheeky *o* forward person; **¡qué f.!** what a nerve *o* cheek!; **es un f.** he's really cheeky *o* forward

3 *nm* (**a**) *Arte* fresco; **al f.** in fresco

(**b**) *(frescor)* coolness; **al f.** in a cool place; **hace f.** it's chilly; **tomar el f.** to get a breath of fresh air

(**c**) EXPR *Fam* **me trae al f. lo que digan los demás** I don't give two hoots what people say

(**d**) *Andes, CAm, Méx (refresco)* soft drink

frescor *nm* coolness, freshness

frescura *nf* (**a**) *(de fruta, verdura)* freshness (**b**) *(espontaneidad)* freshness (**c**) *(descaro)* cheek, nerve; **¡qué f.!** what a cheek!

fresno *nm* ash (tree)

fresón *nm* large strawberry

fresquería *nf Am* refreshment stand

fresquilla *nf (fruta)* type of peach

FRETILIN *nm (abrev de* **Frente Timorense de Liberación Nacional**) FRETILIN

freudiano, -a [froi'ðjano] *adj* Freudian

frezar [14] *vi (desovar)* to spawn

FRG *nm (abrev de* **Frente Revolucionario Guatemala**) ≃ Guatemalan political party

frialdad *nf* (**a**) *(baja temperatura)* coldness (**b**) *(indiferencia)* **la f. de su mirada** the coldness of her look; **le recibieron con f.** he was a given a rather cool reception (**c**) *(frigidez)* frigidity (**d**) *(serenidad)* **examinar las cosas con f.** to look at things calmly *o* coolly

fríamente *adv* (**a**) *(con indiferencia)* coldly, coolly (**b**) *(con serenidad)* calmly, coolly

fricasé *nm* fricassee

fricativa *nf Ling* fricative

fricativo, -a *adj Ling* fricative

fricción *nf* (**a**) *también Fig (roce)* friction (**b**) *(friega)* rub, massage; **dar fricciones** to give a rubdown *o* massage

friccionar *vt* to rub, to massage

fríe *ver* **freír**

friega *nf* (**a**) *(masaje)* massage, rub; **dar friegas de alcohol a alguien** to give sb an alcohol rub (**b**) *Am (molestia)* bother, annoyance (**c**) *Am (zurra)* thrashing, beating

friegaplatos 1 *nm inv (máquina)* dishwasher

2 *nmf inv (persona)* dishwasher

friego *etc ver* **fregar**

friera *etc ver* **freír**

frigidez *nf* (**a**) *(sexual)* frigidity (**b**) *(de acogida, respuesta)* coldness

frígido, -a *adj (respuesta, persona)* frigid

frigorífico, -a 1 *adj (que produce frío)* **cámara frigorífica** cold store; **camión f.** refrigerated *Br* lorry *o US* truck

2 *nm* refrigerator, *Br* fridge, *US* icebox

frigorista *nmf* refrigeration engineer

frijol, fríjol *nm Am* bean

frió *ver* **freír**

frío, -a 1 *ver* **freír**

2 *adj* (**a**) *(a baja temperatura)* cold; **hoy está el día f.** it's cold today

(**b**) *(indiferente)* cold; **dejar a alguien f.** to leave sb cold; **un recibimiento muy f.** a cold *o* unwelcoming reception

(**c**) *(sereno)* cool, calm; **mantener la cabeza fría** to keep a cool head

(**d**) *Fam (alejado)* **¡f.!** (you're) cold!

3 *nm* cold; *Fam* **¡hace un f. que pela!** it's freezing cold!; **¡qué f. (hace)!** it's freezing!; **tener f.** to be *o* feel cold; **mañana, en f., lo analizarás mejor** tomorrow, in the cold light of day, you'll look at it more clearly; *Esp* **coger f.** to catch a chill; EXPR *Esp Fam* **coger a alguien en f.** to catch sb on the hop; EXPR **no darle a alguien ni f. ni calor** to leave sb cold

friolento, -a *adj Am* sensitive to the cold

friolera *nf Fam* **costó la f. de 20.000 pesos** it cost a cool 20,000 pesos

friolero, -a 1 *adj* sensitive to the cold

2 *nm,f* **mi padre es un f.** my father really feels the cold

friqui *nm (en fútbol)* free kick

frisa *nf Chile, RP (de felpa)* nap

frisar *vt* to be around, to be getting on for *(a certain age)*; **su edad frisa en los sesenta** he's getting on for sixty

frisbee® ['frisβi:] *nm* frisbee®

friso *nm* (**a**) *Arquit* frieze (**b**) *(zócalo)* skirting board

frisón, -ona *adj & nm,f* Frisian

fritada *nf* fry-up, dish of fried food

fritanga *nf Fam* fry-up; **olor a f.** smell of frying

frito, -a 1 *participio ver* **freír**

2 *adj* (**a**) *(alimento)* fried (**b**) *Fam (harto)* fed up (to the back teeth); **me tienen f. con tantas quejas** I'm sick (and tired) of all their complaining; **estos niños me tienen frita** I'm fed up with these children (**c**) *Fam (dormido)* flaked out, asleep; **me estoy quedando f.** I'm nodding off; **todas las noches se queda f. en el sofá** in the evenings, he flakes out on the sofa (**d**) *Fam (muerto)* dead, stiff

3 *nmpl* **fritos** fried food

fritura *nf* fry-up, dish of fried food

frivolidad *nf* frivolity; **con f.** frivolously

frívolo, -a *adj* frivolous

fronda *nf (follaje)* foliage, leaves

frondosidad *nf* leafiness

frondoso, -a *adj (planta, árbol)* leafy; *(bosque)* dense

frontal *adj (ataque)* frontal; *(colisión)* head-on; **la parte f.** the front, the front part

frontalmente *adv* head-on; **chocaron f.** they collided head-on, they had a head-on collision

frontenis *nm Dep* = ball game played on pelota court with rackets and balls similar to those used in tennis, *US* ≃ racquetball

frontera *nf* (**a**) *(división administrativa)* border (**b**) *(límite)* bounds; **dice que no está clara la f. entre amor y odio** he says there is no clear dividing line between love and hate; **su ambición no tiene fronteras** her ambition is limitless *o* knows no bounds; **alcanzó el éxito ya en la f. de la vejez** he achieved success just as he was reaching old age

fronterizo, -a *adj* border; **Perú es f. con Brasil** Peru shares a border with Brazil; **ciudad fronteriza** border town; **conflicto f.** border dispute

frontil *nm Am (para caballos)* browband

frontis *nm inv* facade

frontispicio *nm* (**a**) *(de edificio) (fachada)* facade; *(remate)* pediment (**b**) *(de libro)* frontispiece

frontón *nm* (**a**) *(deporte)* pelota; *(cancha)* pelota court (**b**) *Arquit* pediment

frotación, frotamiento *nm* rubbing

frotar 1 *vt (rozar, masajear)* to rub; *(al fregar)* to scrub

2 frotarse *vpr* **frotarse las manos** to rub one's hands

frote *nm* rub, rubbing; **darle un buen f. a algo** to give sth a good rub

frotis *nm inv* smear ❑ ***f. cervical*** cervical smear

fructífero, -a *adj* fruitful

fructificación *nf* fructification

fructificar [59] *vi también Fig* to bear fruit

fructosa *nf* fructose

fructuoso, -a *adj* fruitful

frugal *adj* frugal

frugalidad *nf* frugality

frugívoro *adj Zool* fruit-eating

fruición *nf* gusto, delight; **comió con f.** she ate with relish *o* gusto

frunce *nm (en tela)* gathering

fruncido, -a 1 *adj* (**a**) *(tela)* gathered (**b**) **con el ceño f.** with a frown, frowning

2 *nm (en tela)* gathering

fruncir [72] *vt* (**a**) *(tela)* to gather (**b**) *(labios)* to purse; **f. el ceño** to frown

fruslería *nf* triviality, trifle

frustración *nf* frustration

frustrado, -a *adj* (**a**) *(persona)* frustrated (**b**) *(plan)* failed; **un intento f. de mandar una nave tripulada a Marte** an unsuccessful attempt to send a manned spacecraft to Mars

frustrante *adj* frustrating

frustrar 1 *vt* (**a**) *(persona)* to frustrate (**b**) *(posibilidades, ilusiones)* to thwart, to put paid to; *(plan)* to thwart; **el mal tiempo frustró nuestras vacaciones** the bad weather ruined our holiday

2 frustrarse *vpr* (**a**) *(persona)* to get frustrated (**b**) *(ilusiones)* to be thwarted; *(proyecto)* to fail

fruta *nf* fruit ❑ ***f. confitada*** crystallized fruit; *RP* ***f. de estación*** seasonal fruit; ***f. de la pasión*** passion fruit; ***f. de sartén*** fritter; ***f. del tiempo*** seasonal fruit

frutal 1 *adj* fruit; **árbol f.** fruit tree

2 *nm* fruit tree

frutería *nf* fruit shop

frutero, -a 1 *nm,f (persona)* fruiterer

2 *nm (recipiente)* fruit bowl

frutícola *adj* **la producción f.** fruit production; **una región f.** a fruit-growing region

fruticultura *nf* fruit farming

frutilla *nf Chile, RP* strawberry

fruto *nm* (**a**) *(naranja, plátano)* fruit; *(nuez, avellana)* nut ❑ ***f. prohibido*** forbidden fruit; **esos lujos son, para mí, f. prohibido** I can't permit myself such luxuries; ***frutos secos*** dried fruit and nuts (**b**) *(resultado)* fruit; **fue f. de su empeño** it was the fruit *o* result of her efforts; **no es más que el f. de su imaginación** it's just a figment of his imagination; **dar f.** to bear fruit; **sacar f. a** *o* **de algo** to profit from sth; **los frutos de la tierra** the fruits of the earth

FSE *nm (abrev de* **Fondo Social Europeo**) ESF

FSLN *nm (abrev de* **Frente Sandinista de Liberación Nacional***)* FSLN

FTP *Informát (abrev de* **file transfer protocol***)* FTP □ ***F. anónimo*** anonymous FTP

fu:ni fu ni fa *loc adv Fam* so-so

fucsia 1 *nf (planta)* fuchsia
2 *adj inv & nm inv (color)* fuchsia

fue (**a**) *ver* **ir** (**b**) *ver* **ser**

fuego 1 *nm* (**a**) *(incandescencia)* fire; **pegar f. a algo** to set sth on fire, to set fire to sth; **pedir/dar f.** to ask for/give a light; **¿tiene f.?** have you got a light?; EXPR **echar f. por los ojos** to look daggers; EXPR **jugar con f.** to play with fire □ ***fuegos artificiales*** fireworks; ***f. fatuo*** will-o'-the-wisp; ***f. de san Telmo*** St Elmo's fire
(**b**) *(hoguera)* fire; *(de cocina, fogón)* ring, burner; **poner el agua al f. hasta que empiece a hervir** heat the water until it starts to boil; **a f. lento/vivo** *(cocinar)* over a low/high heat; **apagar/bajar el f.** to turn off/lower the heat; **atizar el f.** to poke the fire; **hacer un f.** to make a fire
(**c**) *(disparos)* fire; **abrir** *o* **hacer f.** to fire, to open fire; EXPR **estar entre dos fuegos** to be between the devil and the deep blue sea; **romper el f.** to open fire □ ***f. cruzado*** crossfire
(**d**) *(apasionamiento)* passion, ardour; **la distancia avivó el f. de su pasión** distance rekindled the fires of his passion; **tenía f. en la mirada** his eyes blazed (with passion/anger)
(**e**) *(sensación de ardor)* heat, burning
2 *interj* **¡f.!** fire!

fueguino, -a 1 *adj* of/from Tierra del Fuego
2 *nm,f* person from Tierra del Fuego

fuel *nm* fuel oil

fuelle *nm* (**a**) *(para soplar)* bellows (**b**) *(de maletín, bolso)* accordion pleats; *(de cámara fotográfica)* bellows (**c**) *(entre vagones)* connecting corridor, concertina vestibule

fuel-oil, fuelóleo *nm* fuel oil

fuente *nf* (**a**) *(construcción)* fountain
(**b**) *(bandeja)* (serving) dish
(**c**) *(de información)* **fuentes oficiosas/oficiales** unofficial/official sources; **según fuentes del ministerio de Educación,...** according to Ministry of Education sources
(**d**) *(origen)* source; **la Biblia es la f. de muchas obras medievales** the Bible provides the source material for many medieval works □ ***f. de energía*** energy source; ***f. de ingresos*** source of income; ***f. de riqueza*** source of wealth
(**e**) *(causa)* cause, source; **f. de problemas** a source of problems *o* trouble; **la falta de higiene es f. de infecciones** lack of hygiene is a cause of infection
(**f**) *(manantial)* spring □ ***f. termal*** thermal spring
(**g**) ***f. de alimentación*** *Elec* feed source; *Informát* power supply
(**h**) *Imprenta & Informát* font

fuentón *nm RP* large washing-up bowl

FUERA 1 *v* (**a**) *ver* **ir**
(**b**) *ver* **ser**
2 *adv* (**a**) *(en el exterior)* outside; **hace frío f.** it's cold outside; **lo echó f.** she threw him out; **salen mucho a comer f.** they eat out a lot; **f. de la casa** outside the house; **el ruido viene de f.** the noise is coming from outside; **hacia f.** outwards; **sólo vimos la catedral por f.** we only saw the cathedral from the outside; **llevas la camisa por f.** your shirt isn't tucked in properly; **por f. es de color amarillo** it's yellow on the outside
(**b**) *(en otro lugar)* away; *(en el extranjero)* abroad; **de f.** *(extranjero)* from abroad; **Marta está f.** *(de viaje)* Marta is away; *(ha salido)* Marta is out; **a los de f. les sorprenden mucho las costumbres locales** people who aren't from round here *o* strangers find the local customs very strange
(**c**) **f. de** *(alcance, peligro)* out of; *(cálculos, competencia)* outside; **estar f. de sí** to be beside oneself (with rage); **ese comentario está f. de lugar** that remark is out of place; **f. de plazo** after the closing date; **f. de la ley** illegal; **f. de control** out of control; **presentó su película f. de concurso** his film was shown, but not judged as part of the competition
(**d**) *Dep (de límites)* **la pelota salió f.** the ball went out (of play) □ ***f. de banda*** out of play; ***f. de combate*** knocked out; *Fig* out of action; ***f. de juego*** offside; **estar en f. de juego** to be offside; EXPR **pillar a alguien en f. de juego** to catch sb out
(**e**) *Dep (en campo ajeno)* away; **jugar f.** to play away (from home); **el equipo de f.** the away team
(**f**) **f. de** *(excepto)* except for, apart from; **f. de eso, he cumplido todos tus caprichos** apart from that, I've done everything you wanted me to; **f. de bromas, ¿habéis fijado ya una fecha para la boda?** seriously though *o* joking apart, have you set a date for the wedding yet?; **f. de serie** exceptional, out of the ordinary; EXPR **ser un f. de serie** to be one of a kind
3 *interj* **¡f.!** get out!; *(en el teatro)* get off!; **¡f., f., f.!** *(cántico)* off!, off!, off!; **¡f. los políticos corruptos!** out with all corrupt politicians!; **¡f. de aquí!** get out of my sight!

fueraborda 1 *adj inv* outboard; **motor f.** outboard motor *o* engine; **lancha f.** outboard, boat with outboard motor
2 *nm inv (motor)* outboard motor *o* engine
3 *nf inv (lancha)* outboard, boat with outboard motor

fuerce *ver* **forzar**

fuero *nm* (**a**) *(ley local)* = ancient regional law still existing in some parts of Spain (**b**) *(jurisdicción)* code of laws (**c**) **en el f. interno de alguien** in sb's heart of hearts, deep down

fuerte 1 *adj* (**a**) *(resistente) (persona, material)* strong; *(golpe, pelea)* hard; **necesito un tejido f.** I need a strong material; **es una empresa f. en el sector** the company's strong in this sector; **hacerse f. en** *Mil* to make one's stronghold in; *Fig* **el equipo se hizo f. en su área** the team fell back into their own half; EXPR **estar f. como un roble** to be as strong as an ox; **un medicamento muy f.** a very powerful medicine
(**b**) *(intenso) (viento)* strong; *(frío, dolor, color)* intense; *(lluvia)* heavy
(**c**) *(influyente, sólido)* strong; **una moneda f.** a strong currency; **fuertes razones** powerful reasons; **tiene un carácter muy f.** she has a strong character
(**d**) *(violento, impactante)* powerful, shocking; **lenguaje f.** strong language; **algunas de las escenas son muy fuertes** some of the scenes are very shocking
(**e**) *(grande)* large, considerable; **una f. cantidad de dinero** a large amount of money
(**f**) *(comida) (pesado)* heavy; *(picante)* hot
(**g**) *(nudo)* tight
(**h**) *(versado)* **estar f. en algo** to be good at sth; **estar f. en idiomas** to be good at languages
(**i**) *(alto) (sound)* loud; **la televisión está demasiado f.** the television is on too loud
(**j**) *Fam (increíble)* astonishing, amazing; **¡qué f.!** *(fabuloso)* wow!, amazing!; *(terrible)* how awful!, oh no!
2 *adv* (**a**) *(intensamente)* hard; *(abrazar, agarrar)* tight; **lo ató bien f.** she tied it tight; **chuta f.** he has a powerful kick
(**b**) *(abundantemente)* a lot; **en España se suele almorzar f.** in Spain, people usually have a big meal at lunchtime
(**c**) *(en voz alta)* loudly
3 *nm* (**a**) *(fortificación)* fort
(**b**) *(especialidad)* strong point, forte; **su f. son las matemáticas** mathematics is his forte

fuertemente *adv* (**a**) *(con fuerza)* hard; **me apretó f.** he squeezed me hard (**b**) *(vehementemente)* vehemently, intensely

FUERZA 1 *ver* **forzar**
2 *nf* (**a**) *(fortaleza)* strength; *(de sonido)* loudness; *(de dolor)* intensity; **el animal tiene mucha f.** the animal is very strong; **llueve con f.** it's raining hard; **un viento de f. 8** a force 8 wind; **su amor fue cobrando f. con el tiempo** her love grew stronger with time; EXPR *Fam* **se le va la f. por la boca** he's all talk and no action; EXPR **sacar fuerzas de flaqueza** to screw up one's courage; **recuperar fuerzas** to recover one's strength, to get one's strength back; **no me siento con fuerzas para caminar** I don't feel strong enough to walk, I don't feel up to walking; **tener fuerzas para** to have the strength to □ ***la f. de la costumbre*** force of habit; ***la f. del destino*** the power of destiny; ***f. física*** strength; **se necesita mucha f. física para hacer eso** you need to be very strong to do that; *Der* ***f. mayor*** force majeure; *(en seguros)* act of God; **no llegué por un caso de f. mayor** I didn't make it due to circumstances beyond my control; ***f. de voluntad*** willpower

(**b**) *(violencia)* force; **ceder a la f.** to give in to force; **tuvo que llevarle al colegio a la f.** she had to drag him to school by force; *Fig* **a la f. tenía que saber la noticia** she must have known the news; **por la f.** by force; **recurrir a la f.** to resort to force ❑ ***f. bruta*** brute force

(**c**) *Mil* force ❑ ***f. aérea*** air force; ***fuerzas armadas*** armed forces; ***fuerzas de choque*** shock troops, storm troopers; ***f. disuasoria*** deterrent; ***f. de intervención*** troops, forces; ***fuerzas del orden (público)*** security forces; ***fuerzas de pacificación*** peacekeeping force; ***fuerzas de seguridad*** security forces

(**d**) **fuerzas** *(grupo)* forces; **las diferentes fuerzas sociales** the different forces in society; **todas las fuerzas políticas se han puesto de acuerdo** all the political groups have reached an agreement; **las fuerzas vivas de la ciudad** the most influential people in the city

(**e**) *Fís* force ❑ ***f. centrífuga/centrípeta*** centrifugal/centripetal force; ***f. electromotriz*** electromotive force; ***f. de la gravedad*** force of gravity; ***f. hidráulica*** water power; ***f. motriz*** *(que causa movimiento)* driving force; *Fig (impulso)* prime mover

(**f**) *Elec* power; **han cortado la f.** the power has been cut

(**g**) **a fuerza de** *loc prep (a base de)* by dint of; **a f. de gritar mucho, conseguimos que nos oyera** after a lot of shouting, we eventually managed to make him hear us; **he aprendido la lección a f. de mucho estudiar** I learnt the lesson by studying hard

(**h**) **por fuerza** *loc adv (forzosamente)* inevitably; **tenía que ocurrir un desastre por f.** a disaster was inevitable; **esta noche tengo que salir por f. para atender a un paciente** I absolutely have to go out tonight to see a patient

---

fuerzo *etc ver* **forzar**

fuese *v* (**a**) *ver* **ir** (**b**) *ver* **ser**

fuet *nm* = type of cured pork sausage

fuete *nm Am* whip

fuga *nf* (**a**) *(huida)* escape; **darse a la f.** to take flight; **poner a alguien en f.** to rout sb, to put sb to flight ❑ ***f. de capitales*** flight of capital; ***f. de cerebros*** brain drain (**b**) *(escape)* leak (**c**) *Mús* fugue

fugacidad *nf* fleeting nature

fugarse [38] *vpr* to escape; **f. de casa** to run away from home; **f. con alguien** to run off with sb; **se fugó con el dinero** he ran off with the money

fugaz *adj* fleeting; **una visita f.** a flying visit

fugazmente *adv* briefly

fugitivo, -a 1 *adj* (**a**) *(en fuga)* fleeing (**b**) *(fugaz)* fleeting

2 *nm,f* fugitive

führer ['firer] (*pl* **führers**) *nm* führer

fui (**a**) *ver* **ir** (**b**) *ver* **ser**

fulana *nf (prostituta)* tart, whore

fulano, -a 1 *nm,f (hombre)* so-and-so, what's-his-name; *(mujer)* so-and-so, what's-her-name; **(don) f. de tal** *Br* Joe Bloggs, *US* John Doe

2 *nm Br* bloke, *US* guy; **vino un f. preguntando por ti** there was a *Br* bloke *o US* guy looking for you

fular *nm* headscarf *(of fine material)*

fulero, -a 1 *adj* (**a**) *(chapucero)* shoddy (**b**) *(tramposo)* dishonest

2 *nm,f* trickster

fulgente, fúlgido,-a *adj Formal* brilliant, radiant

fulgor *nm (resplandor)* shining; *(de disparo)* flash

fulgurante, fulguroso, -a *adj* (**a**) *(resplandeciente)* flashing (**b**) *(rápido)* rapid; **un ascenso/éxito f.** a lightning rise/success

fulgurar *vi (resplandecer)* to gleam; *(intermitentemente)* to flash

full *nm (en póquer)* full house

fullería *nf* (**a**) *(trampa)* cheating (**b**) *(astucia)* guile

fullero, -a 1 *adj* cheating, dishonest

2 *nm,f* cheat

fulminante 1 *adj* (**a**) *(despido, muerte)* sudden; *(enfermedad)* devastating, *Espec* fulminant; *(mirada)* withering (**b**) *(explosivo)* fulminating

2 *nm* initiating explosive

fulminar *vt (sujeto: enfermedad)* to strike down; **un rayo la fulminó** she was struck by lightning; **f. a alguien con la mirada** to look daggers at sb

fumadero *nm* ***f. de opio*** opium den

fumador, -ora *nm,f* smoker; **no f.** nonsmoker; **¿quiere f. o no f.?** would you like smoking or non-smoking?; **la zona de no fumadores** the no-smoking area ❑ ***f. empedernido*** chain-smoker; ***f. pasivo*** passive smoker

fumar 1 *vt* to smoke

2 *vi* to smoke; **f. en pipa** to smoke a pipe; EXPR **f. como un carretero** to smoke like a chimney; **prohibido f.** *(en cartel)* no smoking

3 fumarse *vpr* (**a**) *(cigarillo)* to smoke (**b**) *Fam* **fumarse una clase** *(en colegio)* to skip a class; *(en universidad)* to skip a lecture

fumarada *nf* (**a**) *(de humo)* puff (**b**) *(de tabaco)* pipeful

fumarel *nm* black tern

fumarola *nf* fumarole

fumeta *nmf muy Fam* pot-head, pot smoker

fumigación *nf* fumigation

fumigador *nm* fumigator

fumigar [38] *vt* to fumigate

funambulesco, -a *adj (extravagante)* grotesque, ridiculous

funámbulo, -a *nm,f*, **funambulista** *nmf* tightrope walker

función *nf* (**a**) *(actividad, objetivo)* function; *(trabajo)* duty; **la f. del coordinador es hacer que todo discurra sin contratiempos** the coordinator's job *o* function is to make sure everything goes smoothly; **esta pieza desempeña una f. clave** this part has a crucial function *o* role; **la f. de estas columnas es sólo decorativa** these columns have a purely decorative function; **director en funciones** acting director; **entrar en funciones** to take up one's duties ❑ *Biol* ***f. clorofílica*** photosynthesis

(**b**) *(en teatro, cine)* show ❑ ***f. de noche*** evening performance; ***f. de tarde*** matinée

(**c**) *Mat* function

(**d**) **en función de** *loc prep* depending on; **estar** *o* **ir en f. de** to depend on, to be dependent on

funcional *adj* functional

funcionalidad *nf* functional qualities; **este mueble no tiene mucha f.** this piece of furniture is not very practical

funcionalismo *nm* functionalism

funcionamiento *nm* operation, functioning; **me explicó el f. de la empresa** she explained to me how the company works; **entrar/estar en f.** to come into/be in operation; **poner algo en f.** to start sth (working)

funcionar *vi* to work; **f. con gasolina** to run on *Br* petrol *o US* gasoline; **funciona a** *o* **con pilas** it works *o* runs off batteries; **no funciona** *(en letrero)* out of order

funcionariado *nm* civil service

funcionarial *adj* **un trabajo f.** a civil service job

funcionario, -a *nm,f* civil servant; **alto f.** senior civil servant

funda *nf (de sofá, máquina de escribir, guitarra)* cover; *(de disco)* sleeve; *(de gafas)* pouch; **f. de almohada** pillowcase

fundación *nf* (**a**) *(creación, establecimiento)* foundation (**b**) *(organización)* foundation; **una f. benéfica** a charitable foundation

fundado, -a *adj* (**a**) *(argumento, idea)* well-founded (**b**) *(creado, establecido)* founded

fundador, -ora 1 *adj* founding

2 *nm,f* founder

fundamentación *nf* foundation, basis

fundamental *adj* fundamental

fundamentalismo *nm* fundamentalism

fundamentalista *adj & nmf* fundamentalist

fundamentalmente *adv* (**a**) *(primordialmente)* basically (**b**) *(en esencia)* fundamentally

fundamentar 1 *vt* (**a**) *(basar)* to base (**b**) *(afianzar)* **el nuevo acuerdo fundamenta sus relaciones** the new agreement puts their relations on a firm footing (**c**) *Constr* to lay the foundations of

2 fundamentarse *vpr (basarse)* to be based *o* founded (**en** on)

fundamento *nm* (**a**) *(base)* foundation, basis (**b**) *(razón)* reason, grounds; **sin f.** unfounded, groundless; **fundamentos** *(principios)* basic principles; *(cimientos)* foundations

fundar 1 *vt* (**a**) *(crear, establecer)* to found; **en esa reunión se fundaron las bases del mercado común** in that meeting the foundations were laid for the common market (**b**) *(basar)* to base (**en** on)

2 fundarse *vpr (basarse)* to be based (**en** on); **¿en qué te fundas para decir eso?** what grounds do you have for saying that?

fundición *nf* (**a**) *(taller)* foundry ▫ ***f. de acero*** steelworks *(singular)* (**b**) *(fusión)* smelting (**c**) *(aleación)* smelting, cast iron

fundido 1 *adj* melted
2 *nm Cine (apareciendo)* fade-in; *(desapareciendo)* fade-out ▫ ***f. encadenado*** dissolve; ***f. en negro*** fade-out (to black)

fundillos *nmpl* (**a**) *Am (de pantalón)* seat (**b**) *Chile (calzoncillos) Br* underpants, *US* shorts

fundir 1 *vt* (**a**) *(derretir) (hielo, plomo)* to melt; *(hierro)* to smelt (**b**) *(fusible, bombilla)* to blow (**c**) *Com & Fig* to merge (**d**) *Fam (derrotar)* to clobber; **con ese comentario fundió a su oponente** he floored his opponent with this remark
2 fundirse *vpr* (**a**) *Elec* to blow; **se han fundido los plomos** the fuses have gone; **se ha fundido la bombilla de la cocina** the light in the kitchen has gone (**b**) *(derretirse)* to melt; *Fig* **se fundieron en un abrazo** they fell into one another's arms (**c**) *Com* to merge (**d**) *Am Fig (arruinarse)* to be ruined

fundo *nm Der* rural property

fúnebre *adj* (**a**) *(de funeral)* funeral; **coche f.** hearse; **misa f.** funeral mass (**b**) *(triste)* gloomy, funereal

funeral *nm* (**a**) *(misa)* funeral (service *o* mass) (**b**) *(entierro, cremación)* funeral

funerala *nf* **a la f.** *(ojo)* black

funeraria *nf* undertaker's, *US* mortician's, funeral home *o US* parlor

funerario, -a *adj* funeral; **rito f.** funeral *o* funerary rite

funesto, -a *adj* fateful, disastrous

fungible *adj* disposable

fungicida 1 *adj* fungicidal
2 *nm* fungicide

fungir [24] *vi* (**a**) *Méx (suplir)* to act, to serve (**de** *o* **como** as) (**b**) *CAm, Cuba (detentar)* to hold, to detain

funicular 1 *adj* funicular
2 *nm* (**a**) *(por tierra)* funicular (**b**) *(por aire)* cable car

funky ['fuŋki] **1** *adj* **música f.** funk
2 *nm* funk

furcia *nf Pey* slag, whore

furgón *nm* (**a**) *(furgoneta)* van ▫ ***f. policial*** *Br* Black Maria, *US* patrol wagon (**b**) *(de tren)* wagon, van ▫ ***f. de cola*** = last wagon of a train; EXPR **ser el f. de cola** to bring up the rear; ***f. de equipajes*** *Br* guard's van, *US* caboose

furgoneta *nf* van ▫ ***f. de reparto*** delivery van

furia *nf* fury; **ponerse hecho una f.** to fly into a rage

furibundo, -a *adj* furious

furiosamente *adv* furiously

furioso, -a *adj* furious; **estar f.** to rage

furor *nm* (**a**) *(enfado)* fury, rage (**b**) *(ímpetu, entusiasmo)* fever, urge; **siente f. por la música country** he has a passion for country music (**c**) **hacer f.** to be all the rage

furriel *nm Mil* quartermaster

furtivamente *adv* furtively

furtivo, -a 1 *adj (mirada, sonrisa)* furtive; **cazador f.** poacher
2 *nm,f (cazador)* poacher

furúnculo *nm* boil

fusa *nf Mús* demisemiquaver

fuseaux [fu'so] *nm inv* ski pants

fuselaje *nm* fuselage

fusible 1 *adj* fusible
2 *nm* fuse

fusil *nm* rifle ▫ ***f. de asalto*** assault rifle

fusilamiento *nm* (**a**) *(ejecución)* execution by firing squad (**b**) *Fam (plagio)* plagiarism

fusilar *vt* (**a**) *(ejecutar)* to execute by firing squad, to shoot (**b**) *Fam (plagiar)* to plagiarize

fusilero *nm* fusilier, rifleman

fusión *nf* (**a**) *(unión)* merging; *(de empresas, bancos)* merger; *Informát* merge ▫ *Informát* ***f. de archivos*** file merging (**b**) *(de metal, hielo)* melting (**c**) *(nuclear)* fusion ▫ ***f. nuclear*** nuclear fusion; ***f. termonuclear*** thermonuclear fusion (**d**) *(estilo musical)* fusion

fusionar 1 *vt* to merge
2 fusionarse *vpr* to merge

fusta *nf* riding crop

fustán *nm Am* petticoat

fuste *nm* (**a**) *Arquit* shaft (**b**) *(categoría, importancia)* standing, importance; **una persona/empresa de mucho f.** a person/company of considerable standing

fustigar [38] *vt* (**a**) *(azotar)* to whip (**b**) *(censurar)* to criticize harshly

futbito *nm* five-a-side

fútbol *nm* soccer, *Br* football ▫ ***f. americano*** American football, *US* football; ***f. sala*** indoor five-a-side

futbolero, -a *Fam* **1** *adj* **es muy f.** he is soccer *o* Br football crazy
2 *nm,f* soccer *o Br* football fan

futbolín *nm Br* table football, *US* foosball

futbolista *nmf* soccer *o Br* football player, *Br* footballer

futbolístico, -a *adj* soccer, *Br* football; **campeonato f.** soccer *o Br* football championship

fútil *adj* trivial

futilidad *nf* triviality

futón *nm* futon

futre *Andes* **1** *adj* foppish
2 *nm* dandy

futurible *adj* potential

futurismo *nm* futurism

futurista *adj* futuristic

futuro, -a 1 *adj* future
2 *nm* (**a**) *(tiempo)* future; **en el f.,...** in future,...; **sin f.** with no future, without prospects; **ese negocio no tiene f.** there's no future in that business (**b**) *Gram* future ▫ ***f. perfecto*** future perfect (**c**) *Econ* **futuros** futures

futurología *nf* futurology

futurólogo, -a *nm,f* futurologist

G

G[1], g [xe] *nf (letra)* G, g

g[2] *(abrev de* **gramo***)* g

G7 [xe'siete] *(abrev de* **Grupo de los Siete***) nm* G7

G8 [xe'otʃo] *(abrev de* **Grupo de los Ocho***) nm* G8

gabacho, -a *Fam Pey* **1** *adj* Froggy, = pejorative term meaning "French"
2 *nm,f* Frog, = pejorative term referring to a French person

gabán *nm* overcoat

gabardina *nf* (**a**) *(prenda)* raincoat, mac (**b**) *(tela)* gabardine

gabarra *nf* barge, lighter

gabato, -a *nm,f* (**a**) *(ciervo joven)* faun (**b**) *(liebre joven)* leveret

gabela *nf* (**a**) *(impuesto)* tax, duty (**b**) *(carga)* burden (**c**) *Carib, Col, Ecuad (ventaja)* advantage

gabinete *nm* (**a**) *(gobierno)* cabinet; **el g. ministerial** the cabinet (**b**) *(despacho)* office; **g. de abogados** law practice *o* firm; **g. de arquitectos** firm of architects □ ***g. de prensa*** press office; ***g. psicopedagógico*** educational psychologist's office (**c**) *(sala)* study (**d**) *Col (balcón)* enclosed balcony

Gabón *n* Gabon

gabonés, -esa *adj & nm,f* Gabonese

gacela *nf* gazelle

gaceta *nf* gazette; *Fam* **esa mujer es la g. del barrio** that woman knows everything that's going on round here

gacetilla *nf (noticia breve)* short news item

gacetillero, -a *nm,f Fam Anticuado (periodista)* hack

gacha *nf Col, Ven (cuenco)* bowl

gachas *nfpl* (corn) porridge

gachí *nf Fam* bird, chick

gacho, -a *adj* drooping; **con la cabeza gacha** with head bowed, hanging one's head

gachó *nm Fam* guy, *Br* bloke

gachupín, -ina *nm,f Méx* = Spanish settler in South America

gaditano, -a 1 *adj* of/from Cadiz
2 *nm,f* person from Cadiz

gaélico, -a 1 *adj* Gaelic
2 *nm (lengua)* Gaelic

gafado, -a *adj Fam* **estar g.** to be jinxed

gafar *vt Fam* to jinx, to bring bad luck to

gafas *nfpl* glasses; *(protectoras, para nadar)* goggles; *(para submarinismo)* diving mask; **unas g.** a pair of glasses □ ***g. bifocales*** bifocal spectacles, bifocals; ***g. de esquí*** skiing goggles; ***g. graduadas*** prescription glasses; ***g. oscuras*** dark glasses; ***g. de sol*** sunglasses; ***g. submarinas*** *(para submarinismo)* diving mask; *(para nadar)* goggles

gafe 1 *adj* jinxed; **ser g.** to be jinxed
2 *nmf* jinxed person; **es un g.** he's jinxed, he's got a jinx on him
3 *nm* **tener el g.** to be jinxed

gafotas *nmf inv Fam* four-eyes, *Br* speccy

gag *nm (broma)* gag

gagá *adj Fam* gaga

gago, -a *adj PRico* stammering, stuttering

gaguear *vi PRico* to stammer, to stutter

gagueo *nm PRico* stammer, stutter

gai *adj & nm* gay

gaita 1 *nf* (**a**) *(instrumento)* bagpipes; EXPR *Fam* **templar gaitas (con alguien)** to watch one's step (with sb) (**b**) *Fam (molestia)* drag, pain; **¡déjate de gaitas!** stop your nonsense!
2 *nm,f RP Pey (español)* Spanish immigrant

gaitero, -a *nm,f* piper, bagpiper

gaje *nm* **gajes del oficio** occupational hazards

gajo *nm* (**a**) *(de naranja, limón)* segment (**b**) *(racimo)* bunch (**c**) *(rama)* broken-off branch

GAL [gal] *nmpl (abrev de* **Grupos Antiterroristas de Liberación***)* = former Spanish terrorist group that directed its attacks against ETA

gala *nf* (**a**) *(fiesta)* gala; **cena de g.** black tie dinner, formal dinner; **traje de g.** formal dress; **uniforme de g.** dress uniform □ ***g. benéfica*** benefit gala (**b**) *(ropa)* **se puso sus mejores galas** she put on her finery (**c**) *(actuación)* gala show *o* performance; *Fig* **hacer g. de algo** *(preciarse de)* to be proud of sth; *(exhibir)* to demonstrate sth; *Fig* **tener a g. algo** to be proud of sth

galáctico, -a *adj* (**a**) *(de las galaxias)* galactic (**b**) *Fam (moderno, futurista)* space-age

galactita, galactites *nf Geol* galactite

galaico, -a *adj Formal* Galician

galaicoportugués, -esa *adj* **tradiciones galaicoportuguesas** = traditions common to Portugal and Galicia

galán *nm* (**a**) *(hombre atractivo)* heartthrob (**b**) *Teatro* leading man, lead (**c**) ***g. de noche*** *(planta)* lady of the night (**d**) ***g. de noche*** *(percha)* = bedroom stand for man's suit

galano, -a *adj* (**a**) *(en el vestir)* spruce, smart (**b**) *(estilo, discurso)* elegant (**c**) *Cuba (res)* mottled

galante *adj* gallant

galanteador, -ora 1 *adj* flirtatious
2 *nm,f* flirt

galantear *vt* to court, to woo

galanteo *nm* courting, wooing

galantería *nf* (**a**) *(cualidad)* politeness (**b**) *(acción)* gallantry, compliment

galantina *nf* **g. de pollo** chicken in aspic

galápago *nm* (**a**) *(tortuga)* turtle (**b**) *Hond, Perú, Ven (silla de montar)* sidesaddle

Galápagos *nfpl* **las (islas) G.** the Galapagos Islands

galapagueño, -a *adj* of/from the Galapagos Islands

galardón *nm* award, prize

galardonado, -a 1 *adj* award-winning, prize-winning
2 *nm,f* awardwinner, prizewinner

galardonar *vt* to award a prize to; **fue galardonada con un Óscar** she won an Oscar

galaxia *nf* galaxy □ ***g. espiral*** spiral galaxy

galbana *nf Fam* laziness, sloth

galena *nf* galena, lead sulphide

galeno *nm Anticuado* doctor

galeón *nm* galleon

galeote *nm* galley slave

galera *nf* (**a**) *(embarcación)* galley; **condenar a galeras** to send to the galleys (**b**) *(marisco)* mantis shrimp, squilla (**c**) *RP (sombrero)* top hat (**d**) *CAm, Méx (cobertizo)* shed

galerada *nf* galley proof

galería *nf* (**a**) *(pasillo, en mina)* gallery; *(corredor descubierto)* verandah; **g. subterránea** underground passage(way) (**b**) *(establecimiento)* gallery □ ***g. de arte*** art gallery; ***g. comercial*** shopping arcade; ***g. de tiro*** shooting gallery *(for target practice)* (**c**) *(para cortinas)* curtain rail (**d**) *(vulgo)* masses; EXPR **hacer algo para la g.** to play to the gallery

galerista *nmf* gallery owner

galerna *nf* strong north-west wind

galerón *nm* (**a**) *Col, Ven (canción, baile)* popular song and dance (**b**) *CAm (cobertizo)* shed

Gales *n* **(el país de) G.** Wales

galés, -esa 1 *adj* Welsh
2 *nm,f* Welshman, *f* Welshwoman; **los**

galeses the Welsh
3 *nm (lengua)* Welsh

galga *nf* (**a**) *Med* rash (**b**) *(freno)* wagon hub brake (**c**) *(de molino)* millstone (**d**) *(para calibrar)* gauge (**e**) *CRica (hormiga)* = fast-moving yellow ant

galgo 1 *adj (goloso)* sweet-toothed
2 *nm* greyhound; **carreras de galgos** greyhound races

galguear *vi CAm, RP (tener hambre)* to be ravenous *o* starving

gálibo *nm Tec* gauge

Galicia *n* Galicia

galicismo *nm* gallicism

galimatías *nm inv Fam* (**a**) *(lenguaje)* gibberish (**b**) *(lío)* jumble

galio *nm Quím* gallium

gallardete *nm* pennant

gallardía *nf* (**a**) *(valentía)* bravery (**b**) *(apostura)* noble bearing

gallardo, -a *adj* (**a**) *(valiente)* brave, dashing (**b**) *(bien parecido)* fine-looking, striking

gallear *vi* to strut about, to show off

gallego, -a 1 *adj & nm,f* (**a**) *(de Galicia)* Galician (**b**) *Am Fam* Spanish
2 *nm* (**a**) *(lengua)* Galician (**b**) *Carib (ave)* = gull-like aquatic bird

galleguismo *nm* (**a**) *(palabra, expresión)* Galician expression (**b**) *(nacionalismo)* Galician nationalism

gallera *nf* (**a**) *(lugar de pelea)* cockpit (**b**) *(gallinero)* gamecock coop

gallería *nf Am* (**a**) *(de gallos)* cockpit (**b**) *(egoísmo)* egotism, selfishness

gallero *nm* (**a**) *(criador)* breeder of gamecocks (**b**) *(aficionado)* cockfighting enthusiast

galleta *nf* (**a**) *(para comer) Br* biscuit, *US* cookie ❑ ***g. maría*** *Br* = type of tea biscuit, *US* = plain sweet cookie; ***g. salada*** cracker (**b**) *Fam (cachete)* slap, smack; **se dieron una g.** *(en automóvil)* they crashed the car (**c**) *Chile (pan)* coarse bread (**d**) EXPR *RP Fam* **colgar** *o* **dar la g. a alguien** *(despedir)* to fire sb, to give sb the sack; *(novio)* to dump sb, to jilt sb

galletero, -a 1 *adj Am Fam (adulador)* fawning
2 *nm,f Br* biscuit maker, *US* cookie maker
3 *nm Br* biscuit tin, *US* cookie tin

gallina 1 *nf* hen; **cría gallinas** *(gallinas, pollos y gallos)* he keeps chickens; EXPR *Fam* **levantarse con las gallinas** to get up at cock-crow *o* with the lark; EXPR *Fam* **como g. en corral ajeno** like a fish out of water; EXPR *Fam* **matar la g. de los huevos de oro** to kill the goose that lays the golden eggs ❑ ***g. de agua*** coot; *Fam* ***la g. ciega*** blind man's buff; ***g. clueca*** broody hen; ***g. de Guinea*** *o* ***pintada*** guinea fowl
2 *nmf Fam (persona)* chicken, coward

gallináceo, -a *adj* gallinaceous

gallinazo *nm Am* turkey buzzard *o* vulture

gallinero *nm* (**a**) *(corral)* henhouse (**b**) *Fam Teatro* gods *(singular)* (**c**) *Fam (lugar alborotado)* madhouse

gallineta *nf Am* guinea fowl

gallito *nm* (**a**) *Fam (chulo)* cock of the walk; **ponerse g.** to get all cocky (**b**) *Col (dardo)* dart

gallo *nm* (**a**) *(ave)* cock, cockerel; EXPR *Fam* **en menos que canta un g.** in no time at all; EXPR **otro g. cantaría** it would be a different story ❑ ***g. de pelea*** fighting cock; *Carib* ***g. pinto*** rice and beans
(**b**) *(al cantar)* false note; *(al hablar)* squeak; **está cambiando la voz y le salen gallos de vez en cuando** his voice is breaking so it goes squeaky sometimes
(**c**) *(pez)* John Dory
(**d**) *(mandón, arrogante)* cock of the walk; EXPR **bajar el g. a alguien** to take sb down a peg or two; EXPR **alzar** *o* **levantar el g.** to strut about, to put on airs
(**e**) *(en boxeo)* bantamweight; **peso g.** bantamweight
(**f**) *Chile (de bomberos)* fire engine
(**g**) *Méx (serenata)* serenade
(**h**) *Méx (objeto usado)* second hand object

galo, -a 1 *adj* (**a**) *Hist* Gallic (**b**) *(francés)* French
2 *nm,f* (**a**) *Hist* Gaul (**b**) *(francés)* Frenchman, *f* Frenchwoman

galocha *nf* patten

galón *nm* (**a**) *(adorno)* braid; *Mil* stripe (**b**) *(medida)* gallon

galopada *nf* gallop

galopante *adj (inflación, ritmo, enfermedad)* galloping

galopar *vi* to gallop

galope *nm* gallop; **al g.** at a gallop; *también Fig* **a g. tendido** at full gallop

galpón *nm Andes, Nic, RP* shed

galvanización *nf* galvanization

galvanizado, -a 1 *adj* galvanized
2 *nm* galvanization

galvanizar [14] *vt también Fig* to galvanize

galvanómetro *nm* galvanometer

galvanoplastia *nf* electroplating

gama *nf* (**a**) *(conjunto)* range; **de g. alta** top of the range; **de g. media** middle of the range; **de g. baja** economy *o* budget range (**b**) *(de colores, modelos)* range (**c**) *Mús* scale

gamba *nf* (**a**) *(animal) (grande)* prawn, *US* shrimp; *(pequeño)* shrimp; **cóctel de gambas** prawn cocktail (**b**) EXPR *Fam* **meter la g.** to put one's foot in it

gambado, -a *adj Carib* bowlegged

gamberrada *nf* act of vandalism

gamberrismo *nm* vandalism; *(en fútbol)* hooliganism

gamberro, -a 1 *adj* loutish
2 *nm,f (persona)* lout, *Br* yob; **hacer el g.** to muck about, to clown around

gambeta *nf* (**a**) *(al bailar)* caper, prance (**b**) *(de caballo)* curvet

Gambia *n* The Gambia

gambiense *adj & mf* Gambian

gambito *nm (en ajedrez)* gambit

gambusia *nf (pez)* gambusia

gameto *nm* gamete

gamín *nm Col* child

gamma *nf* gamma

gammaglobulina *nf* gamma globulin

gamo *nm* fallow deer

gamonal *nm Andes, CAm* village chief

gamonalismo *nm Andes, CAm* caciquism

gamuza *nf* (**a**) *(tejido)* chamois (leather); *(trapo)* duster (**b**) *(animal)* chamois

GANA *nf* (**a**) *(afán, deseo)* desire, wish (**de** to); **lo hizo de buena/mala g.** she did it willingly/unwillingly; **de buena g. lo dejaría todo y me iría lejos** I'd quite happily drop everything and go off somewhere far away; **no es nada trabajador, todo lo hace de mala g.** he's not very hardworking, he always drags his feet when he has to do something; **hace el trabajo con ganas** she goes about her work with relish *o* enthusiastically; **comía con mucha g.** he ate with great relish *o* gusto; *Fam* **tu amigo es tonto con ganas** *Br* your friend isn't half stupid, *US* your friend sure is stupid; **hacer algo sin ganas** to do sth without any great enthusiasm; **comer sin ganas** to eat without appetite, to pick at one's food; *Fam* **no me da la g.** I don't feel like it; *Fam* **no le dio la real g. de ayudar** she couldn't be bothered to help; *Fam* **porque me da la g.** because I jolly well feel like it; **me dan ganas de llorar** I feel like crying; **morirse de ganas de hacer algo** to be dying to do sth; **me quedé con las ganas de contestarle** I would have loved to answer her back; **se me han quitado las ganas de volver al cine** it's made me feel like never going to the cinema again; **tener** *o* **sentir ganas de (hacer) algo** to feel like (doing) sth; **tengo ganas de comerme un pastel** I feel like (eating) a cake; **¡qué ganas tengo de empezar las vacaciones!** I can't wait for the holidays to start!; **no tengo ganas de que me pongan una multa** I don't fancy getting a fine; **tengo ganas de ir al baño** I need to go to the toilet; **¡qué ganas tienes de buscarte problemas!** you just can't resist looking for trouble!; **tenerle ganas a alguien** *(odiarlo)* to have it in for sb; **¿por qué habrá dicho eso? — son ganas de fastidiar** why would he say a thing like that? – he's just being nasty; **hace/come todo lo que le viene en g.** she does/eats whatever she pleases
(**b**) *(apetito)* appetite; **el paciente ha perdido la g.** the patient has lost his appetite

ganadería *nf* (**a**) *(actividad)* livestock farming (**b**) *(ganado)* livestock; **un toro de la g. de Pedro Jiménez** a bull from the ranch of Pedro Jiménez

ganadero, -a 1 *adj* livestock-farming; **región ganadera** livestock-farming region
2 *nm,f* livestock farmer

ganado *nm* livestock, stock ❑ ***g. caballar*** horses; ***g. cabrío*** goats; ***g. de cerda*** pigs; ***g. equino*** horses; ***g. lanar*** sheep and goats; ***g.***

ovino sheep; ***g. porcino*** pigs; ***g. vacuno*** cattle

ganador, -ora 1 *adj* winning
2 *nm,f* winner

ganancia *nf* **(a)** *(rendimiento)* profit; *(ingreso)* earnings; **ganancias y pérdidas** profit and loss ▫ ***g. bruta*** gross profit; ***ganancias de capital*** capital gains; ***g. líquida*** net profit ***g. total*** gross profit **(b)** *Chile, Guat, Méx (propina)* extra, bonus

ganancial *adj* **bienes gananciales** shared possessions

ganapán *nm* odd-job man

GANAR 1 *vt* **(a)** *(premio, competición)* to win; **ganaron las elecciones** they won the elections
(b) *(obtener) (sueldo, dinero)* to earn; **gana dos millones al año** she earns *o* she's on two million a year; **¿cuánto ganas?** how much do you earn?; **¿qué gano yo con eso?** what's in it for me?
(c) *(obtener) (peso, tiempo)* to gain; **g. fama** to achieve fame; **g. importancia** to grow in importance; **g. terreno** *(avanzar)* to gain ground; **han ganado terreno al desierto** they have reclaimed land from the desert; **en tren ganas una hora** you save an hour by taking the train; **ganaron nuevos adeptos para la causa** they won over new converts to the cause
(d) *(derrotar)* to beat; **te voy a g.** I'm going to beat you
(e) *(aventajar)* **me gana en velocidad** he's faster than me; **me gana en hermosura pero no en inteligencia** she's prettier than me, but not as intelligent
(f) *(alcanzar)* to reach, to make it to; **ganó la orilla a nado** she made it to *o* gained the shore
(g) *(conquistar)* to take, to capture; **los aliados ganaron la playa tras una dura batalla** the Allies took *o* captured the beach after a hard battle
2 *vi* **(a)** *(vencer)* to win; **ganaron por tres a uno** they won three one; EXPR **que gane el mejor** may the best man win
(b) *(lograr dinero)* to earn money; **sólo gana para subsistir** she earns only enough to live on; EXPR *Fam* **no gano para disgustos** *o* **sustos** I've more than enough worries *o* troubles
(c) *(mejorar)* to benefit (**con** from); **gana mucho con la barba** he looks a lot better with a beard; **ha ganado con el cambio de trabajo** he has benefitted from changing jobs; **g. en algo** to gain in sth; **ha ganado en amplitud** *(parece mayor)* it looks bigger; **hemos salido ganando con el cambio** we've benefitted from the change; **llorando no ganas nada** it's no use crying, crying won't change anything
3 ganarse *vpr* **(a)** *(conquistar) (simpatía, respeto)* to earn; *(persona)* to win over; **se ganó el aprecio de sus alumnos** she earned the respect of her pupils
(b) *(obtener)* **se gana la vida de barrendero** he earns his living as a street sweeper
(c) *(merecer)* to deserve; **nos hemos ganado unas vacaciones** we've earned *o* we deserve a holiday; **se ha ganado a pulso su reputación de mujeriego** he has certainly earned his reputation as a ladies' man, he has a well-deserved reputation as a ladies' man
(d) EXPR *Esp Fam* **como no te estés quieto, te la vas a g.** if you don't stay still, you'll catch it

ganchete *nm* **ir del g.** to walk arm-in-arm

ganchillo *nm* **(a)** *(aguja)* crochet hook **(b)** *(labor)* crochet; **hacer g.** to crochet; **colcha de g.** crocheted bedspread

ganchito *nm* **(a)** *(aperitivo)* ≃ Wotsit®, = cheese-flavoured snack made from maize **(b)** *RP (grapa)* staple

gancho *nm* **(a)** *(garfio)* hook; *(de percha)* peg; EXPR **echar el g.** to hook, to snare
(b) *(cómplice) (de timador)* decoy; *(de vendedor)* person who attracts buyers
(c) *Fam (atractivo)* charm, sex appeal; *(popularidad)* pulling power; **esa chica tiene mucho g.** that girl is quite something; **tiene g. como relaciones públicas** she has a real gift for public relations
(d) *(en baloncesto, boxeo)* hook
(e) *Méx (percha)* hanger
(f) *Andes, CAm, Méx (horquilla)* hairpin
(g) *Col (imperdible)* safety pin
(h) *Ecuad (silla)* sidesaddle
(i) *Méx (labor)* crochet
(j) *Arg Fam (ayuda)* aid, help; **hacer g.** to help

ganchudo, -a *adj* hooked

gandido, -a *adj CAm, Carib, Méx* gluttonous, greedy

gandinga *nf Carib (guisado)* liver stew

gandul, -ula *Fam* **1** *adj* lazy
2 *nm,f* lazybones, layabout

gandulear *Fam vi* to loaf around

gandulería *Fam nf* idleness

ganga *nf* **(a)** *(bicoca)* snip, bargain **(b)** *(de mineral)* slag

Ganges *nm* **el G.** the Ganges

ganglio *nm Anat* **g. (linfático)** lymph node *o* gland

gangoso, -a 1 *adj (voz)* nasal *(caused by cleft palate)*
2 *nm,f* = person with a nasal voice caused by a cleft palate

gangrena *nf* gangrene

gangrenado, -a *adj* gangrenous

gangrenarse *vpr* to become gangrenous; **se le gangrenó la herida** his wound became gangrenous

gangrenoso, -a *adj* gangrenous

gángster = **gánster**

gangsterismo = **gansterismo**

gansada *nf Fam* silly thing; **hacer gansadas** to lark about, to clown around

gansear *vi Fam* to lark about, to clown around

ganso, -a 1 *nm,f* **(a)** *(ave) (hembra)* goose; *(macho)* gander **(b)** *Fam (tonto)* idiot, fool; **hacer el g.** to lark about, to clown around
2 *adj Fam (grande, alto)* tall

gánster, gángster ['ganster] (*pl* **gánsters, gánsteres**) *nm* gangster

gansterismo, gangsterismo [ganste'rismo] *nm* gangsterism

ganzúa *nf* picklock

gañán *nm* **(a)** *(hombre rudo)* lout, boor **(b)** *(bracero)* farm labourer

gañido *nm* yelp

gañir *vi* **(a)** *(perros)* to yelp **(b)** *(ave)* to croak, to caw **(c)** *(persona)* to wheeze

gañote *nm Fam* gullet

garabatear *vi & vt* to scribble

garabato *nm* scribble; **hacer garabatos** to scribble

garaje *nm* **(a)** *(aparcamiento)* garage **(b)** *(taller)* garage

garambaina *nf* **(a)** *(adorno)* trinket **(b)** *(tontería)* **¡déjate de garambainas!** stop that nonsense!, stop messing about!

garante *nmf* guarantor; **salir g.** to act as guarantor

garantía *nf* **(a)** *(seguro, promesa)* guarantee; **me ha dado su g. de que lo hará** she guaranteed that she'd do it; **de g.** reliable, dependable; **ser g. de algo** to guarantee sth ▫ *Pol* ***garantías constitucionales*** constitutional rights **(b)** *(de producto)* guarantee, warranty; **estar en g.** to be under guarantee **(c)** *(fianza)* surety; **dejó su reloj como g.** he left his watch as security

garantizado, -a *adj* guaranteed

garantizar [14] *vt* **(a)** *(contra riesgo, deterioro)* to guarantee; **g. algo a alguien** to assure sb of sth; **te garantizo que te lo devolveré el viernes** I promise I'll give it back to you on Friday **(b)** *(avalar)* to vouch for

garañón *nm (caballo)* stud horse

garapiña *nf Am (bebida)* = drink made with pineapple skin and sugar

garata *nf Am Fam* brawl

garbancero, -a *adj* chickpea; **zona garbancera** chickpea-growing area

garbanzo *nm* chickpea; EXPR *Fam* **ganarse** *o* **buscarse los garbanzos** to earn one's living *o* one's daily bread ▫ *Fam Fig* ***g. negro*** black sheep

garbeo *nm Fam* stroll; **dar un g.** to go for *o* take a stroll

garbo *nm* **(a)** *(gracia) (de persona)* grace; *(de escritura)* stylishness, style; **se mueve con mucho g.** he moves very gracefully **(b)** *(generosidad)* generosity

garboso, -a *adj* **(a)** *(gracioso, airoso) (persona)* graceful; *(escritura)* stylish **(b)** *(generoso)* generous

garceta *nf* little egret

gardenia *nf* gardenia

garduña *nf* beech *o* stone marten

garete *nm* EXPR *Fam* **ir** *o* **irse al g.** *(fracasar)* to go down the drain, to go to pot

garfio *nm* hook

gargajear *vi* to spit

gargajo *nm Fam* phlegm; **escupió un g. en el suelo** he spat a gob of phlegm on the floor

garganta *nf* (**a**) *Anat* throat; *Fig* **lo tengo atravesado en la g.** he/it sticks in my gullet (**b**) *(desfiladero)* gorge

gargantilla *nf* choker

gargantúa *nm* big eater, glutton

gárgara *nf Col, Chile, Méx (elixir)* gargle

gárgaras *nfpl* gargling; **hacer g.** to gargle; EXPR *Fam* **mandar a alguien a hacer g.** to send sb packing; EXPR *Fam* **¡vete a hacer g.!** get lost!

gargarismo *nm* (**a**) *(líquido)* gargle (**b**) *(acción)* gargle, gargling

gárgola *nf* gargoyle

garita *nf (de centinela)* sentry box; *(de conserje)* porter's lodge

garito *nm* (**a**) *(casa de juego)* gambling den (**b**) *Fam (establecimiento)* **vamos a un g. a tomar algo** let's go some place for a drink; **un g. de mala muerte** a dive

garlar *vi Fam* to chatter

garnacha *nf (uva)* = purplish grape

Garona *nm* **el G.** the Garonne

garra *nf (de mamífero)* claw; *(de ave)* talon, claw; *Fig (de persona)* paw, hand; **caer en las garras de alguien** to fall into sb's clutches; **quedó atrapado en las garras de la droga** he was trapped in the clutches of drug addiction; EXPR *Fam* **echar la g. a alguien** to get *o* lay hold of sb; *Fam* **tener g.** *(persona)* to have charisma; *(novela, canción)* to be gripping

garrafa *nf* (**a**) *(botella)* carafe; *Fam* **de g.** *(bebida alcohólica)* cheap and nasty (**b**) *RP (bombona)* gas cylinder *o* bottle

garrafal *adj* monumental, enormous

garrafón *nm* demijohn

garrapata *nf* tick

garrapatear *vi* to scribble, to scrawl

garrapato *nm* scribble, scribbling

garrapiñado, -a *adj* caramel-coated

garrapiñar *vt (fruta)* to candy; *(almendras)* to coat with caramelized sugar

garrido, -a *adj* elegant, smart

garriga *nf* uncultivated scrubland

garrocha *nf* pike, lance

garrota *nf* (**a**) *(garrote)* club, stick (**b**) *(bastón)* (walking) stick

garrotazo *nm* blow with a club *o* stick; **dar un g. a alguien** to club sb

garrote *nm* (**a**) *(palo)* club, stick (**b**) *(instrumento de ejecución)* **g. (vil)** garotte; **dar g. (vil) a alguien** to garotte sb (**c**) *Méx (freno)* brake

garrotillo *nm Med* croup

garrudo, -a *adj Méx (forzudo)* muscular, brawny

garrulo, -a *Fam Pey* **1** *adj* coarse, uncouth

2 *nm,f* country bumpkin, yokel, *US* hick

gárrulo, -a *adj (hablador)* garrulous, talkative

garúa *nf Andes, RP* drizzle; **caía una suave g.** it was drizzling gently

garuar *v impersonal Andes, RP (lloviznar)* to drizzle

garza *nf* heron ❑ ***g. imperial*** imperial heron; ***g. real*** grey heron

garzo, -a *adj* blue

garzón, -ona *nm,f RP* waiter, *f* waitress

gas (*pl* **gases**) *nm* (**a**) *(fluido)* gas; **con g.** *(agua, bebida)* carbonated, sparkling; *Aut* **dar g.** to step on the accelerator; *Fam* **a todo g.** flat out, at top speed; EXPR *Fam* **quedarse sin g.** to run out of steam ❑ ***g. butano*** butane (gas); ***g. ciudad*** town gas; ***g. hilarante*** laughing gas; ***g. lacrimógeno*** tear gas; ***g. mostaza*** mustard gas; ***g. natural*** natural gas; *Quím* ***g. noble*** noble gas; ***g. propano*** propane gas (**b**) **gases** *(en el estómago)* wind; **las legumbres dan muchos gases** pulses give you a lot of wind *o US* gas

gasa *nf* gauze

gasear *vt* to gas

gaseoducto *nm* gas pipeline

gaseosa *nf* lemonade

gaseoso, -a *adj* (**a**) *(estado)* gaseous (**b**) *(bebida)* fizzy

gásfiter *nmf*, **gasfitero, -a** *nm,f Chile, Perú* plumber

gasfitería *nf Chile, Perú* plumber's (shop)

gasificación *nf* gasification

gasificar [59] *vt* (**a**) *(convertir en gas)* to gasify (**b**) *(bebida)* to carbonate

gasoducto *nm* gas pipeline

gasofa *nf Fam (fuel)* juice

gasóleo, gasoil *nm* (**a**) *(para vehículos)* diesel (oil) (**b**) *(para calderas)* oil, gas-oil

gasolina *nf Br* petrol, *US* gas, *US* gasoline; **poner g.** to fill up (with *Br* petrol *o US* gas) ❑ ***g. normal*** *Br* three-star petrol, *US* regular gasoline; ***g. sin plomo*** unleaded *Br* petrol *o US* gasoline; ***g. súper*** *Br* four-star petrol, *US* premium-grade gasoline

gasolinera *nf Br* petrol station, *US* gas station

gasómetro *nm* gasometer

gastado, -a *adj (objeto)* worn out; *(frase, tema)* hackneyed; *(persona)* broken, burnt out; *(pila)* dead; *(batería)* flat

gastador, -ora *adj & nm,f* spendthrift

gastar 1 *vt* (**a**) *(consumir) (dinero, tiempo)* to spend; *(gasolina, electricidad)* to use (up); *(ropa, zapatos)* to wear out; *(malgastar)* to waste

(**b**) *(tener, usar) (ropa)* to wear; *(número de zapatos)* to take; **g. mal genio** to have a bad temper

(**c**) *(hacer)* **g. una broma (a alguien)** to play a joke (on sb)

(**d**) **gastarlas** to carry on, to behave; **¡no sabes cómo se las gastan allí!** you can't imagine how they carry on there!

(**e**) *Arg (burlarse de)* to make fun of

2 *vi* to spend (money)

3 gastarse *vpr* (**a**) *(deteriorarse, desgastarse)* to wear out

(**b**) *(consumirse)* to run out; **se nos ha gastado el aceite** we've run out of oil; **se gastó toda el agua que teníamos** we've used up all the water we had; **se han gastado las pilas** the batteries have run out o gone dead

(**c**) *(dinero)* to spend; **nos gastamos veinte pesos en comida** we spent twenty pesos on food

gasto *nm (empleo de dinero)* outlay, expenditure; *(coste)* expense; *(consumo)* consumption; *(despilfarro)* waste; **cubrir gastos** to cover costs, to break even; **no reparar en gastos** to spare no expense ❑ *Fin* ***g. amortizable*** capitalized expense; *Com* ***gastos corrientes*** running costs; *Fin* ***g. deducible*** tax-deductible expense; ***gastos de desplazamiento*** moving expenses, settling-in allowance; *Com* ***gastos diversos*** sundries; ***gastos de envío*** postage and packing; *Com* ***gastos fijos*** fixed charges *o* costs; *(en una casa)* overheads; *Com* ***gastos generales*** overheads; ***gastos de mantenimiento*** maintenance costs; ***g. público*** public expenditure; ***gastos de representación*** entertainment allowance; ***gastos de tramitación*** handling charges; ***gastos de viajes*** travelling expenses

gástrico, -a *adj* gastric

gastritis *nf inv Med* gastritis

gastroenteritis *nf inv* gastroenteritis

gastroenterología *nf* gastroenterology

gastrointestinal *adj Anat* gastrointestinal

gastronomía *nf* gastronomy

gastronómico, -a *adj* gastronomic

gastrónomo, -a *nm,f* gourmet, gastronome

gata *nf Chile Aut* jack

gatas: a gatas *loc adv Fam* on all fours

gatear *vi* to crawl

gatera *nf* (**a**) *(puerta)* cat flap *o* door (**b**) *Andes (persona)* market stallholder

gatillo *nm* trigger

gatito, -a *nm,f* kitten

gato, -a 1 *nm,f* (**a**) *(animal)* cat; EXPR *Fam* **dar g. por liebre a alguien** to swindle *o* cheat sb; EXPR *Fam* **aquí hay g. encerrado** there's something fishy going on here; EXPR *Fam* **llevarse el g. al agua** to pull it off; EXPR *Fam* **sólo había cuatro gatos** *o RP* **cuatro gatos locos** there was hardly a soul there; PROV **gato escaldado (del agua fría huye)** once bitten twice shy ❑ ***g. de Angora*** Angora cat; ***g. montés*** wildcat; ***g. persa*** Persian cat; ***g. siamés*** Siamese cat (**b**) *Méx Fam Pey (sirviente)* flunkey

2 *nm* (**a**) *Aut* jack (**b**) *(danza)* = Argentine folk dance

GATT [gat] *nm (abrev de* **General Agreement on Tariffs and Trade***)* GATT

gatuno, -a *adj* catlike, feline

gauchada *nf Chile, RP* favour

gauchesco, -a *adj* gaucho; **literatura gauchesca** = literature about gauchos and their life

gaucho, -a 1 *adj RP Fam (simpático)* nice, likeable
2 *nm,f* gaucho
gaveta *nf* drawer
gavia *nf* (**a**) *(vela)* topsail (**b**) *(gaviota)* seagull
gavial *nm* gavial
gavilán *nm* sparrowhawk
gavilla *nf* sheaf
gavillero *nm Am (persona)* thug
gaviota *nf* seagull
gay [gai, gei] *adj inv & nmf* gay
gayal *nm* gayal
gayo, -a *adj Literario (alegre)* gay ❑ ***gaya ciencia*** *(la poesía)* art of poetry
gayomba *nf* Spanish broom
gayumbos *nmpl Fam (calzoncillos)* pants
gazapo *nm* (**a**) *(animal)* young rabbit (**b**) *(error) (en texto)* misprint; *(al hablar)* slip of the tongue; *(en película)* goof
gazmoñería *nf* sanctimoniousness
gazmoño, -a *adj* sanctimonious
gaznápiro, -a *Fam* 1 *adj* simple-minded, dull-witted
2 *nm,f* numbskull, dunce
gaznatada *nf CAm, Carib (bofetada)* slap
gaznate *nm Fam* gullet; EXPR **remojar el g.** to wet one's whistle, to have a drink
gazpacho *nm* gazpacho, = Andalusian soup made from tomatoes, peppers, cucumbers and bread, served chilled
gazuza *nf Am (hambre)* extreme hunger; **tener g.** to be famished *o* ravenous
gazuzo, -a *adj Am* ravenous
GB *nf* (**a**) *(abrev de* **Gran Bretaña***)* GB (**b**) *Informát (abrev de* **gigabyte***)* GB
géiser *nm* geyser
geisha ['geisa] *nf inv* geisha
gel *nm* gel
gelatina *nf* (**a**) *(de carne)* gelatine; **el jamón está cubierto de g.** the ham is covered in jelly (**b**) *(de fruta) Br* jelly, *US* Jell-O®
gelatinoso, -a *adj* gelatinous
gélido, -a *adj* gelid, icy
gelignita *nf* gelignite
gema *nf* gem
gemelo, -a 1 *adj* **hermano g.** twin brother, twin
2 *nm,f (persona)* twin
3 *nm (músculo)* calf
4 *nmpl* **gemelos** (**a**) *(de camisa)* cuff links (**b**) *(prismáticos)* binoculars; *(para teatro)* opera glasses
gemido *nm (de persona)* moan, groan; *(de animal)* whine; **dar gemidos** to groan
geminado, -a *adj* geminate
géminis 1 *nm (zodiaco)* Gemini; **ser g.** to be (a) Gemini
2 *nmf inv (persona)* Gemini
gemir [47] *vi* (**a**) *(persona)* to moan, to groan; *(animal)* to whine; **g. de placer** to moan *o* groan with pleasure (**b**) *(viento)* to howl
gemología *nf* gemology
gemólogo, -a *nm,f* gemologist
gen *nm Biol* gene ❑ ***g. dominante*** dominant gene
genciana *nf* gentian
gendarme *nmf* gendarme
gendarmería *nf* gendarmerie
genealogía *nf* genealogy
genealógico, -a *adj* genealogical
genealogista *nmf* genealogist
generación *nf* generation ❑ ***g. espontánea*** spontaneous generation, autogenesis
generacional *adj* generational; **conflicto g.** conflict between the generations, generation gap
generador, -ora 1 *adj* generating
2 *nm Elec* generator ❑ ***g. eléctrico*** electric generator; ***g. eólico*** wind turbine
general 1 *adj (común)* general; **sólo tengo unas nociones muy generales de griego** I only have a very general knowledge of Greek; **esa es la opinión g. de los que no leen los periódicos** that's what people who don't read the papers usually think; **por lo g., en g.** in general, generally
2 *nm Mil* general ❑ ***g. de brigada*** *Br* brigadier, *US* brigadier general; ***g. de división*** major general
generala *nf Mil* call to arms
generalato *nm* (**a**) *(grado)* generalship (**b**) *(conjunto)* generals
generalidad *nf* (**a**) *(mayoría)* majority (**b**) *(vaguedad)* generalization; **generalidades** *(principios básicos)* basic principles
generalísimo *nm* supreme commander, generalissimo; *Hist* **el G.** = title given to Franco
generalista *adj* generalist; **un enfoque g.** a generalist approach; **médico g.** general practitioner
Generalitat [jenerali'tat] *nf* = autonomous government of the regions of Catalonia or Valencia
generalizable *adj* capable of becoming widespread *o* generalized
generalización *nf* (**a**) *(comentario)* generalization (**b**) *(extensión) (de conflicto)* escalation, widening; *(de prácticas, enseñanza)* spread
generalizado, -a *adj* widespread
generalizar [14] 1 *vt* to spread, to make widespread
2 *vi* to generalize
3 **generalizarse** *vpr* to become widespread
generalmente *adv* generally
generar *vt (originar, causar)* to generate; *(engendrar)* to create; **la decisión generó odios** the decision caused much resentment; **g. algo por ordenador** to generate sth by computer
generativo, -a *adj* generative
generatriz *nf Geom* generatrix
genéricamente *adv* generically
genérico, -a *adj (común)* generic
género *nm* (**a**) *(clase)* kind, type; **sin ningún g. de dudas** absolutely without a doubt; **es el mejor de su g.** it's the best of its kind
(**b**) *Gram* gender; **de g. ambiguo** = that may be either masculine or feminine ❑ ***g. femenino*** feminine gender; ***g. masculino*** masculine gender; ***g. neutro*** neuter, neutral gender
(**c**) *(literario, cinematográfico)* genre ❑ ***g. chico*** zarzuela, = Spanish light opera; ***g. lírico*** opera
(**d**) *Biol* genus; **el g. humano** the human race
(**e**) *(productos)* merchandise, goods
(**f**) *(tejido)* cloth, material ❑ ***géneros de punto*** knitwear
generosamente *adv* generously
generosidad *nf* generosity; **con g.** generously
generoso, -a *adj* generous; *Irónico* **¡gracias, g.!** thanks, big spender!
génesis 1 *nf inv* genesis
2 *nm inv Rel* **el G.** Genesis
genética *nf* genetics
genéticamente *adv* genetically
genético, -a *adj* genetic
genetista *nmf* geneticist
genial *adj* (**a**) *(artista, escritor)* of genius (**b**) *(estupendo)* brilliant, great

Observa que la palabra inglesa **genial** es un falso amigo y no es la traducción de la palabra española **genial**. En inglés **genial** significa "cordial, amable".

genialidad *nf* (**a**) *(capacidad)* genius (**b**) *(acción)* stroke of genius

Observa que la palabra inglesa **geniality** es un falso amigo y no es la traducción de la palabra española **genialidad**. En inglés **geniality** significa "cordialidad, amabilidad".

genialmente *adv (con talento)* brilliantly

Observa que la palabra inglesa **genially** es un falso amigo y no es la traducción de la palabra española **genialmente**. En inglés **genially** significa "cordialmente, amablemente".

genio *nm* (**a**) *(talento)* genius (**b**) *(carácter)* nature, disposition; **corto de g.** timid (**c**) *(personalidad fuerte)* spirit (**d**) *(mal carácter)* bad temper; **estar de mal g.** to be in a mood; **tener mal** *o* **mucho g.** to be bad-tempered (**e**) *(ser fantástico)* genie
genista *nf* broom *(plant)*
genital 1 *adj* genital
2 *nmpl* **genitales** genitals
genitivo *nm Gram* genitive
genitourinario, -a *adj* genitourinary, urogenital
genocidio *nm* genocide
genoma *nm* genome
genotipo *nm* genotype
Génova *n* Genoa

genovés, -esa *adj & nm,f* Genoese

gente *nf* (**a**) *(personas)* people; **son buena g.** they're good people; *Fam* **David es buena g.** David is a good guy; **toda la g.** everyone, everybody ❑ ***g. bien*** well-to-do people; ***g. de bien*** decent folk; ***g. de la calle*** ordinary people; *Fam* ***g. guapa*** beautiful people; ***g. menuda*** kids (**b**) *Fam (familia)* folks

gentil 1 *adj (amable)* kind, nice
2 *nmf Rel* gentile

Observa que la palabra inglesa **genteel** es un falso amigo y no es la traducción de la palabra española **gentil**. En inglés **genteel** significa "fino, afectado, respetable".

gentileza *nf* courtesy, kindness; **¿tendría la g. de decirme…?** would you be so kind as to tell me…?; **por g. de** by courtesy of

gentilhombre *nm Hist* gentleman *(in the royal court)*

gentilicio *nm* = term referring to the natives or inhabitants of a particular place

gentilmente *adv* (**a**) *(con cortesía)* courteously (**b**) *(con amabilidad)* kindly (**c**) *(con gracia)* gracefully

gentío *nm* crowd; **se perdió entre el g.** he disappeared into the crowd

gentuza *nf Pey* riffraff, rabble

genuflexión *nf Rel* genuflection; **hacer una g.** to genuflect

genuinamente *adv* genuinely

genuino, -a *adj* genuine

GEO [χeo] *nm (abrev de* **Grupo Especial de Operaciones**) *Br* ≃ SAS, *US* ≃ SWAT, = specially trained police force; **los geos** = members of this group

geobotánica *nf* plant geography, geobotany

geocéntrico, -a *adj* geocentric

geoda *nf Geol* geode

geodesia *nf* geodesy

geodinámica *nf* geodynamics *(singular)*

geoestacionario, -a *adj (órbita)* geostationary

geofísica *nf (ciencia)* geophysics *(singular)*

geofísico, -a 1 *adj* geophysical
2 *nm,f (persona)* geophysicist

geografía *nf* geography; **por toda la g. nacional** throughout *o* all over the country ❑ ***g. física*** physical geography; ***g. humana*** human geography; ***g. política*** political geography

geográfico, -a *adj* geographical

geógrafo, -a *nm,f* geographer

geología *nf* geology

geológico, -a *adj* geological

geólogo, -a *nm,f* geologist

geomagnetismo *nm* geomagnetism

geomancia *nf* geomancy

geómetra *nmf (en matemáticas)* geometrician

geometría *nf* geometry

geométricamente *adv* geometrically

geométrico, -a *adj* geometric; **progresión geométrica** geometric progression

geomorfología *nf* geomorphology

geopolítica *nf* geopolitics *(singular)*

geopolítico, -a *adj* geopolitical

geoquímica *nf* geochemistry

Georgetown ['dʒɔrdʒtaun] *n* Georgetown

Georgia *n* Georgia

georgiano, -a 1 *adj & nm,f* Georgian
2 *nm (lengua)* Georgian

geosinclinal *nm Geol* geosyncline

geotermia *nf* geothermics *(singular)*

geranio *nm* geranium

gerencia *nf* (**a**) *(dirección)* management (**b**) *(cargo)* post of manager (**c**) *(oficina)* manager's office

gerente *nmf* manager, director

geriatra *nmf* geriatrician

geriatría *nf* geriatrics *(singular)*

geriátrico, -a 1 *adj* geriatric
2 *nm* (**a**) *(hospital)* geriatric hospital (**b**) *(residencia)* old folks' home

gerifalte *nm* (**a**) *(ave)* gerfalcon (**b**) *Fam (persona)* bigwig

germanía *nf Hist* thieves' slang

germánico, -a 1 *adj (tribus, carácter)* Germanic, Teutonic
2 *nm (lengua)* Germanic

germanio *nm Quím* germanium

germanismo *nm* Germanism

germanista *nmf* German scholar

germano, -a 1 *adj* (**a**) *(alemán)* German (**b**) *(tribus, carácter)* Germanic, Teutonic
2 *nm,f* (**a**) *(alemán)* German (**b**) *Hist* Teuton

germanófilo, -a *adj & nm,f* Germanophile

germanófobo, -a 1 *adj* Germanophobic
2 *nm,f* Germanophobe

germen *nm* (**a**) *(microbio)* germ ❑ ***g. patógeno*** pathogen (**b**) *(origen)* germ, seed; **esa asociación fue el g. del partido comunista** this association was the germ *o* origin of the communist party (**c**) *(de planta)* shoot ❑ ***g. de trigo*** wheat germ

germicida 1 *adj* germicidal
2 *nm* germicide

germinación *nf* germination

germinal *adj* germinal

germinar *vi también Fig* to germinate; **la idea germinó en su mente** the idea took shape in his mind

gerontocracia *nf* gerontocracy

gerontología *nf Med* gerontology

gerontólogo, -a *nm,f Med* gerontologist

gerundense 1 *adj* of/from Gerona
2 *nmf* person from Gerona

gerundio *nm* gerund; EXPR *Esp Fam* **¡andando *o* marchando, que es g.!** let's get a move on!, let's get going!

gesta *nf* exploit, feat

gestación *nf* (**a**) *(embarazo)* pregnancy, *Espec* gestation (**b**) *(de idea, proyecto)* gestation

gestante 1 *adj* pregnant, expectant
2 *nf* expectant mother, pregnant woman

gestar 1 *vi* to gestate
2 gestarse *vpr* **se estaba gestando una nueva era** the seeds of a new era had been sown

gesticulación *nf (de manos, brazos)* gesticulation; *(de cara)* face-pulling

gesticular *vi (con manos, brazos)* to gesticulate; *(con la cara)* to pull faces

gestión *nf* (**a**) *(diligencia)* **tengo que hacer unas gestiones en el ayuntamiento** I have a few things to do at the town hall; **las gestiones para obtener un visado** the formalities involved in getting a visa
(**b**) *(administración)* management ❑ ***g. de calidad*** quality control; *Fin* ***g. de cartera*** portfolio management; *Com* ***g. de cobro*** = collection of outstanding payments; *Com* ***g. de personal*** personnel management; ***g. política*** *(de gobierno, ministro)* conduct in government; *Fin* ***g. de stocks*** stock control
(**c**) *Informát* ***g. de ficheros*** file management; ***g. de memoria*** memory management

gestionar *vt* (**a**) *(tramitar)* to arrange; **g. un préstamo** to arrange a loan; **están gestionando el traspaso del jugador** they're arranging the transfer of the player (**b**) *(administrar)* to manage; **gestiona la empresa con eficacia** she manages *o* runs the business well

gesto *nm (expresión, ademán)* gesture; *(mueca)* face, grimace; **un g. de buena voluntad** a goodwill gesture, a gesture of goodwill; **ha sido un g. muy bonito ir a visitarla** visiting her was a very nice gesture; **hacer un g.** *(con las manos)* to gesture, to make a gesture; **nos hizo un g. con la mano para que paráramos** he flagged us down, he signalled us to stop; **hacer un g. de asentimiento** *(con la cabeza)* to nod; **torcer el g.** to pull a face *(expressing displeasure)*

gestor, -ora 1 *nm,f* = person who carries out dealings with public bodies on behalf of private customers or companies, combining the roles of solicitor and accountant
2 *nm Informát* ***g. de archivos*** file manager; ***g. de correo*** mail manager

gestoría *nf* = office of a "gestor"

gestual *adj* using gestures

Ghana *n* Ghana

ghanés, -esa *adj & nm,f* Ghanaian

ghetto ['geto] *nm* ghetto

giba *nf (de camello)* hump; *(de persona)* hunchback, hump

gibar *vt Esp Fam (molestar)* to annoy, to bother; **¿no te giba?** isn't it sickening?

gibón *nm (simio)* gibbon

giboso, -a 1 *adj* hunchbacked
2 *nm,f* hunchback

Gibraltar *n* Gibraltar

gibraltareño, -a *adj & nm,f* Gibraltarian

GIF [gif] *nm Informát* (*abrev de* **graphics interchange format**) GIF

giga- *prefijo* giga-

gigabyte [χiɣa'βait] *nm Informát* gigabyte

giganta *nf* giantess

gigante 1 *adj* gigantic
2 *nm* giant

gigantesco, -a *adj* gigantic

gigantismo *nm Med* gigantism

gigantón, -ona *nm,f* (*en procesiones*) giant

gigoló [jiɣo'lo] *nm* gigolo

gil, gila *nm,f RP Fam* twit, idiot

gilí *Fam* **1** *adj* stupid
2 *nmf* pillock, prat

gilipollada, jilipollada *nf Esp muy Fam* **hacer/decir una g.** to do/say something *Br* bloody *o US* goddamn stupid

gilipollas, jilipollas *muy Fam Esp* **1** *adj inv* **ser g.** to be a *Br* prat *o Br* pillock *o US* dork
2 *nmf inv Br* prat, *Br* pillock, *US* dork

gilipollez , jilipollez *nf inv Esp muy Fam* **hacer/decir una g.** to do/say something *Br* bloody *o US* goddamn stupid

gilipuertas, jilipuertas *Esp Fam Euf* **1** *adj inv* daft, *US* dumb
2 *nmf inv* dumbo, *Br* twit

gimiera *etc ver* **gemir**

gimnasia *nf* gymnastics; **hacer g.** (*ejercicios*) to do gymnastics, to do exercises; EXPR **confundir la g. con la magnesia** to get the wrong end of the stick ▫ ***g. correctiva*** physiotherapy exercises; ***g. deportiva*** gymnastics; ***g. médica*** physiotherapy exercises; ***g. mental*** mental exercise; ***g. terapéutica*** physiotherapy exercises; ***g. rítmica*** rhythmic gymnastics; ***g. sueca*** Swedish gymnastics

gimnasio *nm* gymnasium, gym

gimnasta *nmf* gymnast

gimnástico, -a *adj* gymnastic

gimnosperma *nf Bot* gymnosperm

gimo *etc ver* **gemir**

gimotear *vi* to whine, to whimper

gimoteo *nm* whining, whimpering

gincana *nf* (*carrera de obstáculos*) gymkhana; (*de automóviles*) rally

Ginebra *n* Geneva

ginebra *nf* gin

ginecología *nf* gynaecology

ginecológico, -a *adj* gynaecological

ginecólogo, -a *nm,f* gynaecologist

gineta *nf* genet

ginger ale [dʒindʒe'reil] *nm inv* ginger ale

gingival *adj* gum; **una afección g.** a gum infection

gingivitis *nf inv Med* gingivitis

gingo *nm* ginkgo, maidenhair tree

ginseng *nm* [dʒin'sen] ginseng

gin(-)tonic [dʒin'tonik] (*pl* **gin(-)tonics**) *nm* gin and tonic

gira *nf* tour; **estar de g.** to be on tour

giradiscos *nm inv* (*de tocadiscos*) turntable

girador, -ora *nm,f Com* drawer

giralda *nf* weather vane

girándula *nf* (*de cohete*) pinwheel

girar 1 *vi* (**a**) (*doblar*) to turn; **el camino gira a la derecha** the road turns to the right
(**b**) (*dar vueltas*) to turn; (*rápidamente*) to spin; **este coche gira muy bien** this car has a tight turning circle
(**c**) (*tratar*) **g. en torno a** *o* **alrededor de** to be centred around, to centre on; **el coloquio giró en torno a la pena de muerte** the discussion dealt with the topic of the death penalty
(**d**) *Com* to remit payment
2 *vt* (**a**) (*hacer dar vueltas a*) to turn; **giró la llave en la cerradura** she turned the key in the lock; **gira la cabeza** to turn one's head
(**b**) *Com* to draw
(**c**) (*dinero*) to transfer, to remit
3 girarse *vpr* to turn round; **me giré para ver mejor** I turned round to see better

girasol *nm* sunflower

giratorio, -a *adj* (*puerta*) revolving; (*silla*) swivel

Giro ['jiro] *nm* (*carrera ciclista*) **el G.** (**de Italia**) the Giro, the Tour of Italy

giro *nm* (**a**) (*cambio de dirección*) turn; *también Fig* **un g. de 180 grados** a U-turn; **el avión dio un g. completo** the plane turned right round; **los acontecimientos dieron un g. inesperado** events took an unexpected turn; **la conversación tomó otro g.** the conversation took a different turn (**b**) (*rotación*) rotation (**c**) (*postal, telegráfico*) money order; **poner un g.** to send a money order ▫ ***g. bancario*** banker's draft; ***g. postal*** postal order; ***g. telegráfico:*** **poner un g. telegráfico a alguien** to wire money to sb (**d**) (*de letras, órdenes de pago*) draft (**e**) (*expresión*) turn of phrase

girola *nf Arquit* ambulatory

giróscopo, giroscopio *nm* gyroscope, gyro

GIS [χis] *nm inv Informát* (*abrev de* **geographical information system**) GIS

gis *nm Méx* chalk

gitanería *nf* (**a**) (*engaño*) wiliness, craftiness (**b**) (*gitanos*) gypsies

gitano, -a 1 *adj* (**a**) (*raza, persona*) gypsy (**b**) (*artero*) wily, crafty
2 *nm,f* gypsy

glaciación *nf* (**a**) (*periodo*) ice age (**b**) (*proceso*) glaciation

glacial *adj* (**a**) (*época*) glacial (**b**) (*viento, acogida*) icy

glaciar 1 *adj* glacial
2 *nm* glacier

glaciología *nf* glaciology

gladiador *nm* gladiator

gladiolo, gladíolo *nm* gladiolus

glamour [gla'mur] *nm* glamour

glamouroso, -a, glamuroso, -a *adj Fam* glamorous, ritzy

glande *nm* (**a**) *Anat* glans (penis) (**b**) *Bot* glans, acorn

glándula *nf Anat* gland ▫ ***g. endocrina*** endocrine gland; ***g. pineal*** pineal gland; ***g. pituitaria*** hypophysis; ***g. salivar*** salivary gland; ***g. sebácea*** sebaceous gland; ***g. sudorípara*** sweat gland; ***g. suprarrenal*** adrenal gland

glandular *adj* glandular

glasé 1 *adj* glacé
2 *nm* glacé silk

glaseado, -a 1 *adj* glacé
2 *nm* glazing

glasear *vt* to glaze

glásnost *nf* glasnost

glauco, -a *adj Literario* (*ojos*) green

glaucoma *nm* glaucoma

gleba *nf* feudal land

glicerina *nf* glycerine

glicerol *nf* glycerol

glicina, glicinia *nf* (*planta*) wisteria

glifo *nm* (**a**) (*maya*) glyph (**b**) *Arquit* glyph

global *adj* (**a**) (*general*) global, overall; (*precio*) total (**b**) (*mundial*) global, worldwide

globalización *nf* globalization

globalizar [14] *vt* to give an overall view of

globalmente *adv* globally, overall

globo *nm* (**a**) (*Tierra*) globe, earth ▫ ***g. terráqueo*** *o* ***terrestre*** globe (**b**) (*aeróstato, juguete*) balloon; EXPR *Col* **echar globos** to ponder ▫ ***g. aerostático*** hot-air balloon; ***g. sonda*** weather balloon; *Fig* **lanzar un g. sonda** to fly a kite (**c**) (*lámpara*) round glass lampshade (**d**) (*esfera*) sphere ▫ *Anat* ***g. ocular*** eyeball (**e**) (*de chicle*) bubble; **hacer globos** to blow bubbles (**f**) *Informát* ***globos de ayuda*** balloon help

globular *adj* globular

glóbulo *nm* ***g. blanco*** white corpuscle, white blood cell; ***g. rojo*** red corpuscle, red blood cell

gloria *nf* (**a**) (*en religión*) glory; **ganar la g.** to go to heaven; **que en g. esté** God rest his/her soul (**b**) (*celebridad*) celebrity, star; **alcanzar la g.** to achieve fame; **ser una vieja g.** to be a has-been (**c**) (*placer*) delight; **da g. verlo comer** it's a pleasure to watch him eat; **estar en la g.** to be in seventh heaven; **saber a g.** to taste divine *o* heavenly

gloriarse *vpr* (**a**) (*preciarse*) to boast, to brag (**b**) (*complacerse*) to glory

glorieta *nf* (**a**) (*de jardín*) arbour (**b**) (*plazoleta*) square; (*plazoleta circular*) circus (**c**) *Esp* (*rotonda*) *Br* roundabout, *US* traffic circle

glorificación *nf* glorification

glorificar [59] *vt* to glorify

glorioso, -a *adj* glorious

glosa *nf* marginal note

glosador, -ora *nm,f* commentator (*on text*)

glosar *vt* (**a**) (*anotar*) to annotate (**b**) (*comentar*) to comment on

glosario *nm* glossary

glosopeda *nf* foot-and-mouth disease

glotis *nf inv Anat* glottis

glotón, -ona 1 *adj* gluttonous, greedy
2 *nm,f* glutton

glotonear *vi* to eat gluttonously

glotonería *nf* gluttony, greed

glucemia *nf Med* glycaemia

glúcido *nm* carbohydrate

glucógeno *nm* glycogen

glucosa *nf* glucose

glutamato *nm* glutamate ❑ ***g. monosódico*** monosodium glutamate

gluten *nm* gluten

glúteo, -a 1 *adj* gluteal
2 *nm* gluteus

gneis [neis] *nm inv* gneiss

gnomo ['nomo] *nm* gnome

gnosis [nosis] *nf inv* gnosis

gnosticismo [nosti'θismo] *nm* gnosticism

gnóstico, -a ['nostiko] *adj & nm,f* gnostic

gobernabilidad *nf* governability

gobernable *adj* governable

gobernación *nf* **(a)** *(gestión)* governing **(b)** *Méx* **G.** *(ministerio del interior) Br* ≃ the Home Office, *US* ≃ the Department of the Interior

gobernador, -ora 1 *adj* governing
2 *nm,f* governor ❑ *Antes* ***g. civil*** = person representing the central government in each province; ***g. general*** governor general

gobernanta *nf (en hotel)* cleaning and laundry staff manageress

gobernante 1 *adj* ruling; **partido g.** governing party
2 *nmf* ruler, leader

gobernar [3] **1** *vt* **(a)** *(regir, dirigir)* to govern, to rule; *(casa, negocio)* to run, to manage; **no tiene carácter, se deja g. por su marido** she has no character of her own, she allows herself to be ruled by her husband; **sus sentimientos gobiernan sus acciones** his feelings govern his actions **(b)** *(barco)* to steer; *(avión)* to fly
2 *vi Náut* to steer

Gobi *nm* **el desierto de G.** the Gobi Desert

gobierno 1 *ver* **gobernar**
2 *nm* **(a)** *(organismo)* government; **el g. en pleno asistió al acto** all the members of the government attended ❑ ***g. autónomo*** autonomous government; ***g. central*** central government; *Esp Antes* ***g. civil*** = body representing the central government in each province; *Esp* ***g. militar*** = body representing the army in each province; ***g. de transición*** caretaker *o* interim government **(b)** *(edificio)* government buildings **(c)** *(administración, gestión)* running, manage-ment; **g. de la casa** housekeeping **(d)** *(control)* control

gobio *nm (pez)* gudgeon

goce *nm* pleasure

godo, -a *Hist* **1** *adj* Gothic
2 *nm,f* Goth

gofio *nm* **(a)** *Arg, Andes, Carib (harina)* roasted *Br* maize *o US* corn meal **(b)** *CAm, Ven (pastel)* = sweet cake made with *Br* maize *o US* corn meal

gofrado, -a *adj* corrugated

gofre *nm* waffle

gogó: a gogó *loc adv Fam* **hubo comida/bebida a g.** there was loads of food/drink

gol *(pl* **goles)** *nm* goal; **marcar** *o* **meter un g.** to score a goal; **ganaron por tres goles a cero** they won three-nil; EXPR *Fam* **meter un g. a alguien** *(con ingenio)* to put one over on sb; *(con engaño)* to con sb ❑ ***g. average*** goal difference; ***un g. cantado*** an open goal; ***g. del empate*** equalizer; ***un g. fantasma*** a goal that never was; ***g. de oro*** golden goal; ***g. de penalty*** penalty goal; ***g. en propia (meta o puerta)*** own goal

gola *nf* **(a)** *(garganta)* gullet, throat **(b)** *(adorno)* ruff **(c)** *(de fortificación)* gorge **(d)** *Arquit* ogee **(e)** *(canal)* channel, narrows

golazo *nm Fam* amazing goal

goleada *nf* high score; **ganar por g.** to win by an avalanche of goals

goleador, -ora *nm,f* goal scorer

golear *vt* to score a lot of goals against, to thrash

golero, -a *nm,f RP* goalkeeper

goleta *nf* schooner

golf *nm* golf

golfa *nf Fam (mujer promiscua)* tart, slag

golfante *nmf* scoundrel, rascal

golfear *vi Fam (hacer el golfo)* to hang out

golfería *nf* **(a)** *(golfos)* layabouts, good-for-nothings **(b)** *(actitud, comportamiento)* loutish behaviour

golfista *nmf* golfer

golfístico, -a *adj* golf, golfing

golfo, -a 1 *adj (gamberro)* loutish, *Br* yobbish; *(pillo)* roguish
2 *nm* **(a)** *(gamberro)* lout, *Br* yob; *(pillo)* rogue, wide boy **(b)** *Geog* gulf, bay ❑ ***el g. de Bengala*** the Bay of Bengal; ***el g. de Guinea*** the Gulf of Guinea; ***el g. de León*** the Gulf of Leon; ***el g. de México*** the Gulf of Mexico; ***el g. de Omán*** the Gulf of Oman; ***el G. Pérsico*** the Persian Gulf; ***el g. de Vizcaya*** the Bay of Biscay

golletazo *nm Taurom* = sword thrust in the neck

gollería *nf Fam (cosa superflua)* (unnecessary) luxury

gollete *nm* neck

golletear *vt Col* to collar, to grab by the neck

golondrina *nf* **(a)** *(ave)* swallow **(b)** *CAm, Méx (planta)* spurge **(c)** *Chile (camioneta)* moving van, *Br* removal van

golondrino *nm Med* boil in the armpit

golosina *nf* **(a)** *(dulce)* sweet **(b)** *(exquisitez)* titbit, delicacy

goloso, -a 1 *adj* sweet-toothed
2 *nm,f* sweet-toothed person; **es un g.** he has a sweet tooth

GOLPE *nm* **(a)** *(impacto)* blow; *(bofetada)* smack; *(puñetazo)* punch; *(en puerta)* knock; *(entre coches)* bump; *(de corazón)* beat; **me di un g. en la rodilla** I banged my knee; **tengo un g. en el brazo** I've banged my arm; **el coche tiene un g. en la puerta** the car door has a dent in it; **se oyó un g. en el piso de arriba** something went bump upstairs; **los golpes de su corazón** her heartbeat; **cerrar la puerta de g.** to slam the door; **g. seco** thud; **a golpes** by force; *Fig* in fits and starts; EXPR *Fam* **dar el g.** to cause a sensation, to be a hit; EXPR *Fam* **con ese vestido seguro que das el g. en la fiesta** in that dress, you're bound to be a hit at the party; EXPR *Fam* **no dio** *o* **pegó g.** he didn't lift a finger, he didn't do a stroke of work; **hacer algo para dar un g. de efecto** to do sth for effect; **el niño daba golpes en la pared** the child was banging on the wall; **darse golpes de pecho** to beat one's breast; *Fig* **de g.** suddenly; EXPR *Fam* **de g. y porrazo** without warning, just like that; *Fig* **de un g.** at one fell swoop, all at once; **devolver un g.** to strike back; **errar** *o* **fallar el g.** to miss the mark; **moler a alguien a golpes** to beat sb up ❑ ***un g. de mar*** a huge wave; *Dep* ***g. de talón*** back heel; *Fig* ***un g. de timón*** a change of course; ***un g. de tos*** a coughing fit; ***un g. de viento*** a gust of wind
(b) *(en tenis, golf)* shot; **dos golpes por encima/debajo** two shots ahead/behind; **dos golpes bajo par** two under par ❑ ***un g. bajo*** a blow below the belt; *Fig* a low blow; ***g. de castigo*** *(en rugby)* penalty; ***g. franco*** free kick; ***g. liftado*** *(en tenis)* drop shot; ***g. de salida*** *(en golf)* tee shot
(c) *(disgusto)* blow; **la muerte de su madre fue un g. muy duro para ella** her mother's death hit her very hard
(d) *(atraco)* raid, job, *US* heist; **dar un g.** to do a job
(e) *Pol* **g. (de Estado)** coup (d'état) ❑ ***g. de mano*** surprise attack; ***g. de palacio*** palace coup
(f) *(ocurrencia)* witticism; **¡tienes unos golpes buenísimos!** you really come out with some witty remarks!
(g) *(pestillo)* spring lock
(h) *(caso)* ***g. de fortuna*** stroke of luck; ***g. de gracia*** coup de grâce; ***g. maestro*** masterstroke; ***g. de suerte*** stroke of luck; ***g. de vista*** glance; **al primer g. de vista** at a glance
(i) a g. de *(a base de)* through, by dint of; **aprenderá a g. de fracasos** he'll learn from his mistakes; **crear un equipo a g. de talonario** to build a team by buying in lots of expensive players
(j) *Méx (mazo)* sledgehammer
(k) *Cuba* **al golpe** *loc adv* instantly

golpeador *nm Chile, Col, Guat* door knocker

golpear 1 *vt (pegar, impactar)* to hit; *(puerta)* to bang; *(con puño)* to punch; **la crisis económica ha golpeado a toda**

la zona the economic crisis has hit *o* affected the whole region
2 *vi* **g. contra algo** to beat against
3 golpearse *vpr* to give oneself a bump *o* bang; **se golpeó en la cabeza** he bumped *o* banged his head

golpetazo *nm* thump; **dar un g.** to thump; **se dio un g. con la moto** she had a crash on her bike

golpetear *vt* to pound, to pummel

golpeteo *nm (de dedos, lluvia)* drumming; *(de puerta, persiana)* banging

golpismo *nm* tendency to military coups

golpista 1 *adj* involved in a military coup; **la amenaza g.** the threat of a military coup; **una intentona g.** an attempted coup
2 *nmf* = person involved in a military coup

golpiza *nf Am* beating

goma *nf* (**a**) *(sustancia)* gum ❑ ***g. arábiga*** gum arabic; ***g.-2*** *(explosivo)* plastic explosive; ***g. laca*** shellac; ***g. de mascar*** chewing gum (**b**) *(tira elástica)* **g. (elástica)** rubber band, *Br* elastic band (**c**) *(caucho)* rubber ❑ ***g. de borrar*** *Br* rubber, *US* eraser; ***g. espuma*** foam rubber (**d**) *Fam (preservativo)* rubber (**e**) *Chile, RP (neumático) Br* tyre, *US* tire

gomaespuma *nf* foam rubber

gomería *nf Arg (establecimiento)* tyre centre

gomero *nm Andes, RP* (**a**) *(persona)* rubber plantation worker (**b**) *(árbol)* rubber tree *o* plant

gomina *nf* hair gel

gominola *nf* gumdrop

gomorresina *nf* gum resin

gomoso, -a *adj* gummy

gónada *nf Anat* gonad

góndola *nf* (**a**) *(embarcación)* gondola (**b**) *Chile (autobús)* (long distance) bus

gondolero *nm* gondolier

gong *nm* gong

goniómetro *nm Tec* goniometer

gonococo *nm Med* gonococcus

gonorrea *nf Med* gonorrhoea

gordinflón, -ona, gordinflas *Fam* **1** *adj* chubby, tubby
2 *nm,f* fatty; **es un g.** he's quite chubby

gordo, -a 1 *adj* (**a**) *(persona)* fat; **está más g. que antes** he's put on weight; EXPR *Fam* **me cae g.** I can't stand him ❑ ***el G. y el Flaco*** Laurel & Hardy (**b**) *(grueso)* thick (**c**) *(grande)* big (**d**) *Fam (problema, asunto)* big, serious; **me pasó algo muy g. con él** something very serious happened to me with him; EXPR **armar la gorda** to kick up a row *o* stink
2 *nm,f (persona obesa)* fat man, *f* fat woman; **los gordos** fat people
3 *nm (en lotería)* first prize, jackpot

gordolobo *nm* mullein

gordura *nf* fatness, obesity

gore *nm* slasher films

goretex® *nm* Goretex®

gorgojo *nm (insecto)* weevil

gorgonzola *nm* gorgonzola

gorgorito *nm* warble; *Fam* **hacer gorgoritos** *(cantar)* to warble

górgoro *nm Chile, Méx* bubbles

gorgotear *vi* to gurgle

gorgoteo *nm* gurgle, gurgling

gorigori *nm Fam* dirge, funeral chant

gorila *nm* (**a**) *(animal)* gorilla (**b**) *Fam (guardaespaldas)* bodyguard; *(en discoteca, pub)* bouncer

gorjear *vi* to chirp, to twitter

gorjeo *nm* chirping, twittering

gorra *nf* (peaked) cap; *Fam* **de g.** for free; *Fam* **vivir de g.** to scrounge ❑ ***g. de plato*** peaked cap *(of officer)*

gorrear *vt & vi Fam* to sponge, to scrounge

gorrinada, gorrinería *nf* (**a**) *(guarrada) (acción)* disgusting behaviour; *(lugar)* pigsty (**b**) *(mala pasada)* dirty trick

gorrino, -a *nm,f también Fig* pig

gorrión *nm* sparrow

gorro *nm* (**a**) *(para la cabeza)* cap; EXPR *Fam* **estar hasta el g. (de)** to be fed up (with); *Méx Fam* **me vale g.** *(no me importa)* I couldn't care less ❑ ***g. de baño*** bathing *o* swimming cap; ***g. de dormir*** nightcap; ***g. de ducha*** shower cap; ***g. de piscina*** bathing *o* swimming cap (**b**) *(en baloncesto)* block; **poner** *o* **hacer un g.** to block a shot

gorrón, -ona *Fam* **1** *adj* sponging, scrounging
2 *nm,f* sponger, scrounger

gorronear *vt & vi Fam* to sponge, to scrounge

gorronería *nf Fam* sponging, scrounging

góspel *nm Mús* gospel (music)

gota *nf* (**a**) *(de líquido)* drop; *(de sudor)* bead; EXPR **caer cuatro gotas** to spit (with rain); **ni g. (de)** not a drop (of); **ni g. de sentido común** not an ounce of common sense; **no se veía ni g.** you couldn't see a thing; **no corre ni una g. de brisa** there isn't a breath of wind; EXPR **fue la g. que colma el vaso, fue la última g.** it was the last straw; EXPR **como dos gotas de agua** like two peas in a pod ❑ ***g. a g.*** intravenous drip; *Fig* **me va entregando el dinero de la deuda g. a g.** he's paying off his debt to me a little at a time; ***gotas para los oídos*** eardrops
(**b**) *Meteo* **g. fría** = cold front that remains in one place for some time, causing continuous heavy rain
(**c**) *(enfermedad)* gout

gotear 1 *vi (líquido)* to drip; *(techo, depósito)* to leak; *Fig* to trickle through
2 *v impersonal (chispear)* to spit, to drizzle

gotelé *nm* = decorative technique of applying paint to give a roughly textured surface

goteo *nm* (**a**) *(de líquido)* dripping (**b**) *(de gente, información)* trickle

gotera *nf* (**a**) *(filtración)* leak; **tener goteras** to leak (**b**) *(mancha)* stain *(left by leaking water)* (**c**) *Andes (afueras)* outskirts

gotero *nm* (**a**) *(gota a gota)* (intravenous) drip; **le pusieron un g.** they put him on a drip (**b**) *Am (cuentagotas)* eyedropper

goterón *nm (gota)* large raindrop

gótico, -a 1 *adj* Gothic
2 *nm* Gothic ❑ ***G. flamígero*** *o* ***florido*** International Gothic

gotoso, -a *adj* gouty, suffering from gout

gouache [guaʃ] *nm Arte* gouache

gouda ['guda] *nm* Gouda

gourmet [gur'met] (*pl* **gourmets**) *nmf* gourmet

goya *nm* = annual award by Spanish Academy of Cinema, ≃ Oscar

goyesco, -a *adj* = relating to or like Goya's paintings

gozada *nf Fam* absolute delight; **¡qué g. de coche/película!** what a wonderful car/film!

gozar [14] *vi* to enjoy oneself; **g. de algo** to enjoy sth; **g. de buena salud** to be in good health; **goza de la confianza del presidente** he is trusted by the president; **g. con** to take delight in

gozne *nm* hinge

gozo *nm* joy, pleasure; **no caber en sí de g.** to be beside oneself with joy; EXPR *Fam* **mi g. en un pozo** that's just my (bad) luck

gozoso, -a *adj* (**a**) *(que siente gozo)* joyful, delighted (**b**) *(que produce gozo)* joyous, delightful

g/p, g.p. (*abrev de* **giro postal**) p.o.

GP *nm* (*abrev de* **gran premio**) GP

GPS *nm* (*abrev de* **Global Positioning System**) GPS

grabación *nf* recording ❑ ***g. en cinta*** tape recording; ***g. digital*** digital recording; ***g. en vídeo*** video recording

grabado *nm (técnica, lámina)* engraving ❑ ***g. al agua fuerte*** etching; ***g. sobre madera*** woodcut

grabador, -ora *nm,f (artista)* engraver

grabadora *nf* (**a**) *(magnetófono)* tape recorder (**b**) *Informát* ***g. de CD-ROM*** CD-ROM recorder *o* burner

grabar 1 *vt* (**a**) *(en metal)* to engrave; *(en madera)* to carve; **grabó su nombre en un tronco** she carved her name on a tree
(**b**) *(sonido)* to record; *(en cinta)* to record, to tape; **han grabado un nuevo disco** they've recorded a new album
(**c**) *(fijar)* **grabado en su memoria** imprinted *o* engraved on his memory; **¡que te quede bien grabado!** don't you forget it!
(**d**) *Informát (documento)* to save; *(CD-ROM)* to record, to burn
2 grabarse *vpr* (**a**) *(registrarse, reproducirse)* to be recorded
(**b**) *(fijarse)* **grabársele a alguien en la memoria** to become imprinted *o* engraved on sb's mind

gracejo *nm* (**a**) *(gracia)* **tener mucho g.** to be a good talker; **contar una historia con g.** to tell a story in an amusing way (**b**) *Méx (payaso)* clown, joker

GRACIA 1 *nf* (**a**) *(humor, comicidad)* **¡qué g.!** how funny!; **su voz me hace mucha g.** *(me divierte)* I think he's got a really funny voice, his voice makes me laugh; **mi sombrero le hizo g. a Ana** *(le gustó)* Ana liked my hat; **no me hizo g.** I didn't find it funny; **tener g.** *(ser divertido; curioso)* to be funny

(**b**) *(arte, habilidad)* skill, natural ability; **tiene una g. especial** she has a special talent; **todavía no le he pillado** *o Esp* **cogido la g. a esta cámara** I still haven't got the hang of using this camera

(**c**) *(encanto)* grace, elegance; **baila con mucha g.** she's a very graceful dancer; **no consigo verle la g. a este cuadro** I just don't know what people see in this painting; **la g. del plato está en la salsa** the secret of the dish is (in) the sauce; **tiene mucha g. contando chistes** she's really good at telling jokes

(**d**) *(ocurrencia)* **estuvo toda la tarde soltando gracias** he spent all afternoon making funny remarks; **no le rías las gracias al niño** don't laugh when the child does/says something silly

(**e**) *(incordio)* nuisance; **vaya g. tener que salir a mitad de la noche** it's a real nuisance having to go out in the middle of the night; *Fam* **¡maldita la g. que me hace tener que volverlo a hacer!** it's a real pain having to do it all over again!

(**f**) *(favor)* favour; *(indulto)* pardon; **procura caer en g. al director para que te dé el puesto** try and get in the manager's good books so he gives you the job; **por la g. de Dios** by the grace of God

(**g**) *Rel* grace; **en estado de g.** in a state of grace

(**h**) *Mitol* **las tres gracias** the three Graces

2 *nfpl* **gracias** thank you, thanks; **muchas gracias** thank you very much, thanks very much; **dar las gracias a alguien (por)** to thank sb (for); **lo he conseguido gracias a ti** I managed it thanks to you; **pudimos ir gracias a que no llovió** we were able to go thanks to the fact that it didn't rain; **salvó la vida gracias a que llevaba casco** the fact that he was wearing a crash helmet saved his life; **gracias a Dios ya estamos en casa** thank God we're home

---

grácil *adj (armonioso)* graceful; *(delicado)* delicate

gracilidad *nf* (**a**) *(armonía)* gracefulness (**b**) *(delicadeza)* delicacy

gracioso, -a 1 *adj* (**a**) *(divertido)* funny, amusing; **se cree muy g.** he thinks he's really smart (**b**) *(curioso)* funny; **es g. que…** it's funny how…; **¡qué g., los dos se llaman Vicente González!** how funny, they're both called Vicente González! (**c**) *(bonito, atractivo)* pretty

2 *nm,f* (**a**) *(persona divertida)* funny *o* amusing person; **es un g.** he's really funny (**b**) *Pey (persona molesta)* smart alec, comedian (**c**) *Teatro* fool, clown

grada *nf* (**a**) *(peldaño)* step (**b**) *Teatro* row (**c**) *(en estadio)* **gradas** terraces

gradación *nf* (**a**) *(en retórica)* climax (**b**) *(escalonamiento)* scale

graderío *nm* (**a**) *Teatro* rows (**b**) *(en estadio)* terraces (**c**) *(público)* crowd

gradiente 1 *nm Fís* gradient

2 *nf Chile, Ecuad, RP (pendiente)* gradient, slope

grado *nm* (**a**) *(unidad)* degree ❑ ***g. centígrado*** degree centigrade; ***g. Celsius*** degree Celsius; ***g. Farenheit*** degree Fahrenheit; ***g. Kelvin*** Kelvin

(**b**) *(índice, nivel)* extent, level; **en g. sumo** greatly; **eso depende del g. de intransigencia de la gente** that depends on how stubborn people are; **están examinando su g. de ceguera** they're checking to see how blind she is

(**c**) *(rango)* grade; *Mil* rank; **es primo mío en segundo g.** he's my second cousin

(**d**) *Educ (año)* year, class, *US* grade

(**e**) *Educ (título)* degree; **obtuvo el g. de doctor** he obtained his doctorate

(**f**) *(voluntad)* **hacer algo de buen/mal g.** to do sth willingly/unwillingly

graduable *adj* adjustable

graduación *nf* (**a**) *(acción)* grading; *(de la vista)* eye-test; *(de gafas)* strength (**b**) *Educ* graduation (**c**) *(de bebidas)* **g. (alcohólica)** strength, proof; **bebidas de alta g.** spirits (**d**) *Mil* rank (**e**) *(medida)* calibration

graduado, -a 1 *adj* (**a**) *(termómetro)* graduated; **gafas graduadas** prescription glasses; **recipiente g.** *(jarra)* measuring jug (**b**) *(universitario)* graduate

2 *nm,f (persona)* graduate ❑ ***g. social*** graduate in social work

3 *nm Educ* ***g. escolar*** *(título)* = basic school-leaving certificate

gradual *adj* gradual

gradualmente *adv* gradually

graduar [4] **1** *vt* (**a**) *(medir)* to gauge, to measure; *(regular)* to regulate; *(vista)* to test; **me graduaron mal las gafas** they gave me the wrong prescription for my glasses (**b**) *(escalonar)* to stagger (**c**) *Educ* to confer a degree on (**d**) *Mil* to confer a rank on, to commission

2 graduarse *vpr* (**a**) *(titularse)* to graduate (**en** in) (**b**) *(la vista)* **tengo que ir a graduarme la vista** I have to (go and) get my eyes tested

graffiti [gra'fiti] *nm* piece of graffiti; **la pared estaba llena de graffitis** the wall was covered in graffiti

grafía *nf* written symbol; **tienen la misma g., pero se pronuncian de forma diferente** they are spelt the same but are pronounced differently

gráfica *nf* graph, chart

gráficamente *adv* graphically

gráfico, -a 1 *adj* graphic

2 *nm (figura)* graph, chart; *(dibujo)* diagram ❑ ***g. de barras*** bar chart; ***g. de control*** control chart; ***gráficos de ordenador*** computer graphics; ***gráficos para presentaciones*** presentation *o* business graphics; ***g. de sectores*** pie chart; ***gráficos vectoriales*** vector graphics

grafismo *nm (diseño)* graphics

grafista *nmf* graphic artist *o* designer

grafito *nm* graphite

grafología *nf* graphology

grafológico, -a *adj* graphological

grafólogo, -a *nm,f* graphologist, handwriting expert

gragea *nf* (**a**) *(píldora)* pill, tablet (**b**) *(confite)* sugar-coated sweet

grajilla *nf* jackdaw

grajo, -a *nm,f* (**a**) *(ave)* rook (**b**) *Andes, Carib (olor)* body odour

gral. (*abrev de* **general**) gen.

grama *nf* Bermuda grass

gramática *nf (disciplina, libro)* grammar; EXPR *Fam* **tener g. parda** to be streetwise *o* worldly-wise ❑ ***g. comparada*** comparative grammar; ***g. estructural*** structural grammar; ***g. generativa*** generative grammar; ***g. tradicional*** traditional grammar

gramatical *adj* grammatical

gramático, -a 1 *adj* grammatical

2 *nm,f (persona)* grammarian

gramilla *nf RP (césped)* grass, lawn

gramínea *Bot* **1** *adj* **una planta g.** a grass, *Espec* a gramineous plant

2 *nf* grass, *Espec* gramineous plant

gramo *nm* gram; *Fig* **no tiene ni un g. de cordura** he hasn't an ounce of good sense

gramófono *nm* gramophone

gramola *nf* gramophone

grampa *nf Am* staple

gran *ver* **grande**

grana *nf* (**a**) *(color)* scarlet (**b**) ***g. del Paraíso*** cardamom

Granada *n* (**a**) *(en España)* Granada (**b**) *(en las Antillas)* Grenada

granada *nf* (**a**) *(fruta)* pomegranate (**b**) *(bomba de mano)* grenade ❑ ***g. de mano*** hand grenade (**c**) *(proyectil)* shell ❑ ***g. de mortero*** mortar shell

granadero *nm Mil* grenadier

granadilla *nf* (**a**) *(planta, flor)* passion flower (**b**) *(fruto)* passion fruit

granadina *nf* (**a**) *(bebida)* grenadine (**b**) *(cante)* = type of flamenco from Granada

granadino, -a *adj* (**a**) *(en España)* of/from Granada (**b**) *(en las Antillas)* Grenadian

granado *nm* pomegranate tree

granar *vi* to seed

granate 1 *nm* (**a**) *(gema)* garnet (**b**) *(color)* maroon

2 *adj inv* maroon

GRANDE

> **gran** is used instead of **grande** before masculine singular nouns (e.g. **gran hombre** great man).

1 *adj* (**a**) *(de tamaño)* big, large; *(de altura)* tall; **este traje me está** *o* **me queda g.** this suit is too big for me; *Fig* **el cargo le viene g.** he's not up to the job; **¡qué g. está tu hermano!** your brother's really grown!; *Fam* **pagó con un billete de los grandes** he paid with a large note ❑ ***grandes almacenes*** department store; *Fot* ***gran angular*** wide-angle lens; ***la Gran Barrera del Coral*** the Great Barrier Reef; ***Gran***

Bretaña Great Britain; ***el Gran Cañón (del Colorado)*** the Grand Canyon; ***gran danés*** Great Dane; *Hist* ***la Gran Depresión*** the Great Depression; ***la G. Explosión*** the Big Bang; ***la Gran Guerra*** the Great War; ***los Grandes Lagos*** the Great Lakes; *Hist* ***Gran Mogol*** Mogul; ***la G. Muralla (China)*** the Great Wall (of China); *Dep* ***Gran Premio*** Grand Prix; *Com* ***gran superficie*** hypermarket
(**b**) *(de intensidad, importancia)* great; **una gran mujer** a great woman; **es un gran mentiroso** he's a real liar; **¡qué alegría más g.!** what joy!; **la gran mayoría está a favor del proyecto** the great *o* overwhelming majority are in favour of the project; **el éxito se debe en gran parte a su esfuerzo** the success is largely due to her efforts, the success is in no small measure due to her efforts; **hacer algo a lo g.** to do sth in a big way *o* in style
(**c**) *Fam (adulto)* **cuando sea g. quiere ser doctora** she wants to be a doctor when she grows up
(**d**) *RP (fantástico)* great
(**e**) *RP (divertido)* amusing
(**f**) *RP (de edad)* old
(**g**) EXPR *Fam* **pasarlo en g.** to have a great time; **vivir a lo g.** to live in style
2 *nm* (**a**) *(noble)* grandee ▫ ***G. de España*** = one of highest-ranking members of Spanish nobility
(**b**) *(persona, entidad importante)* **uno de los grandes del sector** one of the major players in the sector; **los tres grandes de la liga** the big three in the league; **uno de los grandes de la literatura mexicana** one of the big names in Mexican literature
(**c**) *Fam* **grandes** *(adultos)* grown-ups
3 *nf RP (en lotería)* first prize

grandemente *adv (en extremo)* extremely, greatly

grandeza *nf* (**a**) *(de tamaño)* (great) size; *(esplendor)* magnificence, grandeur; **en toda su g.** in all its splendour *o* grandeur (**b**) *(de sentimientos)* generosity, graciousness ▫ ***g. de espíritu*** generosity of spirit, magnanimity (**c**) *(aristocracia)* aristocracy, nobility

grandilocuencia *nf* grandiloquence

grandilocuente *adj* grandiloquent

grandiosidad *nf* grandeur

grandioso, -a *adj* grand, splendid

grandullón, -ona *Fam* **1** *adj* overgrown
2 *nm,f* big boy, *f* big girl

granel *nm* **a g.** *(sin envase)* loose; *(en gran cantidad)* in bulk; *(en abundancia)* in abundance; **vender/comprar vino a g.** to sell/buy wine from the barrel

granero *nm* (**a**) *(edificio)* granary (**b**) *(zona rica)* breadbasket

granítico, -a *adj* granitic, granite; **roca granítica** granite

granito *nm* (**a**) *(roca)* granite (**b**) *(en la piel)* spot, pimple (**c**) EXPR **poner su g. de arena** to do one's bit

granívoro, -a *adj* granivorous

granizada *nf* (**a**) *Meteo* hailstorm (**b**) *(abundancia)* hail, shower

granizado *nm* = drink of flavoured crushed ice; **g. de café** = coffee-flavoured crushed ice; **g. de limón** = lemon-flavoured crushed ice

granizar [14] *v impersonal* to hail

granizo *nm* hail

granja *nf* farm ▫ ***g. agropecuaria*** agricultural and livestock farm; ***g. avícola*** poultry farm; ***g. escuela*** = farm which schoolchildren visit or stay at to learn about farming life and animals; ***g. marina*** marine farm

granjear 1 *vt* (**a**) *(conquistar)* to win over; (**b**) *Chile (estafar)* to swindle
2 granjearse *vpr* to gain, to earn

granjero, -a *nm,f* farmer

grano *nm* (**a**) *(de cereal, de uva)* grain; EXPR **apartar** *o* **separar el g. de la paja** to separate the wheat from the chaff ▫ ***g. de café*** coffee bean; ***g. de pimienta*** peppercorn (**b**) *(partícula)* grain (**c**) *(en la piel)* spot, pimple (**d**) EXPR **aportar** *o* **poner uno su g. de arena** to do one's bit; **ir al g.** to get to the point

granuja *nmf* (**a**) *(pillo)* rogue, scoundrel (**b**) *(canalla)* trickster, swindler

granujada *nf* dirty trick

granulado, -a 1 *adj* granulated
2 *nm* granules

granular *vt* to granulate

gránulo *nm* (**a**) *(grano)* granule (**b**) *(píldora)* small pill

granuloso, -a *adj* bumpy

grao *nm* beach, shore *(where boats can land)*

grapa *nf* (**a**) *(para papeles)* staple; **sujetar con grapas** to staple (**b**) *(para heridas)* stitch, (wire) suture (**c**) *(bebida alcohólica)* grappa

grapadora *nf* stapler

grapar *vt* to staple

grapia *nf (árbol)* grapia, garapa

GRAPO ['grapo] *nmpl (abrev de* **Grupos de Resistencia Antifascista Primero de Octubre***)* = left-wing Spanish terrorist group mainly active in the 70's and early 80's; **los grapos** = members of this group

grasa *nf* (**a**) *(en comestibles)* fat; *(de cerdo)* lard; **la comida de la región tiene mucha g.** the food of the region is very greasy ▫ ***g. de ballena*** blubber; ***g. saturada*** saturated fat; ***g. vegetal*** vegetable fat (**b**) *(lubricante)* grease, oil (**c**) *(suciedad)* grease

grasiento, -a, grasoso, -a *adj* greasy

graso, -a *adj (mantecoso)* greasy; *(con alto contenido en grasas)* fatty; *(cabello)* greasy

gratamente *adv* (**a**) *(agradablemente)* pleasingly; **estoy g. impresionado** I am pleasantly surprised, I am favourably impressed (**b**) *(con agrado)* with pleasure

gratén *nm Culin* gratin; **al g.** au gratin

gratificación *nf* (**a**) *(moral)* reward (**b**) *(monetaria) (por un trabajo)* bonus; *(por hallar algo)* reward

gratificador, -ora, gratificante *adj* rewarding

gratificar [59] *vt* (**a**) *(complacer)* to reward (**b**) *(retribuir)* to give a bonus to; *(dar propina a)* to tip; **se gratificará** *(en letrero)* reward

gratinado, -a *adj* au gratin

gratinar *vt* to cook a dish au gratin

gratis 1 *adj* free; **ser g.** to be free
2 *adv* free, for nothing; **me salió g. el viaje** the journey didn't cost me anything

gratitud *nf* gratitude

grato, -a *adj* (**a**) *(agradable)* pleasant; **nos es g. comunicarle que...** we are pleased to inform you that... (**b**) *Bol, Chile (agradecido)* grateful

gratuidad *nf* (**a**) *(de servicio)* **mantener la g. de la enseñanza** to keep education free (**b**) *(de comentario)* gratuitousness

gratuitamente *adv* (**a**) *(gratis)* free (of charge) (**b**) *(sin fundamento)* gratuitously

gratuito, -a *adj* (**a**) *(gratis)* free (**b**) *(arbitrario)* gratuitous; *(infundado)* unfair, uncalled for

grava *nf* gravel

gravamen *nm* (**a**) *(impuesto)* tax; **libre de g.** unencumbered, free from encumbrances (**b**) *(obligación moral)* burden

gravar *vt* (**a**) *(con impuestos)* to tax (**b**) *(agravar)* to worsen

grave 1 *adj* (**a**) *(enfermedad, situación)* serious; *(estilo)* formal; **estar g.** to be seriously ill; **presenta heridas graves** he is seriously injured; **su semblante g. impone respeto** her serious features inspire respect (**b**) *(sonido, voz)* low, deep (**c**) *Gram (palabra)* stressed on the second-last syllable; *(tilde)* grave
2 *nf Gram* word stressed on the second-last syllable

gravedad *nf* (**a**) *(importancia)* seriousness; **resultó herido de g. en el accidente** he was seriously injured in the accident (**b**) *(solemnidad)* **con g.** seriously, gravely (**c**) *Fís* gravity; **en la nave espacial no había g.** there was zero gravity within the spaceship ▫ ***g. cero*** zero gravity

gravemente *adv* seriously; **está gravemente enfermo** he is seriously ill; **"necesito hablarte", dijo g.** "I must speak to you", he said seriously *o* gravely

gravidez *nf* pregnancy

grávido, -a *adj* (**a**) *(mujer)* pregnant, *Espec* gravid (**b**) *Formal (lleno)* full

gravilla *nf* gravel

gravitación *nf Fís* gravitation ▫ ***g. universal*** universal gravitation

gravitacional = **gravitatorio**

gravitar *vi* (**a**) *Fís* to gravitate (**b**) **g. sobre** *(pender)* to hang *o* loom over

gravitatorio, -a, gravitacional *adj* gravitational

gravoso, -a *adj* burdensome; *(costoso)* expensive, costly

graznar *vi* (**a**) *(cuervo)* to caw; *(ganso)* to honk; *(pato)* to quack (**b**) *(persona)* to squawk

graznido *nm* (**a**) *(de cuervo)* caw, cawing; *(de ganso)* honk, honking; *(de pato)* quack, quacking; **el pato dio un g.** the duck gave a quack (**b**) *(de personas)* squawk, squawking

greca *nf Arquit* fret

Grecia *n* Greece

grecolatino, -a *adj* Graeco-Latin

grecorromano, -a *adj* Graeco-Roman

greda *nf* fuller's earth, clay

green [grin] *nm (en golf)* green

gregario, -a *adj* (**a**) *(animal)* gregarious (**b**) *(persona)* incapable of independent thought (**c**) *Dep* domestique

gregoriano, -a *adj* Gregorian

grelo *nm* turnip leaf

gremial *adj Hist* guild; **ordenanzas gremiales** guild statutes

gremialismo *nm* trade unionism

gremio *nm* (**a**) *Hist* guild (**b**) *(conjunto de profesionales)* profession, trade; **el g. del textil/de la construcción** the textile/building industry (**c**) *Fam (grupo)* league, club

greña *nf* (**a**) *Pey (pelo enredado)* tangle of hair; **greñas** *(pelo largo)* matted *o* tangled hair (**b**) EXPR *Fam* **andar a la g. (con alguien)** to be at loggerheads (with sb)

greñudo, -a *adj Pey* with matted *o* tangled hair

gres *nm* stoneware

gresca *nf* row; **se armó una g.** there was a fuss *o* row

grey (*pl* **greyes**) *nf* (**a**) *(de ovejas)* flock (**b**) *(de vacas)* herd (**c**) *(conjunto de individuos)* people, nation (**d**) *(fieles)* flock, congregation

Grial *nm* Grail

griego, -a 1 *adj* Greek
2 *nm,f* Greek; **los antiguos griegos** the ancient Greeks
3 *nm (lengua)* Greek

grieta *nf (ranura)* crack; *(entre montañas)* crevice; *(en glaciar)* crevasse; *(que deja pasar luz)* chink

grifa *nf muy Fam* dope, marijuana

grifería *nf* taps

grifero, -a *nm,f Perú Br* petrol pump attendant, *US* gas pump attendant

grifo *nm* (**a**) *Esp (llave) Br* tap, *US* faucet ❑ ***g. monomando*** mixer tap (**b**) *Méx, Perú (gasolinera) Br* petrol station, *US* gas station (**c**) *Chile (toma de agua)* (fire) hydrant, *US* fireplug (**d**) *Col (presuntuoso)* conceited (**e**) *Méx Fam (borracho)* drunk (**f**) *Col, Méx Fam (drogado)* stoned, high

grill [gril] (*pl* **grills**) *nm* grill

grilla *nf* (**a**) *Andes (molestia)* annoyance, bother (**b**) *Col (riña)* struggle, scuffle

grillado, -a *adj Fam* crazy, loopy

grillete *nm* shackle; **ponerle grilletes a alguien** to shackle sb

grillo *nm* (**a**) *(insecto)* cricket ❑ ***g. cebollero*** *o* ***real*** mole cricket (**b**) **grillos** *(grilletes)* shackles

grillo-topo *nm* mole cricket

grima *nf* (**a**) *(disgusto)* annoyance; **me da g.** he/she/it gets on my nerves (**b**) *(dentera)* **me da g.** it sets my teeth on edge

grimillón *nm Chile Fam (multitud, gran cantidad)* **un g. de** loads of, masses of

grímpola *nf Náut* pennant

gringo, -a *adj & nm,f Fam (estadounidense)* gringo, American

gripa *nf Am* flu

gripal *adj* flu-like; **síntomas gripales** flu(-like) symptoms

griparse *vpr* to seize up

gripe *nf* flu

griposo, -a *adj* fluey; **estar g.** to have the flu

gris (*pl* **grises**) **1** *adj* (**a**) *(de color)* grey (**b**) *(triste)* gloomy, miserable (**c**) *(insignificante)* dull, characterless
2 *nm* (**a**) *(color)* grey ❑ ***g. marengo*** dark grey; ***g. perla*** pearl grey (**b**) *Esp Fam Antes* **los grises** *(la policía)* the cops

grisáceo, -a *adj* greyish

grisalla *nf Méx* scrap metal

grisear *vi* to become grey

grisma *nf Chile* bit, strand

grisú (*pl* **grisúes**) *nm* firedamp

gritar 1 *vi (hablar alto)* to shout; *(chillar)* to scream, to yell; **no grites tanto, habla más bajo** don't shout so much, lower your voice a bit; **gritó de dolor** he cried in pain
2 *vt* (**a**) *(en voz alta)* **g. algo a alguien** to shout sth at sb (**b**) *(reñir)* to shout *o* yell at; **¡no me grites, que no fue culpa mía!** don't shout *o* yell at me, it wasn't my fault!

griterío *nm* screaming, shouting

grito *nm (chillido)* shout; *(de dolor, miedo)* cry, scream; *(de sorpresa, de animal)* cry; **dar** *o* **pegar un g.** to shout *o* scream (out); *Fam* **a g. limpio** *o* **pelado** at the top of one's voice; **hablar a gritos** to shout, to talk at the top of one's voice; EXPR **pedir algo a gritos** to be crying out for sth; EXPR **este niño está pidiendo a gritos que le den unos azotes** this boy is asking to get slapped; EXPR *Fam* **poner el g. en el cielo** to hit the roof; EXPR **ser el último g.** to be the latest fashion *o* craze, to be the in thing

gritón, -ona *adj Fam* loudmouthed

groenlandés, -esa (*pl* **groenlandeses**) **1** *adj* Greenlandic
2 *nm,f* Greenlander

Groenlandia *n* Greenland

grog *nm* grog

grogui *adj Fam también Fig* groggy

grojo *nm* common juniper

grosella *nf* redcurrant ❑ ***g. negra*** blackcurrant; ***g. silvestre*** gooseberry

grosellero *nm* currant bush ❑ ***g. silvestre*** gooseberry bush

grosería *nf* (**a**) *(cualidad)* rudeness (**b**) *(acción)* rude thing; **ese comentario fue una g.** that was a terribly rude thing to say (**c**) *(palabrota)* swear word

grosero, -a 1 *adj* (**a**) *(maleducado)* rude, crude (**b**) *(tosco)* coarse, rough
2 *nm,f* rude person; **es un g.** he's terribly rude

grosor *nm* thickness; **una tabla de 3 cm de g.** a board 3 cm thick

grosso modo *adv* roughly, in broad terms

grotesco, -a *adj* grotesque

groupie ['grupi] *nf Fam* groupie

grúa *nf* (**a**) *(máquina)* crane (**b**) *(vehículo) (para averías)* breakdown truck; **la g. (municipal)** = tow truck which removes illegally parked cars; **se me llevó el coche la grúa** my car's been towed away; **se avisa grúa** *(en letrero)* cars parked here will be towed away

grueso, -a 1 *adj* (**a**) *(espeso)* thick (**b**) *(corpulento)* thickset; *(obeso)* fat (**c**) *(en grano)* coarse; **sal gruesa** coarse salt (**d**) *Meteo* **mar gruesa** stormy *o* heavy sea (**e**) *Méx Fam* **¡está g.!** *(¡está difícil!)* it's a tough one!
2 *nm* (**a**) *(grosor)* thickness (**b**) *(parte mayor)* **el g. de** the bulk of; **el g. del público ya se ha marchado** most of the crowd has already left

grulla *nf* (**a**) *(ave)* crane (**b**) *Fam Pey* **una vieja g.** *(mujer)* an old trout

grullo, -a *adj* (**a**) *Guat, Méx (gris)* dark grey (**b**) *Méx (gorrón)* spongeing

grumete *nm* cabin boy

grumo *nm (en líquido)* lump

grumoso, -a *adj* lumpy

grunge [grunʃ] *nm* grunge

gruñido *nm* (**a**) *(de perro)* growl; *(de cerdo)* grunt (**b**) *(de persona)* grumble; **dar gruñidos** to grumble

gruñir *vi* (**a**) *(perro)* to growl; *(cerdo)* to grunt (**b**) *(persona)* to grumble

gruñón, -ona 1 *adj* grumpy
2 *nm,f* old grump

grupa *nf* hindquarters; **montar a la g.** to ride pillion

grupal *adj* group; **terapia g.** group therapy

grupo *nm* (**a**) *(conjunto)* group; *(de árboles)* cluster; *(de músicos)* group, band; **en g.** in a group; **el g. de cabeza** *(en carrera)* the leading group ❑ *Informát* ***g. de discusión*** discussion group; ***g. de empresas*** (corporate) group; *Informát* ***g. de noticias*** newsgroup; ***g. parlamentario*** parliamentary group; *Pol* ***g. de presión*** pressure group, lobby; ***g. de riesgo*** group at risk; ***g. sanguíneo*** blood group; ***el g. de los siete (grandes)*** the G7 countries; *Informát* ***g. de usuarios*** user group (**b**) *Tec* unit, set ❑ *Elec* ***g. electrógeno*** generator

grupúsculo *nm* small group; *Pol* splinter group

gruta *nf* grotto

gruyère, gruyere [gru'jer] **1** *adj* **queso g.** Gruyère cheese
2 *nm* Gruyère

gta. *abrev de* **glorieta**

guaba *nf CAm, Ecuad, PRico (fruta)* guama

guaca *nf* (**a**) *CAm (sepultura)* Indian tomb (**b**) *Andes, CAm (tesoro)* hidden treasure (**c**)

Am (hucha) moneybox (**d**) *CRica, Cuba (hoyo)* = pit for ripening fruit

guacal *nm* (**a**) *CAm, Méx (calabaza)* pumpkin (**b**) *Carib, Col, Méx (jaula)* cage

guácala, guácatelas *interj Méx Fam* **¡g.!** *(¡qué asco!)* ugh!, yuck!

guacamayo *nm (ave)* macaw

guacamol, guacamole *nm* guacamole, avocado dip

guacarnaco, -a *adj Col, Cuba, Ecuad (tonto)* foolish, silly

guácatelas = guácala

guachada *nf RP muy Fam* mean trick

guachafita *nf Col,Ven Fam* racket, uproar

guáchara *nf CRica (maraca)* maraca

guache *nm* (**a**) *Arte* gouache (**b**) *Col, Ven (canalla)* thug (**c**) *Col (maraca)* maraca

guachimán *nm Am* night watchman

guachinango *nm Méx (pez)* red snapper

guacho, -a *nm,f* (**a**) *Andes, RP Fam (huérfano)* orphan (**b**) *RP muy Fam (sinvergüenza)* bastard, swine

guaco, -a 1 *adj* (**a**) *Andes (con el labio leporino)* harelipped (**b**) *Méx (mellizo)* twin
2 *nm* (**a**) *Carib, Méx (planta)* guaco (**b**) *Col, Ecuad (ave gallinácea)* currasow (**c**) *CAm (ave falcónida)* caracara

guadal *nm Am* sandy bog

guadalajareño, -a, guadalajarense 1 *adj* of/from Guadalajara
2 *nm,f* person from Guadalajara

guadaña *nf* scythe

guadañar *vt* to scythe

guadaño *nm Cuba, Méx* = small harbour boat

guadarnés *nm* (**a**) *(lugar)* harness room (**b**) *(mozo)* stable boy

Guadiana *nm* EXPR *Esp* **ser como el G.** to pop up every now and again

guagua *nf* (**a**) *CAm, Carib (autobús)* bus (**b**) *Andes (niño)* baby

guaira *nf* (**a**) *Andes (horno)* = earthenware smelting furnace (**b**) *Am (vela)* triangular sail (**c**) *CAm (flauta)* = Indian panpipe

guajira *nf* = Cuban popular song about country life

guajiro, -a 1 *adj (de Guajira)* of/from Guajira
2 *nm,f* (**a**) *Cuba Fam (campesino)* peasant (**b**) *(de Guajira)* person from Guajira

guajolote *Méx* **1** *adj (tonto)* silly, foolish
2 *nm* (**a**) *(pavo)* turkey (**b**) *(tonto)* fool, idiot

gualda *nf Bot* dyer's rocket

gualdo, -a *adj* yellow

gualdrapa *nf (cobertura)* caparison

gualicho, gualichú (*pl* **gualichús** *o* **gualichúes**) *nm Andes, RP* (**a**) *(diablo)* evil spirit, devil (**b**) *(hechizo)* evil spell

guama *nf CAm, Col, Ven* (**a**) *(fruto)* guama fruit (**b**) *(mentira)* lie

guamo *nm CAm, Col,Ven (árbol)* guama

guampa *nf RP* horn

guanábana *nf Am* soursop

guanábano *nm Am* soursop tree

guanaco *nm Am* guanaco, wild llama

guanajo *nm Carib* turkey

guanajuatense 1 *adj* of/from Guanajuato
2 *nm,f* person from Guanajuato

guanche *nmf* = original inhabitant of the Canary islands

guando *nm Andes* stretcher

guandú *nm CAm, Carib, Col (arbusto)* guandu, pigeon pea

guanera *nf Am* guano deposit

guano *nm* (**a**) *(abono)* guano (**b**) *Cuba (palmera)* palm tree

guantanamero, -a 1 *adj* of/from Guantanamo
2 *nm,f* person from Guantanamo

guantazo, guantada *nm Fam* slap; **dar un g. a alguien** to give sb a slap (on the face)

guante *nm* glove; EXPR **arrojar** *o* **tirar el g.** to throw down the gauntlet; **de g. blanco** gentlemanly; EXPR *Fam* **echarle el g. a algo/alguien** to get hold of sth/sb, to get one's hands on sth/sb; EXPR **recoger el g.** to take up the challenge *o* gauntlet; EXPR **sentar como un g.** *(ropa)* to fit like a glove; EXPR **estar más suave que un g.** to be as meek as a lamb ▫ ***guantes de boxeo*** boxing gloves; ***guantes de cirujano*** surgeon's gloves; ***guantes de golf*** golf(ing) gloves; ***guantes de portero*** goalkeeping gloves

guantear *vt Méx Fam (agarrar)* to collar

guantelete *nm* gauntlet

guantera *nf (en coche)* glove compartment

guantón *Col, Perú Fam* slap

guapamente *adv Fam* **todo salió g.** everything went like a charm; **¿vendrás? — ¡g.!** are you coming? – sure thing! *o* you bet!

guapango *nm Am* fandango

guaperas *Fam* **1** *adj inv* pretty-pretty
2 *nm inv* (**a**) *(presumido)* pretty boy (**b**) *(artista, cantante)* heart-throb

guapetón, -ona *adj Fam* (**a**) *(muy guapo)* gorgeous (**b**) *(ostentoso)* flashy

guapo, -a 1 *adj* (**a**) *(atractivo)* good-looking; *(hombre)* handsome; *(mujer)* pretty; **se había puesto muy guapa para la cita** she was looking her best for the date (**b**) *muy Fam (muy bueno)* cool, ace
2 *nm,f* (**a**) *(valiente)* **a ver quién es el g. que...** let's see who's brave enough to... (**b**) *(fanfarrón)* braggart (**c**) *Fam (apelativo)* pal, *Br* sunshine; **oye, g., devuélveme mi bolígrafo** listen pal *o Br* sunshine, I want my pen back

guapura *nf (de hombre)* handsomeness; *(de mujer)* prettiness

guaraca *nf Andes* sling

guaracha *nf Carib (baile, música)* = popular song and dance

guarachear *vi Carib* to go out on the town

guarache *nm Méx* sandal

guaragua *nf* (**a**) *Andes (contoneo)* swing, turn (**b**) *Andes (rodeo)* evasion, indirectness (**c**) *Guat, Hond (mentira)* lie

guarangada *nf Chile, RP* rude remark

guarango, -a *adj Chile, RP* coarse, vulgar

guaraní 1 *adj inv & nmf* Guarani
2 *nm* (**a**) *(lengua)* Guarani (**b**) *(moneda)* guarani

guaranismo *nm* = Guarani word or expression

guarapo *nm Am* cane liquor

guarapón *nm Andes* broad-brimmed hat

guarda 1 *nmf* (**a**) *(vigilante)* guard, keeper ▫ ***g. forestal*** gamekeeper, forest ranger; ***g. jurado*** security guard; ***g. de seguridad*** security guard (**b**) *Arg (revisor)* bus conductor
2 *nf* (**a**) *(tutela)* guardianship (**b**) *(de libros)* flyleaf (**c**) *Arg, Par, Perú (ribete)* ribbing, trimming

guardabarrera *nmf Ferroc Br* level crossing keeper, *US* grade crossing keeper

guardabarros *nm inv Br* mudguard, *US* fender

guardabosque *nmf* forest ranger

guardacoches *nmf inv* parking attendant

guardacostas *nm inv* (**a**) *(barco)* coastguard boat (**b**) *(persona)* coastguard

guardador, -ora *nm,f* keeper

guardaespaldas *nmf inv* bodyguard

guardafango *nm Am Br* mudguard, *US* fender

guardafrenos *nmf inv Ferroc* brakeman, *f* brakewoman

guardagujas *nmf inv Ferroc* switchman, *f* switchwoman

guardameta *nmf* goalkeeper

guardamuebles *nm inv* furniture warehouse *(for storage)*

guardapelo *nm* locket

guardapolvo *nm* overalls

GUARDAR 1 *vt* (**a**) *(conservar)* to keep; *(poner en su sitio)* to put away; **guarda el vestido en el armario** she keeps the dress in the wardrobe; **¡niños, guardad los juguetes!** put your toys away children!; **esta caja guarda documentos muy antiguos** this box contains some very old documents; **guardo muy buenos recuerdos de mi infancia** I have very good memories of my childhood
(**b**) *(vigilar)* to keep watch over; *(proteger)* to guard; **guarda un rebaño de ovejas** he tends a flock of sheep; **guarda a tu hijo del peligro** keep your child away from danger; **¡Dios guarde al rey!** God save the King!
(**c**) *(secreto, promesa)* to keep; **guardó su palabra** she kept her word
(**d**) *(reservar, ahorrar)* to save (**a** *o* **para alguien** for sb); **guarda un poco de pastel para tu hermano** leave *o* save a bit of cake for your brother; **el carnicero siempre me guarda la mejor carne** the butcher always saves *o* keeps the best meat for me
(**e**) *(observar) (ley, norma, fiesta)* to observe; **g. cama** to stay in bed; **g. silencio** to keep

quiet; **g. las apariencias** to keep up appearances; *también Fig* **g. las distancias** to keep one's distance

(**f**) *Informát* to save; **g. cambios** to save changes

2 guardarse *vpr* (**a**) *(colocar)* **se guardó la pluma en el bolsillo** she put the pen in her pocket

(**b**) *(quedarse con)* **guárdate tu ironía para otro momento** save *o* keep your irony for someone else

(**c**) **guardarse de hacer algo** *(evitar)* to avoid doing sth; *(abstenerse de)* to be careful not to do sth; **me guardaré de criticarle** I'll be careful not to criticize him

(**d**) *Fam* **guardársela a alguien** to have it in for sb

---

guardarredes *nm inv* goalkeeper

guardarropa *nm* (**a**) *(armario)* wardrobe (**b**) *(de cine, discoteca)* cloakroom (**c**) *(ropa)* wardrobe

guardarropía *nf Teatro* wardrobe

guardavallas *nm inv Am* goalkeeper

guardavía *nm* signalman

guardavida *nmf RP (salvavidas)* lifeguard

guardería *nf (establecimiento)* nursery; *(en aeropuerto, supermercado)* crèche ❑ ***g. infantil*** nursery

guardés, -esa *nm,f* caretaker

guardia 1 *nf* (**a**) *(conjunto de personas)* guard; **la vieja g.** the old guard ❑ ***G. Civil*** Civil Guard, = armed Spanish police force who patrol rural areas and highways, guard public buildings in cities and police borders and coasts; ***la g. municipal*** the local police; *Fig* ***g. pretoriana*** (phalanx of) bodyguards; ***g. real*** royal guard; ***la g. suiza*** the Swiss guard; ***la g. urbana*** the local police

(**b**) *(vigilancia)* watch, guard; **aflojar** *o* **bajar la g.** to lower *o* drop one's guard; **de g.** on guard; **me quedé de g. toda la noche** I stayed up watching all night; **¡en g.!** en garde!; **hacer g.** to stand guard; **montar (la) g.** to mount guard; **poner a alguien en g.** to put sb on their guard

(**c**) *(turno)* duty; **estar de g.** *(médico)* to be on duty *o* call; *(farmacia)* to be open 24 hours *(on a given day)*

2 *nmf* (**a**) *(policía)* policeman, *f* policewoman ❑ ***g. civil*** civil guard; ***g. municipal*** (local) policeman, *f* (local) policewoman; ***g. de tráfico*** traffic policeman, *f* traffic policewoman; ***g. urbano*** (local) policeman, *f* (local) policewoman

(**b**) *(centinela)* guard ❑ ***g. jurado*** security guard; ***g. de seguridad*** security guard

3 *nm* **g. marina** = sea cadet in final two years of training

guardián, -ana 1 *adj* **ángel g.** guardian angel

2 *nm,f (de persona)* guardian; *(de cosa)* watchman, keeper; **los guardianes de la fe** the keepers of the faith

guarecer [46] **1** *vt* to protect, to shelter (**de** from)

2 guarecerse *vpr* to shelter (**de** from)

guarida *nf* (**a**) *(de animal)* lair (**b**) *(escondite)* hideout

guarismo *nm* figure, number

guarnecer [46] *vt* (**a**) *(adornar)* to decorate; *(ropa)* to trim; *(plato)* to garnish (**b**) *Mil (vigilar)* to garrison

guarnición *nf* (**a**) *(adorno)* decoration; *(de ropa)* trimming; *(de plato)* garnish (**b**) *Mil* garrison

guarnicionero, -a *nm,f* (**a**) *(de objetos de cuero)* leather worker (**b**) *(de arreos)* saddler

guaro *nm* (**a**) *(loro)* = small parrot (**b**) *CAm (aguardiente)* cane liquor

guarrada *nf Fam* (**a**) *(cosa asquerosa)* filthy thing (**b**) *(mala pasada)* filthy *o* dirty trick; **hacer una g. a alguien** to play a dirty trick on sb

guarrería *nf Fam* (**a**) *(suciedad)* filth, muck (**b**) *(acción)* filthy thing (**c**) *(dicho)* **decir guarrerías** to use foul language (**d**) *(mala pasada)* filthy *o* dirty trick

guarro, -a 1 *Fam adj* filthy

2 *nm,f* (**a**) *(animal)* pig (**b**) *Fam (persona)* filthy *o* dirty pig

guarura *nm Méx Fam* bodyguard

guasa *nf* (**a**) *Fam (gracia)* humour; *(ironía)* irony; **estar de g.** to be joking (**b**) *Fam (pesadez)* **tener mucha g.** to be a pain in the neck (**c**) *Cuba, Méx, Ven (pez)* jewfish

guasada *nf RP* rude word

guasca, huasca *nf CAm, Carib* whip

guascazo *nm CAm, Carib* lash

guasearse *vpr Fam* to take the mickey (**de** out of)

guasería *nf Chile* coarseness, crudeness

guaso, -a 1 *adj Andes, RP* crude, coarse

2 *nm,f Chile (campesino)* farmer, peasant

guasón, -ona 1 *adj* fond of teasing

2 *nm,f* joker, tease

guata, huata *nf* (**a**) *(de algodón)* cotton padding *o* wadding (**b**) *Chile Fam (barriga)* belly

guate *nm CAm* = *Br* maize *o US* corn grown for cattle fodder

guateado, -a *adj* padded

Guatemala *n* (**a**) *(país)* Guatemala (**b**) *(ciudad)* Guatemala City (**c**) EXPR *Fam* **de G. a Guatepeor** out of the frying pan, into the fire

guatemalteco, -a, guatemaltense *adj & nm,f* Guatemalan

guateque *nm (fiesta)* party

guatitas *nfpl Chile (tripas)* tripe

guatón, -ona *adj Chile Fam* potbellied

guau *interj (ladrido)* woof

guay *Esp Fam* **1** *adj* cool, neat; EXPR **es g. del Paraguay** it's really cool *o* neat, *Br* it's well cool

2 *adv* **pasarlo g.** to have a great time

3 *interj* **¡g.!** cool!

guayaba *nf* (**a**) *(fruta)* guava (**b**) *Andes, CAm, Cuba Fam (mentira)* fib

guayabate *nm CAm, Méx* guava paste

guayabera *nf Am* = white shirt with pockets, worn outside trousers

guayabo *nm* (**a**) *(árbol)* guava tree (**b**) *Col Fam (resaca)* hangover

guayaco *nm* guaiacum

Guayana *n* ***la G. Francesa*** French Guiana

guayanés, -esa *adj & nm,f* Guayanese

guayaquileño, -a 1 *adj* of/from Guayaquil

2 *nm,f* person from Guayaquil

guayar 1 *vt Carib (rallar)* to grate; *(raspar)* to scrape

2 guayarse *vpr* (**a**) *PRico (emborracharse)* to get drunk (**b**) *Carib (fatigarse)* to get tired

guayo *nm Am* (**a**) *(rallo)* grater (**b**) *(borrachera)* drunkenness (**c**) *(música mala)* poor-quality music, caterwauling

guayule *nm* guayule

gubernamental *adj* government; **política g.** government policy

gubernativo, -a *adj* government; **orden gubernativa** government decree

gubia *nf* gouge

güemul, huemul *nm Chile, Arg* huemul

guepardo *nm* cheetah

güero, -a *adj Méx Fam* blond, blonde

guerra *nf (conflicto)* war; *(referido al tipo de conflicto)* warfare; *(pugna)* struggle, conflict; *(de intereses, ideas)* conflict; **declarar la g.** to declare war; *Fig* **le tiene declarada la g. a García** he's at daggers drawn with García, he really has it in for García; **en g.** at war; **g. sin cuartel** all-out war; *Fig* **dar g.** to be a pain, to be annoying; *Fig* **los niños han estado todo el día dando g.** the children have been misbehaving all day; *Fam Fig* **de antes de la g.** ancient, prehistoric ❑ ***g. abierta*** open warfare; ***g. atómica*** nuclear war; ***g. bacteriológica*** germ warfare; ***g. civil*** civil war; ***la G. Civil española*** the Spanish Civil War; ***g. espacial*** star wars; ***g. fría*** cold war; ***g. de las galaxias*** star wars; ***la g. del Golfo*** the Gulf War; ***g. de guerrillas*** guerrilla warfare; ***la G. de la Independencia española*** the Peninsular War; ***g. mundial*** world war; ***g. de nervios*** war of nerves; ***g. nuclear*** nuclear war; ***g. de precios*** price war; ***g. psicológica*** psychological warfare; ***g. química*** chemical warfare; ***g. santa*** Holy War; ***la G. de Secesión*** the American Civil War; ***g. sucia*** dirty war

guerrear *vi* to wage war (**contra** on *o* against)

guerrera *nf (prenda)* (military) jacket

guerrero, -a 1 *adj (belicoso)* warlike; *(peleón)* argumentative, quarrelsome

2 *nm,f* warrior

guerrilla *nf (grupo)* guerrilla group

guerrillero, -a 1 *adj* guerrilla; **ataque g.** guerrilla attack

2 *nm,f* guerrilla

gueto *nm* ghetto

güey *nm Méx very Fam* (**a**) *(tonto)* jerk, *Br* plonker (**b**) **¡ay g.!** *(expresión de asombro) Br* bloody hell!, *US* goddam!

guía 1 *nmf (persona)* guide ❑ ***g. espiritual*** *(persona, libro)* spiritual guide; ***g. turístico*** tourist guide

2 *nf* (**a**) *(indicación)* guidance (**b**) *(libro)*

guide (book) □ ***g. de ferrocarriles*** train timetable; ***g. telefónica*** *o* ***de teléfonos*** telephone book *o* directory (**c**) *(de bicicleta)* handlebars (**d**) *(para cortinas)* rail

guiar [32] **1** *vt* (**a**) *(indicar dirección)* to guide, to lead; *(aconsejar)* to guide, to direct (**b**) *(coche)* to drive; *(barco)* to steer (**c**) *(plantas, ramas)* to train
2 guiarse *vpr* **guiarse por algo** to be guided by *o* to follow sth; **se guía por el instinto** he's guided by instinct

guija *nf* pebble

guijarro *nm* pebble

guijarroso, -a *adj* pebbly

guillado, -a *adj* crazy

guilladura *nf* craziness

guillarse *vpr Fam* (**a**) *(chiflarse)* to go crazy (**b**) *(irse)* to run off

guillotina *nf* guillotine

guillotinar *vt* to guillotine

guinche, güinche *nm Am* winch, hoist

guinda *nf* morello cherry; *Fig* **la g.** the finishing touch, the icing on the cake

guindar *vt Fam* **g. algo a alguien** to pinch *o* nick sth off sb

guindilla *nf* chilli (pepper)

guindo *nm* morello cherry tree

guinea *nf* guinea

Guinea-Bissau *n* Guinea-Bissau

Guinea Ecuatorial *n* Equatorial Guinea

guineano, -a *adj & nm,f* Guinean

guiñapo *nm* (**a**) *(andrajo)* rag (**b**) *Fam (persona)* **estar hecho un g.** to be a wreck

guiñar 1 *vt* to wink; **guiñarle un ojo a alguien** to wink at sb
2 guiñarse *vpr* to wink at each other

guiño *nm* wink; **me hizo un g.** she winked at me

guiñol *nm* puppet theatre

guiñolesco, -a *adj* farcical

guión *nm* (**a**) *(resumen)* framework, outline (**b**) *Cine & TV* script, screenplay; *Fig* **eso no estaba en el g.** that's not what was agreed on (**c**) *(corto)* hyphen; *(más largo)* dash

guionista *nmf* scriptwriter

guipuzcoano, -a 1 *adj* of/from Guipúzcoa
2 *nm,f* person from Guipúzcoa

güira *Carib, Méx nf (fruto, árbol)* calabash

guiri *Esp Fam* **1** *adj* foreign
2 *nmf* foreigner

guirigay *nm* (**a**) *Fam (jaleo)* racket, hubbub (**b**) *(lenguaje ininteligible)* gibberish

guirlache *nm* almond brittle

guirnalda *nf* garland

güiro *nm* (**a**) *Am (planta)* gourd, calabash (**b**) *Carib (instrumento)* guiro, = musical instrument made from a gourd (**c**) *Andes (tallo de maíz) Br* green maize stalk, *US* green corn stalk

guisa *nf* way, manner; **a g. de** by way of, as; **de esta g.** in this way

guisado *nm* stew

guisante *nm Esp* pea □ ***g. de olor*** sweet pea

guisar 1 *vt & vi* to cook
2 guisarse *vpr Fam (ocurrir, planearse)* to be cooking, to be going on

guiso *nm* (**a**) *(plato)* stew (**b**) *Col (salsa)* = lightly fried onions, garlic, and usually also pepper, used as a base for sauces, stews etc

güisqui *nm* whisky

guita *nf* (**a**) *Esp, RP Fam (dinero)* dosh (**b**) *(cuerda)* twine, string

guitarra 1 *nf* guitar □ ***g. acústica*** acoustic guitar; ***g. eléctrica*** electric guitar
2 *nmf* guitarist

guitarrero, -a *nm,f* guitar maker

guitarrillo, guitarro *nm* small four-string guitar

guitarrista *nmf* guitarist

güito *nm Br* stone, *US* pit

gula *nf* gluttony

gulag (*pl* **gulags**) *nm* gulag

gulasch [gu'las] *nm inv* goulash

gurí, -isa *nm,f RP Fam* kid, child

guripa *nm Fam* cop

gurrumina *nf* (**a**) *CAm, Cuba, Méx (fruslería)* trifle (**b**) *Ecuad, Guat, Méx (molestia)* annoyance, bother

gurrumino, -a 1 *adj* (**a**) *(enclenque)* sickly, frail (**b**) *Andes (cobarde)* cowardly
2 *nm,f* (**a**) *Méx (niño)* child (**b**) *Hond (persona astuta)* shrewd person

gurruño *nm Fam* [EXPR] **estar hecho un g.** *(ropa)* to be all wrinkled; *(papel)* to be crumpled up; **hizo un g. con la carta y la tiró a la papelera** she screwed *o* crumpled up the letter and threw it in the bin

gurú, guru *nm* guru

gusa *nf Esp Fam (hambre)* **tener g.** to be starving; **tener un poco de g.** to be peckish

gusanillo *nm Fam* **el g. de la conciencia** conscience; **entrarle a uno el g. del viaje** to be bitten by the travel bug; [EXPR] **matar el g.** *(bebiendo)* to have a drink on an empty stomach; *(comiendo)* to have a snack between meals; [EXPR] **sentir un g. en el estómago** to have butterflies (in one's stomach)

gusano *nm también Fig* worm □ ***g. de luz*** glow worm; ***g. de (la) seda*** silkworm

gusarapo, -a *nm,f* creepy-crawly

GUSTAR 1 *vi* (**a**) *(agradar)* to be pleasing; **me gusta esa chica/ir al cine** I like that girl/going to the cinema; **me/te/le gustan las novelas** I like/you like/she likes novels; **las fresas me gustan con locura** I'm mad about strawberries, I adore strawberries; **no me gusta la playa** I don't like the seaside; **me gustas mucho** I like you a lot, I really like you; **Andrés y Lidia se gustan** Andrés and Lidia fancy each other *o* are pretty keen on each other; **sus declaraciones no gustaron a los dirigentes del partido** her comments didn't go down too well with the party leaders; **el tipo de película que gusta al público** the sort of film that the audience likes; **no nos gusta que pongas la música tan fuerte** we don't like you playing your music so loud; **así me gusta, has hecho un buen trabajo** that's what I like to see, you've done a fine job; **hazlo como más te guste** do it whichever way you see fit, do it however you like
(**b**) *(en fórmulas de cortesía)* **como/cuando guste** as/whenever you wish; **para lo que usted guste mandar** at your service; **¿gustas?** (¿quieres?) would you like some?
(**c**) *Formal* **g. de hacer algo** to like *o* enjoy doing sth; **gusta de pasear por las mañanas** she likes *o* enjoys going for a walk in the mornings; **no gusta de bromas durante el horario laboral** he doesn't like people joking around during working hours
2 *vt (saborear, probar)* to taste, to try; **gustó el vino y dio su aprobación** she tasted *o* tried the wine and said it was fine

gustativo, -a *adj* taste; **papila gustativa** taste bud

gustazo *nm Fam* great pleasure; **darse el g. de algo/hacer algo** to allow oneself the pleasure of sth/doing sth

gustillo *nm* (**a**) *(sabor)* aftertaste (**b**) *(satisfacción)* malicious sense of satisfaction

GUSTO *nm* (**a**) *(sentido)* taste; **tiene atrofiado el sentido del g.** she has a poor sense of taste
(**b**) *(sabor)* taste, flavour; **este postre tiene un g. muy raro** this dessert tastes very odd; **tiene g. a chocolate** it tastes of chocolate; **una barra de helado de dos gustos** a block of ice cream with two flavours
(**c**) *(estilo)* taste; **el buen g. se forma desde la infancia** good taste is something you develop as a child; **es un cuadro de g. romántico** the painting is rather Romantic in style; **una casa decorada con (buen) g.** a tastefully decorated house; **de buen/mal g.** in good/bad taste; **tener buen/mal g.** to have good/bad taste; [PROV] **sobre gustos no hay nada escrito** there's no accounting for taste, each to his own
(**d**) *(preferencia)* taste; **tenemos gustos distintos sobre ropa** we have different tastes in clothes; **no comparto su g. por la violencia** I don't share his liking for violence
(**e**) *(placer)* pleasure; **ponte a g.** make yourself comfortable; **a g. del consumidor** in line with the customer's wishes; **siempre quieres que haga las cosas a tu g.** you always want me to do things your way; **añada sal a g.** add salt to taste; **tomar** *o Esp* **coger g. a algo** to take a liking to sth; **con mucho g.** gladly, with pleasure; **iría con (mucho) g., pero no puedo** I'd love to go but I can't; **lo haré con g.** I'll be pleased to do it, I'll do it with pleasure; **da g. estar aquí** it's really nice here; **lo hago por darte g.** I'm doing it for you *o* to make you happy; **me di el g. de**

contestarle I allowed myself the satisfaction of answering him back; **date el g., cómpratelo** go on, treat yourself and buy it; **encontrarse** *o* **estar** *o* **sentirse a g.** to feel comfortable *o* at ease; **está a g. consigo mismo** he's at ease with himself; **hacer algo a g.** *(de buena gana)* to do sth willingly *o* gladly; *(cómodamente)* to do sth comfortably; **mucho** *o* **tanto g. – el g. es mío** pleased to meet you – the pleasure's mine; **tener el g. de hacer algo** to have the pleasure of doing sth; **no tengo el g. (de conocerla)** I dont think I have the pleasure

---

gustosamente *adv (con placer)* with pleasure, gladly; **lo haré g.** I will do it gladly

gustoso, -a *adj* (**a**) *(con placer)* **hacer algo g.** to do sth gladly *o* willingly; **lo habría hecho g., pero no pude** I'd gladly have done it, but I wasn't able to (**b**) *(sabroso)* tasty

gutapercha *nf* (**a**) *Bot* gutta-percha (**b**) *(tela)* = cloth treated with gutta-percha

gutural *adj* guttural

Guyana *nf* Guyana

guyanés, -esa *adj & nm,f* Guyanese

gymkhana [jiŋ'kɑnɑ] *nf (carrera de obstáculos)* gymkhana; *(de automóviles)* rally

H

H[1], h ['atʃe] *nf (letra)* H, h; EXPR **por h o por b** for one reason or another

H[2] *(abrev de* **Hermano***)* Br.

h, h. *(abrev de* **hora***)* hr, h.

ha 1 *ver* **haber**

2 *nf (abrev de* **hectárea***)* ha

haba *nf*

> Takes the masculine articles **el** and **un**.

broad bean; EXPR *Fam* **en todas partes (se) cuecen habas** it's the same all over the world

habanera *nf Mús* habanera

habanero, -a *adj* of/from Havana

habano *nm* Havana cigar

habeas corpus *nm inv* habeas corpus

HABER[1] [1] **1** *v aux* **(a)** *(en tiempos compuestos)* to have; **lo he/había hecho** I have/had done it; **los niños ya han comido** the children have already eaten; **no he estado en India** I haven't been to India; **en el estreno ha habido mucha gente** there were a lot of people at the premiere

(b) *(expresa reproche)* **h. venido antes** you could have come a bit earlier; **¡haberlo dicho!** why didn't you say so?; **haberme escuchado** I told you (so), you should have listened to me; **de haberlo sabido…** if only I'd known…

(c) *(expresa obligación)* **h. de hacer algo** to have to do sth; **has de estudiar más** you have to study more; **he de llamarle** I ought to call him

2 *v impersonal* **(a)** *(existir, estar)* **hay** there is/are; **hay un regalo para ti** there's a present for you; **hay dos árboles en la plaza** there are two trees on the square; **hay mucha gente en la calle** there are a lot of people in the street; **había/hubo muchos problemas** there were a lot of problems; **no hubo tal penalty** it wasn't a penalty; **habrá dos mil** *(expresa futuro)* there will be two thousand; *(expresa hipótesis)* there must be two thousand; **es un caballero como hay pocos** he's a real gentleman; **es un artista donde los haya** he's as good an artist as you'll find; **algo habrá cuando todo el mundo habla de ello** if everyone's talking about it there must be something in it; **(todo) lo habido y por h.** everything under the sun; **gracias – no hay de qué** thank you – don't mention it; **no hay más que apretar el botón** simply press the button; **no hay nada como una buena comida** there's nothing like a good meal; **no hay nadie como ella** there's no one like her; **no hay quien lo entienda** no one knows what to make of him; **¡hay que ver!** well I never!; **no hay más que ver lo feliz que está** you just have to see how happy she is; *Fam* **¿qué hay?**, *Méx* **¡qué hubo!** *(saludo)* how are you doing?; *Fam* **¿qué hay de nuevo?** what's new?; **¡eres de lo que no hay!** you're unbelievable!

(b) *(expresa obligación)* **hay que hacer más ejercicio** one *o* you should do more exercise; **habrá que soportar su mal humor** we'll have to put up with his bad mood; **ha de llegar un día en el que todo se arregle** there's bound to come a time when everything gets sorted out; **siempre has de ser tú el que se queje** you always have to be the one to complain

(c) *Literario (hacer)* **tres meses ha que marchó** it is three months since that she left

3 haberse *vpr* **habérselas con alguien** to face *o* confront sb; **allá se las haya** that's his/her problem; **¡habráse visto cosa igual!** have you ever seen such a thing *o* the likes of it!

haber[2] *nm* **(a)** *(bienes)* assets **(b)** *(en cuentas, contabilidad)* credit (side) **(c) haberes** *(sueldo)* remuneration **(d)** *(mérito)* **tiene en su h. su capacidad de trabajo** in his favour is the fact that he's a good worker

habichuela *nf* bean

habido, -a *adj* occurred; **los accidentes habidos este verano** the number of accidents this summer

hábil *adj* **(a)** *(diestro)* skilful; *(inteligente)* clever **(b)** *(utilizable) (lugar)* suitable, fit **(c) días hábiles** working days

habilidad *nf (destreza)* skill; *(inteligencia)* cleverness; **tener h. para algo** to be good at sth

habilidoso, -a *adj* skilful, clever

habilitación *nf* **(a)** *(acondicionamiento)* fitting out **(b)** *Der (autorización)* authorization, right

habilitado, -a 1 *adj Der* authorized

2 *nm,f* paymaster

habilitar *vt* **(a)** *(acondicionar)* to fit out, to equip; **habilitó el desván para cuarto de huéspedes** he fitted out the attic as a guest bedroom **(b)** *Der (autorizar)* to authorize **(c)** *(financiar)* to finance

hábilmente *adv* skilfully

habiloso, -a *adj Chile* shrewd, astute

habitabilidad *nf* habitability; **estar/no estar en condiciones de h.** to be fit/unfit for human habitation

habitable *adj* habitable, inhabitable

habitación *nf (cuarto)* room; *(dormitorio)* bedroom; **quisiera una h. con baño** I'd like a room with a bath □ ***h. doble*** *(con cama de matrimonio)* double room; *(con dos camas)* twin room; ***h. individual*** single room; ***h. de invitados*** spare room; ***h. simple*** *o* ***sencilla*** single room

habitáculo *nm* **(a)** *(casa)* dwelling **(b)** *(habitación)* room **(c)** *(de vehículo)* passenger compartment

habitado, -a *adj (región, casa)* inhabited **(por** by**)**

habitante *nm (de ciudad, país)* inhabitant; *(de barrio)* resident; **una ciudad de doce millones de habitantes** a city with a population of twelve million

habitar 1 *vi* to live

2 *vt* to live in, to inhabit

hábitat *(pl* **hábitats***)* *nm* **(a)** *Biol* habitat □ ***h. marino*** marine habitat; ***h. urbano*** urban habitat **(b)** *(vivienda)* housing conditions

hábito *nm* **(a)** *(costumbre)* habit; **tener el h. de hacer algo** to be in the habit of doing sth; **crear h.** to be addictive **(b)** *(de monje, monja)* habit; EXPR **tomar el h.** *o* **los hábitos** *(monja)* to take the veil; *(sacerdote)* to take holy; PROV **el h. no hace al monje** clothes maketh not the man

habituación *nf* **(a)** *(a drogas)* addiction **(b)** *(a situación)* **la h. al nuevo trabajo fue difícil** getting used to the new job was difficult

habitual *adj (costumbre, respuesta)* habitual; *(cliente, lector)* regular; **es h.** it's not uncommon, it's normal

habitualmente *adv* usually, normally

habituar [4] **1** *vt* **h. a alguien a** to accustom sb to

2 habituarse *vpr* **habituarse a** *(acostumbrarse)* to get used *o* accustomed to; *(drogas)* to become addicted to

habla *nf*

> Takes the masculine articles **el** and **un**.

(a) *(idioma)* language; *(dialecto)* dialect; **el h. popular** the speech of ordinary people; **de h. española** Spanish-speaking **(b)** *(facultad)* speech; **quedarse sin h.** to be left speechless **(c)** *Ling* parole **(d)** *(al teléfono)*

estar al h. con alguien to be on the line to sb; **¿el Sr. Pastor? — al h.** Mr Pastor? — speaking!

hablada *nf Chile, Guat, Méx Fam* gossip

hablado, -a *adj* spoken; **bien h.** well-spoken; **mal h.** foul-mouthed

hablador, -ora 1 *adj* (**a**) *(parlanchín)* talkative; **es demasiado h.** he talks too much (**b**) *Méx, RDom (mentiroso)* liar
2 *nm,f* (**a**) *(parlanchín)* talkative person (**b**) *Méx, RDom (mentiroso)* liar

habladuría 1 *nf* (**a**) *(charla)* chatter
2 *nfpl* (**b**) **habladurías** *(rumores)* rumours; *(chismes)* gossip; **no son más que h.** it's all just idle gossip

hablante 1 *adj* speaking
2 *nmf* speaker; **h. nativo** native speaker

hablantina *nf Col, Ven (charla)* idle talk, chatter

HABLAR 1 *vi* (**a**) *(emitir palabras)* to speak; **el bebé ya habla** the baby is talking already; **h. en voz alta/baja** to speak loudly/softly
(**b**) *(expresarse, comunicarse)* **h. claro** to speak clearly; **h. en español/inglés** to speak Spanish/English; **h. por señas** to use sign language; **dejadme h. a mí** let me do the talking; **estos detalles hablan mucho del tipo de persona que es** these small points say volumes about the sort of person she is; **sus actos hablan por sí solos** his actions speak for themselves; **¡así se habla!** hear, hear!; **¡qué bien habla este político!** this politician's a really good speaker; EXPR **¡mira quién habla** *o* **quién fue a h.!** look who's talking!; **h. por h.** to talk for the sake of talking
(**c**) *(conversar)* to talk (**con** to), to speak (**con** to); **necesito h. contigo** I need to talk *o* speak to you, we need to talk; **hablé con ella ayer por la noche** I spoke to her last night; **no debéis h. en clase** you mustn't talk in class; **hablé con él por teléfono** I spoke to him on the phone; **está hablando por teléfono** he's on the phone; **¡(de eso) ni h.!** no way!
(**d**) *(tratar)* **h. de algo/alguien** to talk *o* speak about sth/sb; **h. sobre** *o* **acerca de algo** to talk *o* speak about sth; **h. bien/mal de** to speak well/badly of; **háblame de ti** tell me about yourself; **me han hablado muy bien de este restaurante** I've heard a lot of good things about this restaurant, people speak very highly of this restaurant; **es mejor no h. del tema** it would be best if we didn't mention that subject
(**e**) *(murmurar)* to talk; **siempre va hablando de los demás** she always goes around saying things *o* talking about other people; **dar que h.** to make people talk
(**f**) *(pronunciar un discurso)* to speak; **el presidente habló a las masas** the president spoke to *o* addressed the masses
(**g**) *(confesar)* to talk; **le torturaron y al final habló** they tortured him and in the end he talked
(**h**) *(dar un tratamiento)* **me puedes h. de tú** you can address me as "tú"; **¡a mí no me hables así!** don't you speak to me like that!
2 *vt* (**a**) *(idioma)* to speak; **habla danés y sueco** she can speak *o* she speaks Danish and Swedish; **habla muy bien el portugués** he speaks very good Portuguese
(**b**) *(asunto)* to discuss (**con** with); **es mejor que lo hables con el jefe** it would be better if you talked to the boss about it; **vamos a ir, y no hay nada más que h.** we're going, and that's that
(**c**) *Am (llamar)* to phone, to call; **le hablé por teléfono** I phoned *o* called him
3 hablarse *vpr* (**a**) *(comunicarse)* to speak (to each other); **no se hablan** they aren't speaking, they aren't on speaking terms; **no se hablan desde que tuvieron la discusión** they haven't been speaking since they had the row; **no se habla con nadie en la oficina** she isn't speaking to *o* on speaking terms with anyone in the office
(**b**) *(uso impersonal)* **se habla de una subida de precios** there is talk of a price rise, a price rise is rumoured; **se habla inglés** *(en letrero)* English spoken; **¡no se hable más! me voy** I'm going, and there's an end to it *o* and that's that!

habón *mn (roncha)* lump *(on skin)*

habrá *ver* **haber**

hacedero, -a *adj* feasible, practicable

hacedor, -ora *nm,f* (**a**) *(en general)* maker; **el H.** the Maker (**b**) *Perú (de licor)* = person who makes or sells corn liquor

hacendado, -a *nm,f* (**a**) *(terrateniente)* landowner (**b**) *Chile, RP (ganadero)* rancher

hacendista *nmf* financial expert, economist

hacendoso, -a *adj* houseproud

HACER [33] **1** *vt* (**a**) *(elaborar, crear, cocinar)* to make; **h. una fiesta** to have a party; **h. un vestido/planes** to make a dress/plans; **h. un poema/una sinfonía** to write a poem/symphony; **h. un nudo** to tie a knot; **los cristianos creen que Dios hizo al hombre** Christians believe that God created mankind; **haz un poco más la carne** cook the meat a bit longer; *Fam* **tu hermano ha hecho una de las suyas** your brother has been up to his usual tricks; EXPR *Fam* **¡buena la has hecho!** you've really gone and done it now!
(**b**) *(construir)* to build; **han hecho un edificio nuevo** they've put up a new building
(**c**) *(generar)* to produce; **el árbol hace sombra** the tree gives shade; **la carretera hace una curva** there's a bend in the road
(**d**) *(movimientos, sonidos, gestos)* to make; **le hice señas** I signalled to her; **hizo un gesto de aprobación con la cabeza** she nodded; **el gato hace "miau"** cats go "miaow"; **el reloj hace tic-tac** the clock goes tick-tock; **h. ruido** to make a noise
(**e**) *(obtener) (fotocopia)* to make; *(retrato)* to paint; *(fotografía)* to take
(**f**) *(realizar) (trabajo, estudios)* to do; *(viaje)* to make; *(comunión)* to take; *(sacrificio)* to make; *(promesa, oferta)* to make; *(milagro)* to perform; *(experimento)* to do, to perform; *(favor)* to do; *(pregunta)* to ask; *(declaración)* to make; *(crucigrama)* to do; **h. una entrevista** to do an interview; **h. una entrevista a alguien** to interview sb; **tengo mucho que h.** I have a lot to do; **hoy hace guardia** she's on duty today; **estoy haciendo segundo** I'm in my second year; **hago ingeniería** I'm doing *o* studying engineering
(**g**) *(obrar, realizar una acción)* to do; **¿qué habré hecho con las llaves?** what have I done with the keys?; **¡qué le vamos a h.!** never mind!; **¡mira que le he dicho veces que eso no se hace!** I've told him time and again that it's wrong to do that!; *Fam* **haz lo que te dé la gana** do whatever you want; **¿qué haces? vas a romper la bicicleta** what are you doing *o* what do you think you're doing, you're going to break the bicycle!
(**h**) *(practicar) (en general)* to do; *(tenis, fútbol)* to play; **debes h. deporte** you should start doing some sport
(**i**) *(arreglar) (casa, colada)* to do; *(cama)* to make; *(maleta)* to pack; *(uñas)* to do; *(barba)* to trim
(**j**) *(dar aspecto a)* to cause to look *o* seem; **este espejo te hace gordo** that mirror makes you look *o* seem fat
(**k**) *(transformar en)* **h. a alguien feliz** to make sb happy; **la guerra no le hizo un hombre** the war didn't make him (into) a man; **hizo pedazos el papel** he tore the paper to pieces; **h. de algo/alguien algo** to make sth/sb into sth; **hizo de ella una buena cantante** he made a good singer of her
(**l**) *(comportarse como)* **h. el tonto** to act the fool; **h. el vándalo** to act like a hooligan; **h. el ridículo** to make a fool of oneself
(**m**) *(causar)* **h. daño a alguien** to hurt sb; **me hizo gracia** I thought it was funny
(**n**) *Cine & Teatro (papel)* to play; *(obra)* to do, to perform; **hace el papel de la hija del rey** she plays (the part of) the king's daughter; **hoy hacen una obra de Brecht** today they're putting on *o* doing one of Brecht's plays
(**o**) *(suponer)* to think, to reckon; **a estas horas yo te hacía en París** I thought *o* reckoned you'd be in Paris by now; **te hacía más joven** I thought you were younger, I'd have said you were younger
(**p**) *(ser causa de)* **h. que alguien haga algo** to make sb do sth; **me hizo reír** it made me laugh; **has hecho que se enfadara** you've made him angry; **haces que me avergüence** you make me ashamed; **la tormenta hizo que se cancelara el concierto** the storm caused the concert to be called off
(**q**) *(mandar)* **h. que se haga algo** to have sth done; **voy a h. teñir este vestido** I'm going to have this dress dyed; **la hizo callarse** he made her shut up
(**r**) *(acostumbrar)* **la prisión le hizo a la soledad** prison made *o* got him used to being alone

(s) *(cumplir)* **hizo los cincuenta la semana pasada** he was fifty last week, he celebrated his fiftieth birthday last week
(t) *(completar)* to make; **tres y dos hacen cinco** three and two make five; **y este huevo hace la docena** and this egg makes (it) a dozen; **hago el número seis en la lista** I'm number six on the list
(u) *(conseguir)* to make; **hizo una gran fortuna** he made a large fortune; **hizo muchas amistades en Australia** she made a lot of friends in Australia
(v) *(recorrer)* to do; **¿cuántos kilómetros hiciste ayer?** how many kilometres did you do yesterday?; **hago dos kilómetros a pie todos los días** I walk two kilometres every day
(w) *(referido a necesidades fisiológicas)* to do; *Euf* **tengo que h. mis necesidades** I have to answer a call of nature; *Fam* **los niños quieren h. pipí** the children want to have a pee
(x) *(sustituyendo a otro verbo)* to do; **se negó a ir y yo hice lo mismo** she refused to go and I did likewise; **ya no puedo leer como solía hacerlo** I can't read as well as I used to
2 *vi* **(a)** *(intervenir, actuar)* **déjame h. (a mí)** let me do it; EXPR **en la empresa, él es el que hace y deshace** he's the one who calls the shots in the company
(b) h. de *(trabajar)* to work as; *(servir)* to serve as, to act as; *Cine & Teatro (actuar)* to play; **hace de electricista** he's an electrician, he works as an electrician; **este tronco hará de asiento** this tree trunk will do for somewhere to sit; **hace de don Quijote** he's playing don Quixote
(c) *(aparentar)* **h. como si** to act as if; **haz como que no te importa** act as if you don't care
(d) *(procurar, intentar)* **h. por h. algo** to try to do sth; **haré por verle esta noche** I'll try to see him tonight
(e) *(proceder)* **haces mal en callarte** it's wrong of you not to say anything; **hizo bien dimitiendo** she was right to resign; **¿cómo hay que h. para abrir esta caja?** how do you open this box?, what do you have to do to open this box?
(f) *Esp Fam (apetecer)* **¿hace un vaso de vino?** do you fancy a glass of wine?
(g) *RP* **me hace bien** *(me viene bien)* it does me good
3 *v impersonal* **(a)** *(tiempo meteorológico)* **hace frío/sol/viento** it's cold/sunny/windy; **hace un día precioso** it's a beautiful day; **mañana hará mal tiempo** the weather will be bad tomorrow
(b) *(tiempo transcurrido)* **hace diez años** ten years ago; **hace mucho/poco** a long time/not long ago; **hace un rato** a short while ago; **hace un mes que llegué** it's a month since I arrived; **no la veo desde hace un año** I haven't seen her for a year; **¿cuánto hace de eso?** how long ago was that?
4 hacerse *vpr* **(a)** *Literario (formarse)* **se hizo la noche** night fell; **y se hizo la luz** *(cita bíblica)* and there was light
(b) *(convertirse en)* **hacerse viejo** to grow old; **se hizo hombre** he became a man
(c) *(guisarse, cocerse)* to cook; **el pavo se está haciendo** the turkey's in the oven
(d) *(fabricar)* to make oneself; **me hice un vestido** I made myself a dress; **se han hecho una casa al lado del mar** they've built their own house by the sea
(e) *(arreglarse)* **hacerse las uñas** to do one's nails
(f) *(convertirse en)* to become; **hacerse musulmán** to become a Moslem; **hacerse del Universitario** to sign for *o* join Universitario
(g) *(resultar)* to get; **se hace muy pesado** it gets very tedious; **se me ha hecho muy corto el viaje** the journey seemed very short; **la clase se me ha hecho eterna** the class seemed to go on forever
(h) *(crearse en la mente)* **hacerse ilusiones** to get one's hopes up; **hacerse una idea de algo** to imagine what sth is like
(i) *(mostrarse)* **se hace el gracioso/el simpático** he acts the comedian/the nice guy; **hacerse el distraído** to pretend to be miles away; **¿eres tonto o te lo haces?** are you stupid or are you just pretending to be?
(j) *(conseguir)* **se hizo con la medalla de oro** she won the gold medal; **se hizo con el control de la empresa** he took control of the company
(k) *(acostumbrarse)* **no consiguió hacerse a la comida británica** she couldn't get used to British food; **no me hago a vuestra forma de trabajar** I can't get used to the way you work; **hacerse a una idea** to get used to an idea; **hazte a la idea de que no vamos a poder ir de vacaciones** you'd better start getting used to the idea that we won't able to go on holiday
(l) *(causarse)* **me he hecho daño en el brazo** I've hurt my arm; **se hizo un corte en la mano** she cut her hand
(m) *(moverse)* **el policía se hizo a un lado** the policeman moved aside; **el camión se hizo a un lado para dejarnos adelantar** the *Br* lorry *o US* truck pulled over to let us past
(n) *(referido a necesidades fisiológicas)* **el bebé se ha hecho encima** *(orina)* the baby has wet himself; *(excremento)* the baby has made a mess in his *Br* nappy *o US* diaper; *Fam* **el bebé se ha hecho pipí** the baby's wet himself
(o) *muy Fam* **hacérselo con alguien** *(tener relaciones sexuales)* to do it with sb, *Br* to have it off with sb

hacha *nf*

Takes the masculine articles **el** and **un**.

axe; EXPR **desenterrar el h. de guerra** to sharpen one's sword; EXPR **enterrar el h. de guerra** to bury the hatchet; EXPR *Fam* **ser un h. (en algo)** to be a whizz *o* an ace (at sth)

hachazo *nm* **(a)** *(con hacha)* blow of an axe, hack; **lo partió de un h.** he split it with a single blow of the axe **(b)** *Col (de caballo)* start

hache *nf* = the letter "h"; EXPR **por h. o por be** for one reason or another; **llamémosle h., llámale h.** call it what you like

hachear 1 *vt* to hew
2 *vi* to hew with an axe

hachemita, hachemí *adj & nmf* Hashemite

hachís [χa'tʃis] *nm* hashish

HACIA *prep* **(a)** *(dirección)* towards; **h. aquí/allí** this/that way; **h. abajo** downwards; **h. arriba** upwards; **h. adelante** forwards; **h. atrás** backwards; **h. la izquierda/derecha** to the left/right; **viajar h. el norte** to travel north; **h. el norte del país** towards the north of the country; **miró h. el otro lado** she looked the other way; **muévete h. un lado** move to one side
(b) *(tiempo)* around, about; **h. las diez** around *o* about ten o'clock; **empezó a perder la vista h. los sesenta años** he started to lose his sight at around the age of sixty; **h. finales de año** towards the end of the year
(c) *(sentimiento)* towards; **siente hostilidad h. las reformas** he is hostile towards the reforms; **su actitud h. el trabajo es muy seria** she has a very serious attitude towards her work, she takes her work very seriously
(d) *(tendencia)* towards; **este año se marcha h. una cosecha excepcional** we are heading for a bumper crop this year; **un paso más h. la guerra civil** a further step towards civil war

hacienda *nf* **(a)** *(finca)* country estate *o* property **(b)** *(bienes)* property; **repartió su h. entre sus hijos** she divided her property among her children **(c)** *(del Estado)* **(el Ministerio de) H.** *Br* ≃ the Treasury, *US* ≃ the Department of the Treasury; **pagar a H.** to pay the *Br* Inland Revenue *o US* the IRS ❑ ***h. pública*** public purse **(d)** *RP (ganadería)* livestock

hacina *nf (montón)* pile, heap

hacinamiento *nm (de personas)* overcrowding; *(de objetos)* heaping, piling

hacinar 1 *vt* to pile *o* heap (up)
2 hacinarse *vpr (gente)* to be crowded together; *(cosas)* to be piled *o* heaped (up)

hacker ['χaker] *nmf Informát* hacker

hada *nf*

Takes the masculine articles **el** and **un**.

fairy ❑ ***h. madrina*** fairy godmother

hado *nm* fate, destiny

hafnio *nm Quím* hafnium

hagiografía *nf Rel & Pey* hagiography

hagiográfico, -a *adj Rel & Pey* hagiographic

hago *etc ver* **hacer**

hahnio *nm Quím* hahnium

Haití *n* Haiti

haitiano, -a *adj & nm,f* Haitian

hala *interj* **(a)** *(para dar ánimo, prisa)* **¡h.!**

come on! (**b**) *(para expresar incredulidad)* **¡h.!** no!, you're joking! (**c**) *(para expresar admiración, sorpresa)* **¡h.!** wow!

halagador, -ora 1 *adj* (**a**) *(alabador)* **palabras halagadoras** words of praise (**b**) *(adulador)* flattering
2 *nm,f (adulador)* flatterer

halagar [38] *vt* (**a**) *(alabar)* to praise; **me halaga que diga eso** I'm flattered that you say that (**b**) *(adular)* to flatter

halago *nm* (**a**) *(alabanza)* praise; **la cubrió de halagos** he showered her with praise (**b**) *(adulación)* flattery; **le colmó de halagos** she showered him with flattery

halagüeño, -a *adj* (**a**) *(halagador)* flattering (**b**) *(prometedor)* promising, encouraging

halar *vt Am Fam (tirar)* to pull

halcón *nm (ave)* falcon, hawk ▫ ***h. peregrino*** peregrine falcon

halconero *nm* falconer, hawker

hale *interj* **¡h.!** come on!; **¡y h. hop!** *(¡y ya está!)* and there you are!

halita *nf Geol* halite

hálito *nm* (**a**) *(aliento)* breath (**b**) *(brisa)* zephyr, gentle breeze

halitosis *nf inv* bad breath

hall [χol] (*pl* **halls**) *nm* entrance hall, foyer

hallar 1 *vt (encontrar)* to find; *(averiguar)* to find out; **h. errores en un examen** to spot errors in an exam; **no hallo palabras para expresar mi agradecimiento** I can't find the words to express my gratitude; **hallé rencor en sus palabras** I detected some resentment in her words
2 hallarse *vpr* (**a**) *(en un lugar) (persona)* to be, to find oneself; *(cosa, edificio)* to be (situated) (**b**) *(en una situación)* to be; **hallarse enfermo** to be ill

hallazgo *nm* (**a**) *(descubrimiento)* discovery (**b**) *(objeto)* find

halo *nm* (**a**) *(de santos)* halo (**b**) *(de objetos, personas)* aura; **un h. de misterio** an aura *o* air of mystery (**c**) *Astron* halo, corona ▫ ***h. lunar*** lunar halo

halógeno, -a 1 *adj* halogenous; **faros halógenos** halogen headlights; **lámpara halógena** halogen lamp
2 *nm Quím* halogen

haltera *nf Dep* dumbbell

halterofilia *nf* weightlifting

haluro *nm Quím* haloid acid

hamaca *nf* (**a**) *(para colgar)* hammock (**b**) *(tumbona) (silla)* deck chair; *(canapé)* sunlounger (**c**) *RP (columpio)* swing (**d**) *RP (mecedora)* rocking chair

hamacar [59] *RP* **1** *vt* to swing, to rock
2 hamacarse *vpr* to swing, to rock

hambre *nf*

Takes the masculine articles **el** and **un**.

(**a**) *(apetito)* hunger; *(inanición)* starvation; **tener h.** to be hungry; **matar el h.** to satisfy one's hunger; *Fig* **nos mataban de h.** they had us on a starvation diet; **morir** *o* **morirse de h.** *(literalmente)* to be starving, to be dying of hunger; *(tener mucha hambre)* to be starving; **pasar h.** to starve; **durante la posguerra, la población pasó mucha h.** in the aftermath of the war, people often went hungry; PROV **a buen h. no hay pan duro** *(de comida)* hunger is the best sauce; *(de mujeres, placeres)* beggars can't be choosers; EXPR **se juntan el h. con las ganas de comer** it's one thing on top of another; EXPR **ser más listo que el h.** to be nobody's fool ▫ ***h. canina*** ravenous hunger
(**b**) *(epidemia)* famine
(**c**) *(deseo)* **h. de** hunger *o* thirst for

hambriento, -a 1 *adj* starving
2 *nm,f* starving person; **los hambrientos** the hungry

hambruna *nf (catástrofe)* famine

Hamburgo *n* Hamburg

hamburguesa *nf* hamburger; **h. con queso** cheeseburger

hamburguesería *nf* hamburger joint

hampa *nf*

Takes the masculine articles **el** and **un**.

underworld

hampón *nm* thug

hámster ['χamster] (*pl* **hámsters**) *nm* hamster

hándicap ['χandikap] (*pl* **hándicaps**) *nm también Dep* handicap

hangar *nm* hangar

Hanoi *n* Hanoi

hanseático, -a *adj Hist* Hanseatic

haragán, -ana 1 *adj* lazy, idle
2 *nm,f* layabout, idler

haraganear *vi* to laze about, to lounge around

haraganería *nf* laziness, idleness

harakiri = **haraquiri**

harapiento, -a *adj* ragged, tattered

harapo *nm* rag, tatter

haraposo, -a *adj* ragged, tattered

haraquiri, harakiri [χara'kiri] *nm* hara-kiri; **hacerse el h.** to commit hara-kiri

Harare *n* Harare

hardcore ['χarkor] *nm* (**a**) *(música)* hardcore (**b**) *(pornografía)* hard-core pornography

hardware ['χarwer] *nm Informát* hardware

haré *etc ver* **hacer**

harekrishna [are'krisna] *nmf inv* Hare Krishna

harén *nm* harem

harina *nf* flour; EXPR **ser h. de otro costal** to be a different kettle of fish ▫ ***h. de avena*** oatmeal; ***h. lacteada*** = baby food containing wheat flour and dried milk; ***h. de maíz*** corn meal; ***h. de pescado*** fishmeal

harinoso, -a *adj (consistencia, textura)* floury; *(manzana)* soft

harmonía = **armonía**

harnero *nm* sieve

harpía *nf* harpy eagle

harpillera = **arpillera**

hartada *nf*, **hartazgo** *nm*, **hartón** *nm* fill; **darse un h. (de)** to have one's fill (of); **nos dimos un h. de moras** we stuffed ourselves with blackberries

hartar 1 *vt* (**a**) *(atiborrar)* to stuff (full); **hartaron de regalos a sus nietos** they showered gifts on their grandchildren; **sus detractores lo hartaron a insultos** his critics showered him with insults
(**b**) *(fastidiar, cansar)* **h. a alguien** to annoy sb, to get on sb's nerves; **me estás hartando con tantas exigencias** I'm getting fed up with all your demands
2 *vi* **esta comida harta mucho** you can't eat a lot of this food; **esta telenovela ya está empezando a h.** this soap is beginning to get tedious
3 hartarse *vpr* (**a**) *(atiborrarse)* to stuff *o* gorge oneself (**de** with); **comió pasteles hasta hartarse** she ate cakes until she was sick of them
(**b**) *(cansarse)* to get fed up (**de** with)
(**c**) *(no parar)* **hartarse de hacer algo** to do sth non-stop; **nos hartamos de reír** we laughed ourselves silly; **se harta de trabajar** he works himself into the ground

hartazgo *nm* = **hartada**

harto, -a 1 *adj* (**a**) *(de comida)* full; EXPR *Fam* **ése no ayuda a nadie ni h. de vino** he wouldn't help you if you were drowning (**b**) *(cansado)* tired (**de** of), fed up (**de** with); **estoy h. de repetirte que cierres la puerta** I'm sick and tired of telling you to shut the door
2 *adv* (**a**) *Formal (bastante)* somewhat, rather; **es h. frecuente** it's rather common (**b**) *Am (muy)* very

hartón *nm* = **hartada**

hash [χaʃ, χas] *nm inv muy Fam* hashish

HASTA 1 *prep* (**a**) *(en el espacio)* as far as, up to; **desde aquí h. allí** from here to there; **¿h. dónde va este tren?** where does this train go?; **¿h. dónde viajas?** where are you travelling to?, how far are you going?
(**b**) *(en el tiempo)* until, till; **quedan dos semanas h. Navidad** there are two weeks to go until *o* till Christmas; **h. el final** right up until the end; **no vi el mar h. los diez años** I never saw the sea until I was ten years old; **no parará h. lograr su objetivo** she won't stop until she gets what she wants; **h. ahora** *(por ahora)* (up) until now, so far; *(como despedida)* see you later *o* in a minute; **Carolina Méndez, la h. ahora portavoz del gobierno** Carolina Méndez, who until now has been the government's spokesperson; **h luego** *o* **pronto** *o* **la vista** see you (later); **h. mañana** see you tomorrow; **h. nunca** I hope I never see you again; **h. otra** I'll see you when I see you, see you again some time; **h. la próxima** see you next time; **h. siempre** farewell; **h. la vuelta** I'll see you when you get back; **h. que** until, till; **no me detendré h. que descubra la verdad** I won't stop until *o* till I find out the truth
(**c**) *(con cantidades)* up to; **puedes ganar h.**

un millón you can earn up to a million; **un interés de h. el 7 por ciento** interest rates of up to 7 percent
2 *adv (incluso)* even; **h. en verano hace frío** its even cold in summer; **h. cuando descansa está pensando en el trabajo** even when he's resting he's (still) thinking about work

hastiado, -a *adj* jaded
hastial *nm Constr* gable
hastiar [32] **1** *vt* (**a**) *(aburrir)* to bore (**b**) *(asquear)* to sicken, to disgust
2 **hastiarse** *vpr* **hastiarse de** to tire of, to get fed up with
hastío *nm* (**a**) *(tedio)* boredom; **se lo repetí hasta el h.** I've lost count of the number of times I've told him (**b**) *(repugnancia)* disgust
hatajo *nm Pey* load, bunch; **un h. de** *(gamberros)* a bunch of; *(mentiras)* a pack of
hatillo *nm* bundle of clothes; EXPR *Fam* **tomar el h.** *(marcharse)* to up sticks
hato *nm* (**a**) *(de ganado)* herd; *(de ovejas)* flock (**b**) *(de ropa)* bundle (**c**) *Carib, Col Fam (hacienda)* cattle ranch
Hawai [χa'wai] *n* Hawaii
hawaiana [χawai'ana] *nf Chile (sandalia)* flip-flop, *US* thong
hawaiano, -a [χawai'ano] *adj & nm,f* Hawaiian
haya 1 *ver* **haber**
2 *nf*

Takes the masculine articles **el** and **un**.

(**a**) *(árbol)* beech (tree) (**b**) *(madera)* beech (wood)
hayal, hayedo *nm* beech grove/wood
hayuco *nm* beechnut
haz 1 *ver* **hacer**
2 *nm* (**a**) *(de leña)* bundle; *(de cereales)* sheaf (**b**) *(de luz, electrones)* beam (**c**) *Bot* face
haza *nf*

Takes the masculine articles **el** and **un**.

plot of arable land
hazaña *nf* feat, exploit; **fue toda una h.** it was quite a feat *o* an achievement
hazmerreír *nm* laughing stock; **se convirtió en el h. de la política nacional** he became the laughing stock of national politics
HB *nf* (*abrev de* **Herri Batasuna**) = political wing of ETA
HD *Informát* (**a**) (*abrev de* **alta densidad**) HD (**b**) (*abrev de* **hard drive**) HD
he *ver* **haber**
heavy ['χeβi] **1** *adj muy Fam* **¡qué h.!** *(increíble)* that's amazing *o* incredible!; *(terrible)* what a bummer!
2 *nmf Fam (persona)* heavy metal fan
3 *nm Mús* heavy metal ▫ ***h. metal*** heavy metal
hebdomadario, -a *adj* weekly
hebilla *nf* buckle
hebra *nf* (**a**) *(de hilo)* thread; *(fibra)* fibre; *(de judías, puerros)* string; *(de tabaco)* strand (of tobacco) (**b**) EXPR *Chile* **de una hebra** all at once, in one breath; *Fam* **pegar la h.** to start chatting
hebraico, -a *adj* Hebraic
hebraísta *nmf* Hebrew scholar, hebraist
hebreo, -a 1 *adj & nm,f* Hebrew
2 *nm (lengua)* Hebrew
hecatombe *nf (desastre)* disaster; *Fig (partido, examen)* massacre; **la inundación causó una h.** the flood caused great loss of life
hechicería *nf* (**a**) *(arte)* witchcraft, sorcery (**b**) *(maleficio)* spell
hechicero, -a 1 *adj* enchanting, bewitching
2 *nm,f (hombre)* wizard, sorcerer; *(mujer)* witch, sorceress
hechizado, -a *adj* spellbound
hechizante *adj* bewitching
hechizar [14] *vt* (**a**) *(echar un maleficio)* to cast a spell on (**b**) *(encantar)* to bewitch, to captivate
hechizo *nm* (**a**) *(maleficio)* spell (**b**) *(encanto)* magic, charm; **se rindió al h. de sus palabras** she surrendered to the magic of his words

HECHO -A **1** *participio ver* **hacer**
2 *adj* (**a**) *(llevado a cabo)* **h. a mano** handmade; **h. a máquina** machine-made; **una película b. hecha** a well-made film; EXPR **lo h., h. está** what is done is done; **¡eso está h.!** it's a deal!, you're on!; **¡bien h.!** well done!; **¡mal h., me tenías que haber avisado!** you were wrong not to tell me!; EXPR **no me gusta, pero a lo h., pecho** I don't like it but, what's done is done; EXPR **tú lo hiciste, así que a lo h., pecho** you did it, so you'll have to take the consequences **¿me podrás conseguir entradas? — ¡eso está h.!** will you be able to get me tickets? – it's as good as done!
(**b**) *(acabado)* mature; **una mujer hecha y derecha** a fully-grown woman; **estás h. un artista** you've become quite an artist
(**c**) *(carne, pasta)* done; **quiero el filete muy h./poco h.** I'd like my steak well done/rare
(**d**) *(acostumbrado)* **estar h. a algo/a hacer algo** to be used to sth/to doing sth
3 *nm* (**a**) *(suceso)* event; **los hechos tuvieron lugar de madrugada** the events took place in the early morning; **el cuerpo de la víctima fue retirado del lugar de los hechos** the victim's body was removed from the scene of the crime ▫ ***h. consumado*** fait accompli
(**b**) *(realidad, dato)* fact; **el h. de que seas el jefe no te da derecho a comportarte así** just because you're the boss doesn't mean you have the right to behave like that; **es un h. indiscutido que...** it is an indisputable fact that...; **el h. es que...** the fact is that...; **h. ineludible** fact of life
(**c**) *(obra)* action, deed; **sus hechos hablan por él** his actions speak for him; **queremos hechos, y no promesas** we want action, not promises ▫ ***Mil h. de armas*** feat of arms; ***los Hechos de los Apóstoles*** the Acts of the Apostles
(**d**) **de h.** *(en realidad)* in fact, actually; *(en la práctica)* de facto; **claro que le conozco, de h., fuimos juntos al colegio** of course I know him, indeed *o* in fact we actually went to school together; **es el presidente de h.** he's the de facto president
4 *interj* it's a deal!, you're on!

hechor, -ora *nm,f Andes* wrongdoer
hechura *nf* (**a**) *(de traje)* cut (**b**) *(forma)* shape
hectárea *nf* hectare
hectogramo *nm* hectogram
hectolitro *nm* hectolitre
hectómetro *nm* hectometre
heder [64] *vi* (**a**) *(apestar)* to stink, to reek (**b**) *(fastidiar)* to be annoying *o* irritating
hediondez *nf* stench, stink
hediondo, -a *adj* (**a**) *(pestilente)* stinking, foul-smelling (**b**) *(insoportable)* unbearable
hedonismo *nm* hedonism
hedonista 1 *adj* hedonistic
2 *nmf* hedonist
hedor *nm* stink, stench
hegeliano, -a [χege'liano] *adj & nm,f Filosofía* Hegelian
hegemonía *nf (dominación)* dominance; *Pol* hegemony
hegemónico, -a *adj (dominante)* dominant; *(clase, partido)* ruling
hégira, héjira *nf* hegira
helada *nf* frost; **anoche cayó una h.** there was frost last night
heladera *nf Chile, RP (nevera)* fridge
heladería *nf (tienda)* ice-cream parlour; *(puesto)* ice-cream stall
heladero, -a *nm,f* ice-cream seller
helado, -a 1 *adj* (**a**) *(hecho hielo)* *(agua)* frozen; *(lago)* frozen over (**b**) *(muy frío)* *(manos, agua)* freezing; *Fig* **esta sopa está helada** this soup is stone-cold (**c**) *(atónito)* dumbfounded, speechless; **¡me dejas h.!** I don't know what to say!
2 *nm* ice-cream
helador, -ora *adj* freezing
heladora *nf* ice cream machine
helar [3] **1** *vt* (**a**) *(líquido)* to freeze (**b**) *(dejar atónito)* to dumbfound
2 *v impersonal* **anoche heló** there was a frost last night
3 **helarse** *vpr (congelarse)* to freeze; *(plantas)* to be frostbitten; **me hielo de frío** I'm freezing
helecho *nm* fern; **helechos** ferns, bracken
helénico, -a *adj* Hellenic, Greek
helenismo *nm* Hellenism
helenista *nmf* Hellenist
helenizar [14] *vt* to Hellenize
heleno, -a *adj* Hellenic, Greek
helero *nm* patch of snow *(left on mountain after thaw)*

hélice *nf* (**a**) *Tec* propeller (**b**) *(espiral)* spiral, helix

helicoidal *adj* helicoid, spiral

helicóptero *nm* helicopter

helio *nm* helium

heliocéntrico, -a *adj* heliocentric

heliocentrismo *nm* heliocentrism

heliógrafo *nm* heliograph

heliotropo *nm (planta)* heliotrope

helipuerto *nm* heliport

Helsinki *n* Helsinki

helvético, -a *adj & nm,f* Swiss

hematíe *nm* red blood cell

hematites *nf Geol* hematite

hematología *nf* haematology

hematológico, -a *adj* haematological

hematólogo, -a *nm,f* haematologist

hematoma *nm* bruise

hematuria *nf Med* haematuria

hembra *nf* (**a**) *Biol* female; *(mujer)* woman; *(niña)* girl; **un búho h.** a female owl (**b**) *(del enchufe)* socket

hembraje *nm Andes, RP Agr* female livestock

hembrilla *nf (de corchete)* eye

hemeroteca *nf* newspaper library *o* archive

hemiciclo *nm* (**a**) *(semicírculo)* semicircle (**b**) *(en el parlamento) (cámara)* chamber; *(espacio central)* floor

hemiplejia, hemiplejía *nf* hemiplegia

hemipléjico, -a *adj & nm,f* hemiplegic

hemisférico, -a *adj* hemispheric

hemisferio *nm* hemisphere ▫ ***h. austral*** southern hemisphere; ***h. boreal*** northern hemisphere; ***h. cerebral*** cerebral hemisphere; ***h. norte*** northern hemisphere; ***el h. occidental*** the West; ***h. sur*** southern hemisphere

hemoderivado, -a *adj* haemoderivate

hemodiálisis *nf inv* kidney dialysis

hemofilia *nf* haemophilia

hemofílico, -a *adj & nm,f* haemophiliac

hemoglobina *nf* haemoglobin

hemograma *nm* blood test results

hemopatía *nf* blood disease *o* disorder

hemorragia *nf* haemorrhage; **se puso un torniquete para detener la h.** he put on a tourniquet to stop the bleeding ▫ ***h. nasal*** nosebleed

hemorrágico, -a *adj* haemorrhagic

hemorroides *nfpl* haemorrhoids, piles

hemos *ver* **haber**

henchido, -a *adj* bloated; **h. de orgullo** bursting with pride

henchir [47] **1** *vt* to fill (up)

2 henchirse *vpr* (**a**) *(hartarse)* to stuff oneself (**b**) *(llenarse)* to be full (**de** of)

hender, hendir [64] *vt (carne, piel)* to carve open, to cleave; *(piedra, madera)* to crack open; *(aire, agua)* to cut *o* slice through

hendido, -a *adj* split (open)

hendidura *nf (en carne, piel)* cut, split; *(en piedra, madera)* crack

hendir [62] = **hender**

henequén *n* sisal, henequen

henna *nf* henna

heno *nm* hay

hepática *nf* liverwort

hepático, -a *adj* liver; **afección hepática** liver complaint

hepatitis *nf inv* hepatitis

heptagonal *adj* heptagonal

heptágono *nm* heptagon

heptasílabo, -a 1 *adj* heptasyllabic

2 *nm* heptasyllabic verse

heptatlón *nm* heptathlon

heráldica *nf* heraldry

heráldico, -a *adj* heraldic

heraldista *nmf* heraldist

heraldo *nm* herald

herbácea *nf Bot* herbaceous plant

herbáceo, -a *adj* herbaceous

herbaje *nm (pasto)* pasture, herbage

herbario *nm (colección)* herbarium

herbicida *nm* weedkiller, herbicide

herbívoro, -a 1 *adj* herbivorous

2 *nm,f* herbivore

herbolario, -a 1 *nm,f (persona)* herbalist

2 *nm (tienda)* herbalist's (shop)

herboristería *nf* herbalist's (shop)

herboso, -a *adj* grassy

hercio *nm* hertz

hercúleo, -a *adj* very powerful, incredibly strong; *Fig* **un esfuerzo h.** a Herculean effort

Hércules *n* Hercules; **las Columnas de H.** *(el estrecho de Gibraltar)* the Pillars of Hercules

hércules *nm inv* **es un h.** he's as strong as an ox

heredad *nf* country estate *o* property

heredar *vt (dinero, rasgos)* to inherit (**de** from); **ha heredado la nariz de su padre** he's got his father's nose

heredero, -a *nm,f* heir, *f* heiress; **el príncipe h.** the crown prince; **el h. del título** the heir to the title; **instituir h.** *o* **por h. a** to name as one's heir, to name in one's will ▫ *Der* ***h. forzoso*** heir apparent; *Der* ***h. legal*** heir (at law); *Der* ***h. universal*** residuary legatee

herediano, -a 1 *adj* of/from Heredia

2 *nm,f* person from Heredia

hereditario, -a *adj* hereditary

hereje *nmf* (**a**) *(renegado)* heretic (**b**) *(irreverente)* iconoclast

herejía *nf* (**a**) *(heterodoxia)* heresy (**b**) *(insulto)* insult; *(disparate)* outrage

herencia *nf (de bienes)* inheritance; *(de características)* legacy; *Biol* heredity; **dejar algo en h. a alguien** to bequeath sth to sb; **recibir una h.** to receive an inheritance ▫ ***h. yacente*** unclaimed estate, estate in abeyance

herético, -a *adj* heretical

herida *nf* (**a**) *(lesión)* injury; *(en lucha, atentado)* wound; **me hice una h. con un cuchillo** I cut myself on a knife ▫ ***h. superficial*** flesh wound; ***heridas múltiples*** multiple injuries (**b**) *(ofensa)* injury, offence; *(pena)* hurt, pain; **sigue escarbando** *o* **hurgando en la h.** he just won't let it drop; **renovar la h.** to reopen an old wound; **tocar en la h.** to touch a sore spot

herido, -a 1 *adj* (**a**) *(físicamente)* injured; *(en lucha, atentado)* wounded; **resultaron heridos once civiles** eleven civilians were wounded (**b**) *(sentimentalmente)* hurt, wounded; **se sintió h. en su amor propio** his pride was hurt

2 *nm,f (persona) (en accidente)* injured person; *(en lucha, atentado)* wounded person; **no hubo heridos** there were no casualties; **los heridos** *(en accidente)* the injured; *(en lucha, atentado)* the wounded; **hubo dos heridos graves/leves en el accidente** two people were seriously/slightly injured in the accident

herir [62] *vt* (**a**) *(físicamente)* to injure; *(en lucha, atentado)* to wound; *(vista)* to hurt; *(oído)* to pierce; **el nuevo edificio hiere la vista** the new building is an eyesore (**b**) *(sentimentalmente)* to hurt; **me hiere que desconfíes de mí** I feel hurt that you don't trust me; **lo que dijiste le hirió profundamente** what you said hurt him deeply

hermafrodita *adj & nmf* hermaphrodite

hermanado, -a *adj (unido, ligado)* united, joined (**con** to); *(ciudades)* twinned (**con** with)

hermanamiento *nm (union)* union; *(de ciudades)* twinning

hermanar 1 *vt (esfuerzos, personas)* to unite; *(ciudades)* to twin

2 hermanarse *vpr (ciudades)* to be twinned

hermanastro, -a *nm,f* (**a**) *(medio hermano)* half brother, *f* half sister (**b**) *(hijo del padrastro o de la madrastra)* stepbrother, *f* stepsister

hermandad *nf* (**a**) *(asociación)* association; *Rel (de hombres)* brotherhood; *Rel (de mujeres)* sisterhood (**b**) *(amistad)* intimacy, close friendship

hermano, -a 1 *adj* related, connected

2 *nm,f* brother, *f* sister; **son medio hermanas** they're half sisters; **todos los hermanos se parecen mucho entre sí** all the brothers and sisters look very much alike ▫ ***hermana de la Caridad*** Sister of Charity; ***hermanos gemelos*** twin brothers; ***h. de leche*** foster brother; ***h. de madre*** half brother *(on mother's side)*; ***h. mayor*** older *o* big brother; ***h. mellizos*** twin brothers; ***h. menor*** younger *o* little brother; ***h. de padre*** half brother *(on father's side)*; *Fig* ***h. pobre*** poor relation; ***h. político*** brother-in-law; ***hermanos siameses*** Siamese twins

hermenéutica *nf* hermeneutics *(singular)*

hermenéutico, -a *adj* hermeneutic

herméticamente *adv* hermetically; **h. cerrado** hermetically sealed

hermético, -a *adj* (**a**) *(al aire)* airtight, hermetic; *(al agua)* watertight, hermetic (**b**) *(persona)* inscrutable, uncommunicative

hermetismo *nm* (**a**) *(al aire)* airtightness; *(al agua)* watertightness (**b**) *(de persona)* inscrutability, uncommunicativeness

hermosear *vt* to beautify, to make beautiful

hermoso, -a *adj* (**a**) *(bello) (paisaje, paseo, mujer)* beautiful, lovely; *(hombre)* handsome (**b**) *(excelente)* wonderful (**c**) *Fam (gordo, grande)* plump

hermosura *nf (belleza)* beauty; *(de hombre)* handsomeness; **¡qué h. de lago!** what a beautiful lake!

hernia *nf* hernia, rupture ▫ ***h. discal*** slipped disc; ***h. de hiato*** hiatus hernia; ***h. inguinal*** inguinal hernia

herniado, -a 1 *adj* ruptured
2 *nm,f* person suffering from a hernia

herniarse *vpr* (**a**) *(sufrir hernia)* to rupture oneself (**b**) *Fam Irónico* **¡cuidado, no te vayas a herniar!** careful! you don't want to strain yourself!

héroe *nm* hero

heroicamente *adv* heroically

heroicidad *nf* (**a**) *(cualidad)* heroism (**b**) *(hecho)* heroic deed

heroico, -a *adj* heroic

heroína *nf* (**a**) *(mujer)* heroine (**b**) *(droga)* heroin

heroinomanía *nf* heroin addiction

heroinómano, -a *nm,f* heroin addict

heroísmo *nm* heroism

herpes *nm inv* herpes ▫ ***h. zóster*** herpes zoster

herpesvirus *nm Med* herpesvirus

herpético, -a *adj Med* herpetic

herrador, -ora *nm,f* blacksmith

herradura *nf* horseshoe

herraje *nm* iron fittings, ironwork

herramienta *nf* tool ▫ *Informát* ***h. de autor*** authoring tool

herrar [3] *vt* (**a**) *(caballo)* to shoe (**b**) *(ganado)* to brand

herrería *nf* (**a**) *(taller)* smithy, forge (**b**) *(oficio)* smithery, blacksmith's trade

herrerillo *nm* blue tit

herrero *nm* (**a**) *(herrador)* blacksmith, smith (**b**) *Am (de caballos)* horseshoer

herrumbrarse *vpr* to rust, to go rusty

herrumbre *nf* (**a**) *(óxido)* rust (**b**) *(sabor)* iron taste

herrumbroso, -a *adj* rusty

hertz [χerts] *(pl* **hertzs***) nm* hertz

hervidero *nm* (**a**) *(de pasiones, intrigas)* hotbed (**b**) *(de gente) (muchedumbre)* swarm, throng; **la sala era un h. de periodistas** the hall was swarming with journalists

hervido, -a *adj* boiled

hervidor *nm (para agua)* kettle; *(para leche)* milk pan

hervir [62] **1** *vt* to boil
2 *vi* (**a**) *(líquido)* to boil; **h. a borbotones** to be at a rolling boil; EXPR **le hervía la sangre** his blood was boiling (**b**) *(estar caliente)* to be boiling (hot); **esa sopa está hirviendo** that soup is boiling (hot) (**c**) *(lugar)* **h. de** to swarm with (**d**) *(persona)* **h. de emoción** to be buzzing with excitement; **hervía de cólera** she was boiling with rage

hervor *nm* boiling; **dar un h. a algo** to blanch sth; **añadir las hierbas durante el h.** add the herbs while it's boiling

heterocigótico *adj Biol* heterozygous

heteróclito, -a *adj (heterogéneo)* heterogeneous

heterodoxia *nf* (**a**) *Rel* heterodoxy (**b**) *(de método, ideas)* unorthodox nature

heterodoxo, -a 1 *adj* (**a**) *Rel* heterodox (**b**) *(método, ideas)* unorthodox
2 *nm,f* (**a**) *Rel* = person holding heterodox beliefs (**b**) *(en método, ideas)* unorthodox person; **es un h.** he is unorthodox

heterogeneidad *nf* heterogeneity

heterogéneo, -a *adj* heterogeneous; **un montón de objetos heterogéneos** a huge amount of all sorts of different things

heteromorfo, -a *adj* heteromorphous

heterónimo *nm* heteronym

heterosexual *adj & nmf* heterosexual

heterosexualidad *nf* heterosexuality

heterótrofo *adj Biol* heterotrophic

heurística *nf* heuristics *(singular)*

heurístico, -a *adj* heuristic

hexadecimal *adj Informát* hexadecimal

hexaedro *nm* hexahedron, cube

hexagonal *adj* hexagonal

hexágono *nm* hexagon

hexámetro *nm* hexameter

hexasílabo, -a 1 *adj* hexasyllabic
2 *nm* hexasyllabic verse

hez *nf* (**a**) *(excremento)* dregs; **heces** faeces, excrement (**b**) *(del vino)* **heces** wine lees

hg *(abrev de* **hectogramo***)* hg

hiato *nm Gram & Anat* hiatus

hibernación *nf (de animales)* hibernation

hibernar *vi* to hibernate

hibisco *nm* hibiscus

hibridación *nf* hybridization

híbrido, -a 1 *adj también Fig* hybrid
2 *nm* (**a**) *(animal, planta)* hybrid (**b**) *(mezcla)* cross

hice *etc ver* **hacer**

hiciera *etc ver* **hacer**

hico *nm Carib, Col, Pan* = cord for suspending a hammock

hidalgo, -a 1 *adj* (**a**) *(noble)* noble (**b**) *(caballeroso)* courteous, gentlemanly
2 *nm,f* nobleman, *f* noblewoman

hidalguense 1 *adj* of/from the state of Hidalgo
2 *nm,f* person from the state of Hidalgo

hidalguía *nf* (**a**) *(aristocracia)* nobility (**b**) *(caballerosidad)* courtesy, chivalry

hidra *nf* hydra

hidrácido *nm Quím* hydrazide

hidratación *nf (de la piel)* moisturizing; *(de persona)* rehydration; *(de sustancia)* hydration

hidratado, -a *adj* (**a**) *(piel)* moist (**b**) *Quím* hydrated

hidratante 1 *adj* moisturizing
2 *nm (crema, loción)* moisturizer

hidratar *vt* (**a**) *(piel)* to moisturize (**b**) *Quím* to hydrate

hidrato *nm* hydrate ▫ ***h. de calcio*** calcium hydrate; ***h. de carbono*** carbohydrate

hidráulica *nf* hydraulics *(singular)*

hidráulico, -a *adj* hydraulic

hídrico, -a *adj* **los recursos hídricos de una región** the water resources of a region

hidroavión *nm* seaplane

hidrocarburo *nm* hydrocarbon

hidrocefalia *nf Med* water on the brain, *Espec* hydrocephalus

hidrocéfalo, -a *adj* hydrocephalous

hidrocultivo *nm Agr* hydroponics *(singular)*, aquiculture

hidrodinámica *nf* hydrodynamics *(singular)*

hidrodinámico, -a *adj* hydrodynamic

hidroelectricidad *nf* hydroelectricity

hidroeléctrico, -a *adj* hydroelectric; **central hidroeléctrica** hydroelectric power station

hidrófilo, -a *adj* (**a**) *(sustancia)* absorbent; **algodón h.** *Br* cotton wool, *US* cotton (**b**) *Bot* hydrophilous

hidrofobia *nf* rabies, hydrophobia

hidrófobo, -a *adj* rabid, hydrophobic

hidrofoil *nm* hydrofoil

hidrófugo, -a *adj (contra filtraciones)* waterproof; *(contra humedad)* damp-proof

hidrogenación *nf* hydrogenation

hidrogenar *vt* to hydrogenate

hidrógeno *nm* hydrogen

hidrografía *nf* hydrography

hidrográfico, -a *adj* hydrographic

hidrólisis *nf inv* hydrolysis

hidrolizado, -a *adj* hydrolyzed

hidrolizar [14] *vt* to hydrolyze

hidrología *nf* hydrology

hidrológico, -a *adj* hydrologic, hydrological; **un plan h.** a plan for managing water resources

hidromasaje *nm* whirlpool bath, Jacuzzi®

hidromecánico, -a *adj* hydrodynamic, water-powered

hidrometría *nf* hydrometry

hidrómetro *nm* hydrometer

hidropesía *nf Med* dropsy

hidrópico, -a *adj (sediento)* extremely thirsty

hidroplano *nm* (**a**) *(barco)* hydrofoil (**b**) *(avión)* seaplane

hidropónico, -a *adj* **cultivo h.** hydroponics, aquiculture

hidrosfera *nf* hydrosphere
hidrosoluble *adj* water-soluble
hidrostática *nf* hydrostatics *(singular)*
hidrostático, -a *adj* hydrostatic
hidroterapia *nf* hydrotherapy
hidrotermal *adj* hydrothermal
hidróxido *nm Quím* hydroxide ▫ ***h. de calcio*** calcium hydroxide
hidroxilo *nm Quím* hydroxyl
hidruro *nm* hydride
hiedo *etc ver* **heder**
hiedra *nf* ivy
hiel *nf* (**a**) *(bilis)* bile (**b**) *(mala intención)* spleen, bitterness; **sus palabras destilaban h.** his words were dripping with venom
hielera *nf Chile, Méx, RP* cool box, cooler
hielo 1 *ver* **helar**
2 *nm* ice; EXPR **quedarse de h.** to be stunned *o* speechless; EXPR **romper el h.** to break the ice ▫ ***h. seco*** dry ice
hiena *nf* hyena
hiendo *etc ver* **hender**
hiero *etc ver* **herir**
hierático, -a *adj (expresión, actitud)* solemn, impassive
hierba, yerba *nf* (**a**) *(planta)* herb; **mala h.** weed; EXPR *Fam* **ser mala h.** to be a nasty piece of work; PROV **mala h. nunca muere** ill weeds grow apace; **y otras hierbas** and so on ▫ ***h. mate*** maté; ***hierbas medicinales*** medicinal herbs; ***h. de las pampas*** pampas grass; ***h. de los pordioseros*** traveller's joy; (**b**) *(césped)* grass (**c**) *Fam (droga)* grass
hierbabuena *nf* mint
hierbal *Chile nm* grassland, pasture
hierbaluisa *nf* lemon verbena
hiero *etc ver* **herir**
hierro 1 *ver* **herrar**
2 *nm* (**a**) *(metal)* iron; **se enganchó en un h.** he got himself caught on a piece of metal; *Fig* **tener una salud de h.** to have an iron constitution; EXPR **quitarle h. a algo** to play sth down ▫ ***h. colado*** cast iron; ***h. dulce*** mild steel; ***h. forjado*** wrought iron; ***h. fundido*** cast iron; ***h. laminado*** sheet metal (**b**) *(de puñal)* blade; *(de flecha)* point; PROV **quien a h. mata a h. muere** he who lives by the sword dies by the sword (**c**) *(palo de golf)* iron; **un h. del 3/5** a 3/5 iron; **un h. corto/largo** a short/long iron (**d**) *Am Fam (arma)* shooter, *US* piece
hiervo *etc ver* **hervir**
hi-fi ['ifi] *nf (abrev de* **high fidelity***)* hi-fi
higadillo, higadito *nm* ***higadillos de pollo*** chicken livers
hígado *nm* liver; EXPR *Fam* **echar los hígados** to nearly kill oneself (with the effort); EXPR *Fam* **tener hígados** to have guts; EXPR *Fam* **me pone del h. que...** it makes me sick that...
higiene *nf* hygiene ▫ ***h. dental*** dental hygiene; ***h. mental*** mental health; ***h. personal*** personal hygiene
higiénico, -a *adj* (**a**) *(limpio)* hygienic (**b**) **papel h.** toilet paper
higienista *nmf* hygienist ▫ ***h. dental*** dental hygienist
higienización *nf* sterilization
higienizar [14] *vt* to improve hygiene in
higo *nm* fig; EXPR **de higos a brevas** once in a blue moon; EXPR **estar hecho un h.** *(persona)* to be wrecked; *(cosa)* to be falling apart; *(ropa)* to be all wrinkled ▫ ***h. chumbo*** prickly pear; ***higos secos*** dried figs
higrometría *nf* hygrometry
higrómetro *nm* hygrometer
higroscópico, -a *adj* hygroscopic
higuera *nf* fig tree; EXPR **estar en la h.** to live in a world of one's own ▫ ***h. chumba*** prickly pear
hijastro, -a *nm,f* stepson, *f* stepdaughter

HIJO -A 1 *nm,f* (**a**) *(descendiente)* son, *f* daughter; **Alfonso Sánchez, h.** Alfonso Sánchez Junior; **estar esperando un h.** to be expecting (a baby); EXPR *Fam* **hacerle un h. a alguien** to get sb pregnant; EXPR *Fam* **nos gusta salir por la noche, como a cualquier** *o* **todo h. de vecino** like most people, we like going out in the evening; EXPR *Fam* **cualquier** *o* **todo h. de vecino tiene derecho a trabajar** everyone, no matter who they are, has a right to work; EXPR *Fam* **échate a un lado, que no eres h. de cristalero** move over a bit, I can't see through you! ▫ ***h. adoptivo*** adopted son; ***hija adoptiva*** adopted daughter; ***h. bastardo*** bastard son; ***hija bastarda*** bastard daughter; *Méx Vulg* ***h. de la chingada*** fucking bastard, motherfucker; *Méx Vulg* ***hija de la chingada*** fucking bitch; ***H. de Dios*** Son of God; ***H. del Hombre*** Son of Man; ***h. ilegítimo/legítimo*** illegitimate/legitimate son; ***hija ilegítima/legítima*** illegitimate/legitimate daughter; *Fam Euf* ***h. de su madre*** *Br* beggar, *US* s.o.b., *US* son of a gun; ***h. natural*** illegitimate son; ***hija natural*** illegitimate daughter; *Fam Pey* ***h. de papá*****: es un h. de papá** daddy does everything for him; *Vulg* ***h. de perra*** bastard; *Vulg* ***hija de perra*** bitch; ***h. político*** son-in-law; ***hija política*** daughter-in-law; ***h. pródigo*** prodigal son; *Vulg* ***h. de puta*** fucking bastard, motherfucker; *Vulg* ***hija de puta*** fucking bitch; *Vulg* **¡será h. de p.!** he's a right fucking bastard!; ***h. único*** only son; ***hija única*** only daughter
(**b**) *(natural)* native ▫ ***h. predilecto*** = honorary title given by a city to a famous person born there or whose family comes from there
(**c**) *(como forma de dirigirse a alguien)* **¡h., no te pongas así!** don't be like that!; **¡pues h., podrías haber avisado!** you could at least have told me, couldn't you?; **¡hija mía, qué bruta eres!** God, you're stupid!; **¡h. mío, haz caso a los consejos de los mayores!** you should listen to the advice of your elders, son; **¡h., eres el colmo!** you really are the limit!
(**d**) *(resultado)* child; **los errores son hijos de la precipitación** mistakes are what comes of being to hasty
2 *nm (hijo o hija)* child; **hijos** children ▫ ***h. adoptivo*** adopted child; ***h. bastardo*** bastard child; ***h. ilegítimo*** illegitimate child; ***h. legítimo*** legitimate child; ***h. natural*** illegitimate child; ***h. no deseado*** unwanted child; ***h. único*** only child

híjole, híjoles *interj Méx* **¡h.!** wow!, crikey!
hijoputa *nmf Vulg* fucking bastard, motherfucker
hijuela *nf Andes, CRica (división territorial)* subdivision of an estate
hilacha *nf* loose thread
hilachento, -a *adj Chile* ragged, tattered
hilada *nf* row
hilado *nm (actividad)* spinning
hilador, -ora *nm,f* spinner
hiladora *nf* spinning machine
hilandería *nf* (**a**) *(arte)* spinning (**b**) *(taller)* (spinning) mill
hilandero, -a *nm,f* spinner
hilar *vt* (**a**) *(hilo)* to spin; **la araña hiló una telaraña** the spider span a web (**b**) *(ideas, planes)* to think up; EXPR **h. delgado** *o* **muy fino** to split hairs
hilarante *adj* mirth-provoking; **gas h.** laughing gas
hilaridad *nf* hilarity; **la caída provocó la h. de los asistentes** the fall gave rise to much hilarity among those present
hilatura *nf (actividad)* spinning
hilera *nf* row, line; **en h.** in a row
hilo *nm* (**a**) *(fibra, hebra)* thread; EXPR **colgar** *o* **pender de un h.** to be hanging by a thread; EXPR **mover los hilos** to pull some strings; EXPR **es él quien mueve los hilos de la empresa** he's the person who really runs the firm ▫ ***h. dental*** dental floss; ***h. de bramante*** twine
(**b**) *(tejido)* linen
(**c**) *(cable)* wire; **sin hilos** wireless
(**d**) *(de agua, sangre)* trickle; **entraba un h. de luz por la ventana** a thin shaft of light came in through the window; *Fig* **apenas le salía un h. de voz** he was barely able to speak
(**e**) *Mús* ***h. musical*** piped music
(**f**) *(de pensamiento)* train; *(de discurso, conversación)* thread; **perder el h.** to lose the thread; **seguir el h.** to follow (the thread); **tomar** *o* **retomar el h. (de la conversación)** to pick up the thread (of the conversation); **el h. conductor del argumento de la película** the central strand of the film's plot; **al h. de** *(a propósito de)* following on from; **esto viene al h. de lo que dijimos ayer** this relates to what we were saying yesterday
hilván *nm* (**a**) *(costura) Br* tacking, *US* basting (**b**) *(hilo) Br* tacking stitch, *US* basting stitch
hilvanado *nm Br* tacking, *US* basting
hilvanar *vt* (**a**) *(ropa) Br* to tack, *US* to baste (**b**) *(coordinar)* to piece together (**c**) *(improvisar)* to throw together

Himalaya *nm* **el H.** the Himalayas
himen *nm* hymen
himeneo *nm Lit* wedding
himnario *nm* hymn book
himno *nm* (**a**) *(religioso)* hymn (**b**) *(en honor de algo)* anthem, hymn; **entonaron el h. del colegio** they sang the school song □ ***h. nacional*** national anthem
hincada *nf Chile, Ecuad, PRico (genuflexión)* genuflection
hincapié *nm* **hacer h. en** *(insistir)* to insist on; *(subrayar)* to emphasize, to stress; **hizo mucho h. en ese punto** he laid stress *o* emphasis on that point
hincar [59] **1** *vt* (**a**) *(introducir)* **h. algo en** to stick sth into; EXPR **hincarle el diente a algo** *(empezar)* to get to grips with sth, to get to work on sth (**b**) *(apoyar)* to set (firmly); EXPR *Fam* **h. los codos** *(estudiar) Br* to swot, *US* to grind
2 hincarse *vpr* **hincarse de rodillas** to fall to one's knees
hincha 1 *adj RP Fam (fastidioso, pesado)* boring
2 *nmf* (**a**) *(seguidor)* fan (**b**) *RP Fam (fastidioso, pesado)* pain, bore
3 *nf (rabia)* **tener h. a alguien** to have it in for sb
hinchable *adj* inflatable
hinchabolas, hinchapelotas *RP Vulg* **1** *adj inv (fastidioso, pesado)* boring
2 *nmf inv (pesado)* bore, pain; **es un h.** he bores the *Br* arse *o US* ass off you
hinchada *nf* fans
hinchado, -a *adj* (**a**) *(rueda, globo)* inflated (**b**) *(cara, tobillo)* swollen (**c**) *(engreído) (persona)* bigheaded, conceited; *(lenguaje, estilo)* bombastic
hinchapelotas = hinchabolas
hinchar 1 *vt* (**a**) *(de aire)* to blow up, to inflate; EXPR *Fam* **ya me está hinchando las narices** he's beginning to get up my nose (**b**) *(exagerar)* to exaggerate (**c**) *RP Fam (fastidiar)* to be a pain in the neck to; EXPR *Vulg* **h. las pelotas** *o* **las bolas** *(fastidiar)* to be a pain in the *Br* arse *o US* ass
2 *vi RP Fam* (**a**) **h. por** *(ser fan de)* to support (**b**) *(fastidiar)* to be a pain
3 hincharse *vpr* (**a**) *(de aire)* to inflate; **el globo se hinchó en pocas horas** the balloon was inflated in a few hours (**b**) *(pierna, mano)* to swell (up) (**c**) *(persona)* to become bigheaded (**d**) *(de comida)* to stuff oneself (**a** *o* **de** with); **hincharse a** *o* **de hacer algo** to do sth a lot
hinchazón *nf* swelling; **ya está bajando la h.** the swelling is already going down
hinchiera *etc ver* **henchir**
hincho *etc ver* **henchir**
hindi *nm* Hindi
hindú (*pl* **hindúes**) *adj & nmf* (**a**) *(de la India)* Indian (**b**) *Rel* Hindu
hinduismo *nm* Hinduism
hinduista *adj* Hindu
hiniesta *nf* broom *(plant)*
hinojo *nm* fennel
hinojos: de hinojos *loc adv Literario* on bended knee
hip *interj* (**a**) **¡h.!** *(hipido)* hic! (**b**) **¡h.! ¡h.! ¡hurra!** *(vítores)* hip, hip, hooray!
hipar *vi* to hiccup
hiper- *prefijo Fam (muy)* mega-; **me ha salido hipercaro** it was mega-expensive; **¡es hiperguapo!** he's a real dish!
híper *nm inv Fam* hypermarket
hiperactividad *nf* hyperactivity
hiperactivo, -a *adj* hyperactive
hipérbaton (*pl* **hipérbatos** *o* **hiperbatones**) *nm* hyperbaton
hipérbola *nf Mat* hyperbola
hipérbole *nf* hyperbole
hiperbólico, -a *adj Mat & Lit* hyperbolic
hipercolesterolemia *nf Med* **tener h.** to have excessive cholesterol
hipercrítico, -a 1 *adj* hypercritical
2 *nm,f* hypercritical person; **es un h.** he is hypercritical
hiperespacio *nm* hyperspace
hiperestesia *nf Med* hyperaesthesia
hiperfunción *nf Med* = increase in normal rate of functioning
hiperglucemia *nf Med* hyperglycaemia
hiperinflación *nf* hyperinflation
hipermedia *nf Informát* hypermedia
hipermercado *nm* hypermarket
hipermétrope 1 *adj* long-sighted
2 *nmf* long-sighted person; **es un h.** he's long-sighted
hipermetropía *nf* long-sightedness, *Espec* hypermetropia, *US* hypertropia
hiperplasia *nf Med* hyperplasia
hiperrealismo *nm* = artistic movement concerned with almost photographic representation of reality
hiperrealista 1 *adj* hyper-realistic; *Arte* hyper-realist
2 *nmf Arte* hyper-realist
hipersensibilidad *nf* hypersensitivity (**a** to)
hipersensible *adj* hypersensitive (**a** to)
hipersónico, -a *adj* hypersonic
hipertensión *nf* **h. (arterial)** high blood pressure, *Espec* hypertension
hipertenso, -a 1 *adj* with high blood pressure
2 *nm,f* person with high blood pressure
hipertermia *nf* hyperthermia
hipertexto *nm Informát* hypertext
hipertextual *adj Informát* **enlace h.** hypertext link
hipertiroidismo *nm Med* hyperthyroidism
hipertrofia *nf* (**a**) *Med* hypertrophy (**b**) *(de empresa)* overexpansion
hipertrofiar *Med* **1** *vt* to over-develop
2 hipertrofiarse *vpr* to become overdeveloped, *Espec* to hypertrophy
hiperventilación *nf Med* hyperventilation
hipervitaminosis *nf inv Med* hypervitaminosis
hip-hop ['χipχop] *nm* hip-hop
hípica *nf* (**a**) *(carreras de caballos)* horseracing (**b**) *(equitación)* showjumping
hípico, -a *adj* (**a**) *(de las carreras)* **carrera hípica** horserace; **el mundo h.** the horseracing world (**b**) *(de la equitación)* show jumping; **concurso h.** show jumping event
hipido *nm* hiccup, hiccough
hipismo *nm* horse racing
hipnosis *nf inv* hypnosis
hipnoterapia *nf* hypnotherapy
hipnótico, -a 1 *adj* hypnotic
2 *nm* hypnotic, narcotic
hipnotismo *nm* hypnotism
hipnotización *nf* hypnotizing
hipnotizador, -ora 1 *adj* (**a**) *(de la hipnosis)* hypnotic (**b**) *(fascinante)* spellbinding, mesmerizing
2 *nm,f* hypnotist
hipnotizar [14] *vt* (**a**) *(dormir)* to hypnotize (**b**) *(fascinar)* to mesmerize
hipo- *prefijo* hypo-
hipo *nm* hiccups; **tener h.** to have (the) hiccups; EXPR **quitar el h. a alguien** to take someone's breath away
hipoalergénico, -a, hipoalérgico, -a *adj* hypoallergenic
hipocalórico, -a *adj (alimento, dieta)* low calorie
hipocampo *nm (caballito de mar)* seahorse
hipocentro *nm* hypocentre, focus
hipocondría *nf* hypochondria
hipocondriaco, -a *adj & nm,f* hypochondriac
hipocrático, -a *adj* **juramento h.** Hippocratic oath
hipocresía *nf* hypocrisy
hipócrita 1 *adj* hypocritical
2 *nmf* hypocrite
hipodérmico, -a *adj* hypodermic
hipódromo *nm* racecourse, racetrack
hipófisis *nf inv Anat* pituitary gland, *Espec* hypophysis
hipofunción *nf Med* = decrease in normal rate of functioning
hipogeo *nm (sepultura)* underground tomb
hipoglucemia *nf Med* hypoglycaemia
hipología *nf* study of horses
hipopótamo *nm* hippopotamus
hipóstasis *nf inv* hypostasis
hipotálamo *nm* hypothalamus
hipotaxis *nf inv Gram* hypotaxis
hipoteca *nf* mortgage; **levantar una h.** to pay off a mortgage
hipotecable *adj* mortgageable
hipotecar [59] *vt* (**a**) *(bienes)* to mortgage (**b**) *(poner en peligro)* to compromise, to jeopardize; **hipotecó su futuro con esa**

decisión that decision put his future in danger

hipotecario, -a *adj* mortgage; **crédito h.** mortgage (loan)

hipotensión *nf* low blood pressure

hipotenso, -a 1 *adj* with low blood pressure

2 *nm,f* person with low blood pressure

hipotensor *nm* hypotensive drug

hipotenusa *nf Geom* hypotenuse

hipotermia *nf* hypothermia

hipótesis *nf inv* hypothesis

hipotético, -a *adj* hypothetic, hypothetical; **en el caso h. de que se produjera una inundación** in the hypothetical case of there being a flood

hipotiroidismo *nm Med* hypothyroidism

hipotonía *nf Med* hypotonia

hippy, hippie ['χipi] (*pl* **hippies**) *adj & nmf* hippy

hiriente *adj (palabras)* hurtful, cutting

hiriera *etc ver* **herir**

hirsutismo *nm Med* hirsutism

hirsuto, -a *adj* (**a**) *(cabello)* wiry; *(brazo, pecho)* hairy (**b**) *(persona)* gruff, surly

hirviente *adj* boiling

hirviera *etc ver* **hervir**

hisopo *nm* (**a**) *Rel* aspergillum, sprinkler (**b**) *(planta)* hyssop (**c**) *Chile (brocha de afeitar)* shaving brush

hispalense *adj & nmf* Sevillian

hispánico, -a *adj* (**a**) *(de España)* Hispanic (**b**) *(hispanohablante)* Spanish-speaking; **el mundo h.** the Spanish-speaking world

hispanidad *nf* (**a**) *(cultura)* Spanishness (**b**) *(pueblos)* Spanish-speaking world

hispanismo *nm* (**a**) *(palabra, expresión)* Hispanicism (**b**) *(afición)* = interest in or love of Spain

hispanista *nmf* Hispanist, student of Hispanic culture

hispanizar 1 *vt* to hispanize

2 hispanizarse *vpr* to become hispanized

hispano, -a 1 *adj* (**a**) *(español)* Spanish (**b**) *(hispanoamericano)* Spanish-American; *(en Estados Unidos)* Hispanic

2 *nm,f* (**a**) *(español)* Spaniard (**b**) *(hispanoamericano)* Spanish American; *(estadounidense)* Hispanic

Hispanoamérica *n* Spanish America

hispanoamericano, -a 1 *adj* Spanish-American

2 *nm,f* Spanish American

hispanoárabe 1 *adj* Hispano-Arabic

2 *nmf* Spanish Arab

hispanofilia *nf* Hispanophilia

hispanofobia *nf* Hispanophobia

hispanohablante 1 *adj* Spanish-speaking

2 *nmf* Spanish speaker

hispanojudío, -a 1 *adj* Spanish-Jewish

2 *nm,f* Spanish Jew

histamina *nf Bioquím* histamine

histerectomía *nf Med* hysterectomy

histeria *nf* hysteria; **le dio un ataque de h.** he had (an attack of) hysterics ❑ ***h. colectiva*** mass hysteria

histérico, -a 1 *adj* hysterical; *Fam* **estar h.** *(muy nervioso)* to be a bag *o* bundle of nerves; **ponerse h.** to go into hysterics; *Fam* **ese ruido me pone h.** that noise really gets on my nerves

2 *nm,f* hysteric; *Fam* **es una histérica** the least thing sets her off

histerismo *nm* hysteria

histerotomía *nf Med* hysterotomy

histograma *nm* histogram

histología *nf* histology

histológico, -a *adj* histological

histopatología *nf* histopathology

histopatológico, -a *adj* histopathological

HISTORIA *nf* (**a**) *(ciencia)* history; **un profesor/libro de h.** a history teacher/book; **h. de la ciencia/literatura** history of science/literature; **he comprado una h. de Grecia** I've bought a history of Greece; **ha sido la mayor catástrofe de la h.** it was the worst disaster in history; **una victoria que pasará a la h.** a victory that will go down in history; **el cine mudo ya pasó a la h.** silent movies are now a thing of the past ❑ ***h. antigua*** ancient history; ***h. del arte*** art history; ***h. contemporánea*** = modern history since the French revolution; ***h. medieval*** medieval history; ***h. moderna*** = history of the period between 1492 and the French Revolution; ***h. natural*** natural history; ***h. oral*** oral history; ***h. sagrada*** biblical history; ***h. universal*** world history

(**b**) *(narración)* story; **una h. de amor/fantasmas** a love/ghost story; **nos contó varias historias de su viaje a Rusia** she told us several stories about her trip to Russia; **es siempre la misma h.** it's the same old story; **es una h. larga de contar** it's a long story

(**c**) *Fam (excusa, enredo)* story; **¡déjate de historias!** that's enough of that!; **no me vengas ahora con historias** don't give me that!, you don't expect me to believe that, do you?

(**d**) *Fam (asunto)* **a mí no me enredes en tus historias** don't drag me into your problems; **está metido en una h. muy turbia** he's involved in a very shady business

(**e**) ***h. clínica*** medical *o* case history

historiado, -a *adj* gaudy

historiador, -ora *nm,f* historian

historial *nm* (**a**) *(ficha)* record ❑ ***h. clínico*** medical *o* case history; ***h. médico*** medical *o* case history (**b**) *(historia)* history; **tiene un h. de fracasos** she has a history of failure

historiar *vt (relatar)* to tell the story of, to narrate

historicidad *nf* historicity, historical authenticity

historicismo *nm* historicism

histórico, -a *adj* (**a**) *(de la historia)* historical (**b**) *(verídico)* factual (**c**) *(importante)* historic

historieta *nf* (**a**) *(chiste)* funny story, anecdote (**b**) *(tira cómica)* comic strip

historiografía *nf* historiography

historiógrafo, -a *nm,f* historiographer

histrión *nm* (**a**) *(actor)* actor (**b**) *(persona afectada)* play-actor

histriónico, -a *adj* histrionic

histrionismo *nm* histrionics

hit [χit] (*pl* **hits**) *nm* hit

hitita *adj & nmf* Hittite

hitleriano, -a [χitle'rjano] *adj & nm,f* Hitlerite

hito *nm también Fig* milestone; **mirar a alguien de h. en h.** to stare at sb

hizo *ver* **hacer**

hl (*abrev de* **hectolitro**) hl

hm (*abrev de* **hectómetro**) hm

hnos. (*abrev de* **hermanos**) bros

hobby ['χoβi] (*pl* **hobbys**) *nm* hobby

hocico *nm* (**a**) *(de perro, zorro)* muzzle; *(de gato, ratón)* nose; *(de cerdo)* snout (**b**) *Fam (de personas) (boca)* rubber lips; *(cara)* mug; **caer de hocicos** to fall flat on one's face; **meter los hocicos en un asunto** to stick one's nose into something

hocicón, -ona 1 *adj* (**a**) *(animal)* big-snouted (**b**) *Méx Fam (hablador)* **ser h.** to have a big mouth

2 *nm,f Méx Fam (hablador)* bigmouth

hociquera *nf Perú* muzzle

hockey ['χokei] *nm* hockey ❑ ***h. sobre hielo*** *Br* ice hockey, *US* hockey; ***h. sobre hierba*** *Br* hockey, *US* field hockey; ***h. sobre patines*** roller hockey

hogar *nm* (**a**) *(de chimenea)* fireplace; *(de horno, cocina)* grate (**b**) *(domicilio)* home; **su marido trabaja fuera y ella se ocupa del h.** her husband goes out to work and she's a housewife; **en más de la mitad de los hogares del país...** in more than half of the households in the country; EXPR **h. dulce h.** home sweet home ❑ ***h. del pensionista*** = social centre for elderly people

hogareño, -a *adj* (**a**) *(persona)* home-loving, homely (**b**) *(tarea, economía)* domestic; *(ambiente)* family; **ambiente h.** family atmosphere; **la paz hogareña** domestic bliss

hogaza *nf* large loaf

hoguera *nf* bonfire; **morir en la h.** to be burned at the stake

hoja *nf* (**a**) *(de planta)* leaf; *(de hierba)* blade ❑ ***h. caduca*** deciduous leaf; **árbol de h. caduca** deciduous tree; ***h. dentada*** dentate leaf; ***h. de parra*** vine leaf; *Fig* fig leaf; ***h. perenne*** perennial leaf; **árbol de h. perenne** evergreen (tree)

(**b**) *(de papel)* sheet (of paper); *(de libro)* page; **volver** *o* **pasar la h.** to turn the page ❑ ***h. informativa*** newsletter; *Com* ***h. de pedido*** order form; ***h. de ruta*** waybill; ***h. de servicios*** record (of service), track record

(**c**) *(de cuchillo)* blade ▫ ***h. de afeitar*** razor blade
(**d**) *(de puertas, ventanas)* leaf
(**e**) *Informát* ***h. de cálculo*** spreadsheet; ***h. de estilos*** style sheet
(**f**) *(lámina)* sheet, foil ▫ ***h. de lata*** tin plate

hojalata *nf* tinplate

hojalatería *nf* tinsmith's

hojalatero, -a *nm,f* tinsmith

hojaldrado, -a *adj* puff; **masa hojaldrada** puff pastry

hojaldre *nm* puff pastry

hojarasca *nf* (**a**) *(hojas secas)* (dead) leaves; *(frondosidad)* tangle of leaves (**b**) *(palabrería)* waffle

hojeador *nm Informát* browser

hojear *vt* to leaf through

hojuela *nf* (**a**) *(masa frita)* pancake (**b**) *Cuba, Guat (hojaldre)* puff pastry

hola *interj* (**a**) *(saludo)* **¡h.!** hello! (**b**) *(expresión de sorpresa, admiración)* **¡h., menudo coche!** hey, that's some car!

Holanda *n* Holland

holandés, -esa 1 *adj* Dutch
2 *nm,f (persona)* Dutchman, *f* Dutchwoman
3 *nm (lengua)* Dutch

holandesa *nf (hoja de papel)* = piece of paper measuring 22 x 28cm

holding ['χoldin] (*pl* **holdings**) *nm Com* holding company

holgadamente *adv* (**a**) *(con espacio)* loosely (**b**) *(con bienestar)* comfortably, easily

holgado, -a *adj* (**a**) *(ropa)* baggy, loose-fitting; *(habitación, espacio)* roomy (**b**) *(victoria, situación)* comfortable

holganza *nf* idleness

holgar [16] *vi* (**a**) *(estar ocioso)* to be idle, to be taking one's ease (**b**) *(sobrar)* to be unnecessary; **huelgan los comentarios** one need say no more; **huelga decir que...** needless to say...

holgazán, -ana 1 *adj* idle, lazy
2 *nm,f* layabout, lazybones

holgazanear *vi* to laze about

holgazanería *nf* idleness, laziness

holgura *nf* (**a**) *(de espacio)* room; *(de ropa)* bagginess, looseness; *(entre piezas)* play, give (**b**) *(bienestar)* comfort, affluence; **vivir con h.** to be comfortably off

holístico, -a *adj* holistic

hollado, -a *adj* trodden

hollar [63] *vt* to tread (on)

hollejo *nm* skin *(of grape, olive)*

hollín *nm* soot

hollinar *vt Chile* to cover with soot

hollywoodiense [χoliβu'djense] *adj* Hollywood; **la vida h.** life in Hollywood, the Hollywood scene

holocausto *nm* holocaust

holoceno *Geol* **1** *adj* Holocene
2 *nm* **el h.** the Holocene (period)

holografía *nf* holography

hológrafo, -a 1 *adj* holographical
2 *nm* holograph

holograma *nm* hologram

holoturia *nf* sea cucumber

hombrada *nf* manly action

HOMBRE **1** *nm* (**a**) *(varón adulto)* man; **un pobre h.** a nobody; **¡pobre h.!** poor guy!; **¡h. al agua!** man overboard!; **de h. a h.** man to man; **los trabajadores defendieron a su compañera como un solo h.** the workers defended their colleague as one; **te crees muy h., ¿no?** you think you're a big man, don't you?; **el ejército no le hizo un h.** the army failed to make a man of him; **ser muy h.** to be a (real) man; EXPR **ser todo un h., ser un h. de pelo en pecho** to be a real man, to be every inch a man; **si me descubren, soy h. muerto** if they find me out, I'm a dead man; **me tratan como a un h. objeto** they treat me as a sex object; PROV **el h. y el oso, cuanto más feos más hermosos** good looks aren't everything; PROV **h. precavido** *o* **prevenido vale por dos** forewarned is forearmed; PROV **el h. propone y Dios dispone** Man proposes and God disposes ▫ ***h. de acción*** man of action; ***h. anuncio*** sandwich-board man; ***h. de bien*** honourable man; ***el h. de la calle*** the man in the street; ***el h. de las cavernas*** cavemen; ***h. de ciencias*** man of science; ***h. de confianza*** right-hand man; ***h. de Cromañón*** Cro-magnon man; ***h. de estado*** statesman; *también Fig* ***h. fuerte*** strongman; ***h. de iglesia*** man of the cloth; ***h. de letras*** man of letters; ***h. lobo*** werewolf; ***h. de mar*** seaman, sailor; ***h. de mundo*** man of the world; ***h. de Neanderthal*** Neanderthal man; ***h. de negocios*** businessman; ***el h. de las nieves*** the abominable snowman; ***h. orquesta*** one-man band; ***h. de paja*** front (man); ***h. de palabra:*** **es un h. de palabra** he's a man of his word; ***el h. de a pie*** the man in the street; ***h. público*** public figure; ***h. rana*** frogman; *Fam* ***el h. del saco*** the bogeyman; ***h. del tiempo*** weatherman
(**b**) **el h.** *(la humanidad)* man, mankind; **la evolución del h.** the evolution of mankind
2 *interj* **¡h.! ¡qué alegría verte!** (hey,) how nice to see you!; **¿te acuerdas de Marisol?, ¡sí, h., nuestra compañera de clase!** do you remember Marisol? You know, she was at school with us!; **¿me acercas a casa? — sí, h.** can you give me a *Br* lift *o US* ride home? – sure; **¡sí, h., que ya voy!** all right, all right, I'm coming!; **h., ¡qué pena!** oh, what a shame!; **pero h., no te pongas así** oh, don't be like that!; **h., no es exactamente mi plato favorito, pero...** well, it's not exactly my favourite dish, but...; **¡h. Pepe, tú por aquí!** hey, Pepe, fancy seeing you here!

---

hombrear *vi Méx* to act the man

hombrera *nf* (**a**) *(de traje, vestido)* shoulder pad (**b**) *(de uniforme)* epaulette

hombría *nf* manliness

hombro *nm* shoulder; **al h.** across one's shoulder; **a hombros** over one's shoulders; **sacaron al torero a hombros** they carried the bullfighter out shoulder-high; EXPR **arrimar el h.** to lend a hand; **encogerse de hombros** to shrug one's shoulders; EXPR **hacer algo h. con h.** to do sth together; EXPR **mirar por encima del h. a alguien** to look down one's nose at sb

hombruno, -a *adj* masculine, mannish

homeless ['χomles] *nm inv* homeless person

homenaje *nm (en honor de alguien)* tribute; *(al soberano)* homage; **partido (de) h.** testimonial (match); **en h. de** *o* **a** in honour of, as a tribute to; **rendir h. a** to pay tribute to

homenajeado, -a 1 *adj* honoured
2 *nm,f* guest of honour

homenajear *vt* to pay tribute to, to honour

homeópata *nmf* homeopath

homeopatía *nf* homeopathy

homeopático, -a *adj* homeopathic

homeostasis, homeostasia *nf Biol* homeostasis

homeotermo, -a, homotermo,-a *adj Biol* warm-blooded, *Espec* homeothermic

homérico, -a *adj Lit* Homeric

homicida 1 *adj (agresión, mirada, intención)* murderous; **arma h.** murder weapon
2 *nmf* murderer

homicidio *nm* homicide, murder ▫ ***h. involuntario*** manslaughter

homilía *nf Rel* homily, sermon

homínido *nm* hominid

Homo, homo *nm* Homo ▫ ***H. erectus*** Homo erectus; ***H. hábilis*** Homo habilis; ***H. sapiens*** Homo sapiens

homocigótico, -a *adj Biol* **gemelos homocigóticos** identical twins, *Espec* homozygotic twins

homoerótico, -a *adj* homoerotic

homofilia *nf* homophilia

homofobia *nf* homophobia

homofonía *nf Ling* homophony

homófono, -a *adj Ling* homophonic

homogeneidad *nf* homogeneity

homogeneización *nf* homogenization

homogeneizador, -ora *adj* homogenizing

homogeneizar [14] *vt* to homogenize

homogéneo, -a *adj* homogenous; **mezclarlo hasta obtener una masa homogénea** mix it until it is of uniform consistency

homografía *nf Ling* homography

homógrafo, -a *Ling* **1** *adj* homographic
2 *nm* homograph

homologable *adj* (**a**) *(equiparable)* equivalent (**a** to) (**b**) *(comparable)* comparable (**a** to *or* with)

homologación *nf* (**a**) *(equiparación)* bringing into line (**b**) *(de un producto)* official authorization; *(de un récord)* official confirmation; *(de un título)* = certification of equivalence to an officially recognized qualification

homologar [38] *vt* (**a**) *(equiparar)* to bring into line, to make comparable (**con** with) (**b**) *(producto)* to authorize officially; *(récord)* to confirm officially; *(título)* = to certify as equivalent to an officially recognized qualification

homólogo, -a 1 *adj (semejante)* equivalent
2 *nm,f* counterpart

homonimia *nf* homonymy

homónimo, -a 1 *adj* homonymous
2 *nm,f (tocayo)* namesake
3 *nm Ling* homonym

homosexual *adj & nmf* homosexual

homosexualidad *nf* homosexuality

honda *nf* sling

hondamente *adv también Fig* deeply

hondo, -a *adj* (**a**) *también Fig (profundo)* deep; **lo h.** the depths; **calar h. en** to strike a chord with; **en lo más h. de** in the depths of; **en lo más h. de su corazón sabía que no era cierto** in his heart of hearts he knew this wasn't true (**b**) **cante h.** = traditional flamenco singing

hondonada *nf* hollow

hondura *nf* depth

Honduras *n* Honduras

hondureño, -a *adj & nm,f* Honduran

honestamente *adv* (**a**) *(con honradez)* honestly (**b**) *(con decencia)* modestly, decently (**c**) *(con justicia)* fairly

honestidad *nf* (**a**) *(honradez)* honesty (**b**) *(decencia)* modesty, decency (**c**) *(justicia)* fairness

honesto, -a *adj* (**a**) *(honrado)* honest (**b**) *(decente)* modest, decent (**c**) *(justo)* fair

hongkonés,-esa [χonko'nes] **1** *adj* of/from Hong Kong
2 *nm,f* person from Hong Kong

Hong Kong [χon'kon] *n* Hong Kong

hongo *nm* (**a**) *(comestible)* mushroom; *(no comestible)* toadstool (**b**) *(enfermedad)* fungus; **tiene hongos en la piel** he has a fungal infection (**c**) **(sombrero) h.** *Br* bowler (hat), *US* derby

Honolulu *n* Honolulu

honor *nm* honour; **en h. de** in honour of; **hacer h. a** to live up to; **nos hizo el honor de invitarnos** he did us the honour of inviting us; **en h. a la verdad** to be (quite) honest; **tener el h. de** to have the honour of; **es un h. para mí presentarles a...** it's an honour for me to present to you...; **honores** *(ceremonial)* honours; **hacer los honores a** to pay one's respects to; **le recibieron con honores de jefe de Estado** he was welcomed with all the ceremony befitting a head of state; **hacer los honores de la casa** to do the honours, to look after the guests

honorabilidad *nf* honour

honorable *adj* honourable

honorar *vt* to honour

honorario, -a 1 *adj* honorary
2 *nmpl* **honorarios** fees

honorífico, -a *adj* honorific

honoris causa *adj* honoris causa

honra *nf* honour; **ser la h. de** to be the pride of; **es la h. de su país** she's the pride *o* toast of her country; **tener algo a mucha h.** to be honoured by sth; EXPR **¡y a mucha h.!** and proud of it! ❑ ***honras fúnebres*** funeral

honradamente *adv* honestly, honourably

honradez *nf (honestidad)* honesty; *(decencia)* decency

honrado, -a *adj (honesto)* honest, honourable; *(decente)* decent, respectable

honrar 1 *vt* to honour; **su sinceridad le honra** his sincerity does him credit; **nos honró con su presencia** she honoured us with her presence
2 honrarse *vpr* to be honoured (**con algo/de hacer algo** by sth/to do sth); **me honro de ser su amigo** I feel honoured to be his friend

honrilla *nf Fam* pride, face

honroso, -a *adj (acto, gesto)* honourable

hontanar *nm* spring

hooligan ['χuliγan] *(pl* **hooligans**) *nmf* (soccer) hooligan

HORA *nf* (**a**) *(del día)* hour; **una h. y media** an hour and a half; **media h.** half an hour; **a primera h.** first thing in the morning; **a altas horas de la noche** in the small hours; **(pagar) por horas** (to pay) by the hour; **comer entre horas** to eat between meals; **se pasa las horas jugando** he spends his time playing; **el enfermo tiene las horas contadas** the patient hasn't got long to live; **se rumorea que el ministro tiene las horas contadas** it is rumoured that the minister's days are numbered; **a última h.** *(al final del día)* at the end of the day; *(en el último momento)* at the last moment; **hasta última h. no nos dimos cuenta del error** we didn't notice the mistake until the last moment; **órdenes/preparativos de última h.** last-minute orders/preparations; **y nos llega una noticia de última h.** *(en telediario)* and here's some news just in; **última h.: atentado en Madrid** *(titular)* stop press: terrorist attack in Madrid ❑ ***horas extra(s)*** *o* ***extraordinarias*** overtime; **hacer horas extra(s)** to do *o* work overtime; ***horas libres*** free time; ***horas de oficina*** office hours; ***h. de salida*** departure time; ***horas de trabajo*** working hours; ***horas de visita*** visiting times; ***horas de vuelo*** flying hours; *Fig* **tiene muchas horas de vuelo** he's an old hand
(**b**) *(momento determinado)* time; **¿qué h. es?** what time is it?; **¿tiene h., por favor?** have you got the time, please?; **¿a qué h. sale?** what time *o* when does it leave?; **el desfile comenzará a las 14 horas** the procession will begin at 14.00 hours *o* at 2 p.m.; **es h. de irse** it's time to go; **es h. de cenar** it's time for dinner; **se ha hecho la h. de irse a dormir** it's time for bed; **ha llegado la h. de marcharnos** the time has come for us to leave; **el equipo pasa por horas bajas** the team's going through a bad patch; EXPR *Fam* **¡a buenas horas (mangas verdes)!** that's a lot of good now!; **a estas horas deben estar aterrizando en Managua** they should be landing in Managua around now; **estaré ahí a la h.** I'll be there on time, I'll be punctual; **hay que tener cuidado a la h. de aplicar la pintura** care should be taken when applying the paint; **a la h. de cenar** at dinnertime; **a la h. de ir de vacaciones, prefiero la playa** when it comes to holidays, I prefer the seaside; **a su h.** when the time comes, at the appropriate time; **a todas horas** *(constantemente)* all the time; **el tren llegó antes de h.** the train arrived early; **cada h.** hourly; **dar la h.** *(reloj)* to strike the hour; **me dio la h.** she told me the time; EXPR *Fam* **ese tío no te dará ni la h.** that guy's as stingy *o* tight as they come; **la h. de la verdad** the moment of truth; **a la h. de la verdad** when it comes to the crunch; **en mala h.** unluckily; **poner el reloj en h.** to set one's watch *o* clock; **no veo la h. de hacerlo** I can't wait to do it; **¡ya era h.!** and about time too!; **ya es** *o* **ya iba siendo h. de que te fueses a casa** it's about time you went home ❑ ***la h. del bocadillo*** *(en fábrica)* = break for refreshment during morning's work, *Br* ≃ morning tea break; ***la h. de cerrar*** closing time; ***la h. de dormir*** bedtime; ***h. de Greenwich*** Greenwich Mean Time, GMT; ***h. H*** zero hour; ***h. legal*** standard time; ***h. local*** local time; ***h. muerta*** free hour; *Educ* free period; ***h. oficial*** official time; *Esp* ***h. peninsular*** = local time in mainland Spain as opposed to the Canaries, which are an hour behind; ***h. punta*** *(de mucho tráfico)* rush hour; *(de agua, electricidad)* peak times; ***h. del té*** teatime; ***h. valle*** off-peak times
(**c**) *(cita)* appointment; **pedir/dar h.** to ask for/give an appointment; **tener h. en/con** to have an appointment at/with
(**d**) *(muerte)* **llegó su h.** her time has come
(**e**) *Rel* **horas** *(libro)* book of hours; **horas canónicas** canonical hours

horadar *vt (perforar)* to pierce; *(con máquina)* to bore through

horario, -a 1 *adj* **cambio h.** *(bianual)* = putting clocks back or forward one hour; **huso h.** time zone
2 *nm* timetable ❑ ***h. comercial*** opening hours; ***h. continuo*** *o* *RP* ***corrido*** = working day from 8am to 3pm, without a break for lunch; ***h. laboral*** working hours; ***h. flexible*** flexitime; ***h. intensivo*** = working day without a long break for lunch; ***h. partido*** = working day with long (2-3 hour) lunch break, ending at 7-8pm; ***h. de verano*** summer opening hours; ***h. de visitas*** visiting hours

horca *nf* (**a**) *(patíbulo)* gallows (**b**) *(herramienta)* pitchfork

horcajadas: a horcajadas *loc adv* astride

horchata *nf* (**a**) *(de chufa)* = cold drink made from ground tiger nuts, water and sugar (**b**) *(de arroz)* = Mexican cold drink made from rice, flavoured with sugar and cinnamon

horchatería *nf* = milk bar where "horchata de chufa" is served

horcón *nm CAm, Carib (para vigas)* = wooden column supporting ceiling beams

horda *nf* horde

horizontal *adj* (**a**) *(posición)* horizontal (**b**) *(en crucigrama)* across; **3 h.** 3 across (**c**) *Informát (orientación)* landscape

horizontalidad *nf* flatness

horizonte *nm* (**a**) *(línea)* horizon ▫ ***h. artificial*** artificial horizon (**b**) *(perspectivas)* **un h. poco prometedor** an unpromising outlook; **este proyecto amplía nuestros horizontes** this project represents a widening of our horizons

horma *nf (molde)* mould, pattern; *(de zapatos)* shoe tree; *(de sombrero)* hat block; EXPR **encontrar alguien la h. de su zapato** to meet one's match

hormiga *nf* ant; EXPR **ser una h.** to be hard-working and thrifty ▫ ***h. blanca*** termite, white ant; ***h. obrera*** worker ant; ***h. reina*** queen ant

hormigón *nm* concrete ▫ ***h. armado*** reinforced concrete

hormigonar *vt* to construct with concrete

hormigonera *nf* concrete mixer

hormiguear *vi* (**a**) *(dar sensación de hormigueo)* **me hormiguean las piernas** I've got pins and needles in my legs (**b**) *(moverse, bullir)* to swarm

hormigueo *nm* (**a**) *(sensación)* pins and needles; **sentía un h. de placer en la nuca** she felt a pleasant tingling at the back of her neck (**b**) *(movimiento)* bustle

hormiguero 1 *adj* **oso h.** anteater
2 *nm* ants' nest, anthill; *Fig* **Tokio es un h. humano** Tokyo is swarming with people

hormiguita *nf Fam Fig* = hard-working and thrifty person

hormona *nf* hormone ▫ ***h. del crecimiento*** growth hormone

hormonal *adj* hormonal; **sufre un desarreglo h.** she is suffering from a hormonal imbalance

hornacina *nf* (vaulted) niche

hornada *nf también Fig* batch

hornalla *nf RP (hornilla)* burner

hornear *vt* to bake

hornero *nm (ave)* ovenbird

hornillo *nm (para cocinar)* camping *o* portable stove; *(de laboratorio)* small furnace

horno *nm* (**a**) *(de cocina)* oven; **pescado al h.** baked fish; *Fig* **este apartamento es un h. en verano** this apartment *o Br* flat is an oven in summer; EXPR *Fam* **no está el h. para bollos** the time is not right ▫ ***h. eléctrico*** electric oven; ***h. microondas*** microwave (oven); ***h. de pan*** *(panadería)* baker's oven (**b**) *Tec* furnace; *(de cerámica, ladrillos)* kiln ▫ ***h. crematorio*** crematorium; ***h. industrial*** industrial oven

horóscopo *nm* (**a**) *(signo zodiacal)* star sign; **¿qué h. eres?** what sign are you? (**b**) *(predicción)* horoscope

horqueta *nf* (**a**) *Cuba, Chile, Ven (de camino)* fork (**b**) *Chile, RP (de río)* bend

horquilla *nf* (**a**) *(para el pelo)* hairgrip, hairpin (**b**) *(de bicicleta)* fork (**c**) *(herramienta)* wooden pitchfork

horrendo, -a *adj* (**a**) *(terrorífico)* horrifying, terrifying (**b**) *(muy malo)* terrible, awful (**c**) *(muy feo)* horrible, hideous

hórreo *nm* = raised granary typical of Asturias and Galicia

horrible *adj* (**a**) *(terrorífico)* horrifying, terrifying (**b**) *(muy malo)* terrible, awful (**c**) *(muy feo)* horrible, hideous

horripilante *adj* (**a**) *(terrorífico)* horrifying, spine-chilling (**b**) *(muy feo)* horrible, hideous

horripilar *vt* (**a**) *(dar terror)* to terrify, to scare to death (**b**) *(repugnar)* to horrify

horror 1 *nm* (**a**) *(miedo)* terror, horror; **me da h. pensarlo** just thinking about it gives me the shivers; **¡qué h.!** how awful!; **¡qué h. de día!** what an awful day! (**b**) *(atrocidad)* atrocity; **los horrores de la guerra** the horrors of war (**c**) *Fam* **un h.** *(mucho)* an awful lot; **me gusta un h.** I absolutely love it; **nos costó un h. convencerle** it was incredible job to convince him
2 *adv Fam* **horrores** terribly, an awful lot; **me gusta horrores** I absolutely love it

horrorizado, -a *adj* terrified, horrified

horrorizar [14] **1** *vt* to terrify, to horrify
2 horrorizarse *vpr* to be terrified *o* horrified

horroroso, -a *adj* (**a**) *(terrorífico)* horrifying, terrifying (**b**) *(muy malo)* appalling, awful (**c**) *(muy feo)* horrible, hideous (**d**) *Fam (muy grande)* **tengo un frío h.** I'm absolutely freezing; **tengo unas ganas horrorosas de leerlo** I'm dying to read it

horst [ˈχorst] *nm Geol* horst

hortaliza *nf* (garden) vegetable

hortelano, -a *nm,f* market gardener

hortensia *nf* hydrangea

hortera *Fam* **1** *adj (decoración, ropa)* tasteless, tacky; *(persona)* tasteless
2 *nmf* person with no taste; **es un h.** he has no taste

horterada *nf Fam* tacky thing

hortícola *adj* horticultural

horticultor, -ora *nm,f* horticulturalist

horticultura *nf* horticulture

hortofrutícola *adj* **el sector h.** the fruit and vegetable growing sector

hosco, -a *adj (persona)* sullen, gruff; *(lugar)* grim, gloomy

hospedaje *nm* (**a**) *(alojamiento)* accommodation, lodgings; **dieron h. al peregrino** they gave lodging to the pilgrim (**b**) *(dinero)* (cost of) board and lodging (**c**) *Informát* ***h. de páginas Web*** web hosting

hospedar 1 *vt* to put up
2 hospedarse *vpr* to stay

hospedería *nf* (**a**) *(lugar de alojamiento)* guest house (**b**) *(de convento)* hospice

hospedero, -a *nm,f* innkeeper

hospiciano, -a *nm,f* = resident of an orphanage

hospicio *nm* (**a**) *(para niños)* orphanage, children's home (**b**) *(para pobres)* poorhouse

hospital *nm* hospital ▫ ***h. de campaña*** field hospital; ***h. infantil*** children's hospital

hospitalario, -a *adj* (**a**) *(acogedor)* hospitable (**b**) *(de hospital)* hospital; **atención hospitalaria** hospital care

hospitalidad *nf* hospitality

hospitalización *nf* hospitalization

hospitalizar [14] *vt* to hospitalize, to take *o* send to hospital

hosquedad *nf* sullenness, gruffness

host [χost] (*pl* **hosts**) *nm Informát* host

hostal *nm* guesthouse, cheap hotel ▫ ***h. residencia*** boarding house

hostelería *nf* catering

hostelero, -a 1 *adj* catering; **sector h.** catering trade
2 *nm,f* landlord, *f* landlady

hostería *nf* guesthouse

hostia 1 *nf* (**a**) *Rel* host
(**b**) *Vulg (golpe)* **dar** *o* **pegar una h. a alguien** to belt *o* clobber sb; **inflar a alguien a hostias** to beat the shit out of sb; **nos dimos** *o* **pegamos una h. con el coche** we smashed up the car
(**c**) *Vulg (para intensificar)* **¿para qué hostias…?** why the hell…?; **había la h. de gente** the place was heaving; **hace un frío de la h.** it's *Br* bloody *o US* goddamn freezing out there!; **tiene una casa de la h.** she's got a house you just wouldn't believe; **ser la h.** *(de bueno)* to be *Br* bloody *o US* goddamn amazing; *(de malo)* to be *Br* bloody *o US* goddamn awful; **tío, eres la h., ¿cómo se te ocurre pegar a tu hermana?** you're fucking unbelievable! how could you hit your own sister?
(**d**) *Vulg (velocidad)* **a toda h.** at full pelt *o* flat out; EXPR **ir cagando hostias** to run like fuck *o Br* buggery
(**e**) *Vulg (humor)* **tener mala h.** to be a mean bastard; **hoy está de una mala h. tremenda** he's in a really filthy mood today
2 *interj Vulg* **¡h.!, ¡hostias!** *Br* bloody hell!, *US* goddamn it!

hostiar [32] *vt Vulg* to bash

hostiario *nm* (**a**) *Rel* wafer box (**b**) *(molde)* wafer mould

hostigamiento *nm* harassment

hostigar [38] *vt* (**a**) *(acosar)* to pester, to bother (**b**) *Mil* to harass

hostigoso, -a *adj Andes, CAm, Méx* cloying, sickening

hostil *adj* hostile

hostilidad *nf (sentimiento)* hostility; *Mil* **hostilidades** hostilities

hostilizar [14] *vt* to harass

hot dog ['χotdoχ] (*pl* **hot dogs**) *nm* hot dog

hotel *nm* hotel ❑ ***h. apartamento*** = hotel with self-catering facilities

hotelero, -a 1 *adj* hotel; **hay escasez de plazas hoteleras** there is a shortage of hotel accommodation

2 *nm,f (hombre)* hotelier, hotel manager; *(mujer)* hotelier, hotel manageress

hotentote *adj & nmf* Hottentot

hotline ['χotlain] *nf* hot line

house [χaus] *nm (estilo musical)* house

hovercraft [oβer'kraf] *nm* hovercraft

hoy *adv* (**a**) *(en este día)* today; **h. es martes** today is Tuesday, it's Tuesday today; **de h. en adelante** from now on; **de h. para mañana** as soon *o* quickly as possible; EXPR **h. por ti y mañana por mí** you can do the same for me some time (**b**) *(en la actualidad)* nowadays, today; **h. día, h. en día** these days, nowadays; **h. por h.** at the present moment, as things are at the moment

hoya *nf Col, Chile (cuenca de río)* river basin

hoyar *vt Cuba, Chile, PRico* to dig holes in

hoyo *nm* (**a**) *(agujero)* hole, pit; *(de golf)* hole (**b**) *Fam (sepultura)* grave

hoyuelo *nm* dimple

hoz *nf* (**a**) *(herramienta)* sickle; **la h. y el martillo** *(símbolo)* the hammer and sickle (**b**) *(barranco)* gorge, ravine

HTML *nm Informát (abrev de* **hypertext markup language**) HTML

HTTP *nm Informát (abrev de* **hypertext transfer protocol**) HTTP

huaca *nf* = pre-Columbian Indian tomb

huacal *nm Méx* (**a**) *(jaula)* cage (**b**) *(cajón)* drawer

huachafería *nf Perú Fam* (**a**) *(hecho)* tacky thing (**b**) *(dicho)* naff comment

huachafo, -a *adj Perú Fam* tacky

huancaíno, -a 1 *adj* of/from Huancayo

2 *nm,f* person from Huancayo

huapango *nm* = lively popular song and dance from the Huasteca region of Eastern Mexico

huapanguero *nm Méx* "huapango" singer

huarache *nm Méx* sandal

huasca = **guasca**

huaso, -a *nm,f Chile Fam* farmer, peasant

huasteco, -a *Méx* **1** *adj* Huasteca, Huastecan

2 *nm,f (indio)* Huasteca, = indian of Mayan stock, from Eastern Mexico

huata = **guata**

hubiera *etc ver* **haber**

hucha *nf* moneybox; *(en forma de cerdo)* piggy bank

hueco, -a 1 *adj* (**a**) *(vacío)* hollow (**b**) *(sonido)* resonant, hollow (**c**) *(sin ideas)* empty; *Fam* **es una cabeza hueca** she's an airhead; **su discurso fue h.** there was no substance to his speech

2 *nm* (**a**) *(cavidad)* hole; *(en pared)* recess; **suena a h.** it sounds hollow (**b**) *(rato libre)* spare moment; **te puedo hacer un h. esta tarde** I can squeeze you in this afternoon (**c**) *(espacio libre)* space, gap; *(de escalera)* well; *(de ascensor)* shaft; **no había ni un h. en el teatro** there wasn't an empty seat in the theatre; **hacedme un h. en el sofá** make a bit of room for me on the sofa; **la marcha de los hijos dejó un h. en sus vidas** the children leaving left a gap in their lives

huecograbado *nm* photogravure

huecú (*pl* **huecúes**) *nm Chile* bog, swamp

huela *etc ver* **oler**

huelga 1 *ver* **holgar**

2 *nf* strike; **estar/declararse en h.** to be/to go on strike ❑ ***h. de brazos caídos*** sit-down (strike); ***h. de celo*** work-to-rule; ***h. general*** general strike; ***h. de hambre*** hunger strike; ***h. indefinida*** indefinite strike; ***h. patronal*** lockout; ***h. salvaje*** wildcat strike

huelgo *etc ver* **holgar**

huelguista *nmf* striker

huelguístico, -a *adj* strike; **convocatoria huelguística** strike call

huella 1 *ver* **hollar**

2 *nf* (**a**) *(de persona)* footprint; *(de animal, rueda)* track; **seguir las huellas de alguien** to follow in sb's footsteps ❑ ***h. digital*** *o* ***dactilar*** fingerprint (**b**) *(vestigio)* trace (**c**) *(impresión profunda)* mark; **dejar h.** to leave one's mark

huemul = **güemul**

huérfano, -a 1 *adj* orphan; **se quedó h. de padre muy joven** his father died when he was very young

2 *nm,f* orphan

3 *nm Imprenta* orphan

huero, -a *adj (vacío)* hollow; *(palabras)* empty

huerta *nf* (**a**) *(huerto) Br* market garden, *US* truck farm (**b**) *(tierra de regadío)* = irrigated crop-growing region

huertano, -a *nm,f* (**a**) *(murciano)* = person from Murcia (**b**) *(valenciano)* Valencian

huertero, -a *nm,f* market gardener

huerto *nm (de hortalizas)* vegetable garden; *(de frutales)* orchard; EXPR *Fam* **llevarse a alguien al h.** to have (one's will and) one's way with sb

huesa *nf* grave

huesillo *nm Andes* dried peach

hueso *nm* (**a**) *(del cuerpo)* bone; **acabar** *o* **dar con sus huesos en** to end up in; **de color h.** ivory (coloured); EXPR *Fam* **estar en los huesos** to be all skin and bones; EXPR **no poder alguien con sus huesos** to be ready to drop, to be exhausted; EXPR *Fam* **ser un h. duro de roer** to be a hard nut to crack; *Fam* **la sin h.** the tongue; *Fam* **soltar la sin h.** to shoot off one's mouth ❑ ***h. del cráneo*** skull bone; ***h. de santo*** *(pastel)* = small roll of marzipan filled with sweetened egg yolk

(**b**) *(de fruto) Br* stone, *US* pit

(**c**) *Fam (persona)* very strict person; *(asignatura)* difficult subject

(**d**) *Méx Fam (enchufe)* contacts, influence; *(trabajo fácil)* cushy job

huésped, -eda 1 *nm,f* guest

2 *nm Biol (de parásito)* host

hueste *nf (ejército)* army; *Fig* **huestes** *(seguidores)* followers

huesudo, -a *adj* bony

hueva *nf* (**a**) *(de pescado)* roe; **huevas de bacalao** cod roe (**b**) *Méx Fam (aburrimiento)* **¡qué h.!** what a pain *o* drag!

huevada *nf Arg, Chile Vulg* crap, bullshit, *Br* bollocks

huevear *vi Am Fam* to muck about

huevera *nf* (**a**) *(para servir)* egg cup (**b**) *(para guardar)* egg box

huevería *nf* = shop selling eggs

huevero, -a *nm,f* egg seller

huevo *nm* (**a**) *(de animales)* egg ❑ *Am* ***h. a la copa*** boiled egg; ***h. duro*** hard-boiled egg; ***h. escalfado*** poached egg; ***h. frito*** fried egg; ***h. de granja*** free-range egg; ***h. pasado por agua*** soft-boiled egg; ***huevos al plato*** = eggs cooked in the oven in an earthenware dish; ***huevos revueltos*** scrambled eggs; *Am* ***h. tibio*** boiled egg

(**b**) *(cigoto)* zygote, egg

(**c**) *muy Fam* **huevos** *(testículos)* balls, nuts; **¡estoy hasta los huevos!** I'm *Br* bloody *o US* goddam sick of it!; **tener huevos** to have balls; **¡tiene huevos la cosa!** it's a *Br* bloody *o US* goddamn disgrace!; **¡y un h.!** like hell!, *Br* bollocks!, *US* my ass!

(**d**) EXPR *muy Fam* **costar un h.** *(ser caro)* to cost a packet *o* bomb; *(ser difícil)* to be *Br* bloody *o US* goddamn hard; *muy Fam* **saber un h.** to know a hell of a lot; *Fam* **me viene a h.** it's just what I need, it's just the right thing

huevón, -ona *muy Fam* **1** *adj Am (vago)* lazy

2 *nm RP* stupid bastard

hugonote, -a *adj & nm,f* Huguenot

huida *nf* escape, flight

huidizo, -a *adj (esquivo)* shy, elusive; *(frente, mentón)* receding

huido, -a *adj* (**a**) *(fugitivo)* fugitive, fleeing (**b**) *(reservado)* withdrawn

huincha *nf* (**a**) *Chile, Perú (cinta)* ribbon (**b**) *Chile (metro)* tape measure

huipil *nm Guat, Méx* = traditional Indian woman's dress or blouse

huir [34] **1** *vi* (**a**) *(escapar) (de enemigo)* to flee (**de** from); *(de cárcel)* to escape (**de** from); **h. del país** to flee the country (**b**) **h. de algo** *(evitar)* to avoid sth, to keep away from sth

2 *vt* to avoid

huiro *nm Chile* seaweed

huitlacoche *n Am* corn smut, = edible fungus which grows on maize

hula-hoop [χula'χop] *nm* hula-hoop®
hule *nm* (**a**) *(material)* oilskin (**b**) *(mantel)* oilcloth
hulero, -a *nm,f CAm* rubber tapper
hulla *nf* soft coal ▫ ***h. blanca*** water power, white coal
hullero, -a *adj* soft coal; **producción hullera** soft coal production
humanamente *adv* **hicimos todo lo h. posible** we did everything humanly possible
humanidad *nf* (**a**) *(género humano)* humanity (**b**) *(sentimiento)* humanity (**c**) *Educ* **humanidades** humanities
humanismo *nm* humanism
humanista 1 *adj* humanist, humanistic
2 *nmf* humanist
humanístico, -a *adj* humanistic
humanitario, -a *adj* humanitarian
humanitarismo *nm* humanitarianism
humanización *nf* humanization, making more human
humanizar [14] **1** *vt* to humanize, to make more human
2 humanizarse *vpr* to become more human
humano, -a 1 *adj* (**a**) *(del hombre)* human (**b**) *(compasivo)* humane
2 *nm* human being; **los humanos** mankind
humanoide *adj & nmf* humanoid
humarada, humareda *nf* cloud of smoke; **¡qué h.!** what a lot of smoke!, it's so smoky!
humazo *nm* cloud of smoke
humeante *adj (que echa humo)* smoking; *(que echa vapor)* steaming
humear 1 *vi (salir humo)* to (give off) smoke; *(salir vapor)* to steam
2 *vt Am (fumigar)* to fumigate
humectador, humectante *adj & nm Fot* humectant
humedad *nf* (**a**) *(de suelo, tierra)* dampness; *(de pared, techo)* damp; **hay mucha h. en la casa** the house is very damp (**b**) *(de labios, ojos)* moistness (**c**) *(de atmósfera)* humidity
humedal *nm* wetland
humedecer [46] **1** *vt* to moisten
2 humedecerse *vpr* to become moist; **humedecerse los labios** to moisten one's lips
humedecimiento *nm* moistening
húmedo, -a *adj* (**a**) *(suelo, tierra, casa)* damp (**b**) *(labios, ojos)* moist (**c**) *(ropa)* damp (**d**) *(clima) (frío)* damp; *(cálido)* humid (**e**) *(aire, atmósfera)* humid
húmero *nm Anat* humerus
humidificación *nf* humidification
humidificador *nm* humidifier
humidificar [59] *vt* to humidify
humildad *nf* humility; **con h.** humbly
humilde *adj* humble
humildemente *adv* humbly
humillación *nf* humiliation
humillado, -a *adj* humiliated
humillante *adj* humiliating
humillar 1 *vt* to humiliate
2 humillarse *vpr* to humble oneself; **humillarse a hacer algo** *(rebajarse)* to lower oneself to do sth, to stoop to doing sth
humita *nf* (**a**) *Chile (pajarita)* bow tie (**b**) *Andes, Arg (pasta de maíz)* = paste made of mashed *Br* maize *o US* corn kernels mixed with cheese, chili, onion and other ingredients (**c**) *Andes, Arg (plato)* = mixture of mashed *Br* maize *o US* corn kernels and other ingredients, wrapped in a *Br* maize *o US* corn husk and steamed
humo *nm (producto de combustión)* smoke; *(vapor)* steam; *(de vehículo)* fumes; EXPR *Fam* **bajarle a alguien los humos** to take sb down a peg or two; EXPR *Fam* **darse humos** to give oneself airs; EXPR *Fam* **echar h.** to be fuming, to have smoke coming out of one's ears; *Fam* **se hizo h.** *(desapareció)* he made himself scarce; *Fam* **su fortuna se convirtió en h. en pocos meses** his fortune went up in smoke within a few months
humor *nm* (**a**) *(estado de ánimo)* mood; *(carácter)* temperament; **estar de buen/mal h.** to be in a good/bad mood; EXPR *Fam* **estar de un h. de perros** to be in a filthy mood (**b**) *(gracia)* humour; **un programa de h.** a comedy programme ▫ ***h. negro*** black humour (**c**) *(ganas)* mood; **no estoy de h.** I'm not in the mood (**d**) *Anat* humour
humorada *nf (chiste)* joke
humorado, -a *adj* **bien h.** good-humoured; **mal h.** ill-humoured
humoral *adj Fisiol* humoral
humorismo *nm* (**a**) *(carácter burlón)* humour (**b**) *(en televisión, teatro)* comedy
humorista *nmf* (**a**) *(persona burlona)* humorist (**b**) *(en televisión, teatro)* comedian, *f* comedienne
humorístico, -a *adj* humorous; **un programa h.** a comedy programme
humoso, -a *adj* smoky
humus *nm inv* (**a**) *(suelo)* hummus, humus (**b**) *(comida)* humus
hundido, -a *adj* (**a**) *(desmoralizado)* devastated (**b**) *(ojos)* sunken, deep-set (**c**) *(mejillas)* hollow, sunken
hundimiento *nm* (**a**) *(de barco)* sinking (**b**) *(de terreno)* subsidence (**c**) *(de empresa)* collapse
hundir 1 *vt* (**a**) *(sumergir)* to sink; *(esconder, introducir)* to bury; **le hundió el cuchillo en la espalda** she buried the knife in his back; **hundió los dedos en su cabello** he ran his fingers through her hair (**b**) *(afligir)* to devastate, to destroy (**c**) *(hacer fracasar)* to ruin (**d**) *(abollar)* to dent
2 hundirse *vpr* (**a**) *(sumergirse)* to sink; *(intencionadamente)* to dive (**b**) *(derrumbarse)* to collapse; *(techo)* to cave in (**c**) *(afligirse)* to go to pieces (**d**) *(fracasar)* to be ruined (**e**) *(abollar)* to be dented; **se le hundieron las mejillas** he became hollow-cheeked
húngaro, -a 1 *adj & nm,f* Hungarian
2 *nm (lengua)* Hungarian
Hungría *n* Hungary
huno, -a 1 *adj* Hunnish
2 *nm,f* Hun
huracán *nm* hurricane
huracanado, -a *adj (viento)* hurricane-force
huraño, -a *adj* unsociable
hurgar [38] **1** *vi (rebuscar)* to rummage around (**en** in); *(con dedo, palo)* to poke around (**en** in)
2 hurgarse *vpr* **hurgarse la nariz** to pick one's nose; **hurgarse los bolsillos** to rummage around in one's pockets
hurgón *nm* poker
hurgonear *vt* to poke
hurguetear *vt Am* to poke *o* rummage around in
hurí (*pl* **huries**) *nf* houri
Hurón *nm* **lago H.** Lake Huron
hurón *nm* (**a**) *(animal)* ferret (**b**) *(persona huraña)* unsociable person (**c**) *(persona curiosa)* nosey parker
huronear *vi* (**a**) *(cazar)* to ferret (**b**) *(curiosear)* to snoop, to pry
huronera *nf (madriguera)* ferret hole
hurra *interj* **¡h.!** hurray!
hurtadillas: a hurtadillas *loc adv* on the sly, stealthily
hurtar 1 *vt (robar)* to steal
2 hurtarse *vpr* **hurtarse a** *o* **de alguien** to conceal oneself *o* hide from sb
hurto *nm* theft
húsar *nm Mil* hussar
husky ['χaski] *nm* husky
husmeador, -ora *adj* (**a**) *(perro)* sniffer (**b**) *(persona)* nosey, prying
husmear 1 *vt (olfatear)* to sniff out, to scent
2 *vi (curiosear)* to snoop around, to pry
husmeo *nm* (**a**) *(olfateo)* sniffing (**b**) *(curioseo)* snooping, prying
huso *nm* (**a**) *(para hilar)* spindle; *(en máquina)* bobbin (**b**) ***h. horario*** time zone
huy *interj* (**a**) **¡h.!** *(expresa dolor)* ouch! (**b**) **¡h.!** *(expresa sorpresa)* gosh!
huyera *etc ver* **huir**
huyo *etc ver* **huir**

I

I, i [i] *nf (letra)* I, i

IAE *nm* (*abrev de* **Impuesto sobre Actividades Económicas**) = Spanish tax paid by professionals and shop owners

ib. (*abrev de* **ibídem**) ibid

iba *etc ver* **ir**

ibérico, -a *adj* Iberian

íbero, -a, ibero, -a 1 *adj & nm,f* Iberian
 2 *nm (lengua)* Iberian

Iberoamérica *n* Latin America

iberoamericano, -a *adj & nm,f* Latin American

íbice *nm* ibex

ibicenco, -a 1 *adj* of/from Ibiza
 2 *nm,f* person from Ibiza

ibíd. (*abrev de* **ibídem**) ibid

ibídem, ibidem *adv* ibidem, ibid

ibis *nm inv* ibis

ibopé *nm* mesquite

ICADE *nm* (*abrev de* **Instituto Católico de Alta Dirección de Empresas**) = prestigious Spanish business school

ICAIC *nm* (*abrev de* **Instituto Cubano del Arte e Industria Cinematográficos**) = Cuban national film institute

ICE ['iθe] (*abrev de* **Instituto de Ciencias de la Educación**) = teacher training college

ice *etc ver* **izar**

iceberg [iθe'βer] (*pl* **icebergs**) *nm* iceberg

ICI ['iθi] *nm* (*abrev de* **Instituto de Cooperación Ibero-americana**) Institute for Latin American cooperation

ICO ['iko] *Antes* (*abrev de* **Instituto de Crédito Oficial**) = body which administers government loans

Icona *nm Antes* (*abrev de* **Instituto Nacional para la Conservación de la Naturaleza**) = Spanish national institute for conservation, *Br* ≃ NCC

icónico, -a *adj* iconic

icono *nm* icon

iconoclasta 1 *adj* iconoclastic
 2 *nmf* iconoclast

iconografía *nf* iconography

iconográfico, -a *adj* iconographical

iconología *nf* iconology

icosaedro *nm Geom* icosahedron

ICRT *nm* (*abrev de* **Instituto Cubano de Radio y Televisión**) = Cuban state broadcasting company

ictericia *nf* jaundice

ictiología *nf* ichthyology

ictiólogo, -a *nm,f* ichthyologist

ictiosaurio *nm* ichthyosaur

ictus *nm* stroke

ID *nf Ecuad* (*abrev de* **Izquierda Democrática**) = Ecuadoran political party

I+D ['imas'de] (*abrev de* **investigación y desarrollo**) R&D

id *ver* **ir**

id. (*abrev de* **idem**) id., idem

ida *nf* outward journey; **a la i. fuimos en tren** we went by train on the way there; **(billete de) i. y vuelta** return (ticket); *Fig* **idas y venidas** comings and goings

---

IDEA *nf* (**a**) *(concepto)* idea; **la i. del bien y del mal** the concept of good and evil; **yo tenía otra i. de Estados Unidos** I had a different image of the United States; **tiene una i. peculiar de lo que es la honradez** he has a funny idea of (what's meant by) honesty; **hazte a la i. de que no va a venir** you'd better start accepting that she isn't going to come; **no conseguía hacerme a la i. de vivir sin ella** I couldn't get used to the idea of living without her; **con lo que me has dicho ya me hago una i. de cómo es la escuela** from what you've told me I've got a pretty good idea of what the school is like; **no me hago una i. de cómo debió ser** I can't imagine what it must have been like ▫ ***i. fija*** obsession; **ser una persona de ideas fijas** to be a person of fixed ideas
 (**b**) *(ocurrencia)* idea; **una buena/mala i.** good/bad idea; **ha sido muy buena i. escoger este restaurante** it was a very good idea to choose this restaurant; **se le ve falto de ideas en su última novela** he seems short of ideas in his latest novel; **lo que contaste me dio la i. para el guión** what you said to me gave me the idea for the script; **se me ocurre una i., podríamos...** I know what, we could...; **¿a quién se le habrá ocurrido la i. de apagar las luces?** can you believe it, somebody's gone and turned the lights out!; **¡más vale que te quites esa i. de la cabeza!** you can forget that idea!; **una i. brillante** *o* **luminosa** a brilliant idea, a brainwave; **cuando se le mete una i. en la cabeza...** when he gets an idea into his head...; EXPR **tener ideas de bombero** to have wild *o* crazy ideas
 (**c**) *(conocimiento, nociones)* idea; **la policía no tenía ni i. de quién pudo haber cometido el crimen** the police had no idea who could have committed the crime; **no tengo ni i.** I haven't got a clue; **no tengo ni i. de física** I don't know the first thing about physics; **no tengo (ni) la menor** *o* **la más remota i.** I haven't the slightest idea; *muy Fam* **no tengo ni pajolera i.** I haven't the faintest *Br* bloody *o US* goddamn idea; *Vulg* **no tengo ni puta i.** I haven't got a fucking clue; *Fam* **¡ni i.!** *(como respuesta)* search me!, I haven't got a clue!; **tener i. de cómo hacer algo** to know how to do sth; **tener una ligera i.** to have a vague idea; **por la forma en que maneja las herramientas se ve que tiene i.** from the way she's handling the tools, you can tell she knows what she's doing; **¡no tienes i.** *o* **no puedes hacerte una i. de lo duro que fue!** you have no idea *o* you can't imagine how hard it was!
 (**d**) *(propósito)* intention; **nuestra i. es volver pronto** we intend to *o* our intention is to return early; **con la i. de** with the idea *o* intention of; **tener i. de hacer algo** to intend to do sth; **a mala i.** maliciously; **tener mala i.** *(ser malintencionado)* to be a nasty piece of work; **¡mira que tienes mala i.!** that's really nasty of you!
 (**e**) *(opinión)* opinion; **mi i. de ella era totalmente errónea** I had completely the wrong impression of her; **no tengo una i. formada sobre el tema** I don't have a clear opinion on the subject; **cambiar de i.** to change one's mind; **yo soy de la i. de que mujeres y hombres deben tener los mismos derechos** I'm of the opinion that men and women should have equal rights; **somos de la misma i.** we agree, we're of the same opinion
 (**f**) **ideas** *(ideología)* ideas; **fue perseguido por sus ideas** he was persecuted for his beliefs *o* ideas

---

ideal 1 *adj* ideal; **lo i. sería hacerlo mañana** ideally, we would do it tomorrow
 2 *nm* ideal; **el i. de belleza de los griegos** the Greek ideal of beauty

idealismo *nm* idealism

idealista 1 *adj* idealistic
 2 *nmf* idealist

idealización *nf* idealization

idealizar [14] *vt* to idealize

idealmente *adv* ideally

idear *vt* (**a**) *(planear)* to think up, to devise (**b**) *(inventar)* to invent

ideario *nm* ideology

ideático, -a *adj Am (caprichoso)* whimsical, capricious

ídem *pron* ditto; **i. de i.** *(lo mismo)* exactly the same; *(yo también)* same here

idéntico, -a *adj* identical (**a** to); **es i. a su abuelo** *(físicamente)* he's the image of his grandfather; *(en carácter)* he's exactly the same as his grandfather

identidad *nf* (**a**) *(de persona, pueblo)* identity (**b**) *(igualdad)* identical nature

identificable *adj* identifiable

identificación *nf* identification

identificado, -a *adj* identified; **no i.** unidentified

identificador *nm Informát* identifier

identificar [59] **1** *vt* to identify

2 identificarse *vpr* **identificarse con** *(persona, ideas)* to identify with; **¡identifíquese!** *(diga quién es)* identify yourself!; *(muestre una identificación)* show me some identification!

ideografía *nf* ideography

ideográfico, -a *adj* ideographic

ideograma *nm* ideogram, ideograph

ideología *nf* ideology

ideológicamente *adv* ideologically

ideológico, -a *adj* ideological

ideologizado, -a *adj* **un debate i.** a debate which has become ideological

ideólogo, -a *nm,f* ideologist

idílico, -a *adj* idyllic

idilio *nm* love affair

idioma *nm* language

idiomático, -a *adj* idiomatic

idiosincrasia *nf* individual character

idiosincrásico, -a *adj* characteristic

idiota 1 *adj* (**a**) *(tonto)* stupid (**b**) *(enfermo)* mentally deficient

2 *nmf* idiot

idiotez *nf* (**a**) (bobería) stupidity; **decir/hacer una i.** to say/do something stupid (**b**) *(enfermedad)* mental deficiency

idiotizar [14] **1** *vt* to turn into an idiot, to stupefy; **se quedó idiotizado delante del televisor** he sat stupefied in front of the television

2 idiotizarse *vpr* to become stupefied

ido, -a *adj Fam* mad, touched; **estar i.** to be miles away

idólatra 1 *adj también Fig* idolatrous

2 *nmf* idolater, *f* idolatress; *Fig* idolizer

idolatrar *vt (alabar)* to worship; *Fig* to idolize

idolatría *nf también Fig* idolatry

ídolo *nm* idol

idoneidad *nf* suitability

idóneo, -a *adj* suitable (**para** for); **es un lugar i. para construir la escuela** it's an ideal place to build the school

iglesia *nf* (**a**) *(edificio)* church; **ir a la i.** to go to church; **una i. católica/protestante** a Catholic/Protestant church (**b**) *(institución)* church; EXPR **con la i. hemos topado** now we're really up against it ▫ ***la i. adventista*** the Adventist church; ***la i. anglicana*** the Church of England; ***la i. católica*** the Catholic church; ***las iglesias evangélicas*** the evangelical churches; ***la i. ortodoxa*** the Orthodox church; ***las iglesias protestantes*** the protestant churches

iglú *(pl* **iglúes**) *nm* igloo

ígneo, -a *adj* igneous

ignición *nf (de motor)* ignition; **la chispa provocó la i. del combustible** the spark ignited the fuel

ignífugo, -a *adj* fireproof, flameproof

ignominia *nf* ignominy

ignominioso, -a *adj* ignominious

ignorancia *nf* ignorance; **i. supina** blind ignorance

ignorante 1 *adj* ignorant; **i. de lo que ocurría...** unaware of what was happening...

2 *nmf* ignoramus

ignorar *vt* (**a**) *(desconocer)* not to know, to be ignorant of; **no ignoro que es una empresa arriesgada** I'm aware that it's a risky venture (**b**) *(hacer caso omiso de)* to ignore

ignoto, -a *adj* unknown, undiscovered

IGUAL 1 *adj* (**a**) *(idéntico)* the same (**que** *o* **a** as); **llevan jerseys iguales** they're wearing the same sweater; **son iguales** they're the same; **¿has visto qué casa?, me gustaría tener una i.** have you seen that house? I wouldn't mind having one like it; **tengo una bicicleta i. que la tuya** I've got a bicycle just like yours; **lo hirieron con un cuchillo i. a éste** he was wounded with a knife just like this one; **su estadio es i. de grande que el nuestro** their stadium is as big as *o* the same size as ours; **todos los chicos eran i. de guapos** all the boys were equally good-looking, all the boys were just as good-looking as each other; **sigue siendo i. de presumido** he's (just) as vain as ever; **todos los hombres sois iguales** you men are all the same; **todos somos iguales ante la ley** we are all equal in the eyes of the law

(**b**) *(parecido)* similar (**que** to); **son dos atletas muy iguales en su forma de correr** they are two athletes who have a very similar style of running; **este niño, de cara, es i. que su padre** this child looks just like his father; **físicamente no se parecen, pero de carácter son iguales** they don't look anything like each other, but they have very similar characters

(**c**) *(tal, semejante)* **no había visto cosa i. en toda mi vida** I'd never seen the like of it; **¿has oído alguna vez mentira i.?** have you ever heard such a lie?

(**d**) *(equivalente)* equal (**a** to); **su brillantez era i. a su ambición** his brilliance was matched by his ambition

(**e**) *(llano)* even; *(sin asperezas)* smooth

(**f**) *(constante) (velocidad, aceleración)* constant; *(clima, temperatura)* even

(**g**) *Mat* **A más B es i. a C** A plus B equals C

2 *nmf* equal; **sólo se relacionaba con sus iguales** she only mixed with her equals; **de i. a i.** as an equal; **te hablo de i. a i.** I am speaking to you as an equal; **llevan una relación de i. a i.** they treat each other as equals; **no tener i.** to have no equal, to be unrivalled; **sin i.** without equal, unrivalled; **el actor principal tiene un talento sin i.** the leading man is unrivalled in his ability; **es un espectáculo sin i.** it is a sight without equal

3 *nm Mat* equal *o* equals sign

4 *nmpl* **iguales** *Antes (de la ONCE)* = tickets for the Spanish National Association for the Blind lottery which bear the same number

5 *adv* (**a**) *(de la misma manera)* the same; **yo pienso i.** I think the same, I think so too; **¡qué curioso!, a mí me pasó i.** how odd, the same thing happened to me!; **el café estaba frío y el té i.** the coffee was cold and so was the tea; **es muy alto, al i. que su padre** he's very tall, just like his father; **el limón, al i. que la naranja, tiene mucha vitamina C** lemons, like oranges, contain a lot of vitamin C; **baila i. que la Pavlova** she dances just like Pavlova; **por i.** equally; **nos trataron a todos por i.** they treated us all the same *o* equally

(**b**) *(posiblemente)* **i. llueve** it could well rain; **con suerte, i. llego mañana** with a bit of luck I may arrive tomorrow; **i. dejo este trabajo y me busco otra cosa** I may well give up this job and look for something different

(**c**) *Dep* **van iguales** the scores are level; **treinta iguales** *(en tenis)* thirty all; **cuarenta iguales, iguales a cuarenta** *(en tenis)* deuce

(**d**) **me da i. lo que piense la gente** *(no me importa)* I don't care what people think; **¿quieres salir o prefieres quedarte? — me es i.** do you want to go out, or would you rather stay in? – it's all the same to me *o* I don't mind; **lo siento, no voy a poder ayudar — da** *o* **es i., no te preocupes** I'm sorry but I won't be able to help – it doesn't matter, don't worry; **¿vamos o nos quedamos? — da** *o* **es i.** ¿should we go or should we stay? – it's doesn't make any difference; **es i., si no tienen vino tomaré otra cosa** never mind, if you haven't got any wine I'll have something else

---

igualación *nf* (**a**) *(de terreno)* levelling; *(de superficie)* smoothing (**b**) *(de cantidades)* equalizing; **piden la i. de salarios** they are asking for salaries to be made the same

igualado, -a *adj* (**a**) *(terreno)* levelled, level (**b**) **de momento van igualados** *(empatados)* it's a draw at the moment

igualamiento *nm* equalization

igualar 1 *vt* (**a**) *(hacer igual)* to make equal, to equalize; *Dep* to equalize; **i. algo a** *o* **con** to equate sth with; **esa acción lo iguala a sus enemigos** that act takes him down to his enemies' level (**b**) *(persona)* to be equal to; **nadie la iguala en generosidad** nobody is as generous as she is (**c**) *(terreno)*

to level; *(superficie)* to smooth (**d**) *(hierba, cabello)* to trim
2 igualarse *vpr (cosas diferentes)* to become equal; **igualarse a** *o* **con** *(otra persona, equipo)* to become equal with, to match
igualdad *nf* (**a**) *(equivalencia)* equality; **en i. de condiciones** on equal terms ❑ ***i. de oportunidades*** equality of opportunity (**b**) *(identidad)* sameness
igualitario, -a *adj* egalitarian
igualitarismo *nm* egalitarianism
igualmente *adv* (**a**) *(también)* also, likewise (**b**) *(fórmula de cortesía)* the same to you, likewise; **encantado de conocerlo — i.** pleased to meet you – likewise
iguana *nf* iguana
iguanodonte *nm* iguanodon
Iguazú *n* **el I.** the Iguaçu
IICA *nm Am* (*abrev de* **Instituto Interamericano de Ciencias Agrícolas**) = institute for the study of agriculture, based in Costa Rica
ijada *nf*, **ijar** *nm* flank, side
ikastola *nf* = primary school in the Basque country where classes are given entirely in Basque
ikurriña *nf* = Basque national flag
ilación *nf* cohesion
ilegal *adj* illegal
ilegalidad *nf* (**a**) *(acción)* unlawful act (**b**) *(cualidad)* illegality; **estar en la i.** to be illegal *o* outside the law
ilegalizar *vt* to ban, to outlaw
ilegalmente *adv* illegally
ilegibilidad *nf* illegibility
ilegible *adj* illegible
ilegítimamente *adv* illegitimately
ilegitimar *vt (logro)* to invalidate; **su pasado lo ilegitima para ser alcalde** his past makes him unfit to be mayor; **sus infidelidades ilegitiman sus celos** her infidelities deny her the right to be jealous
ilegitimidad *nf* illegitimacy
ilegítimo, -a *adj* illegitimate; **hijo i.** illegitimate child
ileso, -a *adj* unhurt, unharmed; **salir** *o* **resultar i.** to escape unharmed; **salió i. del accidente** he was not injured in the accident
iletrado, -a *adj & nm,f* illiterate
ilícito, -a *adj* illicit
ilicitud *nf* illegality
ilimitado, -a *adj* unlimited, limitless; **poder i.** absolute power
ilmo., -a (*abrev de* **ilustrísimo, -a**) *adj* **el I. Ayuntamiento de Madrid** the City Council of Madrid
ilocalizable *adj* **se encuentra i.** he cannot be found
ilógico, -a *adj* illogical
ilomba *n* false nutmeg
iluminación *nf* (**a**) *(luces)* lighting; *(acción)* illumination (**b**) *Rel* enlightenment
iluminado, -a 1 *adj* (**a**) *(con luz)* lit (up); **el lugar estaba mal i. y no pude verle la cara** the place was poorly lit and I couldn't see his face (**b**) *Rel* enlightened
2 *nm,f Rel* enlightened person
iluminador, -ora 1 *adj* illuminating
2 *nm,f* lighting technician
iluminar 1 *vt* (**a**) *(dar luz a)* to illuminate, to light up (**b**) *Rel* to enlighten
2 *vi* to give light; **la lámpara ilumina muy poco** the lamp doesn't give much light
3 iluminarse *vpr* (**a**) *(con luz)* to light up (**b**) *(de alegría)* **se le iluminó el rostro** his face lit up (**c**) *Rel* to become enlightened
ilusión *nf* (**a**) *(esperanza)* hope; *(infundada)* delusion, illusion; **con i.** hopefully, optimistically; **la i. de su vida es ir al espacio** his life's dream is to travel into space; **hacerse** *o* **forjarse ilusiones** to build up one's hopes; **no te hagas demasiadas ilusiones** don't get your hopes up too much (**b**) *(emoción)* thrill, excitement; **¡qué i.!** how exciting!; **me hace mucha i.** I'm really looking forward to it; **la novia lleva los preparativos de la boda con i.** the bride is very excited about the preparations for the wedding (**c**) *(espejismo)* illusion ❑ ***i. óptica*** optical illusion
ilusionar 1 *vt* (**a**) *(esperanzar)* **i. a alguien (con algo)** to build up sb's hopes (about sth) (**b**) *(emocionar)* to excite, to thrill
2 ilusionarse *vpr* (**a**) *(esperanzarse)* to get one's hopes up (**con** about) (**b**) *(emocionarse)* to get excited (**con** about)
ilusionismo *nm* conjuring, magic
ilusionista *nmf* conjurer, magician
iluso, -a 1 *adj* naive
2 *nm,f* naive person, dreamer
ilusorio, -a *adj* illusory; *(promesa)* empty
ilustración *nf* (**a**) *(estampa, dibujo)* illustration (**b**) *(cultura)* learning; **no tiene mucha i.** he doesn't have much education (**c**) *Hist* **la I.** the Enlightenment
ilustrado, -a *adj* (**a**) *(publicación)* illustrated (**b**) *(persona)* learned
ilustrador, -ora 1 *adj* illustrative
2 *nm,f* illustrator
ilustrar *vt* (**a**) *(explicar)* to illustrate, to explain; **i. algo con un ejemplo** to illustrate sth with an example (**b**) *(publicación)* to illustrate (**c**) *(educar)* to enlighten
ilustrativo, -a *adj* illustrative
ilustre *adj* (**a**) *(distinguido)* illustrious, distinguished (**b**) *(título)* **el i. señor alcalde** his Worship, the mayor
ilustrísimo, -a 1 *adj* **el I. Ayuntamiento de Madrid** the City Council of Madrid
2 *nf* **Su Ilustrísima** Your/His Grace, Your/His Worship
imagen *nf* (**a**) *(figura)* image; *TV* picture; **a i. y semejanza de** identical to, exactly the same as; **imágenes del partido/de la catástrofe** pictures of the game/the disaster; EXPR **ser la viva i. de alguien** to be the spitting image of sb; **una i. de la Virgen** *(estatua)* a statue of the Virgin (Mary) ❑ ***i. virtual*** virtual image
(**b**) *(concepto, impresión)* image; **tener buena/mala i.** to have a good/bad image; **los casos de corrupción han deteriorado la i. del gobierno** the corruption scandals have tainted the image of the government ❑ ***i. corporativa*** corporate identity; ***i. de empresa*** corporate image
imaginable *adj* imaginable, conceivable
imaginación *nf* (**a**) *(facultad)* imagination; **pasar por la i. de alguien** to occur to sb, to cross sb's mind; **no me pasó por la i.** it never occurred to me *o* crossed my mind; **se deja llevar por la i.** he lets his imagination run away with him (**b**) *(idea falsa)* **imaginaciones** delusions, imaginings; **son imaginaciones tuyas** you're just imagining things, it's all in your mind
imaginar 1 *vt* (**a**) *(figurarse)* to imagine (**b**) *(idear)* to think up, to invent (**c**) *(visualizar)* to imagine, to picture; **no me lo imagino vestido de indio** I can't imagine *o* picture him dressed as an Indian
2 imaginarse *vpr* to imagine; **no te llamé porque me imaginé que estabas muy ocupada** I didn't call you, because I thought you'd be very busy; **¡imagínate!** just think *o* imagine!; **me imagino que sí** I suppose so; *Fam* **¿te imaginas que viene?** what if he were to come?
imaginaria *nf (guardia)* sentry; **estar de i.** to be on sentry duty
imaginario, -a *adj* imaginary
imaginativo, -a *adj* imaginative
imaginería *nf* religious image-making
imaginero,-a *nm,f* = painter or sculptor of religious images
imán *nm* (**a**) *(para atraer)* magnet (**b**) *(entre musulmanes)* imam
imanación, imantación *nf* magnetization
imanar, imantar *vt* to magnetize
imbancable *adj Arg Fam (insoportable)* unbearable
imbatibilidad *nf* **la derrota puso fin a su i.** this defeat ended their unbeaten run
imbatible *adj* unbeatable
imbatido, -a *adj* unbeaten
imbebible *adj* undrinkable
imbécil 1 *adj* stupid
2 *nmf* idiot
imbecilidad *nf* stupidity; **decir/hacer una i.** to say/do something stupid
imberbe *adj* beardless
imbornal *nm* scupper
imborrable *adj* (**a**) *(tinta)* indelible (**b**) *(recuerdo)* unforgettable
imbricación *nf* overlap
imbricado, -a *adj* overlapping
imbricar [59] *vt* to make overlap
imbuir [34] *vt* to imbue (**de** with)
imbunchar *vt Chile* (**a**) *(embrujar)* to bewitch, to cast a spell over (**b**) *(estafar)* to swindle

imbunche *nm Chile* (**a**) *(ser mitológico)* = deformed evil spirit who helps witches (**b**) *(maleficio)* curse (**c**) *(barullo)* mess, tangle

imitación *nf* (**a**) *(copia)* imitation; **a i. de** in imitation of; **piel de i.** imitation leather (**b**) *(de humorista)* impersonation

imitador, -ora *nm,f* (**a**) *(que copia)* imitator (**b**) *(humorista)* impersonator

imitamonas, imitamonos *nmf inv Fam* copycat

imitar *vt* (**a**) *(copiar)* to imitate, to copy; *(producto, material)* to simulate (**b**) *(a personajes famosos)* to impersonate

imitativo, -a *adj* imitative

impaciencia *nf* impatience; **con i.** impatiently

impacientar 1 *vt* to make impatient, to exasperate

2 impacientarse *vpr* to grow impatient

impaciente *adj* impatient; **i. por hacer algo** impatient *o* anxious to do sth; **estoy i. por que llegue Héctor** I can't wait for Hector to get here

impacientemente *adv* impatiently

impactante *adj* hard-hitting

impactar 1 *vt* to have an impact on; **me impactó oírle hablar de esa manera** it made a real impression on me to hear him talk like that

2 *vi (bala)* to hit

impacto *nm* (**a**) *(choque)* impact (**b**) *(señal)* (impact) mark ▫ ***i. ambiental*** environmental impact; ***i. de bala*** bullethole (**c**) *(impresión)* impact, strong impression; **causar un gran i. en alguien** to make a big impact *o* impression on sb

impagable *adj* invaluable

impagado, -a 1 *adj* unpaid

2 *nm* unpaid bill

impago *nm* non-payment

impala *nm* impala

impalpable *adj* impalpable

impar *adj* (**a**) *(número)* odd (**b**) *(sin igual)* unequalled

imparable *adj* unstoppable

imparcial *adj* impartial

imparcialidad *nf* impartiality

imparcialmente *adv* impartially

impartir *vt* to give; **i. clases** to teach

impase, impasse [im'pas] *nm* impasse

impasibilidad *nf* impassivity

impasible *adj* impassive; **su rostro permaneció i.** his face showed *o* betrayed no emotion

impasiblemente *adv* impassively

impasse *nm* impasse; **encontrarse** *o* **estar en un i.** to have reached an impasse

impavidez *nf* (**a**) *(valor)* fearlessness, courage (**b**) *(impasibilidad)* impassivity

impávido, -a *adj* (**a**) *(valeroso)* fearless, courageous (**b**) *(impasible)* impassive

impecable *adj* impeccable

impecablemente *adv* impeccably

impedancia *nf* impedance

impedido, -a 1 *adj* disabled; **estar i. de un brazo** to have the use of only one arm

2 *nm,f* disabled person; **los impedidos** the disabled

impedimenta *nf* baggage, appurtenances

impedimento *nm (obstáculo)* obstacle; *(para el matrimonio)* impediment; **no hay ningún i. para hacerlo** there's no reason why we shouldn't do it

impedir [47] *vt* (**a**) *(imposibilitar)* to prevent; **i. a alguien hacer algo** to prevent sb from doing sth; **impedirle el paso a alguien** to bar sb's way; **nada te impide hacerlo** there's nothing to stop you doing it (**b**) *(dificultar)* to hinder, to obstruct

impeler *vt* (**a**) *(hacer avanzar)* to propel (**b**) *(incitar)* **i. a alguien a algo/hacer algo** to drive sb to sth/to do sth

impenetrabilidad *nf también Fig* impenetrability

impenetrable *adj también Fig* impenetrable

impenitencia *nf* impenitence

impenitente *adj* (**a**) *(que no se arrepiente)* unrepentant, impenitent (**b**) *(incorregible)* inveterate

impensable *adj* unthinkable

impensado, -a *adj* unexpected

impepinable *adj Esp Fam (argumento)* knockdown, unanswerable; **¡eso es i.!** that's for sure!

imperante *adj* prevailing

imperar *vi* to prevail

imperativo, -a 1 *adj* (**a**) *Gram* imperative (**b**) *(autoritario)* imperious

2 *nm* (**a**) *Gram* imperative (**b**) *(circunstancias, mandato)* **imperativos económicos** economic considerations; **por i. legal** for legal reasons

imperceptible *adj* imperceptible

imperdible *nm* safety pin

imperdonable *adj* unforgivable

imperecedero, -a *adj* (**a**) *(producto)* non-perishable (**b**) *(eterno)* immortal, eternal

imperfección *nf* (**a**) *(cualidad)* imperfection (**b**) *(defecto)* flaw, defect

imperfecto, -a 1 *adj* (**a**) *(no perfecto)* imperfect (**b**) *(defectuoso)* faulty, defective (**c**) *Gram* **pretérito i.** (past) imperfect

2 *nm Gram* imperfect

imperial *adj* imperial

imperialismo *nm* imperialism

imperialista *adj & nmf* imperialist

impericia *nf* (**a**) *(torpeza)* lack of skill (**b**) *(inexperiencia)* inexperience

imperio *nm* (**a**) *(territorio)* empire ▫ ***el I. Romano*** the Roman Empire (**b**) *(dominio)* rule; EXPR **valer un i.** to be worth a fortune (**c**) *(mandato)* emperorship

imperiosamente *adv* imperiously

imperiosidad *nf* imperiousness

imperioso, -a *adj* (**a**) *(autoritario)* imperious (**b**) *(apremiante)* urgent, pressing

impermeabilidad *nf* impermeability

impermeabilización *nf* waterproofing

impermeabilizante *adj* waterproofing

impermeabilizar [14] *vt* to (make) waterproof

impermeable 1 *adj* (**a**) *(al líquido)* waterproof (**b**) *(insensible)* impervious; **es i. a las críticas** he's impervious to criticism

2 *nm* raincoat, *Br* mac

impersonal *adj* impersonal

impersonalidad *nf (de trato)* impersonality; *(de decoración)* lack of character

impertérrito, -a *adj (impávido)* unperturbed, unmoved; *(ante peligros)* fearless

impertinencia *nf* (**a**) *(cualidad)* impertinence (**b**) *(comentario)* impertinent remark

impertinente 1 *adj* impertinent; **ponerse i.** to be impertinent *o* rude

2 *nmf (persona)* impertinent person; **es un i.** he's very rude *o* impertinent

impertinentes *nmpl (anteojos)* lorgnette

imperturbabilidad *nf* imperturbability

imperturbable *adj* imperturbable

impétigo *nm Med* impetigo

ímpetu *nm* (**a**) *(brusquedad)* force (**b**) *(energía)* energy; **perder í.** to lose momentum (**c**) *Fís* momentum

impetuosamente *adv* impetuously

impetuosidad *nf* impetuosity

impetuoso, -a 1 *adj* (**a**) *(olas, viento, ataque)* violent (**b**) *(persona)* impulsive, impetuous

2 *nm,f* impulsive person; **es un i.** he's very impulsive

impidiera *etc ver* **impedir**

impido *etc ver* **impedir**

impiedad *nf* godlessness, impiety

impío, -a *adj* godless, impious

implacable *adj* implacable, relentless

implantación *nf* (**a**) *(establecimiento)* introduction (**b**) *Biol* implantation (**c**) *Med* insertion

implantar 1 *vt* (**a**) *(establecer)* to introduce (**b**) *Med* to insert

2 implantarse *vpr* (**a**) *(establecerse)* to be introduced (**b**) *Biol* to become implanted

implante *nm* implant ▫ ***i. dental*** (dental) implant

implementación *nf* implementation

implementar *vt* to implement

implemento *nm* implement

implicación *nf* (**a**) *(participación)* involvement (**b**) **implicaciones** *(consecuencias)* implications

implicancia *nf Chile, RP* implication

implicar [59] **1** *vt* (**a**) *(conllevar)* to involve (**en** in) (**b**) *Der (involucrar)* to implicate (**en** in) (**c**) *(significar, suponer)* to mean, to imply

2 implicarse *vpr Der* to incriminate oneself; **implicarse en** to become involved in

implícito, -a *adj* implicit

imploración *nf* entreaty, plea

implorante *adj* imploring; **una mirada i.** an imploring look

implorar *vt* to implore; **le imploró clemencia** she begged (him) for mercy

implosión *nf* implosion

impoluto, -a *adj (puro, limpio)* unpolluted, pure; *(sin mácula)* unblemished, untarnished

imponderabilidad *nf* imponderability

imponderable 1 *adj* **(a)** *(incalculable)* invaluable **(b)** *(imprevisible)* imponderable
2 *nm* imponderable

imponente *adj* **(a)** *(impresionante)* imposing, impressive **(b)** *Fam (estupendo)* sensational, terrific; **¡la profesora está i.!** the teacher is a stunner!

IMPONER [50] **1** *vt* **(a)** *(forzar a aceptar)* **i. algo (a alguien)** to impose sth (on sb); **a nadie le gusta que le impongan obligaciones** no one likes to have responsibilities forced upon them; **desde el principio el campeón impuso un fuerte ritmo de carrera** the champion set a healthy pace right from the start of the race; **el profesor impuso silencio en la clase** the teacher silenced the class
(b) *(aplicar)* **i. una multa/un castigo a alguien** to impose a fine/a punishment on sb; **el juez le impuso una pena de dos años de cárcel** the judge sentenced him to two years' imprisonment; **le impusieron la difícil tarea de sanear las finanzas de la empresa** they handed him the difficult task of straightening out the company's finances
(c) *(inspirar) (miedo, admiración)* to inspire **(a** in); **i. respeto (a alguien)** to command respect (from sb)
(d) *(establecer) (moda)* to set; *(costumbre)* to introduce
(e) *(asignar) (nombre)* to give; *(medalla, condecoración, título)* to award; **a la isla se le impuso el nombre de su descubridor** the island was named after the person who discovered it; **le fue impuesto el título de doctor honoris causa por la Universidad de México** he received an honorary doctorate from the University of Mexico
(f) *(tributos, cargas fiscales)* to impose **(a** on)
(g) *(en banca)* to deposit
2 *vi* to be imposing; **el edificio impone por sus grandes dimensiones** the size of the building makes it very imposing; **imponía con su presencia** he had an imposing presence
3 imponerse *vpr* **(a)** *(hacerse respetar)* to command respect, to show authority; **trató de imponerse ante sus alumnos** she tried to assert her authority over her pupils
(b) *(ponerse) (obligación, tarea)* to take on; **me he impuesto una dieta muy estricta** I've imposed a very strict diet on myself; **me impuse un fuerte ritmo de trabajo** I set myself a good pace for my work
(c) *(predominar)* to prevail; **esta primavera se impondrán los colores vivos y los vestidos cortos** this spring the fashion will be for bright colours and short dresses
(d) *(ser necesario)* to be necessary; **se impone una rápida solución al problema** a rapid solution to the problem must be found; **se impone tomar medidas urgentes** urgent measures are necessary
(e) *(vencer)* to win; **Francia se impuso por dos goles a uno** France won by two goals to one; **se impuso al resto de los corredores** she beat the other runners; **se impuso al esprint** he won the sprint for the line; **al final se impuso la sensatez y dejaron de insultarse** common sense finally prevailed and they stopped insulting each other

imponible *adj Fin* **base i.** taxable income

impopular *adj* unpopular

impopularidad *nf* unpopularity

importación *nf* **(a)** *(acción)* importing **(b)** *(artículo)* import; **de i.** imported

importado, -a *adj* imported

importador, -ora 1 *adj* importing; **empresa importadora** importer, importing company
2 *nm,f* importer

importancia *nf* importance; **dar i. a algo** to attach importance to sth; **darse i.** to give oneself airs; **de i.** important, of importance; **no tiene i.** *(no es importante)* it's not important; *(no pasa nada)* it doesn't matter; **sin i.** unimportant; **quitar** *o* **restar i. a algo** to play sth down

importante *adj* **(a)** *(destacado, significativo)* important; *(lesión)* serious; **no te preocupes, lo i. es que tengas buena salud** don't worry, the most important thing is for you to be healthy **(b)** *(cantidad)* considerable

IMPORTAR 1 *vt* **(a)** *(productos, materias primas, costumbres)* to import **(de** from)
(b) *Informát* to import
(c) *Formal (sujeto: factura, coste)* to amount to, to come to
2 *vi* **(a)** *(preocupar, tener interés)* to matter; **no importa el precio, cómpralo de todas formas** the price doesn't matter, buy it anyway; **no me importa lo que piense la gente** I don't care what people think; **ya no te importo — al contrario, sí que me importas** you don't care about me any more — on the contrary, you do matter to me; **lo que importa es que todos salieron ilesos del accidente** what matters *o* the important thing is that nobody was hurt in the accident; **lo que me importa es saber quién lo hizo** the important thing for me is to know who did it
(b) *(incumbir, afectar)* **esto es algo entre tú y yo, y a nadie más le importa** this is between you and me and hasn't got anything to do with anyone else; **¡no te importa!** it's none of your business!; **¿a mí qué me importa?** what's that to me?, what do I care?; **¿y a ti qué te importa?** what's it got to do with you?; **¿adónde vas? — ¿te importa?** *(con enfado)* where are you going? — what's it to you!; *Fam* **me importa un bledo** *o* **comino** *o* **pito** *o* **rábano** I don't give a damn, I couldn't care less; *Vulg* **me importa un cojón** *o* **tres cojones** I couldn't give a shit *o Br* toss; *Fam* **siempre está metiéndose en lo que no le importa** she's always sticking her nose into other people's business
(c) *(molestar)* to mind; **no me importa tener que tomar el tren todos los días** I don't mind having to catch the train every day; **no me importa que venga tu familia** I don't mind if your family comes; **preferiría no salir, si no te importa** I'd rather not go out, if you don't mind *o* if it's all the same to you; **¿le importa que me siente?** do you mind if I sit down?; **¿te importaría acompañarme?** would you mind coming with me?
3 *v impersonal* to matter; **no importa** it doesn't matter; **si no vienes, no importa, ya nos arreglaremos** it doesn't matter *o* never mind if you can't come, we'll manage; **¡qué importa que llueva!** so what if it's raining?

importe *nm (precio)* price, cost; *(de factura)* total; **i. total** total cost

importunar 1 *vt* to bother, to pester
2 *vi* to be tiresome *o* a nuisance

importuno, -a *adj* **(a)** *(en mal momento)* inopportune, untimely **(b)** *(molesto)* inconvenient **(c)** *(inadecuado)* inappropriate

imposibilidad *nf* impossibility; **su i. para contestar la pregunta** his inability to answer the question; **i. física** physical impossibility

imposibilitado, -a *adj* disabled; **estar i. para hacer algo** to be unable to do sth

imposibilitar *vt* **i. a alguien (para) hacer algo** to make it impossible for sb to do sth, to prevent sb from doing sth; **las nuevas normas imposibilitan el fraude** the new regulations make fraud impossible

imposible 1 *adj* **(a)** *(irrealizable)* impossible; **nos fue i. asistir** we were unable to be there; **es i. que se lo haya dicho** he can't possibly have told her **(b)** *(insoportable)* unbearable, impossible
2 *nm* **hacer lo i.** to do everything possible and more; **pedir imposibles** to ask for the impossible

imposición *nf* **(a)** *(obligación)* imposition **(b)** *(impuesto)* tax; **doble i.** double taxation **(c)** *Com* deposit; **hacer** *o* **efectuar una i.** to make a deposit **(d)** ***i. de manos*** laying on of hands

impositivo, -a *adj* tax; **política impositiva** tax *o* taxation policy

impositor, -ora *nm,f* depositor

imposta *nf Arquit* impost

impostar *vt (la voz)* to make resonate

impostergable *adj* (extremely) urgent, impossible to postpone

impostor, -ora 1 *adj (suplantador)* fraudulent
2 *nm,f (suplantador)* impostor

impostura *nf* (**a**) *(suplantación)* fraud (**b**) *(calumnia)* slander

impotencia *nf* (**a**) *(falta de fuerza, poder)* powerlessness, impotence (**b**) *(sexual)* impotence

impotente 1 *adj* (**a**) *(sin fuerza, poder)* powerless, impotent (**b**) *(sexual)* impotent
2 *nm* impotent man

impracticable *adj* (**a**) *(irrealizable)* impracticable (**b**) *(intransitable)* impassable

imprecación *nf* imprecation

imprecar [59] *vt* to imprecate

imprecatorio, -a *adj* imprecatory

imprecisión *nf* imprecision, vagueness; **contestó con imprecisiones** he gave vague answers

impreciso, -a *adj* imprecise, vague

impredecible *adj* (**a**) *(inesperado)* unforeseeable (**b**) *(imprevisible)* unpredictable

impregnación *nf* impregnation

impregnar 1 *vt* to impregnate (**de** with)
2 impregnarse *vpr* to become impregnated (**de** with)

impremeditación *nf* lack of premeditation

impremeditado, -a *adj* unpremeditated

imprenta *nf* (**a**) *(máquina)* (printing) press (**b**) *(establecimiento)* printing house, printer's

imprentar *vt Chile (planchar)* to iron

imprescindible *adj* indispensable, essential; **lo i.** the basics

impresentable 1 *adj* unpresentable
2 *nmf* **es un i.** he's a disgrace

impresión *nf* (**a**) *(efecto)* impression; *(sensación física)* feeling; **causar (una) buena/mala i.** to make a good/bad impression; **dar la i. de** to give the impression of; **me dio la i. de que estaban enfadados** I got the impression they were annoyed; **le dio mucha i. ver el cadáver** seeing the body was a real shock to him; **me causó mucha i. esa película** that film had a great effect on me; **tener la i. de que** to have the impression that
(**b**) *(opinión)* **cambiar impresiones** to compare notes, to exchange views
(**c**) *(huella)* imprint ▫ ***i. dactilar*** *o* ***digital*** fingerprint
(**d**) *Imprenta (acción)* printing; *(edición)* edition; **i. a una/dos caras** one-/two-sided printing

impresionable *adj* impressionable

impresionante *adj* (**a**) *(asombroso, extraordinario)* amazing, astonishing (**b**) *(maravilloso)* impressive (**c**) *(grande)* enormous

impresionar 1 *vt* (**a**) *(maravillar)* to impress; *(emocionar)* to move; *(conmocionar, horrorizar)* to shock; **le impresionó mucho ver el cadáver** seeing the body was a real shock to him (**b**) *Fot* to expose
2 *vi* (**a**) *(maravillar)* to make an impression; *(emocionar)* to be moving; *(conmocionar, horrorizar)* to be shocking (**b**) *(fanfarronear)* **lo dice sólo para i.** he's just saying that to show off *o* impress
3 impresionarse *vpr (maravillarse)* to be impressed; *(emocionarse)* to be moved; *(conmocionarse, horrorizarse)* to be shocked

impresionismo *nm* impressionism

impresionista *adj & nmf* impressionist

impreso, -a 1 *participio ver* **imprimir**
2 *adj* printed
3 *nm* (**a**) *(texto)* printed sheet, printed matter (**b**) *(formulario)* form; **impresos** *(en sobre)* printed matter ▫ ***i. de solicitud*** application form

impresor, -ora *nm,f (persona)* printer

impresora *nf Informát* printer ▫ ***i. de agujas*** dot-matrix printer; ***i. de chorro de tinta*** ink-jet printer; ***i. láser*** laser printer; ***i. matricial*** dot-matrix printer; ***i. térmica*** thermal printer

imprevisible *adj* (**a**) *(inesperado)* unforeseeable (**b**) *(impredecible)* unpredictable; **el tiempo aquí es muy i.** the weather here is very unpredictable; **una persona i.** an unpredictable person

imprevisión *nf* lack of foresight

imprevisor, -ora 1 *adj* lacking foresight
2 *nm,f* **es un i.** he doesn't think ahead

imprevisto, -a 1 *adj* unexpected
2 *nm* (**a**) *(hecho)* unforeseen circumstance; **salvo imprevistos** barring accidents (**b**) **imprevistos** *(gastos)* unforeseen expenses

imprimación *nf* (**a**) *(acción)* priming (**b**) *(sustancia)* primer

imprimátur *nm inv* imprimatur

imprimir 1 *vt* (**a**) *(libro, documento)* to print; **i. algo a todo color** to print sth in full colour (**b**) *(huella, paso)* to leave, to make (**c**) *(dar)* **i. algo a** to impart *o* bring sth to; **i. velocidad a algo** to speed sth up
2 *vi* to print; **imprimió a su novela un carácter revolucionario** she imbued her work with a revolutionary spirit

improbabilidad *nf* improbability, unlikelihood

improbable *adj* improbable, unlikely

ímprobo, -a *adj Formal (trabajo, esfuerzo)* Herculean, strenuous

improcedencia *nf* (**a**) *(desacierto)* inappropriateness (**b**) *Der* inadmissibility

improcedente *adj* (**a**) *(inoportuno)* inappropriate (**b**) *Der* inadmissible

improductivo, -a *adj* unproductive

improlongable *adj (plazo)* unextendable

impromptu *nm Mús* impromptu

impronta *nf* mark, impression; **llevar la i. de** to have the hallmarks of

impronunciable *adj* unpronounceable

improperio *nm* insult; **lanzar improperios** to sling insults

impropiedad *nf* impropriety

impropio, -a *adj* (**a**) *(no adecuado)* improper (**de** for), unbecoming (**de** to) (**b**) *(no habitual)* **es i. en ella** it's not what you expect from her

improrrogable *adj (plazo)* unextendable; **durante seis días improrrogables** for six days only; **la fecha es i.** the deadline is final

improvisación *nf* improvisation

improvisado, -a *adj (comida, actuación artística)* improvised; *(discurso)* impromptu; *(comentario)* ad-lib; *(cama, refugio)* makeshift

improvisador, -ora *adj* improviser

improvisar 1 *vt (discurso, plan, actuación artística)* to improvise; *(comida)* to rustle up, to improvise; **i. una cama** to make (up) a makeshift bed
2 *vi (músico, orador, actor)* to improvise; *(al olvidar el diálogo)* to ad-lib

improviso: de improviso *loc adv* unexpectedly, suddenly; **pillar a alguien de i.** to catch sb unawares

imprudencia *nf* (**a**) *(falta de prudencia) (en los actos)* carelessness, recklessness; *(en los comentarios)* indiscretion; **actuó con i.** she acted recklessly ▫ *Der* ***i. temeraria*** criminal negligence (**b**) *(acción)* careless *o* reckless act, indiscretion; *(dicho indiscreto)* tactless remark, indiscretion; *(dicho desacertado)* foolish *o* reckless remark; **cometió una i. al conducir bebido** it was reckless of him to drive while he was drunk; **confiar en él fue una i.** it was unwise to trust him

imprudente 1 *adj (en los actos)* careless, rash; *(en los comentarios)* indiscreet; **es muy i. al conducir** he's a reckless driver
2 *nmf* (**a**) *(en los actos)* rash *o* reckless person; **es un i.** he's reckless (**b**) *(en los comentarios)* indiscreet person

impúber 1 *adj* pre-pubescent
2 *nmf* pre-pubescent child

impublicable *adj* unpublishable

impudicia *nf* immodesty

impúdico, -a *adj* immodest, indecent

impudor *nm* immodesty

impuesto, -a 1 *participio ver* **imponer**
2 *nm* tax ▫ ***i. sobre el capital*** capital tax; ***i. de circulación*** road tax; ***i. al consumo*** tax on consumption; ***i. directo*** direct tax; ***i. indirecto*** indirect tax; ***i. de lujo*** luxury tax; ***i. municipal*** local tax; ***i. sobre el patrimonio*** wealth tax; ***i. sobre plusvalías*** capital gains tax; *Fig* ***i. de protección*** protection money; ***i. sobre la renta*** income tax; *Fig* ***i. revolucionario*** revolutionary tax, = protection money paid by businessmen to terrorists; ***i. de sociedades*** corporation tax; ***i. de sucesión*** inheritance tax; ***i. sobre el valor añadido*** value-added tax

impugnable *adj* contestable

impugnación *nf* contestation, challenge

impugnar *vt* to contest, to challenge

impulsar *vt* (**a**) *(empujar)* to propel, to drive (**b**) *(incitar)* **i. a alguien (a algo/a hacer algo)** to drive sb (to sth/to do sth) (**c**) *(promocionar) (economía)* to stimulate; *(amistad)* to foster; **debemos i. las relaciones Norte-Sur** we should promote North-South relations

impulsivamente *adv* impulsively

impulsividad *nf* impulsiveness

impulsivo, -a 1 *adj* impulsive
2 *nm,f* impulsive person, hothead

impulso *nm* (**a**) *Fís* impulse
(**b**) *(empuje)* momentum; **dar i. a una**

iniciativa to encourage *o* promote an initiative; **tomar i.** *(tomar carrerilla)* to take a run-up; **esta nueva tendencia está tomando mucho i.** this new tendency is gaining momentum
(**c**) *(estímulo)* stimulus, boost
(**d**) *(deseo, motivación)* impulse, urge; **sentir el i. de hacer algo** to feel the urge to do sth; **se deja llevar por sus impulsos** he acts on impulse

impulsor, -ora 1 *adj* driving; **fuerza impulsora** driving force
2 *nm,f* dynamic force; **él fue el i. del proyecto** he was the driving force behind the project

impune *adj* unpunished; **quedar i.** to go unpunished

impunemente *adv* with impunity

impunidad *nf* impunity

impuntual *adj* unpunctual

impuntualidad *nf* unpunctuality

impureza *nf* impurity

impuro, -a *adj también Fig* impure

impusiera *etc ver* **imponer**

imputabilidad *nf* imputability

imputable *adj* attributable (**a** to)

imputación *nf* accusation

imputar *vt* (**a**) *(atribuir)* **i. algo a alguien** *(delito)* to accuse sb of sth; *(fracaso, error)* to attribute sth to sb (**b**) *Com* to allocate, to assign

IMSERSO *nm* (*abrev de* **Instituto de Migraciones y Servicios Sociales**) = Spanish government agency responsible for social services for the elderly and disabled, and for citizens living, or recently returned from, abroad

in *adj Fam* in

inabarcable *adj* unmanageable

inabordable *adj* inaccessible

inacabable *adj* interminable, endless

inacabado, -a *adj* unfinished

inaccesibilidad *nf* inaccessibility

inaccesible *adj* inaccessible

inacción *nf* inaction, inactivity

inaceptable *adj* unacceptable

inactivación *nf* inactivation

inactividad *nf* inactivity

inactivo, -a *adj* inactive

inadaptable *adj* unadaptable

inadaptación *nf* maladjustment

inadaptado, -a 1 *adj* maladjusted
2 *nm,f* misfit

inadecuado, -a *adj (inapropiado)* unsuitable, inappropriate

inadmisible *adj* inadmissible

inadvertido, -a *adj* unnoticed; **pasar i.** to go unnoticed

inagotable *adj* inexhaustible; **su conducta era una fuente i. de chistes** her behaviour was an endless source of jokes

inaguantable *adj* unbearable

inalámbrico, -a *adj* cordless

in albis *adv* in the dark; **quedarse i.** to be left none the wiser

inalcanzable *adj* unattainable

inalienable *adj* inalienable

inalterable *adj* (**a**) *(salud)* stable; *(amistad)* undying; *(principios)* unshakeable; *(decision)* final; **permanecer i.** to remain unchanged (**b**) *(color)* fast (**c**) *(rostro, carácter)* impassive (**d**) *Dep Fam* **el marcador permanece i.** the score remains unchanged

inalterado, -a *adj* unaltered, unchanged

inamovible *adj* immovable, fixed

inane *adj Formal* inane

inanición *nf* starvation; **morir de i.** to die of starvation, to starve to death

inanidad *nf* uselessness, pointlessness

inanimado, -a *adj* inanimate

inánime *adj* lifeless

inapagable *adj* (**a**) *(llamas)* inextinguishable (**b**) *(deseo, sed)* unquenchable

inapelable *adj* (**a**) *Der* not open to appeal (**b**) *(inevitable)* inevitable

inapetencia *nf* lack of appetite

inapetente *adj* lacking in appetite; **estar i.** to have no appetite

inaplazable *adj* (**a**) *(reunión, sesión)* that cannot be postponed (**b**) *(necesidad)* urgent, pressing

inaplicable *adj* inapplicable, not applicable

inapreciable *adj* (**a**) *(incalculable)* invaluable, inestimable (**b**) *(insignificante)* imperceptible

inapropiado, -a *adj* inappropriate, unsuitable

inarrugable *adj* crease-resistant

inarticulado, -a *adj* inarticulate

inasequible *adj* (**a**) *(por el precio)* prohibitive; **en este momento una casa me resulta i.** I can't afford to buy a house at the moment (**b**) *(inalcanzable) (meta, ambición)* unattainable; *(persona)* unapproachable

inasistencia *nf* absence (**a** from)

inastillable *adj* shatterproof

inatacable *adj* (**a**) *(fortaleza, país)* unassailable (**b**) *(argumento)* irrefutable

inatención *nf* inattention

inatento, -a *adj* inattentive

inaudible *adj* inaudible

inaudito, -a *adj* unprecedented, unheard-of; **¡esto es i.!** *(expresa indignación)* this is outrageous *o* unheard-of!

inauguración *nf (de edificio, puente, Juegos Olímpicos)* opening, opening (ceremony); *(de congreso)* opening session

inaugural *adj* opening, inaugural

inaugurar *vt (edificio, congreso)* to (officially) open; *(año académico, época)* to mark the beginning of, to inaugurate; *(estatua)* to unveil

INB *Esp* (*abrev de* **Instituto Nacional de Bachillerato**) = state secondary school for 14-18-year-olds, *US* ≃ senior high school

inca *adj & nmf* Inca

incaico, -a, incásico, -a *adj* Inca

incalculable *adj* (**a**) *(que no se puede calcular)* incalculable (**b**) *(grande)* **de i. valor** *(cuadro, casa)* priceless; *(ayuda)* invaluable

incalificable *adj* unspeakable, indescribable

incanato *nm Am* = period of the Inca empire

incandescencia *nf* incandescence

incandescente *adj* incandescent

incansable *adj* untiring, tireless

incapacidad *nf* (**a**) *(imposibilidad)* inability (**b**) *(falta de aptitud)* incompetence (**c**) *Der* incapacity ▫ ***i. laboral*** industrial disablement *o* disability; ***i. legal*** legal incapacity

incapacitación *nf* (**a**) *Der (para ejercer cargos, votar)* disqualification; *(para testar, testificar)* incapacity (**b**) *(para trabajar)* incapacitation

incapacitado, -a 1 *adj* (**a**) *Der (para ejercer cargos, votar)* disqualified (**para** from); *(para testar, testificar)* incapacitated (**b**) *(para trabajar)* unfit
2 *nm,f Der* disqualified person, person declared unfit

incapacitar *vt* (**a**) *(sujeto: circunstancias) (para ejercer cargos, votar)* to disqualify (**para** from); *(para trabajar)* to render unfit (**para** for) (**b**) *(sujeto: juez) (para ejercer cargos, votar)* to disqualify, to declare disqualified (**para** from); *(para trabajar)* to declare unfit (**para** for *or* to)

incapaz *adj* (**a**) *(no capaz)* incapable (**de** of); **fuimos incapaces de coronar la cumbre** we weren't able to *o* didn't manage to reach the top; **es i. de hacer daño a nadie** he would never harm anyone; **es i. de matar una mosca** he wouldn't hurt a fly; **es i. de pedir perdón** she would never say she's sorry
(**b**) *(sin talento)* **i. para** incompetent at, no good at; **es i. de hacer una suma sin equivocarse** he can't do the simplest sum without making a mistake
(**c**) *Der* **declarar i. a alguien** to declare sb incapable *o* unfit

incásico, -a = **incaico**

incautación *nf* seizure, confiscation

incautamente *adv* incautiously, unwarily

incautarse *vpr* (**a**) *Der* **i. de** to seize, to confiscate (**b**) *(apoderarse)* **i. de** to grab

incauto, -a 1 *adj* gullible, naive
2 *nm,f* gullible *o* naive person; **es un i.** he's very gullible *o* naive

incendiar 1 *vt* to set fire to
2 incendiarse *vpr* to catch fire; **se ha incendiado el bosque** the forest has caught fire *o* is on fire

incendiario, -a 1 *adj* (**a**) *(bomba)* incendiary (**b**) *(artículo, libro)* inflammatory
2 *nm,f* arsonist, fire-raiser

incendio *nm* fire ▫ ***i. forestal*** forest fire; ***i. provocado*** arson

incensario *nm* censer

incentivar *vt* to encourage

incentivo *nm* incentive
incertidumbre *nf* uncertainty
incesante *adj* incessant, ceaseless
incesantemente *adv* incessantly, ceaselessly
incesto *nm* incest
incestuoso, -a *adj* incestuous
incidencia *nf* (**a**) *(repercusión)* impact, effect; **tener i. sobre algo** to have an impact *o* effect on sth (**b**) *(suceso)* event; **el viaje transcurrió sin incidencias** the journey passed without incident (**c**) *Geom* incidence
incidental *adj* incidental
incidentalmente *adv* (**a**) *(por casualidad)* by chance; **i. pasaba por ahí** I happened to be passing (**b**) *(a propósito)* incidentally
incidente 1 *adj (luz, rayo)* incident
2 *nm* incident; **el viaje transcurrió sin incidentes** the journey passed without incident
incidir *vi* **i. en** *(incurrir en)* to fall into, to lapse into; *(insistir en)* to focus on; *(influir en)* to have an impact on, to affect
incienso 1 *ver* **incensar**
2 *nm* incense; **oro, i. y mirra** gold, frankincense and myrrh
incierto, -a *adj* (**a**) *(dudoso)* uncertain (**b**) *(falso)* untrue
incinerable *adj* incinerable
incineración *nf (de cadáver)* cremation; *(de basura)* incineration
incinerador *nm (de basura)* incinerator ❑ ***i. de residuos*** waste incinerator
incinerar *vt (cadáver)* to cremate; *(basura)* to incinerate
incipiente *adj (inicial)* incipient; *(democracia, talento)* fledgling; *(amistad)* budding; **una barba i.** stubble, the beginnings of a beard
incircunciso, -a *adj* uncircumcised
incisión *nf* incision
incisivo, -a 1 *adj* (**a**) *(instrumento)* sharp, cutting (**b**) *(mordaz)* incisive (**c**) *(diente)* incisive
2 *nm (diente)* incisor
inciso *nm (corto)* comment, passing remark; *(más largo)* digression
incitación *nf* incitement
incitador, -ora 1 *adj* inciting
2 *nm,f* inciter
incitante *adj* (**a**) *(insinuante)* provocative (**b**) *(interesante)* enticing
incitar *vt (a la violencia)* to incite; **el hambre le incitó a robar** hunger made him steal; **¿qué le incitó a hacerlo?** what made him do it?; **i. a alguien a la fuga/a la venganza** to urge sb to flee/to avenge himself
incivil, incívico, -a *adj* antisocial
incivilizado, -a *adj* uncivilized
inclasificable *adj* unclassifiable
inclemencia *nf* harshness, inclemency; **las inclemencias del tiempo** the inclemency of the weather
inclemente *adj* harsh, inclement
inclinación *nf* (**a**) *(desviación)* slant, inclination; *(de terreno)* slope; **una i. del 15 por ciento** *(en carretera)* a gradient of 15 percent (**b**) *(afición)* penchant *o* propensity (**a** *o* **por** for); **tiene una i. natural por la música** she has a natural bent for music ❑ ***i. sexual*** sexual orientation (**c**) *(cariño)* **i. hacia alguien** fondness towards sb (**d**) *(saludo)* bow; **nos saludó con una i. de cabeza** he greeted us with a nod
inclinado, -a *adj* (**a**) *(terreno)* sloping (**b**) *(cabeza)* bowed; *(objeto)* sloping, at *o* on a slant
inclinar 1 *vt* (**a**) *(doblar)* to bend; *(ladear)* to tilt; *Fig* **i. la balanza a favor de** to tip the balance in favour of (**b**) *(cabeza)* to bow; **inclinó la cabeza hacia un lado** she tilted her head to one side (**c**) *(influir)* **i. a alguien a hacer algo** to persuade sb to do sth
2 inclinarse *vpr* (**a**) *(doblarse)* to lean (**b**) *(para saludar)* to bow (**ante** before) (**c**) *(tender)* to be *o* feel inclined (**a** to); **me inclino a pensar que no** I'm rather inclined to think not (**d**) *(preferir)* **inclinarse por** to favour, to lean towards
ínclito, -a *adj Formal* illustrious
incluir [34] *vt* (**a**) *(comprender)* to include; **el precio incluye desayuno y cena en el hotel** the price includes breakfast and evening meals at the hotel (**b**) *(adjuntar)* to enclose (**c**) *(contener)* to contain
inclusa *nf* foundling hospital, orphanage
inclusero, -a *nm,f* = person (who has been) brought up in an orphanage
inclusión *nf* inclusion
inclusive *adv* inclusive
incluso *adv & prep* even
incluyera *etc ver* **incluir**
incluyo *etc ver* **incluir**
incoación *nf* commencement, inception
incoar *vt* to commence, to initiate
incoativo, -a *adj Gram* inchoative
incobrable *adj* irrecoverable
incoercible *adj* incoercible
incógnita *nf* (**a**) *Mat* unknown (quantity) (**b**) *(misterio)* mystery; **esta tarde se despejará la i.** the mystery will be cleared up this evening
incógnito, -a *adj* unknown; **viajar/estar de i.** to travel/be incognito
incognoscible *adj* unknowable
incoherencia *nf* (**a**) *(cualidad)* incoherence (**b**) *(comentario)* nonsensical remark; **no dice más que incoherencias** nothing he says makes sense, he's just talking nonsense
incoherente *adj* (**a**) *(inconexo)* incoherent (**b**) *(inconsecuente)* inconsistent
incoloro, -a *adj también Fig* colourless
incólume *adj Formal* unscathed; **salió i. del accidente** he emerged unscathed from the accident
incombustible *adj* (**a**) *(resistente al fuego)* fire-resistant (**b**) *(person)* **es i.** he's still going strong
incomestible, incomible *adj* inedible
incómodamente *adv* uncomfortably
incomodar 1 *vt* (**a**) *(causar molestia)* to bother, to inconvenience; *(violentar)* to embarrass, to make uncomfortable (**b**) *(enfadar)* to annoy
2 incomodarse *vpr* (**a**) *(violentarse)* to get embarrassed *o* uncomfortable (**b**) *(enfadarse)* to get annoyed (**por** about)
incomodidad *nf* (**a**) *(de silla)* uncomfortableness (**b**) *(de situación, persona)* awkwardness, discomfort; **es una i. vivir tan lejos del centro** it's inconvenient living so far from the centre
incomodo *nm* **te acompaño, no es ningún i.** I'll go with you, it's not at all inconvenient
incómodo, -a *adj* (**a**) *(silla, postura)* uncomfortable (**b**) *(situación)* awkward, uncomfortable; **sentirse i.** to feel awkward *o* uncomfortable
incomparable *adj* incomparable
incomparablemente *adv* incomparably
incomparecencia *nf* failure to appear (in court)
incompatibilidad *nf* incompatibility ❑ *Der* ***i. de caracteres*** incompatibility; **entre ellos hay i. de caracteres** they just don't get on with one another
incompatible *adj* incompatible (**con** with); **estos dos puestos son incompatibles** the two posts cannot be held by the same person at the same time
incompetencia *nf* incompetence
incompetente *adj* incompetent
incompleto, -a *adj* (**a**) *(falto de una parte)* incomplete (**b**) *(inacabado)* unfinished
incomprendido, -a 1 *adj* misunderstood
2 *nm,f* misunderstood person; **fue siempre un i.** no one ever understood him
incomprensibilidad *nf* incomprehensibility
incomprensible *adj* incomprehensible; **su discurso me resultó i.** I couldn't understand his speech
incomprensiblemente *adv* incomprehensibly
incomprensión *nf* lack of understanding
incomprensivo, -a *adj* unsympathetic
incomunicación *nf (falta de comunicación)* lack of communication; *(de una localidad)* isolation; *(de detenido)* solitary confinement
incomunicado, -a *adj* **estar i.** *(sin líneas de comunicación)* to be isolated; *(por la nieve)* to be cut off; *(preso)* to be in solitary confinement; *(detenido)* to be held incommunicado
incomunicar [59] *vt (dejar sin líneas de comunicación)* to keep isolated; *(sujeto: la nieve)* to cut off; *(preso)* to place in solitary confinement; *(detenido)* to hold incommunicado
inconcebible *adj* inconceivable

inconcebiblemente *adv* inconceivably

inconciliable *adj* irreconcilable

inconcluso, -a *adj* unfinished

inconcreto, -a *adj* vague, imprecise

incondicional 1 *adj (rendición, perdón)* unconditional; *(ayuda)* wholehearted; *(seguidor)* staunch
 2 *nmf* staunch supporter

incondicionalmente *adv* unconditionally

inconexo, -a *adj* (**a**) *(parte)* unconnected (**b**) *(pensamiento, texto)* disjointed

inconfesable *adj* shameful, unmentionable

inconforme *adj* not in agreement

inconformismo *nm* nonconformism

inconformista *adj & nmf* nonconformist

inconfundible *adj* unmistakable

incongruencia *nf (cualidad)* inconsistency; **hacer/decir una i.** *(algo fuera de lugar)* to do/say sth incongruous; *(algo absurdo)* to do/say sth crazy *o* illogical; **lleno de incongruencias** *(relato, libro)* full of inconsistencies

incongruente *adj (fuera de lugar)* incongruous; *(desarticulado)* inconsistent; *(absurdo)* crazy, illogical

inconmensurabilidad *nf* incommensurability; *(de espacio)* vastness

inconmensurable *adj (enorme)* vast, immense

inconmovible *adj* (**a**) *(seguro, firme)* firm, solid (**b**) *(inalterable)* unshakeable, unyielding

inconmutable *adj* immutable

inconquistable *adj* unassailable, impregnable

inconsciencia *nf* (**a**) *(aturdimiento, desmayo)* unconsciousness (**b**) *(falta de juicio)* thoughtlessness

inconsciente 1 *adj* (**a**) *(sin conocimiento)* unconscious; **estar i.** to be unconscious; **un acto i.** an unconscious action (**b**) *(irreflexivo)* thoughtless, reckless
 2 *nmf* thoughtless *o* reckless person; **es un i.** he's (very) thoughtless *o* reckless
 3 *nm Psi* **el i.** the unconscious

inconscientemente *adv (sin darse cuenta)* unconsciously, unwittingly

inconsecuencia *nf* inconsistency

inconsecuente 1 *adj* inconsistent
 2 *nmf* inconsistent person; **es un i.** he's very inconsistent

inconsistencia *nf* flimsiness

inconsistente *adj* flimsy, insubstantial

inconsolable *adj* disconsolate

inconsolablemente *adv* inconsolably

inconstancia *nf* (**a**) *(en el trabajo, la conducta)* unreliability (**b**) *(de opinión, ideas)* changeability

inconstante *adj* (**a**) *(en el trabajo, escuela)* **es muy i.** he never sticks at anything (**b**) *(de opinión, ideas)* changeable, fickle

inconstitucional *adj* unconstitutional

inconstitucionalidad *nf* unconstitutionality

incontable *adj* (**a**) *(innumerable)* countless, innumerable (**b**) *Gram* uncountable

incontaminado, -a *adj* uncontaminated, unpolluted

incontenible *adj (alegría)* unbounded; *(llanto)* uncontrollable

incontestable *adj* indisputable, undeniable

incontestado, -a *adj* uncontested, unquestioned

incontinencia *nf* (**a**) *(vicio)* lack of restraint (**b**) *Med* incontinence

incontinente *adj* (**a**) *(insaciable)* lacking all restraint (**b**) *Med* incontinent

incontrolable *adj* uncontrollable

incontrolado, -a *adj (velocidad)* furious; *(situación)* out of hand; *(comando)* maverick, not controlled by the leadership; *(aumento de precios)* spiralling

incontrovertible *adj* incontrovertible, indisputable

inconveniencia *nf* (**a**) *(inoportunidad)* inappropriateness (**b**) *(comentario)* tactless remark; *(acto)* faux pas, mistake

inconveniente 1 *adj* (**a**) *(inoportuno)* inappropriate (**b**) *(descortés)* rude
 2 *nm* (**a**) *(dificultad)* obstacle, problem; **no tener i. en hacer algo** to have no objection to doing sth; **han puesto inconvenientes a su nombramiento** they have raised objections to his appointment (**b**) *(desventaja)* disadvantage, drawback

incordiar *vt Fam* to bother, to pester

incordio *nm Fam* pain, nuisance

incorporación *nf (unión, adición)* incorporation (**a** into); **su i. tendrá lugar el día 31** *(a un puesto)* she starts work on the 31st

incorporado, -a *adj* built-in; **llevar** *o* **tener algo i.** to have sth built in

incorporar 1 *vt* (**a**) *(añadir)* to incorporate (**a** into); **i. el azúcar a la nata** to mix the sugar into the cream; **incorporaron los territorios al imperio** the territories became part of the empire (**b**) *(levantar)* **i. a alguien** to sit sb up
 2 incorporarse *vpr* (**a**) *(unirse) (a equipo)* to join; *(a trabajo)* to start; **incorporarse a filas** *(empezar el servicio militar)* to start one's military service (**b**) *(levantarse)* to sit up

incorpóreo, -a *adj* incorporeal, intangible

incorrección *nf* (**a**) *(falta de corrección)* incorrectness; *(error gramatical)* mistake (**b**) *(descortesía)* lack of courtesy, rudeness

incorrectamente *adv* incorrectly

incorrecto, -a *adj* (**a**) *(equivocado)* incorrect, wrong (**b**) *(descortés)* rude, impolite

incorregible *adj* incorrigible

incorruptible *adj* (**a**) *(substancia)* imperishable (**b**) *(persona)* incorruptible

incorrupto, -a *adj (cadáver)* uncorrupted, not decomposed

incredibilidad *nf* incredibleness

incredulidad *nf* incredulity

incrédulo, -a 1 *adj* sceptical, incredulous; *Rel* unbelieving
 2 *nm,f* unbeliever

increíble *adj* (**a**) *(difícil de creer)* unconvincing, lacking credibility; *(inconcebible)* unbelievable; **es i. que pasen cosas así** it's hard to believe that such things can happen (**b**) *(extraordinario)* incredible

increíblemente *adv* incredibly, unbelievably

incrementar 1 *vt* to increase
 2 incrementarse *vpr* to increase

incremento *nm (de precios, actividad)* increase; *(de temperatura)* rise

increpación *nf* severe rebuke *o* reproach

increpar *vt* (**a**) *(reprender)* to reprimand (**b**) *(insultar)* to abuse, insult

incriminación *nf* accusation

incriminar *vt* to accuse

incriminatorio, -a *adj* incriminating

incruento, -a *adj* bloodless

incrustación *nf* (**a**) *(introducir, embutir)* inlay; **un marco con incrustaciones de oro** a frame with a gold inlay *o* inlaid with gold (**b**) *(en tuberías, calderas)* scale, sinter

incrustado, -a *adj (encajado)* **i. en** fixed into; **tiene un diamante incrustado en un diente** he has a diamond (set) in one of his teeth; **con rubíes incrustados** inlaid with rubies

incrustar 1 *vt (introducir, empotrar)* **i. nácar en la madera** to inlay the wood with mother of pearl; *Fam Fig* **me incrustó un codo en el costado** he jabbed o rammed his elbow into my ribs
 2 incrustarse *vpr (introducirse, empotrarse)* **la bala se incrustó en el hueso/muro** the bullet embedded itself in the bone/wall; **el coche se incrustó en el muro** the car ploughed into the wall; **la cal se había incrustado en las tuberías** the pipes had become furred up

incubación *nf (de huevos, enfermedad)* incubation; **período de i.** *(de enfermedad)* incubation period ▫ ***i. artificial*** artificial incubation

incubadora *nf* incubator

incubar 1 *vt* (**a**) *(huevo)* to sit on, *Espec* to incubate (**b**) *(enfermedad)* **debo estar incubando una gripe** I must have a dose of flu coming on (**c**) *(plan, complot)* to hatch
 2 incubarse *vpr* **se está incubando un golpe de estado** a coup is being plotted; **se está incubando un nuevo proyecto** a new project is being prepared *o* planned

incuestionable *adj (teoría, razón)* irrefutable; *(deber)* bounden

inculcación *nf* inculcation

inculcar [59] *vt* **i. algo a alguien** to instil sth into sb

inculpación *nf (acusación)* accusation; *Der* charge

inculpado, -a 1 *adj (acusado)* accused; *Der* charged
2 *nm,f* accused
inculpar *vt (acusar)* to accuse (**de** of); *Der* to charge (**de** with); **todas las pruebas le inculpan** all the evidence points to his guilt
incultivable *adj* uncultivable, unfit for cultivation
inculto, -a 1 *adj* (**a**) *(persona)* uneducated (**b**) *(tierra)* uncultivated
2 *nm,f* ignoramus
incultura *nf* lack of education
incumbencia *nf* **es/no es de nuestra i.** it is/isn't a matter for us, it falls/doesn't fall within our area of responsibility; **no es asunto de tu i.** it's none of your business
incumbir *vi* **i. a alguien** to be a matter for sb, to be within sb's area of responsibility; **esto no te incumbe** this is none of your business
incumplimiento *nm (de deber)* failure to fulfil; *(de orden, ley)* non-compliance; *(de promesa)* failure to keep ▫ ***i. de contrato*** breach of contract
incumplir *vt (deber)* to fail to fulfil, to neglect; *(orden, ley)* to fail to comply with; *(promesa)* to break; *(contrato)* to breach
incunable 1 *adj* incunabular
2 *nm* incunabulum
incurabilidad *nf* incurability
incurable *adj también Fig* incurable
incurrir *vi* **i. en** *(delito, falta)* to commit; *(error)* to make; *(desprecio, castigo, gasto)* to incur
incursión *nf* incursion; **su breve i. en el mundo de la política** his brief incursion into the world of politics; *Fig* **hicieron una i. en la cocina** they raided the kitchen ▫ ***i. aérea*** air raid
indagación *nf* investigation, inquiry; **hacer indagaciones acerca de algo** to investigate sth, to inquire into sth
indagar [38] **1** *vt* to investigate, to inquire into
2 *vi* to investigate, to inquire; **i. acerca de algo** to investigate sth, to inquire into sth
indagatorio, -a *adj* investigatory
indebidamente *adv* (**a**) *(ilegalmente)* illegally, unlawfully (**b**) *(inadecuadamente)* unduly, improperly
indebido, -a *adj* (**a**) *(incorrecto)* improper (**b**) *(ilegal)* unlawful, illegal
indecencia *nf* (**a**) *(cualidad)* indecency (**b**) **¡es una i.!** *(es impúdico)* it's not decent!; *(es indignante)* it's outrageous!
indecente *adj* (**a**) *(impúdico)* indecent (**b**) *(indigno)* miserable, wretched
indecentemente *adv* indecently
indecible *adj* indescribable, unspeakable
indecisión *nf* indecisiveness
indeciso, -a *adj* (**a**) *(persona) (inseguro)* indecisive; *(que está dudoso)* undecided, unsure; **estar i. sobre algo** to be undecided about sth (**b**) *(pregunta, respuesta)* hesitant; *(resultado)* undecided
indeclinable *adj* (**a**) *(obligatorio)* that cannot be declined (**b**) *Gram* indeclinable
indecoroso, -a *adj* unseemly
indefectible *adj Formal* unfailing
indefectiblemente *adv Formal* unfailingly
indefendible *adj (comportamiento, actitud)* indefensible; *(teoría)* untenable
indefensión *nf* defencelessness
indefenso, -a *adj* defenceless
indefinible *adj* indefinable; **de edad i.** of indeterminate age
indefinidamente *adv* indefinitely; **y así i.** and so on ad infinitum
indefinido, -a *adj* (**a**) *(ilimitado) (tiempo)* indefinite; *(contrato)* open-ended (**b**) *(impreciso)* vague (**c**) *Gram* indefinite
indeformable *adj* that keeps its shape
indeleble *adj* indelible
indelicadeza *nf* (**a**) *(cualidad)* lack of tact, indelicacy (**b**) *(comentario)* tactless *o* indelicate remark
indemne *adj* unhurt, unharmed; **salir i.** to escape unhurt
indemnidad *nf Formal* indemnity
indemnización *nf (compensación) (por catástrofe)* compensation; *(por despido)* severance pay ▫ *Der* ***i. por daños y perjuicios*** damages
indemnizar [14] *vt* **i. a alguien (por)** to compensate sb (for); **le indemnizaron con varios millones** he was given several million in compensation
indemostrable *adj* unprovable
independencia *nf* independence; **con i. de** independently of
independentismo *nm* independence movement
independentista 1 *adj* advocating independence
2 *nmf* supporter of independence
independiente *adj* (**a**) *(país, persona)* independent (**b**) *(aparte)* separate
independientemente *adv* (**a**) *(con independencia)* independently; **i. de si…** regardless of whether… (**b**) *(separadamente)* separately; **vive i. desde hace años** she has lived on her own for years
independizar [14] **1** *vt* to grant independence to
2 independizarse *vpr* to become independent (**de** of)
indescifrable *adj (código)* unbreakable; *(letra)* indecipherable; *(misterio)* inexplicable, impenetrable
indescriptible *adj* indescribable
indescriptiblemente *adv* indescribably, unspeakably
indeseable *adj & nmf* undesirable
indeseado, -a *adj* undesirable
indesmallable *adj* ladder-proof, run-resistant
indestructible *adj* indestructible
indeterminable *adj* indeterminable
indeterminación *nf (indecisión)* indecisiveness
indeterminado, -a *adj* (**a**) *(sin determinar)* indeterminate; **por tiempo i.** indefinitely (**b**) *(impreciso)* vague (**c**) *Gram* **artículo i.** indefinite article
indeterminismo *nm* indeterminacy
indexación *nf también Informát* indexing
indexar *vt también Informát* to index
India *nf* **(la) I.** India ▫ ***las Indias Occidentales*** the West Indies; ***las Indias Orientales*** the East Indies
indiano, -a 1 *adj* (Latin American) Indian
2 *nm,f* (**a**) *(indígena)* (Latin American) Indian (**b**) *(emigrante)* = Spanish emigrant to Latin America who returned to Spain having made his fortune
indicación *nf* (**a**) *(señal, gesto)* sign, signal; **me hizo una i. para que me sentara** he motioned me to sit down (**b**) *(instrucción)* instruction; **pedir/dar indicaciones** *(para llegar a un sitio)* to ask for/give directions; **ha dejado de fumar por i. del médico** she's given up smoking on medical advice (**c**) *(nota, corrección)* note (**d**) *Med* **indicaciones** *(de medicamento)* uses
indicado, -a *adj* suitable, appropriate; **este jarabe está i. para la tos** this syrup is recommended for coughs
indicador, -ora 1 *adj* indicating; **flecha indicadora** indicating arrow
2 *nm* (**a**) *(signo)* indicator ▫ ***i. económico*** economic indicator (**b**) *Tec* gauge, meter ▫ ***i. de nivel de gasolina*** fuel gauge, *Br* petrol gauge; ***i. de velocidad*** speedometer
indicar [59] *vt* (**a**) *(señalar)* to indicate; **esa flecha indica a la derecha** that arrow points to the right; **esa luz indica que le falta agua al motor** that light shows that the engine is low on water; **todo parece i. que ganará el equipo visitante** everything seems to indicate that the visiting team will win
(**b**) *(explicar)* to tell, to explain to; **nos indicó el camino del aeropuerto** she told us the way to the airport
(**c**) *(prescribir)* to prescribe
(**d**) *(sugerir)* to give an idea of, to intimate; **sólo indicaremos los resultados generales** we will only give an idea of the overall results
indicativo, -a 1 *adj* indicative
2 *nm Gram* indicative
índice *nm* (**a**) *(indicador)* index; *(proporción)* level, rate ▫ ***í. de audiencia*** rating; ***í. bursátil*** stock market index; *Informát* ***i. de compresión*** compression ratio; ***í. del coste de la vida*** cost of living index; ***í. de mortalidad*** mortality rate; ***í. de natalidad*** birth rate; ***í. de precios al consumo*** retail price index; *Fís* ***í. de refracción*** refractive index (**b**) *(señal)* sign, indicator ▫ ***í. económico*** economic indicator (**c**) *(lista, catálogo)* catalogue; *(de libro)* index; **í. (de contenidos)** (table of) contents (**d**) *(dedo)* index finger
indicio *nm* (**a**) *(señal)* sign; *(pista)* clue; **hay indicios de violencia** there are signs of violence (**b**) *(cantidad pequeña)* trace
Índico 1 *adj* **el océano Í.** the Indian Ocean
2 *nm* **el Í.** the Indian Ocean

indiferencia *nf* indifference
indiferente *adj* (**a**) *(indistinto)* indifferent; **me es i.** *(me da igual)* I don't mind, it's all the same to me; *(no me interesa)* I'm not interested in it (**b**) *(apático)* **siempre se muestra i.** he always seems so apathetic; **es i. a la miseria ajena** other people's suffering means nothing to him
indígena 1 *adj* indigenous, native
2 *nmf* native
indigencia *nf* destitution, poverty
indigenismo *nm* Indianism
indigenista *adj & mf* Indianist
indigente 1 *adj* poor, destitute
2 *nmf* poor person; **los indigentes** the poor, the destitute
indigerible *adj también Fig* indigestible
indigestarse *vpr* to get indigestion; **se me ha indigestado el guiso** the stew gave me indigestion; *Fam Fig* **se me ha indigestado esa chica** I can't stomach that girl
indigestión *nf* indigestion; **tener una i.** to have indigestion
indigesto, -a *adj (comida)* hard to digest, indigestible; **estar i.** *(persona)* to have indigestion
indignación *nf* indignation
indignado, -a *adj* indignant
indignamente *adv* unworthily
indignante *adj* shocking, outrageous
indignar 1 *vt* to anger
2 indignarse *vpr* to get angry *o* indignant (**por** about)
indignidad *nf* unworthiness
indigno, -a *adj* (**a**) *(impropio, no merecedor)* unworthy (**de** of), not worthy (**de** of); **soy i. de tal honor** I am not worthy of such an honour (**b**) *(degradante)* shameful, appalling
índigo *nm* indigo
indio, -a 1 *adj* Indian
2 *nm,f* Indian; EXPR *Fam* **hacer el i.** to play the fool ❑ ***i. americano*** Native American
3 *nm Quím* indium
indirecta *nf* hint; **lanzar una i. a alguien** to drop a hint to sb
indirectamente *adv* indirectly
indirecto, -a *adj* indirect
indiscernible *adj* **las diferencias entre un caso y el otro son indiscernibles** there are no discernible differences between the cases
indisciplina *nf* indiscipline
indisciplinado, -a 1 *adj* undisciplined
2 *nm,f* undisciplined person; **es un i.** he has no discipline
indiscreción *nf* (**a**) *(cualidad)* indiscretion; **fue una i. preguntarle su edad** it was a bit tactless to ask her her age (**b**) *(comentario)* indiscreet remark; **si no es i.** if you don't mind my asking
indiscreto, -a 1 *adj* indiscreet
2 *nm,f* indiscreet person; **tu hermano es un i.** your brother can't keep a secret
indiscriminadamente *adv* indiscriminately
indiscriminado, -a *adj* indiscriminate
indiscutible *adj* indisputable
indisociable *adj* inseparable (**de** from)
indisolubilidad *nf* indissolubility
indisoluble *adj* (**a**) *(substancia)* insoluble (**b**) *(unión, ley)* indissoluble
indispensable *adj* indispensable, essential; **lo i.** the bare minimum, the (bare) essentials
indisponer [50] **1** *vt* (**a**) *(enfermar)* to make ill, to upset (**b**) *(enemistar)* to set at odds
2 indisponerse *vpr* (**a**) *(enfermar)* to fall *o* become ill (**b**) *(enemistarse)* to fall out (**con** with)
indisponibilidad *nf* unavailabiliy
indisposición *nf* (**a**) *(malestar)* indisposition (**b**) *(reticencia)* unwillingness
indispuesto, -a 1 *participio ver* **indisponer**
2 *adj* indisposed, unwell; **estar i.** to be unwell *o* indisposed
indisputable *adj* indisputable
indistinguible *adj* indistinguishable
indistintamente *adv* (**a**) *(sin distinción)* equally, alike; **se refería a jóvenes y viejos i.** he was referring to young and old alike (**b**) *(sin claridad)* indistinctly
indistinto, -a *adj* (**a**) *(indiferente)* **es i.** it doesn't matter, it makes no difference (**b**) *(cuenta, cartilla)* joint (**c**) *(perfil, figura)* indistinct, blurred
individual 1 *adj* (**a**) *(de uno solo)* individual; *(habitación, cama)* single; *(despacho)* personal; **los derechos individuales** the rights of the individual (**b**) *(prueba, competición)* singles; **competición i.** singles competition
2 *nmpl* **individuales** *Dep* singles
individualidad *nf* individuality
individualismo *nm* individualism
individualista 1 *adj* individualistic
2 *nmf* individualist
individualización *nf* individualization
individualizado, -a *adj* individualized
individualizar [14] *vt* (**a**) *(personalizar)* to individualize (**b**) *(caracterizar)* **su imaginación lo individualiza** his imagination singles him out
individualmente *adv* individually, one by one
individuo, -a *nm,f* (**a**) *(persona)* person; *Pey* individual (**b**) *(de especie)* **algunos individuos de la especie** some members of the species; **cada i. ocupa un territorio** each animal occupies its own territory
indivisibilidad *nf* indivisibility
indivisible *adj* indivisible
indiviso, -a *adj* undivided
indización *nf* indexation
Indochina *n Antes* Indochina
indochino, -a *adj & nm,f* Indochinese
indocumentado, -a 1 *adj* (**a**) *(sin documentación)* without identity papers; **estar i.** to have no (means of) identification (**b**) *Fam (ignorante)* ignorant
2 *nm,f Fam (ignorante)* **es un i.** he's a complete ignoramus
indoeuropeo, -a 1 *adj* Indo-European
2 *nm (lengua)* Indo-European
índole *nf (naturaleza)* nature; *(tipo)* type, kind; **de toda í.** of every kind
indolencia *nf* indolence, laziness
indolente *adj* indolent, lazy
indoloro, -a *adj* painless
indomable *adj* (**a**) *(animal)* untameable (**b**) *(carácter)* rebellious; *(pueblo)* unruly
indomesticable *adj* untameable
indómito, -a *adj* (**a**) *(animal)* untameable (**b**) *(carácter)* rebellious; *(pueblo)* unruly
Indonesia *n* Indonesia
indonesio, -a 1 *adj & nm,f* Indonesian
2 *nm (lengua)* Indonesian
indostánico, -a *adj* Hindustani
indubitable *adj Formal* indubitable
inducción *nf* (**a**) *también Fís* induction (**b**) *Der* incitement (**a** to)
inducir [18] *vt* (**a**) *(incitar)* **i. a alguien a algo/a hacer algo** to lead sb into sth/into doing sth; **ello les indujo a pensar que el asesino era el mayordomo** this led them to think that the butler was the murderer; **i. a error** to mislead (**b**) *(deducir)* to infer (**c**) *Fís* to induce
inductancia *nf Fís* inductance
inductivo, -a *adj* inductive
inductor, -ora 1 *adj* instigating
2 *nm* inductor
indudable *adj* undoubted; **es i. que...** there is no doubt that...
indudablemente *adv* undoubtedly
indujera *etc ver* **inducir**
indujo *etc ver* **inducir**
indulgencia *nf* indulgence; **tratar a alguien con i.** to treat sb leniently ❑ *Rel* ***i. plenaria*** plenary indulgence
indulgente *adj* indulgent
indultar *vt* to pardon
indulto *nm* pardon; **otorgar** *o* **conceder el i. a alguien** to grant sb a pardon
indumentaria *nf* attire
industria *nf* (**a**) *(sector)* industry ❑ ***i. automotriz*** motor industry; ***i. ligera*** light industry; ***i. pesada*** heavy industry; ***i. punta*** sunrise industry; ***i. textil*** textile industry; ***i. de transformación*** manufacturing industry (**b**) *(fábrica)* factory
industrial 1 *adj* industrial
2 *nmf* industrialist
industrialismo *nm* industrialism
industrialista *adj* = of/relating to industrialism
industrialización *nf* industrialization
industrializado, -a *adj* industrialized; **países industrializados** industrialized countries
industrializar [14] **1** *vt* to industrialize
2 industrializarse *vpr* to become industrialized

industrioso, -a *adj* industrious
induzco *etc ver* **inducir**
INE ['ine] *nm* (*abrev de* **Instituto Nacional de Estadística**) = organization that publishes official statistics about Spain
inédito, -a *adj* (**a**) *(no publicado)* unpublished; (**b**) *(nuevo)* new (**c**) *(sorprendente)* unheard-of, unprecedented
INEF [i'nef] *nm* (*abrev de* **Instituto Nacional de Educación Física**) = Spanish training college for PE teachers
inefable *adj* indescribable
inefablemente *adv* ineffably
ineficacia *nf* (**a**) *(bajo rendimiento)* inefficiency (**b**) *(baja efectividad)* ineffectiveness
ineficaz *adj* (**a**) *(de bajo rendimiento)* inefficient (**b**) *(de baja efectividad)* ineffective
ineficiencia *nf* (**a**) *(bajo rendimiento)* inefficiency (**b**) *(baja efectividad)* ineffectiveness
ineficiente *adj* (**a**) *(de bajo rendimiento)* inefficient (**b**) *(de baja efectividad)* ineffective
ineluctable *adj Formal* inevitable, inescapable
ineludible *adj* unavoidable
ineludiblemente *adv* unavoidably
INEM [i'nem] *nm* (*abrev de* **Instituto Nacional de Empleo**) = Spanish department of employment; **oficina del I.** job centre
inenarrable *adj* indescribable
ineptitud *nf* incompetence, ineptitude
inepto, -a 1 *adj* incompetent, inept
2 *nm,f* incompetent, inept person
inequívoco, -a *adj (apoyo, resultado)* unequivocal; *(señal, voz)* unmistakable
inercia *nf también Fig* inertia; **hacer algo por i.** to do sth out of inertia
inerme *adj (sin armas)* unarmed; *(sin defensa)* defenceless
inerte *adj* (**a**) *(materia)* inert (**b**) *(cuerpo, cadáver)* lifeless
inescrutable *adj* (**a**) *(persona, rostro)* inscrutable (**b**) *(misterio, verdad)* impenetrable
inesperadamente *adv* unexpectedly
inesperado, -a *adj* unexpected
inestabilidad *nf* instability
inestable *adj* unstable; **tiempo i.** changeable weather
inestimable *adj* inestimable, invaluable
inevitable *adj* inevitable
inevitablemente *adv* inevitably
inexactitud *nf* inaccuracy
inexacto, -a *adj* (**a**) *(impreciso)* inaccurate (**b**) *(erróneo)* incorrect, wrong
inexcusable *adj* (**a**) *(imperdonable)* inexcusable (**b**) *(ineludible)* unavoidable
inexistencia *nf* nonexistence
inexistente *adj* nonexistent
inexorabilidad *nf* inexorability
inexorable *adj* (**a**) *(avance)* inexorable (**b**) *(persona)* pitiless, unforgiving
inexorablemente *adv* inexorably
inexperiencia *nf* inexperience
inexperto, -a 1 *adj* (**a**) *(falto de experiencia)* inexperienced (**b**) *(falto de habilidad)* unskilful, inexpert
2 *nm,f* person without experience
inexplicable *adj* inexplicable
inexplicablemente *adv* inexplicably
inexplicado, -a *adj* unexplained
inexplorado, -a *adj* unexplored
inexplotable *adj* unexploitable
inexpresable *adj* inexpressible
inexpresividad *nf (de rostro)* inexpressiveness, lack of expression; *(de persona, carácter)* undemonstrativeness
inexpresivo, -a *adj (rostro)* expressionless; *(persona, carácter)* undemonstrative
inexpugnable *adj* unassailable, impregnable
inextinguible *adj (fuego)* unquenchable; *(sentimiento)* undying
inextirpable *adj* ineradicable
in extremis *adv* right at the very last moment
inextricable *adj* intricate
infalibilidad *nf* infallibility
infalible *adj* infallible
infalsificable *adj* impossible to counterfeit
infamar *vt Formal* to defame
infamatorio, -a *adj Formal* defamatory
infame *adj* vile, base
infamia *nf* (**a**) *(deshonra)* infamy, disgrace (**b**) *(mala acción)* vile *o* base deed
infancia *nf* (**a**) *(período)* childhood (**b**) *(todos los niños)* children; **la salud de la i.** children's health
infantado, infantazgo *nm* = state of being the son or daughter of the king
infante, -a 1 *nm,f* (**a**) *(niño)* infant (**b**) *(hijo del rey) (niño)* infante, prince; *(niña)* infanta, princess
2 *nm (soldado)* infantryman
infantería *nf* infantry ❑ ***i. ligera*** light infantry; ***i. de marina*** marines
infanticida 1 *adj* infanticidal
2 *nmf* infanticide, child-murderer
infanticidio *nm* infanticide
infantil *adj* (**a**) *(para niños)* children's; **psicología i.** child psychology (**b**) *(inmaduro)* infantile, childish
infantilismo *nm* infantilism
infantilización *nf* infantilization
infantiloide *adj* childlike
infarto *nm (ataque al corazón)* heart attack; **le dio un i.** he had a heart attack; *Fam Fig* **casi le dio un i.** she almost had a heart attack *o* a seizure ❑ ***i. de miocardio*** heart attack
infatigable *adj* indefatigable, tireless
infatigablemente *adv* indefatigably, untiringly
infatuación *nf* vanity
infatuar [4] **1** *vt* to make conceited
2 infatuarse *vpr* to become *o* get conceited
infausto, -a *adj* ill-starred
infección *nf* infection
infeccioso, -a *adj* infectious
infectado, -a *adj* infected
infectar 1 *vt* to infect
2 infectarse *vpr* to become infected
infecto, -a *adj* (**a**) *(agua, carroña)* putrid (**b**) *(población, zona)* infected (**c**) *(desagradable)* foul, terrible
infectocontagioso, -a *adj (enfermedad)* infectious
infecundidad *nf* infertility
infecundo, -a *adj* infertile
infelicidad *nf* unhappiness
infeliz 1 *adj* (**a**) *(desgraciado)* unhappy (**b**) *(ingenuo)* trusting
2 *nmf (ingenuo)* **es un i.** he's a trusting soul; **un pobre i.** a poor wretch
inferencia *nf* inference
inferior 1 *adj* (**a**) *(de abajo)* bottom; **la parte i. (de algo)** the bottom (of sth); **la mitad i.** the bottom *o* lower half (**b**) *(menor)* lower (**a** than); **temperaturas inferiores a los 10 grados** temperatures below 10 degrees; **una cifra i. a 100** a figure under *o* below 100 (**c**) *(peor)* inferior (**a** to); **es i. a la media** it's below average
2 *nm* inferior; **el jefe trata con desprecio a sus inferiores** the boss treats those beneath him with contempt
inferioridad *nf* inferiority; **estar en i. de condiciones** to be at a disadvantage
inferiormente *adv* in an inferior way
inferir [62] *vt* (**a**) *(deducir)* to deduce, to infer (**de** from) (**b**) *(ocasionar) (herida)* to inflict; *(mal)* to cause
infernal *adj también Fig* infernal
infértil *adj (mujer)* infertile; *(campo)* barren, infertile
infertilidad *nf (mujer)* infertility; *(campo)* barrenness, infertility
infestación *nf* infestation
infestar *vt* to infest; **durante el verano, los turistas infestan la ciudad** in summer the city is overrun by tourists
infidelidad *nf (conyugal)* infidelity; *(a la patria, un amigo)* unfaithfulness, disloyalty
infiel 1 *adj* (**a**) *(desleal) (cónyuge)* unfaithful; *(amigo)* disloyal (**b**) *(inexacto)* inaccurate, unfaithful
2 *nmf Rel* infidel
infiernillo *nm* portable stove
infierno *nm también Fig* hell; EXPR *Fam* **en el quinto i.** in the middle of nowhere; *Fam* **¡vete al i.!** go to hell!
infiero *etc ver* **inferir**
infiltración *nf* (**a**) *(de líquido)* seeping (**b**) *(de persona, ideas)* infiltration
infiltrado, -a 1 *adj* infiltrated
2 *nm,f* infiltrator
infiltrar 1 *vt* (**a**) *(sujeto: espía)* to infiltrate (**b**) *(inyectar)* to inject
2 infiltrarse en *vpr* (**a**) *(espía)* to infiltrate (**b**) *(ideas)* **sus ideas se infiltraron en el país rápidamente** her ideas quickly spread through the country
ínfimo, -a *adj (calidad, categoría)* ex-

tremely low; *(precio)* giveaway; *(importancia)* knockdown, minimal

infinidad *nf* **una i. de** an infinite number of; *Fig* masses of; **en i. de ocasiones** on countless occasions

infinitamente *adv* infinitely; **es i. mejor** it's infinitely better; **siento i. que no puedas ir** I'm extremely sorry that you can't go

infinitesimal *adj* infinitesimal

infinitivo *nm* infinitive

infinito, -a 1 *adj también Fig* infinite; **infinitas veces** hundreds of times
2 *nm* infinity
3 *adv (mucho)* extremely, infinitely

infiriera *etc ver* **inferir**

inflable *adj* inflatable

inflación *nf Econ* inflation ❑ ***i. subyacente*** underlying inflation

inflacionario, -a, inflacionista *adj* inflationary

inflacionismo *nm* inflationism

inflado, -a *adj (balón, cifras)* inflated

inflador *nm* air pump

inflamabilidad *nf* flammability

inflamable *adj* inflammable, flammable

inflamación *nf* inflammation

inflamado, -a *adj* **(a)** *(herida)* inflamed **(b)** *(con fuego)* burning, in flames **(c)** *(con pasiones)* heated

inflamar 1 *vt* **(a)** *(con fuego)* to set alight **(b)** *(con pasiones)* to inflame
2 inflamarse *vpr* **(a)** *(hincharse)* to become inflamed **(b)** *(con fuego)* to catch fire, to burst into flames **(c)** *(con pasiones)* to become inflamed

inflamatorio, -a *adj* inflammatory

inflar 1 *vt* **(a)** *(soplando)* to blow up, to inflate; *(con bomba)* to pump up **(b)** *(exagerar)* to blow up, to exaggerate
2 inflarse *vpr Fam (hartarse)* to stuff oneself (**de** with)

inflexibilidad *nf también Fig* inflexibility

inflexible *adj también Fig* inflexible

inflexiblemente *adv también Fig* inflexibly

inflexión *nf* inflection; **un punto de i. histórico** a historical turning point

infligir [24] *vt (pena)* to inflict; *(castigo)* to impose

inflorescencia *nf Bot* inflorescence

influencia *nf* **(a)** *(poder)* influence; **ejerce una gran i. sobre su marido** she has great influence over her husband **(b)** *(efecto)* influence; **bajo la i. de la anestesia** under (the influence of) the anaesthetic **(c) influencias** *(contactos)* contacts, pull; **consiguió ese puesto por influencias** she got that job through knowing the right people

influenciar *vt* to influence, to have an influence on

influenza *nf* influenza

influir [34] **1** *vt* to influence
2 *vi* to have influence; **i. en** to influence, to have an influence on

influjo *nm* influence

influyente *adj* influential

infoadicto,-a *nm,f Informát* infoaddict

infografía *nf Informát (en periódico, revista)* computer graphics

infolio *nm* folio *(book)*

infopista *nf Informát* information highway

información *nf* **(a)** *(conocimiento)* information; **para tu i.** for your information; **i. confidencial** inside information; **i. privilegiada** privileged information **(b)** *Prensa (noticias)* news *(singular)*; *(noticia)* report, piece of news ❑ ***i. deportiva*** sports news; ***i. meteorológica*** weather report *o* forecast **(c)** *(oficina)* information office; *(mostrador)* information desk; **Sr. López, acuda a i.** would Mr. López please come to the information desk **(d)** *(telefónica) Br* directory enquiries, *US* information ❑ ***i. horaria*** speaking clock

informado, -a *adj (sobre un tema, noticia)* informed; **muy i. (sobre)** well-informed (about)

informador, -ora 1 *adj* informing, reporting
2 *nm,f* **(a)** *(periodista)* reporter **(b)** *(informante)* informer

informal *adj* **(a)** *(desenfadado, no solemne)* informal; **una reunión i.** an informal meeting; **vestido de manera i.** casually dressed **(b)** *(irresponsable)* unreliable

informalidad *nf* **(a)** *(desenfado, falta de formalismo)* informality **(b)** *(irresponsabilidad)* unreliability

informalmente *adv* **(a)** *(desenfadadamente)* informally **(b)** *(irresponsablemente)* unreliably

informante 1 *adj* informing
2 *nmf* informant, informer

informar 1 *vt* **i. a alguien (de)** to inform *o* tell sb (about); **le han informado mal** he has been misinformed; **se ha de i. a los detenidos de sus derechos** when someone is arrested, you have to read them their rights
2 *vi* to inform; *(periódico)* to report; **según informa nuestro corresponsal,...** according to our correspondent,...
3 informarse *vpr* to find out (details); **informarse de** *o* **sobre** to find out about

informática *nf* **(a)** *(tecnología)* computing, information technology, **la empresa va a invertir más en i.** the company is going to invest more in computers; **no sé nada de i.** I don't know anything about computers; **se requieren conocimientos de i.** candidates should be computer-literate **(b)** *(asignatura)* computer science

informático, -a 1 *adj* computer; **red informática** computer network
2 *nm,f (experto)* computer expert; *(técnico)* computer technician

informativo, -a 1 *adj* informative; **boletín i.** news bulletin; **folleto i.** information leaflet
2 *nm* news (bulletin)

informatización *nf* computerization

informatizado, -a *adj* computerized

informatizar [14] *vt* to computerize

informe 1 *adj* shapeless
2 *nm* **(a)** *(documento, estudio)* report ❑ ***i. a la prensa*** press release **(b)** *Der* = oral summary of case given to the judge by counsel for defence or prosecution
3 *nmpl* **informes** *(información)* information; *(sobre comportamiento)* report; *(para un empleo)* references

infortunado, -a 1 *adj* unfortunate, unlucky; *(encuentro, conversación)* ill-fated
2 *nm,f* unfortunate *o* unlucky person

infortunio *nm* **(a)** *(hecho desgraciado)* calamity, misfortune **(b)** *(mala suerte)* misfortune, bad luck

Infovía Plus® *nf Informát* = Spanish computer network providing access to Internet servers

infracción *nf (de reglamento)* infringement; **cometió una i. contra las normas** she broke the rules; **i. de circulación** driving offence

infractor, -ora 1 *adj* offending
2 *nm,f* offender

infraestructura *nf* **(a)** *(de organización, país)* infrastructure **(b)** *(de construcción)* foundations

in fraganti *adv* in flagrante; **atrapar a alguien i.** to catch sb red-handed *o* in the act

infrahumano, -a *adj* subhuman

infranqueable *adj* **(a)** *(río, abismo)* impassable **(b)** *(problema, dificultad)* insurmountable; *(diferencia)* irreconcilable

infrarrojo, -a *adj* infrared

infrasonido *nm* infrasound

infrautilización *nf* underuse

infrautilizar [14] *vt* to underuse

infravaloración *nf* underestimation

infravalorado, -a *adj* underrated

infravalorar 1 *vt* to undervalue, to underestimate
2 infravalorarse *vpr* to undervalue oneself

infravivienda *nf* **el problema de la i.** the problem of housing which is unfit for human habitation

infrecuente *adj* infrequent; **no es i.** it's not uncommon *o* unusual

infringir [24] *vt (quebrantar)* to infringe, to break

infructuosamente *adv* unfruitfully, fruitlessly

infructuoso, -a *adj* fruitless, unsuccessful

ínfulas *nfpl* pretensions, presumption; **darse í.** to give oneself airs

infumable *adj* **(a)** *(cigarrillo)* unsmokable **(b)** *Fam (insoportable) (comportamiento)* unbearable, intolerable; *(libro, película)* awful, terrible

infundado, -a *adj* unfounded

infundio *nm Formal* untruth, lie

infundir *vt* **i. algo a alguien** to fill sb

with sth, to inspire sth in sb; **i. miedo** to inspire fear

infusión *nf* herbal tea, infusion ❑ ***i. de manzanilla*** camomile tea

infuso, -a *adj* EXPR *Hum* **por ciencia infusa** through divine inspiration

ingeniar 1 *vt* to invent, to devise

2 ingeniarse *vpr* **ingeniárselas** to manage, to engineer it; **ingeniárselas para hacer algo** to manage *o* contrive to do sth

ingeniería *nf* engineering; *Fig* **una obra de i.** a major operation ❑ ***i. genética*** genetic engineering

ingeniero, -a *nm,f* engineer ❑ ***i. aeronáutico*** aeronautical engineer; ***i. agrónomo*** agronomist; *Esp* ***i. de caminos, canales y puertos*** civil engineer; ***i. civil*** civil engineer; ***i. industrial*** industrial engineer; ***i. de minas*** mining engineer; ***i. de montes*** forester, forestry engineer; ***i. naval*** naval engineer; ***i. químico*** chemical engineer; ***i. técnico*** engineer *(who has completed a three-year university course)*; ***i. de telecomunicaciones*** telecommunications engineer; ***i. de sistemas*** systems engineer; ***i. de sonido*** sound engineer; ***i. superior*** engineer *(who has completed a five-year university course)*

ingenio *nm* **(a)** *(inteligencia)* ingenuity; **aguzar el i.** to sharpen one's wits **(b)** *(agudeza)* wit, wittiness **(c)** *(máquina)* device **(d)** *(fábrica azucarera)* sugar mill

ingeniosamente *adv* ingeniously

ingenioso, -a *adj* **(a)** *(inteligente)* ingenious, clever **(b)** *(agudo)* witty

ingente *adj* enormous, huge

ingenuamente *adv* ingenuously, naively

ingenuidad *nf* ingenuousness, naivety

ingenuo, -a 1 *adj* naive, ingenuous; **¡no seas i.!** don't be so naive!

2 *nm,f* ingenuous *o* naive person; **es un i.** he's (very) naive; **hacerse el i.** to act the innocent

ingerir [62] *vt* to consume, to ingest

ingestión, ingesta *nf* consumption; **en caso de i. accidental** if accidentally swallowed

ingiero *etc ver* **ingerir**

ingiriera *etc ver* **ingerir**

Inglaterra *n* England

ingle *nf* groin

inglés, -esa 1 *adj* English

2 *nm,f (persona)* Englishman, *f* Englishwoman; **los ingleses** the English

3 *nm (lengua)* English

inglete *nm* mitre (joint)

ingletera *nf* mitre box

ingobernabilidad *nf* ungovernability

ingobernable *adj (país)* ungovernable; *(niño)* uncontrollable, unmanageable

ingratitud *nf* ingratitude, ungratefulness

ingrato, -a *adj (persona)* ungrateful; *(trabajo)* thankless

ingravidez *nf* weightlessness; **en estado de i.** in conditions of zero-gravity

ingrávido, -a *adj* weightless

ingrediente *nm* ingredient

ingresar 1 *vt* **(a)** *(dinero)* to deposit, to pay in; **i. dinero en una cuenta** to deposit money in an account, to pay money into an account **(b)** *(persona)* **lo ingresaron en el hospital** they had him admitted to hospital

2 *vi* **i. (en)** *(en asociación, ejército)* to join; *(en hospital)* to be admitted (to); *(en convento, universidad)* to enter; **i. cadáver** to be dead on arrival

ingreso *nm* **(a)** *(entrada)* entry, entrance; *(en asociación, ejército)* joining; *(en hospital, universidad)* admission; **examen de i.** entrance exam **(b)** *(de dinero)* deposit; **realizó un i.** she made a deposit **(c) ingresos** *(sueldo)* income; *(recaudación)* revenue ❑ ***ingresos brutos*** gross income; ***ingresos netos*** net income

inguinal *adj* groin, *Espec* inguinal; **hernia i.** inguinal hernia

inhábil *adj* **(a)** *(torpe)* clumsy, unskilful **(b)** *(incapacitado) (por defecto físico)* unfit; *(por la edad)* disqualified

inhabilidad *nf* **(a)** *(sin destreza)* unskilfulness **(b)** *(ineptitud)* incompetence, ineptitude **(c)** *(impedimento)* disability, handicap

inhabilitación *nf* **(a)** *(incapacitación)* disqualification **(b)** *(minusvalía)* disablement

inhabilitar *vt* to disqualify (**para** from); **la caída lo inhabilitó para el ciclismo** the fall put an end to his cycling

inhabitable *adj* uninhabitable

> Observa que la palabra inglesa **inhabitable** es un falso amigo y no es la traducción de la palabra española **inhabitable**. En inglés **inhabitable** significa "habitable".

inhabitado, -a *adj* uninhabited

> Observa que la palabra inglesa **inhabited** es un falso amigo y no es la traducción de la palabra española **inhabitado**. En inglés **inhabited** significa "habitado".

inhalación *nf* inhalation

inhalador *nm* inhaler

inhalar *vt* to inhale

inherente *adj* inherent; **ser i. a** to be inherent in *o* to, to be an inherent part of

inhibición *nf* inhibition

inhibido, -a *adj* inhibited

inhibir 1 *vt* to inhibit

2 inhibirse *vpr* **(a)** *(cortarse)* to become inhibited *o* shy **(b) inhibirse de** to abstain from, to hold back from

inhibitoria *nf Der* restraining order

inhospitalario, -a *adj* inhospitable

inhóspito, -a *adj* inhospitable

inhumación *nf* burial

inhumanamente *adv* inhumanly

inhumanidad *nf* inhumanity

inhumano, -a *adj* **(a)** *(despiadado)* inhuman; *(desconsiderado)* inhumane **(b)** *Chile (sucio)* filthy

inhumar *vt* to inter, to bury

INI ['ini] *nm* (*abrev de* **Instituto Nacional de Industria**) = Spanish governmental organization that promotes industry

iniciación *nf* **(a)** *(ceremonia)* initiation **(b)** *(principio)* start, beginning; **i. a la carpintería** introduction to carpentry

iniciado, -a 1 *adj* **(a)** *(empezado)* started **(b)** *(neófito)* initiated

2 *nm,f* initiate

iniciador, -ora 1 *adj* initiating

2 *nm,f* initiator

inicial *adj & nf* initial

inicialización *nf Informát* initialization

inicializar [14] *vt Informát* to initialize

inicialmente *adv* initially

iniciar 1 *vt (empezar)* to start, to initiate; *(debate, discusión)* to start off; **i. a alguien en algo** to initiate sb into sth

2 iniciarse *vpr (empezar)* to start, to commence; **iniciarse en el estudio de algo** to begin one's studies in sth; **se inició en el piano a los sesenta años** he took up the piano at sixty

iniciático, -a *adj* initiation; **rito i.** initiation rite

iniciativa *nf* **(a)** *(propuesta)* proposal, initiative ❑ ***i. privada*** private enterprise **(b)** *(cualidad, capacidad)* initiative; **tener i.** to have initiative; **tomar la i.** to take the initiative

inicio *nm* start, beginning

inicuo, -a *adj* iniquitous

inigualable *adj* unrivalled

inigualado, -a *adj* unequalled

inimaginable *adj* unimaginable

inimitable *adj* inimitable

ininteligible *adj* unintelligible

ininterrumpidamente *adv* uninterruptedly, continuously

ininterrumpido, -a *adj* uninterrupted, continuous

iniquidad *nf* iniquity

injerencia *nf* interference, meddling; **su i. en países vecinos** its interference in neighbouring countries

injerir [62] **1** *vt* to introduce, to insert

2 injerirse *vpr (entrometerse)* to interfere (**en** in), to meddle (**en** in)

injertar *vt* to graft

injerto *nm* **(a)** *(en planta)* graft **(b)** *(en ser humano)* **i. de cabello** hair implants; **i. de piel** skin graft

injiero *etc ver* **injerir**

injiriera *etc ver* **injerir**

injuria *nf (insulto)* insult; *(agravio)* offence; *Der* slander

injuriar *vt (insultar)* to insult, to abuse; *(agraviar)* to offend; *Der* to slander

injurioso, -a, injuriante *adj* insulting, abusive; *Der* slanderous

injustamente *adv* unfairly, unjustly

injusticia *nf* injustice; **¡es una i.!** *(quejándose)* it's not fair!; *(con indignación)* it's an outrage!; **es una i. que tenga que hacerlo yo todo** it's not fair that I have to do it all
injustificable *adj* unjustifiable
injustificado, -a *adj* unjustified
injusto, -a *adj* unfair, unjust
Inmaculada *nf* **la I.** the Virgin Mary
inmaculado, -a *adj también Fig* immaculate, spotless
inmadurez *nf* immaturity
inmaduro, -a *adj* (**a**) *(fruta)* unripe (**b**) *(persona)* immature
inmanente *adj Formal* immanent, inherent
inmarcesible, inmarchitable *adj* unfading, imperishable
inmaterial *adj* immaterial
inmediaciones *nfpl (de localidad)* surrounding area; *(de lugar, casa)* vicinity; **en las i. del accidente** in the immediate vicinity of the accident
inmediatamente *adv* immediately, at once; **i. después del accidente** immediately after the accident
inmediatez *nf* immediateness, immediacy
inmediato, -a *adj* (**a**) *(instantáneo)* immediate; **de i.** immediately, at once (**b**) *(contiguo)* next, adjoining
inmejorable *adj (momento, situación)* ideal; *(oferta, precio, calidad)* unbeatable
inmemorial *adj* immemorial; **desde tiempos inmemoriales** from time immemorial
inmensamente *adv* immensely
inmensidad *nf* (**a**) *(grandeza)* immensity (**b**) *(multitud)* huge amount, sea
inmenso, -a *adj* (**a**) *(grande)* immense (**b**) *(profundo)* deep
inmensurable *adj* immeasurable
inmerecidamente *adv* undeservedly
inmerecido, -a *adj* undeserved
inmersión *nf* (**a**) *(de submarinista, submarino)* dive (**b**) *(de objeto)* immersion; **su total i. en la cultura árabe** his total immersion in Arab culture
inmerso, -a *adj también Fig* immersed (**en** in)
inmigración *nf* (**a**) *(movimiento de personas)* immigration (**b**) *(oficina)* Immigration
inmigrante *adj & nmf* immigrant
inmigrar *vi* to immigrate
inmigratorio, -a *adj* **política inmigratoria** immigration policy; **una corriente inmigratoria** a flow of immigrants
inminencia *nf* imminence
inminente *adj* imminent, impending
inmiscuirse [34] *vpr* to interfere (**en** in); to meddle (**en** in)
inmisericorde *adj* pitiless, merciless
inmobiliaria *nf* (**a**) *(agencia) Br* estate agency, *US* real estate agent (**b**) *(constructora)* construction company
inmobiliario, -a *adj* property, *US* real estate; **agente i.** estate agent; **propiedad inmobiliaria** real estate
inmoderación *nf* immoderation, excess
inmoderado, -a *adj* immoderate, excessive
inmodestia *nf* immodesty
inmodesto, -a *adj* immodest
inmolación *nf* immolation, sacrifice
inmolar *vt* to immolate, to sacrifice
inmoral *adj* immoral
inmoralidad *nf* (**a**) *(cualidad)* immorality (**b**) *(acción)* immoral action; **lo que hizo fue una i.** what he did was immoral
inmortal *adj* immortal
inmortalidad *nf* immortality
inmortalización *nf* immortalization
inmortalizar [14] *vt* to immortalize
inmotivado, -a *adj (acción)* motiveless; *(temor)* groundless
inmóvil *adj (quieto)* motionless, still; *(coche, tren)* stationary
inmovilidad *nf* immobility
inmovilismo *nm* defence of the status quo
inmovilización *nf* (**a**) *(física)* immobilization (**b**) *(de capital)* tying-up
inmovilizado, -a 1 *adj* immobilized
2 *nm Econ* fixed assets
inmovilizar [14] *vt* to immobilize
inmueble 1 *adj* **bienes inmuebles** real estate
2 *nm (edificio)* building
inmundicia *nf (suciedad)* filth, filthiness; *(basura) Br* rubbish, *US* garbage
inmundo, -a *adj* filthy, dirty
inmune *adj* (**a**) *(a enfermedad)* immune; **ser i. a algo** to be immune to sth (**b**) *(a insulto, tristeza)* immune; **ser i. a las críticas** to be immune to criticism (**c**) *(exento)* exempt
inmunidad *nf* immunity ❑ ***i. diplomática*** diplomatic immunity; ***i. parlamentaria*** parliamentary immunity
inmunitario, -a *adj* immune
inmunización *nf* immunization
inmunizado, -a *adj* (**a**) *(contra enfermedad)* immunized (**contra** against) (**b**) *(contra tristeza, críticas)* immune (**contra** to)
inmunizar [14] *vt* to immunize (**contra** against)
inmunodeficiencia *nf* immunodeficiency
inmunodeficiente *adj* immunodeficient
inmunodepresión *nf* immunodepression
inmunodepresor, -ora *adj* immunosuppressant
inmunoglobulina *nf Fisiol* immunoglobulin
inmunología *nf* immunology
inmunológico, -a *adj* immunologic
inmunólogo, -a *nm,f* immunologist
inmunosupresión *nf Med* immunosuppression
inmunosupresor *nm Med* immunosuppressor
inmunoterapia *nf* immunotherapy
inmutabilidad *nf* immutability
inmutable *adj* immutable, unchangeable
inmutar 1 *vt* to upset, to perturb
2 inmutarse *vpr* to get upset, to be perturbed; **ni se inmutó** he didn't bat an eyelid
innato, -a *adj* innate; **es i. en él** it comes naturally to him
innavegable *adj* (**a**) *(mar, río)* unnavigable (**b**) *(embarcación)* unseaworthy
innecesariamente *adv* unnecessarily, needlessly
innecesario, -a *adj* unnecessary
innegable *adj* undeniable
innegociable *adj* unnegotiable, not negotiable
innoble *adj* ignoble
innombrable *adj* unmentionable
innovación *nf* innovation
innovador, -ora 1 *adj* innovative, innovatory
2 *nm,f* innovator
innovar *vt (método, técnica)* to improve on
innumerable *adj* countless, innumerable
inobservancia *nf* breaking, violation
inocencia *nf* innocence
inocentada *nf* practical joke, trick; **hacerle una i. a alguien** to play a practical joke *o* trick on sb
inocente 1 *adj* (**a**) *(no culpable)* innocent (**b**) *(ingenuo)* naive, innocent (**c**) *(sin maldad)* harmless
2 *nmf* (**a**) *(no culpable)* innocent person (**b**) *(sin maldad)* harmless person
inocentemente *adv* innocently
inocuidad *nf* innocuousness, harmlessness
inoculación *nf* inoculation
inocular *vt* to inoculate
inocultable *adj* unconcealable
inocuo, -a *adj* innocuous, harmless
inodoro, -a 1 *adj* odourless
2 *nm* toilet (bowl)
inofensivo, -a *adj* inoffensive, harmless
inoficioso, -a *adj CAm, Col, Méx (inútil)* ineffective, useless
inolvidable *adj* unforgettable
inoperable *adj* inoperable
inoperancia *nf* ineffectiveness
inoperante *adj* ineffective
inopia *nf Fam* **estar en la i.** to be miles away, to be day-dreaming
inopinadamente *adv* unexpectedly
inopinado, -a *adj* unexpected
inoportunamente *adv* inopportunely
inoportunidad *nf* inopportuneness, untimeliness

inoportuno, -a *adj* (**a**) *(en mal momento)* inopportune, untimely (**b**) *(molesto)* inconvenient (**c**) *(inadecuado)* inappropriate
inorgánico, -a *adj* inorganic
inoxidable *adj (acero)* stainless
input ['imput] (*pl* **inputs**) *nm Informát* input
inquebrantable *adj (fe, amistad)* unshakeable; *(lealtad)* unswerving
inquiero *etc ver* **inquirir**
inquietante *adj* worrying
inquietar 1 *vt* to worry, to trouble
2 inquietarse *vpr* to worry, to get anxious
inquieto, -a *adj* (**a**) *(preocupado)* worried, anxious (**por** about) (**b**) *(agitado, nervioso)* restless (**c**) *CAm (predispuesto)* inclined, predisposed
inquietud *nf* (**a**) *(preocupación)* worry, anxiety (**b**) *(afán de saber)* **inquietudes musicales** musical leanings; **tener inquietudes** to have an inquiring mind
inquilino, -a *nm,f* tenant
inquina *nf* antipathy, aversion; **tener i. a** to feel aversion towards
inquirir [5] *vt* to inquire into, to investigate
inquisición *nf* (**a**) *(indagación)* inquiry, investigation (**b**) **la I.** *(tribunal)* the Inquisition
inquisidor, -ora 1 *adj* inquisitive, inquiring
2 *nm* inquisitor
inquisitivo, -a *adj* inquisitive
inquisitorial, inquisitorio, -a *adj* inquisitorial
inri *nm* EXPR *Fam* **para más i.** to add insult to injury, to crown it all
insaciabilidad *nf* insatiability
insaciable *adj (apetito, curiosidad)* insatiable; *(sed)* unquenchable
insalubre *adj* insalubrious, unhealthy
insalubridad *nf* insalubrity, unhealthiness
Insalud *nm Esp* (*abrev de* **Instituto Nacional de la Salud**) *Br* ≃ NHS, *US* ≃ Medicaid
insalvable *adj (obstáculo)* insuperable, insurmountable
insania *nf* insanity
insano, -a *adj* (**a**) *(no saludable)* unhealthy (**b**) *(loco)* insane
insatisfacción *nf* (**a**) *(disgusto, descontento)* dissatisfaction (**b**) *(falta, carencia)* lack of fulfilment
insatisfactorio, -a *adj* unsatisfactory
insatisfecho, -a *adj* (**a**) *(descontento)* dissatisfied (**de** *o* **con** with) (**b**) *(no saciado)* not full, unsatisfied; **quedarse i.** to be left unsatisfied, to be left (still) wanting more
inscribir 1 *vt* (**a**) *(grabar)* to engrave, inscribe (**en** on) (**b**) *(apuntar)* **i. algo/a alguien (en)** to register sth/sb (on)
2 inscribirse *vpr* (**a**) *(apuntarse)* **inscribirse en** *(curso)* to enrol in; *(asociación, partido)* to join (**b**) *(incluirse)* **esta medida se inscribe dentro de nuestra política de cooperación** this measure forms part of our policy of cooperation
inscripción *nf* (**a**) *(en colegio, curso)* registration, enrolment; *(en censo, registro)* registration; *(en concursos)* entry; **desde su i.** *(en asociación, partido)* since he joined; **abierto el plazo de i.** now enrolling, registration now open (**b**) *(escrito)* inscription
inscrito, -a *participio ver* **inscribir**
insecticida 1 *adj* insecticidal
2 *nm* insecticide
insectívoro, -a *adj* insectivorous
insecto *nm* insect ▫ ***i. palo*** stick insect
inseguridad *nf* (**a**) *(falta de confianza)* insecurity (**b**) *(duda)* uncertainty (**c**) *(peligro)* lack of safety ▫ ***i. ciudadana*** lack of law and order
inseguro, -a *adj* (**a**) *(sin confianza)* insecure (**b**) *(dudoso)* uncertain (**de** about), unsure (**de** of *o* about) (**c**) *(peligroso)* unsafe
inseminación *nf* insemination ▫ ***i. artificial*** artificial insemination
inseminar *vt* to inseminate
insensatez *nf* foolishness, senselessness; **hacer/decir una i.** to do/say sth foolish
insensato, -a 1 *adj* foolish, senseless
2 *nm,f* foolish *o* senseless person, fool; **¡qué has hecho, i.!** what have you done, you fool *o* maniac?
insensibilidad *nf (emocional)* insensitivity; *(física)* numbness
insensibilización *nf* (**a**) *Med* anaesthetization; **después de la i. de la encía** after the gum has been made numb (**b**) *(emocionalmente)* lack of sensitivity, insensitivity
insensibilizar 1 *vt Med* to numb
2 insensibilizarse *vpr (emocionalmente)* to become desensitized (**a** to)
insensible *adj* (**a**) *(indiferente)* insensitive (**a** to) (**b**) *(entumecido)* numb (**c**) *(imperceptible)* imperceptible
inseparable *adj* inseparable
inseparablemente *adv* inseparably
insepulto, -a *adj Formal* unburied
inserción *nf* insertion
INSERSO *nm Antes* (*abrev de* **Instituto Nacional de Servicios Sociales**) = Spanish government agency responsible for the elderly and disabled, and for citizens living, or recently returned from, abroad
insertar *vt también Informát* to insert (**en** into)
inservible *adj* useless, unserviceable
insidia *nf* (**a**) *(trampa)* trap, snare (**b**) *(mala acción)* malicious act
insidiosamente *adv* maliciously
insidioso, -a *adj* malicious
insigne *adj* distinguished, illustrious
insignia *nf* (**a**) *(distintivo)* badge; *Mil* insignia (**b**) *(bandera)* flag, banner
insignificancia *nf* (**a**) *(cualidad)* insignificance (**b**) *(cosa, hecho)* trifle, insignificant thing
insignificante *adj* insignificant
insinceridad *nf* insincerity
insincero, -a *adj* insincere
insinuación *nf* hint, insinuation; **insinuaciones** *(amorosas)* innuendo
insinuante *adj (mirada, ropa)* suggestive; *(comentarios)* full of innuendo
insinuar [4] **1** *vt* to hint at, to insinuate; **¿qué insinuas?** what are you suggesting *o* insinuating?
2 insinuarse *vpr* (**a**) *(amorosamente)* to make advances (**a** to) (**b**) *(notarse)* **empiezan a insinuarse problemas** it's beginning to look as if there might be problems; **insinuarse detrás de algo** *(asomar)* to peep out from behind sth; **empezaba a insinuarse el día** dawn was beginning to break
insípido, -a *adj también Fig* insipid
insistencia *nf* insistence
insistente *adj* insistent
insistentemente *adv* insistently
insistir *vi* to insist (**en** on); **i. en que** to insist *o* maintain that; **la dirección insiste en que los empleados deben llevar corbata** the management insist on employees wearing a tie; **insistió mucho sobre este punto** he laid great stress on this point
in situ 1 *adj* on-the-spot; *(garantía)* on-site
2 *adv* on the spot; *(reparar)* on site
insobornable *adj* incorruptible
insociabilidad *nf* unsociability
insociable *adj* unsociable
insolación *nf* (**a**) *(exposición al sol)* sunstroke; **le dio una i.** he got sunstroke (**b**) *Tec* insolation
insolencia *nf* insolence; **hacer/decir una i.** to do/say sth insolent; **respondió con i.** she replied insolently
insolentarse *vpr* to be insolent (**con** to)
insolente 1 *adj (descarado)* insolent; *(orgulloso)* haughty
2 *nmf* insolent person; **es un i.** he's very insolent
insolidaridad *nf* lack of solidarity
insolidario, -a 1 *adj* lacking in solidarity
2 *nm,f* person lacking in solidarity
insólito, -a *adj* very unusual
insolubilidad *nf* insolubility
insoluble *adj* insoluble
insolvencia *nf* insolvency
insolvente *adj* insolvent
insomne *adj & nmf* insomniac
insomnio *nm* insomnia, sleeplessness
insondable *adj también Fig* unfathomable
insonorización *nf* soundproofing
insonorizado, -a *adj* soundproof
insonorizar [14] *vt* to soundproof
insonoro, -a *adj* soundless
insoportable *adj* unbearable, intolerable; **en agosto hace un calor i.** in August it's unbearably hot
insoslayable *adj* inevitable, unavoidable

insospechable *adj* impossible to tell, unforeseeable

insospechado, -a *adj* unexpected, unforeseen

insostenible *adj* untenable

inspección *nf (examen)* inspection; *(policial)* search ▫ ***i. de calidad*** quality control inspection; ***i. técnica de vehículos*** = annual technical inspection for motor vehicles of five years or more, *Br* ≃ MOT

inspeccionar *vt* to inspect; **la policía inspeccionó la zona** the police searched the area

inspector, -ora *nm,f* inspector ▫ ***i. de aduanas*** customs official; ***i. de Hacienda*** tax inspector; ***i. de policía*** police inspector

inspectoría *nf Chile* police station

inspiración *nf* (**a**) *(artística)* inspiration (**b**) *(respiración)* inhalation, breath

inspirado, -a *adj* inspired (**en** by)

inspirador, -ora 1 *adj* (**a**) *(que inspira)* inspiring (**b**) *(músculo)* inspiratory

2 *nm,f* inspirer

inspirar 1 *vt* (**a**) *(sentimientos, ideas)* to inspire; **me inspira mucha simpatía** I really like him; **me inspira terror** I find him frightening (**b**) *(respirar)* to inhale, to breathe in

2 *vi (respirar)* breathe in

3 inspirarse *vpr* to be inspired (**en** by); **viajó al Caribe para inspirarse** he went to the Caribbean in search of inspiration

instalación *nf* (**a**) *(acción)* installation; *(de local, puesto)* setting up (**b**) *(aparatos)* system ▫ ***i. de aire acondicionado*** air-conditioning system; ***i. eléctrica*** wiring; ***i. del gas*** gas pipes; ***i. sanitaria*** plumbing (**c**) *(lugar)* **instalaciones deportivas/militares** sports/military facilities

instalador, -ora 1 *adj* installing, fitting

2 *nm,f* fitter

3 *nm Informát* installer

instalar 1 *vt* (**a**) *(montar) (antena, aparato)* to install, to fit; *(local, puesto)* to set up (**b**) *(situar) (objeto)* to place; *(gente)* to put up (**c**) *Informát* to install

2 instalarse *vpr (establecerse)* **instalarse en** to settle (down) in; *(nueva casa)* to move into; **a falta de dormitorios, se instalaron en el salón** as there were no bedrooms, they put themselves up in the living room

instancia *nf* (**a**) *(solicitud)* application (form) (**b**) *(ruego)* request; **a instancias de** at the request *o* bidding of (**c**) *(recurso)* **en última i.** as a last resort (**d**) *(institución)* **se mueve entre las altas instancias del partido** he moves in the upper echelons of the party

instantánea *nf* snapshot, snap

instantáneamente *adv* instantaneously

instantáneo, -a *adj* (**a**) *(momentáneo)* momentary (**b**) *(rápido)* instantaneous; **provoca una reacción instantánea** it gets an immediate reaction (**c**) *(café)* instant

instante *nm* moment, instant; **a cada i.** all the time, constantly; **al i.** instantly, immediately; **en un i.** in a second

instar *vt* **i. a alguien a que haga algo** to urge sb to do sth

instauración *nf* establishment

instaurador, -ora *adj* (**a**) *(que establece)* establishing (**b**) *(que restaura)* restorative

instaurar *vt* to establish, to set up

instigación *nf* **por i. de** at the instigation of; **lo acusan de i. a la violencia** he is accused of inciting violence

instigador, -ora 1 *adj* instigating

2 *nm,f* instigator

instigar [38] *vt* **i. a alguien (a que haga algo)** to instigate sb (to do sth); **i. a algo** to incite to sth

instilar *vt (idea)* to instil

instintivamente *adv* instinctively

instintivo, -a *adj* instinctive

instinto *nm* instinct; **por i.** instinctively ▫ ***i. maternal*** maternal instinct; ***i. de supervivencia*** survival instinct

institución *nf* (**a**) *(organización, tradición)* institution; *Fig* **ser una i.** to be an institution ▫ ***i. benéfica*** charitable organization; ***i. pública*** public institution (**b**) *(de ley, sistema)* introduction; *(de organismo)* establishment; *(de premio)* foundation

institucional *adj* institutional

institucionalización *nf* institutionalization

institucionalizado, -a *adj* institutionalized

institucionalizar [14] *vt* to institutionalize

instituir [34] *vt* (**a**) *(fundar) (gobierno)* to establish; *(premio, sociedad)* to found; *(sistema, reglas)* to introduce (**b**) *(nombrar)* to appoint, to name

instituto *nm* (**a**) *(corporación)* institute ▫ ***I. Nacional de Meteorología*** = national weather forecasting agency, *Br* ≃ the Meteorological office (**b**) *(colegio)* **i. (de Bachillerato** *o* **Enseñanza Media)** = state secondary school for 14-18-year-olds, *US* ≃ senior high school ▫ ***i. de Formación Profesional*** technical college (**c**) *(salón)* ***i. de belleza*** beauty salon; ***i. capilar*** hair clinic

institutor, -ora *nm Col* schoolteacher

institutriz *nf* governess

instrucción *nf* (**a**) *(conocimientos)* education; *(docencia)* instruction ▫ ***i. militar*** military training (**b**) *(explicación)* **instrucciones (de uso)** instructions (for use) (**c**) *Informát* instruction (**d**) *Der (investigación)* preliminary investigation; *(curso del proceso)* proceedings

instructivo, -a *adj (experiencia, narración)* instructive; *(juguete, película)* educational

instructor, -ora 1 *adj* training, instructing

2 *nm,f* instructor, teacher

instruido, -a *adj* educated; **muy i.** well educated; **está i. en el arte de la pesca** he's well versed in the art of fishing

instruir [34] *vt* (**a**) *(enseñar)* to instruct; **la instruyó en las artes marciales** he taught her martial arts (**b**) *Der* to prepare; **el juez que instruye el sumario** the examining magistrate

instrumentación *nf* instrumentation

instrumental 1 *adj* instrumental

2 *nm* instruments ▫ ***i. médico*** surgical instruments

instrumentar *vt* (**a**) *(composición musical)* to orchestrate, to score (**b**) *(medidas)* **i. medidas para hacer algo** to bring in measures to do sth

instrumentista *nmf* (**a**) *(músico)* instrumentalist (**b**) *Med* surgeon's assistant

instrumento *nm* (**a**) *(musical)* instrument ▫ ***i. de cuerda*** string instrument; ***i. de percusión*** percussion instrument; ***i. de viento*** wind instrument (**b**) *(herramienta)* tool, instrument ▫ ***i. de medida*** measuring instrument; ***i. óptico*** optical instrument; ***i. de precisión*** precision tool *o* instrument (**c**) *(medio)* means, tool; **un i. para estimular la demanda** a means of stimulating demand; **ella fue el i. del gobierno** she was a tool of the government

instruyera *etc ver* **instruir**

instruyo *etc ver* **instruir**

insubordinación *nf* insubordination

insubordinado, -a 1 *adj* insubordinate

2 *nm,f* insubordinate (person), rebel

insubordinar 1 *vt* to stir up, to incite to rebellion

2 insubordinarse *vpr* to rebel

insubstancial *adj* insubstantial

insubstituible *adj* irreplaceable

insuficiencia *nf* (**a**) *(escasez)* lack, shortage; **fue producido por una i. vitamínica** it was caused by a vitamin deficiency (**b**) *Med* failure, insufficiency ▫ ***i. cardiaca*** heart failure; ***i. renal*** kidney failure; ***i. respiratoria*** respiratory failure

insuficiente 1 *adj* insufficient

2 *nm (nota)* fail

insuficientemente *adv* insufficiently

insuflar *vt* to insufflate

insufrible *adj* intolerable, insufferable

ínsula *nf* island

insular 1 *adj* insular, island; **el clima i.** the island climate

2 *nmf* islander

insularidad *nf* insularity

insulina *nf* insulin

insulinodependiente *adj & nmf Med* insulin-dependent

insulso, -a *adj también Fig* bland, insipid

insultada *nf Andes, CAm, Méx* insult

insultante *adj* insulting, offensive

insultar *vt* to insult

insulto *nm* insult; **proferir insultos** to hurl insults

insumergible *adj* unsinkable

insumisión *nf* (**a**) *Mil* = refusal to do

military service or a civilian equivalent (**b**) *(rebeldía)* rebelliousness
insumiso, -a 1 *adj* rebellious
2 *nm,f* (**a**) *Mil* = person who refuses to do military service or a civilian equivalent (**b**) *(rebelde)* rebel
insumo *nm Com* reinvestment
insuperable *adj* (**a**) *(inmejorable)* unsurpassable (**b**) *(sin solución)* insurmountable, insuperable
insurgente *adj* insurgent
insurrección *nf* insurrection, revolt
insurreccionar 1 *vt* to incite to insurrection
2 insurreccionarse *vpr* to rebel, to revolt
insurrecto, -a *adj & nm,f* insurgent, rebel
insustancial *adj* insubstantial
insustituible *adj* irreplaceable
intachable *adj* irreproachable
intacto, -a *adj* (**a**) *(que no ha sido tocado)* untouched (**b**) *(entero, íntegro)* intact
intangible *adj* intangible
integración *nf* (**a**) *(acción)* integration ▫ ***i. racial*** racial integration (**b**) *Mat* integration
integrado, -a *adj* integrated
integrador, -ora *adj* integrating
integral 1 *adj* (**a**) *(total)* total, complete (**b**) *(sin refinar) (pan, harina, pasta)* wholemeal; *(arroz)* brown (**c**) *(constituyente)* integral; **ser parte i. de algo** to be an integral part of sth
2 *nf Mat* integral
íntegramente *adv* wholly, entirely
integrante 1 *adj* integral, constituent; **estado i. de la UE** member state of the EU; **ser parte i. de algo** to be an integral part of sth
2 *nmf* member
integrar 1 *vt* (**a**) *(incluir)* to integrate; **han integrado un chip en el motor** the motor has a chip built into it (**b**) *(componer)* to make up (**c**) *Mat* to integrate
2 integrarse *vpr* to integrate; **integrarse en** to become integrated into; **se integraron en la ONU en 1972** they joined the UN in 1972
integridad *nf* (**a**) *(moral)* integrity; *(física)* safety (**b**) *(totalidad)* wholeness
integrismo *nm* (**a**) *Pol* reaction, traditionalism (**b**) *Rel* fundamentalism; **el i. islámico** Islamic fundamentalism
integrista *adj & nmf* (**a**) *Pol* reactionary, traditionalist (**b**) *Rel* fundamentalist
íntegro, -a *adj* (**a**) *(completo)* whole, entire; **versión íntegra** *(de libro)* unabridged edition; *(de película)* uncut version (**b**) *(honrado)* upright, honourable
intelecto *nm* intellect
intelectual *adj & nmf* intellectual
intelectualidad *nf* intelligentsia, intellectuals
intelectualizar [14] *vt* to intellectualize
intelectualmente *adv* intellectually
intelectualoide *mf Fam* pseudo-intellectual, *Br* pseud
inteligencia *nf* intelligence ▫ *Informát* ***i. artificial*** artificial intelligence
inteligente *adj también Informát* intelligent
inteligentemente *adv* intelligently
inteligibilidad *nf* intelligibility
inteligible *adj* intelligible
inteligiblemente *adv* intelligibly
intelligentsia *nf* intelligentsia
intemperancia *nf* intemperance, immoderation
intemperie *nf* **a la i.** in the open air
intempestivamente *adv (visitar, proponer)* inopportunely
intempestivo, -a *adj (clima, comentario)* harsh; *(hora)* ungodly, unearthly; *(proposición, visita)* inopportune
intemporal *adj* timeless, independent of time
intemporalidad *nf* timelessness
intención *nf* intention; **con i.** *(intencionadamente)* intentionally; **tener la i. de** to intend to; **buena/mala i.** good/bad intentions; **tener buenas/malas intenciones** to have good/bad intentions; **lo hizo sin mala i.** he didn't mean it maliciously; EXPR **la i. es lo que cuenta** it's the thought that counts; **ya veo cuáles son tus intenciones** I see what you're up to now
intencionadamente *adv* deliberately, on purpose
intencionado, -a *adj* intentional, deliberate; **bien i.** *(acción)* well-meant; *(persona)* well-meaning; **mal i.** *(acción)* ill-meant, ill-intentioned; *(persona)* malevolent
intencional *adj* intentional, deliberate
intencionalidad *nf* intent
intencionalmente *adv* intentionally
intendencia *nf* management, administration ▫ ***i. militar*** service corps
intendente *nm (militar)* quartermaster
intensamente *adv (con intensidad)* intensely; *(llover)* heavily; *(iluminar)* brightly; *(amar)* passionately
intensidad *nf (fuerza)* intensity; *(de lluvia)* heaviness; *(de luz, color)* brightness; *(de amor)* passion, strength; **de poca i.** *(luz)* dim, weak; **llovía con poca i.** light rain was falling
intensificación *nf* intensification
intensificador, -ora *adj* intensifying
intensificar [59] **1** *vt* to intensify
2 intensificarse *vpr* to intensify; **el viento se intensificó** the wind stiffened *o* got stronger
intensivo, -a *adj* intensive; **curso i.** intensive course
intenso, -a *adj (mirada, calor)* intense; *(lluvia)* heavy; *(luz, color)* bright; *(amor)* passionate, strong; **poco i.** *(lluvia)* light; *(luz)* dim, weak
intentar *vt* **i. (hacer algo)** to try (to do sth); **¡ni lo intentes!** *(advertencia)* don't even try it!
intento *nm (tentativa)* attempt; *(intención)* intention; **i. de golpe de Estado** attempted coup; **i. de robo** attempted robbery; **i. de suicidio** suicide attempt
intentona *nf Pol* **i. (golpista)** attempted coup
inter- *prefijo* inter-
interacción *nf* interaction
interaccionar *vi* to interact
interactividad *nf* interactivity
interactivo, -a *adj* interactive
interactuar *vi* interact
interamericano, -a *adj* inter-American
interandino, -a *adj* inter-Andean
interbancario, -a *adj* interbank
intercalación *nf* insertion
intercalar *vt* to insert, to put in; **intercala los banderines rojos con los verdes** alternate red flags with green ones; **intercaló varios chistes en el discurso** she put several jokes into the speech
intercambiable *adj* interchangeable
intercambiador *nm Esp (de transporte)* = station where passengers can change to various other means of transport
intercambiar *vt (objetos, ideas)* to exchange; *(lugares, posiciones)* to change, to swap
intercambio *nm* exchange ▫ ***i. comercial*** trade; ***i. cultural*** cultural exchange
interceder *vi* **i. (por alguien)** to intercede (on sb's behalf); **mi hermano intercedió ante mi novia para que me perdonara** my brother talked to my girlfriend to try to persuade her to forgive me
intercentros *adj* **comité i.** coordinating *o* joint committee *(of trade unions)*
interceptación *nf* (**a**) *(detención)* interception (**b**) *(obstrucción)* blockage
interceptar *vt* (**a**) *(detener)* to intercept (**b**) *(obstruir)* to block
interceptor, -ora 1 *adj* intercepting
2 *nm* interceptor
intercesión *nf* intercession
intercesor, -ora 1 *adj* interceding
2 *nm,f* interceder, intercessor
intercity *nm* intercity train
intercomunicación *nf* intercommunication
intercomunicador *nm* intercom
intercomunicar *vt* to link, to connect
interconexión *nf* interconnection
intercontinental *adj* intercontinental
intercostal *adj* intercostal, between the ribs
intercultural *adj* intercultural
interdepartamental *adj* interdepartmental
interdependencia *nf* interdependence
interdependiente *adj* interdependent
interdicción *nf* interdiction

interdicto *nm Der* interdict

interdigital *adj (membrana)* interdigital

interdisciplinar, interdisciplinario, -a *adj* interdisciplinary

interés (*pl* **intereses**) *nm* (**a**) *(utilidad, valor)* interest; **de i.** interesting
(**b**) *(curiosidad)* interest; **tener i. en** *o* **por** to be interested in
(**c**) *(esfuerzo)* interest; **poner i. en algo** to take a real interest in sth
(**d**) *(conveniencia, provecho)* interest; **hacer algo por el i. de alguien, hacer algo en i. de alguien** to do sth in sb's interest; **tengo i. en que venga pronto** it's in my interest that he should some soon
(**e**) *(egoísmo)* self-interest, selfishness; **por i.** out of selfishness; **casarse por (el) i.** to marry for money ❑ ***intereses creados*** vested interests
(**f**) *Fin* interest ❑ ***i. acumulable*** cumulative interest; ***i. compuesto*** compound interest; ***i. devengado*** accrued interest; ***i. interbancario*** interbank deposit rate; ***i. preferencial*** preferential interest rate; ***i. simple*** simple interest; ***intereses vencidos*** interest due

interesado, -a 1 *adj* (**a**) *(preocupado, curioso)* interested (**en** *o* **por** in) (**b**) *(egoísta)* selfish, self-interested (**c**) *(implicado)* **las partes interesadas** the parties concerned, those involved
2 *nm,f* (**a**) *(deseoso, curioso)* interested person; **los interesados** those interested (**b**) *(involucrado)* person concerned; **los interesados** the parties concerned, those involved (**c**) *(egoísta)* selfish *o* self-interested person

interesante *adj* interesting; **¡eso suena muy i.!** that sounds really exciting!

interesar 1 *vt* (**a**) *(atraer el interés)* to interest; **le interesa el arte** she's interested in art; **me interesaría conocerla** I'd like to meet her; **por si te interesa** in case you're interested; **este asunto nos interesa a todos** this matter concerns us all
(**b**) *(convenir)* to be to the advantage of; **no les interesa que baje el precio** it wouldn't be to their advantage for the price to come down
(**c**) *Med (afectar)* to affect
2 interesarse *vpr* to take an interest, to be interested (**en** *o* **por** in); **se interesó por ti/tu salud** she asked after you/your health

interestatal *adj* interstate

interestelar *adj* interstellar

interétnico, -a *adj* interethnic

interfaz, interface *nm o f Informát* interface ❑ ***i. gráfico*** graphical interface; ***i. de usuario*** user interface

interfecto, -a *nm,f* (**a**) *(víctima)* murder victim (**b**) *Hum (de quien se habla)* the body in question

interferencia *nf* interference

interferir [62] **1** *vt* (**a**) *Rad, Tel & TV* to jam (**b**) *(interponerse)* to interfere with; *(tráfico)* to obstruct
2 *vi* to interfere (**en** in)

interferón *nm Fisiol* interferon

interfono *nm* intercom

intergaláctico, -a *adj* intergalactic

interglacial, interglaciar *adj Geol* interglacial; **periodo i.** interglacial stage

intergubernamental *adj* intergovernmental

ínterin *nm inv Formal* interim; **en el í.** in the meantime

interina *nf (asistenta)* cleaning lady

interinamente *adv* temporarily, provisionally

interinato *nm* (**a**) *(interinidad)* temporariness (**b**) *(empleo interino)* temporary post

interinidad *nf* (**a**) *(cualidad)* temporariness (**b**) *(período)* (period of) temporary employment

interino, -a 1 *adj (provisional)* temporary; *(presidente, director)* acting; *(gobierno)* interim
2 *nm,f (suplente)* stand-in, deputy; *(médico, juez)* locum; *(profesor)* = teacher on temporary contract

interior 1 *adj* (**a**) *(de dentro)* inside, inner; *(patio, jardín)* interior, inside; *(habitación, vida)* inner; **ropa i., prendas interiores** underwear (**b**) *Pol* domestic (**c**) *Geog* inland
2 *nm* (**a**) *(parte de dentro)* inside, interior; **en el i. de la botella había un mensaje** there was a message inside the bottle (**b**) *Geog* interior, inland area (**c**) *(de una persona)* inner self, heart; **en mi i.** deep down (**d**) *Dep (jugador)* central midfielder ❑ ***i. izquierdo*** inside left; ***i. derecho*** inside right (**e**) *Am (calzoncillos)* underpants

interioridad *nf (carácter)* inner self; **interioridades** *(asuntos)* private affairs

interiorismo *nm* interior design

interiorista *nmf* interior designer

interiorización *nf (de sentimientos, ideas)* internalization

interiorizar [14] *vt* (**a**) *(asumir, consolidar)* to internalize (**b**) *(no manifestar)* **interioriza sus emociones** he doesn't show his emotions

interiormente *adv* inside, inwardly

interjección *nf* interjection

interletraje *nm Informát* kern, kerning

interlineado *nm* leading, space between the lines

interlineal *adj* interlinear

interlocución *nf* dialogue

interlocutor, -ora *nm,f (en negociación, debate)* participant; **su i.** the person she was speaking to; **un i. válido en las negociaciones de paz** an acceptable mediator in the peace negotiations ❑ ***interlocutores sociales*** social partners

interludio *nm también Mús* interlude

intermediación *nf* (**a**) *(en conflicto)* intervention, mediation; **por i. de** through the intervention *o* mediation of (**b**) *Fin* intermediation

intermediar *vi* to mediate

intermediario, -a 1 *adj* intermediary
2 *nm,f* intermediary, go-between ❑ *Com **i. comercial*** middleman; *Fin **i. financiero*** credit broker

intermedio, -a 1 *adj* (**a**) *(etapa, nivel)* intermediate, halfway; *(calidad)* average; *(tamaño)* medium (**b**) *(tiempo)* intervening; *(espacio)* in between
2 *nm* (**a**) *(en actividad)* interval; **vamos a hacer un i. de diez minutos** we'll have a take a ten-minute break (**b**) *(en teatro)* interval; *(en cine)* intermission; *(en televisión)* break

interminable *adj* endless, interminable

interminablemente *adv* endlessly

interministerial *adj* interministerial

intermisión *nf* intermission

intermitencia *nf* intermittence, intermittency

intermitente 1 *adj* intermittent
2 *nm Br* indicator, *US* turn signal; **poner el i.** to switch on one's *Br* indicator *o US* turn signal

intermitentemente *adv* intermittently

internacional 1 *adj* international
2 *nmf* international
3 *nf* **la I.** *(himno)* the Internationale

internacionalidad *nf* internationality

internacionalismo *nm* internationalism

internacionalista *adj & mf* internationalist

internacionalización *nf* internationalization

internacionalizar [14] *vt* to internationalize

internacionalmente *adv* internationally, worldwide

internada *nf Dep* break, breakaway

internado *nm* (**a**) *(colegio)* boarding school (**b**) *(estancia) (en manicomio)* confinement; *(en colegio)* boarding

internamente *adv* internally

internamiento *nm (en manicomio)* confinement; *(en colegio)* boarding; *(en campo de concentración)* internment

internar 1 *vt (en colegio)* to send to boarding school (**en** at); *(en manicomio)* to commit (**en** to); *(en campo de concentración)* to intern (**en** in); **la internaron en un colegio muy prestigioso** they sent her to a very prestigious boarding school
2 internarse *vpr (en un lugar)* to go *o* penetrate deep (**en** into); *(en un tema)* to become deeply involved (**en** in); **se internaron en el bosque** they went (deep) into the wood

internauta *nmf Informát* Net user

Internet *nf Informát* Internet; **está en I.** it's on the Internet

internista *adj & nmf* internist

interno, -a 1 *adj* (**a**) *(de dentro)* internal; *Pol* domestic (**b**) *(alumno)* boarding; **estuvo i. en Suiza** she went to a boarding school in Switzerland (**c**) *Med* internal
2 *nm,f* (**a**) *(alumno)* boarder (**b**) *(preso)* prisoner, inmate

interoceánico, -a *adj* interoceanic

interparlamentario, -a *adj* interparliamentary

interpelación *nf* formal question

interpelar *vt* to question

interpersonal *adj* interpersonal

interplanetario, -a *adj* interplanetary

Interpol *nf* (*abrev de* **International Criminal Police Organization**) Interpol

interpolación *nf (en texto)* interpolation, insertion

interpolar *vt (texto)* to interpolate, to insert

interponer [50] **1** *vt* (**a**) *(entre dos cosas)* to put *o* place *(between two things)*, to interpose; **interpusieron un biombo entre nuestra mesa y la suya** they put a screen between our table and theirs (**b**) *Der* to lodge, to make

2 interponerse *vpr* **interponerse entre** *(estar)* to be placed *o* situated between; *(ponerse)* to come *o* get between; **se interponía una barrera entre ellos** there was a barrier between them; **interponerse entre dos contendientes** to intervene between two opponents; **la enfermedad se interpuso en su carrera** the illness interrupted her career

interposición *nf* (**a**) *(entre dos contendientes)* mediation (**b**) *(entre dos cosas)* **la i. del panel evita que llegue el ruido** the panel serves as a barrier against noise (**c**) *Der* lodging *(of an appeal)*

interpretable *adj* interpretable

interpretación *nf* (**a**) *(de ideas, significado)* interpretation; **mala i.** misinterpretation ❑ ***i. judicial*** legal interpretation; ***i. restrictiva*** limited interpretation (**b**) *(artística)* performance, interpretation; *(de obra musical)* performance, rendition; **estudia i. teatral** she's studying acting (**c**) *(traducción)* interpreting ❑ ***i. simultánea*** simultaneous interpreting *o* translation

interpretador, -ora 1 *adj* interpreting

2 *nm,f* interpreter

3 *nm Informát* interpreter

interpretar *vt* (**a**) *(entender, explicar)* to interpret; **i. mal** to misinterpret (**b**) *(artísticamente) (obra de teatro, sinfonía)* to perform; *(papel)* to play; *(canción)* to sing (**c**) *(traducir)* to interpret

interpretativo, -a *adj* (**a**) *(de la interpretación artística)* **tiene mucha capacidad interpretativa para los papeles cómicos** he's very good in comic roles; **el pianista tiene un gran estilo i.** he's a very stylish pianist (**b**) *(del significado)* interpretative

intérprete 1 *nmf* (**a**) *(traductor)* interpreter ❑ ***i. jurado*** = interpreter qualified to work in court; ***i. simultáneo*** simultaneous translator *o* interpreter (**b**) *(artista)* performer (**c**) *(comentarista)* commentator

2 *nm Informát* interpreter

interpuesto, -a *participio ver* **interponer**

interracial *adj* interracial

Inter-Rail, Inter-Raíl *nm* Inter-Rail

interregno *nm* interregnum

interrelación *nf* interrelation

interrelacionar 1 *vt* to interrelate

2 interrelacionarse *vpr* to be interrelated

interrogación *nf* (**a**) *(signo)* question mark (**b**) *(pregunta)* question (**c**) *(interrogatorio)* interrogation

interrogador, -ora 1 *adj* questioning

2 *nm,f (que interroga)* questioner; *(con amenazas)* interrogator

interrogante *nm o nf* (**a**) *(incógnita)* question (**b**) *(signo de interrogación)* question mark

interrogar [38] *vt (preguntar)* to question; *(con amenazas)* to interrogate

interrogativo, -a *adj* interrogative

interrogatorio *nm* *(preguntas)* questioning; *(con amenazas)* interrogation

interrumpir 1 *vt* (**a**) *(conversación, frase)* to interrupt (**b**) *(acortar) (viaje, vacaciones)* to cut short; **interrumpió sus vacaciones el día 8** he ended his holiday early on the 8th (**c**) *(circulación)* to block

2 interrumpirse *vpr* to be interrupted; *(tráfico)* to be blocked; **se interrumpió para beber agua** she paused to take a drink of water

interrupción *nf* (**a**) *(corte, parada)* interruption ❑ ***i. voluntaria del embarazo*** termination of pregnancy (**b**) *(de discurso, trabajo)* breaking-off; *(de viaje, vacaciones)* cutting-short (**c**) *(de circulación)* blocking

interruptor *nm* switch ❑ ***i. general*** mains switch; ***i. de pie*** footswitch

intersección *nf* intersection; **la i. entre dos calles** the intersection of two streets; **gire a la izquierda en la próxima i.** turn left at the next junction *o US* intersection ❑ *Mat* ***i. de conjuntos*** intersection of sets

intersideral *adj* interstellar

intersticio *nm* crack, gap

interurbano, -a *adj* inter-city; *Tel* long-distance

intervalo *nm* interval; **a intervalos** at intervals; **en el i. de un mes** in the space of a month; **en este i. de temperatura** in this temperature range; **intervalos nubosos/soleados** cloudy/sunny intervals *o* spells ❑ ***i. musical*** musical interval

intervención *nf* (**a**) *(acción, participación)* intervention; **no i.** non-intervention; **i. televisiva** television appearance (**b**) *(discurso)* speech; *(pregunta, comentario)* contribution (**en** to) (**c**) *Com* auditing (**d**) *(operación)* **i. (quirúrgica)** (surgical) operation (**e**) *Tel* tapping

intervencionismo *nm* interventionism

intervencionista *adj & nmf* interventionist

intervenir [69] **1** *vt* (**a**) *(operar)* **i. (quirúrgicamente)** to operate on

(**b**) *(teléfono, línea)* to tap

(**c**) *(incautarse de)* to seize

(**d**) *Com* to audit

2 *vi* (**a**) *(participar)* to take part (**en** in); *(en pelea, discusión)* to get involved (**en** in); *(en debate)* to make a contribution (**en** to); **intervino en varias películas cómicas** she appeared in several comedy films; **en la evolución de la economía intervienen muchos factores** several different factors play a part in the state of the economy; **después del presidente intervino el Sr. Ramírez** Mr Ramirez spoke after the president

(**b**) *(interferir, imponer el orden)* to intervene (**en** in)

(**c**) *(operar)* **i. (quirúrgicamente)** to operate

interventor, -ora *nm,f* (**a**) *Com* auditor (**b**) *(de tren)* ticket collector (**c**) *(en elecciones)* scrutineer

intervertebral *adj Anat* intervertebral

interviú (*pl* **interviús**) *nf* interview

intestado, -a *adj & nm,f* intestate

intestinal *adj* intestinal

intestino, -a 1 *adj* internecine

2 *nm* intestine ❑ ***i. delgado*** small intestine; ***i. grueso*** large intestine

intifada *nf* intifada

íntimamente *adv* (**a**) *(privadamente)* privately (**b**) *(a solas)* in private (**c**) *(a fondo)* intimately; **dos fenómenos i. relacionados** two phenomena which are intimately *o* closely connected (with each other)

intimar *vi* to be/become close (**con** to)

intimatorio, -a *adj Der* notifying

intimidación *nf* intimidation

intimidad *nf* (**a**) *(vida privada)* private life; **en la i.** in private; **violar la i. de alguien** to invade sb's privacy (**b**) *(privacidad)* privacy; **en la i. de** in the privacy of (**c**) *(amistad)* intimacy (**d**) **intimidades** *(asuntos privados)* personal matters

intimidar *vt* to intimidate; **nos intimidó con un cuchillo** he threatened us with a knife

intimidatorio, -a *adj* intimidating, threatening

intimista *adj* **pintor i.** painter of domestic scenes; **novela i.** novel of family life

íntimo, -a 1 *adj* (**a**) *(vida, fiesta, ceremonia)* private; *(ambiente, restaurante)* intimate; **una cena íntima** a romantic dinner for two (**b**) *(relación, amistad)* close (**c**) *(sentimiento)* innermost; **en lo (más) í. de su corazón/alma** deep down in her heart/soul

2 *nm,f* close friend

intitular *vt* to entitle, to call

intocable 1 *adj (persona, institución)* above criticism

2 *nmfpl* **intocables** *(en India)* untouchables

intolerable *adj (inaceptable, indignante)* intolerable, unacceptable; *(dolor, ruido)* unbearable

intolerancia *nf* intolerance

intolerante 1 *adj* intolerant

2 *nmf* intolerant person; **es un i.** he's very intolerant

intoxicación *nf* poisoning; **sufrió una i. alimentaria** he had a bout of food poisoning

Observa que la palabra inglesa **intoxication** es un falso amigo y no es la traducción de la palabra española **intoxicación**. En inglés **intoxication** significa "embriaguez, ebriedad".

intoxicar [59] **1** *vt* to poison; **nos intoxican con tanta publicidad** our minds are being poisoned with all this advertising
2 intoxicarse *vpr* to poison oneself

Observa que el verbo inglés **to intoxicate** es un falso amigo y no es la traducción del verbo español **intoxicar**. En inglés **to intoxicate** significa "embriagar, emborrachar".

intra- *prefijo* intra-
intradós *nm Arquit* underside of arch
intraducible *adj* untranslatable
intragable *adj Fam (película, libro)* unbearable, awful
intramuros *adv* within the city walls
intramuscular *adj* intramuscular
intranet *nf Informát* intranet
intranquilidad *nf* unease, anxiety
intranquilizar [14] **1** *vt* to worry, to make uneasy
2 intranquilizarse *vpr* to get worried
intranquilo, -a *adj (preocupado)* worried, uneasy; *(nervioso)* restless
intranscendencia *nf* insignificance, unimportance
intranscendente *adj* insignificant, unimportant
intransferible *adj* non-transferable, untransferable
intransigencia *nf* intransigence
intransigente *adj* intransigent
intransitable *adj* impassable
intransitivo, -a *adj* intransitive
intraocular *adj Anat* intraocular
intrascendencia *nf* insignificance, unimportance
intrascendente *adj* insignificant, unimportant
intratable *adj* unsociable, difficult to get on with
intrauterino, -a *adj* intrauterine
intravenoso, -a *adj* intravenous
intrepidez *nf* daring, bravery
intrépido, -a *adj* intrepid
intriga *nf* (**a**) *(suspense)* curiosity; **película/novela de i.** thriller; **¡qué i.! ¿qué habrá pasado?** I'm dying to know what's happened! (**b**) *(maquinación)* intrigue (**c**) *(trama)* plot
intrigado, -a *adj* intrigued
intrigante 1 *adj* intriguing
2 *nmf (maquinador)* schemer; *(chismoso)* stirrer
intrigar [38] **1** *vt* to intrigue; **me intriga saber qué habrá pasado** I'm intrigued to know what has happened
2 *vi* to intrigue
intrincado, -a *adj* (**a**) *(bosque)* thick, dense (**b**) *(problema)* intricate
intrincar [59] *vt* to complicate, to confuse
intríngulis *nm inv Fam (dificultad)* snag, catch; *(quid)* nub, crux
intrínsecamente *adv* intrinsically
intrínseco, -a *adj* intrinsic
intro *nm Informát* enter (key), return (key); **darle al i.** to press enter *o* return
introducción *nf* (**a**) *(presentación)* introduction (**a** to); **i. a la lingüística** *(título)* an introduction to linguistics; **un curso de i. a la informática** an introductory course in computing (**b**) *(inserción) (de objeto)* insertion; *(en mercado)* introduction
introducir [18] **1** *vt* (**a**) *(meter) (llave, carta)* to put in, to insert; **introdujo a los visitantes en la sala de espera** she showed the visitors into the waiting room (**b**) *(mercancías)* to bring in, to introduce; **una banda que introduce droga en el país** a gang smuggling drugs into the country
(**c**) *(dar a conocer)* **i. a alguien en** to introduce sb to; **i. algo en** to introduce *o* bring sth to
2 introducirse *vpr* **introducirse en** to get into; **los ladrones se introdujeron en la casa por la ventana** the burglars got into the house through the window; **se introdujo en la organización a los veinte años** she joined the organization at twenty
introductor, -ora 1 *adj* introductory; **el país i. de esta moda** the country that brought in this fashion
2 *nm,f* introducer
introductorio, -a *adj* introductory
introdujera *etc ver* **introducir**
introduzco *etc ver* **introducir**
introito *nm (introducción)* preliminary section, introduction
intromisión *nf* intrusion
introspección *nf* introspection
introspectivo, -a *adj* introspective
introversión *nf* introversion
introvertido, -a *adj & nm,f* introvert
intrusión *nf* intrusion
intrusismo *nm* = illegal practice of a profession
intruso, -a *nm,f* intruder
intubar *vt* to intubate
intuición *nf* intuition
intuir [34] *vt* to know by intuition, to sense
intuitivamente *adv* intuitively
intuitivo, -a *adj* intuitive
intuyera *etc ver* **intuir**
intuyo *etc ver* **intuir**
inundación *nf* flood, flooding
inundar 1 *vt* (**a**) *(las aguas)* to flood (**b**) *(con quejas, pedidos)* to inundate, to swamp; **inundaron el mercado con imitaciones baratas** they flooded with cheap imitations
2 inundarse *vpr* (**a**) *(con agua)* to flood; **se le inundaron los ojos de lágrimas** her eyes flooded with tears (**b**) **inundarse de** *(de quejas, pedidos)* to be inundated *o* swamped with; **la playa se inundó de gente** the beach was swamped *o* overrun with people
inusitado, -a *adj* uncommon, rare; **con una valentía inusitada** with uncommon valour
inusual *adj* unusual
inútil 1 *adj* (**a**) *(objeto)* useless; *(intento, esfuerzo)* unsuccessful, vain; **sus intentos resultaron inútiles** his attempts were unsuccessful *o* in vain; **es i. que lo esperes, se ha ido para siempre** there's no point in waiting for him, he's gone for good (**b**) *(inválido)* disabled (**c**) *(no apto)* unfit
2 *nmf* hopeless case, useless person; **es un i.** he's useless *o* hopeless
inutilidad *nf* (**a**) *(falta de utilidad)* uselessness; *(falta de eficacia)* ineffectiveness; *(falta de sentido)* pointlessness (**b**) *(invalidez)* disablement
inutilización *nf* **la humedad puede provocar la i. del mecanismo** damp can ruin the mechanism; **eran responsables de la i. de la alarma** they were responsible for putting the alarm out of action
inutilizado, -a *adj* unused; **tras el accidente, la máquina quedó inutilizada** after the accident the machine was useless
inutilizar [14] *vt (máquinas, dispositivos)* to disable, to put out of action; **esas cajas inutilizan la habitación de huéspedes** those boxes are stopping us from using the guest room
inútilmente *adv* in vain, to no avail; **no sueñes i., no podemos permitirnos hacer ese viaje** there's no point in dreaming about it, we can't afford that trip
invadir *vt* to invade; **lo invadió la tristeza** he was overcome by sadness; **los turistas invadieron el museo** the tourists flooded the museum; **una plaga de langostas invadió los campos** a plague of locusts invaded *o* covered the fields; **el vehículo invadió el carril contrario** the vehicle went onto the wrong side of the road
invalidación *nf* invalidation
invalidar *vt (sujeto: circunstancias)* to invalidate; *(sujeto: juez)* to declare invalid; **les invalidaron dos goles** they had two goals disallowed
invalidez *nf* (**a**) *(física, psíquica)* disablement, disability ❑ ***i. permanente*** permanent disability; ***i. temporal*** temporary disability (**b**) *Der* invalidity
inválido, -a 1 *adj* (**a**) *(física, psíquica)* disabled (**b**) *Der* invalid

2 *nm,f* invalid, disabled person; **los inválidos** the disabled
invariable *adj* invariable
invariablemente *adv* invariably
invasión *nf también Fig* invasion
invasor, -ora 1 *adj* invading
2 *nm,f* invader
invectiva *nf* invective
invencible *adj (ejército, enemigo)* invincible; *(timidez)* insurmountable, insuperable
invención *nf* invention; **eso es una i. suya** that's just something he's made up
invendible *adj* unsaleable
inventado, -a *adj* made-up
inventar 1 *vt (máquina, sistema)* to invent; *(narración, falsedades)* to make up
2 inventarse *vpr* to make up
inventariar [32] *vt* to make an inventory of
inventario *nm* inventory; *Com* **hacer el i.** to do the stocktaking
inventiva *nf* inventiveness
inventivo, -a *adj* inventive
invento *nm (invención)* invention; *(mentira)* lie, fib ❑ *Esp Fam* ***un i. del tebeo*** *Br* a Heath Robinson invention, *US* a Rube Golberg invention
inventor, -ora *nm,f* inventor
invernada *nf Andes, RP (pasto)* winter pasture
invernadero *nm* greenhouse, glasshouse
invernal *adj (de invierno)* winter; *(tiempo, paisaje)* wintry; **temporada i.** winter season
invernar [3] *vi* **(a)** *(pasar el invierno)* to (spend the) winter **(b)** *(hibernar)* to hibernate
inverosímil *adj* improbable, implausible
inverosimilitud *nf* improbability, implausibility
inversamente *adv* **(a)** *(en proporción)* inversely; **i. proporcional a** inversely proportional to **(b)** *(a la inversa)* conversely
inversión *nf* **(a)** *(del orden)* inversion **(b)** *(de dinero, tiempo)* investment; **inversiones extranjeras** foreign investments
inversionista *nmf* investor
inverso, -a *adj* opposite; **a la inversa** the other way round; **en orden i.** in reverse *o* inverse order; **contar/escribir en orden i.** to count/write backwards
inversor, -ora 1 *adj* investing
2 *nm,f Com & Fin* investor
3 *nm Elec* inverter
invertebrado, -a 1 *adj* **(a)** *(animal)* invertebrate **(b)** *(incoherente)* disjointed
2 *nm (animal)* invertebrate
invertido, -a 1 *adj* **(a)** *(al revés)* reversed, inverted; *(sentido, dirección)* opposite; **i. de arriba a abajo** (turned) upside down **(b)** *(dinero)* invested **(c)** *(homosexual)* homosexual
2 *nm,f* homosexual
invertir [62] *vt* **(a)** *(orden)* to reverse; *(poner boca abajo)* to turn upside down, to invert; **si invertimos estos dos elementos** if we reverse the order of these two elements; EXPR **i. los papeles** to swap roles **(b)** *(dinero, tiempo, esfuerzo)* to invest **(c)** *(tardar) (tiempo)* to spend
investidura *nf* investiture; **la ceremonia de i. del presidente** the presiden-tial inauguration ceremony
investigación *nf* **(a)** *(estudio)* research ❑ ***i. científica*** scientific research; ***i. y desarrollo*** research and development **(b)** *(indagación)* investigation, inquiry ❑ ***i. judicial*** judicial inquiry
investigador, -ora 1 *adj* **(a)** *(que estudia)* research; **capacidad investigadora** research capability **(b)** *(que indaga)* investigating
2 *nm,f* **(a)** *(estudioso)* researcher **(b)** *(detective)* investigator ❑ ***i. privado*** private investigator *o* detective
investigar [38] **1** *vt* **(a)** *(estudiar)* to research **(b)** *(indagar)* to investigate; **la policía investigó a varios sospechosos** the police investigated several suspects
2 *vi* **(a)** *(estudiar)* to do research (**sobre** into *o* on) **(b)** *(indagar)* to investigate
investir [47] *vt* **i. a alguien de** *o* **con algo** to invest sb with sth
inveterado, -a *adj* deep-rooted
inviabilidad *nf* impracticability
inviable *adj* impractical, unviable
invicto, -a *adj* unconquered, unbeaten
invidencia *nf* blindness
invidente 1 *adj* blind, sightless
2 *nmf* blind *o* sightless person; **los invidentes** the blind
invierno *nm* **(a)** *(estación)* winter ❑ ***i. nuclear*** nuclear winter **(b)** *(estación lluviosa)* rainy season
invierto *etc ver* **invertir**
inviolabilidad *nf* inviolability ❑ ***i. parlamentaria*** parliamentary immunity
inviolable *adj* inviolable; **una fortaleza i.** an impregnable fortress
invirtiera *etc ver* **invertir**
invisibilidad *nf* invisibility
invisible *adj* invisible
invitación *nf* invitation
invitado, -a *nm,f* guest
invitar 1 *vt* **(a)** *(convidar)* **i. a alguien (a algo/a hacer algo)** to invite sb (to sth/to do sth); **me han invitado a una fiesta** I've been invited to a party; **me invitó a entrar** she asked me in **(b)** *(pagar)* **os invito** it's my treat, this one's on me; **i. a alguien a algo** to buy sb sth *(food, drink)*; **te invito a cenar fuera** I'll take you out for dinner
2 *vi* to pay; **invita la casa** it's on the house; *Fig* **i. a algo** *(incitar)* to encourage sth; **este sol invita a salir** the sun makes you want to go out
in vitro *(de probeta)* in vitro; **fecundación i.** in vitro fertilization
invocación *nf* invocation
invocar [59] *vt* **(a)** *(dios, espíritu)* to invoke; *(diablo)* to summon up **(b)** *(derecho, ley)* to invoke
involución *nf* regression, deterioration
involucionar *vi* to regress, to deteriorate
involucionismo *nm* reactionary nature; **las fuerzas del i.** the forces of reaction
involucionista 1 *adj* regressive, reactionary
2 *nmf* reactionary
involucración *nf* involvement
involucrado, -a *adj (en acciones, proyecto, accidente)* involved; *(en delito, escándalo)* implicated
involucrar 1 *vt* **i. a alguien (en)** to involve sb (in)
2 involucrarse *vpr* to get involved (**en** in)
involuntariamente *adv* **(a)** *(espontaneamente)* involuntarily **(b)** *(sin querer)* unintentionally
involuntario, -a *adj* **(a)** *(espontáneo)* involuntary **(b)** *(sin querer)* unintentional
involutivo, -a *adj (fase)* reactionary; **sufre un proceso i. en su enfermedad** he has gone into a relapse
invulnerabilidad *nf* invulnerability
invulnerable *adj* immune (**a** to), invulnerable (**a** to)
inyección *nf* **(a)** *(con jeringa)* injection; **poner una i. a alguien** to give sb an injection ❑ ***i. intramuscular*** intramuscular injection; ***i. intravenosa*** intravenous injection **(b)** *Tec & Aut* injection; **motor de i.** fuel-injection engine ❑ ***i. de plástico*** injection moulding; ***i. de tinta*** ink-jet **(c)** *(de dinero, humor, vitalidad)* injection; **sus palabras fueron una i. de moral para las tropas** his words were a morale booster for the troops
inyectable 1 *adj* injectable
2 *nm* injection
inyectado, -a *adj* flushed, red; **ojos inyectados en sangre** bloodshot eyes
inyectar 1 *vt* **(a)** *(con jeringa)* to inject **(b)** *(dinero, humor, vitalidad)* to inject
2 inyectarse *vpr (drogas)* to take drugs intravenously; **inyectarse algo** to inject oneself with sth, to take sth intravenously
inyector *nm* injector
iodo *nm* iodine
ion, ión *nm* ion
iónico *adj* ionic
iónico, -a *adj* ionic
ionización *nf* ionization
ionizador *nm* ionizer
ionizar [14] *vt* to ionize
ionosfera *nf* ionosphere
IP *nm Informát (abrev de* **Internet protocol**) IP
IPC *nm (abrev de* **índice de precios al consumo**) = cost of living index
iperita *nf (gas mostaza)* mustard gas, yperite
ipso facto *adv* immediately
iquiqueño, -a 1 *adj* of/from Iquique
2 *nm,f* person from Iquique

iquiteño, -a 1 *adj* of/from Iquitos **2** *nm,f* person from Iquitos

IR [35] **1** *vi* **(a)** *(desplazarse, dirigirse, acudir)* to go; **fuimos a caballo** we went on horseback, we rode there; **iremos andando** we'll go on foot, we'll walk there; **ir en autobús** to go by bus, to take the bus; **ir en automóvil** to go by car, to drive; **ir en taxi** to go by taxi, to catch *o* take a taxi; **ir en barco** to go by boat; **ir en avión** to go by plane, to fly; **ir por carretera/mar** to go by road/sea; **ir a casa/a la iglesia/al cine** to go home/to church/to the cinema; **ir a la escuela/al trabajo** to go to school/work; **los niños no tiene que ir a clase hoy** children don't have to go to school today; **me voy a clase, nos veremos luego** I'm going to my lecture, see you later; **ir de compras/de pesca/de vacaciones** to go shopping/fishing/on holiday; **ir hacia el sur/norte** to go south/north; **¿adónde va este autocar?** where's this coach going?; **este tren va a** *o* **para Sevilla** this train is going to Seville, this is the Seville train; **todas las mañanas voy de la estación a** *o* **hasta la fábrica** every morning I go from the station to the factory; **¿para dónde vas?** where are you heading (for)?; **ahora mismo voy para allá** I'm on my way there right now; **¿por dónde** *o* **cómo se va a la playa?** how do you get to the beach from here?, could you tell me the way to the beach?; **no vayas por ahí que hay mucho barro** don't go that way, it's muddy; **¿eres alumno oficial? — no, sólo voy de oyente** are you an official student? — no, I'm just sitting in on classes; **fue a la zona como emisario de la ONU** he travelled to the area on behalf of the UN; **¡ahí** *o* **allá va!** *(al lanzar una cosa)* there you go; **ahí va el informe que me pediste** here's the report you asked for; **¡allá voy!** *(al lanzarse uno mismo)* here goes!, here we go!; *Anticuado* **¿quién va?** who goes there?; **¡Sergio, te llaman por teléfono! — ¡voy!** Sergio, there's a phone call for you! — (I'm) coming!; **¡ya voy!, ¡ya va!** *(cuando llaman a la puerta)* (I'm) coming!; **ir a alguien con algo** *(contar)* to go to sb with sth; **todos le van con sus problemas** everyone goes to her with their problems; **el autocar se salió de la calzada y fue a dar** *o* **a parar a un lago** the coach came off the road and ended up in a lake; **estuvimos de paseo y fuimos a dar a una bonita plaza** we were out walking when we came across a beautiful square; *Fam Fig* **¿dónde vais con tantos aperitivos? Luego no podremos con la comida** steady on with the snacks or we won't be able to manage our dinner!; *Fam Fig* **les habrá costado unas 100.000 — ¡dónde vas! mucho menos, hombre** it must have cost them about 100,000 — what are you talking about, it was much less!; PROV **donde fueres haz lo que vieres** when in Rome, do as the Romans do

(b) *(buscar)* **ir (a) por algo/alguien** to go and get sth/sb, to go and fetch sth/sb; **fui (a) por él al aeropuerto** I went to meet him at the airport, I went to pick him up from the airport; **ha ido (a) por leche a la tienda** she's gone to the shop to get *o* for some milk; **el perro fue a por él** the dog went for him; **tendrás que esconderte porque van a por ti** you'll have to hide because they're (coming) after you; *Fig* **a eso voy/iba** *(al relatar)* I am/was just getting to that

(c) *(conducir) (camino, calle, carretera)* to lead, to go; **esta es la calle que va al museo** this is the road (that leads *o* goes) to the museum; **esta calle va a dar al puerto** this road leads to the harbour; **el camino va desde el pueblo hasta la cima de la montaña** the path leads *o* goes from the village to the top of the mountain

(d) *(abarcar)* **la zona de fumadores va del asiento 24 al 28** the smoking area is between seats 24 and 28; **el examen de arte va desde el barroco hasta el romanticismo** the art exam will cover the Baroque period to the Romanticism period; **la mancha iba de un lado a otro del techo** the stain stretched from one side of the ceiling to the other; **las películas seleccionadas van desde la comedia urbana hasta el clásico western** the films that have been selected range from urban comedies to classic westerns

(e) *(expresa estado, situación, posición)* **fue muy callada todo el camino** she was very quiet throughout the journey; **con esta bufanda irás calentito** this scarf will keep you warm; **el precio va impreso en la contraportada** the price is printed on the back cover; **la manivela va floja** the crank is loose; **iba tiritando de frío** she was shivering with cold; **ir a lo suyo** to look out for oneself, to look after number one; **iba en el tren pensando en sus cosas** she was travelling on the train lost in thought; **los niños iban armando jaleo en el asiento de atrás** the children were kicking up a row on the back seat; **ve con cuidado, es un barrio peligroso** be careful, it's a dangerous area; **tu caballo va tercero/va en cabeza** your horse is third/in the lead

(f) *(expresa apoyo o rechazo)* **ir con** to support; **voy con el Real Madrid** I support Real Madrid; **ir contra algo, ir en contra de algo** to be opposed to *o* against sth; **ir en contra de la violencia** to be opposed to *o* against violence; **esta ley va contra la Constitución** this act goes against *o* contravenes the Constitution; **ir en beneficio de alguien** to be to sb's benefit, to be in sb's interest; **ir en perjuicio de alguien** to be detrimental to *o* against sb's interests

(g) *(vestir)* **ir con/en** to wear; **iba en camisa y corbata** he was wearing a shirt and tie; **aquí la gente va con** *o* **en bañador a todas partes** people here go around in their swimsuits; **ir de azul/de uniforme** to be dressed in blue/in uniform; **iré (disfrazado) de Superman a la fiesta** I'm going to the party (dressed up) as Superman; **iba hecho un pordiosero** he looked like a beggar

(h) *(marchar, evolucionar)* to go; **le va bien en su nuevo trabajo** things are going well for him in his new job; **el niño va muy bien en la escuela** the child's doing very well at school; **¿cómo va el negocio?** how's business?; **su negocio va mal, el negocio le va mal** his business is going badly; **¿cómo te va?** how are you doing?; **¿cómo te va en la universidad?** how's university?, how are you getting on at university?; **¿cómo van?** *(en partido)* what's the score?; *(en carrera, juego)* who's winning?; **van empate a cero** it's nil-nil; **vamos perdiendo** we're losing; **¿qué tal te va con tus nuevos alumnos?** how are you getting on with your new pupils?; **¿qué tal va esa paella?** how's that paella coming along?; **¡hasta pronto! ¡que te vaya bien!** see you later, take care!; **¡que te vaya muy bien con el nuevo empleo!** I hope things go well for you in your new job!, the best of luck with your new job!

(i) *(cambiar, encaminarse)* **ir a mejor/peor** to get better/worse; **el partido fue a más en la segunda parte** the game improved *o* got better in the second half; **como sigamos así, vamos a la ruina** if we carry on like this we'll be heading for disaster; **voy para viejo** I'm getting old; **esta chica va para cantante** this girl has all the makings of a singer; **va para un mes que no llueve** it's getting on for *o* almost a month now since it last rained

(j) *(alcanzar)* **va por el cuarto vaso de vino** he's already on his fourth glass of wine; **vamos por la mitad de la asignatura** we've covered about half the subject; **¿por qué parte de la novela vas?** which bit in the novel are you at?; **aún voy por el primer capítulo** I'm still on the first chapter

(k) *(expresa cantidades, diferencias)* **con éste van cinco ministros destituidos por el escándalo** that makes five ministers who have now lost their job as a result of the scandal; **ya van dos veces que me tuerzo el tobillo** that's the second time I've twisted my ankle; **van varios días que no lo veo** it's several days since I (last) saw him; **en lo que va de mes he ido tres veces al médico** so far this month I've been to the doctor three times, I've already been to the doctor three times this month; **de dos a cinco van tres** the difference between two and five is three; **va mucho de un piso a una casa** there's a big difference between a *Br* flat *o* *US* apartment and a house

(l) *(corresponder)* to go; **estas tazas van con estos platos** these cups go with these saucers; **¿con qué clase de tornillos va esta tuerca?** what sort of screw does this nut take?

(m) *(colocarse)* to go, to belong; **esto no va ahí** that doesn't go *o* belong there; **¿en qué cajón van los calcetines?** which drawer do the socks go in?

(n) *(escribirse)* **"Edimburgo" va con**

"m" "Edimburgo" is written *o* spelt with an "m"; **toda la oración va entre paréntesis** the whole sentence goes in brackets; **el "solo" adjetivo no va con acento** "solo" doesn't have an accent when used as an adjective
(**o**) *(sentar) (ropa)* **irle (bien) a alguien** to suit sb; **¡qué bien te van los abrigos largos!** long coats really suit you!; **ir con algo** to go with sth; **esta camisa no va con esos pantalones** this shirt doesn't go with these trousers
(**p**) *(sentar) (vacaciones, tratamiento)* **irle bien a alguien** to do sb good; **esa infusión me ha ido muy bien** that herbal tea did me a lot of good
(**q**) *(funcionar)* to work; **la televisión no va** the television isn't working; **una radio que va a** *o* **con pilas** a radio that uses batteries, a battery-powered radio; **estas impresoras antiguas van muy lentas** these old printers are very slow
(**r**) *(depender)* **en aquel negocio le iba su futuro como director de la empresa** his future as manager of the company depended on that deal; **todos corrieron como si les fuera la vida en ello** everyone ran as if their life depended on it; **esto de la ropa va en gustos** clothes are a matter of taste
(**s**) *(comentario, indirecta)* **ir con** *o* **por alguien** to be meant for sb, to be aimed at sb; **y eso va por ti también** and that goes for you too; **hizo como si no fuera con él** he acted as if he didn't realize she was referring to him; **lo que digo va por todos** what I'm saying applies to *o* goes for all of you; **va** *o* **voy en serio, no me gustan estas bromas** I'm serious, I don't like this sort of joke
(**t**) *Fam (gustar)* **no me va el pop** I'm not a big fan of pop music; **a mí lo que me va es la cocina** I'm really into cooking; **ni me va ni me viene** I don't care one way or the other
(**u**) *Fam (costar)* **ir a** to be, to cost; **¿a cómo** *o* **cuánto va el kilo de tomates?** how much is a kilo of tomatoes?
(**v**) *Fam (tratar) (conferencia, película, novela)* **ir de** to be about; **¿de qué va "1984"?** what's "1984" about?
(**w**) *Fam (dárselas) (persona)* **ir de** to think oneself; **va de listo** he thinks he's clever **¿de qué vas?** just who do you think you are?
(**x**) *Fam (apostarse)* **¿va una cerveza a que llevo razón?** I bet you a beer I'm right
(**y**) *(en frases) Fam* **¡ahí va! ¡qué paisaje tan bonito!** wow, what a beautiful landscape!; *Fam* **¡ahí va! me he dejado el paraguas en casa** oh no, I've left my umbrella at home!; EXPR *Fam* **¡dónde va a parar!** there's no comparison!; **fue y dijo que...** he went and said that...; **y de repente va y se echa a reír** and suddenly she just goes and bursts out laughing; **fue y se marchó sin mediar palabra** she upped and went without a word; **¡no va más!** *(en el casino)* no more bets!; EXPR **ser el no va más** to be the ultimate; **¡qué va!** *(por supuesto que no)* not in the least!, not at all!; *(me temo que no)* I'm afraid not; *(no digas tonterías)* don't be ridiculous; **sin ir más lejos, ayer mismo nos vimos** we saw each other only yesterday; **tu madre, sin ir más lejos** we need look no further than your mother

2 *v aux* (**a**) *(con gerundio) (expresa acción lenta o gradual)* **ir haciendo algo** to be (gradually) doing sth; **va anocheciendo** it's getting dark; **me voy haciendo viejo** I'm getting old; **voy mejorando mi estilo** I'm gradually improving my style; **su cine ha ido mejorando últimamente** her films have been getting better recently; **fui metiendo las cajas en el almacén** I began putting the crates in the warehouse; **iremos aprendiendo de nuestros errores** we'll learn from our mistakes; **ve deshaciendo las maletas mientras preparo la cena** you can be unpacking the suitcases while I get dinner; **id haciéndoos a la idea** you'd better start getting used to the idea; **como iba diciendo...** as I was saying...
(**b**) *(con a + infinitivo) (expresa acción próxima, intención, situación futura)* **ir a hacer algo** to be going to do sth; **voy a hacerle una visita** *(ahora mismo)* I'm about to go and visit him; *(en un futuro próximo)* I'm going to visit him; **iré a echarte una mano en cuanto pueda** I'll come along and give you a hand as soon as I can; **¡vamos a comer, tengo hambre!** let's have lunch, I'm hungry!; **el tren con destino a Buenos Aires va a efectuar su salida en el andén 3** the train for Buenos Aires is about to depart from platform 3; **van a dar las dos** it is nearly two o'clock; **va a hacer una semana que se fue** it's coming up to *o* nearly a week since she left; **voy a decírselo a tu padre** I'm going to tell your father; **¿no irás a salir así a la calle?** surely you're not going to go out like that?; **he ido a comprar pero ya habían cerrado** I had intended to go shopping, but they were shut; **te voy a echar de menos** I'm going to miss you; **vas a hacerte daño como no tengas cuidado** you'll hurt yourself if you're not careful; **todo va a arreglarse, ya verás** it'll all sort itself out, you'll see; **¿qué van a pensar los vecinos?** what will the neighbours think?; **no le quise decir nada, no fuera a enfadarse conmigo** I didn't want to say anything in case she got angry with me
(**c**) *(con a + infinitivo) (en exclamaciones que expresan consecuencia lógica, negación)* **¿qué voy a pensar si llevas tres días fuera de casa?** what do you expect me to think if you don't come home for three days?; **¿la del sombrero es tu hermana? — ¿quién va a ser? ¡pues claro!** is the woman with the hat your sister? – of course she is, who else could she be?; **y ¿dónde fuiste? — ¿dónde iba a ir? ¡a la policía!** and where did you go? – where do you think? to the police, of course!; **¡cómo voy a concentrarme con tanto ruido!** how am I supposed to concentrate with all that noise?; **¡cómo voy a pagarte si estoy sin dinero!** how do you expect me to pay you if I haven't got any money?; **¡cómo no me voy a reír con las cosas que dices!** how can I fail to laugh *o* how can you expect me not to laugh when you say things like that!; **¿te ha gustado? — ¡qué me va a gustar!** did you like it? – like it? You must be joking!

3 *vt Méx* **irle a** to support

4 irse *vpr* (**a**) *(marcharse)* to go, to leave; **me voy, que mañana tengo que madrugar** I'm off, I've got to get up early tomorrow; **tenemos que irnos o perderemos el tren** we have to be going or we'll miss the train; **irse a** to go to; **este verano nos vamos a la playa** we'll be going *o* off to the seaside this summer; **se ha ido a trabajar** she's gone to work; **se fueron a Venezuela a montar un negocio** they went (off) to Venezuela to start a business; **se fue de casa/del país** he left home/the country; **se me va uno de mis mejores empleados** I'm losing one of my best employees; **¡vete!** go away!; *Fam* **¡vete por ahí!** get lost!; **irse abajo** *(edificio)* to fall down; *(negocio)* to collapse; *(planes)* to fall through
(**b**) *(desaparecer)* to go; **se fue el mal tiempo** the bad weather went away; **se ha ido la luz** there's been a power cut; **estas manchas no se van tan fácilmente** these stains aren't easy to get out; **los granos se le irán con el tiempo** the spots will go *o* disappear in time; **no se me ha ido el dolor** the pain hasn't gone, the pain is still there
(**c**) *(gastarse)* to go; **se me fueron todos los ahorros en el viaje** all my savings went on the journey; **se me ha ido la mañana limpiando la casa** I've spent the whole morning cleaning the house; *Irónico* **el tiempo se va que es un gusto** I've no idea where all my time goes
(**d**) *(salirse, escaparse)* **ponle un corcho al champán para que no se le vaya la fuerza** put a cork in the champagne bottle so it doesn't go flat; **al motor se le va el aceite por alguna parte** the oil's leaking out of the engine somewhere, the engine's losing oil somewhere; **sin doble acristalamiento el calor se va por las rendijas** if you haven't got double glazing, the heat escapes through the gaps in the windows
(**e**) *(resbalar)* **se me fue el cuchillo y me corté un dedo** the knife slipped and I cut my finger; **se le fue un pie y se cayó** her foot slipped and she fell; **tomó la curva muy cerrada y todos nos fuimos para un lado** he took the bend very tight and we all slid to one side
(**f**) *(olvidarse)* **tenía varias ideas, pero se me han ido** I had several ideas, but they've all slipped my mind; **se me ha ido su nombre** her name escapes me
(**g**) *Euf (morirse)* **se nos fue hace un año** she passed away a year ago, we lost her a year ago
(**h**) *Fam Hum (ventosear)* to let off
(**i**) *muy Fam (tener un orgasmo)* to come
(**j**) EXPR **¡vete a saber!** who knows!

5 *nm* **el ir y venir de los albañiles con sus carretillas** the comings and goings of the builders with their wheelbarrows; **con tanto ir y venir toda la mañana tengo los pies destrozados** my feet are really sore after all that running around this morning

---

IRA ['ira] *nm (abrev de* **Irish Republican Army**) IRA

ira *nf* anger, rage

iraca *nf Col* Panama-hat palm

iracundia *nf* (**a**) *(propensión)* irascibility (**b**) *(cólera)* ire, wrath

iracundo, -a *adj* (**a**) *(furioso)* angry, irate (**b**) *(irascible)* irascible

Irán *nm* **(el) I.** Iran

iraní *(pl* **iraníes) 1** *adj & nmf* Iranian
2 *nm (lengua)* Iranian

Iraq, Irak *nm* **(el) I.** Iraq

iraquí *(pl* **iraquíes**), **irakí** *(pl* **irakíes**) *adj & nmf* Iraqi

irascibilidad *nf* irascibility

irascible *adj* irascible

irgo *etc ver* **erguir**

irguiera *etc ver* **erguir**

iridio *nm Quím* iridium

iridiscencia *nf* iridescence

iridiscente *adj* iridescent

iridología *nf* iridology

iridólogo, -a *nm,f* iridologist

iris *nm inv (del ojo)* iris

irisación *nf* iridescence

irisar 1 *vi* to be iridescent
2 *vt* to cause to be iridescent

Irlanda *n* Ireland ❑ ***I. del Norte*** Northern Ireland

irlandés, -esa 1 *adj* Irish
2 *nm,f (persona)* Irishman, *f* Irishwoman; **los irlandeses** the Irish
3 *nm (lengua)* Irish

ironía *nf* (**a**) *(cualidad)* irony; **¡qué i.!** how ironic!; **una i. del destino** an irony of fate (**b**) *(comentario)* ironic remark; **soltó unas ironías** he made some ironic remarks

irónicamente *adv* ironically

irónico, -a *adj* ironic, ironical

ironizar [14] **1** *vt* to ridicule
2 *vi* to be ironical (**sobre** about)

iroqués, -esa (*pl* **iroqueses**) *adj & nm,f* Iroquois

IRPF *nm (abrev de* **Impuesto sobre la Renta de las Personas Físicas**) = Spanish personal income tax

irracional *adj* irrational

irracionalidad *nf* irrationality

irradiación *nf* (**a**) *(de luz, calor)* radiation (**b**) *(de cultura, ideas)* dissemination, spreading (**c**) *(de alimentos)* irradiation

irradiar *vt* (**a**) *(luz, calor)* to radiate (**b**) *(cultura, ideas)* to radiate (**c**) *(alimentos)* to irradiate

irrazonable *adj* unreasonable

irreal *adj* unreal

irrealidad *nf* unreality

irrealizable *adj (sueño, objetivo)* unattainable; *(plan)* impractical

irrebatible *adj* irrefutable, indisputable

irreconciliable *adj* irreconcilable

irreconocible *adj* unrecognizable

irrecuperable *adj* irretrievable

irredentismo *nm Pol* irredentism

irredentista *adj & nmf Pol* irredentist

irredimible *adj* unredeemable

irreductible *adj & nmf* (**a**) *(fenómeno, fracción)* irreducible (**b**) *(país, pueblo)* unconquerable

irreemplazable *adj* irreplaceable

irreflexión *nf* rashness

irreflexivamente *adv* unthinkingly; **actuó i.** he acted unthinkingly *o* without thinking

irreflexivo, -a *adj* rash; **es muy i.** he's very rash

irreformable *adj* incorrigible

irrefrenable *adj* irrepressible, uncontainable

irrefutable *adj* irrefutable

irregular *adj (verbo, situación)* irregular; *(terreno, superficie)* uneven; **su rendimiento en los estudios es i.** she's inconsistent in her studies; **la financiación i. de los partidos** the irregular funding of the parties

irregularidad *nf* (**a**) *(de verbo, de situación)* irregularity; *(de terreno, superficie)* unevenness (**b**) *(delito, falta)* irregularity

irregularmente *adv* irregularly

irrelevancia *nf* unimportance, insignificance

irrelevante *adj* unimportant, insignificant

irreligioso, -a 1 *adj* irreligious
2 *nm,f* irreligious person

irremediable *adj* (**a**) *(inevitable)* unavoidable; **una consecuencia i.** an inevitable *o* unavoidable consequence (**b**) *(irreparable)* irremediable, irreparable

irremediablemente *adv* inevitably

irremisible *adj* (**a**) *(imperdonable)* unpardonable (**b**) *(irremediable)* irremediable

irremplazable *adj* irreplaceable

irreparable *adj* irreparable

irrepetible *adj* unique, unrepeatable

irreprimible *adj* irrepressible

irreprochable *adj* irreproachable

irresistible *adj* irresistible

irresistiblemente *adv* irresistibly

irresoluble *adj* unsolvable

irresolución *nf* irresolution, indecisiveness

irresoluto, -a 1 *adj Formal* irresolute
2 *nm,f* irresolute person

irrespetuoso, -a *adj* disrespectful

irrespirable *adj (aire)* unbreathable; *Fig (ambiente)* oppressive

irresponsabilidad *nf* irresponsibility

irresponsable 1 *adj* irresponsible
2 *nmf* irresponsible person; **es un i.** he's very irresponsible

irretroactividad *nf Der* nonretroactive nature

irreverencia *nf* irreverence

irreverente *adj* irreverent

irreversibilidad *nf* irreversibility

irreversible *adj* irreversible

irrevocable *adj* irrevocable

irrigación *nf* irrigation

irrigador *nm Med* irrigator

irrigar [38] *vt* to irrigate

irrisión *nf* (**a**) *(mofa)* ridicule, derision

irrisorio, -a *adj (excusa, historia)* laughable, risible; **nos ofrecieron un precio i.** we were offered a derisory sum; **una cantidad irrisoria** a ridiculously *o* ludicrously small amount

irritabilidad *nf* irritability

irritable *adj* irritable

irritación *nf* irritation

irritado, -a *adj* (**a**) *(persona)* irritated, annoyed (**b**) *(piel)* irritated

irritante *adj* irritating

irritar 1 *vt* to irritate
2 irritarse *vpr* (**a**) *(enfadarse)* to get angry *o* annoyed (**b**) *(sujeto: piel)* to become irritated

irrogar [38] *vt* to cause, to occasion

irrompible *adj* unbreakable

irrumpir *vi* **i. en** *(lugar, vida)* to burst into; *(escena política, pantalla)* to burst onto

irrupción *nf (en lugar)* irruption (**en** into), bursting in (**en** to); **su i. en la política** his sudden appearance on the political scene; **su i. en mi vida** his sudden entrance into my life

isabelino, -a *adj* (**a**) *(en España)* Isabelline (**b**) *(en Inglaterra)* Elizabethan

ISBN *nm (abrev de* **International Standard Book Number**) ISBN

isla *nf* (**a**) *(en el agua)* island ❑ ***i. desierta*** desert island; ***la i. de Pascua*** Easter Island (**b**) *Méx, RP (de árboles)* grove (**c**) *Chile (terreno)* flood plain

islam *nm* Islam

Islamabad *n* Islamabad

islámico, -a *adj* Islamic

islamismo *nm* Islam

islamizar [14] **1** *vt* to Islamize, to convert to Islam
2 islamizarse *vpr* to convert to Islam

islandés, -esa 1 *adj* Icelandic
2 *nm,f (persona)* Icelander
3 *nm (lengua)* Icelandic

Islandia *n* Iceland

isleño, -a 1 *adj* island; **las costumbres isleñas** the island customs
2 *nm,f* islander

isleta *nf (en calle)* traffic island

islote *nm* small island

ISO ['iso] *(abrev de* **International Standards Organization**) ISO

isobara, isóbara *nf* isobar

isoca *nf RP* = butterfly larva which damages crops

isocarro *nm* three-wheeled van

isómero *nm Quím* isomer

isomorfismo *nm* isomorphism

isomorfo, -a *adj* isomorphic

isósceles *adj inv* isosceles

isoterma *nf Meteo (línea)* isotherm

isotérmico, isotermo *adj* **camión i.** refrigerated *Br* lorry *o US* truck

isotónico, -a *adj* isotonic

isótopo 1 *adj* isotopic
2 *nm* isotope ▫ ***i. radiactivo*** radioactive isotope

isquemia *nf Med* ischaemia

isquion *nm Anat* ischium

Israel *n* Israel

israelí (*pl* **israelíes**) *adj & nmf* Israeli

israelita *adj & nmf* Israelite

istmo *nm* isthmus

Italia *n* Italy

italianismo *nm* Italianism

italianizante *adj* Italianizing

italiano, -a 1 *adj & nm,f* Italian
2 *nm (lengua)* Italian

itálico, -a *adj & nm,f Hist* Italic

ítalo, -a *Literario adj & nm,f* Italian

ítem *nm* item

iteración *nf* iteration

iterar *vt* to repeat

iterativo, -a *adj* repetitive

itinerante *adj (vida)* itinerant; *(exposición)* travelling; *(embajador)* roving

itinerario *nm* route, itinerary

itrio *nm Quím* yttrium

ITV *Esp nf* (*abrev de* **inspección técnica de vehículos**) = annual technical inspection for motor vehicles of five years or more, *Br* ≃ MOT

IU *nf* (*abrev de* **Izquierda Unida**) = Spanish left-wing coalition party

IVA ['iβa] *nm* (*abrev de* **impuesto sobre el valor añadido** *o Am* **agregado**) *Br* VAT, *US* sales tax

izar [14] *vt* to raise, to hoist

izda (*abrev de* **izquierda**) L, l

izquierda 1 *nf* **(a)** *(contrario de derecha)* left, left-hand side; **a la i. (de)** on *o* to the left (of); **a mi/vuestra i.** on my/your left(-hand side); **girar a la i.** to turn left; **de la i.** on the left; **por la i.** on the left **(b)** *(en política)* left (wing); **la i.** the left; **ser de izquierdas** to be left-wing **(c)** *(mano)* left hand; *(pierna)* left foot; **marcó con la i.** he scored with his left foot **(d)** *(puerta)* **el segundo i.** the left-hand apartment on the *Br* second *o US* third floor
2 *interj* **¡i.!** *(orden militar)* left wheel!

izquierdismo *nm* left-wing views

izquierdista 1 *adj* left-wing
2 *nmf* left-winger

izquierdización *nf (en política)* move to the left

izquierdo, -a *adj* left; **a mano izquierda** on the left-hand side

izquierdoso, -a *adj Fam* leftish

J

J, j ['χota] *nf (letra)* J, j

ja *interj* **¡ja!** ha!

jaba *nf Cuba (bolsa)* bag

jabado, -a *adj PRico (ave)* mottled

jabalí (*pl* **jabalíes**) *nm* wild boar

jabalina *nf Dep* javelin

jabato, -a 1 *adj Fam (valiente)* brave
2 *nm* (**a**) *(animal)* young wild boar (**b**) *Fam (valiente)* daredevil

jabón *nm* (**a**) *(para lavar)* soap; EXPR *Fam* **dar j. a alguien** to soft-soap sb ❑ ***j. de afeitar*** shaving soap; ***j. en polvo*** soap powder; ***j. de sastre*** soapstone, French chalk; ***j. de tocador*** toilet soap (**b**) *RP Fam (susto, miedo)* **dar un j. a** *(asustar)* to frighten; **tener j.** to be afraid

jabonar 1 *vt* to soap
2 jabonarse *vpr* to soap oneself

jaboncillo *nm* (**a**) *(de sastre)* tailor's chalk (**b**) *Chile (para afeitar)* shaving soap

jabonera *nf* soap dish

jabonero, -a *nm,f* soapmaker

jabonoso, -a *adj* soapy

jabuco *nm Cuba* large straw basket

jabugo *nm* = good quality cured ham from Jabugo, similar to Parma ham

jaca *nf* (**a**) *(caballo pequeño)* pony; *(yegua)* mare (**b**) *Am (gallo)* gamecock, fighting cock

jacal *nm Guat, Méx, Ven* hut

jacalón *nm Méx* lean-to, shed

jacarandá (*pl* **jacarandás**) *nm* jacaranda

jacarandoso, -a *adj* merry, lively

jacinto *nm* hyacinth

jaco *nm* (**a**) *(caballo)* nag (**b**) *muy Fam (heroína)* junk, heroin

jacobeo, -a *adj* of/relating to St James; **año j.** = year in which the feast of St James (25th July) falls on a Sunday, during which special religious celebrations are held; **la ruta jacobea** = pilgrims' route to Santiago de Compostela

jacobinismo *nm Pol* Jacobinism

jacobino, -a *adj & nm,f Pol* Jacobin

jacolote *nm* ocote pine

jactancia *nf* boasting

jactancioso, -a *adj* boastful

jactarse *vpr* to boast (**de** about *o* of)

jaculatoria *nf* short prayer

jacuzzi [ja'kusi] (*pl* **jacuzzis**) *nm* Jacuzzi®

jade *nm* jade

jadeante *adj* panting

jadear *vi* to pant

jadeo *nm* panting

jaez (*pl* **jaeces**) *nm* (**a**) *(arreo)* harness (**b**) *Pey (carácter)* ilk, kind

jaguar *nm* jaguar

jaguay *nm Perú* (**a**) *(aguada)* watering trough (**b**) *(charco)* pond

jagüel *nm Andes, RP, Ven* pond

jagüey *nm* (**a**) *(bejuco)* liana (**b**) *Am (charca)* pond

jai alai *nm* jai alai, pelota

jaiba *nf* (**a**) *Am (cangrejo de río)* crayfish (**b**) *Carib, Méx (persona)* clever person, astute person

jaima *nf* = Bedouin tent

jaimitada *nf Fam* **¡estoy harto de sus jaimitadas!** I'm sick of his antics!

jalapa *nf (planta)* jalap

jalapeño, -a 1 *adj* of/from Jalapa
2 *nm,f* person from Jalapa
3 *nm (chile)* jalapeño chilli

jalar *Fam* **1** *vt* (**a**) *Am (tirar)* to pull; **lo jaló de la manga** she pulled his sleeve (**b**) *(comer)* to scoff (**c**) *CAm (hacer el amor con)* to make love to
2 *vi* (**a**) *(comer)* to stuff oneself (**b**) *Andes, CAm, Carib (irse)* to go off
3 jalarse *vpr* (**a**) *(comerse)* to stuff oneself (**b**) *Am* to get drunk

jalea *nf* jelly ❑ ***j. de guayaba*** guava jelly; ***j. de membrillo*** quince jelly; ***j. real*** royal jelly

jalear *vt* (**a**) *(animar)* to cheer on (**b**) *Chile (molestar)* to pester, to bother

jaleo *nm Fam* (**a**) *(alboroto)* row, rumpus; **armar j.** to kick up a row *o* fuss (**b**) *(lío)* mess, confusion; **no encuentro el documento entre tanto j. de papeles** I can't find the document amongst such a muddle *o* jumble of papers; **un j. de cifras** a jumble of figures (**c**) *(ruido)* racket, row; *(aplausos, gritos)* cheering; **armar j.** to make a racket

jalifa *nf Hist* = Spanish Moroccan governor

jalisco *nm Méx* straw hat

jalisciense 1 *adj* of/from Jalisco
2 *nmf* person from Jalisco

jalisquillo, -a *Méx nmf* = pejorative term for a person from Guadalajara

jalón *nm* (**a**) *(vara)* marker pole (**b**) *(hito)* landmark, milestone (**c**) *Am (tirón)* pull, tug (**d**) *Bol (trecho)* stretch, distance (**e**) *Méx (trago)* swig

jalonar *vt* (**a**) *(con varas)* to stake *o* mark out (**b**) *(señalar)* to mark; **un viaje jalonado de dificultades** a trip dogged by problems

Jamaica *n* Jamaica

jamaica *nf* = non-alcoholic drink made from hibiscus flowers

jamaicano, -a, *Am* **jamaiquino, -a** *adj & nm,f* Jamaican

jamar *vt muy Fam* **¿hay algo para j.** is there any *Br* grub *o US* chow?

jamás *adv* never; **no lo he visto j.** I've never seen him; **la mejor novela que j. se haya escrito** the best novel ever written; *Fam* **¡j. de los jamases!** not in a million years!

jamba *nf* jamb, door post

jamelgo *nm Fam* nag

jamón *nm* ham; EXPR *Fam* **¡y un j. (con chorreras)!** you've got to be joking!, not on your life!; EXPR *Fam* **estar j.** to be dishy ❑ ***j. dulce*** (boiled) ham; ***j. ibérico*** = type of cured ham, similar to Parma ham; ***j. de pata negra*** = type of top-quality cured ham, similar to Parma ham; ***j. serrano*** = cured ham, similar to Parma ham; ***j. (de) York*** (boiled) ham

jamona *Fam* **1** *adj* well-stacked, buxom
2 *nf* buxom wench, well-stacked woman

japo *nm Fam* gob, spit

Japón *nm* **(el) J.** Japan

japonés, -esa 1 *adj & nm,f* Japanese
2 *nm (lengua)* Japanese

japuta *nf Fam* = type of cheap non-oily fish

jaque *nm* **j. (al rey)** check; EXPR **tener en j. a alguien** to keep sb in a state of anxiety ❑ ***j. mate*** checkmate; **dar j. mate a alguien** to checkmate sb

jaqueca *nf* migraine; *Fam* **dar j. a alguien** to bother sb, to pester sb

jaquetón *nm (tiburón)* man-eating shark

jáquima *nf CAm Fam (borrachera)* drunkenness

jara *nf (arbusto)* rockrose

jarabe *nm* syrup; **j. para la tos** cough mixture *o* syrup; EXPR *Fam* **¡te voy a dar j. de palo!** I'll give you a clip round the ear!; EXPR *Fam* **tener mucho j. de pico** to have the gift of the gab, to be a smooth talker ❑ ***j. de arce*** maple syrup; ***j. de maíz*** *Br* maize syrup, *US* corn syrup

jarana *nf Fam* (**a**) *(juerga)* **estar de j.** to party; **irse de j.** to go out on the town (**b**) *(alboroto)* rumpus (**c**) *Méx (guitarra)* small guitar (**d**) *CAm (deuda)* debt

jaranear *vi CAm (estafar)* to swindle, to cheat

jaranero, -a *Fam* **1** *adj* fond of partying
2 *nm,f* party animal

jarapa *nf* = rug made from rags woven together

jarcia *nf* **(a)** *Náut* rigging **(b)** *Cuba, Méx (cordel)* rope

jardín *nm Br* garden, *US* yard ▫ ***j. botánico*** botanical garden; ***j. colgante*** hanging garden; ***j. de infancia*** kindergarten, nursery school

jardinera *nf* **(a)** *(para plantas)* flowerpot stand **(b) a la j.** *(carne)* garnished with vegetables

jardinería *nf* gardening

jardinero, -a *nm,f* gardener

jareta *nf (dobladillo)* hem

jaretón *nm* wide hem

jarina *nf RDom* **(a)** *(pizca)* pinch **(b)** *(llovizna)* drizzle

jarocho, -a 1 *adj (de Veracruz)* of/from Veracruz
2 *nm,f (de Veracruz)* native of Veracruz

jarra *nf* **(a)** *(para servir)* jug; *(para beber)* tankard **(b) en jarras, con los brazos en jarras** *(postura)* hands on hips, with arms akimbo

jarrear *v impersonal Fam* **está jarreando** it's bucketing down, it's pouring

jarrete *nm* hock

jarretera *nf* **(a)** *(liga)* garter **(b)** *(orden militar)* Order of the Garter

jarro *nm* jug; EXPR **fue como un j. de agua fría** it was a bolt from the blue; EXPR **llover a jarros** to be bucketing down

jarrón *nm* vase

Jartúm *n* Khartoum

jaspe *nm* jasper

jaspeado, -a 1 *adj* mottled, speckled
2 *nm* mottling

jaspear *vt* to mottle, to speckle

jauja *nf Fam* paradise, heaven on earth; **ser j.** to be heaven on earth *o* paradise; **¡esto es j.!** this is the life!

jaula *nf* cage ▫ *Fig* ***j. de oro*** gilded cage; *RP* ***j. de policía*** police van

jauría *nf* pack of dogs

Java 1 *nm Informát* Java
2 *n* Java

javanés, -esa *adj & nm,f* Javanese

jazmín *nm* jasmine

jazz [jas] *nm inv* jazz

jazzístico, -a [jas'istiko] *adj* jazz

JC *(abrev de* **Jesucristo***)* JC

je *interj* **¡je!** ha!

jeans [jins] *nmpl* jeans; **unos j.** a pair of jeans

jebe *nm Andes (caucho)* rubber plant

jeep [jip] *(pl* **jeeps***) nm* jeep

jefatura *nf* **(a)** *(cargo)* leadership **(b)** *(organismo)* headquarters, head office ▫ ***j. de policía*** police station

jefazo, -a *nm,f Fam* big boss, head honcho

jefe, -a *nm,f* **(a)** *(persona al mando)* boss; *Com* manager, *f* manageress; *(líder)* leader; *(de tribu, ejército)* chief; *(de departamento)* head; *Mil* **en j.** in-chief ▫ ***j. de cocina*** chef; ***j. de estación*** stationmaster; ***j. de Estado*** head of state; ***j. de estudios*** director of studies; ***j. de gobierno*** head of government; ***j. de policía*** police chief; ***j. de prensa*** press officer; ***j. de producción*** production manager; ***j. de redacción*** editor-in-chief; ***j. de ventas*** sales manager **(b)** *Fam (camarero, conductor)* boss

Jehová *nm* Jehova

jején *nm Am* gnat

jemer *nm* ***jemeres rojos*** Khmer Rouge

jemiquear, jeremiquear *vi Andes, Carib, Chile* to whimper, to snivel

jengibre *nm* ginger

jeniquén *nm* henequen

jenízaro *nm (soldado)* janissary

jeque *nm* sheikh

jerarca *nm* high-ranking person, leader

jerarquía *nf* hierarchy; **las altas jerarquías de la nación** the leaders of the nation

jerárquico, -a *adj* hierarchical

jerarquizar [14] *vt* to structure in a hierarchical manner

jerbo *nm (roedor)* jerboa

jeremiquear = **jemiquear**

jerez *nm* sherry ▫ ***j. fino*** dry sherry

jerga *nf* **(a)** *(habla)* jargon ▫ ***j. periodística*** journalese **(b)** *RP (manta de caballo)* saddle blanket

jergón *nm* straw mattress

jerifalte *nm* **(a)** *(ave)* gerfalcon **(b)** *(persona)* bigwig

jerigonza *nf* **(a)** *(galimatías)* gibberish **(b)** *(jerga)* jargon

jeringa *nf* syringe

jeringar *Fam* **1** *vt* **(a)** *(fastidiar)* to cheese off, to bother **(b)** *(estropear)* to bust, to ruin
2 jeringarse *vpr* **(a)** *(fastidiarse)* **¡que se jeringue!** he can like it or lump it! **(b)** *(estropearse)* to bust

jeringuilla *nf* syringe ▫ ***j. hipodérmica*** hypodermic syringe

jeroglífico, -a 1 *adj* hieroglyphic
2 *nm* **(a)** *(inscripción)* hieroglyphic **(b)** *(pasatiempo)* rebus **(c)** *(problema)* puzzle, mystery

jerónimo *nm Rel* Hieronymite, = member of a medieval religious order

jersey *(pl* **jerseys** *o* **jerséis***) nm Esp* sweater, *Br* jumper ▫ ***j. de cuello de pico*** V-neck (sweater); ***j. de cuello alto*** polo neck (sweater)

Jerusalén *n* Jerusalem

Jesucristo *nm* Jesus Christ

jesuita *adj & nm* Jesuit

jesuítico, -a *adj (ambiguo, disimulado)* jesuitical, devious

jesús *interj* **¡j.!** *(tras estornudo)* bless you!; *(expresando sorpresa)* gosh!, good heavens!; EXPR *Fam* **en un decir j.** in the blink of an eye

jet [jet] *(pl* **jets***)* **1** *nm* jet
2 *nf* jet set

jeta *Fam* **1** *nf (cara)* mug, face; EXPR **entrar por la j.** to get in without paying; **romperle la j. a alguien** to smash sb's face in; **tener (mucha) j.** to be a cheeky so-and-so *o* devil; **¡qué j.!** what a nerve *o* cheek!
2 *nmf* cheeky so-and-so, cheeky devil

jet-foil ['jet'foil] *nm* jet-foil, hovercraft

jet lag ['jet'lag] *nm* jet lag; **tener j.** to be jet-lagged

jet-set ['jetset] *nf* jet set

jetudo, -a *adj* **(a)** *Fam (caradura)* cheeky **(b)** *(de boca abultada)* thick-lipped

jíbaro, -a 1 *adj (indio)* Jivaro; **las tribus jíbaras** the Jivaro tribes
2 *nm,f* **(a)** *(indio)* Jivaro **(b)** *PRico (campesino)* peasant
3 *nm Hond* tall vigorous man

jibia *nf* **(a)** *(molusco)* cuttlefish **(b)** *(concha)* cuttlebone

jícara *nf CAm, Méx* **(a)** *(calabaza)* calabash, gourd **(b)** *(vasija)* calabash cup

jicote *nm CAm, Méx* **(a)** *(insecto)* wasp **(b)** *(nido)* wasp's nest

jiennense 1 *adj* of/from Jaén
2 *nmf* person from Jaén

jijona *nf* **(turrón de) j.** = soft almond nougat from Jijona

jilguero *nm* goldfinch

jilipollada, jilipollas *etc* = **gilipollada, gilipollas** *etc*

jilote *nm CAm, Méx* = unripened ear of corn

jineta *nf* genet

jinete *nmf* horseman, *f* horsewoman; **el caballo derribó al j.** the horse threw its rider

jineteada *nf Arg (doma)* = rural festival for the display of horseriding skills

jinetear 1 *vi* to ride on horseback
2 *vt Méx* to delay paying

jinetera *nf Cuba Fam* prostitute

jingoísmo *nm Pol* jingoism

jiña *nf* **(a)** *Chile (fruslería)* trifle **(b)** *Cuba (excremento)* (human) excrement

jiñar *muy Fam* **1** *vi* to have a shit
2 jiñarse *vpr* to shit oneself; **jiñarse de miedo** to be scared shitless

jiote *nm Méx* rash

jipiar *vt muy Fam (ver)* **¡desde aquí no se jipia nada!** you can't see a damned thing from here!

jipijapa *nm* straw hat, Panama hat

jipioso, -a *adj Fam (de estilo hippie)* hippy

jirafa *nf* **(a)** *(animal)* giraffe **(b)** *Cine & TV* boom

jirón *nm* **(a)** *(andrajo)* shred, rag; **hecho jirones** in tatters **(b)** *Perú (calle)* street

jitomate *nm Méx* tomato

jiu-jitsu [jiu'jitsu] *nm* ju-jitsu

JJ OO *nmpl (abrev de* **Juegos Olímpicos***)* Olympic Games

jo *interj Esp Fam* **(a) ¡jo!** *(fastidio)* sugar!,

shoot!; **¡jo, mamá, yo quiero ir!** but mum, I want to go!; **¡jo, déjame en paz!** leave me alone, can't you? **(b) ¡jo!** *(sorpresa)* gosh!, wow!

job [joβ] *nm Informát* job

jobar *interj Fam* **¡j.!** wow!, hey!

jockey ['jokei] *(pl* **jockeys**) *nm* jockey

jocosidad *nf* jocularity

jocoso, -a *adj* jocular

jocundo, -a *adj Formal* jovial, cheerful

joder *Vulg* **1** *vi* **(a)** *(copular)* to fuck
(b) *(fastidiar)* **¡deja ya de j. con el mando a distancia!** stop pissing around with the remote control!; **¡cómo jode!** it's a real bummer *o* bastard!; **¡cómo jode cuando te dicen esas cosas!** it really pisses me off when they say things like that!; **¡no jodas!** *(incredulidad, sorpresa)* well, fuck me!; **¿no jodas que esto lo has hecho tú solo?** fucking hell, did you really do this all by yourself?; **lo hizo por j.** he was just being a bastard; **son ganas de j.** he's just doing it to be a bastard
2 *vt* **(a)** *(copular con)* to fuck
(b) *(fastidiar)* **j. a alguien** to fuck sb about *o* around; **deja de j. al gato** stop being such a bastard to the cat; **le encanta j. al personal** he loves being a real bastard to people; **j. vivo a alguien** to well and truly fuck sb
(c) *(disgustar)* to piss off; **me jodió mucho que no vinieras** I was really pissed off *o US* pissed that you didn't come; **no sabes cómo me jode** *o* **lo que me jode tener que madrugar** you've no idea how much it pisses me off having to get up early
(d) *(estropear) (fiesta, planes, relación)* to fuck up; **ha jodido la economía del país** he's fucked up the country's economy, he's made a fucking mess of the country's economy
(e) *(romper) (objeto, aparato)* to fuck; **¡ya has jodido la tele!** you've gone and fucked the TV now!
(f) *(lesionar) (ojo, pierna)* to fuck (up)
(g) *(quitar, sisar)* **me jodieron 500 pesetas por entrar al museo** they really screwed me at the museum, it cost 500 pesetas to get in
(h) *(traumatizar)* to fuck up; **a mí donde me jodieron bien fue en el orfanato** they well and truly fucked me up at the orphanage
(i) EXPR **¡anda y que te/le/***etc.* **jodan!** fuck you/him/*etc*; **joderla** to fuck it *o* everything up; **¡como nos pille, la hemos jodido!** if he catches us, we're in the shit *o* we're up shit creek (without a paddle); **j. la marrana** to fuck everything up; **¡no me jodas!** well, fuck me!; **¿no me jodas que no te ha ayudado nadie?** fucking hell, didn't anybody help you?; **¡no te jode!, ahora nos viene con quejas** fucking hell, and now she's got the nerve to complain!; **claro que no me importaría ser millonario, ¡no te jode!** I wouldn't half fucking like to be a millionaire!; **¡nos ha jodido mayo (con sus flores)!** too fucking right!
3 *interj (expresa dolor, enfado, sorpresa)* fuck it!, fucking hell!; **¡j., cómo escuece la herida/cómo pica esta guindilla!** fucking hell, this wound really stings!/this chilli's really hot!; **¡calla ya, j.!** for fuck's sake, shut up!, shut the fuck up!; **¡j. con el niño de los cojones!** I've had it up to here with that fucking child!; **¡j. qué sitio más bonito!** fucking hell, this place is really beautiful!; **¡j., qué caro!** Christ, that's fucking expensive!
4 joderse *vpr* **(a)** *(aguantarse)* to fucking well put up with it; **no hay otra cosa, así que te jodes y te lo comes** it's all we've got, so tough shit, you'll just have to eat it *o* you'll just have to fucking well put up with it and eat it; **si no puedes venir, te jodes** if you can't come, tough shit *o* too fucking bad!; **¡hay que joderse!** can you fucking believe it?; EXPR **¡jódete (y baila)!** fuck you!; **¡que se joda!** he can fuck off!
(b) *(estropearse)* **se nos han jodido las vacaciones** that's gone and fucked up our holidays; **¡se jodió el invento!** that's really gone and fucked things up!
(c) *(romperse) (objeto, aparato)* **se ha jodido la tele** the TV's fucked
(d) *(lesionarse)* **me jodí la espalda haciendo pesas** I fucked my back lifting weights

jodido, -a *Vulg* **1** *adj* **(a)** *(físicamente)* fucked; *(anímicamente)* fucked up; **tengo la rodilla jodida** I've fucked *o Br* buggered my knee **(b)** *(estropeado)* fucked; **la radio está jodida** the radio's *Br* buggered *o US* bust **(c)** *(difícil)* fucking difficult; **es muy j. levantarse a las seis** it's a fucking pain to get up at six **(d)** *(maldito)* fucking; **ha ganado la lotería, la muy jodida** she's won the lottery, the lucky bastard
2 *nm,f* **el j. de tu hermano** that damned *o Br* bloody brother of yours

jodienda *nf Vulg* fucking pain (in the arse)

jodo *interj Fam* **¡j.!** wow!, hey!

jofaina *nf* washbasin

jogging ['joγin] *nm* jogging; **hacer j.** to go jogging

Johannesburgo *n* Johannesburg

jojoba *nf* jojoba

joker ['joker] *(pl* **jokers**) *nm* joker *(in cards)*

jolgorio *nm* merrymaking

jolín, jolines *interj Esp Fam* **(a) ¡j.!** *(fastidio)* sugar!, shoot!; **¡j., mamá, yo quiero ir!** but mum, I want to go!; **¡j., déjame en paz!** leave me alone, can't you? **(b) ¡j.!** *(sorpresa)* gosh!, wow!

jondo *adj* **cante j.** = traditional flamenco singing

jónico, -a *adj* Ionic

jopé *interj Fam* **¡j.!** gosh!, wow!

jopo *nm (rabo)* bushy tail

jora *nf Andes* = type of maize used to make "chicha"

Jordania *n* Jordan

jordano, -a *adj & nm,f* Jordanian

jornada *nf* **(a)** *(día)* day; *(de trabajo)* working day; **media j.** half day; **una dura j. de trabajo** a hard day's work ❑ ***j. intensiva*** = working day from 8 am to 3 pm with only a short lunch break; ***j. laboral*** working day; ***j. partida*** = typical Spanish working day from 9 am to 1 pm and 5 to 8 pm; ***j. de puertas abiertas*** open day ***j. de reflexión*** = day immediately before elections when campaigning is forbidden
(b) *(de viaje)* day's journey
(c) *Dep* round of matches; **llevan seis jornadas sin perder** they have gone six games without losing
(d) jornadas (sobre) *(congreso)* conference (on)

jornal *nm* day's wage ❑ ***j. mínimo*** minimum wage

jornalero, -a *nm,f* day labourer

joroba *nf* hump

jorobado, -a 1 *adj* **(a)** *(con joroba)* hunchbacked **(b)** *Fam (estropeado)* bust, *Br* knackered; **tengo el estómago j.** my stomach's playing up *o* giving me trouble
2 *nm,f (con joroba)* hunchback

jorobar *Fam* **1** *vt* **(a)** *(molestar)* to cheese off, to annoy **(b)** *(estropear)* to bust, to ruin; **me ha jorobado las vacaciones** he/it has ruined my holiday
2 jorobarse *vpr* **(a)** *(fastidiarse, aguantarse)* **¡pues te jorobas!** you can like it or lump it!; **¿no te joroba?** isn't it sickening? **(b)** *(estropearse)* to bust

jorongo *nm Méx* **(a)** *(manta)* blanket **(b)** *(poncho)* poncho

joropo *nm* = popular Colombian and Venezuelan folk dance

josefino, -a 1 *adj* of/from San José
2 *nm,f* person from San José

jota *nf* **(a)** *(baile)* = lively folk song and dance, originally from Aragon **(b)** EXPR *Fam* **no entender ni j. (de)** *(no comprender)* not to understand a word (of); **no saber ni j. de algo** not to know the first thing about sth; **no ver ni j.** *(por mala vista)* to be as blind as a bat; *(por oscuridad)* not to be able to see a thing; **sin faltar una j.** without missing a thing, in minute detail

jotero, -a *nm,f (que baila)* jota dancer; *(que canta)* jota singer

joto *nmf Méx Fam Pey Br* queer, *US* fag

joven 1 *adj* young; **de j.** as a young man/woman; **está muy j. para su edad** he looks very young for his age; **esa ropa te hace más j.** those clothes make you look younger
2 *nmf* young man, *f* young woman; **los jóvenes** young people

jovencito, -a *nm,f* young man, *f* young lady

jovenzuelo, -a *nm,f* youngster

jovial *adj* jovial, cheerful

jovialidad *nf* joviality, cheerfulness

jovialmente *adv* jovially, cheerfully

joya *nf* jewel; *Fig* gem; *Fig* **el nuevo empleado es una j.** the new worker is a real gem ❑ ***las joyas de la corona*** the crown jewels; ***j. de familia*** family heirloom; ***joyas de fantasía*** costume jewellery

joyería *nf* (**a**) *(tienda)* jeweller's (shop) (**b**) *(arte, comercio)* jewellery

joyero, -a 1 *nm,f (persona)* jeweller
2 *nm (caja)* jewellery box

joystick ['joistik] *(pl* **joysticks**) *nm* joystick

JPEG [χota'peχ] *nm Informát (abrev de* **Joint Photographic Experts Group**) JPEG

Jr. *(abrev de* **júnior**) Jr.

juanete *nm* bunion

jubilación *nf* (**a**) *(retiro)* retirement ❑ ***j. anticipada*** early retirement (**b**) *(pensión)* pension

jubilado, -a 1 *adj* retired
2 *nm,f* senior citizen, *Br* pensioner; **club de jubilados** senior citizens' club

jubilar 1 *vt* (**a**) *(persona)* **j. a alguien (de)** to pension sb off, to retire sb (from) (**b**) *Fam (objeto)* to get rid of, to chuck out
2 jubilarse *vpr* (**a**) *(retirarse)* to retire (**b**) *Cuba, Méx (ganar experiencia)* to gain experience

jubileo *nm Rel* jubilee

júbilo *nm* jubilation, joy

jubiloso, -a *adj* jubilant, joyous

jubón *nm* (**a**) *(vestidura)* jerkin, doublet (**b**) *(de mujer)* bodice

judaico, -a *adj* Judaic, Jewish

judaísmo *nm Rel* Judaism

judas *nm inv* Judas, traitor

judeocristiano, -a *adj* Judaeo-Christian

judeoespañol, -ola 1 *adj* Sephardic
2 *nm,f (persona)* Sephardic Jew
3 *nm (lengua)* Sephardi

judería *nf Hist* Jewish ghetto *o* quarter

judía *nf* bean ❑ ***j. blanca*** haricot bean; ***j. pinta*** kidney bean; ***j. verde*** green bean

judiada *nf Fam* dirty trick

judicatura *nf* (**a**) *(cargo)* office of judge (**b**) *(institución)* judiciary

judicial *adj* judicial; **el poder j.** the judiciary; **recurrir a la vía j.** to go to *o* have recourse to law

judicializarse *vpr* **la vida política se ha judicializado** politics has become dominated by court cases

judicialmente *adv* judicially; **resolvieron sus conflictos j.** they settled their disputes through the courts

judío, -a 1 *adj* Jewish
2 *nm,f* (**a**) *(hebreo)* Jew, *f* Jewess (**b**) *Fam (tacaño)* skinflint

judión *nm* large bean

judo ['juðo] *nm* judo

judogui *nm Dep* judogi, judo outfit

judoka [ju'ðoka] *nmf* judoist, judoka

JUEGO 1 *ver* **jugar**
2 *nm* (**a**) *(entretenimiento, deporte)* game; **no es más que un j.** it's only a game; EXPR **ser un j. de niños** to be child's play ❑ ***j. de azar*** game of chance; ***j. de cartas*** card game; ***juegos florales*** poetry competition; ***j. de ingenio*** guessing game; ***juegos malabares*** juggling; *Fig* balancing act; *Fig* **tuve que hacer juegos malabares para tener contentas a las dos partes** I had to perform a real balancing act to keep both sides happy; ***j. de mesa*** board game; **¡de naipes** card game; ***el j. de la oca*** *Br* ≃ snakes and ladders, *US* ≃ chutes and ladders; ***Juegos Olímpicos*** Olympic Games; ***Juegos Olímpicos de Invierno*** Winter Olympics, Winter Olympic Games; ***j. de palabras*** play on words, pun; ***j. de prendas*** game of forfeit; ***j. de rol*** *(técnica terapéutica, de enseñanza)* role-play; *(juego de fantasía)* fantasy role-playing game; ***j. de salón*** parlour game; ***el j. de las sillas*** musical chairs
(**b**) *(acción de entretenerse o practicar deporte)* play, playing; **a los perros les encanta el j.** dogs love playing; **se vio buen j. en la primera parte** there was some good play in the first half; **su j. es más agresivo que el mío** she's a more aggressive player than I am, her game is more aggressive than mine; **es el encargado de crear j.** he's the playmaker; *Fig* **este traje me da mucho j.** this dress is very versatile; **mi horario de trabajo da bastante j.** my working hours give me a lot of freedom; **no ha entrado en j. en todo el partido** he's found it difficult to get into the game; *Fig* **entrar en j.** *(factor)* to come into play; *Fig* **estar en j.** to be at stake; *Fig* **poner algo en j.** *(arriesgar)* to put sth at stake; *(utilizar)* to bring sth to bear ❑ ***j. aéreo*** *(en fútbol)* aerial game; ***j. limpio*** fair play; ***j. peligroso*** dangerous play; ***j. subterráneo*** dirty play; ***j. sucio*** foul play
(**c**) *(en tenis)* game ❑ ***j. en blanco*** love game
(**d**) *(con dinero)* gambling; **se arruinó con el j.** he lost all his money gambling; **¡hagan j.!** place your bets!
(**e**) *(truco)* trick; **voy a haceros un j.** I'm going to show you a trick ❑ ***j. de manos*** conjuring trick
(**f**) *(mano) (de cartas)* hand; **me salió un buen j.** I was dealt a good hand
(**g**) *(artimaña, estratagema)* game; **ya me conozco tu j.** I know your game; **descubrirle el j. a alguien** to see through sb; **hacerle el j. a alguien** to play along with sb; **jugar** *o* **tener un doble j.** to play a double game
(**h**) *(conjunto de objetos)* set; **un j. de llaves/sábanas** a set of keys/sheets; **un j. de herramientas** a tool kit; **un j. de té/café** a tea/coffee service; **a j.** *(ropa)* matching; **zapatos a j. con el bolso** shoes with matching *Br* handbag *o US* purse; **hacer j.** to match; **las cortinas hacen j. con la tapicería del sofá** the curtains match the couch ❑ *Teatro* ***j. de luces*** lighting effects
(**i**) *(articulación de piezas)* joint; *(movimiento de las piezas)* movement; **sufre una lesión en el j. de la muñeca** she's injured her wrist; **el j. de la rodilla me produce dolor** it hurts when I move my knee ❑ ***j. de piernas*** footwork

---

juegue *etc ver* **jugar**

juerga *nf Fam* partying, *Br* rave-up; **irse de j.** to go out on the town; **estar de j.** to be partying; **tomar algo a j.** to take sth as a joke; **¡qué j. nos pasamos anoche con su primo!** what a laugh we had with her cousin last night!

juerguista 1 *adj* fond of partying
2 *nmf* party animal

jueves *nm inv* Thursday; EXPR *Fam* **no ser nada del otro j.** to be nothing out of this world ❑ *Rel* ***J. Santo*** Maundy Thursday; *ver también* **sábado**

juez *nmf* (**a**) *Der* judge; EXPR **no puedes ser j. y parte** you can't judge objectively when you're involved ❑ ***j. de alzado*** *o* ***de apelaciones*** appeal court judge; ***j. de instrucción*** examining magistrate; ***j. de paz*** Justice of the Peace ***j. de primera instancia*** examining magistrate (**b**) *Dep (árbitro)* referee; *(en atletismo)* official ❑ ***j. árbitro*** referee; ***j. de línea*** *(en fútbol)* linesman; *(en rugby)* touch judge; ***j. de red*** net cord judge; ***j. de salida*** starter; ***j. de silla*** umpire

jugada *nf* (**a**) *Dep (en fútbol, rugby)* piece of play; *(en ajedrez)* move; *(en billar)* shot; **las mejores jugadas del partido** the highlights of the match (**b**) *(treta)* dirty trick; **hacer una mala j. a alguien** to play a dirty trick on sb (**c**) *(operación hábil)* move, operation

jugador, -ora 1 *adj* (**a**) *(en deporte)* playing (**b**) *(en casino, timba)* gambling
2 *nm,f* (**a**) *(en deporte)* player (**b**) *(en casino, timba)* gambler

---

JUGAR [36] **1** *vi* (**a**) *(practicar un deporte, juego)* to play; **los niños juegan en el patio del colegio** the children are playing in the playground; **j. al ajedrez/a las cartas** to play chess/cards; **j. a la pelota/a las muñecas** to play ball/with one's dolls; **¿a qué jugáis?** what are you playing?; **j. en un equipo** to play for a team; **te toca j.** it's your turn *o* go; **j. limpio/sucio** to play fair/dirty; EXPR **j. a dos bandas** to play a double game; *muy Fam Fig* **¿tú a qué juegas, chaval?** *(en tono de enfado)* what do you think you're playing at, pal?; EXPR *Fam* **o jugamos todos o se rompe la baraja** either we all do it or nobody does
(**b**) *(con dinero)* to gamble (**a** on); **jugó al bingo y perdió mucho dinero** she played bingo and lost a lot of money; **le gusta j. en los casinos** she likes gambling in casinos; **j. a la lotería** to play the lottery; **j. a las quinielas** to do the pools; **le gusta j. a los caballos** he likes a bet on the horses; **j. a** *o* **en la Bolsa** to speculate (on the Stock Exchange); **j. fuerte** to bet a lot of money
(**c**) *Fig (ser desconsiderado)* **j. con alguien** to play with sb; **j. con los sentimientos de alguien** to toy with sb's feelings
(**d**) *Fig (influir)* **j. a favor de alguien** to work in sb's favour; **el tiempo juega en su contra** time is against her; **el tiempo juega a nuestro favor** time is on our side
2 *vt* (**a**) *(partido, juego, partida)* to play; *(ficha, pieza)* to move; *(carta)* to play; **¿jugamos un póquer?** shall we have a

game of poker?; *Fig* **jugó bien sus bazas** *o* **cartas** she played her cards well
(**b**) *(dinero)* to gamble (**a** on); **jugué 5.000 pesetas a mi número de la suerte** I gambled 5,000 pesetas on my lucky number
(**c**) *(desempeñar)* **j. un papel** *(considerado incorrecto)* to play a role; **la creatividad juega un importante papel en nuestro trabajo** creativity plays a very important part *o* role in our work
3 jugarse *vpr* (**a**) *(apostarse)* to bet; **me juego contigo una cena a que no ganáis** I bet you a meal out you won't win; **me juego lo que queráis a que no vienen** I bet you anything they won't come; **¿qué te juegas a que miente?** how much do you want to bet that he's lying?
(**b**) *(arriesgar)* to risk; *Fam* **jugarse el pellejo** to risk one's neck; **jugarse la vida** to risk one's life
(**c**) EXPR **jugársela a alguien** to play a dirty trick on sb

---

jugarreta *nf Fam* dirty trick; **nos hizo una j.** she played a dirty trick on us

juglar *nm* minstrel

juglaresco, -a *adj* minstrel; **poesía juglaresca** troubadour poetry

juglaría *nf* (**a**) *(de trovadores)* minstrelsy (**b**) *(de bufones)* buffoonery

jugo *nm* (**a**) *(líquido)* juice; **jugos gástricos** gastric juices (**b**) *Am (de fruta)* fruit juice (**c**) *Fam (provecho, interés)* meat, substance; **sacar (el) j. a algo/alguien** *(aprovechar)* to get the most out of sth/sb

jugosidad *nf* juiciness

jugoso, -a *adj* (**a**) *(con jugo)* juicy (**b**) *(picante)* juicy; *(sustancioso)* meaty, substantial; **traigo un cotilleo muy j.** I've got some juicy gossip

juguete *nm también Fig* toy; **una pistola/un carro de j.** a toy gun/car ❑ ***juguetes bélicos*** war toys

juguetear *vi* to play (around); **j. con algo** to toy with sth

juguetería *nf* toy shop

juguetón, -ona *adj* playful

juicio *nm* (**a**) *Der* trial; **llevar a alguien a j.** to take sb to court ❑ *Rel* ***el J. Final*** the Last Judgement; ***j. nulo*** mistrial (**b**) *(sensatez)* (sound) judgement; *(cordura)* sanity, reason; **no está en su (sano) j.** he is not in his right mind; **perder el j.** to lose one's reason, to go mad (**c**) *(opinión)* opinion; **a mi j.** in my opinion; **en el j. de** in the opinion of ❑ ***j. de valor*** value judgement

juiciosamente *adv* sensibly, wisely

juicioso, -a *adj* sensible, wise

Jujem *nf* (*abrev de* **Junta de Jefes de Estado Mayor**) = joint chiefs of staff of the Spanish armed forces

jul. (*abrev de* **julio**) Jul.

julai, jula *nm muy Fam* (**a**) *(homosexual) Br* poof, *US* fag (**b**) *(inocente)* fool, mug

julandrón *nm muy Fam (homosexual) Br* poof, *US* fag

julepe *nm* (**a**) *(juego de naipes)* = type of card game (**b**) *PRico, RP Fam (susto)* scare, fright; **dar un j. a alguien** to give sb a scare (**c**) *Méx (trabajo)* toil, hard work

julepear *vt* (**a**) *PRico, RP Fam (asustar)* to scare, to frighten (**b**) *Méx (fatigar)* to tire, to exhaust (**c**) *Col (urgir)* to hurry along

juliana *nf (sopa)* = soup made with chopped vegetables and herbs; **en j.** julienne

julio *nm* (**a**) *(mes)* July; *ver también* **septiembre** (**b**) *Fís* joule

juma = **jumera**

jumarse *vpr Fam* to get sloshed *o* plastered

jumbo ['jumbo] *nm* jumbo (jet)

jumento, -a *nm,f (asno)* ass, donkey

jumera, juma *nf PRico Fam* drunkenness; **agarrar una j.** to get sloshed *o* plastered

jun. (*abrev de* **junio**) Jun.

juncal *nm* bed of rushes

juncia *nf* sedge

junco *nm* (**a**) *(planta)* rush, reed (**b**) *(embarcación)* junk

jungla *nf* jungle

junio *nm* June; *ver también* **septiembre**

júnior (*pl* **júniors**) **1** *adj* (**a**) *Dep* under-21 (**b**) *(hijo)* junior
2 *nmf Dep* under-21

junípero *nm (planta)* juniper

junquera *nf* rush, bulrush

junquillo *nm* (**a**) *(flor)* jonquil (**b**) *(junco de Indias)* rattan (**c**) *Arquit* rounded moulding

junta *nf* (**a**) *(grupo, comité)* committee; *(de empresa, examinadores)* board ❑ ***j. arbitral*** arbitration panel; ***j. directiva*** board of directors; ***j. de gobierno*** = government and administrative body in certain autonomous regions; ***j. militar*** military junta
(**b**) *(reunión)* meeting ❑ ***j. (general) de accionistas*** shareholders' meeting; ***j. municipal*** town *o* local council
(**c**) *(juntura)* joint ❑ ***j. cardánica*** universal joint; ***j. de culata*** gasket; ***j. de dilatación*** expansion joint; ***j. esférica*** ball joint; ***j. universal*** universal joint

juntamente *adv* **j. con** together with

JUNTAR **1** *vt* (**a**) *(unir)* to put together; **junta los pies** put your feet together; **como no cabíamos todos, decidimos j. las mesas** as we didn't all fit, we decided to push the tables together; **junté los cables con cinta aislante** I tied the wires together with some insulating tape
(**b**) *(reunir)* to put together; *(cromos, sellos, monedas)* to collect; *(fondos)* to raise; *(personas)* to bring together; **poco a poco ha juntado una valiosa colección de cuadros** she has gradually put together a valuable collection of paintings; **he ido juntando dinero todo el año para las vacaciones** I've been saving up all year for my holidays; **juntaron todos los departamentos en un solo edificio** they brought all the departments together in a single building
2 juntarse *vpr* (**a**) *(ríos, caminos)* to meet; **aquí se junta la A-1 con la M-40** this is where the A-1 joins *o* meets the M-40
(**b**) *(reunirse)* to get together; **se juntó con el resto de la familia para cenar** she got together with the rest of the family for dinner
(**c**) *(arrimarse)* **juntaos un poco, que si no no cabemos** squeeze up a bit, otherwise we won't all fit; **juntaos algo más, que no salís todos** move together a bit or you won't all come out in the photo
(**d**) *(convivir)* **se ha juntado con una compañera de trabajo** he's moved in with a woman from work
(**e**) *(tener amistad)* **juntarse con** to mix with; **se junta con muy mala gente** she mixes with a very undesirable crowd
(**f**) *(coincidir)* to coincide (**con** with); **¡caramba, se nos junta todo!** God, it never rains but it pours!; EXPR **se junta el hambre con las ganas de comer** it's one thing on top of another

---

JUNTO, -A **1** *adj* (**a**) *(unido)* together; **si seguimos juntos, no nos perderemos** if we stay together, we won't get lost; **saltaba con los pies juntos** she was jumping up and down with her feet together
(**b**) *(agrupado, reunido)* together; **con tu dinero y el mío juntos nos compraremos el barco** with your money and mine we can buy the boat between us; **nunca he visto tanto niño j.** I've never seen so many children all in one place; **hacer algo juntos** to do sth together; **¿comemos juntos el viernes?** shall we eat together on Friday?; **no se han casado pero viven juntos** they're not married, but they live together
(**c**) *(próximo, cercano)* close together; **las casas están muy juntas** the houses are too close together; **si los cables están demasiado juntos, sepáralos** if the cables are too close together, move them apart
(**d**) *(al mismo tiempo)* **no puedo atender a tantos clientes juntos** I can't serve all these customers at the same time; **llegaron juntos a la meta** they crossed the line together
2 (**a**) **junto a** *loc prep (al lado de)* next to; *(cerca de)* right by, near; **el listín de teléfonos está j. a la lámpara** the telephone directory is next to the lamp; **una casa j. al mar** a house by the sea
(**b**) **junto con** *loc conj* together with; **nuestro objetivo, j. con la calidad, es la competitividad** our aim is not only to achieve quality, but also to be competitive
(**c**) **todo junto** *loc adv (ocurrir, llegar)* all at the same time; **se escribe todo j.** it's written as one word; **¿se lo envuelvo todo j.?** shall I wrap everything up together for you?

---

juntura *nf* joint

Júpiter *nm* Jupiter

jura *nf (promesa solemne)* oath; *(de un cargo)*

swearing in ▫ ***j. de bandera*** oath of allegiance to the flag

jurado, -a 1 *adj (declaración)* sworn; **enemigo j.** sworn enemy
2 *nm* (**a**) *(tribunal)* jury (**b**) *(miembro)* member of the jury

juramentado, -a *adj* sworn, under oath

juramentar *vt* to swear in

juramento *nm* (**a**) *(promesa solemne)* oath; **bajo j.** on *o* under oath; **hacer un j. a alguien de que** to swear to sb (that)...; **prestar j.** to take the oath; **tomar j. a alguien** to swear sb in ▫ ***j. falso*** perjury; *Med* ***j. hipocrático*** Hippocratic oath (**b**) *(blasfemia)* oath, curse; **soltar juramentos** to curse, to swear

jurar 1 *vt (prometer solemnemente)* to swear; *(constitución, bandera)* to pledge *o* swear allegiance to; **j. un cargo** to be sworn in; **j. que** to swear that; **j. por...** to swear by...; **te lo juro** I promise, I swear it; *Fam* **te juro que no ha sido culpa mía** I swear that it wasn't my fault
2 *vi (blasfemar)* to swear; EXPR *Fam* **j. en hebreo** *o* **arameo** to turn the air blue, to swear like a trooper
3 jurarse *vpr (a uno mismo)* to swear *o* vow to oneself; *(mutuamente)* to swear *o* pledge (to each other)

jurásico, -a *Geol* **1** *adj* Jurassic
2 *nm* **el j.** the Jurassic (period)

jurel *nm* scad, horse mackerel

jurídicamente *adv* legally

jurídico, -a *adj* legal

jurisconsulto, -a *nm,f* jurist

jurisdicción *nf* jurisdiction

jurisdiccional *adj* jurisdictional; **aguas jurisdiccionales** territorial waters

jurisperito, -a *nm,f* legal expert, jurist

jurisprudencia, jurispericia *nf* (**a**) *(ciencia)* jurisprudence (**b**) *(casos previos)* case law, (judicial) precedents; **sentar j.** to set a legal precedent

jurista *nmf* jurist

justa *nf Hist* joust

justamente *adv* (**a**) *(con justicia)* justly (**b**) *(exactamente)* exactly, precisely; **j., eso es lo que estaba pensando** exactly, that's just what I was thinking

justedad, justeza *nf* fairness

justicia *nf* (**a**) *(derecho)* justice; *(equidad)* fairness, justice; **administrar j.** to administer justice; **en j.** in (all) fairness; **esa foto no le hace j.** that photo doesn't do him justice; EXPR **ser de j.** to be only fair; EXPR **tomarse la j. por su mano** to take the law into one's own hands ▫ ***j. social*** social justice (**b**) *(sistema de leyes)* **la j.** the law (**c**) *(organización)* **la j. española** the Spanish legal system

justicialismo *nm Pol (en Argentina)* = nationalistic political movement founded by Juan Domingo Perón

justicialista *adj Pol (en Argentina)* = belonging or related to "justicialismo"

justiciero, -a *adj* righteous; **ángel j.** avenging angel

justificable *adj* justifiable

justificación *nf también Imprenta* justification ▫ ***j. automática*** automatic justification; ***j. horizontal*** horizontal justification; ***j. vertical*** vertical justification

justificadamente *adv* justifiably; **se marchó de la sala, y j.** he left the room, and with good reason

justificado, -a *adj* justified

justificante *nm* written proof, documentary evidence; **como ayer no fui a clase hoy tengo que llevar un j. de mi madre** as I didn't go to school yesterday, I had to take a note from my mother ▫ ***j. de compra*** receipt

justificar [59] **1** *vt* (**a**) *(probar)* to justify (**b**) *(excusar)* **j. a alguien** to make excuses for sb (**c**) *Imprenta* to justify
2 justificarse *vpr* (**a**) *(actitud, decisión)* to be justified (**b**) *(persona)* to justify *o* excuse oneself; **justificarse por algo** to excuse oneself for sth; **justificarse con alguien** to make one's excuses to sb

justificativo, -a *adj* providing evidence, supporting

justipreciar *vt* to value

justiprecio *nm* valuation

justo, -a 1 *adj* (**a**) *(equitativo)* fair
(**b**) *(merecido) (recompensa, victoria)* deserved; *(castigo)* just
(**c**) *(exacto)* exact
(**d**) *(idóneo)* right
(**e**) *(apretado, ceñido)* tight; **estar** *o* **venir j.** to be a tight fit; **cabemos cinco, pero un poco justos** there's room for five of us, but it's a bit of a squeeze
(**f**) *(escaso)* **ser** *o* **venir j.** to be a bit on the short *o* skimpy side; **vamos justos de tiempo** we don't have much time, we'll just make it
(**g**) *Rel* righteous
2 *nm Rel* **los justos** the righteous; EXPR **pagarán justos por pecadores** the innocent will suffer instead of the guilty
3 *adv* (**a**) *(exactamente)* just; **j. a tiempo** just in time, in the nick of time; **j. en medio** right in the middle
(**b**) *(precisamente)* just; **j. ahora iba a llamarte** I was just about to ring you; **vaya, j. ahora que llego yo se va todo el mundo** honestly, everybody's leaving just as I get here

juvenil 1 *adj* youthful; **delincuencia j.** juvenile delinquency; *Dep* **equipo j.** youth team
2 *nmf Dep* **los juveniles** the youth team

juventud *nf* (**a**) *(edad, época)* youth; **en su j.** when she was young, in her youth (**b**) *(los jóvenes)* young people *(plural)*; **la j. ha perdido el respeto por los ancianos** young people no longer respect the elderly

juzgado *nm* (**a**) *(tribunal)* court ▫ ***j. de guardia*** = court open during the night or at other times when ordinary courts are shut; EXPR *Fam* **ser de j. de guardia** to be criminal *o* a crime; ***j. municipal*** magistrates' court; ***j. de primera instancia*** magistrates' court (**b**) *(jurisdicción)* jurisdiction

juzgar [38] **1** *vt* (**a**) *Der* to try (**b**) *(enjuiciar)* to judge; *(estimar, considerar)* to consider, to judge; **j. mal a alguien** to misjudge sb; **a j. por (como)** judging by (how); **no tienes derecho a juzgarme** you have no right to judge me
2 juzgarse *vpr* to consider oneself

K

K, k [ka] *nf (letra)* K, k

K *nm Informát (abrev de* **Kilobyte***)* K

Kabul *n* Kabul

kafkiano, -a *adj* kafkaesque

káiser (*pl* **káisers**) *nm* kaiser

kaki 1 *adj inv (color)* khaki
2 *nm* (**a**) *(fruto)* kaki (**b**) *(color)* khaki

Kalahari *nm* **el (desierto del) K.** the Kalahari Desert

kamikaze *adj & nmf Mil & Fig* kamikaze

Kampala *n* Kampala

Kampuchea *n Antes* Kampuchea

kantiano, -a *adj & nm,f* Kantian

karaoke *nm* karaoke

kárate *nm* karate

karateka, karateca *nmf* karate expert, karateka

karma *nm* karma

karst *nm Geol* = limestone region with gullies, underground streams, etc, *Espec* karst

kart (*pl* **karts**) *nm* go-kart

karting *nm* go-kart racing, karting

KAS [kas] *nf* (*abrev de* **Koordinadora Abertzale Sozialista**) = Basque left-wing nationalist political group which includes the terrorist organization ETA

kasbah *nf* kasbah

kata *nm Dep* kata

katiusca, katiuska *nf Br* Wellington boot, *US* rubber boot

Katmandú *n* Katmandu

kayac (*pl* **kayacs**), **kayak** (*pl* **kayaks**) *nm* kayak

Kazajistán *n* Kazak(h)stan

kazaco, -a, kazako, -a *adj & nm,f* Kazakh

Kb *nm Informát (abrev de* **kilobyte***)* Kb

kebab *nm* kebab

kefia, kufia *nf* keffiyeh

kéfir *nm* kefir

kelvin (*pl* **kelvins**) *nm Fís* kelvin; **grados K.** degrees Kelvin

kendo *nm* kendo

Kenia *n* Kenya

keniano, -a, keniata *adj & nm,f* Kenyan

kentia *nf* kentia

kepis, kepi *nm inv* kepi

kermés [ker'mes] (*pl* **kermeses**), **kermesse** [ker'mes] (*pl* **kermesses**) *nf* fair, kermesse

keroseno, kerosén, kerosene *nm* kerosene

ketchup ['ketʃup] (*pl* **ketchups**) *nm* ketchup

keynesiano, -a *adj Econ* Keynesian

kg (*abrev de* **kilogramo**) kg

KGB *nm o nf Antes* KGB

kibbutz [ki'βuts] *nm inv* kibbutz

Kiev *n* Kiev

kif *nm* kif

kikirikí *nm (canto del gallo)* cock-a-doodle-do

kikos *nmpl (maíz tostado)* = toasted, salted maize kernels

Kilimanjaro *nm* **el K.** (Mount) Kilimanjaro

kilo *nm* (**a**) *(peso)* kilo, kilogram (**b**) *Fam (millón de pesetas)* million (pesetas) (**c**) *RP Fam (mucho)* **cuesta un k. de plata** it costs loads *o* a heap of money

kilo- *pref* kilo-

kilobyte [kilo'βait] *nm Informát* kilobyte

kilocaloría *nf* kilocalorie

kilogramo *nm* kilogram

kilohercio *nm* kilohertz

kilojulio *nm* kilojoule

kilolitro *nm* kilolitre

kilometraje *nm (de coche)* ≃ mileage; *(de carretera)* marking out of distance (in kilometres)

kilometrar *vt (carretera)* to mark out the distance (in kilometres)

kilométrico, -a *adj* (**a**) *(distancia)* kilometric (**b**) *(largo)* very long

kilómetro *nm* kilometre ❑ ***k. cuadrado*** square kilometre

kilopondio *nm Fís (unidad)* kilopond

kilotón *nm* kiloton

kilovatio *nm* kilowatt ❑ ***k. hora*** kilowatt hour

kilovoltio *nm* kilovolt

kilt *nm* kilt

kimono *nm* kimono

kindergarten *nm* kindergarten, nursery school

Kingston *n* Kingston

Kinshasa *n* Kinshasa

kioskero, -a *nm,f* = person selling newspapers, drinks etc from a kiosk

kiosko *nm* (**a**) *(tenderete)* kiosk; *(de periódico, revistas)* newspaper stand *o* kiosk ❑ ***k. de música*** bandstand (**b**) *RP (estanco)* tobacconist's

Kioto *n* Kyoto

Kirguizistán *n* Kirg(h)izia, Kirg(h)izstan

kirguizo, -a *adj & nm,f* Kirghiz

Kiribati *n* Kiribati

kirie, kirieleison *nm Rel* kyrie, kyrie eleison; EXPR **cantar el k.** to plead for mercy

kirsch [kirʃ] *nm* kirsch

kit *nm (conjunto)* kit, set; *(para montar)* kit ❑ *Informát* ***k. de conexión*** connection kit

kitsch [kirtʃ] *adj* kitsch

kiwi (*pl* **kiwis**) *nm* (**a**) *(ave)* kiwi (**b**) *(fruto)* kiwi (fruit)

kleenex® ['klines, 'klineks] *nm inv* paper handkerchief, (paper) tissue

km (*abrev de* **kilómetro**) km

km/h (*abrev de* **kilómetro por hora**) km/h

knockout [no'kaut] (*pl* **knockouts**) *nm* knockout

KO ['kao] *nm* (*abrev de* **knockout**) KO; *también Fig* **ganar por KO** to win by a knockout

koala *nm* koala (bear)

kopek, kopeck *nm* kopeck

Kremlin *nm* **el K.** the Kremlin

kril *nm* krill

kriptón *nm Quím* krypton

Kuala Lumpur *n* Kuala Lumpur

kufia = **kefia**

kung-fu *nm* kung fu

Kurdistán *nm* Kurdistan

kurdo, -a 1 *adj* Kurdish
2 *nm,f* Kurd

Kuwait [ku'βait] *n* Kuwait

kuwaití [kuβai'ti] (*pl* **kuwaitíes**) *adj & nmf* Kuwaiti

kv, kW *nm* (*abrev de* **kilowatio**) kW

kvh, kWh *nm* (*abrev de* **kilowatio hora**) kWh

L

L, l ['ele] *nf (letra)* L, l

l *(abrev de* **litro***)* l

la¹ *nm (nota musical)* A; *(en solfeo)* lah; *ver también* **do**

la² 1 *art ver* **el**

2 *pron ver* **lo¹**

laberíntico, -a *adj también Fig* labyrinthine

laberinto *nm* **(a)** *(mitológico)* labyrinth; *(en jardín)* maze; **un l. de calles** a labyrinth *o* maze of streets **(b)** *Fig (cosa complicada)* labyrinth, maze

labia *nf Fam* smooth talk; **tener mucha l.** to have the gift of the gab

labial 1 *adj* **(a)** *(de los labios)* lip, *Espec* labial; **protector l.** lip salve *o* balm **(b)** *Ling* labial

2 *nf Ling* labial

labiérnago *nm* mock privet

lábil *adj (sustancia, estructura)* unstable; *(persona, situación)* volatile

labilidad *nf (de sustancia, estructura)* instability; *(de persona, situación)* volatility, volatile nature

labio *nm* **(a)** *(de boca)* lip; *(de vulva)* labium; **estar pendiente de los labios de alguien** to hang on sb's every word; **morderse los labios** to bite one's tongue; **no despegar los labios** not to utter a word ▫ ***l. leporino*** harelip **(b)** *(borde)* edge

labiodental *adj & nf Ling* labiodental

labioso, -a *adj CAm, Ecuad, Méx* glib

labor *nf* **(a)** *(trabajo)* work; *(tarea)* task; **ser de profesión sus labores** to be a housewife; **no estar por la l.** *(distraerse)* not to have one's mind on the job; *(ser reacio)* not to be keen on the idea ▫ ***labores domésticas*** household chores; ***l. de equipo*** teamwork; ***l. de mina*** mining **(b)** *(de costura)* needlework ▫ ***l. de encaje*** lace-making; ***l. de punto*** knitting **(c)** *Agr* **casa de l.** farm; **tierra de l.** agricultural land, arable land

laborable 1 *adj* **día l.** *(hábil)* working day; *(de semana)* weekday

2 *nm (día hábil)* working day; *(día de la semana)* weekday

laboral *adj (semana, condiciones)* working; *(derecho)* labour

laboralista 1 *adj* **abogado l.** labour lawyer

2 *nmf* labour lawyer

laboralmente *adv* **l. las cosas me van bien** things are going well on the work front

laborar *vt* **(a)** *(cultivar)* to cultivate **(b)** *(arar)* to plough

laboratorio *nm* laboratory ▫ ***l. espacial*** spacelab; ***l. farmacéutico*** pharmaceutical laboratory; ***l. fotográfico*** photographic laboratory; ***l. de idiomas*** language laboratory; ***l. de lenguas*** language laboratory

laborear *vt (trabajar)* to work; **l. la tierra** to work the land

laboreo *nm (del campo)* cultivation

laboriosamente *adv* laboriously, elaborately

laboriosidad *nf* **(a)** *(dedicación)* application, diligence **(b)** *(dificultad)* laboriousness

laborioso, -a *adj* **(a)** *(aplicado)* hard-working **(b)** *(difícil)* laborious, arduous

laborismo *nm* **el l.** *(ideología)* Labourism; *(movimiento)* the Labour Movement

laborista 1 *adj* Labour

2 *nmf* Labour Party supporter *o* member; **los laboristas** Labour

labrado, -a 1 *adj (tela, género)* embroidered; *(metales)* wrought; *(madera, piedra)* carved; *(pieles)* tooled; *(tierra)* cultivated, tilled

2 *nm (de metales)* working; *(de madera, piedra)* carving

labrador, -ora *nm,f* **(a)** *(agricultor)* farmer; *(trabajador)* farm worker **(b)** *(perro)* Labrador

labrantío, -a *adj* arable

labranza *nf Agr* **casa de l.** farm; **tierra de l.** agricultural land, arable land

labrar 1 *vt* **(a)** *(campo) (arar)* to plough; *(cultivar)* to cultivate **(b)** *(piedra, metal)* to work **(c)** *(porvenir, fortuna)* to carve out

2 labrarse *vpr* **labrarse un porvenir** to carve out a future for oneself

labriego, -a *nm,f* farmworker

laburar *vi RP Fam (trabajar)* to work

laburo *nm RP Fam (trabajo)* job

laca *nf* **(a)** *(para muebles)* lacquer **(b)** *(para el pelo)* hairspray **(c)** ***l. de uñas*** nail polish

lacado, -a 1 *adj* lacquered

2 *nm* lacquering

lacar [59] *vt* to lacquer

lacayo *nm* **(a)** *(criado)* footman **(b)** *(persona servil)* lackey

lacear *vt Chile (azotar)* to whip with a lasso

laceración *nf* laceration

lacerante *adj (dolor)* excruciating, stabbing; *(palabras)* hurtful, cutting; *(grito)* piercing

lacerar 1 *vt* **(a)** *(herir)* to lacerate **(b)** *(apenar)* to wound

2 lacerarse *vpr* to injure oneself; **se laceró el brazo** she injured her arm

lacero *nm (de animales)* lassoer, roper; *(de perros)* dogcatcher

lacho, -a *Chile, Perú* **1** *nm,f Fam* lover

2 *nm Fam* dandy

lacio, -a *adj* **(a)** *(cabello) (liso)* straight; *(sin fuerza)* lank **(b)** *(planta)* wilted **(c)** *(sin fuerza)* limp

lacón *nm* shoulder of pork

lacónico, -a *adj* **(a)** *(persona)* laconic **(b)** *(respuesta, estilo)* terse

laconismo *nm (de respuesta, estilo)* terseness

lacra *nf* **(a)** *(secuela)* **la enfermedad le dejó como l. una cojera** he was left lame by the illness **(b)** *(defecto)* blight **(c)** *Am (costra)* scab

lacrar *vt* to seal with sealing wax

lacre *nm* **(a)** *(para sellar)* sealing wax **(b)** *Cuba (de abeja)* propolis

lacrimal *adj* lacrimal, tear; **conducto l.** tear duct

lacrimógeno, -a *adj* **(a)** *Fam (novela, película)* weepy, tear-jerking **(b)** **gas l.** tear gas

lacrimoso, -a *adj* **(a)** *(ojos)* tearful **(b)** *(historia)* weepy, tear-jerking

lactancia *nf* lactation ▫ ***l. artificial*** bottle feeding; ***l. materna*** breast-feeding

lactante *nmf* baby *(not yet eating solid food)*

lacteado, -a *adj* **producto l.** = product ready-mixed with milk, usually for babies

lácteo, -a *adj* **(a)** *(industria, productos)* dairy **(b)** *(blanco)* milky; **de aspecto l.** milky

láctico, -a *adj* lactic

lactosa *nf* lactose

lacustre *adj (animal, planta)* lake-dwelling, lacustrine; **hábitat l.** lake habitat

ladeado, -a *adj (torcido)* tilted, at an angle; **mételo l.** put it in sideways

ladear 1 *vt* to tilt

2 ladearse *vpr* **(a)** *(cuadro)* to tilt; *(persona)* to turn sideways **(b)** *Chile Fam (enamorarse)* to fall in love

ladera *nf* slope, mountainside

ladilla *nf* crab (louse)

ladino, -a 1 *adj* **(a)** *(astuto)* crafty **(b)** *CAm*

(mestizo) mestizo, mixed-race
2 *nm (dialecto)* Ladino

LADO *nm* (**a**) *(costado, cara, parte lateral)* side; **me duele el l. izquierdo** my left side is hurting; **el cine está a este l. de la calle** the cinema is on this side of the street; **el l. más áspero de la tela** the rougher side of the cloth; **este cuadro se puede colgar en el l. de la chimenea** we can hang this painting on the wall behind the fireplace; **a ambos lados** on both sides; **al l.** *(cerca)* nearby; **yo vivo aquí al l.** I live just round the corner from here; **al l. de** *(junto a)* beside, next to; *(comparado con)* compared to; **la zapatería está al l. de la joyería** the shoe shop is next to the jeweller's; **Juan, al l. de su hermano, es muy alto** Juan is very tall compared to his brother; **al otro l. de** on the other side of; **la mesa de al l.** the next table; **la casa de al l.** the house next door; **los vecinos de al l.** the next-door neighbours; **no te vayas de su l.** do not leave her side; **en el l. de arriba/abajo** on the top/bottom; **de l.** *(torcido)* at an angle; **el cuadro está de l.** the painting isn't straight; **mételo de l.** put it in sideways; **dormir de l.** to sleep on one's side; **el viento sopla de l.** there's a crosswind; **atravesar algo de l. a l.** to cross sth from one side to the other; **echarse** *o* **hacerse a un l.** to move aside; **poner algo a un l.** to put sth aside *o* to one side
(**b**) *(lugar)* place; **por este l. no oímos nada** we can't hear anything over here; **debe de estar en otro l.** it must be somewhere else; **columpiarse de un l. para** *o* **a otro** to swing to and fro; **ando todo el día corriendo de un l. para otro** I've been running around all day; **hacerle un l. a alguien** to make room for sb; **iremos cada uno por nuestro l. y nos reuniremos en el hotel** we will go our separate ways and meet up later at the hotel; **si cada cual va por su l., nunca sacaremos este proyecto adelante** if everyone does their own thing, we'll never make a success of this project; **por todos lados** everywhere, all around; **por todos lados se ven anuncios de este nuevo refresco** there are adverts for this new drink everywhere
(**c**) *(bando)* side; **y vosotros ¿de qué l. estáis?** whose side are you on?; **estoy de su l.** I'm on her side; **ponerse del l. de alguien** to take sb's side
(**d**) *(línea de parentesco)* side; **por el l. paterno** on my/his/her/*etc* father's side
(**e**) *(aspecto)* side; **siempre ve el l. negativo de las cosas** she always sees the negative side of things; **la entrevista se centra en el l. humano del campeón** the interview focuses on the human side of the champion; **por un l.** *(en primer lugar)* on the one hand; *(en cierto modo)* in one sense; **por otro l.** *(en segundo lugar)* on the other hand; *(además)* in any case
(**f**) EXPR **dar de l. a alguien,** *Méx, RP* **dar a alguien por su l.** to cold-shoulder sb; **dejar algo de l.** *o* **a un l.** *(prescindir)* to leave sth to one side; **mirar de l. a alguien** *(despreciar)* to look askance at sb

ladrador, -ora *adj* barking

ladrar *vi también Fig* to bark; EXPR **está que ladra** he is in a foul mood

ladrido *nm también Fig* bark, barking

ladrillo *nm* (**a**) *Constr* brick; **una casa de l.** a brick house ❑ ***l. crudo*** adobe (**b**) *Fam (pesadez)* drag, bore

ladrón, -ona 1 *adj* thieving
2 *nm,f (persona)* thief, robber; **ese tendero es un l.** that shopkeeper is a crook ❑ ***l. de guante blanco*** gentleman burglar *o* thief
3 *nm (para varios enchufes)* adapter

lagar *nm (de vino)* winepress; *(de aceite)* oil press

lagarta *nf* (**a**) *Fam (mujer)* scheming woman (**b**) *(insecto)* gypsy moth

lagartear *vt Chile* to pinion, to hold by the arms

lagartija *nf* (small) lizard

lagarto, -a 1 *nm,f* lizard
2 *interj* **¡l., l.!** God *o* Heaven forbid!

lago *nm* lake; **el l. Titicaca** Lake Titicaca

Lagos *n* Lagos

lágrima *nf* tear; **hacer saltar las lágrimas** to bring tears to the eyes; EXPR **beberse las lágrimas** to hold back one's tears; **nos costó muchas lágrimas** it caused us a lot of heartache; **deshacerse en lágrimas** to burst into tears; **enjugarse** *o* **secarse las lágrimas** to wipe away *o* dry one's tears; **hacer saltar las lágrimas** to bring tears to the eyes; EXPR **llorar a l. viva** to cry buckets ❑ ***lágrimas de cocodrilo*** crocodile tears

lagrimal 1 *adj* lacrimal, tear; **conducto l.** tear duct
2 *nm* (inner) corner of the eye

lagrimear *vi* (**a**) *(persona)* to weep (**b**) *(ojos)* to water

lagrimeo *nm* (**a**) *(acción)* weeping (**b**) *(en ojo)* watering

lagrimilla *nf Chile* unfermented grape juice

lagrimoso, -a *adj* (**a**) *(ojo)* watery (**b**) *(persona)* tearful

laguna *nf* (**a**) *(lago)* lagoon (**b**) *(en colección, memoria)* gap; *(en leyes, reglamento)* loophole

La Habana *n* Havana

La Haya *n* The Hague

laicalizar [14] *vt Chile* to laicize

laicismo *nm* laicism

laico, -a 1 *adj* lay, secular
2 *nm,f* layman, *f* laywoman

laísmo *nm* = incorrect use of "la" and "las" instead of "le" and "les" as indirect objects

laísta 1 *adj* prone to "laísmo"
2 *nmf* = person who uses "laísmo"

laja *nf* (**a**) *Hond (arena)* fine sand (**b**) *Ecuad (declive)* bank, slope

lama *nm* lama

lambada *nf* lambada

lamber *vt Fam* (**a**) *Am (lamer)* to lick (**b**) *Méx (adular)* to suck up to

lambiscón, -ona *Méx Fam* **1** *adj* crawling, creeping
2 *nm,f* crawler, creep

lamé *nm* lamé

lameculos *nmf inv muy Fam* brown-noser, arse-licker

lamentable *adj* (**a**) *(triste)* terribly sad (**b**) *(malo)* lamentable, deplorable

lamentablemente *adv* unfortunately, sadly

lamentación *nf* moaning

lamentar 1 *vt* to regret, to be sorry about; **lo lamento** I'm very sorry; **lamentamos comunicarle...** we regret to inform you...
2 lamentarse *vpr* to complain (**de** *o* **por** about)

lamento *nm* moan, cry of pain

lamer 1 *vt* to lick; EXPR *muy Fam* **lamerle el culo a alguien** to lick sb's arse
2 lamerse *vpr* to lick oneself; EXPR **lamerse las heridas** to lick one's wounds

lametón, lametada, lametazo *nm* (big) lick; **dar un l. a algo** to give sth a big lick

lametear *vt* to lick

lamida *nf* lick; **dar una l. a algo** to lick sth, to give sth a lick

lamido, -a *adj* (**a**) *(delgado)* skinny (**b**) *(pulcro)* immaculate

lámina *nf* (**a**) *(plancha)* sheet; *(placa)* plate (**b**) *(rodaja)* slice (**c**) *(grabado)* engraving (**d**) *(dibujo)* plate

laminado, -a 1 *adj* (**a**) *(cubierto por láminas)* laminated (**b**) *(reducido a láminas)* rolled
2 *nm* (**a**) *(cubrir con láminas)* lamination (**b**) *(reducir a láminas)* rolling

laminador *nm,* **laminadora** *nf* rolling mill

laminar 1 *adj* laminar
2 *vt* (**a**) *(hacer láminas)* to roll (**b**) *(cubrir con láminas)* to laminate

lampalagua 1 *adj Chile (glotón)* gluttonous
2 *nf* boa constrictor

lámpara *nf* (**a**) *(aparato)* lamp ❑ ***l. de aceite*** oil lamp; ***l. de araña*** chandelier; ***l. fluorescente*** fluorescent lamp; ***l. de mesa*** table lamp; ***l. de neón*** neon light; ***l. de pie*** standard lamp; ***l. de rayos ultravioletas*** sun lamp; ***l. solar*** sun lamp; ***l. de soldar*** blowtorch (**b**) *(bombilla)* bulb (**c**) *Tec* valve (**d**) *Fam (mancha)* stain *(of oil or grease)*

lamparilla *nf* small lamp

lamparita *nf RP (bombilla)* light bulb

lamparón *nm* grease stain

lampear *vt Andes* to shovel

lampiño, -a *adj (sin barba)* beardless, smooth-cheeked; *(sin vello)* hairless

lampista *nmf* plumber

lamprea *nf* lamprey

lamprear *vt Culin* = to braise meat or fish and then cook it in wine or stock containing honey or sugar and spices

LAN *nf Informát (abrev de* **local area network***)* LAN

lana 1 *nf* wool; **de l.** woollen; PROV **ir a por l. y volver trasquilado** to be hoist with one's own petard ▫ ***l. virgen*** virgin wool

2 *nm Méx Fam* dough, cash

lanar *adj* wool-bearing; **ganado l.** sheep

lance *nm* **(a)** *(acontecimiento)* event; *(en juegos, deportes)* incident **(b)** *(riña)* dispute ▫ ***l. de honor*** duel **(c)** *(situación crítica)* predicament, difficult situation; **me hallé en un l.** I found myself in a predicament **(d)** *Chile (regate)* duck, dodge

lancear *vt* to spear

lancero *nm* lancer

lanceta *nf Am* sting

lancha *nf* **(a)** *(embarcación) (grande)* launch; *(pequeña)* boat ▫ ***l. de desembarco*** landing craft; ***l. motora*** motor launch, motorboat; ***l. neumática*** rubber dinghy; ***l. patrullera*** patrol boat; ***l. salvavidas*** lifeboat; ***l. torpedera*** torpedo boat **(b)** *(piedra)* slab **(c)** *Ecuad (niebla)* fog **(d)** *Ecuad (escarcha)* frost

lanchón *nm* lighter, barge

lancinante *adj* piercing, stabbing

landa *nf* moor

landó *(pl* **landós***) nm* landau

land rover® [lan'rroβer] *(pl* **land rovers***) nm* Land Rover®

langosta *nf* **(a)** *(crustáceo)* rock *o* spiny lobster **(b)** *(insecto)* locust

langostino *nm* king prawn

lánguidamente *adv* languidly

languidecer [46] *vi (persona)* to languish; *(conversación, entusiasmo)* to flag

languideciente *adj* languid, sluggish

languidez *nf (debilidad)* listlessness; *(falta de ánimo)* disinterest

lánguido, -a *adj (débil)* listless; *(falto de ánimo)* disinterested

lanilla *nf* **(a)** *(pelillo)* nap **(b)** *(tejido)* flannel

lanolina *nf* lanolin

lanoso, -a, lanudo, -a *adj* woolly

lantánido *adj & nm Quím* lanthanide

lantano *nm Quím* lanthanum

lanudo, -a *adj* **(a)** *(con lana, vello)* woolly **(b)** *Ven (grosero)* coarse, uncouth

lanza *nf* **(a)** *(arma) (arrojadiza)* spear; *(en justas, torneos)* lance; EXPR **estar con la l. en ristre** to be ready for action; EXPR **romper una l. por alguien** to defend sb **(b)** *(de carruaje)* shaft **(c)** EXPR *Am Fam* **ser una (buena) l.** to be sharp, to be on the ball

lanzabombas *nm inv (de trinchera)* trench mortar; *(de avión)* bomb release

lanzacohetes *nm inv* rocket launcher

lanzadera *nf* **(a)** *(de telar)* shuttle **(b)** ***l. espacial*** space shuttle

lanzado, -a *adj* **(a)** *(atrevido)* forward; *(valeroso)* fearless **(b)** *(rápido)* **ir l.** to hurtle along

lanzador, -ora *nm,f* thrower

lanzagranadas *nm inv* grenade launcher

lanzallamas *nm inv* flamethrower

lanzamiento *nm* **(a)** *(de objeto)* throwing; *(de bomba)* dropping; *(de flecha, misil)* firing; *(de cohete, satélite, ataque)* launching; *(de pelota) (con la mano)* throw; *(con el pie)* kick; *(en béisbol)* pitch ▫ ***l. de disco*** discus; ***l. de jabalina*** javelin; ***l. de martillo*** hammer; ***l. de peso*** shot put **(b)** *(de producto, artista, periódico)* launch; *(de disco, película)* release

lanzamisiles *nm inv* rocket launcher

lanzaplatos *nm inv Dep* clay-pigeon trap

LANZAR [14] **1** *vt* **(a)** *(tirar)* to throw; *(con fuerza)* to hurl, to fling; **l. a alguien al mar/río** to throw sb into the sea/river; **los alborotadores lanzaban palos y piedras a la policía** the rioters were hurling sticks and stones at the police; **lanzó el balón a las gradas (de una patada)** he kicked *o* sent the ball into the stands; **l. el balón fuera** to put the ball out of play; **l. un penalty** to take a penalty, *Dep.* **l. peso** to put the shot

(b) *(bomba)* to drop; *(flecha, misil)* to fire; *(cohete, satélite, ataque)* to launch

(c) *(grito, gemido, aullido)* to let out; *(acusación)* to make; *(suspiro)* to heave; *(mirada, sonrisa)* to give; *(beso)* to blow; **l. insultos contra alguien** to insult sb; **el lobo lanzaba aullidos** the wolf was howling

(d) *(producto, artista, periódico)* to launch; *(disco, película)* to release; **l. una campaña de descrédito contra alguien** to start a campaign to discredit sb

(e) *Informát (programa)* to launch

(f) *(despojar)* to dispossess; *(desalojar)* to evict

2 lanzarse *vpr* **(a)** *(tirarse)* to throw oneself; **lanzarse en paracaídas desde un avión** to parachute from a plane; **lanzarse a la piscina/al agua** to jump into the pool/water; **lanzarse de cabeza** to dive

(b) *(abalanzarse)* **los atracadores se lanzaron sobre él** the robbers fell upon him; **los niños se lanzaron sobre la comida** the children fell upon the food; **el toro se lanzó contra** *o* **hacia ellos** the bull charged (at) them; **varios espectadores se lanzaron al campo** a number of spectators ran onto the pitch

(c) *(empezar)* **era escritora y decidió lanzarse a la política** she was a writer who decided to enter the world of politics; **me lancé a correr calle abajo** I dashed off down the street; **hubo un grito y todos se lanzaron a disparar** there was a shout and everyone suddenly started shooting; **si se confirma la noticia los inversores se lanzarán a vender** if the news is confirmed, investors will not hesitate to start selling

(d) *(atreverse)* **¿escribir novelas? es fácil, sólo es cuestión de lanzarse** writing novels? that's easy, it's just a question of giving it a go; **después de meses, se lanzó y la invitó a cenar** after several months, he plucked his courage up and asked her out to dinner

lanzatorpedos *nm inv* torpedo tube

lanzazo *nm (golpe)* lance thrust; *(herida)* lance wound

Laos *n* Laos

laosiano, -a *adj & nm,f* Laotian

lapa *nf* **(a)** *(animal)* limpet **(b)** *Fam (persona)* hanger-on, pest; EXPR **pegarse como una l.** to cling like a leech

laparoscopia *nf Med* laparoscopy

laparoscópico, -a *adj Med* laparoscopic

laparotomía *nf Med* laparotomy

La Paz *n* La Paz

lapicera *nf RP, Chile (estilográfica)* fountain pen

lapicero *nm* **(a)** *(lápiz)* pencil **(b)** *RP, Chile (estilográfica)* fountain pen

lápida *nf* memorial stone ▫ ***l. mortuoria*** tombstone

lapidación *nf* stoning

lapidar *vt* to stone

lapidario, -a *adj (frase)* meaningful, oracular

lapislázuli *nm* lapis lazuli

lápiz *(pl* **lápices***) nm* pencil; **un dibujo a l.** a pencil drawing ▫ *Arg* ***l. de cera*** wax crayon; ***lápices de colores*** coloured pencils, crayons; ***l. de labios*** lipstick; ***l. de ojos*** eyeliner; *Informát* ***l. óptico*** light pen; *Chile* ***l. de pasta*** *(bolígrafo)* ballpoint pen

lapo *nm Fam* spit; **echar un l.** to spit

lapón, -ona 1 *adj & nm,f* Lapp

2 *nm (lengua)* Lapp

Laponia *n* Lapland

lapso *nm* space, interval; **en el l. de unas semanas** in the space of a few weeks

lapsus *nm inv* lapse, slip; **tener un l.** to make a slip of the tongue

laptop *nm Informát* laptop (computer)

laquear *vt* to lacquer

lar 1 *nm* **(a)** *(lumbre)* hearth **(b)** *Mitol* household god

2 *nmpl* **lares** *(hogar)* hearth and home; **¿qué haces tú por estos lares?** what are you doing in these parts?

larga *nf* **(a) largas** *(luces) Br* full beam, *US* high beam; **dar las largas** to put one's headlights on *Br* full *o US* high beam **(b) a la larga** *loc adv* in the long run **(c)** EXPR **dar largas a algo** to put sth off; **siempre me está dando largas** he's always putting me off

largamente *adv* **(a)** *(mucho tiempo)* for a long time, at length **(b)** *(cómodamente)* easily, comfortably **(c)** *(con generosidad)* generously, liberally

> Observa que la palabra inglesa **largely** es un falso amigo y no es la traducción de la palabra española **largamente**. En inglés **largely** significa "en gran medida, principalmente".

largar [38] **1** *vt* **(a)** *Fam (dar, decir)* to give; **le largué un bofetón** I gave him a smack; **nos largó un sermón** she gave us a lecture *o* talking-to **(b)** *(cuerda)* to pay out **(c)** *(soltar)* to release, to let go; **largaron a**

los prisioneros they released the prisoners (**d**) *(despedir)* to fire; **l. a un criado** to fire a servant
2 *vi muy Fam (hablar)* to yack away
3 largarse *vpr Fam* to clear off, to make oneself scarce; **¡me largo!** I'm off! (**b**) *Chile, RP* **largarse a** *(empezar a)* to begin (to); **se largó a llorar** she began to cry

largavistas *nm inv Méx, RP* binoculars

LARGO, -A **1** *adj* (**a**) *(en el espacio)* long; **lleva el pelo l.** she has long hair; **un vestido l.** a long dress; **unos pantalones largos** long trousers *o US* pants; **un misil de l. alcance** a long-range missile; **me está** *o* **queda l.** it's too long for me
(**b**) *(en el tiempo)* long; **estuvo enfermo l. tiempo** he was ill for a long time; **los parados de larga duración** the long-term unemployed; **vivió allí largos años** she lived there for many years; **es l. de contar/explicar** it's a long story; **la película se me hizo muy larga** the movie seemed to drag on forever
(**c**) *(sobrado)* **media hora larga** a good half hour; **debió de costar un millón l.** it must have cost a million and then some; **tiene setenta años largos** she's well into her seventies
(**d**) *Fam (alto)* tall; **¡qué tío más l.!** that guy's really tall
(**e**) EXPR *Fam* **ser más l. que un día sin pan** *(de duración)* to go on forever; *(de estatura)* to be a giant
2 *nm* (**a**) *(longitud)* length; **¿cuánto mide** *o* **tiene de l.?, ¿cómo es de l.?** how long is it?; **tiene dos metros de l.** it's two metres long; **a lo l.** lengthways
(**b**) *(de piscina)* length; **hacerse tres largos** to swim *o* do three lengths
(**c**) *Mús* largo
(**d**) *(largometraje)* feature
(**e**) **a lo largo** *loc adv* **a lo l. de** *(en el espacio)* along; *(en el tiempo)* throughout; **plantaron árboles a lo l. del camino** they planted trees along the road; **a lo l. de estos años ha habido muchos cambios** there have been many changes over these years; **a lo l. de dos kilómetros** for 2 kilometres; **a lo l. y (a lo) ancho de** right across, throughout
(**f**) EXPR **la cosa va para l.** it's going to take a long time; **pasar de l.** to pass by; **el tren pasó de l. sin parar en la estación** the train went straight through the station without stopping; **vestirse de l.** to dress up, to dress formally; **estos problemas vienen ya de l.** these problems go a long way back
3 *adv* (**a**) *(en detalle)* at length; **l. y tendido** at great length
(**b**) *Mús* largo
4 *interj Fam* **¡l. (de aquí)!** clear off!, get out of here!

Observa que la palabra inglesa **large** es un falso amigo y no es la traducción de la palabra española **largo**. En inglés **large** significa "grande".

largometraje *nm* feature film

larguero *nm* (**a**) *Constr* main beam (**b**) *Dep* crossbar

largueza *nf (generosidad)* generosity

larguirucho, -a *adj Fam* lanky

largura *nf* length

laringe *nf* larynx

laringitis *nf inv* laryngitis

laringología *nf* laryngology

laringólogo, -a *nm,f* laryngologist

laringoscopia *nf Med* laryngoscopy

La Rioja *n* La Rioja

larva *nf* larva

larvado, -a *adj* latent

larval, larvario, -a *adj* larval

las 1 *art ver* **el**
2 *pron ver* **lo**[1]

lasaña *nf* lasagne, lasagna

lasca *nf (de piedra)* chip

lascivamente *adv (en general)* lasciviously, lecherously; *(lujuriosamente)* lustfully

lascivia *nf (en general)* lasciviousness, lechery; *(lujuria)* lust, lustfulness; **la miró con l.** he eyed her lustfully

lascivo, -a 1 *adj (en general)* lascivious, lewd; *(lujurioso)* lustful
2 *nm,f* lascivious *o* lewd person; **es un l.** he's a lecher

láser 1 *adj inv* laser; **rayo l.** laser beam
2 *nm inv* laser

láser disc ['laser'disk] (*pl* **láser discs**) *nm* laser disc

laserterapia *nf* laser therapy

lasitud *nf* lassitude

laso, -a *adj* (**a**) *(cansado)* weary (**b**) *(liso)* straight

lástima *nf* (**a**) *(compasión)* pity; **tener** *o* **sentir l. de** to feel sorry for (**b**) *(pena)* shame, pity; **dar l.** to be a crying shame; **da l. ver gente así** it's sad to see people in that state; **¡qué l.!** what a shame *o* pity!; **quedarse hecho una l.** to be a sorry *o* pitiful sight

lastimar 1 *vt* to hurt
2 lastimarse *vpr* to hurt oneself

lastimoso, -a *adj* pitiful, pathetic

lastrar *vt* to ballast

lastre *nm* (**a**) *(peso)* ballast (**b**) *(estorbo)* burden; **soltar l.** to discharge ballast

lata *nf* (**a**) *(envase)* can, tin; *(de bebidas)* can; **en l.** tinned, canned (**b**) *Esp Fam (fastidio)* pain; **levantarse tan temprano es una l.** getting up so early is a real pain; **¡qué l.!** what a pain!; EXPR **dar la l. a alguien** to pester sb

latear *vt Andes* to bore

latencia *nf* latency; **período de l.** latent period

latente *adj* latent

lateral 1 *adj* (**a**) *(del lado)* lateral; *(puerta, pared)* side (**b**) *(indirecto)* indirect
2 *nm* (**a**) *(lado)* side (**b**) *Dep* ***l. derecho/izquierdo*** right/left back

lateralmente *adv* laterally, sideways

látex *nm inv* latex

latido *nm* (**a**) *(del corazón)* beat; **oigo los latidos de su corazón** I can hear her heartbeat (**b**) *(en dedo, herida)* throb, throbbing

latiente *adj (corazón)* beating

latifundio *nm* large rural estate

latifundismo *nm* = system of land tenure characterized by the "latifundio"

latifundista *nmf* large landowner

latigazo *nm* (**a**) *(golpe)* lash; **dar latigazos** to whip (**b**) *(chasquido)* crack (of the whip) (**c**) *Fam (trago)* swig; **darse** *o* **pegarse un l.** to have a swig (**d**) *(dolor)* shooting pain

látigo *nm* (**a**) *(fusta)* whip (**b**) *Ecuad, Hond (latigazo)* whiplash (**c**) *Chile (meta)* finishing post

latigueada *nf Hond* flogging, whipping

latiguear *vt Hond (azotar)* to flog, to whip

latiguillo *nm (palabra, frase)* verbal tic

latín *nm* Latin; EXPR **saber (mucho) l.** to be sharp, to be on the ball □ ***l. clásico*** Classical Latin; ***l. de cocina*** dog Latin; ***l. macarrónico*** dog Latin ***l. vulgar*** Vulgar Latin

latinajo *nm Fam Pey* = Latin word used in an attempt to sound academic

latinismo *nm* Latinism

latinista *nmf* Latinist

latinización *nf* Latinization

latinizar [14] *vt* to Latinize

latino, -a *adj & nm,f* Latin

Latinoamérica *n* Latin America

latinoamericano, -a *adj & nm,f* Latin American

latir 1 *vi* to beat
2 *vt Ven (molestar)* to annoy, to bother

latitud *nf Geog* latitude; **latitudes** *(parajes)* region, area

lato, -a *adj* (**a**) *(discurso)* extensive, lengthy (**b**) *(sentido)* broad

latón *nm* brass

latoso, -a *Fam* **1** *adj* tiresome
2 *nm,f* pain (in the neck)

latrocinio *nm* larceny

laúd *nm* lute

laudable *adj* praiseworthy

láudano *nm* laudanum

laudatorio, -a *adj* laudatory

laudo *nm Der* = binding judgement in arbitration

laureado, -a 1 *adj* prize-winning
2 *nm,f* winner, prize-winner

laurear *vt* to honour; **l. a alguien con algo** to honour sb with sth, to award sth to sb

laurel *nm* (**a**) *(planta)* laurel (**b**) *(condimento)* bay leaf (**c**) **laureles** *(honores)* laurels; EXPR **dormirse en los laureles** to rest on one's laurels

lava *nf* lava

lavable *adj* washable

lavabo *nm* (**a**) *(objeto) Br* washbasin, *US* washbowl (**b**) *(habitación) Br* lavatory, *US* washroom; **ir al l.** to go to the toilet; **los lavabos** the toilets

lavacoches *nmf inv* car washer

lavadero *nm* (**a**) *(habitación) (en casa)* laundry room; *(público)* washing place (**b**) *(pila)* sink

lavado *nm* wash, washing ❑ *Fig* ***l. de cerebro*** brainwashing; ***l. y engrase*** *(en garaje)* car wash and lubrication; ***l. de estómago*** stomach pumping; ***l. en seco*** dry-cleaning

lavador *nm Guat (lavabo) Br* washbasin, *US* washbowl

lavadora *nf* washing machine; **poner la l.** to do some washing (in the machine); **al volver del viaje puso tres lavadoras** when she came back from the trip she did three loads of washing ❑ ***l. secadora*** washer-dryer

lavafrutas *nm inv* ≃ finger bowl

La Valeta *n* Valetta

lavamanos *nm inv Br* washbasin, *US* washbowl

lavanda *nf* lavender

lavandería *nf (en hospital, hotel)* laundry; *(automática)* launderette

lavandero, -a *nm,f* laundryman, *f* laundress

lavandina *nf RP (lejía)* bleach

lavaojos *nm inv* eyecup

lavaplatos 1 *nmf inv (persona)* dishwasher, washer-up
2 *nm inv* (**a**) *(aparato)* dishwasher (**b**) *Chile, Col, Méx (fregadero)* (kitchen) sink

lavar 1 *vt* (**a**) *(limpiar)* to wash; **l. a mano** to hand-wash, to wash by hand; **l. y marcar** to shampoo and set; **l. en seco** to dry-clean; EXPR **lavarle el cerebro a alguien** to brainwash sb (**b**) *Fig (honor)* to clear; *(ofensa)* to make up for
2 *vi* (**a**) *(detergente)* to get things clean (**b**) *(hacer la colada)* to do the washing
3 lavarse *vpr* to wash (oneself); **lavarse las manos/la cara** to wash one's hands/face; **lavarse los dientes** to brush *o* clean one's teeth; **lavarse una herida** to bathe one's wound

lavarropas *nm inv RP* washing machine

lavaseco *nm Am* dry cleaner's

lavativa *nf* enema

lavatorio *nm* (**a**) *(en misa)* lavabo (**b**) *(de Jueves Santo)* Maundy (**c**) *Arg, Chile, Col (lavabo) Br* washbasin, *US* washbowl

lavavajillas *nm inv* (**a**) *(aparato)* dishwasher (**b**) *(líquido) Br* washing-up liquid, *US* dish soap

laxante 1 *adj* (**a**) laxative (**b**) *(relajante)* relaxing
2 *nm* laxative

laxar *vt (vientre)* to loosen

laxativo, -a *adj & nm* laxative

laxitud *nf* (**a**) *(de músculo, cable)* slackness (**b**) *(de moral)* laxity

laxo, -a *adj* (**a**) *(músculo, cable)* slack (**b**) *(moral)* lax

lazada *nf* bow

lazareto *nm (leprosería)* leper hospital

lazarillo *nm (persona)* blind person's guide; **(perro) l.** guide dog

lazo 1 *nm* (**a**) *(atadura)* bow; **hacer un l.** to tie a bow ❑ ***l. corredizo*** slipknot (**b**) *(cinta)* ribbon (**c**) *(bucle)* loop (**d**) *(trampa)* snare; *(de vaquero)* lasso; EXPR **echar el l. a alguien** to snare sb
2 *nmpl* **lazos** *(vínculos)* ties, bonds

LCD *(abrev de* **liquid crystal display**) LCD

Lda. *(abrev de* **licenciada**) graduate *(used as title)*

Ldo. *(abrev de* **licenciado**) graduate *(used as title)*

le *pron personal*

> **se** is used instead of **le** when it is used as an indirect object pronoun before "lo", "la", "los" or "las" (e.g. **se lo dije** I said it to him/her; **dáselos** give them to him/her).

(**a**) *(complemento indirecto) (hombre)* (to) him; *(mujer)* (to) her; *(cosa)* to it; *(usted)* to you; **le expliqué el motivo** I explained the reason to him/her; **le tengo miedo** I'm afraid of him/her; **ya le dije lo que pasaría** *(a usted)* I told you what would happen
(**b**) *(complemento directo) (él)* him; *(usted)* you
(**c**) *ver* **se**

leal 1 *adj* loyal (**a** to)
2 *nmf* loyal supporter (**a** of)

lealmente *adv* loyally

lealtad *nf* loyalty (**a** to); **faltar a su l.** to be unfaithful

leandra *nf Fam Anticuado* peseta coin

leasing ['lisin] (*pl* **leasings**) *nm Fin (sistema)* leasing; *(documento)* lease

lebrel *nm* whippet ❑ ***l. irlandés*** Irish wolfhound

lección *nf* lesson; **dar a alguien una l.** *(como castigo, advertencia)* to teach sb a lesson; *(como ejemplo)* to give sb a lesson; **servir de l.** to serve as a lesson ❑ ***l. magistral*** *Mús* master class; *Educ* = lecture given by eminent academic to mark a special occasion

lechada *nf* (**a**) *(de paredes)* whitewash; *(de argamasa)* mortar, grout ❑ ***l. de cal*** milk of lime, limewash (**b**) *(para papel)* pulp (**c**) *(emulsión)* emulsion

lechal 1 *adj* sucking
2 *nm* sucking lamb

lechar *vt Andes (ordeñar)* to milk

lechazo *nm* young lamb

leche *nf* (**a**) *(de mujer, hembra)* milk ❑ ***l. de almendras*** almond milk; ***l. condensada*** condensed milk; ***l. descremada*** *o* ***desnatada*** skimmed milk; ***l. entera*** full cream milk; ***l. esterilizada*** sterilized milk; ***l. evaporada*** evaporated milk; ***l. homogeneizada*** homogenized milk; ***l. maternizada*** *Br* baby milk, *US* formula; ***l. merengada*** = drink made from milk, beaten egg whites, sugar and cinnamon; ***l. pasteurizada*** pasteurized milk; ***l. en polvo*** powdered milk; ***l. semidesnatada*** semi-skimmed milk
(**b**) *(loción)* ***l. bronceadora*** sun lotion; ***l. hidratante*** moisturizing lotion; ***l. limpiadora*** cleansing milk; ***l. de magnesia*** milk of magnesia
(**c**) *muy Fam (golpe)* **dar** *o* **pegar una l. a alguien** to belt *o* clobber sb; **darse una l.** to come a cropper; **se dio una l. con la moto** she had a smash-up on his bike
(**d**) *muy Fam (semen)* come
(**e**) *muy Fam* EXPR **echando leches** like a bat out of hell, flat out; **estar de mala l.** to be in a *Br* bloody *o US* goddamn awful mood; **tener mala l.** *(mala intención)* to be a mean *o* complete bastard; **¡esto es la l.!** *(el colmo)* this is the absolute *Br* bloody *o US* goddamn limit!; **correr/trabajar a toda l.** *(muy rápido)* to run/work at full tilt *o* flat out; **¿cuándo/qué/por qué leches...?** when/what/why the hell *o* blazes...?; **¡una l.!** no way!

lechecillas *nfpl (mollejas)* sweetbreads

lechera *nf* (**a**) *(para transportar)* milk churn; *(para servir)* milk jug (**b**) *muy Fam (coche de la policía)* cop car (**c**) *RP (vaca)* dairy cow

lechería *nf* dairy

lechero, -a 1 *adj* (**a**) *(en general)* milk, dairy; **producción lechera** milk production; **vaca lechera** dairy cow (**b**) *Am (afortunado)* lucky
2 *nm,f (persona)* milkman, *f* milkwoman

lecho *nm* (**a**) *(cama)* bed; EXPR **ser un l. de rosas** to be a bed of roses ❑ ***l. de muerte*** deathbed (**b**) *(de río)* bed; *(de mar)* bed, floor (**c**) *Geol (capa)* layer

lechón *nm* suckling pig

lechoso, -a 1 *adj* milky
2 *nm Carib* papaya tree

lechuga *nf (planta)* lettuce; EXPR *Fam* **fresco como una l.** *(sano, lozano)* as fresh as a daisy ❑ ***l. iceberg*** iceberg lettuce; ***l. de mar*** sea lettuce; ***l. romana*** cos lettuce

lechuguino *nm* (**a**) *Fam (muchacho)* callow youth (**b**) *Fam (petimetre)* fancy dresser

lechuza *nf* (barn) owl

lechuzo *nm Fam (tonto)* idiot, fool

lecitina *nf* lecithin

lectivo, -a *adj* school; **durante el horario l.** during school hours; **el curso se compone de 60 horas lectivas** the course consists of 60 hours of classes

lector, -ora 1 *nm,f* (**a**) *(de libros)* reader (**b**) *Educ* language assistant
2 *nm (de microfilmes)* reader, scanner ❑ *Informát* ***l. de CD-ROM*** CD-ROM drive; ***l. de código de barras*** bar-code scanner; *Informát* ***l. de disco compacto*** compact disc player; *Informát* ***l. de noticias*** news reader; *Informát* ***l. óptico*** optical scanner; ***l. óptico de caracteres*** optical character reader

lectorado *nm Educ* = post of language assistant; **hacer un l.** to work as a language assistant

lectura *nf* (**a**) *(de libro, texto)* reading; **dar l. a algo** to read sth out loud (**b**) *Educ (de tesis)* viva voce (**c**) *(escrito)* reading (matter) (**d**) *Fig (interpretación)* interpretation (**e**) *(de* *contador)* reading (**f**) *Informát* readout; *(de datos)* scanning

LED *nm Elec* (*abrev de* **light-emitting diode**) LED

leer [37] **1** *vt también Informát* to read
2 *vi* to read; **leo el francés, pero no lo hablo** I can read French, but I can't speak it; **l. en alto** to read aloud; **l. de corrido** to read fluently; **l. el pensamiento a alguien** to read sb's mind; *Fig* **l. entre líneas** to read between the lines

lefa *nf muy Fam* come

legación *nf* legation ▫ ***l. diplomática*** legation

legado *nm* (**a**) *(herencia)* legacy; **como l. le dejó un montón de deudas** all she left him was a mountain of debts (**b**) *(representante) (cargo)* legation; *(persona)* legate

legajar *vt Chile, Col, Hond* to file

legajo *nm* file

legal *adj* (**a**) *(conforme a ley)* legal, lawful (**b**) *(forense)* forensic (**c**) *(persona)* honest, decent; *muy Fam* **es un tío muy l.** he's a great guy *o Br* bloke

legalidad *nf* legality; **dentro de la l.** within the law, legal

legalismo *nm* fine legal point, legalism

legalista 1 *adj* legalistic
2 *nmf* legalist

legalización *nf* (**a**) *(concesión de estatus legal)* legalization (**b**) *(certificado)* (certificate of) authentication

legalizar [14] *vt* (**a**) *(conceder estatus legal)* to legalize (**b**) *(certificar)* to authenticate

legalmente *adv* (**a**) *(según ley)* legally, lawfully (**b**) *(lealmente)* faithfully, truly

légamo *nm* (**a**) *(lodo)* ooze, slime (**b**) *(arcilla)* loam

legaña *nf* sleep *(in the eyes)*

legañoso, -a *adj (ojos)* full of sleep; **un niño sucio y l. pedía limosna** a dirty, bleary-eyed child was begging

legar [38] *vt* (**a**) *(dejar en herencia)* to bequeath (**b**) *(delegar)* to delegate

legatario, -a *nm,f Der* legatee ▫ ***l. universal*** general legatee

legendario, -a *adj* legendary

legibilidad *nf* legibility

legible *adj* legible

legión *nf también Fig* legion ▫ ***la l. extranjera*** the Foreign Legion

legionario, -a 1 *adj* legionary
2 *nm Hist* legionary; *Mil* legionnaire

legionella *nf* (**a**) *(enfermedad)* legionnaire's disease (**b**) *(bacteria)* legionella bacterium

legionelosis *nf inv (enfermedad)* legionnaire's disease

legislación *nf* (**a**) *(leyes)* legislation (**b**) *(ciencia)* law

legislador, -ora 1 *adj* legislative
2 *nm,f* legislator

legislar *vi* to legislate

legislativas *nfpl (elecciones)* elections to the national parliament, *Br* ≃ general election, *US* ≃ congressional elections

legislativo, -a *adj* legislative

legislatura *nf* (**a**) *(período)* term of office (**b**) *RP (congreso)* legislative body

legista *nmf (jurista)* legist, specialist in law

legitimación *nf* (**a**) *(legalización)* legitimation (**b**) *(certificación)* authentication

legítimamente *adv* legitimately, rightfully

legitimar *vt* (**a**) *(justificar)* to legitimize (**b**) *(autentificar)* to authenticate

legitimidad *nf* legitimacy

legitimismo *nm Pol* legitimism

legítimo, -a *adj* (**a**) *(lícito, justificado)* legitimate; **actuar en legítima defensa** to act in self-defence (**b**) *(auténtico)* real, genuine

lego, -a 1 *adj* (**a**) *(profano, laico)* lay (**b**) *(ignorante)* ignorant; **ser l. en** to know nothing about
2 *nm,f* (**a**) *(profano)* layman, *f* laywoman (**b**) *(ignorante)* ignorant person; **es un l. en la materia** he knows nothing about the subject

legón *nm* small hoe

legrado *nm Med* scraping, curettage

legua *nf* league; EXPR *Fam* **verse a la l.** to stand out a mile; EXPR *Fam* **se nota a la l.** you can tell it a mile away ▫ ***l. marina*** marine league

leguaje *nm Méx (distancia recorrida)* distance in leagues

leguleyo, -a *nm,f Pey* bad lawyer

legumbre *nf* legume; **legumbres secas** (dried) pulses; **legumbres verdes** green vegetables

leguminosa *nf* leguminous plant

lehendakari [lenda'kari] *nm* = president of the autonomous Basque government

leído, -a *adj* (**a**) *(obra)* **muy/poco l.** much/little read (**b**) *(persona)* well-read

leísmo *nm Gram* = use of "le" as direct object instead of "lo", considered correct in the case of people and incorrect in the case of animals and objects

leísta 1 *adj* prone to "leísmo"
2 *nmf* = person who uses "leísmo"

leitmotiv [leidmo'tif] (*pl* **leitmotivs**) *nm* leitmotiv

lejanía *nf* distance

lejano, -a *adj* distant; **no está l. el día de su triunfo** her hour of glory is not far off

lejía *nf* bleach

LEJOS *adv* (**a**) *(en el espacio)* far (away); **¿está l.?** is it far?; **eso queda lejísimos** that's a long way away; **a lo l.** in the distance; **de** *o* **desde l.** from a distance; **vivo l. del centro de la ciudad** I live a long way from the city centre; EXPR **ir demasiado l.** to go too far; *Fig* **l. de** far from; *Fig* **l. de mejorar...** far from getting better...; *Hum & Literario* **l. del mundanal ruido** far from the madding crowd; *Fig* **llegará l.** she'll go far; *Fam Fig* **no es el mejor ni de l.** he's nowhere near *o* nothing like the best
(**b**) *(en el pasado)* long ago; **eso queda ya l.** that happened a long time ago
(**c**) *(en el futuro)* **la fecha del estreno aún está** *o* **queda l.** the premiere is still a long way off, there's still a long while to go until the premiere

---

lelo, -a 1 *adj* stupid, slow
2 *nm,f* idiot

lema *nm* (**a**) *(norma)* motto (**b**) *(eslogan político, publicitario)* slogan (**c**) *(de diccionario)* headword (**d**) *(pseudónimo)* pseudonym

Leman *nm* **el lago L.** Lake Geneva

lemming *nm* lemming

lempira *nm* lempira

lémur *nm* lemur

lencería *nf* (**a**) *(ropa interior)* lingerie; **departamento de l.** lingerie department ▫ ***l. fina*** lingerie (**b**) *(tienda)* lingerie shop (**c**) *(género de lienzo)* linen

lendrera *nf* fine-tooth comb *(for removing lice)*

lengua *nf* (**a**) *(órgano)* tongue; EXPR *Fam* **darle a la l.** to chatter; EXPR *Fam* **irse de la l.** to let the cat out of the bag; *Fam* **ir/llegar con la l. fuera** to go along/arrive puffing and panting; EXPR *Fam* **ser largo de l., tener la l. muy larga** to be a gossip; **las malas lenguas dicen que...** according to the gossip...; **morderse la l.** to bite one's tongue; **sacarle la l. a alguien** to stick one's tongue out at sb; EXPR **lo tengo en la punta de la l.** I've got it on the tip of my tongue; **se le trabó la l.** she stumbled over her words; EXPR *Fam* **¿(se) te ha comido la l. el gato?** has the cat got your tongue?; EXPR *Fam* **tirar a alguien de la l.** to draw sb out ▫ ***l. de buey*** *(planta)* bugloss; ***l. de ciervo*** *(planta)* hart's-tongue fern; *Fig* ***l. de fuego*** tongue of flame; ***l. de gato*** *(de chocolate)* chocolate finger (biscuit); *Geol* ***l. glaciar*** glaciar tongue; *Fig* ***l. de tierra*** tongue of land; *Fig* ***l. de víbora*** *o* ***viperina*** malicious tongue
(**b**) *(idioma, lenguaje)* language ▫ ***l. culta*** educated speech; ***l. franca*** lingua franca; ***l. materna*** mother tongue; ***lenguas modernas*** modern languages; ***l. muerta*** dead language; ***l. viva*** living tongue; ***l. vulgar*** vulgar *o* coarse language

lenguado *nm* sole

lenguaje *nm* language ▫ *Informát* ***l. de alto nivel*** high-level language; *Informát* ***l. de autor*** authoring language; *Informát* ***l. de bajo nivel*** low-level language; ***l. cifrado*** code; ***l. coloquial*** colloquial language; *Informát* ***l. comando*** command language; ***l. comercial*** business language; ***l. corporal*** body language; *Informát* ***l. ensamblador*** assembly language; ***l. gestual*** gestures; *Informát* ***l. máquina*** machine language; *Informát* ***l. de programación*** programming language; ***l. de los sordomudos*** sign language

lenguaraz *adj* (**a**) *(malhablado)* foul-mouthed (**b**) *(charlatán)* talkative

lengüeta *nf* (**a**) *(de instrumento musical, zapato)* tongue (**b**) *(de disquete)* sliding shield (**c**) *RP (charlatán)* chatterbox

lengüetazo *nm*, **lengüetada** *nf* lick

lengüetear *vi RP, Hond (hablar)* to chatter
lenguón, -ona *Andes, CAm, Méx* **1** *adj* talkative
2 *nm,f* chatterbox
lenidad *nf Formal* leniency
lenificar *vt* to sooth, to alleviate
Leningrado *n Antes* Leningrad
leninismo *nm* Leninism
leninista *adj & nmf* Leninist
lenitivo, -a 1 *adj* soothing, lenitive
2 *nm* (**a**) *(físico)* lenitive (**b**) *(moral)* balm
lenocinio *nm Formal* procuring, pimping; **casa de l.** brothel
lentamente *adv* slowly
lente 1 *nf* lens ▫ ***l. de aumento*** magnifying glass; ***lentes bifocales*** bifocals; ***lentes de contacto*** contact lenses; ***lentes progresivas*** varifocals
2 *nmpl* **lentes** *(gafas)* glasses
lenteja *nf* lentil
lentejuela *nf* sequin; **un vestido de lentejuelas** a sequined dress
lenticular *adj* lenticular; *Dep* **rueda l.** disc wheel
lentilla *nf Esp* contact lens ▫ ***lentillas blandas*** soft lenses; ***lentillas duras*** hard lenses
lentitud *nf* slowness; **con l.** slowly
lento, -a 1 *adj* (**a**) *(pausado)* slow; *(muerte, agonía)* lingering, long drawn out; **una película lenta** a slow film; EXPR *Fam Hum* **ser más l. que un desfile de cojos** *o* **que el caballo del malo** to be a real *Br* slowcoach *o US* slowpoke (**b**) *Mús* lento
2 *adv (pausadamente)* slowly
leña *nf* (**a**) *(madera)* firewood; **l. menuda** kindling; EXPR **echar l. al fuego** to add fuel to the flames *o* fire; EXPR **hacer l. del árbol caído** to turn somebody else's misfortune to one's advantage; EXPR **llevar l. al monte** to make a pointless effort, *Br* to carry coals to Newcastle (**b**) *Fam (golpes)* beating; **dar l. a alguien** to beat sb up
leñador, -ora *nm,f* woodcutter
leñazo *nm Fam (golpe)* bang, bash; *(con el coche)* smash-up, crash
leñe *interj Fam* **¡l.!** for heaven's sake!
leñera *nf* woodshed
leñero,-a *Fam Dep* **1** *adj* dirty
2 *nm,f* dirty player
leño *nm* (**a**) *(de madera)* log; EXPR *Fam* **dormir como un l.** to sleep like a log (**b**) *Fam (persona)* blockhead
leñoso, -a *adj* woody
leo 1 *nm (signo del zodiaco)* Leo; **ser l.** to be (a) Leo
2 *nmf (persona)* Leo
león *nm* (**a**) *(animal)* lion; PROV **no es tan fiero el l. como lo pintan** he/it/*etc* is not as bad as he/it/*etc* is made out to be ▫ *Am* ***l. americano*** *(puma)* puma; ***l. marino*** sea lion (**b**) *Fam (hombre valiente)* fighter
leona *nf* (**a**) *(animal)* lioness (**b**) *Fam (mujer valiente)* fighter
leonado, -a *adj* tawny
leonera *nf* (**a**) *(jaula)* lion's cage (**b**) *Fam (cuarto sucio)* pigsty
leonés, -esa 1 *adj* of/from León
2 *nm,f* person from León
leonino, -a *adj* (**a**) *(rostro, aspecto)* leonine (**b**) *(contrato, condiciones)* one-sided, unfair
leontina *nf* watch chain
leopardo *nm* leopard
leotardos *nmpl* (**a**) *(medias)* thick tights (**b**) *(de gimnasta)* leotard
Lepe *n* EXPR **saber más que L.** to be very clever *o* astute
leperada *nf CAm, Méx* coarse *o* vulgar remark
lépero, -a 1 *adj Fam* (**a**) *Am (vulgar)* coarse, vulgar (**b**) *Cuba, Hond (astuto)* sly, cunning
2 *nm,f CAm, Méx* low-class person
lepidóptero *nm* = butterfly *or* moth, *Espec* lepidopteran
leporino *adj* **labio l.** hare lip
lepra *nf* leprosy
leprosería *nf* leper colony
leproso, -a 1 *adj* leprous
2 *nm,f* leper
lerdear *vi CAm* to lumber
lerdo, -a *Fam* **1** *adj* (**a**) *(idiota)* dim, slow-witted (**b**) *(torpe)* useless, hopeless
2 *nm,f* (**a**) *(idiota)* fool, idiot (**b**) *(torpe)* useless idiot
leridano, -a 1 *adj* of/from Lérida
2 *nm,f* person from Lérida
les *pron personal pl*

> **se** is used instead of **les** when it is used as an indirect object pronoun before "lo", "la", "los", "las" (**se lo dije** I said it to them; **dáselo** give it to them).

(**a**) *(complemento indirecto) (ellos)* (to) them; *(ustedes)* (to) you; **l. expliqué el motivo** I explained the reason to them; **l. tengo miedo** *(a ellos)* I'm afraid of them; **ya l. dije lo que pasaría** *(a ustedes)* I told you what would happen (**b**) *(complemento directo) (ellos)* them; *(ustedes)* you (**c**) *ver* **se**
lesbiana *nf* lesbian
lesbianismo *nm* lesbianism
lesbiano, -a, lésbico, -a *adj* lesbian
leseras *nfpl Am (tonterías)* nonsense, *Br* rubbish
lesión *nf* (**a**) *(daño físico)* injury; *Der* **lesiones graves** grievous bodily harm (**b**) *(perjuicio)* damage, harm
lesionado, -a 1 *adj* injured
2 *nm,f* injured person
lesionar 1 *vt* (**a**) *(físicamente)* to injure (**b**) *(perjudicar)* to damage, to harm
2 lesionarse *vpr* to injure oneself; **se lesionó un hombro** she injured her shoulder
lesivo, -a *adj Formal* damaging, harmful
leso, -a *adj* (**a**) *Formal* **crimen de lesa humanidad** crime against humanity; **crimen de lesa patria** high treason (**b**) *Andes (tonto)* silly, stupid
Lesoto *n* Lesotho
let *nm (en tenis)* let
letal *adj* lethal
letalidad *nf* lethality, lethal nature
letanía *nf Rel & Fig* litany
letárgico, -a *adj* (**a**) *Med & Fig* lethargic (**b**) *Zool* hibernating
letargo *nm* (**a**) *Med* lethargy (**b**) *(hibernación)* hibernation (**c**) *(inactividad)* lethargy
letón, -ona 1 *adj & nm,f* Latvian
2 *nm (lengua)* Latvian
Letonia *n* Latvia
letra *nf* (**a**) *(signo)* letter
(**b**) *(escritura, caligrafía)* handwriting; *Fig* **leer la l. pequeña** to read the small print; **mandar cuatro letras a alguien** to drop sb a line; **no entiendo su l.** I can't read her writing *o* handwriting; EXPR **la l. con sangre entra** spare the rod and spoil the child
(**c**) *(estilo)* script; *Imprenta* type, typeface ▫ ***l. bastardilla*** italic type, italics; ***l. capitular*** drop cap; ***l. cursiva*** italic type, italics; ***l. de imprenta*** *(impresa)* print; *(en formulario)* block capitals; ***l. itálica*** italic type, italics; ***l. de molde*** *(impresa)* print; *(en formulario)* block capitals; *Fig* ***l. muerta*** dead letter; ***l. negrita*** bold (face); ***l. redonda*** *o* ***redondilla*** roman type; ***l. versalita*** small capital
(**d**) *(texto de canción)* lyrics
(**e**) *Com* **l. (de cambio)** bill of exchange; **girar una l.** to draw a bill of exchange; **protestar una l.** to protest a bill ▫ ***l. avalada*** guaranteed bill of exchange; ***l. de cambio a la vista*** sight bill
(**f**) *(sentido)* literal meaning; **seguir instrucciones al pie de la l.** to follow instructions to the letter
(**g**) *Educ* **letras** arts; **soy de letras** I studied arts ▫ ***letras mixtas*** = secondary school course comprising mainly arts subjects but including some science subjects; ***letras puras*** = secondary school course comprising arts subjects only
letrado, -a 1 *adj* learned
2 *nm,f* lawyer
letrero *nm* sign ▫ ***l. luminoso*** illuminated sign; ***l. de neón*** neon sign
letrina *nf* latrine
letrista *nmf* lyricist
leucemia *nf Med* leukaemia
leucocito *nm Anat* leucocyte
leva *nf* (**a**) *Mil* levy (**b**) *Náut* weighing anchor (**c**) *Tec* cam
levadizo, -a *adj* **puente l.** drawbridge
levadura *nf* yeast, leaven ▫ ***l. de cerveza*** brewer's yeast; ***l. de panadero*** fresh *o* baker's yeast; ***l. en polvo*** baking powder
levantador, -ora 1 *adj* lifting
2 *nm,f Dep* ***l. de pesas*** weightlifter
levantamiento *nm* (**a**) *(sublevación)* uprising (**b**) *(elevación)* raising; **el juez ordenó el l. del cadáver** the judge ordered the body to be removed ▫ *Dep* ***l. de pesas*** weightlifting (**c**) *(supresión)* lifting, removal (**d**) *(en topografía)* survey

LEVANTAR **1** *vt* (**a**) *(alzar, elevar)* to raise; *(objeto pesado, capó, trampilla)* to lift (up); *(persiana)* to pull up; **l. el telón** to raise the curtain; **el que quiera venir conmigo que levante la mano** anyone who wants to come with me should put their hand up; **levanta la tapa de la olla y verás qué bien huele** lift the lid off the pot and you'll see how good it smells; **l. algo del suelo** to pick sth up off the ground; **l. a alguien del suelo** to help sb up off the ground; **levantó al bebé en alto** she lifted the baby up in the air; **el juez ordenó l. el cadáver** the judge ordered the body to be removed; **los perros levantaron el zorro** the dogs flushed out the fox; **levantaba polvo al barrer** she was raising clouds of dust as she swept; **l. la vista** *o* **mirada** to look up; **l. la voz** to raise one's voice

(**b**) *(de la cama)* **l. a alguien de la cama** to get sb out of bed; **¿no te habré levantado?** I hope I didn't wake *o* get you up

(**c**) *(enderezar)* **l. algo** to stand sth upright; **levanta la papelera, que se ha vuelto a caer** stand the wastepaper basket up, it's fallen over again

(**d**) *Fig (equipo, público)* to lift; **no ha conseguido l. la economía** he hasn't managed to get the economy back on its feet; **l. el ánimo** to cheer up; EXPR **no ha conseguido l. cabeza** he's still not back to his old self; **l. la moral a alguien** to boost sb's morale

(**e**) *(construir) (edificio, muro)* to build, to construct; *(estatua, monumento)* to put up, to erect; *Fig* **de la nada logró l. un inmenso imperio empresarial** she managed to build a huge business empire from nothing

(**f**) *(quitar) (pintura, venda, tapa)* to remove

(**g**) *(retirar) (campamento)* to strike; *(tienda de campaña, tenderete)* to take down; *(mantel)* to take off

(**h**) *(causar) (protestas, polémica, rumores)* to give rise to; **me levanta dolor de cabeza** it makes my head ache; **esto levantó las sospechas de la policía** this aroused the suspicions of the police

(**i**) *(sublevar)* **l. a alguien contra** to stir sb up against

(**j**) *(poner fin a) (embargo, prohibición)* to lift; *(asedio)* to raise; **l. el castigo a alguien** to let sb off; **levantaron el embargo a la isla** they lifted the embargo on the island; **el presidente levantó la sesión** *(terminarla)* the chairman brought the meeting to an end; *(aplazarla)* the chairman adjourned the meeting; **si no hay más preguntas, se levanta la sesión** *(en reunión)* if there are no more questions, that ends the meeting

(**k**) *(realizar) (atestado, plano, mapa)* to draw up; **el notario levantó acta del resultado del sorteo** the notary recorded the result of the draw; **l. las actas** *(de una reunión)* to take the minutes

(**l**) *muy Fam (robar)* to pinch, to swipe; **levantarle algo a alguien** to pinch *o* swipe sth off sb

2 *vi (niebla, nubes)* to lift; **saldremos cuando levante el día** we'll go out when it clears up

3 levantarse *vpr* (**a**) *(ponerse de pie)* to stand up; *(de la cama)* to get up; **levantarse de la silla** to get up from one's chair; **levantarse tarde** to sleep in, to get up late; EXPR **levantarse con el pie izquierdo** to get out of bed on the wrong side

(**b**) *(pintura, venda)* to come off

(**c**) *(viento, oleaje)* to get up; *(tormenta)* to gather; **con el viento se levantó una gran p.** the wind blew up a huge cloud of dust

(**d**) *(sobresalir)* **la cúpula de la catedral se levanta sobre la ciudad** the dome of the cathedral stands out against *o* rises up above the rest of the city

(**e**) *(sublevarse)* to rise up (**contra** against); **levantarse en armas** to rise up in arms

(**f**) *(elevarse) (sol)* to climb in the sky; *(niebla)* to lift

(**g**) *muy Fam* **no se le levanta** *(el pene)* he can't get it up

---

Levante *nm* Levant, = the coastal provinces of Spain between Catalonia and Andalusia: Castellón, Valencia, Alicante and Murcia

levante *nm* (**a**) *(este)* east; *(región)* east coast (**b**) *(viento)* east wind (**c**) *CAm, PRico (calumnia)* slander (**d**) *Chile (tasa)* = fee paid by a woodcutter

levantino, -a 1 *adj* of/from the Levant region of Spain

2 *nm,f* person from the Levant region of Spain

levantisco, -a *adj* restless, turbulent

levar *vt Náut* **l. el ancla** to weigh anchor; *Fam (marcharse)* to sling one's hook

leve *adj* (**a**) *(suave, sutil)* light; *(olor, sabor, temblor)* slight, faint (**b**) *(pecado, falta, herida)* minor; *(enfermedad)* mild, slight

levedad *nf* (**a**) *(suavidad, sutileza)* lightness (**b**) *(de pecado, falta, herida)* minor nature; *(de enfermedad)* mildness

levemente *adv* (**a**) *(ligeramente)* lightly (**b**) *(oler, saber, temblar)* slightly

leviatán *nm* leviathan

levita *nf* frock coat

levitación *nf* levitation

levitar *vi* to levitate

lexema *nm Ling* lexeme

lexicalizar *Ling* **1** *vt* to lexicalize

2 lexicalizarse *vpr* to become lexicalized

léxico, -a 1 *adj* lexical

2 *nm (vocabulario)* vocabulary

lexicografía *nf* lexicography

lexicográfico, -a *adj* lexicographical

lexicógrafo, -a *nm,f* lexicographer

lexicología *nf* lexicology

lexicológico, -a *adj* lexicological

lexicólogo, -a *nm,f* lexicologist

lexicón *nm* lexicon

ley *nf* (**a**) *(norma, precepto)* law; *(parlamentaria)* act; EXPR **hecha la l., hecha la trampa** laws are made to be broken; EXPR *Fam* **ganaron con todas las de la l.** they won fair and square; **leyes** *(derecho)* law ▫ *Fam* ***l. del embudo*** one law for oneself and another for everyone else; ***l. de extranjería*** = laws concerning the status of foreigners and immigration; ***l. de incompatibilidades*** = act regulating which other positions may be held by people holding public office; ***l. marcial*** martial law; *Pol* ***l. marco*** framework law; ***la l. del más fuerte*** the survival of the fittest; ***l. de la oferta y de la demanda*** law of supply and demand; *Pol* ***l. orgánica*** organic law; *Hist* ***l. sálica*** Salic law; ***l. seca*** prohibition law; ***la l. de la selva*** the law of the jungle; ***la l. del talión*** an eye for an eye (and a tooth for a tooth); *Dep* ***l. de la ventaja*** advantage (law); ***es l. de vida*** it's a fact of life

(**b**) *(de metal precioso)* **de l.** *(oro)* = containing the legal amount of gold; *(plata)* sterling; EXPR **de buena l.** reliable, sterling; EXPR **de mala l.** crooked, disreputable

leyenda *nf* (**a**) *(narración)* legend ▫ *Hist* ***la l. negra*** = the negative picture traditionally given of Spain by many European historians, and especially of the Inquisition and the conquest of the Americas (**b**) *(ídolo)* legend (**c**) *(inscripción)* inscription, legend

leyera *etc ver* **leer**

LFP *nf* (*abrev de* **Liga de Fútbol Profesional**) = association of Spanish first-division soccer teams

liado, -a *adj* (**a**) *(confundido)* befuddled (**b**) *(ocupado)* tied up, busy (**c**) *(involucrado)* involved (**d**) *(complicado)* mixed up

liana *nf* liana

liante *nmf Fam* (**a**) *(persuasivo)* smooth talker; **claro que me convenció, es un l.** of course he persuaded me, he could talk you into anything! (**b**) *(enredador)* stirrer, trouble-maker; **¡no seas l.!** don't complicate things!

liar [32] **1** *vt* (**a**) *(atar)* to tie up (**b**) *(cigarrillo)* to roll (**c**) *(envolver)* **l. algo en** *(papel)* to wrap sth up in (**d**) *(involucrar)* **l. a alguien (en)** to get sb mixed up (in) (**e**) *(complicar)* to confuse; **¡ya me has liado!** now you've really got me confused!; **su declaración no hizo más que l. el tema** his statement only complicated *o* confused matters (**f**) **liarla** *(meter la pata)* to mess things up

2 liarse *vpr* (**a**) *(enredarse)* to get muddled (up) *o* confused; **me lié y tardé tres horas en terminar** I got muddled *o* confused and took three hours to finish (**b**) *(empezar)* to begin, to start; **liarse a hacer algo** to start *o* begin doing sth; **se liaron a puñetazos** they set about one another (**c**) *Fam (sentimentalmente)* to get involved, to have an affair (**con** with)

libación *nf Literario* libation

libanés, -esa *adj & nm,f* Lebanese

Líbano *nm* **el L.** the Lebanon

libar *vt* to sip, to suck

libelo *nm* lampoon

libélula *nf* dragonfly

liberación *nf* (**a**) *(de ciudad, país)*

liberation; *(de rehén, prisionero)* freeing ❑ ***l. femenina*** *o* ***de la mujer*** women's liberation; ***l. sexual*** sexual liberation **(b)** *(de hipoteca)* redemption

liberado, -a *adj (ciudad, país)* liberated; *(rehén, prisionero)* freed

liberador, -ora 1 *adj* liberating
2 *nm,f* liberator

liberal *adj & nmf también Pol* liberal

liberalidad *nf* liberality

liberalismo *nm también Pol* liberalism ❑ ***l. económico*** economic liberalism, free-market economics

liberalización *nf* **(a)** *Pol* liberalization **(b)** *Econ* deregulation

liberalizar [14] *vt* **(a)** *Pol* to liberalize **(b)** *Econ* to deregulate

liberalmente *adv* liberally

liberar 1 *vt* **(a)** *(ciudad, país)* to liberate; *(rehén, prisionero)* to free; **l. a alguien de algo** to free sb from sth **(b)** *(emitir)* to release, to give off
2 liberarse *vpr* **(a)** *(librarse)* to free oneself (**de** from) **(b)** *(desinhibirse)* to become liberated, to lose one's inhibitions **(c)** *(emitirse)* to be released, to be given off

Liberia *n* Liberia

liberiano, -a *adj & nm,f* Liberian

libero *nm Dep* sweeper

libérrimo, -a *adj (superlativo)* entirely *o* absolutely free

libertad *nf* freedom, liberty; **las tiendas tienen l. de horarios** shops can open when they like; **puede entrar en mi casa con toda l.** she is entirely free to come into my house as she pleases; **dejar** *o* **poner a alguien en l.** to set sb free, to release sb; **estar en l.** to be free; **tener l. para hacer algo** to be free to do sth; **tomarse la l. de hacer algo** to take the liberty of doing sth; **tomarse libertades (con)** to take liberties (with) ❑ ***l. de cátedra*** academic freedom; *Econ* ***l. de circulación de capitales*** free movement of capital; *Econ* ***l. de circulación de trabajadores*** free movement of workers; ***l. de conciencia*** freedom of conscience; ***l. condicional*** probation; ***l. de culto*** freedom of worship; ***l. de expresión*** freedom of speech; ***l. de imprenta*** freedom of the press; ***l. de pensamiento*** freedom of thought; ***l. de prensa*** freedom of the press; *Der* ***l. provisional (bajo fianza)*** bail; *Der* ***l. provisional (bajo palabra)*** parole

libertador, -ora 1 *adj* liberating
2 *nm,f* liberator

libertar *vt también Fig* to liberate

libertario, -a *adj & nm,f Pol* libertarian

libertinaje *nm* licentiousness

libertino, -a 1 *adj* licentious
2 *nm,f* libertine

liberto, -a *nm,f Hist* freedman, *f* freedwoman

Libia *n* Libya

libidinoso, -a *adj* libidinous, lewd

libido *nf* libido

libio, -a *adj & nm,f* Libyan

libra 1 *nm (signo del zodiaco)* Libra; **ser l.** to be (a) Libra
2 *nmf (persona)* Libran
3 *nf* **(a)** *(moneda)* pound ❑ ***l. esterlina*** pound sterling **(b)** *(unidad de peso)* pound **(c)** *Esp muy Fam (cien pesetas)* = a hundred pesetas

libraco *nm* **(a)** *Pey (libro malo)* worthless book **(b)** *(libro grueso)* big book

librado, -a 1 *nm,f Com* drawee
2 *adj* **salir bien l.** to get off lightly; **salir mal l.** to come off badly

librador, -ora *nm,f Com* drawer

libramiento *nm*, **libranza** *nf Com* order of payment

librancista *nmf Com* bearer

librar 1 *vt* **(a) l. a alguien de** *(eximir)* to free sb from; *(de pagos, impuestos)* to exempt sb from; *(de algo indeseable)* to rid sb of; **¡líbreme Dios!** God *o* Heaven forbid! **(b)** *(entablar) (pelea, lucha)* to engage in; *(batalla, combate)* to join, to wage **(c)** *Com* to draw
2 *vi (no trabajar)* to be off work
3 librarse *vpr* **(a)** *(salvarse)* **librarse (de hacer algo)** to escape (from doing sth); EXPR **de buena te libraste** you had a lucky escape **(b)** *(deshacerse)* **librarse de algo/alguien** to get rid of sth/sb

libre *adj* **(a)** *(persona) (disponible, no encarcelado)* free; *(sin novio, pareja)* free, available; **ser l. de** *o* **para hacer algo** to be free to do sth
(b) *(país)* free
(c) *(sin limitaciones)* free; **entrada l.** *(en letrero)* entry free ❑ ***l. albedrío*** free will; *Econ* ***l. cambio*** free trade; *(de divisas)* floating exchange rates; ***l. circulación de capitales*** free circulation of capital; ***l. circulación de personas*** free movement of people; ***l. mercado*** free market
(d) *(sin obstáculos) (camino, carretera)* clear; *Dep* **200 metros libres** 200 metres freestyle
(e) l. de *(exento)* exempt from; **l. de culpa** free from blame; **l. de franqueo** post-free; **l. de impuestos** tax-free
(f) *(desocupado) (asiento)* free; *(retrete)* vacant; *(piso)* empty; **el puesto de tesorero ha quedado l.** the post of treasurer is now vacant; **un taxi l.** a free *o* empty taxi; **ahora no tengo las manos libres** my hands are full at the moment; **aparcamiento: l.** *(en letrero)* parking: spaces
(g) *(tiempo)* free, spare; **en mis ratos libres me gusta tocar el piano** in my spare *o* free time I like to play the piano; **tengo dos horas libres** I have two hours spare
(h) *(independiente)* independent; *(alumno)* external; **trabajar por l.** to work freelance; **estudiar por l.** to be an external student; **ir por l.** to do things one's own way; **cuando viajo me gusta ir por l. más que ir en grupo** I prefer travelling alone to travelling in a group
(i) *(estilo, traducción)* free

librea *nf* livery

librecambio *nm* free trade

librecambismo *nm* (doctrine of) free trade

librecambista *nmf* free-trade advocate

libremente *adv* freely

librepensador, -ora 1 *adj* freethinking
2 *nm,f* freethinker

librepensamiento *nm* freethinking

librería *nf* **(a)** *(tienda)* bookstore, *Br* bookshop ❑ ***l. de lance*** *o* ***de ocasión*** second-hand bookstore **(b)** *(mueble)* bookcase **(c)** *Informát* library

> Observa que la palabra inglesa **library** es un falso amigo y no es la traducción de la palabra española **librería**. En inglés **library** significa "biblioteca".

librero, -a 1 *nm,f (persona)* bookseller
2 *nm Chile, Méx (mueble)* bookshelf

> Observa que la palabra inglesa **librarian** es un falso amigo y no es la traducción de la palabra española **librero**. En inglés **librarian** significa "bibliotecario".

libreta *nf* **(a)** *(para escribir)* notebook ❑ ***l. de direcciones*** address book **(b)** *(de banco)* **l. (de ahorros)** savings book

libretista *nmf Mús* librettist

libreto *nm* **(a)** *Mús* libretto **(b)** *Am Cine* script

Libreville [libre'βil] *n* Libreville

librillo *nm (de papel de fumar)* packet of cigarette papers

libro *nm* book; **un l. de aventuras** a book of adventure stories; **llevar los libros** to keep the books; **hablar como un l.** to express oneself very clearly; EXPR *Fam* **ser (como) un l. abierto** to be an open book ❑ *Pol* ***l. blanco*** white paper; ***l. de bolsillo*** (pocket-sized) paperback; ***l. de cabecera*** bedside book; *Com* ***l. de caja*** cashbook; ***l. de cocina*** cookery book; ***l. de consulta*** reference book; *Com* ***l. de contabilidad*** accounts book; ***l. de cuentos*** story book; ***l. de ejercicios*** workbook; ***l. electrónico*** electronic book; *Educ* ***l. de escolaridad*** school report; ***l. de familia*** = document containing personal details of the members of a family; ***l. de reclamaciones*** complaints book; ***l. de registro (de entradas)*** register; *Rel* ***l. sagrado*** Book *(in Bible)*; ***l. de texto*** textbook

Lic. *(abrev de* **licenciado, -a**) graduate *(used as title)*

licantropía *nf* lycanthropy

licántropo *nm* werewolf

licencia *nf* **(a)** *(documento)* licence, permit; *(autorización)* permission; **dar l.** to give permission ❑ ***l. de armas*** gun licence; ***l. de caza*** hunting licence; *Carib* ***l. de conducir,*** *Méx* ***l. para conducir*** *Br* driving licence, *US* driver's license; ***l. de exportación*** export licence; ***l. fiscal*** = official authorization to practise a profession; ***l. de importación*** import licence; ***l. de obras*** planning permission; ***l. poética*** poetic licence
(b) *Mil* discharge ❑ ***l. absoluta*** discharge
(c) *(confianza)* licence, freedom; **tomarse**

licencias con alguien to take liberties with sb
(**d**) *Am* **con l.** *(con permiso)* if I may, if you'll excuse me; **con l., ¿puedo pasar?** may I come in?

licenciado, -a 1 *adj Mil* discharged
2 *nm,f* (**a**) *Educ* graduate; **l. en económicas/derecho** economics/law graduate (**b**) *Mil* discharged soldier

licenciamiento *nm Mil* discharge

licenciar 1 *vt Mil* to discharge
2 licenciarse *vpr* (**a**) *Educ* to graduate (**en/por** in/from) (**b**) *Mil* to be discharged

licenciatura *nf* degree (**en** *o* **de** in)

licencioso, -a *adj* licentious

liceo *nm* (**a**) *Educ* lycée (**b**) *(de recreo)* social club

lichi *nm* lychee

licitación *nf* bid, bidding

licitador, -ora *nm,f* bidder

lícitamente *adv* lawfully

licitante 1 *adj* bidding
2 *nmf* bidder

licitar *vt* to bid for

lícito, -a *adj* (**a**) *(legal)* lawful (**b**) *(correcto)* right (**c**) *(justo)* fair

licor *nm* (**a**) *(alcohol)* spirits, *US* liquor (**b**) *(bebida dulce)* liqueur

licorera *nf* (**a**) *(botella)* decanter (**b**) *(mueble)* cocktail cabinet

licorería *nf* (**a**) *(fábrica)* distillery (**b**) *(tienda) Br* off-licence, *US* liquor store

licuado *nm Am* milk shake

licuadora *nf* liquidizer, blender

licuar [4] **1** *vt* to liquefy; *Culin* to liquidize
2 licuarse *vpr* to liquefy

licuefacción *nf* liquefaction

lid *nf* (**a**) *Anticuado (lucha)* fight; **en buena l.** in a fair contest (**b**) *(asunto)* **un experto en estas lides** an old hand in these matters

líder 1 *adj* leading; **el equipo l.** the leading team
2 *nmf* leader; *Pol* **el l. de la oposición** the leader of the opposition; **el Deportivo es el l. de la liga** Deportivo is top of the league

liderar 1 *vt* to head, to lead; **nuestra empresa lidera el sector** we are the leading company in the sector
2 *vi (ir en cabeza)* **l. en** to be at the top of, to lead

liderazgo, liderato *nm* (**a**) *(primer puesto)* lead; *(en liga)* first place (**b**) *(dirección)* leadership

lidia *nf* (**a**) *(arte)* bullfighting (**b**) *(corrida)* bullfight

lidiador, -ora *nm,f Taurom* bullfighter

lidiar 1 *vi* **l. con** *(luchar)* to struggle; *(hacer frente a)* to oppose, to face; *(soportar)* to put up with; **tengo que l. con 30 alumnos todos los días** I have to deal with *o* cope with 30 pupils every day
2 *vt Taurom* to fight

liebre *nf* (**a**) *(animal)* hare; EXPR **correr como una l.** to run like a hare; EXPR **levantar la l.** to let the cat out of the bag ❑ ***l. patagónica*** Patagonian hare (**b**) *Dep* pacemaker (**c**) *Chile (microbús)* minibus

Liechtenstein ['litʃenstein] *n* Liechtenstein

liencillo *nm Andes, Carib, RP* rough cotton cloth

liendre *nf* nit

lienzo *nm* (**a**) *(tela)* (coarse) cloth; *(paño)* piece of cloth (**b**) *(para pintar)* canvas (**c**) *(cuadro)* painting (**d**) *Arquit (pared)* wall

liftar *vt Dep* to slice

lifting ['liftin] (*pl* **liftings**) *nm* face-lift

liga *nf* (**a**) *(confederación, agrupación)* league ❑ *Pol* ***la L. Árabe*** the Arab League (**b**) *(para medias) (elástico)* garter; *(colgante) Br* suspender, *US* garter (**c**) *(deportiva)* league ❑ ***la L. de Campeones*** the Champions League

ligado 1 *adj (vinculado, unido)* linked, connected; **una vida íntimamente ligada a la del partido conservador** a life with very strong ties *o* closely linked to the Conservative Party; **estuvo sentimentalmente l. a varias actrices** he was (romantically) involved with several actresses
2 *nm Mús (de notas)* legato; *(modo de tocar)* slur

ligadura *nf* (**a**) *Med* ligature ❑ ***l. de trompas*** tubal ligation (**b**) *(atadura)* bond, tie (**c**) *Mús* ligature (**d**) *Imprenta* ligature

ligamento *nm Anat* ligament; **rotura de ligamentos** torn ligaments

ligar [38] **1** *vt* (**a**) *(unir, aglutinar)* to bind; *(atar)* to tie (up); *(salsa)* to thicken; *Med* to put a ligature on (**b**) *Mús* to slur (**c**) EXPR *Fam* **l. bronce** to catch some rays (**d**) *Cuba (cosecha)* to contract in advance for
2 *vi* (**a**) *Fam (flirtear)* to flirt; **l. con alguien** *(entablar relaciones) Br* to get off with sb, *US* to make out with sb (**b**) *RP (tener suerte)* to be lucky (**c**) *Carib, Guat, Perú (deseo)* to be fulfilled
3 ligarse *vpr* (**a**) *(unirse)* to unite, to join together (**b**) *(conseguir)* **ligarse a alguien** *Br* to get off with sb, *US* to make out with sb

ligazón *nf* link, connection

ligeramente *adv (levemente)* lightly; *(aumentar, bajar, doler)* slightly

ligereza *nf* (**a**) *(levedad)* lightness; *(de dolor)* slightness (**b**) *(agilidad)* agility (**c**) *(rapidez)* speed (**d**) *(irreflexión)* rashness; **fue una l. decir eso** it was rash *o* reckless to say that; **actuar con l.** to act flippantly

LIGERO, -A 1 *adj* (**a**) *(de poco peso)* light; *(traje, tela)* thin; *(comida)* light; **en casa hacemos cenas ligeras** we have a light meal in the evening at home; **ir** *o* **viajar l. de equipaje** to travel light; EXPR **ser l. como una pluma** to be as light as a feather
(**b**) *(leve) (roce, toque, golpe)* light; *(olor, rumor, sonido)* faint; *(sabor)* slight, mild; *(dolor, resfriado)* slight; *(herida, accidente, daño)* minor; *(descenso, diferencia, inconveniente)* slight; *(conocimentos, sospecha, idea)* vague; **tener el sueño l.** to be a light sleeper
(**c**) *(literatura, teatro)* light; **una comedia ligera** a light comedy; **quiero leer algo l. que no me haga pensar** I want to read something light that I don't have to think about too hard
(**d**) *(rápido)* quick, swift; **caminar a paso l.** to walk at a brisk pace; **tener una mente ligera** to be quick-thinking
(**e**) *(ágil)* agile, nimble
(**f**) *(irreflexivo)* flippant; **hacer algo a la ligera** to do sth without much thought; **juzgar (algo/a alguien) a la ligera** to be superficial in one's judgements (about sth/sb); **tomarse algo a la ligera** not to take sth seriously; EXPR **ser l. de cascos** *(irresponsable)* to be irresponsible; *(mujer)* to be flighty
2 *adv (rápidamente)* quickly

light [lait] *adj inv (comida)* low-calorie; *(refresco)* diet; *(cigarrillos)* light

lignito *nm* brown coal, lignite

ligón, -ona *Fam* **1** *adj* **es muy l.** he's always getting off with somebody or other
2 *nm,f* womanizer, *f* flirt; **el l. de tu hermano** that womanizing brother of yours

ligoteo *nm Fam* **salir de l.** to go out on the pull

ligue *nm Fam* (**a**) *(acción)* **ir de l.** to be on the pull (**b**) *(persona)* pick-up

liguero, -a 1 *adj Dep* league; **partido l.** league game *o* match
2 *nm Br* suspender belt, *US* garter belt

liguilla *nf Dep* mini-league, round-robin tournament

lija 1 *nf* (**a**) *(papel)* sandpaper (**b**) *(pez)* dogfish (**c**) EXPR *Cuba Fam* **darse l.** to put on *o* give oneself airs
2 *adj Méx* shrewd, sharp

lijado *nm (de suelo)* sanding; **l. de pisos** floor sanding

lijadora *nf* sander

lijar *vt* to sand, to sand down

lila 1 *nf (flor)* lilac
2 *adj inv & nm (color)* lilac

liliputiense 1 *adj* dwarfish
2 *nmf* midget

lilo *nm* common lilac

Lima *n* Lima

lima *nf* (**a**) *(herramienta)* file ❑ ***l. de uñas*** nail file (**b**) *(fruto)* lime

limaco *nm* slug

limadora *nf* polisher

limadura *nf* filing ❑ ***limaduras de hierro*** iron filings

limar *vt* (**a**) *(pulir)* to file down; EXPR **l. asperezas** to iron out one's differences (**b**) *(perfeccionar)* to polish, to add the finishing touches to

limatón *nm Am* roof beam

limbo *nm* (**a**) *Rel* limbo; EXPR *Fam* **estar en el l.** to be miles away (**b**) *Astron & Bot* limb

limeño, -a 1 *adj* of/from Lima
2 *nm,f* person from Lima

limero *nm* lime tree

limitación *nf* (**a**) *(restricción)* limitation, limit; **poner limitaciones a** to place restrictions on ▫ ***l. de velocidad*** speed limit (**b**) *(de distrito)* boundaries

limitado, -a *adj* (**a**) *(restringido)* limited (**b**) *(poco inteligente)* dim-witted

limitador *nm Elec* limiter, clipper ▫ ***l. de corriente*** current limiter

limitar 1 *vt* (**a**) *(restringir)* to limit, to restrict; **este sueldo tan bajo me limita mucho** I can't do very much on such a low salary (**b**) *(terreno)* to mark out (**c**) *(atribuciones, derechos)* to set out, to define

2 *vi* to border (**con** on)

3 limitarse *vpr* **limitarse a** to limit oneself to; **él se limitó a recordarnos nuestros derechos** he merely *o* just reminded us of our rights

límite 1 *adj inv* (**a**) *(precio, velocidad, edad)* maximum (**b**) *(situación)* extreme; *(caso)* borderline

2 *nm* (**a**) *(tope)* limit; **al l.** at the limit; **dentro de un l.** within limits; **su pasión no tiene l.** her passion knows no bounds ▫ ***l. de velocidad*** speed limit (**b**) *(confín)* boundary (**c**) *Mat* limit

limítrofe *adj (país, territorio)* bordering; *(terreno, finca)* neighbouring

limo *nm* (**a**) *(barro)* mud, slime (**b**) *Andes, CAm (árbol)* lime tree

limón *nm* (**a**) *(fruta)* lemon (**b**) *(bebida) (natural)* lemonade, = iced, sweetened lemon juice drink; *(refresco) Br* lemonade, *US* lemon soda

limonada *nf (natural)* lemonade, = iced, sweetened lemon juice drink; *(refresco) Br* lemonade, *US* lemon soda

limonar *nm* (**a**) *(plantación)* lemon grove (**b**) *Guat (árbol)* lemon tree

limonero *nm* lemon tree

limonita *nf Geol* limonite

limosna *nf* (**a**) *Rel* alms (**b**) *(a mendigo)* **dar l.** to give money; **pedir l.** to beg; *Fig* to ask for charity

limosnear *vi* to beg

limosnero, -a *nm,f Am* beggar

limpia *nmf Fam (limpiabotas)* shoeshine, *Br* bootblack

limpiabotas *nmf inv* shoeshine, *Br* bootblack

limpiachimeneas *nm inv* chimney sweep

limpiacoches *nmf inv* = person who cleans the windscreen wipers of cars stopped at traffic lights etc

limpiacristales *nm inv* window-cleaning fluid

limpiador, -ora 1 *adj* cleaning, cleansing

2 *nm,f* cleaner

3 *nm* cleaning product

limpiamente *adv* (**a**) *(con destreza)* cleanly (**b**) *(honradamente)* honestly

limpiametales *nm inv* metal polish

limpiaparabrisas *nm inv Br* windscreen wiper, *US* windshield wiper

limpiar 1 *vt* (**a**) *(quitar la suciedad)* to clean; *(con trapo)* to wipe; *(mancha)* to wipe away; *(zapatos)* to polish; **l. la superficie de grasa y polvo** to wipe the grease and dust off *o* from the surface (**b**) *(desembarazar)* **l. algo de algo** to clear sth of sth; **la policía limpió la ciudad de delincuentes** the police cleared the city of criminals (**c**) *Fam (en el juego)* to clean out (**d**) *Fam (robar)* to swipe, to pinch (**e**) *Méx (castigar)* to beat (**f**) *Arg (matar)* to kill

2 *vi* to clean

3 limpiarse *vpr* to clean *o* wipe oneself; **límpiate esa mancha** wipe that stain off yourself; **se limpió con una servilleta** she wiped herself with a napkin

limpidez *nf Formal* limpidity

límpido, -a *adj Formal* limpid

limpieza *nf* (**a**) *(cualidad)* cleanliness ▫ *Hist* ***l. de sangre*** racial purity (**b**) *(acción)* cleaning; **hacer la l.** to do the cleaning; **hacer l. general** to spring-clean ▫ ***l. de cutis*** facial; ***l. étnica*** ethnic cleansing ***l. en seco*** dry cleaning (**c**) *(destreza)* skill, cleanness

limpio, -a 1 *adj* (**a**) *(sin suciedad)* clean; *(pulcro)* neat; *(cielo, imagen)* clear; **tiene la casa muy limpia y ordenada** her house is very neat and tidy; *Fig* **l. de polvo y paja** all-in, including all charges (**b**) *(neto)* net (**c**) *(honrado)* honest; *(intenciones)* honourable; *(juego)* clean (**d**) *(sin culpa)* **estar l.** to be in the clear; **l. de culpa/sospecha** free of blame/suspicion (**e**) *Fam (sin dinero)* broke, *Br* skint (**f**) EXPR **a puñetazo l.** with bare fists; **abrió la puerta a patada limpia** he kicked down the door

2 *adv* cleanly, fair; *Fig* **jugar l.** to play fair; **pasar a** *o* **poner en l.** to make a fair copy of, to write out neatly; **sacar algo en l. de** to make sth out from

limpión *nm Carib, Col (paño)* cleaning rag

limusina *nf* limousine

linaje *nm* lineage

linaza *nf* linseed

lince *nm* lynx; EXPR **ser un l. (para algo)** to be very sharp (at sth)

linchamiento *nm* lynching

linchar *vt* to lynch; **l. a alguien** to lynch sb

lindante *adj* **l. (con)** *(espacio)* bordering; *(conceptos)* bordering (on)

lindar *vi* **l. con** *(terreno)* to adjoin, to be next to; *(conceptos, ideas)* to border on

linde *nm o nf*, **lindera** *nf* boundary

lindero, -a 1 *adj* **l. (con)** *(espacio)* bordering

2 *nm* boundary

lindeza *nf* (**a**) *(belleza)* prettiness (**b**) *Irónico* **lindezas** *(insultos)* insults

lindo, -a 1 *adj* (**a**) *(bonito)* pretty, lovely (**b**) **de lo l.** a great deal

2 *adv Am* prettily, nicely

LÍNEA *nf* (**a**) *(raya, trazo, renglón, límite)* line; **una l. recta** a straight line; **una l. quebrada** a crooked line; **la l. del cielo** the skyline; **ir en l. recta** to go in a straight line; **leerle a alguien las líneas de la mano** to read (the lines on) sb's hand; **estar en l.** to be in (a) line; **poner/ponerse en l.** to line up; **estacionar en l.** to park end-to-end; **escribir** *o* **mandar unas líneas a alguien** to drop sb a line EXPR **leer entre líneas** to read between the lines ▫ *Aut* ***l. continua*** solid white line; *Com* ***l. de crédito/de descubierto*** credit/overdraft limit; *Aut* ***l. discontinua*** broken white line; ***l. divisoria*** dividing line; ***l. de flotación*** waterline; *Mil* ***l. de fuego*** firing line; ***l. de mira*** *o* ***tiro*** line of fire; ***l. punteada*** *o* ***de puntos*** dotted line

(**b**) *(ruta)* line; **una nueva l. de autobús** a new bus route; **han añadido varias paradas a la l. 30** the number 30 bus has several new stops; **la l. circular del metro** the *Br* underground *o US* subway circle line ▫ ***l. férrea*** *o* ***de ferrocarril*** *Br* railway (line), *US* railroad track

(**c**) *(compañía aérea)* **una l. de vuelos charter** a charter airline ▫ ***l. aérea*** airline

(**d**) *(de telecomunicaciones)* line; **cortar la l. (telefónica)** to cut off the phone; **dar l. a alguien** to put in a line for sb; **no hay** *o* **no tenemos l.** the line's dead ▫ ***l. arrendada*** leased line; *Fam* ***l. caliente*** *(erótica)* chatline, telephone sex line; *(de atención al cliente)* hotline; ***l. directa*** direct line; ***l. erótica*** telephone sex line; *RP* ***líneas rotativas*** *(centralita)* switchboard

(**e**) *(en deportes)* line; **la l. defensiva/delantera** the defensive/front line, the defence/attack ▫ ***l. de banda*** sideline, touchline; ***l. de fondo*** goal line *(at end of field)*; ***l. de gol*** goal line *(between goalposts)*; ***l. de llegada*** finishing line; ***l. de marca*** *(en rugby)* try *o* goal line; ***l. de medio campo*** halfway line; ***l. de meta*** *(en fútbol)* goal line; *(en carreras)* finishing line; ***l. de salida*** starting line; ***l. de saque*** base line, service line; ***l. de seis veinticinco*** *(en baloncesto)* three-point line

(**f**) *(en comercio)* line; **una nueva l. de productos** a new line of products ▫ ***líneas blancas*** white goods

(**g**) *(silueta) (de persona)* figure; **guardar/mantener la l.** to watch/keep one's figure

(**h**) *(contorno)* **un coche de l. aerodinámica** a streamlined car

(**i**) *(estilo, tendencia)* style; **la l. del partido** the party line; **la l. dura del sindicato** the union's hard line; **la l. de pensamiento keynesiana** Keynesian thinking; **de l. clásica** classical; **eso está muy en su l.** that's just his style; **seguir la l. de alguien** to follow sb's style ▫ ***l. de conducta*** course of action

(**j**) *(categoría)* class, category; **de primera l.** *(actor, pintor, producto)* first-rate; *(marca, empresa)* top

(**k**) *(de parentesco)* line; **está emparentada con ella por l. materna** she's related to her on her mother's side

(**l**) *Informát* line; **en l.** on-line; **fuera de l.** off-line ▫ ***l. de base*** baseline; ***l. de comando*** command line; ***l. dedicada*** dedicated line

(**m**) *(en el bingo)* line; **cantar l.** to call a line; **¡l.!** line!

(**n**) EXPR **en líneas generales** in broad terms; **fueron derrotados en toda la l.** they were emphatically beaten

lineal *adj* (**a**) *(de la línea) & Mat* linear; **no l.** non-linear (**b**) *(aumento)* steady

linfa *nf* lymph

linfático, -a *adj* (**a**) *Anat* lymphatic (**b**) *(letárgico, apático)* lethargic

linfocito *nm Fisiol* lymphocyte ▫ ***l. T*** T-cell, T-lymphocyte

linfoma *nm Med* lymphoma

lingotazo *nm Fam* swig

lingote *nm* ingot

lingüista *nmf* linguist

lingüística *nf* linguistics *(singular)*

lingüístico, -a *adj* linguistic

linier (*pl* **liniers**) *nm* linesman

linimento *nm* liniment

lino *nm* (**a**) *(planta)* flax (**b**) *(tejido)* linen

linóleo *nm* linoleum

linotipia *nf* Linotype®

linotipista *nmf* linotypist

linotipo *nm* Linotype®

linterna *nf* (**a**) *(de pilas) Br* torch, *US* flashlight (**b**) *(farol)* lantern, lamp ▫ ***l. mágica*** magic lantern (**c**) *Arquit* lantern

linudo, -a *adj Chile* woolly, fleecy

linyera *nm RP (vagabundo) Br* tramp, *US* bum

lío *nm* (**a**) *Fam (enredo)* mess; *(problema)* problem; **hacerse un l.** to get muddled up; **meterse en líos** to get into trouble (**b**) *Fam (jaleo)* racket, row; **armar un l.** to kick up a fuss (**c**) *Fam (amorío)* affair; **tener un l. de faldas** to have woman trouble (**d**) *(paquete)* bundle

liofilización *nf* freeze-drying, *Espec* lyophilization

liofilizado, -a *adj* freeze-dried

liofilizar [14] *vt* to freeze-dry

lioso, -a *adj Fam* (**a**) *(complicado) (asunto)* complicated; *(explicación, historia)* convoluted, involved (**b**) *(persona)* **es muy l.** he's always messing us about *o* around

lípido *nm* lipid

liposoluble *adj* soluble in fat

liposoma *nm* liposome

liposucción *nf* liposuction

lipotimia *nf* fainting fit; **le dio una l.** she fainted

liquen *nm* lichen

liquidación *nf* (**a**) *(pago)* settlement, payment ▫ *Com* ***l. de bienes*** liquidation of assets (**b**) *(rebaja)* clearance sale (**c**) *(final)* liquidation (**d**) *(finiquito)* redundancy settlement

liquidador, -ora 1 *adj* liquidating

2 *nm,f* liquidator

liquidámbar *nm* liquidambar

liquidar *vt* (**a**) *(pagar) (deuda)* to pay; *(cuenta)* to settle (**b**) *(rebajar)* to sell off (**c**) *(malgastar)* to throw away (**d**) *(acabar) (asunto)* to settle; *(negocio, sociedad)* to wind up (**e**) *Fam (matar)* to liquidate

liquidez *nf* liquidity

líquido, -a 1 *adj* (**a**) *(estado)* liquid; **el l. elemento** water (**b**) *Econ (neto)* net

2 *nm* (**a**) *(sustancia)* liquid ▫ ***l. de frenos*** brake fluid; ***l. refrigerante*** coolant (**b**) *Econ* liquid assets (**c**) *Med* fluid ▫ ***l. amniótico*** amniotic fluid; ***l. sinovial*** synovial fluid

lira *nf* (**a**) *(moneda)* lira (**b**) *Mús* lyre

lírica *nf* lyric poetry

lírico, -a *adj* (**a**) *Lit* lyric, lyrical (**b**) *(musical)* musical

lirio *nm* iris ▫ ***l. de los valles*** lily of the valley

lirismo *nm* lyricism

lirón *nm* dormouse; EXPR **dormir como un l.** to sleep like a log ▫ ***l. careto*** garden dormouse

lis *nf* **(flor de) l.** iris

lisa *nf (pez)* striped mullet

Lisboa *n* Lisbon

lisboeta 1 *adj* of/from Lisbon

2 *nmf* person from Lisbon

lisiado, -a 1 *adj* crippled

2 *nm,f* cripple

lisiar 1 *vt* to maim, to cripple

2 lisiarse *vpr* to be maimed *o* crippled

liso, -a 1 *adj* (**a**) *(llano)* flat; *(sin asperezas)* smooth; *(pelo)* straight; **los 400 metros lisos** the 400 metres; **lisa y llanamente** quite simply; **hablando lisa y llanamente** to put it plainly (**b**) *(no estampado)* plain

2 *nm,f Arg, Perú* coarse *o* rude person; **es un l.** he's so coarse *o* rude

lisonja *nf* flattering remark

lisonjeador, -ora 1 *adj* flattering

2 *nm,f* flatterer

lisonjear 1 *vt* to flatter

2 lisonjearse *vpr (mutuamente)* to flatter one another

lisonjero, -a *adj (persona, comentario)* flattering; *(perspectiva)* promising

lisp *nm Informát* LISP

lista *nf* (**a**) *(enumeración)* list; **pasar l.** to call the register ▫ ***l. de boda*** wedding list; ***l. de la compra*** shopping list; *Informát* ***l. de correo*** mailing list; ***l. de correos*** poste restante; *Informát* ***l. de distribución*** mailing list; ***l. de espera*** waiting list; ***l. de éxitos*** *(musicales)* hit parade; ***l. negra*** blacklist; ***l. de precios*** price list (**b**) *(de tela, madera)* strip; *(de papel)* slip; *(de color)* stripe; **una camiseta a listas** a striped shirt

listado, -a 1 *adj* striped

2 *nm Informát* listing; **sacar un l.** to print a list, to do a listing

listar *vt Informát* to list

listeriosis *nf Med* listeriosis

listillo, -a *nm,f Fam Pey* smart alec(k)

listín *nm* ***l.*** **(de teléfonos)** (telephone) directory

listo, -a *adj* (**a**) *(inteligente, hábil)* clever, smart; **dárselas de l.** to make oneself out to be clever; **pasarse de l.** to be too clever by half; EXPR **ser más l. que el hambre** to be nobody's fool (**b**) *(preparado)* ready; **¿estáis listos?** are you ready?; **¡l.!** (that's me) ready!, finished! (**c**) *Fam (apañado)* **estás** *o* **vas l. (si crees que...)** you've got another think coming (if you think that...); **¡estamos listos!** we're in real trouble!, we've had it!

listón *nm (de madera)* lath; *Dep* bar; EXPR **poner el l. muy alto** to set very high standards

lisura *nf Arg, Perú* rude remark, bad language

litera *nf* (**a**) *(cama)* bunk (bed); *(de barco)* berth; *(de tren)* couchette (**b**) *(vehículo)* litter

literal *adj* literal

literalmente *adv* literally

literariamente *adv* literarily

literario, -a *adj* literary

literato, -a *nm,f* writer, author

literatura *nf* (**a**) *(arte, obras)* literature ▫ ***l. fantástica*** fantasy (literature); ***l. de ficción*** fiction (**b**) *(bibliografía)* literature

litigación *nf* litigation

litigante *adj & nmf* litigant

litigar [38] *vi* to go to law

litigio *nm* (**a**) *Der* court case, law suit (**b**) *(disputa)* dispute; **en l.** in dispute

litio *nm* lithium

litografía *nf* (**a**) *(arte)* lithography (**b**) *(grabado)* lithograph (**c**) *(taller)* lithographer's (workshop)

litografiar [32] *vt* to lithograph

litográfico, -a *adj* lithographic

litología *nf* lithology

litoral 1 *adj* coastal

2 *nm* coast

litosfera *nf* lithosphere

litro *nm* litre

litrona *nf Fam* = litre bottle of beer

Lituania *n* Lithuania

lituano, -a 1 *adj & nm,f* Lithuanian

2 *nm (lengua)* Lithuanian

liturgia *nf* liturgy

litúrgico, -a *adj* liturgical

liudez (*pl* **liudeces**) *nf Chile* laxity

liviandad *nf* (**a**) *(levedad)* lightness (**b**) *(frivolidad)* flightiness, frivolousness

liviano, -a *adj* (**a**) *(ligero) (carga)* light; *(blusa)* thin (**b**) *(sin importancia)* slight (**c**) *(frívolo)* frivolous

lividez *nf (palidez)* pallor

lívido, -a *adj* (**a**) *(pálido)* very pale, pallid (**b**) *(amoratado)* livid

living ['liβin] (*pl* **livings**) *nm* living room

liza *nf (lucha)* battle; **en l.** in opposition; **entrar en l.** to enter the arena

Ll, ll ['eʎe, 'eje] *nf (letra)* = double l character, traditionally considered a separate character in the Spanish alphabet

llaga *nf Med (herida)* sore, ulcer; *Fig* open wound

llagar [38] **1** *vt* to bring out in sores

2 llagarse *vpr* to become covered in sores

llama *nf* (**a**) *(de fuego, pasión)* flame; **en llamas** ablaze (**b**) *(animal)* llama

llamada *nf* (**a**) *(en general)* call; *(a la puerta)* knock; *(con timbre)* ring ▫ ***l. de atención*** warning; ***l. al orden*** call to order; ***l. de socorro*** distress signal

(b) *(telefónica)* telephone call; **hacer una l.** to make a phone call; **tienes dos llamadas en el contestador** you have two messages on your answering machine ❑ ***l. a cobro revertido*** reverse-charge call; **hacer una l. a cobro revertido** *Br* to reverse charges, *US* to call collect; ***l. en espera*** call-waiting; ***l. interurbana*** long-distance call; ***l. para tres*** three-way calling; ***l. telefónica*** telephone call; ***l. urbana*** local call
(c) *(en un libro)* note, reference mark
(d) *Informát* call

llamado, -a 1 *adj* so-called
2 *nm Am (telefónico)* call

llamador *nm (aldaba)* door knocker; *(timbre)* bell

llamamiento *nm* **(a)** *(apelación)* appeal, call; **hacer un l. a alguien para que haga algo** to call upon sb to do sth; **hacer un l. a la huelga** to call a strike **(b)** *Mil* call-up

LLAMAR 1 *vt* **(a)** *(dirigirse a, hacer venir)* to call; *(con gestos)* to beckon; **llamó por señas/con la mano al camarero** she beckoned to the waiter; **l. a alguien a voces** to shout to sb to come over; **l. al ascensor** to call the *Br* lift *o US* elevator; **l. (a) un taxi** *(en la calle)* to hail a cab; *(por teléfono)* to call for a taxi
(b) *(por teléfono)* to phone, to call, to ring; *(con el buscapersonas)* to page; **l. a los bomberos/al médico** to call the fire brigade/doctor; **te llamo mañana** I'll call *o* ring you tomorrow; **te ha llamado Luis** Luis phoned (for you), there was a call from Luis for you; **te han llamado de la oficina** there was a call from the office for you; **¿quién lo/la llama, por favor?** who's calling, please?
(c) *(dar nombre, apelativo, apodo)* to call; **¿ya sabéis cómo vais a l. al perro?** have you decided what you're going to call the dog yet?; **me llamó mentiroso** she called me a liar; **fue lo que se dio en l. la Guerra de los Seis Días** it was what came to be known as the Six Day War; **¿a eso llamas tú un jardín?** do you call that a garden?; **eso es lo que yo llamo un buen negocio** that's what I call a good deal; **es un aparato para el aire, un humidificador, que lo llaman** it's a device for making the air more humid, a humidifier as they call it *o* as it is known
(d) *(convocar)* to summon, to call; **el jefe me llamó a su despacho** the boss summoned *o* called me to his office; **la han llamado para una entrevista de trabajo** she's got an interview for a job; **l. a alguien a filas** to call sb up; **l. a los trabajadores a la huelga** to call the workers out (on strike); **l. a alguien a juicio** to call sb to trial
(e) *(atraer)* to attract; **nunca me han llamado los deportes de invierno** I've never been attracted *o* drawn to winter sports
2 *vi* **(a)** *(a la puerta) (con golpes)* to knock; *(con timbre)* to ring; **l. a la puerta** *(con golpes)* to knock on the door; **están llamando** there's somebody at the door; **por favor, llamen antes de entrar** *(en letrero)* please knock/ring before entering
(b) *(por teléfono)* to phone
3 llamarse *vpr (tener por nombre, título)* to be called; **¿cómo te llamas?** what's your name?; **me llamo Patricia** my name's Patricia; **¿cómo se llama su última película?** what's her latest film called?; **¡tú vienes conmigo, como que me llamo Sara!** you're coming with me, or my name's not Sara!; **eso es lo que se llama buena suerte** that's what you call good luck; **no nos llamemos a engaño, el programa se puede mejorar y mucho** let's not kid ourselves, the program could be a lot better; **que nadie se llame a engaño, la economía no va bien** let no one have any illusions about it, the economy isn't doing well

llamarada *nf* **(a)** *(de fuego, ira)* blaze **(b)** *(de rubor)* flush **(c)** *Informát* flame

llamativamente *adv (vestir)* showily, flamboyantly

llamativo, -a *adj (color)* bright, gaudy; *(ropa)* showy, flamboyant

llameante *adj* flaming, blazing

llamear *vi* to burn, to blaze

llana *nf* **(a)** *Gram* = word stressed on the last syllable **(b)** *(herramienta)* trowel

llanamente *adv* simply

llanear *vi* to roam the plains

llanero, -a 1 *adj* of the plainspeople
2 *nm,f* plainsman, *f* plainswoman
3 *nm* ***el L. Solitario*** the Lone Ranger

llaneza *nf* naturalness, straightforwardness

llanito, -a *adj & nm,f Fam* Gibraltarian

llano, -a 1 *adj* **(a)** *(campo, superficie)* flat **(b)** *(trato, persona)* natural, straightforward **(c)** *(pueblo, clase)* ordinary **(d)** *(lenguaje, expresión)* simple, plain **(e)** *Gram* = stressed on the last syllable
2 *nm (llanura)* plain

llanta *nf* **(a)** *Aut (aro metálico)* rim **(b)** *Am Aut (cubierta) Br* tyre, *US* tire; *(rueda)* wheel ❑ ***l. de*** *Méx* ***refacción*** *o Col* ***repuesto*** spare wheel **(c)** *Méx Fam (pliegue de grasa)* spare *Br* tyre *o US* tire

llantén *nm* plantain

llantera, llantina *nf Fam* blubbing

llanto *nm* crying; **anegarse en l.** to burst into a flood of tears

llanura *nf* plain

llave *nf* **(a)** *(de cerradura)* key; **bajo l.** under lock and key; **echar la l., cerrar con l.** to lock up; **l. en mano** *(vivienda)* ready for immediate occupation ❑ ***l. de contacto*** ignition key; *Informát* ***l. de hardware*** dongle; ***l. maestra*** master key
(b) *(grifo) Br* tap, *US* faucet ❑ ***l. de paso*** stopcock; **cerrar la l. de paso** to turn the water/gas off at the mains
(c) *(interruptor)* ***l. de la luz*** light switch
(d) *(herramienta)* ***l. allen*** Allen key; ***l. inglesa*** monkey wrench, adjustable spanner; ***l. de tuerca*** spanner
(e) *(clave)* key
(f) *(de judo)* hold, lock
(g) *(signo ortográfico)* curly bracket
(h) *(válvula)* valve

llavero *nm* keyring

llavín *nm* latchkey

llegada *nf* **(a)** *(acción)* arrival; **a mi l.** on my arrival, when I arrived **(b)** *Dep* finish

LLEGAR [38] **1** *vi* **(a)** *(persona, vehículo, medio de transporte)* to arrive (**de** from); **l. a un hotel/al aeropuerto** to arrive at a hotel/at the airport; **l. a una ciudad/a un país** to arrive in a city/in a country; **l. a casa** to get home; **l. a la meta** to cross the finishing line; **cuando llegué a esta empresa...** when I arrived at *o* first came to this company...; **llegaremos a la estación de Caracas a las dos** we will be arriving at Caracas at two o'clock; **nosotros llegamos primero** *o* **los primeros** we arrived first; **el atleta cubano llegó primero** the Cuban athlete came first; **llegaban muy contentos** they were very happy when they arrived, they arrived very happy; **llegaré pronto** I'll be there early; **este avión llega tarde** this plane is late; **deben de estar al l.** they must be about to arrive, they're bound to arrive any minute now; **los Juegos Olímpicos están al l.** the Olympics are coming up soon; **¿falta mucho para l.** *o* **para que lleguemos?** is there far to go?; *Fig* **así no llegarás a ninguna parte** you'll never get anywhere like that; *Fig* **llegará lejos** she'll go far
(b) *(carta, recado, mensaje)* to arrive; **no me ha llegado aún el paquete** the parcel still hasn't arrived, I still haven't received the parcel; **ayer me llegó un mensaje suyo por correo electrónico** I got *o* received an e-mail from him yesterday; **hacer l. un mensaje** *o* **recado a alguien** to pass a message on to sb; **si llega a oídos de ella...** if she gets to hear about this...
(c) *(un tiempo, la noche, el momento)* to come; **cuando llegue el momento te enterarás** you'll find out when the time comes; **ha llegado el invierno** winter has come *o* arrived
(d) *(durar)* **l. a** *o* **hasta** to last until; **este año las rebajas durarán hasta bien entrado febrero** the sales this year will last until well into February
(e) *(alcanzar)* **l. a** to reach; **no llego al techo** I can't reach the ceiling; **el barro me llegaba a las rodillas** the mud came up to my knees, I was up to my knees in mud; **quiero una chaqueta que me llegue por debajo de la cintura** I want a jacket that comes down to below my waist; **el importe total de la reparación no llega a 5.000 pesos** the total cost of the repairs is less than *o* below 5,000 pesos; **los espectadores no llegaban ni siquiera a mil** there weren't even as many as a thousand spectators there; **l. a un acuerdo** to come to *o* reach an agreement; **llegamos a la conclusión de que era inútil seguir** we came to *o* reached the conclusion that it wasn't worth continuing; **l. hasta** to reach up to; **esta carretera**

sólo llega hasta Veracruz this road only goes as far as Veracruz; **el ascensor no llega a** *o* **hasta la última planta** the *Br* lift *o US* elevator doesn't go up to the top floor

(**f**) *(ser suficiente)* to be enough (**para** for); **el dinero no me llega para comprarme una casa** the money isn't enough for me to buy a house

(**g**) *(lograr)* **l. a (ser) algo** to get to be sth, to become sth; **llegó a ser campeón de Europa** he became European champion; **l. a hacer algo** to manage to do sth; **pesaba mucho, pero al final llegué a levantarlo** it was very heavy, but I managed to lift it up in the end; **nunca llegó a (entrar en) las listas de éxitos** she never made it into the charts; **nunca llegué a conocerlo** I never actually met him; **está muy enferma, no creo que llegue a las Navidades** she's very ill, I doubt whether she'll make it to Christmas; **si llego a saberlo...** *(en el futuro)* if I happen to find out...; *(en el pasado)* if I had known...

(**h**) *(al extremo de)* **llegó a decirme...** he went as far as to say to me...; **hemos llegado a pagar 80.000 pesetas** at times we've had to pay as much as 80,000 pesetas; **cuesta l. a creerlo** it's very hard to believe it

(**i**) *(causar impresión, interesar)* **tiene una imagen que no llega al electorado** she fails to project a strong image to the electorate; **son canciones sencillas que llegan a la gente** they are simple songs that mean something to people; **lo que dijo me llegó al alma** her words really struck home

(**j**) *Méx Fam* **voy a llegarle** *(ya me voy)* I'm off home; **¡llégale!** *(no hay problema)* no problem!, don't worry!

2 *vt Méx Fam* **llegarle a alguien** *(pedirle salir)* to ask sb out

3 llegarse *vpr* **llegarse a** to go round to; **llégate donde el abuelo y que te preste las herramientas** go over *o* round to your grandfather's and ask if you can borrow his tools; **me llegué a casa para ver si habías vuelto** I went home to see if you were back yet

---

llenado *nm* filling

LLENAR 1 *vt* (**a**) *(ocupar) (vaso, hoyo, habitación)* to fill (**de** *o* **con** with); **l. el depósito** *(del coche)* to fill up the tank; **¡llénemelo!** *(el depósito)* fill her up, please; **llenó la casa de muebles usados** she filled the house with second-hand furniture; **llenan su tiempo libre leyendo y charlando** they spend their spare time reading and chatting

(**b**) *(cubrir) (pared, suelo)* to cover (**de** with); **has llenado la pared de salpicaduras de aceite** you've spattered oil all over the wall; **llenó de adornos el árbol de Navidad** she covered the Christmas tree with decorations

(**c**) *(colmar)* to fill (**de** with); **l. a alguien de alegría/tristeza** to fill sb with happiness/sadness; **este premio me llena de orgullo** this prize fills me with pride *o* makes me very proud; **llenaron de insultos al árbitro** they hurled abuse at the referee; **nos llenaron de obsequios** they showered gifts upon us

(**d**) *(impreso, solicitud, quiniela)* to fill in *o* out

(**e**) *(satisfacer)* **le llena su trabajo** he's fulfilled in his job; **no le llena la relación con su novio** she finds her relationship with her boyfriend unfulfilling

(**f**) *Fam (gustar)* **a mí el queso no me termina de l.** cheese isn't really my thing

2 *vi (comida)* to be filling

3 llenarse *vpr* (**a**) *(ocuparse)* to fill up (**de** with); **la sala se llenó para ver al grupo** the venue was full for the band's performance; **la calle se llenó de gente** the street filled with people; **se le llenó de humo la cocina** the kitchen filled with smoke; **su mente se iba llenando de remordimientos** her mind was plagued by remorse

(**b**) *(cargar)* **se llenó el bolsillo de monedas** he filled his pocket with coins; **se llenó la mochila de comida para el viaje** she filled her backpack with food for the journey

(**c**) *(cubrirse)* **llenarse de** to get covered in; **el traje se me llenó de barro** my suit got covered in mud; **las manos se le llenaron de ampollas** his hands got covered in blisters

(**d**) *(saciarse)* **comieron hasta llenarse** they ate their fill; **me he llenado mucho con el arroz** this rice has really filled me up

---

llenazo *nm* full house

llenito, -a *adj Fam (regordete)* chubby

lleno, -a 1 *adj (recipiente, habitación)* full (**de** of); *(suelo, mesa, pared)* covered (**de** in *o* with); **l., por favor** *(en gasolinera)* fill her up, please; **no quiero postre, gracias, estoy l.** I don't want a dessert, thanks, I'm full (up)

2 *nm* (**a**) *(en teatro)* full house (**b**) **de lleno** *loc adv* **le dio de l. en la cara** it hit him full in the face; **acertó de l.** he was bang on target

llevadero, -a *adj* bearable

LLEVAR 1 *vt* (**a**) *(acarrear, transportar)* to carry; **llevaba un saco a sus espaldas** she was carrying a sack on her back; **llevaban en hombros al entrenador** they were carrying the coach on their shoulders; **nosotros llevamos la mercancía del almacén a las tiendas** we bring *o* transport the goods from the warehouse to the shops; **¿llevas rueda de recambio?** have you got a spare wheel?

(**b**) *(trasladar, desplazar)* to take; **le llevé unos bombones al hospital** I took her some chocolates at the hospital, I brought some chocolates for her to the hospital with me; **llevó una botella de vino a la fiesta** he brought a bottle of wine to the party; **llevaré a los niños al zoo** I'll take the children to the zoo; **me llevó en coche** he drove me there; **¿vas al colegio? ¡sube, que te llevo!** are you going to school? get in, I'll give you a lift; **¿para tomar aquí o para l.?** is it to eat in or *Br* to take away *o US* to go?; **pizzas para l.** *(en letrero) Br* takeaway pizzas, *US* pizzas to go

(**c**) *(guiar, acompañar)* to take; **los llevé por otro camino** I took them another way; **lo llevaron a la comisaría** he was taken to the police station; **un guía nos llevó hasta la cima** a guide led us to the top

(**d**) *(conducir)* **l. a alguien a algo** to lead sb to sth; **aquella inversión le llevaría a la ruina** that investment was to bring about his ruin; **¿adónde nos lleva la ingeniería genética?** where is all this genetic engineering going to end?; **l. a alguien a hacer algo** to lead *o* cause sb to do sth; **esto me lleva a creer que miente** this makes me think she's lying; **¿qué pudo llevarle a cometer semejante crimen?** what could have led *o* caused him to commit such a crime?

(**e**) *(prenda de ropa, objeto personal)* to wear; **llevo gafas** I wear glasses; **¿llevas reloj?** *(habitualmente)* do you wear a watch?; *(en este momento)* have you got a watch on?, are you wearing a watch?; **no llevo dinero** I haven't got any money on me; **nunca llevo mucho dinero encima** I never carry a lot of money on me *o* around; **no lleva nada puesto** she hasn't got anything *o* any clothes on; **está prohibido l. armas** carrying arms is prohibited; **todavía lleva pañales** he's still in *Br* nappies *o US* diapers

(**f**) *(tener)* to have; **l. bigote** to have a moustache; **lleva el pelo largo** he has long hair; **me gusta l. el pelo recogido** I like to wear my hair up; **llevas las manos sucias** your hands are dirty; **los productos ecológicos llevan una etiqueta verde** environmentally-friendly products carry a green label

(**g**) *(dirigir)* to be in charge of; *(casa, negocio)* to look after, to run; **lleva la contabilidad** she keeps the books

(**h**) *(manejar, ocuparse de) (problema, persona)* to handle; *(asunto, caso, expediente)* to deal with; *(automóvil)* to drive; *(bicicleta, moto)* to ride; **este asunto lo lleva el departamento de contabilidad** this matter is being handled by the accounts department; **el inspector que lleva el caso** the inspector in charge of the case; **sabe cómo l. a la gente** she's good with people; **ella llevó las negociaciones personalmente** she handled the negotiations herself; **lleva muy bien sus estudios** he's doing very well in his studies

(**i**) *(soportar)* to deal *o* cope with; **l. algo bien/mal** to take sth well/badly; **¿qué tal llevas** *o* **cómo llevas lo del régimen?** how are you coping with the diet?; **llevo bien lo de ir en tren todos los días, pero lo de madrugar...** I can quite happily cope with catching the train every day, but as for getting up early...

(**j**) *(mantener)* to keep; **el hotel lleva un registro de todos sus clientes** the hotel keeps a record of all its guests; **llevo la cuenta de todos tus fallos** I've been keeping count of all your mistakes; **l. el paso** to keep in step; **l. el ritmo** *o* **compás** to keep time, **llevan una vida muy tranquila** they lead a very quiet life

(**k**) *(pasarse) (tiempo)* **lleva tres semanas sin venir** she hasn't come for three weeks now, it's three weeks since she was last here; **llevaba siglos sin ir al cine** I hadn't been to the cinema for ages, it was ages since I'd been to the cinema

(**l**) *(costar) (tiempo, esfuerzo)* to take; **aprender a conducir** *o Am* **manejar lleva tiempo** it takes time to learn to drive; **me llevó un día hacer este guiso** it took me a day to make this dish

(**m**) *(sobrepasar en)* **te llevo seis puntos** I'm six points ahead of you; **me lleva dos centímetros/dos años** he's two centimetres taller/two years older than me

(**n**) *(como ingrediente)* **esta tortilla lleva cebolla** this omelette has got onion in it; **¿qué lleva el daiquiri?** what do you make a daiquiri with?

(**o**) *(amputar)* **la motosierra casi le lleva una pierna** the power saw nearly took *o* cut his leg off

(**p**) *(cobrar)* to charge; **¿qué te llevaron por la revisión del coche?** how much *o* what did they charge you for servicing the car?

(**q**) EXPR *Fam* **¿cómo lo llevas (con)?** how are you getting on (with)?; **l. adelante algo** *(planes, proyecto)* to go ahead with sth; **lleva camino de ser famoso/rico** he's on the road to fame/ riches; **l. consigo** *(implicar)* to lead to, to bring about; **el equipo local lleva las de ganar/perder** the local team are favourites to win/lose; **en un juicio, llevamos las de ganar** if the matter goes to court, we can expect to win; **no te enfrentes con él, que llevas las de perder** don't mess with him, you can't hope to win

2 *vi (conducir)* **l. a** to lead to; **esta carretera lleva al norte** this road leads north

3 *v aux* (**a**) *(antes de participio) (haber)* **llevo leída media novela** I'm halfway through the novel; **llevo dicho esto mismo docenas de veces** I've said the same thing time and again; **llevaba anotados todos los gastos** she had noted down all the expenses

(**b**) *(antes de gerundio) (haber estado)* **llevo todo el día llamándote** I've been trying to get through to you on the phone all day; **l. mucho tiempo haciendo algo** to have been doing sth for a long time

4 llevarse *vpr* (**a**) *(tomar consigo)* to take; **alguien se ha llevado mi sombrero** someone has taken my hat; **voy a llevarme esta falda** *(comprar)* I'll take *o* have this skirt; **¿se lo envuelvo o se lo lleva puesto?** shall I wrap it up for you or do you want to keep it on?

(**b**) *(trasladar, desplazar)* to take; **los agentes se lo llevaron detenido** the policemen took him away; **se llevó el cigarrillo a la boca** she brought *o* raised the cigarette to her lips; **la riada se llevó por delante casas y vehículos** the flood swept *o* washed away houses and vehicles; **un coche se lo llevó por delante** he was run over by a car

(**c**) *(conseguir)* to get; **se ha llevado el premio** she has carried off *o* won the prize

(**d**) *(recibir) (susto, sorpresa)* to get; *(reprimenda)* to receive; **como vuelvas a hacerlo te llevarás una bofetada** if you do it again you'll get a smack; **me llevé un disgusto/una desilusión** I was upset/ disappointed; **llevarse una alegría** to have *o* get a pleasant surprise; **yo me llevo siempre las culpas** I always get the blame

(**e**) *(entenderse)* **llevarse bien/mal (con alguien)** to get on well/badly (with sb); EXPR **se llevan a matar** they are mortal enemies

(**f**) *(estar de moda)* to be in (fashion); **este año se lleva el verde** green is in this year; **ahora se llevan mucho las despedidas de soltera** hen parties are really in at the moment

(**g**) *(diferencia de edad)* **mi hermana mayor y yo nos llevamos cinco años** there are five years between me and my older sister

(**h**) *(en operaciones matemáticas)* **me llevo una** carry (the) one

llorado, -a *adj* late lamented

llorar 1 *vi* (**a**) *(con lágrimas)* to cry; EXPR **l. a moco tendido** to cry one's eyes out, to sob one's heart out; **l. de rabia** to cry with anger *o* rage; **l. por alguien** to mourn sb (**b**) *Fam (quejarse)* to whinge

2 *vt* **l. la muerte de alguien** to mourn sb's death

llorera *nf Fam* crying fit

llorica *Fam Pey* **1** *adj* **ser l.** to be a crybaby

2 *nmf* crybaby

lloriquear *vi* to whine, to snivel

lloriqueo *nm* whining, snivelling

lloro *nm* crying, tears

llorón, -ona 1 *adj* **ser l.** to cry a lot

2 *nm,f* crybaby

llorona *nf RP (espuela)* spur

lloroso, -a *adj* tearful

llover [41] **1** *v impersonal* to rain; **está lloviendo** it's raining; EXPR **está lloviendo a cántaros** *o* **a mares** *o Méx* **duro** it's pouring, *Br* it's bucketing down; EXPR **nunca llueve a gusto de todos** you can't please everyone; EXPR **llueve sobre mojado** it's just one thing after another; EXPR **él, como quien oye l.** he wasn't paying a blind bit of attention; EXPR **ha llovido mucho desde entonces** a lot of water has passed *o* gone under the bridge since then

2 *vi Fig* **le llueven las ofertas** offers are raining down on him; EXPR **el trabajo me cayó** *o* **llegó como llovido del cielo** the job fell into my lap

llovizna *nf* drizzle

lloviznar *v impersonal* to drizzle

llueva *etc ver* **llover**

lluvia *nf* (**a**) *(precipitación)* rain; **bajo la l.** in the rain □ ***l. ácida*** acid rain; ***l. artificial*** artificial rain; ***l. de cenizas*** shower of ash; ***l. de estrellas*** shower of shooting stars; ***l. radiactiva*** (nuclear) fallout (**b**) *(de panfletos, regalos)* shower; *(de preguntas)* barrage (**c**) *Arg, Chile, Nic (ducha)* shower

lluvioso, -a *adj* rainy

LO[1], -A *(mpl* **los**, *fpl* **las**) *pron personal (complemento directo)* (**a**) *(a él, a ella)* him, *f* her; *pl* them; **lo conocí en una fiesta** I met him at a party; **la han despedido** she's been sacked, they've sacked her; **¡si lo insultan a uno, habrá que contestar!** if people insult you, you have to answer back!

(**b**) *(a usted)* you; **¿la acerco a algún sitio?** can I give you a *Br* lift *o US* ride anywhere?

(**c**) *(ello, esa cosa)* it; *pl* them; **no lo he visto** I haven't seen it; **esta pared hay que pintarla** this wall needs painting

LO[2] 1 *pron personal* (**a**) *(neutro & predicado)* it; **lo pensaré** I'll think about it; **no lo sé** I don't know; **me gusta — ¡ya lo veo!** I like it – I can see that!; **su hermana es muy guapa pero él no lo es** his sister is very good-looking, but he isn't; **¿estás cansado? — sí que lo estoy** are you tired? – yes, I am; **es muy bueno aunque no lo parezca** it's very good, even if it doesn't look it

(**b**) *RP (casa)* **vamos a lo de Claudio** let's go to Claudio's place

2 *art (neutro)* (**a**) *(antes de adjetivo, frase sustantiva o pronombre)* **lo antiguo me gusta más que lo moderno** I like old things better than modern things; **te olvidas de lo principal** you're forgetting the most important thing; **lo interesante viene ahora** now comes the interesting bit *o* part; **lo mejor/peor es que...** the best/ worst part is (that)...; **quiere lo mejor para sus hijos** she wants the best for her children; **¿y lo de la fiesta?** what about the party, then?; **siento lo de ayer** I'm sorry about yesterday; **lo de abrir una tienda no me parece mala idea** opening a shop doesn't seem at all a bad idea to me; **lo de la huelga sigue sin resolverse** that strike business still hasn't been resolved; **lo mío/tuyo/suyo** *etc. (cosas personales)* my/ your/his *etc* things; **lo mío son los toros** *(lo que me va)* bullfighting's my thing, I'm a big bullfighting fan; **el ajedrez no es lo mío** *(mi punto fuerte)* chess isn't really my thing *o* game, I'm not very good at chess

(**b**) *(con valor enfático)* **¡mira que no gustarle el queso, con lo bueno que está!** how can she say she doesn't like cheese when it's so good?; **no me quiere ayudar, ¡con todo lo que yo he hecho por ella!** she doesn't want to help me - and after all I've done for her!; **no te imaginas lo grande que era** you can't imagine how big it was; **¡lo que me pude reír con sus chistes!** I did laugh *o* I really laughed at his jokes!

(**c**) *(con frases de relativo)* **lo cual** which; **no quiso participar, lo cual no es de extrañar** she didn't want to take part, which is hardly surprising; **acepté lo que me ofrecieron** I accepted what they offered me; **gano menos de lo que te imaginas** I earn less than you think; **lo que ocurre es que...** the thing is (that)...; **puedes tomar lo que te apetezca** you can have whatever you want; **en lo que respecta a...** as far as... is concerned, with regard to...

---

loa *nf* (**a**) *(alabanza)* praise; **cantar l. a, hacer l. de** to sing the praises of (**b**) *Lit* eulogy

loable *adj* praiseworthy

loar *vt* to praise

lob *nm (en tenis)* lob

lobato *nm* wolf cub

lobbista *nmf RP (persona que hace lobby)* lobbyist

lobby ['loβi] (*pl* **lobbies**) *nm* lobby

lobezno *nm* wolf cub

lobo, -a *nm,f* wolf; **el l. feroz** the big bad wolf; EXPR *Fam* **¡menos lobos!** tell me another one!, come off it! ❑ ***l. de mar*** *(marinero)* sea dog; ***l. marino*** *(foca)* seal; ***l. de río*** *(pez)* stone loach

lobotomía *nf* lobotomy

lóbrego, -a *adj* gloomy, murky

lobreguez *nf* gloom, murkiness

lobulado, -a *adj* lobulate

lóbulo *nm* lobe ❑ *Anat* ***l. frontal*** frontal lobe

lobuno, -a *adj* wolf-like

loca *nf muy Fam (homosexual)* queen

local 1 *adj* local; **el equipo l.** the home team

2 *nm (establecimiento)* premises ❑ ***l. comercial*** business premises; ***l. de ensayo*** rehearsal space

localidad *nf* (**a**) *(población)* place, town (**b**) *(asiento)* seat; **el estadio sólo tiene localidades de asiento** it's an all-seater stadium (**c**) *(entrada)* ticket; **no hay localidades** *(en letrero)* sold out; **las localidades de asiento cuestan 2.000 pesos** seats cost 2,000 pesos

localismo *nm* (**a**) *(sentimiento)* parochialism (**b**) *Ling* localism

localista *adj* parochial

localización *nf* (**a**) *(acción)* localization, tracking down (**b**) *(lugar)* site

localizado, -a *adj* localized

localizador *nm* (**a**) *Informát (de página Web)* URL (**b**) *Méx (buscapersonas)* pager

localizar [14] **1** *vt* (**a**) *(encontrar)* to locate, to track down (**b**) *(circunscribir)* to localize

2 localizarse *vpr* **la infección se localiza en el hígado** the infection is localized in the liver; **esta planta se localiza en los Alpes** this plant is only found in the Alps

localmente *adv* locally

locamente *adv* madly

locatario, -a *nm,f* tenant

locatis *Fam* **1** *adj inv* nutty

2 *nmf inv* nutcase

locativo *nm* locative

loc. cit. *(abrev de* **loco citato***)* loc. cit.

loción *nf* lotion ❑ ***l. capilar*** hair lotion; ***l. para después del afeitado*** aftershave (lotion)

LOCO, -A 1 *adj* (**a**) *(demente)* mad, crazy; **volver l. a alguien** *(enajenar, aturdir)* to drive sb mad; **esos martillazos en la pared me van a volver l.** that hammering on the wall is driving me mad; **el dolor le volvía l.** the pain was was driving him mad; **volverse l.** to go mad; **este niño me trae l.** this child is driving me mad; EXPR **estar l. de atar** *o* **de remate** to be stark raving mad; **¡ni l.!** (absolutely) no way!; **¡no lo haría ni l.!** there's no way you'd get me doing that!

(**b**) *(insensato)* mad, crazy; **no seas loca, es muy peligroso** don't be (so) stupid, it's very dangerous; **está medio l. pero es muy simpático** he's a bit crazy, but he's very nice with it; **a lo l.** *(sin pensar)* hastily; *(temerariamente)* wildly

(**c**) *(apasionado, entusiasmado)* mad, crazy; **la abuela está loca con su nieto** the grandmother's mad *o* crazy about her grandson; **estar l. de** to be mad with; **estar l. de contento/pasión** to be wild with joy/passion; **estar l. de amor** to be madly in love; **estar l. de celos** to be wildly *o* insanely jealous; **estar l. de ira** to be raging mad; **estar l. por alguien/algo** to be mad about sb/sth **está l. por ella** *(enamorado)* he's madly in love with her, he's crazy about her; **está loca por conocerte** she's dying to meet you; **está (como) l. por que lleguen los invitados** he's desperate for the guests to arrive, he can't wait for the guests to arrive; **le vuelve l. el fútbol** he's mad about soccer, he's soccer-crazy; **le vuelve loca la paella** she absolutely adores paella

(**d**) *(muy ajetreado)* mad, hectic; **llevamos una semana loca** it's been a mad week for us

(**e**) *(enorme)* **tengo unas ganas locas de conocer Italia** I'm absolutely dying to go to Italy; **tuvimos una suerte loca** we were extraordinarily *o* amazingly lucky

(**f**) *Chile (molusco comestible)* = type of abalone

2 *nm,f también Fig (hombre)* lunatic, madman; *(mujer)* lunatic, madwoman; **conduce** *o Am* **maneja como un l.** he drives like a madman; **corrimos como locos** we ran like mad *o* crazy; **el l. de tu marido se puso a chillar** that madman husband of yours started shouting; EXPR **ya está otra vez Santi con lo del yoga... cada l. con su tema** Santi's going on about yoga again, the man's obsessed!; *Fam* **¡dejad de hacer el l.!** stop messing around!; EXPR *Fam* **hacerse el l.** to play dumb, to pretend not to understand; **ponerse como un l.** *(enfadarse)* to go mad; **sería de locos empezar de nuevo todo el trabajo** it would be crazy *o* madness to start the whole job over again

---

locomoción *nf (transporte)* transport; *(de tren)* locomotion

locomotor, -ora *o* **-triz** *adj* locomotive

locomotora *nf* engine, locomotive ❑ ***l. diesel*** diesel engine

locoto *nm Andes* chilli

locro *nm Andes, Arg (guiso)* = stew of meat, potatoes and sweetcorn

locuacidad *nf* loquacity, talkativeness

locuaz *adj* loquacious, talkative

locución *nf* phrase

locuelo, -a 1 *adj* crazy, halfwitted

2 *nm,f* **es un l.** he's crazy *o* a halfwit

locura *nf* (**a**) *(demencia)* madness (**b**) *(imprudencia)* folly; **hacer locuras** to do stupid *o* crazy things; **temía que hiciera una l.** I was afraid he might do something desperate (**c**) *(exageración)* **con l.** madly; **se quieren con l.** they're madly in love with one another (**d**) **una l.** *(mucho)* a fortune, a ridiculous amount; **gastar una l.** to spend a fortune

locutor, -ora *nm,f (de noticias)* newsreader; *(de continuidad)* announcer; *(de programa de radio)* presenter

locutorio *nm* (**a**) *(para visitas)* visiting room (**b**) **l. (telefónico)** = establishment containing a number of telephone booths for public use (**c**) *(radiofónico)* studio

lodazal *nm* quagmire

loden *nm* loden coat

lodo *nm también Fig* mud; EXPR **arrastrar por el l.** to drag through the mud

loes *nf Geol* löss, loess

logarítmico, -a *adj* logarithmic

logaritmo *nm* logarithm

logia *nf* (**a**) *(masónica)* lodge (**b**) *Arquit* loggia

lógica *nf* logic; **por l.** obviously; **tener l.** to make sense; **eso no tiene l.** that doesn't make any sense ❑ *Informát* ***l. booleana*** Boolean logic

lógicamente *adv* logically; **l., no volvió a acercarse por ahí** naturally *o* obviously, he didn't go near there again

lógico, -a *adj* logical; **es l. que se enfade** it stands to reason that he should get angry; **es l. que tras la enfermedad se sienta débil** it's only natural that she should feel weak after the illness

logística *nf* logistics *(singular o plural)*

logístico, -a *adj* logistic

logopeda *nmf* speech therapist

logopedia *nf* speech therapy

logotipo *nm* logo

logrado, -a *adj (bien hecho)* accomplished

lograr *vt (objetivo)* to achieve; *(puesto, beca, divorcio)* to get, to obtain; *(resultado)* to obtain, to achieve; *(perfección)* to attain; *(victoria, premio)* to win; *(deseo, aspiración)* to fulfil; **¡lo logramos!** we did it!, we've done it!; **l. hacer algo** to manage to do sth; **l. que alguien haga algo** to manage to get sb to do sth; **no logro entender cómo lo hizo** I just can't see how he managed it

logro *nm* achievement

logroñés, -esa 1 *adj* of/from Logroño

2 *nm,f* person from Logroño

LOGSE ['loγse] *nf (abrev de* **Ley**

Orgánica de Ordenación General del Sistema Educativo) = Spanish education act

Loira *nm* **el L.** the (river) Loire

loísmo *nm* = incorrect use of "lo" as indirect object instead of "le"

loísta 1 *adj* prone to "loísmo"
 2 *nmf* = person who uses "loísmo"

loma *nf* hillock

lomada *nf Perú, RP (loma)* hillock

lombarda *nf (verdura)* red cabbage

Lombardía *n* Lombardy

lombardo, -a *adj & nm,f (de Lombardía)* Lombard

lombriz *nf* worm; **tener lombrices** to have worms ▫ ***l. de tierra*** earthworm

Lomé *n* Lomé

lomillo *nm Bol, Carib, RP (de montar)* saddle pad

lomo *nm* (**a**) *(de animal)* back; **a lomos de** astride, riding (**b**) *(carne)* loin (**c**) *(de libro)* spine (**d**) *Fam (de persona)* loins, lower back (**e**) *(de cuchillo)* blunt edge

lona *nf* canvas; **una l.** a tarpaulin

loncha *nf* slice; *(de beicon)* rasher

lonche *nm Carib, Col, Méx* lunch

londinense 1 *adj* London; **las calles londinenses** the London streets, the streets of London
 2 *nmf* Londoner

Londres *n* London

loneta *nf* sailcloth

longánimo, -a *adj Formal* magnanimous

longaniza *nf* = type of spicy cold pork sausage

longevidad *nf* longevity

longevo, -a *adj* long-lived

longitud *nf* (**a**) *(dimensión)* length; **tiene medio metro de l.** it's half a metre long ▫ ***l. de onda*** wavelength (**b**) *Astron & Geog* longitude (**c**) *Fam (distancia)* distance

longitudinal *adj* longitudinal, lengthways

longitudinalmente *adv* lengthwise

long play ['lomplei] (*pl* **long plays**) *nm* LP, album

longui, longuis *nm* EXPR *Fam* **hacerse el l.** to act dumb, to pretend not to understand

lonja *nf* (**a**) *(loncha)* slice (**b**) *(edificio)* exchange ▫ ***l. de pescado*** fish market (**c**) *RP (tira de cuero)* leather thong *o* strap

lontananza *nf* background; **en l.** in the distance

look [luk] (*pl* **looks**) *nm Fam* look; **tiene un l. retro** it has an old-fashioned look about it; **¿qué te parece mi nuevo l.?** what do you think of my new look *o* image?

loor *nm* **fue recibido en l. de multitudes** he was welcomed by enraptured crowds

loquera *nf Am Fam (locura)* madness

loquería *nf Am Fam Br* mental home, *US* insane asylum

loquero, -a 1 *nm,f Fam* **se lo llevaron los loqueros** the men in white coats took him away
 2 *nm Am (escándalo)* row, uproar

lora *nf Andes, CAm (papagayo)* parrot

lord (*pl* **lores**) *nm* lord

loro *nm* (**a**) *(animal)* parrot (**b**) *Fam (charlatán)* chatterbox; **hablar como un l.** to chatter (**c**) *Fam (aparato de música)* sounds, = radio and/or cassette or CD player (**d**) *Fam* **estar al l.** *(alerta)* to keep one's ears *o* eyes open; *(enterado)* to be well up (on what's happening); **¡al l.!** get a load of this! (**e**) *Fam Chile (espía)* spy (**f**) *Chile Fam (orinal)* bedpan

lorquiano, -a *adj* = of/relating to Federico García Lorca

los 1 *art ver* **el**
 2 *pron ver* **lo**[1]

losa *nf (piedra)* paving stone, flagstone; *(de tumba)* tombstone

loseta *nf* floor tile

lote *nm* (**a**) *(parte)* share (**b**) *(conjunto)* batch, lot; **un l. de libros** a set of books (**c**) *Fam* **darse** *o* **pegarse el l. (con)** *Br* to snog (with), *Am* to neck (with)

lotería *nf* (**a**) *(sorteo)* lottery; **jugar a la l.** to play the lottery; **le tocó la l.** she won the lottery; *Fig* **es una l.** *(es aleatorio)* it's a lottery ▫ ***L. Nacional*** = state-run lottery in which prizes are allocated to randomly chosen five-figure numbers; *Esp* ***l. primitiva*** weekly state-run lottery, *Br* ≃ National Lottery (**b**) *(tienda)* = place selling lottery tickets (**c**) *(juego de mesa)* lotto

lotero, -a *nm,f* lottery ticket seller

loto 1 *nf Fam* = weekly state-run lottery, *Br* ≃ National Lottery
 2 *nm (planta)* lotus

loza *nf* (**a**) *(material)* earthenware; *(porcelana)* china (**b**) *(objetos)* crockery (**c**) *Ven (azulejo)* (glazed) tile

lozanía *nf* (**a**) *(de plantas)* luxuriance (**b**) *(de persona)* youthful vigour

lozano, -a *adj* (**a**) *(planta)* lush, luxuriant (**b**) *(persona)* youthfully vigorous

LP *nm (abrev de* **elepé***)* LP

LSD *nm* LSD *m*

Luanda *n* Luanda

lubina *nf* sea bass

lubricación, lubrificación *nf* lubrication

lubricante, lubrificante 1 *adj* lubricating
 2 *nm* lubricant

lubricar, lubrificar [59] *vt* to lubricate

lubricidad *nf* lewdness

lúbrico, -a *adj* lewd, salacious

lubrificante, lubrificar *etc* = **lubricante, lubricar** *etc*

lucense 1 *adj* of/from Lugo
 2 *nmf* person from Lugo

lucero *nm* bright star; EXPR **como un l.** as bright as a new pin ▫ ***l. del alba*** morning star; ***l. de la tarde*** evening star

lucha *nf* (**a**) *(combate)* fight ▫ ***l. libre*** all-in wrestling; ***l. de clases*** class struggle; ***l. grecorromana*** Graeco-Roman wrestling (**b**) *(esfuerzo)* struggle (**c**) *(en baloncesto)* jump ball

luchador, -ora 1 *adj* **ser muy l.** to be a fighter *o* battler
 2 *nm,f* (**a**) *Dep* wrestler (**b**) *(persona tenaz)* fighter

luchar *vi* (**a**) *(combatir)* to fight; **l. contra** to fight (against); **l. por** to fight for (**b**) *(pasar penalidades)* to struggle

lucidez *nf* lucidity, clarity

lucido, -a *adj* splendid

lúcido, -a *adj* lucid

luciérnaga *nf* glow-worm

Lucifer *nm* Lucifer

lucimiento *nm (de ceremonia)* sparkle; *(de artista)* brilliant performance

lucio *nm* pike

lucir [39] **1** *vi* (**a**) *(brillar)* to shine (**b**) *(rendir)* **no me lucían tantas horas de trabajo** I didn't have much to show for all those hours I worked (**c**) *(quedar bonito)* to look good (**d**) *Am (parecer)* to seem (**e**) *Am (presumir)* to show off
 2 *vt* (**a**) *(llevar)* to wear, to sport; *(exhibir)* to show off, to sport (**b**) *Am (tener)* to have
 3 lucirse *vpr (destacar)* to shine (**en** at); *Irónico* **te has lucido** you've excelled yourself!

lucrar 1 *vt* to win, to obtain
 2 lucrarse *vpr* to make money (for oneself)

lucrativo, -a *adj* lucrative; **no l.** non profit-making

lucro *nm* profit, gain

luctuoso, -a *adj* sorrowful, mournful

lucubración *nf* (**a**) *(reflexión)* cogitation (**b**) *(imaginación)* brainwave, harebrained idea; **no son más que lucubraciones suyas** it's just a lot of nonsense he's dreamed up

lucubrar *vt* to cogitate about, to consider deeply

lúdico, -a *adj* **espacios lúdicos** play areas; **actividades lúdicas** leisure activities

ludista, ludita *adj también Fig* Luddite

ludópata *nmf* = pathological gambling addict

ludopatía *nf* = pathological addiction to gambling

ludoteca *nf* toy library

luego 1 *adv* (**a**) *(a continuación)* then, next; **primero aquí y l. allí** first here and then there; **l. de** immediately after; **l. que** as soon as (**b**) *(más tarde)* later; **hazlo l.** do it later (**c**) *Am (pronto)* soon (**d**) *Am (a veces)* sometimes
 2 *conj (así que, por lo tanto)* so, therefore; EXPR **pienso, l. existo** I think, therefore I am

luengo, -a *adj Anticuado* long

LUGAR *nm* (**a**) *(sitio)* place; *(del crimen, accidente)* scene; *(para acampar, merendar)* spot; **¿en qué l. habré metido las tijeras?** where can I have put the

scissors?; **en algún l.** somewhere; **no lo veo por ningún l.** I can't see it anywhere; **vuelve a ponerlo todo en su l.** put everything back where it belongs; **éste no es (el) l. para discutir eso** this is not the place to discuss that matter ❑ ***l. de reunión*** meeting place; ***l. sagrado*** sanctum; ***l. de trabajo*** workplace
(**b**) *(localidad)* place, town; **las gentes del l.** the local people; **ni los más viejos del l. recuerdan algo semejante** not even the oldest people there can remember anything like it ❑ ***l. de nacimiento*** *(en biografía)* birthplace; *(en formulario, impreso)* place of birth; ***l. turístico*** holiday resort; ***l. de veraneo*** summer resort
(**c**) *(puesto)* position; **ocupa un l. importante en la empresa** she has an important position in the company, she is high up in the company; **¿puedes ir tú en mi l.?** can you go in my place?; **en primer/segundo l., quiero decir...** in the first/second place, I would like to say..., firstly/secondly, I would like to say...; **llegó en primer/segundo l.** she finished *o* came first/second; **en último l., quiero decir...** lastly *o* last, I would like to say...; **llegó en último l.** she came last
(**d**) *(espacio libre)* room, space; **esta mesa ocupa mucho l.** this table takes up a lot of room *o* space; **aquí ya no hay l. para más gente** there's no room for anyone else here; **hacerle l. a algo/alguien** to make room *o* some space for sth/sb
(**e**) ***l. común*** platitude, commonplace
(**f**) **dar l. a** *(rumores, comentarios, debate, disputa)* to give rise to; *(polémica)* to spark off, to give rise to; *(catástrofe)* to lead to, to cause; *(explosión, escape)* to cause
(**g**) **tener l.** to take place; **la recepción tendrá l. en los jardines del palacio** the reception will be held in the palace gardens
(**h**) **en lugar de** *loc prep* instead of; **en l. de la sopa, tomaré pasta** I'll have the pasta instead of the soup; **en l. de mirar, podrías echarnos una mano** you could give us a hand rather than *o* instead of just standing/sitting there watching
(**i**) EXPR **el cantante mexicano dejó en buen l. a su país** the Mexican singer did his country proud; **no nos dejes en mal l. y pórtate bien** be good and don't show us up; **estar fuera de l.** to be out of place; *Der* **no ha l.** objection overruled; **no hay l. a duda** there's no (room for) doubt; **poner a alguien en su l.** to put sb in his/her place; **poner las cosas en su l.** to set things straight; **ponte en mi l.** put yourself in my place; **sin l. a dudas** without doubt, undoubtedly; **yo en tu l.** if I were you

---

lugareño, -a 1 *adj* village; **vino l.** local wine
2 *nm,f* villager

lugarteniente *nm* deputy

luge *Dep nm* luge

lúgubre *adj* gloomy, mournful

lujo *nm* (**a**) *(fastuosidad)* luxury; **a todo l.** with no expense spared; **de l.** luxury; **un hotel de l.** a luxury hotel; **permitirse el l. de algo/de hacer algo** to be able to afford sth/to do sth; **l. asiático** undreamt of opulence *o* luxury (**b**) *(profusión)* profusion; **con todo l. de detalles** in great detail

lujosamente *adv* luxuriously

lujoso, -a *adj* luxurious

lujuria *nf* lust

lujuriante *adj* luxuriant, lush

lujurioso, -a 1 *adj* lecherous
2 *nm,f* lecher

lumbago *nm* lumbago

lumbar *adj* lumbar

lumbre *nf* fire; **dar l. a alguien** to give sb a light; **encender la l.** to light the fire

lumbrera *nmf Fam* genius

luminaria *nf* light, lighting

luminescencia *nf* luminescence

luminescente *adj* luminescent

lumínico, -a *adj* light; **energía lumínica** light energy

luminiscencia *nf* luminescence

luminosidad *nf* (**a**) *(por luz)* brightness, luminosity (**b**) *(por alegría)* brightness, brilliance

luminoso, -a 1 *adj* (**a**) *(con luz)* bright; **fuente luminosa** light source; **rótulo l.** illuminated *o* neon sign (**b**) *(idea)* brilliant
2 *nm* illuminated *o* neon sign

luminotecnia *nf* lighting

luminotécnico, -a *nm,f* lighting specialist

lumpen *nm* **el l.** the underclass ❑ ***l. proletariado*** lumpenproletariat

luna *nf* (**a**) *(astro)* moon; **la L.** the Moon; **media l.** half moon; EXPR **estar en la l.** to be miles away; EXPR **pedir la l.** to ask the impossible ❑ ***l. creciente*** crescent moon *(when waxing)*; ***l. llena*** full moon; ***l. menguante*** crescent moon *(when waning)*; ***l. nueva*** new moon (**b**) *(cristal)* window (pane) (**c**) *(espejo)* mirror (**d**) ***l. de miel*** honeymoon

lunar 1 *adj* lunar
2 *nm* (**a**) *(en la piel)* mole, beauty spot (**b**) *(en telas)* spot; **a lunares** spotted

lunarejo, -a *adj Andes* spotted

lunático, -a 1 *adj* crazy
2 *nm,f* lunatic

lunch [lantʃ] (*pl* **lunches**) *nm* buffet lunch

lunes *nm inv* Monday; *ver también* **sábado**

luneta *nf (de coche) Br* windscreen, *Am* windshield ❑ ***l. térmica*** *Br* demister, *US* defogger; ***l. trasera*** rear *Br* windscreen *o* *US* windshield

lunfardo *nm* = Buenos Aires slang

lupa *nf* magnifying glass

lupanar *nm Formal* brothel

lúpulo *nm* hops

Lusaka *n* Lusaka

lusitanismo *nm* = Portuguese word or expression

lusitano, -a, luso, -a *adj & nm,f* (**a**) *(de Lusitania)* Lusitanian (**b**) *(de Portugal)* Portuguese

lustrabotas *nm inv,* **lustrador, -ora** *nm,f Andes, RP* bootblack

lustrar 1 *vt* to polish
2 lustrarse *vpr* **se lustró los zapatos** he polished his shoes

lustre *nm* (**a**) *(brillo)* shine; **dar l. a** to polish (**b**) *(gloria)* glory

lustrín *nm Chile (limpiabotas)* shoeshine

lustro *nm* five-year period; *Fig* **desde hace lustros** for ages

lustroso, -a *adj* shiny

luteranismo *nm Rel* Lutheranism

luterano, -a *adj & nm,f Rel* Lutheran

luthier *nmf* = maker or repairer of stringed instruments

luto *nm* mourning; **estar de l.** to be in mourning; **vestirse de l.** to wear black *(as a sign of mourning)*

luxación *nf Med* dislocation

luxar 1 *vt* to dislocate
2 luxarse *vpr* to dislocate

Luxemburgo *n* Luxembourg

luxemburgués, -esa 1 *adj* Luxembourg; **costumbres luxemburguesas** Luxembourg customs
2 *nm,f* Luxembourger

LUZ *nf* (**a**) *(foco, energía, luminosidad)* light; *(destello)* flash (of light); **se veía una l. a lo lejos** a light could be seen in the distance; **estas farolas dan poca l.** these streetlights don't shine very brightly *o* aren't very bright; **esta habitación tiene mucha l.** you get a lot of sunlight in this room; **ya no hay l. a esas horas** it's no longer light at that time of day, the light has gone by that time of day; **apagar la l.** to switch off the light; **dar** *o* **encender la l.** to switch on the light; **la habitación estaba a media l.** *(con luz natural)* it was almost dark in the room; *(con luz artificial)* the room was dimly lit; **ponlo a la l., que lo veamos mejor** hold it up to the light so we can see it better; **con las primeras luces** *(al amanecer)* at first light; **quitarle la l. a alguien** *(ponerse en medio)* to block sb's light; **leer a la l. de una vela** to read by the light of a candle; **una cena a la l. de las velas** a candlelit dinner; *Fig* **a la l. de** *(los hechos, los acontecimientos)* in the light of; **a plena l. del día** in the full light of day; **arrojar l. sobre** to shed light on; **a todas luces** whichever way you look at it; EXPR **con l. y taquígrafos** with absolute transparency; **dar a l. (un niño)** to give birth (to a child); **dar l. verde (a)** to give the green light *o* the go-ahead (to); **entre dos luces** *Literario (entre el día y la noche)* at twilight; *Literario (entre la noche y el día)* at first light; *Fam Fig (achispado)* tipsy; **sacar algo a la l.** *(revelar)* to bring sth to light; *(publicar)* to bring sth out, to publish sth; **salir a la l.** *(descubrirse)* to come to light; *(publicarse)* to come out; **ver la l.** *(publicación, informe)* to see the light of day; *(tras penalidades)* to see the light at the end of the tunnel ▫ ***l. cenital*** light from above; ***l. del día*** daylight; ***l. de discoteca*** strobe light; ***l. eléctrica*** electric light; ***l. de luna*** moonlight; ***l. natural*** *(del sol)* natural light, ***l. de neón*** neon light; ***l. solar*** *o* ***del sol*** sunlight

(**b**) *(electricidad)* electricity; **cortar la l. a alguien** to cut off sb's electricity supply; **se ha ido la l.** the lights have gone out; **pagar (el recibo de) la l.** to pay the electricity (bill)

(**c**) **luces** *(de automóvil)* lights; **darle las luces a alguien** to flash (one's lights) at sb; **dejarse las luces del coche puestas** to leave one's lights on ▫ ***luces de carretera:*** **poner las luces de carretera** to put one's headlights on *Br* full *o US* high beam; ***luces cortas*** *o* ***de cruce*** *Br* dipped headlights, *US* low beams; ***luces de emergencia*** hazard (warning) lights; ***luces de freno*** *o* ***frenado*** brake lights; ***luces de gálibo*** clearance lights; ***luces largas:*** **poner las luces largas** to put one's headlights on *Br* full *o US* high beam; ***luces de niebla*** fog lamps *o* lights; ***luces de posición*** sidelights; ***luces de señalización*** traffic lights; ***luces de situación*** sidelights; ***luces de tráfico*** traffic lights; ***luces traseras*** *Br* rear lights, *US* taillights

(**d**) **luces** *(inteligencia)* intelligence; **es de** *o* **tiene pocas luces** he's not very bright

(**e**) *Hist* ***las Luces*** the Enlightenment

(**f**) *Fig (modelo, ejemplo)* **Alá es la l. que dirige nuestras vidas** Allah is our guiding light

(**g**) *Arquit (ventana)* window; *(ancho de ventana)* span

luzco *etc ver* **lucir**

lycra® *nf* Lycra®

Lyon *n* Lyons, Lyon

M

M, m ['eme] *nf* (**a**) *(letra)* M, m (**b**) EXPR *Fam Euf* **lo mandé a la m...** I told him where to go...

m (*abrev de* **metro**) m

maca *nf* (**a**) *(de fruta)* bruise (**b**) *(de objetos)* flaw

macabeo, -a *adj Fam* **ser un rollo m.** to be a real bore *o* drag

macabí (*pl* **macabíes**) *nm Carib, Col* banana fish

macabro, -a *adj* macabre

macaco, -a 1 *nm,f (animal)* macaque
2 *adj Chile, Cuba, Méx Fam (feo)* ugly, misshapen

macadam (*pl* **macadams**), **macadán** (*pl* **macadanes**) *nm* macadam

macagua *nf* (**a**) *(ave)* laughing falcon (**b**) *Ven (serpiente)* = type of large poisonous snake (**c**) *Cuba (árbol)* breadfruit tree

macana *nf Fam* (**a**) *RP, Carib (disparate)* stupid thing (**b**) *Chile, RP (mentira)* fib (**c**) *Andes, RP* **¡qué m.!** *(¡qué pena!)* what a shame!

macaneador, -ora *adj Chile, RP Fam (mentiroso)* liar

macanear *vt Fam* (**a**) *Chile, RP (disparates)* to spout (**b**) *Chile, RP (hacer mal)* to botch, to do badly (**c**) *Col, Ven (manejar)* to handle

macaneo *nm Chile, RP Fam* (**a**) *(disparate)* stupid thing (**b**) *(broma)* joke

macanudo, -a *adj Guat, PRico, RP Fam* great, terrific

Macao *n* Macao

macarra *Fam* **1** *adj* loutish, *Br* yobbish
2 *nm* (**a**) *(de prostitutas)* pimp (**b**) *(matón)* lout, *Br* yob

macarrón *nm* (**a**) **macarrones** *(pasta)* macaroni (**b**) *(dulce)* macaroon (**c**) *(tubo)* sheath *(of cable)*

macarrónico, -a *adj Fam* **tiene un inglés m.** his English is atrocious

Macedonia *n* Macedonia; **Antigua República Yugoslava de M.** Former Yugoslavian Republic of Macedonia, FYROM

macedonia *nf (de frutas)* fruit salad

macedonio, -a 1 *adj & nm,f* Macedonian
2 *nm (lengua)* Macedonian

maceración *nf* soaking, maceration

macerar *vt* to soak, to macerate

maceta *nf* (**a**) *(tiesto)* flowerpot (**b**) *(herramienta)* mallet (**c**) *Chile (ramo)* bouquet (**d**) *Méx Fam (cabeza)* nut

macetero *nm* flowerpot holder

mach *nm* mach

machaca *nmf Fam* (**a**) *(pesado)* pain, bore (**b**) *(trabajador)* **es un m.** he's a real workhorse

machacador, -ora 1 *adj* crushing
2 *nf* **machacadora** crusher

machacante *nm Fam (moneda)* five peseta coin

machacar [59] **1** *vt* (**a**) *(desmenuzar)* to crush (**b**) *Fam (estudiar) Br* to swot up on, *US* to bone up on (**c**) *Fam (ganar)* to thrash (**d**) *(en baloncesto)* to dunk
2 *vi* (**a**) *Fam (insistir)* to go on and on (**sobre** about) (**b**) *(en baloncesto)* to dunk
3 machacarse *vpr* **se machacó el pie en el accidente** her foot got crushed in the accident

machacón, -ona *Fam* **1** *adj* tiresome
2 *nm,f* pain, bore

machaconamente *adv* tiresomely, insistently; **me lo repitió m.** she repeated it to me over and over again

machaconería *nf Fam* annoying insistence; **su m. me tiene harto** I'm fed up with the way she just won't let it drop

machada *nf* act of bravado

machamartillo: a machamartillo *loc adv* very firmly; **creer algo a m.** to be firm in one's belief of sth

machaque, machaqueo *nm* (**a**) *(trituración)* crushing, pounding (**b**) *(insistencia)* insistence

machetazo *nm* (**a**) *(golpe)* machete blow (**b**) *(herida)* machete wound

machete *nm* machete

machetear *vt* to cut (with a machete)

machetero, -a *nm,f* (**a**) *(cortador de caña)* cane-cutter (**b**) *Méx (trabajador)* labourer

máchica *nf Perú* roasted cornmeal

machihembrado *nm* tongue and groove

machismo *nm* male chauvinism, machismo

machista *adj & nmf* male chauvinist

macho 1 *adj* (**a**) *Biol* male (**b**) *(hombre)* macho; *Fam* **es muy m.** he's a real man
2 *nm* (**a**) *Biol* male ▫ ***m. cabrío*** billy goat (**b**) *(mulo)* (male) mule (**c**) *(hombre)* macho man, he-man; *Fam* **¡oye, m.!** *Br* hey, mate, *US* hey, buddy!; *Fam* **¡mira, m., cómo llueve!** would you look at that rain! (**d**) *Elec (enchufe)* (male) plug, jack plug; *(pata de enchufe)* pin

machona *RP Fam* **1** *adj* mannish
2 *nf (marimacho) (niña)* tomboy; *(mujer)* butch woman

machonga *nf Col* (**a**) *(de cobre)* copper pyrite (**b**) *(de hierro)* iron pyrite

machote, -a 1 *adj Fam* brave; **dárselas de m.** to act like a he-man
2 *nm,f Fam (niño)* big boy, *f* big girl
3 *nm Am (modelo)* rough draft

machucar [59] *vt* (**a**) *(golpear)* to pound, to beat (**b**) *(magullar)* to bruise

macilento, -a *adj* wan

macillo *nm (de instrumento musical)* hammer

macis *nf inv* mace

macizo, -a 1 *adj* solid; *Fam* **estar m.** *(hombre)* to be hunky; *(mujer)* to be gorgeous
2 *nm* (**a**) *Geog* massif (**b**) *(de plantas)* flowerbed

macla *nf Geol* macle

macollo *nm Arg, Ecuad, Méx* bunch, cluster

macón, -ona, macote *adj Col* huge, very big

macramé *nm* macramé

macro- *pref* macro-

macro *nf Informát & Fot* macro

macró *nm Arg* pimp

macrobiótico, -a 1 *adj* macrobiotic
2 *nf* **macrobiótica** macrobiotics *(singular)*

macrocárcel *nf* super-prison

macrocefalia *nf Med* macrocephaly

macroconcierto *nm* big concert

macrocosmo *nm*, **macrocosmos** *nm inv* macrocosm

macroeconomía *nf* macroeconomics *(singular)*

macroencuesta *nf* large-scale opinion poll

macrófago *nm Biol* macrophage

macrofestival *nm* = large open-air music festival

macroinstrucción *nf Informát* macro (instruction)

macroproceso *nm* super-trial *(of important case with many defendants)*

macuco, -a, macucón, -ona *adj Chile (astuto)* sly, crafty

mácula *nf Formal* blemish

macuto *nm* backpack, knapsack

Madagascar *n* Madagascar

Madeira *n* Madeira

madeja *nf* hank, skein; *Fam* **estar hecho una m. de nervios** to be a bundle of nerves

madera *nf* (**a**) *(material)* wood; *Constr* timber; **de m.** wooden; EXPR *Fam* **tocar m.** to touch wood ❑ ***m. contrachapada*** plywood; ***m. noble*** fine wood (**b**) *(tabla)* piece of wood (**c**) *(cualidades)* **tener m. de algo** to have the makings of sth; **tener m. para algo** to have what it takes for sth (**d**) *(palo de golf)* wood; **una m. del 3/5** a 3/5 wood (**e**) *Esp muy Fam (policía)* **la m.** the pigs

maderaje, maderamen *nm Constr* timbers

maderera *nf (compañía)* timber factory *o* company

maderería *nf* lumberyard

maderero, -a *adj* timber; **industria maderera** timber industry

madero *nm* (**a**) *(tabla)* log (**b**) *(necio)* halfwit (**c**) *Esp muy Fam (agente de policía)* pig

madona, madonna *nf* Madonna

madrás *nm inv (tejido)* madras

madrastra *nf* stepmother

madraza *nf Fam* = indulgent or doting mother

madrazo *nm Méx* hard blow

madre *nf* (**a**) *(mujer, hembra)* mother; **es m. de tres niños** she's a mother of three; **Alicia va a ser m.** Alicia's going to have a baby; **la m. patria** the motherland; EXPR *Fam* **éramos ciento y la m.** there were hundreds of us there; **¡m. mía!, ¡mi m.!** Jesus!, Christ!; EXPR *muy Fam* **¡la m. que te parió!** you bastard!; EXPR *Méx* **dar a alguien en la m.** to beat sb up; EXPR *Méx* **mentarle la m. a alguien** to swear at *o* curse sb; EXPR *Fam* **ser la m. del cordero** to be at the very root of the problem ❑ ***m. adoptiva*** foster mother; ***m. de alquiler*** surrogate mother; ***m. política*** mother-in-law; ***m. soltera*** single mother; *Rel* ***m. superiora*** mother superior
(**b**) *(cauce)* bed; **salirse de m.** *(río)* to burst its banks; *Fig (persona)* to go too far
(**c**) *Col (costra)* scab
(**d**) *Méx* EXPR *Fam* **estar hasta la m.** *(muy lleno)* to be jam-packed; *muy Fam* **¡en la m.!** *(expresando disgusto)* bloody hell!, goddam!; **estar de poca m.** *(estar muy bien)* to be great *o* fantastic; *muy Fam* **me vale m.** I couldn't give a damn *o Br* a toss; **¡ni madres!** no way!; **ser a toda m.** *(ser muy simpático)* to be a really nice person

madrear *vt Méx Vulg (golpear)* **le madrearon** they beat *o* knocked the shit out of him

madreperla *nf (ostra)* pearl oyster; *(nácar)* mother-of-pearl

madrépora *nf* madrepore

madreselva *nf* honeysuckle

Madrid *n* Madrid

madridismo *nm Dep* = support for Real Madrid football club

madridista *adj Dep* = of/relating to Real Madrid football club

madrigal *nm Lit & Mús* madrigal

madriguera *nf* (**a**) *(de animal)* den; *(de conejo)* burrow (**b**) *(escondrijo)* den

madrileño, -a 1 *adj* of/from Madrid
2 *nm,f* person from Madrid

madrina *nf (de bautizo)* godmother; *(de boda)* bridesmaid; *(de barco)* = woman who launches ship

madriza *nf Méx Vulg (paliza)* **le dieron una m.** they beat *o* knocked the shit out of him

madroño *nm* (**a**) *(árbol)* strawberry tree (**b**) *(fruto)* strawberry-tree berry

madrugada *nf* (**a**) *(amanecer)* dawn; **de m.** at dawn (**b**) *(noche)* early morning; **las tres de la m.** three in the morning

madrugador, -ora 1 *adj* early-rising
2 *nm,f* early riser

madrugar [38] *vi* to get up early; *Fig* to be quick off the mark; PROV **no por mucho m. amanece más temprano** time must take its course; PROV **al que madruga, Dios le ayuda** the early bird catches the worm

madrugón *nm Fam* early rise; **darse un m.** to get up very early

maduración *nf (de fruta)* ripening

madurar 1 *vt* (**a**) *(fruto)* to ripen (**b**) *(persona)* to mature (**c**) *(idea, proyecto)* to think through
2 *vi* (**a**) *(fruto)* to ripen (**b**) *(persona)* to mature

madurez *nf* (**a**) *(de fruto)* ripeness (**b**) *(edad adulta)* adulthood (**c**) *(sensatez, juicio)* maturity

maduro, -a *adj* (**a**) *(fruto)* ripe; *Fig* **este poema aún no está m. para ser publicado** this poem isn't ready for publication yet (**b**) *(persona)* mature; **de edad madura** middle-aged

maestranza *nf Mil* arsenal

maestrazgo *nm Hist* = office and territory of the master of a military order

maestre *nm Mil* master

maestresala *nmf* head waiter, maître d'hôtel

maestría *nf* (**a**) *(habilidad)* mastery, skill (**b**) *Méx* master's degree

maestro, -a 1 *adj* (**a**) *(excelente)* masterly (**b**) *(principal)* main; **llave maestra** pass-key, master key
2 *nm,f* (**a**) *(profesor)* teacher ❑ ***m. de escuela*** schoolmaster, *f* schoolmistress (**b**) *(experto)* master; **un m. de la cocina francesa** a master of French cuisine (**c**) *Mús* maestro (**d**) *(director)* ***m. de ceremonias*** master of ceremonies; ***m. de obras*** foreman (**e**) *Taurom* matador

mafia *nf* mafia

mafioso, -a 1 *adj* mafia; **organización mafiosa** mafia organization
2 *nm,f* mafioso

magallánico, -a 1 *adj* of/from Magallanes
2 *nm,f* person from Magallanes

maganto *nm* Norway lobster

maganzón,-ona *adj Col, CRica Fam* lazy, idle

magazine *nm* magazine

magdalena *nf* = small sponge cake; EXPR **llorar como una m.** to cry one's eyes out

magenta *adj inv & nm* magenta

magia *nf* magic ❑ ***m. blanca*** white magic; ***m. negra*** black magic

magiar 1 *adj & nmf* Magyar
2 *nm (lengua)* Magyar

mágicamente *adv* as if by magic

mágico, -a *adj* (**a**) *(de la magia)* magic (**b**) *(maravilloso)* magical

magisterio *nm* (**a**) *(título)* teaching certificate (**b**) *(enseñanza)* teaching (**c**) *(profesión)* teaching profession

magistrado, -a *nm,f (juez)* judge

magistral *adj* (**a**) *(de maestro)* magisterial (**b**) *(excelente)* masterly

magistralmente *adv* masterfully

magistratura *nf Der* (**a**) *(oficio)* judgeship (**b**) *(jueces)* magistrature (**c**) *(tribunal)* tribunal ❑ ***m. de trabajo*** industrial tribunal

magma *nm* magma

magmático,-a *adj* volcanic, *Espec* magmatic

magnanimidad *nf* magnanimity

magnánimo, -a *adj* magnanimous

magnate *nm* magnate, tycoon ❑ ***m. del petróleo*** oil baron; ***m. de la prensa*** press baron

magnesia *nf Quím* magnesia, magnesium oxide

magnesio *nm Quím* magnesium

magnético, -a *adj también Fig* magnetic

magnetismo *nm también Fig* magnetism ❑ ***m. personal*** charisma; ***m. terrestre*** geomagnetism

magnetita *nf Geol* magnetite

magnetización *nf* magnetization

magnetizar [14] *vt* (**a**) *Fís* to magnetize (**b**) *(fascinar)* to mesmerize

magnetofónico, -a *adj (cinta)* magnetic

magnetófono, magnetofón *nm* tape recorder

magneto-óptico *adj Informát* magneto-optical

magnetoscopio *nm* video (cassette) recorder

magnicida *nmf* assassin

magnicidio *nm* assassination

magníficamente *adv* magnificently

magnificar [59] *vt* (**a**) *(agrandar)* to exaggerate, to magnify (**b**) *(ensalzar)* to praise highly

magnificencia *nf* magnificence

magnífico, -a *adj* wonderful, magnificent

magnitud *nf* magnitude; **todavía no se conoce la m. de los daños** the extent *o* scale of the damage is still not known

magno, -a *adj* great

magnolia *nf* magnolia

magnolio *nm* magnolia (tree)

mago, -a *nm,f* (**a**) *(prestidigitador)* magician (**b**) *(en cuentos, leyendas)* wizard

magra *nf* slice of ham

magrear *muy Fam* **1** *vt* to touch up
2 magrearse *vpr Br* to snog, *US* to neck

Magreb *nm* **el M.** the Maghreb, = Morocco, Algeria and Tunisia

magrebí *adj & nmf* Maghrebi

magreo *nm muy Fam* touching up

magro, -a 1 *adj* (**a**) *(sin grasa)* lean (**b**) *(pobre)* poor
2 *nm* lean meat

maguey, magüey *nm Am* maguey

magullado, -a *adj* bruised

magulladura *nf* bruise

magullar 1 *vt* to bruise
2 magullarse *vpr* **me magullé la pierna** I bruised my leg

magullón *nm Am* bruise

maharajá [mara'xa] (*pl* **maharajás**) *nm* maharajah

Mahoma *n* Mohammed

mahometano, -a *adj & nm,f* Muslim

mahonesa *nf* mayonnaise

maicena® *nf Br* cornflour, *US* cornstarch

maicería *nf Cuba, Méx Br* maize shop, *US* corn shop

maicillo *nm* (**a**) *(planta)* type of sorghum (**b**) *Chile (arena)* gravel

mail ['mail, 'meil] (*pl* **mails**) *nm Informát* e-mail (message); **enviar un m. a alguien** to e-mail sb

mailing ['meilin] (*pl* **mailings**) *nm Com* mailshot; **hacer un m.** to do a mailshot

maillot [ma'jot] (*pl* **maillots**) *nm* (**a**) *(prenda femenina)* leotard (**b**) *(en ciclismo)* jersey ▫ ***el m. amarillo*** the yellow jersey; ***el m. de lunares*** the polka-dot jersey; ***el m. verde*** the green jersey

maitines *nmpl Rel* matins

maître ['metre] *nm* maître d'

maíz *nm* sweetcorn, *Br* maize, *US* corn ▫ ***m. dulce*** sweetcorn, *US* corn; *Col* ***m. pira*** popcorn; ***m. tostado*** = toasted, salted maize kernels

maizal *nm Br* maize field, *US* cornfield

maizena® *nf Br* cornflour, *US* cornstarch

majá (*pl* **majáes**) *nm Cuba* boa

majada *nf* (**a**) *(redil)* sheepfold (**b**) *(estiércol)* manure, dung (**c**) *Chile, RP (manada)* flock of sheep

majaderear *Carib, Col, Cuba* **1** *vt* to annoy, to pester
2 *vi* to be a nuisance *o* a pest

majadería *nf* (**a**) *(cualidad)* idiocy (**b**) *(acción)* stupid *o* silly thing; *(palabras)* nonsense

majadero, -a *nm,f* idiot

majado *nm* (**a**) *(cosa triturada)* mash, pulp (**b**) *Chile (guiso)* = dish of ground wheat soaked in hot water

majagua *nf Cuba (árbol)* magagua

majar *vt (machacar)* to crush; *(moler)* to grind

majareta, majara *Fam* **1** *adj* nutty
2 *nmf* nutcase

majestad *nf* majesty; **Su M.** His/Her Majesty

majestuosamente *adv* majestically

majestuosidad *nf* majesty

majestuoso, -a *adj* majestic

majo, -a 1 *adj Esp Fam* (**a**) *(simpático)* nice (**b**) *(bonito)* pretty (**c**) *(apelativo)* **¡oye, m., déjame ya!** look, leave me alone; **¿maja, por qué no me ayudas?** come on, give me a hand
2 *nm,f Arte & Hist* Majo, *f* Maja

majorette [majo'ret] *nf* majorette

majuela *nf* hawthorn fruit

majuelo *nm* hawthorn

MAL 1 *adj ver* **malo**
2 *nm* (**a**) *(maldad)* **el m.** evil; *Literario* **las fuerzas del m.** the forces of darkness *o* evil
(**b**) *(daño)* harm, damage; **nadie sufrió ningún m.** no one was harmed, no one suffered any harm; **¿no le hará m. al bebé tanta agua?** all that water can't be good for the baby; **no te hará ningún m. salir un rato** it won't harm you *o* it won't do you any harm to go out for a while; **todas aquellas habladurías le hicieron mucho m.** all the gossip hurt her deeply ▫ ***m. de ojo*** evil eye; **echarle el m. de ojo a alguien** to give sb the evil eye; *Arquit* ***el m. de la piedra*** = the problem of crumbling masonry caused by pollution etc
(**c**) *(enfermedad)* illness; *Fig* **esto te curará todos los males** this will make you feel better; **tener m. de amores** to be lovesick ▫ ***m. de (las) altura(s)*** altitude sickness; ***m. de montaña*** mountain sickness; *Fam* ***el m. de las vacas locas*** mad cow disease
(**d**) *(problema, inconveniente)* bad thing; **el hambre y la pobreza son males que afectan al Tercer Mundo** hunger and poverty are problems *o* ills which affect the Third World; **entre las dos opciones, es el m. menor** it's the lesser of two evils; **un m. necesario** a necessary evil
(**e**) EXPR **del m., el menos** it's the lesser of two evils; **la crisis pasará, no hay m. que cien años dure** the recession will end sooner or later, these things never last for ever; PROV **a grandes males, grandes remedios** drastic situations demand drastic action; PROV **he suspendido, pero también mis compañeros — m. de muchos, consuelo de todos** *o* **de tontos** I failed, but so did my classmates — it doesn't make it alright, just because they did too; PROV **no hay m. que por bien no venga** every cloud has a silver lining
3 *adv* (**a**) *(incorrectamente)* wrong; **obrar m.** to do wrong; **portarse m.** to behave badly; **juzgar m. a alguien** to judge sb wrongly, to be wrong in one's judgement of sb; **está m. hecho** *(un informe, un trabajo)* it hasn't been done properly; *(un producto, un aparato)* it's badly made; **eso está m. hecho, no debían haberlo aceptado** it was wrong of them, they shouldn't have accepted it; **está m. eso que has hecho** what you've done is wrong; **hacer algo m.** to do sth wrong; **has escrito m. esta palabra** you've spelt that word wrong; **hiciste m. en decírselo** it was wrong of you to tell him; **está m. que yo lo diga, pero esta sopa esta buenísima** this soup is delicious, although I say so myself
(**b**) *(inadecuadamente, insuficientemente)* badly; **creo que me he explicado m.** I'm not sure I've explained myself clearly; **oigo/veo m.** I can't hear/see very well; **el niño come bastante m.** the boy isn't eating properly *o* very well; **calculé m. el tiempo** I miscalculated the time; **canta muy m.** she sings terribly, she's a terrible singer; **esta puerta cierra m.** this door doesn't shut properly; **andar m. de dinero** to be short of money; **andamos m. de azúcar** we're running out of sugar; **la empresa/el equipo va m.** the company/team isn't doing very well; **va m. en la universidad** she's not doing very well at university; **le fue m. en la entrevista** his interview didn't go very well; **el sueldo no está nada m.** the pay's pretty good, the pay isn't at all bad; **ese chico no está nada m.** that boy's not bad *o* pretty nice; **la reparación quedó m.** it wasn't repaired properly; **me quedó m. el retrato** my portrait didn't come out right; **la conferencia/reunión salió m.** the talk/meeting went badly; **la fiesta salió m.** the party was a failure
(**c**) *(desagradablemente, desfavorablemente)* **encontrarse m.** *(enfermo)* to feel ill; *(incómodo)* to feel uncomfortable; **estar m.** *(de salud)* to be *o* feel ill; *(de calidad)* to be bad; **hablar m. de alguien** to speak ill of sb; **oler m.** to smell bad; **¡qué m. huele!** what a smell!; *Fam Fig* **esto me huele m.** this smells fishy to me; **pasarlo m.** to have a bad time; **pensar m. de alguien** to think ill of sb; **saber m.** to taste bad; *Fig* **me supo m. que no vinieses a despedirme** I was a bit put out that you didn't come to see me off; **sentar m. a alguien** *(ropa)* not to suit sb; *(comida)* to disagree with sb; *(comentario, actitud)* to upset sb
(**d**) *(difícilmente)* hardly; **m. puede saberlo si no se lo cuentas** he's hardly going to know it if you don't tell him, how's he supposed to know it if you don't tell him?
(**e**) EXPR **estar a m. con alguien** to have fallen out with sb; **ir de m. en peor** to go from bad to worse; **no estaría m. que...** it would be nice if...; **tomar algo a m.** to take sth the wrong way
4 *loc conj* **mal que** although, even though; **m. que te pese, las cosas están así** whether you like it or not, that's the way things are; **m. que bien** somehow or other

malabar *adj* **juegos malabares** juggling

malabarismo *nm también Fig* juggling; **hacer malabarismos** to juggle

malabarista *nmf* (**a**) *(artista)* juggler (**b**) *Chile (ladrón)* clever thief

Malabo *n* Malabo

malacate *nm CAm, Méx (huso)* spindle
malacostumbrado, -a *adj* spoiled
malacostumbrar 1 *vt* to spoil
2 **malacostumbrarse** *vpr* to become spoilt
málaga *nm (vino)* Malaga (wine)
malagradecido, -a *adj* ungrateful, unappreciative
malagueño, -a 1 *adj* of/from Málaga
2 *nm,f* person from Málaga
Malaisia *n* Malaysia
malaisio, -a *adj & nm,f* Malaysian
malaleche *nmf muy Fam (persona)* nasty piece of work
malandanza *nf* misfortune, calamity
malandrín, -ina 1 *adj* wicked, evil
2 *nm,f* scoundrel
malanga 1 *adj Cuba (torpe)* ineffectual, useless
2 *nf CAm, Cuba, Méx (planta)* malanga
malapata *nmf Fam (persona)* clumsy oaf
malaquita *nf* malachite
malar *adj Anat* cheek, *Espec* malar; **el hueso/la región m.** the cheek *o Espec* malar bone/region
malaria *nf* malaria
malasangre *nmf (persona)* **ser un m.** to be malicious *o* spiteful
Malasia *n* Malaysia
malasio, -a *adj & nm,f* Malaysian
malasombra *nmf Fam (persona)* pest
Malaui *n* Malawi
malaventurado, -a 1 *adj* ill-fated, unfortunate
2 *nm,f* unfortunate person; **es un m.** he's a poor soul
malayo, -a 1 *adj & nm,f* Malay, Malayan
2 *nm (lengua)* Malay, Malayan
malbaratar *vt* (**a**) *(malvender)* to undersell (**b**) *(malgastar)* to squander
malcasar 1 *vt* to mismatch
2 **malcasarse** *vpr* to make an unhappy *o* a bad marriage
malcomer *vi* to eat poorly
malcriadez (*pl* **malcriadeces**), **malcriadeza** *nf Am* bad manners, lack of breeding
malcriado, -a 1 *adj* spoiled
2 *nm,f* spoilt brat
malcriar [32] *vt* to spoil
maldad *nf* (**a**) *(cualidad)* evil (**b**) *(acción)* evil thing; **cometer maldades** to do evil *o* wrong
maldecir [51] **1** *vt* to curse
2 *vi* to curse; **m. de** to speak ill of
maldiciente 1 *adj* slandering, defaming
2 *nmf* slanderer
maldición 1 *nf* curse
2 *interj* **¡m.!** damn!
maldigo *etc ver* **maldecir**
maldijera *etc ver* **maldecir**
maldita *nf Carib* (**a**) *(llaga)* boil (**b**) *(picadura)* = infected insect bite
maldito, -a 1 *adj* (**a**) *Rel & Fig (condenado)* cursed, damned (**b**) *Fam (para enfatizar)* damned; **¡maldita sea!** damn it!; **¡maldita (sea) la hora en que se me ocurrió invitarlos!** I wish it had never crossed my mind to invite them!
2 *nm* **el m.** the Devil, Satan
Maldivas *nfpl* **las (Islas) M.** the Maldives
maldivo, -a *adj & nm,f* Maldivian
maleabilidad *nf* malleability
maleable *adj también Fig* malleable
maleado, -a *adj* gone to the bad, led astray
maleante 1 *adj* wicked
2 *nmf* crook
malear *vt* to corrupt
malecón *nm (muelle)* jetty
maledicencia *nf (difamación)* slander
maleducadamente *adv* rudely
maleducado, -a 1 *adj* rude, bad-mannered
2 *nm,f* rude *o* bad-mannered person; **es un m.** he's very rude *o* bad-mannered
maleficio *nm* curse
maléfico, -a *adj* evil
malentendido *nm* misunderstanding
malestar *nm* (**a**) *(indisposición)* upset, discomfort; **sentir m. (general)** to feel unwell; **siento un m. en el estómago** I've got an upset stomach (**b**) *(inquietud)* uneasiness, unrest
maleta *nf* **1** (**a**) *(de equipaje)* suitcase; **hacer** *o* **preparar la m.** to pack (one's bags); EXPR *Chile* **largar** *o* **soltar la m.** to kick the bucket (**b**) *Andes, Guat (fardo)* bundle (**c**) *Chile (alforja)* saddlebag
2 *nmf Fam (inútil, malo)* **ser un m.** to be hopeless *o* useless
maletero *nm, Am* **maletera** *nf Br* boot, *US* trunk
maletilla *nmf Taurom* apprentice bullfighter
maletín *nm* briefcase
maletón *Col Fam* **1** *adj* hunchbacked
2 *nm* hunchback
maletudo, -a *Méx Fam* **1** *adj* hunchbacked
2 *nm* hunchback
malevaje *nm Bol, RP Fam (gente)* villains
malevolencia *nf* malevolence, wickedness
malévolo, -a *adj* malevolent, wicked
maleza *nf (arbustos)* undergrowth; *(malas hierbas)* weeds
malformación *nf* malformation ❑ ***m. congénita*** congenital deformity
malgache *adj & nmf* Madagascan, Malagasy
malgastar *vt (dinero, tiempo)* to waste; *(salud)* to ruin
malgeniado, -a *adj Col, Perú* ill-tempered, irritable
malgenioso, -a *adj Chile, Méx* ill-tempered, irritable
malhablado, -a 1 *adj* foul-mouthed
2 *nm,f* foul-mouthed person; **es un m.** he's foul-mouthed
malhadado, -a *adj Formal* wretched, unfortunate
malhechor, -ora *adj & nm,f* criminal, delinquent
malherir [62] *vt* to injure seriously
malhumor *nm* bad temper
malhumoradamente *adv* **"¡déjame!," replicó m.** "leave me alone!" he replied bad-temperedly *o* crossly
malhumorado, -a *adj* (**a**) *(de mal carácter)* bad-tempered (**b**) *(enfadado)* in a bad mood
malhumorar *vt* to annoy, to irritate
Mali *n* Mali
malicia *nf* (**a**) *(mala intención)* malice (**b**) *(agudeza)* sharpness, alertness
maliciarse *vpr* (**a**) *(sospechar)* to suspect (**b**) *(malear)* to go bad, to become spoiled
maliciosamente *adv* (**a**) *(con maldad)* maliciously (**b**) *(con astucia)* slyly, cunningly
malicioso, -a *adj* (**a**) *(malintencionado)* malicious (**b**) *(avispado)* sharp, alert
malignidad *nf* malignance
maligno, -a *adj* malignant
malintencionado, -a 1 *adj* spiteful, malicious
2 *nm,f* spiteful *o* malicious person; **es un m.** he is spiteful *o* malicious
malinterpretar *vt* to misinterpret, to misunderstand
malla *nf* (**a**) *(tejido)* mesh ❑ ***m. de alambre*** wire mesh; ***m. cristalina*** crystal lattice; ***m. metálica*** wire mesh (**b**) *(red)* net; **las mallas** *(en fútbol)* the net (**c**) *RP, Perú (traje de baño)* swimsuit (**d**) **mallas** *(de gimnasia)* leotard; *(de ballet)* tights
mallo *nm (mazo)* mallet
Mallorca *n* Majorca
mallorquín, -ina *adj & nm,f* Majorcan
malmeter *vt* **m. a la gente** to turn *o* set people against one another
malnacido, -a *nm,f* **ser un m.** to be a foul *o* nasty person
malnutrición *nf* malnutrition
malnutrido, -a *adj* undernourished

MALO, -A

> **Mal** is used instead of **malo** before singular masculine nouns (e.g. **un mal ejemplo** a bad example). The comparative form of **malo** (= worse) is **peor**, the superlative forms (= the worst) are **el peor** (masculine) and **la peor** (feminine).

1 *adj* (**a**) *(perjudicial, grave)* bad; **traigo malas noticias** I have some bad news; **es m. para el hígado** it's bad for your liver; **¿es algo m., doctor?** is it serious, doctor?; **una mala caída** a nasty fall
(**b**) *(sin calidad, sin aptitudes)* poor, bad; **una mala novela/actriz** a bad novel/actress; **tiene muy malas notas** her marks are very poor *o* bad; **ser de mala calidad** to be poor quality; **este material/producto es muy m.** this material/product is very poor

quality; **soy muy m. para la música** I'm no good at *o* very bad at music; EXPR *Hum* **es más m. que hecho de encargo** *(producto, jugador)* he's/it's truly awful *o* as bad as they come; PROV **más vale lo m. conocido que lo bueno por conocer** better the devil you know (than the devil you don't)
(**c**) *(inapropiado, adverso)* bad; **fue una mala decisión** it was a bad decision; **he dormido en mala postura** I slept in a funny position; **es mala señal** it's a bad sign; **lo m. es que…** the problem is (that)…; **disparó con la pierna mala y metió gol** he shot with his weaker foot and scored; **tener mala suerte** to be unlucky; **¡qué mala suerte!** how unlucky!
(**d**) *(malvado)* wicked, evil; **es muy mala persona** she's a really nasty person; **eso sólo lo haría un mal amigo** it's a poor friend who would do a thing like that; **¡mira que eres m., criticarla así!** it's not very nice of you to criticize her like that!; **anda, no seas m. y déjame que vaya** go on, don't be mean, let me go
(**e**) *(travieso)* naughty; **¡no seas m. y obedece!** be good and do as I say!; **el crío está muy m. últimamente** the child has been very naughty recently
(**f**) *(enfermo)* ill, sick; **estar/ponerse m.** to be/fall ill; **tiene a su padre m.** her father's ill; EXPR **poner m. a alguien** to drive sb mad; EXPR **me pongo mala cada vez que la veo** I get mad every time I see her
(**g**) *(desagradable)* bad; **esta herida tiene mal aspecto** this wound looks nasty; **mal tiempo** bad weather; **hace mal tiempo** the weather's bad; **está muy m. el día** it's a horrible day, it's not a very nice day
(**h**) *(podrido, pasado)* bad, off; **la fruta está/se ha puesto mala** the fruit is/has gone off
(**i**) *(uso enfático)* **ni un mal trozo de pan** not even a crust of bread; **no había ni un mal supermercado en el pueblo** there wasn't a single supermarket to be found in the village
(**j**) *(difícil)* **el asunto es m. de entender** the matter is hard *o* difficult to understand; **una lesión muy mala de curar** an injury that won't heal easily
(**k**) *Fam Euf (con la menstruación)* **estar/ponerse mala** to be on/start one's period
2 *nm,f* **el m., la mala** *(en cine)* the villain, the baddy
3 *nfpl* **malas está** *o* **se ha puesto a malas con él** she's fallen out with him; **estar de malas** to be in a bad mood; **por las malas** *(a la fuerza)* by force; **lo vas a hacer, aunque tenga que ser por las malas** you're going to do it, whether you like it or not; **por las malas es de temer** she's a fearful sight when she's angry
4 *interj* **cuando nadie se queja, ¡m.!** it's a bad sign when nobody complains

malogrado, -a *adj (desaprovechado)* wasted; **un actor/deportista m.** *(muerto)* an actor/sportsman who died before fulfilling their promise

malograr 1 *vt* to waste
2 malograrse *vpr* (**a**) *(fracasar)* to fail (**b**) *(morir)* to die before one's time

maloja *nf,* **malojo** *nm Am (de maíz) Br* maize *o US* corn stalks and leaves

maloliente *adj* smelly

malón *nm Chile, RP (ataque)* = surprise Indian attack *o* raid

malparado, -a *adj* **salir m. de algo** to come out of sth badly

malparido, -a *nm,f* **ser un m.** to be a foul *o* nasty person

malpensado, -a 1 *adj* malicious, evil-minded; **no seas m., que no estoy hablando de sexo** don't be dirty minded, I'm not talking about sex
2 *nm,f* evil-minded; person; **es un m.** he always thinks the worst of people

malqueda *nmf Fam* **es un m.** you can never rely on him

malquerencia *nf* dislike

malquerer [53] *vt* to dislike

malsano, -a *adj* unhealthy

malsonante *adj (palabra)* rude

Malta *n* Malta

malta *nm* malt

malteada *nf Am* milk shake

malteado, -a *adj* malted

maltear *vt* to malt

maltés, -esa *adj & nm,f* Maltese

maltosa *nf Quím* malt sugar, maltose

maltraer [66] *vt (maltratar)* to ill-treat; **llevar** *o* **traer a m.** to cause headaches

maltraído, -a *adj Andes* dishevelled

maltratado, -a *adj* (**a**) *(persona)* battered (**b**) *(objeto)* damaged

maltratar *vt* (**a**) *(pegar, insultar)* to ill-treat (**b**) *(estropear)* to damage

maltrato *nm* ill-treatment

maltrecho, -a *adj* battered

maltusianismo *nm* malthusianism

maluco, -a *adj Col (medio enfermo)* poorly

malura *nf Chile* malaise, indisposition

malva 1 *adj inv* mauve
2 *nf* mallow; EXPR *Fam* **criar malvas** to push up daisies
3 *nm (color)* mauve

malvado, -a 1 *adj* evil, wicked
2 *nm,f* villain, evil person; **es un m.** he's evil *o* wicked

malvavisco *nm* marshmallow

malvender *vt* to sell off cheap

malversación *nf* **m. (de fondos)** embezzlement (of funds)

malversador, -ora *nm,f* embezzler

malversar *vt* to embezzle

Malvinas *nfpl* **las (islas) M.** the Falkland Islands, the Falklands

malvinense 1 *adj* of/from the Falkland Islands
2 *nm,f* person from the Falkland Islands

malvivir *vi* to live badly, to scrape together an existence; **malvivía de las limosnas** he scraped a living by begging

malvón *nm Méx, RP (planta)* geranium

mama *nf* (**a**) *(de mujer)* breast; *(de animal)* udder (**b**) *Fam (madre)* mum, mummy

mamá *nf Fam* mum, mummy ❑ *Méx Fam* ***m. grande*** grandma

mamacita *nf Am* (**a**) *(muñeca)* doll (**b**) *(piropo)* baby

mamadera *nf* (**a**) *Am (biberón)* (baby's) bottle (**b**) *Carib (tetina)* rubber nipple

mamada *nf* (**a**) *(de bebé)* (breast) feed, (breast) feeding (**b**) *Vulg (felación)* blowjob (**c**) *Chile, Perú (ganga)* cinch, piece of cake

mamado, -a *adj* (**a**) *Esp muy Fam (borracho)* shit-faced, plastered, *Br* pissed (**b**) *muy Fam (fácil)* **estar m.** to be piss easy (**c**) *Carib (tonto)* dense, stupid

mamar 1 *vt* (**a**) *(leche)* to suckle; **lo mamó desde pequeño** *(lo aprendió)* he was immersed in it as a child (**b**) *muy Fam (beber)* to knock back
2 *vi* (**a**) *(bebé)* to suckle; **dar de m.** to breast-feed (**b**) *Méx Fam* **¡no mames!** *(no te pases)* come off it!, stop trying it on!
3 mamarse *vpr* (**a**) *muy Fam (emborracharse)* to get plastered (**b**) *Andes Fam (matar)* **mamarse a alguien** to bump sb off, to do sb in

mamario, -a *adj Anat* mammary

mamarrachada *nf Fam* stupid *o* idiotic thing

mamarracho *nm Fam* (**a**) *(fantoche)* sight, mess (**b**) *(imbécil)* idiot

mambo *nm* (**a**) *(baile, música)* mambo (**b**) *RP Fam* **tengo un m.** *(estoy confundido)* my head is swimming

mameluco *nm* (**a**) *Hist* mameluke (**b**) *Fam (torpe, necio)* idiot (**c**) *Am (prenda) (para bebé)* rompers; *(de trabajo)* overalls

mamerto, -a *adj RP* bashful, awkward

mamey *nm* (**a**) *(árbol)* mamey, mammee (**b**) *(fruto)* mamey, mammee (apple)

mamífero, -a *adj & nm* mammal

mami *nf Fam* mum, mummy

mamila *Méx* **1** *nm,f muy Fam (idiota) Br* prat, *US* jerk
2 *nf (biberón)* baby's bottle

mamografía *nf Med* (**a**) *(técnica)* breast scanning, mammography (**b**) *(imagen)* breast scan

mamón, -ona 1 *adj* (**a**) *(que mama)* unweaned (**b**) *muy Fam (idiota)* **¡qué m. eres!** you bastard!
2 *nm,f* (**a**) *(que mama)* unweaned baby (**b**) *muy Fam (idiota) Br* prat, *US* jerk
3 *nm* (**a**) *Bol, RP (papaya)* papaya, papaw (**b**) *Hond (garrote)* stick, club

mamotreto *nm* (**a**) *Fam (libro)* hefty volume (**b**) *(objeto grande)* unwieldy object

mampara *nf* screen

mamporro *nm Fam (golpe)* punch, clout; *(al caer)* bump

mamposta *nf (en mina)* prop

mampostería *nf* **muro de m.** dry-stone wall; **obra de m.** rubblework masonry

mampuesto *nm* (**a**) *(piedra)* rubble,

rough stone (**b**) *(parapeto)* parapet, ledge (**c**) *Chile (de arma)* support, rest

mamut *(pl* **mamuts***)* *nm* mammoth

maná *nm inv* (**a**) *Rel* manna; EXPR **como m. caído del cielo** like manna from heaven (**b**) *Bol (dulce) Br* nut sweet, *US* nut candy

manada *nf* (**a**) *(rebaño)* herd; *(de lobos)* pack; *(de ovejas)* flock; *(de leones)* pride (**b**) *Fam (de gente)* crowd, mob; **acudieron en m.** they turned up *o* out in droves

mánager ['manajer] *(pl* **managers***)* *nm* manager

Managua *n* Managua

managüense 1 *adj* Managuan
2 *nmf* person from Managua

manantial *nm* (**a**) *(de agua)* spring (**b**) *(de conocimiento, riqueza)* source

manar *vi también Fig* to flow (**de** from)

manatí *nm* manatee

manazas *Fam* **1** *adj inv* clumsy
2 *nmf inv* clumsy person; **ser un m.** to be clumsy, to have two left hands

mancebía *nf Formal (burdel)* house of ill repute, brothel

mancebo, -a *nm,f* (**a**) *(mozo)* young man, *f* girl (**b**) *(en farmacia)* assistant

mancha *nf* (**a**) *(de suciedad)* stain, spot; *(de tinta)* blot; *(de color)* spot, mark ▫ ***m. de nacimiento*** birthmark (**b**) *Astron* ***m. solar*** sun spot (**c**) *(deshonra)* blemish

manchado, -a *adj (sucio)* dirty; *(con manchas)* stained; *(emborronado)* smudged

manchar 1 *vt* (**a**) *(ensuciar)* to make dirty (**de** *o* **con** with); *(con manchas)* to stain (**de** *o* **con** with); *(emborronar)* to smudge (**de** *o* **con** with) (**b**) *(deshonrar)* to tarnish
2 *vi* to stain; **no toques la puerta, que la acaban de pintar y mancha** don't touch the door, it's just been painted and it's still wet
3 mancharse *vpr (ensuciarse)* to get dirty; **me manché el vestido de grasa mientras cocinaba** I got grease stains on my dress while I was cooking

manchego, -a 1 *adj* of/from La Mancha
2 *nm,f* person from La Mancha
3 *nm (queso)* = hard yellow cheese made in La Mancha

manchón *nm Chile (de manos)* muff

mancillar *vt Formal* to tarnish, to sully

manco, -a 1 *adj* (**a**) *(sin una mano)* one-handed; *(sin un brazo)* one-armed; **se quedó m. del brazo derecho** he lost his right arm; EXPR **no ser m. para** *o* **en** to be a dab hand at (**b**) *(incompleto)* imperfect, defective
2 *nm,f (sin una mano)* one-handed person; *(sin un brazo)* one-armed person

mancomunar 1 *vt* to pool (together)
2 mancomunarse *vpr* to join together, to unite

mancomunidad *nf* association

mancorna *nf Chile* cufflink

mancuerna *nf* (**a**) *(pesa)* dumbbell (**b**) *Am (gemelo)* cufflink

manda *nf* (**a**) *(oferta)* offer, proposal (**b**) *(legado)* legacy, bequest

mandado, -a 1 *nm,f (subordinado)* underling; *Fam* **yo sólo soy un m.** I'm only doing what I was told (to do)
2 *nm (recado)* errand; **hacer un m.** to do *o* run an errand

mandamás *(pl* **mandamases***)* *nmf Fam* big boss, *US* head honcho

mandamiento *nm* (**a**) *(orden)* order, command (**b**) *Der* writ ▫ ***m. de arresto*** *o* ***de detención*** arrest warrant (**c**) *Rel* **los diez mandamientos** the Ten Commandments

mandanga *nf* (**a**) *Fam* **mandangas** *(tonterías)* nonsense (**b**) *muy Fam (hachís)* dope, shit

MANDAR 1 *vt* (**a**) *(ordenar)* to order; **el juez mandó la inmediata ejecución de la sentencia** the judge ordered the sentence to be carried out immediately; **la profesora nos ha mandado deberes/una redacción** the teacher has set *o* given us some homework/an essay; **m. a alguien hacer algo, m. a alguien que haga algo** to order sb to do sth; **le mandaron que se fuera** they ordered him to leave; **yo hago lo que me mandan** I do as I'm told; **m. hacer algo** to have sth done; **mandaron revisar todas las máquinas** they had all the machines checked; **mandó llamar a un electricista** she asked for an electrician to be sent; **el maestro mandó callar** the teacher called for silence, the teacher told the class to be silent; **la jefa le mandó venir a su despacho** the boss summoned him to her office; **¿quién te manda decirle nada?** who asked you to say anything to her?; **¿quién me mandará a mí meterme en estos líos?** why did I have to get involved in this mess?
(**b**) *(recetar)* **el médico le ha mandado estas pastillas** the doctor prescribed her these pills; **el médico me mandó nadar** the doctor told me I had to go swimming
(**c**) *(enviar)* to send; **m. algo a alguien** to send sb sth, to send sth to sb; **me mandó un correo electrónico** she sent me an e-mail, she e-mailed me; **lo mandaron a un recado/una misión** he was sent on an errand/mission; **lo mandaron a la cárcel/la guerra** he was sent to prison/away to war; **m. a alguien a hacer algo** *o* **a que haga algo** to send sb to do sth; **m. a alguien (a) por algo** to send sb for sth; **lo mandaron de embajador a Irlanda** he was sent to Ireland as an ambassador; **me mandan de la central para recoger un paquete** I've been sent by our main office to pick up a package; EXPR *Vulg* **m. a alguien a la mierda** to tell sb to piss off; EXPR *Fam* **m. a alguien a paseo** to send sb packing; EXPR *Fam* **m. a alguien a la porra** to tell sb to go to hell
(**d**) *(dirigir) (país)* to rule; **manda a un grupo de voluntarios** she is in charge of a group of voluntary workers; **el corredor que manda el grupo perseguidor** the runner leading the chasing pack
(**e**) *Fam (lanzar)* to send; **mandó la jabalina más allá de los 90 metros** he sent the javelin beyond the 90 metre mark; **mandó el balón fuera** *(por la banda)* he put the ball out of play; *(disparando)* he shot wide
(**f**) *Fam (propinar)* to give; **le mandé un bofetón** I gave him a slap, I slapped him
(**g**) EXPR *Fam* **¡manda narices!** can you believe it!; *muy Fam* **¡manda huevos!** can you *Br* bloody *o US* goddamn believe it!
2 *vi* (**a**) *(dirigir)* to be in charge; *(partido político, jefe de estado)* to rule; **aquí mando yo** I'm in charge here; *Fam* **¡mande!** *(a sus órdenes)* at your orders!; *Fam Fig* **¿mande?** *(¿cómo?)* eh?, you what?; **a m., que para eso estamos** certainly, Sir/Madam!, at your orders!
(**b**) *Pey (dar órdenes)* to order people around
3 mandarse *vpr RP* **mandarse a mudar** to leave, to go away

mandarín *nm* (**a**) *(título)* mandarin (**b**) *(dialecto)* Mandarin

mandarina *nf* mandarin

mandarino *nm* mandarin tree

mandatario, -a *nm,f* representative, agent; **primer m.** *(jefe de Estado)* head of government

mandato *nm* (**a**) *(orden, precepto)* order, command (**b**) *(poderes de representación, disposición)* mandate ▫ *Der* ***m. judicial*** warrant (**c**) *Pol* term of office; *(reinado)* period of rule ▫ ***m. electoral*** electoral mandate

mandíbula *nf* jaw, *Espec* mandible

mandil *nm* apron

mandingo *nm Am (diablo)* devil

mandioca *nf* (**a**) *(planta)* cassava (**b**) *(fécula)* tapioca, manioc

mando *nm* (**a**) *(poder)* command, authority; **entregar el m.** to hand over command; **estar al m. (de)** to be in charge; **tomar el m.** to take command *o* control (of) (**b**) *(jefe) Mil* **alto m.** high command; *Mil* **los mandos** the command; **mandos intermedios** middle management (**c**) *(dispositivo)* control; **tomó los mandos del avión** he took the controls of the plane ▫ ***m. automático*** automatic control; ***m. a distancia*** remote control

mandoble *nm (golpe)* blow

mandolina *nf* mandolin

mandón, -ona *Fam* **1** *adj* bossy
2 *nm,f* (**a**) *(que manda)* bossy-boots (**b**) *Chile (de mina)* foreman

mandrágora *nf* mandrake

mandria *Fam* **1** *adj* (**a**) *(cobarde)* cowardly (**b**) *(inútil)* useless, worthless
2 *nmf* (**a**) *(cobarde)* coward (**b**) *(inútil)* useless person; **es un m.** he's useless

mandril *nm* (**a**) *(animal)* mandrill (**b**) *(pieza)* mandrel

manduca *nf muy Fam* grub

manducar *vt & vi muy Fam* to scoff

maneador *nm Méx, RP* = long strap used for hobbling animals

manecilla *nf* (**a**) *(del reloj)* hand (**b**) *(cierre)* clasp

manejabilidad *nf (de vehículo)* manoeuvrability

manejable *adj (persona, cosa)* manageable; *(herramienta)* easy to use; *(vehículo)* manoeuvrable

manejador *nm Informát* handle ❑ ***m. de dispositivos*** device (driver)

manejar 1 *vt* (**a**) *(máquina, mandos)* to operate; *(caballo, bicicleta)* to handle; *(arma)* to wield (**b**) *(conocimientos, datos)* to use, to marshal; **maneja varios lenguajes de programación** she can use several programming languages (**c**) *(negocio)* to manage, to run; *(gente)* to handle (**d**) *(dominar)* to boss about; **maneja a su novio a su antojo** she can twist her fiancé round her little finger (**e**) *Am (conducir)* to drive

2 *vi Am (conducir)* to drive

3 manejarse *vpr* (**a**) *(moverse)* to move *o* get about (**b**) *(desenvolverse)* to manage, to get by

manejo *nm* (**a**) *(de máquina, mandos)* operation; *(de armas, herramientas)* use; *(de caballo, bicicleta)* handling; **de fácil m.** user-friendly (**b**) *(de conocimientos, datos)* marshalling; *(de idiomas)* command (**c**) *(de negocio)* management, running (**d**) *(intriga)* intrigue (**e**) *Am (de automóvil)* driving

MANERA *nf* (**a**) *(forma)* way, manner; **m. de pensar** way of thinking; **tiene una m. de ser muy agradable** she has a very pleasant nature; **no me gusta su m. de ser** I don't like the way he is; **no encuentro la m. de dejar el tabaco** whatever I do, I just can't seem to give up smoking; **esa no es m. de decir las cosas** that's no way to speak; **¿has visto la m. en que** *o* **la m. como te mira?** have you seen how *o* the way he's looking at you?; **esta vez lo haremos a mi m.** this time we'll do it my way; **a la m. de** in the style of, after the fashion of; **a m. de** *(como)* as, by way of; **a mi m. de ver** the way I see it; **de alguna m.** somehow; **se le cayó el botón porque lo cosió de cualquier m.** the button fell off because he sewed it on carelessly *o* any old how; **hazlo de cualquier m.** do it however you like; **no te preocupes, de cualquier m. no pensaba ir** don't worry, I wasn't going to go anyway; **de esta/esa m.** this/that way; **trata a su hijo de mala m.** he treats his son badly; **lo dijo de mala m.** she said it very rudely; *Esp Fam* **se pusieron a beber de mala m.** they started a serious drinking session; **de la misma m.** similarly, in the same way; **lo hice de la misma m. que ayer/tú** I did it the same way as yesterday/ you; **lo organizaron de m. que acabara antes de las diez** they organized it so (that) it finished before ten; **¿de m. que no te gusta?** so, you don't like it (then)?; **de ninguna m.** *o* **en m. alguna deberíamos dejarle salir** under no circumstances should we let her out; **de ninguna m.** *o* **en m. alguna quise ofenderte** I in no way intended to offend you; **¿te he molestado? — de ninguna m.** *o* **en m. alguna** did I annoy you? – not at all *o* by no means; **¿quieres que lo invitemos? — ¡de ninguna m.!** shall we invite him? – no way *o* certainly not!; **de otra m....** *(si no)* otherwise; **de tal m. (que)** *(tanto)* so much (that); **de todas maneras** anyway; **de todas maneras, ¿qué es eso que decías de un viaje?** anyway, what's that you were saying about going away?; **de una m. o de otra** one way or another; **en cierta m.** in a way; *Formal* **la ópera me aburre en gran m.** I find opera exceedingly tedious; **no hay m.** there is no way, it's impossible; **no hay m. de que haga los deberes** it's impossible to get him to do his homework; **¡contigo no hay m.!** you're impossible!; **¡qué m. de hacer las cosas!** that's no way to do things!; **¡qué m. de llover!** just look at that rain!; *Formal* **me place sobre m. que recurran a nuestros servicios** I'm exceedingly pleased that you should have decided to use our services

(**b**) **maneras** *(modales)* manners; **buenas/malas maneras** good/bad manners; **de muy buenas maneras nos dijo que saliéramos** she very politely asked us to leave; **atiende a los clientes de malas maneras** he's rude to the customers

manga[1] *nf* (**a**) *(de prenda)* sleeve; **en mangas de camisa** in shirt sleeves; **un vestido sin mangas** a sleeveless dress; *Fam* **m. por hombro** higgledy-piggledy, topsy-turvy; EXPR **sacarse algo de la m.** *(improvisar)* to make sth up on the spur of the moment; *(idear)* to come up with sth; EXPR **ser de m. ancha, tener m. ancha** to be over-indulgent; EXPR **tener** *o* **guardar algo en la m.** to have sth up one's sleeve ❑ ***m. corta*** short sleeve; ***m. larga*** long sleeve; ***m. ranglan*** raglan sleeve

(**b**) *(manguera)* **m. (de riego)** hosepipe

(**c**) *(filtro)* muslin strainer

(**d**) *(medidor de viento)* wind sock, wind cone

(**e**) *(de pastelería)* **m. (pastelera)** forcing *o* piping bag

(**f**) *Dep (en competición)* stage, round; *(en tenis)* set

(**g**) *RP (muchedumbre)* crowd, mob; **¡qué m. de idiotas!** what a shower of idiots!

(**h**) *Méx (capa)* waterproof cape

(**i**) *CAm (manta)* blanket

manga[2] *nm* **el m.** manga comics, = Japanese comic books specializing in violent stories

manganeso *nm* manganese

mangante *Fam* **1** *adj* (**a**) *(sinvergüenza)* good-for-nothing (**b**) *(ladrón)* thieving

2 *nmf* (**a**) *(sinvergüenza)* good-for-nothing, layabout (**b**) *(ladrón)* thief

manganzón, -ona *adj Andes, CAm* lazy, idle

mangar [38] *vt Esp Fam* to pinch, *Br* to nick; **m. algo a alguien** to pinch *o Br* nick sth off sb

mangazo *nm RP Fam* sponging

manglar *nf* mangrove swamp

mangle *nm* mangrove tree

mango *nm* (**a**) *(asa)* handle (**b**) *(árbol)* mango tree; *(fruta)* mango (**c**) *RP Fam (dinero)* cash; **no tengo un m.** I haven't got a bean, I'm broke (**d**) EXPR *Arg Fam* **ir al m.** to go flat out; **poner la radio al m.** to put the radio on full blast

mangonear *Fam* **1** *vi* (**a**) *(entrometerse)* to meddle (**b**) *(holgazanear)* to laze around

2 *vt (mandar)* to push people around, to be bossy

mangoneo *nm Fam* (**a**) *(intromisión)* bossing *o* pushing around (**b**) *(holgazanería)* laziness

mangosta *nf* mongoose

manguear *vt* (**a**) *Chile, Méx, RP (ganado)* to drive into a gangway (**b**) *RP Fam (pedir prestado)* **m. algo a alguien** to tap sb for sth

manguera *nf* hosepipe; *(de bombero)* fire hose

mangui *muy Fam* **1** *adj (no fiable)* sneaky

2 *nmf* (**a**) *(ladrón)* crook, thief (**b**) *(persona no fiable)* crook

manguito *nm* (**a**) *(para el frío)* muff (**b**) *(media manga)* protective sleeve, oversleeve (**c**) *Tec (tubo)* sleeve

maní (*pl* **manises** *o* **maníes**) *nm Am* peanut

manía *nf* (**a**) *(idea fija)* obsession; *Psi* mania ❑ ***m. persecutoria*** persecution complex (**b**) *(peculiaridad)* idiosyncrasy (**c**) *(mala costumbre)* bad habit; **le ha dado la m. de dejar las puertas abiertas** she has got into the bad habit of leaving doors open (**d**) *(afición exagerada)* mania, craze (**e**) *Fam (ojeriza)* dislike; **tomar** *o Esp* **coger m. a alguien** to take a dislike to sb; **tener m. a alguien** not to be able to stand sb

maniaco, -a, maníaco, -a 1 *adj* manic

2 *nm,f* maniac ❑ ***m.-depresivo*** manic-depressive; ***m. sexual*** sex maniac

maniatar *vt* to tie the hands of

maniático, -a 1 *adj* fussy

2 *nm,f* fussy person; **es un m.** he's terribly fussy; **es un m. del fútbol** he's soccer-crazy

manicomio *nm Br* mental *o* psychiatric hospital, *US* insane asylum

manicura *nf (técnica)* manicure; **hacerle la m. a alguien** to give sb a manicure

manicuro, -a *nm,f (persona)* manicurist

manido, -a *adj (tema)* hackneyed

manierismo *nm Arte* mannerism

manierista *adj & nmf* mannerist

manifa *nf Fam (manifestación)* demo

manifestación *nf* (**a**) *(de alegría, dolor)* show, display; *(de opinión)* declaration, expression; *(indicio)* sign (**b**) *(por la calle)* demonstration; **hacer una m. a favor de/contra algo** to demonstrate *o* take part in a demonstration in favour of/ against sth

manifestante *nmf* demonstrator

manifestar [3] **1** *vt* (**a**) *(alegría, dolor)* to show (**b**) *(opinión)* to express

2 manifestarse *vpr* (**a**) *(por la calle)* to

demonstrate (**b**) *(hacerse evidente)* to become clear *o* apparent; **su odio se manifiesta en su mirada** you can see the hatred in her eyes

manifiesto, -a 1 *adj* clear, evident; **poner de m. algo** *(revelar)* to reveal sth; *(hacer patente)* to make sth clear; **ponerse de m.** *(descubrirse)* to become clear *o* obvious
2 *nm* manifesto

manigua *nf,* **manigual** *nm Col, Ven (selva)* marshy tropical forest

manija *nf* handle

Manila *n* Manila

manilargo, -a *adj (generoso)* generous

manileño, -a *adj* of/from Manila

manilla *nf* (**a**) *(del reloj)* hand (**b**) *(grilletes)* manacle

manillar *nm (de bicicleta)* handlebars ▫ ***m. de cuerno de cabra*** drop handlebars; ***m. de triatlón*** time-trial bars

maniobra *nf* (**a**) *(con vehículo, máquina)* manoeuvre; **hacer maniobras** to manoeuvre; **tuvo que hacer varias maniobras para aparcar** she had to do a lot of manoeuvering to park ▫ *Av* ***m. de aproximación*** approach; *Av* **hacer la m. de aproximación** to approach (**b**) *Mil* manoeuvre; **estar de maniobras** to be on manoeuvres (**c**) *(treta)* trick

maniobrabilidad *nf* manoeuvrability

maniobrable *adj* manoeuvrable

maniobrar *vi* to manoeuvre

manipulación *nf* (**a**) *(de objeto)* handling; **m. de alimentos** food handling ▫ ***m. genética*** genetic manipulation (**b**) *(de persona, datos)* manipulation

manipulador, -ora 1 *adj Pey (dominador)* manipulative
2 *nm,f* (**a**) *(operario)* handler (**b**) *Pey (dominador)* manipulator

manipular *vt* (**a**) *(manejar)* to handle; **m. genéticamente** to genetically modify (**b**) *Pey (trastocar, dominar)* to manipulate

maniqueísmo *nm (actitud)* seeing things in black and white

maniqueo, -a 1 *adj* **una tendencia maniquea** a tendency to see things in black and white
2 *nm,f* **es un m.** he sees everything in black and white

maniquí *(pl* **maniquíes) 1** *nm* dummy, mannequin
2 *nmf (modelo)* model

manirroto, -a 1 *adj* extravagant
2 *nm,f* spendthrift

manisero, -a *nm,f* peanut vendor

manitas *Fam* **1** *adj inv* handy; **ser muy m.** to be very good with one's hands
2 *nmf inv* (**a**) *(persona habilidosa)* handy person; **ser un m. (de plata)** to be (very) good with one's hands (**b**) **hacer m.** *(acariciarse)* to canoodle
3 *nfpl* **m. (de cerdo)** pig's trotters

manito *nm Méx Fam* pal, *Br* mate, *US* buddy

manivela *nf* crank

manizaleño, -a 1 *adj* of/from Manizales
2 *nm,f* person from Manizales

manjar *nm* (**a**) *(alimento exquisito)* **manjares** delicious food; **¡este queso es un m.!** this cheese is delicious! (**b**) *Chile (dulce de leche)* = toffee pudding made with caramelized milk

MANO[1] *nf* (**a**) *(de persona)* hand; **a m.** *(cerca)* to hand, handy; *(sin máquina)* by hand; **¿tienes el encendedor a m.?** have you got your lighter handy *o* to hand?; **hecho a m.** handmade; **lo tuve que hacer a m.** I had to do it by hand; **votación a m. alzada** show of hands; **robo a m. armada** armed robbery; **le dije adiós con la m.** I waved goodbye to him; **dar** *o* **estrechar la m. a alguien** to shake hands with sb; **darse** *o* **estrecharse la m.** to shake hands; **bolso de m.** *Br* handbag, *US* purse; **equipaje de m.** hand luggage; **ir de la m.** *(asuntos, problemas)* to go hand in hand; **paseaban de la m.** they were walking along hand in hand; **la foto fue** *o* **pasó de m. en m.** the photo was passed around; **entregar algo a alguien en m.** to deliver sth to sb in person; **frotarse las manos** *(por frío, entumecimiento)* to rub one's hands (together); *(regocijarse)* to rub one's hands (with glee); **lavarse las manos** *(literalmente)* to wash one's hands; **¡yo me lavo las manos!** *(me desentiendo)* I wash my hands of it!; **leerle la m. a alguien** to read sb's palm; **¡manos arriba!, ¡arriba las manos!** hands up!; **recibió la medalla de manos del ministro** he received the medal from the minister himself ▫ ***m. derecha*** *(persona de confianza)* right hand man/woman; **ser la m. derecha de alguien** to be sb's right hand man/woman; *Der* ***manos muertas*** mortmain; ***m. de obra*** *(trabajadores)* labour, workers; *(trabajo manual)* labour; **la m. de obra barata atrae a los inversores** investors are attracted by the cheap labour costs; ***m. de obra cualificada*** *o* ***especializada*** skilled labour *o* workers; ***m. de obra semicualificada*** semiskilled labour *o* workers
(**b**) *(de animal)* forefoot; *(de perro, gato)* (front) paw; *(de cerdo)* (front) trotter
(**c**) *(lado)* **a m. derecha/izquierda (de)** on the right/left (of); **gire a m. derecha** turn right
(**d**) *(de pintura, barniz)* coat; **dar una m. de pintura a algo** to give sth a coat *o* lick of paint
(**e**) *(influencia)* influence; **tener m. con alguien** to have influence with sb
(**f**) *(intervención)* hand; **la m. de la CIA está detrás de todo esto** you can see the hand of the CIA in this affair ▫ ***m. negra*** *o* ***oculta*** hidden hand
(**g**) *(de mortero)* pestle
(**h**) *(de naipes) (partida)* game; *(ronda)* hand; **eres m.** it's your lead
(**i**) *(en deportes) (falta)* handball; **el árbitro pitó m.** the referee blew for handball
(**j**) *(deporte)* pelota *(played with hand rather than with hand-held basket)*
(**k**) *(serie, tanda)* series
(**l**) **manos** *(ayudantes)* helpers; **nos van a hacer falta varias manos para mover el piano** we're going to need several people to help us move the piano
(**m**) *Andes, CAm, Méx (objetos)* = group of four or five objects
(**n**) *Am (de plátanos)* bunch
(**o**) *CAm, Chile, Méx (accidente)* mishap, accident
(**p**) EXPR **abrir la m.** to be more lenient; **alzar la m. contra alguien** to raise one's hand to sb; **a manos de** at the hands of; **a manos llenas** generously; **bajo m.** secretly; **caer en manos de alguien** to fall into sb's hands; **cambiar de manos** to change hands; **cargar la m.** to go over the top; **te lo digo con la m. en el corazón** I'm being perfectly honest with you; *Fam* **está en la ruina, con una m. delante y otra detrás** he hasn't got a penny to his name; *Esp* **coger** *o Am* **agarrar a alguien con las manos en la masa** to catch sb red-handed *o* in the act; **con las manos vacías** empty-handed; **de manos a boca** suddenly, unexpectedly; **de primera m.** *(coche)* brand new; *(noticias)* first-hand; **de segunda m.** second-hand; **estar dejado de la m. de Dios** *(lugar)* to be godforsaken; *(persona)* to be a total failure; **dejar algo en manos de alguien** to leave sth in sb's hands; **echó m. al bolso y se marchó** she took her bag and left; **echar m. de algo** *(recurrir a)* to make use of sth, to resort to sth; **echar m. de alguien** *(recurrir a)* to turn to sb; **echar/tender una m. a alguien** to give/offer sb one's hand; **ensuciarse las manos** to get one's hands dirty; **se me escapó** *o* **fue de las manos una oportunidad excelente** an excellent chance slipped through my hands; **este proyecto se nos ha escapado** *o* **ido de las manos** this project has got out of hand; **estar en buenas manos** to be in good hands; **estar en manos de alguien** *(en poder de)* to be in sb's hands; **ganar por la m. a alguien** to beat sb to it; **haré lo que esté en mi m.** I'll do everything within my power; **se le fue la m.** *(perdió el control)* she lost control; *(exageró)* she went too far; **se me fue la m. con la sal** I overdid the salt; **levantarle la m. a alguien** to raise one's hand to sb; **llegar** *o* **pasar a las manos (por algo)** to come to blows (over sth); **llevarse las manos a la cabeza** *(gesticular)* to throw one's hands in the air (in horror); *(indignarse, horrorizarse)* to be horrified; **un m. a m. entre los dos candidatos** a head-to-head between the two candidates; *Fam* **se bebieron la botella m. a m.** they drank the bottle between the two of them; **con m. dura** *o* **de hierro** with a firm hand; **estar m. sobre m.** to be sitting around doing nothing; **¡manos a la obra!** let's get down to it!; *Fam* **meter m. a alguien** *(investigar)* to get onto sb; *(sobar sin consentimiento)* to grope sb; *(sobar con consentimiento)* to pet sb; *Fam* **meter m. a algo** to tackle sth; **meter la m. en algo** *(intervenir)* to poke one's nose into sth, to meddle in sth; **pedir la m. de una mujer** to ask for a woman's hand (in marriage);

¡como te ponga la m. encima...! if I lay *o* get my hands on you!; **¡no me pongas las manos encima!** don't you touch me *o* lay a finger on me!; **creo que es así, pero no pondría la m. en el fuego** I think that's the case, but I couldn't vouch for it; **ponerse en manos de alguien** to put oneself in sb's hands; *Fam* **ser m. de santo** to work wonders; **tener buena m. para algo** to have a knack for sth; **tener m. izquierda con algo/alguien** to know how to deal with sth/sb; **tengo las manos atadas** *(no puedo hacer nada)* my hands are tied; **tener las manos muy largas** *(aficionado a pegar)* to be fond of a fight; *(aficionado a robar)* to be light-fingered; **tener manos libres para hacer algo** to have a free rein to do sth; **tengo las manos limpias** my hands are clean; **traerse algo entre manos** to be up to sth; **untarle la m. a alguien** to grease sb's palm

---

mano[2] *nm Méx Fam* pal, *Br* mate, *US* buddy

manojo *nm* bunch; **estar hecho un m. de nervios** to be a bundle of nerves; **ser un m. de nervios** to be hyperactive

manoletina *nf* **(a)** *Taurom* = pass with the cape **(b)** *(zapato)* = type of open, low-heeled shoe, often with a bow

manomanista *nmf Dep* pelota player *(who plays with hand rather than with hand-held basket)*

manómetro *nm* pressure gauge, manometer

manopla *nf* mitten

manosanta *nmf RP (curandero)* traditional healer

manoseado, -a *adj (objeto)* shabby, worn; *(tema)* well-worn, hackneyed

manosear 1 *vt* **(a)** *(tocar)* to handle (roughly); *(papel, tela)* to rumple **(b)** *(persona)* to paw; *(sexualmente)* to grope

2 manosearse *vpr* **(a) manosearse el pelo/la falda** *(tocar)* to fiddle with one's hair/skirt **(b)** *(mutuamente)* to fondle one another

manoseo *nm* fingering, touching

manotazo *nm* slap

manotear 1 *vt* **(a)** *(golpear)* to slap, to cuff **(b)** *RP (quitar)* to grab

2 *vi* to gesticulate

manoteo *nm* gesticulation

mansalva: a mansalva *loc adv (en abundancia)* in abundance

mansedumbre *nf* **(a)** *(tranquilidad)* calmness, gentleness **(b)** *(docilidad)* tameness

mansión *nf* mansion

manso, -a *adj* **(a)** *(tranquilo)* calm **(b)** *(dócil)* docile; *(domesticado)* tame **(c)** *Chile (extraordinario)* great

manta 1 *nf* **(a)** *(abrigo)* blanket; EXPR **liarse la m. a la cabeza** to take the plunge; EXPR **tirar de la m.** to let the cat out of the bag ❑ ***m. eléctrica*** electric blanket **(b)** *(pez)* manta ray **(c)** *Méx (algodón)* = coarse cotton cloth

2 *nmf Fam (persona)* hopeless *o* useless person; **ser un m.** to be hopeless *o* useless

mantear *vt (en manta, brazos)* to toss

manteca *nf (grasa)* fat; *(mantequilla)* butter; EXPR *Fam* **tener buenas mantecas** to be a tub of lard ❑ ***m. de cacahuete*** peanut butter; ***m. de cacao*** cocoa butter; ***m. de cerdo*** lard

mantecada *nf (magdalena)* = small rectangular sponge cake

mantecado *nm* = very crumbly shortbread biscuit

mantecoso, -a *adj* fatty, greasy

mantel *nm* tablecloth

mantelería *nf* set of table linen

manteleta *nf* shawl

MANTENER [65] **1** *vt* **(a)** *(sustentar)* to support; *(mascota, animal)* to keep; **con su sueldo mantiene a toda la familia** he has to support *o* keep his whole family with his wages

(b) *(sostener)* to support; **un andamio mantiene el edificio en pie** a scaffold supports the building *o* keeps the building from falling down; **mantén los brazos en alto** keep your arms in the air; **mantén el cable ahí** hold the cable there

(c) *(conservar)* to keep; *(ritmo, niveles, presión)* to keep up; **m. las amistades** to keep up one's friendships; **m. algo en buen estado** to keep sth in good condition; **m. la calma** to stay calm; **m. la línea** to keep one's figure; **m. una promesa/la palabra** to keep a promise/one's word; **mantenga limpia su ciudad** *(en letrero)* keep your city tidy; **manténgase fuera del alcance de los niños** *(en medicamento, producto tóxico)* keep out of the reach of children

(d) *(tener) (conversación)* to have; *(negociaciones, diálogo)* to hold; **m. correspondencia con alguien** to correspond with sb; **m. relaciones con alguien** to have a relationship with sb; **m. contactos con alguien** to be in contact with sb

(e) *(defender) (convicción, idea)* to stick to; *(candidatura)* to refuse to withdraw; **mantiene su inocencia** she maintains that she is innocent; **mantiene que no la vio** he maintains that he didn't see her

2 mantenerse *vpr* **(a)** *(sustentarse económicamente)* to support oneself; *(alimentarse)* to live (**con** *o* **de** *o* **a base de** on); **nos mantenemos a duras penas con mi sueldo** my wages are barely enough for us to get by on

(b) *(permanecer, continuar)* to remain; *(edificio)* to remain standing; **¡por favor, manténganse alejados!** please keep clear!; **mantenerse aparte** *(en discusión)* to stay out of it; **mantenerse en contacto con alguien** to stay in touch with sb; **mantenerse joven/en forma** to stay *o* keep young/fit; **mantenerse en pie** to remain standing

(c) *(perseverar)* **se mantiene en su postura** he refuses to change his position; **me mantengo en mi intención de decírselo** I still intend to tell her; **me mantengo en lo dicho** I stick by what I said before

---

mantenido, -a 1 *adj* sustained

2 *nm,f (hombre)* gigolo; *(mujer)* kept woman

mantenimiento *nm* **(a)** *(sustento)* sustenance **(b)** *(conservación)* upkeep, maintenance; **gastos de m.** maintenance costs; **clases de m.** *(gimnasia)* keep-fit classes ❑ ***m. industrial*** industrial maintenance

manteo *nm (en manta, brazos)* tossing

mantequera *nf* butter dish

mantequería *nf* **(a)** *(fábrica)* dairy, butter factory **(b)** *(tienda)* grocer's (shop)

mantequilla *nf* butter ❑ ***m. de cacahuete*** peanut butter; ***m. salada*** salted butter

mantiene *etc ver* **mantener**

mantilla *nf* **(a)** *(de mujer)* mantilla **(b)** *(de bebé)* shawl; EXPR **estar en mantillas** *(persona)* to be wet behind the ears; *(plan)* to be in its infancy

mantillo *nm* compost

mantis *nf inv* mantis ❑ ***m. religiosa*** praying mantis

manto *nm* **(a)** *(indumentaria)* cloak **(b)** *(de nieve, barro)* mantle, layer **(c)** *Geol* mantle

mantón *nm* shawl ❑ ***m. de Manila*** embroidered silk shawl

mantuviera *etc ver* **mantener**

manual 1 *adj* manual; **tiene gran habilidad m.** she's very good with her hands

2 *nm* manual ❑ ***m. de instrucciones*** instruction manual; ***m. de uso*** *o* ***del usuario*** user's manual, instruction manual

manualidades *nfpl (objetos)* craftwork, handicrafts

manualmente *adv* manually, by hand

manubrio *nm* **(a)** *(manivela)* crank **(b)** *Am (manillar)* handlebars

manufactura *nf* **(a)** *(actividad)* manufacture **(b)** *Econ (producto)* manufacture, product **(c)** *(fábrica)* factory

manufacturado, -a *adj* manufactured

manufacturar *vt* to manufacture

manufacturero, -a *adj* manufacturing

manumisión *nf Der (de esclavo)* liberation

manumiso, -a *adj Der (esclavo)* freed, emancipated

manumitir *vt Der (esclavo)* to emancipate

manuscrito, -a 1 *adj* handwritten

2 *nm* manuscript

manutención *nf* **(a)** *(sustento)* support, maintenance **(b)** *(alimento)* food

manzana *nf* **(a)** *(fruta)* apple; **m. asada** *o* **al horno** baked apple ❑ *Fig* ***m. de la discordia*** bone of contention; *Fig* ***m. podrida*** rotten apple **(b)** *(grupo de casas)* block (of houses); **dar la vuelta a la m.** to go round the block **(c)** ***m. de Adán*** *(nuez)* Adam's apple

manzanal, manzanar *nm* apple orchard

manzanilla *nf* **(a)** *(planta)* camomile **(b)** *(infusión)* camomile tea **(c)** *(vino)* manzanilla (sherry) (**d**) *(aceituna)* manzanilla, = type of small olive

manzano *nm* apple tree

maña *nf* (**a**) *(destreza)* skill; **tener m. para** to have a knack for; PROV **más vale m. que fuerza** brain is better than brawn (**b**) *(astucia)* wits, guile; **darse m. para hacer algo** to contrive to do sth (**c**) *(engaño)* ruse, trick

mañana 1 *nf* morning; **(muy) de m.** (very) early in the morning; **a la m. siguiente** the next morning; **a las dos de la m.** at two in the morning; **por la m.** in the morning

2 *nm* **el m.** tomorrow, the future, **m. será otro día** tomorrow is another day

3 *adv* tomorrow; **a partir de m.** starting tomorrow, as of tomorrow; **¡hasta m.!** see you tomorrow!; **m. por la m.** tomorrow morning; **pasado m.** the day after tomorrow

mañanero, -a *adj* (**a**) *(madrugador)* early rising (**b**) *(matutino)* morning; **paseo m.** morning walk

mañanitas *nfpl Méx* birthday song

mañero, -a *adj RP (mañoso)* artful, crafty

maño, -a *adj & nm,f Fam* Aragonese

mañoco *nm* (**a**) *(tapioca)* tapioca (**b**) *Ven* = Indian corn meal

mañosear *vi Chile* to act with skill and cunning

mañoso, -a *adj* skilful

maoísmo *nm* Maoism

maoísta *adj & nmf* Maoist

maorí *adj & nmf* Maori

mapa *nm* map; EXPR *Fam* **desaparecer del m.** to vanish into thin air ❑ *Informát* ***m. de bits*** bit map; ***m. celeste*** celestial map; ***m. físico*** geographic map; ***m. genético*** genetic map; *Informát* ***m. interactivo*** *(en página Web)* clickable image map; ***m. mudo*** blank map; ***m. político*** political map; ***m. del tiempo*** weather map

mapache *nm* raccoon

mapamundi *nm* world map

mapuche 1 *adj (indio)* Mapuche

2 *nmf (indio)* Mapuche (indian)

3 *nm (lengua)* Mapuche

Maputo *n* Maputo

maqueta *nf* (**a**) *(reproducción a escala)* (scale) model (**b**) *(de libro)* dummy (**c**) *(de disco)* demo (tape)

maquetación *nf Informát* page layout

maquetador, -ora *nm,f Informát* layout editor

maquetar *vt Informát* to do the layout of

maquetista *nmf Informát* layout editor

maqueto, -a *nm,f Fam* = pejorative term for a person living in the Basque country who was not born there

maqui 1 *nmf inv* guerrilla

2 *nm Chile (árbol)* maqui

maquiavélico, -a *adj* Machiavellian

maquiavelismo *nm* Machiavellianism

maquillador, -ora *nm,f* make-up artist

maquillaje *nm* (**a**) *(producto)* make-up ❑ ***m. de cuerpo*** body paint (**b**) *(acción)* making-up

maquillar 1 *vt* (**a**) *(pintar)* to make up; **la maquillaron de vieja** she was made up like an old woman (**b**) *(disimular)* to cover up, to disguise

2 maquillarse *vpr* to make oneself up; **se maquilla demasiado** she wears *o* uses too much make-up

máquina *nf* (**a**) *(aparato)* machine; **a toda m.** at full pelt; **coser a m.** to machine-sew; **escribir a m.** to type; **escrito a m.** typewritten; **hecho a m.** machine-made; **lavar a m.** to machine-wash; **jugar a las máquinas** *(tragaperras)* to play the slot machines; **pasar algo a m.** to type sth out *o* up; EXPR *Fam* **ser una m.** *(muy rápido, muy bueno)* to be a powerhouse ❑ ***m. de afeitar*** electric razor; ***m. de azar*** slot machine, *Br* fruit machine; ***m. de bebidas*** drinks machine; ***m. de café*** (espresso) coffee machine; ***m. de coser*** sewing machine; ***m. de discos*** *(en bar)* jukebox; ***m. destructora de documentos*** document shredder; ***m. de escribir*** typewriter; ***m. expendedora*** vending machine; ***m. de fotos*** *o* ***fotográfica*** camera; ***m.-herramienta*** machine tool; ***m. de marcianos*** space invaders machine; ***m. de oficina*** office machine; ***m. recreativa*** arcade machine; ***m. registradora*** cash register; ***m. de tabaco*** cigarette machine; ***m. tragaperras*** slot machine, *Br* fruit machine

(**b**) *(locomotora)* engine ❑ ***m. de vapor*** steam engine

(**c**) *(mecanismo)* mechanism

(**d**) *(de estado, partido)* machinery

(**e**) *Fam (moto)* (motor)bike

(**f**) *Carib (automóvil)* car

maquinación *nf* plot; **maquinaciones** machinations

maquinador, -ora 1 *adj* plotting, scheming

2 *nm,f* plotter, schemer

maquinal *adj* mechanical

maquinar *vt* to plot, to scheme; **estaban maquinando una conspiración contra el gobierno** they were plotting against the government

maquinaria *nf* (**a**) *(aparatos)* machinery ❑ ***m. agrícola*** agricultural *o* farming machinery (**b**) *(mecanismo) (de reloj, aparato)* mechanism; *(de Estado, partido)* machinery

maquinilla *nf* (**a**) *(de afeitar)* ***m. de afeitar*** razor; ***m. eléctrica*** electric razor (**b**) *Tec* ***m. de carga*** cargo winch

maquinismo *nm* mechanization

maquinista *nmf (de tren) Br* engine driver, *US* engineer; *(de barco)* engineer

maquinizar [14] *vt* to mechanize

maquis *nmf inv* guerrilla

mar. *(abrev de* **marzo***)* Mar.

MAR *nm o nf*

> Note that the feminine is used in literary language, by people such as fishermen with a close connection with the sea, and in some idiomatic expressions.

(**a**) *(océano, masa de agua)* sea; **al nivel del m.** at sea level; **se cayó al m.** she fell into the sea; **hacerse a la m.** to set sail, to put (out) to sea; **pasan meses en el m.** *(navegando)* they spend months at sea; **m. adentro** out to sea; **por m.** *(viajar, enviar)* by sea; **un viaje por m.** a sea voyage; **a mares** a lot; EXPR **llover a mares** to rain buckets; EXPR *muy Fam* **me cago en la m.** shit!; EXPR *Fam Euf* **mecachis en la m.** *Br* sugar!, *US* shoot!; *Literario* **surcar los mares** to ply the seas ❑ ***m. arbolada*** = rough sea with waves between 6 and 9 metres; ***m. calma*** calm sea; *también Fig* ***m. de fondo*** groundswell; **el asunto ha creado mucha m. de fondo en la opinión pública** the affair has given rise to a groundswell of public opinion; ***m. gruesa*** = rough sea with waves under 6 metres; ***un m. interior*** an inland sea; ***el m. de Irlanda*** the Irish Sea; ***m. llana*** calm sea; ***el m. Mediterráneo*** the Mediterranean Sea; ***el m. Muerto*** the Dead Sea; ***el m. Negro*** the Black Sea; ***el m. del Norte*** the North Sea; ***m. picada*** very choppy sea; ***m. rizada*** choppy sea; ***el m. Rojo*** the Red Sea

(**b**) *(litoral)* seaside; **nos vamos a vivir al m.** we're going to live by the sea; **veranean en el m.** they spend their summer holidays at the seaside; **una casa en el m.** a house by the sea; **junto al m.** at the seaside

(**c**) *(gran abundancia)* sea; **un m. de gente** a sea of people; **un m. de sangre** a river of blood; **estoy inmersa en un m. de dudas** I'm plagued with doubts; **estar hecho un m. de lágrimas** to be crying one's eyes out; *Fam* **es la m. de inteligente** she's dead intelligent; *Fam* **todo va la m. de lento** everything's going dead slowly; *Fam* **tengo la m. de cosas que hacer** I've got loads of things to do

mara *nf Arg, Chile* Patagonian hare

marabú *nm* marabou stork, marabou

marabunta *nf* (**a**) *(de hormigas)* plague of ants (**b**) *(muchedumbre)* crowd

maraca *nf* (**a**) *(instrumento)* maraca (**b**) *Chile muy Fam (prostituta)* hooker

maracaibero, -a 1 *adj* of/from Maracaibo

2 *nm,f* person from Maracaibo

maracayero, -a 1 *adj* of/from Maracay

2 *nm,f* person from Maracay

maracuyá *nf* passion fruit

marajá *nm* maharajah; **vivir como un m.** to live in the lap of luxury

maraña *nf* (**a**) *(enredo)* tangle (**b**) *(maleza)* thicket

marasmo *nm* (**a**) *Med* marasmus, wasting (**b**) *(de ánimo)* apathy; *(de negocio)* stagnation

maratón *nm o nf también Fig* marathon

maratoniano, -a *adj* marathon

maravilla *nf* (**a**) *(cosa maravillosa)* marvel, wonder; **las siete maravillas del mundo** the Seven Wonders of the World; **es una m.** it's wonderful; **a las mil maravillas,**

de m. wonderfully; **decir maravillas de alguien/algo** to praise sb/sth to the skies; **hacer maravillas** to do *o* work wonders; **una m. de niño/carretera** a wonderful *o* marvellous child/road; **¡qué m. de lugar!** what a wonderful place!; **venir de m.** to be just the thing *o* ticket
(**b**) *planta)* calendula, pot marigold

maravillar 1 *vt* to amaze
2 maravillarse *vpr* to be amazed (**con** by)

maravillosamente *adv* marvellously, wonderfully

maravilloso, -a *adj* marvellous, wonderful

marbellí 1 *adj* of/from Marbella
2 *nm,f* person from Marbella

marbete *nm* (**a**) *(etiqueta)* label, tag (**b**) *(orilla)* border, edge

marca *nf* (**a**) *(señal)* mark; *(de rueda, animal)* track; *(en ganado)* brand; *(en papel)* watermark; *(cicatriz)* mark, scar; **se quemó y le ha quedado una m.** she burned herself and has been left with a scar ❑ ***m. de corte*** *o* ***recorte*** crop mark
(**b**) *Com (de tabaco, café)* brand; *(de coche, ordenador)* make; **unos vaqueros de m.** a pair of designer jeans; *Fam* **de m. mayor** *(muy grande)* enormous; *(excelente)* outstanding ❑ ***m. blanca*** own-brand, own-label; ***m. de fábrica*** trademark; ***m. registrada*** registered trademark
(**c**) *(etiqueta)* label
(**d**) *Dep (tiempo)* time; *(plusmarca)* record
(**e**) *Dep (marcaje)* marking

marcadamente *adv* markedly, noticeably

marcado, -a 1 *adj (pronunciado)* marked
2 *nm* (**a**) *(señalado)* marking (**b**) *(peinado)* set

marcador, -ora 1 *adj* marking
2 *nm* (**a**) *(tablero)* scoreboard ❑ ***m. electrónico*** electronic scoreboard (**b**) *(resultado)* score (**c**) *(jugador) (defensor)* marker; *(goleador)* scorer (**d**) *(para libros) también Informát* bookmark (**e**) *Am (rotulador)* felt-tip pen; *Méx (fluorescente)* highlighter pen

marcaje *nm Dep* marking ❑ ***m. al hombre*** man-to-man marking; ***m. individual*** man-to-man marking

marcapáginas *nm inv* bookmark

marcapasos *nm inv* pacemaker

marcar [59] **1** *vt* (**a**) *(en general)* to mark; *(nombre en una lista)* to tick off; **el tratado marcó un hito en las relaciones entre las dos potencias** the treaty was a landmark in relations between the two powers; **ese acontecimiento marcó su vida** her life was marked by that event; **m. el ritmo** to beat the rhythm; **m. los naipes** to mark the cards
(**b**) *(poner precio a)* to price
(**c**) *(indicar)* to mark, to indicate; **la cruz marca el lugar donde está enterrado el tesoro** the cross marks *o* indicates (the spot) where the treasure is buried
(**d**) *(anotar)* to note down; **marcó el itinerario en el mapa** she marked the route on the map
(**e**) *(destacar)* to emphasize
(**f**) *(número de teléfono)* to dial
(**g**) *(sujeto: termómetro, contador)* to read; *(sujeto: reloj)* to say; **la balanza marca tres kilos** the scales read three kilos
(**h**) *Dep (tanto)* to score; *(a un jugador)* to mark; **m. a alguien** *(defender)* to mark sb
(**i**) *(cabello)* to set
2 *vi* (**a**) *(dejar secuelas)* to leave a mark
(**b**) *(peinar)* to set, to style
(**c**) *Dep (anotar un tanto)* to score; **m. en propia puerta** *o* **meta** to score an own goal
3 marcarse *vpr* (**a**) *Dep (defender)* to mark each other
(**b**) *(notarse)* to show; **se le marca el sostén por debajo de la blusa** you can see the outline of her bra under her blouse
(**c**) EXPR *Fam* **marcarse un detalle** to do something nice *o* kind; **marcarse un tanto** to earn a Brownie point

MARCHA *nf* (**a**) *(partida)* departure; **ha anunciado su m. de la empresa** she has announced that she will be leaving the company
(**b**) *(ritmo, velocidad)* speed; **acelerar la m.** to go faster; **reducir la m.** to slow down; **el tren detuvo su m.** the train stopped; **a esta m. terminaremos pronto** at this rate we'll soon be finished; **a marchas forzadas** *(contrarreloj)* against the clock; **a toda m.** at top speed; **¡llevas una m. que no hay quien te siga!** you're going so fast, no one can keep up with you!; **¡vaya m. que llevan los pasteles!** those cakes are disappearing at a rate of knots!
(**c**) *(funcionamiento)* **para la buena m. de su automóvil son necesarias revisiones periódicas** in order to make sure your car runs smoothly, it should be serviced regularly
(**d**) *(transcurso)* course; *(progreso)* progress; **un apagón interrumpió la m. del partido** a power cut interrupted the (course of the) game; **informó sobre la m. de la empresa** she gave a report on the company's progress; **se bajó en m. del tren** he jumped off the train while it was moving; **estar en m.** *(motor, máquina)* to be running; *(campaña)* to be underway; *(tren)* to be moving; **ya están en m. las nuevas medidas para combatir la inflación** the new measures to fight inflation have been introduced; **poner en m. un automóvil/motor/proyecto** to start a car/an engine/a project; **ponerse en m.** *(automóvil, tren, autocar)* to set off; *(proyecto, campaña)* to get underway; **hacer algo sobre la m.** to do sth as one goes along
(**e**) *(en automóvil)* gear; **cambiar de m.** to change gear; **no me entra la m. atrás** it won't go into reverse; **meter la cuarta m.** to go into fourth gear ❑ ***m. atrás*** *(en automóvil)* reverse; *Fam Hum (al hacer el amor)* coitus interruptus; **dar m. atrás** *(en automóvil)* to reverse; *Fig (arrepentirse, desistir)* to back out; *Fam Hum (al hacer el amor)* to withdraw (halfway through)
(**f**) *(de soldados, manifestantes)* march; *(de montañeros, senderistas)* hike; **abrir la m.** to head the procession; **cerrar la m.** to bring up the rear; **¡en m.!** *(dicho a soldados)* forward march!; *(dicho a niños, montañeros)* on we go!, let's get going!; **hacer una m.** *(soldados, manifestantes)* to go on a march; *(montañeros, senderistas)* to go on a hike; **ir de m.** *(montañeros, senderistas)* to go hiking; **ponerse en m.** *(persona)* to set off
(**g**) *(obra musical)* march ❑ ***m. fúnebre*** funeral march; ***m. militar*** military march; ***m. nupcial*** wedding march; ***la M. Real*** = the Spanish national anthem
(**h**) *Dep* **m. (atlética)** walk
(**i**) *Fam (animación)* liveliness, life; **los lugares** *o* **sitios de m.** the places to go; **¿dónde está la m. en esta ciudad?** where's the action in this city?; **hay mucha m.** there's a great atmosphere; **ir de m.** to go out on the town; **este tío tiene mucha m.** this guy's a real live wire; **esta ciudad tiene mucha m.** the atmosphere's great in this city; **¡qué poca m. tienes!** you're so boring!; **le va la m.** *(le gusta divertirse)* she likes to have a good time; *muy Fam (le gusta sufrir)* she's a sucker for punishment

---

marchador, -ora *adj* (**a**) *Cuba (andarín)* fond of walking (**b**) *Chile, Cuba (animal)* ambling

marchamo *nm* (**a**) *(de aduana)* customs seal *o* stamp (**b**) *(marca distintiva)* seal (**c**) *Arg, Bol (impuesto)* = tax charged on each head of slaughtered cattle

marchante, -a *nm,f* (**a**) *(de arte)* dealer (**b**) *Am (cliente)* customer, patron

marchantería, marchantía *nf CAm, Carib* clientele, customers

marchar 1 *vi* (**a**) *(andar)* to walk; *(soldados)* to march (**b**) *(partir)* to leave, to go (**c**) *(funcionar)* to work (**d**) *(desarrollarse)* to progress; **el negocio marcha** business is going well (**e**) **¡marchando!** *(en bar)* right away!, coming up! (**f**) *Méx Fam* **¡no marches!** *(no te pases)* cool it!, take it easy!
2 marcharse *vpr* to leave, to go; **se marchó de aquí cuando era muy pequeño** he left here when he was very young

marchitar 1 *vt (planta, persona)* to wither
2 marchitarse *vpr (planta)* to fade, to wither; *(persona)* to languish, to fade away

marchito, -a *adj (planta)* faded; *(persona)* worn

marchoso, -a *Fam* **1** *adj* lively
2 *nm,f* live wire

marcial *adj (ley)* martial; *(disciplina)* military

marcialidad *nf* military air

marcianitos *nmpl (juego)* space invaders

marciano, -a *adj & nm,f* Martian

marco *nm* (**a**) *(de cuadro)* frame; *(de puerta)* doorframe; **m. de ventana** window frame (**b**) *(ambiente, paisaje)* setting; **un m. incomparable** a perfect *o* an ideal setting (**c**) *(ámbito)* framework; **acuerdo m.** general *o* framework agreement (**d**) *(moneda)* mark ❑ ***m. alemán*** Deutschmark, German mark (**e**) *Dep (portería)* goalmouth

marea *nf* (**a**) *(del mar)* tide; **está**

subiendo/bajando la m. the tide is coming in/going out ▫ ***m. alta*** high tide; ***m. baja*** low tide; ***m. negra*** oil slick; ***m. viva*** spring tide (**b**) *(multitud)* flood

mareado, -a *adj* (**a**) *(con náuseas)* sick, queasy; *(en coche, avión)* travel-sick; *(en barco)* seasick (**b**) *(aturdido)* dizzy (**c**) *Fam (fastidiado)* fed up (**con** with)

mareante 1 *adj* infuriating, irritating
2 *nmf* pest, nuisance

marear 1 *vt* (**a**) *(provocar náuseas)* to make sick; *(en coche, avión)* to make travel-sick; *(en barco)* to make seasick (**b**) *(aturdir)* to make dizzy (**c**) *Fam (fastidiar)* to annoy; **¡niño, deja de m.!** you naughty boy! stop annoying me!; **me marea con sus quejas** she drives me up the wall with her complaining
2 marearse *vpr* (**a**) *(tener náuseas)* to become *o* get sick; *(en coche, avión)* to get travel-sick; *(en barco)* to get seasick (**b**) *(aturdirse)* to get dizzy (**c**) *(emborracharse)* to get drunk

marejada *nf* (**a**) *(mar agitada)* heavy sea, swell (**b**) *(agitación)* wave of discontent

marejadilla *nf* slight swell

mare mágnum, maremagno *nm Fam* jumble

maremoto *nm* (**a**) *(ola)* tidal wave (**b**) *(seísmo)* seaquake

marengo *adj* **gris m.** dark grey

mareo *nm* (**a**) *(náuseas)* sickness; *(en coche, avión)* travel sickness; *(en barco)* seasickness (**b**) *(aturdimiento)* dizziness, giddiness; **le dio un m.** he had a dizzy spell *o* turn, he felt dizzy (**c**) *Fam (fastidio)* drag, pain

marfil *nm* ivory ▫ ***m. vegetal*** ivory nut

marfileño, -a *adj* ivory; **piel marfileña** ivory skin

marga *nf Geol* marl

margarina *nf* margarine

margarita 1 *nf* (**a**) *(flor)* daisy; EXPR *Fam* **es como echar margaritas a los cerdos** it's like casting pearls before swine (**b**) *Imprenta* daisy wheel
2 *nm (cóctel)* margarita

margen 1 *nm* (**a**) *(de camino)* side
(**b**) *(de página)* margin
(**c**) *Com* margin ▫ ***m. de beneficio*** profit margin
(**d**) *(límites)* leeway; **al m. de eso, hay otros factores** over and above this, there are other factors; **al m. de la ley** outside the law; **dejar al m.** to exclude; **estar al m. de** to have nothing to do with; **mantenerse al m. de** to keep out of; **dar a alguien m. de confianza** to allow sb to use his/her initiative ▫ ***m. de error*** margin of error; ***m. de maniobra*** room to manoeuvre; ***m. de seguridad*** degree of certainty
(**e**) *(ocasión)* **dar m. a alguien para hacer algo** to give sb the chance to do sth
2 *nf (de río)* bank

marginación *nf* exclusion ▫ ***m. social*** exclusion from society

marginado, -a 1 *adj* excluded
2 *nm,f* outcast

marginal *adj* (**a**) *(de fuera de la sociedad) (persona, grupo social)* living on the fringes of society, socially excluded; **una zona m. de la ciudad** a deprived outlying area of the city (**b**) *(sin importancia)* minor (**c**) *(en página)* marginal (**d**) *Econ* marginal

marginalidad *nf* **vivir en la m.** to live on the margins of society, to be a social outcast

marginar 1 *vt* (**a**) *(persona) (excluir)* to exclude, to make an outcast; *(dar de lado a)* to give the cold shoulder to (**b**) *(asunto, diferencias)* to set aside, to set to one side
2 marginarse *vpr* to exclude *o* isolate oneself

maría *nf Fam* (**a**) *(marihuana)* grass (**b**) *(asignatura)* easy subject, Mickey Mouse course (**c**) *(mujer sencilla)* (typical) housewife (**d**) *Méx* = migrant from country to urban areas

mariachi *nm* (**a**) *(música)* mariachi (music) (**b**) *(orquesta)* mariachi band; *(músico)* mariachi (musician)

marianista *adj* = of/relating to the Company of Mary, a religious order founded in 19th century France

mariano, -a *adj* Marian

marica *nm Fam Br* poof, *US* fag

maricón, -ona 1 *adj* (**a**) *Fam (homosexual)* queer, *Br* poofy, *US* faggy (**b**) *muy Fam (como insulto)* **¡qué tío más m.!** what a bastard!; **¡m. el último!** the last one's a sissy!
2 *nm,f muy Fam (insulto) (cobarde)* wimp; *(odioso)* bastard, git
3 *nm Fam (homosexual)* queer, *Br* poof, *US* fag ▫ *muy Fam* ***m. de playa*** *(fanfarrón)* bragger, loudmouth

mariconada *nf Fam* (**a**) *(dicho, hecho)* **eso es una m.** that's really *Br* poofy *o US* faggy (**b**) *(mala jugada)* dirty trick (**c**) *(tontería)* **no dice más que mariconadas** he talks through the back of his neck

mariconear *vi Fam* to camp it up

mariconera *nf Fam* (man's) clutch bag

mariconería *nf Fam* (**a**) *(dicho, hecho)* **eso es una m.** that's really *Br* poofy *o US* faggy (**b**) *(cualidad)* campness

maridaje *nm (unión)* union

maridar *vt (unir)* to join, to unite

marido *nm* husband

marihuana, mariguana *nf* marijuana

marimacho *nm Fam (niña)* tomboy; *(mujer)* butch woman

marimandón, -ona *Fam* **1** *adj* bossy
2 *nf* bossy boots

marimba *nf* (**a**) *(tambor)* drum (**b**) *(xilofón)* marimba (**c**) *Am (tímpano)* kettledrum

marimorena *nf* row; EXPR **armar la m.** to kick up a row

marina *nf* (**a**) *Mil* **m. (de guerra)** navy ▫ ***m. mercante*** merchant navy (**b**) *Arte* seascape

marinar *vt* to marinate

marine *nm Mil* marine

marinera *nf Andes (baile)* marinera, = popular Latin American dance

marinería *nf* (**a**) *(profesión)* sailoring (**b**) *(marineros)* crew, seamen

marinero, -a 1 *adj (de la marina, de los marineros)* sea; *(buque)* seaworthy; **un pueblo m.** *(nación)* a seafaring nation; *(población)* a fishing village; **vestido m.** sailor suit
2 *nm* sailor

marino, -a 1 *adj* sea, marine; **brisa marina** sea breeze
2 *nm* sailor

marioneta *nf* (**a**) *(muñeco)* marionette, puppet; **marionetas** *(teatro)* puppet show (**b**) *(persona)* puppet

marionetista *nmf* puppeteer

mariposa *nf* (**a**) *(insecto)* butterfly ▫ ***m. nocturna*** moth (**b**) *(tuerca)* wing nut (**c**) *(candela, luz)* oil lamp (**d**) *(en natación)* butterfly (stroke); **nadar a m.** to do the butterfly (stroke) (**e**) EXPR *Fam* **a otra cosa, m.** let's move on (**f**) ***m. cervical*** *(almohada)* Butterfly Pillow® (**g**) *Cuba (pájaro)* finch (**h**) *Cuba (planta)* butterfly jasmine

mariposear *vi* (**a**) *(ser inconstante)* to flit about (**b**) *(galantear)* to flirt

mariposón *nm Fam* (**a**) *(afeminado)* fairy, pansy (**b**) *(ligón)* flirt

mariquita 1 *nf (insecto) Br* ladybird, *US* ladybug
2 *nm Fam (homosexual)* queer, *Br* poof, *US* fag

marisabidilla *nf* know-all

mariscada *nf* seafood meal

mariscador, -ora *nm,f* shellfish gatherer

mariscal *nm* marshal ▫ ***m. de campo*** field marshal

mariscar [59] *vi* to gather shellfish

marisco *nm* seafood, shellfish; *Esp* **el m.** *o Am* **los mariscos de la region** the local seafood *o* shellfish

marisma *nf* marsh, salt marsh

marismeño, -a *adj* marshy

marisquería *nf* seafood restaurant

marista *adj & nm* Marist

marital *adj* marital; **la vida m.** married life

maritates *nfpl CAm (chucherías)* knick-knacks, trinkets

marítimo, -a *adj* (**a**) *(del mar)* maritime (**b**) *(cercano al mar)* seaside; **pueblo m.** seaside town; **paseo m.** promenade

marjal *nm* marsh, bog

marketing, márketing ['marketin] *nm* marketing ▫ ***m. telefónico*** telesales, telemarketing

marlín *nm (pez)* marlin

marmita *nf* pot

marmitaco, marmitako *nm* = Basque stew containing tuna and potatoes

mármol *nm* marble; *Fig* **de m.** cold, insensitive

marmolería *nf* (**a**) *(mármoles)* marbles,

marblework (**b**) *(obra)* marble (**c**) *(taller)* workshop, studio

marmolista *nmf* marble cutter

marmóreo, -a *adj Formal* marmoreal

marmota *nf* marmot; EXPR **dormir como una m.** to sleep like a log

maroma *nf* rope

maromear *vi Cuba, Perú, Méx (vacilar)* to lean one way then the other

maromero *nm* (**a**) *Am (acróbata)* tightrope walker (**b**) *Cuba, Perú, Méx (político)* political opportunist

maromo *nm Fam* guy, *Br* bloke

maronita *adj & nmf* Maronite

marote *nm RP Fam (cabeza)* nut, head

marplatense 1 *adj* of/from Mar del Plata

2 *nmf* person from Mar del Plata

marqués, -esa *nm,f* marquis, *f* marchioness

marquesado *nm* marquisate

marquesina *nf (cubierta)* canopy; *(en parada de autobús, estación de tren)* shelter

marquetería *nf* marquetry

marrajo *nm (tiburón)* porbeagle

marranada, marranería *nf Fam* (**a**) *(porquería)* filthy thing (**b**) *(mala jugada)* dirty trick

marrano, -a *nm,f* (**a**) *(animal)* pig (**b**) *Fam (sucio)* (filthy) pig (**c**) *Fam (sin escrúpulos)* swine (**d**) EXPR *Vulg* **¡deja de joder la marrana!** stop fucking about!

Marraquech *n* Marrakesh

marrar 1 *vt (disparo)* to miss

2 *vi* (**a**) *(fallar)* to fail; *(disparo)* to miss (**b**) *(desviarse)* to go astray *o* wrong

marras: de marras *loc adj Fam* **el perrito de m.** that blasted dog; **el problema de m.** the same old problem

marrasquino *nm (licor)* maraschino

marrón 1 *adj* brown

2 *nm* (**a**) *(color)* brown (**b**) *muy Fam* **¡qué m.!** what a pain!; **pillar a alguien de m.** to catch sb in the act; **me ha tocado a mí comerme el m. de limpiar la casa tras la fiesta** I got lumbered with having to clean the house after the party (**c**) ***m. glacé*** marron glacé

marroquí (*pl* **marroquíes**) *adj & nmf* Moroccan

marroquinería *nf* (**a**) *(arte)* leatherwork (**b**) *(artículos)* leather goods

marrubio *nm* common hoarhound

marrueco *nm Chile (bragueta)* fly, zipper

Marruecos *n* Morocco

marrullería *nf (trucos sucios)* underhand dealing; *(juego sucio)* dirty play

marrullero, -a 1 *adj (tramposo)* underhand; *(futbolista)* dirty

2 *nm,f (tramposo)* cheat; *(futbolista)* dirty player

Marsellesa *nf* Marseillaise

marsopa *nf* porpoise

marsupial *adj & nm* marsupial

marta *nf* (pine) marten ❑ ***m. cebellina*** sable

martajar *vt CAm, Méx (maíz)* to crush

Marte *nm* Mars

martes *nm inv* Tuesday; **M. de Carnaval** Shrove Tuesday; **m. y trece** ≃ Friday 13th; *ver también* **sábado**

martillazo *nm* hard hammer blow; **me di un m. en el dedo** I hit my finger with a hammer

martillear, martillar *vt* to hammer

martilleo *nm* hammering

martillero *nm Chile, RP* **m. (público)** auctioneer

martillo *nm* hammer ❑ ***m. neumático*** *Br* pneumatic drill, *US* jackhammer

martinete *nm* (**a**) *(máquina)* piledriver, maul (**b**) *(ave)* night heron

martingala *nf (artimaña)* trick, ploy

Martinica *n* Martinique

martín pescador *nm* kingfisher

martini *nm (vermú)* martini; **m. (seco)** *(cóctel)* (dry) martini

mártir *nmf también Fig* martyr; **hacerse el m.** to act the martyr

martirio *nm* (**a**) *Rel* martyrdom (**b**) *(sufrimiento)* trial, torment

martirizar [14] **1** *vt* (**a**) *(torturar)* to martyr (**b**) *(hacer sufrir)* to torment, to torture

2 martirizarse *vpr* to torment *o* torture oneself

maruja *nf Fam (mujer sencilla)* (typical) housewife

marujear *vi Fam (hacer tareas domésticas)* to do housework; *(cotillear)* to gossip

marxismo *nm* Marxism

marxista *adj & nmf* Marxist

marzo *nm* March; *ver también* **septiembre**

MAS *nm* (*abrev de* **Movimiento al Socialismo**) = political party in Argentina and Venezuela

mas *conj* but

MÁS 1 *adj inv* (**a**) *(comparativo)* more; **m. aire/manzanas** more air/apples; **tener m. hambre** to be hungrier *o* more hungry; **m.… que…** more… than…; **hace m. frío que ayer** it's colder than yesterday; **colócate a m. distancia** stand further away; **ellas eran m. y mejor preparadas** there were more of them and they were better prepared

(**b**) *(superlativo)* **es el alumno que m. preguntas hace** he's the pupil who asks (the) most questions; **la que m. nota sacó en el examen** the girl who did (the) best *o* got the best marks in the exam; **lo que m. tiempo llevó** the thing that took (the) longest; **lo m. que puede ocurrir/que te pueden decir es…** the worst thing that can happen/that they can say to you is…; **es lo m. que puedo hacer** it's all *o* the most I can do; **compré varios kilos de manzanas, pero las m. (de ellas) estaban malas** I bought several kilos of apples, but most of them were rotten

(**c**) *(en frases negativas)* any more; **no necesito m. trabajo/libros** I don't need any more work/books; **ya no hay m. leche/peras** there isn't any milk/aren't any pears left, there's no more milk/there are no more pears left; **no tengo m. especias que las que ves ahí** these are all the spices I have, the only spices I have are the ones you can see here; **no te lo diré m. veces** I'm not going to tell you again

(**d**) *(con pron interrogativos e indefinidos)* else; **¿qué/quién m.?** what/who else?; **¿cuándo/dónde m.?** when/where else?; **te voy a decir algo m.** I'm going to tell you something else; **¿algo m.?** *o* **¿alguna cosa m.? — nada m., gracias** would you like anything else? – no, that's everything, thank you; **todavía falta alguien m.** somebody else is still missing; **¿te vio alguien m.?** did anyone else see you?; **no hay nada/nadie m.** there's nothing/no one else; **¿no quieres nada m.?** don't you want anything else?; **¿nada m. que mil?** as little as a thousand?, only a thousand?; **no queda nadie m. en la sala** there's no one left in the room

(**e**) *Fam (mejor)* **éste es m. coche que el mío** this is a better car than mine; **es m. hombre que tú** he's more of a man than you are

2 *adv* (**a**) *(comparativo)* more; **Pepe es m. alto/ambicioso** Pepe is taller/more ambitious; **m. tarde** later; **m. adentro** further in; **m. arriba** higher up; **nos quedaremos un poco m.** we'll stay a bit longer; **ésta me gusta m.** I like this one better *o* more; **m. de** more than; **había m. de mil personas** there were more than *o* over a thousand people there; **eran m. de las diez** it was past *o* gone ten o'clock; **bebió m. de lo normal** he drank more than usual; **nos retrasamos m. de lo esperado** we took longer than expected; **es m. fácil de lo que parece** it's easier than it seems; **m. que** more than; **vas al cine m. que yo** you go to the cinema more (often) than I do; **el vino me gusta m. que la cerveza** I like wine better *o* more than beer; **la inflación subió m. que los salarios** inflation rose by more than salaries; **ésta me gusta m. que las demás** I like this one better *o* more than the others; **m.… que…** more… than…; **Juan es m. alto/ambicioso que tú** Juan is taller/more ambitious than you; **no hay persona m. preparada que él** no one is better qualified than he is; **yo soy liberal como el/la que m., pero…** I'm as liberal as the next man/woman, but…; **el que m. y el que menos** everyone; **el motivo del conflicto es ni m. ni menos que la religión** the cause of the conflict is actually religion; **la catedral se tardó en construir ni m. ni menos que tres siglos** the cathedral took no less than three centuries to build; **apareció ni m. ni menos que el presidente** who should appear but the president?

(**b**) *(superlativo)* **el/la/lo m.** the most; **el m. listo/ambicioso** the cleverest/most ambitious; **es la m. alta de todos/de la clase** she's the tallest of everyone/in the class; **lo m. bonito que vimos** the most beautiful thing we saw; **el que m. trabaja** the person *o* one who works (the) hardest; **lo que m. me molesta es...** what annoys me most is...; **¿dónde te duele m.?** where does it hurt (the) most?; **no es el m. indicado para criticar** he's hardly in a position to criticize; **a lo m.** *(como mucho)* at the most ❑ ***el m. allá*** the great beyond

(**c**) *(en frases negativas)* **no hice m. que lo que me pediste** I only did what you asked me to; **no nos queda m. que esperar** all we can do is wait; **ya no lo haré m.** I won't do it again; **nunca m.** never again

(**d**) *(indica suma)* plus; **dos m. dos igual a cuatro** two plus two is four; **tome una pastilla con las comidas m. otra antes de acostarse** take one tablet with meals and another before going to bed

(**e**) *(indica intensidad)* **no lo aguanto, ¡es m. tonto!** I can't stand him, he's so stupid!; **¡qué día m. bonito!** what a lovely day!; **¡tengo m. hambre!** I'm so *o* really hungry!; **¡me da m. miedo!** it really scares me!; **ser de lo m. divertido** to be incredibly funny; **hoy está de lo m. amable** she's being really nice today; **m. y m.** increasingly; **cada vez es m. y m. difícil** it gets harder and harder, it gets increasingly harder; **ir a m.** to improve

(**f**) *(indica preferencia)* **m. vale que nos vayamos a casa** it would be better for us to go home; **m. te vale que tengas razón** you'd better be right; **m. que cansado, estoy agotado** I don't feel so much tired as exhausted; **mejor no fumar, m. que nada por los niños** it would be better not to smoke, as much as anything for the sake of the children

(**g**) **más o menos** *loc adv (aproximadamente)* more or less; *(regular)* so-so; **deben de ser m. o menos las dos** it must be about two o'clock; **¿qué tal te encuentras? — m. o menos** how are you feeling? — so-so

(**h**) **a más de** *loc adv (además de)* in addition to, as well as

(**i**) **de más** *loc adv (en exceso)* too much; *(de sobra)* spare; **me han cobrado 100 pesos de m.** they've charged me 100 pesos too much, they've overcharged me by 100 pesos; **tengo entradas de m. para el estreno** I've got some spare tickets for the premiere; **eso está de m.** that's not necessary; **sé cuando estoy de m. en un sitio** I know when I'm not wanted; **no estaría de m. llevar un paraguas** it wouldn't be a bad idea *o* it wouldn't harm to take an umbrella

(**j**) **más bien** *loc adv* rather; **es m. bien caro** it's a bit *o* rather expensive; **m. bien parece que la culpa es de ella** it seems more like she is to blame

(**k**) **por más que** *loc adv* however much; **por m. que lo intente no lo conseguirá** however much *o* hard she tries, she'll never manage it

(**l**) *(en frases)* **es m., m. aún** indeed, what is more; **lo que es m.** moreover; **¿qué m. da?** what difference does it make?; **sin m. (ni m.)** just like that

3 *pron* any more; **no necesito m.** I don't need any more; **ya no hay m.** there isn't/aren't any left, there is/are no more left

4 *nm inv Mat* plus (sign); **tiene sus m. y sus menos** *(pros y contras)* it has its good points and its bad points; **tuvieron sus m. y sus menos** *(diferencias)* they had their differences

---

masa *nf* (**a**) *(en general)* mass ❑ *Meteo* ***m. de aire*** air mass; ***m. atómica*** atomic mass; *Fís* ***m. crítica*** critical mass; ***m. salarial*** total wage bill (**b**) *(multitud)* throng; **en m.** en masse; **fuimos en m. a escuchar la conferencia** a large group of us went to listen to the lecture; **las masas** the masses (**c**) *(mezcla, pasta)* mixture; *(de pan, bizcocho)* dough (**d**) *Elec (tierra)* earth (**e**) *RP (pastelito)* shortcake cookie

masacrar *vt* to massacre

masacre *nf* massacre

masai *nm* Masai

masaje *nm* massage ❑ ***m. terapéutico*** therapeutic massage

masajear *vt* to massage, to rub

masajista *nmf* masseur, *f* masseuse

masato *nm* (**a**) *Andes, CAm (bebida)* = fermented drink made of maize, banana or cassava (**b**) *Arg, Col (golosina)* = dessert made of coconut, maize and sugar

mascada *nf* (**a**) *Am (de tabaco)* plug (**b**) *Chile, Col, Cuba (bocado)* mouthful (**c**) *Arg (utilidad)* profit, gain (**d**) *Méx (pañuelo)* silk neckerchief

mascadura *nf Hond (pan, bollo)* roll, bun

mascar [59] *vt* to chew

máscara *nf* (**a**) *(para cubrir)* mask ❑ ***m. antigás*** gas mask; ***m. de oxígeno*** oxygen mask (**b**) *(fachada)* front, pretence; **quitar la m. a alguien** to unmask sb; **quitarse la m.** to reveal oneself (**c**) *Informát* mask

> Observa que la palabra inglesa **mascara** es un falso amigo y no es la traducción de la palabra española **máscara**. En inglés **mascara** significa "rímel".

mascarada *nf* (**a**) *(fiesta)* masquerade (**b**) *(farsa)* farce

mascarilla *nf* (**a**) *(de protección, de oxígeno)* mask (**b**) *(cosmética)* face pack

mascarón *nm Arquit* grotesque head ❑ ***m. de proa*** figurehead

mascota *nf* (**a**) *(emblema)* mascot (**b**) *(animal doméstico)* pet (**c**) *(amuleto)* charm

masculinidad *nf* masculinity

masculinizarse [14] *vpr* to become mannish

masculino, -a *adj* (**a**) *(género, órgano, población)* male; **los 100 metros masculinos** the men's 100 metres (**b**) *(varonil)* manly (**c**) *Gram* masculine

mascullar *vt* to mutter

masía *nf* = traditional Catalan farmhouse

masificación *nf* overcrowding (**de** in)

masificar [59] **1** *vt* to cause overcrowding in

2 masificarse *vpr* to become overcrowded

masilla *nf* putty

masita *nf RP* shortcake cookie

masivo, -a *adj* mass; **despido m.** mass firing *o* redundancies

masoca *nmf Fam* masochist

masón, -ona 1 *adj* masonic

2 *nm,f* mason, freemason

masonería *nf* masonry, freemasonry

masónico, -a *adj* Masonic

masoquismo *nm* masochism

masoquista 1 *adj* masochistic

2 *nmf* masochist

mass media, mass-media ['mas-'media] *nmpl* mass media

mastaba *nf Arte* mastaba, = ancient Egyptian tomb in the form of a truncated pyramid

mastectomía *nf* mastectomy

máster *(pl* **masters**) *nm* Master's (degree)

masters *nm Dep* **el m.** the Masters

masticación *nf* chewing, *Espec* mastication

masticar [59] *vt* (**a**) *(mascar)* to chew, *Espec* to masticate (**b**) *(pensar)* to chew over, to ponder

mástil *nm* (**a**) *(de barco)* mast; *(de bandera)* pole (**b**) *(de guitarra)* neck

mastín *nm* mastiff ❑ ***m. del Pirineo*** Pyrenean Mastiff

mastitis *nf inv Med* mastitis

mastodonte 1 *nm* mastodon

2 *nmf Fam* giant

mastodóntico,-a *adj Fam* mammoth, ginormous

mastuerzo *nm* (**a**) *Fam (idiota)* idiot (**b**) *(planta)* common cress

masturbación *nf* masturbation

masturbar 1 *vt* to masturbate

2 masturbarse *vpr* to masturbate

mata *nf* (**a**) *(arbusto)* bush, shrub; *(matojo)* tuft; **matas** scrub (**b**) **m. de pelo** mop (of hair)

matacán *nm Ecuad (cervato)* fawn

matadero *nm* abattoir, slaughterhouse

matador, -ora 1 *adj Fam* (**a**) *(cansado)* killing, exhausting (**b**) *(feo, de mal gusto)* awful, horrendous

2 *nm Taurom* matador

matadura *nf (de animal)* sore, gall

matalahúva *nf* anise

matambre *nm RP* = cold cooked meat

matamoscas *nm inv* (**a**) *(pala)* flyswat (**b**) *(espray)* flyspray

matanza *nf* (**a**) *(masacre)* slaughter (**b**) *(de cerdo) (acción)* slaughtering; *(productos)* = pork products from a farm-slaughtered pig

---

MATAR 1 *vt* (**a**) *(quitar la vida a)* to kill; *(animal) (para consumo)* to slaughter; **lo mató un rayo** he was struck by lightning and killed; **lo mató un tren** he died after being hit by a train; **lo mató de una puñalada/de un tiro en el corazón** she killed him with a single stab/shot to the heart; **lo mataron a puñaladas** they stabbed him to death, he was stabbed to death; **lo mataron a tiros** they shot him (dead), he was shot (dead); **el alcohol la está matando** alcohol is killing her; EXPR **m. dos pájaros de un tiro** to kill two birds with one stone; *Fam Fig* **si se entera me mata** she'll kill me if she finds out; *Fam Fig* **es para matarte que no sepas eso** you ought to be ashamed of yourself not knowing a thing like that; EXPR **estar** *o* **llevarse a m. (con alguien)** to be at daggers drawn (with sb); EXPR *Fam* **matarlas callando** *(tramar algo)* to be up to something on the quiet; *(obrar con hipocresía)* to be a wolf in sheep's clothing; *Fam* **que me maten si lo entiendo** I'm damned if I can understand it; *Fam* **que me maten si no ocurrió así** I swear to God that's what happened

(**b**) *(hacer sufrir, molestar mucho)* **¡me vais a m. a disgustos!** you'll be the death of me!; **¡este calor/dolor me mata!** the heat/pain is killing me!; **¡estos zapatos me están matando!** these shoes are killing me!; **me matas con esas tonterías que dices** you're driving me mad with all the nonsense you talk!

(**c**) *(apagar, hacer pasar) (color)* to tone down; *(sed)* to quench; *(fuego)* to put out; *(cal)* to slake; **mato las horas** *o* **el tiempo viendo la televisión** I kill time watching television; **tomaré unas galletas para m. el hambre** *o* **el gusanillo** I'll have some *Br* biscuits *o Am* cookies to keep me going

(**d**) *(redondear, limar)* to round (off)

(**e**) *(en juegos) (carta)* to beat, to top; *(ficha, pieza de ajedrez)* to take, to capture

(**f**) *Fam (destrozar, estropear)* to ruin; **no quisiera m. sus ilusiones** I don't want to dash your hopes; **el salón es bonito, pero ese cuadro lo mata** the living room is nice, but that picture totally ruins it

2 *vi* to kill; **no matarás** *(mandamiento)* thou shalt not kill; EXPR **hay amores que matan** you can love somebody too much; EXPR **hay miradas que matan** if looks could kill

3 matarse *vpr* (**a**) *(morir)* to die; **se mató en un accidente de coche** he was killed in a car accident; **por poco me mato bajando las escaleras** I nearly killed myself going down the stairs

(**b**) *(suicidarse)* to kill oneself

(**c**) *(esforzarse)* **matarse a trabajar** to work oneself to death; **no te mates a estudiar, no te mates estudiando** don't wear yourself out studying; **matarse por hacer/conseguir algo** to kill oneself in order to do/get sth

matarife *nm* butcher, (cattle) slaughterer

matarratas *nm inv* (**a**) *(veneno)* rat poison (**b**) *Fam (bebida)* rotgut

matasanos *nmf inv Fam Pey* quack

matasellar *vt* to cancel, to postmark

matasellos *nm inv* postmark

matasuegras *nm inv* party blower

matazón *nf CAm, Col, Ven* massacre

match [matʃ] *nm* match

match-ball ['matʃβol] (*pl* **match-balls**) *nm Dep* match point

match-play ['matʃplei] (*pl* **match-plays**) *nm Dep* matchplay

mate 1 *adj* matt

2 *nm* (**a**) *(en ajedrez)* mate, checkmate (**b**) *(en baloncesto)* dunk; *(en tenis)* smash (**c**) *(bebida)* maté; *Am* **yerba m.** yerba maté (**d**) *CAm, RP (vasija)* maté pot (**e**) *RP Fam (cabeza)* nut

matear *vi* to drink maté

matemática, matemáticas *nf* mathematics *(singular)*

matemáticamente *adv* mathematically

matemático, -a 1 *adj* (**a**) *(de la matemática)* mathematical (**b**) *(exacto)* mathematical (**c**) *Fam (infalible)* **es m.** it's like clockwork, it never fails

2 *nm,f (científico)* mathematician

materia *nf* (**a**) *(sustancia, asunto)* matter; **en m. de** on the subject of, concerning; **entrar en m.** to get down to business ❑ *Anat* ***m. gris*** grey matter; ***m. orgánica*** organic matter; ***m. de reflexión*** food for thought (**b**) *(material)* material ❑ ***m. prima*** raw material (**c**) *(asignatura)* subject

material 1 *adj* (**a**) *(físico)* physical; *(daños, consecuencias)* material (**b**) *(real)* real, actual

2 *nm* (**a**) *(sustancia)* material ❑ ***m. de desecho*** waste material; ***m. refractario*** heat-resistant *o* fireproof material

(**b**) *(instrumentos)* equipment ❑ ***m. audiovisual*** audiovisual equipment and material; ***m. bélico*** arms; ***materiales de construcción*** building materials; ***m. escolar*** school materials; ***m. fungible*** *(desechable)* disposable materials; *Informát (cartuchos, disquetes)* consumables; ***m. de guerra*** war material; ***m. de laboratorio*** laboratory materials; ***m. de oficina*** office stationery

materialismo *nm* materialism ❑ ***m. dialéctico*** dialectical materialism; ***m. histórico*** historical materialism

materialista 1 *adj* materialistic

2 *nmf* materialist

materialización *nf* materialization

materializar [14] **1** *vt* (**a**) *(idea, proyecto)* to realize (**b**) *(hacer aparecer)* to produce

2 materializarse *vpr* (**a**) *(idea, proyecto)* to materialize (**b**) *(aparecer)* to appear (**c**) *(volverse materialista)* to become materialistic

materialmente *adv* physically

maternal *adj* motherly, maternal

maternidad *nf* (**a**) *(cualidad)* motherhood ❑ ***m. subrogada*** surrogate motherhood, surrogacy (**b**) *(hospital)* maternity hospital

maternizado, -a *adj* **leche maternizada** *Br* baby milk, *US* formula

materno, -a *adj* maternal; **lengua materna** mother tongue

mates *nfpl Fam Br* maths, *US* math

matinal *adj* morning; **sesión m.** *(de cine)* morning showing

matiné *nf (en cine)* morning showing

matiz *nm* (**a**) *(de color, opinión)* shade; *(de sentido)* nuance, shade of meaning (**b**) *(atisbo)* trace, hint

matización *nf* (**a**) *(puntualización)* explanation, clarification (**b**) *(de colores)* blending

matizar [14] *vt* (**a**) *(teñir)* to tinge (**de** with) (**b**) *(distinguir) (rasgos, aspectos)* to distinguish; *(tema)* to explain in detail (**c**) *(puntualizar)* to explain, to clarify (**d**) *(dar tono especial a)* to tinge, to colour (**e**) *(mezclar) (colores)* to blend

mato *nm Ven* lizard

matojo *nm (mata)* tuft; *(arbusto)* bush, shrub

matón, -ona *nm,f Fam* bully

matorral *nm* (**a**) *(conjunto de matas)* thicket (**b**) *(terreno)* scrubland, brush

matraca 1 *nf* (**a**) *(instrumento)* rattle (**b**) *Fam* **dar la m.** *(molestar)* to be a nuisance

2 *nfpl* **matracas** *Fam (matemáticas) Br* maths, *US* math

matraquear *vi Fam* (**a**) *(hacer ruido)* to rattle (**b**) *(molestar)* to be a nuisance

matraz *nm* flask

matriarcado *nm* matriarchy

matriarcal *adj* matriarchal

matricial *adj* (**a**) *Informát (impresora)* dot matrix (**b**) *Mat* matrix, done with a matrix

matricida *nmf* matricide

matricidio *nm* matricide

matrícula *nf* (**a**) *(inscripción)* registration (**b**) *(documento)* registration document (**c**) *Aut Br* number plate, *US* license plate (**d**) *Univ* ***m. de honor*** = distinction which exempts the student from the fees for a course in the following year

matriculación *nf (inscripción)* registration

matricular 1 *vt* to register

2 matricularse *vpr* to register

matrimonial *adj* marital; **vida m.** married life

matrimoniar *vi* to marry, to get married

matrimonio *nm* (**a**) *(institución)* marriage; **consumar el m.** to consummate one's marriage; **contraer m.** to get married; **fuera del m.** out of wedlock ❑ ***m. civil*** civil marriage; ***m. de conveniencia*** marriage of convenience (**b**) *(pareja)* married couple (**c**) *Chile, Col, RP (boda)* wedding

matriz 1 *nf* (**a**) *Anat* womb, *Espec* uterus (**b**) *(de talonario)* (cheque) stub (**c**) *(molde)* mould (**d**) *Informát* matrix ❑ ***m. activa*** active matrix (**e**) *Mat* matrix

2 *adj (empresa)* parent; **casa m.** head office

matrona *nf* (**a**) *(madre)* matron (**b**) *(comadrona)* midwife

matungo, -a *adj Carib (caballo)* old, worn-out

maturranguero, -a *adj Cuba* tricky, cajoling

matusalén *nm Fam* very old person; EXPR **ser más viejo que M.** to be as old as Methuselah

matute: de matute *loc adv Fam (clandestinamente)* on the quiet

matutino, -a *adj* morning; **paseo m.** morning walk

maul [mol] *nm (en rugby)* maul

maula *Fam* **1** *nf (cosa inútil)* piece of junk, useless thing

2 *nmf* (**a**) *(inútil)* good-for-nothing (**b**) *(estafador)* swindler

maulear *vi Chile* to cheat

maullar *vi* to miaow

maullido *nm* miaow, miaowing

Mauricio *n* Mauritius

Mauritania *n* Mauritania

mauritano, -a *adj & nm,f* Mauritanian

máuser (*pl* **máuseres** *o* **máusers**) *nm* Mauser

mausoleo *nm* mausoleum

maxi- *pref* maxi-

maxifalda *nf* maxi, maxiskirt

maxilar 1 *adj* jaw, *Espec* maxillary; **hueso m.** jawbone, *Espec* mandible

2 *nm* jaw

maxilofacial *adj Med* facial, *Espec* maxillofacial

máxima *nf* (**a**) *(sentencia, principio)* maxim (**b**) *(temperatura)* high, highest temperature

maximalismo *nm* maximalism

maximalista *adj & nmf* maximalist

máxime *adv* especially

maximizar *vt* to maximize

máximo, -a 1 *superlativo ver* **grande**

2 *adj (capacidad, cantidad, temperatura)* maximum; *(honor, galardón)* highest; **la máxima puntuación** *(posible)* the maximum score; *(entre varias)* the highest score ❑ *Mat* ***m. común denominador*** highest common denominator; *Mat* ***m. común divisor*** highest common factor

3 *nm* maximum; **al m.** to the utmost; **llegar al m.** to reach the limit; **como m.** *(a más tardar)* at the latest; *(como mucho)* at the most

maxisingle [maksi'siŋgel] (*pl* **maxisingles**) *nm* twelve inch (single)

may. (*abrev de* **mayo**) May

maya 1 *adj* Mayan

2 *nmf* Maya, Mayan

3 *nm (lengua)* Maya

mayestático, -a *adj* majestic

mayo *nm* May; *ver también* **septiembre**

mayólica *nf* majolica ware

mayonesa *nf* mayonnaise

MAYOR 1 *adj* (**a**) *(comparativo) (en tamaño)* bigger (**que** than); *(en importancia)* greater (**que** than); *(en edad)* older (**que** than); *(en número)* higher (**que** than); **en m. o menor grado** to a greater or lesser extent; **no creo que tenga m. interés** I don't think it's particularly interesting; **no te preocupes, no tiene m. importancia** don't worry, it's not important; **mi hermana m.** my older sister; **es ocho años m. que yo** she's eight years older than me; **un m. número de víctimas** a higher number of victims; **una m. tasa de inflación** a higher rate of inflation; **pisos mayores de 100 metros cuadrados** *Br* flats *o US* apartments of over 100 square metres; **subsidios para parados mayores de cuarenta y cinco años** benefits for unemployed people (of) over forty-five; **la m. parte de** most of, the majority of; **la m. parte de los británicos piensa que...** most British people *o* the majority of British people think that...; *Mat* **m. que** greater than

(**b**) *(superlativo)* **el/la m....** *(en tamaño)* the biggest...; *(en importancia)* the greatest...; *(en edad)* the oldest...; *(en número)* the highest...; **la m. de las islas** the biggest island, the biggest of the islands; **la m. crisis que se recuerda** the biggest crisis in living memory; **el m. de todos nosotros/de la clase** the oldest of all of us/in the class; **el m. de los dos hermanos** the older of the two brothers; **vive en la m. de las pobrezas** he lives in the most abject poverty

(**c**) *(más)* further, more; **para m. información solicite nuestro catálogo** for further *o* more details, send for our catalogue

(**d**) *(adulto)* grown-up; **cuando sea m....** when I grow up; **hacerse m.** to grow up; **ser m. de edad** to be an adult

(**e**) *(anciano)* elderly; **ser muy m.** to be very old; **la gente m., las personas mayores** the elderly; **hay que escuchar a las personas mayores** you should listen to older people

(**f**) *(principal)* major, main; **la plaza m.** the main square; **la calle m.** the main street; **el palo m.** the main mast

(**g**) *Mús* major; **en do m.** in C major

(**h**) *Com* **al por m.** wholesale; **un almacén de venta al por m.** a wholesaler's

2 *nmf* **el/la m.** *(hijo, hermano)* the eldest; **mayores** *(adultos)* grown-ups; *(antepasados)* ancestors, forefathers; **es una película/revista para mayores** it's an adult movie/magazine; **respeta a tus mayores** you should respect your elders; **la cosa no llegó** *o* **pasó a mayores** the matter didn't go any further

3 *nm Mil* major

mayoral *nm* (**a**) *(capataz)* foreman, overseer (**b**) *(pastor)* chief herdsman

mayorazgo *nm Hist* (**a**) *(institución)* primogeniture (**b**) *(bienes)* entailed estate (**c**) *(persona)* = heir to an entailed estate

mayordomo *nm* butler

mayoreo *nm Am* wholesale

mayoría *nf* (**a**) *(mayor parte)* majority; **la m. de** most of; **la m. de los españoles** most Spaniards; **la m. de las veces** usually, most often; **en su m.** in the main ❑ ***m. absoluta*** absolute majority; ***m. cualificada*** qualified majority; ***m. relativa*** relative majority; ***m. silenciosa*** silent majority; ***m. simple*** simple majority (**b**) *(edad adulta)* ***m. de edad*** (age of) majority; **llegar a la m. de edad** to come of age

mayorista 1 *adj* wholesale

2 *nmf* wholesaler

mayoritariamente *adv* (**a**) *(en su mayoría)* in the main (**b**) *(principalmente)* mainly

mayoritario, -a *adj* majority; **decisión mayoritaria** majority decision

mayuscula *nf* capital letter; **en mayúsculas** in capitals *o* capital letters; **se escribe con m.** it's written with a capital letter ❑ ***mayúsculas fijas*** *(en teclado)* caps lock

mayúsculo, -a *adj* (**a**) *(letra)* **letra mayúscula** capital letter (**b**) *(grande)* tremendous, enormous; **mi sorpresa fue mayúscula al encontrarte allí** I was amazed to meet you there

maza *nf* (**a**) *(arma)* mace (**b**) *(de bombo)* drumstick (**c**) *(en gimnasia)* club (**d**) *Chile (cubo de rueda)* hub

mazacote *nm Fam* = dry, sticky food; **la paella era un auténtico m.** the paella was a gooey mess

mazacotudo, -a *adj Fam (comida)* dry and sticky

mazamorra *nf Andes, RP (gachas) Br* maize porridge, *US* cornmeal mush

mazapán *nm* marzipan

mazazo *nm también Fig* heavy blow

mazmorra *nf* dungeon

mazo *nm* (**a**) *(martillo)* mallet (**b**) *(de mortero)* pestle (**c**) *(conjunto) (de cartas, papeles)* bundle; *(de billetes)* wad; *(de naipes)* pack

mazorca *nf* cob; **m. de maíz** corncob, *Br* ear of maize

mazurca *nf Mús* mazurka

MB *Informát* (*abrev de* **megabyte**) megabyte

MBA *nm* (*abrev de* **Master of Business Administration**) MBA

mbar *nm (unidad)* mb

MBps *Informát* (*abrev de* **megabytes por segundo**) MBps

Mbps *Informát* (*abrev de* **megabits por segundo**) Mbps

MCA *nm* (*abrev de* **Mercado Común Andino**) Andean Common Market

MCCA *nm* (*abrev de* **Mercado Común Centroamericano**) Central American Common Market

ME *pron personal* (**a**) *(complemento directo)* me; **le gustaría verme** she'd like to see me; **me atracaron en plena calle** I was attacked in the middle of the street; **me han aprobado** I've passed

(**b**) *(complemento indirecto)* (to) me; **me lo dio** he gave it to me, he gave me it; **me tiene miedo** he's afraid of me; **me lo compró** *(yo se lo vendí)* she bought it from *o* off me; *(es para mí)* she bought it for me; **sujétame esto** hold this for me; **me extrajeron sangre** they took some of my blood; **me han quitado el bolso** they've stolen my bag; **me mancharon el traje** they stained my suit; **me pegaron un** empujón someone pushed me, I was pushed; **se me cayó** I dropped it; **no me resulta agradable hacer esto** it's not very pleasant for me to have to do this; **me será de gran ayuda** it will be a great help to me

(c) *(reflexivo)* myself; **me visto** I get dressed; **me serví un whisky** I poured myself a whisky; **me puse la falda** I put my skirt on; **me acosté en el sofá** I lay down on the sofa; **me rompí una pierna** I broke a leg; **me he arreglado estos pantalones** *(yo mismo)* I've mended these trousers; *(en modista, sastre)* I've had these trousers mended

(d) *(con valor intensivo o expresivo)* **¡no me lo creo!** I can't believe it!; **me espero lo peor** I'm expecting the worst; **me lo comí todo** I ate the whole lot; **no te me eches a llorar ahora** don't start crying on me now; **se me ha estropeado la lavadora** the washing machine has gone and got broken; **yo sé lo que me digo** I know what I'm talking about

(e) *(para formar verbos pronominales)* **me refiero a ti** I'm referring to you; **yo me abstengo** I abstain

---

mea culpa *nm* mea culpa; **entono el m.** I acknowledge I have made a mistake

meada *nf Fam (acción, orina)* piss, pee; *(mancha)* piss *o* pee stain; **echar una m.** to have a piss *o* pee

meadero *nm muy Fam (váter) Br* bog, *US* john

meado *nm Fam* piss, pee

meandro *nm* meander

meapilas *nmf inv Fam Pey* holy Joe

mear *Fam* **1** *vi* to piss, to pee

2 mearse *vpr* **(a)** *(orinar)* to piss oneself; **mearse en la cama** to wet one's bed; *Fig* **mearse (de risa)** to piss oneself laughing; EXPR **estás meando fuera del tiesto** you've got hold of the wrong end of the stick **(b)** *Dep* **se meó a varios contrarios** he weaved his way past several defenders

MEC [mek] *nm (abrev de* **Ministerio de Educación y Ciencia***)* = Spanish ministry of education and science

meca *nf* mecca; **La M.** Mecca

mecachis *interj Fam* **¡m.!** *Br* sugar!, *US* shoot!

mecánica *nf* **(a)** *(ciencia)* mechanics *(singular)* ▫ ***m. cuántica*** quantum mechanics *(singular)* **(b)** *(funcionamiento)* mechanics; **la m. del motor es muy sencilla** the mechanics of the engine are very simple

mecánicamente *adv* mechanically

mecanicismo *nm* mechanism

mecánico, -a 1 *adj* mechanical; **lo hace de forma mecánica** he does it mechanically

2 *nm,f (persona)* mechanic ▫ ***m. dentista*** dental technician

mecanismo *nm* **(a)** *(estructura)* mechanism **(b)** *(funcionamiento)* way of working, modus operandi

mecanización *nf* mechanization

mecanizado, -a *adj* mechanized

mecanizar [14] *vt* to mechanize

mecano® *nm* Meccano®

mecanografía *nf* typing ▫ ***m. al tacto*** touch typing

mecanografiar [32] *vt* to type

mecanógrafo, -a *nm,f* typist

mecapal *nm CAm, Méx* =porter's leather harness

mecatazo *nm* **(a)** *CAm, Méx (latigazo)* whiplash **(b)** *CAm (trago)* drink, slug

mecedora *nf* rocking chair

mecenas *nmf inv* patron

mecenazgo *nm* patronage

mecer [40] **1** *vt* to rock

2 mecerse *vpr (en silla)* to rock; *(en columpio, hamaca)* to swing; *(árbol, rama)* to sway

mecha *nf* **(a)** *(de vela)* wick; *(de explosivos)* fuse; EXPR *Fam* **a toda m.** flat out; EXPR *Fam* **aguantar m.** to grin and bear it **(b)** *(de pelo)* streak **(c)** *Andes, Ven Fam (broma)* joke

mechar *vt Culin (carne)* to lard

mechero, -a *nm (encendedor)* (cigarette) lighter; *(en laboratorio)* burner ▫ ***m. Bunsen*** Bunsen burner; ***m. de gas*** gas burner

mechón *nm (de pelo)* lock; *(de lana)* tuft

meconio *nm* meconium

medalla *nf* medal; EXPR **ponerse medallas** to show off ▫ ***m. de bronce*** bronze medal; ***m. de oro*** gold medal; ***m. de plata*** silver medal

medallero *nm* medals table

medallista *nmf* medallist

medallón *nm* **(a)** *(joya)* medallion **(b)** *(rodaja)* médaillon ▫ ***m. de pescado*** *(empanado)* fishcake

medanal *nm Chile* marshy land

médano *nm* **(a)** *(duna)* (sand) dune **(b)** *(banco de arena)* sandbank

medellinense 1 *adj* of/from Medellín

2 *nm,f* person from Medellín

media *nf* **(a)** *(prenda)* **medias** *(hasta la cintura)* tights; *(hasta medio muslo)* stockings; *(hasta la rodilla)* socks

(b) *Am (calcetines)* sock ▫ ***m. m.*** ankle-length sock; *Col* ***medias tobilleras*** *(calcetines cortos)* ankle socks; *RP* ***medias tres cuartos*** knee-length socks; *Col* ***medias veladas*** *(de nylon)* nylon stockings

(c) *(promedio)* average, mean ▫ ***m. aritmética*** arithmetic mean; ***m. horaria*** hourly average; ***m. ponderada*** weighted mean; ***m. proporcional*** proportional mean

(d) *(hora)* **al dar la m.** on the half-hour

(e) EXPR **hacer algo a medias** to half-do sth; **pagar a medias** to go halves, to share the cost

mediación *nf* mediation; **por m. de** through

mediado, -a *adj (a media capacidad)* half-full; **mediada la película** halfway through the film; **a mediados de abril/de año** in the middle of *o* halfway through April/the year

mediador, -ora 1 *adj* mediating

2 *nm,f* mediator

mediagua *nf Andes* shack, hut

medial *adj Anat & Ling* medial

medialuna *nf* **(a)** *(bollo)* croissant **(b)** *(símbolo musulmán)* crescent **(c)** *(instrumento)* hamstringing *o* hacking knife

mediana *nf* **(a)** *(de autopista) Br* central reservation, *US* median (strip) **(b)** *Geom* median

medianamente *adv* acceptably, tolerably; **habla francés m. bien** he can get by in French; **sólo entendí m. lo que dijo** I only half understood what he said

medianero, -a *adj (pared, muro)* dividing

medianía *nf* average *o* mediocre person

mediano, -a *adj* **(a)** *(de tamaño)* medium; *(de calidad)* average **(b)** *(mediocre)* average, ordinary

medianoche *nf* **(a)** *(hora)* midnight; **a m.** at midnight **(b)** *(pl* **mediasnoches***)* *(bollo)* = small bun used for sandwiches

mediante *prep* by means of; **Dios m.** God willing

mediapunta *nm (en fútbol)* **jugar como m.** to play just in behind the strikers

mediar *vi* **(a)** *(llegar a la mitad)* to be halfway through; **mediaba julio** it was mid-July; **al m. la tarde** halfway through the afternoon

(b) *(haber en medio)* **m. entre** to be between; **media un jardín/un kilómetro entre las dos casas** there is a garden/one kilometre between the two houses; **medió una semana** a week passed by; **sin m. palabra** without saying a word

(c) *(intervenir)* to mediate **(en/entre** in/between); *(interceder)* to intercede **(en favor de** *o* **por** on behalf of *o* for)

(d) *(ocurrir)* to intervene, to happen; **media la circunstancia de que...** it so happens that...

mediático,-a *adj* media

mediatización *nf* interference

mediatizar [14] *vt* to interfere in

mediatriz *nf Geom* perpendicular bisector

medicación *nf* medication

medicamento *nm* medicine

medicamentoso, -a *adj* medicinal

medicar [59] **1** *vt* to give medicine to

2 medicarse *vpr* to take medicine

medicina *nf* medicine ▫ ***m. alternativa*** alternative medicine; ***m. deportiva*** sports medicine; ***m. forense*** forensic medicine; ***m. general*** general medicine; ***m. interna*** = branch of medicine which deals with problems of the internal organs, without surgery, *US* internal medicine; ***m. legal*** legal medicine; ***m. preventiva*** preventive medicine; ***m. social*** community medicine

medicinal *adj* medicinal

medición *nf* measurement

médico, -a 1 *adj* medical

2 *nm,f* doctor; **ir al m.** to go to the doctor ▫ ***m. de cabecera*** family doctor, general practitioner; ***m. de cámara*** royal physician; ***m. forense*** specialist in forensic medicine; ***m. de guardia*** duty doctor; ***m.***

interno (*residente*) *Br* house officer, *US* intern; *RP* ***m. legista*** specialist in forensic medicine

MEDIDA *nf* (**a**) *(dimensión, medición)* measurement; **¿qué medidas tiene el contenedor?** what are the measurements of the container?; **unidades de m.** units of measurement; **a (la) m.** *(mueble)* custom-built; *(ropa, calzado)* made-to-measure; **es una casa/un trabajo a tu m.** it's the ideal house/job for you, it's as if the house/job were made for you; **a (la) m. de mi deseo** just as I would have wanted it; **medidas** *(del cuerpo)* measurements; **tomar las medidas a alguien** to take sb's measurements; **tomar las medidas de algo** to measure sth; *Fig* **le tengo tomada la m. al jefe** I know what the boss is like; *Fig* **ya le voy tomando la m. al nuevo trabajo** I'm getting the hang of the new job ❑ ***m. de capacidad*** measure *(liquid or dry)*
(**b**) *(cantidad específica)* measure; **el daiquiri lleva una m. de limón por cada tres de ron** a daiquiri is made with one part lemon to three parts rum
(**c**) *(disposición)* measure, step; **adoptar** *o* **tomar medidas** to take measures *o* steps; **yo ya he tomado mis medidas** I'm prepared, I've made my preparations; **tomar medidas disciplinarias (contra)** to take disciplinary action (against); **ejercer medidas de presión contra alguien** to lobby sb; **tomar medidas represivas (contra)** to clamp down (on)
(**d**) *(moderación)* moderation; **con/sin m.** in/without moderation
(**e**) *(grado)* extent; **¿en qué m. nos afecta?** to what extent does it affect us?; **en cierta/gran m.** to some/a large extent; **en mayor/menor m.** to a greater/lesser extent; **en la m. de lo posible** as far as possible; **a m. que iban entrando** as they were coming in; *Formal* **en la m. en que** insofar as
(**f**) *Lit (de verso)* measure

medidor *nm Am (contador)* meter
medieval *adj* medieval
medievalismo *nm* medievalism
medievalista *nmf* medievalist
medievo *nm* Middle Ages
medina *nf* medina

MEDIO -a 1 *adj* (**a**) *(igual a la mitad)* half; **media docena** half a dozen; **media hora** half an hour; **m. litro** half a litre; **el estadio registra media entrada** the stadium is half full; **m. pueblo estaba allí** half the town was there; **m. Quito se quedó sin electricidad** half of Quito was left without electricity; **la bandera ondeaba a media asta** the flag was flying at half-mast; **a m. camino** *(en viaje)* halfway there; *(en trabajo)* halfway through; **a media luz** in the half-light; **nos salimos a media película** we left halfway through the movie; **como algo a media mañana** I have something to eat halfway through the morning, I have a mid-morning snack; **docena y media** one and a half dozen; **un kilo y m.** one and a half kilos; **son las dos y media** it's half past two; **son y media** it's half past
(**b**) *(intermedio) (estatura, tamaño)* medium; *(posición, punto)* middle; **de una calidad media** of average quality; **a m. plazo** in the medium term; **de clase media** middle-class; **a media distancia** in the middle distance ❑ ***m. campo*** midfield
(**c**) *(de promedio) (temperatura, velocidad)* average, *Mat* mean; **el consumo m. de agua por habitante** the average water consumption per head of the population
(**d**) *(corriente)* ordinary, average; **el ciudadano m.** the average person, ordinary people
2 *adv* half; **m. borracho** half drunk; **estaba m. muerto** he was half dead; **a m. hacer** half done; **han dejado la obra a m. hacer** they've left the building half finished; **aún estoy a m. arreglar** I'm only half ready; **pasé la noche m. en vela** I barely slept all night, I spent half the night awake
3 *nm* (**a**) *(mitad)* half; **uno y m.** one and a half
(**b**) *(centro)* middle, centre; **íbamos por el carril del m.** *o* **de en m.** we were driving in the middle lane; **en m. (de)** in the middle (of); **estaba incómoda en m. de toda aquella gente** I felt uncomfortable among all those people; **está en m. de una profunda depresión** she's in the middle of a deep depression; **no se oía nada en m. de tanto ruido** you couldn't hear a thing with all that noise; **han puesto una valla en m.** they've put a fence in the way; **si te pones en m. no veo la tele** I can't see the TV if you're in the way; **quítate de en m.** get out of the way; **siempre tienes todas tus cosas por m.** your things are always lying around all over the place; **estar por (en) m.** *(estorbar)* to be in the way; **equivocarse de m. a m.** to be completely wrong; **hay muchos intereses de por m.** there are a lot of interests involved; **meterse** *o* **ponerse (de) por m.** *(estorbar)* to get in the way; *Fig (entrometerse)* to interfere; EXPR *Fam* **quitar de en m. a alguien** to get rid of sb; *Fig* **quitarse de en m.** *(suicidarse)* to do away with oneself
(**c**) *(sistema, manera)* means *(singular or plural)*, method; **utilice cualquier m. a su alcance** use whatever means are available, use every means available; **encontró un m. para pagar menos impuestos** she found a way of paying less tax; **no hay m. de convencerla** she refuses to be convinced; **por m. de** by means of, through; **ha encontrado trabajo por m. de un conocido** she got a job through an acquaintance; **por todos los medios** by all possible means; **intentaré conseguir ese trabajo por todos los medios** I'll do whatever it takes to get that job; **su m. de vida es la chatarra** he earns his living from scrap metal ❑ ***los medios de comunicación*** the media; ***los medios de comunicación de masas*** the mass media; ***los medios de difusión*** the media; ***m. de expresión*** medium; ***los medios de información*** the media; ***medios de producción*** means of production; ***medios de transporte*** means of transport
(**d**) **medios** *(recursos)* means, resources; **no cuenta con los medios económicos para realizarlo** she lacks the means *o* the (financial) resources to do it
(**e**) *(elemento físico)* environment; **animales que viven en el m. acuático** animals that live in an aquatic environment ❑ ***m. ambiente*** environment; *Biol* ***m. de cultivo*** culture medium; ***m. físico*** physical environment
(**f**) *(ámbito)* **el m. rural/urbano** the countryside/city; **en medios financieros/políticos** in financial/political circles; **en medios bien informados** in well-informed circles
(**g**) *Dep (en fútbol, hockey)* midfielder; *(en rugby)* half-back ❑ ***m. de apertura*** *(en rugby)* fly-half, stand-off; ***m. (de) melé*** *(en rugby)* scrum half
(**h**) *Taurom* **los medios** = centre of bullring

medioambiental *adj* environmental
mediocampista *nmf Dep* midfielder
mediocre *adj* mediocre, average
mediocridad *nf* mediocrity
mediodía *nm* (**a**) *(hora)* midday, noon; **a m., al m.** at noon *o* midday (**b**) *(sur)* south
medioevo *nm* Middle Ages
mediofondista *nmf Dep* middle-distance runner
mediometraje *nm Cine* = film which lasts between thirty and sixty minutes
mediopensionista *nmf (en colegio)* = child who has lunch at school
medir [47] **1** *vt* (**a**) *(hacer mediciones)* to measure; EXPR **m. por el mismo rasero** to treat alike (**b**) *(sopesar)* to weigh up (**c**) *(palabras)* to weigh carefully (**d**) *(fuerzas)* to test out against each other
2 *vi (tener de medida)* **¿cuánto mides?** how tall are you?; **mido 1,80** I'm 6 foot (tall); **mide diez metros** it's ten metres long; **mide 90-60-90** her vital statistics are 36-24-36
3 medirse *vpr* (**a**) *(tomarse medidas)* to measure oneself; **se midió la cintura** she measured her waist (**b**) *(moderarse)* to act with restraint (**c**) *(enfrentarse)* **medirse con** to meet, to compete against
meditabundo, -a *adj* thoughtful, pensive
meditación *nf* meditation ❑ ***m. trascendental*** transcendental meditation
meditar 1 *vi* to meditate (**sobre** on)
2 *vt* (**a**) *(considerar)* to meditate, to ponder (**b**) *(planear)* to plan, to think through
meditativo, -a *adj* pensive
mediterráneo, -a 1 *adj* Mediterranean; **el mar M.** the Mediterranean Sea
2 *nm* **el M.** the Mediterranean
médium *nmf inv* medium

medrar *vi* (**a**) *(prosperar)* to prosper (**b**) *(enriquecerse)* to get rich (**c**) *(crecer)* to grow

medro *nm* (**a**) *(aumento)* increase, growth (**b**) *(mejora)* improvement, progress (**c**) *(enriquecimiento)* prosperity; **afán de m.** desire to get on in the world

medroso, -a 1 *adj (miedoso)* fearful
2 *nm,f* coward

médula *nf* (**a**) *Anat* (bone) marrow ❑ ***m. espinal*** spinal cord; ***m. oblongada*** medulla oblongata; ***m. ósea*** bone marrow (**b**) *(esencia)* core; EXPR **hasta la m.** to the core

medular *adj* (**a**) *Anat* medullary, medullar (**b**) *Dep* **línea m.** midfield

medusa *nf* jellyfish, medusa

mefistotélico, -a *adj* diabolical

mega- *pref* mega-

mega *nm Fam Informát* megabyte

megabit (*pl* **megabits**) *nm Informát* megabit

megabyte [meɣa'βait] (*pl* **megabytes**) *nm Informát* megabyte

megaciclo *nm* megacycle

megafonía *nf* public-address *o* PA system; **llamar por m. a alguien** to page sb (over the PA system)

megáfono *nm* megaphone

megahercio *nm* megahertz

megalito *nm* megalith

megalomanía *nf* megalomania

megalómano, -a *adj & nm,f* megalomaniac

megalópolis *nm inv* megalopolis

megatón *nm* megaton

megavatio *nm* megawatt

meiga *nf* witch

mejicanismo *nm* Mexicanism

mejicano, -a *adj & nm,f* Mexican

Méjico *n* Mexico

mejilla *nf* cheek; EXPR **ofrecer** *o* **poner la otra m.** to turn the other cheek

mejillón *nm* mussel

mejillonera *nf* mussel bed

MEJOR **1** *adj* (**a**) *(comparativo)* better (**que** than); **un mundo m.** a better world; **ella tiene una moto mucho m.** she has a much better motorbike; **una televisión de m. calidad** a better-quality television; **no hay nada m. que...** there's nothing better than...; **es m. que no vengas** it would be better if you didn't come; **será m. que te calles** you'd better shut up, I suggest you shut up; **sería m. que llamáramos a un médico** we ought to call a doctor; **un cambio a** *o* **para m.** a change for the better
(**b**) *(superlativo)* **el/la m....** the best...; **el m. vino de todos/del mundo** the best wine of all/in the world; **un producto de la m. calidad** a top-quality product, a product of the highest quality; **lo hice lo m. que pude** I did my best; **es lo m. que nos pudo ocurrir** it was the best thing that could have happened to us; **lo m. es que nos marchemos** it would be best if we left; **te deseo lo m.** I wish you all the best; **lo m. fue que...** the best thing was that...; **a lo m.** maybe, perhaps; **a lo m. voy** I may go
2 *nmf* **el/la m. (de)** the best (in); **el m. de todos/del mundo** the best of all/in the world; **el m. de los dos** the better of the two; **en el m. de los casos** at best; **que gane el m.** may the best man win
3 *adv* (**a**) *(comparativo)* better (**que** than); **ahora veo m.** I can see better now; **el inglés se me da m. que el alemán** I'm better at English than I am at German; **lo haces cada vez m.** you're getting better and better at it; **¿qué tal las vacaciones? — m. imposible** how were your holidays? — they couldn't have been any better; **m. me quedo** I'd better stay; **m. no se lo digas** it'd be better if you didn't tell him; **m. quedamos mañana** it would be better if we met tomorrow; **estar m.** *(no tan malo)* to feel better; *(recuperado)* to be better; **nos va m. con este gobierno** we're better-off under this government; **me lo he pensado m.** I've thought better of it; **m. dicho** (or) rather; **m. para ti/él/***etc.* so much the better; **si tienen mucho dinero, m. para ellos** if they've got lots of money, so much the better; **nos han invitado a la ceremonia — m. para vosotros** we've been invited to the ceremony — good for you; **m. que m.** so much the better; EXPR *Fam* **el tema ése, m. no meneallo** it would be best not to mention that subject; **tanto m.** so much the better
(**b**) *(superlativo)* best; **el que la conoce m.** the one who knows her best; **esto es lo que se me da m.** this is what I'm best at; **los vinos m. elaborados** the finest wines; **el personal m. preparado** the best-qualified staff

---

mejora *nf* (**a**) *(progreso)* improvement (**b**) *(aumento)* increase

mejorable *adj* improvable

mejorado, -a *adj* (**a**) *(mejor)* improved; *(enfermo)* better (**b**) *(aumentado)* increased

mejoramiento *nm* improvement

mejorana *nf* marjoram

mejorar 1 *vt* (**a**) *(hacer mejor)* to improve; *(enfermo)* to make better (**b**) *(superar)* to improve; **m. una oferta** to make a better offer
2 *vi* (**a**) *(poner mejor)* to improve, to get better; **necesita m. en matemáticas** he needs to improve *o* do better in mathematics (**b**) *(tiempo, clima)* to improve, to get better; **después de la lluvia el día mejoró** after the rain it cleared up
3 mejorarse *vpr* to improve, to get better; **¡que te mejores!** get well soon!

mejoría *nf* improvement

mejunje *nm Fam* concoction

melado *nm Am* thick cane syrup

melancolía *nf* melancholy

melancólico, -a 1 *adj* melancholic
2 *nm,f* melancholic person

melanina *nf Fisiol* melanin

melanoma *nm Med* melanoma

melatonina *nf Fisiol* melatonin

melaza *nf* molasses

melcochudo, -a *adj CAm, Cuba* soft, flexible

melé *nf (en rugby)* scrum

melena *nf* (**a**) *(de persona)* long hair (**b**) *(de león)* mane; **melenas** mop of hair

melenudo, -a *Fam* **1** *adj* long-haired
2 *nm,f* long-hair

melifluo, -a *adj* honeyed, mellifluous

melillense 1 *adj* of/from Melilla
2 *nmf* person from Melilla

melindre *nm* (**a**) *(dulce)* = fried cake made from honey and sugar (**b**) **melindres** *(afectación)* affected scrupulousness

melindroso, -a 1 *adj* affectedly scrupulous *o* fussy
2 *nm,f* affectedly scrupulous *o* fussy person

melisa *nf* lemon balm

mella *nf* (**a**) *(muesca, hendidura)* nick; **hacer m. en algo** *(ahorros, moral)* to make a dent in sth; *Fig* **hacer m. en alguien** to make an impression on sb (**b**) *(en dentadura)* gap

mellado, -a *adj* (**a**) *(dañado)* nicked (**b**) *(sin dientes)* gap-toothed

mellar *vt* (**a**) *(hacer mellas)* to nick, to chip (**b**) *(menoscabar)* to damage

mellizo, -a *adj & nm,f* twin

melocotón *nm* peach ❑ ***m. en almíbar*** peaches in syrup

melocotonar *nm* peach orchard

melocotonero *nm* peach tree

melodía *nf* melody, tune

melódico, -a *adj* melodic

melodioso, -a *adj* melodious

melodrama *nm* melodrama

melodramático, -a *adj* melodramatic

melomanía *nf* love of music

melómano, -a *nm,f* music lover

melón *nm* (**a**) *(fruta)* melon (**b**) *Fam (idiota)* lemon, idiot (**c**) *Esp muy Fam* **melones** *(pechos)* knockers, *Br* boobs

melonada *nf Fam* silly thing; **hacer una m.** to do something stupid

melonar *nm* melon field *o* patch

meloncillo *nm* = European variety of mongoose

melopea *nf* EXPR *Fam* **agarrar** *o* **coger una m.** to get plastered *o* wasted

melosidad *nf* *(dulzura)* sweetness; *(empalago)* sickliness

meloso, -a *adj (como la miel)* honey; *Fig (dulce)* sweet; *(empalagoso)* sickly

membrana *nf* membrane

membranoso, -a *adj* membranous

membrete *nm* letterhead

membrillero *nm* quince (tree)

membrillo *nm* (**a**) *(fruto)* quince (**b**) *(dulce)* quince jelly

memento *nm* (**a**) *Rel* memento (**b**) *(libreta)* memo book, notebook

memez *nf Fam* (**a**) *(cualidad)* stupidity (**b**) *(acción, dicho)* silly *o* stupid thing

memo, -a 1 *adj* stupid
2 *nm,f* idiot, fool

memorable *adj* memorable

memorándum, memorando (*pl* **memorandos**) *nm* (**a**) *(cuaderno)* notebook (**b**) *(nota diplomática)* memorandum

MEMORIA *nf* (**a**) *(capacidad de recordar)* memory; **tener buena/mala m., tener mucha/poca m.** to have a good/bad memory; **tengo mala m.** *o* **no tengo buena m. para las caras** I'm not very good at remembering faces; **borrar algo de la m.** to erase sth from one's memory; **de m.** by heart; **recita poemas de m.** she recites poems from memory; **falta de m.** forgetfulness; **ser flaco de m.** to be forgetful; **hacer m.** to try to remember; **se me fue de la m.** it slipped my mind; **perdió la m.** she lost her memory; **su nombre se me quedó grabado en la m.** his name remained etched on my memory; **refrescar la m. a alguien** to refresh sb's memory; **si la m. no me engaña** *o* **falla** if I remember correctly; EXPR **tener (una) m. de elefante** to have an excellent memory; **tener (una) m. fotográfica** to have a photographic memory; **me trae a la m. los tiempos de antes de la guerra** it calls to mind they years before the war; **esto me trae a la m. el colegio** this reminds me of when I was at school; **venir a la m.** to come to mind; **ahora no me viene a la m.** I can't think of it right now
(**b**) *Informát* memory ▫ ***m. de acceso aleatorio*** random-access memory; ***m. convencional*** conventional memory; ***m. expandida/extendida*** expanded/extended memory; ***m. intermedia*** buffer; ***m. principal*** main memory; ***m. programable*** programmable memory; ***m. RAM*** RAM; ***m. ROM*** ROM; ***m. de sólo lectura*** read-only memory; ***m. virtual*** virtual memory; ***m. volátil*** volatile memory
(**c**) *(recuerdo)* remembrance, remembering; **conservar la m. de algo/alguien** to remember sth/sb; **ser de feliz/ingrata m.** to be a happy/an unhappy memory; **un día de triste m.** a sad day (to remember); **digno de m.** memorable; **en m. de** in memory of; **un monumento en m. del héroe nacional** a memorial to the national hero
(**d**) *(disertación)* (academic) paper (**sobre** on)
(**e**) *(informe)* **m. (anual)** (annual) report
(**f**) *(lista)* list, record
(**g**) **memorias** *(en literatura)* memoirs; **ha escrito unas** *o* **sus memorias** she has written her memoirs

memorial *nm* petition, request

memorioso, -a 1 *adj* having a good memory
2 *nm,f* person with a good memory; **es un m.** he has a good memory

memorístico, -a *adj* memory; **ejercicio m.** memory exercise

memorización *nf* memorizing

memorizar [14] *vt* to memorize

mena *nf* ore

ménade *nf (mujer furiosa)* hysterical woman

ménage à trois [me'naʃa'trwa] *nm* threesome *(for sex)*

menaje *nm* household goods and furnishings ▫ ***m. de cocina*** kitchenware

menchevique *adj & mf Hist* Menshevik

mención *nf* mention; **hacer m. de** to mention ▫ ***m. honorífica*** honourable mention

mencionar *vt* to mention

menda *Fam* **1** *pron (el que habla)* yours truly
2 *nmf (uno cualquiera)* guy, *Br* bloke, *f* girl; **vino un m. y...** this guy came along and...

mendacidad *nf Formal* mendacity, untruthfulness

mendaz *adj Formal* mendacious, untruthful

mendicante 1 *adj (que pide limosna)* begging
2 *nmf* beggar

mendicidad *nf* begging

mendigar [38] **1** *vt* to beg for
2 *vi* to beg

mendigo, -a *nm,f* beggar

mendocino, -a 1 *adj* of/from Mendoza
2 *nm,f* person from Mendoza

mendrugo *nm* (**a**) *(de pan)* crust (of bread) (**b**) *Fam (idiota)* fathead, idiot

menear 1 *vt* (**a**) *(mover)* to move; *(cabeza)* to shake; *(cola)* to wag; *(caderas)* to wiggle (**b**) *(activar)* to get moving; EXPR *Fam* **el tema ése, es mejor no menearlo** it would be best not to mention that subject
2 menearse *vpr* (**a**) *(moverse)* to move (about); *(agitarse)* to shake; *(oscilar)* to sway (**b**) *(darse prisa, espabilarse)* to get a move on (**c**) *Fam* **un susto de no te menees** a hell of a scare

meneo *nm (movimiento)* movement; *(de cola)* wagging; *(de caderas)* wiggle; *Fam* **dar un m. a algo** to knock sth; *Fam* **dar un m. a alguien** to give sb a hiding

menester *nm* (**a**) *(necesidad)* necessity; **haber m. de algo** to be in need of sth; **ser m. que alguien haga algo** to be necessary for sb to do sth (**b**) **menesteres** *(asuntos)* business, matters

menesteroso, -a *Formal* **1** *adj* needy, poor
2 *nm,f* needy *o* poor person

menestra *nf* vegetable stew

menestral, -ala *nm,f* artisan, craftsman, *f* craftswoman

mengano, -a *nm,f (hombre)* so-and-so, what's-his-name; *(mujer)* so-and-so, what's-her-name

mengua *nf* (**a**) *(reducción)* reduction; **sin m. de** without detriment to (**b**) *(falta)* lack (**c**) *(descrédito)* discredit

menguado, -a *adj* reduced, diminished

menguante *adj (luna)* waning; **en cuarto m.** on the wane

menguar [11] **1** *vi* (**a**) *(disminuir)* to decrease, to diminish; *(luna)* to wane (**b**) *(en labor de punto)* to decrease
2 *vt* (**a**) *(disminuir)* to lessen, to diminish; **esto no mengua en nada su fama** this in no way detracts from his reputation (**b**) *(en labor de punto)* to decrease

menhir *nm* menhir

meninges *nfpl Anat* meninges

meningitis *nf inv Med* meningitis

menisco *nm Anat* meniscus

menopausia *nf* menopause

menopáusico, -a *adj* menopausal

MENOR 1 *adj* (**a**) *(comparativo) (en tamaño)* smaller (**que** than); *(en edad)* younger (**que** than); *(en importancia)* less, lesser (**que** than); *(en número)* lower (**que** than); **este piso es m. que el otro** this *Br* flat *o US* apartment is smaller than the other one; **mi hermana m.** my younger sister; **es ocho años m. que yo** he's eight years younger than me; **reciben m. formación que nosotros** they receive less training than us; **en m. grado** to a lesser extent; **un m. número de víctimas** a lower *o* smaller number of victims; **una m. tasa de inflación** a lower rate of inflation; **pisos menores de 100 metros cuadrados** *Br* flats *o US* apartments of less than *o* under 100 square metres; **ayudas para empresarios menores de veinticinco años** grants for businessmen (of) under twenty-five; **sólo la m. parte de los encuestados estaba en contra** only a minority of those interviewed were opposed; *Mat* **m. que** less than
(**b**) *(superlativo)* **el/la m....** *(en tamaño)* the smallest...; *(en edad)* the youngest...; *(en importancia)* the slightest...; *(en número)* the lowest...; **la m. de las islas** the smallest island, the smallest of the islands; **la m. de todos nosotros/de la clase** the youngest of all of us/in the class; **la m. de las dos hermanas** the younger of the two sisters; **el m. ruido le molesta** the slightest noise disturbs him; **no creo que tenga el m. interés** I don't think it's at all *o* the slightest bit interesting; **no te preocupes, no tiene la m. importancia** don't worry, it doesn't matter at all *o* in the least; **no tengo la m. idea** I haven't the slightest idea
(**c**) *(intrascendente, secundario)* minor; **un problema m.** a minor problem
(**d**) *(joven)* **aún es m. para salir solo** he's still a bit young to go out on his own; **ser m. de edad** *(para votar, conducir)* to be under age; *Der* to be a minor
(**e**) *Mús* minor; **en do m.** in C minor
(**f**) *Com* **al por m.** retail; **vender algo al por m.** to retail sth; **puntos de venta al por m.** retail outlets
2 *nmf* (**a**) *(superlativo)* **el/la m.** *(hijo, hermano)* the youngest

(**b**) *Der (niño)* minor; **es una película no apta para menores** this film has been classified as unsuitable for children

Menorca *n* Minorca

menorista *nmf Chile, Méx* retailer

menorquín, -ina *adj & nm,f* Minorcan

MENOS **1** *adj inv* (**a**) *(comparativo) (cantidad)* less; *(número)* fewer; **m. aire** less air; **m. manzanas** fewer apples; **m.... que...** less/fewer... than...; **tiene m. experiencia que tú** she has less experience than you; **vino m. gente que otras veces** there were fewer people there than on other occasions; **hace m. calor que ayer** it's not as hot as it was yesterday; **colócate a m. distancia** stand closer; **eran m. pero mejor preparadas** there were fewer of them, but they were better prepared

(**b**) *(superlativo) (cantidad)* the least; *(número)* the fewest; **el que compró m. acciones** the one who bought the fewest shares; **lo que m. tiempo llevó** the thing that took the least time; **la que m. nota sacó en el examen** the girl who did (the) worst *o* got the worst marks in the exam

(**c**) *Fam (peor)* **éste es m. coche que el mío** this car isn't as good as mine; **es m. hombre que tú** he's less of a man than you are

2 *adv* (**a**) *(comparativo)* less; **a mí échame un poco m.** give me a bit less; **ahora con el bebé salen m.** they go out less now they've got the baby; **últimamente trabajo m.** I haven't been working as *o* so much recently; **estás m. gordo** you're not as *o* so fat; **¿a cien? no, íbamos m. rápido** ¿a hundred km/h? No, we weren't going as fast as that; **m. de/que** less than; **Pepe es m. alto (que tú)** Pepe isn't as tall (as you); **Pepe es m. ambicioso (que tú)** Pepe isn't as ambitious (as you), Pepe is less ambitious (than you); **este vino me gusta m. (que el otro)** I don't like this wine as much (as the other one), I like this wine less (than the other one); **son m. de las diez** it's not quite ten o'clock yet; **es difícil encontrar alquileres de** *o* **por m. de 50.000** it's hard to find a place to rent for less than *o* under 50,000; **tardamos m. de lo esperado** we took less time than expected, it didn't take us as long as we expected; **es m. complicado de lo que parece** it's not as complicated as it seems, it's less complicated than it seems

(**b**) *(superlativo)* **el/la/lo m.** the least; **ella es la m. adecuada para el cargo** she's the least suitable person for the job; **el m. preparado de todos/de la clase** the least well trained of everyone/in the class; **el m. preparado de los dos** the less well trained of the two; **la que m. trabaja** the person *o* one who works (the) least; **aquí es donde m. me duele** this is where it hurts (the) least; **él es el m. indicado para criticar** he's the last person who should be criticizing; **es lo m. que puedo hacer** it's the least I can do; **era lo m. que te podía pasar** it was the least you could expect; **había algunas manzanas podridas, pero eran las m.** some of the apples were rotten, but only a very few

(**c**) *(indica resta)* minus; **tres m. dos igual a uno** three minus two is one

(**d**) *(con las horas)* to; **son las dos m. diez** it's ten to two; **son m. diez** it's ten to

(**e**) **al menos** *loc conj* at least

(**f**) **a menos que** *loc conj* unless; **no iré a m. que me acompañes** I won't go unless you come with me

(**g**) **de menos** *loc adv* **hay dos libros de m.** there are two books missing; **me han dado 100 pesetas de m.** they've given me 100 pesetas too little, they've short-changed me by 100 pesetas; **eso es lo de m.** that's the least of it

(**h**) **por lo menos** *loc adv* at least

(**i**) EXPR **hacer de m. a alguien** to snub sb; **ir a m.** *(fiebre, lluvia)* to die down; *(delincuencia)* to drop; **debió costar lo m. un millón** it must have cost at least a million; **¡m. mal!** just as well!, thank God!; **m. mal que llevo rueda de repuesto/que no te pasó nada** thank God I've got a spare wheel/(that) nothing happened to you; **nada m. (que)** no less (than); **le recibió nada m. que el Papa** he was received by none other than the Pope; **no es para m.** not without (good) reason; **no pude por m. que reírme** I had to laugh; **venir a m.** *(negocio)* to go downhill; *(persona)* to go down in the world; **no pienso montar y m. si conduces** *o Am* **manejas tú** I've no intention of getting in, much less so if you're driving

3 *pron* **había m. que el año pasado** there were fewer than the previous year; **ya queda m.** it's not so far to go now

4 *nm inv Mat* minus (sign)

5 *prep (excepto)* except (for); **todo m. eso** anything but that; **vinieron todos m. él** everyone came except (for) *o* but him; **m. el café, todo está incluido en el precio** everything except the coffee is included in the price

menoscabar *vt (fama, honra)* to damage; *(derechos, intereses, salud)* to harm; *(belleza, perfección)* to diminish

menoscabo *nm (de fama, honra)* damage; *(de derechos, intereses, salud)* harm; *(de belleza, perfección)* diminishing; **(ir) en m. de** (to be) to the detriment of

menospreciar *vt* (**a**) *(despreciar)* to scorn, to despise (**b**) *(infravalorar)* to undervalue

menosprecio *nm* scorn, contempt

mensáfono *nm* pager

mensaje *nm también Informát* message ❑ ***m. de alerta*** alert message; ***m. en clave*** coded message; ***m. por correo electrónico*** e-mail message; ***m. de error*** error message

mensajería *nf* (**a**) *(de paquetes, cartas)* courier service (**b**) *Informát* messaging

mensajero, -a **1** *adj* (**a**) *(de mensajes)* message-carrying (**b**) *(de presagios)* announcing, presaging

2 *nm,f* (**a**) *(portador)* messenger (**b**) *(de mensajería)* courier

menso, -a *adj Am Fam* foolish, stupid

menstruación *nf* menstruation

menstrual *adj* menstrual

menstruar [4] *vi* to menstruate, to have one's period

menstruo *nm* menstruation

mensual *adj* monthly; **5.000 pesos mensuales** 5,000 pesos a month

mensualidad *nf* (**a**) *(sueldo)* monthly salary (**b**) *(pago)* monthly payment *o* instalment

mensualmente *adv* monthly

mensurable *adj* measurable

mensurar *vt* to measure

menta *nf* mint

mentada *nf Méx Fam* **una m. de madre** *(un insulto)* = grave insult directed at sb's mother

mentado, -a *adj* (**a**) *(mencionado)* above-mentioned, aforementioned (**b**) *(famoso)* famous

mental *adj* mental

mentalidad *nf* mentality; **m. abierta/cerrada** open/closed mind

mentalización *nf* mental preparation

mentalizar [14] **1** *vt* **m. a alguien de un problema** to make sb aware of a problem; **m. a alguien para que haga algo** to get sb to see *o* realize that they should do sth

2 mentalizarse *vpr* **todavía no se ha mentalizado de que ya no es el jefe** he still hasn't come to terms with the fact that he's not the boss any more; **mentalízate, va a ser muy difícil** you've got to realize that it's going to be very difficult

mentalmente *adv* (**a**) *(con la mente)* mentally (**b**) *(intelectualmente)* intellectually

mentar [3] *vt* to mention; EXPR *Fam* **mentarle la madre a alguien** = to insult someone by referring to their mother; *Méx* **m. madres a** to curse; *Méx* **mejor miéntamela** *(prefiero que me insultes)* I'd rather you gave me a kick in the head

mente *nf* (**a**) *(pensamiento, intelecto)* mind; **tener en m. algo** to have sth in mind; **tener en m. hacer algo** to intend to do sth; **traer a la m.** to bring to mind (**b**) *(mentalidad)* mentality; **abierto de m.** open-minded; **cerrado de m.** set in one's ways *o* opinions; **tiene una m. muy abierta** she's very open-minded

mentecato, -a *nm,f* idiot

mentidero *nm* (**a**) *(lugar)* **es el m. del pueblo** it's where you get all the good village gossip (**b**) *(círculo de personas)* **en los mentideros políticos/intelectuales** in political/intellectual circles

mentir [62] *vi* (**a**) *(engañar)* to lie; **miente más que habla** he's a born liar (**b**) *(inducir a error)* to be deceiving, to be misleading

mentira *nf* lie; **de m.** pretend, false; **aunque parezca m.** strange as it may seem; **parece m. que lo hayamos conseguido** I can hardly believe we've done it; **parece m. que te creas una**

cosa así how can you possibly believe a thing like that?; **¡parece m., las cinco y todavía no ha llegado!** can you believe it, it's five o'clock and she's still hasn't arrived!; **es m.** it's a lie, it's not true; **una m. como una casa** a whopping great lie ❑ ***m. piadosa*** white lie

mentirijilla *nf Fam* fib; **de mentirijillas** *(en broma)* as a joke, in fun; *(falso)* pretend, make-believe

mentiroso, -a 1 *adj* lying; *(engañoso)* deceptive
2 *nm,f* liar

mentís *nm inv* denial; **dar un m. (a)** to issue a denial (of)

mentol *nm* menthol

mentolado, -a *adj* menthol, mentholated

mentón *nm* chin

mentor, -ora *nm,f* mentor

menú (*pl* **menús**) *nm* **(a)** *(lista)* menu; *(comida)* food ❑ ***m. del día*** set meal **(b)** *Informát* menu ❑ ***m. desplegable*** pull-down menu; ***m. jerárquico*** hierarchical menu

menudear 1 *vi* to happen frequently
2 *vt* to repeat, to do repeatedly

menudencia *nf* trifle, insignificant thing

menudeo *nm Andes, Méx* retailing; **vender al m.** to sell retail

menudillos *nmpl* giblets

menudo, -a *adj* **(a)** *(pequeño)* small **(b)** *(insignificante)* trifling, insignificant **(c)** *(para enfatizar)* what!; **¡m. lío/gol!** what a mess/goal! **(d) a menudo** *loc adv* often

meñique *nm* little finger

meódromo *nm muy Fam Br* bog, *US* john

meollo *nm* core, heart; **el m. de la cuestión** the nub of the question, the heart of the matter

meón, -ona *nm,f Fam (adulto)* **es un m.** he has a weak bladder; *(niño)* he's always wetting himself

mequetrefe *nmf Fam* good-for-nothing

meramente *adv* merely

merca *nf Chile, RP muy Fam (cocaína)* snow

mercachifle *nmf Pey* **(a)** *(comerciante)* pedlar **(b)** *(usurero)* money-grabber, shark

mercadear *vi* to trade, to do business

mercadeo *nm* marketing

mercader *nmf* merchant, trader

mercadería *nf* merchandise, goods

mercadillo *nm* flea market

mercado *nm* **(a)** *(lugar)* market ❑ ***m. de abastos*** wholesale food; ***m. al aire libre*** open-air market; ***m. de alimentación*** food market; ***m. de ganado*** cattle market
(b) *Com & Fin* ***m. alcista*** bull market; ***m. bajista*** bear market; ***m. bursátil*** stock market; ***m. de capitales*** capital market; ***m. común*** Common Market; ***m. continuo*** continuous market; ***m. de divisas*** currency market; ***m. exterior*** foreign market; ***mercados financieros*** financial markets; ***m. de futuros*** futures market; ***m. interbancario*** interbank market; ***m. interior*** domestic market; ***m. laboral*** labour market; ***m. libre*** free market; ***m. nacional*** domestic market; ***m. negro*** black market; ***m. de trabajo*** labour *o* job market; ***m. de valores*** securities market

mercadotecnia *nf* marketing

mercancía 1 *nf* merchandise, goods
2 *nm inv* **mercancías** *Ferroc* goods train, *US* freight train

mercante 1 *adj* merchant
2 *nm (barco)* merchantman, merchant ship

mercantil *adj* mercantile, commercial

mercantilismo *nm Econ* mercantilism; *Fig* commercialism

mercantilista *adj & mf* **(a)** *(abogado)* expert in commercial law **(b)** *(partidario)* mercantilist

mercantilizar [14] *vt* to commercialize

mercar [59] *vt Fam* to buy

merced *nf* **(a)** *(favor)* favour; **m. a** thanks to; **a m. de algo/alguien** at the mercy of sth/sb **(b)** *(fórmula de tratamiento)* grace, worship; **vuestra m.** Your Grace

mercenario, -a *adj & nm,f* mercenary

mercería *nf* **(a)** *(género) Br* haberdashery, *US* notions **(b)** *(tienda) Br* haberdasher's (shop), *US* notions store

mercero, -a *nm,f Br* haberdasher, *US* notions seller

merchandising [mertʃan'daisin] *nm* merchandising

MERCOSUR *nm* = South American economic community consisting of Argentina, Brazil, Paraguay and Uruguay

mercromina® *nf* mercurochrome®

mercurial *adj* **(a)** *(del metal)* mercurial **(b)** *(del dios, del planeta)* Mercurial

Mercurio *nm* Mercury

mercurio *nm* mercury

mercurocromo *nm* mercurochrome®

merecedor, -ora *adj* **m. de** worthy of

merecer [46] **1** *vt* to deserve, to be worthy of; **la isla merece una visita** the island is worth a visit; **no merece la pena** it's not worth it
2 *vi* to be worthy; **en edad de m.** of marriageable age
3 merecerse *vpr* to deserve

merecidamente *adv* deservedly

merecido *nm* **darle a alguien su m.** to give sb his/her just deserts; **recibió su m.** he got his just deserts

merendar [3] **1** *vi* to have tea *(as a light afternoon meal)*
2 *vt* to have for tea
3 merendarse *vpr Fam Fig* **merendarse a alguien** to thrash sb

merendero *nm* = open-air café or bar (in the country or on the beach)

merendola *nf Fam* splendid spread, *Br* slap-up tea

merengue 1 *nm* **(a)** *(dulce)* meringue **(b)** *(baile)* merengue **(c)** *RP (lío, desorden)* disorder, chaos
2 *adj Fam Dep* = relating to Real Madrid Football Club

meretriz *nf* prostitute

merezco *etc ver* **merecer**

merideño, -a 1 *adj* of/from Mérida
2 *nm,f* person from Mérida

meridiano, -a 1 *adj* **(a)** *(hora)* midday **(b)** *(claro)* crystal-clear
2 *nm* meridian ❑ ***m. celeste*** celestial meridian; ***m. de Greenwich*** Greenwich meridian

meridional 1 *adj* southern
2 *nmf* southerner

merienda *nf* tea *(as a light afternoon meal)*; *(en el campo)* picnic; EXPR *Fam* **fue una m. de negros** *(fue un caos)* it was total chaos; *(fue una masacre)* it was a massacre

meriendo *etc ver* **merendar**

merino, -a *adj* merino

mérito *nm* **(a)** *(cualidad)* merit; **hacer méritos para** to do everything possible to **(b)** *(valor)* value, worth; **tiene mucho m.** it's no mean achievement; **de m.** worthy, deserving; **no quiero quitar m. a lo que ha hecho** I don't want to take away from *o* detract from what she has done

meritorio, -a 1 *adj* worthy, deserving
2 *nm,f* unpaid trainee *o* apprentice

merluza *nf* **(a)** *(pez, pescado)* hake **(b)** EXPR *Fam (borrachera)* **agarrar una m.** to get sozzled

merluzo, -a *nm,f Fam* idiot, fool

merma *nf* decrease, reduction

mermar 1 *vi* to diminish, to lessen
2 *vt* to reduce, to diminish

mermelada *nf* jam ❑ ***m. de naranja*** marmalade

mero, -a 1 *adj* **(a)** *(simple)* mere; **una mera excusa** just an excuse **(b)** *CAm, Méx (exactamente)* sharp; **aquí m.** right here; **el m. m.** the big shot; **ya m.** any minute now **(c)** *CAm, Méx (verdaderamente)* really
2 *nm (pez)* grouper

merodeador, -ora *nm,f* prowler, snooper

merodear *vi* to snoop, to prowl (**por** about)

mes *nm* **(a)** *(del año)* month; **al** *o* **por m.** a month; **viajo a Lima tres veces al** *o* **por m.** I go to Lima three times a month **(b)** *(salario)* monthly salary **(c)** *Fam (menstruación)* **esta con el m.** it's her time of the month

mesa *nf* **(a)** *(mueble)* table; *(de oficina, despacho)* desk; **bendecir la m.** to say grace; **poner/quitar la m.** to set/clear the table; **sentarse a la m.** to sit down at the table; EXPR **a m. puesta** with all one's needs provided for ❑ ***m. de billar*** billiard table; ***m. camilla*** = small round table under which a heater is placed; ***m. de comedor*** dining table; ***m. de juego*** gambling *o* gaming table; *RP* ***m. de luz*** bedside table; ***m. de mezclas*** mixing desk; ***m. (de) nido*** nest of tables; ***m. de operaciones*** operating table; ***m. plegable*** folding table; ***m. de trabajo*** worktable
(b) *(comité)* board, committee; *(en un debate)* panel ❑ ***m. directiva*** executive board *o* committee; ***m. electoral*** = group

supervising the voting in each ballot box; ***m. de negociación*** negotiating table; ***m. redonda*** *(coloquio)* round table
(**c**) *(comida)* food; **le gusta la buena m.** she likes good food

mesana *nf* (**a**) *(mástil)* mizzenmast (**b**) *(vela)* mizzensail

mesar 1 *vt* to tear
2 mesarse *vpr* **mesarse los cabellos** to pull *o* tear at one's hair

mescalina *nf* mescalin

mescolanza *nf Fam* hotchpotch, mish-mash

mesero, -a *nm,f Andes, Guat, Méx* waiter, *f* waitress

meseta *nf* plateau, tableland; **la M. (Central)** the Castilian plateau *o* tableland

mesetario, -a *adj* of/relating to the Castilian plateau *o* tableland

mesiánico, -a *adj* messianic

mesianismo *nm Rel* messianism; *Fig* blind faith in one person

mesías *nm inv también Fig* Messiah; **el M.** the Messiah

mesilla *nf* **m. (de noche)** bedside table

mesnada *nf* armed retinue

Mesoamérica *n* Mesoamerica, = the cultural and geographical area extending from northern Mexico to Panama

mesoamericano, -a *adj* Mesoamerican

mesocracia *nf* = government by the middle classes

mesolítico, -a 1 *adj* Mesolithic
2 *nm* **el m.** the Mesolithic (period)

mesón *nm* (**a**) *(posada)* inn (**b**) *(bar, restaurante)* = old, country-style restaurant and bar (**c**) *Fís* meson

mesonero, -a *nm,f* innkeeper

Mesopotamia *n* Mesopotamia

mesopotámico, -a *adj* Mesopotamian

mesosfera *nf Geol* mesosphere

mesozoico, -a *Geol* **1** *adj* Mesozoic
2 *nm* **el M.** the Mesozoic (era)

mester *nm Anticuado* trade, craft

mestizaje *nm* (**a**) *(de razas)* fusion of races; *Biol* interbreeding (**b**) *(de culturas)* mixing, cross-fertilization

mestizo, -a 1 *adj (persona)* of mixed race, half-caste; *(animal, planta)* cross-bred
2 *nm,f* person of mixed race, half-caste

mesura *nf* (**a**) *(moderación)* moderation, restraint; **con m.** in moderation (**b**) *(cortesía)* courtesy, politeness (**c**) *(gravedad)* dignity, seriousness

mesurado, -a *adj* moderate, restrained

mesurar 1 *vt* to measure
2 mesurarse *vpr* to restrain oneself

meta *nf* (**a**) *Dep (llegada)* finishing line ❑ ***m. volante*** *(en ciclismo)* hot spot sprint (**b**) *Dep (portería)* goal (**c**) *(objetivo)* aim, goal; **fijarse una m.** to set oneself a target *o* goal

metabólico, -a *adj* metabolic

metabolismo *nm* metabolism

metabolizar *vt* to metabolize

metacarpo *nm Anat* metacarpus

metacrilato *nm* methacrylate (resin)

metadona *nf* methadone

metafísica *nf* metaphysics *(singular)*

metafísico, -a 1 *adj* metaphysical
2 *nm,f (filósofo)* metaphysician

metáfora *nf* metaphor

metafóricamente *adv* metaphorically

metafórico, -a *adj* metaphorical

metal *nm* (**a**) *(material)* metal; ❑ ***m. blanco*** white metal; *Quím* ***m. pesado*** heavy metal; ***metales preciosos*** precious metals (**b**) *Mús* brass

metalenguaje *nm Informát & Ling* metalanguage

metálico, -a 1 *adj (sonido, color)* metallic; *(objeto)* metal
2 *nm* **pagar en m.** to pay (in) cash

metalífero, -a *adj* metal-bearing, metalliferous

metalizado, -a *adj (pintura)* metallic

metalizar [14] *vt* to metalize

metalografía *nf* metallography

metaloide *nm* metalloid

metalurgia *nf* metallurgy

metalúrgico, -a 1 *adj* metallurgical
2 *nm,f* metallurgist

metamórfico, -a *adj* metamorphic

metamorfismo *nm* metamorphism

metamorfosear 1 *vt* to metamorphose
2 metamorfosearse *vpr* to be metamorphosed *o* transformed (**en** into)

metamorfosis *nf inv también Fig* metamorphosis

metano *nm* methane

metanol *nm* methanol

metástasis *nf inv Med* metastasis

metatarso *nm Anat* metatarsus

metate *nm Guat, Méx* grinding stone

metedura *nf Fam* **m. de pata** blunder, *Br* clanger

meteórico, -a *adj también Fig* meteoric

meteorismo *nm Med* = painful accumulation of gas in stomach or intestines

meteorito *nm* meteorite

meteorización *nf (de roca)* weathering

meteoro *nm* meteor

meteorología *nf* meteorology

meteorológico, -a *adj* meteorological

meteorólogo, -a *nm,f* meteorologist; *(en televisión)* weatherman, *f* weatherwoman

metepatas *nmf inv Fam* **es un m.** he's always putting his foot in it

METER 1 *vt* (**a**) *(introducir)* to put in; **m. algo/a alguien en algo** to put sth/sb in sth; **metió las manos en los bolsillos** she put her hands in her pockets; **no puedo m. la llave en la cerradura** I can't get the key in the lock; **le metieron en la cárcel** they put him in prison; **su padre lo metió de conserje en la empresa** his father got him a job in the company as a porter; **m. dinero en el banco** to put money in the bank; **he metido todos mis ahorros en este proyecto** I've put all my savings into this project; **¿podrás m. todo en un sólo disquete?** will you be able to get *o* fit it all on one disk?; *Fam* **meterle ideas a alguien en la cabeza** to put ideas into sb's head; *Fam* **no consigo meterle en la cabeza (que...)** I can't get it into his head (that...); *Fam* **mete la tijera todo lo que quieras** cut off as much as you like
(**b**) *(hacer participar)* **m. a alguien en algo** to get sb into sth; **¡en buen lío nos has metido!** this is a fine mess you've gotten us into!
(**c**) *(obligar a)* **m. a alguien a hacer algo** to make sb start doing sth; **me dieron un trapo y me metieron a limpiar el polvo** they gave me a cloth and set me dusting
(**d**) *(causar)* **m. prisa/miedo a alguien** to rush/scare sb; **m. ruido** to make a noise
(**e**) *(en automóvil)* **m. la primera/la marcha atrás** to go into first gear/reverse; **m. el freno** to brake
(**f**) *(en deportes) (anotar)* to score; **nos metieron dos goles** they scored two goals against us
(**g**) *Fam (asestar)* to give; **le metió un puñetazo** she gave him a punch
(**h**) *Fam (echar, soltar)* to give; **m. una bronca a alguien** to tell sb off; **me metió un rollo sobre la disciplina militar** he gave me this routine about military discipline; **te han metido un billete falso** they've given you a forged banknote
(**i**) *(prenda, ropa)* to take in; **hay que m. los pantalones de cintura** the trousers need taking in at the waist; **m. el bajo de una falda** to take up a skirt
2 *vi* (**a**) *muy Fam (copular)* to do it, *Br* to get one's end away
(**b**) EXPR *Fam* **a todo m.** at full pelt
3 meterse *vpr* (**a**) *(entrar)* **no pudimos meternos** we couldn't get in; **nos metimos a** *o* **en un cine** we went into a cinema; **se metió debajo de un árbol para protegerse de la lluvia** she took refuge from the rain under a tree; **se metió dentro del bosque** she entered the forest; **meterse en** to get into; **meterse en la cama** to get into bed; **dos semanas más y nos metemos en marzo** another two weeks and we'll be into March already; **se me ha metido agua en los oídos** I've got water in my ears; **se metió las manos en los bolsillos** she put her hands in her pockets; **meterse el dedo en la nariz** to pick one's nose; *Fig* **meterse mucho en algo** *(un papel, un trabajo, una película)* to get very involved in sth; *Fam* **se le ha metido en la cabeza (que...)** he's got it into his head (that...); EXPR *muy Fam* **¡métetelo donde te quepa!** stick it where the sun don't shine!; **muchos jóvenes se meten en sí mismos** a lot of young people go into their shell
(**b**) *(en frase interrogativa) (estar)* to get to;

¿dónde se ha metido ese chico? where has that boy got to?
(**c**) *(dedicarse)* **meterse a algo** to become sth; **meterse a torero** to become a bullfighter; **se ha metido de dependiente en unos grandes almacenes** he's got a job as a shop assistant in a department store; **me metí a vender seguros** I became an insurance salesman, I got a job selling insurance
(**d**) *(involucrarse)* to get involved (**en** in); **meterse en problemas** *o* **líos (con alguien)** to get into trouble (with sb)
(**e**) *(entrometerse)* to meddle, to interfere; **no te metas donde no te llaman** *o* **en lo que no te importa** mind your own business; **se mete en todo** he's always sticking his nose into other people's business; **meterse por medio** to interfere
(**f**) *(empezar)* **meterse a hacer algo** to get started on doing sth
(**g**) *(atacar)* **se meten con él en colegio** they pick on him at school; **¡no te metas con mi novia!** leave my girlfriend alone!
(**h**) *Fam (comer)* to scoff
(**i**) *Fam (drogas)* **meterse coca/LSD** to do coke/LSD

---

meterete, metete *RP Fam* **1** *adj* meddling, meddlesome
2 *nmf* meddler

metiche *Méx Fam* **1** *adj* meddling, meddlesome
2 *nmf* meddler

meticón, -ona *Fam* **1** *adj* **no seas m.** don't be such a busybody *o Br* nosey-parker
2 *nmf* busybody, *Br* nosey-parker

meticulosidad *nf* meticulousness

meticuloso, -a *adj* meticulous

metida *nf Am Fam* ***m. de pata*** blunder, *Br* clanger

metido, -a *adj* (**a**) *(implicado)* involved; **andar** *o* **estar m. en** to be involved in; **está m. en un lío** he's in trouble (**b**) *(abundante)* **m. en años** elderly; **m. en carnes** plump (**c**) *Am (entrometido)* meddlesome

metlapil *nm Méx* = roller for grinding corn

metódicamente *adv* methodically

metódico, -a *adj* methodical

metodista *adj & nmf* Methodist

método *nm* (**a**) *(sistema)* method; **proceder con m.** to proceed methodically ❑ ***m. anticonceptivo*** method of contraception; ***el m. (de) Ogino*** the rhythm method (**b**) *Educ* course

metodología *nf* methodology

metodológico, -a *adj* methodological

metomentodo *Fam* **1** *adj inv* meddlesome
2 *nmf* busybody

metonimia *nf* metonymy

metraje *nm* length, running time

metralla *nf* shrapnel

metralleta *nf* submachine gun

métrica *nf Lit* metrics

métrico, -a *adj* (**a**) *(del metro)* metric (**b**) *Lit* metrical

metro *nm* (**a**) *(unidad)* metre; **metros por segundo** metres per second ❑ ***m. cuadrado*** square metre; ***m. cúbico*** cubic metre (**b**) *(transporte) Br* underground, *US* subway; **en m.** *Br* by underground, *US* by *o* on the subway (**c**) *(cinta métrica)* tape measure (**d**) *Lit* metre

metrología *nf* metrology

metrónomo *nm* metronome

metrópoli *nf,* **metrópolis** *nf inv* (**a**) *(ciudad)* metropolis (**b**) *(nación)* mother country

metropolitano, -a 1 *adj* metropolitan
2 *nm (metro) Br* underground, *US* subway

mexica [me'χika] *adj & nmf* Mexica

mexicanismo [meχika'nismo] *nm* Mexicanism

mexicano, -a [meχi'kano] *adj & nm,f* Mexican

México ['meχiko] *n* (**a**) *(país)* Mexico (**b**) *(capital)* Mexico City ❑ ***M. Distrito Federal*** the Federal District of Mexico

mexiquense 1 [meχi'kense] *adj* of/from the state of Mexico
2 *nmf* person from the state of Mexico

mezcal *nm* mescal

mezcalina *nf* mescaline

mezcla *nf* (**a**) *(unión, conjunto)* mixture, combination; **una m. de tabacos** a blend of tobaccos (**b**) *(acción)* mixing (**c**) *Mús* mix

mezclado, -a *adj* mixed

mezclador, -ora 1 *nm,f (persona)* sound mixer
2 *nm (para música)* sampler ❑ ***m. de imagen*** vision mixer; ***m. de sonido*** (sound) mixer

mezcladora *nf (hormigonera)* cement mixer

mezclar 1 *vt* (**a**) *(combinar, unir)* to mix; **mezcló la pintura roja con la amarilla** she mixed the red and yellow paint together (**b**) *(confundir, desordenar)* to mix up (**c**) *(implicar)* **m. a alguien en** to get sb mixed up in; **no me mezcles en tus asuntos** don't involve me in your affairs
2 mezclarse *vpr* (**a**) *(juntarse)* to mix (**con** with) (**b**) *(difuminarse)* **mezclarse entre** to disappear *o* blend into (**c**) *(implicarse)* **mezclarse en** to get mixed up in

mezclilla *nf Méx* (**a**) *(tela basta)* = cloth woven from mixed fibres (**b**) **pantalones de m.** *(vaqueros)* jeans

mezco *etc ver* **mecer**

mezcolanza *nf Fam* hotchpotch, mishmash

mezquindad *nf* (**a**) *(cualidad)* meanness (**b**) *(acción)* mean action

mezquino, -a 1 *adj* mean
2 *nm Am* wart

mezquita *nf* mosque

mezquite *nm* mesquite

mg *(abrev de* **miligramo***)* mg

MHz *(abrev de* **megahercio***)* MHz

mi[1] *nm (nota musical)* E; *(en solfeo)* mi; *ver también* **do**

mi[2] *(pl* **mis***) adj posesivo* (**a**) *(en general)* my; **mi casa** my house; **mis libros** my books (**b**) *(en tratamiento militar)* **¡sí, mi teniente/capitán!** yes, sir!

mí *pron personal (después de prep)* (**a**) *(en general)* me; **este trabajo no es para mí** this job isn't for me; **no se fía de mí** he doesn't trust me
(**b**) *(reflexivo)* myself; **debo pensar más en mí (mismo)** I should think more about myself
(**c**) EXPR **¡a mí qué!** so what?, why should I care?; **para mí** *(yo creo)* as far as I'm concerned, in my opinion; **por mí** as far as I'm concerned; **por mí, no hay inconveniente** it's fine by me

mía *ver* **mío**

miaja *nf Fam* (**a**) *(miga)* crumb (**b**) *(pizca)* tiny bit

mialgia *nf Med* myalgia

miasma *nm* miasma

miau *nm* miaow

mica *nf* mica

micción *nf Med (acción)* urination

micénico, -a *adj* Mycenaean

michelín *nm Fam* spare tyre

micifuz *(pl* **micifuces***) nm Fam* kitty, puss

mico *nm* (**a**) *(animal)* (long-tailed) monkey; EXPR **es un m.** *(pequeño)* he's tiny *o* a midget; *(feo)* he's an ugly devil; EXPR **ser el último m.** to be the lowest of the low (**b**) *Fam (loco)* **me volví m. para hacerlo** I had a devil of a job to do it

micología *nf* mycology

micosis *nf inv* mycosis

micra *nf* micron

micro- *pref* micro-

micro 1 *nm Fam (micrófono)* mike
2 *nm o nf Andes, RP (microbús)* minibus

microbiano, -a *adj* microbial, microbic

microbio *nm* germ, microbe

microbiología *nf* microbiology

microbús *(pl* **microbuses***) nm* minibus

microbusete *nm Carib* minibus

microchip *nm* microchip

microcircuito *nm* microcircuit

microcirugía *nf* microsurgery

microclima *nm* microclimate

microcosmo *nm,* **microcosmos** *nm inv* microcosm

microcrédito *nm Econ* microcredit

microeconomía *nf* microeconomics *(singular)*

microeconómico, -a *adj* microeconomic

microelectrónica *nf* microelectronics *(singular)*

microempresa *nf Com* very small company

microficha *nf* microfiche

microfilm *(pl* **microfilms***),* **microfilme** *nm* microfilm

microfilmación *nf* microfilming

micrófono *nm* microphone ❑ ***m. inalámbrico*** cordless microphone

microfotografía *nf* (**a**) *(actividad)* microphotography (**b**) *(fotografía)* microphotograph

microinformática *nf Informát* microcomputing

microlentilla *nf* contact lens

micrómetro *nm* micrometer

micrón *nm* micron

Micronesia *n* Micronesia

microonda *nf* microwave

microondas *nm inv* microwave (oven)

microordenador *nm Esp Informát* microcomputer

microorganismo *nm* microorganism

microporoso *adj* microporous

microprocesador *nm Informát* microprocessor

microprogramación *nf Informát* microprogramming

microscopía *nf* microscopy

microscópico, -a *adj* microscopic

microscopio *nm* microscope ❑ ***m. electrónico*** electron microscope

microsegundo *nm* microsecond

microsurco *nm* (**a**) *(surco)* microgroove (**b**) *(disco)* long-playing record, LP

microtomo *nm Tec* microtome

mido *etc ver* **medir**

MIDI *nm Informát* (*abrev de* **musical instrument digital interface**) MIDI

midiera *etc ver* **medir**

miedica *Fam* **1** *adj* yellow, chicken

2 *nmf* scaredy-cat, coward

mieditis *nf inv Fam* the jitters

miedo *nm* fear; **dar m.** to be frightening; **me da m. conducir** *o Am* **manejar** I'm afraid *o* frightened of driving; **meter m. a** to frighten; **por m. a** for fear of; **no le dije la verdad por m. a ofenderla** I didn't tell her the truth for fear of offending her; **temblar de m.** to tremble with fear; **tener m. a** *o* **de (hacer algo)** to be afraid of (doing sth); **le tiene m. a la oscuridad** he's scared *o* afraid of the dark; **tengo m. de que se estropee** I'm frightened it'll get damaged; *Fam Fig* **la película estuvo de m.** the movie was brilliant; *Fam Fig* **lo pasamos de m.** we had a fantastic time; *muy Fam* **estar cagado de m.** to be shit-scared; **morirse de m.** to die of fright, to be terrified; **m. cerval** terrible fear, terror ❑ ***m. escénico*** stage fright

miedoso, -a 1 *adj* fearful

2 *nm,f* **es un m.** he gets scared easily

miel *nf* honey; EXPR **m. sobre hojuelas** all the better; EXPR **no está hecha la m. para la boca del asno** it's like casting pearls before swine

miela *etc ver* **melar**

mielga *nf (pez)* spiny dogfish

mielina *nf Fisiol* myelin

miembro *nm* (**a**) *(integrante)* member (**b**) *(extremidad)* limb, member ❑ ***miembros inferiores*** lower limbs; ***miembros superiores*** upper limbs (**b**) *Euf (pene)* **m. (viril)** male member

miento (**a**) *ver* **mentar** (**b**) *ver* **mentir**

mientes *nfpl* mind; **parar m. (en algo)** to consider (sth); **traer a las m.** to bring to mind

mientras 1 *conj* (**a**) *(al tiempo que)* while; **leía m. comía** she was reading while eating

(**b**) *(siempre que)* **m. viva** as long as I live; **m. pueda** as long as I can

(**c**) *(hasta que)* **m. no se pruebe lo contrario** until proved otherwise

(**d**) *(cuanto)* **m. más/menos** the more/less; **m. menos hables, mejor** the less you speak the better

(**e**) **m. que** *(con tal de que)* as long as; **m. que no hagas ruido, puedes quedarte** as long as you don't make any noise, you can stay

(**f**) **m. (que)** *(por el contrario)* whereas, whilst

2 *adv* **m. (tanto)** meanwhile, in the meantime

miércoles *nm inv* Wednesday ❑ ***M. de Ceniza*** Ash Wednesday; *ver también* **sábado**

mierda *muy Fam* **1** *nf* (**a**) *(excremento)* shit; **¡y una m.!** like hell (I/you/*etc* will)!

(**b**) *(suciedad)* filth, crap; **la casa está hecha una mierda** the house is a real mess

(**c**) *(cosa sin valor)* **es una m.** it's (a load of) crap; **de m.** shitty, crappy; **una m. de guitarra** a crappy guitar

(**d**) *(borrachera)* **agarrarse/tener una m.** to get/be shit-faced

(**e**) EXPR **irse a la m.** *(proyecto)* to go down the tubes; **mandar a alguien a la m.** to tell sb to piss off; **mandó el proyecto a la m.** she said to hell with the project; **¡vete a la m.!** go to hell!, piss off!

2 *nmf* shithead

mierdoso, -a *muy Fam adj* (**a**) *(sucio)* disgusting, gross (**b**) *(despreciable) (persona)* shitty; *(cosa)* crappy

mies 1 *nf (cereal)* ripe corn

2 *nfpl* **mieses** *(campo)* cornfields

miga *nf* (**a**) *(de pan)* crumb; **migas** *(plato)* fried breadcrumbs (**b**) EXPR *Fam* **hacer buenas/malas migas** to get on well/badly; *Fam* **hacerse migas** *(cosa)* to be smashed to bits; *Fam* **estar hecho migas** *(persona)* to be shattered; *Fam* **hacer migas a alguien** *(desmoralizar)* to shatter sb; *Fam* **tener m.** *(ser sustancioso)* to have a lot to it; *(ser complicado)* to have more to it than meets the eye

migaja *nf* (**a**) *(trozo)* bit; *(de pan)* crumb (**b**) *(pizca)* scrap; **migajas** *(restos)* leftovers

migale *nf (araña)* bird spider

migar [38] *vt* (**a**) *(pan)* to crumble (**b**) *(líquido)* to add crumbs to

migración *nf* migration

migraña *nf* migraine

migrar *vi* to migrate

migratorio, -a *adj* migratory

mijo *nm* millet

mil *núm* thousand; **dos m.** two thousand; **m. pesos** a thousand pesos; **m. cien** one thousand one hundred; EXPR **m. y una** *o* **uno** a thousand and one; **miles (de)** *(gran cantidad)* thousands (of); *ver también* **seis**

milagrero, -a *Fam* **1** *adj* (**a**) *(crédulo)* = who believes in miracles (**b**) *(milagroso)* miraculous, miracle-working

2 *nm,f* = person who believes in miracles

milagro *nm* miracle; **de m.** miraculously, by a miracle; **cupieron todos de m.** it was a wonder *o* miracle that they all fitted in; EXPR *Fig* **hacer milagros** to work wonders

milagrosamente *adv* miraculously

milagroso, -a *adj* (**a**) *(de milagro)* miraculous (**b**) *(asombroso)* amazing

milanés, -esa 1 *adj* of/from Milan

2 *nm,f* person from Milan

milanesa *nf Am* Wiener schnitzel, breaded veal escalope

milano *nm* kite

mildiú *nm* mildew

milenario, -a 1 *adj (antiguo)* (very) ancient

2 *nm* (**a**) *(milenio)* millennium (**b**) *(aniversario)* millennium

milenarismo *nm (creencia)* millenarianism

milenio *nm (mil años)* millennium; *Fam (mucho tiempo)* (absolutely) ages

milésima *nf* (**a**) *(fracción)* thousandth ❑ ***m. de segundo*** millisecond (**b**) *(unidad monetaria)* mill *(monetary unit)*

milésimo, -a *núm* thousandth; **la milésima parte** a thousandth

milhojas *nm inv (dulce)* millefeuille

mili *nf Esp Fam* military service; **hacer la m.** to do one's military service

milibar *nm (unidad)* millibar

milicia *nf* (**a**) *(profesión)* military (profession) (**b**) *(grupo armado)* militia ❑ *Antes* ***milicias universitarias*** = in Spain, military service for students

miliciano, -a *nm,f* militiaman, *f* female soldier

milico *nm Andes, RP Fam Pey (soldado)* soldier; **los milicos tomaron el poder** the military took power

miligramo *nm* milligram

mililitro *nm* millilitre

milimetrado *adj* graduated in millimetres; **papel m.** graph paper

milimétrico, -a *adj* millimetric

milímetro *nm* millimetre; *Fig* **al m.** down to the last detail

militancia *nf* militancy; **la m. activa del partido** the active membership of the party

militante *adj & nmf* militant

militar 1 *adj* military

2 *nmf* soldier; **los militares** the military

3 *vi* (**a**) *(en partido, sindicato)* to be a member (**en** of); **militó en la izquierda durante su juventud** he was an active left-winger in his youth (**b**) *(apoyar)* **m. a** *o* **en favor de** to lend support to

militarismo *nm* militarism

militarista *adj & nmf* militarist

militarización *nf* militarization

militarizar [14] *vt* to militarize

militroncho *nm Fam Hum (soldado) Br* squaddie, *US* grunt

milla *nf* (**a**) *(terrestre)* mile (**b**) *(marina)* mile ❑ ***m. marina*** *o* ***náutica*** nautical mile

millar *nm* thousand; **un m. de personas** a thousand people; **a millares** by the thousand

millardo *nm* billion, thousand million

millón *núm* million; **dos millones** two million; **un m. de personas** a million people; **un m. de cosas que hacer** a million things to do; **un m. de gracias** thanks a million; **millones** *(dineral)* millions, a fortune

millonada *nf Fam* **una m.** a fortune, millions

millonario, -a 1 *adj* **es m.** he's a millionaire

2 *nm,f* millionaire, *f* millionairess

millonésima *nf* millionth

millonésimo, -a *núm* millionth; **la millonésima parte** a millionth

milonga *nf* (**a**) *(baile)* = popular dance from Argentina and Uruguay (**b**) *(canción)* = popular song from Argentina and Uruguay

milpa *nf CAm, Méx* cornfield

milpear *CAm, Méx* **1** *vt (labrar)* to till

2 *vi (brotar)* to sprout

milpero *nm CAm, Méx* cornfield hand

milpiés *nm inv* millipede

milrayas *nm inv* striped cloth

mimado, -a *adj* spoilt

mimar *vt* to spoil, to pamper

mimbre *nm* wickerwork; **de m.** wicker

mimbrera *nf* (**a**) *(arbusto)* osier (**b**) *(plantación)* osier bed

mímesis, mimesis *nf inv* mimesis

mimético, -a *adj* mimetic

mimetismo *nm (de animal, planta)* mimicry, *Espec* mimesis

mimetizar [14] **1** *vt (imitar)* to copy, to imitate

2 mimetizarse *vpr (camaleón)* to change colour

mímica *nf* (**a**) *(mimo)* mime (**b**) *(lenguaje)* sign language

mímico, -a *adj* mime; **lenguaje m.** sign language

mimo *nm* (**a**) *(zalamería)* mollycoddling (**b**) *(cariño)* show of affection; **hacerle mimos a alguien** to kiss and cuddle sb (**c**) *(cuidado, esmero)* care; **con m.** with great care, lovingly (**d**) *Teatro* mime; **hacer m.** to perform mime

mimosa *nf* mimosa

mimoso, -a *adj* affectionate; *Fam* **el bebé está m.** the baby wants a cuddle

min *(abrev de* **minuto***)* min

mina *nf* (**a**) *(de mineral)* mine; **m. de carbón** coal mine ❑ ***m. a cielo abierto*** open-cast mine (**b**) *Mil* mine; *(en tierra)* mine, land mine ❑ *Mil* ***m. antipersonal*** *o* ***antipersona*** antipersonnel mine; ***m. submarina*** undersea mine (**c**) *(persona, situación)* gold mine (**d**) *(de lápiz)* lead (**e**) *(fuente)* mine; **la enciclopedia es una m. de información** the encyclopaedia is a mine of information (**f**) *RP Fam (chica) Br* bird, *US* babe

minado *adj* mined

minar *vt* (**a**) *Mil* to mine (**b**) *(aminorar)* to undermine

minarete *nm Arquit* minaret

mineral 1 *adj* mineral

2 *nm* (**a**) *(sustancia)* mineral (**b**) *(mena)* ore; **m. de hierro** iron ore

mineralización *nf* mineralization

mineralizar [14] **1** *vt* to mineralize

2 mineralizarse *vpr* to become mineralized

mineralogía *nf* mineralogy

minería *nf* (**a**) *(técnica)* mining (**b**) *(sector)* mining industry

minero, -a 1 *adj* mining; *(producción, riqueza)* mineral; **industria minera** mining industry

2 *nm,f* miner

mineromedicinal *adj* **agua m.** mineral water

minestrone *nf* minestrone

minga¹ *nf Fam (pene) Br* willy, *US* peter

minga² *nf,* **mingaco** *nm Andes* = farm labour done on holidays in exchange for a meal

mingitorio, -a 1 *adj* urinary

2 *nm* urinal

mini- *pref* mini-

mini *nm Esp Fam* **un m. de cerveza** a litre (glass) of beer

miniatura *nf* (**a**) *(objeto pequeño)* miniature; *Fig* **el piso es una m.** the *Br* flat *o US* apartment is tiny; **en m.** in miniature (**b**) *Informát* thumbnail

miniaturista *nmf* miniaturist

miniaturizar [14] *vt* to miniaturize

minibar *nm* minibar

minibásket *nm* minibasket

minicadena *nf* midi system

minicine *nm* = cinema with several small screens

MiniDisc® *nm inv* MiniDisc®

minifalda *nf* mini skirt

minifaldero, -a 1 *adj (vestido)* with a mini skirt, short; *(chica)* wearing a mini skirt

2 *nf* **minifaldera** = attractive girl wearing a mini skirt

minifundio *nm* small holding

minifundismo *nm* = the system of land tenure characterized by the "minifundio"

minifundista *nmf* smallholder

minigolf (*pl* **minigolfs**) *nm* (**a**) *(lugar)* crazy golf course (**b**) *(juego)* crazy golf

mínima *nf* (**a**) *(temperatura)* low, lowest temperature (**b**) *(provocación)* **saltar a la m.** to blow up at the least thing

minimalismo *nm* minimalism

minimalista *adj* minimalist

minimamente *adv* minimally

minimizar [14] *vt* (**a**) *(gastos, pérdidas, riesgos)* to minimize (**b**) *(quitar importancia a)* to minimize, to play down

mínimo, -a 1 *superlativo ver* **pequeño**

2 *adj* (**a**) *(lo más bajo posible o necesario)* minimum ❑ *Mat* ***m. común denominador*** lowest common denominator

(**b**) *(lo más bajo temporalmente)* lowest

(**c**) *(muy pequeño) (efecto, importancia)* minimal, very small; *(protesta, ruido)* slightest; **no tengo la más mínima idea** I haven't the slightest idea; **como m.** at the very least; **si te vas, como m. podrías avisar** if you're going to leave, you could at least let me know; **en lo más m.** in the slightest

3 *nm (límite)* minimum; **al m.** to a minimum; **pon la calefacción al m.** put the heating at minimum; EXPR **estar bajo mínimos** *(de comida, gasolina)* to have almost run out

minino, -a *nm,f Fam* pussy (cat)

minio *nm* red lead

miniordenador *nm Esp* minicomputer

minipímer® *nf* hand-held mixer *(for whipping cream, mayonnaise)*

miniserie *nf* miniseries

ministerial *adj* ministerial

ministerio *nm* (**a**) *(institución) Br* ministry, *US* department; *(periodo)* time as minister; **durante el m. de Sánchez** while Sánchez was minister ❑ ***M. de Agricultura*** *Br* ≃ Ministry of Agriculture, Fisheries and Food, *US* ≃ Department of Agriculture; ***M. de Asuntos Exteriores*** *Br* ≃ Foreign Office, *US* ≃ State Department; ***M. de Comercio*** *Br* ≃ Department of Trade and Industry, *US* ≃ Department of Commerce; ***M. de Economía y Hacienda*** *Br* ≃ Treasury, *US* ≃ Treasury Department; ***M. del Interior*** *Br* ≃ Home Office, *US* ≃ Department of the Interior; ***M. de Justicia*** *Br* ≃ office of the Attorney General, *US* ≃ Department of Justice; ***M. de Trabajo*** *Br* ≃ Department of Employment, *US* ≃ Department of Labor

(**b**) *Der* ***m. fiscal*** *o* ***público*** *(acusación)* public prosecutor

(**c**) *Rel* ministry

ministrable *Pol* **1** *adj* likely to be appointed minister

2 *nmf* potential minister

ministro, -a *nm,f* (**a**) *Pol Br* minister, *US* secretary; **primer m.** prime minister ❑ ***M. de Asuntos Exteriores*** *Br* ≃ Foreign Minister, *US* ≃ Secretary of State; ***m. sin cartera*** minister without portfolio; ***M. de Economía y Hacienda*** *Br* ≃ Chancellor of the Exchequer, *US* ≃ Secretary of the Treasury; ***M. del Interior*** *Br* ≃ Home Secretary, *US* ≃ Secretary of the Interior; ***M. de Justicia*** *Br* ≃ Attorney General, *US* ≃ Secretary of Justice (**b**) *Rel* minister ▫ ***m. de Dios*** minister of God

minoico, -a *adj* Minoan

minorar *vt* to diminish, to reduce

minoría *nf* minority ▫ ***m. de edad*** (legal) minority; ***minorías étnicas*** ethnic minorities; ***m. racial*** racial minority

minorista 1 *adj* retail
2 *nmf* retailer

minoritario, -a *adj* minority; **son un grupo m.** they are a minority

mintiera *etc ver* **mentir**

minucia *nf* trifle, insignificant thing

minuciosamente *adv* (**a**) *(con meticulosidad)* meticulously (**b**) *(con detalle)* in great detail

minuciosidad *nf* (**a**) *(meticulosidad)* meticulousness (**b**) *(detalle)* attention to detail

minucioso, -a *adj* (**a**) *(meticuloso)* meticulous (**b**) *(detallado)* highly detailed

minué *nm* minuet

minuendo *nm Mat* minuend, = figure from which another is to be subtracted

minueto *nm Mús* minuet

minúscula *nf* small letter; *Imprenta* lower-case letter; **en minúsculas** in small letters, in lower case; **se escribe con m.** it's written with a small letter

minúsculo, -a *adj* (**a**) *(tamaño)* tiny, minute (**b**) *(letra)* small; *Imprenta* lower-case

minusvalía *nf* (**a**) *(física)* handicap, disability (**b**) *Econ* depreciation

minusválido, -a 1 *adj* disabled, handicapped
2 *nm,f* disabled *o* handicapped person

minusvalorar *vt* to underestimate

minuta *nf (factura)* fee

minutero *nm* minute hand

minuto *nm* minute; **al m.** *(al momento)* a moment later; **vuelvo en un m.** I'll be back in a minute; **¿tienes un m.?** do you have a minute?; **vivo a cinco minutos de aquí** I live five minutes from here; **no tengo (ni) un m. libre** I don't have a minute free ▫ ***minutos de la basura*** *(en baloncesto)* garbage time

mío, -a 1 *adj posesivo* mine; **este libro es m.** this book is mine; **un amigo m.** a friend of mine; **no es asunto m.** it's none of my business; **lo m. es el teatro** *(lo que me va)* theatre is what I should be doing; *Fam Fig* **me costó lo m.** *(mucho)* it wasn't easy for me
2 *pron posesivo* **el m.** mine; **el m. es rojo** mine is red; *Fam* **ésta es la mía** this is the chance I've been waiting for *o* my big chance; *Fam* **los míos** *(mi familia)* my folks; *(mi bando)* my lot, my side

miocardio *nm Anat* myocardium

mioceno, -a *Geol* **1** *adj* Miocene
2 el m. the Miocene (era)

miope 1 *adj* short-sighted, myopic; *Fig* **una política m.** a short-sighted policy
2 *nmf* short-sighted *o* myopic person; **es un m.** he's short-sighted *o* myopic

miopía *nf* short-sightedness, myopia

MIR [mir] *nm* (**a**) *Esp (abrev de* **médico interno residente**) *(examen)* = competitive national examination for placement in house officer's post; *(médico) Br* house officer, *US* intern (**b**) *(abrev de* **Movimiento Izquierdista Revolucionario**) = Bolivian political party

mira *nf* (**a**) *(en instrumento, arma)* sight ▫ ***m. telescópica*** telescopic sight (**b**) *(intención, propósito)* intention; **con miras a** with a view to, with the intention of; **poner la m.** *o* **las miras en algo** to set one's sights on sth; EXPR **ser amplio de miras** to be enlightened; EXPR **ser corto de miras** to be short-sighted

mirada *nf (acción de mirar)* look; *(rápida)* glance; *(de cariño, placer, admiración)* gaze; **apartar la m.** to look away; **dirigir** *o* **lanzar la m. a** to glance at; **echar una m. (a algo)** to glance *o* to have a quick look (at sth); **fulminar con la m. a alguien** to look daggers at sb; **levantar la m.** to look up; **m. asesina** glare; **m. fija** stare; **m. furtiva** peek; **m. lasciva** leer; **m. perdida** distant look; **tenía la m. perdida** she was staring into space

mirado, -a *adj* (**a**) *(prudente)* careful (**b**) **ser bien m.** *(bien considerado)* to be well regarded; **es mal m.** *(mal considerado)* he's not well regarded *o* thought of

mirador *nm* (**a**) *(balcón)* enclosed balcony (**b**) *(para ver un paisaje)* viewpoint

miramiento *nm* consideration; **andarse con miramientos** to stand on ceremony; **sin miramientos** without the least consideration

miranda: de miranda *loc adv Fam* **estar de m.** to be loafing about *o* around

---

MIRAR 1 *vt* (**a**) *(dirigir la vista a)* to look at; *(detenidamente, con atención)* to watch; *(fijamente)* to stare at; **m. algo de cerca/lejos** to look at sth closely/from a distance; **¡míralos!** look at them!; **mira lo que pone en ese cartel** look (at) what that sign says; **m. a la gente pasar** to watch people go by; **no paraba de mirarme** he kept staring at me; **pasaba horas mirando las estrellas** I would spend hours gazing at the stars; **m. algo/a alguien con disimulo** to glance furtively at sth/sb; **m. algo por encima** to glance over sth, to have a quick look at sth; **m. a alguien con ira** to look angrily at sb, to glare at sb; **m. a alguien de arriba abajo** to look sb up and down; EXPR **m. a alguien por encima del hombro** to look down on sb; EXPR *Fam* **ser de mírame y no me toques** to be very fragile
(**b**) *(fijarse en)* **primero mira cómo lo hago yo** first, watch *o* see how I do it; **mira que no falte nada en las maletas** check to see nothing's missing from the suitcases; **míralos bien y dime cuál te gusta más** have a good look at them and tell me which you like best
(**c**) *(examinar)* to check, to look through; **he mirado todo el periódico** I've looked through the whole newspaper; **miraremos tu expediente con mucha atención** we'll look at your file very carefully; **le miraron todas las maletas** they searched all her luggage; **eso te lo tiene que m. un médico** you should have that looked at by a doctor
(**d**) *(considerar)* **mira bien lo que haces** be careful about what you do; **míralo desde este ángulo...** look at it this way...; **bien mirado..., mirándolo bien...** if you think about it...; **aunque bien mirado, podemos ir los dos** on second thoughts, we could both go; **lo mires por donde lo mires** whichever way you look at it; **m. a alguien bien/mal** to approve/disapprove of sb; **en este país miran mucho la puntualidad** punctuality is very important to people in this country; **m. mucho el dinero** to be very careful with money
2 *vi* (**a**) *(dirigir la vista)* to look; *(detenidamente, con atención)* to watch; *(fijamente)* to stare; **mira bien antes de cruzar** look carefully before crossing the road; **miraban por la ventana** they were looking out of the window; **¡mira!** look (at that!); **mira, yo creo que...** look, I think (that)...; **mira por dónde** guess what?, would you believe it?; *también Irónico* **¡mira qué bien!** isn't that great!; **mira que te avisé** I told you so; **¡mira que eres pesado/tonto!** you're so annoying/silly!; **¡mira que salir sin paraguas con la que está cayendo!** fancy going out without an umbrella in this rain!; EXPR **¡mira quién fue a hablar!** look who's talking!; **¡mira si haría calor que no pude dormir!** it was so hot I couldn't sleep!
(**b**) *(buscar)* to check, to look; **he mirado en todas partes** I've looked everywhere
(**c**) **m. a** *(orientarse hacia) (casa, fachada)* to face; *(habitación, terraza)* to look out onto; **la mezquita mira al este** the mosque faces east; **la habitación mira al mar** the room looks out onto the sea
(**d**) **m. por** *(cuidar de)* to look after; **m. por los demás** to look out for other people; **sólo mira por sus intereses** she only looks after her own interests
(**e**) *Fam (averiguar, comprobar)* **m. a ver si** to see if *o* whether; **mira a ver si ha llegado la carta** (go and) see if the letter has arrived; **mira a ver si tienes algo de cambio para dejarme** (have a look and) see if you've got any change you could lend me
3 mirarse *vpr (uno mismo)* to look at oneself; *(uno al otro)* to look at each other; **mirarse al espejo** to look at oneself in the mirror; **mirarse en el agua** to look at one's reflection in the water; EXPR **si bien se mira** if you really think about it

---

mirasol *nm* sunflower

miríada *nf* myriad

miriápodo *nm Zool* myriapod

mirilla *nf* (**a**) *(en puerta)* spyhole (**b**) *(en arma)* sight

miriñaque *nm (de falda)* hoopskirt, crinoline

mirlo *nm* blackbird; EXPR **ser un m. blanco** to be one in a million ❑ ***m. acuático*** dipper

mirobolano *nm* cherry plum

mirón, -ona *Fam* **1** *adj (curioso)* nosey; *(con lascivia)* peeping

2 *nm,f* (**a**) *(espectador)* onlooker; *(curioso)* busybody, *Br* nosy parker; *(voyeur)* peeping Tom; **estar de m.** to just stand around watching *o* gawking (**b**) *Informát (en fórum)* lurker

mirra *nf* (**a**) *(resina)* myrrh (**b**) *Ven (migaja)* scrap, crumb

mirto *nm* myrtle

misa *nf* mass; **cantar/decir/oír m.** to sing/say/hear mass; EXPR **como en m.** *(en silencio)* in total silence; **ir a m.** to go to mass *o* church; *Fam Fig* to be gospel; *Fam Fig* **lo que yo digo va a m. y no quiero que nadie rechiste** what I say goes, I don't want to hear a word of protest from anyone; EXPR *Fam* **por mí como si dice m.** I couldn't care less what he says; EXPR *Fam* **no saber de la m. la media** *o* **la mitad** not to know half the story ❑ ***m. de campaña*** open-air mass; ***m. cantada*** sung mass; ***m. de difuntos*** requiem, mass for the dead; ***m. del gallo*** midnight mass *(on Christmas Eve)*; ***m. negra*** black mass

misal *nm* missal

misantropía *nf* misanthropy

misántropo, -a *nm,f* misanthrope, misanthropist

miscelánea *nf* miscellany

misceláneo, -a *adj* miscellaneous

miserable 1 *adj* (**a**) *(pobre)* poor; *(vivienda)* wretched, squalid (**b**) *(penoso, insuficiente)* miserable (**c**) *(vil)* contemptible, base (**d**) *(tacaño)* mean

2 *nmf* (**a**) *(persona vil)* wretch, vile person (**b**) *(tacaño)* mean person, miser

miserablemente, míseramente *adv (insuficientemente)* miserably

miseria *nf* (**a**) *(pobreza)* poverty (**b**) *(desgracia)* misfortune (**c**) *(tacañería)* meanness (**d**) *(vileza)* baseness, wretchedness (**e**) *(poco dinero)* pittance; **le pagan una m.** they pay him next to nothing

> Observa que la palabra inglesa **misery** es un falso amigo y no es la traducción de la palabra española **miseria**. En inglés **misery** significa "tristeza, infelicidad".

misericordia *nf* compassion; **pedir m.** to beg for mercy; **para obras de m.** for charity

misericordioso, -a 1 *adj* compassionate, merciful

2 *nm,f* **los misericordiosos** the merciful

mísero, -a *adj* (**a**) *(pobre, desdichado)* wretched, miserable; **ni un m....** not even a measly *o* miserable... (**b**) *(tacaño)* mean, stingy

misil *nm* missile ❑ ***m. balístico*** ballistic missile; ***m. de crucero*** cruise missile

misión *nf* (**a**) *(delegación)* mission; **misiones** *(religiosas)* (overseas) missions ❑ ***m. diplomática*** diplomatic delegation *o Br* mission (**b**) *(cometido)* task, mission (**c**) *(expedición científica)* expedition

misionero, -a 1 *adj* (**a**) *(religioso)* missionary (**b**) *(de Misiones)* of/from Misiones

2 *nm,f* (**a**) *(religioso)* missionary (**b**) *(de Misiones)* person from Misiones

Misisipi, Misisipí *nm* **el M.** the Mississippi

misiva *nf* missive

mismamente *adv* (**a**) *(precisamente)* exactly, precisely (**b**) *Fam (por ejemplo)* for example

mismísimo, -a 1 *adj Fam (superlativo)* very, selfsame; **en ese m. día** on that very day

2 *nmpl* **mismísimos** EXPR *Fam Euf* **estoy hasta los mismísimos (de)** I've just had it up to here (with)

MISMO, -A 1 *adj* (**a**) *(igual, idéntico)* same; **son del m. pueblo** they're from the same town/village; **vive en la misma calle que yo** she lives in the same street as me, she lives in my street; **del m. color/tipo que** the same colour/type as

(**b**) *(para enfatizar lugar, tiempo)* **en este m. sitio** in this very place; **en aquel m. momento** at that very moment; **delante de sus mismas narices** right in front of his nose; **eso m. digo yo** that's exactly what I say; **y por eso m. deberíamos ayudarles** and that is precisely why we should help them

(**c**) *(para reforzar pronombres)* **yo m.** I myself; **¿lo hiciste tú m.?** did you do it (by) yourself?; **él m. se construyó la casa** he built his house (by) himself, he built his own house; **me dije a mí m....** I said to myself...; **por mí/ti m.** by myself/yourself; *Fam* **¡tú m.!** it's up to you!, suit yourself!

2 *pron* (**a**) *(igual cosa o persona)* **el m./la misma** the same; **el pueblo ya no era el m.** the town was no longer the same; **la misma del otro día** the same one as the other day; **el m. que vi ayer** the same one I saw yesterday; *Fam* **¿ése es el presidente? — sí, el m. (que viste y calza)** is that the president? – yes, the very same *o* yes, that's him all right; EXPR **estar en las mismas** to be no further forward

(**b**) **lo m.** *(igual cosa, iguales cosas)* the same (thing); **¡qué aburrimiento, todos los días lo m.!** how boring, it's the same every day!; **póngamos otra de lo m.** (the) same again, please; **lo m. que** the same as; **me gusta lo m. que a él** I like the same things as him; **yo tengo mis manías, lo m. que todo el mundo** I've got my idiosyncrasies just like everyone else; **lloraba lo m. que un niño** she was crying like a child; **me da lo m.** it's all the same to me, I don't mind *o* care; **¿vamos o nos quedamos? — da lo m.** ¿should we go or should we stay? — it doesn't make any difference; **me da lo m.** I don't care; **lo m. digo** *(como respuesta)* likewise, you too; **más de lo m.** more of the same; **o lo que es lo m.** *(en otras palabras)* or in other words; **por lo m.** for that (very) reason

(**c**) *(tal vez)* **lo m. llegamos y ya no hay entradas** it's quite possible that we might arrive there and find there are no tickets left; **lo m. está enfermo** maybe *o* perhaps he's ill, he may be ill; **lo m. te saluda que te ignora por completo** he's just as likely to say hello to you as to ignore you completely

(**d**) *(antes mencionado)* **hay una cripta y un túnel para acceder a la misma** there is a crypt and a tunnel leading to it

3 *adv* (**a**) *(para enfatizar)* **lo vi desde mi casa m.** I saw it from my own house; **ahora/aquí m.** right now/here; **ayer m.** only yesterday; **salimos hoy m.** we are leaving this very day; **llegarán mañana m.** they'll be arriving tomorrow, actually; **por eso m.** precisely for that reason

(**b**) *(por ejemplo)* **escoge uno cualquiera, este m.** choose any one, this one, for instance; **¿y ahora quién me arregla a mí esto? — yo m.** who's going to fix this for me now? – I will *o* I'll do it (myself)

misoginia *nf* misogyny

misógino, -a 1 *adj* misogynistic

2 *nm,f* misogynist

miss (*pl* **misses**) *nf* beauty queen

míster (*pl* **místers**) *nm Fam Dep* **el m.** the manager, *Br* the guv'nor

misterio *nm* mystery

misteriosamente *adv* mysteriously

misterioso, -a *adj* mysterious

mística *nf* mysticism

misticismo *nm* mysticism

místico, -a 1 *adj* mystical

2 *nm,f (persona)* mystic

mistificación *nf* mystification

mistificar [59] *vt* to mystify

mistral *nm (viento)* mistral

mitad *nf* (**a**) *(parte)* half; **a m. de precio** at half price; **la m. de** half (of); **la m. del tiempo no está** half the time she's not in; **m. y m.** half and half (**b**) *(centro)* middle; **a m. de camino** halfway there; **en m. de** in the middle of; **a m. de película** halfway through the film; **(cortar algo) por la m.** (to cut sth) in half

mítico, -a *adj* mythical

mitificar [59] *vt* to mythologize

mitigador, -ora *adj* calming

mitigar [38] *vt (aplacar) (miseria, daño, efecto)* to alleviate, to reduce; *(ánimos)* to calm; *(sed)* to slake; *(hambre)* to take the edge off; *(choque, golpe)* to soften; *(dudas, sospechas)* to allay

mitin (*pl* **mítines**) *nm* rally, political meeting

mito *nm* (**a**) *(ficción, leyenda)* myth (**b**) *(personaje)* mythical figure

mitocondria *nf Biol* mitochondria

mitología *nf* mythology

mitológico, -a *adj* mythological

mitomanía *nf* mythomania

mitómano, -a *adj & nm,f* mythomaniac

mitón *nm* (fingerless) mitten

mitosis *nf Biol* mitosis

mitote *nm Méx Fam* (**a**) *(alboroto)* racket (**b**) *(fiesta)* house party (**c**) *(remilgo)* fussiness, fastidiousness

mitotear *vi Méx Fam (hacer remilgos)* to fuss

mitotero, -a *Méx Fam* **1** *adj* (**a**) *(que alborota)* rowdy, boisterous (**b**) *(remilgado)* fussy, finicky

2 *nm,f* (**a**) *(alborotador)* rowdy *o* boisterous person; **es un m.** he's terribly rowdy *o* boisterous (**b**) *(remilgado)* finicky person

mitra *nf* (**a**) *(tocado)* mitre (**b**) *(cargo)* office of archbishop/bishop

mitrado, -a *adj* mitred

miura *nm Taurom* = Spanish breed of bull

mixomatosis *nf* myxomatosis

mixtificar [59] *vt* to mystify

mixto, -a *adj* mixed; **comisión mixta** joint committee

mixtura *nf* mixture

mízcalo *nm* saffron milk cap

ml *(abrev de* **mililitro**) ml

mm *(abrev de* **milímetro**) mm

MMM *nf Informát (abrev de* **Multimalla Mundial**) WWW

MN, m/n *(abrev de* **moneda nacional**) national currency

mnemotecnia *nf* mnemonics *(singular)*

mnemotécnico, -a *adj* mnemonic

MNR *nm (abrev de* **Movimiento Nacionalista Revolucionario**) = Bolivian political party

mobiliario *nm* furniture ▫ ***m. urbano*** street furniture

moca *nf* mocha

mocasín *nm* loafer; *(de indios)* moccasin

mocedad *nf* youth

mocetón, -ona *nm,f Fam* strapping lad, *f* strapping lass

mocha *nf Cuba (machete)* = type of machete

mochales *adj inv Fam* crazy, mad; **estar m.** to have a screw loose, to be a bit touched

mocharse *vpr Méx Fam* (**a**) *(compartir)* **tienes que mocharte conmigo** you have to go *Br* halfs *o US* halfies with me (**b**) *(sobornar)* **tuve que mocharme con el policía** I had to give the policeman a bribe *o Br* backhander

mochila *nf* (**a**) *(bolsa)* backpack (**b**) *Informát* dongle

mochilero *nm* backpacker

mocho, -a 1 *adj* (**a**) *(extremo, punta)* blunt; *(árbol)* lopped (**b**) *Méx (conservador)* conservative

2 *nm (fregona)* mop

mochuelo *nm (ave)* little owl; EXPR *Fam* **cargar con el m.** to be landed with it

moción *nf* motion; **presentar una m.** to present *o* bring a motion ▫ *Pol* ***m. de censura*** motion of censure; *Pol* ***m. de confianza*** motion of confidence

mocionar *vt Am* to present, to propose

moco *nm* (**a**) *(de la nariz)* snot; **un m.** a piece of snot, a bogey; **limpiarse los mocos** to wipe one's nose; **tener mocos** to have a runny nose; EXPR *Fam* **llorar a m. tendido** to cry one's eyes out; EXPR *Fam* **no es m. de pavo** it's not to be sneezed at, it's no mean feat (**b**) *(mucosidad)* mucus ▫ ***m. vaginal*** vaginal mucus (**c**) *Fam (borrachera)* drunkenness; EXPR **pillarse un m.** to get plastered (**d**) EXPR *Fam* **tirarse el m.** *(presumir)* to brag

mocoso, -a 1 *adj* runny-nosed

2 *nm,f Fam* brat

mod *adj & nm,f* mod

moda *nf (uso, manera)* fashion; *(furor pasajero)* craze; **estar de m.** to be fashionable *o* in fashion; **estar pasado de m.** to be unfashionable *o* out of fashion; **ir a la última m.** to wear the latest fashion; **pasar de m.** to go out of fashion; **ponerse de m.** to come into fashion ▫ ***m. pasajera*** fad

modal 1 *adj* modal

2 *nmpl* **modales** manners; **tener buenos/malos modales** to have good/bad manners

modalidad *nf (tipo, estilo)* form, type; *Dep* discipline ▫ *Com* ***m. de pago*** method of payment

modelado *nm* modelling

modelar *vt* (**a**) *Arte* to model (**b**) *(dar forma, configurar)* to form, to shape

modélico, -a *adj* model, exemplary

modelismo *nm* modelling

modelo 1 *adj* model

2 *nmf (maniquí)* model

3 *nm* (**a**) *(arquetipo, diseño, representación)* model ▫ ***m. económico*** economic model; ***m. a escala*** scale model; ***m. matemático*** mathematical model; ***m. reducido*** scale model (**b**) *(prenda de vestir)* outfit, design

módem *(pl* **modems**) *nm Informát* modem ▫ ***m. fax*** fax modem

moderación *nf* moderation; **con m.** in moderation; **m. salarial** moderation in wage claims

moderadamente *adv* moderately, in moderation

moderado, -a *adj & nm,f* moderate

moderador, -ora 1 *adj* moderating

2 *nm,f* chair, chairperson

moderar 1 *vt* (**a**) *(templar, atenuar)* to moderate; **le pidieron que moderara su estilo agresivo** he was asked to tone down his aggressive style (**b**) *(velocidad)* to reduce (**c**) *(debate)* to chair (**d**) *(contener)* to contain, to restrain; **m. las pasiones** to contain one's passions

2 moderarse *vpr* to restrain oneself; **moderarse en algo** to moderate sth; **moderarse en la bebida** to cut down on alcohol

modernamente *adv* (**a**) *(recientemente)* recently, lately (**b**) *(actualmente)* nowadays

modernidad *nf* modernity

modernismo *nm* (**a**) *Lit* modernism (**b**) *Arte* Art Nouveau

modernista 1 *adj* (**a**) *Lit* modernist (**b**) *Arte* Art Nouveau

2 *nmf* (**a**) *Lit* modernist (**b**) *Arte* Art Nouveau artist

modernización *nf* modernization

modernizar [14] **1** *vt* to modernize

2 modernizarse *vpr* to modernize

moderno, -a 1 *adj* modern

2 *nm,f Fam* trendy (person)

modestamente *adv* modestly

modestia *nf* modesty; **m. aparte** though I say so myself

modesto, -a 1 *adj* modest

2 *nm,f* modest person; **es un m.** he's very modest

módico, -a *adj* modest

modificación *nf* modification, change

modificado *adj* modified; **m. genéticamente** genetically modified

modificador, -ora 1 *adj* modifying

2 *nm,f* modifier

modificar [59] *vt* (**a**) *(variar)* to alter; **m. genéticamente** to genetically modify (**b**) *Gram* to modify

modismo *nm* idiom

modista *nmf* (**a**) *(diseñador)* fashion designer (**b**) *(sastre)* tailor, *f* dressmaker

modisto *nm* (**a**) *(diseñador)* fashion designer (**b**) *(sastre)* tailor

MODO *nm* (**a**) *(manera, forma)* way; **no encuentro el m. de dejar el tabaco** whatever I do, I just can't seem to give up smoking; **ése no es m. de comportarse** that's no way to behave; **¿has visto el m. en que o el m. como te mira?** have you seen how *o* the way he's looking at you?; **esta vez lo haremos a mi m.** this time we'll do it my way; **al m. de** in the style of, after the fashion of; **a m. de** as, by way of; **a mi m. de ver** the way I see it; **de algún m.** somehow; **se le cayó el botón porque lo cosió de cualquier m.** the button fell off because he sewed it on carelessly *o* any old how; **hazlo de cualquier m.** do it however you like; **no te preocupes, de cualquier m. no pensaba ir** don't worry, I wasn't going to go anyway; **de ese/este m.** that/this way; **del mismo m.** similarly, in the same way; **lo hice del mismo m. que ayer/tú** I did it the same way as yesterday/you; **lo organizaron de m. que acabara antes de las diez** they organized it so (that) it finished before ten; **¿de m. que no te gusta?** so, you don't like it (then)?; **de ningún m.** *o* **en m. alguno deberíamos dejarle salir** under no circumstances should we let her out; **de ningún m.** *o* **en m. alguno quise ofenderte** I in no way intended to offend you; **¿te he molestado? — de ningún m.** *o* **en m. alguno** did I annoy you? – not at all *o* by no means; **¿quieres que lo invitemos? — ¡de ningún m.!** shall we invite him? – no way *o* certainly not!; **de otro m.** *(si no)* otherwise; **de tal m. (que)** *(tanto)* so much (that): **de todos modos** in any case, anyway; **de todos modos seguiremos en contacto** in any case,

we'll keep in touch; **de todos modos, ¿qué es eso que decías de un viaje?** anyway, what's that you were saying about going away?; **de un m. u otro** one way or another; **dicho de otro m.** in other words, put another way; **en cierto m.** in a way; **¡qué m. de hacer las cosas!** that's no way to do things!; *Méx* **ni m. pues** there's nothing we can do about it, then ❑ ***m. de empleo*** instructions for use; ***m. de pensar*** way of thinking; **a mi m. de pensar** to my way of thinking; ***m. de ser:*** **tiene un m. de ser muy agradable** she has a very pleasant nature; **no me gusta su m. de ser** I don't like the way he is; ***m. de vida*** way of life, lifestyle
(**b**) **modos** *(modales)* manners; **buenos/ malos modos** good/bad manners; **me contestó de buenos/malos modos** she answered politely/rudely
(**c**) *Gram* mood
(**d**) *Informát* mode ❑ ***m. edición*** edit mode; ***m. gráfico*** graphic mode
(**e**) *Mús* mode

modorra *nf Fam* drowsiness; **tener m.** to be *o* feel sleepy

modoso, -a *adj (recatado)* modest; *(formal)* well-behaved

modulación *nf* modulation

modulado, -a *adj* **frecuencia modulada** frequency modulation, FM

modulador, -ora 1 *adj* modulating
2 *nm* modulator

modular 1 *adj* modular
2 *vt* to modulate

módulo *nm* (**a**) *(pieza, unidad)* module ❑ ***m. de alunizaje*** lunar module; ***m. espacial*** space module (**b**) *(de muebles)* unit ❑ ***m. de cocina*** kitchen unit

modus operandi *nm inv* modus operandi

modus vivendi *nm inv* way of life

mofa *nf* mockery; **hacer m. de** to mock

mofarse *vpr* to scoff; **m. de** to mock

mofeta *nf* skunk

moflete *nm* chubby cheek

mofletudo, -a *adj* chubby-cheeked

Mogadiscio *n* Mogadishu

mogol, -a 1 *adj* Mongolian
2 *nm,f (persona)* Mongol, Mongolian
3 *nm (lengua)* Mongol, Mongolian

mogollón *Esp Fam* **1** *nm* (**a**) **m. de** *(muchos)* tons of, loads of (**b**) *(lío)* row, commotion; **entraron/salieron a m.** everyone rushed in/out at once
2 *adv* **me gusta m.** I like it loads *o Br* heaps

mogrebí *adj & nmf* Maghrebi

mohair [mo'er] *nm* mohair

mohín *nm* grimace, face; **hacer mohines** to grimace, to pull faces

mohíno, -a *adj* (**a**) *(triste)* sad, melancholy (**b**) *(enfadado)* sulky

moho *nm* (**a**) *(hongo)* mould; **criar m.** to get mouldy (**b**) *(herrumbre)* rust

mohoso, -a *adj* (**a**) *(con hongo)* mouldy (**b**) *(oxidado)* rusty

moiré [mwa're] *nm Imprenta & Fot* moiré

moisés *nm inv* Moses basket

mojabobos *nm inv CAm* drizzle

mojado, -a *adj (empapado)* wet; *(húmedo)* damp

mojama *nf* dried salted tuna

mojar 1 *vt (con líquido)* to wet; *(humedecer)* to dampen; *(comida)* to dunk; **moja el pan en la salsa** dip your bread in the sauce
2 mojarse *vpr* (**a**) *(con líquido)* to get wet (**b**) *Fam (comprometerse)* **yo prefiero no mojarme** I don't want to get involved; **no se moja por nadie** he wouldn't stick his neck out for anyone

mojicón *nm* (**a**) *(bizcocho)* = small cake with marzipan icing (**b**) *Fam (golpe)* punch in the face, slap

mojigatería *nf* (**a**) *(beatería)* prudery (**b**) *(falsa humildad)* sanctimoniousness

mojigato, -a 1 *adj* (**a**) *(beato)* prudish (**b**) *(falsamente humilde)* sanctimonious
2 *nm,f* (**a**) *(beato)* prude (**b**) *(persona falsamente humilde)* sanctimonious person

mojito *nm* = cocktail containing rum, sugar, lemon juice and mint

mojo *nm (salsa)* = spicy Canarian sauce

mojón *nm (piedra)* milestone; *(poste)* milepost

moka *nf* mocha

mol *nm Quím* mole

mola *nf Col, Pan (camisa)* = decorative shirt

molar[1] *adj Quím* molar

molar[2] 1 *adj* **diente m.** molar
2 *nm* molar

molar[3] *Esp Fam* **1** *vt* **¡cómo me mola esa moto/ese chico!** that motorbike/that guy is really cool!; **me mola esquiar** I'm really into skiing
2 *vi* **hacer surf mola cantidad** surfing is really cool

molaridad *nf Quím* molarity

molasa *nf Geol* molasse

molcajete *nm Méx* mortar

Moldavia *n* Moldavia

moldavo, -a *adj & nm,f* Moldavian

molde *nm* (**a**) *(objeto hueco)* mould ❑ ***m. de pastel*** cake tin; ***m. de tarta*** pie tin (**b**) *(persona)* role model

moldeable *adj (material)* mouldable, malleable; *(persona)* malleable

moldeado *nm* (**a**) *(del pelo)* soft perm (**b**) *(de figura, cerámica)* moulding

moldeador, -ora 1 *adj* moulding
2 *nm,f* moulder
3 *nm (del pelo)* soft perm

moldear 1 *vt* (**a**) *(dar forma)* to mould (**b**) *(sacar un molde)* to cast (**c**) *(cabello)* to give a soft perm to
2 moldearse *vpr* to curl; **se moldea el cabello** she curls her hair

moldeo *nm Tec* moulding ❑ ***m. por inyección*** injection moulding

moldura *nf* (**a**) *Arquit* moulding (**b**) *(marco)* frame

mole[1] *nf* **una m. de cemento** *(edificio)* a huge mass *o* block of concrete; **está hecho una m.** *(está gordo)* he's enormous

mole[2] *nm Méx* = thick, cooked chilli sauce ❑ ***m. poblano*** = rich, cooked chilli sauce, made with nuts, raisins and chocolate; ***m. verde*** = thick, cooked chilli sauce made with green tomatoes

molécula *nf* molecule

molecular *adj* molecular

moledura *nf* (**a**) *(acción)* grinding; *(de trigo)* milling (**b**) *Fam (molestia)* pain, drag

molejón *nm Cuba (roca)* = rock near the water's surface

moler [41] *vt* (**a**) *(pulverizar)* to grind; *(aceitunas)* to press; *(trigo)* to mill (**b**) *(dañar)* to beat; EXPR **lo molieron a palos** he was beaten to a pulp (**c**) *Fam (cansar)* to wear out

MOLESTAR 1 *vt* (**a**) *(perturbar)* to bother; **el calor no me molesta** the heat doesn't bother me; **deja ya de m. al gato** leave the cat alone; **¡deja de molestarme!** stop annoying me!; **las moscas no paraban de molestarnos** the flies were a real nuisance; **¿le molesta que fume *o* si fumo?** do you mind if I smoke?; **¿te molesta la radio?** is the radio bothering you?; **perdone que le moleste...** I'm sorry to bother you...; **no m.** *(en letrero)* do not disturb
(**b**) *(doler)* **me molesta una pierna** my leg is giving me a bit of trouble; **me molesta un poco la herida** my wound is rather uncomfortable *o* a bit sore
(**c**) *(ofender)* to upset; **me molestó que no me saludaras** I was rather upset that you didn't say hello to me
2 *vi* **vámonos, aquí no hacemos más que m.** let's go, we're in the way here; **deja ya de m. con tantas preguntas** stop being such a nuisance and asking all those questions; **¿molesto? – no, no, pasa** am I interrupting? – no, not at all, come in
3 molestarse *vpr* (**a**) *(tomarse molestias)* to bother; **no te molestes, yo lo haré** don't bother, I'll do it; **molestarse en hacer algo** to bother to do sth; **se molestó en prepararnos una comida vegetariana** she went to the trouble of preparing a vegetarian meal for us; **molestarse por alguien/algo** to put oneself out for sb/sth; **por mí no te molestes, aquí estoy bien** don't worry about me, I'm fine here
(**b**) *(ofenderse)* **molestarse (con alguien por algo)** to get upset (with sb about sth); **espero que no se molestara por lo que le dije** I hope what I said didn't upset you

molestia *nf* (**a**) *(incomodidad)* nuisance; **este ruido es una m.** this noise is a real nuisance *o* is really annoying; **es una m. vivir lejos del trabajo** it's rather inconvenient living a long way from where I work; **ahórrese molestias y pague con tarjeta** save yourself a lot of trouble and pay by credit card; **ocasionar *o* causar molestias a alguien** to cause sb trouble; **si no es demasiada m.** if it's not

too much trouble; **no es ninguna m.** it's no trouble; **perdone la m., pero...** sorry to bother you, but...; **(les rogamos) disculpen las molestias (causadas)** we apologize for any inconvenience caused; **tomarse la m. de hacer algo** to go to *o* take the trouble to do sth; **¡no tenías por qué tomarte tantas molestias!** you didn't have to go to such trouble!, you shouldn't have!
(**b**) *(malestar)* discomfort; **siento molestias en el estómago** my stomach doesn't feel too good

molesto -a *adj* (**a**) *(incordiante)* **ser m.** *(costumbre, tos, ruido)* to be annoying; *(moscas)* to be a nuisance; *(calor, humo, sensación)* to be unpleasant; *(ropa, zapato)* to be uncomfortable; **es muy m. tener que mandar callar constantemente** it's very annoying to have to be constantly telling you to be quiet
(**b**) *(inoportuno)* **ser m.** *(visita, llamada)* to be inconvenient; *(pregunta)* to be awkward
(**c**) *(embarazoso)* **ser m.** to be embarrassing; **esta situación empieza a resultarme un poco molesta** this situation is beginning to make me feel a bit uncomfortable
(**d**) *(irritado)* **estar m. (con alguien por algo)** to be rather upset (with sb about sth)
(**e**) *(con malestar, incomodidad)* **estar m.** *(por la fiebre, el dolor)* to be in some discomfort; **no tenía que haber comido tanto, ahora estoy m.** I shouldn't have eaten so much, it's made me feel rather unwell; **¿no estás m. con tanta ropa?** aren't you uncomfortable in all those clothes?

molibdeno *nm* molybdenum

molicie *nf* (**a**) *(blandura)* softness (**b**) *(comodidad)* luxurious *o* easy living

molido, -a *adj* (**a**) *(pulverizado)* ground; *(trigo)* milled (**b**) *Fam (cansado)* worn out; **estoy m. de tanto caminar** I'm shattered after walking so much

molienda *nf (acción de moler)* grinding; *(de trigo)* milling

moliente *adj Fam* **corriente y m.** run-of-the-mill

molinero, -a *nm,f* miller

molinete *nm* (**a**) *(ventilador)* extractor fan (**b**) *(torniquete de entrada)* turnstile (**c**) *(juguete)* toy windmill

molinillo *nm* grinder ❑ ***m. de café*** coffee mill; ***m. de pimienta*** pepper mill

molino *nm* mill ❑ ***m. de aceite*** olive oil mill; ***m. de viento*** *(para grano)* windmill; *(aerogenerador)* wind turbine

molla *nf* (**a**) *(parte blanda)* flesh (**b**) *(gordura)* flab

mollar *adj* (**a**) *(blando)* soft, tender (**b**) *(carne)* lean and boneless

molleja *nf* (**a**) *(de ave)* gizzard (**b**) **mollejas** *(de ternera)* sweetbreads

mollera *nf Fam (juicio)* brains; EXPR **ser cerrado** *o* **duro de m.** *(estúpido)* to be thick in the head; *(testarudo)* to be pig-headed

molón, -ona *adj Esp Fam* (**a**) *(que gusta) Br* brilliant, *US* neat (**b**) *(elegante)* smart

molote *nm* (**a**) *Méx (tortilla)* filled tortilla (**b**) *Am (alboroto)* uproar, riot

molotera *nf CAm, Cuba* uproar, riot

molturar *vt (moler)* to grind; *(trigo)* to mill

molusco *nm* mollusc

momentáneamente *adv* (**a**) *(en un momento)* immediately, right now (**b**) *(de forma pasajera)* momentarily

momentáneo, -a *adj* (**a**) *(de un momento)* momentary (**b**) *(pasajero)* temporary

MOMENTO *nm* (**a**) *(instante preciso)* moment; **a partir de este m.** from this moment (on); **desde el m. (en) que...** *(indica tiempo)* from the moment that...; *(indica causa)* seeing as...; **desde ese m.** from that moment on, since that moment; **hasta ese m.** until that moment, until then; **lo podemos hacer en cualquier m.** we can do it any time; **en cualquier m. se puede producir la dimisión del presidente** the president could resign at any moment; **llegará en cualquier m.** she'll be arriving any moment now; **justo en ese m. entró mi padre** at that very moment *or* right then, my father came in; **en ese m. vivía en Perú** I was living in Peru at that time; **en este m. está reunida** she's in a meeting at the moment; **en el m. menos pensado te puede ocurrir un accidente** accidents can happen when you least expect them; **en todo m.** at all times; **en/hasta el último m.** at/right up until the last moment; **nos permite calcular la temperatura en un m. dado** it enables us to calculate the temperature at any given moment; **si en un m. dado necesitas ayuda, llámame** if at any time you need my help, call me; **m. decisivo** turning point; **el m. de la verdad** the moment of truth; **la situación podría cambiar de un m. a otro** the situation could change any minute now *or* at any moment; **era difícil predecir lo que iba a pasar de un m. a otro** it was hard to predict what was going to happen from one moment to the next
(**b**) *(rato corto)* moment, minute; **¿puedo hablar un m. contigo?** could I speak to you for a moment *o* minute?; **sólo será un m.** I'll only *o* I won't be a minute; **dentro de un m.** in a moment *o* minute; **le arreglamos sus zapatos en el m.** *(en letrero)* shoes mended while you wait; **estará preparado en un m.** it'll be ready in a moment *o* minute; *también Fig* **espera un m.** hold on a minute; **hace un m.** a moment ago; **momentos después** moments later; **sin dudarlo un m.** without a moment's hesitation; **¡un m.!** just a minute!
(**c**) *(periodo)* time; **llegó un m. en que...** there came a time when...; **estamos pasando un mal m.** we're going through a difficult patch at the moment; **está en un buen m. (de forma)** she's in good form at the moment; **las reformas fueron rechazadas por los políticos del m.** the reforms were rejected by the politicians of the day; **es el artista del m.** he's the artist of the moment; **en un primer m.** initially, at first; **la película tiene sus (buenos) momentos** the movie has its moments
(**d**) *(ocasión)* time; **cuando llegue el m.** when the time comes; **en algún m.** sometime; **si en algún m. te sientes solo** if you ever feel lonely, if at any time you should feel lonely; **habéis venido en buen/mal m.** you've come at a good/bad time; **en momentos así** at times like this; **en ningún m. pensé que lo haría** at no time did I think that she would do it, I never thought she would do it
(**e**) *Fís* moment ❑ ***m. angular*** angular momentum; ***m. de inercia*** moment of inertia; ***m. lineal*** momentum; ***m. de torsión*** torque
(**f**) *(en frases)* **a cada m.** all the time; **al m.** straightaway; **quiere todo lo que pide al m.** she expects to get whatever she asks for straightaway; **¿quieres café? — de m. no** ¿do you want some coffee? – not just now *or* not at the moment; **te puedes quedar de m.** you can stay for now *o* for the time being; **de m. estoy de acuerdo contigo** for the moment, I'll agree with you; **por el m.** for the time being *o* moment; **por momentos** by the minute; **me estoy poniendo nerviosa por momentos** I'm getting more and more nervous by the minute

momia *nf* mummy

momificación *nf* mummification

momificar [59] **1** *vt* to mummify
2 momificarse *vpr* to mummify

momio, -a *adj Chile Fam (carcamal)* square, untrendy

mona *nf* (**a**) EXPR *Fam (borrachera)* **agarrar una m.** to get plastered; **dormir la m.** to sleep it off (**b**) *(pastel)* **m. (de Pascua)** = round sponge cake coated in chocolate with a chocolate egg on top (**c**) *Chile (maniquí)* mannequin

monacal *adj* monastic

monacato *nm* monasticism, monkhood

Mónaco *n* Monaco

monada *nf Fam* (**a**) *(persona)* little beauty (**b**) *(cosa)* lovely thing (**c**) *(gracia)* antic

monaguillo *nm* altar boy

monarca *nm* monarch

monarquía *nf* monarchy ❑ ***m. absoluta*** absolute monarchy; ***m. constitucional*** constitutional monarchy; ***m. parlamentaria*** parliamentary monarchy

monárquico, -a 1 *adj* monarchic
2 *nm,f* monarchist

monasterio *nm (de monjes)* monastery; *(de monjas)* convent

monástico, -a *adj* monastic

Moncloa *nf* **la M.** = residence of the Spanish premier which by extension refers to the Spanish government

monda *nf* (**a**) *(piel)* peel (**b**) *Fam* **ser la m.** *(extraordinario)* to be amazing; *(gracioso)* to be a scream

mondadientes *nm inv* toothpick

mondadura *nf (piel)* peel

mondar 1 *vt* to peel

2 mondarse *vpr Fam* **mondarse (de risa)** to laugh one's head off; **¡yo me mondo con ella!** I have a really good laugh with her!

mondo, -a *adj (pelado, limpio)* bare; *(huesos)* picked clean; *Fam* **dejaron el pollo m. y lirondo** they picked the chicken clean; **la verdad monda y lironda** the plain unvarnished truth

mondongo *nm Am* tripe

moneda *nf* **(a)** *(pieza)* coin; EXPR **pagar a alguien con** *v* **en la misma m.** to pay sb back in kind; EXPR **ser m. corriente** to be commonplace ▫ ***m. falsa*** counterfeit coin **(b)** *Fin (divisa)* currency ▫ ***m. corriente*** legal tender; ***m. débil*** weak currency; ***m. fiduciaria*** fiat money; ***m. fraccionaria*** minor unit of currency; ***m. fuerte*** strong currency; ***m. única*** single currency

monedero *nm* purse ▫ ***m. electrónico*** electronic purse, = smart card which is electronically credited with funds from the holder's account and which can be used for small purchases

monegasco, -a *adj & nm,f* Monacan, Monegasque

monería *nf Fam (gracia)* antic; *(bobada)* foolish act

monetario, -a *adj* monetary

monetarismo *nm Econ* monetarism

monetarista *adj Econ* monetarist

monetizar [14] *vt* **(a)** *(cursar)* to make legal tender **(b)** *(convertir en moneda)* to mint, to coin

mongol, -ola 1 *adj* Mongolian

2 *nm,f (persona)* Mongol, Mongolian

3 *nm (lengua)* Mongol, Mongolian

Mongolia *n* Mongolia

mongólico, -a 1 *adj* Down's syndrome; **niño m.** child with Down's syndrome

2 *nm,f* person with Down's syndrome; **es un m.** he has Down's syndrome

mongolismo *nm* Down's syndrome

mongoloide *nm* mongoloid

monicaco, -a *nm,f Fam* shrimp, squirt

monigote *nm* **(a)** *(muñeco)* rag *o* paper doll **(b)** *(dibujo)* doodle **(c)** *(persona)* puppet

monitor, -ora 1 *nm,f (persona) (profesor)* instructor; *(en campamento infantil)* monitor; **m. de esquí/tenis** skiing instructor/tennis coach

2 *nm Informát & Tec* monitor ▫ ***m. en color*** colour monitor

monitoreo *nm Am (control)* monitoring

monitorización *nf (control)* monitoring

monitorizar *vt* to monitor

monja *nf* nun

monje *nm* monk

monjil *adj* **(a)** *(de monja)* nun's **(b)** *Pey (demasiado recatado)* extremely demure

monjita *nf (ave)* = small bird of the Pampas

mono, -a 1 *adj* **(a)** *Fam (bonito)* lovely, pretty; **es mona, pero muy sosa** she's pretty but really dull **(b)** *Col (rubio)* blonde

2 *nm,f (animal)* monkey; EXPR *Fam* **¿qué miras? ¿tengo monos en la cara?** what are you looking at? have I got two heads or something?; PROV **aunque la mona se vista de seda, mona se queda** you can't make a silk purse out of a sow's ear; EXPR *Fam* **mandar a alguien a freír monas** to tell sb to get lost; EXPR *Fam* **ser el último m.** to be bottom of the heap ▫ ***m. aullador*** howler monkey

3 *nm* **(a)** *(prenda) (con mangas) Br* overalls, *US* coveralls; *(de peto) Br* dungarees, *US* overalls **(b)** *muy Fam (síndrome de abstinencia)* cold turkey **(c)** *Fam (ganas)* **tengo m. de playa** I'm dying to go to the beach **(d)** *Chile (montón)* pile of produce **(e)** *Col* **meterle a alguien los monos** to frighten sb

monobikini, monobiquini *nm* monokini

monobloc *adj* **grifo m.** mixer tap *(with single control)*

monocarril *adj & nm* monorail

monociclo *nm* unicycle, monocycle

monocolor *adj* monochrome

monocorde *adj* **(a)** *(monótono)* monotonous **(b)** *Mús* single-stringed

monocotiledónea *nf Bot* monocotyledon

monocromático, -a *adj* monochromatic

monocromo, -a *adj* monochrome

monóculo *nm* monocle

monocultivo *nm Agr* monoculture

monoespaciado *Informát* **1** *adj* monospaced

2 *nm* monospacing

monoesquí *(pl* **monoesquís)** *nm* monoski

monofásico, -a *adj Elec* single-phase

monogamia *nf* monogamy

monógamo, -a 1 *adj* monogamous

2 *nm,f* monogamous person

monografía *nf* monograph

monográfico, -a *adj* monographic

monograma *nm* monogram, initials

monokini *nm* monokini

monolingüe *adj* monolingual

monolítico, -a *adj* monolithic

monolito *nm* monolith

monologar [38] *vi* to give a monologue

monólogo *nm* monologue; *Teatro* soliloquy

monomando 1 *adj* **grifo m.** mixer tap *(with single control)*

2 *nm* mixer tap *(with single control)*

monomanía *nf* obsession

monomaniaco, -a, monomaníaco, -a *adj & nm,f* obsessive

mononucleosis *nf inv* mononucleosis ▫ ***m. infecciosa*** glandular fever

monoparental *adj* **familia m.** one-parent *o* single-parent family

monopartidismo *nm* single-party system

monopatín *nm* skateboard

monoplano, -a 1 *adj* monoplane

2 *nm* monoplane

monoplataforma *adj Informát* single-platform

monoplaza 1 *adj* single-seater; **avión m.** single-seater aeroplane

2 *nm* single-seater

monopolio *nm* monopoly

monopolización *nf* monopolization

monopolizador, -ora 1 *adj* monopolistic

2 *nm,f* monopolist

monopolizar [14] *vt* to monopolize

monoprocesador *nm Informát* single-chip computer

monorraíl *adj & nm* monorail

monosabio *nm Taurom* = picador's assistant in a bullfight

monosacárido *nm Quím* monosaccharide

monosilábico, -a *adj* monosyllabic

monosílabo, -a 1 *adj* monosyllabic

2 *nm* monosyllable; **responder con monosílabos** to reply in monosyllables

monoteísmo *nm* monotheism

monoteísta 1 *adj* monotheistic

2 *nmf* monotheist

monotipia *nf*, **monotipo** *nm* Monotype

monótonamente *adv* monotonously

monotonía *nf* **(a)** *(uniformidad)* monotony **(b)** *(entonación)* monotone

monótono, -a *adj* monotonous

monousuario *adj* single-user

monovolumen *nm Aut* people mover

monóxido *nm Quím* monoxide ▫ ***m. de carbono*** carbon monoxide

Monrovia *n* Monrovia

monseñor *nm* Monsignor

monserga *nf Fam* drivel

monstruo *nm* **(a)** *(ser fantástico)* monster **(b)** *(persona deforme)* **es un m.** he's terribly deformed **(c)** *(persona cruel)* monster **(d)** *(persona fea)* **es un m.** he's hideous **(e)** *Fam (prodigio)* giant, marvel

monstruosidad *nf* **(a)** *(anomalía)* freak **(b)** *(enormidad)* hugeness **(c)** *(crueldad)* monstrosity, atrocity **(d)** *(fealdad)* hideousness

monstruoso, -a *adj* **(a)** *(enorme)* huge, enormous **(b)** *(deforme)* terribly deformed **(c)** *(cruel)* monstrous **(d)** *(feo)* hideous

monta *nf* **(a)** *(suma)* total **(b)** *(importancia)* importance; **de poca/mucha m.** of little/great importance **(c)** *(en caballo)* ride, riding

montacargas *nm inv Br* goods lift, *US* freight elevator

montado *nm Esp (bocadillo)* small sandwich

montador, -ora *nm,f* **(a)** *(obrero)* fitter **(b)** *Cine* editor

montaje *nm* **(a)** *(de máquina, estructura)*

assembly; **m. de andamios** putting up *o* erecting scaffolding (**b**) *Teatro* staging (**c**) *Fot, Arte* montage (**d**) *Cine* editing (**e**) *(farsa)* put-up job

montante *nm* (**a**) *Arquit (de armazón)* upright; *(de ventana)* mullion; *(de puerta)* jamb (**b**) *(ventanuco)* fanlight (**c**) *(importe)* total ▫ *Com* ***montantes compensatorios*** compensating duties

montaña *nf* mountain; **pasaremos el verano en la m.** we'll spend summer in the mountains; *Fig* **tengo una m. de papeles sobre mi mesa** I've got a mountain of papers on my desk; *Fam* **una m. de** *(un montón de)* heaps of; EXPR **hacer una m. de algo** to make a big thing of sth; EXPR **hacer una m. de un grano de arena** to make a mountain out of a molehill ▫ ***las Montañas Rocosas*** the Rocky Mountains; ***m. rusa*** roller coaster

montañero, -a 1 *adj* mountaineering
2 *nm,f* mountaineer

montañés, -esa 1 *adj* (**a**) *(cántabro)* of/from Cantabria (**b**) *(de la montaña)* **pueblo m.** mountain village
2 *nm,f* (**a**) *(cántabro)* person from Cantabria (**b**) *(de la montaña)* **los montañeses** the people living in the mountains

montañismo *nm* mountaineering

montañoso, -a *adj* mountainous

montaplatos *nm inv* dumb-waiter

MONTAR 1 *vt* (**a**) *(ensamblar) (máquina, estantería, armario)* to assemble; *(tienda de campaña, tenderete, barricada)* to put up; *(película)* to cut, to edit; *(arma)* to cock
(**b**) *(encajar)* **m. algo en algo** to fit sth into sth; **m. una joya en un anillo** to set a jewel in a ring
(**c**) *(organizar) (negocio, empresa)* to set up; *(tienda)* to open; *(ataque, ofensiva)* to mount; *(exposición, congreso)* to organize; *(fiesta)* to throw; *(obra teatral)* to stage; **m. una** *o* **la casa** to set up home; *Fam* **m. ruido** to make a noise; *Fam* **me montó una escena** *o* **escándalo** she made a scene in front of me
(**d**) *(cabalgar)* to ride
(**e**) *(poner encima)* **m. a alguien en algo** to lift sb onto sth
(**f**) *(nata)* to whip; *(claras, yemas)* to beat
(**g**) *(para criar) (yegua, vaca, cerda)* to mount; *muy Fam (mujer)* to screw
(**h**) *Informát (disco duro)* to mount
2 *vi* (**a**) *(subir)* to get on; *(en automóvil)* to get in; *(en un animal)* to mount; **m. en** *(subir a)* to get onto; *(automóvil)* to get into; *(animal)* to mount
(**b**) *(ir cabalgando, conduciendo)* to ride; **¿sabes m.?** *(en caballo)* can you ride?; *(en bicicleta)* do you know how to ride a bike?; **m. en bicicleta/a caballo/en burro** to ride a bicycle/a horse/a donkey
(**c**) *(sumar)* **m. a** to come to, to total; **tanto monta** it's all the same
3 montarse *vpr* (**a**) *(subirse)* to get on; *(en automóvil)* to get in; *(en animal)* to mount; **montarse en** *(subirse)* to get onto; *(automóvil)* to get into; *(animal)* to mount; **nos montamos en todas las atracciones** we had a go on all the rides
(**b**) EXPR *Fam* **móntatelo para tenerlo acabado mañana** try and work it *or* to organize things so you have it finished by tomorrow; *Fam* **móntatelo como quieras pero lo necesito para el lunes** I don't care how you do it, but I need it for Monday; *Fam* **me lo monté para que me invitaran a cenar** I managed to get myself invited to dinner; *Fam* **con nosotros siempre se lo ha montado bien** he's always been a good *Br* mate *o US* buddy to us; *Fam* **se lo montan muy mal con la música en ese bar** the music's crap *o Br* rubbish in that bar; *Fam* **¡qué bien te lo montas!** you've got it well worked out!; *muy Fam* **montárselo con alguien** *(hacer el amor)* to screw sb, *Br* to have it off with sb

montaraz (*pl* **montaraces**) **1** *adj* (**a**) *(del monte)* **un animal m.** a wild animal (**b**) *(tosco, rudo)* savage, wild
2 *nm* forest warden

Mont Blanc *nm* **el M.** Mont Blanc

monte *nm* (**a**) *(elevación)* mountain; **echarse** *o* **tirarse al m.** to take to the hills; *Fig* to go to extremes; PROV **no todo el m. es orégano** life's not a bowl of cherries (**b**) *(terreno)* woodland ▫ ***m. alto*** forest; ***m. bajo*** scrub (**c**) ***m. de piedad*** *(casa de empeños)* state pawnbroker's; *(mutualidad)* mutual aid society (**d**) ***m. de Venus*** mons veneris (**e**) *Méx (pasto)* pasture

montear *vt* to give chase to

montenegrino, -a *adj & nm,f* Montenegran

Montenegro *n* Montenegro

montepío *nm* mutual aid society

montera *nf* bullfighter's hat

montés (*pl* **monteses**) *adj* wild

montevideano, -a 1 *adj* of/from Montevideo
2 *nm,f* person from Montevideo

Montevideo *n* Montevideo

montgomery [mon'gomeri] *nm Chile, RP (abrigo)* duffle coat

montículo *nm* hillock

montilla *nm* Montilla, = sherry-type wine from Montilla near Córdoba

monto *nm* total

montón *nm* (**a**) *(pila)* heap, pile; **a** *o* **en m.** everything together *o* at once; *Fam* **del m.** ordinary, run-of-the-mill (**b**) *Fam* **un m. de** loads of; **me gusta un m.** I'm mad about him; **a montones** by the bucketload

montonero, -a *nm,f* = Peronist urban guerrilla

Montreal *n* Montreal

montubio, -a *Andes* **1** *adj* rustic
2 *nm,f* = peasant living in a coastal area

montuno, -a *adj* (**a**) *(del monte)* mountain; **la región montuna** the mountain region (**b**) *Col, Ven, PRico (rudo)* rustic; *(brutal)* wild, savage

montura *nf* (**a**) *(cabalgadura)* mount (**b**) *(arreos)* harness; *(silla)* saddle (**c**) *(soporte) (de gafas)* frame; *(de joyas)* mounting

monumental *adj* (**a**) *(ciudad, lugar)* famous for its monuments (**b**) *(fracaso, éxito)* monumental

monumento *nm* (**a**) *(construcción)* monument; *(estatua)* monument, statue; **un m. a los caídos (en la guerra)** a war memorial (**b**) *Fam (mujer atractiva)* babe, *Br* stunner

monzón *nm* monsoon

monzónico, -a *adj* monsoon; **lluvias monzónicas** monsoon rains

moña 1 *nf* (**a**) *Esp Fam (borrachera)* **agarrar una m.** to get smashed (**b**) *(adorno)* ribbon
2 *nm muy Fam Esp* poof, *US* fag

moñigo *nm Fam (boñiga)* cowpat

moñito *nm RP* bow tie

moño *nm* (**a**) *(de pelo)* bun *(of hair)*; **hacerse un m.** to put one's hair up in a bun; EXPR **agarrarse del m.** *(pegarse)* to pull each other's hair out; EXPR *Fam* **estar hasta el m. (de)** to be sick to death (of) (**b**) *Méx (corbata de pajarita)* bow tie (**c**) EXPR *Méx Fam* **ponerse los moños** *(hacerse el importante)* to give oneself airs (**d**) *Am (lazo)* bow

mopa *nf* = soft brush for polishing floors

MOPU ['mopu] *nm Antes (abrev de* **Ministerio de Obras Públicas y Urbanismo**) = Spanish ministry of public works and town planning

moquear *vi* to have a runny nose

moqueo *nm* runny nose; **tener m.** to have a runny nose

moquero *nm Fam* snot rag

moqueta *nf Esp* fitted carpet

moquillo *nm (enfermedad)* distemper

mor: por mor de *loc adv Formal* on account of, for the sake of; **por m. de la verdad, debo decírselo** out of respect for the truth I have to tell him

mora *nf* (**a**) *(de la zarzamora)* blackberry (**b**) *(del moral)* mulberry

morada *nf* dwelling

morado, -a 1 *adj (color)* purple; EXPR *Fam* **pasarlas moradas** to have a bad time of it; EXPR *Fam* **ponerse m.** to stuff oneself
2 *nm* (**a**) *(color)* purple (**b**) *(moratón)* bruise

morador, -ora *nm,f* inhabitant

moradura *nf* bruise

moral 1 *adj* moral
2 *nf* (**a**) *(ética)* morality (**b**) *(ánimo)* morale; **estar bajo de m.** to be in poor spirits; **levantarle** *o* **subirle la m. a alguien** to lift sb's spirits, to cheer sb up; EXPR *Fam* **tener más m. que el Alcoyano** to have a will of iron, to persevere against all the odds
3 *nm (árbol)* black mulberry tree

moraleja *nf* moral

moralidad *nf* morality

moralina *nf* moralizing

moralismo *nm* moralism

moralista *nmf* moralist

moralizante *adj* moralistic

moralizar [14] *vi* to moralize

moralmente *adv* morally

morapio *nm Esp Fam* cheap red wine, *Br* plonk

morar *vi* to dwell (**en** in)
moratón *nm* bruise
moratoria *nf* moratorium
morbidez (*pl* **morbideces**) *nf* delicacy
mórbido, -a *adj* (**a**) *(de la enfermedad)* morbid (**b**) *(delicado)* delicate
morbilidad *nf Med* morbidity
morbo *nm Fam* **el m. atrajo a la gente al lugar del accidente** people were attracted to the scene of the accident by a sense of morbid fascination; **los cementerios le dan mucho m.** he gets a morbid pleasure out of visiting cemeteries; **esa chica tiene mucho m.** that girl holds a perverse fascination
morbosidad *nf* **la m. del accidente atrajo a los espectadores** the gruesomeness of the accident attracted the spectators; **abordaron la información del accidente con mucha m.** they reported the accident rather morbidly
morboso, -a 1 *adj* (**a**) *(persona, interés)* morbid, ghoulish (**b**) *(escena, descripción)* gruesome
2 *nm,f* ghoul
morcilla *nf (alimento) Br* black pudding, *US* blood sausage; EXPR *Fam* **¡que te/os den m.!** you can stick *o* shove it, then!
morcillo *nm* foreknuckle
morcón *nm* = cured pork sausage
mordacidad *nf* sharpness, mordacity
mordaz *adj* caustic, biting
mordaza *nf* (**a**) *(para la boca)* gag (**b**) *(herramienta)* clamp, jaw
mordedura *nf* bite
mordelón, -ona *adj Méx (corrupto)* open to bribery
morder [41] **1** *vt* (**a**) *(con los dientes)* to bite (**b**) *(gastar)* to eat into (**c**) *Carib, Méx (estafar)* to cheat
2 *vi* to bite; *Fam* **está que muerde** he's hopping mad
3 morderse *vpr* **morderse la lengua/las uñas** to bite one's tongue/nails
mordida *nf* (**a**) *(mordisco)* bite (**b**) *CAm, Méx Fam (soborno)* bribe
mordiente 1 *adj* (**a**) *(que muerde)* biting (**b**) *(fijador)* mordant
2 *nm* caustic acid
mordisco *nm* (**a**) *(con los dientes)* bite; **a mordiscos** by biting; **dar** *o* **pegar un m.** to take a bite of (**b**) *(beneficio)* rake-off
mordisquear *vt* to nibble (at)
morena *nf (pez)* moray eel
morenez *nf (de pelo, piel)* darkness
moreno, -a 1 *adj* (**a**) *(pelo, piel)* dark; *(por el sol)* tanned; **ponerse m.** to get a tan (**b**) *(pan, azúcar)* brown
2 *nm,f* (**a**) *(por el pelo)* dark-haired person; *(por la piel)* dark-skinned person (**b**) *Fam (negro)* coloured person, person of colour
morera *nf* white mulberry tree
morería *nf* Moorish quarter
moretón *nm* bruise
morfema *nm Ling* morpheme
Morfeo *n* EXPR **estar en brazos de M.** to be in the arms of Morpheus
morfina *nf* morphine
morfinómano, -a 1 *adj* addicted to morphine
2 *nm,f* morphine addict
morfología *nf* morphology
morfológico, -a *adj* morphological
morganático, -a *adj* morganatic
morgue *nf* morgue
moribundo, -a 1 *adj* dying
2 *nm,f* dying person
morigerado,-a *adj* moderate

MORIR [27] **1** *vi* (**a**) *(fallecer)* to die (**de** of); **murió apuñalado** he was stabbed to death; **murió asesinado** he was murdered; **murió ahogado** he drowned; **m. (de) joven** she died young; **m. de cáncer/de frío/de muerte natural** she died of cancer/of cold/of natural causes; **murió de (un) infarto** he died from a heart attack; **m. por la patria/por una causa** to die for one's country/for a cause; **¡muera el tirano!** death to the tyrant!; *Fam Fig* **la quiero a m.** I love her to death; *Fam Fig* **aquella noche bebimos a m.** we had absolutely loads to drink that night
(**b**) *(terminar)* **este río muere en el lago** this river runs into the lake; **aquel camino muere en el bosque** that path peters out in the forest
(**c**) *Literario (extinguirse) (fuego)* to die down; *(luz)* to go out; *(día)* to come to a close; *(tradición, costumbres, civilización)* to die out; **nuestra relación murió hace tiempo** our relationship died a long time ago
2 morirse *vpr* (**a**) *(fallecer)* to die (**de** of); **se está muriendo** she's dying; **se le ha muerto la madre** his mother has died; *Fam* **nadie se muere por hacer unas cuantas horas extras** a few hours of overtime never hurt anyone; *Fam* **¡muérete!** drop dead!; EXPR *Fam* **¡por mí como si se muere!** she could drop dead for all I care!
(**b**) *(sentir con fuerza)* **morirse de envidia/ira** to be burning with envy/rage; **morirse de miedo** to be scared to death; **casi me muero de risa/vergüenza** I nearly died laughing/of shame; **me muero de ganas de ir a bailar/fumar un pitillo** I'm dying to go dancing/for a cigarette; **me muero de hambre/frío** I'm starving/freezing; **morirse por algo** to be dying for sth; **morirse por alguien** to be crazy about sb

morisco, -a 1 *adj* = referring to Moors in Spain baptized after the Reconquest
2 *nm,f* baptized Moor
morisqueta *nf (mueca)* grimace
morlaco *nm (toro)* fighting bull
mormón, -ona *adj & nm,f* Mormon
moro, -a 1 *adj* (**a**) *Hist* Moorish (**b**) *muy Fam (machista)* **ser muy m.** to be a sexist pig
2 *nm,f* (**a**) *Hist* Moor; EXPR **no hay moros en la costa** the coast is clear ▫ ***moros y cristianos*** = traditional Spanish festival involving mock battle between Moors and Christians (**b**) *Fam Pey (árabe)* towelhead, = term referring to a North African or Arab person
3 *nm muy Fam (machista)* sexist pig
morocho, -a *adj* (**a**) *Andes, RP (moreno)* dark-haired (**b**) *Am (robusto)* strong, robust (**c**) *Ven (gemelo)* twin
morosidad *nf* (**a**) *Com* defaulting, failure to pay on time (**b**) *(lentitud)* slowness
moroso, -a *Com* **1** *adj* defaulting
2 *nm,f* defaulter, bad debtor

Observa que la palabra inglesa **morose** es un falso amigo y no es la traducción de la palabra española **moroso**. En inglés **morose** significa "hosco, huraño".

morral *nm (saco)* haversack; *(de cazador)* gamebag
morralla *nf* (**a**) *Pey (personas)* scum (**b**) *(cosas)* junk (**c**) *(pescado)* small fry (**d**) *Méx (suelto)* loose change
morrazo *nf Fam* EXPR **darse** *o* **pegarse un m. contra algo** to thump *o* bump one's head against sth
morrear *muy Fam* **1** *vi* to smooch
2 morrearse *vpr* to smooch
morrena *nf* moraine
morreo *nm muy Fam* smooch
morriña *nf (por el país de uno)* homesickness; *(por el pasado)* nostalgia
morrión *nm* shako
morro *nm* (**a**) *(hocico)* snout (**b**) *(de vehículo, avión)* nose (**c**) *Fam* **morros** *(labios)* lips; *(boca)* mouth; EXPR **estar de morros** to be in a bad mood; EXPR **romperle los morros a alguien** to smash sb's face in (**d**) *Esp Fam (caradura)* **¡qué m. tiene!, ¡tiene un m. que se lo pisa!** he's got a real nerve!; *Fam* **por (todo) el m.** *(gratis)* without paying, free; **se presentó allí por (todo) el m.** *(con caradura)* he had the nerve just to walk straight in there
morrocotudo, -a *adj* (**a**) *Fam (enorme, tremendo)* tremendous (**b**) *Col (rico)* rich, well-off
morrón 1 *adj* **pimiento m.** red pepper
2 *nm* EXPR *Fam* **darse un m.** to give oneself a real thump
morroñoso, -a *adj* (**a**) *CAm (áspero)* rough (**b**) *Perú (débil)* weak, sickly
morsa *nf* walrus
morse *nm* Morse (code)
mortadela *nf* mortadella
mortaja *nf* (**a**) *(de muerto)* shroud (**b**) *Andes (papel de tabaco)* cigarette paper
mortal 1 *adj* (**a**) *(no inmortal)* mortal (**b**) *(herida, caída, enfermedad)* fatal (**c**) *(aburrimiento, susto, enemigo)* deadly (**d**) *(enemigo)* mortal, deadly
2 *nmf* mortal
mortalidad *nf* mortality ▫ ***m. infantil*** infant mortality
mortalmente *adv (enfermo, herido)* mortally, fatally; **se odian m.** they have a deadly hatred for each other

mortandad *nf* mortality

mortecino, -a *adj (luz, brillo)* faint; *(color, mirada)* dull

mortero *nm* mortar

mortífero, -a *adj* deadly

mortificación *nf* mortification

mortificante *adj* mortifying

mortificar [59] **1** *vt* to mortify
2 mortificarse *vpr (torturarse)* to torment oneself

mortuorio, -a *adj* death; **cámara mortuoria** funerary chamber

moruno, -a *adj* Moorish; **pincho m.** = marinated pork cooked on a skewer

mosaico *nm* mosaic

mosca 1 *adj (en boxeo)* **peso m.** flyweight
2 *nmf (en boxeo)* flyweight
3 *nf* **(a)** *(insecto)* fly ❑ ***m. escorpión*** scorpion fly; *Fam Fig* ***m. muerta*** slyboots, hypocrite; ***m. tse-tsé*** tsetse fly
(b) *(en pesca)* fly
(c) EXPR **aflojar** *o* **soltar la m.** to cough up, to fork out; **cazar moscas** to twiddle one's thumbs; *Fam* **estar con** *o* **tener la m. detrás de la oreja** to be suspicious *o* distrustful; *Fam* **estar m.** *(con sospechas)* to smell a rat; *(enfadado)* to be in a mood; *Fam* **está m. conmigo** she's cross with me; **no se oía ni una m.** you could have heard a pin drop; *Fam* **por si las moscas** just in case; *Fam* **¿qué m. te ha picado?** what's up with you?, who's rattled your cage?

moscada *adj* **nuez m.** nutmeg

moscadero *nm* nutmeg tree

moscarda *nf* bluebottle, blowfly

moscardón *nm* **(a)** *(insecto)* blowfly **(b)** *Fam (persona)* pest, creep

moscatel *nm* Muscatel, = dessert wine made from muscat grapes; **uvas de m.** muscat grapes

moscón *nm* **(a)** *(insecto)* meatfly, bluebottle **(b)** *Fam (persona)* pest, creep

mosconear 1 *vt* to pester
2 *vi* **(a)** *(zumbar)* to buzz **(b)** *(molestar)* to be a nuisance

moscovita 1 *adj & nmf* Muscovite
2 *nf Geol* muscovite, mirror stone

Moscú *n* Moscow

mosén *(pl* **mosenes**) *nm Rel* father, reverend

mosqueado, -a *adj Fam* **(a)** *(enfadado)* cross, in a mood; **estar m. con alguien** to be cross with sb **(b)** *(con sospechas)* suspicious **me mosquea que no huya llamado todavía** I'm a bit surprised he hasn't phoned yet

mosquear *Fam* **1** *vt* **(a)** *(enfadar)* **m. a alguien** *Br* to get up sb's nose, *US* to tick sb off **(b)** *(hacer sospechar)* **me mosquea que no haya llamado todavía** I'm a bit surprised he hasn't phoned yet
2 mosquearse *vpr (enfadarse)* to get cross (**con** with)

mosqueo *nm Fam* **(a)** *(enfado)* annoyance, anger; **tener un m.** to be annoyed *o* piqued; **tener un m. con alguien** to be cross *o* annoyed with sb **(b)** *(sospechas)* **tener/cogerse un m.** to be/get suspicious

mosquete *nm* musket

mosquetero *nm* musketeer

mosquetón *nm* **(a)** *(para escalada)* karabiner **(b)** *(arma)* short carbine

mosquitera *nf* mosquito net

mosquitero *nm* **(a)** *(mosquitera)* mosquito net **(b)** *(ave)* ***m. musical*** willow warbler; ***m. silbador*** wood warbler

mosquito *nm* mosquito ❑ ***m. anófeles*** anopheles mosquito

mosso *nm* ***M. d'Esquadra*** = member of the Catalan police force

mostacho *nm* moustache

mostajo *nm* common whitebeam

mostaza *nf* mustard

mosto *nm* **(a)** *(residuo)* must **(b)** *(zumo de uva)* grape juice

mostrador *nm (en tienda)* counter; *(en bar)* bar; *(en aeropuerto)* desk ❑ ***m. de facturación*** check-in desk; ***m. de información*** information desk

mostrar [63] **1** *vt* to show; **el macho muestra su plumaje a la hembra** the male displays his plumage to the female
2 mostrarse *vpr* to appear, to show oneself; **se mostró muy interesado** he expressed great interest

mostrenco, -a 1 *adj (sin dueño)* without an owner, unclaimed
2 *nm,f Fam (torpe)* thick *o* dense person; **es un m.** he's thick *o* dense

mota *nf* **(a)** *(de polvo)* speck; *(en una tela)* dot **(b)** *Méx muy Fam (hachís)* hash

mote *nm* **(a)** *(nombre)* nickname; **poner m. a alguien** to nickname sb, to give sb a nickname **(b)** *Andes (maíz)* stewed *Br* maize *o US* corn

moteado, -a *adj* speckled

motear *vi Perú (comer maíz)* to eat stewed *Br* maize *o US* corn

motejar *vt (poner mote a)* to nickname; **m. a alguien de algo** to brand sb sth

motel *nm* motel

motero, -a *nm,f Fam* biker

motete *nm* **(a)** *Mús* motet **(b)** *CAm, PRico (lío)* bundle

motilón, -ona *nm,f (indio)* = Indian from Colombia or Venezuela

motín *nm (del pueblo)* uprising, riot; *(de las tropas, en barco)* mutiny; *(en cárcel)* riot ❑ *Hist* ***el M. del Té de Boston*** the Boston Tea Party

motivación *nf* motive, motivation

motivado, -a *adj (persona)* motivated

motivar 1 *vt* **(a)** *(causar)* to cause; *(impulsar)* to motivate **(b)** *(razonar)* to explain, to justify
2 motivarse *vpr* to motivate oneself

motivo *nm* **(a)** *(causa)* reason, cause; *(de crimen)* motive; **con m. de** *(por causa de)* because of; *(para celebrar)* on the occasion of; *(con el fin de)* in order to; **con mayor m.** even more so; **dar m. a** to give reason to; **no ser m. para** to be no reason to *o* for; **por m. de** because of; **tener motivos para** to have reason to; **sin m.** for no reason **(b)** *Arte, Lit & Mús* motif **(c)** *Chile* **motivos** finickiness

moto *nf* motorcycle, motorbike; EXPR *Fam* **ir como una m.** to go full tilt ❑ ***m. acuática*** jet ski

motocarro *nm* three-wheeled van

motocicleta *nf* motorbike, motorcycle

motociclismo *nm* motorcycling

motociclista *nmf* motorcyclist

motociclo *nm* motorcycle

motocross *nm* motocross

motocultivo *nm* mechanized farming

motoesquí *nm* snowbike

motonáutica *nf* speedboat racing

motonáutico, -a *adj* speedboat; **competición motonáutica** speedboat race

motonave *nf* motorboat, motor vessel

motor, -ora *o* **-triz 1** *adj* motor
2 *nm* **(a)** *(máquina)* motor, engine ❑ ***m. de arranque*** starter, starting motor; ***m. de combustión interna*** internal combustion engine; ***m. de cuatro tiempos*** four-stroke engine; ***m. diesel*** diesel engine; ***m. de dos tiempos*** two-stroke engine; ***m. eléctrico*** electric motor; ***m. de explosión*** internal combustion engine; ***m. fuera borda*** outboard motor; ***m. de inyección*** fuel-injection engine; ***m. de reacción*** jet engine; ***m. de turbina*** turbine engine
(b) *(fuerza)* dynamic force; *Dep* **el m. del equipo** the team dynamo
(c) *(causa)* instigator, cause
(d) *Informát* ***m. de búsqueda*** search engine

motora *nf* motorboat

motorismo *nm* motorcycling

motorista *nmf* motorcyclist

motorizado, -a *adj* motorized; *Fam* **estar m.** *(tener vehículo)* to have wheels

motorizar [14] **1** *vt* to motorize
2 motorizarse *vpr Fam* to get oneself some wheels

motosierra *nf* power saw

motoso, -a *adj Andes* **(a)** *(afilado)* dull-edged **(b)** *(campesino)* peasant

motricidad *nf* motivity

motriz *ver* **motor**

motu propio, motu proprio *adv* **(de) m.** of one's own accord

mousse [mus] *nm inv* mousse; **m. de chocolate** chocolate mousse

movedizo, -a *adj* **(a)** *(movible)* movable, easily moved **(b)** *(inestable)* unsteady, unstable; **arenas movedizas** quicksand

MOVER [41] **1** *vt* **(a)** *(desplazar, trasladar)* to move (**de/a** from/to); *(mecánicamente)* to drive; *Informát* **m. un fichero** to move a file; **m. una ficha** *(en juegos)* to move a counter; **el fútbol profesional mueve mucho dinero** a lot of money changes hands in the world of professional soccer; *Fig* **ahora le toca al gobierno m. ficha** it's the government's move, it's the government's turn to make the next move
(b) *(menear, agitar) (caja, sonajero)* to shake;

(bandera) to wave; **movía las caderas** she was wiggling *o* swinging her hips; **la vaca movía la cola** the cow was swishing its tail; **el perro movía la cola** the dog was wagging its tail; **m. la cabeza** *(afirmativamente)* to nod; *(negativamente)* to shake one's head; **muévelo bien** *(removiéndolo con cucharilla)* stir it well; *(agitándolo con las manos)* shake it well
(**c**) *Fig (impulsar)* **m. a alguien a hacer algo** to make sb do sth, to prompt sb to do sth; **¿qué te movió a hacerlo?** what made you do it?, what prompted you to do it?; **eso fue lo que nos movió a la huelga** that was what made us strike *o* prompted us to strike; **sólo le mueve la ambición** she is driven solely by ambition; **m. a alguien a compasión** to move sb to pity
(**d**) *(hacer trámites con)* to do something about; **hay muchos interesados en m. este asunto** there are several people who are interested in doing something about this issue
2 *vi* (**a**) *(en ajedrez, damas, juego de mesa)* to move; **tú mueves** it's your move
(**b**) *(provocar)* **su triste mirada movía a compasión** her sad gaze made you feel pity for her
3 moverse *vpr* (**a**) *(desplazarse, trasladarse)* to move; *(en la cama)* to toss and turn; **no te muevas** don't move; **yo no me he movido de aquí** I've been here the whole time, I haven't left this spot; **si no dejas de moverte no te puedo vestir** if you don't stop moving about I won't be able to dress you
(**b**) *(darse prisa)* to get a move on; **muévete, que es tarde** get a move on, it's late
(**c**) *Fam (hacer gestiones)* to get things going *o* moving; **me moví mucho para conseguir la subvención** I did everything I could to get the grant; **si te mueves puedes encontrar trabajo** if you make an effort *o* try you can get a job
(**d**) *(relacionarse)* **moverse en/entre** to move in/among; **se mueve con gente de la universidad** she mixes with people from the university

movible *adj* movable
movida *nf Esp Fam* (**a**) *(lío, problema)* problem; **mudarse es una m.** moving house is a real headache; **tener movidas** *o* **una m. con alguien** to have a spot of bother with sb (**b**) *(ambiente, actividad)* scene; **no me va esa m.** it's not my scene; ▫ ***la m. madrileña*** = the Madrid cultural scene of the late 1970s and early 80s
movido, -a *adj* (**a**) *(debate, torneo)* lively; *(jornada, viaje)* hectic (**b**) *(fotografía)* blurred, fuzzy (**c**) *CAm Fam (enclenque, raquítico)* feeble (**d**) *Chile (huevo)* soft-shelled
móvil 1 *adj* mobile, movable; **teléfono m.** mobile phone
2 *nm* (**a**) *(motivo)* motive (**b**) *(teléfono)* mobile (**c**) *(juguete)* mobile
movilidad *nf* mobility
movilización *nf* (**a**) *(de tropas, policía)* mobilization (**b**) *(protesta)* protest, demonstration; **m. estudiantil** student protest *o* demonstration
movilizar [14] **1** *vt* to mobilize
2 movilizarse *vpr* to mobilize

MOVIMIENTO *nm* (**a**) *(desplazamiento, traslado)* movement; **hizo un m. con la mano** she made a movement with her hand; **seguía con la mirada todos mis movimientos** he was watching my every move; **la escayola entorpecía sus movimientos** the plaster cast meant she couldn't move freely; **hay pocos movimientos en la clasificación general** there have been few changes in the overall standings ▫ ***m. migratorio*** migratory movement; ***movimientos de población*** population shifts; ***m. sísmico*** earth tremor
(**b**) *(en física y mecánica)* motion; **en m.** moving, in motion; **poner algo en m.** to set sth in motion; **ponerse en m.** to start moving ▫ *Fís* ***m. acelerado*** accelerated motion; *Fís* ***m. continuo*** perpetual motion; *Fís* ***m. ondulatorio*** wave motion; *Fís* ***m. oscilatorio*** oscillatory motion; *Fís* ***m. de rotación*** rotational motion; *Fís* ***m. de traslación*** orbital motion; *Fís* ***m. uniforme*** motion at a constant velocity
(**c**) *(corriente ideológica, artística)* movement; **el m. dadaísta** the Dadaist movement; **el m. obrero** the working-class movement
(**d**) *(actividad)* activity; *(de vehículos)* traffic; *(de personal, mercancías)* turnover; *(en cuenta bancaria)* transaction; *(en contabilidad)* operation; **últimos movimientos** *(opción en cajero automático)* print mini-statement ▫ ***m. de capital*** cash flow
(**e**) *Mús (parte de la obra)* movement; *(velocidad del compás)* tempo
(**f**) *(en ajedrez, damas, juego de mesa)* move
(**g**) *(alzamiento)* uprising

moviola *nf* (**a**) *(proyector)* editing projector (**b**) *(repetición de jugada)* action replay
moza *nf* (**a**) *(sirvienta)* girl, maid (**b**) *Am (camarera)* waitress
mozalbete *nm* young lad
Mozambique *n* Mozambique
mozambiqueño, -a *adj & nm,f* Mozambican
mozárabe 1 *adj* Mozarabic, = Christian in the time of Moorish Spain
2 *nmf (habitante)* Mozarab, = Christian of Moorish Spain
3 *nm (lengua)* Mozarabic
mozo, -a 1 *adj (joven)* young; *(soltero)* single, unmarried; EXPR **ser buen m.** to be a handsome young man
2 *nm,f* (**a**) *(niño)* young boy, young lad; *(niña)* young girl (**b**) *(camarero)* waiter, *f* waitress
3 *nm* (**a**) *(trabajador)* assistant (worker) ▫ ***m. de caballos*** groom; ***m. de cordel*** *o* ***de cuerda*** porter; ***m. de equipajes*** porter; ***m. de estación*** (station) porter (**b**) *(recluta)* conscript (**c**) *(camarero)* waiter
mozuelo, -a *nm,f* lad, *f* girl
mozzarella [motsa'rela, moθa'rela] *nm* mozzarella
m.s. *(abrev de* **manuscrito***)* ms., MS
ms *Informát (abrev de* **milisegundos***)* ms
MS-DOS ['emese'dos] *nm Informát (abrev de* **Microsoft Disk Operating System***)* MS-DOS
mu *nm (mugido)* moo; EXPR **no decir ni mu** not to say a word
muaré *nm Imprenta & Fot* moiré
mucamo, -a *nm,f Andes, RP* servant
muchacha *nf (sirvienta)* maid
muchachada *nf Am* group of youngsters
muchacho, -a *nm,f* boy, *f* girl
muchedumbre *nf (de gente)* crowd, throng; *(de cosas)* great number, masses

MUCHO, -A 1 *adj* (**a**) *(gran cantidad de)* a lot of; **comemos m. pescado/mucha verdura** we eat a lot of fish/vegetables; **había mucha gente** there were a lot of people there; **producen muchos residuos** they produce a lot of waste; **tengo muchos más/menos amigos que tú** I've got a lot more/fewer friends than you; **no tengo m. tiempo** I haven't got much *o* a lot of time; **no nos quedan muchas entradas** we haven't got many *o* a lot of tickets left; **¿hay muchas cosas que hacer?** are there a lot of things to do?, is there much to do?; **no tengo muchas ganas de ir** I don't really *o* much feel like going; **tengo m. sueño** I'm very sleepy; **hoy hace m. calor** it's very hot today; **hace m. tiempo** a long time ago; **¡mucha suerte!** the best of luck!; **¡muchas gracias!** thank you very much!
(**b**) *(singular) (demasiado)* **hay m. niño aquí** there are rather a lot of kids here; **mucha sal me parece que le estás echando** I think you're overdoing the salt a bit, I think you're adding a bit too much salt; **ésta es mucha casa para mí** this house is much too big for me; *Fam* **es m. hombre** he's a real man; **es m. coche para un conductor novato** it's far too powerful a car for an inexperienced driver; *Fam* **m. lujo y m. camarero trajeado pero la comida es horrible** it's all very luxurious and full of smartly dressed waiters, but the food's terrible
2 *pron (singular)* a lot; *(plural)* many, a lot; **tengo m. que contarte** I have a lot to tell you; **¿queda dinero? – no m.** is there any money left? – not much *o* not a lot; **muchos de ellos** many *o* a lot of them; **somos muchos** there are a lot of us; **muchos piensan igual** a lot of *o* many people think the same; **realizaba experimentos, muchos sin resultado** he performed a lot of experiments, many of which failed
3 *adv* (**a**) *(gran cantidad)* a lot; **habla m.** he talks a lot; **trabajo/me esfuerzo m.** I work/try very hard; **llovía/nevaba m.** it was raining/snowing hard, it was raining/snowing heavily; **ayer llovió/nevó m.** it rained/snowed a lot yesterday, there was a lot of rain/snow yesterday; **me canso m.** I get really *o* very tired; **me gusta m.** I like it a lot *o* very much; **no me gusta m.** I don't like it much; **m. más/menos** much more/less, a lot more/less; **m. mayor/menor**

much bigger/smaller, a lot bigger/smaller; **m. mejor/peor** much better/worse, a lot better/worse; **¿es caro? — sí, m.** is it expensive? – yes, very; **como m.** at the most; **con m.** by far, easily; **no es ni con m. tan divertida como su anterior novela** it's nowhere near as funny as her previous novel; **ni m. menos** far from it, by no means; **no está ni m. menos decidido** it is by no means decided; **por m. que** no matter how much, however much; **por m. que insistas** no matter how much you insist, however much you insist; EXPR *Fam* **ser m.** *(ser excepcional)* to be fantastic
(**b**) *(largo tiempo)* **hace m. que no te veo** I haven't seen you for a long time; **¿dura m. la obra?** is the play long?; **¿te queda m.?** *(para terminar)* have you got long to go?; **m. antes/después** long before/after; **(no) m. más tarde** (not) much later
(**c**) *(a menudo)* often; **¿vienes m. por aquí?** do you come here often?

mucílago *nm* mucilage

mucosa *nf* mucous membrane

mucosidad *nf* mucus

mucoso, -a *adj* mucous

múcura, mucura *nf* (**a**) *Andes, Ven (vasija)* earthenware pitcher (**b**) *Col Fam (tonto)* blockhead, dunce

mucus *nm inv* mucus

muda *nf* (**a**) *(de plumas)* moulting; *(de piel)* shedding (**b**) *(ropa interior)* change of underwear

mudable *adj (persona)* changeable; *(carácter)* fickle

mudada *nf Andes, CAm* (**a**) *(de ropa)* change of clothing (**b**) *(de domicilio)* move, change of address

mudanza *nf* (**a**) *(cambio)* change; *(de carácter)* changeability, fickleness; *(de plumas, piel)* moulting (**b**) *(de casa)* move; **estar de m.** to be moving; **un camión de mudanzas** a removal van; **una empresa de mudanzas** a furniture remover

mudar 1 *vt* (**a**) *(cambiar)* to change; **cuando mude la voz** when his voice breaks (**b**) *(piel, plumas)* **muda la piel en verano** it sheds its skin in summer; **m. las plumas** to moult
2 *vi (cambiar)* **m. de** *(opinión, color)* to change; *(domicilio)* to move
3 mudarse *vpr* **mudarse (de casa)** to move (house); **mudarse (de ropa)** to change (clothes)

mudéjar *adj & nmf* Mudejar

mudez *nf* muteness, inability to speak

mudo, -a 1 *adj* (**a**) *(sin habla)* dumb (**b**) *(callado)* silent, mute; **se quedó m.** he was left speechless (**c**) *(sin sonido)* silent; **cine m.** silent films
2 *nm,f* dumb person, mute

mueble 1 *nm* piece of furniture; **los muebles** the furniture ▫ ***muebles de baño*** bathroom furniture; ***m. bar*** cocktail cabinet; ***muebles de cocina*** kitchen furniture; ***muebles de terraza y jardín*** garden furniture
2 *adj Der* **bienes muebles** moveables, goods and chattels

mueca *nf (gesto)* face, expression; *(de dolor)* grimace; **hacer una m.** to pull a face ▫ ***m. de dolor*** wince, grimace

muela *nf* (**a**) *(diente)* back tooth, molar ▫ ***m. del juicio*** wisdom tooth (**b**) *(de molino)* millstone; *(para afilar)* grindstone

muelle 1 *adj (vida)* easy, comfortable
2 *nm* (**a**) *(resorte)* spring (**b**) *(en puerto)* dock, quay; *(en el río)* wharf; *(de carga y descarga)* loading bay

muelo *etc ver* **moler**

muero *etc ver* **morir**

muérdago *nm* mistletoe

muerdo 1 *ver* **morder**
2 *nm* (**a**) *Fam (mordisco)* bite (**b**) *muy Fam (beso)* French kiss

muérgano *nm* (**a**) *Col (objeto inútil)* useless *o* worthless object (**b**) *Ecuad (patán)* idiot

muermo *nm Fam* bore, drag; **ser un m.** to be boring *o* a bore; **me entró un m. terrible** I was overcome with boredom

muerte *nf* (**a**) *(fin de la vida)* death; **la malaria le produjo la m.** malaria was the cause of death; **fallecer de m. natural** to die of natural causes; **fallecer de m. violenta** to die a violent death; **ha sido herido de m.** he has been fatally wounded; *Fig* **la m. de los regímenes comunistas** the demise of the Communist regimes; **una lucha a m.** a fight to the death; **la odio a m.** I hate her with all my heart, I absolutely loathe her; **vas a agarrar un resfriado de m.** you're going to catch your death of cold; **me he llevado un susto de m.** I got a terrible shock; *Fam* **de mala m.** *(cine, restaurante)* third-rate; *Fam* **un bar de mala m.** a dive; *Fam* **un pueblo/una casa de mala m.** a hole, a dump; **hasta que la m. nos separe** till death us do part; **tener una m. dulce** to die peacefully ▫ ***m. aparente*** suspended animation; ***m. cerebral*** brain death; *Der* ***m. civil*** civil death, attainder; ***m. súbita*** *(del bebé)* cot death; *(en tenis)* tie break; *(en golf)* sudden death
(**b**) *(homicidio)* murder; **se le acusa de la m. de varias mujeres** he has been accused of murdering *o* of the murder of several women; **dar m. a alguien** to kill sb

MUERTO, -A 1 *participio ver* **morir**
2 *adj* (**a**) *(sin vida)* dead; **caer m.** to drop dead; **dar por m. a alguien** to give sb up for dead; **varios transeúntes resultaron muertos** a number of passers-by were killed; **este sitio está m. en invierno** this place is dead in winter; **estar m. de frío** to be freezing to death; **estar m. de hambre** to be starving; **estar m. de miedo** to be scared to death; **estábamos muertos de risa** we nearly died laughing; *Fam Fig* **estar m. de risa** *(objeto)* to be lying around doing nothing; **estar más m. que vivo de hambre/cansancio** to be half dead with hunger/exhaustion; *RP* **estar m. por alguien** *(enamorado)* to be head over heels in love with sb; EXPR **no tiene dónde caerse m.** he doesn't have a penny to his name; PROV **m. el perro, se acabó la rabia** the best way to solve a problem is to attack its root cause
(**b**) *Fam (muy cansado)* **estar m. (de cansancio), estar medio m.** to be dead beat
(**c**) *Formal (matado)* **fue m. de un disparo** he was shot dead; **m. en combate** killed in action
(**d**) *(color)* dull
3 *nm,f (fallecido)* dead person; *(cadáver)* corpse; **hubo dos muertos** two people died; **hacer el m.** *(sobre el agua)* to float on one's back; **hacerse el m.** to pretend to be dead, to play dead; **las campanas tocaban a m.** the bells were tolling the death knell; EXPR *Fam* **cargar con el m.** *(trabajo, tarea)* to be left holding the baby; *(culpa)* to get the blame; EXPR *Fam* **echarle el m. a alguien** *(trabajo, tarea)* to leave the dirty work to sb; *(culpa)* to put the blame on sb; *Fam* **se casó con un m. de hambre** she married a man who didn't have a penny to his name; PROV **el m. al hoyo y el vivo al bollo** life goes on (in spite of everything)
4 *nm* (**a**) *(en naipes)* dummy hand
(**b**) **los muertos** *(los fallecidos)* the dead; **el ejército derrotado enterraba a sus muertos** the defeated army was burying its dead; **resucitar de entre los muertos** to rise from the dead; EXPR *Vulg* **¡(me cago en) tus muertos!** you motherfucker!

muesca *nf* (**a**) *(marca, concavidad)* notch, groove (**b**) *(corte)* nick

muesli *nm Br* muesli

muestra *nf* (**a**) *(cantidad representativa)* sample; EXPR **para m. (basta) un botón** one example is enough ▫ ***m. aleatoria*** random sample; ***m. gratuita*** free sample; ***m. piloto*** pilot sample; ***m. representativa*** cross-section (**b**) *(señal)* sign, show; *(prueba)* proof; *(de cariño, aprecio)* token; **dar muestras de** to show signs of (**c**) *(modelo)* model, pattern (**d**) *(exposición)* show, exhibition

muestrario *nm* collection of samples

muestreo *nm* sampling ▫ ***m. aleatorio*** random sampling

muestro *etc ver* **muestrar**

muevo *etc ver* **mover**

Muface *nf* (*abrev de* **Mutualidad General de Funcionarios Civiles del Estado**) = mutual benefit society for Spanish civil servants

muflón *nm* mouflon

mugido *nm* (**a**) *(de vaca)* moo, mooing; **un m.** a moo; **el m. de las vacas** the mooing of the cows (**b**) *(de toro)* bellow, bellowing; **un m.** a bellow; **el m. de los toros** the bellowing of the bulls

mugir [24] *vi (vaca)* to moo; *(toro)* to bellow

mugre *nf* filth, muck

mugriento, -a *adj* filthy

muguete *nm* lily of the valley

mujer 1 *nf* (**a**) *(en general)* woman ▫ ***m. de***

su casa good housewife; ***m. fatal*** femme fatale; ***una m. hecha y derecha*** a fully-grown woman; ***m. de la limpieza*** cleaning lady; ***una m. de mundo*** a woman of the world; ***m. de negocios*** business-woman; ***m. policía*** policewoman; ***m. pública*** prostitute; ***m. objeto*** woman treated as a sex object (**b**) *(cónyuge)* wife

2 *interj* **¿te acuerdas de Marisol?, ¡sí, m., nuestra compañera de clase!** do you remember Marisol? you know, she was at school with us!

mujeriego, -a 1 *adj* fond of the ladies
2 *nm* womanizer, ladies' man

mujeril *adj* female

mujerzuela *nf Pey* loose woman

mújol *nm (pez)* = type of mullet

mula *nf* (**a**) *(animal)* mule (**b**) *Méx (cojín)* shoulder pad (**c**) *Méx (mercancía)* junk, unsaleable goods

muladar *nm (lugar sucio)* tip, pigsty

mulato, -a 1 *adj* of mixed race, mulatto
2 *nm,f* person of mixed race, mulatto

mulero *nm* muleteer

muleta *nf* (**a**) *(para andar)* crutch; *Fig (apoyo)* prop, support (**b**) *Taurom* muleta, = red cape hanging from a stick used to tease the bull

muletilla *nf* (**a**) *(frase)* pet phrase (**b**) *(palabra)* pet word

muletón *nm* flannelette

mulillas *nfpl Taurom* = team of mules which drag out the dead bull at the end of a fight

mullido, -a *adj* soft, springy

mullir *vt* (**a**) *(almohada, lana)* to fluff up (**b**) *(tierra)* to turn over

mulo, -a *nm,f* (**a**) *(animal)* mule (**b**) *Fam (persona)* brute, beast

multa *nf* fine; **poner una m. a alguien** to fine sb; **le pusieron mil pesetas de m.** he was fined a thousand pesetas

multar *vt* to fine

multicelular *adj* multicellular

multicentro *nm* large shopping mall

multicine *nm* multiplex cinema

multicolor *adj* multicoloured

multicopista *nf* duplicator, duplicating machine

multicultural *adj* multicultural

multidifusión *nf Informát & TV* multicast

multidisciplinario, -a, multidisciplinar *adj* multidisciplinary

multiforme *adj* multiform, differently shaped

multifrecuencia *nf Informát* multi-scanning

multigrado *adj* multigrade

multilateral *adj* multilateral

multimalla *nf Informát* ***la m. mundial*** the World Wide Web

multimedia *adj inv & nf Informát* multimedia

multimillonario, -a 1 *adj* **un negocio m.** a multimillion pound/dollar/*etc* business
2 *nm,f* multimillionaire

multinacional *adj & nf* multinational

múltiple *adj (variado)* multiple; **múltiples** *(numerosos)* many, numerous

múltiplex *adj inv Informát* multiplex

multiplicable *adj* multipliable

multiplicación *nf* multiplication

multiplicador, -ora 1 *adj* multiplying
2 *nm Mat* multiplier

multiplicando *nm Mat* multiplicand

multiplicar [59] **1** *vt (en general)* to multiply; *(efecto)* to magnify; *(riesgo, probabilidad)* to increase
2 *vi* to multiply
3 multiplicarse *vpr* (**a**) *(reproducirse)* to multiply (**b**) *(desdoblarse)* to attend to lots of things at the same time

multiplicidad *nf* multiplicity

múltiplo *nm* multiple

multiprocesador *adj & nm Informát* multiprocessor

multiproceso *nm Informát* multiprocessing

multiprogramación *nf Informát* multi-programming

multipropiedad *nf* time-sharing

multipuesto *adj inv Informát* multi-terminal; **red m.** multi-terminal network

multirracial *adj* multiracial

multirriesgo *adj (seguro)* all risks

multisalas *nm inv (cine)* multiscreen cinema

multitarea *adj inv & nf Informát* multitasking

multitratamiento *nm Informát* multi-processing

multitud *nf (de personas)* crowd; **m. de cosas** loads of *o* countless things

multitudinario, -a *adj* extremely crowded; **una manifestación multitudinaria** a massive demonstration

multiuso *adj inv* multipurpose

multiusuario *adj Informát* multi-user

multivariable *adj (en estadística)* multi-variate; **análisis m.** multivariate analysis

mundanal *adj* worldly; EXPR **lejos del m. ruido** far from the madding crowd

mundano, -a *adj* (**a**) *(del mundo)* worldly, of the world (**b**) *(de la vida social)* (high) society

mundial 1 *adj (política, economía, guerra)* world; *(tratado, organización, fama)* world-wide
2 *nm* World Championships; *(de fútbol)* World Cup

mundialista *Dep* **1** *adj* **equipo m.** World Championship team; *(en fútbol)* World Cup squad
2 *nmf* = competitor in a World Cup or World Championship

mundialización *nf* globalization

mundialmente *adv* globally; **es m. conocido** she's known throughout the world; **es m. famoso** he's world-famous

mundillo *nm* world, circles; **el m. literario** the literary world, literary circles

---

MUNDO *nm* (**a**) *(la Tierra, el universo, civilización)* world; **el récord/campeón del m.** the world record/champion; **el mejor/mayor del m.** the best/biggest in the world; **es un actor conocido en todo el m.** he's a world-famous actor; **ha vendido miles de discos en todo el m.** she has sold thousands of records worldwide *o* all over the world; **seres de otro m.** creatures from another planet; **el m. árabe/desarrollado** the Arab/developed world; **el m. precolombino** pre-Columbian civilizations; EXPR **se le cayó el m. encima** his world fell apart; EXPR **no se va a caer** *o* **hundir el m. por eso** it's not the end of the world; EXPR **vino a la ciudad a comerse el m.** when he came to the city he was ready to take on the world; **¡hay que ver cómo está el m.!** what is the world coming to!; **desde que el m. es m.** since the dawn of time; EXPR **están de viaje por esos mundos de Dios** they're travelling around (all over the place); EXPR *Euf Anticuado* **echarse al m.** *(prostituirse)* to go on the streets; EXPR **el m. anda al revés** the world has been turned on its head; EXPR **el m. es un pañuelo** it's a small world; EXPR **hacer un m. de cualquier cosa** *o* **de algo sin importancia** to make a mountain out of a molehill; EXPR **todo se le hace un m.** she makes heavy weather out of everything; **el otro m.** the next world, the hereafter; EXPR **irse al otro m.** to pass away; EXPR **mandar a alguien al otro m.** to kill sb; EXPR **no es nada del otro m.** it's nothing special; EXPR *Fam* **se pone el m. por montera** she doesn't *o* couldn't give two hoots what people think; **no me lo perdería por nada del m.** I wouldn't miss it for (all) the world *o* for anything; **querer a alguien como a nada en el m.** to love sb more than anything else in the world; **tenemos todo el tiempo del m.** we have all the time in the world; **traer un niño al m.** to bring a child into the world; **venir al m.** to come into the world, to be born; EXPR **se le vino el m. encima** his world fell apart; **vivir en otro m.** to live in a world of one's own ❑ ***el M. Antiguo*** the Old World

(**b**) *(ámbito, actividad)* world; **el m. animal** the animal kingdom *o* world; **el m. rural** the countryside, the country; **el m. de los negocios/de las artes** the business/art world; **el m. del espectáculo** show business; **Lupe vive en su (propio) m.** *o* **en un m. aparte** Lupe lives in her own little world

(**c**) *(gente)* **medio m.** half the world, a lot of people; **todo el m.** everyone, everybody; **no vayas por ahí contándoselo a todo el m.** don't go around telling everyone; **pago mis impuestos como todo el m.** I pay my taxes the same as everyone else

(**d**) *(gran diferencia)* **hay un m. entre ellos** they're worlds apart
(**e**) *(experiencia)* **un hombre/una mujer de m.** a man/woman of the world; **correr m.** to see life; **tener (mucho) m.** to be worldly-wise, to know the ways of the world; **ver m.** to see life
(**f**) *(vida seglar)* **renunciar al m.** to renounce the world

---

mundología *nf* worldly wisdom, experience of life

Munich *n* Munich

munición *nf* ammunition; **municiones** ammunition

municipal 1 *adj* town, municipal; *(elecciones)* local; *(instalaciones)* public; **las fiestas municipales** local/town festival
2 *nmf (guardia)* (local) policeman, *f* policewoman

municipales *nfpl (elecciones)* local elections

municipalidad *nf* (**a**) *(corporación)* local council (**b**) *(territorio)* town, municipality

municipalizar [14] *vt* to municipalize, to bring under municipal authority

municipio *nm* (**a**) *(corporación)* local council (**b**) *(edificio)* town hall, *US* city hall (**c**) *(territorio)* town, municipality (**d**) *(habitantes)* **asistió todo el m.** the whole town was there

munificencia *nf* munificence

muniqués, -esa 1 *adj* of/from Munich
2 *nm,f* person from Munich

munir *RP* **1** *vt* to provision, to supply
2 munirse *vpr* **m. de** to supply oneself with

muñeca *nf* (**a**) *Anat* wrist (**b**) *Fam (mujer)* doll (**c**) *Andes, RP Fam* **tener m.** *(enchufe)* to have friends in high places; *(habilidad)* to have the knack

muñeco, -a 1 *nm,f (juguete)* doll; *(marioneta)* puppet; **m. (de peluche)** cuddly *o* soft toy ❑ ***m. de trapo*** rag doll
2 *nm (marioneta, títere)* puppet ❑ ***m. de nieve*** snowman

muñeira *nf* = popular Galician dance and music

muñequeo *nm Am* fiddling

muñequera *nf* wristband

muñequilla *nf Chile* young ear of *Br* maize *o US* corn

muñón *nm* stump

mural 1 *adj (pintura)* mural; *(mapa)* wall
2 *nm* mural

muralista *Arte nmf* muralist

muralla *nf* wall

Murcia *n* Murcia

murciano, -a 1 *adj* of/from Murcia
2 *nm,f* person from Murcia

murciélago *nm* bat ❑ ***m. enano*** pipistrelle

murga *nf* (**a**) *(charanga)* band of street musicians (**b**) *Fam (pesadez)* drag, pain; **dar la m.** to be a pain

muriera *etc ver* **morir**

murmullo *nm (de agua, viento, voces)* murmur, murmuring; *(de hojas)* rustle, rustling

murmuración *nf* backbiting, gossip

murmurador, -ora 1 *adj* backbiting, gossiping
2 *nm,f* backbiter, gossip

murmurar *vi* (**a**) *(criticar)* to gossip, to backbite (**de** about); **se murmura que engaña a su mujer** there are rumours that he cheats on his wife (**b**) *(susurrar) (persona)* to murmur, to whisper; *(agua, viento)* to murmur, to gurgle; *(hojas)* to rustle (**c**) *(rezongar, quejarse)* to grumble

muro *nm también Fig* wall ❑ ***m. de contención*** retaining wall; ***m. de las lamentaciones*** Wailing Wall

murria *nf Fam* the blues

murrio, -a *adj Fam* blue, down

mus *nm inv* = card game played in pairs with bidding and in which players communicate by signs

musa *nf* (**a**) *(inspiración)* muse (**b**) *Mitol* Muse

musaka *nf* moussaka

musaraña *nf (animal)* shrew; EXPR *Fam* **mirar a las musarañas** to stare into space *o* thin air; EXPR *Fam* **pensar en las musarañas** to have one's head in the clouds

musculación *nf* body-building

muscular *adj* muscular

musculatura *nf* muscles

músculo *nm* muscle ❑ ***m. cardíaco*** myocardium, cardiac muscle; ***m. estriado*** striated muscle; ***m. liso*** unstriated muscle

musculosa *nf RP (camiseta) Br* vest, *US* undershirt *(sleeveless)*

musculoso, -a *adj* muscular

museístico, -a *adj* museum; **archivos museísticos** museum archives

muselina *nf* muslin

museo *nm (de ciencias, historia)* museum; *(de arte)* (art) gallery ❑ ***m. de arte moderno*** museum of modern art; ***m. de cera*** waxworks, wax museum

museología *nf* museology

museólogo, -a *nm,f* museologist

musgo *nm* moss

musgoso, -a *adj* mossy, moss-covered

música *nf* music; **pon un poco de m.** put some music on; EXPR *Fam* **nos fuimos con la m. a otra parte** we made ourselves scarce; EXPR *Fam* **¡vete con la m. a otra parte!** clear off!, *US* take a hike! ❑ *Cine & Teatro* ***m. de acompañamiento*** incidental music; ***m. ambiental*** background music; ***m. de cámara*** chamber music; *Fig* ***m. celestial*** hot air, empty words; ***m. clásica*** classical music; ***m. étnica*** world music; ***m. folk*** folk music; ***m. de fondo*** background music; ***m. heavy*** heavy metal; ***m. instrumental*** instrumental music; ***m. ligera*** light music; ***m. pop*** pop music; ***m. vocal*** vocal music

musical *adj & nm* musical

musicalidad *nf* musicality

musicar [14] *vt* to set to music

musicasete *nf* cassette

music-hall ['musik'xol] (*pl* **music-halls**) *nm* music hall

músico, -a 1 *adj* musical
2 *nm,f (persona)* musician ❑ ***m. ambulante*** street musician, *Br* busker

musicología *nf* musicology

musicólogo, -a *nm,f* musicologist

musitar *vt* to mutter, to mumble

muslamen *nm Fam Hum* thigh

muslo *nm* (**a**) *(de persona)* thigh (**b**) *(de pollo, pavo) (entero)* leg; *(parte inferior)* drumstick

mustela *nf* (**a**) *(comadreja)* weasel (**b**) *(pez)* dogfish

mustiar 1 *vt* to wither, to wilt
2 mustiarse *vpr* to wither, to wilt

mustio, -a *adj* (**a**) *(flor, planta)* withered, wilted (**b**) *(persona)* down, gloomy (**c**) *Méx (hipócrita)* hypocritical

musulmán, -ana *adj & nm,f* Muslim, Moslem

mutable *adj* changeable, mutable

mutación *nf* (**a**) *(cambio)* sudden change (**b**) *Biol* mutation

mutágeno, -a *adj* mutagenic

mutante *adj & nmf* mutant

mutar *vt* to mutate

mutilación *nf* mutilation

mutilado, -a 1 *adj* mutilated
2 *nm,f* cripple ❑ ***m. de guerra*** disabled war veteran

mutilar *vt (persona, texto)* to mutilate; *(estatua)* to vandalize

mutis *nm inv Teatro* exit; **hacer m. (por el foro)** *(en teatro)* to exit; *Fig (marcharse)* to leave, to go away

mutismo *nm* (**a**) *(mudez)* muteness, dumbness (**b**) *(silencio)* silence

mutua *nf Br* friendly society, *US* mutual benefit society ❑ ***m. de accidentes*** mutual accident insurance company; ***m. de seguros*** mutual insurance company

mutualidad *nf* (**a**) *(asociación) Br* friendly society, *US* mutual benefit society (**b**) *(reciprocidad)* mutuality

mutualismo *nm* (**a**) *(corporación) Br* friendly society, *US* mutual benefit society (**b**) *Biol* mutualism

mutualista *nmf* member of a *Br* friendly society *o* US mutual benefit society

mutuamente *adv* mutually

mutuo, -a *adj* mutual; **de m. acuerdo** by mutual *o* joint agreement

muy *adv* (**a**) *(en alto grado)* very; **m. bueno/cerca** very good/near; **m. de mañana** very early in the morning; **¡m. bien!** *(vale)* OK!, all right!; *(qué bien)* very good!, well done!; **eso es m. de ella** that's just like her; **eso es m. de los americanos** that's typically American; **¡el m. fresco!** the cheeky devil!; **¡la m. tonta!** the silly idiot!
(**b**) *(demasiado)* too; **no cabe ahí, es m. grande** it won't fit in there, it's too big

muyahidín *nm inv* mujaheddin

Myanmar *n* Myanmar

N

N[1], n ['ene] *nf (letra)* N, n; **el 20 N** 20th November, the date of Franco's death

N[2] *(abrev de* **norte***)* N

n[3] *(cantidad indeterminada)* n

nº *(abrev de* **número***)* no

naba *nf* turnip

nabo *nm* **(a)** *(planta)* turnip **(b)** *Vulg (pene)* prick

nácar *nm* mother-of-pearl, nacre

nacarado, -a *adj* mother-of-pearl; **piel nacarada** pearly skin

nacatamal *nm CAm* = steamed maize dumpling with savoury filling, wrapped in a banana leaf

nacer [42] *vi* **(a)** *(venir al mundo) (niño, animal)* to be born; *(planta)* to sprout, to begin to grow; *(pájaro, reptil)* to hatch (out); **al n.** at birth; **pesó al n. 3.700 g** he weighed 3.7 kg at birth; **n. de/en** to be born of/in; **n. de familia humilde** to be born into a poor family; **n. para algo** to be born for sth; **ha nacido cantante** she's a born singer; EXPR **no he nacido ayer** I wasn't born yesterday; EXPR **volver a n.** to have a lucky escape

(b) *(surgir) (pelo)* to grow; *(río)* to rise, to have its source; *(sol, luna)* to rise; *(costumbre, duda)* to have its roots

nacho *nm* nacho

nacido, -a 1 *adj* born

2 *nm,f* **los nacidos hoy** those born today; **recién n.** newborn baby; EXPR **ser un mal n.** to be a wicked *o* vile person

naciente 1 *adj* **(a)** *(día)* dawning; *(sol)* rising **(b)** *(gobierno, estado)* new, fledgling; *(interés, amistad)* budding, growing

2 *nm (este)* east

naciera *etc ver* **nacer**

nacimiento *nm* **(a)** *(de niño, animal)* birth; *(de planta)* sprouting; *(de ave, reptil)* hatching; **de n.** from birth; **por n.** by birth **(b)** *(de río)* source **(c)** *(origen)* origin, beginning **(d)** *(belén)* Nativity scene

nación *nf (pueblo)* nation; *(territorio)* country ▫ ***n. más favorecida*** most favoured nation; ***Naciones Unidas*** United Nations

nacional *adj (de la nación)* national; *(vuelo)* domestic, internal; *(mercado, noticias)* domestic, home; **producto n.** home-produced product; *Hist* **las fuerzas nacionales** *(en la guerra civil española)* the Nationalist forces

nacionalidad *nf* nationality; **doble n.** dual nationality

nacionalismo *nm* nationalism

nacionalista *adj & nmf* nationalist

nacionalización *nf* **(a)** *(de educación, bienes)* nationalization **(b)** *(de persona)* naturalization

nacionalizado, -a *adj* nationalized

nacionalizar [14] **1** *vt* **(a)** *(banca, bienes)* to nationalize **(b)** *(persona)* to naturalize

2 nacionalizarse *vpr* to become naturalized; **nacionalizarse español** to become a Spanish citizen, to acquire Spanish nationality

nacionalmente *adv* nationally

nacionalsocialismo *nm* National Socialism

nacionalsocialista *adj & mf* National Socialist

naco *nm* **(a)** *Méx Pey* **los nacos** *(la gente de pueblo)* the plebs, the proles **(b)** *RP (de tabaco)* chew, plug

---

NADA 1 *pron* **(a)** *(ninguna cosa o cantidad)* nothing; *(en negativas)* anything; **no he leído n. de Lorca** I haven't read anything by Lorca; **no pasó n.** nothing happened; **a él n. parece satisfacerle** he never seems to be satisfied with anything; **de n. vale insistir** there's no point in insisting; **n. me gustaría más que poder ayudarte** there's nothing I'd like more than to be able to help you; **no hay n. como un buen libro** there's nothing (quite) like a good book; **tranquilos, no es n.** don't worry, it's nothing serious; **casi n.** almost nothing; **de n.** *(respuesta a "gracias")* you're welcome, don't mention it; **esto no es n.** that's nothing; **no queda n. de café** there's no coffee left; **no tengo n. de ganas de ir** I don't feel like going at all; **no dijo n. de n.** he didn't say anything at all; **n. de quejas ¿de acuerdo?** no complaining, right?, I don't want any complaints, right?; **n. más** nothing else, nothing more; **¿desean algo más? — n. más, gracias** do you want anything else? — no, that's everything *o* all, thank you; **no quiero n. más** I don't want anything else; **me dio de plazo dos días n. más** she only gave me two days to do it; **me ha costado n. más que 20 dólares** it only cost me 20 dollars; **¡tanto esfuerzo para n.!** all that effort for nothing!

(b) *(poco, muy poco)* **yo apenas sé n. de ese tema** I hardly know anything about that subject; **es muy frágil y con n. se parte** it's very fragile and is easily broken; **dentro de n.** any second now; **lo he visto salir hace n.** I saw him leave just a moment ago *o* just this minute; **no hace n. que salió** he left just a moment ago *o* just this minute; **por n. se enfada** she gets angry at the slightest thing, it doesn't take much for her to get angry

(c) *(en tenis)* love; **treinta n.** thirty love

(d) *(expresando negación)* **¡n. de eso!** absolutely not!; **no pienso ir, ni llamar, ni n.** I won't go, or call, or anything; **no tenemos ni coche, ni moto, ni n. que se le parezca** ...we don't have a car or a motorbike, or anything of that sort

(e) de nada *loc adj* **te he traído un regalito de n.** I've brought you a little something; **es sólo un rasguño de n.** it's just a little scratch

(f) nada más *loc adv* **n. más salir de casa...** no sooner had I left the house than..., as soon as I left the house...; **nos iremos n. más cenar** we'll go as soon as we've had dinner, we'll go straight after dinner

(g) EXPR **cuesta cinco millones, ¡ahí es n.! *o* ¡casi n.!** it costs a cool five million!; **como si n.** as if nothing was the matter, as if nothing had happened; **(n. más y) n. menos que** *(cosa)* no less than; *(persona)* none other than; *Fam* **¡no es alta ni n. la chica!** she's tall all right!, you could say she's tall!; **no es por n. pero creo que estás equivocado** don't take this the wrong way, but I think you're mistaken; **no es por n. pero llevas la bragueta abierta** by the way, your fly's undone

2 *adv* **(a)** *(en absoluto)* at all; **la película no me ha gustado n.** I didn't like the movie at all; **no he dormido n.** I didn't get any sleep at all; **no es n. extraño** it's not at all strange; **la obra no es n. aburrida** the play isn't the slightest bit boring; **no está n. mal** it's not at all bad; **no nos llevamos n. bien** we don't get on at all well; *Fam* **¿te importa que me quede? — ¡para n.!** do you mind if I stay? — of course not! *o* not at all!

(b) *Fam (enfático)* **n., que no hay manera de convencerle** but no, he just refuses to be convinced

3 *nf* **la n.** nothingness, the void; **salir *o* surgir de la n.** to appear out of *o* from nowhere

---

nadador, -ora 1 *adj* swimming

2 *nm,f* swimmer

nadar *vi (avanzar en el agua)* to swim; *(flotar)* to float; **n. a braza/a espalda** to do the breaststroke/backstroke; EXPR **n. en la abundancia** to be living in the lap of luxury; EXPR **n. y guardar la ropa** to have one's cake and eat it

nadería *nf* trifle, little thing

nadie 1 *pron* nobody, no one; **n. lo sabe** nobody knows; **no se lo dije a n.** I didn't tell anybody; **no ha llamado n.** nobody phoned
2 *nm* **un don n.** a nobody

nado: a nado *loc adv* swimming; **llegaron a n. hasta la orilla** they swam to the shore

nafta *nf* **(a)** *Quím* naphtha **(b)** *RP (gasolina) Br* petrol, *US* gasoline

naftalina *nf* naphthalene; **bolas de n.** mothballs; **sus trajes olían a n.** his suits smelled of mothballs

nagual *CAm, Méx* **1** *nm* **(a)** *(hechicero)* sorcerer, wizard **(b)** *(animal)* pet
2 *nf* lie

naïf (*pl* **naïfs**) *adj Arte* naïve, primitivistic

nailon, náilon *nm* nylon

naipe *nm* (playing) card; **jugar a los naipes** to play cards

naira *nf* naira

Nairobi *n* Nairobi

nalga *nf* buttock

nalgada *nf Am (palmada)* slap on the behind

nana *nf* **(a)** *(canción)* lullaby; EXPR *Fam* **más viejo que la n., del año de la n.** as old as the hills, ancient **(b)** *Fam (abuela)* grandma, nana **(c)** *Am (niñera)* nanny **(d)** *Am (nodriza)* wet nurse

nanay *interj Fam* **¡n.!** no way!, not likely!

nanosegundo *nm* nanosecond

nanotecnología *nf* nanotechnology

nao *nf Literario* vessel

napa *nf* leather

napalm *nm* napalm

napia *nf Fam Br* conk, *US* schnozzle

napoleónico, -a *adj* Napoleonic

napolitana *nf* = flat, rectangular cake filled with cream

napolitano, -a *adj & nm,f* Neapolitan

naranja 1 *adj inv* orange
2 *nm (color)* orange
3 *nf (fruto)* orange; EXPR *Fam* **¡naranjas de la china!** no way!; *Fam Fig* **media n.** other *o* better half ▫ ***n. agria*** Seville orange

naranjada *nf* = orange juice drink

naranjal *nm* orange grove

naranjero, -a 1 *adj* orange
2 *nm,f* **(a)** *(vendedor)* orange seller **(b)** *(cultivador)* orange grower

naranjo *nm* **(a)** *(árbol)* orange tree **(b)** *(madera)* orange (wood)

narcisismo *nm* narcissism

narcisista *nmf* narcissist

narciso *nm* **(a)** *(planta)* narcissus ▫ ***n. de los prados*** daffodil **(b)** *(hombre)* narcissist

narco *nmf Fam (narcotraficante)* drug baron

narcodólares *nmpl* drug money

narcolepsia *nf Med* narcolepsy

narcomanía *nf* narcotism

narcosis *nf inv* narcosis

narcótico, -a 1 *adj* narcotic
2 *nm (somnífero)* narcotic; *(droga)* drug

narcotismo *nm* narcotism

narcotizar [14] *vt* to drug

narcotraficante *nmf* drug trafficker

narcotráfico *nm* drug trafficking

nardo *nm (flor)* nard, spikenard

narguile *nm* hookah

narigón, -ona 1 *adj Fam* big-nosed
2 *nm Cuba (agujero)* hole

narigudo, -a 1 *adj* big-nosed
2 *nm,f* big-nosed person; **es un n.** he has a big nose

NARIZ 1 *nf* **(a)** *(órgano)* nose; **operarse (de) la n.** to have a nose job; **sangraba por la n.** her nose was bleeding; **sonarse la n.** to blow one's nose; **taparse la n.** to hold one's nose; **tener la n. aguileña/griega** to have a Roman nose/Grecian profile; **tener la n. chata/respingona** to have a snub/turned-up nose
(b) *(olfato)* sense of smell
(c) EXPR **dar a alguien en las narices con algo** to rub sb's nose in sth; **me da en la n. que...** I've got a feeling that...; **darse de narices con** *o* **contra algo/alguien** to bump into sth/sb; **el motorista se dio de narices contra el semáforo** the motorist went smack into the traffic lights; **me insultó delante de mis narices** he insulted me to my face; **me han robado el bolso delante de mis narices** they stole my *Br* handbag *o US* purse from right under my nose; *Fam* **¡otra vez el teléfono de las narices!** that damn telephone's ringing again!; *Fam* **de narices** *(estupendo)* great, brilliant; *Fam* **he agarrado un resfriado de narices** I've got a really nasty cold; *Fam* **llueve de narices** it's raining like mad, it's chucking it down; *Fam* **lo pasamos de narices** we had a great time; *Fam* **le eché narices y le pedí salir** I plucked up my courage and asked her out; *Fam* **a esto de las carreras de motos hay que echarle narices** you've got to be really brave to be a racing driver; **me lo dijo/se reía de mí en mis propias narices** she said it/she was laughing at me to my face; **me lo robaron en mis propias narices** they stole it from right under my nose; *Fam* **estar hasta las narices (de algo/alguien)** to be fed up to the back teeth (with sth/sb); *Fam* **me estás hinchando las narices** you're beginning to get up my nose; *Fam* **meter las narices en algo** to poke *o* stick one's nose into sth; *Fam* **no hay más narices que hacerlo** there's nothing for it but to do it; **no ve más allá de sus narices** she can't see past the end of her nose; *Fam* **tenemos que ir por narices** we have to go whether we like it or not; *Fam* **tuve que hacerlo por narices** I had no choice but to do it; **restregar algo a alguien en** *o* **por las narices** to rub sb's nose in sth; *Fam* **romper las narices a alguien** to smash sb's face in; **romperse las narices** to fall flat on one's face; *Fam* **porque me sale/no me sale de las narices** because I damn well feel like it/damn well can't be bothered; *Fam* **¡tiene narices (la cosa)!** it's an absolute scandal!; *Fam* **tocarle las narices a alguien** *(fastidiar)* to get up sb's nose; *Fam* **tocarse las narices** *(holgazanear)* to sit around doing nothing
2 narices *interj Fam (ni hablar)* **¡narices!** no way!

---

narizotas *nmf inv Fam* big-nose

narración *nf* **(a)** *(cuento, relato)* narrative, story **(b)** *(acción)* narration

narrador, -ora *nm,f* narrator

narrar *vt (contar)* to recount, to tell

narrativa *nf* narrative

narrativo, -a *adj* narrative

narval *nm* narwhal

NASA ['nasa] *nf* (*abrev de* **National Aeronautics and Space Administration**) NASA

nasa *nf* creel, lobster pot

nasal *adj* nasal

nasalizar [14] *vt* to nasalize

Nassau *n* Nassau

nata *nf* **(a)** *Esp (crema de leche)* cream; **n. (batida)** whipped cream ▫ ***n. agria*** sour cream; ***n. líquida*** single cream; ***n. montada*** whipped cream; ***n. para montar*** whipping cream **(b)** *(en leche hervida)* skin

natación *nf* swimming ▫ ***n. sincronizada*** synchronized swimming

natal *adj (país, ciudad)* native; *(pueblo)* home

natalicio *nm (cumpleaños)* birthday

natalidad *nf* **(tasa** *o* **índice de) n.** birth rate

natatorio, -a *adj* swimming

natillas *nfpl* custard

natividad *nf* nativity; **la N.** Christmas

nativo, -a 1 *adj* native; **profesor n.** native-speaker teacher
2 *nm,f* native

nato, -a *adj (de nacimiento)* born; **un criminal n.** a born criminal

natura *nf* nature; **contra n.** against nature, unnatural

natural 1 *adj* **(a)** *(no artificial)* natural; *(flores, fruta, leche)* fresh; **al n.** *(en persona)* in the flesh; **es más guapa al n. que en la fotografía** she's prettier in real life than in the photograph; **ser n. en alguien** to be in sb's nature **(b)** *(lógico, normal)* natural, normal; **es n. que se enfade** it's natural that he should be angry **(c)** *(nativo)* native; **ser n. de** to come from **(d)** *(ilegítimo)* illegitimate; **hijo n.** illegitimate child
2 *nmf (nativo)* native
3 *nm* **(a)** *(talante)* nature, disposition **(b)** *Arte* **un dibujo del n.** a life drawing

naturaleza *nf* **(a)** *(en general)* nature; **por n.** by nature; **la madre n.** Mother Nature; **la n. humana** human nature ▫ ***n. muerta*** still life **(b)** *(complexión)* constitution

naturalidad *nf* naturalness; **con n.** naturally
naturalismo *nm Arte* naturalism
naturalista *nmf* naturalist
naturalización *nf* naturalization
naturalizar [14] **1** *vt* to naturalize
2 naturalizarse *vpr* to become naturalized; **naturalizarse español** to become a Spanish citizen, to acquire Spanish nationality
naturalmente *adv* (**a**) *(por naturaleza)* naturally (**b**) *(por supuesto)* of course
naturismo *nm (nudismo)* nudism
naturista *nmf (nudista)* nudist
naturópata *nmf* = practitioner of alternative medicine
naufragar [38] *vi* (**a**) *(barco)* to sink, to be wrecked; *(persona)* to be shipwrecked (**b**) *(fracasar)* to fail, to collapse
naufragio *nm* (**a**) *(de barco)* shipwreck (**b**) *(fracaso)* failure, collapse
náufrago, -a 1 *adj* shipwrecked
2 *nm,f* shipwrecked person, castaway
náusea *nf* nausea, sickness; **me da náuseas** it makes me sick; **sentir** *o* **tener náuseas** to feel sick
nauseabundo, -a *adj* nauseating, sickening
náutica *nf* navigation, seamanship
náutico, -a 1 *adj (de la navegación)* nautical; **deportes náuticos** water sports; **club n.** yacht club
2 *nmpl* **náuticos** *(zapatos)* = lightweight lace-up shoes, made of coloured leather
nautilo *nm* nautilus
nava *nf* valley
navaja *nf* (**a**) *(cuchillo) (pequeño)* penknife; *(más grande)* jackknife ▫ ***n. de afeitar*** razor; ***n. automática*** flick knife, switchblade; ***n. barbera*** razor (**b**) *(molusco)* razor-shell, razor clam
navajazo *nm* stab, slash
navajero, -a *nm,f* = thug who carries a knife
navajo *adj & nmf (indio)* Navajo
naval *adj* naval
Navarra *n* Navarre
navarro, -a *adj & nm,f* Navarrese
nave *nf* (**a**) *(barco)* ship; EXPR **quemar las naves** to burn one's boats *o* bridges (**b**) *(vehículo)* craft ▫ ***n. espacial*** spaceship, spacecraft (**c**) *(de fábrica)* shop, plant; *(almacén)* warehouse ▫ ***n. industrial*** = large building for industrial or commercial use (**d**) *(de iglesia)* ***n. central*** nave; ***n. del crucero*** transepts and crossing; ***n. lateral*** side aisle
navegable *adj* navigable
navegación *nf* navigation ▫ ***n. aérea*** air navigation; ***n. de altura*** ocean navigation; ***n. fluvial*** river navigation; ***n. marítima*** sea navigation; ***n. a vela*** sailing
navegador *nm Informát* browser
navegante 1 *adj (pueblo)* seafaring
2 *nmf* (**a**) *(marino)* navigator (**b**) *Informát* browser
navegar [38] *vi* (**a**) *(barco)* to sail (**b**) *(avión)* to fly (**c**) **n. por Internet** to surf the Net
Navidad *nf* (**a**) *(día)* Christmas (Day) (**b**) *(periodo)* **Navidad(es)** Christmas (time); **feliz Navidad, felices Navidades** Merry Christmas
navideño, -a *adj* Christmas; **adornos navideños** Christmas decorations
naviera *nf (compañía)* shipping company
naviero, -a 1 *adj* shipping
2 *nm (armador)* shipowner
navío *nm* large ship
nazareno, -a 1 *adj & nm,f* Nazarene
2 *nm* = penitent in Holy Week processions; **el N.** Jesus of Nazareth
nazco *etc ver* **nacer**
nazi *adj & nmf* Nazi
nazismo *nm* Nazism
NB (*abrev de* **nota bene**) NB
NBA *nf Dep* (*abrev de* **National Basketball Association**) NBA
neandertal, neanderthal *nm* neanderthal
neblina *nf* mist
neblinear *v impersonal Chile (lloviznar)* to drizzle
neblinoso, -a *adj* misty
nebulizador *nm* atomizer, spray
nebulosa *nf Astron* nebula
nebulosidad *nf (de nubes)* cloudiness; *(de niebla)* fogginess
nebuloso, -a *adj* (**a**) *(con nubes)* cloudy; *(de niebla)* foggy (**b**) *(poco claro)* vague
necedad *nf* (**a**) *(estupidez)* stupidity, foolishness (**b**) *(dicho, hecho)* stupid *o* foolish thing; **decir necedades** to talk nonsense
necesariamente *adv* necessarily; **tuvo que ser él n.** it must have been him
necesario, -a *adj* necessary; **es n. hacerlo** it needs to be done; **hacer n. algo** to make sth necessary; **no es n. que lo hagas** you don't need to do it; **si es n.** if need be, if necessary
neceser *nm (bolsa)* toilet bag; *(maleta pequeña)* vanity case
necesidad *nf* (**a**) *(en general)* need; **de (primera) n.** essential; **tener n. de algo** to need sth; **no hay n. de algo** there's no need for sth; **no hay n. de hacer algo** there's no need to do sth; **obedecer a la n. (de)** to arise from the need (to); **n. perentoria** urgent need (**b**) *Euf* **tengo que hacer mis necesidades** I have to answer a call of nature (**c**) *(obligación)* necessity; **por n.** out of necessity (**d**) *(hambre)* hunger; *(pobreza)* poverty, need; **pasar necesidades** to suffer hardship
necesitado, -a 1 *adj* needy; **n. de** in need of
2 *nm,f* needy *o* poor person; **los necesitados** the poor
necesitar 1 *vt* to need; **necesito que me lo digas** I need you to tell me; **se necesita camarero** *(en letrero)* waiter wanted; **se necesita ser ignorante para no saber eso** you'd have to be an ignoramus not to know that
2 *vi* **n. de** to need, to have need of
necio, -a 1 *adj* (**a**) *(tonto)* stupid, foolish (**b**) *PRico (susceptible)* touchy
2 *nm,f* idiot, fool
nécora *nf* = small edible crab
necrófago, -a *adj* carrion-eating, *Espec* necrophagous
necrofilia *nf* necrophilia
necrofobia *nf* necrophobia
necrología *nf (noticia)* obituary; *(lista de fallecidos)* obituaries, obituary column
necrológica *nm,f (noticia)* obituary; **necrológicas** *(sección de periódico)* obituaries, obituary column
necrológico, -a *adj* **nota necrológica** obituary
necromancia *nf* necromancy
necrópolis *nf inv* necropolis
necropsia *nf* autopsy
necrosis *nf inv* necrosis
néctar *nm* nectar ▫ ***n. de fruta*** fruit juice
nectarina *nf* nectarine
neerlandés, -esa 1 *adj* Dutch
2 *nm,f* Dutchman, *f* Dutchwoman
3 *nm (idioma)* Dutch
nefando, -a *adj* abominable, odious
nefasto, -a *adj (funesto)* ill-fated; *(dañino)* bad, harmful; *(pésimo)* terrible, awful
nefrítico, -a *adj* renal, nephritic
nefritis *nf inv Med* nephritis
nefrología *nf* nephrology
negación *nf* (**a**) *(desmentido)* denial (**b**) *(negativa)* refusal (**c**) *(lo contrario)* antithesis, negation (**d**) *Gram* negative
negado, -a 1 *adj* useless, inept; **ser n. para algo** to be useless *o* no good at sth
2 *nm,f* useless person; **ser un n. para algo** to be useless *o* no good at sth
negar [43] **1** *vt* (**a**) *(rechazar)* to deny (**b**) *(denegar)* to refuse, to deny; **negarle algo a alguien** to refuse *o* deny sb sth
2 *vi* **n. con la cabeza** to shake one's head
3 negarse *vpr* to refuse (**a** to); **negarse en redondo a hacer algo** to absolutely refuse to do sth
negativa *nf* (**a**) *(rechazo)* refusal (**b**) *(desmentido)* denial
negativamente *adv* negatively; **responder n.** to reply in the negative
negativo, -a 1 *adj* (**a**) *(en general)* negative; **el análisis ha dado n.** the test results were negative (**b**) *Mat* minus, negative; **signo n.** minus sign
2 *nm (fotográfico)* negative
negligé [negli'je] *nm* negligée
negligencia *nf* negligence
negligente *adj* negligent
negociable *adj* negotiable
negociación *nf* negotiation ▫ ***n. colectiva*** collective bargaining
negociado *nm* (**a**) *(departamento)* de-

partment, section (**b**) *Andes, RP (chanchullo)* shady deal

negociador, -ora 1 *adj* negotiating
2 *nm,f* negotiator

negociante *nmf* (**a**) *(comerciante)* businessman, *f* businesswoman (**b**) *Fam Pey* sharp customer

negociar 1 *vi* (**a**) *(comerciar)* to do business; **n. con** to deal *o* trade with (**b**) *(discutir)* to negotiate
2 *vt* to negotiate

negocio *nm* (**a**) *(actividad, gestión)* business; **¿cómo va el n.?** how's business?; **el mundo de los negocios** the business world; EXPR **¡mal n.!** that's a nasty business! ▫ ***n. familiar*** family business (**b**) *(transacción)* deal, (business) transaction; **n. sucio** shady deal, dirty business (**c**) *(operación ventajosa)* **(buen) n.** good deal, bargain; **hacer n.** to do well; **n. redondo** great bargain, excellent deal (**d**) *(comercio)* trade (**e**) *Am (tienda)* store

negra *nf* (**a**) *Mús* crotchet (**b**) EXPR **tener la n.** to have bad luck; **se las va a ver negras para llegar a fin de mes** he'll have a hard job to get to the end of the month

negrear *vi* to turn black

negrero, -a 1 *adj (explotador)* tyrannical
2 *nm,f* (**a**) *Hist* slave trader (**b**) *(explotador)* slave driver

negrita, negrilla *adj* **(letra) n.** boldface; **en n.** in bold, in boldface

negritud *nf* negritude

negro, -a 1 *adj* (**a**) *(color)* black
(**b**) *(bronceado, moreno)* tanned; **estar n.** to have a deep tan
(**c**) *(pan)* brown
(**d**) *(suerte)* awful, rotten; *(porvenir)* black, gloomy; EXPR **pasarlas negras** to have a hard time; **ver(lo) todo n.** to be pessimistic
(**e**) *Fam (furioso)* furious, fuming; **estar/ponerse n.** to be/get mad *o* angry
(**f**) *(tabaco)* black, dark
(**g**) *Cine* **cine n.** film noir
2 *nm,f* (**a**) *(persona)* black man, *f* black woman; EXPR **trabajar como un n.** to work like a slave
(**b**) *Am (querido)* dear, darling
3 *nm* (**a**) *(color)* black
(**b**) *(tabaco)* black *o* dark tobacco

negroide *adj* negroid

negrura *nf* blackness

negruzco, -a *adj* blackish

negundo *nm* box elder

nemotecnia *nf* mnemonics *(singular)*

nemotécnico, -a *adj* mnemonic

nene, -a *nm,f* (**a**) *Fam (niño)* baby (**b**) *(apelativo cariñoso)* dear, darling

nenúfar *nm* water lily

neocapitalismo *nm* neocapitalism

neocelandés, -esa = **neozelandés**

neoclasicismo *nm* neoclassicism

neoclásico, -a 1 *adj* neoclassical
2 *nm,f* neoclassicist

neocolonialismo *nm* neocolonialism

neocórtex *nm Anat* neocortex

neofascismo *nm* neofascism

neofascista *adj & nmf* neofascist

neófito, -a *nm,f* (**a**) *Rel* neophyte (**b**) *(aprendiz)* novice

neogótico, -a *adj* Neo-Gothic

neoimpresionismo *nm* neo-impressionism

neolatino, -a *adj (lengua)* Romance

neoliberal *adj & nmf* neoliberal

neoliberalismo *nm* neoliberalism

neolítico, -a 1 *adj* Neolithic
2 *nm* **el N.** the Neolithic (period)

neologismo *nm* neologism

neón *nm* (**a**) *Quím* neon (**b**) **(luz de) n.** neon light

neonato, -a *adj* newborn

neonazi *adj & nmf* neo-Nazi

neoplasia *nf* tumour

neoplatónico, -a *adj* neo-Platonic

neopreno *nm* neoprene; **traje de n.** wet suit

neorrealismo *nm* neorealism

neoyorquino, -a 1 *adj* New York, of/from New York; **las calles neoyorquinas** the New York streets, the streets of New York
2 *nm,f* New Yorker

neozelandés, -esa, neocelandés, -esa 1 *adj* New Zealand, of/from New Zealand; **un producto n.** a New Zealand product
2 *nm,f* New Zealander

Nepal *n* Nepal

nepalés, -esa, nepalí (*pl* **nepalíes**) **1** *adj & nm,f* Nepalese
2 *nm (lengua)* Nepalese

nepotismo *nm* nepotism

neptuniano, -a, neptúnico, -a *adj (del planeta)* Neptunian

Neptuno *n* Neptune

nereida *nf* Nereid

nervadura *nf* (**a**) *(de construcción)* rib (**b**) *(de insecto)* nervure (**c**) *(de hoja)* vein

nervio *nm* (**a**) *Anat* nerve ▫ ***n. ciático*** sciatic nerve; ***n. óptico*** optic nerve
(**b**) **nervios** *(estado mental)* nerves; **me entraron los nervios** I got nervous; **perder los nervios** to lose one's cool *o* temper; **tener nervios** to be nervous; EXPR **tener nervios de acero** to have nerves of steel; EXPR **tener los nervios de punta** to be on edge; EXPR **poner los nervios de punta a alguien** to get on sb's nerves
(**c**) *(en filete, carne)* sinew
(**d**) *(vigor)* energy, vigour; **es buen jugador pero le falta n.** he's a good player, but he lacks steel
(**e**) *Bot* vein, rib
(**f**) *Arquit* rib

nerviosamente *adv* nervously

nerviosismo *nm* nervousness, nerves

nervioso, -a *adj* (**a**) *Anat (sistema, enfermedad)* nervous; **centro/tejido n.** nerve centre/tissue (**b**) *(inquieto)* nervous; **ponerse n.** to get nervous (**c**) *(muy activo)* highly-strung (**d**) *(irritado)* worked-up, uptight; **poner n. a alguien** to get on sb's nerves; **ponerse n.** to get uptight *o* worked up

nescafé® *nm* instant coffee, Nescafé®

net *nm (en tenis)* let

netamente *adv* clearly, distinctly

netiqueta *nf Informát* netiquette

neto, -a *adj* (**a**) *(peso, sueldo)* net (**b**) *(claro)* clear, clean; *(verdad)* simple, plain

neumático, -a 1 *adj* pneumatic
2 *nm Br* tyre, *US* tire ▫ ***n. de repuesto*** *o* ***de recambio*** spare *Br* tyre *o US* tire

neumonía *nf* pneumonia

neumotórax *nm* pneumothorax

neura *Fam* **1** *adj* neurotic
2 *nf* bug, mania; **le dio la n. de las maquetas** he caught the model-making bug

neuralgia *nf* neuralgia

neurálgico, -a *adj* (**a**) *Med* neuralgic (**b**) *(importante)* critical

neurastenia *nf* nervous exhaustion

neurasténico, -a *Med* **1** *adj* neurasthenic
2 *nm,f* neurasthenic person

neuritis *nf inv* neuritis

neuroanatomía *nf* neuroanatomy

neurobiología *nf* neurobiology

neurociencia *nf* neuroscience

neurocirugía *nf* neurosurgery

neurocirujano, -a *nm,f* neurosurgeon

neurofisiología *nf* neurophysiology

neurología *nf* neurology

neurológico, -a *adj* neurological

neurólogo, -a *nm,f* neurologist

neurona *nf* neuron(e), nerve cell

neuronal *adj* neural

neuropatía *nf* neuropathy

neuropsicología *nf* neuropsychology

neuropsiquiatra *nmf* neuropsychiatrist

neuropsiquiatría *nf* neuropsychiatry

neurosis *nf inv* neurosis

neurótico, -a *adj & nm,f* neurotic

neurotoxina *nf* neurotoxin

neurotransmisor *nm* neurotransmitter

neutral *adj & nmf* neutral

neutralidad *nf* neutrality

neutralismo *nm* neutralism

neutralista 1 *adj* neutralistic
2 *nmf* neutralist

neutralizable *adj (efecto, consecuencia)* remediable

neutralización *nf* neutralization

neutralizador, -ora *adj* neutralizing

neutralizante 1 *adj* neutralizing
2 *nmf* neutralizer

neutralizar [14] **1** *vt* to neutralize

2 neutralizarse *vpr (mutuamente)* to neutralize each other

neutrino *nm Fís* neutrino

neutro, -a *adj* (**a**) *(color, actitud, voz)* neutral (**b**) *Biol & Gram* neuter

neutrón *nm* neutron

nevada *nf* snowfall; **anoche cayó una n.** it snowed last night

nevado, -a *adj* snowy

nevar [3] *v impersonal* to snow

nevasca *nf* (**a**) *(nevada)* snowfall (**b**) *(ventisca)* snowstorm, blizzard

nevera *nf* (**a**) *(electrodoméstico) Br* fridge, *US* icebox (**b**) *(de cámping)* **n. (portátil)** cool box

nevería *nf Carib, Méx (heladería)* ice cream parlour

nevero *nm* snowfield

nevisca *nf* snow flurry

neviscar [59] *v impersonal* to snow lightly

news ['nius] *nfpl Informát* newsgroups

newton ['niuton] *nm Fís* newton

newtoniano, -a [niuto'njano] *adj* Newtonian

nexo *nm* link, connection

ni 1 *conj* **ni... ni...** neither... nor...; **ni mañana ni pasado** neither tomorrow nor the day after; **no... ni...** neither... nor..., not... or... (either); **no es alto ni bajo** he's neither tall nor short, he's not tall or short (either); **no es rojo ni verde ni azul** it's neither red nor green nor blue; **ni un/una...** not a single...; **no me quedaré ni un minuto más** I'm not staying a minute longer; **ni uno/una** not a single one; **no he aprobado ni una** I haven't passed a single one; **ni que** as if; **¡ni que yo fuera tonto!** as if I were that stupid!; EXPR **ni que decir tiene** it goes without saying; **¡no es listo ni nada!** he isn't half clever!; **¡ni hablar!** certainly not!, it's out of the question!; EXPR *muy Fam* **¡ni de coña!** no way!, not on your life!

2 *adv* not even; **ni siquiera** not even; **anda tan atareado que ni tiene tiempo para comer** he's so busy he doesn't even have time to eat

niacina *nf* niacin

Niágara *nm* **las cataratas del N.** the Niagara Falls

Niamey *n* Niamey

nicad *nm* nicad

Nicaragua *n* Nicaragua

nicaragüense *adj & nmf* Nicaraguan

nicho *nm* (**a**) *(hueco)* niche (**b**) *(en cementerio)* niche *(for coffin)* (**c**) ***n. biológico*** biological niche, niche; ***n. ecológico*** ecological niche

Nicosia *n* Nicosia

nicotina *nf* nicotine

nidada *nf* (**a**) *(pollitos)* brood (**b**) *(huevos)* clutch

nidal *nm* nest

nidificar [59] *vi* to (build a) nest

nido *nm* (**a**) *(refugio de animal)* nest ❑ *Fig* ***n. de víboras*** nest of vipers (**b**) *(escondrijo)* hiding-place (**c**) *(origen)* breeding ground (**d**) ***n. de abeja*** *(punto)* smocking

niebla *nf* (**a**) *(densa)* fog; *(neblina)* mist; **hay n.** it's foggy/misty (**b**) *(confusión)* fogginess, cloudiness

niego *etc ver* **negar**

niegue *etc ver* **negar**

nieto, -a *nm,f* grandson, *f* granddaughter

nieva *etc ver* **nevar**

nieve *nf* (**a**) *(precipitación)* snow; **nieves** *(nevada)* snows, snowfall ❑ ***n. carbónica*** dry ice; ***nieves perpetuas*** permanent snow; ***n. en polvo*** powder (snow) (**b**) *Fam (cocaína)* snow (**c**) *Carib, Méx (helado)* ice-cream

NIF [nif] *nm* (*abrev de* **número de identificación fiscal**) *Br* ≃ National Insurance number, = identification number for tax purposes

Níger *nm* Niger

Nigeria *n* Nigeria

nigeriano, -a *adj & nm,f* Nigerian

nigromancia *nf* necromancy

nigromante *nmf* necromancer

nigua *nf* (**a**) *(insecto)* jigger (**b**) *Guat (cobarde)* coward (**c**) EXPR *Chile, Perú, PRico* **pegarse como n.** to stick like glue

nihilismo *nm* nihilism

nihilista 1 *adj* nihilistic

2 *nmf* nihilist

Nilo *nm* **el N.** the (river) Nile

nilón *nm* nylon

nimbo *nm* (**a**) *Meteo (nube)* nimbus (**b**) *(de astro, santo)* halo, nimbus

nimboestrato *nm Meteo (nube)* nimbostratus

nimiedad *nf* (**a**) *(cualidad)* insignificance, triviality (**b**) *(dicho, hecho)* trifle

nimio, -a *adj* insignificant, trivial

ninfa *nf* nymph

ninfómana *adj f & nf* nymphomaniac

ninfomanía *nf* nymphomania

NINGUNO, -A

> **Ningún** is used instead of **ninguno** before singular masculine nouns (e.g. **ningún hombre** no man).

1 *adj* (**a**) *(antes de sustantivo)* no; **no se dio ninguna respuesta** no answer was given; **no tengo ningún interés en hacerlo** I've no interest in doing it, I'm not at all interested in doing it; **no tengo ningún hijo/ninguna buena idea** I don't have any children/any good ideas; **no lo veo por ninguna parte** I can't see it anywhere; **no tiene ninguna gracia** it's not funny; **en ningún momento** at no time; **yo no soy ningún mendigo ¿sabe usted?** I'm not a beggar, you know; **¿tijeras? yo no veo ningunas tijeras** scissors? I can't see any scissors; **no tengo ningunas ganas de ir** I don't feel like going at all

(**b**) *(después de sustantivo) (enfático)* **no es molestia ninguna** it's no trouble

2 *pron (cosa)* none, not any; *(persona)* nobody, no one; **n. funciona** none of them works; **no hay n.** there aren't any, there are none; **n. lo sabrá** no one *o* nobody will know; **n. de** none of; **n. de ellos/nosotros/vosotros** none of them/us/you; **n. de los dos** neither of them *o* of the two; **no me gusta n. de los dos** I don't like either of them

ninja *nm* ninja

niña *nf* (**a**) *ver* **niño** (**b**) *(del ojo)* pupil; EXPR **la n. de mis/sus/***etc* **ojos** the apple of my/his/*etc* eye

niñato, -a *nm,f Fam Pey* (**a**) *(inexperto)* amateur, novice (**b**) *(pijo)* spoiled brat

niñera *nf* nanny

niñería *nf* (**a**) *(cualidad)* childishness (**b**) *(tontería)* silly *o* childish thing

niñez *nf (infancia)* childhood

niño, -a 1 *adj* (**a**) *(pequeño, joven)* young (**b**) *Pey (infantil, inmaduro)* childish

2 *nm,f* (**a**) *(crío) (varón)* child, boy; *(hembra)* child, girl; *(bebé)* baby; **de n.** as a child; **desde n.** from childhood; **los niños** the children; EXPR **estar como un n. con zapatos nuevos** to be as pleased as punch; EXPR *Fam* **es culpa de la crisis – ¡qué crisis ni qué n. muerto!** it's the fault of the recession – don't give me that recession stuff!; EXPR **ser el n. bonito de alguien** to be sb's pet *o* blue-eyed boy ❑ *Pey* ***n. bien*** rich kid; ***el n. Jesús*** the Baby Jesus; ***n. mimado*** spoiled child; ***n. de pecho*** tiny baby; ***n. probeta*** test-tube baby; ***n. prodigio*** child prodigy; ***n. de teta*** tiny baby (**b**) *(joven)* young boy, *f* young girl (**c**) *Am (amo)* master, *f* mistress

niobio *nm Quím* niobium

nipón, -ona *adj & nm,f* Japanese

níquel *nm* (**a**) *(metal)* nickel (**b**) *Carib (moneda)* coin; **níqueles** money

niquelado 1 *adj* (**a**) *(con níquel)* nickel-plated (**b**) *Fam (estupendo)* great, marvellous

2 *nm* nickel plating

niquelar *vt* to nickel-plate

niqui *nm Esp* polo shirt

nirvana *nm* nirvana

níscalo *nm* saffron milk cap

níspero *nm* (**a**) *(árbol)* medlar tree (**b**) *(fruta)* medlar

nitidez *nf (claridad)* clarity; *(de imagen, color)* sharpness

nítido, -a *adj (claro)* clear; *(imagen, color)* sharp

nitrato *nm* nitrate ❑ ***n. de Chile*** sodium nitrate; ***n. de plata*** silver nitrate

nítrico, -a *adj* nitric

nitrito *nm* nitrite

nitro *nm* nitre, potassium nitrate

nitrobenceno *nm Quím* nitrobenzene

nitrocelulosa *nf* nitrocellulose

nitrogenado, -a *adj* nitrogenous

nitrógeno *nm* nitrogen

nitroglicerina *nf* nitroglycerine

nitroso, -a *adj* nitrous

nivel *nm* (**a**) *(altura)* level, height; **al n. de** level with; **al n. del mar** at sea level (**b**) *(grado)* level, standard; **al mismo n. (que)** on a level *o* par (with); **a n. europeo** at a European level; **tiene un buen n. de inglés** she speaks good English; **a n. de** *(considerado incorrecto)* as regards, as for ❑ *Informát* ***n. de acceso*** access level; *Informát* ***niveles de gris*** grey levels ***n. mental*** level of intelligence; ***n. de vida*** standard of living (**c**) *(instrumento)* **n. (de burbuja)** spirit level

nivelación *nf* (**a**) *(allanamiento)* levelling (**b**) *(equilibrio)* levelling out, evening out

nivelador, -ora *adj* levelling

niveladora *nf* bulldozer

nivelar *vt* (**a**) *(allanar)* to level (**b**) *(equilibrar)* to even out; *Fin* to balance

níveo, -a *adj Formal* snow-white

nixtamal *nm CAm, Méx* tortilla dough

NO (*pl* **noes**) **1** *adv* (**a**) *(para construir frases negativas)* not; **no sé** I don't know; **no es fácil** it's not easy, it isn't easy; **no tiene dinero** he has no money, he hasn't got any money; **no veo nada** I can't see anything; **no vino nadie** nobody came; **no me lo dijiste nunca** you never told me; **todavía no** not yet; **no pasar** *(en letrero)* no entry

(**b**) *(en respuestas)* no; **¿vienes? — no** are you coming? – no; **¿has oído las noticias? — no** have you heard the news? – no *o* no, I haven't; **¿aprobó? — no** did she pass? no *o* no, she didn't; **¿coméis juntos? — no siempre** do you go for lunch together? – not always; **¿ganaremos? — no (lo) creo** will we win? – I don't think so

(**c**) *(para sustituir a frases negativas)* **pídeme lo que quieras, pero eso no** ask me for anything, but not that; **¿vendrá tu familia a verte? — preferiría que no** will your family come to visit you? – I'd rather they didn't; **¿tú vas a ir? yo creo que no** are you going? I don't think I will; **me parece que no** I don't think so; **¡(he dicho) que no!** I said no!

(**d**) *(con sustantivos)* non-; **no fumadores** non-smokers; **la zona de no fumadores** the no-smoking area

(**e**) *(con adjetivos)* **un embarazo no deseado** an unwanted pregnancy; **fuentes de información no identificadas** unidentified information sources; **los países no alineados** non-aligned countries

(**f**) *(indica duda, extrañeza)* **¿no irás a venir?** you're not coming, are you?; **¿no te sobrará algo de dinero?** you wouldn't have any spare cash, would you?; **es un transexual — ¡no!** he's a transsexual – no!

(**g**) *(muletilla para pedir confirmación)* **estamos de acuerdo, ¿no?** we're agreed then, are we?; **es español, ¿no?** he's Spanish, isn't he?; **usted vive en Lima, ¿no?** you live in Lima, don't you?; **mejor no le echamos sal, ¿no?** we'd better not put any salt in it, don't you think?

(**h**) *(redundante sin significado negativo)* **es mejor que sobre que no que falte** it's better to have too much than too little; **no me voy hasta que no me lo digas** I won't go until you tell me to; **me da miedo no se vaya a romper** I'm scared it might get broken

(**i**) **no bien** *loc adv* as soon as

(**j**) *(en frases)* **a no ser que llueva** unless it rains; **¡a que no lo haces!** I bet you don't do it!; **¡cómo no!** of course!; **no ya... sino que...** not only... but (also)...; *Fam* **¡no es listo/guapo ni nada!** is he clever/good-looking or what?; **pues no** certainly not

2 *nm* no; **nos dio un no por respuesta** his answer was no

Nobel *nm* (**a**) *(premio)* Nobel Prize (**b**) *(galardonado)* Nobel Prize-winner, Nobel laureate

nobiliario, -a *adj* noble

noble 1 *adj* noble

2 *adj* noble; **los nobles** the nobility

nobleza *nf* nobility; **n. obliga** noblesse oblige

nobuk *nm* = newbuck (leather)

NOCHE *nf* (**a**) *(en oposición al día)* night; *(atardecer)* evening; **el turno de n.** the night shift; **un lugar clásico de la n. neoyorquina** a classic New York nightspot; **a las diez de la n.** at ten o'clock at night; **a estas horas de la n.** at this time of night; **ayer (por la) n.** last night; **bien entrada la n.** late at night; **de n.** at night; **trabaja de n.** she works nights; *Am* **en la n.** at night; **esta n.** tonight; *Esp* **por la n.** at night; **mañana/el sábado por la n.** tomorrow/Saturday night; **salir por la n.** to go out in the evening; **toda la n.** all night; **vemos la tele todas las noches** we watch the TV every night; **mi manzanilla de todas las noches** my nightly cup of camomile tea; **buenas noches** *(saludo)* good evening; *(despedida)* good night; **de la n. a la mañana** overnight; **hacer n. en Puebla** to spend the night in Puebla; **n. y día** *(constantemente)* day and night; EXPR **pasar la n. en claro** *o* **vela** *(sin poder dormir)* to have a sleepless night; *(trabajando, cuidando de alguien)* to be up all night; EXPR **ser (como) la n. y el día** to be as different as night and day; PROV **de n. todos los gatos son pardos** you can't see things for what they are in the dark; **una n. cerrada** a dark night; EXPR *Fam* **pasar una n. toledana** to have a sleepless night, not to sleep a wink ❑ ***la n. del estreno*** the first *o* opening night

(**b**) *(oscuridad)* **al caer** *o* **cuando cae la n.** at nightfall; **antes de que caiga la n.** before nightfall, before it gets dark; **hacerse de n.** to get dark; **a las cinco ya es de n.** it's already dark by five o'clock; *Literario* **en la n. de los tiempos** in the mists of time

Nochebuena *nf* Christmas Eve

nochero *nm Chile, Urug (vigilante)* night watchman

Nochevieja *nf* New Year's Eve

noción *nf (concepto)* notion; **tener n. (de)** to have an idea (of); **tener nociones de** *(conocimiento básico)* to have a smattering of

nocividad *nf (cualidad de dañino)* harmfulness; *(de gas)* noxiousness

nocivo, -a *adj (dañino)* harmful; *(gas)* noxious

noctámbulo, -a 1 *adj* active at night; **animal n.** nocturnal animal

2 *nm,f (persona)* night owl

nocturnidad *nf Der* **con n.** under cover of darkness

nocturno, -a 1 *adj* (**a**) *(de la noche)* night; *(de la tarde)* evening; **tren/vuelo n.** night train/flight (**b**) *(animales, plantas)* nocturnal

2 *nm* (**a**) *Mús* nocturne (**b**) *Educ* = classes held in the evening

Nodo *nm Esp Antes* newsreel

nodo *nm también Informát* node

nodriza 1 *nf* wet nurse

2 *adj* **buque/avión n.** refuelling ship/plane

nódulo *nm* nodule

nogal, noguera *nm* walnut (tree)

nogalina *nf* walnut stain

noguera = **nogal**

nogueral *nm* walnut grove

nómada 1 *adj* nomadic

2 *nmf* nomad

nomadismo *nm* nomadism

nomás *adv Am* just; **hasta allí n.** that far and no further; **n. lo hizo por molestar** she only did it to be difficult; **así n.** just like that; **déjelo ahí n.** just leave it there; **¡pase n.!** come right in!

nombrado, -a *adj* (**a**) *(citado)* mentioned (**b**) *(famoso)* famous, well-known

nombramiento *nm* appointment

nombrar *vt* (**a**) *(citar)* to mention (**b**) *(designar)* to appoint

NOMBRE *nm* (**a**) *(apelativo)* name; **un vecino, de quien no diré el n., avisó a la policía** a neighbour, who shall remain nameless, told the police; **a n. de** *(carta, sobre, paquete)* addressed to; *(cheque)* made out to; *(cuenta bancaria)* in the name of; *(propiedades)* belonging to; **el piso está a su n.** the *Br* flat *o US* apartment is in his name; **quiero abrir una cuenta a n. de mi hijo** I'd like to open an account for my son; **se le conoce con el n. de laparoscopia** it is known as a laparoscopy; **de n. Juan** called Juan; **en n. de** *(representando a)* on behalf of; **en (el) n. de Dios/de la democracia** in the name of God/democracy; **en el n. del Padre...** *(al rezar)* in the name of the Father...; **llamar a alguien por el n.** to call sb by his/her first name; **lleva** *o* **tiene por n....** it is known as..., it is called...; **¿qué n. le vais a poner al perro?** what are you going to call the dog?; **le pusieron el n. de su abuelo** they named him *Br* after *o US* for his grandfather; **santificado sea tu n.** *(en padrenuestro)* hallowed be thy name; **llamar a las cosas por su n.** to call a spade a spade; EXPR **no tener n.** *(ser* *indignante)* to be outrageous; *Hum* **esto de jardín sólo tiene el n.** you call this a garden?, this is a garden in name only; **como su propio n. indica...** as its name indicates *o* suggests... ❑ ***n. y apellidos*** full name; ***n. artístico*** stage name; ***n. comercial*** trade name; ***n. completo*** full name; ***n. compuesto*** = two-part Christian name; *Informát* ***n. de dominio*** domain name; ***n. de guerra*** nom de guerre; ***n. de pila*** first *o* Christian name; ***n. de soltera*** maiden name; *Informát* ***n. de usuario*** user name

(**b**) *(fama)* reputation; **hacerse un n. (como)** to make a name for oneself (as); **manchar el buen n. de alguien/algo** to tarnish sb's/sth's good name; **tener buen/mal n.** to have a good/bad name; **tener mucho n.** to be renowned *o* famous

(**c**) *Gram* noun ❑ ***n. abstracto*** abstract noun; ***n. coletivo*** collective noun; ***n. común*** common noun; ***n. propio*** proper noun

nomenclatura *nf* nomenclature

nomeolvides *nm inv* (**a**) *(flor)* forget-me-not (**b**) *(pulsera)* identity bracelet

nómina *nf* (**a**) *(lista de empleados)* payroll; **estar en n.** to be on the staff (**b**) *(pago)* wage packet, wages (**c**) *(hoja de salario)* payslip

nominación *nf* nomination

nominado, -a *adj* nominated

nominal 1 *adj* nominal
 2 *nm Econ* face *o* nominal value

nominar *vt* to nominate

nominativo, -a 1 *adj Com* bearing a person's name, nominal
 2 *nm Gram* nominative

non 1 *adj* odd, uneven
 2 *nm* odd number
 3 *adv Fam* **nones** *(no)* no way, absolutely not

nonada *nf* trifle

nonagenario, -a 1 *adj* ninety-year old
 2 *nm,f* person in his/her nineties

nonagésimo, -a *núm* ninetieth; *ver también* **sexto**

nonato, -a *adj* (**a**) *(bebé)* born by Caesarian section (**b**) *(inexistente)* non-existent

nono[1], **-a** *núm Formal* ninth; *ver también* **sexto**

nono[2], **-a** *nm,f RP Fam* grandpa, *f* grandma

non plus ultra *nm* **ser el n.** to be the best ever

nopal *nm Méx (cactus)* prickly pear

noquear *vt Dep* to knock out

norcoreano, -a *adj & nm,f* North Korean

nórdico, -a 1 *adj* (**a**) *(del norte)* northern, northerly (**b**) *(escandinavo)* Nordic
 2 *nm,f* Nordic person

noreste, nordeste 1 *adj (posición, parte)* northeast, northeastern; *(dirección, viento)* northeasterly
 2 *nm* north-east

noria *nf* (**a**) *(para agua)* water wheel (**b**) *(de feria) Br* big wheel, *US* Ferris wheel

norirlandés, -esa 1 *adj* Northern Irish
 2 *nm,f* person from Northern Ireland

norma *nf (patrón, modelo)* standard; *(regla)* rule; **es la n. hacerlo así** it's usual to do it this way; **por n. (general)** as a rule; **normas de conducta** *(principios)* standards (of behaviour); *(pautas)* patterns of behaviour; **tener por n. hacer algo** to make it a rule to do sth

normal 1 *adj* (**a**) *(natural, regular)* normal; **n. y corriente** run-of-the-mill; **es una persona n. y corriente** he's a perfectly ordinary person (**b**) *Mat* perpendicular
 2 *adv* normally

normalidad *nf* (**a**) *(cualidad)* normality; **volver a la n.** to return to normal (**b**) *Quím* normality

normalización *nf* (**a**) *(vuelta a la normalidad)* return to normal, normalization (**b**) *(regularización)* standardization ❑ ***n. lingüística*** = regulation by legal means of the use of the different languages spoken in a multilingual region

normalizar [14] **1** *vt* (**a**) *(volver normal)* to return to normal, to normalize (**b**) *(estandarizar)* to standardize
 2 normalizarse *vpr* to return to normal

normalmente *adv* usually, normally

Normandía *n* Normandy

normando, -a 1 *adj* (**a**) *(de Normandía)* of/from Normandy; **el paisaje n.** the Normandy countryside (**b**) *Hist (nórdico)* Norse; *(de Normandía)* Norman
 2 *nm,f* (**a**) *(habitante de Normandía)* person from Normandy (**b**) *Hist (nórdico)* Norseman, *f* Norsewoman; *(de Normandía)* Norman

normar *vi Am* to set standards

normativa *nf* regulations; **según la n. vigente** under current rules *o* regulations

normativo, -a *adj* normative

noroeste 1 *adj (posición, parte)* northwest, northwestern; *(dirección, viento)* northwesterly
 2 *nm* northwest

norte 1 *adj (posición, parte)* north, northern; *(dirección, viento)* northerly
 2 *nm* (**a**) *Geog* north; **viento del n.** north wind; **ir hacia el n.** to go north(wards); **está al n. de Santiago** it's (to the) north of Santiago; **el N. de África** North Africa ❑ ***n. geográfico*** true north; ***el n. magnético*** magnetic north (**b**) *(objetivo)* goal, objective; EXPR **perder el n.** to lose one's bearings *o* way (**c**) *PRico (llovizna)* drizzle

norteafricano, -a *adj & nm,f* North African

Norteamérica *n* North America

norteamericano, -a *adj & nm,f* North American, American

norteño, -a 1 *adj* northern
 2 *nm,f* northerner

Noruega *n* Norway

noruego, -a 1 *adj & nm,f* Norwegian
 2 *nm (lengua)* Norwegian

norvietnamita *adj & mf* North Vietnamese

NOS *pron personal* (**a**) *(complemento directo)* us; **le gustaría vernos** she'd like to see us; **n. atracaron en plena calle** we were attacked in the middle of the street; **n. aprobaron a todos** we all passed, they passed us all

(**b**) *(complemento indirecto)* (to) us; **n. lo dio** he gave it to us, he gave us it; **n. tiene miedo** he's afraid of us; **n. lo ha comprado** *(nosotros se lo vendimos)* she bought it from *o* off us; *(es para nosotros)* she bought it for us; **n. extrajeron sangre** they took some of our blood; **n. han quitado una maleta** they've stolen one of our suitcases; **n. hicieron quitarnos la ropa** they made us take off our clothes; **n. pegaron un empujón** someone pushed us, we were pushed; **se n. olvidó** we forgot; **n. será de gran ayuda** it will be a great help to us

(**c**) *(reflexivo)* ourselves; **n. servimos un whisky** we poured ourselves a whisky; **n. vestimos** we get dressed; **n. hacíamos llamar "los cinco magníficos"** we called ourselves "the magnificent five"; **n. pusimos los abrigos y salimos** we put our coats on and left; **n. acostamos en la cama** we lay down on the bed

(**d**) *(recíproco)* each other; **n. enamoramos** we fell in love (with each other); **n. concedimos una segunda oportunidad** we gave ourselves a second chance

(**e**) *(con valor intensivo o expresivo)* **n. tememos lo peor** we fear the worst; **n. lo comimos todo** we ate the whole lot; **no te n. eches a llorar ahora** don't start crying on us now; *Fam* **tú descuida, que nosotros sabemos lo que n. hacemos** don't you worry, we know what we're doing here

(**f**) *(para formar verbos pronominales)* **n. pusimos cómodos** we made ourselves comfortable

(**g**) *(plural mayestático)* we; **n. estamos de acuerdo** we agree

nosocomio *nm Am* hospital

NOSOTROS, -AS *pron personal*

Usually omitted in Spanish except for emphasis or contrast.

(**a**) *(sujeto)* we; **n. somos los mejores** we're the best; **¿quién va primero? — n.** who's first? — we are; **n. los americanos** we Americans; **ellos están invitados, n. no** they're invited, but we're not *o* but not us; **algunos de n./todos n. pensamos que deberías ir** some of us/all of us think you should go; **n. mismos lo organizamos todo** we organized it all ourselves; **he aprobado — n. también** I passed — so did we

(**b**) *(predicado)* **somos n.** it's us; **sus hermanos somos n.** we are her brothers

(**c**) *(complemento con preposición o conjunción)* us; **juegan mejor que n.** they play better than we do *o* than us; **trabaja tanto como**

n. she works as hard as we do *o* as us; **excepto/según n.** apart from/according to us; **nos lo dijo a nosotras** she said it to us; **vente a comer con n.** come and eat with us; **de n.** *(nuestro)* ours; **todo esto es de n.** all this is ours; **lo arreglaremos entre n.** we'll sort it out among ourselves; **entre n.** *(en confidencia)* between you and me, just between the two of us; **por n. no hay problema** there's no problem as far as we're concerned

nostalgia *nf (del pasado)* nostalgia; *(de país, amigos)* homesickness

nostálgico, -a 1 *adj (del pasado)* nostalgic; *(de país, amigos)* homesick
2 *nm,f* nostalgic person; **es un n.** he's very nostalgic

nota *nf* **(a)** *(apunte)* note; **tomar n. de algo** *(apuntar)* to note sth down; *(fijarse)* to take note of sth ❑ ***n. aclaratoria*** explanatory note; ***n. bene*** nota bene, N.B.; ***n. al margen*** marginal note; ***n. necrológica*** obituary; ***n. a pie de página*** footnote; ***notas de sociedad*** society column
(b) *Educ* mark; **ir para n.** to go for top marks; **sacar** *o* **tener buenas notas** to get good marks ❑ ***n. de corte*** = minimum marks for entry into university; ***n. media*** average mark
(c) *(toque, rasgo)* touch; **una n. de distinción/de color** a touch of elegance/colour; *Fig* **n. dominante** prevailing mood
(d) *(cuenta)* bill; *(en restaurante) Br* bill, *US* check ❑ ***n. de gastos*** expenses claim
(e) *(reputación)* **de mala n.** of ill repute
(f) *Mús* note ❑ ***n. dominante*** dominant note; ***n. tónica*** key note
(g) EXPR *Fam* **dar la n.** to make oneself conspicuous; **forzar la n.** to go too far

notabilidad *nf* notability

notable 1 *adj* remarkable, outstanding
2 *nm* **(a)** *(nota)* (pass with) credit, ≃ B **(b)** *(persona)* notable, distinguished person

notablemente *adv (visiblemente)* clearly, evidently; *(notoriamente)* considerably, markedly

notación *nm* notation

notar 1 *vt* **(a)** *(advertir)* to notice; **te noto cansado** you look tired to me; **hacer n. algo** to point sth out; **nótese que el acusado estaba bebido** note *o* observe that the accused was drunk **(b)** *(sentir)* to feel
2 notarse *vpr* **(a)** *(sentirse)* to feel **(b)** to be apparent; **se nota que le gusta** you can tell she likes it; *Fam* **¡pues no se nota!** you could have fooled me!

notaría *nf* **(a)** *(profesión)* profession of notary **(b)** *(oficina)* notary's office

notariado *nm (profesión)* profession of notary

notarial *adj* notarial

notario, -a *nm,f* notary (public)

noticia *nf* news *(singular)*; **una n.** a piece of news; **su hijo le dio la n.** his son broke the news to him; **tener noticias** to have news; **¿tienes noticias suyas?** have you heard from him?; **las noticias** the news; **noticias de última hora** the latest news ❑ *Fam* ***n. bomba*** bombshell

> Observa que la palabra inglesa **notice** es un falso amigo y no es la traducción de la palabra española **noticia**. En inglés **notice** significa "aviso, cartel, anuncio".

noticiario, *Am* **noticiero** *nm* **(a)** *Cine* newsreel **(b)** *Radio & TV* television news

notición *nm Fam* bombshell

notificación *nf* notification

notificar [59] *vt* to notify, to inform

notoriedad *nf* **(a)** *(fama)* fame **(b)** *(evidencia)* obviousness

notorio, -a *adj* **(a)** *(evidente)* obvious **(b)** *(conocido)* widely-known

> Observa que la palabra inglesa **notorious** es un falso amigo y no es la traducción de la palabra española **notorio**. En inglés **notorious** significa "tristemente célebre".

nov. *(abrev de* **noviembre***)* Nov.

nova *nf Astron* nova

novatada *nf* **(a)** *(broma)* practical joke *(on newcomer)*; **las novatadas** *Br* ragging, *US* hazing **(b)** *(error)* beginner's mistake; EXPR **pagar la n.** to learn the hard way

novato, -a 1 *adj* inexperienced
2 *nm,f* novice, beginner

novecientos, -as *núm* nine hundred; *ver también* **seis**

novedad *nf* **(a)** *(cualidad) (de nuevo)* newness; *(de novedoso)* novelty; **novedades** *(discos)* new releases; *(libros)* new publications; *(moda)* latest fashions **(b)** *(cambio)* change **(c)** *(noticia)* news *(singular)*; **sin n.** *(sin contratiempo)* without incident; *Mil* all quiet **(d)** *(cosa nueva)* new thing; *(innovación)* innovation

novedoso, -a *adj* novel, new

novel *adj* new, first-time

novela *nf* novel ❑ ***n. de caballerías*** tale of chivalry; ***n. por entregas*** serial; ***n. de intriga*** mystery story; ***n. negra*** crime novel; ***n. policíaca*** detective story; ***n. rosa*** romance, romantic novel

novelar *vt* to fictionalize, to make into a novel

novelería *nf (ficciones)* fantasies

novelero, -a 1 *adj* **(a)** *(fantasioso)* overimaginative **(b)** *(aficionado a las novelas)* fond of novels
2 *nm,f* **(a)** *(fantasioso)* **es un n.** he has an overactive imagination, he tends to exaggerate **(b)** *(aficionado a las novelas)* person fond of novels

novelesco, -a *adj* **(a)** *(de la novela)* fictional **(b)** *(fantástico)* fantastic, extraordinary

novelista *nmf* novelist

novelística *nf* **(a)** *(estudio)* study of the novel **(b)** *(literatura)* novels, fiction

novelístico, -a *adj* novelistic

novena *nf Rel* novena

noveno, -a *núm* ninth; *ver también* **sexto**

noventa *núm* ninety; **los (años) n.** the nineties; *ver también* **seis**

noventavo, -a *núm* ninetieth; *ver también* **sexto**

noventón, -ona *nm,f* nonagenarian

noviar *vi RP* to go out

noviazgo *nm* engagement

noviciado *nm* **(a)** *(aprendizaje)* apprenticeship **(b)** *Rel* novitiate

novicio, -a *Rel & Fig nm,f* novice

noviembre *nm* November; *ver también* **septiembre**

noviero, -a *adj Méx* easily infatuated

novillada *nf Taurom* = bullfight with young bulls

novillero, -a *nm,f Taurom* apprentice bullfighter

novillo, -a *nm,f* **(a)** *(animal)* young bull, *f* young cow **(b)** *Esp Fam* **hacer novillos** to play *Br* truant *o US* hooky

novio, -a *nm,f* **(a)** *(compañero)* boyfriend, *f* girlfriend **(b)** *(prometido)* fiancé, *f* fiancée **(c)** *(el día de la boda)* bridegroom, *f* bride; **los novios** the bride and groom

novísimo, -a *adj* brand-new, up-to-the-minute

novocaína® *nf* Novocaine®

npi *adv Esp Fam Euf (abrev de* **ni puta idea***)* no idea

NS/NC *(abrev de* **no sabe, no contesta***) (en encuesta)* don't know, no reply given

Ntra. Sra. *(abrev de* **Nuestra Señora***)* Our Lady

nubarrón *nm* storm cloud

nube *nf* **(a)** *(de lluvia, humo)* cloud; EXPR **como caído de las nubes** out of the blue; EXPR *Fam* **estar en las nubes** to have one's head in the clouds; EXPR *Fam* **poner algo/a alguien por las nubes** to praise sth/sb to the skies; EXPR *Fam* **estar por las nubes** *(caro)* to be terribly expensive ❑ ***n. de estrellas*** star cloud; ***n. de polvo*** dust cloud; ***n. de tormenta*** thundercloud; *Fig* ***n. de verano*** short fit of anger **(b)** *(de personas, moscas)* swarm

núbil *adj Formal* nubile

nubio, -a *adj & nm,f* Nubian

nublado, -a 1 *adj nm* **(a)** *(cielo)* cloudy, overcast **(b)** *(vista, entendimiento)* clouded
2 *nm (nube)* storm cloud

nublar 1 *vt también Fig* to cloud
2 nublarse *vpr* **(a)** *(cielo, vista)* to cloud over **(b)** *(entendimiento)* to become clouded

nubloso, -a *adj* cloudy

nubosidad *nf* cloudiness, clouds; **n. parcial** partial cloud cover; **n. total** total cloud cover; **n. variable** variable cloud cover

nuboso, -a *adj* cloudy

nuca *nf* nape, back of the neck

nuclear *adj* nuclear

nuclearización *nf* **(a)** *(con energía nuclear)* introduction of nuclear power **(b)**

(con armas nucleares) acquisition of nuclear weapons

nuclearizar [14] *vt* (**a**) *(con energía nuclear)* to introduce nuclear power into (**b**) *(con armas nucleares)* to acquire nuclear weapons for

nucleico *adj Bioquím* nucleic

núcleo *nm* (**a**) *(centro)* nucleus; *Fig* centre ▫ *Fís* ***n. atómico*** atomic nucleus; ***n. celular*** cell nucleus; ***n. de una galaxia*** galactic nucleus; ***n. de población*** population centre (**b**) *(grupo)* core

nudillo *nm* knuckle; **llamar con los nudillos** *(a la puerta)* to knock (on *o* at the door)

nudismo *nm* nudism

nudista *adj & nmf* nudist

nudo *nm* (**a**) *(lazo)* knot; **hacer un n.** to tie a knot; *Fig* **se le hizo un n. en la garganta** she got a lump in her throat ▫ ***n. corredizo*** slipknot; ***n. gordiano*** Gordian knot (**b**) *(cruce)* junction ▫ ***n. de comunicaciones*** communications centre (**c**) *(vínculo)* tie, bond (**d**) *(punto principal)* crux, nub (**e**) *(en madera)* knot

nudoso, -a *adj* knotty, gnarled

nuera *nf* daughter-in-law

nuestro, -a 1 *adj posesivo* our; **n. coche** our car; **este libro es n.** this book is ours, this is our book; **un amigo n.** a friend of ours; **no es asunto n.** it's none of our business; **lo n. es el teatro** *(lo que nos va)* theatre is what we should be doing; *Fam Fig* **nos costó lo n.** *(mucho)* it wasn't easy for us

2 *pron posesivo* **el n.** ours; **el n. es rojo** ours is red; *Fam* **ésta es la nuestra** this is the chance we've been waiting for *o* our big chance; *Fam* **los nuestros** *(nuestra familia)* our folks; *(nuestro bando)* our lot, our side

nueva *nf Literario* (piece of) news; **buena n.** good news

nuevamente *adv* (**a**) *(de nuevo)* again, once more (**b**) *(recientemente)* recently

nueve *núm* nine; EXPR *Col* **tomar las medias nueves** to have a mid-morning snack, *Br* to have elevenses; *ver también* **seis**

nuevo, -a 1 *adj (reciente)* new; *(hortaliza)* new, fresh; *(vino)* young; **esto es n. para mí, no lo sabía** that's news to me, I didn't know it; **como n.** as good as new; **de n.** again; **ser n. en** to be new to; **estar/quedar como n.** to be as good as new; EXPR *Esp* **me coge de nuevas** that's news to me; **nuevas tecnologías** new technology ▫ ***Nueva Delhi*** New Delhi; ***el N. Mundo*** the New World; ***la n. ola*** the New Wave; ***el n. orden mundial*** the new world order; ***n. sol*** *(moneda)* new sol; ***Nueva York*** New York; ***Nueva Zelanda*** New Zealand

2 *nm,f* newcomer

nuez *nf* (**a**) *(de nogal)* walnut ▫ ***n. moscada*** nutmeg (**b**) *Anat* Adam's apple

nulidad *nf* (**a**) *(no validez)* nullity (**b**) *(ineptitud)* incompetence (**c**) *Fam (persona)* **ser una n.** to be useless

nulo, -a *adj* (**a**) *(sin validez)* null and void, invalid; **n. y sin valor** null and void (**b**) *Fam (incapacitado)* useless (**para** at)

núm. *(abrev de* **número**) No

numantino, -a *adj* brave, courageous

numen *nm Formal* inspiration, muse

numeración *nf* (**a**) *(acción)* numbering (**b**) *(sistema)* numerals, numbers ▫ ***n. arábiga*** Arabic numerals; ***n. binaria*** binary numbers; ***n. decimal*** Arabic numerals; ***n. romana*** Roman numerals

numerador *nm Mat* numerator

numeral *adj* numeral

numerar 1 *vt* to number

2 numerarse *vpr (personas)* to number off

numerario, -a 1 *adj (profesor, catedrático)* tenured, permanent; *(miembro)* full

2 *nm,f* = member of Opus Dei

numéricamente *adv* numerically

numérico, -a *adj* numerical

número *nm* (**a**) *(signo)* number; **mi n. de la suerte** my lucky number; **en números rojos** in the red; **hacer números** to reckon up; **ser el n. uno** to be number one; *(en lista de éxitos)* chart-topping; **fue el n. uno de su promoción** he was the best in his year; **el n. dos del partido republicano** the number two *o* second in command of the Republican Party; **sin n.** *(muchos)* countless, innumerable; **un sin n. de modelos diferentes** countless *o* innumerable different models ▫ *Quím* ***n. atómico*** atomic number; ***n. cardinal*** cardinal number; ***n. complejo*** complex number; ***n. complementario*** *(en lotería)* bonus number; ***n. entero*** whole number, integer; ***n. fraccionario*** fraction; ***n. impar*** odd number; *Informát* ***n. IP*** IP number; ***n. irracional*** irrational number; ***n. de matrícula*** *(de vehículo)* *Br* registration number, *US* license number; *(de alumno)* matriculation number; ***n. natural*** natural number; ***n. ordinal*** ordinal number; ***n. par*** even number; ***n. primo*** prime number; ***n. quebrado*** fraction; ***n. racional*** rational number; ***n. redondo*** round number; *Informát* ***n. de registro*** registration number; ***n. romano*** Roman numeral; ***n. de serie*** serial number; ***n. de teléfono*** telephone number

(**b**) *(tamaño, talla)* size

(**c**) *(de publicación)* issue, number ▫ ***n. atrasado*** back number; ***n. extraordinario*** special edition *o* issue

(**d**) *(de lotería)* ticket

(**e**) *Esp (de la Guardia Civil)* member

(**f**) *(de espectáculo)* turn, number; EXPR *Fam* **montar el n.** to make *o* cause a scene

numerología *nf* numerology

numeroso, -a *adj* numerous; **un grupo n.** a large group

numerus clausus *nm inv Educ* = restriction on number of students in university course

numismática *nf (estudio)* numismatics *(singular)*

numismático, -a 1 *adj* numismatic

2 *nm,f (persona)* numismatist

nunca *adv (en frases afirmativas)* never; *(en frases negativas)* ever; **casi n. viene** he almost never comes, he hardly ever comes; **¿n. la has visto?** have you never seen her?, haven't you ever seen her?; **como n.** like never before; **más que n.** more than ever; **n. jamás** *o* **más** never more *o* again; PROV **n. es tarde si la dicha es buena** better late than never

nunciatura *nf Rel* (**a**) *(cargo)* nunciature (**b**) *(edificio)* nuncio's residence (**c**) *(tribunal de la Rota)* = ecclesiastical court in Spain

nuncio *nm Rel* nuncio ▫ ***n. apostólico*** papal nuncio

nupcial *adj* wedding; **ceremonia/lecho n.** marriage ceremony/bed

nupcias *nfpl* wedding, nuptials; **contraer segundas n.** to remarry

nurse ['nurse] *nf* nurse, nanny

nutria *nf* otter

nutrición *nf* nutrition

nutricional *adj* nutritional

nutrido, -a *adj* (**a**) *(alimentado)* nourished, fed; **mal n.** undernourished (**b**) *(numeroso)* large

nutriente *nm* nutrient

nutrir 1 *vt* (**a**) *(alimentar)* to nourish, to feed (**con** *o* **de** with) (**b**) *(fomentar)* to feed, to nurture (**c**) *(suministrar)* to supply (**de** with)

2 nutrirse *vpr* (**a**) *(alimentarse)* **nutrirse de** *o* **con** to feed on (**b**) *(proveerse)* **nutrirse de** *o* **con** to supply *o* provide oneself with

nutritivo, -a *adj* nutritious

nylon ['nailon] *(pl* **nylons**) *nm* nylon

Ñ

Ñ, ñ ['eɲe] *nf (letra)* Ñ, ñ, = 15th letter of the Spanish alphabet

ñacañaca *nm Fam Hum* **hacer ñ.** to make love, *Br* to bonk

ñame *nm CAm, Carib, Col* yam

ñandú (*pl* **ñandúes**) *nm* rhea

ñaño, -a 1 *adj* (**a**) *Col, Pan (consentido)* spoiled, pampered (**b**) *Andes (muy amigo)* close, intimate

2 *nm* (**a**) *Chile (hermano)* older brother (**b**) *Perú (niño)* child

ñapa *nf Am* bonus, extra

ñato, -a *adj Am* snub-nosed

ñeque 1 *adj CAm, Andes* strong, vigorous

2 *nm* (**a**) *CAm, Andes (fuerza)* strength, vigour (**b**) *CAm, Méx (bofetada)* slap, blow

ñisca *nf* (**a**) *CAm (excremento)* excrement (**b**) *Andes (pizca)* bit, small amount

ñoñería, ñoñez *nf* inanity

ñoño, -a *adj* (**a**) *(remilgado)* squeamish; *(quejica)* whining (**b**) *(soso)* dull, insipid

ñoqui *nm* (**a**) *(plato)* gnocchi (**b**) *muy Fam Arg (persona)* = someone who receives a salary but does not turn up for work

ñorbo *nm Andes* passion flower

ñu *nm* gnu

O

O[1], **o** [o] *nf (letra)* O, o; EXPR *Fam* **no saber hacer la o con un canuto** to be as thick as two short planks

O[2] *(abrev de* **oeste***)* W

o[3] *conj*

> **u** is used instead of **o** in front of words beginning with "o" or "ho" (e.g. **mujer u hombre** woman or man). Note that **ó** (with acute accent) is used between figures.

or; **25 ó 26 invitados** 25 or 26 guests; **o.... o....** either… or…; **o te comportas, o te quedarás sin cenar** either you behave yourself or you're not getting any dinner, unless you behave yourself, you won't get any dinner; **cansado o no, tendrás que ayudar** (whether you're) tired or not, you'll have to help; **o sea (que)** in other words

o/ *(abrev de* **orden***)*

oasis *nm inv también Fig* oasis

oaxaqueño, -a 1 *adj* of/from Oaxaca
2 *nm,f* person from Oaxaca

obcecación *nf* blindness, stubbornness

obcecado, -a *adj* **(a)** *(tozudo)* stubborn **(b)** *(obsesionado)* **o. por** *o* **con** blinded by

obcecar [59] **1** *vt* to blind
2 obcecarse *vpr* to become stubborn; **obcecarse en hacer algo** to stubbornly insist on doing sth; **se ha obcecado y no quiere escuchar a nadie** she has dug her heels in and refuses to listen to anyone

obedecer [46] **1** *vt* to obey; **o. a alguien** to obey sb; **o. las normas** to obey the rules
2 *vi* **(a)** *(acatar)* to obey, to do as one is told; **hacerse o.** to command obedience **(b)** *(estar motivado)* **o. a algo** to be due to sth **(c)** *(responder)* to respond

obediencia *nf* obedience; **o. ciega** blind obedience; **se comporta con o.** he's obedient

obediente *adj* obedient

obelisco *nm* obelisk

obenque, obenquillo *nm Náut* shroud

obertura *nf* overture

obesidad *nf* obesity

obeso, -a 1 *adj* obese
2 *nm,f* obese person

óbice *nm Formal* **no ser ó. para** not to be an obstacle to

obispado *nm* **(a)** *(cargo)* bishopric **(b)** *(territorio)* bishopric, diocese

obispal *adj* episcopal

obispo *nm* bishop

óbito *nm Formal* decease, demise

obituario *nm* obituary

objeción *nf* objection; **poner objeciones a** to raise objections to; **tener objeciones** to have objections; **o. denegada** *(en juicio)* objection overruled ▫ ***o. de conciencia*** conscientious objection

objetable *adj* objectionable

objetar 1 *vt* to object to; **no tengo nada que o.** I have no objection; **¿tienes algo que o. a su propuesta?** do you have any objection to her proposal?
2 *vi Esp* to register as a conscientious objector

objetivamente *adv* objectively

objetivar *vt* to treat objectively

objetividad *nf* objectivity

objetivo, -a 1 *adj* objective
2 *nm* **(a)** *(finalidad)* objective, aim **(b)** *Mil* target **(c)** *Fot* lens

objeto *nm* **(a)** *(asunto, cosa)* object; **ser o. de** to be the object of ▫ ***objetos perdidos*** lost property; ***objetos de valor*** valuables; ***o. volador no identificado*** unidentified flying object
(b) *(propósito)* purpose, object; **con (el) o. de** *(para)* in order to, with the aim of; **¿con qué o.?** to what end?; **tener por o.** *(sujeto: persona)* to have as one's aim; *(sujeto: plan)* to be aimed at; **sin o.** *(inútilmente)* to no purpose, pointlessly
(c) *(blanco)* **fue o. de las burlas de sus compañeros** he was the butt of his classmates' jokes; **de niño fue o. de malos tratos** he was beaten as a child
(d) *Gram* object ▫ ***o. directo/indirecto*** direct/indirect object

objetor, -ora *nm,f* objector ▫ ***o. de conciencia*** conscientious objector

oblación *nf Rel* oblation

oblada *nf (pez)* sea bream

oblea *nf* wafer

oblicuo, -a *adj* **(a)** *(inclinado)* oblique, slanting **(b)** *(mirada)* sidelong **(c)** *Mat* oblique

obligación *nf* **(a)** *(deber, imposición)* obligation, duty; **me vi en la o. de ayudarlos** I was obliged to help them; **faltó a sus obligaciones** she failed in her duty; **cumple con tus obligaciones** fulfil your obligations *o* duties; **lo hice por o.** I did it out of a sense of duty **(b)** *Fin* bond, security ▫ ***o. convertible*** convertible bond; ***o. del Estado*** Treasury bond

obligacionista *nmf Fin* bondholder

obligado, -a *adj* **es de obligada lectura** it's essential reading; **una norma de o. cumplimiento** a compulsory regulation

obligar [38] **1** *vt* **o. a alguien a hacer algo/a que haga algo** to oblige *o* force sb to do sth, to make sb do sth; **esta norma obliga a los mayores de dieciocho años** this rule applies to people over eighteen
2 obligarse *vpr* **obligarse a hacer algo** to undertake to do sth

obligatoriedad *nf* **la ley establece la o. de ponerse el cinturón de seguridad en la ciudad** the law stipulates that it is compulsory to wear a seatbelt in the city

obligatorio, -a *adj* obligatory, compulsory

obliteración *nf Med* obliteration

obliterar *vt Med* to obliterate

oblongo, -a *adj* oblong

obnubilación *nf* bewilderment

obnubilar 1 *vt* to bewilder, to daze
2 obnubilarse *vpr* to become bewildered *o* dazed

oboe 1 *nm (instrumento)* oboe
2 *nmf (persona)* oboist

óbolo *nm* small contribution

OBRA *nf* **(a)** *(trabajo, acción)* **hacer** *o* **realizar una buena o.** to do a good deed; **ya he hecho la buena o. del día** I've done my good deed for the day; **poner algo en o.** to put sth into effect; **por o. (y gracia) de** thanks to; EXPR **por sus obras los conoceréis** by their works will you know them; **es o. suya** it's his doing; **la ruina de las cosechas es o. de la sequía** the crops have been ruined as a result of the drought; PROV **obras son amores y no buenas razones** actions speak louder than words ▫ ***o. benéfica*** *o* ***de beneficencia*** *o* ***de caridad*** *(institución)* charity; *(acción, trabajo)* charitable deed; *Anticuado* ***o. pía*** charitable institution; ***obras sociales*** community work
(b) *(de arte)* work (of art); *(de teatro)* play; *(de literatura)* book; *(de música)* work, opus; **la o. pictórica de Miguel Ángel** Michelangelo's paintings ▫ ***obras completas*** complete works; ***o. de consulta*** reference work; ***o. maestra*** masterpiece; ***o. menor*** minor work
(c) *(trabajo de construcción)* work; *(solar en construcción)* building site; *(reforma doméstica, en local)* alteration; **el ayuntamiento va a**

empezar una o. en el descampado the council is going to start work on the wasteground; **vamos a hacer o.** *o* **obras en la cocina** we're going to make some alterations to our kitchen; **cortada por obras** *(letrero en calle)* road closed for repairs; **cerrado por obras** *(letrero en restaurante, edificio)* closed for alterations; **obras** *(en carretera)* roadworks ❑ *Náut* ***o. muerta*** freeboard; ***obras públicas*** public works
(**d**) *(trabajo de albañilería)* **un horno de o.** a brick oven
(**e**) ***la O.*** the Opus Dei, = traditionalist religious organization, whose members include many professional people and public figures

---

obrador *nm (de pastelería)* bakery
obrar 1 *vi* (**a**) *(actuar)* to act (**b**) *(causar efecto)* to work, to take effect (**c**) *(estar en poder)* **o. en manos de** *o* **en poder de** to be in the possession of
2 *vt* to work; **la fe obra milagros** faith can work miracles
obrerismo *nm (movimiento)* labour movement
obrero, -a 1 *adj* **clase obrera** working class; **movimiento o.** labour movement
2 *nm,f (en fábrica)* worker; *(en obra)* workman, labourer ❑ ***o. cualificado*** skilled worker
obscenidad *nf* obscenity
obsceno, -a *adj* obscene
obscurantismo *nm* obscurantism
obscurecer, obscuridad *etc* = **oscurecer, oscuridad** *etc*
obsequiar *vt* **o. a alguien con algo** to present sb with sth
obsequio *nm* gift, present; **el vino es o. de la casa** the wine is on the house ❑ ***o. de empresa*** complimentary gift
obsequiosidad *nf* attentiveness, helpfulness
obsequioso, -a *adj* obliging, attentive
observable *adj* observable
observación *nf* (**a**) *(examen, contemplación)* observation; **el paciente está en** *o* **bajo o.** the patient is under observation (**b**) *(comentario)* observation, remark (**c**) *(nota)* note (**d**) *(cumplimiento)* observance
observador, -ora 1 *adj* observant
2 *nm,f* observer
observancia *nf* observance
observar *vt* (**a**) *(contemplar)* to observe, to watch (**b**) *(advertir)* to notice, to observe; **no se observan anomalías** no problems have been noted (**c**) *(acatar) (ley, normas)* to observe, to respect; *(conducta, costumbre)* to follow
observatorio *nm* observatory ❑ ***o. astronómico*** (astronomical) observatory; ***o. meteorológico*** weather station
obsesión *nf* obsession
obsesionar 1 *vt* to obsess; **le obsesiona la muerte** he's obsessed with death
2 obsesionarse *vpr* to become obsessed
obsesivo, -a *adj* obsessive
obseso, -a 1 *adj* obsessed
2 *nm,f* obsessed *o* obsessive person; **es un o. de la salud** he's obsessed with his health ❑ ***o. sexual*** sex maniac
obsidiana *nf* obsidian
obsolescencia *nf* obsolescence
obsoleto, -a *adj* obsolete
obstaculizar [14] *vt* to hinder, to hamper
obstáculo *nm* obstacle (**para** to); **poner obstáculos a algo/alguien** to hinder sth/sb
obstante: no obstante *loc adv* nevertheless, however
obstar *vi Formal* **eso no obsta para que vengas si quieres** that isn't to say that you can't come if you want to
obstetra *nmf* obstetrician
obstetricia *nf* obstetrics *(singular)*
obstétrico, -a *adj* obstetric, obstetrical
obstinación *nf* (**a**) *(persistencia)* perseverance (**b**) *(terquedad)* obstinacy, stubbornness
obstinadamente *adv* (**a**) *(con persistencia)* perseveringly (**b**) *(con terquedad)* obstinately, stubbornly
obstinado, -a *adj* (**a**) *(persistente)* persistent (**b**) *(terco)* obstinate, stubborn
obstinarse *vpr* to refuse to give way; **o. en** to persist in
obstrucción *nf también Fig* obstruction
obstruccionismo *nm* obstructionism, stonewalling
obstruccionista *adj & nmf* obstructionist
obstruido, -a *adj* (**a**) *(bloqueado)* blocked (**b**) *(obstaculizado)* obstructed
obstruir [34] **1** *vt* (**a**) *(bloquear)* to block, to obstruct (**b**) *(obstaculizar)* to obstruct, to impede
2 obstruirse *vpr* to get blocked (up)
obtención *nf* obtaining
obtener [65] *vt (beca, cargo, puntos)* to get; *(premio, victoria)* to win; *(ganancias)* to make; *(satisfacción)* to gain; *(información)* to obtain; **obtuvieron dos millones de beneficio de la venta de su casa** they made a profit of two million from the sale of their house; **la sidra se obtiene de las manzanas** cider is obtained *o* made from apples
obturación *nf* blockage, obstruction
obturador *nm Fot* shutter
obturar *vt* to block
obtuso, -a 1 *adj* (**a**) *(sin punta)* blunt (**b**) *(ángulo)* obtuse (**c**) *(tonto)* obtuse, stupid
2 *nm,f (tonto)* **es un o.** he's obtuse
obtuviera *etc ver* **obtener**
obús (*pl* **obuses**) *nm* (**a**) *(cañón)* howitzer (**b**) *(proyectil)* shell (**c**) *(de neumático)* cap
obviamente *adv* obviously
obviar *vt* to avoid, to get round
obvio, -a *adj* obvious
oca *nf* (**a**) *(animal)* goose (**b**) *(juego)* **la o.** snakes and ladders (**c**) *(planta)* oca
ocarina *nf* ocarina
ocasión *nf* (**a**) *(oportunidad)* opportunity, chance; **una o. de oro** a golden opportunity; **aprovechar una o.** to take advantage of an opportunity; **en** *o* **a la primera o.** at the first opportunity; **tener o. de hacer algo** to have the chance to do sth; EXPR *Fam* **la o. la pintan calva** this is my/your/*etc* big chance
(**b**) *(momento)* moment, time; *(vez)* occasion; **en dos ocasiones** on two occasions; **en alguna o.** sometimes; **en cierta o.** once; **en ocasiones** sometimes, at times; **en otra o.** some other time
(**c**) *(motivo)* **con o. de** on the occasion of; **dar o. para algo/hacer algo** to give cause for sth/to do sth
(**d**) *(ganga)* bargain; **artículos de o.** bargains; **automóviles de o.** secondhand *o* used cars
ocasional *adj* (**a**) *(accidental)* accidental (**b**) *(irregular)* occasional
ocasionalmente *adv* (**a**) *(casualmente)* by chance, accidentally (**b**) *(de vez en cuando)* occasionally
ocasionar *vt* to cause
ocaso *nm* (**a**) *(puesta del sol)* sunset (**b**) *(decadencia)* decline
occidental 1 *adj* western; **la sociedad o.** Western society
2 *nmf* westerner
occidentalismo *nm* western nature
occidentalizar [14] **1** *vt* to westernize
2 occidentalizarse *vpr* to become westernized
occidente *nm* west; **(el) O.** *(bloque de países)* the West
occipital *adj & nm Anat* occipital
occipucio *nm Anat* occiput
OCDE *nf* (*abrev de* **Organización para la Cooperación y el Desarrollo Económico**) OECD
Oceanía *n* Oceania *(including Australia and New Zealand)*
oceánico, -a *adj* (**a**) *(de un océano)* oceanic (**b**) *(de Oceanía)* Oceanian
océano *nm* (**a**) *(mar)* ocean ❑ ***O. Atlántico*** Atlantic Ocean; ***O. (Glacial) Antártico*** Antarctic Ocean; ***O. (Glacial) Ártico*** Arctic Ocean; ***O. Índico*** Indian Ocean; ***O. Pacífico*** Pacific Ocean (**b**) *(inmensidad)* sea, host; **afrontamos un o. de problemas** we face a host of problems
oceanografía *nf* oceanography
oceanográfico, -a *adj* oceanographical
oceanógrafo, -a *nm,f* oceanographer
ocelote *nm (mamífero)* ocelot
ochavón, -ona *adj Cuba* octoroon
ochenta *núm* eighty; **los (años) o.** the eighties; *ver también* **seis**
ochentavo, -a *núm* eightieth; *ver también* **sexto**
ochentón, -ona *adj & nm,f Fam* person in their eighties
ocho *núm* eight; **de aquí en o. días** *(en una semana)* a week today; *Fam* **¡qué fiesta ni qué o. cuatros!** it wasn't what I'd call a party!; *ver también* **seis**

ochocientos, -as *núm* eight hundred; *ver también* **seis**

ocio *nm (tiempo libre)* leisure; *(inactividad)* idleness; **en sus ratos de o. se dedica a leer** he spends his spare time reading

ociosidad *nf* idleness; PROV **la o. es la madre de todos los vicios** the devil finds work for idle hands (to do)

ocioso, -a *adj* (**a**) *(inactivo)* idle (**b**) *(innecesario)* unnecessary; *(inútil)* pointless

ocluir [34] **1** *vt* to occlude
2 ocluirse *vpr* to become occluded

oclusión *nf* (**a**) *(cierre)* blockage (**b**) *Meteo* occlusion

oclusiva *nf Ling* occlusive

oclusivo, -a *adj* occlusive

ocluyo *etc ver* **ocluir**

ocote *nm* ocote pine

OCR *nm Informát (abrev de* **optical character recognition**) OCR

ocre 1 *nm* ochre
2 *adj inv* ochre

oct. *(abrev de* **octubre**) Oct.

octaedro *nm* octahedron

octagonal *adj* octagonal

octágono *nm* octagon

octanaje *nm* octane number *o* rating

octano *nm* octane

octava *nf Mús* octave

octavilla *nf* (**a**) *(de propaganda)* pamphlet, leaflet (**b**) *(tamaño)* octavo

octavo, -a 1 *núm* eighth; **la octava parte** an eighth
2 *nm* (**a**) *(parte)* eighth (**b**) *Dep* ***octavos de final*** round before the quarter final, last sixteen; *ver también* **sexto**

octeto *nm* (**a**) *Mús* octet (**b**) *Informát* byte

octogenario, -a *adj & nm,f* octogenarian

octogésimo, -a *núm* eightieth; *ver también* **sexto**

octogonal *adj* octagonal

octógono *nm* octagon

octosílabo, -a 1 *adj* octosyllabic
2 *nm* octosyllabic line

octubre *nm* October; *ver también* **septiembre**

óctuplo, -a *adj* octuple, eightfold

OCU ['oku] *nf (abrev de* **Organización de Consumidores y Usuarios**) = Spanish consumer organization, *Br* ≃ CAB

ocular *adj* eye; **globo o.** eyeball

oculista *nmf* ophthalmologist

ocultación *nf* concealment, hiding ❑ *Der* ***o. de pruebas*** concealment, non-disclosure

ocultar 1 *vt* (**a**) *(esconder)* to hide; **o. algo a alguien** to hide sth from sb (**b**) *Fig (delito)* to cover up
2 ocultarse *vpr* to hide

ocultismo *nm* occultism

ocultista *nmf* occultist

oculto, -a *adj* (**a**) *(escondido)* hidden (**b**) *(sobrenatural)* **lo o.** the occult

ocupa *nmf Fam* squatter

ocupación *nf* (**a**) *(de territorio)* occupation; **o. ilegal de viviendas** squatting; **los hoteles registraron una o. del 80 por ciento** the hotels reported occupancy rates of 80 percent (**b**) *(empleo)* job, occupation

ocupacional *adj* occupational

ocupado, -a *adj* (**a**) *(atareado)* busy; **tengo toda la tarde ocupada** I'm busy all afternoon (**b**) *(teléfono) Br* engaged, *US* busy; *(plaza, asiento)* taken; *(lavabo)* engaged (**c**) *(territorio)* occupied; **casa ocupada** *(ilegalmente)* squat

ocupante 1 *adj* occupying
2 *nmf* occupant; **o. ilegal de viviendas** squatter

OCUPAR 1 *vt* (**a**) *(invadir) (territorio, edificio)* to occupy; **han ocupado la casa** *(ilegalmente)* squatters have moved into the house
(**b**) *(llenar) (mente)* to occupy; **¿en qué ocupas tu tiempo libre?** how do you spend your spare time?; **ocupa su tiempo en estudiar** she spends her time studying; **los niños me ocupan mucho tiempo** the children take up a lot of my time; **este trabajo sólo te ocupará unas horas** this task will only take you a few hours
(**c**) *(abarcar, utilizar) (superficie, espacio)* to take up; *(habitación, piso)* to live in; *(mesa)* to sit at; *(sillón)* to sit in; **ocupamos los despachos que hay al final del pasillo** our offices are at the end of the corridor; **¿cuándo ocuparéis la casa?** when do you move into the house *o* move in?; **los embajadores siempre ocupan las primeras filas** the ambassadors always occupy the first few rows
(**d**) *(cargo, puesto, cátedra)* to hold; **ocupa el primer puesto en las listas de éxitos** she's top of the charts; **¿qué lugar ocupa el Flamingo en la clasificación?** where are Flamingo in the league?
(**e**) *(dar trabajo a)* to find *o* provide work for **el sector turístico ocupa a la mayoría de la población del litoral** most of the people who live on the coast are employed in the tourist industry; **ha ido ocupando a toda su familia** he's found work for all of his family
(**f**) *Der (confiscar)* **o. algo a alguien** to seize *o* confiscate sth from sb
2 ocuparse *vpr (encargarse)* **ocúpate tú, yo no puedo** you do it, I can't; **ocuparse de algo/alguien** *(tratar)* to deal with sth/sb; **ocuparse de alguien** *(cuidar, atender)* to look after sb; **¿quién se ocupa de la compra/de cocinar en tu casa?** who does the shopping/cooking in your house?; **un contable se ocupa de las cuentas de la empresa** an accountant deals with *o* looks after the company's accounts; **él se ocupa de llevar a los niños al colegio** he takes the children to school; **en este capítulo nos ocuparemos de la poesía medieval** this chapter will look at medieval poetry; **¡tú ocúpate de lo tuyo!** mind your own business!

---

ocurrencia *nf* (**a**) *(idea)* bright idea; **¡vaya o.!** the very idea!, what an idea! (**b**) *(dicho gracioso)* witty remark

ocurrente *adj* witty

ocurrido, -a *adj* (**a**) *(que ha sucedido)* **lo o. demuestra que estábamos en lo cierto** what happened proved that we were right (**b**) *Ecuad, Perú (ocurrente)* witty

ocurrir 1 *vi (suceder)* to happen; **ha ocurrido un accidente** there's been an accident; **lo que ocurre es que...** the thing is...; **¿qué le ocurre a Juan?** what's up with Juan?; **¿qué ocurre?** what's the matter?; **¿te ocurre algo?** is anything the matter?
2 ocurrirse *vpr (venir a la cabeza)* **se me ha ocurrido una idea** I've got an idea; **no se me ocurre ninguna solución** I can't think of a solution; **se me ocurre que...** it occurs to me that...; **¡ni se te ocurra!** don't even think about it!; **después del accidente no se le ocurrió nada mejor que comprarse una moto** what did he do after the accident but buy a motorbike!; **¡se te ocurre cada cosa!** you do come out with some funny things!

oda *nf* ode

odalisca *nf* odalisque

ODECA *nf (abrev* **Organización de los Estados Centroamericanos**) OCAS

odeón *nm* odeon

odiar *vt* to hate; **o. a muerte a alguien** to loathe sb; **odio las olivas** I hate *o* can't stand olives; **odio levantarme pronto** I hate getting up early

odio *nm* hatred; **tener o. a algo/alguien** to hate sth/sb

odioso, -a *adj (persona, actitud, acción)* hateful, horrible; **tiene la odiosa manía de interrumpir a todo el mundo** she has the annoying *o* irritating habit of interrupting everyone

odisea *nf* (**a**) *(viaje)* odyssey; **llegar hasta la frontera fue una o.** it was a real trek to get to the border (**b**) *(aventura)* **conseguir las entradas fue toda una o.** it was a real job to get the tickets (**c**) **la O.** the Odyssey

odontología *nf* dentistry

odontológico, -a *adj* dental

odontólogo, -a *nm,f* dentist, dental surgeon

odorífero, -a *adj* odoriferous

odre *nm (de vino)* wineskin

OEA *nf (abrev de* **Organización de Estados Americanos**) OAS

OEI *nf (abrev* **Oficina de Educación Iberoamericana**) OEI

oeste 1 *adj (posición, parte)* west, western; *(dirección, viento)* westerly
2 *nm* west; **viento del o.** west wind; **ir hacia el o.** to go west(wards); **está al o. de Madrid** it's (to the) west of Madrid; **el lejano o.** the wild west

ofender 1 *vt* (**a**) *(injuriar)* to insult; **tus palabras me ofenden** I feel insulted; **disculpa si te he ofendido en algo** I'm sorry if I've offended you in some way (**b**) *(a la vista, al oído)* to offend

2 *vi* to cause offence
3 **ofenderse** *vpr* to take offence (**por** at); **se ofende por nada** she takes offence at the slightest thing; **no te ofendas, pero creo que te equivocas** don't be offended but I think you're wrong

ofendido, -a 1 *adj* offended
2 *nm,f* offended party

ofensa *nf* (**a**) *(acción)* offence; **una o. a la buena educación** an affront to good manners (**b**) *(injuria)* slight, insult

ofensiva *nf* offensive; **pasar a la o.** to go on the offensive; **tomar la o.** to take the offensive

ofensivo, -a *adj* (**a**) *(conducta, palabra)* offensive, rude (**b**) *(arma, táctica)* offensive

ofensor, -ora *nm,f* offender

oferta *nf* (**a**) *(propuesta, ofrecimiento)* offer; **ofertas de empleo** *o* **trabajo** situations vacant; **o. en firme** firm offer (**b**) *Econ (suministro)* supply; **la o. y la demanda** supply and demand ❑ ***o. monetaria*** money supply (**c**) *(rebaja)* bargain, special offer; **artículos de o.** sale goods, goods on offer; **estar de o.** to be on offer (**d**) *Fin (proposición)* bid, tender ❑ ***o. pública de adquisición*** takeover bid

ofertar *vt* to offer

ofertorio *nm Rel* offertory

off *adj* (**a**) **voz en o.** *Cine* voice-over; *Teatro* voice offstage (**b**) *Informát* **o. line** off line

office [ˈofis] *nm inv* scullery

offset *nm Imprenta* offset

offside [ofˈsaid] *n (en fútbol)* offside; **estar en o.** to be offside; EXPR **pillar a alguien en o.** to catch sb out

oficial[1] **1** *adj* official
2 *nm* (**a**) *Mil* officer ❑ ***o. de guardia*** officer of the watch (**b**) *(funcionario)* clerk

oficial[2]**, -ala** *adj (obrero)* time-served

oficialía *nf (empleo)* clerkship

oficialidad *nf* (**a**) *(carácter oficial)* official nature (**b**) *Mil* officer corps, officers

oficialismo *nm Am (gobierno)* **el o.** the Government

oficializar [14] *vt* to make official

oficialmente *adv* officially

oficiante *nmf Rel* officiant

oficiar 1 *vt (misa)* to celebrate; *(ceremonia)* to officiate at
2 *vi* (**a**) *(sacerdote)* to officiate (**b**) **o. de** *(actuar de)* to act as

oficina *nf* office ❑ ***o. de colocación*** employment agency; ***o. de correos*** post office; ***o. de empleo*** job centre; ***o. de información*** information office; ***o. inteligente*** intelligent office; ***o. de objetos perdidos*** *Br* lost property, *US* lost-and-found office; ***o. de turismo*** tourist office

oficinista *nmf* office worker

oficio *nm* (**a**) *(profesión manual)* trade; **de o.** by trade (**b**) *(trabajo)* job; EXPR *Fam* **no tener o. ni beneficio** to have no trade (**c**) *Der* **de o.** *(abogado)* court-appointed, legal aid (**d**) *(documento)* official minute (**e**) *(experiencia)* **tener mucho o.** to be very experienced; **se llegó a un acuerdo gracias a los buenos oficios del ministro** an agreement was reached thanks to the good offices of the minister (**f**) *Rel (ceremonia)* service ❑ ***o. de difuntos*** funeral service (**g**) *(función)* function, role (**h**) *(comunicación)* communiqué, official notice

oficiosamente *adv (no oficialmente)* unofficially

oficioso, -a *adj* unofficial

ofidio *nm (serpiente)* snake, *Espec* ophidian

ofimática *nf (técnicas informáticas)* office IT

ofimático, -a *adj* **material o.** office computer equipment

---

OFRECER [46] **1** *vt (proporcionar, dar)* to offer; **ofrecerle algo a alguien** to offer sb sth; **me han ofrecido el puesto de director** they've offered me the job of manager; **¿puedo ofrecerle algo de beber?** may I offer you something to drink?; **ofrecen una recompensa por él** they are offering a reward for his capture; **le ofrecieron una cena homenaje** they held a dinner in his honour; **¿cuánto te ofrecen por la casa?** how much are they offering you for the house?; **me ofrece la oportunidad** *o* **la ocasión de conocer la ciudad** it gives me the chance to get to know the city
(**b**) *(en subastas)* to bid; **¿qué ofrecen por esta mesa?** what am I bid for this table?
(**c**) *(tener, presentar)* to present; **la cocina ofrece un aspecto lamentable** the kitchen's in a real mess; city's rather grim; **esta tarea ofrece algunas dificultades** this task poses *o* presents a number of problems; **aquel negocio ofrecía inmejorables perspectivas** that business had excellent prospects
(**d**) *(oraciones, sacrificio)* to offer up; **o. una misa por alguien** to have a mass said for sb
2 ofrecerse *vpr* (**a**) *(presentarse)* to offer, to volunteer; **varios se ofrecieron voluntarios** several people volunteered; **ofrecerse a** *o* **para hacer algo** to offer to do sth; **me ofrecí de guía para enseñarles la ciudad** I volunteered *o* offered to act as a guide and show them round the city; **se ofrece diseñadora con mucha experiencia** *(en letrero, anuncio)* highly experienced designer seeks employment
(**b**) *(aparecer)* **se nos ofrece una oportunidad de oro para hacer dinero** this is a golden opportunity for us to make some money; **un hermoso paisaje se ofrecía ante sus ojos** a beautiful landscape greeted her eyes
(**c**) *Formal (desear)* **¿qué se le ofrece?** what can I do for you?; **estamos aquí para lo que se le ofrezca** we are here to be of service to you

---

ofrecimiento *nm* offer

ofrenda *nf* offering

ofrendar *vt* to offer up

ofrezco *etc ver* **ofrecer**

oftalmía *nf* ophthalmia

oftalmología *nf* ophthalmology

oftalmólogo, -a *nm,f* ophthalmologist

ofuscación *nf*, **ofuscamiento** *nm* (**a**) *(deslumbramiento)* blindness (**b**) *(turbación)* **el odio ha provocado su o.** he was so full of hatred he couldn't think clearly

ofuscar [59] **1** *vt* (**a**) *(deslumbrar)* to dazzle, to blind (**b**) *(turbar)* to blind
2 ofuscarse *vpr* (**a**) *(deslumbrarse)* to be dazzled *o* blinded (**con** *o* **por** by) (**b**) *(turbarse)* **se ha ofuscado con la idea** the idea has blinded him to everything else

ogro *nm también Fig* ogre

oh *interj* **¡oh!** oh!

ohmio *nm* ohm

oídas: de oídas *loc adv* by hearsay; **lo conozco de o.** I know of him, I've heard of him

oído *nm* (**a**) *(órgano)* ear; **se me han tapado los oídos** my ears are blocked; **me zumban los oídos** my ears are burning; **abrir los oídos** to pay close attention; **decir algo al o. a alguien** to whisper sth in sb's ear; EXPR **entrar por un o. y salir por el otro** to go in one ear and out the other; EXPR **hacer oídos sordos** to turn a deaf ear; *Fig* **lastimar los oídos** to offend one's ears; **si llega a oídos de ella…** if she gets to hear about this…; EXPR **regalarle el o. a alguien** to flatter sb; EXPR **ser todo oídos** to be all ears ❑ ***o. externo*** outer ear; ***o. interno*** inner ear; ***o. medio*** middle ear
(**b**) *(sentido)* (sense of) hearing; **aguzar el o.** to prick up one's ears; EXPR **ser duro de o.** to be hard of hearing; **tener o., tener buen o.** to have a good ear; **tocar de o.** to play by ear

OIEA *nm (abrev de* **Organismo Internacional para la Energía Atómica***)* IAEA

oigo *ver* **oír**

OÍR [44] **1** *vt* (**a**) *(percibir el sonido de)* to hear; **la oí salir** I heard her leaving; **los oí hablando** *o* **hablar** *o* **que hablaban** I heard them talking; **he oído muchas cosas buenas de ti** I've heard a lot of good things about you; **ahora lo oigo** *(lo escucho)* I can hear it now; **¿me oyes?** *(al teléfono, a distancia)* can you hear me?; *(¿entendido?)* do you hear (me)?; **¡no se oye!** *(en público, auditorio)* I can't hear!; **hacerse o.** to make oneself heard; **¡lo que hay que o.!, ¡se oye cada cosa!** whatever next!; **o. algo de labios de alguien** to hear sth from sb; **o. algo de labios de alguien** to hear sth from sb; **lo oí de sus propios labios** I heard it from the horse's mouth; **o. a alguien decir algo** to hear sb say *o* saying sth; **he oído hablar de él/ello** I've heard of him/about it; **¡no quiero ni o. hablar de él/ello!** don't mention him/it to me!; **se ha teñido el pelo de rubio, así, como lo oyes** he's dyed his hair blond, believe it or not; **se ha divorciado — ¿de verdad? — como lo**

oyes she's got divorced – really? – that's what I said; **como quien oye llover** without paying the least attention; *Fam* **¡me va a o.!** I'm going to give him a piece of my mind!

(**b**) *(escuchar, atender)* to listen to; **voy a o. las noticias** I'm going to listen to the news; **¿has oído alguna vez algo de Bartok?** have you ever heard any Bartok?; **¿tú crees que oirán nuestras demandas?** do you think they'll listen to our demands?; **oye bien lo que te digo** listen carefully to what I'm going to tell you; **¿estás oyendo lo que te digo?** are you listening to me?

(**c**) *(saber, enterarse de)* to hear; **¿has oído algo de mi hermano?** have you heard from my brother?; **he oído lo de tu padre** I heard about your father; **he oído (decir) que te marchas** I hear *o* I've heard you're leaving

(**d**) *Der (sujeto: juez)* to hear

(**e**) **o. misa** to go to mass

2 *vi* to hear; **de este oído no oigo bien** I don't hear very well with this ear; **¡oiga, por favor!** excuse me!; *Fam* **oye,...** *(mira)* listen,...; **oye, te tengo que dejar** listen *o* look, I have to go; *Fam* **¡oye!** *(¡eh!)* hey!; **¡oye, no te pases!** hey, steady on!; PROV **o., ver y callar** hear no evil, see no evil, speak no evil

---

OIRT *nf* (*abrev* **Organisation Internationale de Radiodiffusion et Télévision**) OIRT

OIT *nf* (*abrev de* **Organización Internacional del Trabajo**) ILO

ojal *nm* buttonhole

ojalá *interj* **¡o.!** I hope so!; **¡o. lo haga!** I hope she does it!; **¡o. fuera viernes!** I wish it was Friday!; **¡o. que salga bien!** I hope it goes well!

ojeada *nf* glance, look; **echar una o. a algo/alguien** to take a quick glance at sth/sb, to take a quick look at sth/sb

ojeador *nm* (**a**) *(en caza)* beater (**b**) *Dep* scout

ojear *vt* to have a look at

ojeras *nfpl* bags under the eyes

ojeriza *nf* dislike; **tener o. a alguien** to have it in for sb

ojeroso, -a *adj* with bags under the eyes, haggard

ojete *nm* (**a**) *(bordado)* eyelet (**b**) *muy Fam* arsehole

ojímetro: a ojímetro *loc adv Fam* at a rough guess

ojiva *nf* (**a**) *Arquit* ogive (**b**) *Mil* warhead

OJO 1 *nm* (**a**) *(órgano)* eye; **una chica de ojos azules** a girl with blue eyes; **lleva un parche en el o.** he has an eyepatch; **mírame a los ojos cuando te hablo** look at me when I'm speaking to you; **no me atrevía a mirarla a los ojos** I didn't dare look her in the eye; **me pican los ojos** my eyes are stinging; **a los ojos de la ley/de la sociedad** in the eyes of the law/of society; *también Fig* **poner los ojos en blanco** to roll one's eyes; **lo vi con mis propios ojos** I saw it with my own eyes; **abrir (bien) los ojos** *(estar atento)* to keep one's eyes open; **habrá que tener los ojos bien abiertos** we'll have to keep our eyes open; *Fig* **abrirle los ojos a alguien** to open sb's eyes; **cerré los ojos y me decidí a comprar una casa** I decided to ignore the consequences and buy a house anyway; **cerrar los ojos ante algo** *(ignorar)* to close one's eyes to sth; **con los ojos cerrados** *(sin dudarlo)* blindly, with one's eyes closed; **sabría ir allí con los ojos cerrados** *o* **vendados** I could find my way there blindfolded *o* with my eyes closed; *Fam* **mirar algo/a alguien con los ojos como platos** to stare at sth/sb wide-eyed; **cuatro ojos ven más que dos** four eyes are better than two; EXPR *Fam* **¡dichosos los ojos que te ven!** how lovely to see you again!; EXPR **en un abrir y cerrar de ojos** in the twinkling of an eye; **¿es que no tienes ojos en la cara?** are you blind?; **no pegar o.** not to get a wink of sleep; *Nic* **pelar los ojos** to keep one's eyes peeled; EXPR **ser el o. derecho de alguien** to be the apple of sb's eye; EXPR **tener entre ojos a alguien** to detest sb; EXPR **tener ojos de lince** to have eyes like a hawk; **sólo tiene ojos para él** she only has eyes for him; EXPR **valer** *o* **costar un o. de la cara** to cost an arm and a leg; PROV **o. por o., diente por diente** an eye for an eye, a tooth for a tooth; PROV **ojos que no ven, corazón que no siente** what the eye doesn't see, the heart doesn't grieve over ▫ *RP* ***o. en compota*** *(ojo morado)* black eye; ***o. de cristal*** glass eye; *Fam* ***o. a la funerala*** shiner; *Fam* **ponerle a alguien un o. a la funerala** to give sb a shiner; ***o. morado*** black eye; **ponerle a alguien un o. morado** to give sb a black eye; ***ojos rasgados*** almond eyes; ***ojos saltones*** popping eyes; ***o. de vidrio*** glass eye; *Fam* ***o. a la virulé*** shiner; *Fam* **ponerle a alguien un o. a la virulé** to give sb a shiner

(**b**) *Fig (mirada)* **los ojos expertos del relojero enseguida detectaron el problema** the watchmaker's expert eye spotted the problem immediately; **alzar** *o* **levantar los ojos** to look up, to raise one's eyes; **bajar los ojos** to lower one's eyes *o* gaze, to look down; **a o. (de buen cubero)** roughly, approximately; **echo los ingredientes a o.** I just add roughly the right amount of each ingredient without measuring them all out; **a ojos vistas** visibly; **come más con los ojos que con la boca** his eyes are bigger than his stomach; EXPR *Fam* **comerse a alguien con los ojos** to drool over sb; **le he echado un o. a una compañera de clase** I've got my eye on a girl in my class; **le tenía el o. echado a aquella moto** I had my eye on that motorbike; **echar un o. a algo** to keep an eye on sth; **esos pasteles entran por los ojos** those cakes look really mouthwatering; **los ojos se le iban detrás del muchacho/de la tarta** she couldn't keep her eyes off the boy/the cake; **mirar** *o* **ver algo/a alguien con buenos ojos** to approve of sth/sb; **mirar** *o* **ver algo/a alguien con malos ojos** to disapprove of sth/sb; **mirar a alguien con ojos tiernos** to look fondly at sb; **mirar algo/a alguien con otros ojos** to look differently at sth/sb; **no quitarle o. a algo/alguien, no quitar los ojos de encima a algo/alguien** not to take one's eyes of sth/sb; **poner los ojos en alguien** to set one's sights on sb; **ojos de carnero** *o* **cordero (degollado)** pleading eyes; **puso ojos de cordero degollado** she looked at me with pleading eyes

(**c**) *(cuidado)* **(ten) mucho o. con lo que haces/al cruzar la calle** be very careful what you do/when crossing the road; **hay que andar(se) con (mucho) o.** you need to be (very) careful; **hay que andar(se) con cien ojos** you really have to keep your eyes open *o* be on your guard; EXPR **estar o. avizor** to be on the lookout

(**d**) *(habilidad, perspicacia)* **es un tipo con mucho o.** *o* **con buen o. para los negocios** he has an eye for a good deal, he has great business acumen; **tener (un) o. clínico para algo** to be a good judge of sth

(**e**) *(agujero, hueco) (de aguja)* eye; *(de puente)* span; *(de arco)* archway; **el o. de la cerradura** the keyhole; **el o. de la escalera** the stairwell; **el o. del huracán** the eye of the hurricane; *Fig* **el ministro está en el o. del huracán** the minister is at the centre of the controversy ▫ ***o. de buey*** *(ventana)* porthole; *Vulg* ***el o. del culo*** *Br* arsehole, *US* asshole

(**f**) *Med* ***o. de gallo*** *(callo)* corn

(**g**) *Fot* ***o. de pez*** fish-eye lens

2 *interj* **¡o.!** be careful!, watch out!

---

ojón, -ona *adj Andes, Carib* big-eyed

ojota *nf* (**a**) *Méx (sandalias)* sandals (**b**) *Andes, Arg (chancletas) Br* flip-flop, *US, Austr* thong

OK, okey [o'kei] *interj* OK

okapi *nm* okapi

okupa *nmf Esp Fam* squatter

ola *nf* wave; **una o. de atentados terroristas** a wave *o* spate of terrorist attacks; **hacer la o. (mejicana)** to do the Mexican wave ▫ ***o. de calor*** heatwave; ***o. de frío*** cold spell

ole, olé *interj* **¡o.!** bravo!

oleada *nf* (**a**) *(del mar)* swell (**b**) *(de protestas, atentados)* wave

oleaginoso, -a *adj* oleaginous

oleaje *nm* swell, surge; **el fuerte o. impidió que saliéramos a la mar** the heavy swell prevented us from putting out to sea

oleicultura, olivicultura *nf (cultivo)* olive-growing

óleo *nm* (**a**) *(material)* oil; *(cuadro)* oil painting; **pintar al ó.** to paint in oils; **una pintura al ó.** an oil painting (**b**) *Rel* ***los santos óleos*** the holy oils

oleoducto *nm* oil pipeline

oleoso, -a *adj* oily

oler [45] **1** *vt* to smell; **desde aquí huelo el tabaco** I can smell the cigarette smoke from here

2 *vi* (**a**) *(despedir olor)* to smell (**a** of); **¡qué mal huele aquí!** it smells awful here!; **este guisado huele que alimenta** this stew smells delicious; **o. a rayos** to stink (to high heaven); EXPR *Fam* **o. a tigre** to stink

(**b**) *(parecer)* **su cambio de actitud huele a soborno** his change of attitude smacks of bribery

3 olerse *vpr Fig* **olerse algo** to sense sth; **me huelo que está enfadado conmigo** I sense he's angry with me; **ya me olía yo algo así** I suspected as much; EXPR *Fam* **ya me olía la tostada** I smelled a rat; EXPR *Fam* **me huele a chamusquina** it smells a bit fishy to me, I don't like the look of this

oletear *vt Perú* to pry into

olfatear *vt* (**a**) *(olisquear)* to sniff (**b**) *Fig (barruntar)* to smell, to sense; **o. en** *(indagar)* to pry into

olfativo, -a *adj* olfactory

olfato *nm* (**a**) *(sentido)* (sense of) smell (**b**) *(sagacidad)* nose, instinct; **tener o. para algo** to be a good judge of sth

oliente *adj* odorous; **mal o.** smelly

oliera *etc ver* **oler**

oligarca *nmf* oligarch

oligarquía *nf* oligarchy

oligárquico, -a *adj* oligarchic

oligisto *nm Geol* oligist, crystallized haematite

oligoceno, -a *Geol* **1** *adj* Oligocene

2 *nm* **el o.** the Oligocene

oligoelemento *nm* trace element

oligofrenia *nf* severe mental handicap

oligofrénico, -a 1 *adj* severely mentally handicapped

2 *nm,f* severely mentally handicapped person

oligopolio *nm Econ* oligopoly

olimpiada, olimpíada *nf* (**a**) *(periodo de cuatro años)* Olympiad (**b**) *(juegos olímpicos)* **las olimpiadas** the Olympics, the Olympic Games

olímpicamente *adv Fam* **paso o. de ayudarlos** I'm damned if I'm going to help them; **despreció o. la oferta** he turned his nose up at the offer

olímpico, -a *adj* (**a**) *Dep* Olympic (**b**) *Fig (altanero)* Olympian, haughty; **me trataron con un desprecio o.** they looked down their noses at me

olimpismo *nm* Olympic movement

Olimpo *nm* **el O.** Mount Olympus

olisquear *vt* to sniff (at)

oliva *nf* olive ❑ ***o. negra*** black olive; ***o. rellena*** stuffed olive; ***o. verde*** green olive

oliváceo, -a *adj* olive

olivar *nm* olive grove

olivarero, -a 1 *adj* olive; **el sector o.** the olive-growing industry

2 *nm,f* olive-grower

olivicultura = **oleicultura**

olivo *nm* olive tree

olla *nf* (**a**) *(cacerola)* pot ❑ ***o. exprés*** pressure cooker; *Fig* ***o. de grillos*** bedlam, madhouse; ***o. a presión*** pressure cooker; *Fig* **el campo era una o. a presión** there was a pressure cooker atmosphere in the stadium (**b**) *(cocido)* = meat and vegetable stew ❑ *Culin* ***o. podrida*** = meat and vegetable stew containing also ham, poultry,, sausages etc (**c**) *muy Fam (cabeza)* head, nut (**d**) *Fam (en fútbol)* (penalty) area

olmeda *nf*, **olmedo** *nm* elm grove

olmo *nm* elm (tree) ❑ ***o. americano*** American elm tree

ológrafo, -a 1 *adj* holographical

2 *nm* holograph

olor *nm* (**a**) *(sensación)* smell (**a** of); **tener o. a** to smell of; **los niños acudieron al o. de la comida** the children were drawn to the smell of cooking; EXPR **vivir/morir en o. de santidad** to live/die like a saint; *Fam* **en o. de multitudes** enjoying popular acclaim ❑ ***o. corporal*** body odour (**b**) *Am (especia)* spice

oloroso, -a 1 *adj* fragrant

2 *nm* oloroso (sherry)

OLP *nf* (*abrev de* **Organización para la Liberación de Palestina**) PLO

olvidadizo, -a *adj* forgetful

olvidado, -a *adj* forgotten

olvidar 1 *vt* (**a**) *(en general)* to forget; **no consigo olvidarla** I can't forget her (**b**) *(dejarse)* to leave; **olvidé las llaves en la oficina** I left my keys at the office

2 olvidarse *vpr* (**a**) *(en general)* to forget; **olvidarse de algo/hacer algo** to forget sth/to do sth; **me olvidé de su cumpleaños** I forgot her birthday; **olvídate de lo ocurrido** forget what happened; **se me olvidaba decirte que…** I almost forgot to tell you that… (**b**) *(dejarse)* to leave; **me he olvidado el paraguas en el tren** I've left my umbrella on the train

olvido *nm* (**a**) *(de un nombre, hecho)* **caer en el o.** to fall into oblivion; **enterrar en el o.** to cast into oblivion; **rescatar** *o* **sacar del o.** to rescue from oblivion (**b**) *(descuido)* oversight; **ha sido un o. imperdonable** it was an unforgivable oversight

Omán *n* Oman

omaní (*pl* **omaníes**) *adj & nmf* Omani

ombligo *nm* navel; **se te ve el o.** you can see your belly button; EXPR **mirarse el propio o.** to contemplate one's navel; EXPR **se cree el o. del mundo** he thinks the world revolves around him

ombliguero *nm* bellyband

ombú *nm* ombu

ombudsman *nm inv* ombudsman

OMC *nf* (*abrev de* **Organización Mundial del Comercio**) WTO

omega *nf* omega

ómicron *nf* omicron

ominoso, -a *adj* (**a**) *(abominable)* abominable (**b**) *(de mal agüero)* ominous

omisión *nf* omission

omiso, -a *adj* **hacer caso o. de algo** to ignore sth, to pay no attention to sth

omitir *vt* to omit

ómnibus *nm inv* (**a**) *Ferroc* local train (**b**) *RP (autobús)* bus; *(autocar)* intercity bus

omnímodo *adj* all-embracing, absolute

omnipotencia *nf* omnipotence

omnipotente *adj* omnipotent

omnipresencia *nf* omnipresence

omnipresente *adj* omnipresent

omnisapiente *adj* omniscient

omnisciencia *nf* omniscience

omnisciente *adj* omniscient

omnívoro, -a 1 *adj* omnivorous

2 *nm,f* omnivore

omoplato, omóplato *nm* shoulder-blade, *Espec* scapula

OMS [oms] *nf* (*abrev de* **Organización Mundial de la Salud**) WHO

onagro *nm (asno salvaje)* onager

onanismo *nm* onanism

ONCE ['onθe] *nf* (*abrev de* **Organización Nacional de Ciegos Españoles**) = Spanish association for the blind, famous for its national lottery

once 1 *núm* eleven; *ver también* **seis**

2 *nm Am* **onces** *(por la mañana)* mid-morning snack, *Br* elevenses; *(por la tarde)* mid-afternoon snack

onceavo, -a *núm (fracción)* eleventh; **la onceava parte** an eleventh

oncogén *nm* oncogene

oncología *nf* oncology

oncológico, -a *adj* oncological

oncólogo, -a *nm,f* oncologist

onda *nf* (**a**) *(ondulación)* wave ❑ *Fís* ***o. de choque*** shock wave, blast wave; ***o. corta*** short wave; ***o. expansiva*** shock wave; ***o. hertziana*** Hertzian wave; ***o. larga*** long wave; ***o. luminosa*** light wave; ***o. media*** medium wave; ***o. sísmica*** seismic wave; ***o. sonora*** sound wave

(**b**) EXPR *Fam* **estar en la o.** to be hip *o* with it; *Fam* **me alegra saber que estamos en la misma o.** I'm glad to know we're on the same wavelength; *Fam* **estar fuera de o.** to be behind the times; *Fam* **me da mala o.** I've got bad vibes about him/her/it; *Fam* **tus primos tienen muy buena o.** your cousins are really cool; *Méx, RP Fam* **no me tires malas ondas** don't give me a bad time; *Méx, RP Fam* **captar** *o* **agarrar la o.** *(entender)* to catch the drift; *Méx Fam* **¿qué o.?** *(¿qué tal?)* how's it going?, how are things?; *Méx, RP Fam* **sacar de o.** to confuse, to mix up

ondeado, -a *adj* wavy

ondeante *adj* rippling

ondear *vi (bandera)* to flutter, to fly; **o. a media asta** to fly at half-mast

ondina *nf Mitol* undine, water nymph

ondulación *nf* (**a**) *(acción)* rippling (**b**) *(onda)* ripple; *(del pelo)* wave (**c**) *(movimiento)* undulation

ondulado, -a *adj* wavy

ondulante *adj* undulating

ondular 1 *vi (agua)* to ripple; *(terreno)* to undulate
2 *vt (pelo)* to wave

ondulatorio, -a *adj* wavelike

oneroso, -a *adj* (**a**) *(pesado)* burdensome, onerous (**b**) *(caro)* costly, expensive

ONG *nf inv* (*abrev de* **Organización no Gubernamental**) NGO

ónice *nm o nf* onyx

onírico, -a *adj* dreamlike; **experiencia onírica** dreamlike experience

ónix *nm o nf* onyx

onomástica *nf* name day

onomástico, -a *adj* onomastic

onomatopeya *nf* onomatopoeia

onomatopéyico, -a *adj* onomatopoeic

Ontario *nm* **el lago O.** Lake Ontario

ontología *nf* ontology

ontológico, -a *adj* ontological

ONU ['onu] *nf* (*abrev de* **Organización de las Naciones Unidas**) UN

onubense 1 *adj* of/from Huelva
2 *nmf* person from Huelva

ONUDI [o'nuði] *nf* (*abrev de* **Organización de las Naciones Unidas para el Desarrollo Industrial**) UNIDO

onza *nf* (**a**) *(unidad de peso)* ounce (**b**) *(de chocolate)* square (**c**) *(guepardo)* cheetah

onzavo, -a *núm ver* **onceavo**

op. (*abrev de* **opus**) op.

OPA ['opa] *nf* (*abrev de* **oferta pública de adquisición**) takeover bid ❑ ***O. hostil*** hostile takeover bid

opa *adj Andes, RP* stupid, foolish

opacidad *nf también Fig* opacity

opaco, -a *adj* opaque

opalescente *adj* opalescent

opalina *nf* opaline

opalino, -a *adj* opaline

ópalo *nm* opal

opción *nf* (**a**) *(elección)* option; **no hay o.** there is no alternative; **no le quedó otra o. que dimitir** she had no option *o* choice but to resign (**b**) *(derecho)* right; **dar o. a** to give the right to; **tener o. a** *(empleo, cargo)* to be eligible for; **ya no tienen o. al primer puesto** they've lost all chance of winning ❑ *Fin* ***o. de compra*** call option

opcional *adj* optional

open *nm Dep* Open (tournament) ❑ ***O. de Australia/Francia/USA*** *(en tenis)* Australian/French/US Open

OPEP [o'pep] *nf* (*abrev de* **Organización de Países Exportadores de Petróleo**) OPEC

ópera *nf* (**a**) *(composición)* opera; *(edificio)* opera house ❑ ***ó. bufa*** comic opera, opera buffa; ***ó. rock*** rock opera (**b**) ***ó. prima*** *(novela, película)* first work

operación *nf* (**a**) *(en general)* operation ❑ ***o. policial*** police operation; ***o. de rescate*** *o* ***de salvamento*** rescue operation; ***o. retorno/salida*** = police operation to assist traffic at the end/beginning of popular holiday periods (**b**) *(quirúrgica)* operation; **o. (quirúrgica)** (surgical) operation; **una o. de corazón** a heart operation; **el paciente debe someterse a una o.** the patient needs to have an operation (**c**) *(matemática)* operation (**d**) *(militar)* operation (**e**) *(comercial)* transaction

operacional *adj* operational

operador, -ora 1 *nm,f* (**a**) *Informát & Tel* operator ❑ ***o. lógico*** logical operator; ***o. del sistema*** sysop, systems operator (**b**) *(de la cámara)* cameraman, *f* camerawoman; *(del proyector)* projectionist
2 *nm* (**a**) ***o. turístico*** tour operator (**b**) *Mat* operator

operar 1 *vt* (**a**) *(enfermo)* **o. a alguien (de algo)** to operate on sb (for sth); **le operaron del hígado** they've operated on his liver (**b**) *(cambio)* to bring about, to produce
2 *vi* (**a**) *(en general)* to operate (**b**) *Com & Fin* to deal
3 operarse *vpr* (**a**) *(enfermo)* to be operated on, to have an operation; **operarse de algo** to be operated on for sth; **me voy a o. del hígado** I'm going to have an operation on my liver; EXPR *Fam* **¡por mí como si se operan!** I couldn't care less what they do! (**b**) *(cambio)* to occur, to come about

operario, -a *nm,f* worker

operatividad *nf* preparedness

operativo, -a *adj* operative

operatorio, -a *adj* operative

opérculo *nm* operculum

opereta *nf* operetta

operístico, -a *adj* operatic

opiáceo, -a *adj & nm* opiate

opinable *adj* debatable, arguable

opinar 1 *vt* to believe, to think; **o. de algo/alguien, o. sobre algo/alguien** to think about sth/sb; **¿qué opinas de la pena de muerte?** what are your views on *o* what do you think about the death penalty?; **o. bien de alguien** to think highly of sb; **opino de ella que es una excelente profesional** I think she's an excellent professional; **o. uno sobre algo** to give one's opinion about sth
2 *vi* to give one's opinion; **prefiero no o.** I would prefer not to comment

opinión *nf* opinion; **en mi o. no deberíamos ir** in my opinion, we shouldn't go; **¿cuál es tu o. al respecto?** what's your opinion *o* view on this matter?; **he cambiado de o.** I've changed my mind; **expresar** *o* **dar una o.** to give an opinion; **reservarse la o.** to reserve judgment; **tener buena/mala o. de alguien** to have a high/low opinion of sb ❑ ***la o. pública*** public opinion

opio *nm* opium; **el o. del pueblo** the opium of the people

opíparo, -a *adj* sumptuous

opondré *etc ver* **oponer**

oponente *nmf* opponent

oponer [50] **1** *vt* (**a**) *(resistencia)* to put up (**b**) *(argumento, razón)* to put forward, to give
2 oponerse *vpr* (**a**) *(no estar de acuerdo)* to be opposed; **oponerse a algo** *(desaprobar)* to be opposed to sth, to oppose sth; *(contradecir)* to contradict sth; **me opongo a creerlo** I refuse to believe it; **me opongo a que vengan ellos también** I really don't want them to come along too (**b**) *(obstaculizar)* **oponerse a** to stand in the way of, to impede

Oporto *n* Oporto

oporto *nm* port (wine)

oportunamente *adv* opportunely, conveniently

oportunidad *nf* (**a**) *(ocasión)* opportunity, chance; **me dio una segunda o.** he gave me a second chance; **aprovechar la o.** to seize the opportunity (**b**) *(conveniencia)* timeliness (**c**) **oportunidades** *(en gran almacén)* bargains

oportunismo *nm* opportunism

oportunista 1 *adj* opportunistic
2 *nmf* opportunist

oportuno, -a *adj* (**a**) *(pertinente)* appropriate; **me pareció o. callarme** I thought it was best to say nothing (**b**) *(propicio)* timely; **el momento o.** the right time; *Irónico* **¡ella siempre tan o.!** you can always trust her to do the wrong thing!

oposición *nf* (**a**) *(resistencia)* opposition; **la o. de mis padres a que haga este viaje es total** my parents are totally opposed to me going on this trip (**b**) *(política)* **la o.** the opposition opposition; **los partidos de la o.** the opposition parties (**c**) *(examen)* = competitive public examination for employment in the civil service, education, legal system etc; **o. a profesor** = public examination to obtain a state teaching post; **preparar oposiciones** to be studying for a public examination

opositar *vi* = to sit a public entrance examination

opositor, -ora *nm,f* (**a**) *(a un cargo)* = candidate in a public entrance examination (**b**) *(oponente)* opponent

opresión *nf* (**a**) *(represión)* oppression (**b**) *Fig (molestia, ahogo)* **sentía una o. en el pecho** he felt a tightness in his chest

opresivo, -a *adj* oppressive

opresor, -ora 1 *adj* oppressive
2 *nm,f* oppressor

oprimido, -a *adj* oppressed

oprimir *vt* (**a**) *(apretar) (botón)* to press; *(garganta, brazo)* to squeeze (**b**) *(sujeto: zapatos, cinturón)* to pinch, to be too tight for; **la corbata le oprimía el cuello** his tie felt too tight (**c**) *(reprimir)* to oppress (**d**) *(angustiar)* to weigh down on, to burden; **me oprime la soledad** being on my own depresses me

oprobio *nm* shame, disgrace

optar *vi* (**a**) *(escoger)* **o. (por algo)** to choose (sth); **o. por hacer algo** to choose to do sth; **o. entre** to choose between (**b**) *(aspirar)* **o. a** to aim for, to go for; **optan al puesto siete candidatos** there are seven candidates for the job

optativa *nf Educ* option, optional subject

optativo, -a *adj* optional

óptica *nf* (**a**) *(ciencia)* optics *(singular)* (**b**) *(tienda)* optician's (shop) (**c**) *(punto de vista)* point of view

óptico, -a 1 *adj* optic
 2 *nm,f (persona)* optician

óptimamente *adv* ideally, in the best way

optimismo *nm* optimism

optimista 1 *adj* optimistic
 2 *nmf* optimist

optimización *nf* optimization

optimizar *vt* to optimize

óptimo, -a *adj* optimum; **un alimento ó. para los niños** an ideal food for children

optómetra *nmf* optometrist, *Br* ophthalmic optician

optometría *nf* optometry

optometrista *nmf* optometrist, *Br* ophthalmic optician

opuesto, -a 1 *participio ver* **oponer**
 2 *adj* (**a**) *(contrario)* opposed, contrary (**a** to); **los dos hermanos son opuestos en todo** the two brothers are completely different; **opiniones opuestas** contrary *o* opposing opinions (**b**) *(del otro lado)* opposite

opulencia *nf (riqueza)* opulence; *(abundancia)* abundance; **vivir en la o.** to live in luxury; **nadar en la o.** to be filthy rich

opulento, -a *adj (rico)* opulent; *(abundante)* abundant

opus *nm inv* (**a**) *Mús* opus (**b**) ***el O. Dei*** the Opus Dei, = traditionalist religious organization, whose members include many professional people and public figures

opúsculo *nm* short work

opusiera *etc ver* **oponer**

oquedad *nf (cavidad)* hole; *(en pared)* recess

oquedal *nm* = forest of tall trees without undergrowth

ora *conj Formal* **o.... o....** now... now...; **miraba, o. a un lado, o. al otro** she looked first one way, then the other

oración *nf* (**a**) *(rezo)* prayer; **esa habitación está reservada para la o.** that room is reserved for praying ❑ ***o. fúnebre*** memorial speech (**b**) *Gram* sentence ❑ ***o. principal/subordinada*** main/subordinate clause

oráculo *nm* (**a**) *(mensaje, divinidad)* oracle (**b**) *(persona)* fount of wisdom

orador, -ora *nm,f* speaker

oral 1 *adj* oral
 2 *nm (examen)* oral exam

órale *interj Méx Fam* **¡ó.!** come on!

oralmente *adv* orally

orangután *nm* orang-outang

orar *vi* to pray; **o. por alguien** to pray for sb

orate *nmf* lunatic

oratoria *nf* oratory

oratorio, -a 1 *adj* oratorical
 2 *nm* (**a**) *(lugar)* oratory (**b**) *Mús* oratorio

orbe *nm (mundo)* world, globe

órbita *nf* (**a**) *(de astro)* orbit; **entrar/poner en ó.** to go/put into orbit (**b**) *(de ojo)* **ó. (ocular)** eye socket (**c**) *(ámbito)* sphere, realm

orbital *nm Quím* orbital

orca *nf* killer whale, orca

Órcadas *fpl* **las Ó.** the Orkney Islands, the Orkneys

órdago *nm* = all-or-nothing stake in the game of "mus"; *Fig* **una comida de ó.** a terrific *o* lovely meal; **lleva un enfado de ó.** he's absolutely raging

ORDEN 1 *nm* (**a**) *(secuencia, colocación correcta)* order; **un o. jerárquico** a hierarchy; **le gusta el o. y la limpieza** she likes order and cleanliness; **en o.** *(bien colocado)* tidy, in its place; *(como debe ser)* in order; **poner en o. algo, poner o. en algo** *(cosas, habitación)* to tidy sth up; **tengo que poner mis ideas/mi vida en o.** I have to put my ideas/life in order, I have to sort out my ideas/life; **en** *o* **por o. alfabético/cronológico** in alphabetical/chronological order; **por o.** in order; **por o. de antigüedad/de tamaños** in order of seniority/size; *Cine & Teatro* **por o. de aparición** in order of appearance; **sin o. ni concierto** haphazardly ❑ ***o. del día*** agenda
 (**b**) *(normalidad, disciplina)* order; **acatar el o. establecido** to respect the established order; **llamar al o. a alguien** to call sb to order; **mantener/restablecer el o.** to keep/restore order; **¡o. en la sala!** order!, order! ❑ ***el o. público*** law and order
 (**c**) *(tipo)* order, type; **dilemas de o. filosófico** philosophical dilemmas; **problemas de o. financiero** economic problems; **es una universidad de primer(ísimo) o.** it's a first-rate university; **del o. de** around, approximately, of *o* in the order of; **en otro o. de cosas** on the other hand
 (**d**) *Biol* order
 (**e**) *Arquit* order
 (**f**) *Rel* ***el o. sacerdotal*** *(sacramento)* holy orders
 2 *nf* (**a**) *(mandato)* order; **¡es una orden!** that's an order!; *Mil* **¡a la o.!, ¡a sus órdenes!** (yes) sir!; **cumplir órdenes** to obey orders; **dar órdenes (a alguien)** to give (sb) orders; **a mí nadie me da órdenes** I don't take orders from anyone; **hasta nueva o.** until further notice; **por o. de** by order of; **el local fue cerrado por o. del ayuntamiento** the premises were closed by order of *o* on the orders of the town council; **obedecer órdenes** to obey orders; **recibimos órdenes del jefe** we received orders from the boss; **sólo recibo órdenes de mis superiores** I only take orders from my superiors; **tener órdenes de hacer algo** to have orders to do sth ❑ *Der* ***o. de arresto*** arrest warrant; *Der* ***o. de busca y captura*** warrant for search and arrest; *Der* ***o. de comparecencia*** summons; ***o. de desalojo*** eviction order; *Der* ***o. de detención*** arrest warrant; *Mil* ***la o. del día*** the order of the day; **estar a la o. del día** *(muy habitual)* to be the order of the day; ***o. de embargo*** order for seizure; *Der* ***o. judicial*** court order; *Der* ***o. de registro*** search warrant
 (**b**) *Com* order ❑ ***o. de compra*** purchase order; ***o. de pago*** payment order
 (**c**) *(institución)* order ❑ ***o. de caballería*** order of knighthood; ***o. mendicante*** mendicant order; ***o. militar*** military order; ***o. monástica*** monastic order
 (**d**) *Rel* ***órdenes sagradas*** holy orders

ordenación *nf* (**a**) *(organización)* ordering, arranging; *(disposición)* order, arrangement; *(de recursos, edificios)* planning ❑ ***o. del territorio*** *o* ***territorial*** regional planning (**b**) *Rel* ordination

ordenada *nf Mat* ordinate

ordenadamente *adv (desfilar, salir)* in an orderly fashion *o* manner; *(colocar)* neatly

ordenado, -a *adj* (**a**) *(lugar, persona)* tidy (**b**) *(sacerdote)* ordained

ordenador *nm Esp Informát* computer; **pasar algo a o.** to key sth up (on a computer) ❑ ***o. analógico*** analog computer; ***o. de a bordo*** onboard computer; ***o. central*** central computer; ***o. compatible*** compatible computer; ***o. digital*** digital computer; ***o. personal*** personal computer; ***o. portátil*** laptop computer; ***o. de sobremesa*** desktop computer

ordenamiento *nm* **el o. constitucional** the constitution; **el o. jurídico español** Spanish law

ordenanza 1 *nm* (**a**) *(de oficina)* messenger (**b**) *Mil* orderly
 2 *nf* ordinance, law; **ordenanzas municipales** by-laws

ordenar 1 *vt* (**a**) *(poner en orden)* *(alfabéticamente, numéricamente)* to arrange, to put in order; *(habitación, papeles)* to tidy (up); **o. alfabéticamente** to put in alphabetical order; **o. en montones** to sort into piles; **o. por temas** to arrange by subject (**b**) *Informát* to sort (**c**) *(mandar)* to order; **te ordeno que te vayas** I order you to go; **me ordenó callarme** he ordered me to be quiet (**d**) *Rel* to ordain
 2 ordenarse *vpr Rel* to be ordained

ordeñadora *nf* milking machine

ordeñar *vt* to milk

ordeño *nm* milking

ordinal 1 *adj* ordinal
 2 *nm (número)* ordinal (number)

ordinariamente *adv* (**a**) *(normalmente)* ordinarily (**b**) *(groseramente)* coarsely, vulgarly

ordinariez *nf* vulgarity, coarseness; **decir/hacer una o.** to say/do something rude; **¡no digas ordinarieces!** don't be so coarse *o* vulgar!; **¡qué o.!** how vulgar!

ordinario, -a 1 *adj* (**a**) *(común)* ordinary, usual; **están más callados que de o.** they're quieter than usual; **de o. la veo todos los días** I usually *o* normally see her every day (**b**) *(vulgar)* coarse, vulgar (**c**) *(no selecto)* unexceptional (**d**) **correo o.** *Br*

normal *o US* regular delivery; **tribunal o.** court of first instance
2 *nm,f* common *o* coarse person; **es un o.** he's terribly coarse *o* vulgar

ordovícico, -a *Geol* **1** *adj* Ordovician
2 *nm* **el o.** the Ordovician

orear 1 *vt* to air
2 orearse *vpr (ventilarse)* to air

orégano *nm* oregano

oreja *nf* (**a**) *(de persona, animal)* ear; **orejas de soplillo** sticky-out ears; **tirar a alguien de las orejas** to pull sb's ears; *Fig* to give sb a good telling-off; *Fig* **tenía una sonrisa de o. a o.** he was grinning from ear to ear; EXPR *Fam* **agachar** *o* **bajar las orejas** *(en discusión)* to back down; EXPR *Fam* **calentarle a alguien las orejas** to box sb's ears; EXPR *Fam* **descubrir** *o* **enseñar la o.** to show one's true colours; *Fam Fig* **con las orejas gachas** with one's tail between one's legs; EXPR *Fam* **verle las orejas al lobo** to see what's coming (**b**) *(de sillón)* wing (**c**) *(de vasija)* handle

orejera *nf (en gorra)* earflap; **orejeras** earmuffs

orejón, -ona 1 *adj* (**a**) *(orejudo)* big-eared (**b**) *Col (rudo)* coarse, uncouth
2 *nm (dulce)* dried apricot/peach

orejudo, -a *adj* big-eared

orensano, -a 1 *adj* of/from Orense
2 *nm,f* person from Orense

orfanato *nm* orphanage

orfandad *nf* orphanhood

orfebre *nmf (de plata)* silversmith; *(de oro)* goldsmith

orfebrería *nf* (**a**) *(objetos) (de plata)* silver work; *(de oro)* gold work (**b**) *(oficio) (de plata)* silversmithing; *(de oro)* goldsmithing

orfelinato *nm* orphanage

orfeón *nm* choral group *o* society

organdí *(pl* **organdíes***)* *nm* organdie

orgánico, -a *adj* organic

organigrama *nm* (**a**) *(de organización, empresa)* organization chart (**b**) *Informát* flow chart *o* diagram

organillero, -a *nm,f* organ-grinder

organillo *nm* barrel organ

organismo *nm* (**a**) *Biol* organism (**b**) *Anat* body (**c**) *(entidad)* organization, body

organista *nmf* organist

organización *nf* (**a**) *(orden)* organization (**b**) *(organismo)* organization; **las organizaciones sindicales** the trade unions ❑ ***organización benéfica*** charity, charitable organization; ***O. para la Cooperación y el Desarrollo Económico*** Organization for Economic Cooperation and Development; ***O. para la Liberación de Palestina*** Palestine Liberation Organization; ***O. Mundial de la Salud*** World Health Organization; ***O. de Países Exportadores de Petróleo*** Organization of Petroleum Exporting Countries; ***O. para la Seguridad y Cooperación en Europa*** Organization for Security and Cooperation in Europe; ***O. del Tratado del Atlántico Norte*** North Atlantic Treaty Organization; ***O. para la Unidad Africana*** Organization of African Unity

organizado, -a *adj* organized

organizador, -ora 1 *adj* organizing
2 *nm,f* organizer

organizar [14] **1** *vt* (**a**) *(estructurar, ordenar)* to organize (**b**) *(pelea, lío)* to cause
2 organizarse *vpr* (**a**) *(persona)* to organize oneself (**b**) *(pelea, lío)* to break out, to happen suddenly

organizativo, -a *adj* organizing

órgano *nm* (**a**) *(del cuerpo)* organ (**b**) *(instrumento musical)* organ ❑ ***ó. electrónico*** electric organ (**c**) *(institución)* organ ❑ ***ó. ejecutivo*** executive (**d**) *Fig (instrumento)* organ; **este periódico es el ó. del partido** this newspaper is the party organ

orgasmo *nm* orgasm

orgía *nf* orgy

orgiástico, -a *adj* orgiastic

orgullo *nm* (**a**) *(actitud)* pride; **no aguanto su o.** I can't bear his haughtiness *o* arrogance; EXPR **no caber en sí de o., reventar de o.** to be bursting with pride (**b**) *(satisfacción)* pride; **es el o. de la familia** he's the pride of the family

orgulloso, -a 1 *adj* proud; **estoy muy o. de mi esfuerzo** I'm very proud of my effort
2 *nm,f* proud person; **es un o.** he's very proud

orientación *nf* (**a**) *(dirección) (acción)* guiding; *(rumbo)* direction; **sentido de la o.** sense of direction
(**b**) *(posicionamiento) (acción)* positioning; *(lugar)* position; *(de edificio)* aspect ❑ *Informát* ***o. horizontal*** horizontal *o* landscape orientation; *Informát* ***o. vertical*** vertical *o* portrait orientation
(**c**) *(enfoque)* orientation; **le dieron una o. práctica al curso** the course had a practical bias *o* slant
(**d**) *(información)* guidance ❑ ***o. pedagógica*** = guidance on courses to be followed; ***o. profesional*** careers advice *o* guidance; *RP* ***o. vocacional*** careers advice
(**e**) *(tendencia)* tendency, leaning ❑ ***o. sexual*** sexual orientation
(**f**) *(deporte de aventura)* orienteering

orientado *adj Informát* **o. a objeto** object-oriented; **o. a usuario** user-oriented

orientador, -ora 1 *adj* guiding, directing
2 *nm,f* guide ❑ ***o. psicológico*** (psychological) counsellor

oriental 1 *adj* (**a**) *(del este)* eastern; *(del Lejano Oriente)* oriental (**b**) *Arg (uruguayo)* Uruguayan (**c**) *(de Oriente, Venezuela)* of/from Oriente
2 *nmf* (**a**) *(del Lejano Oriente)* oriental (**b**) *Arg (uruguayo)* Uruguayan (**c**) *(persona de Oriente, Venezuela)* person from Oriente

orientalismo *nm* orientalism

orientalista *nmf* orientalist

orientar 1 *vt* (**a**) *(dirigir)* to direct; **mi ventana está orientada hacia el sur** my window faces south *o* is south-facing (**b**) *(aconsejar)* to give advice *o* guidance to; **necesito que me orienten sobre el mejor modelo** I need some advice about the best model (**c**) *(medidas, fondos)* **o. hacia** to direct towards *o* at; **orientaron las medidas a reducir la inflación** the measures were aimed at reducing inflation
2 orientarse *vpr* (**a**) *(dirigirse) (foco)* **orientarse a** to point towards *o* at (**b**) *(encontrar el camino)* to get one's bearings, to find one's way around (**c**) *Fig (encaminarse)* **orientarse hacia** to be aiming at; **las negociaciones se orientan a la liberación de los rehenes** the aim of the talks is to free the hostages

orientativo, -a *adj* illustrative, guiding

oriente *nm* (**a**) *(este)* east; **el O.** the East, the Orient ❑ ***Extremo*** *o* ***Lejano O.*** Far East; ***O. Medio*** Middle East; ***O. Próximo*** Near East (**b**) *(de perla)* orient

orífice *nm* goldsmith

orificio *nm* hole; *Mec* opening

origen *nm* (**a**) *(principio)* origin; **en su o.** originally; **dar o. a** to give rise to (**b**) *(ascendencia)* origins, birth; **los aceites de o. español** oils of Spanish origin, Spanish oils; **Alicia es colombiana de o.** Alicia is Colombian by birth; **de o. humilde** of humble origin (**c**) *(causa)* cause (**d**) *Mat* origin

original 1 *adj* (**a**) *(nuevo, primero)* original (**b**) *(raro)* eccentric, different; **esa corbata es muy o.** that's a very unusual tie
2 *nm* (**a**) *(modelo)* original (**b**) *(manuscrito)* manuscript

originalidad *nf* (**a**) *(novedad)* originality (**b**) *(extravagancia)* eccentricity

originalmente *adv* originally

originar 1 *vt* to cause
2 originarse *vpr (acontecimiento)* to (first) start; *(costumbre, leyenda)* to originate

originariamente *adv* originally

originario, -a *adj* (**a**) *(inicial, primitivo)* original (**b**) *(procedente)* **ser o. de** *(costumbres, producto)* to come from (originally); *(persona)* to be a native of

orilla *nf* (**a**) *(ribera) (de río)* bank; *(de mar)* shore; **a orillas de** *(río)* on the banks of; **a orillas del mar** by the sea; *Fig* **fue aclamado en las dos orillas del Atlántico** he was acclaimed on both sides of the Atlantic (**b**) *(borde)* edge (**c**) *(acera) Br* pavement, *US* sidewalk (**d**) *Arg, Méx (de ciudad)* **orillas** outskirts

orillar *vt* (**a**) *(dificultad, obstáculo)* to skirt around (**b**) *(tela)* to edge

orillo *nm Tex* selvage

orín *nm* (**a**) *(herrumbre)* rust (**b**) **orines** *(orina)* urine

orina *nf* urine

orinal *nm (de dormitorio)* chamberpot; *(para niños)* potty

orinar 1 *vi* to urinate
2 *vt* **el enfermo orinaba sangre** the patient was passing blood (in his/her urine)
3 orinarse *vpr* to wet oneself; **orinarse en la cama** to wet the bed

Orinoco *nm* **el O.** the Orinoco

orita *adv Méx Fam* (right) now; **o. voy** I'm just coming

oriundo, -a 1 *adj* **o. de** native of
2 *nm,f Dep* = non-native soccer player whose mother or father is a native of the country he plays for

orla *nf* (**a**) *(adorno)* (decorative) trimming (**b**) *(fotografía)* graduation photograph

orlar *vt* to decorate with trimmings

ornamentación *nf* ornamentation

ornamental *adj (de adorno)* ornamental; *Fig (inútil)* merely decorative

ornamentar *vt* to decorate, to adorn

ornamento *nm* (**a**) *(objeto)* ornament (**b**) *Rel* **ornamentos** vestments

ornar *vt* to decorate, to adorn

ornato *nm* decoration

ornitología *nf* ornithology

ornitológico, -a *adj* ornithological

ornitólogo, -a *nm,f* ornithologist

ornitorrinco *nm* duck-billed platypus

oro *nm* (**a**) *(metal)* gold; **un reloj de o.** a gold watch; EXPR **no lo haría ni por todo el o. del mundo** I wouldn't do it for all the tea in China; EXPR **guardar algo como o. en paño** to treasure sth; EXPR **hacerse de o.** to make one's fortune; EXPR **no es o. todo lo que reluce** all that glitters is not gold; EXPR **pedir el o. y el moro** to ask the earth; EXPR **prometer el o. y el moro** to promise the earth ❑ ***o. en barras*** bullion; ***o. batido*** gold leaf; ***o. negro*** oil; ***o. en polvo*** gold dust (**b**) *Dep* gold (medal) (**c**) *(en naipes) (carta)* any card of the "oros" suit; **oros** *(palo)* = suit in Spanish deck of cards, with the symbol of a gold coin

orogénesis *nf inv* orogenesis

orogenia *nf* orogeny

orografía *nf* (**a**) *Geog* orography (**b**) *(relieve)* terrain

orondo, -a *adj Fam* (**a**) *(gordo)* plump (**b**) *(satisfecho)* self-satisfied, smug

oropel *nm Fig* glitter, glitz

oropéndola *nf* golden oriole

oroya *nf Am* = rope basket for crossing rivers

orquesta *nf* (**a**) *(músicos)* orchestra ❑ ***o. de cámara*** chamber orchestra; ***o. sinfónica*** symphony orchestra (**b**) *(lugar)* orchestra pit

orquestación *nf* orchestration

orquestal *adj* orchestral

orquestar *vt* (**a**) *(música)* to orchestrate (**b**) *(campaña)* to orchestrate

orquestina *nf* dance band

orquídea *nf* orchid

orquitis *nf Med* orchitis

orsay ['orsai] *n (en fútbol)* offside; **estar en o.** to be offside; *Fig* **pillar a alguien en o.** to catch sb out

ortiga *nf* (stinging) nettle

ortigal *nf* bed of nettles

ortodoncia *nf* orthodontics *(singular)*; **hacerse la o.** to have orthodontic work done

ortodoxia *nf* orthodoxy

ortodoxo, -a 1 *adj* (**a**) *(aceptado, conforme)* orthodox (**b**) *Rel* Orthodox
2 *nm,f* (**a**) *(en partido político)* party-liner (**b**) *Rel* member of the Orthodox Church

ortogonal *adj* orthogonal

ortografía *nf* spelling

ortográfico, -a *adj* spelling

ortopedia *nf* orthopaedics *(singular)*

ortopédico, -a *adj* (**a**) *(zapato, corsé)* orthopaedic; **pierna ortopédica** artificial leg (**b**) *Fam Fig (deforme)* misshapen

ortopedista *nmf* orthopaedist

ortosa *nf Geol* orthoclase

oruga *nf* (**a**) *(insecto)* caterpillar (**b**) *(vehículo)* caterpillar tractor

orujo *nm* = strong spirit made from grape pressings, similar to eau-de-vie

orureño, -a 1 *adj* of/from Oruro
2 *nm,f* person from Oruro

orza *nf Náut* **o. (de la quilla)** centreboard

orzuelo *nm* stye

---

os *pron personal* (**a**) *(complemento directo)* you; **me gustaría veros** I'd like to see you; **¿os atracaron en plena calle?** were you mugged in the middle of the street?; **al final os aprobarán a todos** you'll all pass *o* they'll pass all of you in the end
(**b**) *(complemento indirecto)* (to) you; **os lo dio** he gave it to you, he gave you it; **os tengo miedo** I'm afraid of you; **os lo ha comprado** *(vosotros se lo vendisteis)* she bought it from *o* off you; *(es para vosotros)* she bought it for you; **¿os han quitado el permiso?** have they taken your licence away from you?; **os estropearon el tocadiscos** they broke your record player; **os han pegado una paliza** they've thrashed you; **se os olvidará** you'll forget (about it); **os será de gran ayuda** it will be a great help to you
(**c**) *(reflexivo)* yourselves; **os vestís** you get dressed; **servíos una copa** pour yourselves a drink; **poneos los abrigos** put your coats on; **os podéis acostar en el sofá** you can lie down on the sofa
(**d**) *(recíproco)* each other; **os enamorasteis** you fell in love (with each other); **os estabais pegando** you were hitting each other
(**e**) *(con valor intensivo o expresivo)* **¿no os lo creeis?** don't you believe it?; **os lo comisteis todo** you ate the whole lot; **si se os echa a llorar no le hagáis caso** don't take any notice if he starts crying (on you)
(**f**) *(para formar verbos pronominales)* **¿os acordáis?** do you remember?; **poneos cómodos** make yourselves comfortable

---

osadía *nf* (**a**) *(valor)* boldness, daring (**b**) *(descaro)* audacity, cheek

osado, -a *adj* (**a**) *(valeroso)* daring, bold (**b**) *(descarado)* impudent, cheeky

osamenta *nf* (**a**) *(esqueleto)* skeleton (**b**) *(conjunto de huesos)* bones

osar 1 *vi* to dare
2 *vt* to dare; **osó contestarme** he dared to answer me back

osario *nm* ossuary

Óscar *nm Cine* Oscar; **los Óscar(s)** *(la ceremonia)* the Oscars

oscarizado, -a *adj* Oscar-winning

OSCE *nf (abrev de* **Organización para la Seguridad y Cooperación en Europa**) OSCE

oscense 1 *adj* of/from Huesca
2 *nmf* person from Huesca

oscilación *nf* (**a**) *(movimiento)* swinging; *(espacio recorrido)* swing (**b**) *Fís* oscillation (**c**) *(variación)* fluctuation; **la o. de los precios** the fluctuation in prices

oscilador *nm* oscillator

oscilante *adj* oscillating

oscilar *vi* (**a**) *(moverse)* to swing (**b**) *Fís* to oscillate (**c**) *(variar)* to fluctuate; **el precio oscila entre los mil y los dos mil pesos** the price can be anything between one and two thousand pesos; **la temperatura osciló entre los 20° y los 30°** the temperature fluctuated between 20° and 30° (**d**) *(vacilar)* to vacillate, to waver; **oscila entre el pesimismo y la esperanza** she fluctuates between pessimism and hope

oscilatorio, -a *adj* swinging; *Fís* oscillating

osciloscopio *nm* oscilloscope

ósculo *nm Formal* kiss

oscurantismo *nm* obscurantism

oscurantista *adj & nmf* obscurantist

oscurecer, obscurecer [46] **1** *vt* (**a**) *(privar de luz)* to darken (**b**) *(mente)* to confuse, to cloud (**c**) *Fig (deslucir)* to overshadow (**d**) *(hacer ininteligible)* to obscure (**e**) *Arte, Fot* to darken, to make darker
2 *v impersonal (anochecer)* to get dark
3 oscurecerse *vpr* to grow dark

oscurecimiento *nm* darkening

oscuridad, obscuridad *nf* (**a**) *(falta de luz)* darkness; **me da miedo la o.** I'm afraid of the dark (**b**) *(zona oscura)* **en la o.** in the dark (**c**) *Fig (falta de claridad)* obscurity

oscuro, -a *adj* (**a**) *(sin luz)* dark; **nos quedamos a oscuras** we were left in the dark; *Fig* **en este tema estoy a oscuras** I'm ignorant about this subject; **¡qué oscura está esta habitación!** this room is very dark! (**b**) *(nublado)* overcast (**c**) *(color, piel)* dark (**d**) *(incierto)* uncertain, unclear; **tiene un origen o.** she's of uncertain origin (**e**) *(intenciones, asunto)* shady (**f**) *(sombrío)* gloomy (**g**) *(confuso)* obscure, unclear

óseo, -a *adj* bone; **esqueleto ó.** bony skeleton

osezno *nm* bear cub

osificación *nf* ossification

osificarse [59] *vpr* to ossify

Oslo *n* Oslo

osmio *nm Quím* osmium

osmosis, ósmosis *nf inv Fís & Fig* osmosis

osmótico, -a *adj* osmotic

oso, -a *nm,f* bear, *f* she-bear; EXPR *Fam* **hacer el o.** to act the fool; EXPR *Fam* **¡anda la osa!** well I never!, upon my word! ❑ ***o. blanco*** polar bear; ***o. de felpa*** teddy bear; ***o. hormiguero*** ant-eater; ***Osa Mayor*** Great Bear; ***Osa Menor*** Little Bear; ***o. panda*** panda; ***o. pardo*** brown bear; *(norteamericano)* grizzly bear; ***o. de peluche*** teddy bear; ***o. polar*** polar bear

osobuco *nm Culin* osso bucco

osteítis *nf inv Med* osteitis

ostensible *adj* evident, clear

> Observa que la palabra inglesa **ostensible** es un falso amigo y no es la traducción de la palabra española **ostensible**. En inglés **ostensible** significa "aparente".

ostensivo, -a *adj* evident

ostentación *nf* ostentation, show; **hacer o. de algo** to show sth off, to parade sth

ostentador, -ora *nm,f* show-off, ostentatious person

ostentar *vt* (**a**) *(poseer)* to hold, to have (**b**) *(exhibir)* to show off, to parade (**c**) *(cargo)* to hold, to occupy

ostentosamente *adv* ostentatiously

ostentoso, -a *adj* ostentatious

osteoartritis *nf inv Med* osteoarthritis

osteomielitis *nf Med* osteomyelitis

osteópata *nmf* osteopath

osteopatía *nf (terapia)* osteopathy

osteoplastia *nf* osteoplasty

osteoporosis *nf inv* osteoporosis

ostra 1 *nf* oyster; EXPR *Fam* **aburrirse como una o.** to be bored stiff
2 *interj Esp Fam* **¡ostras!** good grief!, *Br* blimey!

ostracismo *nm* ostracism; **un año en el o. político** a year in the political wilderness

ostrero *nm* (**a**) *(ostral)* oyster bed (**b**) *(ave)* oystercatcher

ostrogodo, -a 1 *adj* Ostrogothic
2 *nm,f* Ostrogoth

OTAN ['otan] *nf (abrev de* **Organización del Tratado del Atlántico Norte**) NATO

otear *vt* to survey, to scan; *Fig* to study

otero *nm* hillock

OTI ['oti] *nf (abrev de* **Organización de Televisiones Iberoamericanas**) = association of all Spanish-speaking television networks; **el festival de la O.** = televised song competition across the Spanish-speaking world

otitis *nf inv* inflammation of the ear

otomano, -a *adj & nm,f* Ottoman

otoñal *adj* autumn, autumnal, *US* fall; **viento o.** autumn wind

otoño *nm también Fig* autumn, *US* fall

otorgamiento *nm* (**a**) *(de favor, petición)* granting; *(de premio, beca)* award (**b**) *Der (de documento)* execution

otorgar [38] *vt* (**a**) *(favor, petición)* to grant; *(honor, título)* to confer; *(premio, beca)* to award, to present (**b**) *Der* to execute

otorrino, -a *nm,f Fam* ear, nose and throat specialist

otorrinolaringología *nf* ear, nose and throat medicine

otorrinolaringólogo, -a *nm,f* ear, nose and throat specialist

OTRO, -A **1** *adj* (**a**) *(distinto)* another; **otros/otras** other; **o. chico** another boy; **el o. chico** the other boy; **(los) otros chicos** (the) other boys; **¿conoces o. sitio donde podamos ir?** do you know anywhere else we could go?; **no hay otra impresora como ésta** there's no other printer quite like this one; **dame otra cosa, no quiero zumo** could I have something else? I don't feel like juice; **no hace otra cosa que llorar** she does nothing but cry; **el o. día** *(pasado)* the other day; **al o. año volvimos a Acapulco** *(año siguiente)* we returned to Acapulco the following year; **otros pocos/muchos votaron a favor** a few/several of the others voted in favour
(**b**) *(nuevo)* another; **estamos ante o. Dalí** this is another Dali; **otros tres goles** another three goals; **vendrán otros dos amigos** another two friends will come; **yo hubiera hecho o. tanto** I would have done just the same; **otra vez** again
2 *pron* another (one); **el o.** the other one; **otros/otras** others; **los otros/las otras** the others; **¿nos tomamos otra?** shall we have another (one)?; **dame o.** give me another (one); **sé que sales con otra** I know you're seeing another woman *o* someone else; **¡pareces o.!** you look like a completely different person!; **mientras uno baila, el o. canta** while one of them dances, the other sings; **la semana que viene no, la otra** the week after next; **los perros se mordían el uno al o.** the dogs were biting each other; **nos ayudamos los unos a los otros** we all help each other *o* one another; **algún o. quedará** there's bound to be a couple left; **ningún o. corre tanto como él** no-one runs as fast as he does; **su calidad de impresión es mejor que ninguna otra** it prints better than anything else; **yo no lo hice, fue o.** it wasn't me, it was somebody else; **o. habría abandonado, pero no él** anyone else would have given up, but not him; **la razón no es otra que la falta de medios** the reason is quite simply a lack of resources; **póngamos otra de lo mismo** (the) same again, please; **¡hasta otra!** I'll see you when I see you, see you again some time; **¡otra!** *(en conciertos)* encore!, more!; **el padre era un mujeriego y el hijo es o. que tal (baila)** the father was a womanizer and his son's a chip off the old block; **¡o. que tal!, ¡es que no paran de preguntar!** there goes another one! They just keep asking questions!

otrora *adv Formal* formerly

otrosí *adv Formal* besides, moreover

Ottawa [o'tawa] *n* Ottawa

OUA *nf (abrev de* **Organización para la Unidad Africana**) OAU

ouija [u'iχa] *nf (mesa)* ouija board

out [aut] *adj* (**a**) *Dep (pelota)* out (**b**) *Fam (pasado de moda)* out, uncool

output ['autput] *(pl* **outputs**) *nm Informát* output

ova 1 *nf Bot* green algae
2 *nfpl* **ovas** *Zool* roe

ovación *nf* ovation

ovacionar *vt* to give an ovation to, to applaud

oval *adj* oval

ovalado, -a *adj* oval

óvalo *nm* oval

ovárico *adj* ovarian

ovario *nm* ovary; EXPR *muy Fam* **¡estoy hasta los ovarios!** I'm fed up to the back teeth!

oveja *nf* sheep, ewe; **contar ovejas** to count sheep; PROV **cada o. con su pareja** birds of a feather flock together ❑ ***o. descarriada*** lost sheep; *Fig* ***o. negra*** black sheep

ovejero, -a *nm,f* shepherd, shepherdess *f*

overbooking [oer'ukin] *(pl* **overbookings**) *nm* overbooking

overol *nm Am* overalls

ovetense 1 *adj* of/from Oviedo
2 *nmf* person from Oviedo

oviducto *nm Anat* oviduct

oviforme *adj* oviform, egg-shaped

ovillar 1 *vt* to roll *o* wind into a ball
2 ovillarse *vpr* to curl up into a ball

ovillo *nm* ball *(of wool etc)*; **hacerse un o.** to curl up into a ball

ovino, -a *adj* sheep; **productos ovinos** sheep products

ovíparo, -a 1 *adj* oviparous
2 *nm,f* oviparous animal

ovni *nm (abrev de* **objeto volador no identificado**) UFO

ovogénesis *nf inv Biol* ovogenesis

ovoide *adj* ovoid

ovulación *nf* ovulation

ovular 1 *adj* ovular
2 *vi* to ovulate

óvulo *nm* ovum

oxiacetilénico, -a *adj* oxyacetylene

oxiacetileno *nm* oxyacetylene

oxidable *adj* oxidizable

oxidación *nf* (**a**) *(de hierro)* rusting (**b**) *Quím* oxidation ❑ ***o.-reducción*** oxidation-reduction

oxidado, -a *adj* rusty

oxidante 1 *adj* oxidizing
2 *nm* oxidizing agent, oxidant

oxidar 1 *vt* (**a**) *(cubrir de herrumbre)* to rust (**b**) *Quím* to oxidize
2 oxidarse *vpr* (**a**) *(cubrir de herrumbre)* to rust (**b**) *Quím* to oxidize (**c**) *(anquilosarse)* to get rusty

óxido *nm* (**a**) *(herrumbre)* rust (**b**) *Quím* oxide

oxigenación *nf* oxygenation

oxigenado, -a *adj* (**a**) *Quím* oxygenated (**b**) *(cabello)* peroxide; **una rubia oxigenada** a peroxide blonde

oxigenar 1 *vt Quím* to oxygenate
2 oxigenarse *vpr* (**a**) *(airearse)* to get a breath of fresh air (**b**) *(cabello)* to bleach

oxígeno *nm* oxygen

oyamel *nm* = type of fir tree found in Mexico

oye *ver* **oír**

oyente *nmf* (**a**) *Rad* listener (**b**) *(alumno)* auditing student; **¿eres alumno oficial? — no, sólo voy de o.** are you an official student? – no, I'm just sitting in on classes

oyera *etc ver* **oír**

ozonizador *nm* ozone generator

ozono *nm* ozone

ozonosfera *nf* ozonosphere

P

P, p [pe] *nf (letra)* P, p

p. *(abrev de* **página***)* p

PA *nm (abrev de* **Partido Arnulfista***)* = Panamanian political party

p.a. **(a)** *(abrev de* **por ausencia***)* pp **(b)** *(abrev de* **por autorización***)* pp

pabellón *nm* **(a)** *(edificio)* pavilion; *(parte de un edificio)* block, section □ ***p. de deportes*** sports hall **(b)** *(en parques, jardines)* summerhouse **(c)** *(tienda de campaña)* bell tent **(d)** *(dosel)* canopy **(e)** *(bandera)* flag; **un barco de p. panameño** a ship sailing under the Panamanian flag, a ship registered in Panama; **navega bajo p. liberiano** it sails under the Liberian flag; *Fig* **ha defendido dos veces el p. de su país** she has represented her country twice; *Fig* **dejaron alto el p. de su país** they did their country proud **(f)** *Mús* bell **(g)** ***p. auditivo*** outer ear

pabilo, pábilo *nm* wick

pábulo *nm* **dar p. a** to feed, to encourage

PAC [pak] *nf (abrev de* **política agrícola común***)* CAP

paca *nf* **(a)** *(paquete)* bale **(b)** *(roedor)* paca

pacano *nm* **(a)** *Am (árbol)* pecan tree **(b)** *Méx (fruto)* pecan (nut)

pacato, -a 1 *adj* **(a)** *(mojigato)* prudish **(b)** *(tímido)* shy
2 *nm,f (mojigato)* prude

pacay *(pl* **pacayes** *o* **pacaes***) nm Andes, Arg* **(a)** *(árbol)* pacay tree **(b)** *(fruto)* pacay fruit

pacense 1 *adj* of/from Badajoz
2 *nmf* person from Badajoz

paceño, -a 1 *adj* of/from La Paz
2 *nm,f* person from La Paz

pacer [42] *vi* to graze

pachá *nm* pasha; EXPR *Fam* **vivir como un p.** to live like a lord

pachamama *nf Andes, RP* Mother Earth

pachamanca *nf Andes* barbecue

pachanga *nf Fam* rowdy celebration; **vamos a salir de p.** we're going out partying *o* on the town

pachanguero, -a *adj Fam (música)* catchy but mindless

pacharán *nm* = liqueur made from brandy and sloes

pachón, -ona 1 *nm,f Fam* **es un p.** he's very laid back
2 *nm (perro)* = gun dog similar to Spanish pointer

pachorra *nf Fam* calmness; **hace todo con mucha p.** she does everything very calmly *o* slowly

pachucho, -a *adj Fam* **(a)** *(persona, animal)* under the weather, poorly **(b)** *(fruta)* overripe

pachulí *(pl* **pachulíes***) nm* patchouli

paciencia *nf* patience; **¡p., que todo se arreglará!** be patient, it'll all get sorted out!; **¡qué p. hay que tener contigo!** you'd try the patience of a saint!; **se le acabó** *o* **se le agotó la p.** he lost his patience; **¡este niño va a acabar con mi p.!** I'm losing my patience with this child!; **armarse de p.** to summon up one's patience; **perder la p.** to lose one's patience; **tener p.** to be patient; EXPR **tener más p. que Job** *o* **que un santo** to have the patience of Job *o* a saint; PROV **con p. se gana el cielo** patience is a virtue

paciente 1 *adj* patient
2 *nmf* patient □ ***p. externo*** outpatient; ***p. interno*** in-patient

pacienzudo, -a *adj* patient

pacificación *nf* pacification

pacificador, -ora 1 *adj* pacifying; **las fuerzas pacificadoras de la ONU** the UN peacekeeping forces
2 *nm,f* pacifier, peacemaker

pacíficamente *adv* peacefully

pacificar [59] **1** *vt* **(a)** *(país)* to pacify **(b)** *(ánimos)* to calm
2 pacificarse *vpr (persona)* to calm down

Pacífico 1 *adj* **el océano P.** the Pacific Ocean
2 *nm* **el P.** the Pacific (Ocean)

pacífico, -a *adj (vida, relaciones, manifestación)* peaceful; *(persona)* peaceable

pacifismo *nm* pacifism

pacifista *adj & nmf* pacifist

pack [pak] *(pl* **packs***) nm* pack; **un p. de seis** a six-pack

paco, -a *nm,f Andes Fam* cop

pacotilla: de pacotilla *loc adj* trashy, third-rate

pactar 1 *vt* to agree to; **p. un acuerdo** to reach an agreement
2 *vi* to strike a deal (**con** with)

pacto *nm* agreement, pact; **hacer/romper un p.** to make/break an agreement □ ***p. de no agresión*** non-aggression pact; ***el p. andino*** = agreement between Andean countries to promote economic development and cooperation; ***p. de caballeros*** gentleman's agreement; ***p. electoral*** electoral pact; ***p. social*** social contract; *Hist* ***el P. de Varsovia*** the Warsaw Pact

padecer [46] **1** *vt (sufrimiento)* to endure, to undergo; *(hambre, injusticia)* to suffer; *(enfermedad)* to suffer from; **p. inundaciones/un terremoto** to be hit by floods/an earthquake
2 *vi* to suffer; **p. del corazón/riñón** to suffer from a heart/kidney complaint

padecimiento *nm* suffering

pádel *nm Dep* paddle tennis, = recently invented game similar to tennis, but where the ball can be bounced off walls at the ends of the court

padezco *etc ver* **padecer**

padrastro *nm* **(a)** *(pariente)* stepfather **(b)** *(pellejo)* hangnail

padrazo *nm Fam* adoring father

padre 1 *nm* **(a)** *(pariente)* father; **Cervantes es el p. de la novela moderna** Cervantes is the father of the modern novel; EXPR *Fam* **de p. y muy señor mío** incredible, tremendous; EXPR *Fam* **hacer p. a alguien** to make sb a happy man □ ***p. de familia*** head of the family; ***p. político*** father-in-law
(b) *(sacerdote)* father □ ***p. espiritual*** confessor; *Rel* ***Padres de la Iglesia*** Fathers of the Christian Church
2 *adj inv Fam* **(a)** *(tremendo)* incredible, tremendous; **se armó el lío p.** there was a terrible *o* huge fuss; **fue el cachondeo p.** it was a great laugh
(b) *Méx (genial)* great
3 *nmpl* **padres (a)** *(padre y madre)* parents **(b)** *(antepasados)* ancestors, forefathers

padrenuestro *nm* Lord's Prayer; EXPR **saberse algo como el p.** to know sth by heart, to have sth off pat; EXPR *Fam* **en un p.** in the twinkling of an eye

padrillo *nm RP* stallion

padrinazgo *nm* **(a)** *(cargo de padrino)* godfathership **(b)** *Fig (protección)* sponsorship, patronage

padrino *nm* **(a)** *(de bautismo)* godfather; *(de boda)* best man; **padrinos** *(padrino y madrina)* godparents **(b)** *(en duelos, torneos)* second **(c)** *Fig (protector)* patron

padrísimo, -a *adj Méx Fam* fantastic, great

padrón *nm* **(a)** *(censo)* census; *(para votar)* electoral roll *o* register **(b)** *CAm, Carib, Andes (caballo)* stallion

padrote *nm* **(a)** *Méx Fam* pimp **(b)** *CAm, Col, Méx (caballo)* stallion

paella *nf* paella

paellera *nf* = large frying-pan for cooking paella

paf *interj* **¡p.!** bang!, crash!

pág. (*abrev de* **página**) p

paga *nf (salario)* salary, wages; *(de niño)* pocket money ❑ ***p. extra*** *o* ***extraordinaria*** = additional payment of a month's salary or wages in June and December; ***p. de Navidad*** = additional payment of a month's salary or wages at Christmas

pagable *adj* payable

pagadero, -a *adj* payable; **p. a 90 días/a la entrega** payable within 90 days/on delivery

pagado, -a *adj* paid; **p. de sí mismo** pleased with oneself

pagador, -ora 1 *adj* paying; **ser buen/mal p.** to be a reliable/unreliable payer

2 *nm,f (de obreros)* paymaster

paganini *nm Fam* sucker *(who ends up paying)*

paganismo *nm* paganism

pagano, -a 1 *adj* pagan, heathen

2 *nm,f* **(a)** *Rel* pagan, heathen **(b)** *Fam (que paga)* sucker *(who ends up paying)*

pagar [38] **1** *vt* **(a)** *(con dinero) (empleado, persona)* to pay; *(deuda)* to pay off, to settle; *(factura, gastos, ronda)* to pay for; **pagó dos millones por la casa** she paid two million for the house; **su padre le paga los estudios** his father is supporting him through college/university; **yo pago la cena** I'll pay for dinner; **no iría aunque me lo pagaras** I wouldn't go (even) if you paid me

(b) *(devolver) (ayuda, favor)* to repay; **¡que Dios se lo pague!** God bless you!; EXPR **p. a alguien con la misma moneda** to give sb a taste of their own medicine

(c) *(expiar) (delito, consecuencias)* to pay for; EXPR **el que la hace la paga** he/she/*etc* will pay for it in the end; *Fam Fig* **me las pagarás** you'll pay for this; EXPR *Fam* **p. el pato/los platos rotos** to carry the can

2 *vi* to pay; **p. por adelantado** to pay in advance; **p. al contado** *(en un plazo)* to pay all at once; *(en metálico)* to pay (in) cash; **p. a plazos** to pay in instalments; **p. en efectivo** *o* **en metálico** to pay (in) cash

pagaré (*pl* **pagarés**) *nm Com* promissory note, IOU ❑ ***p. del Tesoro*** Treasury note

pagel *nm (pez)* pandora

página *nf* **(a)** *(de libro, publicación)* page ❑ ***las páginas amarillas*** the Yellow Pages; ***p. central*** centrefold **(b)** *(episodio)* chapter **(c)** *Informát* page ❑ ***p. de búsqueda*** search engine; ***p. de inicio*** *o* ***inicial*** home page; ***p. personal*** personal home page; ***p. web*** web page

paginación *nf* pagination

paginar *vt* to paginate

pago *nm* **(a)** *(de dinero)* payment; *Fig* reward, payment; **en p. de** *o* **a** *(en recompensa por)* as a reward for; *(a cambio de)* in return for; **p. anticipado** *o* **por adelantado** advance payment; **p. al contado** *(en un plazo)* single payment; *(en metálico)* cash payment; **p. a plazos** payment by instalments; **p. inicial** down payment; **p. en efectivo** *o* **en metálico** cash payment ❑ ***p. por visión*** pay per view **(b)** *(lugar)* **por estos pagos** around here; **¿qué hacías tú por aquellos pagos?** what were you doing around there *o* in those parts?

(c) *Am (finca)* homestead

pagoda *nf* pagoda

paila *nf* **(a)** *Andes, CAm (sartén)* frying pan **(b)** *Chile (huevos fritos)* fried eggs

paipái (*pl* **paipáis**), **paipay** (*pl* **paipays**) *nm* = rigid circular fan with handle

país (*pl* **países**) *nm* **(a)** *(nación)* country; **el p. votó 'no' en el referéndum** the country *o* nation voted 'no' in the referendum; PROV **en el p. de los ciegos, el tuerto es rey** in the kingdom of the blind, the one-eyed man is king ❑ ***los países no alineados*** the nonaligned countries; ***los Países Bajos*** the Netherlands; ***los países bálticos*** the Baltic States; ***países desarrollados*** developed countries; ***P. de Gales*** Wales; ***p. natal*** native country, homeland; ***p. neutral*** neutral; ***p. satélite*** satellite state; ***países subdesarrollados*** underdeveloped countries; ***el P. Valenciano*** the autonomous region of Valencia; ***el P. Vasco*** the Basque Country; ***países en vías de desarrollo*** developing countries

(b) *(tierra)* land; **en un p. muy lejano...** in a distant *o* far-off land

paisaje *nm* **(a)** *(terreno)* landscape; *(vista panorámica)* scenery, view ❑ ***p. lunar*** moonscape **(b)** *(pintura)* landscape

paisajismo *nm (en pintura)* landscape painting

paisajista 1 *adj* landscape; **pintor p.** landscape painter

2 *nmf* landscape painter

paisajístico, -a *adj* landscape; **belleza paisajística** natural beauty

paisanaje *nm* civilians

paisano, -a 1 *adj (del mismo país)* from the same country

2 *nm,f* **(a)** *(del mismo país) (hombre)* compatriot, fellow countryman; *(mujer)* compatriot, fellow countrywoman **(b)** *(campesino)* country person, peasant

3 *nm (civil)* civilian; **de p.** *(militar)* in civilian clothes; *(policía)* in plain clothes

paja *nf* **(a)** *(hierba, caña)* straw; EXPR **separar la p. del grano** to separate *o* sort out the wheat from the chaff **(b)** *(para beber)* straw **(c)** *Fig (relleno)* waffle **(d)** *muy Fam (masturbación)* wank; **hacerse una p.** to have a wank; **deja de hacerte pajas mentales y decídete** stop pissing about and make a decision

pajar *nm* straw loft

pájara *nf* **(a)** *Pey (mujer)* crafty *o* sly woman **(b)** *(in cycling)* bonk

pajarear *vi* **(a)** *Andes, Méx (sujeto: caballo)* to shy **(b)** *Chile (estar distraído)* to be absent-minded

pajarera *nf* aviary

pajarería *nf* pet shop

pajarero, -a *adj Andes, Méx (caballo)* shy, skittish

pajarita *nf* **(a)** *Esp (corbata)* bow tie **(b)** *(de papel)* paper bird

pajarito *nm (pájaro pequeño)* small bird; **¡mira al p.!** *(al tomar una foto)* watch the birdie!; EXPR **me lo ha contado** *o* **dicho un p.** a little bird told me

pájaro *nm* **(a)** *(ave)* bird; **¡mira al p.!** *(al tomar una foto)* watch the birdie!; EXPR **tener pájaros en la cabeza** to be scatterbrained *o* empty-headed; PROV **más vale p. en mano que ciento volando** a bird in the hand is worth two in the bush ❑ ***p. bobo*** penguin; ***p. carpintero*** woodpecker; ***p. del diablo*** European coot; ***p. de mal agüero*** bird of ill omen; ***p. mosca*** hummingbird; ***p. moscón*** penduline tit

(b) *Fam (persona)* crafty devil, sly old fox; EXPR **es un p. de cuenta** he's a nasty piece of work *o* a bad lot

pajarraco *nm Pey* **(a)** *(pájaro)* big ugly bird **(b)** *(persona)* nasty piece of work

paje *nm* page

pajita, pajilla *nf* (drinking) straw

pajizo, -a *adj (color, pelo)* straw-coloured

pajolero, -a *adj muy Fam* damn, blessed; EXPR **no tengo ni pajolera idea** I haven't the faintest *Br* bloody *o US* goddamn idea

pajón *nm Am (hierba)* scrub, coarse grass

pajonal *nm Am* field of scrub

pajuerano, -a *nm,f RP* country bumpkin

Pakistán *n* Pakistan

pakistaní (*pl* **pakistaníes**) *adj & nmf* Pakistani

pala *nf* **(a)** *(herramienta)* spade; *(para recoger)* shovel ❑ ***p. mecánica*** *o* ***excavadora*** excavator, digger **(b)** *(cubierto)* fish knife **(c)** *(de frontón, ping-pong)* bat; **jugar a las palas** *(en la playa)* to play beach tennis **(d)** *(de remo, hélice)* blade **(e)** *(diente)* (upper) front tooth

PALABRA *nf* **(a)** *(término, vocablo)* word; **con palabras no puedo expresar lo que sentía** words cannot express what I felt; **dilo con tus propias palabras** say it in your own words; **lo dijo, aunque no con esas palabras** she said it, though not in so many words; **no son más que palabras (vacías)** it's all talk; **buenas palabras** fine words; **no cruzaron p. en todo el camino** they didn't exchange a word throughout the journey; **dejar a alguien con la p. en la boca** to cut sb off in mid-sentence; **dirigir la p. a alguien** to speak to sb; **no le dirige la p. a su madre desde hace semanas** he hasn't spoken to his mother for weeks; **en cuatro** *o* **dos palabras** in a few words; **en otras palabras** in other words; **en una p.** in a word; **lo dijo todo a medias palabras** she only hinted at what she meant; **medir las palabras** to weigh one's words (carefully); **no habla ni (media) p. de español** she doesn't speak a word of Spanish; **yo de este tema no sé ni (media) p.** I don't know a thing about this subject; **no dijo p.** he didn't say a word; **p. por p.** word for word; **me has quitado la p. de la boca** you took the words right out of my mouth; **lo de comprar una casa son palabras mayores** buying a house is a very serious matter; **no hace falta llegar a palabras mayores** there is no need to; **le aguanto casi todo, pero eso ya son palabras mayores** I'll put up with almost anything from him, but that's going a bit (too) far; **sin mediar p.** without a single word; **tener la última p.** to have the last word; **tuvo que tragarse sus palabras** he had to eat his words; PROV **a palabras necias, oídos sordos** sticks and stones may break my bones (but words will never hurt me) ❑ *Informát* ***p. clave*** keyword; ***p. divina*** *o* ***de Dios*** word of God

(**b**) *(juramento, promesa)* word; **es su p. contra la mía** it's her word against mine; **dar/empeñar la p.** to give/pledge one's word; **ella me dio su p.** she gave me her word; **dio (su) p. de que nada saldría mal** he gave his word that nothing would go wrong; **estar bajo p.** *(en juicio)* to be under oath; **faltó a su p.** he went back on his word, he broke *o* didn't keep his word; **mantuvo su p.** she kept her word; **no tiene p.** he's not a man of his word; **tienes mi p.** you have my word; **tomar la p. a alguien** to hold sb to their word ❑ ***p. de honor*** word of honour; **¡p. (de honor)!** honestly!; **yo no sabía nada ¡p. (de honor)!** I didn't know anything, honestly! *o* I swear!

(**c**) *(habla)* speech; **con el susto perdió la p.** the shock left her speechless; **de p.** by word of mouth, verbally; **el trato se hizo de p.** it was a purely verbal agreement *o* a gentleman's agreement

(**d**) *(derecho de hablar)* **dar la p. a alguien** to give sb the floor; **pedir la p.** to ask for the floor; **¡pido la p.!** could I say something, please?; **tomar la p.** to take the floor

(**e**) **palabras** *(discurso)* words; **a continuación nuestro invitado nos dirigirá unas palabras** our guest will now say a few words

---

palabrear *vt Andes* to agree verbally to

palabrería *nf Fam* hot air, talk; **basta de palabrerías** that's enough talk

palabrota *nf* swearword, rude word; **decir palabrotas** to swear

palacete *nm* mansion, small palace

palaciego, -a *adj* palace, court; **lujo p.** palatial luxury; **intrigas palaciegas** court intrigues

palacio *nm* palace ❑ ***el p. arzobispal*** the archbishop's palace; ***p. de congresos*** conference centre; ***p. de deportes*** sports hall; ***P. de Justicia*** Law Courts; ***p. real*** royal palace

palada *nf* (**a**) *(con pala)* spadeful, shovelful (**b**) *(con remo)* stroke

paladar 1 *nm* (**a**) *(en la boca)* palate (**b**) *(gusto)* palate, taste; **su arte no se ajusta al p. europeo** his art doesn't appeal to European taste

2 *nf o nm Cuba* = small restaurant in a private house

paladear *vt* to savour

paladeo *nm* savouring, relishing

paladín *nm* (**a**) *Hist* paladin, heroic knight (**b**) *Fig (adalid)* champion, defender

paladino, -a *adj (claro)* clear, obvious

paladio *nm Quím* palladium

palafito *nm* stilt house

palafrén *nm* palfrey

palafrenero *nm* groom

palanca *nf* (**a**) *(barra, mando)* lever; **tuvimos que hacer p. para levantar la piedra** we had to use a lever to lift the rock ❑ ***p. de cambio*** *(de automóvil) Br* gear lever *o* stick, *US* gearshift; ***p. de mando*** joystick (**b**) *(trampolín)* diving board; *(en la parte más alta)* high board (**c**) *Am Fam (recomendación)* connections; **tener p.** to have connections

palangana 1 *nf* (**a**) *(para fregar)* washing-up bowl; *(para lavarse)* washbowl (**b**) *Am (fuente, plato)* wooden platter

2 *nm Andes, CAm Fam (fanfarrón, descarado)* braggart, show-off

palanganear *vi Andes Fam* to brag, to boast

palangre *nm* fishing line with hooks

palangrero *nm (barco)* = fishing boat with a "palangre"

palanquear *vt Chile, RP (enchufar)* to lever, to pry

palanqueta *nf* jemmy, crowbar

palatal *adj* palatal

palatalizar [14] *vt* to palatalize

palatino, -a *adj* (**a**) *(de paladar)* palatine (**b**) *(de palacio)* palace, court; **oficio p.** position at court

palco *nm* box *(at theatre)* ❑ ***p. de autoridades*** VIP box; ***p. de platea*** ground-floor *o* parterre box; ***p. de proscenio*** stage *o* proscenium box

palé *nm* pallet

palenque *nm* (**a**) *(estacada)* fence, palisade (**b**) *(recinto)* arena; **salir al p.** to enter the fray (**c**) *Méx (para peleas de gallos)* cockpit, cockfighting arena (**d**) *Bol, RP (para animales)* hitching post

palentino, -a 1 *adj* of/from Palencia

2 *nm,f* person from Palencia

paleobiología *nf* paleobiology

paleoceno, -a *Geol* **1** *adj* Paleocene

2 *nm* **el p.** the Paleocene

paleocristiano, -a *adj* early Christian

paleografía *nf* paleography

paleográfico, -a *adj* paleographic

paleógrafo, -a *nm,f* paleographer

paleolítico, -a 1 *adj* paleolithic

2 *nm* **el P.** the Paleolithic (period)

paleontología *nf* paleontology

paleontológico, -a *adj* paleontological

paleontólogo, -a *nm,f* paleontologist

paleozoico, -a 1 *adj* Paleozoic

2 *nm* **el p.** the Paleozoic

Palestina *n* Palestine

palestino, -a *adj & nm,f* Palestinian

palestra *nf* arena; EXPR **salir** *o* **saltar a la p.** to enter the fray

paleta *nf* (**a**) *(pala pequeña)* small shovel, small spade; *(de albañil)* trowel

(**b**) *(en máquina)* blade, vane

(**c**) *(de pintor)* palette; **la p. clara de los impresionistas** the light palette of the impressionists

(**d**) *(de frontón, ping-pong)* bat; **jugar a las palas** *(en la playa)* to play beach tennis

(**e**) *(cubierto)* fish knife

(**f**) *(de remo, hélice)* blade

(**g**) *(diente)* (upper) front tooth

(**h**) *Informát* palette ❑ ***p. flotante*** floating palette; ***p. de herramientas*** toolbox

(**i**) *CAm, Méx (pirulí)* lollipop; *(polo) Br* ice lolly, *US* Popsicle®

paletada *nf (con paleta)* shovelful, spadeful; *(de yeso)* trowelful

paletear *vi Am Fam (quedarse frustrado)* to be frustrated, to be disappointed

paletilla *nf* (**a**) *Anat* shoulder blade (**b**) *Culin* shoulder

paleto, -a *Pey* **1** *adj* coarse, uncouth

2 *nm,f* country bumpkin, yokel, *US* hick

paliar *vt* (**a**) *(atenuar)* to ease, to relieve (**b**) *(disculpar)* to excuse, to justify

paliativo, -a 1 *adj* palliative

2 *nm* (**a**) *(excusa)* excuse, mitigation; **sin paliativos** unmitigated (**b**) *Med* palliative

palidecer [46] *vi* (**a**) *(ponerse pálido)* to go *o* turn pale (**b**) *(perder importancia)* to pale, to fade

palidez *nf* paleness

pálido, -a *adj* (**a**) *(rostro)* pale; **ponerse p.** to turn *o* go pale (**b**) *(color)* pale (**c**) *Fig* **ser un p. reflejo** *o* **una pálida imagen de** to be a pale reflection of

paliducho, -a *adj Fam (persona)* pale, pallid

palier *nm Aut* bearing

palillero *nm* toothpick holder

palillo *nm* (**a**) *(mondadientes)* **p. (de dientes)** toothpick (**b**) *(baqueta)* drumstick (**c**) *(para comida china)* chopstick (**d**) *Fam (persona delgada)* matchstick; EXPR **está hecho un p.** he's as thin as a rake (**e**) **palillos** *(castañuelas)* castanets

palimpsesto *nm* palimpsest

palíndromo *nm* palindrome

palio *nm (dosel)* canopy; EXPR **recibir con** *o* **bajo p.** to receive with great pomp

palique *nm Fam* chat, natter; **estar de p.** to have a chat *o* a natter; **se pasaron toda la mañana de p.** they spent the whole morning chatting *o* nattering

palisandro *nm* rosewood

palista *nmf Dep* (**a**) *(piragüista)* canoeist (**b**) *(pelotari)* pelota player

palito *nm Culin* **p. (de pescado)** *Br* fish finger, *US* fish stick ❑ ***p. de cangrejo*** crab stick

palitroque *nm (palito)* small stick

paliza 1 *nf* (**a**) *(golpes)* beating; **le dieron una p.** they beat him up (**b**) *(derrota)* thrashing; **¡menuda p. recibió el equipo!** the team got completely thrashed! (**c**)

Fam (esfuerzo) hard grind; **nos dimos una p. tremenda para acabar a tiempo** we slogged our guts out to finish in time (**d**) *Fam (rollo)* drag; EXPR **dar la p. (a alguien)** to go on and on (to sb)
2 *nmf Fam* **ser un palizas** to be a pain in the neck

palla *nf Chile (canción)* improvised song

pallar[1] *nm Am* lima bean

pallar[2] *vi Chile (cantar)* to sing improvised songs

palma *nf* (**a**) *(de mano)* palm; EXPR **conocer algo como la p. de la mano** to know sth like the back of one's hand (**b**) *(palmera)* palm (tree); *(hoja de palmera)* palm leaf ▫ ***p. enana*** (European) fan palm, palmetto (**c**) **palmas** *(aplausos)* clapping, applause; **batir** *o* **dar palmas** to clap (one's hands) (**d**) EXPR **llevarse la p.** to be the best; *Irónico* **él, es tonto, pero su hermano se lleva la p.** he's stupid but his brother takes the *Br* biscuit *o US* cake; **llevar** *o* **traer en palmas a alguien** to pamper sb

palmada *nf* (**a**) *(suave)* pat; *(más fuerte)* slap; **dar palmadas en la espalda a alguien** to pat/slap someone on the back (**b**) *(aplauso)* clap; **palmadas** clapping; **dar palmadas** to clap, to applaud

palmadita *nf* pat; **dar palmaditas a alguien** to pat sb

palmar[1] **1** *adj* of the palm *(of the hand)*
2 *nm* palm grove

palmar[2] *Fam* **1** *vi* to kick the bucket, to croak
2 *vt* **palmarla** to kick the bucket, to croak

palmarés *nm inv* (**a**) *(historial)* record (**b**) *(lista)* list, roll

palmario, -a *adj* obvious, clear

palmatoria *nf* candlestick

palmeado, -a *adj* (**a**) *(en forma de palma)* palm-shaped (**b**) *Zool* webbed

palmear 1 *vt* (**a**) *(aplaudir)* to applaud (**b**) *(espalda, hombro) (suavemente)* to pat; *(con más fuerza)* to slap (**c**) *(en baloncesto)* to tip in
2 *vi* (**a**) *(aplaudir)* to clap, to applaud (**b**) *(en baloncesto)* to tip in

palmeño, -a 1 *adj* of/from Las Palmas
2 *nm,f* person from Las Palmas

palmeo *nm (en baloncesto)* tip-in

palmera *nf* (**a**) *(árbol)* palm (tree); *(datilera)* date palm ▫ ***p. de aceite*** oil palm; ***p. datilera*** date palm; ***p. real*** royal palm (**b**) *(pastel)* = flat, heart-shaped pastry

palmeral *nm* palm grove

palmesano, -a 1 *adj* of/from Palma (Mallorca)
2 *nm,f* person from Palma (Mallorca)

palmeta *nf (palo)* (schoolmaster's) cane

palmetazo *nm (con palmeta)* stroke

palmípedo, -a 1 *adj* web-footed
2 *nfpl* **palmípedas** water fowl *(plural)*

palmita *nf* palm marrow; EXPR *Fam* **llevar** *o* **traer a alguien en palmitas** to pamper sb

palmito *nm* (**a**) *(árbol)* palmetto, fan palm (**b**) *Culin* palm heart (**c**) *Fam (buena planta)* good looks; EXPR **lucir el p.** to show off one's good looks

palmo *nm (distancia)* handspan; *Fig (cantidad)* small amount; *también Fig* **p. a p.** bit by bit; EXPR **crecer a palmos** to shoot up; EXPR *Fam* **dejar a alguien con un p. de narices** to bring sb down to earth with a bump

palmotear *vi* to clap

palmoteo *nm* clapping

PALO *nm* (**a**) *(trozo de madera)* stick; **p. de escoba** broomhandle; **los palos de la tienda de campaña** the tent poles; EXPR *Fam* **a p. seco** *(sin nada más)* without anything else, on its own; *(bebida)* neat; *Fam* **como un p.** *(flaco)* as thin as a rake; PROV **de tal p., tal astilla** he's/she's a chip off the old block
(**b**) *(de golf)* club; *(de hockey)* stick
(**c**) *(de portería) (laterales)* post; *(larguero)* bar; **estrellaron tres disparos en los palos** they hit the woodwork three times
(**d**) *(mástil)* mast; EXPR **cada p. que aguante su vela** each of us is responsible for his/her own affairs ▫ ***p. mayor*** mainmast; ***p. de mesana*** mizzenmast; ***p. de trinquete*** foremast
(**e**) *(golpe)* blow (with a stick); **dar de palos a alguien** to beat *o* hit sb (with a stick); *Fig* **liarse a palos (con alguien)** to come to blows (with sb); **moler a alguien a palos** to thrash sb (with a stick); EXPR **dar palos de ciego** *(criticar)* to lash out (wildly); *(no saber qué hacer)* to grope around in the dark; EXPR *Fam* **no dar** *o* **pegar un p. al agua** not to do a stroke of work
(**f**) *(mala crítica)* bad review; **se llevó muchos palos de la crítica** she was panned by the critics
(**g**) *Fam (desgracia, trauma)* blow; **¡qué p., me han suspendido!** what a drag, I've failed!; **se ha llevado muchos palos últimamente** he's had to put up with a lot recently
(**h**) *Fam (reparo)* **me da p. hacerlo/decirlo** I hate having to do/say it
(**i**) *Fam (pesadez)* pain, drag; **da mucho p. ponerse a estudiar en verano** it's a pain *o* drag having to start studying during the summer
(**j**) *muy Fam (atraco, robo)* **darle un p. a alguien** *(por la calle)* to mug sb; **dar un p. en un banco** to stick up a bank
(**k**) *(de baraja)* suit
(**l**) *Imprenta* stroke
(**m**) *(de cante flamenco)* = style of flamenco singing; EXPR *Fam* **tocar todos los palos** *(hacer de todo)* to do a bit of everything
(**n**) *(madera)* **de p.** wooden ▫ ***p. de rosa*** rosewood
(**o**) *Am (árbol, arbusto)* tree ▫ ***p. dulce*** liquorice root; ***p. santo*** lignum vitae
(**p**) *Carib Fam (trago, copa)* drink

paloduz *nm* liquorice

paloma *nf* (**a**) *(animal) (silvestre)* dove; *(urbana)* pigeon ▫ ***p. mensajera*** carrier *o* homing pigeon; ***la p. de la paz*** the dove of peace; ***p. torcaz*** ringdove, wood pigeon (**b**) *Méx (marca)* tick

palomar *nm (pequeño)* dovecote; *(grande)* pigeon shed

palomear *vt Méx (marcar)* to tick, to mark with a tick

palomero *nm Fam (en fútbol)* goalhanger

palometa *nf* (**a**) *(pez)* = type of cheap non-oily fish (**b**) *(rosca)* butterfly nut, wing nut

palomilla *nf* (**a**) *(insecto)* grain moth (**b**) *(rosca)* butterfly nut, wing nut (**c**) *(soporte)* bracket (**d**) *CAm, Chile, Méx Fam (chusma)* rabble, riff-raff

palomino *nm (ave)* young dove *o* pigeon

palomita *nf* (**a**) **palomitas (de maíz)** popcorn (**b**) *(en fútbol)* diving stop

palomo *nm* male dove *o* pigeon

palosanto *nm* lignum vitae

palote *nm (trazo)* downstroke

palpable *adj* (**a**) *(que se puede tocar)* touchable, palpable (**b**) *(evidente)* obvious, clear

palpación *nf* palpation

palpar 1 *vt* (**a**) *(tocar)* to feel, to touch; *(sujeto: doctor)* to palpate (**b**) *(percibir)* to feel; **se palpaba el descontento** the restlessness could be felt
2 *vi* to feel around

palpitación *nf (de corazón)* beating; *(con fuerza)* throbbing; **una p.** *(de corazón)* a beat; *(con fuerza)* a throb; *Med* **palpitaciones** palpitations

palpitante *adj* (**a**) *(que palpita)* beating; *(con fuerza)* throbbing (**b**) *(interesante) (discusión, competición)* lively; *(interés, deseo, cuestión)* burning

palpitar *vi* (**a**) *(latir)* to beat; *(con fuerza)* to throb (**b**) *(sentimiento)* to be evident

pálpito *nm* feeling, hunch

palta *nf Andes, RP* avocado

palúdico, -a *adj* malarial

paludismo *nm* malaria

palurdo, -a *Pey* **1** *adj* coarse, uncouth
2 *nm,f* country bumpkin, yokel, *US* hick

palustre 1 *adj Geol* marsh
2 *nm (paleta)* trowel

pamela *nf* sun hat

PAMI *nm Arg (abrev de* **Programa de Asistencia Médico Integral**) = organization which provides for the welfare of pensioners and those who have retired

pampa 1 *nf* **la p.** the pampas; *RP* **pampas** *(llanura)* open plains
2 *adj & nmf Arg (indio)* pampean Indian

pámpana *nf* vine leaf

pámpano *nm* (**a**) *(sarmiento, pimpollo)* vine tendril, vine shoot (**b**) *(hoja)* vine leaf

pampeano, -a 1 *adj* (**a**) *(de La Pampa)* of/from La Pampa (**b**) *(de las pampas)* of/from the pampas
2 *nm,f* (**a**) *(de La Pampa)* inhabitant of La Pampa (**b**) *(de las pampas)* inhabitant of the pampas

pampero, -a 1 *adj* of/from the pampas; **viento p.** = cold South wind from the pampas
2 *nm,f (persona)* inhabitant of the pampas

3 *nm (viento)* = cold South wind from the pampas

pamplina *nf* (**a**) *Fam (tontería)* trifle, unimportant thing; **¡no me vengas con pamplinas!** don't try that nonsense with me! (**b**) *(planta)* chickweed

pamplonés, -esa 1 *adj* of/from Pamplona
2 *nm,f* person from Pamplona

pamplonica 1 *adj* of/from Pamplona
2 *nmf* person from Pamplona

PAN *nm* (**a**) *(abrev de* **Partido de Acción Nacional**) = right-wing Mexican political party (**b**) *(abrev de* **Partido de Avanzada Nacional**) = Guatemalan political party

---

PAN *nm* (**a**) *(alimento)* bread; *(barra, hogaza)* loaf; **p. con mantequilla** bread and butter; **a p. y agua** on bread and water; EXPR **vivir a p. y agua** to be *o* live on the breadline; EXPR *Fam* **con su p. se lo coma** that's his/her problem; EXPR **contigo, p. y cebolla** you're all I need (in the world); EXPR **ganarse el p.** to earn a living; EXPR **llamar al p., p. y al vino, vino** to call a spade a spade; EXPR **no sólo de p. vive el hombre** man cannot live on bread alone; EXPR *Fam* **ser más bueno que el p., ser un p. bendito** to be kindness itself; EXPR *Fam* **estar más bueno que el p.** to be gorgeous; EXPR *Méx* **ser un p.,** *RP* **ser un p. de Dios** *(ser gentil y generoso)* to be an absolute angel; EXPR *Fam* **ser p. comido** to be a piece of cake, to be as easy as pie; EXPR *Fam* **ser el p. nuestro de cada día** *(habitual)* to be commonplace, to be an everyday occurrence; EXPR **es p. para hoy y hambre para mañana** it's little more than a short-term solution; EXPR **venderse como p. caliente** to sell like hot cakes □ ***p. de ajo*** garlic bread; *Rel* ***p. bendito*** communion bread; *Esp* ***p. Bimbo***® sliced bread; ***p. dulce*** *Méx* cake; *RP* = type of fruit cake eaten at Christmas; ***p. francés*** French bread; ***p. integral*** *Br* wholemeal *o US* wholewheat bread; *RP* ***p. lactal*** sliced bread; ***p. de molde*** sliced bread; ***p. moreno*** *o* ***negro*** *(integral)* brown bread; *(con centeno)* black *o* rye bread; ***p. rallado*** breadcrumbs; *Col* ***p. tajado*** sliced bread; ***p. tostado*** *Esp (de paquete)* Melba toast; *Am (tostada)* toast
(**b**) ***p. de higo(s)*** = dessert consisting of dried figs squashed together with whole almonds to form a kind of round cake
(**c**) ***p. de oro*** gold leaf
(**d**) ***p. y quesillo*** *(planta)* shepherd's purse

---

pana *nf* corduroy; **pantalones/camisa de p.** corduroy trousers/shirt □ ***p. lisa*** velvet

panacea *nf* panacea

panadería *nf* (**a**) *(tienda)* bakery, baker's; *(fábrica)* bakery (**b**) *(oficio)* bread-making

panadero, -a *nm,f* baker

panal *nm* honeycomb

Panamá *n* Panama

panamá *nm* panama (hat)

panameño, -a *adj & nm,f* Panamanian

panamericanismo *nm* Pan-Americanism

panamericano, -a 1 *adj* Pan-American
2 *nf* **la P.** *(autopista)* the Pan-American Highway

pancarta *nf* placard, banner; **p. de meta** finishing line *(with banner across)*

panceta *nf* bacon

panchitos *nmpl Fam* salted peanuts

pancho, -a 1 *adj Fam* **se enteró del accidente y se quedó tan p.** he didn't bat an eyelid *o* turn a hair when he heard about the accident; **estaba tan p., sentado en el sofá** he was sitting on the couch without a care in the world
2 *nm RP (perrito caliente)* hot dog

páncreas *nm inv* pancreas

pancreático, -a *adj* pancreatic

pancromático, -a *adj* panchromatic

panda 1 *adj* **oso p.** panda
2 *nm* panda
3 *nf Fam* (**a**) *(de amigos)* crowd, gang (**b**) *(de gamberros, delincuentes)* gang; **¡menuda p. de vagos estáis hechos!** what a bunch of layabouts you've become!

pandemia *nf Med* pandemic

pandemónium *nm* pandemonium

pandereta *nf* tambourine

pandero *nm* (**a**) *(instrumento)* tambourine (**b**) *Fam (culo)* butt, bum

pandilla *nf* (**a**) *(de amigos)* crowd, gang (**b**) *(de gamberros, delincuentes)* gang; **¡vaya p. de holgazanes!** what a bunch of lazybones!

pandillero, -a *nm,f* member of a gang

pandorga *nf Par (cometa)* kite

panecillo *nm* bread roll

panegírico, -a 1 *adj* panegyrical, eulogistic
2 *nm* panegyric, eulogy

panel *nm* (**a**) *(pared, biombo)* screen (**b**) *(tablero)* board □ ***p. de control*** *(en máquina, instrumento) Informát* control panel; ***p. de instrumentos*** *(en vehículo)* instrument panel; ***p. solar*** solar panel (**c**) *(de personas)* panel

panela *nf* (**a**) *(bizcocho)* = diamond-shaped sponge cake (**b**) *CAm, Col, Méx (azúcar)* = brown-sugar loaf (**c**) *Méx (queso)* = type of fresh cheese (**d**) *Col, Méx, Ven Fam (persona)* creep, pain

panera *nf* (**a**) *(para servir pan)* bread basket (**b**) *(para guardar pan) Br* bread bin, *US* bread box

panero *nm Br* bread tray, *US* bread box

paneuropeísmo *nm* Europeanism

pánfilo, -a *Fam* **1** *adj* simple, foolish
2 *nm,f* fool, simpleton

panfletario, -a *adj* propagandist

panfleto *nm* (**a**) *(escrito)* polemical pamphlet (**b**) *(folleto)* (political) leaflet

pangolín *nm* pangolin, scaly anteater

paniaguado *nm Fig Pey (enchufado)* protégé

pánico *nm* panic; **el p. se apoderó de la sala tras la explosión** panic gripped *o* seized the hall after the explosion; **ser presa del p.** to be panic-stricken; **tener p. a** to be terrified of; **me dan p. los barcos** I'm terrified of sailing

panificación *nf* bread-making

panificadora *nf* (large) bakery

panizo *nm* millet

panocha *nf* ear, cob

panoja *nf* panicle

panoli *Fam* **1** *adj* foolish, silly
2 *nmf* fool, idiot

panoplia *nf* (**a**) *(armas)* mounted display of weapons (**b**) *(conjunto, gama)* range, gamut

panorama *nm* (**a**) *(vista)* panorama (**b**) *Fig (situación)* overall state (**c**) *Fig (perspectiva)* outlook

panorámica *nf* panorama

panorámico, -a *adj* panoramic

panqueque *nm Am* pancake

pantagruélico, -a *adj* gargantuan, enormous

pantalán *nm Náut* wharf

pantaletas *nfpl Méx, Ven (bragas)* panties, *Br* knickers

pantalla *nf* (**a**) *(de cine, televisión, ordenador)* screen; **la p. grande** the big screen; **la pequeña p.** the small screen, television; **mostrar en p.** to show on the screen; **una estrella de la p.** a TV/movie star □ ***p. acústica*** *(musical)* baffle; *(en carretera)* = roadside screen to reduce traffic noise; *Informát* ***p. de ayuda*** help screen; ***p. de cristal líquido*** liquid crystal display; ***p. gigante*** big screen; *Informát* ***p. de matriz activa*** active matrix display; ***p. plana*** flat screen; ***p. de radar*** radar screen; ***p. táctil*** touch screen
(**b**) *(de lámpara)* lampshade
(**c**) *(de chimenea)* fireguard
(**d**) *(encubridor)* front; **esta empresa les sirve de p. para sus actividades ilegales** this company serves as a front for their illegal activities
(**e**) *Andes, RP (abanico)* fan

pantallazo *nm Informát Fam* screen capture *o* dump

pantalón *nm,* **pantalones** *nmpl* trousers, *US* pants; **se compró unos pantalones** he bought a pair of trousers *o US* pants; EXPR *Fam* **bajarse los pantalones** to climb down; EXPR *Fam* **llevar los pantalones** to wear the trousers *o US* pants □ ***p. de campana*** bell-bottoms; ***p. corto*** short trousers *o US* pants, shorts; ***p. de esquí*** ski pants; *Col* ***pantalones interiores*** *(braga)* panties, *Br* knickers; ***p. largo*** (long) trousers *o US* (long) pants; *Méx* ***pantalones de mezclilla*** jeans; ***p. de montar*** jodhpurs; ***p. de pana*** cords; ***p. de peto*** *Br* dungarees, *US* overalls; ***p. de pinzas*** pleated trousers *o US* pants; ***p. (de) pitillo*** drainpipe trousers *o US* pants; ***p. tejano*** *o* ***vaquero*** jeans

pantaloncillos *nmpl Col (calzoncillos) Br* underpants, *US* shorts

pantanal *nm* marsh, bog

pantano *nm* (**a**) *(ciénaga)* marsh; *(laguna)* swamp (**b**) *(embalse)* reservoir

pantanoso, -a *adj* (**a**) *(cenagoso)* marshy, boggy (**b**) *(difícil)* tricky

panteísmo *nm* pantheism

panteísta 1 *adj* pantheistic
2 *nmf* pantheist

panteón *nm* (**a**) *(templo)* pantheon (**b**) *(mausoleo)* mausoleum, vault ▫ ***p. familiar*** family vault

pantera *nf* panther ▫ ***p. negra*** black panther

panti *nm Br* tights, *US* pantyhose

pantimedias *nfpl Méx Br* tights, *US* pantyhose

pantocrátor *nm Arte* Christ Pantocrator

pantomima *nf* (**a**) *(mimo)* mime (**b**) *(farsa)* pantomime, acting

pantorrilla *nf* calf

pantufla *nf* slipper

panty (*pl* **pantis**) *nm Br* tights, *US* pantyhose

Observa que la palabra inglesa **panties** es un falso amigo y no es la traducción de la palabra española **panty**. En inglés **panties** significa "braga".

panza *nf* (**a**) *Fam (barriga)* belly (**b**) *(de rumiantes)* rumen (**c**) *(de avión, jarrón)* belly

panzada *nf* (**a**) *(en el agua)* belly-flop (**b**) *Fam (hartura)* bellyful; **se dieron una p. de marisco** they pigged out on shellfish; **nos dimos una p. de estudiar** we studied really hard

panzudo, -a *adj* paunchy, potbellied

pañal *nm Br* nappy, *US* diaper; EXPR *Fam* **estar en pañales** *(en sus inicios)* to be in its infancy; *(sin conocimientos)* not to have a clue; EXPR *Fam* **dejar a alguien en pañales** to leave sb standing *o* behind

pañería *nf (producto)* drapery; *(tienda) Br* draper's (shop), *US* dry-goods store

paño *nm* (**a**) *(tela)* cloth, material (**b**) *(trapo)* cloth; *(para polvo)* duster; *(de cocina)* tea towel; **pásale un p. al salón** dust the living room ▫ *Chile* ***p. de loza*** tea towel (**c**) *(lienzo)* panel, length (**d**) *(tapiz)* hanging, tapestry (**e**) *(en la cara)* liver spot (**f**) EXPR **conocer el p.** to know the score; **ser el p. de lágrimas de alguien** to be a shoulder to cry on for sb; **en paños menores** in one's underthings; **paños calientes** half-measures

pañol *nm Náut* storeroom

pañolada *nf* = waving of handkerchiefs by crowd at sporting events to signal approval or disapproval

pañoleta *nf* shawl, wrap

pañuelo *nm (de nariz)* handkerchief; *(para el cuello)* scarf; *(para la cabeza)* headscarf ▫ ***p. de bolsillo*** pocket handkerchief; ***p. de cuello*** neckerchief; ***p. de mano*** pocket handkerchief; ***p. de papel*** paper handkerchief, tissue

Papa *nm* Pope

papa *nf Am* potato; EXPR *Fam* **no saber ni p.** not to have a clue; EXPR *RP Fam* **ser una p.** *(ser muy fácil)* to be a pushover ▫ ***papas bravas*** = sautéed potatoes served with spicy tomato sauce; ***p. dulce*** sweet potato; ***papas fritas*** *(de sartén) Br* chips, *US* (French) fries; *(de bolsa) Br* crisps, *US* (potato) chips

papá *nm Fam* dad, daddy, *US* pop ▫ ***P. Noel*** Father Christmas

papachar *vt Méx* to cuddle, to pamper

papada *nf (de persona)* double chin; *(de animal)* dewlap

papado *nm* papacy

papagayo *nm* parrot; **como un p.** parrot-fashion

papal *adj* papal

papalote *nm Méx (cometa)* kite

papamoscas *nmf inv RP Fam* sucker, simpleton

papamóvil *nm* popemobile

papanatas *nmf inv Fam* sucker, simpleton

papar *vt* EXPR *RP* **p. moscas** *(estar despistado)* to daydream

paparazzi [papa'ratsi] *nmf inv* paparazzi

paparruchas *nfpl Fam* nonsense

papaya *nf (fruta)* papaya, pawpaw

papayo *nm* papaya tree, pawpaw tree

papear *Fam* **1** *vt* to eat
2 *vi* to eat

PAPEL *nm* (**a**) *(material)* paper; *(hoja)* sheet of paper; *(trozo)* piece of paper; **una bolsa de p.** a paper bag; **un p. en blanco** a blank sheet of paper; EXPR **perder los papeles** to lose control; EXPR **ser p. mojado** to be worthless; **sobre el p.** *(teóricamente)* on paper ▫ *Esp* ***p. albal®*** tin *o* aluminium foil; ***p. de aluminio*** tin *o* aluminium foil; ***p. de arroz*** rice paper; ***p. (de) barba*** untrimmed paper; ***p. biblia*** bible paper; ***p. de calco*** *o* ***de calcar*** tracing paper; ***p. carbón*** carbon paper; ***p. de carta*** notepaper; ***p. cebolla*** onionskin; ***p. celofán*** Cellophane®; ***p. de cera*** *(para envolver) Br* greaseproof paper, *US* wax paper; ***p. charol*** coloured tissue paper; *Chile* ***p. confort*** toilet paper; *Informát* ***p. continuo*** continuous paper; ***p. cuadriculado*** graph paper; ***p. cuché*** coated paper; ***p. de embalar*** *o* ***de embalaje*** wrapping paper; ***p. de estaño*** tin *o* aluminium foil; ***p. de estraza*** brown paper; ***p. de fumar*** cigarette paper; ***p. higiénico*** toilet paper; ***p. de lija*** sandpaper; ***p. maché*** papier-mâché; *RP* ***p. madera*** brown paper; ***p. milimetrado*** graph paper; ***p. pautado*** *(para música)* music paper; ***p. de periódico*** newspaper, newsprint; ***p. pintado*** wallpaper; ***p. de plata*** tin *o* aluminium foil; ***p. reciclado*** recycled paper; ***p. de regalo*** wrapping paper; ***p. secante*** blotting paper; ***p. de seda*** tissue (paper); ***p. sellado*** *o* ***timbrado*** stamp, stamped paper; *Quím* ***p. tornasol*** litmus paper; ***p. vegetal*** tracing paper
(**b**) *(en película, teatro) & Fig* role, part; **Bogart está insuperable en el p. de Rick** Bogart is superb as Rick; **desempeña un p. crucial en la compañía** she has a very important role in the company; **hacer** *o* **representar el p. de** to play the role *o* part of; **¡vaya un p. que vamos a hacer con tantos lesionados!** we're really going to struggle with so many injuries!; **hacer (un) buen/mal p.** to do well/badly ▫ ***p. principal/secundario*** main/minor part
(**c**) *Fin (valores)* stocks and shares ▫ ***p. del Estado*** government bonds; ***p. moneda*** paper money, banknotes; ***p. de pagos (al Estado)*** = special stamps for making certain payments to the State
(**d**) *Esp Fam (1.000 pesetas)* = thousand pesetas
(**d**) **papeles** *(documentos, identificación)* papers; *Fam* **los papeles** *(la prensa escrita)* the papers; **los papeles del** *Esp* **coche** *o Am* **carro** the car's registration documents

papela *nf Esp muy Fam (documentación)* ID card

papeleo *nm* paperwork, red tape

papelera *nf* (**a**) *(cesto)* wastepaper basket *o Br* bin; *(en la calle)* litter bin (**b**) *(fábrica)* paper mill (**c**) *Informát* recycle bin, *Br* wastebasket, *US* trash can

papelería *nf* stationer's (shop)

papelero, -a 1 *adj* paper; **industria papelera** paper industry
2 *nm Chile, RP (papelera)* wastepaper basket *o Br* bin

papeleta *nf* (**a**) *(boleto)* ticket, slip (of paper); *(de votación)* ballot paper (**b**) *Educ* = slip of paper with university exam results (**c**) *(problema)* **¡menuda p.!** what a pain *o* drag!; **tiene una buena p. con la mujer en el hospital y el hijo en el paro** he has a lot on his plate with his wife in hospital and his son unemployed

papelina *nf Fam* wrap, = sachet of paper containing drugs

papelón *nm* (**a**) *Fam (mal papel)* spectacle; **hacer un p.** to make a fool of oneself, to be left looking ridiculous (**b**) *Andes, Ven (azúcar)* sugar loaf

papeo *nm Fam* grub

paperas *nfpl* mumps

papi *nm Fam* daddy, *US* pop

papila *nf Anat* papilla ▫ ***p. gustativa*** taste bud

papilar *adj* papillary

papilla *nf* (**a**) *(para niños)* baby food, *US* formula; EXPR *Fam* **echar** *o* **arrojar hasta la primera p.** to be as sick as a dog; EXPR *Fam* **hacer p. a alguien** to make mincemeat of sb; *Fam Fig* **hecho p.** *(cansado)* shattered, exhausted; *(roto)* smashed to bits, ruined (**b**) *Med* barium meal

papiloma *nm Med* papilloma

papión *nm* baboon

papiro *nm* papyrus

papiroflexia *nf* origami

papirotazo *nm* flick *(of finger)*

papista 1 *adj* papist; EXPR *Fam* **ser más p. que el Papa** to be more Catholic than the Pope
2 *nmf* papist

papo *nm Fam* (**a**) *(moflete)* jowls (**b**) *(descaro)* **tener mucho p.** to have a lot of cheek; **¡tiene un p. que se lo pisa!** he's got some cheek!

páprika, paprika *nf* paprika

papú (*pl* **papúes**) *adj & nmf* Papuan

Papúa-Nueva Guinea *n* Papua New Guinea

paquebote *nm* packet boat

paquete 1 *nm* (**a**) *(de libros, regalos)* parcel ▫ ***p. bomba*** parcel bomb; ***p. postal*** parcel
(**b**) *(de cigarrillos, folios)* pack, packet; *(de azúcar, arroz)* bag
(**c**) *(maleta, bulto)* bag
(**d**) *(en rugby)* pack
(**e**) *(en motocicleta)* passenger; **ir de p.** to ride pillion
(**f**) *Fig (conjunto)* package ▫ ***p. de acciones*** shareholding; ***p. de medidas*** package of measures; ***p. turístico*** package tour
(**g**) *Informát* package ▫ ***p. integrado*** integrated package
(**h**) *Fam (pañales) Br* nappies, *US* diapers
(**i**) *Fam (cosa fastidiosa)* **me ha tocado el p. de hacer...** I've been lumbered with doing...
(**j**) *muy Fam (genitales masculinos)* packet, bulge; **marcar p.** to draw attention to one's packet *o* bulge
(**k**) EXPR *Fam* **meter un p. a alguien** *(castigar)* to come down on sb like a ton of bricks
(**l**) EXPR *Fam (inútil)* **ser un p.** to be useless *o* hopeless
2 *adj RP Fam* smart, elegant

paquetería *nf* (**a**) *(mercancía)* small goods; **empresa de p.** parcel delivery company (**b**) *(negocio)* small goods shop (**c**) *RP Fam (elegancia)* smartness, elegance

paquidermo *nm* pachyderm

Paquistán *n* Pakistan

paquistaní (*pl* **paquistaníes**) *adj & nmf* Pakistani

par 1 *adj* (**a**) *(número)* even; **echar algo a pares o nones** = to decide something between two people by a game in which each holds out a certain number of fingers behind their back, predicts whether the total will be odd or even, then reveals their hand to the other
(**b**) *(igual)* equal
2 *nm* (**a**) *(de zapatos, pantalones)* pair; **a** *o* **en pares** in pairs, two by two
(**b**) *(de personas, cosas)* couple
(**c**) *(número indeterminado)* few, couple; **un p. de copas** a couple of *o* a few drinks; **un p. de veces** a couple of times, a few times; *Vulg* **es un tipo con un p. de cojones** *o* **huevos** he's got guts *o* balls
(**d**) *(en golf)* par; **dos bajo/sobre p.** two under/over par; **hacer p. en un hoyo** to par a hole
(**e**) *(noble)* peer
(**f**) *Fís* couple ▫ ***p. de fuerzas*** couple
(**g**) **sin p.** *(sin comparación)* without equal, matchless; **de una belleza sin p.** incomparably beautiful
(**h**) **(abierto) de p. en p.** *(puerta, ventana)* wide open
3 *nf* (**a**) **a la par** *loc adv (simultáneamente)* at the same time
(**b**) **a la par** *loc adv (a igual nivel)* at the same level
(**c**) **a la par** *loc adv Fin* at par

PARA *prep* (**a**) *(indica destino, finalidad, motivación)* for; **es p. ti** it's for you; **significa mucho p. mí** it means a lot to me; **"¡qué suerte!" dije p. mí** "how lucky", I said to myself; **una mesa p. el salón** a table for the living room; **desayuno p. dos** breakfast for two; **crema p. zapatos** shoe polish; **pastillas p. dormir** sleeping pills; **están entrenados p. el combate** they have been trained for combat; **estudia p. dentista** she's studying to become a dentist; **esta agua no es buena p. beber** this water isn't fit for drinking *o* to drink; **p. conseguir sus propósitos** in order to achieve his aims; **lo he hecho p. agradarte** I did it to please you; **me voy p. no causar más molestias** I'll go so I don't cause you any more inconvenience; **te lo repetiré p. que te enteres** I'll repeat it so you understand; **resulta que se divorcian p. un mes más tarde volverse a casar** so they get divorced, only to remarry a month later; **p. con** towards; **es buena p. con los demás** she is kind towards other people; **¿p. qué?** what for?; **¿p. qué quieres un martillo?** what do you want a hammer for?, why do you want a hammer?; **¿p. qué has venido?** why are you here?; **¿p. quién trabajas?** who do you work for?
(**b**) *(indica dirección)* towards; **el próximo vuelo p. Caracas** the next flight to Caracas; **ir p. casa** to head (for) home; **salir p. el aeropuerto** to leave for the airport; **p. abajo** downwards; **p. arriba** upwards; **tira p. arriba** pull up *o* upwards; **p. atrás** backwards; **échate p. atrás** *(en asiento)* lean back; **p. delante** forwards; **ya vas p. viejo** you're getting old; **esta muchacha va p. pintora** this girl has all the makings of a painter
(**c**) *(indica tiempo)* for; **tiene que estar acabado p. mañana/p. antes de Navidad** it has to be finished by *o* for tomorrow/before Christmas; **faltan cinco minutos p. que salga el tren** the train leaves in five minutes; **tienen previsto casarse p. el 17 de agosto** they plan to get married on 17 August; **llevamos comida p. varios días** we have enough food for several days; *Am* **diez p. las once** ten to eleven; **va p. un año que no nos vemos** it's getting on for a year since we saw each other; **¿y p. cuándo un bebé?** and when are you going to start a family?; **p. entonces** by then
(**d**) *(indica comparación)* **tiene la estatura adecuada p. su edad** she is the normal height for her age; **está muy delgado p. lo que come** he's very thin considering how much he eats; **p. ser verano hace mucho frío** considering it's summer, it's very cold; **p. ser un principiante no lo hace mal** he's not bad for a beginner; **p. lo que me ha servido...** for all the use it's been to me...; **¡tanto esfuerzo p. nada!** all that effort for nothing!; **¿y tú quién eres p. tratarla así?** who do you think you are, treating her like that?; **yo no soy quien p. decir...** it's not for me to say...
(**e**) *(después de adjetivo y antes de infinitivo) (indica inminencia, propósito)* to; **la comida está lista p. servir** the meal is ready to be served; **el atleta está preparado p. ganar** the athlete is ready to win
(**f**) *(indica opinión)* for; **p. Marx, la religión era el opio del pueblo** for Marx, religion was the opium of the people; **p. mí/ti/***etc.* as far as I'm/you're/*etc* concerned; **p. mí que no van a venir** it looks to me like they're not coming; **¿p. ti quién es más guapo?** who do you think is the most handsome?
(**g**) *(indica disposición, estado)* **no estoy p. fiestas** I'm not in the mood for parties; **el abuelo no está ya p. hacer viajes largos** grandfather's no longer up to going on long journeys; **¿hace día p. ir sin chaqueta?** is it warm enough to go out without a jacket on?
(**h**) *(indica consecuencia)* **p. su sorpresa, p. sorpresa suya** to her surprise; **p. alegría de todos** to everyone's delight; **p. nuestra desgracia** unfortunately for us
(**i**) EXPR **no es/fue/***etc.* **p. tanto** it's not/it wasn't such a big deal; **no llores, que no es p. tanto** don't cry, it's not such a big deal, there's no need to cry about it; **dicen que les trataron mal, pero no fue p. tanto** they say they were ill-treated, but that's going a bit far; *Fam* **hace un calor que p. qué** it's absolutely boiling; *Fam* **este plato pica que p. qué** this dish is really hot, *Br* this dish isn't half hot

parabién (*pl* **parabienes**) *nm Formal* congratulations; **dar el p. a alguien** to congratulate sb

parábola *nf* (**a**) *(alegoría)* parable (**b**) *Mat* parabola

parabólica *nf* satellite dish

parabólico, -a *adj* parabolic

parabrisas *nm inv Br* windscreen, *US* windshield

paraca *nmf Fam (paracaidista)* paratrooper, para; **los paracas** the Paras

paracaídas *nm inv* parachute; **saltar en p.** to parachute; **tirarse en p.** to bail, to bale

paracaidismo *nm* parachuting, parachute jumping

paracaidista 1 *adj* parachute
2 *nmf (deportivo)* parachutist; *(militar)* paratrooper

paracetamol *nm* paracetamol

parachispas *nm inv* fireguard

parachoques *nm inv (de automóvil) Br* bumper, *US* fender; *(de tren)* buffer

parada *nf* (**a**) *(detención)* stop, stopping; **hicimos una p. para descansar** we stopped for a rest ▫ ***p. en boxes*** *(en automovilismo)* pit stop (**b**) *Dep* save (**c**) *(de autobús)* (bus) stop; *(de taxis)* taxi rank; *(de metro)* (subway) station ▫ ***p. discrecional***

request stop (**d**) *(desfile)* parade (**e**) *Andes, RP (engreimiento)* brag, boast

paradero *nm* (**a**) *(de persona)* whereabouts; **están en p. desconocido** their present whereabouts are unknown; **averiguar el p. de** to ascertain the whereabouts of, to locate; **ignorar** *o* **no saber el p. de alguien** not to know where sb is (**b**) *Perú (parada de autobús)* bus stop

paradigma *nm* paradigm, example

paradigmático, -a *adj* paradigmatic

paradisiaco, -a, paradisíaco, -a *adj* heavenly

parado, -a 1 *adj* (**a**) *(inmóvil) (vehículo)* stationary, standing; *(persona)* still, motionless; *(fábrica, proyecto)* at a standstill; **¡no os quedéis ahí parados!** don't just stand there! (**b**) *(pasivo)* lacking in initiative; **tu hermano es muy p.** your brother lacks initiative (**c**) *(sin empleo)* unemployed, out of work (**d**) *Am (en pie)* standing; **caer p.** to land on one's feet (**e**) *Chile, PRico (orgulloso)* vain, conceited (**f**) **salir bien/mal p. de algo** to come off well/badly out of sth

2 *nm,f (desempleado)* unemployed person; **los parados** the unemployed ▫ ***los parados de larga duración*** the long-term unemployed

paradoja *nf* paradox

paradójicamente *adv* paradoxically

paradójico, -a *adj* paradoxical, ironical

parador *nm* (**a**) *(mesón)* roadside inn (**b**) *Esp (hotel)* **p. (nacional)** = state-owned luxury hotel, usually a building of historic or artistic importance

parafernalia *nf* paraphernalia

parafina *nf* paraffin

parafrasear *vt* to paraphrase

paráfrasis *nf inv* paraphrase

paragolpes *nmpl inv RP (de automóvil) Br* bumper, *US* fender

paraguas *nm inv* umbrella

Paraguay *nm* **(el) P.** Paraguay

paraguayo, -a 1 *adj & nm,f* Paraguayan

2 *nm (fruta)* = fruit similar to peach

paragüería *nf* umbrella shop

paragüero *nm* umbrella stand

paraíso *nm* (**a**) *Rel* Paradise ▫ ***p. terrenal*** earthly Paradise (**b**) *(edén)* paradise; **en esta playa estoy en el p.** I'm in paradise on this beach; **estas montañas son el p. de los esquiadores** these mountains are a skier's paradise ▫ ***p. fiscal*** tax haven (**b**) *Teatro* **asientos de p.** seats in the gods

paraje *nm* spot, place

paralaje *nm Astron* parallax

paralela *nf* (**a**) *(línea)* parallel (line) (**b**) *Dep* **paralelas** parallel bars

paralelamente *adv* in parallel

paralelepípedo *nm Geom* parallelepiped

paralelismo *nm* (**a**) *Mat* parallelism (**b**) *(semejanza)* similarity, parallels

paralelo, -a 1 *adj* parallel (**a** to); *Dep* **barras paralelas** parallel bars

2 *nm* (**a**) *Geog* parallel (**b**) *(comparación)* comparison; **trazar un p. con** to draw a comparison *o* parallel with (**c**) *Elec* **estar en p.** to be in parallel

paralelogramo *nm* parallelogram

paralímpico, -a *adj Dep* Paralympic; **juegos paralímpicos** Paralympic games, Paralympics

parálisis *nf inv* (**a**) *(enfermedad)* paralysis ▫ ***p. cerebral*** cerebral palsy; ***p. infantil*** polio (**b**) *(de país, economía)* paralysis

paralítico, -a 1 *adj* paralytic; **quedarse p.** to be paralysed

2 *nm,f* paralytic

paralización *nf* (**a**) *(parálisis)* paralysis (**b**) *Fig (detención)* halting; **el juez ordenó la p. de las obras** the judge ordered the work to be stopped (**c**) *Com* stagnation

paralizado, -a *adj* (**a**) *(persona)* paralysed (**b**) *(negocios)* deadlocked

paralizador, paralizante *adj* paralysing

paralizar [14] **1** *vt* (**a**) *(causar parálisis)* to paralyse; **el susto lo paralizó** he was paralysed with fear (**b**) *Fig (detener)* to stop

2 paralizarse *vpr* (**a**) *(pararse)* to become paralysed (**b**) *Fig (producción, proyecto)* to come to a standstill

Paramaribo *n* Paramaribo

paramento *nm* (**a**) *(adorno)* adornment (**b**) *Constr* facing *(of a wall)*

paramera *nf* moorland

parámetro *nm* parameter

paramilitar *adj & nmf* paramilitary

páramo *nm* (**a**) *(terreno yermo)* moor, moorland; **los páramos** the moors, the moorland (**b**) *(lugar solitario)* wilderness (**c**) *Col, Ecuad (llovizna)* drizzle

parangón *nm* paragon; **sin p.** unparalleled; **tener p. con** to be comparable with

parangonar *vt* (**a**) *(comparar)* to compare, to establish a parallel between; **no deseo p. su situación con la mía** I don't want to compare her situation with mine (**b**) *Imprenta* to justify

paraninfo *nm* assembly hall, auditorium

paranoia *nf* paranoia

paranoico, -a 1 *adj* paranoiac; *Fam* **estar p.** to be going up the wall

2 *nm,f* paranoiac

paranormal *adj* paranormal

paraolímpico, -a *adj Dep* Paralympic; **juegos paraolímpicos** Paralympic games, Paralympics

parapente *nm* (**a**) *(actividad) (desde montaña)* paragliding, parapenting; *(a remolque de lancha motora)* parascending (**b**) *(paracaídas)* parapente

parapetarse *vpr también Fig* to take refuge (**tras** behind)

parapeto *nm (antepecho)* parapet; *(barandilla)* bannister; *(barricada)* barricade

paraplejía, paraplejia *nf Med* paraplegia

parapléjico, -a *adj & nm,f Med* paraplegic

parapsicología *nf* parapsychology

parapsicológico, -a *adj* parapsychological

parapsicólogo, -a *nm,f* parapsychologist

PARAR 1 *vi* (**a**) *(detenerse, interrumpirse)* to stop; **este tren para en todas las estaciones** this train stops at all stations; **¿paramos a** *o* **para comer algo?** shall we stop and *o* to have something to eat?; **párenos aquí** *(al taxista, conductor)* drop us off here; **no abra la lavadora hasta que (no) pare por completo** do not open the washing machine until it has come to a complete stop; **los obreros pararon diez minutos en señal de protesta** the workers stopped work for ten minutes as a protest; **¡no para callado/quieto un momento!** he won't be quiet/stay still for a single moment!; **p. de hacer algo** to stop doing sth; **no ha parado de llover desde que llegamos** it hasn't stopped raining since we arrived; **no para de molestarme** she keeps annoying me; **no para de llamarme por teléfono** he keeps ringing me up, he's always ringing me up; **no parará hasta conseguirlo** she won't stop until she gets it; *Fam* **no para** *(está siempre liado)* he's always on the go; *Fam* **hoy no he parado un momento** I've been on the go all day; *Fam* **ser un no p.** *(trabajo, vida)* to be hectic; **¡para ya!** stop it!; **¡para ya de hacer ruido!** stop that noise!; **sin p.** non-stop

(**b**) *(alojarse)* to stay; **siempre paro en el mismo hotel** I always stay at the same hotel; *Fam* **solía p. en** *o* **por aquel bar** I used to hang out at that bar; **paro poco en** *o* **por casa** I'm not at home much

(**c**) *(acabar)* to end up; **¿en qué parará este lío?** where will it all end?; **ir a p. a** to end up in; **todos fuimos a p. al mismo lugar** we all ended up in the same place; **ese camino va a p. a la carretera** this path leads to the road; **¿dónde habrán ido a p. mis gafas?** where can my glasses have got to?; **¡dónde iremos a p.!** *(¡es increíble!)* whatever next!; *Fam* **¡dónde va a p.!** *(¡no compares!)* there's no comparison!

(**d**) *(recaer)* **p. en manos de alguien** to come into sb's possession

2 *vt* (**a**) *(detener, interrumpir)* to stop; *(asalto)* to repel; *(golpe)* to parry; *(penalti, tiro)* to save; *(balón)* to stop; **para el motor** turn the engine off, stop the engine; **nos paró la policía** we were stopped by the police; **p. (a) un taxi** to hail *o* stop a taxi; **cuando le da por hablar no hay quien la pare** once she starts talking, there's no stopping her

(**b**) *Am (levantar)* to raise

3 pararse *vpr* (**a**) *(detenerse)* to stop; **se me ha parado el reloj** my watch has stopped; **pararse a hacer algo** to stop to do sth; **me paré a echar gasolina** I stopped to fill up with *Br* petrol *o US* gas; **no me paré a pensar si le gustaría o no** I didn't stop to think whether she'd like it or not

(**b**) *Am (ponerse de pie)* to stand up; *(le-*

vantarse de la cama) to get up
(**c**) *Am (enriquecerse)* to be made for life

pararrayos *nm inv* lightning conductor

parasitario, -a *adj* parasitic

parasitismo *nm* parasitism

parásito, -a 1 *adj Biol* parasitic
2 *nm* (**a**) *Biol* parasite (**b**) *(persona)* parasite ❑ ***p. social*** social parasite (**c**) *Tel* **parásitos** *(interferencias)* static

parasitología *nf* parasitology

parasol *nm* parasol

paratifoidea *nf* paratyphoid

parcela *nf* (**a**) *(de tierra)* plot (of land) (**b**) *(de saber)* area; **se agarra a su p. de poder** he's holding on to his power

parcelable *adj* divisible into plots

parcelación *nf* (**a**) *(de terreno)* parcelling out, division into plots (**b**) *(de saber, poder)* subdivision; **la creciente p. del poder en la región** the increasing subdivision of power in the region

parcelar *vt* to parcel out, to divide into plots

parcelario, -a *adj* of *or* relating to plots of land

parche *nm* (**a**) *(de tela, goma)* patch; *(en el ojo)* eyepatch; EXPR *Fam* **¡oído** *o* **ojo al p.!** watch out (**b**) *(emplasto)* poultice (**c**) *(chapuza)* botch job; *(para salir del paso)* makeshift solution (**d**) *Informát* patch (**e**) *(piel de tambor)* drumhead (**f**) *(tambor)* drum

parchear *vt Fig* to patch up

parchís *nm inv Br* ludo, *US* Parcheesi®

parcial 1 *adj* (**a**) *(no total)* partial (**b**) *(no ecuánime)* biased
2 *nm* (**a**) *(examen)* = end-of-term exam at university which counts towards the final qualification (**b**) *(en partido)* **tuvieron que remontar un p. de 3-0** they had to overcome a 3-0 deficit

parcialidad *nf* (**a**) *(tendenciosidad)* bias, partiality (**b**) *(bando)* faction

parcialmente *adv* (**a**) *(en parte)* partially, partly (**b**) *(de forma no ecuánime)* partially, in a biased way

parco, -a *adj* (**a**) *(moderado)* sparing (**en** in); **es muy p. en palabras** he is man of few words (**b**) *(escaso)* meagre; *(cena)* frugal; *(explicación)* brief, concise

pardiez *interj Anticuado o Hum* **¡p.!** good gracious!

pardillo, -a 1 *adj Fam* (**a**) *(ingenuo)* naive (**b**) *(palurdo)* **ser p.** to be a *Br* bumpkin *o US* hick
2 *nm,f Fam* (**a**) *(ingenuo)* naive person (**b**) *(palurdo) Br* bumpkin, *US* hick
3 *nm (pájaro)* linnet

pardo, -a 1 *adj* greyish-brown, dull brown
2 *nm,f Cuba, PRico (mulato)* mulatto
3 *nm (color)* greyish-brown, dull brown

pareado 1 *adj* **chalet p.** semi-detached house
2 *nm* (**a**) *(verso)* couplet (**b**) *(vivienda)* semi-detached house

parear *vt* to pair

PARECER [46] **1** *nm* (**a**) *(opinión)* opinion; **somos de igual** *o* **del mismo p.** we are of the same opinion; **a mi/nuestro/***etc.* **p.** in my/our/*etc* opinion; **cambiar de p.** to change one's mind
(**b**) *(apariencia)* **de buen p.** good-looking
2 *vi (semejar)* to look like; **parece un palacio** it looks like a palace; **parecía un sueño** it was like a dream
3 *v copulativo* to look, to seem; **pareces cansado** you look *o* seem tired; **en la tele parece más joven** she looks younger on the TV; **el casero parece buena persona** the landlord seems nice *o* seems like a nice person; **parece de metal** it looks like it's made of metal; **es alemán, pero no lo parece** he's German, but he doesn't look it; **¡pareces bobo!** are you stupid, or what?
4 *v impersonal* (**a**) *(indica opinión)* **me parece que...** I think that..., it seems to me that...; **me parece que viven juntos** I think *o* believe they live together; **me parece que no voy a aprobar** I don't think I'm going to pass; **me parece que sí/no** I think/don't think so; **el examen me pareció bastante complicado** I found the exam rather difficult, I thought the exam was rather difficult; **no me pareció interesante** I didn't find it interesting, I didn't think it was interesting; **¿qué te parece mi vestido?** what do you think of my dress?; **¿qué te parece si vamos a mi casa?** why don't we go to my place?, what do you say we go to my place?; **¿qué te parece la idea? — me parece bien/mal** what do you think of the idea? — it seems OK to me/I don't think much of it; **nada le parece bien** she's never happy with anything; **todo le parece bien** he always says yes to everything; **no me parece bien que llegues tan tarde** I'm not pleased about you arriving so late; **me parece mal que se experimente con animales** I don't agree with experiments on animals; **no me parece mal que venga** I don't see anything wrong with her coming; **haz lo que te parezca** *(lo que quieras)* do what you like; **haz lo que te parezca mejor** do as you see fit, do what you think best; **es bastante caro, ¿no te parece?** it's rather expensive, don't you think?; **si te parece (bien) quedamos el lunes** we can meet on Monday, if that's all right by you; **podemos comer fuera, ¿te parece?** why don't we go out for a meal?, what do you say we go out for a meal?; **¿te parece bonito lo que has hecho?** are you pleased with yourself *o* satisfied now?
(**b**) *(tener aspecto de)* **parece que va a llover** it looks like (it's going to) rain; **parece que le gusta** it looks as if *o* it seems (that) she likes it; **no parece que le guste** he doesn't seem to like it, it seems (that) he doesn't like it; **parece (ser) que hay un pequeño malentendido** there seems to be a small misunderstanding, it seems (like) there's a small misunderstanding; **ahora parece (ser) que quieren echarse atrás** it now seems they want to pull out; **a lo que parece, al p.** apparently; **tienen mucho dinero, aunque no lo parezca** it may not seem like it, but they've got a lot of money; **eso parece** so it seems; **parece como si estuviéramos en invierno** it's as if it was still winter; **parece que fue ayer cuando nos conocimos** it seems like only yesterday that we met; **¿lo ha hecho? — parece que sí** has she done it? — it seems so *o* it seems she has; **¿te han invitado? — parece que no** have they invited you? — it seems not *o* it doesn't seem so; **parece que no, pero se tarda en llegar hasta aquí** you'd be surprised how long it takes you to get here; **según parece** apparently
5 parecerse *vpr* to be alike (**en** in); **se parecen mucho en sus gustos** they have very similar tastes; **no se parecen en nada** *(personas, cosas)* they are not at all alike; **parecerse a alguien** *(físicamente)* to look like sb; *(en carácter)* to be like sb; **nos parecemos bastante** *(físicamente)* we look quite similar; *(en carácter)* we're very similar; **no tenemos yate ni nada que se le parezca** we haven't got a yacht or anything (like that)

parecido, -a 1 *adj* similar; **p. a** similar to, like; **bien p.** *(atractivo)* good-looking; **mal p.** *(feo)* ugly; **es p. a su padre** he resembles his father; **¡habráse visto cosa parecida!** have you ever heard *o* seen the like?
2 *nm* resemblance (**con/entre** to/between); **el p. entre todos los hermanos es asombroso** there's a startling resemblance between all the brothers; **tiene un gran p. a John Wayne** he looks very like John Wayne; **cualquier p. es pura coincidencia** any similarity is purely coincidental

pared *nf* (**a**) *(de construcción)* wall; **entre cuatro paredes** cooped-up at home; EXPR **las paredes oyen** walls have ears; EXPR **si las paredes hablasen...** if the walls could talk...; EXPR **subirse por las paredes** to hit the roof, to go up the wall; EXPR **está que se sube por las paredes** she's in an absolute rage, she's fit to be tied; EXPR *Fam* **intenté convencerle, pero como si hablara a la pared** I tried to persuade him, but it was like talking to a brick wall; *Fig* **me pusieron contra la p.** they had me up against the wall ❑ ***p. maestra*** main wall; ***p. mediana*** party wall
(**b**) *(de montaña)* side
(**c**) *Dep* one-two; **hacer la p.** to play a one-two

paredón *nm* (**a**) *(muro)* (thick) wall (**b**) *(de fusilamiento)* (execution) wall

pareja *nf* (**a**) *(par)* pair; **por parejas** in pairs; **formar parejas** to get into pairs; **una p. (de la Guardia Civil)** a pair of Civil Guards, a Civil Guard patrol (**b**) *(de novios)* couple; **vivir en p.** to live together ❑ ***p. de hecho*** unmarried couple (**c**) *(miembro del par) (persona)* partner; *(guante, zapato)* other one; *(en baile)* (dancing) partner; **la p. de este calcetín** the other sock of this pair

parejo, -a *adj* similar (**a** to); **ir parejos** to be equal, to be neck and neck

parentela *nf Fam* family, clan

parenteral *adj* **por vía p.** by injection

parentesco *nm* (**a**) *(entre personas)* relationship; **les une una relación de p.** they're related to one another ▫ ***p. político*** relationship by marriage (**b**) *(entre cosas)* tie, bond

paréntesis *nm inv* (**a**) *(signo)* bracket; **abrir/cerrar el p.** to open/close brackets; **entre p.** in brackets, in parentheses; **poner algo entre p.** to put sth in brackets, to bracket sth (**b**) *(intercalación)* digression; **todo sea dicho entre p.** incidentally, by the way (**c**) *(interrupción)* break; **hacer un p.** to have a break

pareo *nm (prenda)* wraparound skirt

parezco *etc ver* **parecer**

pargo *nm* porgy

paria *nmf* pariah

parida *nf Esp Fam* tripe, nonsense; **soltar paridas** to talk nonsense, to say stupid things; **¡menuda p.!** what a lot of nonsense!

paridad *nf* (**a**) *(semejanza)* similarity; *(igualdad)* evenness (**b**) *Fin* parity ▫ ***p. de cambio*** parity of exchange (**b**) *Informát* parity

parienta *nf Esp Fam (cónyuge)* old lady, *Br* missus

pariente *nmf (familiar)* relation, relative; **p. cercano/lejano** close/distant relation *o* relative

> Observa que la palabra inglesa **parent** es un falso amigo y no es la traducción de la palabra española **pariente**. En inglés **parent** significa tanto "padre" como "madre".

parietal *nm Anat* parietal

parihuela *nf (camilla)* stretcher

paripé *nm* EXPR *Fam* **hacer el p.** to put on an act, to pretend

parir 1 *vi (mujer)* to give birth, to have a baby; *(yegua)* to foal; *(vaca)* to calve; *(oveja)* to lamb; EXPR *muy Fam* **¡la madre que lo parió!** son of a bitch!; EXPR *muy Fam* **¡viva la madre que te parió!** *(en concierto, corrida de toros)* we love you!; *Fam* **poner algo/a alguien a p.** to run sth/sb down, to badmouth sth/sb

2 *vt* to give birth to, to bear

París *n* Paris

parisiense *adj & nmf*, **parisino, -a** *adj & nm,f* Parisian

paritario, -a *adj* joint

paritorio *nm* delivery room

parka *nf (abrigo)* parka

parking ['parkin] (*pl* **parkings**) *nm* car park, *US* parking lot

párkinson *nm Med* Parkinson's disease

parlamentar *vi* to negotiate

parlamentario, -a 1 *adj* parliamentary

2 *nm,f* member of parliament

parlamentarismo *nm* parliamentary system

parlamento *nm* (**a**) *(asamblea)* parliament (**b**) *Teatro* speech

parlanchín, -ina *Fam* **1** *adj* chatty

2 *nm,f* chatterbox

parlante 1 *adj* talking

2 *nm RP (altavoz)* loudspeaker, speaker

parlotear *vi Fam* to chatter

parloteo *nm Fam* chatter

parmesano, -a 1 *adj* **queso p.** Parmesan cheese

2 *nm (queso)* Parmesan

parnaso *nm Formal* parnassus

parné *nm Esp Fam* dough

paro *nm* (**a**) *(desempleo)* unemployment; **estar en (el) p.** to be unemployed; **lleva cinco meses en el p.** she's been unemployed for five months; **quedarse en p.** to be left unemployed ▫ ***p. cíclico*** cyclical unemployment; ***p. encubierto*** hidden unemployment ***p. estructural*** structural unemployment

(**b**) *(subsidio)* unemployment benefit, dole money; **apuntarse al p.** to sign on; **cobrar el p.** to claim *o* receive unemployment benefit

(**c**) *(cesación) (acción)* shutdown; *(estado)* stoppage ▫ ***p. biológico*** = temporary halt to fishing at sea to preserve fish stocks; ***p. cardiaco*** cardiac arrest; ***p. laboral*** industrial action

(**d**) *(ave)* titmouse

parodia *nf (de texto, estilo)* parody; *(de película)* send-up, spoof; **hacer una p. de alguien** to do a send-up *o* take-off of sb

parodiar *vt (texto, estilo)* to parody; *(película)* to send up, to spoof; *(persona)* to send up, to take off

paródico, -a *adj* parodical

parolímpico, -a *adj Dep* Paralympic; **juegos parolímpicos** Paralympic games, Paralympics

parón *nm* sudden stoppage

parónimo *nm* paronym

paroxismo *nm* paroxysm; **su furia llegó al p.** her rage reached a climax

paroxítono, -a *adj* paroxytone, = word where the penultimate syllable is stressed

parpadeante *adj (luz)* flickering

parpadear *vi* (**a**) *(pestañear)* to blink (**b**) *(luz)* to flicker; *(estrella)* to twinkle

parpadeo *nm* (**a**) *(pestañeo)* blinking (**b**) *(de luz)* flickering; *(de estrella)* twinkling

párpado *nm* eyelid

parque *nm* (**a**) *(terreno)* park ▫ ***p. acuático*** waterpark; ***p. de atracciones*** amusement park; ***p. de bomberos*** fire station; ***p. empresarial*** business park; ***p. eólico*** wind farm; ***p. infantil*** playground; ***p. nacional*** national park; ***p. natural*** nature reserve; ***p. tecnológico*** science park; ***p. temático*** theme park; ***p. zoológico*** zoo (**b**) *(vehículos)* fleet ▫ ***p. móvil*** car pool (**c**) *(para bebés)* playpen (**d**) *Mil* storage depot

parqué *nm* (**a**) *(suelo)* parquet (floor) (**b**) *(en Bolsa)* floor

parqueadero *nm Col, Pan* car park, *US* parking lot

parquear *vt Am* to park

parquedad *nf* (**a**) *(moderación)* moderation (**b**) *(prudencia)* frugality; **con p.** sparingly

parqueo *nm Am (acción)* parking

parquet [par'ke] *nm* (**a**) *(suelo)* parquet (floor) (**b**) *(en Bolsa)* floor

parquímetro *nm* parking meter

parra *nf* grapevine; EXPR *Fam* **subirse a la p.** *(darse importancia)* to get above oneself; *(enfurecerse)* to hit the roof

parrafada *nf* (**a**) *(perorata)* dull monologue; **nos soltó una p. sobre los peligros de las drogas** he gave us a lecture on the dangers of drugs (**b**) *(charla)* chat

párrafo *nm* paragraph

parral *nm* (**a**) *(emparrado)* vine arbour (**b**) *(terreno)* vineyard

parranda *nf Fam (juerga)* **irse** *o* **salir de p.** to go out on the town

parrandear *vi Fam* to go out on the town

parricida *nmf* parricide

parricidio *nm* parricide

parrilla *nf* (**a**) *(utensilio)* grill; **a la p.** grilled (**b**) *(restaurante)* grillroom, grill (**c**) *Dep* **p. (de salida)** (starting) grid (**d**) *TV* programme schedule (**e**) *(rejilla)* grate, grating (**f**) *Am (baca)* roof rack

parrillada *nf* mixed grill

parrillera *nf Ven (parrilla)* grill

párroco *nm* parish priest

parroquia *nf* (**a**) *(iglesia)* parish church (**b**) *(jurisdicción)* parish (**c**) *(fieles)* parishioners, parish (**d**) *(clientela)* clientele

parroquial *adj* parish; **iglesia p.** parish church

parroquiano, -a *nm,f* (**a**) *(feligrés)* parishioner (**b**) *(cliente)* customer, regular

pársec *nm Astron* parsec

parsimonia *nf* deliberation, calmness; **con p.** unhurriedly

parsimonioso, -a *adj* unhurried, deliberate

PARTE 1 *nm* (**a**) *(informe)* report; **dar p. (a alguien de algo)** to report (sth to sb); **dimos p. del incidente a la policía** we reported the incident to the police ▫ *Aut* ***p. de accidente*** *(para aseguradora)* (accident) claim form; ***p. facultativo*** medical report; ***p. de guerra*** dispatch; ***p. médico*** medical report; ***p. meteorológico*** weather report

(**b**) *Anticuado (noticiario)* news bulletin

2 *nf* (**a**) *(porción, elemento, división)* part; **hizo su p. del trabajo** he did his share of the work; **las partes del cuerpo** the parts of the body; **"El Padrino, Segunda P."** "The Godfather, Part Two"; **la mayor p. de la gente** most people; **la mayor p. de la población** most of the population; **la tercera p. de** a third of; **repartir algo a partes iguales** to share sth out equally; **dimos la lavadora vieja como p. del pago** we traded in our old washing machine in part exchange; **en p.** to a certain extent, partly; **en gran p.** *(mayoritariamente)* for the most part; *(principalmente)* to a large extent; **en su mayor p. están a favor** they're mostly in favour, most of them are in favour; **esto forma p. del proyecto** this is part of the project; **forma p. del comité** she's a member of the committee; **por mi/tu/***etc.* **p.** for my/your/*etc* part; **por mi p. no hay ningún problema** it's fine as far as I'm concerned; **hubo protestas por p. de los trabajadores** the workers protested, there were protests from the workers; **lo hicimos por partes** we did it bit by bit; **¡vamos por partes!** *(al explicar, aclarar)* let's take it one thing at a time!; **ser p. integrante de algo** to be *o* form an integral part of sth; **llevarse la mejor/peor p.** to come off best/worst; **llevarse la p. del león** to get the lion's share; **cada uno puso de su p.** everyone did what they could; *Euf* **le dio un puntapié en salva sea la p.** *(en el trasero)* she gave him a kick up the rear; **tomar p. en algo** to take part in sth; PROV **segundas partes nunca fueron buenas** things are never as good the second time round ❑ *Gram* ***p. de la oración*** part of speech

(**b**) *(lado, zona)* part; **la p. de abajo/de arriba, la p. inferior/superior** the bottom/top; **la p. trasera/delantera, la p. de atrás/de delante** the back/front; **el español que se habla en esta p. del mundo** the Spanish spoken in this part of the world; **viven en la p. alta de la ciudad** they live in the higher part of the city; **¿de qué p. de Argentina es?** what part of Argentina is he from?, whereabouts in Argentina is he from?; **la bala le atravesó el cerebro de p. a p.** the bullet went right through his brain; **por una p...., por otra...** on the one hand..., on the other (hand)...; **por otra p.** *(además)* what is more, besides

(**c**) *(lugar, sitio)* part; **he estado en muchas partes** I've been lots of places; **¡tú no vas a ninguna p.!** you're not going anywhere!; **en alguna p.** somewhere; **en cualquier p.** anywhere; **en otra p.** elsewhere, somewhere else; **en** *o* **por todas partes** everywhere; **no lo veo por ninguna p.** I can't find it anywhere; **en todas partes cuecen habas** it's the same wherever you go; **esto no nos lleva a ninguna p.** this isn't getting us anywhere; **2.000 pesos no van a ninguna p.** 2,000 pesos isn't a lot (of money)

(**d**) *(bando)* side; **las partes enfrentadas** *o* **en conflicto** the opposing parties *o* sides; **estar/ponerse de p. de alguien** to be on/to take sb's side; **¿vosotros de qué p. estáis?** who's side are you on?; **es pariente mío por p. de padre** he's related to me on my father's side; **tener a alguien de p. de uno** to have sb on one's side

(**e**) *Der (en juicio, transacción)* party; **no hubo acuerdo entre las partes** the two sides were unable to reach an agreement ❑ ***la p. acusadora*** the prosecution; ***p. compradora*** buyer; ***p. contratante*** party to the contract; ***p. vendedora*** seller

(**f**) *Euf (genitales)* **partes** privates; **partes pudendas** private parts

(**g**) *(en frases)* **de p. de** on behalf of, for; **traigo un paquete de p. de Juan** I've got a parcel for you from Juan; **venimos de p. de la compañía de seguros** we're here on behalf of the insurance company, we're from the insurance company; **dale recuerdos de mi p.** give her my regards; **fue muy amable/generoso de tu p.** it was very kind/generous of you; **¿de p. de (quién)?** *(al teléfono)* who's calling, please?; **de un tiempo a esta p.** for some time now; **de un mes/unos años a esta p.** for the last month/last few years

parteluz *nm Arquit* mullion

partenaire [parte'ner] *nmf (pareja artística)* partner

partenariado *nm* partnership

partenogénesis *nf inv* parthenogenesis

Partenón *nm* **el P.** the Parthenon

partera *nf* midwife

parterre *nm* flowerbed

partición *nf* (**a**) *(reparto)* sharing out; *(de territorio)* partitioning (**b**) *Informát (de disco duro)* partition; *(de palabra)* hyphenation

participación *nf* (**a**) *(colaboración, intervención)* participation; **hubo mucha p.** *(en actividad)* many people took part; *(en elecciones)* there was a high turnout; **anunció su p. en el torneo** he announced that he would be taking part *o* participating in the tournament

(**b**) *(de lotería)* = ticket representing a share in a lottery number

(**c**) *(comunicación)* notice ❑ ***p. de boda*** wedding invitation

(**d**) *Econ (acción)* share, interest; *(inversión)* investment; **quieren una p. en los beneficios** they want a share in the profits

participante 1 *adj* participating

2 *nmf (que toma parte)* participant; *(en carrera)* entrant, competitor

participar 1 *vi* (**a**) *(colaborar, intervenir)* to take part, to participate (**en** in); **participaron diez corredores/equipos** ten runners/teams took part *o* participated; **todo el mundo participó con entusiasmo en la limpieza del río** everyone joined in enthusiastically in cleaning up the river

(**b**) *Fin* to have a share (**en** in)

(**c**) *(recibir)* to receive a share (**de** of)

(**d**) *(compartir)* **p. de** to share; **no participo de tus ideas** I don't share your ideas

2 *vt* **p. algo a alguien** to notify sb of sth

participativo, -a *adj* **es muy p. en clase** he participates a lot in class

partícipe 1 *adj* involved (**de** in); **hacer p. de algo a alguien** *(notificar)* to notify sb of sth; *(compartir)* to share sth with sb

2 *nmf* participant

participio *nm* participle ❑ ***p. pasado*** past participle; ***p. presente*** present participle

partícula *nf* (**a**) *Ling* particle (**b**) *Fís* particle ❑ ***p. elemental*** elementary particle; ***p. subatómica*** subatomic particle

particular 1 *adj* (**a**) *(especial)* particular; **tiene su sabor p.** it has its own particular taste; **en casos particulares puede hacerse una excepción** we can make an exception in special cases; **en p.** in particular; **eso no tiene nada de p.** that's nothing special *o* unusual (**b**) *(privado)* private; **dar clases particulares** to teach private classes; **domicilio p.** home address; **la casa tiene jardín p.** the house has its own *Br* garden *o US* yard

2 *nmf (persona)* member of the public

3 *nm (asunto)* matter; **sin otro p.** without further ado

particularidad *nf* (**a**) *(rasgo)* distinctive characteristic, peculiarity (**b**) *(cualidad)* **la p. de su petición** the unusual nature of his request

particularizar [14] **1** *vt (caracterizar)* to characterize

2 *vi* (**a**) *(detallar)* to go into details (**b**) *(personalizar)* **p. en alguien** to single sb out; **la responsabilidad es de todos, no particularices** everyone is responsible, don't single anybody out

3 particularizarse *vpr (caracterizarse)* **particularizarse por** to be characterized by

particularmente *adv (especialmente, concretamente)* particularly, in particular

partida *nf* (**a**) *(marcha)* departure

(**b**) *(en juego)* game; **echar una p.** to have a game

(**c**) *(documento)* certificate ❑ ***p. de defunción*** death certificate; ***p. de matrimonio*** marriage certificate; ***p. nacimiento*** birth certificate

(**d**) *Com (mercancía)* consignment

(**e**) *Com (entrada)* item, entry

(**f**) *(expedición)* party; *Mil* squad ❑ ***p. de caza*** hunting party; ***p. de reconocimiento*** reconnaissance party

(**g**) EXPR **hacer algo por p. doble** to do sth twice; **nos engañaron por p. doble** they fooled us twice over

partidario, -a 1 *adj* **ser p. de** to be in favour of

2 *nm,f* supporter; **los partidarios de la paz** those in favour of peace

partidismo *nm* partisanship, bias

partidista *adj* partisan, biased

partido *nm* (**a**) *(político)* party; **p. político** political party; **un p. de izquierda(s)** a left-wing party; **el p. en el gobierno** the ruling party ❑ ***p. bisagra*** = minority party holding the balance of power

(**b**) *Dep* game, *Br* match ❑ ***p. amistoso*** friendly; ***p. de desempate*** play-off; ***p. de las estrellas*** all-star game ***p. (de) homenaje*** testimonial (game); ***p. de ida*** *(en copa)* first leg; ***p. de vuelta*** *(en copa)* second leg

(**c**) *(futuro cónyuge)* match; **buen/mal p.** good/bad match

(**d**) ***p. judicial*** administrative area

(**e**) EXPR **sacar p. de, sacarle p. a** to make the most of; **tomar p. por** *(ponerse de parte de)* to side with; *(decidir)* to decide on;

tomar p. por hacer algo to decide to do sth

PARTIR **1** *vt* (**a**) *(dividir)* to divide, to split (**en** into); **parte el pastel en tres** cut the cake in three; **70 partido por 2 es igual a 35** 70 divided by two equals 35

(**b**) *(repartir)* to share out; **partió el dinero del premio con sus hermanos** he shared the prize money with his brothers; **partió el dinero del premio entre sus hermanos** he shared out the prize money between his brothers

(**c**) *(romper)* to break open; *(cascar)* to crack; *(cortar)* to cut; *(diente)* to chip; *(ceja, labio)* to split (open), to cut; **le partieron el brazo** they broke his arm; **le partieron la ceja/el labio** they split *o* cut her eyebrow/lip; **párteme un pedazo de pan** break me off a piece of bread; **párteme otra rodaja de melón** cut me another slice of melon; **p. una tarta por la mitad** *o* **en dos** to cut a cake in half; *Fam* **partirle la boca** *o* **la cara a alguien** to smash sb's face in

(**d**) *Fam (fastidiar)* **tener que salir de casa me parte por completo** it's a real pain having to go out; **aquel contratiempo nos partió la mañana** that setback ruined our morning for us

2 *vi* (**a**) *(marchar)* to leave, to set off (**de/para** from/for); **el buque partió de las costas británicas con rumbo a América** the ship set sail from Britain for America

(**b**) *(empezar)* **p. de** to start from; **p. de cero** to start from scratch; **la idea partió de un grupo de colegiales** it was a group of schoolchildren that first had the idea; **partimos de la base de que todos saben leer** we are assuming that everyone can read; **partiendo de este hecho, Newton creó una nueva teoría** Newton built a new theory around this fact

(**c**) *(repartir)* to share out; PROV **el que parte y reparte se lleva la mejor parte** people always save the biggest part for themselves

(**d**) **a partir de** *loc prep* starting from; **a p. de ahora** from now on; **a p. de aquí** from here on; **a p. de entonces** from then on, thereafter; **el autor creó el relato a p. de un hecho real** the author based the story on an actual event

3 partirse *vpr* (**a**) *(romperse)* to split; **se me ha partido una uña** one of my nails has split; **el vaso se partió al caer al suelo** the glass smashed when it hit the floor; **partirse en dos** to split *o* break in two

(**b**) *(rajarse)* to crack; **se partió la cabeza al caer de un andamio** he cracked his head when he fell from the scaffolding

(**c**) *Fam (desternillarse)* **partirse (de risa)** to crack up (with laughter); **¡yo me parto con sus hermanas/chistes!** his sisters/jokes really crack me up!; EXPR *muy Fam* **partirse el culo** to piss oneself (laughing)

---

partisano, -a *adj & nm,f* partisan

partitivo, -a 1 *adj* partitive
2 *nm* partitive

partitura *nf* score

parto *nm* birth; **estar de p.** to be in labour; *Fig* **este proyecto ha tenido un p. muy difícil** it was very difficult getting this project off the ground ❑ ***p. sin dolor*** painless childbirth; ***p. inducido*** induced labour; ***p. múltiple*** multiple birth; ***p. natural*** natural birth; ***p. prematuro*** premature birth

parturienta *nf* woman in labour

parvulario *nm* nursery school, kindergarten

párvulo, -a *nm,f* infant

pasa *nf (fruta)* raisin; EXPR *Fam* **estar** *o* **quedarse hecho una p.** *(persona)* to become all shrivelled up ❑ ***p. de Corinto*** currant; ***p. de Esmirna*** sultana; *RP* ***p. de uva*** raisin

pasable *adj* passable

pasacalles *nm inv* street procession *(during town festival)*

pasada *nf* (**a**) *(con el trapo)* wipe; **dar una segunda p. a** *(con la brocha)* to apply a second coat to
(**b**) *(en costura)* stitch
(**c**) **de p.** *(de paso)* on the way; *(sin detalles)* in passing; **vete a comprar el pan y de p. tráeme el periódico** go and buy the bread and get me the paper while you are at it; **decir algo de p.** to say sth in passing
(**d**) *Esp Fam (exageración)* **lo que le hicisteis a Sara fue una p.** what you did to Sara was a bit much, you went too far doing that to Sara; **ese sitio es una p. de bonito** that's a really lovely spot
(**e**) EXPR **dar una p. a un texto** to read a text through; **el avión dio dos pasadas sobre el aeropuerto antes de aterrizar** the plane made two passes over the airport before landing; **mala p.** dirty trick

pasadizo *nm* passage

pasado, -a 1 *adj* (**a**) *(terminado)* past; **p. un año** a year later; EXPR **lo p., p. está** let bygones be bygones; **son las nueve pasadas** it's after *o* past nine o'clock (**b**) *(último)* last; **el año p.** last year (**c**) *(podrido)* off, bad (**d**) *(muy hecho) (filete, carne)* well done (**e**) *(anticuado)* old-fashioned, out-of-date (**f**) EXPR *Fam* **ese tío está p. de rosca** *o* **de revoluciones** he goes too far *or* over the top; *Fam* **estar p.** *(drogado)* to be stoned
2 *nm* (**a**) *(tiempo)* past (**b**) *Gram* past (tense)

pasador *nm* (**a**) *(cerrojo)* bolt (**b**) *(para el pelo)* slide (**c**) *(para corbata)* tie pin *o* clip (**d**) *(colador)* colander, strainer (**e**) *Dep* passer

pasaje *nm* (**a**) *(billete)* ticket, fare (**b**) *(pasajeros)* **el p.** the passengers (**c**) *(calle)* passage (**d**) *(fragmento)* passage

pasajero, -a 1 *adj* passing; **es algo p.** it's (something) temporary, it'll pass
2 *nm,f* passenger

pasamanería *nm (adornos)* decorative fringe

pasamanos *nm inv (de escalera interior)* bannister; *(de escalera exterior)* handrail

pasamontañas *nm inv* balaclava (helmet)

pasante *nmf* articled clerk

pasantía *nf Com* (**a**) *(función)* assistantship (**b**) *(tiempo)* probationary period, apprenticeship

pasaporte *nm* passport; EXPR **dar (el) p. a alguien** to send sb packing ❑ ***p. diplomático*** diplomatic passport

pasapuré *nm*, **pasapurés** *nm inv* = hand-operated food mill

---

PASAR **1** *vt* (**a**) *(dar, transmitir)* to pass; *(noticia, aviso)* to pass on; **¿me pasas la sal?** would you pass me the salt?; **pásame toda la información que tengas** give me *o* let me have all the information you've got; **no se preocupe, yo le paso el recado** don't worry, I'll pass on the message to him; **páseme con el encargado** *(al teléfono)* could you put me through to *o* could I speak to the person in charge?; **le paso (con él)** *(al teléfono)* I'll put you through (to him); **Valdez pasó el balón al portero** Valdez passed the ball (back) to the keeper; **pasan sus conocimientos de generación en generación** they pass down their knowledge from one generation to the next; **el Estado le pasa una pensión** she gets a pension from the State; **p. harina por un cedazo** to sieve flour; **p. leche por el colador** strain the milk; **pasa la cuerda por ese agujero** pass the rope through this hole; **hay que p. las maletas por la máquina de rayos X** your luggage has to go through the X-ray machine; **pase las croquetas por huevo** coat the croquettes with egg; **p. el cepillo por el suelo** to scrub the floor; **pasa un paño por la mesa** give the table a wipe with a cloth; **se dedican a p. tabaco de contrabando/inmigrantes ilegales por la frontera** they smuggle tobacco/illegal immigrants across the border

(**b**) *(contagiar)* **p. algo a alguien** to give sb sth, to give sth to sb; **me has pasado el resfriado** you've given me your cold

(**c**) *(cruzar)* to cross; **p. la calle/la frontera** to cross the road/border; **pasé el río a nado** I swam across the river

(**d**) *(rebasar, sobrepasar) (en el espacio)* to go through; *(en el tiempo)* to have been through; **¿hemos pasado ya la frontera?** have we gone past *o* crossed the border yet?; **p. un semáforo en rojo** to go through a red light; **al p. el parque gire a su izquierda** once you're past the park, turn left, turn left after the park; **cuando el automóvil pase los primeros cinco años debe ir a revisión** the car should be serviced after five years; **ya ha pasado los veinticinco** he's over twenty-five now; **mi hijo me pasa ya dos centímetros** my son is already two centimetres taller than me

(**e**) *(adelantar) (corredores, vehículos)* to overtake; **pasa a esa furgoneta en cuanto puedas** overtake that van as soon as you can

(**f**) *(trasladar)* **p. algo a** to move sth to; **hay que p. todos estos libros al estudio** we have to take all these books through to the study, we have to move all these books to the study

(**g**) *(conducir adentro)* to show in; **el criado**

nos pasó al salón the butler showed us into the living room
(**h**) *(hacer avanzar) (páginas de libro)* to turn; *(hojas sueltas)* to turn over; EXPR **p. página** to make a fresh start
(**i**) *(mostrar) (película, diapositivas, reportaje)* to show
(**j**) *(emplear) (tiempo)* to spend; **pasó dos años en Roma** he spent two years in Rome; **¿dónde vais a p. las vacaciones?** where are you going on holiday?, where are you going to spend your holidays?; **pasé la noche trabajando** I worked all night, I spent the whole night working; **he pasado muy buenos ratos con él** I've had some very good times with him
(**k**) *(experimentar)* to go through, to experience; **hemos pasado una racha muy mala** we've gone *o* been through a very bad patch; **p. frío/miedo** to be cold/scared; **¿has pasado la varicela?** have you had chickenpox?; **¿qué tal lo habéis pasado?** did you have a nice time?, did you enjoy yourselves?; **pasarlo bien** to enjoy oneself, to have a good time; **¡que lo paséis bien!** have a nice time!, enjoy yourselves!; **lo hemos pasado muy mal últimamente** we've had a hard time of it recently; EXPR *Fam* **pasarlas canutas** to have a rough time
(**l**) *(superar)* to pass; **muy pocos pasaron el examen/la prueba** very few people passed the exam/test; **hay que p. un reconocimiento médico** you have to pass a medical; **no pasamos la eliminatoria** we didn't get through the tie
(**m**) *(consentir)* **p. algo a alguien** to let sb get away with sth; **que me engañes no te lo paso** I'm not going to let you get away with cheating me; **este profesor no te deja p. (ni) una** you can't get away with anything with this teacher; **p. algo por alto** *(adrede)* to pass over sth; *(sin querer)* to miss sth out
(**n**) *(transcribir)* **p. algo a limpio** to make a fair copy of sth, to write sth out neatly; **yo te lo paso a máquina** I'll type it up for you; **p. un documento a** *Esp* **ordenador** *o Am* **a la computadora** to type *o* key a document (up) on the computer
2 *vi* (**a**) *(ir, moverse)* to pass, to go; **vimos p. a un hombre corriendo** we saw a man run past; **¿cuándo pasa el camión de la basura?** when do the *Br* dustmen *o US* garbage collectors come?; **deja p. a la ambulancia** let the ambulance past; **pasó por mi lado** he passed by my side; **he pasado por tu calle** I went down your street; **el autobús pasa por mi casa** the bus passes in front of *o* goes past my house; **¿qué autobuses pasan por aquí?** which buses come this way?, which buses can you catch from here?; **el Támesis pasa por Londres** the Thames flows through London; **yo sólo pasaba por aquí** I was just passing by; **pasaba por allí y entré a saludar** I was in the area, so I stopped by to say hello; **p. de largo** to go straight by
(**b**) *(entrar)* to go/come in; **pasen por aquí, por favor** come this way, please; **lo siento, no se puede p.** sorry, you can't go in there/come in here; **pasamos a un salón muy grande** we entered a very large living room; **¿puedo p.?** may I come in?; **¿puedo p. al cuarto de baño?** can I use the bathroom?; **¡pase!** come in!; **hazlos p.** show them in
(**c**) *(caber)* to go (**por** through); **por ahí no pasa este armario** this wardrobe won't go through there
(**d**) *(acercarse, ir un momento)* to pop in; **pasaré por mi oficina/por tu casa** I'll pop into my office/round to your place; **pasa por la farmacia y compra aspirinas** pop into the *Br* chemist's *o US* pharmacy and buy some aspirin; **pasé a verla al hospital** I dropped in at the hospital to see her; **pase a por el vestido** *o* **a recoger el vestido el lunes** you can come and pick the dress up on Monday
(**e**) *(suceder)* to happen; **¿qué pasa aquí?** what's going on here?; **¿qué pasa?** *(¿qué ocurre?)* what's the matter?; *Fam (al saludar a alguien)* how's it going?; *Méx Fam* **¿qué pasó?** *(¿qué tal?)* how's it going?; **¿qué pasa con esas cervezas?** where have those beers got to?, what's happened to those beers?; **no te preocupes, no pasa nada** don't worry, it's OK; **aquí nunca pasa nada** nothing ever happens here; **¿qué le pasa?** what's wrong with him?, what's the matter with him?; **¿le pasó algo al niño?** did something happen to the child?; **¿qué te pasa en la pierna?** what's wrong with your leg?; **eso te pasa por mentir** that's what you get for lying; **lo que pasa es que...** the thing is...; **pase lo que pase** whatever happens, come what may; **siempre pasa lo mismo, pasa lo de siempre** it's always the same; **daos la mano y aquí no ha pasado nada** shake hands and just forget the whole thing (as if it had never happened)
(**f**) *(terminar)* to be over; **pasó la Navidad** Christmas is over; **ya ha pasado lo peor** the worst is over now; **cuando pase el dolor** when the pain passes *o* stops; **la tormenta ya ha pasado** the storm is over now; **el efecto de estos fármacos pasa enseguida** these drugs wear off quickly
(**g**) *(transcurrir)* to go by; **pasaron tres meses** three months went by; **cuando pase un rato te tomas esta pastilla** take this tablet after a little while; **¡cómo pasa el tiempo!** time flies!
(**h**) *(cambiar)* **p. de... a...** *(de lugar, estado, propietario)* to go *o* pass from... to...; **pasamos del último puesto al décimo** we went (up) from last place to tenth; **pasa de la depresión a la euforia** she goes from depression to euphoria; **pasó a formar parte del nuevo equipo** he joined the new team; **p. a** *(nueva actividad, nuevo tema)* to move on to; **pasemos a otra cosa** let's move on to something else; **ahora pasaré a explicarles cómo funciona esta máquina** now I'm going to explain to you how this machine works; **Alicia pasa a (ser) jefa de personal** Alicia will become personnel manager; **p. de curso** *o* **al siguiente curso** = to pass one's end-of-year exams and move up a year
(**i**) *(ir más allá, sobrepasar)* **si pasas de 160, vibra el volante** if you go faster than 160, the steering wheel starts to vibrate; **yo creo que no pasa de los cuarenta años** I doubt she's older than forty; **no pasó de ser un aparatoso accidente sin consecuencias** the accident was spectacular but no-one was hurt
(**j**) *(conformarse, apañarse)* **p. (con/sin algo)** to make do (with/without sth); **tendrá que p. sin coche** she'll have to make do without a car; **¿cómo puedes p. toda la mañana sólo con un café?** how can you last all morning on just a cup of coffee?; **no sabe p. sin su familia** he can't cope without his family
(**k**) *(experimentar)* **hemos pasado por situaciones de alto riesgo** we have been in some highly dangerous situations
(**l**) *(tolerar)* **p. por algo** to put up with sth; **¡yo por ahí no paso!** I draw the line at that!
(**m**) *(ser considerado)* **pasa por ser uno de los mejores tenistas del momento** he is considered to be one of the best tennis players around at the moment; **hacerse p. por alguien/algo** to pretend to be sb/sth, to pass oneself off as sb/sth
(**n**) *Fam (prescindir)* **p. de algo/alguien** to want nothing to do with sth/sb; **paso de política** I'm not into politics; **¡ése pasa de todo!** he couldn't care less about anything!; **paso de ir al cine hoy** I don't fancy *o* can't be bothered going to the cinema today; **paso olímpicamente** *o* **ampliamente de hacerlo** I'm damned if I'm going to do it
(**o**) *(en naipes)* to pass
(**p**) *(servir, valer)* **puede p.** it'll do; **por esta vez pase, pero que no vuelva a ocurrir** I'll overlook it this time, but I don't want it to happen again
3 pasarse *vpr* (**a**) *(acabarse, cesar)* **se me ha pasado el dolor** the pain has gone; **se le ha pasado la fiebre** his temperature has gone down *o* dropped; **se me ha pasado la gripe** I've got over my bout of flu; **se nos han pasado los efectos** the effects have worn off; **siéntate hasta que se te pase** sit down until you feel better; **si no se le pasa, habrá que ir al médico** if she doesn't get better, we'll have to go to the doctor; **se le ha pasado el enfado/sueño** he's no longer angry/sleepy; **ya se le ha pasado el berrinche** he's got over his tantrum; **se ha pasado la tormenta** the storm's over; **saldremos cuando se pase el calor** we'll go out when it's a bit cooler *o* not so hot; **¿ya se ha pasado la hora de clase?** is the class over already?; **los días se (me) pasan volando** the days seem to fly by
(**b**) *(emplear) (tiempo)* to spend, to pass; **se pasaron el día hablando** they spent all day talking
(**c**) *(cambiar)* **pasarse al enemigo/a la competencia** to go over to the enemy/competition; **me he pasado a la cerveza**

sin alcohol I've gone over to drinking alcohol-free beer; **nos hemos pasado al edificio de al lado** we've moved into the building next door

(**d**) *(ir demasiado lejos)* **creo que nos hemos pasado** I think we've gone too far; **se han pasado ustedes, el museo queda al principio de la calle** you've come too far, the museum's at the beginning of the street; **nos hemos pasado de parada** we've missed our stop

(**e**) *(excederse, exagerar)* **te has pasado con el ajo** you've overdone the garlic, you've put too much garlic in; **no te pases con el ejercicio** don't overdo the exercise; **pasarse de generoso/bueno** to be far too generous/kind; **se pasa de listo** he's too clever by half, he's too clever for his own good; **habría un millón de personas — ¡no te pases!** there must have been a million people there – don't exaggerate!; **¡no te pases con la sal!** steady on with *o* go easy on the salt!

(**f**) *Fam (propasarse)* **pasarse (de la raya)** to go too far, to go over the top; **te has pasado diciéndole eso** what you said went too far *o* was over the top; **¡no te pases, que yo no te he insultado!** keep your hair on, I didn't insult you!

(**g**) *(estropearse) (comida)* to go off; *(flores)* to fade

(**h**) *(cocerse en exceso) (arroz, pasta)* **procura que no se te pase la paella** try not to overcook the paella

(**i**) *(desaprovecharse)* **se me pasó la oportunidad** I missed my chance; **se le pasó el turno, señora** you've missed your turn, madam

(**j**) *(olvidarse)* **pasársele a alguien** to slip sb's mind; **¡que no se te pase!** make sure you don't forget!; **se me pasó decírtelo** I forgot to mention it to you

(**k**) *(no notarse)* **pasársele a alguien** to escape sb's attention; **no se le pasa nada** he never misses a thing; **se me pasó ese detalle** I didn't notice that detail, that detail escaped my attention

(**l**) *(omitir)* to miss out; **te has pasado una página** you've missed a page out

(**m**) *(divertirse)* **¿qué tal te lo estás pasando?** how are you enjoying yourself?, are you having a good time?; **pasárselo bien/mal** to have a good/bad time, to enjoy/not to enjoy oneself; **¡que os lo paséis bien!** have a good time!, enjoy yourselves!

(**n**) *(acercarse, ir un momento)* to pop in; **me pasaré por mi oficina/por tu casa** I'll pop into my office/round to your place; **pásate por la farmacia y compra aspirinas** pop into the *Br* chemist's *o US* pharmacy and buy some aspirin; **pásate por aquí cuando quieras** come round any time you like; **pásese a por el vestido** *o* **a recoger el vestido el lunes** you can come and pick the dress up on Monday

pasarela *nf* (**a**) *(puente)* footbridge; *(para desembarcar)* gangway □ ***p. telescópica*** *(en aeropuerto)* jetty *(for boarding aircraft)* (**b**) *(en desfile de moda)* catwalk (**c**) *Informát* gateway □ ***p. de correo*** mail gateway

pasatiempo *nm* (**a**) *(hobby)* pastime, hobby (**b**) **pasatiempos** *(en periódico)* crossword and puzzles section

pascal *nm Informát* Pascal

pascana *nf Ecuad (mesón)* inn, tavern

pascua *nf* (**a**) *(de los cristianos)* Easter □ ***P. Florida*** *o* ***de Resurrección*** Easter

(**b**) *Fam* **Pascuas** *(Navidad)* Christmas *(singular)*; **¡felices Pascuas (y próspero año nuevo)!** Merry Christmas (and a Happy New Year)!

(**c**) *(de los judíos)* Passover

(**d**) EXPR *Fam* **estar como unas Pascuas** to be as pleased as Punch; **no va poder ayudarnos — ¡pues nos ha hecho la p.!** he's not going to be able to help us – well that's messed up our plans!; *Fam* **de Pascuas a Ramos** once in a blue moon; *Fam* **dile que no, ¡y santas Pascuas!** tell him no, and that's it *o* that's all there is to it

pascual *adj* Easter; **cordero p.** Paschal lamb

pascuense 1 *adj* of/from Easter Island
2 *nm,f* Easter Islander

pase *nm* (**a**) *(permiso)* pass □ ***p. (de) pernocta*** overnight pass

(**b**) *(cambio de lugar)* **aprobaron su p. al departamento de contabilidad** they approved her transfer to the accounts department; **obtuvieron el p. a la final del campeonato** they qualified for the final of the championship

(**c**) *Dep* pass □ ***p. de la muerte*** *(en fútbol)* killer pass; ***p. picado*** *o* ***de pique*** *(en baloncesto)* bounce pass

(**d**) *Taurom* pass

(**e**) *(proyección)* showing, screening □ ***p. privado*** sneak preview

(**f**) *(desfile)* parade; **p. de modelos** fashion parade

(**g**) *(de mago)* sleight of hand

(**h**) *Fam* **eso tiene un p.** that can be overlooked *o* forgiven

paseante *nmf* person out for a stroll

pasear 1 *vi (andando)* to go for a walk; *(a caballo)* to go for a ride; *(en coche)* to go for a ride *o* drive
2 *vt* (**a**) *(sacar a paseo)* to take for a walk; *(perro)* to walk (**b**) *(hacer ostentación de)* to show off, to parade (**c**) *CAm (arruinar)* to spoil, to ruin
3 pasearse *vpr* (**a**) *(caminar)* to go for a walk (**b**) *(ganar con facilidad)* **Colombia se paseó en la final** the final was a walkover for Colombia

paseíllo *nm Taurom* = parade of bullfighters when they come out into the ring before the bullfight starts

paseo *nm* (**a**) *(acción) (a pie)* walk; *(en coche)* drive; *(a caballo)* ride; *(en barca)* row; **dar un p.** *(a pie)* to go for a walk; *(a caballo)* to go for a ride; *(en coche)* to go for a ride *o* drive; **ir de p.** *(andar)* to walk

(**b**) *(distancia corta)* short walk; **sólo es un p. hasta el teatro** it's only a short walk to the theatre

(**c**) *(calle)* avenue □ ***p. marítimo*** promenade

(**d**) *Fam (cosa fácil)* walkover

(**e**) EXPR *Fam* **dar el p. a alguien** to bump sb off; *Fam* **mandar** *o* **enviar a alguien a p.** to send sb packing; *Fam* **¡vete a p.!** get lost!; *Fam* **mandó los estudios a p.** he said to hell with his studies

pasero *nm Méx* = person who, for a fee, helps people cross the border into the USA illegally

pasillo *nm* (**a**) *(en casa, edificio)* corridor; *(en avión)* aisle; **hacer (el) p.** to form a corridor *(for people to walk down)*; **abrirse p. entre la multitud** to make *o* force one's way through the crowd □ ***p. deslizante*** travelator (**b**) *Col, Ecuad, Pan (baile, música)* = folk song and dance

pasión *nf* (**a**) *(sentimiento)* passion; **hacer las cosas con p.** to do things passionately; **siente** *o* **tiene gran p. por los trenes** he really loves *o* adores trains; **siente** *o* **tiene gran p. por Isabel** he's passionately in love with Isabel (**b**) *Rel* **la P.** the Passion

pasional *adj* passionate

pasionaria *nf* passion flower

pasividad *nf (falta de iniciativa)* passivity

pasivo, -a 1 *adj* (**a**) *(persona)* passive (**b**) *Gram* passive (**c**) *(población)* inactive (**d**) *(haber)* (received) from a pension
2 *nm Com* liabilities

pasma *nf Esp muy Fam* **la p.** the cops, *Br* the fuzz; **un coche de la p.** a cop car

pasmado, -a 1 *adj* (**a**) *(asombrado)* astonished, astounded (**b**) *(atontado)* stunned (**c**) *(enfriado)* frozen stiff
2 *nm,f* halfwit

pasmar 1 *vt* (**a**) *(asombrar)* to astound, to amaze (**b**) *(dejar atónito)* to stun (**c**) *(enfriar)* to freeze
2 pasmarse *vpr* (**a**) *(asombrarse)* to be astounded *o* amazed; **te vas a p. cuando te cuente lo que me ha pasado** you just won't believe it when I tell you what happened to me (**b**) *(atontarse)* to be stunned (**c**) *(enfriarse)* to freeze; **¡hace un frío que te pasmas!** it's freezing!

pasmarote *nmf Fam* halfwit, dumbo

pasmo *nm Fam* (**a**) *(asombro)* astonishment, amazement (**b**) *(de frío)* chill; **te va a dar un p.** you'll catch your death

pasmoso, -a *adj Fam* astounding, amazing

PASO 1 *nm* (**a**) *(con el pie)* step; *(huella)* footprint; **dar un p. adelante** *o* **al frente** to step forwards, to take a step forwards; **dar un p. atrás** *(al andar)* to step backwards, to take a step backwards; *Fig (en proceso, negociaciones)* to take a backward step; **aprendí unos pasos de baile** I learnt a few dance steps; **oía pasos arriba** I could hear footsteps upstairs; **se veían sus pasos sobre la nieve** you could see its footprints in the snow; *Fig* **a cada p.** *(cada dos por tres)* every other minute; *Fig* **está a dos** *o* **cuatro pasos (de aquí)** it's just down the road (from here); **vivimos a un p. de la estación** we live just round the corner from *o* a stone's throw away from the station; **el ruso está a un p. de hacerse campeón** the Russian is on the verge of *o* just one small step away from becoming champion; *Fig* **avanzar a pasos agigantados** to come on by leaps and bounds; *Fig* **disminuir a pasos agigantados** to decrease at an alarming rate; **dar un p. en falso** *o* **un mal p.** *(tropezar)* to stumble; *Fig (equivocarse)* to make a false move *o* a mistake; *Fig* **no dio ni un p. en falso** he didn't put a foot wrong; **seguir los pasos a alguien** *(perseguir, vigilar)* to tail sb; **seguir los pasos de alguien** *(imitar)* to follow in sb's footsteps; **volvimos sobre nuestros pasos** we retraced our steps

(**b**) *(acción)* passing; *(cruce)* crossing; *(camino de acceso)* way through, thoroughfare; **con el p. del tiempo** with the passage of time; **con el p. de los años** as the years go by; **el p. de la juventud a la madurez** the transition from youth to adulthood; **su p. fugaz por la universidad** his brief spell at the university; **el Ebro, a su p. por Zaragoza** the Ebro, as it flows through Zaragoza; **la tienda está en una zona de mucho p.** the shop is in a very busy area; *también Fig* **abrir p. a alguien** to make way for sb; **abrirse p.** *(entre la gente, la maleza)* to make one's way; **abrirse p. en la vida/en el mundo de la política** to get on *o* ahead in life/politics; **ceder el p. (a alguien)** *(dejar pasar)* to let sb past; *(en automóvil)* to give way (to sb); **ceda el p.** *(en letrero) Br* give way, *US* yield; **cerrar** *o* **cortar el p. a alguien** to block sb's way; **de p.** *(de pasada)* in passing; *(aprovechando)* while I'm/you're/*etc* at it; **de p. que vienes, tráete las fotos de las vacaciones** you may as well bring the photos from your *Br* holiday *o US* vacation when you come; **la estación me pilla de p.** the station's on my way; **estar de p.** *(en un lugar)* to be passing through; **prohibido el p.** *(en letrero)* no entry; **salir al p. a alguien, salir al p. de alguien** *(acercarse)* to come up to sb; *(hacer detenerse)* to come and bar sb's way; **salir al p. de algo** *(rechazar)* to respond to sth ❑ ***p. de cebra*** zebra crossing; ***p. del ecuador*** = (celebration marking) halfway stage in a university course; ***p. elevado*** *Br* flyover, *US* overpass; ***p. fronterizo*** border crossing (point); ***p. a nivel*** *Br* level crossing, *US* grade crossing; ***p. peatonal*** *o* ***de peatones*** pedestrian crossing; ***p. subterráneo*** *Br* subway, *US* underpass

(**c**) *(forma de andar)* walk; *Fig (ritmo)* pace; **con p. cansino se dirigió a la puerta** he walked wearily towards the door; **a buen p.** at a good rate; **a este p.** *o* **al p. que vamos, no acabaremos nunca** at this rate *o* at the rate we're going, we'll never finish; **al p.** *(en equitación)* at a walk; **a p. lento** slowly; **a p. ligero** at a brisk pace; *Mil* at the double; **a p. de tortuga** at a snail's pace; **aflojar el p.** to slow down; **apretar el p.** to go faster, to speed up; **llevar el p.** to keep step; **marcar el p.** to keep time ❑ *Mil* ***p. de la oca*** goosestep

(**d**) *Geog (en montaña)* pass; *(en el mar)* strait

(**e**) *(trámite, etapa, acontecimiento)* step; *(progreso)* step forward, advance; **antes de dar cualquier p. siempre me pregunta** she always asks me before doing anything; **dar los pasos necesarios** to take the necessary steps; **dar los primeros pasos hacia la paz** to take the first steps towards peace; **la aprobación de una constitución supondría un gran p. para la democracia** the passing of a constitution would be a big step forward for democracy; **explícamelo p. a** *o* **por p.** explain it to me step by step; **p. a** *o* **por p. se ganó la confianza de sus alumnos** she gradually won the confidence of her pupils; **salir del p.** to get out of trouble

(**f**) *(de llamadas telefónicas, consumo eléctrico)* unit

(**g**) *(en procesión)* float *(in Easter procession)*

(**h**) **pasos** *(en baloncesto)* travelling; **hacer pasos** to travel

2 *interj* **¡p.!** make way!

pasodoble *nm* paso doble

pasota *Esp Fam* **1** *adj* **está muy p. últimamente** he's had a very couldn't-care-less attitude lately

2 *nmf* dropout; **es un p.** he couldn't care less about anything

pasotismo *nm Esp Fam* couldn't-care-less attitude

pasparse *vpr Andes, RP (piel)* to become chapped; **el bebé está paspado** the baby has *Br* nappy *o US* diaper rash

paspartú *nm* card mount *(for print or photograph)*

pasquín *nm* lampoon

pássim *adv* passim

passing-shot ['pasinʃot] *nm (en tenis)* passing shot, pass

pasta *nf* (**a**) *(masa)* paste; *(de papel)* pulp ❑ ***p. dentífrica*** *o* ***de dientes*** toothpaste

(**b**) *(espaguetis, macarrones)* pasta ❑ ***pastas alimenticias*** pasta

(**c**) *(de pasteles)* pastry; *(de pan)* dough ❑ ***p. brisa*** choux pastry; ***p. de hojaldre*** puff pastry; ***p. quebrada*** shortcrust pastry

(**d**) *(pastelito)* shortcake *Br* biscuit *o US* cookie ❑ ***pastas de té*** = cookies served with tea *o* coffee

(**e**) *Esp Fam (dinero)* dough; **costar/ganar una p. gansa** to cost/earn a packet *o* fortune; EXPR **aflojar** *o* **soltar la p.** to cough up the money

(**f**) *(encuadernación)* **de p. dura/blanda** hardback/paperback

(**g**) EXPR *Fam* **ser de buena p.** to be good-natured; *Fam* **tener p. de** to have the makings of

pastaflora *nf* fine puff pastry

pastaje *nm Col, Guat, RP* pasture

pastar *vi* to graze

pastear *vt RP* to spy on

pastel 1 *adj inv (color)* pastel; **colores p.** pastel colours

2 *nm* (**a**) *(dulce)* cake ❑ ***p. de bodas*** wedding cake ***p. de cumpleaños*** birthday cake

(**b**) *(salado)* pie; **p. de carne** meat pie

(**c**) *Arte* pastel; **pintar al p.** to draw in pastels

(**d**) *Fam Euf (excremento)* **un p. de vaca** a cowpat

(**e**) *Fam (chapucería)* botch-up

(**f**) *PRico (plato, guiso)* = pork stew with manioc and bananas, typical of Christmas

(**g**) EXPR **descubrir el p.** to let the cat out of the bag; **repartirse el p.** to share things out

pastelería *nf* (**a**) *(establecimiento)* cake shop, patisserie (**b**) *(repostería)* pastries (**c**) *(oficio)* pastry-making

pastelero, -a 1 *adj* pastry; **crema pastelera** confectioner's custard; **la industria pastelera** the cake and biscuit manufacturing industry

2 *nm,f* (**a**) *(cocinero)* pastry cook (**b**) *(vendedor)* patisserie owner

pasteurización, pasterización *nf* pasteurization

pasteurizado, -a, pasterizado, -a *adj* pasteurized

pasteurizar, pasterizar [14] *vt* to pasteurize

pastiche *nm* pastiche

pastilla *nf* (**a**) *(medicina)* pill, tablet ❑ ***p. para adelgazar*** slimming pill *o* tablet; ***p. para dormir*** sleeping pill *o* tablet; ***p. de menta*** mint, peppermint (**b**) *(de jabón)* bar; *(de caldo)* cube; *(de chocolate) (tableta)* bar; *(porción)* piece (**c**) *Aut* **p. (de freno)** (brake) shoe (**d**) *Elec* microchip (**e**) EXPR *Esp Fam* **a toda p.** at full pelt

pastizal *nm* pasture

pasto *nm* (**a**) *(hierba)* fodder (**b**) *(sitio)* pasture (**c**) EXPR **a todo p.** in abundance; **ser p. de las llamas** to go up in flames (**d**) *Méx, RP (césped)* lawn, grass

pastón *nm Fam* **vale un p.** it costs a bomb; **nos costó un p.** it cost us a bomb

pastor, -ora 1 *nm,f (de ganado)* shepherd, *f* shepherdess

2 *nm* (**a**) *(sacerdote)* minister; **p. protestante** Protestant minister (**b**) *(perro)* ***p. alemán*** Alsatian, German shepherd

pastoral *adj* pastoral

pastorear *vt* to put out to pasture

pastoreo *nm* shepherding

pastoril *adj* pastoral, shepherd; **novela p.** pastoral novel

pastosidad *nf* (**a**) *(blandura)* pastiness (**b**) *(suavidad)* mellowness

pastoso, -a *adj* (**a**) *(blando)* pasty; *(arroz)* sticky (**b**) *(seco)* dry; **tener la boca pastosa** to have a furry tongue

pasudo, -a *Carib, Col, Méx* **1** *adj* curly

2 *nm,f* person with curly hair

pata *nf* (**a**) *(pierna de animal)* leg; **las patas delanteras** the forelegs; **las patas traseras** the hindlegs ❑ *Culin* ***p. negra*** = type of top-quality cured ham; *Fig* **ser (de) p. negra** *(excelente)* to be first-rate *o* top-class

(**b**) *(pie de animal)* foot; *(de perro, gato)* paw; *(de vaca, caballo)* hoof ❑ ***p. de cabra*** crowbar, *Br* jemmy, *US* jimmy; ***p. de gallo*** *(tejido)* hound's-tooth check (material); ***patas de gallo*** *(arrugas)* crow's feet

(**c**) *Fam (de persona)* leg; **a cuatro patas** on all fours; **a p.** on foot; **ir a la p. coja** to hop;

salimos de allí por patas we legged it out of there ▫ ***p. de palo*** wooden leg
(**d**) *(de mueble, mesa)* leg; **una mesa de tres patas** a three-legged table
(**e**) *Am Fam* **patas** *(poca vergüenza)* cheek
(**f**) EXPR *Fam* **a la p. la llana** straightforwardly; *Esp Fam Hum* **estoy más liado que la p. de un romano** things are pretty hectic at the moment; **estirar la p.** to kick the bucket; *RP* **hacer p. (a alguien)** to help (sb), to lend (sb) a hand; **meter la p.** to put one's foot in it; *también Fig* **poner algo patas arriba** to turn sth upside down; **tener mala p.** to be unlucky

pataca *nf* Jerusalem artichoke

patacón *nm* (**a**) *(moneda antigua)* old silver coin (**b**) *Chile (cardenal)* welt, bruise

patada *nf* kick; *(en el suelo)* stamp; **dar una p. a algo/alguien** to kick sth/sb; **dar patadas** *(el feto)* to kick; **dar patadas en el suelo** to stamp one's feet; **había turistas a patadas** there were loads of tourists; EXPR *Fam* **me da cien patadas (que...)** it makes me mad (that...); **dar la p. a alguien** *(de un lugar, empleo)* to kick sb out; *Fam* **darse de patadas con algo** *(no armonizar)* to clash horribly with sth; **echar a alguien a patadas de** to kick sb out of; EXPR **en dos patadas** *(en seguida)* in two shakes; EXPR **sentar como una p. (en el estómago)** to be like a kick in the teeth; EXPR *Fam* **lo que dijo me sentó como una p. en el culo** *Br* what she said really pissed me off, *US* I was really pissed about what she said; **tratar a alguien a patadas** to treat sb like dirt

patagón, -ona *adj & nm,f* Patagonian (Indian)

Patagonia *n* **la P.** Patagonia

patagónico, -a *adj & nm,f* Patagonian

patalear *vi (en el aire)* to kick about; *(en el suelo)* to stamp one's feet; *Fig* **por mucho que pataleen no me van a convencer** no matter how much they scream and shout, they won't persuade me

pataleo *nm (en el aire)* kicking, thrashing about; *(en el suelo)* stamping; *Fig* **derecho al p.** right to complain

pataleta *nf Fam* tantrum; **le dio una p.** he threw a tantrum

patán 1 *adj m* uncivilized, uncouth
2 *nm Br* bumpkin, *US* hick

patasca *nf* (**a**) *Andes, Arg (guiso)* pork and *Br* maize *o US* corn stew (**b**) *Perú (alboroto)* quarrel, row

patata *nf Esp* potato; *Fam Fig* **esta impresora es una p.** this printer's a dud ▫ *Fig* ***p. caliente*** hot potato; ***patatas fritas*** *(de sartén) Br* chips, *US* (French) fries; *(de bolsa) Br* crisps, *US* (potato) chips; ***p. nueva*** new potato; ***p. temprana*** new potato

patatal, patatar *nm* potato field

patatero, -a 1 *adj* (**a**) *(de la patata)* potato; **una región patatera** a potato-growing area (**b**) *Fam* **la película fue un rollo p.** the film was a real bore *o* drag
2 *nm,f* potato farmer

patatín *Fam* **estuvimos hablando que si p., que si patatán** we talked about this, that and the next thing; **no empieces que si p., que si patatán, hazlo** don't start with all that stuff, just do it!

patatús (*pl* **patatuses**) *nm Fam* funny turn; **cuando se entere le va a dar un p.** when he finds out he'll have a fit

paté *nm* paté

pateador, -ora *nm,f (en rugby)* kicker

patear 1 *vt* (**a**) *(dar un puntapié a)* to kick (**b**) *(pisotear)* to stamp on
2 *vi* (**a**) *(patalear)* to stamp one's feet (**b**) *Fam (andar)* to tramp
3 patearse *vpr Fam (recorrer)* to tramp; **se pateó toda la ciudad buscando el disco** he tramped *o* traipsed all over town looking for the record

patena *nf* paten; EXPR **limpio** *o* **blanco como una p.** as clean as a new pin.

patentado, -a *adj* patent, patented

patentar *vt* to patent

patente 1 *adj* obvious; *(demostración, prueba)* clear; **su dolor era p.** he was clearly in pain
2 *nf* (**a**) *(de invento)* patent; **tiene la p. de este invento** he holds the patent on *o* for this invention ▫ *Hist* ***p. de corso*** letter(s) of marque; *Fig* **se cree que tiene p. de corso para hacer lo que quiera** she thinks she has carte blanche to do what she wants (**b**) *(autorización)* licence ▫ ***p. de navegación*** certificate of registration (**c**) *Chile (matrícula) Br* number plate, *US* license plate

pateo *nm Fam* stamping

páter familias *nm Formal* paterfamilias

patera *nf (embarcación)* small boat, dinghy

paternal *adj* (**a**) *(de padre)* fatherly, paternal (**b**) *Fig (protector)* paternal

paternalismo *nm* (**a**) *(de padre)* fatherliness (**b**) *(actitud protectora)* paternalism

paternalista *adj* paternalistic

paternidad *nf* (**a**) *(calidad de padre)* fatherhood ▫ ***p. responsable*** responsible parenthood (**b**) *Der* paternity (**c**) *(creación)* authorship; **la p. del proyecto es suya** he devised the project

paterno, -a *adj* paternal

patero, -a *adj* (**a**) *Chile (adulador)* fawning, flattering (**b**) *Perú (mentiroso)* deceitful

patético, -a *adj* pathetic, moving

patetismo *nm* pathos; **imágenes de gran p.** very moving pictures

patibulario, -a *adj (horroroso)* horrifying, harrowing

patíbulo *nm* scaffold, gallows

paticojo, -a *nm,f* lame person

patidifuso, -a *adj Fam* stunned, floored; **me quedé patidifusa** I was stunned *o* floored

patilla *nf* (**a**) *(de pelo)* sideboard, sideburn (**b**) *(de gafas)* arm

patilludo, -a *adj* **es p.** he has long thick sideburns

patín *nm* (**a**) *(de hielo)* ice skate; *(de ruedas paralelas)* roller skate; *(en línea)* roller blade (**b**) *(patinete)* scooter (**c**) *(embarcación)* pedal boat

pátina *nf* patina

patinador, -ora *nm,f* skater ▫ ***p. artístico*** figure skater

patinaje *nm* skating ▫ ***p. artístico*** figure skating; ***p. sobre hielo*** ice skating; ***p. sobre ruedas*** roller skating; *(con patines en línea)* roller blading; ***p. de velocidad*** speed skating

patinar *vi* (**a**) *(sobre hielo)* to skate; *(sobre ruedas)* to roller-skate; *(con patines en línea)* to roller-blade; **p. sobre hielo** to go ice skating (**b**) *(resbalar) (coche)* to skid; *(persona)* to slip; **la bici patinó en una curva** the bike skidded on a bend; EXPR *Fam* **le patinan las neuronas** he's going a bit funny in the head (**c**) *Fam* EXPR *(meter la pata)* to put one's foot in it

patinazo *nm* (**a**) *(de coche)* skid; *(de persona)* slip; **el suelo estaba mojado y se dio un p.** the floor was wet and he slipped (**b**) *Fam (equivocación)* blunder; **tener un p.** to make a blunder

patinete *nm* scooter

patio *nm (de casa)* courtyard; *(de escuela)* playground; *(de cuartel)* parade ground; EXPR *Fam* **¡cómo está el p.!** what a fine state of affairs! ▫ ***p. de armas*** parade ground; ***p. de butacas*** stalls; ***p. interior*** *(en edificio)* lightshaft

patita *nf* EXPR *Fam* **poner a alguien de patitas en la calle** to kick sb out

patitieso, -a *adj Fam* (**a**) *(de frío)* frozen stiff (**b**) *(de sorpresa)* aghast, amazed; **dejar p.** to astound, to dumbfound; **quedarse p.** to be astounded *o* dumbfounded

patito *nm* **el p. feo** the ugly duckling; *Fam* **los dos patitos** *(el número 22)* all the twos, twenty-two

patizambo, -a *adj* knock-kneed

pato, -a *nm,f* duck; EXPR *Fam* **pagar el p.** to carry the can ▫ ***p. a la naranja*** duck à l'orange

patochada *nf Fam* piece of nonsense, idiocy; **la última p. del Gobierno** the government's latest crazy plan

patógeno, -a 1 *adj* pathogenic; **agente p.** pathogen
2 *nm* pathogen

patojo, -a *nm,f Guat (niño)* kid, youngster

patología *nf* pathology

patológico, -a *adj* pathological

patoso, -a *Fam* **1** *adj* clumsy
2 *nm,f* clumsy idiot *o* oaf

patota *nf Perú, RP* street gang

patotero, -a *Perú, RP* **1** *adj* thuggish
2 *nm* young thug

patraña *nf* absurd story

patria *nf* native country, fatherland; **defender la p.** to defend one's country; **morir por la p.** to die for one's country; EXPR **hacer p.** to fly the flag ▫ ***p. chica*** home town; *Der* ***p. potestad*** parental authority

patriarca *nm* patriarch

patriarcado *nm* patriarchy

patriarcal *adj* patriarchal

patriciado *nm* patriciate

patricio, -a *adj & nm,f* patrician

patrimonial *adj* hereditary

patrimonio *nm* (**a**) *(bienes) (heredados)* inheritance; *(propios)* wealth; *(económico)* national wealth; **los ríos son p. de todos** rivers are a heritage shared by all; **p. personal** personal estate (**b**) *(cultura)* heritage; **Granada es p. mundial de la humanidad** Granada is a world heritage site ▫ ***p. histórico-artístico*** artistic *o* artistic heritage; ***p. nacional*** national heritage

patrio, -a *adj* native; **el suelo p.** one's native soil

patriota 1 *adj* patriotic
 2 *nmf* patriot

patriotería *nf*, **patrioterismo** *nm Pey* jingoism, chauvinism

patriotero, -a *adj Pey* jingoistic, chauvinistic

patriótico, -a *adj* patriotic

patriotismo *nm* patriotism

patrocinado, -a *adj* sponsored

patrocinar *vt* to sponsor

patrocinio *nm* sponsorship

patrón, -ona 1 *nm,f* (**a**) *(de obreros)* boss; *(de criados)* master, *f* mistress (**b**) *(de pensión)* landlord, *f* landlady (**c**) *(santo)* patron saint
 2 *nm* (**a**) *(de barco)* skipper (**b**) *(de empresa)* boss (**c**) *(medida)* standard ▫ *Econ* ***p. internacional*** international standard; ***p. oro*** gold standard; ***p. de referencia*** reference gauge (**d**) *(en costura)* pattern; EXPR **estar cortados por el mismo p.** to be cast in the same mould

patronal 1 *adj (empresarial)* management; **organización p.** employers' organization
 2 *nf (organización)* employers' organization; **negociaciones entre la p. y los sindicatos** negotiations between employers and the unions

patronato *nm (dirección)* board of trustees; *(con fines benéficos)* trust ▫ ***p. de apuestas mutuas*** totalizator

patronazgo *nm* patronage

patronímico, -a 1 *adj* patronymic
 2 *nm* patronymic

patronista *nmf* pattern cutter

patrono, -a *nm,f* (**a**) *(de empresa) (encargado)* boss; *(empresario)* employer (**b**) *(santo)* patron saint

patrulla *nf* patrol; **estar de p.** to be on patrol; **una p. de rescate** a rescue team ▫ ***p. urbana*** vigilante group

patrullar 1 *vt* to patrol
 2 *vi* to patrol; **p. por** to patrol

patrullero, -a 1 *adj* patrol; **barco p.** patrol boat
 2 *nm,f (barco)* patrol boat

patuco *nm* bootee

paulatino, -a *adj* gradual

paulista 1 *adj* of/from São Paulo
 2 *nmf* person from São Paulo

pauperización *nf* impoverishment

paupérrimo, -a *adj* very poor, impoverished

pausa *nf* (**a**) *(descanso)* pause, break; **con p.** unhurriedly; **hacer una p.** *(al hablar)* to pause; *(en actividad)* to take a break ▫ ***p. publicitaria*** commercial break (**b**) *Mús* rest

pausadamente *adv* deliberately, slowly

pausado, -a *adj* deliberate, slow

pauta *nf* (**a**) *(modelo)* standard, model; **dar** *o* **marcar la p.** to set the standard; **seguir una p.** to follow an example (**b**) *(en un papel)* guideline

pautado, -a *adj (papel)* lined, ruled

pava *nf* (**a**) *muy Fam (colilla)* dog end (**b**) *CAm (flequillo) Br* fringe, *US* bangs (**c**) *Chile, Perú (broma)* coarse o tasteless joke (**d**) *RP (tetera)* kettle

pavada *nf RP (tontería)* stupid thing

pavear *vi* (**a**) *Chile, Perú (burlarse)* to play a joke (**b**) *RP (hacer tonterías)* to court, to woo (**c**) *Ecuad, Pan (faltar a clase)* to play truant

pavero, -a 1 *adj* boastful
 2 *nm,f* braggart

pavimentación *nf (de una carretera)* road surfacing; *(de la acera)* paving; *(de un suelo)* flooring

pavimentado, -a *adj (carretera)* tarmacked, asphalted; *(acera, suelo)* paved

pavimentar *vt (carretera)* to surface; *(acera)* to pave; *(suelo)* to floor

pavimento *nm (de carretera)* road surface; *(de acera)* paving; *(de suelo)* flooring

pavisoso, -a *adj* dull, insipid

pavo, -a 1 *adj Fam Pey* wet, drippy
 2 *nm,f* (**a**) *(ave)* turkey ▫ ***p. real*** peacock, *f* peahen (**b**) *Fam Pey (persona)* drip (**c**) *Esp Fam (cinco pesetas)* five pesetas; **cinco/cien pavos** twenty five/five hundred pesetas

pavón *nm* (**a**) *(ave)* peacock (**b**) *(mariposa)* peacock butterfly (**c**) *(óxido)* bluing, bronzing

pavonearse *vpr Pey* to boast, to brag (**de** about)

pavoneo *nm Pey* showing off, boasting

pavor *nm* terror; **le tengo p. a los aviones** I'm terrified of flying

pavoroso, -a *adj* terrifying

payasada *nf* (**a**) *(graciosa)* piece of clowning; **hacer payasadas** to clown around (**b**) *(grotesca)* **eso que has dicho/hecho es una p.** what you said/did is ludicrous

payaso, -a 1 *adj* clownish
 2 *nm,f* (**a**) *(de circo)* clown (**b**) *Fam Pey (poco serio)* **¡mi profesor es un p.!** my teacher is always clowning around

payés, -esa *nm,f* = peasant farmer from Catalonia or the Balearic Islands

payo, -a *adj & nm,f Esp* non-gipsy

paz *nf* (**a**) *(en general)* peace; *(tranquilidad)* peacefulness; **dejar a alguien en p.** to leave sb alone *o* in peace; **y en p.** and that's that; **estar** *o* **quedar en p.** to be quits; **hacer las paces** to make (it) up; **mantener la p.** to keep the peace; **poner p. entre** to reconcile, to make peace between; **que en p. descanse, que descanse en p.** may he/she rest in peace; EXPR **...y aquí p. y después gloria** ...and let that be an end to it (**b**) *(acuerdo, convenio)* peace treaty; **firmar la p.** to sign a peace treaty (**c**) *Rel* pax

pazguato, -a *Fam* **1** *adj* (**a**) *(simple)* simple (**b**) *(mojigato)* prudish
 2 *nm,f* (**a**) *(simple)* simpleton (**b**) *(mojigato)* prude

pazo *nm* = Galician mansion, belonging to noble family

PBI *nm Am (abrev de* **producto bruto interno**) GDP

PBN *nm Am (abrev de* **producto bruto nacional**) GNP

PC *nm (abrev de* **personal computer**) PC

PCC *nm (abrev* **Partido Comunista Cubano**) Cuban Communist Party

PCE *nm (abrev de* **Partido Comunista de España**) Spanish Communist Party

pche, pchs *interj* **¡p.!** bah!

PCUS [pe'kus] *nm (abrev de* **Partido Comunista de la Unión Soviética**) Soviet Communist Party

PD *(abrev de* **posdata**) PS

pe *nf Fam Fig* **de pe a pa** from beginning to end

pea *nf Esp muy Fam (borrachera)* **agarrarse una p.** to get plastered *o Br* pissed

peaje *nm* (**a**) *(importe)* toll (**b**) *(lugar)* toll barrier

peal *nm Am (lazo)* lasso

pealar *vt Am* to lasso

peana *nf* pedestal

peatón *nm* pedestrian

peatonal *adj* pedestrian; **calle p.** pedestrian street

pebete, -a 1 *RP nm,f* child
 2 *nm* (**a**) *RP (panecillo)* = kind of sweet bun (**b**) *Méx (planta)* fragrant flower

pebetero *nm* incense burner

pebre *nm o nf* (**a**) *(salsa)* = sauce made with green pepper and garlic (**b**) *(pimienta)* black pepper

peca *nf* freckle

pecado *nm* (**a**) *(en religión)* sin; **estar en p.** to be in sin; **morir en p.** to die unrepentant; **ser un p.** to be a sin *o* crime; EXPR **se dice el p. pero no el pecador** no names, no packdrill, I'm naming no names; *Fam Fig* **pero niña de mis pecados ¿cuántas veces tengo que decirte que te des prisa?** for goodness' sake, girl, how many times do I have to tell you to hurry up? ▫ ***pecados capitales*** deadly sins; ***p. mortal*** mortal sin; ***p. original*** original sin (**b**) *(pena, lástima)* sin; **sería un p. no aprovechar este día de primavera** it would be a sin not to make the most of this lovely spring day

pecador, -ora 1 *adj* sinful
 2 *nm,f* sinner

pecaminoso, -a *adj* sinful

pecán *nm (árbol)* pecan (tree)

pecar [59] *vi* (**a**) *Rel* to sin; **p. de obra/palabra** to sin in deed/word (**b**) *(pasarse)*

p. de confiado/generoso to be over-confident/too generous

pecarí (*pl* **pecaríes**), **pecari** *nm* peccary

pecblenda *nf* pitchblende

pecera *nf (acuario)* fish tank; *(redonda)* fish bowl

pecero,-a *Fam* **1** *adj* PC
2 *nm,f* PC user

pechada *nf Chile, RP Fam* **mandarse una p. con alguien** to sponge off sb

pechar 1 *vt* (**a**) *Chile, RP Fam (pedir)* **se la pasa pechándole cigarrillos a todo el mundo** he's always sponging cigarettes from people (**b**) *Andes, RP (empujar)* to push, to shove
2 *vi* **p. con** to bear, to shoulder

pechazo *nm Chile, RP Fam* **mandarse una p. con alguien** to sponge off sb

peche *adj Salv (flaco)* thin

pechera *nf* (**a**) *(de camisa)* shirt front; *(de blusa, vestido)* bust (**b**) *Fam (de mujer)* bosom

pechina *nf Arquit* pendentive

pecho *nm* (**a**) *(tórax)* chest; *(de mujer)* bosom
(**b**) *(mama)* breast; **dar el p. a** to breast-feed
(**c**) *Fig (interior)* heart
(**d**) *Am (en natación)* breaststroke; **nadar p.** to do the breaststroke EXPR **a lo hecho, p.** it's no use crying over spilt milk; **a p. descubierto** without protection *o* any form of defence; *Fam* **entre p. y espalda** in one's stomach; *Fam* **me partí el p. por ayudarle** I bent over backwards to help him; **tomarse algo a p.** to take sth to heart

pechuga *nf* (**a**) *(de ave)* breast *(meat)* (**b**) *Fam (de mujer)* bosom, bust (**c**) *Andes, CAm Fam (descaro)* nerve, audacity

pechugona *nf Fam* big-breasted *o* buxom woman

pechugón, -ona *Fam adj* (**a**) *(con pechos grandes)* busty, buxom

pecíolo, peciolo *nm Bot* stalk

pécora *nf* EXPR **ser una mala p.** to be a bitch *o* harpy

pecoso, -a *adj* freckly

pectina *nf* pectin

pectoral 1 *adj* (**a**) *Anat* pectoral, chest; **músculos pectorales** pectorals (**b**) *Med* cough; **jarabe p.** cough syrup
2 *nm* (**a**) *Anat* pectoral (**b**) *Med* cough mixture *o* medicine

pecuario, -a *adj* livestock; **actividad pecuaria** livestock raising

peculiar *adj* (**a**) *(característico)* typical, characteristic (**b**) *(raro, curioso)* peculiar

peculiaridad *nf* (**a**) *(cualidad)* uniqueness (**b**) *(detalle)* particular feature *o* characteristic

peculio *nm* (**a**) *(dinero)* personal money (**b**) *Der* peculium

pecuniario, -a *adj* pecuniary

pedagogía *nf* teaching, pedagogy

pedagógico, -a *adj* teaching, pedagogical

pedagogo, -a *nm,f* (**a**) *(especialista)* educationist (**b**) *(profesor)* teacher, educator

pedal *nm* (**a**) *(de coche, piano)* pedal ▫ ***p. acelerador*** accelerator; ***p. del embrague*** clutch (pedal); ***p. de freno*** brake pedal (**b**) *(de bicicleta)* pedal; **dar a los pedales** to pedal (**c**) *Esp Fam (borrachera)* **agarrar un p.** to get plastered; **llevo un p. que no me aguanto** I'm completely plastered *o* out of my head

pedalada *nf* pedal, pedalling

pedalear *vi* to pedal

pedaleo *nm* pedalling

pedanía *nf* district

pedante 1 *adj* pretentious
2 *nmf* pretentious person

> Observa que las palabras inglesas **pedant** y **pedantic** son falsos amigos y no son la traducción de la palabra española **pedante**. En inglés **pedant** y **pedantic** significan "puntilloso".

pedantería *nf* (**a**) *(cualidad)* pretentiousness (**b**) *(dicho, hecho)* piece of pretentiousness

pedazo *nm* piece, bit; **caerse a pedazos** *(deshacerse)* to fall to pieces; *(estar cansado)* to be dead tired, to be worn out; **hacer pedazos algo** to break sth to bits; *Fig* to destroy; **saltar en (mil) pedazos** to be smashed to pieces; EXPR **ser un p. de pan** to be an angel, to be a real sweetie; *Fam* **¡p. de animal** *o* **de bruto!** stupid oaf *o* brute!

pederasta *nm* (**a**) *Der (contra menores)* paedophile (**b**) *(homosexual)* homosexual

pederastia *nf* (**a**) *Der (contra menores)* paedophilia (**b**) *(sodomía)* sodomy

pedernal *nm* flint; **duro como el** *o* **un p.** as hard as a rock

pedestal *nm* pedestal, stand; *Fig* **poner/tener a alguien en un p.** to put sb on a pedestal; *Fig* **desde que ganó el premio no hay quien lo baje del p.** since he won the prize, it's been impossible to get him down off his high horse

pedestre *adj* (**a**) *(a pie)* on foot (**b**) *(corriente)* pedestrian, prosaic

pediatra *nmf* paediatrician

pediatría *nf* paediatrics *(singular)*

pediátrico, -a *adj* pediatric

pedículo *nm* peduncle

pedicuro, -a *nm,f Br* chiropodist, *US* podiatrist

pedida *nf* (marriage) proposal

pedido *nm Com* order; **hacer un p.** to place an order; *RP* **a p. de** *(a petición de)* at the request of ▫ ***p. por correo*** mail order

pedigrí (*pl* **pedigríes**) *nm* pedigree; **un perro con p.** a pedigree dog

pedigüeño, -a 1 *adj* **qué hermano más p. tengo** my brother's always asking for things
2 *nm,f (que pide)* **es un p.** he's always asking for things

PEDIR [47] **1** *vt* (**a**) *(solicitar)* to ask for; **p. algo a alguien** to ask sb for sth; **me pidió (mi) opinión** she asked me (for) my opinion; **p. un taxi (por teléfono)** to ring for a taxi; **p. a alguien que haga algo** to ask sb to do sth; **le pido que sea breve, por favor** I would ask you to be brief, please; **le pedí que saliera conmigo** I asked her out; **p. a alguien en matrimonio, p. la mano de alguien** to ask for sb's hand (in marriage); **p. prestado algo a alguien** to borrow sth from sb; **pide un millón por la moto** he's asking a million for the motorbike; **no tienes más que pedirlo** all you need to do is ask; **si no es mucho p.** if it's not too much to ask
(**b**) *(en bares, restaurantes)* to order; **¿qué has pedido de postre?** what have you ordered for dessert?
(**c**) *(mercancías)* to order; **p. algo a alguien** to order sth from sb
(**d**) *(exigir)* to demand; **¡pido que se me escuche!** I demand to be heard!; **le pedimos al gobierno una inmediata retirada de las tropas** we demand that the government withdraw its troops immediately; **la acusación pide veinte años de cárcel** the prosecution is asking for twenty years
(**e**) *(requerir)* to call for, to need; **los cactus piden poca agua** cacti don't need a lot of water; **esta cocina está pidiendo a gritos que la limpies** this kitchen is crying out for you to clean it
2 *vi* (**a**) *(mendigar)* to beg; **hay mucha gente pidiendo por la calle** there are a lot of beggars in the streets
(**b**) *(en bares, restaurantes)* to order; **¿han pedido ya?** have you ordered?
(**c**) *(rezar)* **p. por el alma de alguien** to pray for sb's soul
3 pedirse *vpr (escoger)* **¿qué pastel te pides tú?** which cake do you want?; **¡me pido prímer para subir al columpio!** *(uso infantil) Br* bags I get first go on the swing!, *US* dibs on first go on the swing!

pedo 1 *nm* (**a**) *(ventosidad)* fart; **tirarse un p.** to fart (**b**) *Fam (borrachera)* **agarrarse** *o Esp* **cogerse un p.** to get smashed *o Br* pissed; *RP* **estar en p.** to be smashed *o Br* pissed (**c**) *RP Fam* **al p.** *(inútilmente, por gusto)* for nothing; **de p.** *(de casualidad)* by chance, *Br* by a fluke
2 *adj Fam* **estar p.** to be smashed *o Br* pissed

pedofilia *nf* paedophilia

pedófilo, -a *nm,f* paedophile

pedorrear *vi Fam* to fart a lot

pedorreta *nf Fam* raspberry *(sound)*

pedorro, -a *nm,f Fam* (**a**) *(que se tira pedos)* person who farts a lot (**b**) *(tonto, pesado)* pain, bore

pedrada *nf* (**a**) *(acción)* throw of a stone (**b**) *(golpe)* blow *o* hit with a stone; **rompió la ventana de una p.** he smashed the window with a stone; **recibieron a la policía a pedradas** the police were met by a hail of stones; **matar a pedradas** to stone to death; **pegar una p. a alguien** to hit sb with a stone

pedrea *nf* (**a**) *(en lotería)* = group of smaller prizes in the Spanish national lottery (**b**) *(lucha)* stone fight

pedregal *nm* stony ground

pedregoso, -a *adj* stony

pedregullo *nm RP* gravel

pedrera *nf* stone quarry

pedrería *nf* precious stones

pedrero *nm (cantero)* stonecutter, quarryman

pedrisco *nm* hail

pedriza *nf (terreno)* rocky *o* stony ground

pedrusco *nm* rough stone

pedúnculo *nm Bot* stalk, *Espec* peduncle

peeling ['pilin] (*pl* **peelings**) *nm* face mask *o* pack

peerse *vpr* to fart

pega *nf* (**a**) *(pegamento)* glue (**b**) *(obstáculo)* difficulty, hitch; **poner pegas (a)** to find problems (with); **le veo muchas pegas al plan** I see a lot of problems with the plan (**c**) **de p.** false, fake; **un Rolex de p.** a fake Rolex (**d**) *Andes, Cuba (trabajo)* job, task

pegada *nf (en boxeo)* punch; *(en fútbol, tenis)* shot

pegadizo, -a *adj* (**a**) *(música)* catchy (**b**) *(contagioso)* catching

pegado 1 *adj* (**a**) *(junto)* **nuestra oficina está pegada a la suya** our office is right next to theirs; **ha aparcado el coche demasiado p. al mío** he's parked his car too close to mine (**b**) *(con pegamento)* glued, stuck; **la suela está pegada al zapato** the sole is glued *o* stuck to the shoe; *Fig* **lleva cinco horas p. al computador** he's been glued to the computer for five hours

2 *nm (parche)* plaster

pegadura *nf Col, Ecuad (burla)* trick

pegajoso, -a *adj* (**a**) *(adhesivo)* sticky; **tengo las suelas pegajosas** the soles of my shoes are sticky (**b**) *(persona)* clinging

pegamento *nm* glue

pegapega *nf Col, RP (de caza)* birdlime

PEGAR [38] **1** *vt* (**a**) *(adherir)* to stick; *(con pegamento)* to glue; *(póster, cartel)* to fix, to put up; *(botón)* to sew on

(**b**) *(arrimar)* **p. algo a** *o* **contra algo** to put *o* place sth against sth; **no pegues la silla tanto a la pared** don't put the chair so close up against the wall

(**c**) *(golpear)* to hit; **el balón me pegó en la cara** the ball hit me in the face; **pega a su mujer/a sus hijos** he beats his wife/children

(**d**) *(dar) (bofetada, paliza, patada)* to give; **pegó un golpe sobre la mesa** he banged the table; **p. un golpe a alguien** to hit sb; **p. un susto a alguien** to give sb a fright; **p. un disgusto a alguien** to upset sb; **p. un tiro a alguien** to shoot sb

(**e**) *(realizar, producir)* **p. un bostezo** to yawn; **p. un grito** to cry out, to let out a cry; **no arreglas nada pegando gritos** it's no use shouting; **p. un respingo** to (give a) start; **pegaban saltos de alegría** they were jumping for joy; **p. un suspiro** to (give a) sigh; **p. fuego a algo** to set sth on fire, to set fire to sth

(**f**) *(contagiar)* **p. algo a alguien** to give sb sth, to pass sth on to sb; **le pegó el sarampión a su hermano** she gave her brother measles

(**g**) *(corresponder a, ir bien a)* to suit; **no le pega ese vestido** that dress doesn't suit her; **esta corbata pega con esa camisa** this tie goes with that shirt; **no le pega ese novio** that boyfriend isn't right for her

(**h**) *Informát* to paste

(**i**) *Fam (tener el hábito de)* **le pega mucho al vino** he likes his wine

2 *vi* (**a**) *(adherir)* to stick

(**b**) *(golpear)* to hit; **la lluvia pegaba en la ventana** the rain was driving against the windowpane; **una bala pegó contra el techo** a bullet hit the ceiling; **la pelota pegó en el larguero** the ball hit the crossbar

(**c**) *(armonizar)* to go together, to match; **no pegan nada** they don't go together *o* match at all; **no pega mucho un bingo en este barrio** a bingo hall doesn't really fit *o* looks rather out of place in this part of town; **p. con** to go with; **un color que pegue (bien) con el rojo** a colour that goes (well) with red

(**d**) *Fam (ser fuerte) (sol)* to beat down; *(viento, aire)* to be strong; *(vino, licor, droga)* to be strong stuff; **el aire pega de costado** there's a strong side wind; **¡cómo pega el sol!** it's absolutely scorching!

(**e**) *(estar al lado)* **p. a** *o* **con** to be right next to; **el restaurante está pegando a la estación** the restaurant's right next to the station

(**f**) *Fam (tener éxito, estar de moda)* to be in; **este grupo está pegando mucho últimamente** this group is massive at the moment; **una nueva generación de tenistas viene pegando fuerte** a new generation of tennis players is beginning to come through

3 pegarse *vpr* (**a**) *(adherirse)* to stick; *Fig* **se pega a la televisión y no hace otra cosa** he just sits in front of the television all day and never moves

(**b**) *(guiso, comida)* to stick; **se me ha pegado el arroz** the rice has stuck

(**c**) *(pelearse, agredirse)* to fight, to hit one another

(**d**) *(golpearse)* **pegarse (un golpe) con** *o* **contra algo** to bump into sth; **me he pegado con el pico de la mesa** I bumped into the corner of the table; **me pegué (un golpe) en la pierna/la cabeza** I hit *o* bumped my head/leg

(**e**) *(contagiarse) (enfermedad)* to be passed on; *(canción)* to be catchy; **no te me acerques, que se te pegará el resfriado** don't come near me, you don't want to catch my cold off me; **se me pegó su acento** I picked up his accent; **se le ha pegado el sentido del humor británico** the British sense of humour has rubbed off on her

(**f**) *Fig (engancharse)* **pegarse a alguien** to stick to sb; **se nos pegó y no hubo forma de librarse de él** he attached himself to us and we couldn't get rid of him

(**g**) *(darse) (baño, desayuno)* to have; **no me importaría pegarme unas buenas vacaciones** I wouldn't mind (having) a good holiday; **nos pegamos un viaje de diez horas** we had a ten-hour journey; **me pegué un buen susto** I got a real fright; **¡vaya siesta te has pegado!** that was certainly a long siesta you had there!; **pegarse un tiro** to shoot oneself

(**h**) EXPR *Fam* **pegársela a alguien** *(engañar)* to have sb on; *(cónyuge)* to cheat on sb; *Fam* **se la pega a su marido con el vecino** she's cheating on her husband with the man next door; *Fam* **perdimos el control del coche y nos la pegamos contra un árbol** we lost control of the car and smashed into a tree

pegatina *nf* sticker

pego *nm* EXPR *Fam* **dar el p.** to look like the real thing

pegote *nm Fam* (**a**) *(masa pegajosa)* sticky mess (**b**) *(chapucería)* botch; **el final de la película es un p.** the ending just doesn't go with the rest of the film (**c**) *(mentira)* **tirarse pegotes** to tell tall stories, to boast

pegual *nm Chile, RP* cinch, girth

pehuén *nm* monkey-puzzle tree

peinado, -a 1 *adj* combed; **siempre va muy mal p.** his hair's always a mess

2 *nm* (**a**) *(acción)* combing (**b**) *(estilo, tipo)* hairstyle; *(más elaborado)* hairdo (**c**) *(rastreo)* thorough search

peinador *nm* (**a**) *(bata)* dressing gown, robe (**b**) *Bol, Chile, Cuba (tocador)* dressing table

peinar 1 *vt* (**a**) *(cabello)* to comb; **¿quién te peina?** who does your hair? (**b**) *(rastrear)* to comb

2 peinarse *vpr* to comb one's hair

peine *nm* comb; **pasarse el p.** to comb one's hair; EXPR *Fam* **enterarse de** *o* **saber lo que vale un p.** to find out what's what *o* a thing or two

peineta *nf* = decorative comb worn in hair

p.ej. (*abrev de* **por ejemplo**) e.g

pejiguera *nf Fam* drag, pain

Pekín *n* Peking, Beijing

pekinés, -esa = pequinés

pela *nf Esp* (**a**) *Fam (peseta)* peseta; **no tengo pelas** I'm skint; EXPR **la p. es la p.** money makes the world go round (**b**) *muy Fam (taxi)* cab

pelacables *nm inv* wire stripper

pelada *nf* (**a**) *Andes, CAm, Ven (error)* blunder (**b**) *Chile, Cuba, Ecuad Fam (muerte)* death

peladero *nm Am (terreno)* wasteland

peladilla *nf* sugared almond

pelado, -a 1 *adj* (**a**) *(cabeza)* shorn (**b**) *(piel, cara)* peeling; *(fruta)* peeled; **tengo la nariz pelada** my nose is peeling (**c**) *(habitación, monte, árbol)* bare (**d**) *(número)* exact, round; **saqué un aprobado p.** I passed, but only just (**e**) *Fam (sin dinero)* broke, skint

2 *nm* (**a**) *Fam (corte de pelo)* **¡qué p. te han metido!** you've really been scalped! (**b**) *Méx (pobre)* pauper

pelador, -ora *nm,f* peeler

peladura *nf* peeling

pelagatos *nmf inv Fam Pey* nobody

pelágico, -a *adj* deep-sea, *Espec* pelagic

pelaje *nm* (**a**) *(de gato, oso, conejo)* fur; *(de perro, caballo)* coat (**b**) *Fig (apariencia)* looks, appearance

pelambre *nm* mane *o* mop of hair

pelambrera *nf Fam* long thick hair; **deberías cortarte esa p.** you should get that mop of hair cut

pelanas *nmf inv Fam* poor devil, wretch

pelandusca *nf Fam Pey* tart, slut

pelapatatas *nm inv* potato peeler

pelar 1 *vt* (**a**) *(fruta, patatas)* to peel; *(guisantes, marisco)* to shell

(**b**) *(aves)* to pluck; *(conejos)* to skin; EXPR *Fam* **p. la pava** *(novios)* to flirt, to have a lovey-dovey conversation; EXPR **p. el diente** *CAm, Col (coquetear)* to flirt; *Carib (adular)* to flatter

(**c**) *Fam (persona)* to cut the hair of

(**d**) *Fam Fig (dejar sin dinero)* to fleece

(**e**) *Méx Fam (hacer caso)* **no me pela** he doesn't pay any attention to me

2 *vi* EXPR *Fam* **hace un frío que pela** it's freezing cold

3 pelarse *vpr* (**a**) *(piel, espalda)* to peel; **se me está pelando la cara** my face is peeling

(**b**) *Fam (cortarse el pelo)* to have one's hair cut

(**c**) EXPR *Fam* **pelarse de frío** to be frozen stiff, to be freezing cold; *Fam* **corre que se las pela** she runs like the wind

peldaño *nm (escalón)* step; *(de escalera de mano)* rung

pelea *nf* (**a**) *(a golpes)* fight (**b**) *(riña)* row, quarrel

peleado, -a *adj (disputado)* hard-fought

pelear 1 *vi* (**a**) *(a golpes)* to fight (**b**) *(a gritos)* to have a row *o* quarrel; **han peleado y ya no se quieren ver** they've had a row *o* quarreled, and don't want to see each other any more (**c**) *(esforzarse)* to struggle; **ha peleado mucho por ese puesto** she has fought hard to get that job

2 pelearse *vpr* (**a**) *(a golpes)* to fight (**b**) *(a gritos)* to have a row *o* quarrel (**c**) *(enfadarse)* to fall out; **se ha peleado con su hermano** he's fallen out with his brother

pelele *nm* (**a**) *Fam Pey (persona)* puppet (**b**) *(muñeco)* guy, straw doll (**c**) *(prenda de bebé)* rompers

peleón, -ona *adj* (**a**) *(persona)* aggressive (**b**) *(vino)* rough

peletería *nf* (**a**) *(tienda)* fur shop, furrier's (**b**) *(oficio)* furriery (**c**) *(pieles)* furs; **artículos de p.** furs

peletero, -a 1 *adj* fur; **industria peletera** fur trade

2 *nm,f* furrier

peli *nf Esp Fam* movie, *Br* film

peliagudo, -a *adj* tricky

pelícano, pelicano *nm* pelican

película *nf* (**a**) *(de cine)* movie, *Br* film; **una p. de vídeo** a video (movie); **echar** *o* **poner una p.** to show a movie; *Fam* **casa/vacaciones de p.** dream house/holiday; *Fam* **canta de p.** she sings like a dream ❑ ***p. de acción*** action movie *o Br* film; ***p. de ciencia ficción*** science fiction movie *o Br* film; ***p. de dibujos animados*** cartoon *(feature length)*; ***p. de miedo*** horror movie *o Br* film; ***p. muda*** silent movie *o Br* film; ***p. del Oeste*** western; ***p. de suspense*** thriller; ***p. de terror*** horror movie *o Br* film; ***p. X*** X-rated movie *o Br* film

(**b**) *Fot* film ❑ ***p. fotográfica*** photographic film; ***p. virgen*** blank film

(**c**) *(capa)* film

(**d**) *Fam (historia increíble)* (tall) story; **montarse una p.** to dream up an incredible story

peliculero, -a *nm,f Fam* teller of tall stories

peliculón *nm Fam (película buena)* fantastic *o* great movie

peligrar *vi* to be in danger

peligro *nm* danger; **ya ha pasado el p.** the danger has passed; **correr p. (de)** to be in danger (of); **estar/poner en p.** to be/put at risk; **en p. de extinción** *(especie, animal)* endangered; **fuera de p.** out of danger; **ser un p.** to be dangerous *o* a menace; **¡p. de muerte!** *(en letrero)* danger!; **p. de incendio** *(en letrero)* fire hazard

peligrosamente *adv* dangerously

peligrosidad *nf* dangerousness

peligroso, -a *adj* dangerous

pelillo *nm* EXPR *Fam* **¡pelillos a la mar!** let's just forget about it!

pelín *nm Fam* **un p.** a mite, a tiny bit; **te has pasado un p.** you've gone a bit far

pelirrojo, -a 1 *adj* ginger, red-headed

2 *nm,f* redhead

pella *nf Fam* **hacer pellas** *Br* to skive off (school), *US* to play hookey

pelleja *nf (piel)* hide, skin

pellejería *nf* (**a**) *(lugar)* tannery (**b**) *(pieles)* skins, hides

pellejo *nm* (**a**) *(piel)* skin; *Fam Fig* **estar/ponerse en el p. de otro** to be/put oneself in someone else's shoes (**b**) *(vida)* skin; *Fam* **arriesgar** *o* **jugarse el p.** to risk one's neck; *Fam* **salvar el p.** to save one's skin (**c**) *(padrastro)* hangnail

pelliza *nf* fur jacket

pellizcar [59] *vt* (**a**) *(persona)* to pinch (**b**) *(pan)* to pick at

pellizco *nm* (**a**) *(en piel)* pinch; **dar un p. a alguien** to give sb a pinch (**b**) *(pequeña cantidad)* little bit; *(de sal)* pinch; *Fam* **un buen p.** *(de dinero)* a tidy sum

pellón *nm Am (cojín)* saddle pad

pelma, pelmazo, -a *Fam* **1** *adj* annoying, tiresome

2 *nm,f* bore, pain

PELO *nm* (**a**) *(cabello)* hair; **hay un p. en la sopa** there's a hair in my soup; **la bañera estaba llena de pelos** the bathtub was full of hair; **se me está cayendo el p.** I'm losing my hair; **tiene un p. rubio precioso** she has lovely fair hair; **llevar** *o* **tener el p. de punta** to have spiky hair; **llevar el p. recogido/suelto** to wear one's hair up/loose; **cortarse el p.** *(uno mismo)* to cut one's (own) hair; *(en peluquería)* to have one's hair cut; **teñirse el p.** to dye one's hair; **no estudias nada y así te luce el p. en los exámenes** you never study and it shows in your exam results; EXPR **se le va a caer el p.** he'll be in big trouble; **con pelos y señales** with all the details; EXPR *Fam* **te voy a dar para el p.** I'm going to give you what for; **de medio p.** second-rate; **ser un hombre de p. en pecho** to be a real man; EXPR *Fam* **estar hasta los pelos** to be fed up; EXPR **no tiene un p. de tonto** he's nobody's fool; EXPR **no tiene pelos en la lengua** she doesn't mince her words; EXPR **no verle el p. a alguien** not to see hide nor hair of sb; **poner a alguien los pelos de punta** to make sb's hair stand on end; **se me pusieron los pelos de punta** it made my hair stand on end; **por los pelos, por un p.** *(por poco)* by the skin of one's teeth, only just; EXPR **soltarse el p.** to let one's hair down; **tirarse de los pelos** *(de desesperación)* to tear one's hair out; *Fig* **tocarle un p. (de la ropa) a alguien** *(hacerle daño)* to lay a finger on sb; **no le toqué un p.** I never touched her, I never laid a finger on her; **tomar el p. a alguien** to pull sb's leg; **traído por los pelos** *(argumento, hipótesis)* farfetched; **venir a p.** *(en la conversación, discusión)* to be relevant; **venir al p. a alguien** to be just right for sb; *Fam* **¡mi novio ha llegado y yo con estos pelos!** my boyfriend's arrived and I am in such a state *o* look such a mess!

(**b**) *(pelaje) (de oso, conejo, gato)* fur; *(de perro, caballo)* coat; **montar (a caballo) a p.** to ride bareback; *Fig* **presentarse a un examen a p.** to enter an exam unprepared; *muy Fam* **follar a p.** to ride bareback *(have unprotected sex)* ❑ ***p. de camello*** *(tejido)* camel hair

(**c**) *(de melocotón)* down

(**d**) *(de una tela, tejido)* nap; *(de alfombra)* pile; **este jersey suelta mucho p.** *o* **muchos pelos** this jumper leaves a lot of hairs everywhere

(**e**) *Fam (pizca, poquito)* **échame un p. más de ginebra** could I have a smidgin *o* tad more gin?; **pasarse un p.** to go a bit too far; **no me gusta (ni) un p. ese tipo** I don't like that guy at all

pelón, -ona 1 *adj Fam (sin pelo)* bald

2 *nf RP (fruta)* nectarine

pelona *nf RP Fam* **la p.** *(la muerte)* Death, the Grim Reaper

pelota 1 *nf* (**a**) *también Dep* ball; **p. de golf/de tenis** golf/tennis ball; **jugar a la p.** to play ball; EXPR **la p. está en el tejado** it's in the air; *Fig* **devolver la p. a alguien** to put the ball back into sb's court; EXPR

Fam **hacer la p. (a alguien)** to suck up (to sb); EXPR **pasarse la p.** to pass the buck ▫ ***p. base*** baseball; ***p. mano*** = pelota played with the hand as opposed to a basket strapped to the hand; ***p. vasca*** pelota, jai alai
(**b**) *muy Fam (testículo)* **pelotas** balls; **en pelotas, en p. picada** *Br* starkers, *US* butt-naked; **no me sale de las pelotas** I can't be arsed; **estoy hasta las pelotas de vosotros** I've had it up to here with you; **se pasa todo el día tocándose las pelotas** he spends the whole day pissing about *o* around
2 *nmf Fam Pey (persona)* creep, crawler

pelotari *nmf* pelota player

pelotazo *nm* (**a**) *(con pelota)* kick *o* throw of a ball; **me dieron un p. en la cabeza** they hit me on the head with the ball (**b**) *Fig* **la cultura del p.** = ruthless obsession with money and power (**c**) *Fam (copa)* drink

pelotear *vi (en tenis)* to knock up; *(en fútbol)* to kick a ball about

peloteo *nm* (**a**) *(en tenis)* knock-up; *(en fútbol)* kickabout (**b**) *Fam (adulación)* fawning (**con** on)

pelotera *nf Fam* scrap, fight

pelotero, -a 1 *adj Fam Pey* fawning
2 *nm,f* (**a**) *Fam Pey (adulador)* creep, crawler (**b**) *Am (jugador de béisbol)* baseball player

pelotilla *nf Fam* (**a**) **hacer la p. a alguien** to suck up to sb (**b**) *(de suciedad)* = ball of grime rubbed from skin

pelotillero, -a *Fam Pey* **1** *adj* fawning
2 *nm,f* creep, crawler

pelotón *nm* (**a**) *(de soldados)* squad; *(de gente)* crowd ▫ ***p. de ejecución*** firing squad (**b**) *(de ciclistas)* bunch, peloton

pelotudear *vi RP muy Fam* to piss about *o* around

pelotudez *nf RP muy Fam* **hacer/decir una p.** to do/say something *Br* bloody *o US* goddamn stupid

pelotudo, -a *adj RP muy Fam Br* bloody *o US* goddamn stupid

peltre *nm* pewter

peluca *nf* wig

peluche *nm* (**a**) *(material)* plush (**b**) *(muñeco)* cuddly toy; **osito de p.** teddy bear

peluda *nf (pez)* scaldfish

peludo, -a 1 *adj* hairy
2 *nm RP* (**a**) *(animal)* armadillo (**b**) *Fam (borrachera)* **agarrar un p.** to get plastered

peluquería *nf* (**a**) *(establecimiento)* hairdresser's (shop); **p. de caballeros/señoras** gentlemen's/ladies' hairdressers (**b**) *(oficio)* hairdressing

peluquero, -a *nm,f* hairdresser

peluquín *nm* toupee; EXPR *Fam* **ni hablar del p.** it's out of the question

pelusa *nf* (**a**) *(de tela)* fluff (**b**) *(vello)* down (**c**) *(de polvo)* ball of fluff (**d**) *Fam (celos)* **tener p. de** to be jealous of

pelviano, -a, pélvico, -a *adj* pelvic

pelvis *nf inv* pelvis

PEMEX *nmpl (abrev de* **Petróleos Mexicanos**) = Mexican state oil company

PEN *nm (abrev* **Plan Energético Nacional**) = Spanish national energy plan

PENA *nf* (**a**) *(lástima)* shame, pity; **es una p. (que no puedas venir)** it's a shame *o* pity (you can't come); **da p. no poder hacer nada** it's a shame *o* pity we can't do anything; **el pobre me da p.** I feel sorry for the poor guy; **me da p. ver lo pobres que son** it's awful to see how poor they are; **me da p. tener que irme ya** I hate to have to leave already; *Am* **me da mucha p.** I'm very sorry; **¡qué p.!** what a shame *o* pity!; **¡qué p. de hijo tengo!** what a useless son I've got!
(**b**) *(tristeza)* sadness, sorrow; **sentía una gran p.** I felt terribly sad
(**c**) *(desgracia)* problem, trouble; **bebe para olvidar** *o* **ahogar las penas** he drinks to drown his sorrows; **me contó sus penas** she told me her troubles *o* about her problems
(**d**) *(dificultad)* struggle; **pasaron grandes penas durante la guerra** they suffered great hardship during the war; **subimos el piano a duras penas** we got the piano up the stairs with great difficulty; **con mi sueldo mantengo a duras penas a mi familia** my salary is barely enough for me to support my family; **consiguieron llegar a duras penas** they only just managed to get there
(**e**) *(castigo)* punishment; **le cayó** *o* **le impusieron una p. de treinta años** he was sentenced to *o* given thirty years; **cumplió p. en la prisión de Alcatraz** he served his sentence in Alcatraz; *Formal* **so** *o* **bajo p. de** *(bajo castigo de)* under penalty of; *(a menos que)* unless ▫ ***p. capital*** death penalty; *Dep* ***p. máxima*** penalty; ***p. de muerte*** death penalty
(**f**) *Am (vergüenza)* shame, embarrassment; **me da p.** I'm ashamed of it
(**h**) EXPR *Fam* **de p.** *(muy mal)* atrociously, appallingly; *Fam* **lo pasamos de p.** we had an awful time; *Fam* **dibuja/cocina de p.** he can't draw/cook to save his life, he's useless at drawing/cooking; *Fam* **hecho una p.** in a real state; **(no) valer** *o* **merecer la p.** (not) to be worthwhile *o* worth it; **una película que merece la p.** a film that's worth seeing; **vale la p. intentarlo** it's worth a try; **no merece la p. que te preocupes tanto** there's no point you getting so worried; **sin p. ni gloria** without distinction

---

penacho *nm* (**a**) *(de pájaro)* crest (**b**) *(adorno)* plume

penado, -a *nm,f* convict

penal 1 *adj* criminal; **derecho p.** criminal law
2 *nm (prisión)* prison

penalidad *nf* suffering, hardship; **sufrieron muchas penalidades** they suffered great hardship

penalista *nmf (abogado)* criminal lawyer

penalización *nf* (**a**) *(acción)* penalization (**b**) *(sanción)* penalty

penalizar [14] *vt también Dep* to penalize

penalti, penalty *nm Dep* penalty; **cometer un p.** to give away a penalty; **marcar de p.** to score a penalty; **parar un p.** to save a penalty; EXPR **casarse de p.** to have a shotgun wedding ▫ ***p. córner*** *(en hockey)* penalty *o* short corner

penar 1 *vt (castigar)* to punish
2 *vi (sufrir)* to suffer

penca *nf (de cactus)* fleshy leaf

pendejada *nf Am Fam (tontería)* stupid thing to do/say

pendejo *nm Fam* (**a**) *Am (cobarde)* coward (**b**) *Am (tonto)* jerk, idiot (**c**) *RP (chico, adolescente)* kid

pendenciero, -a 1 *adj* who always gets into a fight
2 *nm,f* = person who is always getting into fights

pender *vi* (**a**) *(colgar)* to hang (**de** from); *Fig* **p. de un hilo** to be hanging by a thread (**b**) *(amenaza, catástrofe)* **p. sobre** to hang over (**c**) *(sentencia)* to be pending

pendiente 1 *adj* (**a**) *(por resolver)* pending; *(deuda)* outstanding; **estar p. de** *(a la espera de)* to be waiting for; *Fig* **estar p. de un hilo** to be hanging by a thread (**b**) **estar p. de** *(atento a)* to keep an eye on; **estoy p. de conocer la respuesta** I'm anxious to know the reply; **vive p. del teléfono** she spends her life on the phone (**c**) *(colgante)* hanging
2 *nm* earring
3 *nf* (**a**) *(cuesta)* slope; **una calle con mucha p.** a very steep street; **el terreno está en p.** the ground slopes *o* is on a slope (**b**) *(de tejado)* pitch

péndola *nf* (**a**) *(péndulo)* pendulum (**b**) *(reloj)* pendulum clock (**c**) *(de puente)* suspension cable

pendón[1] *nm (estandarte)* banner

pendón[2], -ona *nm,f Fam* (**a**) *(golfa)* floozy (**b**) *(vago)* layabout, good-for-nothing

pendonear *vi Fam* to hang out

pendoneo *nm Fam* **les gusta ir de p. con sus amigos** they like hanging out with their friends

pendular *adj (movimiento)* swinging, swaying

péndulo *nm* pendulum

pene *nm* penis

peneca *nmf Chile Fam* primary school pupil

penene *nmf* = untenured teacher or lecturer

penetrabilidad *nf* penetrability

penetración *nf* (**a**) *(introducción)* penetration ▫ *Econ* ***p. de mercado*** market penetration (**b**) *(sexual)* penetration (**c**) *(sagacidad)* astuteness, sharpness

penetrante *adj* (**a**) *(intenso) (dolor)* acute; *(olor)* sharp; *(frío)* biting; *(mirada)* penetrating; *(voz, sonido)* piercing (**b**) *(sagaz)* sharp, penetrating

penetrar 1 *vi* **penetrar en** *(internarse en)* to enter; *(filtrarse por)* to get into, to penetrate; *(perforar)* to pierce; *(llegar a conocer)* to get to the bottom of
2 *vt* (**a**) *(introducirse en) (sujeto: arma, sonido)* to pierce, to penetrate; *(sujeto: humedad, líquido)* to permeate; *(sujeto: emoción, sentimiento)* to pierce (**b**) *(mercado)* to penetrate (**c**) *(secreto, misterio)* to get to the bottom of (**d**) *(sexualmente)* to penetrate

peneuvista 1 *adj* = of/relating to the Basque nationalist party PNV
2 *nmf* = member/supporter of the Basque nationalist party PNV

penicilina *nf* penicillin

península *nf* peninsula

peninsular 1 *adj* peninsular
2 *nmf* peninsular Spaniard

penique *nm* penny; **peniques** pence

penitencia *nf* penance; **hacer p.** to do penance

penitenciaría *nf* prison

penitenciario, -a *adj* prison; **régimen p.** prison regime

penitente *nmf* penitent

penoso, -a *adj* (**a**) *(trabajoso)* laborious (**b**) *(lamentable)* distressing; *(aspecto, espectáculo)* sorry

pensado, -a *adj* **mal p.** twisted, evil-minded; **en el día/momento menos p.** when you least expect it; **no está p. para niños menores de cinco años** it's not designed *o* intended for children under five; **tener p.** to have in mind, to intend; **un mal p.** a twisted person; **bien p.** on reflection

pensador, -ora *nm,f* thinker

pensamiento *nm* (**a**) *(facultad)* thought; *(mente)* mind; *(idea)* idea, thought; **se debe potenciar la capacidad de p. en los alumnos** pupils should be encouraged to think; **sumido en sus pensamientos** deep in thought; **no me pasó por el p.** it never crossed my mind; **leer el p. a alguien** to read sb's mind *o* thoughts ❑ *Pol* ***p. único*** = ideology based on free-market economics and liberal democracy (**b**) *(flor)* pansy (**c**) *(sentencia)* maxim, saying

pensante *adj* thinking

PENSAR [3] **1** *vi* to think; **p. en algo/alguien** to think about sth/sb; **p. en hacer algo** to think about doing sth; **¿en qué piensas** *o* **estás pensando?** what are you thinking (about)?; **hemos pensado en ti para este puesto** we thought of you for this position; **piensa en un número/buen regalo** think of a number/good present; **sólo piensas en comer/la comida** eating/food is all you think about; **sólo (de) p. en ello me pongo enfermo** it makes me sick just thinking *o* just to think about it; **p. para sí** to think to oneself; **p. sobre algo** to think about sth; **piensa sobre lo que te he dicho** think about what I've said to you; **sin p.** without thinking; **dar que p. a alguien** to give sb food for thought; **da que p. que nadie se haya quejado** it is somewhat surprising that nobody has complained; **p. en voz alta** to think aloud; **no pienses mal...** don't get the wrong idea...; **p. mal de alguien** to think badly *o* ill of sb; EXPR **¿quién habrá sido? — piensa mal y acertarás** who can it have been? – I think you know who it was
2 *vt* (**a**) *(reflexionar sobre)* to think about *o* over; **piénsalo** think about it, think it over; **después de pensarlo mucho** after much thought, after thinking it over carefully; **si lo piensas bien,...** if you think about it,...; **ahora que lo pienso,...** come to think of it,..., now that I think about it...; **cuando menos lo pienses, te llamarán** they'll call you when you least expect it; **¡ni pensarlo!** no way!; **pensándolo mejor, pensándolo bien** on second thoughts; **¡y p. que no es más que una niña!** and to think (that) she's just a girl!
(**b**) *(opinar, creer)* to think; **¿tú qué piensas?** what do you think?; **p. algo de alguien/algo** to think sth of *o* about sb/sth; **¿qué piensas de...?** what do you think of *o* about...?; **piensa de él que es un memo** she thinks he's an idiot; **pienso que sí/no** I think so/not; **pienso que no vendrá** I don't think she'll come; **pensaba que no la oíamos** she thought we couldn't hear her; **no vayas a p. que no me preocupa** don't think it doesn't bother me; **¡quién lo hubiera pensado!** who'd have thought it!
(**c**) *(idear)* to think up
(**d**) *(tener la intención de)* **p. hacer algo** to intend to do sth; **no pienso decírtelo** I have no intention of telling you; **¿qué piensas hacer?** what are you going to do?, what are you thinking of doing?; **¿estáis pensando en mudaros de casa?** are you thinking of moving house?
(**e**) *(decidir)* to think; **¿habéis pensado ya el sitio donde vamos a cenar?** have you thought where we can go for dinner yet?
3 pensarse *vpr* **pensarse algo** to think about sth, to think sth over; **piénsatelo** think about it, think it over; **me lo pensaré** I'll think about it, I'll think it over; **mejor que te lo pienses dos veces** *o* **muy bien antes de hacerlo** I'd think twice *o* carefully before doing it if I were you; **me ofrecieron el trabajo y no me lo pensé (dos veces)** they offered me the job and I had no hesitation in accepting it

pensativo, -a *adj* pensive, thoughtful

pensil, pénsil *nm Fig* delightful garden

Pensilvania *n* Pennsylvania

pensión *nf* (**a**) *(dinero)* pension ❑ ***p. alimenticia*** *o* ***alimentaria*** maintenance; ***p. contributiva*** earnings-related pension; ***p. de invalidez*** disability allowance; ***p. de jubilación*** retirement pension; ***p. retributiva*** earnings-related pension; ***p. de viudedad*** widow's pension (**b**) *(de huéspedes)* guest house; **media p.** *(en hotel)* half board; **estar a media p.** *(en colegio)* to have school dinners ❑ ***p. completa*** full board

pensionado *nm* boarding school

pensionista *nmf* (**a**) *(jubilado)* pensioner (**b**) *(en una pensión)* guest, lodger (**c**) *(en un colegio)* boarder

pentaedro *nm* pentahedron

pentagonal *adj* pentagonal

pentágono *nm* (**a**) *(figura)* pentagon (**b**) **el P.** *(en Estados Unidos)* the Pentagon

pentagrama *nm Mús* stave

pentámetro *nm (en poesía)* pentameter

pentatlón *nm* pentathlon ❑ ***p. moderno*** modern pentathlon

pentecostal *adj* Pentecostal

Pentecostés *nm* (**a**) *(cristiano)* Whitsun, Pentecost (**b**) *(judío)* Pentecost

pentotal *nm* Pentothal®

penúltimo, -a *adj & nm,f* penultimate, last but one

penumbra *nf* (**a**) *(sombra, semioscuridad)* semi-darkness, half-light; **en p.** in semi-darkness (**b**) *Astron* penumbra

penuria *nf* (**a**) *(pobreza)* penury, poverty (**b**) *(escasez)* paucity, dearth; **pasar penurias** to suffer hardship

peña *nf* (**a**) *(roca)* crag, rock (**b**) *(monte)* cliff (**c**) *(club)* club; *(quinielística)* pool (**d**) *Fam (grupo de amigos)* crowd, group,

peñascal *nm* rocky *o* craggy place

peñasco *nm* large crag *o* rock

peñazo *nm Fam* bore; **¡no seas p.!** don't be a bore *o* boring!

peñón *nm (piedra)* rock; **el P. (de Gibraltar)** the Rock (of Gibraltar)

peón *nm* (**a**) *(obrero)* unskilled labourer; *Am (en granja)* farmhand ❑ ***p. caminero*** navvy (**b**) *(en ajedrez)* pawn (**c**) *(peonza)* (spinning) top

peonada *nf* (**a**) *(día de trabajo)* day's work (**b**) *(sueldo)* day's wages (**c**) *Am (obreros)* group of workers

peonía *nf* peony

peonza *nf* (spinning) top

PEOR 1 *adj* (**a**) *(comparativo)* worse (**que** than); **este disco es bastante p.** this record is quite a lot worse; **hace mucho p. tiempo en la montaña** the weather is much worse in the mountains; **he visto cosas peores** I've seen worse; **una televisión de p. calidad** a worse quality television; **es p. no decir nada** it's even worse not to say anything at all; **no hay nada p. que...** there's nothing worse than...; **podría haber sido p.** it could have been worse; **un cambio a p.** a change for the worse; **y lo que es p....** and what's worse...; EXPR **fue p. el remedio que la enfermedad** it only made things worse
(**b**) *(superlativo)* **el/la p....** the worst...; **el p. equipo de todos/del mundo** the worst team of all/in the world; **un producto de la p. calidad** an extremely poor quality product; **es lo p. que nos podía ocurrir** it's the worst thing that could happen to us; **es una persona despreciable, le deseo lo p.** he's a horrible person, I hate him; **lo p. fue que...** the worst thing was that...; **lo p. estaba aún por venir** the worst was still

to come; **ponerse en lo p.** to expect the worst

2 *nmf* **el/la p.** the worst; **el p. de todos/del mundo** the worst of all/in the world; **el p. de los dos** the worse of the two; **en el p. de los casos** at worst, if the worst comes to the worst

3 *adv* (**a**) *(comparativo)* worse (**que** than); **ahora veo p.** I can't see as well now; **el francés se me da p. que el inglés** I'm worse at French than I am at English; **las cosas me van p. que antes** things aren't going as well for me as before; **¿qué tal las vacaciones? — p. imposible** how were your holidays? — they couldn't have been worse; **está p. preparado que tú** he's not as well prepared as you; **lo hace cada vez p.** she's getting worse and worse at it; **está p.** *(el enfermo)* he has got worse; **estoy p.** *(de salud)* I feel worse; **p. para ti/él/***etc.* that's your/his/*etc* problem; **que se calle, y si no quiere, p. que p.** *o* **tanto p.** tell him to shut up, and if he doesn't want to, so much the worse for him; **y si además llueve, p. que p.** *o* **tanto p.** and if it rains too, that would be even worse

(**b**) *(superlativo)* worst; **el que lo hizo p.** the one who did it (the) worst; **esto es lo que se me da p.** this is what I'm worst at; **los exámenes p. presentados** the worst-presented exams

---

pepa *nf Col* stone, *US* pit *(of fruit)*

pepenar *vt CAm, Méx (recoger)* to collect, to gather

pepinazo *nm Fam* (**a**) *(explosión)* explosion, blast (**b**) *Dep (disparo)* powerful shot, screamer; *(pase)* powerful pass

pepinillo *nm* gherkin

pepino *nm* cucumber; EXPR *Fam* **me importa un p.** I couldn't care less, I don't give a damn

pepita *nf* (**a**) *(de fruta)* pip (**b**) *(de oro)* nugget

pepito *nm* (**a**) *(de carne)* grilled meat sandwich (**b**) *(dulce)* = long, cream-filled cake made of dough similar to doughnut

pepitoria *nf (guisado)* = fricassee made with egg yolk

pepona *nf* large cardboard doll

pepsina *nf* pepsin, pepsine

péptico, -a *adj* peptic

peque *nmf Fam (niño)* kid

pequeñez *nf* (**a**) *(cualidad)* smallness (**b**) *(cosa insignificante)* trifle

pequeñín, -ina 1 *adj* teeny, tiny

2 *nm,f* tot

pequeño, -a 1 *adj* (**a**) *(de tamaño)* small; **la casa se nos ha quedado pequeña** the house is too small for us now; **su jardín es un Versalles en p.** her garden is a miniature Versailles ❑ ***pequeños comerciantes*** small businessmen; ***p. empresario*** small businessman; ***pequeña y mediana empresa*** small and medium-sized business; ***la pequeña pantalla*** the small screen, television

(**b**) *(de estatura)* small; **la niña está muy pequeña para su edad** the girl is very small for her age

(**c**) *(en cantidad) (ingresos, cifras)* low

(**d**) *(en intensidad) (dolor)* slight; *(explosión)* small; *(problema)* small, slight; *(posibilidad)* slight; **de pequeña importancia** of little importance

(**e**) *(en duración) (discurso, texto)* short

(**f**) *(hermano)* little

2 *nm,f (niño)* little one; **de p.** as a child; **el p., la pequeña** *(benjamín)* the youngest, the baby

pequeñoburgués, -esa 1 *adj* petit bourgeois

2 *nm,f* petit bourgeois, *f* petite bourgeoise

pequeñuelo, -a 1 *adj* tiny, teeny

2 *nm,f* tot

pequinés, -esa, pekinés, -esa 1 *adj & nm,f* Pekinese

2 *nm (perro)* Pekinese

PER *nm (abrev de* **Plan de Empleo Rural**) = Spanish government project to support rural employment

pera 1 *nf* (**a**) *(fruta)* pear ❑ ***p. de agua*** dessert pear; ***p. limonera*** = type of pear which has a lemony taste (**b**) *(de goma)* (rubber) bulb (**c**) *(interruptor)* = light switch on cord (**d**) *(en barba)* goatee (**e**) EXPR **partir peras** to fall out; **pedir peras al olmo** to ask (for) the impossible; *Fam* **ponerle a alguien las peras al cuarto** to put the squeeze on sb; *Fam* **ser la p.** to be the limit; *Fam* **ser una p. en dulce** to be a gem

2 *adj inv Fam* posh; **niño p.** spoilt *o* posh brat

peral *nm* pear-tree

peraleda *nf* pear orchard

peralte *nm (de carretera)* banking

perborato *nm* perborate

perca *nf* perch ❑ ***p. americana*** large-mouth *o* black bass

percal *nm* percale; *Fam* **conocer el p.** to know the score *o* what's what

percalina *nf* percaline

percance *nm* mishap

per cápita *adj & adv* per capita

percatarse *vpr* **p. (de algo)** to notice (sth)

percebe *nm* (**a**) *(marisco)* goose barnacle (**b**) *Fam (persona)* twit

percepción *nf* (**a**) *(por los sentidos, la inteligencia)* perception ❑ ***p. extrasensorial*** extrasensory perception (**b**) *(cobro)* receipt, collection

perceptible *adj* (**a**) *(por los sentidos)* noticeable, perceptible (**b**) *(que se puede cobrar)* receivable, payable

perceptivo, -a *adj* sensory

perceptor, -ora 1 *adj* (**a**) *(que siente)* perceiving, sensing (**b**) *(que cobra)* collecting

2 *nm,f* (**a**) *(persona que siente)* perceiver (**b**) *(cobrador)* collector, receiver

percha *nf* (**a**) *(de armario)* (coat) hanger (**b**) *(de pared)* coat rack (**c**) *(de pie)* coat stand, hat stand (**d**) *(para pájaros)* perch (**e**) EXPR *Fam* **ser una buena p.** to have a good figure

perchero *nm (de pared)* coat rack; *(de pie)* coat stand, hat stand

percherón, -ona *nm,f* shire horse

percibir *vt* (**a**) *(con los sentidos)* to perceive, to notice; *(por los oídos)* to hear (**b**) *(cobrar)* to receive, to get

percusión *nf* percussion

percusionista *nmf* percussionist

percusor, percutor *nm* hammer, firing pin

percutir *vi* (**a**) *(golpear)* to strike (**b**) *Med* to percuss

perdedor, -ora 1 *adj* losing

2 *nm,f* loser

PERDER [64] **1** *vt* (**a**) *(extraviar)* to lose; **he perdido el paraguas** I've lost my umbrella

(**b**) *(dejar de tener) (dinero, amigo, empleo, interés)* to lose; **he perdido el contacto con ellos** I've lost touch with them; **la policía ha perdido la pista** *o* **el rastro de los secuestradores** the police have lost track of the kidnappers; **no sé nada de Ana, le he perdido la pista** *o* **el rastro** I don't know anything about Ana, I've lost touch with her; **el accidente le hizo p. la visión** he lost his sight in the accident; **ya hemos perdido toda esperanza de encontrarlo** we've now given up *o* lost all hope of finding him; **he perdido bastante práctica** I'm rather out of practice; **p. el equilibrio/la memoria** to lose one's balance/memory; **p. peso** to lose weight; **p. el miedo/el respeto a alguien** to lose one's fear of/respect for sb; **cientos de personas perdieron la vida** hundreds of people lost their lives; **no tienes/tiene/***etc.* **nada que p.** you have/he has/*etc* nothing to lose; EXPR **más se perdió en Cuba** *o* **en la guerra** it's not as bad as all that, it's not the end of the world

(**c**) *(ser derrotado en) (batalla, partido, campeonato, elecciones)* to lose; **este error podría hacerle p. el partido** this mistake could lose her the match

(**d**) *(desperdiciar) (tiempo)* to waste; *(oportunidad, ocasión)* to miss; **no pierdas el tiempo con** *o* **en tonterías** don't waste your time on nonsense like that; **he perdido toda la mañana en llamadas de teléfono** I've wasted all morning making phone calls; **no pierda la ocasión de ver esta fantástica película** don't miss this wonderful film; **no hay tiempo que p.** there's no time to lose

(**e**) *(no alcanzar) (tren, vuelo, autobús)* to miss

(**f**) *(tener un escape de) (agua)* to lose, to leak; **la bombona pierde aire** air is escaping from the cylinder; **ese camión va perdiendo aceite** this lorry is losing *o* leaking oil

(**g**) *(perjudicar)* to be the ruin of; **le pierde su pasión por el juego** his passion for gambling is ruining him

2 *vi* (**a**) *(salir derrotado)* to lose; **p. al póquer/billar** to lose at poker/billiards;

perdimos (por) dos a cero we lost two-zero; **no te pelees con él, que llevas las de p.** don't get into a fight with him, you're bound to lose; **sabe p.** he's a good loser; **salir perdiendo** to lose out, to come off worse
(**b**) *(empeorar)* to go downhill; **este restaurante ha perdido mucho** this restaurant has really gone downhill; **estas alfombras pierden bastante al lavarlas** these carpets don't wash very well
(**c**) *(tener un escape) (de agua, aceite)* to have a leak; **esa bombona pierde** that gas cylinder is leaking; **una de las ruedas pierde por la válvula** the air's coming out of one of the tyres
(**d**) *(en frases)* **echar algo a p.** to spoil sth; **echarse a p.** *(alimento)* to go off, to spoil
3 perderse *vpr* (**a**) *(extraviarse)* to get lost; **me he perdido** I'm lost; **se han perdido las tijeras** the scissors have disappeared; **se me ha perdido el reloj** I've lost my watch; *Fig* **a mí no se me ha perdido nada por allí** I've no desire to go there
(**b**) *(desaparecer)* to disappear; **se perdió entre el gentío** she disappeared amongst the crowd; *Fam* **¡piérdete!** get lost!
(**c**) *(distraerse, no seguir el hilo)* **me he perdido, ¿podría repetir?** I'm lost, would you mind repeating what you just said?; **cuando empiezan a hablar de toros yo me pierdo** when they start talking about bullfighting, I get completely lost; **uno se pierde entre tantas siglas de partidos políticos** all these acronyms for the different political parties are so confusing; **explícamelo otra vez, que me he perdido** explain it to me again, you lost me
(**d**) *(desaprovechar)* **perderse algo** to miss out on sth; **¡no te lo pierdas!** don't miss it!; **me he perdido el principio** I missed the beginning; **no te has perdido gran cosa** you didn't miss much
(**e**) *(desperdiciarse)* to be wasted
(**f**) *(por los vicios, las malas compañías)* to be beyond salvation
(**g**) *(anhelar)* **perderse por** to be mad about

---

perdición *nf* ruin, undoing; **esos amigos van a ser tu p.** those friends will be the ruin of you

pérdida *nf* (**a**) *(extravío)* loss; **en caso de p., entregar en ...** in the event of loss, deliver to...; **no tiene p.** you can't miss it
(**b**) *(de vista, audición, peso)* loss ▫ ***p. del conocimiento*** loss of consciousness
(**c**) *(de tiempo, dinero)* waste
(**d**) *(escape)* leak
(**e**) *(muerte)* loss; **nunca se recuperó de la p. de su mujer** he never got over losing his wife ▫ ***pérdidas humanas*** loss of life
(**f**) *(en baloncesto)* turnover
(**g**) *Fin* **pérdidas** losses ▫ ***pérdidas y ganancias*** profit and loss
(**h**) **pérdidas (materiales)** *(daños)* damage
(**i**) **pérdidas** *(de sangre)* hemorrhage

perdidamente *adv* hopelessly

perdido, -a 1 *adj* (**a**) *(extraviado)* lost; *(animal, bala)* stray; **lo podemos dar por p.** it is as good as lost; **estaba p. en sus pensamientos** he was lost in thought
(**b**) *(tiempo)* wasted; *(ocasión)* missed
(**c**) *(remoto)* remote, isolated; **un pueblo p.** a remote *o* isolated village
(**d**) *(acabado)* done for, finished; **¡estamos perdidos!** we're done for!, we're finished!; EXPR **¡de perdidos, al río!** in for a penny, in for a pound
(**e**) *Fam (de remate)* complete, utter; **es idiota p.** he's a complete idiot
(**f**) *Fam (sucio)* filthy; **se puso perdida de pintura** she got herself covered in paint; **lo dejaron todo p. de barro** they left it covered in mud
(**g**) **estar p. por** to be madly in love with
2 *nm,f* reprobate

perdigón *nm* pellet

perdigonada *nf* (**a**) *(tiro)* shot (**b**) *(herida)* gunshot wound

perdiguero *nm* gun dog ▫ ***p. de Burgos*** Spanish pointer

perdiz *nf* partridge; **fueron felices y comieron perdices** they all lived happily ever after ▫ ***p. blanca*** ptarmigan

perdón 1 *nm* pardon, forgiveness; **pedir p.** to apologize; **te pido p. por el daño que te he causado** I apologize *o* I'm sorry for the hurt I've caused you; **no tener p. (de Dios)** to be unforgivable; **es un gilipollas, con p.** he's a jerk, if you'll forgive the expression
2 *interj* **¡p.!** *(lo siento)* sorry!; **p., ¿me deja pasar?** excuse me, can I get past?

perdonable *adj* pardonable, forgivable

perdonar 1 *vt* (**a**) *(ofensa, falta)* to forgive; **perdonarle algo a alguien** to forgive sb for sth
(**b**) *(eximir de) (deuda, condena)* **p. algo a alguien** to let sb off sth; **perdonarle la vida a alguien** to spare sb their life
(**c**) *(fórmula de cortesía)* **perdone que le moleste** sorry to bother you; **perdona la pregunta, ¿estás casada?** forgive *o* pardon my asking, but are you married?; **perdone, ¿me deja salir?** excuse me, can I get past?; **ya perdonarás, pero yo estaba primero** I'm sorry *o* excuse me, but I was first
(**d**) *(desperdiciar)* **no p. algo** not to miss sth
2 *vi* **los años no perdonan** the years take their toll; **un delantero que no perdona** a forward who never misses

perdonavidas *nmf inv Fam* bully

perdurabilidad *nf* (**a**) *(de lo duradero)* durability (**b**) *(de lo eterno)* eternal *o* everlasting nature

perdurable *adj* (**a**) *(que dura siempre)* eternal (**b**) *(que dura mucho)* long-lasting

perdurar *vi* (**a**) *(durar mucho)* to endure, to last (**b**) *(persistir)* to persist

perecedero, -a *adj* (**a**) *(productos)* perishable (**b**) *(naturaleza)* transitory

perecer [46] *vi* to perish, to die; **pereció en el rescate de las víctimas** he perished *o* died rescuing the victims

peregrina *nf (vieira)* scallop

peregrinación *nf*, **peregrinaje** *nm* (**a**) *Rel* pilgrimage (**b**) *(a un lugar)* trek

peregrinar *vi* (**a**) *Rel* to make a pilgrimage (**b**) *Fig (a un lugar)* to trail, to trek

peregrino, -a 1 *adj* (**a**) *(ave)* migratory (**b**) *(extraño)* strange, bizarre
2 *nm,f (persona)* pilgrim

perejil *nm* parsley

perengano, -a *nm,f* so-and-so, what's his/her name

perenne *adj* (**a**) *(planta, hoja)* perennial; **un árbol de hoja p.** an evergreen tree (**b**) *(recuerdo)* enduring (**c**) *(continuo)* constant

perentorio, -a *adj (urgente)* urgent, pressing; *(gesto, tono)* peremptory; **plazo p.** fixed time limit

perestroika *nf* perestroika

pereza *nf* idleness; **me da p. ir a pie** I can't be bothered walking; **no lo hice por p.** I couldn't be bothered doing it; **sacudirse la p.** to wake oneself up

perezco *etc ver* **perecer**

perezoso, -a 1 *adj* (**a**) *(vago)* lazy (**b**) *(lento)* slow, sluggish
2 *nm,f (vago)* lazy person, idler
3 *nm (animal)* sloth

perfección *nf* perfection; **es de una gran p.** it's exceptionally good; **a la p.** perfectly

perfeccionamiento *nm* (**a**) *(acabado)* perfecting (**b**) *(mejoramiento)* improvement; **un curso de p.** an advanced training course

perfeccionar *vt* (**a**) *(redondear)* to perfect (**b**) *(mejorar)* to improve

perfeccionismo *nm* perfectionism

perfeccionista *adj & nmf* perfectionist

perfectamente *adv* (**a**) *(sobradamente)* perfectly (**b**) *(muy bien)* fine; **¿cómo estás? – estoy p.** how are you? – I'm fine (**c**) *(de acuerdo)* **¡p.!** fine!, great!

perfectivo, -a *adj* perfective

perfecto, -a 1 *adj* (**a**) *(impecable, inmejorable)* perfect (**b**) *(total)* absolute, complete; **es un p. idiota** he's an absolute *o* complete idiot; **es un p. desconocido** he's a complete unknown (**c**) *Gram* perfect
2 *interj* **¡p.!** *(de acuerdo)* fine!, great!

perfidia *nf* perfidy, treachery

pérfido, -a 1 *adj* perfidious, treacherous; *Hum* **la pérfida Albión** perfidious Albion
2 *nm,f* treacherous person

perfil *nm* (**a**) *(de cara, cuerpo)* profile; **una foto de p.** a photograph in profile; **le vi de p.** I saw him in profile *o* from the side; **un p. griego** a Greek profile (**b**) *(contorno)* outline, shape; **un p. aerodinámico** an aerodynamic shape (**c**) *(característica)* characteristic; **el p. de un candidato** a candidate's profile; **un p. psicológico** a psychological profile (**d**) *Mat* cross section

perfilado, -a *adj* (**a**) *(rostro)* long and thin (**b**) *(nariz)* perfect, regular (**c**) *(de perfil)* in profile

perfilar *vt* **1** (**a**) *(trazar)* to outline (**b**) *Fig (afinar)* to polish, to put the finishing touches to

2 perfilarse *vpr* (**a**) *(destacarse)* to be outlined; **se perfila como el ganador de las elecciones** he's beginning to look like he'll win the election (**b**) *(concretarse)* to shape up; **la ciudad se perfilaba en el horizonte** the city could be seen on the horizon

perforación *nf* (**a**) *(acción)* drilling, boring (**b**) *Med* perforation (**c**) *(taladro, hueco)* bore-hole (**d**) *(en sellos, papeles)* perforation

perforador, -ora *adj* drilling

perforadora *nf* (**a**) *(herramienta)* drill (**b**) *(para papel)* hole punch (**c**) *Informát* card punch

perforar 1 *vt* (**a**) *(agujerear)* to cut a hole/holes in; *(con taladro)* to drill a hole/holes in; **la bala le perforó el pulmón** the bullet pierced his lung (**b**) *Informát* to punch

2 perforarse *vpr* (**a**) *(estómago, intestino)* to become perforated (**b**) *(para poner anillo)* **p. las orejas/la nariz** to have *o* get one's ears/nose pierced

perfumador *nm* perfume atomizer

perfumar 1 *vt* to perfume

2 perfumarse *vpr* to put perfume on

perfume *nm* perfume

perfumería *nf* (**a**) *(tienda, arte)* perfumery (**b**) *(productos)* perfumes

perfusión *nf Med* perfusion

pergamino *nm* parchment

pergeñar *vt (plan, idea)* to rough out; *(comida)* to whip up

pérgola *nf* pergola

perica *nf muy Fam (cocaína)* snow, coke

pericardio *nm Anat* pericardium

pericia *nf* skill; **resolvió el caso con p.** he solved the case expertly *o* with expertise

pericial *adj* expert

Perico *n Fam* **P. (el) de los Palotes** anybody *o* whoever (you like)

perico *nm* (**a**) *Fam (pájaro)* parakeet (**b**) *Esp muy Fam (cocaína)* snow, coke (**c**) *Col (café con leche)* white coffee (**d**) *Carib, Guat, Méx (charlatán)* big talker

pericote *nm Arg, Bol, Perú* large rat

periferia *nf (contorno)* periphery; *(alrededores)* outskirts

periférico, -a 1 *adj* peripheral; **barrio p.** outlying district

2 *nm Informát* peripheral ▫ ***p. de entrada/salida*** input/output device

perifollo 1 *nm (planta)* chervil

2 *nmpl Fam* frills (and fripperies)

perífrasis *nf inv* wordy explanation ▫ *Gram* ***p. verbal*** compound verb

perifrástico, -a *adj* long-winded

perilla *nf* goatee; EXPR *Fam* **venir de p.** *o* **perillas** to be very handy *o* just the thing

perímetro *nm* perimeter

periné, perineo *nm Anat* perineum

periódicamente *adv* periodically

periodicidad *nf* periodicity

periódico, -a 1 *adj* (**a**) *(regular)* regular, periodic (**b**) *Mat* recurrent

2 *nm* newspaper, paper

> Observa que la palabra inglesa **periodical** es un falso amigo y no es la traducción de la palabra española **periódico**. En inglés **periodical** significa "boletín, publicación periódica".

periodicucho *nm Pey* rag, bad newspaper

periodismo *nm* journalism ▫ ***p. amarillo*** gutter journalism

periodista *nmf* journalist ▫ ***p. gráfico*** press photographer

periodístico, -a *adj* journalistic

período, periodo *nm* (**a**) *(espacio de tiempo)* period; **el primer p.** *(de partido)* the first half ▫ ***p. de gestación*** gestation period; ***p. de incubación*** incubation period; ***p. latente*** latent period, latency period; ***p. de prácticas*** trial period; ***p. de prueba*** trial period; ***p. refractario*** refractory period (**b**) *Mat* period (**c**) *Geol* age ▫ ***p. glacial*** ice age; ***p. interglacial*** interglacial period (**d**) *(menstruación)* period

peripatético, -a 1 *adj* (**a**) *Filosofía* Peripatetic (**b**) *Fam (ridículo)* ludicrous

2 *nm,f* Peripatetic

peripecia *nf* incident, adventure; **sus peripecias en la selva** his adventures in the jungle

periplo *nm* journey, voyage

peripuesto, -a *adj Fam* dolled-up, tarted-up

periquete *nm Fam* **en un p.** in a jiffy

periquito 1 *nm (salvaje)* parakeet; *(doméstico)* budgerigar

2 *adj Esp Fam* = of/relating to Español Football Club

periscopio *nm* periscope

perista *nmf Fam* fence, receiver of stolen goods

peristáltico, -a *adj Fisiol* peristaltic

peristilo *nm* peristyle

perita *nf* EXPR *Fam* **ser una p. en dulce** to be a gem

peritaje *nm* (**a**) *(trabajo)* expert work; *(informe)* expert's report; **antes de comprar la casa encargaron un p.** before buying the house they got it surveyed (**b**) *(estudios)* professional training

peritar *vt (casa)* to value; *(coche)* to assess the value of, to assess the damage to

perito *nm* (**a**) *(experto)* expert ▫ ***p. agrónomo*** agronomist (**b**) *(ingeniero técnico)* **p. (industrial)** = engineer who has done a three-year university course rather than a full five-year course

peritoneo *nm Anat* peritoneum

peritonitis *nf inv Med* peritonitis

perjudicado, -a 1 *adj* affected; *Der* **la parte perjudicada** the injured party

2 *nm,f* **los perjudicados por la inundación** those affected by the flood; *Der* **el p.** the injured party

perjudicar [59] *vt* to damage, to harm; **el tabaco perjudica la salud** smoking damages your health

perjudicial *adj* harmful (**para** to); **el exceso de colesterol es p. para la salud** too much cholesterol is damaging to your health

perjuicio *nm* harm, damage; **causar perjuicios (a)** to do harm *o* damage (to); **ir en p. de** to be detrimental to; **lo haré, sin p. de que proteste** I'll do it, but I retain the right to make a complaint about it

perjurar *vi* (**a**) *(jurar mucho)* **juró y perjuró que no había sido él** he swore blind that he hadn't done it (**b**) *(jurar en falso)* to commit perjury

perjurio *nm* perjury

perjuro, -a 1 *adj* perjured

2 *nm,f* perjurer

perla *nf* (**a**) *(joya)* pearl; **de perlas** great, fine; **me viene de perlas** it's just the right thing ▫ ***p. artificial*** artificial pearl; ***p. cultivada*** *o* ***de cultivo*** cultured pearl; ***p. natural*** natural pearl (**b**) *Fig (maravilla)* gem, treasure

perlado, -a *adj (de gotas)* beaded

permanecer [46] *vi* (**a**) *(en un lugar)* to stay (**b**) *(en un estado)* to remain, to stay

permanencia *nf* (**a**) *(en un lugar)* staying, continued stay (**b**) *(en un estado)* continuation

permanente 1 *adj* permanent; *(comisión)* standing

2 *nf* perm; **hacerse la p.** to have a perm

permanentemente *adv* permanently

permanezco *etc ver* **permanecer**

permeabilidad *nf* permeability

permeable *adj* permeable

pérmico,-a *Geol* **1** *adj* Permian

2 *nm* **el p.** the Permian

permisible *adj* permissible, acceptable

permisividad *nf* permissiveness

permisivo, -a *adj* permissive

permiso *nm* (**a**) *(autorización)* permission; **pedir p. para hacer algo** to ask permission to do sth

(**b**) *(fórmula de cortesía)* **con p.** if I may, if you'll excuse me; **con p., ¿puedo pasar?** may I come in?

(**c**) *(documento)* licence, permit ▫ ***p. de armas*** gun licence; ***p. de conducción*** *o* ***de conducir*** *Br* driving licence, *US* driver's license; ***p. de obras*** planning permission; ***p. de residencia*** residence permit; ***p. de trabajo*** work permit

(**d**) *(vacaciones)* leave; **estar de p.** to be on leave; **le concedieron un p. carcelario de tres días** he was allowed out of prison for three days

permitido, -a *adj* permitted, allowed

permitir 1 *vt* (**a**) *(autorizar)* to allow, to permit; **p. a alguien hacer algo** to allow sb to do sth; **¿me permite?** may I?; **permítele venir** *o* **que venga con nosotros** let her come with us; **si el tiempo lo permite** weather permitting; **no permitas que te tomen el pelo** don't let them mess you about; **¡no te permito que me hables así!** I won't have you talking to me like that!; **no se permite fumar** *(en letrero)* no smoking

(**b**) *(hacer posible)* to allow, to enable; **la**

nieve caída permitió abrir la estación de esquí the fallen snow allowed *o* enabled the ski resort to be opened
2 permitirse *vpr* to allow oneself (the luxury of); **no puedo permitírmelo** I can't afford it; **de vez en cuando se permite un cigarrillo** he allows himself a cigarette from time to time; **me permito recordarte que...** let me remind you that...

permuta *nf* exchange

permutable *adj* exchangeable

permutación *nf* (**a**) *(permuta)* exchange (**b**) *Mat* permutation

permutar *vt* (**a**) *(intercambiar)* to exchange, to swap (**b**) *Mat* to calculate all the possible combinations of, *Espec* to permute

pernera *nf* trouser leg, *US* pant leg

pernicioso, -a *adj* damaging, harmful

pernil *nm* leg of ham

perno *nm* bolt

pernoctar *vi* to stay overnight

PERO 1 *conj* (**a**) *(adversativo)* but; **el reloj es viejo, p. funciona bien** the watch is old but it keeps good time; **hablo portugués, p. muy poco** I speak some Portuguese, though not very much; **sí, p. no** yes and no
(**b**) *(enfático) (en exclamaciones, interrogaciones)* **¿p. qué es todo este ruido?** what on earth is all this noise about?; **¡p. no se quede ahí; pase, por favor!** but please, don't stand out there, do come in!; **¡p. cómo vas a** *Esp* **conducir** *o Am* **manejar, si no puedes tenerte en pie!** how on earth are you going to drive if you can't even stand up properly!; **p. bueno ¿tú eres tonto?** are you stupid or something?; **¡p. si eso lo sabe todo el mundo!** come on, everyone knows that!; **¡p. si es un Picasso auténtico!** *(expresa sorpresa)* well I never, it's a genuine Picasso!
(**c**) *(antes de adverbios, adjetivos) (absolutamente)* **llevo años sin escribir nada, p. nada de nada** I haven't written anything at all for years, and when I say nothing I mean nothing; **el clima allí es p. que muy frío** the climate there really is very cold indeed
2 *nm* snag, fault; EXPR **no hay p. que valga** *o* **peros que valgan** there are no buts about it; **poner peros (a algo/alguien)** to raise questions (about sth/sb); **poner peros a todo** to find fault with everything

perogrullada *nf Fam* truism

perogrullesco, -a *adj* trite, hackneyed

Perogrullo *n* **una verdad de P.** a truism

perol *nm* casserole (dish)

perola *nf* saucepan

peroné *nm* fibula

peronismo *nm Pol* Peronism

peronista *adj & nmf Pol* Peronist

perorar *vi Pey* to speechify

perorata *nf* long-winded speech

peróxido *nm* peroxide

perpendicular 1 *adj* perpendicular; **ser p. a algo** to be perpendicular *o* at right angles to sth
2 *nf* perpendicular (line)

perpetrar *vt* to perpetrate, to commit

perpetuación *nf* perpetuation

perpetuar [4] **1** *vt* to perpetuate
2 perpetuarse *vpr* to last, to endure

perpetuidad *nf* perpetuity; **a p.** in perpetuity; **presidente a p.** president for life; **condenado a p.** condemned to life imprisonment

perpetuo, -a *adj* (**a**) *(para siempre)* perpetual (**b**) *(vitalicio)* lifelong

perplejidad *nf* perplexity, bewilderment; **me miró con p.** he looked at me in perplexity *o* bewilderment

perplejo, -a *adj* perplexed, bewildered; **la noticia me dejó p.** the news perplexed *o* bewildered me

perra *nf* (**a**) *(animal)* bitch (**b**) *Fam (rabieta)* tantrum; EXPR **coger una p.** to throw a tantrum (**c**) *Fam (obsesión)* obsession; EXPR **ha cogido la p. de ir de crucero** she's become obsessed with the idea of going on a cruise (**d**) *Fam (dinero)* penny; **estoy sin una p.** I'm flat broke; EXPR **no tiene una p. gorda** *o* **chica** he hasn't got a bean; EXPR **no vale una p. gorda** *o* **chica** it isn't worth a bean

perrada *nf Fam Fig (acción mala)* dirty trick

perrera *nf* (**a**) *(lugar)* kennels (**b**) *(vehículo)* dogcatcher's van

perrería *nf Fam* **hacer perrerías a alguien** to do horrible things to sb

perrero, -a *nm,f (persona)* dogcatcher

perrito *nm* **p. (caliente)** hot dog

PERRO, -A 1 *adj Fam* (**a**) *(asqueroso, desgraciado)* lousy; **¡qué vida más perra!** life's a bitch!
(**b**) *(perezoso)* bone idle; **¡mira que eres p.!** you lazy so-and-so!
2 *nm* (**a**) *(animal)* dog; **comida para perros** dog food; **la caseta del p.** the dog kennel; **¡cuidado con el p.!** *(en letrero)* beware of the dog; **sacar a pasear al p.** to walk the dog, to take the dog for a walk; EXPR *Fam* **¡a otro p. con ese hueso!** *Br* pull the other one!, *US* tell it to the marines!; EXPR **allí no atan los perros con longaniza** the streets there aren't paved with gold; EXPR **andar** *o* **llevarse como el p. y el gato** to fight like cat and dog; *Fam* **de perros** *(tiempo, humor)* lousy; **hace un día de perros** the weather's foul today, it's lousy weather today; EXPR *Fam* **echarle los perros a alguien** *(reprender)* to have a go at sb; **el nuevo régimen no es más que el mismo p. con diferente collar** the new regime may have a different name but nothing has really changed; EXPR **ser como el p. del hortelano (que ni come ni deja comer al amo)** to be a dog in the manger; **ser p. viejo** to be an old hand; **tratar a alguien como a un p.** to treat sb like a dog; PROV **muerto el p., se acabó la rabia** it's best to deal with problems at their source; PROV **a p. flaco todo son pulgas** the worse off you are, the more bad things seem to happen to you; PROV **p. ladrador, poco mordedor,** *RP* **p. que ladra no muerde** his/her bark is worse than his/her bite ▫ ***p. callejero*** stray (dog); ***p. de caza*** hunting dog; ***p. cobrador*** retriever; ***p. esquimal*** husky; ***p. faldero*** *(perrito)* lapdog; *Fig (persona)* lackey; ***p. guardián*** guard dog, watchdog; ***p. de lanas*** poodle; ***p. lazarillo*** guide dog; ***p. lobo*** alsatian; *RP* ***p. ovejero*** sheepdog; ***p. pastor*** sheepdog; ***p. policía*** police dog; ***p. rastreador*** tracker dog; ***p. de raza*** pedigree dog; ***p. salchicha*** sausage dog; ***p. de Terranova*** Newfoundland
(**b**) *Fam (persona)* swine, dog
(**c**) *Chile (pinza) Br* clothes peg, *US* clothes pin

perruno, -a *adj* canine; **una vida perruna** a dog's life

persa 1 *adj & nmf* Persian
2 *nm (idioma)* Persian, Farsi

per se *adv* per se

persecución *nf* (**a**) *(seguimiento)* pursuit (**b**) *(acoso)* persecution; **los primeros cristianos sufrieron p.** the first Christians were persecuted (**c**) *Dep* pursuit ▫ ***p. por equipos*** team pursuit; ***p. individual*** individual pursuit

per sécula seculorum *adv* for ever and ever

persecutorio, -a *adj* **complejo p.** persecution complex

perseguidor, -ora 1 *adj* (**a**) *(que sigue)* pursuing (**b**) *(que atormenta)* persecuting
2 *nm,f* (**a**) *(el que sigue)* pursuer (**b**) *(el que atormenta)* persecutor

perseguir [61] *vt* (**a**) *(seguir)* to pursue; *(a un corredor)* to chase down (**b**) *(tratar de obtener)* to pursue (**c**) *(acosar)* to persecute; **le persigue la mala suerte** she's dogged by bad luck; **los fantasmas de la niñez la persiguen** she is tormented by the ghosts of her childhood

perseverancia *nf* perseverance, persistence

perseverante *adj* persistent

perseverar *vi* to persevere (**en** with), to persist (**en** in)

Persia *n* Persia

persiana *nf* blind ▫ ***p. enrollable*** roller blind; ***p. veneciana*** Venetian blind

pérsico, -a *adj* Persian

persignarse *vpr Rel* to cross oneself

persigo *etc ver* **perseguir**

persiguiera *etc ver* **perseguir**

persistencia *nf* persistence

persistente *adj* persistent

persistir *vi* to persist (**en** in); **el riesgo de tormentas persistirá hasta el fin de la semana que viene** there will be a risk of storms until next week; **persiste en su idea de viajar al Nepal** she persists in her idea of going to Nepal

persona *nf* (**a**) *(individuo)* person; **es una**

buena p. he's a good person *o* sort; **vinieron varias personas** several people came; **cien personas** a hundred people; **la p. responsable** the person in charge; **necesitan la mediación de una tercera p.** they need the mediation of a third party; **ha venido el obispo en p.** the bishop came in person; **este niño es el demonio en p.** this child is the very devil; **de p. a p.** person to person, one to one; **por p.** per head; **ser buena p.** to be nice ❑ ***p. mayor*** adult, grown-up; ***p. non grata*** persona non grata
(**b**) *Der* party ❑ ***p. física*** private individual; ***p. jurídica*** legal entity *o* person
(**c**) *Gram* person; **la segunda p. del singular** the second person singular

personaje *nm* (**a**) *(persona importante)* important person, celebrity; **acudieron personajes del mundo del cine** celebrities from the movie world came; **¡menudo p.!** *(persona despreciable)* what an unpleasant individual! (**b**) *(en novela, teatro)* character

personal 1 *adj (privado, íntimo)* personal; **una opinión/pregunta p.** a personal opinion/question; **mi teléfono p. es...** my home *o* private number is...; **para uso p.** for personal use; **p. e intransferible** non-transferable
2 *nm* (**a**) *(trabajadores)* staff, personnel ❑ ***p. administrativo*** administrative staff; ***p. de cabina*** cabin staff *o* crew; ***p. docente*** teaching staff; ***p. de tierra*** ground staff *o* crew; ***p. de ventas*** sales force *o* team (**b**) *Fam (gente)* people ; **el p. quería ir al cine** the gang wanted to go to the cinema
3 *nf (en baloncesto)* personal foul

personalidad *nf* (**a**) *(características)* personality; **tener p.** to have personality *o* character (**b**) *(identidad)* identity (**c**) *(persona importante)* important person, celebrity (**d**) *Der* legal personality *o* status ❑ ***p. jurídica*** legal status

personalismo *nm* (**a**) *(parcialidad)* favouritism (**b**) *(egocentrismo)* self-centredness

personalizado, -a *adj* personalized

personalizar [14] **1** *vi* (**a**) *(nombrar)* to name names; **no quiero p., pero...** I don't want to name names *o* mention any names, but... (**b**) *(aludir)* to get personal
2 *vt (adaptar)* to personalize, to customize; *Informát* to customize

personalmente *adv* personally; **me encargaré yo p.** I'll deal with it myself *o* personally; **no la conozco p.** I don't know her personally; **les afecta p.** it affects them personally; **a mí, p., no me importa** it doesn't matter to me personally; **p., prefiero la segunda propuesta** personally I prefer the second proposal

personarse *vpr* (**a**) *(presentarse)* to turn up; **Señor López, persónese en caja central** would Mr Lopez please go to the main sales desk (**b**) *Der* to appear; **p. como parte en un juicio** = to take part in a trial in support of, but independent from, the state prosecution, to represent victims or special interests

personero, -a *nm,f Am* government representative

personificación *nf* personification; **este niño es la p. del mal** this child is an absolute devil

personificar *vt* to personify

perspectiva *nf* (**a**) *(en dibujo)* perspective; **en p.** *(dibujo)* in perspective ❑ ***p. aérea*** aerial perspective; ***p. lineal*** linear perspective (**b**) *(punto de vista)* perspective (**c**) *(paisaje)* view (**d**) *(futuro)* prospect; **en p.** in prospect (**e**) *(posibilidad)* prospect

perspex® *nm inv* Perspex®, *US* Plexiglas®

perspicacia *nf* insight, perceptiveness; **actuó con p.** she acted shrewdly

perspicaz *adj* sharp, perceptive

persuadir 1 *vt* to persuade; **p. a alguien para que haga algo** to persuade sb to do sth
2 persuadirse *vpr* to convince oneself; **persuadirse de algo** to become con-vinced of sth

persuasión *nf* persuasion; **tiene mucha capacidad de p.** she's very persuasive *o* convincing

persuasiva *nf* persuasive power

persuasivo, -a *adj* persuasive

pertenecer [46] *vi* (**a**) **p. a** *(ser propiedad de)* to belong to; **este libro pertenece a la biblioteca de mi tío** this book is part of my uncle's library; **el león pertenece a la categoría de los felinos** the lion belongs to the cat family (**b**) *(corresponder a)* to be up to, to be a matter for; **es a él a quien pertenece presentar disculpas** it's up to him to apologize

perteneciente *adj* **p. a** belonging to

pertenencia *nf* (**a**) *(propiedad)* ownership (**b**) *(afiliación)* membership; **su p. a la empresa lo invalida para participar en el concurso** he's not allowed to take part in the competition because he's a member of the company (**c**) **pertenencias** *(efectos personales)* belongings

pértiga *nf* (**a**) *(vara)* pole (**b**) *Dep* pole vault

pertiguista *nmf* pole vaulter

pertinaz *adj* (**a**) *(terco)* stubborn (**b**) *(persistente)* persistent

pertinencia *nf* (**a**) *(adecuación)* appropriateness (**b**) *(relevancia)* relevance

pertinente *adj* (**a**) *(adecuado)* appropriate; **se tomarán las medidas pertinentes** the appropriate measures will be taken (**b**) *(relativo)* relevant, pertinent

pertrechar 1 *vt Mil* to supply with food and ammunition; *(equipar)* to equip
2 pertrecharse *vpr* **pertrecharse de** to equip oneself with

pertrechos *nmpl* (**a**) *Mil* supplies and ammunition (**b**) *(utensilios)* gear

perturbación *nf* (**a**) *(desconcierto)* disquiet, unease (**b**) *(disturbio)* disturbance ❑ ***p. del orden público*** breach of the peace (**c**) *Med* mental imbalance (**d**) *Meteo* ***p. atmosférica*** atmospheric disturbance

perturbado, -a 1 *adj* (**a**) *Med* disturbed, mentally unbalanced (**b**) *(desconcertado)* perturbed
2 *nm,f Med* mentally unbalanced person

perturbador, -ora 1 *adj* unsettling
2 *nm,f* troublemaker

perturbar *vt* (**a**) *(trastornar)* to disrupt (**b**) *(alterar)* to disturb, to unsettle (**c**) *(enloquecer)* to perturb

Perú *nm* **(el) P.** Peru

peruanismo *nm* = word peculiar to Peruvian Spanish

peruano, -a *adj & nm,f* Peruvian

perversidad *nf* wickedness

perversión *nf* perversion ❑ ***p. sexual*** sexual perversion

perverso, -a 1 *adj* evil, wicked
2 *nm,f* (**a**) *(depravado)* depraved person (**b**) *(persona mala)* evil person

pervertido, -a *nm,f* pervert

pervertidor, -ora 1 *adj* pernicious, corrupting
2 *nm,f* reprobate, corrupter

pervertir [62] **1** *vt* to corrupt
2 pervertirse *vpr* to become corrupt, to be corrupted

pervivencia *nf* survival

pervivir *vi* to survive

pesa *nf* (**a**) *(balanza, contrapeso)* weight (**b**) *(de reloj)* weight (**c**) *Dep* **pesas** weights; **levantamiento de pesas** weightlifting; **levantar pesas** to do weightlifting; *Fam* **hacer pesas** to lift weights, to do weight training

pesadez *nf* (**a**) *(peso)* weight (**b**) *(sensación)* heaviness ❑ ***p. de estómago*** full feeling in the stomach, bloated stomach (**c**) *(molestia, fastidio)* drag, pain (**d**) *(aburrimiento)* ponderousness; **¡qué p. de película!** what a boring *o* tedious film!

pesadilla *nf también Fig* nightmare

pesado, -a 1 *adj* (**a**) *(que pesa)* heavy
(**b**) *(tiempo, día)* oppressive
(**c**) *(comida)* heavy, stodgy
(**d**) *(ojos, cabeza)* heavy; **tengo el estómago p.** I feel bloated
(**e**) *(sueño)* deep
(**f**) *(lento)* ponderous, sluggish
(**g**) *(tarea, trabajo)* difficult, tough
(**h**) *(aburrido)* boring
(**i**) *(molesto)* annoying, tiresome; **¡qué pesada eres!** you're so annoying!; **ponerse p.** to be a pain; EXPR *Fam* **¡eres más p. que una vaca en brazos!** you're such a pain in the neck!
2 *nm,f* bore, pain

pesadumbre *nf* grief, sorrow

pésame *nm* sympathy, condolences; **dar el p.** to offer one's condolences; **mi más sentido p.** my deepest sympathies

PESAR 1 *nm* (**a**) *(tristeza)* grief; **todos sentimos un hondo p. por su fallecimiento** we all felt a great sorrow at his death
(**b**) *(arrepentimiento)* remorse; **no le daba ningún p.** she felt no remorse at all
(**c**) **a p. de** *(pese a)* despite, in spite of; **a p. de las críticas** in spite of *o* despite all the criticism; EXPR *Fam* **a p. de los pesares** in spite of *o* despite everything; **tuve que hacerlo a p. mío** I had to do it against my

will; **muy a nuestro p., hubo que invitarles** we had to invite them, even though we really didn't want to; **muy a p. mío no puedo darte lo que me pides** I can't give you what you want, much as I'd like to; **a p. de que...** in spite of *o* despite the fact that...; **a p. de que me dolía, seguí jugando** I carried on playing in spite of *o* despite the pain; **a p. de todo** in spite of *o* despite everything

2 *vt* (**a**) *(en balanza)* to weigh; **pésemelo, por favor** could you weigh it for me, please?

(**b**) *Fig (examinar, calibrar)* to weigh up

3 *vi* (**a**) *(tener peso)* to weigh; **¿cuánto pesa?** how much *o* what does it weigh?; **¡qué poco pesa!** it doesn't weigh much!

(**b**) *(ser pesado)* to be heavy; **¡cómo** *o* **cuánto pesa!** it's really heavy!; **¡ya va pesando la edad!, ¡ya van pesando los años!** I'm getting old!

(**c**) *(recaer)* **pesa una orden de arresto sobre él** there is a warrant out for his arrest; **sobre ti pesa la decisión última** the final decision rests with you

(**d**) *(importar, influir)* to play an important part; **en su decisión pesaron muchas razones** a number of reasons influenced her decision

(**e**) *(doler, entristecer)* **me pesa tener que hacerlo** I regret having to do it; **me pesa tener que decirte esto** I'm sorry to have to tell you this; **no me pesa haber dejado ese trabajo** I have no regrets about leaving that job, I'm not at all sorry I left that job

(**f**) **pese a** *loc adv (a pesar de)* despite, in spite of; **pese a no conocerla...** although I didn't know her..., in spite of *o* despite the fact that I didn't know her...; **pese a que** in spite of *o* despite the fact that...; **el espectáculo, pese a que es caro, vale la pena** although the show's expensive, it's worth seeing, in spite of *o* despite the fact that the show's expensive, it's still worth seeing; **lo haré pese a quien pese** I'm going to do it, no matter who I upset

(**g**) EXPR **mal que te pese** (whether you) like it or not

4 pesarse *vpr* to weigh oneself

---

pesaroso, -a *adj* (**a**) *(arrepentido)* remorseful (**b**) *(afligido)* sad

pesca *nf* (**a**) *(acción)* fishing; **ir de p.** to go fishing ▫ ***p. de altura*** deep-sea fishing; ***p. de arrastre*** trawling; ***p. de bajura*** coastal fishing; ***p. con caña*** angling; ***p. deportiva*** angling *(in competitions)*; ***p. submarina*** underwater fishing (**b**) *(captura)* catch (**c**) *Fam* **tuvimos que preparar la tienda de campaña y toda la p.** we had to get the tent ready and all the rest of it; **vinieron Luis, su hermano y toda la p.** Luis, his brother and the rest of the crew all came

pescada *nf* hake

pescadería *nf* fishmonger's (shop)

pescadero, -a *nm,f* fishmonger

pescadilla *nf* whiting; EXPR *Fam* **ser como la p. que se muerde la cola** to be a vicious circle

pescado *nm* fish ▫ ***p. azul/blanco*** oily/white fish

pescador, -ora *nm,f (en barco)* fisherman, *f* fisherwoman; *(de caña)* angler ▫ ***p. furtivo*** poacher

pescante *nm (de carruaje)* driver's seat

pescar [59] **1** *vt* (**a**) *(peces)* to catch (**b**) *Fam (contraer)* to catch (**c**) *Fam (pillar, atrapar)* to catch (**d**) *Fam (conseguir)* to get hold of, to land (**e**) *Fam (entender)* to pick up, to understand; **¿has pescado el chiste?** did you get the joke?; **cuando me hablan en francés no pesco ni una** I can't understand a word when they speak to me in French

2 *vi* to fish, to go fishing

pescozada *nf*, **pescozón** *nm Fam* blow on the neck

pescuezo *nm* neck; *Fam* **retorcer el p. a alguien** to wring sb's neck

pese: **pese a** *loc adv* despite

pesebre *nm* (**a**) *(para los animales)* manger (**b**) *(belén)* crib, Nativity scene

pesero *nm CAm, Méx* fixed-rate taxi service

peseta *nf (unidad)* peseta; **pesetas** *(dinero)* money; EXPR *Fam* **mirar la p.** to watch one's money

pesetero, -a *Fam Pey* **1** *adj* moneygrubbing

2 *nm,f* moneygrubber

pésimamente *adv* terribly, awfully

pesimismo *nm* pessimism

pesimista 1 *adj* pessimistic

2 *nmf* pessimist

pésimo, -a 1 *superlativo ver* **malo**

2 *adj* terrible, awful

peso *nm* (**a**) *(en general)* weight; **tiene un kilo de p.** it weighs a kilo; **ganar/perder p.** to gain/lose weight; **vender algo al p.** to sell sth by weight; EXPR **caer por su propio p.** to be self-evident; **de p.** *(razones)* weighty, sound; *(persona)* influential; EXPR **pagar algo a p. de oro** to pay a fortune for sth; EXPR **valer su p. en o.** to be worth its/his/*etc* weight in gold ▫ ***p. atómico*** atomic weight; ***p. bruto*** gross weight; *Fís* ***p. específico*** relative density, specific gravity; *Fig* **tiene mucho p. específico** he carries a lot of weight; ***p. molecular*** molecular weight; ***p. muerto*** dead weight; ***p. neto*** net weight

(**b**) *(sensación)* heavy feeling; **siento p. en las piernas** my legs feel heavy

(**c**) *(fuerza, influencia)* weight; **su palabra tiene mucho p.** his word carries a lot of weight; **el p. de sus argumentos está fuera de duda** there is no disputing the force of her arguments

(**d**) *(carga, preocupación)* burden; **el p. de la culpabilidad** the burden of guilt; **quitarse un p. de encima** to take a weight off one's mind

(**e**) *(balanza)* scales

(**f**) *(moneda)* peso

(**g**) *Dep* shot; **lanzamiento de p.** shot-put, shot-putting

(**h**) *(en boxeo)* weight ▫ ***p. gallo*** bantamweight; ***p. ligero*** lightweight; ***p. medio*** middleweight; ***p. mosca*** flyweight; *también Fig* ***p. pesado*** heavyweight; ***p. pluma*** featherweight; ***p. semipesado*** light heavyweight; ***p. welter*** welterweight

pespita *nf Am* flirt

pespunte *nm* backstitch

pespuntear *vt* to backstitch

pesquería *nf (sitio)* fishery, fishing ground

pesquero, -a 1 *adj* fishing

2 *nm* fishing boat

pesquisa *nf* investigation, inquiry

pestaña *nf* (**a**) *(de párpado)* eyelash; EXPR *Fam* **quemarse las pestañas** to burn the midnight oil (**b**) *(de recortable)* flap (**c**) *Tec* flange

pestañear *vi* to blink; *Fig* **sin p.** *(con serenidad)* without batting an eyelid; *(con atención)* without losing concentration once

pestañeo *nm* blinking

pestazo *nm Fam* stink, stench

peste *nf* (**a**) *(enfermedad)* plague; **huir de alguien como de la p.** to avoid sb like the plague ▫ ***p. bubónica*** bubonic plague; ***la p. negra*** the Black Death; ***p. porcina*** *Br* swine fever, *US* hog cholera (**b**) *Fam (mal olor)* stink, stench (**c**) *Fam (molestia)* pest (**d**) EXPR *Fam* **decir** *o* **echar pestes de alguien** to heap abuse on sb; *Fam* **echar pestes** to curse, to swear

pesticida 1 *adj* pesticidal

2 *nm* pesticide

pestilencia *nf* stench

pestilente *adj* foul-smelling

pestillo *nm (cerrojo)* bolt; *(mecanismo, en verjas)* latch; **correr** *o* **echar el p.** to shoot the bolt

pestiño *nm* (**a**) *(dulce)* honey-dipped fritter (**b**) *Fam (aburrimiento)* bore; **¡menudo p. de novela!** what a boring *o* dull novel!

pesto *nm (salsa)* pesto (sauce)

PET [pet] *nm Tec (abrev de* **Positron Emission Tomography**) PET scan

petaca *nf* (**a**) *(para cigarrillos)* cigarette case; *(para tabaco)* tobacco pouch (**b**) *(para bebidas)* flask (**c**) *Am (maleta)* suitcase (**d**) *PRico (para lavar)* washing trough (**e**) *Méx* **petacas** *(nalgas)* buttocks (**f**) *Fam* **hacer la p.** *(como broma)* to make an apple-pie bed

petaco *nm Fam* pin-ball machine

pétalo *nm* petal

petanca *nf* petanque, = game similar to bowls played in parks, on beach etc

petardo 1 *nm* (**a**) *(cohete)* banger, firecracker (**b**) *Fam (aburrimiento)* bore; **¡qué p. de película!** what a boring film! (**c**) *muy Fam (porro)* joint

2 *nmf Fam* (**a**) *(persona fea)* horror, ugly person (**b**) *(persona molesta)* pain (in the neck); **¡no seas p.!** don't be a pain (in the neck)!

petate *nm* kit bag; EXPR *Fam* **liar el p.** *(marcharse)* to pack one's bags and go; *(morir)* to kick the bucket

petenera *nf* = Andalusian popular song;

EXPR *Fam* **salir por peteneras** to go off at a tangent

petición *nf* (**a**) *(acción)* request; **a p. de** at the request of ▫ ***p. de mano*** = act of formally asking a woman's parents for her hand in marriage (**b**) *Der (escrito)* petition

peticionante *Am* **1** *adj* petitioning
2 *nmf* petitioner

peticionar *vt Am* to petition

peticionario, -a 1 *adj* petitioning
2 *nm,f* petitioner

petimetre *nm* fop, dandy

petirrojo *nm* robin

petiso, -a *Andes, RP* **1** *adj Fam* short
2 *nm (caballo)* small horse

peto *nm* (**a**) *(de prenda)* bib (**b**) *(de armadura)* breastplate (**c**) *(en béisbol)* chest protector

petrel *nm* petrel

pétreo, -a *adj (de piedra)* stone; *(como piedra)* stony

petrificación *nf* petrification

petrificado, -a *adj también Fig* petrified

petrificar [59] **1** *vt también Fig* to petrify
2 petrificarse *vpr* to become petrified

petrodólar *nm* petrodollar

petrografía *nf Geol* = description and classification of rocks, *Espec* petrography

petróleo *nm* oil, petroleum ▫ ***p. crudo*** crude oil

> Observa que en el inglés británico **petrol** es un falso amigo y no es la traducción de la palabra española **petróleo**. En inglés británico **petrol** significa "gasolina".

petrolera *nf* oil company

petrolero, -a 1 *adj* oil; **compañía petrolera** oil company
2 *nm* oil tanker

petrolífero, -a *adj* oil; **pozo p.** oil well

petroquímica *nf* petrochemistry

petroquímico, -a *adj* petrochemical

petulancia *nf* arrogance

petulante 1 *adj* opinionated, arrogant
2 *nmf* opinionated person; **es una p.** he's very opinionated

> Observa que la palabra inglesa **petulant** es un falso amigo y no es la traducción de la palabra española **petulante**. En inglés **petulant** significa "caprichoso".

petunia *nf* petunia

peúco *nm* bootee

peyorativo, -a *adj* pejorative

peyote *nm* peyote

pez 1 *nm (animal)* fish; EXPR **estar como p. en el agua** to be in one's element; EXPR *Fam* **estar p. (en algo)** to have no idea (about sth); EXPR **el p. grande se come al chico** the big fish swallow up the little ones ▫ ***p. de colores*** goldfish; EXPR *Fam* **me río yo de los peces de colores** I couldn't care less; ***p. erizo*** globefish; ***p. espada*** swordfish; *Fam Fig* ***p. gordo*** big shot; ***p. luna*** sunfish; ***p. martillo*** hammerhead shark; ***p. piloto*** pilot fish; ***p. de río*** freshwater fish; ***p. sierra*** sawfish; ***p. volador*** flying fish
2 *nf (sustancia)* pitch, tar

pezón *nm* (**a**) *(de pecho)* nipple (**b**) *(de planta)* stalk

pezuña *nf* (**a**) *(de animal)* hoof (**b**) *Fam (mano)* paw

PGE *nmpl* (*abrev* **Presupuestos Generales del Estado**) = Spanish National Budget, *Br* ≃ the Budget

pH *nm* pH

Phnom Penh [nom'pen] *n* Phnom Penh

pi *nm Mat* pi

piadoso, -a *adj* (**a**) *(compasivo)* kind-hearted (**b**) *(religioso)* pious

pial *nm Am (lazo)* lasso

pialar *vt Andes, RP* to lasso

Piamonte *nm* **(el) P.** Piedmont

pianista *nmf* pianist

piano 1 *nm* piano *Fam* **una mentira como un p.** a huge lie, an absolute whopper ▫ ***p. bar*** piano bar; ***p. de cola*** grand piano; ***p. de media cola*** baby grand; ***p. vertical*** upright piano
2 *adv Mús* piano

pianoforte *nm Mús* pianoforte

pianola *nf* Pianola®

piar [32] *vi* to cheep, to tweet

piara *nf* herd

piastra *nf* piastre, piaster

PIB *nm* (*abrev de* **producto interior bruto**) GDP

pibe, -a *nm,f Fam* (**a**) *(hombre)* guy; *(mujer)* girl (**b**) *RP (niño, hijo)* kid, boy; *(niña, hija)* kid, girl

piberío *nm RP* bunch of kids

pibil *nm* **al p.** = served in sauce made from annatto seeds and orange or lime juice, typical of Yucatecan cooking

PIC [pik] *nm Esp* (*abrev de* **punto de información cultural**) = computer terminal for accessing cultural information

pica *nf* (**a**) *(lanza)* pike; EXPR **poner una p. en Flandes** to do the impossible (**b**) *Taurom* goad, picador's spear (**c**) *Fam (revisor de tren)* ticket inspector (**d**) *(naipe)* spade; **picas** spades (**e**) *Imprenta (medida)* pica

picacera *nf Chile, Perú* pique, resentment

picacho *nm* summit, peak

picada *nf* (**a**) *RP (comida)* snack (**b**) *RP (carrera)* car race *(in street)* (**c**) *Am (camino)* narrow trail

picadero *nm* (**a**) *(de caballos)* riding school (**b**) *Fam (de soltero)* bachelor pad

picadillo *nm* **hacer un p. de cebolla** to chop an onion finely; EXPR *Fam* **hacer p. a alguien** to beat sb to a pulp

picado, -a 1 *adj* (**a**) *(marcado) (piel)* pockmarked; *(fruta)* bruised (**b**) *(agujereado)* perforated; **p. de polilla** moth-eaten (**c**) *(triturado) (alimento)* chopped; *(carne)* minced; *(tabaco)* cut (**d**) *(vino)* sour (**e**) *(diente)* decayed (**f**) *(mar)* choppy (**g**) *Am (achispado)* tipsy
2 *nm (de avión)* nose dive; **hacer un p.** to dive; *también Fig* **caer en p.** to plummet

picador, -ora *nm,f* (**a**) *Taurom* picador (**b**) *(domador)* (horse) trainer (**c**) *(minero)* face worker

picadora *nf* mincer

picadura *nf* (**a**) *(de mosquito, serpiente)* bite; *(de avispa, ortiga, escorpión)* sting (**b**) *(de viruela)* pockmark (**c**) *(de diente)* decay (**d**) *(tabaco)* (cut) tobacco

picaflor *nm Am* (**a**) *(colibrí)* hummingbird (**b**) *Fig (galanteador)* flirt

picajoso, -a *adj Fam* touchy

picamaderos *nm inv* woodpecker

picana *nf Am* goad

picanear *vt Am* to goad

picante 1 *adj* (**a**) *(comida)* spicy, hot (**b**) *(chiste, comedia)* saucy
2 *nm (salsa)* hot sauce; **le puso demasiado p.** she made it too hot *o* spicy; **me gusta el p.** I like spicy food

picantería *nf Andes* cheap restaurant

picapedrero *nm* stonecutter

picapica *nm* **(polvos de) p.** itching powder

picapleitos *nmf inv Fam Pey* lawyer

picaporte *nm* (**a**) *(mecanismo)* latch (**b**) *(aldaba)* doorknocker

PICAR [59] **1** *vt* (**a**) *(sujeto: mosquito, serpiente)* to bite; *(sujeto: avispa, escorpión, ortiga)* to sting; **me picó una avispa** I was stung by a wasp; **p. el cebo/anzuelo** *(el pez)* to bite
(**b**) *(sujeto: ave) (comida)* to peck at; **la gaviota me picó (en) una mano** the seagull pecked my hand
(**c**) *(escocer)* **¿te pica?** does it itch?; **me pica mucho la cabeza** my head is really itchy; **me pican los ojos** my eyes are stinging
(**d**) *(trocear) (verdura)* to chop; *(carne)* to mince; *(piedra, hielo)* to break up; *(pared)* to chip the plaster off
(**e**) *(dañar, estropear) (diente, caucho, cuero)* to rot; **esos caramelos terminarán picándote las muelas** *Br* those sweets *o US* that candy will rot your teeth
(**f**) *(aperitivo)* **p. unas aceitunas** to have a few olives as an aperitif; **vamos a p. algo antes de comer** let's have some nibbles before the meal
(**g**) *Fam (enojar)* to annoy
(**h**) *Fig (estimular) (persona, caballo)* to spur on; **aquello me picó la curiosidad** that aroused my curiosity
(**i**) *(perforar) (billete, ficha)* to punch
(**j**) *Fam (mecanografiar)* to type (up)
(**k**) *Taurom* to goad
(**l**) *Dep (balón, pelota)* to chip; *(bola de billar)* to screw
(**m**) *Mús (nota)* to play staccato
2 *vi* (**a**) *(escocer) (parte del cuerpo, herida, prenda)* to itch
(**b**) *(estar picante) (alimento, plato)* to be spicy *o* hot
(**c**) *(ave)* to peck
(**d**) *(pez)* to bite
(**e**) *(dejarse engañar)* to take the bait

(**f**) *(tomar un aperitivo)* to nibble; **cosas de** *o* **para p.** nibbles; **¿te pongo unas aceitunas para p.?** would you like some olives as an aperitif?
(**g**) *(sol)* to burn; **cuando más picaba el sol** when the sun was at its hottest
(**h**) *Fam (mecanografiar)* to type
(**i**) **p. (muy) alto** to have great ambitions
3 picarse *vpr* (**a**) *(echarse a perder) (vino)* to turn sour; *(fruta, muela, caucho, cuero)* to rot; **la manta se ha picado** the blanket is all moth-eaten
(**b**) *(oxidarse)* to go rusty
(**c**) *(embravecerse) (mar)* to get choppy
(**d**) *Fam (enfadarse)* to get in a huff; EXPR **el que se pica, ajos come** if the cap fits, wear it
(**e**) *muy Fam (inyectarse droga)* to shoot up

---

picardía 1 *nf* (**a**) *(astucia)* cunning, craftiness; **hace todo con mucha p.** she does everything with great cunning *o* very cunningly (**b**) *(travesura)* naughty trick, mischief (**c**) *(atrevimiento)* brazenness
2 *nm inv* **picardías** *(prenda femenina)* negligee

picaresca *nf* (**a**) *Lit* picaresque literature (**b**) *(modo de vida)* roguery (**c**) *(falta de honradez)* dishonesty

picaresco, -a *adj* (**a**) *Lit* picaresque (**b**) *(del pícaro)* mischievous, roguish

pícaro, -a 1 *adj* (**a**) *(astuto)* cunning, crafty; **¡qué p. es este gato!** this cat is very cunning *o* sly (**b**) *(travieso)* naughty, mischievous (**c**) *(atrevido) (persona)* bold, daring; *(comentario)* naughty, racy; *(sonrisa)* wicked, cheeky
2 *nm,f* (**a**) *(astuto)* sly person, rogue (**b**) *(travieso)* rascal (**c**) *(atrevido)* brazen person

picarón, -ona *Fam* **1** *adj* roguish, mischievous
2 *nm,f* rogue, rascal

picatoste *nm* crouton

picazón *nf* (**a**) *(en el cuerpo)* itch (**b**) *Fam (inquietud)* uneasiness

picha *nf Esp muy Fam* cock, knob; EXPR **hacerse la p. un lío** to cock things up

pichana, pichanga *nf Andes* broom

pichear *vt & vi (en béisbol)* to pitch

picher, pitcher *nm (en béisbol)* pitcher

pichi *nm Br* pinafore (dress), *US* jumper

pichichi *nm Esp Dep* top scorer

pichincha *nf RP Fam* snip, bargain

pichiruche *nm Chile, Perú Fam* nobody

pichón *nm* (**a**) *(ave)* young pigeon; **tiro de p.** pigeon shooting (**b**) *Fam (apelativo cariñoso)* darling, sweetheart

pichula *nf Am Vulg* prick, cock

picnic *(pl* **picnics**) *nm* picnic

pico *nm* (**a**) *(de ave)* beak
(**b**) *Fam (boca)* gob, mouth; **¡no se te ocurra abrir el p.!** keep your mouth shut!; **¡cierra el p.!** *(calla)* shut your trap!; **darle al p.** to talk a lot, to yak; EXPR *Fam* **irse del p.** to shoot one's mouth off; EXPR **ser** *o* **tener un p. de oro, tener mucho p.** to be a smooth talker, to have the gift of the gab
(**c**) *(punta, saliente)* corner
(**d**) *(herramienta)* pick, pickaxe
(**e**) *(cumbre)* peak
(**f**) *(de vasija)* lip, spout
(**g**) *(cantidad indeterminada)* **cincuenta y p.** fifty-odd, fifty-something; **llegó a las cinco y p.** he got there just after five; **le costó** *o* **le salió por un p.** *(cantidad elevada)* it cost her a fortune
(**h**) EXPR *Fam* **andar/irse de picos pardos** to be/go out on the town
(**i**) *muy Fam (inyección de heroína)* fix; **meterse un p.** to give oneself a fix
(**j**) *Col, Arg (beso)* kiss
(**k**) *Chile muy Fam (pene)* cock, knob

picoleto *nm Esp muy Fam* = derogatory name for member of the Guardia Civil

picor *nm* itch; **tengo un p. en la espalda** my back itches, I've got an itchy back

picoreto, -a *adj PRico* chatterbox

picoso, -a *adj Méx* spicy, hot

picota *nf* (**a**) *(de ajusticiados)* pillory; *Fig* **poner a alguien en la p.** to pillory sb (**b**) *(cereza)* cherry

picotazo *nm* peck

picotear *vt* **1** (**a**) *(ave)* to peck (**b**) *Fam (comer)* to pick at
2 *vi Fam (comer)* to nibble, to pick

picoteo *nm* pecking

pictografía *nf* pictography

pictograma *nm* pictogram

pictórico, -a *adj* pictorial

picudo, -a *adj (puntiagudo)* pointed

pidiera *etc ver* **pedir**

pido *etc ver* **pedir**

pídola *nf* leapfrog

PIE *nm* (**a**) *(de persona)* foot; **estos zapatos me hacen daño en los pies** these shoes hurt my feet; **a p.** on foot; **prefiero ir a p.** I'd rather walk *o* go on foot; **estar de** *o* **en p.** to be standing; **ponerse de** *o* **en p.** to stand up; **llevamos dos horas de p.** we've been on our feet for two hours; **llevo en p. desde las seis de la mañana** I've been up and about since six in the morning; **echar p. a tierra** *(jinete)* to dismount; *(pasajero)* to alight; **se me fueron los pies** *(resbalé)* I slipped, I lost my footing; **se me iban los pies con la música** my feet were tapping along to the music; **perder/no hacer p.** *(en el agua)* to go/to be out of one's depth; **andar con pies de plomo** to tread carefully; **a pies juntillas** unquestioningly; *Formal* **a sus pies** at your service; EXPR *Fam* **buscar (los) tres** *o* **cinco pies al gato** to overcomplicate matters; **caer de p.** *(tener suerte)* to land on one's feet; *Fig* **empezar con buen p.** *o* **con el p. derecho** to get off to a good start; *Fig* **empezar con mal p.** to get off to a bad start; *Fig* **terminar con buen/mal p.** to end on a good/sour note; **con mal p.** on the wrong footing; **levantarse con el p. izquierdo** to get out of bed on the wrong side; **un héroe/líder con (los) pies de barro** a hero/leader with feet of clay; EXPR *Fam* **salir con los pies por delante** to leave feet first *o* in a box; EXPR **estar con un p. en el estribo** to be about to leave; **el ciudadano de a p.** the man in the street; *Fig* **de pies a cabeza** from head to toe; **en p. de igualdad** on an equal footing; **en p. de guerra** on a war footing; EXPR **nacer de p.** to be born lucky; EXPR **no dar p. con bola** to get everything wrong; EXPR **no tener ni pies ni cabeza** to make no sense at all; **no me tengo de** *o* **en p.** I'm can't stand up a minute longer; **esa teoría no se tiene en p.** that theory doesn't stand up; EXPR **pararle los pies a alguien** to put sb in their place; EXPR **poner los pies en** *o* **sobre la tierra** to get a grip on reality; *Fam* **al llegar la policía, puso pies en polvorosa** when the police arrived, you couldn't see him for dust *o* he legged it; EXPR **saber de qué p. cojea alguien** to know sb's weaknesses; **la oferta sigue en p.** the offer still stands; **tener un p. en la tumba** to have one foot in the grave ❑ ***p. de atleta*** athlete's foot; ***p. de cabra*** crowbar, *Br* jemmy, *US* jimmy; ***pies de cerdo*** (pig's) trotters; ***pies planos*** flat feet
(**b**) *(base) (de lámpara, micrófono)* stand; *(de copa)* stem; *(de montaña, árbol, escalera)* foot; **al p. de la página** at the foot *o* bottom of the page; **al p. de** *o* **a los pies de la cama/de la montaña** at the foot of the bed/mountain; **al p. de la letra** to the letter, word for word; **sigue las instrucciones al p. de la letra** follow the instructions to the letter; **copiar algo al p. de la letra** to copy sth word for word; **no hace falta que lo interpretes al p. de la letra** there's no need to interpret it literally; *Fig* **ahí está, siempre al p. del cañón** there he is, always hard at work ❑ ***p. de foto*** caption; ***p. de imprenta*** imprint; *Informát* ***p. de página*** footer
(**c**) *(unidad de medida)* foot; **mide tres pies de ancho** it's three foot *o* feet wide
(**d**) *Teatro* cue; *Fig* **dar p. a** *(críticas, comentarios)* to give rise to; *(sospechas)* to give cause for; *Fig* **dar p. a alguien para que haga algo** to give sb cause to do sth
(**e**) *Lit (de verso)* foot ❑ ***p. quebrado*** = short line of four or five syllables alternating with longer lines
(**f**) ***p. de lobo*** *(planta)* lycopod, clubmoss
(**g**) *Chile (anticipo)* down payment

---

piedad *nf* (**a**) *(compasión)* pity; **tener p. de** to take pity on; **siento p. por los que sufren** I feel sorry for those who suffer; **ten p. de nosotros** have mercy on us (**b**) *(religiosidad)* piety (**c**) *Arte* Pietà

piedra *nf* (**a**) *(material, roca)* stone; **una casa/un muro de p.** a stone house/wall; **lavado a la p.** stonewashed; **dejar a alguien de p.** to stun sb; **quedarse de p.** to be stunned; **¡uno no es/yo no soy de p.!** I'm only human!; **estar más duro que una p.** to be rock hard; EXPR *Fam* **menos da una p.** it's better than nothing; **no dejar p. por mover** *o* **sin remover** to leave no stone unturned; EXPR **no dejar p. sobre p.** to leave no stone standing; EXPR

muy Fam **pasarse por la p. a alguien** *(sexualmente)* to have it off with sb; **poner la primera p.** *(inaugurar)* to lay the foundation stone; *Fig (sentar las bases)* to lay the foundations; EXPR **tirar la p. y esconder la mano** to play the innocent; EXPR **tirar la primera p.** to cast the first stone; EXPR **están tirando piedras contra su propio tejado** they're just harming themselves □ ***p. de afilar*** whetstone, grindstone; *también Fig* ***p. angular*** cornerstone; ***p. arenisca*** sandstone; ***p. caliza*** limestone; ***p. filosofal*** philosopher's stone; ***p. de molino*** millstone; ***p. pómez*** pumice stone; ***p. preciosa*** precious stone; ***p. de toque*** touchstone; *Fig* **fue la p. de toque del equipo** it was a chance to see how good the team was
(**b**) *(de mechero)* flint; **se le ha gastado** *o* **agotado la p.** the flint has worn down
(**c**) *(en vejiga, riñón, vesícula)* stone; **tiene una p. en el riñón/en la vesícula** she has a kidney stone/gallstone
(**d**) *(granizo)* hailstone
(**e**) *(de molino)* millstone, grindstone
(**f**) *muy Fam* **p. (de hachís)** lump of hash

piel *nf* (**a**) *(epidermis)* skin; EXPR **dejarse la p.** to sweat blood; EXPR **jugarse la p.** to risk one's neck; EXPR *Fam* **ser de la p. del diablo** to be a little devil; EXPR **vender la p. del oso antes de cazarlo** to count one's chickens before they are hatched □ ***p. roja*** redskin; *Fig* ***la p. de toro*** the Iberian Peninsula (**b**) *(cuero)* leather; **cazadora/guantes de p.** leather jacket/gloves (**c**) *(pelo)* fur; **abrigo de p.** fur coat (**d**) *(cáscara)* skin, peel; **quítale la p. a la manzana** peel the apple

pienso[1] *etc ver* **pensar**

pienso[2] *nm* fodder

piercing ['pirsin] *nm* body piercing; **hacerse un p. en el ombligo** to have one's navel pierced

pierdo *etc ver* **perder**

pierna *nf* leg; **cruzar/estirar las piernas** to cross/stretch one's legs; EXPR *Fam* **dormir a p. suelta** to sleep like a log; EXPR *Fam* **salir por piernas** to leg it □ ***p. de cordero*** *(plato)* gigot, leg of lamb; ***p. ortopédica*** artificial leg

pieza *nf* (**a**) *(unidad)* piece; **una p. de ajedrez** a chess piece; **una p. de fruta** a piece of fruit; **piezas de artillería** guns, artillery; **una p. de coleccionista** a collector's item; EXPR *Fam* **dejar/quedarse de una p.** to leave/be thunderstruck; **un dos piezas** a two-piece suit □ ***p. de museo*** museum piece, exhibit; *Fig* **esta máquina de escribir es una p. de museo** this typewriter's a a museum piece
(**b**) *(de mecanismo)* part □ ***p. de recambio*** *o* ***repuesto*** spare part, *US* extra
(**c**) *(de pesca)* catch; *(de caza)* kill
(**d**) *Irónico (persona)* **ser una buena p.** to be a fine one *o* a right one; **¡menuda p. está hecha Susana!** Susana's a fine one *o* right one!
(**e**) *(parche)* patch
(**f**) *(obra dramática)* play
(**g**) *(habitación)* room
(**h**) *Mús* piece
(**i**) *Der* ***p. de convicción*** piece of evidence *(used by the prosecution)*
(**j**) *(rollo de tela)* roll

pífano *nm* (**a**) *(instrumento)* fife (**b**) *(persona)* fife player

pifia *nf* (**a**) *Fam (error)* blunder (**b**) *(en billar)* miscue (**c**) *Chile, Perú (burla)* joke

pifiar *vt* (**a**) *Fam (equivocarse)* **pifiarla** to put one's foot in it (**b**) *(en billar)* to miscue (**c**) *Chile, Perú (burlarse de)* to mock

pigmentación *nf* pigmentation

pigmentar *vt* to pigment

pigmento *nm* pigment

pigmeo, -a *nm,f* pygmy

pija *nf RP muy Fam (pene)* prick, cock

pijada, pijería *nf Esp Fam Pey* (**a**) *(tontería) (dicho)* trivial remark; *(hecho)* trifle; **¡no digas pijadas!** don't talk nonsense! (**b**) *(objeto)* **esos zapatos son una p.** those shoes are really tacky; **le gustan mucho todas esas pijadas electrónicas** he really likes all those electronic gizmos

pijama *nm* pyjamas; **un p.** a pair of pyjamas

pijería = **pijada**

pijerío *nm Esp Fam Pey* **allí es donde va el p. de la ciudad** that's where all the town's rich kids go

pijo, -a *Esp* **1** *adj Fam Pey* posh
2 *nm,f Fam Pey (persona)* rich kid
3 *nm muy Fam (pene)* prick, cock

pijotero, -a *adj Esp Fam* annoying, irritating

pila *nf* (**a**) *(generador)* battery; **funciona a** *o* **con pilas** it works *o* runs off batteries; EXPR *Fam* **ponerse las pilas** to get one's act together □ ***p. alcalina*** alkaline battery; ***p. atómica*** atomic pile; ***p. botón*** watch battery; ***p. de larga duración*** long-life battery; ***p. recargable*** rechargeable battery; ***p. seca*** dry cell; ***p. solar*** solar cell
(**b**) *(montón)* pile; **tiene una p. de deudas** he's up to his neck in debt
(**c**) *(fregadero)* sink; *(de agua bendita)* stoup, holy water font □ ***p. bautismal*** (baptismal) font
(**d**) *Informát* stack
(**e**) *Arquit* pile

pilar 1 *nm* (**a**) *(columna)* pillar; *(de puente)* pier (**b**) *Fig (apoyo)* pillar (**c**) *(mojón)* milestone
2 *nmf (en rugby)* prop

pilastra *nf* pilaster

pilcha *nf Chile, RP* piece of clothing

pilche *nm Perú* wooden cup *o* bowl

píldora *nf (pastilla)* pill; **la p. (anticonceptiva)** the (contraceptive) pill; **estar tomando la p.** to be on the pill □ ***p. del día siguiente*** morning-after pill

pileta *nf RP* (**a**) *(piscina)* swimming pool (**b**) *(en baño)* washbasin; *(en cocina)* sink

pilila *nf Fam Br* willie, *US* peter

pillaje *nm* pillage

pillar 1 *vt* (**a**) *(coger, tomar, atrapar)* to catch; *Fam* **p. un taxi** to catch a taxi; **me pillas de casualidad** you were lucky to catch me (**b**) *(sorprender)* to catch; **lo pillé leyendo mi diario** I caught him reading my diary (**c**) *(atropellar)* to knock down; **lo pilló un autobús** he got knocked down by a bus (**d**) *(pulmonía, resfriado)* to catch; **pillamos una borrachera tremenda** we got really drunk
(**e**) *Fam (chiste, explicación)* to get; **no lo pillo** I don't get it
2 *vi (hallarse, coger)* **me pilla lejos** it's out of the way for me; **me pilla de camino** it's on my way
3 pillarse *vpr* **pillarse los dedos** to catch one's fingers; *Fig* to get burned; **me pillé la camisa con la puerta** I caught my shirt on the door

pillastre *nmf Fam* rogue, crafty person

pillería *nf Fam (acción)* prank, trick

pillín, -ina *nm,f Fam* little scamp, rascal

pillo, -a 1 *adj* (**a**) *(travieso)* mischievous (**b**) *(astuto)* crafty
2 *nm,f* (**a**) *(pícaro)* rascal (**b**) *(astuto)* crafty person

pilluelo, -a *nm,f Fam* rascal, scamp

pilón *nm* (**a**) *(pila) (para lavar)* basin; *(para animales)* trough (**b**) *(torre eléctrica)* pylon (**c**) *(pilar grande)* post

piloncillo *nm Méx* brown sugar *(sold in cone-shaped blocks)*

píloro *nm Anat* pylorus

pilotaje *nm* (**a**) *(de avión)* flying, piloting; *(de automóvil)* driving; *(de barco)* steering (**b**) *(pilotes)* pilings

pilotar *vt (avión)* to fly, to pilot; *(automóvil)* to drive; *(barco)* to steer

pilote *nm* pile

pilotín *nm RP (impermeable)* short raincoat

piloto 1 *nmf* (**a**) *(de avión)* pilot; *(de coche)* driver □ ***p. automático*** automatic pilot; ***p. de carreras*** racing driver; ***p. de pruebas*** test pilot (**b**) *(de barco)* pilot
2 *nm* (**a**) *(luz) (de coche)* tail light; *(de aparato)* pilot light; **se ha encendido el p. de la gasolina** the fuel warning light has come on (**b**) *(llama)* pilot light (**c**) *RP (impermeable)* raincoat
3 *adj inv* pilot; **casa p.** showhouse; **programa p.** pilot (programme); **proyecto p.** pilot project

piltra *nf muy Fam* pit, bed

piltrafa *nf (de comida)* scrap; *Fam (persona débil)* wreck; *Fam (cosa inservible)* piece of junk; **estar hecho una p.** *(persona, coche)* to be a wreck; *(chaqueta, zapatos)* to be worn out

pimentero *nm* (**a**) *(planta)* pepper plant (**b**) *(vasija)* pepper shaker

pimentón *nm* (**a**) *(especia) (dulce)* paprika; *(picante)* cayenne pepper (**b**) *(pimiento)* pepper, capsicum

pimienta *nf* pepper □ ***p. blanca/negra*** white/black pepper

pimiento *nm (fruto)* pepper, capsicum; *(planta)* pimiento, pepper plant; *Fam* **¡me importa un p.!** I couldn't care less!; *Fam* **¿me dejas tu coche? — ¡y un p.!** could you lend me your car? – get lost! *o* like hell!

will! ▫ ***p. morrón*** red pepper; ***p. de Padrón*** = small, hot pepper

pimpante *adj Fam* (**a**) *(satisfecho)* well-pleased (**b**) *(garboso)* swish, smart

pimpinela *nf* pimpernel

pimplar *Fam* **1** *vi* to booze

2 pimplarse *vpr* **se pimpló dos botellas él solo** he downed two bottles on his own

pimpollo *nm* (**a**) *(de rama, planta)* shoot; *(de flor)* bud (**b**) *Fam (persona atractiva) (hombre)* hunk; *(mujer)* babe (**c**) *Fam (niño hermoso)* angel, cherub

pimpón *nm* ping-pong, table-tennis

PIN *nm* (**a**) *(abrev de* **producto interior neto**) NDP (**b**) *(abrev de* **personal identification number**) PIN

pin *nm* (**a**) *Fam (insignia)* pin, lapel badge (**b**) *Informát* pin

pinacoteca *nf* art gallery

pináculo *nm* (**a**) *(de edificio)* pinnacle (**b**) *(juego de naipes)* pinochle

pinar *nm* pine wood/grove

pinaza *nf* pine needles

pincel *nm* (**a**) *(para pintar)* paintbrush; *(para maquillar)* brush (**b**) *(estilo)* style

pincelada *nf* brushstroke; *Fig* **a grandes pinceladas** in broad terms; *Fig* **dar la última p.** to put the finishing touches to

pinchadiscos *nmf inv* disc jockey

pinchar 1 *vt* (**a**) *(punzar)* to prick; *(rueda)* to puncture; *(globo, balón)* to burst; **pincha la carne con el tenedor** prick the meat with the fork

(**b**) *(penetrar)* to pierce

(**c**) *(con chinchetas, alfileres)* **p. algo en la pared** to pin sth to the wall

(**d**) *(inyectar)* **p. a alguien** to give sb an injection *o* a jab

(**e**) *Fam (teléfono)* to tap

(**f**) *Fam (irritar)* to torment

(**g**) *Fig (incitar)* **p. a alguien para que haga algo** to prod sb into doing sth

(**h**) *Fam (discos)* to play

2 *vi* (**a**) *(rueda)* to get a puncture

(**b**) *(barba)* to be prickly

(**c**) *Fam (fracasar)* to make a *Br* boob *o US* boo-boo

(**d**) EXPR *Fam* **ella ni pincha ni corta** she cuts no ice; **p. en hueso** to go wide of the mark, to misfire

3 pincharse *vpr* (**a**) *(punzarse) (persona)* to prick oneself

(**b**) *(rueda)* to get a puncture; *(globo, balón)* to burst

(**c**) *Fig (irritarse)* to get annoyed

(**d**) *(inyectarse)* **pincharse (algo)** *(medicamento)* to inject oneself (with sth); *Fam (droga)* to shoot (sth) up; **su hijo se pincha** her son's on drugs

pinchazo *nm* (**a**) *(punzada)* prick (**b**) *(marca)* needle mark (**c**) *(de neumático)* puncture, flat (**d**) *(dolor agudo)* sharp pain, pang (**e**) *Fam (fracaso)* **el nuevo modelo ha sido un p.** the new model has been a flop

pinche 1 *nmf* kitchen boy, *f* maid

2 *adj Méx muy Fam* lousy, damn, *Br* bloody

pinchito *nm (tapa)* bar snack, aperitif

pincho *nm* (**a**) *(punta)* (sharp) point (**b**) *(espina) (de planta)* prickle, thorn (**c**) *(varilla)* pointed stick (**d**) *(tapa)* bar snack, aperitif ▫ ***p. moruno*** = marinated pork cooked on a skewer; ***p. de tortilla*** = small portion of Spanish omelette

pindonguear *vi Fam* to loaf about

pinga *nf Andes, Méx Vulg* prick, cock

pingajo *nm Fam* rag

pinganilla *nf Am Fam* dandy

pingo *nm* (**a**) *Fam (pingajo)* rag (**b**) *(mamarracho)* **ir hecho un p.** to look a state, to be dressed in rags (**c**) *Fam (persona despreciable)* rotter, dog (**d**) *RP (caballo vivo)* fast horse (**e**) *Chile, Perú (caballo malo)* nag

pingonear *vi Fam* to loaf about

pingoneo *nm Fam* **estar de p.** to loaf about

ping-pong [pim'pon] *nm* ping-pong, table-tennis

pingüe *adj* plentiful; **pingües beneficios** a fat profit

pingüino *nm* penguin

pinitos *nmpl Fam* **hacer p.** to take one's first steps; **ha comenzado a hacer sus p. en fotografía** he's started dabbling in photography

pino *nm* pine; *Esp Fam* **en el quinto p.** in the back of beyond; **hacer el p.** to do a handstand ▫ ***p. carrasco*** Aleppo pine; ***p. insigne*** Monterey pine; ***p. marítimo*** pinaster; ***p. piñonero*** stone pine; ***p. silvestre*** Scotch pine

Pinocho *nm* Pinocchio

pinol, pinole *nm CAm, Méx (bebida)* drink made from roasted *Br* maize *o US* corn flour

pinrel *nm Fam* foot

pinsapo *nm* Spanish fir

pinta *nf* (**a**) *(lunar)* spot (**b**) *(aspecto)* appearance; **tiene p. de estar enfadado** he looks like he's annoyed; **tiene buena p.** it looks good; **¡menuda p. tienes, todo lleno de barro!** you're some sight, all covered in mud (**c**) *(unidad de medida)* pint (**d**) *Méx (pintada)* graffiti (**e**) *Méx* **irse de p.** *(hacer novillos) Br* to play truant, *US* to play hooky

pintada *nf* (**a**) *(en pared)* graffiti (**b**) *(ave)* guinea fowl

pintado, -a *adj* (**a**) *(coloreado)* coloured; **recién p.** *(en letrero)* wet paint (**b**) *(maquillado)* made-up (**c**) *(moteado)* speckled (**d**) EXPR **el más p.** the best person around; **venir que ni p.** to be just the thing

pintalabios *nm inv* lipstick

pintamonas *nmf inv Fam Pey* hack painter, dauber

pintar 1 *vt* (**a**) *(dibujo, pared)* to paint; **p. algo de verde/azul** to paint sth green/blue

(**b**) *(dibujar)* to draw; **pintó una casa** she drew a house

(**c**) *(describir)* to paint, to describe; **me pintó la escena con pelos y señales** he painted the scene in graphic detail

2 *vi* (**a**) *(con pintura)* to paint

(**b**) *(escribir)* to write

(**c**) *Fam (significar, importar)* to count; **aquí no pinto nada** there's no place for me here; **¿qué pinto yo en este asunto?** where do I come in?

(**d**) *(en juegos de cartas)* to be trumps; **pintan oros** "oros" are trumps; *Fig* **pintan bastos** things are getting strained, the going's getting tough

3 pintarse *vpr* (**a**) *(maquillarse)* to make oneself up; **pintarse las uñas** to paint one's nails

(**b**) *(manifestarse)* to show, to be evident

(**c**) **pintárselas uno solo para algo** to be a past master at sth

pintarrajear *vt Fam* to daub

pintarroja *nf* dogfish

pintiparado, -a *adj* (**a**) *(igual)* identical, exactly the same (**b**) *(muy a propósito)* just right, ideal; **me viene p. para decorar mi habitación** it's just perfect for my room

Pinto *n* EXPR **estar entre P. y Valdemoro** to be unable to make up one's mind

pinto, -a *adj* speckled, spotted

pintón, -ona *adj RP (atractivo)* good-looking

pintor, -ora *nm,f* painter ▫ ***p. de brocha gorda*** *(decorador)* painter and decorator; *Pey (artista)* dauber

pintorcito *nm Arg (bata)* apron, pinafore

pintoresco, -a *adj* (**a**) *(bonito)* picturesque (**b**) *(extravagante)* colourful

pintura *nf* (**a**) *(técnica, cuadro)* painting; **la p. renacentista** Renaissance painting; EXPR **no poder ver a alguien ni en p.** not to be able to stand the sight of sb ▫ ***p. a la acuarela*** watercolour; ***p. al fresco*** fresco; ***p. al óleo*** oil painting; ***p. rupestre*** cave painting

(**b**) *(materia)* paint ▫ ***p. acrílica*** gloss (paint); ***p. plástica*** emulsion (paint); ***p. al temple*** tempera

(**c**) *(descripción)* description, portrayal

pinturero, -a *Fam* **1** *adj* vain, conceited

2 *nm,f* show-off

PINU *nm (abrev de* **Partido Innovación y Unidad**) = Honduran political party

pinza *nf* (**a**) *(de tender ropa)* clothes peg, *US* clothespin (**b**) *(para el pelo) Br* hairgrip, *US* bobby pin (**c**) **pinzas** *(instrumento)* tweezers; *(de cirujano)* forceps; *(para el hielo)* tongs; *Fam Fig* **coger algo con pinzas** to handle sth with great care (**d**) *(de animal)* pincer, claw (**e**) *(pliegue)* fold (**f**) *(en costura)* dart; **un pantalón de pinzas** pleated trousers *o US* pants

pinzón *nm* chaffinch ▫ ***p. real*** brambling

piña *nf* (**a**) *(del pino)* pine cone (**b**) *(fruta tropical)* pineapple ▫ ***p. colada*** piña colada (**c**) *(conjunto de gente)* close-knit group; **formar una p.** to rally round (**d**) *Fam (golpe)* knock, bash; **darse una p.** to have a crash

piñal *nm Am* pineapple plantation

piñata *nf* = suspended pot full of sweets

which blindfolded children try to break open with sticks at parties

piñón *nm* (**a**) *(fruto)* pine nut *o* kernel; **estar a partir un p. con alguien** to be hand in glove with sb (**b**) *(rueda dentada)* pinion; *(de bicicleta)* sprocket wheel ▫ ***p. fijo*** *(en bicicleta)* fixed wheel; *Fig* **ser de p. fijo** to be fixed *o* rigid

piñonero, -a 1 *adj* **pino p.** stone pine
2 *nm* bullfinch

pío[1] *interj* cheep; **¡p., p.!** cheep, cheep!; *Fig* **no decir ni p.** not to make a peep

pío[2], **-a** *adj* pious

piocha *nf Méx (barba)* (pointed) beard

piojo *nm* louse; **piojos** lice

piojoso, -a 1 *adj* (**a**) *(con piojos)* lousy, covered in lice (**b**) *Fig (sucio)* flea-bitten, filthy
2 *nm,f* (**a**) *(con piojos)* louse-ridden person (**b**) *Fig (sucio)* filthy person

piola 1 *nf* cord
2 *adj Arg Fam* (**a**) *(astuto)* shrewd (**b**) *(estupendo)* fabulous

piolet *nm* ice axe

piolín *nm Am* cord

pionero, -a 1 *adj* pioneer, pioneering
2 *nm,f* pioneer

piorrea *nf* pyorrhoea

pipa *nf* (**a**) *(para fumar)* pipe; **fumar en p.** to smoke a pipe; *Fig* **fumar la p. de la paz** to smoke the pipe of peace (**b**) *(pepita)* seed; **pipas (de girasol)** sunflower seeds *(sold as a snack)*; *Fig* **eso no te da ni para pipas** that's not even enough to buy a bag of peanuts! (**c**) *(tonel)* barrel (**d**) *(lengüeta)* reed (**e**) *muy Fam (pistola)* piece (**f**) *PRico Fam (barriga)* belly (**g**) *Fam* **pasarlo** *o* **pasárselo p.** to have a great time

pipermín *nm* peppermint liqueur

pipeta *nf* pipette

pipí *nm Fam (lenguaje infantil)* pee, *Br* wee-wee; **hacer p.** to have a pee *or Br* wee-wee; **el niño se ha hecho p.** the child's done a pee *o Br* wee-wee

pipián *nm Méx (guiso)* = type of stew in which the sauce is thickened with ground nuts or seeds

pipiolo *nm Fam* (**a**) *(muchacho)* youngster (**b**) *(principiante)* novice, beginner

pipirigallo *nm (planta)* sainfoin

pipón, -ona *adj* (**a**) *RP (lleno)* full (**b**) *(barrigón) PRico, RP* potbellied

pique 1 *ver* **picar**
2 *nm* (**a**) *Fam (enfado)* grudge; **tener un p. con alguien** to have a grudge against sb (**b**) *Fam (rivalidad)* **hay mucho p. entre ellas** there's a lot of rivalry *o* needle between them (**c**) **irse a p.** *(barco)* to sink; *(negocio)* to go under; *(plan)* to fail (**d**) *Andes, RP (insecto)* jigger (**e**) *Arg, Nic, Pan (senda)* path

piqué (*pl* **piqués**) *nm* piqué

piquero *nm Chile, Perú (ave)* booby

piqueta *nf* (**a**) *(herramienta)* pickaxe; *(de demolición)* mason's hammer *o* pick (**b**) *(en tienda de campaña)* metal tent-peg (**c**) *Arg, Chile (vino)* weak wine

piquete *nm* (**a**) *(herramienta)* peg, stake (**b**) *(de huelguistas)* picket ▫ ***p. informativo*** = picket concerned with raising awareness and informing workers about the need for industrial action (**c**) ***p. de ejecución*** firing squad (**d**) *Col (picnic)* picnic

pira *nf* pyre

pirado, -a *Fam* **1** *adj* crazy
2 *nm,f* nutter, loony

piragua *nf* canoe

piragüismo *nm* canoeing

piramidal *adj* pyramid-shaped, pyramidal

pirámide *nf* pyramid ▫ ***p. ecológica*** ecological pyramid; ***p. de población*** pyramid of population; ***p. trófica*** ecological pyramid

piraña *nf* piranha

pirarse *vpr Esp, RP Fam* to clear off; **¡nos piramos!** we're off; **¿ya os piráis?** are you off, then?; **me las piro, hasta mañana** I'll be off, see you tomorrow

pirata 1 *adj* (**a**) *(barco, ataque)* pirate (**b**) *(radio, edición, vídeo)* pirate; *(casete, grabación)* bootleg
2 *nmf también Fig* pirate ▫ ***p. del aire*** *o* ***aéreo*** hijacker; ***p. informático*** cracker, hacker

piratear 1 *vi* (**a**) *(asaltar barcos)* to be involved in piracy (**b**) *Informát* to crack
2 *vt* (**a**) *(propiedad intelectual)* to pirate (**b**) *Informát* **p. un programa** *(desproteger)* to hack *o* crack into a program; *(hacer copia ilegal)* to pirate a program

pirateo *nm Fam (de programa informático, de vídeos)* = illegal reproduction and sale

piratería *nf también Fig* piracy ▫ ***p. aérea*** hijacking; ***p. informática*** *(copias ilegales)* software piracy; *(acceso no autorizado)* cracking

pirca *nf Andes* dry-stone wall

pirenaico, -a *adj* Pyrenean

pírex *nm* Pyrex®

pirindolo *nm Fam* decorative knob

Pirineo *nm* **el P./los Pirineos** the Pyrenees; **el P. catalán** the Catalan (part of the) Pyrenees

piripi *adj Fam* tipsy

pirita *nf* pyrite

piro *nm Esp muy Fam* **darse el p.** to scarper, to clear off

pirograbado *nm (técnica)* pokerwork

piromanía *nf* pyromania

pirómano, -a 1 *adj* pyromaniacal
2 *nm,f* pyromaniac

piropear *vt* = to make flirtatious comments to

piropo *nm* flirtatious remark; **decir** *o* **echar piropos a alguien** to make flirtatious remarks to sb

pirotecnia *nf* pyrotechnics *(singular)*

pirotécnico, -a 1 *adj* firework; **un montaje p.** a firework display
2 *nm,f* firework specialist

pirrar *Fam* **1** *vt* **me pirran las albóndigas** I just adore *o* love meatballs
2 pirrarse *vpr* **p. por algo/alguien** to be dead keen on sth/sb

pírrico, -a *adj* Pyrrhic; **victoria pírrica** Pyrrhic victory

pirueta *nf* pirouette; *Fig* **hacer piruetas** *(esfuerzo)* to perform miracles

pirula *nf Esp Fam* (**a**) *(jugarreta)* dirty trick (**b**) **montar una p.** *(un escándalo)* to make *o* cause a scene (**c**) *(maniobra ilegal)* **hacer una p.** to break the traffic regulations

piruleta *nf* lollipop

pirulí (*pl* **pirulís**) *nm* lollipop

pis (*pl* **pises**) *nm Fam* pee; **hacer p.** to have a pee; **hacerse p.** *(tener ganas)* to be dying *o* bursting for a pee; **el niño se ha hecho p.** the child's done a pee

pisada *nf* (**a**) *(acción)* footstep; *Fig* **seguir las pisadas de alguien** to follow in sb's footsteps (**b**) *(huella)* footprint

pisadura *nf* footprint

pisapapeles *nm inv* paperweight

pisar 1 *vt* (**a**) *(con el pie)* to tread on; *(uvas)* to tread; **p. el freno** to put one's foot on the brake; **prohibido p. el césped** *(en cartel)* keep off the grass; *Fig* **nunca he pisado su casa** I've never set foot in her house
(**b**) *(despreciar)* to trample on; **la conducta de este país pisa todas las leyes internacionales** this country's actions fly in the face of international law
(**c**) *(anticiparse)* **p. un contrato a alguien** to beat sb to a contract; **p. una idea a alguien** to think of something before sb; **el periódico rival les pisó la noticia** the rival paper stole *o* pinched the story from them, the rival paper got in first with the news
(**d**) *Mús (puntear)* to pluck; *(tocar)* to strike
2 *vi* to tread, to step; **pisa con cuidado** tread carefully; *Fig* **p. fuerte** to be firing on all cylinders; *Fig* **venir pisando fuerte** to be on the road to success
3 pisarse *vpr Arg (delatarse)* to give oneself away

piscícola *adj* piscicultural

piscicultor, -ora *nm,f* fish farmer

piscicultura *nf* fish farming

piscifactoría *nf* fish farm

piscina *nf* (**a**) *(para nadar)* swimming pool ▫ ***p. al aire libre*** open-air swimming pool; ***p. climatizada*** heated swimming pool; ***p. cubierta*** covered *o* indoor swimming pool; ***p. infantil*** paddling pool; ***p. inflable*** paddling pool; ***p. olímpica*** Olympic-size swimming pool (**b**) *(para peces)* fishpond

piscis 1 *nm (zodiaco)* Pisces; **ser p.** to be (a) Pisces
2 *nmf inv (persona)* Pisces

pisco *nm* Peruvian grape brandy, pisco ▫ ***p. sour*** = cocktail of pisco, egg white and lemon juice

piscolabis *nm inv Fam* snack

piso *nm* (**a**) *Esp (apartamento)* apartment, *Br* flat ▫ ***p. franco*** safe house; ***p. piloto*** show apartment *o Br* flat (**b**) *RP (vivienda)* deck (**c**) *(planta) (de edificio)* floor; *(de* *autobús)* deck; **primer p.** *Br* first floor, *US* second floor; **un autobús de dos pisos** a double-decker bus (**d**) *(suelo) (de carretera)* surface; *(de habitación)* floor (**e**) *(capa)* layer; **un sandwich de dos pisos** a double-decker sandwich (**f**) *(de zapato)* sole (**g**) *Chile (taburete)* stool

pisotear *vt* (**a**) *(con el pie)* to trample on (**b**) *(humillar)* to scorn (**c**) *(oprimir)* to trample on

pisotón *nm Fam* stamp *(of the foot)*; **darle un p. a alguien** to stamp on sb's foot

pista *nf* (**a**) *(carretera)* unsurfaced road ▫ ***p. de aterrizaje/despegue*** runway; ***p. forestal*** = minor road through forest or mountain area (**b**) *(superficie, terreno)* ***p. de atletismo*** athletics track; ***p. de baile*** dance floor; ***p. cubierta*** indoor track; ***p. de esquí*** piste, ski slope; ***p. de hielo*** ice rink; ***p. de hierba*** *(en tenis)* grass court; ***p. de tenis*** tennis court; ***p. de tierra batida*** *(en tenis)* clay court (**c**) *(de circo)* ring (**d**) *Informát, Mús* track (**e**) *(indicio)* clue; **te daré una p.** I'll give you a clue (**f**) *(rastro)* trail, track; **estar sobre la p.** to be on the trail *o* track; **seguir la p. a alguien** to be on sb's trail

pistacho *nm* (**a**) *(fruto)* pistachio (**b**) *(árbol)* pistachio tree

pistilo *nm* pistil

pisto *nm* (**a**) *(guiso)* ratatouille (**b**) *Fam* **darse p.** to be big-headed

pistola *nf* (**a**) *(arma) (con cilindro)* gun; *(sin cilindro)* pistol ▫ ***p. de agua*** water pistol; ***p. de aire comprimido*** air pistol (**b**) *(pulverizador)* spraygun; **pintar a p.** to spray-paint (**c**) *(herramienta)* gun ▫ ***p. de engrase*** grease gun (**d**) *(de pan)* French loaf

pistolera *nf* (**a**) *(funda)* holster (**b**) *Fam* **pistoleras** *(celulitis)* saddlebags

pistolerismo *nm* **el p. aún no ha desaparecido** people are still hiring gunmen

pistolero, -a *nm,f (persona)* gunman ▫ ***p. a sueldo*** hired gunman *o* killer

pistoletazo *nm* pistol shot ▫ ***p. de salida*** *(en carrera)* shot from the starter's gun; *Fig* starting signal

pistón *nm* (**a**) *Mec* piston (**b**) *Mús (corneta)* cornet; *(llave)* key (**c**) *(de arma)* percussion cap

pistonudo, -a *adj Fam* terrific, great

pita *nf (planta)* pita

pitada *nf* (**a**) *(silbidos de protesta)* booing, whistling (**b**) *Am Fam (calada)* drag, puff

pitagórico, -a *adj & nm,f* Pythagorean

pitagorín, -ina *nm,f Fam* brain, *Br* swot

pitanza *nf* (**a**) *(ración de comida)* daily rations (**b**) *Fam (alimento)* grub

pitar 1 *vt* (**a**) *(arbitrar) (partido)* to referee; *(falta)* to blow for (**b**) *(abuchear)* **p. a alguien** to whistle at sb in disapproval (**c**) *Am Fam (dar una calada a)* to puff (on)

2 *vi* (**a**) *(tocar el pito)* to blow a whistle; *(del coche)* to toot one's horn (**b**) *(funcionar) (cosa)* to work; *(persona)* to get on (**c**) *Esp Fam* **salir/irse pitando** to rush out/off like a shot, to dash out/off; **venir pitando** to come rushing (**d**) *Chile (burlarse de)* to make fun of

pitcher = **pícher**

pitecántropo *nm* pithecanthropus

pitido *nm (con pito)* whistle; *(de aparato electrónico)* beep, bleep; **los pitidos de los coches** the honking of car horns; **tengo un p. en los oídos** I've got a whistling noise in my ears

pitillera *nf* cigarette case

pitillo *nm* (**a**) *(cigarrillo)* cigarette (**b**) *Col (paja)* drinking straw

pito *nm* (**a**) *(silbato)* whistle; **tener voz de p.** to have a very shrill voice (**b**) *(claxon)* horn (**c**) *Fam (cigarrillo)* smoke, *Br* fag (**d**) *Fam (pene)* willie (**e**) [EXPR] *Fam* **entre pitos y flautas** what with one thing and another; *Fam* **(no) me importa un p.** I couldn't give a damn; *Fam* **por pitos o por flautas** for one reason or another; *Fam* **me toman por el p. del sereno** they don't pay me a blind bit of notice

pitón 1 *nm* (**a**) *(cuerno)* horn (**b**) *(pitorro)* spout (**c**) *(en alpinismo)* piton

2 *nf (serpiente)* python

pitonazo *nm (herida)* gore

pitonisa *nf* fortune-teller

pitorrearse *vpr Esp Fam* **p. de alguien** to make a fool of sb, *Br* to take the mickey out of sb

pitorreo *nm Esp Fam* making fun, joking; **tomarse algo a p.** to treat sth as a joke; **¡ya basta de p.!** that's enough clowning around!

pitorro *nm* (**a**) *(de botijo)* spout (**b**) *Fam (pieza)* **¿para qué sirve este p.?** what's this button thing for?

pitote *nm Fam (jaleo)* row, fuss; **armar un p.** to kick up a row *o* fuss

pitufo, -a *nm,f* (**a**) *Fam (persona pequeña)* shorty; *(niño)* ankle-biter, rug rat (**b**) **los pitufos®** the smurfs®

pituitaria *nf* pituitary gland

pituso, -a 1 *adj* sweet, cute

2 *nm,f* cute child

pituto *nm Chile (enchufe)* pull, influence

pívot (*pl* **pivots**) *nmf (en baloncesto)* centre

pivotar *vi Dep* to pivot

pivote *nmf* (**a**) *(eje)* pivot (**b**) *(en baloncesto)* centre

píxel *nm Informát* pixel

piyama *nm o f Am (pijama)* pyjamas; **un p.** a pair of pyjamas

pizarra *nf* (**a**) *(roca, material)* slate (**b**) *(encerado)* blackboard

pizarrón *nm Am (encerado)* blackboard

pizca *nf* (**a**) *(poco)* tiny bit; *(de sal)* pinch; *Fam* **ni p.** not one bit; *Fam* **no me hace ni p. de gracia** I don't find it in the least bit funny (**b**) *Méx (cosecha)* harvest, crop

pizpireta *adj Fam (niña, mujer)* spirited, zippy

pizza ['pitsa] *nf* pizza

pizzería [pitse'ria] *nf* pizzeria, pizza parlour

pizzicato *nm Mús* pizzicato

PJ *nm* (*abrev de* **Partido Justicialista**) = Argentinian political party

PL *nm* (*abrev de* **Partido Liberal**) = Columbian/Honduran political party

placa *nf* (**a**) *(lámina)* plate; *(de madera)* sheet ▫ ***p. de hielo*** black ice, icy patch; ***p. solar*** solar panel

(**b**) *(inscripción)* plaque; *(de policía)* badge

(**c**) *(de cocina)* ring ▫ ***p. de vitrocerámica*** ceramic hob

(**d**) *Aut* **p. (de matrícula)** *Br* number plate, *US* license plate

(**e**) *Geol* plate

(**f**) *Elec* board

(**g**) *Informát* board ▫ ***p. lógica*** logic board; ***p. madre*** motherboard

(**h**) *Fot* plate

(**i**) *(en dientes)* **p. (bacteriana** *o* **dental)** dental plaque

(**j**) *(en garganta)* infected area, *Espec* plaque

placaje *nm Dep* tackle

placar [59] *vt Dep* to tackle

placard *nm RP (armario empotrado)* built-in cupboard *o US* closet

placebo *nm* placebo

pláceme *nm Formal* congratulations; **dar el p. a alguien** to congratulate sb

placenta *nf* placenta

placentero, -a *adj* pleasant

placer 1 *nm* pleasure; **los placeres de la carne** the pleasures of the flesh; **un viaje de p.** a pleasure trip; **ha sido un p. (conocerle)** it has been a pleasure meeting you; **es un p. ayudarte** it's a pleasure to help you; **comimos pasteles a p.** we ate as many cakes as we wanted

2 *vt* to please; **nos place comunicarle que...** we are pleased to inform you that...; **si me place** if I want to, if I feel like it

plácet *nm Formal (aprobación)* approval; **dar el p. a un embajador** to accept an ambassador's credentials

placidez *nf (de persona)* placidness; *(de día, vida, conversación)* peacefulness

plácido, -a *adj (persona)* placid; *(día, vida, conversación)* peaceful

plafón *nm Arquit* soffit

plaga *nf* (**a**) *(de insectos)* plague ▫ ***p. de langosta*** plague of locusts (**b**) *(desastre, calamidad)* plague; **el tabaco es una de las plagas modernas** smoking is one of the plagues of modern society (**c**) *(de gente)* swarm

plagado, -a *adj (de insectos)* infested (**de** with); **p. de dificultades** beset *o* plagued with difficulties; **la ciudad está plagada de turistas** the city is overrun with tourists

plagar [38] *vt* **p. de** *(propaganda)* to swamp with; *(moscas)* to infest with

plagiar *vt* (**a**) *(copiar)* to plagiarize (**b**) *Am (secuestrar)* to kidnap

plagiario, -a *nm,f Am* kidnapper

plagio *nm* (**a**) *(copia)* plagiarism (**b**) *Am (secuestro)* kidnapping

plaguicida 1 *adj* pesticidal

2 *nm* pesticide

plan *nm* (**a**) *(proyecto, programa)* plan; **hacer planes** to plan ▫ ***p. de adelgazamiento*** diet; ***p. de ahorro*** savings plan; ***p. de emergencia*** contingency plan; ***p. de estudios*** syllabus; ***p. de pensiones*** pension plan; *Hist* ***p. quinquenal*** five-year plan; ***p. de viabilidad*** feasibility plan
(**b**) *Fam (ligue)* date
(**c**) *Fam (modo, forma)* **a todo p.** in the greatest luxury, with no expense spared; **lo dijo en p. serio** he was serious about it; **¡vaya p. de vida!** what a life!; **si te pones en ese p....** if you're going to be like that about it...; **se puso en p. violento** he got *o* became violent; **lo dijo en p. de broma** he was only kidding, he meant it as a joke; **vamos a Perú en p. de turismo** we are going to Peru for a holiday; **no es p.** it's just not on

plana *nf* (**a**) *(página)* page; **el anuncio saldrá a toda p.** it will be a full-page advert; **en primera p.** on the front page; **corregir** *o* **enmendar la p. a alguien** *(criticar)* to find fault with sb, to criticize sb (**b**) *(llanura)* plain (**c**) ***la p. mayor*** *(de ejército)* the general staff; *(de empresa, partido político)* the leading figures (**d**) *(ejercicio escolar)* writing exercise

plancha *nf* (**a**) *(aparato para planchar)* iron; *(ropa planchada)* ironing; **odio la p.** I hate ironing (**b**) *(para cocinar)* grill; **a la p.** grilled (**c**) *(placa)* plate; *(de madera)* sheet (**d**) *Fam (metedura de pata)* boob, blunder (**e**) *(en fútbol)* dangerous tackle *(with studs showing)* (**f**) *Imprenta* plate (**g**) *(al nadar)* **hacer la p.** to float on one's back

planchado *nm* ironing

planchar 1 *vt* to iron; *Fam* **p. la oreja** *(dormir)* to get some shut-eye
2 *vi* to do the ironing

planchazo *nm Fam* boob, blunder

plancton *nm* plankton

planeador *nm* glider

planeadora *nf (lancha)* speedboat

planear 1 *vt* to plan
2 *vi* (**a**) *(hacer planes)* to plan (**b**) *(en el aire)* to glide

planeo *nm (en el aire)* gliding

planeta *nm* planet

planetario, -a 1 *adj* (**a**) *(de un planeta)* planetary (**b**) *(mundial)* world; **a nivel p.** on a global scale
2 *nm* planetarium

planicie *nf* plain

planificación *nf* planning ▫ ***p. ambiental*** environmental planning; ***p. económica*** economic planning; ***p. familiar*** family planning; ***p. urbanística*** town planning

planificar [59] *vt* to plan

planilla *nf Am (formulario)* form

planimetría *nf* planimetry

planisferio *nm* planisphere

planning ['planin] (*pl* **plannings**) *nm* schedule, agenda

plano, -a 1 *adj* flat
2 *nm* (**a**) *(diseño, mapa)* plan; **el p. de una ciudad** the map of a city (**b**) *(nivel, aspecto)* level (**c**) *Cine* shot; **primer p.** close-up; *también Fig* **en segundo p.** in the background ▫ ***p. general*** pan shot (**d**) *(en pintura)* **primer p.** foreground; **segundo p.** background (**e**) *Mat* plane (**f**) **de p.** *(golpear)* right, directly; *(negar)* flatly; **cantar de p.** to make a full confession

planta *nf* (**a**) *(vegetal)* plant ▫ ***p. acuática*** aquatic plant; ***p. anual*** annual plant; ***p. de interior*** houseplant, indoor plant; ***p. perenne*** perennial; ***p. transgénica*** transgenic plant
(**b**) *(fábrica)* plant ▫ ***p. depuradora*** purification plant; ***p. desalinizadora*** desalination plant; ***p. de envase*** *o* ***envasadora*** packaging plant
(**c**) *(piso)* floor; **p. baja** *Br* ground floor, *US* first floor; **p. primera** *Br* first floor, *US* second floor
(**d**) *(del pie)* sole
(**e**) EXPR **de nueva p.** brand new; **tener buena p.** to be good-looking

plantación *nf* (**a**) *(terreno)* plantation (**b**) *(acción)* planting

plantado, -a *adj* (**a**) *(planta, árbol)* planted; **un terreno p. de trigo** a field planted with wheat (**b**) EXPR *Fam* **dejar p. a alguien** *(no acudir)* to stand sb up; **ser bien p.** to be good-looking

plantar 1 *vt* (**a**) *(sembrar)* to plant (**de** with); *(semillas)* to sow
(**b**) *(fijar) (tienda de campaña)* to pitch; *(poste)* to put in
(**c**) *Fam (bofetada)* to deal, to land; *(beso)* to plant
(**d**) *Fam (decir con brusquedad)* **le plantó cuatro frescas** she gave him a piece of her mind
(**e**) *Fam (dejar plantado)* **p. a alguien** to stand sb up; **plantó a su novio tras cinco meses de noviazgo** she ditched *o* dumped her boyfriend after they'd been going out together for five months
(**f**) *Fam (construcción, mueble, objeto)* to plonk; **plantó los pies en el sofá** she plonked her feet on the sofa
2 plantarse *vpr* (**a**) *(ponerse, colocarse)* to plant oneself
(**b**) *(en un sitio con rapidez)* **plantarse en** to get to, to make it to; **nos podemos p. ahí en quince minutos** we'll be able to get there in fifteen minutes
(**c**) *(en una actitud)* **plantarse en algo** to stick to sth, to insist on sth; **se ha plantado y dice que no quiere venir** he's standing firm *o* digging his heels in and refusing to come
(**d**) *(en naipes)* to stick

plante *nm* (**a**) *(para protestar)* protest (**b**) *(plantón)* **dar** *o* **hacer un p. a alguien** to stand sb up

planteamiento *nm* (**a**) *(exposición)* raising, posing (**b**) *(enfoque)* approach (**c**) *Teatro* **p., nudo y desenlace** introduction, development and denouement

plantear 1 *vt* (**a**) *(exponer) (problema)* to pose; *(posibilidad, dificultad, duda)* to raise (**b**) *(enfocar)* to approach
2 plantearse *vpr* **plantearse algo** to consider sth, to think about sth

plantel *nm* (**a**) *(criadero)* nursery bed (**b**) *Fig (conjunto)* group

plantificar [59] *vt* (**a**) *Fam (bofetada)* to land, to strike; *(beso)* to plant (**b**) *Fig (colocar)* to plant, to place

plantígrado, -a *adj & nm Zool* plantigrade

plantilla *nf* (**a**) *(de empresa)* staff; **estar en p.** to be on the staff (**b**) *(de equipo)* squad (**c**) *(para zapatos)* insole (**d**) *(patrón)* pattern, template (**e**) *Informát* template

plantillazo *nm Dep* dangerous tackle *(with studs showing)*

plantío *nm* plot (of land)

plantón *nm* (**a**) *Fam (espera)* **perdonad el p., no he podido llegar antes** I'm sorry for keeping you waiting, I couldn't get here any earlier; **dar un p. a alguien** to stand sb up; **estar de p.** to be kept waiting, to cool one's heels (**b**) *(estaca)* cutting

plántula *nf* plantlet

plañidera *nf* hired mourner

plañidero, -a *adj* plaintive, whining

plañido *nm* moan

plañir 1 *vt* to bewail
2 *vi* to moan, to wail

plaqueta *nf Biol* platelet

plasma *nm* plasma ▫ ***p. sanguíneo*** blood plasma

plasmar 1 *vt* (**a**) *(reflejar) (sentimientos)* to give expression to; *(realidad)* to reflect (**b**) *(modelar)* to shape, to mould
2 plasmarse *vpr* to emerge, to take shape

plasta 1 *adj Esp Fam (pesado)* **ser p.** to be a pain; **un tío p.** a real bore, a pain in the neck
2 *nmf Esp Fam (pesado)* pain, drag
3 *nf* (**a**) *(cosa blanda)* mess (**b**) *Fam Fig (cosa mal hecha)* botch-up

plástica *nf* plastic art

plasticidad *nf* (**a**) *(moldeabilidad)* plasticity (**b**) *(expresividad)* expressiveness

plástico, -a 1 *adj* (**a**) *(moldeable)* plastic (**b**) *(expresivo)* expressive
2 *nm* (**a**) *(material)* plastic (**b**) *Fam (tarjeta de crédito)* plastic (money) (**c**) *(explosivo)* plastic explosive

plastificado, -a 1 *adj (carné, tarjeta)* laminated
2 *nm (de carné, tarjeta)* lamination

plastificar [59] *vt (carné, tarjeta)* to laminate

plastilina® *nf* Plasticine®

plata *nf* (**a**) *(metal)* silver; *Fam* **hablar en p.** to speak bluntly ▫ ***p. de ley*** sterling silver (**b**) *(objetos de plata)* silverware (**c**) *Dep (medalla)* silver (**d**) *Am Fam (dinero)* money; *RP* **estar podrido en p.** to be rolling in it

plataforma *nf* (**a**) *(superficie elevada, estrado)* platform ▫ ***p. de lanzamiento*** launching *o* launch pad; ***p. petrolífera*** oil rig (**b**) ***p. espacial*** space station *o* platform (**c**) *(vagón)* open wagon (**d**) *Fig (punto de partida)* launching pad (**e**) *Geol* shelf ▫ ***p. continental*** continental shelf (**f**) *Pol* platform, programme ▫ ***p. electoral***

electoral platform (**g**) *(organización)* platform (**h**) *Informát* platform

platal *nm Am Fam* **un p.** a fortune, loads of money

platanal, platanar *nm* banana plantation

platanera *nf,* **platanero** *nm* banana tree

plátano *nm* (**a**) *(fruta)* banana (**b**) *(árbol de sombra)* plane tree

platea *nf* (**a**) *(en teatro) Br* stalls, *US* orchestra (**b**) *RP (butaca)* seat in the *Br* stalls *o US* orchestra

plateado, -a *adj* (**a**) *(con plata)* silver-plated (**b**) *(color)* silvery

platense 1 *adj* of/from La Plata
2 *nm,f* person from La Plata

plateresco *nm* plateresque, = 16th century Spanish style of architecture and decoration

platería *nf* (**a**) *(arte, oficio)* silversmithing (**b**) *(tienda)* jeweller's (shop)

platero, -a *nm,f* silversmith

plática *nf CAm, Méx (charla)* talk, chat

platicar [59] *vi CAm, Méx* to talk, to chat (**de** about)

platicón, -ona *CAm, Méx* **1** *adj* talkative
2 *nm,f* talkative person

platija *nf (pez)* plaice

platillo *nm* (**a**) *(plato pequeño)* small plate; *(de taza)* saucer (**b**) *(de una balanza)* pan (**c**) ***p. volante*** flying saucer (**d**) *Mús* **platillos** cymbals

platina *nf* (**a**) *(de tocadiscos)* turntable (**b**) *(de casete)* cassette deck (**c**) *(de microscopio)* stage (**d**) *Imprenta* platen, bedplate

platino *nm* (**a**) *(metal)* platinum (**b**) *Aut & Mec* **platinos** contact points

plato *nm* (**a**) *(recipiente)* plate, dish; **lavar los platos** to do the washing-up; **estaba el mar como un p.** the sea was like a millpond; EXPR *Fam* **comer en el mismo p.** to be great friends; EXPR *Fam* **pagar los platos rotos** to carry the can; EXPR *Fam* **parece que no ha roto un p. en su vida** he looks as if butter wouldn't melt in his mouth ❑ ***p. hondo*** soup dish *o* plate; ***p. llano*** plate; ***p. de postre*** dessert plate; ***p. sopero*** soup dish *o* plate
(**b**) *(parte de una comida)* course; **primer p.** first course, starter; **de primer p.** for starters; **segundo p.** second course, main course ❑ ***p. combinado*** = single-course meal which usually consists of meat or fish accompanied by French fries and vegetables; ***p. fuerte*** *(en una comida)* main course; *Fig* main part; **su actuación es el p. fuerte de la noche** her performance is the night's main event; ***p. principal*** main course
(**c**) *(comida)* dish ❑ ***p. del día*** dish of the day; ***p. preparado*** ready-prepared meal; ***p. típico*** typical dish
(**d**) *(de tocadiscos, microondas)* turntable
(**e**) *(de bicicleta)* chain wheel
(**f**) *(de balanza)* pan, scale
(**g**) *Dep* clay-pigeon

plató *nm* set

platónico, -a *adj* platonic

platudo, -a *adj Am Fam* loaded, rolling in it

plausibilidad *nf* (**a**) *(admisibilidad)* acceptability (**b**) *(posibilidad)* plausibility

plausible *adj* (**a**) *(admisible)* acceptable (**b**) *(posible)* plausible

playa *nf* (**a**) *(en el mar)* beach; **ir a la p. de vacaciones** to go on holiday to the seaside (**b**) *Am (aparcamiento)* **p. de estacionamiento** *Br* car park, *US* parking lot

play-back ['pleiak] (*pl* **play-backs**) *nm* **hacer p.** to mime (the lyrics)

playboy [plei'oi] (*pl* **playboys**) *nm* playboy

playera *nf* (**a**) *(zapatilla de deporte)* tennis shoe (**b**) *(zapatilla de lona)* canvas shoe (**c**) *Méx (camiseta)* T-shirt

playero, -a *adj* beach; **toalla playera** beach towel

play-off ['pleiof] (*pl* **play-offs**) *nm Dep* play-off

plaza *nf* (**a**) *(en una población)* square; **la p. del pueblo** the village *o* town square ❑ ***p. mayor*** main square
(**b**) *(sitio)* place; **tenemos plazas limitadas** there are a limited number of places available ❑ ***p. de aparcamiento*** parking space
(**c**) *(asiento)* seat; **un vehículo de dos plazas** a two-seater vehicle
(**d**) *(puesto de trabajo)* position, job; **está buscando una p. de médico** she's looking for a position as a doctor ❑ ***p. vacante*** vacancy
(**e**) *(mercado)* market, marketplace
(**f**) *Taurom* **p. (de toros)** bull-ring
(**g**) *Com (zona)* area
(**h**) *(fortificación)* ***p. de armas*** parade ground; ***p. fuerte*** stronghold

plazca *etc ver* **placer**

plazo *nm* (**a**) *(de tiempo)* period (of time); **en el p. de un mes** within a month; **mañana termina el p. de inscripción** the deadline for registration is tomorrow; **tenemos de p. hasta el domingo** we have until Sunday; **a corto/medio/largo p.** in the short/medium/long term; *Econ* short/medium/long term; **en breve p.** within a short time; **invertir dinero a p. fijo** to invest money for a fixed term ❑ *Com* ***p. de entrega*** delivery time
(**b**) *(de dinero)* instalment; **comprar a plazos** *Br* to buy on hire purchase, *US* to buy on an installment plan; **pagar a plazos** to pay in instalments

plazoleta, plazuela *nf* small square

PLD *nm* (*abrev de* **Partido de la Liberación Dominicana**) = political party in the Dominican Republic

pleamar *nf* high tide

plebe *nf también Fig* **la p.** the plebs

plebeyo, -a *adj* (**a**) *Hist* plebeian (**b**) *(vulgar)* common

plebiscito *nm* plebiscite

plectro *nm* (**a**) *Mús* plectrum (**b**) *Fig (inspiración)* inspiration

plegable *adj* collapsible, foldaway; *(silla)* folding

plegamiento *nm Geol* fold

plegar [43] **1** *vt (papel)* to fold; *(mesita, hamaca)* to fold away
2 plegarse *vpr* **plegarse a algo** to give in *o* yield to sth

plegaria *nf* prayer

pleistoceno, -a *Geol* **1** *adj* Pleistocene
2 *nm* **el p.** the Pleistocene

pleitear *vi Der* to litigate, to conduct a lawsuit

pleitesía *nf* homage; **rendir p. a alguien** to pay homage to sb

pleito *nm Der (litigio)* legal action, lawsuit; *(disputa)* dispute; **ganar un p.** to win a case *o* lawsuit; **poner un p. (a alguien)** to take legal action (against sb)

plenamente *adv* completely, fully

plenario, -a *adj* plenary

plenilunio *nm* full moon

plenipotenciario, -a 1 *adj* plenipotentiary
2 *nm,f* envoy

plenitud *nf* (**a**) *(apogeo)* completeness, fullness; **en la p. de** at the height of (**b**) *(abundancia)* abundance

pleno, -a 1 *adj* full, complete; **en p. día** in broad daylight; **en plena guerra** in the middle of the war; **le dio en plena cara** she hit him right in the face; **en plena forma** on top form; **en plena naturaleza** in the middle of the country(side); **en p. uso de sus facultades** in full command of his faculties; **la reunión en p.** the meeting as a whole, everyone at the meeting; **miembro de p. derecho** full member ❑ ***p. empleo*** full employment
2 *nm* (**a**) *(reunión)* plenary meeting (**b**) *Esp (en las quinielas)* = 14 correct forecasts on soccer pools ❑ ***p. al quince*** = 15 correct forecasts on soccer pools entitling player to jackpot prize

pletina *nf* cassette deck

plétora *nf* plethora

pletórico, -a *adj* **p. de** full of

pleura *nf* pleural membrane

pleuresía *nf Med* pleurisy

plexiglás® *nm inv* Perspex®, *US* Plexiglas®

plexo *nm Anat* plexus ❑ ***p. solar*** solar plexus

pléyade *nf (conjunto)* cluster

pliego 1 *ver* **plegar**
2 *nm* (**a**) *(de papel, de cartulina)* sheet (**b**) *(carta, documento)* sealed document *o* letter ❑ ***p. de cargos*** list of charges *o* accusations; ***p. de condiciones*** specifications; ***p. de descargos*** list of rebuttals (**c**) *Imprenta* signature

pliegue 1 *ver* **plegar**
2 *nm* (**a**) *(en papel, piel)* fold (**b**) *(en un plisado)* pleat (**c**) *Geol* fold

plin *nm Fam* **¡a mí, p.!** I couldn't care less!

plinto *nm Dep* vaulting box

plioceno, -a *Geol* **1** *adj* Pliocene
2 *nm* **el p.** the Pliocene
plisado *nm* pleating
plisar *vt* to pleat
PLN *nm (abrev de* **Partido Liberación Nacional**) = Costa Rican political party
plomada *nf* plumb line
plomazo, -a *nm,f Fam* bore
plomería *nf Am* plumber's
plomero *nm Am* plumber
plomizo, -a *adj (color, cielo)* leaden
plomo *nm* (**a**) *(metal)* lead; **sin p.** *(gasolina)* unleaded; *Fig* **caer a p.** to fall *o* drop like a stone (**b**) *(pieza de metal)* lead weight (**c**) *(fusible)* fuse (**d**) *Fam (pelmazo)* bore, drag
plóter (*pl* **ploters**), **plotter** (*pl* **plotters**) *nm Informát* plotter
PLRA *nf (abrev de* **Partido Liberal Radical Auténtico**) = Paraguayan political party
plug-in [plu'gin] *nm Informát* plug-in
pluma 1 *nf* (**a**) *(de ave)* feather; *(adorno)* plume, feather; **tiene un sombrero con plumas** she has a feathered hat (**b**) *(de humo, vapor)* plume (**c**) *(para escribir)* (fountain) pen; *(de ave)* quill (pen); *Méx (bolígrafo)* (ballpoint) pen; **dejar correr la p., escribir a vuela p.** to jot down; *Fig* **vivir de la p.** to live by the pen ❑ ***p. estilográfica*** fountain pen (**d**) *Fig (estilo de escribir)* style (**e**) *Fig (escritor)* writer (**f**) *Fam* **tener mucha p.** to be camp (**g**) *PRico (grifo) Br* tap, *US* faucet
2 *adj inv Dep* featherweight; **peso p.** featherweight
plumaje *nm* (**a**) *(de ave)* plumage (**b**) *(adorno)* plume
plumazo *nm* stroke of the pen; **de un p.** *(al tachar)* with a stroke of one's pen; *Fig (al hacer algo)* in one fell swoop, at a stroke
plúmbeo, -a *adj Fig* tedious, heavy
plum-cake [pluŋ'keik] (*pl* **plum-cakes**) *nm* fruit cake
plumero *nm* feather duster; *Fam Fig* **se le ve el p.** you can see through him
plumier (*pl* **plumiers**) *nm* pencil box
plumífero *nm (anorak)* feather-lined anorak
plumilla *nf* nib
plumín *nm* nib
plumón *nm* (**a**) *(de ave)* down (**b**) *Méx (rotulador)* felt-tip pen
plural 1 *adj* (**a**) *(múltiple)* pluralistic (**b**) *Gram* plural
2 *nm Gram* plural; **primera persona del p.** first person plural ❑ ***el p. mayestático*** the royal we
pluralidad *nf* diversity
pluralismo *nm* pluralism
pluralista *adj* pluralist
pluralizar [14] *vi* to generalize; **no pluralices, yo no tuve nada que ver** don't say "we", I had nothing to do with it
pluricelular *adj* multicellular
pluriempleado, -a 1 *adj* **estar p.** to have more than one job
2 *nm,f* = person with more than one job
pluriempleo *nm* **el p. es común en la región** having more than one job is common in the region
pluripartidismo *nm* multi-party system
plurivalente *adj* polyvalent
plus (*pl* **pluses**) *nm* bonus ❑ ***p. familiar*** family allowance; ***p. de peligrosidad*** danger money
pluscuamperfecto *adj & nm* pluperfect
plusmarca *nf* record
plusmarquista *nmf* record-holder
plusvalía *nf* (**a**) *Econ* appreciation, added value (**b**) *(concepto teórico)* surplus value
pluto *adj Ecuad Fam (borracho)* plastered, *Br* pissed; **estar p.** to be plastered *o Br* pissed
plutocracia *nf* plutocracy
Plutón *n* Pluto
plutonio *nm* plutonium
pluvial *adj* rain; **régimen p.** annual rainfall pattern
pluviometría *nf Meteo* measurement of rainfall, *Espec* pluviometry
pluviómetro *nm* rain gauge, *Espec* pluviometer
pluviosidad *nf* rainfall
pluvioso, -a *adj Formal* rainy
pluvisilva *nf* rainforest
PM *nf (abrev de* **policía militar**) MP
p.m. *(abrev de* **post meridiem**) p.m
PN *nm (abrev de* **Partido Nacional**) = Honduran political party
PNB *nm (abrev de* **producto nacional bruto**) GNP
PNN *nmf (abrev de* **profesor no numerario**) = untenured teacher or lecturer
PNUD *nm (abrev* **Programa de las Naciones Unidas para el Desarrollo**) UNDP
PNUMA *nm (abrev de* **Programa de las Naciones Unidas para el Medio Ambiente**) UNEP
PNV *nm (abrev de* **Partido Nacionalista Vasco**) = Basque nationalist party to the right of the political spectrum
p.o., p/o *(abrev de* **por orden**) pp
poblacho *nm Pey* dump
población *nf* (**a**) *(ciudad)* town, city; *(pueblo)* village (**b**) *(personas, animales)* population ❑ ***p. activa*** working population; ***p. flotante*** floating population; ***p. de riesgo*** group at risk (**c**) *(acción de poblar)* settlement, populating
poblada *nf Andes, Ven* (**a**) *(tumulto)* riot (**b**) *(gentío)* crowd (**c**) *(sedición)* rebellion, revolt
poblado, -a 1 *adj* (**a**) *(habitado)* inhabited; **una zona muy poblada** a densely populated area (**b**) *Fig (lleno)* full; *(barba, cejas)* bushy
2 *nm* settlement
poblador, -ora *nm,f (habitante)* inhabitant; *(colono)* settler
poblano, -a 1 *adj* of/from Puebla
2 *nm,f* (**a**) *(de Puebla)* person from Puebla (**b**) *Am (lugareño)* villager
poblar [63] **1** *vt* (**a**) *(establecerse en)* to settle, to colonize (**b**) *(habitar)* to inhabit (**c**) *Fig (llenar)* **p. (de)** *(plantas, árboles)* to plant (with); *(peces)* to stock (with)
2 poblarse *vpr* to fill up (**de** with)
pobre 1 *adj* (**a**) *(necesitado)* poor; EXPR *Fam* **más pobre que las ratas** as poor as a church mouse (**b**) *(desdichado)* poor; **¡p. hombre!** poor man!; **¡p. de mí!** poor me! (**c**) *(mediocre, defectuoso)* poor (**d**) *(escaso)* poor; **una dieta p. en proteínas** a diet with a low protein content; **esta región es p. en recursos naturales** this region lacks natural resources
2 *nmf* (**a**) *(sin dinero, infeliz)* poor person; **los pobres** the poor, poor people; **¡el p.!** poor thing! (**b**) *(mendigo)* beggar
pobreza *nf* (**a**) *(necesidad, escasez)* poverty; **vivir en la p.** to live in poverty; **p. de** lack *o* scarcity of; **p. de espíritu** weakness of character (**b**) *(de terreno)* barrenness, sterility
pocero *nm* well digger
pocha *nf (judía)* haricot bean
pocho, -a *adj* (**a**) *(persona)* off-colour (**b**) *(fruta)* over-ripe (**c**) *Méx Fam (americanizado)* Americanized
pochoclo *nm RP* popcorn
pocholada *nf Esp Fam* **una p. de niño/vestido** a cute little child/dress
pocholo, -a *adj Esp Fam* cute
pocilga *nf también Fig* pigsty
pocillo *nm Am* small cup
pócima *nf* (**a**) *(poción)* potion (**b**) *(bebida de mal sabor)* concoction
poción *nf* potion

POCO, -A 1 *adj (singular)* little, not much; *(plural)* few, not many; **de poca importancia** of little importance; **poca agua** not much water; **pocas personas lo saben** few *o* not many people know it; **hay pocos árboles** there aren't many trees; **tenemos p. tiempo** we don't have much time; **hace p. tiempo** not long ago; **dame unos pocos días** give me a few days; **esto ocurre pocas veces** this rarely happens, this doesn't happen often; **tengo pocas ganas de ir** I don't really *o* much feel like going; **poca sal me parece que le estás echando** I don't think you're putting enough salt in, I think you're putting too little salt in
2 *pron* (**a**) *(escasa cantidad) (singular)* little, not much; *(plural)* few, not many; **hay p. que decir** there isn't much to say, there's very little to say; **queda p.** there's not much left; **tengo muy pocos** I don't have very many, I have very few; **pocos hay que sepan tanto** not many people know so much; **éramos pocos** there weren't very many of us, there were only a few of us; **lo p. que tengo se lo debo a él** I owe what little I have to him; **otro p.** a little (bit) more; **un p.** a bit; **¿me das un p.?** can I have a bit?; **lo hice un p. por ayudarles** in a way, I did it to help them; **me pasa un**

p. lo que a ti pretty much the same thing happens to me as to you; **un p. de** a bit of; **un p. de sentido común** a bit of common sense; **compra un p. de pescado** buy some fish; **unos pocos** a few; **sólo unos pocos de ellos estaban de acuerdo** only a few of them agreed; **a p. que estudies, aprobarás** you'll only need to study a little bit in order to pass; **es una madre como hay pocas** there aren't many mothers like her around; **necesitamos, como p., veinte** we need at least twenty, we need twenty, minimum; **tener en p. a alguien** not to think much of sb

(**b**) *(breve tiempo)* **espera un p.** wait a minute; **me quedaré un p. más** I'll stay a bit longer; **a** *o* **al p. de...** shortly after...; **dentro de p.** soon, in a short time; **hace p.** a little while ago, not long ago

3 *adv* (**a**) *(escasamente)* not much; **este niño come p.** this boy doesn't eat much; **es p. común** it's not very common; **es p. profesional** it's not very professional, it's unprofessional; **resulta p. práctico** it's not very practical, it's rather impractical; **es un p. triste** it's rather sad; **va un p. lento todavía** it's still going rather slowly; *Fam* **dice que no le gustan los caramelos — ¡no p.!** she says she doesn't like *Br* sweets *o US* candy — yeah right!

(**b**) *(brevemente)* **tardaré muy p.** I won't be long; **queda p. para el verano** it's not long till summer now; **p. antes/después** shortly before/after; **p. después oí un tiro** shortly *o* soon after, I heard a shot; **eran p. más de las dos** it was just gone two o'clock

(**c**) *(infrecuentemente)* not often; **voy p. por allí** I don't go there very often; **voy muy p. por allí** I seldom go there

(**d**) *(en frases)* **p. a p.**, *RP* **de a p.** *(progresivamente)* little by little, bit by bit; **¡p. a p.!** *(despacio)* steady on!, slow down!; **p. más o menos** more or less; **es p. menos que imposible** it's next to *o* virtually impossible; **p. menos que me dijo que me largara** he only came and told me to get lost; *Méx* **¿a p.?** *(¿de verdad?)* really?; *Méx* **¡a p. no!** *(¡claro que sí!)* but of course!; **por p.** almost, nearly

poda *nf* (**a**) *(acción)* pruning (**b**) *(tiempo)* pruning time

podadera *nf* garden shears

podar *vt* to prune

podenco *nm* hound

PODER [49] **1** *nm* (**a**) *(mando, autoridad)* power; **la gente con más p. en la organización** the most powerful people in the organization; **estar en el p.** to be in power; **hacerse con** *o* **tomar el p.** to seize power; **un enfrentamiento de p. a p.** a heavyweight contest ❑ ***p. absoluto*** absolute power; ***el p. ejecutivo*** *(el gobierno)* the executive; ***poderes fácticos*** = the church, military and press; ***el p. judicial*** *(los jueces)* the judiciary; ***el p. legislativo*** *(las cortes)* the legislature; ***poderes públicos*** (public) authorities

(**b**) *(posesión, control)* **estar en p. de alguien** to be in sb's hands; **tienen en su p. a varios rehenes** they have taken a number of hostages; **el pueblo cayó en p. del enemigo** the town fell to the enemy; **la casa pasó a p. del banco** ownership of the house was transferred to the bank

(**c**) *(capacidad)* power; **un producto con gran p. de limpieza** a very powerful cleaning product; **tener poderes (paranormales)** to be psychic, to have psychic powers ❑ ***p. adquisitivo*** *(de salario)* purchasing power; *(de persona)* disposable income; ***p. calorífico*** calorific value; ***p. de convicción*** persuasive powers; ***p. de convocatoria:* tener p. de convocatoria** to be a crowd-puller; *Mil* ***p. disuasorio*** *o* ***de disuasión*** deterrent force

(**d**) *(autorización)* power, authorization; *(documento)* power of attorney; **dar poderes a alguien para que haga algo** to authorize sb to do sth; **tener plenos poderes para hacer algo** to be fully authorized to do sth; **por poderes** by proxy ❑ ***p. notarial*** power of attorney *(witnessed by a notary)*

2 *vi* (**a**) *(tener facultad, capacidad)* can, to be able to; **no puedo decírtelo** I can't tell you, I'm unable to tell you; **ahora mismo no podemos atenderle, llame más tarde** we can't *o* we are unable to take your call right now, please call later; **¿puede correrse un poco, por favor?** could you move up a bit, please?; **al final pudo salir de allí** in the end she managed to get out of there; **¡así no se puede hacer nada!** we'll never get anywhere like this!; **de p. ir, sería a partir de las siete** if I manage to *o* can make it, it will be after seven; **en cuanto pueda** as soon as possible; **si puedo, te llamaré** I'll call you if I get the chance

(**b**) *(tener permiso)* can, may; **no puedo salir por la noche** I'm not allowed to *o* I can't go out at night; **¿podríamos ir con vosotros?** could we go with you?; **¿podría hablar un momento con usted?** could I have a word with you?; **¿se pueden hacer fotos?** can we *o* are we allowed to take photos?; **¿puedo fumar aquí?** may *o* can I smoke here?; **no se puede fumar** you're not allowed to smoke; **¿se puede?** may I come in?; **¿se puede saber dónde te habías metido?** might I know *o* would you mind telling me where you were?

(**c**) *(ser capaz moralmente)* can; **no podemos portarnos así con él** we can't treat him like that; **¿cómo puedes decir una cosa así?** how can you say such a thing?

(**d**) *(tener posibilidad, ser posible)* may, can; **puede volver de un momento a otro** she could come back any moment; **puedo haberlo perdido** I may have lost it; **podías haber cogido el tren** you could have caught the train; **puede estallar la guerra** war could *o* may break out; **¿dónde puede** *o* **podrá estar?** where can it have got to?; **¡hubiera podido invitarnos!, ¡podría habernos invitado!** *(expresa enfado)* she could *o* might have invited us!; **ya podemos despedirnos de un aumento de sueldo** we can forget our pay rise now

(**e**) *(tener fuerza)* **p. con** *(enfermedad, rival)* to be able to overcome; *(tarea, problema)* to be able to cope with; **¿puedes con todas las bolsas?** can you manage all those bags?; **no puedo con este baúl, ¿me ayudas a levantarla?** I can't lift this trunk on my own, can you give me a hand?; **no p. con algo/alguien** *(no soportar)* not to be able to stand sth/sb; **no puedo con la hipocresía** I can't stand hypocrisy; **¡contigo no hay quien pueda!** you're impossible!

(**f**) *(en frases)* **a** *o* **hasta más no p.** as much as can be; **es avaro a más no p.** he's as miserly as can be; **llovía a más no p.** it was absolutely pouring down; **la pierna me dolía a más no p.** you can't imagine how much my leg was hurting; **no p. más** *(estar cansado)* to be too tired to carry on; *(estar harto de comer)* to be full (up); *(estar enfadado, harto)* to have had enough; **no pude por menos que reírme** I had to laugh, I couldn't help but laugh; *Fam* **¡ya podrás, con una máquina como esa!** anyone could do it with a machine like that!

3 *v impersonal (ser posible)* may; **puede que llueva** it may *o* might rain; **¿vendrás mañana? – puede** will you come tomorrow? – I may do; **puede que sí o puede que no** maybe, maybe not; **puede ser** perhaps, maybe; **si puede ser, a p. ser** if (at all) possible; **lo siento, pero no va a p. ser** I'm sorry, but it's not going to be possible; **puede ser que no lo sepa** she may not know; **¡no puede ser que sea ya tan tarde!** surely it can't be that late already!

4 *vt (ser más fuerte que)* to be stronger than; **tú eres más alto, pero yo te puedo** you may be taller than me, but I could still beat you up

poderío *nm* (**a**) *(poder, fuerza)* power (**b**) *(riqueza)* riches

poderoso, -a 1 *adj* powerful; **p. caballero es don dinero** money talks *o* makes the world go round

2 *nm,f* powerful person; **los poderosos** the powerful

podiatra *nmf Am* chiropodist, *US* podiatrist

podio, pódium *nm* podium

podología *nf* chiropody, *US* podology

podólogo, -a *nm,f* chiropodist, *US* podiatrist

podómetro *nm* pedometer

podré *etc ver* **poder**

podredumbre *nf* (**a**) *(putrefacción)* putrefaction (**b**) *Fig (inmoralidad)* corruption

podría *etc ver* **poder**

podrido, -a 1 *participio ver* **pudrir**

2 *adj* rotten; *Fam Fig* **estar p. de dinero** to be filthy rich

podrir = **pudrir**

poema *nm* poem; *Fam* **era todo un p.**

verlo llorar it was heartbreaking to see him cry ▫ *Mús* ***p. sinfónico*** symphonic *o* tone poem

poesía *nf* (**a**) *(género literario)* poetry (**b**) *(poema)* poem

poeta *nmf* poet

poética *nf* poetics *(singular)*

poético, -a *adj* poetic

poetisa *nf* (female) poet, poetess

poetizar [14] **1** *vt* to poeticize, to make poetic

2 *vi* to write poetry

pogromo *nm* pogrom

póker *nm* (**a**) *(juego)* poker (**b**) *(jugada)* four of a kind; **p. de ases** four aces

polaco, -a 1 *adj & nm,f* (**a**) Polish (**b**) *Fam Pey (catalán)* = pejorative term for a Catalan

2 *nm (lengua)* Polish

polaina *nf* gaiter

polar *adj* polar

polaridad *nf* polarity

polarización *nf* polarization

polarizador, -ora 1 *adj* polarizing; **filtro p.** polarizing filter

2 *nm Fís & Fot* polarizer

polarizar [14] **1** *vt* (**a**) *(miradas, atención, esfuerzo)* to concentrate (**b**) *Fís* to polarize

2 polarizarse *vpr (vida política, opinión pública)* to become polarized

polaroid® *nf inv* Polaroid®

polca *nf* polka

pólder *nm* polder

polea *nf* pulley

polémica *nf* controversy

polémico, -a *adj* controversial

polemista *nmf* polemicist

polemizar [14] *vi* to argue, to debate

polen *nm* pollen

polenta *nf* polenta

poleo *nm (planta)* pennyroyal; *(infusión)* pennyroyal tea

pole-position [pol posision] *nf Dep* pole position

polera *nf RP* polo shirt

poli *Fam* **1** *nmf* cop ▫ ***polis y cacos*** *(juego infantil)* cops and robbers

2 *nf* cops

poliamida *nf* polyamide

poliandria *nf* polyandry

polichinela *nm* (**a**) *(personaje)* Punchinello (**b**) *(títere)* puppet, marionette

policía 1 *nmf* policeman, *f* policewoman; **un p. de paisano** a plain-clothes policeman ▫ ***p. municipal*** local policeman, *f* local policewoman; ***p. de tráfico*** traffic policeman, *f* traffic policewoman

2 *nf* **la p.** the police; **viene la p.** the police are coming ▫ ***p. antidisturbios*** riot police; *Esp* ***p. autónoma*** = police force of an autonomous Spanish region; ***p. judicial*** = division of police which carries out the orders of a court; ***p. militar*** military police; ***p. montada*** mounted police; ***p. municipal*** local police; ***p. nacional*** national police; ***p. secreta*** secret police; ***p. de tráfico*** traffic police; ***p. urbana*** local police

policiaco, -a, policíaco, -a *adj* **película/novela policiaca** detective film/novel

policial *adj* police; **investigación p.** police investigation *o* enquiry

policlínica *nf*, **policlínico** *nm* private hospital

policromado, -a *adj Arte* polychrome

policromía *nf Arte* polychromy

policromo, -a, polícromo, -a *adj* polychromatic

polideportivo, -a 1 *adj* multi-sport; *(gimnasio)* multi-use

2 *nm* sports centre

poliedro *nm* polyhedron

poliéster *nm inv* polyester

poliestireno *nm* polystyrene ▫ ***p. expandido*** expanded polystyrene

polietileno *nm Br* polythene, *US* polyethylene

polifacético, -a *adj (persona)* multifaceted; *(actor)* versatile

polifonía *nf* polyphony

polifónico, -a *adj* polyphonic

poligamia *nf* polygamy

polígamo, -a 1 *adj* polygamous

2 *nm,f* polygamist

polígloto, -a, poligloto, -ta *adj & nmf* polyglot

poligonal *adj* polygonal

polígono *nm* (**a**) *(figura)* polygon ▫ ***p. regular*** regular polygon (**b**) *(terreno)* ***p. industrial*** industrial estate; ***p. residencial*** housing estate; ***p. de tiro*** firing range

poliinsaturado, -a *adj* polyunsaturated

polilla *nf* moth

polimerización *nf Quím* polymerization

polímero *nm* polymer

polimorfismo *nm* polymorphism

polimorfo, -a *adj* polymorphous

Polinesia *n* Polynesia

polinesio, -a 1 *adj & nm,f* Polynesian

2 *nm (lengua)* Polynesian

polinización *nf* pollination

polinizar [14] *vt* to pollinate

polinomio *nm* polynomial

polio *nf inv* polio

poliomelítico, -a 1 *adj* with polio

2 *nm,f* polio victim

poliomielitis *nf inv* poliomyelitis

polipiel *nf* artificial skin

pólipo *nm* polyp

polisacárido *nm Quím* polysaccharide

Polisario *nm (abrev* **Frente Popular para la Liberación de Sakiet el Hamra y Río de Oro***)* **el (Frente) P.** Polisario, = Western Sahara liberation front

polisemia *nf* polysemy

polisílabo, -a 1 *adj* polysyllabic

2 *nm* polysyllable

Politburó *nm* Politburo

politécnico, -a *adj* polytechnic; **universidad politécnica** technical university

politeísmo *nm* polytheism

politeísta *adj* polytheistic

política *nf* (**a**) *(arte de gobernar)* politics *(singular)*; **hablar de p.** to discuss politics, to talk (about) politics (**b**) *(modo de gobernar, táctica)* policy ▫ ***la política del avestruz*** burying one's head in the sand; ***p. exterior*** foreign policy; ***p. monetaria*** monetary policy; ***p. de tierra quemada*** scorched earth policy

políticamente *adv* politically; **p. correcto** politically correct

politicastro *nm Pey* bad politician

político, -a 1 *adj* (**a**) *(de gobierno)* political (**b**) *Fig (prudente)* tactful (**c**) *(pariente)* **hermano p.** brother-in law; **familia política** in-laws

2 *nm* politician

politiquear *vi Fam Pey (maniobrar interesadamente)* to politick

politiqueo *nm* politicking

politiquero, -a *nm,f Pey* politicker

politización *nf* politicization

politizar [14] **1** *vt* to politicize

2 politizarse *vpr* to become politicized

politólogo, -a *nm,f* politicist

poliuretano *nm* polyurethane

polivalencia *nf* polyvalency

polivalente *adj (vacuna, suero)* polyvalent

póliza *nf* (**a**) *(de seguro)* (insurance) policy; **p. de incendios/de vida** fire/life-insurance policy; **suscribir una p.** to take out a policy (**b**) *(sello)* = stamp on a document showing that a certain tax has been paid

polizón *nm* stowaway

polizonte *nm Fam* cop

polla *nf* (**a**) *Esp Vulg (pene)* cock, prick; **¡una p.!** *(no)* no fucking way!, *Br* not bloody likely!; **¡qué sopa ni qué pollas!** to hell with soup!; **ser la p.** to be the absolute end; **porque me sale de la p.** because I *Br* bloody *o US* goddamn well want to; **¡me suda la p.!** I couldn't give a fuck *o Br* toss!; **¡ni excusas ni pollas en vinagre!** no excuses or that kind of shit! (**b**) *(ave)* ***p. de agua*** moorhen (**c**) *Arg (carrera)* horse race

pollada *nf* brood

pollera *nf Andes, RP* skirt

pollería *nf* poultry shop

pollino *nm* donkey

pollito *nm* chick

pollo, -a 1 *nm,f Anticuado o Hum (joven)* young shaver

2 *nm,f* (**a**) *(animal)* chick ▫ ***p. tomatero*** = tender spring chicken suitable for cooking with tomatoes (**b**) *(guiso)* chicken

polluelo *nm* chick

polo *nm* (**a**) *(de la tierra)* pole ▫ ***p. celeste*** celestial pole; ***p. geográfico*** terrestrial pole; ***p. magnético*** magnetic pole; ***p. Norte*** North Pole; ***p. Sur*** South Pole; ***p. terrestre***

terrestrial pole
(**b**) *Elec* terminal; **p. negativo/positivo** negative/positive ter-minal
(**c**) *(helado) Br* ice lolly, *US* Popsicle®
(**d**) *(jersey)* polo shirt
(**e**) *(centro) Fig* ***p. de atracción*** *o* ***atención*** centre of attraction
(**f**) *Dep* polo
(**g**) EXPR **ser polos opuestos** to be poles apart; **ser el p. opuesto de** to be the complete opposite of

pololear *vi Chile Fam* to go out (together)

pololeo *nm Chile Fam* small job

pololo, -a *nm,f Chile Fam* boyfriend, *f* girlfriend

polonesa *nf Mús* polonaise

Polonia *n* Poland

polonio *nm Quím* polonium

poltrón, -ona *adj* lazy

poltrona *nf* easy chair

polución *nf* (**a**) *(contaminación)* pollution ▫ ***p. ambiental*** air pollution (**b**) *(eyaculación)* ***p. nocturna*** wet dream

polucionar *vt* to pollute

polulo *nm Chile* popcorn

poluto, -a *adj* soiled, polluted

polvareda *nf* dust cloud; *Fig* **levantar una gran p.** to cause a commotion

polvera *nf* powder compact

polvo *nm* (**a**) *(en el aire)* dust; **limpiar** *o* **quitar el p.** to do the dusting ▫ ***p. cósmico*** cosmic dust
(**b**) *(de un producto)* powder; **en p.** powdered ▫ *muy Fam* ***p. de ángel*** angel dust; ***polvos picapica*** itching powder; ***polvos de talco*** talcum powder
(**c**) **polvos** *(maquillaje)* powder; **ponerse polvos** to powder one's face
(**d**) *muy Fam (coito)* screw, *Br* shag; **echar un p.** to have a screw, *Br* to have it off
(**e**) EXPR *Fam* **estar hecho p.** *(muy cansado)* to be beat *o Br* knackered; *(muy deprimido)* to be really depressed; *Fam* **hacer p. algo** to smash sth; *Fam* **morder el p.** to be humiliated; *muy Fam* **¡qué p. tiene!** what a babe!

pólvora *nf* (**a**) *(sustancia explosiva)* gunpowder; EXPR **correr como la p.** to spread like wildfire; EXPR *Fam* **no ha inventado la p.** he's not the most intelligent person in the world (**b**) *(fuegos artificiales)* fireworks

polvoriento, -a *adj (superficie)* dusty; *(sustancia)* powdery

polvorín *nm* munitions dump; *Fig* powder keg

polvorón *nm* = very crumbly shortbread biscuit

pomada *nf* ointment ▫ *RP* ***p. para zapatos*** shoe polish

pomelo *nm* (**a**) *(fruto)* grapefruit (**b**) *(árbol)* grapefruit tree

pómez *adj* **piedra p.** pumice stone

pomo *nm (de puerta, mueble)* handle, knob

pompa *nf* (**a**) *(suntuosidad)* pomp (**b**) *(ostentación)* show, ostentation (**c**) **p. (de jabón)** (soap) bubble (**d**) ***pompas fúnebres*** *(servicio)* undertaker's; *(ceremonia)* funeral

Pompeya *n* Pompeii

pompeyano, -a *adj & nm,f* Pompeiian

pompis *nm inv Fam* behind, bottom

pompón *nm* pompom

pomposamente *adv* (**a**) *(con suntuosidad)* splendidly, with great pomp (**b**) *(con ostentación)* pompously

pomposidad *nf* (**a**) *(suntuosidad)* splendour, pomp (**b**) *(ostentación)* showiness (**c**) *(en el lenguaje)* pomposity

pomposo, -a *adj* (**a**) *(suntuoso)* sumptuous, magnificent (**b**) *(ostentoso)* showy (**c**) *(lenguaje)* pompous

pómulo *nm* (**a**) *(hueso)* cheekbone (**b**) *(mejilla)* cheek

pon *ver* **poner**

ponchada *nf Chile, RP* pile, heap

ponchadura *nf Guat, Méx* puncture, *US* blowout

ponchar 1 *vt* (**a**) *Guat, Méx (rueda)* to puncture (**b**) *Am (en béisbol)* to strike out
2 poncharse *vpr* (**a**) *Guat, Méx (rueda)* to get a puncture (**b**) *Am (en béisbol)* to strike out

ponche *nm* (**a**) *(en fiesta)* punch (**b**) *(con leche y huevo)* eggnog

ponchera *nf* punch bowl

poncho *nm* poncho

ponderable *adj* (**a**) *(en peso)* weighable (**b**) *(en ponderación)* worthy of consideration

ponderación *nf* (**a**) *(alabanza)* praise (**b**) *(moderación)* deliberation, considered nature (**c**) *(en estadística)* weighting

ponderado, -a *adj* (**a**) *(moderado)* considered (**b**) *(en estadística)* weighted

ponderar *vt* (**a**) *(alabar)* to praise (**b**) *(considerar)* to consider, to weigh up (**c**) *(en estadística)* to weight

pondré *etc ver* **poner**

ponedero *nm* nesting box

ponedor, -ora 1 *adj* egg-laying
2 *nm (ponedero)* nesting box

ponencia *nf* (**a**) *(conferencia)* lecture, paper; **una p. sobre ecología** a lecture *o* paper on ecology (**b**) *(informe)* report (**c**) *(comisión)* reporting committee

ponente *nmf* (**a**) *(en congreso)* speaker (**b**) *(relator)* reporter, rapporteur

---

PONER [50] **1** *vt* (**a**) *(situar, agregar, meter)* to put; **me pusieron en la última fila** I was put in the back row; **ponle un poco más de sal** put some more salt in it, add a bit of salt to it; **p. un anuncio en el periódico** to put an advert in the paper; **p. un póster en la pared** to put a poster up on the wall; **p. una inyección a alguien** to give sb an injection; **hubo que ponerle un bozal al perro** we had to put a muzzle on the dog, we had to muzzle the dog
(**b**) *(ropa, zapatos, maquillaje)* **p. algo a alguien** to put sth on sb; **ponle este pañal al bebé** put this *Br* nappy *o US* diaper on the baby
(**c**) *(servir)* **¿qué le pongo?** what can I get you?, what would you like?; **póngame una cerveza, por favor** I'd like *o* I'll have a beer, please; **¿cuánto le pongo?** how much would you like?; **póngame un kilo** give me a kilo
(**d**) *(contribuir, aportar)* to put in; **p. dinero en el negocio** to put money into the business; **p. algo de mi/tu/***etc.* **parte** to do my/your/*etc* bit; **p. mucho empeño en (hacer) algo** to put a lot of effort into (doing) sth; **pon atención en lo que digo** pay attention to what I'm saying; **hay que p. más cuidado con** *o* **en la ortografía** you have to take more care over your spelling
(**e**) *(hacer estar de cierta manera)* **p. a alguien en un aprieto/de mal humor** to put sb in a difficult position/in a bad mood; **le has puesto colorado/nervioso** you've made him blush/feel nervous; **ponérselo fácil/difícil a alguien** to make things easy/difficult for sb; **lo puso todo perdido** she made a real mess; **el profesor nos puso a hacer cuentas** the teacher gave us some sums to do; **llegó y nos puso a todos a trabajar** she arrived and set us all to work; **pon la sopa a calentar** warm the soup up; **me pusieron de aprendiz de camarero** they had me work as a trainee waiter; **p. cara de tonto/inocente** to put on a stupid/an innocent face
(**f**) *(calificar)* **p. a alguien de algo** to call sb sth; **me pusieron de mentiroso** they called me a liar; **p. bien algo/a alguien** to praise sth/sb; **p. mal algo/a alguien** to criticize sth/sb
(**g**) *(oponer)* **p. obstáculos a algo** to hinder sth; **p. pegas a algo** to raise objections to sth
(**h**) *(asignar) (precio)* to fix, to settle on; *(multa)* to give; *(deberes, examen, tarea)* to give, to set; **le pusieron (de nombre) Mario** they called him Mario; **me han puesto (en el turno) de noche** I've been assigned to the night shift, they've put me on the night shift; **le pusieron un cinco en el examen** he got five out of ten in the exam
(**i**) *(comunicar) (telegrama, fax, giro postal)* to send; *(conferencia)* to make; **¿me pones con él?** can you put me through to him?; **no cuelgue, ahora le pongo** don't hang up, I'll put you through in a second
(**j**) *(conectar, hacer funcionar) (televisión, radio)* to switch *o* put on; *(despertador)* to set; *(instalación, gas)* to put in; *(música, cinta, disco)* to put on; **pon el telediario** put the news on; **puse el despertador a las seis/el reloj en hora** I set my alarm clock for six o'clock/my watch to the right time; **¿os han puesto ya el teléfono?** are you on the phone yet?, have they connected your phone yet?; **ponlo más alto, que no se oye** turn it up, I can't hear it
(**k**) *(en el cine, el teatro, la televisión)* to show; **anoche pusieron un documental muy interesante** last night they showed a very interesting documentary; **¿qué ponen en la tele/en el Rialto?** what's on the TV/on at the Rialto?; **en el Rialto ponen una**

de **Stallone** there's a Stallone movie on at the Rialto

(**l**) *(montar)* to set up; **p. la casa** to set up home; **p. un negocio** to start a business; **ha puesto una tienda** she has opened a shop; **han puesto una cocina nueva** they've had a new *Br* cooker *o US* stove put in; **hemos puesto moqueta en el salón** we've had a carpet fitted in the living room; **p. la mesa** to lay the table; **pusieron la tienda (de campaña) en un prado** they pitched their tent *o* put their tent up in a meadow

(**m**) *(decorar)* to do up; **han puesto su casa con mucho lujo** they've done up their house in real style

(**n**) *(suponer)* to suppose; **pongamos que sucedió así** (let's) suppose that's what happened; **pon que necesitemos cinco días** suppose we need five days; **poniendo que todo salga bien** assuming everything goes according to plan; **¿cuándo estará listo? — ponle que en dos días** when will it be ready? — reckon on it taking two days

(**o**) *(decir)* to say; **¿qué pone ahí?** what does it say there?

(**p**) *(escribir)* to put; **¿qué pusiste en la segunda pregunta?** what did you put for the second question?

(**q**) *(huevo)* to lay

2 *vi (gallina, aves)* to lay (eggs)

3 *v impersonal Am Fam (parecer)* **se me pone que...** it seems to me that...

4 ponerse *vpr* (**a**) *(colocarse)* to put oneself; **ponerse de pie** to stand up; **ponerse de rodillas** to kneel (down); **ponerse de espaldas a la pared** to turn one's back to the wall; **ponerse de perfil** to turn sideways on; **¡no te pongas en medio!** you're in my way there!; **ponte en la ventana** stand by the window; **poneos un poco más juntos** move a bit closer together

(**b**) *(ropa, gafas, maquillaje)* to put on; **ponte la ropa** put your clothes on, get dressed; **¿qué te vas a p. para la fiesta?** what are you going to wear to the party?

(**c**) *(volverse de cierta manera)* to go, to become; **se puso de mal humor** she got into a bad mood; **se puso rojo de ira** he went red with anger; **las cosas se están poniendo muy difíciles** things are getting very difficult; **se ha puesto muy gordo** he's got very fat; **se puso colorado** he blushed; **te has puesto muy guapa** you look lovely; **ponerse malo** *o* **enfermo** to fall ill; **ponerse bien** *(de salud)* to get better; **¡cómo te pones por nada!** there's no need to react like that!; **¡no te pongas así!** *(no te enfades)* don't be like that!; *(no te pongas triste)* don't get upset!, don't be sad!

(**d**) *(iniciar)* **ponerse a hacer algo** to start doing sth; **se puso a nevar** it started snowing; **ponerse con algo** to start on sth; *Fam* **ya que te pones, haz café para todos** while you're at it, why don't you make enough coffee for everyone?

(**e**) *(llenarse)* **¡cómo te has puesto (de barro)!** look at you (you're covered in mud)!; **se puso de barro hasta las rodillas** he got covered in mud up to his knees; *Fam* **nos pusimos hasta arriba** *o* **hasta las orejas de pasteles** we stuffed our faces with cakes

(**f**) *(sol, luna)* to set; **el sol se pone por el oeste** the sun sets in the west; **al ponerse el sol** when the sun goes/went down

(**g**) *(al teléfono)* **ahora se pone** she's just coming, I'll put her on in a moment; **ponte, es de la oficina** here, it's somebody from the office for you; **dile que se ponga** tell her to come to the phone

(**h**) *(llegar)* **ponerse en** to get to; **nos pusimos en Santiago en dos horas** we made it to Santiago in two hours; **con esta moto te pones en los 150 sin enterarte** on this motorbike you're doing 150 before you even realize it

(**i**) *(parecer)* **se me pone que...** it seems to me that...

poney ['poni] *nm* pony

pongo *ver* **poner**

poni *nm* pony

poniente *nm (occidente)* West; *(viento)* west wind

pontevedrés, -esa 1 *adj* of/from Pontevedra

2 *nm,f* person from Pontevedra

pontificado *nm* papacy

pontifical *adj* papal

pontificar [59] *vi* to pontificate

pontífice *nm (obispo)* bishop; *(Papa)* Pope; **el Sumo P.** the Supreme Pontiff, the Pope

pontificio, -a *adj (de los obispos)* episcopal; *(del Papa)* papal

pontón *nm* pontoon

pontonero *nm Mil* engineer *(specialist in bridge building)*

ponzoña *nf (veneno)* venom, poison; *Fig* venom

ponzoñoso, -a *adj (venenoso)* venomous, poisonous; *Fig* venomous

pool *nm Com* pool

pop 1 *adj* pop

2 *nm (música)* pop (music)

popa *nf* stern

pop-art *nm* pop art

pope *nm* (**a**) *Rel* = priest of the Orthodox church (**b**) *Fam Fig (pez gordo)* big shot

popelín *nm*, **popelina** *nf* poplin

popis *nm inv Méx Fam* rich kid

popote *nm Méx* drinking straw

populachero, -a *adj Pey* (**a**) *(fiesta)* common, popular (**b**) *(discurso)* populist

populacho *nm Pey* mob, masses

popular 1 *adj* (**a**) *(del pueblo)* of the people; *(arte, música)* folk; *(precios)* affordable (**b**) *(lenguaje)* colloquial (**c**) *(famoso)* popular; **hacerse p.** to catch on (**d**) *Esp Pol* = of/relating to the Partido Popular

2 *nmf Esp Pol* = member/supporter of the Partido Popular

popularidad *nf* popularity

popularización *nf* popularization

popularizar [14] **1** *vt* to popularize

2 popularizarse *vpr* to become popular

popularmente *adv* **p. conocido como...** more commonly known as...

populismo *nm* populism

populista *adj & nmf* populist

populoso, -a *adj* populous, crowded

popurrí *nm* potpourri

popusa *nf Bol, Guat, Salv (tortilla)* = tortilla filled with cheese or meat

póquer *nm* (**a**) *(juego)* poker (**b**) *(jugada)* four of a kind; **p. de ases** four aces

poquito *nm* **un p.** a little bit

POR *prep* (**a**) *(indica causa)* because of; **llegó tarde p. el tráfico** she was late because of the traffic; **lo hizo p. amor** he did it out of *o* for love; **me disculpé p. llegar tarde** I apologized for arriving late; **miré dentro p. simple curiosidad** I looked inside out of pure curiosity; **accidentes por conducción temeraria** accidents caused by reckless driving; **muertes por enfermedades cardiovasculares** deaths from cardiovascular disease; **no quise llamar p. la hora (que era)** I didn't want to call because of the time; **cerrado p. vacaciones/reformas** *(en letrero)* closed for holidays/alterations; **p. mí no te preocupes** don't worry about me; *Esp* **fue p. eso p. lo que tuvimos tantos problemas,** *Am* **fue p. eso que tuvimos tantos problemas** that's why we had so many problems; **eso te pasa p. (ser tan) generoso** that's what you get for being so generous; **la razón p. (la) que dimite** the reason (why) she is resigning; **¿p. qué?** why?; **¿p. qué no vienes?** why don't you come?; **¿p. qué lo preguntas? — p. nada** why do you ask? — no reason; *Fam* **¿p.?** why?; **p. si** in case; **p. si se te olvida** in case you forget

(**b**) *(indica indicio)* **p. lo que me dices/lo que he oído no debe de ser tan difícil** from what you say/what I've heard, it can't be that difficult; **p. lo que tengo entendido, viven juntos** as I understand it, they live together, my understanding is that they live together; **p. lo visto, p. lo que se ve** apparently

(**c**) *(indica finalidad) (antes de infinitivo)* (in order) to; *(antes de sustantivo o pronombre)* for; **lo hizo p. complacerte** he did it to please you; **vine p. charlar un rato** I came to have a chat *o* for a chat; **escribo p. diversión** I write for fun; **lo hice p. ella** I did it for her; **vino un señor preguntando p. usted** a man was here asking for you; **corrí las mesas p. que tuvieran más espacio** I moved the tables along so they had more room

(**d**) *(indica inclinación, favor)* **sentía un gran amor/interés p. los animales** she had a great love of/interest in animals; **existía cierta fascinación p. lo oriental** there was a certain fascination with all things oriental; **tengo curiosidad p. saberlo** I'm curious to know; **votó p. los socialistas** he voted for the socialists; **la mayoría está p. la huelga** *o* **p. hacer**

huelga the majority is in favour of a strike (**e**) *(indica medio, modo)* by; **p. mensajero/fax/teléfono** by courier/fax/telephone; **estuvimos hablando p. teléfono** we were talking on the phone; **p. correo** by post, by mail; **se comunican p. Internet** they communicate via the Internet; **te mandé un mensaje p. correo electrónico** I sent you an e-mail; **p. escrito** in writing; **lo oí p. la radio** I heard it on the radio; **van a echar p. la tele un ciclo de Scorsese** they are going to have a season of Scorsese films on the TV; **conseguí las entradas/el empleo p. un amigo** I got the tickets/job through a friend; **funciona p. energía solar** it runs on *o* uses solar power; **nos comunicábamos p. señas** we communicated with each other by *o* using signs; **los discos están puestos p. orden alfabético** the records are arranged in alphabetical order; **p. la forma de llamar a la puerta supe que eras tú** I knew it was you from *o* by the way you knocked on the door; **lo agarraron p. el brazo** they seized him by the arm; **lo harás p. las buenas o p. las malas** you'll do it whether you like it or not

(**f**) *(indica agente)* by; **el récord fue batido p. el atleta cubano** the record was broken by the Cuban athlete

(**g**) *(indica tiempo aproximado)* **creo que la boda será p. abril** I think the wedding will be some time in April; **p. entonces** *o* **p. aquellas fechas yo estaba de viaje** I was away at the time

(**h**) *(indica tiempo concreto)* **p. la mañana/tarde** in the morning/afternoon; **p. la noche** at night; **ayer salimos p. la noche** we went out last night; **p. unos días** for a few days; **p. ahora** for the time being; **p. ahora no podemos hacer nada** for the time being, we can't do anything, there's nothing we can do for the moment

(**i**) *(antes de infinitivo) (indica tarea futura)* **los candidatos que quedan p. entrevistar** the candidates who have not yet been interviewed *o* who have still to be interviewed; **tengo todos estos papeles p. ordenar** I've got all these papers to sort out; **estuve p. ir, pero luego me dio pereza** I was about to go *o* on the verge of going, but then I decided I couldn't be bothered; **¡eso está p. ver!** that remains to be seen!; **está p. ver si eso es cierto** it remains to be seen whether that is the case

(**j**) *(indica lugar indeterminado)* **¿p. dónde vive?** whereabouts does he live?; **vive p. las afueras** he lives somewhere on the outskirts; **ese restaurante está p. el centro** that restaurant is in the town centre somewhere; **estará p. algún cajón/p. ahí** it'll be in a drawer somewhere/around somewhere

(**k**) *(indica lugar o zona concretos)* **voy p. el principio/la mitad de la novela** I'm just starting/I'm halfway through the novel; **el agua nos llegaba p. las rodillas** the water came up to our knees; **había papeles p. el suelo** there were papers all over the floor; **estuvimos viajando p. Centroamérica** we were travelling around Central America; **p. todo el mundo** all over *o* throughout the world; **hay poca vegetación p. aquí/allí** there isn't much vegetation round here/there; **p. delante/detrás parece muy bonito** it looks very nice from the front/back; **sólo quedaba sitio p. delante/detrás** there was only room at the front/back; **los que van p. delante/detrás** the leaders/backmarkers; **está escrito p. detrás** there's writing on the back

(**l**) *(indica tránsito, trayectoria) (a través de)* through; **vamos p. aquí/allí** let's go this/that way; **¿p. dónde se entra/se sale?** where's the way in/out?; **iba paseando p. el bosque/la calle/el jardín** she was walking through the forest/along the street/in the garden; **pasar p. la aduana** to go through customs; **entraron p. la ventana** they got in through the window; **se cayó p. la ventana/la escalera** she fell out of the window/down the stairs

(**m**) *(indica movimiento) (en busca de)* for; *Esp* **a p.** for; **baja (a) p. tabaco** go down to the shops for some cigarettes, go down to get some cigarettes; **vino (a) p. las entradas** she came for the tickets; **fui (a) por ellos al aeropuerto** I went to pick them up at the airport

(**n**) *(indica cambio, sustitución, equivalencia)* for; **lo ha comprado p. poco dinero** she bought it for very little; **cambió el coche p. la moto** he exchanged his car for a motorbike; **un premio/cheque p. valor de 1.000 pesos** a prize of/cheque for 1,000 pesos; **él lo hará p. mí** he'll do it for me; **se hizo pasar p. policía** he pretended to be a policeman

(**o**) *(indica reparto, distribución)* per: **cien pesetas p. unidad** a hundred pesetas each; **mil unidades p. semana** a thousand units a *o* per week; **20 kms p. hora** 20 km an *o* per hour; **hay un parado p. cada cinco trabajadores** there is one person unemployed for every five who have a job; **sólo vendemos las patatas p. sacos** we only sell potatoes by the sack; **uno p. uno** one by one

(**p**) *(indica multiplicación)* **dos p. dos igual a cuatro** two times two is four

(**q**) *(indica área geométrica)* by; **la habitación mide cinco p. tres metros** the room is five metres by three

(**r**) *(indica concesión)* **p. más** *o* **mucho que lo intentes no lo conseguirás** however hard you try *o* try as you might, you'll never manage it; **no me cae bien, p. (muy) simpático que te parezca** you may think he's nice, but I don't like him

(**s**) *(en cuanto a)* **p. mí/nosotros** as far as I'm/we're concerned; **p. nosotros no hay inconveniente** it's fine by us; **p. mí puedes hacer lo que quieras** as far as I'm concerned, you can do whatever you like

(**t**) *Am (durante)* for; **fue presidente p. treinta años** he was president for thirty years

---

porcelana *nf* (**a**) *(material)* porcelain, china (**b**) *(objeto)* piece of porcelain *o* china

porcentaje *nm* percentage

porcentual *adj* percentage; **seis puntos porcentuales** six percentage points

porcentualmente *adv* in percentage terms

porche *nm (entrada)* porch; *(soportal)* arcade

porcino, -a *adj* pig; **ganado p.** pigs

porción *nf* (**a**) *(parte)* portion, piece (**b**) *(de comida)* portion, helping; **sirven porciones abundantes en este restaurante** they serve big portions in this restaurant

pordiosero, -a 1 *adj* begging
2 *nm,f* beggar

porfía *nf* (**a**) *(disputa)* dispute; **a p.** determinedly (**b**) *(insistencia)* persistence; *(tozudez)* stubbornness

porfiado, -a *adj (insistente)* persistent; *(tozudo)* stubborn

porfiar [32] *vi* (**a**) *(disputar)* to argue obstinately (**b**) *(empeñarse)* **p. en** to be insistent on

porfiria *nf Med* porphyria

pormenor *nm* detail; **me explicó los pormenores del proyecto** she explained the details of the project to me

pormenorizadamente *adv* in detail

pormenorizado, -a *adj* detailed

pormenorizar [14] **1** *vt* to describe in detail
2 *vi* to go into detail

porno 1 *adj Fam* porn, porno
2 *nm* porn

pornografía *nf* pornography

pornográfico, -a *adj* pornographic

pornógrafo, -a *nm,f* pornographer

poro *nm* pore

porongo *nm RP* gourd

porosidad *nf* porousness, porosity

poroso, -a *adj* porous

poroto *nm Andes, RP* kidney bean ❑ ***p. verde*** green bean

porque *conj* (**a**) *(debido a que)* because; **¡p. sí/no!** just because!; **lo hice p. sí** I'm I did it because I felt like it (**b**) *(para que)* so that, in order that

porqué *nm* reason; **el p. de** the reason for

porquería *nf* (**a**) *(suciedad)* filth; **la habitación está llena de p.** the room is absolutely filthy (**b**) *(cosa de mala calidad) Br* rubbish, *US* garbage; **es una p. de libro** the book is *Br* rubbish *o US* garbage; **una p. de moto** a useless bike (**c**) **porquerías** *(comida)* junk food, *Br* rubbish, *US* garbage (**d**) *(grosería)* vulgarity

porqueriza *nf* pigsty

porquero, -a *nm,f* swineherd

porra 1 *nf* (**a**) *(palo)* club; *(de policía) Br* truncheon, *US* nightstick (**b**) *(masa frita)* = deep-fried pastry sticks (**c**) *Fam (apuesta)* sweepstake *(among friends or work colleagues)* (**d**) *Méx Dep (hinchada)* fans (**e**) EXPR *Fam* **mandar a alguien a la p.** to tell sb to go to hell; **¡vete a la p.!** go to hell!, get lost!; *Fam* **¿por qué/dónde porras...?** why/where

the blazes...?; *Fam* **¡y una p.!** no way!, *Br* not bloody likely!
2 *interj Fam* **¡porras!** hell!, damn it!
porrada *nf Fam* **una p. (de)** heaps *o* tons (of)
porrazo *nm (golpe)* bang, blow; *(caída)* bump; **un policía lo dejó inconsciente de un p. en la cabeza** a policeman knocked him unconscious with a blow from his *Br* truncheon *o US* nightstick; **me di un p. tremendo contra la puerta** I whacked myself on the door
porreta 1 *nmf muy Fam (fumador de porros)* pothead
2 *nf Fam* **(a)** *(nariz)* hooter **(b) en porreta(s)** *(desnudo)* in the altogether
porrillo: a porrillo *loc adv Fam* by the bucket
porro *nm Fam (de droga)* joint
porrón *nm* **(a)** *(vasija)* = glass wine jar used for drinking wine from its long spout **(b)** *Fam* **un p. de** loads of
porta *Anat* **1** *adj* **vena p.** portal vein
2 *nf* portal vein
portaaviones *nm inv* aircraft carrier
portabicis *nm inv* bicycle rack *(on car)*
portabilidad *nf Informát* portability
portabultos *nm inv Méx* roof rack
portada *nf* **(a)** *(de libro)* title page; *(de revista)* (front) cover; *(de periódico)* front page; *Informát (de página Web)* home page **(b)** *(de disco)* sleeve **(c)** *Arquit* façade
portador, -ora 1 *adj* carrying, bearing
2 *nm,f* **(a)** *(de noticia)* bearer; *(de virus)* carrier; **los portadores del virus del sida** carriers of the AIDS virus **(b)** *Com* **al p.** to the bearer
3 **portadora** *nf Informát & Tel* carrier
portaequipajes *nm inv* **(a)** *(en automóvil) (maletero) Br* boot, *US* trunk; *(baca)* roof *o* luggage rack **(b)** *(en autobús, tren)* luggage rack
portaestandarte *nm* standard-bearer
portafiltros *nm inv* filter holder
portafolio *nm,* **portafolios** *nm inv (carpeta)* file; *(maletín)* attaché case
portahelicópteros *nm inv* helicopter carrier
portal *nm* **(a)** *(entrada)* entrance hall; *(puerta)* main door; **viven en aquel p.** they live at that number **(b)** *(belén)* crib, Nativity scene **(c)** *Informát (página Web)* portal
portalámparas *nm inv* socket
portalibros *nm inv* = strap tied round books to carry them
portaligas *nm inv Am Br* suspender belt, *US* garter belt
portalón *nm* = large doors or gate giving access to interior courtyard from street
portamaletas *nm inv Am (maletero) Br* boot, *US* trunk
portaminas *nm inv* propelling pencil
portamonedas *nm inv* purse
portaobjeto *nm,* **portaobjetos** *nm inv* slide; *(de microscopio)* glass slide
portapapeles *nm inv Informát* clipboard
portar 1 *vt* to carry
2 **portarse** *vpr* to behave; **se ha portado bien conmigo** she has treated me well; **portarse mal** to misbehave; *Fam* **a ver si se porta tu padre y nos invita a cenar** I wonder if your father will do the decent thing and invite us to dinner
portátil 1 *adj* portable
2 *nm (ordenador)* laptop
portavoz 1 *nmf (persona)* spokesman, *f* spokeswoman
2 *nm (periódico)* voice
portazo *nm* **oímos un p.** we heard a slam *o* bang; **dar un p.** to slam the door; **la puerta se cerró de un p.** the door slammed shut
porte *nm* **(a)** *(gasto de transporte)* carriage, transport costs; **los portes corren a cargo del destinatario** carriage is *o* transport costs are payable by the addressee; *Com* **p. debido/pagado** carriage due/paid
(b) *(transporte)* carriage, transport; **una empresa de portes y mudanzas** a removal firm
(c) *(capacidad, tamaño)* size, capacity
(d) *(aspecto)* bearing, demeanour; **su padre tiene un p. distinguido** your father has a very distinguished air; **un edificio de p. majestuoso** a very grand-looking building
porteador, -ora 1 *adj* bearing, carrying
2 *nm,f* porter
portento *nm* wonder, marvel; **es un p. tocando el piano** he's a wonderful *o* extraordinary piano player
portentoso, -a *adj* amazing, incredible
porteño, -a 1 *adj* **(a)** *(de Buenos Aires)* of/from the city of Buenos Aires **(b)** *(de Valparaíso)* of/from Valaparaíso
2 *nm,f* **(a)** *(de Buenos Aires)* person from the city of Buenos Aires **(b)** *(de Valparaíso)* person from Valaparaíso
portería *nf* **(a)** *(de casa, colegio)* caretaker's office *o* lodge; *(de hotel, ministerio)* porter's office *o* lodge **(b)** *Dep* goal, goalmouth
portero, -a *nm,f* **(a)** *(de casa, colegio)* caretaker; *(de hotel, ministerio)* porter ▫ ***p. automático*** *o* ***eléctrico*** *o* ***electrónico*** entryphone **(b)** *(en fútbol)* goalkeeper; *(en hockey)* goalminder
portezuela *nf (de coche)* door
pórtico *nm* **(a)** *(fachada)* portico **(b)** *(arcada)* arcade
portilla *nf Náut* porthole
portillo *nm* **(a)** *(abertura)* opening, gap **(b)** *(puerta pequeña)* wicket gate
Port Moresby *n* Port Moresby
portón *nm* large door *o* entrance
portorriqueño, -a *adj & nm,f* Puerto Rican
portuario, -a *adj* **(a)** *(del puerto)* port; **ciudad portuaria** port **(b)** *(de los muelles)* dock; **trabajador p.** docker; **la zona portuaria** the docks (area)
Portugal *n* Portugal
portugués, -esa 1 *adj & nm,f* Portuguese
2 *nm (lengua)* Portuguese
porvenir *nm* future
pos: en pos de *loc prep (detrás de)* behind; *(en busca de)* after
posada *nf (fonda)* inn, guest house
posaderas *nfpl Fam* backside, bottom
posadero, -a *nm,f* innkeeper
posar 1 *vt (dejar, poner) (objeto)* to put *o* lay down (**en** on); *(mano, mirada)* to rest (**en** on)
2 *vi* to pose
3 **posarse** *vpr* **(a)** *(insecto, polvo)* to settle **(b)** *(pájaro)* to perch (**en** on); *(nave, helicóptero)* to land, to come down (**en** on)
posavasos *nm inv (de madera, plástico)* coaster; *(de cartón)* beermat
posdata *nf* postscript
pose *nf* pose
poseedor, -ora 1 *adj (propietario)* owning, possessing; *(de cargo, acciones, récord)* holding
2 *nm,f (propietario)* owner; *(de cargo, acciones, récord)* holder
poseer [37] *vt* **(a)** *(ser dueño de)* to own; **posee una casa en las afueras** he has a house in the suburbs **(b)** *(estar en poder de)* to have, to possess; *(puesto, marca)* to hold; **no poseo la llave del archivo** I don't have the key to the archive **(c)** *(sexualmente)* to have; **la poseyó violentamente** he took her violently
poseído, -a 1 *adj* **p. por** possessed by
2 *nm,f* possessed person
posesión *nf* possession; **posesiones** possessions, personal property; **tomar p. de un cargo** to take up a position *o* post
posesivo, -a 1 *adj* possessive
2 *nm Gram* possessive
poseso, -a 1 *adj* possessed
2 *nm,f* possessed person; **gritar como un p.** to scream like one possessed
poseyera *etc ver* **poseer**
posgrado *nm* postgraduate; **estudios de p.** postgraduate studies
posgraduado, -a *adj & nm,f* postgraduate
posguerra *nf* post-war period
posibilidad *nf* **(a)** *(circunstancia)* possibility, chance; **cabe la p. de que...** there is a chance that...; **tienes muchas posibilidades de que te admitan** you have a good chance of being accepted
(b) *(opción)* possibility; **tienes tres posibilidades, ¿cuál eliges?** you've got three options, which one do you want?
(c) posibilidades (económicas) *(medios)* financial means *o* resources; **comprar una casa no entra dentro de nuestras posibilidades** we don't have the means *o* we can't afford to buy a house
posibilitar *vt* to make possible
posible 1 *adj* possible; **es p. que llueva** it could rain; **dentro de lo p., en lo p.** as far as possible; **de ser p.** if possible; **hacer p.** to make possible; **hacer (todo) lo p.** to do everything possible; **lo antes p.** as soon as

possible; **¿cómo es p. que no me lo hayas dicho antes?** how could you possibly not have told me before?; **¡será p.!** I can't believe this!; **¡no es p.!** surely not!
2 *nmpl* **posibles** (financial) means

posiblemente *adv* maybe, perhaps

posición *nf* **(a)** *(postura física)* position ▫ ***p. de loto*** lotus position **(b)** *(puesto)* position; **quedó en quinta p.** he was fifth ▫ ***p. ventajosa*** vantage point **(c)** *(lugar)* position; **tomaron las posiciones enemigas** they took the enemy positions **(d)** *(situación)* position; **no estoy en p. de opinar** I'm not in a position to comment **(e)** *(categoría) (social)* status; *(económica)* situation

posicionamiento *nm* position; **su p. con respecto a algo** his position on sth

posicionarse *vpr* to take a position *o* stance

positivar *vt Fot (negativos)* to print

positivismo *nm* **(a)** *(realismo)* pragmatism **(b)** *Filosofía* positivism

positivista *adj & nmf Filosofía* positivist

positivo, -a 1 *adj (número, respuesta, resultado) también Elec* positive; **el test dio p.** the test was positive; **saldo p.** credit balance
2 *nm Fot* print

positrón *nm Fís* positron

posmodernidad *nf* postmodernity

posmodernismo *nm* postmodernism

posmoderno, -a *adj & nm,f* postmodernist

poso *nm* **(a)** *(sedimento)* sediment; *(de café)* grounds; **formar p.** to settle **(b)** *Fig (resto, huella)* trace

posología *nf* dosage

posoperatorio, -a 1 *adj* post-operative
2 *nm (período)* post-operative period

posparto 1 *adj* postnatal
2 *nm* postnatal period

posponer [50] *vt* **(a)** *(relegar)* to put behind, to relegate **(b)** *(aplazar)* to postpone

pospuesto, -a *participio ver* **posponer**

pospusiera *etc ver* **posponer**

posta: a posta *loc adv* on purpose

postal 1 *adj* postal
2 *nf* postcard

postdata *nf* postscript

poste *nm* **(a)** *(madero)* post, pole ▫ ***p. de alta tensión*** electricity pylon; ***p. telegráfico*** telegraph pole **(b)** *(de portería)* post **(c)** *(en baloncesto)* centre

póster (*pl* **posters**) *nm* poster

postergación *nf (aplazamiento)* postponement

postergar [38] *vt* **(a)** *(aplazar)* to postpone **(b)** *(relegar)* to put behind

posteridad *nf* **(a)** *(generación futura)* posterity; **pasar a la p.** to go down in history, to be remembered; **quedar para la p.** to be left to posterity **(b)** *(futuro)* future

posterior *adj* **(a)** *(en el espacio)* rear, back; **p. a** behind **(b)** *(en el tiempo)* subsequent, later; **p. a** subsequent to, after

posteriori: a posteriori *loc adv* with hindsight; **habrá que juzgarlo a p.** we'll have to judge it after the event

posterioridad *nf* **con p.** later, subsequently; **con p. a** later than, subsequent to

posteriormente *adv* subsequently, later (on)

postgrado *nm* postgraduate; **estudios de p.** postgraduate studies

postgraduado, -a *adj & nm,f* postgraduate

postguerra *nf* post-war period

postigo *nm* **(a)** *(contraventana)* shutter **(b)** *(puerta)* wicket gate

postilla *nf* scab

postimpresionismo *nm* postimpressionism

postimpresionista *adj & nmf* postimpressionist

postín *nm* showiness, boastfulness; **darse p.** to show off; **de p.** posh

postindustrial *adj* post-industrial

post-it® *nm inv* Post-it®

postizo, -a 1 *adj* **(a)** *(falso)* false **(b)** *(añadido)* detachable
2 *nm* hairpiece

post mórtem *adj* **1** postmortem
2 *nm* postmortem (examination)

postoperatorio, -a 1 *adj* post-operative
2 *nm (período)* post-operative period

postor, -ora *nm,f* bidder; **mejor p.** highest bidder

postparto 1 *adj* postnatal
2 *nm* postnatal period

postproducción *nf Cine* post-production

postración *nf* prostration

postrado, -a *adj* prostrate

postrar 1 *vt* to weaken, to (make) prostrate
2 postrarse *vpr* to prostrate oneself

postre *nm* **(a)** *(dulce, fruta)* dessert, *Br* pudding; **tomaré fruta de p.** I'll have fruit for dessert; **¿qué hay de p.?** what's for dessert?; *Fig* **llegar a los postres** to come too late; *Fig* **para p.** to cap it all **(b) a la postre** *loc adv* in the end

postrero, -a *adj*

> **Postrer** is used instead of **postrero** before singular masculine nouns (e.g. **el postrer día** the last day).

last, final

postrimerías *nfpl* final stages; **en las p. del siglo XIX** at the end *o* close of the 19th century

PostScript® ['poskrip] *nm Informát* PostScript®

postulación *nf* **(a)** *(colecta)* collection **(b)** *(acción)* postulation

postulado *nm* postulate

postulante, -a *nm,f* **(a)** *(en colecta)* collector **(b)** *Rel* postulant

postular 1 *vt (defender)* to call for
2 *vi (en colecta)* to collect

póstumo, -a *adj* posthumous

postura *nf* **(a)** *(posición)* position, posture; **ponte en una p. cómoda** get into a comfortable position, make yourself comfortable **(b)** *(actitud)* attitude, stance; **adoptar una p.** to adopt an attitude *o* a stance; **defiende posturas muy radicales** he upholds very radical opinions *o* views **(c)** *(en subasta)* bid

posventa, postventa *adj inv Com* after-sales; **servicio p.** after-sales service

pota *nf muy Fam (vómito)* puke; **echar la p.** to puke (up)

potabilidad *nf* fitness for drinking

potabilización *nf* purification

potabilizadora 1 *adj* water-treatment; **planta p.** water-treatment plant, waterworks *(singular)*
2 *nf* water-treatment plant, waterworks *(singular)*

potabilizar *vt* to purify

potable *adj* **(a)** *(bebible)* drinkable; **agua p.** drinking water; **no p.** *(cartel)* not for drinking **(b)** *Fam (aceptable) (comida)* edible; *(novela)* readable; *(película)* watchable; *(chica)* passable

potaje *nm* **(a)** *(guiso)* vegetable stew; *(caldo)* vegetable stock **(b)** *Fam (brebaje)* potion, brew **(c)** *Fam (mezcla)* jumble, muddle

potar *vi muy Fam* to puke (up)

potasa *nf* potash

potasio *nm* potassium

pote *nm* **(a)** *(cazuela)* pan **(b)** *(cocido)* stew

potencia *nf* **(a)** *(capacidad, fuerza)* power; **la p. de las aguas derribó el dique** the force of the water burst the dike; **este automóvil tiene mucha p.** this car is very powerful ▫ ***p. sexual*** sex drive, libido **(b)** *Fís* power ▫ ***p. acústica*** acoustic power; ***p. de un cohete*** rocket thrust; ***p. de una lente*** power of a lens, lens power **(c)** *(país)* power; **las grandes potencias** the major (world) powers; **es una p. mundial en la fabricación de automóviles** it's one of the major *o* main car manufacturers in the world; **una p. nuclear** a nuclear power **(d)** *(posibilidad)* **en p.** potentially; **una campeona en p.** a potential champion **(e)** *Mat* power; **elevar a la segunda p.** to raise to the second power, to square; **elevar a la tercera p.** to raise to the third power, to cube

potenciación *nf* increase; **ayudar a la p. de** to promote, to encourage

potenciador *nm* enhancer

potencial 1 *adj* potential
2 *nm* **(a)** *(fuerza)* power **(b)** *(posibilidades)* potential **(c)** *Gram* conditional **(d)** *Elec* (electric) potential

potencialidad *nf* potentiality, potential

potenciar *vt* **(a)** *(fomentar)* to encourage, to promote **(b)** *(reforzar)* to boost, to strengthen

potenciómetro *nm* dimmer

potentado, -a *nm,f* potentate

potente *adj* powerful

potestad *nf* authority, power

potingue *nm Fam (cosmético)* potion

potito *nm* = jar of baby food

poto *nm* (**a**) *(árbol)* devil's ivy, hunter's robe (**b**) *Andes, RP Fam (trasero)* bottom, backside (**c**) *Perú (vasija)* gourd, earthenware drinking vessel

potosí *nm Fam* **costar un p.** to cost a fortune; **valer un p.** to be worth one's weight in gold

potosino, -a 1 *adj* (**a**) *(boliviano)* of/from Potosí (**b**) *(mexicano)* of/from San Luis Potosí
 2 *nm,f* (**a**) *(boliviano)* person from Potosí (**b**) *(mexicano)* person from San Luis Potosí

potra *nf* (**a**) *(yegua joven)* filly (**b**) *Fam (suerte)* luck; **tener p.** to be lucky *o Br* jammy

potrada *nf* = herd of young horses

potranco, -a *nm,f* = horse under three years of age

potrero *nm Am* field, pasture

potro *nm* (**a**) *(caballo joven)* colt (**b**) *Dep* vaulting horse (**c**) *(aparato de tortura)* rack

poyo *nm (banco)* stone bench

poza *nf (de río)* pool, deep section of small river

pozal *nm* (**a**) *(de pozo) (brocal)* rim; *(cubo)* bucket (**b**) *(vasija, cubo)* catch basin

pozo *nm (de agua)* well; *(de mina)* shaft; *Fig* **ser un p. de sabiduría** to be a fountain of knowledge *o* wisdom ▫ ***p. artesiano*** artesian well; ***p. de extracción*** extraction shaft; *Fam Fig* ***un p. sin fondo*** a bottomless pit; ***p. negro*** cesspool; ***p. petrolífero*** *o* ***de petróleo*** oil well

pozole *nm Méx (guiso)* = stew made with maize kernels, pork or chicken and vegetables

PP *nm* (*abrev de* **Partido Popular**) = Spanish political party to the right of the political spectrum

p.p. (**a**) (*abrev de* **por poder**) pp (**b**) (*abrev de* **porte pagado**) c/p

PPA *nm* (*abrev* **Partido Peronista Auténtico**) = Argentinian political party which follows the ideology of Perón

PPC *nm* (*abrev* **Partido Popular Cristiano**) = Peruvian political party

ppp *Informát* (*abrev de* **puntos por pulgada**) dpi

práctica *nf* (**a**) *(experiencia)* practice; **te hace falta más p.** you need more practice; **con la p. adquirirás más soltura** you'll become more fluent with practice
 (**b**) *(ejercicio)* practice; *(de un deporte)* playing; **se dedica a la p. de la medicina** she practices medicine; **me han recomendado la p. de la natación** I've been advised to go swimming
 (**c**) *(aplicación)* practice; **llevar algo a la p., poner algo en p.** to put sth into practice; **en la p.** in practice
 (**d**) *(clase no teórica)* practical; **prácticas de laboratorio** lab sessions
 (**e**) **prácticas** *(laborales)* training; **contrato en prácticas** work-experience contract
 (**f**) *(costumbre)* practice; **ser p. establecida** to be standard practice

practicable *adj* (**a**) *(realizable)* practicable (**b**) *(transitable)* passable

prácticamente *adv (casi)* practically

practicante 1 *adj* practising; **un católico no p.** a non-practising *o* lapsed Catholic
 2 *nmf* (**a**) *(de deporte)* practitioner; *(de religión)* practising member of a Church (**b**) *Med* = medical assistant who specializes in giving injections, checking blood etc

practicar [59] **1** *vt* (**a**) *(ejercitar)* to practise; *(deporte)* to play; **es creyente pero no practica su religión** he's a believer, but he doesn't practise his religion; **estos viajes me vienen muy bien para p. el idioma** these trips are good for practising my language skills (**b**) *(realizar)* to carry out, to perform; **le practicaron una operación de corazón** she had heart surgery; **tuvieron que p. un hueco en la pared para poder salir** they had to make a hole in the wall to get out
 2 *vi* to practise; **es católico pero no practica** he's a Catholic, but not a practising one

práctico, -a 1 *adj (en general)* practical; *(útil)* handy, useful; **un curso p. de fotografía** a practical photography course; **es muy p. vivir cerca del centro** it's very handy *o* convenient living near the centre; **es una persona muy práctica** he's a very realistic *o* sensible person
 2 *nm Náut* pilot

pradera *nf* large area of grassland; *(en Norteamérica)* prairie

prado *nm* meadow; **el (Museo del) P.** the Prado (Museum)

Praga *n* Prague

pragmática *nf* (**a**) *Hist (edicto)* royal edict (**b**) *Ling* pragmatics *(singular)*

pragmático, -a 1 *adj* pragmatic
 2 *nm,f (persona)* pragmatist

pragmatismo *nm* pragmatism

praguense 1 *adj* of/from Prague
 2 *nmf* person from Prague

pral. (*abrev de* **principal**) principal

praliné *nm* praline

praxis *nf inv* practice; *Filosofía* praxis

PRD *nm* (**a**) (*abrev* **Partido Revolucionario Democrático**) = Mexican/Panamanian political party (**b**) (*abrev* **Partido Revolucionario Dominicano**) = political party in Dominican Republic

PRE *nm* (*abrev* **Partido Rodolsista Ecuatoriano**) = Ecuadoran political party

preacuerdo *nm* draft agreement

prealerta *nf* = state of readiness in anticipation of natural disaster such as flooding, storms etc

preámbulo *nm* (**a**) *(introducción) (de libro)* foreword, preface; *(de congreso, conferencia)* introduction, preamble (**b**) *(rodeo)* digression; **sin más preámbulos,...** without further ado...

preaviso *nm* prior notice

prebenda *nf* (**a**) *Rel* prebend (**b**) *(privilegio)* sinecure

preboste *nm* provost

precalentado, -a *adj* preheated

precalentamiento *nm Dep* warm-up

precalentar [3] *vt* (**a**) *(plato, horno)* to preheat (**b**) *Dep* to warm up

precámbrico, -a *Geol* **1** *adj* Precambrian
 2 *nm* **el p.** the Precambrian

precampaña *nf Pol* run-up to the election campaign

precariedad *nf* precariousness; **la p. en el empleo** job insecurity

precario, -a *adj* precarious, unstable

precaución *nf* (**a**) *(prudencia)* caution, care; *Esp* **conduce** *o Am* **maneja con p.** drive carefully (**b**) *(medida)* precaution; **por p.** as a precaution; **tomar precauciones** to take precautions

precaver 1 *vt* to guard against
 2 precaverse *vpr* to take precautions; **precaverse de** *o* **contra** to guard (oneself) against

precavidamente *adv* cautiously

precavido, -a *adj* (**a**) *(prevenido)* prudent; **es muy p.** he always comes prepared (**b**) *(cauteloso)* wary

precedencia *nf (de tiempo, orden, lugar)* precedence, priority

precedente 1 *adj* previous, preceding
 2 *nm* precedent; **sentar p.** to set a precedent; **que no sirva de p.** this is not to become a regular occurrence; **sin precedentes** unprecedented

preceder *vt* to go before, to precede

preceptiva *nf* rules

preceptivo, -a *adj* obligatory, compulsory

precepto *nm* precept

preceptor, -ora *nm,f* (private) tutor

preces *nfpl Formal* prayers

preciado, -a *adj* valuable, prized

preciarse *vpr* to have self-respect; **cualquier aficionado que se precie sabe que...** any self-respecting fan knows that...; **p. de** to pride oneself on

precintado *nm (de caja, paquete)* sealing; *(de bar, lugar)* sealing off

precintadora *nf* sealing machine

precintar *vt (caja, paquete)* to seal; *(bar, lugar)* to seal off

precinto *nm* (**a**) *(en sello, envoltorio)* seal ▫ ***p. de garantía*** protective seal (**b**) *(acción de cerrar, sellar)* sealing; *(en bar, lugar)* sealing off

precio *nm* (**a**) *(en dinero)* price; **¿qué p. tiene esta corbata?** how much is this tie?; **está muy bien de p.** it's very reasonably priced; *Fig* **la merluza está a p. de oro** hake has become ridiculously expensive; **no tener p.** to be priceless; **poner p. a** to put a price on; *Fig* **poner p. a la cabeza de alguien** to put a price on sb's head ▫ *Fin* ***p. de abertura*** opening price; *Fin* ***p. de cierre*** closing price; ***p. de compra*** purchase price; ***p. al contado*** cash price; ***p. de coste*** cost price; ***p. de fábrica*** factory price; ***p. indicativo*** guide price; ***p. de lanzamiento*** launch price; ***p. de lista*** list price; ***p. al por mayor*** trade price; ***p. de mercado*** market price; ***p. prohibitivo*** prohibitively high price; ***p. de salida*** starting price; ***p. simbólico*** nominal *o* token amount; ***p. tope*** top *o* ceiling price; ***p. unitario*** *o* ***por unidad*** unit price; ***p. de venta (al público)*** retail price

(**b**) *(sacrificio)* price; **pagaron un p. muy alto por la victoria** they paid a very high price for victory, victory cost them dearly; **a cualquier p.** at any price; **al p. de** at the cost of

preciosidad *nf* (**a**) *(cosa, persona)* **¡es una p.!** it's lovely *o* beautiful!; **su hija es una verdadera p.** your daughter is a real angel (**b**) *(valor)* value

preciosismo *nm* preciousness

precioso, -a *adj* (**a**) *(valioso)* precious (**b**) *(bonito)* lovely, beautiful

preciosura *nf Am* darling, beauty

precipicio *nm* (**a**) *(de montaña)* precipice (**b**) *Fig (abismo)* abyss; **la compañía está al borde del p.** the company is on the verge of ruin *o* collapse

precipitación *nf* (**a**) *(apresuramiento)* haste; **con p.** hastily, in a rush *o* hurry (**b**) *Meteo* **precipitaciones** *(lluvia)* rain; **precipitaciones en forma de nieve** snow (**c**) *Quím* precipitation

precipitadamente *adv* hastily

precipitado, -a 1 *adj* hasty

2 *nm Quím* precipitate

precipitar 1 *vt* (**a**) *(arrojar)* to throw *o* hurl down

(**b**) *(acelerar)* to hasten, to speed up; **su dimisión precipitó las elecciones** his resignation hastened *o* precipitated the elections; **no precipitemos los acontecimientos** let's not rush things, let's not jump the gun

(**c**) *Quím* to precipitate

2 precipitarse *vpr* (**a**) *(caer)* to plunge (down); **se precipitó al vacío desde lo alto del edificio** he threw himself from the top of the building

(**b**) *(acelerarse) (acontecimientos)* to speed up

(**c**) *(apresurarse)* to rush (**hacia** towards); **el público se precipitó hacia las salidas de emergencia** the audience rushed towards the emergency exits

(**d**) *(obrar irreflexivamente)* to act rashly; **te precipitaste al anunciar los resultados antes de tiempo** you were rash to announce the results prematurely; **no nos precipitemos** let's not rush into anything, let's not be hasty

precisamente *adv* (**a**) *(con precisión)* precisely (**b**) *(justamente)* **¡p.!** exactly!, precisely!; **p. por eso** for that very reason; **p. tú lo sugeriste** in fact it was you who suggested it; **p. te andaba buscando** I was just looking for you; **no es que sea p. un genio** he's not exactly a genius

precisar *vt* (**a**) *(determinar)* to fix, to set; *(aclarar)* to specify exactly; **el lugar está sin p.** the location has not yet been fixed *o* specified; **no puedo p. cuándo** I can't say exactly when (**b**) *(necesitar)* to need, to require; **se precisa una gran habilidad** much skill is needed *o* required; **empresa informática precisa ingeniero** *(en anuncio)* engineer required by computer firm

precisión *nf* accuracy, precision; **con p.** accurately, precisely; **instrumento de p.** precision instrument

preciso, -a *adj* (**a**) *(exacto)* precise; **llegaste en el momento p. en el que me marchaba** you arrived exactly as I was leaving (**b**) *(necesario)* **ser p. para (algo/ hacer algo)** to be necessary (for sth/to do sth); **es p. que vengas** you must come; **cuando sea p.** when necessary; **si es p., llámame** call me if necessary (**c**) *(conciso)* exact, precise

preclaro, -a *adj Formal* illustrious, eminent

precocidad *nf* precociousness

precocinado, -a 1 *adj* pre-cooked

2 *nm* precooked dish

precolombino, -a *adj* pre-Columbian

preconcebido, -a *adj (idea)* preconceived; *(plan)* drawn up in advance

preconcebir [47] *vt* to draw up in advance

preconizar [14] *vt* to recommend, to advocate

precoz *adj* (**a**) *(persona)* precocious (**b**) *(lluvias, frutos)* early (**c**) *(diagnóstico)* early

precursor, -ora 1 *adj* precursory; **un movimiento p. del impresionismo** a movement which anticipated the Impressionists

2 *nm,f* precursor

predador, -ora 1 *adj* predatory

2 *nm* predator

predatorio, -a *adj (animal, instinto)* predatory

predecesor, -ora *nm,f* predecessor

predecibilidad *nf* predictability

predecible *adj* predictable

predecir [51] *vt* to predict

predestinación *nf* predestination

predestinado, -a *adj* predestined (**a** to)

predestinar *vt* to predestine

predeterminación *nf* predetermination

predeterminado, -a *adj* predetermined

predeterminar *vt* to predetermine

prédica *nf* sermon

predicado *nm Gram* predicate

predicador, -ora *nm,f* preacher

predicamento *nm (estima)* esteem, regard

predicar [59] **1** *vt* to preach

2 *vi* to preach; EXPR **p. con el ejemplo** to practice what one preaches, to set a good example; EXPR **es como p. en el desierto** it's like talking to a brick wall

predicción *nf* prediction, forecast ▫ ***p. meteorológica*** *o* ***del tiempo*** weather forecast

predice *ver* **predecir**

predicho, -a *participio ver* **predecir**

predigo *ver* **predecir**

predijera *etc ver* **predecir**

predilección *nf* particular preference (**por** for); **siento p. por la ópera** I'm particularly fond of opera

predilecto, -a *adj* favourite

predio *nm* (**a**) *(finca)* estate, property (**b**) *Am (edificio)* building

predisponer [50] *vt* to predispose (**a** to); **p. (contra)** to prejudice (against)

predisposición *nf* (**a**) *(aptitud)* **p. para** aptitude for (**b**) *(tendencia)* **p. a** predisposition to

predispuesto, -a 1 *participio ver* **predisponer**

2 *adj* predisposed (**a** to); **están predispuestos en contra mía** they're biased against me

predominancia *nf* predominance

predominante *adj (que prevalece)* predominant; *(viento, actitudes)* prevailing

predominar *vi* to predominate, to prevail (**sobre** over)

predominio *nm* preponderance, predominance

preeminencia *nf* preeminence

preeminente *adj* preeminent

preescolar 1 *adj* preschool, nursery; **educación p.** nursery education

2 *nm* nursery school, kindergarten

preestablecido, -a *adj* pre-established

preestreno *nm* preview

preexistente *adj* pre-existing

preexistir *vi* to preexist

prefabricado, -a *adj* prefabricated

prefabricar [59] *vt* to prefabricate

prefacio *nm* preface

prefecto *nm* prefect

prefectura *nf* prefecture ▫ ***p. de tráfico*** traffic division

preferencia *nf* (**a**) *(prioridad)* preference; *Aut* **tener p.** to have right of way (**b**) *(predilección)* preference; **con** *o* **de p.** preferably; **tener p. por** to have a preference for (**c**) *(en teatro, estadio)* **asientos de p.** = seats with the best view

preferencial *adj* preferential

preferente *adj* preferential

preferentemente *adv* preferably

preferible *adj* preferable (**a** to); **es p. que no vengas** it would be better if you didn't come

preferiblemente *adv* ideally

preferido, -a *adj & nm,f* favourite

preferir [62] *vt* to prefer; **¿qué prefieres, vino o cerveza?** what would you prefer, wine or beer?; **prefiere no salir** she'd prefer not to go out, she'd rather not go out; **p. algo a algo** to prefer sth to sth; **prefiero el pescado a la carne** I prefer fish to meat

prefigurar *vt* to prefigure

prefijar *vt* to fix in advance

prefijo *nm* (**a**) *Gram* prefix (**b**) *(telefónico)* (telephone) dialling code

prefiriera *etc ver* **preferir**

preformateado,-a *adj Informát* pre-formatted

pregón *nm* (**a**) *(bando)* proclamation, announcement (**b**) *(en fiestas)* opening speech

pregonar *vt* (**a**) *(bando)* to proclaim, to announce (**b**) *(secreto)* to spread about

pregonero, -a *nm,f* (**a**) *(de pueblo)* town crier (**b**) *(de fiestas)* = person who makes a "pregón" (**c**) *(bocazas)* blabbermouth

pregrabado, -a *adj* prerecorded

pregunta *nf* question; **hacer una p.** to ask a question; EXPR **freír a preguntas** to bombard with questions; EXPR *Fam* **andar a la cuarta** *o* **última p.** to be broke ▫ ***p. capciosa*** catch question; ***p. retórica*** rhetorical question

preguntar 1 *vt* to ask; **p. algo a alguien** to ask sb sth; **a mí no me lo preguntes** don't ask me; **si no es mucho p., ¿cuántos años tiene?** if you don't mind my asking, how old are you?

2 *vi* to ask; **a mí no me preguntes** don't ask me; **p. por** to ask about *o* after; **preguntan por ti** they're asking for you

3 preguntarse *vpr* to wonder; **me pregunto si habré hecho bien** I wonder if I've done the right thing

preguntón, -ona *Fam* **1** *adj* inquisitive, nosey

2 *nm,f* inquisitive person, *Br* nosey parker

prehistoria *nf* prehistory

prehistórico, -a *adj* prehistoric

preimpresión *nf Informát* pre-press

preindustrial *adj* preindustrial

prejubilación *nf* early retirement

prejuicio *nm* prejudice; **están cargados de** *o* **tienen muchos prejuicios** they're very prejudiced ▫ ***p. racial*** racial prejudice

prejuzgar [38] *vt & vi* to prejudge

prelado *nm Rel* prelate

preliminar 1 *adj* preliminary

2 *nm* preliminary

preludiar *vt (iniciar)* to initiate, to begin; **un fuerte viento preludiaba el invierno** a strong wind signalled the beginning *o* onset of winter

preludio *nm también Mús* prelude

premamá *adj inv (ropa)* maternity

prematrimonial *adj* premarital; **relaciones prematrimoniales** premarital sex

prematuramente *adv* prematurely

prematuro, -a 1 *adj* premature

2 *nm,f* premature baby

premeditación *nf* premeditation; *Der & Fig* **con p. y alevosía** with malice aforethought

premeditadamente *adv* deliberately, with premeditation

premeditado, -a *adj* premeditated

premeditar *vt* to think out in advance

premenstrual *adj* premenstrual

premiado, -a 1 *adj (vencedor) (número)* winning; *(película, escritor)* prize-winning

2 *nm,f* winner, prizewinner

premiar *vt* (**a**) *(recompensar)* to reward (**b**) *(dar un premio a)* to give a prize to; **fue premiado con un viaje al Caribe** he won a trip to the Caribbean

premier *nm* prime minister, premier

premio *nm* (**a**) *(en competición, sorteo)* prize; **dar un p.** to award a prize; **le tocó un p.** he won a prize ▫ ***P. Cervantes*** = annual literary prize awarded to Spanish language writers; ***p. de consolación*** consolation prize; ***p. en efectivo*** cash prize; ***p. gordo*** first prize; ***p. en metálico*** cash prize, prize money; ***P. Nobel*** *(galardón)* Nobel Prize; *(galardonado)* Nobel Prize winner

(**b**) *(en ciclismo)* ***p. de la montaña*** *(competición)* king of the mountains' competition; ***p. de la regularidad*** points competition

(**c**) *(recompensa)* reward

(**d**) *(ganador)* prize-winner; **este año tampoco ha sido el p. Nobel** he didn't win the Nobel Prize this year either

premioso, -a *adj (apretado)* tight, constricting

premisa *nf* premise

premolar *adj & nm* premolar

premonición *nf* premonition

premonitorio, -a *adj* portentous

premura *nf* (**a**) *(urgencia)* urgency (**b**) *(escasez)* lack, shortage

prenatal *adj* prenatal, antenatal

prenda *nf* (**a**) *(vestido)* garment, article of clothing ▫ ***p. interior*** undergarment; ***p. íntima*** undergarment, piece of underwear (**b**) *(señal, garantía)* pledge; **dejar algo en p.** to leave sth as a pledge; **el regalo era una p. de su amistad** the gift was a token of his friendship (**c**) *(en juego)* forfeit; **jugar a las prendas** to play forfeits (**d**) *(virtud)* talent, gift (**e**) *(apelativo cariñoso)* darling, treasure (**f**) EXPR *Fam* **no me duelen prendas reconocer que estaba equivocado** I don't mind admitting I was wrong; *Fam* **no soltar p.** not to say a word

prendar 1 *vt* to enchant

2 prendarse *vpr* **prendarse de alguien** to fall in love with sb; **me quedé prendado de aquel coche** I fell in love with that car

prendedor *nm* brooch

prender 1 *vt* (**a**) *(arrestar)* to arrest, to apprehend (**b**) *(sujetar)* to fasten (**c**) *(fuego)* to light; **prendieron fuego a los matorrales** they set fire to the bushes, they set the bushes on fire (**d**) *(agarrar)* to grip (**e**) *Am (luz, interruptor)* to switch on

2 *vi* (**a**) *(arder)* to catch fire; **esta leña no prende** this wood won't catch fire (**b**) *(planta)* to take root (**c**) *(idea, opinión)* to spread, to take root

3 prenderse *vpr (arder)* to catch fire

prendido, -a *adj* (**a**) *(sujeto)* caught (**b**) *(encantado)* enchanted, captivated; **quedar p. de** to be captivated by

prenombrado, -a *adj Arg, Chile* aforementioned, aforesaid

prensa *nf* (**a**) *(periódicos, periodistas)* press; **compro la p. todos los días** I buy the newspapers every day; *Fig* **tener buena/mala p.** to have a good/bad press ▫ ***la p. amarilla*** the gutter press, the tabloids; ***la p. del corazón*** gossip magazines; ***la p. diaria*** the daily press; ***la p. escrita*** the press (**b**) *(imprenta)* printing press; **entrar en p.** to go to press (**c**) *(máquina)* press ▫ ***p. hidráulica*** hydraulic press

prensado *nm* pressing

prensar *vt* to press

prensil *adj* prehensile

prenupcial *adj* premarital

preñada *nf* pregnant woman

preñado, -a *adj* (**a**) *(hembra)* pregnant; **preñada de tres meses** three months pregnant; *Fam* **ha dejado preñadas a tres mujeres** he's got three women pregnant (**b**) *(lleno)* **p. de** full of

preñar *vt* (**a**) *(hembra)* to make pregnant (**b**) *(llenar)* **p. de** to fill with

preñez *nf* pregnancy

preocupación *nf* concern, worry; **mi mayor p. es no perder el empleo** my main concern is not to lose my job; **su p. por el dinero ha llegado a alturas absurdas** his preoccupation with money has reached absurd heights

preocupado, -a *adj* worried, concerned (**por** about); **nuestro hijo nos tiene muy preocupados** we're very worried *o* concerned about our son

preocupante *adj* worrying

preocupar 1 *vt* (**a**) *(inquietar)* to worry; **me preocupa no saber nada de él** I'm worried I haven't heard from him (**b**) *(importar)* to bother

2 preocuparse *vpr* (**a**) *(inquietarse)* to worry (**por** about), to be worried (**por** about); **no te preocupes** don't worry (**b**) *(encargarse)* **preocuparse de algo** to take care of sth; **preocuparse de hacer algo** to see to it that sth is done; **preocuparse de que...** to make sure that...

preolímpico, -a *Dep* **1** *adj* in the run-up to the Olympics; **torneo p.** Olympic qualifying competition

2 *nm* Olympic qualifying competition

preparación *nf* (**a**) *(disposición, elaboración)* preparation (**b**) *(de atleta)* training ▫ ***p. física*** physical training (**c**) *(conocimientos)* training (**d**) *(para microscopio)* specimen

preparado, -a 1 *adj* (**a**) *(dispuesto)* ready; (**para** for); *(de antemano)* prepared; **preparados, listos, ¡ya!** ready, steady, go!, on your marks, get set, go! (**b**) *(capacitado)* qualified; **no estoy p. para hacer este trabajo** I'm not qualified to do *o* for this job; **varios candidatos muy prepara-**

dos several well-qualified candi-dates (**c**) *(plato)* ready-cooked
2 *nm (medicamento)* preparation

preparador, -ora *nm,f Dep (entrenador)* coach ❑ ***p. físico*** trainer

PREPARAR 1 *vt* (**a**) *(disponer, elaborar)* to prepare; *(trampa)* to set, to lay; *(maletas)* to pack; **voy a p. la cena/el arroz** I'm going to get dinner ready/cook the rice; **nos preparó una cena estupenda** she made *o* cooked a delicious evening meal for us; **¿quién prepara la comida en vuestra casa?** who does the cooking in your household?; **le hemos preparado una sorpresa** we've got a surprise for you
(**b**) *(examen, oposiciones, prueba)* to prepare for
(**c**) *(entrenar, adiestrar) (físicamente)* to train; *(tácticamente)* to coach; *(alumnos)* to coach; *(animales)* to train; **no nos habían preparado para solucionar este tipo de problemas** we hadn't been taught to solve this type of problem
2 prepararse *vpr* (**a**) *(disponerse)* to prepare oneself, to get ready (**para** for); **¡prepárate!** *(disponte)* get ready!; **como no esté terminado para mañana, prepárate** it had better be ready by tomorrow, or else...; **se prepara para el examen** she's preparing for the exam; **prepararse para hacer algo** to prepare *o* get ready to do sth; **prepárate para oír una buena/mala noticia** are you ready for some good/bad news?
(**b**) *(entrenarse) (equipo, deportista)* to train; **prepararse para algo/para hacer algo** to train for sth/to do sth; **se prepara para las olimpiadas** she's in training for the Olympics
(**c**) *(fraguarse) (tormenta, nevada)* to be on its way; **se estaba preparando una verdadera tormenta política** a major political storm was brewing *o* on its way

preparativo, -a 1 *adj* preparatory, preliminary
2 *nmpl* **preparativos** preparations

preparatorio, -a *adj* preparatory

prepizza *nf RP* pizza base

preponderancia *nf* preponderance; **tener p. (sobre)** to predominate (over)

preponderante *adj* prevailing

preponderar *vi* to prevail

preposición *nf* preposition

preposicional *adj* prepositional

prepotencia *nf* (**a**) *(arrogancia)* arrogance (**b**) *(poder)* dominance, power

prepotente *adj* (**a**) *(arrogante)* domineering, overbearing (**b**) *(poderoso)* very powerful

prepucio *nm* foreskin

prerrequisito *nm* prerequisite

prerrogativa *nf* prerogative

prerrománico *nm* early medieval architecture *(of 5th to 11th centuries)*

presa *nf* (**a**) *(captura) (de cazador)* catch; *(de animal)* prey; **hacer p. en alguien** to seize *o* grip sb; **ser p. de** to be prey to; **ser p. del pánico** to be panic-stricken; **es p. fácil de los estafadores** she's easy prey for swindlers (**b**) *(dique)* dam

presagiar *vt (prever)* to foretell, to foresee; *(tormenta, problemas)* to warn of

presagio *nm* (**a**) *(premonición)* premonition (**b**) *(señal)* omen

presbicia *nf Br* longsightedness, *US* farsightedness

presbiterianismo *nm* Presbyterianism

presbiteriano, -a *adj & nm,f* Presbyterian

presbiterio *nm* presbytery

presbítero *nm Rel* priest

prescindencia *nf Am* omission; **con p. de** without

prescindir *vi* (**a**) **p. de** *(renunciar a)* to do without; **no puedo p. de su ayuda** I can't do without her help; **prescindieron del entrenador** they got rid of the coach (**b**) *(omitir)* to dispense with

prescribir 1 *vt* to prescribe
2 *vi* (**a**) *(ordenar)* to prescribe (**b**) *Der (plazo, deuda)* to expire, to lapse; **estos delitos no prescriben** there is no statute of limitations on these crimes

prescripción *nf* (**a**) *(orden)* prescription; **por p. facultativa** on medical advice, on doctor's orders (**b**) *Der (de plazo, deuda)* expiry, lapsing

prescrito, -a *participio ver* **prescribir**

preselección *nf* short list, shortlisting

preseleccionar *vt* to shortlist; *Dep* to name in the squad

presencia *nf* (**a**) *(asistencia, comparecencia)* presence; **en p. de** in the presence of; **hacer acto de p.** to attend (**b**) *(existencia)* presence; **sospechan de la p. de un virus en la red** they suspect the presence of a virus in the network (**c**) *(aspecto)* presence; **buena p.** good looks; **mucha/poca p.** great/little presence (**d**) ***p. de ánimo*** presence of mind

presencial *adj* **testigo p.** eyewitness

presenciar *vt (asistir)* to be present at; *(ser testigo de)* to witness; **50.000 personas presenciaron la final en directo** 50,000 people were present at *o* attended the final

presentable *adj* presentable

presentación *nf* (**a**) *(aspecto exterior)* presentation; **una p. muy cuidada** *(de libro, plato)* a very meticulous *o* careful presentation; *(de persona)* an impeccable appearance ❑ *Informát* ***p. preliminar*** preview
(**b**) *(entrega)* presentation; **mañana concluye el plazo de p. de candidaturas** tomorrow is the last day for submitting applications
(**c**) *(entre personas)* introduction; **ya me encargo yo de hacer las presentaciones** I'll see to making the introductions
(**d**) *(ante público)* launch, presentation; **la p. de un libro/disco** the launch of a book/record; **la p. del nuevo jugador tuvo lugar ayer** the new player was introduced to the press for the first time yesterday; **la p. del telediario corre a cargo de María Gala** María Gala presents *o* reads the news; **p. en sociedad** coming out, debut

presentador, -ora *nm,f* presenter

PRESENTAR 1 *vt* (**a**) *(mostrar, entregar)* to present; *(dimisión)* to hand in; *(tesis)* to hand in, to submit; *(pruebas, propuesta)* to submit; *(recurso, denuncia)* to lodge; *(solicitud)* to make; *(moción)* to propose; **presente su pasaporte en la ventanilla** show your passport at the window; **p. cargos/una demanda contra alguien** to bring charges/an action against sb
(**b**) *(dar a conocer)* to introduce; **Juan, te presento a Carmen** Juan, this is Carmen; **me presentó a sus amigos** she introduced me to her friends; **me parece que no nos han presentado** I don't think we've been introduced; **permítame que le presente a nuestra directora** allow me to introduce you to our manager, I'd like you to meet our manager; **no se conocían, pero yo los presenté** they didn't know each other, but I introduced them (to each other)
(**c**) *(anunciar) (programa de radio o televisión)* to present; *(espectáculo)* to compere; **la mujer que presenta el telediario** the woman who reads the news on TV
(**d**) *(proponer para competición)* **p. a alguien para algo** to propose sb for sth, to put sb forward for sth; **el partido presentará a la señora Cruz para la alcaldía** the party is putting Mrs Cruz forward for the office of mayor, Mrs Cruz will be the party's candidate for the office of mayor; **p. una novela a un premio literario** to enter a novel for a literary prize
(**e**) *(exhibir por primera vez) (planes, presupuestos)* to present; *(película)* to premiere; *(libro, disco)* to launch; **el club presentó a su último fichaje ante la prensa** the club introduced its new signing to the press
(**f**) *(ofrecer) (disculpas, excusas)* to make; *(respetos)* to pay; **nos presentó (sus) disculpas** he made his excuses to us
(**g**) *(tener) (aspecto, características, novedades)* to have; **este fondo de inversión presenta grandes ventajas** this investment fund offers *o* has big advantages; **la playa presenta un aspecto deplorable** the beach is in a terrible state; **presenta difícil solución** it's going to be difficult to solve; **el paciente presentaba síntomas de deshidratación** the patient presented symptoms of dehydration; **es un trabajo muy bien presentado** it is a very well presented piece of work
2 presentarse *vpr* (**a**) *(personarse)* to turn up, to appear; **se presentó borracho a la boda** he turned up drunk at the wedding; **mañana preséntate en el departamento de contabilidad** go to the accounts department tomorrow; **presentarse ante el juez** to appear before the judge; **tiene que presentarse en la comisaría cada quince días** he has to report to the police station once a fortnight; **presentarse a un examen** to sit an exam

(**b**) *(darse a conocer)* to introduce oneself; **se presentó como un amigo de la familia** he introduced himself as a friend of the family
(**c**) *(para un cargo)* to stand, to run (**a** for); **presentarse a un concurso** to go in for a competition; **se presenta a alcalde** he's running for mayor; **presentarse de candidato a las elecciones** to run in the elections
(**d**) *(ofrecerse voluntario)* to offer oneself *o* one's services; **muchos se presentaron (voluntarios) para colaborar** several people volunteered
(**e**) *(surgir) (problema, situación)* to arise, to come up; *(ocasión, oportunidad, posibilidad)* to arise; **si se te presenta algún problema, llámame** if you have any problems, call me; **en cuanto se me presente la ocasión, me voy al extranjero** I'm going to go abroad as soon as I get the chance
(**f**) *(tener cierto aspecto) (el futuro, la situación)* to look; **el porvenir se presenta oscuro** the future looks bleak; **la noche se presenta fresquita** it's looking rather cool this evening

---

presente 1 *adj* (**a**) *(asistente, que está delante)* present; **yo estuve p. el día que hicieron la reunión** I was present on the day of the meeting; **siempre está p. en mí su recuerdo** her memory is always present in my mind; **aquí p.** here present; **hacer p. algo a alguien** to notify sb of sth; **mejorando lo p.** present company excepted; **tener p.** *(recordar)* to remember; *(tener en cuenta)* to bear in mind; **Carlos Muñoz — ¡p.!** *(al pasar lista)* Carlos Muñoz – present! (**b**) *(en curso)* current; **del p. mes** of this month
2 *nmf (en un lugar)* **los/las (aquí) presentes** all those present
3 *nm* (**a**) *(tiempo actual)* present; **hasta el p.** up to now (**b**) *Gram* present ❑ ***p. histórico*** historical present (**c**) *(regalo)* gift, present (**d**) *(corriente)* **el p.** *(mes)* the current month; *(año)* the current year
4 *nf (escrito)* **por la p. le informo...** I hereby inform you...

presentimiento *nm* presentiment, feeling; **tengo el p. de que...** I have the feeling that...

presentir [62] *vt* to foresee; **p. que algo va a pasar** to have a feeling that something is going to happen; **p. lo peor** to fear the worst

preservación *nf* preservation; **la p. de especies en peligro de extinción** the protection of endangered species

preservar 1 *vt* to protect
2 preservarse *vpr* **preservarse de** to protect oneself *o* shelter from

preservativo, -a 1 *adj* protective
2 *nm* condom ❑ ***p. femenino*** female condom

presidencia *nf* (**a**) *(de nación)* presidency; **el candidato a la p.** the presidential candidate; **ocupar la p. del gobierno** to be the head of government; **durante la p. de Ford** during Ford's presidency, while Ford was president (**b**) *(de asamblea, empresa, reunión)* chairmanship

presidencial *adj* presidential

presidencialismo *nm* presidential system

presidencialista 1 *adj* presidential
2 *nmf* supporter of the presidential system

presidente, -a *nm,f* (**a**) *(de nación)* president; **p. (del Gobierno)** prime minister (**b**) *(de asamblea, jurado)* chairman, *f* chairwoman; *(de empresa)* chairman, *f* chairwoman, *US* president ❑ ***p. de honor*** honorary president *o* chairman; ***p. de mesa*** *(en elecciones) Br* chief scrutineer, *US* chief canvasser (**c**) *(del parlamento)* speaker (**d**) *(de tribunal)* presiding judge ❑ ***p. del tribunal supremo*** chief justice

presidiario, -a *nm,f* convict

presidio *nm* (**a**) *(prisión)* prison (**b**) *(pena)* prison sentence

presidir *vt* (**a**) *(ser presidente de) (nación)* to be president of; *(jurado, tribunal)* to preside over; *(asamblea, reunión)* to chair (**b**) *(predominar sobre)* to dominate; **una gran chimenea preside el salón** a large fireplace dominates the living room; **la bondad preside todos sus actos** kindness prevails in everything she does

presienta *etc ver* **presentir**

presilla *nf* (**a**) *(lazo)* loop (**b**) *(en costura)* buttonhole stitching

presintiera *etc ver* **presentir**

presintonía *nf (de radio)* pre-set station selector

presión *nf* (**a**) *(fuerza)* pressure; **a** *o* **bajo p.** under pressure; **tiene cierre a p.** you press it shut; **hacer p.** to press ❑ ***p. arterial*** blood pressure; ***p. atmosférica*** atmospheric pressure; *Econ* ***p. fiscal*** tax burden; ***p. sanguínea*** blood pressure (**b**) *(coacción, influencia)* pressure; **la p. de la calle obligó a dimitir al presidente** pressure from the public forced the president to resign; **hacer p.** to pressurize (**c**) *(en baloncesto)* press (**d**) *(en fútbol, rugby)* pressure

presionar 1 *vt* (**a**) *(apretar)* to press (**b**) *(coaccionar)* to pressurize, to put pressure on; **lo presionaron para que aceptara** they put pressure on him to accept (**c**) *(en fútbol, rugby)* to put pressure on
2 *vi* (**a**) *(en baloncesto)* to press (**b**) *(en fútbol, rugby)* to put on the pressure

preso, -a 1 *adj* imprisoned
2 *nm,f* prisoner ❑ ***p. común*** ordinary criminal; ***p. de conciencia*** prisoner of conscience; ***p. político*** political prisoner

pressing ['presin] *nf* **hacer p.** *(en fútbol)* to push up

prestación *nf* (**a**) *(de servicio) (acción)* provision; *(resultado)* service ❑ ***prestaciones por desempleo*** unemployment benefit; ***p. social*** social security benefit, *US* welfare; ***p. social sustitutoria*** = community service done as alternative to military service (**b**) **prestaciones** *(de coche)* performance features

prestado, -a *adj* on loan; **dar p. algo** to lend sth; **pedir/tomar p. algo** to borrow sth; *Fam* **desde que se quedó sin trabajo, vive de p.** she's been living off other people since she lost her job

prestamiento *nm Méx (préstamo)* loan

prestamista *nmf* moneylender

préstamo *nm* (**a**) *(acción) (de prestar)* lending; *(de pedir prestado)* borrowing; **ese libro está en p.** that book is out on loan (**b**) *(cantidad)* loan; **pedir un p.** to ask for a loan ❑ ***p. bancario*** bank loan; ***p. hipotecario*** mortgage; ***p. a plazo fijo*** fixed-term loan (**c**) *Ling* loanword

prestancia *nf* excellence, distinction

prestar 1 *vt* (**a**) *(dejar) (dinero, cosa)* to lend, to loan; **¿me prestas mil pesos?** ¿could you lend me a thousand pesos?; **¿me prestas tu pluma?** can I borrow your pen?
(**b**) *(dar) (ayuda)* to give, to offer; *(servicio)* to offer, to provide; *(atención)* to pay
(**c**) *(declaración, juramento)* to make; **prestó juramento ante el rey** she took an oath before the king
(**d**) *(transmitir encanto)* to lend
2 prestarse *vpr* (**a**) *(ser apto)* **prestarse (para)** to be suitable (for), to lend itself (to); **el lugar se presta para descansar** this is a good place to rest
(**b**) **prestarse a** *(ofrecerse a)* to offer to; **se prestó a ayudarme enseguida** she immediately offered to help me
(**c**) **prestarse a** *(acceder a)* to consent to; **no sé cómo se ha prestado a participar en esa película** I don't know how he consented to take part in that film
(**d**) **prestarse a** *(dar motivo a)* to be open to; **sus palabras se prestan a muchas interpretaciones** her words are open to various interpretations

presteza *nf* promptness, speed; **con p.** promptly, swiftly

prestidigitación *nf* conjuring

prestidigitador, -ora *nm,f* conjuror

prestigio *nm* prestige; **una tienda de p.** a prestigious store

prestigioso, -a *adj* prestigious

presto, -a *adj* **1** (**a**) *(dispuesto)* ready (**a** to) (**b**) *(rápido)* prompt
2 *adv Mús* presto

presumible *adj* probable, likely

presumido, -a 1 *adj* conceited, vain
2 *nm,f* conceited *o* vain person

presumir 1 *vt (suponer)* to presume, to assume; **presumo que no tardarán en llegar** I presume *o* suppose they'll be here soon
2 *vi* (**a**) *(jactarse)* to show off; **presume de artista** he likes to think he's an artist, he fancies himself as an artist; **presume de guapa** she thinks she's pretty (**b**) *(ser vanidoso)* to be conceited *o* vain

presunción *nf* (**a**) *(suposición)* presumption (**b**) *(vanidad)* conceit, vanity (**c**) *Der* presumption ❑ ***p. de inocencia*** presumption of innocence

presunto, -a *adj (supuesto)* presumed, supposed; *(criminal)* alleged, suspected

presuntuosidad *nf* conceit

Observa que la palabra inglesa **presumptuousness** es un falso amigo y no es la traducción de la palabra española **presuntuosidad**. En inglés **presumptuousness** significa "impertinencia".

presuntuoso, -a 1 *adj (vanidoso)* conceited; *(pretencioso)* pretentious
2 *nm,f* conceited person

Observa que la palabra inglesa **presumptuous** es un falso amigo y no es la traducción de la palabra española **presuntuoso**. En inglés **presumptuous** significa "impertinente".

presuponer [50] *vt* to presuppose

presuposición *nf* assumption

presupuestar *vt (hacer un presupuesto para)* to give an estimate for; *Fin* to budget for; **esta partida no estaba presupuestada** this item wasn't budgeted for

presupuestario, -a *adj* budgetary; **déficit p.** budget deficit

presupuesto, -a 1 *participio ver* **presuponer**
2 *nm* **(a)** *(dinero disponible)* budget ❑ ***Presupuestos (Generales) del Estado*** state budget, national budget **(b)** *(cálculo de costes)* estimate; **pedir un p.** ask for an estimate **(c)** *(suposición)* assumption

presurización *nf* pressurization

presurizado, -a *adj* pressurized

presurizar [14] *vt* to pressurize

presuroso, -a *adj* in a hurry

prêt-à-porter [pretapor'te] **1** *adj (ropa, moda)* ready-to-wear, *Br* off-the-peg
2 *nm* ready-to-wear *o Br* off-the-peg clothing

pretencioso, -a 1 *adj (persona)* pretentious; *(cosa)* showy
2 *nm,f* pretentious person

pretender *vt* **(a)** *(intentar, aspirar a)* **sólo pretendo ayudaros** I just want to help you; **pretendo comprarme una casa** I intend to buy a house; **¿pretendes que te crea?** do you expect me to believe you; **¿qué pretendes decir?** what do you mean? **(b)** *(simular)* to pretend; **pretende estar estudiando** he pretends he's studying **(c)** *(afirmar)* to claim **(d)** *(solicitar)* to apply for **(e)** *(cortejar)* to court

pretendido, -a *adj* supposed

pretendiente, -a 1 *nm,f* **(a)** *(aspirante)* candidate (**a** for) **(b)** *(a un trono)* pretender (**a** to)
2 *nm (a noviazgo, matrimonio)* suitor

pretensión *nf* **(a)** *(intención)* aim, intention; **tener la p. de** to intend to **(b)** *(aspiración)* aspiration; **sin pretensiones** unpretentious **(c)** *(supuesto derecho)* claim (**a** *o* **sobre** to) **(d)** *(afirmación)* claim **(e) pretensiones** *(exigencias)* demands

pretérito, -a 1 *adj* past
2 *nm* preterite, past ❑ ***p. anterior*** past anterior; ***p. imperfecto*** imperfect; ***p. indefinido*** simple past; ***p. perfecto*** (present) perfect; ***p. pluscuamperfecto*** pluperfect

pretextar *vt* to use as a pretext, to claim

pretexto *nm* pretext, excuse; **con el p. de que...** on the pretext that...; *Formal* **so p. de...** on the pretext of...

pretil *nm* parapet

Pretoria *n* Pretoria

preuniversitario, -a 1 *adj* pre-university
2 *nm Antes* = in Spain, former one-year course of study, successful completion of which allowed pupils to go to university

prevalecer [46] *vi* to prevail (**sobre** over)

prevaleciente *adj* prevailing, prevalent

prevaler [68] **1** *vi* to prevail (**sobre** over)
2 prevalerse *vpr* to take advantage (**de** of)

prevaricación *nf Der* perversion of the course of justice

prevaricar [59] *vi Der* to pervert the course of justice

prevención *nf* **(a)** *(acción)* prevention; *(medida)* precaution; **en p. de** as a precaution against **(b)** *(prejuicio)* prejudice; **tener p. contra alguien** to be prejudiced against sb, to have a prejudice against sb

prevengo *etc ver* **prevenir**

prevenido, -a *adj* **(a)** *(previsor)* **ser p.** to be cautious **(b)** *(avisado, dispuesto)* **estar p.** to be prepared

prevenir [69] **1** *vt* **(a)** *(evitar)* to prevent; **para p. la gripe** to prevent flu; PROV **más vale p. que curar** prevention is better than cure **(b)** *(avisar)* to warn **(c)** *(prever)* to foresee, to anticipate **(d)** *(predisponer)* **p. a alguien contra algo/alguien** to prejudice sb against sth/sb
2 prevenirse *vpr (tomar precauciones)* to take precautions

preventivo, -a *adj (medicina, prisión)* preventive; *(medida)* precautionary

prever [70] **1** *vt* **(a)** *(conjeturar)* to foresee, to anticipate **(b)** *(planear)* to plan **(c)** *(predecir)* to forecast; **él había previsto el terremoto** he had forecast *o* predicted the earthquake; **se prevé una fuerte oposición popular la ley** strong popular opposition to the law is anticipated *o* expected
2 *vi* **como era de p.** as was to be expected

previamente *adv* previously

previene *etc ver* **prevenir**

previera *etc ver* **prever**

previniera *etc ver* **prevenir**

previó *etc ver* **prever**

previo, -a 1 *adj* **(a)** *(anterior)* prior; **sin p. aviso** without prior warning **(b)** *(condicionado)* subject to; **p. acuerdo de las partes interesadas** subject to the agreement of the interested parties; **p. pago de multa** on payment of a fine
2 *nm Cine* prescoring, playback

previsible *adj* foreseeable

previsiblemente *adv* **llegarán p. antes del anochecer** they'll probably arrive before it gets dark; **p. durará dos semanas** it's likely to last two weeks

previsión *nf* **(a)** *(predicción)* forecast ❑ ***p. del tiempo*** *o* ***meteorológica*** weather forecast **(b)** *(visión de futuro)* foresight; **esto no entraba en mis previsiones** I hadn't foreseen *o* predicted this **(c)** *(precaución)* **en p. de** as a precaution against

previsor, -ora *adj* prudent, farsighted

previsto, -a 1 *participio ver* **prever**
2 *adj (conjeturado)* predicted; *(planeado)* forecast, expected, planned; **salió tal y como estaba p.** it turned out just as planned

PRI [pri] *nm (abrev de* **Partido Revolucionario Institucional**) = Mexican political party, the governing party since 1929

prieto, -a *adj* **(a)** *(ceñido)* tight; **íbamos muy prietos en el coche** we were really squashed together in the car **(b)** *Méx Fam (moreno)* dark-skinned

priísta *Méx Pol* **1** *adj* relating to the "PRI"
2 *nmf* member/supporter of the "PRI"

prima *nf* **(a)** *(paga extra)* bonus ❑ *Dep* ***primas a terceros*** = legal practice in soccer where one team gives another team financial inducement to beat a third team **(b)** *(de seguro)* premium ❑ ***p. de riesgo*** risk premium **(c)** *(subvención)* subsidy

primacía *nf* primacy

primado *nm Rel* primate

primar 1 *vi* to have priority (**sobre** over); **el tribunal prima más el conocimiento del tema que la expresión oral** the judges place greater importance on knowledge of the subject than oral expression
2 *vt* to give a bonus to

primario, -a *adj* **(a)** *(básico, elemental)* primary **(b)** *(primitivo)* primitive **(c)** *(era, enseñanza)* primary

primate *nm (simio)* primate

primavera *nf* **(a)** *(estación)* spring; **la p. la sangre altera** spring is in the air **(b)** *(juventud)* springtime **(c)** *(año)* **tiene diez primaveras** she is ten years old, she has seen ten summers **(d)** *(planta)* primrose

primaveral *adj* spring; **día p.** spring day

primer *ver* **primero**

primera *nf* **(a)** *(marcha)* first (gear); **meter (la) p.** to go into first (gear) **(b)** *(en avión, tren)* first class; **viajar en p.** to travel first class **(c)** *Dep* first division; **subir a p.** to go up into the first division **(d) de primera** *loc adj* first-class, excellent **(e)** EXPR **a la p.** at the first attempt; *Fam* **a las primeras de cambio** at the first opportunity

primeramente *adv* first, in the first place

primeriza *nf (madre)* first-time mother

primerizo, -a 1 *adj* **(a)** *(principiante)* novice **(b)** *(embarazada)* first-time
2 *nm,f (principiante)* beginner

PRIMERO, -A

Primer is used instead of **primero** before singular masculine nouns (e.g. **el primer hombre** the first man).

1 *núm adj* **(a)** *(en orden)* first; **el primer capítulo, el capítulo p.** chapter one; **los primeros diez párrafos, los diez párrafos primeros** the first ten paragraphs; **Carlos p.** *(escrito Carlos I)* Charles the First *(written Charles I)*; **el siglo p.** *(también escrito el siglo primero)* the first century *(written 1st century)*; **a primera hora de la mañana** first thing in the morning; **en primera fila** in the front row; **en primera página** on the front page ▫ ***primera dama*** *Teatro* leading lady; *Pol (esposa del presidente)* first lady; *Mil* ***primera línea*** front line; **estar en primera l.** *(de batalla)* to be on the front line; *(entre los mejores)* to be amongst the best; ***primer ministro*** prime minister

(b) *(en importancia, calidad)* main; **la primera empresa del sector** the leading company in the sector; **el primer tenista del país** the country's top tennis player; **uno de los primeros objetivos del gobierno** one of the government's main aims; **el primer actor** the leading man; **la primera actriz** the leading lady; **productos de primera calidad** top-quality products; **deportistas de primera clase** *o* **categoría** *o* **fila** top-class sportsmen; **productos de primera necesidad** basic necessities; **lo p.** the most important *o* main thing; **lo p. es lo p.** first things first

2 *núm nm,f* **(a)** *(en orden)* **el p.** the first one; **el p. fue bueno** the first one was good; **llegó el p.** he came first; **el p. de la cola** the person at the front of the *Br* queue *o US* line; **¿quién es el p. de la cola?** who's first?; **es el p. de la clase** he's top of the class; **él fue el p. en venir** he was the first (person *o* one) to come; **no eres el p. que me pregunta eso** you're not the first person to ask me that

(b) *(mencionado antes)* **vinieron Pedro y Juan, el p. con…** Pedro and Juan arrived, the former with…

3 *adv* **(a)** *(en primer lugar)* first; **p. déjame que te explique una cosa** let me explain something to you first; **usted estaba p.** you were in front of me *o* first; **¿quién va** *o* **está p.?** who's first? **(b)** *(indica preferencia)* **p…. que…** rather… than…; **p. morir que traicionarle** I'd rather die than betray him

4 *nm* **(a)** *(piso) Br* first floor, *US* second floor **(b)** *(curso universitario)* first year; **estudiantes de p.** first years; **estoy en p.** I'm a first year

(c) *(curso escolar)* = first year of primary school, *US* ≃ first grade

(d) *(día del mes)* **el p. de mayo** *(también escrito el 1 de mayo)* the first of May *(written 1 May)*

(e) *(en frases)* **a primeros de mes/año** at the beginning of the month/year; **a primeros de junio** at the beginning of June, in early June; **de p.** *(de primer plato)* for starters

primicia *nf* scoop, exclusive; **una gran p. informativa** a real scoop *o* exclusive

primigenio, -a *adj* original, primitive

primitiva *nf Esp (lotería)* = weekly state-run lottery

primitivismo *nm Arte* primitivism

primitivo, -a *adj* **(a)** *(arcaico, rudimentario)* primitive **(b)** *(original)* original

primo, -a 1 *adj* **(a)** *Mat (número)* prime **(b)** *(materia)* raw

2 *nm,f* **(a)** *(pariente)* cousin ▫ ***p. carnal*** *o* ***hermano*** first cousin; ***p. segundo*** second cousin **(b)** *Fam (tonto)* sucker; **hacer el p.** to be taken for a ride

primogénito, -a *adj & nm,f* first-born

primogenitura *nf* primogeniture

primor *nm* **(a)** *(persona)* treasure, marvel; *(cosa, trabajo)* fine thing; **hecho un p.** spick and span; **su abuela cose que es un p.** his grandmother sews beautifully **(b)** *(esmero)* **con p.** with skill

primordial *adj* fundamental

primoroso, -a *adj* **(a)** *(delicado)* exquisite, fine **(b)** *(hábil)* skilful

prímula *nf* primrose

princesa *nf* princess

principado *nm* principality

principal 1 *adj* main, principal; **me han dado el papel p. de la obra de teatro** I've been given the leading *o* lead role in the play; **puerta p.** front door; **lo p.** the main thing

2 *nm* **(a)** *(piso) Br* first floor, *US* second floor **(b)** *(jefe)* chief, boss

príncipe 1 *adj (edición)* first, original

2 *nm* prince ▫ *Fig* ***el P. de Asturias*** the Spanish crown prince; ***p. azul*** Prince Charming; ***p. consorte*** prince consort; ***p. heredero*** crown prince; ***p. de las tinieblas*** Prince of Darkness

principesco, -a *adj* princely

principiante, -a 1 *adj* novice, inexperienced

2 *nm,f* novice, beginner; **ha cometido un error de p.** he's made a really basic mistake

principio *nm* **(a)** *(comienzo)* beginning, start; **empieza por el p.** start at the beginning; **un p. de acuerdo** the beginnings of an agreement; **al p.** at first, in the beginning; **a principios de** at the beginning of; **en p., me parece buena la idea** in principle, the idea seems good; **en p. quedamos en hacer una reunión el jueves** provisionally *o* unless you hear otherwise, we've arranged to meet on Thursday; **en un p.** at first; **el p. del fin** the beginning of the end; **del p. al fin, desde el p. hasta el fin** from beginning to end, from start to finish

(b) *(fundamento, ley)* principle; **por p.** on principle ▫ ***p. de Arquímedes*** Archimedes' principle; ***p. de incertidumbre*** uncertainty principle; ***p. de indeterminación*** uncertainty principle; ***p. del todo o nada*** all-or-nothing policy

(c) *(origen)* origin, source

(d) *(elemento)* element ▫ ***p. activo*** active ingredient

(e) principios *(reglas de conducta)* principles; **un hombre de principios** a man of principles; **sin principios** unprincipled, unscrupulous

(f) *(nociones)* rudiments, first principles; **tiene algunos principios de informática** she knows a bit about computing

pringado, -a *nm,f Esp Fam (desgraciado)* mug, sucker

pringar [38] **1** *vt* **(a)** *(ensuciar)* to make greasy **(b)** *(mojar)* to dip **(c)** *Fam (comprometer)* **p. a alguien en algo** to get sb mixed up in sth **(d)** *Fam* **¡ya la has pringado!** now you've done it!

2 *vi* **(a)** *Fam Fig (pagar las culpas)* to carry the can **(b)** *Fam (trabajar)* to slog away, to graft; **nos tocó p. todo el fin de semana** we were landed with working all weekend

3 *v impersonal Cam, Méx, Ven* to drizzle

4 pringarse *vpr* **(a)** *(ensuciarse)* **pringarse de** *o* **con algo** to get covered in *o* with sth **(b)** *Fam (en asunto sucio)* to get one's hands dirty

pringoso, -a *adj (grasiento)* greasy; *(pegajoso)* sticky

pringue *nm (suciedad)* muck, dirt; *(grasa)* grease

prión *nf* prion

prior *nm Rel* prior

priora *nf Rel* prioress

priorato *nm Rel* priorate

priori: a priori *loc adv* in advance, a priori

prioridad *nf* **(a)** *(preferencia)* priority **(b)** *Aut* right of way, priority; **tienen p. los vehículos que vienen por la derecha** vehicles coming from the right have right of way *o* priority

prioritario, -a *adj* priority; **objetivo p.** key objective *o* aim; **ser p.** to be a priority

priorizar *vt* to give priority to

prisa *nf (prontitud)* haste, hurry; *(rapidez)* speed; *(urgencia)* urgency; **con las prisas me olvidé de llamarte** in the rush I forgot to call you; **a toda p.** very quickly; **correr p.** to be urgent; **darse p.** to hurry (up); **de p.** quickly; **de p. y corriendo** in a slapdash way; EXPR **la p. es mala consejera** more haste, less speed; **ir con p.** to be in a hurry; **meter p. a alguien** to hurry *o* rush sb; **sin p. pero sin pausa** slowly but steadily; **tener p.** to be in a hurry

prisión *nf* **(a)** *(cárcel)* prison ▫ ***p. de máxima seguridad*** top-security prison; ***p. de régimen abierto*** open prison **(b)** *(encarcelamiento)* imprisonment; **fue condenado a veinte años de p.** he was sentenced to twenty years imprisonment ▫ ***p. incondicional*** remand without bail; ***p. mayor*** = prison sentence of between six years and twelve years; ***p. menor*** = prison sentence of between six months and six years; ***p. preventiva*** preventive custody

prisionero, -a *nm,f* prisoner; **hacer p. a alguien** to take sb prisoner ▫ ***p. de guerra*** prisoner of war

prisma *nm* **(a)** *Fís & Geom* prism **(b)** *(perspectiva)* viewpoint, perspective

prismático, -a 1 *adj* prismatic

2 *nmpl* **prismáticos** binoculars

prístino, -a *adj Formal* pristine, original

priva *nf Esp muy Fam (bebida)* booze

privacidad *nf* privacy

privación *nf* deprivation; **p. de libertad** loss of freedom; **pasar privaciones** to suffer hardship

privadamente *adv* privately, in private

privado, -a *adj* private; **en p.** in private

privar 1 *vt* (**a**) **p. a alguien/algo de** *(dejar sin)* to deprive sb/sth of (**b**) **p. a alguien de hacer algo** *(prohibir)* to forbid sb to do sth

2 *vi* (**a**) *(gustar)* **le privan los pasteles** he adores cakes (**b**) *(estar de moda)* to be in (fashion) (**c**) *Esp muy Fam (beber)* to booze

3 privarse *vpr* **privarse de** to go without; **no me privo de nada** I don't deprive myself of anything

privativo, -a *adj* exclusive

privatización *nf* privatization

privatizar [14] *vt* to privatize

privilegiado, -a 1 *adj* (**a**) *(favorecido)* privileged (**b**) *(excepcional)* exceptional

2 *nm,f* (**a**) *(afortunado)* privileged person (**b**) *(muy dotado)* very gifted person

privilegiar *vt (persona)* to favour; *(intereses)* to put first

privilegio *nm* privilege; **tengo el p. de presentar a...** I have the honour of introducing... ❑ *Informát **p. de acceso*** access privilege

PRN *nm (abrev de* **Partido de la Renovación Nacional**) = Chilean political party

pro 1 *prep* for, supporting; **una asociación p. derechos humanos** a human rights organization

2 *nm* advantage; **los pros y los contras** the pros and cons; **en p. de** for, in support of

proa *nf (de barco)* prow, bows; *(de avión)* nose; **poner p. a** to set sail for

probabilidad *nf también Mat* probability; *(oportunidad)* likelihood, chance; **la p. de que sobreviva es muy escasa** there's little possibility *o* chance that he'll survive, it's highly unlikely that he'll survive; **con toda p. acabaremos mañana** in all probability *o* likelihood we'll finish tomorrow

probable *adj* probable, likely; **es p. que llueva** it'll probably rain; **es p. que no diga nada** he probably won't say anything; **lo más p. es que no pueda ir** she probably won't be able to go

probablemente *adv* probably

probado, -a *adj también Der* proven

probador *nm* fitting room

probar [63] **1** *vt* (**a**) *(demostrar, indicar)* to prove; **eso prueba que tenía razón** that shows I was right

(**b**) *(comprobar)* to test, to check; **prueba tú mismo la potencia de mi coche** see for yourself how powerful my car is

(**c**) *(experimentar)* to try; **lo hemos probado todo** we've tried everything

(**d**) *(ropa)* to try on; **p. una camisa** to try on a shirt

(**e**) *(degustar)* to taste, to try; **no prueba el vino desde hace meses** he hasn't touched wine for months

2 *vi* (**a**) *(tratar de)* **p. a hacer algo** to try to do sth; **prueba a nadar de espaldas** try swimming backstroke; **por p. no se pierde nada** there is no harm in trying (**b**) *(degustar)* **p. de todo** to try a bit of everything

3 probarse *vpr (ropa)* to try on

probeta 1 *adj* **bebé** *o* **niño p.** test-tube baby

2 *nf (para análisis, reacción)* test tube; *(para medir)* measuring cylinder

probidad *nf Formal* integrity

problema *nm* (**a**) *(dificultad)* problem; **el p. del terrorismo** the terrorist problem, the problem of terrorism; **los niños no causan más que problemas** children cause nothing but trouble *o* problems; **el p. es que no nos queda tiempo** the problem *o* thing is that we don't have any time left (**b**) *(matemático)* problem

problemática *nf* problems; **la p. del paro** the problems of unemployment

problemático, -a *adj* problematic

procacidad *nf (desvergüenza)* obscenity; *(acto)* indecent act

procaz *adj* indecent, obscene

procedencia *nf* (**a**) *(origen)* origin (**b**) *(punto de partida)* point of departure; **con p. de** (arriving) from (**c**) *(pertinencia)* properness, appropriateness

procedente *adj* (**a**) *(originario)* **p. de** *(proveniente de)* originating in; *(avión, tren)* (arriving) from; **el vuelo p. de Lima** the flight (coming) from Lima (**b**) *(oportuno)* appropriate; *Der* fitting, right and proper

proceder 1 *nm* conduct, behaviour

2 *vi* (**a**) *(originarse)* **p. de** to come from; **esta costumbre procede del siglo XIX** this custom dates back to the 19th century (**b**) *(actuar)* to act (**con** with); **hay que p. con cuidado en este asunto** we should proceed with care in this matter (**c**) *(empezar)* to proceed (**a** with); **procedemos a leer el nombre de los ganadores** we will now read out the names of the winners (**d**) *(ser oportuno)* to be appropriate; **procede cambiar de táctica** it would be a good idea to change tactics

procedimiento *nm* (**a**) *(método)* procedure, method (**b**) *Der* proceedings

prócer *nm Formal* great person

procesado, -a 1 *nm,f* accused, defendant

2 *nm* processing

procesador *nm Informát* processor ❑ ***p. de coma flotante*** floating-point processor; ***p. de textos*** word processor

procesal *adj (costas, alegaciones)* legal; *(derecho)* procedural

procesamiento *nm* (**a**) *Der* prosecution (**b**) *Informát* processing ❑ ***p. de textos*** word processing

procesar *vt* (**a**) *Der* to prosecute (**b**) *Informát* to process

procesión *nf* procession; *Fam* **fuimos allí todos en p.** we all trooped over there; EXPR **la p. va por dentro** he/she is putting on a brave face

procesionaria *nf* processionary moth

proceso *nm* (**a**) *(fenómeno, operación)* process; **el p. de paz** the peace process (**b**) *(transcurso, intervalo)* course (**c**) *Der (juicio)* trial; *(causa)* lawsuit; **abrir un p. contra** to bring an action against (**d**) *Med* **padece un p. gripal** he has the flu (**e**) *Informát **p. por lotes*** batch processing; ***p. subordinado*** background process; ***p. de textos*** word processing

proclama *nf* proclamation

proclamación *nf* (**a**) *(anuncio)* notification (**b**) *(acto, ceremonia)* proclamation

proclamar 1 *vt* (**a**) *(nombrar)* to proclaim (**b**) *(anunciar)* to declare; **el presidente ha proclamado su inocencia en el escándalo** the president has declared his innocence in the scandal; **no es necesario proclamarlo a los cuatro vientos** you don't need to broadcast it

2 proclamarse *vpr* (**a**) *(nombrarse)* to proclaim oneself (**b**) *(conseguir un título)* **proclamarse campeón** to become champion

proclive *adj* **p. a** prone to

procónsul *nm* proconsul

procreación *nf* procreation

procrear 1 *vi* to procreate

2 *vt* to generate, to bear

procura *nf Am (busca)* search, hunt

procurador, -ora *nm,f* (**a**) *Der* attorney (**b**) *Hist **p. en Cortes*** Member of Spanish Parliament *(in 19th century or under Franco)*

procuraduría *nf* (**a**) *(oficio)* legal profession (**b**) *(oficina)* lawyer's practice

procurar 1 *vt* (**a**) *(intentar)* **p. hacer algo** to try to do sth; **p. que...** to make sure that... (**b**) *(proporcionar)* to get, to secure

2 procurarse *vpr* to get, to obtain (for oneself)

prodigalidad *nf* (**a**) *(derroche)* prodigality (**b**) *(abundancia)* profusion

prodigar [38] **1** *vt* **p. algo a alguien** to lavish sth on sb

2 prodigarse *vpr* (**a**) *(exhibirse)* to appear a lot in public; **se ha prodigado mucho últimamente** he's appeared a lot in public recently, he's been in the public eye a lot recently (**b**) *(excederse)* **prodigarse en** to be lavish with

prodigio 1 *adj* **niño p.** child prodigy

2 *nm (suceso)* miracle; *(persona)* wonder, prodigy

prodigiosamente *adv* marvellously

prodigioso, -a *adj* (**a**) *(sobrenatural)* miraculous (**b**) *(extraordinario)* wonderful, marvellous

pródigo, -a 1 *adj* (**a**) *(derrochador)* extravagant; **el hijo p.** *(en la Biblia)* the prodigal son (**b**) *(generoso)* generous, lavish; **es muy p. con su familia** he's very generous to his family

2 *nm,f* spendthrift

producción *nf* (**a**) *(acción)* production;

(producto) product; **se ha incrementado la p. de acero** steel production has increased ❑ *Ind* ***p. en cadena*** *o* ***serie*** mass production (**b**) *Cine, TV* production; **una p. de TVE** a TVE production

producir [18] **1** *vt* (**a**) *(hacer)* to produce (**b**) *(ocasionar)* to cause, to give rise to; **tu actuación me produce tristeza** your conduct makes me very sad (**c**) *(interés, fruto)* to yield, to bear; **este negocio produce grandes pérdidas** this business is making huge losses (**d**) *Cine & TV* to produce
2 producirse *vpr (ocurrir)* to take place, to come about; **el accidente se produjo a las nueve de la mañana** the accident took place *o* occurred at nine o'clock in the morning; **se produjeron varios heridos** there were several casualties

productividad *nf* productivity

productivo, -a *adj (trabajador, método)* productive; *(inversión, negocio)* profitable

producto *nm* (**a**) *(bien, objeto)* product; **productos** *(agrícolas)* produce ❑ ***p. acabado*** finished product; ***p. alimenticio*** foodstuff; ***productos de belleza*** cosmetics; *Econ* ***p. interior bruto*** gross domestic product; ***p. líder*** product leader; ***p. manufacturado*** manufactured product; ***p. milagro*** miracle product; *Econ* ***p. nacional bruto*** gross national product; ***p. de primera necesidad*** staple; ***p. químico*** chemical; ***productos de la tierra*** agricultural *o* farm produce
(**b**) *(ganancia)* profit
(**c**) *(resultado)* result, product
(**d**) *Mat* product

productor, -ora 1 *adj* producing; **país p. de petróleo** oil-producing country
2 *nm* producer
3 *nm,f Cine & TV (persona)* producer

productora *nf (de cine, televisión)* production company

produjera *etc ver* **producir**

produzco *ver* **producir**

proeza *nf* exploit, deed

prof. *(abrev de* **profesor***)* Prof

profanación *nf* desecration

profanar *vt* to desecrate

profano, -a 1 *adj* (**a**) *(no sagrado)* profane, secular (**b**) *(ignorante)* ignorant, uninitiated; **soy p. en la materia** I know nothing about the subject
2 *nm,f (hombre)* layman, lay person; *(mujer)* laywoman, lay person

profe *nmf Fam (de colegio)* teacher; *(de universidad)* lecturer

profecía *nf (predicción)* prophecy

proferir [5] *vt (palabras, sonidos)* to utter; *(insultos)* to hurl

profesar 1 *vt* (**a**) *(religión)* to follow; *(arte, oficio)* to practise (**b**) *(admiración, amistad)* to profess
2 *vi Rel* to take one's vows

profesión *nf* (**a**) *(empleo, ocupación)* profession; *(en formularios)* occupation; **de p.** by profession; **ser de la p.** to be in the same profession ❑ ***p. liberal*** liberal profession (**b**) *(declaración)* declaration, avowal ❑ *Rel* ***p. de fe*** profession *o* declaration of faith

profesional *adj & nmf* professional

profesionalidad *nf* professionalism

profesionalismo *nm* professionalism

profesionalización *nf* professionalization

profesionalizar [14] *vt* to professionalize

profesionalmente *adv* professionally

profesionista *nmf Méx* professional

profeso, -a 1 *adj* professed
2 *nm,f* professed monk, *f* professed nun

profesor, -ora *nm,f (de colegio)* teacher; *(de universidad)* lecturer; *(de autoescuela, esquí)* instructor ❑ ***p. agregado*** *(de secundaria)* teacher *(with permanent post)*; ***p. asociado*** associate lecturer; ***p. ayudante*** assistant lecturer; ***p. emérito*** professor emeritus; ***p. particular*** (private) tutor; ***p. suplente*** *Br* supply teacher, *US* substitute teacher; ***p. titular*** (full) lecturer

profesorado *nm* (**a**) *(plantilla)* teaching staff, *US* faculty (**b**) *(profesión)* teaching profession

profeta *nm* prophet; EXPR **nadie es p. en su tierra** no man is prophet in his own land

profético, -a *adj* prophetic

profetisa *nf* prophetess

profetizar [14] *vt* to prophesy

profiero *etc ver* **proferir**

profiláctico, -a 1 *adj* prophylactic
2 *nm* prophylactic, condom

profilaxis *nf inv* prophylaxis

proforma *adj* pro forma

prófugo, -a 1 *adj* fugitive
2 *nm,f* fugitive; **p. de la justicia** fugitive from justice
3 *nm Mil* = person evading military service

profundamente *adv* deeply

profundidad *nf* (**a**) *(de mar, lago)* depth; **tiene dos metros de p.** it's two metres deep; **de poca p.** shallow (**b**) *(de habitación, sala)* depth ❑ *Fot* ***p. de campo*** depth of field (**c**) *(de ideas, pensamientos)* depth; **conocer un tema en p.** to know a subject in depth

profundización *nf* deepening

profundizar [14] **1** *vt (hoyo, conocimientos)* to deepen
2 *vi* (**a**) *(en excavación)* to dig deeper (**b**) *(en estudio, conocimientos)* to go into depth; **p. en** *(tema)* to study in depth

profundo, -a *adj* (**a**) *(hoyo, río, raíces, herida)* deep; *Fig* **la España profunda** = backward, traditional Spain (**b**) *(respeto, admiración)* profound, deep; *(sueño)* deep; *(dolor, alegría)* intense; *(tristeza)* profound, deep (**c**) *(libro, idea, pensamiento)* profound

profusamente *adv* profusely

profusión *nf* profusion

profuso, -a *adj* profuse

progenie *nf Formal* (**a**) *(familia)* lineage (**b**) *(descendencia)* offspring

progenitor, -ora *nm,f* father, *f* mother; **progenitores** parents

progesterona *nf* progesterone

programa *nm* (**a**) *(de radio, televisión)* programme ❑ ***p. concurso*** game show
(**b**) *(de lavadora, lavavajillas)* cycle ❑ ***p. de lavado*** wash cycle
(**c**) *(proyecto)* programme ❑ ***p. electoral*** platform; ***p. espacial*** space programme; ***p. de intercambio*** exchange (programme)
(**d**) *(folleto)* programme ❑ ***p. de mano*** programme
(**e**) *(de actividades)* schedule, programme; **p. de fiestas** programme of events *(during annual town festival)*
(**f**) *(de curso, asignatura)* syllabus
(**g**) *Informát* program ❑ ***p. de dibujo*** paint program; ***p. de maquetación*** page layout program
(**h**) ***p. libre*** *(en patinaje artístico)* free skating

programable *adj* programmable

programación *nf* (**a**) *(de fiestas) (acción)* programming, scheduling; *(programa)* programme (**b**) *(de vídeo)* programming (**c**) *(televisiva)* scheduling; **la p. del lunes** Monday's programmes (**d**) *Informát* programming

programador, -ora 1 *nm,f (persona)* programmer
2 *nm (aparato)* programmer

programar 1 *vt* (**a**) *(actividades, proyecto)* to plan (**b**) *(en televisión)* to schedule; *(en cine)* to put on (**c**) *(máquina, vídeo)* to programme (**d**) *Informát* to program
2 *vi Informát* to program

progre *Fam* **1** *adj (liberal)* liberal; *(moderno)* trendy, hip; **tengo unos padres muy progres** I have very liberal *o* laidback parents
2 *nmf* progressive

progresar *vi* to progress, to make progress; **p. en** to make progress in

progresión *nf* progression, advance ❑ ***p. aritmética*** arithmetic progression; ***p. geométrica*** geometric progression; *Fig* **crecer en p. geométrica** to increase exponentially

progresismo *nm* progressivism

progresista *adj & nmf* progressive

progresivo, -a *adj* progressive

progreso *nm* progress; **hacer progresos** to make progress

progubernamental *adj* pro-government

prohibición *nf* ban, banning

prohibicionista *nmf* prohibitionist

prohibido, -a *adj* prohibited, banned; **está p. fumar aquí** this is a no-smoking area; **p. aparcar/fumar** *(en letrero)* no parking/smoking, parking/smoking prohibited; **p. fijar carteles** *(en letrero)* stick no bills; **prohibida la entrada** *(en letrero)* no entry

prohibir *vt* (**a**) *(impedir, proscribir)* to forbid; **p. a alguien hacer algo** to forbid sb to do sth; **tengo prohibido el alcohol** I've been told I mustn't touch alcohol; **se prohíbe el paso** *(en letrero)* no entry
(**b**) *(por ley) (de antemano)* to prohibit; *(a*

posteriori) to ban; **a partir de ahora está prohibido fumar en los lugares públicos** smoking in public places has now been banned; **está prohibida la venta de alcohol a menores** *(en letrero)* it is illegal to sell alcoholic drinks to anyone under the age of 18; **se prohibe la entrada a menores de 18 años** *(en letrero)* over 18s only

prohibitivo, -a *adj* prohibitive

prohijar *vt* to adopt

prohombre *nm Formal* great man

prójimo *nm* fellow human being, neighbour; **ama a tu p. como a ti mismo** *(cita bíblica)* love your neighbour as yourself

prole *nf* offspring

prolegómenos *nmpl (de una obra)* preface

proletariado *nm* proletariat

proletario, -a *adj & nm,f* proletarian

proliferación *nf* proliferation; **p. nuclear** nuclear proliferation

proliferar *vi* to proliferate

prolífico, -a *adj* prolific

prolijidad *nf (extensión)* long-windedness

prolijo, -a *adj* **(a)** *(extenso)* long-winded **(b)** *(esmerado)* meticulous; *(detallado)* exhaustive

prolog *nm Informát* PROLOG

prologar *vt* to preface

prólogo *nm* **(a)** *(de libro)* preface, foreword **(b)** *(de obra de teatro)* prologue; *(de acto)* prelude **(c)** *(en ciclismo)* prologue

prolongación *nf* extension

prolongado, -a *adj (alargado)* long; *Fig (dilatado)* lengthy

prolongar [38] **1** *vt (alargar)* to extend; *(espera, visita, conversación)* to prolong; *(cuerda, tubo)* to lengthen

2 prolongarse *vpr* **(a)** *(extenderse)* to extend, to continue **(b)** *(alargarse)* to go on, to continue; **la reunión se prolongó más de lo previsto** the meeting lasted longer than expected

promediar *vt Mat* to average out

promedio *nm* average; **escribe un p. de cinco libros al año** on average, he writes five books a year

promesa *nf* **(a)** *(compromiso)* promise; **cumplir (con) una p.** to keep a promise **(b)** *(persona)* promising talent

prometedor, -ora *adj* promising

prometer 1 *vt* to promise; **te lo prometo** I promise

2 *vi (tener futuro)* to show promise; **esto promete** this is promising

3 prometerse *vpr* **(a)** *(novios)* to get engaged **(b)** *Fam (esperar)* **se las promete muy felices** he thinks he's got it made

prometido, -a 1 *nm,f* fiancé, *f* fiancée

2 *adj* **(a)** *(para casarse)* engaged **(b)** *(asegurado)* **lo p.** what has been promised, promise; **cumplir lo p.** to keep one's promise; **lo p. es deuda** a promise is a promise

prominencia *nf* **(a)** *(abultamiento)* protuberance **(b)** *(elevación)* rise **(c)** *(importancia)* prominence

prominente *adj* **(a)** *(abultado)* protruding **(b)** *(elevado, ilustre)* prominent

promiscuidad *nf* promiscuity

promiscuo, -a *adj* promiscuous

promoción *nf* **(a)** *(de producto, candidato)* promotion ❑ *Com* ***p. de ventas*** sales promotion **(b)** *(ascenso)* promotion **(c)** *Dep* promotion; **van a jugar la p.** they will play off to decide who is promoted **(d)** *(curso)* class, year; **compañeros de p.** classmates; **la p. del 91** the class of 91

promocional *adj* promotional

promocionar 1 *vt* to promote

2 *vi Dep* to play off

3 promocionarse *vpr* to put oneself forward, to promote oneself

promontorio *nm* promontory

promotor, -ora 1 *adj* promoting

2 *nm,f (organizador)* organizer; *(de una rebelión)* instigator ❑ *Com* ***p. inmobiliario*** real estate developer

promover [41] *vt* **(a)** *(iniciar)* to initiate, to bring about; *(impulsar)* to promote **(b)** *(ocasionar)* to cause **(c)** *(ascender)* **p. a alguien a** to promote sb to

promulgación *nf (de ley)* passing

promulgar [38] *vt (ley)* to pass

pronombre *nm Gram* pronoun ❑ ***p. demostrativo*** demonstrative pronoun; ***p. indefinido*** indefinite pronoun; ***p. interrogativo*** interrogative pronoun; ***p. personal*** personal pronoun; ***p. posesivo*** possessive pronoun; ***p. relativo*** relative pronoun

pronominal *Gram* **1** *adj* pronominal

2 *nm* pronominal verb

pronosticar [59] *vt* to predict, to forecast

pronóstico *nm* **(a)** *(predicción)* forecast ❑ ***p. del tiempo*** weather forecast **(b)** *Med* prognosis; **de p. leve** suffering from a mild condition; **de p. grave** in a serious condition; **de p. reservado** under observation

prontitud *nf* promptness

pronto, -a 1 *adj* **(a)** *(rápido)* quick, fast; *(respuesta)* prompt, early; *(curación, tramitación)* speedy

(b) por lo pronto *loc adv (de momento)* for the time being; *(para empezar)* to start with

2 *adv* **(a)** *(rápidamente)* quickly; **tan p. como** as soon as; **lo más p. posible** as soon as possible

(b) *(temprano)* early; **salimos p.** we left early

(c) *(dentro de poco)* soon; **¡hasta p.!** see you soon!

(d) al pronto *loc adv* at first

(e) de pronto *loc adv* suddenly

3 *nm Fam* sudden impulse; **le dio un p. y se fue** something got into him and he left;

prontuario *nm* **(a)** *(resumen)* summary **(b)** *RP Der* police record

pronunciación *nf* pronunciation

pronunciado, -a *adj* **(a)** *(facciones)* pronounced **(b)** *(curva)* sharp; *(pendiente, cuesta)* steep **(c)** *(tendencia)* marked

pronunciamiento *nm* **(a)** *(golpe)* (military) coup **(b)** *Der* pronouncement **(c)** *RP (anuncio, declaración)* statement

pronunciar 1 *vt* **(a)** *(palabra)* to pronounce **(b)** *(discurso)* to deliver, to make **(c)** *(acentuar, realzar)* to accentuate **(d)** *Der* to pronounce, to pass

2 pronunciarse *vpr* **(a)** *(definirse)* to state an opinion (**sobre** on); **el presidente se pronunció a favor del proyecto** the president declared that he was in favour of the project **(b)** *(sublevarse)* to stage a coup

propagación *nf* **(a)** *(extensión, divulgación)* spreading **(b)** *(de especies, ondas)* propagation

propagador, -ora 1 *adj (difusor)* spreading; *(de razas, especies)* propagating

2 *nm,f (difusor)* spreader; *(de razas, especies)* propagator

propaganda *nf* **(a)** *(publicidad)* advertising **(b)** *(prospectos)* publicity leaflets; *(por correo)* junk mail; **repartir p.** to distribute advertising leaflets; *(en la calle)* to hand out advertising leaflets ❑ ***p. electoral*** *(folletos)* election literature; *(anuncios, emisiones)* election campaign advertising **(c)** *(política, religiosa)* propaganda

propagandista *nmf* propagandist

propagandístico, -a *adj* **(a)** *(publicitario)* advertising; **campaña propagandística** advertising campaign **(b)** *Pol* propaganda; **actividad propagandística** propaganda activity

propagar [38] **1** *vt (extender)* to spread; *(especies)* to propagate

2 propagarse *vpr* **(a)** *(extenderse)* to spread **(b)** *(especies, ondas)* to propagate

propalar *vt* to divulge

propano *nm* propane

propasarse *vpr* to go too far (**con** with); **p. con alguien** *(sexualmente)* to take liberties with sb

propelente *nm* propellant

propensión *nf* propensity, tendency; **tiene p. a resfriarse** she's very prone to colds

propenso, -a *adj* **p. a algo/a hacer algo** prone to sth/to doing sth

propiamente *adv (adecuadamente)* properly; *(verdaderamente)* really, strictly; **p. dicho** strictly speaking

propiciar *vt (favorecer)* to be conducive to; *(causar)* to bring about, to cause; **su actitud desafiante ha propiciado el enfrentamiento** her defiant attitude has helped bring about the confrontation

propiciatorio, -a *adj* propitiatory

propicio, -a *adj* **(a)** *(favorable)* propitious, favourable **(b)** *(adecuado)* suitable, appropriate

propiedad *nf* **(a)** *(derecho)* ownership; *(bienes)* property; **pertenecer en p. a alguien** to rightfully belong to sb; **tener algo en p.** to own sth ❑ ***p. horizontal*** joint-ownership *(in a block of flats)*; ***p.***

industrial patent rights; ***p. inmobiliaria*** real estate; ***p. intelectual*** copyright; ***p. privada*** private property; ***p. pública*** public ownership
(**b**) *(facultad)* property; **con propiedades medicinales** with medicinal properties
(**c**) *(exactitud)* accuracy; **expresarse/hablar con p.** to express oneself precisely, to use words properly

propietario, -a 1 *adj* proprietary
2 *nm,f (de bienes)* owner; *(de cargo)* holder

propileno *nm Quím* propylene

propina *nf* tip; **dar p. (a alguien)** to tip (sb); *Fig* **de p.** *(por añadidura)* on top of that

propinar *vt (paliza)* to give; *(golpe)* to deal

propio, -a 1 *adj* (**a**) *(en propiedad)* own; **tiene coche p.** she has a car of her own, she has her own car
(**b**) *(de la misma persona)* **lo vi con mis propios ojos** I saw it with my own eyes; **actuó en defensa propia** she acted in self-defence; **por tu p. bien** for your own good
(**c**) *(peculiar)* **p. de** typical *o* characteristic of; **no es p. de él** it's not like him
(**d**) *(adecuado)* suitable, right (**para** for)
(**e**) *(correcto)* proper, true
(**f**) *(en persona)* himself, *f* herself; **el p. compositor** the composer himself
(**g**) *(semejante)* true to life
(**h**) *Gram* proper
(**i**) **lo p.** *(lo mismo)* the same; **Elena se retiró a descansar y su compañero hizo lo p.** Elena went to have a rest and her companion did the same
2 *nmpl* **a propios y extraños** all and sundry

proponer [50] **1** *vt* (**a**) *(sugerir)* to propose, to suggest; **propongo ir al cine** I suggest going to the cinema (**b**) *(candidato)* to put forward
2 proponerse *vpr* **proponerse hacer algo** to plan *o* intend to do sth; **el nuevo juez se ha propuesto acabar con la delincuencia** the new judge has set himself the task of putting an end to crime

proporción *nf* (**a**) *(relación)* proportion; **en p. a** in proportion to; **guardar p. (con)** to be in proportion (to) (**b**) *Mat* proportion (**c**) **proporciones** *(tamaño)* size; *(importancia)* extent, scale; **un incendio de grandes proporciones** a huge fire

proporcionado, -a *adj (tamaño, sueldo)* commensurate (**a** with); *(medidas)* proportionate (**a** to); **bien p.** well-proportioned

proporcional *adj* proportional (**a** to)

proporcionalidad *nf* proportionality

proporcionalmente *adv* proportionally

proporcionar *vt* (**a**) *(ajustar)* **p. algo a algo** to adapt sth to sth (**b**) *(facilitar)* **p. algo a alguien** to provide sb with sth (**c**) *Fig (conferir)* to lend, to add

proposición *nf* (**a**) *(propuesta)* proposal; **hacer proposiciones a alguien** to proposition sb ▫ ***proposiciones deshonestas*** improper suggestions (**b**) *Gram* clause (**c**) *(enunciado)* proposition

propósito *nm* (**a**) *(intención)* intention; **tengo el p. de dejar el alcohol** I intend to give up alcohol; **con el p. de** in order to; **con este p.** to this end
(**b**) *(objetivo)* purpose
(**c**) **a propósito** *loc adv (adecuado)* suitable
(**d**) **a propósito** *loc adv (adrede)* on purpose; **hacer algo a p.** to do sth on purpose *o* deliberately
(**e**) **a propósito** *loc adv (por cierto)* by the way; **a p. de viajes, ¿has estado en Japón?** speaking of travelling, have you been to Japan?
(**f**) **a propósito de** *loc prep* with regard to, concerning

propuesta *nf (proposición)* proposal; *(de empleo)* offer ▫ ***p. de ley*** bill; ***p. no de ley*** = motion for debate presented to parliament by someone other than the government

propuesto, -a *participio ver* **proponer**

propugnar *vt* to advocate, to support

propulsante *nm* propellant

propulsar *vt* (**a**) *(impulsar)* to propel (**b**) *(promover)* to promote

propulsión *nf* propulsion ▫ ***p. a chorro*** *o* ***reacción*** jet propulsion

propulsor, -ora 1 *adj* propulsive
2 *nm,f (persona)* promoter
3 *nm* (**a**) *(dispositivo)* engine (**b**) *(combustible)* propellant

propusiera *etc ver* **proponer**

prorrata *nf* quota, share; **a p.** pro rata

prorratear *vt* to divide proportionally

prorrateo *nm* sharing out (proportionally)

prórroga *nf* (**a**) *(de plazo, tiempo)* extension (**b**) *Dep Br* extra time, *US* overtime (**c**) *(de estudios, servicio militar)* deferment; **le concedieron una p. por estudios** *(del servicio militar)* he was granted a deferment for his studies

prorrogable *adj (plazo)* which can be extended

prorrogar [38] *vt* (**a**) *(alargar)* to extend (**b**) *(aplazar)* to defer, to postpone

prorrumpir *vi* **p. en** to burst into

prosa *nf* prose; **en p.** in prose

prosaico, -a *adj (trivial)* mundane, prosaic; *(materialista)* materialistic

prosapia *nf* lineage, ancestry

proscenio *nm Teatro* proscenium

proscribir *vt* (**a**) *(prohibir)* to ban (**b**) *(desterrar)* to banish

proscripción *nf* (**a**) *(prohibición)* banning (**b**) *(destierro)* banishment, exile

proscrito, -a 1 *participio ver* **proscribir**
2 *adj* (**a**) *(prohibido)* banned (**b**) *(desterrado)* banished
3 *nm,f* (**a**) *(desterrado)* exile (**b**) *(fuera de la ley)* outlaw

prosecución *nf Formal* continuation

proseguir [61] **1** *vt* to continue
2 *vi* to go on (**con** with), to continue (**con** with)

proselitismo *nm* proselytism; **hacer p.** to proselytize

proselitista 1 *adj* proselytizing
2 *nmf* proselytizer

prosélito, -a *nm,f* proselyte

prosigo *etc ver* **proseguir**

prosiguiera *etc ver* **proseguir**

prosista *nmf* prose writer

prosodia *nf* prosody

prosódico, -a *adj* (**a**) *Gram* orthoepic (**b**) *Lit* prosodic

prospección *nf* (**a**) *(de terreno)* prospecting ▫ ***p. geológica*** geological prospecting; ***p. petrolífera*** oil prospecting (**b**) *(estudio)* research ▫ ***p. de mercados*** market research

prospectivo, -a *adj* exploratory

prospecto *nm* (**a**) *(folleto)* leaflet (**b**) *(de medicamento)* = leaflet giving directions for use

prosperar *vi* (**a**) *(mejorar)* to prosper, to thrive (**b**) *(triunfar)* to be successful; **la idea no prosperó** the idea was unsuccessful

prosperidad *nf* (**a**) *(mejora)* prosperity (**b**) *(éxito)* success

próspero, -a *adj* prosperous, flourishing; **¡p. Año Nuevo!** Happy New Year!

próstata *nf* prostate

prosternarse *vpr* to prostrate oneself

prostíbulo *nm* brothel

próstilo *adj & nm Arquit* prostyle

prostitución *nf* (**a**) *(actividad)* prostitution (**b**) *(corrupción)* corruption

prostituir [34] *también Fig* **1** *vt* to prostitute
2 prostituirse *vpr* to prostitute oneself

prostituta *nf* prostitute

prostituto *nm* male prostitute

protagonismo *nm* (**a**) *(de película, obra, suceso)* leading role (**b**) *(importancia)* significance, importance; **buscan un mayor p. de las mujeres en la política** they aim to make women play a more prominent role in politics; **han criticado su afán de p.** her desire to be the centre of attention *o* in the limelight has been criticized

protagonista *nmf* (**a**) *(de libro, película)* main *o* central character; *(de obra de teatro)* lead, leading role (**b**) *(de suceso)* **los protagonistas de la revolución** the chief actors in the revolution; **ser p. de** *(acontecimiento histórico)* to play a leading part in; *(accidente)* to be one of the main people involved in; *(entrevista, estudio)* to be the subject of

protagonizar [14] *vt* (**a**) *(obra, película)* to play the lead in, to star in (**b**) *(acontecimiento histórico)* to play a leading part in; *(accidente)* to be one of the main people involved in; *(entrevista, estudio)* to be the subject of

protección *nf* protection ▫ ***p. civil*** civil defence; *Informát* ***p. de hardware*** dongle

proteccionismo *nm Econ* protectionism

proteccionista *adj & nmf* protectionist

protector, -ora 1 *adj* protective
2 *nm,f (persona)* protector
3 *nm* (**a**) *(en boxeo)* gumshield (**b**) ***p. labial***

lip salve (**c**) *Informát* ***p. de pantalla*** *(salvapantallas)* screensaver

protectorado *nm* protectorate

proteger [52] **1** *vt también Informát* to protect (**de** *o* **contra** from *o* against)

2 protegerse *vpr* to take cover *o* refuge (**de** *o* **contra** from); **se protegió del fuerte sol con un sombrero** she wore a hat to protect herself from the strong sun

protege-slips *nm inv* panty liner

protegido, -a 1 *adj* protected; *Informát* **p. contra copia** copy protected; *Informát* **p. contra escritura** write protected

2 *nm,f* protégé, *f* protégée

proteico, -a *adj* protean

proteína *nf* protein

proteínico, -a *adj* protein; **deficiencia proteínica** protein deficiency

protésico, -a 1 *adj* prosthetic

2 *nm,f* prosthetist ▫ ***p. dental*** dental technician

prótesis *nf inv* (**a**) *Med* prosthesis; *(miembro)* artificial limb (**b**) *Gram* prothesis

protesta *nf (queja)* protest; *Der* objection; **bajo p.** under protest; **en señal de p.** in protest; *Der* **p. denegada** *(en juicio)* objection overruled; *Der* **se admite la p.** objection sustained

protestante *adj & nmf* Protestant

protestantismo *nm* Protestantism

protestar 1 *vi* (**a**) *(quejarse)* to protest (**por/contra** about/against); **protestaron por el mal servicio** they complained about the poor service; *Der* **¡protesto!** objection! (**b**) *(refunfuñar)* to grumble; **haz lo que te digo sin p.** do what I tell you and no grumbling; **deja ya de p.** stop grumbling

2 *vt Com* to protest

protesto *nm Com* ***p. de letra*** noting bill of exchange

protestón, -ona *Fam* **1** *adj* **es muy p.** *(que se queja)* he's always complaining; *(que refunfuña)* he's always moaning

2 *nm,f (que se queja)* complainer, awkward customer; *(que refunfuña)* grumbler, moaner

protocolario, -a *adj* formal

protocolo *nm* (**a**) *(ceremonial)* protocol; **como exige el p.** as required by protocol (**b**) *Der* = documents handled by a solicitor (**c**) *Informát* protocol ▫ ***p. de comunicación*** communications protocol; ***p. de Internet*** Internet protocol (**d**) *(acta)* protocol

protohistoria *nf* protohistory

protón *nm* proton

protoplasma *nm* protoplasm

prototipo *nm* (**a**) *(modelo)* archetype (**b**) *(primer ejemplar)* prototype

protozoo *nm* protozoan, protozoon

protráctil *adj* protractile

protuberancia *nf* protuberance, bulge ▫ ***p. solar*** solar prominence

protuberante *adj* protuberant; **nariz p.** big nose

provecho *nm* benefit; **de p.** *(persona)* worthy; **en p. propio** in one's own interest, for one's own benefit; **hacer p. a alguien** to do sb good; **sacar p. de** *(aprovecharse de)* to make the most of, to take advantage of; *(beneficiarse de)* to benefit from, to profit from; **¡buen p.!** enjoy your meal!

provechosamente *adv* (**a**) *(ventajosamente)* advantageously (**b**) *(lucrativamente)* profitably

provechoso, -a *adj* (**a**) *(ventajoso)* beneficial, advantageous (**b**) *(lucrativo)* profitable

proveedor, -ora *nm,f* supplier ▫ *Informát* ***p. de acceso a Internet*** Internet access provider; *Informát* ***p. de servicios Internet*** Internet service provider

proveer [37] **1** *vt* (**a**) *(abastecer)* to supply, to provide; **p. a alguien de algo** to provide *o* supply sb with sth (**b**) *(puesto, cargo)* to fill

2 proveerse *vpr* **proveerse de** *(ropa, víveres)* to stock up on; *(medios, recursos)* to arm oneself with

proveniente *adj* **p. de** (coming) from

provenir [69] *vi* **p. de** to come from; **sus problemas económicos provienen de su afición al juego** his financial problems all have their roots in his fondness for gambling

Provenza *n* Provence

provenzal 1 *adj & nmf* Provençal

2 *nm (lengua)* Provençal

proverbial *adj* proverbial

proverbio *nm* proverb

providencia *nf* (**a**) *(medida)* measure, step (**b**) *Der* ruling (**c**) *Rel* **la (Divina) P.** (Divine) Providence

providencial *adj también Fig* providential

proviene *etc ver* **provenir**

provincia *nf* (**a**) *(división administrativa)* province (**b**) **provincias** *(no la capital)* the provinces; **la gente de provincias** people who live in the provinces; **hacer una gira por provincias** to go on a tour of the provinces

provincial *adj & nm* provincial

provincianismo *nm* provincialism

provinciano, -a 1 *adj* (**a**) *(de la provincia)* provincial (**b**) *Pey (de mentalidad cerrada)* provincial, parochial (**c**) *Pey (rústico)* provincial, old-fashioned

2 *nm,f* (**a**) *Pey (de mentalidad cerrada)* **ser un p.** to be very parochial (**b**) *Pey (rústico) Br* country bumpkin, *US* hick

proviniera *etc ver* **provenir**

provisión *nf* (**a**) *(suministro)* supply, provision; *(de una plaza)* filling ▫ ***p. de fondos*** financial reserves (**b**) **provisiones** *(alimentos)* provisions (**c**) *(disposición)* measure

provisional, *Am* **provisorio, -a** *adj* provisional

provisionalidad *nf* provisional nature

provisionalmente *adv* provisionally

provisto, -a *participio ver* **proveer**

provitamina *nf* provitamin

provocación *nf* (**a**) *(irritación, estimulación, hostigamiento)* provocation (**b**) *(de incendio)* starting; *(de incidente)* causing; *(de revuelta)* instigation

provocador, -ora 1 *adj* provocative

2 *nm,f* agitator

provocadoramente *adv* provocatively

provocar [59] *vt* (**a**) *(incitar)* to provoke (**b**) *(causar) (accidente, muerte)* to cause, to bring about; *(incendio, rebelión)* to start; *(sonrisa, burla)* to elicit; **p. las iras de alguien** to anger sb; **provocó las risas de todos** he made everyone laugh; **el polvo me provoca estornudos** dust makes me sneeze (**c**) *(excitar sexualmente)* to lead on (**d**) *Andes, Méx Fig (apetecer a)* **¿te provoca hacerlo?** do you feel like doing it?

provocativo, -a *adj* provocative

proxeneta *nmf* pimp, *f* procuress

proxenetismo *nm* pimping, procuring

próximamente *adv* (**a**) *(pronto)* soon, shortly (**b**) *(en cartelera)* coming soon

proximidad *nf* (**a**) *(cercanía)* closeness, proximity; **dada la p. de las elecciones** as the elections are imminent (**b**) **proximidades** *(de ciudad)* surrounding area; *(de lugar)* vicinity

próximo, -a *adj* (**a**) *(cercano)* near, close; **una casa próxima al río** a house near the river; **en fecha próxima** shortly; **las vacaciones están próximas** the holidays are nearly here (**b**) *(parecido)* similar, close (**c**) *(siguiente)* next; **el p. año** next year; **el p. domingo** this *o* next Sunday; **me bajo en la próxima** I'm getting off at the next stop

proxy ['proksi] *nm Informát* proxy

proyección *nf* (**a**) *(de mapa) & Mat* projection ▫ ***p. cartográfica*** map projection; ***p. cilíndrica*** cylindrical projection; ***p. cónica*** conical projection

(**b**) *(de película)* screening, showing

(**c**) *(lanzamiento)* throwing forwards

(**d**) *(trascendencia)* importance; **con p. de futuro** with a promising future; **la p. internacional de una empresa** the international presence *o* profile of a company

proyeccionista *nmf Cine* projectionist

proyectar 1 *vt* (**a**) *(luz)* to shine, to direct; *(sombra)* to cast (**b**) *(mostrar) (película)* to project, to screen; *(diapositivas)* to show (**c**) *(planear) (viaje, operación, edificio)* to plan; *(puente, obra)* to design (**d**) *(arrojar)* to throw forwards (**e**) *Mat* to project

2 proyectarse *vpr (sombra, silueta)* to be cast

proyectil *nm* projectile, missile ▫ ***p. dirigido*** *o* ***teledirigido*** guided missile

proyectista *nmf* designer

proyecto *nm* (**a**) *(intención)* project (**b**) *(plan)* plan; **tener en p. hacer algo** to be planning to do sth (**c**) *(diseño) (de edificio)* design; *(de pieza, maquinaria)* plan (**d**) *(borrador)* draft ▫ ***p. de ley*** bill (**e**) *Educ* ***p. fin de carrera*** final project *(completed after the end of architecture or engineering degree)*; ***p. de investigación*** *(de un grupo)* research project; *(de una persona)* dissertation

proyector, -ora 1 *adj* projecting
2 *nm* **(a)** *(de cine, diapositivas)* projector ❑ ***p. cinematográfico*** film projector; ***p. de diapositivas*** slide projector **(b)** *(foco)* searchlight; *(en el teatro)* spotlight

prozac® *nm* Prozac®

PRSC *nm (abrev de* **Partido Reformista Social Cristiano***)* = political party in the Dominican Republic

prudencia *nf* **(a)** *(cuidado, cautela)* caution, care; *(previsión, sensatez)* prudence; **con p.** carefully, cautiously **(b)** *(moderación)* moderation; **con p.** in moderation

prudencial *adj* **(a)** *(sensato)* sensible **(b)** *(moderado)* moderate

prudenciarse *vpr CAm, Col, Méx* to be cautious

prudente *adj* **(a)** *(cuidadoso)* careful, cautious; *(previsor, sensato)* sensible; **lo más p. sería esperar** the most sensible thing would be to wait **(b)** *(razonable)* reasonable; **a una hora p.** at a reasonable time

prudentemente *adv* **(a)** *(cuidadosamente)* carefully, cautiously **(b)** *(juiciosamente)* prudently

---

PRUEBA 1 *ver* **probar**
2 *nf* **(a)** *(demostración)* proof; **no existe ninguna p. de que haya copiado en el examen** there is no proof that he copied during the exam; **dio pruebas irrefutables de que era inocente** she gave irrefutable proof of her innocence, she proved beyond doubt that she was innocent; **no tengo pruebas** I have no proof; **¡ahí tienes la p.!** that proves it!
(b) *Der* piece of evidence; **pruebas** evidence, proof; **fue absuelto por falta de pruebas** he was acquitted owing to a lack of evidence; **presentar pruebas** to submit evidence ❑ ***pruebas indiciarias*** *o* ***de indicios*** circumstantial evidence; ***pruebas instrumentales*** documentary evidence
(c) *(manifestación, señal)* sign; **eso es p. de que les importa** this proves they care, this is a sign that they care; **a mitad de carrera empezó a dar pruebas de cansancio** halfway through the race she started to show signs of tiring; **en** *o* **como p. de mi amistad** in *o* as proof of friendship; **le hice el regalo como p. de agradecimiento/mi amor** I gave her the present as a token of my gratitude/love
(d) *(examen académico)* test; **el examen consta de una p. escrita y otra oral** the exam has an oral part and a written part ❑ ***p. de acceso*** entrance examination; ***p. de aptitud*** aptitude test
(e) *(comprobación, ensayo, experimento)* test; **hicimos la p. de cambiar las pilas** we tried changing the batteries; **¡haga usted la p.!** try it and see!; **hacerle a alguien una p.** to test sb, to give sb a test; **a** *o* **de p.** *(trabajador)* on trial; *(producto comprado)* on approval; **a p. de agua** waterproof; **a p. de balas** bulletproof; **a p. de bombas** bombproof; **fe a toda p.** *o* **a p. de bombas** unshakeable faith; **paciencia a toda p.** *o* **a p. de bombas** unwavering patience; **poner algo/a alguien a p.** to put sth/sb to the test; **poner a p. la paciencia de alguien** to try sb's patience ❑ ***p. del ADN*** DNA test; ***p. del alcohol*** *o* ***de (la) alcoholemia*** breathalyser® test; **hacer la p. del alcohol a alguien** to breathalyse sb; ***p. antidoping*** *o* ***antidopaje*** drugs test; **hacer la p. antidoping a alguien** to test sb for drugs; ***p. del embarazo*** pregnancy test; **hacerse la p. del embarazo** to take a pregnancy test; ***la p. de fuego*** the acid test; ***p. nuclear*** nuclear test; ***pruebas nucleares*** nuclear testing; ***p. de (la) paternidad*** paternity test; ***p. de resistencia*** endurance test; ***la p. del sida*** AIDS test; **hacerle a alguien la p. del sida** to test sb for AIDS; **hacerse la p. del sida** to have an AIDS test
(f) *(trance)* ordeal, trial; **la distancia fue una dura p. para su relación** being separated really put their relationship to the test
(g) *Dep* event; **la p. de los 110 metros vallas** the 110 metres hurdles; **la p. de lanzamiento de jabalina** the javelin; **una p. ciclista** a cycling race ❑ ***p. clásica*** classic; ***p. clasificatoria*** *o* ***eliminatoria*** heat
(h) *Imprenta* proof; **corregir pruebas, hacer corrección de pruebas** to proofread
(i) *Fot* ***p. negativa*** negative; ***p. positiva*** print

---

prurigo *nm Med* prurigo

prurito *nm* **(a)** *Med* itch, itching **(b)** *(afán, deseo)* urge

Prusia *n Hist* Prussia

prusiano, -a *adj & nm,f Hist* Prussian

PS *(abrev de* **post scriptum***)* PS

PSC *nm (abrev de* **Partido Social Cristiano***)* = Ecuadoran political party

pseudo *adj* pseudo

pseudociencia *nf* pseudoscience

pseudofármaco *nm* = product claiming medical benefits, but not subject to legal tests of effectiveness

pseudónimo *nm* pseudonym

PSI *nm Informát (abrev de* **Proveedor de Servicios Internet***)* ISP

psi *nf* psi

psicoanálisis *nm inv* psychoanalysis

psicoanalista *nmf* psychoanalyst

psicoanalítico, -a *adj* psychoanalytic(al)

psicoanalizar [14] **1** *vt* to psychoanalyze
2 psicoanalizarse *vpr* to be psychoanalyzed

psicodélico, -a *adj* psychedelic

psicodrama *nm* psychodrama

psicofármaco *nm* psychotropic *o* psychoactive drug

psicofonía *nf* seance

psicología *nf también Fig* psychology

psicológicamente *adv* psychologically

psicológico, -a *adj* psychological

psicólogo, -a *nm,f* psychologist

psicometría *nf* psychometrics *(singular)*

psicomotor, -ora *adj* psychomotor

psicomotricidad *nf* psychomotricity

psicópata *nmf* psychopath

psicopatía *nf* psychopathy, psychopathic personality

psicosis *nf inv* psychosis ❑ ***p. maniacodepresiva*** manic-depressive psychosis

psicosomático, -a *adj* psychosomatic

psicotécnico, -a 1 *adj* psychotechnical
2 *nm,f* psychotechnician
3 *nm (prueba)* psychotechnical test

psicoterapeuta 1 *nmf* psychotherapist
2 *adj* psychotherapeutic

psicoterapia *nf* psychotherapy

psicótico, -a *adj & nm,f* psychotic

psicotrópico, -a *adj* psychotropic, psychoactive

psique *nf* psyche

psiquiatra *nmf* psychiatrist

psiquiatría *nf* psychiatry

psiquiátrico, -a 1 *adj* psychiatric
2 *nm* psychiatric *o* mental hospital

psíquico, -a *adj* psychic

psiquis *nf inv* psyche

PSOE [pe'soe, soe] *nm (abrev de* **Partido Socialista Obrero Español***)* = Spanish political party to the centre-left of the political spectrum

psoriasis *nf inv* psoriasis

PSS *nf Esp (abrev de* **Prestación Social Sustitutoria***)* = community service done as alternative to military service

pta. *(pl* ptas.*) (abrev de* **peseta***)* pta

pterodáctilo *nm* pterodactyl

ptomaína *nf Biol* ptomaine

púa *nf* **(a)** *(de planta)* thorn; *(de erizo)* barb, quill **(b)** *(de peine)* spine, tooth; *(de tenedor)* prong **(c)** *Mús* plectrum **(d)** *(de tocadiscos)* needle **(e)** *Esp muy Fam (peseta)* peseta

pub [pa, paf] *(pl* **pubs***) nm* bar *(open late, usually with music)*

púber *adj Formal* adolescent

púbero, -a *nm,f Formal* adolescent

pubertad *nf* puberty

púbico, -a, pubiano, -a *adj* pubic

pubis *nm inv* **(a)** *(área)* pubes **(b)** *(hueso)* pubic bone

publicación *nf* publication

públicamente *adv* publicly

publicar [59] *vt* **(a)** *(libro, revista)* to publish **(b)** *(difundir)* to publicize; *(noticia)* to make known, to make public; *(aviso)* to issue; *(ley)* = to bring a law into effect by publishing it in the official government gazette

publicidad *nf* **(a)** *(difusión)* publicity; **dar p. a algo** to publicize sth **(b)** *Com* advertising; *(en televisión)* adverts, commercials ❑ ***p. directa*** direct mailing; ***p. subliminal***

subliminal advertising (**c**) *(folletos)* advertising material; **no me gusta recibir p. por correo** I don't like being sent junk mail

publicista *nmf* advertising agent

publicitario, -a 1 *adj* advertising; **pausa publicitaria** commercial break
2 *nm,f* advertising agent

público, -a 1 *adj* (**a**) *(colegio, transporte, teléfono, servicio)* public; **en p.** in public; **hacer algo p.** to make sth public; **personaje p.** public figure (**b**) *(del Estado)* public; **el sector p.** the public sector (**c**) *(conocido)* public; **ser p.** to be common knowledge
2 *nm* (**a**) *(en espectáculo)* audience; *(en encuentro deportivo)* crowd; **para todos los públicos** (suitable) for all ages; **muy poco p. asistió al encuentro** very few people attended the game (**b**) *(comunidad)* public; **el gran p.** the (general) public; **abierto al p.** open to the public

publirreportaje *nm (anuncio de televisión)* promotional film; *(en revista)* advertising spread

pucha *interj Andes, RP* good heavens!

pucherazo *nm Fam Fig* electoral fraud

puchero *nm* (**a**) *(perola)* cooking pot (**b**) *(comida)* stew (**c**) *(gesto)* pout; **hacer pucheros** to pout

pucho *nm* (**a**) *Am (colilla)* cigarette butt (**b**) *Andes, Hond, RP (pizca)* bit (**c**) *Chile, Ecuad (hijo menor)* youngest child

pudding ['puðin] *(pl* **puddings**) *nm* (plum) pudding

pudendo, -a *adj* **partes pudendas** private parts

pudibundez *nf* prudishness

pudibundo, -a *adj* prudish

púdico, -a *adj* modest, demure

pudiente 1 *adj* wealthy, well-off
2 *nmf* wealthy person

pudiera *etc ver* **poder**

pudin *(pl* **púdines**), **pudín** *(pl* **pudines**) *nm* (plum) pudding

pudor *nm* (**a**) *(recato)* shyness; *(vergüenza)* (sense of) shame; **no se ducha en público por p.** he's too embarrassed *o* shy to have a shower in front of other people (**b**) *(modestia)* modesty

pudoroso, -a *adj* (**a**) *(recatado)* modest, demure (**b**) *(modesto)* modest, shy

pudridero *nm Br* rubbish dump, *US* garbage dump

pudrir 1 *vt* to rot
2 pudrirse *vpr* (**a**) *(descomponerse)* to rot (**b**) *Fam* **¡ahí te pudras!** to hell with you!

pueblada *nf Andes, RP* rebellion, uprising

pueblerino, -a 1 *adj Pey* rustic, provincial
2 *nm,f* (**a**) *(habitante)* villager (**b**) *Pey (paleto)* yokel

pueblo 1 *ver* **poblar**
2 *nm* (**a**) *(población) (pequeña)* village; *(grande)* town; *Fig Pey* **ser de p.** to be a *Br* country bumpkin *o US* hick ❑ ***p. abandonado*** *o* ***fantasma*** ghost town; *Am* ***p. joven*** shanty town; ***p. de mala muerte*** one-horse town; *Am* ***p. nuevo*** shanty town (**b**) *(nación, ciudadanos)* people; **el p. español** the Spanish people (**c**) *(proletariado)* **el p.** the (common) people

puedo *etc ver* **poder**

puente *nm* (**a**) *(construcción)* bridge; *Fig* **tender un p.** to offer a compromise ❑ ***p. de barcas*** pontoon (bridge); ***p. basculante*** balance *o* bascule bridge; ***p. colgante*** suspension bridge; ***p. giratorio*** swing bridge; ***p. levadizo*** drawbridge; ***p. de pontones*** pontoon (bridge)
(**b**) *(días festivos)* ≃ long weekend *(consisting of a public holiday, the weekend and the day in between)*; **hacer p.** = to take an extra day off to join a public holiday with the weekend
(**c**) ***p. aéreo*** *(civil)* air shuttle; *(militar)* airlift
(**d**) *(dientes)* bridge
(**e**) *(de gafas)* bridge
(**f**) *(en barco)* gun deck ❑ ***p. de mando*** bridge
(**g**) *Informát* bridge
(**h**) **hacer un p.** *(para arrancar un coche)* to hot-wire a car

puentear *vt Elec (circuito)* to bridge; *(para arrancar un coche)* to hot-wire

puenting *nm* bungee-jumping; **hacer p.** to go bungee-jumping

puercada *nf CAm, Méx, RDom* disgusting thing

puerco, -a 1 *adj* dirty, filthy
2 *nm,f* (**a**) *(animal)* pig, *f* sow (**b**) *Fam (persona)* pig, swine
3 *nm* ***p. espín*** porcupine

puercoespín *nm* porcupine

puericultor, -ora *nm,f* nursery nurse

puericultura *nf* childcare

pueril *adj* childish

puerilidad *nf* childishness

puerperio *nm* puerperium

puerro *nm* leek

PUERTA 1 *nf* (**a**) *(de casa, habitación, vehículo, armario)* door; *(de jardín, ciudad, aeropuerto)* gate; **os acompañaré hasta la p.** I'll see you out; **cerrar la p. a alguien** to close the door on sb; **echar la p. abajo** to knock the door down; **te espero en la** *o* **a la p. del cine** I'll wait for you outside the entrance to the cinema; **llaman a la p.** there's somebody at the door; **viven en la p. de al lado** they live next door; **no obstruyan las puertas** *(en letrero)* keep the doors clear; **un turismo de cuatro puertas** a four-door saloon; **servicio (de) p. a p.** door-to-door service; **de p. en p.** from door to door; **se gana la vida vendiendo de p. en p.** he's a door-to-door salesman; **su despacho y el mío están p. con p.** his office is right next to mine; **a las puertas de** *(muy cerca de)* on the verge of; **se quedó a las puertas de batir el récord** she came within an inch of beating the record; **a las puertas de la muerte** at death's door; **a p. cerrada** *(reunión)* behind closed doors; *(juicio)* in camera; *Esp* EXPR **coger la p. y marcharse** to up and go; EXPR **dar a alguien con la p. en las narices** to slam the door in sb's face; *Fam* EXPR **dar p. a alguien** to give sb the boot, to send sb packing; **no me importa lo que hagas de puertas para dentro** I don't care what you do in the privacy of your own home; **de puertas para fuera parecía una persona muy amable** he seemed like a nice person to the outside world; **estar en puertas** *(acercarse)* to be knocking on the door, to be imminent; **estar en puertas de hacer algo** *(a punto de)* to be about to do sth, to be on the verge of doing sth; *Fig* **salió por la p. grande** he made a triumphant exit ❑ ***p. blindada*** reinforced door; ***p. corrediza*** sliding door; ***p. de embarque*** *(en aeropuerto)* departure gate; ***p. falsa*** secret door; ***p. giratoria*** revolving door; ***p. principal*** *(en casa)* front door; *(en hotel, museo, hospital)* main door *o* entrance; ***p. de servicio*** service entrance; ***p. trasera*** *(en casa)* back door; *(en hotel, museo, hospital)* rear entrance; ***p. vidriera*** glass door
(**b**) *(posibilidad)* gateway, opening; **dejó una p. abierta a otras sugerencias** she left the door open to other suggestions; **cerró la p. a cualquier negociación** he closed the door on *o* put an end to any prospect of negotiation; **se le cerraban todas las puertas** he found all avenues blocked
(**c**) *Dep (portería)* goal, goalmouth; **hubo varios tiros** *o* **remates a p.** there were several shots on goal; **marcar a p. vacía** to put the ball into an empty net; **fallar un gol a p. vacía** to miss an open goal; **va a sacar de p. el guardameta** the goalkeeper is going to take the goal kick
(**d**) *Informát* gate
2 *interj Esp Fam* **¡p.!** *(¡largo!)* the door's over there!, get out!

puerto *nm* (**a**) *(de mar)* port; **llegar a p.** to come into port; *Fig* **llegar a buen p.** to come through safely ❑ ***p. deportivo*** marina; ***P. España*** Port of Spain; ***p. fluvial*** river port; ***p. franco*** *o* ***libre*** free port; ***p. pesquero*** fishing port; ***P. Príncipe*** Port-au-Prince; ***P. Rico*** Puerto Rico (**b**) *(de montaña)* pass; **subir/bajar un p.** to go up/down a mountain pass; **p. de primera categoría** *(en ciclismo)* first category climb (**c**) *Informát* port ❑ ***p. de la impresora*** printer port; ***p. del módem*** modem port; ***p. paralelo*** parallel port; ***p. serie*** serial port (**d**) *(refugio)* haven

puertorriqueño, -a *adj & nm,f* Puerto Rican

pues *conj* (**a**) *(dado que)* since, as; **no pude verlo, p. olvidé las gafas** I couldn't really see it, because I'd forgotten my glasses
(**b**) *(por lo tanto)* therefore, so; **creo, p., que...** so, I think that...; **repito, p., que hace bien** anyway, as I said before, I think he's doing the right thing
(**c**) *(así que)* so; **querías verlo, p. ahí está** you wanted to see it, so here it is
(**d**) *(entonces, en ese caso)* then; **¿qué quieres hacer, p.?** what do you want to do, then?; **¿no quieres escucharme? ¡p.**

te arrepentirás! you won't listen to me, eh? well, you'll regret it!
(**e**) *(enfático)* **¡p. ya está!** well, that's it!; **¡p. claro!** but of course!; **p. nada, cuando tengas noticias de ellos me avisas** right, well let me know when you hear from them; **p. no** certainly not; **¡p. vaya amigo que tienes!** some friend he is!; **p., como iba diciendo** anyway, as I was saying; **¿no te gustan? — ¡p. a mí me encantan!** you don't like them? – I LOVE them!

puesta *nf* (**a**) *(acción) (de un motor)* tuning ❑ ***p. al día*** updating; ***p. en escena*** staging, production; ***p. de largo*** debut (in society); ***p. en marcha*** *(de máquina)* starting, start-up; *(de acuerdo, proyecto)* implementation; ***p. en órbita*** putting into orbit; ***p. a punto*** *(de una técnica)* perfecting; *(de un motor)* tuning (**b**) *(de ave)* laying (**c**) *(de un astro)* setting ❑ ***p. de sol*** sunset

puesto, -a 1 *participio ver* **poner**
2 *adj* **iba sólo con lo p.** all she had with her were the clothes on her back; **dejaron la mesa puesta** they didn't clear the table; **ir muy p.** to be all dressed up; *Fam* **estar muy p. en algo** to be well up on sth; EXPR *muy Fam* **Eduardo sí que los tiene bien puestos** Eduardo's got guts *o* balls
3 *nm* (**a**) *(empleo)* post, position; **escalar puestos** to work one's way up ❑ ***p. de trabajo*** job; ***p. vacante*** opening, vacancy
(**b**) *(en fila, clasificación)* place
(**c**) *(lugar)* place; **¡cada uno a sus puestos!** to your places, everyone; **¿quieres que te cambie el p.?** do you want me to swap places *o* seats with you?
(**d**) *(tenderete)* stall, stand
(**e**) *Mil* post ❑ ***p. de mando*** command post; ***p. de policía*** police station; ***p. de socorro*** first-aid post; ***p. de vigilancia*** sentry post
(**f**) *RP (de ganado)* cattle station
(**g**) *Col, Méx (estanco)* tobacconist's
4 *conj* **p. que** since, as

pueyo *nm* hummock

puf (*pl* **pufs**) *nm* pouf, pouffe

pufo *nm Fam* swindle, swizz

púgil *nm* boxer

pugilato *nm Fig* ding-dong battle

pugilista *nm* boxer

pugilístico, -a *adj* boxing; **combate p.** boxing match

pugna *nf* (**a**) *(batalla, pelea)* fight, battle (**b**) *(desacuerdo, disputa)* confrontation, clash; **mantener una p. con alguien por algo** to vie *o* compete with sb for sth; **estar en p. con alguien** to clash with sb

pugnar *vi* (**a**) *(luchar)* to fight (**b**) *Fig (esforzarse)* to struggle (**por** for), to fight (**por** for)

puja *nf* (**a**) *(en subasta) (acción)* bidding; *(cantidad)* bid (**b**) *(lucha)* struggle

pujante *adj* vigorous

pujanza *nf* vigour, strength

pujar 1 *vi* (**a**) *(en subasta)* to bid higher (**por** for) (**b**) *(luchar)* to struggle (**por** to) (**c**) *Am (en parto)* to push
2 *vt* to bid

pulcritud *nf* neatness, tidiness; **hacer algo con p.** to do sth meticulously *o* with great care

pulcro, -a *adj* neat, tidy

pulga *nf (insecto)* flea; *Fig* **tener malas pulgas** to be bad-tempered

pulgada *nf* inch

pulgar *nm (dedo) (de mano)* thumb; *(de pie)* big toe

Pulgarcito *nm* Tom Thumb

pulgón *nm* plant louse, aphid

pulgoso, -a *adj* flea-ridden

pulido, -a 1 *adj* polished, clean
2 *nm* **durante el p. del suelo** while polishing the floor

pulidor, -ora *adj* polishing

pulidora *nf* polisher

pulimentar *vt* to polish

pulimento *nm* polish, polishing

pulir 1 *vt* (**a**) *(lustrar)* to polish (**b**) *(perfeccionar, depurar)* to polish up; **necesito p. mi alemán para obtener ese trabajo** I've got to brush up my German to get the job
2 pulirse *vpr Fam (gastarse)* to blow, to throw away; **nos hemos pulido una botella de whisky** we polished off *o* put away a bottle of whisky

pulla *nf* gibe, dig

pulmón *nm* lung; **a pleno p.** *(gritar)* at the top of one's voice; *(respirar)* deeply; **tener buenos pulmones** *(vozarrón)* to have a powerful voice; *Fig* **el p. de la ciudad** *(parque)* the lungs of the city; **Silva es el p. del equipo** Silva is the backbone of the team ❑ ***p. de acero*** *o* ***artificial*** iron lung

pulmonado *nm Zool (molusco)* pulmonate

pulmonar *adj* pulmonary, lung; **enfermedad p.** lung disease

pulmonía *nf* pneumonia

pulóver *nm* pullover

pulpa *nf (de fruta)* flesh; *(de papel)* pulp

púlpito *nm* pulpit

pulpo *nm* (**a**) *(animal)* octopus (**b**) *Fam Pey (hombre)* **es un p.** he can't keep his hands off women (**c**) *(correa elástica)* spider strap

pulque *nm Méx* pulque, = fermented maguey juice

pulquería *nf Méx* "pulque" bar

pulsación *nf* (**a**) *(del corazón)* beat, beating (**b**) *(en máquina de escribir)* keystroke, tap; *(en piano)* touch; **pulsaciones por minuto** keystrokes per minute

pulsador *nm* button, push button

pulsar *vt* (**a**) *(botón, timbre)* to press; *(teclas de ordenador)* to press, to strike; *(teclas de piano)* to play; *(cuerdas de guitarra)* to pluck (**b**) *(opinión pública)* to sound out

púlsar *nm Astron* pulsar

pulsera *nf* bracelet

pulso *nm* (**a**) *(latido)* pulse; **tomar el p. a alguien** to take sb's pulse; *Fig* **tomar el p. a algo/alguien** to sound sth/sb out
(**b**) *(firmeza)* **tener buen p.** to have a steady hand; **levantaron el piano a p.** they lifted up the piano with their bare hands; **dibujar a p.** to draw freehand; **se lo ha ganado a p.** *(algo bueno)* he's earned it; *(algo malo)* he deserves it
(**c**) *(lucha)* **echar un p. (con alguien)** to arm-wrestle (with sb); *Fig* **mantener un p. con alguien** to be locked in struggle with sb; *Fig* **las negociaciones se han convertido en un p. entre patronal y sindicatos** the negotiations have turned into a battle of wills between management and the unions
(**d**) *(cuidado)* tact
(**e**) *Col, Cuba (pulsera)* bracelet

pulular *vi* (**a**) *(insectos)* to swarm (**b**) *(personas)* to mill around

pulverización *nf* (**a**) *(de sólido)* pulverization (**b**) *(de líquido)* spraying (**c**) *(aniquilación)* crushing (**d**) *(de récord)* breaking, smashing

pulverizador *nm* spray

pulverizar [14] *vt* (**a**) *(líquido)* to spray (**b**) *(sólido)* to reduce to dust; *Tec* to pulverize (**c**) *(aniquilar)* to crush, to pulverize (**d**) *(récord)* to break, to smash

pum *interj* **¡p.!** bang!

puma *nm* (**a**) *(animal)* puma (**b**) **los Pumas** *(en rugby)* the Pumas

pumba *interj* **¡p.!** wham!, bang!

pumita *nf Geol* pumice

PUN *nm* (*abrev de* **Partido Unión Nacional**) = Costa Rican political party

puna *nf Andes* (**a**) *Geog* Andean plateau (**b**) *(mal de altura)* altitude sickness

punción *nf* puncture

pundonor *nm* pride

puneño, -a 1 *adj* of/from the Puna region in the Andes
2 *nm,f* person from the Puna region

punible *adj* punishable

punición *nf* punishment

púnico, -a *adj* Punic

punitivo, -a *adj* punitive

punk [paŋk] (*pl* **punks**) *adj, nmf & nm* punk

punki *adj & nmf* punk

PUNTA *nf* (**a**) *(extremo) (de cuchillo, lápiz, aguja)* point; *(de pan, pelo, nariz)* end; *(de dedo, cuerno, flecha, pincel)* tip; *(de zapato)* toe; *(de pistola)* muzzle; *(de sábana, pañuelo)* corner; **este zapato me aprieta en la p.** this shoe's squashing the ends of my toes; **p. fina** *(de bolígrafo)* fine point; **lo sujetó con la p. de los dedos** she held it with the tips of her fingers; **tengo las puntas (del pelo) abiertas** I've got split ends; **en la otra p. de la ciudad** on the other side of town; **en la otra p. de la mesa** at the other end of the table; **se dio en la rodilla con la p. de la mesa** she banged her knee on the corner of the table; **lleva el pelo de p.** he has spiky hair; **recorrimos Chile de p. a p.** we travelled from one end of Chile to the other; **acabado en p.** *(objeto, instrumento)* pointed; **a p. de pistola** at

gunpoint; *Fam* **tiene libros a p. (de) pala** he has loads of books; *Fam* **vinieron turistas a p. (de) pala** loads of tourists came, tourists came by the busload; *Fig* **estar de p. con alguien** to be on edge with sb; **ir de p. en blanco** to be dressed up to the nines; **sacar p. a un lápiz** to sharpen a pencil; *Fam Fig* **sacarle p. a algo** to read too much into sth; *Fig* **tener algo en la p. de la lengua** to have sth on the tip of one's tongue ❑ ***p. de flecha*** arrowhead; *Fig* ***la p. del iceberg*** the tip of the iceberg; *Fig* ***p. de lanza*** spearhead; ***p. de velocidad:*** **tiene una gran p. de velocidad** it can go very fast, *Br* he has a good turn of speed
(**b**) *(pizca)* touch, bit; *(de sal)* pinch
(**c**) *(clavo)* small nail
(**d**) *Dep (zona de ataque)* attack; *(jugador de ataque)* forward; **jugar en p.** to play in attack, to be a forward; **jugar como media p.** to play just in behind the strikers
(**e**) *Geog* point, headland

puntada *nf (pespunte)* stitch

puntal *nm* (**a**) *(madero)* prop (**b**) *(en mina)* shore, leg (**c**) *(apoyo)* mainstay (**d**) *Andes, CAm, Méx (aperitivo)* snack

puntapié *nm* kick; **pegarle un p. a alguien** to kick sb; **echar a alguien a puntapiés** to kick sb out; *Fig* **tratar a alguien a puntapiés** to be nasty to sb

puntazo *nm Fam* what a great party; **¡qué p. de fiesta!** what a great party!

punteado, -a 1 *adj (línea)* dotted
2 *nm Mús* plucking

puntear *vt* (**a**) *Mús* to pluck (**b**) *(trazar puntos en)* to dot (**c**) *(cuenta)* to check entry by entry (**d**) *Col, Perú, RP (encabezar)* to lead, to march at the front of

punteo *nm* (**a**) *Mús* plucking (**b**) *(de cuenta)* checking

puntera *nf (de zapato)* toecap; *(de calcetín)* toe

puntería *nf* (**a**) *(destreza)* marksmanship; **afinar la p.** to aim carefully; **tener p.** to be a good shot; **tener mala p.** to be a bad shot (**b**) *(orientación para apuntar)* aim

puntero, -a 1 *adj* leading
2 *nm* (**a**) *(para señalar)* pointer (**b**) *Informát* pointer (**c**) *Andes, RP, Méx (persona)* leader; *(animal)* leading animal

puntestero, -a 1 *adj* of/from Punta del Este
2 *nm,f* person from Punta del Este

puntiagudo, -a *adj* pointed

puntilla *nf* (**a**) *(encaje)* point lace (**b**) **dar la p.** *Taurom* to finish off the bull; *Fig* to give the coup de grâce (**c**) **de puntillas** on tiptoe; **andar de** *o* **en puntillas** to (walk on) tiptoe; **ir de puntillas** to tiptoe

puntillismo *nm Arte* pointillism

puntillo *nm* pride

puntilloso, -a *adj* (**a**) *(susceptible)* touchy (**b**) *(meticuloso)* punctilious

PUNTO *nm* (**a**) *(marca)* dot, spot; *(en geometría)* point; **recorte por la línea de puntos** cut along the dotted line ❑ ***p. de fuga*** vanishing point
(**b**) *(signo ortográfico) (al final de frase) Br* full stop, *US* period; *(sobre i, j)* dot; *Fig* **poner los puntos sobre las íes** to dot the i's and cross the t's; *Fam* **no vas a ir, y p.** you're not going, and that's that; ***dos puntos*** colon ❑ ***p. y aparte*** *Br* full stop *o US* period, new paragraph; ***p. y coma*** semicolon; ***p. final*** *Br* full stop, *US* period; *Fig* **poner p. final a algo** to bring sth to an end; ***p. y seguido*** *Br* full stop, *US* period *(no new paragraph)*; ***puntos suspensivos*** suspension points
(**c**) *(unidad) (en juegos, competiciones, exámenes, bolsa)* point; **ganar/perder por seis puntos** to win/lose by six points; **ganar por puntos** *(en boxeo)* to win on points; **el índice Dow Jones ha subido seis puntos** the Dow Jones index is up six points; **los tipos de interés bajarán un p.** interest rates will go down by one (percentage) point ❑ ***p. de break*** break point; ***p. de partido*** match point; ***p. de set*** set point
(**d**) *(asunto, parte)* point; **pasemos al siguiente p.** let's move on to the next point; **te lo explicaré p. por p.** I'll explain it to you point by point; **tenemos los siguientes puntos a tratar** we have the following items on the agenda ❑ ***p. débil/fuerte*** weak/strong point
(**e**) *(lugar)* spot, place; **este es el p. exacto donde ocurrió todo** this is the exact spot where it all happened; **hay retenciones en varios puntos de la provincia** there are delays at several different points across the province ❑ ***p. de apoyo*** *(en palanca)* fulcrum; *Ling* ***p. de articulación*** point of articulation; ***los puntos cardinales*** the points of the compass, *Espec* the cardinal points; ***p. ciego*** *(en el ojo)* blind spot; ***p. de encuentro*** meeting point; *Dep* ***p. fatídico*** penalty spot; ***p. G*** g-spot; ***p. de mira*** *(en armas)* sight; *Fig* **está en mi p. de mira** *(es mi objetivo)* I have it in my sights; ***p. negro*** *(en la piel)* blackhead; *(en carretera)* accident blackspot; ***p. neurálgico*** *(de ser vivo, organismo)* nerve centre; **la plaza mayor es el p. neurálgico de la ciudad** the main square is the town's busiest crossroads; **éste es el p. neurálgico de la negociación** this is the central issue at stake in the negotiations; ***p. de partida*** starting point; ***p. de penalti*** *o* ***penalty*** penalty spot; ***p. de referencia*** point of reference; ***p. de reunión*** meeting point; *Com* ***p. de venta:*** **en el p. de venta** at the point of sale; **tenemos puntos de venta en todo el país** we have (sales) outlets across the country; ***p. de vista*** point of view, viewpoint; **bajo mi p. de vista...** in my view...; **desde el p. de vista del dinero...** in terms of money...
(**f**) *(momento)* point, moment; **lo dejamos en este p. del debate y seguimos tras la publicidad** we'll have to leave the discussion here for the moment, we'll be back after the break; **al p.** at once, there and then; **en p.** exactly, on the dot; **a las seis en p.** at six o'clock on the dot, at six o'clock sharp; **son las seis en p.** it's (exactly) six o'clock; **estar a p.** to be ready; **estuve a p. de cancelar el viaje** I was on the point of cancelling the trip; **estamos a p. de firmar un importante contrato** we are on the verge *o* point of signing an important contract; **estaba a p. de salir cuando...** I was about to leave when...; **estuvo a p. de morir ahogada** she almost drowned; **llegar a p. (para hacer algo)** to arrive just in time (to do sth) ❑ ***p. crítico*** critical moment *o* point
(**g**) *(estado, fase)* state, condition; **estando las cosas en este p.** things being as they are; **llegar a un p. en que...** to reach the stage where...; **estar a p. de caramelo para** to be ripe for; **estar en su p.** to be just right; **¿cómo quiere el filete? — a p.** *o* **al p.** how would you like your steak? – medium, please; **poner a p.** *(motor)* to tune; *Fig (sistema, método)* to fine-tune ❑ ***p. de congelación*** freezing point; ***p. culminante*** high point; ***p. de ebullición*** boiling point; ***p. de fusión*** melting point; ***p. muerto*** *(en automóviles)* neutral; *Fig (en negociaciones)* deadlock; **estar en un p. muerto** *(negociaciones)* to be deadlocked; **ir en p. muerto** *(automóvil)* to freewheel; ***p. de nieve:*** **batir a p. de nieve** to beat until stiff
(**h**) *(grado)* degree; **de todo p.** *(completamente)* absolutely; **hasta cierto p.** to some extent, up to a point; **el ruido era infernal, hasta el p. de no oír nada** *o* **de que no se oía nada** the noise was so bad that you couldn't hear a thing; **hasta tal p. que** to such an extent that
(**i**) *(cláusula)* clause
(**j**) *(puntada) (en costura, en cirugía)* stitch; *(en unas medias)* hole; **tienes** *o* **se te ha escapado un p. en el jersey** you've pulled a stitch out of your jumper, you've got a loose stitch on your jumper; **le dieron diez puntos en la frente** he had to have ten stitches to his forehead; **coger puntos** to pick up stitches ❑ ***p. atrás*** backstitch; ***p. de cadeneta*** chain stitch; ***p. de cruz*** cross-stitch; ***p. del revés*** purl; *Med* ***p. de sutura*** suture
(**k**) *(estilo de tejer)* knitting; **un jersey de p.** a knitted sweater; **prendas de p.** knitwear; **hacer p.** to knit ❑ ***p. de ganchillo*** crochet
(**l**) *(pizca, toque)* touch; **son comentarios un p. racistas** they are somewhat racist remarks
(**m**) *Arquit* **de medio p.** *(arco, bóveda)* semicircular
(**n**) *Esp muy Fam (borrachera ligera)* **cogerse/tener un p.** to get/be merry
(**o**) *Esp muy Fam (reacción, estado de ánimo)* **le dan unos puntos muy raros** he can be really weird sometimes; **le dio el p. generoso** he had a fit of generosity
(**p**) *Esp Fam (cosa estupenda)* **¡qué p.!** that's great *o* fantastic!

puntuable *adj* **un esprint p. para la clasificación final** a sprint that counts towards the final classification

puntuación *nf* (**a**) *(calificación)* mark; *(en*

concursos, competiciones) score (**b**) *(ortográfica)* punctuation

puntual 1 *adj* (**a**) *(en el tiempo)* punctual (**b**) *(exacto, detallado)* detailed (**c**) *(aislado)* isolated, one-off

2 *adv* punctually, on time; **llegó p.** he arrived punctually *o* on time

puntualidad *nf* (**a**) *(en el tiempo)* punctuality (**b**) *(exactitud)* exactness

puntualización *nf* clarification; **me gustaría hacer unas puntualizaciones** I'd like to make a few points

puntualizar [14] *vt (aclarar)* to specify, to clarify; **hay que p. que no estaba solo** it should be made clear *o* pointed out that he wasn't alone

puntualmente *adv (en el momento justo)* punctually, promptly

puntuar [4] **1** *vt* (**a**) *(calificar)* to mark, *US* to grade (**b**) *(escrito)* to punctuate

2 *vi* (**a**) *(calificar)* to mark, *US* to grade; **puntúa muy bajo** he gives very low marks *o US* grades, he marks very low (**b**) *(entrar en el cómputo)* to count (**para** towards) (**b**) *(obtener puntos)* to score, to score points; **el Atlético lleva tres partidos sin p.** Atlético has lost the last three games

punzada *nf* (**a**) *(pinchazo)* prick (**b**) *(dolor intenso)* stabbing pain (**c**) *(de remordimiento)* pang, twinge

punzante *adj* (**a**) *(que pincha)* sharp (**b**) *(intenso)* sharp, stabbing (**c**) *(mordaz)* caustic

punzar [14] *vt* (**a**) *(pinchar)* to prick (**b**) *(sujeto: dolor)* to stab (**c**) *(sujeto: actitud)* to wound

punzón *nm (herramienta)* punch

puñado *nm* handful; *Fig* **a puñados** hand over fist

puñal *nm* dagger; EXPR **poner a alguien el p. en el pecho** to hold a gun to sb's head

puñalada *nf (acción)* stab; *(herida)* stab wound; *Fig* **coser a puñaladas** to stab repeatedly; *Fam Fig* **p. trapera** *o* **por la espalda** stab in the back

puñeta 1 *nf* (**a**) *Fam (tontería)* trifle, trinket (**b**) *Fam (fastidio, lata)* drag, pain; **¡qué p. tener que trabajar el domingo!** what a drag *o* pain having to work on a Sunday! (**c**) *(bocamanga)* border (**d**) EXPR *Fam* **hacer la p.** to be a pain; *Fam* **irse a hacer puñetas** *(planes)* to go up in smoke; *Fam* **mandar a alguien a hacer puñetas** to tell sb to get lost; *Fam* **¡no me vengas ahora con puñetas!** leave me in peace!

2 *interj Fam* **¡p.!, ¡puñetas!** damn it!

puñetazo *nm* punch; **acabaron a puñetazos** they ended up brawling; **darle un p. a alguien** to punch sb; **dio un p. en la mesa** he thumped his fist on the table

puñetería *nf Fam* (**a**) *(molestia)* bloodymindedness (**b**) *(menudencia)* trifle, unimportant thing

puñetero, -a *Fam* **1** *adj* (**a**) *(molesto)* damn; **no seas p.** don't be rotten *o* a swine; **tiene la puñetera manía de poner la música a todo volumen** he has the *Br* bloody *o US* goddamn annoying habit of playing music at full volume (**b**) *(difícil)* tricky, awkward; **nos puso un examen muy p.** he set us a very tricky exam

2 *nm,f* pain; **la puñetera de su hermana** his *Br* bloody *o US* goddamn sister

puño *nm* (**a**) *(mano cerrada)* fist; **apretar los puños** to clench one's fists; *Fam* **una verdad como un p.** an undeniable fact; **de su p. y letra** in his/her own handwriting; **meter** *o* **tener a alguien en un p.** to have sb under one's thumb; EXPR **estoy con el corazón en un p.** my heart's in my mouth (**b**) *(de manga)* cuff (**c**) *(empuñadura) (de espada)* hilt; *(de paraguas)* handle

pupa *nf* (**a**) *(erupción)* blister (**b**) *Fam (daño)* pain; **hacerse p.** to hurt oneself; **tengo p. en la rodilla** I've got a sore knee (**c**) *(crisálida)* pupa

pupas *nm inv* **ser un p.** to be accident-prone

pupila *nf* pupil

pupilente *nm o f Méx (lentilla)* contact lens

pupilo, -a *nm,f* (**a**) *(discípulo)* pupil (**b**) *(huérfano)* ward

pupitre *nm* desk

pupusa *nf CAm* maize dumpling

puramente *adv* (**a**) *(únicamente)* purely, simply (**b**) *(con pureza)* purely, chastely

purasangre *adj & nm inv* thoroughbred

puré *nm* thick soup; *Fam* **estar hecho p.** to be beat *o Br* knackered ❑ ***p. de patatas*** mashed potatoes; ***p. de tomate*** tomato purée

pureta *muy Fam* **1** *adj* fogeyish

2 *nmf* old fogey

pureza *nf* purity

purga *nf* (**a**) *Med* purgative (**b**) *(depuración)* purge

purgaciones *nfpl Med* gonorrhoea

purgante *adj & nm* purgative

purgar [38] **1** *vt* (**a**) *Med* to purge (**b**) *(radiador, tubería)* to drain (**c**) *(condena)* to serve (**d**) *(depurar)* to purge

2 purgarse *vpr* to take a purge

purgatorio *nm* purgatory

purificación *nf* purification ❑ ***p. del agua*** water treatment

purificar [59] *vt (agua, sangre, aire)* to purify; *(mineral, metal)* to refine

purina *nf Quím* purine

purismo *nm* purism

purista 1 *adj* purist; **una corriente p.** a purist tendency

2 *nmf* purist

puritanismo *nm* puritanism

puritano, -a *adj & nm,f* puritan

puro, -a 1 *adj* (**a**) *(limpio, sin mezcla)* pure; *(oro)* solid; **este jersey es de pura lana** this sweater is 100% wool (**b**) *(cielo, atmósfera, aire)* clear (**c**) *(conducta, persona)* decent, honourable (**d**) *(mero)* sheer; *(verdad)* plain; **por pura casualidad** by pure chance; **me quedé dormido de p. cansancio** I fell asleep from sheer exhaustion; *Fam* **y ésta es la realidad pura y dura** and that is the harsh reality of the matter

2 *nm* (**a**) *(cigarro)* cigar ❑ ***p. habano*** Havana (cigar) (**b**) EXPR *Esp Fam* **meterle un p. a alguien** *(regañina)* to give sb a row *o* rocket; *(castigo)* to throw the book at sb

3 *nfpl* **puras** *Chile* **por las puras** just for the sake of it, for no reason

púrpura 1 *adj inv* purple

2 *nm (color)* purple

purpúreo, -a *adj* purple

purpurina *nf* purpurin

purulencia *nf* purulence

purulento, -a *adj* purulent

pus *nm* pus

PUSC *nm (abrev de* **Partido Unidad Social Cristiana**) = Costa Rican political party

puse *etc ver* **poner**

pusiera *etc ver* **poner**

pusilánime *adj* cowardly

pústula *nf* pustule

puta *nf Vulg* whore; **ir** *o* **irse de putas** to go round the whorehouses; **¡me cago en la p.!** *(indica enfado, contrariedad)* fucking hell!, fuck it!; **no tengo ni p. de ese tema** I haven't got a *Br* bloody *o US* goddamn clue about that; **pasarlas putas** to have a really shit time; EXPR **ser más p. que las gallinas** to be a real old tart *o Br* slag *o Br* slapper

putada *nf Vulg* **hacerle una p. a alguien** to be a mean bastard to sb; **¡qué p.!** shit!, fuck it!

putativo, -a *adj* putative

puteada *nf RP muy Fam (insulto)* swear word

puteado, -a *adj Vulg* **tengo la espalda puteada** my back is fucked; **está p. en el trabajo** they're fucking him around at work; **está p. porque no tiene dinero** he can't do a fucking thing because he's got no money

putear 1 *vt* (**a**) *Vulg (fastidiar)* **p. a alguien** to fuck sb around; **me está puteando el dolor de espalda** my back is fucking killing me (**b**) *RP muy Fam (insultar)* **p. a alguien** to call sb for everything, to call sb every name under the sun

2 *vi Fam (salir con prostitutas)* to go whoring

puteo *nm* (**a**) *Vulg (fastidio)* **es un p.** it's a pain in the arse (**b**) *Fam (con prostitutas)* **ir de p.** to go whoring

putero *nm muy Fam* **es un p.** he goes to prostitutes a lot

puticlub *nm Fam* whorehouse

puto, -a *Vulg* **1** *adj* (**a**) *(maldito)* fucking; **no tengo ni puta idea** I haven't got a fucking clue; **vámonos de una puta vez** let's just fucking well leave; **¡todos a la puta calle!** get the fuck out of here all of you!

(**b**) *(difícil) Br* bloody *o US* goddamn difficult
(**c**) EXPR **de p. madre** *(estupendo)* fucking brilliant; **me parece de p. madre** that's fucking marvellous; **nos lo pasamos de p. madre** we had a fucking marvellous time; **¡me cago en su p. madre!** *(insultando a alguien)* fucking bastard/ bitch!; *(indicando enfado, contrariedad)* fucking hell!, fuck it!; **¡la p. madre que te parió!** you fucking bastard/bitch!; **de p. pena** *(muy mal)* fucking terrible *o* awful; **esa tía me cae de p. pena** I fucking hate that girl
2 *nm* male prostitute

putón, -ona *nm,f Vulg* cheap prostitute; **un p. (verbenero)** a cheap slut

putrefacción *nf* rotting, putrefaction

putrefacto, -a *adj* rotting

pútrido, -a *adj* putrid

putt [put] *nm (en golf)* putt

putter ['puter] *nm (en golf)* putter

puya *nf* (**a**) *(punta de vara)* goad (**b**) *Fam Fig (palabras)* gibe, dig; **lanzar puyas** to make a gibe

puyar *vi Chile, Col, Pan (bregar)* to work hard

puyazo *nm* (**a**) *(golpe)* jab *(with goad)* (**b**) *Fam (palabras)* gibe, dig

puzzle ['puθle], **puzle** *nm* jigsaw puzzle

PVC *nm (abrev de* **cloruro de polivinilo**) PVC

PVP *nm (abrev de* **precio de venta al público**) RRP

PYME ['pime] *nf (abrev de* **Pequeña y Mediana Empresa**) SME

Pyongyang *n* Pyongyang

pyrex® *nm* Pyrex®

pza. *(abrev de* **plaza**) Sq

Q

Q, q [ku] *nf (letra)* Q, q

Qatar *n* Qatar

qatarí *(pl* **qataríes***) adj & nmf* Qatari

q.e.p.d. *(abrev de* **que en paz descanse***)* RIP

quark *nm Fís* quark

quásar *nm Astron* quasar

QUE **1** *pron relat* (**a**) *(sujeto) (persona)* who, that; *(cosa)* that, which; **la mujer q. me saluda** the woman (who *o* that is) waving to me; **el q. me lo compró** the one *o* person who bought it from me; **el hombre, q. decía llamarse Simón, era bastante sospechoso** the man, who said he was called Simón, seemed rather suspicious; **¿hay alguien q. tenga un encendedor?** does anyone have a lighter?; **la moto q. me gusta** the motorbike (that) I like; **hace natación, q. es muy sano** she swims, which is very good for your health; **la salsa fue lo q. más me gustó** the sauce was the bit I liked best; **el q. más y el q. menos** every last one of us/them, all of us/them without exception

(**b**) *(complemento directo) (se puede omitir en inglés) (persona)* who, whom; *(cosa)* that, which; **el hombre q. conociste ayer** the man (who *o* whom) you met yesterday; **la persona/el lugar q. estás buscando** the person/the place you're looking for; **eres de los pocos a los q. invitaron** you're one of the few people (who) they invited; **esa casa es la q.** *o* **esa es la casa q. me quiero comprar** that house is the one (that) I want to buy, that's the house (that) I want to buy; **eso es todo lo q. sé** that's all *o* everything I know

(**c**) *(complemento indirecto) (se puede omitir en inglés)* **al q., a la q., a los/las q.** (to) who, (to) whom; **ese es el chico al q. presté dinero** that's the boy (who) I lent some money to, that's the boy (to) whom I lent some money

(**d**) *(complemento circunstancial)* **la playa a la q. fui** the beach where I went, the beach I went to; **la mujer con/de la q. hablas** the woman (who) you are talking to/about; **la mesa en la que escribes** the table on which you are writing, the table you are writing on; **la manera** *o* **forma en q. lo dijo** the way (in which) she said it; **(en) q.** *(indicando tiempo)* when; **el día (en) q. me fui** the day (when) I left; **el año (en) q. nos conocimos** the year (when) we first met

(**e**) *(en frases)* **en lo q. tú te arreglas, yo recojo la cocina** I'll tidy the kitchen up while you're getting ready

2 *conj* (**a**) *(con oraciones de sujeto)* that; **es importante q. me escuches** it's important that you listen to me, it's important for you to listen to me; **q. haya pérdidas no significa que vaya a haber despidos** the fact that we've suffered losses doesn't mean anyone is going to lose their job; **sería mejor q. no se lo dijeras** it would be better if you didn't tell her; **se suponía q. era un secreto** it was supposed to be a secret

(**b**) *(con oraciones de complemento directo)* that; **me ha confesado q. me quiere** he has told me that he loves me; **creo q. no iré** I don't think (that) I'll go; **procura q. no se te escape el perro** try and make sure (that) the dog doesn't get away from you; **intentamos q. todos estén contentos** we try to keep everybody happy; **me dijeron q. me quedara en casa** they told me to stay at home; **me dijeron q. dónde iba** they asked me where I was going

(**c**) *(después de preposición)* **estoy convencido de q. es cierto** I'm convinced (that) it's true; **con q. esté listo el jueves es suficiente** as long as it's ready by Thursday, that'll be fine; **estoy en contra de q. siga en el cargo** I'm opposed to him continuing in his job; **sin q. nadie se entere** without anyone realizing; **el hecho de que…** the fact that…

(**d**) *(comparativo)* than; **es más rápido q. tú** he's quicker than you; **alcanza la misma velocidad q. un tren convencional** it can go as fast as a conventional train; **trabaja el doble de horas q. yo** she works twice as many hours as me; **antes morir q. vivir la guerra otra vez** I'd rather die than live through the war again

(**e**) *(indica causa, motivo)* **hemos de esperar, q. todavía no es la hora** we'll have to wait, (as) it isn't time yet; **no quiero café, q. luego no duermo** I won't have any coffee, it stops me from sleeping; **baja la voz, q. nos van a oír** lower your voice or they'll hear us; **el dólar ha subido, q. lo oí en la radio** the dollar has gone up, I heard it on the radio

(**f**) *(indica consecuencia)* that; **tanto me lo pidió q. se lo di** he asked me for it so insistently that I gave it to him; **¡esta habitación huele q. apesta!** this room stinks!; **mira si es grande q. no cabe por la puerta** it's so big it won't go through the door

(**g**) *(indica finalidad)* so (that); **ven aquí q. te vea** come over here so (that) I can see you

(**h**) *(indica deseo, mandato)* that; **espero q. te diviertas** I hope (that) you have fun; **¡q. te diviertas!** have fun!; **quiero q. lo hagas** I want you to do it; *Fam* **¡q. se vaya a la porra!** she can go to hell!; **por favor, q. nadie se mueva de aquí** please don't anybody go away from here; **¡q. llamen a un médico!** get them to call a doctor!

(**i**) *(para reiterar, hacer hincapié)* **¡q. te doy un bofetón!** do that again and I'll slap you!; **¿no vas a venir? — ¡q. sí!** aren't you coming? — of course I am!; **¿pero de verdad no quieres venir? — ¡q. no!** but do you really not want to come? — definitely not!; **¡q. me dejes!** just leave me alone!; **¡q. pases te digo!** but do come in, please!

(**j**) *(para expresar contrariedad, enfado)* **¡q. tenga una que hacer estas cosas a sus años!** that she should have to do such things at her age!

(**k**) *(en oraciones interrogativas) (para expresar reacción a lo dicho)* **¿q. quiere venir? pues que venga** so she wants to come? then let her; **¿q. te han despedido?** *(con tono de incredulidad)* you're telling me they've sacked you?; **¿cómo q. dónde está? ¡donde siempre!** what do you mean where is it? it's where it always is!

(**l**) *(para explicar)* **es q....** the thing is (that)..., it's just (that)...; **es q. yo ya tengo perro** the thing is (that) *o* it's just (that) I already have a dog; **¿es q. te da vergüenza?** are you embarrassed (or what)?, is it that you're embarrassed?

(**m**) *(indica hipótesis)* if; **q. no quieres hacerlo, pues no pasa nada** it doesn't matter if you don't want to do it; **¿tú q. él qué harías?** what would you do if you were him *o* (if you were) in his shoes?

(**n**) *(indica disyunción)* or; **quieras q. no, harás lo que yo mando** you'll do what I tell you, whether you like it or not; **han tenido algún problema q. otro** they've had the odd problem

(**o**) *(indica reiteración)* **estuvieron charla q. te charla toda la mañana** they were nattering away all morning; **se pasó el día llora q. te llora** she cried and cried all day, she didn't stop crying all day

QUÉ **1** *adj* (**a**) *(interrogativo) (en general)* what; *(al elegir, al concretar)* which; **¿q. hora es?** what's the time?; **disculpa, no sabía q. hora era** sorry, I didn't realize the time; **¿q. chaqueta prefieres?** which jacket do you prefer?; **¿para q. empresa trabaja?** which company do you work for?; **¿a q. distancia?** how far away?
(**b**) *(exclamativo)* **¡q. fallo!** what a mistake!; **¡q. día llevo!** what a day I'm having!; **¡q. casa más bonita!** what a lovely house!; **¡q. horror!** how awful!; **¡q. suerte!** that's lucky!, how fortunate!
2 *pron* (**a**) *(interrogativo)* what; **¿q. te dijo?** what did he tell you?; **¿q. hay en la caja?** what's in the box?; **no sé q. hacer** I don't know what to do; **¿para q. has venido?** why have you come?, what have you come for?; **¿con q. limpias los espejos?** what do you use to clean the mirrors?, what do you clean the mirrors with?; *Fam* **¿q. te costó?** *(¿cuánto?)* what did it cost you?; **¿q.?** *(¿cómo dices?)* sorry? pardon?; **¡Carlos! – ¿q.?** *(contestando a una llamada)* Carlos! – what?; **quiero el divorcio – ¿q.?** *(expresando incredulidad)* I want a divorce – (you want) what?; **¿que le diga q.?** you want me to say WHAT to her?; **¿bueno q.?, ¿nos vamos?** right, shall we go, then?; **¿y q.?** so what?
(**b**) *(exclamativo)* **¡q. sé yo!** how should I know!; **me ofrecieron casa, trabajo y q. sé yo cuántas cosas más** they offered me a house, a job and heaven knows what else; *Fam* **¡q. va!** *(en absoluto)* not in the least, not at all; *Fam* **¿cansado? – ¡q. va!** are you tired? – not at all!
3 *adv* (**a**) *(exclamativo)* how; **¡q. horrible/divertido!** how horrible/funny!; **¡q. tonto eres!** how stupid you are!, you're so stupid!; **¡q. bonita casa!** what a lovely house!; **¡q. bien te sale la pasta!** you're so good at cooking pasta!; **¡q. tarde es ya!** is it really that late?; **¿ya estás aquí?, ¡q. rápido has vuelto!** are you back already? that was quick!
(**b**) *(interrogativo)* **¿q. tal?** how are things?, how are you doing?; **¿q. tal la fiesta/película?** how was the party/film?; **¿por q.?** why?
(**c**) *(expresa gran cantidad)* **¡q. de...!** what a lot of...!; **¡q. de gente hay aquí!** what a lot of people there are here!, there are so many people here!

Quebec *nm* **(el) Q.** Quebec

quebequés, -esa 1 *adj* Quebecois
2 *nm,f* Quebecois, Quebecker

quebracho *nm* quebracho

quebrada *nf* (**a**) *(desfiladero)* gorge (**b**) *Am (arroyo)* stream

quebradero *nm* ***q. de cabeza*** headache, problem

quebradizo, -a *adj* (**a**) *(frágil)* fragile, brittle (**b**) *(débil)* frail (**c**) *(voz)* wavering, faltering

quebrado, -a 1 *adj* (**a**) *(terreno)* rough, rugged; *(línea)* crooked (**b**) *(fraccionario)* **número q.** fraction (**c**) *Lit* broken (**d**) *Méx (pelo)* curly (**e**) *Cuba (hoja de tabaco)* full of holes
2 *nm (fracción)* fraction

quebrantado, -a *adj* frail

quebrantahuesos *nm inv (ave)* bearded vulture, lammergeier

quebrantamiento *nm* (**a**) *(incumplimiento)* breaking (**b**) *(de moral, resistencia)* breaking; **produjo el q. de su salud** it caused her health to fail

quebrantar 1 *vt* (**a**) *(promesa, ley)* to break; *(obligación)* to fail in (**b**) *(rocas)* to crack (**c**) *(moral, resistencia) (romper)* to break; *(debilitar)* to weaken
2 quebrantarse *vpr* (**a**) *(rocas)* to crack (**b**) *(moral, resistencia) (romperse)* to break; *(debilitarse)* to weaken

quebranto *nm* (**a**) *(pérdida)* loss (**b**) *(debilitamiento)* weakening, debilitation (**c**) *(pena)* grief

quebrar [3] **1** *vt* (**a**) *(romper)* to break; *(esperanzas, ilusiones)* to destroy, to shatter (**b**) *(debilitar)* to weaken
2 *vi Fin* to go bankrupt
3 quebrarse *vpr* (**a**) *(romperse)* to break; **se quebró una pierna** she broke a leg (**b**) *(voz)* to break, to falter; **se le quebró la voz** her voice faltered

queche *nm* ketch

quechua 1 *adj* Quechuan
2 *nmf (persona)* Quechua
3 *nm (idioma)* Quechua

quechuismo *nm* = word or phrase of Quechuan origin

queda *nf* **toque de q.** curfew

quedada *nf Fam* **estoy harto de tus quedadas** I'm fed up of you making a fool of me *o Br* of you taking the piss

quedamente *adv* quietly, softly

QUEDAR 1 *vi* (**a**) *(permanecer)* to remain, to stay; **nuestros problemas quedaron sin resolver** our problems remained unsolved; **los tipos de interés han quedado al mismo nivel** interest rates have stayed *o* remained at the same level; **no le quedaron secuelas del accidente** he suffered no after-effects from the accident; **quedo a su entera disposición para cualquier consulta** *(en cartas)* I am available to answer any enquiries you may have; **todo quedó en un buen susto** she suffered nothing worse than a shock; **el viaje quedó en proyecto** the trip never got beyond the planning stage; **¡esto no puede** *o* **no va a q. así!** I'm not going to let it rest at this!; **todos nuestros problemas han quedado atrás** all our problems are behind us now
(**b**) *(haber aún)* to be left, to remain; **¿queda azúcar?** is there any sugar left?; **no queda azúcar** there isn't any sugar left; **no nos queda leche** we're out of milk; **queda gente dentro haciendo el examen** there are still some people left inside doing the exam; **queda poco del casco antiguo de la ciudad** little remains of the old part of the city; **nos quedan 100 pesetas** we have 100 pesetas left; **lo que quede dáselo al perro** give whatever's left over to the dog; **no me quedan ganas de seguir hablando** I don't feel like talking any more; **me queda la esperanza de volver algún día** I can only hope that one day I will return
(**c**) *(faltar)* **¿cuánto queda para Buenos Aires?** how much further is it to Buenos Aires?; **quedan dos vueltas para que termine la carrera** there are two laps to go until the end of the race; **queda poco/un mes para las vacaciones** there's not long to go/there's a month to go until the holidays, it's not long/it's a month until the holidays; **queda mucho para mi cumpleaños** my birthday's a long way off; **me quedan dos días para terminar el trabajo** I have two days (left) to finish the work; **sólo me queda despedirme hasta la próxima semana** all that remains is for me to say goodbye until next week; **q. por hacer** to remain to be done; **queda por fregar el suelo** the floor has still to be cleaned; **nos quedan bastantes sitios por visitar** we still have quite a lot of places to visit
(**d**) *(mostrarse, dar cierta imagen)* **q. bien/mal (con alguien)** to make a good/bad impression (on sb); **le gusta q. bien con todo el mundo** he likes to keep everyone happy; **quedaste estupendamente trayendo flores** you made a very good impression by bringing flowers; **voy a q. fatal si no voy** it'll look really bad if I don't go; **no me hagas q. mal** don't show me up; **quedaste como un mentiroso** you ended up looking like *o* you came across like a liar; **quedó como un idiota** he ended up *o* he was left looking stupid
(**e**) *(resultar)* **el trabajo ha quedado perfecto** the job turned out perfectly; **el cuadro queda muy bien ahí** the picture looks great there; **el salón os ha quedado muy bonito** the living room has turned out lovely, you've made a great job of the living room; **q. en** *(llegar, acabar)* to end in; **q. en quinto lugar, q. el quinto** to come fifth; **q. en nada** to come to nothing
(**f**) *(sentar)* **te queda un poco corto el traje** your suit is a bit too short; **esta falda me queda un poco justa** this skirt is a bit tight; **¡qué bien te queda ese traje!** that dress really suits you!, you look great in that dress!; **esa camisa te queda mal** that shirt doesn't suit you; **¿te quedan bien los zapatos?** do the shoes fit you?; **q. bien/mal con algo** to go well/badly with sth
(**g**) *(citarse)* **q. (con alguien)** to arrange to meet (sb); **¿cuándo/dónde quedamos?** when/where shall we meet?; **hemos quedado el lunes** we've arranged to meet on Monday; **he quedado con Juan para jugar al baloncesto** I've arranged to play basketball with Juan
(**h**) *(acordar)* **q. en algo/en hacer algo** to agree on sth/to do sth; **¿en qué habéis quedado?** what have you decided to do?; **q. en que...** to agree that...; **quedé con ellos en que iría** I told them I'd go; **¿en qué quedamos?** what's it to be, then?

(i) *(estar situado)* to be; **queda por las afueras** it's somewhere on the outskirts; **¿por dónde queda?** whereabouts is it?
2 *v impersonal* **por mí que no quede** don't let me be the one to stop you; **que no quede por falta de dinero** we don't want it to fall through for lack of money; **por probar que no quede** we should at least try it
3 quedarse *vpr* (**a**) *(permanecer)* to stay, to remain; **todos le pidieron que se quedara** everyone asked her to stay; **va a tener que quedarse en el hospital** he is going to have to stay *o* remain in hospital; **¿por qué no te quedas un rato más?** why don't you stay on a bit longer?; **hoy me quedaré en casa** I'm going to stay at home *o* stay in today; **me quedé estudiando hasta tarde** I stayed up late studying; **me quedé en la cama hasta tarde** I slept in; **se quedó de pie mirándome** she stood there watching me
(**b**) *(terminar en un estado)* **quedarse ciego/sordo** to go blind/deaf; **quedarse viudo** to be widowed; **quedarse soltero** to remain single *o* a bachelor; **quedarse sin dinero** to be left penniless; **me quedé dormido** I fell asleep; **se quedó un poco triste** she was *o* felt rather sad; **se ha quedado/se está quedando muy delgada** she's become/she's getting very thin; **al verla se quedó pálido** he turned pale when he saw her; **la pared se ha quedado limpia** the wall is clean now; **quedarse atrás** to fall behind
(**c**) *(comprar, elegir)* to take; **me quedo éste** I'll take this one
(**d**) **quedarse con** *(retener, guardarse)* to keep; **quédese con la vuelta** *o* **el cambio** keep the change; **alguien se ha quedado con mi paraguas** someone has taken my umbrella; **no me quedé con su nombre** I can't seem to remember his name
(**e**) **quedarse con** *(preferir)* to go for, to prefer; **de todos los pescados me quedo con el salmón** I prefer salmon to any other sort of fish, when it comes to fish, I'd go for salmon every time
(**f**) *Esp muy Fam* **quedarse con alguien** *(burlarse de)* to make a fool of sb, *Br* to take the piss out of sb; **¿te estás quedando conmigo?** are you trying to make a fool of me?, *Br* are you taking the piss?
(**g**) *Fam (morir)* to kick the bucket

quedo, -a 1 *adj* quiet, soft
2 *adv* quietly, softly

quehacer *nm* task; **quehaceres domésticos** housework

queimada *nf* = punch made from spirits and sugar, which is set alight to burn off some of the alcohol before being drunk

queja *nf* (**a**) *(lamento)* moan, groan (**b**) *(protesta)* complaint; **presentar una q.** *(formalmente)* to make *o* lodge a complaint; **tener q. de algo/alguien** to have a complaint about sth/sb

quejarse *vpr* (**a**) *(lamentarse)* to groan, to moan (**b**) *(protestar)* to complain (**de** about); *(refunfuñar)* to moan (**de** about); *Fam* **q. de vicio** to complain about nothing

quejica, quejicoso, -a *Fam Pey* **1** *adj* whining, whingeing; **es muy q.** he's very whiny *o* whingey
2 *nmf* whinger

quejido *nm* cry, moan; **dar quejidos** to moan

quejigo *nm* gall oak

quejoso, -a *adj* **estar q. de** *o* **por** to be unhappy *o* dissatisfied with

quejumbroso, -a *adj* whining

queli *nf Esp muy Fam* pad

quema *nf* burning; EXPR **huir** *o* **salvarse de la q.** to run away before things get too hot

quemadero *nm* **q. (de basuras)** waste incineration site

quemado, -a *adj* (**a**) *(por fuego)* burnt; *(por agua hirviendo)* scalded; *(por electricidad)* burnt-out (**b**) *(por sol)* sunburnt (**c**) *Fam* **estar q.** *(agotado)* to be burnt-out; *(harto)* to be fed up (**de** of)

quemador *nm Br* gas ring, *US* burner

quemadura *nf (por fuego)* burn; *(por agua hirviendo)* scald; **hacerse una q.** to burn/scald oneself; **q. de segundo grado/de primer grado** second-degree/first-degree burn

quemar 1 *vt* (**a**) *(sol, con fuego, calor)* to burn; *(con líquido hirviendo)* to scald; **quemaron una bandera americana** they set fire to an American flag
(**b**) *(plantas)* **la helada quemó las plantas** the frost killed the plants; **el sol quemó las plantas** the plants withered in the sun
(**c**) *(malgastar)* to go through, to fritter away
(**d**) *Fam Fig (desgastar)* to burn out
(**e**) *CAm, Méx (delatar)* to denounce, to inform on
(**f**) *Carib, Méx (estafar)* to swindle
2 *vi* (**a**) *(estar caliente)* to be (scalding) hot; **ten cuidado que la sopa quema** be careful, the soup's (scalding) hot
(**b**) *Fam Fig (desgastar)* **la política quema** politics burns you out
3 quemarse *vpr* (**a**) *(por fuego)* to burn down; *(por calor)* to burn; *(por agua hirviendo)* to get scalded; *(por electricidad)* to burn out; **se ha quemado la lasaña** I've burnt the lasagne
(**b**) *(por el sol)* to get (sun)burnt
(**c**) *Fam Fig (desgastarse)* to burn out
(**d**) *Fam Fig (hartarse)* to get fed up (**de** of)

quemarropa: a quemarropa *loc adv* point-blank

quemazón *nf* (**a**) *(ardor)* burning (sensation) (**b**) *(picor)* itch

quena *nf* Andean flute

quepa *etc ver* **caber**

quepis *nm inv* kepi

quepo *ver* **caber**

queque *nm CAm, Méx* sponge (cake)

queratina *nf* keratin

queratomía *nf* keratotomy

querella *nf* (**a**) *Der (acusación)* charge; **presentar** *o* **poner una q. contra alguien** to bring an action against sb (**b**) *(conflicto)* dispute

querellante *nmf Der* plaintiff

querellarse *vpr Der* to bring an action (**contra** against)

querencia *nf* homing instinct

querendón, -ona *adj Am Fam* loving, affectionate

QUERER [53] **1** *vt* (**a**) *(amar)* to love; **te quiero** I love you; **lo quiero como a un hermano** I love him like a brother; **es muy querida por todo el mundo** she is much loved by everyone; **me quiere, no me quiere,...** *(deshojando margarita)* she loves me, she loves me not; **¡por lo que más quieras, cállate!** for heaven's sake shut up!; **q. bien a alguien** to care a lot about sb; **q. mal a alguien** to wish sb ill; PROV **quien bien te quiere te hará llorar** you have to be cruel to be kind
(**b**) *(desear)* to want; **quiero una bicicleta** I want a bicycle; **dime lo que quieres** tell me what you want; **lo único que quiero** *o* **todo lo que quiero es un poco de comprensión** all I want *o* all I ask for is a little understanding; **¿qué es lo que quieres ahora?** *(con tono de enojo)* what do you want now?, what is it now?; **haz lo que quieras** do what you want *o* like, do as you please *o* like; **q. hacer algo** to want to do sth; **quiere explicártelo, te lo quiere explicar** she wants to explain it to you; **no quiso ayudarnos** she didn't want to help us; **era muy tarde pero tú querías quedarte** it was very late, but you insisted on staying *o* would stay/you wanted to stay; **quisiera informarme** *o* **que me informaran sobre vuelos a Nueva York** I'd like some information about flights to New York; **quisiera hacerlo, pero...** I'd like to do it, but...; **¡eso quisiera yo saber!** that's what I want to know!; **¡ya quisieran muchos tener tu suerte!** a lot of people would be very grateful to be as lucky as you!; **el maldito clavo no quiere salir** the damn nail won't *o* refuses to come out; **q. que alguien haga algo** to want sb to do sth; **quiero que lo hagas tú** I want you to do it; **q. que pase algo** to want sth to happen; **queremos que las cosas te vayan bien** we want things to go well for you; **el azar quiso que nos volviéramos a ver** fate decreed that we should see each other again; **como quien no quiere la cosa** as if it were nothing; **qué quieres que te diga, a mí me parece caro** to be honest, it seems expensive to me, what can I say? It seems expensive to me; **¡qué quieres que haga!** what am I supposed to do?; **alto, guapo y todo lo que tú quieras, pero no me gusta** sure, he's tall, handsome and all that, but I don't find him attractive
(**c**) *(en preguntas, ofrecimientos, ruegos) (con amabilidad)* **¿quieren ustedes algo más/algo de postre?** would you like anything else/anything for dessert?; **¿quieres un pitillo?** do you want a cigarette?; **¿quiere decirle a su amigo que pase?** could you

tell your friend to come in, please?; **¿querrías explicarme qué ha pasado aquí?** would you mind explaining what happened here?; **¿quieres por esposo a Francisco?** do you take Francisco to be your lawfully wedded husband?
(**d**) *(pedir)* **q. algo (por)** to want sth (for); **¿cuánto quieres por la casa?** how much do you want for the house?
(**e**) *Irónico (dar motivos para)* **tú lo que quieres es que te pegue** you're asking for a smack; **¿quieres que te atropelle el tren o qué?** do you want to get run over by a train or something?
(**f**) *(en naipes) (aceptar apuesta)* **quiero tus cinco mil** I'll see your five thousand
2 *vi* to want; **ven cuando quieras** come whenever you like *o* want; **cuando quieras** *(estoy listo)* ready when you are; **no me voy porque no quiero** I'm not going because I don't want to; **si quieres, lo dejamos** we can forget about it if you like; **quieras o no, quieras que no** (whether you) like it or not; **pásame el martillo ¿quieres?** pass me the hammer, would you?; **déjame en paz, ¿quieres?** leave me alone, will you?; EXPR *Fam* **está como quiere** *(es guapísimo)* he's gorgeous; EXPR *Fam* **le pedí que lo dejara, pero que si quieres** I asked him to stop, but would he?; **queriendo** on purpose; **ha sido queriendo** he did it on purpose; **hacer algo sin q.** to do sth accidentally; **lo siento, ha sido sin q.** sorry, it was an accident; **q. decir** to mean; **¿qué quieres decir con eso?** what do you mean by that?; **¿sabes lo que quiere decir "procrastination"?** do you know what "procrastination" means?; **"NB" quiere decir "nota bene"** "NB" stands for "nota bene"; PROV **q. es poder** where there's a will there's a way
3 *v impersonal (haber atisbos de)* **parece que quiere llover** it looks like rain
4 quererse *vpr* to love each other; **se quieren con locura** they are madly in love
5 *nm (amor)* love; **las cosas del q.** matters of the heart

---

querido, -a 1 *adj* dear
2 *nm,f* (**a**) *(amante)* lover (**b**) *(apelativo afectuoso)* darling

quermes *nm inv* kermes

quermés *nf inv,* **quermese** *nf (pl* **quermeses***)* kermiss

queroseno *nm* kerosene

querré *etc ver* **querer**

querubín *nm* cherub

quesadilla *nf Am* = filled fried tortilla

quesera *nf* cheese dish

quesería *nf* cheese shop

quesero, -a 1 *adj* cheese; **la industria quesera** the cheese-making industry
2 *nm,f (persona)* cheese maker

quesito *nm* cheese portion *o* triangle

queso *nm* (**a**) *(producto lácteo)* cheese; EXPR *Fam* **a mí no me las das con queso** don't you try and fool me ❑ ***q. de bola*** Dutch cheese; ***q. brie*** Brie; ***q. de cabrales*** = Asturian cheese similar to Roquefort; ***q. camembert*** Camembert; ***q. emmental*** Emmental; ***q. gorgonzola*** Gorgonzola; ***q. gouda*** Gouda; ***q. gruyère*** Gruyère; ***q. manchego*** = hard yellow cheese made in La Mancha; ***q. mozzarella*** mozzarella (cheese); ***q. parmesano*** Parmesan (cheese); ***q. en porciones*** cheese triangles; ***q. rallado*** grated cheese; ***q. roquefort*** Roquefort; ***q. de tetilla*** = soft mound-shaped Galician cheese (**b**) *Fam (pie)* foot

quetzal [ket'sal] *nm* quetzal

quevedos *nmpl* pince-nez

quia *interj Fam* **¡q.!** huh!, ha!

quiche ['kiʃ] *nf* quiche

quiché *adj & nm* Quiché

quicio *nm* (**a**) *(de puerta, ventana)* jamb *(on hinge side)* (**b**) EXPR **estar fuera de q.** to be out of kilter; **sacar de q. a alguien** to drive sb mad; **sacar las cosas de q.** to blow things (up) out of all proportion

quico *nm (maíz tostado)* = toasted, salted maize kernel; EXPR *Fam* **ponerse como el q.** to stuff one's face

quid *(pl* **quids***)* *nm* crux; **el q. de la cuestión** the crux of the matter

quiebra *nf* (**a**) *(ruina)* bankruptcy; *(en Bolsa)* crash; **ir a la q.** to go bankrupt ❑ *Der* ***q. fraudulenta*** fraudulent bankruptcy (**b**) *(pérdida)* collapse; **q. moral** moral bankruptcy

quiebro 1 *ver* **quebrar**
2 *nm* (**a**) *(ademán)* swerve (**b**) *Mús* trill

QUIEN *pron* (**a**) *(relativo) (sujeto)* who; *(complemento)* who, *Formal* whom; **fue mi hermano q. me lo explicó** it was my brother who explained it to me; **él fue q. me robó** he's the one who robbed me; **era Rosario a q. vi/de q. no me fiaba** it was Rosario (who) I saw/didn't trust; **buscaba a alguien con q. hablar** I was looking for someone to talk to; **el atracador, a q. nadie reconoció, logró escapar** the mugger, who nobody recognized, was able to escape; **gane q. gane, el partido está siendo memorable** whoever wins, it has been an unforgettable match
(**b**) *(indefinido)* **q. lo encuentre que se lo quede** whoever finds it can keep it; **quienes quieran verlo que se acerquen** whoever wants to see it will have to come closer; **q. no sabe nada de esto es tu madre** one person who knows nothing about it is your mother; **hay q. lo niega** there are those who deny it; **al billar no hay q. le gane** he's unbeatable at billiards; **q. más q. menos** everyone; **q. más q. menos, todo el mundo se lo esperaba** that's what everyone expected, to some extent or other

---

QUIÉN *pron* (**a**) *(interrogativo) (sujeto)* who; *(complemento)* who, *Formal* whom; **¿q. es ese hombre?** who's that man?; **¿quiénes son ustedes/ellos?** who are you/they?; **no sé q. viene** I don't know who's coming; **¿q. puede ser** *o* **q. será a estas horas?** who *o* whoever can it be at this hour?; **¿a quiénes has invitado?** who *o Formal* whom have you invited?; **¿con q. estás saliendo?** who are you going out with?; **¿de q. es esto?** whose is this?; **hay una carta para ti – ¿de q.?** there's a letter for you – who from?; **¿q. es?** *(en la puerta)* who is it?; *(al teléfono)* who's calling?; **¡tú no eres q. para darme órdenes!** who are you to give me orders?, who do you think you are giving me orders?; **yo no soy q. para decir si es mi mejor novela** it's not for me to say whether it's my best novel
(**b**) *(exclamativo)* **¡q. pudiera verlo!** if only I could see it!; **¡q. sabe!** who knows?

---

quienquiera *(pl* **quienesquiera***)* *pron* whoever; **q. que venga** whoever comes

quiero *etc ver* **querer**

quieto, -a *adj* (**a**) *(parado)* still; **¡estate q.!** keep still!; **¡q. ahí!** don't move! (**b**) *(tranquilo)* quiet; **desde que se fue el director el trabajo está q.** things have been a lot quieter at work since the boss left

quietud *nf* (**a**) *(inmovilidad)* stillness (**b**) *(tranquilidad)* quietness

quif *nm* kif

quijada *nf* jaw

quijotada *nf* quixotic deed

quijote *nm (soñador)* do-gooder; **don Q.** don Quixote

quijotesco, -a *adj* quixotic

quijotismo *nm* quixotism

quilate *nm* carat

quilla *nf (de barco)* keel

quillay *nm Arg, Chile* soapbark tree

quilombo *nm RP Fam (lío, desorden)* mess

quimba *nf* (**a**) *Andes (contoneo)* swaying (**b**) *Col, Ecuad, Ven (calzado)* peasant shoe

quimbambas *nfpl* EXPR *Fam* **en las q.** in the back of beyond

quimbar *vi Andes (contonearse)* to sway

quimbombó *nm Cuba* okra, gumbo

quimera *nf también Fig* chimera; **tus ideas no son más que una q.** your ideas are pie in the sky

quimérico, -a *adj Fig* fanciful, unrealistic

química *nf* (**a**) *(ciencia)* chemistry ❑ ***q. agrícola*** agrochemistry; ***q. industrial*** industrial chemistry; ***q. inorgánica*** inorganic chemistry; ***q. orgánica*** organic chemistry (**b**) *(sustancias artificiales)* chemicals; **es pura q.** it's full of chemicals (**c**) *Fam (atracción, entendimiento)* chemistry

químicamente *adv* chemically

químico, -a 1 *adj* chemical
2 *nm,f (científico)* chemist

quimioterapia *nf* chemotherapy

quimono *nm* kimono

quina *nf (extracto)* quinine; EXPR *Fam* **ser más malo que la q.** to be truly horrible; EXPR *Fam* **tragar q.** to grin and bear it

quincalla *nf* trinket

quincallería *nf (chatarra)* trinkets

quincallero, -a *nm,f Br* ironmonger, *US* hardware dealer

quince *núm* fifteen; **q. días** a fortnight; EXPR **dar q. y raya a alguien** to get the better of sb; *Fam* **un constipado del q.** a stinking cold; *Pol* **los Q.** the Fifteen (EU member states); *ver también* **seis**

quinceañero, -a 1 *adj* teenage
2 *nm,f* teenager

quinceavo, -a *núm (fracción)* fifteenth; **la quinceava parte** a fifteenth

quincena *nf* fortnight; **la segunda q. de agosto** the second fortnight *o* half of August

quincenal *adj* fortnightly

quincenalmente *adv* fortnightly, every two weeks

quincha *nf Arg, Chile, Perú* (**a**) *(entramado)* wickerwork (**b**) *(cerco)* = wall made of reeds and adobe

quincuagésimo, -a *núm* fiftieth; *ver también* **sexto**

quinesioterapia, quinesiterapia *nf* kinesitherapy

quingombó *nm Cuba* okra, gumbo

quingos *nmpl Col, Perú* zigzag

quiniela *nf* (**a**) *(boleto)* pools coupon; **quiniela(s)** *(apuestas)* (football) pools; **echar una q.** to hand in one's pools coupon; **hacer una q.** to do the pools; **le tocó la q.** she won the pools; *Fig* **ser una q.** to be a lottery ❑ ***q. hípica*** sweepstake (**b**) *Fig (lista)* list

quinielista *nmf* = person who does the football pools

quinielístico, -a *adj* (football) pools; **peña quinielística** (football) pools syndicate

quinielón *nm Esp* = 15 correct forecasts on football pools entitling player to jackpot prize

quinientos, -as *núm* five hundred; *ver también* **seis**

quinina *nf* quinine

quino *nm (árbol)* cinchona (tree)

quinqué *nm* oil lamp

quinquenal *adj* five-year; **plan q.** five-year plan

quinquenio *nm* (**a**) *(periodo)* five years (**b**) *(paga)* = five-yearly salary increase

quinqui *nmf muy Fam (macarra)* lout, *Br* yob

quinta *nf* (**a**) *(finca)* country house (**b**) *Mil* call-up year; **entrar en quintas** to be called up; **Juan es de mi q.** *(tiene mi edad)* Juan is my age (**c**) *Mús* fifth

quintacolumnista *nmf* fifth columnist

quintaesencia *nf* quintessence

quintal *nm* = weight measure equivalent to 46 kilos; EXPR **pesar un q.** to weigh a ton ❑ ***q. métrico*** 100 kilos

quintar *vt Mil* to draft, to call up

quinteto *nm* quintet

quintillizo, -a *adj & nm,f* quintuplet

quinto, -a 1 *núm* fifth; EXPR *Esp Vulg* **vive en el q. coño** she lives *Br* bloody *o US* goddamn miles from anywhere; EXPR *Fam* **vive en el q. infierno** *o Esp* **pino** she lives in the back of beyond *o* in the middle of nowhere ❑ *también Fig* ***quinta columna*** fifth column; *ver también* **sexto**
2 *nm* (**a**) *(parte)* fifth (**b**) *Mil* = person who has been chosen (by lots) to do military service (**c**) *(curso universitario)* fifth year (**d**) *(curso escolar)* = fifth year of primary school, *US* ≃ fifth grade (**e**) *Esp (de cerveza)* = small bottle of beer containing 0.2 litres

quintuplicar [59] **1** *vt* to increase fivefold
2 quintuplicarse *vpr* to increase fivefold

quíntuplo, -a, quíntuple *adj & nm* quintuple

quiosco *nm* (**a**) *(tenderete)* kiosk; *(de periódicos)* newspaper stand ❑ ***q. de música*** bandstand; ***q. de prensa*** newspaper stand (**b**) *Chile, RP (estanco)* tobacconist's

quiosquero, -a *nm,f* = person selling newspapers, drinks etc from a kiosk

quipe *nm Andes* knapsack

quipos *nmpl Andes* quipus

quiquiriquí (*pl* **quiquiriquíes**) **1** *nm* crowing
2 *interj* **¡q.!** cock-a-doodle-do!

quirófano *nm* operating theatre, *US* operating room

quiromancia *nf* palmistry, chiromancy

quiromántico, -a 1 *adj* chiromantic
2 *nm,f* palm reader, palmist

quiromasaje *nm* massage

quiromasajista *nmf* masseur, *f* masseuse

quiropráctico, -a 1 *adj* chiropractic
2 *nm,f* chiropractor

quirquincho *nm Andes, Arg* armadillo

quirúrgico, -a *adj* surgical

quise *etc ver* **querer**

quisiera *etc ver* **querer**

quisque, quisqui *nm* **cada** *o* **todo q.** every man Jack, everyone

quisquilla 1 *nf (camarón)* shrimp
2 *nmf Fam (susceptible)* touchy person; **ser un q.** to be touchy

quisquilloso, -a 1 *adj* (**a**) *(detallista)* pernickety (**b**) *(susceptible)* touchy, oversensitive
2 *nm,f* (**a**) *(detallista)* nit picker (**b**) *(susceptible)* touchy person; **ser un q.** to be touchy

quiste *nm* cyst ❑ ***q. hidatídico*** hydatid (cyst); ***q. ovárico*** ovarian cyst; ***q. sebáceo*** sebaceous cyst

quístico, -a *adj* cystic

quita *nf Der* acquittance, release

quitaesmalte *nm* nail-polish remover

quitaipón: de quitaipón *loc adj Fam* removable

quitamanchas *nm inv* stain remover

quitameriendas *nm inv* meadow saffron

quitamiedos *nm inv* (**a**) *(en carretera)* crash barrier (**b**) *(para evitar caída)* railing

quitamultas *nm inv Fam* = very lightweight crash helmet worn by motorcyclists not wishing to wear a proper helmet but wanting to avoid being fined

quitanieves *nm inv* snow plough

quitapenas *nm inv Fam (licor)* pick-me-up

QUITAR 1 *vt* (**a**) *(retirar, extraer, apartar)* to remove; *(ropa, zapatos)* to take off; **al q. la tapa de la olla salió un delicioso olor** when she took the lid off the pot, a delicious smell came out; **le han quitado un tumor del pecho** they've removed a tumour from her breast; **quita tus cosas de la cama** take your things off the bed; **quita tus cosas de en medio** clear your things up (out of the way); **voy a q. el polvo de los muebles** I'm going to dust the furniture; **quitarle algo a alguien** *(arrebatar, privar de)* to take sth away from sb; **me quitó la carta de las manos** she took the letter from my hands; **durante la guerra le quitaron la casa** they took her house away from her during the war; **le han quitado la custodia de los niños** they've taken away custody of the children from her; **eso fue lo que dijo, sin q. ni poner nada** that's what he said, word for word; EXPR **por un quítame allá esas pajas** *(sin razón)* for no reason, over nothing
(**b**) *(eliminar, suprimir)* to remove; **quité la mancha con jabón** I removed the stain *o* got the stain out with soap; **han quitado mi programa favorito de la tele** they've taken my favourite programme off the TV; **ese ministerio lo han quitado** they've done away with *o* got rid of that ministry; *Fig* **el médico me ha quitado el tabaco** the doctor has told me to stop smoking
(**c**) *(robar)* to take, to steal; **me han quitado la cartera** someone has taken *o* stolen my wallet; **le quitaron el puesto** they've taken his job away from him
(**d**) *(mitigar del todo) (dolor, ansiedad)* to take away, to relieve; *(sed)* to quench; **el aperitivo me ha quitado el hambre** the snack has taken away my appetite
(**e**) *(ocupar) (tiempo, espacio)* to take up; **me quitan mucho tiempo los niños** the children take up a lot of my time; **el trabajo me quita tiempo para el deporte** my job doesn't leave me much time for sport; **el armario va a q. mucho sitio ahí** the wardrobe's going to take up a lot of space there
(**f**) *(restar)* to take away; **a esa cifra quítale el 20 por ciento** take away 20 per cent from that figure; **no quiero q. mérito** *o* **valor a lo que ha hecho** I don't want to take away from *o* detract from what she has done; **le quitó importancia al hecho** he played it down
(**g**) *(impedir)* **esto no quita que sea un vago** that doesn't change the fact that he's a layabout; **que me mude de ciudad no quita que nos sigamos viendo** just because I'm moving to another city doesn't mean we won't still be able to see each other
(**h**) *(exceptuar)* **quitando el queso, me gusta todo** apart from cheese, I like

everything
(**i**) *(desconectar) (aparato)* to switch off; **quita el gas antes de salir** turn the gas off before leaving
2 *vi* (**a**) *(apartarse)* to get out of the way; **¡quita (de ahí), que no veo!** get out of the way, I can't see!
(**b**) **de quita y pon** *(asa, tapa, capucha)* removable
(**c**) *(expresando incredulidad) Fam* **¡quita!, ¡quite!** don't talk rubbish!; *Fam* **¿casarme yo? ¡quita, quita, estoy muy bien como estoy!** me, get married? You must be joking, I'm quite happy as I am!; *Fam* **¡quita, yo no me lo creo!** pull the other one *o* come off it, you don't expect me to believe that, do you?
3 quitarse *vpr* (**a**) *(apartarse)* to get out of the way; **¡quítate de en medio!** get out of the way!
(**b**) *(ropa, gafas, pendientes)* to take off; **quítese el abrigo** take your coat off
(**c**) *(librarse de) (fiebre, dolor, temores)* to get rid of; **no puedo quitármelo de la cabeza** I can't get it out of my head; **quitarse a alguien de encima** *o* **de en medio** to get rid of sb
(**d**) *(desaparecer) (sujeto: mancha)* to come out; *(sujeto: dolor, granos, sarpullido)* to go away; **no se le quita la fiebre** her temperature won't go down; **se me ha quitado el hambre** I'm not hungry any more
(**e**) *(dejar, abandonar)* **quitarse de algo** *(el tabaco, la bebida)* to give sth up; **me quité de fumar** I gave up *o* stopped smoking
(**f**) *Fam* **quitarse de en medio** *(suicidarse)* to kill oneself, *Br* to top oneself; **quitarse la vida** to take one's own life

quitasol *nm* parasol, sunshade

quite *nm* (**a**) *Dep* parry (**b**) *Taurom* = attempt to distract the bull from attacking one of the other bullfighters (**c**) EXPR *Fam* **estar al q.** *(alerta)* to keep one's ears/eyes open; **salió al q. para defender a su hermano** he sprang to his brother's defence

quiteño, -a 1 *adj* of/from Quito
2 *nm,f* person from Quito

Quito *n* Quito

quitrín *nm Am* = two-wheeled open carriage

quiúbole *interj Méx Fam* **¿q.?** how's it going?

quivi *nm* kiwi

quizá, quizás *adv* perhaps, maybe; **¿vienes? — q.** are you coming? — perhaps *o* maybe *o* I may do; **q. llueva mañana** it may rain tomorrow; **q. no lo creas** you may not believe it; **q. sí** maybe, perhaps; **q. no** maybe not, perhaps not

quórum *nm* quorum; **hay q.** we have a quorum, we are quorate; **no hay q.** we are inquorate

R

R, r ['erre] *nf (letra)* R, r

rabadilla *nf* coccyx

rabanero, -a 1 *adj (vulgar)* coarse, vulgar
2 *nm,f (vulgar)* coarse *o* vulgar person

rabanillo *nm* wild radish

rábano *nm* radish; EXPR *Fam* **me importa un r.** I couldn't care less, I don't give a damn; EXPR **tomar o** *Esp* **coger el r. por las hojas** to get the wrong end of the stick

Rabat *n* Rabat

rabear *vi* to wag its tail

rabel *nm* rebec

rabí *(pl* **rabís** *o* **rabíes***) nm* rabbi

rabia *nf* **(a)** *(enfado)* rage; **me da r.** it makes me mad; **¡qué r.!** how annoying!; **"¡déjame!", dijo con r.** "leave me alone", she said angrily; **le tengo r.** I can't stand him **(b)** *(enfermedad)* rabies *(singular)*

rabiar *vi* **(a)** *(sufrir)* **r. de dolor** to writhe in pain **(b)** *(enfadarse)* to be furious; **estar a r. (con alguien)** to be furious (with sb); **hacer r. a alguien** *(enfadar)* to make sb furious; **sólo lo dije para hacerte r.** I only said it to annoy you **(c)** *(desear)* **r. por algo/hacer algo** to be dying for sth/to do sth; **me gusta a r.** I'm wild *o* crazy about it; **llovía a r.** it was pouring down **(d)** EXPR *Fam* **pica que rabia** *(comida)* it's incredibly hot

rabicorto, -a *adj* short-tailed

rábida *nf* = Muslim frontier fort

rabieta *nf Fam* tantrum; **le dio una r.** she threw a tantrum

rabilargo, -a *adj* long-tailed

rabillo *nm* **(a)** *(de hoja, fruto)* stalk **(b)** *(del ojo)* corner; **mirar algo con el r. del ojo** to look at sth out of the corner of one's eye

rabínico, -a *adj* rabbinical, rabbinic

rabino *nm* rabbi

rabión *nm* rapid

rabiosamente *adv* **(a)** *(mucho)* terribly **(b)** *(con enfado)* furiously, in a rage

rabioso, -a *adj* **(a)** *(furioso)* furious **(b)** *(muy intenso)* terrible; *Fam* **de rabiosa actualidad** *(libro, emisión)* extremely topical **(c)** *(enfermo de rabia)* rabid **(d)** *(chillón)* loud, gaudy

rabo *nm* **(a)** *(de animal)* tail; EXPR **irse** *o* **salir con el r. entre las piernas** to go off with one's tail between one's legs ▫ *Culin* ***r. de buey*** oxtail; *Culin* **r. de toro** = dish of stewed bull's tail **(b)** *(de hoja, fruto)* stalk **(c)** *muy Fam (pene)* prick, cock

rabón, -ona *adj* **(a)** *(con rabo corto)* short-tailed **(b)** *(sin rabo)* tailless

rabona *nf Fam* **hacer r.** *Br* to bunk off, *US* to play hooky

rabudo, -a *adj* long-tailed

rábula *nm Pey* shyster *(lawyer)*

racanear *Fam* **1** *vt* to be stingy with
2 *vi* **(a)** *(ser tacaño)* to be stingy **(b)** *(holgazanear)* to loaf about

racaneo *nm*, **racanería** *nf Fam* stinginess

rácano, -a *Fam Pey* **1** *adj* **(a)** *(tacaño)* mean, stingy **(b)** *(holgazán)* idle, lazy
2 *nm,f* **(a)** *(tacaño)* mean *o* stingy devil **(b)** *(holgazán)* lazybones

RACE ['rraθe] *nm (abrev de* **Real Automóvil Club de España***)* = Spanish automobile association, *Br* ≃ AA, RAC, *US* ≃ AAA

racha *nf* **(a)** *(época)* spell; *(serie)* string; **buena/mala r.** good/bad patch; **una r. de buena suerte** a run of good luck; **a rachas** in fits and starts **(b)** *(ráfaga)* gust (of wind)

racheado, -a *adj* gusty, squally

rachear *vi* to gust

racial *adj* racial

racimo *nm (de uvas)* bunch

raciocinio *nm* **(a)** *(razón)* (power of) reason **(b)** *(razonamiento)* reasoning

ración *nf* **(a)** *(porción)* portion; *(en bar, restaurante)* = portion of a dish served as a substantial snack; **contiene dos raciones** *(en envase de alimento)* serves two **(b)** *(cantidad correspondiente)* share; **terminó su r. de trabajo** she finished her share of the work **(c)** *(cantidad de alimentos)* **poner a alguien a media r.** to put sb on short rations

racionado, -a *adj* rationed

racional *adj* rational

racionalidad *nf* rationality

racionalismo *nm Filosofía* rationalism

racionalista *Filosofía* **1** *adj* rationalistic
2 *nmf* rationalist

racionalización *nf* rationalization

racionalizar [14] *vt* to rationalize

racionalmente *adv* rationally

racionamiento *nm* rationing

racionar *vt también Fig* to ration

racismo *nm* racism

racista *adj & nmf* racist

rácor *nm Cine* **no hay r., hay una falta de r.** there's a lack of continuity

rada *nf* roadstead, inlet

radar *(pl* **radares***) nm* radar ▫ ***r. de seguimiento*** tracking radar

radiación *nf* radiation ▫ ***r. solar*** solar radiation

radiactividad *nf* radioactivity

radiactivo, -a *adj* radioactive

radiado, -a *adj* **(a)** *(mensaje)* radioed; **programa r.** radio programme **(b)** *(radial)* radiate

radiador *nm* radiator

radial *adj* **(a)** *(del radio)* radial **(b)** *(en forma de estrella)* radial **(c)** *Am (de la radio)* radio

radián *nm* radian

radiante *adj también Fig* radiant; **estar r. de felicidad** to be beaming with joy

radiar *vt* **(a)** *(irradiar)* to radiate **(b)** *Fís* to irradiate; *Med* to give X-ray treatment to **(c)** *(emitir por radio)* to broadcast **(d)** *Am (echar, despedir)* to expel

radicación *nf* siting

radical 1 *adj* **(a)** *(política, actitud, cambio)* radical **(b)** *Arg Pol* = relating to the Unión Cívica Radical
2 *nmf* **(a)** *(que no es moderado)* radical **(b)** *Arg Pol* = member or supporter of the Unión Cívica Radical
3 *nm* **(a)** *Gram & Mat* root **(b)** *Quím* radical ▫ ***r. libre*** free radical

radicalismo *nm* **(a)** *(intransigencia)* inflexibility, unwillingness to compromise **(b)** *(de ideas políticas)* radicalism **(c)** *Arg Pol* = political ideology or movement of the Unión Cívica Radical

radicalización *nf* radicalization

radicalizar [14] **1** *vt* to harden, to make more radical
2 radicalizarse *vpr* to become more radical

radicalmente *adv* radically

radicar [59] **1** *vi* **(a)** *(consistir)* **r. en** to lie in **(b)** *(estar situado)* to be (situated) **(en** in)
2 radicarse *vpr (establecerse)* to settle **(en** in)

radiestesia *nf* radiesthesia

radio 1 *nm* **(a)** *Geom* radius; **en un r. de** within a radius of ▫ ***r. de acción*** range; *Fig* sphere of influence **(b)** *(de rueda)* spoke **(c)** *Quím* radium **(d)** *Anat* radius **(e)** *Andes (aparato radiofónico)* radio
2 *nf* radio; **oír algo por la r.** to hear sth on the radio ▫ *Fam* ***r. macuto:*** **enterarse de algo por r. macuto** to hear sth on the

grapevine *o* on the bush telegraph; ***r. pirata*** pirate radio
radioactividad *nf* radioactivity
radioactivo, -a *adj* radioactive
radioaficionado, -a *nm,f* radio ham
radioastronomía *nf* radio astronomy
radiobaliza *nf* radio beacon
radiocasete *nm* radio cassette (player)
radiocomunicación *nf* radio communication
radiocontrol *nm* remote control
radiodespertador *nm* clock radio
radiodiagnóstico *nm* radiological diagnosis
radiodifusión *nf* broadcasting
radioemisora *nf* radio station, radio transmitter
radioenlace *nm* radio link
radioescucha *nmf inv* listener
radiofaro *nm* radio beacon
radiofonía *nf* radio *(technology)*
radiofónico, -a *adj* radio; **programa r.** radio programme
radiofrecuencia *nf* radio frequency
radiografía *nf* (**a**) *(técnica)* radiography (**b**) *(fotografía)* X-ray; **le hicieron una r. del tobillo** they X-rayed her ankle
radiografiar [32] *vt* to X-ray
radioisótopo *nm* radioisotope
radiología *nf* radiology
radiológico, -a *adj* X-ray, radiological; **examen r.** X-ray examination
radiólogo, -a *nm,f* radiologist
radiomensaje *nm RP (buscapersonas)* pager
radiomensajería *nf* radio messages
radiometría *nf* radiometry
radiómetro *nm* radiometer
radionavegación *nf* radio navigation
radionovela *nf* radio serial
radiooperador, -ora *nm,f* radio operator
radiorreceptor *nm* radio (receiver)
radiorreloj *nm* clock radio
radioscopia *nf* radioscopy
radioscópico, -a *adj* radioscopic
radiosonda *nf* radiosonde
radiotaxi *nm* (**a**) *(taxi)* taxi *(fitted with two-way radio)* (**b**) *(aparato de radio)* = taxi-driver's two-way radio
radiotelefonía *nf* radiotelephony
radioteléfono *nm* radiotelephone
radiotelegrafía *nf* radiotelegraphy
radiotelegrafista *nmf* wireless operator
radiotelégrafo *nm* radiotelegraph
radiotelescopio *nm* radio telescope
radiotelevisión *nf* **empresa de r.** broadcasting company
radioterapeuta *nmf* radiotherapist
radioterapia *nf* radiotherapy
radiotransmisión *nf* broadcasting
radiotransmisor *nm* radio transmitter
radioyente *nmf* listener
radique *etc ver* **radicar**
radón *nm* radon
RAE ['rrae] *nf (abrev de* **Real Academia Española**) = institution that sets lexical and syntactical standards for Spanish
raer [54] *vt* (**a**) *(raspar)* to scrape (off) (**b**) *(desgastar)* to wear out; *(por los bordes)* to fray
ráfaga *nf* (**a**) *(de aire, viento)* gust (**b**) *(de disparos)* burst (**c**) *(de luces)* flash
rafia *nf* raffia
rafting *nm Dep* rafting; **hacer r.** to go rafting
raglán *ver* **ranglan**
ragout [rra'ɣu] *(pl* **ragouts**) *nm* ragout
ragtime [rag'taim] *nm* ragtime
ragú *nm* ragout
raid *(pl* **raids**) *nm Mil* raid
raído, -a *adj (desgastado)* threadbare; *(por los bordes)* frayed
raigambre *nf* (**a**) *(tradición)* tradition; **de r.** traditional (**b**) *(origen)* roots
raigo *etc ver* **raer**
raíl, rail *nm* rail
raíz *(pl* **raíces**) *nf* (**a**) *(de planta)* root; **la solución tiene que ser de r.** the solution has to attack the heart of the problem; **arrancar algo de r.** to root sth out completely; **cortar algo de r.** to nip sth in the bud; EXPR **echar raíces** to put down roots ▫ ***r. tuberosa*** tuberous root (**b**) *(origen)* origin; **de raíces humildes** of humble origins (**c**) *(causa)* root, origin; **a r. de** as a result of, following (**d**) *Ling & Informát* root (**e**) *Mat* root ▫ ***r. cuadrada*** square root; ***r. cúbica*** cube root
raja *nf* (**a**) *(porción)* slice (**b**) *(grieta)* crack; **le ha salido una r. al plato** the plate has cracked
rajá *(pl* **rajaes**) *nm* rajah
rajado, -a *nm,f Fam* (**a**) *(cobarde)* chicken (**b**) **¡eres un r.!** *(siempre te echas atrás)* you're always backing *o* pulling out at the last minute!; *(nunca participas)* you never join in anything!
rajar 1 *vt* (**a**) *(partir)* to crack; *(melón)* to slice (**b**) *Fam (con navaja)* to slash, to cut up (**c**) *Col, Perú, PRico (aplastar, apabullar)* to crush, to defeat (**d**) *Arg Fam (despedir)* to fire, to sack
2 *vi muy Fam (hablar)* to natter on, to witter on
3 rajarse *vpr* (**a**) *(partirse)* to crack (**b**) *Fam (echarse atrás)* to back *o* pull out (**c**) *Andes, CAm, PRico (gastar mucho)* to spend lavishly (**d**) *Arg, Bol, Carib (escaparse)* to rush *o* run off
rajatabla: a rajatabla *loc adv* to the letter, strictly
rajón *nm* (**a**) *(rasguño)* rip, tear (**b**) *CAm, Méx (fanfarrón)* braggart
ralea *nf Pey* (**a**) *(clase)* breed, ilk; **de baja r.** *(persona)* ill-bred (**b**) *(calidad)* **es un mueble de mala r.** it's a poor-quality piece of furniture
ralentí *nm* neutral; **al r.** *Aut* ticking over; *Cine* in slow motion
ralentización *nf* slowing down
ralentizar 1 *vt* to slow down
2 ralentizarse *vpr* to slow down
rallado, -a 1 *adj* grated; **pan r.** breadcrumbs
2 *nm* grating
rallador *nm* grater ▫ ***r. de queso*** cheese grater
ralladura *nf* grating ▫ ***r. de limón*** grated lemon rind
rallar *vt* to grate
rally ['rrali] *(pl* **rallys**) *nm* rally
ralo, -a *adj (pelo, barba)* sparse, thin; *(dientes)* with gaps between them
RAM [rram] *nf Informát (abrev de* **random access memory**) RAM ▫ ***R. caché*** cache RAM; ***R. dinámica*** dynamic RAM
rama *nf* branch; **la r. materna de mi familia** my mother's side of the family; **algodón en r.** raw cotton; **canela en r.** cinnamon sticks; EXPR *Fam* **andarse** *o* **irse por las ramas** to beat about the bush; EXPR **ir de r. en r.** *(sin rumbo fijo)* to jump from one thing to another
ramadán *nm* Ramadan
ramaje *nm* branches
ramal *nm (de carretera, ferrocarril)* branch
ramalazo *nm Fam* (**a**) *(ataque)* fit; **cuando le da el r. puede decir cualquier barbaridad** he's capable of talking absolute nonsense when the mood takes him; **le dio el r. religioso** she suddenly went all religious (**b**) *(amaneramiento)* **tener r.** to be limp-wristed
rambla *nf* (**a**) *(avenida)* avenue, boulevard (**b**) *(río)* watercourse (**c**) *RP (paseo marítimo)* promenade
ramera *nf* whore, *US* hooker
ramificación *nf* (**a**) *(acción de dividirse)* branching (**b**) *(rama)* branch (**c**) *(consecuencia)* ramification
ramificarse [59] *vpr* to branch out (**en** into)
ramillete *nm* (**a**) *(de flores)* bunch, bouquet (**b**) *(conjunto)* handful
ramio *nm* ramie
ramo *nm* (**a**) *(de flores)* bunch, bouquet (**b**) *(rama)* branch (**c**) *(sector)* industry; **el r. de la construcción** the building industry
ramonear 1 *vt (podar)* to prune
2 *vi (animales)* = to graze on the leaves of trees or bushes
rampa *nf* (**a**) *(para subir y bajar)* ramp ▫ ***r. de lanzamiento*** launch pad (**b**) *(cuesta)* steep incline
rampante *adj Arquit* rampant
ramplón, -ona *adj* vulgar, coarse
ramplonería *nf (cualidad)* vulgarity, coarseness
ramplús *(pl* **rampluses**) *nm Ven* block of wood
rana *nf* frog; EXPR *Fam* **te devolverá el libro cuando las ranas críen pelo** you'll be waiting till the cows come home for him

to give you that book back; EXPR *Fam* **salir r.** to turn out sadly, to be a disappointment

ranchera *nf* (**a**) *(canción)* = popular Mexican song (**b**) *(automóvil) Br* estate (car), *US* station wagon

ranchero, -a *nm,f* rancher

rancho *nm* (**a**) *(comida)* mess (**b**) *(granja)* ranch (**c**) *Am (choza)* thatched hut; **ranchos** slums, shanty town (**d**) *RP (sombrero)* straw hat (**e**) EXPR *Fam* **ésos siempre hacen** *o* **forman r. aparte** they always form their own little clique

ranciedad *nf (mal estado) (de mantequilla, aceite)* rancidness; *(de pan)* staleness

rancio, -a *adj* (**a**) *(en mal estado) (mantequilla, aceite)* rancid; *(pan)* stale (**b**) *(antiguo)* ancient; **de r. abolengo** of noble lineage (**c**) *(añejo)* **vino r.** mellow wine (**d**) *(antipático)* sour, unpleasant

rand *nm* rand

randa *nf (encaje)* lace trimming

ranglan *adj* **manga r.** raglan sleeve

rango *nm* (**a**) *(social)* standing (**b**) *(jerárquico)* rank; **de alto r.** high-ranking (**c**) *Andes, CAm, PRico (esplendor)* pomp, splendour

Rangún *n* Rangoon

ranking ['rraŋkin] (*pl* **rankings**) *nm* ranking

ranúnculo *nm* buttercup

ranura *nf* (**a**) *(abertura) (para monedas)* slot; *(debajo de la puerta, ventana)* gap; *(surco)* groove (**b**) *Informát* slot ▫ ***r. de expansión*** expansion slot

rap *nm Mús* rap

rapacidad *nf* rapacity, greed

rapado, -a 1 *adj (pelado)* shaven
 2 *nm,f* skinhead

rapapolvo *nm Esp Fam* ticking-off; **dar** *o* **echar un r. a alguien** to tick sb off

rapar 1 *vt* (**a**) *Fam (cabeza)* to shave; **lo raparon** they gave him a crew cut; **lo raparon al cero** they gave him a skinhead (**b**) *(barba, bigote)* to shave off
 2 raparse *vpr Fam* **se rapó la cabeza al cero** he shaved all his hair off

rapaz[1] **1** *adj* (**a**) *(que roba)* rapacious, greedy (**b**) **ave r.** bird of prey
 2 *nf* bird of prey

rapaz[2], **-aza** *nm,f Fam (muchacho)* lad, *f* lass

rape[1] *nm (pez)* monkfish

rape[2]: **al rape** *loc adv* **cortar el pelo al r. a alguien** to give sb a crew cut

rapé *nm* snuff

rapear *vi* to rap

rápel (*pl* **rapels**) *nm Dep* abseiling; **hacer r.** to abseil

rapero, -a *nm,f* rapper

rápidamente *adv* quickly

rapidez *nf* speed; **con r.** quickly

rápido, -a 1 *adj (veloz)* quick, fast; *(vehículo, comida)* fast; *(beneficio, decisión)* quick; **ser r. de reflejos** to have quick reflexes
 2 *adv* quickly; **más r.** quicker; **¡ven, r.!** come, quick!; **¡hazlo/termina r.!** hurry up!; **si vamos r. puede que lleguemos a tiempo** if we're quick *or* if we hurry we may get there on time
 3 *nm* (**a**) *(tren)* express train (**b**) *(de río)* **rápidos** rapids

rapiña *nf* (**a**) *(robo)* robbery with violence (**b**) **ave de r.** bird of prey

rapiñar *vt* to steal

raposo, -a *nm,f* fox, *f* vixen

rappel ['rrapel] (*pl* **rappels**) *nm Dep* abseiling; **hacer r.** to abseil

rapsodia *nf* rhapsody

raptar *vt* to abduct, to kidnap

rapto *nm* (**a**) *(secuestro)* abduction, kidnapping (**b**) *(ataque)* fit

raptor, -ora *nm,f* abductor, kidnapper

raque *nm* beachcombing

raqueta *nf* (**a**) *(de tenis, squash, badminton)* racket; *(de ping pong)* bat (**b**) *(para la nieve)* snowshoe

raquianestesia *nf Med* epidural (anaesthetic)

raquídeo, -a *adj Anat* **bulbo r.** medulla oblongata

raquis *nm inv* vertebral column

raquítico, -a 1 *adj* (**a**) *(canijo)* scrawny (**b**) *(escaso)* miserable (**c**) *Med* rachitic
 2 *nm,f Med* rickets sufferer

raquitismo *nm Med* rickets

rara avis *nf* **ser una r.** to be rather unusual

raramente *adv* (**a**) *(rara vez)* rarely, seldom (**b**) *(con rareza)* strangely, oddly

rareza *nf* (**a**) *(cualidad de raro)* rareness, rarity (**b**) *(objeto raro)* rarity (**c**) *(infrecuencia)* infrequency (**d**) *(extravagancia)* idiosyncrasy, eccentricity

raro, -a *adj* (**a**) *(extraño)* strange, odd; **¡qué r.!** how strange *o* odd!; **es r. que no nos lo haya dicho** it's odd *o* funny that she didn't tell us (**b**) *(excepcional)* unusual, rare; *(visita)* infrequent; **rara vez** rarely; **es r. el día que viene a comer** she very rarely comes round for lunch; **r. es el que no fuma** very few of them don't smoke (**c**) *(extravagante)* odd, eccentric (**d**) *(escaso)* rare

ras *nm* **a r. de** level with; **lleno a** *o* **al r.** *(recipiente)* full to the brim; **una cucharada llena a** *o* **al r.** *(cucharada)* a level tablespoon; **a r. de tierra** at ground level; **volar a r. de tierra** to fly low; **la bala le pasó al r.** *(muy cerca)* the bullet missed him by a hair's breadth

rasante 1 *adj* (**a**) *(vuelo)* low-level (**b**) *(tiro)* low
 2 *nf (inclinación)* gradient; **cambio de r.** brow of a hill; *(en letrero)* blind hill

rasar *vt* to skim, to graze

rasca *nf muy Fam (frío)* freezing cold; **hace mucha r.** it's bloody freezing

rascacielos *nm inv* skyscraper

rascador *nm* (**a**) *(herramienta)* scraper (**b**) *(para las cerillas)* striking surface

rascar [59] **1** *vt* (**a**) *(con uñas, clavo)* to scratch (**b**) *(con espátula)* to scrape (off); *(con cepillo)* to scrub (**c**) *(instrumento)* to scrape away at (**d**) *Fam (obtener) (dinero)* to scrape together
 2 *vi* to be rough, to scratch
 3 rascarse *vpr* (**a**) *(con uñas)* to scratch oneself; EXPR *Fam* **rascarse el bolsillo** to fork out (**b**) *PRico (emborracharse)* to get drunk

rascón *nm* water rail

RASD [rrasð] *nf* (*abrev de* **República Árabe Saharaui Democrática**) Democratic Arab Republic of the Western Sahara

rasear *vt Dep* **r. la pelota** to pass the ball along the ground

rasera *nf* fish slice

rasero *nm* strickle

rasgado, -a *adj (boca)* wide; **ojos rasgados** almond(-shaped) eyes

rasgadura *nf* (**a**) *(en tela)* rip, tear (**b**) *(acción)* ripping, tearing

rasgar [38] **1** *vt* to tear; **r. un sobre** to tear open an envelope
 2 rasgarse *vpr* to tear; *Fig* **rasgarse las vestiduras** to kick up a fuss

rasgo *nm* (**a**) *(característica)* trait, characteristic; *(del rostro)* feature; **tiene un rostro de rasgos asiáticos** he has Asian features (**b**) *(acto elogiable)* act (**c**) *(trazo)* flourish, stroke (**d**) **a grandes rasgos** *(en términos generales)* in general terms; **explicar algo a grandes rasgos** to outline sth

rasgón *nm* tear

rasgue *etc ver* **rasgar**

rasguear *vt (guitarra)* to strum

rasguñar 1 *vt* to scratch
 2 rasguñarse *vpr* to scratch oneself; **se rasguñó la rodilla** she scraped *o* grazed her knee

rasguño *nm* scratch; **sin un r.** without a scratch

rasilla *nf (ladrillo)* = type of thin, hollow brick

raso, -a 1 *adj* (**a**) *(terreno)* flat (**b**) *(cucharada)* level (**c**) *(cielo)* clear (**d**) *(a poca altura)* low (**e**) *Mil* **soldado r.** private
 2 *nm* (**a**) *(tela)* satin (**b**) **al raso** *loc adv* in the open air; **pasar la noche al r.** to sleep rough

raspa *nf* (**a**) *(espina)* bone; *(espina dorsal)* backbone; *Fam Fig* **no dejó ni la r.** he cleaned his plate (**b**) *Am Fam (reprimenda)* dressing-down

raspado *nm* (**a**) *Med* scrape (**b**) *(de pieles)* scraping (**c**) *Am (refresco)* = drink of flavoured crushed ice

raspador *nm* scraper

raspadura *nf (señal)* scratch

raspar 1 *vt* (**a**) *(rascar, frotar)* to scrape (off); **este aguardiente raspa la garganta** this liquor burns your throat (**b**) *(rasguñar)* to graze, to scrape; **se raspó el codo** she grazed *o* scraped her elbow
 2 *vi* to be rough, to scratch

raspón *nm* (**a**) *(señal, herida)* graze, scrape; **se hizo un r. en la rodilla** she grazed *o* scraped her knee (**b**) *Col (sombrero)* farmer's straw hat

rasponazo *nm (señal, herida)* graze, scrape; **se hizo un r. en la rodilla** she grazed *o* scraped her knee

rasposo, -a *adj* rough

rasque *etc ver* **rascar**

rasqueta *nf* scraper

rasquetear *vt* (**a**) *Am (caballo)* to brush down, to curry (**b**) *Arg (rascar)* to scrape

rasta *adj Fam (rastafari)* Rasta; **pelo** *o* **peinado r.** dreadlocks

rastafari *adj & nmf* Rastafarian

rasterizado *nm Informát* rasterizing

rasterizar *vt Informát* to rasterize

rastra *nf* (**a**) *Agr (rastrillo)* rake; *(azada)* hoe; *(grada)* harrow (**b**) *(ristra)* string of dried fruit (**c**) *RP (de cinturón)* = decorative buckle of a gaucho's belt

rastras: a rastras *loc adv también Fig* **llevar algo/a alguien a r.** to drag sth/sb along; **llegaron casi a r.** *(agotados)* they were on their last legs when they arrived

rastreador, -ora 1 *adj* tracker; **perro r.** tracker dog

2 *nm,f* (**a**) *(que rastrea)* tracker (**b**) *Informát* crawler

3 *nm* ***r. de minas*** minesweeper

rastrear 1 *vt* (**a**) *(persona, información)* to track (**b**) *(bosque, zona)* to search, to comb

2 *vi Fig (indagar)* to make enquiries

rastreo *nm* (**a**) *(de una zona)* searching, combing (**b**) *(de información)* trawling through

rastrero, -a *adj* (**a**) *(despreciable)* despicable (**b**) *(planta)* creeping, trailing

rastrillada *nf Bol, RP (huella)* track, trail

rastrilladora *nf* mechanical rake

rastrillar *vt* (**a**) *(allanar)* to rake (over) (**b**) *(recoger)* to rake up (**c**) *Am (tiro)* to fire

rastrillo *nm* (**a**) *(instrumento)* rake (**b**) *(mercado)* flea market; *(benéfico) Br* jumble *o US* rummage sale (**c**) *(puerta, reja)* portcullis (**d**) *Méx (cuchilla de afeitar)* razor

rastro *nm* (**a**) *(pista)* trail; **perder el r. de alguien** to lose track of sb (**b**) *(vestigio)* trace; **sin dejar r.** without trace; **no hay** *o* **queda ni r. de él** there's no sign of him (**c**) *(mercado)* flea market

rastrojo *nm* stubble

rasurar 1 *vt* to shave

2 rasurarse *vpr* to shave

rata 1 *adj Fam* stingy, mean

2 *nmf Fam* stingy *o* mean person; **ser un r.** to be stingy *o* mean

3 *nf* rat ▫ ***r. de agua*** water vole *o* rat; ***r. de alcantarilla*** *(animal)* brown rat; *Fam (persona despreciable)* swine; ***r. campestre*** black rat; *Fam Fig* ***r. de sacristía*** fanatical churchgoer

rataplán *nm* ratatat

ratear *vt* (**a**) *Fam (robar)* to swipe, *Br* to nick (**b**) *Econ (prorratear)* to divide proportionally

ratería *nf Fam* (**a**) *(robo)* pilfering, stealing; **hacer raterías** to swipe *o Br* nick stuff (**b**) *(tacañería)* stinginess, meanness

ratero, -a *nm,f* petty thief

raticida *nm* rat poison

ratificación *nf* ratification

ratificar [59] **1** *vt* to ratify

2 ratificarse en *vpr* to stand by, to stick to

ratificatorio, -a *adj* ratifying

ratio *nf* ratio

rato *nm* while; **estuvimos hablando mucho r.** we were talking for quite a while; **a cada r. viene a hacerme preguntas** he keeps coming and asking me questions (all the time); **a ratos** at times; **a ratos perdidos** at odd moments; **al poco r. (de)** shortly after; **un buen r.** *(momento agradable)* a good time; *(mucho tiempo)* a good while, quite some time; **¡hasta otro r.!**, *Méx* **¡nos vemos al r.!** see you soon!; **con esto hay para r.** this should keep us going for a while; **va para r.** it will take some (considerable) time; **tenemos lluvia para r.** the rain will be with us for some time; **pasar el r.** to kill time, to pass the time; **pasar un mal r.** to suffer; **me hizo pasar un mal r.** he made me suffer; **ratos libres** spare time; *Fam Fig* **un r. (largo)** *(mucho)* really, terribly; *Fam Fig* **hay que saber un r. (largo) de economía para ocupar ese puesto** you have to know an awful lot about economics in that job

ratón *nm* (**a**) *(animal)* mouse ▫ *Fig* ***r. de biblioteca*** bookworm; ***r. de campo*** field mouse (**b**) *Informát* mouse ▫ ***r. óptico*** optical mouse

ratoncito *nm* **el r. Pérez** ≃ the tooth fairy

ratonera *nf* (**a**) *(para ratones)* mousetrap (**b**) *Fig (trampa)* trap (**c**) *Andes, RP (casucha)* hovel

ratonero *nm (ave)* buzzard

raudal *nm* (**a**) *(de agua)* torrent (**b**) *(gran cantidad)* abundance; *(de lágrimas)* flood; *(de desgracias)* string; **a raudales** in abundance, by the bucket; **salía gente a raudales** people were pouring *o* streaming out

raudo, -a *adj* fleet, swift

raulí *nm* = type of Andean beech tree

ravioli *nm* (piece of) ravioli; **raviolis** ravioli

raya 1 *ver* **raer**

2 *nf* (**a**) *(línea)* line; *(en tejido)* stripe; **a rayas** striped; **una camisa a** *o* **de rayas** a striped shirt (**b**) *(del pelo)* parting; **hacerse la r.** to part one's hair (**c**) *(de pantalón)* crease (**d**) *(límite)* limit; EXPR **pasarse de la r.** to overstep the mark; EXPR **mantener** *o* **tener a r. a alguien** to keep sb in line; EXPR **poner a r.** to check, to hold back (**e**) *(señal) (en disco, superficie)* scratch (**f**) *(pez)* ray (**g**) *(guión)* dash (**h**) *Fam (de cocaína)* line (**i**) *Méx (sueldo)* pay, wages (**j**) *CAm, Carib, Perú (juego)* hopscotch

rayado, -a 1 *adj* (**a**) *(a rayas) (tela)* striped; *(papel)* ruled (**b**) *(disco, superficie)* scratched (**c**) *Chile, RP muy Fam (loco)* **estar r.** to be a headcase *o Br* nutter

2 *nm (rayas)* stripes

rayano, -a *adj* **r. en** bordering on

rayar 1 *vt* (**a**) *(disco, superficie)* to scratch (**b**) *(papel)* to rule lines on (**c**) *Méx, RP (detener)* to stop suddenly

2 *vi* (**a**) *(aproximarse)* **r. en algo** to border on sth; **raya en los cuarenta** he's pushing forty (**b**) *(lindar)* **r. en** to border on, to be next to (**c**) *(alba)* to break (**d**) *Am (espolear a caballo)* to spur on one's horse

3 rayarse *vpr* (**a**) *(disco, superficie)* to get scratched; *Fig* **parece que te has rayado** you're like a broken record (**b**) *Chile, RP muy Fam (volverse loco)* to go crazy *o Br* off one's head

rayo 1 *ver* **raer**

2 *nm* (**a**) *(de luz)* ray; **r. solar** sunbeam (**b**) *Fís* beam, ray ▫ ***rayos catódicos*** cathode rays; ***rayos cósmicos*** cosmic rays; ***rayos infrarrojos*** infrared rays; ***r. láser*** laser beam; ***rayos ultravioleta*** ultraviolet rays; ***rayos uva*** UVA rays; ***rayos X*** X-rays (**c**) *Meteo* bolt of lightning; **rayos** lightning; EXPR **caer como un r.** to be a bombshell; EXPR *Fam* **¡que le parta un r.!** he can go to hell!, to hell with him!; EXPR **huele a rayos** it stinks to high heaven (**d**) *(persona)* **ser un r.** to be like greased lightning; **pasar como un r.** to flash by

3 *interj* **¡rayos (y centellas)!** heavens above!

rayón *nm* rayon

rayuela *nf (juego)* hopscotch

raza *nf* (**a**) *(humana)* race; **la r. humana** the human race; **la r. blanca** whites, white people (**b**) *(animal)* breed; **de (pura) r.** *(caballo)* thoroughbred; *(perro)* pedigree (**c**) *Méx Pey (populacho)* **la r.** the masses

razia *nf* raid

RAZÓN *nf* (**a**) *(causa, motivo, argumento)* reason; **la r. de la huelga/de que estén en huelga** the reason for the strike/why they are on strike; **no entiendo la r. de su marcha** I don't understand why she's leaving; **no hay r. para enfadarse** there's no reason to get angry; **la r. por la que voy** the reason (why) I'm going; **atender a razones** to listen to reason; **con mayor r. si...** all the more so if...; **¡con r. no quería venir!** no wonder he didn't want to come!; **y con r.** and quite rightly so; **en** *o* **por r. de** *(en vista de)* in view of; *(a causa de)* because of; **por razones de salud/seguridad** for health/safety reasons; **r. de más para quedarse/protestar** all the more reason to stay/protest; **tiene razones para estar enojado** he has good cause *o* good reason to be angry; **tenemos razones para creer que...** we have reason *o* cause to believe that...; **sus razones tendrá para hacer eso** she must have her reasons for doing something like that ▫ *Pol* ***razones de Estado*** reasons of state; ***r. de ser*** raison d'être; **su actitud no tiene r. de ser** her attitude is completely unjustified

(**b**) *(verdad)* **la r. estaba de su parte,** *Formal* **le asistía la r.** he was in the right, he had right on his side; **con r. o sin ella** rightly or wrongly; **dar la r. a alguien** to

admit that sb is right; **llevar** *o* **tener r.** to be right; **llevas** *o* **tienes toda la r.** you're quite right; **tener r. en** *o* **al hacer algo** to be right to do sth; **no tener r.** to be wrong; **quitar la r. a alguien** *(demostrar su equivocación)* to prove sb wrong
(**c**) *(juicio, inteligencia)* reason; **entrar en r.** to see reason; **no hay quien le haga entrar en r.** no one can make him see reason; **perder la r.** to lose one's reason *o* mind
(**d**) *(información)* **se vende piso: r. aquí** *(en letrero)* flat for sale: enquire within; **dar r. de** to give an account of; **se recompensará a quien dé r. de su paradero** there is a reward for anyone giving information regarding his whereabouts ▫ *Com* ***r. social*** trade name *(of company)*
(**e**) *Mat* ratio; **a r. de** at a rate of; **salimos** *o* **tocamos a r. dc 300 pcsctas por persona** it worked out at 300 pesetas per person

---

razonable *adj* reasonable
razonablemente *adv* reasonably
razonadamente *adv* rationally
razonado, -a *adj* reasoned
razonamiento *nm* reasoning
razonar 1 *vt (argumentar)* to reason out
2 *vi (pensar)* to reason; **el anciano ya no razona** the old man has lost his reason; **es imposible r. con él** there's no reasoning with him
RDA *nf (abrev de* **República Democrática Alemana***) Antes* GDR
RDSI *nf Tel (abrev de* **Red Digital de Servicios Integrados**) ISDN
re *nm (nota musical)* D; *(en solfeo)* re; *ver también* **do**
reabierto, -a *participio* **reabrir**
reabrir 1 *vt* to reopen
2 reabrirse *vpr* to reopen
reabsorber 1 *vt* to reabsorb
2 reabsorberse *vpr* to be reabsorbed
reabsorción *nf* reabsorption
reacción *nf* (**a**) *(respuesta)* reaction; **tuvo una r. rara/buena** she reacted strangely/ well (**b**) *Fís, Quím* reaction ▫ *también Fig* ***r. en cadena*** chain reaction; ***r. química*** chemical reaction; ***r. termonuclear*** thermonuclear reaction (**c**) *(a vacuna, alérgica)* reaction (**d**) *Av* **avión/motor a r.** jet plane/engine
reaccionar *vi* (**a**) *(responder)* to react (**ante** to); **no reaccionó al tratamiento** she didn't respond to treatment (**b**) *Quím* to react
reaccionario, -a *adj & nm,f* reactionary
reacio, -a *adj* stubborn; **r. a algo** resistant to sth; **ser r. a hacer algo** to be reluctant to do sth
reaclimatación *nf* reacclimatization
reactivación *nf (de economía)* recovery
reactivar 1 *vt* to revive; **r. la economía** to kick-start the economy
2 reactivarse *vpr* to recover
reactivo, -a 1 *adj* reactive
2 *nm Quím* reagent
reactor *nm* (**a**) *(avión)* jet (plane *o* aircraft) (**b**) *(propulsor)* jet engine (**c**) *(nuclear)* reactor ▫ ***r. nuclear*** nuclear reactor
readaptación *nf* readjustment
readaptar 1 *vt* to adapt
2 readaptarse *vpr* to readjust
readmisión *nf* readmission
readmitir *vt* to accept *o* take back
reafirmar 1 *vt* to confirm; **r. a alguien en algo** to confirm sb in sth
2 reafirmarse *vpr* to assert oneself; **reafirmarse en algo** to become confirmed in sth
reagrupación *nf* (**a**) *(reunión)* regrouping (**b**) *(reorganización)* reorganization
reagrupamiento *nm* ***r. espontáneo*** *(en rugby)* maul
reagrupar *vt* (**a**) *(reunir)* to regroup (**b**) *(reorganizar)* to reorganize
reajustar *vt* (**a**) *(ajustar de nuevo)* to readjust (**b**) *(corregir) (precios, impuestos, salarios)* to make changes to, to adjust; *(sector)* to streamline
reajuste *nm* (**a**) *(cambio)* readjustment; **r. ministerial** cabinet reshuffle (**b**) *Econ (de precios, impuestos, salarios)* change, adjustment; *(de sector)* streamlining ▫ ***r. de plantilla*** downsizing
real 1 *adj* (**a**) *(verdadero)* real (**b**) *(de la realeza)* royal ▫ ***r. decreto*** = name given to acts passed by the Spanish parliament when appearing in the official gazette; *Hist* royal decree; EXPR *Fam* **tenemos que volver a casa a las diez por r. decreto** it has been decreed that we should be back home by ten o'clock
2 *nm* (**a**) *(moneda)* = old Spanish coin worth one quarter of a peseta; EXPR **no tener un r.** not to have a penny to one's name; EXPR **no valer un r.** to be worthless (**b**) EXPR **sentar el r., sentar los reales** to settle down, to set up house
realce 1 *ver* **realzar**
2 *nm* (**a**) *(esplendor)* glamour; **dar r. a algo/alguien** to enhance sth/sb (**b**) *(en arquitectura, escultura)* relief
realengo, -a *adj CAm, Carib, Méx (sin dueño)* ownerless
realeza *nf* (**a**) *(monarcas)* royalty (**b**) *(grandeza)* magnificence
realidad *nf* (**a**) *(mundo real)* reality ▫ *Informát* ***r. virtual*** virtual reality (**b**) *(situación)* reality; **la r. social de hoy en día** today's social reality (**c**) *(verdad)* truth; **la r. es que me odia** the fact is, she hates me; **en r.** actually, in fact; **hacerse r.** to come true
realimentación *nf* feedback
realismo *nm* realism; **con mucho r.** very realistically ▫ *Lit* ***r. mágico*** magic(al) realism
realista 1 *adj* realistic
2 *nmf Arte* realist
reality show [re'aliti'sou] *nm* = TV show in which reconstructions of real-life dramas are shown and studio guests comment on them
realizable *adj* (**a**) *(factible)* feasible (**b**) *Fin* realizable
realización *nf* (**a**) *(ejecución) (de esfuerzo, viaje, inversión)* making; *(de operación, experimento, trabajo)* performing; *(de encargo)* carrying-out; *(de plan, reformas)* implementation; *(de desfile)* organization (**b**) *(cumplimiento) (de sueños, deseos)* fulfilment (**c**) *Fin* ***r. de beneficios*** profit-taking (**d**) *(satisfacción personal)* self-fulfilment (**e**) *Cine & TV (película)* production (**f**) *(actividad) Cine* direction; *TV* editing
realizado, -a *adj (satisfecho)* fulfilled; **sentirse r.** to feel fulfilled
realizador, -ora *nm,f Cine* director; *TV* editor
realizar [14] **1** *vt* (**a**) *(ejecutar) (esfuerzo, viaje, inversión)* to make; *(operación, experimento, trabajo)* to perform; *(encargo)* to carry out; *(plan, reformas)* to implement; *(desfile)* to organize (**b**) *(hacer real)* to fulfil, to realize; **realizó su sueño** he fulfilled his dream (**c**) *Fin* **r. beneficios** to cash in one's profits (**d**) *Cine* to direct; *TV* to edit
2 realizarse *vpr* (**a**) *(hacerse real) (sueño, predicción, deseo)* to come true; *(esperanza, ambición)* to be fulfilled (**b**) *(en un trabajo, actividad)* to find fulfilment; **quiere buscar trabajo fuera de casa para realizarse** she wants to get a more fulfilling job outside of the home
realmente *adv* (**a**) *(en verdad)* in fact, actually (**b**) *(muy)* really, very (**c**) *(la verdad)* in all honesty; **r., creo que te pasaste** I really *o* honestly think you went too far
realojamiento, realojo *nm* rehousing
realojar *vt* to rehouse
realquilado, -a 1 *adj* sub-let
2 *nm,f* sub-tenant
realquilar *vt* to sublet
realzar [14] *vt (destacar)* to enhance
reanimación *nf* (**a**) *(física, moral)* recovery (**b**) *Med* resuscitation
reanimar 1 *vt* (**a**) *(físicamente)* to revive (**b**) *(moralmente)* to cheer up; **r. la situación económica** to improve the economy (**c**) *Med* to resuscitate
2 reanimarse *vpr* (**a**) *(físicamente)* to revive (**b**) *(moralmente)* to cheer up
reanudación *nf (de conversación, actividad)* resumption; *(de amistad)* renewal
reanudar 1 *vt (conversación, actividad)* to resume; *(amistad)* to renew
2 reanudarse *vpr (conversación, actividad)* to resume; *(amistad)* to be renewed
reaparecer [46] *vi (enfermedad, persona)* to reappear; *(artista, deportista)* to make a comeback
reaparición *nf (de enfermedad, persona)* reappearance; *(de artista, deportista)* comeback
reapertura *nf* reopening
rearmar *vt* to rearm
rearme *nm* rearmament
reasegurar *vt* to reinsure
reaseguro *nm* reinsurance

reasentarse *vpr* to resettle
reasumir *vt* to resume, to take up again
reata *nf* (**a**) *(de caballos, mulas)* single file; **de r.** (in) single file (**b**) *Am (cinta)* cotton ribbon
reavivar *vt* to revive
rebaba *nf* jagged edge
rebaja *nf* (**a**) *(acción)* reduction (**b**) *(descuento)* discount; **hacer una r. a alguien** to give sb a discount (**c**) *(en tienda)* sale; **las rebajas** the sales; **estar de rebajas** to have a sale on; **grandes rebajas** *(en letrero)* massive reductions
rebajado, -a *adj* (**a**) *(precio)* reduced (**b**) *(humillado)* humiliated (**c**) *(diluido)* diluted (**con** with)
rebajamiento *nm* reduction
rebajar 1 *vt* (**a**) *(precio)* to reduce; **te rebajo 100 pesetas** I'll knock 100 pesetas off for you (**b**) *(persona)* to humiliate (**c**) *(intensidad)* to tone down (**d**) *(altura)* to lower (**e**) *(diluir)* to dilute
2 rebajarse *vpr (persona)* to humble oneself; **rebajarse ante alguien** to grovel to sb; **rebajarse a hacer algo** to lower oneself *o* stoop to do sth
rebanada *nf* slice
rebanar *vt* (**a**) *(pan)* to slice (**b**) *(dedo, cabeza)* to cut off
rebañaduras *nfpl (sobras)* scrapings
rebañar *vt (plato)* to clean; *(con pan)* to mop up
rebaño *nm (de ovejas)* flock; *(de vacas)* herd
rebasar 1 *vt* (**a**) *(sobrepasar)* to exceed, to surpass; **el agua rebasó el borde de la bañera** the bath overflowed; **nunca rebasa el límite de velocidad** she never speeds, she never drives over the speed limit; **las ventas rebasaron las predicciones** sales were higher than predicted (**b**) *(corredor, vehículo)* to pass, to overtake
2 *vi Méx (adelantar)* to overtake
rebatible *adj* refutable
rebatir *vt* to refute
rebato *nm* alarm; **tocar a r.** to sound the alarm
rebeca *nf* cardigan
rebeco *nm* chamois
rebelarse *vpr* to rebel (**contra** *o* **ante** against)
rebelde 1 *adj* (**a**) *(sublevado)* rebel; **ejército r.** rebel army (**b**) *(desobediente)* rebellious (**c**) *(difícil de dominar) (pelo)* unmanageable; *(tos)* persistent; *(pasiones)* unruly (**d**) *Der* defaulting
2 *nmf* (**a**) *(sublevado, desobediente)* rebel (**b**) *Der* defaulter
rebeldía *nf* (**a**) *(cualidad)* rebelliousness (**b**) *(acción)* (act of) rebellion (**c**) *Der* default; **declarar a alguien en r.** to declare sb in default; **lo juzgaron en r.** he was tried in his absence
rebelión *nf* rebellion
rebenque *nm RP (látigo)* whip
rebién *adv* extremely well
reblandecer [46] **1** *vt* to soften
2 reblandecerse *vpr* to get soft
reblandecimiento *nm* softening
rebobinado *nm* rewinding
rebobinar *vt* to rewind
reboce *etc ver* **rebozar**
rebollo *nm* Pyrenean oak
reborde *nm* protruding edge
rebosadero *nm* (**a**) *(desagüe)* overflow (**b**) *Chile, Hond Min* large mineral deposit
rebosante *adj (lleno)* brimming *o* overflowing (**de** with); *(de alegría)* brimming (**de** with); *(de salud)* glowing (**de** with)
rebosar 1 *vt (estar lleno de)* to be overflowing with; *(alegría)* to brim with; *(salud)* to glow with
2 *vi* to overflow; **r. de** *(estar lleno de)* to be overflowing with; *(de alegría)* to brim with; *(de salud)* to glow with; **estar (lleno) a r.** to be full to overflowing
rebotado, -a *adj* (**a**) *(cura)* = who has given up the cloth *o* left the priesthood (**b**) *Fam (enfadado) Br* cheesed off, *US* pissed
rebotar 1 *vi* (**a**) *(botar)* to bounce, to rebound (**en** off) (**b**) *Informát* to bounce
2 rebotarse *vpr Esp Fam (irritarse)* to get *Br* cheesed off *o US* pissed
rebote *nm* (**a**) *(bote)* bounce, bouncing; *Fig* **de r.** by chance, indirectly (**b**) *Dep* rebound; **de r.** on the rebound ❑ ***r. defensivo/ofensivo*** *(en baloncesto)* defensive/offensive rebound (**c**) *Informát* bounce (**d**) EXPR *Esp Fam (enfado)* **pillarse un r.** to get *Br* cheesed off *o US* pissed
reboteador, -a *nm,f Dep (en baloncesto)* rebounder
rebotear *vi Dep* to rebound
rebozado, -a *adj* coated in batter/breadcrumbs; *Fig* **r. de** *o* **en barro** covered in mud
rebozar [14] **1** *vt Culin* to coat in batter/breadcrumbs; *Fig* **r. de** *o* **en barro** to cover in mud
2 rebozarse *vpr* to get covered (**de** *o* **en** in)
rebozo *nm Am* wrap, shawl; *Fig* **sin r.** *(con franqueza)* frankly
rebozuelo *nm* chanterelle
rebrotar *vi* (**a**) *Bot* to sprout (**b**) *(fenómeno)* to reappear
rebrote *nm* (**a**) *Bot* sprout, shoot (**b**) *(de fenómeno)* reappearance
rebufo *nm (de vehículo)* slipstream; **ir al r. de algo/alguien** to travel along in sth's/sb's wake
rebujar *Fam* **1** *vt* (**a**) *(amontonar)* to bundle (up) (**b**) *(arropar)* to wrap up (warmly)
2 rebujarse *vpr (arroparse)* to wrap oneself up; *(encogerse)* to huddle up; **se rebujó entre las mantas** he snuggled up under the blankets
rebullir 1 *vi* to stir, to begin to move
2 rebullirse *vpr* to stir, to begin to move
rebusca *nf* (**a**) *(desechos)* useless part (**b**) *(fruto)* gleanings
rebuscado, -a *adj (lenguaje)* obscure, recherché; **una explicación rebuscada** a roundabout explanation
rebuscamiento *nm (de lenguaje)* obscurity; *(de explicación)* roundabout nature
rebuscar [59] **1** *vt* to search (around in)
2 *vi* to search (around)
rebuznar *vi* to bray
rebuzno *nm* bray, braying
recabar *vt* (**a**) *(pedir)* to ask for (**b**) *(conseguir)* to manage to get
recadero, -a *nm,f* (**a**) *(de mensajes)* messenger (**b**) *(de encargos)* errand boy, *f* errand girl
recado *nm* (**a**) *(mensaje)* message; **le dejé un r. en el contestador** I left a message (for her) on her answering machine (**b**) *(encargo, tarea)* errand; **hacer recados** to run errands (**c**) *(material)* ***r. de escribir*** writing materials *o* things (**d**) *Am (arreos)* riding gear (**e**) *Nic, RDom Culin* mincemeat filling
recaer [13] *vi* (**a**) *(enfermo)* to (have a) relapse (**b**) *(reincidir)* **r. en** to relapse into (**c**) *(ir a parar)* to fall (**en** on); **la responsabilidad recayó en su hermano mayor** the responsibility fell to his older brother (**d**) *(tratar)* **r. sobre algo** to be about sth, to deal with sth
recaída *nf* relapse
recaigo *etc ver* **recaer**
recalar 1 *vt (mojar)* to soak
2 *vi* (**a**) *Náut* to put in (**en** at) (**b**) *Fam (aparecer, pasar)* to drop *o* look in (**en** *o* **por** at)
3 recalarse *vpr (mojarse)* to get soaked
recalcar [59] *vt* to stress, to emphasize
recalcitrante *adj* (**a**) *(obstinado) (persona, mancha, actitud)* stubborn (**b**) *(incorregible)* recalcitrant
recalentado, -a *adj* warmed up, reheated
recalentamiento *nm* overheating
recalentar [3] **1** *vt* (**a**) *(volver a calentar)* to warm up, to reheat (**b**) *(calentar demasiado)* to overheat
2 recalentarse *vpr* to overheat
recalificación *nf* reclassification *(of land as rural or urban)*
recalificar *vt* to reclassify *(land as rural or urban)*
recamar *vt* to overlay
recámara *nf* (**a**) *(de arma de fuego)* chamber (**b**) *(habitación)* dressing room (**c**) *CAm, Méx (dormitorio)* bedroom
recamarera *nf CAm, Méx* maid
recambiar *vt* to replace
recambio *nm* (**a**) *(acción)* replacement (**b**) *(repuesto)* spare; *(para pluma, cuaderno)* refill; **de r.** spare
recapacitar *vi* to reflect, to think
recapitalización *nf* recapitalization
recapitulación *nf* recap, summary
recapitular *vt* to recapitulate, to summarize
recargable *adj (batería, pila)* rechargeable; *(encendedor)* refillable

recargado, -a *adj (estilo)* over-elaborate; **un vestido r. de lazos** a dress bedecked with too many ribbons

recargar [38] **1** *vt* (**a**) *(volver a cargar) (encendedor, recipiente)* to refill; *(batería, pila)* to recharge; *(fusil, camión)* to reload; EXPR *Fam* **r. las pilas** *o* **baterías** *(tomar fuerzas)* to recharge one's batteries (**b**) *(cargar demasiado)* to overload; **r. algo de algo** *(poner en exceso)* to put too much of sth in sth (**c**) *(adornar en exceso)* to overdecorate; **recargó el vestido con demasiados lazos** she overdid the ribbons on the dress (**d**) *(cantidad)* **r. 1.000 pesos a alguien** to charge sb 1,000 pesos extra (**e**) *(aire, ambiente)* to make stuffy

2 recargarse (**a**) *(batería, pila)* to recharge (**b**) *(aire, ambiente)* to get stuffy

recargo *nm* extra charge, surcharge

recatadamente *adv* modestly, demurely

recatado, -a *adj (pudoroso)* modest, demure

recatarse *vpr* **r. (de hacer algo)** to hold back (from doing sth); **sin r.** openly, without reserve

recato *nm* (**a**) *(pudor)* modesty, demureness (**b**) *(reserva)* **sin r.** openly, without reserve (**c**) *(cautela)* prudence, caution

recauchutado *nm* retread

recauchutar *vt* to retread

recaudación *nf* (**a**) *(acción)* collection, collecting; **r. de impuestos** tax collection (**b**) *(cantidad)* takings; *(en teatro)* box office takings; *Dep* gate

recaudador, -ora *nm,f* **r. (de impuestos)** tax collector

recaudar *vt* to collect

recaudo *nm* **a buen r.** in safe-keeping; **poner algo a buen r.** to put sth in a safe place

recayera *etc ver* **recaer**

rece *etc ver* **rezar**

recelar 1 *vt* (**a**) *(sospechar)* to suspect (**b**) *(temer)* to fear

2 *vi* to be mistrustful, to be suspicious; **r. de** to mistrust, to be suspicious of

recelo *nm* mistrust, suspicion; **sentir r.** to be suspicious

receloso, -a *adj* mistrustful, suspicious

recensión *nf* review, write-up

recepción *nf* (**a**) *(de carta, paquete)* receipt; *Com* **pagar a la r.** to pay on delivery (**b**) *(de hotel)* reception (**c**) *(fiesta)* reception; **ofrecer una r. a alguien** to lay on a reception for sb (**d**) *(de sonido, imagen)* reception

recepcionista *nmf* receptionist

receptáculo *nm* receptacle

receptividad *nf* receptiveness (**a** to)

receptivo, -a *adj* receptive

receptor, -ora 1 *adj* receiving

2 *nm,f (persona)* recipient ❑ ***r. de órgano*** *(en transplante)* organ recipient

3 *nm* (**a**) *(aparato)* receiver (**b**) *Biol* receptor

recesión *nf* (**a**) *(económica)* recession (**b**) *(suspensión)* recess

recesivo, -a *adj* (**a**) *Econ* recessionary (**b**) *Biol* recessive

receso *nm* (**a**) *(separación)* withdrawal (**b**) *(descanso) (en juicio)* adjournment; *(parlamentario)* recess; *(en teatro)* interval

receta *nf* (**a**) *(de cocina)* recipe; **la r. del éxito** the recipe for success (**b**) *(médica)* prescription; **sin r. médica** over the counter

recetar *vt* to prescribe

recetario *nm* (**a**) *(de médico)* prescription pad (**b**) *(de cocina)* recipe book

rechace *nm Dep* clearance

rechazar [14] *vt* (**a**) *(no aceptar)* to reject; *(oferta)* to turn down; **el paciente rechazó el órgano** the patient rejected the organ (**b**) *(repeler) (a una persona)* to push away; *Mil* to drive back, to repel (**c**) *Dep* to clear; **el portero rechazó la pelota y la mandó fuera** the goalkeeper tipped the ball out of play

rechazo *nm* (**a**) *(no aceptación)* rejection; *(hacia una ley, un político)* disapproval; **mostró su r.** he made his disapproval clear; **r. a hacer algo** refusal to do sth; **provocar el r. de alguien** to meet with sb's disapproval (**b**) *(negación)* denial (**c**) *Dep* clearance

rechifla *nf* (**a**) *(abucheo)* hissing, booing (**b**) *(burla)* derision, mockery

rechiflar 1 *vt* to hiss at, to boo

2 rechiflarse *vpr* to mock; **rechiflarse de alguien** to mock sb

rechinar 1 *vt (dientes)* **rechinó los dientes** he gnashed *o* ground his teeth

2 *vi* (**a**) *(puerta)* to creak; *(dientes)* to grind; *(frenos, ruedas)* to screech; *(metal)* to clank (**b**) *(dando dentera)* to grate

3 rechinarse *vpr CAm, Méx (comida)* to burn

rechistar *vi* to answer back; **sin r.** without a word of protest

rechoncho, -a *adj Fam* tubby, chubby

rechupete *nm Fam* **de r.** *(comida)* delicious, scrumptious; *(viaje, rato)* brilliant, great; **nos lo pasamos de r.** we had a brilliant *o* great time

recibí *nm (en documentos)* "received" stamp

recibidor *nm* entrance hall

recibimiento *nm* reception, welcome

RECIBIR 1 *vt* (**a**) *(tomar, aceptar, admitir)* to receive; *(carta, regalo, premio, llamada, respuesta)* to receive, to get; *(propuesta, sugerencia)* to receive; *(castigo)* to be given; *(susto)* to get; *(clase, instrucción)* to have; **r. una paliza** to get beaten up; **recibió un golpe en la cabeza** he was hit on the head, he took a blow to the head; **he recibido una carta suya** *o* **de ella** I've received *o* had a letter from her; **recibió la noticia con alegría** he was very happy about the news; **r. consejos de alguien** to receive advice from sb, to be given advice by sb; **recibí orden de que no la molestaran** I received orders that she was not to be disturbed; **estoy recibiendo clases de piano** I'm having *o* taking piano classes; **estos pilares reciben todo el peso del techo** these pillars take the weight of the whole roof; *Formal* **reciba mi más cordial** *o* **sincera felicitación** please accept my sincere congratulations

(**b**) *(persona, visita)* to receive; **lo recibieron con un cálido aplauso** he was received with a warm round of applause; **¿cuándo cree que podrá recibirnos?** when do you think she'll be able to see us?

(**c**) *(ir a buscar)* to meet; **fuimos a recibirla al aeropuerto** we went to meet her at the airport

(**d**) *(captar) (ondas de radio, televisión)* to get; **aquí no recibimos la CNN** we don't get CNN here; **torre de control a V-5, ¿me recibe?** ground control to V-5, do you read me?

2 *vi (atender visitas) (médico, dentista)* to hold surgery; *(rey, papa, ministro)* to receive visitors; **el médico no recibe hoy** the doctor isn't seeing any patients today

3 recibirse *vpr Am (graduarse)* to graduate, to qualify (**de** as)

recibo *nm* (**a**) *(recepción)* receipt; **al r. de tu carta...** on receipt of your letter... (**b**) *(documento) (de compra)* receipt; *(del gas, de la luz)* bill; **acusar r. de** to acknowledge receipt of (**c**) *Fam* EXPR **su actuación no fue de r.** their performance wasn't up to scratch; **no sería de r. ocultarle la situación** it wouldn't be right not to tell her the situation

reciclable *adj* recyclable

reciclado, -a 1 *adj* recycled

2 *nm* recycling

reciclaje *nm* (**a**) *(de residuos)* recycling (**b**) *(de personas)* retraining

reciclar *vt* (**a**) *(residuos)* to recycle (**b**) *(personas)* to retrain

recidiva *nf* reappearance *(of illness)*

recidivar *vi* to reappear *(of illness)*

recién *adv* (**a**) *(hace poco)* recently, newly; **el pan está r. hecho** the bread is freshly baked; **los r. llegados** *(los nuevos)* the newcomers; *(los que acaban de llegar)* those who have/had just arrived; **r. pintado** *(en letrero)* wet paint ❑ ***los r. casados*** the newly-weds; ***el r. nacido*** the newborn baby (**b**) *Am (hace poco)* just now, recently; **regresó r. ayer** she just got back yesterday (**c**) *Am (sólo)* only

reciente *adj* (**a**) *(acontecimiento)* recent; **todavía tiene muy r. su divorcio** she still hasn't got over her divorce (**b**) *(pintura, pan)* fresh

recientemente *adv* (**a**) *(hace poco)* recently (**b**) *(en los últimos tiempos)* recently, of late

recinto *nm* (**a**) *(zona cercada)* enclosure; **el r. amurallado de la ciudad** the walled part of the city (**b**) *(área)* place, area; *(alrededor de edificios)* grounds ❑ ***r. ferial*** fairground *(of trade fair)*

recio, -a 1 *adj* (**a**) *(persona)* robust (**b**)

(voz) gravelly (**c**) *(objeto)* sturdy (**d**) *(material, tela)* tough, strong (**e**) *(lluvia, viento)* harsh
2 *adv (trabajar, soplar, llover)* hard; *Méx* **hablar r.** to talk in a loud voice

recipiente *nm* container; **necesito un r. para poner la fruta** I need something to put the fruit in

Observa que la palabra inglesa **recipient** es un falso amigo y no es la traducción de la palabra española **recipiente**. En inglés **recipient** significa "destinatario, receptor".

reciprocidad *nf* reciprocity; **en r. a** in return for

recíproco, -a *adj* mutual, reciprocal

recitación *nf* recitation, recital

recitador, -ora 1 *adj* reciting
2 *nm,f* reciter

recital *nm* (**a**) *(de música clásica)* recital; *(de pop, rock)* concert (**b**) *(de lectura)* reading

recitar *vt* to recite

recitativo, -a *adj* recitative

reclamación *nf* (**a**) *(petición)* claim, demand (**b**) *(queja)* complaint; **hacer una r.** to make a complaint

reclamante 1 *adj* claiming
2 *nmf* claimant

reclamar 1 *vt* (**a**) *(pedir, exigir)* to demand, to ask for; **le he reclamado todo el dinero que me debe** I've demanded that he return to me all the money he owes me; **la multitud reclamaba que cantara otra canción** the crowd clamoured for her to sing another song (**b**) *(necesitar)* to demand, to need; **el negocio reclama toda mi atención** the business requires *o* demands all my attention (**c**) *(llamar)* to ask for; **te reclaman en la oficina** they're asking for you at the office
2 *vi (protestar)* to protest (**contra** against); *(quejarse)* to complain (**contra** about)

reclamo *nm* (**a**) *(para atraer)* inducement ❑ ***r. publicitario*** advertising gimmick (**b**) *(para cazar)* decoy, lure (**c**) *(de ave)* call (**d**) *(en texto)* note, reference mark (**e**) *Chile, Col, RP (queja)* complaint; *(reivindicación)* claim

reclinable *adj* reclining

reclinar 1 *vt* to lean (**sobre/contra** on/against)
2 reclinarse *vpr* to lean back (**contra** against)

reclinatorio *nm* prie-dieu, prayer stool

recluir [34] **1** *vt* to shut *o* lock away, to imprison
2 recluirse *vpr* to shut oneself away; **se recluyó en un pueblo remoto** she hid herself away in a remote village

reclusión *nf* (**a**) *(encarcelamiento)* imprisonment (**b**) *(encierro)* seclusion

recluso, -a *nm,f (preso)* prisoner

recluta 1 *nmf (soldado) (obligatorio)* conscript; *(voluntario)* recruit
2 *nf RP (de ganado)* cattle round up

reclutamiento *nm* (**a**) *(de soldados) (obligatorio)* conscription; *(voluntario)* recruitment (**b**) *(de trabajadores)* recruitment

reclutar *vt* (**a**) *(soldados) (obligatoriamente)* to conscript; *(voluntariamente)* to recruit (**b**) *(trabajadores)* to recruit (**c**) *RP (ganado)* to round up

recluyo *etc ver* **recluir**

recobrar 1 *vt (recuperar)* to recover; **r. el tiempo perdido** to make up for lost time; **r. el conocimiento** *o* **el sentido** to regain consciousness, to come round; **r. el juicio** to regain one's sanity
2 recobrarse *vpr* to recover (**de** from)

recocer [15] **1** *vt* (**a**) *(volver a cocer)* to recook (**b**) *(cocer demasiado)* to overcook (**c**) *(metal)* to anneal
2 recocerse *vpr (persona)* to work oneself into a fury

recochinearse *vpr Fam* **r. de alguien** to crow *o* gloat at sb

recochineo *nm Fam* crowing, gloating; **decir algo con r.** to say sth to really rub it in

recodo *nm* bend

recogedor *nm* dustpan

recogemigas *nm inv* crumb scoop

recogepelotas *nmf inv* ball boy, *f* ball girl

RECOGER [52] **1** *vt* (**a**) *(coger, levantar)* to pick up; **recogí los papeles del suelo** I picked the papers up off the ground; **recogieron el agua con una fregona** they mopped up the water
(**b**) *(reunir, retener)* to collect, to gather; **están recogiendo firmas/dinero para...** they are collecting signatures/money for...; **este trasto no hace más que r. polvo** this piece of junk is just gathering dust
(**c**) *(ordenar, limpiar) (mesa)* to clear; *(casa, habitación, cosas)* to tidy *o* clear up
(**d**) *(ir a buscar)* to pick up, to fetch; **iré a r. a los niños a la escuela** I'll pick the children up from school; **¿a qué hora paso a recogerte?** what time shall I pick you up?; **¿a qué hora recogen la basura?** what time do they collect the rubbish?
(**e**) *(recolectar) (mies, cosecha)* to harvest; *(fruta, aceitunas)* to pick; *(setas, flores)* to pick, to gather; *(beneficios)* to reap; **ahora empieza a r. los frutos de su trabajo** now she's starting to reap the rewards of her work
(**f**) *(mostrar) (sujeto: foto, película)* to show; *(sujeto: novela)* to depict; **su ensayo recoge una idea ya esbozada por Spinoza** her essay contains an idea already hinted at by Spinoza; **una comedia que recoge el ambiente de los ochenta** a comedy which captures the atmosphere of the eighties; **la exposición recoge su obra más reciente** the exhibition brings together his latest works
(**g**) *(acoger) (mendigo, huérfano, animal)* to take in
(**h**) *(plegar) (velas, sombrillas)* to take down; *(cortinas)* to tie back
(**i**) *(prenda) (acortar)* to take up, to shorten; *(estrechar)* to take in
2 *vi (ordenar, limpiar)* to tidy *o* clear up; **cuando acabes de r....** when you've finished tidying *o* clearing up...
3 recogerse *vpr* (**a**) *(a dormir, meditar)* to retire; **aquí la gente se recoge pronto** people go to bed early here
(**b**) **recogerse el pelo** *(en moño)* to put one's hair up; *(en trenza)* to tie one's hair back

recogida *nf* (**a**) *(acción)* collection; **hacer una r. de firmas** to collect signatures ❑ ***r. de basuras*** refuse collection; ***r. de datos*** data capture; ***r. de equipajes*** baggage reclaim (**b**) *(cosecha)* harvest, gathering; *(de fruta)* picking

recogido, -a *adj* (**a**) *(vida)* quiet, withdrawn; *(lugar)* secluded (**b**) *(cabello)* tied back

recogimiento *nm* (**a**) *(concentración)* concentration, absorption (**b**) *(retiro)* withdrawal, seclusion

recoja *etc ver* **recoger**

recolección *nf* (**a**) *(cosecha)* harvest, gathering (**b**) *(recogida)* collection; *(de fruta)* picking

recolectar *vt* (**a**) *(cosechar)* to harvest, to gather; *(fruta)* to pick (**b**) *(reunir)* to collect

recolector, -ora 1 *adj (maquinaria, época)* harvesting
2 *nm,f (de cosecha)* harvester; *(de fruta)* picker

recoleto, -a *adj* quiet, secluded

recolocación *nf* **la difícil r. de...** the difficulty in finding new jobs for...

recolocar *vt* to find a new job for

recombinación *nf Biol* recombination

recomendable *adj* recommendable; **no es r.** it's not a good idea; **esa zona no es r.** it's not a very nice area; **va con gente poco r.** he keeps bad company

recomendación *nf* (**a**) *(consejo)* recommendation; **por r. de alguien** on sb's advice *o* recommendation (**b**) *(referencia)* **(carta de) r.** letter of recommendation (**c**) *(enchufe)* recommendation; **le dieron el trabajo porque tenía r. del jefe** the boss got him the job

recomendado, -a *nm,f Pey* = person who gets a job, passes an exam etc through influence or connections; **es un r. del jefe** he's got the boss looking out for him

recomendar [3] *vt* to recommend; **r. a alguien que haga algo** to recommend that sb do sth, to advise sb to do sth; **te lo recomiendo** I recommend it to you; **se recomienda precaución** caution is advised

recomenzar [17] *vt & vi* to begin *o* start again, to recommence

recompensa *nf* reward; **en** *o* **como r. por** as a reward for

recompensar *vt* to reward

recomponer [50] *vt* to repair, to mend

recompra *nf (de acciones)* buy-back

recompuesto, -a *participio ver* **recomponer**

reconcentrar 1 *vt* (**a**) *(reunir)* to bring together (**b**) *(concentrar)* **r. algo en** to centre *o* concentrate sth on (**c**) *(hacer denso)* to thicken

2 reconcentrarse *vpr* to concentrate (**en** on), to be absorbed (**en** in)

reconciliable *adj* reconcilable

reconciliación *nf* reconciliation

reconciliador, -ora 1 *adj* reconciliatory

2 *nm,f* reconciler

reconciliar 1 *vt* to reconcile

2 reconciliarse *vpr* **se reconciliaron rápidamente después de la discusión** they soon made (it) up after their argument; **tardaron años en reconciliarse** it was years before they were reconciled

reconcomer 1 *vt* **los celos lo reconcomen** he's consumed with jealousy

2 *vpr* **reconcomerse** to get worked up; **reconcomerse de celos** to be consumed with jealousy

recóndito, -a *adj* hidden, secret; **en lo más r. de mi corazón** in the depths of my heart

reconducción *nf* (**a**) *(desviación)* redirection (**b**) *(devolución)* return

reconducir [18] *vt* (**a**) *(desviar)* to redirect (**b**) *(devolver)* to return

reconfortante *adj* (**a**) *(anímicamente)* comforting (**b**) *(físicamente)* revitalizing

reconfortar *vt* (**a**) *(anímicamente)* to comfort (**b**) *(físicamente)* to revitalize

reconocer [19] **1** *vt* (**a**) *(identificar)* to recognize; **el buen vino se reconoce por el color** you can tell a good wine by its colour

(**b**) *(admitir)* to admit; **reconozco que estaba equivocada** I accept *o* admit that I was mistaken; **hay que r. que lo hace muy bien** you have to admit that she's very good at it; **por fin le reconocieron sus méritos** they finally recognized her worth; **no reconoce la autoridad del rey** he doesn't recognize *o* acknowledge the king's authority; **lo reconocieron como el mejor atleta del siglo** he was acknowledged as the greatest athlete of the century

(**c**) *(examinar)* to examine; **el doctor la reconocerá enseguida** the doctor will see you in a moment

(**d**) *(inspeccionar)* to survey; *Mil* to reconnoitre

(**e**) *(agradecer)* to be grateful for, to appreciate; **reconoció su esfuerzo con un regalo** he gave her a present in recognition of all her hard work

(**f**) *Der (hijo)* to recognize

2 reconocerse *vpr* (**a**) *(identificarse) (mutuamente)* to recognize each other; **reconocerse en alguien** to see oneself in sb

(**b**) *(confesarse)* **reconocerse culpable** to admit one's guilt

reconocible *adj* recognizable

reconocido, -a *adj* (**a**) *(admitido)* recognized, acknowledged (**b**) *(agradecido)* grateful

reconocimiento *nm* (**a**) *(identificación)* recognition ❑ *Informát & Ling* ***r. del habla*** speech recognition; *Informát* ***r. óptico de caracteres*** optical character recognition; *Informát* ***r. de voz*** voice recognition

(**b**) *(admisión) (de error, culpa)* admission; *(de méritos, autoridad)* recognition

(**c**) *(examen, inspección)* examination ❑ ***r. médico*** medical examination *o* checkup

(**d**) *(inspección)* surveying; *Mil* reconnaissance; **hacer un r.** to reconnoitre; **hizo un viaje de r. antes de irse a vivir a Perú** he went on a reconnaissance trip before moving to Peru

(**e**) *(agradecimiento)* gratitude; **en r. por** in recognition of

(**f**) *(respeto)* recognition

(**g**) *Der (de hijo)* recognition

reconozco *etc ver* **reconocer**

reconquista *nf* reconquest, recapture; *Hist* **la R.** = the Reconquest of Spain, when the Christian Kings retook the country from the Muslims

reconquistar *vt* (**a**) *(territorio, ciudad)* to recapture, to reconquer (**b**) *(título, amor)* to regain, to win back

reconsiderar *vt* to reconsider

reconstituir [34] **1** *vt* (**a**) *(rehacer)* to reconstitute (**b**) *(reproducir)* to reconstruct

2 reconstituirse *vpr (país, organización)* to rebuild itself

reconstituyente *adj & nm* tonic

reconstrucción *nf* (**a**) *(de edificios, país)* rebuilding (**b**) *(de sucesos)* reconstruction

reconstruir [34] *vt* (**a**) *(edificio, país)* to rebuild (**b**) *(suceso)* to reconstruct

reconvención *nf* reprimand, reproach

reconvenir [69] *vt* to reprimand, to reproach

reconversión *nf* restructuring ❑ ***r. industrial*** rationalization of industry, industrial conversion

reconvertir [62] *vt* *(reestructurar)* to restructure; *(industria)* to rationalize

Recopa *nf* Cup-Winners' Cup

recopilación *nf* (**a**) *(acción)* collection, gathering (**b**) *(libro)* collection, anthology; *(disco)* compilation; *(de leyes)* code

recopilador, -ora *nm,f (de escritos, leyes)* compiler

recopilar *vt* (**a**) *(recoger)* to collect, to gather (**b**) *(escritos, leyes)* to compile

recopilatorio, -a 1 *adj* **un disco r.** a compilation (record)

2 *nm* compilation

recórcholis *interj Fam* **¡r.!** *(expresa sorpresa)* good heavens!; *(expresa enfado)* for heaven's sake!

récord (*pl* **récords**) **1** *adj* record; **en un tiempo r.** in record time

2 *nm* record; **batir un r.** to break a record; **establecer un r.** to set a (new) record; **tener el r.** to hold the record

recordar [63] **1** *vt* (**a**) *(acordarse de)* to remember; **no recuerdo dónde he dejado las llaves** I can't remember where I left the keys; **recuerdo que me lo dijo** I remember him telling me (**b**) *(traer a la memoria)* to remind; **recuérdame que cierre el gas** remind me to turn the gas off; **me recuerda a un amigo mío** he reminds me of a friend of mine; **tienes que ir al dentista esta tarde — ¡no me lo recuerdes!** you have to go to the dentist this afternoon — don't remind me!

2 *vi* (**a**) *(acordarse)* to remember; **si mal no recuerdo** as far as I can remember (**b**) *(traer a la memoria)* **ese pintor recuerda a Picasso** that painter is reminiscent of Picasso (**c**) *Méx (despertar)* to wake up

3 recordarse *vpr Méx (despertarse)* to wake up

recordatorio *nm* (**a**) *(aviso)* reminder (**b**) *(estampa)* = card given to commemorate sb's first communion, a death etc

recordman *nm Dep* record holder

recorrer 1 *vt* (**a**) *(atravesar) (lugar, país)* to travel through *o* across, to cross; *(ciudad)* to go round; **recorrieron la sabana en un camión** they drove round the savannah in a truck; **recorrió la región a pie** he walked round the region; **recorrieron el perímetro de la isla** they went round the island (**b**) *(distancia)* to cover; **recorrió los 42 km en tres horas** he covered *o* did the 42 km in three hours (**c**) *(con la mirada)* to look over; **lo recorrió de arriba a abajo con la mirada** she looked him up and down

2 recorrerse *vpr* (**a**) *(atravesar) (lugar, país)* to travel through *o* across, to cross; *(ciudad)* to go round (**b**) *(distancia)* to cover

recorrida *nf Am* trip

recorrido *nm* (**a**) *(ruta, itinerario)* route; **hacer un r. turístico** to go sightseeing (**b**) *(viaje)* journey; **un r. a pie por la ciudad** a walk round the city; **un breve r. por la prehistoria** a brief overview of prehistory; **hacer un r. (mental) por algo** to run over sth (in one's head) (**c**) *(en golf)* round; *(en esquí)* run (**d**) *(en estadística)* range

recortable 1 *adj* cutout

2 *nm* cutout (figure)

recortada *nf (escopeta)* sawn-off shotgun

recortado, -a *adj* (**a**) *(cortado)* cut (**b**) *(borde)* jagged

recortar 1 *vt* (**a**) *(cortar) (lo que sobra)* to cut off *o* away; *(figuras)* to cut out (**b**) *(pelo, flequillo)* to trim (**c**) *(reducir)* to cut; **hay que r. gastos** we'll have to cut our expenditure

2 recortarse *vpr (perfil)* to stand out, to be outlined (**en** against)

recorte *nm* (**a**) *(pieza cortada)* trimming; *(de periódico, revista)* cutting, clipping (**b**) *(reducción)* cut, cutback ❑ ***r. presupuestario*** budget cut; ***r. salarial*** wage *o* pay cut (**c**) *(cartulina)* cutout (**d**) *Dep* swerve, sidestep

recoser *vt* (**a**) *(volver a coser)* to sew (up) again (**b**) *(zurcir)* to mend, to darn

recostar [63] **1** *vt* to lean (back)

2 recostarse *vpr (tumbarse)* to lie down;

recostarse en *(apoyarse)* to lean on *o* against

recoveco *nm* (**a**) *(rincón)* nook, hidden corner (**b**) *(complicación)* **recovecos** ins and outs; **sin recovecos** uncomplicated (**c**) *(lo más oculto)* **los recovecos del alma** the innermost recesses of the soul

recreación *nf* re-creation

recrear 1 *vt* (**a**) *(volver a crear, reproducir)* to re-create (**b**) *(entretener)* to amuse, to entertain; **r. la vista** to be a joy to behold

2 recrearse *vpr* (**a**) *(entretenerse)* to amuse oneself, to entertain oneself (**en** with); **recrearse haciendo algo** to amuse *o* entertain oneself by doing sth (**b**) *(regodearse)* to take delight *o* pleasure (**en** in) (**c**) *(reinventarse)* to re-create oneself

recreativo, -a *adj* recreational; **máquina recreativa** arcade machine; **salón r.** amusement arcade

recreo *nm* (**a**) *(entretenimiento)* recreation, amusement; **embarcación de r.** pleasure boat (**b**) *Educ (en primaria)* playtime; *(en secundaria)* break

recriar [32] *vt (animales)* to breed, to raise

recriminación *nf* reproach, recrimination

recriminar 1 *vt* to reproach

2 recriminarse *vpr (mutuamente)* to reproach each other

recriminatorio, -a *adj* reproachful

recrudecer [46] **1** *vi* to get worse

2 recrudecerse *vpr* to get worse

recrudecimiento *nm (de crisis)* worsening; *(de criminalidad)* upsurge (**de** in)

recuesto *etc ver* **recostar**

recta *nf* (**a**) *(línea)* straight line (**b**) *(en carretera)* straight stretch of road; *(en pista de carreras)* straight ❑ ***la r. final*** *(en pista de carreras)* the home straight; *(de competición, campaña electoral)* the run-in

rectal *adj* rectal

rectangular *adj* (**a**) *(de forma)* rectangular (**b**) *Mat* right-angled

rectángulo *nm* rectangle

rectificable *adj* rectifiable

rectificación *nf (de error)* rectification; *(en periódico)* correction

rectificador *nm Elec* rectifier

rectificar [59] *vt* (**a**) *(error)* to rectify, to correct (**b**) *(conducta, actitud)* to improve (**c**) *(ajustar)* to put right

rectilíneo, -a *adj* (**a**) *(en línea recta)* straight; **una carretera rectilínea** a straight road (**b**) *(carácter, actitud)* rigid

rectitud *nf* (**a**) *(de línea)* straightness (**b**) *(de conducta)* rectitude, uprightness

recto, -a 1 *adj* (**a**) *(sin curvas, vertical)* straight (**b**) *(íntegro)* upright, honourable (**c**) *(justo, verdadero)* true, correct (**d**) *(literal)* literal, true (**e**) *Mat* **un ángulo r.** a right angle

2 *nm Anat* rectum

3 *adv* straight on *o* ahead; **todo r.** straight on *o* ahead

rector, -ora 1 *adj* governing, guiding

2 *nm,f* (**a**) *(de universidad) Br* vice-chancellor, *US* president (**b**) *(dirigente)* leader, head

3 *nm Rel* rector

rectorado *nm* (**a**) *(cargo) Br* vice-chancellorship, *US* presidency (**b**) *(lugar) Br* vice-chancellor's office, *US* president's office

rectoría *nf* (**a**) *(cargo)* rectorate, rectorship (**b**) *(casa)* rectory

rectoscopia *nf* rectal examination

recua *nf* (**a**) *(de animales)* pack, drove (**b**) *Fam (de personas)* crowd

recuadrar *vt* to (put in a) box

recuadro *nm* box

recubierto, -a *participio ver* **recubrir**

recubrimiento *nm (cubrimiento)* covering; *(con pintura, barniz)* coating

recubrir *vt (cubrir)* to cover; *(con pintura, barniz)* to coat

recuece *etc ver* **recocer**

recuento *nm* (**a**) *(por primera vez)* count (**b**) *(otra vez)* recount

recuerdo 1 *ver* **recordar**

2 *nm* (**a**) *(rememoración)* memory; **quedar en el r. (de)** to be remembered (by); **traer recuerdos a alguien de algo** to bring back memories of sth to sb; **tengo muy buen/mal r. de ese viaje** I have very fond/bad memories of that trip (**b**) *(objeto) (de viaje)* souvenir; *(de persona)* keepsake (**c**) **recuerdos** *(saludos)* regards; **dale recuerdos a tu hermana (de mi parte)** give my regards to your sister, give my regards to your sister

recuesto *etc ver* **recostar**

recuezo *etc ver* **recocer**

recular *vi* (**a**) *(retroceder)* to go *o* move back (**b**) *Fam (ceder)* to back down

recuperable *adj (información, objeto)* recoverable, retrievable; **esta clase es r.** you can catch *o* make this class up later

recuperación *nf* (**a**) *(de lo perdido, la salud, la economía)* recovery; *(de información)* retrieval; *(de espacios naturales)* reclamation (**b**) *(rehabilitación) (de local, edificio)* refurbishment ❑ ***r. paisajística*** improving the visual environment (**c**) *Informát (de información dañada)* recovery (**d**) *(reciclaje)* recovery (**e**) *Educ (examen)* resit; **(clase de) r.** = extra class for pupils or students who have to resit their exams (**f**) *(fisioterapia)* physiotherapy (**g**) *(en baloncesto)* steal

recuperar 1 *vt* (**a**) *(recobrar) (lo perdido)* to recover; *(espacios naturales)* to reclaim; *(horas de trabajo)* to make up; *(conocimiento)* to regain; **r. el tiempo perdido** to make up for lost time; **recuperó la salud** she got better, she recovered

(**b**) *(rehabilitar) (local, edificio)* to refurbish

(**c**) *Informát (información dañada)* to recover

(**d**) *(reciclar)* to recover

(**e**) *(examen)* to resit; **tengo que r. la física en septiembre** I have to resit physics in September

(**f**) *(en baloncesto)* to steal

2 recuperarse *vpr* (**a**) *(enfermo)* to recover (**de** from), to recuperate

(**b**) *(de una crisis)* to recover; *(negocio)* to pick up; **recuperarse de algo** *(divorcio, trauma)* to get over sth

recurrencia *nf* recurrence

recurrente 1 *adj* (**a**) *Der* appellant (**b**) *(repetido)* recurrent

2 *nmf Der* appellant

recurrir 1 *vt Der* to appeal against

2 *vi* (**a**) *(utilizar)* **r. a alguien** to turn *o* go to sb; **r. a algo** *(violencia, medidas)* to resort to sth; **r. a un diccionario** to consult a dictionary (**b**) *Der* to appeal

recursivo,-a *adj Informát & Ling* recursive

recurso *nm* (**a**) *(medio)* resort; **como último r.** as a last resort; **es un hombre de recursos** he's very resourceful

(**b**) *Der* appeal; **presentar r. (ante)** to appeal (against) ❑ ***r. de alzada*** appeal (against an official decision); ***r. de amparo*** appeal for protection; ***r. de apelación*** appeal; ***r. de casación*** High Court appeal; ***r. contencioso administrativo*** = court case brought against the State; ***r. de súplica*** = appeal to a higher court for reversal of a decision

(**c**) *(bien, riqueza)* resource; **no tiene recursos, así que su familia le da dinero** he doesn't have his own means, so he gets money from his family ❑ ***r. energético*** energy resource; ***recursos hídricos*** water resources; ***recursos humanos*** human resources; ***recursos minerales*** mineral resources; ***recursos naturales*** natural resources; *Econ* ***recursos propios*** equity; ***recursos renovables*** renewable resources; ***recursos no renovables*** non-renewable resources

(**d**) *Informát* resource

recusación *nf* (**a**) *Der* challenge (**b**) *(rechazo)* rejection

recusar *vt* (**a**) *Der* to challenge (**b**) *(rechazar)* to reject, to refuse

red *nf* (**a**) *(de pesca, caza)* net; EXPR **caer en las redes de alguien** to fall into sb's trap; *también Fig* **echar** *o* **tender las redes** to cast one's net ❑ ***r. de arrastre*** dragnet; ***r. de deriva*** drift net

(**b**) *(en tenis, voleibol, fútbol)* net

(**c**) *(para cabello)* hairnet

(**d**) *(sistema)* network, system; *(de electricidad, agua)* mains *(singular)*; **conectar algo a la r.** to connect sth to the mains ❑ ***r. hidrográfica*** river system *o* network; *Biol* ***r. trófica*** food chain; ***r. viaria*** road network *o* system

(**e**) *(organización) (de espionaje, narcotraficantes)* ring; *(de tiendas, hoteles)* chain

(**f**) *Informát* network; **la R.** *(Internet)* the Net; **la R. de redes** *(Internet)* the Internet ❑ ***r. de área local*** local area network; ***r. ciudadana*** freenet; ***r. de datos*** (data) network; ***r. local*** local (area) network; ***r. neuronal*** neural network; ***r. troncal*** backbone

redacción *nf* (**a**) *(acción)* writing; *(de periódico)* editing (**b**) *(estilo)* wording (**c**) *(equipo de redactores)* editorial team *o* staff (**d**) *(oficina)* editorial office (**e**) *(escrito escolar)* essay

redactar *vt* to write; **r. un contrato/un tratado** to draw up a contract/a treaty; **tenemos que redactarlo de forma más clara** we have to word it more clearly

redactor, -ora *nm,f Prensa (escritor)* writer; *(editor)* editor ❑ ***r. jefe*** editor-in-chief

redada *nf (de policía) (en un solo lugar)* raid; *(en varios lugares)* round-up; **hicieron una r. en el barrio** they carried out a raid in *o* raided the neighbourhood

redaños *nmpl (valor)* spirit; **no tener r. para hacer algo** not to have the courage to do sth

redecilla *nf (de pelo)* hairnet

rededor: en rededor *loc adv* around

redefinir *vt* to redefine

redención *nf* redemption

redentor, -ora *nm,f (persona)* redeemer; *Rel* **el R.** the Redeemer

redibujar *vt Informát* to redraw

redicho, -a *adj Fam* affected, pretentious

rediez *interj Fam* **¡r.!** good grief!, my goodness!

redil *nm* fold, pen; EXPR **volver al r.** to return to the fold

redimible *adj* redeemable

redimir 1 *vt* **(a)** *(librar, liberar)* to free, to deliver; *(esclavo)* to redeem; **r. a alguien de la pobreza** to free *o* deliver sb from poverty **(b)** *Rel* to redeem (**de** from) **(c)** *Fin (hipoteca)* to redeem **(d)** *Com (recomprar)* to redeem

2 redimirse *vpr* **(a)** *(librarse)* to free *o* release oneself **(b)** *Rel* to redeem oneself

redireccionar *vt Informát* to readdress

redistribución *nf* redistribution

redistribuir [34] *vt* to redistribute

rédito *nm* interest, yield

redituar [4] *vt* to yield

redoblamiento *nm* redoubling

redoblar 1 *vt (aumentar)* to redouble

2 *vi (tambor)* to roll

redoble *nm* **r. (de tambor)** roll, drumroll

redomado, -a *adj* out-and-out

redonda *nf* **(a)** *Mús Br* semibreve, *US* whole note **(b) a la redonda** *loc adv* around; **en quince kilómetros a la r.** within a fifteen kilometre radius

redondeado, -a *adj* rounded

redondear *vt* **(a)** *(hacer redondo)* to round, to make round **(b)** *(negocio, acuerdo)* to round off **(c)** *(cifra, precio) (al alza)* to round up; *(a la baja)* to round down

redondel *nm* **(a)** *(círculo)* circle, ring **(b)** *Taurom* bullring

redondeo *nm (de cifra, precio) (al alza)* rounding up; *(a la baja)* rounding down

redondez (*pl* **redondeces**) *nf* **(a)** *(cualidad)* roundness **(b) redondeces** *(curvas de mujer)* curves

redondilla 1 *nf* octosyllabic quatrain

2 *adj* roman

redondo, -a 1 *adj* **(a)** *(circular, esférico)* round; **girar en r.** to turn round; EXPR **caerse r.** to collapse in a heap **(b)** *(perfecto)* excellent; **salir r.** *(examen, entrevista)* to go like a dream; *(pastel)* to turn out perfectly **(c)** *(rotundo)* categorical; **se negó en r. a escucharnos** she refused point-blank to listen to us **(d)** *(cantidad)* round; **mil pesetas redondas** a round thousand pesetas

2 *nm (de carne)* topside

redor: en redor *loc adv Literario* around

reducción *nf* **(a)** *(disminución)* reduction; **piden la r. de la jornada laboral** they are asking for working hours to be shortened ❑ ***r. al absurdo*** reductio ad absurdum; ***r. de condena*** remission; ***r. de gastos*** cost-cutting; ***r. de precios*** *(acción)* price-cutting; *(resultado)* price cut; ***r. tributaria*** tax cut **(b)** *(sometimiento) (de rebelión)* suppression; *(de ejército)* defeat **(c)** *Quím* reduction

reduccionismo *nm* reductionism

reducible *adj* reducible

reducido, -a *adj* **(a)** *(pequeño)* small **(b)** *(limitado)* limited **(c)** *(estrecho)* narrow

---

REDUCIR [18] **1** *vt* **(a)** *(disminuir)* to reduce; *(gastos, costes, impuestos, plantilla)* to cut; *(producción)* to cut (back on); **nos han reducido el sueldo** our salary has been cut; **reduzca la velocidad** *(en letrero)* reduce speed now; **r. algo a algo** to reduce sth to sth; **el edificio quedó reducido a escombros** the building was reduced to a pile of rubble; **r. algo al mínimo** to reduce sth to a minimum; **r. algo a** *o* **en la mitad** to reduce sth by half; **tú todo lo reduces a tener dinero** the only thing you care about is money

(b) *(someter) (país, ciudad)* to suppress, to subdue; *(atracador, ladrón, sublevados)* to overpower

(c) *Mat (unidades de medida)* to convert (**a** to); *(fracciones, ecuaciones)* to cancel out

(d) *Med (hueso)* to set

(e) *Culin (guiso, salsa)* to reduce

2 *vi* **(a)** *(en el automóvil)* **r. (de marcha** *o* **velocidad)** to change down; **reduce a tercera** change down into third (gear)

(b) *Culin (guiso, salsa)* to reduce

3 reducirse *vpr* **(a)** *(disminuir)* to go down, to fall, to decrease; **se ha reducido la diferencia** the gap has closed; **los salarios se han reducido un dos por ciento** salaries have gone down *o* fallen *o* decreased by two percent

(b) reducirse a *(limitarse a)* **toda su ayuda se redujo a unas palabras de ánimo** her help amounted to nothing more than a few words of encouragement; **me he reducido a lo esencial** I've concentrated on the bare essentials

(c) reducirse a *(equivaler a)* to boil *o* come down to; **todo se reduce a una cuestión de dinero** it all boils *o* comes down to money

---

reductible *adj* reducible

reducto *nm* **(a)** *(fortificación)* redoubt **(b)** *(refugio)* stronghold, bastion

reductor, -ora 1 *adj* reducing

2 *nm* reducer

redujera *etc ver* **reducir**

redundancia *nf* redundancy, superfluousness; **eso es una r.** that's redundant *o* superfluous

redundante *adj* redundant, superfluous

redundar *vi* **r. en algo** to have an effect on sth; **redunda en beneficio nuestro** it is to our advantage

reduplicación *nf* **(a)** *(intensificación)* redoubling **(b)** *(repetición)* reduplication

reduplicar [59] *vt* **(a)** *(intensificar)* to redouble **(b)** *(duplicar)* to reduplicate

reduzco *etc ver* **reducir**

reedición *nf* **(a)** *(nueva edición)* new edition **(b)** *(reimpresión)* reprint

reedificación *nf* rebuilding

reedificar *vt* to rebuild

reeditar *vt* **(a)** *(publicar nueva edición de)* to bring out a new edition of **(b)** *(reimprimir)* to reprint

reeducar [59] *vt* to re-educate

reelaborar *vt (trabajo)* to redo

reelección *nf* re-election

reelecto, -a *adj* re-elected

reelegir [55] *vt* to re-elect

reembolsable *adj (gastos)* reimbursable; *(fianza)* refundable; *(deuda)* repayable

reembolsar *vt (gastos)* to reimburse; *(fianza)* to refund; *(deuda)* to repay

reembolso *nm (de gastos)* reimbursement; *(de fianza, dinero)* refund; *(de deuda)* repayment; **contra r.** cash on delivery

reemplazar [14] *vt también Informát* to replace (**con** *o* **por** with)

reemplazo *nm* **(a)** *(sustitución)* replacement (**con** *o* **por** with) **(b)** *Informát* replacement **(c)** *Mil* call-up, draft; **soldado de r.** = person doing military service

reemprender *vt* to start again

reencarnación *nf* reincarnation

reencarnar 1 *vt* to reincarnate

2 reencarnarse *vpr* to be reincarnated (**en** as)

reencontrar [63] **1** *vt* to find again

2 reencontrarse *vpr (varias personas)* to meet again

reencuentro *nm* reunion

reengancharse *vpr Mil* to re-enlist

reenganche *nm Mil* **(a)** *(acción)* re-enlistment **(b)** *(premio)* re-enlistment bonus

reenviar [32] *vt* **(a)** *(devolver)* to return, to send back **(b)** *(reexpedir)* to forward, to send on

reenvío *nm* **(a)** *(devolución)* return, sending back **(b)** *(reexpedición)* forwarding

reescribir *vt* to rewrite

reestrenar *vt Cine* to re-run; *Teatro* to revive

reestreno *nm* **(a)** *Cine* rerun, re-release; **cine de r.** second-run cinema; **reestrenos, películas de r.** *(en cartelera)* re-releases **(b)** *Teatro* revival

reestructuración *nf* restructuring

reestructurar *vt* to restructure

reexpedir [47] *vt* to forward, to send on

reexportación *nf* re-exportation

reexportar *vt* to re-export

refacción *nf* (**a**) *Am (reparaciones)* repairs (**b**) *Chile, Méx (recambios)* spare parts

refaccionar *vt Am* to repair, to fix

refajo *nm* underskirt, slip

refanfinflar *vt* EXPR *Fam* **me la refanfinfla** I don't give a damn

refectorio *nm* refectory

referencia *nf* reference; **con r. a** with reference to; **hacer r. a** to make reference to, to refer to; **lo sé por r.** it's only hearsay, I heard it secondhand; **tomar algo como r.** to use sth as a point of reference; **referencias** *(información)* information; *(para puesto de trabajo)* references ❑ *Informát* ***r. circular*** circular reference

referéndum (*pl* **referendums, referendos**) *nm* referendum

referente *adj* **r. a** concerning, relating to

referir [62] **1** *vt* (**a**) *(narrar)* to tell, to recount (**b**) *(remitir)* **r. a alguien a** to refer sb to (**c**) *(relacionar)* **r. algo a** to relate sth to (**d**) *Com (convertir)* **r. algo a** to convert sth into

2 referirse a *vpr* (**a**) *(estar relacionado con)* to refer to; **por** *o* **en lo que se refiere a...** as far as... is concerned (**b**) *(aludir, mencionar)* **¿a qué te refieres?** what do you mean?; **no me refiero a ti, sino a ella** I don't mean you, I mean her; **se refirió brevemente al problema de la vivienda** he briefly mentioned the housing problem

refilón: de refilón *loc adv* (**a**) *(de pasada)* briefly; **mencionar algo de r.** to mention sth in passing; **leer una revista de r.** to flick through a magazine (**b**) *(de lado)* sideways; **mirar/ver algo de r.** to look at/see sth out of the corner of one's eye

refinado, -a 1 *adj* refined

2 *nm* refining

refinamiento *nm* refinement

refinanciación *nf* refinancing

refinanciar *vt* to refinance

refinar *vt* to refine

refinería *nf* refinery

refiriera *etc ver* **referir**

refitolero, -a *Carib Fam* **1** *adj (zalamero)* fawning

2 *nm,f (zalamero)* flatterer

reflectante 1 *adj* reflective

2 *nm* reflector

reflectar *vt* to reflect

reflector *nm* (**a**) *(foco)* spotlight; *Mil* searchlight (**b**) *(telescopio)* reflector (**c**) *(aparato que refleja)* reflector

reflejar 1 *vt* (**a**) *(onda, rayo)* to reflect; *Fig* **no me veo reflejado en esa descripción** I don't see myself in that description (**b**) *(sentimiento, duda)* to show; **su rostro reflejaba el cansancio** his face looked tired; **esa pregunta refleja su ignorancia** that question shows *o* demonstrates his ignorance

2 reflejarse *vpr* (**a**) *(onda, rayo)* to be reflected (**en** in) (**b**) *(sentimiento, duda)* to be reflected (**en** in); **la felicidad se refleja en su mirada** her gaze radiates happiness

reflejo, -a 1 *adj (movimiento, dolor)* reflex; **acto r.** reflex action

2 *nm* (**a**) *(imagen, manifestación)* reflection (**b**) *(destello)* glint, gleam (**c**) *Anat* reflex; *también Fig* **tener buenos reflejos** to have good *o* quick reflexes ❑ ***r. condicional*** *o* ***condicionado*** conditioned reflex *o* response (**d**) *(de peluquería)* **reflejos** highlights; **hacerse** *o* **darse reflejos** to have highlights put in (one's hair)

réflex *Fot* **1** *adj inv* reflex, SLR

2 *nf inv (cámara)* reflex *o* SLR camera

reflexión *nf* (**a**) *(meditación)* reflection; **sin previa r.** without thinking; **me hizo unas reflexiones sobre el asunto** he gave me a few thoughts on the matter (**b**) *(de onda, rayo)* reflection

reflexionar 1 *vi* to think (**sobre** about), to reflect (**sobre** on); **reflexiona bien antes de tomar una decisión** think carefully before taking a decision; **actuó sin r.** she acted without thinking

2 *vt* to think about, to consider

reflexivo, -a *adj* (**a**) *(que piensa)* reflective, thoughtful (**b**) *Gram* reflexive

reflexología *nf* reflexology

reflexoterapia *nf* reflexology

reflorecimiento *nm* resurgence, rebirth; **r. de la economía** economic recovery

reflotamiento *nm*, **reflotación** *nf* saving; **un acuerdo para el r. del sector** an agreement aimed at saving the sector

reflotar *vt* to save

refluir [34] *vi* to flow back *o* out

reflujo *nm* ebb (tide)

refocilarse *vpr* **r. haciendo algo** to take delight in doing sth; **r. en la desgracia ajena** to gloat over others' misfortune

reforestación *nf* reforestation

reforestar *vt* to reforest

reforma *nf* (**a**) *(modificación)* reform ❑ ***r. agraria*** agrarian reform; ***reformas estructurales*** structural reforms; ***r. fiscal*** tax reform (**b**) *(en local, casa)* alterations; **hacer reformas** to renovate, to do up; **he gastado los ahorros en hacer reformas en mi casa** I've spent all my savings on doing up the house (**c**) *Hist* **la R.** the Reformation

reformado, -a 1 *adj* (**a**) *(modificado)* altered (**b**) *(mejorado)* improved (**c**) *(rehecho)* reformed

2 *nm,f* Protestant

reformador, -ora 1 *adj* reforming

2 *nm,f* reformer

reformar 1 *vt* (**a**) *(cambiar)* to reform (**b**) *(local, casa)* to renovate, to do up

2 reformarse *vpr* to mend one's ways

reformatorio *nm (de menores) Br* youth custody centre, *US* reformatory

reformismo *nm* reformism

reformista *adj & nmf* reformist

reformular *vt* to reformulate, to put another way

reforzado, -a *adj* reinforced

reforzar [31] *vt* (**a**) *(hacer resistente)* to reinforce; **r. la vigilancia** to step up *o* increase security (**b**) *(dar fuerza)* **le refuerza pensar que ella volverá pronto** it gives him strength to think that she will be returning soon

refracción *nf* refraction

refractar *vt* to refract

refractario, -a *adj* (**a**) *(material)* heat-resistant, refractory (**b**) *(opuesto)* **r. a** averse to (**c**) *(inmune)* **r. a** immune to

refrán *nm* proverb, saying; **como dice el r.,...** as the saying goes,..., as they say,...

> Observa que la palabra inglesa **refrain** es un falso amigo y no es la traducción de la palabra española **refrán**. En inglés **refrain** significa "estribillo".

refranero *nm* = collection of proverbs *o* sayings

refregar [43] *vt* (**a**) *(frotar)* to scrub (**b**) *Fig (restregar)* **r. algo a alguien** to rub sb's nose in sth

refregón *nm Fam* (**a**) *(refregamiento)* scrubbing (**b**) *(señal)* scrub mark

refreír [56] *vt* (**a**) *(volver a freír)* to re-fry (**b**) *(freír en exceso)* to over-fry

refrenar 1 *vt* to curb, to restrain

2 refrenarse *vpr* to hold back, to restrain oneself

refrendar *vt* (**a**) *(aprobar)* to endorse, to approve (**b**) *(legalizar)* to endorse, to countersign

refrendo *nm* (**a**) *(firma)* countersignature (**b**) *(aprobación)* endorsement, approval

refrescante *adj* refreshing

refrescar [59] **1** *vt* (**a**) *(enfriar)* to refresh; *(bebidas)* to chill (**b**) *(conocimientos)* to brush up; **r. la memoria a alguien** to refresh sb's memory (**c**) *Informát* to refresh

2 *vi (bebida)* to be refreshing

3 *v impersonal* **esta noche refrescará** it will get cooler tonight

4 refrescarse *vpr* (**a**) *(enfriarse)* to cool down; **voy a darme una ducha para refrescarme** I'm going to have a shower to cool off (**b**) *(tomar aire fresco)* to get a breath of fresh air (**c**) *(mojarse con agua fría)* to splash oneself down (**d**) *Informát* to refresh

refresco *nm* (**a**) *(bebida)* soft drink (**b**) *Mil* **de r.** new, fresh (**c**) *Informát* refresh ❑ ***r. de pantalla*** (screen) refresh

refría *etc ver* **refreír**

refriega 1 *ver* **refregar**

2 *nf (lucha)* scuffle; *Mil* skirmish

refriegue *etc ver* **refregar**

refriera *etc ver* **refreír**

refrigeración *nf* (**a**) *(aire acondicionado)* air-conditioning (**b**) *(de alimentos)* refrigeration (**c**) *(de máquinas, motores)* cooling; **(sistema de) r.** cooling system ❑ ***r. por agua*** water-cooling; ***r. por aire*** air-cooling

refrigerado, -a *adj* (**a**) *(local)* air-

conditioned (**b**) *(alimentos)* refrigerated (**c**) *(líquido, gas)* cooled
refrigerador 1 *adj (líquido, sistema)* cooling
2 *nm* (**a**) *(frigorífico)* refrigerator, *Br* fridge, *US* icebox (**b**) *(de máquinas, motores)* cooling system
refrigerante *adj* (**a**) *(para alimentos)* refrigerating (**b**) *(para motores)* cooling
refrigerar *vt* (**a**) *(local)* to air-condition (**b**) *(alimentos)* to refrigerate (**c**) *(máquina, motor)* to cool
refrigerio *nm* refreshments; **se servirá un r.** refreshments will be served
refrito, -a 1 *participio ver* **refreír**
2 *adj (frito de nuevo)* re-fried; *(demasiado frito)* over-fried
3 *nm Fig (cosa rehecha)* rehash
refucilo *nm RP* flash of lightning
refuerce *etc ver* **reforzar**
refuerzo 1 *ver* **reforzar**
2 *nm* (**a**) *(acción)* reinforcement (**b**) *(de tela, cuero)* backing (**c**) *Mil* **refuerzos, soldados de r.** reinforcements
refugiado, -a 1 *adj* refugee
2 *nm,f* refugee ▫ ***r. político*** political refugee
refugiar 1 *vt* to give refuge to
2 refugiarse *vpr* to take refuge; **refugiarse de algo** to shelter from sth; **se refugió en la bebida** he took *o* sought refuge in drink
refugio *nm* (**a**) *(lugar)* shelter, refuge ▫ ***r. antiaéreo*** air-raid shelter; ***r. atómico*** nuclear bunker; ***r. de montaña*** *(muy básico)* mountain shelter; *(albergue)* mountain refuge; ***r. subterráneo*** bunker, underground shelter (**b**) *(amparo, consuelo)* refuge, comfort; **la gente busca r. en la religión** people seek refuge in religion (**c**) *Aut* traffic island
refulgencia *nf* brilliance
refulgente *adj* brilliant
refulgir [24] *vi* to shine brightly
refundición *nf* (**a**) *(unión)* merging, bringing together (**b**) *Lit* adaptation
refundir *vt* (**a**) *(fundir de nuevo)* to re-cast (**b**) *(unir)* to bring together (**c**) *Lit* to adapt
refunfuñar *vi* to grumble
refunfuñón, -ona 1 *adj* grumpy
2 *nm,f* grumbler
refusilo *nm RP* flash of lightning
refutable *adj* refutable
refutación *nf* refutation
refutar *vt* to refute
regadera *nf* (**a**) *(para regar)* watering can; EXPR *Fam* **estar como una r.** to be as mad as a hatter (**b**) *Méx (ducha)* shower
regadío *nm* irrigated land; **de r.** irrigated, irrigable
regaladamente *adv* **vivían r.** they had a comfortable *o* an easy life
regalado, -a *adj* (**a**) *(muy barato)* dirt cheap; *Fig* **te lo doy r.** I'm giving it away to you; *Fig* **no lo quiero ni r.** I wouldn't want it even if you were giving it away (**b**) *(agradable)* comfortable, easy

regalar 1 *vt* (**a**) *(dar) (de regalo)* to give *(as a present)*; *(gratis)* to give away; **me regalaron un reloj para mi cumpleaños** I got a watch for my birthday (**b**) *(agasajar)* **r. a alguien con algo** to shower sb with sth; **les regalaron con muchas atenciones** they showered them with attentions (**c**) *Am (prestar)* to lend
2 regalarse con *vpr* to treat oneself to
regalía *nf* (**a**) *(privilegio real)* royal prerogative (**b**) *CAm, Carib (regalo)* present
regaliz *nm* liquorice
regalo *nm* (**a**) *(obsequio)* present, gift; *(en rifa)* prize; **de r.** *(gratuito)* free (**b**) *(placer)* joy, delight
regalón, -ona *adj RP, Chile Fam* spoilt
regalonear *vt RP, Chile Fam* to spoil
regañadientes: a regañadientes *loc adv Fam* unwillingly, reluctantly
regañar 1 *vt (reprender)* to tell off
2 *vi (pelearse)* to fall out, to argue
regañina *nf* (**a**) *(reprimenda)* ticking off (**b**) *(enfado)* argument, row
regaño *nm* telling off
regañón, -ona 1 *adj* **es muy r.** he's always telling people off for nothing
2 *nm,f* **es un r.** he's always telling people off for nothing
regar [43] *vt* (**a**) *(con agua) (planta, campo)* to water; *(calle)* to hose down (**b**) *(sujeto: río)* to flow through (**c**) *(sujeto: vasos sanguíneos)* to supply with blood (**d**) *(desparramar)* to sprinkle, to scatter; **regaron el suelo de papeles** they scattered papers all over the floor (**e**) *Méx Fam* **regarla** *(meter la pata)* to put one's foot in it
regata *nf* (**a**) *Náut* regatta, boat race (**b**) *(reguera)* irrigation channel
regate *nm* (**a**) *Dep* swerve, sidestep (**b**) *(evasiva)* dodge
regateador, -ora 1 *adj* haggling
2 *nm,f* (**a**) *(con los precios)* haggler (**b**) *(deportista)* sidestepper
regatear 1 *vt* (**a**) *(escatimar)* to be sparing with; **no ha regateado esfuerzos** he has spared no effort (**b**) *Dep* to beat, to dribble past (**c**) *(precio)* to haggle over
2 *vi* (**a**) *(negociar el precio)* to barter, to haggle (**b**) *Náut* to race
regateo *nm* bartering, haggling
regatista *nmf Dep* participant in a regatta *o* boat race
regato *nm* brook, rivulet
regazo *nm* lap
regencia *nf* (**a**) *(reinado)* regency (**b**) *(administración)* running, management
regeneración *nf* (**a**) *(recuperación, restablecimiento)* regeneration (**b**) *(de delincuente, degenerado)* reform
regeneracionismo *nm* political reform movement
regenerar 1 *vt* (**a**) *(recuperar, restablecer)* to regenerate; *(reciclar)* to recycle (**b**) *(delincuente, degenerado)* to reform
2 regenerarse (**a**) *(recuperarse, restablecerse)* to regenerate (**b**) *(delincuente, degenerado)* to reform

regenerativo, -a *adj* regenerative
regenta *nf* wife of the regent
regentar *vt* (**a**) *(país)* to run, to govern (**b**) *(negocio)* to run, to manage (**c**) *(puesto)* to hold *(temporarily)*
regente 1 *adj* regent
2 *nmf* (**a**) *(de un país)* regent (**b**) *(administrador) (de tienda)* manager; *(de colegio)* governor (**c**) *Méx (alcalde)* mayor, *f* mayoress
reggae ['rriγi, 'rreγi] *nm* reggae
regicida *nmf* regicide *(person)*
regicidio *nm* regicide *(crime)*
regidor, -ora *nm,f* (**a**) *Teatro* stage manager; *Cine & TV* assistant director (**b**) *(concejal)* councillor
régimen (*pl* **regímenes**) *nm* (**a**) *(sistema político)* regime; **r. parlamentario** parliamentary system (**b**) *(normas)* rules; **alojarse en un hotel en r. de media pensión** to stay at a hotel (on) half-board; **una cárcel en r. abierto** an open prison; **estar en r. abierto** *(preso)* to be allowed to leave the prison during the day (**c**) *(dieta)* diet; **estar/ponerse a r.** to be/go on a diet ▫ ***r. alimenticio*** diet (**d**) *(rutina)* pattern ▫ ***r. climático*** climate range; ***r. hidrológico*** *o* ***de lluvias*** rainfall pattern; ***r. de marea*** tide range; ***r. de vida*** lifestyle (**e**) *Ling* government
regimiento *nm Mil* regiment; *Fig* army
regio, -a *adj* (**a**) *(real)* royal (**b**) *Am Fam (genial)* great, fabulous
regiomontano, -a 1 *adj* of/from Monterrey
2 *nm,f* person from Monterrey
región *nf* (**a**) *(zona)* region (**b**) *Mil* district
regional *adj* regional
regionalismo *nm* regionalism
regionalista *adj & nmf* regionalist
regionalización *nf* regionalization
regionalizar [14] *vt* to regionalize
regir [55] **1** *vt* (**a**) *(gobernar)* to rule, to govern (**b**) *(administrar)* to run, to manage (**c**) *Ling* to govern (**d**) *(determinar)* to govern, to determine
2 *vi* (**a**) *(ley)* to be in force, to apply (**b**) *(funcionar)* to work (**c**) *(persona)* to be of sound mind; **la abuela ya no rige** granny no longer has full control of her faculties
3 regirse por *vpr* to be guided by
registrado, -a *adj* (**a**) *(grabado, anotado)* recorded (**b**) *(patentado, inscrito)* registered
registrador, -ora 1 *adj* registering
2 *nm,f* registrar ▫ ***r. de la propiedad*** land registrar, recorder of deeds
registrar 1 *vt* (**a**) *(zona, piso, persona)* to search; EXPR *Fam* **a mí, que me registren** it wasn't me, don't look at me (**b**) *(datos, hechos)* to register, to record; **la empresa ha registrado un aumento de las ventas** the company has recorded an increase in sales, the company's sales have gone up (**c**) *(grabar)* to record
2 registrarse *vpr* (**a**) *(suceder)* to occur, to happen (**b**) *(observarse)* to be recorded; **se registró una inflación superior a la**

prevista the inflation figures were higher than predicted

registro *nm* (**a**) *(oficina)* registry (office) ❑ ***r. catastral*** land register; ***r. civil*** registry (office); ***r. de comercio*** *o* ***mercantil*** trade register office; ***r. de la propiedad*** land registry office; ***r. de la propiedad industrial/intelectual*** trademark/copyright registry office
(**b**) *(inscripción)* registration; **llevar el r. de algo** to keep a record of sth
(**c**) *(libro)* register
(**d**) *(inspección)* search; **efectuaron un r. domiciliario** they searched his/her/*etc* home
(**e**) *(de libro)* bookmark
(**f**) *Informát (en base de datos)* record
(**g**) *Ling & Mús* register
(**h**) *(faceta)* side

regla *nf* (**a**) *(para medir)* ruler, rule ❑ ***r. de cálculo*** slide rule (**b**) *(norma)* rule; **en r.** in order; **poner algo en r.** to put sth in order; **por r. general** as a rule, generally; **salirse de la r.** to overstep the mark *o* line ❑ ***r. de oro*** golden rule; ***reglas ortográficas*** spelling rules (**c**) *Mat* ***r. de tres*** rule of three; *Fam Fig* **por la misma r. de tres...** by the same token... (**d**) *Fam (menstruación)* period; **tener la r.** to have one's period; **le ha venido la r. hoy** her period started today (**e**) *(modelo)* example, model

reglaje *nm (de motor)* tuning

reglamentación *nf* (**a**) *(acción)* regulation (**b**) *(reglas)* rules, regulations

reglamentar *vt* to regulate

reglamentario, -a *adj* (**a**) *(arma, uniforme)* regulation; **el tiempo r.** normal time (**b**) *Der* statutory

reglamento *nm (normas)* regulations, rules; **balón de r.** *(en fútbol)* regulation football

reglar *vt* to regulate

regleta *nf (para enchufes)* multiple socket adaptor

regocijar 1 *vt* to delight
2 regocijarse *vpr* to rejoice (**de** *o* **con** in)

regocijo *nm* joy, delight

regodearse *vpr* to take pleasure *o* delight (**en** *o* **con** in)

regodeo *nm* delight, pleasure

regoldar [6] *vi* to belch

regordete *adj* chubby, tubby

regrabable *adj Informát* rewritable

regresar 1 *vi (yendo)* to go back, to return; *(viniendo)* to come back, to return; **¿cuándo regresará?** when will she be back?
2 *vt Am (devolver)* to give back
3 regresarse *vpr Méx (yendo)* to go back, to return; *(viniendo)* to come back, to return

regresión *nf* (**a**) *(de economía, exportaciones)* drop, decline (**b**) *(de epidemia)* regression (**c**) *Psi (en el tiempo)* regression

regresivo, -a *adj* regressive

regreso *nm* return; **estar de r.** to be back; **durante el r.** on the way back

regué *etc ver* **regar**

regüelda *etc ver* **regoldar**

regüeldo *nm* belch

reguera *nf* irrigation ditch

reguero *nm* (**a**) *(rastro) (de sangre, agua)* trickle; *(de harina, arena)* trail; **correr como un r. de pólvora** to spread like wildfire (**b**) *(canal)* irrigation ditch

regulable *adj* adjustable

regulación *nf* (**a**) *(de actividad, economía)* regulation ❑ ***r. de empleo*** workforce reduction (**b**) *(de nacimientos, tráfico)* control (**c**) *(de mecanismo)* adjustment

regulador, -ora 1 *adj* regulating, regulatory
2 *nm* regulator, controller ❑ ***r. de flujo*** flow regulator agent; ***r. de intensidad*** *(de la luz)* dimmer

regular 1 *adj* (**a**) *(uniforme)* regular; **de un modo r.** regularly
(**b**) *(mediocre)* average, fair
(**c**) *(normal)* normal, usual; *(de tamaño)* medium; **por lo r.** as a rule, generally
2 *nm Mil* regular
3 *adv (no muy bien)* so-so; **lleva unos días r., tiene un poco de fiebre** she's been so-so the last few days, she's got a bit of a temperature; **¿qué tal el concierto? — r.** how was the concert? – nothing special
4 *vt* (**a**) *(actividad, economía)* to regulate; *(tráfico)* to control; **la normativa regula estos casos** the regulations govern these cases
(**b**) *(mecanismo)* to adjust; **las presas regulan el cauce del río** the dams regulate the flow of the river

regularidad *nf* regularity; **con r.** regularly

regularización *nf* regularization

regularizar [14] **1** *vt* (**a**) *(devolver a la normalidad)* to get back to normal (**b**) *(legalizar)* to regularize
2 regularizarse *vpr* (**a**) *(volver a la normalidad)* to return to normal (**b**) *(legalizarse)* to become legitimate

regularmente *adv* (**a**) *(frecuentemente)* regularly (**b**) *(normalmente)* normally, usually

regulativo, -a *adj* regulative

regurgitación *nf* regurgitation

regurgitar *vt & vi* to regurgitate

regusto *nm* (**a**) *(sabor)* aftertaste; *Fig* **sus palabras me dejaron un r. amargo** her words left a bitter taste in my mouth (**b**) *(semejanza, aire)* flavour

rehabilitación *nf* (**a**) *(de toxicómano, delincuente, órgano lesionado)* rehabilitation (**b**) *(en un puesto)* reinstatement (**c**) *(de local, edificio)* refurbishment (**d**) *(de reputación)* restoration

rehabilitador, -ora 1 *adj* **médico r.** rehabilitation doctor
2 *nm,f* rehabilitation doctor

rehabilitar *vt* (**a**) *(toxicómano, delincuente, órgano lesionado)* to rehabilitate (**b**) *(en un puesto)* to reinstate (**c**) *(local, edificio)* to refurbish (**d**) *(reputación)* to restore

rehacer [33] **1** *vt* (**a**) *(volver a hacer)* to redo, to do again (**b**) *(reconstruir)* to rebuild
2 rehacerse *vpr* (**a**) *(recuperarse)* to recuperate, to recover (**b**) *(recuperar la compostura)* to recover

rehecho, -a *participio ver* **rehacer**

rehén (*pl* **rehenes**) *nm* hostage

rehíce *etc ver* **rehacer**

rehiciera *etc ver* **rehacer**

rehogar [38] *vt* = to fry over a low heat

rehuir [34] *vt* to avoid

rehumedecer [46] *vt* to soak

rehusar *vt & vi* to refuse

rehuya *etc ver* **rehuir**

rehuyera *etc ver* **rehuir**

reidor, -ora *adj* laughing

Reikiavik *n* Reykjavik

reimplantar *vt* (**a**) *(reintroducir)* to reintroduce (**b**) *Med* to implant again

reimportación *nf* reimporting

reimportar *vt* to reimport

reimpresión *nf* (**a**) *(tirada)* reprint (**b**) *(acción)* reprinting

reimpreso, -a *adj* reprinted

reimprimir *vt* to reprint

reina 1 *adj (prueba, etapa)* blue-ribbon
2 *nf* (**a**) *(monarca)* queen ❑ ***la r. de las fiestas*** = young woman chosen each year to preside at the various local celebrations, ≃ carnival queen; ***la r. madre*** the Queen Mother (**b**) *(en ajedrez)* queen (**c**) *(abeja)* queen (**d**) *(apelativo)* love, darling; **ven aquí, mi r.** come here, princess

reinado *nm también Fig* reign

reinante *adj* (**a**) *(monarquía, persona)* reigning, ruling (**b**) *(viento, ambiente, silencio)* prevailing

reinar *vi* (**a**) *(gobernar)* to reign (**b**) *(caos, confusión, pánico)* to reign; **en esta casa reina la alegría** everyone is always happy in this house (**c**) *(triunfar)* **el bien reinó sobre el mal** good triumphed over evil

reincidencia *nf (en un vicio)* relapse; *(en un delito)* recidivism

reincidente 1 *adj* **un joven r.** a young reoffender
2 *nmf* reoffender

reincidir *vi* (**a**) *(en falta, error)* to relapse (**en** into) (**b**) *(en delito)* to reoffend; **r. en un delito** to reoffend, to commit the same crime again

reincorporación *nf* return (**a** to)

reincorporar 1 *vt* to reincorporate (**a** into)
2 reincorporarse *vpr* **¿cuándo te reincorporas?** *(al trabajo)* when will you be coming back *o* returning to work?; **reincorporarse a** to rejoin, to go back to

reineta *nf* **(manzana) r.** = type of apple with tart flavour, used for cooking and eating

reingresar *vi* to return (**en** to)

reinicializar [14], **reiniciar** *vt Informát (ordenador)* to reboot, to restart; *(impresora)* to reset

reino *nm* (**a**) *(territorio, estado)* kingdom; **el r. de los cielos** the kingdom of Heaven

❑ *Hist* ***r. de taifa*** = independent Muslim kingdom in Iberian peninsula; ***el R. Unido*** the United Kingdom (**b**) *Biol* kingdom ❑ ***r. animal/mineral/vegetal*** animal/mineral/vegetable kingdom (**c**) *(ámbito, dominio)* realm

reinona *nf Fam* queen

reinserción *nf* **la r. (laboral) de los desempleados de larga duración** getting the long-term unemployed back to work; **r. (social)** social rehabilitation, reintegration into society

reinsertado, -a *nm,f* former criminal

reinsertar *vt* (**a**) *(en sociedad)* to reintegrate (**en** into), to rehabilitate; **tenemos que r. a los parados de larga duración** we have to get the long-term unemployed back to work (**b**) *(en ranura)* to reinsert

reinstalación *nf* (**a**) *(en lugar)* reinstallation (**b**) *(en puesto)* reinstatement

reinstalar *vt* (**a**) *(en lugar)* to reinstall (**b**) *(en puesto)* to reinstate

reinstaurar *vt* to reestablish

reintegración *nf* (**a**) *(a puesto)* reinstatement (**a** in) (**b**) *(de gastos)* reimbursement, refund; *(de préstamo)* repayment

reintegrar 1 *vt* (**a**) *(a un puesto)* to reinstate (**a** in) (**b**) *(gastos)* to reimburse, to refund; *(préstamo)* to repay

2 reintegrarse *vpr* to return (**a** to); **se reintegró a la vida laboral** she returned to work, she found a new job

reintegro *nm* (**a**) *(de gastos)* reimbursement, refund; *(de préstamo)* repayment; *(en banco)* withdrawal (**b**) *(en lotería)* = refund of one's stake as prize

reinversión *nf* reinvestment

reinvertir [62] *vt* to reinvest

reír [56] **1** *vi* to laugh; PROV **quien ríe el último ríe mejor** he who laughs last laughs longest

2 *vt* to laugh at

3 reírse *vpr* to laugh (**de** at); **reírse por lo bajo** to snicker, to snigger; **¡me río yo de los sistemas de seguridad!** I laugh at security systems!, security systems are no obstacle to me!

reiteración *nf* reiteration, repetition

reiterado, -a *adj* repeated; **te lo he dicho reiteradas veces** I've told you repeatedly

reiterar 1 *vt* to reiterate, to repeat

2 reiterarse en *vpr* to reaffirm

reiterativo, -a *adj* repetitive

reivindicación *nf* claim, demand; **estamos a la espera de la r. del atentado** no one has yet claimed responsibility for the attack ❑ ***r. salarial*** pay claim

reivindicar [59] *vt* (**a**) *(derechos, salario)* to claim, to demand (**b**) *(atentado)* to claim responsibility for (**c**) *(herencia, territorio)* to lay claim to (**d**) *(reputación, memoria)* to defend

reivindicativo, -a *adj* **dio un discurso r.** he gave a speech in which he made a series of demands; **jornada reivindicativa** day of protest; **plataforma reivindicativa** pressure group

reja *nf* (**a**) *(barrotes)* bars; *(en el suelo)* grating; *(rejilla en ventana)* grille; *Fig* **estar entre rejas** to be behind bars (**b**) *(del arado)* ploughshare

rejego, -a *adj Am Fam (terco)* pigheaded

rejilla *nf* (**a**) *(enrejado)* grid, grating; *(de ventana)* grille; *(de ventilación)* grating; *(de cocina)* grill *(on stove)*; *(de horno)* gridiron ❑ *Aut* ***r. del radiador*** radiator grille (**b**) *(celosía)* lattice window/screen (**c**) *(en sillas, muebles)* **una silla de r.** a chair with a wickerwork lattice seat (**d**) *(para equipaje)* luggage rack (**e**) *TV* **r. (de programación)** programme schedule

rejo *nm* (**a**) *Am (látigo)* whip (**b**) *Cuba, Ven (cuero)* strip of raw leather (**c**) *Ecuad (rebaño)* herd of dairy cows (**d**) *Ecuad (ordeño)* milking

rejón *nm Taurom* = pike used by mounted bullfighter

rejoneador, -ora *nm,f Taurom* = bullfighter on horseback who uses the "rejón"

rejonear *Taurom* **1** *vt* = to wound with a "rejón"

2 *vi* = to fight the bulls on horseback using a "rejón"

rejoneo *nm Taurom* use of the "rejón"

rejuntarse *vpr muy Fam (pareja)* to shack up together; **r. con alguien** to shack up with sb

rejuvenecedor, -ora *adj (efecto)* rejuvenating

rejuvenecer [46] **1** *vt* to rejuvenate; **esa ropa te rejuvenece mucho** those clothes make you look a lot younger

2 *vi* **las vacaciones rejuvenecen** holidays rejuvenate you; **la cirugía estética rejuvenece** plastic surgery makes you look younger

3 rejuvenecerse *vpr* to be rejuvenated; **desde que se afeitó se ha rejuvenecido diez años** shaving his beard off has made him look ten years younger

rejuvenecimiento *nm* rejuvenation; **el r. de la población** the drop in the average age of the population

relación 1 *nf* (**a**) *(nexo)* relation, connection; **con r. a, en r. con** in relation to, with regard to; **guardar r. con algo** to be related to sth; **no guardar r. con algo** to bear no relation to sth; **r. calidad-precio** value for money

(**b**) *(comunicación, trato)* relations, relationship; **mantener relaciones con alguien** to keep in touch with sb; **tener** *o* **mantener buenas relaciones con alguien** to be on good terms with sb ❑ ***relaciones comerciales*** *(vínculos)* business links; *(comercio)* trade; ***relaciones diplomáticas*** diplomatic relations; ***relaciones internacionales*** international relations; ***relaciones laborales*** industrial relations; ***relaciones de parentesco*** kinship; ***relaciones personales*** personal relations; ***relaciones públicas*** *(actividad)* public relations, PR

(**c**) *(lista)* list

(**d**) *(descripción)* account

(**e**) *(informe)* report

(**f**) **relaciones** *(noviazgo)* relationship; **llevan cinco años de relaciones** they've been going out together for five years; **un cursillo sobre las relaciones de pareja** a course on being in a relationship; **relaciones prematrimoniales** premarital sex; **relaciones sexuales** sexual relations

(**g**) **relaciones** *(contactos)* contacts, connections; **tener buenas relaciones** to be well-connected

(**h**) *Mat* ratio

2 *nmf inv* ***relaciones públicas*** *(persona)* public relations officer, PR officer

relacional *adj* relational

relacionar 1 *vt* (**a**) *(vincular)* to relate (**con** to), to connect (**con** with); **estar bien relacionado** to be well-connected (**b**) *(enumerar)* to list, to enumerate

2 relacionarse *vpr (alternar)* to mix (**con** with); **no se relacionaba con los lugareños** he didn't have anything to do with the locals

relajación *nf*, **relajamiento** *nm* relaxation; **r. de la moral** lowering of moral standards

relajadamente *adv* relaxedly

relajado, -a *adj (tranquilo)* relaxed

relajante 1 *adj* relaxing

2 *nm* relaxant

relajar 1 *vt* (**a**) *(distender)* to relax (**b**) *(hacer menos estricto)* to relax (**c**) *PRico (burlarse de)* to make fun of, to mock

2 relajarse *vpr* (**a**) *(distenderse)* to relax (**b**) *(hacerse menos estricto)* to become lax

relajo *nm* (**a**) *Am Fam (alboroto)* racket, din (**b**) *Carib, Méx (broma)* joke; *Méx* **echar r.** to fool around

relamer 1 *vt* to lick repeatedly

2 relamerse *vpr* (**a**) *(persona)* to lick one's lips; **relamerse de gusto** to smack one's lips; *Fig* **se relamía de gusto al pensar en...** he savoured the thought of... (**b**) *(animal)* to lick its chops

relamido, -a *adj* prim and proper

relámpago *nm (descarga)* flash of lightning; *(destello)* flash; **hubo muchos relámpagos** there was a lot of lightning; EXPR **pasar como un r.** to flash past

relampaguear 1 *v impersonal* **relampagueó** lightning flashed

2 *vi* to flash

relampagueo *nm Meteo* lightning; *(destello)* flashing

relanzamiento *nm* relaunch

relanzar [14] *vt* to relaunch

relatar *vt (suceso)* to relate, to recount; *(historia)* to tell

relativamente *adv* relatively

relatividad *nf* relativity

relativismo *nm* relativism

relativizar [14] *vt* to play down

relativo, -a *adj* (**a**) *(no absoluto)* relative; **todo es r.** it's all relative (**b**) *(relacionado, tocante)* relating; **en lo r. a...** regarding..., in relation to... (**c**) *(escaso)* limited

relato *nm (exposición)* account, report; *(cuento)* tale, story

relator *nm Pol* rapporteur

relax *nm inv* (**a**) *(relajación)* relaxation (**b**) *(sección de periódico)* personal column

relé *nm Elec* relay ❑ ***r. fotoeléctrico*** photoelectric relay

releer [37] *vt* to re-read

relegación *nf* relegation

relegar [38] *vt* to relegate (**a** to); **r. algo al olvido** to banish sth from one's mind; **fue relegado al olvido** it was consigned to oblivion; **r. algo a segundo plano** to push sth into the background

relente *nm* (night) dew

relevancia *nf* importance

> Observa que la palabra inglesa **relevance** es un falso amigo y no es la traducción de la palabra española **relevancia**. En inglés **relevance** significa "pertinencia".

relevante *adj* outstanding, important

> Observa que la palabra inglesa **relevant** es un falso amigo y no es la traducción de la palabra española **relevante**. En inglés **relevant** significa "pertinente".

relevar *vt* (**a**) *(sustituir)* to relieve, to take over from; *(en deporte)* to substitute; **el presidente lo relevó por una mujer** the president replaced him with a woman; **¿quién lo va a r. cuando se jubile?** who's going to take over from him when he retires? (**b**) *(destituir)* to dismiss (**de** from), to relieve (**de** of) (**c**) *(eximir)* to free (**de** from) (**d**) *(en relevos)* to take over from

relevista *nmf Dep* relay runner

relevo *nm* (**a**) *(sustitución, cambio)* change; **tomar el r.** to take over; **el r. de la guardia** the changing of the guard (**b**) *(sustituto, grupo)* relief (**c**) **relevos** *(carrera)* relay (race); **el r. jamaicano** the Jamaican relay team

releyera *etc ver* **releer**

relicario *nm* (**a**) *Rel* reliquary (**b**) *(estuche)* locket

relieve *nm* (**a**) *Arte & Geog* relief; **alto r.** high relief; **bajo r.** bas-relief; **en r.** in relief (**b**) *(importancia)* importance; **de r.** important; **para dar r. al acontecimiento,...** to lend importance to the event...; **poner de r.** to underline, to highlight

religión *nf* religion

religiosamente *adv también Fig* religiously

religiosidad *nf también Fig* religiousness; **con r.** religiously

religioso, -a 1 *adj* religious
2 *nm,f (monje)* monk; *(monja)* nun; *(cura)* priest

relinchar *vi* to neigh, to whinny

relincho *nm* neigh, neighing

reliquia *nf (restos)* relic; *(familiar)* heirloom; *Fig* **esta computadora es una r.** this computer is an antique

rellano *nm* (**a**) *(de escalera)* landing (**b**) *(de terreno)* shelf

rellenar *vt* (**a**) *(volver a llenar)* to refill; **rellenaron el agujero con cemento** they filled the hole back up with cement (**b**) *(documento, formulario)* to fill in *o* out (**c**) *(pollo, cojín)* to stuff; *(tarta, pastel)* to fill

relleno, -a 1 *adj* (**a**) *(lleno)* stuffed (**de** with); *(tarta, pastel)* filled (**de** with) (**b**) *(gordo)* plump
2 *nm* (**a**) *(de pollo, almohadón)* stuffing; *(de pastel)* filling (**b**) **de relleno** *loc adj* **páginas de r.** padding; **necesitamos poner algo de r.** we need to pad it out a bit

reloj *nm (de pared, en torre)* clock; *(de pulsera)* watch; *Fig* **hacer algo contra r.** to do sth against the clock; *Fig* **funcionar como un r.** to go like clockwork; EXPR *Fam* **es un r.** *(es puntual)* you can set your watch by him ❑ ***r. de agua*** water clock; ***r. analógico*** analogue watch; ***r. de arena*** hourglass; ***r. atómico*** atomic clock; ***r. biológico*** body clock, biological clock; ***r. de bolsillo*** pocket watch; ***r. de cuarzo*** quartz clock; ***r. de cuco*** cuckoo clock; ***r. de cuerda*** wind-up watch; ***r. despertador*** alarm clock; ***r. digital*** digital watch; *Informát* ***r. interno*** internal clock; ***r. de pared*** grandfather clock; ***r. de péndulo*** pendulum clock; ***r. de pulsera*** watch, wristwatch; ***r. de sol*** sundial

relojería *nf* (**a**) *(tienda)* watchmaker's (shop) (**b**) *(arte)* watchmaking; **de r.** *(mecanismo)* clockwork; *también Fig* **bomba de r.** time bomb

relojero, -a *nm,f* watchmaker

reluciente *adj* shining, gleaming; **dejó el jarrón r.** she polished the vase until it was gleaming

relucir [39] *vi también Fig* to shine; **sacar algo a r.** to bring sth up, to mention sth; **salir a r.** to come to light

relumbrar *vi* to shine brightly

relumbrón *nm* (**a**) *(golpe de luz)* flash (**b**) *(oropel)* tinsel; *Fig* **un trabajo de r.** a job that's not as important as it sounds

reluzca *etc ver* **relucir**

remachado *nm (del clavo)* clinching

remachar *vt* (**a**) *(clavo)* to clinch (**b**) *(poner remaches a)* to rivet (**c**) *(recalcar)* to drive home, to stress

remache *nm* (**a**) *(acción)* clinching (**b**) *(clavo)* rivet

remake [rri'meik] (*pl* **remakes**) *nm* remake

remallar *vt* to mend *(fishing net)*

remanente *nm* (**a**) *(de géneros)* surplus stock; *(de productos agrícolas)* surplus (**b**) *(en cuenta bancaria)* balance (**c**) *(de beneficios)* net profit

remangar [38] **1** *vt (pantalones)* to roll up; *(falda)* to hitch up; **remanga la camisa** roll up your (shirt) sleeves
2 remangarse *vpr (falda)* to hitch up; **remangarse (los pantalones)** to roll up one's trouser legs; **remangarse (la camisa)** to roll up one's (shirt) sleeves

remanguillé: a la remanguillé *loc adj Fam* any old how; **la casa estaba a la r.** the house was in an awful mess

remansarse *vpr* to (form a) pool

remanso *nm* still pool; **r. de paz** oasis of peace

remar *vi* to row

remarcar [59] *vt (recalcar)* to underline, to stress

rematadamente *adv* absolutely, utterly

rematado, -a *adj* utter, complete

rematador, -ora *nm,f Andes, RP (en subasta)* auctioneer

rematar 1 *vt* (**a**) *(acabar)* to finish; **para r.** *(para colmo)* to cap *o* crown it all
(**b**) *(matar)* to finish off
(**c**) *Dep* **r. un córner** *(con el pie)* to shoot from a corner; *(con la cabeza)* to head a corner
(**d**) *(liquidar, vender)* to sell off cheaply
(**e**) *(costura, adorno)* to finish off; **remató la tarta con trocitos de fruta** he decorated the cake with some pieces of fruit
(**f**) *(adjudicar en subasta)* to knock down
(**g**) *Andes, RP (subastar)* to auction
2 *vi* (**a**) *(acabar)* **la casa remata con una veleta** the house is topped by a weather vane
(**b**) *Dep (con el pie)* to shoot; **r. a puerta** *(con el pie)* to shoot at goal; **r. de cabeza** to head at goal

remate *nm* (**a**) *(fin, colofón)* end; **para r.** *(colmo)* to cap *o* crown it all (**b**) *(costura)* overstitch (**c**) *Arquit* top (**d**) *Dep (con el pie)* shot; **r. a puerta** *(con el pie)* shoot at goal; **r. de cabeza** header (at goal) (**e**) **de remate** *loc adj Fam* **es una tonta de r.** she's a complete *o* utter idiot (**f**) *Am (subasta)* auction

rematista *nmf Perú, PRico* auctioneer

rembolsable *ver* **reembolsable**

rembolsar *ver* **reembolsar**

rembolso *ver* **reembolso**

remecer [40] *vi Méx* to shake

remedar *vt (imitar)* to imitate; *(por burla)* to ape, to mimic

remediable *adj* remediable; **fácilmente r.** easily remedied

remediar *vt (daño)* to remedy, to put right; *(problema)* to solve; *(peligro)* to avoid, to prevent; **al fin se remedió su situación** her situation was finally resolved; **si puedes remediarlo, no vayas ese día** don't go on that day if you can help it; **ya no se puede r.** there's nothing to be done about it, it can't be helped; **no lo puedo r.** I can't help it

remedio *nm* (**a**) *(solución)* solution, remedy; **como último r.** as a last resort; **no hay** *o* **queda más r. que...** there's nothing for it but...; **poner r. a algo** to do something about sth; **¡qué r.!** there's no alternative!, what else can I/we/*etc* do?; **no tener más r. (que hacer algo)** to have no alternative *o* choice (but to do sth); **no tiene r.** *(persona)* he's a hopeless case; *(problema)* nothing can be done about it; **sin r.** *(sin cura, solución)* hopeless; EXPR **es peor el r. que la enfermedad** the solution is worse than the problem (**b**) *(consuelo)* comfort, consolation (**c**) *(medicamento)* remedy, cure ❑ ***r. casero*** home remedy

remedo *nm (imitación)* imitation; *(por burla)* parody

remembranza *nf* memory, remembrance

rememoración *nf* recollection

rememorar *vt* to remember, to recall

remendado, -a *adj (con parches)* patched; *(zurcido)* darned, mended

remendar [3] *vt (con parches)* to patch, to mend; *(zurcir)* to darn, to mend

remendón, -ona *adj* **zapatero r.** cobbler

remera *nf RP (prenda)* T-shirt

remero, -a *nm,f (persona)* rower

remesa *nf (de productos)* shipment, consignment; *(de dinero)* remittance

remeter *vt* to tuck in

remezón *nm Andes, RP* earth tremor

remiendo 1 *ver* **remendar**

2 *nm* (**a**) *(parche)* patch; *(zurcido)* darn (**b**) *Fam (apaño)* patching up, makeshift mending

remilgado, -a *adj* (**a**) *(afectado)* affected (**b**) *(escrupuloso)* squeamish; *(con comida)* fussy, finicky

remilgo *nm* (**a**) *(afectación)* affectation (**b**) *(escrúpulos)* squeamishness; *(con comida)* fussiness; **hacer remilgos a algo** to turn one's nose up at sth

reminiscencia *nf* reminiscence; **tener reminiscencias de** to be reminiscent of

remirado, -a *adj* (**a**) *(meticuloso)* meticulous (**b**) *(melindroso)* fussy, finicky

remirar *vt* (**a**) *(volver a mirar)* to look at again (**b**) *(examinar)* to look closely at, to examine

remisión *nf* (**a**) *(envío)* sending (**b**) *(en texto)* cross-reference, reference (**c**) *(perdón)* remission, forgiveness; **sin r.** without hope of a reprieve (**d**) *(de enfermedad)* remission

remiso, -a *adj (reacio)* reluctant; **ser r. a hacer algo** to be reluctant to do sth

remite *nm* = sender's name and address

remitente *nmf* sender

remitir 1 *vt* (**a**) *(enviar)* to send; **adjunto le remito mi currículum vítae** I enclose my CV (**b**) *(trasladar)* to refer; **remitiré tu solicitud al jefe** I'll refer your application to the boss (**c**) *(perdonar)* to forgive, to remit

2 *vi* (**a**) *(en texto)* to refer (**a** to) (**b**) *(disminuir) (tormenta, viento)* to subside; *(fiebre, temperatura)* to go down; *(dolor)* to go away; *(enfermedad)* to go into remission; *(lluvia, calor)* to ease off

3 remitirse a *vpr* (**a**) *(atenerse a)* to abide by; **me remito a la decisión del presidente** I will abide by the president's decision (**b**) *(referirse a)* to refer to

remo *nm* (**a**) *(pala)* oar (**b**) *(deporte)* rowing

remoción *nf (de personal)* dismissal, sacking

remodelación *nf* (**a**) *(modificación)* redesign; *(conversión)* conversion; *(de edificio, plaza)* renovation (**b**) *(de gobierno, organización)* reshuffle

remodelar *vt* (**a**) *(modificar)* to redesign; *(edificio, plaza)* to renovate; **r. algo para convertirlo en** to convert sth into (**b**) *(gobierno, organización)* to reshuffle

remojar *vt* (**a**) *(mojar)* to soak (**b**) *Fam (celebrar bebiendo)* to celebrate with a drink

remojo *nm* (**a**) *(agua)* **poner algo en** *o* **a r.** to leave sth to soak; **estar en r.** to be soaking (**b**) *Am (propina)* tip

remojón *nm* (**a**) *(en la piscina, el mar)* dip; **darse un r.** to go for a dip (**b**) *(bajo la lluvia)* soaking, drenching

remolacha *nf Br* beetroot, *US* beet ❑ ***r. azucarera*** (sugar) beet

remolachero, -a 1 *adj Br* beetroot, *US* beet; **el sector r.** the *Br* beetroot *o US* beet sector

2 *nm,f Br* beetroot grower, *US* beet grower

remolcador, -ora 1 *adj (vehículo)* **camión r.** tow truck; **lancha remolcadora** tug, tugboat

2 *nm (camión)* tow truck; *(barco)* tug, tugboat

remolcar [59] *vt (coche)* to tow; *(barco)* to tug

remoler [41] *vi Chile, Perú (parrandear)* to live it up, to have a ball

remolienda *nf Chile, Perú Fam* binge, spree

remolino *nm* (**a**) *(de agua)* eddy, whirlpool; *(de viento)* whirlwind; *(de humo)* swirl (**b**) *(de gente)* throng, mass (**c**) *(de ideas)* confusion (**d**) *(de pelo)* cowlick

remolón, -ona 1 *adj* lazy

2 *nm,f* **hacerse el r.** to shirk, to be lazy

remolonear *vi Fam (perder el tiempo)* to shirk, to be lazy; *(en la cama)* to laze about in bed

remolque *nm* (**a**) *(acción)* towing; **ir a r. de** to be towed along by; *Fig* to follow along behind, to be led by (**b**) *(vehículo)* trailer

remonta *nf Mil (conjunto de caballos)* supply of remounts; *(establecimiento)* remount establishment

remontada *nf Fam Dep* comeback; **la r. del equipo en la liga** the team's rapid climb back up the league table

remontar 1 *vt (pendiente, río)* to go up; *(obstáculo)* to get over, to overcome; *(puestos)* to pull back, to catch up; **r. el vuelo** *(avión, ave)* to soar; **la empresa no consigue r. el vuelo** the company hasn't been able to pull itself out of the crisis

2 remontarse *vpr* (**a**) *(ave, avión)* to soar, to climb high (**b**) *(gastos)* **remontarse a** to amount *o* come to (**c**) **remontarse a** *(datar de)* to go *o* date back to (**d**) *(retroceder en el tiempo)* **si nos remontamos 300 años...** if we go back 300 years...

remonte *nm* ski lift

remoquete *nm Fam (apodo)* nickname

rémora *nf* (**a**) *(pez)* remora (**b**) *(impedimento)* hindrance

remorder [41] *vt* **me remuerde (la conciencia) haberle mentido** I feel guilty *o* bad about lying to him

remordimiento *nm* remorse; **tener remordimientos (de conciencia) por algo** to feel remorse about sth; **le mentí y luego sentí remordimientos** I lied to her and felt bad about it later

remotamente *adv* remotely; **no se parecen ni r.** they don't look even remotely like each other

remoto, -a *adj* (**a**) *(en el espacio)* remote (**b**) *(en el tiempo)* distant, remote (**c**) *(posibilidad, parecido)* remote; **no tengo ni la más remota idea** I haven't got the faintest idea (**d**) *Informát* remote

remover [41] **1** *vt* (**a**) *(agitar) (sopa, café)* to stir; *(ensalada)* to toss; *(tierra)* to turn over, to dig up (**b**) *(recuerdos, pasado)* to stir up, to rake up (**c**) *Am (despedir)* to dismiss, to sack

2 removerse *vpr (moverse)* to fidget; **se removía inquieto en la cama** he was tossing and turning in his bed

remozar *vt (edificio, fachada)* to renovate; *(equipo)* to give a new look to

remplazar *ver* **reemplazar**

remplazo *ver* **reemplazo**

remuelco *etc ver* **remolcar**

remuelo *etc ver* **remoler**

remuerda *etc ver* **remorder**

remuevo *etc ver* **remover**

remunerable *adj* remunerable

remuneración *nf* remuneration

remunerado, -a *adj* paid; **bien r.** well-paid; **mal r.** badly-paid; **no r.** unpaid

remunerar *vt* (**a**) *(pagar)* to remunerate (**b**) *(recompensar)* to reward

renacentista 1 *adj* Renaissance; **pintor r.** Renaissance painter

2 *nmf (artista)* Renaissance artist

renacer [42] *vi* (**a**) *(flores, hojas)* to grow again (**b**) *(sentimiento, interés)* to return, to revive; **me siento r.** I feel reborn, I feel like I have a new lease of life; *Fig* **renació de sus cenizas** it rose from its ashes

Renacimiento *nm* **el R.** the Renaissance

renacimiento *nm* (**a**) *(de flores, hojas)* budding (**b**) *(de sentimiento, interés)* revival, return; **r. espiritual** spiritual rebirth

renacuajo *nm* (**a**) *(animal)* tadpole (**b**) *Fam (niño)* tiddler

renal *adj* renal, kidney; **infección r.** kidney infection

renazco *etc ver* **renacer**

rencilla *nf* (long-standing) quarrel, feud

renco, -a 1 *adj* lame

2 *nm,f* lame person

rencontrar *ver* **reencontrar**

rencor *nm* resentment, bitterness; **espero que no me guardes r.** I hope you won't bear me a grudge; **le guardo mucho rencor** I feel a lot of resentment towards him

rencoroso, -a 1 *adj* resentful, bitter

2 *nm,f* resentful *o* bitter person; **ser un r.** to be resentful *o* bitter

rencuentro *ver* **reencuentro**

rendición *nf* surrender ▫ ***r. incondicional*** unconditional surrender

rendido, -a *adj* (**a**) *(agotado)* exhausted, worn-out (**b**) *(sumiso)* submissive; *(admirador)* servile, devoted

rendidor, -ora *adj RP (rentable) (inversión, acciones)* profitable; **un champú muy r.** a shampoo that's very good for the price; **comprar en grandes cantidades es más r.** buying in bulk is cheaper

rendija *nf* crack, gap

rendimiento *nm* (**a**) *(de inversión, negocio)* yield, return; *(de tierra, cosecha)* yield (**b**) *(de motor, máquina)* performance; *(de trabajador, fábrica)* productivity; **trabajar a pleno r.** to work flat out (**c**) *(de estudiante, deportista)* performance

rendir [47] **1** *vt* (**a**) *(cansar)* to wear out, to tire out (**b**) *(rentar)* to yield (**c**) *(vencer)* to defeat, to subdue (**d**) *(entregar, dar) (arma, alma)* to surrender; **r. cuentas a alguien de algo** to give an account of sth to sb (**e**) *(ofrecer)* to give, to present; *(pleitesía)* to pay; **r. culto a** to worship; **r. homenaje** *o* **tributo a alguien** to pay tribute to sb

2 *vi* (**a**) *(inversión, negocio)* to be profitable (**b**) *(motor, máquina)* to perform well; *(trabajador, fábrica)* to be productive (**c**) *(deportista)* **este atleta ya no rinde como antes** this athlete isn't as good as he used to be (**d**) *(dar de sí)* **esta pintura rinde mucho** a little of this paint goes a long way; **me rinde mucho el tiempo** I get a lot done (in the time)

3 rendirse *vpr* (**a**) *(entregarse)* to give oneself up, to surrender (**a** to) (**b**) *(ceder, abandonar)* to submit, to give in; **rendirse a la evidencia** to bow to the evidence; **¡me rindo!** *(en adivinanza)* I give in *o* up!

renegado, -a *adj & nm,f* renegade

renegar [43] **1** *vt (negar)* to deny categorically; **negó y renegó que hubiera estado allí** he repeatedly and categorically denied that he had been there

2 *vi* (**a**) *(repudiar)* **r. de** *Rel* to renounce; *(familia)* to disown; *(principios)* to abandon, to renounce (**b**) *Fam (gruñir)* to grumble

renegociar *vt* to renegotiate

renegrido, -a *adj* grimy, blackened

renegué *ver* **renegar**

reniego *etc ver* **renegar**

Renfe *nf (abrev de* **Red Nacional de los Ferrocarriles Españoles**) = Spanish state railway company

renglón *nm* line; **escribir a alguien unos renglones** to drop sb a line; EXPR **a r. seguido** in the same breath, straight after

rengo, -a *RP* **1** *adj* lame

2 *nm,f* lame person

renguear *vi Andes, Arg* to limp, to hobble

reniego *etc ver* **renegar**

renio *nm* rhenium

reno *nm* reindeer

renombrado, -a *adj* renowned, famous

renombrar *vt Informát* to rename

renombre *nm* renown, fame; **de r.** famous

renovabilidad *nf (de recurso natural)* renewability

renovable *adj* renewable

renovación *nf* (**a**) *(de mobiliario, local)* renewal; **se ha producido una r. del personal** changes have been made to the staff (**b**) *(de carné, contrato, ataques)* renewal (**c**) *(restauración)* restoration (**d**) *(revitalización)* revitalization (**e**) *Pol (reforma)* reform

renovado, -a *adj (carné, contrato, ataques)* renewed; **con renovados bríos** with renewed energy

renovador, -ora 1 *adj* (**a**) *(que renueva)* innovative (**b**) *Pol (que reforma)* reformist

2 *nm,f* (**a**) *(persona que renueva)* innovator (**b**) *Pol (persona que reforma)* reformer

renovar [41] **1** *vt* (**a**) *(cambiar) (mobiliario, local)* to renovate; *(personal, plantilla)* to make changes to, to shake out; **r. el vestuario** to buy new clothes, to update one's wardrobe; **la empresa ha renovado su imagen** the company has brought its image up to date (**b**) *(rehacer) (carné, contrato, ataques)* to renew (**c**) *(restaurar)* to restore (**d**) *(revitalizar)* to revitalize (**e**) *Pol (reformar)* to reform

2 renovarse *vpr* EXPR **¡renovarse o morir!** adapt or die!

renqueante *adj* (**a**) *(cojo)* limping, hobbling (**b**) *Fig (con dificultades)* struggling

renquear *vi* (**a**) *(cojear)* to limp, to hobble (**b**) *Fig (tener dificultades)* to struggle along

renqueo *nm, Am* **renquera** *nf* limp

renta *nf* (**a**) *(ingresos)* income; **vivir de las rentas** to live off one's (private) income ▫ ***r. per cápita*** per capita income; ***r. gravable*** taxable income; ***r. por habitante*** per capita income; ***r. imponible*** taxable income; ***r. del trabajo*** earned income; ***r. vitalicia*** life annuity (**b**) *(alquiler)* rent (**c**) *(beneficios)* return ▫ ***r. del capital*** capital yield (**d**) *(intereses)* interest ▫ ***r. fija*** fixed (interest) rate; **acciones de r. fija** fixed-interest shares; ***r. variable*** variable (interest) rate; **acciones de r. variable** variable-interest shares; **los mercados de r. variable** the equity markets (**e**) *(deuda pública)* national *o* public debt

rentabilidad *nf* profitability

rentabilizar [14] *vt* to make profitable

rentable *adj* profitable; **la manera más r. de hacerlo es...** the most cost-efficient way of doing it is...; **sólo es** *o* **sale r. si viajas más de tres veces diarias** it's only worth it if you make more than three journeys a day

rentar 1 *vt* (**a**) *(rendir)* to produce, to yield; **esa inversión no me renta mucho** my earnings on that investment aren't very high (**b**) *Méx (alquilar)* to rent; **se renta** *(en letrero)* to let

2 *vi* to be profitable

rentista *nmf* person of independent means

renuencia *nf* reluctance, unwillingness

renuente *adj* reluctant, unwilling (**a** to)

renuevo *etc ver* **renovar**

renuncia *nf* (**a**) *(abandono)* giving up (**b**) *(dimisión)* resignation; **presentó su r.** he handed in his (letter of) resignation

renunciar *vi* (**a**) **r. a algo** *(abandonar, prescindir de)* to give sth up; **r. a un proyecto** to abandon a project; **r. al tabaco** to give up *o* stop smoking (**b**) *(dimitir)* to resign (**c**) *(rechazar)* **r. a hacer algo** to refuse to do sth; **r. a algo** *(premio, oferta)* to turn sth down

renuncio *nm* (**a**) *(en naipes)* revoke (**b**) *(mentira)* lie; EXPR **pillar a alguien en (un) r.** to catch sb lying

reñidero *nm* pit ▫ ***r. de gallos*** cockpit

reñido, -a *adj* (**a**) *(enfadado)* on bad terms, at odds (**con** with); **están reñidos** they've fallen out (**b**) *(disputado) (combate, campaña electoral)* fierce, hard-fought; *(partido, carrera)* close (**c**) *(incompatible)* **estar r. con** to be at odds with, to be incompatible with

reñir [47] **1** *vt (regañar)* to tell off

2 *vi* (**a**) *(discutir)* to argue, **¡niños, dejad de r.!** stop arguing, children!; **r. por una tontería** to fight over nothing (**b**) *(enemistarse)* to fall out (**con** with)

reo *nmf* (**a**) *(culpado)* offender, culprit (**b**) *(acusado)* accused, defendant

reoca *nf* EXPR *Fam* **ser la r.** *(gracioso)* to be a scream; *(genial)* to be really cool; *(el colmo)* to be the limit

reojo: de reojo *loc adv* **mirar algo/a alguien de r.** to look at sth/sb out of the corner of one's eye

reordenación *nf* restructuring

reordenar *vt* to restructure

reorganización *nf (reestructuración)* reorganization; *(del gobierno)* reshuffle

reorganizar [14] *vt (reestructurar)* to reorganize; *(gobierno)* to reshuffle

reorientar 1 *vt (carrera, vida)* to give a new direction to; *(empresa, energías, interés)* to re-focus (**hacia** on), to redirect (**hacia** towards)

2 reorientarse *(carrera, vida)* to take a new direction; *(empresa, energías, interés)* to re-focus (**hacia** on)

reóstato *nm* rheostat

repajolero, -a *adj muy Fam* damn, blessed; **no tengo ni repajolera idea** I haven't the foggiest

repámpanos *interj Fam* **¡r.!** *(expresa sorpresa)* good heavens!; *(expresa enfado)* for heaven's sake!

repampimflar *vt Fam* **me la repampimfla** I don't give a damn

repanchigarse, repanchingarse [38] *vpr Fam* to sprawl out

repanocha *nf* EXPR *Fam* **ser la r.** *(gracioso)* to be a scream; *(el colmo)* to be the limit

repantigarse, repantingarse [38] *vpr Fam* to sprawl out

reparable *adj (remediable)* repairable

reparación *nf* (**a**) *(arreglo)* repair; **necesita varias reparaciones** it needs several things repairing; **en r.** under repair; **reparaciones** *(taller)* repair shop (**b**) *(compensación)* reparation, redress

reparador, -ora *adj (descanso, sueño)* refreshing

reparar 1 *vt* (**a**) *(vehículo, aparato)* to repair, to fix; **llevar algo a r.** to take sth to be repaired *o* fixed (**b**) *(error, daño)* to make amends for, to make up for (**c**) *(fuerzas)* to restore

2 *vi (percatarse)* **r. en (la cuenta de) algo** to notice sth; **no repara en los posibles obstáculos** she doesn't realize the possible pitfalls; **no r. en gastos** to spare no expense

reparo *nm* (**a**) *(objeción)* objection; **poner reparos a algo** to raise objections to sth (**b**) *(apuro)* **con reparos** with hesitation *o* reservations; **me da r.** I feel awkward about it; **no tener reparos en hacer algo** to have no qualms *o* scruples about doing sth; **sin reparos** without reservation, with no holds barred

repartición *nf (reparto)* sharing out

repartidor, -ora 1 *adj* delivery; **camión r.** delivery lorry

2 *nm,f (de butano, carbón)* deliveryman, *f* deliverywoman; *(de leche)* milkman, *f* milklady; *(de periódicos)* paperboy, *f* papergirl; **es r. de publicidad** *(en la calle)* he hands out advertising leaflets; *(en buzones)* he distributes advertising leaflets

repartimiento *nm (de tierras, recursos)* distribution

repartir 1 *vt* (**a**) *(dividir)* to share out, to divide; **repartió los terrenos entre sus hijos** she divided the land amongst her children; **la riqueza está mal repartida** there is an uneven distribution of wealth

(**b**) *(distribuir) (leche, periódicos, correo)* to deliver; *(naipes)* to deal (out); **repartimos a domicilio** we do home deliveries; *Fam* **repartió puñetazos a diestro y siniestro** he lashed out with his fists in every direction

(**c**) *(esparcir) (pintura, mantequilla)* to spread

(**d**) *(asignar) (trabajo, órdenes)* to give out, to allocate; *(papeles)* to assign

(**e**) *(administrar)* to administer, to dish out

2 repartirse *vpr* (**a**) *(dividirse)* to divide up, to share out; **se repartieron el botín** they divided up *o* shared out the loot

(**b**) *(distribuirse)* to spread out

reparto *nm* (**a**) *(división)* division; **hacer el r. de algo** to divide sth up, to share sth out; **el r. de la riqueza** the distribution of wealth ❑ *Econ* ***r. de beneficios*** profit sharing (**b**) *(distribución) (de leche, periódicos, correo)* delivery; *(de naipes)* dealing; **el camión del r.** the delivery van; **se dedica al r. de publicidad** he distributes advertising leaflets ❑ ***r. a domicilio*** home delivery (**c**) *(asignación)* giving out, allocation ❑ ***r. de premios*** prizegiving (**d**) *Cine & Teatro* cast; **actor de r.** supporting actor

repasador *nm RP (trapo)* tea towel

repasar *vt* (**a**) *(revisar)* to go over, to check; **hay que r. las cuentas para detectar el error** we'll have to go through all the accounts to find the mistake; **hoy repasaremos la segunda lección** we'll go over lesson two again today (**b**) *(estudiar)* to revise (**c**) *(zurcir)* to darn, to mend

repaso *nm* (**a**) *(revisión)* check; **hacer un r. de algo** to check sth over (**b**) *(estudio)* revision; **dar un r. a algo** to revise sth (**c**) *(de ropa)* **dar un r. a algo** to darn *o* mend sth; **necesita un r.** it needs darning *o* mending (**d**) *Fam* **dar un r. a alguien** *(regañar)* to give sb a telling off *o* a ticking off; *(apabullar)* to cut sb down to size

repatear *vt Fam* **me repatea que...** it really annoys me that...; **ese tipo me repatea** I can't stand that guy

repatriación *nf también Fin* repatriation

repatriado, -a 1 *adj también Fin* repatriated

2 *nm,f* repatriate

repatriar [32] **1** *vt también Fin* to repatriate

2 repatriarse *vpr (refugiado, prisionero) & Fin* to be repatriated

repe *adj Fam* **este cromo lo tengo r.** I've got a swap for this picture card, I've two copies of this picture card

repecho *nm* short steep slope

repeinado, -a *adj* **iba repeinada** she had had her hair all done up

repelar *Méx* **1** *vt (exasperar)* to exasperate, to irritate

2 *vi (rezongar, refunfuñar)* to grumble

repelencia *nf* repulsion

repelente 1 *adj* (**a**) *(desagradable, repugnante)* repulsive (**b**) *(de insectos)* repellent

2 *nm* insect repellent

repeler 1 *vt* (**a**) *(rechazar)* to repel (**b**) *(repugnar)* to repulse, to disgust; **ese olor me repele** I find that smell disgusting *o* repulsive

2 repelerse *vpr (mutuamente)* to repel

repelús, repeluzno *nm Fam* (**a**) *(escalofrío)* shiver; **me dio un r.** it sent a shiver down my spine (**b**) *(miedo)* **me da r.** it gives me the shivers (**c**) *(repugnancia)* **me da r.** I find it revolting *o* disgusting

repensar *vt* to think over

repente *nm* (**a**) *(arrebato)* fit; **le dio un r.** she had a fit (**b**) **de repente** *loc adv* suddenly

repentinamente *adv* suddenly

repentino, -a *adj* sudden

repera *nf* EXPR *Fam* **ser la r.** *(gracioso)* to be a scream; *(genial)* to be really cool; *(el colmo)* to be the limit

repercusión *nf* (**a**) *(consecuencia)* repercussion (**b**) *(resonancia)* reverberation

repercutir *vi* (**a**) *(afectar)* to have repercussions (**en** on); **sus problemas repercuten en su rendimiento** his problems affect his performance (**b**) *(resonar)* to resound, to reverberate

repertorio *nm* (**a**) *(obras)* repertoire (**b**) *(serie)* selection (**c**) *Informát* **r. de instrucciones** instruction set

repesca *nf* (**a**) *Educ* resit (**b**) *Dep* repechage

repescar [59] *vt* (**a**) *Educ* to allow a resit (**b**) *Dep* to allow into the repechage

repetición *nf (de acción, dicho)* repetition; *(de programa)* repeat; **una r. de los resultados de 1998** a repeat of the 1998 results; **la r. (de la jugada)** the (action) replay; **la r. de las jugadas más interesantes** the highlights; **fusil de r.** repeater, repeating firearm

repetidamente *adv* repeatedly

repetido, -a *adj* (**a**) *(reiterado)* repeated; **repetidas veces** time and time again (**b**) *(duplicado)* **tengo este libro r.** I've got two copies of this book

repetidor, -ora 1 *adj Educ* **alumno r.** = pupil repeating a year

2 *nm,f Educ* = pupil repeating a year

3 *nm (de radio, televisión)* repeater

repetir [47] **1** *vt* (**a**) *(hacer, decir de nuevo)* to repeat; *(ataque)* to renew; **repíteme tu apellido** could you repeat your surname?, could you tell me your surname again?; **te lo he repetido mil veces** I've told you a thousand times

(**b**) *Educ* **repitió tercero** he repeated his third year

(**c**) *(en comida)* to have seconds of

2 *vi* (**a**) *Educ* to repeat a year

(**b**) *(sabor, alimento)* **r. a alguien** to repeat on sb; **el ajo repite mucho** garlic really repeats on you

(**c**) *(de comida)* to have seconds; **esta ensalada me encanta, voy a r.** I love this salad, I'm going to have some more of it

3 repetirse *vpr* (**a**) *(acontecimiento)* to recur; **este fenómeno se repite cada verano** this phenomenon recurs *o* is repeated every summer

(**b**) *(persona)* to repeat oneself

repetitivo, -a *adj* repetitive

repicar [59] **1** *vt (campanas)* to ring; *(tambor)* to beat

2 *vi (campanas)* to ring; *(tambor)* to sound

repintar 1 *vt* to repaint

2 repintarse *vpr (maquillarse)* to put on heavy make-up

repipi *Fam Pey* **1** *adj* **un niño r.** a precocious brat

2 *nmf* precocious brat

repique 1 *ver* **repicar**

2 *nm* peals, ringing

repiquetear 1 *vt (campanas)* to ring loudly

2 *vi (campanas)* to peal (out); *(tambor)* to beat; *(timbre)* to ring; *(lluvia, dedos)* to drum

repiqueteo *nm (de campanas)* pealing; *(de tambor)* beating; *(de timbre)* ringing; *(de lluvia, dedos)* drumming

repisa *nf* (**a**) *(estante)* shelf; *(sobre chimenea)* mantelpiece (**b**) *Arquit* bracket

repitiera *etc ver* **repetir**

repito *etc ver* **repetir**

replantar *vt* to replant

replanteamiento *nm* (**a**) *(de situación, problema)* restatement (**b**) *(de cuestión) (parafraseo)* rephrasing; **el r. de una cuestión** raising an issue again

replantear 1 *vt* (**a**) *(situación, problema)* to restate (**b**) *(cuestión) (de nuevo)* to raise again; *(parafrasear)* to rephrase
2 replantearse *vpr (situación, problema, cuestión)* to reconsider

replay [riplei] (*pl* **replays**) *nm* replay

replegar [43] **1** *vt* (**a**) *(retirar)* to withdraw (**b**) *(plegar)* to fold over
2 replegarse *vpr (retirarse)* to withdraw

repleto, -a *adj (habitación, autobús)* packed (**de** with); **estoy r.** *(de comida)* I'm full (up)

réplica *nf* (**a**) *(respuesta)* reply (**b**) *(copia)* replica (**c**) *(de terremoto)* aftershock

replicación *nf Biol* replication

replicar [59] **1** *vt (responder)* to answer; *(objetar)* to answer back, to retort
2 *vi (objetar)* to answer back

replicón, -ona *Fam* **1** *adj* argumentative
2 *nm,f* argumentative person; **es un r.** he's always answering back

repliego *etc ver* **replegar**

repliegue *nm* (**a**) *(retirada)* withdrawal (**b**) *(pliegue)* fold

repoblación *nf (con gente)* resettlement; *(con animales)* repopulation; *(con peces)* restocking ▫ ***r. forestal*** reafforestation

repoblador, -ora *nm,f* resettler

repoblar [63] **1** *vt (con gente)* to resettle; *(con animales)* to repopulate; *(con peces)* to restock; *(con árboles)* to replant, to reafforest
2 repoblarse *vpr (de gente)* to be resettled (**de** with); *(de animales)* to be repopulated (**de** with); *(de peces)* to be restocked (**de** with); *(de árboles)* to be replanted *o* reafforested (**de** with)

repollo *nm* cabbage

repolludo, -a *adj Fam (rechoncho)* chubby

reponer [50] **1** *vt* (**a**) *(sustituir) (existencias, trabajador)* to replace; **repuso el dinero en la caja** he put the money back in the till, he returned the money to the till (**b**) *(restituir) (en un cargo)* to reinstate (**c**) *Cine* to re-run; *Teatro* to revive; *TV* to repeat (**d**) *(replicar)* to reply (**e**) *(recuperar)* **r. fuerzas** to get one's strength back
2 reponerse *vpr* to recover (**de** from)

repóquer *nm* **un r. de ases** five aces *(when playing with two decks)*

reportaje *nm (en radio, televisión)* report; *(en periódico)* feature ▫ ***r. de boda*** wedding photos; ***r. fotográfico*** report *(consisting mainly of photographs)*; ***r. gráfico*** illustrated feature

reportar 1 *vt* (**a**) *(traer)* to bring; **no le ha reportado más que problemas** it has caused him nothing but problems; **r. beneficios** to generate profits (**b**) *CAm, Méx (informar)* to report
2 reportarse *vpr (reprimirse)* to control oneself

reporte *nm CAm, Méx* report

reportero, -a *nm,f* reporter ▫ ***r. gráfico*** press photographer

reposabrazos *nm inv* armrest

reposacabezas *nm inv* headrest

reposado, -a *adj (persona)* calm; *(actividad, trabajo)* stress-free

reposapiés *nm inv* footrest

reposar 1 *vi* (**a**) *(descansar)* to (have a) rest (**b**) *(sedimentarse)* to stand; **la masa tiene que r. durante media hora** leave the dough to stand for half an hour (**c**) *(yacer)* to lie
2 *vt* (**a**) *(apoyar)* to lean (**b**) *(digerir)* **todavía no he reposado la comida** I still haven't digested my meal

reposera *nf RP* easy chair

reposición *nf* (**a**) *Cine* rerun; *Teatro* revival; *TV* repeat (**b**) *(de existencias, pieza)* replacement

reposo *nm (descanso)* rest; **en r.** *(cuerpo, persona)* at rest; *(máquina)* not in use; *Culin* **dejar algo en r.** to leave sth to stand; **hacer r.** to rest; **recomendó r. absoluto** she recommended a complete rest

repostar 1 *vi (coche)* to fill up; *(avión)* to refuel
2 *vt* (**a**) *(gasolina)* to fill up with; **repostamos combustible** we refuelled (**b**) *(provisiones)* to stock up on

repostería *nf* (**a**) *(establecimiento)* confectioner's (shop) (**b**) *(oficio, productos)* confectionery, cakes and pastries

repostero, -a 1 *nm,f (persona)* confectioner
2 *nm Andes (armario)* larder, pantry

reprender *vt (a niños)* to tell off; *(a empleados)* to reprimand

reprensible *adj* reprehensible

reprensión *nf (a niños)* telling-off; *(a empleados)* reprimand

represa *nf* dam

represalia *nf* reprisal; **tomar represalias** to retaliate, to take reprisals

represar *vt (agua)* to dam

representable *adj (obra de teatro)* performable

representación *nf* (**a**) *(símbolo, imagen, ejemplo)* representation (**b**) *(delegación)* representation; **en r. de** on behalf of (**c**) *Pol* ***r. mayoritaria*** majority rule; ***r. proporcional*** proportional representation (**d**) *Teatro* performance; **r. única** one-night stand (**e**) *Com* representation; **tener la r. de** to act as a representative for

representante 1 *adj* representative
2 *nmf (delegado)* representative; **r. (artístico)** agent; *Com* **r. (comercial)** (sales) rep

representar *vt* (**a**) *(simbolizar, ejemplificar)* to represent; **este cuadro representa la Última Cena** this painting depicts the Last Supper (**b**) *(actuar en nombre de alguien)* to represent; **representa a varios artistas** she acts as an agent for several artists (**c**) *(aparentar)* to look; **representa unos 40 años** she looks about 40 (**d**) *(significar)* to mean; **representa el 50 por ciento del consumo interno** it accounts for 50 percent of domestic consumption; **representa mucho para él** it means a lot to him (**e**) *Teatro (función)* to perform; *(papel)* to play (**f**) *Com* to represent

representatividad *nf* representativeness

representativo, -a *adj* (**a**) *(simbolizador)* **ser r. de algo** to represent sth; **un grupo r. de la población general** a group that represents the population as a whole (**b**) *(característico, relevante)* **r. (de)** representative (of)

represión *nf* repression

represivo, -a *adj* repressive

represor, -ora 1 *adj* repressive
2 *nm,f* oppressor

reprimenda *nf* reprimand

reprimido, -a 1 *adj* repressed
2 *nm,f* repressed person; **ser un r.** to be repressed

reprimir 1 *vt* (**a**) *(llanto, risa)* to suppress (**b**) *(minorías, disidentes)* to repress
2 reprimirse *vpr* **reprimirse (de hacer algo)** to restrain oneself (from doing sth)

repris, reprise (*pl* **reprises**) *nm* acceleration

reprivatizar *vt* to privatize

reprobable *adj* reprehensible

reprobación *nf* reproof, censure

reprobar [63] *vt* (**a**) *(desaprobar)* to censure, to condemn (**b**) *Am (estudiante, examen)* to fail

reprobatorio, -a *adj* reproving

réprobo, -a 1 *adj* damned
2 *nm,f* lost soul

reprochable *adj* reproachable

reprochar 1 *vt* **r. algo a alguien** to reproach sb for sth
2 reprocharse *vpr* **reprocharse algo** *(uno mismo)* to reproach oneself for sth

reproche *nm* reproach; **hacer un r. a alguien** to reproach sb

reproducción *nf* (**a**) *(procreación)* reproduction; **tratamiento de r. asistida** fertility treatment ▫ ***r. asexual*** asexual reproduction; ***r. sexual*** sexual reproduction (**b**) *(copia)* reproduction; **r. exacta** exact replica (**c**) *(repetición)* recurrence

reproducible *adj* reproducible

reproducir [18] **1** *vt* (**a**) *(repetir)* to reproduce; *(gestos)* to copy, to imitate (**b**) *(copiar)* to reproduce (**c**) *(representar)* to depict
2 reproducirse *vpr* (**a**) *(volver a suceder)* to recur (**b**) *(procrear)* to reproduce

reproductor, -ora 1 *adj* reproductive
2 *nm* ***r. de discos compactos*** compact disc player, CD player; ***r. de vídeo*** video

reprografía *nf* reprographics *(singular)*; **(servicio de) r.** copying service

repruebo *etc ver* **reprobar**

reptar *vi* to crawl

reptil *nm* reptile

república *nf* republic ▫ ***r. bananera***

banana republic; ***la R. Centroafricana*** the Central African Republic; ***la R. Checa*** the Czech Republic; ***la R. del Congo*** the Republic of the Congo; ***la R. Democrática del Congo*** the Democratic Republic of Congo; ***la R. Dominicana*** the Dominican Republic; ***la R. Popular de Corea*** the Democratic People's Republic of Korea

republicanismo *nm* republicanism

republicano, -a *adj & nm,f* republican

repudiar *vt* (**a**) *(condenar)* to condemn (**b**) *(rechazar)* to disown; *(esposa)* to repudiate, to disown

repudio *nm* (**a**) *(condena)* condemnation (**b**) *(rechazo)* disowning; *(de esposa)* repudiation, disowning

repudrir 1 *vt* to (cause to) rot away

2 repudrirse *vpr* (**a**) *(pudrirse)* to rot away (**b**) *Fam Fig (consumirse)* to pine away, to eat one's heart out

repueblo *etc ver* **repoblar**

repuesto, -a 1 *participio ver* **reponer**

2 *adj* recovered (**de** from)

3 *nm (provisión extra)* reserve; *Aut* spare part; **de r.** spare, in reserve; **la rueda de r.** the spare wheel

repugnancia *nf (asco)* disgust; **me da** *o* **produce r.** I find it disgusting; **sentir r. hacia algo** to find sth disgusting

repugnante *adj* disgusting

repugnar *vi* **me repugna ese olor/su actitud** I find that smell/her attitude disgusting; **me repugna hacerlo** I'm loath to do it; **unas fotografías que repugnan** disgusting photographs

repujado, -a 1 *adj* embossed

2 *nm* embossed work

repujar *vt* to emboss

repulir 1 *vt* (**a**) *(pulir)* to polish (**b**) *(acicalar)* to smarten up

2 repulirse *vpr* to smarten up

repulsa *nf (censura)* condemnation

repulsión *nf* repulsion; **me produce r.** it makes me sick

repulsivo, -a *adj* repulsive

repuntar 1 *vt Chile, RP (animales)* to round up

2 *vi* (**a**) *(marea)* to turn (**b**) *Am (enfermedad, cambio de tiempo)* to begin to appear

repunte *nm* (**a**) *(de marea)* turning (**b**) *Fin* resurgence; **un r. al alza** a hike; **un r. de los precios** a price rise

repusiera *etc ver* **reponer**

reputación *nf* reputation; **tener mucha r.** to be very famous

reputado, -a *adj* highly reputed

reputar *vt* to consider

requebrar [3] *vt (piropear)* to make flirtatious remarks to

requemado, -a *adj* burnt

requemar 1 *vt* (**a**) *(quemar)* to burn; *(planta, tierra)* to scorch (**b**) *(reconcomer)* **los celos lo requeman** he's consumed with jealousy

2 requemarse *vpr (quemarse)* to get burnt, to burn

requerimiento *nm* (**a**) *(demanda)* entreaty; **a r. de** on the request of (**b**) *Der (intimación)* writ, injunction; *(aviso)* summons *(singular)*

requerir [62] **1** *vt* (**a**) *(necesitar)* to require; **se requieren conocimientos de francés** a knowledge of French is essential (**b**) *(ordenar)* **r. a alguien (para) que haga algo** to demand that sb do sth (**c**) *Der* to order

2 requerirse *vpr (ser necesario)* to be required *o* necessary

requesón *nm* = ricotta-type cheese

requete- *prefijo Fam* **requetebién** wonderfully *o* marvellously well; **requetegrande** absolutely enormous, *Br* ginormous

requiebro 1 *ver* **requebrar**

2 *nm* flirtatious remark

réquiem (*pl* **requiems**) *nm* requiem

requiero *etc ver* **requerir**

requilorio *nm Fam* unnecessary formality

requintar *vt CAm, Col, Méx (apretar)* to tighten, to squeeze

requinto *nm Ven (guitarra)* = small four-stringed guitar

requiriera *etc ver* **requerir**

requiriente *nmf* plaintiff

requisa *nf* (**a**) *(requisición) Mil* requisition; *(en aduana)* seizure (**b**) *(inspección)* inspection

requisar *vt Mil* to requisition; *(en aduana)* to seize

requisito *nm* requirement; **cumplir los requisitos** to fulfil the requirements; **r. previo** prerequisite

res (*pl* **reses**) *nf* (**a**) *(animal)* beast, animal ❑ ***r. vacuna*** head of cattle (**b**) *Am* **reses** *(ganado vacuno)* cattle

resabiado, -a *adj* (**a**) *(experimentado)* **estar r.** to be hardened (**b**) *(mal acostumbrado)* **un caballo r.** a vicious horse

resabiar 1 *vt* to teach bad habits

2 resabiarse *vpr* (**a**) *(adquirir vicios)* to acquire bad habits (**b**) *(enfadarse)* to get annoyed

resabio *nm* (**a**) *(sabor)* nasty aftertaste (**b**) *(vicio)* persistent bad habit

resaca *nf* (**a**) *(de las olas)* undertow (**b**) *Fam (de borrachera)* hangover; *Fig* **todavía dura la r. de la victoria** they're still suffering from the hangover of their victory

resacoso, -a *adj Fam* **estar r.** to have a hangover

resalado, -a *adj Fam* charming

resaltador *nm Col, RP (rotulador fluorescente)* highlighter

resaltar 1 *vi* (**a**) *(destacar)* to stand out (**b**) *(en edificios) (cornisa, ventana)* to stick out

2 *vt (destacar)* to highlight; **hacer r. algo** to emphasize sth, to stress sth

resarcimiento *nm* compensation

resarcir [72] **1** *vt* **r. a alguien (de)** to compensate sb (for)

2 resarcirse *vpr (daño, pérdida)* to be compensated (**de** for); **se resarció de la derrota del mes pasado** he gained revenge for his defeat the previous month

resbalada *nf Am Fam* slip

resbaladizo, -a *adj también Fig* slippery

resbalar 1 *vi* (**a**) *(caer)* to slip (**con** *o* **en** on) (**b**) *(deslizarse)* to slide (**por** along) (**c**) *(estar resbaladizo)* to be slippery (**d**) *Fam (equivocarse)* to slip up

2 *vt Fam* **sus problemas me resbalan** his problems leave me cold; **le resbala todo lo que le digo** everything I say to him goes in one ear and out the other; **¡me resbala lo que diga de mí!** I couldn't care less what she says about me!

3 resbalarse *vpr* to slip (over)

resbalón *nm también Fig* slip; **dar** *o* **pegar un r.** to slip

resbalosa *nf* = heel-tapping dance typical of Argentina and Peru

resbaloso, -a *adj* slippery

rescatar *vt* (**a**) *(liberar, salvar)* to rescue (**b**) *(pagando rescate)* to ransom (**c**) *(recuperar) (herencia)* to recover

rescate *nm* (**a**) *(liberación, salvación)* rescue (**b**) *(dinero)* ransom; **pagaron un millón de dólares de r.** they paid a ransom of a million dollars (**c**) *(recuperación)* recovery

rescindible *adj* rescindable

rescindir *vt* to rescind

rescisión *nf* cancellation

rescoldo *nm* (**a**) *(brasa)* ember (**b**) *Fig (resto)* lingering feeling, flicker

resecamiento *nm* **evita el r. de la piel** it prevents your skin from drying out

resecar [59] **1** *vt* (**a**) *(piel)* to dry out (**b**) *(tierra)* to parch

2 resecarse *vpr* (**a**) *(piel)* to dry out (**b**) *(tierra)* to become parched

reseco, -a *adj* (**a**) *(piel, garganta, pan)* very dry (**b**) *(tierra)* parched (**c**) *(flaco)* emaciated

resembrar [3] *vt* to resow

resentido, -a 1 *adj* bitter, resentful; **estar r. con alguien** to be really upset with sb

2 *nm,f* bitter *o* resentful person; **ser un r.** to be bitter *o* resentful

resentimiento *nm* resentment, bitterness

resentirse [62] *vpr* (**a**) *(debilitarse)* to be weakened; *(salud)* to deteriorate (**b**) *(sentir)* **r. de** to be suffering from; **aún se resiente de aquel golpe** she's still suffering from the effects of that blow (**c**) *(ofenderse)* to be offended

reseña *nf* (**a**) *(crítica) (de libro, concierto)* review; *(de partido, conferencia)* report; **hizo** *o* **escribió una r. de la película** she reviewed the film (**b**) *(descripción)* description

reseñar *vt* (**a**) *(criticar) (libro, concierto)* to review; *(partido, conferencia)* to report on (**b**) *(describir)* to describe

reseque *etc ver* **resecar**

resero *nm RP (pastor)* herdsman

reserva 1 *nf* (**a**) *(de hotel, avión)*

reservation; **he hecho la r. de las entradas** I've booked the tickets; **tengo una r. en el restaurante** I've reserved *o* booked a table at the restaurant
(**b**) *(provisión)* reserves; **tener algo de r.** to keep sth in reserve; **agotó sus reservas de agua** he used up his water supply *o* his reserves of water
(**c**) *Econ* ***reservas de divisas*** foreign currency reserves; ***la R. Federal*** *(en Estados Unidos)* the Federal Reserve; ***reservas monetarias*** monetary reserves
(**d**) *(objeción, cautela)* reservation; **sin reservas** without reservation; **tener reservas** to have reservations
(**e**) *(discreción)* discretion; **con la mayor r.** in the strictest confidence
(**f**) *(de indígenas)* reservation
(**g**) *(de animales, plantas)* reserve ❑ ***r. de caza*** game preserve; ***r. forestal*** forest park; ***r. natural*** nature reserve
(**h**) *Mil* reserve; **pasar a la r.** to become a reservist
(**i**) *Biol (de grasa, energía)* reserves
(**j**) **a reserva de** *loc prep* pending; **a r. de un estudio más detallado...** pending a more detailed analysis...
2 *nmf Dep* reserve, substitute
3 *nm (vino)* vintage (wine) *(at least three years old)*

reservado, -a 1 *adj* (**a**) *(mesa, plaza)* reserved (**b**) *(tema, asunto)* confidential (**c**) *(persona)* reserved
2 *nm (en restaurante)* private room; *Ferroc* reserved compartment

reservar 1 *vt* (**a**) *(billete, habitación)* to book, to reserve
(**b**) *(guardar, apartar)* to set aside; **reservan la primera fila para los críticos** the front row is reserved for the critics; **¿me puedes r. un sitio a tu lado?** could you save a seat for me next to you?; **reservó la buena noticia para el final** she saved the good news till last
(**c**) *(callar) (opinión, comentarios)* to reserve
2 reservarse *vpr* (**a**) *(esperar)* **reservarse para** to save oneself for; **me estoy reservando para el postre** I'm saving myself for the dessert
(**b**) *(guardar para sí) (secreto)* to keep to oneself; *(dinero, derecho)* to retain (for oneself); **me reservo mi opinión sobre este asunto** I'm reserving judgment on this matter

reservista *Mil* **1** *adj* reserve; **militar r.** officer in the reserve
2 *nmf* reservist

resfriado, -a 1 *adj* **estar r.** to have a cold
2 *nm* cold

resfriarse [32] *vpr (constiparse)* to catch a cold

resfrío *nm Am* cold

resguardar 1 *vt* to protect
2 *vi* to protect (**de** against)
3 resguardarse *vpr (en un portal)* to shelter (**de** from); *(con abrigo, paraguas)* to protect oneself (**de** against)

resguardo *nm* (**a**) *(documento)* receipt (**b**) *(protección)* protection; **al r. de** safe from

residencia *nf* (**a**) *(establecimiento) (de oficiales)* residence; **r. (de ancianos)** old people's home; **r. (de estudiantes)** *Br* hall of residence, *US* dormitory ❑ ***r. de animales*** kennels (**b**) *(vivienda)* residence; **su r. de verano** their summer residence (**c**) *(localidad, domicilio)* residence; **fijaron su r. en la costa** they took up residence on the coast (**d**) *(hotel)* boarding house (**e**) *(hospital)* hospital (**f**) *(permiso para extranjeros)* residence permit (**g**) *(periodo de formación)* residency (**h**) *(estancia)* stay

residencial *adj* residential; **barrio r.** *(lujoso)* residential area

residente 1 *adj también Informát* resident
2 *nmf* (**a**) *(habitante)* resident (**b**) *(médico, veterinario) Br* house officer, *US* intern

residir *vi* (**a**) *(vivir)* to reside (**b**) *(radicar)* to lie, to reside (**en** in)

residual *adj* residual; **aguas residuales** sewage

residuo *nm* (**a**) *(material inservible)* waste; *Quím* residue ❑ ***residuos nucleares*** nuclear waste; ***residuos radiactivos*** radioactive waste; ***residuos sólidos*** solid waste; ***residuos tóxicos*** toxic waste (**b**) *(resto)* leftover

resiembro *etc ver* **resembrar**

resiento *etc ver* **resentirse**

resignación *nf* resignation

resignarse *vpr* **r. (a hacer algo)** to resign oneself (to doing sth)

resina *nf* resin

resinoso, -a *adj* resinous

resintiera *etc ver* **resentirse**

resistencia *nf* (**a**) *(fuerza)* strength (**b**) *(aguante, oposición)* resistance; *(para correr, hacer deporte)* stamina; **ofrecer** *o* **oponer r.** to put up resistance ❑ ***r. activa*** active resistance; ***r. pasiva*** passive resistance (**c**) *Elec* resistance (**d**) *Hist* **la R.** the Resistance

resistente *adj (fuerte)* tough, strong; **hacerse r. (a)** to build up a resistance (to); **r. al calor** heat-resistant

resistir 1 *vt* (**a**) *(peso, dolor, críticas)* to withstand
(**b**) *(tentación, impulso, deseo)* to resist
(**c**) *(tolerar)* to tolerate, to stand; **no lo resisto más** I can't stand it any longer
2 *vi* (**a**) *(ejército, ciudad)* **r. (a algo/a alguien)** to resist (sth/sb)
(**b**) *(persona, aparato)* to keep going; **ese corredor resiste mucho** that runner has a lot of stamina; **el tocadiscos aún resiste** the record player's still going strong; **r. a algo** to stand up to sth, to withstand sth
(**c**) *(mesa, dique)* to take the strain; **r. a algo** to withstand sth
(**d**) *(mostrarse firme) (ante tentaciones)* to resist (it); **r. a algo** to resist sth
3 resistirse *vpr* **resistirse (a algo)** to resist (sth); **por más que empujo esta puerta se resiste** however hard I push, this door refuses to give way; **resistirse a hacer algo** to refuse to do sth; **me resisto a creerlo** I refuse to believe it; **no hay hombre que se le resista** no man can resist her; **se le resisten las matemáticas** she just can't get the hang of maths

resma *nf* ream

resol *nm* (sun's) glare; **hace r.** it's cloudy but very bright

resollar [63] *vi (jadear)* to pant; *(respirar)* to breathe

resolución *nf* (**a**) *(solución) (de una crisis)* resolution; *(de un crimen)* solution ❑ *Informát* ***r. de problemas*** troubleshooting (**b**) *(firmeza)* determination, resolve (**c**) *(decisión)* decision; *Der* ruling; **tomar una r.** to take a decision (**d**) *(de Naciones Unidas)* resolution (**e**) *Informát (de imagen)* resolution

resoluto, -a *adj* resolute

resolutorio, -a *adj* resolute

resolver [41] **1** *vt* (**a**) *(solucionar) (duda, crisis)* to resolve; *(problema, caso)* to solve (**b**) *(decidir)* **r. hacer algo** to decide to do sth (**c**) *(partido, disputa, conflicto)* to settle
2 resolverse *vpr* (**a**) *(solucionarse) (duda, crisis)* to be resolved; *(problema, caso)* to be solved (**b**) *(decidirse)* **resolverse a hacer algo** to decide to do sth (**c**) *(terminar)* **el huracán se resolvió en una tormenta tropical** the hurricane ended up as a tropical storm

resonancia *nf* (**a**) *(sonido)* resonance (**b**) *Fís* resonance ❑ ***r. magnética*** magnetic resonance (**c**) *(importancia)* repercussions; **tener r.** to cause a stir

resonante *adj* (**a**) *(que suena, retumba)* resounding (**b**) *Fís* resonant (**c**) *(importante)* important

resonar [63] *vi* to resound, to echo; **aún resuenan en mi mente sus gritos de dolor** her cries of pain are still ringing in my head

resoplar *vi (de cansancio)* to pant; *(de enfado)* to snort

resoplido *nm (por cansancio)* pant; *(por enfado)* snort

resorte *nm* (**a**) *(muelle)* spring (**b**) *(medio)* means; EXPR **tocar todos los resortes** to pull out all the stops

respaldar 1 *vt* to back, to support
2 respaldarse en *vpr (apoyarse)* to fall back on

respaldo *nm* (**a**) *(de asiento)* back (**b**) *(apoyo)* backing, support

respectar *v impersonal* **por** *o* **en lo que respecta a alguien/a algo** as far as sb/sth is concerned

respectivamente *adv* respectively

respectivo, -a *adj* respective; **en lo r. a** with regard to

respecto *nm* **al r., a este r.** in this respect; **no sé nada al r.** I don't know anything about it; **(con) r. a, r. de** regarding

respetabilidad *nf* respectability

respetable 1 *adj* (**a**) *(venerable)* respectable (**b**) *(considerable)* considerable
2 *nm Fam (público)* **el r.** *(en concierto)* the audience; *(en encuentro deportivo, toros)* the crowd

respetar *vt* (**a**) *(persona, costumbre, deseos)*

to respect; *(norma)* to observe; *(la palabra)* to honour; **hay que r. a los ancianos** you should show respect for the elderly; **no respeta las señales de tráfico** he takes no notice of traffic signs; **hacerse r.** to earn (people's) respect (**b**) *(no destruir)* to spare; **respetad las plantas** *(en letrero)* keep off the flowerbeds

respeto *nm* (**a**) *(consideración)* respect (**a** *o* **por** for); **es una falta de r.** it shows a lack of respect; **faltar al r. a alguien** to be disrespectful to sb; **por r. a** out of consideration for; **le presentaron sus respetos** they paid him their respects (**b**) *(miedo)* **tener r. a las alturas** to be afraid of heights

respetuosamente *adv* respectfully

respetuoso, -a *adj* respectful (**con** of)

respingar [38] *vi (protestar)* to make a fuss, to complain

respingo *nm* (**a**) *(movimiento)* start, jump; **dar un r.** to start (**b**) *(contestación)* shrug (of annoyance)

respingón, -ona *adj (nariz)* turned up; *(trasero, pecho)* pert

respiración *nf* breathing; *Espec* respiration; **quedarse sin r.** *(agotado)* to be out of breath; *(asombrado)* to be stunned ❑ ***r. artificial*** *o* ***asistida*** artificial respiration; ***r. boca a boca*** mouth-to-mouth resuscitation, the kiss of life; **hacer la r. boca a boca a alguien** to give sb mouth-to-mouth resuscitation *o* the kiss of life

respiradero *nm (hueco)* vent; *(conducto)* ventilation shaft

respirador *nm (máquina)* respirator

respirar 1 *vt* (**a**) *(aire)* to breathe; *Fig* **en esa casa se respira el amor por la música** a love of music pervades that house (**b**) *Fig (bondad)* to exude

2 *vi* (**a**) *(aire)* to breathe (**b**) *(sentir alivio)* to breathe again; *Fig* **no dejar r. a alguien** not to allow sb a moment's peace; **sin r.** *(atentamente)* with great attention (**c**) *(relajarse)* to have a breather; **sin r.** *(sin descanso)* without a break; **después de tanto trabajo necesito r.** I need a breather after all that work

respiratorio, -a *adj* respiratory

respiro *nm* (**a**) *(descanso)* rest; **no me da ni un r.** he never gives me a moment's rest (**b**) *(alivio)* relief, respite; **les dieron un r. para la devolución de la deuda** they gave them a bit longer to pay off the debt

resplandecer [46] *vi* (**a**) *(brillar)* to shine (**b**) *(destacar)* to shine, to stand out; **r. de algo** to shine with sth

resplandeciente *adj* (**a**) *(brillante)* shining; *(vestimenta, color)* resplendent (**b**) *(sonrisa)* beaming; *(época)* glittering

resplandor *nm* (**a**) *(luz)* brightness; *(de fuego)* glow (**b**) *(brillo)* gleam

RESPONDER 1 *vt (contestar)* to answer; *(con insolencia)* to answer back; **respondió que sí/que lo pensaría** she said yes/that she'd think about it

2 *vi* (**a**) *(contestar)* **r. (a algo)** *(pregunta, llamada, carta, saludo)* to answer (sth); **no responde nadie** *(al llamar)* there's no answer; **responde al nombre de Toby** he answers to the name of Toby

(**b**) *(replicar)* to answer back

(**c**) *(reaccionar)* to respond (**a** to); **el paciente no responde al tratamiento** the patient isn't responding to the treatment; **la nueva máquina responde bien** the new machine is performing well; **los mandos no (me) responden** the controls aren't responding

(**d**) *(responsabilizarse)* **si te pasa algo yo no respondo** I can't be held responsible if anything happens to you; **r. de algo/por alguien** to answer for sth/for sb; **yo respondo de su inocencia/por él** I can vouch for his innocence/for him; **responderá de sus actos ante el parlamento** she will answer for her actions before Parliament; **¡no respondo de mis actos!** I can't be responsible for what I might do!

(**e**) *(corresponder)* **las medidas responden a la crisis** the measures are in keeping with the nature of the crisis; **un producto que responde a las necesidades del consumidor medio** a product which meets the needs of the average consumer; **no ha respondido a nuestras expectativas** it hasn't lived up to our expectations

(**f**) *(ser consecuencia de)* **r. a algo** to reflect sth; **las largas listas de espera responden a la falta de medios** the long waiting lists reflect the lack of resources

---

respondón, -ona 1 *adj* insolent

2 *nm,f* insolent person; **ser un r.** to be insolent

responsabilidad *nf* responsibility; *Der* liability; **puesto de r.** senior position; **exigir r. a alguien por algo** to call sb to account for sth; **tener la r. de algo** to be responsible for sth ❑ *Der **r. civil*** civil liability; ***r. limitada*** limited liability; ***r. penal*** criminal liability

responsabilizar [14] **1** *vt* **r. a alguien (de algo)** to hold sb responsible (for sth)

2 responsabilizarse *vpr* to accept responsibility (**de** for)

responsable 1 *adj* responsible (**de** for); **soy r. de mis actos** I'm responsible for my actions; **hacerse r. de** *(responsabilizarse de)* to take responsibility for; *(atentado, secuestro)* to claim responsibility for

2 *nmf* (**a**) *(culpable, autor)* person responsible; **los responsables** those responsible; **tú eres el r. de...** you're responsible for... (**b**) *(encargado)* person in charge; **soy el r. de la sección de ventas** I'm in charge of the sales department

responso *nm* prayer for the dead

respuesta *nf* (**a**) *(contestación)* answer, reply; *(en exámenes)* answer; **en r. a** in reply to; **r. afirmativa** affirmative (**b**) *(reacción)* response ❑ ***r. inmunitaria*** immune response

resquebrajadizo, -a *adj* brittle

resquebrajadura *nf* crack

resquebrajamiento *nm* (**a**) *(grieta)* crack (**b**) *(cuarteamiento)* cracking; *(desmoronamiento)* crumbling

resquebrajar 1 *vt* to crack

2 resquebrajarse *vpr (piedra, loza, plástico)* to crack; *(madera)* to split; *Fig* **se está resquebrajando la sociedad** society is beginning to fall apart *o* crumble

resquemor *nm* resentment, bitterness

resquicio *nm* (**a**) *(abertura)* chink; *(grieta)* crack (**b**) *(pizca)* glimmer

resta *nf Mat* subtraction

restablecer [46] **1** *vt* to reestablish, to restore

2 restablecerse *vpr* (**a**) *(curarse)* to recover (**de** from) (**b**) *(reinstaurarse)* to be reestablished

restablecimiento *nm* (**a**) *(reinstauración)* restoration, reestablishment (**b**) *(cura)* recovery

restallar *vt & vi* (**a**) *(látigo)* to crack (**b**) *(lengua)* to click

restallido *nm (de látigo)* crack

restante *adj* remaining; **lo r.** the rest

restañar *vt (herida)* to staunch

restar 1 *vt* (**a**) *Mat* to subtract; **r. una cantidad de otra** to subtract one figure from another (**b**) *(quitar, disminuir)* **r. importancia a algo** to play down the importance of sth; **r. méritos a alguien/a algo** to detract from sb/sth

2 *vi (faltar)* to be left; **me resta envolver los regalos** I still have to wrap up the presents; **sólo restan tres días** only three days are left

restauración *nf* (**a**) *(de muebles, arte, edificio)* restoration (**b**) *(de monarquía, democracia)* restoration (**c**) *(rama de hostelería)* **el sector de la r.** the restaurant sector

restaurador, -ora *nm,f* (**a**) *(de muebles, arte)* restorer (**b**) *(hostelero)* restaurateur

restaurante *nm* restaurant ❑ ***r. de carretera*** *Br* transport cafe, *US* truck stop

restaurar *vt* to restore; **r. fuerzas** to get one's strength back

restitución *nf* return

restituir [34] **1** *vt (devolver) (objeto)* to return; *(derechos, salud)* to restore; **r. a alguien en un puesto** to reinstate sb in a post

2 restituirse a *vpr (regresar)* to return to

resto *nm* (**a**) **el r.** *(lo que queda)* the rest; **el r. se fue a bailar** the rest (of them) went dancing; **restos** *(sobras)* leftovers; *(cadáver)* remains; *(ruinas)* ruins; EXPR *Fam* **tenemos que echar el r.** we have to give it our all ❑ ***restos mortales*** remains (**b**) *Mat* **el r.** the remainder (**c**) *(en tenis)* return (of serve); **al r., Jiménez** Jiménez to return

restorán *nm RP* restaurant

restregar [43] **1** *vt* (**a**) *(frotar)* to rub hard (**b**) *(para limpiar)* to scrub

2 restregarse *vpr (frotarse)* to rub

restregón *nm* (**a**) *(frotamiento)* hard rub (**b**) *(para limpiar)* scrub

restricción *nf* restriction; **no hay**

restricciones de edad there's no age limit; **restricciones de agua** water ra-tioning; **restricciones eléctricas** power cuts

restrictivo, -a *adj* restrictive

restriego *etc ver* **restregar**

restringido, -a *adj* limited, restricted

restringir [24] *vt* to limit, to restrict

resucitación *nf* resuscitation

resucitar 1 *vt (persona)* to bring back to life; *(costumbre)* to resurrect, to revive; **¡este olor resucita a un muerto!** it smells wonderful in here!

2 *vi (persona)* to rise from the dead

resuello 1 *ver* **resollar**

2 *nm (jadeo)* pant, panting; **quedarse sin r.** to be out of breath

resuelto, -a 1 *participio ver* **resolver**

2 *adj* (**a**) *(solucionado)* solved (**b**) *(decidido)* determined; **estar r. a hacer algo** to be determined to do sth

resuelvo *etc ver* **resolver**

resueno *etc ver* **resonar**

resultado *nm* (**a**) *(efecto)* result; **como r.** as a result; **dar r.** to work (out), to have the desired effect; **dar buen r.** to work well; **el cambio tuvo por r. una mejora en el juego** the substitution led to an improvement in their game; **r. final** end result (**b**) *(de análisis, competición)* result (**c**) *(marcador)* score; **¿cuál es el r.?** what's the score?

resultante *adj & nf* resultant

resultar 1 *vi* (**a**) *(salir)* to (turn out to) be; **¿cómo resultó?** how did it turn out?; **resultó un éxito** it was a success; **r. en** *(dar como resultado)* to result in; **r. herido/muerto** to be injured/killed; **resultó ileso** he was uninjured; **nuestro equipo resultó vencedor** our team came out on top; **su idea no resultó** his idea didn't work

(**b**) *(originarse)* **r. de** to come of, to result from; **de aquella reunión no resultó nada** nothing came of that meeting

(**c**) *(ser)* to be; **resulta sorprendente** it's surprising; **me resultó imposible terminar antes** I was unable to finish earlier; **me resulta muy simpática** I find her very nice; **este tema me está resultando ya aburrido** this topic is beginning to bore me; **r. útil** to be useful; **resultó ser mentira** it turned out to be a lie

2 *v impersonal (suceder)* **resultó que era un impostor** he turned out to be an impostor; **ahora resulta que no quiere alquilarlo** now it seems that she doesn't want to rent it; **resulta que su marido ha tenido un accidente** it seems her husband has had an accident

resultas *nfpl* **de r. de** as a result of

resultón, -ona *adj Fam (person)* sexy, desirable; **el coche es muy r.** the car looks great

resumen *nm* summary; **en r.** in short

resumidero *nm Am* drain, sewer

resumido, -a *adj* brief; **en resumidas cuentas** in short

resumir 1 *vt (abreviar)* to summarize; *(discurso)* to sum up

2 resumirse *vpr* (**a**) *(abreviarse)* **se resume en pocas palabras** it can be summed up in a few words (**b**) **resumirse en** *(saldarse con)* to result in

> Observa que la palabra inglesa **resume** es un falso amigo y no es la traducción de la palabra española **resumir**. En inglés **resume** significa "reanudar".

resurgimiento *nm* resurgence

resurgir [24] *vi* to undergo a resurgence

resurrección *nf* resurrection

retablo *nm* altarpiece

retaco *nm Fam* shorty, midget

retaguardia *nf* (**a**) *Mil (tropa)* rearguard; *(territorio)* rear (**b**) *Fam (parte trasera)* rear, back

retahíla *nf* string, series *(singular)*; **una r. de insultos** a stream of insults

retal *nm* remnant

retama *nf* broom ❑ ***r. de olor*** Spanish broom; ***r. de los tintoreros*** dyer's-greenweed

retar *vt* (**a**) *(desafiar)* to challenge (**a** to); **me retó a una carrera** she challenged me to a race (**b**) *RP (reñir)* to tell off (**c**) *Chile (insultar)* to insult, to abuse

retardado, -a *adj* delayed

retardar 1 *vt* (**a**) *(retrasar)* to delay (**b**) *(frenar)* to hold up, to slow down

2 retardarse *vpr (retrasarse)* to be delayed

retardo *nm* delay

retazo *nm* (**a**) *(resto)* remnant (**b**) *(pedazo)* fragment

retén *nm* (**a**) *(de personas)* reserve (**b**) *(de cosas)* stock

retención *nf* (**a**) *(en comisaría)* detention (**b**) *(en el sueldo)* deduction; **las retenciones fiscales han disminuido** taxes have gone down (**c**) *(de tráfico)* hold-up, delay (**d**) *Med* retention

retener [65] *vt* (**a**) *(detener)* to hold back; *(en comisaría)* to detain; **no me retuvo mucho tiempo** he didn't keep me long; **r. el tráfico** to hold up the traffic (**b**) *(contener) (impulso, ira)* to hold back, to restrain; *(aliento)* to hold (**c**) *(conservar)* to retain (**d**) *(quedarse con)* to hold on to, to keep (**e**) *(memorizar)* to remember (**f**) *(deducir del sueldo)* to deduct (**g**) *(apoderarse de) (sueldo)* to withhold

retengo *etc ver* **retener**

retentiva *nf* memory

Retevisión *nm (abrev de* **Red Técnica Española de Televisión**) = Spanish national broadcasting network

reticencia *nf* (**a**) *(resistencia)* reluctance; **con reticencias** reluctantly; **tengo algunas reticencias** I have some reservations (**b**) *(insinuación)* insinuation

reticente *adj* (**a**) *(reacio)* reluctant; **se mostró r. a dar su opinión** he was reluctant to give his opinion (**b**) *(con insinuaciones)* full of insinuation

> Observa que la palabra inglesa **reticent** es un falso amigo y no es la traducción de la palabra española **reticente**. En inglés **reticent** significa "reservado".

retícula *nf* reticle

reticular *adj* reticular

retículo *nm* reticle

retiene *ver* **retener**

retina *nf* retina

retinitis *nf inv* retinitis

retintín *nm* (**a**) *(ironía)* sarcastic tone; **con r.** sarcastically (**b**) *(tintineo)* ringing

retinto, -a *adj* dark brown

retirada *nf* (**a**) *Mil* retreat; **batirse en r.** to beat a retreat; **cubrir la r.** *Mil* to cover the retreat; *Fig (tomar precauciones)* not to burn one's bridges, to cover oneself; *Mil* **tocar la r.** to sound the retreat (**b**) *(de fondos, moneda, carné)* withdrawal (**c**) *(de competición, actividad)* withdrawal

retirado, -a 1 *adj* (**a**) *(jubilado)* retired (**b**) *(solitario)* isolated, secluded

2 *nm,f (jubilado)* retired person

RETIRAR 1 *vt* (**a**) *(quitar, sacar)* to remove (**a** from); *(moneda, producto)* to withdraw (**de** from); *(carné, pasaporte)* to take away (**a** from); *(ayuda, subvención, apoyo)* to withdraw (**a** from); *(ejército, tropas)* to withdraw (**de** from); *(embajador)* to withdraw, to recall (**de** from); **r. dinero del banco/de la cuenta** to withdraw money from the bank/one's account; **el entrenador retiró a Claudio del terreno de juego/del equipo** the manager took Claudio off/left Claudio out of the team; **me ha retirado el saludo** she's not speaking to me

(**b**) *(apartar, quitar de en medio) (objeto)* to move away; *(nieve)* to clear; *(mano)* to withdraw; **habrá que r. ese armario de ahí** we'll have to move that wardrobe (away) from there; **retira el dedo o te cortarás** move your finger back or you'll cut yourself

(**c**) *(recoger, llevarse)* to pick up, to collect; **puede pasar a r. sus fotos el jueves** you can pick your photos up *o* collect your photos on Thursday

(**d**) *(retractarse de) (insultos, acusaciones, afirmaciones)* to take back; *(denuncia)* to drop; **¡retira eso que** *o* **lo que dijiste!** take that back!, take back what you said!

(**e**) *(jubilar) (a empleado)* to retire; **una lesión lo retiró de la alta competición** an injury forced him to retire from top-flight competition

2 retirarse *vpr* (**a**) *(jubilarse)* to retire

(**b**) *(abandonar, irse) (de elecciones, negociaciones)* to withdraw (**de** from); *(de competición)* to pull out (**de** of); *(atleta, caballo)* to drop out (**de** of); *(en ciclismo, automovilismo)* to retire (**de** from); **se retiró de la reunión** she left the meeting; **se retira (del terreno de juego) López** López is coming off

(**c**) *(ejército, tropas) (de campo de batalla)* to retreat (**de** from); *(de país, zona ocupada)* to withdraw (**de** from), to pull out (**de** of) (**d**) *(irse a dormir)* to go to bed; *(irse a casa)* to go home

(**e**) *(apartarse)* to move away (**de** from); **retírate, que no dejas pasar** move out of the way, people can't get past; **se retiró el pelo de la cara** she brushed the hair out of her eyes

---

retiro *nm* (**a**) *(jubilación)* retirement (**b**) *(pensión)* pension (**c**) *(refugio, ejercicio)* retreat

reto *nm* challenge

retobado, -a *adj CAm, Cuba, Ecuad* (**a**) *(obstinado)* stubborn, obstinate (**b**) *(indómito)* wild, unruly

retobar 1 *vt Andes, RP (forrar)* to line with leather

2 retobarse *vpr RP (enfadarse)* to get angry *o* irritated

retobo *nm* (**a**) *Col, Hond (desecho)* refuse (**b**) *Chile, Perú (arpillera)* sackcloth

retocado *nm Informát* ***r. fotográfico*** photo retouching; ***r. de imagen*** image retouching

retocar [59] **1** *vt (prenda de vestir)* to alter; *(fotografía, imagen)* to retouch; **r. la pintura** to touch up the paintwork

2 retocarse *vpr* **se retocó un poco antes de salir** she touched up her make-up before going out

retoce *etc ver* **retozar**

retomar *vt* to take up again; **r. la conversación** to pick up the conversation

retoñar *vi* (**a**) *(planta)* to sprout, to shoot (**b**) *(situación, problema)* to reappear

retoño *nm* (**a**) *Bot* sprout, shoot (**b**) *Fam (hijo)* **mis retoños** my offspring

retoque 1 *ver* **retocar**

2 *nm (toque)* touching-up; *(de prenda de vestir)* alteration; **hacer un r. a algo** *(foto, con pintura)* to touch sth up; *(prenda de vestir)* to alter sth; **dar los últimos retoques a algo** to put the finishing touches to sth ▫ ***r. fotográfico*** photo retouching

retorcer [15] **1** *vt* (**a**) *(torcer) (brazo, alambre)* to twist; *(ropa, cuello)* to wring; *Fig* **¡le voy a r. el pescuezo como lo vea!** I'll wring his neck if I get my hands on him! (**b**) *(tergiversar)* to twist

2 retorcerse *vpr (de risa)* to double up (**de** with); *(de dolor)* to writhe about (**de** in)

retorcido, -a *adj* (**a**) *(torcido) (brazo, alambre)* twisted; *(ropa)* wrung out (**b**) *Fam (rebuscado)* complicated, involved; **¿por qué eres siempre tan r.?** why do you always have to think the worst? (**c**) *Fam (malintencionado)* twisted, warped

retorcimiento *nm* (**a**) *(torsión)* twisting (**b**) *(contorsión)* writhing

retórica *nf también Fig* rhetoric

retórico, -a 1 *adj* rhetorical

2 *nm,f (persona)* rhetorician

retornable *adj* returnable; **no r.** non-returnable

retornar *vt & vi* to return

retorno *nm* (**a**) *(regreso)* return; **a su r.** on her return, when she got back (**b**) *(devolución)* return (**c**) *Informát* return ▫ ***r. de carro*** carriage return; ***r. manual*** hard return

retortero *nm Fam* EXPR **andar al r.** to be extremely busy; EXPR **traer a alguien al r.** to keep sb on the go

retortijón *nm* stomach cramp

retostado, -a *adj* dark brown

retostar [63] *vt* to toast brown

retozar [14] *vi (niños, cachorros)* to gambol, to frolic; *(amantes)* to romp about

retozo *nm (de niños, cachorros)* gamboling, frolicking; *(de amantes)* romp

retozón, -ona *adj* playful

retractación *nf* retraction

retractarse *vpr (de una promesa)* to go back on one's word; *(de una opinión)* to take back what one has said; **r. de** *(lo dicho)* to retract, to take back; **se retractó de su declaración** she took back what she had said

retráctil *adj (antena, brazo mecánico)* retractable; *(uña)* retractile

retraer [66] **1** *vt* (**a**) *(encoger)* to retract (**b**) *(disuadir)* **r. a alguien de hacer algo** to persuade sb not to do sth

2 retraerse *vpr* (**a**) *(encogerse)* to retract (**b**) *(aislarse, retroceder)* to withdraw, to retreat; **se retrae cuando hay extraños** he becomes very withdrawn in the company of strangers

retraído, -a *adj* withdrawn, retiring

retraigo *etc ver* **retraer**

retraimiento *nm* shyness, reserve

retranca *nf* (**a**) *(intención disimulada)* **hacer algo con r.** to have an ulterior motive in doing sth (**b**) *Col, Cuba (de carruaje)* brake

retransmisión *nf* broadcast; **r. en directo/en diferido** live/recorded broadcast; **a continuación, r. deportiva** coming up, sport

retransmitir *vt* to broadcast

retrasado, -a 1 *adj* (**a**) *(país, industria)* backward; *(reloj)* slow; *(tren)* late, delayed; **número r.** *(de periódico, revista)* back number *o* issue (**b**) *(persona)* retarded, backward

2 *nm,f* **r. (mental)** mentally retarded person; *Fam (tonto)* retard

retrasar 1 *vt* (**a**) *(aplazar)* to postpone (**b**) *(demorar)* to delay, to hold up (**c**) *(hacer más lento)* to slow down, to hold up; *(pago, trabajo)* to set back; **vamos muy retrasados en el proyecto** we're a long way behind (schedule) with the project (**d**) *(reloj)* to put back (**e**) *Dep (balón)* to pass back

2 *vi (reloj)* to be slow

3 retrasarse *vpr* (**a**) *(llegar tarde)* to be late (**b**) *(quedarse atrás)* to fall behind; **se retrasaron un mes en la entrega** they were a month late with the delivery (**c**) *(aplazarse)* to be postponed (**d**) *(demorarse)* to be delayed (**e**) *(reloj)* to lose time; **mi reloj se retrasa cinco minutos al día** my watch loses five minutes a day

retraso *nm* (**a**) *(demora)* delay; **llegar con (15 minutos de) r.** to be (15 minutes) late; **los trenes circulan hoy con (una hora de) r.** trains are running (an hour) late today (**b**) *(por sobrepasar un límite)* **el proyecto lleva dos semanas de r.** the project is two weeks behind schedule; **llevo en mi trabajo un r. de 20 páginas** I'm 20 pages behind with my work (**c**) *(subdesarrollo)* backwardness; **llevar (siglos de) r.** to be (centuries) behind ▫ *Med* ***r. mental*** mental deficiency

retratar 1 *vt* (**a**) *(fotografiar)* to photograph (**b**) *(dibujar)* to do a portrait of (**c**) *(describir)* to portray

2 retratarse *vpr* (**a**) *(describirse)* to describe oneself (**b**) *Fam (pagar)* to cough up

retratista *nmf Arte* portraitist; *Fot* (portrait) photographer

retrato *nm* (**a**) *(dibujo, pintura)* portrait; *(fotografía)* portrait (photograph); **ser el vivo r. de alguien** to be the spitting image of sb ▫ ***r. robot*** Identikit® picture, *Br* Photofit® picture (**b**) *(descripción)* portrayal

retreta *nf Mil* retreat

retrete *nm* toilet

retribución *nf* (**a**) *(pago)* payment (**b**) *(recompensa)* reward

> Observa que la palabra inglesa **retribution** es un falso amigo y no es la traducción de la palabra española **retribución**. En inglés **retribution** significa "represalias".

retribuido, -a *adj (trabajo)* paid; **no r.** unpaid

retribuir [34] *vt (pagar)* to pay; *(recompensar)* to reward; *Am (favor, obsequio)* to return, to repay

retributivo, -a *adj* **la política retributiva** pay policy; **un premio r.** a cash prize

retro *adj* (**a**) *(estilo, moda)* retro (**b**) *Pol* reactionary

retroactividad *nf (de ley)* retroactivity; *(del pago)* backdating

retroactivo, -a *adj (ley)* retrospective, retroactive; *(pago)* backdated; **con efecto** *o* **con carácter r.** retroactively

retroalimentación *nf* feedback

retroceder *vi* (**a**) *(moverse hacia atrás)* to go back; **retrocedió dos puestos en la clasificación** he dropped *o* fell two places in the table (**b**) *(ante obstáculo)* to back down; **no retroceder ante nada** there's no stopping me now

retroceso *nm* (**a**) *(movimiento hacia atrás, regresión)* backward movement; *(de fusil, cañón)* recoil; *(de tropas)* retreat; *(en la economía)* recession; **supuso un r. en las negociaciones** it caused a setback in the negotiations (**b**) *(en enfermedad)* deterioration

retrógrado, -a 1 *adj* (**a**) *Pey (anticuado)* backward-looking, hidebound (**b**) *Pol* reactionary

2 *nm,f* (**a**) *Pey (anticuado)* backward-looking *o* hidebound person (**b**) *Pol* reactionary
retropropulsión *nf* jet propulsion
retroproyector *nm* overhead projector
retrospección *nf* retrospection
retrospectiva *nf* retrospective; **en r.** in retrospect
retrospectivamente *adv* in retrospect
retrospectivo, -a *adj* retrospective; **echar una mirada retrospectiva a** to look back over
retrotraer [66] **1** *vt (relato)* to set in the past
2 retrotraerse *vpr (al pasado)* to cast one's mind back, to go back
retrovirus *nm inv Med* retrovirus
retrovisor *nm* rear-view mirror
retruécano *nm* pun, play on words
retuerzo *ver* **retorcer**
retuesto *etc ver* **retostar**
retumbante *adj* resounding
retumbar *vi* (**a**) *(resonar)* to resound; *Fam* **me retumban los oídos** my ears are ringing (**b**) *(hacer ruido)* to thunder, to boom; **el disparo retumbó en toda la sala** the shot rang out across the room
retuviera *etc ver* **retener**
reuma, reúma *nm o nf* rheumatism
reumático, -a *adj & nm,f* rheumatic
reumatismo *nm* rheumatism
reumatología *nf* rheumatology
reumatólogo, -a *nm,f* rheumatologist
reunificación *nf* reunification
reunificar [59] **1** *vt* to reunify
2 reunificarse *vpr* to reunify
reunión *nf* (**a**) *(encuentro, asistentes)* meeting; **hacer** *o* **celebrar una r.** to have *o* hold a meeting (**b**) *(recogida)* gathering, collection
reunir 1 *vt* (**a**) *(juntar) (personas)* to bring together (**b**) *(objetos, información)* to collect, to bring together; *(fondos)* to raise; **reunió una gran fortuna** he amassed a large fortune (**c**) *(tener) (requisitos, condiciones)* to meet, to fulfil; *(cualidades)* to possess, to combine (**d**) *(volver a unir)* to put back together
2 reunirse *vpr (congregarse, juntarse)* to meet; **reunirse con alguien** to meet (up with) sb
reutilizable *adj* reusable
reutilización *nf* reuse
reutilizar [14] *vt* to reuse
reválida *nf* (**a**) *Antes* = qualifying exam for higher stages of secondary education, taken at 14 and 16 (**b**) *(confirmación)* **pasó la r. del título** he successfully defended the title
revalidar *vt* to confirm
revalorización *nf* (**a**) *(aumento del valor)* appreciation; *(de moneda)* revaluation (**b**) *(restitución del valor)* favourable reassessment
revalorizar [14] **1** *vt* (**a**) *(aumentar el valor de)* to increase the value of; *(moneda)* to revalue (**b**) *(restituir el valor de)* to reassess in a favourable light
2 revalorizarse *vpr* (**a**) *(aumentar de valor)* to appreciate; *(moneda)* to be revalued (**b**) *(recuperar valor)* to be reassessed favourably
revaluación *nf* (**a**) *(evaluación)* reappraisal, reassessment (**b**) *(de moneda)* revaluation
revaluar 1 *vt* (**a**) *(evaluar)* to reappraise, to reassess (**b**) *(moneda)* to revalue
2 revaluarse *vpr (moneda)* to be revalued
revancha *nf* (**a**) *(venganza)* revenge; **tomarse la r.** to take revenge (**b**) *(partido, partida)* rematch
revanchismo *nm* vengefulness
revelación *nf* revelation
revelado *nm Fot* developing
revelador, -ora 1 *adj (aclarador)* revealing
2 *nm Fot* developer
revelar 1 *vt* (**a**) *(descubrir)* to reveal (**b**) *(manifestar)* to show (**c**) *Fot* to develop
2 revelarse *vpr* (**a**) *(descubrirse)* **revelarse como** to show oneself to be (**b**) *(resultar)* **sus esfuerzos se han revelado inútiles** their efforts proved useless
revendedor, -ora *nm,f* ticket tout
revender *vt (productos, bienes)* to resell; *(entradas)* to tout
revenirse [69] *vpr* (**a**) *(ponerse correoso)* to go soggy (**b**) *(avinagrarse)* to turn sour
reventa *nf* (**a**) *(de productos, bienes)* resale (**b**) *(de entradas)* touting; **compré las entradas en la r.** I bought the tickets from a tout
reventadero *nm Chile* = rocks where the waves break
reventado, -a *adj Fam (cansado)* shattered, whacked
reventador *nm (boicoteador)* heckler
reventar [3] **1** *vt* (**a**) *(hacer estallar)* to burst
(**b**) *(romper)* to break; *(echar abajo)* to break down; *(con explosivos)* to blow up
(**c**) *(hacer fracasar)* to ruin, to spoil; *(boicotear)* to disrupt; *Com* **r. los precios** to make massive price cuts
(**d**) *Fam (cansar mucho)* to shatter
(**e**) *Fam (fastidiar)* to bug; **me revienta que...** it really bugs me that...
2 *vi* (**a**) *(estallar) (globo, neumático)* to burst; **el jarrón reventó al estrellarse contra el suelo** the vase shattered when it hit the ground; *Fig* **si no se lo digo, reviento** I'd have exploded if I hadn't said anything to him; *Fam Fig* **por mí, como si revienta** he can drop dead as far as I'm concerned
(**b**) *(estar lleno)* **r. de** to be bursting with; **estoy que reviento** *(estoy lleno)* I'm stuffed; **la sala estaba (llena) a r.** the room was bursting at the seams
(**c**) *(desear mucho)* **r. por hacer algo** to be bursting to do sth
(**d**) *Fam (cansarse mucho)* **trabajaron hasta r.** they worked their socks off
(**e**) *Fam (perder los nervios)* to explode (**de** with)
3 reventarse *vpr* (**a**) *(explotar)* to explode; *(rueda, tuberías)* to burst (**b**) *Fam (cansarse)* to get whacked, to tire oneself to death
reventón *nm* (**a**) *(pinchazo)* blowout, *US* flat, *Br* puncture (**b**) *(estallido)* burst; **dar un r.** to burst (**c**) *Arg, Chile Min* outcrop
reverberación *nf (de sonido)* reverberation; *(de luz, calor)* reflection
reverberar *vi (sonido)* to reverberate; *(luz, calor)* to reflect
reverbero *nm CAm, Cuba, Ecuad (cocinilla)* cooking stove
reverdecer [46] *vt & vi* (**a**) *(campos)* to turn green again (**b**) *(interés, sentimientos)* to revive
reverencia *nf* (**a**) *(respeto)* reverence (**b**) *(saludo) (inclinación)* bow; *(flexión de piernas)* curtsy; **hacer una r.** *(con la cabeza)* to bow; *(inclinarse)* to curtsy (**c**) *(tratamiento)* **su R.** Your/His Reverence
reverencial *adj* reverential
reverenciar *vt* to revere
reverendísimo, -a *adj* Right Reverend
reverendo, -a *adj & nm* reverend
reverente *adj* reverent
reversibilidad *nf* reversibility
reversible *adj* reversible
reverso *nm (parte de atrás)* back, other side; *(de moneda, medalla)* reverse; EXPR **ser el r. de la medalla** to be the other side of the coin
reverter [64] *vi* to overflow
revertir [62] *vi* (**a**) *(resultar)* **r. en** to result in; **r. en beneficio/perjuicio de** to be to the advantage/detriment of (**b**) *(volver)* **r. a** to revert to
revés (*pl* **reveses**) *nm* (**a**) *(parte opuesta) (de papel, mano)* back; *(de tela)* other side, wrong side; **al r.** *(en dirección o sentido equivocado)* the wrong way round; *(en forma opuesta, invertido)* the other way round; **no estoy triste, al r. estoy contentísima** I'm not sad, on the contrary, I'm very happy; **lo hizo al r. de como le dije** she did the opposite of what I told her to; **del r.** *(lo de detrás, delante)* the wrong way round, back to front; *(lo de dentro, fuera)* inside out; *(lo de arriba, abajo)* upside down; **volver algo del r.** to turn sth around; **me puso el estómago del r.** it turned my stomach
(**b**) *(contratiempo)* setback, blow
(**c**) *(bofetada)* slap
(**d**) *Dep (en tenis)* backhand; **un golpe de r.** a backhand
(**e**) *Cuba (gusano)* tobacco weevil
revestimiento *nm (por fuera)* covering; *(por dentro)* lining; *(con pintura)* coating ❑ ***r. de fachadas*** facing
revestir [47] **1** *vt* (**a**) *(recubrir)* to cover; *(con pintura)* to coat; *(con forro)* to line (**b**) *(poseer)* **el incidente no revistió importancia** the incident was not important; **la herida no reviste importancia** the wound isn't serious (**c**) *(adornar)* to dress up (**de** in), to adorn (**de** with) (**d**) *(disfrazar)* to disguise, to cover up

2 revestirse *vpr* **revestirse de paciencia** to summon up one's patience; **se revistió de la seriedad que requería la situación** she showed the seriousness required by the situation; **el acto se revistió de gran solemnidad** the event was marked by great solemnity

reviene *etc ver* **revenirse**

reviento *etc ver* **reventar**

revierta *etc ver* **revertir**

reviniera *etc ver* **revenirse**

revirtiera *etc ver* **revertir**

revisar *vt* (**a**) *(repasar)* to go over again (**b**) *(examinar)* to check; *(cuentas)* to audit; **me tengo que r. la vista** I have to get my eyes tested; **le revisaron el equipaje** they searched her luggage; **revíseme los frenos** could you check my brakes? (**c**) *(modificar)* to revise; **han revisado sus previsiones de crecimiento** they've revised their growth forecasts

revisión *nf* (**a**) *(repaso)* revision (**b**) *(examen)* check; *(de vehículo)* service; **llevar el coche a una r.** to have one's car serviced ▫ ***r. de cuentas*** audit; ***r. médica*** check-up; ***r. de la vista*** eye test (**c**) *(modificación)* amendment; **r. de los precios** price change

revisionismo *nm* revisionism

revisionista *nmf* revisionist

revisor, -ora *nm,f (en tren, autobús)* ticket inspector ▫ ***r. de cuentas*** auditor

revista 1 *ver* **revestir**

2 *nf* (**a**) *(publicación)* magazine; *(académica)* journal ▫ ***r. del corazón*** gossip magazine *(with details of celebrities' lives)* (**b**) *(espectáculo teatral)* revue ▫ ***r. musical*** musical revue (**c**) *(inspección)* **pasar r. a** *Mil* to inspect, to review; *(examinar)* to examine

revistero *nm (mueble)* magazine rack

revistiera *etc ver* **revestir**

revitalizar [14] *vt* to revitalize

revival [rri'βaiβal] *nm inv* revival

revivificar [59] *vt* to revive

revivir 1 *vi* (**a**) *(muerto)* to revive, to come back to life (**b**) *(sentimientos)* to revive, to be rekindled

2 *vt* (**a**) *(recordar)* to revive memories of (**b**) *(muerto)* to revive, to bring back to life (**c**) *(sentimientos)* to revive, to rekindle

revocable *adj* revocable

revocación *nf* revocation

revocar [59] *vt* (**a**) *(orden, decisión)* to revoke (**b**) *(con yeso)* to plaster

revocatoria *nf Am* revocation

revolcar [67] **1** *vt* to throw to the ground, to upend

2 revolcarse *vpr* (**a**) *(por el suelo)* to roll about; **nos revolcamos por los suelos de risa** we rolled around (on the ground) with laughter (**b**) *Fam (amantes)* to roll around *(kissing and canoodling)*

revolcón *nm* (**a**) *(caída)* tumble, fall; EXPR **darle un r. a alguien** *(vencerle)* to thrash *o* hammer sb (**b**) *Fam (juegos amorosos)* **darse un r.** to roll around *(kissing and canoodling)*

revolear *vi Méx, RP* to swing a lasso

revolotear *vi* (**a**) *(pájaro, mariposa)* to flutter (about) (**b**) *(persona)* to flit about

revoloteo *nm* (**a**) *(de pájaro, mariposa)* fluttering (about) (**b**) *(de persona)* flitting about

revoltijo, revoltillo *nm* jumble

revoltoso, -a 1 *adj (rebelde)* rebellious; *(travieso)* naughty

2 *nm,f (alborotador)* troublemaker; *(travieso)* rascal

revolución *nf* (**a**) *(cambio profundo)* revolution ▫ *Hist* ***la R. Industrial*** the Industrial Revolution; ***r. de palacio*** palace revolution (**b**) *(giro, vuelta)* revolution, rev

revolucionar *vt* (**a**) *(agitar) (crear conflicto en)* to cause uproar in; *(crear excitación en)* to cause a stir in; **¡no revoluciones a los niños!** don't get the children all excited! (**b**) *(transformar)* to revolutionize

revolucionario, -a *adj & nm,f* revolutionary

revolvedor *nm Cuba* vat, cauldron

revolver [41] **1** *vt* (**a**) *(mezclar) (líquido)* to stir; *(ensalada)* to toss; *(objetos)* to mix; PROV **r. Roma con Santiago** to leave no stone unturned

(**b**) *(desorganizar)* to turn upside down, to mess up; *(cajones)* to turn out; **lo dejaron todo revuelto** they turned the place upside down

(**c**) *(irritar)* to upset; **me revuelve el estómago** *o* **las tripas** it makes my stomach turn

(**d**) *(alterar)* **r. los ánimos** to cause feelings to run high

2 *vi* **r. en** *(armario, pasado)* to rummage around in

3 revolverse *vpr* (**a**) *(moverse) (en un sillón)* to shift about; *(en la cama)* to toss and turn

(**b**) *(volverse)* to turn around; **revolverse contra alguien** to turn on sb

(**c**) *(mar, río)* to become rough; *(tiempo)* to turn

revólver *(pl* **revólveres***)* *nm* revolver

revoque *etc ver* **revocar**

revuelco *etc ver* **revolcar**

revuelo *nm* (**a**) *(agitación)* commotion; **armar** *o* **causar un gran r.** to cause a stir (**b**) *Am (de gallo)* thrust with the spur

revuelque *etc ver* **revolcar**

revuelta *nf* (**a**) *(disturbio)* riot (**b**) *(curva)* bend, turn

revuelto, -a 1 *participio ver* **revolver**

2 *adj* (**a**) *(desordenado) (habitación)* upside down, in a mess; *(época)* troubled, turbulent; *(pelo)* dishevelled (**b**) *(mezclado)* mixed up; **viven todos revueltos** they live on top of one another (**c**) *(clima)* unsettled; *(aguas)* choppy, rough

3 *nm (plato)* scrambled eggs; **r. de espárragos** = scrambled egg with asparagus

revuelvo *etc ver* **revolver**

revulsión *nf* revulsion

revulsivo, -a 1 *adj* revitalizing

2 *nm* kick-start, stimulus

rey *nm* (**a**) *(monarca)* king; EXPR **hablando del r. de Roma** talk *o* speak of the devil; **los Reyes** the King and Queen; **(Día de) Reyes** Epiphany *(6 January, day on which children receive presents)* ▫ ***los Reyes Católicos*** = the Spanish Catholic monarchs Ferdinand V and Isabella; ***los Reyes Magos*** the Three Kings, the Three Wise Men; **¿qué les vas a pedir a los Reyes (Magos)?** ≃ what are you going to ask Father Christmas for?; ***r. de la montaña*** *(en ciclismo)* king of the mountains; *CAm, Méx* ***r. de los zopilotes*** *(ave)* king vulture (**b**) *(apelativo)* love, darling

reyerta *nf* fight, brawl

rezagado, -a 1 *adj* **ir r.** to lag behind

2 *nm,f* straggler

rezagarse [38] *vpr* to fall behind

rezar [14] **1** *vt* (**a**) *(oración)* to say (**b**) *(decir)* to read, to say

2 *vi* (**a**) *(orar)* to pray (**a** to); **r. por alguien/algo** to pray for sb/sth (**b**) *(decir)* to read, to say (**c**) *Fam (tener que ver)* **esto no reza conmigo** that has nothing to do with me

rezo *nm* (**a**) *(acción)* praying (**b**) *(oración)* prayer

rezongar [38] *vi (refunfuñar)* to grumble, to moan

rezongón, -ona 1 *adj* grumbling, moaning

2 *nm,f* grumbler, moaner

rezumar 1 *vt* (**a**) *(transpirar)* to ooze (**b**) *(manifestar)* to be overflowing with

2 *vi* to ooze *o* seep out

RF *nf (abrev de* **radiofrecuencia***)* rf

RFA *nf (abrev de* **República Federal de Alemania***)* FRG

RGB *Informát (abrev de* **red, green and blue***)* RGB

Rh *nm* Rh

rhesus *nm* rhesus monkey

Rhin = **Rin**

Rhodesia *n Antes* Rhodesia

ría 1 *ver* **reír**

2 *nf* (**a**) *(accidente geográfico)* ria, = long narrow sea inlet, especially those found in Galicia (**b**) *(en pista de atletismo)* water jump

riachuelo *nm* brook, stream

Riad *n* Riyadh

riada *nf también Fig* flood

rial *nm* rial

ribazo *nm (terreno inclinado)* slope; *(del río)* sloping bank

ribeiro *nm* = wine from the province of Orense, Spain

ribera *nf (del río)* bank; *(del mar)* shore; **la r. del Ebro** the banks of the Ebro

ribereño, -a 1 *adj (de río)* riverside; *(de mar)* coastal; **los países ribereños del Mediterráneo** the Mediterranean countries

2 *nm,f* = person who lives by a river

ribete *nm* edging, trimming; *Fig* **ribetes** touches, nuances; **tener ribetes de poeta** to be something of a poet

ribeteado, -a *adj* edged, trimmed

ribetear *vt* to edge, to trim

riboflavina *nf* riboflavin
ribonucleico *adj Biol* **ácido r.** ribonucleic acid
ricachón, -ona *nm,f Pey* filthy *o* stinking rich person
ricamente *adv* (**a**) *(decorado)* sumptuously (**b**) *Fam (a gusto)* **estar tan r.** to be quite happy; **me lo dijo así, tan r.** she told me it just like that
rice *etc ver* **rizar**
ricino *nm (planta)* castor oil plant
rico, -a 1 *adj* (**a**) *(adinerado)* rich (**b**) *(abundante)* rich (**en** in) (**c**) *(fértil)* fertile, rich (**d**) *(sabroso)* delicious; **¡qué r.!** this is delicious! (**e**) *(simpático)* cute (**f**) *(bello, de calidad) (telas, tapices, vocabulario)* rich
2 *nm,f* (**a**) *(adinerado)* rich person; **los ricos** the rich; **los nuevos ricos** the nouveaux riches (**b**) *Fam (apelativo)* **¡oye, r.!** hey, sunshine!; **¿por qué no te callas, r.?** shut up, you!
rictus *nm inv (de dolor)* wince; *(de ironía)* smirk; *(de desprecio)* sneer; **un r. de amargura** a bitter expression
ricura *nf Fam* (**a**) *(persona)* delight, lovely person; **¡qué r. de niño!** what a lovely *o* delightful child! (**b**) *(apelativo)* **¡oye, r.!** hey, sunshine!; **¿por qué no te callas, r.?** shut up, you! (**c**) *(guiso)* **¡qué r. de sopa!** what delicious soup!
ridiculez *nf* (**a**) *(payasada)* silly thing; **¡no digas ridiculeces!** don't talk nonsense! (**b**) *(nimiedad)* trifle; **cuesta una r.** it costs next to nothing; **se pelearon por una r.** they fell out over nothing (**c**) *(cualidad)* ridiculousness
ridiculizar [14] *vt* to ridicule
ridículo, -a 1 *adj (irrisorio)* ridiculous; *(precio, suma)* laughable, derisory; **acéptalo, ¡no seas r.!** take it, don't be ridiculous *o* silly!
2 *nm* ridicule; **hacer el r.** to make a fool of oneself; **poner** *o* **dejar en r. a alguien** to make sb look stupid; **quedar en r. (delante de alguien)** to end up looking like a fool (in front of sb); **no tiene sentido del r.** he doesn't get embarrassed easily
ríe *ver* **reír**
riego 1 *ver* **regar**
2 *nm (de campo)* irrigation; *(de jardín)* watering ▫ ***r. por aspersión*** sprinkling; ***r. sanguíneo*** (blood) circulation
riegue *etc ver* **regar**
riel *nm* (**a**) *(de vía)* rail (**b**) *(de cortina)* (curtain) rail
rienda *nf* (**a**) *(de caballería)* rein; *Fig* **comer a r. suelta** to eat one's fill; *Fig* **hablar a r. suelta** to talk nineteen to the dozen; *Fig* **dar r. suelta a** to give free rein to (**b**) *(dirección)* **llevar** *o* **tener las riendas** to hold the reins, to be in control; **a la muerte de su padre, tomó las riendas del negocio** she took over the business when her father died (**c**) *(moderación)* restraint
riera *etc ver* **reír**
riesgo *nm* risk; **hay r. de inundaciones** there's a danger of flooding; **a r. de** at the risk of; **saltó por el barranco (aún) a r. de matarse** he jumped across the ravine even though he was risking his life; **a todo r.** *(seguro, póliza)* comprehensive; **aseguró la casa a todo r.** she took out comprehensive home insurance; **correr (el) r. de** to run the risk of; **¿para qué correr riesgos innecesarios?** why should we take unnecessary risks?
riesgoso, -a *adj Am* risky
rifa *nf* raffle ▫ ***r. benéfica*** charity raffle
rifar 1 *vt* to raffle
2 rifarse *vpr* (**a**) *(sortear)* **nos rifamos la botella de vodka** we drew lots to see who got the bottle of vodka (**b**) *(disputarse)* to fight over, to contest; **a mi prima se la rifan los chicos** the boys are always running after *o* fighting over my cousin
rifirrafe *nm Fam* skirmish, flare-up
rifle *nm* rifle
rift *nm Geol* rift valley
Riga *n* Riga
rige *ver* **regir**
rigidez *nf* (**a**) *(de objeto, material)* rigidity; *(de tela)* stiffness (**b**) *(de pierna, brazo)* stiffness (**c**) *(del rostro)* stoniness (**d**) *(severidad)* strictness, harshness; **aplican las normas con r.** they apply the rules strictly
rígido, -a *adj* (**a**) *(objeto, material)* rigid; *(tela)* stiff (**b**) *(pierna, brazo)* stiff; **pon el brazo r.** tense your arm, hold your arm stiff (**c**) *(rostro)* stony (**d**) *(severo, inflexible) (normas)* strict, harsh; *(carácter)* inflexible
rigiera *etc ver* **regir**
rigor *nm* (**a**) *(severidad)* strictness; **con r.** strictly (**b**) *(exactitud)* accuracy, rigour; **a este análisis le falta r.** this analysis isn't rigorous enough; **me dieron las instrucciones de r.** they gave me the usual instructions; **nos cayó la bronca de r.** we got the inevitable telling-off; **es de r. en esas ocasiones** it's de rigueur on such occasions; **en r.** strictly (speaking) (**c**) *(inclemencia)* harshness; **los rigores del invierno** the rigours of winter (**d**) *(rigidez)* ***r. mortis*** rigor mortis (**e**) EXPR *Fam* **es el r. de las desdichas** she was born unlucky
rigurosamente *adv* (**a**) *(severamente)* strictly (**b**) *(exactamente)* rigorously; **es r. cierto** it's the exact truth
rigurosidad *nf* (**a**) *(severidad)* strictness (**b**) *(exactitud)* accuracy, rigour; **a este análisis le falta r.** this analysis isn't rigorous enough (**c**) *(inclemencia)* harshness
riguroso, -a *adj* (**a**) *(severo)* strict (**b**) *(exacto)* rigorous (**c**) *(inclemente)* harsh
rijo *etc ver* **regir**
rijoso, -a *adj* (**a**) *(pendenciero)* **es un tipo r.** he's always getting into fights (**b**) *(lujurioso)* lustful
rilarse *vpr Fam* to cop out
rima *nf* rhyme
rimar *vt & vi* to rhyme
rimbombancia *nf* (**a**) *(de estilo, frases)* pomposity (**b**) *(de desfile, fiesta)* razzmatazz
rimbombante *adj* (**a**) *(estilo, frases)* pompous (**b**) *(desfile, fiesta)* spectacular
rímel *nm* mascara
rimero *nm* heap, pile
Rin *nm* **el R.** the Rhine
rin *nm Méx (llanta)* wheel rim
rincón *nm* (**a**) *(esquina)* corner *(inside)* (**b**) *(lugar apartado)* corner; **vive en un r. apartado del mundo** she lives in a remote spot (**c**) *(lugar pequeño)* corner
rinconada *nf* corner
rinconera *nf* corner piece
rindiera *etc ver* **rendir**
rindo *etc ver* **rendir**
ring [rrin] (*pl* **rings**) *nm* (boxing) ring
ringla *nf*, **ringlera** *nf* line, row
ringorrango *nm* (**a**) *Fam (de estilo)* flourish (**b**) *Fig (adorno)* frill, frippery
rinitis *nf inv Med* rhinitis
rinoceronte *nm* rhinoceros, rhino
rinoplastia *nf Med* rhinoplasty; **le hicieron una r.** they operated on his nose
riña *nf* (**a**) *(disputa)* quarrel (**b**) *(pelea)* fight
riñera *etc ver* **reñir**
riño *etc ver* **reñir**
riñón *nm* kidney; **riñones** *(región lumbar)* lower back; EXPR **costar/valer un r.** to cost/be worth a fortune; EXPR *Fam* **tener el r. bien cubierto** to be well-heeled ▫ ***r. artificial*** kidney machine
riñonada *nf (región lumbar)* lower back
riñonera *nf* (**a**) *(pequeño bolso) Br* bum bag, *US* fanny pack (**b**) *(faja)* back support
río[1] *etc ver* **reír**
río[2] *nm* (**a**) *(corriente de agua, de lava)* river; **ir r. arriba/abajo** to go upstream/downstream; *Fig* **se han escrito ríos de tinta sobre el tema** people have written reams on the subject; PROV **a r. revuelto, ganancia de pescadores** it's an ill wind that blows nobody any good; PROV **cuando el r. suena, agua lleva** there's no smoke without fire ▫ ***el R. Grande*** the Rio Grande; ***R. de Janeiro*** Rio de Janeiro; ***R. de la Plata*** River Plate (**b**) *(gran cantidad) (de cartas)* flood; *(de insultos)* stream; **un r. de gente** a mass of people
rioja *nm* Rioja (wine)
riojano, -a 1 *adj* = of/from the Argentinian city or province or the Spanish region of La Rioja
2 *nm,f* = person from the Argentinian city or province or the Spanish region of La Rioja
rioplatense 1 *adj* of/from the River Plate region
2 *nmf* person from the River Plate region
RIP [rrip] *(abrev de* **requiescat in pace***)* RIP
ripiar *vt Carib, Col (destrozar)* to tear to pieces
ripio *nm* (**a**) *Lit* = word or phrase included to complete a rhyme; *Fig (relleno)* padding; EXPR **no perder r.** to be all ears (**b**) *(cascote)* rubble
riqueza *nf* (**a**) *(fortuna)* wealth (**b**) *(cosas de valor)* **el cofre estaba lleno de oro y riquezas** the chest was full of gold and riches (**c**) *(abundancia)* richness; **una re-**

gión de gran r. minera a region rich in mineral resources; **tiene gran r. de vocabulario** she has a very rich vocabulary; **un alimento con gran r. vitamínica** a food rich in vitamins

risa *nf* laughter; **r. floja** *o* **tonta** giggle; **una película de r.** a comedy; **tiene una r. muy contagiosa** she has a very infectious laugh; **se oían risas** laughter could be heard; **¡qué r.!** how funny!; **me da r.** I find it funny; **se me escapó la r.** I burst out laughing; **provocó las risas del público** it made the audience laugh; EXPR *Fam* **caerse** *o* **morirse** *o* **partirse de r.** to die laughing, to split one's sides (laughing); **contener la r.** to keep a straight face; **fue una r. verle imitar a los profesores** it was hilarious *o* a scream watching him take off the teachers; **no es cosa de r.** it's no laughing matter; **tomar algo a r.** to take sth as a joke ❑ ***r. enlatada*** canned laughter

RISC [risk] *Informát* (*abrev de* **reduced instruction set computer**) RISC

riscal *nm* craggy place

risco *nm* crag

risible *adj* laughable

risita *nf* giggle

risotada *nf* guffaw; **soltar una r.** to guffaw

risotto [ri'soto], **risoto** *nm* risotto

ristra *nf también Fig* string ❑ ***r. de ajos*** string of garlic

ristre: en ristre *loc adj* at the ready

risueño, -a *adj* **(a)** *(alegre)* smiling **(b)** *(próspero)* sunny, promising

rítmico, -a *adj* rhythmic

ritmo *nm* **(a)** *(compás, repetición)* rhythm, beat; **esa canción tiene mucho r.** that song's got a very strong beat *o* rhythm ❑ ***r. cardíaco*** heartbeat **(b)** *(velocidad)* pace; **acelerar el r.** to speed up; **la economía está creciendo a un buen r.** the economy is growing at a healthy pace *o* rate

rito *nm* **(a)** *Rel* rite ❑ ***r. iniciático*** initiation rite **(b)** *(costumbre)* ritual **(c)** *Chile (manta)* heavy poncho

ritual *adj & nm* ritual

rival *adj & nmf* rival

rivalidad *nf* rivalry

rivalizar [14] *vi* to compete (**con/por** with/for); **rivalizan en belleza** they rival each other in beauty

rivera *nf* brook, stream

riverense 1 *adj* = of/from Rivera in Uruguay

2 *nmf* = person from Rivera in Uruguay

Riyad *n* Riyadh

rizado, -a 1 *adj* **(a)** *(pelo)* curly **(b)** *(mar)* choppy

2 *nm (en peluquería)* **hacerse un r.** to have one's hair curled

rizador *nm* curling tongs

rizar [14] **1** *vt* **(a)** *(pelo)* to curl **(b)** *(mar)* to make choppy **(c) r. el rizo** *(avión)* to loop the loop; *Fig (complicar)* to overcomplicate (things); **para r. el rizo hizo un doble salto mortal** as if all that wasn't impressive enough, he performed a double somersault

2 rizarse *vpr* **(a)** *(pelo)* to curl **(b)** *(mar)* to get choppy

rizo *nm* **(a)** *(de pelo)* curl **(b)** *(de avión)* loop **(c)** *(tela)* towelling, terry

rizoma *nm Bot* rhizome

rizoso, -a *adj (pelo)* (naturally) curly

RN *nm* (*abrev de* **Renovación Nacional**) = Chilean political party

RNE *nf* (*abrev de* **Radio Nacional de España**) = Spanish state radio station

roano, -a *adj (caballo)* roan

roast-beef [rros'βif] (*pl* **roast-beefs**) *nm* roast beef

róbalo, robalo *nm* sea bass

robar 1 *vt* **(a)** *(sustraer)* to steal; *(casa)* to burgle; **r. a alguien** to rob sb; *Fig* **r. el corazón a alguien** to steal sb's heart; **la contabilidad me roba mucho tiempo** doing the accounts takes up a lot of my time **(b)** *(naipe)* to draw **(c)** *(cobrar caro)* to rob **(d)** *(encuentro)* **nos robaron el partido** we were robbed

2 *vi (tomar un naipe)* to draw

robellón *nm (seta)* saffron milk cap

roble *nm* **(a)** *(árbol, madera)* oak **(b)** *(persona)* strong person; EXPR **ser** *o* **estar fuerte como un r.** to be as strong as an ox

robledal *nm* oak wood

robledo *nm* oak grove

roblón *nm* **(a)** *(clavo)* rivet **(b)** *(en tejado)* ridge

robo *nm* **(a)** *(atraco, hurto)* robbery, theft; *(en casa)* burglary; *Fig* **ser un r.** *(precios)* to be daylight robbery ❑ ***r. a mano armada*** armed robbery **(b)** *(cosa robada)* stolen goods

robot (*pl* **robots**) *nm también Informát* robot; EXPR **actuar como un r.** to behave like a machine *o* robot ❑ ***r. articulado*** articulated robot; ***r. de cocina*** food processor; ***r. industrial*** industrial robot

robótica *nf* robotics *(singular)*

robotización *nf* automation

robotizar [14] *vt* to automate

robustecer [46] **1** *vt* to strengthen

2 robustecerse *vpr* to get stronger

robustecimiento *nm* strengthening

robustez *nf* robustness

robusto, -a *adj* robust

roca *nf* rock; EXPR **ser (como) una r.** to be as hard as nails

rocalla *nf* rubble

rocambolesco, -a *adj* fantastic, incredible; **nos sucedió una aventura rocambolesca** the most incredible series of things happened to us

rocanrolero, -a *adj (ritmo, música)* rock and roll

roce 1 *ver* **rozar**

2 *nm* **(a)** *(contacto)* rubbing; *Fís* friction; **el r. de la seda contra su piel** the brushing of the silk against her skin; **el r. de su mano en la mejilla** the touch of his hand on her cheek; **el r. de la silla con la pared ha desgastado la pintura** the back of the chair has worn away some of the paint on the wall; **el r. del viento en la piedra** the weathering effect of the wind on the stone **(b)** *(rozadura)* **el pantalón tiene roces en las rodillas** the trousers are worn at the knees; **la pared está llena de roces** the wall has had the paint scraped off it in several places **(c)** *(rasguño) (en piel)* graze; *(en madera, zapato)* scuffmark; *(en metal)* scratch **(d)** *(trato)* close contact **(e)** *(desavenencia)* brush, quarrel; **tener un r. con alguien** to have a brush with sb

rociada *nf* **(a)** *(rocío)* dew **(b)** *(aspersión)* sprinkling **(c)** *(de insultos, perdigones)* shower

rociador *nm* ***r. contra incendios*** sprinkler

rociar [32] **1** *vt* **(a)** *(arrojar gotas a)* to sprinkle; *(con espray)* to spray **(b)** *(arrojar cosas a)* **r. algo/alguien (con)** to shower sth/sb (with) **(c)** *(con vino)* **rociaron la cena con un tinto** they washed the meal down with a red wine

2 *v impersonal (caer rocío)* **roció anoche** a dew fell last night

rociero, -a *nm,f* = participant in the "Rocío" pilgrimage to Almonte, Huelva

rocín *nm* **(a)** *(caballo)* nag **(b)** *Bol (buey)* ox

rocío *nm* **(a)** *(agua)* dew **(b) el R.** *(romería)* = annual pilgrimage to Almonte, Huelva

rock *nm inv* rock ❑ ***r. and roll*** rock and roll; ***r. duro*** hard rock

rocker *nm Fam* rocker

rockero, -a 1 *adj* rock; **grupo r.** rock group

2 *nm,f* **(a)** *(músico)* rock musician **(b)** *(fan)* rock fan

rococó *adj inv & nm* rococo

rocódromo *nm* indoor climbing centre

Rocosas *nfpl* **las R.** the Rockies

rocoso, -a *adj* rocky; **las montañas Rocosas** the Rocky Mountains

rocoto *nm Andes* = large green chilli pepper

roda *nf Náut* stem

rodaballo *nm* turbot

rodada *nf* tyre track

rodado, -a 1 *adj* **(a)** *(por carretera)* road; **tráfico r.** road traffic **(b)** *(piedra)* rounded **(c)** EXPR **estar muy r.** *(persona)* to be very experienced; **venir r. para** to be the perfect opportunity to

2 *nm Arg, Chile (vehículo)* vehicle

rodador *nm* **(a)** *(ciclista)* = cyclist who is particularly good on flat stretches of road **(b)** *Am (insecto)* gnat

rodaja *nf* slice; **en rodajas** sliced

rodaje *nm* **(a)** *(filmación)* shooting **(b)** *(de motor)* running-in; **el coche está en r.** we're running the car in **(c)** *(experiencia)* experience

rodamiento *nm* bearing ❑ ***r. de bolas*** ball-bearing

Ródano *nm* **el R.** the Rhone

rodante *adj* rolling

rodapié *nm Br* skirting board, *US* baseboard

rodar [63] **1** *vi* (**a**) *(deslizarse)* to roll; **la moneda rodó y se metió debajo de la cama** the coin rolled under the bed
(**b**) *(circular)* to travel, to go; **rodaban a más de 180 km/h** they were doing more than 180 km/h
(**c**) *(girar)* to turn
(**d**) *(caer)* to tumble (**por** down); **rodó escaleras abajo** she tumbled down the stairs; *Fam* **echar algo a r.** *(malograr)* to ruin sth
(**e**) *(ir de un lado a otro)* to go around; **ha rodado por todo el mundo** he's been all over the world
(**f**) *Cine* to shoot; **¡silencio, se rueda!** we're rolling!; **rodó varias comedias** he filmed *o* was in several comedies
2 *vt* (**a**) *(hacer girar)* to roll
(**b**) *Cine* to shoot
(**c**) *(automóvil)* to run in

Rodas *n* Rhodes

rodear 1 *vt* (**a**) *(poner o ponerse alrededor de)* to surround (**de** with); **le rodeó el cuello con los brazos** she put her arms around his neck; **¡ríndete, estás rodeado!** surrender, we have you *o* you're surrounded! (**b**) *(dar la vuelta a)* to go around (**c**) *(eludir) (tema)* to skirt around (**d**) *Am (ganado)* to round up
2 rodearse de *vpr* to surround oneself with

rodela *nf* buckler, round shield

rodeo *nm* (**a**) *(camino largo)* detour; **dar un r.** to make a detour (**b**) *(evasiva)* **rodeos** evasiveness; EXPR **andar** *o* **ir con rodeos** to beat about the bush; **habló sin rodeos** he didn't beat about the bush (**c**) *(espectáculo)* rodeo (**d**) *(reunión de ganado)* rounding up

rodera *nf* tyre mark

rodete *nm* round pad

rodilla *nf* knee; **estaba de rodillas** he was on his knees; **doblar** *o* **hincar la r.** *(arrodillarse)* to go down on one knee; *Fig* to bow (down), to humble oneself; **ponerse de rodillas** to kneel (down)

rodillera *nf* (**a**) *(protección)* knee pad (**b**) *(remiendo)* knee patch

rodillo *nm (pieza cilíndrica)* roller; *(para amasar)* rolling pin; *(para pintar)* (paint) roller; *Fam Fig* **el gobierno utilizó el r. parlamentario para aprobar la ley** the government steamrollered the bill through parliament

rodio *nm* rhodium

rododendro *nm* rhododendron

rodrigón *nm* supporting cane *(for plant)*

rodríguez *nm inv Fam* grass widower; **estar** *o* **quedarse de r.** to be a grass widower

roedor, -ora 1 *adj* rodent; **animal r.** rodent
2 *nm* rodent

roedura *nf* (**a**) *(acción)* gnawing (**b**) *(señal)* gnaw mark

roer [57] *vt* (**a**) *(con dientes)* to gnaw (at); EXPR **ser duro de r.** to be a tough nut to crack (**b**) *(gastar)* to eat away (at) (**c**) *(atormentar)* to nag *o* gnaw (at)

rogar [16] *vt (implorar)* to beg; *(pedir)* to ask; **r. a alguien que haga algo** to beg/ask sb to do sth; **le ruego (que) me perdone** I beg your forgiveness; **ruego a Dios que...** I pray to God that...; **hacerse (de) r.** to play hard to get; **se ruega silencio** *(en letrero)* silence, please

rogativa *nf* rogation

rogatoria *nf Der* = request made by a court of one country to that of another country

rogué *etc ver* **rogar**

roigo *etc ver* **roer**

rojear *vi* to turn red

rojez *nf* (**a**) *(cualidad)* redness (**b**) *(en la piel)* (red) blotch

rojillo, -a *Fam adj & nm,f* red

rojizo, -a *adj* reddish

rojo, -a 1 *adj* (**a**) *(de color)* red; **ponerse r.** *(ruborizarse)* to blush; *(semáforo)* to turn red (**b**) *Pol* red; **tiene ideas bastantes rojas** she has rather left-wing ideas
2 *nm,f Pol* red
3 *nm* (**a**) *(color)* red (**b**) **al rojo** *loc adj (metal)* red hot; *Fig* **la situación está al r. vivo** the situation is at boiling point

rol (*pl* **roles**) *nm* (**a**) *(papel)* role (**b**) *Náut* muster

rolar *vi Chile, Perú (relacionarse)* to mix, to socialize

roldana *nf* pulley wheel

rollito *nm Culin* ***r. de primavera*** spring roll

rollizo, -a *adj* chubby, plump

ROLLO 1 *nm* (**a**) *(cilindro)* roll; *(cuerda, cable)* coil ▫ ***r. de papel higiénico*** toilet roll; ***r. de pergamino*** scroll; *Culin* ***r. de primavera*** spring roll
(**b**) *(carrete fotográfico)* roll of film; *(de película de cine)* reel
(**c**) *Fam (pesadez, aburrimiento)* drag, bore; *(molestia, latazo)* pain; **¡qué r.!** *(aburrimiento)* what a drag *o* bore!; *(molestia)* what a pain!; **un r. de discurso/tío** an incredibly boring speech/guy; **el r. de costumbre** the same old story; **¡corta el r. ya!** shut up, you're boring me to death! **soltar el r.** to go on and on; **tener mucho r.** to witter on; **es un r. macabeo** *o* **patatero** *(muy aburrido)* it's a real bore *o* drag
(**d**) *Fam (embuste)* tall story; **nos metió un r. diciéndonos que...** he gave us some story *o* spiel about... ▫ ***r. macabeo*** *o* ***patatero*** *(mentira)* ridiculous spiel
(**e**) *Fam (tema, historia)* stuff; **el r. ese de la clonación** all that stuff about cloning, all that cloning business; **¿de qué va el r.?** what's it all about?; **¡vamos, suelta el r.!** come on, out with it!
(**f**) *Esp Fam (ambiente, tipo de vida)* scene; **el r. de la droga/de las discotecas** the drug/nightclub scene; **no me va ese r.** it's not my scene, I'm not into all that
(**g**) *Esp Fam (relación)* **tener un r. (con alguien)** to have a fling (with sb); **teng[o] buen r. con él** we're good *Br* mates *or U[S]* buddies; **tengo mal r. con él** we're no[t] the best of *Br* mates *or US* buddies; **venga[,] colega, tírate el r. y déjanos pasar** g[o] on, be a pal and let us in
(**h**) *Esp Fam (sensación)* **esta música m[e] da muy buen r.** this music really doe[s] something for me; **le daba mal r[.] quedarse sola** she was really uncomfortable about being left on her ow[n]
(**i**) *Ven (rulo)* roller, curler
(**j**) *RP Fam (pliegue de grasa)* spare tyre
(**k**) EXPR *RP Fam* **largar el r.** *(vomitar)* t[o] throw up
2 *adj inv Esp Fam (aburrido)* boring; **yo l[o] encuentro un poco r.** I think he's a bit o[f] a bore

ROM [rrom] *nf* (*abrev de* **read-only memory**) ROM

Roma *n* Rome; PROV **R. no se construyó en una hora** Rome wasn't built in a day

romance 1 *adj* Romance
2 *nm* (**a**) *(idilio)* romance (**b**) *Ling* Romance language (**c**) *Lit* romance

romancear *vt Chile* to court, to woo

romancero *nm Lit* collection of romances

romanche *nm* Romans(c)h

romaní 1 *adj & nmf* Romany
2 *nm (lengua)* Romany

románico, -a 1 *adj* (**a**) *(arte)* Romanesque (**b**) *(lengua)* Romance
2 *nm (arte)* **el R.** the Romanesque style

romanización *nf* Romanization

romanizar [14] *vt* to Romanize

romano, -a *adj & nm,f* Roman

romanticismo *nm* (**a**) *Arte, Hist & Lit* Romanticism (**b**) *(sentimentalismo)* romanticism

romántico, -a *adj & nm,f* (**a**) *Arte & Lit* Romantic (**b**) *(sentimental)* romantic

romanza *nf Mús* ballad

rombo *nm* (**a**) *(figura)* rhombus; *Imprenta* lozenge (**b**) *(naipe)* diamond; **rombos** diamonds

romboedro *nm Geom* rhombohedron

romboide *nm Geom* rhomboid

romeo *nm* sweetheart

romería *nf* (**a**) *(peregrinación)* pilgrimage (**b**) *(fiesta)* = open-air festivities to celebrate a religious event (**c**) *(mucha gente)* throng, crowd

romero, -a 1 *nm,f (peregrino)* pilgrim
2 *nm (arbusto, condimento)* rosemary

romo, -a *adj* (**a**) *(sin filo)* blunt (**b**) *(de nariz)* snub-nosed

rompebolas *RP Vulg* **1** *adj inv* fucking annoying
2 *nmf inv* pain in the *Br* arse *o US* butt

rompecabezas *nm inv* (**a**) *(juego)* jigsaw (**b**) *Fam (problema)* puzzle

rompecorazones *nmf inv Fam* heartbreaker

rompedero *nm Arg Fam* ***r. de cabeza*** puzzle

rompehielos *nm inv* ice-breaker

rompeolas *nm inv* breakwater

rompepelotas *RP Vulg* **1** *adj inv* fucking annoying

2 *nmf inv* pain in the *Br* arse *o US* butt

romper 1 *vt* (**a**) *(partir, fragmentar)* to break; *(hacer añicos)* to smash; *(rasgar)* to tear; **r. algo en pedazos** to break/smash/tear sth to pieces; EXPR *Fam* **r. la baraja** to get annoyed; EXPR *Fam* **o jugamos todos, o se rompe la baraja** either we all play, or nobody does

(**b**) *(estropear)* to break

(**c**) *(desgastar)* to wear out

(**d**) *(interrumpir) (monotonía, silencio, hábito)* to break; *(hilo del discurso)* to break off; *(tradición)* to put an end to, to stop

(**e**) *(terminar)* to break off

(**f**) *(incumplir)* to break

(**g**) **r. el par** *(en golf)* to break par

(**h**) **r. el servicio de alguien** *(en tenis)* to break sb's serve

(**i**) *RP Fam (fastidiar)* to bug; EXPR *Vulg* **me rompe las pelotas** *o* **las bolas** he's a pain in the *Br* arse *o US* butt

2 *vi* (**a**) *(terminar una relación)* **r. (con alguien)** to break up *o* split up (with sb); **r. con la tradición** to break with tradition; **rompió con el partido** she broke with the party

(**b**) *(empezar) (día)* to break; *(hostilidades)* to break out; **al r. el alba** *o* **día** at daybreak; **r. a hacer algo** to suddenly start doing sth; **r. a llorar** to burst into tears; **r. a reír** to burst out laughing

(**c**) *(olas)* to break

(**d**) *Fam (tener éxito)* to be a hit; EXPR **es una mujer de rompe y rasga** she's a woman who knows what she wants *o* knows her own mind

(**e**) *RP Fam (fastidiar)* to be a pain

3 romperse *vpr* (**a**) *(partirse)* to break; *(rasgarse)* to tear; **se rompió en mil pedazos** it smashed to pieces; **se ha roto una pierna** he has broken a leg

(**b**) *(estropearse)* to break; **se ha roto la tele** the TV is broken

(**c**) *(desgastarse)* to wear out

rompible *adj* breakable

rompiente *nm* reef, shoal

ron *nm* rum

roncar [59] *vi* to snore

roncha *nf* lump *(on skin)*; **me han salido unas ronchas en la espalda** my back has come out in a rash; EXPR *Fam* **levantar ronchas** to create bad feeling

ronco, -a *adj (persona, voz)* hoarse; *(sonido)* harsh

ronda *nf* (**a**) *(de vigilancia)* patrol; **salir de r.** to go out on patrol (**b**) *(de visitas)* **hacer la r.** to do one's rounds; **salir de r.** *(músico)* to go (out) serenading (**c**) *(de conversaciones, en el juego)* round; *Fam* **pagar una r.** *(de bebidas)* to buy a round (**d**) *(avenida)* avenue ❑ ***r. de circunvalación*** *Br* ring road, *US* beltway (**e**) *Dep (carrera ciclista)* tour ❑ ***la r. francesa*** the Tour de France (**f**) *Chile, RP (corro)* circle, ring

rondador *nm Col, Ecuad (instrumento)* reed flute

rondalla *nf* group of minstrels

rondar 1 *vt* (**a**) *(vigilar)* to patrol (**b**) *(parecer próximo)* **me está rondando un resfriado** I've got a cold coming on; **le ronda el sueño** he's about to drop off

2 *vi* (**a**) *(merodear)* to wander (**por** around); **me ronda una idea por** *o* **en la cabeza** I've been turning over an idea in my head (**b**) *(edad, cifra)* to be around; **ronda los cuarenta años** he's about forty; **las pérdidas rondan los tres millones** the losses are in the region of three million (**c**) *(cortejar)* to serenade

rondín *nm Andes* (**a**) *(vigilante)* watchman, guard (**b**) *(armónica)* mouth organ

rondón *nm Fam* **entrar de r.** to barge in

ronero, -a *adj Cuba* rum; **la producción ronera** rum production

ronque *etc ver* **roncar**

ronquear *vi* to be hoarse

ronquera *nf* hoarseness

ronquido *nm* snore; **ronquidos** snoring

ronroneante *adj* purring

ronronear *vi (gato, motor)* to purr

ronroneo *nm* purr, purring

ronzal *nm* halter

ronzar [14] *vt* to munch

roña 1 *adj Fam (tacaño)* stingy, tight

2 *nmf Fam (tacaño)* skinflint

3 *nf* (**a**) *(suciedad)* filth, dirt (**b**) *Fam (tacañería)* stinginess (**c**) *(enfermedad de animal)* mange

roñería, roñosería *nf Fam* stinginess

roñica *Fam* **1** *adj* stingy, tight

2 *nmf* skinflint

roñoso, -a 1 *adj* (**a**) *(sucio)* dirty (**b**) *Fam (tacaño)* mean, tight-fisted (**c**) *Carib, Méx (ofendido)* resentful

2 *nm,f Fam* skinflint

ropa *nf* (**a**) *(en general)* clothes; **ligero de r.** scantily clad; EXPR **lavar la r. sucia en público** to wash one's dirty linen in public ❑ ***r. de abrigo*** warm clothes; ***r. blanca*** linen; ***r. de cama*** bed linen; ***r. deportiva*** sportswear; ***r. hecha*** ready-to-wear clothes; ***r. para el hogar*** linen and curtains; ***r. interior*** underwear; ***r. interior femenina*** lingerie; ***r. sucia*** *(para lavar)* laundry, washing; ***r. de trabajo*** work clothes; ***r. usada*** second-hand *o* old clothes (**b**) ***r. vieja*** *(plato)* = stew made from leftovers

ropaje *nm* robes

ropavejero, -a *nmf* secondhand clothes dealer

ropero *nm* (**a**) *(armario)* wardrobe; *(habitación)* walk-in wardrobe (**b**) *(guardarropa)* cloakroom

ropón *nm* (**a**) *(ropa)* robe, gown (**b**) *Chile, Col (de amazona)* riding skirt

roque 1 *adj Fam* **estar r.** to be out for the count; **quedarse r.** to drop *o* nod off

2 *nm (en ajedrez)* castle

roquedal *nm* rocky place

roquefort [rroke'for] *nm* Roquefort

roquero, -a *ver* **rockero**

rorcual *nm (cetáceo)* rorqual, finback

rorro *nm Fam* baby

rosa 1 *adj* (**a**) *(de color)* pink; EXPR **verlo todo de color (de) r.** to see everything through rose-tinted spectacles (**b**) *(del corazón)* **la prensa r.** gossip magazines; **una novela r.** a romance, a romantic novel

2 *nm (color)* pink

3 *nf* rose; EXPR **estar (fresco) como una r.** to be as fresh as a daisy ❑ ***r. del desierto*** desert rose; ***r. silvestre*** wild rose; ***r. de los vientos*** compass rose

rosáceo, -a *adj* pinkish

rosado, -a 1 *adj (de color rosa)* pink; *(vino)* rosé

2 *nm (vino)* rosé

rosal *nm (arbusto)* rose bush

rosaleda *nf* rose garden

rosarino, -a 1 *adj* of/from Rosario

2 *nm,f* = person from Rosario

rosario *nm* (**a**) *Rel* rosary; **rezar el r.** to say one's rosary (**b**) *(serie)* string; **un r. de desgracias** a string of disasters (**c**) EXPR *Fam* **acabar como el r. de la aurora** to degenerate into chaos

rosbif (*pl* **rosbifs**) *nm* roast beef

rosca *nf* (**a**) *(de tornillo)* thread; EXPR *Fam* **pasarse de r.** *(persona)* to go over the top (**b**) *(forma) (de anillo)* ring; *(espiral)* coil (**c**) *(de pan)* = ring-shaped bread roll; *Méx (bizcocho)* sponge cake; EXPR *Fam* **nunca se come una r.** he never gets off with anyone ❑ *Am* ***r. de Reyes*** = ring-shaped pastry eaten on 6th January (**d**) EXPR *Fam* **hacerle la r. a alguien** to suck up to sb (**e**) *Chile (almohadilla)* pad (**f**) *Chile, RP Fam (discusión, pelea)* fight

roscar [59] *vt* to thread

rosco *nm* = ring-shaped bread roll; EXPR *Fam* **nunca se come un r.** he never gets off with anyone ❑ ***r. de vino*** = ring-shaped Christmas sweet

roscón *nm* = ring-shaped bread roll ❑ ***r. de Reyes*** = ring-shaped pastry eaten on 6th January

rosedal *nm Am* rose garden

roseta *nf* (**a**) *(rubor)* flush (**b**) *(de regadera)* nozzle (**c**) **rosetas** *(palomitas)* popcorn

rosetón *nm* (**a**) *Arquit (ventana)* rose window (**b**) *(adorno)* ceiling rose

rosque *etc ver* **roscar**

rosquete 1 *adj Perú Fam Pey* queer

2 *nm Am* large doughnut

rosquilla *nf* ring doughnut; EXPR *Fam* **venderse como rosquillas** to sell like hot cakes

rostro *nm* (**a**) *(cara)* face (**b**) *Fam (caradura)* **tener (mucho) r.** to have a (lot of) nerve

rotación *nf* (**a**) *(giro)* rotation (**b**) *(alternancia)* rota; **por r.** in turn ❑ ***r. de cultivos*** crop rotation (**c**) *(en voleibol)* rotation

rotafolios *nm inv* flipchart

rotar *vi* (**a**) *(girar)* to rotate, to turn (**b**) *(alternar, turnarse)* to rotate
rotativa *nf* rotary press
rotativo, -a 1 *adj* rotary, revolving
2 *nm* newspaper
rotatorio, -a *adj* rotary, revolving
rotería *nf Fam Chile* rabble, plebs
roto, -a 1 *participio ver* **romper**
2 *adj* (**a**) *(partido, rasgado)* broken; *(tela, papel)* torn (**b**) *(estropeado)* broken (**c**) *Fig (deshecho) (vida)* destroyed; *(corazón)* broken (**d**) *Fam (exhausto)* shattered
3 *nm,f Chile (trabajador)* worker
4 *nm* (**a**) *(en tela)* tear, rip; EXPR *Fam* **vale** *o* **sirve lo mismo para un r. que para un descosido** *(persona)* he can turn his hand to all sorts of different things (**b**) *Chile (persona inferior)* = member of the lowest class (**c**) *Ecuad (mestizo)* = Spanish-Indian half-breed (**d**) *Méx (petimetre)* village dandy
rotonda *nf* (**a**) *(en calle, carretera)* roundabout (**b**) *(plaza)* circus (**c**) *(edificio)* rotunda
rotor *nm Tec* rotor
rotoso, -a *adj Andes, RP* ragged, in tatters
rotring® ['rotrin] *nm* Rotring® pen
rótula *nf Anat* kneecap
rotulación *nf* lettering
rotulador *nm* felt-tip pen ❑ *r.* ***fluorescente*** highlighter (pen)
rotular *vt* (**a**) *(con rotulador)* to highlight (**b**) *(carta, artículo)* to head with fancy lettering (**c**) *(mapa, gráfico)* to label (**d**) *(calle, carretera)* to signpost
rotulista *nmf* sign-painter
rótulo *nm* (**a**) *(letrero)* sign ❑ *r.* ***luminoso*** *(de neón)* neon sign (**b**) *(encabezamiento)* headline, title
rotundamente *adv* (**a**) *(categóricamente)* categorically (**b**) *(completamente)* thoroughly, completely
rotundidad *nf* firmness, categorical nature; **con r.** categorically
rotundo, -a *adj* (**a**) *(negativa, persona)* categorical (**b**) *(lenguaje, estilo)* emphatic, forceful (**c**) *(completo)* total; **r. fracaso** total *o* complete failure (**d**) *(cuerpo)* rotund; **una mujer de formas rotundas** a curvaceous woman
rotura *nf* (**a**) *(en general)* break; *(de hueso)* fracture; *(en tela)* rip, hole (**b**) *r.* ***del servicio*** *(en tenis)* service break
roturar *vt* to plough
rough [rraf] *nm (en golf)* rough
roulotte [rru'lot] *nf Br* caravan, *US* trailer
round [rraun(d)] (*pl* **rounds**) *nm Dep* round
router ['rruter] *nm Informát* router
royalty [rro'jalti] (*pl* **royalties**) *nm* royalty
royera *etc ver* **roer**
roza *nf* groove
rozadura *nf* (**a**) *(señal)* scratch, scrape (**b**) *(herida)* graze; **estos zapatos me hacen rozaduras en los tobillos** these shoes are rubbing my ankles
rozagante *adj* **estar r.** *(satisfecho)* to be extremely pleased; *(con buen aspecto)* to look lovely
rozamiento *nm (fricción)* rubbing; *Fís* friction
rozar [14] **1** *vt* (**a**) *(frotar)* to rub; *(suavemente)* to brush; **me roza el zapato en la parte de atrás** my shoe is rubbing my heel
(**b**) *(pasar cerca de)* to skim, to shave; **la bala lo pasó rozando** the bullet missed him by a hair's breadth
(**c**) *(estar cerca de)* to border on; **roza los cuarenta** he's almost forty; **su talento roza lo divino** he is touched by genius
(**d**) *(desgastar)* to wear out
(**e**) *Agr* to clear
2 *vi* **r. con** *(tocar)* to brush against; *(relacionarse con)* to touch on
3 rozarse *vpr* (**a**) *(tocarse)* to touch
(**b**) *(pasar cerca)* to brush past each other
(**c**) *(rasguñarse)* to graze oneself (**con** on); **me rozé la mano con la pared** I grazed my hand on the wall
(**d**) *(tener trato)* **rozarse con** to rub shoulders with
RR HH (*abrev de* **recursos humanos**) HR
Rte. (*abrev de* **remitente**) sender
RTF *Informát* (*abrev de* **rich text format**) RTF
RTVE *nf* (*abrev de* **Radiotelevisión Española**) = Spanish state broadcasting company
rúa *nf* street
ruana *nf Andes* poncho
Ruanda *n* Rwanda
ruandés, -esa *adj & nm,f* Rwandan
ruano, -a *adj* roan
rubeola, rubéola *nf* German measles, *Espec* rubella
rubí (*pl* **rubíes** *o* **rubís**) *nm* ruby
rubia *nf Fam Anticuado (moneda)* peseta
rubiales *Fam* **1** *adj inv* blond(e), fair-haired
2 *nmf inv* blond *o* fair-haired man, *f* blonde
Rubicón *nm* EXPR **pasar el R.** to cross the Rubicon
rubicundo, -a *adj* ruddy
rubidio *nm* rubidium
rubio, -a 1 *adj* (**a**) *(pelo, persona)* blond, *f* blonde, fair; **r. platino** platinum blonde (**b**) *(tabaco)* **tabaco r.** Virginia tobacco *(as opposed to black tobacco)* (**c**) *(cerveza)* **cerveza rubia** lager
2 *nm,f (persona)* blond, *f* blonde, fair-haired person; **rubia platino** platinum blonde
3 *nm (tabaco)* Virginia tobacco *(as opposed to black tobacco)*; *(cigarrillo)* = cigarette containing Virginia tobacco
rublo *nm* rouble
rubor *nm* (**a**) *(vergüenza)* embarrassment; **causar r. a alguien** to embarrass sb (**b**) *(sonrojo)* blush
ruborizado, -a *adj* flushed
ruborizar [14] **1** *vt* (**a**) *(hacer enrojecer)* to make blush (**b**) *(avergonzar)* to embarrass
2 ruborizarse *vpr* to blush
ruboroso, -a *adj* blushing
rúbrica *nf* (**a**) *(de firma)* flourish (**b**) *(título)* title (**c**) *(conclusión)* final flourish; **poner r. a algo** to add the final flourish to sth
rubricar [59] *vt* (**a**) *(firmar)* to sign (**b**) *(confirmar)* to confirm (**c**) *(concluir)* to complete
rubro *nm RP Com* item
rucio, -a 1 *adj (gris)* grey
2 *nm* ass, donkey
ruco, -a *adj CAm* worn-out
ruda *nf (planta)* rue; EXPR **ser más conocido que la r.** to be a household name
rudeza *nf* (**a**) *(tosquedad)* roughness (**b**) *(brusquedad)* sharpness, brusqueness; *(grosería)* rudeness, coarseness (**c**) *(rigurosidad, dureza)* harshness
rudimentario, -a *adj* rudimentary
rudimento 1 *nm* preliminary sketch
2 *nmpl* **rudimentos** rudiments
rudo, -a *adj* (**a**) *(tosco, basto)* rough (**b**) *(brusco)* sharp, brusque; *(grosero)* rude, coarse (**c**) *(riguroso, duro)* harsh
rueca *nf* distaff
rueda *nf* (**a**) *(pieza)* wheel; EXPR **chupar r.** *(en ciclismo)* to tag on behind another cyclist, to slipstream; EXPR **ir a la r. de alguien** *(en ciclismo)* to be on sb's wheel; EXPR **ir sobre ruedas** to go smoothly ❑ *RP* ***r. de auxilio*** spare wheel; ***r. delantera*** front wheel; ***r. dentada*** cogwheel; *Fig* ***la r. de la fortuna*** the wheel of fortune; *Dep* ***r. lenticular*** disc wheel; ***r. de molino*** millstone; ***r. de repuesto*** *o* ***recambio*** spare wheel; ***r. trasera*** rear wheel (**b**) *(corro)* circle ❑ ***r. de prensa*** press conference; ***r. de presos*** *o* ***reconocimiento*** identification parade (**c**) *(rodaja)* slice
ruedo 1 *ver* **rodar**
2 *nm* (**a**) *Taurom* bullring; **dar la vuelta al r.** to do a lap of honour round the bullring; EXPR **echarse al r.** to enter the fray (**b**) *Fig (mundo)* sphere, world
ruego 1 *ver* **rogar**
2 *nm* request; **sus ruegos no ablandaron a su captor** her pleas failed to soften her captor; **ruegos y preguntas** any other business
rufián *nm* villain
rufianesco, -a 1 *adj* villainous
2 *nf* **la rufianesca** the underworld
rufo, -a *adj* **ir** *o* **estar r.** to be as pleased as punch
rugby *nm* rugby
rugido *nm* (**a**) *(de animales, mar, viento)* roar (**b**) *(de persona)* bellow; **dar un r.** to bellow (**c**) *(de tripas)* rumble
rugir [24] *vi* (**a**) *(animal, mar, viento)* to roar (**b**) *(persona)* to bellow (**c**) *(tripas)* to rumble
rugosidad *nf* (**a**) *(cualidad)* roughness (**b**) *(arruga) (de piel)* wrinkle; *(de tejido)* crinkle
rugoso, -a *adj* (**a**) *(áspero)* rough (**b**) *(con arrugas) (piel)* wrinkled; *(tejido)* crinkled
Ruhr *nm* **el R.** the Ruhr

ruibarbo *nm* rhubarb

ruido *nm* (**a**) *(sonido)* noise; **esta lavadora hace mucho r.** this washing machine is very noisy; **¡no hagas r.!** be quiet!; EXPR **mucho r. y pocas nueces** much ado about nothing ❑ ***r. de fondo*** background noise; *Pol* ***r. de sables:*** **se oye r. de sables** there are rumours of a military uprising (**b**) *(alboroto)* row; **hacer** *o* **meter r.** to cause a stir (**c**) *Tel* noise ❑ ***r. blanco*** white noise; ***r. en la línea*** line noise

ruidosamente *adv* noisily

ruidoso, -a *adj* (**a**) *(que hace ruido)* noisy (**b**) *Fig (escandaloso)* sensational

ruin *adj* (**a**) *(vil)* low, contemptible (**b**) *(avaro)* mean (**c**) *Cuba (en celo) Br* on heat, *US* in heat

ruina *nf* (**a**) *(quiebra)* ruin; **dejar en** *o* **llevar a la r. a alguien** to ruin sb; **estar en la r.** to be ruined; **su negocio es una r.** his business is swallowing up his money; **vamos a la r.** we are going to wrack and ruin (**b**) *(destrucción)* destruction; **amenazar r.** *(edificio)* to be about to collapse; **el alcohol será su r.** drink will be the ruin *o* ruination of him (**c**) **ruinas** *(de una construcción)* ruins (**d**) *(persona)* wreck; **estar hecho una r.** to be a wreck

ruindad *nf* (**a**) *(cualidad)* meanness, baseness (**b**) *(acto)* vile deed

ruinoso, -a *adj* (**a**) *(poco rentable)* ruinous (**b**) *(edificio)* ramshackle

ruiseñor *nm* nightingale

rujo *etc ver* **rugir**

rular *vi Fam* (**a**) *(funcionar)* to go, to work; **esta tele no rula** this telly is bust (**b**) *(deslizarse)* to roll

rulero *nm RP (para el pelo)* roller, curler

ruleta *nf* roulette ❑ ***r. rusa*** Russian roulette

ruletear *vi Méx (en taxi)* to drive a taxi

ruletero *nm Méx (de taxi)* taxi driver

rulo *nm* (**a**) *(para el pelo)* roller, curler (**b**) *(rizo)* curl (**c**) *Chile (secano)* unirrigated land

rulot *nf Br* caravan, *US* trailer

ruma *nf Andes* heap, pile

Rumanía, Rumania *n* Romania

rumano, -a 1 *adj & nm,f* Romanian
2 *nm (lengua)* Romanian

rumba *nf* (**a**) *(baile)* rumba (**b**) *Carib, Perú (juerga)* party

rumbear *vi* (**a**) *(bailar)* to dance the rumba (**b**) *Am (orientarse)* to get one's bearings (**c**) *Andes, RP* **r. para** to be heading for (**d**) *Carib, Perú Fam (andar de juerga)* to party

rumbo *nm* (**a**) *(dirección)* direction, course; *Fig* path, direction; **ir con r. a** to be heading for; **cambió el r. de su vida** it changed the course of her life; **corregir el r.** to correct one's course; *Fig* **habrá que corregir el r. de la empresa** we will have to change the company's direction; **mantener el r.** to maintain one's course; **poner r. a** to set a course for; **perder el r.** *(barco)* to go off course; *Fig (persona)* to lose one's way; **el r. de los acontecimientos** the course of events; **caminar sin r. (fijo)** to wander aimlessly; *Fig* **tomar otro r.** to take a different tack (**b**) *(ostentación)* lavishness (**c**) *CAm (juerga)* binge

rumboso, -a *adj Fam (generoso, suntuoso)* lavish

rumiante *adj & nm* ruminant

rumiar 1 *vt* (**a**) *(masticar)* to chew (**b**) *(pensar)* to ruminate on, to chew over (**c**) *(mascullar)* to mutter
2 *vi (masticar)* to ruminate, to chew the cud

rumor *nm* (**a**) *(ruido sordo)* murmur; **un r. de voces** the sound of voices (**b**) *(chisme)* rumour; **corre un r.** there's a rumour going round; **corre el r. de que va a dimitir** it is rumoured that he's going to resign

rumorearse *v impersonal* **se rumorea que...** it is rumoured that...

runa *nf* rune

rúnico, -a *adj* runic

runrún *nm* (**a**) *(ruido)* hum, humming (**b**) *(chisme)* rumour

runrunear *vi* to hum

runruneo *nm (ruido)* hum, humming

rupestre *adj* cave; **arte r.** cave paintings

rupia *nf* rupee

ruptura *nf* (**a**) *(rotura)* break (**b**) *(de relaciones, conversaciones)* breaking-off; *(de pareja)* break-up; *(de contrato)* breach

rural *adj* rural

Rusia *n* Russia

ruso, -a 1 *adj & nm,f* Russian
2 *nm (lengua)* Russian

rústica *nf* **en r.** *(encuadernación)* paperback

rusticidad *nf* roughness, coarseness

rústico, -a *adj* (**a**) *(del campo)* country; **casa rústica** country cottage (**b**) *(tosco)* rough, coarse

ruta *nf (camino)* route; *Fig* way, course; **en r. (hacia)** en route (to); **en r.** *(en carretera)* on the road; **la seguridad en r.** road safety ❑ ***r. comercial*** trade route; ***r. marítima*** sea *o* shipping lane; ***r. turística*** scenic route

rutenio *nm Quím* ruthenium

rutero, -a *adj (en carretera)* on-the-road

rutilante *adj* shining

rutilar *vi* to shine brightly

rutina *nf también Informát* routine; **de r.** routine; **por r.** out of habit

rutinario, -a *adj* (**a**) *(actividad, vida)* routine (**b**) *(persona)* **es muy r.** he likes to stick to his routine

Rvda. *(abrev de* **Reverenda***)* Rev. *(Mother etc)*

Rvdo. *(abrev de* **Reverendo***)* Rev. *(Father etc)*

S

S, s ['ese] *nf (letra)* S, s

S. (**a**) *(abrev de* **San**) St (**b**) *(abrev de* **Sur**) S

s.[1] (**a**) *(abrev de* **san**) St (**b**) *(abrev de* **siglo**) C (**c**) *(abrev de* **segundo**) s

s.[2]**, sig.** *(abrev de* **siguiente**) following

S.A. *nf (abrev de* **sociedad anónima**) *Br* ≃ PLC, *US* ≃ Inc

sábado *nm* Saturday; **¿qué día es hoy? – (es) s.** what day is it (today)? – (it's) Saturday; **cada s., todos los sábados** every Saturday; **cada dos sábados, un s. sí y otro no** every other Saturday; **caer en s.** to be on a Saturday; **te llamo el s.** I'll call you on Saturday; **el próximo s., el s. que viene** next Saturday; **el s. pasado** last Saturday; **el s. por la mañana/tarde/ noche** Saturday morning/afternoon/ night; **en s.** on Saturdays; **nací en s.** I was born on a Saturday; **este s.** *(pasado)* last Saturday; *(próximo)* this (coming) Saturday; **¿trabajas los sábados?** do you work (on) Saturdays?; **trabajar un s.** to work on a Saturday; **un s. cualquiera** on any Saturday

sábalo *nm (pez)* shad

sabana *nf* savannah; EXPR *Ven Fam* **estar en la s.** to be in clover; EXPR *Ven Fam* **ponerse en la s.** to get rich overnight

sábana *nf* sheet; EXPR **se le pegan las sábanas** she's not good at getting up; EXPR **se me han pegado las sábanas** I overslept ❑ ***s. bajera*** bottom sheet; ***s. encimera*** top sheet; ***la S. Santa (de Turín)*** the Turin Shroud

sabandija *nf* (**a**) *(animal)* creepy-crawly, bug (**b**) *Pey (persona)* worm

sabanear *vi Carib, Col, Ven* to herd cattle on the savannah

sabanera *nf CAm, Col, Ven (serpiente)* savannah snake

sabanero *nm Carib, Col, Ven (ganadero)* cowboy, cattle drover

sabañón *nm* chilblain

sabático, -a *adj (de descanso)* sabbatical; **año s.** sabbatical (year)

sabatino, -a *adj (del sábado)* Saturday; **dar el paseo s.** to go on one's Saturday walk

sabedor, -ora *adj* **ser s. de** to be aware of

sabelotodo *nmf inv Fam* know-all

SABER [58] **1** *nm* knowledge; *Formal* **según mi/nuestro/***etc.* **leal s. y entender** to the best of my/our/*etc* knowledge; PROV **el s. no ocupa lugar** you can never know too much

2 *vt* (**a**) *(conocer)* to know; **ya lo sé** I know; **no lo sé** I don't know; **yo no sabía nada de eso** I didn't know anything about that; **no sabía que eras médico** I didn't know you were a doctor; **ya sé lo que vas a decir** I know what you're going to say; **de haberlo sabido (antes)** *o* **si lo llego a s., me quedo en casa** if I'd known, I'd have stayed at home; **es de** *o* **por todos sabido que...** it's common knowledge that..., everyone knows that...; **hacer s. algo a alguien** to inform sb of sth, to tell sb sth; **para que lo sepas, somos amigos** we're friends, for your information; **¿sabes qué (te digo)?, que no me arrepiento** you know what, I don't regret it; **si lo sabré yo, que tengo cuatro hijos** you're telling me! I've got four children!; **sin yo saberlo, sin saberlo yo** without my knowledge; *Fig* **no sabía dónde meterme** I didn't know where to put myself; **no sabe lo que (se) hace** she doesn't know what she's doing; **no sabe lo que tiene** he doesn't realize just how lucky he is; *Fam* **te ha llamado un tal Antonio no sé cuántos** there was a call for you from Antonio something or other; **no sé qué decir** I don't know what to say; **¡qué sé yo!, ¡y yo qué sé!** how should I know!; **¡qué sé yo la de veces que me caí de la bici!** heaven knows how many times I fell off my bike!; *Irónico* **como te pille vas a s. lo que es bueno** just wait till I get my hands on you!; *Irónico* **cuando hagas la mili sabrás lo que es bueno** you'll be in for a nasty surprise when you do your military service; **tener un no sé qué** to have a certain something; *Fam* **y no sé qué y no sé cuántos** and so on and so forth

(**b**) *(ser capaz de)* **s. hacer algo** to be able to do sth, to know how to do sth; **¿sabes cocinar?** can you cook?; **no sé nadar** I can't swim, I don't know how to swim; **sabe hablar inglés/montar en bici** she can speak English/ride a bike; **sabe perder** he's a good loser; **su problema es que no saben beber** *(beben demasiado)* their problem is they don't know when to stop drinking

(**c**) *(enterarse de)* to learn, to find out; **lo supe ayer/por los periódicos** I found (it) out yesterday/in the papers; **supe la noticia demasiado tarde** I only heard the news when it was too late; **¿sabes algo de Juan?, ¿qué sabes de Juan?** have you had any news from *o* heard from Juan?; **¿sabes algo de cuándo será el examen?** have you heard anything about when the exam's going to be?

(**d**) *(entender de)* to know about; **sabe mucha física** he knows a lot about physics

3 *vi* (**a**) *(tener sabor)* to taste (**a** of); **a mí me sabe a fresa** it tastes of strawberries to me; **sabe mucho a cebolla** it has a very strong taste of onions, it tastes very strongly of onions; **esto no sabe a nada** this has no taste to it, this doesn't taste of anything; **s. bien/mal** to taste good/bad; **¡qué bien sabe este pan!** this bread's really tasty!, this bread tastes really good!; EXPR *Fam* **s. a rayos** *o* **a cuerno quemado** to taste disgusting *o* revolting

(**b**) *Fig (sentar)* **le supo mal** *(le enfadó)* it upset *o* annoyed him; **me sabe mal mentirle** I feel bad about lying to him; EXPR *Fam* **sus comentarios le supieron a cuerno quemado** *o* **a rayos** his comments disgusted her

(**c**) *(tener conocimiento)* to know; **no sé de qué me hablas** I don't know what you're talking about; **sé de una tienda que vende discos de vinilo** I know of a shop that sells vinyl records; **que yo sepa** as far as I know; **¡quién sabe!, ¡vete (tú) a s.!, ¡vaya usted a s.!** who knows!; **pues, sabes, a mí no me importaría** I wouldn't mind, you know; **es vecino mío, ¿sabes?** he's my neighbour, you know

(**d**) *(entender)* **s. de algo** to know about sth; **¿tú sabes de mecánica?** do you know (anything) about mechanics?; **ése sí que sabe** he's a canny one

(**e**) *(tener noticia)* **s. de alguien** to hear from sb; **no sé de él desde hace meses** I haven't heard (anything) from him for months; **s. de algo** to learn of sth; **supe de su muerte por los periódicos** I learnt of her death in the papers; **no quiero s. (nada) de ti** I don't want to have anything to do with you

(**f**) *(parecer)* **eso me sabe a disculpa** that sounds like an excuse to me; **este postre me ha sabido a poco** I could have done with the dessert being a bit bigger; **las vacaciones me han sabido a muy poco** my holidays weren't nearly long enough, I could have done with my holidays being a lot longer

(**g**) *Andes, Arg, Guat (soler)* **s. hacer algo** to be wont to do sth

(**h**) **a saber** *loc conj (es decir)* namely

4 saberse *vpr* (**a**) *(uso transitivo enfático)*

(conocer) **saberse algo** to know sth; **se sabe todas las capitales de Latinoamérica** she knows (the names of) all the capitals in Latin America; EXPR **sabérselas todas** to know all the tricks; EXPR **se cree que se las sabe todas** he thinks he knows it all *o* has all the answers
(**b**) *(uso impersonal) (conocerse)* **¿se sabe si ha habido víctimas mortales?** is it known whether anyone was killed?; **aún no se sabe qué pasó** it is still not known what happened; **llegar a saberse** to come to light; **nunca se sabe** you never know
(**c**) *(uso copulativo) (tener certeza de ser)* **él ya se sabía ganador del torneo** he already knew that he had won the tournament

sabiamente *adv* wisely

sabido, -a *adj* **como es (bien) s.** as everyone knows

sabiduría *nf* (**a**) *(conocimientos)* knowledge, learning ❑ ***s. popular*** folklore, popular wisdom (**b**) *(prudencia)* wisdom

sabiendas: a sabiendas *loc adv* knowingly; **a s. de que...** knowing full well that...

sabihondez *ver* **sabiondez**

sabihondo, -a *ver* **sabiondo**

sabina *nf (arbusto)* juniper

sabio, -a 1 *adj* (**a**) *(sensato, inteligente)* wise (**b**) *(docto)* learned (**c**) *(amaestrado)* trained
2 *nm,f* (**a**) *(sensato, inteligente)* wise person (**b**) *(docto)* learned person

sabiondez (*pl* **sabiondeces**) *nf* know-all attitude

sabiondo, -a *adj & nm,f Fam* know-all

sablazo *nm* (**a**) *Fam (de dinero)* **sablazos** scrounging; EXPR **dar** *o* **pegar un s. a alguien** to scrounge money off sb (**b**) *(golpe)* blow with a sabre (**c**) *(herida)* sabre wound

sable *nm* (**a**) *(arma)* sabre (**b**) *Náut* batten (**c**) *Cuba (pez)* cutlass fish

sableador, -ora *nm,f Fam* scrounger

sablear *vi Fam* to scrounge money

sablista *nmf Fam* scrounger

saboneta *nf* pocket watch

sabor *nm* (**a**) *(gusto)* taste, flavour; **tener s. a algo** to taste of sth; **con s. a limón** lemon-flavoured; *Fig* **dejó mal s. (de boca)** it left a nasty taste in my mouth; *Fig* **dejó buen s. (de boca)** it left me with a warm feeling inside; **aquella conversación me dejó un s. amargo** that conversation left me with a bitter taste in my mouth (**b**) *Fig (estilo)* flavour

saborear *vt también Fig* to savour

saboreo *nm* savouring

saborizante *nm* flavouring

sabotaje *nm* sabotage

saboteador, -ora *nm,f* saboteur

sabotear *vt* to sabotage

sabré *etc ver* **saber**

sabrosera *nf Am Fam* tasty thing

sabroso, -a *adj* (**a**) *(gustoso)* tasty (**b**) *(substancioso)* tidy, considerable (**c**) *(comentario) (gracioso)* juicy, tasty; *(malicioso)* mischievous

sabrosón, -ona *adj Am (hablador)* talkative

sabrosura = **sabrosera**

sabueso *nm* (**a**) *(perro)* bloodhound (**b**) *(detective)* sleuth, detective

saca *nf* (**a**) *(bolsa, saco)* sack ❑ ***s. de correo*** *Br* postbag, *US* mailbag (**b**) *Carib, Col (de ganado)* herd

sacabocados *nm inv (instrumento)* punch

sacabotas *nm inv* bootjack

sacacorazones *nm inv (de manzana)* (apple) corer

sacacorchos *nm inv* corkscrew

sacacuartos, sacadineros 1 *nm inv Fam (oferta, libro)* rip-off; **este coche es un s.** this car is a drain on our finances
2 *nmf inv (persona)* scrounger

sacadura *nf Chile (acción de sacar)* removal

sacalagua *nmf Am* light-skinned mestizo

sacaleches *nm inv* breast pump

sacamuelas *nm inv Fam* dentist

sacapuntas *nm inv* pencil sharpener

SACAR [59] **1** *vt* (**a**) *(poner fuera, hacer salir, extraer)* to take out; *(pistola, navaja, espada)* to draw; *(naipe, ficha)* to play; *(carbón, oro, petróleo)* to extract; **s. agua de un pozo** to draw water from a well; **sacó la lengua** she stuck her tongue out; **¡saca las manos de los bolsillos!** take your hands out of your pockets! **sacó la mano/la cabeza por la ventanilla** he stuck his hand/head out of the window; **habrá que s. los zapatos a la terraza** we'll have to put our shoes out on the balcony; **¿de qué carpeta has sacado estos papeles?** which folder did you take these papers out of?; **¿cómo lo vamos a s. de ahí?** how are we going to get him out of there?; **me sacaron de allí/a la calle por la fuerza** they threw me out of there/into the street by force; **s. a alguien a bailar** to ask sb to dance; **s. a pasear al perro** to walk the dog, to take the dog for a walk; **nos sacaron algo de comer** they gave us something to eat
(**b**) *(quitar)* to remove (**de** from); *(manchas)* to get out (**de** from), to remove (**de** from); *(espinas)* to get out (**de** from), to pull out (**de** from); **el dentista me sacó una muela** I had a tooth out at the dentist's; **sacarle sangre a alguien** to draw blood from sb
(**c**) *(obtener) (carné, certificado, buenas notas)* to get; *(entradas, billetes, pasajes)* to get, to buy; *(datos, información)* to get, to obtain; *(premio)* to win; **¿qué sacaste en el examen de inglés?** what did you get for *o* in your English exam?; **saqué un ocho** I got eight out of ten; **s. beneficios (a** *o* **de un negocio)** to make a profit (from a business); **s. dinero del banco** to get *o* take some money out of the bank; **¿de dónde has sacado esa idea?** where did you get that idea (from)?; **lo que sigue está sacado de la Constitución** the following is an extract from the Constitution; **la sidra se saca de las manzanas** cider is made from apples; **de esta pizza no sacas más de seis raciones** you won't get more than six portions from this pizza; **¿y qué sacamos con reñirle?** what do we gain by telling him off?, what's the point in telling him off?; **¿y yo qué saco?** what's in it for me?
(**d**) *(librar, salvar)* **s. a alguien de algo** to get sb out of sth; **gracias por sacarme del apuro** thanks for getting me out of trouble; **5.000 pesos no nos van a s. de pobres** 5.000 pesos isn't exactly enough for us never to have to work again
(**e**) *(realizar) (foto)* to take; *(fotocopia)* to make; **siempre me sacan fatal en las fotos** I always look terrible in photos; **juntaos, que no os saco a todos** move closer together, I can't fit you all in the photo like that
(**f**) *(sonsacar)* **s. algo a alguien** to get sth out of sb; **no me sacarán nada** they won't get anything out of me
(**g**) *(nuevo producto, modelo, libro)* to bring out; *(disco)* to release; **ha sacado un nuevo disco/una nueva novela** he has a new record/novel out
(**h**) *(manifestar)* **s. (a relucir) algo** to bring sth up; **yo no fui el que sacó el tema** it wasn't me who brought the matter up in the first place; **sacó su mal humor a relucir** he let his bad temper show
(**i**) *(resolver, encontrar)* to do, to work out; *(crucigrama)* to do, to solve; **s. la cuenta/la solución** to work out the total/the answer; **s. la respuesta correcta** to get the right answer; **siempre está sacando defectos a la gente** she's always finding fault with people
(**j**) *(deducir)* to gather, to understand; **s. una conclusión** to come to a conclusion; **s. algo en consecuencia de algo** to conclude *o* deduce sth from sth; **lo leí tres veces, pero no saqué nada en claro** *o* **limpio** I read it three times, but I couldn't make much sense of it
(**k**) *(aventajar en)* **sacó tres minutos a su rival** he was three minutes ahead of his rival; **mi hijo ya me saca la cabeza** my son's already a head taller than me
(**l**) *(en medios de comunicación)* to show; **sacaron imágenes en el telediario** they showed pictures on the news; **sacaron imágenes en el periódico** they printed pictures in the newspaper; **la sacaron en** *o* **por televisión** she was on television
(**m**) *(prenda) (de ancho)* to let out; *(de largo)* to let down
(**n**) *(en deportes) (en tenis, voleibol)* to serve; **s. un córner/una falta** to take a corner/free kick
(**o**) **s. adelante** *(hijos)* to provide for; *(negocio, proyecto)* to make a go of; **sacó sus estudios adelante** she successfully completed her studies
2 *vi (en fútbol, baloncesto, hockey)* to put the ball into play; *(en tenis, voleibol)* to serve; **s.**

S Z

de banda/de esquina/de puerta to take a throw-in/corner/goal kick

3 sacarse *vpr* (**a**) *(poner fuera)* **se sacó la cartera del bolsillo** he took his wallet out of his pocket; EXPR *Fam* **sacarse algo de la manga** to make sth up (on the spur of the moment)

(**b**) *(carné, título, certificado)* to get; **se sacó el pasaporte la semana pasada** she got her passport last week

sacárido *nm Quím* saccharide

sacarina *nf* saccharine

sacarosa *nf* sucrose

sacerdocio *nm* (**a**) *Rel* priesthood (**b**) *(dedicación)* vocation

sacerdotal *adj* priestly

sacerdote, -isa 1 *nm,f (pagano)* priest, *f* priestess

2 *nm (cristiano)* priest; **mujer s.** woman priest

sachar *vt* to weed

saciar 1 *vt (satisfacer) (sed)* to quench; *(hambre, curiosidad)* to satisfy; *(ambición)* to fulfil; **acudieron al festival para s. su sed de música** they went to the festival to quench their thirst for music

2 saciarse *vpr (de comida, bebida)* to have had one's fill; *(de conocimientos, poder)* to be satisfied; **su ambición no se sacia con nada** his ambition knows no bounds

saciedad *nf (sensación)* **comió hasta la s.** she ate until she couldn't eat any more; **repetir algo hasta la s.** to repeat sth over and over

saco *nm* (**a**) *(bolsa)* sack EXPR **caer en s. roto** to fall on deaf ears; EXPR **espero que no eches en s. roto mis consejos** I hope you take good note of my advice ❑ ***s. de arena*** sandbag; ***s. de dormir*** sleeping bag; ***s. de dormir (tipo) momia*** mummy sleeping bag; ***s. terrero*** sandbag

(**b**) *Fam (persona)* EXPR **ser un s. de huesos** to be all skin and bones; EXPR **ser un s. de mentiras** to be full of lies

(**c**) *Biol* sac, bag

(**d**) *Am (chaqueta)* jacket

(**e**) **a saco** *loc adv* **entraron a s. en el pueblo** they sacked *o* pillaged the village; **los asaltantes entraron a s. en el palacio presidencial** the attackers stormed the presidential palace; *Fam* **el periodista entró a s. con las preguntas** the journalist didn't beat about the bush with his questions

(**f**) EXPR *muy Fam* **mandar a alguien a tomar por s.** to tell sb to go jump in the lake *o Br* get stuffed!; *muy Fam* **¡que le den por s.!** he can go jump in the lake *o Br* get stuffed!; **ser (como) un s. sin fondo** to be (like) a bottomless pit

sacralizar [14] *vt* to consecrate

sacramental *adj* sacramental

sacramentar *vt* to administer the last rites to

sacramento *nm* sacrament; **los últimos sacramentos** the last rites

sacrificar [59] **1** *vt* (**a**) *(renunciar a)* to sacrifice, to give up (**b**) *(matar) (para consumo)* to slaughter; *(por enfermedad)* to put down; *(a los dioses)* to sacrifice (**a** to)

2 sacrificarse *vpr* **sacrificarse (para hacer algo)** to make sacrifices (in order to do sth); **sacrificarse por alguien** to make sacrifices for sb

sacrificio *nm* sacrifice; **me costó muchos sacrificios** it involved me making a lot of sacrifices

sacrilegio *nm también Fig* sacrilege

sacrílego, -a 1 *adj* sacrilegious

2 *nm,f* sacrilegious person

sacristán, -ana *nm,f* (**a**) *(ayudante de sacerdote)* sacristan, sexton (**b**) *Am Fam (entrometido)* busybody

sacristía *nf* sacristy

sacro, -a 1 *adj* (**a**) *(sagrado)* holy, sacred (**b**) *Anat* sacral

2 *nm Anat* sacrum

sacrosanto, -a *adj* sacrosanct

sacudida *nf* (**a**) *(movimiento)* shake; *(de la cabeza)* toss; *(de tren, coche)* jolt (**b**) *(terremoto)* tremor (**c**) *(conmoción)* shock (**d**) *(calambre)* **s. (eléctrica)** electric shock

sacudidor *nm* carpet beater

sacudimiento *nm* = **sacudida**

sacudir 1 *vt* (**a**) *(agitar)* to shake

(**b**) *(quitar) (agitando)* to shake off; *(frotando)* to brush off; **s. el polvo a una mesa** to dust a table

(**c**) *(golpear) (alfombra)* to beat; *(mantel, chaqueta)* to shake out; *Fam (persona)* to whack

(**d**) *(conmover)* to shake, to shock

2 sacudirse *vpr* (**a**) *(librarse) (de responsabilidad, tarea)* to get out of; **se sacudió a sus perseguidores (de encima)** she shook off her pursuers; **no consigo sacudírmelo (de encima)** I can't seem to get rid of him

(**b**) *(apartar)* **la vaca se sacudía las moscas con el rabo** the cow was swishing the flies away with its tail; **sacúdete las migas de la falda** shake the crumbs off your skirt

SAD *nf Esp Dep (abrev de* **Sociedad Anónima Deportiva**) = abbreviation indicating that a sports club is a public limited company

sádico, -a 1 *adj* sadistic

2 *nm,f* sadist

sadismo *nm* sadism

sadomasoquismo *nm* sadomasochism

sadomasoquista 1 *adj* sadomasochistic

2 *nmf* sadomasochist

saeta *nf* (**a**) *(flecha)* arrow (**b**) *(de reloj)* hand; *(de brújula)* needle (**c**) *(copla)* = flamenco-style song sung on religious occasions

safacón *nm RDom (papelera)* wastepaper basket *o* bin

safari *nm* (**a**) *(expedición)* safari; **ir de s., hacer un s.** to go on safari ❑ ***s. fotográfico*** = holiday/trip photographing wildlife (**b**) *(zoológico)* safari park

saga *nf* (**a**) *Lit* saga (**b**) *(familia)* dynasty

sagacidad *nf* astuteness, shrewdness

sagaz *adj* astute, shrewd

sagitario 1 *nm (zodiaco)* Sagittarius; **ser s.** to be (a) Sagittarius

2 *nmf (persona)* Sagittarius

sagrado, -a *adj* (**a**) *Rel* holy, sacred ❑ ***la Sagrada Familia*** the Holy Family (**b**) *Fig* sacred; **para mí, la familia es sagrada** my family is sacred to me

sagrario *nm (tabernáculo)* tabernacle

Sáhara *nm* **el (desierto del) S.** the Sahara (Desert)

saharaui *adj & nmf* Saharan

sahariana *nf (prenda)* safari jacket

sahariano, -a *adj & nm,f* Saharan

sahumado, -a *adj Am Fam (achispado)* tight, tipsy

sahumar 1 *vt* to perfume with incense

2 sahumarse *vpr* to become perfumed with incense

sahumerio *nm* (**a**) *(acción)* perfuming with incense (**b**) *(humo)* aromatic smoke

SAI ['sai] *nm Informát (abrev de* **sistema de alimentación ininterrumpida**) UPS

saín *nm (de animal)* animal fat

sainete *nm* = short, popular comic play

saíno, sahino *nm Am* peccary

sajar *vt (grano)* to lance; *(quiste)* to cut open

sajón, -ona *adj & nm,f* Saxon

Sajonia *nf* Saxony

sake *nm* sake

sal 1 *nf* (**a**) *(condimento)* salt; **echar s. a** *(guiso)* to add salt to; **sin s.** *(mantequilla)* unsalted ❑ ***s. común*** *o* ***de cocina*** cooking salt; ***s. fina*** table salt; ***s. gema*** rock salt; ***s. gorda*** cooking salt; ***s. marina*** sea salt; ***s. de mesa*** table salt (**b**) *Quím* salt (**c**) *(gracia)* wit; *(garbo)* charm; EXPR **es la s. de la vida** it's one of the little things that make life worth living (**d**) *CAm, Carib, Méx (desgracia)* misfortune, bad luck

2 *nfpl* **sales** (**a**) *(para reanimar)* smelling salts (**b**) *(para baño)* **sales (de baño)** bath salts

sala *nf* (**a**) *(habitación)* room; *(de una casa)* lounge, living room; *(de hospital)* ward ❑ ***s. de embarque*** *(en aeropuerto)* departure lounge; ***s. de espera*** waiting room; ***s. de estar*** lounge, living room; ***s. de juntas*** boardroom; ***s. de lectura*** reading room; ***s. de máquinas*** machine room; ***s. de operaciones*** operating theatre; ***s. de partos*** delivery room; ***s. de profesores*** staff common room

(**b**) *(local) (de conferencias, conciertos)* hall; *(de cine)* screen; *(de teatro)* auditorium; **un cine de 8 salas** an 8-screen cinema *o* multiplex ❑ ***s. de conciertos*** *(de música moderna)* concert venue; ***s. de exposiciones*** showroom; ***s. de fiestas*** discotheque; ***s. X*** = cinema that shows porn films

(**c**) *Der (lugar)* court(room); *(magistrados)* bench

salacidad *nf* salaciousness

salacot *nm* pith helmet

saladillo, -a *adj* salted

salado, -a *adj* (**a**) *(con sal)* salted; *(con*

demasiada sal) salty; **estar s.** to be salty; **agua salada** salt water; **bacalao s.** salt(ed) cod (**b**) *(opuesto a lo dulce)* savoury (**c**) *(gracioso, simpático)* witty (**d**) *Am (desgraciado)* unfortunate (**e**) *Chile, RP Fam (caro)* pricy

salamanca *nf RP (animal)* = type of salamander considered by some cultures to be an evil spirit

salamandra *nf (animal)* salamander

salamanquesa, *Andes* **salamanqueja** *nf* Moorish gecko

salame *nm* (**a**) *Am (salami)* salami (**b**) *RP Fam (tonto)* idiot

salami *nm* salami

salamín *nm* (**a**) *Arg (salami)* = type of thin salami (**b**) *RP Fam (tonto)* idiot

salar *vt* (**a**) *(para conservar)* to salt (**b**) *(para cocinar)* to add salt to (**c**) *Am (echar a perder)* to spoil, to ruin; *(causar mala suerte)* to bring bad luck

salarial *adj* **congelación s.** pay freeze; **incremento s.** pay rise; **política s.** wage(s) policy

salario *nm* salary, wages; *(semanal)* wage ❑ ***s. base*** *o* ***básico*** basic wage; ***s. bruto*** gross wage; ***s. mínimo (interprofesional)*** minimum wage; ***s. neto*** net wage; ***s. social*** = benefit paid by local authorities to low-income families

salaz *adj* salacious

salazón 1 *nf* (**a**) *(de alimentos)* salting (**b**) *CAm, Cuba, Méx Fam (mala suerte)* bad luck

2 *nfpl* **salazones** *(carne)* salted meat; *(pescado)* salted fish

salchicha *nf* sausage ❑ ***s. de Fráncfort*** frankfurter, hot dog

salchichería *nf* sausage shop

salchichero, -a *nm,f* (**a**) *(fabricante)* sausage maker (**b**) *(vendedor)* sausage seller

salchichón *nm* = cured pork sausage similar to salami

saldar 1 *vt* (**a**) *(pagar) (cuenta)* to close; *(deuda)* to settle (**b**) *(arreglar, finalizar)* to settle (**c**) *Com (vender)* to sell off

2 saldarse *vpr (acabar)* **la pelea se saldó con 11 heridos** 11 people were injured in the brawl; **el partido se saldó con una victoria local** the match resulted in a home win

saldo *nm* (**a**) *(resultado) (de cuenta)* balance; *(de partido)* result; *Fig* **la iniciativa tuvo un s. positivo** on balance, the outcome of the initiative was positive ❑ ***s. acreedor*** credit balance; ***s. deudor*** debit balance; ***s. disponible*** balance available; ***s. medio*** average (bank) balance; ***s. negativo*** overdraft (**b**) *(de deudas)* settlement (**c**) **saldos** *(restos de mercancías)* remnants (**d**) **saldos** *(rebajas)* sale; **de s.** bargain

saldré *etc ver* **salir**

saledizo *nm Arquit* overhang

salero *nm* (**a**) *(recipiente)* salt cellar (**b**) *Fam (gracia)* wit; *(garbo)* charm; **baila con s.** she dances with great verve; **tiene mucho s. al hablar** he's a lively and entertaining conversationalist; **cuenta chistes con s.** she's good at telling jokes

saleroso, -a *adj Fam (gracioso)* witty, funny; *(garboso)* charming

salesiano, -a *adj & nm,f Rel* Salesian

salgo *etc ver* **salir**

sálico, -a *adj Hist* **ley sálica** Salic law

SALIDA *nf* (**a**) *(partida, marcha)* departure; **tenían prevista la s. al amanecer** they intended to leave at dawn; **el tren con destino a Santiago va a efectuar su s. por la vía 4** the Santiago train is about to depart from platform 4 ❑ ***salidas nacionales/internacionales*** *(en aeropuerto)* national/international departures

(**b**) *(lugar para salir) (de edificio, recinto)* exit, way out; *(de red de cables, cañerías)* outlet; **gira en la próxima s.** turn off at the next exit; **s. 20** *(en autopista)* junction 20; **¿dónde está la s.?** where's the way out?; **s.** *(en letrero)* exit, way out; **esta calle no tiene s.** this road's a dead end; **todas las salidas de Caracas estaban colapsadas** traffic was at a standstill on all the roads leading out of Caracas; **dar s. a** *(sentimientos)* to vent, to let out; *(ideas)* to find an outlet for ❑ ***s. de emergencia*** emergency exit; ***s. de humos*** air vent; ***s. de incendios*** fire exit

(**c**) *(en deportes, carreras)* start; **dar la s. a una carrera** to start a race ❑ ***s. nula*** false start

(**d**) *(viaje)* trip; **una s. al extranjero** a trip abroad; **hicimos una s. al campo de un día** we went out for the day to the country, we went on an outing to the country for a day

(**e**) *(aparición) (de revista, nuevo modelo, producto)* appearance; **a la s. del sol** at sunrise; **su s. a escena fue recibida con aplausos** her entry on stage was greeted with applause, she was applauded as she came on stage; **esta llave regula la s. del agua** this tap controls the flow of water

(**f**) *(momento)* **quedamos a la s. del trabajo** we agreed to meet after work; **te espero a la s. del cine** I'll meet you after the film

(**g**) *(solución)* way out; **es preciso encontrar una s. al problema/a esta situación** we need to find a way round the problem/a way out of this situation; **si no hay otra s.** if there's no alternative

(**h**) *(ocurrencia)* witty remark; *(pretexto)* excuse; **tener salidas** to be witty; **desde luego tiene cada s....** she certainly comes out with some witty remarks ❑ ***s. de tono*** out-of-place remark

(**i**) *Com (producción)* output; *(posibilidades)* market; **dar s. a** *(producto)* to find an outlet for; **este producto tiene mucha s.** *(posibilidades de venta)* there's a big market for this product; *(se vende)* this product sells well; **este producto no tiene s.** *(posibilidades de venta)* there's no market for this product; *(no se vende)* this product doesn't sell

(**j**) **salidas** *(en contabilidad)* outgoings

(**k**) *Informát* output

(**l**) *Dep (partido fuera de casa)* away game

(**m**) **salidas** *(posibilidades laborales)* openings, opportunities; **carreras con salidas** university courses with good job prospects

salido, -a 1 *adj* (**a**) *(saliente)* projecting, sticking out; *(ojos)* bulging; **dientes salidos** buck teeth (**b**) *(animal)* on heat (**c**) *muy Fam (persona)* horny; **estar s.** to have the horn, to be horny

2 *nm,f muy Fam (persona)* horny bugger

salidor, -ora *adj Andes, RP* **es muy s.** he loves going out

saliente 1 *adj* (**a**) *(destacable)* salient (**b**) *(presidente, ministro)* outgoing

2 *nm* projection

salina *nf* (**a**) *Min* salt mine (**b**) *(en el mar)* **salinas** saltworks *(singular)*

salinidad *nf* salinity

salino, -a *adj* saline

SALIR [60] **1** *vi* (**a**) *(ir fuera)* to go out; *(venir fuera)* to come out; **¡sal aquí fuera!** come out here!; **no pueden s., están atrapados** they can't get out, they're trapped; **¿salimos al jardín?** shall we go out into the garden?; **salieron al balcón** they went out onto the balcony; **salió a la puerta** she came/went to the door; **s. a escena** *(actor)* to come/go on stage; **s. a pasear/tomar el aire** to go out for a walk/for a breath of fresh air; **s. a hacer la compra/de compras** to go shopping; **s. de** to go/come out of; **me lo encontré al s. del cine** I met him as I was coming out of the cinema; **¡sal de aquí!** get out of here!; **¡sal de ahí!** come out of there!; **salimos por la escalera de incendios/la puerta trasera** we left via the fire escape/through the back door; EXPR *Fam* **porque me sale/no me sale de las narices** because I damn well feel like it/damn well can't be bothered

(**b**) *(marcharse)* to leave (**para** for); **cuando salimos de Quito/del país** when we left Quito/the country; **salí de casa/del trabajo a las siete** I left home/work at seven; **¿a qué hora** *o* **cuándo sale vuestro vuelo?** when does your flight leave?; **¿a qué hora** *o* **cuándo sales de trabajar?** what time do you leave *o* finish work?; **s. corriendo** to run off; *Fam* **s. pitando** to leg it; **s. de vacaciones** to go (away) on holiday; **s. de viaje** to go away (on a trip)

(**c**) *(ser novios)* to go out (**con** with); **están saliendo** they are going out (together); **¿desde cuándo lleváis saliendo?** how long have you been going out (together)?

(**d**) *(ir a divertirse)* to go out; **suelo s. el fin de semana** I usually go out at the weekend; **salen mucho a cenar** they eat out a lot

(**e**) *(librarse)* **s. de la droga** to get off drugs; **Marisa ha salido de la depresión** Marisa has got over *o* come through her depression; **s. de la miseria** to escape from poverty; **s. de un apuro** to get out of a tight spot; **le he ayudado a s. de muchos líos** I've helped him out of a lot of tricky situations; **no sé si podremos s. de ésta** I don't know how we're going to get

out of this one; **con este dinero no vamos a s. de pobres** this money isn't exactly enough for us never to have to work again
(**f**) *(desembocar) (calle, sendero, carretera)* **¿a dónde sale esta calle?** where does this street come out?
(**g**) *(separarse)* **este anillo sale fácilmente** this ring comes off easily; **este corcho no sale** this cork won't come out
(**h**) *(resultar)* to turn out; **ha salido muy estudioso** he's turned out to be very studious; **¿cómo salió la fiesta?** how did the party go?; **¿qué salió en la votación?** what was the result of the vote?; **a mí me sale un total de 35.000 pesos** I've got a total of 35,000 pesos, I make it 35,000 pesos in total; **salió (como) senador por California** he was elected (as) senator for California; **salió elegida actriz del año** she was voted actress of the year; **salió herido/ileso del accidente** he was/ wasn't injured in the accident; **s. premiado** to be awarded a prize; **s. bien/mal** *(examen, entrevista)* to go well/ badly; *(plato, dibujo)* to turn out well/badly; **¿qué tal te ha salido?** how did it go?; **me ha salido bien/mal** *(examen, entrevista)* it went well/badly; *(plato, dibujo)* it turned out well/badly; *(cuenta)* I got it right/wrong; **normalmente me sale a la primera** I normally get it right first time; **a mí la paella no me sale tan bien como a ti** my paella never turns out as well as yours does; **¿te salen las cuentas?** do all the figures tally?; **s. ganando/perdiendo** to come off well/badly
(**i**) *(en sorteo, juego) (número, nombre)* to come up; **no me ha salido un as en toda la partida** I haven't got *o* had a single ace in the whole game
(**j**) *(proceder)* **s. de** to come from; **el vino sale de la uva** wine comes from grapes; **salió de él (lo de) regalarte unas flores** it was his idea to get you the flowers
(**k**) *(surgir, brotar) (luna, estrellas)* to come out; *(sol)* to rise; *(flores, hojas)* to come out; *(dientes)* to come through; **le han salido varias flores al rosal** the rose bush has got several flowers now; **le están saliendo canas** he's getting grey hairs, he's going grey; **le están saliendo los dientes** her teeth are starting to come through, she's teething; **me salen los colores con tanto cumplido** all these compliments are making me blush; **le ha salido un sarpullido en la espalda** her back has come out in a rash; **te está saliendo sangre** you're bleeding; **me ha salido un grano en la nariz** I've got a spot on my nose
(**l**) *(aparecer) (publicación, producto, modelo)* to come out; *(disco)* to come out, to be released; *(moda, ley)* to come in; *(trauma, prejuicios)* to come out; *(tema, asunto)* to come up; **una revista que sale los jueves** a magazine that comes out on Thursdays; **su nuevo disco saldrá al mercado en otoño** her new record comes out *o* will be released in the autumn; **salieron (a relucir) todos sus miedos** all his fears came out; **¡qué bien sales en esta foto!** you look great in this photo!; **ha salido en los periódicos/en la tele** it's been in the papers/on TV; **s. de/en** *(en película, serie, obra de teatro)* to appear as/in; **salía de extra en "Ben-Hur"** he appeared as *o* was an extra in "Ben Hur"; **s. en defensa de alguien** to come to sb's defence
(**m**) *(presentarse, ofrecerse) (ocasión, oportunidad)* to turn up, to come along; *(puesto, empleo)* to come up; *(problema)* to arise; *(contratiempo)* to occur; **le ha salido una plaza de profesor en Tegucigalpa** a job has come up for him as a teacher in Tegucigalpa; *Fig* **a lo que salga, salga lo que salga** whatever happens
(**n**) *(costar)* **salimos a 20 dólares por cabeza** it came to *o* worked out at $20 each; **¿por cuánto me saldría una moto de segunda mano?** how much would a second-hand motorbike cost me *o* come to?; **en botella te saldrá más barata la cerveza** the beer works out cheaper if you buy it bottled; **s. caro** *(económicamente)* to be expensive; *(por las consecuencias)* to be costly
(**o**) *(decir u obrar inesperadamente)* **nunca se sabe por dónde va a s.** you never know what she's going to come out with/do next; **el jefe sale con cada tontería...** the boss comes out with some really stupid remarks; **salió con que era un incomprendido y nadie le hacía caso** he claimed he was misunderstood and that no one ever took any notice of him; **¿y ahora nos sales con ésas?** now you tell us!
(**p**) *(parecerse)* **s. a alguien** to take after sb; **eres un vago, en eso has salido a tu padre** you're a layabout, just like your father
(**q**) *(en juegos)* to lead; **te toca s. a ti** it's your lead; **salió con un as** she led with an ace; **salen blancas** *(en damas, ajedrez)* white goes first
(**r**) *(desaparecer)* to come out; **la mancha de vino no sale** the wine stain won't come out
(**s**) *Informát (instrucción)* to quit, to exit; **s. de un programa** to quit *o* exit a program
(**t**) **s. adelante** *(persona, empresa)* to get by; *(proyecto, propuesta, ley)* to be successful
2 salirse *vpr* (**a**) *(marcharse)* **salirse (de)** to leave; **muchos se salieron del partido** many people left the party; **la obra era tan mala que nos salimos (del teatro) a la mitad** the play was so bad that we left (the theatre) halfway through; **me salí del agua porque tenía frío** I came out of the water because I was cold
(**b**) *(irse fuera, traspasar)* **salirse de** *(límites)* to go beyond; **no te salgas del margen al escribir** stay inside the margin when you're writing; **el balón se salió del terreno de juego** the ball went out of play; **salirse del presupuesto** to overrun the budget; **eso se sale de mis competencias** that's outside my authority; **tiene una inteligencia que se sale de lo normal** she is exceptionally intelligent; **salirse del tema** to digress
(**c**) *(filtrarse) (líquido, gas)* to leak, to escape (**por** through); *(humo, aroma)* to come out (**por** through); **este grifo se sale** this *Br* tap *o US* faucet is leaking; **a esta rueda se le sale el aire** the air's getting out of *o* escaping from this tyre
(**d**) *(rebosar)* to overflow; *(leche)* to boil over; **el río se salió del cauce** the river broke its banks
(**e**) *(desviarse)* **salirse (de algo)** to come off (sth); **el autobús se salió de la carretera** the bus came off *o* left the road
(**f**) *(desprenderse, soltarse) (tornillo, tapón, anillo)* **salirse (de algo)** to come off (sth); **este anillo se me sale** this ring's too big for me; **se te sale la camiseta por detrás** your shirt's not tucked in properly at the back
(**g**) **salirse con la suya** to get one's (own) way

---

salitre *nm* saltpetre

saliva *nf* saliva; EXPR *Fam* **gastar s. (en balde)** to waste one's breath; EXPR **tragar s.** to bite one's tongue

salivación *nf* salivation

salivadera *nf Andes* spittoon

salivajo = salivazo

salival *adj* salivary

salivar 1 *adj* salivary
2 *vi* to salivate

salivazo *nm* blob of spit; **echar un s.** to spit

salmantino, -a 1 *adj* of/from Salamanca
2 *nm,f* person from Salamanca

salmista *nmf* psalmist

salmo *nm* psalm

salmodia *nf* (**a**) *Rel* singing of psalms (**b**) *(letanía)* drone

salmodiar *vi* to sing in a monotone

salmón 1 *adj & nm inv (color)* salmon (pink)
2 *nm* salmon ❑ ***s. ahumado*** smoked salmon

salmonella *nf* salmonella *(bacterium)*

salmonelosis *nf inv* salmonella *(illness)*

salmonero, -a *adj* salmon; **río s.** salmon river

salmonete *nm* red mullet

salmuera *nf* brine

salobre *adj* salty

salobridad *nf* saltiness

salomónico, -a *adj* equitable, even-handed

salón *nm* (**a**) *(en vivienda)* lounge, sitting room; **revolucionario de s.** armchair revolutionary; **intelectual de s.** pseudointellectual (**b**) *(para reuniones, ceremonias)* hall ❑ ***s. de actos*** assembly hall; ***s. de baile*** ballroom; *RP* ***s. de fiestas*** function room; ***s. de sesiones*** meeting room (**c**) *(mobiliario)* lounge suite (**d**) *(feria)* show, exhibition ❑ ***s. del automóvil*** motor show; ***s. de la informática*** computer fair (**e**) *(establecimiento)* shop ❑ ***s. de belleza*** beauty parlour; ***s. de masaje*** massage parlour; ***s. recreativo*** amusement arcade; ***s. de té*** tea-room

salpicadera *nf Méx Br* mudguard, *US* fender

salpicadero *nm* dashboard

salpicadura *nf* (**a**) *(acción)* splashing, spattering (**b**) *(mancha)* spot, spatter

salpicar [59] **1** *vt* (**a**) *(con líquido)* to splash, to spatter (**b**) *(reputación)* **el escándalo salpicó al presidente** the president was tainted by the scandal (**c**) *(espolvorear)* to pepper (**de** with)

2 *vi* to spatter

salpicón *nm* (**a**) *Culin* = cold dish of chopped fish or meat, seasoned with pepper, salt, vinegar and onion (**b**) *Col, Ecuad (refresco)* fruit juice

salpimentar [3] *vt* to season (with salt and pepper)

salsa *nf* (**a**) *(condimento)* sauce; *(de carne)* gravy; *Fig* **en su (propia) s.** in one's element ▫ ***s. agridulce*** sweet-and-sour sauce; ***s. bearnesa*** bearnaise sauce; ***s. bechamel*** *o* ***besamel*** béchamel sauce; *Chile, Col, RP* ***s. blanca*** white sauce; ***s. mahonesa*** *o* ***mayonesa*** mayonnaise; ***s. Perrins***® Worcester sauce; ***s. rosa*** thousand island dressing; ***s. de soja*** soy sauce; ***s. tártara*** tartare sauce; ***s. de tomate*** tomato sauce; ***s. verde*** parsley sauce (**b**) *(interés)* spice; **ser la s. de la vida** to make life worth living (**c**) *Mús* salsa

salsamentaría *nf Col (tienda)* = shop selling cold meats, sausages etc

salsera *nf* gravy boat

salsifí (*pl* **salsifíes**) *nm* salsify ▫ ***s. de España*** *o* ***negro*** black salsify, viper's grass

saltador, -ora 1 *adj* jumping

2 *nm,f Dep* jumper ▫ ***s. de altura*** high-jumper; ***s. de longitud*** long-jumper; ***s. de triple salto*** triple-jumper

saltamontes *nm inv* grasshopper

saltante *adj Chile* outstanding, noteworthy

SALTAR 1 *vt* (**a**) *(obstáculo, valla, verja)* to jump (over); **si salta los 2,35 ganará la prueba** if he jumps *o* clears 2.35 metres, he'll win the competition

(**b**) *(omitir)* to skip, to miss out; **me saltaron al nombrar los candidatos** they missed me out off the list of candidates

(**c**) *(romper violentamente)* **s. una cerradura** to force a lock; **s. un ojo a alguien** to poke sb's eye out

2 *vi* (**a**) *(brincar, lanzarse)* to jump; **los chicos saltaron al otro lado de la tapia** the children jumped over the wall; **saltó de** *o* **desde una ventana** she jumped out of *o* from a window; **Bubka fue el primero en s. por encima de los seis metros** Bubka was the first person to clear six metres; **s. de alegría** to jump for joy; **s. a la comba** to skip; **s. en paracaídas** to parachute; **s. al río** to jump into the river; **s. a tierra** to jump to the ground; **s. del** *o* **desde el trampolín** to dive off the springboard; **s. al vacío** to leap into space; **los jugadores saltan al campo** the players are coming out onto the field; **s. de un tema a otro** to jump (around) from one subject to another; **saltábamos de la euforia al desánimo** our mood was swinging backwards and forwards between euphoria and dejection; **s. sobre algo/alguien** *(abalanzarse)* to jump on sth/sb

(**b**) *(levantarse de repente)* to jump up; **s. de la silla/cama** to jump out of one's seat/ out of bed

(**c**) *(salir disparado) (objeto)* to jump, to shoot; *(corcho, válvula)* to pop out; *(botón)* to pop off; *(aceite)* to spurt; *(esquirlas, astillas, chispas)* to fly

(**d**) *(explotar)* to explode, to blow up; **el automóvil saltó por los aires** the car was blown into the air; **han saltado los plomos** the fuses have blown

(**e**) *(romperse)* to crack; **fregando los platos me saltó un vaso** I broke one of the glasses when I was doing the washing-up

(**f**) *(decir inesperadamente)* **"de eso nada", saltó ella** "no way", she blurted out; **s. con** to suddenly come out with; **saltó con una impertinencia** he suddenly came out with an impertinent remark; **cuando le pasaron la factura saltó con que no tenía dinero** when they gave her the bill, she suddenly said she didn't have any money

(**g**) *Fig (reaccionar bruscamente)* to explode; **s. a la mínima** to be quick to lose one's temper

(**h**) *(alarma)* to go off; *(botón)* to jump out; *(mecanismo, termostato, interruptor)* to activate; **hacer s. la alarma** to set off the alarm

(**i**) *(agua, cascada)* **s. por** to gush down, to pour down

(**j**) *(venir)* **me salta a la memoria aquel momento inolvidable cuando...** that unforgettable moment springs to mind, when...

(**k**) EXPR **está a la que salta** *(para aprovechar ocasión)* she's always on the lookout; *(para señalar error ajeno)* she never misses a chance to criticize

3 saltarse *vpr* (**a**) *(omitir) (intencionadamente)* to skip, to miss out; *(accidentalmente)* to miss out; **ese trozo sáltatelo, que es muy aburrido** miss that bit out *o* skip that bit, it's very boring; **nos saltamos el desayuno** we skipped breakfast, we didn't have any breakfast

(**b**) *(salir despedido)* to pop off; **se me ha saltado un botón** one of my buttons has popped off; **se le saltaban las lágrimas** tears were welling up in her eyes

(**c**) *(no respetar) (cola, semáforo)* to jump; *(señal de stop)* to drive straight past; *(ley, normas)* to break

(**d**) *Fam Informát* **saltarse la protección de un programa** to hack into a program

---

saltarín, -ina 1 *adj* fidgety

2 *nm,f* fidget

salteado, -a *adj* (**a**) *(sofrito)* sautéed (**b**) *(espaciado)* unevenly spaced; **en días salteados** every other day; **se sentaron en pupitres salteados** they sat at alternate desks

salteador, -ora *nm,f* **s. (de caminos)** highway robber

saltear *vt* (**a**) *(asaltar)* to rob (**b**) *(sofreír)* to sauté

salteño, -a 1 *nm,f* = person from Salta in Argentina or Salto in Uruguay

2 *adj* = of/from Salta in Argentina or Salto in Uruguay

saltimbanqui *nmf* acrobat

salto *nm* (**a**) *(brinco)* jump; *(grande)* leap; *(al agua)* dive; **dar** *o* **pegar un s.** to jump; *(grande)* to leap; **dar saltos de alegría** *o* **contento** to jump for joy ▫ *Chile, Col* ***s. alto*** *or RP* ***en alto*** high jump; ***s. de altura*** high jump; ***s. entre dos*** *(en baloncesto)* jump ball; ***s. de esquí*** ski jumping; *Am* ***s. con garrocha*** pole vault; ***s. inicial*** *(en baloncesto)* tip-off; *Chile, Col* ***s. largo*** *or RP* ***en largo*** long jump; ***s. de longitud*** long jump; ***s. mortal*** somersault; ***s. con pértiga*** pole vault

(**b**) *(diferencia, omisión)* gap

(**c**) *(progreso)* leap forward; **un s. hacia atrás** a major step backwards; **finalmente dio el s. a la fama** he finally made his big breakthrough

(**d**) *(despeñadero)* precipice ▫ ***s. de agua*** waterfall; *Geol* ***s. de falla*** fault plane

(**e**) *(prenda)* ***s. de cama*** negligée

(**f**) *Informát* ***s. hipertextual*** hypertext link; ***s. de línea automático*** wordwrap; ***s. de página*** form feed

(**g**) EXPR **vivir a s. de mata** to live from one day to the next

saltón, -ona *adj* (**a**) *(ojos)* bulging; **dientes saltones** buck teeth (**b**) *Chile, Col (medio crudo)* half-cooked

salubre *adj* healthy

salubridad *nf* healthiness

salud 1 *nf* health; **estar bien/mal de s.** to be well/unwell; **beber** *o* **brindar a la s. de alguien** to drink to sb's health; **tiene una s. de hierro** she has an iron constitution ▫ ***s. pública*** public health

2 *interj* **¡s.!** *(para brindar)* cheers!; *(después de estornudar)* bless you!; **¡s., camaradas!** greetings, comrades!

saludable *adj* (**a**) *(sano)* healthy (**b**) *(beneficioso)* beneficial

saludar 1 *vt* (**a**) *(por cortesía)* to greet; *Mil* to salute; **ni siquiera nos saludó** she didn't even say hello (to us); **me saludó con la mano** he waved to me (in greeting); **saluda a Ana de mi parte** give my regards to Ana; **le saluda atentamente** yours faithfully; **siempre que vamos a Lima pasamos a saludarlos** whenever we go to Lima we drop in to say hello (**b**) *(acoger favorablemente)* to welcome

2 saludarse *vpr* to greet one another; **ni siquiera se saludan** they don't even acknowledge each other

saludes *nfpl CAm, Andes, Méx (saludos)* greetings

saludo *nm* greeting; *Mil* salute; **Ana te manda saludos** *(en carta)* Ana sends you her regards; *(al teléfono)* Ana says hello; **dale**

saludos de mi parte give her my regards; **un s. afectuoso** *(en cartas) (si se desconoce el nombre del destinatario)* yours faithfully; *(si se conoce el nombre del destinatario)* yours sincerely; **saludos (cordiales)** *(en cartas)* best wishes *o* regards

salutación *nf* greeting

salva *nf Mil* salvo; **una s. de aplausos** a round of applause

salvación *nf* (**a**) *(remedio, solución)* **no tener s.** to be beyond hope; **las lluvias fueron la s. de los agricultores** the rains were the farmers' salvation (**b**) *(rescate)* rescue (**c**) *Rel* salvation

salvada *nf PRico Fam* good fortune *o* luck

salvado *nm* bran

Salvador *nm* (**a**) *Rel* **el S.** the Saviour (**b**) *(país)* **El S.** El Salvador

salvador, -ora 1 *adj* saving
2 *nm,f (persona)* saviour

salvadoreño, -a *adj & nm,f* Salvadoran

salvaguarda *nf* (**a**) *Informát* backup (**b**) *(defensa)* protection

salvaguardar *vt* to safeguard

salvaguardia *nf* (**a**) *(defensa)* protection (**b**) *(salvoconducto)* safe-conduct, pass

salvajada *nf* (**a**) *(acción) (en guerra)* atrocity; **el despido de tantos trabajadores ha sido una s.** it's terrible that they've sacked all those people (**b**) *(dicho)* **¡menuda s.!** what a terrible thing to say!

salvaje 1 *adj* (**a**) *(animal, planta, terreno)* wild (**b**) *(pueblo, tribu)* savage (**c**) *(cruel, brutal)* brutal, savage (**d**) *(incontrolado)* **acampada s.** unauthorized camping
2 *nmf* (**a**) *(primitivo)* savage (**b**) *(bruto)* maniac

salvajismo *nm* savagery

salvamanteles *nm inv (plano)* table mat; *(con pies)* trivet

salvamento *nm* rescue, saving; **equipo de s.** rescue team ❑ ***s. marítimo*** sea rescue

salvapantallas *nm inv Informát* screensaver

salvar 1 *vt* (**a**) *(librar de peligro)* to save
(**b**) *(rescatar)* to rescue
(**c**) *(superar) (dificultad)* to overcome; *(obstáculo)* to go over *o* around; **el caballo salvó el foso de un salto** the horse jumped (across) the ditch
(**d**) *(recorrer)* to cover
(**e**) *(exceptuar)* **salvando algunos detalles** except for a few details; **salvando las distancias** allowing for the obvious differences
2 salvarse *vpr* (**a**) *(librarse)* to escape; **se salvó de morir ahogado** he escaped drowning; EXPR **sálvese quien pueda** every man for himself
(**b**) *(exceptuarse)* **sus amigos son inaguantables, ella es la única que se salva** her friends are unbearable, she's the only one who's O.K.
(**c**) *Rel* to be saved

salvavidas 1 *adj inv* **bote s.** lifeboat; **chaleco s.** life jacket
2 *nm inv* (**a**) *(chaleco)* life jacket (**b**) *(flotador)* life belt

salve[1] *interj* hail!

salve[2] *nf* = prayer or hymn to the Virgin Mary

salvedad *nf* exception; **con la s. de** with the exception of

salvelino *nm (pez)* char

salvia *nf* sage

salvo[1] *prep* except; **todos, salvo los enfermos** everyone except (for) the sick; **s. que llueva** unless it rains; **s. error u omisión** errors and omissions excepted

salvo[2]**, -a 1** *adj* **sano y s.** safe and sound
2 *nm* **estar a s.** to be safe; **poner algo a s.** to put sth in a safe place; **ponerse a s.** to reach safety

salvoconducto *nm* safe-conduct, pass

Salzburgo [sals'βurɣo] *n* Salzburg

samaritano, -a *adj & nm,f* Samaritan

samba *nf* samba

sambenito *nm Fam* **poner** *o* **colgar a alguien el s. de borracho/tacaño** to brand sb a drunk/a miser

sambumbia *nf Méx (de piña)* = cordial made from pineapple and sugar

samoano, -a 1 *adj & nm,f* Samoan
2 *nm (lengua)* Samoan

Samoa Occidental *n* Western Samoa

samovar *nm* samovar

samoyedo *adj* **perro s.** Samoyed

sampán *nm* sampan

sámpler *nm Mús* sampler

samurái (*pl* **samuráis**) *nm* samurai

san *adj* Saint ❑ ***S. Bernardo*** *(perro)* St Bernard; ***S. José*** *(de Costa Rica)* San José; ***S. Marino*** San Marino; ***S. Petersburgo*** Saint Petersburg; ***S. Salvador*** San Salvador

Sana *n* Sanaa

sanable *adj* curable

sanador, -ora *nm,f* healer

sanamente *adv (con sinceridad)* sincerely, earnestly

sanar 1 *vt (persona)* to cure; *(herida)* to heal
2 *vi (persona)* to get better; *(herida)* to heal

sanatorio *nm* sanatorium ❑ ***s. psiquiátrico*** psychiatric hospital

sanción *nf* (**a**) *(multa)* fine; **la s. por desobedecer el reglamento** the penalty for breaking the rules; *Dep* **le han impuesto una s. de un partido** he has been suspended *o* banned for one match (**b**) *(a un país)* **imponer sanciones (económicas) a** to impose (economic) sanctions on (**c**) *(aprobación)* approval

sancionable *adj* punishable; **una falta s. con penalti** a penalty offence; **un delito s. con la pena de...** an offence punishable by...

sancionar *vt* (**a**) *(multar)* to fine; **lo sancionaron con una multa** they fined him; **lo sancionaron por desobedecer el reglamento** he was punished for breaking the rules; *Dep* **le han sancionado con tres partidos de suspensión** he has been suspended *o* banned for three matches (**b**) *(a un país)* to impose sanctions on (**c**) *(aprobar)* to approve, to sanction

sancochar *vt* to parboil

sancocho *nm Am* = stew of meat, vegetables and bananas

sanctasanctórum *nm inv (lugar)* sanctum

sandalia *nf* sandal

sándalo *nm* sandalwood

sandez *nf* silly thing; **decir sandeces** to talk nonsense

sandía *nf* watermelon

sandial, sandiar *nm* watermelon field/patch

sandinismo *nm* Sandinista movement

sandinista *adj & nmf* Sandinista

sandunga *nf* (**a**) *Fam (gracia)* wit (**b**) *Méx (baile)* = type of Mexican dance

sandunguero, -a *adj Fam* witty, charming

sándwich ['sanwitʃ, 'saŋɣwis] (*pl* **sándwiches**) *nm* (**a**) *(con pan de molde) (sin tostar)* sandwich; *(tostado)* toasted sandwich (**b**) *Am (con pan de barra)* sandwich *(made with French bread)*

sandwichera [saŋɣwi'tʃera] *nf* toasted sandwich maker

saneado, -a *adj* (**a**) *(bienes)* written off, written down (**b**) *(economía)* sound, healthy; *(cuenta)* regularized

saneamiento *nm* (**a**) *(limpieza)* disinfection; *(fontanería)* plumbing; **artículos de s.** bathroom furniture (**b**) *(de río)* clean-up (**c**) *(de bienes)* write-off, write-down (**d**) *(de moneda)* stabilization; **el s. de la economía** putting the economy back on a sound footing

sanear *vt* (**a**) *(higienizar) (tierras)* to drain; *(edificio)* to disinfect (**b**) *(bienes)* to write off *o* down (**c**) *(moneda)* to stabilize; **s. la economía** to put the economy back on a sound footing

sanfermines *nmpl* = festival held in Pamplona in July during which bulls are run through the streets of the town

sangrado *nm Imprenta* indentation

sangrante *adj* (**a**) *(herida)* bleeding (**b**) *(situación, injusticia)* shameful, outrageous

sangrar 1 *vi* to bleed
2 *vt* (**a**) *(sacar sangre a)* to bleed (**b**) *(árbol)* to tap (**c**) *Fam (robar)* to bleed dry (**d**) *Imprenta* to indent

SANGRE *nf también Fig* blood; **una camisa manchada de s.** a bloodstained shirt; **te está saliendo s.** you're bleeding; **gentes de s. noble/real** people with noble/royal blood; **ser de la misma s.** *(familiares)* to be from the same family; **animales de s. caliente/fría** warm-blooded/cold-blooded animals; **ha corrido mucha s. en este conflicto** there has been a lot of bloodshed in this conflict; **dar** *o* **donar s.** to give blood; **echar s.** *(sangrar)* to bleed; **echaba s.** *o* **le salía s. por la boca/la nariz** her mouth/nose was bleeding; **hacer s. (a alguien)** to draw (sb's) blood; **me he hecho s. en el dedo** I've cut my finger; **arrasaron el pueblo a s. y fuego** they brutally razed the village to the ground; EXPR *Fam* **chuparle la s. a alguien** to bleed sb dry; EXPR **me costó s., sudor y lágrimas terminarlo** I sweat blood to get it finished; **dar la s. por algo/alguien** *(morir)* to give one's life for sth/sb; EXPR **encender la s. a alguien** to make sb's blood boil; EXPR **hacerse mala s. (por algo)** to get worked up (about sth); **se me/le/***etc.* **heló la s. en las venas** my/his/her/*etc* blood ran cold; **me hierve la s. cuando veo estas cosas** it makes my blood boil when I see things like that; **la s. tira (mucho)** blood is thicker than water; **llevar algo en la s.** to have sth in one's blood; EXPR **no llegó la s. al río** it didn't get too nasty; EXPR **no tiene s. en las venas** he's got no life in him; EXPR *Fam* **quemar la s. a alguien** to make sb's blood boil; EXPR *Fam* **se le subió la s. a la cabeza** he saw red; EXPR **sudar s.** to sweat blood; EXPR *Fam* **tener mala s.** to be malicious; EXPR **tener la s. caliente** to be hotblooded; EXPR **tener s. de horchata** *(ser tranquilo)* to be as cool as a cucumber; *(ser demasiado frío)* to have a heart of stone ▫ ***s. azul*** blue blood; ***s. fría*** sangfroid; **a s. fría** in cold blood

sangría *nf* (**a**) *(bebida)* sangria (**b**) *(matanza)* bloodbath (**c**) *(ruina)* drain (**d**) *Med* bloodletting (**e**) *Imprenta* indentation

sangriento, -a *adj* (**a**) *(ensangrentado, cruento)* bloody (**b**) *(despiadado, hiriente)* cruel

sangriligero -a *adj CAm, Col, Méx Fam (persona)* nice

sangripesado, -a, sangrón, -ona *adj CAm, Col, Méx Fam (persona)* nasty

sanguaraña *nf* (**a**) *(baile)* = Peruvian folk dance (**b**) *Ecuad, Perú (rodeo)* **sanguarañas** evasiveness; **hablar sin sanguarañas** to come straight to the point

sanguijuela *nf también Fig* leech

sanguina *nf* (**a**) *(para dibujar)* red chalk (**b**) *(naranja)* blood orange

sanguinario, -a *adj* bloodthirsty

sanguíneo, -a *adj* blood; **presión sanguínea** blood pressure

sanguinero *nm* buckthorn

sanguinolento, -a *adj* (**a**) *(que echa sangre)* bleeding (**b**) *(bañado en sangre)* bloody; *(manchado de sangre)* bloodstained; *(ojos)* bloodshot

sanidad *nf* (**a**) *(salubridad)* health, healthiness; **s. (pública)** public health service ▫ ***s. privada*** private health care (**b**) *(ministerio)* **S.** Department of Health

> Observa que la palabra inglesa **sanity** es un falso amigo y no es la traducción de la palabra española **sanidad**. En inglés **sanity** significa "cordura".

sanitario, -a 1 *adj* health; **política sanitaria** health policy; **personal s.** health care workers; **reforma sanitaria** reform of the health care system

2 *nm,f (persona)* health care worker; **un s. de la Cruz Roja** a Red Cross worker

3 *nm (retrete)* toilet; **sanitarios** *(bañera, lavabo, retrete)* bathroom furniture

sanjacobo *nm* = two slices of steak or ham with a slice of cheese in between, fried in breadcrumbs

sanjuanino, -a 1 *adj* of/from San Juan

2 *nm,f* person from San Juan

sano, -a *adj* (**a**) *(saludable)* healthy; **hacer vida sana** to have a healthy lifestyle (**b**) *(positivo) (principios, persona)* sound; *(ambiente, educación)* wholesome (**c**) *(entero)* intact, undamaged; **s. y salvo** safe and sound

sansalvadoreño, -a 1 *adj* of/from San Salvador

2 *nm,f* person from San Salvador

sánscrito, -a *adj & nm* Sanskrit

sanseacabó *interj Fam* **¡s.!** that's an end to it!

sansón *nm* **es un s.** he's as strong as an ox

santabárbara *nf* magazine *(on ship)*

santafecino, -a, santafesino, -a 1 *adj* of/from Santa Fe

2 *nm,f* person from Santa Fe

santanderino, -a 1 *adj* of/from Santander

2 *nm,f* person from Santander

santería *nf* (**a**) *(beatería)* sanctimoniousness (**b**) *(religión)* santería, = form of religion common in the Caribbean in which people allegedly have contact with the spirit world (**c**) *Am (tienda)* = shop selling religious mementoes such as statues of saints

santero, -a *nm,f* (**a**) *(en ermita, santuario)* = caretaker of a hermitage/shrine (**b**) *(curandero)* = faith healer who calls on the saints to assist with the healing process

Santiago *n* ***S. de Chile*** Santiago; ***S. de Compostela*** Santiago de Compostela

santiaguero, -a, santiaguense 1 *adj* of/from Santiago de Cuba

2 *nm,f* person from Santiago de Cuba

santiagués, -esa 1 *adj* of/from Santiago de Compostela

2 *nm,f* person from Santiago de Compostela

santiaguino, -a 1 *adj* of/from Santiago (de Chile)

2 *nm,f* person from Santiago (de Chile)

santiamén *nm Fam* **en un s.** in a flash

santidad *nf* (**a**) *(cualidad)* saintliness, holiness (**b**) **Su S.** *(el Papa)* His Holiness

santificación *nf* sanctification

santificar [59] *vt Rel* (**a**) *(consagrar)* to sanctify (**b**) *(respetar)* **s. las fiestas** to observe feast days

santiguarse [11] *vpr* to cross oneself

SANTO, -A 1 *adj* (**a**) *(sagrado)* holy ▫ ***la santa cena*** the Last Supper; ***el S. Grial*** the Holy Grail; ***la Santa Madre Iglesia*** the Holy Mother Church; ***el S. Oficio*** the Holy Office; ***el S. Padre*** the Holy Father; ***los santos sacramentos*** the Sacraments; ***la Santa Sede*** the Holy See (**b**) *(virtuoso)* saintly; **su padre era un s. varón** her father was a saintly man (**c**) *(antes de nombre propio)* **S. Tomás** Saint Thomas; **Santa María** Saint Mary (**d**) *(en nombres de países)* ***S. Domingo*** Santo Domingo; ***S. Tomé*** Sao Tomé; ***S. Tomé y Príncipe*** Sao Tomé and Príncipe (**e**) ***santa Rita*** *(planta)* = type of bougainvillea (**f**) *Fam (dichoso, maldito)* damn; **todo el s. día** all day long; **el teléfono lleva sonando toda la santa mañana** the damn phone hasn't stopped ringing all morning; **él siempre hace su santa voluntad** he always does whatever he damn well likes (**g**) *Fam Fig (beneficioso)* miraculous; **esta infusión es cosa santa** this herbal tea works wonders

2 *nm,f también Fig* saint; **su madre era una santa** her mother was a saint ▫ ***s. patrón*** patron saint; ***santa patrona*** patron saint

3 *nm* (**a**) *(onomástica)* saint's day; **hoy es su s.** it's his saint's day today (**b**) *Fam (ilustración)* illustration (**c**) *(contraseña)* **s. y seña** password (**d**) *Chile (parche)* patch (**e**) EXPR **¿a s. de qué?** why on earth?, for what earthly reason?; **desnudar a un s. para vestir a otro** to rob Peter to pay Paul; **se le fue el s. al cielo** he completely forgot; **fue llegar y besar el s., nos dieron el permiso a los dos días** it couldn't have been easier, we got the licence within two days; **fue llegar y besar el s., marcó a los dos minutos de su debut** he was an instant success, he scored within two minutes of his debut; **no es s. de mi devoción** he's not my cup of tea; **¡por todos los santos!** for heaven's sake!; **quedarse para vestir santos** to be left on the shelf; **tener el s. de cara** to have luck on one's side

santón *nm* (**a**) *Rel* holy man (**b**) *(persona influyente)* guru

santoral *nm* (**a**) *(libro)* = book containing lives of saints (**b**) *(onomásticas)* = list of saints' days

santuario *nm* (**a**) *(templo)* shrine (**b**) *(lugar venerable)* holy place (**c**) *(de animales)* sanctuary (**d**) *Col (tesoro)* buried treasure

santurrón, -ona *Pey* **1** *adj* sanctimonious

2 *nm,f* sanctimonious person; **ser un s.** to be sanctimonious

santurronería *nf Pey* sanctimoniousness

saña *nf* viciousness, malice; **con s.** viciously, maliciously

sañudo, -a *adj* vicious, malicious

sao *nm Cuba (sabana)* = small savannah with clusters of trees or bushes

Sao Paulo *n* São Paulo

sapan *nm* sappanwood

sapelli *nm* sapele

sapiencia *nf Formal* knowledge

sapo *nm* (**a**) *(anfibio)* toad; EXPR **echar**

sapos y culebras to rant and rave (**b**) *Chile (suerte)* fluke, stroke of luck (**c**) *Pan Fam (canalla)* scoundrel, rascal

saque 1 *ver* **sacar**

2 *nm* (**a**) *(en fútbol)* ***s. de banda*** throw-in; ***s. de centro*** kick-off; ***s. de esquina*** corner (kick); ***s. de fondo*** goal kick; ***s. de honor*** = ceremonial kick-off by celebrity; ***s. inicial*** kick-off; ***s. de meta*** goal kick; ***s. neutral*** drop ball; ***s. de puerta*** goal kick (**b**) *(en rugby)* ***s. de banda*** line-out (**c**) *(en tenis, voleibol)* serve; **tener buen s.** to have a good serve (**d**) *Fam (apetito)* **tener buen s.** to have a hearty appetite

saqueador, -ora 1 *adj* looting

2 *nm,f* looter

saquear *vt* (**a**) *(ciudad, población)* to sack (**b**) *(tienda)* to loot; *Fam (nevera, armario)* to raid

saqueo *nm* (**a**) *(de ciudad)* sacking (**b**) *(de tienda)* looting; *Fam (de nevera, armario)* raiding

S.A.R. *(abrev de* **Su Alteza Real**) HRH

SAR [sar] *nm (abrev de* **Servicio Aéreo de Rescate**) = Spanish air rescue service

Sarajevo *n* Sarajevo

sarampión *nm* measles

sarao *nm* (**a**) *(fiesta)* party (**b**) *Fam (jaleo)* row, rumpus

sarape *nm Guat, Méx* serape

sarasa *nm Fam Pey* poof, queer

sarcasmo *nm* sarcasm

sarcástico, -a 1 *adj* sarcastic

2 *nm,f* sarcastic person; **ser un s.** to be sarcastic

sarcófago *nm* sarcophagus

sarcoma *nm Med* sarcoma

sardana *nf* = traditional Catalan dance and music

sardina *nf* sardine; EXPR **como sardinas en lata** packed like sardines

sardinel *nm Col, Perú (bordillo) Br* kerb, *US* curb

sardinero, -a *adj* sardine; **barco s.** sardine fishing boat

sardo, -a 1 *adj & nm,f* Sardinian

2 *nm (lengua)* Sardinian

sardónico, -a *adj* sardonic

sarga *nf (tela)* serge; *(para decorar)* wall hanging

sargazo *nm* sargasso, gulfweed

Sargazos *nmpl* **el mar de los S.** the Sargasso Sea

sargento 1 *nmf* (**a**) *Mil* sergeant ❑ ***s. primero*** *Br* staff sergeant, *US* sergeant major (**b**) *Fam Pey (mandón)* dictator, little Hitler

2 *nm (herramienta)* small clamp

sargentona *nf Fam Pey* battleaxe, dragon

sari *nm* sari

sarmentoso, -a *adj* **tiene las manos sarmentosas** she has long and bony fingers

sarmiento *nm* vine shoot

sarna *nf Med* scabies; *(en animales)* mange; PROV **s. con gusto no pica** I'm/he's *etc* more than happy to put up with it

sarnoso, -a 1 *adj (perro)* mangy

2 *nm,f (persona)* scabies sufferer

sarpullido *nm* rash; **le ha salido un s. en la espalda** her back has come out in a rash

sarraceno, -a *adj & nm,f Hist* Saracen

sarrio *nm* chamois

sarro *nm* (**a**) *(en dientes)* tartar (**b**) *(en tuberías)* scale, fur

sarta *nf también Fig* string; **una s. de insultos/mentiras** a string of insults/lies

sartén *nf* frying pan; EXPR *Fam* **tener la s. por el mango** to call the shots

sastre, -a *nm,f* tailor

sastrería *nf* (**a**) *(oficio)* tailoring (**b**) *(taller)* tailor's (shop); *Cine & Teatro* wardrobe (department)

Satanás *n* Satan

satánico, -a *adj* satanic

satanismo *nm* Satanism

satélite 1 *adj inv* satellite; **las ciudades s. de Barcelona** the towns around Barcelona; **estado s.** satellite (state)

2 *nm* satellite ❑ ***s. artificial*** (artificial) satellite; ***s. espía*** spy satellite; ***s. meteorológico*** weather satellite

satén *nm* (**a**) *(tela) (de seda)* satin; *(de algodón)* sateen (**b**) *(árbol)* satinwood

satinado, -a 1 *adj (papel)* glossy; *(tela)* satiny; *(pintura)* satin

2 *nm (de papel)* glossy finish; *(de tela, pintura)* satin finish

satinar *vt (papel)* to give a glossy finish to; *(tela, pintura)* to give a satin finish to

sátira *nf* satire

satírico, -a 1 *adj* satirical

2 *nm,f* satirist

satirizar [14] *vt* to satirize

sátiro *nm* (**a**) *Mitol* satyr (**b**) *(lujurioso)* lecher

satisfacción *nf* (**a**) *(agrado)* satisfaction; **me dio mucha s.** I found it very satisfying; **espero que todo sea de su s.** *or* **esté a su s.** I hope everything is to your satisfaction (**b**) *(gusto)* satisfaction; **darle a alguien la s. de hacer algo** to give sb the satisfaction of doing sth; **darse la s. de hacer algo** to allow oneself the pleasure of doing sth (**c**) *(orgullo)* **nos mostró sus trofeos con s.** he took great pleasure in showing us his trophies; **sentir una gran s. personal** to feel a sense of fulfilment *o* satisfaction

satisfacer [33] **1** *vt* (**a**) *(saciar)* to satisfy; **s. el hambre/la curiosidad** to satisfy one's hunger/curiosity; **s. la sed** to quench one's thirst (**b**) *(gustar, agradar)* to please; **me satisface anunciar...** I am pleased to announce... (**c**) *(deuda)* to pay, to settle; *(pago)* to make (**d**) *(ofensa, daño)* to redress (**e**) *(duda, pregunta)* to answer (**f**) *(cumplir) (requisitos, exigencias)* to meet

2 satisfacerse *vpr* to be satisfied; **no se satisfacen con nada** nothing seems to satisfy them

satisfactoriamente *adv* satisfactorily

satisfactorio, -a *adj* (**a**) *(suficientemente bueno)* satisfactory (**b**) *(gratificante)* rewarding, satisfying

satisgafo *etc ver* **satisfacer**

satisfecho, -a 1 *participio ver* **satisfacer**

2 *adj* satisfied; **s. de sí mismo** self-satisfied; **darse por s.** to be satisfied; **dejar s. a alguien** to satisfy sb; **estar** *o* **quedarse s.** *(de comida)* to be full

sátrapa *nm* (**a**) *(rico)* **vivir como un s.** to live like a lord (**b**) *(dictador)* dictator, little Hitler

saturación *nf* saturation; *Fig* **hasta la s.** ad nauseam

saturado, -a *adj* (**a**) *(persona)* **estar s. de trabajo** to be up to one's neck in work; **estoy s. de comida** I've had as much as I can to eat; **estoy s. de deporte en televisión** I've had my fill of sport on TV (**b**) *(mercado)* saturated (**c**) *Quím* saturated (**de** with)

saturar 1 *vt* (**a**) *(persona)* **ya me he saturado de cultura** I've had my fill of culture, I've had more than enough culture (**b**) *(mercado)* to saturate, to flood (**c**) *Quím* to saturate

2 saturarse *vpr* to become saturated (**de** with)

saturnal *adj* Saturnian

saturnismo *nm Med* lead poisoning

Saturno *n* Saturn

sauce *nm* willow ❑ ***s. llorón*** weeping willow

sauceda *nf,* **saucedal** *nm* willow grove

saúco *nm* elder(berry)

saudade *nf Literario* nostalgia

saudí *(pl* **saudíes**), **saudita** *adj & nmf* Saudi

sauna *nf* sauna

saurio *nm* lizard

savia *nf* (**a**) *(de planta)* sap (**b**) *(vitalidad)* vitality; **s. nueva** new blood

saxo 1 *nm (instrumento)* sax ❑ ***s. alto*** alto sax; ***s. tenor*** tenor sax

2 *nmf (persona)* sax player ❑ ***s. alto*** alto sax player; ***s. tenor*** tenor sax player

saxofón, saxófono 1 *nm (instrumento)* saxophone

2 *nmf (persona)* saxophonist

saxofonista *nmf* saxophonist

saya *nf Anticuado* petticoat

sayal *nm Anticuado* sackcloth

sayo *nm Anticuado* smock

sazón *nf* (**a**) *(madurez)* ripeness; **en s.** ripe (**b**) *(sabor)* seasoning, flavouring (**c**) **a la sazón** *loc adv* then, at that time

sazonado, -a *adj* seasoned

sazonar *vt* to season

scalextric® [eska'lekstrik] *nm* (**a**) *(cruce vial)* = traffic interchange with several overpasses and underpasses, *Br* spaghetti junction (**b**) *(juguete)* Scalextric® set

scooter [es'kuter] *(pl* **scooters**) *nm* (motor) scooter

scout [es'kaut] *(pl* **scouts) 1** *adj* **un grupo s.** a scout troop
2 *nmf* (boy) scout, *f* girl guide

script [es'kript] *(pl* **scripts) 1** *nm también Informát* script
2 *nf* script girl

SCSI [es'kasi] *Informát (abrev de* **small computer system interface**) SCSI

SDRAM *nf Informát (abrev de* **Synchronous Dynamic Random Access Memory**) SDRAM

SE *(abrev de* **Su Excelencia**) HE

SE *pron personal* **(a)** *(reflexivo) (de personas) (singular)* himself, *f* herself; *(plural)* themselves; *(usted mismo/misma)* yourself; *(ustedes mismos/mismas)* yourselves; **se está lavando, está lavándose** he/she is washing (himself/herself); **se lavó los dientes** he/she cleaned his/her teeth; **se hizo una casa en la montaña** *(él mismo)* he built (himself) a house in the mountains; *(mandó hacerla)* he had a house built in the mountains
(b) *(de cosas, animales) (singular)* itself; *(plural)* themselves; **el perro se lame** the dog is licking itself; **se lame la herida** it's licking its wound
(c) *(reflexivo impersonal)* oneself, yourself; **uno se mira en el espejo y piensa...** one looks at oneself in the mirror and thinks..., you look at yourself in the mirror and think...; **hay que afeitarse todos los días** one has to shave every day, you have to shave every day
(d) *(recíproco)* each other, one another; **se aman** they love each other *o* one another; **se escriben cartas** they write to each other *o* one another; **se han enamorado** they have fallen in love (with each other *o* one another)
(e) *(impersonal, con valor pasivo)* **a esta oficina se viene a trabajar** you come to this office to work; **lo que se siente al perder un amigo** what you feel when you lose a friend; **se pasa muy bien en la universidad** university's great, it's great at university; **se empeñan en subir los impuestos** they insist on putting taxes up; **se espera mucho de él** a lot is expected of him; **¿cómo se dice "juez" en inglés?** how do you say "juez" in English?, what's the English for "juez"?; **en esta sociedad ya no se respeta a los ancianos** in our society old people are no longer respected; **se ha suspendido la reunión** the meeting has been cancelled; **se dice que...** it is said that..., people say that...; **se prohíbe fumar** *(en letrero)* no smoking; **se habla español** *(en letrero)* Spanish spoken; **se busca cocinero** *(en letrero)* cook wanted; **se vende casa** *(en letrero)* house for sale; **rómpase en caso de incendio** *(en letrero)* break glass in the event of a fire
(f) *(con verbos pronominales, con valor enfático)* **¿a qué se refiere?** what is he referring to?; **se levantaron y se fueron** they got up and left; **se averió la máquina** the machine broke down; **todos se rieron** everyone laughed; **se lo bebió de un trago** she drank it down in one gulp; **espero que se diviertan** I hope they enjoy themselves
(g) *(como complemento indirecto) (de personas) (singular)* (to) him, *f* (to) her; *(plural)* (to) them; *(a usted, ustedes)* (to) you; **se lo dio** he gave it to him/her/*etc*; **se lo dije, pero no me hizo caso** I told him/her/*etc* but he/she/*etc* didn't listen; **si usted quiere, yo se lo arreglo en un minuto** if you like, I'll sort it out for you in a minute
(h) *(como complemento indirecto) (de cosas, animales) (singular)* (to) it; *(plural)* (to) them; **el gato tenía una herida en la pata, pero se la curamos** the cat had hurt its paw, but we cleaned the wound for it

sé (a) *ver* **saber (b)** *ver* **ser**

sebáceo, -a *adj* sebaceous

sebo *nm* **(a)** *(grasa untuosa)* grease **(b)** *(para jabón, velas)* tallow **(c)** *Chile (regalo)* = christening present from godparents

seborrea *nf* seborrhoea; **un champú contra la s.** a shampoo for greasy hair

seboso, -a *adj* greasy, oily

secadero *nm* drying room

secado *nm* drying

secador *nm* **(a)** *(aparato)* dryer; **s. (de pelo)** hair-dryer **(b)** *CAm (trapo)* tea towel

secadora *nf* clothes *o* tumble dryer

secamanos *nm inv (aparato)* hand dryer

secamente *adv (contestar)* brusquely

secano *nm* unirrigated *o* dry land; **cultivos de s.** = crops suitable for unirrigated land

secante 1 *adj* **(a)** *(que seca)* drying; **papel s.** blotting paper **(b)** *Geom* secant; **línea s.** secant
2 *nf Geom* secant
3 *nmf Dep* man marker

secar [59] **1** *vt* **(a)** *(en general)* to dry; **el sol secó los campos** the sun dried out the fields **(b)** *(enjugar)* to wipe away; *(con fregona)* to mop up
2 secarse *vpr (planta, pozo)* to dry up; *(vajilla, suelo, ropa)* to dry; **nos secamos al sol** we dried off in the sunshine; **me sequé las manos en la toalla** I dried my hands with the towel

sección *nf* **(a)** *(parte)* section; *(departamento)* department; **la s. de discos** the record department **(b)** *(corte) & Mat* section ▫ ***s. longitudinal*** longitudinal section; ***s. transversal*** cross-section

seccionar *vt* **(a)** *(cortar)* to cut; *Tec* to section **(b)** *(dividir)* to divide (up)

secesión *nf* secession

secesionismo *nm* secessionism

secesionista *adj* secessionist

seco, -a *adj* **(a)** *(sin agua, humedad)* dry; *(higos, pasas)* dried; **flores secas** dried flowers; **tiene la piel seca/el cabello s.** she has dry skin/hair
(b) *(marchito)* withered
(c) *(persona, actitud)* brusque (**con** to)
(d) *(flaco)* thin, lean
(e) *(vino, licor)* dry
(f) *(ruido)* dull; *(tos)* dry; *(voz)* sharp; **un golpe s.** a thud
(g) *Fam (sediento)* thirsty; **estar s.** to be thirsty
(h) *Fam (muerto)* stone dead; *(pasmado)* stunned; **dejar a alguien s.** *(matar)* to kill sb stone dead; *(pasmar)* to stun sb
(i) parar en s. *(bruscamente)* to stop dead
(j) a secas *loc adv* simply, just; **llámame Juan a secas** just call me Juan

secoya = **secuoya**

secreción *nf* secretion

secreta *nf Fam (policía)* secret police

secretar *vt* to secrete

secretaría *nf* **(a)** *(cargo)* post of secretary **(b)** *(oficina, lugar)* secretary's office **(c)** *(organismo)* secretariat ▫ ***S. de Estado*** *(departamento)* = government department under the control of a *Br* junior minister *o US* undersecretary

secretariado *nm* **(a)** *(estudios)* secretarial skills; **estudia s.** she's doing a secretarial course **(b)** *(cargo)* post of secretary **(c)** *(oficina, lugar)* secretary's office **(d)** *(organismo)* secretariat

secretario, -a *nm,f* secretary ▫ ***s. de dirección*** secretary to the director; ***s. de Estado*** *(en España) Br* junior minister, *US* undersecretary; *(en Estados Unidos)* Secretary of State; ***s. general*** General Secretary; ***s. particular*** private secretary

secretear *vi Fam* to whisper, to talk secretively

secreteo *nm Fam* whispering

secreter *nm* bureau, writing desk

secretismo *nm* (excessive) secrecy

secreto, -a 1 *adj* secret
2 *nm* **(a)** *(en general)* secret; **guardar un s.** to keep a secret; **mantener algo en s.** to keep sth secret; **s. a voces** open secret ▫ ***s. bancario*** banking confidentiality; ***s. de confesión*** secrecy of the confessional; ***s. de Estado*** State *o* official secret; ***s. profesional*** professional secret; ***s. sumarial*** *o* ***del sumario:* decretar el s. sumarial** *o* **del sumario** = to deny access to information relating to a judicial inquiry **(b)** *(sigilo)* secrecy; **en s.** in secret

secta *nf* sect

sectario, -a 1 *adj* sectarian
2 *nm,f* **(a)** *(miembro de secta)* sect member **(b)** *(fanático)* fanatic

sectarismo *nm* sectarianism

sector *nm* **(a)** *(división)* section; **todos los sectores de la sociedad** the whole of society **(b)** *Econ* sector ▫ ***s. cuaternario*** leisure industries *o* sector; ***s. primario*** primary sector; ***s. privado*** private sector; ***s. público*** public sector; ***s. secundario*** secondary sector; ***s. servicios*** service industries *o* sector; ***s. terciario*** service industries *o* sector **(c)** *(zona)* sector, area **(d)** *Geom* sector

sectorial *adj* sectoral

secuaz *nmf Pey* minion

secuela *nf* consequence; **el accidente no le dejó secuelas** the accident didn't do him any permanent damage

secuencia *nf también Mús & Informát* sequence

secuenciador *nm Mús & Informát* sequencer

secuencial *adj* sequential

secuenciar *vt* to arrange in sequence

secuestrado, -a 1 *adj* (**a**) *(raptado)* kidnapped (**b**) *(avión, barco, pasajero)* hijacked
2 *nm,f* hostage

secuestrador, -ora *nm,f* (**a**) *(de persona)* kidnapper (**b**) *(de avión, barco)* hijacker

secuestrar *vt* (**a**) *(raptar)* to kidnap (**b**) *(avión, barco)* to hijack (**c**) *(embargar)* to seize

secuestro *nm* (**a**) *(rapto)* kidnapping (**b**) *(de avión, barco)* hijack (**c**) *(de bienes)* seizure

secular *adj* (**a**) *(seglar)* secular, lay; **clero s.** secular clergy (**b**) *(centenario)* centuries-old, age-old

secularización *nf* secularization

secularizar [14] *vt* to secularize

sécula seculórum *loc adv* (**per**) **s.** for ever

secundar *vt* to support, to back (up); **s. una propuesta** to second a proposal

secundario, -a 1 *adj también Geol* secondary; **actor s.** supporting actor
2 *nm* **el S.** the Secondary (era)

secuoya *nf* sequoia, redwood ▫ ***s. gigante*** giant sequoia *o* redwood

sed 1 *ver* **ser**
2 *nf* thirst; **tener s.** to be thirsty; *Fig* **s. de** thirst for; **los familiares de la víctima tienen s. de venganza** the victim's family is thirsty for revenge

seda *nf* silk; EXPR **ir como una** *o* **la s.** to go smoothly ▫ ***s. artificial*** rayon, artificial silk; ***s. cruda*** raw silk; ***s. dental*** dental floss; ***s. natural*** pure silk

sedación *nf* (**a**) *Med* sedation (**b**) *(con música)* soothing, calming

sedal *nm* fishing line

sedán *nm Br* saloon, *US* sedan

sedante, sedativo, -a 1 *adj Med* sedative; *(música)* soothing
2 *nm* sedative

sedar *vt* (**a**) *(con medicamentos)* to sedate (**b**) *(sujeto: música)* to soothe, to calm

sede *nf* (**a**) *(de organización, empresa)* headquarters; *(de Gobierno)* seat; *(de acontecimiento)* venue (**de** for) ▫ ***s. social*** head office (**b**) *Rel* see

sedentario, -a *adj* sedentary

sedentarismo *nm* sedentary lifestyle; **el s. avanza** people are adopting an increasingly sedentary lifestyle

sedente *adj Arte* seated

sedería *nf* (**a**) *(negocio)* silk trade (**b**) *(tejidos)* silks, silk goods (**c**) *(tienda)* silk shop

sedero, -a 1 *adj* silk; **la industria sedera** the silk industry
2 *nm,f* (**a**) *(tejedor)* silk weaver (**b**) *(comerciante)* silk trader

sedicente *adj* self-styled

sedición *nf* sedition

sedicioso, -a 1 *adj* seditious
2 *nm,f* rebel

sediento, -a *adj (de agua)* thirsty; *Fig* **s. de** *(deseoso)* hungry for

sedimentación *nf* settling, *Espec* sedimentation

sedimentar 1 *vt* to deposit
2 sedimentarse *vpr* to settle

sedimentario, -a *adj* sedimentary

sedimento *nm* (**a**) *(poso)* sediment (**b**) *(huella)* residue

sedoso, -a *adj* silky

seducción *nf* (**a**) *(cualidad)* seductiveness (**b**) *(atracción)* attraction, charm; *(sexual)* seduction

seducir [18] *vt* (**a**) *(atraer)* to attract, to charm; **¿te seduce la idea de ir a la playa?** how do you like the idea of going to the beach? (**b**) *(sexualmente)* to seduce (**c**) *(persuadir)* **s. a alguien para que haga algo** to charm sb into doing sth

seductor, -ora 1 *adj* (**a**) *(atractivo)* attractive, charming; *(idea)* seductive (**b**) *(sexualmente)* seductive (**c**) *(persuasivo)* persuasive, charming
2 *nm,f* seducer

sedujera *etc ver* **seducir**

seduzco *etc ver* **seducir**

sefardí (*pl* **sefardíes**), **sefardita 1** *adj* Sephardic
2 *nmf (persona)* Sephardi
3 *nm (lengua)* Sephardi

segada *nf (en fútbol)* scything tackle

segador, -ora *nm,f (agricultor)* reaper

segadora *nf (máquina)* reaping machine

segar [43] *vt* (**a**) *Agr* to reap (**b**) *(cortar)* to cut off (**c**) *(esperanzas)* to dash; **la epidemia segó la vida de cientos de personas** the epidemic claimed the lives of hundreds of people

seglar 1 *adj* secular, lay
2 *nm* lay person

segmentación *nf* (**a**) *(de óvulo)* division (**b**) *(de mercados)* segmentation

segmentar *vt (recta)* to cut *o* divide into segments

segmento *nm* (**a**) *Mat & Zool* segment (**b**) *(trozo)* piece (**c**) *(de mercado)* segment

segoviano, -a 1 *adj* of/from Segovia
2 *nm,f* person from Segovia

segregación *nf* (**a**) *(separación, discriminación)* segregation ▫ ***s. racial*** racial segregation (**b**) *(secreción)* secretion

segregacionismo *nm* policy of racial segregation

segregacionista *adj* segregationist; **política s.** policy of racial segregation

segregar [38] **1** *vt* (**a**) *(separar, discriminar)* to segregate (**b**) *(secretar)* to secrete
2 segregarse *vpr (separarse)* to cut oneself off

segué *etc ver* **segar**

segueta *nf* fretsaw

seguidamente *adv* next, immediately afterwards

seguidilla *nf* (**a**) *Lit* = poem containing four or seven verses used in popular songs (**b**) *(cante flamenco)* = mournful flamenco song

seguido, -a 1 *adj* (**a**) *(consecutivo)* consecutive; **diez años seguidos** ten years in a row; **llamó a la puerta cinco veces seguidas** she knocked at the door five times; **llegaron los tres seguidos** the three of them arrived one after the other
(**b**) *(sin interrupción)* continuous; **llevan reunidos cuatro horas seguidas** they've been in the meeting for four hours without a break *o* for four solid hours; **ha nevado durante dos semanas seguidas** it's been snowing for two weeks solid
(**c**) *(inmediatamente después)* **s. de** followed by; **sopa, seguida de carne** soup, followed by meat
(**d**) **en seguida** *loc adv* straight away, at once; **en seguida nos vamos** we're going right away
2 *adv* (**a**) *(sin interrupción)* continuously
(**b**) *(en línea recta)* straight on; **todo s.** straight on *o* ahead
(**c**) *Am (a menudo)* often

seguidor, -ora *nm,f* follower

seguimiento *nm* (**a**) *(de persona)* following; *(de clientes)* follow-up (**b**) *(por radio, radar)* tracking (**c**) *(de noticia)* following (**d**) *(de elecciones, enfermedad)* monitoring; **efectuar el s. de una epidemia** to monitor the course of an epidemic

SEGUIR [61] **1** *vt* (**a**) *(ir detrás de, tomar la ruta de)* to follow; **tú ve delante, que yo te sigo** you go ahead, I'll follow *o* I'll go behind; **síganme, por favor** follow me, please; **la generación que nos sigue** *o* **que sigue a la nuestra** the next generation, the generation after us; **sigue este sendero hasta llegar a un bosque** follow this path until you come to a forest; **s. el rastro de alguien/algo** to follow sb's/sth's tracks; **siga la flecha** *(en letrero)* follow the arrow
(**b**) *(perseguir)* to follow; **me parece que nos siguen** I think we're being followed; **s. a alguien de cerca** to tail sb; **parece que le siguen los problemas** trouble seems to follow him around wherever he goes; PROV **el que la sigue la consigue** if at first you don't succeed, try, try, try again
(**c**) *(estar atento a, imitar, obedecer)* to follow; **seguían con la vista la trayectoria de la bola** they followed the ball with their eyes; **no seguimos ese programa** we don't follow that programme; **s. algo de cerca** *(su desarrollo, sus resultados)* to follow *o* monitor sth closely; **siempre sigue los dictámenes de la moda** she always follows the latest fashion; **los que siguen a Keynes** followers of Keynes; **el cuadro sigue una línea clásica** the painting is classical in style; **s. las órdenes/instrucciones de alguien** to follow sb's orders/instructions; **sigue mi consejo y habla con ella** take my advice and talk to her; **siguiendo sus indicaciones, hemos cancelado el pedido** we have cancelled the order as instructed

(**d**) *(reanudar, continuar)* to continue, to resume; **yo seguí mi trabajo/camino** I continued with my work/on my way; **él siguió su discurso** he continued *o* resumed his speech

(**e**) *(comprender) (explicación, profesor, conferenciante)* to follow; **me costaba seguirle** I found her hard to follow; **¿me seguís?** do you follow?, are you with me?

(**f**) *(mantener, someterse a)* to follow; **hay que s. un cierto orden** you have to follow *o* do things in a certain order; **seguiremos el procedimiento habitual** we will follow the usual procedure; **es difícil seguirle (el ritmo), va muy deprisa** it's hard to keep up with him, he goes very quickly; **los aspirantes elegidos seguirán un proceso de formación** the chosen candidates will receive *o* undergo training

(**g**) *(cursar)* **sigue un curso de italiano** he's doing an Italian course; **sigue la carrera de medicina** she's studying medicine

2 *vi* (**a**) *(proseguir, no detenerse)* to continue, to go on; **¡sigue, no te pares!** go *o* carry on, don't stop!; **aquí se baja él, yo sigo** *(al taxista)* he's getting out here, I'm going on; **siga con su trabajo** carry on with your work; **el sendero sigue hasta la cima** the path continues *o* carries on to the top; **"sigue la crisis en la bolsa de Tokio"** "Tokyo stock market crisis continues"; **debes s. haciéndolo** you should keep on *o* carry on doing it; **¿vas a s. intentándolo?** are you going to keep trying?; **se seguían viendo de vez en cuando** they still saw each other from time to time, they continued to see each other from time to time; **s. adelante (con algo)** *(con planes, proyectos)* to go ahead (with sth)

(**b**) *(mantenerse, permanecer)* **sigue enferma/en el hospital** she's still ill/in hospital; **¿qué tal sigue la familia?** how's the family getting on *o* keeping?; **todo sigue igual** everything's still the same, nothing has changed; **sigue el buen tiempo en el sur del país** the good weather in the south of the country is continuing; **sigo trabajando en la fábrica** I'm still working at the factory; **¿la sigues queriendo?** do you still love her?; **sigo pensando que está mal** I still think it's wrong; **sigue habiendo dudas sobre...** doubts remain about...; **¡buen trabajo, sigue así!** good work, keep it up!; **si seguimos jugando así, ganaremos la liga** if we carry on *o* keep playing like that, we'll win the league; *Fam* **a s. bien** *(como despedida)* take care, look after yourself; **de s. así las cosas, si las cosas siguen así** if things go on like this, the way things are going

(**c**) *(tomar un camino)* **el resto siguió por otro camino** the rest went another way; **seguiremos hacia el este** we'll go east then; **siga todo recto** go straight on; **siga hasta el siguiente semáforo** carry on till you get to the next set of traffic lights

(**d**) *(sucederse, ir después)* to follow; **lo que sigue es una cita del Corán** the following is a quotation from the Koran; **s. a algo** to follow sth; **la lluvia siguió a los truenos** the thunder was followed by rain; **¿cómo sigue el chiste?** how does the joke go on *o* continue?; **el proceso de selección se realizará como sigue:...** the selection process will be carried out as follows:...; **sigue en la página 20** *(en periódico, libro)* continued on page 20

3 seguirse *v impersonal (deducirse)* to follow; **seguirse de algo** to follow *o* be deduced from sth; **de esto se sigue que estás equivocado** it therefore follows that you are wrong

---

según 1 *prep* (**a**) *(de acuerdo con)* according to; **s. el ministro, fue un accidente** according to the minister, it was an accident; **s. su opinión, ha sido un éxito** in her opinion *o* according to her, it was a success

(**b**) *(dependiendo de)* depending on; **s. la hora que sea** depending on the time

2 *adv* (**a**) *(como)* (just) as; **todo permanecía s. lo recordaba** everything was just as she remembered it; **actuó s. se le recomendó** he did as he had been advised; **hazlo s. creas** do as you see fit; **lo hice s. y como** *o* **s. y conforme me dijiste** I did it exactly *o* just like you told me; **s. parece, no van a poder venir** apparently, they're not going to be able to come

(**b**) *(a medida que)* as; **entrarás en forma s. vayas entrenando** you'll get fit as you train

(**c**) *(dependiendo)* **s. se mire** depending on how you look at it; **¿te gusta la pasta? — s.** do you like pasta? — it depends; **lo intentaré s. esté de tiempo** I'll try to do it, depending on how much time I have; **s. qué días la clase es muy aburrida** some days the class is really boring

segunda *nf* (**a**) *Aut* second (gear); **meter (la) s.** to go into second (gear) (**b**) *(en avión, tren)* second class; **viajar en s.** to travel second class (**c**) *(mala categoría)* **de s.** second-rate (**d**) *Dep* second division; **bajar a s.** to be relegated to the second division (**e**) **segundas** *(intenciones)* **con segundas (intenciones)** with an ulterior motive; **¿me lo dices con segundas?** are you telling me this for any particular reason?

segundero *nm* second hand

segundo, -a 1 *núm adj* second

2 *núm nm,f* (**a**) *(en orden)* **el s.** the second one; **llegó el s.** he came second; **de segunda mano** second-hand (**b**) *(mencionado antes)* **vinieron Pedro y Juan, el s. con...** Pedro and Juan arrived, the latter with... (**c**) *(ayudante)* number two ❑ ***s. de a bordo*** *Náut* first mate; *Fig* second-in-command; *ver también* **sexto**

3 *nm* (**a**) *(piso)* second floor (**b**) *(cantidad de tiempo)* second; **tres segundos** *(en baloncesto)* three-seconds violation (**c**) *(curso universitario)* second year (**d**) *(curso escolar)* = second year of primary school, *US* ≃ second grade

segundón, -ona 1 *nm,f* EXPR **ser el eterno s.** to be one of life's eternal bridesmaids

2 *nm (hijo)* second son

segur *nf (hacha)* axe

seguramente *adv* probably; **s. iré, pero aún no lo sé** the chances are I'll go, but I'm not sure yet

seguridad *nf* (**a**) *(ausencia de peligro)* safety; **de s.** *(cinturón, cierre)* safety ❑ ***s. vial*** road safety (**b**) *(protección)* security; **s. en el trabajo** safety at work *o* in the workplace ❑ ***s. ciudadana*** public safety; ***s. privada*** security firms; ***S. Social*** Social Security (**c**) *(estabilidad, firmeza)* security; **una inversión que ofrece s.** a safe *o* secure investment (**d**) *(certidumbre)* certainty; **con s.** for sure, definitely; **con toda s.** with absolute certainty; **tener la s. de que** to be certain that (**e**) *(confianza)* confidence; **s. en sí mismo** self-confidence; **mostrar una falsa s.** to put on a show of confidence

SEGURO -a 1 *adj* (**a**) *(sin peligro)* safe; **el medio de transporte más s.** the safest means of transport; **¿es éste un lugar s.?** is it safe here?; **aquí estaremos seguros** we'll be safe here; **es una inversión segura** it's a safe investment; **prefiero ir sobre s.** I'd rather play (it) safe; **más vale ir sobre s. y llamar antes** we'd better ring first, to be safe

(**b**) *(protegido, estable)* secure; **un trabajo s.** a secure job; **esta mesa no está segura** this table isn't very steady; **¿irán las botellas seguras ahí atrás?** are the bottles safe in the back there?

(**c**) *(fiable, infalible)* reliable; **un método s. para combatir** *o* **contra la gripe** a surefire cure for colds

(**d**) *(indudable, cierto)* definite, certain; **creo que sí, pero no es s.** I think so, but I'm not certain *o* but it's not definite; **su nombramiento es s.** he's certain to be given the post; **ya sabemos la fecha segura de su llegada** we've now got a definite date for his arrival; **no es s. que vengan** they're not definitely coming, they're not certain to come; **lo puedes dar por s.** you can be sure of it; **ya daban la victoria por segura** they were sure that they had won; **tener por s. que...** to be sure (that)...; **ten por s. que vendrá** you can be sure (that) she'll come; **¿crees que nos ayudará? — a buen s., de s.** ¿do you think she'll help us? — I'm sure she will; **a buen s. que pone alguna pega** he's certain to find something wrong with it

(**e**) *(convencido)* sure; **¿estás s.?** are you sure?; **no estoy muy s.** I'm not too sure; **estar s. de algo** to be sure about *o* of sth; **estoy s. de ello** I'm sure of it; **estamos seguros de que te gustará** we're sure you'll like it; **no estoy s. de habérselo dicho** I'm not sure I told him; **estaba segura de vencer** she was confident of winning

(**f**) *(con confianza en uno mismo)* self-assured, self-confident; **se le ve un tipo muy s.** he's very self-assured *o* self-confident; **ser s. de sí mismo, ser una persona segura** de sí misma to be self-assured *o* self-confident

2 *nm* (**a**) *(contrato)* insurance; **contratar** *o* **hacerse un s.** to take out insurance ❑ ***s. de asistencia en viaje*** travel insurance; *Com* ***s. del automóvil*** car insurance; ***s. de cambio*** exchange rate hedge; ***s. de la casa*** buildings insurance; ***s. de enfermedad*** private health insurance; ***s. de hogar*** buildings insurance; ***s. de*** *o* ***contra incendios*** fire insurance; ***s. médico*** private health insurance; ***s. mutuo*** joint insurance; ***s. a todo riesgo*** comprehensive insurance; ***s. a terceros*** third party insurance; ***s. de viaje*** travel insurance; ***s. de vida*** life insurance *o* assurance

(**b**) *Fam* **el s.** *(la seguridad social) Br* ≃ the National Health, *US* ≃ Medicaid; **ir al s.** to go to the hospital; **ese tratamiento no lo cubre el s.** ≃ you can't get that treatment on *Br* the National Health *o US* Medicaid ❑ ***s. de desempleo*** unemployment benefit; ***s. de incapacidad*** disability benefit; ***s. de invalidez*** disability benefit; ***s. de paro*** unemployment benefit

(**c**) *(dispositivo)* safety device; *(de armas)* safety catch; *(en automóvil)* door lock catch; **echa** *o* **pon el s.** lock the car door

(**d**) *Méx (imperdible)* safety pin

3 *adv* for sure, definitely; **¿venís s.?** are you definitely coming?; **no lo sé s.** I don't know for sure; **s. que vendrá** she's bound *o* certain *o* sure to come; **s. que suspendo** I'm bound *o* certain *o* sure to fail; **s. que ahora va y se lo cuenta todo a ella** I bet she's going to go and tell her everything; **¿s. que no necesitas nada? – sí, sí, s.** are you sure you don't need anything? – yes, I'm sure

---

seis 1 *adj inv* (**a**) *(para contar)* six; **tiene s. años** she's six (years old)

(**b**) *(para ordenar)* (number) six; **la página s.** page six

2 *nm (número)* six; **el s.** (number) six; **doscientos s.** two hundred and six; **treinta y s.** thirty-six

3 *pron* (**a**) *(en fechas)* sixth; **el s. de agosto** the sixth of August; **hoy estamos a s.** today's the sixth; **acabaremos el día s.** we'll finish on the sixth; **el siglo VI** *(pronunciado seis)* the 6th century

(**b**) *(en direcciones)* **calle Mayor (número) s.** (number) six, calle Mayor

(**c**) *(en horas)* **las s.** six o'clock; **son las s. (de la mañana/de la tarde)** it's six o'clock (in the morning/in the evening); **el tren sale a y s.** the train departs at six minutes past

(**d**) *(referido a grupos)* **invité a diez y sólo vinieron s.** I invited ten and only six came along; **somos s.** there are six of us; **de s. en s.** in sixes; **los s.** the six of them

(**e**) *(en temperaturas)* **estamos a s. bajo cero** the temperature is six below zero

(**f**) *(en puntuaciones)* **empatar a s.** to draw six all; **s. a cero** six-nil

(**g**) *(en naipes)* six; **el s. de diamantes** the six of diamonds; **echar** *o* **tirar un s.** to play a six

seiscientos, -as 1 *núm* six hundred; *ver también* **seis**

2 *nm inv (automóvil)* Seat 600 (car)

seísmo *nm* earthquake

SELA ['sela] *nm* (*abrev de* **Sistema Económico Latinoamericano**) SELA

selaginela *nf* club moss, selaginella

selección *nf* (**a**) *(en general)* selection; **test de s. múltiple** multiple choice test ❑ ***s. natural*** natural selection; ***s. de personal*** recruitment (**b**) *(equipo)* team; **s. (nacional)** national team

seleccionado *nm Dep* **el s. cubano** the Cuban (national) team

seleccionador, -ora 1 *adj (de personal)* recruiting

2 *nm,f* (**a**) *(de personal)* recruiter (**b**) *Dep* **s. (nacional)** national coach *o* manager

seleccionar *vt* to pick, to select

selectividad *nf* (**a**) *(selección)* selectivity (**b**) *Esp (examen)* university entrance examination

selectivo, -a *adj* selective

selecto, -a *adj* select

selector, -ora 1 *adj* selecting

2 *nm* (**a**) *(mando)* dial, knob (**b**) *Informát* chooser

selenio *nm* selenium

selenita 1 *nf* selenite

2 *nmf (habitante)* moon dweller

self-service [self'serβis] *nm inv* self-service restaurant

sellado, -a 1 *adj* (**a**) *(cerrado herméticamente)* sealed (**b**) *(documento)* sealed; *(pasaporte, carta)* stamped

2 *nm* (**a**) *(proceso de cerrar herméticamente)* sealing (**b**) *(de documento)* sealing; *(de pasaporte, carta)* stamping

sellar *vt* (**a**) *(timbrar)* to stamp (**b**) *(cerrar)* to seal (**c**) *(pacto, labios)* to seal

sello *nm* (**a**) *(timbre)* stamp ❑ ***s. postal*** *o* ***de correos*** postage stamp (**b**) *(tampón)* rubber stamp; *(marca)* stamp ❑ ***s. de caucho*** rubber stamp (**c**) *(lacre)* seal (**d**) *(sortija)* signet ring (**e**) *(carácter)* hallmark; **ese libro lleva el s. de su autor** this book is unmistakably the work of its author (**f**) *(compañía)* ***s. discográfico*** record label; ***s. independiente*** independent record label (**g**) *Andes (de una moneda)* reverse

Seltz *nm* **(agua de) S.** Seltzer (water)

selva *nf (jungla)* jungle; *(bosque)* forest; *Fig* **una s. de libros** mountains of books ❑ ***la S. Negra*** the Black Forest; ***s. tropical*** tropical rainforest; ***s. virgen*** virgin forest

selvático, -a *adj* woodland; **zona selvática** woodland area

sema *nm Ling* seme

semáforo *nm* (**a**) *(en calle)* traffic lights; **el s. está rojo** the lights are red; **saltarse un s.** to jump the lights ❑ ***s. sonoro*** pelican crossing *(with audible signal)* (**b**) *Ferroc* railway signal

semana *nf* week; **entre s.** during the week; **la s. próxima** *o* **que viene** next week; **dos veces por s.** twice a week, twice weekly ❑ ***s. laboral*** working week; ***S. Santa*** Easter; *Rel* Holy Week

semanal *adj* weekly

semanalmente *adv* every week, once a week; **se publica s.** it's published weekly

semanario, -a 1 *adj* weekly

2 *nm (publicación semanal)* weekly

semántica *nf* semantics *(singular)*

semántico, -a *adj* semantic

semblante *nm* countenance, face

semblantear *vt Am* to look straight in the eye

semblanza *nf* portrait, profile

sembradero *nm Col* sown field

sembradío *nm* arable land

sembrado, -a 1 *adj* (**a**) *(plantado)* sown (**b**) *(lleno)* **s. de errores** plagued with mistakes; **s. de minas** mined

2 *nm* sown field

sembrador, -ora 1 *adj* sowing

2 *nm,f (persona)* sower

sembradora *nf (máquina)* seed drill

sembrar [3] *vt* (**a**) *(plantar)* to sow (**con** *o* **de** with); PROV **quien siembra vientos recoge tempestades** as you sow, so shall you reap (**b**) *(llenar)* to scatter, to strew; **sembró la habitación de confeti** she showered the room with confetti (**c**) *(confusión, pánico)* to sow

sembrío *nm Ecuad* sown field

semejante 1 *adj* (**a**) *(parecido)* similar (**a** to) (**b**) *(tal)* such; **jamás aceptaría s. invitación** I would never accept such an invitation; **una propuesta de s. talante** a proposal of this nature, such a proposal; **¡cómo pudo decir s. tontería!** how could he say something so stupid!

2 *nm* fellow (human) being

semejanza *nf* similarity; **a s. de sus padres, prefiere el campo a la ciudad** he prefers the countryside to the city, just like his parents

semejar 1 *vt* to resemble

2 **semejarse** *vpr* to be alike, to resemble each other; **semejarse a alguien/algo** to resemble sb/sth

semen *nm* semen

semental 1 *adj* stud; **toro s.** stud bull

2 *nm* stud; *(caballo)* stallion

sementera *nf (tierra)* sown land

semestral *adj* half-yearly, six-monthly

semestre *nm* period of six months; *Univ* semester; **cada s.** every six months; **el primer s. del año** the first six months *o* half of the year

semiabierto, -a *adj* half-open

semiárido *adj* semi-arid

semiautomático, -a *adj* semiautomatic

semicerrado, -a *adj* half-closed

semicircular *adj* semicircular

semicírculo *nm* semicircle

semicircunferencia *nf* semicircumference

semiconductor *nm* semiconductor

semiconsciencia *nf* semiconsciousness

semiconsciente *adj* semiconscious

semiconserva *nf* semipreserve
semiconsonante *nf* semiconsonant
semicorchea *nf Mús Br* semiquaver, *US* sixteenth note
semiderruido, -a *adj* crumbling
semidesconocido, -a 1 *adj* almost unknown
2 *nm,f* **es un s.** he is almost unknown
semidesértico, -a *adj* semidesert; **un clima s.** a semidesert climate
semidesierto, -a 1 *adj (calle, playa)* almost deserted; *(sala, oficina)* almost empty
2 *nm* semidesert
semidesnatado, -a *adj* semi-skimmed
semidesnudo, -a *adj* half-naked
semidiós, -osa *nm,f* demigod, *f* demigoddess
semidirecto, -a 1 *adj* **tren s.** = through train, a section of which becomes a stopping train
2 *nm (tren)* = through train, a section of which becomes a stopping train
semienterrado, -a *adj* half-buried
semiesfera *nf* hemisphere
semiesférico, -a *adj* semispherical
semifinal *nf* semifinal
semifinalista 1 *adj* semifinalist; **equipo s.** semifinalist
2 *nmf* semifinalist
semifusa *nf Mús Br* hemidemisemiquaver, *US* sixty-fourth note
semilíquido, -a *adj* semiliquid
semilla *nf también Fig* seed; EXPR **sembrar la s. de la discordia** to sow the seeds of discord
semillero *nm* **(a)** *(para plantar)* seedbed **(b)** *(para guardar)* seed box
seminal *adj* seminal
seminario *nm* **(a)** *(escuela para sacerdotes)* seminary **(b)** *(curso, conferencia)* seminar; *(departamento)* department, school
seminarista *nm* seminarist
semínola *adj & nmf* Seminole
seminuevo, -a *adj* almost new
semioctava *nf Mús* half octave, semioctave
semioculto, -a *adj* partially hidden
semiología *nf Ling & Med* semiology
semiólogo, -a *nm,f Ling & Med* semiologist
semiótica *nf Ling & Med* semiotics *(singular)*
semipermeable *adj* semipermeable
semipesado, -a *Dep* **1** *adj* light heavyweight; **peso s.** light heavyweight
2 *nm* light heavyweight
semipiso *nm RP* = *Br* flat *o US* apartment occupying half of one floor
semiprecioso, -a *adj* semiprecious
semiseco, -a *adj* medium-dry
semisótano *nm* = level of building partially below ground level
semita 1 *adj* Semitic
2 *nmf* Semite
semítico, -a *adj* Semitic
semitismo *nm* Semitism
semitono *nm Mús* semitone
semitransparente *adj* translucent
semivocal *nf Ling* semivowel
sémola *nf* semolina
sempiterno, -a *adj Formal* eternal
Sena *nm* **el S.** the Seine
senado *nm* senate
senador, -ora *nm,f* senator
senatorial *adj* **(a)** *(del senado)* senate; **comité s.** senate committee **(b)** *(de senador)* senatorial
sencillamente *adv* **(a)** *(vestir)* simply **(b)** *(hablar, comportarse)* unaffectedly, naturally **(c)** *(francamente)* **s., porque no quiero** quite simply, because I don't want to
sencillez *nf* **(a)** *(facilidad)* simplicity **(b)** *(de decoración, vestido)* simplicity; **vestir con s.** to dress simply **(c)** *(de lenguaje, estilo)* simplicity **(d)** *(campechanía)* unaffectedness, naturalness
sencillo, -a 1 *adj* **(a)** *(fácil)* simple **(b)** *(sin lujo) (decoración, vestido)* simple **(c)** *(claro, natural) (lenguaje, estilo)* simple **(d)** *(campechano)* natural, unaffected; **es muy s. en el trato** he's very natural *o* unaffected **(e)** *(billete) Br* single, *US* one-way **(f)** *(no múltiple)* single; **habitación sencilla** single room
2 *nm* **(a)** *(disco)* single **(b)** *Am Fam (cambio)* loose change
senda *nf* path; *Fig* **siguió la s. del mal** he went astray, he chose the path of evil
senderismo *nm* hill walking, hiking
senderista *nmf* **(a)** *(caminante)* hill walker, hiker **(b)** *(miembro de Sendero Luminoso)* = follower of the Peruvian guerrilla movement, the Shining Path
sendero *nm* path ▫ ***S. Luminoso*** Shining Path
sendos, -as *adj pl* **llegaron con s. paquetes** they each arrived with a parcel
senectud *nf Formal* old age
Senegal *nm* **(el) S.** Senegal
senegalés, -esa *adj & nm,f* Senegalese
senescencia *nf Formal* old age
senil *adj* senile
senilidad *nf* senility
sénior (*pl* **séniors**) *adj & nm* senior
seno *nm* **(a)** *(pecho)* breast; **senos** breasts, bosom **(b)** *(amparo, cobijo)* refuge, shelter; **acogieron en su s. a los refugiados** they gave shelter to *o* took in the refugees; **nació en el s. de una familia acaudalada** she was born into a wealthy family **(c)** *(útero)* **s. (materno)** womb **(d)** *(de una organización)* heart; **en el s. de** within **(e)** *(concavidad)* hollow **(f)** *Mat* sine **(g)** *(de la nariz)* sinus
sensación *nf* **(a)** *(percepción)* feeling, sensation; **una s. de dolor** a painful sensation; **tengo** *o* **me da la s. de que estoy perdiendo el tiempo** I get the feeling *o* have a feeling I'm wasting my time **(b)** *(efecto)* sensation; **causar s.** to cause a sensation; **causar una gran s. a alguien** to make a great impression on sb **(c)** *(premonición)* feeling; **tengo la s. de que...** I have a feeling that...
sensacional *adj* sensational
sensacionalismo *nm* sensationalism
sensacionalista *adj* sensationalist
sensatez *nf* (common) sense; **pongo en duda la s. de esta propuesta** I would have to question the wisdom of this proposal; **con s.** sensibly
sensato, -a *adj* sensible
sensibilidad *nf* **(a)** *(percepción)* feeling; **no tiene s. en los brazos** she has no feeling in her arms **(b)** *(emotividad)* sensitivity; **tener la s. a flor de piel** to be easily hurt, to be very sensitive **(c)** *(inclinación)* feeling; **s. artística/musical** feeling for art/music **(d)** *(de instrumento, película)* sensitivity; **un termómetro de gran s.** a very sensitive thermometer
sensibilización *nf* **(a)** *(concienciación) (acción)* awareness-raising; *(resultado)* increased awareness **(b)** *(a un estímulo)* sensitization
sensibilizar [14] *vt* **(a)** *(concienciar)* to raise the awareness of **(b)** *(a un estímulo)* to sensitize
sensible *adj* **(a)** *(susceptible)* sensitive; **yo soy más s. al frío que mi hermano** I feel the cold more than my brother **(b)** *(evidente)* perceptible; *(importante)* significant; **pérdidas sensibles** significant losses; **mostrar una s. mejoría** to show a perceptible improvement **(c)** *(instrumento, película)* sensitive

> Observa que la palabra inglesa **sensible** es un falso amigo y no es la traducción de la palabra española **sensible**. En inglés **sensible** significa tanto "sensato" como "práctico".

sensiblemente *adv (visiblemente)* noticeably
sensiblería *nf Pey* mushiness, sloppiness
sensiblero, -a *adj Pey* mushy, sloppy
sensitivo, -a *adj* **(a)** *(de los sentidos)* sensory **(b)** *(receptible)* sensitive
sensor *nm* sensor
sensorial *adj* sensory
sensual *adj* sensual
sensualidad *nf* sensuality
sentada *nf* **(a)** *(protesta)* sit-in **(b)** *Fam* **hacer algo de una s.** to do sth at one sitting *o* in one go
sentado, -a *adj* **(a)** *(en asiento)* seated; **estar s.** to be sitting down **(b)** *(establecido)* **dar algo por s.** to take sth for granted; **dejar s. que...** to make it clear that...
sentar [3] **1** *vt* **(a)** *(en asiento)* to sit **(b)** *(establecer)* to establish; **s. las bases para** to lay the foundations of; **s. precedente** to set a precedent
2 *vi* **(a)** *(ropa, color)* to suit; **no le sienta bien** it doesn't suit her
(b) *(comida)* **s. bien/mal a alguien** to agree/disagree with sb; **algunos consideran que una copita de vino sienta**

bien some people think a glass of wine is good for you
(**c**) *(vacaciones, medicamento)* **s. bien a alguien** to do sb good
(**d**) *(comentario, consejo)* **le sentó bien** she appreciated it; **le sentó mal** it upset her
3 sentarse *vpr* to sit down; **sentarse a hacer algo** to sit down and do sth; **siéntate** take a seat; **siéntate donde quieras** sit wherever you like

sentencia *nf* (**a**) *(judicial)* sentence; **visto para s.** ready for judgment ▫ ***s. absolutoria*** acquittal; ***s. condenatoria*** guilty verdict (**b**) *(proverbio, máxima)* maxim

sentenciado, -a *nm,f* **un s. a muerte/a cadena perpetua** a person who has been sentenced to death/to life

sentenciar *vt* (**a**) *(judicialmente)* to sentence; **s. a alguien a algo** to sentence sb to sth; **lo sentenciaron a tres años** he was sentenced to three years imprisonment, he was given a sentence of three years (**b**) *Fig (condenar, juzgar)* to condemn; **está sentenciado** it's doomed (**c**) *(competición, partido)* to decide, to settle

sentencioso, -a *adj* sententious

sentido, -a 1 *adj* (**a**) *(profundo)* heartfelt; **mi más s. pésame** with deepest sympathy
(**b**) *(sensible)* **ser muy s.** to be very sensitive
2 *nm* (**a**) *(capacidad para percibir)* sense; **s. del tacto** sense of touch; **con los cinco sentidos** *(completamente)* heart and soul; **poner los cinco sentidos en algo** to give one's all to sth ▫ ***s. común*** common sense; ***s. del humor*** sense of humour; ***s. de la orientación*** sense of direction; ***s. del ridículo*** sense of the ridiculous
(**b**) *(consciencia)* consciousness; **perder/recobrar el s.** to lose/regain consciousness; **sin s.** unconscious
(**c**) *(significado)* meaning, sense; **esta frase tiene varios sentidos** this sentence has several possible interpretations; **una frase de doble s.** a phrase with a double meaning; **en s. figurado** in the figurative sense; **en ese s.** *(respecto a eso)* as far as that's concerned; **en ese s., tienes razón** in that sense, you're right; **tener s.** to make sense; **no tiene s. escribirle si no sabe leer** there's no point writing to him if he can't read; **sin s.** *(ilógico)* meaningless; *(inútil, irrelevante)* pointless; **doble s.** double meaning; **un sin s.** nonsense
(**d**) *(dirección)* direction; **de s. único** one-way; **de doble s.** two-way; **en el s. de las agujas del reloj** clockwise; **en el s. contrario al de las agujas del reloj** *Br* anticlockwise, *US* counterclockwise
(**e**) *Am (sien)* temple

sentimental 1 *adj* sentimental; **una aventura s.** a love affair
2 *nmf* **es un s.** he's very sentimental

sentimentalismo *nm* sentimentality

sentimentalmente *adv* **está s. unido a una famosa actriz** he's romantically involved with a famous actress

sentimentaloide *adj Pey* mushy, sloppy

sentimiento *nm* feeling; **sentimientos** feelings; **s. de culpabilidad** feeling of guilt; **le acompaño en el s.** my condolences; **dejarse llevar por los sentimientos** to get carried away; **¡no tienes sentimientos!** you have no feelings!

sentina *nf* (**a**) *(cloaca)* sewer (**b**) *(antro)* den of iniquity (**c**) *Náut* bilge

SENTIR [62] **1** *nm* (**a**) *(sentimientos)* feelings
(**b**) *Formal (opinión)* **me gustaría conocer su s. sobre este tema** I'd like to know your feelings *o* what you feel about this matter; **el s. popular** public opinion
2 *vt* (**a**) *(percibir, experimentar, notar)* to feel; **¿no sientes calor con tanta ropa?** aren't you hot with all those clothes on?; **no siento los pies del frío que hace** it's so cold I can't feel my feet; **sentía cierta tensión en el ambiente** I could sense *o* feel a degree of tension in the atmosphere; **sentimos mucha alegría/pena al enterarnos** we were very happy/sad when we found out; **siempre dice lo que siente** he always says what he thinks; **los trabajadores hicieron s. su disconformidad** the workers made plain their disagreement; *Méx* **s. bonito/feo** to feel well/unwell
(**b**) *(lamentar)* to regret, to be sorry about; **sentimos mucho la muerte de su amigo** we deeply regret the death of your friend; **lo siento (mucho)** I'm (really) sorry; **por él es por quien más lo siento** it's him I'm really sorry for; **siento que no puedas venir** I'm sorry you can't come; **siento no poder ayudarte** I'm sorry I can't help you; **siento haberle hecho esperar** sorry to keep you waiting; **sentimos mucho (tener que) comunicarle que...** *(en cartas)* we regret to inform you that...
(**c**) *(presentir)* to sense; **siento que hay algo que no va bien** I have a feeling *o* I sense that something's not quite right
(**d**) *(oír)* to hear; **sentí pasos** I heard footsteps; **no te sentí entrar** I didn't hear you come in
3 *vi* to feel; **el frío ya se deja s.** you can really feel the cold now; **la antipatía entre ellos aún se deja s.** the dislike between them is still noticeable; *Fig* **sin s.** without noticing
4 sentirse *vpr* (**a**) *(encontrarse, considerarse)* to feel; **¿te sientes mal/bien?** are you feeling ill/all right?; **ya me siento mejor** I feel better now; **me siento feliz/mareada** I feel happy/sick; **después de la ducha me siento otro/otra** I feel like a new man/woman after my shower; **se siente superior** she feels superior; **me sentía obligado a ayudarle** I felt obliged to help him; **no me siento con ganas de hacer nada** I don't feel like doing anything; **me sentía morir** I felt like I was dying
(**b**) *Chile, Méx (ofenderse)* to take offence

senyera *nf* Catalan national flag

seña 1 *nf (gesto, indicio, contraseña)* sign, signal
2 *nfpl* **señas** (**a**) *(dirección)* address; **señas personales** (personal) description (**b**) *(gesto, indicio)* signs; **dar señas de algo** to show signs of sth; **hablar por señas** to talk in sign language; **hacer señas (a alguien)** to signal (to sb); **me hizo señas para que me sentara** he signalled to me to sit down (**c**) *(detalle)* details; **para** *o* **por más señas** to be precise

SEÑAL *nf* (**a**) *(gesto, sonido, acción)* signal; *Ferroc & Tel* signal; **la s. convenida eran tres golpes en la puerta** the signal they agreed on was three knocks on the door; **cuando dé la s. empujamos todos a la vez** when I give the signal, everyone push together; **hacerle una s. a alguien para que haga algo** to signal to sb to do sth; **el guardia nos hizo una s. de** *o* **para que pasáramos** the guard signalled to us to go through ▫ ***s. de alarma*** alarm signal; ***las señales horarias*** *(en la radio)* the time signal, *Br* the pips; ***señales de humo*** smoke signals; ***s. de peligro*** danger sign; ***s. de salida*** starting signal; ***s. de socorro*** distress signal
(**b**) *(tono telefónico)* tone ▫ ***s. de comunicando*** *Br* engaged tone, *US* busy signal; ***s. de llamada*** ringing tone; ***s. de*** *o* ***para marcar*** *Br* dialling tone, *US* dial tone; ***s. de ocupado*** *Br* engaged tone, *US* busy signal
(**c**) *(símbolo)* sign; **una s. de prohibido adelantar** a no overtaking sign; **en s. de** as a mark *o* sign of; **en s. de duelo/buena voluntad** as a sign of mourning/goodwill ▫ ***s. de circulación*** road sign; ***s. de la cruz*** sign of the Cross; ***s. indicadora (de dirección)*** *(en carretera)* signpost; ***s. de tráfico*** road sign
(**d**) *(indicio)* sign; **esto es s. de que están interesados** this is a sign that *o* this shows they're interested; **dar señales de vida** to show signs of life; **el temporal no daba señales de remitir** the storm showed no sign of abating; **ser buena/mala s.** to be a good/bad sign
(**e**) *(marca, huella)* mark; **hice** *o* **puse una s. en las cajas con ropa** I marked *o* put a mark on the boxes with clothes inside; **el cuerpo presentaba señales de descomposición** the body showed signs of decomposition; **no quedó ni s. de él** there was no sign of him left; **no dejó ni s.** she didn't leave a trace
(**f**) *(cicatriz)* scar, mark; **te va a quedar s.** you'll have a scar
(**g**) *(fianza)* deposit; **dar** *o* **dejar una s.** to leave a deposit

señaladamente *adv* (**a**) *(especialmente)* especially (**b**) *(claramente)* clearly, distinctly

señalado, -a *adj* (**a**) *(importante) (fecha)* special; *(personaje)* distinguished (**b**) *(con cicatrices)* scarred, marked (**c**) *(lugar, hora)* agreed, arranged

señalar 1 *vt* (**a**) *(marcar, denotar)* to mark; *(hora, temperatura)* to indicate, to show (**b**) *(indicar)* to point out; **nos señaló con el**

dedo he pointed at us; **no quiero s. a nadie, pero...** I don't want to point the finger at anyone, but...; **la flecha señala el camino** the arrow indicates the path (**c**) *(recalcar)* to point out; **me gustaría s. que...** I'd like to point out that... (**d**) *(fijar)* to set, to fix; **señaló su valor en 1.000 dólares** he set *o* fixed its value at $1,000 (**e**) *Arg (ganado)* to brand

2 señalarse *vpr (destacar)* to stand out (**por** because of)

señalización *nf* (**a**) *(conjunto de señales)* signs; *Ferroc* signals ❑ ***s. vial*** *o* ***viaria*** road signs (**b**) *(colocación de señales)* signposting; *Ferroc* signalling

señalizar [14] *vt* to signpost

señera *nf* Catalan national flag

señero, -a *adj Anticuado* (**a**) *(solitario)* solitary (**b**) *(único)* unique, extraordinary

SEÑOR, -ORA **1** *adj* (**a**) *(refinado)* noble, refined

(**b**) *Fam (antes de sustantivo) (gran)* real; *(excelente)* wonderful, splendid; **tienen una señora casa/un s. problema** that's some house/problem they've got

2 *nm* (**a**) *(tratamiento) (antes de apellido, nombre, cargo)* Mr; **el s. López** Mr López; **los señores Ruiz** Mr and Mrs Ruiz; **¿están los señores (Ruiz) en casa?** are Mr and Mrs Ruiz in?; **dile al s. Miguel que gracias** say thanks to Miguel from me; **¡s. presidente!** Mr President!; **el s. director les atenderá enseguida** the manager will see you shortly

(**b**) *(tratamiento) (al dirigir la palabra)* Sir; **pase usted, s.** do come in, do come in, Sir; **¡oiga s., se le ha caído esto!** excuse me! you dropped this; **señores, debo comunicarles algo** gentlemen, there's something I have to tell you; **¿qué desea el s.?** what would you like, Sir?; **sí, s.** yes, Sir; **Muy s. mío, Estimado s.** *(en cartas)* Dear Sir; **Muy señores míos** *(en cartas)* Dear Sirs

(**c**) *(hombre)* man; **llamó un s. preguntando por ti** there was a call for you from a man; **el s. de la carnicería** the man from the butcher's; **en el club sólo dejaban entrar a (los) señores** they only let men into the club; **un s. mayor** an elderly gentleman; **señores** *(en letrero)* men

(**d**) *(caballero)* gentleman; **es todo un s.** he's a real gentleman; **vas hecho un s. con ese traje** you look like a real gentleman in that suit

(**e**) *(dueño)* owner; *Formal* **¿es usted el s. de la casa?** are you the head of the household?

(**f**) *Formal (de criado, esclavo)* master

(**g**) *(noble, aristócrata)* lord ❑ *Hist* ***s. feudal*** feudal lord; ***s. de la guerra*** warlord

(**h**) *(en religión)* **el S.** the Lord; **Nuestro S.** Our Lord; **¡S., ten piedad!** Lord, have mercy upon us!

(**i**) *(indica énfasis)* **sí s., eso fue lo que ocurrió** yes indeed, that's exactly what happened; **¡sí s., así se habla!** excellent, that's what I like to hear!; **no s., estás muy equivocado** oh no, you're completely wrong; **a mí no me engañas, no s.** you can't fool ME

3 *interj* Good Lord!; **¡S., qué manera de llover!** Good Lord, look how it's raining!

SEÑORA *nf* (**a**) *(tratamiento) (antes de nombre, apellido, cargo)* Mrs; *(al dirigir la palabra)* Madam; **la s. López** Mrs López; **¡s. presidenta!** Madam President!; **¿qué desea la s.?** what would you like, Madam?; **la s. presidenta les atenderá enseguida** the president will see you shortly; **¡señoras y señores!** Ladies and Gentlemen!; **Estimada s.** *(en cartas)* Dear Madam; **¿es usted s. o señorita?** are you a Mrs or a Miss?

(**b**) *(mujer)* lady; **llamó una s. preguntando por ti** there was a call for you from a lady; **la s. de la tienda** the woman from the shop; **una s. mayor** an elderly lady; **s. de compañía** female companion; **señoras** *(en letrero)* women, ladies

(**c**) *(dama)* lady; **es toda una s.** she's a real lady

(**d**) *(dueña)* owner; **la s. de la casa** the lady of the house

(**e**) *(ama)* mistress

(**f**) *(esposa)* wife; **el señor Ruiz y s.** Mr and Mrs Ruiz; **la s. de Peralta** Mrs Peralta; **mi s. esposa** my (good) wife

(**g**) *Rel* **Nuestra S.** Our Lady

(**h**) *(indica énfasis)* **sí s., eso fue lo que ocurrió** yes indeed, that's exactly what happened; **¡sí s., así se habla!** excellent, that's what I like to hear!; **no s., estás muy equivocada** oh no, you're completely wrong; **a mí no me engañas, no s.** you can't fool ME

señorear *vt (dominar)* to control, to rule

señoría *nf* lordship, *f* ladyship; **su s.** *(a un noble)* Your Lordship, *f* Your Ladyship; *(a un parlamentario)* the Right Honourable gentleman/lady; *(a un juez)* your Honour

señorial *adj* (**a**) *(majestuoso)* stately (**b**) *(del señorío)* lordly

señorío *nm* (**a**) *(dominio)* dominion, rule (**b**) *(distinción)* nobility

señorita *nf* (**a**) *(soltera, tratamiento)* Miss; **la s. Ana Martel** Miss Ana Martel (**b**) *(joven)* young lady (**c**) *(maestra)* **la s.** miss, the teacher; **¡s.!** miss! (**d**) *Anticuado (hija del amo)* mistress

señoritingo, -a *nm,f Pey* spoilt brat

señorito, -a 1 *adj Fam Pey (refinado)* lordly

2 *nm* (**a**) *Anticuado (hijo del amo)* master (**b**) *Fam Pey (niñato)* rich kid

señorón, -ona *Pey* **1** *adj* filthy *o* stinking rich

2 *nm,f* filthy *o* stinking rich person

señuelo *nm* (**a**) *(reclamo)* decoy (**b**) *(cebo, trampa)* bait, lure (**c**) *Arg, Bol (novillos)* = group of young lead bulls

seo *nf (catedral)* cathedral

sep. *(abrev de* **septiembre***)* Sep, Sept

sepa *etc ver* **saber**

sépalo *nm Bot* sepal

separable *adj* separable, detachable

separación *nf* (**a**) *(en general)* separation; **se reunieron tras una s. de tres meses** they were reunited after being apart for three months; **es conveniente la s. entre el poder judicial y el ejecutivo** it's best for the judiciary to be independent from the government ❑ *Imprenta* ***s. de colores*** colour separation (**b**) *(matrimonial)* separation ❑ *Der* ***s. de bienes*** separate estates *(in matrimony)*; ***s. matrimonial*** separation (**c**) *(distancia)* space, distance; **hay demasiada s. entre las plantas** the plants are too far apart

separadamente *adv* separately

separado, -a 1 *adj* (**a**) *(en general)* separate; **está muy s. de la pared** it's too far away from the wall; **por s.** separately (**b**) *(del cónyuge)* separated

2 *nm,f* separated person

separador, -ora 1 *adj* separating

2 *nm,f* separator

3 *nm* (**a**) *Tec* separator (**b**) *Med* retractor

SEPARAR 1 *vt* (**a**) *(alejar, dividir, aislar)* to separate (**de** from); **lo han separado de sus hijos** they've taken his children away from him; **tuvo que venir la policía para separarlos** the police had to be called to break them up *o* separate them; **el muro que separa los dos campos** the wall separating *o* that separates the two fields; **s. algo en grupos/partes iguales** to divide sth into groups/equal parts; **son muchas las cosas que nos separan** there are many differences between us; **quiere s. su vida privada de su vida pública** she wants to keep her private life separate from her public life

(**b**) *(apartar, dejar espacio entre)* to move away (**de** from); **separe el cuerpo del volante** keep your body away from the steering wheel; **separa un poco las sillas** move the chairs apart a bit; **separa bien las piernas** open your legs wide

(**c**) *(desunir, quitar)* **las hojas se han pegado y no las puedo s.** the pages have stuck together and I can't separate them *o* get them apart; **separe la carne del caldo** remove the meat from the stock; **no separaba los ojos del reloj** she never took her eyes off the clock

(**d**) *(reservar)* to put aside

(**e**) *(destituir)* **s. de** to remove *o* dismiss from; **fue separado del cargo** he was removed (from his post), he was dismissed (from his job)

2 separarse *vpr* (**a**) *(apartarse)* to move apart; **separaos un poco** move apart a bit; **separarse de** to move away from; **sepárese un poco del micrófono** don't speak too close to the microphone; **no se separen del grupo** don't leave the group, stay together with the group; **no se separaba de mí** he didn't leave my side; **jamás se separa de su osito de peluche** she never goes anywhere without her teddy bear; **es la primera vez que se separa de sus padres** it's the first time he's been away from his parents

(**b**) *(ir por distinto lugar) (personas)* to separate, to part company; *(caminos, vías, carreteras)* to diverge; **aquí se separan nuestros caminos** this is where we each go our separate way, this is where we part company
(**c**) *(matrimonio)* to separate (**de** from); *(novios, grupo musical, entidades)* to split up (**de** with); **se ha separado de su marido** she has separated from her husband
(**d**) *(independizarse) (territorio, comunidad)* to break away (**de** from)
(**e**) *(desprenderse)* to come away *o* off

separata *nf* pull-out supplement
separatismo *nm* separatism
separatista *adj & nmf* separatist
sepelio *nm* burial
sepia 1 *adj & nm inv (color)* sepia
2 *nf (molusco)* cuttlefish
sepiolita *nf Geol* sepiolite
sepsis *nf inv Med* sepsis
septentrional 1 *adj* northern
2 *nmf* northerner
septeto *nm* septet
septicemia *nf Med* septicaemia
séptico, -a *adj* septic
septiembre *nm* September; **el 1 de s.** 1 September; **uno de los septiembres más lluviosos de la última década** one of the rainiest Septembers in the last decade; **a principios/mediados/finales de s.** at the beginning/in the middle/at the end of September; **el pasado/próximo (mes de) s.** last/next September; **en s.** in September; **en pleno s.** in mid-September; **este (mes de) s.** *(pasado)* (this) last September; *(próximo)* next September, this coming September; **para s.** by September
septillizo, -a *nm,f* septuplet
séptimo, -a *núm* seventh; **la séptima parte** a seventh; *ver también* **sexto**
septuagenario, -a *adj & nm,f* septuagenarian
septuagésimo, -a *núm* seventieth; *ver también* **sexto**
septuplicar [59] **1** *vt* to multiply by seven
2 septuplicarse *vpr* to increase sevenfold
sepulcral *adj* (**a**) *(del sepulcro)* **arte s.** funerary art (**b**) *(profundo) (voz)* lugubrious; *(frío)* deathly; **reinaba un silencio s.** it was as silent as the grave
sepulcro *nm* tomb
sepultar *vt* to bury
sepultura *nf* (**a**) *(enterramiento)* burial; **dar s. a** to bury; **recibir s.** to be buried (**b**) *(fosa)* grave
sepulturero, -a *nm,f* gravedigger
seque *etc ver* **secar**
sequedad *nf* (**a**) *(falta de humedad)* dryness (**b**) *(antipatía)* brusqueness
sequía *nf* (**a**) *(falta de agua)* drought (**b**) *Col (sed)* thirst
séquito *nm* (**a**) *(comitiva)* retinue, entourage (**b**) *(sucesión)* **trajo consigo un s. de consecuencias** it had a whole range of consequences

SER [2]

> The auxiliary verb **ser** is used with the past participle of a verb to form the passive (e.g. **la película fue criticada** the film was criticized).

1 *v aux (para formar la voz pasiva)* to be; **fue visto por un testigo** he was seen by a witness; **la propuesta es debatida** *o* **está siendo debatida en el parlamento** the proposal is being debated in parliament
2 *v copulativo* (**a**) *(con adjetivos, sustantivos, pronombres) (indica cualidad, identidad, condición)* to be; **es alto/gracioso** he's tall/funny; **soy chileno/chiapaneco** I'm Chilean/from Chiapas; **es azul/difícil** it's blue/difficult; **sé discreta/paciente** be discreet/patient; **es un amigo/el dueño** he's a friend/the owner; **son unos amigos míos** they're friends of mine; **es el cartero/tu madre** it's the postman/your mother; **soy yo, ábreme** open up, it's me; **soy Víctor** *(al teléfono)* it's Víctor; **la casa es aquella de ahí** the house is that one over there; **es un tipo muy simpático** he's a very nice guy; **¿es eso verdad?** is that true?; **eso no es cierto** that isn't true; **es obvio que le gustas** it's obvious that he likes you; **no es necesario ir** it isn't necessary to go; **es posible que llueva** it may rain; **no está mal para s. de segunda mano** it's not bad considering it's second-hand; **no pierde sus derechos por s. inmigrante** just because he's an immigrant doesn't mean he doesn't have any rights; **te lo dejo en la mitad por s. tú** seeing as *o* because it's you, I'll let you have it half-price; **por s. usted, señora, 1.000 pesetas** to you, madam, 1,000 pesetas; **que seáis muy felices** I wish you every happiness, I hope you'll be very happy; **¡será imbécil el tipo!** the guy must be stupid!; **este restaurante ya no es lo que era** this restaurant isn't as good as it used to be *o* isn't what it used to be
(**b**) *(con sustantivos, adjetivos) (indica empleo, dedicación, estado civil, religión)* to be; **soy abogado/actriz** I'm a lawyer/an actress; **son estudiantes** they're students; **para s. juez hay que trabajar mucho** you have to work very hard to be *o* become a judge; **es padre de tres hijos** he's a father of three; **es soltero/casado/divorciado** he's single/married/divorced; **era viuda** she was a widow; **son budistas/protestantes** they are Buddhists/Protestants; **el que fuera gobernador del estado** the former governor of the state
(**c**) *(con "de") (indica material, origen, propiedad)* **s. de** *(estar hecho de)* to be made of; *(provenir de)* to be from; *(pertenecer a)* to belong to; **un juguete que es todo de madera** a completely wooden toy, a toy made completely of wood; **¿de dónde eres?** where are you from?; **estas pilas son de una linterna** these batteries are from a torch; **¿es de usted este abrigo?** is this coat yours?, does this coat belong to you?; **los juguetes son de mi hijo** the toys are my son's; **portarse así es de cobardes** only cowards behave like that, it's cowardly to behave like that
(**d**) *(con "de") (indica pertenencia a grupo)* **s. de** *(club, asociación, partido)* to be a member of; **¿de qué equipo eres?** *(aficionado)* which team *o* who do you support?; **soy del River Plate** I support River Plate; **s. de los que...** to be one of those people who...; **ése es de los que están en huelga** he is one of those on strike; **no es de las que se asustan por cualquier cosa** she's not one to get scared easily
3 *vi* (**a**) *(ocurrir, tener lugar)* to be; **fue aquí** it was here; **¿cuándo es la boda?** when's the wedding?; **la final era ayer** the final was yesterday; **¿cómo fue lo de tu accidente?** how did your accident happen?; **¿qué fue de aquel amigo tuyo?** what happened to that friend of yours?; **¿qué es de Pablo?** how's Pablo (getting on)?
(**b**) *(constituir, consistir en)* to be; **fue un acierto que nos quedáramos en casa** we were right to stay at home; **lo importante es decidirse** the important thing is to reach a decision; **su ambición era dar la vuelta al mundo** her ambition was to travel round the world; **tratar así de mal a la gente es buscarse problemas** treating people so badly is asking for trouble
(**c**) *(con fechas, horas)* to be; **¿qué (día) es hoy?** what day is it today?, what's today?; **hoy es jueves** today's Thursday, it's Thursday today; **¿qué (fecha) es hoy?** what's the date today?, what date is it today?; **mañana será 15 de julio** tomorrow (it) will be 15 July; **¿qué hora es?** what time is it?, what's the time?; **son las tres (de la tarde)** it's three o'clock (in the afternoon), it's three (pm); **serán** *o* **deben de s. las tres** it must be three (o'clock)
(**d**) *(con precios)* to be; **¿cuánto es?** how much is it?; **son 300 pesos** that'll be 300 pesos; **¿a cómo son esos tomates?** how much are those tomatoes?
(**e**) *(con cifras, en operaciones)* to be; **ellos eran unos 500** there were about 500 of them; **11 por 100 son 1.100** 11 times 100 is 1,100
(**f**) *(servir, ser adecuado)* **s. para** to be for; **este trapo es para (limpiar) las ventanas** this cloth is for (cleaning) the windows; **este libro es para niños** this book is for children; **la ciudad no es para mí** the city isn't for me
(**g**) *(con "de" más infinitivo) (indica necesidad, posibilidad)* **es de desear que...** it is to be hoped that...; **era de esperar que pasara algo así** it was to be expected that something like that would happen; **es de suponer que aparecerá** presumably, he'll turn up; **es de temer cuando se enoja** she's really scary when she gets angry
(**h**) *(para recalcar, poner énfasis)* **ése es el que me lo contó** he's the one who told me; **lo que es a mí, no me llamaron** they

certainly didn't call me, they didn't call me, anyway; **¿es que ya no te acuerdas?** don't you remember any more, then?, you mean you don't remember any more?

(i) *(indica excusa, motivo)* **es que no me hacen caso** but *o* the thing is they don't listen to me; **es que no vine porque estaba enfermo** the reason I didn't come is that I was ill, I didn't come because I was ill, you see; **¿cómo es que no te han avisado?** how come they didn't tell you?

(j) *Literario (existir)* **Platón, uno de los grandes sabios que en el mundo han sido** Plato, one of the wisest men ever to walk this earth

(k) *(en frases)* **a no s. que venga** unless she comes; **tengo que conseguirlo (sea) como sea** I have to get it one way or another; **hay que evitar (sea) como sea que se entere** we have to prevent her from finding out at all costs *o* no matter what; **hazlo cuando sea** do it whenever; **de no s./haber sido por...** if it weren't/hadn't been for...; **de no s. por él no estaríamos vivos** if it weren't for him, we wouldn't be alive; **de no s. así** otherwise; **de s. así** if that should happen; **déjalo donde sea** leave it anywhere *o* wherever; **érase una vez, érase que se era** once upon a time; **dile lo que sea, da igual** tell her anything *o* whatever, it doesn't make any difference; **haré lo que sea para recuperar mi dinero** I will do whatever it takes *o* anything to get my money back; **se enfadó, y no era para menos** she got angry, and not without reason; **no sea que..., no vaya a s. que...** in case...; **la llamaré ahora no sea que luego me olvide** I'll call her now in case I forget later; **Estados Unidos y Japón, o sea, las dos economías mundiales más importantes** the United States and Japan, that is to say *o* in other words, the two most important economies in the world; **50 dólares, o sea unas 7.500 pesetas** 50 dollars, or 7,500 pesetas; **o sea que no quieres venir** so you don't want to come then?; **por si fuera poco** as if that wasn't enough; **habla con quien sea** talk to anyone; **sea quien sea no abras la puerta** don't open the door, whoever it is; **si no fuera/hubiera sido por...** if it weren't/hadn't been for...

4 *v impersonal (indica tiempo)* to be; **es muy tarde** it's rather late; **era de noche/de día** it was night/day

5 *nm* (a) *(ente)* being; **seres de otro planeta** beings from another planet ▫ ***s. humano*** human being; ***S. Supremo*** Supreme Being; ***los seres vivos*** living things

(b) *(persona)* person; **sus seres queridos** his loved ones

(c) *(existencia)* **mis padres me dieron el s.** my parents gave me my life

(d) *(esencia, naturaleza)* being; **la quiero con todo mi s.** I love her with all my being *o* soul

serafín *nm* seraph

serbal *nm* sorb, service tree

Serbia *n* Serbia

serbio, -a *adj & nm,f* Serbian

serbobosnio, -a *adj & nm,f* Bosnian Serb

serbocroata 1 *adj & nmf* Serbo-Croat
2 *nm (idioma)* Serbo-Croat

serenamente *adv (tranquilamente)* calmly, serenely

serenar 1 *vt (calmar)* to calm
2 serenarse *vpr (calmarse)* to calm down; *(tiempo)* to clear up; *(viento)* to die down; *(aguas)* to grow calm

serenata *nf* (a) *Mús* serenade (b) *Fam (molestia)* pestering; **dar la s.** to pester

serenidad *nf* (a) *(tranquilidad)* calm (b) *(quietud)* tranquility

sereno, -a 1 *adj* (a) *(sobrio)* sober (b) *(tranquilo)* calm, serene; *(cielo)* clear
2 *nm* (a) *Antes (vigilante)* night watchman (b) *(humedad)* night dew

serial *nm* serial ▫ ***s. radiofónico*** radio serial

seriamente *adv* seriously

seriar *vt* to put in order

sericultor, -ora *nm,f* sericulturist

sericultura *nf* sericulture

serie *nf* (a) *(sucesión, conjunto)* series *(singular)*; *(de hechos, sucesos)* chain; *(de mentiras)* string; **me dijo una s. de cosas** he told me a number of things (b) *(de televisión)* series *(singular)*; **película de s. B** B-movie (c) *(de sellos, monedas)* set (d) *(producción)* **fabricación en s.** mass production; **con ABS de s.** with ABS as standard (e) *Elec* **en s.** in series

seriedad *nf* (a) *(gravedad, importancia)* seriousness; **viste con demasiada s.** he dresses too formally (b) *(responsabilidad)* sense of responsibility; *(formalidad)* reliability; **¡qué falta de s.!** it's disgraceful!

serif, sérif *nm Imprenta* serif; **sans s.** sans serif

serigrafía *nf* silkscreen printing

serio, -a *adj* (a) *(grave, importante)* serious; **estar s.** to look serious (b) *(responsable)* responsible; *(cumplidor, formal)* reliable; **no son gente seria** they're very unreliable; **¡esto no es s.!** this is ridiculous! (c) **en serio** *loc adv* seriously; **lo digo en s.** I'm serious; **¿vas en s.?** are you (being) serious?; **tomarse algo/a alguien en s.** to take sth/sb seriously

sermón *nm* (a) *(discurso)* sermon (b) *(bronca, perorata)* lecture; **echarle un s. a alguien** to lecture sb, to give sb a lecture

sermonear *vt* to give a lecture *o* ticking-off to

serodiagnóstico *nm Med* serodiagnosis

serología *nf* serology

seropositivo, -a 1 *adj* HIV-positive
2 *nm,f* HIV-positive person; **ser un s.** to be HIV-positive

seroso, -a *adj* serous

serotonina *nf Bioquím* serotonin

serpentear *vi* (a) *(río, camino)* to wind, to snake (b) *(culebra)* to wriggle

serpenteo *nm* (a) *(de río, camino)* winding, meandering (b) *(de culebra)* wriggling

serpentín *nm* ***s. calentador/refrigerante*** heating/cooling coil

serpentina *nf* streamer

serpiente *nf* (a) *(culebra)* snake; *Lit* serpent ▫ ***s. de cascabel*** rattlesnake; ***s. pitón*** python (b) *Fin* ***s. monetaria*** monetary snake

serrado, -a *adj* (a) *(cortado)* sawn (b) *(con dientes)* serrated

serraduras *nfpl* sawdust

serrallo *nm* seraglio

serranía *nf* mountainous region

serrano, -a 1 *adj* (a) *(de la sierra)* mountain, highland; **aire/pueblo s.** mountain air/village (b) *Fam (hermoso)* **¡vaya cuerpo s.!** what a great bod!; *Irónico* **¡vaya cuerpo s. tengo!** I feel like death warmed up!
2 *nm,f Am* person from the mountains

serrar [3] *vt* to saw (up)

serrería *nf* sawmill

serretado *nm Informát* aliasing

serrín *nm* sawdust

serruchar *vt Am* to saw with a handsaw

serrucho *nm* (a) *(herramienta)* handsaw (b) *Cuba (pez)* sawfish (c) **al serrucho** *loc adv Cuba Fam* fifty-fifty

serval *nm* serval

servicial *adj* attentive, helpful

SERVICIO *nm* (a) *(prestación, asistencia, sistema)* service; **se ha suspendido el s. en la línea 1 de autobús** the number 1 bus isn't running today; **hubo que recurrir a los servicios de una agencia inmobiliaria** we had to use the services of *Br* an estate agent *o US* a real estate office; **el s. postal/hospitalario** the postal/hospital service; **lleva muchos años al s. de la empresa** she has worked for the company for several years; **estamos a su s. para lo que necesite** we are at your service if you need anything; **hacer** *o* **prestar un buen s. a alguien** *(prenda, utensilio, aparato)* to serve sb well; **nos ha ofrecido sus servicios** he has offered us his services; **por los servicios prestados** for services rendered; **prestar s. como** *o* **de** to serve as ▫ ***s. de atención al cliente*** customer service department; ***s. discrecional*** private service; ***s. a domicilio*** home delivery service; *Informát* ***s. de filmación*** service bureau; ***s. de habitaciones*** room service; ***servicios informativos*** *(de cadena de radio, televisión)* news service; ***s. de inteligencia*** intelligence service; ***s. de mensajería*** courier service; ***s. militar*** military service; **hacer el s. militar** to do one's military service; ***servicios mínimos*** *(en huelga)* skeleton service; ***s. de paquetería*** parcel service; ***s. posventa*** after-sales service; ***s. de prensa*** press department; ***s. público*** public service; ***s. religioso*** religious service; ***s. secreto*** secret service; ***servicios sociales*** social services; ***s.***

de urgencias casualty department; *s. de veinticuatro horas* round-the-clock service
(**b**) *(funcionamiento)* service; **entrar en s.** to come into service; **estar fuera de s.** *(máquina)* to be out of order
(**c**) *(servidumbre)* servants; **el s. está fatal hoy en día** you just can't find the staff these days ❑ ***s. doméstico*** domestic help
(**d**) *(turno)* duty; **estar de s.** to be on duty ❑ ***s. activo*** *(en el ejército)* active service *o* duty
(**e**) *(WC)* toilet, lavatory; **¿dónde están los servicios?** where are the toilets?; **voy al s.** I'm going to the toilet; **el s. de señoras/caballeros** the ladies/gents
(**f**) *(en tenis, squash)* serve, service; **primer/segundo s.** first/second serve *o* service; **al s., Ríos** Ríos to serve; **mantener el s.** to hold one's serve
(**g**) *(cubierto)* place setting
(**h**) *(juego de tazas, platos)* **s. de café/té** coffee/tea set; **s. de mesa** dinner service
(**i**) *(en restaurante) (atención al cliente)* service; *(recargo)* service charge; **dan un s. pésimo** the service is awful; **el s. está incluido** service is included; **s. no incluido** service is not included
(**j**) **servicios** *(sector terciario)* services; **una empresa de servicios** a services company; **el sector servicios** the services sector

servidor, -ora 1 *nm,f* (**a**) *(criado)* servant (**b**) *(en cartas)* **su seguro s.** yours faithfully (**c**) *(yo)* yours truly, me; **¿quién es el último? — s.** who's last? – I am; **Lola López — servidora** *(al pasar lista)* Lola López – here!; **s. de usted** at your service
2 *nm Informát* server ❑ ***s. de archivos*** file server; ***s. espejo*** mirror site; ***s. de impresora*** printer server; ***s. de listas*** list server; ***s. de terminales*** terminal server

servidumbre *nf* (**a**) *(criados)* servants (**b**) *(dependencia, esclavitud)* servitude

servil *adj* (**a**) *(obsequioso)* servile (**b**) *(humilde)* menial

servilismo *nm (comportamiento)* servile attitude

servilleta *nf* serviette, napkin

servilletero *nm* serviette *o* napkin ring

serviola *nf (pez)* amberjack

SERVIR [47] **1** *vt* (**a**) *(comida, bebida)* to serve; **todavía no nos han servido** we haven't been served yet; **la cena se servirá** *o* **será servida a las ocho** dinner will be served at eight; **sírvanos dos cervezas** two beers, please; **¿te sirvo más patatas?** would you like some more potatoes?; **¿me sirve un poco más, por favor?** could I have a bit more, please?; **s. mesas** *Br* to wait at table, *US* to wait tables; **la polémica está servida** the gloves are off
(**b**) *(prestar servicio a)* to serve; **¿en qué puedo servirle?** *(en tienda, mostrador)* what can I do for you?; **s. a la patria/a Dios** to serve one's country/God; *Formal* **para servirle, para s. a usted** *(como respuesta)* at your service
(**c**) *(suministrar) (mercancías)* to supply; **le serviremos el pedido en el acto** we'll bring you your order immediately; **nuestra empresa sirve a toda la zona** our company serves *o* supplies the whole area
(**d**) **voy servido** *(en naipes)* stick, I'm sticking; *Fig (tengo de sobra)* I've got plenty
2 *vi* (**a**) *(prestar servicio)* to serve; **sirvió de ministro en el gobierno socialista** he served as *o* was a minister in the socialist government; **s. en el ejército** to serve in the Army
(**b**) *(valer, ser útil)* **esta batidora ya no sirve/aún sirve** this mixer is no good any more/can still be used; **esta mesa no me sirve, necesito una mayor** this table's no good *o* use to me, I need a bigger one; **s. de algo** *(cumplir la función de)* to serve as sth; **el desván le sirve de oficina** he uses the attic as an office, the attic serves as his office; **la radio me servía de distracción** the radio kept me entertained *o* served to entertain me; **s. de guía** to act as a guide; **s. para** *(utensilio, máquina, objeto)* to be for; **¿para qué sirve esto?** what's this for?; **este líquido sirve para limpiar la plata** this liquid is for cleaning silver; **¿te sirven estos papeles para algo?** are these papers any use to you?; **este pegamento no sirve para la madera** this glue is no good for wood; **no sirve para estudiar** he's no good at studying; **no s. de** *o* **para nada** to be useless; **nuestro esfuerzo no sirvió de** *o* **para nada** our effort was in vain; **de nada sirve que se lo digas** it's no use telling him; **¿de qué sirve quejarse si no nos hacen caso?** what's the point in *o* what's the good of complaining if they never take any notice of us?
(**c**) *(como criado)* to be in service; **tuvo que ponerse a s.** she had to go into service; **s. en palacio/en una casa** to be a servant at a palace/in a household
(**d**) *(en tenis, squash)* to serve
3 servirse *vpr* (**a**) *(aprovecharse, utilizar)* **servirse de algo** to make use of sth; **servirse de alguien** to use sb
(**b**) *(comida, bebida)* to help oneself; **¿no te sirves más?** is that all you're having?; **sírvase usted mismo** *(en letrero)* self-service; **me serví un coñac** I poured myself a brandy, I helped myself to a glass of brandy; **que cada uno se sirva lo que prefiera** help yourselves to whatever you like; **sírvase (bien) frío** *(en etiqueta)* serve chilled
(**c**) *Formal (tener a bien)* **se ha servido ayudarnos** she has been good enough to help us; **sírvase llamar cuando quiera** please call whenever you wish; **sírvanse cerrar la puerta** *(en letrero)* please close the door

servoasistido, -a *adj Aut* servo; **dirección servoasistida** power steering

servodirección *nf* power steering

servofreno *nm* servo brake

servomecanismo *nm* servomechanism

servomotor *nm* servomotor

sesada *nf* (**a**) *(de animal)* brains (**b**) *(para comer)* fried brains

sésamo *nm* (**a**) *(planta)* sesame (**b**) EXPR **¡ábrete, S.!** open, Sesame!

sesear *vi* = to pronounce "c" and "z" as "s", as in Andalusia and Latin America

sesenta *núm* sixty; **los (años) s.** the sixties; *ver también* **seis**

sesentavo, -a *núm* sixtieth; *ver también* **sexto**

sesentón, -a *nm,f Fam* person in their sixties

seseo *nm* = pronunciation of "c" and "z" as an "s", as in Andalusian and Latin American dialects

sesera *nf Fam* (**a**) *(cabeza)* nut, *Br* bonce (**b**) *(inteligencia)* brains

sesgado, -a *adj (subjetivo)* biased

sesgar [38] *vt* to cut on the bias

sesgo *nm* (**a**) *(oblicuidad)* slant; **al s.** *(en general)* on a slant; *(costura)* on the bias (**b**) *(rumbo)* course, path

sesgue *etc ver* **sesgar**

sesión *nf* (**a**) *(reunión)* meeting, session; *Der* sitting, session; **abrir/levantar la s.** to open/adjourn the meeting ❑ ***s. informativa*** *(para presentar algo)* briefing; *(después de una misión)* debriefing; ***s. plenaria*** *(de congreso)* plenary (session); *(de organización)* plenary (assembly) (**b**) *(proyección, representación)* show, performance ❑ ***s. continua*** continuous showing; ***s. doble*** double bill; ***s. golfa*** *o* ***de madrugada*** late-night showing; ***s. matinal*** matinée; ***s. de noche*** evening showing; ***s. de tarde*** afternoon matinée (**c**) *(periodo)* session

seso *nm* (**a**) *(cerebro)* brain; **sesos** *(para comer)* brains (**b**) *(sensatez)* brains, sense (**c**) EXPR **calentarse** *o* **devanarse los sesos** to rack one's brains; EXPR **ha perdido el s. por ella** he's madly in love with her; EXPR **sorber el s.** *o* **los sesos a alguien** to brainwash sb; *Fam* **tiene poco s.** he's not very bright

sestear *vi (dormir una siesta)* to have a nap

sesudo, -a *adj* (**a**) *(sensato)* wise, sensible (**b**) *Fam (inteligente)* brainy

set (*pl* **sets**) *nm* (**a**) *(conjunto)* set (**b**) *Dep* set

seta *nf* mushroom ❑ ***s. de cardo*** oyster mushroom; ***s. venenosa*** poisonous mushroom

setecientos, -as *núm* seven hundred; *ver también* **seis**

setenta *núm* seventy; **los (años) s.** the seventies; *ver también* **seis**

setentavo, -a *núm* seventieth; *ver también* **sexto**

setentón, -ona *nm,f Fam* person in his/her seventies

setiembre = **septiembre**

sétimo, -a = **séptimo**

seto *nm (valla)* fence; **s. (vivo)** hedge

setter ['seter] (*pl* **setters**) *nm* setter

seudo- *prefijo* pseudo-

seudónimo *nm* pseudonym

Seúl *n* Seoul

s.e.u.o. (*abrev de* **salvo error u omisión**) E. & O.E.

severidad *nf* (**a**) *(de persona)* strictness (**b**) *(de castigo, clima)* severity, harshness; *(de enfermedad)* seriousness (**c**) *(de gesto, aspecto)* sternness

severo, -a *adj* (**a**) *(persona)* strict (**b**) *(castigo, clima)* severe, harsh; *(enfermedad)* serious (**c**) *(gesto, aspecto)* stern

Sevilla *n* Seville; EXPR **quien** *o* **el que se fue a S., perdió su silla** you shouldn't have gone away if you wanted to keep your place/seat

sevillana *nf* = Andalusian dance and song

sevillano, -a *adj & nm,f* Sevillian

sexagenario, -a *adj & nm,f* sexagenarian

sexagesimal *adj* sexagesimal

sexagésimo, -a *núm* sixtieth; *ver también* **sexto**

sex-appeal [seksa'pil] *nm inv* sex appeal

sexi = **sexy**

sexismo *nm* sexism

sexista *adj & nmf* sexist

sexo *nm* (**a**) *(género)* sex; **el bello s., el s. débil** the fair sex; **el s. fuerte** the stronger sex; **un organismo de s. masculino** a male organism; EXPR **esto es como hablar del s. de los ángeles** there's no point in having this discussion (**b**) *(genitales)* genitals (**c**) *(sexualidad)* sex ❑ ***s. seguro*** *o* ***sin riesgo*** safe sex

sexología *nf* sexology

sexólogo, -a *nm,f* sexologist

sex-shop [sek'ʃop] (*pl* **sex-shops**) *nm* sex shop

sex-symbol (*pl* **sex-symbols**) *nmf* sex symbol

sextante *nm* sextant

sexteto *nm* (**a**) *Mús* sextet (**b**) *Lit* sestina

sextillizo, -a *adj & nm,f* sextuplet

sexto, -a 1 *núm* sixth; **el capítulo s.** chapter six; **el s. día** the sixth day; **el s. aniversario** the sixth anniversary; **el s. centenario** the six hundredth anniversary; **en s. lugar, en sexta posición** sixth, in sixth place; **la sexta parte** a sixth; **Fernando s.** *(escrito Fernando VI)* Ferdinand the Sixth *(written Ferdinand VI)* ❑ ***s. sentido*** sixth sense

2 *nm,f* **el s., la sexta** the sixth (one); **quedar el s.** *(en carrera)* to finish sixth; *(en examen)* to be sixth; **él fue el s. en venir** he was the sixth person *o* one to come

3 *nm* (**a**) *(piso)* sixth floor

(**b**) *(curso universitario)* sixth year; **estudiantes de s.** sixth-year students; **estoy en s.** I'm in my sixth year

(**c**) *(curso escolar)* = last year of primary school, *US* ≃ sixth grade

sextuplicar [59] **1** *vt* to multiply by six

2 sextuplicarse *vpr* to increase sixfold

séxtuplo, -a 1 *adj* sixfold

2 *nm* sextuple

sexuado, -a *adj* sexed

sexual *adj* sexual; **educación/vida s.** sex education/life

sexualidad *nf* sexuality

sexy *adj Fam* sexy

Seychelles [sei'ʃels] *nfpl* **las (islas) S.** the Seychelles

SGAE *nf* (*abrev de* **Sociedad General de Autores de España**) = society that safeguards the interests of Spanish authors, musicians etc

SGBD *nm* (*abrev de* **Sistema de Gestión de Bases de Datos**) *Informát* database management system

sha [sa, ʃa] *nm* shah

shakesperiano, -a [ʃespi'rjano, -a] *adj* Shakespearian

Shanghai [ʃaŋ'gai] *n* Shanghai

shareware ['serwer] *nm Informát* shareware

sheriff ['ʃerif, 'tʃerif] (*pl* **sheriffs**) *nm* sheriff

sherpa ['serpa, 'ʃerpa] *nm* Sherpa

shiatsu ['ʃiatsu] *nm* shiatsu

shock [ʃok] (*pl* **shocks**) *nm* shock

shorts [ʃorts] *nmpl* shorts

show [ʃou, tʃou] (*pl* **shows**) *nm* show; EXPR *Fam* **montar un s.** to cause a scene

showman [ʃouman] (*pl* **showmans** *o* **showmen**) *nm* showman

SI *nm* (*abrev de* **Sistema Internacional**) SI

si¹ (*pl* **sis**) *nm (nota musical)* B; *(en solfeo)* ti; *ver también* **do**

SI² *conj* (**a**) *(condicional)* if; **si no te das prisa perderás el tren** if you don't hurry up you'll miss the train; **si viene él yo me voy** if he comes, then I'm going; **si tuviera dinero me compraría una casa** if I had a lot of money, I'd buy a house; **si hubieses venido te habrías divertido** if you had come, you would have enjoyed yourself; **si lo llego a saber** *o* **si lo sé me quedo en casa** if I had known, I would have stayed at home; **¡si me lo llegas a decir antes…!** if only you'd told me earlier…!; **quisiera que nos viéramos hoy si es posible** I'd like us to meet today, if possible; **si es tan amable de esperar un momento** if you'd be so kind as to wait a moment; **¿y si no nos dejan entrar?** what if they don't let us in?; **¿y si lo dejamos por hoy?** why don't we call it a day?

(**b**) *(en oraciones interrogativas indirectas)* if, whether; **ignoro si lo sabe** I don't know if *o* whether she knows; **pregúntale si van a venir a arreglar la fotocopiadora** ask her if *o* whether they're going to come and fix the photocopier; **no sabía si llorar o reír** I didn't know whether to laugh or to cry; **¿que si me gusta el caviar? ¡pues claro!** do I like caviar? you bet!

(**c**) *(indica protesta o énfasis)* but; **¡si te dije que no lo hicieras!** but I told you not to do it!; **¡si apenas os conocéis!** but you hardly know each other!; **¡si será imbécil el tipo!** the guy must be stupid!; **no, si no me importa que hablen de mí, pero…** no, it's not that I mind them talking about me, but…

(**d**) **si bien** *loc conj* although, even though; **si bien la música es buena, el guión es flojo** although the music is good, the script is weak; **aceptó la oferta, si bien con poco entusiasmo** she accepted the offer, if rather unenthusiastically

(**e**) **si no** *loc conj* if not, otherwise; **corre, que si no, llegamos tarde** run, or we'll be late

SÍ (*pl* **síes**) **1** *adv* (**a**) *(en respuestas)* yes; **¿vendrás? — sí** will you come? – yes, I will; **¿aún te duele? — sí** does it still hurt? – yes, it does; **claro que sí** of course; **yo digo que sí, que se lo digamos** I say we tell her; **dijo que sí con la cabeza** she nodded; **sí, quiero** *(en una boda)* I do

(**b**) *(para sustituir a frases afirmativas)* **creo que sí** I think so; **¿vendrá a verte? — me gustaría que sí** will she come to see you? – I'd like her to *o* I'd like it if she did; **¿están de acuerdo? — algunos sí** do they agree? – some do; **a mí no me harán caso, pero a ti sí** they won't take any notice of me, but they will of you; **¿de verdad que me sienta bien? — ¡que sí, mujer!** does it really suit me? – yes, I've told you it does!; **¿lo conseguirá? — tal vez sí, tal vez no** will he get it? – maybe he will, maybe he won't; **un día sí y otro no** every other day; **no creo que puedas hacerlo — ¡a que sí!** I don't think you can do it – I bet I can!; **pero no me negarás que la obra es divertida — eso sí** but you can't deny that the play's entertaining – that's true

(**c**) *(enfático)* **sí debo decirte que la operación es de alto riesgo** what I must tell you is that the operation is extremely risky; **tú no estás embarazada — ¡te digo que sí lo estoy!** you're not pregnant – oh yes I am!; **sí que** really, certainly; **¡esto sí que es vida!** this is the life!; **sí que me gusta** I (certainly) do like it; **éste sí que me gusta** this one I DO like; **¿usted vio lo que pasó? — sí señor, sí que lo vi** did you see what happened? – yes indeed, I certainly did; *Irónico* **¡sí, sí!** *(no me lo creo)* oh sure!; **es champán francés — ¡sí, sí, francés! aquí dice hecho en Italia** it's French champagne – sure it is, it says here it was made in Italy!

(**d**) *(en frases)* **me quedo con ello, eso sí, con una condición…** I'll buy it, but on one condition; **eso sí que no** certainly not, no way; **van a subir la gasolina — ¡pues sí que…!** petrol prices are going up – what a pain!; *Irónico* **¿un caniche? ¡pues sí que entiendes tú mucho de perros!** a poodle? as if you knew anything about dogs!; **¿sí?** *(al contestar el teléfono)* hello?; *(¿en serio?)* really?; *(¿de acuerdo?)* all right?; **la han despedido — ¿ah sí?** she's been sacked – really?

2 *pron personal* (**a**) *(reflexivo) (de personas) (singular)* himself, *f* herself; *(plural)* themselves; *(usted)* yourself, *pl* yourselves; **lo quiere todo para sí (misma)** she wants everything for herself; **acercó la silla hacia sí** he drew the chair nearer

(himself); **lo solucionará por sí sola** *o* **por sí misma** she'll solve it by herself *o* on her own; **"menudo lío" dijo para sí** "what a mess", he said to himself; **tenían ante sí un inmenso reto** they were faced with a huge challenge
(**b**) *(reflexivo) (de cosas, animales)* itself, *pl* themselves; **la Tierra gira sobre sí misma** the Earth revolves on its own axis
(**c**) *(reflexivo impersonal)* oneself; **cuando uno piensa en sí mismo** when one thinks about oneself, when you think about yourself
(**d**) **de por sí** *loc adv (cosa)* in itself; **el tema es de por sí complejo** the subject is already complex in itself; **ella ya es de por sí bastante charlatana** she's already talkative enough as it is
(**e**) **en sí** *loc adv* **me interesa el concepto en sí** I'm interested in the concept in itself; **la ciudad en sí carece de interés** the city itself is of no interest
3 *nm* (**a**) *(voto afirmativo)* aye; **gana el sí** the ayes have it
(**b**) *(consentimiento)* consent; **dar el sí** to give one's consent; **esperaba un sí por respuesta** I had expected the answer to be yes

---

Siam *n* Siam
siamés, -esa 1 *adj* Siamese; **hermanos siameses** Siamese twins
2 *nm,f* (**a**) *(de Siam)* Siamese person, Thai (**b**) *(gemelo)* Siamese twin
3 *nm (gato)* Siamese
sibarita 1 *adj* sybaritic
2 *nmf* sybarite, epicure
sibaritismo *nm* sybaritism, epicureanism
Siberia *n* Siberia
siberiano, -a *adj & nm,f* Siberian
sibila *nf Mitol* sibyl
sibilante *adj* sibilant
sibilino, -a *adj (incomprensible)* mysterious, cryptic
sic *adv* sic
sicalíptico, -a *adj* saucy
sicario *nm* hired assassin
SICAV [si'kaβ] *Fin nf (abrev de* **sociedad de inversión de capital variable**) investment company
Sicilia *n* Sicily
siciliano, -a *adj & nm,f* Sicilian
sicoanálisis, sicoanalista *etc* = **psicoanálisis, psicoanalista** *etc*
sicodélico, -a = **psicodélico**
sicodrama = **psicodrama**
sicofanta *nf,* **sicofante** *nm* slanderer
sicofármaco = **psicofármaco**
sicofonía = **psicofonía**
sicología, sicológico, -a *etc* = **psicología, psicológico** *etc*
sicometría = **psicometría**
sicomoro, sicómoro *nm (planta)* sycamore
sicomotor = **psicomotor**
sicomotricidad = **psicomotricidad**
sicópata = **psicópata**
sicopatía = **psicopatía**
sicosis = **psicosis**
sicosomático, -a = **psicosomático**
sicotécnico, -a = **psicotécnico**
sicoterapia = **psicoterapia**
sicótico, -a = **psicótico**
sicotrópico, -a = **psicotrópico**
sida *nm (abrev de* **síndrome de inmunodeficiencia adquirida**) AIDS
sidecar [siðe'kar] (*pl* **sidecares**) *nm* sidecar
sideral *adj* sidereal
siderometalúrgico, -a *adj* iron and steel manufacturing; **industria siderometalúrgica** iron and steel manufacturing industry
siderurgia *nf* iron and steel industry
siderúrgico, -a *adj* iron and steel; **el sector s.** the iron and steel industry
sidoso, -a 1 *adj* suffering from AIDS
2 *nm,f* AIDS sufferer
sidra *nf Br* cider, *US* hard cider
sidrería *nf Br* cider *o US* hard cider bar
siega *nf* (**a**) *(acción)* reaping, harvesting (**b**) *(época)* harvest (time)
siego *etc ver* **segar**
siembra *nf* (**a**) *(acción)* sowing (**b**) *(época)* sowing time
siembro *etc ver* **sembrar**

SIEMPRE *adv* (**a**) *(en todo momento, todo el tiempo)* always; **s. cenamos a las diez** we always have supper at ten; **tú s. quejándote** you're always complaining; **anda s. cambiando de opinión** she's forever *o* always changing her mind; **como s.** as usual; **hemos quedado en el bar de s.** we've arranged to meet at the usual bar; **la misma historia de s.** the same old story; **lo de s.** the usual; **somos amigos de s.** we've always been friends; **de s. se ha hecho así** it's always been done that way; **es así desde s.** it has always been that way; **hasta s.** *(hasta dentro de mucho)* farewell; *(hasta dentro de poco)* see you again soon; **te odiaré para s.** I'll hate you forever; **nos quedamos a vivir allí para s.** we settled down there for good; **por s. jamás** for ever and ever; **s. que** *(cada vez que)* whenever; *(a condición de que)* provided that, as long as; **ven a verme s. que necesites ayuda** come and see me if you ever need any help; **llámame, s. que no sea muy tarde** call me, as long as it's not too late; **prefiero ir contigo, s. que no te moleste** I'd rather go with you, if that's all right (by you) *o* if you don't mind; **s. y cuando** provided that, as long as
(**b**) *(en cualquier caso, en último extremo)* always; **s. es mejor estar preparado** it's always better to be prepared; **si no hay autobuses s. podemos ir a pie** if there aren't any buses, we can always walk
(**c**) *Am (a pesar de todo)* despite everything
(**d**) *Am (todavía)* still

---

siempreviva *nf* everlasting flower, immortelle
sien *nf* temple
siena *adj & nm* sienna
siento *etc* (**a**) *ver* **sentar** (**b**) *ver* **sentir**
sierpe *nf Anticuado* serpent
sierra *nf* (**a**) *(herramienta)* saw ▫ ***s. de calar*** fretsaw; ***s. eléctrica*** power saw (**b**) *(cordillera)* mountain range (**c**) *(región montañosa)* mountains; **se van a la s. los fines de semana** they go to the mountains at the weekend (**d**) ***S. Leona*** Sierra Leone
sierraleonés, -esa *adj & nm,f* Sierra Leonean
sierro *etc ver* **serrar**
siervo, -a *nm,f* (**a**) *(esclavo)* serf ▫ ***s. de la gleba*** serf (**b**) *Rel* servant
siesta *nf* siesta, nap; **dormir** *o* **echarse la s.** to have an afternoon nap
siete 1 *núm* seven ▫ ***las s. y media, el s. y medio*** = card game in which players aim to get 7½ points, court cards counting for ½ point; ***los s. grandes*** the G7 countries; ***las s. maravillas del mundo*** the Seven Wonders of the World; *ver también* **seis**
2 *nm (roto)* tear *(right-angled in shape)*
3 *nf* EXPR *RP Fam* **de la gran s.** amazing, incredible; **¡la gran s.!** good heavens!
sietemesino, -a 1 *adj* premature *(by two months)*
2 *nm,f* premature baby *(by two months)*
sífilis *nf inv* syphilis
sifilítico, -a 1 *adj* syphilitic
2 *nm,f* syphilis sufferer
sifón *nm* (**a**) *(agua carbónica)* soda (water) (**b**) *(de WC)* trap, U-bend (**c**) *(tubo)* siphon
SIG [siχ] *nm Informát (abrev de* **sistema de información geográfica**) GIS
siga *etc ver* **seguir**
sigilo *nm* (**a**) *(secreto)* secrecy; **actuar con s.** to be secretive (**b**) *(al robar, escapar)* stealth; **con s.** stealthily
sigiloso, -a *adj* (**a**) *(discreto)* secretive (**b**) *(al robar, escapar)* stealthy
sigla *nf* letter *(in an acronym)*; **siglas (de)** *(acrónimo)* acronym (for)
siglo *nm* (**a**) *(cien años)* century; **el s. XX** the 20th century; **el s. de las Luces** the Age of Enlightenment (**b**) *Fam (mucho tiempo)* **hace siglos que no la veo** I haven't seen her for ages; EXPR **por los siglos de los siglos** for ever and ever
signatario, -a *adj & nm,f* signatory
signatura *nf* (**a**) *(en biblioteca)* catalogue number (**b**) *(firma)* signature
significación *nf* (**a**) *(importancia)* significance (**b**) *(significado)* meaning
significado, -a 1 *adj* important
2 *nm* (**a**) *(sentido)* meaning (**b**) *Ling* signifier
significante *nm Ling* signifiant
significar [59] **1** *vt* (**a**) *(querer decir)* to mean; **la luz roja significa que está en**

funcionamiento the red light means (that) it's working (**b**) *(suponer, causar)* to mean; **eso significaría una subida de los precios** that would mean a price rise (**c**) *(expresar)* to express
2 *vi (tener importancia)* **no significa nada para mí** it means nothing to me
3 significarse *vpr (hacerse notar)* **significarse por algo** to be known for sth; **se significó como pacifista** he showed himself to be a pacifist

significativo, -a *adj* significant

signo *nm* (**a**) *(en general)* sign; **el acuerdo nace bajo el s. del fracaso** the agreement is doomed to failure (**b**) *(del zodiaco)* (star) sign; **¿de qué s. eres?** what (star) sign are you? ▫ ***s. del zodiaco*** sign of the zodiac (**c**) *(en la escritura)* mark ▫ ***s. de admiración*** exclamation mark; ***s. de dividir*** division sign; ***s. de interrogación*** question mark; ***s. de multiplicar*** multiplication sign; ***s. de puntuación*** punctuation mark (**d**) *(símbolo)* symbol

sigo *etc ver* **seguir**

siguiente 1 *adj* (**a**) *(en el tiempo, espacio)* next (**b**) *(a continuación)* following; **el día s. a la catástrofe** the day after the disaster; **Juan me contó la s. historia** Juan told me the following story; **lo s.** the following
2 *nmf* **el s.** the next one; **¡(el) s.!** next, please!

siguiera *etc ver* **seguir**

sij *(pl* **sijs**) *adj & nmf* Sikh

sílaba *nf* syllable ▫ ***s. tónica*** tonic *o* stressed syllable

silabario *nm* = reader in which words are divided into syllables

silabear 1 *vt* to spell out syllable by syllable
2 *vi* to read syllable by syllable

silábico, -a *adj* syllabic

silba *nf* hissing

silbante *adj (respiración)* whistling

silbar 1 *vt* (**a**) *(en general)* to whistle; *(como piropo)* to wolf-whistle at; **silbó una melodía** he whistled a tune (**b**) *(abuchear)* to hiss at
2 *vi* (**a**) *(en general)* to whistle (**b**) *(abuchear)* to hiss, to catcall (**c**) *(oídos)* to ring

silbatina *nf Andes, Arg* hissing

silbato *nm* whistle

silbido *nm* (**a**) *(sonido)* whistle; **el s. del viento** the whistling of the wind (**b**) *(para abuchear, de serpiente)* hiss, hissing

silbo *nm* (**a**) *(silbido)* whistle (**b**) *(para abuchear, de serpiente)* hiss, hissing

silenciador *nm* silencer

silenciar *vt* (**a**) *(acallar) (persona, protestas)* to silence (**b**) *(ocultar, omitir) (hecho, escándalo)* to hush up

silencio *nm* (**a**) *(en general)* silence; **en s.** in silence; **guardar s. (sobre algo)** to keep silent (about sth); **guardaron un minuto de s.** they held a minute's silence; **imponer s. a alguien** to make sb be silent; **romper el s.** to break the silence; **¡s. en la sala!** silence in court! ▫ ***s. administrativo*** = lack of official response to a request, claim etc within a given period, signifying refusal or tacit assent, depending on circumstances (**b**) *Mús* rest

silenciosamente *adv* silently, quietly

silencioso, -a *adj* silent, quiet

silente *adj Formal* silent, quiet

sílex *nm inv* flint

sílfide *nf* sylph; EXPR **está hecha una s.** she's really slim

silicato *nm* silicate

sílice *nf* silica

silicio *nm* silicon

silicona *nf* silicone

silicosis *nf inv* silicosis

silla *nf* chair; **s. (de montar)** saddle ▫ ***s. eléctrica*** electric chair; ***s. giratoria*** swivel chair; ***s. de niño*** pushchair; ***s. de pista*** courtside seat; ***s. plegable*** folding chair; ***s. de la reina*** = seat made by two people joining hands; ***s. de ruedas*** wheelchair; ***s. de tijera*** folding chair

sillar *nm* (**a**) *Arquit* ashlar (**b**) *(lomo)* horse's back, saddle

sillería *nf (sillas)* set of chairs; **la s. del coro** the choir stalls

silleta *nf Andes, Ven (silla)* chair, seat

sillín *nm* saddle, seat

sillita *nf (cochecito)* pushchair

sillón *nm* armchair ▫ ***s. de orejas*** wing chair

silo *nm* silo

silogismo *nm* syllogism

silogístico, -a *adj* syllogistic

silueta *nf* (**a**) *(cuerpo)* figure (**b**) *(contorno)* outline (**c**) *(dibujo)* silhouette

silúrico *Geol* **1** *adj* Silurian
2 *nm* **el s.** the Silurian (period)

silvestre *adj* wild

silvia *nf* wood anemone

silvicultor, -ora *nm,f* forestry worker

silvicultura *nf* forestry

sima *nf (cavidad)* chasm

simbiosis *nf inv también Fig* symbiosis

simbiótico, -a *adj también Fig* symbiotic

simbólicamente *adv* symbolically

simbólico, -a *adj* symbolic

simbolismo *nm* symbolism

simbolista *adj & nmf* symbolist

simbolizar [14] *vt* to symbolize

símbolo *nm* symbol

simbología *nf* system of symbols

simetría *nf* symmetry

simétrico, -a *adj* symmetrical

simiente *nf* seed

simiesco, -a *adj* simian, apelike

símil *nm* (**a**) *(paralelismo)* similarity, resemblance (**b**) *Lit* simile (**c**) *(material)* ***s. piel*** artificial leather

similar *adj* similar (**a** to)

similitud *nf* similarity

simio, -a *nm,f* simian, ape

SIMM [sim] *nm Informát (abrev de* **single in-line memory module**) SIMM

simpatía *nf* (**a**) *(cordialidad)* friendliness (**b**) *(cariño)* affection; **tomar** *o Esp* **coger s. a alguien** to take a liking to sb; **ganarse la s. de** to win the affection of; **inspirar s.** to inspire affection; **tener s. a, sentir s. por** to like (**c**) **simpatías** *(apoyo)* support (**d**) *Anat* sympathy

> Observa que la palabra inglesa **sympathy** es un falso amigo y con excepción de la acepción (d) no es la traducción de la palabra española **simpatía**. En inglés **sympathy** significa tanto "compasión" como "comprensión".

simpático, -a *adj* (**a**) *(agradable) (persona)* nice, likeable; *(ocasión)* agreeable, pleasant (**b**) *(abierto, cordial)* friendly; **estuvo muy s. conmigo** he was very friendly to me; **hacerse el s.** to come over all friendly (**c**) *(anécdota, comedia)* amusing, entertaining (**d**) *Anat* sympathetic

> Observa que la palabra inglesa **sympathetic** es un falso amigo y con excepción de la acepción (d) no es la traducción de la palabra española **simpático**. En inglés **sympathetic** significa tanto "comprensivo" como "compasivo".

simpatizante 1 *adj* sympathizing
2 *nmf* sympathizer

simpatizar [14] *vi (persona)* to hit it off, to get on (**con** with); *(cosa)* to sympathize (**con** with); **simpatiza con la ideología comunista** she has communist sympathies

simple 1 *adj* (**a**) *(sencillo, tonto)* simple (**b**) *(fácil)* easy, simple; **es muy s., metes la moneda y ya está** it's quite simple, all you have to do is insert the coin (**c**) *(único, sin componentes)* single; **dame una s. razón** give me one single reason (**d**) *(mero)* mere; **por s. estupidez** through sheer stupidity; **no le pedí más que un s. favor** all I asked her for was a favour (**e**) *Mat* prime
2 *nmf (persona)* simpleton

simplemente *adv* simply; **simple y llanamente** purely and simply

simpleza *nf* (**a**) *(de persona)* simple-mindedness (**b**) *(tontería)* trifle

simplicidad *nf* simplicity

simplificación *nf* simplification

simplificar [59] **1** *vt* to simplify
2 simplificarse *vpr* to be simplified

simplismo *nm* oversimplification

simplista 1 *adj* simplistic
2 *nmf* simplistic person; **ser un s.** to be simplistic

simplón, -ona 1 *adj* simple, simple-minded
2 *nm,f* simple-minded person; **ser un s.** to be simple-minded

simposio, simposium *nm* symposium

simulación *nf* (**a**) *(fingimiento)* pretence, simulation (**b**) *Informát* simulation

simulacro *nm* simulation ▫ ***s. de***

combate mock battle; ***s. de incendio*** fire drill

simulado, -a *adj* (**a**) *(fingido)* feigned; **su tristeza era simulada** he was only pretending to be sad (**b**) *(de prueba)* simulated

simulador *nm* simulator ▫ ***s. de vuelo*** flight simulator

simular *vt* (**a**) *(aparentar)* to feign; **s. una enfermedad** to pretend to have an illness; **simuló que no me había visto** he pretended not to have seen me (**b**) *(copiar, emular)* to simulate

simultáneamente *adv* simultaneously

simultanear *vt* to do at the same time (**con** as); **simultanea el trabajo con los estudios** she combines her work with her studies

simultaneidad *nf* simultaneousness

simultáneo, -a *adj* simultaneous

simún *nm (viento)* simoom

SIN *prep* (**a**) *(con sustantivos)* without; **la gente s. empleo** the jobless, people without a job; **buscan gente s. experiencia previa** they are looking for people with no *o* without previous experience; **organizaciones s. ánimo de lucro** non-profitmaking organizations; **s. alcohol** alcohol-free; **s. conservantes ni aditivos** *(en etiqueta)* free from preservatives and additives, no preservatives or additives; **estoy s. una peseta** I'm completely out of money; **estamos s. vino** we're out of wine; **muchos se quedaron s. casa** a lot of people were left homeless, a lot of people lost their homes; **cantar/tocar s. acompañamiento** to sing/play unaccompanied; **aceptó la oferta, no s. ciertas reticencias** she accepted the offer, albeit with some reservations *o* though not without some reservations; **s. más (ni más)** just like that
(**b**) *(con infinitivos, subordinadas)* without; **se marcharon s. despedirse** they left without saying goodbye; **lleva tres noches s. dormir** she hasn't slept for three nights; **sigo s. entenderlo** I still don't understand; **s. (contar) las novelas ha escrito cinco libros** he has written five books, not counting his novels; **está s. hacer** it hasn't been done yet; **dejó una ópera s. terminar** he left one opera unfinished; **llovió todo el día s. parar** it rained non-stop all day; **los mercenarios se retiraron, no s. antes saquear varias aldeas** the mercenaries withdrew, but not before they had looted several villages; **s. que** without; **s. que nadie se enterara** without anyone noticing; **no me voy de aquí s. que me lo expliquen** I'm not leaving without an explanation, I'm not leaving until I get an explanation
(**c**) **sin embargo** *loc conj* however, nevertheless

sinagoga *nf* synagogue

Sinaí *nm* **el S., la península del S.** the Sinai Peninsula; **el monte S.** Mount Sinai

sinaloense 1 *adj* of/from Sinaloa
2 *nmf* person from Sinaloa

sinapsis *nf inv Fisiol* synapse

sinceramente *adv* (**a**) *(con sinceridad)* sincerely (**b**) *(francamente)* **s., preferiría no ir** to be honest, I'd rather not go

sincerarse *vpr* to open one's heart (**con** to)

sinceridad *nf* sincerity; **con toda s.** in all honesty *o* sincerity

sincero, -a *adj* sincere; **para serte s.,...** to be honest *o* frank,...

sinclinal *nm Geol* syncline

síncopa *nf* (**a**) *(en palabra)* syncope (**b**) *Mús* syncopation

sincopado, -a *adj* syncopated

sincopar *vt* to syncopate

síncope *nm* blackout; **le dio un s.** he blacked out

sincrético, -a *adj* syncretic

sincretismo *nm* syncretism

sincronía *nf* (**a**) *(simultaneidad)* simultaneity (**b**) *Ling* synchrony

sincrónico, -a *adj* (**a**) *(simultáneo)* simultaneous (**b**) *(coordinado)* synchronous (**c**) *Ling* synchronic

sincronismo *nm (simultaneidad)* simultaneity

sincronización *nf* synchronization

sincronizar [14] *vt (coordinar)* to synchronize; **sincronizaron los relojes** they synchronized their watches

síncrono, -a *adj Informát* synchronous

sindicación *nf* union affiliation

sindicado, -a *adj* **estar/no estar s.** to belong/not to belong to a *Br* trade *o US* labor union, to be/not to be unionized

sindical *adj* (*Br* trade *o US* labor) union; **dirigente s.** union leader; **organización s.** *Br* trade-union *o US* labor-union organization

sindicalismo *nm* unionism, *Br* trade unionism

sindicalista *nmf* union member, *Br* trade unionist

sindicar [59] **1** *vt* to unionize
2 sindicarse *vpr* to join a union

sindicato *nm Br* trade union, *US* labor union ▫ ***s. amarillo*** yellow union, = conservative trade union that leans towards the employers' interests; ***s. obrero*** blue-collar union; *Esp* ***s. vertical*** = workers' and employers' union during the Franco period

síndico *nm* (**a**) *(representante)* community representative (**b**) *(administrador)* (official) receiver (**c**) *Econ* trustee; **s. de la Bolsa** = Chairman of the Spanish Stock Exchange Commission

síndrome *nm* syndrome ▫ ***s. de abstinencia*** withdrawal symptoms; ***s. de Down*** Down's syndrome; ***s. de Estocolmo*** Stockholm syndrome; ***s. de inmunodeficiencia adquirida*** acquired immune deficiency syndrome; ***s. tóxico*** = toxic syndrome caused by ingestion of adulterated rapeseed oil in Spain in the 1980s

sinecura *nf* sinecure

sine die 1 *adj* **un aplazamiento s.** an indefinite postponement
2 *adv* indefinitely

sinergia *nf* synergy

sinergismo *nm* synergism

sinestesia *nf* synaesthesia

sinfín *nm* **un s. de problemas** no end of problems; **recibió un s. de regalos** she got hundreds of presents

sinfonía *nf* symphony

sinfónico, -a *adj* symphonic

Singapur *n* Singapore

singapurense *adj & nmf* Singaporean

singladura *nf* (**a**) *Náut (distancia)* day's run (**b**) *(dirección)* course; **se inicia una nueva s. en la compañía** the company is entering a new era

single ['siŋgel] *nm* single

singular 1 *adj* (**a**) *(raro)* peculiar, odd (**b**) *(único)* unique; **s. batalla** single combat (**c**) *Gram* singular
2 *nm Gram* singular; **en s.** in the singular

singularidad *nf* (**a**) *(rareza, peculiaridad)* peculiarity, oddness; **una de las singularidades de esta especie** one of the special characteristics of this species (**b**) *(exclusividad)* uniqueness

singularizar [14] **1** *vt (distinguir)* to distinguish, to single out
2 *vi (particularizar)* **¡no singularices!** it's not just me/you/*etc*, you know!
3 singularizarse *vpr* to stand out, to be conspicuous (**por** because of)

singularmente *adv* (**a**) *(raramente)* oddly (**b**) *(únicamente)* uniquely

sinhueso *nf Fam* tongue; EXPR **darle a la s.** to rabbit on

siniestra *nf Anticuado* left hand

siniestrado, -a 1 *adj (edificio)* ruined, destroyed; **el avión/coche s.** the wreckage of the plane/car
2 *nm,f* (accident) victim

siniestralidad *nf* accident rate

siniestro, -a 1 *adj* (**a**) *(malo)* sinister (**b**) *(desgraciado)* disastrous
2 *nm (daño, catástrofe)* disaster; *(accidente de coche)* accident, crash; *(incendio)* fire; *(atentado)* terrorist attack ▫ ***s. total*** write-off

sinnúmero *nm* **un s. de** countless

sino¹ *nm* fate, destiny

sino² *conj* (**a**) *(para contraponer)* **no lo hizo él, s. ella** he didn't do it, she did; **no sólo es listo, s. también trabajador** he's not only clever but also hardworking; **no vino, s. que dejó un recado** he didn't come, he left a message; **no sólo uno, s. tres** not one, but three (**b**) *(para exceptuar)* **¿quién s. tú lo haría?** who else but you would do it?; **no quiero s. que se haga justicia** I only want justice to be done; **esto no hace s. confirmar nuestras sospechas** this only serves to confirm our suspicions

sínodo *nm* synod

sinólogo, -a *nm,f* Sinologist
sinonimia *nf* synonymy
sinónimo, -a 1 *adj* synonymous
2 *nm* synonym
sinopsis *nf inv* synopsis
sinóptico, -a *adj* synoptic; **cuadro s.** tree diagram
sinovial *adj Anat* synovial
sinrazón *nf (falta de sentido)* senselessness; **es una s. que lo hagas tú solo** it's ridiculous that you should do it on your own
sinsabores *nmpl* trouble, upsetting experiences; **ese trabajo me causó muchos s.** the job gave me a lot of headaches
sinsentido *nm* **eso es un s.** that doesn't make sense; **decir un s.** to say something that doesn't make sense
sinsonte *nm* mockingbird
sintáctico, -a *adj* syntactic
sintagma *nm* ***s. nominal/verbal*** noun/ verb phrase
sintasol® *nm* linoleum
sintaxis *nf inv* syntax
síntesis *nf inv* synthesis; **en s.** in short; **esta obra hace una s. de sus ideas sobre el tema** this work draws together his ideas on the subject ❑ *Informát & Ling* ***s. del habla*** speech synthesis
sintético, -a *adj* (**a**) *(artificial)* synthetic (**b**) *(conciso)* concise
sintetizador, -ora 1 *adj* synthesizing
2 *nm* synthesizer
sintetizar [14] *vt* (**a**) *(resumir)* to summarize; *(reunir)* to draw together (**b**) *(fabricar artificialmente)* to synthesize
sintiera *etc ver* **sentir**
sintoísmo *nm* Shintoism
sintoísta *adj & nmf* Shintoist
síntoma *nm* symptom; **presenta síntomas de congelación en el pie** his foot shows signs of frostbite
sintomático, -a *adj* symptomatic
sintomatología *nf* symptoms
sintonía *nf* (**a**) *(música)* signature tune (**b**) *(conexión)* tuning; **están ustedes en la s. de Radio 4** this is Radio 4 (**c**) *(compenetración)* harmony; **sus ideas están en s. con las mías** her ideas are in line with mine
sintonización *nf* (**a**) *(conexión)* tuning (**b**) *(compenetración)* **la s. entre los dos es perfecta** the two of them are really on the same wavelength
sintonizador *nm* tuner, tuning dial
sintonizar [14] **1** *vt (conectar)* to tune in to; **sintonizan ustedes Radio 4** this is Radio 4
2 *vi* (**a**) *(conectar)* to tune in (**con** to) (**b**) *(compenetrarse)* **sintonizaron muy bien** they clicked straight away; **s. en algo (con alguien)** to be on the same wavelength (as sb) about sth
sinuosidad *nf* bend, wind
sinuoso, -a *adj* (**a**) *(camino)* winding (**b**) *(movimiento)* sinuous (**c**) *(disimulado)* devious
sinusitis *nf inv* sinusitis
sinvergüenza 1 *adj* (**a**) *(canalla)* shameless (**b**) *(fresco, descarado)* cheeky
2 *nmf* (**a**) *(canalla)* scoundrel; **ser un s.** to be shameless (**b**) *(fresco, descarado)* cheeky person; **ser un s.** to be a cheeky rascal *o* so-and-so; **ese s. me ha quitado el bocadillo** that cheeky rascal *o* so-and-so stole my sandwich
sinvergüenzada *nf Am Fam* dirty trick
sionismo *nm* Zionism
sionista *adj & nmf* Zionist
sioux ['siuks] *adj inv & nmf inv* Sioux
siquiatra, siquiatría *etc* = **psiquiatra, psiquiatría** *etc*
síquico, -a = **psíquico**
siquiera 1 *conj (aunque)* even if; **ven s. por pocos días** do come, even if it's only for a few days
2 *adv (por lo menos)* at least; **dime s. tu nombre** (you could) at least tell me your name; **ni (tan) s.** not even; **ni (tan) s. me hablaron** they didn't even speak to me; **no tiene s. dónde dormir** he doesn't even have a place to sleep
siquis = **psiquis**
sirena *nf* (**a**) *Mitol* mermaid, siren (**b**) *(señal)* siren
Siria *n* Syria
sirimiri *nm* drizzle
siringa *nf Bol, Perú Bot* rubber tree
sirio, -a *adj & nm,f* Syrian
sirlero, -a *nm,f muy Fam* = thug who carries a knife
siroco *nm (viento)* sirocco; EXPR *Fam* **le ha dado el s.** she's had a brainstorm
sirope *nm* golden syrup ❑ ***s. de fresa/ chocolate*** *(para helado)* strawberry/chocolate sauce
sirviente, -a *nm,f* servant
sirviera *etc ver* **servir**
sirvo *etc ver* **servir**
sisa *nf* (**a**) *(de manga)* armhole (**b**) *(de dinero)* pilfering
sisal *nm* sisal
sisar *vt & vi Esp* to pilfer
sisear *vt & vi* to hiss
siseo *nm* hiss, hissing
sísmico, -a *adj* seismic; **zona sísmica** earthquake zone
sismo *nm* earthquake
sismógrafo *nm* seismograph
sismología *nf* seismology
sisón, -ona 1 *adj* pilfering
2 *nm,f (ladrón)* pilferer, petty thief
3 *nm (ave)* little bustard
sistema *nm* (**a**) *(en general)* system; **por s.** systematically ❑ *Astron* ***s. binario*** *(de estrellas)* binary system; ***s. cegesimal*** *(de unidades)* CGS system; ***el S. Central*** = Spanish central mountain range; ***s. de coordenadas*** coordinate system; ***TV s. dual*** = system enabling dubbed TV programmes to be heard in the original language; ***s. fiscal*** tax system; ***el S. Ibérico*** the Iberian mountain chain; ***s. impositivo*** tax system; ***s. internacional de unidades*** SI system; ***s. métrico (decimal)*** metric (decimal) system; ***s. monetario europeo*** European Monetary System; ***s. montañoso*** mountain chain *o* range; ***s. periódico (de los elementos)*** periodic table (of elements); ***s. planetario*** planetary system; ***s. político*** political system; ***s. de referencia*** reference frame, frame of reference; ***s. de seguridad*** security system; ***s. solar*** solar system; ***s. tributario*** tax system
(**b**) *Anat* system ❑ ***s. cardiovascular*** cardiovascular system; ***s. circulatorio*** circulatory system; ***s. endocrino*** endocrine system; ***s. linfático*** lymphatic system; ***s. nervioso*** nervous system
(**c**) *(método, orden)* method; **trabajar con s.** to work methodically
(**d**) *Informát* system ❑ ***s. de alimentación ininterrumpida*** uninterruptble power supply; ***s. de almacenamiento*** storage system; ***s. de autor*** authoring system; ***s. binario*** binary system; ***s. experto*** expert system; ***s. de gestión de bases de datos*** database management system; ***s. , hexadecimal*** hexadecimal system; ***s. multiprocesador*** multiprocessor system; ***s. operativo*** operating system
sistemáticamente *adv* systematically
sistemático, -a *adj* systematic
sistematización *nf* systematization
sistematizar [14] *vt* to systematize
sistémico, -a *adj* systemic
sitar *nm* sitar
sitiado, -a *adj* besieged
sitiador, -a 1 *adj* besieging
2 *nm,f* besieger
sitial *nm Formal* seat of honour
sitiar *vt* (**a**) *(cercar)* to besiege (**b**) *(acorralar)* to surround
sitio *nm* (**a**) *(lugar)* place; **cambiar de s. (con alguien)** to change places (with sb); **cambié los muebles de s.** I changed the furniture round; **en cualquier s.** anywhere; **en ningún s.** nowhere; **en otro s.** elsewhere; **en todos los sitios** everywhere; **hacer un s. a alguien** to make room for sb; **está sentado en mi s.** you're sitting in my seat; **no queda ni un s. (libre)** *(en cine, teatro)* there isn't a single free seat; EXPR **un camión lo atropelló y lo dejó en el s.** he was hit by a truck and died on the spot; EXPR **poner a alguien en su s.** to put sb in their place; EXPR **le dio un ataque al corazón y se quedó en el s.** she had a heart attack and dropped dead on the spot
(**b**) *(espacio)* room, space; **hacer s. a alguien** to make room for sb; **ocupa mucho s.** it takes up a lot of room *o* space; **no queda más s.** there's no more room; **no tengo s. para tantos libros** I don't have enough room *o* space for all those books
(**c**) *(cerco)* siege

(**d**) *Informát* site ❑ ***s. web*** web site
(**e**) *Am (granja)* small farm

sito, -a *adj* located

situación *nf* (**a**) *(circunstancias)* situation; *(legal, social)* status ❑ ***s. económica*** economic situation; ***s. límite*** extreme *o* critical situation (**b**) *(estado, condición)* state, condition; **estar en s. de hacer algo** *(en general)* to be in a position to do sth; *(enfermo, borracho)* to be in a fit state to do sth; **estar en una s. privilegiada** to be in a privileged position (**c**) *(ubicación)* location

situado, -a *adj* (**a**) *(ubicado)* located; **estar bien s.** *(casa)* to be conveniently located; *Fig* to be well-placed (**b**) *(acomodado)* comfortably off

situar [4] **1** *vt* (**a**) *(colocar)* to place, to put; *(edificio, ciudad)* to site, to locate; *Fig* **me suena pero no lo sitúo** he sounds familiar, but I can't place him
(**b**) *(en clasificación)* **su victoria les sitúa en el primer puesto** their win moves them up to first place
2 situarse *vpr* (**a**) *(colocarse)* to take up position
(**b**) *(ubicarse)* to be located; **está cerca de la plaza, ¿te sitúas?** it's near the square, do you know where I mean?
(**c**) *(desarrollarse) (acción)* to be set
(**d**) *(acomodarse, establecerse)* to get oneself established
(**e**) *(en clasificación)* to be placed; **se sitúa entre los mejores** he's (ranked) amongst the best

siútico, -a *adj Chile Fam* stuck-up

skateboard [es'keidβor] (*pl* **skateboards**) *nm* (**a**) *(tabla)* skateboard (**b**) *(deporte)* skateboarding

skay [es'kai] *nm* Leatherette®

sketch [es'ketʃ] (*pl* **sketches**) *nm Cine & Teatro* sketch

skin head [es'kinχeð] (*pl* **skin heads**) *nmf* skinhead

S.L. *nf (abrev de* **sociedad limitada**) *Br* ≃ Ltd, *US* ≃ Inc

slalom [es'lalom] (*pl* **slaloms**) *nm Dep* slalom ❑ ***s. gigante*** giant slalom

Slam [es'lam] *nm Dep* **el Gran S.** the Grand Slam

slip [es'lip] (*pl* **slips**) *nm* briefs

S.M. *(abrev de* **Su Majestad**) HM

smash [es'maʃ] (*pl* **smashes**) *nm Dep* smash

SME *nm (abrev de* **Sistema Monetario Europeo**) EMS

SMI *nm (abrev de* **sistema monetario internacional**) IMS

s/n *(abrev de* **sin número**) = abbreviation used in addresses after the street name, where the building has no number

snob 1 *adj* **es muy s.** he's always trying to look trendy and sophisticated
2 *nmf* person who wants to appear trendy and sophisticated

snobismo *nm* **sólo lo hace por s.** he's just doing that because he thinks it's trendy and sophisticated

snorkel [es'norkel] *nm* (**a**) *(deporte, actividad)* snorkelling; **hacer s.** to go snorkelling (**b**) *(tubo)* snorkel

snowboard [es'nouβor] (*pl* **snowboards**) *nm* (**a**) *(tabla)* snowboard (**b**) *(deporte)* snowboarding

so 1 *prep* under; **s. pretexto de** under the pretext of
2 *adv* **¡s. tonto!** you idiot!
3 *interj* **¡s., caballo!** whoa!

soba *nf Fam (paliza, derrota)* hiding; **dar una s. a alguien** to give sb a good hiding

sobaco *nm* armpit

sobado, -a *adj* (**a**) *(cuello, puños)* worn, shabby; *(libro)* dog-eared (**b**) *(argumento, tema)* well-worn, hackneyed

sobajar, sobajear *vt Ecuad, Méx (humillar)* to humiliate

sobao *nm (dulce)* = small, flat, square sponge cake

sobaquera *nf* armhole

sobaquina *nf Fam* body odour, BO

sobar 1 *vt* (**a**) *(tocar)* to finger, to paw; *Fam (persona)* to touch up, to fondle (**b**) *(ablandar)* to soften (**c**) *Fam (pegar, derrotar)* to give a hiding (**d**) *Méx, RP (frotar)* to scrub
2 *vi muy Fam Esp Br* to kip, *US* to catch some zees

sobe, sobeo *nm* (**a**) *Fam (toqueteo)* fondling, touching up (**b**) *(correa)* strap

soberanamente *adv* (**a**) *(independientemente)* independently, free from outside interference (**b**) *(enormemente)* **aburrirse s.** to be bored stiff

soberanía *nf* sovereignty

soberano, -a 1 *adj* (**a**) *(independiente)* sovereign (**b**) *(grande)* massive; *(paliza)* thorough; *(belleza, calidad)* supreme, unrivalled; **decir/hacer una soberana tontería** to say/do something unbelievably stupid
2 *nm,f* sovereign

soberbia *nf* (**a**) *(arrogancia)* pride, arrogance (**b**) *(magnificencia)* grandeur, splendour

soberbio, -a 1 *adj* (**a**) *(arrogante)* proud, arrogant (**b**) *(magnífico)* superb, magnificent
2 *nm,f (persona)* proud *o* arrogant person; **es un s.** he's proud *o* arrogant

sobetear *vt Fam* **no sobetees esa manzana** stop playing with that apple

sobón, -ona *nm,f Fam* groper

sobornable *adj* bribable

sobornar *vt* to bribe

soborno *nm* (**a**) *(acción)* bribery (**b**) *(dinero, regalo)* bribe (**c**) **de soborno** *loc adj Bol, Chile* additional

sobra *nf* excess, surplus; **de s.** *(en exceso)* more than enough; *(de más)* superfluous; **tenemos dinero de s.** we have more than enough money; **me voy, aquí estoy de s.** I'm off, it's obvious I'm not wanted here; **lo sabemos de s.** we know it only too well; **sobras** *(de comida)* leftovers; *(de tela)* remnants

sobradamente *adv* **s. conocido** extremely well-known; **como es s. conocido...** as I/we *etc* know all too well...

sobrado, -a 1 *adj* (**a**) *(de sobra)* **con sobrada experiencia** with ample experience; **tengo sobradas sospechas para desconfiar de él** I've more than enough reasons to suspect him (**b**) *(con suficiente)* **estar s. de dinero/tiempo** to have more than enough money/time (**c**) *Chile (enorme)* enormous, huge
2 *nmpl Andes* **sobrados** leftovers

sobrante 1 *adj* remaining
2 *nm* surplus

sobrar *vi* (**a**) *(quedar, restar)* to be left over, to be spare; **nos sobró comida** we had some food left over (**b**) *(haber de más)* **parece que van a s. bocadillos** it looks like there are going to be too many *o* more than enough sandwiches; **sobra una silla** there's one chair too many (**c**) *(estar de más)* to be superfluous; **lo que dices sobra** that goes without saying; *Fig* **aquí sobra alguien** someone here is not welcome

sobrasada *nf* = Mallorcan spicy pork sausage that can be spread

sobre[1] *nm* (**a**) *(para cartas)* envelope (**b**) *(para alimentos, medicamentos)* sachet, packet (**c**) *muy Fam (cama)* **irse al s.** to hit the sack

SOBRE[2] *prep* (**a**) *(encima de)* on (top of); **el libro está s. la mesa** the book is on (top of) the table; **aún hay nieve s. las montañas** there's still snow on the mountains; **fui apilando las tejas una s. otra** I piled the tiles up one on top of the other; **una cruz roja s. fondo blanco** a red cross on *o* against a white background; **varios policías saltaron s. él** several policemen fell upon him; **seguimos s. su pista** we're still on her trail
(**b**) *(por encima de)* over, above; **el puente s. la bahía** the bridge across *o* over the bay; **en estos momentos volamos s. la isla de Pascua** we are currently flying over Easter Island; **la catedral destaca s. los demás edificios** the cathedral stands out over *o* above the other buildings; **a 3.000 metros s. el nivel del mar** 3,000 metres above sea level
(**c**) *(en torno a)* on; **la Tierra gira s. sí misma** the Earth revolves on its own axis
(**d**) *(indica superioridad)* **su opinión está s. las de los demás** his opinion is more important than that of the others; **una victoria s. alguien** a win over sb
(**e**) *(indica relación, contraste, efecto)* **el impuesto s. la renta** income tax; **tiene muchas ventajas s. el antiguo modelo** it has a lot of advantages over the old model; **su efecto s. la quemadura es inmediato** its effect on the burn is immediate; **no tienen influencia s. ellos** they have no influence over them
(**f**) *(acerca de)* about, on; **discuten s. política** they are arguing about politics; **un libro s. el amor** a book about *o* on love; **una conferencia s. el desarme** a conference on disarmament
(**g**) *(aproximadamente)* about; **llegarán s. las diez/s. el jueves** they'll arrive at

about ten o'clock/around Thursday; **tiene s. los veinte años** she's about twenty; **los solicitantes deben de ser s. dos mil** there must be about two thousand applicants

(**h**) *(indica acumulación)* upon; **nos contó mentira s. mentira** he told us lie upon lie *o* one lie after another

(**i**) *(indica inminencia)* upon; **la desgracia estaba ya s. nosotros** the disaster was already upon us

(**j**) **sobre todo** *loc adv* above all

---

sobreabundancia *nf* surplus

sobreabundante *adj* excessive

sobreabundar *vi* to abound

sobreactuar *vi* to overact

sobrealimentación *nf* overeating

sobrealimentar 1 *vt* (**a**) *(alimentar en exceso)* to overfeed (**b**) *(motor)* to turbocharge

2 sobrealimentarse *vpr* to overeat

sobreañadido *nm* unnecessary addition

sobreañadir *vt* **s. algo a algo** to add sth on top of sth

sobrecalentamiento *nm* overheating

sobrecalentar [3] *vt* to overheat

sobrecama *nf* bedspread

sobrecarga *nf* (**a**) *(exceso de carga)* excess load (**b**) *(saturación)* overload; **s. de trabajo** excessive workload; **por s. en las líneas le rogamos marque dentro de unos minutos** all our lines are busy at the moment, please try again later (**c**) *(eléctrica)* surge

sobrecargado, -a *adj* (**a**) *(con peso)* overloaded; **estar s. de trabajo** to be overburdened with work, to have an excessive workload (**b**) *(con decoración)* overdone

sobrecargar [38] *vt* (**a**) *(con peso)* to overload (**de** with); *(con trabajo)* to overburden (**de** with) (**b**) *(decoración)* to overdo

sobrecargo *nm* (**a**) *Náut* supercargo (**b**) *Av* flight attendant (**c**) *Com* surcharge

sobrecogedor, -ora *adj* frightening, startling

sobrecoger [52] **1** *vt* to frighten, to startle

2 sobrecogerse *vpr* to be frightened, to be startled

sobrecogimiento *nm* surprise, astonishment

sobrecoste, sobrecosto *nm* extra cost

sobrecubierta *nf* (**a**) *(de libro)* (dust) jacket (**b**) *(de barco)* upper deck

sobrecuello *nm (de sacerdote)* dog collar

sobredimensionar *vt* to blow up out of all proportion

sobredorar *vt (dorar)* to gild

sobredosis *nf inv* overdose

sobreentender = **sobrentender**

sobreentendido, -a = **sobrentendido**

sobreesdrújula = **sobresdrújula**

sobreesdrújulo, -a = **sobresdrújulo**

sobreexcitación = **sobrexcitación**

sobreexcitado, -a = **sobrexcitado**

sobreexcitar = **sobrexcitar**

sobreexplotación *nf (de campos, cultivos)* overfarming; *(minera)* overmining; **s. de los recursos marítimos** overfishing; **s. de los recursos naturales** overtaxing our natural resources

sobreexplotar *vt (campos, cultivos)* to overfarm; *(recursos mineros)* to overmine ; **s. los recursos marítimos** to overfish; **s. los recursos naturales** to overtax our natural resources

sobreexponer = **sobrexponer**

sobreexposición = **sobrexposición**

sobrefalda *nf* overskirt

sobrefusión *nf* supercooling

sobregiro *nm Com* overdraft

sobrehilado *nm (en costura)* overcast stitching, whipstitching

sobrehilar *vt* to whipstitch

sobrehumano, -a *adj* superhuman

sobreimpresión *nf* superimposing

sobreimprimir *vt* to superimpose

sobrellevar *vt* to bear, to endure

sobremanera *adv* exceedingly; **me place s. que recurran a nuestros servicios** I'm exceedingly pleased that you should have decided to use our services

sobremesa *nf* = time after midday meal, usually between 3 and 5 o'clock in the afternoon, when people stay at the table talking, playing cards, etc; **quedarse de s.** to stay at the table *(talking, playing cards etc)*; **la programación de s.** afternoon TV (programmes)

sobrenadar *vi* to float

sobrenatural *adj* supernatural; **poderes sobrenaturales** supernatural powers

sobrenombre *nm* nickname

sobrentender [64] **1** *vt* to understand, to deduce

2 sobrentenderse *vpr* **se sobrentiende que vendrán** it is understood that they'll come

sobrentendido, -a *adj* implied, implicit

sobrepasar 1 *vt* (**a**) *(exceder)* to exceed (**b**) *(aventajar)* **me sobrepasa en altura** he's taller than me; **lo sobrepasa en inteligencia** she's more intelligent than he is

2 sobrepasarse *vpr* (**a**) *(excederse)* to go over the top (**b**) *(propasarse)* to go too far (**con** with); **sobrepasarse con alguien** *(sexualmente)* to take liberties with sb

sobrepelliz *nf* surplice

sobrepesca *nf* overfishing

sobrepeso *nm* excess weight

sobreponer [50] **1** *vt* (**a**) *(poner encima)* to put on top (**b**) *(anteponer)* **s. algo a algo** to put sth before sth

2 sobreponerse *vpr* **sobreponerse a algo** to overcome sth

sobreposición *nf* superimposing

sobreproducción *nf Econ* overproduction

sobreproteger [52] *vt* to overprotect

sobrepuesto, -a 1 *participio ver* **sobreponer**

2 *adj* superimposed

3 *nm Am (panal)* = honeycomb formed after the hive is full

sobrepujar *vt* to outdo, to surpass

sobresaliente 1 *adj (destacado)* outstanding

2 *nm (nota)* excellent, ≃ A

sobresalir [60] *vi* (**a**) *(en tamaño)* to jut out; **la enagua le sobresale por debajo de la falda** her petticoat is showing beneath her skirt (**b**) *(en importancia)* to stand out (**c**) *(descollar)* to stand out

sobresaltar 1 *vt* to startle

2 sobresaltarse *vpr* to be startled, to start

sobresalto *nm* start, fright; **dar un s. a alguien** to make sb start, to give sb a fright

sobresaturar *vt* to supersaturate

sobrescribir *vt* to overwrite

sobrescrito, -a *participio ver* **sobrescribir**

sobresdrújula *nf* = word stressed on the fourth-last syllable

sobresdrújulo, -a *adj* = stressed on the fourth-last syllable

sobreseer [37] *vt Der* to discontinue, to dismiss

sobreseimiento *nm Der* discontinuation, dismissal

sobrestimar 1 *vt* to overestimate

2 sobrestimarse *vpr* to overestimate one's own abilities

sobresueldo *nm* **cobrar un s.** to get paid extra

sobretasa *nf* surcharge

sobretodo *nm* overcoat

sobrevalorado, -a *adj (artista, obra)* overrated; *(casa, acciones, moneda)* overvalued

sobrevalorar 1 *vt (artista, obra)* to overrate; *(casa, acciones, moneda)* to overvalue

2 sobrevalorarse *vpr* to have too high an opinion of oneself

sobrevenir [69] *vi* to happen, to ensue; **sobrevino la guerra** the war intervened; **la enfermedad le sobrevino durante las vacaciones** he was struck down by the illness during the holidays

sobreviviente 1 *adj* surviving

2 *nmf* survivor

sobrevivir *vi* to survive; **s. a un accidente** to survive an accident; **sobrevivió a sus hijos** she outlived her children

sobrevolar [63] *vt* to fly over

sobrexcitación *nf* overexcitement

sobrexcitado, -a *adj* overexcited

sobrexcitar 1 *vt* to overexcite
2 sobrexcitarse *vpr* to get overexcited
sobrexponer [50] *vt* to overexpose
sobrexposición *nf* overexposure
sobriedad *nf* (**a**) *(moderación)* restraint, moderation; *(sencillez)* simplicity, sobriety (**b**) *(no embriaguez)* soberness
sobrino, -a *nm,f* nephew, *f* niece
sobrio, -a *adj* (**a**) *(moderado)* restrained; *(no excesivo)* simple; **es s. en el vestir** he dresses simply (**b**) *(austero) (decoración, estilo)* sober (**c**) *(no borracho)* sober
socaire *nm Náut* lee; *Fig* **al s. de** under the protection of
socarrado, -a *adj* burnt, scorched
socarrar 1 *vt (quemar)* to burn, to scorch
2 socarrarse *vpr* to burn, to get scorched
socarrón, -ona *adj* ironic
socarronería *nf* irony, ironic humour
socavar *vt* (**a**) *(debilitar)* to undermine (**b**) *(excavar por debajo)* to dig under
socavón *nm* (**a**) *(hoyo)* hollow; *(en la carretera)* pothole (**b**) *Min* gallery
sociabilidad *nf* sociability
sociable *adj* sociable
social *adj* (**a**) *(en general)* social (**b**) *Com* **capital s.** share capital; **sede s.** head office
socialdemocracia *nf* social democracy
socialdemócrata 1 *adj* social democratic
2 *nmf* social democrat
socialismo *nm* socialism
socialista *adj & nmf* socialist
socialización *nf Econ* nationalization
socializar [14] *vt Econ* to nationalize
socialmente *adv* socially
sociata *nmf Fam Pey* = supporter of the PSOE (Spanish Socialist Party)
sociedad *nf* (**a**) *(en general)* society; **entrar** *o* **presentarse en s.** to come out, to make one's debut; **las hormigas viven en s.** ants are social creatures; **alta s.** high society; **notas de s.** society column ▫ ***la s. civil*** civilian society; ***s. de consumo*** consumer society; ***s. deportiva*** sports club; ***s. gastronómica*** dining club, gourmet club; ***s. literaria*** literary society; ***s. médica*** private health care company; *Hist* ***la S. de Naciones*** the League of Nations; ***la s. del ocio*** the leisure society; ***la S. Protectora de Animales*** *Br* ≃ the RSPCA, *US* ≃ the SPCA
(**b**) *Com & Fin (empresa)* company ▫ ***s. anónima*** *Br* public (limited) company, *US* incorporated company; ***s. de cartera*** holding (company); ***s. colectiva*** general partnership; ***s. comanditaria*** *o* ***en comandita*** general and limited partnership; ***s. cooperativa*** cooperative; ***s. industrial*** industrial society; ***s. de inversión*** investment company; ***s. de inversión de capital variable*** investment company; ***s. de inversión mobiliaria*** investment trust; ***s. limitada*** private limited company; ***s. mercantil*** trading corporation; ***s. mixta*** joint venture; ***s. de responsabilidad limitada*** private limited company
socio, -a *nm,f* (**a**) *Com* partner; **hacerse s. de una empresa** to become a partner in a company ▫ ***s. capitalista*** *o* ***comanditario*** *Br* sleeping partner, *US* silent partner; ***s. fundador*** founding partner; ***s. mayoritario*** majority shareholder (**b**) *(miembro)* member; **hacerse s. de un club** to join a club ▫ ***s. honorario*** *o* ***de honor*** honorary member; ***s. de número*** full member; ***s. vitalicio*** life member (**c**) *Fam (amigo)* mate
sociobiología *nf* sociobiology
sociocultural *adj* sociocultural
socioeconomía *nf* socioeconomics *(singular)*
socioeconómico, -a *adj* socioeconomic
sociolingüística *nf* sociolinguistics *(singular)*
sociolingüístico, -a *adj* sociolinguistic
sociología *nf* sociology
sociológico, -a *adj* sociological
sociólogo, -a *nm,f* sociologist
sociopolítico, -a *adj* sociopolitical
soco, -a *adj Chile, PRico (manco)* **es s.** he only has one arm
socorrer *vt* to help
socorrido, -a *adj (útil)* useful, handy
socorrismo *nm (primeros auxilios)* first aid; *(en la playa)* lifesaving
socorrista *nmf* first aid worker; *(en la playa)* lifeguard
socorro 1 *nm* help, aid; **acudieron en s. del barco** they came to the ship's aid *o* assistance; **prestar s. a alguien** to offer sb assistance
2 *interj* **¡s.!** help!
soda *nf (bebida)* soda water
sódico, -a *adj* sodium; **cloruro s.** sodium chloride
sodio *nm* sodium
sodomía *nf* sodomy
sodomita *nmf* sodomite
sodomizar [14] *vt* to sodomize
soez *adj* vulgar
sofá (*pl* **sofás**) *nm* sofa ▫ ***s. cama*** sofa bed
Sofía *n* Sofia
sofisma *nm* sophism
sofisticación *nf* sophistication
sofisticado, -a *adj* sophisticated
sofisticar [59] **1** *vt* (**a**) *(quitar naturalidad a)* to make too sophisticated (**b**) *(falsificar)* to adulterate, to doctor
2 sofisticarse *vpr* to get sophisticated
sofístico, -a *adj* specious, fallacious
soflama *nf Pey (discurso)* harangue
sofocación *nf (asfixia)* suffocation
sofocado, -a *adj* (**a**) *(por cansancio)* out of breath; *(por calor)* suffocating (**b**) *(por vergüenza)* embarrassed (**c**) *(por disgusto)* upset
sofocante *adj (calor)* suffocating, stifling
sofocar [59] **1** *vt* (**a**) *(ahogar, abrasar)* to suffocate, to stifle (**b**) *(incendio)* to put out, to smother (**c**) *(rebelión)* to suppress, to quell (**d**) *(agobiar) (con trabajo)* to overburden (**e**) *(avergonzar)* to embarrass
2 sofocarse *vpr* (**a**) *(ahogarse, abrasarse)* to suffocate (**b**) *(agobiarse) (con trabajo)* to overburden (**c**) *(avergonzarse)* to get embarrassed (**d**) *(disgustarse)* **¡no te sofoques!** there's no need to get upset about it!
sofoco *nm* (**a**) *(ahogo)* breathlessness; **le dio un s.** he got out of breath (**b**) *(bochorno)* hot flush (**c**) *(vergüenza)* embarrassment; **pasar un s.** to be embarrassed (**d**) *(disgusto)* **llevarse un s.** to get upset
sofocón *nm Fam* **llevarse un s.** *(un disgusto)* to get really upset
sofoque *etc ver* **sofocar**
sófora *nf* pagoda tree
sofreír [56] *vt* to fry lightly over a low heat
sofrenar *vt* (**a**) *(retener)* to rein in suddenly, to check (**b**) *(refrenar)* to restrain, to control
sofrío, sofriera *etc ver* **sofreír**
sofrito, -a 1 *participio ver* **sofreír**
2 *nm* = lightly fried onions, garlic, and usually also tomato, used as a base for sauces, stews etc
sofrología *nf* relaxation therapy
software ['sofwer] *nm Informát* software; **paquete de s.** software package ▫ ***s. de comunicaciones*** communications software; ***s. de dominio público*** public domain software; ***s. integrado*** integrated software; ***s. de sistema*** system software
soga *nf* rope; *(para ahorcar)* noose; EXPR **estar con la s. al cuello** to be in dire straits; EXPR **mentar la s. en casa del ahorcado** to really put one's foot in it *(by mentioning a sensitive subject)*
soguear *vt* (**a**) *Ecuad (atar)* to tie with a long rope (**b**) *Col (burlarse de)* to make fun of
sois *ver* **ser**
soja *nf* (**a**) *(planta, fruto)* soya bean (**b**) *(proteína)* soya
sojuzgar [38] *vt* to subjugate
sol *nm* (**a**) *(astro)* sun; **de s. a s.** from dawn to dusk ▫ ***s. de media noche*** midnight sun; ***s. naciente/poniente*** rising/setting sun
(**b**) *(rayos, luz)* sunshine, sun; **estar/ponerse al s.** to be in/move into the sun; **entraba el s. por la ventana** sunlight was coming in through the window; **hace s.** it's sunny; **hace un s. de justicia** it's blazing hot; **quemado por el s.** sunburnt; **tomar el s.** to sunbathe; EXPR *Fam* **siempre se arrima al s. que más calienta** he sides with whoever is most beneficial for him at the time; EXPR *Fam* **no dejar a alguien ni a s. ni a sombra** to follow sb around wherever they go
(**c**) *Fam (ángel, ricura)* darling, angel
(**d**) *(nota musical)* G; *(en solfeo)* soh; *ver también* **do**
(**e**) *(moneda)* sol

(**f**) *Taurom* = seats in the sun, the cheapest in the bullring
(**g**) ***s. y sombra*** *(bebida)* = mixture of brandy and anisette

solado *nm*, **soladura** *nf* flooring

solador *nm* floorer

solamente *adv* (**a**) *(sólo)* only, just; **vino s. él** only he came (**b**) **s. que** *(pero)* only; **quisiera ir, s. que no puedo** I'd like to go, only I can't

solana *nf* (**a**) *(lugar)* sunny spot (**b**) *(galería)* sun lounge

solano *nm* east wind

solapa *nf* (**a**) *(de prenda)* lapel (**b**) *(de libro, sobre)* flap

solapadamente *adv* underhandedly, deviously

solapado, -a *adj* underhand, devious

solapamiento *nm* overlapping

solapar *vt* to cover up

solar[1] *adj* solar; **los rayos solares** the sun's rays

solar[2] *nm* (**a**) *(terreno)* vacant lot, undeveloped plot (of land) (**b**) *Cuba (casa de vecindad)* tenement

solariego, -a *adj* ancestral

solario, solárium (*pl* **solariums**) *nm* solarium

solaz *nm Formal* (**a**) *(entretenimiento)* amusement, entertainment (**b**) *(descanso)* rest

solazar [14] *Formal* **1** *vt (entretener)* to amuse, to entertain
2 solazarse *vpr* to amuse *o* entertain oneself

solazo *nm Fam* scorching *o* blazing sunshine

soldada *nf* pay

soldadesca *nf* rowdy *o* unruly gang of soldiers

soldadito *nm* ***s. de plomo*** tin soldier

soldado *nm* soldier ▫ ***s. de caballería*** cavalryman; ***s. de infantería*** infantryman; ***s. de marina*** marine; ***s. de plomo*** tin soldier; ***s. de primera*** *Br* lance corporal, *US* private first class; ***s. raso*** private

soldador, -ora 1 *nm,f (persona)* welder
2 *nm (aparato)* soldering iron

soldadura *nf* (**a**) *(acción) (con material adicional)* soldering; *(sin material adicional)* welding ▫ ***s. autógena*** autogenous welding (**b**) *(juntura) (con material adicional)* soldered joint; *(sin material adicional)* weld

soldar [63] **1** *vt (metal) (con material adicional)* to solder; *(sin material adicional)* to weld
2 *vi (huesos)* to knit
3 soldarse *vpr (huesos)* to knit

soleá (*pl* **soleares**) *nf* = type of flamenco song and dance

soleado, -a *adj* sunny

solear *vt* to put in the sun

solecismo *nm* solecism

soledad *nf* (**a**) *(falta de compañía)* solitude; **vive en completa s.** he lives in complete solitude; **necesito un poco de s.** I need to be alone for a while (**b**) *(melancolía)* loneliness

solemne *adj* (**a**) *(con pompa, importante)* formal, solemn; *(serio)* solemn; **una promesa s.** a solemn promise (**b**) *(enorme)* utter, complete; **hacer/decir una s. tontería** to do/say something incredibly stupid

solemnemente *adv* solemnly

solemnidad *nf* (**a**) *(suntuosidad)* pomp, solemnity (**b**) *(acto)* ceremony (**c**) **de solemnidad** *loc adv* **malo de s.** really bad; **son pobres de s.** they're really poor

solemnizar [14] *vt* (**a**) *(celebrar)* to celebrate, to commemorate (**b**) *(dar solemnidad a)* to lend an air of solemnity to

solenoide *nm Elec* solenoid

soler [76] *vi* (**a**) *(en presente)* **s. hacer algo** to do sth usually; **solemos comer fuera los viernes** we usually eat out on Fridays; **aquí suele llover mucho** it usually rains a lot here; **como se suele hacer en estos casos** as is customary in such cases; **este restaurante suele ser bueno** this restaurant is usually good (**b**) *(en pasado)* **solía ir a la playa cada día** I used to go to the beach every day; **solíamos vernos más** we used to see more of each other

solera *nf* (**a**) *(tradición)* tradition; **una familia/marca de s.** a long-established family/brand; **un barrio con mucha s.** a neighbourhood with a lot of local character (**b**) **vino de s.** *(añejo)* vintage wine (**c**) *RP (vestido)* sun dress (**d**) *Chile (de acera) Br* kerb, *US* curb

solero *nm RP (vestido)* sun dress

solfa *nf Fam* (**a**) *(paliza)* thrashing (**b**) EXPR *Fam* **poner algo en s.** to make fun of sth, *Br* to take the mickey out of sth

solfear *vt Mús* to sol-fa

solfeo *nm Mús* solfeggio; **estudiar s.** to learn to read music; **saber s.** to be able to read music

solicitante 1 *adj* applying
2 *nmf* applicant

solicitar *vt* (**a**) *(pedir)* to request; *(puesto, licencia, préstamo)* to apply for; **s. algo a alguien** *(pedir)* to request sth from sb; *(puesto, licencia, préstamo)* to apply for sth from sb; **me han solicitado que lo haga** they've requested that I do it (**b**) *(persona)* to ask for; **le solicita el director de ventas** the sales manager wants to see you; **estar muy solicitado** to be very popular, to be very sought after (**c**) *Anticuado (cortejar)* to woo

solícito, -a *adj* solicitous, obliging

solicitud *nf* (**a**) *(petición)* request; *(de puesto, licencia, préstamo)* application; **a s. de** at the request of (**b**) *(documento)* application form (**c**) *(atención)* attentiveness; **con s.** attentively

solidariamente *adv* (**a**) *(con solidaridad)* **actuaron s.** they showed great solidarity (**b**) *Der* severally

solidaridad *nf* solidarity; **lo hago por s. con los despedidos** I am doing it out of solidarity with the people who have been sacked

solidario, -a *adj* (**a**) *(adherido) (actitud)* supportive (**con** of); **un gesto s.** a gesture of solidarity; **ser s. con alguien** to show solidarity with sb (**b**) *(obligación, compromiso)* mutually binding

solidarizar [14] **1** *vt* to make jointly responsible *o* liable
2 solidarizarse *vpr (unirse)* to make common cause, to show one's solidarity (**con** with); **nos solidarizamos con los manifestantes** we sympathize with the demonstrators

solideo *nm Rel* skullcap

solidez *nf* (**a**) *(física)* solidity (**b**) *(moral)* firmness

solidificación *nf* solidification

solidificar [59] **1** *vt* to solidify
2 solidificarse *vpr* to solidify

sólido, -a 1 *adj* (**a**) *(estado)* solid; **un cuerpo s.** a solid (**b**) *(fundamento)* firm; *(argumento, conocimiento, idea)* sound (**c**) *(color)* fast
2 *nm* solid

soliloquio *nm* soliloquy

solista 1 *adj* solo
2 *nmf* soloist

solitaria *nf (tenia)* tapeworm

solitario, -a 1 *adj* (**a**) *(persona, vida)* solitary; **una vida triste y solitaria** a sad and lonely life; **en s.** *(navegar)* solo (**b**) *(lugar)* lonely, deserted
2 *nm,f (persona)* loner
3 *nm* (**a**) *(diamante)* solitaire (**b**) *(juego) Br* patience, *US* solitaire; **hacer un s.** to play a game of *Br* patience *o US* solitaire

soliviantar 1 *vt* (**a**) *(excitar, incitar)* to stir up (**contra** against) (**b**) *(indignar)* to exasperate
2 soliviantarse *vpr* (**a**) *(rebelarse)* to rise up (**contra** against) (**b**) *(indignarse)* to get annoyed

solla *nf* plaice

sollozar [14] *vi* to sob

sollozo *nm* sob

SOLO, -A 1 *adj* (**a**) *(sin nadie, sin compañía)* alone; **me gusta estar s.** I like being alone *o* on my own *o* by myself; **¿vives sola?** do you live alone *o* on your own *o* by yourself?; **lo hice yo s.** I did it on my own *o* by myself; **me quedé s.** *(todos se fueron)* I was left on my own; *(nadie me apoyó)* I was left isolated; **se quedó s. a temprana edad** he was on his own from an early age; **quería estar a solas** she wanted to be alone *o* by herself; **ya hablaremos tú y yo a solas** we'll have a talk with just the two of us, we'll have a talk alone; *Fam* **es gracioso/simpático como él s.** he's really funny/nice; EXPR **estar/quedarse más s. que la una** to be/be left all on one's own; PROV **más vale estar s. que mal acompañado** better to be alone than to be with the wrong people
(**b**) *(solitario)* lonely; **me sentía s.** I fe' lonely

(**c**) *(sin nada)* on its own; *(café)* black; *(whisky)* neat
(**d**) *(único)* single; **no me han comprado ni un s. regalo** they didn't buy me a single present; **ni una sola gota** not a (single) drop; **dame una sola razón** give me one reason; **queda una sola esperanza** only one hope remains
(**e**) *(mero, simple)* very, mere; **la sola idea de suspender me deprime** the very *o* mere idea of failing depresses me; **el s. hecho de que se disculpe ya le honra** the very fact that he is apologizing is to his credit
2 *nm* (**a**) *Mús* solo; **un s. de guitarra** a guitar solo
(**b**) *Fam (café)* black coffee

SÓLO *adv*

Note that the adverb **sólo** can be written without an accent when there is no risk of confusion with the adjective.

only, just; **s. he venido a despedirme** I've only *o* just come to say goodbye; **come s. fruta y verdura** she only *o* just eats fruit and vegetables; **es s. un bebé** he's only *o* just a baby; **s. le importa el dinero** she's only interested in money, all she cares about is money; EXPR **s. se vive una vez** you only live once; **trabajo veinte horas a la semana — ¿s.?** I work twenty hours a week – is that all?; **no s.... sino (también)...** not only... but (also)...; **no s. me insultaron sino que además me golpearon** they didn't only insult me, they beat me too, not only did they insult me, they beat me too; **con s.** *o* **s. con una llamada basta para obtener el crédito** all you need to do to get the loan is to make one phone call; **con s.** *o* **s. con accionar la palanca...** by simply operating the lever... ; **s. con que te disculpes me conformo** all you need to do is apologize and I'll be happy, all I ask is that you apologize; **s. de pensarlo me pongo enfermo** just thinking about it makes me ill; **s. que...** only...; **lo compraría, s. que no tengo dinero** I would buy it, only I haven't got any money

solomillo *nm (carne)* sirloin; *(filete)* sirloin steak

solsticio *nm* solstice ❑ ***s. de invierno*** winter solstice; ***s. de verano*** summer solstice

SOLTAR [63] **1** *vt* (**a**) *(desasir)* to let go of; **soltó la maleta sobre la cama** she dropped the suitcase onto the bed; **¡suéltame!** let me go!, let go of me!
(**b**) *(dejar ir, liberar) (preso, animales)* to release; *(freno)* to release; *(acelerador)* to take one's foot off; **han soltado a los presos** the prisoners have been released; **no sueltes al perro** don't let the dog off the leash; **ve soltando el embrague poco a poco** let the clutch out gradually; *Fam* **no suelta (ni) un** *Esp* **duro** *o Am* **centavo** you can't get a penny out of her; *Fam* **si yo pillo un trabajo así, no lo suelto** if I get a job like that I wouldn't let go of it *o* I'd make sure I hung on to it
(**c**) *(desatar) (cierre)* to unfasten; *(enganche)* to unhook; *(nudo, cuerda)* to untie; *(hebilla, cordones)* to undo; *(tornillo, tuerca)* to unscrew
(**d**) *(aflojar) (nudo, cordones, tornillo)* to loosen
(**e**) *(desenrollar) (cable, cuerda)* to let *o* pay out; **ve soltando cuerda hasta que yo te diga** keep letting out *o* paying out more rope until I tell you to stop
(**f**) *(desprender) (calor, olor, gas)* to give off; **este tubo de escape suelta demasiado humo** this exhaust pipe is letting out a lot of smoke; **estas hamburguesas sueltan mucha grasa** a lot of fat comes out of these burgers when you fry them; **este gato suelta mucho pelo** this cat loses a lot of hair
(**g**) *(dar) (golpe)* to give; *(risotada, grito, suspiro)* to give, to let out; **s. una patada a alguien** to give sb a kick, to kick sb; **s. un puñetazo a alguien** to punch sb; **¡a que te suelto un bofetón!** watch it or I'll smack you in the face!
(**h**) *(decir bruscamente)* to come out with; **me soltó que me fuera al infierno** he turned round and told me to go to hell; *Fam* **¡venga, suelta lo que sepas!** come on out with it!; *Fam* **nos soltó un sermón sobre la paternidad responsable** she gave us *o* came out with this lecture about responsible parenting
(**i**) *(laxar)* **esto te ayudará a s. el vientre** this will help to loosen your bowels
2 soltarse *vpr* (**a**) *(desasirse)* to let go; *(escaparse, zafarse)* to break free; **agárrate a mí y no te sueltes** hold on to me and don't let go; **se soltó de sus ataduras** he broke free from his bonds; **se ha soltado el perro** the dog has slipped its leash; **logró soltarse de las esposas** he managed to get out of his handcuffs
(**b**) *(desatarse) (nudo, cuerda, cordones)* to come undone; **se soltó el moño** she let her bun down; **se soltó el nudo de la corbata** he loosened his tie
(**c**) *(desprenderse)* to come off; **se ha soltado el pomo de la puerta** *(está totalmente desprendido)* the doorknob has come off; *(se ha aflojado)* the doorknob has come loose; **se me soltó la horquilla** my hairgrip came out
(**d**) *(ganar desenvoltura)* to get the hang of it, to get confident; **soltarse a** *Esp* **conducir** *o Am* **manejar** to get the hang of driving, to get confident about one's driving; **soltarse con** *o* **en algo** to get the hang of sth; **no termino de soltarme con el francés** I just can't seem to get the hang of French
(**e**) *Fam (perder timidez)* to let go; **una vez que se soltó a hablar ya no paró** once she started talking she didn't stop

soltería *nf (de hombre)* bachelorhood; *(de mujer)* spinsterhood

soltero, -a 1 *adj* single, unmarried
2 *nm,f* bachelor, *f* single woman

solterón, -ona 1 *adj* unmarried
2 *nm,f* old bachelor, *f* spinster, *f* old maid

soltura *nf* (**a**) *(fluidez)* fluency; **habla inglés con s.** she speaks fluent English (**b**) *(facilidad, desenvoltura)* assurance; **tiene mucha s. para el trato con la gente** she's very good with people

solubilidad *nf* solubility

soluble *adj* (**a**) *(que se disuelve)* soluble; **s. en agua** water-soluble (**b**) *(que se soluciona)* solvable

solución *nf* (**a**) *(de problema)* solution; **este problema no tiene s.** there's no solution to this problem; *Fam* **este niño no tiene s.** this child is impossible (**b**) *(disolución)* solution ❑ ***s. acuosa*** aqueous solution; ***s. limpiadora*** *(para lentillas)* cleansing solution (**c**) *(interrupción)* **sin s. de continuidad** uninterrupted

solucionar 1 *vt (problema)* to solve; *(disputa)* to resolve
2 solucionarse *vpr* to be solved

solvencia *nf* (**a**) *(económica)* solvency (**b**) *(fiabilidad)* reliability

solventar *vt* (**a**) *(pagar)* to settle (**b**) *(resolver)* to resolve

solvente *adj* (**a**) *(económicamente)* solvent (**b**) *(fiable)* reliable

soma *nm* soma

somalí *(pl* **somalíes) 1** *adj & nmf* Somali
2 *nm (lengua)* Somali

Somalia *n* Somalia

somanta *nf Fam (paliza)* hiding; **s. de palos** beating, thrashing

somático, -a *adj* somatic

somatizar [14] *vt Med* to convert into physical symptoms

sombra *nf* (**a**) *(proyección) (fenómeno, silueta)* shadow; *(zona)* shade; **a la s.** in the shade; **a la s. de un árbol** in the shade of a tree; *Fig* **a la s. de su padre** *(bajo su protección)* under the protection of his father; *Fam Fig* **pasó un año a la s.** *(en la cárcel)* he spent a year in the slammer; **las higueras dan muy buena s.** fig trees give a lot of shade; **dar s. a** to cast a shadow over; EXPR **hacer s. a alguien** to overshadow sb; EXPR *Fam* **no se fía ni de su propia s.** he wouldn't trust his own mother; EXPR **se ríe de su propia s.** she makes a joke of everything; EXPR **ser la s. de alguien** to be like sb's shadow; EXPR *Fam* **tener mala s.** to be a nasty swine ❑ ***sombras chinescas*** *(marionetas)* shadow puppets; ***hacer sombras chinescas*** *(con las manos)* to make shadow pictures
(**b**) *(en pintura)* shade
(**c**) ***s. de ojos*** eye shadow
(**d**) *(anonimato)* background; **permanecer en la s.** to stay out of the limelight
(**e**) *(imperfección)* stain, blemish
(**f**) *(atisbo, apariencia)* trace, touch; **sin s. de duda** without a shadow of a doubt; **no es ni s. de lo que era** he's a shadow of his former self
(**g**) *(suerte)* **buena/mala s.** good/bad luck
(**h**) *Taurom* = most expensive seats in bullring, located in the shade

(i) *(oscuridad, inquietud)* darkness; **su muerte sumió al país en la s.** his death plunged the country into darkness
(j) *(misterio)* mystery
(k) *Chile (sombrilla)* parasol

sombrajo *nm* sunshade

sombreado *nm* shading

sombrear *vt (dibujo)* to shade

sombrerera *nf (caja)* hatbox

sombrerería *nf* **(a)** *(fábrica)* hat factory **(b)** *(tienda)* hat shop

sombrerero, -a *nm,f (para señoras)* milliner; *(para hombres)* hatter, hat maker

sombrerillo *nm (de seta)* cap

sombrero *nm* **(a)** *(prenda)* hat; **llevar** *o* **usar s.** to wear a hat; EXPR **pasar el s.** to pass round the hat; EXPR **quitarse el s. (ante alguien)** to take one's hat off (to sb) ▫ ***s. de copa*** top hat; ***s. hongo*** *Br* bowler hat, *US* derby **(b)** *(de seta)* cap

sombrilla *nf* **(a)** *(quitasol)* sunshade, parasol **(b)** *Col (paraguas)* umbrella **(c)** *Méx Fam* **me vale s.** I couldn't care less

sombrío, -a *adj* **(a)** *(oscuro)* gloomy, dark **(b)** *(triste, lúgubre)* sombre, gloomy

someramente *adv* **(a)** *(superficialmente)* superficially **(b)** *(brevemente)* briefly

somero, -a *adj* **(a)** *(superficial)* superficial **(b)** *(breve)* brief

someter 1 *vt* **(a)** *(dominar, subyugar)* to subdue; **los sometieron a su autoridad** they forced them to accept their authority
(b) *(presentar)* **s. algo a la aprobación de alguien** to submit sth for sb's approval; **s. algo a votación** to put sth to the vote
(c) *(subordinar)* to subordinate
(d) *(a interrogatorio, presiones)* **s. a alguien a algo** to subject sb to sth; **s. a alguien a una operación** to operate on sb
2 someterse *vpr*
(a) *(rendirse)* to surrender
(b) *(conformarse)* **someterse a algo** to yield *o* bow to sth; **someterse a la voluntad del pueblo** to bow to the will of the people
(c) *(a interrogatorio, pruebas)* to undergo; **someterse a un chequeo médico/una operación** to have a check-up/an operation; **se sometió voluntariamente al experimento** he participated voluntarily in the experiment

sometimiento *nm* **(a)** *(a autoridad, ley)* submission **(b)** *(dominio)* subjugation **(c)** *(a interrogatorio, pruebas)* subjection

somier *(pl* **somieres)** *nm (de muelles)* bed springs; *(de tablas)* slats *(of bed)*

somnífero, -a 1 *adj* somniferous
2 *nm* sleeping pill

somnolencia *nf* sleepiness, drowsiness; **me produce s.** it makes me sleepy *o* drowsy

somnoliento, -a *adj* sleepy, drowsy

somocismo *nm Pol* = regime of former Nicaraguan dictator Somoza

somocista *Pol* **1** *adj* = relating to the regime of former Nicaraguan dictator Somoza
2 *nmf* = supporter of former Nicaraguan dictator Somoza

somontano, -a *adj* mountainside

somormujo *nm* grebe

somos *ver* **ser**

son 1 *ver* **ser**
2 *nm* **(a)** *(sonido)* sound **(b)** *(estilo)* way; **en s. de** in the manner of; **venir en s. de paz/guerra** to come in peace/with warlike intentions **(c)** *(canción y baile)* = Cuban song and dance of African origin

sonado, -a *adj* **(a)** *(renombrado)* famous; **va a ser un fracaso s.** it's going to be a spectacular failure **(b)** *Fam (loco)* crazy **(c)** *(boxeador)* punch drunk

sonaja 1 *nf* **(a)** *(chapa)* metal disc **(b)** *(sonajero)* rattle
2 *nfpl* **sonajas** tambourine

sonajero *nm* rattle

sonambulismo *nm* sleepwalking

sonámbulo, -a 1 *adj* sleepwalking; **es s.** he walks in his sleep; **iba como s.** it was as if he was in a trance; *Fam Fig* **hoy estoy s.** I'm totally out of it today
2 *nm,f* sleepwalker

sonante *adj* **dinero contante y s.** hard cash

sonar, sónar[1] *nm Náut* sonar

SONAR[2] [63] **1** *vi* **(a)** *(producir sonido) (timbre, teléfono, campana, despertador, alarma)* to ring; **sonó una explosión** there was an explosion; **sonó un disparo** a shot rang out; **sonaba a lo lejos una sirena** you could hear (the sound of) a siren in the distance; **hicieron s. la alarma** they set off the alarm; **sonaron las diez (en el reloj)** the clock struck ten; **suena (a) hueco** it sounds hollow; **suena a los Beatles** it sounds like the Beatles; **suena falso/a chiste** it sounds false/like a joke; *Fig* **no me gusta nada como suena esto** I don't like the sound of this at all; **(así** *o* **tal) como suena** *(literalmente)* literally, in so many words; **me llamó mentirosa, así como suena** she literally called me a liar; **su nombre se escribe como suena** you spell her name like it sounds; EXPR *Fam* **sonó la flauta y aprobé el examen** it was a fluke that I passed the exam; EXPR *Fam* **si suena la flauta...** with a bit of luck...
(b) *(ser conocido, familiar)* **me suena** it rings a bell; **esa cara me suena** I know that face, I've seen that face somewhere before; **¿te suena de algo este número de teléfono?** does this telephone number mean anything to you *o* ring a bell?; **no me suena su nombre** I don't remember hearing her name before
(c) *(pronunciarse)* to be pronounced; **la letra 'h' no suena** the 'h' is silent
(d) *(mencionarse, citarse)* to be mentioned; **su nombre suena como futuro ministro** his name is being mentioned as a future minister
(e) *(rumorearse)* to be rumoured; **suena por ahí que lo van a echar** it is rumoured that he is going to be sacked
2 sonarse *vpr* **sonarse (la nariz)** to blow one's nose

sonata *nf* sonata

sonda *nf* **(a)** *Med* catheter **(b)** *Tec* probe ▫ ***s. espacial*** space probe **(c)** *(para medir profundidad)* sounding line ▫ ***s. acústica*** echo sounder **(d)** *Min* drill, bore

sondar *vt* **(a)** *Med* to put a catheter in **(b)** *(medir profundidad)* to sound **(c)** *Min (terreno)* to test, to bore; *(roca)* to drill

sondear *vt* **(a)** *(sonsacar)* to sound out **(b)** *(medir profundidad)* to sound **(c)** *Min (terreno)* to test, to bore; *(roca)* to drill

sondeo *nm* **(a)** *(encuesta)* (opinion) poll ▫ ***s. de opinión*** opinion poll **(b)** *(excavación)* drilling, boring

soneto *nm* sonnet

sonido *nm* sound

soniquete *nm (sonido)* monotonous noise; *Fam* **el s. de siempre** the same old story

sonora *nf Gram* voiced consonant

sonorense 1 *adj* of/from Sonora
2 *nmf* person from Sonora

sonoridad *nf* **(a)** *(armonía, sonido)* sonority **(b)** *(acústica)* acoustics **(c)** *(resonancia)* resonance

sonorización *nf* soundtrack recording

sonorizar [14] *vt* **(a)** *(con amplificadores)* to fit with a public address system **(b)** *Cine (poner sonido a)* to record the soundtrack for **(c)** *Gram* to voice

sonoro, -a 1 *adj* **(a)** *(del sonido)* sound; *(película)* talking; **ondas sonoras** sound waves **(b)** *(ruidoso, resonante, vibrante)* resonant **(c)** *Gram* voiced
2 *nm (cine)* talking pictures, talkies

sonotone® *nm* hearing aid

sonreír [56] **1** *vi* **(a)** *(reír levemente)* to smile; **me sonrió** she smiled at me **(b)** *(ser favorable)* **s. a alguien** to smile on sb; **le sonrió la fortuna** fortune smiled on him
2 sonreírse *vpr* to smile

sonriente *adj* smiling; **estás muy s. hoy** you're looking very cheerful today

sonriera *etc ver* **sonreír**

sonrisa *nf* smile

sonrojar 1 *vt* to cause to blush
2 sonrojarse *vpr* to blush

sonrojo *nm* blush, blushing

sonrosado, -a *adj* rosy

sonrosar *vt* **el aire fresco le ha sonrosado las mejillas** the fresh air has brought some colour to his cheeks

sonsacar [59] *vt* **s. algo a alguien** to extract sth from sb; **s. a alguien** to pump sb for information

sonsear *vi Chile, RP* to fool around, to act foolishly

sonso, -a *adj Am Fam* **1** *adj* foolish, silly
2 *nm,f* fool, idiot

sonsonete *nm* **(a)** *(ruido)* tapping **(b)** *(entonación)* monotonous intonation **(c)** *(cantinela)* old tune

soñado, -a *adj* dream; **mi casa soñada** my dream house

soñador, -ora 1 *adj* dreamy
2 *nm,f* dreamer

soñar [63] *también Fig* **1** *vt* to dream; **¡ni soñarlo!, ¡ni lo sueñes!** not on your life!
2 *vi* to dream (**con** of *o* about); **sueña con que le ofrezcan el puesto** she dreams of being offered the job; **s. con los angelitos** to have sweet dreams; **s. despierto** to daydream

soñarrera *nf Fam* **tener una s.** to feel drowsy

soñolencia = somnolencia

soñoliento, -a = somnoliento

sopa *nf* (**a**) *(guiso)* soup; EXPR *Fam* **andar a la s. boba** to scrounge; EXPR *Fam* **dar s. con hondas a alguien** to knock the spots off sb; EXPR *Fam* **últimamente ese cantante está hasta en la s.** that singer has been everywhere you look, recently; EXPR *Fam* **me lo encuentro hasta en la s.** I bump into him wherever I go; EXPR *Fam* **estar como una s.** to be sopping wet ❑ ***s. de ajo*** garlic soup; *Am* ***s. inglesa*** trifle; ***s. juliana*** vegetable soup; ***s. de letras*** *(alimento)* alphabet soup; *(pasatiempo)* wordsearch; ***s. de verduras*** vegetable soup (**b**) *(de pan)* sop, piece of soaked bread; **no hagas sopas en la salsa** don't dip your bread into the sauce

sopapina *nf Fam* slapping

sopapo *nm Fam* slap; **dar un s. a alguien** to slap sb

sopar, sopear *vt (pan)* to dip, to dunk

sopera *nf (recipiente)* soup tureen

sopero, -a *adj* soup; **plato s.** soup plate

sopesar *vt* (**a**) *(calcular el peso de)* to try the weight of (**b**) *(los pros y los contras de)* to weigh up

sopetón: de sopetón *loc adv* suddenly, abruptly

sopicaldo *nm* thin soup

sopla *interj Fam* **¡s.!** *Br* crikey!, *US* jeez!

soplado *nm (del vidrio)* glassblowing

soplador, -ora *nm* (**a**) **s. (de vidrio)** glass-blower (**b**) *Ecuad Teatro* prompter

soplagaitas *nmf inv Fam (estúpido, pesado) Br* prat, *US* jerk

soplamocos *nm inv Fam* box on the ears

soplar 1 *vt* (**a**) *(vela, fuego)* to blow out
(**b**) *(para enfriar)* to blow on
(**c**) *(ceniza, polvo)* to blow off
(**d**) *(globo)* to blow up
(**e**) *(vidrio)* to blow
(**f**) *Fam (en examen)* to prompt; **me sopló las respuestas** he whispered the answers to me
(**g**) *Fam (denunciar)* **le sopló a la policía la hora del atraco** he informed the police of the time of the robbery
(**h**) *Fam (hurtar)* to pinch, *Br* to nick; **s. algo a alguien** to pinch *o Br* nick sth off sb
2 *vi* (**a**) *(echar aire)* to blow; **el viento soplaba con fuerza** the wind was blowing hard
(**b**) *Fam (beber)* to booze
(**c**) *Fam (en examen)* **le expulsaron por s.** he was thrown out for whispering the answers
3 soplarse *vpr Fam (comer)* to gobble up; *(beber)* to knock back; **se sopló tres botellas de vino** she knocked back three bottles of wine

soplete *nm (para soldar)* blowlamp, blowtorch

soplido *nm* blow, puff; **apagó la vela de un s.** she blew the candle out

soplillo *nm* (**a**) *(para fuego)* fan, blower (**b**) *Fam* **orejas de s.** sticky-out ears

soplo *nm* (**a**) *(soplido)* blow, puff (**b**) *(instante)* breath, moment (**c**) *Fam (chivatazo)* tip-off; **dar el s.** to squeal, *Br* to grass (**d**) *Med* murmur ❑ ***s. cardíaco*** heart murmur

soplón, -ona *nm,f Fam Br* grass, *US* rat

soponcio *nm Fam* (**a**) *(desmayo)* fainting fit; **le dio un s.** she passed out (**b**) *(enfado)* fit; **le va a dar un s. cuando vea las notas** she's going to have a fit when she sees my marks

sopor *nm* drowsiness

soporífero, -a *adj también Fig* soporific

soportable *adj* bearable, endurable

soportal *nm (pórtico)* porch; **soportales** arcade

soportar 1 *vt* (**a**) *(sostener)* to support (**b**) *(resistir, tolerar)* to stand; **¡no lo soporto!** I can't stand him/it! (**c**) *(sobrellevar)* to endure, to bear; **el niño soportó el castigo sin inmutarse** the child took his punishment bravely (**d**) *Informát* to support
2 soportarse *vpr (mutuamente)* to stand one another

soporte *nm* (**a**) *(apoyo)* support ❑ ***s. publicitario*** *(campaña)* marketing campaign; ***s. técnico*** technical support (**b**) *Informát* medium ❑ ***s. físico*** hardware; ***s. lógico*** software; ***el s. magnético*** magnetic media

soprano *nmf* soprano

sor *nf Rel* sister

sorber *vt* (**a**) *(beber)* to sip; *(haciendo ruido)* to slurp (**b**) *(absorber)* to soak up, to absorb; *Fig* **sorbía las palabras del conferenciante** *(escuchaba atentamente)* she drank in the speaker's words (**c**) *(atraer)* to draw *o* suck in

sorbete *nm* (**a**) *(postre)* sorbet (**b**) *CAm (helado)* ice cream

sorbetería *nf CAm* ice cream parlour

sorbo *nm* (**a**) *(acción)* gulp, swallow; *(pequeño)* sip; **beber a sorbos** to sip (**b**) *(trago)* mouthful; *(pequeño)* sip (**c**) *(cantidad pequeña)* drop

sorda *nf Gram* voiceless consonant

sordera *nf* deafness

sordidez *nf* (**a**) *(miseria)* squalor (**b**) *(obscenidad, perversión)* sordidness

sórdido, -a *adj* (**a**) *(miserable)* squalid (**b**) *(obsceno, perverso)* sordid

sordina *nf* (**a**) *(en instrumentos de viento, cuerda)* mute; *(en pianos)* damper (**b**) **con sordina** *loc adv (hablar)* under one's breath; *(en secreto)* on the quiet

sordo, -a 1 *adj* (**a**) *(que no oye)* deaf; **quedarse s.** to go deaf; EXPR **estar s. como una tapia, estar más s. que una tapia** to be (as) deaf as a post; *Fig* **permanecer s. a** *o* **ante algo** to be deaf to sth (**b**) *(pasos)* quiet, muffled (**c**) *(ruido, dolor)* dull (**d**) *Gram* voiceless, unvoiced
2 *nm,f (persona)* deaf person; **los sordos** the deaf; **hacerse el s.** to turn a deaf ear; **el jefe se hacía el s. cuando oía hablar de aumentos de sueldo** the boss pretended not to hear when people mentioned pay rises

sordomudez *nf* deaf-mutism

sordomudo, -a 1 *adj* deaf and dumb
2 *nm,f* deaf-mute

sorgo *nm* sorghum

soriano, -a 1 *adj* of/from Soria
2 *nm,f* person from Soria

soriasis *nf inv* psoriasis

sorna *nf* **con s.** ironically, mockingly

sorocharse *vpr* (**a**) *Andes, Arg (enfermar)* to get altitude sickness (**b**) *Chile (ruborizarse)* to blush, to flush

soroche *nm* (**a**) *Andes, Arg (mal de altura)* altitude sickness (**b**) *Chile (rubor)* blush, flush

sorprendente *adj* surprising

sorprendentemente *adv* surprisingly

sorprender 1 *vt* (**a**) *(asombrar, extrañar)* to surprise; **me sorprende verte por aquí** I'm surprised to see you here; **no me sorprende que se haya marchado** I'm not surprised she's left (**b**) *(atrapar, pillar)* **s. a alguien (haciendo algo)** to catch sb (doing sth) (**c**) *(coger desprevenido)* to catch; **nos sorprendió la tormenta** we got caught in the storm; **me sorprendieron** they caught me unawares (**d**) *(descubrir)* to discover
2 sorprenderse *vpr* to be surprised (**de** by *o* at)

sorprendido, -a *adj* surprised

sorpresa *nf* (**a**) *(impresión)* surprise; **dar una s. a alguien** to surprise sb; **llevarse una s.** to get a surprise; **por s.** unexpectedly; **el enemigo atacó la fortaleza por s.** the enemy made a surprise attack on the fort; **pillar a alguien por s.** to catch sb by surprise (**b**) *(regalo)* surprise

sorpresivo, -a *adj* unexpected

sortear 1 *vt* (**a**) *(rifar)* to raffle; *(echar a suertes)* to draw lots for; **van a s. un viaje** there will be a prize draw for a holiday (**b**) *(esquivar)* to dodge; **logró s. todos los obstáculos** he managed to negotiate all the obstacles (**c**) *Mil* **s. a alguien** = to decide by lots where sb will be posted for their military service
2 sortearse *vpr* **sortearse algo** to draw lots for sth

sorteo *nm (lotería)* draw; *(rifa)* raffle; **haremos un s. con los premios** we'll raffle the prizes; **por s.** by drawing lots

sortija *nf* (**a**) *(anillo)* ring (**b**) *(rizo)* hair ringlet

sortilegio *nm* (**a**) *(hechizo)* spell; **echar un s. a** to cast a spell on (**b**) *(atractivo)* charm, magic

SOS *nm* SOS
sos *CAm, RP* = **eres**; *ver* **ser**
sosa *nf* soda ▫ ***s. cáustica*** caustic soda
sosaina 1 *adj (sin gracia)* dull
2 *nmf* dull person, bore
sosegado, -a *adj* calm
sosegar [43] **1** *vt* to calm
2 sosegarse *vpr* to calm down
soseras *nmf inv Fam* dull person, bore
sosería *nf* **(a)** *(cualidad)* lack of sparkle **(b)** *(dicho, acción)* **es una s.** it's really dull o boring
sosia *nm inv,* **sosias** *nm inv* double, lookalike
sosias *nm inv* double, lookalike
sosiego 1 *ver* **sosegar**
2 *nm* calm
soslayar *vt* to avoid
soslayo: de soslayo *loc adv (oblicuamente)* sideways, obliquely; **mirar a alguien de s.** to look at sb out of the corner of one's eye
soso, -a 1 *adj* **(a)** *(insípido)* bland, tasteless; **esta sopa está sosa** this soup needs more salt **(b)** *(sin gracia)* dull, insipid
2 *nm,f* dull person, bore
sospecha *nf* suspicion; **despertar sospechas** to arouse suspicion; **tengo la s. de que...** I have a suspicion that..., I suspect that...
sospechar 1 *vt (creer, suponer)* to suspect; **sospecho que no lo terminará** I doubt whether she'll finish it
2 *vi* **s. de** to suspect
sospechosamente *adv* suspiciously
sospechoso, -a 1 *adj* suspicious; **me parece s. que no haya venido** it strikes me as suspicious that he hasn't come
2 *nm,f* suspect
sostén *nm* **(a)** *(apoyo)* support **(b)** *(sustento)* main support; *(alimento)* sustenance **(c)** *(prenda de vestir)* bra, brassiere

SOSTENER [65] **1** *vt* **(a)** *(sujetar) (edificio, estructura, lo que se tambalea)* to support, to hold up; *(objeto, puerta, bebé)* to hold; **cuatro columnas sostienen todo el peso de la cúpula** four columns take *o* support the entire weight of the dome; **sosténgame esto, por favor** hold this for me, please; **si no nos llegan a s. nos hubiéramos peleado** if they hadn't held us back, we'd have started fighting; **sólo les sostiene su inquebrantable optimismo** the only thing that keeps them going is their unshakeable optimism
(b) *(dar manutención a, sustentar)* to support
(c) *(mantener) (idea, opinión, tesis)* to defend; *(promesa, palabra)* to keep; **sostienen su oferta/invitación** their offer/invitation still stands; **s. que...** to maintain that...
(d) *(tener) (conversación)* to have; *(reunión, negociaciones)* to hold, to have; **s. correspondencia con alguien** to correspond with sb; **durante semanas sostuvo una agria polémica** he was involved in a bitter dispute which lasted several weeks
(e) *Fig (aguantar)* **el corredor no podía s. aquel ritmo de carrera** the athlete couldn't keep up with the pace of the race; **era una situación imposible de s.** the situation was untenable; **le sostuve la mirada** I held her gaze
(f) *Mús* **s. una nota** to hold a note
2 sostenerse *vpr* **(a)** *(tenerse en pie) (persona)* to stay on one's feet; *(edificio, estructura)* to stay up; *(en el aire)* to hang; **con ese clavito no se va a s.** it'll never stay up on that little nail; **es muy pequeño y aún le cuesta sostenerse de pie/sentado** he's only little and he still has difficulty standing up/sitting up; **esa teoría/ese argumento no se sostiene** that theory/argument doesn't hold water
(b) *(sustentarse)* to survive; **no puede sostenerse con tan poco dinero/alimento** she can't survive on so little money/food; **la organización se sostiene a base de donaciones** the organization depends on donations for its survival
(c) *(permanecer)* to continue, to remain; **sostenerse en el poder** to remain in power; **se sostienen los intentos por llegar a un acuerdo de paz** the attempts to reach a peace agreement are continuing
(d) *(mantenerse)* **me sostengo en lo que he dicho** I stand by what I said

sostenible *adj (objeto, desarrollo)* sustainable; *(idea, argumento)* tenable
sostenido, -a 1 *adj* **(a)** *(persistente)* sustained **(b)** *Mús* sharp
2 *nm Mús* sharp
sostenimiento *nm* **(a)** *(apoyo)* support **(b)** *(sustento)* sustenance
sostiene, sostuviera *etc ver* **sostener**
sota 1 *nf (carta)* jack
2 *nm Chile (capataz)* foreman, overseer
sotabanco *nm (ático)* attic
sotabarba *nf* double chin
sotana *nf* cassock
sótano *nm* basement, cellar
sotavento *nm* leeward
soterrado, -a *adj* **(a)** *(enterrado)* buried **(b)** *(oculto)* hidden
soterrar [3] *vt* **(a)** *(enterrar)* to bury **(b)** *(ocultar)* to hide
soto *nm* **(a)** *(con matorrales)* thicket **(b)** *(con árboles)* grove
sotobosque *nm* undergrowth
sotto voce [soto'βotʃe] *adv* sotto voce
soufflé [su'fle] *(pl* **soufflés***) nm* soufflé
soul *nm* soul (music)
souvenir [suβe'nir] *(pl* **souvenirs***) nm* souvenir
soviet *(pl* **soviets***) nm* soviet ▫ ***Antes el S. Supremo*** the Supreme Soviet
soviético, -a 1 *adj (de la URSS)* Soviet
2 *nm,f* Soviet
soy *ver* **ser**
SP *(abrev de* **servicio público***)* = sign indicating public transport vehicle
spaghetti [espa'γeti] = **espagueti**
spanglish [es'panglis] *nm* Spanglish
spaniel [es'paniel] *(pl* **spaniels***) nm* spaniel
sparring [es'parrin] *(pl* **sparrings***) nm Dep* sparring partner
speed [es'pið] *nm (droga)* speed
sport [es'por]: **de sport** *loc adj* **chaqueta de s.** sports jacket; **ropa de s.** casual clothes
spot [es'pot] *(pl* **spots***) nm* (TV) advert; **un s. publicitario** a (television) commercial
spray [es'prai] *(pl* **sprays***) nm* spray
sprint [es'prin] *(pl* **sprints***) nm* sprint ▫ *Dep* ***s. especial*** *(en ciclismo)* hot spot sprint
sprintar [esprin'tar] *vi* to sprint
sprinter [es'printer] *(pl* **sprinters***) nmf* sprinter
squash [es'kwas] *nm inv Dep* squash
Sr. *(abrev de* **señor***)* Mr
Sra. *(abrev de* **señora***)* Mrs
Sres. *(abrev de* **señores***)* Messrs
Sri Lanka *n* Sri Lanka
Srta. *(abrev de* **señorita***)* Miss
SS *(abrev de* **Su Santidad***)* HH
SS. MM. *nmpl (abrev de* **Sus Majestades***)* their Royal Highnesses
Sta. *(abrev de* **santa***)* St
stage [es'tas] *nm* **(a)** *(cursillo)* work placement **(b)** *Dep* pre-season training camp
stand [es'tan] *(pl* **stands***) nm* stand
standing [es'tandin] *nm* standing, social status; **un apartamento de alto s.** a luxury flat; **una compañía de alto s.** a top company
starter [es'tarter] *(pl* **starters***)* = **estárter**
statu quo [es'tatu'kwo] *nm inv* status quo
status [es'tatus] *nm inv* status
step [es'te(p)] *nm* step (aerobics)
stick [es'tik] *(pl* **sticks***) nm (de hockey)* hockey stick
Sto. *(abrev de* **santo***)* St
stock [es'tok] *(pl* **stocks***) nm Com* stock
stop [es'top] *(pl* **stops***) nm* **(a)** *Aut* stop sign **(b)** *(en telegrama)* stop
strike [es'traik] *nm (en béisbol)* strike
strip-tease [es'triptis] *nm inv* striptease; **hacer un s.** to strip
su *(pl* **sus***) adj posesivo (de él)* his; *(de ella)* her; *(de cosa, animal)* its; *(de uno)* one's; *(de ellos, ellas)* their; *(de usted, ustedes)* your; **su libro** his/her/your/their book; **sus libros** his/her/your/their books; **su hocico** its snout; *Fam* **debe de tener sus buenos millones en el banco** she must have a good few million in the bank
suahili [swa'χili], **suajili** *nm (lengua)* Swahili
suave *adj* **(a)** *(al tacto) (piel, toalla)* soft; *(jabón)* mild **(b)** *(no brusco) (movimiento)* smooth; *(curva)* gentle; **tiene la dirección muy s.** it has very smooth steering **(c)**

(sabor) mild; *(olor)* mild, slight; *(color)* soft; **este curry está bastante s.** this curry is quite mild (**d**) *(apacible) (clima)* mild; *(brisa)* gentle; *(persona, carácter)* gentle (**e**) *(fácil, lento) (tarea, ritmo)* gentle (**f**) *(dócil)* meek; **está s. como un corderito** she's as meek as a lamb

> Observa que la palabra inglesa **suave** es un falso amigo y no es la traducción de la palabra española **suave**. En inglés **suave** significa "fino, cortés".

suavemente *adv (acariciar)* gently; *(hablar)* softly

suavidad *nf* (**a**) *(al tacto) (de piel, toalla)* softness; *(de jabón)* mildness; **la acarició con s.** he caressed her gently (**b**) *(falta de brusquedad) (de movimiento)* smoothness; *(de curva, cuesta)* gentleness (**c**) *(de sabor, olor)* mildness; *(de color)* softness (**d**) *(de clima)* mildness; *(de carácter)* gentleness (**e**) *(de tarea, ritmo)* gentleness (**f**) *(docilidad)* meekness

suavizante 1 *adj (para ropa, cabello)* conditioning
2 *nm* conditioner ❑ ***s. para la ropa*** fabric conditioner *o* softener

suavizar [14] **1** *vt* (**a**) *(poner blando)* to soften; *(ropa, cabello)* to condition; **suaviza el cutis** it leaves your skin soft
(**b**) *(sabor, color)* to tone down
(**c**) *(dificultad, tarea)* to ease; *(conducción)* to make smoother; *(clima)* to make milder; *(condena)* to reduce the length of
(**d**) *(moderar)* **tienes que s. el discurso para no ofender a nadie** you should tone down the speech so you don't offend anyone
2 suavizarse *vpr* (**a**) *(ponerse blando)* to soften
(**b**) *(dificultad, tarea)* to become easier; *(clima)* to become milder; **sus relaciones se han suavizado** their relations have improved
(**c**) *(hacerse dócil)* to mellow

Suazilandia *n* Swaziland

sub-21 *adj Dep* under-21

suba *nf Chile, RP* rise

subacuático, -a *adj* subaquatic

subafluente *nm* minor tributary

subalimentación *nf* undernourishment

subalimentar *vt* to undernourish

subalquilar *vt* to sublet

subalterno, -a 1 *adj (empleado)* auxiliary
2 *nm,f (empleado)* subordinate
3 *nm Taurom* bullfighter's assistant

subarrendar [3] *vt* to sublet

subarrendatario, -a *nm,f* subtenant

subarriendo *nm* (**a**) *(acción)* subletting (**b**) *(contrato)* sublease (agreement)

subártico, -a *adj* subarctic

subasta *nf* (**a**) *(venta pública)* auction; **sacar algo a s.** to put sth up for auction; **vender en s.** to auction off, to sell at auction (**b**) *(contrata pública)* tender; **sacar algo a s.** to put sth out to tender

subastador, -ora *nm,f* auctioneer

subastar *vt* to auction

subatómico, -a *adj* subatomic

subcampeón, -ona *nm,f* runner-up

subcampeonato *nm* second place, runner-up's position

subclase *nf* subclass

subcomandante *nmf* = military rank below that of commander

subcomisión *nf* subcommittee

subcomité *nm* subcommittee

subconjunto *nm Mat* subset

subconsciencia *nf* subconscious

subconsciente 1 *adj* subconscious
2 *nm* subconscious ❑ ***s. colectivo*** collective unconscious

subcontinente *nm* subcontinent

subcontratación *nf* subcontracting

subcontratar *vt* to subcontract

subcontratista *nmf* subcontractor

subcontrato *nm* subcontract

subcultura *nf* subculture

subcutáneo, -a *adj* subcutaneous

subdelegación *nf* subdelegation

subdelegado, -a *nm,f* subdelegate

subdesarrollado, -a *adj* underdeveloped

subdesarrollo *nm* underdevelopment

subdirección *nf (de empresa)* post of deputy director; *(de comercio)* post of assistant manager

subdirector, -ora *nm,f (de empresa)* deputy director; *(de comercio)* assistant manager

subdirectorio *nm Informát* subdirectory

súbdito, -a *nm,f* (**a**) *(de monarca)* subject (**b**) *(ciudadano)* citizen, national

subdividir 1 *vt* to subdivide
2 subdividirse *vpr* (**a**) *(ley, documento)* to be subdivided (**en** into) (**b**) *(células)* to subdivide (**en** into)

subdivisión *nf* subdivision

subdominante *adj Mús* subdominant

subemplear *vt* to underemploy

subempleo *nm* underemployment

subespecie *nf* subspecies

subestación *nf Elec* substation

subestimar 1 *vt* to underestimate
2 subestimarse *vpr* to underestimate oneself

subfamilia *nf Biol* subfamily

subfusil *nm* automatic rifle

subgénero *nm* subgenus

subgrupo *nm* subgroup

subibaja *nm* seesaw

subida *nf* (**a**) *(cuesta)* hill (**b**) *(ascensión)* ascent, climb (**c**) *(aumento)* increase, rise ❑ ***s. de sueldo*** pay rise

subido, -a *adj* (**a**) *(intenso)* strong, intense (**b**) *Fam (en cantidad)* **tiene el guapo s.** he really fancies himself; **está de un imbécil s.** he has been acting like an idiot recently (**c**) **s. de tono** *(atrevido)* risqué; *(impertinente)* impertinent

subidón *nm muy Fam (de drogas)* high

subíndice *nm* subscript

subinspector, -ora *nm,f* deputy inspector

subintendente *nmf* assistant superintendent

SUBIR 1 *vt* (**a**) *(poner arriba) (libro, cuadro)* to put up; *(telón)* to raise; *(persiana)* to roll up; *(ventanilla)* to wind up, to close; **he subido la enciclopedia de la primera a la última estantería** I've moved the encyclopaedia up from the bottom shelf to the top one; **sube el cuadro un poco** move the picture up a bit *o* a bit higher; **¿me ayudas a s. las bolsas?** could you help me take the bags up?; **ayúdame a s. la caja** *(a lo alto)* help me get the box up; *(al piso de arriba)* help me carry the box upstairs
(**b**) *(montar)* **s. algo/a alguien a** to lift sth/sb onto
(**c**) *(alzar) (bandera)* to raise; **s. la mano** to put one's hand up, to raise one's hand
(**d**) *(ascender) (calle, escaleras)* to go/come up; *(escalera de mano)* to climb; *(pendiente, montaña)* to go up; **subió las escaleras a toda velocidad** she ran up *o* climbed the stairs as fast as she could; **subió la calle a todo correr** he ran up the street as fast as he could
(**e**) *(aumentar) (precio, impuestos)* to put up, to increase; *(música, volumen, radio)* to turn up; **subió la voz** *o* **el tono para que se le oyera** she raised her voice so she could be heard; **sube la voz** *o* **el tono, no te oigo** speak up, I can't hear you; **s. el fuego de la cocina** to turn up the heat; **s. la moral a alguien** to lift sb's spirits, to cheer sb up
(**f**) *(hacer ascender de categoría)* to promote
(**g**) *Mús* to raise the pitch of
(**h**) *Fam Informát* to upload
2 *vi* (**a**) *(a piso, azotea)* to go/come up; **¿podrías s. aquí un momento?** could you come up here a minute?; **subo enseguida** I'll be up in a minute; **s. corriendo** to run up; **s. en ascensor** to go/come up in the lift; **s. por la escalera** to go/come up the stairs; **s. (a) por algo** to go up and get sth; **s. a la red** *(en tenis)* to come (in) to the net
(**b**) *(montar) (en avión, barco)* to get on; *(en coche)* to get in; *(en moto, bicicleta, tren)* to get on; *(en caballo)* to get on, to mount; *(en árbol, escalera de mano, silla)* to climb up; **s. a** *(coche)* to get in(to); *(moto, bicicleta, tren, avión)* to get on; *(caballo)* to get on, to mount; *(árbol, escalera de mano)* to climb up; *(silla, mesa)* to get *o* climb onto; *(piso)* to go/come up to; **s. a bordo** to go on board; **es peligroso s. al tren en marcha** it is dangerous to board the train while it is moving
(**c**) *(aumentar)* to rise, to go up; *(hinchazón, cauce)* to rise; *(cauce)* to rise; *(fiebre)* to raise, to go up; **los precios subieron** prices went up *o* rose; **subió la gasolina** the price of petrol went up *o* rose; **la peseta subió frente a la libra** the peseta went up *o* rose against the pound; **las acciones de C & C han subido** C & C share prices have gone up *o* risen; **han subido las ventas** sales are up; **este modelo ha**

subido de precio this model has gone up in price, the price of this model has gone up; **el coste total no subirá del millón** the total cost will not be more than *o* over a million; **no subirá de tres horas** it will take three hours at most, it won't take more than three hours; **está subiendo la marea** the tide is coming in; **el jefe ha subido mucho en mi estima** the boss has gone up a lot in my estimation

(**d**) *(cuenta, importe)* **s. a** to come *o* amount to

(**e**) *Culin (crecer)* to rise

(**f**) *Fam (ir, venir)* to come/go up; **subiré a la capital la próxima semana** I'll be going up to the capital next week; **¿por qué no subes a vernos este fin de semana?** why don't you come up to see us this weekend?

(**g**) *(ascender de categoría)* to be promoted (**a** to); *Dep* to be promoted, to go up (**a** to); **el Atlético subió de categoría** Atlético went up

3 subirse *vpr* (**a**) *(ascender) (en avión, barco)* to get on; *(en coche)* to get in; *(en moto, bicicleta, tren)* to get on; *(en caballo)* to get on, to mount; *(en árbol, escalera de mano, silla)* to climb up; **subirse a** *(coche) (moto, bicicleta, tren, avión)* to get on; *(caballo)* to get on, to mount; *(árbol, escalera de mano)* to climb up; *(silla, mesa)* to get *o* climb onto; *(piso)* to go/come up to; *Fig* **subirse por las paredes** to go up the wall, to hit the roof

(**b**) *(alzarse)* **subirse las mangas** to roll one's sleeves up; **subirse los pantalones/calcetines** to pull one's trousers/socks up; **subirse la cremallera** to do one's *Br* zip *o US* zipper up

(**c**) *Fam (ir, venir)* to go/come up; **súbete a esquiar con nosotros** come up and do some skiing with us

(**d**) EXPR **el éxito/alcohol se le subió a la cabeza** the success/alcohol went to her head

---

súbitamente *adv* suddenly, all of a sudden

súbito, -a *adj* sudden; **de s.** suddenly, all of a sudden

subjefe, -a *nm,f (de comercio)* assistant manager

subjetividad *nf* subjectivity

subjetivismo *nm* subjectivism

subjetivo, -a *adj* subjective

sub júdice [suβ'juðiθe] *adj Der* sub judice

subjuntivo, -a *adj & nm* subjunctive

sublevación *nf*, **sublevamiento** *nm* uprising

sublevar 1 *vt* (**a**) *(amotinar)* to stir up (**b**) *(indignar)* to infuriate

2 sublevarse *vpr* (**a**) *(amotinarse)* to rise up, to rebel (**b**) *(indignarse)* to get infuriated

sublimación *nf* (**a**) *(exaltación)* exaltation (**b**) *Psi & Quím* sublimation

sublimar *vt* (**a**) *(exaltar)* to exalt (**b**) *Psi & Quím* to sublimate

sublime *adj* sublime

sublimidad *nf* sublimity

subliminal *adj* subliminal

sublingual *adj* sublingual

submarinismo *nm* scuba diving

submarinista *nmf* scuba diver

submarino, -a 1 *adj* underwater; **fotografía submarina** underwater photography

2 *nm* submarine

submúltiplo, -a *adj & nm* submultiple

submundo *nm* world, scene; **el s. de las drogas** the drugs world *o* scene

subnormal 1 *adj* (**a**) *(retrasado)* mentally retarded (**b**) *Fig Pey (imbécil)* moronic

2 *nmf* (**a**) *(retrasado)* mentally retarded person (**b**) *Fig Pey (imbécil)* moron, cretin

subnormalidad *nf* **una campaña de prevención de la s.** a campaign aimed at preventing children from being born with a mental handicap; **la actitud de la sociedad ante la s.** society's attitude to the mentally retarded

suboficial *nmf Mil* non-commissioned officer

suborden *nm Biol* suborder

subordinación *nf también Gram* subordination

subordinado, -a 1 *adj* subordinate (**a** to)

2 *nm,f* subordinate

subordinante *adj Gram* subordinating

subordinar 1 *vt también Gram* to subordinate

2 subordinarse *vpr* to be subordinate (**a** to)

subproducto *nm* by-product

subprograma *nm Informát* subprogram

subrayado, -a 1 *adj* underlined

2 *nm* underlining

subrayar *vt también Fig* to underline

subrepticiamente *adv* surreptitiously

subrepticio, -a *adj* surreptitious

subrogación *nf Der* subrogation

subrogar [38] *vt Der* to subrogate

subrutina *nf Informát* subroutine

subsahariano, -a *adj* sub-Saharan

subsanable *adj* (**a**) *(solucionable)* solvable (**b**) *(corregible)* rectifiable

subsanación *nf (de errores)* correction

subsanar *vt* (**a**) *(problema)* to resolve; *(error)* to correct (**b**) *(disculpar)* to excuse

subscribir, subscripción *etc* = **suscribir, suscripción** *etc*

subsecretaría *nf* (**a**) *(oficina) (en ministerio)* undersecretary's office (**b**) *(cargo) (en ministerio)* undersecretaryship

subsecretario, -a *nm,f* (**a**) *(de secretario)* assistant secretary (**b**) *(de ministro)* undersecretary

subsecuentemente *adv* immediately afterwards

subsidiar *vt* to subsidize

subsidiariedad *nf* subsidiarity

subsidiario, -a *adj* (**a**) *(empresa, compañía)* subsidiary (**b**) *Der* ancillary

subsidio *nm* benefit, allowance ▫ ***s. de desempleo*** unemployment benefit; ***s. de enfermedad*** sick pay; ***s. de invalidez*** disability allowance

subsiguiente *adj* subsequent

subsiguientemente *adv* immediately afterwards

subsistema *nm* subsystem

subsistencia *nf* (**a**) *(vida)* subsistence (**b**) *(conservación)* continued existence (**c**) **subsistencias** *(provisiones)* provisions

subsistente *adj* surviving

subsistir *vi* (**a**) *(vivir)* to live, to exist (**b**) *(sobrevivir)* to survive

substancia, substancial *etc* = **sustancia, sustancial** *etc*

substantivar, substantivo, -a *etc* = **sustantivar, sustantivo** *etc*

substitución, substituir *etc* = **sustitución, sustituir** *etc*

substracción, substraer *etc* = **sustracción, sustraer** *etc*

substrato = **sustrato**

subsuelo *nm* (**a**) *(terreno)* subsoil (**b**) *Andes, RP (sótano)* basement

subte *nm RP Fam* metro, *Br* underground, *US* subway

subteniente *nmf* sub-lieutenant

subterfugio *nm* subterfuge; **sin subterfugios** without subterfuge

subterráneo, -a 1 *adj* subterranean, underground

2 *nm* (**a**) *(túnel)* underground tunnel (**b**) *RP (metro)* metro, *Br* underground, *US* subway

subtipo *nm Biol* subtype

subtitular *vt también Cine* to subtitle

subtítulo *nm también Cine* subtitle; **una película con subtítulos** a subtitled film

subtotal *nm* subtotal

subtropical *adj* subtropical

suburbano, -a 1 *adj* suburban

2 *nm (tren)* suburban train

suburbial *adj* **barrio s.** poor suburb

suburbio *nm* poor suburb

> Observa que la palabra inglesa **suburb** es un falso amigo y no es la traducción de la palabra española **suburbio**. En inglés **suburb** se refiere a una "zona residencial periférica".

subvalorar *vt* to undervalue, to underrate

subvención *nf* (**a**) *(para proteger precios, una industria)* subsidy (**b**) *(para un proyecto)* grant; **la orquesta recibe una s. del ayuntamiento** the orchestra receives financial support *o* a grant from the town council

subvencionar *vt* (**a**) *(precios, industria)* to subsidize (**b**) *(proyecto, actividad cultural, estudios)* to provide financial support for; **el proyecto está subvencionado por el gobierno** the project is financed by a government grant

subversión *nf* subversion

subversivo, -a *adj* subversive

subvertir [62] *vt* to subvert

subyacente *adj* underlying

subyacer *vi (estar oculto)* **en su obra subyace la amargura** there's an underlying bitterness in his work; **s. bajo algo** to underlie sth

subyugación *nf* subjugation

subyugado, -a *adj* (**a**) *(sometido)* subjugated (**b**) *(cautivado)* **s. por** captivated by, enthralled by

subyugar [38] *vt* (**a**) *(someter)* to subjugate (**b**) *(cautivar)* to captivate

succión *nf* suction

succionar *vt (sujeto: raíces)* to suck up; *(sujeto: bebé)* to suck

sucedáneo, -a 1 *adj* ersatz, substitute

2 *nm (sustituto)* substitute; *Fig* **ser un s. de** *(mala copia)* to be an apology for ❑ ***s. de chocolate*** ersatz chocolate

suceder 1 *v impersonal (ocurrir)* to happen; **suceda lo que suceda** whatever happens; **sucedió que estábamos un día en el campo cuando...** it so happens that we were in the country one day when...; **¿qué te sucede?** what's the matter (with you)?

2 *vt (sustituir)* to succeed (**en** in); **al presidente socialista le sucedió un conservador** the socialist president was succeeded by a conservative; **sucedió a su padre en el trono** he succeeded his father to the throne

3 *vi (venir después)* **s. a** to come after, to follow; **a la guerra sucedieron años muy tristes** the war was followed by years of misery

sucedido *nm* event

sucesión *nf* (**a**) *(serie)* succession (**b**) *(cambio) (de monarca)* succession; *(de cargo importante)* changeover (**c**) *(descendencia)* **morir sin s.** to die without issue (**d**) *Mat* sequence

sucesivamente *adv* successively; **y así s.** and so on

sucesivo, -a *adj* (**a**) *(consecutivo)* successive, consecutive (**b**) *(siguiente)* **en días sucesivos les informaremos** we'll let you know over the next few days; **en lo s.** in future

suceso *nm* (**a**) *(acontecimiento)* event (**b**) *(hecho delictivo)* crime; *(incidente)* incident; **(sección de) sucesos** *(en prensa)* = section of newspaper dealing with accidents, crimes, disasters etc

sucesor, -ora 1 *adj* succeeding

2 *nm,f* successor

suche 1 *adj Méx, Ven* unripe

2 *nm* (**a**) *Chile, Nic Fam Pey* menial (**b**) *Ecuad, Perú (árbol)* white frangipani

suciedad *nf* (**a**) *(falta de limpieza)* dirtiness; *(al comer, trabajar)* messiness (**b**) *(porquería)* dirt, filth

sucinto, -a *adj* (**a**) *(conciso)* succinct (**b**) *(pequeño, corto)* skimpy

sucio, -a 1 *adj* (**a**) *(sin limpieza)* dirty; *(al comer, trabajar)* messy; **blanco es un color muy s.** white is a colour that gets dirty easily (**b**) *(conciencia)* bad, guilty (**c**) **en s.** *(escribir)* in rough

2 *adv* **jugar s.** to play dirty

suco *nm Andes, Ven (terreno)* muddy ground

sucre *nm (moneda)* sucre

sucrense 1 *adj* of/from Sucre

2 *nmf* person from Sucre

suculento, -a *adj* (**a**) *(delicioso)* tasty; *(jugoso)* succulent (**b**) *Bot* succulent

sucumbir *vi* (**a**) *(rendirse, ceder)* to succumb (**a** to) (**b**) *(fallecer)* to die; *(desaparecer)* to disappear

sucursal *nf* branch

sudaca *adj & nmf Fam* = term used to refer to Latin American people, which is usually pejorative

sudadera *nf* (**a**) *(prenda)* sweatshirt (**b**) *(sudor)* sweat

sudado *nm Am* stew

Sudáfrica *n* South Africa

sudafricano, -a *adj & nm,f* South African

Sudamérica *n* South America

sudamericano, -a *adj & nm,f* South American

Sudán *n* Sudan

sudanés, -esa *adj & nm,f* Sudanese

sudar 1 *vi* (**a**) *(transpirar)* to sweat; *Fam* **sudaban a chorros** they were dripping sweat (**b**) *(pared)* to run with condensation (**c**) *(trabajar duro)* **sudaron mucho por (conseguir) ese trofeo** they had to sweat blood to win this trophy (**d**) EXPR *Esp muy Fam* **me la suda** *Br* I don't give a monkey's, *US* I don't give a rat's ass

2 *vt* (**a**) *(empapar)* to soak in sweat (**b**) *Fam (trabajar duro por)* to sweat blood for (**c**) EXPR **s. la gota gorda** *(transpirar mucho)* to sweat buckets; *(esforzarse)* to sweat blood; **s. tinta** to sweat blood

sudario *nm* shroud

sudestada *nf RP* rainy southeasterly wind

sudeste 1 *adj (posición, parte)* southeast, southeastern; *(dirección, viento)* southeasterly

2 *nm* southeast ❑ ***el S. asiático*** Southeast Asia

sudista *Hist* **1** *adj* Southern *(in US Civil War)*

2 *nmf* Southerner *(in US Civil War)*

sudoeste 1 *adj (posición, parte)* southwest, southwestern; *(dirección, viento)* southwesterly

2 *nm* southwest

sudor *nm* (**a**) *(transpiración)* sweat; **con el s. de mi frente** by the sweat of my brow; *Fig* **me costó muchos sudores conseguirlo** I had a real struggle to get it ❑ ***s. frío*** cold sweat; *Fig* **me entran sudores fríos de pensarlo** *(me entra miedo)* it makes me break out in a cold sweat *o* it sends a shiver down my spine just to think of it (**b**) *(de pared)* condensation

sudoración *nf* sweating, perspiration

sudoriento, -a *adj* sweaty

sudorífero, -a 1 *adj* sudoriferous, sudorific

2 *nm* sudorific

sudoríparo, -a *adj* sweat; **glándula sudorípara** sweat gland

sudoroso, -a *adj* sweaty

Suecia *n* Sweden

sueco, -a 1 *adj* Swedish

2 *nm,f (persona)* Swede; EXPR **hacerse el s.** to play dumb, to pretend not to understand

3 *nm (lengua)* Swedish

suegro, -a *nm,f* father-in-law, *f* mother-in-law; **suegros** parents-in-law, in-laws

suela *nf* sole; EXPR **no le llega a la s. del zapato** he can't hold a candle to her

sueldo[1] *ver* **soldar**

sueldo[2] *nm (salario)* salary, wages; *(semanal)* wage; **a s.** *(empleado)* salaried; *(asesino)* hired; **me han subido el s.** they've put my wages up, they've given me a pay rise ❑ ***s. base*** *(salario)* basic salary; *(semanal)* basic wage; ***s. mínimo*** minimum wage; ***s. neto*** take-home pay, net salary

suelo[1] *etc ver* **soler**

suelo[2] *nm* (**a**) *(pavimento) (en interiores)* floor; *(en el exterior)* ground; EXPR **arrastrarse por el s.** to grovel, to humble oneself; EXPR *Fam* **besar el s.** to fall flat on one's face; EXPR **echar algo por el s.** to ruin sth; EXPR *Fam* **estar por los suelos** *(persona, precio)* to be at rock bottom; *(productos)* to be dirt cheap; EXPR **poner** *o* **tirar por los suelos** to run down, to criticize; **venir** *o* **venirse al s.** *(caer)* to fall down, to collapse; *Fig (fracasar)* to fail

(**b**) *(terreno, territorio)* soil; *(para edificar)* land; **en s. colombiano** on Colombian soil; **el precio del s. urbano** land prices in urban areas ❑ ***s. no urbanizable*** land which is unsuitable for development; ***s. urbanizable*** land suitable for development

suelta *nf (liberación)* release

suelto, -a 1 *ver* **soltar**

2 *adj* (**a**) *(en general)* loose; *(cordones)* undone; **¿tienes 25 pesetas sueltas?** have you got 25 pesetas in loose change?; **andar s.** *(animal)* to be on the loose; *(criminal)* to be at large (**b**) *(separado)* separate; *(desparejado)* odd; **no los vendemos sueltos** we don't sell them separately (**c**) *(arroz)* fluffy (**d**) *(lenguaje, estilo)* fluent, fluid (**e**) *(desenvuelto)* comfortable, at ease (**f**) *(con diarrea)* **estar s.** to have loose bowels

3 *nm (calderilla)* loose change

sueno *etc ver* **sonar**

sueñecito *nm* nap, forty winks; **echarse un s.** to have a nap, to have forty winks

SUEÑO 1 *ver* **soñar**

2 *nm* (**a**) *(ganas de dormir)* sleepiness; *(por medicamento, alcohol)* drowsiness; **tener s.** to be sleepy; **(estoy que) me caigo** *o* **me muero de s.** I'm falling asleep on my feet; **tienes cara de s.** you look sleepy; **algunos medicamentos me dan s.** certain medicines make me drowsy; **con la tele** *o* **viendo la tele me entra s.** watching TV makes me sleepy; **¡qué s.!** I'm really tired *o* sleepy!; **el café le quita el s.** coffee wakes her up

(**b**) *(estado de dormir)* sleep; *Esp* **coger el s.** to get to sleep; **conciliar el s.** to get to sleep; **descabezar** *o* **echar un s.** to have a

nap; **no pierdas el s. por él/ello** don't lose any sleep over him/it; **no me quita el s.** I'm not losing any sleep over it; **tengo s. atrasado** I've got a lot of sleep to catch up on ❑ *Fig* ***s. eterno*** eternal rest; ***s. ligero/pesado*** light/heavy sleep; **tener el s. ligero/pesado** to be a light/heavy sleeper
(**c**) *(imagen mental)* dream; **un mal s.** a bad dream; **tener un s.** to have a dream; **tuve un s. contigo** I had a dream about you; **en sueños** in a dream; **entre sueños oí que te ibas** I was half-asleep when I heard you go; **ni en sueños** no way, under no circumstances; **ni en sueños haría yo eso** no way *o* under no circumstances would I ever do a thing like that, I wouldn't dream of doing a thing like that
(**d**) *(objetivo, maravilla, quimera)* dream; **hacer eso es el s. de toda una vida** doing this is my dream come true; **el s. de su vida era dar la vuelta al mundo** her dream was to travel round the world; **esta casa es un s.** this house is a dream; **el hombre/la casa de sus sueños** the man/house of her dreams, her dream man/house; **una medalla olímpica, el s. dorado de cualquier deportista** an Olympic medal, every sportsman's dream *o* what every sportsman dreams about; **un s. hecho realidad** a dream come true; **un s. imposible** a pipe dream

suero *nm* (**a**) *Med* serum; **s. (artificial)** saline solution ❑ ***s. fisiológico*** physiological saline solution; ***s. de la verdad*** truth drug (**b**) *(de la leche)* whey

sueroterapia *nf* serotherapy

suerte *nf* (**a**) *(azar)* chance; **echar** *o* **tirar algo a suertes** to draw lots for sth; EXPR **la s. está echada** the die is cast
(**b**) *(fortuna)* luck; *(destino)* fate; **estar de s.** to be in luck; **por s.** luckily; **probar s.** to try one's luck; **¡qué s.!** that was lucky!; **¡qué s. que traje el paraguas!** how lucky that I brought my umbrella!; **tener s.** to be lucky; **tener (buena) s.** to be lucky; **tener mala s.** to be unlucky; EXPR **tener la s. de espaldas** to be having a run of bad luck; **tentar a la s.** to tempt fate; **tocar** *o* **caer en s. a alguien** to fall to sb's lot; **me ha tocado** *o* **caído en s. ser el primero** fate decreed that I should be the first one
(**c**) *(situación)* situation, lot
(**d**) *(clase)* **toda s. de** all manner of; **ser una s. de...** to be a kind *o* sort of...
(**e**) *(manera)* manner, fashion; **de s. que** in such a way that
(**f**) *Perú (billete de lotería)* lottery ticket

suertero, -a 1 *adj Chile, RP muy Fam* lucky, *Br* jammy
2 *nm,f Perú* lottery ticket seller

suertudo, -a *nm,f Fam* lucky *o Br* jammy devil

suéter (*pl* **suéteres**) *nm* sweater

Suez *n* Suez

sufí (*pl* **sufíes**) **1** *adj* sufic
2 *nmf* sufi

suficiencia *nf* (**a**) *(capacidad)* proficiency (**b**) *(idoneidad)* suitability; *(de medidas, esfuerzos)* adequacy (**c**) *(presunción)* smugness, self-importance; **con un aire de s.** smugly (**d**) *Esp Educ (examen)* = resit of secondary school end-of-year examination at end of June

suficiente 1 *adj* (**a**) *(bastante)* enough; *(medidas, esfuerzos)* adequate; **no llevo (dinero) s.** I don't have enough (money) on me; **no tienes la estatura s.** you're not tall enough (**b**) *(presuntuoso)* smug, full of oneself
2 *nm (nota)* pass

suficientemente *adv* enough, sufficiently; **es lo s. inteligente como para no arriesgarse** she's intelligent enough not to take the risk

sufijo *nm* suffix

sufismo *nm* Sufism

suflé *nm* soufflé

sufragar [38] **1** *vt (costes)* to defray; *(estudios)* to meet the cost of
2 *vi Am (votar)* to vote

sufragio *nm* suffrage ❑ ***s. directo/indirecto*** direct/indirect suffrage; ***s. restringido/universal*** restricted/universal suffrage

sufragismo *nm Hist* suffragette movement

sufragista *Hist* **1** *adj* suffragette; **movimiento s.** suffragette movement
2 *nmf* suffragette

sufrible *adj* bearable, endurable

sufrido, -a *adj* (**a**) *(resignado)* patient, uncomplaining; *(durante mucho tiempo)* long-suffering (**b**) *(resistente) (tela)* hard-wearing; **un color muy s.** a colour that doesn't show the dirt

sufridor, -ora *adj* easily worried

sufrimiento *nm* suffering

sufrir 1 *vt* (**a**) *(padecer)* to suffer; *(accidente)* to have; **sufre frecuentes ataques epilépticos** she often has epileptic fits; **no sufrió daños** it wasn't damaged; **sufrió una agresión** he was the victim of an attack; **la empresa ha sufrido pérdidas** the company has reported *o* made losses (**b**) *(soportar)* to bear, to stand; **tengo que s. sus manías** I have to put up with his idiosyncrasies (**c**) *(experimentar)* to undergo, to experience; **la Bolsa sufrió una caída** the stock market fell
2 *vi (padecer)* to suffer; **s. de** *(enfermedad)* to suffer from; **s. del estómago** to have a stomach complaint

sugerencia *nf* suggestion; **a s. de alguien** at sb's suggestion

sugerente *adj* (**a**) *(evocador)* evocative (**b**) *(atractivo)* attractive

sugerir [62] *vt* (**a**) *(proponer)* to suggest (**b**) *(evocar)* to evoke; **¿qué te sugiere este poema?** what does this poem remind you of?

sugestión *nf* suggestion

sugestionable *adj* impressionable

sugestionar 1 *vt* to influence
2 sugestionarse *vpr* (**a**) *(obsesionarse)* to get ideas into one's head (**b**) *Psi* to use autosuggestion

sugestivo, -a *adj* attractive

> Observa que la palabra inglesa **suggestive** es un falso amigo y no es la traducción de la palabra española **sugestivo**. En inglés **suggestive** significa tanto "sugerente" como "insinuante".

sugiero *etc ver* **sugerir**

sugiriera *etc ver* **sugerir**

suich, suiche *nm Am* switch

suicida 1 *adj* suicidal
2 *nmf (por naturaleza)* suicidal person; *(persona que se ha suicidado)* person who has committed suicide; *(persona que ha intentado suicidarse)* person who attempted to commit suicide

suicidarse *vpr* to commit suicide

suicidio *nm* suicide

sui géneris *adj inv* unusual, individual

suite [suit] *nf también Mús* suite ❑ ***s. nupcial*** bridal suite

Suiza *n* Switzerland

suizo, -a 1 *adj & nm,f* Swiss
2 *nm Esp (dulce)* = type of sugared bun

sujeción *nf* (**a**) *(atadura)* fastening (**b**) *(sometimiento)* subjection

sujetador *nm Esp (sostén)* bra, brassiere; *(de bikini)* (bikini) top ❑ ***s. de aros*** underwired bra; ***s. deportivo*** sports bra

sujetalibros *nm inv* bookend

sujetapapeles *nm inv* paper clip

sujetar 1 *vt* (**a**) *(agarrar) (para mantener en su sitio)* to hold in place; *(sobre una superficie, con un peso)* to hold down; *(para que no se caiga)* to hold up; **s. con clavos/cola** to fasten with nails/glue; **sujeta los papeles con un clip** fasten the papers together with a paper clip; **intentó escapar, pero la sujetaron firmemente** she tried to escape, but they kept a firm grip on her (**b**) *(sostener)* to hold (**c**) *(someter)* to control
2 sujetarse *vpr* (**a**) *(agarrarse)* **sujetarse a** to hold on to (**b**) *(aguantarse)* to stay in place (**c**) *(someterse)* **sujetarse a** to keep *o* stick to

sujeto, -a 1 *adj* (**a**) *(agarrado)* fastened (**b**) *(sometido)* subject (**a** to)
2 *nm* (**a**) *(de acción, frase)* subject (**b**) *(individuo)* individual; **un s. sospechoso** a suspicious individual ❑ *Econ* ***s. pasivo*** taxpayer

sulfamida *nf Med* sulphonamide

sulfatarse *vpr (pilas)* to leak

sulfato *nm* sulphate ❑ ***s. de cobre*** copper sulphate

sulfhídrico, -a *adj Quím* **ácido s.** hydrogen sulphide

sulfurar 1 *vt* (**a**) *(encolerizar)* to infuriate (**b**) *Quím* to sulphurate
2 sulfurarse *vpr (encolerizarse)* to get mad

sulfúrico, -a *adj* sulphuric

sulfuro *nm* sulphide

sulfuroso, -a *adj Quím* sulphurous

sultán, -ana *nm,f* sultan, *f* sultana

sultanato, sultanado *nm* sultanate

suma *nf* (**a**) *(acción)* addition; **hacer una**

s. to do an addition (**b**) *(conjunto) (de conocimientos, datos)* total, sum; *(de dinero)* sum; **es la s. del trabajo de varios investigadores** it is the product of the work of several researchers; **la s. de los gastos asciende a 4.000 pesos** total expenditure was 4,000 pesos ❑ *Informát* ***s. de comprobación*** *o* ***control*** checksum (**c**) **en suma** *loc adv (en resumen)* in short

sumamente *adv* extremely

sumando *nm Mat* addend, = amount to be added

sumar 1 *vt* (**a**) *(varias cantidades)* to add together; **tres y cinco suman ocho** three and five are *o* make eight; **súmale diez** add ten (**b**) *(añadir)* to add; **súmale a eso todas las mentiras que nos ha dicho** to that we also have to add all the lies he's told us; **s. y sigue** *(en contabilidad)* carried forward; *Fam Fig* here we go again! (**c**) *(costar)* to come to

2 sumarse *vpr* to join (**a** in); **sumarse a la opinión de alguien** to adhere to sb's opinion

sumarial *adj* pertaining to an indictment

sumariamente *adv* summarily, without delay

sumario, -a 1 *adj* (**a**) *(conciso)* brief (**b**) *Der* summary

2 *nm* (**a**) *(resumen)* summary (**b**) *Der* examining magistrate's report

sumarísimo, -a *adj Der* swift, expeditious

Sumatra *n* Sumatra

sumergible 1 *adj* (**a**) *(reloj, cámara)* waterproof (**b**) *(barco)* submersible

2 *nm* submersible

sumergido, -a *adj* (**a**) *(bajo el agua)* submerged (**b**) *(ilegal)* black; **la economía sumergida** the black economy *o* market

sumergir [24] **1** *vt* (**a**) *(hundir)* to submerge; *(con fuerza)* to plunge; *(bañar)* to dip; **s. en el caos** to plunge into chaos (**b**) *(abstraer)* to immerse; **el libro sumerge al lector en otra época** the book immerses the reader in another age

2 sumergirse *vpr* (**a**) *(hundirse)* to submerge; *(con fuerza)* to plunge; **el coche se sumergió en el río** the car sank to the bottom of the river (**b**) *(abstraerse)* to immerse oneself (**en** in)

sumerio, -a *adj & nm,f* Sumerian

sumidero *nm* drain

sumiller (*pl* **sumillers**) *nm* sommelier, wine waiter

suministrador, -ora *nm,f* supplier

suministrar *vt* to supply; **s. algo a alguien** to supply sb with sth

suministro *nm* (**a**) *(productos)* supply (**b**) *(acción)* supplying ❑ ***s. eléctrico*** electricity (supply)

sumir 1 *vt* (**a**) *(abismar)* **s. a alguien en** to plunge sb into; **el vino lo sumió en un estado de somnolencia** the wine left him feeling drowsy (**b**) *(sumergir)* to submerge (**c**) *(enterrar)* to bury

2 sumirse en *vpr* (**a**) *(depresión, desesperación, sueño)* to sink into (**b**) *(estudio, tema)* to immerse oneself in (**c**) *(sumergirse en)* to be submerged in

sumisamente *adv* submissively

sumisión *nf* (**a**) *(obediencia) (acción)* submission; *(cualidad)* submissiveness; **con s.** submissively (**b**) *(rendición)* surrender

sumiso, -a *adj* submissive

súmmum *nm* **el s. de** the height of; **esto es el s.** this is wonderful *o* magnificent

sumo, -a[1] *adj* (**a**) *(supremo)* highest, supreme ❑ ***s. sacerdote*** high priest (**b**) *(gran)* extreme, great; **lo aprecio en grado s.** I think extremely highly of him; **con s. cuidado** with extreme *o* great care; **a lo s.** at most

sumo[2] *nm (deporte)* sumo (wresling)

sunita, sunnita 1 *adj* Sunni

2 *nmf* Sunnite, Sunni Moslem

suntuario, -a *adj* luxury; **unas vacaciones suntuarias** a luxury holiday

suntuosamente *adv* sumptuously, magnificently

suntuosidad *nf* sumptuousness, magnificence

suntuoso, -a *adj* sumptuous, magnificent

supe *ver* **saber**

supeditación *nf* subordination

supeditar 1 *vt* (**a**) *(subordinar)* to subordinate (**a** to) (**b**) *(someter)* **estar supeditado a** to be dependent on; **el proyecto está supeditado al presupuesto disponible** the project depends on the available budget

2 supeditarse *vpr* (**a**) *(subordinarse)* to subordinate (**a** to) (**b**) *(someterse)* **supeditarse a** to submit to; **supeditarse a las órdenes de alguien** to abide by sb's orders

super- *prefijo Fam (muy)* really; **es superguapo** he's lovely *o* really nice; **superfácil** really *o* dead easy

súper 1 *adj* (**a**) *Fam (genial)* great, super (**b**) *(gasolina) Br* four-star, *US* regular

2 *adv Fam* **pasarlo s.** to have a great time

3 *nm Fam* supermarket

4 *nf Br* four-star (petrol), *US* regular

superable *adj (problema)* surmountable

superabundancia *nf* excess

superabundante *adj* excessive

superabundar *vi* to abound

superación *nf (de problema)* overcoming; **afán de s.** drive to improve

superar 1 *vt* (**a**) *(aventajar)* to beat; **s. algo/a alguien en algo** to beat sth/sb for sth; **nos superan en número** they outnumber us; **me supera en altura/inteligencia** he's taller/cleverer than me (**b**) *(sobrepasar) (récord)* to break; **queremos s. los resultados del año pasado** we want to improve on *o* beat last year's results; **me superó por dos décimas de segundo** she beat me by two tenths of a second (**c**) *(adelantar)* to overtake, to pass (**d**) *(época, técnica)* **estar superado** to have been superseded (**e**) *(resolver, vencer)* to overcome; **s. un complejo** to get over a complex; **s. un examen** to get through an exam; **tener algo superado** to have got over sth

2 superarse *vpr* (**a**) *(mejorar)* to better oneself; **se supera día a día** he goes from strength to strength (**b**) *(lucirse)* to excel oneself

superávit *nm inv* surplus

supercarburante *nm* high-grade fuel

superchería *nf* (**a**) *(engaño)* fraud, hoax (**b**) *(superstición)* superstition

superclase *nf Biol* superclass

superconductividad *nf Fís* superconductivity

superconductor *nm Fís* superconductor

supercopa *nf (en Europa)* European Supercup; *(en España)* = cup contested by the league champions and the winner of the cup at the end of the season, *Br* ≃ Charity Shield

supercuenta *nf Fin* high-interest acount

superdotado, -a 1 *adj* extremely gifted

2 *nm,f* extremely gifted person; **es un s.** he's extremely gifted

superego *nm Psi* superego

superestrella *nf* superstar

superestructura *nf* superstructure

superficial *adj también Fig* superficial

superficialidad *nf también Fig* superficiality

superficialmente *adv* superficially

superficie *nf* (**a**) *(parte exterior)* surface; **salir a la s.** to come to the surface, to surface (**b**) *(extensión)* area; **tiene una s. de 2.500 metros cuadrados** it covers 2,500 square metres ❑ ***s. comercial*** floor space; ***s. de trabajo*** work surface; ***s. de venta*** floor space

superfino, -a *adj* superfine

superfluo, -a *adj (innecesario)* superfluous; *(gasto)* unnecessary

supergigante *nm Dep* super giant slalom, Super G

superhéroe *nm* superhero

superhombre *nm* superman

superíndice *nm* superscript

superintendencia *nf* (**a**) *(cargo)* superintendence (**b**) *(oficina)* superintendent's office

superintendente *nmf* superintendent

superior, -ora 1 *adj* (**a**) *(de arriba)* top; **los pisos superiores tienen mejores vistas** the upper floors have better views; **la parte s. (de algo)** the top (of sth); **la mitad s.** the top *o* upper half (**b**) *(mayor)* higher (**a** than); **ser s. en número, ser numéricamente s.** to have a numerical advantage; **temperaturas superiores a los 12 grados** temperatures above 12 degrees (**c**) *(mejor)* superior (**a** to); **es s. a la media** it's above average; **una mujer de inteligencia s. a la media** a woman of above-average intelligence

(**d**) *(excelente)* excellent; **productos de calidad s.** superior-quality products
(**e**) *Fam* **es s. a mí** *o* **a mis fuerzas** *(no lo puedo soportar)* it's too much for me
(**f**) *Biol* **los mamíferos superiores** the higher mammals
(**g**) *Anat & Geog* upper
(**h**) *Educ* higher
(**i**) *Rel* superior
2 *nm (jefe)* superior
3 *nm,f* superior, *f* mother superior

superioridad *nf* (**a**) *(preeminencia, ventaja)* superiority; *Dep* **estar en s. numérica** to have a numerical advantage (**b**) *(suficiencia)* superiority; **con un tono de s.** in a superior tone

superlativo, -a 1 *adj* (**a**) *(belleza, inteligencia)* exceptional (**b**) *Gram* superlative
2 *nm Gram* superlative

supermán *nm* superman

supermercado *nm* supermarket

superministro, -a *nm,f* = powerful government minister in charge of more than one department

supernova *nf* supernova

supernumerario, -a 1 *adj* (**a**) *(que está de más)* supernumerary, extra (**b**) *(funcionario)* on temporary leave
2 *nm,f* supernumerary

superordenador *nm Informát* supercomputer

superpesado,-a 1 *adj* (**a**) *(en boxeo)* **peso s.** superheavyweight (**b**) *Fam (que pesa mucho)* **es s.** it weighs a ton (**c**) *Fam (muy aburrido)* dead boring
2 *nm,f (en boxeo)* superheavyweight

superpetrolero *nm* supertanker

superpluma 1 *adj (en boxeo)* **peso s.** super-featherweight
2 *nmf (en boxeo)* super-featherweight

superpoblación *nf* overpopulation

superpoblado, -a *adj* overpopulated

superponer [50] *vt (poner encima)* to put on top (**a** of)

superposición *nf* superimposing

superpotencia *nf* superpower

superproducción *nf* (**a**) *Econ* overproduction (**b**) *Cine* big-budget film *o* movie

superpuesto, -a 1 *participio ver* **superponer**
2 *adj* superimposed

supersónico, -a *adj* supersonic

superstición *nf* superstition

supersticioso, -a *adj* superstitious

supervalorar *vt (artista, obra)* to overrate; *(casa, acciones)* to overvalue

superventas *nm inv* best-seller

supervisar *vt* to supervise

supervisión *nf* supervision

supervisor, -ora 1 *adj* supervisory
2 *nm,f* supervisor

supervivencia *nf* survival

superviviente 1 *adj* surviving
2 *nmf* survivor

superwelter 1 *adj (en boxeo)* **peso s.** light-middleweight
2 *nmf (en boxeo)* light-middleweight

superyó *nm Psi* superego

supiera *etc ver* **saber**

supino, -a *adj* **1**(**a**) *(tendido)* supine (**b**) *(excesivo)* utter
2 *nm Gram* supine

suplantación *nf* **s. (de personalidad)** impersonation

suplantador, -ora *nm,f* impostor

suplantar *vt* to impersonate, to pass oneself off as

suplementario, -a *adj* supplementary, extra

suplemento *nm* (**a**) *(añadido)* supplement ▫ ***s. dominical*** Sunday supplement; ***s. de sueldo*** bonus; ***s. vitamínico*** vitamin supplement (**b**) *(complemento)* attachment

suplencia *nf* **hacer una s.** *(profesor)* to do *Br* supply teaching *o US* substitute teaching; *(médico)* to do a locum

suplente 1 *adj* stand-in; **profesor s.** *Br* supply teacher, *US* substitute teacher
2 *nmf (sustituto)* stand-in; *Teatro* understudy; *Dep* substitute; **mañana llega el s. del secretario** the person covering for the secretary is arriving tomorrow

supletorio, -a 1 *adj* additional, extra
2 *nm Tel* extension

súplica *nf* (**a**) *(ruego)* plea, entreaty (**b**) *Der* petition

suplicante *adj (que ruega)* entreating, pleading

suplicar [59] *vt* (**a**) *(rogar)* **s. algo (a alguien)** to plead for sth (with sb); **s. a alguien que haga algo** to beg sb to do sth (**b**) *Der* to appeal to

suplicatorio *nm Der* (**a**) *(a tribunal superior)* = request by lower court for assistance from a higher court (**b**) *(a órgano legislativo)* = request by court for the parliamentary immunity of the accused to be waived

suplicio *nm* (**a**) *(tortura)* torture (**b**) *Fig (molestia)* torture; **es un s.** it's torture; **¡qué s.!** what a nightmare *o* pain!

suplique *etc ver* **suplicar**

suplir *vt* (**a**) *(sustituir)* to replace (**con** with) (**b**) *(compensar)* **s. algo (con)** to compensate for sth (with)

supo *ver* **saber**

SUPONER [50] **1** *nm* **imagino que nos invitarán — eso es un s.** I imagine they'll invite us — that's pure conjecture *o* you can't say for sure; **imagina, y es un s., que te quedas sin dinero** imagine, for the sake of argument, that you didn't have any money
2 *vt* (**a**) *(creer, presuponer)* to suppose; **supongo que ya habrán llegado** I suppose *o* expect (that) they'll have arrived by now; **supongo que tienes razón** I suppose *o* guess you're right; **supongo que sí/no** I suppose *o* expect so/not; **supongamos que me niego** supposing I refuse; **es de s. que se disculparán** I would expect them to apologize; **es de s. una nueva bajada de los tipos de interés** a further drop in interest rates seems likely, we can expect a further drop in interest rates; **al final lo perdí todo — era de s.** in the end I lost everything — it was only to be expected *o* that's hardly surprising; **nada hacía s. que...** there was nothing to suggest that...; **todo hacía s. que se llegaría a un acuerdo** everything pointed to an agreement; **suponiendo que...** supposing *o* assuming that...; **suponiendo que no te moleste** as long as *o* assuming it doesn't bother you
(**b**) *(implicar)* to involve, to entail; **una dieta así supone mucho sacrificio** a diet like that involves a lot of sacrifices; **esto nos supone un cambio de planes** this involves *o* entails *o* means a change of plan for us; **no me supuso ningún esfuerzo** it was no trouble (for me)
(**c**) *(significar)* to mean; **supone mucho para mí** it means a lot to me; **este descubrimiento supone un importante avance para la ciencia** this discovery constitutes a major advance for science
(**d**) *(conjeturar)* to imagine; **lo suponía** I guessed as much; **te suponía mayor** I thought you were older
3 suponerse *vpr (uso pasivo, impersonal)* **se supone que habíamos quedado a las ocho** we were supposed *o* meant to meet at eight; **se supone que es la mejor película del año** it's supposed *o* meant to be the film of the year; **se supone que todos tenemos los mismos derechos** we're all supposed to have the same rights; **a un soldado el valor se le supone** you expect soldiers to be brave, bravery is something that goes with being a soldier

suposición *nf* assumption

supositorio *nm* suppository

supranacional *adj* supranational

suprarrenal *adj* suprarenal

supremacía *nf* (**a**) *(superioridad)* supremacy (**b**) *(preferencia)* precedence; **tener s. sobre algo** to take precedence over sth

supremo, -a 1 *adj también Fig* supreme
2 *nm Der* **el S.** *Br* ≃ the High Court, *US* ≃ the Supreme Court

supresión *nf* (**a**) *(de ley, impuesto, derecho)* abolition; *(de sanciones, restricciones)* lifting (**b**) *(de palabras, texto)* deletion (**c**) *(de puestos de trabajo, proyectos)* axing

suprimir *vt* (**a**) *(eliminar)* to get rid of; *(ley, impuesto, derecho)* to abolish; *(sanciones, restricciones)* to lift; *(gastos)* to cut out; **hay que s. todo lo superfluo** we have to get rid of everything that's superfluous (**b**) *(palabras, texto)* to delete; **suprime los detalles y ve al grano** forget the details and get to the point (**c**) *(puestos de trabajo, proyectos)* to axe

supuestamente *adv* supposedly

supuesto, -a 1 *participio ver* **suponer**
2 *adj* (**a**) *(hipotético)* supposed; *(culpable, asesino)* alleged (**b**) *(falso)* false (**c**) **por supuesto** *loc adv* of course; **por s. que puedes venir** of course you can come;

dar algo por s. to take sth for granted
2 *nm* assumption; **en el s. de que venga** if he should come; **en estos supuestos no es válido el principio general** in these cases the general rule doesn't apply

supuración *nf* suppuration

supurar *vi* to suppurate, to fester

supusiera *etc ver* **suponer**

sur 1 *adj (posición, parte)* south, southern; *(dirección, viento)* southerly
2 *nm* south; **viento del s.** south wind; **ir hacia el s.** to go south(wards); **está al s. de Madrid** it's (to the) south of Madrid

Suramérica *n* South America

suramericano, -a *adj & nm,f* South American

surcar [59] *vt (tierra)* to plough; *(aire, agua)* to cut *o* slice through

surco *nm* (**a**) *(señal) (de arado)* furrow; *(de rueda)* rut; *(en disco)* groove (**b**) *(arruga)* line, wrinkle

surcoreano, -a *adj & nm,f* South Korean

sureño, -a 1 *adj* southern; *(viento)* southerly
2 *nm,f* southerner

sureste 1 *adj (posición, parte)* southeast, southeastern; *(dirección, viento)* southeasterly
2 *nm* southeast

surf, surfing *nm* surfing; **hacer s.** to surf

surfear *vt & vi Fam Informát* to surf

surfista *nmf* surfer

surgimiento *nm (aparición)* emergence

surgir [24] *vi* (**a**) *(brotar)* to spring forth (**b**) *(aparecer)* to appear; **surgió de detrás de las cortinas** he emerged from behind the curtains (**c**) *(producirse)* to arise; **se lo preguntaré si surge la ocasión** I'll ask her if the opportunity arises; **la idea surgió cuando...** the idea occurred to him/her *etc* when...; **nos surgieron varios problemas** we had a number of problems; **me surge una duda** I have one doubt

Surinam *n* Surinam

surinamés, -esa 1 *adj* of/from Surinam
2 *nm,f* person from Surinam

suroeste 1 *adj (posición, parte)* southwest, southwestern; *(dirección, viento)* southwesterly
2 *nm* southwest

surque *etc ver* **surcar**

surrealismo *nm* surrealism

surrealista 1 *adj* (**a**) *Arte* surrealist (**b**) *(absurdo)* surreal
2 *nmf Arte* surrealist

surtido, -a 1 *adj* (**a**) *(bien aprovisionado)* well-stocked; **una tienda bien surtida de telas** a shop with a wide selection of cloth (**b**) *(variado)* assorted
2 *nm* (**a**) *(gama)* range (**b**) *(de galletas, bombones)* assortment

surtidor *nm* (**a**) *(de gasolina)* pump (**b**) *(de un chorro)* spout; *(de ballena)* blowhole

surtir 1 *vt (proveer)* to supply (**de** with)
2 *vi (brotar)* to spout, to spurt (**de** from)
3 surtirse *vpr (proveerse)* **surtirse de** to stock up on

surumpe *nm Bol, Perú* snow blindness

survietnamita *adj & nmf* South Vietnamese

susceptibilidad *nf (sensibilidad)* oversensitivity

susceptible *adj* (**a**) *(sensible)* oversensitive (**b**) *(modificable)* **el proyecto es s. de cambios** changes may be made to the project; **un plan s. de mejora** a plan that can be improved on

suscitar *vt (discusión)* to give rise to; *(dificultades)* to cause, to create; *(interés, simpatía, sospechas)* to arouse; *(dudas)* to raise

suscribir 1 *vt* (**a**) *(firmar)* to sign (**b**) *(ratificar, apoyar)* to endorse; **suscribo sus opiniones** I subscribe to her opinion (**c**) *Com (acciones)* to subscribe for (**d**) *(a publicación)* **s. a alguien a una revista** to get *o* buy sb a subscription to a magazine
2 suscribirse *vpr* (**a**) *(a publicación)* to subscribe (**a** to) (**b**) *Com* **suscribirse a** to take out an option on

suscripción *nf* subscription

suscriptor, -ora *nm,f* subscriber

suscrito, -a 1 *participio ver* **suscribir**
2 *adj* **estar s. a** to subscribe to

susodicho, -a *adj* above-mentioned

suspender 1 *vt* (**a**) *(colgar)* to hang (up); **lo suspendieron de una cuerda/de un clavo** they hung it from a rope/nail (**b**) *(examen, asignatura)* to fail; **me suspendieron la Historia** I failed History (**c**) *(interrumpir)* to suspend; *(reunión, sesión)* to adjourn; **se suspendió el partido a causa de la lluvia** the match was postponed *o* called off because of the rain (**d**) *(de un cargo)* to suspend; **s. de empleo y sueldo** to suspend without pay
2 *vi* to fail

suspense *nm Esp* suspense

suspensión *nf* (**a**) *(detención)* suspension ▫ ***s. de empleo*** suspension on full pay; ***s. de pagos*** suspension of payments (**b**) *(aplazamiento)* postponement; *(de reunión, sesión)* adjournment (**c**) *Aut* suspension (**d**) *(mezcla)* suspension; **en s.** in suspension (**e**) *(en baloncesto, balonmano)* **pase/tiro en s.** jump pass/shot

suspensivo, -a *adj* **puntos suspensivos** suspension points

suspenso, -a *adj* **1** (**a**) *(colgado)* **s. de** hanging from (**b**) *(no aprobado)* **estar s.** to have failed (**c**) *(embelesado)* mesmerized
2 *nm* (**a**) *(nota)* fail; **sacar un s.** to fail (**b**) *(suspense)* **mantener en s.** to keep guessing, to keep in suspense (**c**) **en s.** *(interrumpido)* pending

suspensores *nmpl Andes, Arg Br* braces, *US* suspenders

suspensorio *nm* jockstrap

suspicacia *nf* suspicion

suspicaz *adj* suspicious

suspirado, -a *adj* longed-for, yearned-for

suspirar *vi* (**a**) *(dar suspiros)* to sigh; **s. de** to sigh with (**b**) *(desear)* **s. por algo/por hacer algo** to long for sth/to do sth; **s. por alguien** to have a crush on sb

suspiro *nm* (**a**) *(aspiración)* sigh; **dar un s.** to heave a sigh; EXPR **dio** *o* **exhaló el último s.** he breathed his last (**b**) *(instante)* **en un s.** in no time at all

sustancia *nf* (**a**) *(materia)* substance ▫ ***s. gris*** grey matter; ***s. química*** chemical (**b**) *(esencia)* essence; **sin s.** lacking in substance; **este artículo no tiene mucha s.** this article lacks substance (**c**) *(de alimento)* nutritional value

sustancial *adj* substantial, significant

sustancialmente *adv* substantially, significantly

sustanciar *vt* (**a**) *(resumir)* to summarize (**b**) *Der* to substantiate

sustancioso, -a *adj* substantial

sustantivación *nf Gram* nominalization, use as a noun

sustantivar *vt Gram* to nominalize, to use as a noun

sustantivo, -a 1 *adj (importante)* substantial, significant
2 *nm Gram* noun

sustentamiento *nm*, **sustentación** *nf* (**a**) *(soporte, base)* support (**b**) *(alimento)* sustenance, nourishment (**c**) *(afirmación)* defence (**d**) *Av* lift

sustentar 1 *vt* (**a**) *(sostener, mantener)* to support; **sustenta a toda la familia con su salario** he supports his entire family on his salary (**b**) *(defender) (argumento, teoría)* to defend; *(opinión)* to hold, to subscribe to (**c**) *(apoyar)* to base; **sustenta sus teorías en una premisa errónea** his theories are founded on a false premise
2 sustentarse *vpr* (**a**) *(sostenerse, mantenerse)* to support oneself; **no se sustenta solo** he can't support himself (**b**) *(apoyarse)* **su ilusión se sustenta en vanas promesas** her hopes are based *o* founded on empty promises

sustento *nm* (**a**) *(alimento)* sustenance; *(mantenimiento)* livelihood; **ganarse el s.** to earn one's living (**b**) *(apoyo)* support

sustitución *nf* (**a**) *(cambio)* replacement; *Dep* substitution; **trabajar haciendo sustituciones** to work as a stand-in (**b**) *Der* subrogation

sustituible *adj* replaceable

sustituir [34] *vt* to replace (**por** with); **sustituyó a su secretaria** he replaced his secretary, he got a new secretary; **lo sustituyeron por uno mejor** they replaced it with a better one

sustitutivo, -a, sustitutorio, -a *adj & nm* substitute

sustituto, -a *nm,f* substitute, replacement (**de** for); *(profesor)* stand-in

susto *nm* fright; **dar** *o* **pegar un s. a alguien** to give sb a fright; **darse** *o* **pegarse un s.** to get a fright; **¡qué s. (me di)!** I got the fright of my life!; **¡qué s. me**

has dado! you gave me a real fright!; **reponerse del s.** to get over the shock; **después del s. del accidente…** after the shock of the accident…; **¡me has dado un s. mortal** *o* **de muerte!** you nearly scared me to death!; *Fam Fig* **nos dimos un s. mortal** *o* **de muerte cuando nos enteramos de que…** we got the shock of our lives when we found out that…; EXPR *Fam* **no ganar para sustos** to have no end of troubles

sustracción *nf* (**a**) *(robo)* theft (**b**) *Mat* subtraction

sustraendo *nm Mat* = amount to be subtracted, subtrahend

sustraer [66] **1** *vt* (**a**) *(robar)* to steal (**b**) *Mat* to subtract

2 sustraerse *vpr* **sustraerse a** *o* **de** *(obligación, problema)* to avoid

sustrato *nm* substratum

susurrador, -ora, susurrante *adj* whispering

susurrar 1 *vt* to whisper; **me susurró la respuesta al oído** she whispered the answer in my ear

2 *vi* to whisper

susurro *nm* (**a**) *(palabras)* whisper; **"¡ahora!", me dijo en un s.** "now!", she whispered to me (**b**) *(sonido)* murmur

sutil *adj* (**a**) *(en general)* subtle (**b**) *(delicado) (velo, tejido)* delicate, thin; *(brisa)* gentle; *(hilo, línea)* fine

sutileza *nf* (**a**) *(en general)* subtlety (**b**) *(delicadeza) (de velo, tejido)* delicacy, thinness; *(de brisa)* gentleness; *(de hilo, línea)* fineness

sutilmente *adv* (**a**) *(con sutileza)* subtly (**b**) *(delicadamente)* delicately

sutura *nf* suture

suturar *vt* to stitch

Suva *n* Suva

suyo, -a 1 *adj posesivo (de él)* his; *(de ella)* hers; *(de uno)* one's (own); *(de ellos, ellas)* theirs; *(de usted, ustedes)* yours; **este libro es s.** this book is his/hers/*etc*; **un amigo s.** a friend of his/hers/*etc*; **no es asunto s.** it's none of his/her/*etc* business; *Fam Fig* **es muy s.** he's a law unto himself; **lo s. es el teatro** he/she/*etc* should be on the stage; *Fam Fig* **lo s. sería volver** the proper thing to do would be to go back; *Fam Fig* **les costó lo s.** *(mucho)* it wasn't easy for him/her/them

2 *pron posesivo* **el s.** *(de él)* his; *(de ella)* hers; *(de cosa, animal)* its (own); *(de uno)* one's own; *(de ellos, ellas)* theirs; *(de usted, ustedes)* yours; **de s.** in itself; **hacer de las suyas** to be up to his/her/*etc* usual tricks; **una de las suyas** one of his/her/*etc* tricks; **hacer s.** to make one's own; *Fam* **ésta es la suya** this is the chance he's been waiting for *o* his big chance; *Fam* **los suyos** *(su familia)* his/her/*etc* folks; *(su bando)* his/her/*etc* lot *o* side

svástica [es'βastika] *nf* swastika

SWAPO ['swapo] *nm* (*abrev de* **South West African People's Organization**) SWAPO

swing [swin] *nm* (**a**) *Mús* swing (**b**) *Dep* swing

T

T[1], **t** [te] *nf (letra)* T, t

t[2] (**a**) *(abrev de* **tonelada**) t (**b**) *(abrev de* **tomo**) vol

taba *nf* **jugar a las tabas** to play at fivestones

tabacal *nm* tobacco plantation

Tabacalera *nf* = state tobacco monopoly in Spain

tabacalero, -a *adj* tobacco; **la industria tabacalera** the tobacco industry

tabaco 1 *nm* (**a**) *(planta)* tobacco plant (**b**) *(picadura)* tobacco ❑ ***t. de liar*** rolling tobacco; ***t. negro*** dark tobacco; ***t. de pipa*** pipe tobacco; ***t. en*** *o* ***de polvo*** snuff; ***t. rubio*** Virginia tobacco (**c**) *(cigarrillos)* cigarettes
 2 *adj inv (color)* light brown

tabanco *nm CAm (desván)* attic

tábano *nm* (**a**) *(insecto)* horsefly (**b**) *Fam (persona pesada)* pain (in the neck)

tabaquera *nf (caja)* tobacco tin

tabaquería *nf Br* tobacconist's (shop), *US* cigar store

tabaquero, -a *adj* tobacco; **la industria tabaquera** the tobacco industry

tabaquismo *nm* = addiction to tobacco, and its damaging effects on one's health

tabardo *nm* (coarse) cloak

tabarra *nf Fam* EXPR **dar la t.** to be a pest, to play up; EXPR **dar la t. con algo** to go on and on about sth

tabasco® *nm* Tabasco® (sauce)

taberna *nf (tasca)* bar *(old-fashioned in style)*; *(antigua)* tavern, inn

tabernáculo *nm* tabernacle

tabernario, -a *adj* coarse

tabernero, -a *nm,f* (**a**) *(propietario)* landlord, *f* landlady (**b**) *(encargado)* bartender, barman, *f* barmaid

tabica *nf (de escalón)* riser

tabicar [59] *vt* to wall up

tabique *nm* (**a**) *(pared)* partition (wall) (**b**) *Anat* septum ❑ ***t. nasal*** nasal septum

tabla 1 *nf* (**a**) *(de madera)* plank; *Fig* **ser una t. de salvación** to be a last resort *o* hope; EXPR **hacer t. rasa** to wipe the slate clean ❑ ***t. de cocina*** chopping board; ***t. de lavar*** washboard; ***t. de patés*** selection of pâtés; ***t. de planchar*** ironing board; ***t. de quesos*** cheeseboard; *Dep* ***t. de saltos*** *(trampolín)* diving board
 (**b**) *(pliegue)* pleat
 (**c**) *(lista, gráfico) & Informát* table ❑ ***t. de conversión*** conversion table; ***t. de materias*** table of contents; ***t. de multiplicación*** multiplication table; ***t. periódica (de los elementos)*** period table (of elements)
 (**d**) *(de surf, vela)* board ❑ ***t. de surf*** surfboard
 (**e**) *Arte* panel
 (**f**) *(de gimnasia)* exercise routine
 2 *nfpl* **tablas** (**a**) **quedamos/la partida quedó en tablas** *(en ajedrez, juego)* the game ended in stalemate; **quedamos/el debate quedó en tablas** *(en enfrentamiento)* we reached a stalemate, the debate ended in a stalemate
 (**b**) *Teatro* stage, boards; **tener (muchas) tablas** to be an experienced actor; *Fig* to be an old hand
 (**c**) *Taurom* = fence surrounding bullring

tablada *nf RP* stockyard, cattle yard

tablado *nm (de teatro)* stage; *(de baile)* dance floor; *(plataforma)* platform

tablao *nm* **t. (flamenco)** *(local)* = club where flamenco dancing and singing are performed

tableado, -a *adj (falda)* pleated

tablear *vt* (**a**) *(madero)* to divide into planks (**b**) *(tela)* to pleat

tablero *nm* (**a**) *(tabla)* board ❑ ***t. de ajedrez*** chessboard; ***t. de damas*** *Br* draughtboard, *US* checkerboard; ***t. de dibujo*** drawing board (**b**) *(marcador)* scoreboard (**c**) *(en baloncesto)* backboard (**d**) **t. (de mandos)** *(de avión)* instrument panel; *(de coche)* dashboard

tableta *nf* (**a**) *(pastilla)* tablet (**b**) *(de chocolate)* bar (**c**) *Informát* tablet ❑ ***t. gráfica*** graphics tablet

tabletear *vi (maderas, ametralladoras)* to rattle

tableteo *nm (de maderas, ametralladora)* rattling

tablilla *nf Med (para entablillar)* splint

tabloide *nm* tabloid

tablón *nm* (**a**) *(tabla)* plank ❑ ***t. de anuncios*** notice board; *Informát* ***t. de anuncios electrónico*** bulletin board system (**b**) *(viga)* beam (**c**) *Fam (borrachera)* **agarrar un t.** to get smashed *o* blind drunk

tabú (*pl* **tabúes** *o* **tabús**) **1** *adj* taboo; **es un tema t.** that subject is taboo
 2 *nm* taboo

tabuco *nm (casa)* hovel; *(habitación)* poky little room

tabulación *nf* tab-settings

tabulador *nm* (**a**) *(tecla)* tabulator, tab (key) (**b**) *(carácter)* tab character

tabuladora *nf Informát* tabulator

tabular *vt & vi* to tabulate

taburete *nm* stool

taca *nf (marisco)* = type of edible shellfish, found in Chile

tacada *nf (en billar) (golpe)* stroke; *(carambolas)* break

tacañear *vi* to be mean *o* miserly

tacañería *nf* meanness, miserliness

tacaño, -a 1 *adj* mean, miserly
 2 *nm,f* mean *o* miserly person; **ser un t.** to be mean *o* miserly

tacataca, tacatá *nm* baby-walker

tacha *nf* (**a**) *(defecto)* flaw, fault; **sin t.** flawless, faultless (**b**) *(en reputación)* blemish; **sin t.** *(reputación)* unblemished; *(comportamiento)* beyond reproach

tachadura *nf* crossing out; **una página llena de tachaduras** a page full of crossings out *o* of things crossed out

tachán *interj* **¡t.!** hey presto!

tachar *vt* (**a**) *(lo escrito)* to cross out (**b**) *(acusar)* **t. a alguien de mentiroso/cobarde** to accuse sb of being a liar/coward

tachero *nm RP Fam (taxista)* taxi driver

tacho *nm* (**a**) *Andes, RP (para basura) Br* rubbish bin, *US* garbage can; *Fig* **irse al t.** to fail, to be unsuccessful (**b**) *RP Fam (taxista)* taxi driver (**c**) *Am (para dulce)* sugar evaporator (**d**) *Chile, RP (metálico, de hojalata)* tin

tachón *nm* (**a**) *(tachadura)* crossing out; **una página llena de tachones** a page full of crossings out *o* of things crossed out (**b**) *(clavo)* stud

tachonado, -a *adj (salpicado)* studded (**de** with)

tachonar *vt* (**a**) *(poner clavos)* to decorate with studs (**b**) *(salpicar)* to stud (**de** with)

tachuela *nf* tack

tácitamente *adv* tacitly

tácito, -a *adj (acuerdo)* tacit; *(norma, regla)* unwritten

taciturno, -a *adj* taciturn

taco *nm* (**a**) *(tarugo)* plug; *(para tornillo)* Rawlplug®; *(en bota)* stud
 (**b**) *(cuña)* wedge
 (**c**) *Fam (palabrota)* swearword; **decir tacos** to swear
 (**d**) *(de billar)* cue
 (**e**) *(de billetes de banco)* wad; *(de billetes de autobús, metro)* book; *(de hojas)* pile, stack
 (**f**) *(cubo) (de jamón, queso)* cube

(**g**) *Fam (confusión)* mess, muddle; **armarse un t. (con algo)** to get into a muddle (over sth)
(**h**) *Fam* **tacos** *(años)* years (of age)
(**i**) *Fam* **un t. de** *(mucho)* loads of; **tiene un t. de dinero** she's got loads of money, she's loaded
(**j**) *CAm, Méx (tortilla rellena)* taco
(**k**) *Am (tacón)* heel; **zapatos de t. alto** high heels, high-heeled shoes; **zapatos de t. bajo** low-heeled shoes
(**l**) *Chile (atasco)* obstruction, blockage
(**m**) *Chile (persona pequeña)* short, stocky person
(**n**) *Am (preocupación)* worry, fear

tacógrafo *nm* tachograph

tacómetro *nm* tachometer

tacón *nm* (**a**) *(pieza)* heel; **zapatos de t. alto** high heels, high-heeled shoes; **zapatos de t. bajo** low-heeled shoes ▫ ***t. de aguja*** stiletto heel (**b**) **tacones** *(zapatos)* (high) heels

taconazo *nm* (**a**) *(golpe)* stamp (of the heel); **dar un t.** to stamp one's foot (**b**) *Dep* back heel; **dar un t. al balón** to back-heel the ball

taconear *vi* (**a**) *(bailarín)* to stamp one's feet (**b**) *Mil* to click one's heels

taconeo *nm (de bailarín)* foot-stamping

táctica *nf también Fig* tactics; **t. defensiva** defensive tactics *o* strategy

táctico, -a *adj* tactical

táctil *adj* tactile

tacto *nm* (**a**) *(sentido)* (sense of) touch (**b**) *(textura)* feel; **áspero/suave al t.** rough/soft to the touch (**c**) *(delicadeza)* tact; **con t.** tactfully; **hay que tratarla con mucho t.** she needs to be handled very carefully; **tener t.** to be tactful; **no tiene ningún t.** she's completely tactless (**d**) *Med* manual examination

tacuache *nm Cuba* lie

tacuara *nf Chile, RP* = kind of strong bamboo

TAE ['tae] *nm o nf Fin (abrev de* **tasa anual equivalente**) APR

taekwondo [tae'kwondo] *nm* taekwondo

tafetán *nm* taffeta

tafilete *nm* morocco leather

tagalo, -a 1 *adj & nm,f* Tagalog
2 *nm (lengua)* Tagalog

tagua *nf* (**a**) *Chile (planta)* ivory nut palm (**b**) *Ecuad (ave)* coot (**c**) *Am* **hacer taguas** to dive

Tahití *n* Tahiti

tahitiano, -a *adj & nm,f* Tahitian

tahona *nf* bakery

tahúr, -ura *nm,f* cardsharp

tai-chi *nm* tai chi

taifa *nf Hist* = independent Muslim kingdom in Iberian peninsula

taiga *nf* taiga

tailandés, -esa 1 *adj & nm,f* Thai
2 *nm (lengua)* Thai

Tailandia *n* Thailand

taima *nf* (**a**) *(astucia)* cunning, craftiness (**b**) *Chile (obstinación)* stubbornness, obstinacy

taimado, -a 1 *adj* (**a**) *(astuto)* cunning, crafty (**b**) *Chile (obstinado)* stubborn, obstinate
2 *nm,f* (**a**) *(astuto)* cunning *o* crafty person (**b**) *Chile (obstinado)* stubborn *o* obstinate person

Taipei *n* Taipei

Taiwán [tai'wan] *n* Taiwan

taiwanés, -esa [taiwa'nes, -'esə] *adj & nm,f* Taiwanese

tajada *nf* (**a**) *(rodaja)* slice (**b**) *(parte)* share; **sacar t. de algo** to get something out of sth (**c**) *Fam (borrachera)* **agarrarse una t. (como un piano)** to get plastered

tajadera *nf (tabla)* chopping board

tajado, -a *adj* (**a**) *(escarpado)* steep, sheer (**b**) *Fam (borracho)* plastered, smashed

tajamar *nm* (**a**) *CAm, Andes (dique)* dike, seawall (**b**) *Arg (embalse)* reservoir

tajante *adj (respuesta, rechazo)* categorical; *(tono)* emphatic; **has estado demasiado t. en la discusión** you expressed your views too forcefully in the discussion

tajar 1 *vt (cortar)* to cut *o* slice up; *(en dos)* to slice in two
2 tajarse *vpr Fam* to get plastered *o* smashed

Tajo *nm* **el (río) T.** the (River) Tagus

tajo *nm* (**a**) *(corte)* deep cut; **le hizo un t. con la navaja** he slashed her with the knife (**b**) *Fam (trabajo)* work (**c**) *(de carnicero)* chopping block (**d**) *(acantilado)* precipice (**e**) *(en mina)* face

---

TAL 1 *adj* (**a**) *(semejante, tan grande)* such; **¡jamás se vio cosa t.!** you've never seen such a thing!; **lo dijo con t. seguridad que...** he said it with such conviction that...; **su miedo era t. *o* t. era su miedo que...** so great *o* such was her fear that..., she was so afraid that...; **en t. caso** in such a case; **dijo cosas tales como...** he said such things as...
(**b**) *(mencionado)* **yo no he dicho t. cosa** I never said such a thing, I never said anything of the sort; **tales noticias resultaron falsas** the news turned out to be untrue; **ese t. Félix es un antipático** that Félix is really unpleasant
(**c**) *(sin especificar)* such and such; **a t. hora** at such and such a time
(**d**) *(desconocido)* **te ha llamado un t. Pérez** a Mr Pérez called for you; **hay un t. Jiménez que te puede ayudar** there's someone called Mr Jiménez who can help you
(**e**) **tal vez** *loc adv* perhaps, maybe; **¿vienes? — t. vez** are you coming? — perhaps *o* maybe *o* I may do; **t. vez vaya** I may go; **t. vez llueva mañana** it may rain tomorrow; **t. vez no lo creas** you may not believe it; **t. vez sí** maybe, perhaps; **t. vez no** maybe not, perhaps not
2 *pron* (**a**) *(semejante cosa)* such a thing; **yo no dije t.** I never said such a thing, I never said anything of the sort; **como t.** *(en sí)* as such; **t. y cual, t. y t.** this and that; **y t.** *(etcétera)* and so on
(**b**) *(semejante persona)* **si eres un profesional, actúa como t.** if you're a professional, then act like one
(**c**) EXPR **que si t., que si cual** this, that and the other; **ser t. para cual** to be two of a kind
3 *adv* **con t. de** as long as, provided; **con t. de volver pronto...** as long as *o* provided we're back early...; **haría lo que fuera con t. de entrar en el equipo** I'd do anything to get into the team, I'd do anything as long as *o* provided I got into the team; **lo haré con t. (de) que me deis tiempo** I'll do it as long as *o* provided you give me time; **¿qué t....?** how...?; **¿qué t. (estás)?** how are you (doing)?, how's it going?; **¿qué t. el viaje?** how was the journey?; **¿qué t. es ese hotel?** what's that hotel like?; **¿qué t. si nos tomamos algo?** why don't we have something to drink?; **¿qué t. un descanso?** what about a break?; **t. (y) como** just as *o* like; **t. y como están las cosas...** as things stand..., the way things are...; **t. y como suele ocurrir...** as is usual...; **déjalo t. cual** leave it (just) as it is; *Fam* **una bebida, t. que una cerveza** a drink, like a beer

---

tala 1 *nf (de árbol)* felling; *(de bosque)* clearing
2 *nm Bol, RP (árbol)* hackberry tree

talabartería *nf* saddlery

talabartero *nm* saddler

taladradora *nf (para pared, madera)* drill; *(para papel)* paper punch

taladrar *vt (pared, tabla)* to drill through; *(suelo)* to drill; **taladra la pared aquí para poner el tornillo** drill a hole in the wall here for the screw; *Fig* **este ruido te taladra los tímpanos** the noise is ear-piercing

taladro *nm* (**a**) *(taladradora)* drill ▫ ***t. de aire comprimido*** *o* ***neumático*** pneumatic drill (**b**) *(agujero)* drill hole; **hacer un t. en la pared** to drill a hole in the wall

tálamo *nm* (**a**) *Formal (cama)* marriage bed (**b**) *Anat & Bot* thalamus

talante *nm* (**a**) *(humor)* mood; **estar de buen t.** to be in good humour (**b**) *(carácter)* character, disposition; **tiene mal t.** he has an unpleasant nature

talar *vt (árbol)* to fell; *(bosque)* to clear

talasemia *nf Med* thalassemia

talasoterapia *nf* thalassotherapy

talco *nm* talc

talega *nf* sack

talegazo *nm Fam (golpe)* nasty fall; **darse un t.** to have a nasty fall

talego *nm* (**a**) *(talega)* sack (**b**) *Esp muy Fam (1.000 pesetas)* = 1,000 pesetas; **cuesta 5 talegos** it costs 5,000 pesetas (**c**) *muy Fam (cárcel)* slammer, *Br* nick, *US* pen (**d**) *Fam (gordo)* fatty, fatso

taleguilla *nf* = trousers worn by bullfighter

talento *nm* (**a**) *(don natural)* talent; **tiene**

mucho t. she's very talented (**b**) *(inteligencia)* intelligence

talentoso, -a, talentudo, -a *adj* talented

talero *nm Chile, RP (látigo)* riding crop

Talgo *nm (abrev de* **tren articulado ligero de Goicoechea Oriol**) = Spanish intercity high-speed train

talidomida *nf Farm* thalidomide

talio *nm Quím* thallium

talión *nm* **la ley del t.** an eye for an eye and a tooth for a tooth; **no cree en la ley del t.** she doesn't believe in "an eye for an eye (and a tooth for a tooth)"

talismán *nm* talisman

talla *nf* (**a**) *(medida)* size; **¿qué t. usas?** what size are you?; **no es de mi t.** it's not my size (**b**) *(estatura)* height; **es de mi t.** she's as tall as me (**c**) *Fig (capacidad)* stature; **dar la t.** to be up to it; **no dio la t. como representante del colegio** he wasn't up to the task of representing his school (**d**) *Arte (en madera)* carving; *(en piedra)* sculpture (**e**) *(de piedras preciosas)* cutting

tallado, -a 1 *adj (madera)* carved; *(piedras preciosas)* cut

2 *nm (de madera, piedra)* carving; *(de piedras preciosas)* cutting

tallador *nm* (**a**) *(de piedra)* (stone) carver; *(de metal)* engraver (**b**) *Am (en juego de naipes)* banker

talladura *nf (en madera)* carving; *(en metal)* engraving

tallar *vt* (**a**) *(esculpir) (madera, piedra)* to carve; *(piedra preciosa)* to cut; **t. la piedra** to carve stone (**b**) *(medir)* to measure (the height of) (**c**) *Chile (flirtear)* to flirt

tallarines *nmpl* (**a**) *(chinos)* noodles (**b**) *(italianos)* tagliatelle

talle *nm* (**a**) *(cintura)* waist; **t. de avispa** wasp waist (**b**) *(figura, cuerpo)* figure (**c**) *(medida)* measurement (**d**) *Chile, Guat (corsé)* corset

taller *nm* (**a**) *(lugar de trabajo)* workshop; *(de artista)* studio ❑ ***t. de artesanía*** craft studio; ***t. de confección*** *o* ***costura*** dressmaker's (**b**) *(de reparación de vehículos)* garage ❑ ***t. de bicicletas*** bicycle (repair) shop; ***t. de chapa y pintura*** body shop; ***t. mecánico*** *o* ***de reparaciones*** garage, repair shop (**c**) *(cursillo, seminario)* workshop; **t. de teatro/títeres** theatre/puppet workshop

Tallin *n* Tallin

tallista *nmf (de madera)* wood carver; *(de piedras preciosas)* cutter

tallo *nm* (**a**) *(de planta, flor)* stem, stalk; *(brote)* sprout, shoot ❑ ***t. herbáceo*** herbaceous stalk; ***t. leñoso*** ligneous stalk, woody stalk; ***t. rastrero*** creeping stalk, trailing stalk; ***t. trepador*** climbing stalk (**b**) *Col (col)* cabbage

talludito, -a *adj Fam* **estar** *o* **ser t.** to be getting on (a bit)

talludo, -a *adj* (**a**) *(planta)* thick-stemmed (**b**) *(persona) (alta)* tall; *Fam* **estar** *o* **ser t.** *(mayor)* to be getting on (a bit)

talmente *adv* **es t. como su hermano** he's just *o* exactly like his brother; **parecía t. que le iba a pegar un tortazo** he looked for all the world as if he was going to hit her

Talmud *nm* **el T.** the Talmud

talón *nm* (**a**) *(de pie)* heel; EXPR **pisarle los talones a alguien** to be hot on sb's heels ❑ *Fig* ***t. de Aquiles*** Achilles' heel (**b**) *(cheque)* cheque; *(matriz)* stub ❑ ***t. bancario*** *Br* cashier's cheque, *US* cashier's check; ***t. en blanco*** blank cheque; ***t. cruzado*** crossed cheque; ***t. devuelto*** bounced cheque; ***t. sin fondos*** bad cheque (**c**) *(de zapato)* heel; **unos zapatos con el t. abierto** a pair of shoes with open heels

talonador *nm (en rugby)* hooker

talonario *nm (de cheques)* chequebook; *(de recibos)* receipt book

talonazo *nm* **le dio un t. en la espinilla** she kicked him in the shin with her heel

talonear *vi Am Fam (espolear)* to spur on one's horse

talonera *nf* heelpiece

talud *nm* bank, slope, *Espec* talus ❑ ***t. continental*** continental slope

tamal *nm* (**a**) *(empanada) CAm, Méx* tamale, = steamed maize dumpling with savoury or sweet filling, wrapped in maize husks or a banana leaf (**b**) *Am (intriga, embrollo)* intrigue (**c**) *Am (bulto)* package, bundle

tamalero, -a *nm,f Am* tamale vendor

tamango *nm Arg, Chile* leather shoe

tamañito, -a *adj* **dejar a alguien t.** to cut sb down to size

tamaño, -a 1 *adj* such; **¡cómo pudo decir tamaña estupidez!** how could he say such a stupid thing!

2 *nm* size; **de gran t.** large; **del t. de** as large as, the size of; **de t. familiar** family(-size) ❑ ***t. muestral*** sample size; ***t. natural*** life size; **de t. natural** life-size

tamarindo *nm* tamarind

tamarisco *nm* tamarisk

tamarugal *nm Arg, Chile* carob grove

tamarugo *nm Arg, Chile* carob tree

tambaleante *adj* (**a**) *(inestable) (mesa)* wobbly, unsteady; *(persona)* staggering (**b**) *(gobierno, economía)* unstable, shaky

tambalearse *vpr* (**a**) *(bambolearse) (persona)* to stagger, to totter; *(mueble)* to wobble, to be unsteady; *(tren)* to sway; **el borracho caminaba tambaleándose** the drunk was staggering along (**b**) *(gobierno, sistema)* to totter; **las bases de la democracia se tambalean** the foundations of democracy are crumbling

tambaleo *nm (de tren)* rocking motion; *(de mueble)* wobble; *(de persona)* staggering

tambero, -a *nm,f Andes, RP (granjero)* dairy farmer

también *adv* also, too; **trabaja t. de taxista** he also works as a taxi driver; **yo t. vivo en Chile, yo vivo en Chile t.** I live in Chile too *o* as well; **yo t.** me too; **dormí muy bien — yo t.** I slept very well – me too *o* so did I; **t. a mí me gusta** I like it too; **yo soy minero y mi padre t.** I'm a miner and so is my father; **sabes cantar y bailar, pero no tocar el piano — sí, t.** you can sing and dance, but I bet you can't play the piano – yes, I can do that too; *Fam* **le eché un broncazo increíble — ¡tú t.!** I gave him a real telling off – was that really necessary?

tambo *nm Andes, RP (granja)* dairy farm

tambor 1 *nm* (**a**) *(instrumento de percusión)* drum; *Fig* **a t. batiente** triumphantly (**b**) *(de pistola)* cylinder (**c**) *(de lavadora)* drum (**d**) *(recipiente)* drum; **un t. de detergente** a drum of washing powder ❑ *Informát* ***t. magnético*** magnetic drum (**e**) *(de frenos)* drum

2 *nmf (tamborilero)* drummer

tambora *nf Cuba Fam (mentira)* fib

tamborear *vi* to drum one's fingers

tamboril *nm* small drum

tamborilear *vi* (**a**) *(con los dedos)* to drum one's fingers (**b**) *Mús* to drum

tamborileo *nm* drumming

tamborilero, -a *nm,f* drummer

Támesis *nm* **el (río) T.** the (River) Thames

tamil 1 *adj & nmf* Tamil

2 *nm (lengua)* Tamil

tamiz *nm* (**a**) *(cedazo)* sieve; **pasar algo por un t.** to sieve sth (**b**) *(selección)* **la prueba es un t. para eliminar a los peores** the test is designed to weed out the weaker candidates

tamizar [14] *vt* (**a**) *(cribar)* to sieve (**b**) *(seleccionar)* to screen (**c**) *(luz)* to filter

tamo *nm* (**a**) *(de lino)* lint (**b**) *(de semilla)* grain dust (**c**) *(de polvo)* fluff *(that accumulates under bed, sofa)*

támpax® *nm inv* Tampax®

tampoco *adv* neither, not... either; **ella no va y tú t.** she's not going and neither are you *o* and you aren't either; **yo no voy — yo t.** I'm not going – neither am I *o* me neither; **yo t. lo veo** I can't see it either; **no me gusta éste ni ése t.** I don't like this one or this one either; **¡t. nos íbamos a presentar sin un regalo!** we were hardly going to turn up without a present!

tampón *nm* (**a**) *(sello)* stamp; *(almohadilla)* inkpad (**b**) *(para la menstruación)* tampon (**c**) ***t. contraceptivo*** contraceptive sponge

tam-tam *nm* tom-tom

tamujo *nm* = type of spurge

tan *adv* (**a**) *(mucho)* so; **t. grande/deprisa (que...)** so big/quickly (that...); **¡qué película t. larga!** what a long film!; **t. es así que...** so much so that...; **de t. amable que es, se hace inaguantable** she's so kind it can get unbearable (**b**) *(en comparaciones)* **t.... como...** as... as...; **no es t. tonto como parece** he's not as stupid as he seems (**c**) **t. sólo** only; **t. sólo pido hablar con él** all I ask is to speak to him

tanagra *nf (escultura)* Tanagra figurine

tanate *nm* (**a**) *CAm, Méx (bolso)* leather bag (**b**) *CAm (trasto)* bundle; **cargar con los tanates** to pack one's bags

tanatorio *nm* = building where relatives and friends of a dead person can stand vigil over the deceased in a private room on the night before the burial

tanda *nf* (**a**) *(grupo)* **como éramos demasiados, entramos en dos tandas** there were too many of us, so we went in in two groups *o* parties; **hizo tres tandas de galletas** he made three batches of biscuits; **tengo una buena t. de ejercicios que hacer** I've got a pile of exercises to do ▫ *Dep* ***t. de penalties*** penalty shoot-out (**b**) *RP (corte publicitario)* commercial break

tándem *(pl* **tándemes**) *nm* (**a**) *(bicicleta)* tandem (**b**) *(pareja)* duo, pair

tanga *nm* tanga

tangana *nf Fam Dep* punch-up, free-for-all

Tanganica *nm* **el lago T.** Lake Tanganyika

tangar *vt muy Fam* to rip off

tangencial *adj* tangential

tangente 1 *adj* tangential

2 *nf* tangent; EXPR **irse** *o* **salirse por la t.** to change the subject

Tánger *n* Tangiers

tangible *adj* tangible

tango *nm* tango; **bailar t.** to (dance the) tango

tanguear *vi* to (dance the) tango

tanguero, -a 1 *adj* **es muy t.** he loves the tango

2 *nm,f (aficionado)* tango enthusiast

tanguista *nmf* tango singer

tanino *nm* tannin

tano, -a *nm,f RP Fam Pey (italiano)* Eyetie, wop, = term referring to an Italian

tanque *nm* (**a**) *Mil* tank (**b**) *(vehículo cisterna)* tanker (**c**) *(depósito)* tank (**d**) *(de cerveza)* beer mug

tanqueta *nf* armoured car

tantalio *nf Quím* tantalum

tantas *nfpl Fam* **eran las t.** it was very late

tanteador *nm (marcador)* scoreboard

tantear 1 *vt* (**a**) *(probar, sondear)* to test (out); *(toro, contrincante)* to size up; **tantéalo, a ver cómo anda de humor** see what sort of mood he's in first; EXPR **t. el terreno** to see how the land lies, to test the waters (**b**) *(sopesar) (peso, precio, cantidad)* to try to guess; *(problema, posibilidades, ventajas)* to weigh up

2 *vi (andar a tientas)* to feel one's way

tanteo *nm* (**a**) *(prueba, sondeo)* testing out; *(de posibilidades, ventajas)* weighing up; *(de contrincante, puntos débiles)* sizing up (**b**) *(cálculo aproximado)* rough calculation, estimate; **a t.** roughly (**c**) *(puntuación)* score (**d**) *Der* first option *(on a purchase)*

tantito *adv Méx (poquito)* a little bit

TANTO, -A 1 *adj* (**a**) *(gran cantidad) (singular)* so much; *(plural)* so many; **t. dinero** so much money, such a lot of money; **tanta gente** so many people; **tiene t. entusiasmo/tantos amigos que...** she's so enthusiastic/has so many friends that...; *Fam* **nunca había visto t. niño junto en mi vida** I'd never seen so many children in one place; **de t. gritar se quedó afónico** he lost his voice from all that shouting, he shouted so much that he lost his voice; **¡t. quejarse del tiempo y luego se mudan a Alaska!** they never stop complaining about the weather and then they move to Alaska!

(**b**) *(cantidad indeterminada) (singular)* so much; *(plural)* so many; **nos daban tantas pesetas al día** they used to give us so many pesetas per day; **cuarenta y tantos...** forty-something..., forty-odd...; **tiene treinta y tantos (años)** she's thirty-something *o* thirty-odd; **nos conocimos en el sesenta y tantos** we met sometime in the sixties, we met in nineteen sixty-something

(**c**) *(en comparaciones)* **t.... como** as much... as; **tantos... como** as many... as

2 *pron* (**a**) *(tan gran cantidad) (singular)* so much; *(plural)* so many; **tenemos t. de qué hablar** we have so much *o* such a lot to talk about; **¿cómo puedes tener tantos?** how can you have so many?; **ser uno de tantos** to be nothing special

(**b**) *(cantidad indeterminada) (singular)* so much; *(plural)* so many; **si el petróleo está a t. el barril...** if oil costs so much a barrel...; **a tantos de agosto** on such and such a date in August; **un t.** *(un poco)* a bit, rather; **es un t. pesada** she's a bit of a bore *o* rather boring; **se le ve un t. triste** he seems rather sad; **un t. así** *(acompañado de un gesto)* this much

(**c**) *(igual cantidad) (singular)* as much; *(plural)* as many; **tantos** as many; **tantos como desees** as many as you like; **había mucha gente aquí, pero allí no había tanta** there were a lot of people here, but there weren't as many there; **otro t.** as much again, the same again; **otro t. le ocurrió a los demás** the same thing happened to the rest of them; **ponme otro t.** same again, please

(**d**) **en tanto que** *loc adv* **espera en t. que acabamos** wait while we finish; **en t. que director, me corresponde la decisión** as manager, it's for me to take the decision

(**e**) **hasta tanto** *loc adv* **hasta t. no se reúnan** until they meet

(**f**) **por (lo) tanto** *loc conj* therefore, so

3 *adv* (**a**) *(mucho)* **t. (que...)** *(cantidad)* so much (that...); *(tiempo)* so long (that...); **no bebas t.** don't drink so much; **la aprecia t. que...** he's so fond of her that...; **de eso hace t. que ya no me acordaba** it's been so long since that happened that I don't even remember; **ya no llueve t.** it's not raining as much *o* so hard now; **ya no vienen t. por aquí** they don't come here so often *o* as much any more; **quizás tardemos una hora en llegar — ¡no t.!** it may take us an hour to get there — it won't take that long!; **¿nos denunciarán? — no creo que la cosa llegue a t.** will they report us? — I don't think it will come to that; **no es para t.** *(no es tan grave, malo)* it's not too serious; *(no te enfades)* there's no need to get so upset about it, it's not such a big deal; **¿el mejor escritor de la historia? yo creo que no es para t.** the best writer ever? I don't see what all the fuss is about myself; **faltan unos cien kilómetros todavía — ¿t.?** there are still a hundred kilometres to go — as much as that?; **t. (es así) que...** so much so that...; **t. más cuanto que...** all the more so because...; **t. mejor/peor** so much the better/worse, **¡y t.!** most certainly!, you bet!

(**b**) *(en comparaciones)* **t. como** as much as; **me gusta t. como a ti** I like it (just) as much as you do; **la casa está deteriorada, pero no t. como para demolerla** the house is in a poor state of repair, but not so as you'd want to demolish it; **t. hombres como mujeres** both men and women; **t. si estoy como si no** whether I'm there or not

4 *nm* (**a**) *(punto)* point; *(gol)* goal; **marcar un t.** to score

(**b**) *Fig (ventaja)* point; **apuntarse un t. (a favor)** to earn a point in one's favour

(**c**) *(cantidad indeterminada)* **un t.** so much, a certain amount; **te cobran un t. por la reparación y otro por el desplazamiento** they charge you so much *o* a certain amount for the repair work and on top of that a call-out charge ▫ ***t. por ciento*** percentage; **¿qué t. por ciento de IVA llevan los libros?** what percentage *Br* VAT *o US* sales tax do you pay on books?

(**d**) **al tanto** *loc adv* **siempre está al t. de todo** she's very on the ball; **no estoy al t. de lo que ha pasado** I'm not up to date with what happened; **mantener a alguien al t. de algo** *(informado)* to keep sb up to date on *o* informed about sth; **os mantendremos al t.** we'll keep you informed; **mantenerse al t. (de algo)** to keep up to date (on sth), to keep oneself informed (about sth); **poner a alguien al t. (de algo)** to fill sb in (on sth)

Tanzania *n* Tanzania

tanzano, -a *adj & nm,f* Tanzanian

tañer *vt* (**a**) *(instrumento de cuerda)* to strum (**b**) *(campana)* to ring

tañido *nm* (**a**) *(de guitarra, arpa)* strumming (**b**) *(de campana)* ringing; **se oye el t. de las campanas** you can hear the bells ringing

taoísmo *nm* Taoism

taoísta *adj & nmf* Taoist

tapa *nf* (**a**) *(para cerrar)* lid; *(de frasco)* top; *Andes, RP (de botella)* top; *Fam* **levantarle a alguien la t. de los sesos** to blow sb's brains out

(**b**) *(portada) (de libro)* cover; *(de disco)* sleeve; **un libro de tapas de piel** a leather-bound book; **un libro de t. dura** a hardback; **tapas de plástico** PVC cover

(**c**) *Esp (de comida)* snack, tapa; **una t. de queso** a couple of slices of cheese; **comer de tapas** to have a meal consisting of tapas

(**d**) *(de zapato)* heel plate

(**e**) *(trozo de carne)* topside
(**f**) *Am (de botella)* top; *(de frasco)* stopper

tapabarro *nm Andes* mudguard

tapacubos *nm inv* hubcap

tapadera *nf* (**a**) *(tapa)* lid (**b**) *(para encubrir)* front; **utilizan la tienda como t. para sus negocios sucios** they use the shop as a front for their illegal activities

tapadillo: de tapadillo *loc adv Fam* on the sly

tapado 1 *adj Col, Perú (persona)* stupid, dull
2 *nm* (**a**) *Chile, RP (abrigo)* overcoat (**b**) *Méx Fam* = the governing party's presidential candidate before his identity has been revealed

tapadura *nf Chile (empaste)* filling

tapajuntas *nm inv* fillet *(on door or window)*

tápalo *nm Méx* shawl

tapaojos *nm inf Andes, Méx, Ven (anteojeras) Br* blinkers, *US* blinders

tapar 1 *vt* (**a**) *(cerrar) (ataúd, cofre)* to close (the lid of); *(olla, caja)* to put the lid on; *(botella)* to put the top on
(**b**) *(ocultar, cubrir)* to cover; *(no dejar ver)* to block out; **apártate, que me tapas la tele** move over, I can't see the TV with you in the way; **tapó el agujero con piedras** she filled in the hole with some stones; **me tapó los ojos** *(con las manos)* he put his hands over my eyes; *(con venda)* he blindfolded me; *Fig* **le han tapado la boca con amenazas** they've silenced him with their threats
(**c**) *(abrigar)* to cover up; *(en la cama)* to tuck in; **lo tapó con una manta** she put a blanket over him to keep him warm
(**d**) *Fig (encubrir)* to cover up
2 taparse *vpr* (**a**) *(cubrirse)* to cover (up); **se tapó la boca con la mano** she put her hand over her mouth
(**b**) *(abrigarse) (con ropa)* to wrap up; *(en la cama)* to tuck oneself in; **me tapé con una manta** I pulled a blanket over me

tapara *nf Col, Ven* = vessel made from a gourd; EXPR *Fam* **vaciarse como una t.** to spill the beans, to blurt it all out

taparo *nm Col, Ven* gourd tree

taparrabos *nm inv* (**a**) *(de hombre primitivo)* loincloth (**b**) *(tanga)* tanga

tapatío, -a 1 *adj* of/from Guadalajara, Mexico
2 *nm,f* person from Guadalajara, Mexico

tapear *vi Esp Fam* to have some tapas

tapeo *nm Esp Fam* **ir de t.** to go out for some tapas; **bar de t.** = bar where tapas are served

tapete *nm* (**a**) *(paño)* runner; *(en mesa de billar, para cartas)* baize; *Fig* **estar sobre el t.** to be up for discussion; *Fig* **poner algo sobre el t.** to put sth up for discussion ▫ *Fig* ***t. verde*** *(mesa de juego)* card table (**b**) *Am (moqueta)* carpet

tapia *nf* (stone) wall

tapial *nm (tapia)* mud wall

tapiar *vt* (**a**) *(obstruir)* to brick up (**b**) *(cercar)* to wall in

tapice *etc ver* **tapizar**

tapicería *nf* (**a**) *(tela)* upholstery; **tela de t.** upholstery fabric (**b**) *(tienda) (para muebles)* upholsterer's; *(para cortinas)* draper's (**c**) *(tapices)* tapestries (**d**) *(oficio) (de muebles)* upholstery; *(de tapices)* tapestry making

tapicero, -a *nm,f* (**a**) *(de muebles)* upholsterer (**b**) *(de tapices)* tapestry maker

tapioca *nf* tapioca

tapir *nm* tapir

tapisca *nf CAm, Méx Br* maize harvest, *US* corn harvest

tapiscar [59] *vt CAm, Méx* to harvest

tapiz *nm (para la pared)* tapestry; *Fig* **el jardín es un t. de flores** the garden is carpeted with flowers

tapizado 1 *adj* (**a**) *(sillón)* upholstered (**en** *o* **con** with) (**b**) *(pared)* lined (**en** *o* **con** with)
2 *nm* (**a**) *(de mueble)* upholstery (**b**) *(de pared)* tapestries

tapizar [14] *vt (mueble)* to upholster; *Fig* **el jardín estaba tapizado de hojas** the garden was carpeted with leaves

tapón *nm* (**a**) *(para tapar) (botellas, frascos)* stopper; *(de corcho)* cork; *(de metal, plástico)* cap, top; *(de bañera, lavabo)* plug; *(para el oído)* earplug; **quitarle el t. al lavabo** to pull the plug out of the sink ▫ ***t. de rosca*** screw-top
(**b**) *(atasco)* traffic jam
(**c**) *(obstáculo)* **hay un t. de suciedad en el tubo** the pipe is blocked with dirt; **tengo un t. de cera** I've got wax in my ear
(**d**) *Fam (persona baja)* shorty
(**e**) *(en baloncesto)* block; **poner un t.** to block a shot

taponado, -a *adj* blocked

taponamiento *nm (de herida)* staunching; *(de tubo)* blockage; **este t. de oídos me da dolor de cabeza** my ears are blocked and it's giving me a headache

taponar 1 *vt* (**a**) *(cerrar) (botella)* to put the top on; *(lavadero)* to put the plug in; *(salida, oídos)* to block; *(tubería)* to stop up (**b**) *(herida)* to staunch
2 taponarse *vpr* to get blocked

taponero, -a 1 *adj* cork; **la industria taponera** the cork industry
2 *nm,f* cork maker

tapsia *nf* turpeth root

tapujo *nm* subterfuge; **hacer algo con/sin tapujos** to do sth deceitfully/openly

taquear *vt Andes, CAm, Méx (con arma)* to attack with a gun

taquería *nf Méx (quiosco)* taco stall; *(restaurante)* taco restaurant

taquicardia *nf* tachycardia

taquigrafía *nf* shorthand, stenography

taquigrafiar [32] *vt* to write (down) in shorthand

taquígrafo, -a *nm,f* shorthand writer, stenographer

taquilla *nf* (**a**) *(ventanilla)* ticket office, booking office; *(de cine, teatro)* box office (**b**) *(armario)* locker (**c**) *(recaudación)* takings; **la obra/película hizo** *o* **tuvo buena t.** the play/film was a box-office hit (**d**) *(casillero)* set of pigeonholes (**e**) *CAm (bar)* bar, tavern (**f**) *Chile (clavo)* small nail, tack

taquillero, -a 1 *adj* **es un espectáculo t.** the show is a box-office hit
2 *nm,f* ticket clerk

taquillón *nm* = type of small sideboard usually found in hallway

taquimecanografía *nf* shorthand and typing

taquimecanógrafo, -a *nm,f* shorthand typist

taquímetro *nm (en topografía)* tacheometer

tara *nf* (**a**) *(defecto)* defect; **artículos con t.** seconds (**b**) *(peso)* tare (**c**) *Col (serpiente)* poisonous snake (**d**) *Ven (langosta)* green grasshopper

taracea *nf* (**a**) *(técnica)* marquetry, inlay; **muebles de t.** inlaid furniture (**b**) *(incrustación)* inlay

tarado, -a 1 *adj* (**a**) *(defectuoso)* defective (**b**) *(tonto)* stupid
2 *nm,f* idiot

tarambana *nmf Fam* ne'er-do-well

tarantín *nm CAm, Cuba* thingummy, thingumajig

tarántula *nf* tarantula

tarar *vt* to tare

tararear *vt* to hum, to sing

tarareo *nm* humming, singing

tararira *nf (pez)* = type of freshwater fish

tarasca *nf* (**a**) *(figura)* = dragon figure in Corpus Christi processions (**b**) *Fam (mujer)* hag (**c**) *Chile, CRica Fam (boca)* big mouth *o Br* gob

tarascada *nf* (**a**) *(mordedura)* bite (**b**) *Fam (respuesta)* rude reply

tarascar [59] *vt* to bite

tardanza *nf* lateness; **me extraña su t.** I'm surprised she's late

tardar *vi* (**a**) *(llevar tiempo)* to take; **tardó un año en hacerlo** she took a year to do it; **tardó en darse cuenta** it took him a while *o* he took a while to realize; **¿cuánto tardarás (en hacerlo)?** how long will you be (doing it)?, how long will it take you (to do it)?
(**b**) *(retrasarse)* to be late; *(ser lento)* to be slow; **t. en hacer algo** to take a long time to do sth; **no tardará en llegar** he won't be long (in coming); **ahora vuelvo, no tardo** I'll be back in a minute, I won't be long; **no tardaron en hacerlo** they were quick to do it; **a más t.** at the latest; **sin t.** promptly

tarde 1 *nf (hasta las cinco)* afternoon; *(después de las cinco)* evening; **por la t.** *(hasta las cinco)* in the afternoon; *(después de las cinco)* in the evening; **buenas tardes** *(hasta las cinco)* good afternoon; *(después de las cinco)* good evening; EXPR **de t. en t.** from time to time; EXPR **muy de t. en t.** very occasionally
2 *adv* late; **(demasiado) t.** too late; **ya es t. para eso** it's too late for that now; **llegar**

t. to be late; **se está haciendo t.** it's getting late; **como muy t. el miércoles** by Wednesday at the latest; **t. o temprano** sooner or later; PROV **más vale t. que nunca,** PROV **nunca es t. si la dicha es buena** better late than never

tardíamente *adv* belatedly

tardío, -a *adj (que ocurre tarde)* late; *(que ocurre demasiado tarde)* belated; **sus novelas tardías son las mejores** her later novels are the best ones

tardo, -a *adj* **(a)** *(lento)* slow **(b)** *(torpe)* dull; **t. de oído** hard of hearing

tardón, -ona *nm,f Fam* **(a)** *(impuntual)* = person who is always late; **es un t.** he's always late **(b)** *(lento)* slowcoach

tarea *nf* **(a)** *(trabajo) & Informát* task ▫ ***tareas domésticas*** household chores, housework **(b)** *(escolar)* homework; **hace la t.** she's doing her homework

tarifa *nf* **(a)** *(precio)* charge; *(en transportes)* fare; *(de médico, abogado)* fee ▫ ***t. del agua*** water charges; ***t. de la electricidad*** electricity charges; ***t. máxima*** peak rate; ***t. nocturna (de electricidad)*** off-peak (electricity) rate; *Informát* ***t. plana*** flat rate; ***t. única*** flat rate **(b)** *Com* tariff **(c)** *(lista)* price list

tarifar 1 *vt* to price
2 *vi Fam (pelear)* to have a row

tarificación *nf* pricing

tarima *nf* **(a)** *(plataforma)* platform **(b)** *(suelo de madera)* wooden floorboards

tarja *nf CAm, Méx (tarjeta)* visiting card, *US* calling card

tarjar *vt Chile (tachar)* to cross out

tarjeta *nf también Informát* card ▫ *Informát* ***t. aceleradora*** acceleration card; *Dep* ***t. amarilla*** yellow card; *Informát* ***t. caché*** cache card; ***t. de compra*** store card, charge card; ***t. de crédito*** credit card; ***t. de embarque*** boarding pass; ***t. de felicitación*** greetings card; ***t. identificativa*** identity badge; ***t. inteligente*** smart card; *Informát* ***t. lógica*** logic card; ***t. magnética*** card with a magnetic strip; ***t. multiviaje*** travel pass; ***t. de Navidad*** Christmas card; *Informát* ***t. perforada*** punched card; ***t. postal*** postcard; *Informát* ***t. de registro*** registration card; *Dep* ***t. roja*** red card; ***t. sanitaria*** = card bearing national insurance number and doctor's address; *Informát* ***t. de sonido*** sound card; ***t. teléfonica*** *o* ***de teléfono*** phonecard; *Informát* ***t. de vídeo*** video card ***t. de visita*** visiting card, *US* calling card

tarjetero *nm* credit-card wallet

tarjetón *nm Col (para votar)* ballot paper

tarot *nm* tarot; **echar el t. a alguien** to read sb's tarot cards

tarraconense 1 *adj* of/from Tarragona
2 *nmf* person from Tarragona

tarrina *nf (envase)* tub

tarro *nm* **(a)** *(recipiente)* jar **(b)** *muy Fam (cabeza)* nut, *Br* bonce **(c)** ***t. blanco*** *(ave)* shelduck **(d)** *Chile Fam (sombrero)* top hat **(e)** *Cuba, PRico (cuerno)* horn

tarsana *nf CRica, Ecuad, Perú (corteza)* soapbark, quillai bark

tarso *nm* tarsus

tarta *nf (pastel)* cake; *(plana, con base de pasta dura)* tart; *(plana, con base de bizcocho)* flan ▫ ***t. de cumpleaños*** birthday cake; ***t. helada*** ice cream gâteau; ***t. de manzana*** apple flan; ***t. nupcial*** wedding cake

tartaja *Fam* **1** *adj* **ser t.** to have a stammer *o* stutter
2 *nmf* stammerer, stutterer; **ser un t.** to have a stammer *o* stutter

tartajear *vi Fam* to stammer, to stutter

tartajeo *nm Fam* stammer, stutter

tartaleta *nf* tartlet; **t. de frutas** fruit tartlet

tartamudear *vi* to stammer, to stutter

tartamudeo *nm,* **tartamudez** *nf* stammer, stutter

tartamudo, -a 1 *adj* stammering, stuttering
2 *nm,f* stammerer, stutterer; **tiene un primo t.** she has a cousin who stammers *o* stutters, she has a cousin with a stammer *o* stutter

tartán *nm inv* tartan

tartana *nf* **(a)** *(carruaje)* trap **(b)** *Fam (coche viejo)* banger

tartárico, -a *adj Quím* tartaric

tártaro, -a 1 *adj* **(a)** *(pueblo)* Tartar **(b)** *Culin* **filete a la tártara** steak tartar(e)
2 *nm,f (persona)* Tartar

tartera *nf (fiambrera)* lunch box

tartesio, -a *Hist* **1** *adj* Tartessian
2 *nm,f* Tartessian, = member of a pre-Roman people who lived in the South of Spain

tarugo *nm* **(a)** *Fam (necio)* blockhead **(b)** *(de madera)* block of wood **(c)** *(de pan)* hunk *(of stale bread)*

tarumba *adj Fam* crazy; **volver t. a alguien** to drive sb crazy; **volverse t.** to go crazy

tasa *nf* **(a)** *(índice)* rate ▫ ***t. de cambio*** exchange rate; ***t. de crecimiento*** growth rate; ***t. de desempleo*** (level of) unemployment; **una t. de desempleo del 10 por ciento** 10 percent unemployment; ***t. de fecundidad*** fertility rate; ***t. de interés*** interest rate; ***t. de mortalidad*** death rate; ***t. de natalidad*** birth rate; ***t. de paro*** (level of) unemployment
(b) *(impuesto)* tax ▫ ***tasas de aeropuerto*** airport tax
(c) *Educ* **tasas** tuition fees
(d) *(tasación)* valuation
(e) *(medida, norma)* standard, norm; **gastar (dinero) sin t.** to spend (money) freely; **beber sin t.** to drink heavily

tasación *nf* valuation

tasador, -ora 1 *adj* evaluating
2 *nm,f* valuer

tasajo *nm (carne seca)* jerked beef

tasar *vt* **(a)** *(valorar)* to value **(b)** *(fijar precio)* to fix a price for **(c)** *(restringir)* **habrá que tasarle el alcohol** we'll have to restrict the amount he drinks

tasca *nf* **(a)** *(bar)* cheap bar; **ir de tascas** to go round a few bars, *Br* to go on a pub crawl **(b)** *Perú (oleaje)* turbulent coastal waters

Tasmania *n* Tasmania

tasquear *vi* to go on a pub crawl

tasqueo *nm* **ir de t.** to go round a few bars, *Br* to go on a pub crawl

tata 1 *nf (niñera)* nanny
2 *nm Fam (papá)* daddy, papa

tatami *nm Dep* tatami, judo/karate mat

tatarabuelo, -a *nm,f* great-great-grandfather, *f* great-great-grandmother; **tatarabuelos** great-great-grand parents

tataranieto, -a *nm,f* great-great-grandson, *f* great-great-grand-daughter; **tataranietos** great-great-grand children

tate *interj* **¡t.!** *(¡cuidado!)* watch out!; *(¡ya comprendo!)* I see!

tato, -a *nm,f Fam (hermano)* big brother, *f* big sister

tatú *nm Bol, RP (armadillo)* armadillo

tatuador, -ora *nm,f* tattooist

tatuaje *nm* **(a)** *(dibujo)* tattoo **(b)** *(acción)* tattooing

tatuar [4] **1** *vt* to tattoo
2 *vi* to make a tattoo
3 tatuarse *vpr* to have a tattoo done; **se tatuó un corazón en el brazo** he had a heart tattooed on his arm

taumaturgia *nf* miracle-working

taumaturgo, -a *nm,f* miracle-worker

taurino, -a *adj* bullfighting; **temporada taurina** bullfighting season

tauro 1 *nm (zodiaco)* Taurus; **ser t.** to be (a) Taurus
2 *nmf (persona)* Taurean

tauromaquia *nf* bullfighting

tautología *nf* tautology

tautológico, -a *adj* tautological

taxativo, -a *adj* strict

taxi *nm* taxi, cab; **fui en t.** I took a taxi ▫ ***t. aéreo*** = helicopter or small plane hired for short journeys

taxidermia *nf* taxidermy

taxidermista *nmf* taxidermist

taxímetro *nm* taximeter

taxista *nmf* taxi driver

taxonomía *nf* taxonomy

taxonómico, -a *adj* taxonomic

taxonomista *nmf* taxonomist

Tayikistán *n* Tadzhikistan

tayiko, -a 1 *adj* Tadzhiki
2 *nm,f* Tadzhik

taza *nf* **(a)** *(para beber) (recipiente)* cup; *(contenido)* cupful ▫ ***t. de café*** *(recipiente)* coffee cup; *(contenido)* cup of coffee; ***t. de té*** *(recipiente)* teacup; *(contenido)* cup of tea **(b)** *(de retrete)* bowl **(c)** *Chile, Perú (palangana)* washbasin

tazón *nm* bowl

TC *nm (abrev de* **Tribunal Constitucional**) constitutional court

TCP/IP *nm Informát (abrev de* **trans-**

mission control protocol/Internet protocol) TCP/IP

TE *pron personal* (**a**) *(complemento directo)* you; **le gustaría verte** she'd like to see you; **¿te atracaron en plena calle?** were you mugged in the middle of the street?; **te han aprobado** you've passed
(**b**) *(complemento indirecto)* (to) you; **te lo dio** he gave it to you, he gave you it; **te tiene miedo** he's afraid of you; **te lo ha comprado** *(tú se lo has vendido)* she bought it from *o* off you; *(es para ti)* she bought it for you; **te extrajeron sangre** they took some of your blood; **¿te quitaron una maleta?** did they steal one of your suitcases?; **te rompieron el brazo** they broke your arm; **te pegaron una paliza** they beat you up; **se te olvidará** you'll forget (about it); **te será de gran ayuda** it will be a great help to you
(**c**) *(reflexivo)* yourself; **sírvete un whisky** pour yourself a whisky; **¡vístete!** get dressed!; **sírvete más arroz** take some more rice; **ponte el abrigo, que nos vamos** put your coat on, we're going; **puedes acostarte en el sofá** you can lie down on the sofa
(**d**) *(con valor impersonal)* **si te dejas pisar, estás perdido** if you let people walk all over you, you've had it
(**e**) *(con valor intensivo o expresivo)* **¿no te lo crees?** don't you believe it?; **cómételo todo** eat it all up; **si se te echa a llorar, no le hagas caso** don't take any notice if he starts crying (on you)
(**f**) *(para formar verbos pronominales)* **¿te acuerdas?** do you remember?; **ponte cómodo** make yourself comfortable

té (*pl* **tés**) *nm* tea; **¿quieres un té?** would you like a cup of tea?; **me invitaron a tomar el té** they invited me over for tea ▫ ***té con limón*** lemon tea; *RP* ***té de manzanilla*** camomile tea; ***té de México*** saltwort; *RP* ***té de tilo*** lime blossom tea; *RP* ***té de yuyos*** = type of herbal tea

tea *nf (antorcha)* torch

teatral *adj* (**a**) *(de teatro)* theatre; **grupo t.** drama group; **temporada t.** theatre season (**b**) *Fam (exagerado)* theatrical

teatralidad *nf también Fig* theatricality

teatralizar [14] *vt* (**a**) *(adaptar para el teatro)* to dramatize (**b**) *Fam (exagerar)* to exaggerate

teatrero, -a *adj* (**a**) *(aficionado)* keen on (the) theatre (**b**) *Fam (exagerado)* **¡no seas tan t.!** don't be such a drama queen!

teatro *nm* (**a**) *(espectáculo)* theatre ▫ ***t. lírico*** opera and light opera; *RP* ***t. de revistas*** *Br* music hall, *US* variety, vaudevill; ***t. de variedades*** *Br* music hall, *US* variety, vaudeville (**b**) *(edificio)* theatre (**c**) *(fingimiento, exageración)* play-acting; **hacer t.** to play-act; *Fam* **tener mucho t.** to be a drama queen (**d**) *(escenario)* scene

tebeo *nm* (children's) comic; EXPR *Fam* **estar más visto que el t.** to be old hat

teca *nf* teak

tecali *nm Méx (mineral)* Mexican alabaster

techado *nm* roof

techador, -ora *nm,f* roofer

techar *vt* to roof

techo *nm* (**a**) *(tejado)* roof; *(dentro de casa)* ceiling; **al menos tenemos t. y comida** at least we have food and a roof over our heads; **bajo t.** under cover; **dormir bajo t.** to sleep with a roof over one's head *o* indoors; *Fig* **quedarse sin t.** to become homeless; **los sin t.** the homeless ▫ ***t. solar*** *(en coche)* sunroof (**b**) *(límite)* ceiling; **tocar t.** *(inflación, precios)* to level off and start to drop; **la crisis ha tocado t.** the worst of the recession is behind us

techumbre *nf* roof

teckel ['tekel] *nm (perro)* dachshund

tecla *nf Informát & Mús* key; *(botón)* button; **pulsar** *o* **tocar una t.** to press *o* strike a key; EXPR **tocar muchas teclas** *(contactar)* to pull lots of strings; *(abarcar mucho)* to have too many things on the go at once ▫ ***t. alt*** alt key; ***t. de borrado*** delete key; ***t. de comando*** command key; ***t. de control*** control key; ***teclas de cursor*** cursor keys; ***t. de enter*** enter key; ***t. de escape*** escape key; ***t. de función*** function key; ***t. de mayúsculas*** shift key; ***t. de mayúsculas fijas*** caps lock key; ***t. de opción*** option key; ***t. de retorno*** return key

teclado *nm también Informát & Mús* keyboard ▫ ***t. ergonómico*** ergonomic keyboard; ***t. expandido*** expanded *o* enhanced keyboard; ***t. numérico*** (numeric) keypad

teclear 1 *vt (en ordenador)* to type; *(en piano)* to play; **teclee su número secreto** key in *o* enter your PIN number
2 *vi (en ordenador)* to type; *(en piano)* to play

tecleo *nm (en piano)* playing; *(en máquina de escribir)* clattering

teclista *nmf Mús* keyboard player

tecnecio *nm Quím* technetium

técnica *nf* (**a**) *(procedimiento)* technique; **tiene mucha t.** she has very good technique, she's very skilful ▫ ***técnicas de venta*** marketing techniques (**b**) *(tecnología)* technology (**c**) *(en baloncesto)* technical foul

técnicamente *adv* technically

tecnicismo *nm* (**a**) *(cualidad)* technical nature (**b**) *(término)* technical term

técnico, -a 1 *adj* technical
2 *nm,f* (**a**) *(mecánico)* technician; **vino el t. a arreglar la lavadora** the repairman came to fix the washing machine ▫ ***t. agrícola*** agronomist; ***t. electricista*** electrical engineer; ***t. de sonido*** sound engineer (**b**) *(experto)* expert (**c**) *(entrenador)* coach, *Br* manager

tecnicolor® *nm* Technicolor®

tecnificar [59] *vt* to apply technology to

tecno *nm inv* techno (music)

tecnocracia *nf* technocracy

tecnócrata 1 *adj* technocratic
2 *nmf* technocrat

tecnología *nf* technology; **de alta t.** high-tech ▫ ***t. de la información*** information technology; ***t. punta*** state-of-the-art technology

tecnológico, -a *adj* technological

tecnólogo, -a *nm,f* technologist

tecolote *nm CAm, Méx* (**a**) *(búho)* owl (**b**) *Fam (policía)* cop *(on night patrol)*

tecomate *nm Guat, Méx* = vessel made from a gourd

tectónica *nf* tectonics *(singular)* ▫ *Geol* ***t. de placas*** plate tectonics

tectónico, -a *adj* tectonic

tedéum *nm inv* Te Deum

tedio *nm* (**a**) *(aburrimiento)* boredom, tedium (**b**) *(apatía)* apathy

tedioso, -a *adj* tedious

tee [ti] *nm (lugar, taco)* tee

teflón® *nm* Teflon®

Tegucigalpa *n* Tegucigalpa

tegucigalpeño, -a 1 *adj* of/from Tegucigalpa
2 *nm,f* person from Tegucigalpa

tegumento *nm Anat* integument

Teherán *n* Teheran

Teide *nm* **el T.** (Mount) Teide

teína *nf* caffeine *(contained in tea)*

teísmo *nm* theism

teja *nf* (**a**) *(de tejado)* tile; **color t.** brick red (**b**) *(dulce)* = type of biscuit which is curved in shape (**c**) *(sombrero)* = shovel-shaped hat worn by priests

tejadillo *nm* = small roof over doorway, window etc

tejado *nm* roof

tejamanil *nm Carib, Col, Méx* shingle

tejano, -a 1 *adj* (**a**) *(de Texas)* Texan (**b**) *(tela)* denim
2 *nm,f (persona)* Texan

tejanos *nmpl (pantalones)* jeans

tejar *vt & vi* to tile

tejedor, -ora 1 *adj* (**a**) *(que teje)* weaving (**b**) *Chile, Perú Fam (intrigante)* scheming, conniving
2 *nm,f* (**a**) *(persona que teje)* weaver (**b**) *Chile, Perú Fam (persona intrigante)* schemer, conniver

tejeduría *nf* (**a**) *(arte)* weaving (**b**) *(taller)* weaving mill

tejemaneje *nm Fam* (**a**) *(maquinación)* intrigue; **es un t. para poder ascender** it's a ruse *o* scheme to get promoted (**b**) *(ajetreo)* to-do, fuss

tejer 1 *vt* (**a**) *(hilos, mimbre)* to weave; **tejió una cesta de mimbre** she made a wicker basket (**b**) *(labor de punto)* to knit (**c**) *(telaraña)* to spin (**d**) *(labrar) (porvenir)* to carve out; *(ruina)* to bring about (**e**) *(tramar)* **t. un plan** to forge a plot
2 *vi* (**a**) *(hacer punto)* to knit; *Fig* **t. y destejer** to chop and change (**b**) *(telaraña)* to spin (**c**) *Chile, Perú, RP Fam (conspirar)* to scheme, to plot

tejido *nm* (**a**) *(tela)* fabric, material; *Ind* textile ▫ ***t. de punto*** knitted fabric (**b**) *Anat* tissue ▫ ***t. adiposo*** fatty tissue, *Espec* adipose tissue; ***t. cartilaginoso*** cartilaginous tissue; ***t. conjuntivo*** connective tissue; ***t. epitelial*** epithelial tissue; ***t. muscular*** muscular tissue; ***t. nervioso*** nerve tissue, nervous tissue; ***t. óseo*** osseous tissue; ***t. de sostén*** support tissue

tejo *nm* (**a**) *(juego)* hopscotch (**b**) *(árbol)* yew

tejolote *nm Méx* stone pestle

tejón *nm* badger

tejuelo *nm (en libro)* = label on spine of library books with abbreviated information about subject matter and author

tel. (*abrev de* **teléfono**) tel.

tela *nf* (**a**) *(tejido)* fabric, material; *(retal)* piece of material; **una funda de t.** a fabric cover ▫ ***t. de araña*** cobweb; ***t. asfáltica*** asphalt roofing/flooring; ***t. metálica*** wire netting; ***t. de saco*** sackcloth; ***t. tejana*** *o* ***vaquera*** denim
(**b**) *Arte (lienzo)* canvas
(**c**) *Fam (dinero)* dough
(**d**) *Fam (cosa complicada)* **el examen era t.** the exam was really tricky; **tener (mucha) t.** *(ser difícil)* to be (very) tricky; **hay t. (para rato)** *(trabajo)* there's no shortage of things to do; EXPR **¡fue t. marinera!** it was a nightmare!
(**e**) *Fam (para enfatizar)* **ser t. de fácil** to be a piece of cake, *Br* to be dead easy; **es t. de guapa** she's really gorgeous; **me gustó t.** I really liked it
(**f**) EXPR **poner en t. de juicio** to call into question

telar *nm* (**a**) *(máquina)* loom (**b**) *Teatro* gridiron (**c**) **telares** *(fábrica)* textile mill

telaraña *nf* spider's web, cobweb; *Fig* **tener telarañas en los ojos** to be blind

tele *nf Fam* telly

teleadicto, -a *nm,f* telly-addict

teleapuntador *nm Br* Autocue®, *US* Teleprompter®

telearrastre *nm* button lift, ski-tow

telebanca *nf* telephone banking, home banking

telebasura *nf Fam* junk TV

telecabina *nf* cable-car

telecomedia *nf* sitcom

telecompra *nf* teleshopping, home shopping

telecomunicación *nf (medio)* telecommunication; **telecomunicaciones** telecommunications

telecontrol *nm* remote control

teledetección *nf* remote sensing

telediario *nm Esp* television news

teledifundir *vt* to broadcast on TV

teledifusión *nf* broadcasting

teledirigido, -a *adj* remote-controlled

teledirigir [24] *vt* to operate by remote control

teleeducación *nf* telelearning

teléf. (*abrev de* **teléfono**) tel.

telefax *nm inv* fax

teleférico *nm* cable car

telefilme, telefilm (*pl* **telefilmes, telefilms**) *nm* TV film

telefonazo *nm Fam* ring, buzz; *Fig* **dar un t. a alguien** to give sb a ring *o* buzz

telefonear *vt & vi* to phone

telefonía *nf* telephony ▫ ***t. básica*** ordinary phones *(as opposed to mobile phones)*; ***t. móvil*** mobile phones

Telefónica *nf* = main Spanish telephone company, formerly a state-owned monopoly

telefónica *nf (empresa)* telecommunications company

telefónicamente *adv* by phone

telefónico, -a *adj* telephone; **llamada telefónica** telephone call

telefonillo *nm (portero automático)* Entryphone

telefonista *nmf* telephonist

teléfono *nm* (**a**) *(aparato, sistema)* telephone, phone; **coger el t.** to answer *o* pick up the phone; **hablaré con ella por t.** I'll speak to her on the phone; **está hablando por t.** she's on the phone; **tengo que llamar por t.** I've got to make a phone call; **llamar por t. a alguien** to phone sb; **te llaman por t.** there's someone on the phone for you; **tener t.** to be on the phone, to have a phone ▫ ***t. celular*** cellphone; ***t. erótico*** telephone sex line; ***t. inalámbrico*** cordless phone; ***t. inteligente*** cellphone; *Informát* ***t. por Internet*** Internet phone; ***t. modular*** cellphone; ***t. móvil*** mobile phone; ***t. público*** public phone; ***t. rojo*** hot line; ***t. sin manos*** phone with hands-free facility
(**b**) *(número)* telephone number

telefotografía *nf* telephotography

telegénico, -a *adj* telegenic

telegrafía *nf* telegraphy

telegrafiar [32] *vt & vi* to telegraph

telegráfico, -a *adj también Fig* telegraphic

telegrafista *nmf* telegraphist

telégrafo *nm (medio, aparato)* telegraph; **telégrafos** *(oficina)* telegraph office

telegrama *nm* telegram

telejuego *nm* television game show

telele *nm Fam* **le dio un t.** *(desmayo)* he passed out, he fainted; *(enfado, susto)* he had a fit

telemando *nm* remote control

telemarketing *nm* telesales, telemarketing

telemática *nf* telematics *(singular)*

telemático, -a *adj Informát* telematic

telematizar *vt Informát* to introduce telematics into

telemetría *nf* telemetry

telémetro *nm* telemeter

telenovela *nf* television soap opera

teleobjetivo *nm* telephoto lens

teleología *nf* teleology

telepatía *nf* telepathy; **dice que se comunican por t.** she says they communicate telepathically

telepático, -a *adj* telepathic

telepedido *nm* teleorder

teleprocesar *vt* to teleprocess

teleproceso *nm Informát* teleprocessing

telequinesia *nf* telekinesis

telera *nf Andes (pan)* = large oval brown loaf

telerruta *nf* = telephone service giving traffic information

telescópico, -a *adj* telescopic

telescopio *nm* telescope

teleserie *nf* TV series

telesilla *nm* chair lift

telespectador, -ora *nm,f* viewer

telesquí *nm* button lift, ski-tow

teletexto *nm* Teletext®

teletienda *nf* home shopping programme

teletipo *nm* (**a**) *(aparato)* teleprinter (**b**) *(texto)* Teletype®

teletrabajador, -ora *nm,f* teleworker

teletrabajo *nm* teleworking

teletransportar *vt* to teleport

televendedor, -ora *nm,f* telesales assistant

televenta *nf* (**a**) *(por teléfono)* telesales (**b**) *(por televisión)* teleshopping, home shopping

televidente *nmf* viewer

televigilanca *nf* video surveillance

televisado, -a *adj* televised

televisar *vt* to televise

televisión *nf* television; **¿qué ponen hoy en** *o* **por la t.?** what's on television *o* TV today?; **ve demasiada t.** she watches too much television ▫ ***t. en blanco y negro*** black and white television; ***t. por cable*** cable television; ***t. a la carta*** TV on demand; ***t. en color*** colour television; ***t. digital*** digital television; ***t. interactiva*** interactive television; ***t. de pago*** pay-per-view television; ***t. privada*** privately owned television; ***t. pública*** public television; ***t. por*** *o* ***vía satélite*** satellite television

televisivo, -a *adj* television; **concurso t.** television game show

televisor *nm* television (set)

télex *nm inv* telex; **mandar algo por t.** to telex sth

telilla *nf* (**a**) *(tela fina)* fine cloth (**b**) *(en superficie de líquido)* skin

telnet *nm Informát* telnet

telón *nm (de escenario) (delante)* curtain; *(detrás)* backcloth ▫ *Hist* ***el t. de acero*** the Iron Curtain; *Fig* ***t. de fondo*** backdrop

telonero, -a 1 *adj* **grupo t.** support (band)
2 *nm,f (cantante)* supporting artist; *(grupo)* support (band)

telúrico, -a *adj* telluric

teluro, telurio *nm Quím* tellurium

tema *nm* (**a**) *(asunto)* subject; **cambiar de t.** to change the subject; **temas de actualidad** current affairs; *Fam* **el t. es que necesita ayuda** the fact of the matter is she needs help ▫ ***t. de conversación*** talking point, topic of conversation; ***t.***

espinoso thorny issue (**b**) *Educ (lección)* topic; **en el examen entran cinco temas** the exam covers five topics (**c**) *Mús* theme; *(canción)* track, song

temario *nm* (**a**) *(de una asignatura)* syllabus; *(de oposiciones)* = list of topics for public examination (**b**) *(de reunión, congreso)* agenda

temática *nf* subject matter

temático, -a *adj* thematic; **parque t.** theme park

tembladera *nf* trembling fit; **le entró una t.** she started trembling, she got the shakes

tembladeral *nm Chile, RP* quaking bog

temblar [3] *vi* (**a**) *(persona) (de miedo)* to tremble (**de** with); *(de frío)* to shiver (**de** with); EXPR **t. como un flan** to shake like a jelly; **le temblaba la voz de la emoción** her voice was trembling with emotion; *Fig* **tiemblo por lo que pueda pasarle** I shudder to think what could happen to him; *Fig* **nos dejó temblando** she made us quake in our boots (**b**) *(suelo, máquina)* to shudder, to shake; **tembló la tierra** the ground shook

tembleque *nm* trembling fit; **le dio** *o* **entró un t.** he started trembling, he got the shakes

temblequear *vi* (**a**) *(persona)* to tremble; *(de frío)* to shiver (**b**) *(suelo, máquina)* to shudder, to shake

temblón, -ona *adj* shaky, trembling

temblor *nm* (**a**) *(del cuerpo)* shaking, trembling; **la fiebre le produjo temblores** the fever made him start shaking *o* shivering (**b**) *(terremoto)* **t. (de tierra)** earth tremor

tembloroso, -a *adj (que tiembla)* trembling, shaky; *(voz)* trembling, quavering

temer 1 *vt* (**a**) *(tener miedo de)* to fear, to be afraid of; **temo herir sus sentimientos** I'm afraid of hurting her feelings (**b**) *(sospechar)* to fear

2 *vi* to be afraid; **no temas** don't worry; **le teme mucho al fuego** she's very afraid of fire; **t. por** to fear for

3 temerse *vpr* **temerse que** to be afraid (that), to fear (that); **me temo que no vendrá** I'm afraid (that) she won't come; **temerse lo peor** to fear the worst

temerario, -a *adj* rash, reckless; **conducción temeraria** careless *o* reckless driving

temeridad *nf* (**a**) *(cualidad)* recklessness; **con t.** recklessly (**b**) *(acción)* **fue una t. hacer eso** it was reckless of you/him/*etc* to do that

temeroso, -a *adj (receloso)* fearful; **estar t. de algo** to fear sth; **t. de Dios** God-fearing

temible *adj* fearsome

temor *nm* fear (**a** *o* **de** of); **por t. a** *o* **de** for fear of

témpano *nm* **t. (de hielo)** ice floe

témpera *nf Arte* tempera

temperado, -a *adj* temperate

temperamental *adj* (**a**) *(cambiante)* temperamental (**b**) *(impulsivo)* impulsive

temperamento *nm* temperament; **tiene mucho t.** *(vehemencia)* she has a lot of spirit; *(mal genio)* she has a quick temper

temperancia *nf* temperance

temperar 1 *vt (moderar)* to temper

2 *vi CAm, Carib, Col (cambiar de aires)* to have a change of air

temperatura *nf* temperature; **tomar la t. a alguien** to take sb's temperature ❑ ***t. ambiental*** *o* ***ambiente*** room temperature; ***t. de color*** colour temperature; ***t. máxima*** highest temperature; ***t. mínima*** lowest temperature

tempestad *nf* storm; *Fig* **levantar una t. de protestas** to raise a storm of protest; EXPR **una t. en un vaso de agua** *Br* a storm in a tea cup, *US* a tempest in a teapot ❑ ***t. de arena*** sandstorm; ***t. de nieve*** snowstorm

tempestuoso, -a *adj también Fig* stormy

templadamente *adv* calmly

templado, -a 1 *adj* (**a**) *(agua, comida)* lukewarm (**b**) *(clima, zona)* temperate (**c**) *(nervios)* steady (**d**) *(persona, carácter)* calm, composed

2 *Tec (del acero)* tempering

templanza *nf* (**a**) *(serenidad)* composure (**b**) *(moderación)* moderation (**c**) *(benignidad) (del clima)* mildness

templar 1 *vt* (**a**) *(entibiar) (lo frío)* to warm (up); *(lo caliente)* to cool down (**b**) *(calmar) (nervios, ánimos)* to calm; *(ira, pasiones)* to restrain; *(voz)* to soften; **t. la pelota** *(en fútbol)* to slow the game down (**c**) *Tec (metal)* to temper (**d**) *Mús* to tune (**e**) *(tensar)* to tighten (up) (**f**) *Andes (matar)* to kill

2 *vi (entibiarse)* to get milder

3 templarse *vpr* (**a**) *(calentarse)* to warm up (**b**) *Chile (enamorarse)* to fall in love (**c**) *Ecuad, Guat, Hond (morir)* to die

templario *nm* Templar

temple *nm* (**a**) *(estado de ánimo)* mood; **estar de buen/mal t.** to be in a good/bad mood (**b**) *(entereza)* composure (**c**) *Tec (de metales)* tempering; *(enfriamiento)* quenching, quench hardening (**d**) *(pintura)* **(pintura al) t.** *(témpera)* tempera; *(para paredes)* distemper

templete *nm* pavilion

templo *nm* (**a**) *(edificio) (no cristiano)* temple; *(católico, protestante)* church; *(judío)* synagogue; *(musulmán)* mosque; *Fam Fig* **como un t.** huge; *Fam Fig* **eso es una verdad como un t.** that's an undeniable fact (**b**) *(lugar mitificado)* temple

tempo *nm* tempo

temporada *nf* (**a**) *(periodo concreto)* season; **la t. de exámenes** exams *o* exam time; **de t.** *(fruta, trabajo)* seasonal; **de fuera de t.** off-season; **los kiwis están fuera de t.** kiwis are out of season ❑ ***t. alta*** high season; ***t. baja*** low season; ***t. de caza*** hunting season; ***t. media*** mid-season; ***t. turística*** tourist *o* holiday season (**b**) *(periodo indefinido)* time; **pasé una t. en el extranjero** I spent some time abroad; **por temporadas** off and on

temporal 1 *adj* (**a**) *(no permanente)* temporary; *(bienes, vida)* worldly (**b**) *(del tiempo)* time; **el factor t.** the time factor (**c**) *Anat* temporal (**d**) *Rel* temporal

2 *nm (tormenta)* storm; **t. de lluvia** rainstorm

temporalidad *nf (transitoriedad)* temporary nature

temporalmente *adv (por algún tiempo)* temporarily

temporario, -a *adj Am* temporary

temporero, -a 1 *adj* seasonal

2 *nm,f* seasonal worker

temporizador *nm* timer

tempranamente *adv* early

tempranero, -a *adj* (**a**) *(persona)* early-rising; **ser t.** to be an early riser (**b**) *(acontecimiento)* early

temprano, -a 1 *adj* early; **fruta temprana** early fruit

2 *adv* early; **es t. para saberlo** it's too soon to say

ten 1 *ver* **tener**

2 *nm* EXPR **tener t. con t.** to be tactful

tenacidad *nf* (**a**) *(perseverancia)* tenacity (**b**) *(resistencia)* toughness

tenacillas *nfpl (para rizar el pelo)* curling tongs

tenaz *adj* (**a**) *(perseverante)* tenacious (**b**) *(persistente)* stubborn (**c**) *(resistente)* tough (**d**) *Col Fam (terrible)* terrible, awful; **¡uy, t.!** *(¡no me digas!)* you don't say!

tenaza *nf*, **tenazas** *nfpl* (**a**) *(herramienta)* pliers; *Fig* **no le pudimos sacar la información ni con tenazas** try as we might, we couldn't get the information out of him; *Fig* **no se puede agarrar ni con tenazas** it's absolutely filthy (**b**) *(pinzas)* tongs (**c**) *(de cangrejo, langosta)* pincer

tenazmente *adv* (**a**) *(con perseverancia)* tenaciously (**b**) *(con persistencia)* stubbornly

tenca *nf (pez)* tench

tendal *nm* (**a**) *(armazón)* (clothes) airer; *(cuerda)* clothes line (**b**) *Cuba, Ecuad (para café)* drying floor (**c**) *Am (montón)* heap, jumble

tendedero *nm* (**a**) *(armazón)* (clothes) airer; *(cuerda)* clothes line (**b**) *(lugar)* drying place

tendencia *nf* (**a**) *(inclinación)* tendency; **tener t. a hacer algo** to have a tendency to do sth; **t. a la depresión** tendency to get depressed (**b**) *(corriente)* trend; **las últimas tendencias de la moda** the latest fashion trends ❑ *Econ* ***tendencias del mercado*** market trends

tendenciosidad *nf* tendentiousness

tendencioso, -a *adj* tendentious

tendente *adj* **t. a** intended *o* designed to; **medidas tendentes a mejorar la economía** measures (intended *o* designed) to improve the economy

tender [64] **1** *vt* (**a**) *(ropa)* to hang out

(**b**) *(tumbar)* to lay (out); **lo tendieron en una camilla** they laid him out on a stretcher
(**c**) *(extender)* to stretch (out); *(mantel)* to spread
(**d**) *(dar) (cosa)* to hand; **t. la mano a alguien** *(extender la mano)* to hold out one's hand to sb, to offer sb one's hand; **le tendió una cuerda para que subiera por ella** he threw her a rope so she could climb up; **ella fue la única que me tendió una mano** *(me ayudó)* she was the only person to lend *o* give me a hand
(**e**) *(entre dos puntos) (cable, vía)* to lay; *(puente)* to build; *(cuerda)* to stretch
(**f**) *(trampa, emboscada)* to lay; **la policía tendió una trampa al sospechoso** the police laid a trap for the suspect
2 *vi* **t. a hacer algo** to tend to do something; **t. a la depresión** to have a tendency to get depressed; **un azul que tiende a violeta** a blue which is almost violet; *Mat* **cuando x tiende a 1** as x approaches 1
3 tenderse *vpr* to stretch out, to lie down (**en** on)

tenderete *nm (puesto)* stall

tendero, -a *nm,f* shopkeeper

tendido, -a 1 *adj* (**a**) *(extendido, tumbado)* stretched out (**b**) *(colgado) (ropa)* on the line; **recoger la ropa tendida** to take the washing in (off the line) (**c**) **a galope t.** *(rápidamente)* at full gallop
2 *nm* (**a**) *(instalación) (de puente)* construction; *(de cable)* laying ❑ ***t. eléctrico*** power lines (**b**) *Taurom* front rows; *Fig* **saludar al t.** *(monarca, personaje público)* to wave to the crowd ❑ ***t. de sol/sombra*** = area of stands in bullring which is in the sun/shade

tendiente *adj* **t. a** intended *o* designed to; **medidas tendientes a mejorar la economía** measures (intended *o* designed) to improve the economy

tendiera *etc ver* **tender**

tendinitis *nf inv* tendinitis

tendón *nm* tendon ❑ ***t. de Aquiles*** Achilles' tendon

tendré *etc ver* **tener**

tenebrismo *nm* tenebrism

tenebrista *nmf* tenebrist

tenebrosidad *nf* darkness, gloom

tenebroso, -a *adj* (**a**) *(oscuro)* dark, gloomy (**b**) *(siniestro)* shady, sinister

tenedor[1] *nm (utensilio)* fork; **un restaurante de un t./de cinco tenedores** = restaurant with lowest/highest rating according to Spanish restaurant classification system

tenedor[2], -ora *nm,f (poseedor)* holder ❑ ***t. de acciones*** shareholder; ***t. de libros*** bookkeeper; ***t. de póliza*** policyholder

teneduría *nf Com* **t. (de libros)** bookkeeping

tenencia *nf* (**a**) *(posesión)* possession ❑ ***t. de drogas*** possession of drugs; ***t. ilícita de armas*** illegal possession of arms (**b**) *(de puesto)* ***t. de alcaldía*** deputy mayor's office

TENER [65] **1** *v aux* (**a**) *(antes de participio) (haber)* **teníamos pensado ir al teatro** we had thought of going to the theatre, we had intended to go to the theatre; **¿cuánto tienes hecho de la tesis?** how much of your thesis have you (got) done?; **te tengo dicho que no pises los charcos** I've told you before not to step in puddles; **tengo entendido que se van a casar** I understand (that) they are going to get married
(**b**) *(indica obligación)* **t. que hacer algo** to have to do sth; **tenía/tuve que hacerlo** I had to do it; **¿tienes que irte?** do you have to go?, have you got to go?; **tiene que ser así** it has to be this way; **tenemos que salir de aquí** we have (got) to *o* need to get out of here, we must get out of here; **teníamos que haber hecho esto antes** we should have *o* ought to have done this before; **si quieres algo, no tienes más que pedirlo** if you want something, all you have to do is ask
(**c**) *(indica propósito, consejo)* **tenemos que ir a cenar un día** we ought to *o* should go for dinner some time; **tenéis que ir a ver esa película** you must see that movie
(**d**) *(indica probabilidad)* **ya tienen que haber llegado** they must have *o* should have arrived by now; **las llaves tienen que andar por aquí** the keys must be round here somewhere; **tendría que haber terminado hace rato** she should have *o* ought to have finished some time ago
2 *vt* (**a**) *(poseer, disfrutar de) (objeto, cualidad, elemento, parentesco)* to have; **no tengo televisor/amigos** I haven't got *o* I don't have a television/any friends; **¿tienes un bolígrafo?** have you got *o* do you have a pen?; **tiene el pelo corto, ojos azules y gafas** she has (got) short hair, blue eyes and she wears glasses; **el documental no tiene mucho interés** the documentary isn't very interesting *o* is of little interest; **¿cuántas habitaciones tiene?** how many rooms has it got *o* does it have?; **¿tienes hermanos?** have you got *o* do you have any brothers or sisters?; **tengo un hermano** I've got *o* I have a brother; **t. un niño** to have a baby; **no tienen hijos** they haven't got *o* don't have any children
(**b**) *(padecer, realizar, experimentar)* to have; **t. fiebre** to have a temperature; **tiene cáncer/el sida** she has (got) cancer/ AIDS; **doctor, ¿qué tengo?** what's wrong with me, doctor?; **no tienes nada (grave)** it's nothing (serious), there's nothing (seriously) wrong with you; **tuvieron una pelea/reunión** they had a fight/meeting; **tengo las vacaciones en agosto** my holidays are in August; **mañana no tenemos clase** we don't have to go to school tomorrow, there's no school tomorrow; **¡que tengan buen viaje!** have a good journey!; **no he tenido un buen día** I haven't had a good day
(**c**) *(medida, años, sensación, sentimiento)* to be; **tiene 3 metros de ancho** it's 3 metres wide; **¿cuántos años tienes?** how old are you?; **tiene diez años** she's ten (years old); *Am* **tengo tres años aquí** I've been here for three years; **t. hambre/miedo** to be hungry/afraid; **t. suerte/mal humor** to be lucky/bad-tempered; **tengo un dolor de espalda terrible** my back hurts terribly, my back is terribly sore; **tengo alergia al polvo** I'm allergic to dust; **me tienen cariño/envidia** they're fond/ jealous of me; **le tiene lástima** he feels sorry for her
(**d**) *(hallarse o hacer estar en cierto estado)* **tenía la cara pálida** her face was pale; **tiene una rueda pinchada** he has a *Br* puncture *o US* flat; **tienes la corbata torcida** your tie isn't straight; **me tuvo despierto** it kept me awake; **eso la tiene despistada/preocupada** that has her confused/worried; **esto la tendrá ocupada un rato** this will keep her busy for a while; **un psicópata tiene atemorizada a la población** a psychopath is terrorizing the population; **nos tuvieron una hora en comisaría** they kept us at the police station for an hour; **nos tuvieron toda la noche viendo vídeos** they made us watch videos all night; **la tienen como *o* de encargada en un restaurante** she's employed as a manageress in a restaurant
(**e**) *(sujetar)* to hold; **tenlo por el asa** hold it by the handle; **¿puedes tenerme esto un momento?** could you hold this for me a minute?; **ten los brazos en alto** hold your arms up high
(**f**) *(tomar)* **ten el libro que me pediste** here's the book you asked me for; **¡aquí tienes!, ¡ten!** here you are!; **ahí tienes la respuesta** there's your answer
(**g**) *(recibir) (mensaje, regalo, visita, sensación)* to get; **tuve una carta suya** I got *o* had a letter from her; **tendrás noticias mías** you'll hear from me; **tenemos invitados/ a la familia a cenar** we've got guests/the family over for dinner; **tendrá una sorpresa** he'll get a surprise; **tenía/tuve la impresión de que...** I had/got the impression that...; **tuve una verdadera desilusión** I was really disappointed
(**h**) *(valorar)* **me tienen por tonto** they think I'm stupid; **t. en mucho/poco a alguien** to think a lot/not to think very much of sb
(**i**) *(guardar, contener)* to keep; **¿dónde tienes las joyas/el dinero?** where do you keep the jewels/money?; **esta cuenta no tiene fondos** there are no funds in this account
(**j**) **tener a bien** *loc verbal Formal* **t. a bien hacer algo** to be kind enough to do sth; **les ruego tengan a bien considerar mi candidatura para el puesto de...** I would be grateful if you would consider my application for the post of...
(**k**) **tener que ver** *loc verbal* **¿qué tiene eso que ver conmigo?** what has that got to do with me?; **aunque los dos vinos sean Rioja, no tienen nada que ver** even if both wines are Riojas, there's no comparison between them
(**l**) EXPR **¿conque esas tenemos?,**

¿ahora no quieres ayudar? so that's the deal, is it? You don't want to help now, then; **no las tiene todas consigo** he is not too sure about it; *muy Fam* **tenerlos bien puestos** to have guts

3 tenerse *vpr* (**a**) *(sostenerse)* **tenerse de pie** *o* **en pie** *(persona, objeto)* to stand upright; **tenerse sentado** to sit up; **no se tiene de la borrachera (que lleva)** he's so drunk he can't stand up (straight)

(**b**) *(considerarse)* **se tiene por listo** he thinks he's clever; **me tengo por una persona honrada** I see myself as *o* consider myself an honest person

tenería *nf* tannery

tengo *ver* **tener**

tenia *nf* tapeworm

tenida *nf* (**a**) *(reunión)* = meeting of a Masonic lodge (**b**) *Chile (traje)* outfit

teniente 1 *nm* (**a**) *Mil* lieutenant ❑ ***t. coronel/general*** lieutenant colonel/general; ***t. de navío*** lieutenant (**b**) *(sustituto)* deputy ❑ ***t. (de) alcalde*** deputy mayor

2 *adj Fam (sordo)* **estar t.** to be a bit deaf

tenis *nm inv* tennis; **jugar al t.** to play tennis ❑ ***t. sobre hierba*** grass-court tennis; ***t. de mesa*** table tennis

tenista *nmf* tennis player

tenístico, -a *adj* tennis; **campeonato t.** tennis championship

tenor 1 *adj Mús* tenor; **saxo t.** tenor sax

2 *nm* (**a**) *Mús* tenor (**b**) *(estilo)* tone; **a este t.** *(de la misma manera)* in the same vein; **a t. de** in view of

tenorio *nm* ladies' man, Casanova

tensado *nm* tautening

tensar 1 *vt (cable, cuerda)* to tauten; *(arco)* to draw

2 tensarse *vpr (cable, cuerda)* to tauten

tensioactivo, -a *adj* **agente t.** surfactant

tensión *nf* (**a**) *(estado emocional)* tension; **estar en t.** to be tense; **hubo muchas tensiones entre ellos** there was a lot of tension between them ❑ ***t. nerviosa*** nervous tension (**b**) *(de cuerda, cable)* tension; **en t.** tensed ❑ ***t. superficial*** surface tension (**c**) *Med* **t. (arterial)** blood pressure; **tener la t. (arterial) alta/baja** to have high/low blood pressure (**d**) *Med* ***t. premenstrual*** premenstrual tension, PMT (**e**) *Elec* voltage; **alta t.** high voltage

tenso, -a *adj* (**a**) *(cuerda, cable)* taut (**b**) *(situación, persona)* tense; **estar t. con alguien** to be tense with sb

tensor, -ora 1 *adj* tightening

2 *nm* (**a**) *(dispositivo)* turnbuckle (**b**) *(músculo)* tensor

tentación *nf* temptation; **caer en la t.** to give in to temptation; **tener la t. de** to be tempted to

tentáculo *nm también Fig* tentacle; *Fig* **los tentáculos del poder** the tentacles of power

tentador, -ora *adj* tempting

tentar [3] *vt* (**a**) *(atraer, incitar)* to tempt; **t. a alguien con algo** to tempt sb with sth; **no me tientes, que no tengo dinero para irme de viaje** don't tempt me, I don't have enough money to go travelling; **t. al diablo/a la suerte** to tempt fate (**b**) *(palpar)* to feel

tentativa *nf* attempt ❑ ***t. de asesinato*** attempted murder; ***t. de delito*** attempted crime; ***t. de suicidio*** suicide attempt

tentativo, -a *adj* tentative

tentempié (*pl* **tentempiés**) *nm* snack

tentetieso *nm* Weeble®, tumbler (doll)

tenue *adj* (**a**) *(fino, delgado)* fine (**b**) *(débil)* faint (**c**) *(relación)* tenuous

teñido, -a 1 *adj (pelo, tela)* dyed

2 *nm* dyeing

teñir [47] **1** *vt* (**a**) *(ropa, pelo)* **t. algo (de rojo/verde)** to dye sth (red/green) (**b**) *(matizar)* to tinge sth (**de** with); **tiñe su prosa de melancolía** her prose is tinged with melancholy

2 teñirse *vpr* **teñirse (el pelo)** to dye one's hair; **se tiñe de rubio** he dyes his hair blond

teocracia *nf* theocracy

teocrático, -a *adj* theocratic

teodolito *nm* theodolite

teologal *adj* theological; **las virtudes teologales** the theological virtues

teología *nf* theology ❑ ***t. de la liberación*** liberation theology

teológico, -a *adj* theological

teologizar [14] *vi* to theologize

teólogo, -a *nm,f* theologian

teorema *nm* theorem ❑ ***el t. de Pitágoras*** Pythagoras' theorem

teoría *nf* theory; **en t.** in theory ❑ *Mat* ***la t. del caos*** chaos theory; *Biol* ***t. celular*** cell theory; ***t. del conocimiento*** epistemology; ***la t. de la evolución*** the theory of evolution; ***t. de la información*** information theory; ***t. monetaria*** monetary theory; ***la t. de la relatividad*** the theory of relativity

teóricamente *adv* theoretically

teórico, -a 1 *adj* theoretical; **clases teóricas** theory classes

2 *nm,f (persona)* theorist

3 *nm (examen de conducir)* written exam

teorizador, -ora *adj* theorizing

teorizar [14] *vi* to theorize

teosofía *nf* theosophy

teósofo, -a *nm,f* theosophist

TEP [tep] *nm Med (abrev de* **tomografía por emisión de positrones**) PET scan

tepache *nm* = mildly alcoholic drink made from fermented pineapple peelings and unrefined sugar

tepe *nm* sod, piece of turf

tequila *nm o nf* tequila

terapeuta *nmf* (**a**) *(médico)* doctor (**b**) *(fisioterapeuta)* physiotherapist

terapéutica *nf* (**a**) *(ciencia)* therapeutics *(singular)* (**b**) *(tratamiento)* therapy

terapéutico, -a *adj* therapeutic

terapia *nf* therapy ❑ ***t. genética*** gene therapy; ***t. de grupo*** group therapy; *Méx, RP* ***t. intensiva*** intensive care; ***t. ocupacional*** occupational therapy

tercena *nf Ecuad (carnicería)* butcher's (shop)

tercer *adj ver* **tercero**

tercera *nf Aut* third (gear)

tercería *nf* (**a**) *(mediación)* mediation (**b**) *Der* arbitration

tercermundismo *nm* underdevelopment; *Fig* backwardness

tercermundista *adj* third-world; **un país t.** a third-world country; *Fig* **¡este servicio es t.!** this service is appalling *o* a disgrace!

tercero, -a

> **Tercer** is used instead of **tercero** before masculine singular nouns (e.g. **el tercer piso** the third floor).

1 *núm* third; EXPR **a la tercera va la vencida** third time lucky ❑ ***la tercera edad*** senior citizens; **durante la tercera edad** in old age; ***el Tercer Mundo*** the Third World; *ver también* **sexto**

2 *nm* (**a**) *(piso)* third floor; **el t. izquierda** the third floor *Br* flat *o US* apartment on the left (**b**) *(curso universitario)* third year (**c**) *(curso escolar)* = third year of primary school, *US* ≃ third grade (**d**) *(mediador, parte interesada)* third party; **seguro a terceros** third-party insurance ❑ ***el t. en discordia*** the third party

terceto *nm* (**a**) *(estrofa)* tercet (**b**) *Mús* trio

terciado, -a *adj (mediano)* medium-sized

terciador, -ora 1 *adj* mediating, arbitrating

2 *nm,f* mediator, arbitrator

terciar 1 *vt* (**a**) *(poner en diagonal)* to place diagonally; *(sombrero)* to tilt (**b**) *(dividir)* to divide into three

2 *vi* (**a**) *(mediar)* to mediate (**en** in) (**b**) *(participar)* to intervene, to take part (**c**) *Col, Méx (una carga)* to carry on one's back; **terció el bulto** he carried the pack on his back (**d**) *Andes, Cuba, Méx (aguar)* to water down

3 terciarse *vpr* to arise, to come up; **si se tercia** if the opportunity arises

terciario, -a 1 *adj* tertiary

2 *nm Geol* **el T.** the Tertiary (era)

tercio *nm* (**a**) *(tercera parte)* third; **dos tercios de la población** two thirds of the population (**b**) *Mil* regiment; **t. de la guardia civil** Civil Guard division (**c**) *Taurom* stage *(of bullfight)* (**d**) *(de cerveza)* bottle of beer *(0.33 litre)*; *ver también* **sexto**

terciopelo *nm* velvet

terciopersonal *adj Gram* **un verbo t.** = verb only used in the third person

terco, -a 1 *adj* (**a**) *(testarudo)* stubborn; EXPR **t. como una mula** as stubborn as a mule (**b**) *Ecuad (indiferente)* cold, aloof

2 *nm,f* stubborn person; **ser un t.** to be stubborn

tereré *nm Arg, Par (mate)* = maté made with cold water

tergal® *nm* = type of synthetic fibre containing polyester

tergiversación *nf* distortion

tergiversador, -ora 1 *adj* distorting
2 *nm,f* person who distorts *o* twists the facts; **es un t.** he always distorts *o* twists the facts

tergiversar *vt* to distort, to twist

termal *adj* thermal; **fuente de aguas termales** hot spring

termas *nfpl (baños)* hot baths, spa

termes *nm inv* = **termita**

térmico, -a *adj* **(a)** *(de la temperatura)* temperature; **descenso t.** drop in temperature **(b)** *(aislante)* thermal

terminación *nf* **(a)** *(finalización)* completion **(b)** *(parte final)* end ❑ ***t. nerviosa*** nerve ending **(c)** *Gram* ending

terminado, -a *adj* **(a)** *(periodo)* finished, over **(b)** *(trabajo)* finished, done

terminador *nm Informát* terminator

terminal 1 *adj* **(a)** *(del fin)* final; *(del extremo)* end **(b)** *(enfermedad)* terminal; **es un enfermo t.** he's terminally ill
2 *nm* **(a)** *Informát* terminal ❑ ***t. de computadora*** *o Esp* ***de ordenador*** computer terminal; ***t. videotexto*** videotext terminal **(b)** *Elec* terminal; **t. negativo/positivo** negative/positive terminal
3 *nf (de aeropuerto)* terminal; *(de autobuses)* terminus ❑ ***t. aérea*** air terminal

terminante *adj (categórico)* categorical; *(prueba)* conclusive

terminantemente *adv* categorically; **está t. prohibido** it is strictly forbidden

TERMINAR 1 *vt* to finish; **termina la cerveza, que nos vamos** finish your beer, we're going; **terminamos el viaje en San Francisco** we ended our journey in San Francisco; **dar por terminado algo** *(discurso, reunión, discusión, visita)* to bring sth to an end *o* a close; **está sin t.** it isn't finished
2 *vi* **(a)** *(acabar)* to end, to finish; *(tren, autobús, línea de metro)* to stop, to terminate; **¿cómo termina la historia?** how does the story end *o* finish?; **todo ha terminado** it's all over; **deja que termine, déjame t.** *(al hablar)* let me finish; **¿has terminado con las tijeras?** have *o* are you finished with the scissors?; **t. con la pobreza/la corrupción** to put an end to poverty/corruption; **han terminado con toda la leche que quedaba** they've finished off *o* used up all the milk that was left; **t. con algo/alguien** *(arruinar, destruir)* to destroy sth/sb; *(matar)* to kill sth/sb; **t. de hacer algo** to finish doing sth; **terminamos de desayunar a las nueve** we finished having breakfast at nine; **t. en** *(objeto)* to end in; **termina en punta** it ends in a point; **las sílabas que terminan en vocal** syllables that end in a vowel; **para t., debo agradecer…** *(en discurso)* finally, I would like to thank…
(b) *(reñir)* to finish, to split up (**con** with); **¡hemos terminado!** it's over!
(c) *(en cierto estado o situación)* to end up; **terminamos de mal humor/un poco deprimidos** we ended up in a bad mood/(feeling) rather depressed; **terminó loco** he ended up going mad; **vas a t. odiando la física** you'll end up hating physics; **este chico terminará mal** this boy will come to a bad end; **este asunto terminará mal** no good will come of this matter; **terminó de camarero/en la cárcel** he ended up as a waiter/in jail; **la discusión terminó en pelea** the argument ended in a fight; **t. por hacer algo** to end up doing sth
(d) *(llegar a)* **no termino de entender lo que quieres decir** I still can't quite understand what you mean; **no terminábamos de ponernos de acuerdo** we couldn't quite seem to come to an agreement; **no termina de gustarme** I just *o* simply don't like it
3 terminarse *vpr* **(a)** *(finalizar)* to finish; **¿cuándo se termina el curso?** when does the course finish?
(b) *(agotarse)* to run out; **se nos ha terminado el azúcar** we've run out of sugar, the sugar has run out
(c) *(acabar) (comida, revista)* to finish off; **me terminé la novela en una noche** I finished off the novel in one night

TÉRMINO *nm* **(a)** *(fin)* end; **al t. de la reunión se ofrecerá una rueda de prensa** there will be a press conference at the conclusion of the meeting; **dar t. a algo** *(discurso, reunión, discusión)* to bring sth to a close; *(visita, vacaciones)* to end; **llegó a su t.** it came to an end; **llevar algo a buen t.** to bring sth to a successful conclusion; **poner t. a algo** *(relación, amenazas)* to put an end to sth; *(discusión, debate)* to bring sth to a close
(b) *(territorio)* **t. (municipal)** = area under the jurisdiction of a town council
(c) *(plazo)* period; **en el t. de un mes** within (the space of) a month
(d) *(plano, posición)* **en primer t.** *(en cuadros, fotografías)* in the foreground; **quedar** *o* **permanecer en un segundo t.** *(pasar inadvertido)* to remain in the background; **su carrera como modelo ha quedado en un segundo t. y ahora se dedica al cine** her modelling career now takes second place to her acting; **en último t.** *(en cuadros, fotografías)* in the background; *Fig (si es necesario)* as a last resort; *Fig (en resumidas cuentas)* in the final analysis
(e) *(punto, situación)* point; **llegados a este t. hay que tomar una decisión** we have reached the point where we have to take a decision ❑ ***t. medio*** *(media)* average; *Fig (arreglo)* compromise, happy medium; **por t. medio** on average
(f) *(palabra)* term; **lo dijo, aunque no con** *o* **en esos términos** that's what he said, although he didn't put it quite the same way; **en términos generales** generally speaking; **en términos de Freud** in Freud's words; **los términos del acuerdo/contrato** the terms of the agreement/contract
(g) *Mat (de fracción, silogismo, ecuación)* term
(h) *(relaciones)* **estar en buenos/malos términos (con)** to be on good/bad terms (with)
(i) *(de línea férrea, de autobús)* terminus
(j) *(linde, límite)* boundary

terminología *nf* terminology

terminológico, -a *adj* terminological

termita *nf*, **termes** *nm inv* termite

termitero *nm* termite mound *o* nest

termo *nm* **(a)** *(para bebida, comida)* Thermos® (flask) **(b)** *(calentador de agua)* water heater

termoadhesivo, -a *adj* thermo-adhesive

termoaislante *adj* heat insulating

termodinámica *nf* thermodynamics *(singular)*

termodinámico, -a *adj* thermodynamic

termoelectricidad *nf* thermoelectricity

termoeléctrico, -a *adj* thermoelectric

termoestable *adj* thermostable

termografía *nf* thermography

termometría *nf* thermometry

termométrico, -a *adj* thermometric

termómetro *nm* thermometer; **poner el t. a alguien** to take sb's temperature ❑ ***t. centígrado*** centigrade thermometer; ***t. clínico*** clinical thermometer; ***t. de mercurio*** mercury thermometer

termonuclear *adj* thermonuclear

termopar *nm Elec* thermocouple

termopila *nf* thermopile

termoplástico, -a *adj* thermoplastic

termoquímica *nf* thermochemistry

termorregulación *nf* **(a)** *(con termostato)* thermostatic control **(b)** *Biol* body temperature regulation, *Espec* thermoregulation

termorregulador 1 *adj* **(a)** *Tec* thermostatic **(b)** *Biol* **organismos termorreguladores** organisms that regulate body temperature
2 *nm (termostato)* thermostat

termosifón *nm* water heater

termostato *nm* thermostat

termoterapia *nf* heat treatment, *Espec* thermotherapy

terna *nf Pol* = shortlist of three candidates

ternario, -a *adj* ternary

ternasco *nm* suckling lamb

ternera *nf (carne)* veal

ternero, -a *nm,f (animal)* calf

terneza *nf (expresión de afecto)* sweet nothing

ternilla *nf* **(a)** *(en bistec)* gristle **(b)** *Anat* cartilage

terno *nm* **(a)** *(trío)* trio **(b)** *(traje)* three-piece suit

ternura *nf* tenderness; **con t.** tenderly

terquedad *nf* **(a)** *(testarudez)* stubbornness; **con t.** stubbornly **(b)** *Ecuad (indiferencia)* coldness, aloofness

terracota *nf* terracotta

terrado *nm* terrace roof

terral *nm Am (polvareda)* dust cloud

terramicina *nf Farm* Terramycin®

Terranova *n* Newfoundland

terranova *nmf (perro)* Newfoundland

terraplén *nm* embankment

terráqueo, -a *adj* Earth; **globo t.** globe

terrario, terrarium *nm* terrarium

terrateniente *nmf* landowner

terraza *nf* (**a**) *(balcón)* balcony ▫ ***t. cerrada*** glazed balcony (**b**) *(de café)* terrace, patio (**c**) *(azotea)* terrace roof (**d**) *(bancal)* terrace; **cultivo en terrazas** terracing

terrazo *nm* terrazzo, = polished composite floor covering made from stone chips

terregoso, -a *adj* covered in clods

terremoto *nm* earthquake; *Fig* **es un t.** *(es destructivo)* he leaves a trail of destruction wherever he goes

terrenal *adj (vida)* earthly; *(bienes, preocupaciones)* worldly

TERRENO, -A **1** *adj Formal (vida)* earthly; *(bienes, preocupaciones)* worldly

2 *nm* (**a**) *(suelo)* land; *(por su relieve)* terrain; *(por su composición, utilidad agrícola)* soil; **grandes extensiones de t.** large tracts of land; **t. montañoso/abrupto** mountainous/rugged terrain; **t. arenoso/volcánico** sandy/volcanic soil; **el t. era irregular** the ground was uneven; EXPR **ser t. abonado (para algo)** to be fertile ground (for sth) ▫ ***t. agrícola*** farmland; ***t. cultivable*** arable land; ***t. edificable*** land suitable for development; ***t. no urbanizable*** *o* ***rústico*** land unsuitable for development; ***t. urbanizable*** land suitable for development

(**b**) *(territorio)* ground; **ceder t.** to give ground; **estar** *o* **encontrarse en su propio t.** to be on home ground; **estar en** *o* **pisar t. conocido/desconocido/firme** to be on familiar/unfamiliar/solid ground; **ganar t.** to gain ground; **le está ganando t. a su rival** he's gaining ground on his rival; **perder t. (ante alguien)** to lose ground (to sb); **preparar el t. (a alguien/para algo)** to pave the way (for sb/sth); **reconocer** *o* **tantear el t.** to see how the land lies; EXPR **sabe el t. que pisa** she knows what she is about; **estudiar algo sobre el t.** to study something in the field; **resolveremos los problemas sobre el t.** we'll solve the problems as we go along

(**c**) *(parcela, solar)* plot (of land); **tenemos unos terrenos en el pueblo** we have some land in the village

(**d**) *(en deportes)* **t. (de juego)** field, pitch; **los jugadores saltaron al t. de juego** the players came out onto the pitch

(**e**) *(ámbito)* field; **en el t. de la música/medicina** in the field of music/medicine; **tiene muchos problemas en el t. personal** she has a lot of problems in her private life; **sabe llevar las conversaciones a su t.** he knows how to steer conversations round to the subjects that suit him

térreo, -a *adj* earthy

terrero, -a *adj (de tierra)* **saco t.** sandbag

terrestre 1 *adj* (**a**) *(del planeta)* terrestrial; **la corteza t.** the Earth's crust; **globo t.** globe (**b**) *(de la tierra)* land; **animales terrestres** land animals; **transporte t.** road and rail transport

2 *nmf* terrestrial, Earth-dweller

terrible *adj* (**a**) *(tremendo)* terrible; **la guerra es siempre t.** war is always a terrible thing; **tengo un hambre/frío t.** I'm terribly hungry/cold (**b**) *(malo)* terrible (**c**) *(aterrador)* terrifying

terriblemente *adv* terribly; **me duele t. el estómago** I've got terrible stomach ache

terrícola 1 *adj* Earth; **las naves terrícolas** spaceships from Earth

2 *mf* earthling

terrier *nmf* terrier

terrina *nf* terrine

territorial *adj* territorial

territorialidad *nf* (**a**) *(de animal)* territorial behaviour (**b**) *Der* territoriality

territorio *nm* territory; **por todo el t. nacional** across the country, nationwide

terrón *nm* (**a**) *(de tierra)* clod of earth (**b**) **t. (de azúcar)** sugar lump

terror *nm* (**a**) *(miedo)* terror; **de t.** *(cine)* horror; **le da t.** it terrifies her; **me da t. pensar en las vacaciones con los niños** I shudder to think what the holidays with the children will be like (**b**) *(persona)* terror; **esa banda de delincuentes es el t. del pueblo** this gang of criminals is terrorizing the village

terrorífico, -a *adj* terrifying

terrorismo *nm* terrorism

terrorista *adj & nmf* terrorist

terroso, -a *adj* (**a**) *(parecido a la tierra)* earthy (**b**) *(con tierra)* muddy

terruño *nm* (**a**) *(terreno)* plot of land (**b**) *(patria)* homeland

tersar *vt* to make smooth

terso, -a *adj* (**a**) *(piel, superficie)* smooth (**b**) *(aguas, mar)* clear (**c**) *(estilo, lenguaje)* polished

tersura *nf* (**a**) *(de piel, superficie)* smoothness (**b**) *(de aguas, mar)* clarity (**c**) *(de estilo, lenguaje)* polish

tertulia *nf* = regular informal social gathering where issues of common interest are discussed; *Fam* **estar de t.** to sit chatting ▫ ***t. literaria*** literary circle; ***t. radiofónica*** radio discussion programme

tertuliano, -a *nm,f* person attending a "tertulia"

tertuliar *vi Am* to have a "tertulia"

tesauro *nm* thesaurus

tesela *nf* tessera

tesina *nf* (undergraduate) dissertation

tesis *nf inv* (**a**) *(teoría, idea)* thesis; **defiende la t. de que...** he holds the opinion that...; **es una t. muy interesante** that's a very interesting view (**b**) *Educ* thesis; **leer la t.** ≃ to have one's viva (voce) ▫ ***t. doctoral*** doctoral *o* PhD thesis

tesitura *nf* (**a**) *(situación)* circumstances, situation (**b**) *Mús* tessitura, pitch

tesón *nm* (**a**) *(tenacidad)* tenacity, perseverance; **con t.** tenaciously (**b**) *(firmeza)* firmness; **con t.** firmly

tesonero, -a *adj* tenacious, persistent

tesorería *nf* (**a**) *(cargo)* treasurership (**b**) *(oficina)* treasurer's office (**c**) *Com* liquid capital

tesorero, -a *nm,f* treasurer

tesoro *nm* (**a**) *(botín)* treasure; **el cofre del t.** the treasure chest (**b**) *(hacienda pública)* treasury, exchequer; **el T.** the Treasury (**c**) *(persona valiosa)* gem, treasure (**d**) *(apelativo)* darling

test [tes(t)] *(pl* **tests***) nm* test; **hacer un t.** to do *o* take a test; **vamos a hacer un t. de sonido** we're going to do a sound check; **hacer un t. a alguien** to give sb a test; **voy al médico a hacerme unos tests** I'm going to have some tests done at the doctor's; **tipo t.** *(examen, pregunta)* multiple-choice ▫ ***t. de embarazo*** pregnancy test; ***t. de inteligencia*** intelligence *o* IQ test; ***t. de personalidad*** *(en revista)* personality questionnaire *o* quiz

testa *nf* head ▫ ***t. coronada*** *(monarca)* crowned head, monarch

testado, -a *adj (persona)* testate; *(herencia)* testamentary

testador, -ora *nm,f* testator, *f* testatrix

testaferro *nm* front man

testamentaría *nf* (**a**) *(documentos)* documentation *(of a will)* (**b**) *(bienes)* estate, inheritance

testamentario, -a 1 *adj* testamentary; **las disposiciones testamentarias** the terms of the will

2 *nm,f* executor

testamento *nm* (**a**) *Der* will; **hacer t.** to write one's will ▫ ***t. cerrado*** sealed will; ***t. hológrafo*** *o* ***ológrafo*** holograph will (**b**) *Rel* **Antiguo/Nuevo T.** Old/New Testament

testar 1 *vi* to make a will; **testó en favor de sus nietos** she left everything to her grandchildren

2 *vt (probar)* to test

testarazo *nm* (**a**) *(golpe)* head butt (**b**) *Dep* header

testarudez *nf* stubbornness; **con t.** stubbornly

testarudo, -a 1 *adj* stubborn

2 *nm,f* stubborn person; **ser un t.** to be stubborn

testera *nf* (**a**) *(frente, fachada)* front (**b**) *(de animal)* forehead (**c**) *(adorno para caballos)* crownpiece

testicular *adj* testicular

testículo *nm* testicle

testificación *nf* testimony; **es la t. de su talento** it bears witness to her talent

testificar [59] **1** *vt* (**a**) *(dar testimonio de)* **t.**

que... to testify that... (**b**) *(probar, indicar)* to testify to, to bear witness to; **sus acciones testifican su ignorancia** her actions testify to *o* bear witness to her ignorance

2 *vi* to testify, to give evidence; **t. a favor/ en contra de alguien** to testify in favour of/against sb

testigo 1 *nmf (persona)* witness; **poner por t. a alguien** to cite sb as a witness ▫ ***t. de cargo*** witness for the prosecution; ***t. de descargo*** witness for the defence; ***t. de Jehová*** Jehovah's Witness; ***t. ocular*** *o* ***presencial*** eyewitness

2 *nm* (**a**) *(prueba)* **ser t. de algo** to bear witness to sth (**b**) *Dep* baton

testimonial *adj* (**a**) *(documento, prueba)* testimonial (**b**) *(simbólico)* token, symbolic

testimonio *nm* (**a**) *Der* testimony; **prestar t.** to give evidence; **falso t.** perjury, false evidence (**b**) *(prueba)* proof; **como t. de** as proof of; **dar t. de algo** to bear witness to sth

testosterona *nf* testosterone

testuz *nm o nf* (**a**) *(frente)* brow (**b**) *(nuca)* nape

teta 1 *nf* (**a**) *Fam (de mujer)* tit; **dar la t.** to breast-feed (**b**) *(de animal)* teat

2 *adj inv muy Fam* ace, wicked

3 *adv muy Fam* **lo pasamos t.** we had an ace *o* a wicked time

tetamen *nm muy Fam* tits

tétanos *nm inv* tetanus

tetera *nf* (**a**) *(para servir)* teapot (**b**) *(hervidor)* kettle

tetería *nf* tea-room

tetero *nm Col (biberón)* baby's bottle

tetilla *nf* (**a**) *(de hombre, animal)* nipple (**b**) *(de biberón)* teat

tetina *nf* teat

tetón *nm* stub, stump

tetona *adj f Fam* busty, top-heavy; **es muy t.** she has big boobs

tetrabrik® (*pl* **tetrabriks**) *nm* tetrabrik®; **un t. de leche** a carton of milk

tetracampeón, -ona 1 *adj* **el equipo t.** the four-times winners *o* champions

2 *nm,f* four-times winner *o* champion

tetraciclina *nf Farm* tetracycline

tetraédrico, -a *adj* tetrahedral

tetraedro *nm* tetrahedron

tetrágono *nm* tetragon

tetralogía *nf Lit* tetralogy

tetramorfo *nm* Tetramorph

tetraplejía, tetraplejia *nf* quadriplegia, tetraplegia

tetrapléjico, -a *adj & nm,f* quadriplegic, tetraplegic

tétrico, -a *adj* gloomy

tetudo, -a *adj Fam* busty, top-heavy; **es muy tetuda** she has big boobs

teutón, -ona *Hist* **1** *adj* Teutonic

2 *nm,f* Teuton

teutónico, -a *adj Hist* Teutonic

Texas ['teχas] *n* Texas

textil *adj & nm* textile

texto *nm* (**a**) *(palabras, libro)* text ▫ ***t. cifrado*** cipher text; *Informát* ***t. oculto*** hidden text (**b**) *(pasaje)* passage

textual *adj* (**a**) *(del texto)* textual (**b**) *(exacto)* exact; **dijo, palabras textuales, que era horroroso** her exact words were "it was terrible"

textualmente *adv* literally, word for word; **dijo t. que le parecía fabuloso** his exact words were "I think it's fabulous"

textura *nf* (**a**) *(de superficie, tela, material)* texture (**b**) *(de texto, discurso)* texture

texturación *nf* texturing

tez *nf* complexion; **una mujer de t. morena** a woman with a dark complexion

tezontle *nm Méx* = dark red volcanic rock used for building

thatcherismo [tatʃe'rismo] *nm Pol* Thatcherism

thriller ['triler, 'θriler] (*pl* **thrillers**) *nm* thriller

ti *pron personal (después de prep)* (**a**) *(en general)* you; **siempre pienso en ti** I'm always thinking about you; **me acordaré de ti** I'll remember you (**b**) *(reflexivo)* yourself; **sólo piensas en ti (mismo)** you only think about yourself

tiamina *nf* thiamin(e)

tianguis *nm inv CAm, Méx* open-air market

TIAR (*abrev* **Tratado Interamericano de Asistencia Recíproca**) *nm* = inter-American cooperation treaty

tiara *nf* tiara

tiarrón, -ona *nm,f Fam* hulk

tiberio *nm Fam* hullabaloo, uproar

Tíbet, Tibet *nm* **el T.** Tibet

tibetano, -a 1 *adj & nm,f* Tibetan

2 *nm (lengua)* Tibetan

tibia *nf* shinbone, *Espec* tibia; **me dio una patada en la t.** she kicked me in the shin

tibiarse *vpr CAm, Ven* to get annoyed *o* irritated

tibieza *nf* (**a**) *(calidez)* warmth; *(falta de calor)* tepidness, lukewarmness (**b**) *Fig (frialdad)* lack of enthusiasm; **"de acuerdo," dijo con t.** "all right", she said without enthusiasm

tibio, -a *adj* (**a**) *(cálido)* warm; *(falto de calor)* tepid, lukewarm (**b**) *Fig (frío)* lukewarm; **el libro tuvo una tibia acogida en la prensa** the book received a lukewarm reaction from the press (**c**) *Fam* **ponerse t. de algo** *(comer mucho)* to stuff one's face with sth (**d**) *Col, Perú, Ven (enojado)* annoyed, irritated (**e**) EXPR *Fam* **poner t. a alguien** to speak ill of sb

tiburón *nm* (**a**) *(pez)* shark (**b**) *Fin* raider

tic *nm* tic

ticket ['tiket, 'tike] (*pl* **tickets**) *nm* (**a**) *(billete)* ticket (**b**) *(recibo)* **t. (de compra)** receipt

tico, -a *nm,f Am Fam* Costa Rican

tictac, tic-tac *nm* tick-tock

tie-break ['taiβrek] *nm Dep* tie-break

tiemblo *etc ver* **temblar**

TIEMPO *nm* (**a**) *(transcurso, rato, momento)* time; **en poco** *o* **dentro de poco t. lo sabremos** we will soon know; **tardé** *o* **me llevó bastante t.** it took me quite a while *o* quite a long time; **es una tarea que lleva mucho t.** it's a very time-consuming task; **¡cómo pasa el t.!** time flies!; **todo el t.** all the time; **estuvo todo el t. de pie** he was standing up the whole time; **al mismo t.** at the same time; **al poco t., poco t. después** soon after(wards); **podríamos discutirlo al t. que comemos** we could discuss it while we eat; **antes de t.** *(nacer)* prematurely; *(florecer, celebrar)* early; **muchos llegaron antes de t.** a lot of people arrived early; **a t. completo** full-time; **a t. parcial** part-time; **a su (debido) t.** in due course; **cada cosa a su t.** everything in due course *o* in good time; **a un t.** at the same time; **empujaron todos a un t.** they all pushed together *o* at the same time; **cada cierto t.** every so often; **¿cada cuánto t. tiene que tomarlo?** how often *o* frequently does he have to take it?; **con el t.** in time; **de t. en t.** from time to time, now and then; **de un t. a esta parte** recently, for a while now; **dar t. al t.** to give things time; **el t. lo dirá** time will tell; EXPR **el t. es oro** time is money; **ganar t.** to save time; **hacer t.** to pass the time; **matar el t.** to kill time; **perder el t.** to waste time; **no hay t. que perder** there's no time to be lost; PROV **el t. todo lo cura** time is a great healer ▫ *Informát* ***t. de acceso*** access time; *Informát* ***t. de búsqueda*** search time; *Fot* ***t. de exposición*** exposure time; ***t. libre:*** **no me queda mucho t. libre** I don't have much free *or* spare time any more; **te dan t. libre para asuntos personales** they give you time off for personal matters; ***t. de ocio*** leisure time; *Informát* ***t. real*** real time; ***t. universal coordinado*** Coordinated Universal Time

(**b**) *(periodo disponible, suficiente)* time; **¡se acabó el t.! pueden ir entregando los exámenes** time's up, start handing in your papers!; **a t. (para algo/de hacer algo)** in time (for sth/to do sth); **no llegamos a t. de ver el principio** we didn't arrive in time to see *o* for the beginning; **estar a t. de hacer algo** to be in time to do sth; **si quieres apuntarte, aún estás a t.** if you want to join in, you still have time *o* it's not too late; **con t. (de sobra)** with plenty of time to spare, in good time; **¿nos dará t.?** will we have (enough) time?; **no me dio t. a** *o* **no tuve t. de decírselo** I didn't have (enough) time to tell her; **dame t. y yo mismo lo haré** give me (a bit of) time and I'll do it myself; **me faltó t. para terminarlo** I didn't have (enough) time to finish it; *Fam Irónico* **le faltó t. para ir y contárselo a todo el mundo** she wasted no time in telling everyone about it; **sacar t. para hacer algo** to find (the) time to do sth; **¿tienes t. para tomar algo?** do you have time for a drink?; **tenemos todo el t. del mundo** we have all the time in the world

(**c**) *(periodo largo)* long time; **¿cuánto t. hace (de eso)?** how long ago (was that)?;

¿cuánto t. hace que no vas al teatro? how long is it since you went to the theatre?; **¡cuánto t. sin verte!** it's been ages since I saw you!, I haven't seen you for ages!; **hace t. que** it is a long time since; **hace t. que no vive aquí** he hasn't lived here for some time; **hace mucho t. que no lo veo** I haven't seen him for ages; **t. atrás** some time ago; **tómate tu t. (para hacerlo)** take your time (over it *o* to do it)

(**d**) *(época)* time; **aquel fue un t. de paz y felicidad** those were peaceful and happy times, it was a time of peace and happiness; **corren** *o* **son malos tiempos para el estudio del latín** it isn't a good time to be studying Latin; **en estos tiempos que corren** these days; **del t.** *(fruta)* of the season; **las ideas de nuestro t.** the ideas of our time *o* day; **el hombre de nuestro t.** modern man; **el mejor boxeador de todos los tiempos** the greatest ever boxer, the greatest boxer of all time; **mi álbum favorito de todos los tiempos** my all-time favourite album, my favourite ever album; **en aquellos tiempos, por aquel t.** in those days, back then, at that time; **en los buenos tiempos** in the good old days; **en mis tiempos** in my day *o* time; **Johnson, en otro t. plusmarquista mundial,...** Johnson, once the world record-holder *o* the former world record-holder,...; **en tiempo(s) de Napoleón** in Napoleon's times *o* day; **eran otros tiempos (entonces)** things were different (back) then; **¡qué tiempos aquellos!** those were the days!; **en tiempos** *(antiguamente)* in former times; EXPR **en tiempos de Maricastaña** donkey's years ago

(**e**) *(edad)* age; **¿qué t. tiene?** how old is he?

(**f**) *(clima)* weather; **¿qué tal está el t.?, ¿qué tal t. hace?** what's the weather like?; **buen/mal t.** good/bad weather; **hizo buen/mal t.** the weather was good/bad; **nos hizo un t. horrible** we had terrible weather; **del t.** *(bebida)* at room temperature; **estas cervezas están del t.** these beers are warm; **si el t. lo permite** *o* **no lo impide** weather permitting; EXPR **hace un t. de perros** it's a foul day; EXPR **poner al mal t. buena cara** to put a brave face on things

(**g**) *Dep (mitad)* half; *(cuarto)* quarter; **primer/segundo t.** first/second half ▫ ***t. añadido*** *o* ***de descuento*** injury *o* stoppage time; ***t. muerto*** time out; ***t. reglamentario*** normal time

(**h**) *(marca) (en carreras)* time; **consiguió un t. excelente** his time was excellent; **lograron clasificarse por tiempos** they qualified as fastest losers

(**i**) *(movimiento)* movement; **levantó las pesas en dos tiempos** he lifted the weights in two movements; **motor de cuatro tiempos** four-stroke engine

(**j**) *Gram* tense ▫ ***t. compuesto/simple*** compound/simple tense

(**k**) *Mús (ritmo)* tempo; *(movimiento)* movement; *(compás)* time

tienda *nf* (**a**) *(establecimiento)* shop; **t. de ropa** clothes shop; **ir de tiendas** to go shopping ▫ ***t. libre de impuestos*** duty-free shop (**b**) *(para acampar)* **t. (de campaña)** tent; **montar/desmontar la t.** to pitch/take down one's tent ▫ ***t. (de campaña) canadiense*** ridge tent

tiendo *etc ver* **tender**

tiene *etc ver* **tener**

tienta *nf* (**a**) *Taurom* trial *(of the bulls)* (**b**) **a tientas** *loc adv* blindly; **andar a tientas** to grope along; **buscar algo a tientas** to grope about *o* around for sth

tiento 1 *ver* **tentar**

2 *nm* (**a**) *(cuidado)* care; *(tacto)* tact (**b**) **dar un t. a algo** *(probar)* to try sth; **dio un t. a la botella** he took a swig from the bottle (**c**) *(de ciego)* white stick (**d**) *(de equilibrista)* balancing pole (**e**) *Chile, RP (correa)* leather strip

tiernamente *adv* tenderly

tierno, -a 1 *adj* (**a**) *(blando)* tender (**b**) *(afectuoso, emotivo)* tender; **una escena tierna** a moving scene (**c**) *(del día)* fresh (**d**) *Chile, Ecuad (fruto, hortaliza)* unripe

2 *nm Am* baby

TIERRA *nf* (**a**) *(terrenos, continentes)* land; **es el dueño de estas tierras** he's the owner of this land; **en tierras mexicanas/del rey** on Mexican soil/the King's land; **viajar por t.** to travel by land; **por estas tierras** round these parts, down this way; **t. adentro** inland; **ver otras tierras** to travel, to see the world; EXPR **poner t. (de) por medio** to make oneself scarce ▫ ***t. firme*** *(por oposición al mar)* terra firma, dry land; *(terreno sólido)* hard ground; ***T. del Fuego*** Tierra del Fuego; ***t. de nadie*** no-man's-land; ***t. prometida, T. de Promisión*** Promised Land; ***T. Santa*** the Holy Land; ***t. virgen*** virgin land

(**b**) *(planeta)* **la T.** (the) Earth

(**c**) *(materia inorgánica)* earth, soil; **se me ha metido t. en los zapatos** I've got some soil in my shoes; **un camino de t.** a dirt track; **esta t. no es buena para cultivar** this soil isn't very fertile; **cultivar la t.** to farm the land; *Formal* **dar t. a alguien** to bury sb; EXPR **echar t. a** *o* **sobre un asunto** to hush up an affair ▫ ***t. batida*** *(en tenis)* clay; ***t. cultivable*** *o* ***de cultivo*** arable land; ***t. de labor*** *o* ***de labranza*** arable land

(**d**) *(suelo)* ground; **trabajan bajo t.** they work underground; **besar la t.** *(caer)* to fall flat on one's face; **caer a t.** to fall to the ground; **dar en t. con algo** *(tirar)* to knock sth down *o* to the ground; **echar** *o* **tirar por t. algo** *(esperanzas, planes, carrera)* to ruin sth; *(argumentos, teoría)* to demolish sth; **quedarse en t.** *(viajero)* to miss the boat/train/plane/*etc*; **muchos aviones se han quedado en t. por la niebla** several planes have been grounded because of the fog; **tomó t. en un campo** he touched down in a field; **tomaremos t. en el aeropuerto de Barajas en diez minutos** we will be landing at Barajas airport in ten minutes; EXPR *Fam* **¡t., trágame!, ¡trágame t.!** I wish the earth would swallow me up!; **era como si se lo hubiera tragado la t.** he had vanished without a trace; **venir** *o* **venirse a t.** to come to nothing

(**e**) *(patria)* homeland, native land; **vino/queso de la t.** local wine/cheese; **este chico es de mi t.** this boy is from my country *o* the same country as me ▫ ***t. natal*** homeland, native land

(**f**) *Elec* **(toma de) t.** *Br* earth, *US* ground; **estar conectado a t., tener toma de t.** to be *Br* earthed *o US* grounded

(**g**) *Quím* ***t. rara*** rare earth

tierral *nm Am (polvareda)* dust cloud

tieso, -a *adj* (**a**) *(rígido)* stiff; **quedarse t.** *(de frío)* to be frozen stiff; **me quedé t. del susto** I was scared stiff, **tiene las orejas tiesas** his ears are pricked; *Fam* **se le puso tiesa** he got a hard-on

(**b**) *(erguido)* erect

(**c**) *(engreído)* haughty; **iba muy tiesa con su vestido nuevo** she was flouncing around in her new dress

(**d**) *(distante)* distant

(**e**) *Fam (sin dinero)* broke

(**f**) *Fam (muerto)* stone dead; **dejar t. a alguien** to bump sb off

tiesto *nm* (**a**) *(maceta)* flowerpot (**b**) *Chile (vasija)* pot

TIFF [tif] *nm Informát (abrev de* **Tagged Image File Format**) TIFF

tifoideo, -a *adj* typhoid; **fiebres tifoideas** typhoid fever

tifón *nm* typhoon

tifosi *nmpl Dep* tifosi *(Italian soccer fans)*

tifus *nm inv* typhus ▫ ***t. exantemático*** exanthematic typhus

tigre *nm* (**a**) *(animal)* tiger; EXPR *Fam* **huele a t.** it stinks ▫ ***los tigres económicos del sudeste asiático*** the tiger economies of South-East Asia (**b**) *Esp muy Fam (WC) Br* bog, *US* john

tigresa *nf* tigress

tigrillo *nm Andes, CAm, Ven* ocelot

Tigris *nm* **el T.** the (River) Tigris

TIJ [tiχ] *nm (abrev de* **Tribunal Internacional de Justicia**) ICJ, International Court of Justice

tijera *nf* (**a**) *(para cortar)* scissors; *(de jardinero, esquilador)* shears; **unas tijeras** (a pair of) scissors/shears; **de t.** *(escalera, silla)* folding; **meter la t. a** *(censurar)* to cut ▫ ***tijeras de podar*** secateurs (**b**) *Dep* **meter un gol de t.** to score with an overhead kick

tijereta *nf* (**a**) *(insecto)* earwig (**b**) *(en fútbol)* overhead kick (**c**) *Andes, RP (ave)* scissortail

tijeretazo *nm* (**a**) *(con la tijera)* snip (**b**) *(en fútbol)* overhead kick

tila *nf* (**a**) *(flor)* lime blossom (**b**) *(infusión)* lime blossom tea

tildar *vt* **t. a alguien de algo** to brand *o* call sb sth

tilde *nf* (**a**) *(acento gráfico)* accent (**b**) *(de la ñ)* tilde

tiliche *nm CAm, Méx* trinket, knick-knack

tilín *nm* tinkle, tinkling; EXPR *Fam* **me hace t.** I like the look of him/her/it; EXPR *Fam* **no me hizo mucho t.** he/she/it didn't do much for me

tilingo, -a *RP Fam* **1** *adj* half-witted
2 *nm,f* half-wit

tilo *nm* **(a)** *(árbol)* lime *o* linden tree **(b)** *(madera)* lime

timador, -ora *nm,f* confidence trickster, swindler

timar *vt* **(a)** *(estafar)* **t. a alguien** to swindle sb; **t. algo a alguien** to swindle sb out of sth **(b)** *Fig (engañar)* to cheat, to con

timba *nf* **(a)** *(partida)* card game *(in gambling den)* **(b)** *(lugar)* gambling den **(c)** *CAm, Méx Fam (barriga)* belly

timbal *nm* **(a)** *(de orquesta)* kettledrum, timbal **(b)** *(tamboril)* small drum

timbear *vi RP* to gamble

timbero, -a *RP* **1** *adj* **es muy t.** he loves gambling
2 *nm,f* gambler

timbrado, -a *adj* **(a)** *(sellado)* stamped **(b)** *(sonido)* clear

timbrar *vt* to stamp

timbrazo *nm* loud ring

timbre *nm* **(a)** *(aparato)* bell; **tocar el t.** to ring the bell ▫ ***t. de alarma*** alarm (bell) **(b)** *(de instrumento)* timbre; **el t. de su voz** the sound of her voice; **un t. metálico** a metallic ring **(c)** *(sello) (de documentos)* (official) stamp; *(de impuestos)* seal; *CAm, Méx (de correos)* stamp

tímidamente *adv* **(a)** *(con vergüenza)* shyly **(b)** *(con vacilación)* timidly

timidez *nf* **(a)** *(vergüenza)* shyness; **con t.** shyly **(b)** *(vacilación)* timidity; **con t.** timidly

tímido, -a 1 *adj* **(a)** *(vergonzoso)* shy **(b)** *(vacilante)* timid
2 *nm,f* shy person; **ser un t.** to be shy

timo *nm* **(a)** *(estafa)* swindle; **¡qué t.!** what a rip-off! ▫ ***el t. de la estampita*** = confidence trick in which the victim buys a pile of pieces of paper thinking them to be bank notes; *Fam* **¡eso es el t. de la estampita!** it's a complete rip-off! **(b)** *Fam (engaño)* trick **(c)** *Anat* thymus

timón *nm* **(a)** *(volante)* wheel, helm; *(tablón)* rudder; **estar al t.** to be at the helm *o* wheel **(b)** *(gobierno)* helm; **ella lleva el t. de la empresa** she's at the helm of the company **(c)** *Andes (volante)* steering wheel

timonear *vi* to steer

timonel *nm Náut* helmsman; *(en remo)* cox

Timor *n* Timor ▫ ***T. Este*** East Timor

timorato, -a *adj* **(a)** *(mojigato)* prudish **(b)** *(tímido)* fearful

timorés, -esa *adj & nm,f* Timorese

timpánico, -a *adj* tympanic

tímpano *nm* **(a)** *Anat* eardrum, *Espec* tympanum **(b)** *Mús (tamboril)* small drum; *(de cuerda)* hammer dulcimer **(c)** *Arquit* tympanum

tina *nf* **(a)** *(tinaja)* pitcher **(b)** *(gran cuba)* vat **(c)** *(bañera)* bathtub

tinaco *nm* **(a)** *Méx (tinaja)* (large) pitcher **(b)** *CAm, Méx (depósito de agua)* water tank

tinaja *nf* (large) pitcher

tincarse [59] *vpr Chile* to have a hunch

tinción *nf* dyeing

tinerfeño, -a 1 *adj* of/from Tenerife
2 *nm,f* person from Tenerife

tinglado *nm* **(a)** *(armazón)* platform; *Fam Fig* **todo el t.** the whole caboodle **(b)** *(desorden)* chaos; **armaron un t. terrible para cambiar la instalación eléctrica** they made a real meal out of rewiring the house **(c)** *Fam (asunto)* business; **manejar el t.** to rule the roost **(d)** *(cobertizo)* shed

tinieblas *nfpl* **(a)** *(oscuridad)* darkness **(b)** *(confusión)* confusion, uncertainty; **estar en t. sobre algo** to be in the dark about sth

tino *nm* **(a)** *(puntería)* good aim **(b)** *(habilidad)* skill **(c)** *(juicio)* sense, good judgement; *(prudencia)* moderation; **hacer algo con buen t.** to show good judgement in doing sth

tinque *etc ver* **tincar**

tinta *nf* ink; EXPR **andarse con medias tintas** to be wishy-washy; EXPR **no me gustan las medias tintas** I don't like half-measures *o* doing things by halves; EXPR **cargar** *o* **recargar las tintas** to exaggerate; EXPR **saberlo de buena t.** to have it on good authority ▫ ***t. china*** Indian ink; ***t. simpática*** invisible ink

tintar *vt* to dye

tinte *nm* **(a)** *(sustancia)* dye **(b)** *(operación)* dyeing **(c)** *(tintorería)* dry cleaner's **(d)** *Fig (tono)* shade, tinge **(e)** *Fig (apariencia)* suggestion, semblance

tintero *nm (frasco)* ink pot; *(en la mesa)* inkwell; **dejarse algo en el t.** to leave sth unsaid

tintinear *vi* to jingle, to tinkle

tintineo *nm* tinkle, tinkling

tinto, -a 1 *adj* **(a)** *(vino)* red **(b)** *(teñido)* dyed **(c)** *(manchado)* stained **(d)** *Col (café)* black
2 *nm (vino)* red wine

tintorera *nf* porbeagle, mackerel shark

tintorería *nf* dry cleaner's

tintorero, -a *nm,f* dry cleaner

tintorro *nm Fam* cheap red wine, *Br* red plonk

tintura *nf* **(a)** *Quím* tincture ▫ ***t. de yodo*** (tincture of) iodine **(b)** *(tinte)* dye; *(proceso)* dyeing

tiña *nf* **(a)** *Med* ringworm **(b)** *Fam (suciedad)* filth

tiñera *etc ver* **teñir**

tiño *etc ver* **teñir**

tiñoso, -a *adj* **(a)** *Med* suffering from ringworm **(b)** *Fam (tacaño)* stingy

tío, -a *nm,f* **(a)** *(familiar)* uncle, *f* aunt; **mis tíos** my aunt and uncle; **la tía Sara** Aunt Sara; EXPR *Fam* **¡cuéntaselo a tu tía!** pull the other one!; EXPR *Fam* **no hay tu tía, no puedo abrir el cajón** this drawer just refuses to open; EXPR *Fam* **por más que se lo pido, no hay tu tía** I've asked him and asked him, but he's not having any of it ▫ ***tía abuela*** great-aunt; ***t. abuelo*** great-uncle; ***tía carnal*** aunt *(blood relative)*; ***t. carnal*** uncle *(blood relative)*; *Fig* **el t. Sam** Uncle Sam; ***t. segundo*** first cousin once removed
(b) *Esp Fam (hombre)* guy, *Br* bloke; *(mujer)* woman; *(mujer joven)* girl; **t. bueno** hunk; **tía buena** gorgeous woman *o Br* bird; **¡tía buena!** *(piropo)* hello gorgeous!
(c) *Esp Fam (apelativo) (hombre)* pal, *Br* mate; **¡tía, déjame en paz!** leave me alone, will you?; **¡tía, qué guapa estás!** wow, you look fantastic!

tiovivo *nm* merry-go-round; **subir al t., montar en t.** to have a go on the merry-go-round

tiparraco, -a = **tipejo**

tipazo *nm Fam (de mujer)* fantastic figure; *(de hombre)* good build; **con este t. toda la ropa le queda bien** with a figure like that everything looks good on her

tipejo, -a, tiparraco, -a *nm,f Fam Pey* individual, character

típico, -a *adj* **(a)** *(característico)* typical **(de** of); **es un plato t. de Francia** this is a typical French dish; **es un rasgo t. de los orientales** it is a characteristic feature of orientals; **es t. de** *o* **en él llegar tarde** it's typical of him to arrive late **(b)** *(traje, restaurante)* traditional

tipificación *nf* **(a)** *(de producto, delito)* classification **(b)** *(normalización)* standardization **(c)** *(paradigma, representación)* epitome

tipificar [59] *vt* **(a)** *(producto, delito)* to classify **(b)** *(normalizar)* to standardize **(c)** *(representar)* to epitomize, to typify

tipismo *nm* local colour

tiple 1 *nmf (cantante)* soprano
2 *nm* **(a)** *(voz)* soprano **(b)** *(guitarra)* treble guitar

tipo, -a 1 *nm,f Fam (hombre)* guy, *Br* bloke; *(mujer)* woman; *(mujer joven)* girl
2 *nm* **(a)** *(clase)* type, sort; **no es mi t.** he's not my type; **todo t. de** all sorts of; **vinieron personas de todo t.** all sorts of people came; **no me gustan las películas de ese t.** I don't like those sorts of movies *o* movies like that
(b) *(cuerpo) (de mujer)* figure; *(de hombre)* build; **tiene muy buen t.** she has a very good body; *Fam* EXPR **jugarse el t.** to risk one's neck; EXPR *Fam* **aguantar** *o* **mantener el t.** to keep one's cool, not to lose one's head; EXPR **dar el t.** to be up to standard *o* scratch
(c) *Econ* rate ▫ ***t. de cambio*** exchange rate; ***t. de descuento*** base rate; ***t. impositivo*** tax band; ***t. de interés*** interest rate
(d) *Imprenta* type
(e) *Biol* type
3 *prep* **un pantalón t. pitillo** a pair of drainpipe trousers; **una película t. Rambo** a Rambo-style film
4 *adj inv (estándar)* **el boliviano/la dieta t.** the average Bolivian/diet

tipografía *nf* **(a)** *(procedimiento)* printing **(b)** *(taller)* printing works *(singular)* **(c)** *Informát* typography

tipográfico, -a *adj* typographical, printing; **industria tipográfica** printing industry

tipógrafo, -a *nm,f* printer

tipología *nf* typology

Tipp-Ex® ['tipeks] *nm* Tipp-Ex®

típula *nf* daddy-longlegs

tique *nm Andes, CAm, Carib* ticket

tíquet (*pl* **tíquets**) *nm* (**a**) *(billete)* ticket (**b**) *(recibo)* **t. (de compra)** receipt

tiquismiquis 1 *adj inv (maniático)* per nickety

2 *nmf inv (maniático)* fusspot

3 *nmpl* (**a**) *(riñas)* squabbles (**b**) *(bagatelas)* trifles

tira 1 *nf* (**a**) *(banda cortada)* strip (**b**) *(tirante)* strap (**c**) *(de viñetas)* comic strip (**d**) *Fam* **me gustó la t.** I really loved it; **la t. de** loads of; **hace la t. que no viene por aquí** it's ages since she's been here

2 *nm* **hubo un t. y afloja entre las dos partes** there was a lot of hard bargaining between the two sides

tirabeque *nm* mangetout

tirabuzón *nm* (**a**) *(rizo)* curl (**b**) *(sacacorchos)* corkscrew

tirachinas *nm inv* catapult

tirada *nf* (**a**) *(lanzamiento)* throw; **estuvo dos tiradas sin jugar** she missed two goes (**b**) *Imprenta (número de ejemplares)* print run; **este diario tiene una t. de 100.000 ejemplares** this paper has a circulation of 100,000 (**c**) *Imprenta (reimpresión)* reprint (**d**) *(sucesión)* series (**e**) *Fam (distancia)* **hay una buena t. hasta allí** it's a fair way away; **de** *o* **en una t.** in one go

tiradera *nf CAm, Chile, Cuba* **tiraderas** *(tirantes) Br* braces, *US* suspenders

tirado, -a *Fam* **1** *adj* (**a**) *(barato)* dirt cheap (**b**) *(fácil)* simple, dead easy; **estar t.** to be a cinch (**c**) *(débil, cansado)* worn-out (**d**) *(miserable)* seedy (**e**) *(abandonado, plantado)* **dejar t. a alguien** to leave sb in the lurch

2 *nm,f (persona)* wretch

tirador, -ora 1 *nm,f* (**a**) *(persona)* marksman, *f* markswoman (**b**) *(en esgrima)* fencer

2 *nm* (**a**) *(mango)* handle (**b**) *(de campanilla)* bell rope (**c**) *Bol, RP* **tiradores** *(tirantes)* braces

tirafondo *nm* screw

tiragomas *nm inv* catapult

tiralevitas *nmf Pey* creep, crawler

tiralíneas *nm inv* ruling pen, = pen used with bottled ink for drawing geometrical figures, plans etc

Tirana *n* Tirana

tiranía *nf* tyranny

tiranicida *Formal* **1** *adj* tyrannicidal

2 *nmf* tyrannicide

tiranicidio *nm Formal* tyrannicide

tiránico, -a *adj* tyrannical

tiranizar [14] *vt* to tyrannize

tirano, -a 1 *adj* tyrannical

2 *nm,f* tyrant

tiranosaurio *nm* tyrannosaurus

tirante 1 *adj* (**a**) *(estirado)* taut; **me noto la piel t.** my skin feels stretched (**b**) *(violento, tenso)* tense; **estar t. con alguien** to be tense with sb

2 *nm* (**a**) *(de tela)* strap; **una camiseta de tirantes** a top with shoulder straps; **un sostén sin tirantes** a strapless bra; **tirantes** *(para pantalones) Br* braces, *US* suspenders (**b**) *Arquit* brace

tirantez *nf también Fig* tension

TIRAR 1 *vt* (**a**) *(lanzar)* to throw; **tiraron las gorras al aire** they threw their caps (up) in the air; **le tiraban piedras a la policía** they were throwing stones at the police; **tírame una manzana** throw me an apple; **le tiró un beso** she blew him a kiss; EXPR *Fam* **creo que te está tirando los tejos** I think he's rather keen on you

(**b**) *(desechar, malgastar)* to throw away; **t. algo a la basura** to throw sth away; **esto está para tirarlo** *(ropa, aparato, mueble)* you/we/*etc* should throw this out; *(comida)* you/we/*etc* should throw this away; **eso es t. el dinero** that's a waste of money

(**c**) *(dejar caer)* to drop; *(derramar)* to spill; *(volcar)* to knock over; **no tiren los papeles al suelo** don't throw *o* drop the wrappers on the ground; **tíralo a la papelera** throw it in the wastepaper basket; **tiró las maletas y se tumbó en la cama** she dropped her suitcases and lay down on the bed; **me has tirado salsa en el traje** you've spilt some sauce on my suit; **tiró la lámpara con un codo al pasar** she knocked over the lamp with her elbow as she went by

(**d**) *(derribar) (muro, tabique, edificio)* to knock down; **esta pared habrá que tirarla** we're going to have to knock this wall down

(**e**) *(disparar) (balas, misiles, disparos)* to fire; *(bomba)* to drop; *(petardo, cohete)* to let off; *(dardos, flechas)* to shoot; *Fam* **t. una foto** to take a picture

(**f**) *(estirar, arrastrar)* **me tiró del pelo** she pulled my hair; **me tiró del brazo/de la manga** she tugged at my arm/sleeve; **un carro tirado por dos bueyes** an ox-drawn cart; **la chaqueta me tira de atrás** the jacket's a bit tight at the back

(**g**) *(jugar) (carta)* to play; *(dado)* to throw

(**h**) *(en deportes) (falta, penalti)* to take; *(balón)* to pass

(**i**) *(imprimir)* to print

(**j**) *(trazar) (línea)* to draw

(**k**) *Fam (suspender)* to fail, *US* to flunk; **me han tirado en geografía** I've failed *o US* flunked geography

2 *vi* (**a**) *(estirar, arrastrar)* **t. (de algo)** to pull (sth); **el ciclista colombiano tiraba del pelotón** the Colombian cyclist was pulling the bunch along

(**b**) *(cigarrillo, chimenea)* to draw; **este tabaco no tira** these cigarettes aren't drawing properly

(**c**) *Fam (atraer)* to have a pull; **la familia tira mucho** blood is thicker than water; **me tira la vida del campo** I feel drawn towards life in the country; **no le tira viajar** she doesn't feel the urge to travel; **t. de algo** to attract sth

(**d**) *(disparar)* to shoot; **t. al aire** to fire shots into the air; **t. a dar** to shoot to wound, not to kill; **t. a matar** to shoot to kill

(**e**) *(en deportes) (con el pie)* to kick; *(con la mano)* to throw; *(a meta, canasta)* to shoot; **t. a gol** *o Esp* **a puerta** to shoot, to have a shot at goal

(**f**) *(jugar)* to go, to have one's go; **te toca t. a ti** *(en naipes, dados, billar)* it's your go

(**g**) *(dirigirse)* to go (**hacia** *o* **para** towards), to head (**hacia** *o* **para** for *o* towards); **tiramos hacia la izquierda** we turned left; **tira para arriba, que ahora subo yo** you go on up, I'll come up in a minute; **tira por esa calle** go up *o* take that street

(**h**) *Fam (funcionar)* to go, to work; **el motor no tira** the engine isn't pulling; **el coche tira bien** the car runs well

(**i**) *(durar)* to last; **estos zapatos tirarán otro año** this shoes will last another year

(**j**) *Fam (apañárselas)* **aún puedo t. con este abrigo un par de inviernos** this coat should do me for another couple of winters yet; **ir tirando** to get by; **voy tirando** I'm O.K., I've been worse

(**k**) *(tener aspecto de o tendencia a)* **tira a gris** it's greyish; **tira a su abuela** she takes after her grandmother; **este programa tira a (ser) hortera** this programme is a bit on the tacky side; **el tiempo tira a mejorar** the weather looks as if it's getting better; **es un reformista tirando a radical** he's somewhere between a reformist and a radical; **es verde tirando a azul** it's a bluey green; **es tirando a delgado** if anything, he's rather thin; **tira para deportista** he has the makings of a sportsman

(**l**) *Fam (hacer uso)* **t. de algo** to use sth; **cuando no hay dinero hay que t. del ingenio** when you don't have any money, you have to rely on your wits; **hubo que t. de los ahorros** we had to draw on our savings

3 tirarse *vpr* (**a**) *(lanzarse) (al agua)* to dive (**a** into); *(al aire)* to jump (**a** into); **tirarse en paracaídas** to parachute; **tirarse sobre alguien** to jump on top of sb; **se tiró de** *o* **desde lo alto del muro** she jumped down from the wall; **tirarse del trampolín** to dive off the springboard; **se tiró por la ventana** she jumped out of the window; **se tiró de un sexto piso** he threw himself from a sixth-floor window

(**b**) *(tumbarse)* to stretch out; **tirarse en el suelo/en la cama** to stretch out on the ground/bed

(**c**) *Fam (en fútbol)* to dive; EXPR **tirarse a la piscina** to make a theatrical dive

(**d**) *Fam (pasar tiempo)* to spend; **se tiraba todo el día viendo la tele** she'd be in front of the telly all day long, she'd spend the whole day in front of the telly; **se tiró siete años para hacer la carrera** he took seven years to get his degree

(**e**) *Fam (expulsar)* **tirarse un pedo** to fart; **tirarse un eructo** to burp; **tirarse un farol** to bluff (**f**) *muy Fam (hacer el amor)* **tirarse a alguien** to lay *o Br* have it off with sb

tirilla *nf* (**a**) *(de camisa)* neckband (**b**) *Chile (vestido)* ragged *o* tattered clothing

tirita *nf Br* (sticking) plaster, *US* Bandaid®; **ponerse una t.** to put a *Br* plaster *o US* Bandaid® on

tiritar *vi* to shiver (**de** with)

tiritona, tiritera *nf* **le dio una t.** he had a fit of shivering

TIRO *nm* (**a**) *(disparo) (con arma)* shot; **le dieron un t. en el brazo** he was shot in the arm; **se oyó un t.** a shot rang out, there was a shot; **se liaron a tiros** they started shooting at each other; **lo mataron de un t.** he was shot dead; **pegar un t. a alguien** to shoot sb; **pegarse un t.** to shoot oneself; EXPR **este cajón no se abre ni a tiros** this drawer just refuses to open; EXPR **esta cuenta no me sale ni a tiros** however hard I try I don't seem to be able to get this sum right; *Fam* **fui a esa tienda a t. hecho** I went to that shop on purpose; EXPR **no van por ahí los tiros** you're a bit wide of the mark there; EXPR **me salió el t. por la culata** it backfired on me; EXPR *Fam* **sentar como un t. a alguien** *(comentario)* to go down badly with sb; *(comida)* to disagree with sb; *(ropa, indumentaria)* to look awful on sb ❑ ***t. de gracia*** coup de grâce

(**b**) *(disparo) (con balón)* shot; **hubo varios tiros a puerta** there were several shots at goal; *Fam* **echar unos tiros** *(en baloncesto)* to play hoops ❑ ***t. de dos (puntos)*** *(en baloncesto)* two-point basket; ***t. de campo*** *(en baloncesto)* field goal; ***t. libre*** *(en fútbol)* free kick; *(en baloncesto)* free throw; ***t. libre directo/indirecto*** *(en fútbol)* direct/indirect free kick; ***t. a la media vuelta*** *(en baloncesto)* turn-around jump shot; ***t. en suspensión*** *(en baloncesto)* jump shot; ***t. de tres (puntos)*** *(en baloncesto)* three-pointer

(**c**) *(actividad)* shooting; **hacer prácticas de t.** to practice one's shooting ❑ ***t. con arco*** archery; ***t. al blanco*** *(deporte)* target shooting; *(lugar)* shooting range; ***t. al plato*** clay-pigeon shooting

(**d**) *(huella, marca)* bullet mark; *(herida)* gunshot wound; **tiene un t. en la pierna** he has a gunshot wound in his leg

(**e**) *(alcance)* range; **a t. de** within the range of; **a t. de piedra (de)** a stone's throw away (from); **ponerse/estar a t.** *(de arma)* to come/be within range; *Fig (de persona)* to come/be within one's reach; **si se me pone a t. no dejaré escapar la ocasión** if the chance comes up, I won't miss it

(**f**) *(de chimenea, horno) (conducto)* flue; **tener buen t.** to draw well

(**g**) *(de pantalón)* = distance between crotch and waist; **vestirse** *o* **ponerse de tiros largos** to dress oneself up to the nines

(**h**) *(de caballos)* team

(**i**) *muy Fam (raya de cocaína)* line

tiroideo, -a *adj* thyroid; **glándula tiroidea** thyroid (gland)

tiroides *nm inv* thyroid (gland)

tirolés, -esa 1 *adj* Tyrolean; **sombrero t.** Tyrolean hat

2 *nm,f* Tyrolean

tirón *nm* (**a**) *(estirón)* pull; **dar tirones (de algo)** to tug *o* pull (at sth) (**b**) *(muscular)* pull; **sufrir un t.** to pull a muscle (**c**) *(robo)* **el t.** bag-snatching; **le dieron un t.** she had her bag snatched (**d**) *Fam (vez)* **de un t.** in one go; **del t.** *(seguidos)* one after the other (**e**) *Fam (atractivo)* **tiene mucho t. entre los jóvenes** she's a big hit with young people

tironear *vt* to tug (at)

tirotear 1 *vt* to fire at

2 *vi* to shoot

3 tirotearse *vpr* to fire at each other

tiroteo *nm (tiros)* shooting; *(intercambio de disparos)* shootout; **en el t. murieron dos personas** two people were killed in the shooting

Tirreno *nm* **el (mar) T.** the Tyrrhenian Sea

tirria *nf Fam* **le tengo t.** I can't stand him

tisana *nf* herbal tea

tísico, -a *adj & nm,f Med* consumptive

tisis *nf inv Med* consumption, tuberculosis

tisú (*pl* **tisús**) *nm (tela)* lamé

titán *nm (gigante)* giant

titánico, -a *adj* titanic

titanio *nm* titanium

títere *nm* (**a**) *(muñeco)* puppet; EXPR **no dejar t. con cabeza** *(destrozar)* to destroy everything in sight; *(criticar)* to spare nobody; **títeres** *(guiñol)* puppet show (**b**) *Pey (persona)* puppet

titi *nf muy Fam (chica) Br* bird, *US* broad

tití *nm (mono)* marmoset

Titicaca *nm* **el lago T.** Lake Titicaca

titilación *nf* (**a**) *(temblor)* trembling (**b**) *(de estrella, luz)* flickering

titilar *vi* (**a**) *(temblar)* to tremble (**b**) *(estrella, luz)* to flicker

titileo *nm* (**a**) *(temblor)* trembling (**b**) *(de estrella, luz)* flickering

titiritar *vi* to shiver (**de** with)

titiritero, -a *nm,f* (**a**) *(de títeres)* puppeteer (**b**) *(acróbata)* acrobat

titubeante *adj (actitud)* hesitant; *(voz)* faltering, hesitant

titubear *vi (dudar)* to hesitate; *(al hablar)* to falter, to hesitate

titubeo *nm (duda, al hablar)* hesitation, hesitancy; **tras muchos titubeos** after much hesitation

titulación *nf (académica)* qualifications

titulado, -a 1 *adj (diplomado)* qualified; *(licenciado)* with a degree; **abogado t.** law graduate; **t. en** with a qualification/degree in

2 *nm,f (diplomado)* holder of a qualification; *(licenciado)* graduate ❑ ***t. superior*** (university) graduate

titular 1 *adj (profesor)* tenured; **miembro t.** full member; **el equipo t.** the first team

2 *nmf (poseedor)* holder; *(profesor)* tenured lecturer; *(jugador)* first-team player; **t. de una tarjeta de crédito/cuenta corriente** credit card/current account holder

3 *nm Prensa* headline; **con grandes titulares** splashed across the front page

4 *vt (libro, cuadro)* to call, to title

5 titularse *vpr* (**a**) *(llamarse)* to be titled *o* called; **¿cómo se titula la película?** what's the title of the movie? (**b**) *(licenciarse)* to graduate (**en** in); **se tituló por la universidad de Cuernavaca** she graduated from *o* did her degree at Cuernavaca university (**c**) *(diplomarse)* to obtain a qualification (**en** in)

titularidad *nf Dep* **perder la t.** to lose one's first-team place

título *nm* (**a**) *(en general)* title ❑ ***t. nobiliario*** title; ***t. de propiedad*** title deed

(**b**) *(licenciatura)* degree; *(diploma)* diploma; **tiene muchos títulos** she has a lot of qualifications ❑ ***t. universitario*** university degree

(**c**) *Fig (derecho)* right

(**d**) *Econ* bond, security

(**e**) *Cine* ***títulos de crédito*** credits

(**f**) **a título de** *loc adv* as; **a t. de amigo** as a friend; **a t. orientativo** by way of guidance, for your guidance

tiza *nf (para escribir, pintar, en billar)* chalk; **una t.** a piece of chalk

tiznadura *nf* (**a**) *(acción)* blackening, dirtying (**b**) *(mancha)* black mark

tiznar 1 *vt* to blacken

2 tiznarse *vpr* (**a**) *(ponerse negro)* to get blackened; **se tiznó el vestido** her dress got all black (**b**) *Arg (emborracharse)* to get drunk

tizne *nm o nf* soot

tizón *nm* burning stick/log

tizona *nf Literario* sword

tlapalería *nf Méx* ironmonger's (shop)

TLC *nm (abrev de* **Tratado de Libre Comercio**) *nm* NAFTA, North American Free Trade Agreement

TNT *nm (abrev de* **trinitrotolueno**) TNT

toalla *nf* (**a**) *(para secarse)* towel; EXPR **arrojar** *o* **tirar la t.** to throw in the towel ❑ ***t. de ducha*** bath towel; *Am* ***t. higiénica*** sanitary towel; ***t. de manos*** hand towel (**b**) *(tejido)* towelling

toallero *nm* towel rail

toallita *nf* (**a**) *(para la cara)* facecloth (**b**) *(refrescante)* towelette (**c**) *(para bebés)* wet wipe

toallón *nm RP (de baño)* bath towel; *(de playa)* beach towel

toba *nf Fam (papirotazo)* flick

tobera *nf (de horno)* air inlet; *(de propulsor)* nozzle

tobillera *nf* ankle support

tobillo *nm* ankle

tobogán *nm* (**a**) *(rampa)* slide; *(en parque de atracciones)* helter-skelter; *(en piscina)* chute, flume (**b**) *(trineo)* toboggan; *(pista)* toboggan run

toca *nf* wimple

tocadiscos *nm inv* record player

tocado, -a 1 *adj* **(a)** *Fam (loco)* **t. (del ala)** soft in the head **(b)** *Fam (afectado negativamente)* affected **(c)** *(con sombrero)* wearing a hat; **iba tocada con una pamela** she was wearing a sun hat **(d)** *(fruta)* bad, rotten
2 *nm* **(a)** *(prenda)* headgear **(b)** *(peinado)* hairdo **(c)** *(en esgrima)* hit

tocador *nm* **(a)** *(mueble)* dressing table **(b)** *(habitación) (en lugar público)* powder room; *(en casa)* boudoir ▫ ***t. de señoras*** *(aseo)* powder room

tocamientos *nmpl* **(a)** *Der* sexual assault **(b)** *Euf (masturbación)* touching oneself

tocante *adj* **(en lo) t. a** regarding

TOCAR [59] **1** *vt* **(a)** *(entrar en contacto con, alterar, golpear)* to touch; *(palpar)* to feel; **por favor, no toquen las esculturas** please do not touch the sculptures; **el médico le tocó el estómago** the doctor felt her stomach; **yo no lo tocaría, así está muy bien** I wouldn't touch a thing, it's fine like it is; **¡no se te ocurra t. al niño!** don't you dare lay a finger on the child!; **el corredor cayó al t. la valla con un pie** the athlete fell when his foot struck *o* clipped the hurdle; **no ha tocado la comida** he hasn't touched his food; **¡esos libros, ni tocarlos!** don't you go near those books!
(b) *(hacer sonar) (instrumento, canción)* to play; *(bombo)* to bang; *(sirena, alarma)* to sound; *(campana, timbre)* to ring; *(bocina, claxon)* to hoot, to toot; *(silbato)* to blow; **el reloj tocó las doce** the clock struck twelve
(c) *(abordar) (asunto, tema)* to touch on; **no toques ese tema** don't mention that subject
(d) *(concernir)* **por lo que a mí me toca** as far as I'm concerned; **en** *o* **por lo que toca al asunto de los ascensos** as far as the matter of promotions is concerned; **t. a alguien de cerca** to concern sb closely
(e) *(conmover)* to touch; **aquella historia la tocó hondo** that story moved her deeply
2 *vi* **(a)** *(entrar en contacto)* to touch; **no t.** *(en letrero)* don't touch; **no t. — alto voltaje** *(en letrero)* high voltage: do not touch
(b) *(estar próximo)* **t. con algo** *(país, jardín)* to border (on) sth; **la mesa toca con la pared** the table is touching the wall; **nuestra casa toca con la suya** our house is right next to theirs
(c) *(llamar)* **t. a la puerta/ventana** to knock on the door/window
(d) *(campanas, timbre)* to ring
(e) *(en un reparto)* **t. a alguien** to be due to sb; **le tocó la mitad** he got half of it; **a ti te toca la casa** you get the house; **a mi me toca fregar la cocina** I've got to mop the kitchen; **tocamos a dos trozos cada uno** there's enough for two slices each; **tocamos a mil cada uno** *(nos deben)* we're due a thousand each; *(debemos)* it's a thousand each; **te toca a ti hacerlo** *(turno)* it's your turn to do it; *(responsabilidad)* it's up to you to do it; **te toca tirar a ti** *(en juegos)* it's your go; **¿a quién le toca?** whose turn is it?
(f) *(caer en suerte)* **me ha tocado la lotería/el gordo** I've won the lottery/the jackpot; **me tocaron seis millones a** *o* **en la lotería** I won six million in the lottery; **le ha tocado sufrir mucho** he has had to suffer a lot
(g) *(llegar el momento)* **hoy toca limpiar** it's cleaning day today; **ahora toca divertirse** now it's time to have some fun; **¿cuándo te toca renovar el permiso?** when do you have to renew your licence?; *Fam Hum* **si te dicen que salgas, a salir tocan** if they tell you to go out, then you'd better go out
(h) *Fig (rayar)* **t. en algo** to verge *o* border on sth
3 tocarse *vpr* **(a)** *(estar en contacto)* to touch; **no te toques la cicatriz** don't touch the scar; **las dos mesas se tocan** the two tables are touching
(b) *(cubrirse la cabeza)* to cover one's head; **se tocó con un sombrero de fieltro** he donned a felt hat

tocata 1 *nm Fam (tocadiscos)* record player
2 *nf Mús* toccata

tocateja: a tocateja *loc adv* in cash

tocayo, -a *nm,f* namesake; **somos tocayos** we have the same (first) name

tochimbo *nm Andes* smelting furnace

tocho 1 *adj Fam (grande)* huge
2 *nm* **(a)** *Fam (cosa grande)* massive *o* huge great thing; *(libro)* massive tome; **tengo que estudiar este t. de apuntes** I've got to study this wad *o Br* wodge of notes **(b)** *(hierro)* iron ingot

tocinera *nf Esp muy Fam* = police van, *US* paddy wagon

tocino *nm* **(a)** *(para cocinar)* lard; *(para comer)* fat (of bacon); *(para freír)* bacon ▫ ***t. entreverado*** streaky bacon **(b)** *(dulce)* ***t. de cielo*** = dessert made of syrup and eggs

tocología, tocoginecología *nf* obstetrics *(singular)*

tocólogo, -a *nm,f* obstetrician

tocomocho *nm* = confidence trick involving the sale of a lottery ticket, claimed to be a certain winner, for a large amount of money

tocón *nm* stump

todavía *adv* **(a)** *(aún)* still; *(con negativo)* yet, still; **están t. aquí** they are still here; **t. no** not yet; **t. no lo he recibido** I still haven't got it, I haven't got it yet; **he hecho todo lo que me ha pedido y t. no está contento** I've done everything he asked and he still isn't happy
(b) *(sin embargo)* still
(c) *(incluso)* even; **t. más** even more; **¡t. querrá más!** I hope he's not going to ask for more!

todito, -a *Fam* **1** *adj* **se comió todita la comida** she ate every last bit of food
2 *pron* every last bit of it, the whole lot

TODO, -A 1 *adj* **(a)** *(el conjunto o total de)* all; **t. el día** all day; **t. el libro** the whole book, all (of) the book; **t. el vino** all (of) the wine; **todas las manzanas** all the apples; **todos los americanos** all Americans; **toda su ilusión es conocer Europa** her greatest wish is to visit Europe; **toda esta planta está dedicada al impresionismo** all (of) *o* the whole of this floor is devoted to impressionism; **t. un día está dedicado a visitar la ciudad** a whole day is devoted to visiting the city; **todos ellos se marcharon** they all left; **t. Buenos Aires habla de ello** the whole of *o* all of Buenos Aires is talking about it; **t. el mundo** everybody; **en t. momento** at all times; **por todas partes** everywhere; **ilustraciones a t. color** full-colour illustrations; **un seguro a t. riesgo** a comprehensive insurance policy; **subimos la calle a toda velocidad** we went up the street as fast as we could *o* at top speed
(b) *(cada, cualquier)* every; **todos los días/lunes** every day/Monday; **como t. mexicano sabe…** as every Mexican knows…, as all Mexicans know…; **t. edificio de más de veinte años pasará una revisión** all buildings that are more than twenty years old will be inspected; **t. aquel que** *o* **t. el que viole las normas** anybody *o* anyone who breaks the rules; **todos aquellos que** *o* **todos los que están en huelga** all those (who are) on strike
(c) *(para enfatizar)* **es t. un hombre** he's every inch a man; **ya es toda una mujer** she's a grown woman now; **fue t. un éxito** it was a great success; **se produjo t. un cúmulo de casualidades** there was a whole series of coincidences
(d) a todo esto *loc adv (mientras tanto)* meanwhile; *(a propósito)* by the way
2 *pron* **(a)** *(todas las cosas) (singular)* everything; *(plural)* all of them; **lo vendió t.** he sold everything, he sold it all; **t. está listo** everything is ready, it's all ready; **todos están rotos** they're all broken, all of them are broken; **t. es poco tratándose de sus hijos** nothing is too much when it comes to her children; **se enoja por t.** he gets angry at the slightest thing; **eso es t.** that's all; **ante t.** *(sobre todo)* above all; *(en primer lugar)* first of all; **con t. (y con eso)** despite everything; **del t.** completely; **no estoy del t. contento** I'm not entirely happy; **no lo hace mal del t.** she doesn't do it at all badly; **después de t.** after all; EXPR **de todas todas** without a shadow of a doubt; **de t.** everything (you can think of); **tenemos de t.** we have everything; **puede pasar de t.** anything could happen; **en t. y por t.** entirely; **está en t.** he thinks of everything; **pese a t., a pesar de t.** in spite of *o* despite everything; **subirse al barco y marearse fue t. uno** no sooner had he got on the boat than he felt sick; **t. lo más** at (the) most; **me invitó a cenar y t.** she even asked me to dinner ▫ *Esp* ***t. a cien*** *(tienda) Br* ≃ 99p shop, *US* ≃ nickel-and-dime store

(b) *(todas las personas)* **todos** everybody, everyone; **todos vinieron** everybody *o* everyone *o* they all came; **quiero agradecer a todos vuestra cooperación** I would like to thank everybody *o* everyone *o* you all for your cooperation; **¿estamos todos?** are we all here?, is everybody *o* everyone here?

3 *nm* whole; **jugarse el t. por el t.** to stake everything

4 *adv (totalmente)* **el jardín estaba t. descuidado** the garden was completely *o* all neglected; **se puso toda enojada** she got all annoyed; **el camarero era t. amabilidad** the waiter was all friendliness, the waiter was extremely friendly; **esa chica es t. huesos** that girl is all skin and bones; EXPR **soy t. oídos** I'm all ears

todopoderoso, -a *adj* almighty; **el T.** the Almighty

todoterreno *nm* **(a)** *(vehículo)* all-terrain vehicle **(b)** *Fam (persona)* all-rounder

tofe, toffee ['tofe] (*pl* **tofes, toffees**) *nm* coffee-flavoured toffee

tofo *nm Chile (arcilla)* fireclay

tofu *nm* tofu

toga *nf* **(a)** *(romana)* toga **(b)** *(de académico)* gown; *(de magistrado)* robes **(c)** *(en el pelo)* **hacerse la t.** = to wrap one's wet hair round one's head and cover it with a towel to dry, in order to straighten out curls

togado, -a *adj* robed

Togo *n* Togo

toilette [twa'let] (*pl* **toilettes**) **1** *nm Am* toilet, lavatory

2 *nf Anticuado* **hacer la t.** to perform one's toilet(te)

toisón *nm* ***t. de oro*** *(insignia)* golden fleece *(emblem of Order of the Golden Fleece)*

tojo *nm* gorse; **cayó entre unos tojos** he fell into some gorse

tojosa *nf Cuba* = grey dove found in Central America

Tokio *n* Tokyo

toldillo *nm Col (mosquitero)* mosquito net

toldo *nm* **(a)** *(de tienda)* awning **(b)** *(de playa)* sunshade

toledano, -a 1 *adj* of/from Toledo

2 *nm,f* person from Toledo

tolerable *adj* **(a)** *(aguantable)* tolerable; **el dolor es t.** the pain is bearable **(b)** *(perdonable)* acceptable

tolerado, -a *adj (película)* suitable for all ages, *Br* ≃ U

tolerancia *nf* tolerance

tolerante 1 *adj* tolerant

2 *nmf* tolerant person

tolerar *vt* **(a)** *(consentir, aceptar)* to tolerate; **t. que alguien haga algo** to tolerate sb doing sth; **¡cómo toleras que te hable así!** how can you let him talk to you like that! **(b)** *(aguantar)* to stand; **esta planta tolera muy bien la sequedad** this plant survives very well in dry conditions

tolete *nm CAm, Carib, Col (porra)* cudgel, club

tollina *nf Fam* beating, hiding

tolteca *adj & mf* Toltec

tolueno *nm Quím* toluene

tolva *nf* hopper

toma 1 *nf* **(a)** *(acción de tomar)* ***t. de conciencia*** realization; **la t. de conciencia tardó mucho tiempo** it took some time for people to become aware of the true situation; ***t. de decisiones*** decision-taking; ***t. de posesión*** *(de gobierno, presidente)* investiture; **la t. de posesión será el día 25** *(de cargo)* he will take up his post on the 25th

(b) *(de biberón, papilla)* feed

(c) *(de medicamento)* dose

(d) *(de ciudad)* capture; **la t. del castillo** the storming of the castle

(e) *(de agua, aire)* inlet ▫ *Elec* ***t. de corriente*** socket; *Elec* ***t. de tierra*** *Br* earth, *US* ground

(f) *Cine (plano)* take

(g) *Col (cauce)* irrigation ditch

(h) *Chile (presa)* dam

2 *nm Fam* **t. y daca** give and take

3 *interj Fam* **¡t.!** *(expresa sorpresa)* well I never!; **¡t. ya!, ¡qué golazo!** wow, what a goal!

tomador, -ora 1 *adj Andes, PRico, RP (que bebe)* drinking

2 *nm,f* **(a)** *Andes, PRico, RP (bebedor)* (heavy) drinker, drunkard **(b)** *Com* drawee

tomadura *nf* ***t. de pelo*** *(broma)* hoax; **¡esto es una t. de pelo!** *(es indignante)* this is a joke!

tomahawk [toma'χauk] (*pl* **tomahawks**) *nm* tomahawk

TOMAR 1 *vt* **(a)** *(agarrar)* to take; **me tomó de un brazo** he took me by the arm; **tomó el dinero y se fue** she took the money and left; **tómalo, ya no me hace falta** take *o* have it, I no longer need it; **toma el libro que me pediste** here's the book you asked me for; *Fam* **¡toma ésa!** *(expresa venganza)* take that!

(b) *(invadir)* to take; **las tropas tomaron la ciudad** the troops took *o* seized the city

(c) *(sacar, obtener)* to take; **este ejemplo lo tomé del libro** I took this example from the book; **fue al sastre para que le tomara las medidas** he went to the tailor's to have his measurements taken; **toma unos planos de la casa** *(con cámara)* take a few shots of the house; **t. fotos (a** *o* **de)** to take photos (of); **t. declaración a alguien** to take a statement from sb; **tomarle la lección a alguien** to test sb on what they've learned at school; **t. unas muestras de orina/sangre (a alguien)** to take some urine/blood samples (from sb); **t. la tensión/temperatura a alguien** to take sb's blood pressure/temperature

(d) *(apuntar) (datos, información)* to take down; **t. apuntes/notas** to take notes; **t. algo por escrito** to take *o* write sth down; **el secretario iba tomando nota de todo** the secretary noted everything down

(e) *(recibir)* to take; **toma lecciones de piano** she is taking *o* having piano lessons; **he tomado un curso de jardinería** I've taken *o* done a course on gardening; **toma mi consejo y...** take my advice and...; **¿tomas a María por esposa?** do you take María to be your lawfully wedded wife?

(f) *(exponerse a)* **t. el sol** to sunbathe; **salir a t. el aire** *o* **el fresco** to go out for a breath of fresh air

(g) *(baño, ducha)* to take, to have

(h) *(ingerir) (alimento, medicina, droga)* to take; **¿qué quieres t.?** what would you like (to drink/eat)?; **¿quieres t. algo de beber/comer?** would you like something to drink/eat?; **tomé sopa** I had soup; **no tomo alcohol** I don't drink (alcohol)

(i) *(desplazarse mediante) (autobús, tren)* to catch; *(taxi, ascensor, telesilla)* to take; **tomaré el último vuelo** I'll be on the last flight; **podríamos t. el tren** we could go by train; **tomaron un atajo** they took a short-cut

(j) *(adoptar) (medidas, precauciones, decisión)* to take; *(actitud, costumbre, modales)* to adopt; **t. la determinación de hacer algo** to determine *o* decide to do sth; **el Presidente debe t. una postura sobre este asunto** the President should state his opinion on this matter

(k) *(adquirir, cobrar) (velocidad)* to gain, to gather; **t. fuerzas** to gather one's strength; **las cosas están tomando mejor aspecto con este gobierno** things are looking up under this government; **t. confianza** to grow in confidence, to become more assured; **las negociaciones tomaron un rumbo favorable** the negotiations started to go better; **la obra ya está tomando forma** the play is beginning to take shape; **le tomé asco al marisco** I got put off seafood; **voy tomándole el gusto a esto del esquí acuático** water-skiing is starting to grow on me; **t. interés por algo** to get *o* grow interested in sth; **tomarle manía/cariño a** to take a dislike/a liking to; **el avión fue tomando altura** the plane climbed

(l) *(asumir, encargarse de)* **t. el control** to take control; **el copiloto tomó el mando** the copilot took over; **él tomó sobre sí** *o* **sobre sus espaldas toda la responsabilidad** he assumed full responsibility

(m) *(confundir)* **t. a alguien por algo/alguien** to take sb for sth/sb; **¿por quién me tomas** *o* **has tomado?** what do you take me for?; **lo tomé por el jefe** I took *o* mistook him for the boss; **¿tú me tomas por tonto o qué?** do you think I'm stupid or something?

(n) *(reaccionar a)* to take; **¿qué tal tomó la noticia?** how did she take the news?; **las cosas hay que tomarlas como vienen** you have to take things as they come; **tómalo con calma** take it easy

(o) *(llevar) (tiempo)* to take; **me tomó mucho tiempo limpiarlo todo** it took me a long time to clean it all

(p) *(contratar)* to take on

(q) *Fam* **tomarla con alguien** to have it in for sb

2 *vi* **(a)** *(encaminarse)* to go; **toma a la derecha/izquierda** turn *o* go right/left;

tomamos hacia el sur we headed south; **toma por ahí/por ese camino** go that way/down that road

(**b**) *(en imperativo) (al dar algo)* **¡toma!** here you are!; **toma, dale esto a tu madre** here, give this to your mother

(**c**) *Am (beber alcohol)* to drink

3 tomarse *vpr* (**a**) *(medicina, drogas)* to take; **cuando te lo hayas tomado todo podrás ir a jugar** you can go and play once you've eaten it all up; **se tomó dos bocadillos/cervezas** he had two sandwiches/beers

(**b**) *(tiempo, vacaciones, día libre)* to take; **puedes tomarte todo el tiempo que necesites** take as long as you need; **se ha tomado la tarde libre** she's taken the afternoon off

(**c**) *(reaccionar a, interpretar)* to take; **tómatelo con calma** take it easy; **tomarse algo bien/(a) mal** to take sth well/badly; **era una broma, no te lo tomes a mal** it was a joke, don't take it the wrong way; **tomarse algo en serio/a broma** to take sth seriously/as a joke

(**d**) *(emplear)* **tomarse la libertad de hacer algo** to take the liberty of doing sth; **tomarse la molestia de hacer algo** to go to *o* take the trouble of doing sth; **no hace falta que te tomes tantas molestias** there's no need for you to go to so much trouble

---

tomate *nm* (**a**) *(fruto)* tomato; EXPR **ponerse como un t.** to go as red as a beetroot ❑ ***t. frito*** = unconcentrated puree made by frying peeled tomatoes; ***t. de pera*** plum tomato (**b**) *Fam (en calcetín)* hole (**c**) *Fam (jaleo)* uproar, commotion

tomatera *nf* tomato plant

tomatero, -a 1 *adj (pollo)* young and tender

2 *nm,f* tomato seller

tomavistas *nm inv* cine camera

tómbola *nf* tombola

tómbolo *nm Geol* tombolo, = sand bar linking small island to mainland or another island

tomillo *nm* thyme

tomismo *nm* Thomism

tomista *nmf* Thomist

tomo *nm* (**a**) *(volumen)* volume (**b**) *(libro)* tome (**c**) EXPR *Fam* **es un mentiroso/un canalla de t. y lomo** he's a real liar/swine; *Fam* **un resfriado de t. y lomo** a heavy cold

tomografía *nf* tomography ❑ *Med* ***t. axial computarizada*** computerized axial tomography; *Med* ***t. por emisión de positrones*** positron emission tomography

ton: sin ton ni son *loc adv* for no apparent reason

tonada *nf* (**a**) *(melodía)* tune (**b**) *Am (acento)* (regional) accent

tonadilla *nf* ditty

tonadillero, -a *nm,f* ditty singer/writer

tonal *adj* tonal

tonalidad *nf* (**a**) *Mús* key (**b**) *(de color)* tone

tonel *nm (recipiente)* barrel; EXPR **estar/ponerse como un t.** to be/become (like) an elephant *o* a whale

tonelada *nf* tonne; **pesar una t.** to weigh a ton ❑ ***t. métrica*** metric ton, tonne

tonelaje *nm* tonnage

tonelería *nf* (**a**) *(fabricación)* barrelmaking, cooperage (**b**) *(taller)* barrel shop, cooperage

tóner *nm* toner

Tonga *n* Tonga

tongo *nm* (**a**) *Fam (engaño)* **en la pelea hubo t.** the fight was fixed (**b**) *Chile Fam (sombrero hongo)* bowler hat

tónica *nf* (**a**) *(tendencia)* trend (**b**) *Mús* tonic (**c**) *(bebida)* **(agua) t.** tonic water

tónico, -a 1 *adj* (**a**) *(reconstituyente)* revitalizing (**b**) *Gram* tonic; **sílaba tónica** stressed syllable (**c**) *Mús* tonic

2 *nm* (**a**) *(reconstituyente)* tonic (**b**) *(cosmético)* skin toner

tonificación *nf* invigoration

tonificante, tonificador, -ora *adj* invigorating

tonificar [59] *vt* to invigorate

tonillo *nm Pey (retintín)* sarcastic tone of voice

tono *nm* (**a**) *(en general)* tone; **bajar el t.** to lower one's voice; **lo dijo en t. de broma** she said it jokingly; **habló con t. serio** he spoke in a serious tone of voice; **¡no me hables en ese t.!** don't speak to me in that tone (of voice)!; **dar el t.** to set the tone; EXPR *Fam* **darse t.** to give oneself airs; **estar a t. (con)** to be appropriate (for); **fuera de t.** out of place; EXPR *Fam* **ponerse a t.** *(emborracharse)* to get tipsy; **subido de t.** *(atrevido, picante)* risqué; *(impertinente)* impertinent; **subir el t., subirse de t.** to get angrier and angrier ❑ ***t. continuo*** *o* ***de llamada*** *(de teléfono) Br* dialling tone, *US* dial tone

(**b**) *Mús (tonalidad)* key; *(altura)* pitch ❑ ***t. agudo/grave*** high/low pitch; ***t. mayor/menor*** major/minor key; ***t. puro*** simple tone

(**c**) *(de color)* shade; **t. de piel** complexion

(**d**) *(carácter)* tone; **de buen t.** stylish, elegant; **de mal t.** crass, vulgar

(**e**) *Informát* ***t. continuo*** continuous tone

tonsura *nf* tonsure; **hacerse la t.** to have one's hair tonsured

tonsurado *nm (sacerdote)* priest

tonsurar *vt* (**a**) *(clérigo)* to tonsure (**b**) *(pelo)* to cut (**c**) *(lana)* to shear

tontaina *Fam* **1** *adj* daft

2 *nmf* daft idiot

tontamente *adv* foolishly, stupidly

tontear *vi* (**a**) *(hacer el tonto)* to fool about (**b**) *(coquetear)* **t. (con alguien)** to flirt (with sb)

tontería, tontuna *nf* (**a**) *(estupidez)* stupid thing; **decir una t.** to say something stupid; **decir tonterías** to talk nonsense; **hacer una t.** to do something stupid; **hizo la t. de decírselo** she was stupid enough to tell him; **¡cuánta t. hay en el mundo!** people can be really stupid sometimes!

(**b**) *(cosa sin importancia o valor)* trifle; **no es ninguna t.** *(va en serio)* it's serious; *(no está mal)* it's not bad at all; **¿qué te ha pasado? — nada, una t.** what happened to you? — oh, it's nothing serious; **por hacer cuatro tonterías me ha cobrado 10.000 pesetas** he charged me 10,000 pesetas for doing next to nothing

tonto, -a 1 *adj* (**a**) *(estúpido)* stupid; *(simple)* silly; **a lo t.** *(sin notarlo)* without realizing it; **fue una caída tonta** it wasn't a nasty fall; **ponerse t.** *(persona)* to be difficult; EXPR **ser t. de capirote** *o* **remate** to be daft as a brush; EXPR **ser más t. que Abundio** to be as thick as two short planks (**b**) *(retrasado)* retarded, mentally handicapped

2 *nm,f* idiot; **hacer el t.** to play the fool; **hacerse el t.** to act innocent; EXPR **a tontas y a locas** without thinking

tontorrón, -ona 1 *adj* daft

2 *nm,f* daft idiot

tontuna = **tontería**

toña *nf muy Fam (borrachera)* **agarrar una t.** to get smashed *o Br* pissed

top (*pl* **tops**) *nm (prenda)* cropped top

topacio *nm* topaz

topada *nf* headbutt

topadora *nf RP* bulldozer

topar 1 *vi* (**a**) *(chocar)* to bump into each other (**b**) *(encontrarse)* **t. con alguien** to bump into sb; **t. con algo** to come across sth (**c**) *Andes, Méx (en juego)* to wager, to bet

2 toparse *vpr* **toparse con** *(persona)* to bump into; *(cosa)* to come across; **se toparon con el enemigo** they came up against the enemy

tope 1 *adj inv* (**a**) *(máximo)* top, maximum; **fecha t.** deadline (**b**) *muy Fam (genial)* fab, *Br* brill

2 *adv muy Fam (muy)* mega, really

3 *nm* (**a**) *(pieza)* block; *(para puerta)* doorstop (**b**) *(límite máximo)* limit; *(de plazo)* deadline; **a t.** *(de velocidad, intensidad)* flat out; *(lleno)* packed; **abrir el grifo a t.** to turn the tap on full; *Fam* **pasarlo a t.** to have a whale of a time; EXPR **estar hasta los topes** to be bursting at the seams (**c**) *Ferroc* buffer (**d**) *(freno)* **poner t. a** to rein in, to curtail

topera *nf* molehill

topetazo *nm*, **topetada** *nf*, topetón *nm* bump; **darse un t.** *(en la cabeza)* to bump one's head

topetear *vi* to butt

topetón = **topetazo**

tópico, -a 1 *adj* (**a**) *Med* topical (**b**) *(manido)* clichéd

2 *nm* cliché

> Observa que la palabra inglesa **topic** es un falso amigo y no es la traducción de la palabra española **tópico**. En inglés **topic** significa "tema, asunto".

topillo *nm* pine vole

topless ['toples] *nm inv* topless sunbathing; **en t.** topless; **hacer t.** to go topless

topo *nm* (**a**) *(animal)* mole (**b**) *(infiltrado)* mole (**c**) *(lunar en tela)* polka dot; **una falda de topos** a polka-dot skirt (**d**) *Fam (persona)* **es un t.** he's as blind as a bat (**e**) *Imprenta* bullet (**f**) *Col (pendiente)* ear stud

topocho, -a *adj Ven* chubby, plump

topografía *nf* topography ❑ ***t. aérea*** aerial surveying

topográfico, -a *adj* topographical

topógrafo, -a *nm,f* topographer

topología *nf* topology

toponimia *nf* (**a**) *(nombres)* place names (**b**) *(ciencia)* toponymy

topónimo *nm* place name

toque 1 *ver* **tocar**

2 *nm* (**a**) *(golpe)* knock; **dio unos toques en la puerta** she knocked on the door; **jugar al primer t.** *(en fútbol)* to play one-touch soccer

(**b**) *(detalle, retoque)* touch; **dar los últimos toques a algo** to put the finishing touches to sth

(**c**) *(aviso)* warning; **dar un t. a alguien** *(llamar)* to call sb; *(llamar la atención)* to prod sb, to warn sb; **si te enteras de algo, dame un t.** if you find something out, let me know ❑ ***t. de atención*** warning

(**d**) *(sonido) (de campana)* chime; *(de tambor)* beat; *(de sirena)* blast ❑ ***t. de diana*** reveille; ***t. de difuntos*** *(con campanas)* death knell; ***t. de queda*** curfew; ***t. de retreta*** last post

toquetear *Fam* **1** *vt (manosear) (cosa)* to fiddle with; *(persona)* to fondle

2 *vi (sobar)* to fiddle about

toqueteo *nm (de cosa)* fiddling; *(a persona)* fondling

toquilla *nf* shawl

tora *nf (libro)* Torah

torácico, -a *adj* thoracic

torada *nf* herd of bulls

toral 1 *adj (arco)* main

2 *nm (arco)* main arch

tórax *nm inv* thorax

torbellino *nm* (**a**) *(remolino) (de aire)* whirlwind; *(de agua)* whirlpool; *(de polvo)* dustcloud (**b**) *(mezcla confusa)* spate; **su vida es un t.** her life is a whirlwind of activity (**c**) *(persona inquieta)* whirlwind

torcaz *adj* **paloma t.** ringdove, wood pigeon

torcedura *nf* (**a**) *(torsión)* twist (**b**) *(esguince)* sprain

torcer [15] **1** *vt* (**a**) *(retorcer)* to twist; *(doblar)* to bend (**b**) *(girar)* to turn; **torció la cabeza** she turned her head (**c**) *(desviar)* to deflect; *Fig (persona)* to corrupt; **t. el gesto** to pull a face

2 *vi (girar)* to turn; **el camino tuerce a la izquierda** the road turns to the left

3 torcerse *vpr* (**a**) *(retorcerse)* to twist; *(doblarse)* to bend; **me tuerzo al andar/escribir** I can't walk/write in a straight line; **se ha torcido el cuadro** the painting's not straight (**b**) *(lastimarse)* **torcerse el tobillo** to twist one's ankle (**c**) *(ir mal) (esperanzas, negocios, día)* to go wrong; *(persona)* to go astray

torcida *nf Dep* = Brazilian soccer fans

torcido, -a *adj* (**a**) *(enroscado)* twisted; *(doblado)* bent; **llevas la corbata torcida** your tie's not straight; **ese cuadro está t.** that painting's not straight (**b**) *Guat (desafortunado)* unfortunate

tordo, -a 1 *adj* dappled

2 *nm,f (caballo)* dapple

3 *nm* (**a**) *(pájaro)* thrush (**b**) *Arg, CAm, Chile (estornino)* starling

toreador, -ora *nm,f* bullfighter

torear 1 *vt* (**a**) *(lidiar)* to fight *(bulls)* (**b**) *(eludir)* to dodge; **lleva meses toreando a Hacienda** he's been dodging the tax inspector for months (**c**) *(burlarse de)* **t. a alguien** to mess sb about

2 *vi (lidiar)* to fight bulls; **toreó con arte** he gave a very skilful display of bullfighting

toreo *nm* bullfighting

torera *nf* (**a**) *(prenda)* bolero (jacket) (**b**) EXPR **saltarse algo a la t.** to flout sth

torería *nf* (**a**) *(toreros)* bullfighters (**b**) *(orgullo)* pride

torero, -a *nm,f* bullfighter

toril *nm* bullpen *(in bullring)*

torio *nm Quím* thorium

torito *nm* (**a**) *RP (insecto)* rhinoceros beetle (**b**) *Ecuad (flor)* = variety of orchid (**c**) *Chile (sombrajo)* awning (**d**) *Cuba (pez)* horned boxfish *o* trunkfish

tormenta *nf* storm; *Fig* **esperar a que pase la t.** to wait until things have calmed down; EXPR **fue una t. en un vaso de agua** it was *Br* a storm in a teacup *o US* a tempest in a teapot ❑ ***t. de arena*** sandstorm; ***t. eléctrica*** electric storm; ***t. de ideas*** brainstorming session; ***t. magnética*** magnetic storm; *Fin* ***t. monetaria*** monetary crisis; ***t. de nieve*** snowstorm

tormento *nm* torment; **ser un t.** *(persona)* to be a torment; *(cosa)* to be torture

tormentoso, -a *adj (cielo, día, relación)* stormy; *(época)* troubled, turbulent

torna *nf (vuelta)* return; *Fig* **volver las tornas** to turn the tables; *Fig* **las tornas han cambiado** the boot is on the other foot

tornadizo, -a *adj* fickle

tornado *nm* tornado

tornar 1 *vt* (**a**) *(convertir)* to make; **t. algo en algo** to turn sth into sth; **los celos lo tornaron insoportable** jealousy made him unbearable (**b**) *(devolver)* to return

2 *vi* (**a**) *(regresar)* to return (**b**) *(volver a hacer)* **t. a hacer algo** to do sth again

3 tornarse *vpr* (**a**) *(volverse)* to turn; **el cielo se tornó gris** the sky turned grey (**b**) *(convertirse)* **tornarse en** to turn into

tornasol *nm* (**a**) *(girasol)* sunflower (**b**) *(reflejo)* sheen (**c**) *Quím* **papel de t.** litmus paper

tornasolado, -a *adj* iridescent

torneado, -a 1 *adj* (**a**) *(madera)* turned (**b**) *(brazos, piernas)* shapely

2 *nm (de madera)* turning

tornear *vt* to turn

torneo *nm* tournament

tornero, -a *nm,f (con madera)* lathe operator

tornillo *nm (con punta)* screw; *(con tuerca)* bolt; EXPR **apretar los tornillos a alguien** to put the screws on sb; EXPR *Fam* **le falta un t.** he has a screw loose

torniquete *nm* (**a**) *Med* tourniquet (**b**) *(en entrada)* turnstile

torniscón *nm Fam* (**a**) *(pellizco)* pinch (**b**) *(bofetada)* slap in the face

torno *nm* (**a**) *(de dentista)* drill (**b**) *(de alfarero)* (potter's) wheel (**c**) *(de carpintero)* lathe (**d**) *(para pesos)* winch (**e**) **en t. a** *(alrededor de)* around; *(acerca de)* about; **girar en t. a un tema** to revolve around a subject

toro *nm* (**a**) *(animal)* bull; **los toros** *(lidia)* bullfighting; **ir a los toros** to go to a bullfight; EXPR **agarrar** *o Esp* **coger el t. por los cuernos** to take the bull by the horns; EXPR **ver los toros desde la barrera** to watch from the wings; EXPR **nos va a pillar el t.** we're going to be late ❑ ***t. bravo*** *o* ***de lidia*** fighting bull; ***t. mecánico*** bucking bronco (**b**) *Geom* torus (**c**) *(carretilla elevadora)* forklift truck (**d**) *Cuba (pez)* horned boxfish *o* trunkfish

toronja *nf* grapefruit

toronjil *nm* lemon balm

toronjo *nm (árbol)* grapefruit (tree)

Toronto *n* Toronto

torpe *adj* (**a**) *(desmañado, inconveniente)* clumsy; **sus movimientos son torpes** her movements are clumsy; **es muy t. en dibujo** he's not very good at drawing; **es muy t.** *Esp* **conduciendo** *o Am* **manejando** he's a terrible driver; **t. con las manos** clumsy (**b**) *(necio)* slow, dim-witted

torpedear *vt* to torpedo

torpedero *nm* torpedo boat

torpedo *nm* (**a**) *(proyectil)* torpedo (**b**) *(pez)* electric ray

torpemente *adv* (**a**) *(sin destreza)* clumsily (**b**) *(lentamente)* sluggishly

torpeza *nf* (**a**) *(desmaña, inconveniencia)* clumsiness; **fue una t. hacerlo/decirlo** it was a clumsy thing to do/say; **cometer una t.** to make a blunder (**b**) *(falta de inteligencia)* slowness

torpor *nm* torpor, sluggishness

torrado *nm* toasted chickpea

torrar 1 *vt* to roast

2 torrarse *vpr Fam* to be roasting

torre *nf* (**a**) *(construcción)* tower; **t. (de apartamentos)** tower block ❑ ***la T. de Babel*** the Tower of Babel; ***t. de control*** control tower; ***t. del homenaje*** keep; *Fig* ***t. de marfil*** ivory tower; ***t. de perforación*** oil derrick; ***t. del vigía*** *(de observación)* observation tower (**b**) *(en ajedrez)* rook, castle (**c**) *Mil* turret (**d**) *Elec* pylon (**e**) *Informát* tower (computer)

torrefacto, -a *adj* dark-roast; **café t.** dark-roast coffee

torreja *nf* (**a**) *Méx (dulce)* French toast (**b**) *Chile (rodaja)* slice

torrencial *adj* torrential

torrente *nm* torrent; *Fig* **un t. de** *(gente, palabras)* a stream *o* flood of; *(dinero, energía)* masses of ▫ ***t. sanguíneo*** bloodstream

torrentera *nf* (**a**) *(cauce)* watercourse, gully (**b**) *(torrente)* torrent

torrentoso, -a *adj* torrential

torreón *nm* large fortified tower

torrero *nm (de faro)* lighthouse keeper

torreta *nf* (**a**) *Mil* turret (**b**) *Elec* pylon

torrezno *nm* = chunk of fried bacon

tórrido, -a *adj* torrid

torrija *nf* French toast

torsión *nf* (**a**) *(del cuerpo, brazo)* twist, twisting (**b**) *Tec* torsion

torso *nm* torso

torta *nf* (**a**) *(para comer)* cake, *Méx* filled roll; EXPR **nos costó la t. un pan** it cost us an arm and a leg
(**b**) *Fam (bofetada)* slap (in the face); **dar** *o* **pegar una t. a alguien** to slap sb (in the face)
(**c**) *Fam (golpe, accidente)* thump; **darse** *o* **pegarse una t.** *(al caer)* to bang oneself; *(con el coche)* to have a smash; *Fig* **había tortas para entrar** people were fighting to get in
(**d**) *Fam* **ni t.** *(nada)* not a thing; **no veo ni t.** I can't see a thing

tortada *nf (pastel)* = type of meat and egg pie

tortazo *nm Fam* (**a**) *(bofetón)* slap (in the face); **dar** *o* **pegar un t. a alguien** to slap sb (in the face); **liarse a tortazos** to come to blows (**b**) *(golpe, accidente)* thump, wallop; **darse** *o* **pegarse un t.** to bang oneself; *(con el coche)* to have a smash

tortear *vt Méx muy Fam (manosear)* to feel up

tortellini [torte'lini] *nm* tortellini

tortícolis *nf inv* **tener t.** to have a stiff neck, to have a crick in one's neck

tortilla *nf* (**a**) *(de huevo)* omelette; EXPR **se ha dado la vuelta la t.** the boot is on the other foot ▫ ***t. (a la) española*** Spanish *o* potato omelette; ***t. (a la) francesa*** French *o* plain omelette; ***t. paisana*** = omelette made with potatoes, vegetables and chorizo; ***t. de patatas*** *o Am* ***papas*** Spanish *o* potato omelette (**b**) *(de maíz)* tortilla, = thin maize pancake

tortillera *nf muy Fam* dyke, lezzy

tortillería *nf* = shop selling (corn) tortillas

tortillero, -a *nm,f* (**a**) *(vendedor)* tortilla seller (**b**) *(fabricante)* tortilla maker

tortita *nf* small pancake

tórtola *nf* turtle dove

tortolito, -a *nm,f* (**a**) *(inexperto)* novice (**b**) *Fam (enamorado)* lovebird

tórtolo, -a *nm,f Fam (enamorado)* lovebird

tortuga *nf (terrestre)* tortoise; *(marina)* turtle; *(fluvial)* terrapin; EXPR **ser una t.** *(ser lento)* to be a snail

tortuosidad *nf* (**a**) *(sinuosidad)* tortuousness (**b**) *(perversidad)* deviousness

tortuoso, -a *adj* (**a**) *(sinuoso)* tortuous, winding (**b**) *(perverso)* devious

tortura *nf* torture; **¡este tráfico es una t.!** this traffic is a nightmare!

torturador, -ora 1 *adj* torturing
2 *nm,f* torturer

torturar 1 *vt* to torture
2 torturarse *vpr* to torture oneself

torunda *nf (de algodón)* swab

torvisco *nm* spurge flax

torvo, -a *adj* fierce

torzamos *etc ver* **torcer**

tos (*pl* **toses**) *nf* cough; **me dio la t.** I started coughing ▫ ***t. ferina*** whooping cough; ***t. perruna*** hacking cough; ***t. seca*** dry cough

toscamente *adv* (**a**) *(primitivamente)* crudely (**b**) *(comportarse)* roughly

Toscana *nf* **(la) T.** Tuscany

toscano, -a *adj & nm,f* Tuscan

tosco, -a *adj* (**a**) *(primitivo)* crude (**b**) *(persona, modales)* rough

toser *vi* to cough

tosferina *nf* whooping cough

tósigo *nm (veneno)* poison

tosquedad *nf* (**a**) *(de objeto)* crudeness (**b**) *(de persona, modales)* roughness

tostada *nf* piece of toast; **¿quieres tostadas?** would you like some toast?; **tostadas con mantequilla** buttered toast; EXPR *Méx Fam* **¡me lleva la t.!** it gets my goat!

tostadero *nm* (**a**) *(de café)* roaster (**b**) *(lugar caluroso)* oven; **mi pueblo en verano es un t.** it's like an oven in my village in summer

tostado, -a *adj* (**a**) *(pan)* toasted; *(almendras, café)* roasted (**b**) *(color)* brownish (**c**) *(piel)* tanned

tostador *nm*, **tostadora** *nf* toaster

tostar [63] **1** *vt* (**a**) *(dorar, calentar) (pan)* to toast; *(café, almendras)* to roast; *(carne)* to brown (**b**) *(broncear)* to tan
2 tostarse *vpr* (**a**) *(broncearse)* to get brown; **tostarse al sol** to sunbathe (**b**) *Fam (de calor)* to be boiling (hot)

tostón *nm* (**a**) *Fam (rollo, aburrimiento)* bore, drag; **dar el t. a alguien** to pester sb, to go on and on at sb (**b**) *Fam (persona molesta)* pain; **¡qué t. de niño!** that child's a real pain! (**c**) *(de pan)* crouton (**d**) *Carib (de plátano)* fried plantain chip

total 1 *adj* (**a**) *(completo)* total (**b**) *muy Fam (fantástico)* fab, *Br* brill
2 *nm* (**a**) *(suma)* total; **me da un t. de 580** I make it 580 (**b**) *(totalidad, conjunto)* whole; **el t. del grupo** the whole group; **en t.** in all
3 *adv* anyway; **t., que me marché** so anyway, I left; **t., ¿qué más da?** what difference does it make anyway?

totalidad *nf* whole; **en su t.** as a whole; **la t. de los profesores** all (of the) teachers; **la práctica t. de la cámara votó a favor** virtually the whole house voted in favour

totalitario, -a, totalitarista *adj* totalitarian

totalitarismo *nm* totalitarianism

totalizar [14] *vt (puntos)* to obtain, to score; **el equipo totalizó 70 goles en la temporada** the team notched up 70 goals during the season

totalmente *adv* totally, completely

tótem (*pl* **tótems** *o* **tótemes**) *nm* totem

totémico, -a *adj* totemic

totemismo *nm* totemism

totopo *nm CAm, Méx* fried tortilla

totora *nf Andes, RP* totora reed

totoral *nm Andes, RP* totora reed bed

totovía *nf* woodlark

totuma *nf Am* calabash, gourd

Tour [tur] *nm (carrera ciclista)* **el T. (de Francia)** the Tour (de France)

tour [tur] (*pl* **tours**) *nm* (**a**) *(gira, viaje)* tour; **hacer un t.** to go on *o* do a tour ▫ ***t. operador*** tour operator (**b**) ***t. de force*** tour de force

tournedós [turne'ðos] *nm inv* tournedos

tournée [tur'ne] (*pl* **tournées**) *nf* tour; **estar de t.** to be on tour

toxemia *nf Med* toxaemia

toxicidad *nf* toxicity

tóxico, -a 1 *adj* toxic, poisonous
2 *nm* poison

toxicología *nf* toxicology

toxicológico, -a *adj* toxicological

toxicomanía *nf* drug addiction

toxicómano, -a 1 *adj* addicted to drugs
2 *nm,f* drug addict

toxina *nf* toxin ▫ ***t. botulínica*** botulin

toxoplasmosis *nm Med* toxoplasmosis

tozudez *nf* stubbornness

tozudo, -a 1 *adj* stubborn
2 *nm,f* stubborn person; **ser un t.** to be stubborn

traba *nf* (**a**) *(obstáculo)* obstacle; **poner trabas a alguien** to put obstacles in sb's way (**b**) *(para coche)* chock (**c**) *(de mesa)* crosspiece

trabado, -a *adj* (**a**) *(unido) (salsa)* smooth; *(discurso)* coherent (**b**) *(atascado)* jammed (**c**) *Gram* ending in a consonant

trabajado, -a *adj* (**a**) *(obra)* well-crafted; *(plan, proyecto)* carefully thought out (**b**) *(músculo)* developed

trabajador, -ora 1 *adj* hard-working
2 *nm,f* worker ▫ ***t. autónomo*** self-employed person; ***t. por cuenta ajena*** employee; ***t. por cuenta propia*** self-employed person; ***t. manual*** manual worker; ***t. a tiempo parcial*** part-timer, part-time worker
3 *nm Chile (ave)* heron

TRABAJAR 1 *vi* (**a**) *(tener un empleo)* to work; **no trabajes tanto** you shouldn't work so hard; **t. a tiempo parcial/completo** to work full time/part time;

¿de qué trabaja? what does she do (for a living)?; **trabaja de** *o* **como taxista** he's a taxi driver, he works as a taxi driver; **t. de autónomo** to be self-employed; **t. de voluntario** to do voluntary work; **t. en una empresa** to work for a firm; **trabaja en personal** she works in personnel; **trabaja para una multinacional** she works for a multinational; **t. por horas** to work by the hour; **t. por cuenta propia/ajena** to be self-employed/an employee
(**b**) *(realizar una tarea)* to work; **tiene que t. más si quiere aprobar** she has to work harder if she wants to pass; **ponerse a t.** to get to work; **está trabajando en un nuevo guión** he's working on a new script; **trabajamos mucho con empresas japonesas** we do a lot of business with Japanese companies
(**c**) *(actor, actriz)* to act; **trabajaba en "Vértigo"** she was in "Vertigo"; **¡qué bien trabajan todos!** the acting is really good!
(**d**) *(funcionar)* to work; **la central nuclear trabaja ya a pleno rendimiento** the nuclear power station is now operating at maximum capacity; **los pulmones son los que trabajan** it demands a lot of your lungs
2 *vt* (**a**) *(hierro, barro, madera, cuero)* to work; *(la tierra, el campo)* to work; *(masa)* to knead
(**b**) *(vender) (producto, género, marca)* to sell, to stock
(**c**) *(mejorar)* to work on *o* at; **debes t. la pronunciación** you need to work on *o* at your pronunciation; **t. los músculos** to build up one's muscles
(**d**) *Fam (convencer)* **t. a alguien (para que haga algo)** to work on sb (to get them to do sth)
3 trabajarse *vpr Fam* (**a**) *(intentar lograr)* to work for; **el puesto que ocupa se lo ha trabajado** she has worked hard for her current job
(**b**) *(convencer)* **trabajarse a alguien (para que haga algo)** to work on sb (to get them to do sth)

TRABAJO *nm* (**a**) *(tarea, actividad, práctica)* work; **tengo mucho t. que hacer** I've got a lot of work to do; **una casa tan grande da mucho t.** a big house like that is a lot of work; **uno de los últimos trabajos de Diego Rivera** one of Diego Rivera's last works; **recibió un Óscar por su t. en "Cabaret"** she received an Oscar for (her performance in) "Cabaret"; **¡buen t.!** good work!; **hacer un buen t.** to do a good job; EXPR **ser un t. de chinos** *(minucioso)* to be a fiddly *o* finicky job; *(pesado)* to be hard work ❑ ***t. de campo*** field work; ***t. de*** *o* ***en equipo*** teamwork; ***t. físico*** physical effort; ***trabajos forzados*** *o* ***forzosos*** hard labour; ***t. intelectual*** mental effort; ***t. manual*** manual labour; ***trabajos manuales*** *(en el colegio)* arts and crafts; ***t. remunerado*** paid work; *Fig* ***t. sucio*** dirty work; ***t. temporal*** temporary work; ***t. por turnos*** shiftwork; ***t. voluntario*** voluntary work
(**b**) *(empleo)* job; **buscar/encontrar t.** to look for/find work *o* a job; **no tener t., estar sin t.** to be out of work; **tener un t. fijo** to have a permanent job
(**c**) *(lugar)* work; **en el t.** at work; **ir al t.** to go to work; **¿quieres que pase a recogerte al t.?** do you want me to pick you up from work?
(**d**) *(estudio escrito)* piece of work, essay; **hacer un t. sobre algo/alguien** to write an essay on sth/sb
(**e**) *(esfuerzo)* effort; **costar mucho t. (a alguien)** to take (sb) a lot of effort; **cuesta t. admitir que uno se ha equivocado** it's not easy to admit that you're wrong; **lograron sacar el armario con mucho t.** they managed to remove the wardrobe, but not without a lot of effort *o* but it was no easy task; **tomarse el t. de hacer algo** to go to *o* take the trouble of doing sth
(**f**) *Econ & Pol* labour
(**g**) *Fís* work
(**h**) *Literario* **trabajos** *(apuros)* hardships; **pasar trabajos** to suffer hardships

---

trabajosamente *adv* laboriously

trabajoso, -a *adj* (**a**) *(difícil)* hard, difficult (**b**) *(molesto)* (**c**) *Col (exigente)* demanding

trabalenguas *nm inv* tongue twister

trabar 1 *vt* (**a**) *(sujetar)* to fasten; *(a preso)* to shackle (**b**) *(unir)* to join; **t. varios argumentos** to tie several arguments together (**c**) *(iniciar) (conversación, amistad)* to strike up; **trabaron amistad en 1987** they became friends in 1987 (**d**) *(obstaculizar)* to obstruct, to hinder (**e**) *(espesar)* to thicken
2 trabarse *vpr* (**a**) *(enredarse)* to get tangled; **la cuerda se trabó en unas ramas** the rope got tangled in some branches (**b**) *(espesarse)* to thicken (**c**) *(al hablar)* to stutter; **se le trabó la lengua** he tripped over his tongue

trabazón *nf* (**a**) *(unión)* assembly (**b**) *(conexión)* link, connection

trabe *nf* beam, joist

trabilla *nf (de pantalón)* belt loop

trabucar 1 *vt* to mix up
2 trabucarse *vpr* (**a**) *(persona) (liarse)* to get things mixed up; *(al hablar)* to stutter; **se le trabucó la lengua** he tripped over his tongue (**b**) *(cosas, fechas)* to get mixed up

trabuco *nm (arma de fuego)* blunderbuss

traca *nf* string of firecrackers; *Fam* **una caída de t.** a spectacular fall

trácala *nf Méx, PRico Fam* trick

tracalada *nf Col, Méx* crowd

tracalero, -a *Méx Fam* **1** *adj* cheating
2 *nm,f* cheat

tracción *nf* traction; **vehículo de t. animal** vehicle drawn by an animal ❑ ***t. a las cuatro ruedas*** four-wheel drive; ***t. delantera*** front-wheel drive; ***t. trasera*** rear-wheel drive

trace *etc ver* **trazar**

tracería *nf Arquit* tracery

tracoma *nm* trachoma

tracto *nm* tract ❑ ***t. digestivo*** digestive tract

tractor *nm* tractor ❑ ***t. oruga*** caterpillar tractor

tractorista *nmf* tractor driver

tradición *nf* tradition ❑ ***t. escrita/oral*** written/oral tradition

tradicional *adj* traditional

tradicionalismo *nm* traditionalism; *Pol* conservatism

tradicionalista *adj & nmf* traditionalist

tradicionalmente *adv* traditionally

traducción *nf* translation ❑ ***t. automática*** machine translation; ***t. directa/inversa*** translation into/out of one's own language; ***t. simultánea*** simultaneous translation

traducible *adj* translatable

traducir [18] **1** *vt* (**a**) *(a otro idioma)* to translate (**b**) *Fig (expresar)* to express
2 *vi* to translate (**de/a** from/into)
3 traducirse *vpr* (**a**) *(a otro idioma)* **traducirse (por)** to be translated (by *o* as) (**b**) **traducirse en** *(ocasionar)* to be translated into, to lead to

traductor, -ora 1 *adj* translating
2 *nm,f* translator ❑ ***t. jurado*** = translator qualified to work in court and translate legal documents

---

TRAER [66] **1** *vt* (**a**) *(llevar de un lugar a otro)* to bring; **no traigan diccionario al examen** don't bring a dictionary into the exam; **trae a tus amigos** bring your friends (along); **voy a t. los libros a casa** I'm going to take the books home; **me trajo un recuerdo de París** she brought me a souvenir (back) from Paris; **tráiganos otra botella de vino, por favor** could we have *o* could you bring us another bottle of wine, please?; **nos trajeron del aeropuerto al hotel en coche** they took us from the airport to the hotel by car, they drove us from the airport to the hotel; **el buen tiempo trajo muchos turistas este año** the good weather brought a lot of tourists (with it) this year; **¿qué te trae por aquí/por Bogotá?** what brings you here/to Bogotá?
(**b**) *(llevar encima, consigo)* to carry; **traía una pistola** he was carrying a gun, he had a gun on him; **¿qué traes ahí?** what have you got there?; **traigo un cansancio enorme** I'm extremely tired
(**c**) *(contener)* to have; **trae un artículo interesante** it has an interesting article in it; **¿qué trae ese sobre?** what's in that envelope?
(**d**) *(llevar puesto)* to wear; **traía un traje nuevo** he was wearing a new suit
(**e**) *(provocar) (ruina, pobreza, enfermedades)* to bring; *(consecuencias)* to carry, to have; *(cambios)* to bring about; **esto trajo muchos problemas** this caused a lot of problems; **me trajo suerte** it brought me luck; **traerá consigo una bajada de precios** it will lead to *o* mean a drop in prices
(**f**) *Fam Informát* to download

2 traerse *vpr* (**a**) *(llevar con uno)* to bring (along); **se trajo un cuaderno/a unos amigos** she brought (along) a notebook/ some friends
(**b**) *Fam (tramar)* **me pregunto qué se traerán (entre manos) esos dos** I wonder what those two are up to
(**c**) *Fam* **traérselas** *(trabajo, asunto, persona)* to be a real handful
(**d**) *Fam Informát* to download

---

traficante *nmf (de drogas, armas)* trafficker, dealer; **t. de drogas/armas** drugs/arms dealer *o* trafficker

traficar [59] *vi* to traffic (**en/con** in)

tráfico *nm* traffic; **infracción de t.** driving offence ❑ ***t. aéreo*** air traffic; ***t. de armas*** arms trafficking *o* dealing; ***t. de drogas*** drug trafficking *o* dealing; ***el t. de esclavos*** the slave trade; ***t. de estupefacientes*** drug trafficking *o* dealing; ***t. de influencias*** political corruption; ***t. rodado*** road traffic

tragaderas *nfpl* EXPR *Fam* **tener (buenas) t.** *(ser crédulo)* to fall for anything; *(ser tolerante)* to be able to stomach anything

tragadero *nm Fam* (**a**) *(sumidero)* plughole (**b**) *(garganta)* throat, gullet

tragafuegos *nm inv* fire-eater

tragaldabas *nmf inv Fam* greedy guts, human dustbin

tragaluz *nm* skylight

tragamonedas *nf inv Am Fam* slot machine

tragaperras *nf inv* slot machine

tragar [38] **1** *vt* (**a**) *(ingerir)* to swallow; **tragó la pastilla con dificultad** she swallowed the pill with difficulty
(**b**) *Fam (creer)* to swallow; **le hicieron t. el cuento** they managed to make him believe the story
(**c**) *(absorber)* to swallow up; **ese desagüe traga el agua sucia** the dirty water goes down that drain
(**d**) *Fam (soportar)* to put up with; **no la puedo t.** *o* **no la trago** I can't stand her; **yo creo que Mar no me traga** I don't think Mar likes me
(**e**) *Fam (consumir mucho)* to devour, to guzzle; **¡cómo traga gasolina este coche!** *Br* this car really guzzles petrol!, *US* this car is a real gas-guzzler!
2 *vi* (**a**) *(ingerir)* to swallow
(**b**) *Fam (comer)* **¡cómo traga tu primo!** your cousin can certainly put it away!
(**c**) *Fam (creerse)* **¿crees que tragará?** do you think he'll swallow it?
(**d**) *Fam (acceder)* to give in
(**e**) *(absorber)* **esa alcantarilla no traga** that drain's blocked
3 tragarse *vpr* (**a**) *(ingerir)* to swallow; *Fig* **se tuvo que t. sus propias palabras** he had to swallow his words
(**b**) *Fam (comer)* to guzzle; **se tragó tres huevos fritos** he guzzled three fried eggs; **se tragó a Caperucita entera** he swallowed Little Red Riding Hood whole; *Fig* **el mar se tragó la lancha** the sea swallowed up *o* engulfed the boat
(**c**) *(consumir)* to swallow up, to devour; **el proyecto se tragó casi todo el presupuesto** the project swallowed up *o* devoured the entire budget
(**d**) *Fam (creerse)* to swallow; EXPR **se tragó el cuento** he swallowed the story
(**e**) *(disimular)* to contain, to keep to oneself; *(lágrimas)* to choke back; **se tragó su orgullo y pidió perdón** he swallowed his pride and apologized
(**f**) *Fam (soportarse)* **no se tragan** they can't stand each other
(**g**) *Fam (sufrir)* **me tragué un programa horrible** I sat through an awful programme; **se traga lo que le echen en la tele** he'll watch whatever's on the telly

tragasables *nmf inv* sword-swallower

tragedia *nf* tragedy

trágicamente *adv* tragically

trágico, -a 1 *adj* tragic; *Fam* **ponerse t.** to be melodramatic
2 *nm,f* tragedian

tragicomedia *nf* tragicomedy

tragicómico, -a *adj* tragicomic

trago *nm* (**a**) *(de líquido)* mouthful; **beber algo a grandes tragos** to gulp sth down; **de un t.** in one gulp (**b**) *Fam (copa)* drink; **echar** *o* **tomar un t.** to have a quick drink (**c**) *Fam (disgusto)* **ser un t. para alguien** to be tough on sb; **pasar un mal t.** to have a tough time of it

tragón, -ona *Fam* **1** *adj* greedy
2 *nm,f* **¡tu primo es un t.!** your cousin can certainly put it away!

trague *etc ver* **tragar**

traición *nf* (**a**) *(infidelidad)* betrayal; **a t.** treacherously (**b**) *Der* treason; **alta t.** high treason

traicionar *vt* (**a**) *(ser infiel a)* to betray (**b**) *(descubrir)* to give away; **su acento lo traicionó** his accent gave him away

traicionero, -a 1 *adj* (**a**) *(desleal)* treacherous; *Der* treasonous; *(con mala intención)* dirty; *Fig* **eso fue un golpe t.** that was a bit below the belt (**b**) *(peligroso, dañino)* treacherous, dangerous (**c**) *(revelador)* **las palabras traicioneras** the words that gave him/her/*etc* away
2 *nm,f* traitor

traída *nf* bringing, carrying ❑ ***t. de agua*** water supply

traído, -a *adj* worn-out; **t. y llevado** well-worn, hackneyed

traidor, -ora 1 *adj* (**a**) *(desleal)* treacherous; *Der* treasonous (**b**) *(peligroso, dañino)* treacherous, dangerous
2 *nm,f* traitor

traigo *etc ver* **traer**

trail *nm Dep* motocross

tráiler (*pl* **tráilers**) *nm* (**a**) *Cine* trailer (**b**) *(remolque)* trailer; *(camión)* articulated lorry

traílla *nf (correa)* leash

trainera *nf* = small boat, for fishing or rowing in races

traje 1 *ver* **traer**
2 *nm* (**a**) *(con chaqueta)* suit; *(de una pieza)* dress ❑ ***t. de astronauta*** space suit; ***t. de baño*** swimsuit; ***t. de bucear*** wet suit; ***t. de chaqueta*** woman's two-piece suit; ***t. espacial*** space suit; ***t. de etiqueta*** evening dress; ***t. de faralaes*** = typical Andalusian frilly dress; ***un t. de gala*** a dress suit; **llevar t. de gala** to wear formal dress; ***t. de luces*** matador's outfit; ***t. de noche*** evening dress; ***t. de novia*** wedding dress; ***t. pantalón*** trouser suit; ***t. sastre*** woman's two-piece suit
(**b**) *(regional, disfraz)* costume ❑ ***t. típico*** *(de un país)* national dress
(**c**) *(ropa)* clothes ❑ ***t. de diario*** everyday clothes; ***t. de paisano*** *(de militar)* civilian clothes; *(de policía)* plain clothes

trajeado, -a *adj* (**a**) *(con chaqueta)* wearing a jacket; **bien t.** well-dressed (**b**) *Fam (arreglado)* spruced up

trajear 1 *vt* to dress in a suit
2 trajearse *vpr* to wear a suit

trajera *etc ver* **traer**

trajín *nm* (**a**) *(ajetreo)* bustle; **esta mañana hay mucho t. en la oficina** it's a bit hectic in the office this morning; **el t. de los días de mercado** the hustle and bustle of market days; **con tanto t., se me olvidó** it was all so hectic that I forgot (**b**) *(transporte)* haulage, transport

trajinar 1 *vi Fam Fig* to bustle about
2 *vt* to transport
3 trajinarse a *vpr muy Fam (ligarse a)* to get off with

tralla *nf* (**a**) *(látigo)* whip (**b**) *Fam* **dar t. a** *(criticar)* to slate

trallazo *nm* (**a**) *(chasquido)* lash, crack (**b**) *Fam (reprensión)* tongue-lashing (**c**) *Fam Dep (disparo)* screamer, powerful shot

trama *nf* (**a**) *(historia)* plot (**b**) *(confabulación)* plot, intrigue (**c**) *(de hilos)* weft (**d**) *Imprenta* screen

tramar *vt* (**a**) *(hilo)* to weave (**b**) *(planear)* to plot; *(complot)* to hatch; **estar tramando algo** to be up to something

tramitación *nf (acción)* processing; **está en t.** it is being processed

tramitar *vt (sujeto: autoridades) (pasaporte, solicitud)* to process; *(sujeto: solicitante)* to be in the process of applying for; **tardaron tres días en t. el crédito** it took them three days to do all the paperwork for the loan; **me están tramitando la renovación de la licencia** my application for a new licence is being processed

trámite *nm (gestión)* formal step; **de t.** routine, formal; **trámites** *(proceso)* procedure; *(papeleo)* paperwork; **por t. de urgencia** urgently

tramo *nm* (**a**) *(espacio)* section, stretch (**b**) *(de escalera)* flight (of stairs)

tramontana *nf* tramontane, = cold, dry north wind in Cataluña, Mallorca and the south of France

tramoya *nf* (**a**) *Teatro* stage machinery (**b**) *(enredo)* intrigue

tramoyista *nmf* (**a**) *Teatro* stagehand (**b**) *(tramposo)* schemer

trampa *nf* (**a**) *(para cazar)* trap (**b**) *(trampilla)* trapdoor (**c**) *(engaño)* trick; **caer**

en la t. to fall into the trap; **tender una t. (a alguien)** to set *o* lay a trap (for sb); **hacer trampas** to cheat (**d**) *(deuda)* debt (**e**) *(en golf)* hazard

trampantojo *nm Arte* trompe-l'oeil

trampear *vi Fam* (**a**) *(estafar)* to swindle money (**b**) *(ir tirando)* to struggle along

trampero, -a *nm,f* trapper

trampilla *nf (puerta)* trapdoor

trampolín *nm* (**a**) *(de piscina)* diving board; *(flexible)* springboard (**b**) *(de esquí)* ski jump (**c**) *(en gimnasia)* springboard (**d**) *Fig (medio, impulso)* springboard; **esa actuación fue su t. a la fama** that performance catapulted her to fame

trampolinista *nmf* diver

tramposo, -a 1 *adj* cheating
2 *nm,f* cheat

tranca *nf* (**a**) *(de puerta)* bar; **poner una t. en la puerta** to bar the door (**b**) *(arma)* cudgel, stick (**c**) *Fam (borrachera)* **agarrar una t.** to get plastered (**d**) EXPR *Fam* **a trancas y barrancas** with great difficulty (**e**) *Méx (en verja)* gate

trancar [59] *vt (puerta)* to bar

trancazo *nm* (**a**) *(golpe)* blow (with a cudgel *o* stick) (**b**) *Fam (gripe)* bout of (the) flu

trance *nm* (**a**) *(situación crítica)* difficult situation; **pasar por un mal t.** to go through a bad patch; **a todo t.** at all costs; **t. último** *o* **postrero** *o* **mortal** dying moments (**b**) *(estado hipnótico)* trance; **entrar en t.** to go into a trance

tranco *nm* stride; **llegó en dos trancos** he got there in a couple of strides

tranquera *nf* (**a**) *(estacada)* stockade, palisade (**b**) *Am (puerta)* gate

tranquilamente *adv* (**a**) *(con calma)* calmly (**b**) *(con frescura)* coolly; **me lo dijo tan t.** he told me without batting a eyelid (**c**) *(sin dificultad)* easily; **cuesta t. dos millones** it costs at least two million, it easily costs two million

tranquilidad *nf* (**a**) *(sosiego) (de lugar)* peacefulness; *(de persona, voz, mar)* calmness (**b**) *(despreocupación)* peace of mind; **para mayor t.** to be on the safe side; **para tu t.** to put your mind at rest (**c**) *(falta de prisa)* **piénsalo con t.** take your time to think it over (**d**) *(confianza)* **con toda t.** quite freely; **¿puedo servirme más? — ¡con toda t.!** can I have some more? — feel free!

tranquilizador, -ora *adj (música, color)* soothing; *(influencia)* calming

tranquilizante 1 *adj* (**a**) *(música, color)* soothing (**b**) *Med* tranquilizing
2 *nm Med* tranquilizer

tranquilizar [14] **1** *vt* (**a**) *(calmar)* to calm (down); **me tranquiliza saber que está a salvo** it's a relief to know she's safe, I feel much better now I know she's safe (**b**) *(dar confianza a)* to reassure; **su presencia la tranquiliza** his presence reassures her *o* is reassuring to her
2 tranquilizarse *vpr* (**a**) *(calmarse)* to calm down (**b**) *(ganar confianza)* to feel reassured

tranquillo *nm Esp Fam* **cogerle el t. a algo** to get the knack of sth

tranquilo, -a *adj* (**a**) *(sosegado) (lugar, música)* peaceful; *(persona, tono de voz, mar)* calm; *(velada, charla, negocio, vida)* quiet; *(viento)* gentle; **dejar a alguien t.** to leave sb alone (**b**) *(sin preocupaciones)* relaxed, calm; **¡(tú) t.!** don't you worry!; **no estoy t. hasta que no llega a casa** I can't relax until she gets home (**c**) *(sin prisa)* unhurried; **piénsalo t.** take your time to think it over (**d**) *(sin culpabilidad) (mente)* untroubled; *(conciencia)* clear; **tengo la conciencia tranquila** my conscience is clear (**e**) *(despreocupado)* casual, laid-back; **se quedó tan t.** he didn't bat an eyelid

transacción *nf Com* transaction

transalpino, -a, trasalpino, -a *adj* transalpine

transaminasa *nf Bioquím* transaminase

transandino, -a, trasandino, -a *adj* trans-Andean

transar *vi Am* to compromise, to give in

transatlántico, -a, trasatlántico, -a 1 *adj* transatlantic
2 *nm Náut* (ocean) liner

transbordador, trasbordador *nm* (**a**) *Náut* ferry (**b**) *Av* **t. (espacial)** space shuttle

transbordar, trasbordar *vi* to change (trains)

transbordo, trasbordo *nm* change; **hacer t.** to change (trains)

transcendencia, transcendental *etc* = **trascendencia, trascendental** *etc*

transceptor *nm* transceiver

transcontinental *adj* transcontinental

transcribir, trascribir *vt* (**a**) *(escribir)* to transcribe (**b**) *(expresar)* to express in writing

transcripción, trascripción *nf* transcription ❑ ***t. de cintas*** transcription of cassette tapes

transcriptor, -ora, trascriptor, -ora 1 *nm,f (persona)* transcriber
2 *nm (aparato)* transcriber

transcrito, -a, trascrito, -a *adj* transcribed

transcurrido, -a, trascurrido, -a *adj (tiempo)* intervening; **transcurridos tres días...** three days later..., after three days...

transcurrir, trascurrir *vi* (**a**) *(tiempo)* to pass, to go by (**b**) *(ocurrir)* to take place, to happen; **t. sin incidentes** to go off *o* pass without incident

transcurso, trascurso *nm* (**a**) *(paso de tiempo)* passing (**b**) *(periodo de tiempo)* **en el t. de** in the course of

transductor *nm Fís* transducer

transeúnte 1 *adj* passing
2 *nmf* (**a**) *(paseante)* passer-by (**b**) *(residente temporal)* temporary resident

transexual *adj & nmf* transsexual

transferencia, trasferencia *nf* transfer; **quiero hacer una t. de 5.000 pesetas a esta cuenta** I'd like to transfer 5,000 pesetas to this account ❑ ***t. bancaria*** credit transfer, (bank) draft; ***t. electrónica de fondos*** electronic transfer of funds; *Informát* ***t. de ficheros*** file transfer

transferible, trasferible *adj* (**a**) *(en general)* transferable (**b**) *(deportista)* transfer-listed; **ser t.** to be on the transfer list

transferir, trasferir [62] *vt* (**a**) *(en general)* to transfer (**b**) *Informát* to download

transfiguración, trasfiguración *nf* transfiguration

transfigurar, trasfigurar 1 *vt* to transfigure
2 transfigurarse *vpr* to become transfigured

transformación, trasformación *nf* (**a**) *(en general)* transformation (**b**) *(en rugby)* conversion

transformador, -ora, trasformador, -ora 1 *adj* transforming
2 *nm Elec* transformer

transformar, trasformar 1 *vt* (**a**) *(cambiar radicalmente)* **t. algo/a alguien (en)** to transform sth/sb (into) (**b**) *(convertir)* **t. algo (en)** to convert sth (into); **las penas lo han transformado en un alcohólico** his troubles have turned him into an alcoholic (**c**) *(en rugby)* to convert
2 transformarse *vpr* (**a**) *(cambiar radicalmente)* to be transformed (**b**) *(convertirse)* **transformarse en algo** to be converted into sth; **el pañuelo se transformó en una paloma** the handkerchief turned into a dove

transformista, trasformista 1 *nmf (artista)* quick-change artist
2 *nm (travestido)* drag artist

transfronterizo, -a *adj* cross-border

tránsfuga, trásfuga *nmf Pol* defector

transfuguismo, trasfuguismo *nm Pol* defection *(to another party)*

transfundir, trasfundir 1 *vt* (**a**) *(líquido)* to transfuse; **le transfundieron un litro de sangre** they gave him a transfusion of a litre of blood (**b**) *Formal (noticia)* to spread
2 transfundirse *vpr Formal (noticia)* to spread

transfusión, trasfusión *nf* transfusion; **le hicieron una t. de sangre** they gave him a blood transfusion

transfusor, trasfusor *nm (aparato)* transfuser

transgénico, -a *adj* transgenic

transgredir, trasgredir *vt* to transgress

transgresión, trasgresión *nf* transgression

transgresor, -ora, trasgresor, -ora *nm,f* transgressor

transiberiano *nm* trans-Siberian railway

transición *nf* transition; **periodo de**

t. transition period ▫ ***t. democrática*** transition to democracy

transido, -a *adj* stricken (**de** with); **t. de pena** grief-stricken

transigencia *nf* (**a**) *(espíritu negociador)* willingness to compromise (**b**) *(tolerancia)* tolerance

transigente *adj* (**a**) *(que cede)* willing to compromise (**b**) *(tolerante)* tolerant

transigir [24] *vi* (**a**) *(ceder)* to compromise (**en** on); **no pienso t.** I refuse to give in (**b**) *(ser tolerante)* to be tolerant (**con** with)

transistor *nm* transistor

transitable *adj (franqueable)* passable; *(no cerrado al tráfico)* open to traffic

transitar *vi* to go (along)

transitivo, -a *adj* transitive

tránsito *nm* (**a**) *(circulación)* movement; *(de vehículos)* traffic; **una calle de mucho t.** a busy street ▫ ***t. rodado*** road traffic (**b**) *(transporte)* transit (**c**) *(correspondencia)* **pasajeros en t. hacia Roma** *(en aeropuerto)* passengers with connecting flights to Rome

transitoriedad *nf* temporary nature; **la t. de la vida** the transience of life

transitorio, -a *adj (temporal)* transitory; *(residencia)* temporary; *(régimen, medida)* transitional, interim

translación = **traslación**

transliteración *nf* transliteration

translúcido, -a = **traslúcido**

translucir = **traslucir**

transmediterráneo, -a, trasmediterráneo, -a *adj* transmediterranean

transmigración *nf* transmigration

transmigrar *vi* to transmigrate

transmisible, trasmisible *adj* (**a**) *(enfermedad)* transmittable (**b**) *(título, posesiones)* transferrable

transmisión, trasmisión *nf* (**a**) *(en general)* transmission; *(de saludos, noticias)* passing on; **enfermedades de t. sexual** sexually transmitted diseases ▫ ***t. del pensamiento*** telepathy (**b**) *Rad & TV (programa)* broadcast; *(servicio)* broadcasting (**c**) *(de herencia, poderes)* transference (**d**) *Aut* transmission

transmisor, -ora, trasmisor, -ora
1 *adj* transmitting
2 *nm* transmitter

transmitir, trasmitir 1 *vt* (**a**) *(sonido, onda)* to transmit; *(saludos, noticias)* to pass on (**b**) *Rad & TV* to broadcast (**c**) *(ceder)* to transfer
2 transmitirse *vpr* to be transmitted

transmutación, trasmutación *nf* transmutation

transmutar, trasmutar *vt* to transmute

transnacional, trasnacional *adj* transnational

transoceánico, -a *adj* transoceanic

transparencia, trasparencia *nf* (**a**) *(cualidad)* transparency; **la t. de sus argumentos** the clarity of his arguments (**b**) *(para retroproyector)* transparency; **transparencias** back projection (**c**) *(tejido)* see-through fabric

transparentar, trasparentar 1 *vt (dejar ver)* to show
2 transparentarse *vpr* (**a**) *(ser transparente) (tela)* to be see-through; *(cristal, líquido)* to be transparent (**b**) *(verse)* to show through; **se transparentan sus intenciones/sentimientos** her intentions/feelings are obvious

transparente, trasparente *adj* (**a**) *(cristal, líquido)* transparent; *(tela)* see-through (**b**) *(claro, evidente)* clear

transpiración, traspiración *nf* (**a**) *(sudoración)* perspiration (**b**) *Bot* transpiration

transpirar, traspirar 1 *vi* (**a**) *(sudar)* to perspire (**b**) *Bot* to transpire
2 *vt (exudar, exhalar)* to exude

transpirenaico, -a, traspirenaico, -a *adj* trans-Pyrenean

transplantar = **trasplantar**

transplante = **trasplante**

transponer = **trasponer**

transportable *adj* portable

transportador *nm* (**a**) *(para transportar)* ***t. aéreo*** cableway; ***t. de cinta*** conveyor belt (**b**) *(para medir ángulos)* protractor

transportar 1 *vt* (**a**) *(trasladar)* to transport; **transportaba una maleta en cada mano** he was carrying a suitcase in each hand; **esta música me transporta a la infancia** this music takes me back to my childhood (**b**) *(embelesar)* to captivate
2 transportarse *vpr (embelesarse)* to go into raptures

transporte *nm* transport ▫ ***t. blindado*** transport in armoured vehicles; ***t. colectivo*** public transport; ***t. de mercancías*** freight transport; ***t. público*** public transport; ***t. terrestre*** land transport; ***t. urgente*** courier service

transportista *nmf Com* carrier

transposición = **trasposición**

transpuesto, -a = **traspuesto**

transubstanciación, transustanciación *nf Rel* transubstantiation

transversal, trasversal 1 *adj* transverse; **un corte t.** a cross section
2 *nf Mat* transversal

transversalmente, trasversalmente *adv* crosswise

transverso, -a, trasverso, -a *adj* transverse

tranvía *nm Br* tram, *US* streetcar

trapacear *vi* to be dishonest

trapacería *nf* **hacer trapacerías** to be dishonest

trápala 1 *nmf* (**a**) *(hablador)* chatterbox (**b**) *(embustero)* liar, cheat
2 *nf* (**a**) *(de gente)* racket, din (**b**) *Fam (embuste)* fib

trapalear *vi* (**a**) *Fam (mentir)* to fib (**b**) *(hablar mucho)* to chatter, to jabber

trapatiesta *nf Fam* racket, din

trape *nm Chile (cuerda)* woven cord

trapear *vt Andes, Méx (suelo)* to mop

trapecio *nm* (**a**) *Geom* trapezium (**b**) *(de gimnasia, circo)* trapeze (**c**) *Anat* trapezius

trapecista *nmf* trapeze artist

trapense *adj & nmf* Trappist

trapería *nf (tienda)* old-clothes shop

trapero, -a *nm,f* rag-and-bone man

trapezoide *nm Geom* trapezoid

trapiche *nm* (**a**) *(de aceituna)* olive press (**b**) *(de azúcar)* sugar mill

trapichear *vi Fam* to be on the fiddle; **t. con** to deal in

trapicheo *nm Fam* (**a**) *(negocio sucio)* shady activity; **se dedica al t. de droga** he deals drugs; **trapicheos** shady business (**b**) *(tejemaneje)* scheme; **estoy harto de sus trapicheos** I'm sick of his scheming

trapillo: de trapillo *loc adv Fam* **vestir de t.** to wear any old thing

trapío *nm Formal* (**a**) *(garbo)* elegance (**b**) *Taurom* good bearing

trapisonda *nf Fam* (**a**) *(riña)* row, commotion (**b**) *(enredo)* scheme

trapisondear *vi Fam* (**a**) *(reñir)* to kick up a row (**b**) *(liar, enredar)* to scheme

trapo 1 *nm* (**a**) *(trozo de tela)* rag (**b**) *(gamuza, bayeta)* cloth; EXPR *Fam* **estar hecho un t.** *(cansado)* to be shattered; EXPR *Fam* **poner a alguien como un t.** to tear sb to pieces; EXPR *Fam* **sacar los trapos sucios (a relucir)** to wash one's dirty linen in public; EXPR *Fam* **tratar a alguien como un t.** to treat sb like dirt ▫ ***t. de cocina*** *Br* tea towel, *US* dish towel; ***t. del polvo*** duster; ***t. de secar (los platos)*** *Br* tea towel, *US* dish towel (**c**) *Taurom* cape (**d**) *Fam* **a todo t.** at full pelt
2 *nmpl* **trapos** *Fam (ropa)* clothes

trapón *nm Méx (trapo)* dishcloth

tráquea *nf* windpipe, trachea

traqueotomía *nf Med* tracheotomy

traquetear 1 *vt* to shake
2 *vi (hacer ruido)* to rattle

traqueteo *nm (ruido)* rattling

tras *prep* (**a**) *(detrás de)* behind (**b**) *(después de)* after; **uno t. otro** one after the other; **día t. día** day after day; **t. decir esto, se marchó** after saying that, she left (**c**) *(en pos de)* **andar t. algo** to be after sth; **se fue t. la gloria** he went in search of fame; **fue t. ella** he went after her

trasalpino, -a = **transalpino**

trasandino, -a = **transandino**

trasatlántico, -a = **transatlántico**

trasbordador = **transbordador**

trasbordar = **transbordar**

trasbordo = **transbordo**

trascendencia, transcendencia *nf* importance, significance; **esta decisión tendrá una gran t.** this decision will be of major significance

trascendental, transcendental *adj* (**a**) *(importante)* momentous (**b**) *(filosófico, elevado)* transcendental; *Fam* **ponerse t.** to wax philosophical

trascendente, transcendente *adj* momentous

trascender, transcender [64] *vi* (**a**) *(extenderse)* to spread (**a** across) (**b**) *(filtrarse)* to be leaked; **la noticia trascendió** the news leaked out (**c**) *(sobrepasar)* **t. de** to transcend, to go beyond

trascribir, trascripción *etc* = **transcribir, transcripción** *etc*

trascurrir, trascurso *etc* = **transcurrir, transcurso** *etc*

trasegar [43] **1** *vt* (**a**) *(desordenar)* to rummage about amongst (**b**) *(transvasar)* to decant (**c**) *Fam (beber)* to knock back

2 *vi Fam (beber)* to knock it back

trasera *nf* rear

trasero, -a 1 *adj* back, rear

2 *nm* backside

trasferencia, trasferir *etc* = **transferencia, transferir** *etc*

trasfiguración = **transfiguración**

trasfigurar = **transfigurar**

trasfondo *nm (contexto)* background; *(de palabras, intenciones)* undertone

trasformación, trasformar *etc* = **transformación, transformar** *etc*

trásfuga = **tránsfuga**

trasfuguismo = **transfuguismo**

trasfusión, trasfusor *etc* = **transfusión, trasfusor** *etc*

trasgo *nm* goblin, imp

trasgredir, trasgresión *etc* = **transgredir, transgresión** *etc*

trashumancia *nf* seasonal migration *(of livestock)*

trashumante *adj* seasonally migratory

trashumar *vi* to migrate seasonally

trasiego 1 *ver* **trasegar**

2 *nm* (**a**) *(movimiento)* comings and goings (**b**) *(transvase)* decantir

trasiegue *etc ver* **trasegar**

traslación, translación *nf Astron* passage

trasladar 1 *vt* (**a**) *(desplazar)* to move (**b**) *(a empleado, funcionario)* to transfer (**c**) *(reunión, fecha)* to postpone, to move back (**d**) *(traducir)* to translate (**e**) *Fig (expresar)* **t. algo al papel** to transfer sth onto paper

2 trasladarse *vpr* (**a**) *(desplazarse)* to go (**b**) *(mudarse)* to move; **me traslado de piso** I'm moving flats

traslado *nm* (**a**) *(de casa, empresa)* move; **el t. de los muebles** *(dentro del mismo edificio)* the moving of the furniture; *(a otro edificio)* the removal of the furniture; **una empresa de traslados** a removal company (**b**) *(de trabajo)* transfer (**c**) *(de personas)* movement; **el t. de los heridos fue problemático** there were problems moving the wounded

traslúcido, -a, translúcido, -a *adj* translucent

traslucir, translucir [39] **1** *vt (dejar ver)* to show, to reveal

2 traslucirse *vpr* to show through; **tras su sonrisa se trasluce una gran tristeza** a great sadness can be seen *o* detected behind his smile

trasluz *nm* reflected light; **al t.** against the light

trasmallo *nm* trammel

trasmano: a trasmano *loc adv (fuera de alcance)* out of reach; *(lejos)* out of the way

trasmediterráneo, -a = **transmediterráneo**

trasmisible, trasmisión *etc* = **transmisible, transmisión** *etc*

trasmutación = **transmutación**

trasmutar = **transmutar**

trasnacional = **transnacional**

trasnochado, -a *adj* outdated

trasnochador, -ora 1 *adj* given to staying up late

2 *nm,f* night owl

trasnochar *vi* to stay up late, to go to bed late

trasnoche *nf RP (en cine)* late night movie

traspapelar 1 *vt (papeles, documentos)* to mislay, to misplace

2 traspapelarse *vpr* to get mislaid *o* misplaced

trasparencia, trasparentarse *etc* = **transparencia, transparentarse** *etc*

traspasable *adj (camino)* passable; *(río)* crossable

traspasar *vt* (**a**) *(atravesar)* to go through, to pierce; **t. la puerta** to go through the doorway; **t. una valla saltando** to jump over a fence; **la tinta traspasó el papel** the ink soaked through the paper (**b**) *(transferir) (jugador, objeto)* to transfer; *(negocio)* to sell *(as a going concern)*; *(competencias)* to devolve; **se traspasa (negocio)** *(en cartel)* (business) for sale (**c**) *(desplazar)* to move (**d**) *(afectar mucho)* to devastate (**e**) *(exceder)* to go beyond

traspaso *nm* (**a**) *(transferencia) (de jugador)* transfer; *(de negocio)* sale (as a going concern) ▫ ***t. de competencias*** devolution (**b**) *(precio) (de jugador)* transfer fee; *(de negocio)* takeover fee

traspatio *nm Am (patio interior)* interior courtyard

traspié *(pl* **traspiés***) nm* (**a**) *(resbalón, tropiezo)* trip, stumble; **dar un t.** to trip (up), to stumble (**b**) *(error)* blunder, slip; **dar** *o* **tener un t.** to slip up, to make a mistake

traspiración = **transpiración**

traspirar = **transpirar**

traspirenaico, -a = **transpirenaico**

trasplantar, transplantar *vt* (**a**) *(órgano)* to transplant; **le han trasplantado el hígado** he's had a liver transplant (**b**) *(planta)* to transplant

trasplante, transplante *nm* transplant ▫ ***t. de corazón*** heart transplant; ***t. de órganos*** organ transplant

trasponer, transponer [50] **1** *vt* (**a**) *(cambiar)* to switch (**b**) *(desaparecer detrás de)* to disappear behind

2 trasponerse *vpr* (**a**) *(adormecerse)* to doze off (**b**) *(ocultarse)* to disappear; *(sol)* to set

trasportín *nm (rejilla)* rear rack *(on bike)*; *(caja)* = container carried on rear rack

trasposición, transposición *nf* transposition

traspuesto, -a, transpuesto, -a *adj (dormido)* **estar t.** to be dozing; **quedarse t.** to doze off

trasquilado, -a *adj* **salir t.** to come off badly

trasquilar *vt* (**a**) *(esquilar)* to shear (**b**) *Fam* **me trasquilaron (el pelo)** they gave me a terrible haircut

trasquilón *nm Fam* **hacerle un t. a alguien** *(cortar el pelo)* to give sb a terrible haircut

trastabillar *vi* to stagger

trastabillón *nm Am* slip, stumble

trastada *nf Fam (travesura)* prank; **hacer trastadas** to play pranks; **hacer una t. a alguien** *(una jugarreta)* to play a dirty trick on sb

trastazo *nm* bump, bang; **darse** *o* **pegarse un t.** to bang *o* bump oneself

traste *nm* (**a**) *Mús* fret (**b**) *Am Fam (trasero)* bottom (**c**) EXPR **dar al t. con algo** to ruin sth; **irse al t.** to fall through

trasteado *nm Mús* frets

trastear 1 *vi* (**a**) *(mudar trastos)* to move things around (**b**) *(hacer travesuras)* to play pranks

2 *vt* (**a**) *Taurom* to tease with the red cape (**b**) *Fam (manejar)* to manipulate

trastero 1 *adj* **cuarto t.** lumber room

2 *nm* lumber room

trastienda *nf* backroom

trasto *nm* (**a**) *(utensilio inútil)* piece of junk; **trastos** junk; EXPR **tirarse los trastos a la cabeza** to have a flaming row (**b**) *Fam (persona traviesa)* menace, nuisance (**c**) *Fam (persona inútil)* **t. (viejo)** dead loss (**d**) *Fam* **trastos** *(pertenencias, equipo)* things, stuff

trastocar [67] **1** *vt* (**a**) *(cambiar)* to turn upside down; **este retraso me trastoca todos los planes** this delay has disrupted *o* upset all my plans (**b**) *(enloquecer)* **t. a alguien** to drive sb mad, to unbalance sb's mind

2 trastocarse *vpr (enloquecer)* to go mad

trastornado, -a *adj (loco, desequilibrado)* disturbed, unbalanced

trastornar 1 *vt* (**a**) *(volver loco)* to drive mad (**b**) *(inquietar)* to worry, to trouble (**c**) *(alterar) (planes, orden)* to disrupt; *(vida)* to turn upside down; **el cambio de trabajo lo trastornó mucho** the change of job caused him a lot of disruption (**d**) *(estómago)* to upset

2 trastornarse *vpr (volverse loco)* to go mad

trastorno *nm* (**a**) *(mental)* disorder; *(digestivo)* upset (**b**) *(alteración)* **causar trastornos** *o* **un t.** *(huelga, nevada)* to cause trouble *o* disruption; *(guerra)* to cause upheaval; **ven cuando quieras, no me**

causa ningún t. come whenever you like, you won't be putting me out

trastrocar [67] **1** *vt* (**a**) *(cambiar de orden)* to mix up (**b**) *(cambiar de sentido)* to change
2 trastrocarse *vpr* (**a**) *(cambiar de orden)* to get mixed up (**b**) *(cambiar de sentido)* to change

trasuntar *vt Am* (**a**) *(copiar)* to copy, to transcribe (**b**) *(compendiar)* to summarize

trasvasar *vt* (**a**) *(líquido)* to decant (**b**) *(agua de río)* to transfer

trasvase *nm* (**a**) *(de líquido)* decanting (**b**) *(entre ríos)* transfer

trasversal, trasverso *etc* = **transversal, transverso** *etc*

trata *nf (de esclavos)* slave trade ▫ ***t. de blancas*** white slave trade

tratable *adj* easy-going, friendly

tratadista *nmf* treatise writer, essayist

tratado *nm* (**a**) *(convenio)* treaty ▫ ***T. de Libre Comercio*** *(entre EE.UU., Canadá y México)* NAFTA Treaty; ***el T. de Roma*** the Treaty of Rome (**b**) *(escrito)* treatise

tratamiento *nm* (**a**) *(de paciente, problema)* treatment; **estoy en t.** I'm receiving treatment ▫ ***t. capilar*** hair restoration treatment; ***t. de choque:*** **le administraron un t. de choque a base de vitaminas y hierro** he was given massive doses of vitamins and iron; ***t. del dolor*** pain relief; ***t. de residuos*** waste treatment *o* processing
(**b**) *(título)* form of address; **apear el t. a alguien** to address sb more informally
(**c**) *Informát* processing ▫ ***t. de datos*** data processing; ***t. de imagen*** image processing; ***t. por lotes*** batch processing; ***t. de textos*** word processing

tratante *nmf* dealer ▫ ***t. de blancas*** white slave trader; ***t. de vinos*** wine merchant

---

TRATAR **1** *vt* (**a**) *(portarse con, manejar)* to treat; **¿qué tal os trataron?** how were you treated?; **hay que t. ese asunto con cuidado** this matter needs to be dealt with carefully; **no la tratéis tan mal** don't be so nasty to her; **te dejo los discos, pero trátamelos bien** I'll let you borrow the records, but look after them *o* be careful with them for me
(**b**) *(paciente, enfermedad, herida)* to treat; **la están tratando de cáncer, le están tratando un cáncer** she's being treated for cancer
(**c**) *(someter a un proceso) (agua, sustancia, tejido, alimento)* to treat
(**d**) *Informát (datos, información)* to process
(**e**) *(discutir)* to discuss; **eso lo tienes que t. con el jefe** that's something you'll have to discuss with the boss
(**f**) *(llamar, dirigirse a)* **t. a alguien de usted/tú** = to address sb using the "usted" form/the "tú" form; **no me trates de señor** don't call me mister; **t. a alguien de tonto** to call sb an idiot
(**g**) *(tener relación con)* to have dealings *o* contact with; **era compañera de clase pero la traté muy poco** she was in my class, but I didn't have much to do with her
2 *vi* (**a**) *(intentar)* **t. de hacer algo** to try to do sth; **trata de comprenderlo, por favor** please try to understand; **trataré de no equivocarme** I'll try not to get it wrong; **sólo trataba de que estuvieras más cómodo** I was only trying to make you more comfortable
(**b**) *(versar)* **t. de** *o* **sobre** to be about; **¿de qué trata el documental?** what's the documentary about *o* on?; **la ponencia trata sobre contaminación acústica** the paper is about *o* on noise pollution
(**c**) *(tener relación)* **en mi trabajo tengo que t. con todo tipo de gente** I deal with all sorts of people in my job; **trata con gente muy rara** she mixes with some very strange people
(**d**) *(comerciar)* to deal (**en** in)
3 tratarse *vpr* (**a**) *(relacionarse)* **en mi trabajo me trato con todo tipo de gente** I deal with all sorts of people in my job; **se trata con gente muy rara** she mixes with some very strange people; **no se trata con su padre** he has no contact with his father
(**b**) *(considerado incorrecto) (versar)* **tratarse de** to be about; **¿de qué se trata?** *(libro, película)* what's it about?
(**c**) *(ser cuestión de, ser el caso de)* **tratarse de** to be a question *o* matter of; **se trata de encontrar una solución** it's a question of finding a solution, what we have to do is find a solution; **necesito hablar contigo — ¿de qué se trata?** I need to talk to you — what about?; **¿problemas con la familia? — no, no se trata de eso** are you having problems with your family? — no, that's not it; **tratándose de él, haremos una excepción** we'll make an exception in his case *o* seeing as it's him; **se trata de un hombre moreno de mediana estatura** he's a dark man of average height
(**d**) *(mutuamente)* **se tratan fatal (el uno al otro)** they're horrible to each other; **tratarse de usted/tú** = to address each other using the "usted" form/the "tú" form
(**e**) *(sujeto: enfermo, paciente)* to be treated (**de** for)

---

tratativas *nfpl Chile, RP* negotiation

trato *nm* (**a**) *(comportamiento, conducta)* treatment; **le dan muy buen t.** they treat him very well; **de t. agradable** pleasant; **malos tratos** battering *(of child, wife)* (**b**) *(relación)* dealings; **tener t. con** to associate with, to be friendly with ▫ ***t. carnal*** sexual relations (**c**) *(acuerdo)* deal; **cerrar** *o* **hacer un t.** to do *o* make a deal; **no querer tratos con alguien** to want (to have) nothing to do with sb; **¡t. hecho!** it's a deal! (**d**) *(tratamiento)* title, term of address

trauma *nm* trauma

traumático, -a *adj* traumatic

traumatismo *nm* traumatism

traumatizante *adj* traumatic

traumatizar [14] **1** *vt* to traumatize
2 traumatizarse *vpr* to be devastated

traumatología *nf* traumatology

traumatólogo, -a *nm,f* traumatologist

travellers ['traβelers] *nmpl* travellers' cheques

travelling ['traβelin] (*pl* **travellings**) *nm Cine* travelling shot

través *nm* (**a**) **a t. de** *(de un lado a otro de)* across, over; *(por, por medio de)* through; **lo supe a t. de Marta** I learnt of it through *o* from Marta (**b**) **de t.** *(transversalmente)* crossways; *(de lado)* crosswise, sideways; *Fig* **mirar de t.** to give a sidelong glance

travesaño *nm* (**a**) *Arquit* crosspiece (**b**) *(peldaño)* rung (**c**) *Dep* crossbar

travesero, -a *adj* **flauta travesera** flute

travesía *nf* (**a**) *(viaje) (por mar)* voyage, crossing; *(por aire)* flight (**b**) *(calle) (entre otras dos)* cross-street, connecting street; *(en pueblo)* = main road through a town

travesti (*pl* **travestis** *o* **travestíes**), **travestí** (*pl* **travestís** *o* **travestíes**) *nmf*, **travestido, -a** *nm,f* transvestite

travestirse [47] *vpr* to cross-dress

travestismo *nm* transvestism

travesura *nf* prank; **hacer travesuras** to play pranks, to get up to mischief

traviesa *nf Ferroc Br* sleeper, *US* tie *(on track)*

travieso, -a 1 *adj* mischievous
2 *nm,f* mischievous person; **este niño es un t.** this boy is really mischievous

trayecto *nm* (**a**) *(distancia)* distance; *(ruta)* route; **final de t.** end of the line (**b**) *(viaje)* journey, trip

trayectoria *nf* (**a**) *(recorrido)* trajectory, path (**b**) *(evolución)* path, development ▫ ***t. profesional*** career

traza *nf* (**a**) *(aspecto)* appearance; **tener** *o* **llevar trazas de hacer algo** to show signs of doing sth (**b**) *(boceto, plano)* plan, design (**c**) *(habilidad)* **tener buena/mala t. (para algo)** to be good/no good (at sth) (**d**) *Ven (polilla)* carpet moth

trazado, -a 1 *adj* designed, laid out
2 *nm* (**a**) *(trazo)* outline, sketching (**b**) *(diseño)* plan, design (**c**) *(recorrido)* route

trazador *nm* (**a**) *Informát* **t. de gráficos** plotter (**b**) *(sustancia marcadora)* tracer ▫ ***t. radiactivo*** tracer

trazar [14] *vt* (**a**) *(dibujar)* to draw, to trace; *(ruta)* to plot (**b**) *(indicar, describir)* to outline; **t. un paralelismo entre dos cosas** to draw parallels between two things (**c**) *(idear)* to draw up

trazo *nm* (**a**) *(de dibujo, rostro)* line (**b**) *(de letra)* stroke

trébol *nm* (**a**) *(planta)* clover ▫ ***t. de cuatro hojas*** four-leaf clover (**b**) *(naipe)* club; **tréboles** clubs

trece *núm* thirteen; EXPR **se mantuvo** *o* **siguió en sus t.** she stuck to her guns; *ver también* **seis**

treceavo, -a *núm (fracción)* thirteenth; **la treceava parte** a thirteenth; *ver también* **sexto**

trecho *nm* (**a**) *(espacio)* distance; *(tiempo)* time, while; **aún queda un buen t. para llegar** there's still quite a way to go until we get there; **de t. en t.** every so often (**b**) *(tramo)* stretch

tregua *nf* (**a**) *(en guerra)* truce (**b**) *(descanso, respiro)* respite

treinta *núm* thirty; **los (años) t.** the thirties; *ver también* **seis**

treintañero, -a *adj & nm,f Fam* thirtysomething

treintavo, -a *núm (fracción)* thirtieth; **la treintava parte** a thirtieth

treintena *nf* thirty; **andará por la t.** he must be about thirty; **una t. de...** *(unos treinta)* about thirty...; *(treinta)* thirty...

trekking ['trekin] *nm* hiking

tremebundo, -a *adj* terrifying

tremedal *nm* quagmire

tremenda *nf* **tomar** *o* **tomarse algo a la t.** to overreact to sth

tremendismo *nm* (**a**) *(exageración)* alarmism (**b**) *Lit* = gloomy Spanish post-war realism

tremendista *adj & nmf (exagerado)* alarmist

tremendo, -a *adj* (**a**) *(enorme)* tremendous, enormous; **una caída/un éxito t.** a spectacular fall/success (**b**) *(horrible)* terrible; **un espectáculo t.** terrible *o* horrific sight; **tengo un dolor de cabeza t.** I've got a terrible headache (**c**) *(enfadado)* **ponerse t.** to get very angry (**d**) *(increíble)* **¡ese niño es t.!** that boy is unbelievable!; **cuando se enfada es t.** he's really scary when he gets angry

trementina *nf* turpentine

trémolo *nm Mús* tremolo

trémulo, -a *adj (voz)* trembling; *(luz)* flickering

tren *nm* (**a**) *(vehículo)* train; **el t. en Suiza funciona muy bien** the railways in Switzerland are very efficient; **ir en t.** to go by rail *o* train; EXPR **ir a buen t.** to be going well; EXPR **perder el t.** to miss the boat; EXPR **subirse al t.** to climb on the bandwagon; EXPR *Fam* **estar como (para parar) un t.** to be really gorgeous; *Fam* EXPR **nos dieron comida como para parar un t.** they gave us enough food to feed an army ▫ ***t. de alta velocidad*** high-speed train; ***t. de carga*** freight *o* goods train; ***t. de cercanías*** local train, suburban train; ***t. correo*** mail train; ***t. de cremallera*** rack *o* cog railway train; ***t. directo*** through train; ***t. expreso*** express train; ***t. de largo recorrido*** long-distance train; ***t. de mercancías*** freight *o* goods train; ***t. mixto*** passenger and goods train; ***t. semidirecto*** = through train, a section of which becomes a stopping train

(**b**) *Tec* line ▫ ***t. de aterrizaje*** undercarriage, landing gear; ***t. desbastador*** roughing mill; ***t. de lavado*** car wash

(**c**) *(estilo)* EXPR **vivir a todo t.** to live in style ▫ ***t. de vida*** lifestyle

trena *nf muy Fam* slammer, *Br* nick, *US* pen

trenca *nf* duffle coat

trence *etc ver* **trenzar**

trencilla *nm Dep Fam* ref

trenza *nf* (**a**) *(de pelo)* plait; *(de fibras)* braid (**b**) *(dulce)* = sweet bun made of plaited dough (**c**) *RP (pelea)* quarrel, fight

trenzado, -a 1 *adj* plaited

2 *nm* (**a**) *(peinado)* plait (**b**) *(en danza)* entrechat

trenzar [14] **1** *vt* (**a**) *(pelo)* to plait (**b**) *(fibras)* to braid

2 trenzarse *vpr RP (enredarse, enzarzarse)* to get involved; **trenzarse en una pelea** to get into a fight

trepa *nmf Fam Pey* social climber

trepado *nm (en papel)* perforations

trepador, -ora 1 *adj* **planta trepadora** climbing plant

2 *nm,f Fam* social climber

trepanación *nf* trepanation

trepanar *vt* to trepan

trépano *nm* (**a**) *Med* trephine (**b**) *(perforadora)* drill

trepar 1 *vt* to climb

2 *vi* (**a**) *(subir)* to climb; **t. a un árbol** to climb a tree (**b**) *Fam (medrar)* to be a social climber; **trepó en la empresa descaradamente** she quite unashamedly climbed the company ladder

trepidación *nf* shaking, vibration

trepidante *adj* (**a**) *(rápido, vivo)* frenetic (**b**) *(que tiembla)* shaking, vibrating

trepidar *vi* (**a**) *(vibrar)* to shake, to vibrate (**b**) *Chile (vacilar)* to hesitate, to waver

tres *núm* three; **a la de t.** on the count of three; EXPR *Fam* **de t. al cuarto** cheap, third-rate; EXPR **t. cuartos de lo mismo** the same thing; EXPR *Fam* **no ver t. en un burro** to be as blind as a bat; EXPR *Fam* **no le convencimos ni a la de t.** there was no way we could convince him ▫ ***t. cuartos*** *(abrigo)* three-quarter-length coat; ***t. en raya*** *Br* noughts and crosses, *US* tick-tack-toe; *ver también* **seis**

trescientos, -as *núm* three hundred; *ver también* **seis**

tresillo *nm* (**a**) *(sofá)* three-piece suite (**b**) *(juego de naipes)* ombre, = card game (**c**) *Mús* triplet

treta *nf (engaño)* ruse, trick

trezavo, -a *núm* thirteenth; *ver también* **sexto**

tri- *prefijo* tri-

tríada *nf* triad

trial *nm Dep* trial ▫ ***t. indoor*** indoor trial

triangular *adj* triangular

triángulo *nm* (**a**) *Mat & Mús* triangle ▫ ***el t. de las Bermudas*** the Bermuda Triangle; ***t. equilátero*** equilateral triangle; ***t. escaleno*** scalene triangle; ***t. isósceles*** isosceles triangle; ***t. rectángulo*** right-angled triangle (**b**) *Fam* ***t. amoroso*** love triangle

triásico *Geol* **1** *adj* Triassic

2 *nm* **el t.** the Triassic (period)

triatlón *nm Dep* triathlon

tribal *adj* tribal

tribalismo *nm* tribalism

tribu *nf* tribe ▫ ***t. urbana*** = identifiable social group, such as punks or yuppies, made up of young people living in urban areas

tribulación *nf* tribulation

tribuna *nf* (**a**) *(estrado)* rostrum, platform; *(del jurado)* jury box (**b**) *Dep (localidad)* stand; *(graderío)* grandstand ▫ ***t. de prensa*** press box (**c**) *Prensa* ***t. libre*** open forum

tribunal *nm* (**a**) *(de justicia)* court; **llevar a alguien/acudir a los tribunales** to take sb/go to court ▫ ***T. de Apelación*** Court of Appeal; ***T. Constitucional*** Constitutional Court; ***T. de Cuentas*** *(español)* ≃ National Audit Office; *(europeo)* Court of Audit; ***T. Internacional de Justicia*** International Court of Justice; ***el T. Supremo*** *Br* ≃ the High Court, *US* ≃ the Supreme Court; ***T. Tutelar de Menores*** Juvenile Court (**b**) *(de examen)* board of examiners; *(de concurso)* panel

tribuno *nm* (**a**) *Hist* tribune (**b**) *(orador)* orator

tributable *adj* taxable

tributación *nf* (**a**) *(impuesto)* tax (**b**) *(sistema)* taxation

tributar 1 *vt (homenaje)* to pay; **t. respeto/admiración a** to have respect/admiration for

2 *vi (pagar impuestos)* to pay taxes

tributario, -a 1 *adj* tax; **sistema t.** tax system; **derecho t.** tax law

2 *nm,f* taxpayer

3 *nm (río)* tributary

tributo *nm* (**a**) *(impuesto)* tax (**b**) *(precio, sacrificio)* price (**c**) *(homenaje)* tribute; **rendir t. a alguien** to pay tribute to sb

tricampeón, -ona *nm,f* three-times champion

tricéfalo, -a *adj* three-headed

tricentenario *nm* tricentenary

tríceps *nm inv* triceps

triciclo *nm* tricycle

tricolor 1 *adj* tricolour, three-coloured

2 *nf* tricolour

tricornio *nm* three-cornered hat

tricot *nm inv* knitting

tricotar *vt & vi* to knit

tricotosa *nf* knitting machine

tricromía *nf Imprenta* trichromatism

tridente *nm* trident

tridimensional *adj* three-dimensional, 3-D

trienal *adj* triennial, three-yearly

trienio *nm* (**a**) *(tres años)* three years (**b**) *(paga)* = three-yearly salary increase

trifásico, -a *adj Elec* three-phase

trifulca *nf Fam* row, squabble

trifurcarse [59] *vpr* to branch into three

trigal *nm* wheat field

trigémino, -a 1 *adj Anat* trigeminal

2 *nm Anat* trigeminal nerve

trigésimo, -a *núm* thirtieth; *ver también* **sexto**

trigo *nm* wheat

trigonometría *nf* trigonometry

trigueño, -a *adj (tez)* olive; *(cabello)* corn-coloured

triguero, -a *adj* (**a**) *(del trigo)* wheat (**b**) **espárrago t.** wild asparagus

trilero, -a *nm,f Fam* = person who runs a game such as find-the-lady, the shell game etc, in which people bet on guessing the correct card, shell etc out of three

trilingüe *adj* trilingual

trilita *nf* trinitrotoluene, TNT

trilla *nf* (**a**) *Agr (acción)* threshing (**b**) *Agr (tiempo)* threshing time *o* season (**c**) *Andes, PRico Fam (paliza)* thrashing, beating

trillado, -a *adj Fam (poco original)* well-worn, trite

trillador, -ora 1 *adj* threshing
2 *nm,f (persona)* thresher

trilladora *nf (máquina)* threshing machine

trillar *vt* (**a**) *Agr* to thresh (**b**) *Fam (idea)* to overuse

trillizo, -a *nm,f* triplet

trillo *nm* (**a**) *(instrumento)* thresher (**b**) *CAm, Carib (vereda)* path

trillón *nm Br* trillion, *US* quintillion; *ver también* **seis**

trilobite *nm* trilobite

trilogía *nf* trilogy

trimarán *nm* trimaran

trimestral *adj* three-monthly, quarterly; **exámenes/notas trimestrales** end-of-term exams/marks

trimestralmente *adv* quarterly, every three months

trimestre *nm* (**a**) *(tres meses)* three months, quarter (**b**) *Educ* term; **primer/segundo/tercer t.** autumn/winter/spring term

trimotor 1 *adj* three-engined
2 *nm* three-engined aeroplane

trinar *vi* to chirp, to warble; EXPR *Fam* **está que trina** she's fuming

trinca *nf* (**a**) *(trío)* trio (**b**) *Chile (juego)* pitching pennies

trincar [59] *vt Fam (agarrar)* to grab; **han trincado al ladrón** they've caught the thief

trincha *nf* strap

trinchar *vt* to carve

trinche *nm Andes, Méx (tenedor)* fork

trinchera *nf* (**a**) *Mil* trench (**b**) *(abrigo)* trench coat

trinchero, -a 1 *adj* carving
2 *nm* carving board

trineo *nm (pequeño)* sledge; *(grande)* sleigh

Trinidad *nf* (**a**) **la (Santísima) T.** the (Holy) Trinity (**b**) ***T. y Tobago*** Trinidad and Tobago

trinitaria *nf* wild pansy, heartsease

trinitario, -a *adj & nm,f Rel* Trinitarian

trinitrotolueno *nm* trinitrotoluene

trino *nm* (**a**) *(de pájaros)* chirp, warble; **se oía el t. de los pájaros** you could hear the birds chirping *o* warbling (**b**) *Mús* trill

trinomio *nm Mat* trinomial

trinque[1] *etc ver* **trincar**

trinque[2] *nm Am* liquor

trinquete *nm* (**a**) *Náut* foremast (**b**) *Tec (lengüeta)* pawl

trío *nm (en general)* trio; *(de naipes)* three of a kind

tripa *nf* (**a**) *Fam (barriga)* gut, belly; **está echando t.** he's getting a pot belly *o* a bit of a gut (**b**) *(intestino)* gut, intestine; EXPR *Fam* **echar las tripas** to throw up, to puke; EXPR *Fam* **revolverle las tripas a alguien** to turn sb's stomach; EXPR *Fam* **hacer de tripas corazón** to pluck up one's courage; EXPR *Fam* **¿qué t. se te ha roto?** what's up with you, then?, what's bugging you? (**c**) *Fam* **tripas** *(interior)* insides

tripanosoma *nm Med* trypanosome

tripanosomiasis *nf Med* trypanosomiasis

tripartito, -a *adj* tripartite

tripero, -a *nm,f* (**a**) *(vendedor)* tripe seller (**b**) *Fam (glotón)* pig, greedy guts

tripi *nm muy Fam (de LSD)* tab

triple 1 *adj* triple ▫ ***la t. corona*** *(en rugby)* the Triple Crown; ***t. salto*** triple jump
2 *nm* (**a**) *(tres veces)* **el t.** three times as much; **el t. de gente/libros** three times as many people/books; **el t. de grande/bueno** three times as big/good (**b**) *Elec* three-way adapter (**c**) *(en baloncesto)* three-pointer

triplicación *nf* tripling, trebling

triplicado *nm* second copy, triplicate; **por t.** in triplicate

triplicar [59] **1** *vt* to triple, to treble
2 triplicarse *vpr* to triple, to treble

triplo *nm Mat* **12 es el t. de 4** 12 is 4 multiplied by 3

trípode *nm* tripod

Trípoli *n* Tripoli

tripón, -ona, tripudo, -a *nm,f Fam* paunchy person; **ser un t.** to be paunchy

tríptico *nm* (**a**) *Arte* triptych (**b**) *(folleto)* leaflet *(folded twice to form three parts)*

triptongo *nm Gram* triphthong

tripudo, -a = **tripón**

tripulación *nf* crew ▫ ***t. de tierra*** ground crew; ***t. de vuelo*** flight crew

tripulado, -a *adj* manned; **no t.** unmanned

tripulante *nmf* crew member

tripular *vt* (**a**) *(conducir) (avión)* to fly; *(barco)* to steer (**b**) *Chile (mezclar)* to mix

trique *nm Col, Cuba (juego) Br* noughts and crosses, *US* tick-tack-toe

triquina *nf Med* trichina

triquinosis *nf inv Med* trichinosis

triquiñuela *nf Fam (truco)* trick, ruse

triquitraque *nm (apagado)* creaking; *(fuerte)* rattling

tris: en un tris *loc adv* EXPR **estar en un t. de** to be within a whisker of

trisílabo, -a *Gram* **1** *adj* trisyllabic
2 *nm* three-syllable word

trisomía *nf Biol* trisomy

trisque *etc ver* **triscar**

triste *adj* (**a**) *(sin alegría)* sad; *(día, tiempo, paisaje)* gloomy, dreary; *(color, vestido, luz)* dull; **no te pongas t.** don't be sad; **tiene los ojos tristes** she has sad eyes; **es t. que...** it's a shame *o* pity that...
(**b**) *(humilde)* poor; **un t. viejo** a poor old man; **no es más que un t. empleado** he's nothing but a humble worker
(**c**) *(insignificante)* **un t. sueldo** a miserable salary; **es un t. consuelo** it's small consolation, it's cold comfort; **ni un t....** not a single...; **ni una t. excusa** not one single excuse; **no tengo ni una t. radio** I haven't even got a radio
(**d**) *(deplorable)* deplorable; **es t. que tenga que aguantar sus comentarios** it's deplorable that she should have to put up with his remarks
(**e**) *(doloroso)* sorry, sorry-looking; **tiene un aspecto t.** he's a sorry sight

tristemente *adv* sadly

tristeza *nf (en general)* sadness; *(de paisaje, día)* gloominess, dreariness; *(de color, vestido, luz)* dullness; **no me cuentes tus tristezas** I don't want to hear all your woes

tristón, -ona *adj* rather sad *o* miserable

tritio *nm Fís* tritium

tritón *nm* newt

trituración *nf* grinding, crushing

triturador *nm (de basura)* waste-disposal unit; *(de papeles)* shredder; *(de ajos)* garlic press

trituradora *nf* crushing machine, grinder ▫ ***t. de basura*** waste-disposal unit

triturar *vt* (**a**) *(moler, desmenuzar)* to crush, to grind; *(papel)* to shred; *Fig (destrozar)* to crush; *Fig* **¡como lo pille, lo trituro!** if I get my hands on him, I'll make mincemeat of him! (**b**) *(mascar)* to chew

triunfador, -ora 1 *adj* winning, victorious; **resultar t.** to win
2 *nm,f* winner

triunfal *adj* triumphant

triunfalismo *nm* triumphalism

triunfalista *adj* triumphalist

triunfante *adj* victorious; **salir t.** to win, to emerge triumphant *o* victorious

triunfar *vi* (**a**) *(vencer)* to win, to triumph; **nuestro partido triunfó en las elecciones** our party won the elections (**b**) *(tener éxito)* to succeed, to be successful

triunfo *nm* (**a**) *(victoria)* triumph; *(en encuentro, elecciones)* victory, win; *Fam* **le costó un t. hacerlo** it was a great effort for him to do it (**b**) *(en juegos de naipes)* trump; **sin t.** no trump

triunvirato *nm* triumvirate

triunviro *nm* triumvir

trivial *adj* trivial

trivialidad *nf* triviality

trivializar [14] *vt* to trivialize

trizas *nfpl* **hacer t. algo** *(hacer añicos)* to smash sth to pieces; *(desgarrar)* to tear sth to shreds; **hacer t. a alguien** *(destrozar)* to destroy sb; *(criticar)* to tear *o* pull sb to pieces; *Fig* **estar hecho t.** *(persona)* to be shattered

trocar [67] **1** *vt* (**a**) *(transformar)* **t. algo (en algo)** to change sth (into sth) (**b**) *(intercambiar)* to swap, to exchange (**c**) *(malinterpretar)* to mix up
2 trocarse *vpr (transformarse)* to change (**en** into)
trocear *vt* to cut up (into pieces)
trocha *nf Am* path
troche: a troche y moche *loc adv* haphazardly
trofeo *nm* trophy ▫ ***t. de caza*** trophy
trófico, -a *adj Biol* **la cadena trófica** the food chain
troglodita 1 *adj* (**a**) *(cavernícola)* cave-dwelling (**b**) *Fam (bárbaro, tosco)* rough, brutish
2 *nmf* (**a**) *(cavernícola)* cave dweller (**b**) *Fam (bárbaro, tosco)* brute
troika *nf* troika
troj, troje *nf* granary
trola *nf Fam (mentira)* fib
trole *nm* trolley
trolebús (*pl* **trolebuses**) *nm* trolleybus
trolero, -a *Fam* **1** *adj* **ser t.** to be a fibber
2 *nm,f* fibber
tromba *nf* waterspout; *Fig* **entrar en t.** to burst in ▫ ***t. de agua*** heavy downpour
trombo *nm Med* thrombus
trombón *nm* (**a**) *(instrumento)* trombone ▫ ***t. de varas*** slide trombone (**b**) *(músico)* trombonist
trombosis *nf inv Med* thrombosis
trompa 1 *nf* (**a**) *(de elefante)* trunk; *(de oso hormiguero)* snout; *(de insecto)* proboscis (**b**) *Anat* tube ▫ ***t. de Eustaquio*** Eustachian tube; ***t. de Falopio*** Fallopian tube (**c**) *(instrumento)* horn (**d**) *(músico)* horn player (**e**) *Fam (borrachera)* **coger** *o* **pillar una t.** to get plastered
2 *adj Fam (borracho)* plastered
trompada *nf Fam* thump, punch
trompazo *nm* bang; **darse** *o* **pegarse un t. con algo** to bang into sth
trompear *Am Fam* **1** *vt* to thump, to punch
2 trompearse *vpr* to have a scrap *o* fight
trompeta 1 *nf* (**a**) *(instrumento)* trumpet (**b**) *(planta)* trumpet vine
2 *nmf* trumpeter
trompetazo *nm (de trompeta)* trumpet blast; *(de corneta)* bugle blast
trompetero 1 *adj (mosquito)* whining
2 *nm (pez)* boarfish
trompetilla *nf* ear trumpet
trompetista *nmf* trumpeter
trompicar *vi* to stumble
trompicón *nm (tropezón)* stumble; **dar un t.** to stumble; **a trompicones** in fits and starts
trompo *nm* (**a**) *(peonza)* spinning top (**b**) *(giro)* spin
trompudo, -a *adj Am* (**a**) *(de labios gruesos)* thick-lipped (**b**) *(malhumorado)* bad-tempered
trona *nf* high chair
tronada *nf* thunderstorm
tronado, -a *adj Fam (loco)* crazy
troncal *adj* **asignatura t.** compulsory *o* core subject; **carretera t.** trunk road
troncha *nf Am* (**a**) *(tajada)* chunk, piece (**b**) *Fam (suerte)* good luck
tronchante *adj Fam* hilarious
tronchar 1 *vt (partir)* to snap
2 troncharse *vpr* (**a**) *(partirse)* to snap (**b**) *Fam* **troncharse (de risa)** to split one's sides laughing
troncho *nm (de lechuga)* heart
tronco[1] *nm* (**a**) *(de árbol)* trunk; *(talado y sin ramas)* log; EXPR *Fam* **dormir como un t.** to sleep like a log (**b**) *(dulce)* **t. (de Navidad)** yule log (**c**) *Univ* ***t. común*** compulsory subjects (**d**) *(de persona)* trunk (**e**) *Geom* ***t. de cono*** truncated cone
tronco[2], **-a** *nm,f Esp Fam* (**a**) *(hombre)* pal, *Br* mate (**b**) *(mujer)* **mira, tronca, yo solo te digo que no te aguanto** look, darling, what I'm telling you is that I can't stand you; **¿qué tal, t.?** how's it going?
tronera *nf* (**a**) *Arquit & Hist* embrasure (**b**) *(en billar)* pocket
tronío *nm Fam* (**a**) *(despilfarro)* **comportarse/vivir con muchto t.** to throw one's money around (**b**) *(gracia)* style; **tener mucho t.** to have style
trono *nm* throne; **subir al t.** to ascend the throne
tropa *nf* (**a**) *Mil (no oficiales)* rank and file; **tropas** *(ejército)* troops ▫ ***tropas de asalto*** assault troops (**b**) *Fam (multitud)* troop, flock (**c**) *RP (ganado)* herd, drove (**d**) *RP (caravana de ganado)* convoy
tropecientos, -as *adj Fam* hundreds (and hundreds) of, umpteen
tropel *nm* (**a**) *(de personas)* mob, crowd; **en t.** in a mad rush, en masse (**b**) *(de cosas)* mass, heap
tropelía *nf* atrocity
tropero *nm RP* cattle drover
tropezar [17] **1** *vi* (**a**) *(trompicar)* to trip *o* stumble (**con** on) (**b**) *(toparse)* **t. con** *(problema, persona)* to run into, to come across
2 tropezarse *vpr Fam (encontrarse)* to bump into each other, to come across one another; **tropezarse con alguien** to bump into sb
tropezón *nm* (**a**) *(tropiezo)* trip, stumble; **dar un t.** to trip up, to stumble; **a tropezones** *(hablar)* haltingly; *(moverse)* in fits and starts (**b**) *Fig (desacierto)* slip-up, blunder (**c**) *Culin* **tropezones** = finely chopped ham, boiled egg etc added as a garnish to soups or other dishes
tropical *adj* tropical
trópico *nm* tropic ▫ ***t. de Cáncer*** Tropic of Cancer; ***t. de Capricornio*** Tropic of Capricorn
tropiece *etc ver* **tropezar**
tropiezo 1 *ver* **tropezar**
2 *nm* (**a**) *(tropezón)* trip, stumble; **dar un t.** to trip up, to stumble (**b**) *(impedimento)* obstacle, stumbling block; *(revés)* setback; **tener un t.** to suffer a setback (**c**) *(discusión)* run-in; **tener un t. con alguien** to have a run-in with sb (**d**) *(equivocación)* blunder, slip-up; **tener un t.** to make a mistake
tropismo *nm Biol* tropism
tropo *nm* figure of speech, trope
troposfera *nf* troposphere
troqué *etc ver* **trocar**
troquel *nm* die
troquelado *nm* (**a**) *(acuñado) (de moneda)* minting, striking; *(de medallas)* striking, die-casting (**b**) *Imprenta* forme *o* aperture cut
troquelar *vt (acuñar) (monedas)* to mint, to strike; *(medallas)* to strike, to die-cast
trotador, -ora *adj* trotting
trotamundos *nmf inv* globe-trotter
trotar *vi* (**a**) *(caballo, persona)* to trot (**b**) *Fam (andar mucho)* to dash *o* run around; *Fig* **ha trotado mucho** she's been around
trote *nm* (**a**) *(de caballo)* trot; **al t.** at a trot (**b**) *Fam (actividad)* **esa caminata fue mucho t. para mí** that walk was really hard going for me; **le he dado un buen t. a esta chaqueta** I've got good wear out of this jacket; **una tela de mucho t.** a hard-wearing material; EXPR **no estar para (estos) trotes** not to be up to it *o* to that kind of thing
trotskismo [tros'kismo] *nm* Trotskyism
trotskista [tros'kista] *adj & nmf* Trotskyite
troupe [trup, 'trupe] (*pl* **troupes**) *nf* troupe
trova *nf Lit* lyric
trovador *nm* troubadour
trovadoresco, -a *adj* troubadour; **la poesía trovadoresca** troubadour lyrics
Troya *n* Troy
troyano, -a *adj & nm,f* Trojan
trozo *nm (pedazo)* piece; *(de obra)* extract; *(de película)* snippet; *(de camino)* stretch; **hacer algo a trozos** to do sth bit by bit; **cortar algo en trozos** to cut sth into pieces
trucado, -a *adj* **una baraja/fotografía trucada** a trick deck/photograph; **dados trucados** *(cargados)* loaded dice; **el contador del gas estaba t.** the gas meter had been tampered with
trucaje *nm* trick effect ▫ ***t. fotográfico*** trick photography
trucar [59] *vt (contador)* to tamper with; *(motor)* to soup up; **esta baraja/fotografía está trucada** this is a trick deck/photograph
trucha *nf* (**a**) *(pez)* trout ▫ ***t. arcoiris*** rainbow trout; ***t. a la navarra*** = fried trout stuffed with ham (**b**) *CAm (tenderete)* stand, kiosk
truchero, -a *adj* **río t.** trout river
trucho, -a *adj RP Fam (falso)* bogus
truco *nm* (**a**) *(trampa, engaño)* trick; **la baraja no tiene t.** it's a perfectly normal pack of cards (**b**) *(habilidad, técnica)* knack; **pillarle el t. (a algo)** to get the knack (of

sth); **tiene t.** there's a knack to it; **no tiene t.** there's nothing to it ❑ ***t. publicitario*** advertising gimmick (**c**) *RP (juego de naipes)* = type of card game (**d**) *Chile (golpe)* punch, thump

truculencia *nf* horror, terror

truculento, -a *adj* horrifying, terrifying

Observa que la palabra inglesa **truculent** es un falso amigo y no es la traducción de la palabra española **truculento**. En inglés **truculent** significa "agresivo, airado".

trueco *etc ver* **trocar**

trueno 1 *ver* **tronar**
2 *nm* (**a**) *Meteo* clap of thunder; **truenos** thunder (**b**) *(ruido)* boom; **truenos** thunder

trueque 1 *ver* **trocar**
2 *nm* (**a**) *Com & Hist* barter (**b**) *(intercambio)* exchange, swap

trufa *nf* (**a**) *(hongo)* truffle (**b**) *(bombón)* truffle; **helado de t.** = dark chocolate ice cream

trufar *vt* to stuff with truffles

truhán, -ana 1 *adj* crooked
2 *nm,f* rogue, crook

trullo *nm muy Fam* slammer, *Br* nick, *US* pen

truncado, -a *adj Mat* truncated

truncamiento *nm* truncation

truncar [59] **1** *vt* (**a**) *(cortar) (rama)* to cut off; *(cono)* to truncate (**b**) *(frustrar) (vida, carrera)* to cut short; *(planes)* to spoil, to ruin; *(ilusiones)* to dash
2 truncarse *vpr (vida, carrera)* to be cut short; *(planes)* to be spoiled *o* ruined; *(ilusiones)* to be dashed

trunco, -a *adj Am* incomplete

truque *etc ver* **trucar**

trusa *nf Carib (traje de baño)* swimsuit

trust [trus(t)] (*pl* **trusts**) *nm* trust, cartel

TS *nm (abrev de* **Tribunal Supremo**) = Spanish Supreme Court

tsé-tsé *adj inv* **mosca t.** tsetse fly

tsunami *nm* tsunami

tu (*pl* **tus**) *adj posesivo* your; **tu casa** your house; **tus libros** your books

TÚ *pron personal*

Usually omitted in Spanish except for emphasis or contrast.

(**a**) *(sujeto)* you; **tú eres el más alto** you're the tallest; **¿quién dijo eso? — ¡tú!** who said that? — you did!; **nosotros estamos invitados, tú no** we're invited, but you're not *o* but not you; **tendrás que hacerlo tú mismo** you'll have to do it (all by) yourself; **he aprobado y tú también** I've passed and so have you; **tú te llamas Juan** you're called Juan, your name is Juan
(**b**) *(objeto, atributo)* you; **¿eres tú?** *(cuando llaman)* is it you?; **el invitado eres tú** you're the guest
(**c**) *(complemento con preposición o conjunción)* you; **es más alta que tú** she's taller than you; **trabaja tanto como tú** she works as hard as you (do); **entre tú y yo** between you and me, just between the two of us; **excepto/según tú** apart from/according to you; **hablar** *o* **tratar de tú a alguien** = to address sb as "tú", i.e. not using the formal "usted" form; **hablar con/tratar a alguien de tú a tú** to talk to/treat sb as an equal
(**d**) *(vocativo)* **¡eh, tú!** hey, you!; **¡tú, apártate!** you, get out of the way, get out of the way, you
(**e**) *(impersonal)* you; **tú cuando votas piensas que va a servir de algo** when you vote you think it's going to make a difference

tuareg *adj inv & nmf inv* Tuareg

tuba *nf* tuba

tuberculina *nf* tuberculin

tubérculo *nm* (**a**) *Bot* tuber, root vegetable (**b**) *(tumor)* tubercle

tuberculosis *nf inv* tuberculosis

tuberculoso, -a 1 *adj Med* tuberculous
2 *nm,f* tuberculosis sufferer, person with tuberculosis

tubería *nf* (**a**) *(cañería)* pipe; **t. de agua** water pipe; **t. principal** main (**b**) *(conjunto de cañerías)* pipes

tuberoso, -a *adj* tuberous

tubillón *nm* dowel

tubo *nm* (**a**) *(cilindro hueco)* tube; **un t. de cartón** a cardboard tube ❑ ***t. fluorescente*** fluorescent light strip; ***t. de rayos catódicos*** cathode ray tube
(**b**) *(tubería)* pipe ❑ ***t. del desagüe*** drainpipe; ***t. de escape*** exhaust (pipe)
(**c**) *(recipiente)* tube ❑ ***t. de ensayo*** test tube
(**d**) *Anat* tract ❑ ***t. digestivo*** digestive tract, alimentary canal
(**e**) *Esp Fam (de cerveza)* = tall glass of beer
(**f**) *Chile (rulo)* curl
(**g**) *RP (de teléfono)* receiver
(**h**) EXPR *Esp Fam* **comimos por un t.** we ate a hell of a lot; *Esp Fam* **tiene dinero por un t.** he's got loads of money; *RP Fam* **como por un t.** *(fácilmente)* easily; *RP Fam* **siempre le sale todo como por un t.** he never has any trouble with anything

tubular 1 *adj* tubular
2 *nm* bicycle tyre; **ganó por un t.** *(en esprint)* he won by the width of a tyre

túbulo *nm* tubule

tucán *nm* toucan

tucano, -a *adj & nm,f* Tucano

tuco, -a 1 *adj CAm, Ecuad, PRico* one-armed
2 *nm* (**a**) *CAm (tocayo)* namesake (**b**) *CAm, Ecuad, PRico (fragmento)* piece, fragment (**c**) *Perú (ave)* owl

tudesco, -a *adj & nm,f (alemán)* German

tuerca *nf* nut; EXPR **apretar las tuercas a alguien** to tighten the screws on sb

tuerce[1] *etc ver* **torcer**

tuerce[2] *nm Guat (mala suerte)* bad luck, misfortune

tuero *nm Guat (juego)* hide-and-seek

tuerto, -a 1 *adj (sin un ojo)* one-eyed; *(ciego de un ojo)* blind in one eye
2 *nm,f* **ser t.** *(sin un ojo)* to have only one eye; *(ciego de un ojo)* to be blind in one eye

tuerzo *etc ver* **torcer**

tueste *nm* roast ❑ ***t. natural*** medium roast; ***t. torrefacto*** dark roast

tuesto *etc ver* **tostar**

tuétano *nm* (**a**) *Anat* (bone) marrow (**b**) *Fig (meollo)* crux, heart; EXPR **hasta el t.** *o* **los tuétanos** to the core; EXPR **mojado hasta los tuétanos** soaked through *o* to the skin

tufarada *nf* waft

tufillas *nmf inv Fam* grouch

tufillo *nm* whiff

tufo *nm* (**a**) *Fam (mal olor)* stink, stench; **hay un t. a sudor horrible** it stinks of sweat (**b**) *(emanación)* vapour

tugurio *nm (casa)* hovel; *(bar)* dive

tul *nm* tulle

tula *nf (juego infantil)* tag

tulipa *nf* (**a**) *(tulipán)* tulip (**b**) *(de lámpara)* tulip-shaped lampshade

tulipán *nm* tulip

tullido, -a 1 *adj* paralysed, crippled
2 *nm,f* cripple

tullir *vt* to paralyse, to cripple

tumba *nf* (**a**) *(sepultura)* grave, tomb; *Fam* **a t. abierta** at breakneck speed; EXPR **ser (como) una t.** to be as silent as the grave (**b**) *Col, Cuba (tala)* felling

tumbadero *nm* (**a**) *Cuba, Méx, PRico (terreno)* clearing (**b**) *Ven (corral)* branding yard

tumbado *nm Ecuad* ceiling

tumbar 1 *vt* (**a**) *(derribar)* to knock over *o* down; *Fam Fig* **tiene un olor que tumba** it stinks to high heaven (**b**) *(reclinar)* **t. al paciente** lie the patient down (**c**) *Fam (suspender)* to fail
2 tumbarse *vpr* (**a**) *(acostarse)* to lie down (**b**) *(repantigarse)* to stretch out

tumbo *nm* jolt, jerk; **dar tumbos** *o* **un t.** *(vehículo)* to jolt, to jerk; **ir dando tumbos** *(al caminar)* to lurch along; *Fig (persona, vida)* to have a lot of ups and downs

tumbona *nf (en la playa)* deck chair; *(en el jardín)* (sun) lounger

tumefacción *nf* swelling

tumefacto, -a *adj* swollen

tumescencia *nf* swelling

tumor *nm* tumour ❑ ***t. benigno*** benign tumor; ***t. maligno*** malignant tumor

tumoración *nf* (**a**) *(tumor)* tumour (**b**) *(hinchazón)* lump, swelling

túmulo *nm* (**a**) *(sepulcro)* tomb (**b**) *(montecillo)* burial mound (**c**) *(catafalco)* catafalque

tumulto *nm* (**a**) *(disturbio)* riot, disturbance (**b**) *(alboroto)* uproar, tumult

tumultuoso, -a *adj* (**a**) *(conflictivo)* tumultuous, riotous (**b**) *(turbulento)* rough, stormy

tuna *nf* (**a**) *(agrupación musical)* = group of student minstrels (**b**) *Am (higo chumbo)* prickly pear

tunante, -a *nm,f* crook, scoundrel

tunco, -a 1 *adj Méx (manco) (sin una mano)* one-handed; *(sin un brazo)* one-armed
2 *nm CAm, Méx (puerco)* pig

tunda *nf Fam* (**a**) *(paliza)* beating, thrashing; **dar una t. a alguien** to beat *o* thrash sb (**b**) *(esfuerzo)* drag; **nos hemos dado** *o* **pegado una buena t.** it was a hell of a job *o* a real drag

tundra *nf* tundra

tunecino, -a *adj & nm,f* Tunisian

túnel *nm* tunnel; *Dep* **hacerle un t. a alguien** to nutmeg sb; EXPR **salir del t.** to turn the corner ❑ ***t. aerodinámico*** wind tunnel; ***T. del Canal de la Mancha*** Channel Tunnel; *Aut* ***t. de lavado*** car wash; ***t. de vestuarios*** *(en estadio)* tunnel; ***t. de viento*** wind tunnel

Túnez *n* (**a**) *(capital)* Tunis (**b**) *(país)* Tunisia

tungsteno *nm* tungsten

túnica *nf* tunic

Tunicia *n Antes* Tunisia

tuno, -a *nm,f* (**a**) *(tunante)* rogue, scoundrel (**b**) *(músico)* student minstrel

tuntún *nm* **al (buen) t.** without thinking

tupamaro, -a *nm,f Pol* = member of a Uruguayan Marxist urban guerrilla group of the 1960s and 70s, Tupamaro

tupé *nm* (**a**) *(cabello)* quiff (**b**) *Fam (atrevimiento)* cheek, nerve

tupelo *nm* tupelo

tupido, -a *adj* thick, dense

tupí-guaraní 1 *adj & nm,f* Tupí-Guaranian
2 *nm (lengua)* Tupí-Guaraní

tupinambo *nm* Jerusalem artichoke

tupir *vt* to pack tightly

tupperware® [taper'wer] *nm* Tupperware®

turba *nf* (**a**) *(combustible)* peat (**b**) *(muchedumbre)* mob

turbación *nf* (**a**) *(desconcierto)* upset, disturbance (**b**) *(vergüenza)* embarrassment

turbador, -ora *adj* (**a**) *(desconcertante)* disconcerting, troubling (**b**) *(emocionante)* upsetting, disturbing

turbamulta *nf Pey* crowd, mob

turbante *nm* turban

turbar 1 *vt* (**a**) *(alterar)* to disturb (**b**) *(emocionar)* to upset; *(avergonzar)* to embarrass (**c**) *(desconcertar)* to trouble, to disconcert
2 turbarse *vpr (emocionarse)* to get upset; *(avergonzarse)* to get embarrassed

turbera *nf* peat bog

turbidez *nf* (**a**) *(de líquido) (un poco)* cloudiness; *(mucho)* murkiness; *(con barro)* muddiness (**b**) *(de negocio, vida)* shadiness

turbina *nf* turbine ❑ ***t. eólica*** wind turbine; ***t. hidráulica*** water turbine

turbio, -a *adj* (**a**) *(líquido) (un poco)* cloudy; *(mucho)* murky; *(con barro)* muddy (**b**) *(vista)* blurred (**c**) *(negocio, vida)* shady (**d**) *(época, periodo)* turbulent, troubled

turbión *nm* downpour

turbo *nm* (**a**) *(sistema)* turbocharger; EXPR *Fam* **poner el t.** to put one's foot down (on the accelerator) (**b**) *(vehículo)* turbo

turbocompresor *nm* turbocharger

turbodiesel *adj* **motor t.** turbocharged diesel engine

turboeje *nm Tec* axial-flow turbine

turbogenerador *nm* turbogenerator

turbohélice *nf* turboprop

turbopropulsor *nm* turboprop

turborreactor *nm* turbojet (engine)

turbulencia *nf* (**a**) *(de fluido)* turbulence ❑ ***t. atmosférica*** turbulence (**b**) *(alboroto)* uproar, clamour

turbulento, -a *adj* (**a**) *(situación, aguas)* turbulent (**b**) *(persona)* unruly, rebellious

turco, -a 1 *adj* (**a**) *(de Turquía)* Turkish (**b**) *Chile, RP (árabe)* Arab
2 *nm,f* (**a**) *(de Turquía)* Turk (**b**) *Chile, RP (árabe)* Arab
3 *nm (lengua)* Turkish

turcochipriota *adj & nmf* Turkish-Cypriot

turgente *adj (formas, muslos)* well-rounded; *(pecho)* full

túrgido, -a *adj* turgid

turismo *nm* (**a**) *(actividad)* tourism; **hacer t. (por)** to go touring (round) ❑ ***t. de aventura*** adventure holidays; ***t. ecuestre*** riding holidays; ***t. rural*** rural tourism (**b**) *Aut* private car

turista *nmf* tourist; **estoy aquí de t.** I'm here on holiday

turístico, -a *adj* tourist; **atracción turística** tourist attraction

Turkmenistán *n* Turkmenistan

turmalina *nf* tourmaline

túrmix® *nf inv* blender, liquidizer

turnar 1 *vi* to take turns
2 turnarse *vpr* to take turns (**con** with)

turnedó (*pl* **turnedós**) *nm* tournedos

turno *nm* (**a**) *(tanda)* turn, go; **hacer algo por turnos** to take turns to do sth (**b**) *(de trabajo)* shift; **trabajar por turnos** to work shifts; **t. de día/noche** day/night shift; **de t.** on duty; **el médico de t.** the doctor on duty; *Fig* **el gracioso de t.** the inevitable smart alec ❑ ***t. de oficio*** = order in which lawyers are assigned legal-aid cases

turolense 1 *adj* of/from Teruel
2 *nmf* person from Teruel

turón *nm* polecat

turquesa 1 *adj inv (color)* turquoise
2 *nm (color)* turquoise
3 *nf (mineral)* turquoise

Turquía *n* Turkey

turrón *nm* = Christmas sweet similar to nougat, made with almonds and honey

turulato, -a *adj Fam* flabbergasted, dumbfounded; **la noticia lo dejó t.** he was flabbergasted *o* dumfounded by the news

tururú *interj Fam* **¡t.!** get away!, you must be joking!

tusa *nf* (**a**) *CAm, Carib, Col (mazorca) Br* maize husk, *US* cornhusk (**b**) *Andes, Cuba (cigarro)* cigar rolled in a *Br* maize husk *o US* cornhusk (**c**) *Chile (crines)* mane (**d**) *Col (de viruela)* pockmark (**e**) *CAm (prostituta)* prostitute

tuso, -a 1 *adj* (**a**) *Col (de viruela)* pockmarked (**b**) *PRico (de rabo corto)* short-tailed (**c**) *PRico (sin rabo)* tailless
2 *interj Am Fam (para llamar al perro)* here, boy!

tute *nm* (**a**) *(juego)* = card game similar to whist (**b**) *Fam (trabajo intenso)* hard slog; EXPR **darse** *o* **pegarse un (buen) t.** *(trabajar)* to slog one's guts out; EXPR **darle** *o* **pegarle un (buen) t. a algo** to get full use out of sth

tutear 1 *vt* = to address as "tú", i.e. not using the formal "usted" form
2 tutearse *vpr* = to address each other as "tú", i.e. not using the formal "usted" form

tutela *nf* (**a**) *Der* guardianship (**b**) *(cargo)* responsibility (**de** for); **bajo la t. de** in the care of

tutelaje *nm Der* guardianship

tutelar 1 *adj* (**a**) *Der* tutelary (**b**) *(protector)* protecting
2 *vt* to act as guardian to

tuteo *nm* = use of "tú" form of address, as opposed to formal "usted" form

tuti fruti, tutifruti *nm* tutti-frutti

tutiplén: a tutiplén *loc adv* to excess, in abundance

tutor, -ora *nm,f* (**a**) *Der* guardian (**b**) *(profesor) (privado)* tutor; *(de un curso)* form teacher

tutoría *nf* (**a**) *Der* guardianship (**b**) *(clase)* ≃ form class

tutorial *nm Informát* tutorial

tutú (*pl* **tutús**) *nm* tutu

tutuma *nf Am Fam* calabash, gourd

tuturuto, -a *Col, Ecuad, Ven Fam* **1** *adj* stunned, dumbfounded
2 *nm,f* stunned *o* dumbfounded person

tuviera *etc ver* **tener**

tuya *nf* northern white cedar

tuyo, -a 1 *adj posesivo* yours; **este libro es t.** this book is yours; **un amigo t.** a friend of yours; **no es asunto t.** it's none of your business; **lo t. es el teatro** *(lo que haces bien)* you should be on the stage; *Fam Fig* **te costó lo t.** *(mucho)* it wasn't easy for you
2 *pron posesivo* **el t.** yours; **el t. es rojo** yours is red; *Fam* **ésta es la tuya** this is the chance you've been waiting for *o* your big chance; *Fam* **los tuyos** *(tu familia)* your folks; *(tu bando)* your lot, your side

TV *nf (abrev de* **televisión***)* TV

TV3 [teβe'tres] *nf (abrev de* **Televisión de Cataluña***)* = Catalan television channel

TVE *nf (abrev de* **Televisión Española***)* = Spanish state television network

twist [twist] *nm inv* twist *(dance)*

U

U, u[1] [u] *nf (letra)* U, u

u[2] *conj* or; *ver también* **o**

UBA *nf* (*abrev de* **Universidad de Buenos Aires**) University of Buenos Aires

ubérrimo, -a *adj Formal (tierra)* extremely fertile; *(vegetación)* luxuriant, abundant

ubicación *nf* location

ubicado, -a *adj (edificio)* located, situated

ubicar [59] **1** *vt* (**a**) *(situar)* to place, to position; *(edificio)* to locate (**b**) *Am (encontrar)* to find (**c**) *Chile (candidato)* to nominate

2 ubicarse *vpr* (**a**) *(edificio)* to be situated, to be located (**b**) *(persona)* to get one's bearings; **no me ubico** I haven't got my bearings (**c**) *Arg (encontrar empleo)* to find a job, to get a position

ubicuidad *nf* ubiquity; *Fig* **tiene el don de la u.** he seems to be everywhere at once

ubicuo, -a *adj* ubiquitous

ubique *etc ver* **ubicar**

ubre *nf* udder

UCA ['uka] *nf* (*abrev de* **Universidad Centroamericana**) = prestigious university in San Salvador

ucase *nm* ukase

UCD *nf* (*abrev de* **Unión de Centro Democrático**) = former Spanish political party at the centre of the political spectrum

UCE ['uθe] *nf* (*abrev de* **Unión de Consumidores de España**) = Spanish consumers' association

UCI ['uθi] *nf* (*abrev de* **unidad de cuidados intensivos**) ICU

UCN *nf* (*abrev de* **Unión del Centro Nacional**) = Guatemalan political party

UCP *nf Informát* (*abrev de* **unidad central de proceso**) CPU

UCR *nf* (*abrev de* **Unión Cívica Radical**) = Argentinian political party

Ucrania *n* the Ukraine

ucraniano, -a *adj & nm,f* Ukrainian

UCS *nf* (*abrev de* **Unión Cívica y Solidaridad**) = Bolivian political party

Ud. *abrev de* **usted**

UDC *nf* (*abrev de* **universal decimal classification**) UDC

UDI *nf* (*abrev de* **Unión Demócrata Independiente**) = Chilean political party

Uds. *abrev de* **ustedes**

UE *nf* (*abrev de* **Unión Europea**) EU

UEFA ['wefa] *nf* (*abrev de* **Union of European Football Associations**) UEFA

UEM [uem] *nf* (*abrev de* **unión económica y monetaria**) EMU

UEO *nf* (*abrev de* **Unión Europea Occidental**) WEU

uf *interj* **¡uf!** *(expresa cansancio, calor)* phew!; *(expresa fastidio)* tut!; *(expresa repugnancia)* ugh!

ufanarse *vpr* **u. de** to boast about

ufano, -a *adj* (**a**) *(satisfecho)* proud, pleased (**b**) *(engreído)* boastful, conceited (**c**) *(lozano)* luxuriant, lush

ufología *nf* ufology

ufólogo, -a *nm,f* ufologist

Uganda *n* Uganda

ugandés, -esa *adj & nm,f* Ugandan

ugetista 1 *adj* = of or belonging to the UGT

2 *nmf* = member of the UGT

ugrofinés, -esa *adj Ling* Finno-Ugric

UGT *nf* (*abrev de* **Unión General de los Trabajadores**) = major socialist trade union in Spain

UHF *nf* (*abrev de* **ultra-high frequency**) UHF

UHT *adj* (*abrev de* **ultra-heat-treated**) UHT

UIMP *nf* (*abrev de* **Universidad Internacional Menéndez Pelayo**) = prestigious university summer school held in Santander, Spain

ujier (*pl* **ujieres**) *nm* usher

ukelele *nm* ukelele

Ulan-Bator *n* Ulan-Bator

úlcera *nf Med* ulcer ▫ ***ú. de estómago*** *o* ***gástrica*** *o* ***gastroduodenal*** stomach ulcer

ulceración *nf* ulceration

ulcerar 1 *vt* to ulcerate

2 ulcerarse *vpr* to ulcerate

ulceroso, -a *adj* ulcerous

Ulster *nm* **(el) U.** Ulster

ulterior *adj* (**a**) *(en el tiempo)* subsequent (**b**) *(en el espacio)* further

ulteriormente *adv* subsequently

ultimación *nf* conclusion, completion

últimamente *adv* recently, of late

ultimar *vt* (**a**) *(terminar)* to conclude, to complete (**b**) *Am (matar)* to kill

ultimátum (*pl* **ultimátums** *o* **ultimatos**) *nm* ultimatum

---

ÚLTIMO, -A **1** *adj* (**a**) *(en una serie en el tiempo, espacio)* last; **mi última esperanza/oportunidad** my last hope/chance; **hizo un ú. intento** he made one last *o* final attempt; **ú. aviso para los pasajeros...** *(por megafonía)* (this is the) last *o* final call for passengers...; **decisiones de última hora** last-minute decisions; **a última hora, en el ú. momento** at the last moment; **como ú. recurso** as a last resort; **a lo ú.** in the end; **lo ú. antes de acostarme** last thing before I go to bed; **en una situación así es lo ú. que haría** it's the last thing I'd do in a situation like that; **por ú.** lastly, finally; **ser lo ú.** *(lo final)* to come last; *(el último recurso)* to be a last resort; *(el colmo)* to be the last straw

(**b**) *(más reciente)* latest, most recent; **una exposición de sus últimos trabajos** an exhibition of her most recent work; **las últimas noticias son inquietantes** the latest news is very worrying; **en los últimos días/meses** in recent days/months; **la última vez que lo vi** the last time I saw him, when I last saw him; *Fam* **es lo ú. en electrodomésticos** it's the latest thing in electrical appliances

(**c**) *(más bajo)* bottom; *(más alto)* top; *(de más atrás)* back; **la última línea de la página** the bottom *o* last line of the page; **el ú. piso** the top floor; **la última fila** the back row

(**d**) *(más remoto)* furthest, most remote; **el ú. rincón del país** the remotest parts of the country

(**e**) *(definitivo)* **es mi última oferta** it's my last *o* final offer; **tener la última palabra en algo** to have the last word on sth

(**f**) *(primordial)* ultimate; **medidas cuyo fin ú. es...** measures that have the ultimate goal of...

2 *nm,f* (**a**) *(en fila, carrera)* **el ú.** the last (one); **el ú. de la fila** the last person in the *Br* queue *o US* line; **el ú. de la clase** the bottom of the class; **es el ú. al que pediría ayuda** he's the last person I'd ask for help; **llegar/terminar el ú.** to come/finish last; **ser el ú. en hacer algo** to be the last to do sth; **a últimos de mes** at the end of the month; EXPR **estar en las últimas** *(muriéndose)* to be on one's deathbed; *(sin dinero)* to be down to one's last penny; *(sin provisiones)* to be down to one's last provisions; *(botella, producto)* to have almost run out; *Fam* **ir a la última** to wear the latest fashion

(**b**) *(en comparaciones, enumeraciones)* **este ú...** the latter...

---

ultra *adj & nmf Pol* extremist
ultracentrifugación *nf* ultracentrifugation
ultracongelado, -a *adj* deep-frozen; **ultracongelados** deep-frozen food
ultraconservador, -ora *adj & nm,f* ultraconservative
ultracorreción *nf* hypercorrection
ultraderecha *nf* far right
ultraderechista 1 *adj* far right
2 *nmf* extreme right-winger
ultrafino, -a *adj* ultra-thin
ultraísmo *nm* = Spanish and Latin American literary movement of the early 20th century
ultraizquierda *nf* far left
ultraizquierdista 1 *adj* far left
2 *nmf* extreme left-winger
ultrajante *adj* insulting, offensive
ultrajar *vt* to insult, to offend
ultraje *nm* insult
ultraligero *nm* microlight
ultramar *nm* overseas; **territorios de u.** overseas territories
ultramarino, -a 1 *adj* overseas; **territorios ultramarinos** overseas territories
2 *nmpl* **ultramarinos** (**a**) *(comestibles)* groceries (**b**) *(tienda)* grocer's (shop)
ultramicroscopio *nm* ultramicroscope
ultramoderno, -a *adj* ultramodern
ultramontano, -a 1 *adj* (**a**) *Rel* ultramontane (**b**) *Fig (reaccionario)* reactionary
2 *nm,f* (**a**) *Rel* ultramontane (**b**) *Fig (reaccionario)* reactionary
ultranza *nf* **a u.** *(con decisión)* to the death; *(acérrimamente)* out-and-out
ultrasecreto, -a *adj* top-secret
ultrasónico, -a *adj* ultrasonic
ultrasonido *nm (en general)* ultrasound
ultrasur *Dep* **1** *adj inv* **peña u.** = group of football hooligans who support Real Madrid
2 *nmf inv* = member of group of football hooligans who support Real Madrid
ultratumba *nf* **de u.** from beyond the grave
ultravioleta (*pl* **ultravioleta** *o* **ultravioletas**) *adj* ultraviolet
ulular *vi (viento, lobo)* to howl; *(búho)* to hoot
umbilical *adj* **cordón u.** umbilical cord
umbral *nm* threshold; **pisar el u.** to cross the threshold; **estamos en los umbrales de una nueva era** we are on the verge of a new era ▫ ***u. de audición*** hearing threshold; ***el u. del dolor*** the pain barrier; ***el u. de la pobreza*** the poverty line; ***u. de sensibilidad*** sensitivity threshold
umbría *nf* northward slope *(usually in the shade)*
umbrío, -a, umbroso, -a *adj* shady

UN, UNA (*mpl* **unos**, *fpl* **unas**) *art indeterminado*

> **Un** is used instead of **una** before feminine nouns which begin with a stressed "a" or "ha" (e.g. **un águila** an eagle; **un hacha** an axe).

(**a**) *(singular)* a; *(ante sonido vocálico)* an; **un hombre/coche** a man/car; **una mujer/mesa** a woman/table; **una hora** an hour; **tengo un hambre enorme** I'm extremely hungry; **un Picasso auténtico** a genuine Picasso; **un niño necesita cariño** children need *o* a child needs affection
(**b**) *(plural)* some; **tenemos unos regalos para vosotros** we have some presents for you; **llegaremos en unos minutos** we will arrive in a few minutes; **había unos coches mal estacionados** there were some badly parked cars; **son unas personas muy amables** they are very kind people; **tiene unas ganas enormes de viajar** he is extremely keen to travel; **unas tijeras/gafas** a pair of scissors/glasses; **llevaba unas gafas de sol** she was wearing sunglasses
(**c**) *(ante números) (indica aproximación)* **había unos doce muchachos** there were about *o* some twelve boys there
(**d**) *(con valor enfático)* **¡me dio una pena!** I felt so sorry for her!; **se te ocurren unas ideas...** you have some really odd ideas

UNAM *nf* (*abrev de* **Universidad Nacional Autónoma de México**) National Autonomous University of Mexico
unánime *adj* unanimous
unanimidad *nf* unanimity; **por u.** unanimously
unción *nf* unction
uncir [72] *vt* to yoke
UNCTAD [uŋ'tad] *nf* (*abrev de* **United Nations Conference on Trade and Development**) UNCTAD
undécimo, -a *núm* eleventh; *ver también* **sexto**
underground [ander'ɣraun] *adj inv* underground
UNED [u'neð] *nf* (*abrev de* **Universidad Nacional de Educación a Distancia**) = Spanish open university
Unesco [u'nesko] *nf* (*abrev de* **United Nations Educational, Scientific and Cultural Organization**) UNESCO
ungir [24] *vt (con ungüento)* to put ointment on; *Rel* to anoint
ungüento *nm* ointment
ungulado *nm* hoofed animal, *Espec* ungulate animal
únicamente *adv* only, solely
unicameral *adj* single-chamber
Unicef [uni'θef] *nm o f* (*abrev de* **United Nations Children's Fund**) UNICEF
unicelular *adj* single-cell, unicellular
unicidad *nf* uniqueness
único, -a 1 *adj* (**a**) *(solo)* only; **hijo ú.** only child, only son; **hija única** only child, only daughter; **es lo ú. que quiero** it's all I want; **lo ú. es que...** the (only) thing is..., it's just that...; **única y exclusivamente** only, exclusively (**b**) *(excepcional)* unique; **eres ú.** you're one of a kind (**c**) *(precio, función, razón)* single
2 *pron* **el ú./la única** the only one
unicornio *nm* unicorn ▫ ***u. marino*** narwhal
unidad *nf* (**a**) *(elemento)* unit; **25 pesos la u.** 25 pesos each; **quiero comprar seis unidades** I'd like to buy six; *Mat* **la u.** (the number) one ▫ *Informát* ***u. de CD-ROM*** CD-ROM drive; *Informát* ***u. central de proceso*** central processing unit; *Informát* ***u. de coma flotante*** floating point unit; *Informát* ***u. de control*** control unit; ***u. de cuenta europea*** European Currency Unit; ***u. de cuidados intensivos*** intensive care unit; *Informát* ***u. de disco*** disk drive; *Informát* ***u. de entrada-salida*** input-output device; *TV* ***u. móvil*** mobile unit; ***u. de vigilancia intensiva*** intensive care unit
(**b**) *Mil* unit ▫ ***u. de combate*** combat unit
(**c**) *(cohesión, acuerdo)* unity
unidimensional *adj* one-dimensional
unidireccional *adj* (**a**) *(calle)* one-way (**b**) *(antena, micrófono)* unidirectional
unido, -a *adj (junto, reunido)* united; *(familia, amigos)* close
unifamiliar *adj* **vivienda u.** house *(detached, semi-detached or terraced)*
unificación *nf* (**a**) *(unión)* unification (**b**) *(uniformización)* standardization
unificador, -ora *adj* (**a**) *(que une)* unifying (**b**) *(que uniformiza)* standardizing
unificar [59] **1** *vt* (**a**) *(unir)* to unite, to join; *(países)* to unify (**b**) *(uniformar)* to standardize
2 unificarse *vpr* (**a**) *(unirse)* to unite, to join together; *(países)* to unify (**b**) *(uniformar)* to become standardized
uniformado, -a *adj* (**a**) *(igual, normalizado)* standardized (**b**) *(policía, soldado)* uniformed
uniformar 1 *vt* (**a**) *(igualar, normalizar)* to standardize (**b**) *(poner uniforme a)* to put into uniform
2 uniformarse *vpr* (**a**) *(igualarse, normalizarse)* to become uniform (**b**) *(ponerse uniforme)* to put on one's uniform
uniforme 1 *adj (igual, normalizado)* uniform; *(superficie)* even
2 *nm* uniform; **de u.** in uniform ▫ ***u. escolar*** school uniform; ***u. de gala*** dress uniform
uniformidad *nf (igualdad, homogeneidad)* uniformity; *(de superficie)* evenness
uniformización *nf (normalización)* standardization
uniformizar [14] **1** *vt (normalizar)* to standardize
2 uniformizarse *vpr* to become uniform
unigénito, -a 1 *adj Formal (hijo)* only
2 *nm Rel* **el U.** the Son of God
unilateral *adj* unilateral
unilateralmente *adv* unilaterally
unión *nf* (**a**) *(asociación)* union; *(de*

empresas) merger; **en u. con** together with ▫ ***u. aduanera*** customs union; ***la U. Europea*** the European Union; ***U. Monetaria*** Monetary Union; *Antes* ***U. Soviética*** Soviet Union **(b)** *(juntura, adherimiento)* join, joint **(c)** *(cohesión)* **hay que potenciar la u. entre los ciudadanos** we have to encourage a sense of solidarity amongst the people **(d)** *(matrimonio)* marriage, union

unionismo *nm Pol* unionism

unionista *adj & nmf Pol* unionist

unipersonal *adj* = designed for one person; **verbo u.** impersonal verb

UNIR **1** *vt* **(a)** *(juntar) (pedazos, piezas, habitaciones)* to join; *(empresas, estados, facciones)* to unite; *Informát (archivos)* to merge; **unió los dos palos con una cuerda** he joined *o* tied the two sticks together with a piece of string

(b) *(relacionar) (personas)* **aquella experiencia les unió mucho** that experience made them very close; **les une una fuerte amistad** they are very close friends, they share a very close friendship; **les une su pasión por la música** they share a passion for music; *Formal* **u. a dos personas en (santo) matrimonio** to join two people in (holy) matrimony

(c) *(comunicar) (ciudades, terminales, aparatos)* to connect, to link; **la línea férrea que une la capital a** *o* **con la costa** the railway between *o* which links the capital and the coast

(d) *(combinar)* to combine; **en su obra une belleza y técnica** her work combines beauty with technique; **u. algo a algo** *(añadir)* to add sth to sth; **a la desinformación hay que u. también el desinterés de la gente** in addition to the lack of information, we have to take into account people's lack of interest

(e) *(mezclar)* to mix *o* blend in; **una la mantequilla con el azúcar** cream together the butter and the sugar

2 unirse *vpr* **(a)** *(juntarse) (personas, empresas, grupos)* to join together; *(factores, circunstancias)* to come together, to converge; **se unieron para derrocar al gobierno** they joined together *o* joined forces to bring down the government; **en él se unen rapidez y habilidad** he combines speed with skill; **a la falta de interés se unió el mal tiempo** the lack of interest was compounded by the bad weather; **unirse a algo/alguien** to join sth/sb; **¡únete a la fiesta!** join in the party!; **unirse en matrimonio** *(casarse)* to join in wedlock *o* matrimony

(b) *(encontrarse) (líneas, caminos)* to meet

unisex *adj inv* unisex

unisexual *adj* unisexual

unísono *nm* **al u.** in unison

UNITA [u'nita] *nf (abrev de* **Unión Nacional para la Independencia Total de Angola**) UNITA

unitario, -a *adj (unido, único)* single; *(de una unidad)* unitary; **precio u.** unit price

unitarismo *nm Rel* Unitarianism

universal *adj* **(a)** *(total)* universal **(b)** *(mundial)* world; **historia u.** world history; **un principio de validez u.** a universally true *o* universal principle **(c)** *Filosofía* **universales** universals

universalidad *nf* universality

universalismo *nm* universalism

universalizar [14] **1** *vt* to make widespread

2 universalizarse *vpr (costumbre, uso)* to become widespread

universalmente *adv* universally

universiada *nf Dep* **la U.** the World Student Games

universidad *nf* university ▫ ***u. a distancia*** = distance learning university, *Br* ≃ Open University; ***u. de verano*** summer university

universitario, -a **1** *adj* university; **estudiante u.** university student

2 *nm,f* **(a)** *(estudiante)* university student **(b)** *(profesor)* university lecturer **(c)** *(licenciado)* university graduate

universo *nm* **(a)** *Astron* universe ▫ ***u. abierto*** open universe; ***u. cerrado*** closed universe; ***u. estacionario*** stationary universe; ***u. en expansión*** expanding universe **(b)** *Fig (mundo)* world

unívoco, -a *adj (correspondencia)* one-to-one

UNIX *nm Informát* UNIX

unjo *etc ver* **ungir**

UNO, -A

> **Un** is used instead of **uno** before singular masculine nouns (e.g. **un perro** a dog; **un coche** a car).

1 *adj* **(a)** *(indefinido)* one; **un día volveré** one *o* some day I'll return; **unos cuantos** a few

(b) *(numeral)* one; **un hombre, un voto** one man, one vote; **una hora y media** an hour and a half, one and a half hours; **treinta y un días** thirty-one days; **cincuenta y una páginas** fifty-one pages

(c) *(después de sustantivo) (con valor ordinal)* one; **la fila/página u.** row/page one; *ver también* **tres**

2 *pron* **(a)** *(indefinido, numeral)* one; **toma u.** take one; **u. de vosotros** one of you; **de u. en u., u. a u., u. por u.** one by one; **u. contra u.** *(en baloncesto)* one on one; **u. más u.** *(en baloncesto)* one and one; **juntar varias cosas en una** to combine several things into one; **unos estaban a favor, otros en contra** some were in favour, others (were) against; **u. a otro, el u. al otro** each other, one another; **se miraron el u. al otro** they looked at each other *o* one another; EXPR **lo u. por lo otro** it all evens out in the end; **(los) unos a (los) otros** each other, one another; **se odian los unos a los otros** they hate each other *o* one another; **u. y otro** *(ambos)* both (of them); **unos y otros** *(todos)* all of them; **¡a la una, a las dos y a las tres!** *(en carrera)* ready, steady, go!; *(al saltar, lanzarse)* one, two, three!; EXPR **una de dos** it's either one thing or the other; EXPR **una y no más** once was enough, once bitten, twice shy

(b) *Fam (cierta persona)* someone, somebody; **hablé con u. que te conoce** I spoke to someone *o* somebody who knows you; **conocí a una de Tijuana** I met a woman from Tijuana; **me lo han contado unos** certain people told me so; **más de u. piensa que es una mala decisión** more than a few people *o* no small number of people think it's a bad decision; **u. de tantos** one of many

(c) *(yo)* one; **u. ya no está para estos trotes** one isn't really up to this sort of thing any more

(d) *(con valor impersonal)* you; **se trabaja mucho, pero u. se termina acostumbrando** it's hard work but you get used to it eventually; **hay que tener confianza en u. mismo** you have to believe in yourself

(e) *Fam (en femenino) (con valor enfático)* **lleva paraguas, que está cayendo una...** take your umbrella, *Br* it's tipping (it) down *o US* it's pouring rain; **dijo una de tonterías** she talked such a load of rubbish; **te va a caer una buena como no apruebes** you'll really be in for it if you fail

3 *nm* (number) one; **el u.** number one; **el número termina en u.** the number ends in a one; *ver también* **seis**

4 *nf* **una (a) la una** *(hora)* one o'clock; *ver también* **seis**

(b) a una *(a la vez, juntos)* together; **todos a una** *(a la vez)* everyone at once

UNRG *nf (abrev de* **Unidad Nacional Revolucionaria de Guatemala**) = former guerrilla coalition, now a political party

untadura *nf* **(a)** *(con ungüento)* anointing **(b)** *(con grasa)* greasing, oiling

untar **1** *vt* **(a)** *(piel, cara)* to smear (**con** *o* **de** with); **u. el paté en el pan** to spread the pâté on the bread; **u. el molde con mantequilla** grease the baking tin with butter **(b)** *Fam (sobornar)* to grease the palm of, to bribe

2 untarse *vpr* **(a)** *(embadurnarse)* **untarse la piel/cara (con** *o* **de)** to smear one's skin/face (with) **(b)** *Fam (enriquecerse)* to line one's pockets

unto *nm* **(a)** *(grasa)* grease **(b)** *Chile (betún)* shoe polish

untuosidad *nf* greasiness, oiliness

untuoso, -a *adj* greasy, oily

untura *nf* **(a)** *(ungüento)* ointment **(b)** *(grasa)* grease

unzo *etc ver* **uncir**

uña *nf* **(a)** *(de mano)* fingernail, nail; **hacerse las uñas** to do one's nails; *también Fig* **comerse** *o* **morderse las uñas** to bite one's nails; EXPR **con uñas y dientes** *(agarrarse)* doggedly; *(defender)* fiercely; EXPR **sacar las uñas** to bare one's teeth; EXPR **ser u. y carne** to be as thick as thieves ▫ ***u. encarnada*** ingrown (finger)nail; ***uñas postizas*** false fingernails

(**b**) *(de pie)* toenail; **cortarse las uñas de los pies** to cut one's toenails ❑ ***u. encarnada*** ingrown toenail
(**c**) *(garra)* claw; **el gato enseñó** *o* **sacó las uñas** the cat got its claws out
(**d**) *(casco)* hoof
(**e**) ***u. de gato*** *(planta)* cat-claw vine

uñero *nm* (**a**) *(inflamación)* whitlow (**b**) *(uña encarnada)* ingrowing nail (**c**) *(en libro)* thumb index

uñeta *nf Chile* plectrum

upa *interj Fam* **¡u.!** upsy-daisy!

upar *vt Fam* to lift up

uperisación, uperización *nf* U.H.T. treatment

uperisado, -a, uperizado, -a *adj (leche)* U.H.T.

uperisar, uperizar [14] *vt* to give U.H.T. treatment

uperización = **uperisación**

uperizado = **uperisado**

UPN *(abrev* **Unión del Pueblo Navarro**) *nf* = Navarrese nationalist party

Ural *nm* **el U.** the River Ural

Urales *nmpl* **los U.** the Urals

uralita® *nf Constr* = material made of asbestos and cement, usually corrugated and used mainly for roofing

uranio *nm* uranium ❑ ***u. enriquecido*** enriched uranium

Urano *nm* Uranus

urbanícola *nmf* city-dweller

urbanidad *nf* politeness, courtesy

urbanismo *nm* town planning

urbanista *nmf* town planner

urbanístico, -a *adj* town-planning; **plan u.** urban development plan

urbanita *nmf* city-dweller

urbanización *nf* (**a**) *(zona residencial)* (private) housing development (**b**) *(acción)* development, urbanization

urbanizado, -a *adj (zona)* built-up; *(suelo)* developed

urbanizador, -ora 1 *adj* developing
2 *nm,f* developer

urbanizar [14] *vt* to develop

urbano, -a *adj* urban, city; **autobús u.** city bus; **guardia u.** (local) policeman, *f* (local) policewoman

urbe *nf* large city

urca *nf (embarcación)* hooker

urdidera *nf* warping frame

urdidor, -ora 1 *adj* warping
2 *nm,f* warper
3 *nm* warping frame

urdimbre *nf* (**a**) *(de hilos)* warp (**b**) *(plan)* plot

urdir *vt* (**a**) *(plan)* to plot, to forge (**b**) *(hilos)* to warp

urdu, urdú *nm (lengua)* Urdu

urea *nf* urea

uremia *nf* uraemia

uréter *nm* ureter

uretra *nf* urethra

urgencia *nf* (**a**) *(cualidad)* urgency (**b**) *(necesidad)* urgent need; **con u.** urgently; **necesitan con u. alimentos y medicinas** they urgently need food and medicine; **en caso de u.** in case of emergency (**c**) *(en hospital) (caso)* emergency (case); **urgencias (médicas)** *(departamento)* casualty (department), *US* ER

urgente *adj* (**a**) *(apremiante)* urgent (**b**) *(correo)* express

urgentemente *adv* urgently

urgir [24] **1** *v impersonal* to be urgently necessary; **me urge hacerlo** I urgently need to do it
2 *vt (considerado incorrecto) (instar)* to urge

úrico, -a *adj* uric

urinario, -a 1 *adj* urinary
2 *nm* urinal, *US* comfort station ❑ ***urinarios públicos*** (men's) public toilets

urjo *etc ver* **urgir**

URL *nm Informát (abrev de* **uniform resource location**) URL

urna *nf* (**a**) *(caja de cristal)* glass display case; *(para votar)* ballot box; **acudir a la urnas** to go to the polls (**b**) *(vasija)* urn ❑ ***u. cineraria*** urn *(for somebody's ashes)*

uro *nm* aurochs, urus

urogallo *nm* capercaillie

urogenital *adj* urogenital

urología *nf* urology

urólogo, -a *nm,f* urologist

urraca *nf* magpie

URSS [urs] *nf (abrev de* **Unión de Repúblicas Socialistas Soviéticas**) *Antes* USSR

ursulina *nf* (**a**) *(monja)* Ursuline (nun) (**b**) *(mujer recatada)* prudish woman

urticaria *nf* nettle rash, *Espec* urticaria

urubú *(pl* **urubúes**) *nm* black vulture

Uruguay *nm* **(el) U.** Uruguay

uruguayo, -a *adj & nm,f* Uruguayan

USA ['usa] *nmpl (abrev de* **United States of America**) USA; **los U.** the USA

usado, -a *adj* (**a**) *(utilizado)* used; **muy u.** widely-used (**b**) *(gastado)* worn-out, worn (**c**) *(de segunda mano)* second-hand

usanza *nf* **a la vieja** *o* **antigua u.** in the old way *o* style

usar 1 *vt* (**a**) *(utilizar)* to use; **sin u.** unused (**b**) *(llevar puesto)* to wear
2 *vi* **u. de** to use, to make use of
3 usarse *vpr* (**a**) *(utilizarse)* to be used (**b**) *(llevarse puesto)* to be worn (**c**) *(estar de moda)* **ya casi no se usan las máquinas de escribir** people hardly use typewriters any more

usía *nmf Anticuado* Your Lordship, *f* Your Ladyship

USO ['uso] *nf (abrev de* **Unión Sindical Obrera**) = centre-right Spanish union

---

USO *nm* (**a**) *(utilización)* use; **está prohibido el u. de cámaras en el interior del museo** cameras may not be used inside the museum; **de u. externo** *o* **tópico** *(medicamento)* for external use only; **de u. personal** for personal use; **en u.** in use; **estar en buen u.** to be in good condition; **fuera de u.** out of use, obsolete; **hacer u. de** *(utilizar)* to make use of, to use; *(de prerrogativa, derecho)* to exercise; **hacer u. de la fuerza** to use force; **hacer buen u. de algo** to make good use of sth, to put sth to good use; **hacer mal u.** *o* **u. indebido de algo** to misuse sth; **tener el u. de la palabra** to have the floor ❑ ***u. de razón*** power of reason; **llevo haciéndolo desde que tenía u. de razón** I've been doing it for as long as I can remember
(**b**) *(aplicación, función)* use; **el nailon tiene muchos usos** nylon has several uses
(**c**) *(costumbre)* custom; **en aquella época los trajes al u....** the dresses that were fashionable in those days...; **al u. andaluz** in the Andalusian style; **al u. de** in the style of
(**d**) *Ling* usage
(**e**) *(desgaste)* wear and tear; **con el u.** *o* **del u. la moqueta va perdiendo lustre** the carpet is becoming shabby through use; **ha tenido mucho u. esa chaqueta** I've/he's/*etc* had a lot of use out of that jacket

---

USTED *pron personal*

> Usually omitted in Spanish except for emphasis or contrast.
> In Latin American **ustedes** is the standard form of the second person plural and does not necessarily suggest formality.

(**a**) *(tratamiento de respeto) (sujeto)* you; **ustedes** you *(plural)*; **contesten ustedes a las preguntas** please answer the questions; **tendrá que hacerlo u. mismo** you'll have to do it (all by) yourself; **he aprobado y u. también** I passed and so did you; **como ustedes quieran** as you wish; **¿cómo se llama u.?** what's your name?
(**b**) *(tratamiento de respeto) (predicado)* you; **ustedes** you *(plural)*; **¿quién es u.?** who are you?; **los invitados son ustedes you're the guests**
(**c**) *(tratamiento de respeto) (complemento)* you; **ustedes** you *(plural)*; **esto es para u.** this is for you; **me gustaría hablar con u.** I'd like to talk to you; **trabaja tanto como u.** she works as hard as you (do); **de u./ustedes** *(posesivo)* yours; **¿es de u. este paraguas?** is this umbrella yours?; **hablar** *o* **tratar de u. a alguien** = to address sb using the formal "usted" form; **muchas gracias – (gracias) a u.** thank you very much – (no,) thank YOU
(**d**) *(tratamiento de respeto) (vocativo)* **¡oiga, u., se le ha caído esto!** excuse me, you dropped this

---

usual *adj* usual; **lo u. es hacerlo así** people usually do it this way; **no es u. verlo por aquí** it's unusual to see him here

usuario, -a *nm,f* (**a**) *(en general)* user ❑ *Informát* ***u. final*** end user; ***u. registrado*** registered user (**b**) *(en carta)* occupier

usufructo *nm Der* usufruct, use

usufructuar [4] *vt Der* to have the usufruct *o* use of

usufructuario, -a *adj & nm,f Der* usufructuary

usura *nf* usury

usurero, -a *nm,f* (**a**) *(prestamista)* usurer (**b**) *Pey (aprovechado)* **es un u.** he'll screw you for every penny you've got

usurpación *nf* usurpation; **lo acusaron de u. de personalidad** he was accused of assuming a false identity

usurpador, -ora 1 *adj* usurping
2 *nm,f* usurper

usurpar *vt* to usurp

uta *nf* = skin disease of the face suffered by Peruvian rubber plantation workers

utensilio *nm (instrumento)* tool, implement; *(de cocina)* utensil; **utensilios de limpieza** cleaning equipment; **utensilios de pesca** fishing tackle

uterino, -a *adj* uterine

útero *nm* womb, uterus

útil 1 *adj* (**a**) *(beneficioso, aprovechable)* useful (**b**) *(eficiente)* helpful; **es ú. para cargar maletas** it comes in handy for carrying suitcases
2 *nm (herramienta)* tool; *Agr* implement; **útiles de pesca** fishing tackle

utilería *nf* (**a**) *(útiles)* equipment (**b**) *Cine & Teatro* props

utilero, -a *nm,f Cine & Teatro* property *o* prop man

utilidad *nf* (**a**) *(cualidad)* usefulness; **el libro me fue de gran u.** the book was very useful *o* came in very handy (**b**) *(beneficio)* profit (**c**) *Informát* utility (program)

utilitario, -a 1 *adj* (**a**) *(persona)* utilitarian (**b**) *(vehículo)* run-around, utility
2 *nm* run-around (car), utility (car)

utilitarismo *nm* utilitarianism

utilitarista *nmf* utilitarian

utilización *nf* use; **de fácil u.** easy to use

utilizar [14] *vt (usar)* to use; **te está utilizando** she's using you

utillaje *nm* tools

utillero *nm Dep* boot boy

utopía *nf* utopia

utópico, -a *adj* utopian

uva *nf* grape; EXPR **de uvas a peras** once in a blue moon; EXPR *muy Fam* **estar de mala u.** to be in a *Br* bloody *o US* goddamn awful mood; EXPR **tener mala u.** to be a bad sort, to be a nasty piece of work; EXPR **nos van a dar las uvas** we're going to be here for ever!, this is taking for ever! □ ***u. pasa*** raisin; ***uvas de la suerte*** = grapes eaten for good luck as midnight chimes on New Year's Eve

UVI ['uβi] *nf (abrev de* **unidad de vigilancia intensiva**) ICU

úvula *nf* uvula

uxoricida *Formal* **1** *adj* uxoricidal, wife-murdering
2 *nm* uxoricide, wife-murderer

uxoricidio *nm Formal* uxoricide, wife-murderer

Uzbekistán *n* Uzbekistan

uzbeko, -a *adj & nm,f* Uzbek

V

V, v ['uβe] *nf (letra)* V, v; **v doble** W

v. *(abrev de* **véase***)* v., vide

va *etc ver* **ir**

vaca *nf* **(a)** *(animal)* cow; *Fam* **la enfermedad** *o* **el mal de las vacas locas** mad cow disease; EXPR *Fam* **estar como una v.** *(gordo)* to be as fat as an elephant □ *Fam* ***vacas flacas*** lean years; *Fam Fig* ***vacas gordas*** years of plenty; ***v. lechera*** dairy cow; ***v. marina*** manatee; ***v. sagrada*** sacred cow **(b)** *(carne)* beef **(c)** *Am (fondo común)* kitty

vacacional *adj* holiday; **periodo v.** holiday period

vacaciones *nfpl* holiday, *Br* holidays, *US* vacation; **tomar** *o Esp* **coger (las) v.** to take one's holidays; **estar/irse de v.** to be/go on holiday; **diez días de v.** ten days' holiday; **v. de verano** summer holiday

vacada *nf* herd of cows

vacante 1 *adj* vacant
2 *nf* vacancy

vacar [59] *vi* to become vacant

vaciado *nm* **(a)** *(de recipiente)* emptying **(b)** *(de escultura)* casting, moulding

vaciar [32] **1** *vt* **(a)** *(recipiente)* to empty (**de** of); *(líquido)* to pour; **v. el agua de la botella** to pour the water out of the bottle; **vacía las bolsas de la compra** take the shopping out of the bags **(b)** *(dejar hueco)* to hollow (out) **(c)** *Arte* to cast, to mould **(d)** *(texto)* to copy out
2 vaciarse *vpr* to empty

vaciedad *nf (tontería)* vapid remark

vacilación *nf* **(a)** *(duda)* hesitation; *(al elegir)* indecision; **sin v.** without hesitation **(b)** *(oscilación)* wobbling; *(de la luz)* flickering

vacilada *nf Fam* joke, *Br* wind-up

vacilante *adj* **(a)** *(dudoso, indeciso)* hesitant; *(al elegir)* indecisive; **habló con tono v.** she spoke hesitantly **(b)** *(luz)* flickering; *(pulso)* irregular; *(paso)* swaying, unsteady

vacilar 1 *vi* **(a)** *(dudar)* to hesitate; *(al elegir)* to be indecisive; **sin v.** without hesitation **(b)** *(voz, principios, régimen)* to falter **(c)** *(fluctuar) (luz)* to flicker; *(pulso)* to be irregular **(d)** *(oscilar)* to wobble **(e)** *Fam (chulear)* to show off **(f)** *Fam (bromear)* **está vacilando** he's pulling your leg *o* kidding, *Br* he's taking the mickey
2 *vt Fam* **v. a alguien** *(tomar el pelo)* to pull sb's leg, *Br* to take the mickey out of sb

vacile *nm Fam (tomadura de pelo)* joke, *Br* wind-up; **estar de v.** *(de broma)* to be kidding *o* joking, *Br* to be taking the mickey

vacilón, -ona *Fam* **1** *adj* **(a)** *(chulo)* swanky **(b)** *(bromista)* jokey, teasing
2 *nm,f* **(a)** *(chulo)* show-off **(b)** *(bromista)* tease
3 *nm Am (fiesta)* party

vacío, -a 1 *adj* empty; **v. de** *(contenido)* devoid of
2 *nm* **(a)** *(espacio libre)* **se lanzó al v.** she threw herself into the void; **caer en el v.** *(palabras)* to fall on deaf ears; **irse/volver de v.** *(persona)* to go/come back empty-handed; *(vehículo)* to go/come back empty; *Fig* **hacer el v. a alguien** to cold-shoulder sb; *Fig* **tener un v. en el estómago** to feel hungry
(b) *Fís* vacuum; **envasar al v.** to vacuum-pack
(c) *(abismo, carencia)* void; **su muerte ha dejado un gran v.** his death has left a big gap □ ***v. legal*** legal vacuum; *Pol* ***v. de poder*** power vacuum
(d) *(hueco)* space, gap

vacuidad *nf (trivialidad)* shallowness

vacuna *nf* vaccine □ ***v. polivalente*** polyvalent vaccine; ***v. triple*** triple vaccine; ***v. viva*** live vaccine

vacunación *nf* vaccination

vacunar 1 *vt* to vaccinate
2 vacunarse *vpr* to get vaccinated (**contra** against); **¿te has vacunado contra...?** have you been vaccinated against...?

vacuno, -a 1 *adj* bovine; **ganado v.** cattle
2 *nm* cattle; **carne de v.** beef

vacuo, -a *adj (trivial)* shallow, vacuous

vacuola *nf* vacuole

vadear *vt* **(a)** *(río)* to ford **(b)** *(dificultad)* to overcome

vademécum *(pl* **vademecums***)* *nm* vademecum, handbook

vade retro *interj Hum* **¡v.!** *(márchate)* stay away from me!; EXPR **¡v., Satanás!** get thee behind me, Satan!

vado *nm* **(a)** *(en acera)* lowered kerb □ ***v. permanente*** *(en letrero)* keep clear at all times **(b)** *(de río)* ford

Vaduz *n* Vaduz

vagabundear *vi* **(a)** *(ser un vagabundo)* to lead a vagrant's life **(b)** *(vagar)* **v. (por)** to wander, to roam

vagabundo, -a 1 *adj (persona)* vagrant; *(perro)* stray
2 *nm,f* tramp, vagrant, *US* bum

vagamente *adv* vaguely

vagancia *nf* **(a)** *(holgazanería)* laziness, idleness **(b)** *(vagabundeo)* vagrancy

vagar [38] *vi* **v. (por)** to wander, to roam

vagaroso, -a *adj* wandering

vagido *nm* cry *(of a newborn baby)*

vagina *nf* vagina

vaginal *adj* vaginal

vaginitis *nf inv* vaginitis

vago, -a 1 *adj* **(a)** *(perezoso)* lazy, idle **(b)** *(impreciso)* vague **(c)** *Anat* **nervio v.** vagus nerve
2 *nm,f* lazy person, idler; **ser un v.** to be lazy *o* idle
3 *nm* **hacer el v.** to laze around

vagón *nm (de pasajeros)* carriage; *(de mercancías)* wagon □ ***v. cisterna*** tanker, tank wagon; ***v. de mercancías*** goods wagon *o* van; ***v. de pasajeros*** passenger car; ***v. de primera*** first-class carriage; ***v. restaurante*** dining car, restaurant car; ***v. de segunda*** second-class carriage

vagoneta *nf* wagon

vaguada *nf* valley floor

vague *etc ver* **vagar**

vaguear *vi Fam* to laze around

vaguedad *nf* **(a)** *(cualidad)* vagueness **(b)** *(dicho)* vague remark

vaguería *nf Fam (holgazanería)* laziness, idleness

vaguitis *nf inv Fam* **tener v.** to be feeling lazy

vaharada *nf (de olor)* whiff

vahído *nm* blackout, fainting fit; **me dio un v.** I blacked out *o* fainted

vaho *nm* **(a)** *(vapor)* steam; **los cristales están cubiertos de v.** the windows are steamed up; *Med* **hacer vahos** to inhale *(medicinal vapours)* **(b)** *(aliento)* breath

vaina *nf* **(a)** *(en planta)* pod **(b)** *(de espada)* scabbard **(c)** *Am Fam (asunto, tontería)* bloody thing; *(molestia)* pain; **¡qué v.!** what a business!

vainica *nf* hemstitch

vainilla *nf* vanilla

vainillina *nf* vanillin

vainita *nf Carib* green bean

vaivén *nm* **(a)** *(balanceo) (de barco)* swaying, rocking; *(de péndulo, columpio)* swinging **(b)** *(fluctuación)* **vaivenes** ups-and-downs

vajilla *nf* crockery; **lavar la v.** to wash the dishes; **una v.** a dinner service □ ***v. de plata*** silverware; ***v. de porcelana*** china

valdepeñas *nm inv* Valdepeñas, = Spanish wine from the La Mancha region, usually red

valdiviano, -a 1 *adj* of/from Valdivia
2 *nm,f* person from Valdivia

valdré *etc ver* **valer**

vale 1 *nm* (**a**) *(bono, cupón)* coupon, voucher ❑ ***v. de descuento*** discount coupon *o* voucher; ***v. de regalo*** gift token (**b**) *(comprobante)* receipt (**c**) *(pagaré)* IOU (**d**) *(entrada gratuita)* free ticket
2 *interj Esp* (**a**) *(de acuerdo)* O.K.!, all right!; **¿quieres un helado? — ¡v.!** do you want an ice cream? – O.K. *o* all right!; **por mí, v.** it's fine *o* O.K. by me; **¿v.?** O.K.?, all right?; **tú te quedas aquí, ¿v.?** you stay here, right? (**b**) *(basta)* **¡v. (ya)!** that's enough!; **¿v. así** *o* **v. con eso o quieres un poco más?** is that enough or do you want a bit more?

valedero, -a *adj* valid

valedor, -ora *nm,f* protector

valencia *nf Quím* valency ❑ ***v. química*** chemical valency

valenciana *nf Am (puntilla)* needlepoint

valenciano, -a 1 *adj & nm,f* Valencian
2 *nm (idioma)* Valencian

valentía *nf* (**a**) *(valor)* bravery (**b**) *(hazaña)* act of bravery

valentón, -ona *nm,f* **hacerse el v.** to boast of one's bravery

valentonada *nf* boast, brag

VALER [68] **1** *vt* (**a**) *(costar) (precio)* to cost; *(tener un valor de)* to be worth; **¿cuánto vale?** how much does it cost?, how much is it?; **¿cuántos pesos vale un dólar?, ¿cuánto vale un dólar en pesos?** how many pesos are there to the dollar?; **este cuadro vale mucho dinero** this painting is worth a lot of money
(**b**) *(suponer)* to earn; **su generosidad le valió el afecto de todos** her generosity earned her everyone's affection; **esta victoria puede valerles el campeonato** this win may be enough for them to take the championship; **aquello nos valió muchos disgustos** that cost us a lot of trouble
(**c**) *(merecer)* to deserve; **esta noticia bien vale una celebración** this news deserves a celebration
(**d**) *(en exclamaciones)* EXPR **¡válgame Dios!** good God *o* heavens!
2 *vi* (**a**) *(tener valor, merecer aprecio) (persona)* to be worthy; *(película, obra, libro)* to be good; **él era el que más valía en el equipo** he was the most valuable member of the team; **ha demostrado que vale** he's shown his worth; **el muchacho vale mucho** he's a really good lad; **la obra vale poco/no vale (nada)** the play isn't up to much/is no good at all; **hacer v. algo** *(derechos, autoridad, poder)* to assert sth; **el equipo local hizo v. su superioridad** the home team made its superiority count; **hacerse v.** to show one's worth
(**b**) *(servir)* **eso aún vale** you can still use that; **tíralo, ya no vale** throw it away, it's no use any more; **ya no me vale la falda** the skirt's no good *o* use to me any more; **sus consejos me valieron de mucho** her advice proved of great value *o* use to me; **de nada le valdrán** *o* **no le valdrán de nada sus artimañas** all his tricks will be no good *o* of no use to him; **de nada vale insistir** *o* **que insistamos** there's no point (in) insisting, it's no use insisting; **¿de qué vale contratar un seguro si no cubre estos casos?** what's the use of *o* the point in taking out an insurance policy if it doesn't cover cases like these?; **v. para algo** *(objeto, instrumento, aparato)* to be for sth; *(persona, trabajador)* to be good at sth; **¿para qué vale?** *(cosa)* what's it for?; **no vale para nada** he's/she's/it's useless; **yo no valgo para mentir** I'm useless *o* no good at telling lies
(**c**) *(ser válido) (documento, carnet, argumentos, norma)* to be valid; *(respuesta)* to be correct; **eso no vale** *(en juegos)* that's not allowed; **no me valen esas razones** I don't consider those reasons to be acceptable *o* valid; **esta moneda ya no vale** this coin is no longer legal tender; **no hay disculpa que valga** there are no excuses; **vale el gol** the goal stands; **vale la canasta** the basket still counts; **no vale el gol/la canasta** the goal/basket has been disallowed; **esta carrera vale para el campeonato del mundo** this race counts towards the world championship; **valga la expresión** if you'll pardon the expression; **valga la redundancia** if you'll forgive me for using two words that sound so similar in the same sentence
(**d**) *(equivaler)* **vale por 1.000 pesos** it's worth 1,000 pesos; **vale por una camiseta de regalo** it can be exchanged for a free T-shirt
(**e**) **más vale** *loc verbal* **más vale que te calles/vayas** it would be better if you shut up/left; **más vale que no trate de engañarnos** he'd better not try to cheat us; **la llamaré — ¡más te vale!** I'll call her – you'd better!
3 *nm Formal* worth, value
4 valerse *vpr* (**a**) *(servirse)* **valerse de algo/alguien** to use sth/sb; **se valió de su apellido/sus amistades para triunfar** she used her name/connections to achieve success
(**b**) *(desenvolverse)* **valerse (solo** *o* **por sí mismo)** to manage on one's own

---

valeriana *nf* valerian, allheal

valeroso, -a *adj* brave, courageous

valetudinario, -a *Formal* **1** *adj* valetudinary
2 *nm,f* valetudinarian

valgo *etc ver* **valer**

valía *nf (de objeto)* value, worth; *(de persona)* worth

validación *nf (de documento, billete)* validation

validar *vt (documento, billete)* to validate; *(resultado)* to (officially) confirm

validez *nf* validity; **dar v. a** to validate; **tener v.** to be valid

valido, -a *nm,f Hist* royal adviser

válido, -a *adj* valid

valiente 1 *adj* (**a**) *(valeroso)* brave (**b**) *Irónico (menudo)* **¡en v. lío te has metido!** you've got yourself into a fine mess!; **¡v. amigo estás hecho!** some friend you are!
2 *nmf (valeroso)* brave person

valientemente *adv* bravely, courageously

valiera *etc ver* **valer**

valija *nf* (**a**) *(maleta)* case, suitcase ❑ ***v. diplomática*** diplomatic bag (**b**) *(de correos)* mailbag

valijero, -a *nm,f (de diplomacia)* courier

valimiento *nm (protección)* protection

valioso, -a *adj* (**a**) *(de valor)* valuable (**b**) *(intento, esfuerzo)* worthy

valium® *nm.* Valium®

valla *nf* (**a**) *(cerca)* fence; **poner una v. alrededor de un terreno** to fence off a piece of land ❑ ***v. publicitaria*** billboard, hoarding (**b**) *Dep* hurdle; **los 110 metros vallas** the 110 metres hurdles (**c**) *Col, PRico (gallinero)* cockpit

valladar *nm* (**a**) *(cercado)* fence (**b**) *Dep* **es un v. para su equipo** he's a pillar of his team's defence

vallado *nm* fence

vallar *vt* to put a fence round

valle *nm* (**a**) *(entre montañas)* valley ❑ *Fig* ***v. de lágrimas*** vale of tears (**b**) *(de curva, línea)* trough

vallisoletano, -a 1 *adj* of/from Valladolid
2 *nm,f* person from Valladolid

valón, -ona *adj & nm,f* Walloon

valona *nf (crines)* mane

valonar *vt Andes (crines)* to crop

VALOR *nm* (**a**) *(precio, utilidad, mérito)* value; **ha subido el v. del peso frente al dólar** the peso has risen against the dollar; **tiene v. sentimental** it is of sentimental value; **tiene más v. arqueológico que artístico** it is of more archaeological than artistic value; **de (mucho) v.** (very) valuable; **no había nada de v. en la casa** there was nothing of value in the house; **joyas por v. de...** jewels worth...; **sin v.** worthless; **tener v.** *(ser valioso)* to be valuable; *(ser válido)* to be valid; **sin el sello oficial carece de** *o* **no tiene v.** it is not valid without the official seal; **tener mucho/poco v.** to be very/not very valuable ❑ ***v. adquisitivo*** purchasing power; *Am Econ* ***v. agregado*** added value; *Econ* ***v. añadido*** added value; ***v. biológico*** biological value; ***v. catastral*** = value of a property recorded in the land register, *Br* ≃ rateable value, *US* ≃ assessed value; ***v. de mercado*** market value; ***v. nominal*** face *o* nominal value; ***v. nutritivo*** nutritional value
(**b**) *Mat* value
(**c**) *Mús* value
(**d**) *(importancia)* importance; **su opinión es de enorme v. para nosotros** her opinion is of great value *o* importance to

us; **dar v. a** to give *o* attach importance to; **quitar v. a algo** to take away from sth, to diminish the importance of sth
(**e**) *(valentía)* bravery; **se necesita v. para hacer una cosa así** you need to be brave *o* it takes courage to do a thing like that; **armarse de v.** to pluck up one's courage; **le eché v., y le confesé la verdad** I plucked up my courage and told her the truth; EXPR **¡v. y al toro!** go for it!
(**f**) *(desvergüenza)* cheek, nerve; **¡hace falta v. para decir eso!** what a cheek *o* nerve saying a thing like that!; **tener el v. de hacer algo** to have the cheek *o* nerve to do sth
(**g**) *(personaje)* **un joven v. del atletismo/teatro** an up-and-coming young athlete/actor
(**h**) **valores** *(principios)* values
(**i**) *Fin* **valores** *(de inversión)* securities ❑ ***valores en cartera*** investment portfolio; ***valores inmuebles*** real estate; ***valores de renta fija*** fixed-interest *o* fixed-yield securities; ***valores de renta variable*** variable-interest *o* variable-yield securities, equities

---

valoración *nf* (**a**) *(de mérito, cualidad, ventajas, pérdidas)* evaluation, assessment; **hicieron una v. de los daños** they assessed the damage (**b**) *(tasación)* valuation

valorar *vt* (**a**) *(tasar, apreciar)* to value; **la casa está valorada en 25 millones** the house is valued at 25 million; **valoran mucho los conocimientos de inglés** a knowledge of English is very important to them (**b**) *(evaluar)* to evaluate, to assess

valorización *nf (revalorización)* increase in value

valorizar [14] **1** *vt* to increase the value of
2 valorizarse *vpr* to increase in value

valquiria *nf* Valkyrie

vals (*pl* **valses**) *nm* waltz

valuar [4] *vt* to value

valva *nf Zool* valve

válvula *nf* (**a**) *(para regular el paso)* valve ❑ *Fig* ***v. de escape*** means of letting off steam; ***v. de seguridad*** safety valve (**b**) **v. (de vacío)** *(de radio)* valve, *US* vacuum tube

vamos 1 *ver* **ir**
2 *adv (introduce inciso, matiz o conclusión)* **tendrás que hacer la compra tú, v., si no es mucha molestia** you'll have to do the shopping yourself, if it's not too much trouble, of course; **se trata de un amigo, v., de un conocido** he's a friend, well, more of an acquaintance, really; **v., que al final la fiesta fue un desastre** anyway, the party was a disaster in the end

vampiresa *nf Fam* vamp, femme fatale

vampirismo *nm* vampirism

vampiro *nm* (**a**) *(personaje)* vampire (**b**) *(murciélago)* vampire bat (**c**) *Pey (aprovechado)* bloodsucker, leech

vanadio *nm Quím* vanadium

vanagloria *nf* boastfulness

vanagloriarse *vpr* to boast (**de** about), to show off (**de** about)

vanamente *adv* (**a**) *(inútilmente)* in vain (**b**) *(con vanidad)* vainly (**c**) *(infundadamente)* without justification (**d**) *(superficialmente)* superficially

Vancouver *n* Vancouver

vandálico, -a *adj (salvaje)* vandalistic; **un acto v.** an act of vandalism

vandalismo *nm* vandalism

vándalo, -a 1 *nm,f Hist* Vandal
2 *nm (salvaje)* vandal

vanguardia *nf* (**a**) *Mil* vanguard; *Fig* **ir a la v. de** to be at the forefront of (**b**) *(cultural)* avant-garde, vanguard

vanguardismo *nm* avant-garde

vanguardista 1 *adj* avant-garde
2 *nmf* member of the avant-garde

vanidad *nf* (**a**) *(orgullo)* vanity (**b**) *(inutilidad, tontería)* futility

vanidoso, -a 1 *adj* vain, conceited
2 *nm,f* vain *o* conceited person; **es un v.** he's vain *o* conceited

vano, -a 1 *adj* (**a**) *(inútil, infundado)* vain; **vanas esperanzas** empty hopes; **en v.** in vain (**b**) *(vacío, superficial) (palabras, promesas)* empty; *(persona)* vain, conceited
2 *nm Arquit (de puerta)* doorway

Vanuatú *n* Vanuatu

vapor *nm* (**a**) *(emanación)* vapour; *(de agua)* steam; **al v.** steamed; **barco de v.** steamer, steamship; **máquina de v.** steam engine ❑ ***v. de agua*** water vapour (**b**) *(barco)* steamer, steamship

vaporeta® *nf* vaporetto®, = cleaning appliance that uses high-pressure steam

vaporizador *nm* (**a**) *(pulverizador)* spray (**b**) *(para evaporar)* vaporizer

vaporizar [14] **1** *vt* (**a**) *Fís* to vaporize (**b**) *(pulverizar)* to spray
2 vaporizarse *vpr Fís* to vaporize

vaporoso, -a *adj* (**a**) *(tela, vestido)* diaphanous, sheer (**b**) *(con vapor) (ducha, baño)* steamy; *(cielo)* hazy, misty

vapulear *vt* (**a**) *(golpear)* to beat, to thrash; *(zarandear)* to shake about (**b**) *(criticar)* to slate; **v. los derechos de alguien** to trample on sb's rights (**c**) *Fam (vencer)* to thrash, to give a hiding

vapuleo *nm* (**a**) *(golpes)* beating, thrashing; *(zarandeo)* shaking about (**b**) *(crítica)* slating; *(falta de respeto)* abuse (**c**) *Fam* **dar un v. a alguien** *(vencerlo)* to thrash sb, to give sb a hiding

vaque *etc ver* **vacar**

vaquería *nf* (**a**) *(de leche)* dairy (**b**) *Arg (tienda de vaqueros)* jeans shop

vaqueriza *nf* cowshed

vaquero, -a 1 *adj (tela)* denim; **tela vaquera** denim; **pantalón v.** jeans
2 *nm,f (persona)* cowboy, *f* cowgirl; **una película de vaqueros** a western, a cowboy film
3 *nm (pantalón)* jeans; **unos vaqueros** (a pair of) jeans

vaquilla *nf (vaca)* heifer; *(toro)* young bull

vara *nf* (**a**) *(rama, palo)* stick (**b**) *(pértiga)* pole (**c**) *(fabricada)* rod (**d**) *(tallo)* stem, stalk (**e**) *(de trombón)* slide (**f**) *(insignia)* staff (**g**) *Fam* **dar la v.** to be a pain (in the neck); **dar la v. a alguien para que haga algo** to go on at sb to do sth (**h**) *Taurom* = pike used by picador

varadero *nm* dry dock

varado, -a *adj Náut (encallado)* aground, stranded; *(en el dique seco)* in dry dock; **hay una ballena varada en el puerto** there's a beached whale in the harbour

varapalo *nm* (**a**) *(paliza)* hiding (**b**) *(crítica)* slating; **dar un v. a alguien/algo** to slate sb/sth

varar *Náut* **1** *vt* to beach
2 *vi* run aground
3 vararse *vpr* (**a**) *(barco, ballena)* to be beached (**b**) *Am (averiarse)* to break down

varear *vt (golpear)* to beat (with a pole); **v. las aceitunas** = to knock the branches of olive trees with a pole to bring down the ripe olives

varejón *nm Am (palo delgado)* thin pole

variabilidad *nf* changeability, variability

variable 1 *adj* changeable, variable
2 *nf Mat* variable ❑ ***v. aleatoria*** random variable

variación *nf (cambio)* variation; *(del tiempo)* change (**de** in)

variado, -a *adj (diverso)* varied; *(galletas, bombones)* assorted

variante 1 *adj* variant
2 *nf* (**a**) *(variación)* variation; *(versión)* version (**b**) *(carretera)* by-pass (**c**) *(en quiniela)* draw or away win (**d**) **variantes** mixed pickles

varianza *nf (en estadística)* variance

variar [32] **1** *vt* (**a**) *(modificar)* to alter, to change (**b**) *(dar variedad)* to vary
2 *vi* (**a**) *(cambiar)* to change; **ha variado de color** it has changed colour; *también Irónico* **para v.** for a change (**b**) *(ser diferente)* to vary, to differ (**de** from)

varicela *nf* chickenpox

varicoso, -a *adj* varicose

variedad *nf* (**a**) *(diversidad)* variety (**b**) *(de especie) (de planta)* variety; *(de animal)* breed (**c**) *Teatro* **variedades** variety, music hall

varilla *nf (barra delgada)* rod; *(de abanico, paraguas)* spoke, rib; *(de gafas)* arm

varillaje *nm (de abanico, paraguas)* spokes, ribbing

variopinto, -a *adj* diverse

varios, -as 1 *adj (variados)* several; **pantalones de v. colores** trousers in several *o* different colours; **hay varias maneras de hacerlo** there are several *o* various ways of doing it
2 *pron pl* several

varita *nf* wand ❑ ***v. mágica*** magic wand

variz *nf* varicose vein

varón *nm (hombre)* male, man; *(chico)* boy

varonil *adj (masculino)* masculine, male; *(viril)* manly, virile

Varsovia *n* Warsaw

varsoviano, -a 1 *adj* of/from Warsaw
2 *nm,f* person from Warsaw

vasallaje *nm Hist* **(a)** *(servidumbre)* servitude **(b)** *(impuesto)* liege money
vasallo, -a *nm,f* **(a)** *(siervo)* vassal **(b)** *(súbdito)* subject
vasco, -a 1 *adj & nm,f* Basque
2 *nm (lengua)* Basque
vascofrancés, -esa 1 *adj* of/from the French Basque provinces
2 *nm* French Basque
Vascongadas *nfpl* **las V.** the (Spanish) Basque Country
vascongado, -a *adj & nm,f* Basque
vascuence *nm (lengua)* Basque
vascular *adj* vascular
vasectomía *nf* vasectomy
vasectomizar *vt* to give a vasectomy to
vaselina *nf* Vaseline®
vasija *nf* **(a)** *(de barro)* earthenware vessel **(b)** *(de reactor nuclear)* containment vessel
vaso *nm* **(a)** *(recipiente, contenido)* glass; **un v. de plástico** a plastic cup; EXPR **ahogarse en un v. de agua** to make a mountain out of a molehill ▫ ***vasos comunicantes*** communicating vessels **(b)** *Anat* vessel ▫ ***vasos capilares*** capillaries; ***v. linfático*** lymphatic vessel; ***vasos sanguíneos*** blood vessels **(c)** *Bot* vein
vasoconstrictor *adj Med* vasoconstrictor
vasodilatador *adj Med* vasodilator
vástago *nm* **(a)** *(descendiente)* descendant; **vástagos** offspring **(b)** *(brote)* shoot; *Col, CRica, Ven (de banana)* banana stalk **(c)** *(varilla)* rod
vastedad *nf* vastness
vasto, -a *adj* vast
vate *nm Formal* bard
váter (*pl* **váteres**) *nm* toilet
Vaticano *n* **el V.** the Vatican
vaticinar *vt (predecir)* to predict; *(adivino)* to prophesy
vaticinio *nm (predicción)* prediction; *(adivinación)* prophecy
vatímetro *nm* wattmeter
vatio *nm* watt
vaya 1 *ver* **ir**
2 *interj* **(a)** *(expresa sorpresa)* **¡v.!** well!; **¡v.! ¡tú por aquí!** fancy seeing you here!; **¡v., v.! no me esperaba eso de ti** well, I certainly didn't expect that from you!
(b) *(expresa admiración)* **¡v. moto!** what a motorbike!; **¡v. si me gusta!** you bet I like it!
(c) *(expresa contrariedad, disgusto)* **¡v.!** oh no!; **¡v., me equivoqué otra vez!** oh, no, I've got it wrong again!; **¡v.! ¡ya te has manchado las manos otra vez!** honestly, you've gone and got your hands dirty again!; *Irónico* **¡v. (un) amigo!** some friend he is!; **¡v. con la dichosa cuestecita!** so much for this being a little hill!, some little hill this is!; **¡v. por Dios!** *o Esp* **¡v., hombre! para una vez que compro gambas, me las dan pasadas** can you believe it *o* honestly, the one time I buy some prawns, they're off!
3 *adv* **(a)** *(introduce matiz o conclusión)* **tenían sus diferencias; v., que no se aguantaban** they had their differences, in fact, to be honest they couldn't stand each other
(b) *(bueno, bien)* not bad, O.K.
V.º B.º *(abrev de* **visto bueno***) (en documento)* approved
Vd. *(abrev de* **usted***)* you
Vda. *(abrev de* **viuda***)* widow
Vds. *(abrev de* **ustedes***)* you
ve *ver* **ir**
véase *ver* **ver**
vecinal *adj* **(a)** *(relaciones, trato)* neighbourly **(b)** *(camino, impuestos)* local
vecindad *nf* **(a)** *(vecindario)* neighbourhood **(b)** *(cualidad)* neighbourliness **(c)** *(alrededores)* vicinity **(d)** *Méx (barriada)* urban slum
vecindario *nm (de barrio)* neighbourhood; *(de población)* community, inhabitants
vecino, -a 1 *adj* **(a)** *(cercano)* neighbouring; **v. a** next to; **lo trajeron del pueblo v.** they brought it from the neighbouring *o* next village **(b)** *(parecido)* similar
2 *nm,f* **(a)** *(de la misma casa, calle)* neighbour **(b)** *(habitante) (de un barrio)* resident; *(de una localidad)* inhabitant; **Juan García, v. de Guadalajara** Juan García of Guadalajara
vector *nm* vector
vectorial *adj* vectorial
veda *nf* **(a)** *(prohibición)* ban *(on hunting and fishing)*; **levantar la v.** to open the season **(b)** *(periodo)* close season
vedado, -a 1 *adj* prohibited
2 *nm* reserve
vedar *vt* **(a)** *(prohibir)* to prohibit; **tiene vedada la entrada al club** he has been banned from the club **(b)** *(impedir)* to prevent; **vedarle a alguien hacer algo** to prevent sb from doing sth
vedette [be'ðet] (*pl* **vedettes**) *nf* star
vedija *nf (de lana, pelo)* tuft
vedismo *nm* Vedism
vega *nf* **(a)** *(terreno fértil)* fertile plain **(b)** *Cuba (tabacal)* tobacco plantation
vegetación *nf* vegetation
vegetaciones *nfpl Med* adenoids
vegetal 1 *adj (vida, célula)* plant; **aceite/extracto v.** vegetable oil/extract; **el mundo v.** the plant kingdom; **sándwich v.** salad sandwich
2 *nm* vegetable; *Fam Fig* **se convirtió en un v.** he became a vegetable
vegetar *vi* **(a)** *(planta)* to grow **(b)** *Fam (holgazanear)* to vegetate
vegetarianismo *nm* vegetarianism
vegetariano, -a *adj & nm,f* vegetarian
vegetativo, -a *adj Biol* vegetative
veguero, -a 1 *nm,f (labrador)* farmworker
2 *nm (cigarro)* = cigar made from a single tobacco leaf
vehemencia *nf* **(a)** *(pasión, entusiasmo)* vehemence **(b)** *(irreflexión)* impulsiveness, impetuosity
vehemente *adj* **(a)** *(apasionado, entusiasta)* vehement **(b)** *(irreflexivo)* impulsive, impetuous
vehicular *vt* to serve as a vehicle for
vehículo *nm* **(a)** *(medio de transporte)* vehicle ▫ ***v. espacial*** spacecraft; ***vehículos industriales*** industrial vehicles; ***v. lanzador*** launching vehicle; ***v. pesado*** heavy goods vehicle **(b)** *(medio de propagación) (de enfermedad)* carrier; *(de ideas)* vehicle
veinte *núm* twenty; **los (años) v.** the twenties; *ver también* **seis**
veinteañero, -a 1 *adj* = in one's (early) twenties
2 *nm,f* = person in their (early) twenties
veinteavo, -a *núm (fracción)* twentieth; **la veinteava parte** a twentieth
veintena *nf* twenty; **andará por la v.** he must be about twenty; **una v. de...** *(unos veinte)* about twenty...; *(veinte)* twenty...
veinticinco *núm* twenty-five; *ver también* **seis**
veinticuatro *núm* twenty-four; *ver también* **seis**
veintidós *núm* twenty-two; *ver también* **seis**
veintinueve *núm* twenty-nine; *ver también* **seis**
veintiocho *núm* twenty-eight; *ver también* **seis**
veintiséis *núm* twenty-six; *ver también* **seis**
veintisiete *núm* twenty-seven; *ver también* **seis**
veintitantos, -as *núm Fam* twenty-odd; **el v. de julio** the twenty-somethingth of July
veintitrés *núm* twenty-three; *ver también* **seis**
veintiuna *nf (juego) Br* pontoon, *US* blackjack, *US* twenty-one
veintiuno, -a *núm*

> **Veintiún** is used instead of **veintiuno** before masculine nouns (e.g. **veintiún hombres** twenty-one men).

twenty-one; *ver también* **seis**
vejación *nf*, **vejamen** *nm* humiliation
vejar *vt* to humiliate
vejatorio, -a *adj* humiliating
vejestorio *nm Fam Pey* old codger *o Br* crock
vejete *nm Fam* old guy *o Br* bloke
vejez *nf* old age; **pasó su v. en París** she spent her later years *o* old age in Paris; EXPR *Fam* **¡a la v., viruelas!** fancy that, at his/her age!
vejiga *nf* bladder ▫ ***v. de la bilis*** gall bladder; *Zool* ***v. natatoria*** swim *o* air bladder; ***v. de la orina*** (urinary) bladder
vela 1 *nf* **(a)** *(para dar luz)* candle; **ponerle una v. a un santo** to light a candle for a saint; EXPR **estar a dos velas** not to have two halfpennies to rub together; EXPR **poner una v. a Dios y otra al diablo** to

hedge one's bets; EXPR *Fam* **quedarse a dos velas** to be left none the wiser; EXPR *Fam* **¿quién te ha dado v. en este entierro?** *Br* who asked you to stick your oar in?, *US* who asked you to butt in? ▫ ***v. perfumada*** scented candle
(**b**) *(de barco)* sail; **a toda v.** under full sail ▫ ***v. cangreja*** gaff sail; ***v. latina*** lateen sail; ***v. mayor*** mainsail
(**c**) *(deporte)* sailing ▫ ***v. deportiva*** sailing
(**d**) *(vigilia)* vigil; **pasar la noche en v.** *(adrede)* to stay awake all night; *(desvelado)* to have a sleepless night (**e**) *Taurom (cuerno)* horn
2 *nfpl* **velas** *Fam (mocos)* bogies, snot
velada *nf* evening; **una v. musical** a musical soirée, an evening of music
veladamente *adv* covertly; **le acusó v. de ser el culpable** she hinted he was the guilty one
velado, -a *adj* (**a**) *(oculto)* veiled, hidden (**b**) *(carrete)* damaged by exposure to sunlight
velador *nm* (**a**) *(mesa)* pedestal table (**b**) *Chile (mesilla de noche)* bedside table (**c**) *RP (lámpara)* bedside lamp
velamen *nm* sails
velar[1] *adj Anat & Ling* velar
velar[2] **1** *vi* (**a**) *(cuidar)* **velan por la salud de los ciudadanos** they watch over *o* look after the health of the nation's citizens; **velan por la seguridad del Estado** they are responsible for national security; **veló por que se cumpliera el acuerdo** he saw to it *o* ensured that the agreement was kept (**b**) *(no dormir)* to stay awake
2 *vt* (**a**) *(de noche) (muerto)* to keep a vigil over; *(enfermo)* to sit up with; **v. las armas** to carry out the vigil of arms (**b**) *(ocultar)* to mask, to veil (**c**) *(carrete)* to damage by exposure to light, to fog
3 velarse *vpr (carrete)* to be damaged by exposure to light
velatorio *nm* (**a**) *(acto)* wake, vigil (**b**) *(lugar)* = room where vigil is held over a dead person's remains on the night before burial
velcro® *nm* Velcro®
veleidad *nf* (**a**) *(inconstancia)* fickleness (**b**) *(antojo, capricho)* whim
veleidoso, -a *adj* (**a**) *(inconstante)* fickle (**b**) *(caprichoso)* capricious
velero *nm* sailing boat *o* ship
veleta 1 *nf* weather vane
2 *nmf Fam (persona inconstante)* **es un v.** he's very fickle
velista *nmf* yachtsman, *f* yachtswoman
vello *nm* (**a**) *(pelo)* hair (**b**) *(pelusilla)* down
vellocino *nm* fleece ▫ ***el v. de oro*** the Golden Fleece
vellón *nm (lana)* fleece
vellosidad *nf* (**a**) *(presencia de pelo)* hairiness (**b**) *(presencia de pelusilla)* downiness
velloso, -a, velludo, -a *adj* (**a**) *(con pelo)* hairy (**b**) *(con pelusilla)* downy
velo *nm* (**a**) *(tela fina)* veil; EXPR *Fam* **correr** *o* **echar un (tupido) v. sobre algo** to draw a veil over sth (**b**) *(cosa ligera)* veil; **un v. de humo** a veil of smoke; **un v. de envidia** a trace of envy (**c**) ***v. del paladar*** soft palate
velocidad *nf* (**a**) *(rapidez)* speed, *Espec* velocity; **íbamos a gran v.** we were going very fast; **a toda v.** *(en vehículo)* at full speed; **lo tuvimos que hacer a toda v.** we had to do it as fast as we could; **de alta v.** high-speed; **a la v. del rayo** as quick as lightning; **reducir la v.** to slow down ▫ ***v. de crucero*** cruising speed; ***la v. de la luz*** the speed of light; ***v. máxima*** *o* ***punta*** top speed; *Informát* ***v. de refresco*** refresh rate; *Informát* ***v. de reloj*** clock speed; ***la v. del sonido*** the speed of sound; ***v. supersónica*** supersonic speed; *Informát* ***v. de transferencia*** transfer rate; *Informát* ***v. de transmisión*** *(en módem)* baud rate; ***v. de vuelo*** airspeed
(**b**) *Aut (marcha)* gear; **cambiar de v.** to change gear
velocímetro *nm* speedometer
velocípedo *nm* velocipede
velocista *nmf* sprinter
velódromo *nm* cycle track, velodrome
velomotor *nm* moped
velón *nm* (**a**) *(lámpara)* oil lamp (**b**) *Andes, RP (vela)* thick candle
velorio *nm Am* wake, vigil
veloz *adj* fast, quick
velozmente *adv* quickly, rapidly
ven *ver* **venir**
vena *nf* (**a**) *(vaso sanguíneo)* vein ▫ ***v. cava*** vena cava; ***v. pulmonar*** pulmonary vein; ***v. yugular*** jugular (vein) (**b**) *(veta)* vein (**c**) *(inspiración)* inspiration; *Fam* **estar en v., tener la v.** to be on form; *Fam* **le dio la v. de hacerlo** she took it into her head to do it; *Fam* **si le da la v.** if the mood takes him/her (**d**) *(don)* vein, streak; **tener v. de pintor** to have a gift for painting
venablo *nm (lanza)* javelin
venado *nm (animal)* deer; *(carne)* venison
vencedero, -a *adj Fin* payable
vencedor, -ora 1 *adj* winning, victorious
2 *nm,f* winner
vencejo *nm (pájaro)* swift
vencer [40] **1** *vt* (**a**) *(ganar, derrotar)* to beat, to defeat; **venció al cansancio/sueño** she overcame her exhaustion/sleepiness; **lo venció el cansancio** he was overcome by tiredness (**b**) *(aventajar)* **v. a alguien a** *o* **en algo** to outdo sb at sth (**c**) *(superar) (miedo, obstáculos)* to overcome; *(tentación)* to resist (**d**) *(romper)* to break, to snap; **el peso de los libros venció la estantería** the bookcase gave way under the weight of the books
2 *vi* (**a**) *(ganar)* to win, to be victorious (**b**) *(imponerse, prevalecer)* to prevail (**c**) *(caducar) (garantía, contrato, plazo)* to expire; *(deuda, pago)* to fall due, to be payable; *(bono)* to mature
3 vencerse *vpr (estante)* to give way, to collapse
vencido, -a 1 *adj* (**a**) *(derrotado)* defeated; **darse por v.** to give up (**b**) *(caducado) (garantía, contrato, plazo)* expired; *(deuda, pago)* due, payable; *(bono)* mature
2 *nm,f (en guerra)* conquered *o* defeated person; *(en deportes, concursos)* loser
vencimiento *nm* (**a**) *(término) (de garantía, contrato, plazo)* expiry; *(de deuda, pago)* falling due; *(de bono)* maturing (**b**) *(de estante, suelo)* collapse
venda *nf* bandage; *Fig* **tener una v. en** *o* **delante de los ojos** to be blind
vendaje *nm* (**a**) *(vendas)* bandaging (**b**) *Andes, Carib (dinero extra)* bonus
vendar *vt* to bandage; **v. los ojos a alguien** to blindfold sb
vendaval *nm* gale
vendedor, -ora 1 *adj* selling
2 *nm,f (en general)* seller; *(en tienda)* shop *o* sales assistant; *(de coches, seguros)* salesman, *f* saleswoman ▫ ***v. ambulante*** pedlar, hawker
vender 1 *vt también Fig* to sell; **v. algo a** *o* **por** to sell sth for; **venden naranjas a 200 pesetas el kilo** they're selling oranges for 200 pesetas a kilo; **es capaz de v. a su madre** he'd sell his own mother; EXPR **es capaz de v. su alma al diablo por triunfar** he'd sell his soul to the Devil if that's what it took to be successful; EXPR **no v. ni una escoba** to get absolutely nowhere
2 venderse *vpr* (**a**) *(ser vendido)* to be sold *o* on sale; **se vende** *(en letrero)* for sale (**b**) *(dejarse sobornar)* to sell oneself (**c**) *(descubrirse)* to give oneself away
vendetta *nf* vendetta
vendido, -a *adj* sold; *Fig* **estar** *o* **ir v.** not to stand a chance
vendimia *nf* grape harvest
vendimiador, -ora *nm,f* grape picker
vendimiar 1 *vt* to harvest *(grapes)*
2 *vi* to pick grapes
vendré *etc ver* **venir**
venduta *nf Cuba, RDom (tienda)* = small fruit and vegetable shop
Venecia *n* Venice
veneciano, -a *adj & nm,f* Venetian
veneno *nm* (**a**) *(sustancia tóxica)* poison; *(de serpiente, insecto)* venom (**b**) *(mala intención)* venom
venenoso, -a *adj* (**a**) *(tóxico)* poisonous (**b**) *(malintencionado)* venomous
venera *nf* (**a**) *(concha)* scallop shell (**b**) *(insignia)* scallop
venerable *adj* venerable
veneración *nf* veneration, worship
venerador, -ora 1 *adj* venerational
2 *nm,f* venerator
venerar *vt* to venerate, to worship
venéreo, -a *adj* venereal; **enfermedad venérea** venereal disease, VD
venereología *nf* venereology
venero *nm* (**a**) *(manantial)* spring, fountain; *Fig (origen)* source, origin; **v. de datos** mine of information (**b**) *Min* seam, vein

venezolano, -a *adj & nm,f* Venezuelan

Venezuela *n* Venezuela

venga *interj Fam* **¡v.!** come on!; **¡v. ya!, ¡v., hombre!** come off it!

vengador, -ora 1 *adj* avenging
2 *nm,f* avenger

venganza *nf* revenge, vengeance

vengar [38] **1** *vt* to avenge
2 vengarse *vpr* to take revenge (**de** on), to avenge oneself (**de** on); **me vengaré de él algún día** I'll take my revenge on him some day; **se vengó en sus hijos** she took her revenge on his children

vengativo, -a *adj* vengeful, vindictive

vengo *etc ver* **venir**

vengue *etc ver* **vengar**

venia *nf* (**a**) *(permiso)* permission; **con la v.** *(al tomar la palabra)* by your leave (**b**) *(perdón)* pardon (**c**) *Am (saludo militar)* salute

venial *adj* venial

venialidad *nf* veniality

venida *nf* (**a**) *(llegada)* arrival (**b**) *(regreso)* return

venidero, -a *adj (generación)* future; **en años venideros** in years to come

---

VENIR [69] **1** *vi* (**a**) *(desplazarse, aproximarse)* to come; **ayer vino a casa** she came to visit us yesterday; **¿de dónde vienes?** where have you been?; **vengo del mercado** I've come from *o* been to the market; **v. a/de hacer algo** to come to do sth/from doing sth; **¿a qué has venido?** why have you come?, what have you come for?; **ven a ayudarme** come and help me; **he venido (a) por Marta** I've come for Marta; **vinieron (a) por mí al aeropuerto** they picked me up at the airport; **todos veníamos muy cansados** we were all very tired; **vino hablando todo el camino** she spent the whole journey talking; **el año/mes que viene** next year/month
(**b**) *(llegar)* to arrive; *(regresar)* to get back; **aún no ha venido** *(llegado)* she hasn't arrived yet; *(regresado)* she's not back yet; **vendré tarde** I'll be late (back); **¿han venido los del gas?** has the gas man come yet?; **cuando venga el verano** when summer arrives
(**c**) *(pasar, ocurrir)* **en aquel año vino una recesión** there was a recession that year; **¿qué viene ahora?** what comes next?; **después de este programa viene una película** after this programme there's a film
(**d**) *(proceder, derivarse)* **v. de algo** to come from sth; **viene de familia rica** she's from *o* she comes from a rich family; **el talento para la música le viene de familia** the gift for music runs in the family; **¿de qué árbol viene el caucho?** from what tree do we get rubber?; **de ahí viene que te duela la espalda** that's why your back is hurting; **viniendo de ella no me sorprende** it doesn't surprise me, coming from her
(**e**) *(decir, soltar)* **v. a alguien con algo** to come to sb with sth; **no me vengas con exigencias** don't come to me making demands; *Fam* **¡no me vengas con ésas!** don't give me that!; **vino con que le hacía falta el dinero** he said he needed the money
(**f**) *(hallarse)* to be; **su foto viene en primera página** his photo is *o* appears on the front page; **¿dónde viene la sección de deportes?** where's the sports section?; **el texto viene en inglés** the text is in English; **vienen en todos los tamaños** they come in every size; **las anchoas vienen en lata** anchovies come in tins
(**g**) *(acometer, sobrevenir)* **me viene sueño** I'm getting sleepy; **me venían ganas de vomitar** I kept wanting to be sick; **le vinieron ganas de reír** he was seized by a desire to laugh; **me ha venido el periodo** my period has started; **le vino una tremenda desgracia** he suffered a great misfortune
(**h**) *(ropa, calzado)* **¿qué tal te viene?** does it fit all right?; **el abrigo le viene pequeño** the coat is too small for her; *Fig* **este trabajo le viene un poco ancho** *o* **grande** he's not really up to this job
(**i**) *(convenir)* **v. bien/mal a alguien** to suit/not to suit sb; **el diccionario me vendrá muy bien** the dictionary will come in very useful; **¿qué tal te viene el lunes?** how's Monday for you?, how does Monday suit you?; **mañana no me viene bien** tomorrow isn't a good day for me, I can't make it tomorrow; **no te vendrían mal unas vacaciones** you could use a holiday
(**j**) *(indica aproximación o resultado)* **viene a costar un millón** it costs almost a million; **esto viene a significar...** this effectively means...; **¿cómo habéis venido a parar aquí?** how did you end up here?; **v. a ser** to amount to; **viene a ser lo mismo** it doesn't make much difference; **v. a menos** *(negocio)* to go downhill; *(persona)* to go down in the world; **son una familia venida a menos** they're a family which has gone down in the world
(**k**) *Fam* **me viene** *(tengo un orgasmo)* I'm coming
(**l**) **¿a qué viene esto?** *(y eso, ¿por qué?)* what do you mean by that?, what's that in aid of?; **¿a qué viene tanta amabilidad?** why all this kindness?, what's all this kindness in aid of?
2 *v aux* (**a**) *(antes de gerundio) (haber estado)* **v. haciendo algo** to have been doing sth; **vengo diciéndolo desde hace tiempo** I've been saying so for some time now; **las peleas vienen sucediéndose desde hace tiempo** fighting has been going on for some time; **el desempleo viene siendo el mayor problema** unemployment has been the major problem
(**b**) *(antes de participio) (haber sido)* **los cambios vienen motivados por la presión de la oposición** the changes have resulted from pressure on the part of the opposition; **un espectáculo que viene precedido de gran polémica** a show which has been surrounded by controversy
3 venirse *vpr* (**a**) *(venir)* to come; **¿te vienes?** are you coming?; **vente a casa si quieres** come over to my place if you like; **venirse abajo** *(techo, estante, edificio)* to collapse; *(ilusiones, planes)* to be dashed; *(persona)* to go to pieces; **¡la que se nos viene encima!** we're really in for it!
(**b**) *(volver)* to come back (**de** from); **se vino de Argentina para montar un negocio** he came back from Argentina to start a business

---

venosidad *nf* **tiene venosidades en la nariz** he's got a lot of blood vessels showing through on his nose

venoso, -a *adj* venous

venta *nf* (**a**) *(acción)* sale; **de v. en...** on sale at...; **estar en v.** to be for sale; **poner a la v.** *(casa)* to put up for sale; *(producto)* to put on sale ❑ ***v. ambulante*** peddling, hawking; ***v. automatizada*** vending-machine sale; ***v. por catálogo*** mail-order selling; ***v. al contado*** cash sale; ***v. por correo*** *o* ***por correspondencia*** mail-order sale; ***v. a crédito*** credit sale; ***v. directa*** direct selling; ***v. a domicilio*** door-to-door selling; ***v. al por mayor*** wholesale; ***v. al por menor*** retail; ***v. sobre plano*** sale of customized goods; ***v. a plazos*** sale by instalments, *Br* hire purchase; ***v. pública*** public auction; ***v. telefónica*** telephone sales
(**b**) *(cantidad)* sales
(**c**) *(posada)* country inn
(**d**) *Chile (puesto en fiestas)* refreshment stand

ventaja *nf* (**a**) *(hecho favorable)* advantage; **tenemos que sacarle las ventajas a la situación** we might as well look on the bright side ❑ ***ventajas fiscales*** tax breaks; **invertir en cultura ofrece ventajas fiscales** there are tax advantages to investing in culture (**b**) *(en competición)* lead; **dar v. a alguien** to give sb a start; **llevar v. a alguien** to have a lead over sb; **saca tres minutos de v. al pelotón** he has a three-minute lead over the pack, he's three minutes ahead of *o* clear of the pack (**c**) *(en tenis)* advantage; **v. Hingis** advantage Hingis

ventajista *adj & nmf* opportunist

ventajoso, -a *adj* advantageous; **estar en una situación ventajosa** to be in a favourable position

ventana *nf* (**a**) *(en casa)* window; EXPR **echar** *o* **tirar algo por la v.** to let sth go to waste ❑ ***v. de guillotina*** sash window; ***v. de socorro*** emergency exit (window) (**b**) *Informát* window ❑ ***v. activa*** active window; ***v. de diálogo*** dialog *o* *Br* dialogue box (**c**) *(de nariz)* ***v. de la nariz*** nostril

ventanaje *nm (ventanas)* windows

ventanal *nm* large window

ventanilla *nf* (**a**) *(de vehículo, sobre)* window (**b**) *(taquilla, mostrador)* counter

ventanillo *nm* (**a**) *(ventana pequeña)* small window (**b**) *(mirilla)* peephole (**c**) *(de barco)* porthole

ventarrón *nm Fam* strong *o* blustery wind

ventear *v impersonal* to be very windy; **está venteando** it's very windy

ventero, -a *nm,f* innkeeper

ventilación *nf* ventilation

ventilador *nm* fan

ventilar 1 *vt* (**a**) *(airear)* to air (**b**) *Fam (resolver)* to clear up (**c**) *Fam (discutir)* to air; **le encanta v. sus problemas en público** she likes to air her problems in public (**d**) *(difundir)* to make public

2 ventilarse *vpr* (**a**) *(airearse)* to air; **voy a salir a ventilarme un poco** I'm going to pop out for a breath of fresh air (**b**) *Fam (terminarse)* to knock *o* finish off; **se ventiló el pastel en un periquete** he wolfed down the cake in next to no time (**c**) *Fam (asesinar)* to rub out

ventisca *nf* blizzard, snowstorm

ventiscar [59], **ventisquear** *v impersonal* **está ventiscando** there's a blizzard *o* snowstorm

ventisquero *nm (nieve amontonada)* snowdrift

ventolera *nf* (**a**) *(viento)* gust of wind (**b**) *Fam (idea extravagante)* wild idea; **le ha dado la v. de hacerlo** she has taken it into her head to do it

ventorrillo *nm (posada, taberna)* small inn

ventosa *nf* sucker

ventosear *vi* to break wind

ventosidad *nf* wind, flatulence; **expulsar una v.** to break wind

ventoso, -a *adj* windy

ventral *adj* ventral

ventresca *nf* belly *(of fish)*

ventricular *adj* ventricular

ventrículo *nm* ventricle

ventrílocuo, -a *nm,f* ventriloquist

ventriloquía *nf* ventriloquism

ventrudo, -a *adj Fam* paunchy

ventura *nf* (**a**) *(felicidad)* happiness, contentment (**b**) *(suerte)* luck; **por v.** luckily (**c**) *(casualidad)* **a la (buena) v.** *(al azar)* at random, haphazardly; *(sin nada previsto)* without planning *o* a fixed plan; *Anticuado* **por v., ¿no lo habrás visto?** you wouldn't happen to have seen him, by any chance, would you?

venturoso, -a *adj* happy, fortunate

vénula *nf Anat* venule

Venus *nm* Venus

venus *nf* (**a**) *(mujer)* beauty (**b**) *(estatua)* statue of Venus

venusiano, -a *adj* Venusian

venza *etc ver* **vencer**

veo-veo *nm* I-spy

VER [70] **1** *nm* (**a**) *(aspecto)* **estar de buen v.** to be good-looking

(**b**) *(opinión)* **a mi v.** the way I see it

2 *vt* (**a**) *(percibir con los ojos)* to see; *(mirar)* to look at; *(televisión, programa, espectáculo deportivo)* to watch; *(película, obra, concierto)* to see; **¿ves algo?** can you see anything?; **yo no veo nada** I can't see a thing; **he estado viendo tu trabajo** I've been looking at your work; **¿vemos la tele un rato?** shall we watch some TV?; **esta serie nunca la veo** I never watch this series; **¿habéis visto el museo?** have you been to the museum?; **yo te veo más delgada** you look thinner to me; **este edificio ha visto muchos sucesos históricos** this building has seen a lot of historic events; **los jubilados han visto aumentadas sus pensiones** pensioners have had their pensions increased; **v. a alguien hacer algo** to see sb doing sth; **les vi actuar en el festival** I saw them acting at the festival; **te vi bajar del autobús** I saw you getting off the bus; **os vieron discutir** *o* **discutiendo** you were seen arguing; **¡nunca** *o* **jamás he visto cosa igual!** I've never seen the like of it!; **¡si vieras qué bien lo pasamos!** if only you knew what a good time we had!; **¡si vieras qué cara se le puso!** you can't imagine her face!; **este problema ya lo veía venir** I could see this problem coming; **lo veo venir** I can see what he's up to; **él prefiere quedarse a verlas venir** he prefers to wait and see

(**b**) *(imaginar)* to see; **ya veo tu foto en los periódicos** I can (just) see your photo in the newspapers; **francamente, yo no la veo casada** to be honest, I find it hard to see her getting married

(**c**) *(entender, apreciar, considerar)* to see; **ya veo que estás de mal humor** I can see you're in a bad mood; **¿no ves que trata de disculparse?** can't you see *o* tell she's trying to apologize?; **¿ves lo que quiero decir?** do you see what I mean?; **ahora lo veo todo claro** now I understand everything; **a todo le ve pegas** he sees problems in everything; **yo no le veo solución a este problema** I can't see a solution to this problem; **¿tú cómo lo ves?** how do you see it?; **yo lo veo así** I see it this way *o* like this; **es una manera de v. las cosas** that's one way of looking at it; **yo no lo veo tan mal** I don't think it's that bad; **ahí donde la ves, era muy guapa de joven** she was very pretty when she was young, you know; **dejarse v. (por un sitio)** to show one's face (somewhere); **¿te gusta? — ¡a v.!** do you like it? – of course I do!; **¡habráse visto qué cara dura/mal genio tiene!** you'd never believe what a cheek/temper he has!; **¡hay que v.!** *(indica sorpresa)* would you believe it!; *(indica indignación)* it makes me mad!; **¡hay que v. qué lista es!** you wouldn't believe how clever she is!; **¡hay que v. cuánto se gasta estando de vacaciones!** it's amazing how much you spend when you're on holiday!; EXPR **ni visto ni oído** in the twinkling of an eye; **no le tengo ningún rencor, ¡para que veas!** I don't bear him any hard feelings, in case you were wondering; *Fam* **no puedo verlo (ni en pintura)** I can't stand (the sight of) him; **por lo visto** apparently

(**d**) *(comprobar)* to see; **ir a v. lo que pasa** to go and see what's going on; **ve a v. si quedan cervezas** go and see if *o* have a look if there are any beers left; **veré qué puedo hacer** I'll see what I can do; **queda por v. si ésta es la mejor solución** it remains to be seen whether this is the best solution; **eso está por v., eso habrá que verlo** that remains to be seen

(**e**) *(tratar, estudiar) (tema, problema)* to look at; **el lunes veremos la lección 6** we'll do lesson 6 on Monday; **como ya hemos visto en anteriores capítulos...** as we have seen in previous chapters...

(**f**) *(reconocer) (sujeto: médico, especialista)* to take a look at; **necesitas que te vea un médico** you ought to see a doctor

(**g**) *(visitar, citarse con)* to see; **tienes que ir a v. al médico** you ought to see the doctor; **venid a vernos cuando queráis** come and see us any time you like; **mañana vamos a v. a mis padres** we're seeing my parents tomorrow; **hace siglos que no la veo** I haven't seen her for ages; **últimamente no los veo mucho** I haven't seen much of them recently

(**h**) *Der (juzgar)* **v. un caso** to hear a case

(**i**) *(en juegos de naipes)* to see; **las veo** I'll see you

(**j**) **a ver** *loc verbal* **a v. cuánto aguantas en esa postura** let's see how long you can hold that position; **a v. cuándo venís a vernos** you must come and see us some time; **no subas al tejado, a v. si te vas a caer** don't go up on the roof, you might fall; **¡a v. si tenéis más cuidado con lo que decís!** you should be a bit more careful what you say!

(**k**) EXPR **¡quién le ha visto y quién le ve!** it's amazing how much he's changed!; **si no lo veo, no lo creo** I'd never have believed it if I hadn't seen it with my own eyes; **pero ahora, si te he visto, no me acuerdo** but now he/she *etc* doesn't want to know

3 *vi* (**a**) *(percibir con los ojos)* to see; **v. bien/mal** to have good/poor eyesight; **no veo bien de cerca/de lejos** I'm long-sighted/short-sighted; **¿ves bien ahí?** can you see all right from there?; *Fam* **tengo un hambre/sueño que no veo** I'm incredibly hungry/tired; *Fam* **hace un frío/calor que no veas** it's incredibly cold/hot; *Fam* **los vecinos arman un ruido que no veas** the neighbours are unbelievably noisy; **hasta más v.** *(adiós)* see you soon

(**b**) *(hacer la comprobación)* to see; **la casa está en muy buenas condiciones — ya veo** the house is in very good condition – so I see; **es muy sencillo, ya verás** it's quite simple, you'll see; **creo que me queda uno en el almacén, iré a v.** I think I have one left in the storeroom, I'll just go and see *o* look; **vendrá en el periódico — voy a v.** it'll be in the newspaper – I'll go and see *o* look; **¿a v.?** *(mirando con interés)* let me see, let's have a look; **a v., ¿qué te pasa?** let's see, what's wrong?; **a v., antes de empezar...** let's see, right, before starting...; **vamos a v.** *o* **veamos** let's see; **tú sigue sin estudiar y verás** you'll soon see what happens if you carry on not studying; **¿ves?, te lo dije** (you) see? I told you so; EXPR **v. para**

creer,... incredible as it may seem,...
(**c**) *(decidir)* **¿lo harás? — ya veré** will you do it? – I'll see; **ya veremos** we'll see
(**d**) *(en juegos de naipes)* **¡veo!** I'll see you!
(**e**) *(como muletilla)* **verás, tengo algo muy importante que decirte** listen *o* look, I've got something very important to say to you; **¿qué ha pasado? — pues, verás, yo estaba...** what happened? – well, you see, I was...
4 verse *vpr* (**a**) *(como reflexivo) (mirarse, imaginarse)* to see oneself; **verse en el espejo** to see oneself in the mirror; **yo me veo más gordo** I think I've put on weight; **ya me veo cargando el camión yo solo** I can see myself having to load the lorry on my own
(**b**) *(como impersonal, pasivo) (percibirse)* **desde aquí se ve el mar** you can see the sea from here; **somos muy felices — eso ya se ve** we're very happy – you can see that *o* you can tell; **se te ve más joven/contenta** you look younger/happier; **¿se me ve algo?** *(¿se transparenta?)* is my underwear showing through?; **¡se ve cada cosa en esta oficina!** it all happens in this office!; **por lo que se ve** apparently; **véase** *(en textos)* see
(**c**) *(como recíproco) (citarse, encontrarse)* to meet, to see each other; **nos vimos en Navidad** we met *o* saw each other at Christmas; **nos vemos muy a menudo** we see a lot of each other; **¿a qué hora nos vemos?** when shall we meet?; **hace mucho que no nos vemos** we haven't seen each other for a long time; **¡nos vemos!** see you!
(**d**) *(como auxiliar) (ser)* **los impuestos se verán incrementados en un 2 por ciento** taxes will be increased by 2 percent
(**e**) *(hallarse)* to find oneself; **si te ves en un apuro, llámame** if you find yourself in trouble, call me; **se vio forzado a dimitir** he was forced to resign
(**f**) *(enfrentarse)* **Argentina se las verá con México en la semifinal** Argentina will clash with *o* meet Mexico in the semifinals; **hubo de vérselas con todo tipo de adversidades** she came up against *o* met (with) all kinds of adversity; **si busca bronca tendrá que vérselas conmigo** if he's looking for trouble, he'll have to reckon with me; EXPR **vérselas y deseárselas para hacer algo** to have a real struggle doing sth

vera *nf* (**a**) *(orilla) (de río)* bank; *(de camino)* edge, side (**b**) *(lado)* side; **a la v. de** next to; **se sentó a la v. de su padre** she sat at her father's side (**c**) *(árbol)* verawood, Maracaibo lignum-vitae

veracidad *nf* truthfulness

veracruzano, -a 1 *adj* of/from Veracruz
2 *nm,f* person from Veracruz

veranda *nf* verandah

veraneante *nmf Br* holidaymaker, *US* (summer) vacationer

veranear *vi* **v. en** to spend one's summer *Br* holidays *o US* vacation in

veraneo *nm* summer *Br* holidays *o US* vacation; **su lugar de v. habitual es La Plata** she usually spends the summer in La Plata; **irse de v.** *Br* to go on (one's summer) holiday, *US* to vacation

veraniego, -a *adj* summer; **ropa veraniega** summer clothing

veranillo *nm* Indian summer

verano *nm* (**a**) *(estación)* summer (**b**) *(estación seca)* dry season

veras *nfpl* truth; **de v.** *(verdaderamente)* really; *(en serio)* seriously; **lo dijo entre bromas y v.** she was only half-joking

veraz *adj* truthful

verba *nf* loquaciousness, talkativeness

verbal *adj* verbal

verbalizar [14] *vt* to verbalize

verbalmente *adv* verbally

verbena *nf* (**a**) *(fiesta)* street party (**b**) *(planta)* verbena

verbenero, -a *adj* **ambiente v.** festive atmosphere

verbigracia *adv Formal* for example, for instance

verbo *nm* (**a**) *Gram* verb (**b**) *(lenguaje)* language

verborrea *nf* verbal diarrhoea, verbosity

verbosidad *nf* verbosity

verboso, -a *adj* verbose

VERDAD *nf* (**a**) *(realidad, afirmación real)* truth; **¿es v.?** is that true *o* right?; **eso no es v.** that isn't true *o* so; **decir la v.** to tell the truth; **di la v., ¿a ti qué te parece?** tell the truth *o* be honest, what do you think?; **estás faltando a la v.** you're not telling the truth; **¿no es v.?** isn't that so?; **a decir v.** to tell the truth; **bien es v. que...**, **v. es que...** it's certainly true that...; **en v.** truly, honestly; **la v., no me importa** to tell the truth *o* to be honest, I don't care; **la v. es que no lo sé** to be honest, I don't know, I don't really know; **la v. es que nunca me ha gustado** the truth is I've never liked her; **la v. es que la sopa está buenísima** the soup's actually really good; **no te gusta, ¿v.?** you don't like it, do you?; **está bueno, ¿v.?** it's good, isn't it?; **¿v. que me quieres?** you do love me, don't you?; EXPR **cantarle** *o* **decirle a alguien cuatro verdades** to tell sb a few home truths; **cree que está en posesión de la v.** she thinks she's always right about everything; **ser la pura v.** to be the absolute truth; EXPR *Fam* **es una v. como un puño** *o* **templo** it's an undeniable fact; EXPR *Fam* **todo lo que dice son verdades como puños** she always speaks the truth, however unpalatable ▫ ***v. a medias*** half-truth; ***v. de Perogrullo*** truism, platitude
(**b**) *(principio aceptado)* fact; **su libro no es fiel a la v. histórica** his book doesn't accurately reflect historical fact
(**c**) **de verdad** *loc adv (en serio)* seriously; *(realmente)* really; **me gusta — ¿de v.?** I like it – (do you) really? *o* seriously?; **de v. que no sé qué decir** I honestly *o* really don't know what to say
(**d**) **de verdad** *loc adj (auténtico)* real; **un héroe de v.** a real hero

verdaderamente *adv* (**a**) *(de verdad)* really; **v., no sé cómo lo soportas** I really *o* honestly don't know how you put up with him; **¡qué tonto es! — v.** he's so stupid! – you can say that again! (**b**) *(muy)* really

verdadero, -a *adj* (**a**) *(cierto, real)* true, real (**b**) *(sin falsificar)* real (**c**) *(enfático)* real; **fue un v. lío** it was a real mess

verde 1 *adj* (**a**) *(de color)* green; EXPR *Fam* **poner v. a alguien** to run sb down, *Br* to slag sb off ▫ ***v. botella*** bottle green; ***v. mar*** sea green; ***v. oliva*** olive (green) (**b**) *(poco maduro) (fruta)* unripe, green; *Fam (persona)* green, wet behind the ears; **el proyecto está aún v.** the project is still very much in its early stages (**c**) *(ecologista)* Green, green (**d**) *(obsceno)* blue, dirty (**e**) *Esp Fam (billete)* = 1,000 peseta note
2 *nm (color)* green
3 *nmpl* **los Verdes** *(partido)* the Greens

verdear *vi* (**a**) *(parecer verde)* to look green (**b**) *(plantas)* to turn *o* go green

verdecer [46] *vi* to turn *o* go green

verdecillo *nm* (**a**) *(planta)* golden tree-trumpet (**b**) *(ave)* serin

verdemar 1 *adj* sea-green
2 *nm* sea green

verderón *nm* greenfinch

verdín *nm* (**a**) *(de plantas; algas)* slime (**b**) *(moho)* mould, mildew (**c**) *(musgo)* moss (**d**) *(cardenillo)* verdigris

verdinegro, -a *adj* very dark green

verdolaga *nf* purslane

verdor *nm* (**a**) *(color)* greenness (**b**) *(exuberancia)* lushness

verdoso, -a *adj* greenish

verdugo *nm* (**a**) *(de preso)* executioner; *(que ahorca)* hangman (**b**) *(tirano)* tyrant (**c**) *(gorro)* balaclava

verdulera *nf Fam (mujer vulgar)* fishwife

verdulería *nf* greengrocer's (shop)

verdulero, -a *nm,f (tendero)* greengrocer

verdura *nf* (**a**) *(comestible)* vegetables, greens; **carne con verduras** meat and veg (**b**) *(color verde)* greenness

verdusco, -a *adj* dirty green

verecundia *nf Formal* shame

vereda *nf* (**a**) *(senda)* path; EXPR *Fam* **hacer entrar** *o* **meter a alguien en v.** to bring sb into line (**b**) *Chile, RP (acera) Br* pavement, *US* sidewalk

veredicto *nm* verdict

verga *nf* (**a**) *Zool* penis (**b**) *muy Fam (de hombre)* cock (**c**) *Náut* yard

vergazo *nm CAm (golpe)* thump

vergel *nm* lush, fertile place

vergonzante *adj (considerado incorrecto) (vergonzoso)* shameful, disgraceful

vergonzosamente *adv* (**a**) *(sin honra)* shamefully, disgracefully (**b**) *(con timidez)* bashfully

vergonzoso, -a 1 *adj* (**a**) *(deshonroso)* shameful, disgraceful (**b**) *(tímido)* bashful

2 *nm,f* bashful person; **ser un v.** to be bashful

vergüenza 1 *nf* (**a**) *(deshonra)* shame; **sentir v.** to feel ashamed; **me da v. confesar que...** I'm ashamed to admit that...; **tener poca v., no tener v.** to be shameless; **¡eres la v. de la familia!** you're a disgrace to your family!
(**b**) *(bochorno)* embarrassment; **dar v. a alguien** to embarrass sb; **me da v. decírtelo** I'm embarrassed to tell you; **¡qué v.!** how embarrassing!; **sentir** *o* **pasar v.** to feel embarrassed; **ese programa da v. ajena** that programme is embarrassing; EXPR **¿quién quiere el de la v.?** who wants the last one?
(**c**) *(timidez)* bashfulness; **perder la v.** to lose one's inhibitions
(**d**) *(deshonra, escándalo)* disgrace; **¡es una v.!** it's disgraceful!; **¡qué v.!** what a disgrace!
2 *nfpl* **vergüenzas** *Fam Euf (genitales)* private parts, privates

vericueto *nm (camino difícil)* rough track; *Fig* **vericuetos** ins and outs

verídico, -a *adj* (**a**) *(cierto)* true, truthful (**b**) *(verosímil)* true-to-life, real

verificable *adj* verifiable

verificación *nf (efecto)* check; *(acción)* checking

verificar [59] **1** *vt* (**a**) *(verdad, autenticidad)* to check, to verify; **tengo que v. unos datos** I have to check a few facts (**b**) *(funcionamiento, buen estado)* to check, to test (**c**) *(fecha, cita)* to confirm (**d**) *(llevar a cabo)* to carry out
2 verificarse *vpr* (**a**) *(tener lugar)* to take place (**b**) *(resultar cierto) (predicción)* to come true; *(comprobarse)* to be verified

verija *nf Chile (ijada)* flank, side

verismo *nm Arte* verism

verja *nf* (**a**) *(puerta)* iron gate (**b**) *(valla)* railings (**c**) *(enrejado)* grille

verme *nm* (intestinal) worm

vermicida, vermífugo 1 *adj* vermifugal
2 *nm* vermifuge

vermú (*pl* **vermús**), **vermut** (*pl* **vermuts**) *nm* (**a**) *(bebida)* vermouth (**b**) *(aperitivo)* aperitif (**c**) *Am (en cine, teatro)* matinee

vernáculo, -a *adj* vernacular

verónica *nf* (**a**) *Taurom* veronica, = pass in which bullfighter holds the cape with both hands (**b**) *(planta)* veronica, speedwell

verosímil *adj* (**a**) *(creíble)* believable, credible (**b**) *(probable)* likely, probable

verosimilitud *nf* (**a**) *(credibilidad)* credibility (**b**) *(probabilidad)* likeliness, probability

verraco *nm* boar

verraquear *vi Fam* (**a**) *(animal)* to grunt (**b**) *(niño)* to shriek, to howl

verraquera *nf Fam (rabieta)* crying fit, tantrum

verruga *nf* wart

verrugoso, -a *adj* warty

versado, -a *adj* versed (**en** in)

versal *nf Imprenta* capital (letter)

versalita *nf Imprenta* **(letra) v.** small capitals

Versalles *n* Versailles

versallesco, -a *adj* (**a**) *(jardín, palacio)* Versailles-style (**b**) *(amanerado)* affected, mannered

versar *vi* (**a**) *(tratar)* **v. sobre** to be about, to deal with (**b**) *PRico (versificar)* to versify

versátil *adj* (**a**) *(voluble)* changeable, fickle (**b**) *(polifacético)* versatile

versatilidad *nf* (**a**) *(volubilidad)* changeability, fickleness (**b**) *(adaptabilidad)* versatility

versículo *nm* verse *(in the Bible)*

versificar [59] **1** *vi* to write (in) verse
2 *vt* to put into verse

versión *nf* (**a**) *(en general)* version; *(en música pop)* cover (version) ▫ *Informát* ***v. alfa*** alpha version; *Informát* ***v. beta*** beta version; *Informát* ***v. impresa*** hard copy (**b**) *(traducción)* translation, version ▫ *Cine* ***v. original*** original (version); **en ese cine ponen películas en v. original subtituladas** at that cinema they show films (in their original language) with subtitles

versionar *vt Fam (en música pop)* to cover

verso *nm* (**a**) *(género)* verse; **en v.** in verse ▫ ***v. blanco/libre*** blank/free verse (**b**) *(unidad rítmica)* line *(of poetry)*

versus *prep Formal* versus

vértebra *nf* vertebra ▫ *Anat* ***v. cervical*** cervical vertebra; ***v. lumbar*** lumbar vertebra

vertebrado, -a 1 *adj* (**a**) *(animal)* vertebrate (**b**) *(coherente)* coherent
2 *nm (animal)* vertebrate

vertebral *adj* vertebral

vertebrar *vt Fig* to form the backbone of

vertedero *nm* (**a**) *(de basuras) Br* rubbish tip *o* dump, *US* garbage dump (**b**) *(de pantano)* drain, spillway

vertedor *nm (desagüe, conducto)* drain

verter [64] **1** *vt* (**a**) *(derramar)* to spill (**b**) *(vaciar) (líquido)* to pour (out); *(recipiente)* to empty; *(basura, residuos)* to dump; **vertió la harina en el saco** she poured the flour into the sack; **los ríos vierten sus aguas en el mar** rivers flow into the sea (**c**) *(traducir)* to translate (**a** into) (**d**) *(decir)* to tell; **v. insultos sobre alguien** to shower sb with insults
2 *vi* **v. a** *o* **en** to flow into
3 verterse *vpr (derramarse)* to spill

vertical 1 *adj* (**a**) *Geom* vertical; *(derecho)* upright (**b**) *(estructura)* hierarchical (**c**) *Informát (orientación)* portrait (**d**) *(en crucigrama)* down; **3 v.** 3 down
2 *nm Astron* vertical circle
3 *nf Geom* vertical

verticalidad *nf* verticality, vertical position

verticalmente *adv* vertically

vértice *nm (en general)* vertex; *(de cono)* apex; **los vértices de un triángulo** the points of a triangle ▫ ***v. geodésico*** triangulation pillar

vertido *nm* (**a**) *(residuo)* **vertidos** waste ▫ ***vertidos radiactivos*** radioactive waste (**b**) *(acción)* dumping ▫ ***v. de residuos*** waste dumping

vertiente *nf* (**a**) *(pendiente)* slope (**b**) *(aspecto)* side, aspect (**c**) *RP (manantial)* spring

vertiginosamente *adv* at a dizzying speed

vertiginoso, -a *adj* (**a**) *(mareante)* dizzy (**b**) *(raudo)* dizzy, giddy

vértigo *nm* (**a**) *(enfermedad)* vertigo; *(mareo)* dizziness; **trepar me da v.** climbing makes me dizzy; *Fig* **sólo de pensarlo me da v.** just thinking about it makes me feel dizzy; **sentir** *o* **tener v.** to feel dizzy; **prefiero no subir, tengo v.** I'd rather not go up, I'm afraid of heights; *Fig* **de v.** *(velocidad, altura)* dizzy, giddy; *(cifras)* mind-boggling (**b**) *(apresuramiento)* mad rush, hectic pace

vesícula *nf* (**a**) *Anat* bladder ▫ ***v. biliar*** gall bladder (**b**) *(ampolla)* blister

vespa® *nf* Vespa®, motor scooter

véspero *nm Literario* Vesper, evening star

vespertino, -a 1 *adj* evening; **diario v.** evening (news)paper
2 *nm (periódico)* evening (news)paper

vespino® *nm* = small motor scooter

vestal *nf* vestal (virgin)

vestíbulo *nm (de casa)* (entrance) hall; *(de hotel, oficina)* lobby, foyer

vestido, -a 1 *adj* dressed
2 *nm* (**a**) *(indumentaria)* clothes ▫ *Col* ***v. de baño*** swimsuit (**b**) *(prenda femenina)* dress ▫ ***v. de novia*** wedding dress; ***v. premamá*** maternity dress

vestidor *nm* dressing room *(in house)*

vestiduras *nfpl* clothes; *Rel* vestments; EXPR **rasgarse las v.** to kick up a fuss

vestigio *nm* (**a**) *(señal)* vestige (**b**) *(indicio)* sign, trace

vestimenta *nf* clothes, wardrobe

VESTIR [47] **1** *vt* (**a**) *(poner ropa a)* to dress; **viste al niño y vámonos** dress the child *o* get the child dressed and let's go; **v. a alguien de algo** *(disfrazar)* to dress sb up as sth; PROV **vísteme despacio que tengo prisa** more haste, less speed
(**b**) *(llevar puesto)* to wear; **el sospechoso viste unos tejanos negros** the suspect is wearing black jeans
(**c**) *(diseñar ropa para)* to dress, to make clothes for; **el modisto que viste a la familia real** the fashion designer who dresses *o* makes the clothes for the royal family
(**d**) *(proporcionar ropa a)* to clothe; **v. a los pobres** to clothe the poor
(**e**) *(cubrir) (casa, paredes, salón)* to decorate
(**f**) *Fig (encubrir)* **v. algo de** to disguise sth with
2 *vi* (**a**) *(ser elegante)* to be smart; **este abrigo/color viste mucho** this coat/colour looks very smart; **de v.** *(ropa, calzado)* smart
(**b**) *(llevar ropa)* to dress; **tiene gusto para**

v. she has a good dress sense; **v. de algo** to wear sth

(**c**) *Fam (estar bien visto)* **ya no viste tanto vivir en el campo** it's no longer considered so desirable to live in the country

3 vestirse *vpr* (**a**) *(ponerse ropa)* to get dressed, to dress; **vístete y vete** get dressed and go; **vestirse a la moda** to dress fashionably; **vestirse de algo** *(disfrazarse)* to dress up as sth; **se vistió de payaso** he dressed (up) as a clown; **se vistió de luto/de blanco** she dressed in *o* wore mourning/white

(**b**) *(comprar la ropa)* **vestirse en** to buy one's clothes at

(**c**) *Fig Literario (cubrirse)* **vestirse de** to be covered in; **el cielo se vistió de nubes** the sky clouded over

vestuario *nm* (**a**) *(vestimenta)* clothes, wardrobe; *Teatro* costumes (**b**) *(guardarropa)* cloakroom (**c**) *(para cambiarse)* changing room; *(de actores)* dressing room

veta *nf* (**a**) *(de mineral)* seam (**b**) *(en madera, mármol)* vein

vetar *vt* to veto; **le han vetado la entrada en ese casino** he has been banned from that casino

veteado, -a *adj* grained

vetear *vt* (**a**) *(hacer vetas en)* to grain (**b**) *Ecuad (azotar)* to whip

veteranía *nf* seniority, age

veterano, -a 1 *adj* veteran; **es más v. que yo** he's more experienced than me

2 *nm,f* veteran

veterinaria *nf (ciencia)* veterinary science

veterinario, -a 1 *adj* veterinary

2 *nm,f (persona)* vet, *Br* veterinary surgeon, *US* veterinarian

veto *nm* veto; **poner v. a algo** to veto sth

vetusto, -a *adj Formal* ancient, very old

VEZ *nf* (**a**) *(ocasión)* time; **una v.** *(en una o cierta ocasión)* once; **una v. al día/mes** once a day/month; **¿te acuerdas de una v. (en) que fuimos a pescar?** do you remember that time we went fishing?; **dos veces** twice; **tres veces** three times; **¿has estado allí alguna v.?** have you ever been there?; **es la última v. que te lo digo** this is the last time I'm going to tell you; **te lo he dicho muchas/mil veces** I've told you many/a thousand times; **hay veces (en) que es mejor callarse** there are times when *o* sometimes it's better to keep quiet; **él a su v. se lo dijo a su mujer** he, in turn, told his wife; **yo a mi v. haré lo que pueda** I, for my part, will do whatever I can; **a la v. podríamos hacer la compra** we could do the shopping at the same time; **así a la v. que leo, estudio** this way, while I'm reading, I'm also studying; **alguna que otra v.** occasionally; **a veces, algunas veces** sometimes, at times; **cada v.** every time; **cada v. que lo veo** every time (that) I see him; **cada v. más** more and more; **cada v. menos** less and less; **cada v. la veo más/menos feliz** she seems happier and happier/less and less happy; **resulta cada v. más difícil** it's getting harder and harder; **de una (sola) v.** in one go; **de una v. (para siempre** *o* **por todas)** once and for all; **¡cállate de una v.!** why don't you just shut up!; **vete de una v.** just go, for heaven's sake; **de v. en cuando** from time to time, now and again; **muy de v. en cuando** very occasionally; **en v. de** instead of; **en v. de trabajar tanto deberías salir un poco más** you should go out more instead of working so hard; **érase una v.** once upon a time; **hacer las veces de** *(persona)* to act as; *(objeto, aparato, mueble)* to serve as; **muchas veces** *(con frecuencia)* often; **ha llamado otra v.** she called again; **déjalo para otra v.** leave it for another time; **otra v. será** maybe next time; **pocas veces** rarely, seldom; **por enésima v.** for the umpteenth time; **por esta v. pase** I'll let you off this time *o* just this once; **por primera v., por v. primera** for the first time; **por última v.** for the last time; **rara v.** rarely, seldom; **repetidas veces** repeatedly, time and again; *Formal* **toda v. que** since; **una v. más** once again; **una v. que hayas terminado** once you've finished; **una v. dorada la carne..., una v. que la carne está dorada...** once the meat is golden brown; **una y otra v.** time and again

(**b**) *(en multiplicaciones, divisiones)* time; **es tres veces mayor** it's three times as big; **estas pilas producen diez veces más energía que las normales** these batteries produce ten times as much energy as ordinary ones

(**c**) *(turno)* turn; **¿quién da** *o* **lleva la v.?** who's the last in the *Br* queue *o US* line?; **voy a pedir la v.** I'm going to ask who's last

v.g., v.gr. *(abrev de* **verbigracia**) e.g.

VGA *Informát (abrev de* **video graphics array**) VGA

VHF *nf (abrev de* **very high frequency**) VHF

VHS *nm (abrev de* **video home system**) VHS

vi *ver* **ver**

VÍA 1 *nf* (**a**) *(ruta)* route; **por v. aérea** *(en general)* by air; *(correo)* (by) airmail; **por v. marítima** by sea; **por v. terrestre** overland, by land; *Fam* **solucionar/conseguir algo por la v. rápida** to solve/get sth as quickly as possible; **dar** *o* **dejar v. libre a algo/alguien** *(dejar paso)* to give way to sth/sb; *(dar permiso)* to give sth/sb the go-ahead; **dar** *o* **dejar v. libre a alguien** *(dar libertad de acción)* to give sb carte blanche; **tener v. libre** *(proyecto)* to have received the go-ahead; **tener v. libre para hacer algo** to have carte blanche to do sth ▫ ***v. de comunicación*** communication route; *Rel* ***v. crucis*** Stations of the Cross, Way of the Cross; *Fig* ordeal; ***v. férrea*** *(ruta)* railway line; ***v. fluvial*** waterway; ***la V. Láctea*** the Milky Way

(**b**) *(calzada, calle)* road; **en mitad** *o* **en medio de la v.** in the middle of the road; **las vías de acceso a la ciudad** the roads leading into the city ▫ ***v. pública*** public thoroughfare

(**c**) *(de ferrocarril) (raíl)* rails, track; *(andén)* platform; **salirse de la v.** to be derailed; **un tramo de v. única/de doble v.** a single-track/double-track stretch of line; **este tren efectuará su salida por la v. 6** this train will depart from platform 6 ▫ ***v. estrecha*** narrow gauge; ***v. muerta*** siding; *Fig* **haber entrado** *o* **estar en v. muerta** *(proyecto, negociaciones)* to have come to a standstill

(**d**) *Anat* tract; **por v. intravenosa** intravenously; **por v. oral** orally; **por v. parenteral** parenterally; **esta enfermedad se transmite por v. sexual** this disease is sexually transmitted ▫ ***las vías respiratorias*** the respiratory tract; ***las vías urinarias*** the urinary tract

(**e**) *(proceso)* **estar en vías de hacer algo** to be in the process of doing sth; **el conflicto parece estar en vías de solucionarse** it seems like the conflict is on the way to being solved *o* is nearing a solution; **el proyecto se halla en vías de negociación** the project is currently under discussion; **un paciente en vías de recuperación** a patient who is on the road *o* on his way to recovery; **un país en vías de desarrollo** a developing country; **una especie en vías de extinción** an endangered species

(**f**) *(opción, medio)* channel, path; **primero es necesario agotar la v. diplomática** we have to exhaust all the diplomatic options first; **por la v. de la violencia** by using violence; **por la v. de la meditación** through meditation; **por v. oficial/judicial** through official channels/the courts

(**g**) *(en barco)* **v. de agua** leakage, hole (below the water line)

(**h**) *Der* procedure ▫ ***v. de apremio*** notification of distraint; ***v. ejecutiva*** enforcement procedure; ***v. sumaria*** summary procedure

2 *prep* via; **volaremos a Sydney v. Bangkok** we are flying to Sydney via Bangkok; **una conexión v. satélite** a satellite link

viabilidad *nf* viability

viabilizar *vt* to make viable

viable *adj (posible)* viable

viaducto *nm* viaduct

viajante *nmf* travelling salesperson

viajar *vi* (**a**) *(trasladarse, irse)* to travel (**en** by) (**b**) *(circular)* to run; **el tren viajaba a toda velocidad** the train was going at full speed

viaje *nm* (**a**) *(en general)* journey, trip; *(en barco)* voyage; **¡buen v.!** have a good journey *o* trip!; **estar/ir de v.** to be away/go away (on a trip); **hay once días de v.** it's an eleven-day journey; **los viajes de Colón** the voyages of Columbus; *RP Fig* **de un v.** *(de una vez)* in one go ▫ ***v. astral*** astral projection; ***v. de aventura*** adventure holiday; ***v. de Estado*** state visit; ***v. de ida***

outward journey; ***v. de ida y vuelta*** return journey *o* trip; ***v. marítimo*** sea voyage; ***v. de novios*** honeymoon; ***v. oficial*** official visit; ***v. organizado*** organized trip; ***v. relámpago*** lightning trip *o* visit; ***v. de vuelta*** return journey
(**b**) *(recorrido)* trip; **di** *o* **hice varios viajes para trasladar los muebles** it took me several trips to move all the furniture
(**c**) *Fam (alucinación)* trip
(**d**) *Fam (golpe)* bang, bump

viajero, -a 1 *adj (persona)* travelling; *(ave)* migratory
2 *nm,f (en general)* traveller; *(en transporte público)* passenger

vial 1 *adj* road; **seguridad v.** road safety
2 *nm (frasco)* phial

vialidad *nf* **departamento de v.** roads and highways department

vianda *nf* food

viandante *nmf* (**a**) *(peatón)* pedestrian (**b**) *(transeúnte)* passer-by

viaraza *nf Am* **le dio la v. de hacerlo** she took it into her head to do it

viario, -a *adj* road; **red viaria** road network

viático *nm* (**a**) *(dieta)* expenses allowance (**b**) *Rel* last rites, viaticum

víbora *nf* (**a**) *(serpiente)* adder, viper (**b**) *(persona mala)* viper

viborera *nf (planta)* viper grass

vibración *nf* (**a**) *(oscilación)* vibration (**b**) *Fam* **vibraciones** *(sensación)* vibes; **María me da buenas/malas vibraciones** I get good/bad vibes off Maria

vibrador *nm* vibrator

vibráfono *nm* vibraphone

vibrante *adj* (**a**) *(oscilante)* vibrating (**b**) *(emocionante)* vibrant (**c**) *Ling* rolled, trilled

vibrar *vi* (**a**) *(oscilar)* to vibrate (**b**) *(voz, rodillas)* to shake (**c**) *(excitarse)* to get excited; **el teatro entero vibraba con la música** the whole theatre was entranced by the music

vibrátil *adj* vibratile

vibratorio, -a *adj* vibratory

vicaría *nf* (**a**) *(cargo)* vicarship, vicariate (**b**) *(residencia)* vicarage (**c**) EXPR *Fam* **pasar por la v.** *(casarse)* to tie the knot

vicario *nm* vicar

vicealmirante *nm* vice-admiral

vicecanciller *nmf* vice-chancellor

vicecónsul *nm* vice-consul

Vicente *n* EXPR *Fam* **¿dónde va V.? Donde va la gente** he/she always follows the crowd

vicepresidencia *nf (de país, asociación)* vice-presidency; *(de comité, empresa)* vice-chairmanship

vicepresidente, -a *nm,f (de país, asociación)* vice-president; *(de comité, empresa)* vice-chairman

vicerrector, -ora *nm,f* = deputy to the vice-chancellor of a university

vicesecretario, -a *nm,f* assistant secretary

viceversa *adv* vice versa

vichyssoise [bitʃi'swas] *(pl* **vichyssoises***) nf* vichyssoise

viciado, -a *adj (aire) (maloliente)* stuffy; *(contaminado)* polluted

viciar 1 *vt* (**a**) *(enviciar)* **v. a alguien** to get sb into a bad habit; *(pervertir)* to corrupt sb (**b**) *(falsear)* to falsify; *(tergiversar)* to distort, to twist (**c**) *(aire) (de habitación)* to make stuffy; *(contaminar)* to pollute
2 viciarse *vpr* (**a**) *(enviciarse)* to get into a bad habit; *(pervertirse)* to become *o* get corrupted; **es muy fácil viciarse con estos bombones** it's very easy to get addicted to these chocolates (**b**) *(aire) (de habitación)* to get stuffy; *(contaminar)* to get polluted (**c**) *(deformarse)* to warp

vicio *nm* (**a**) *(libertinaje)* vice (**b**) *(mala costumbre)* bad habit, vice; **quejarse** *o* **llorar de v.** to complain for no (good) reason; *Fam* **para mí, viajar es un v.** I'm addicted to travelling (**c**) *(defecto, error)* defect; *(de dicción)* speech defect; **tiene un v. al andar** he walks in a strange way (**d**) **de vicio** *loc adv Fam (fenomenal)* brilliant

vicioso, -a 1 *adj* (**a**) *(depravado)* depraved (**b**) *(enviciado)* **es un jugador muy v.** he's heavily addicted to gambling
2 *nm,f* (**a**) *(depravado)* depraved person; **ser un v.** to be depraved (**b**) *(enviciado)* addict; *Fam Fig* **es un v. de las novelas policíacas** he's addicted to detective novels

vicisitudes *nfpl* vicissitudes, ups and downs

víctima *nf (por mala suerte o negligencia)* victim; *(en accidente, guerra)* casualty; **resultó v. de su propio engaño** he was hoist with his own petard ❑ ***v. mortal*** fatality; **hubo tres víctimas mortales** three people were killed; ***v. propiciatoria*** scapegoat

Victoria *n* **el lago V.** Lake Victoria

victoria *nf* victory; **se adjudicó la v. en los 100 metros** she won the 100 metres; **cantar v.** to claim victory ❑ *Dep* ***v. local*** home win; ***v. pírrica*** Pyrrhic victory; *Dep* ***v. visitante*** away win

victoriano, -a *adj* Victorian

victorioso, -a *adj* victorious

vicuña *nf* vicuña

vid *nf* vine

vid. *(abrev de* **véase***)* v., vide

VIDA *nf* (**a**) *(estado fisiológico, hecho de existir)* life; **¿hay v. en otros planetas?** is there life on other planets?; **la otra v.** the next life; **el cuerpo sin v. de un soldado** the lifeless body of a soldier; **el conflicto se cobró muchas vidas** many lives were lost in the conflict; **va a ser una operación a v. o muerte** the operation may save his life but it may also kill him; **como si la v. le fuera en ello** as if his/her life depended on it; **aquello le costó la v.** that cost him his life; **dar la v. por** to give one's life for; **estar con v.** to be alive; **perder la v.** to lose one's life; **quitar la v. a alguien** to kill sb; **quitarse la v.** to take one's (own) life; **salir con v.** to come out alive; *Fig* **enterrarse en v.** to forsake the world; **estar entre la v. y la muerte** to be at death's door; **pasar a mejor v.** *Euf (persona)* to pass away; *(prenda, aparato, utensilio)* to have had it; **ser una cuestión** *o* **un asunto de v. o muerte** to be a matter of life and death; **tenía la v. pendiente de un hilo** her life was hanging by a thread; EXPR **tener siete vidas (como los gatos)** to have nine lives; PROV **mientras hay v. hay esperanza** hope springs eternal ❑ ***v. artificial*** artificial life; ***la v. eterna*** eternal life; ***v. extraterrestre*** extraterrestrial life; ***v. intrauterina*** intrauterine life
(**b**) *(periodo de existencia)* life; **trabajó toda su v.** he worked all his life; **una v. plagada de éxitos** a lifetime of success; **de mi/tu/etc. v.** of my/your/*etc* life; **el amor/la oportunidad de su v.** the love/chance of his life; **un amigo de toda la v.** a lifelong friend; **le conozco de toda la v.** I've known him all my life; **de toda la v. las novias van de blanco** brides have worn white since time immemorial, brides have always worn white; **de por v.** for life; **en v. de** during the life *o* lifetime of; **eso no lo hubieras dicho en v. de tu padre** you would never have said that while your father was alive; **así no vas a aprobar en la** *o* **tu v.** you'll never pass like that; **¡en mi** *o* **la v. vi cosa igual!** I'd never seen such a thing in all my life!; **hacer la v. imposible a alguien** to make sb's life impossible; EXPR **la v. da muchas vueltas** you never know what life has got in store for you; **pasarse la v. haciendo algo** to spend one's life doing sth; **se pasa la v. quejándose** he does nothing but complain all the time; **la v. y milagros de alguien** sb's life story
(**c**) *Com (de maquinaria, aparato, automóvil)* life; **tiene una v. útil de veinte años** it's designed to last for twenty years ❑ ***v. media*** average life, mean lifetime
(**d**) *(forma de vivir, faceta cotidiana)* life; **su v. es el teatro** the theatre is her life; **¿cómo es tu v. diaria?** what would be a typical day in your life?; **la v. política del país** the country's political life; **¿no te gustaría cambiar de v.?** wouldn't you like to change your life *o* the way you live?; **yo hago** *o* **vivo mi v. como todo el mundo** I just get on with my life like everyone else; **lleva una v. muy tranquila** she leads *o* lives a very peaceful life; **¡así es la v.!** that's life!, such is life!; **darse** *o* **pegarse la gran v., darse** *o* **pegarse la v. padre** to live the life of Riley; **¡esto (sí que) es v.!** this is the life!; EXPR **llevar una v. de perros** to lead a dog's life; **la buena v.** the good life; **una mujer de v. alegre** a loose woman; **¿qué es de tu v.?** how's life?; **¡qué v. ésta!** what a life! ❑ ***v. amorosa*** love life; ***v. privada/pública*** private/public life; ***v. sentimental*** love life; ***v. social*** social life; **hacer v. social (con)** to socialize (with)
(**e**) *(animación)* life; **este pueblo tiene mucha v.** this town is very lively; **estar lleno de v.** to be full of life; **Brando da v.**

al personaje del padre Brando plays the father ▫ ***v. nocturna*** nightlife

(**f**) *(necesidades materiales)* **la v. está muy cara en Japón** the cost of living is very high in Japan; *Fam* **está la v. muy achuchada** money's very tight; **buscarse la v.** to try to earn one's own living; **ganarse la v.** to earn a living; **con este trabajo me gano bien la v.** I make a good living from this job

(**g**) *(apelativo cariñoso)* darling; **¡mi v.!, ¡v. mía!** my darling!

vidente *nmf* (**a**) *(adivino)* clairvoyant (**b**) *RP* **no v.** *(invidente)* blind person

vídeo, *Am* **video** *nm (aparato, sistema)* video; *(cinta)* video(tape); *(videoclip)* (pop) video; **en v.** on video; **grabar en v.** to videotape, to record on video ▫ ***v. comunitario*** = system enabling one video to be shown simultaneously on different television sets in the same block of flats; ***v. digital*** digital video; ***v. doméstico*** home video; ***v. interactivo*** interactive video; *Informát* ***v. inverso*** reverse video

videoaficionado, -a *nm,f* = person who makes amateur videos

videocámara *nf* camcorder

videocasete *nm* video, videocassette

videocinta *nf* video, videotape

videoclip *nm* (pop) video

videoclub (*pl* **videoclubes**) *nm* video (rental) shop

videoconferencia *nf* videoconference; **videoconferencias** videoconferencing

videoconsola *nf* game console

videodisco *nm* videodisk

videoedición *nf* video editing

videojuego *nm* video game

videoportero *nm* video entryphone system

videoteca *nf* video library

videoteléfono *nm* videophone

videoterminal *nm* video terminal

videotexto *nm,* **videotex** *nm inv (por señal de televisión)* teletext; *(por línea telefónica)* videotext, viewdata

vidorra *nf Fam* **pegarse una gran v.** to live the life of Riley

vidriado, -a 1 *adj* glazed

2 *nm* (**a**) *(técnica)* glazing (**b**) *(material)* glaze

vidriar *vt* to glaze

vidriera *nf* (**a**) *(puerta)* glass door; *(ventana)* glass window (**b**) *(en catedrales)* stained glass window (**c**) *Am (escaparate)* shop window

vidriería *nf (taller)* glassworks *(singular)*

vidriero, -a *nm,f* (**a**) *(que fabrica cristales)* glass manufacturer (**b**) *(que coloca cristales)* glazier

vidrio *nm* (**a**) *(material)* glass; **está el suelo lleno de vidrios rotos** the floor is covered in (pieces of) shattered glass ▫ ***v. pyrex***® Pyrex® glass; ***v. de seguridad*** security glass (**b**) *(de ventana)* window (pane); *Am (de anteojos)* lens; *Am (de coche)* window; EXPR **pagar los vidrios rotos** to carry the can

vidrioso, -a *adj* (**a**) *(quebradizo)* brittle (**b**) *(tema, asunto)* thorny, delicate (**c**) *(ojos)* glazed

vieira *nf* scallop

viejo, -a 1 *adj* old; **una radio vieja** an old radio; **un v. conocido** an old acquaintance; **viejas canciones** old songs; **es un chiste muy v.** it's a really old joke; **está muy v. para su edad** he looks very old for his age; **ya soy** *o* **estoy v. para estas cosas** I'm a bit old for that sort of thing; **esa ropa te hace más v.** those clothes make you look older; **hacerse v.** to get *o* grow old; **de v. fue cuando empezó a viajar** it was only as an old man that he started to travel; **morirse de v.** to die from old age; **una librería de v.** a second-hand bookshop

2 *nm,f* (**a**) *(anciano)* old man, *f* old lady; **los viejos** the elderly; **los viejos del pueblo** the old people in the village; **llegar a v.** to live to be an old man ▫ ***v. verde*** dirty old man

(**b**) *Fam (padre, madre)* old man, *f* old girl; **mis viejos** my folks

(**c**) *Am Fam (amigo)* pal, *Br* mate, *US* buddy; **¿qué hay de nuevo, v.?** what's new, *Br* mate *o US* buddy?

(**d**) *Chile* ***el V. de Pascua*** Father Christmas

3 *nf* **vieja** *Am Fam* (**a**) *(esposa)* old lady (**b**) *(mujer, chica)* chick, *Br* bird, *US* broad

Viena *n* Vienna

viene *etc ver* **venir**

vienés, -esa *adj & nm,f* Viennese

viento *nm* (**a**) *(aire)* wind; **navegábamos a favor del v.** we were sailing with the wind behind us; **navegar contra el v.** to sail into the wind; **hace v.** it's windy; EXPR **proclamar algo a los cuatro vientos** to shout sth from the rooftops; EXPR **contra v. y marea** in spite of everything; EXPR **despedir** *o* **echar a alguien con v. fresco** to send sb packing; *Fig* **mis esperanzas se las llevó el v.** my hopes flew out of the window; EXPR **v. en popa** splendidly, very nicely ▫ ***v. de cara*** headwind; ***v. contrario*** headwind; ***v. de costado*** crosswind; ***v. dominante*** prevailing wind; ***v. flojo*** gentle breeze; ***v. fuerte*** high winds; ***v. de lado*** crosswind; ***v. solar*** solar wind

(**b**) *(cuerda)* guy (rope)

(**c**) *Mús* wind; **la sección de v.** the wind section

(**d**) *Náut (rumbo)* course, bearing

vientre *nm* (**a**) *(de persona)* stomach, belly; **hacer de v.** to have a bowel movement; **bajo v.** lower abdomen (**b**) *(de vasija)* belly, rounded part

viera *etc ver* **ver**

viernes *nm inv* Friday ▫ ***V. Santo*** Good Friday; *ver también* **sábado**

vierto *etc ver* **verter**

viese *etc ver* **ver**

Vietnam *n* Vietnam

vietnamita *adj & nmf* Vietnamese

viga *nf (de madera)* beam, rafter; *(de metal)* girder ▫ ***v. maestra*** main beam

vigencia *nf (de ley)* validity; **estar/entrar en v.** to be in/come into force; **esa costumbre ha perdido v./todavía tiene v.** that custom has fallen out of use/still exists

vigente *adj (ley)* in force; *(costumbre)* in use; **según la normativa v.,...** according to the current regulations,...

vigésimo, -a *núm* twentieth; *ver también* **sexto**

vigía 1 *nmf* lookout

2 *nf (atalaya)* watchtower

vigilancia *nf* (**a**) *(cuidado)* vigilance ▫ ***v. intensiva*** intensive care (**b**) *(seguridad)* surveillance; **tras la fuga aumentaron la v.** after the escape security was increased

vigilante 1 *adj* vigilant

2 *nmf* guard ▫ ***v. jurado*** security guard; ***v. nocturno*** night watchman

vigilar 1 *vt* (**a**) *(observar, cuidar) (enfermo)* to watch over; *(presos, banco)* to guard; *(niños, bolso)* to keep an eye on; *(proceso)* to oversee; **vigila que nadie toque esto** make sure no-one touches this (**b**) *(espiar)* to watch

2 *vi* to keep watch

vigilia *nf* (**a**) *(vela)* wakefulness; *(periodo)* period of wakefulness (**b**) *(insomnio)* sleeplessness (**c**) *(víspera)* vigil (**d**) *Rel (abstinencia)* abstinence

vigor *nm* (**a**) *(fuerza)* vigour (**b**) *(vigencia)* **en v.** in force; **entrar en v.** to come into force, to take effect

vigorizador, -ora, vigorizante *adj (medicamento)* fortifying; *(actividad)* invigorating

vigorizar [14] *vt (medicamento)* to fortify; *(actividad)* to invigorate

vigorosamente *adv* vigorously

vigoroso, -a *adj (robusto)* vigorous; *(colorido)* strong

vigués, -esa 1 *adj* of/from Vigo

2 *nm,f* person from Vigo

VIH *nm (abrev de* **virus de la inmunodeficiencia humana**) HIV

vihuela *nf Anticuado* vihuela, = guitar-like musical instrument

vikingo, -a *adj & nm,f* Viking

vil *adj* vile, despicable; *Hum* **el v. metal** filthy lucre

vilano *nm* seedhead

vileza *nf* (**a**) *(acción)* vile *o* despicable act (**b**) *(cualidad)* vileness

vilipendiar *vt* (**a**) *(ofender)* to vilify, to revile (**b**) *(despreciar)* to despise; *(humillar)* to humiliate

vilipendioso, -a *adj* (**a**) *(ofensivo)* vilifying (**b**) *(despreciativo)* scornful, contemptuous; *(humillante)* humiliating

villa *nf* (**a**) *(población)* small town; EXPR *Méx* **el que se fue a la v. perdió su silla** you shouldn't have gone away if you wanted to keep your place/seat ▫ ***v. olímpica*** Olympic village (**b**) *(casa)* villa, country house (**c**) *Am* ***v. miseria*** shanty town

Villadiego *n Fam* EXPR **tomar** *o Esp* **coger las de V.** to take to one's heels
villanaje *nm (gente)* peasants, peasantry
villancico *nm (navideño)* Christmas carol
villanía *nf* (**a**) *(acto)* vile *o* despicable act (**b**) *(cualidad)* vileness
villano, -a 1 *adj* villainous
2 *nm,f* (**a**) *(malvado)* villain (**b**) *(plebeyo)* peasant
villorrio *nm Pey* one-horse town, backwater
vilmente *adv* vilely, despicably
Vilna *n* Vilnius
vilo *nm* **en v.** *(suspendido)* in the air, suspended; **estar en v.** *(inquieto)* to be on tenterhooks; **tener a alguien en v.** to keep sb in suspense
vinagre *nm* vinegar; **en v.** pickled
vinagrera *nf* (**a**) *(vasija)* vinegar bottle (**b**) **vinagreras** *(para aceite y vinagre)* cruet set (**c**) *Andes (ardor de estómago)* heartburn
vinagreta *nf* vinaigrette, French dressing
vinajera *nf* cruet, = vessel holding wine or water in Catholic mass
vinatería *nf* (**a**) *(tienda)* wine shop (**b**) *(negocio)* wine trade
vinatero, -a *nm,f* vintner, wine merchant
vinca *nf* periwinkle
vincha *nf Andes, RP* hairband
vinculación *nf* link, connection
vinculante *adj Der* binding
vincular 1 *vt* (**a**) *(enlazar)* to link; **estar vinculado a** *(tener vínculos con)* to be linked to, to have links with; *(depender de)* to be linked to (**b**) *(obligar)* **este tratado vincula a los países firmantes** this treaty is binding for the countries that have signed it (**c**) *Informát* to attach
2 vincularse *vpr (enlazarse)* **vincularse con** *o* **a** to form links with
vínculo *nm* (**a**) *(lazo) (entre hechos, países)* link; *(personal, familiar)* tie, bond; **los unía un v. muy profundo** they shared a very deep bond (**b**) *Informát* link (**c**) *Der* entail
vindicación *nf* (**a**) *(venganza)* vengeance, revenge (**b**) *(defensa, rehabilitación)* vindication
vindicar [59] *vt* (**a**) *(vengar)* to avenge, to revenge (**b**) *(defender, rehabilitar)* to vindicate (**c**) *(reivindicar)* to claim
vindicatorio, -a, vindicativo, -a *adj (reivindicativo)* **dio un discurso v.** he gave a speech in which he made a series of demands
vinícola *adj (país, región)* wine-producing; **industria v.** wine industry
vinicultor, -ora *nm,f* wine producer
vinicultura *nf* wine production, wine-growing
viniera *etc ver* **venir**
vinificación *nf* fermentation, *Espec* vinification
vinilo *nm* vinyl
vino 1 *ver* **venir**
2 *nm* wine; **se tomaron un v.** they had a glass of wine; **ir de vinos** to go out for a few glasses of wine ▫ ***v. añejo*** mature wine; ***v. blanco*** white wine; ***v. clarete*** light red wine; ***v. dulce*** sweet wine; ***v. español*** *(aperitivo)* ≃ cheese and wine; ***v. espumoso*** sparkling wine; ***v. generoso*** full-bodied wine; ***v. de Jerez*** sherry; ***v. de mesa*** table wine; ***v. de Oporto*** port; ***v. peleón*** cheap wine, *Br* plonk; ***v. rosado*** rosé; ***v. seco*** dry wine; ***v. tinto*** red wine
viña *nf* vineyard; *Fig* **la v. del Señor** the faithful; EXPR **de todo hay en la v. del Señor** it takes all sorts (to make a world)
viñador, -ora, *Chile, RP* **viñatero, -a 1** *nm,f* vine grower
2 *nm* guard of a vineyard
viñamarino, -a 1 *adj* of/from Viña del Mar
2 *nm,f* person from Viña del Mar
viñatero, -a = **viñador**
viñátigo *nm* Madeira bay persea
viñedo *nm* (large) vineyard
viñeta *nf* (**a**) *(de tebeo)* cartoon frame; **el texto va acompañado de unas viñetas** the text is accompanied by a cartoon (**b**) *(de libro)* vignette
vio *ver* **ver**
viola 1 *nf* viola
2 *nmf* viola player
violáceo, -a *adj & nm* violet
violación *nf* (**a**) *(de ley, derechos)* violation, infringement; **v. del espacio aéreo panameño** violation of Panama's airspace (**b**) *(de persona)* rape (**c**) *Der* ***v. de domicilio*** unlawful entry (**d**) *(en baloncesto)* violation
violado, -a 1 *adj* violet
2 *nm* violet
violador, -ora *adj & nm,f* rapist
violar *vt* (**a**) *(ley, derechos)* to violate, to infringe; *(domicilio)* to break into (**b**) *(persona)* to rape
violencia *nf* (**a**) *(agresividad)* violence; **con v.** violently (**b**) *(de viento, pasiones)* force (**c**) *(incomodidad)* awkwardness
violentamente *adv* violently
violentar 1 *vt* (**a**) *(incomodar)* **v. a alguien** to make sb feel awkward (**b**) *(forzar) (cerradura)* to force; *(domicilio)* to break into
2 violentarse *vpr (incomodarse)* to feel awkward
violento, -a *adj* (**a**) *(agresivo)* violent; **muerte violenta** violent death (**b**) *(intenso)* intense; *(viento)* fierce (**c**) *(incómodo)* awkward; **me resulta v. hablar con ella** I feel awkward talking to her
violeta 1 *nf (flor)* violet
2 *adj inv & nm (color)* violet
violetera *nf* violet seller
violín 1 *nm* violin; *Ven Fam* EXPR **embolsar el v.** to be crushed *o* humiliated
2 *nmf* violinist
violinista *nmf* violinist
violón 1 *nm* double bass
2 *nmf* double bass player
violonchelista, violoncelista *nmf* cellist
violonchelo, violoncelo 1 *nm* cello
2 *nmf* cellist
VIP [bip] *nmf (abrev de* **very important person**) VIP
viperino, -a *adj Fig* venomous
virada *nf* (**a**) *(vuelta)* turn (**b**) *Náut* tack
virador *nm* toner
viraje *nm* (**a**) *(giro) Aut* swerve; *Náut* tack; **hacer un v.** *Aut* to swerve; *Náut* to change tack (**b**) *(curva)* bend, curve (**c**) *Fot* toning (**d**) *(cambio)* change of direction
viral *adj* viral
virar 1 *vt* (**a**) *(girar)* to turn (round) (**b**) *Fot* to tone
2 *vi (girar)* to turn (round); *Náut* to tack; **v. en redondo** to turn round; *Fig (persona)* to do a volte-face *o* U-turn; *Fig (ideas, política)* to change radically
virgen 1 *adj (en general)* virgin; *(cinta)* blank; *(película)* unused
2 *nmf (persona)* virgin
3 *nf* (**a**) *Arte* Madonna (**b**) *Rel* **la V.** the Virgin (Mary); *Fam* **¡V. Santa!** good heavens!; *Fam* **¡la V.!** *Br* blimey!, *US* jeez!
virginal *adj (puro)* virginal
virginidad *nf* virginity
virgo 1 *nmf (persona)* Virgo
2 *nm* (**a**) *(virginidad)* virginity; *(himen)* hymen (**b**) *(zodiaco)* Virgo; **ser V.** to be (a) Virgo
virguería *nf Fam* gem; **hacer virguerías** to do wonders
vírico, -a *adj* viral
viril *adj* virile, manly
virilidad *nf* virility
virola *nf* (**a**) *(de bastón, paraguas)* ferrule (**b**) *(árbol)* virole (**c**) *RP (en arreo de caballo)* silver disc
virolento, -a *adj* pockmarked
virología *nf* virology
virólogo, -a *nm,f* virologist
virreina *nf* vicereine
virreinal *adj* viceregal
virreinato, virreino *nm* viceroyalty
virrey *nm* viceroy
virtiera *etc ver* **verter**
virtual *adj* (**a**) *(posible)* possible, potential (**b**) *(casi real)* virtual
virtualidad *nf* potential
virtualmente *adv* virtually
virtud *nf* (**a**) *(cualidad)* virtue ▫ ***v. cardinal/teologal*** cardinal/theological virtue (**b**) *(poder, facultad)* power; **tener la v. de** to have the power *o* ability to; **en v. de** by virtue of
virtuosismo *nm* virtuosity
virtuoso, -a 1 *adj (honrado)* virtuous
2 *nm,f (genio)* virtuoso
viruela *nf* (**a**) *(enfermedad)* smallpox (**b**) *(pústula)* pockmark; **picado de viruelas** pockmarked
virulé *nf* **a la v.** *(torcido)* crooked; **un ojo a la v.** a black eye

virulencia *nf también Fig* virulence

virulento, -a *adj también Fig* virulent

virus *nm inv también Informát* virus ▫ ***v. de Ébola*** Ebola virus; ***v. de la inmunodeficiencia humana*** human immunodeficiency virus

viruta *nf* (**a**) *(de madera)* shaving; EXPR *Fam* **se fue echando virutas** he rushed off (**b**) *muy Fam (dinero)* dough

vis *nf* (**a**) ***un v. a v.*** a face-to-face meeting (**b**) **tener v. cómica** to be able to make people laugh

visado *nm, Am* **visa** *nf* visa ▫ ***v. de entrada/salida*** entry/exit visa

visar *vt (pasaporte)* to put a visa in

víscera *nf* internal organ; **vísceras** entrails

visceral *adj también Fig* visceral; **un sentimiento/una reacción v.** a gut feeling/reaction; **es muy v.** he always goes with his gut reactions

visco *nm (sustancia)* birdlime

viscosa *nf (tejido)* viscose

viscosidad *nf (cualidad) & Fís* viscosity

viscoso, -a *adj (denso) & Fís* viscous; *(baboso)* slimy

visera *nf* (**a**) *(de gorra)* peak (**b**) *(de casco, suelta)* visor; **se puso la mano a modo de v.** she shaded her eyes with her hand (**c**) *(de automóvil)* sun visor (**d**) *Cuba (anteojeras) Br* blinkers, *US* blinders

visibilidad *nf* visibility

visible *adj* visible; **estar v.** *(presentable)* to be decent *o* presentable

visiblemente *adv* visibly

visigodo, -a 1 *adj* Visigothic
2 *nm,f* Visigoth

visigótico, -a *adj* Visigothic

visillo *nm* net curtain, lace curtain

visión *nf* (**a**) *(sentido, lo que se ve)* vision, sight ▫ ***v. artificial*** artificial sight; ***v. binocular*** binocular vision (**b**) *(alucinación)* vision; **ver visiones** to be seeing things (**c**) *(lucidez)* **una v. clara de la situación** a clear view *o* appreciation of the situation ▫ ***v. de conjunto*** overall view *o* appreciation; ***v. de futuro*** vision (**d**) *(punto de vista)* view

visionar *vt Cine* to view *(during production or before release)*

visionario, -a *adj & nm,f* visionary

visir (*pl* **visires**) *nm* vizier

visirato *nm* vizierate

visita *nf* (**a**) *(en general)* visit; *(breve)* call; **estar de v.** to be visiting *o* on a visit; **hacer una v. a alguien** to visit sb, to pay sb a visit; **hacer una v. a un museo** to visit *o* go to a museum; **ir de v.** to go visiting; *Med* **pasar v.** to see one's patients ▫ ***v. de cumplido*** courtesy visit *o* call; ***visitas médicas*** doctor's rounds; ***v. relámpago*** flying visit; ***v. turística:* hacer una v. turística de la ciudad** to do some sightseeing in the city
(**b**) *(visitante)* visitor; **tener v.** *o* **visitas** to have visitors
(**c**) *Informát (a página Web)* hit
(**d**) *PRico (enema)* enema

Visitación *nf Rel* **la V.** the Visitation

visitador, -ora 1 *adj* fond of visiting
2 *nm,f* (**a**) *(de laboratorio)* medical sales representative (**b**) *(visitante)* visitor

visitante 1 *adj Dep* visiting, away; **el equipo v.** the away team, the visitors
2 *nmf* visitor

visitar 1 *vt (en general)* to visit; **el médico visitó al paciente** the doctor called on *o* visited the patient
2 visitarse *vpr* to visit each other

visiteo *nm* frequent visiting

vislumbrar 1 *vt* (**a**) *(entrever)* to make out, to discern (**b**) *(adivinar)* to discern, to have an inkling of
2 vislumbrarse *vpr* (**a**) *(entreverse)* to be barely visible (**b**) *(adivinarse)* to become a little clearer; **ya se vislumbra una posible solución** we are nearing a possible solution

vislumbre *nf también Fig* glimmer

viso *nm* (**a**) *(aspecto)* **tener visos de** to seem; **tiene visos de verdad** it seems pretty true; **tiene visos de hacerse realidad** it looks like it could become a reality (**b**) *(reflejo) (de tejido)* sheen; *(de metal)* glint (**c**) *(de prenda)* lining

visón *nm* (**a**) *(animal)* mink (**b**) *(piel)* mink (**c**) *(abrigo)* mink (coat)

visor *nm* (**a**) *Fot (en cámara)* viewfinder ▫ ***v. de diapositivas*** slide viewer (**b**) *(de arma)* sight (**c**) *(en fichero)* file tab

víspera *nf* (**a**) *(día antes)* day before, eve; **en vísperas de** on the eve of (**b**) *Rel* **vísperas** evensong, vespers

VISTA 1 *adj ver* **visto**
2 *nf* (**a**) *(sentido)* (sense of) sight; *(visión)* eyesight; *(ojos)* eyes; **tiene buena/mala v., está bien/mal de la v.** she has good/poor eyesight; **me hace daño a la v.** my eyes hurt; **se me nubló la v.** my eyes clouded over; **perder la v.** to lose one's sight, to go blind; **Cartagena a v. de pájaro** a bird's-eye view of Cartagena; **conocer a alguien de v.** to know sb by sight; EXPR **hacer la v. gorda** to turn a blind eye; **¡hasta la v.!** see you!; **no perder de v. algo/a alguien** *(vigilar)* not to let sth/sb out of one's sight; *(tener en cuenta)* not to lose sight of sth/sb, not to forget about sth/sb; **perder de v. algo/a alguien** *(dejar de ver)* to lose sight of sth/sb; **perder de v. a alguien** *(perder contacto)* to lose touch with sb; **perderse de v.** *(en la distancia)* to disappear (from sight); **salta a la v.** *(es evidente)* it's blindingly *o* patently obvious; **salta a la v. su juventud** *(sorprende)* one thing that strikes you is how young she is; **salta a la v. que es novato** he is very obviously a beginner; EXPR **tener una v. de águila** *o* **de lince** to have an eagle eye; **tener la v. cansada** to have eyestrain
(**b**) *(mirada)* gaze; **dirigió la v. hacia la pantalla** she turned her eyes *o* gaze to the screen; **alzar/apartar/bajar la v.** to look up/away/down; **fijar la v. en** to fix one's eyes on, to stare at; **está a la v.** *(visible)* it's visible; *(muy cerca)* it's staring you in the face; **¡barco/tierra a la v.!** ship/land ahoy!; **a la v. (de)** in full view (of); **no dejen objetos de valor a la v. dentro del autocar** do not leave valuables lying around where they can be seen inside the coach; **a la v. de todos** publicly, in front of everybody; **tenemos varios proyectos a la v.** there are a number of possible projects on the horizon; **a primera** *o* **simple v.** *(aparentemente)* at first sight, on the face of it; *también Fig* **volver la v. atrás** to look back
(**c**) *(observación)* watching
(**d**) *(panorama)* view; **una habitación con vistas** a room with a view; **con vistas al mar** with a sea view ▫ ***v. aérea*** aerial view; ***v. panorámica*** bird's-eye view
(**e**) *(perspicacia, discreción)* **tiene v. para las antigüedades** she has a good eye for antiques; **hay que tener más v. al decir las cosas** you have to me more careful what you say
(**f**) *Der* hearing
(**g**) *Com & Fin* **a la v.** at sight; **a pagar a 30 días v.** payable within 30 days
(**h**) *(en locuciones)* **con vistas a** *(con la intención de)* with a view to; **en v. de** in view of, considering; **en v. de que** since, seeing as
3 *nm (empleado de aduanas)* customs officer *(responsible for checking baggage)*

---

vistazo *nm* glance, quick look; **echar** *o* **dar un v. a algo** to have a quick look at sth

viste *etc* **1** *ver* **ver**
2 *ver* **vestir**

vistiera *etc ver* **vestir**

visto, -a 1 *participio ver* **ver**
2 *ver* **vestir**
3 *adj* **estar muy v.** to be old hat; **ese modelo está muy v.** that model's really old *o* ancient: **ese bar ya lo tengo muy v.** I've already been to that bar loads of times; **estar bien/mal v.** to be considered good/frowned upon; **es lo nunca v.** you've never seen anything like it; EXPR **fue v. y no v.** it happened just like that, it was over in a flash; **está v. que hoy no tendremos tranquilidad** it's quite clear that *o* obviously we're not going to get any peace today; **por lo v.** apparently; **v. que** seeing as, given that
4 *nm* ***el v. bueno*** the go-ahead; **dar el v. bueno (a algo)** to give (sth) the go-ahead; ***v. bueno*** *(en documento)* approved

vistosidad *nf* brightness, colourfulness

vistoso, -a *adj* eye-catching

visual 1 *adj* visual
2 *nf* line of sight

visualización *nf* (**a**) *(en general)* visualization (**b**) *Informát* display

visualizador *nm Informát* browser

visualizar [14] *vt* (**a**) *(en general)* to visualize (**b**) *Informát* to display

visualmente *adv* visually

vital *adj* (**a**) *(de la vida)* vital; **ciclo v.**

life cycle (**b**) *(esencial)* vital; **es de v. importancia que vengas** it is vitally important for you to come (**c**) *(lleno de vitalidad)* full of life, vivacious

vitalicio, -a 1 *adj* life; **cargo v.** position held for life; **renta vitalicia** life annuity
2 *nm* (**a**) *(pensión)* life annuity (**b**) *(seguro)* life insurance policy

vitalidad *nf* vitality

vitalismo *nm (optimismo)* vitality

vitalista *adj* dynamic

vitalizar [14] *vt* to vitalize

vitamina *nf* vitamin

vitaminado, -a *adj* with added vitamins, vitamin-enriched

vitamínico, -a *adj* vitamin; **complejo v.** vitamin complex

vitícola *adj (región industria)* grape-producing

viticultor, -ora *nm,f* grape grower, viticulturist

viticultura *nf* grape growing, viticulture

vitivinícola *adj* wine-producing; **región v.** wine-producing region; **producción v.** wine production

vitola *nf* (**a**) *(de puro)* cigar band (**b**) *(aspecto)* appearance

vítor *nm* cheer; **los vítores de la multitud** the cheers *o* cheering of the crowd

vitorear *vt* to cheer

vitoriano, -a 1 *adj* of/from Vitoria
2 *nm,f* person from Vitoria

vitral *nm* stained-glass window

vítreo, -a *adj* vitreous

vitrificar [59] *vt* to vitrify

vitrina *nf (en casa)* display cabinet; *(en tienda)* showcase, glass case

vitriolo *nm* vitriol

vitro *ver* **in vitro**

vitrocerámica *nf* **(cocina** *o* **placa de) v.** ceramic hob

vituallas *nfpl* provisions

vituperar *vt* to criticize harshly, to condemn

vituperio *nm* harsh criticism, condemnation

viuda *nf* (**a**) *(planta)* mourning bride (**b**) *Imprenta* widow (**c**) ***v. negra*** *(araña)* black widow

viudedad *nf* (**a**) *(viudez) (de mujer)* widowhood; *(de hombre)* widowerhood (**b**) **(pensión de) v.** widow's/widower's pension

viudez *(pl* **viudeces**) *nf (de mujer)* widowhood; *(de hombre)* widowerhood

viudo, -a 1 *adj* widowed; **quedar v.** to be widowed
2 *nm,f* widower, *f* widow

viva 1 *nm* cheer
2 *interj* **¡v.!** hurrah!; **¡v. el rey!** long live the King!; *Fam* EXPR **no tiene casi dinero, pero él, ¡v. la Pepa!, ¡a gastar!** he hardly has any money, but he just goes ahead and spends it anyway

vivac *nm* bivouac; **hacer v.** to bivouac

vivacidad *nf* vivaciousness

vivalavirgen *nmf inv* **es un v.** he has a devil-may-care attitude

vivales *nmf inv* crafty person; **ser un v.** to be crafty

vivamente *adv* (**a**) *(relatar, describir)* vividly (**b**) *(afectar, emccionar)* deeply

vivaque *nm* bivouac

vivaquear *vi* to bivouac

vivaracho, -a *adj* lively, vivacious

vivaz *adj* (**a**) *(despierto)* alert, sharp (**b**) *Bot (planta)* = with perennial underground organs

vivencia *nf* experience

víveres *nmpl* provisions, food (supplies)

vivero *nm* (**a**) *(de plantas)* nursery (**b**) *(de peces)* fish farm; *(de moluscos)* bed

viveza *nf* (**a**) *(de colorido, descripción)* vividness (**b**) *(de persona, discusión, ojos)* liveliness; *(de ingenio, inteligencia)* sharpness; **discutían con v.** they were having a lively discussion

vívidamente *adv* vividly

vívido, -a *adj* vivid

vividor, -ora *nm,f* parasite, scrounger

vivienda *nf* (**a**) *(morada)* dwelling; **primera/segunda v.** first/second home ▫ ***v. habitual*** normal place of residence; ***v. de protección oficial*** = low-cost home subsidized by the government, *Br* ≃ council house; ***v. de renta limitada*** = government-subsidized home with fixed maximum rent/price; ***v. secundaria*** second home; ***v. unifamiliar*** house *(detached, semi-detached or terraced)* (**b**) *(alojamiento)* housing; **plan de v.** housing plan

viviente *adj* living

vivificante *adj (que da vida)* life-giving; *(que reanima)* revitalizing

vivificar [59] *vt (dar vida)* to give life to; *(reanimar)* to revitalize

vivíparo, -a *adj* viviparous

VIVIR 1 *vi* (**a**) *(tener vida, existir)* to live; **vivió noventa años** she lived for ninety years; **v. para algo/alguien** to live for sth/sb; **sólo vive para trabajar/para su hija** she only lives for her work/her daughter; **¡esto no es v.!** this is no way to live!, this is no sort of a life!; **no dejar v. a alguien** not to give sb any peace; EXPR **v. para ver** who'd have thought it?
(**b**) *(estar vivo)* to be alive; **su padre ya no vive** her father is no longer alive; **su recuerdo vivirá eternamente** his memory will live forever; **¿quién vive?** who goes there?
(**c**) *(residir)* to live; **¿dónde vives?** where do you live?; **vivo con mis padres** I live with my parents; **vivo en un piso con más gente** I share a flat; **en el tercero no vive nadie** the third floor is unoccupied; **v. solo** to live alone *o* on one's own; **viven en pareja** they live together
(**d**) *(subsistir)* **cada día es** *o* **está más difícil v.** it's harder and harder to get by these days; **v. bien** *(económicamente)* to live well; *(en armonía)* to be happy; **alcanzar** *o* **dar para v.** *(sujeto: sueldo, pensión)* to be enough to live on; **con lo que saco de las clases no me alcanza para v.** what I earn from teaching isn't enough for me to live on *o* isn't enough to make ends meet; **¿da para v. esto de la fotografía?** can you make a decent living from photography?; **v. de** to live on *o* off; **viven de un solo sueldo/de lo que les da el estado** they live off a single income/off the State; **viven de la agricultura** they make their living from farming
2 *vt* (**a**) *(experimentar)* to experience, to live through; **vivió la guerra** he lived through the war; **he vivido momentos difíciles** I've gone through *o* had some difficult times; **se vivieron momentos de tensión en las gradas** there were some moments of tension on the terraces
(**b**) *(sentir)* to live; **cuando se pone a bailar se nota que lo vive** you can tell she really lives it when she's dancing
3 *nm* **es un amante del buen v.** he enjoys the good life

vivisección *nf* vivisection

vivito, -a *adj Fam* EXPR **v. y coleando** alive and kicking

vivo, -a 1 *adj* (**a**) *(ser, lengua)* living; **estar v.** *(persona, costumbre, recuerdo)* to be alive (**b**) *(dolor, deseo, olor)* intense; *(luz, color, tono)* bright; *(paso, ritmo, ciudad)* lively; **un v. interés por algo** a lively interest in sth (**c**) *(gestos, ojos)* lively; *(descripción, recuerdo)* vivid; **es el v. retrato de su padre** he's the spitting image of his father (**d**) *(despierto)* quick, sharp; *(astuto)* shrewd, sly (**e**) *(genio)* quick, hot
2 *nm,f* **los vivos** the living
3 *nm* **en v.** *(en directo)* live; *(sin anestesia)* without anaesthetic

vizcacha *nf* viscacha

vizcaíno, -a *adj & nm,f* Biscayan

vizconde, -esa *nm,f* viscount, *f* viscountess

V.O. *nf (abrev de* **versión original**) original language version; **V.O. subtitulada** subtitled version

vocablo *nm* word, term

vocabulario *nm* vocabulary

vocación *nf* vocation; **tener v. para algo** to have a vocation for sth

vocacional *adj* vocational

vocal 1 *adj* vocal
2 *nmf* member
3 *nf* vowel

vocálico, -a *adj* vowel; **sonido v.** vowel sound

vocalista *nmf* vocalist

vocalización *nf (pronunciación)* diction

vocalizar [14] *vi* to enunciate clearly

vocativo *nm Ling* vocative

voceador, -ora 1 *adj* loud, vociferous
2 *nm,f* loud *o* vociferous person

vocear 1 *vt* (**a**) *(gritar)* to shout out, to call

out (**b**) *(llamar)* to shout to, to call to (**c**) *(vitorear)* to cheer (**d**) *(pregonar) (mercancía)* to hawk; *(secreto)* to publicize
2 *vi (gritar)* to shout

voceras *nm Fam* loudmouth

vocerío *nm* shouting

vocero, -a *nm,f (portavoz)* spokesperson

vociferante *adj* shouting

vociferar *vi* to shout

vocinglero, -a 1 *adj* (**a**) *(que grita mucho)* screaming, shrieking (**b**) *(que dice necedades)* loudmouthed
2 *nm,f* (**a**) *(persona gritona)* screamer, shrieker (**b**) *(persona que dice necedades)* loudmouth

vodevil *nm* vaudeville

vodka ['boðka] *nm o nf* vodka

vol. *(abrev de* **volumen**) vol

volada *nf* (**a**) *(de ave)* short flight (**b**) *RP (ocasión favorable)* event; **aprovechar la v.** to take advantage of the occasion (**c**) EXPR *RP Fam* **a las voladas** *(rápidamente)* in a flash

voladito, -a *adj Imprenta* superscript

voladizo *nm* ledge

volado, -a *adj* (**a**) *Arquit* projecting (**b**) *Fam (preocupado)* **estoy v.** I'm in a hurry (**c**) *Fam (ido)* **estar v.** to be away with the fairies (**d**) *RP, Ven (de vestido)* ruffle, flounce

volador, -ora 1 *adj* flying
2 *nm* (**a**) *(pez)* flying fish (**b**) *(calamar)* = type of squid (**c**) *(cohete)* rocket

voladura *nf (en guerras, atentados)* blowing up; *(de edificio en ruinas)* demolition *(with explosives)*; *Min* blasting

volandas *nfpl* **levantar a alguien en v.** to lift sb off the ground; **la multitud le llevó en v.** the crowd carried him through the air

volandero, -a *adj (que pende)* hanging

volantazo *nm* **dar un v.** to swerve

volante 1 *adj* (**a**) *(que vuela)* flying (**b**) *(no fijo)* **el congreso tiene una sede v.** each year the conference takes place in a different place; **meta v.** *(en ciclismo)* hot spot sprint
2 *nm* (**a**) *(para conducir)* (steering) wheel; **estar** *o* **ir al v.** to be at the wheel; **es un as del v.** he's an ace driver (**b**) *(automovilismo)* motor racing (**c**) *(de tela)* frill, flounce; **una falda de volantes** a frilly skirt (**d**) *(del médico)* (referral) note (**e**) *(en bádminton)* shuttlecock

volantín *nm Carib, Chile* kite

volapié *nm Taurom* = method of killing the bull in which the matador runs at the bull and thrusts a sword into its neck while it is standing still

---

VOLAR [63] **1** *vt* (**a**) *(hacer estallar) (en guerras, atentados)* to blow up; *(caja fuerte, puerta)* to blow open; *(edificio en ruinas)* to demolish *(with explosives)*; *(en minería)* to blast
(**b**) *(la caza)* to rouse
(**c**) *Imprenta (letra)* to raise
2 *vi* (**a**) *(por el aire) (pájaro, insecto, avión, pasajero)* to fly; *(papeles, sombrero, ceniza)* to blow away; **hubo una pelea y empezaron a v. sillas y botellas** there was a fight and the chairs and bottles started to fly; **v. a** *(una altura)* to fly at; *(un lugar)* to fly to; **volamos a 5.000 pies de altura** we're flying at 5,000 feet; **v. en avión/helicóptero** to fly in a plane/helicopter; **echar(se) a v.** to fly away *o* off; **hacer v. una cometa** to fly a kite; **salir volando** *(pájaro, insecto)* to fly off; *(papeles, sombrero, ceniza)* to blow away; **v. por los aires** *(estallar)* to be blown into the air
(**b**) *(correr)* to fly, to rush (off); **v. a hacer algo** to rush off to do sth; **hacer algo volando** to do sth at top speed; **me visto volando y nos vamos** I'll get dressed quickly and we can go; **¡tráeme volando algo para tapar la herida!** bring me something to bandage the wound with immediately *o* now!; **me voy volando** I must fly *o* dash
(**c**) *(días, años)* to fly by; *(rumores)* to spread quickly; **el tiempo pasa volando** time flies; **aquí las noticias vuelan** news travels fast around here
(**d**) *Fam (desaparecer)* to disappear, to vanish; **los aperitivos volaron en un santiamén** the snacks disappeared *o* vanished in an instant
3 volarse *vpr* (**a**) *(papeles, sombrero, ceniza)* to blow away; **se me voló la gorra** my cap blew away
(**b**) *Am (irritarse)* to blow up, to lose one's temper

---

volatería *nf* birds, fowl

volátil *adj* volatile

volatilidad *nf* volatility

volatilizar [14] **1** *vt* to volatilize
2 volatilizarse *vpr* (**a**) *Fís* to volatilize, to evaporate (**b**) *Fam (desaparecer)* to vanish into thin air

volatín *nm* acrobatic jump; **hacer volatines** to do acrobatics

volatinero, -a *nm,f* acrobat

volcado *nm Informát* **v. de pantalla** screen dump; **v. de pantalla en impresora** hard copy

volcán *nm* (**a**) *Geol* volcano; *Fig* **su corazón era un v. de pasión** his heart was bursting with passion (**b**) *(peligro)* EXPR **estar sobre un v.** to be sitting on a time bomb

volcánico, -a *adj* volcanic

volcar [67] **1** *vt* (**a**) *(tirar)* to knock over; *(carretilla)* to tip (up) (**b**) *(vaciar)* to empty out
2 *vi (coche, camión)* to overturn; *(barco)* to capsize
3 volcarse *vpr* (**a**) *(caerse)* to fall over (**b**) *(esforzarse por agradar)* to bend over backwards (**con** for) (**c**) *(concentrarse)* **se vuelca en sus hijos** she's completely devoted to her children; **se vuelca en su trabajo** she throws herself into her work

volea *nf* volley; **golpear de v.** to volley; **media v.** half-volley

volear 1 *vt* (**a**) *Dep* to volley (**b**) *Agr* to scatter
2 *vi Dep* to volley

voleibol *nm* volleyball

voleo *nm* **a** *o* **al v.** randomly, any old how; **sembrar a v.** to sow seed by hand, to scatter the seed

volframio *nm* wolfram

volición *nf* volition

volitivo, -a *adj* voluntary

volován *nm* vol-au-vent

volqué *etc ver* **volcar**

volquete *nm* dumper truck, *US* dump truck

voltaico, -a *adj* voltaic

voltaje *nm* voltage; **alto v.** high voltage

voltamperio *nm* volt-ampere

volteador, -ora *nm,f* acrobat

voltear 1 *vt* (**a**) *(dar la vuelta a) (heno, crepe, torero)* to toss; *(tortilla)* to turn over; *(mesa, silla)* to turn upside-down; *(cabeza, espalda)* to turn (**b**) *Chile, RP (derribar)* to knock over
2 voltearse *vpr* (**a**) *RP (volverse)* to turn around (**b**) *Andes, PRico (volcarse)* to overturn

voltereta *nf (en el suelo)* handspring; *(en el aire)* somersault; **dar una v.** to do a somersault ❑ ***v. lateral*** cartwheel

voltímetro *nm* voltmeter

voltio *nm* (**a**) *(electricidad)* volt (**b**) *Fam (paseo)* walk, stroll; **dar un v.** to go for a walk *o* stroll

volubilidad *nf* changeability, fickleness

voluble *adj (persona)* changeable, fickle

volumen *nm* (**a**) *(nivel, cantidad)* volume; **subir/bajar el v.** *(de aparato)* to turn up/down the volume; **sube el v. que no te oímos** speak up, please, we can't hear you; **a todo v.** at full volume ❑ *Econ* ***v. de contratación*** trading volume; ***v. de negocio*** *o* ***ventas*** turnover (**b**) *(espacio ocupado)* size, bulk; **ocupa poco v.** it doesn't take up a lot of space; **el sofá tiene un v. excesivo para la habitación** the sofa is too big for the room (**c**) *(tomo)* volume

voluminoso, -a *adj* bulky; **es demasiado v. para ese cuarto** it's too big for this room

voluntad *nf* (**a**) *(determinación)* will, willpower; **tiene mucha/poca (fuerza de) v.** she has a very strong/weak will; **pone mucha v. en su trabajo** she's a very willing worker; EXPR **v. de hierro** iron will
(**b**) *(intención)* intention; **buena v.** goodwill; **mala v.** ill will
(**c**) *(deseo)* wishes, will; **contra la v. de alguien** against sb's will; **hizo su santa v.** he did just as he pleased; **al final impuso su v.** she got her way in the end; **por causas ajenas a mi v.** for reasons beyond my control; **última v.** last will and testament
(**d**) *(albedrío)* free will; **puedes usarlo a v.** *(cuanto quieras)* you can use it as much as you like; **¿qué le debo? — la v.** what do I

owe you? – whatever you think fit; **lo dejo a tu v.** I'll leave it up to you; **por v. propia** of one's own free will

voluntariado *nm* **(a)** *(actividad)* voluntary work **(b)** *(voluntarios)* volunteers; *Esp* **la ley del v.** = law governing voluntary work

voluntariamente *adv* voluntarily

voluntariedad *nf* **(a)** *(intencionalidad)* volition **(b)** *(no obligatoriedad)* voluntary nature

voluntario, -a 1 *adj* voluntary
2 *nm,f* volunteer; **ofrecerse v.** to volunteer

voluntarioso, -a *adj* willing

voluntarismo *nm* will to succeed

voluptuosamente *adv* voluptuously

voluptuosidad *nf* voluptuousness

voluptuoso, -a *adj* voluptuous

voluta *nf* spiral

VOLVER [41] **1** *vt* **(a)** *(dar la vuelta a)* to turn round; *(lo de arriba abajo)* to turn over; **vuelve la tele hacia aquí, que la veamos** turn the TV round this way so we can see it; **ayúdame a v. el colchón** help me turn the mattress over; **v. la hoja** *o* **página** to turn the page; **al v. la esquina** when we turned the corner
(b) *(poner del revés) (boca abajo)* to turn upside down; *(lo de dentro fuera)* to turn inside out; *(lo de detrás delante)* to turn back to front
(c) *(cabeza, ojos, mirada)* to turn; **vuelve la espalda** turn your back to me
(d) *(convertir en)* **eso lo volvió un delincuente** that made him a criminal, that turned him into a criminal; **la lejía volvió blanca la camisa** the bleach turned the shirt white
(e) *Méx* **v. el estómago** to throw up
2 *vi* **(a)** *(en el espacio) (ir de vuelta)* to go back, to return; *(venir de vuelta)* to come back, to return; **yo allí/aquí no vuelvo** I'm not going back there/coming back here; **vuelve, no te vayas** come back, don't go; **¿cuándo habéis vuelto?** when did you get back?; **al v. pasé por el supermercado** I stopped off at the supermarket on the *o* my way back; **no vuelvas tarde** don't be late (back); **ya he vuelto a casa** I'm back home; **v. atrás** to go back; **cuando vuelva del trabajo** when I get back from work; **aún no ha vuelto del trabajo** she isn't back *o* hasn't got back from work yet; **ha vuelto muy morena de la playa** she's come back from the seaside with a nice tan
(b) *(retornar) (el mal tiempo, la alegría, la tranquilidad)* to return; **cuando vuelva el verano** when it's summer again; **todo volvió a la normalidad** everything went back *o* returned to normal; **vuelve la minifalda** miniskirts are back
(c) *(reanudar)* **v. a la tarea** to return to one's work; **v. al trabajo/al colegio** to go back to work/school; **volviendo al tema que nos ocupa...** to go back to the matter we are discussing...; **vuelve a leerlo** read it again; **tras el verano volvió a dar clases en la universidad** once the summer was over she started teaching at the university again; **vuelve a ponerlo en su sitio** put it back; **vuelve a dormirte** go back to sleep; EXPR **v. a nacer** to be reborn; **v. con alguien** *(reanudar relación)* to go back to sb
(d) **v. en sí** to come to, to regain consciousness
3 volverse *vpr* **(a)** *(darse la vuelta, girar la cabeza)* to turn round; **se volvió hacia mí** she turned towards me; **se volvió de espaldas a mí** he turned away from me, he turned his back on me; **vuélvete boca abajo/arriba** turn over so you're lying face down/up; **volverse atrás** *(de una afirmación, promesa)* to go back on one's word; *(de una decisión)* to change one's mind, to back out
(b) *(ir de vuelta)* to go back, to return, *(venir de vuelta)* to come back, to return; **nos volvimos a mitad de camino** we turned back halfway there; **vuélvete a casa** go home
(c) *(convertirse en)* to become; **volverse anarquista** to become an anarchist; **todo se volvió muy complicado** it all got very complicated; **volverse loco/pálido** to go mad/pale; **volverse contra** *o* **en contra de alguien** to turn against sb

vomitar 1 *vt* to vomit, to bring up; **v. sangre** to cough up *o* vomit blood
2 *vi* to vomit, to be sick; **tengo ganas de v.** I think I'm going to be sick; *Fig* **me dan** *o* **entran ganas de v.** it makes me want to throw up

vomitera *nf Fam* **me dio una v.** I threw up

vomitivo, -a 1 *adj* **(a)** *Med* emetic **(b)** *Fam (asqueroso)* sick-making
2 *nm* emetic

vómito *nm* **(a)** *(acción)* **esta sustancia provoca el v.** this substance causes you to vomit; **he tenido vómitos** I've been vomiting; **provocarse el v.** to make oneself sick **(b)** *(sustancia)* vomit

vomitona *nf Fam* **me dio una v.** I threw up

vomitorio, -a 1 *adj Med* vomitory, emetic
2 *nm* **(a)** *Med* emetic **(b)** *Hist (en circos, plazas)* vomitory

voracidad *nf* voraciousness

vorágine *nf* **(a)** *(confusión)* confusion, whirl; **atrapado en la v. de la gran ciudad** trapped in the hectic whirl of life in the big city **(b)** *(remolino)* whirlpool

voraz *adj* **(a)** *(persona, apetito)* voracious **(b)** *(fuego, enfermedad)* raging

vórtice *nm* **(a)** *(de agua)* whirlpool, vortex **(b)** *(de aire)* whirlwind

vos *pron personal*

> The **vos** form is used in the standard Spanish of Argentina, Paraguay and Uruguay. It is also found in the popular speech of other Latin American countries, especially in Central America and Colombia.

Am (tú) you

V.O.S.E. *nf (abrev de* **versión original subtitulada en español***)* = original language version with Spanish subtitles

vosear *vt* to address as "vos"

voseo *nm* = practice of using the "vos" pronoun instead of "tú"

VOSOTROS, -AS *pron personal*

> Usually omitted in Spanish except for emphasis or contrast.
> In Latin America **vosotros** is not used. Instead, **ustedes** is used as the second person plural in all contexts, without necessarily suggesting formality.

(a) *(sujeto)* you *(plural)*; **v. bailáis muy bien** you dance very well; **¿quién va primero? – v.** who's first? – you are; **v. los americanos** you Americans; **nosotros estamos invitados, v. no** we're invited, but you're not *o* but not you; **algunos de v./todos v. deberíais ir** some of you/all of you ought to go; **tendréis que hacerlo v. mismos** you'll have to do it yourselves; **hemos aprobado y v. también** we passed and so did you
(b) *(predicado)* you *(plural)*; **¿sois v.?** is it you?; **los invitados sois v.** you're the guests
(c) *(complemento con preposición o conjunción)* you *(plural)*; **os lo ha dicho a v.** she said it to you; **de v.** *(vuestro)* yours; **todo esto es de v.** all this is yours; **yo iré con v.** I'll go with you; **son más fuertes que v.** they're stronger than you (are); **arregladlo entre v.** sort it out amongst yourselves; **por v. me imagino que no habrá ningún problema** I imagine there's no problem as far as you're concerned; **excepto/incluso v.** except/including you
(d) *(vocativo)* you *(plural)*; **¡eh, v., apartaos de ahí!** hey, you (lot), get away from there!

votación *nf* vote; **decidir algo por v., someter algo a v.** to put sth to the vote ◻ ***v. a mano alzada*** show of hands

votante *nmf* voter

votar 1 *vt* **(a)** *(candidato)* to vote for; *(ley)* to vote on; **v. a un partido** to vote for a party; **¿qué has votado, sí o no?** how did you vote, yes or no? **(b)** *(aprobar)* to pass, to approve *(by vote)*
2 *vi* to vote; **v. a favor de/en contra de alguien** to vote for/against sb; **v. por** *(emitir un voto por)* to vote for; *Fig (estar a favor de)* to be in favour of; **v. por que...** to vote (that)...; **v. en blanco** to return an unmarked ballot paper

voto *nm* **(a)** *(en elección)* vote; **tener v.** to have a vote ◻ ***v. afirmativo*** vote in favour; ***v. en blanco*** unmarked ballot; ***v. de calidad*** casting vote; ***v. de castigo*** vote against one's own party; ***v. cautivo*** captive vote; ***v. de censura*** vote of no confidence; ***v. de confianza*** vote of confidence; ***v. por correo*** *o* ***correspondencia*** postal vote; ***v. a favor*** vote in favour; ***v. nulo*** spoilt ballot; ***v. secreto*** secret ballot

(**b**) *Rel* vow; **hacer v. de** to vow to ▫ ***v. de castidad*** vow of chastity; ***v. de pobreza*** vow of poverty; ***v. de silencio*** vow of silence
(**c**) *(ruego)* prayer, plea; **hacer votos por** to pray for; **votos de felicidad** best wishes
(**d**) *Chile, Méx (papeleta electoral)* ballot paper

vox populi *nf* **ser v. que…** to be common knowledge that…

voy *ver* **ir**

voyeur [bwa'jer] (*pl* **voyeurs**) *nmf* voyeur

voyeurismo [bwaje'rismo] *nm* voyeurism

voyeurístico, -a [bwaje'ristiko] *adj* voyeuristic

VOZ *nf* (**a**) *(sonido, tono, habla)* voice; **la v. de la conciencia** the voice of conscience; **tiene la v. aguda** she has a shrill voice; **le temblaba la v.** her voice was trembling; **canta bien pero le falta v.** she's a good singer, but her voice lacks power; **en v. alta** aloud; **en v. baja** softly, in a low voice; **mudó la v.** his voice broke; **me quedé sin v.** I lost my voice; **tener la v. tomada** to be hoarse; **a media v.** in a low voice, under one's breath; **a v. en cuello** *o* **grito** at the top of one's voice; **aclarar** *o* **aclararse la v.** to clear one's throat; **alzar la v. (a alguien)** to raise one's voice (to sb); **bajar la v.** to lower one's voice; **de viva v.** by word of mouth; **levantar la v. a alguien** to raise one's voice to sb; **¡levanta la v.!** speak up! ▫ ***v. en off*** *Cine* voice-over; *Teatro* voice offstage
(**b**) *(cantante)* voice; **una de las mejores voces del país** one of the best voices in the country; **una pieza para dos voces** a piece for two voices; EXPR **llevar la v. cantante** to be the boss
(**c**) *(grito)* shout; **decir algo a voces** to shout sth; **llamar a alguien a voces** to shout to sb; *Fig* **estar pidiendo algo a voces** to be crying out for sth; **dar una v. a alguien** to give sb a shout; **dar voces** to shout; **dar la v. de alarma** *o* **alerta** to raise the alarm
(**d**) *(opinión)* voice; *(derecho a opinar)* say; **cada vez se oyen más voces discrepantes** more and more voices are being raised in disagreement; **la v. de la experiencia/del pueblo** the voice of experience/of the people; **tener v. y voto** to have a say; EXPR **no tener ni v. ni voto** to have no say in the matter; EXPR *Fam* **han acusado a la televisión pública de no ser más que la v. de su amo** public television has been accused of being little more than a mouthpiece for the government
(**e**) *(rumor)* rumour; **corre la v. de que va a dimitir** people are saying that she's going to resign; **¡corre la v.!** pass it on!
(**f**) *(vocablo)* word ▫ ***v. de mando*** order, command
(**g**) *Gram* voice ▫ ***v. activa/pasiva*** active/passive voice

vozarrón *nm* loud voice

VPO *nf (abrev de* **vivienda de protección oficial**) = low-cost housing subsidized by the government, *Br* ≃ council house

VRAM [uβe'ram] *nf Informát (abrev de* **video random access memory**) VRAM

VTR *nf (abrev de* **videotape recording**) VTR

vudú *nm* voodoo

vuelapluma: a vuelapluma *loc adv* **escribir algo a v.** to dash sth off

vuelco 1 *ver* **volcar**
2 *nm* **dar un v.** *(coche)* to overturn; *(relaciones, vida)* to change completely; *(empresa)* to go to ruin; *Fig* **me dio un v. el corazón** my heart missed *o* skipped a beat

vuelo 1 *ver* **volar**
2 *nm* (**a**) *(de pájaro, insecto, avión)* flight; **alzar** *o* **emprender** *o* **levantar el v.** *(ave, avión)* to take to the air; *Fig (irse de casa)* to fly the nest; **coger** *o* **cazar algo al v.** *(en el aire)* to catch sth in flight; *Fig (rápido)* to catch on to sth very quickly; **en un v.** in next to no time; **de altos vuelos, de mucho v.** high-flying; EXPR **no se oía el v. de una mosca** you could have heard a pin drop ▫ ***v. chárter*** charter flight; ***v. sin escalas*** direct flight; ***v. espacial*** space flight; ***v. libre*** hang-gliding; ***v. sin motor*** gliding; ***vuelos nacionales*** domestic flights; ***v. rasante*** low-level flight; ***v. regular*** scheduled flight; ***v. supersónico*** supersonic flight
(**b**) *(de vestido)* fullness; **una falda de v.** a full skirt
(**c**) *Arquit* projection

vuelque *etc ver* **volcar**

VUELTA *nf* (**a**) *(giro) (hecho)* turn; *(acción)* turning; **dar una v./dar vueltas (a algo)** *(girándolo)* to turn (sth) round; *(recorriéndolo)* to go round (sth); **le dio dos vueltas a la llave** she turned the key twice; **dio una v. a la manzana/al mundo** he went round the block/world; **la Tierra da vueltas sobre su eje** the Earth spins on its axis; **la Luna da vueltas alrededor de la Tierra** the Moon goes round the Earth; **este autobús da mucha(s) vuelta(s)** this bus goes all over the place; **dar la v.** *(para regresar)* to turn back; **dar la v. a algo** *(colchón, tortilla, disco, cinta, naipe)* to turn sth over; **dar la v. a la página** to turn the page (over); **dar la v. a un jersey/calcetín** *(ponerlo del derecho)* to turn a sweater/sock the right way out; *(ponerlo del revés)* to turn a sweater/sock inside out; **dar la v. a un vaso** *(ponerlo boca arriba)* to turn a glass the right way up; *(ponerlo boca abajo)* to turn a glass upside down; **darse la v.** to turn round; **andar a vueltas con algo** *(gestionándolo)* to be working on sth; *(insistiendo en ello)* to go on about sth; EXPR **buscarle a alguien las vueltas** to look for a chance to catch sb out; EXPR *Fam* **dar la v. a la tortilla** to turn the tables; EXPR *Fam* **darle cien** *o* **mil vueltas a alguien** to knock spots off sb; EXPR *Fam* **esta bici le da cien vueltas a la tuya** this bike is miles better than yours; **dar una v./dos vueltas de campana** *(vehículo)* to turn over once/twice; **darle vueltas a algo** *(pensarlo mucho)* to turn sth over in one's mind; *Fig* **no le des más vueltas** stop worrying about it, just forget about it; *Fig* **no paro de darle vueltas** I can't stop thinking about it; **la cabeza me da vueltas** my head's spinning; EXPR *Fam* **poner a alguien de v. y media** *(criticar)* to call sb all the names under the sun; *(regañar)* to give sb a good telling-off; **media v.** *Mil* about-turn; *(en automóvil)* U-turn; **dar media v.** *Mil* to do an about-turn; *(en automóvil)* to do a U-turn
(**b**) *(a circuito, estadio)* lap; **deberán dar veinte vueltas al circuito** they will have to run twenty laps ▫ ***v. de calentamiento*** *(en automovilismo)* warm-up lap; ***v. de honor*** lap of honour; *Taurom* ***v. al ruedo*** bullfighter's lap of honour
(**c**) *(carrera ciclista)* **v. (ciclista)** tour ▫ ***la V. (Ciclista) a España*** the Tour of Spain
(**d**) *(curva)* bend; **la carretera da muchas vueltas** the road twists and turns a great deal
(**e**) *(regreso, devolución)* return; **la v. al trabajo/colegio siempre es dura** it's never easy going back to work/school; **el vuelo de v.** the return flight; **en el camino de v.** on the way back; **te lo presto, pero lo quiero de v. mañana** I'll lend it to you, but I want it back tomorrow; **pasaré a visitaros a la v.** I'll visit you on the *o* my way back; **te veré a la v.** I'll see you when I get back; **a la v. de** *(tras)* at the end of, after; **a la v. de unos años** at the end of *o* after a few years; **a la v. de publicidad…** *(en televisión)* after the break…; **a v. de correo** by return of post; **de v. en el hotel, tomé un baño** once I was back at the hotel, I had a bath; **estar de v. (de)** to be back (from); EXPR **estar de v. de algo** to be blasé about sth; EXPR **estar de v. de todo** to have seen it all before; **¡hasta la v.!** see you when you get back!
(**f**) *(viaje de regreso)* return journey; **¿para qué fecha tienes la v.?** when are you coming back?; **un billete de ida y v.** *Br* a return (ticket), *US* a round-trip (ticket)
(**g**) *(paseo)* **dar una v.** *(a pie)* to go for a walk; *(en bicicleta, motocicleta)* to go for a ride; *(en automóvil)* to go for a drive *o* spin; **dar vueltas** *(en automóvil)* to drive round and round; **date una v. por aquí cuando quieras** come round whenever you like; **el vigilante se dio una v. por la oficina** the guard had a look round the office
(**h**) *(dinero sobrante)* change; **quédese con la v.** keep the change
(**i**) *(ronda) (de elecciones, competición deportiva)* round; **la primera/segunda v.** the first/second round
(**j**) *(parte opuesta)* back, other side; **a la v.** on the back, on the other side; *también Fig* **a la v. de la esquina** round the corner; **a la v. de la página** over the page; **el filete lo quiero v. y v.** I'd like my steak very rare; EXPR **no tiene v. de hoja** there are no two ways about it
(**k**) *(cambio, avatar)* change; *Fig* **dar la** *o* **una v.** to turn around completely

(**l**) *(de pantalón) Br* turn-up, *US* cuff; *(de manga)* cuff
(**m**) *(en labor de punto)* row

vuelto, -a 1 *participio ver* **volver**
2 *adj* turned
3 *nm Am* change

vuelvo *etc ver* **volver**

vuestro, -a 1 *adj posesivo* your; **v. libro/amigo** your book/friend; **este libro es v.** this book is yours; **un amigo v.** a friend of yours; **no es asunto v.** it's none of your business; **lo v. es el teatro** *(lo que hacéis bien)* you should be on the stage; *Fam Fig* **os costó lo v.** *(mucho)* it wasn't easy for you
2 *pron posesivo* **el v.** yours; **los vuestros están en la mesa** yours are on the table; *Fam* **ésta es la vuestra** this is the chance you've been waiting for *o* your big chance; *Fam* **los vuestros** *(vuestra familia)* your folks; *(vuestro bando)* your lot, your side

vulcanismo *nm* vulcanism

vulcanizar [14] *vt* to vulcanize

vulcanología *nf* vulcanology

vulcanólogo, -a *nm,f* vulcanologist

vulgar *adj* (**a**) *(no refinado)* vulgar (**b**) *(corriente, común)* ordinary, common; *(lenguaje)* vernacular, vulgar; **el latín v.** vulgar Latin (**c**) *(no técnico)* non-technical, lay; **sólo conozco el nombre v. de estas plantas** I only know the common name of these plants

vulgaridad *nf* vulgarity; **hacer/decir una v.** to do/say something vulgar

vulgarismo *nm Gram* vulgarism

vulgarización *nf* popularization

vulgarizar [14] **1** *vt* to popularize
2 vulgarizarse *vpr* to become popular *o* common

vulgarmente *adv* (**a**) *(groseramente)* vulgarly; **como v. se dice,...** ..., as they say (**b**) *(comúnmente)* commonly, popularly; **v. conocido como...** commonly *o* popularly known as...

vulgo *nm* **el v.** *(plebe)* the masses, the common people; *(no expertos)* the lay public

vulnerabilidad *nf* vulnerability

vulnerable *adj* vulnerable

vulneración *nf* (**a**) *(de prestigio, reputación)* harming, damaging; *(de intimidad)* invasion (**b**) *(de ley, pacto)* violation, infringement

vulnerar *vt* (**a**) *(prestigio, reputación)* to harm, to damage; *(intimidad)* to invade (**b**) *(ley, pacto)* to violate, to break

vulva *nf* vulva

vulvitis *nf inv Med* vulvitis

W

W, w [uβe'ðoβle] *nf (letra)* W, w

walkie-talkie ['walki'talki] *(pl* **walkie-talkies)** *nm* walkie-talkie

walkiria [bal'kiria] *nf* Valkyrie

walkman® ['walman] *(pl* **walkmans)** *nm* Walkman®, personal stereo

WAN [wan] *nf Informát (abrev de* **wide area network**) WAN

Washington ['wasinton] *n* Washington

wáter ['bater] *(pl* **wáteres)** *nm* toilet

waterpolista [waterpo'lista] *nmf* water polo player

waterpolo [water'polo] *nm* water polo

watio ['batio] *nm* watt

WC *nm (abrev de* **water closet**) WC

Web, web [web] *Informát* **1** *nf (World Wide Web)* **la W.** the Web
2 *nm o nf (página Web)* web site

Wellington ['welinton] *n* Wellington

welter [bel'ter] **1** *adj (en boxeo)* **peso w.** welterweight
2 *nmf (en boxeo)* welterweight

western ['wester] *(pl* **westerns)** *nm Cine* western

whiskería [wiske'ria] *nf* = bar where hostesses chat with clients

whisky ['wiski] *nm* whisky

winchester® ['wintʃester] *(pl* **winchesters)** *nm* Winchester®

windsurf ['winsurf], **windsurfing** ['winsurfin] *nm* windsurfing; **hacer w.** to go windsurfing

windsurfista [winsur'fista] *nmf* windsurfer

wolframio [bol'framjo], **wolfram** [bol'fram] *(pl* **wolframs)** *nm* wolfram

WWW *nf (abrev de* **World Wide Web**) WWW

X

X, x ['ekis] **1** *nf* **(a)** *(letra)* X, x **(b)** *Cine* **película X** X-rated movie; **sala X** = cinema that shows porn movies
2 *nmf* **la señora X** Mrs X

xenofobia *nf* xenophobia

xenófobo, -a 1 *adj* xenophobic
2 *nm,f* xenophobe

xenón *nm* xenon

xerocopia *nf* photocopy

xeroftalmia *nf Med* xerophthalmia

xerografía *nf* xerography, photocopying

xerografiar *vt* to photocopy

xilofón, xilófono *nm* xylophone

xilofonista *nmf* xylophone player

xilófono = **xilofón**

xilografía *nf* **(a)** *(técnica)* woodcut printing **(b)** *(impresión)* woodcut

Xunta [ʃunta] *nf* = autonomous government of the region of Galicia

Y

Y, y[1] [i'grieʝa] *nf (letra)* Y, y

Y² *conj* (**a**) *(indica enlace)* and; **una computadora y una impresora** a computer and a printer; **un chico alto y guapo** a tall, handsome boy; **mi padre y mi hermano** my father and brother
(**b**) *(indica acumulación, intensidad)* and; **horas y horas de espera** hours and hours of waiting; **yo miraba y miraba, pero no te veía** I looked and looked, but couldn't see you; **¡y pensar que sólo era un niño!** and just to think he was only a boy!
(**c**) *(pero)* and yet; **sabía que era imposible y seguía intentándolo** she knew it was impossible and yet she kept on trying; **ella venga a hablar y yo sin decir nada** she talked and talked while I never said a word
(**d**) *(más)* and; **tres y dos son cinco** three and two are five
(**e**) *(en preguntas)* what about; **¿y tu mujer?** what about your wife?; **yo no tengo dinero, ¿y tú?** I haven't got any money, have you?, I haven't got any money, what about you?; **yo me llamo Pedro, ¿y tú?** I'm called Pedro, what about you?, my name's Pedro, what's yours?; **¿y yo qué?** what about me?; **me acompañó a casa... — ¿y? ¿qué pasó después?** he walked me home... — yes, and...? What happened next?; **¿y si nos quedamos?** *(como sugerencia)* why don't we stay?
(**f**) *Fam (indica desinterés)* **no me queda dinero — ¿y (qué)?** I haven't got any money left — so (what)?; **¿y a mí qué?** what do I care?, what's it to me?
(**g**) *(en números)* **tres y medio** three and a half; **treinta y tres** thirty-three; **trescientos treinta y dos** three hundred and thirty-two

YA **1** *adv* (**a**) *(en el pasado)* already; **ya me lo habías contado** you had already told me; **¿llamaron** *o* **han llamado ya?** have they called yet?; **¿habrán llegado ya?** will they have arrived yet *o* by now?; **¿ya habéis vuelto?** *(con tono de sorpresa)* are you back already?; **yo ya no estaba segura de nada** I was no longer sure of anything; **ya en 1926** as long ago as 1926
(**b**) *(ahora)* now; **bueno, yo ya me voy** right, I'm off now; **ya es hora de cenar** it's time for dinner; **ya no me duele** it doesn't hurt any more, it no longer hurts; **ya no es así** it's no longer like that; **ya dejó de llover** it has stopped raining; **ya eres mayor para esas cosas** you're too old for that sort of thing; **son las siete — ¿ya?** it's seven o'clock — already?; **desde ya** right now
(**c**) *(inmediatamente)* at once; **hay que hacer algo ya** something has to be done now *o* at once; **¡ya voy!** I'm coming!; **¡ya está! ¿ves qué fácil?** that's it *o* there you are, see how easy it is?; **ya mismo** right away
(**d**) *(en el futuro)* **ya te llamaré** I'll give you a ring some time; **ya hablaremos** we'll talk later; **¡ya te agarraré yo a ti!** I'll get you sooner or later!; **ya nos habremos ido** we'll already have gone; **para entonces ya no quedarán entradas** there won't be any tickets left by then; **ya verás** you'll (soon) see; **ya verás cuándo se enteren** just wait till they find out
(**e**) *(con valor enfático o intensivo)* **ya entiendo/lo sé** I understand/know; **sin el uniforme ya parece otro** he looks completely different without his uniform on; **¡ya no aguanto más!** I can't take any more!, I've had enough!; **¿es éste tu coche? — ¡ya me gustaría a mí!** *o* **¡ya quisiera yo!** is this your car? — I wish *o* if only!; **ya podías haberlo dicho antes** you could have said so before; **ya puedes hacer las maletas y largarte** I suggest you pack your bags and leave; **¿qué haces despierto? — ya ves, que no puedo dormir** what are you doing awake? — well, I can't get to sleep, you see; **te matas a trabajar y, ya ves, luego se olvidan de ti** you work yourself to death and then what happens...? They forget about you
2 *conj* (**a**) *(distributiva)* **ya sea por unas cosas ya sea por otras, siguen pasando hambre** for one reason or another, they are still going hungry; **manden sus datos ya sea por carta o por correo electrónico** send in your details (either) by post or by e-mail
(**b**) *(adversativa)* **ya no... sino..., no ya... sino...** not only... but...; **confían no ya en clasificarse sino en llegar a la final** they are not only confident of qualifying but also of reaching the final
3 *interj* **¡ya!** *(indica asentimiento)* right!; *(indica comprensión)* yes!; **¡ya! no me eches más leche** that's enough milk, thanks!; **preparados, listos, ¡ya!** ready, steady, go!, on your marks, get set, go!; *Irónico* **¡ya, ya!** sure!, yes, of course!
4 ya que *loc conj* since; **ya que has venido, ayúdame con esto** since you're here, give me a hand with this; **ya que te pones, podías hacer también la cena** you could get dinner ready while you're at it; **ya que eres tan listo, dime...** if *o* seeing as you're so clever, tell me...

yac *nm* yak

yacaré *nm* cayman

yacente, yaciente *adj (tumbado)* lying; *Arte* recumbent, reclining

yacer [71] *vi* (**a**) *(estar tumbado, enterrado)* to lie; **aquí yace...** here lies... (**b**) *Anticuado (tener relaciones sexuales)* to lie together; **y. con** to lie with

yaciente = **yacente**

yacija *nf* (**a**) *(lecho)* bed (**b**) *(tumba)* grave (**c**) EXPR **ser de mala y.** *(dormir mal)* to be a restless sleeper; *(ser mala persona)* to be a ne'er-do-well

yacimiento *nm* (**a**) *(minero)* deposit ❑ ***y. mineral*** mineral deposit; ***y. de petróleo*** *o* ***petrolífero*** oilfield (**b**) *(arqueológico)* site

yago *etc ver* **yacer**

yagua *nf Andes, Carib, Méx* (**a**) *(planta)* royal palm (**b**) *(tejido)* = fibrous tissue of the royal palm tree

yagual *nm CAm, Méx* = padded ring for carrying things on the head

yaguar = **jaguar**

yaguré *nm Am* skunk

yak *nm* yak

Yakarta *n* Jakarta

yambo *nm (árbol)* rose apple

yanomami *adj & nmf (indio)* Yanomami

yanqui 1 *adj* (**a**) *Hist* Yankee (**b**) *Fam (estadounidense)* American; **un político y.** an American politician
2 *nmf* (**a**) *Hist* Yankee (**b**) *Fam (estadounidense)* Yank

yantar *Anticuado* **1** *nm* fare, food
2 *vt* to eat

Yaoundé [jaun'de] *n* Yaoundé

yapa *nf Andes, RP (añadidura)* **dar algo de y.** to throw sth in as an extra

yaraví (*pl* **yaravíes** *o* **yaravís**) *nm Am* = type of melancholy Indian song

yarda *nf* yard

yatay *nm* = type of palm tree found in Argentina, the fruit of which is used for making an alcoholic drink

yate *nm* yacht

yaya *nf* (**a**) *Perú (insecto)* mite (**b**) *(árbol) Cuba, PRico* lance-wood

yayo, -a *nm,f Fam* grandad, *f* grandma; **los yayos** grandma and grandad

yazco *etc ver* **yacer**

yazgo *etc ver* **yacer**

yedra = **hiedra**

yegua *nf* (**a**) *(animal)* mare (**b**) *CAm (colilla)* cigar butt

yeguada *nf* (**a**) *(de animales)* herd of horses; **tiene una gran y.** he's got a lot of horses (**b**) *CAm, PRico (disparate)* stupid thing

yeísmo *nm* = pronunciation of Spanish "ll" as "y", widespread in practice, though regarded as incorrect by purists

yeísta *nmf* = person who pronounces Spanish "ll" as "y"

yelmo *nm* helmet

yema *nf* (**a**) *(de huevo)* yolk (**b**) *(de planta)* bud, shoot (**c**) *(de dedo)* fingertip (**d**) *(dulce)* = sweet made from sugar and egg yolk

Yemen *nm* **(el) Y.** Yemen

yemení (*pl* **yemeníes**), **yemenita** *adj & nmf* Yemeni

yen (*pl* **yenes**) *nm* yen

yerba = **hierba**

yerbal, yerbatal *nm RP (campo)* field of maté

yerbatero *nm Andes, Carib* (**a**) *(curandero)* healer (**b**) *(vendedor de hierbas)* herbalist

Yereván *n* Yerevan

yergo *etc ver* **erguir**

yermo, -a 1 *adj* (**a**) *(estéril)* barren (**b**) *(despoblado)* uninhabited
2 *nm* wasteland

yerno *nm* son-in-law

yerra *nf RP* cattle branding

yerro 1 *ver* **errar**
2 *nm* mistake, error

yerto, -a *adj* rigid, stiff; **y. de frío** frozen stiff

yesca *nf* tinder

yesería *nf (fábrica)* gypsum kiln

yesero, -a 1 *adj* plaster; **producción yesera** plaster production
2 *nm,f* (**a**) *(fabricante)* plaster manufacturer (**b**) *(obrero)* plasterer

yeso *nm* (**a**) *Geol (mineral)* gypsum (**b**) *(para paredes, escayola)* plaster; **me han puesto un y. en la pierna** I've got a plaster cast on my leg, they've put my leg in plaster (**c**) *Arte* gesso

yesquero *nm* (**a**) *Am (caja)* tinderbox (**b**) *Am (eslabón)* steel

yeti *nm* yeti

yeyé *adj inv Fam* groovy *(used of sixties-style music, clothes, people etc)*

Yibuti *n* Djibouti

yiddish *nm* Yiddish

yihad *nf* jihad

yiu-yitsu *nm* ju-jitsu

YO

Usually omitted as a personal pronoun in Spanish except for emphasis or contrast.

1 *pron personal* (**a**) *(sujeto)* I; **yo me llamo Luis** I'm called Luis, my name is Luis; **¿quién dijo eso? — yo** who said that? – I did *o* me; **¡eh, usted! — ¿quién? ¿yo?** hey, you! – who, me?; **algunos hacen deporte, yo no** some of them do sports, but I don't *o* but not me; **yo mismo lo preparé todo** I got it ready (all by) myself; **he aprobado — yo también** I passed – me too *o* so did I
(**b**) *(predicado)* **soy yo** it's me; **el invitado soy yo** I'm the guest
(**c**) *(complemento con preposición o conjunción)* me; **es más alta que yo** she's taller than me *o* than I am; **se fueron antes/después que yo** they left before/after me, they left before/after I did; **excepto/incluso yo** except/including me
(**d**) **yo que tú/él/***etc.* if I were you/him/*etc*
2 *nm Psi* **el yo** the ego

yodado, -a *adj* iodized

yodo *nm* iodine

yoduro *nm* iodide ❑ ***y. de plata*** silver iodide

yoga *nm* yoga

yogui *nmf* yogi

yogur (*pl* **yogures**), **yogurt** (*pl* **yogurts**) *nm* yoghurt

yogurtera *nf* yoghurt maker

yola *nf* yawl

yonqui *nmf Fam* junkie

yóquey (*pl* **yóqueys**) *nm* jockey

yorkshire *nm (perro)* Yorkshire terrier

yoyó *nm* yoyo

yuan *nm* yuan

yuca *nf* (**a**) *(planta)* yucca (**b**) *(alimento)* cassava, manioc

yucal *nm* yucca field

Yucatán *n* **(el) Y.** (the) Yucatan

yucateco, -a *adj & nm,f* Yucatecan

yudo *nm* judo

yudoka *nmf* judo player, judoka

yugo *nm también Fig* yoke; *Fig* **sacudir el y.** to throw off the yoke; *Fig* **el y. del matrimonio** the ties of marriage

Yugoslavia *n* Yugoslavia

yugoslavo, -a 1 *adj* Yugoslavian
2 *nm,f* Yugoslav

yugular *adj & nf* jugular

yuju *interj Fam* **¡y.!** yoo-hoo!, yippee!

yunga *nf Andes* = warm, humid valley on either side of the Andes

yunque *nm* anvil

yunta *nf (de bueyes, vacas)* yoke, team

yunyún *nm RDom (refresco)* = iced fruit drink

yupi *interj Fam* **¡y.!** yippee!

yuppie ['jupi] (*pl* **yuppies**), **yupi** *nmf* yuppie

yute *nm* jute

yuxtaponer [50] **1** *vt* to juxtapose
2 yuxtaponerse *vpr* to be juxtaposed (**a** with)

yuxtaposición *nf* juxtaposition

yuxtapuesto, -a *participio ver* **yuxtaponer**

yuyal *nm Chile, RP* patch of weeds

yuyo *nm* (**a**) *Chile, RP (mala hierba)* weed (**b**) *Perú (condimento)* herb

Z

Z, z ['θeta] *nf (letra)* Z, z

zacatal *nm CAm, Méx* pasture

zacate *nm CAm, Méx* fodder

zafacoca *nf Am Fam* row, squabble

zafacón *nm Carib Br* rubbish bin, *US* trash can

zafado, -a *adj Bol, Chile, RP Fam (atrevido)* shameless, brazen

zafar 1 *vi RP Fam (salir bien parado)* to come out on top; **zafamos de milagro** we got away by the skin of our teeth

2 zafarse *vpr* **(a)** *(librarse) (de tarea, obligación)* to get out of it, *(soltarse)* to escape; **z. de** *(persona)* to get rid of; *(obligación)* to get out of **(b)** *RP (articulación)* to become dislocated

zafarrancho *nm* **(a)** *Náut* clearing of the decks ▫ *Mil* ***z. de combate*** call to action stations **(b)** *(destrozo)* mess **(c)** *(riña)* row, fracas **(d)** *Fam (limpieza general)* spring cleaning

zafiedad *nf* roughness, uncouthness

zafio, -a *adj* rough, uncouth

zafiro *nm* sapphire

zafra *nf* **(a)** *(cosecha)* sugar cane harvest **(b)** *(fabricación)* sugarmaking **(c)** *(temporada)* sugar cane harvest season **(d)** *Min* slag

zaga *nf* **(a) a la z.** *(detrás)* behind, at the back; **ir a la z. de alguien** to be behind sb; *Fam* **no irle a la z. a alguien** to be every bit *o* just as good as sb **(b)** *Dep* defence

zagal, -ala *nm,f* **(a)** *(muchacho)* adolescent, teenager **(b)** *(pastor)* shepherd, *f* shepherdess

zaguán *nm* (entrance) hall

zaguero, -a *nm,f Dep* defender; *(en rugby)* fullback

zaherir *vt* **(a)** *(herir)* to hurt **(b)** *(burlarse de)* to mock

zahorí (*pl* **zahoríes**) *nmf* **(a)** *(de agua)* water diviner **(b)** *(clarividente)* mind reader

zahurda *nf (pocilga)* pigsty

zaino, -a, zaíno, -a *adj* **(a)** *(caballo)* chestnut **(b)** *(res)* black

Zaire *n Antes* Zaire

zaireño, -a *adj & nm,f* Zairean

zalagarda *nf (pelea)* skirmish

zalamería *nf* flattery, fawning

zalamero, -a 1 *adj* flattering, fawning

2 *nm,f* flatterer

zalema *nf (lisonja)* **zalemas** flattery

zamacuco, -a *nm,f* **(a)** *(tonto)* fool, idiot **(b)** *(persona solapada)* sly *o* crafty person; **ser un z.** to be sly *o* crafty

zamacueca *nf* = folk-dance typical of Chile and Argentina

zamarra *nf (de piel de oveja)* sheepskin jacket; *(de piel)* leather jacket

zamarros *nmpl Andes* chaps

zamba *nf* = popular Argentinian dance

zambardo *nm Chile (persona torpe)* awkward *o* clumsy person

Zambia *n* Zambia

zambo, -a 1 *adj (piernas, persona)* knock-kneed

2 *nm,f* **(a)** *(persona)* knock-kneed person **(b)** *Am (hijo de negro e india)* = person who has one Black and one Indian parent

zambomba 1 *nf (instrumento)* = type of rustic percussion instrument

2 *interj Fam* **¡z.!** wow!

zambombazo *nm* **(a)** *(ruido)* bang **(b)** *Dep* cracker of a shot, rocket

zambra *nf* **(a)** *(fiesta morisca)* Moorish festival **(b)** *(baile gitano)* = Andalusian gypsy dance

zambullida *nf* dive; **darse una z.** *(baño)* to go for a dip; **darle a alguien una z.** to duck sb

zambullir 1 *vt* to dip, to submerge

2 zambullirse *vpr (agua)* to dive (**en** into); *(actividad)* to immerse oneself (**en** in)

zamburiña *nf (marisco)* = type of scallop

Zamora *n* EXPR **Z. no se ganó en una hora** Rome wasn't built in a day

zamorano, -a 1 *adj* of/from Zamora

2 *nm,f* person from Zamora

zampabollos *nmf inv Fam* human dustbin

zampar *Fam* **1** *vi* **¡cómo zampa!** look at him stuffing his face!

2 zamparse *vpr* to scoff, to wolf down

zampatortas *nmf inv Fam* **(a)** *(persona glotona)* human dustbin **(b)** *(torpe)* numbskull, blockhead

zampoña *nf* Pan-pipes

zanahoria *nf* carrot

zanca *nf (de ave)* leg, shank

zancada *nf* stride

zancadilla *nf* trip; **poner una** *o* **la z. a alguien** *(hacer tropezar)* to trip sb (up); *Fig* to put a spoke in sb's wheel

zancadillear *vt* **z. a alguien** to trip sb (up); *Fig* to put a spoke in sb's wheel

zancajo *nm (hueso del talón)* heel bone

zanco *nm* stilt

zancón, -ona *adj Col, Méx, Ven (traje)* too short

zancuda *nf (ave)* wader

zancudo, -a 1 *adj* long-legged

2 *nm Am* mosquito

zanfoña *nf (instrumento)* hurdy-gurdy

zanganear *vi Fam* to laze about

zángano, -a 1 *nm,f Fam (persona)* lazy oaf, idler

2 *nm (abeja)* drone

zangolotear *Fam* **1** *vt* to shake

2 *vi* to wander around doing nothing

zangolotino, -a *adj Fam* babyish, childish

zanja *nf* ditch

zanjar *vt (poner fin a)* to put an end to; *(resolver)* to settle, to resolve

zapa *nf Fig* **les acusó de hacer labor de z.** she accused them of undermining her

zapador, -a *nm,f Mil* sapper

zapallito *nm Chile, RP Br* courgette, *US* zucchini

zapallo *nm Andes, RP* sweet pumpkin

zapán *nm* Manila cherry

zapapico *nm* pickaxe

zapar *vi* to dig tunnels

zapata *nf* **(a)** *(cuña)* wedge **(b)** *(de freno)* shoe

zapatazo *nm* stamp (of the foot); **dar zapatazos** to stamp one's feet

zapateado *nm* = type of flamenco dance where the dancers stamp their feet

zapatear *vi* to stamp one's feet

zapatería *nf* **(a)** *(tienda)* shoe shop **(b)** *(taller)* shoemaker's ▫ ***z. de viejo*** cobbler's, shoe repair shop **(c)** *(oficio)* shoemaking

zapatero, -a 1 *adj* **industria zapatera** shoe-making industry

2 *nm,f* **(a)** *(fabricante)* shoemaker **(b)** *(reparador)* **z. (de viejo** *o* **remendón)** cobbler; **tengo que llevar estas botas al z.** I've got to take these boots to the cobbler's; EXPR **¡z. a tus zapatos!** mind your own business! **(c)** *(vendedor)* shoe seller **(d)** *(insecto)* pondskater

zapateta *nf* = shoe-slap accompanied by a jump in certain dances

zapatilla *nf* **(a)** *(de baile)* shoe, pump; *(de estar en casa)* slipper; *(de deporte)* sports shoe, trainer, *US* sneaker ▫ ***zapatillas de tenis*** *Br* pumps, *US* tennis shoes **(b)** *(de grifo)* washer

zapatillazo *nm* whack *(with a slipper)*

zapatista *nmf* **(a)** *Pol* = member of the Zapatista Front, a mainly indigenous rebel group in the Southern Mexican state of Chiapas **(b)** *Hist* = follower or supporter of the Mexican revolutionary Emiliano Zapata (1879-1919)

zapato *nm* shoe; **ponerse los zapatos** to put one's shoes on; EXPR **saber dónde le aprieta el z. a alguien** to know how to deal with sb ▫ ***z. bajo*** low-heeled shoe; ***zapatos de cordones*** lace-ups; ***z. de salón*** *Br* court shoe, *US* pump; ***z. de tacón*** high-heeled shoe

zape *interj Fam (sorpresa)* **¡z.!** wow!

zapear *vi Fam* to channel-hop

zapeo *nm Fam* channel-hopping

zapote *nm* sapodilla (tree)

zapoteco, -a 1 *adj* Zapotecan
2 *nm,f* Zapotec

zapping ['θapin] *nm inv Fam* channel-hopping; **hacer z.** to channel-hop

zar *nm* tsar, czar

zarabanda *nf* (**a**) *(danza)* saraband (**b**) *Fam (jaleo)* commotion, uproar

zaragata *nf Fam (jaleo)* row, *US* ruckus

zaragatero, -a *Fam* **1** *adj* argumentative, quarrelsome
2 *nm,f* troublemaker

Zaragoza *n* Saragossa

zaragozano, -a 1 *adj* of/from Saragossa
2 *nm,f* person from Saragossa

zarajo *nm* = lamb intestines, rolled round two crossed sticks and fried

zaranda *nf (criba)* sieve, strainer

zarandajas *nfpl Fam* nonsense, trifles; **¡déjate de z.!** stop talking nonsense!

zarandeado, -a *adj* eventful, turbulent

zarandear 1 *vt* to shake
2 zarandearse *vpr* (**a**) *(bambolearse, agitarse)* to shake; **el vagón se zarandeaba mucho** the carriage was bumping up and down a lot (**b**) *Am (contonearse)* to swing one's hips

zarandeo *nm* (**a**) *(sacudida)* shaking; **le dio un buen z.** she shook him hard (**b**) *Am (contoneo)* swinging of the hips

zarapito *nm* ***z. real*** curlew

zaraza *nf* chintz

zarcero *nm* melodious warbler

zarcillo *nm* (**a**) *(pendiente)* earring (**b**) *Bot* tendril

zarco, -a *adj* light blue

zarigüeya *nf* opossum

zarina *nf* tsarina, czarina

zarismo *nm* **el fin del z.** the end of the Tsars *o* Czars

zarista *adj & nmf* Tsarist, Czarist

zarpa *nf* (**a**) *(de animal) (uña)* claw; *(mano)* paw (**b**) *Fam (de persona)* paw, hand; **echar la z. a algo** to get one's hands on sth

zarpar *vi* to weigh anchor, to set sail

zarpazo *nm* **dar un z. a alguien** *(gato)* to scratch sb; *(oso, león)* to swipe at sb with its paw

zarpear *vt CAm, Méx* to splash *o* splatter with mud

zarrapastroso, -a *Fam* **1** *adj* scruffy, shabby
2 *nm,f* scruff

zarza *nf* bramble, blackberry bush

zarzamora *nf* blackberry

zarzaparrilla *nf* sarsaparilla

Zarzuela *nf* **la Z.** = royal palace of Spanish royal family in Madrid

zarzuela *nf* (**a**) *Mús* zarzuela, = Spanish light opera (**b**) *(plato)* = fish and/or seafood stew

zarzuelista *nmf* composer of "zarzuelas"

zas *interj* (**a**) *(onomatopeya)* **¡z.!** wham!, bang! (**b**) *(indica sorpresa)* **en cuanto se de la vuelta, ¡z.!, salimos corriendo** as soon as she turns round we run for it, right?

zascandil *nm Fam (niño)* little rascal

zascandilear *vi Fam* to mess *o Br* faff around

zedilla *nf* cedilla

zen *adj inv & nm* Zen

zénit *nm también Fig* zenith

zepelín (*pl* **zepelines**) *nm* zeppelin

zeta *nm Esp Fam* **(coche) z.** *(de policía)* police patrol car

zigoto *nm* zygote

zigurat (*pl* **zigurats**) *nm* ziggurat

zigzag (*pl* **zigzags** *o* **zigzagues**) *nm* zigzag

zigzagueante *adj (carretera)* winding; **una línea z.** a zigzag

zigzaguear *vi* to zigzag

zigzagueo *nm (de carretera, sendero)* twisting and turning

Zimbabue *n* Zimbabwe

zimbabuense *adj & nmf* Zimbabwean

zinc *nm* zinc

zíngaro, -a *adj & nm,f* gypsy

zíper *nm Méx Br* zip, *US* zipper

zipizape *nm Fam* squabble, set-to; **se armó un z.** a squabble broke out, there was a set-to

zloty *nm (moneda)* zloty

zócalo *nm* (**a**) *(de pared)* skirting board (**b**) *(de edificio)* plinth (**c**) *(pedestal)* pedestal (**d**) *Geol* basement, pedestal (**e**) *Comptr* slot (**f**) *Méx (plaza)* main square

zocato, -a *adj* (**a**) *(fruto)* overripe (**b**) *Fam (zurdo)* left-handed (**c**) *Am (pan)* stale

zoco *nm* souk, Arabian market

zodiac® *nf* = rubber dinghy with outboard motor

zodiacal *adj* zodiacal

zodiaco, zodíaco *nm* zodiac; **los signos del z.** the signs of the zodiac

zombi 1 *adj Fam (atontado)* zonked
2 *nmf también Fig* zombie

zompopo *nm CAm (hormiga)* = type of large-headed ant

zona *nf* (**a**) *(espacio, área)* zone, area; **¿vives por la z.?** *(por aquí)* do you live around here? ▫ ***z. azul*** *(de estacionamiento)* restricted parking zone; ***z. de carga y descarga*** loading bay; ***z. catastrófica*** disaster area; ***z. climática*** climatic zone; ***z. comercial*** shopping area; ***z. conflictiva*** trouble spot; ***z. erógena*** erogenous zone; *Geol* ***z. estratigráfica*** stratigraphic zone; *Com* ***z. franca*** free-trade zone; ***z. glacial*** glacial region; ***z. de guerra*** war zone; ***z. húmeda*** wetland; ***z. intermareal*** intertidal zone; *Meteo* ***z. de inversión*** inversion zone; ***z. peatonal*** pedestrian precinct; ***z. templada*** temperate zone; ***z. tórrida*** tropics, *Espec* torrid zone; ***z. de urgente reindustrialización*** = region given priority status for industrial investment, *Br* ≃ enterprise zone; ***z. verde*** *(grande)* park; *(pequeña)* lawn
(**b**) *(en baloncesto) (área)* key; *(violación)* three-seconds violation

zonal *adj* **plano z.** map of the area

zoncería, zoncera *Am nf* nonsense, silliness; **decir/hacer una z.** to say/do something silly

zonzo, -a *Am Fam* **1** *adj* foolish, silly
2 *nm,f* fool, idiot

zoo *nm* zoo

zoofilia *nf* bestiality

zoogeografía *nf* zoogeography

zoología *nf* zoology

zoológico, -a 1 *adj* zoological
2 *nm* zoo

zoólogo, -a *nm,f* zoologist

zoom [θum] (*pl* **zooms**) *nm Fot* zoom

zoonosis *nf inv* zoonosis

zooplancton *nm* zooplankton

zopenco, -a *Fam* **1** *adj* idiotic, daft
2 *nm,f* idiot, nitwit

zopilote *nm CAm, Méx* black vulture

zoquete 1 *adj Fam* thick, dense
2 *nm (calcetín) Chile, RP* ankle sock
3 *nmf Fam (tonto)* blockhead, idiot

zoroastrismo *nm* Zoroastrianism

zorra *nf Fam Pey (ramera)* whore, tart, *US* hooker

zorrera *nf* (**a**) *(madriguera)* foxhole (**b**) *(habitación)* smoke-filled room

zorrería *nf Fam Fig* craftiness, cunning

zorrillo *nm CAm, Méx* skunk

zorrino *nm Bol, RP* skunk

zorro, -a 1 *adj* (**a**) *(astuto)* foxy, crafty (**b**) *muy Fam (para enfatizar)* **no tengo ni zorra (idea)** I haven't got a bloody clue
2 *nm,f* fox, *f* vixen; *Fig* fox ▫ ***z. ártico*** arctic fox; ***z. azul*** blue fox
3 *nm (piel)* fox (fur)
4 *nmpl* **zorros** *(utensilio)* feather duster; EXPR *Fam* **estar hecho unos zorros** *(cansado, maltrecho)* to be whacked, to be done in; *(enfurecido)* to be fuming

zorruno, -a *adj* foxlike; *Fam Fig* **oler a z.** to smell sweaty

zorzal *nm* (**a**) *(ave)* thrush (**b**) *(hombre astuto)* sly *o* cunning person (**c**) *Chile (tonto)* simpleton

zotal® *nm* = very powerful disinfectant

zote *Fam* **1** *adj* dopey
2 *nmf* dope, clod

zozobra *nf* (**a**) *(inquietud)* anxiety, worry (**b**) *(naufragio)* sinking; *(de empresa, planes)* ruin, end

zozobrar *vi* (**a**) *(naufragar)* to be

shipwrecked (**b**) *Fig (fracasar)* to fall through

zuavo *nm* Zouave

zueco *nm* clog

zulo *nm (para secuestrado)* = pit where terrorist prisoners are kept; *(para armas)* cache

zulú (*pl* **zulúes**) *adj & nmf* Zulu

zumaque *nm* (**a**) *(planta)* sumach ❑ ***z. venenoso*** poison sumach, poison ivy (**b**) *Fam (vino)* wine

zumba *nf* (**a**) *(cencerro)* = bell worn by lead animal (**b**) *(juguete)* bullroarer (**c**) *(broma)* teasing, joking (**d**) *Andes, Méx, PRico (zurra)* beating, thrashing

zumbado, -a *Fam* **1** *adj* halfwitted, crazy
2 *nm,f* halfwit, nut

zumbador *nm* buzzer

zumbar 1 *vi (producir ruido)* to buzz; *(máquinas)* to whirr, to hum; **me zumban los oídos** my ears are buzzing; *Fig* **venir zumbando** to come running; *Fig* **salir zumbando** to dash off
2 *vt Fam (golpear)* to beat, to thump

zumbido *nm (ruido)* buzz, buzzing; *(de máquinas)* whirr, whirring; **tengo un z. en los oídos** my ears are buzzing

zumbo *nm CAm, Col (vasija)* = vessel made from a gourd

zumbón, -ona *Fam* **1** *adj* **un tipo z.** a joker, a tease
2 *nm,f* joker, tease

zumo *nm Esp* juice; **z. de naranja** orange juice

zurcido *nm* (**a**) *(acción)* darning (**b**) *(remiendo)* darn

zurcidor, -ora *nm,f* darner, mender

zurcir [72] *vt* to darn, to mend; EXPR *Fam* **¡anda y que te zurzan!** on your bike!, get lost!

zurda *nf* (**a**) *(mano)* left hand (**b**) *(pierna)* left foot

zurdazo *nm Dep (disparo)* powerful left-foot shot

zurdo, -a 1 *adj (mano, pierna)* left; *(persona)* left-handed
2 *nm,f (persona)* left-handed person

Zurich ['θurik] *n* Zurich

zurito *nm Esp* = little glass of wine

zurra *nf Fam* beating, hiding

zurrapa, zurraspa *nf muy Fam (de excremento)* skid mark

zurrar *vt Fam (pegar)* to beat, to thrash

zurraspa = **zurrapa**

zurrón *nm* shoulder bag

zurullo *nm* (**a**) *(cosa blanda)* round, soft lump (**b**) *muy Fam (excremento)* turd

zurzo *etc ver* **zurcir**

zutano, -a *nm,f (hombre)* so-and-so, what's-his-name; *(mujer)* so-and-so, what's-her-name

Suplemento

Supplement

Suplemento

Supplement

Verbos Irregulares Ingleses

Infinitivo	Pretérito	Participio
arise	arose	arisen
awake	awoke	awoken
awaken	awoke, awakened	awakened, awoken
be	were/was	been
bear	bore	borne
beat	beat	beaten
become	became	become
begin	began	begun
bend	bent	bent
beseech	besought, beseeched	besought, beseeched
bet	bet, betted	bet, betted
bid	bade, bid	bidden, bid
bind	bound	bound
bite	bit	bitten
bleed	bled	bled
blow	blew	blown
break	broke	broken
breed	bred	bred
bring	brought	brought
build	built	built
burn	burnt, burned	burnt, burned
burst	burst	burst
bust	bust, busted	bust, busted
buy	bought	bought
cast	cast	cast
catch	caught	caught
chide	chided, chid	chided, chidden
choose	chose	chosen
cleave	cleaved, cleft, clove	cleaved, cleft, cloven
cling	clung	clung
clothe	clad, clothed	clad, clothed
come	came	come
cost	cost	cost
creep	crept	crept
crow	crowed, crew	crowed
cut	cut	cut
deal	dealt	dealt
dig	dug	dug
dive	dived, *US* dove	dived
do	did	done
draw	drew	drawn
dream	dreamt, dreamed	dreamt, dreamed
drink	drank	drunk
drive	drove	driven
dwell	dwelt	dwelt
eat	ate	eaten
fall	fell	fallen
feed	fed	fed
feel	felt	felt
fight	fought	fought

Infinitivo	Pretérito	Participio
find	found	found
flee	fled	fled
fling	flung	flung
fly	flew	flown
forget	forgot	forgotten
forgive	forgave	forgiven
forsake	forsook	forsaken
freeze	froze	frozen
get	got	got, *US* gotten
gild	gilded, gilt	gilded, gilt
gird	girded, girt	girded, girt
give	gave	given
go	went	gone
grind	ground	ground
grow	grew	grown
hang	hung/hanged	hung/hanged
have	had	had
hear	heard	heard
hew	hewed	hewn, hewed
hide	hid	hidden
hit	hit	hit
hold	held	held
hurt	hurt	hurt
keep	kept	kept
kneel	knelt	knelt
knit	knitted, knit	knitted, knit
know	knew	known
lay	laid	laid
lead	led	led
lean	leant, leaned	leant, leaned
leap	leapt, leaped	leapt, leaped
learn	learnt, learned	learnt, learned
leave	left	left
lend	lent	lent
let	let	let
lie	lay	lain
light	lit	lit
lose	lost	lost
make	made	made
mean	meant	meant
meet	met	met
mow	mowed	mown
pay	paid	paid
plead	pleaded, *US* pled	pleaded, *US* pled
prove	proved	proved, proven
put	put	put
quit	quit, quitted	quit, quitted
read	read [red]	read [red]
rend	rent	rent
rid	rid	rid
ride	rode	ridden
ring	rang	rung
rise	rose	risen
run	ran	run

Infinitivo	Pretérito	Participio
saw	sawed	sawn, sawed
say	said	said
see	saw	seen
seek	sought	sought
sell	sold	sold
send	sent	sent
set	set	set
sew	sewed	sewn
shake	shook	shaken
shear	sheared	shorn, sheared
shed	shed	shed
shine	shone	shone
shit	shitted, shat	shitted, shat
shoe	shod	shod
shoot	shot	shot
show	showed	shown
shrink	shrank	shrunk
shut	shut	shut
sing	sang	sung
sink	sank	sunk
sit	sat	sat
slay	slew	slain
sleep	slept	slept
slide	slid	slid
sling	slung	slung
slink	slunk	slunk
slit	slit	slit
smell	smelled, smelt	smelled, smelt
smite	smote	smitten
sneak	sneaked, *US* snuck	sneaked, *US* snuck
sow	sowed	sown, sowed
speak	spoke	spoken
speed	sped, speeded	sped, speeded
spell	spelt, spelled	spelt, spelled
spend	spent	spent
spill	spilt, spilled	spilt, spilled
spin	span	spun
spit	spat, *US* spit	spat, *US* spit
split	split	split
spoil	spoilt, spoiled	spoilt, spoiled
spread	spread	spread
spring	sprang	sprung
stand	stood	stood
stave in	staved in, stove in	staved in, stove in
steal	stole	stolen
stick	stuck	stuck
sting	stung	stung
stink	stank, stunk	stunk
strew	strewed	strewed, strewn
stride	strode	stridden
strike	struck	struck
string	strung	strung
strive	strove	striven
swear	swore	sworn

Infinitivo	Pretérito	Participio
sweep	swept	swept
swell	swelled	swollen, swelled
swim	swam	swum
swing	swung	swung
take	took	taken
teach	taught	taught
tear	tore	torn
tell	told	told
think	thought	thought
thrive	thrived, throve	thrived
throw	threw	thrown
thrust	thrust	thrust
tread	trod	trodden
wake	woke	woken
wear	wore	worn
weave	wove, weaved	woven, weaved
weep	wept	wept
wet	wet, wetted	wet, wetted
win	won	won
wind	wound	wound
wring	wrung	wrung
write	wrote	written

VERBOS CON PARTÍCULA

En este diccionario los verbos con partícula aparecen a continuación de la entrada correspondiente a cada verbo. Están claramente identificados con una flecha negra delante de la entrada, como en los ejemplos extraídos del texto que se muestran en esta página.

Clases de Verbos con Partícula

Los verbos normales se dividen en transitivos (*vt*) e intransitivos (*vi*). Los verbos con partícula, en cambio, se dividen en las siguientes clases:

vt insep, vt sep, vi

Un verbo con partícula puede pertenecer a dos de estas categorías (como "pull back") o a las tres (como "pull through"). Puede que los significados dentro de las diferentes categorías sean muy similares (como en "pull through"), pero no ocurre siempre así (ver "pull back").

> ▸**pull back 1** *vt sep (curtains)* descorrer **2** *vi (of person)* echarse atrás; *(of troops)* retirarse; *Fig* **to p. back from doing sth** echarse atrás a la hora de hacer algo

> ▸**pull through 1** *vt insep (recover from) (illness)* recuperarse de; *(crisis)* superar **2** *vt sep (help to recover)* **my friends pulled me through (the divorce)** mis amigos me ayudaron a recuperarme (del divorcio) **3** *vi (recover) (from illness)* recuperarse; *(from crisis)* salir adelante

VT INSEP (verbo transitivo con partícula inseparable)

Éstos son verbos transitivos a los que acompaña una partícula que va seguida inmediatamente después de un complemento:

pull at: he pulled at his cigarette
dio una chupada al cigarillo

pick on: he picked on the weaker pupils
se metía con los alumnos más débiles

> ▸**pull at** *vt insep (cigarette, pipe)* dar una chupada *or Esp* calada a

> ▸**pick on** *vt insep* (**a**) *(bully)* meterse con; **I got picked on at school** se metían conmigo en el colegio; **p. on somebody your own size!** ¡no seas abusón! (**b**) *(choose)* elegir

Esta construcción puede darse en forma pasiva:

I got picked on at school
se metían conmigo en el colegio

VT SEP (verbo transitivo con partícula separable)

Se pueden separar las dos partes del verbo:

pin up: he pinned up the notice
o **he pinned the notice up**
clavó el aviso

> ▸**pin up** *vt sep* (**a**) *(notice)* clavar (**b**) *(hair)* recoger; *(hem)* prender con alfileres

Existe forma pasiva:

the notice was pinned up on the wall
el aviso estaba clavado a la pared

Si el complemento del verbo es un pronombre personal **HAY QUE** separar las dos partes del verbo:

pull apart: she grabbed the doll and pulled it apart
agarró la muñeca y la hizo trizas

> ▸**pull apart** *vt sep* (**a**) *(separate)* separar (**b**) *also Fig (tear to pieces)* hacer trizas

En el caso de ciertos verbos transitivos con partícula separable el complemento **NO** puede situarse detrás de la partícula.

put through: he put his nephew through university
pagó los estudios universitarios de su sobrino

> **▸put through** *vt sep* (**a**) *(on phone)* **to p. sb through to sb** poner *or* pasar a alguien con alguien (**b**) *(subject to)* **to p. sb through sth** someter a alguien a algo; **he has p. her through hell** le ha hecho pasar las de Caín (**c**) *(pay for)* **to p. sb through school** pagarle a alguien el colegio

El uso de la voz pasiva es posible:

they were put through university by their uncle
su tío les pagó los estudios universitarios

En otros casos la partícula siempre debe separarse del verbo y hay que colocar un complemento después del verbo y otro después de la partícula. En estos casos normalmente se da un ejemplo:

put up to: who put you up to this?
¿quién te animó a hacer esto?

> **▸put up to** *vt sep* **to p. sb up to doing sth** animar a alguien a hacer algo

read into: I wouldn't read too much into his comments
yo no le daría demasiada importancia a sus comentarios

> **▸read into** *vt sep* **I wouldn't r. too much into his comments** yo no le daría demasiada importancia a sus comentarios

VI (verbo intransitivo)

pitch in: if everyone pitches in we'll soon finish
si todo el mundo colabora acabaremos pronto

> **▸pitch in** *vi* colaborar, echar una mano

pull away: we watched as the train pulled away
observamos alejarse el tren

> **▸pull away** *vi (from station)* alejarse; *(from kerb, embrace)* apartarse; **he pulled away from the rest of the field** se fue escapando del resto de participantes

Algunos de estos verbos con partícula intransitivos pueden ir acompañados de un complemento precedido por preposición:

he pulled ahead of the others
se adelantó a los demás

> **▸pull ahead** *vi (in race, election)* tomar la delantera, ponerse en cabeza; **he pulled ahead of his opponents** se adelantó a sus adversarios

El Significado de los Verbos con Partícula

En muchos casos, la suma de las partes que forman un verbo con partícula no permite deducir su significado. Sin embargo, en algunos casos una preposición determinada confiere un significado similar a una serie de verbos. Esto ocurre especialmente en el caso de los verbos de movimiento, pero también se da en otros casos. En las siguientes secciones aparecen ejemplos.

1 Verbos de Movimiento

Es frecuente que en inglés el verbo en sí mismo indique un tipo de movimiento determinado, y que la preposición muestre el camino o la dirección de ese movimiento. Estos verbos se traducen normalmente en español con un verbo que indica la dirección del movimiento. Un complemento circunstancial indica el tipo de movimiento.

to creep out escapar sigilosamente
to edge forward ir avanzando despacio, ir poco a poco
to march up to sb dirigirse hacia alguien con paso decidido

to rush in entrar apresuradamente, entrar a toda prisa
to rush off irse corriendo
to rush out *(vi)* salir apresuradamente
to tear along/past/away ir/pasar/alejarse muy deprisa

2 Preposiciones

En esta sección presentamos algunas de las acepciones más comunes que determinadas preposiciones añaden a los verbos con partícula. Para cada uno de los usos se ofrecen varios ejemplos.

ABOUT **1** Indica movimiento en todas direcciones, a veces con una idea de desorden, de confusión. En esta acepción, "around" se puede sustituir a menudo por "about":

mill about: a huge crowd was milling about (*o* **around) in the square**
había una gran muchedumbre pululando en la plaza

rush about: I've been rushing about (*o* **around) all morning**
he estado trajinando de aquí para allá toda la mañana

2 Indica inactividad, ociosidad. También en esta acepción, "around" se puede sustituir a menudo por "about":

hang about: we used to hang about the mall after school
solíamos rondar por el centro comercial después de clase

stand about: we were standing about *o* **around chatting**
estábamos ahí de pie charlando

AFTER Detrás de, siguiendo a:

come after: two of the thugs came after me
dos de los matones me persiguieron

go after: they had just left so I went after them
acababan de marcharse, por lo que fui a por ellos

AHEAD **1** Indica movimiento hacia delante:

pull ahead: the favourite has pulled ahead now and looks likely to win
el favorito acaba de tomar la delantera y parece que va a ganar

go ahead: you go ahead and we'll follow later
ve tú delante, nosotros te seguiremos más tarde

2 Indica progreso, avance:

get ahead: you will never get ahead unless you are conscientious
nunca te abrirás paso a no ser que seas concienzudo

go ahead: they're going ahead with the project
van a seguir adelante con el proyecto

3 Indica una referencia al futuro:

look ahead: we need to look ahead if we want to avoid problems
tenemos que pensar en el futuro si queremos evitar problemas

think ahead: thinking ahead, I wonder if…
pensando en el futuro, me pregunto si…

ALONG **1** Indica una acción en curso, en progreso:

come along: his Spanish is coming along well
su español va mejorando

chug along: he's still chugging along in the same job
sigue tirando con el mismo trabajo

2 Indica salida, partida:

get along: we must be getting along
tenemos que marcharnos *o* irnos

run along: run along now, children
¡ya podéis marchar, niños!

AROUND (ver **ROUND** más abajo)

ASIDE **1** Indica movimiento a un lado:

step aside: please step aside and let us pass
por favor, hágase a un lado y déjenos pasar

2 Indica que se aparta algo a un lado:

put aside: I put an hour aside each day for reading
dejo una hora diaria para la lectura

set aside: let's set that issue aside for the moment
dejemos a un lado ese tema por el momento

AWAY **1** Indica una partida o una ausencia:

drive away: you can drive the car away today
se puede llevar el automóvil hoy mismo

run away: to run away from home
escaparse de casa

send away: we had to send him away
tuvimos que decirle que se marchara

2 Indica un alejamiento:

back away: to back away from a commitment
echarse atrás en un compromiso

get away: get away from me!
¡aléjate de mí!

move away: we are moving away from the point
nos estamos apartando del asunto

3 Indica que se continúa con algo durante cierto tiempo:

peg away at: she pegged away at her thesis for months
estuvo trabajando sin parar en su tesis durante meses

chatter away: the two girls were chattering away at the back
las dos niñas estaban charlando en la parte de atrás

work away: I was working away, when suddenly...
estaba concentrado trabajando, cuando de repente...

4 Indica que se libra de algo o se quita algo:

take away: take him away!
¡guardias, llévenselo!

throw away: if you don't want it, throw it away
si no lo quieres, tíralo

5 Indica que se pone a salvo o se aparta algo:

hide away: he has hidden himself away in the country
se ha escondido en el campo

salt away: I'm sure he has salted away a fortune over the years
estoy seguro de que ha ido ahorrando una fortuna en secreto con los años

6 Indica que algo desaparece:

fade away: the noise faded away
el ruido se desvaneció

melt away: the snow has all melted away
la nieve se ha derretido

BACK

1 Indica movimiento hacia atrás o hacia el pasado:

move back: could you move that chair back a bit?
¿podrías echar la silla hacia atrás un poco?

think back: thinking back, I don't know how I managed
la verdad es que no sé cómo pude hacerlo

2 Para dar la idea de retorno:

head back: it's so cold I think I'll head back
hace tanto frío que creo que voy a volverme

move back: we're moving back to the States
regresamos a los Estados Unidos

3 Indica que algo se hace otra vez:

get back: can I get back to you? *(on phone)*
¿te puedo llamar dentro de un rato?

play back: to play back a recording
reproducir una grabación

write back: to write back to someone
contestar *o* responder a alguien *(por carta)*

4 Indica la idea de retirada:

fall back: he has fallen back into 5th place
ha retrocedido al quinto puesto

force back: they forced the enemy back
obligaron a retroceder al enemigo

BEHIND

1 Indica retraso:

get behind: the landlady says we're getting behind with the rent
la casera dice que nos estamos atrasando con el pago del alquiler

drop behind: you've been dropping behind with your schoolwork
te has ido retrasando con tus estudios

2 Indica que algo o alguien se queda:

leave behind: quick, or we'll get left behind!
¡date prisa o nos quedaremos atrás!

stay behind: I'll stay behind and wait for them
yo me quedaré y les esperaré

BY

1 Indica movimiento:

race by: time just races by, doesn't it?
el tiempo pasa volando, ¿verdad?

go by: to watch people going by
mirar a la gente pasar

2 Indica que se hace una visita o una parada rápida:

drop by: I thought I'd drop by for a chat
se me ocurrió pasarme a charlar un rato

come by: I'll come by tomorrow
me pasaré mañana *(por tu casa)*

stop by: I'll stop by at your place tomorrow
me pasaré mañana por tu casa

DOWN

1 Indica un movimiento hacia el suelo o hacia abajo:

bend down: I bent down to pick up the old man's stick
me agaché para recoger el bastón del anciano

pull down: pull down the blinds
baja la persiana

2 Indica que se toma nota de algo para utilizarlo más tarde:

write down: could someone write down the main points?
¿podría alguien anotar los puntos principales?

scribble down: I could see him scribbling something down
lo podía ver garabateando algo

3 Indica que se pone fin a algo:

bring down: the scandal brought the government down
el escándalo derribó al gobierno

shout down: they all shouted the speaker down
impidieron a gritos que hablara el orador

4 Indica que se fija algo:

tie down: they tied him down on the ground
lo ataron en el suelo

nail down: they steal anything that isn't nailed down
roban todo lo que no está fijado con clavos

5 Indica una reducción o disminución:

mark down: all the prices in the shop have been marked down
todos los precios de la tienda han sido rebajados

slow down: slow down, I can't keep up with you!
¡más despacio, (que) no puedo seguirte!

6 Indica una sanción impuesta por una autoridad:

clamp down on: the police are clamping down on pickpockets
la policía está tomando medidas contundentes contra los carteristas

come down on: the teacher came down on me for not having learnt the dates properly
el profesor me regañó por no haberme aprendido las fechas correctamente

7 Indica el consumo de bebidas o alimentos:

force down: it tasted horrible, but I forced it down
sabía fatal, pero me la tragué a la fuerza

wolf down: she wolfed her dinner down
engulló la cena

FOR

1 Indica el propósito, el objetivo:

fish for: stop fishing for compliments!
deja de tratar de atraer elogios

head for: when I saw him, I headed for the exit
cuando lo vi, me fui hacia la salida

2 Indica que se está a favor de algo:

argue for: the points of view argued for in this article
los puntos de vista por los que se aboga en este artículo

press for: they are pressing for a change in the rules
exigen un cambio en la normativa

FORTH Indica movimiento hacia adelante, sobre todo cuando se trata de hacer frente a algo:

sally forth: they sallied forth to meet the enemy
partieron con determinación a enfrentarse con el enemigo

venture forth: it was weeks before he dared to venture forth again
pasaron semanas antes de que se volviera a aventurar a salir

IN 1 Indica un movimiento del exterior al interior:

burst in: there's no need to burst in like that
no tienes por qué irrumpir así

fall in: the roof fell in
el techo se hundió

squeeze in: I think we can just squeeze you in
creo que te podemos hacer un hueco

2 Indica que se está encerrado o que algo está cerrado:

barricade in: he had barricaded himself in
se había atrincherado

fence in: women at home with children often feel fenced in
las mujeres que tienen que quedarse en casa con los niños se sienten a menudo atrapadas

3 Indica que algo se añade a otra cosa:

fold in: fold in the flour
incorpora la harina

build in: they had some wardrobes built in
tienen algunos armarios empotrados

4 Indica la realización de una cosa:

draw in: I'm going to draw the head in next
ahora voy a dibujar la cabeza

fill in: fill in this form
rellena este formulario

5 Indica la entrega de algo o alguien:

hand in: the escaped convict handed himself in to the police
el preso en fuga se entregó a la policía

give in: give your essays in tomorrow
entregad mañana los trabajos

6 Indica que se termina o se para algo:

jack in: I'm jacking my job in
voy a dejar el trabajo

pack in: my TV has packed in
mi tele se ha escacharrado

7 Indica que algo disminuye o se recorta:

hold in: hold your stomach in.
mete el estómago

take in: I asked my dressmaker to take the sleeves in
le pedí al sastre que metiera las mangas

INTO

1 Indica que se emprende algo:

inquire into: the police are inquiring into the affair
la policía está investigando el asunto

wade into: she waded into the task
acometió la tarea

2 Indica un contacto físico:

bump into: I wasn't looking and I bumped into her
no iba mirando y choqué con ella

smash into: he smashed into a lamppost
se empotró contra una farola

OFF

1 Indica que se quita a alguien o algo:

scrape off: it took ages to scrape the paint off
llevó siglos rascar la pintura

take off: he was taken off at half time
lo sustituyeron en el descanso

2 Da una idea de partida:

move off: the procession slowly moved off
la procesión partió lentamente

wander off: he must have wandered off
se debe haber alejado

3 Indica el principio de algo, el punto de partida:

lead off: who's going to lead off with the first question?
¿quién va a empezar con la primera pregunta?

start off: let me start off by saying
permítanme comenzar diciendo

4 Indica que se interrumpe algo:

cut off: he cut me off in mid-sentence
me interrumpió a mitad de frase

turn off: turn the lights off, please
apaga las luces, por favor

5 Para dar idea de irreversibilidad:

kill off: they've decided to kill his character off
han decidido matar a este personaje

sell off: most of the land has been sold off
la mayoría de la tierra ha sido vendida

6 Indica un permiso (para no ir al trabajo):

have off: I had a week off work with a cold
estuve una semana sin ir a trabajar porque tenía un resfriado

take off: to take the day off
tomarse el día libre

7 Indica que algo ha quedado inaccesible:

close off: the street has been closed off
la calle ha sido cerrada

fence off: they have fenced off the danger area
han cerrado con una valla la zona de peligro

ON

1 Indica la continuación de una acción:

carry on: carry on with what you were doing
continúa con lo que estabas haciendo

read on: I had to read on to find out what happened
tuve que seguir leyendo para enterarme de lo que ocurrió

2 Indica que alguien se pone algo:

get on: I can't get my trousers on
no me entran *o* caben los pantalones

pull on: she pulled on her T-shirt
se puso la camiseta

3 Indica que se alienta a alguien:

cheer on: the crowd cheered him on
la multitud lo vitoreaba

spur on: their success spurred him on to do better
su éxito lo espoleó a mejorar

4 Da la idea de transmisión de una persona a otra:

hand on: she handed your book on to me
me pasó tu libro

pass on: the savings will be passed on to our customers
todo el ahorro revertirá en nuestros clientes

OUT

1 Indica que se sale de un sitio:

hurry out: he said a few words and then hurried out
dijo unas cuantas cosas y salió apresuradamente

pop out: I'm popping out to the library
voy a salir a la biblioteca

2 Indica una privación o una exclusión:

block out: that tree is blocking out all the sun
ese árbol tapa todo el sol

freeze out: they froze him out of the conversation
lo excluyeron de la conversación

3 Indica abandono:

pull out: they pulled out of the talks
abandonaron las conversaciones

walk out: he walked out on his wife and kids
dejó a su esposa e hijos

4 Indica una distribución:

hand out: we need volunteers to hand out leaflets
necesitamos voluntarios para repartir folletos

deal out: who's going to deal out the cards?
¿quién reparte (las cartas)?

5 Indica que algo se estira o se extiende:

hold out: he held out his hand
tendió su mano

stretch out: she stretched out her arms
estiró los brazos

6 Indica que algo se quita, se retira:

pull out: he pulled my tooth out
me sacó el diente

take out: he took a gun out of his pocket
sacó una pistola del bolsillo

7 Indica que se quiere resolver o se consigue resolver un problema:

pan out: let's see how things pan out
a ver cómo salen las cosas

work out: it all worked out in the end
al final todo salió bien

8 Indica que se sale de una situación difícil o que se intenta hacerlo:

get out: how did you get out of doing your homework?
¿cómo te libraste de hacer los deberes?

wriggle out: I wish I could wriggle out of this visit to my in-laws
ojalá pudiera escaquearme de esta visita a mis suegros

9 Indica un ruido fuerte:

bark out: he barked out the orders
dio las órdenes a gritos

cry out: she cried out in pain
gritó de dolor

10 Indica que algo se alarga, se amplia:

flesh out: the plan needs to be fleshed out
necesitamos definir más el plan

let out: I want this dress let out at the waist
quiero agrandar este vestido por la cintura

OVER

1 De un lado a otro, a través:

lead over: he led me over to the window
me llevó hasta la ventana

move over: move over and make some room
échate a un lado y haz hueco

2 Indica que se pasa de una cosa a otra:

change over: we've changed over to another brand
hemos cambiado a otra marca

turn over: turn over and see what's on the other channels
cambia de cadena, a ver qué hay en los otros canales

3 Indica que se da la vuelta a algo:

flip over: he flipped the pancake over
le dio la vuelta a la crepe

turn over: turn over the page
vuelve la página

4 Indica que se transmite un sentimiento, una impresión, etc.:

come over: she comes over as a bit arrogant
da la impresión de que es un poco arrogante

get over: I don't think I got the idea over very well
creo que no transmití muy bien la idea

5 Por encima de:

hang over: this threat is hanging over all of us
esta amenaza se cierne sobre todos nosotros

lean over: he leaned over the fence
se asomó por encima de la valla

6 Indica la idea de cubrir:

cloud over: the sky clouded over later
el cielo se nubló más tarde

freeze over: the lake rarely freezes over
el lago casi nunca se hiela

7 Indica que se hace que algo dure más o que sobre algo:

hold over: the play was held over for another three weeks
mantuvieron la obra en cartel tres semanas más

leave over: we have a couple of apples left over.
nos quedan un par de manzanas

8 Indica que se hace algo por completo, o que se finaliza:

look over: look the consignment over
repasa el envío

read over: read your essay over before handing it in
repasa el trabajo antes de entregarlo

9 Indica que algo se sale de sus límites:

boil over: the milk has boiled over
se ha salido la leche

spill over: the conflict might spill over into neighbouring countries
el conflicto podría extenderse a los países circundantes

10 Indica que se es derribado, que se cae:

fall over: he fell over and hurt his arm
se cayó y se hizo daño en el brazo

knock over: she was knocked over by a bus
la atropelló un autobús

PAST Indica el paso delante de un sitio:

brush past: he brushed past me in the street
pasó por la calle rozándome

speed past: cars were speeding past
los coches pasaban a toda velocidad

ROUND (sobre todo en inglés británico, **ROUND** se puede sustituir por **AROUND** en la mayoría de los casos)

1 Indica un movimiento circular:

spin round: thoughts were spinning round in her head
las ideas daban vuelta a su cabeza

hand round: you must hand your sweets round
debes pasar los caramelos

2 En forma de círculo:

crowd round: they all crowded round the injured man
se apiñaron en torno al herido

gather round: a crowd gathered round to watch
una muchedumbre formó un corro para mirar

3 Indica que se hace el recorrido de algo:

go round: we went round the shops
recorrimos las tiendas

show round: let me show you round the house
déjame que te enseñe la casa

4 Indica que se cambia algo de lugar:

change round: he's changed all the furniture round
ha movido todos los muebles

turn round: he turned the motorbike round and went home
dio la vuelta a la moto y se marchó a casa

5 Indica que se pasa por casa, cuando se trata de personas que viven o trabajan relativamente cerca:

call round: I'll call round this afternoon
pasaré a verte *o* visitarte esta tarde

have round: I'm having some friends round this evening
he invitado a unos amigos esta noche

THROUGH **1** A través de, indica el paso por un sitio:

pass through: I was just passing through
pasaba por aquí

2 Indica irrupción en algo:

break through: the crowd broke through the barriers
la multitud atravesó las barreras

wear through: my pullover has worn through at the elbows
se me ha agujereado el suéter por los codos

3 Indica éxito, superación:

bring through: he brought us through the crisis
nos ayudó a superar la crisis

pull through: he was very ill, but he pulled through
estaba muy enfermo, pero se recuperó

4 Indica que algo se hace completamente, de principio a fin:

see through: I want to see this project through
quiero participar en este proyecto hasta el final

think through: the plan hasn't been properly thought through
el plan no ha sido bien pensado

5 Indica que se llega al final de algo

get through: the bill finally got through Parliament
el proyecto de ley fue finalmente aprobado por el parlamento

TOGETHER Indica la idea de conjunto:

gather together: they gathered together in the drawing room
se reunieron en la sala de estar

keep together: we must keep the country together
debemos mantener unido al país

UNDER Indica pertenencia a una categoría o clasificación:

come under: what subject do they come under in the catalogue?
¿bajo qué epígrafe van en el catálogo?

UP **1** Indica movimiento hacia arriba:

hitch up: she hitched up her skirt and started to run
se subió la falda y se puso a correr

hold up: hold your head up above the water
mantén la cabeza fuera del agua

2 En una planta superior:

carry up: carry this tray up to your father
súbele esta bandeja a tu padre

invite up: let's invite our neighbours up for coffee
invitemos a los vecinos a que suban a tomar café

3 Indica que algo se alza o se endereza:

jump up: we jumped up and started running
nos pusimos en pie de un brinco y salimos corriendo

sit up: the old man sat up in bed with a start
el anciano se incorporó en la cama sobresaltado

4 Indica que algo se aproxima:

bound up: to come bounding up to sb
ir hacia alguien dando saltos *o* brincos

creep up: old age has crept up on me
los años se me han echado encima

5 Indica la mejoría de un estado:

clear up: the weather has cleared up
el tiempo se ha despejado

look up: things are looking up
las cosas están mejorando

6 Indica la subida de un precio, cantidad, volumen, etc.:

force up: this has forced house prices up
esto ha hecho subir los precios de la vivienda

turn up: turn the television up, I must be going deaf
sube la televisión, me debo estar quedando sordo

7 Indica que se junta o busca algo

gather up: she gathered up her books and left
recogió sus libros y se marchó

pick up: another ship picked up the survivors
otro barco rescató a los supervivientes

8 Indica apoyo:

back up: will you back me up? *(corroborate my story)*
¿me apoyarás?

hold up: these ropes hold the tent up
estas cuerdas soportan la tienda

9 Indica el fin de una acción:

drink up: come on, drink up
¡vamos, vayan terminando!

wrap up: that wraps things up for this week
esto pone punto final a todo por esta semana

10 Indica que se hace algo a fondo o completamente:

foul up: you've fouled everything up!
¡la has cagado!

tighten up: tighten this screw up
aprieta este tornillo

11 Indica que se termina por llegar a algo tras una serie de acciones:

end up: he ended up as an insurance salesman
acabó de vendedor de pólizas de seguros

land up: we're going to land up in hospital if you don't slow down
como no conduzcas más despacio iremos a parar al hospital

12 Indica que algo está cerrado, oculto al exterior:

bottle up: you should talk about your problems instead of bottling things up
deberías hablar de tus problemas en vez de reprimirlos

brick up: they've bricked the old doorway up
han tapiado la entrada vieja

13 Indica que algo está dividido en pedazos:

chop up: chop the meat up for me
pícame la carne

slice up: slice it up into smaller pieces
córtalo en partes más pequeñas

Spanish Verbs

This guide to Spanish verbs opens with the three regular conjugations (verbs ending in "-ar", "-er" and "-ir"), followed by the two most common auxiliary verbs: **haber**, which is used to form the perfect tenses and **ser**, which is used to form the passive. These five verbs are given in full.

These are followed by a list of Spanish irregular verbs, numbered 3–76. A number refers you to these tables after irregular verbs in the main part of the dictionary.

The first person of each tense is always shown, even if it is regular. Of the other forms, only those which are irregular are given. An *etc* after a form indicates that the other forms of that tense use the same irregular stem.

INDICATIVE Present	Imperfect	Preterite	Future	CONDITIONAL Present
Regular "-ar"	**amar**			
yo amo tú amas él ama nosotros amamos vosotros amáis ellos aman	yo amaba tú amabas él amaba nosotros amábamos vosotros amabais ellos amaban	yo amé tú amaste él amó nosotros amamos vosotros amasteis ellos amaron	yo amaré tú amarás él amará nosotros amaremos vosotros amaréis ellos amarán	yo amaría tú amarías él amaría nosotros amaríamos vosotros amaríais ellos amarían
Regular "-er"	**temer**			
yo temo tú temes él teme nosotros tememos vosotros teméis ellos temen	yo temía tú temías él temía nosotros temíamos vosotros temíais ellos temían	yo temí tú temiste él temió nosotros temimos vosotros temisteis ellos temieron	yo temeré tú temerás él temerá nosotros temeremos vosotros temeréis ellos temerán	yo temería tú temerías él temería nosotros temeríamos vosotros temeríais ellos temerían
Regular "-ir"	**partir**			
yo parto tú partes él parte nosotros partimos vosotros partís ellos parten	yo partía tú partías él partía nosotros partíamos vosotros partíais ellos partían	yo partí tú partiste él partió nosotros partimos vosotros partisteis ellos partieron	yo partiré tú partirás él partirá nosotros partiremos vosotros partiréis ellos partirán	yo partiría tú partirías él partiría nosotros partiríamos vosotros partiríais ellos partirían
1 haber				
yo he tú has él ha nosotros hemos vosotros habéis ellos han	yo había tú habías él había nosotros habíamos vosotros habíais ellos habían	yo hube tú hubiste él hubo nosotros hubimos vosotros hubisteis ellos hubieron	yo habré tú habrás él habrá nosotros habremos vosotros habréis ellos habrán	yo habría tú habrías él habría nosotros habríamos vosotros habríais ellos habrían
2 ser				
yo soy tú eres él es nosotros somos vosotros sois ellos son	yo era tú eras él era nosotros éramos vosotros erais ellos eran	yo fui tú fuiste él fue nosotros fuimos vosotros fuisteis ellos fueron	yo seré tú serás él será nosotros seremos vosotros seréis ellos serán	yo sería tú serías él sería nosotros seríamos vosotros seríais ellos serían
3 acertar				
yo acierto tú aciertas él acierta ellos aciertan	yo acertaba	yo acerté	yo acertaré	yo acertaría

e.g. the future of **decir** is **yo diré** *etc*, i.e.: **yo diré, tú dirás, él dirá, nosotros diremos, vosotros diréis, ellos dirán.**

When the first person of a tense is the only irregular form, then it is not followed by *etc*, e.g. the present indicative of **placer** is **yo plazco** (irregular), but the other forms (**tú places, él place, nosotros placemos, vosotros placéis, ellos placen**) are regular and are thus not shown.

In Latin America the **vosotros** forms are rarely used. The **ustedes** forms are used instead, even in informal contexts. In the imperative, the plural form is therefore not the "-d" form but instead the same as the third person plural of the present subjunctive.

SUBJUNCTIVE		IMPERATIVE	PARTICIPLE	
Present	**Imperfect**		**Present**	**Past**
yo ame tú ames él ame nosotros amemos vosotros améis ellos amen	yo amara *o* amase tú amaras *o* amases él amara *o* amase nosotros amáramos *o* amásemos vosotros amarais *o* amaseis ellos amaran *o* amasen	ama (tú) ame (él, ella) amemos (nosotros) amad (vosotros) amen (ellos, ellas)	amando	amado
yo tema tú temas él tema nosotros temamos vosotros temáis ellos teman	yo temiera *o* temiese tú temieras *o* temieses él temiera *o* temiese nosotros temiéramos *o* temiésemos vosotros temierais *o* temieseis ellos temieran *o* temiesen	teme (tú) tema (él, ella) temamos (nosotros) temed (vosotros) teman (ellos, ellas)	temiendo	temido
yo parta tú partas él parta nosotros partamos vosotros partáis ellos partan	yo partiera *o* partiese tú partieras *o* partieses él partiera *o* partiese nosotros partiéramos *o* partiésemos vosotros partierais *o* partieseis ellos partieran *o* partiesen	parte (tú) parta (él, ella) partamos (nosotros) partid (vosotros) partan (ellos, ellas)	partiendo	partido
yo haya tú hayas él haya nosotros hayamos vosotros hayáis ellos hayan	yo hubiera *o* hubiese tú hubieras *o* hubieses él hubiera *o* hubiese nosotros hubiéramos *o* hubiésemos vosotros hubierais *o* hubieseis ellos hubieran *o* hubiesen	he (tú) haya (él, ella) hayamos (nosotros) habed (vosotros) hayan (ellos, ellas)	habiendo	habido
yo sea tú seas él sea nosotros seamos vosotros seáis ellos sean	yo fuera *o* fuese tú fueras *o* fueses él fuera *o* fuese nosotros fuéramos *o* fuésemos vosotros fuerais *o* fueseis ellos fueran *o* fuesen	sé (tú) sea (él, ella) seamos (nosotros) sed (vosotros) sean (ellos, ellas)	siendo	sido
yo acierte tú aciertes él acierte ellos acierten	yo acertara *o* acertase	acierta (tú) acertad (vosotros)	acertando	acertado

INDICATIVE				CONDITIONAL
Present	**Imperfect**	**Preterite**	**Future**	**Present**
4 actuar				
yo actúo tú actúas él actúa ellos actúan	yo actuaba	yo actué	yo actuaré	yo actuaría
5 adquirir				
yo adquiero tú adquieres él adquiere ellos adquieren	yo adquiría	yo adquirí	yo adquiriré	yo adquiriría
6 agorar				
yo agüero tú agüeras él agüera ellos agüeran	yo agoraba	yo agoré	yo agoraré	yo agoraría
7 andar				
yo ando	yo andaba	yo anduve tú anduviste él anduvo nosotros anduvimos vosotros anduvisteis ellos anduvieron	yo andaré	yo andaría
8 argüir				
yo arguyo tú arguyes él arguye ellos arguyen	yo argüía	yo argüí él arguyó ellos arguyeron	yo argüiré	yo argüiría
9 asir				
yo asgo	yo asía	yo así	yo asiré	yo asiría
10 avergonzar				
yo avergüenzo tú avergüenzas él avergüenza ellos avergüenzan	yo avergonzaba	yo avergoncé	yo avergonzaré	yo avergonzaría
11 averiguar				
yo averiguo	yo averiguaba	yo averigüé	yo averiguaré	yo averiguaría
12 caber				
yo quepo	yo cabía	yo cupe tú cupiste él cupo nosotros cupimos vosotros cupisteis ellos cupieron	yo cabré *etc*	yo cabría *etc*
13 caer				
yo caigo	yo caía	yo caí tú caíste él cayó nosotros caímos vosotros caísteis ellos cayeron	yo caeré	yo caería

SUBJUNCTIVE Present	Imperfect	IMPERATIVE	PARTICIPLE Present	Past
yo actúe	yo actuara *o* actuase	actúa (tú) actuad (vosotros)	actuando	actuado
yo adquiera tú adquieras él adquiera ellos adquieran	yo adquiriera *o* adquiriese	adquiere (tú) adquirid (vosotros)	adquiriendo	adquirido
yo agüere tú agüeres él agüere ellos agüeren	yo agorara *o* agorase	agüera (tú) agorad (vosotros)	agorando	agorado
yo ande	yo anduviera *o* anduviese *etc*	anda (tú) andad (vosotros)	andando	andado
yo arguya *etc*	yo arguyera *o* arguyese *etc*	arguye (tú) argüid (vosotros)	arguyendo	argüido
yo asga *etc*	yo asiera *o* asiese	ase (tú) asid (vosotros)	asiendo	asido
yo avergüence tú avergüences él avergüence nosotros avergoncemos vosotros avergoncéis ellos avergüencer	yo avergonzara *o* avergonzase	avergüenza (tú) avergonzad (vosotros)	avergonzando	avergonzado
yo averigüe *etc*	yo averiguara *o* averiguase	averigua (tú) averiguad (vosotros)	averiguando	averiguado
yo quepa *etc*	yo cupiera *o* cupiese *etc*	cabe (tú) cabed (vosotros)	cabiendo	cabido
yo caiga *etc*	yo cayera *o* cayese *etc*	cae (tú) caed (vosotros)	cayendo	caído

INDICATIVE Present	Imperfect	Preterite	Future	CONDITIONAL Present
14 cazar				
yo cazo	yo cazaba	yo cacé	yo cazaré	yo cazaría
15 cocer				
yo cuezo tú cueces él cuece ellos cuecen	yo cocía	yo cocí	yo coceré	yo cocería
16 colgar				
yo cuelgo tú cuelgas él cuelga ellos cuelgan	yo colgaba	yo colgué	yo colgaré	yo colgaría
17 comenzar				
yo comienzo tú comienzas él comienza ellos comienzan	yo comenzaba	yo comencé	yo comenzaré	yo comenzaría
18 conducir				
yo conduzco	yo conducía	yo conduje tú condujiste él condujo nosotros condujimos vosotros condujisteis ellos condujeron	yo conduciré	yo conduciría
19 conocer				
yo conozco	yo conocía	yo conocí	yo conoceré	yo conocería
20 dar				
yo doy	yo daba	yo di tú diste él dio nosotros dimos vosotros disteis ellos dieron	yo daré	yo daría
21 decir				
yo digo tú dices él dice ellos dicen	yo decía	yo dije tú dijiste él dijo nosotros dijimos vosotros dijisteis ellos dijeron	yo diré *etc*	yo diría *etc*
22 delinquir				
yo delinco	yo delinquía	yo delinquí	yo delinquiré	yo delinquiría
23 desosar				
yo deshueso tú deshuesas él deshuesa ellos deshuesan	yo deshuesaba *etc*	yo desosé	yo desosaré	yo desosaría

SUBJUNCTIVE		IMPERATIVE	PARTICIPLE	
Present	Imperfect		Present	Past
yo cace *etc*	yo cazara *o* cazase	caza (tú) cazad (vosotros)	cazando	cazado
yo cueza tú cuezas él cueza nosotros cozamos vosotros cozáis ellos cuezan	yo cociera *o* cociese	cuece (tú) coced (vosotros)	cociendo	cocido
yo cuelgue tú cuelgues él cuelgue nosotros colguemos vosotros colguéis ellos cuelguen	yo colgara *o* colgase	cuelga (tú) colgad (vosotros)	colgando	colgado
yo comience tú comiences él comience nosotros comencemos vosotros comencéis ellos comiencen	yo comenzara *o* comenzase	comienza (tú) comenzad (vosotros)	comenzando	comenzado
yo conduzca *etc*	yo condujera *o* condujese *etc*	conduce (tú) conducid (vosotros)	conduciendo	conducido
yo conozca *etc*	yo conociera *o* conociese	conoce (tú) conoced (vosotros)	conociendo	conocido
yo dé	yo diera *o* diese *etc*	da (tú) dad (vosotros)	dando	dado
yo diga *etc*	yo dijera *o* dijese *etc*	di (tú) decid (vosotros)	diciendo	dicho
yo delinca *etc*	yo delinquiera *o* delinquiese	delinque (tú) delinquid (vosotros)	delinquiendo	delinquido
yo deshuese tú deshueses él deshuese ellos deshuesen	yo desosara *o* desosase	deshuesa (tú) desosad (vosotros)	desosando	desosado

INDICATIVE				CONDITIONAL
Present	**Imperfect**	**Preterite**	**Future**	**Present**
24 dirigir				
yo dirijo	yo dirigía	yo dirigí	yo dirigiré	yo dirigiría
25 discernir				
yo discierno	yo discernía	yo discerní	yo discerniré	yo discerniría
tú disciernes				
él discierne				
ellos disciernen				
26 distinguir				
yo distingo	yo distinguía	yo distinguí	yo distinguiré	yo distinguiría
27 dormir				
yo duermo	yo dormía	yo dormí	yo dormiré	yo dormiría
tú duermes				
él duerme		él durmió		
ellos duermen		ellos durmieron		
28 erguir				
yo irgo *o* yergo	yo erguía	yo erguí	yo erguiré	yo erguiría
tú irgues *o* yergues				
él irgue *o* yergue		él irguió		
nosotros erguimos				
vosotros erguís				
ellos irguen o yerguen		ellos irguieron		
29 errar				
yo yerro	yo erraba	yo erré	yo erraré	yo erraría
tú yerras				
él yerra				
ellos yerran				
30 estar				
yo estoy	yo estaba	yo estuve	yo estaré	yo estaría
tú estás		tú estuviste		
él está		él estuvo		
nosotros estamos		nosotros estuvimos		
vosotros estáis		vosotros estuvisteis		
ellos están		ellos estuvieron		
31 forzar				
yo fuerzo	yo forzaba	yo forcé	yo forzaré	yo forzaría
tú fuerzas				
él fuerza				
ellos fuerzan				
32 guiar				
yo guío	yo guiaba	yo guié	yo guiaré	yo guiaría
tú guías				
él guía				
ellos guían				
33 hacer				
yo hago	yo hacía	yo hice	yo haré *etc*	yo haría *etc*
		tú hiciste		
		él hizo		
		nosotros hicimos		
		vosotros hicisteis		
		ellos hicieron		
34 huir				
yo huyo	yo huía	yo huí	yo huiré	yo huiría
tú huyes				
él huye		él huyó		
ellos huyen		ellos huyeron		

SUBJUNCTIVE		IMPERATIVE	PARTICIPLE	
Present	Imperfect		Present	Past
yo dirija *etc*	yo dirigiera *o* dirigiese	dirige (tú)	dirigiendo	dirigido
yo discierna tú disciernas él discierna ellos disciernan	yo discerniera *o* discerniese	discierne (tú) discernid (vosotros)	discerniendo	discernido
yo distinga *etc*	yo distinguiera *o* distinguiese	distingue (tú) distinguid (vosotros)	distinguiendo	distinguido
yo duerma nosotros durmamos vosotros durmáis	yo durmiera *o* durmiese *etc*	duerme (tú) dormid (vosotros)	durmiendo	dormido
yo irga *o* yerga tú irgas *o* yergas él irga *o* yerga nosotros irgamos vosotros irgáis ellos irgan o yergan	yo irguiera *o* irguiese	irgue *o* yergue (tú) erguid (vosotros)	irguiendo	erguido
yo yerre tú yerres él yerre ellos yerren	yo errara *o* errase	yerra (tú) errad (vosotros)	errando	errado
yo esté *etc*	yo estuviera *o* estuviese *etc*	está (tú) estad (vosotros)	estando	estado
yo fuerce tú fuerces él fuerce nosotros forcemos vosotros forcéis ellos fuercen	yo forzara *o* forzase	fuerza (tú) forzad (vosotros)	forzando	forzado
yo guíe tú guíes él guíe ellos guíen	yo guiara *o* guiase	guía (tú) guiad (vosotros)	guiando	guiado
yo haga *etc*	yo hiciera *o* hiciese *etc*	haz (tú) haced (vosotros)	haciendo	hecho
yo huya *etc*	yo huyera *o* huyese *etc*	huye (tú) huid (vosotros)	huyendo	huido

	INDICATIVE Present	Imperfect	Preterite	Future	CONDITIONAL Present
35 ir	yo voy tú vas él va nosotros vamos vosotros vais ellos van	yo iba	yo fui tú fuiste él fue nosotros fuimos vosotros fuisteis ellos fueron	yo iré	yo iría
36 jugar	yo juego tú juegas él juega ellos juegan	yo jugaba	yo jugué	yo jugaré	yo jugaría
37 leer	yo leo	yo leía	yo leí tú leíste él leyó nosotros leímos vosotros leísteis ellos leyeron	yo leeré	yo leería
38 llegar	yo llego	yo llegaba	yo llegué	yo llegaré	yo llegaría
39 lucir	yo luzco	yo lucía	yo lucí	yo luciré	yo luciría
40 mecer	yo mezo	yo mecía	yo mecí	yo meceré	yo mecería
41 mover	yo muevo tú mueves él mueve ellos mueven	yo movía	yo moví	yo moveré	yo movería
42 nacer	yo nazco	yo nacía	yo nací	yo naceré	yo nacería
43 negar	yo niego tú niegas él niega ellos niegan	yo negaba	yo negué	yo negaré	yo negaría
44 oír	yo oigo tú oyes él oye ellos oyeron	yo oía	yo oí él oyó ellos oyeron	yo oiré	yo oiría
45 oler	yo huelo tú hueles él huele ellos huelen	yo olía	yo olí	yo oleré	yo olería
46 parecer	yo parezco	yo parecía	yo parecí	yo pareceré	yo parecería

SUBJUNCTIVE Present	Imperfect	IMPERATIVE	PARTICIPLE Present	Past
yo vaya *etc*	yo fuera *o* fuese *etc*	ve (tú) id (vosotros)	yendo	ido
yo juegue tú juegues él juegue nosotros juguemos vosotros juguéis ellos jueguen	yo jugara *o* jugase	juega (tú) jugad (vosotros)	jugando	jugado
yo lea	yo leyera *o* leyese *etc*	lee (tú) leed (vosotros)	leyendo	leído
yo llegue *etc*	yo llegara *o* llegase	llega (tú) llegad (vosotros)	llegando	llegado
yo luzca *etc*	yo luciera *o* luciese	luce (tú) lucid (vosotros)	luciendo	lucido
yo meza *etc*	yo meciera *o* meciese	mece (tú) meced (vosotros)	meciendo	mecido
yo mueva tú muevas él mueva ellos muevan	yo moviera *o* moviese	mueve (tú) moved (vosotros)	moviendo	movido
yo nazca *etc*	yo naciera *o* naciese	nace (tú)	naciendo	nacido
yo niegue tú niegues él niegue nosotros neguemos vosotros neguéis ellos nieguen	yo negara *o* negase	niega (tú) negad (vosotros)	negando	negado
yo oiga *etc*	yo oyera *u* oyese *etc*	oye (tú) oíd (vosotros)	oyendo	oído
yo huela tú huelas él huela ellos huelan	yo oliera *u* oliese	huele (tú) oled (vosotros)	oliendo	olido
yo parezca *etc*	yo pareciera *o* pareciese	parece (tú)	pareciendo	parecido

INDICATIVE Present	Imperfect	Preterite	Future	CONDITIONAL Present
47 pedir				
yo pido tú pides él pide ellos piden	yo pedía	yo pedí él pidió ellos pidieron	yo pediré	yo pediría
48 placer				
yo plazco	yo placía	yo plací él plació *o* plugo ellos placieron *o* plugieron	yo placeré	yo placería
49 poder				
yo puedo tú puedes él puede ellos pueden	yo podía	yo pude tú pudiste él pudo nosotros pudimos vosotros pudisteis ellos pudieron	yo podré *etc*	yo podría *etc*
50 poner				
yo pongo	yo ponía	yo puse tú pusiste él puso nosotros pusimos vosotros pusisteis ellos pusieron	yo pondré *etc*	yo pondría *etc*
51 predecir				
yo predigo	yo predecía	yo predije tú predijiste él predijo nosotros predijimos vosotros predijisteis ellos predijeron	yo predeciré	yo predeciría
52 proteger				
yo protejo	yo protegía	yo protegí	yo protegeré	yo protegería
53 querer				
yo quiero tú quieres él quiere ellos quieren	yo quería	yo quise tú quisiste él quiso nosotros quisimos vosotros quisisteis ellos quisieron	yo querré *etc*	yo querría *etc*
54 raer				
yo rao, raigo *o* rayo	yo raía	yo raí tú raíste él rayó nosotros raímos vosotros raísteis ellos rayeron	yo raeré	yo raería
55 regir				
yo rijo tú riges él rige ellos rigen	yo regía	yo regí él rigió ellos rigieron	yo regiré	yo regiría

SUBJUNCTIVE		IMPERATIVE	PARTICIPLE	
Present	**Imperfect**		**Present**	**Past**
yo pida *etc*	yo pidiera *o* pidiese *etc*	pide (tú) pedid (vosotros)	pidiendo	pedido
yo plazca tú plazcas él plazca *o* plegue nosotros plazcamos vosotros plazcáis ellos plazcan	yo placiera *o* placiese tú placieras *o* placieses él placiera, placiese, pluguiera *o* pluguiese nosotros placiéramos *o* placiésemos vosotros placierais *o* placieseis ellos placieran, placiesen, puguieran *o* pluguiesen	place (tú) placed (vosotros)	placiendo	placido
yo pueda tú puedas él pueda ellos puedan	yo pudiera *o* pudiese *etc*	puede (tú) poded (vosotros)	pudiendo	podido
yo ponga *etc*	yo pusiera *o* pusiese *etc*	pon (tú) poned (vosotros)	poniendo	puesto
yo prediga *etc*	yo predijera *o* predijese *etc*	predice (tú) predecid (vosotros)	prediciendo	predicho
yo proteja *etc*	yo protegiera *o* protegiese	protege (tú) proteged (vosotros)	protegiendo	protegido
yo quiera	yo quisiera *o* quisiese *etc* tú quieras él quiera ellos quieran	quiere (tú) quered (vosotros)	queriendo	querido
yo raiga *o* raya *etc*	yo rayera *o* rayese *etc*	rae (tú) raed (vosotros)	rayendo	raído
yo rija *etc*	yo rigiera *o* rigiese *etc*	rige (tú) regid (vosotros)	rigiendo	regido

INDICATIVE				CONDITIONAL
Present	**Imperfect**	**Preterite**	**Future**	**Present**
56 reír				
yo río tú ríes él ríe	yo reía	yo reí él rió ellos rieron	yo reiré	yo reiría
57 roer				
yo roo, roigo *o* royo	yo roía	yo roí él royó ellos royeron	yo roeré	yo roería
58 saber				
yo sé	yo sabía	yo supe tú supiste él supo nosotros supimos vosotros supisteis ellos supieron	yo sabré *etc*	yo sabría *etc*
59 sacar				
yo saco	yo sacaba	yo saqué	yo sacaré	yo sacaría
60 salir				
yo salgo	yo salía	yo salí	yo saldré *etc*	yo saldría *etc*
61 seguir				
yo sigo tú sigues él sigue ellos siguen	yo seguía	yo seguí él siguió ellos siguieron	yo seguiré	yo seguiría
62 sentir				
yo siento tú sientes él siente ellos sienten	yo sentía	yo sentí él sintió ellos sintieron	yo sentiré	yo sentiría
63 sonar				
yo sueno tú suenas él suena ellos suenan	yo sonaba	yo soné	yo sonaré	yo sonaría
64 tender				
yo tiendo tú tiendes él tiende ellos tienden	yo tendía	yo tendí	yo tenderé	yo tendería
65 tener				
yo tengo tú tienes él tiene ellos tienen	yo tenía	yo tuve tú tuviste él tuvo nosotros tuvimos vosotros tuvisteis ellos tuvieron	yo tendré *etc*	yo tendría *etc*
66 traer				
yo traigo	yo traía	yo traje tú trajiste él trajo nosotros trajimos vosotros trajisteis ellos trajeron	yo traeré	yo traería

SUBJUNCTIVE Present	Imperfect	IMPERATIVE	PARTICIPLE Present	Past
yo ría tú rías él ría nosotros riamos vosotros riáis ellos rían	yo riera *o* riese *etc*	ríe (tú) reíd (vosotros)	riendo	reído
yo roa, roiga *o* roya *etc*	yo royera *o* royese *etc*	roe (tú) roed (vosotros)	royendo	roído
yo sepa *etc*	yo supiera *o* supiese *etc*	sabe (tú) sabed (vosotros)	sabiendo	sabido
yo saque *etc*	yo sacara *o* sacase	saca (tú) sacad (vosotros)	sacando	sacado
yo salga *etc*	yo saliera *o* saliese	sal (tú) salid (vosotros)	saliendo	salido
yo siga *etc*	yo siguiera *o* siguiese *etc*	sigue (tú) seguid (vosotros)	siguiendo	seguido
yo sienta tú sientas él sienta nosotros sintamos vosotros sintáis ellos sientan	yo sintiera *o* sintiese *etc*	siente (tú) sentid (vosotros)	sintiendo	sentido
yo suene tú suenes él suene ellos suenen	yo sonara *o* sonase	suena (tú) sonad (vosotros)	sonando	sonado
yo tienda tú tiendas él tienda ellos tiendan	yo tendiera *o* tendiese	tiende (tú) tended (vosotros)	tendiendo	tendido
yo tenga *etc*	yo tuviera *o* tuviese *etc*	ten (tú) tened (vosotros)	teniendo	tenido
yo traiga *etc*	yo trajera *o* trajese *etc*	trae (tú) traed (vosotros)	trayendo	traído

INDICATIVE				CONDITIONAL
Present	Imperfect	Preterite	Future	Present
67 trocar				
yo trueco tú truecas él trueca ellos truecan	yo trocaba	yo troqué	yo trocaré	yo trocaría
68 valer				
yo valgo	yo valía	yo valí	yo valdré *etc*	yo valdría *etc*
69 venir				
yo vengo tú vienes él viene ellos vienen	yo venía	yo vine tú viniste él vino nosotros vinimos vosotros vinisteis ellos vinieron	yo vendré *etc*	yo vendría *etc*
70 ver				
yo veo	yo veía *etc*	yo vi	yo veré	yo vería
71 yacer				
yo yazco, yazgo *o* yago	yo yacía	yo yací	yo yaceré	yo yacería
72 zurcir				
yo zurzo	yo zurcía	yo zurcí	yo zurciré	yo zurciría
73 abolir				
(not used) *(not used)* *(not used)* nosotros abolimos vosotros abolís *(not used)*	yo abolía	yo abolí	yo aboliré	yo aboliría
74 balbucir				
(not used) tú balbuces	yo balbucía	yo balbucí	yo balbuciré	yo balbuciría
75 desolar				
(not used) *(not used)* *(not used)* *(not used)* nosotros desolamos vosotros desoláis *(not used)*	yo desolaba	yo desolé	yo desolaré	yo desolaría
76 soler				
yo suelo tú sueles él suele ellos suelen	yo solía	yo solí	*(not used)*	*(not used)*

SUBJUNCTIVE		IMPERATIVE	PARTICIPLE	
Present	Imperfect		Present	Past
yo trueque tú trueques él trueque ellos truequen	yo trocara *o* trocase	troca (tú) trocad (vosotros)	trocando	trocado
yo valga *etc*	yo valiera *o* valiese	vale (tú) valed (vosotros)	valiendo	valido
yo venga *etc*	yo viniera *o* viniese *etc*	ven (tú) venid (vosotros)	viniendo	venido
yo vea *etc*	yo viera *o* viese	ve (tú) ved (vosotros)	viendo	visto
yo yazca, yazga *o* yaga *etc*	yo yaciera *o* yaciese	yace *o* yaz (tú) yaced (vosotros)	yaciendo	yacido
yo zurza *etc*	yo zurciera *o* zurciese	zurce (tú) zurcid (vosotros)	zurciendo	zurcido
(not used)	yo aboliera o aboliese	*(not used)*	aboliendo	abolido
(not used)	yo balbuciera *o* balbuciese	balbuce (tú) balbucid (vosotros)	balbuciendo	balbucido
(not used)	yo desolara o desolase	*(not used)* desolad (vosotros)	desolando	desolado
yo suela *etc*	yo soliera *o* soliese	*(not used)*	soliendo	solido

Inglés-Español

English-Spanish

A

A, a [eɪ] *n* (**a**) *(letter)* A, a *f*; **to get from A to B** ir de un lugar a otro; **from A to Z** de principio a fin ◻ ***A bomb*** bomba *f* atómica; *Br* ***A level*** = examen final o diploma en una asignatura de los estudios preuniversitarios; ***A road*** ≃ carretera *f* nacional *or* general; ***A side*** *(of record)* cara *f* A, primera cara *f*; ***A–Z*** *(street guide)* callejero *m*; **an A–Z of gardening** una guía completa de jardinería
(**b**) *Sch (grade)* sobresaliente *m*; **to get an A** *(in exam, essay)* sacar un sobresaliente
(**c**) *Mus* la *m*

A [ə, *stressed* eɪ] *indefinite art*

> Antes de vocal o "h" muda **an** [ən, *stressed* æn].

(**a**) *(in general)* un, una; **a man** un hombre; **a woman** una mujer; **an hour** una hora; **I haven't got a car** no tengo coche; **do you all have a knife and fork?** ¿tenéis todos cuchillo y tenedor?; **can I have a quick wash?** ¿me puedo dar un lavado rápido?; **he is an Englishman/a father/a lawyer** es inglés/padre/abogado; **he's a nice person** es (una) buena persona; **she's a friend (of mine)** es amiga mía; **she didn't give me a penny** no me dio ni un centavo *or Esp* duro; **he was hailed as a new Pele** fue aclamado como el nuevo Pelé; **a dog has four legs** los perros tienen cuatro patas; **I've spent many a happy hour with them** he pasado muchas horas felices con ellos
(**b**) *(referring to personal attribute)* **he has a red nose** tiene la nariz roja; **I have a sore throat** me duele la garganta, tengo dolor de garganta; **she has a sharp tongue** tiene la lengua afilada
(**c**) *(expressing prices, rates)* **30 pence a kilo** 30 peniques el kilo; **three times a week/a year** tres veces a la semana/al año; **50 kilometres an hour** 50 kilómetros por hora
(**d**) *(replacing number one)* **a hundred** cien; **a thousand** mil; **a quarter** un cuarto; **two and a half** dos y medio; **a third of the participants** un tercio de los participantes; **two girls and a boy** dos chicas y un chico
(**e**) *(expressing time)* **the exam is on a Monday** el examen cae en lunes; **a week on Thursday** el jueves de la semana que viene; **a quarter of an hour** un cuarto de hora; **half an hour** media hora
(**f**) *(a certain)* **a Mr Watkins phoned** llamó un tal Sr. Watkins; **there was a bitterness in her words** había una cierta amargura en sus palabras
(**g**) *(referring to people collectively)* **a good cook never uses too much salt** un buen cocinero no usa demasiada sal; **a policeman should never drink on duty** los policías no deben beber cuando están de servicio
(**h**) *(referring to work of art)* **it's a Renoir** es un Renoir; **a well-known Goya** un Goya muy conocido
(**i**) *(referring to family)* **you can tell he's a Kennedy** se nota que es un Kennedy
(**j**) *(in exclamations)* **what an idiot!** ¡qué idiota!

AA [eɪ'eɪ] *n* (**a**) *Br* (*abbr* **Automobile Association**) = asociación automovilística británica, *Esp* ≃ RACE *m*, *Arg* ≃ ACA *m* (**b**) (*abbr* **Alcoholics Anonymous**) AA, alcohólicos *mpl* anónimos

AAA *n* (**a**) ['θri:'eɪz] *Br Formerly* (*abbr* **Amateur Athletics Association**) = federación británica de atletismo aficionado (**b**) [eɪeɪ'eɪ] *US* (*abbr* **American Automobile Association**) = asociación automovilística estadounidense

aardvark ['ɑ:dvɑ:k] *n* cerdo *m* hormiguero

AB [eɪ'bi:] *n US Univ* (*abbr* **artium baccalaureus**) *(qualification)* licenciatura en Filosofía y Letras; *(person)* licenciado en Filosofía y Letras

aback [ə'bæk] *adv* **to be taken a. (by)** quedarse desconcertado(a) (por)

abacus ['æbəkəs] (*pl* **abacuses** ['æbəkəsɪz] *or* **abaci** ['æbəsaɪ]) *n* ábaco *m*

abalone [æbə'ləʊnɪ] *n* oreja *f* de mar

abandon [ə'bændən] **1** *n* **with gay** *or* **reckless a.** como loco(a)
2 *vt (give up, leave)* abandonar; *(match)* suspender; **to a. ship** abandonar el barco; **to a. all hope (of doing sth)** abandonar toda esperanza (de hacer algo); **to a. sb to their fate** abandonar a alguien a su suerte; **to a. oneself to despair** abandonarse a la desesperación

abandoned [ə'bændənd] *adj (house, car)* abandonado(a); **to feel a.** sentirse abandonado(a)

abase [ə'beɪs] *vt* **to a. oneself** humillarse, degradarse

abashed [ə'bæʃt] *adj* **to be a.** estar avergonzado(a) *or* abochornado(a) *or Andes, Méx, Ven* apenado(a); **she seemed not (in) the least a.** no parecía estar avergonzada *or Andes, Méx, Ven* apenada en lo más mínimo

abate [ə'beɪt] *vi (of storm, wind)* amainar; *(of pain)* remitir; *(of noise, anger, enthusiasm)* disminuir, atenuarse

abattoir ['æbətwɑ:(r)] *n* matadero *m*

abbess ['æbes] *n* abadesa *f*

abbey ['æbɪ] (*pl* **abbeys**) *n* abadía *f*

abbot ['æbət] *n* abad *m*

abbreviate [ə'bri:vɪeɪt] *vt* abreviar

abbreviation [əbri:vɪ'eɪʃən] *n (short form)* abreviatura *f*

ABC [eɪbi:'si:] *n* (**a**) *(alphabet)* abecedario *m*; **an A. of gardening** una guía básica de jardinería (**b**) (*abbr* **American Broadcasting Corporation**) cadena *f* ABC *(de radio y televisión estadounidense)* (**c**) (*abbr* **Australian Broadcasting Corporation**) = radiotelevisión pública australiana

abdicate ['æbdɪkeɪt] **1** *vt* (**a**) *(throne)* abdicar (**b**) *(responsibility)* desatender, abandonar
2 *vi (of monarch)* abdicar

abdication [æbdɪ'keɪʃən] *n* (**a**) *(of throne)* abdicación *f* (**b**) *(of responsibilities)* descuido *m*, abandono *m*

abdomen ['æbdəmən] *n Anat & Zool* abdomen *m*

abdominal [əb'dɒmɪnəl] *adj Anat* abdominal

abduct [əb'dʌkt] *vt* raptar, secuestrar

abduction [əb'dʌkʃən] *n* rapto *m*, secuestro *m*

aberrant [ə'berənt] *adj Formal (behaviour)* aberrante

aberration [æbə'reɪʃən] *n* anomalía *f*, aberración *f*; **mental a.** desvarío *m*, despiste *m*

abet [ə'bet] (*pt & pp* **abetted**) *vt Law* **to aid and a. sb** ser cómplice de alguien; **to be accused of aiding and abetting sb** ser acusado(a) de complicidad con alguien

abeyance [ə'beɪəns] *n* **to be in a.** *(of law, custom)* estar en desuso; **to fall into a.** *(of law, custom)* caer en desuso

abhor [əb'hɔ:(r)] (*pt & pp* **abhorred**) *vt* aborrecer

abhorrence [əb'hɒrəns] *n Formal* aversión *f*, aborrecimiento *m* (**of** hacia *or* por); **to hold sth/sb in a.** aborrecer algo/alguien

abhorrent [əb'hɒrənt] *adj Formal* aborrecible, repugnante; **it is a. to me** me resulta repugnante

A
C

abide [ə'baɪd] *vt (tolerate)* soportar; **I can't a. him** no lo soporto

▸**abide by** *vt insep (promise)* cumplir; *(rule, decision)* acatar, atenerse a

abiding [ə'baɪdɪŋ] *adj (interest, impression)* duradero(a); **my a. memory of Spain is…** mi recuerdo más destacado de España es…

ability [ə'bɪlɪtɪ] *n* (**a**) *(talent, skill)* aptitud *f*, habilidad *f*; **a person of real a.** una persona de gran valía; **he did it to the best of his a.** lo hizo lo mejor que supo; **children of all abilities** niños de todos los niveles de aptitud; **someone of her a. should have no problems** una persona con su capacidad no debería tener problema (**b**) *(capability)* capacidad *f*; **we now have the a. to record all calls** ahora podemos grabar todas las llamadas

abject ['æbdʒekt] *adj* (**a**) *(very bad)* deplorable; **a. poverty** pobreza *f* extrema (**b**) *(lacking self-respect)* **to look a.** tener un aspecto lamentable; **an a. apology** una humilde disculpa; **a. cowardice** cobardía ruin

abjectly ['æbdʒektlɪ] *adv* **they failed a.** fracasaron por completo

abjure [əb'dʒʊə(r)] *vt Formal (religion, belief)* abjurar (de), renegar de; *(claim)* renunciar

ablative ['æblətɪv] *n & adj Gram* ablativo *m*

ablaze [ə'bleɪz] *adj* **to be a.** estar ardiendo *or* en llamas; **to set sth a.** prender fuego a algo; *Fig* **her eyes were a. with passion** sus ojos ardían de pasión; *Fig* **the garden was a. with colour** el jardín resplandecía de colorido

ABLE ['eɪbəl] *adj* (**a**) **to be a. to do sth** *(have the capability)* ser capaz de hacer algo, poder hacer algo; *(manage)* conseguir *or* poder hacer algo; **are you a. to use this programme/speak Spanish?** ¿sabes usar este programa/hablar español?; **I was a. to speak to him myself** conseguí *or* pude hablar con él; **she was a. to see exactly what was happening** pudo ver exactamente lo que estaba sucediendo; **I won't be a. to pay until next week** no voy a poder pagar hasta la semana que viene; **the computer is a. to do several million calculations per second** el *Esp* ordenador *or Am* computador es capaz de realizar varios millones de cálculos por segundo; **please donate whatever you are a.** por favor, contribuya con lo que pueda; **do you feel a. to do it?** ¿te sientes capaz de hacerlo?; **I haven't been a. to do it yet** todavía no he podido hacerlo; **I'm delighted to be a. to tell you that…** me complace poder comunicarle que…; **she's better a. to do it than I am** ella está más capacitada para hacerlo que yo

(**b**) *(competent) (person)* capaz; *(piece of work, performance)* logrado(a), conseguido(a); **thanks to your a. assistance…** gracias a tu ayuda…

able-bodied ['eɪbəl'bɒdɪd] *adj* sano(a) ▫ *Naut* ***a. seaman*** marinero *m* de primera

ablutions [əb'lu:ʃənz] *npl Formal or Hum* abluciones *mpl*

ABM [eɪbi:'em] *n Mil* (*abbr* **antiballistic missile**) misil *m* antibalístico

abnegation [æbnə'geɪʃən] *n Formal* (**a**) (self-denial) abnegación *f* (**b**) *(of responsibility)* abandono *m*

abnormal [æb'nɔ:məl] *adj* anormal, anómalo(a)

abnormality [æbnɔ:'mælɪtɪ] *n* anormalidad *f*, anomalía *f*

abnormally [æb'nɔ:məlɪ] *adv* anormalmente

aboard [ə'bɔ:d] **1** *adv* a bordo; **to go a.** subir a bordo; **all a.!** *(boat)* ¡todo el mundo a bordo!; *(train)* ¡pasajeros, al tren!

2 *prep (ship, aeroplane)* a bordo de; *(bus, train)* en; **a. ship** a bordo (del barco)

abode [ə'bəʊd] *n* (**a**) *Literary* morada *f* (**b**) *Law* **of no fixed a.** sin domicilio fijo; **right of a.** derecho *m* de residencia

abolish [ə'bɒlɪʃ] *vt (law, custom, distinction)* abolir

abolition [æbə'lɪʃən] *n (of law, custom)* abolición *f*

abolitionist [æbə'lɪʃənɪst] *n & adj Hist* abolicionista *mf*

abominable [ə'bɒmɪnəbəl] *adj* deplorable, abominable ▫ ***the a. snowman*** el abominable hombre de las nieves

abominably [ə'bɒmɪnəblɪ] *adv (behave)* deplorablemente, abominablemente; **to treat sb a.** tratar a alguien fatal

abomination [əbɒmɪ'neɪʃən] *n (thing, action)* abominación *f*, horror *m*; *(disgust)* repugnancia *f*, aversión *f*

aborigine [æbə'rɪdʒɪnɪ] *n* aborigen *mf (de Australia)*

abort [ə'bɔ:t] **1** *vt* (**a**) *Med* **the foetus was aborted in the 14th week of pregnancy** se provocó un aborto en la 14 semana de embarazo (**b**) *(project)* interrumpir, suspender (**c**) *Comptr* cancelar

2 *vi* abortar

abortifacient [əbɔ:tɪ'feɪʃənt] *n & adj Med* abortivo(a) *m*

abortion [ə'bɔ:ʃən] *n* aborto *m (provocado)*; **to have an a.** abortar, tener un aborto

abortive [ə'bɔ:tɪv] *adj (attempt, plan)* fallido(a), malogrado(a)

abound [ə'baʊnd] *vi* abundar (**in** *or* **with** en)

ABOUT [ə'baʊt] **1** *prep* (**a**) *(regarding)* sobre, acerca de; **a book a. France** un libro sobre Francia; **what's this book a?** ¿de qué trata este libro?; **what's all the fuss a.?** ¿a qué viene tanto alboroto?; **what's so clever a. that?** ¿qué tiene eso de ingenioso?; **he wants to see you a. the missing money** quiere verte para hablar del dinero desaparecido; **to talk/argue a. sth** hablar/discutir de *or* sobre algo; **what are you talking a.?** *(that's ridiculous)* ¿qué dices?; **to complain/laugh a. sth** quejarse/reírse de algo; **to be angry a. sth** estar enfadado *or Am* enojado por algo; **I'm sorry a. yesterday** siento lo de ayer; **he said something a. buying a new TV** dijo algo de comprar un televisor nuevo; **he's being very awkward a. it** está poniéndose muy difícil con respecto a este asunto; *Fam* **get me a beer and be quick a. it** ponme una cerveza y rapidito; **we must do something a. this problem** tenemos que hacer algo con este problema *or* para solucionar este problema; **there's nothing we can do a. it** no podemos hacer nada (al respecto); **he's always complaining, but he never does anything a. it** siempre se está quejando, pero nunca hace nada; **there's something a. her I don't like** tiene algo que no me gusta; **tell me all a. it** cuéntame, cuéntamelo todo; **the good/bad thing a.…** lo bueno/malo de…; **what is it you don't like a. her?** ¿qué es lo que no te gusta de ella?; **how** *or* **what a. a cup of tea?** ¿te apetece *or Col, Méx, Ven* provoca un té?, ¿quieres un té?; **I fancy a beer, how** *or* **what a. you?** me apetece *or Col, Méx, Ven* provoca una cerveza, ¿y a ti?; **well how a. that!** ¡vaya!; **and what a. me?** ¿y yo qué?; **it's a good plan, but what a. the funding?** es un buen plan, pero ¿y la financiación?; *Br Fam* **could you get me one too, while you're a. it?** ¿me podrías traer otro para mí, ya que estás?

(**b**) *(introducing topic)* **a. the rent… we can't pay it this month** en cuanto al alquiler *or Am* la renta,… es que no podemos pagar este mes; **it's a. the accident…** *(on phone)* llamaba por lo del accidente…; *(in person)* venía por lo del accidente…

(**c**) *(in various parts of)* por; **to walk a. the town** caminar por la ciudad; **papers were scattered a. the room** había papeles diseminados por toda la habitación; **you can't go a. the place spreading rumours** no puedes ir por ahí difundiendo rumores; *Br Formal* **do you have a piece of paper a. you?** ¿tiene un papel encima?

(**d**) *Literary (encircling)* **she put her arms a. his neck** le rodeó el cuello con los brazos; **he wore a sash a. his waist** una faja le ceñía la cintura

2 *adv* (**a**) *(in different directions, places)* **to run a.** correr de aquí para allá; **to walk a.** caminar *or* pasear por ahí; **they heard someone moving a. in the attic** oyeron a alguien moverse por el ático; **to follow sb a.** perseguir a alguien; **they sat a. (doing nothing) all afternoon** se pasaron la tarde sentados (sin hacer nada); **there were books scattered all a.** había libros esparcidos por todas partes

(**b**) *(in opposite direction)* **to turn/whirl a.** darse la vuelta, volverse

(**c**) *(in the general area)* **is Jack a.?** ¿está Jack por ahí?; **he/it must be a. somewhere** debe de estar *or* andar por ahí; **there was nobody a.** no había nadie (por allí); **there's a nasty bug a.** hay una epidemia por ahí; **have you got the flu too? there's a lot of it a.** ¿tú también tienes la gripe? todo el mundo la tiene; **it's good to see you up and a. again** *(recovered)* ¡qué alegría verte otra vez en pie!

(**d**) *(approximately)* más o menos; **a. thirty** unos treinta; **she's a. thirty** anda por los treinta, tiene unos trienta años; **at a. one o'clock** alrededor de la una, a eso de la una; **a. a week** una semana más o menos; **she's a. as tall as you** es más o menos como tú de alta; **this is a. as good as it gets** pues esto es de lo mejor; **I've just a. finished** estoy a punto de acabar; **that's a. it for the moment** *(we've almost finished)* prácticamente hemos terminado; **that's a. enough** con eso basta; **I've had just a. enough of your cheek!** ¡ya me estoy hartando de tu descaro!; **a. time!** ¡ya era hora!
(**e**) *(on the point of)* **to be a. to do sth** estar a punto de hacer algo; **I'm not a. to...** *(have no intention of)* no tengo la más mínima intención de...

---

about-face [ə'baʊt'feɪs], *Br* **about-turn** [ə'baʊt'tɜ:n] *n (radical change)* giro *m* radical *or* de 180 grados

---

ABOVE [ə'bʌv] **1** *n* **the a.** *(information)* lo anterior
2 *npl* **the a.** *(people)* los arriba mencionados; **all of the a. are covered by this policy** la presente póliza cubre a todos los arriba mencionados
3 *adj* de arriba; **the a. diagram** el diagrama de arriba; **for the a. reasons** por las razones arriba mencionadas
4 *prep* (**a**) *(physically)* por encima de; **the sky a. us** el cielo; **the flat a. ours** el apartamento que está encima del nuestro; **500 metres a. sea level** 500 metros sobre el nivel del mar; **lift your arms a. your head** levanta los brazos (por encima de la cabeza); **the Ebro a. Zaragoza** el Ebro, antes de llegar a Zaragoza; **there's a mistake in the line a. this one** hay un error en la línea anterior a ésta; **he appears (just) a. me on the list** figura en la lista (justo) antes que yo
(**b**) *(with numbers)* **a. twenty** por encima de veinte; **a. $100** más de 100 dólares; **the temperature didn't rise a. 10°C** la temperatura no pasó de *or* superó los 10°; **store at a. 5°C** guárdese a una temperatura superior a 5°; **children a. the age of eleven** chicos de más de once años; **the food was a. average** la comida era bastante buena; **the temperature was a. average** *or* **normal** la temperatura era superior a la habitual; **children of a. average ability** niños mejor dotados que la media
(**c**) *(in classification, importance, rank)* **he is a. me** está por encima de mí; **they finished a. us in the league** terminaron mejor clasificados que nosotros en la liga; **he was in the year a. me (at school)** iba un año por delante de mí en el colegio; **a general is a. a colonel in the army** el rango de general está por encima del de coronel; **to marry a. oneself** casarse con alguien de clase social superior; **I value happiness a. success** valoro más la felicidad que el éxito; **a. all** por encima de todo, sobre todo; **a. all else, we must avoid defeat** por encima de todo, debemos evitar la derrota
(**d**) *(louder than)* **he tried to make himself heard a. the noise** trató de hacerse oír por encima del ruido; **I couldn't hear her voice a. the music** no la oía por encima de la música
(**e**) *(not subject to)* **to be a. reproach** ser irreprochable; **to be a. suspicion** estar libre de sospecha; **she thinks she's a. criticism** cree que está por encima de las críticas; **even you are not a. failure** ni siquiera tú eres infalible
(**f**) *(superior to)* **he thinks he's a. all that** cree que hacer eso sería humillarse; **she thinks she's a. everyone else** se cree superior a los demás; **he's not a. telling the occasional lie** incluso él se permite mentir de vez en cuando; **to get a. oneself** darse muchos humos
(**g**) *(incomprehensible to)* **his speech was way a. me** *or* **a. my head** no entendí ni la mitad de su discurso
5 *adv* (**a**) *(in general)* arriba; **the sky a.** el cielo; **the flat a.** el apartamento de arriba; **the tenants (of the flat) a.** los inquilinos de arriba; **I heard a shout from a.** oí un grito que venía de arriba; **to have a view from a.** ver desde arriba; **this is the building as seen from a.** este es el edificio visto desde arriba; **imposed from a.** impuesto(a) desde arriba; **orders from a.** órdenes de arriba *or* de los superiores
(**b**) *(in book, document)* **contact the phone number given a.** llame al número de teléfono que aparece más arriba; **the paragraph a.** el párrafo anterior; **in the diagram a.** en el diagrama de arriba; **as noted a.,...** como se comenta más arriba,...; **see a.** ver más arriba
(**c**) *(with numbers)* **women aged eighteen and a.** las mujeres a partir de dieciocho años; **temperatures of 30°C and a.** temperaturas superiores a los 30°
(**d**) *(in rank)* **officers of the rank of colonel and a.** los coroneles y oficiales de rango superior
(**e**) *Literary (in Heaven)* **the Lord a.** el Señor que está en los Cielos; **a sign from a.** una señal divina

---

above-board [əbʌv'bɔ:d] *adj (honest)* honrado(a), sincero(a)
above-mentioned [əbʌv'menʃənd], **above-named** [əbʌv'neɪmd] *adj* arriba mencionado(a), susodicho(a)
abracadabra [æbrəkə'dæbrə] *exclam* abracadabra
abrasion [ə'breɪʒən] *n (on skin)* abrasión *f*
abrasive [ə'breɪsɪv] **1** *n (substance)* abrasivo *m*
2 *adj* (**a**) *(surface, substance)* abrasivo(a) (**b**) *(person, manner)* acre, corrosivo(a)
abrasiveness [ə'breɪsɪvnɪs] *n* (**a**) *(of material)* capacidad *f or* poder *m* de abrasión (**b**) *(of person, manner)* acritud *f*, acrimonia *f*
abreast [ə'brest] *adv* **three/four a.** en fila de a tres/cuatro, de tres/cuatro en fondo; **to come a. of** situarse a la altura de; **to keep a. of sth** mantenerse al tanto de algo
abridged [ə'brɪdʒd] *adj* abreviado(a)
abroad [ə'brɔ:d] *adv* (**a**) *(in another country)* en el extranjero, fuera del país; **to be/live a.** estar/vivir en el extranjero; **to go a.** ir al extranjero (**b**) *Formal (in public domain)* **to get a.** *(of news)* difundirse
abrogate ['æbrəgeɪt] *vt Formal* abrogar, derogar
abrupt [ə'brʌpt] *adj* (**a**) *(sudden)* brusco(a), repentino(a); **the evening came to an a. end** la velada terminó bruscamente (**b**) *(curt)* brusco(a), abrupto(a)
abruptly [ə'brʌptlɪ] *adv* (**a**) *(suddenly)* bruscamente, repentinamente (**b**) *(curtly)* bruscamente
abruptness [ə'brʌptnɪs] *n (of manner)* brusquedad *f*
ABS [eɪbi:'es] *n Aut (abbr* **anti-lock braking system**) ABS *m*
abscess ['æbses] *n (general)* absceso *m*; *(in gums)* flemón *m*
abscond [əb'skɒnd] *vi Formal* darse a la fuga, huir
abseil ['æbseɪl] *vi* hacer rappel; **to a. down sth** bajar algo haciendo rappel
abseiling ['æbseɪlɪŋ] *n* rappel *m*; **to go a.** ir a hacer rappel
absence ['æbsəns] *n (of person, thing)* ausencia *f*; *(of evidence, information)* ausencia *f*, falta *f* (**of** de); **in the a. of...** a falta de...; **during** *or* **in my/his/***etc* **a.** durante *or* en mi/su/*etc* ausencia; *Law* **sentenced in one's a.** juzgado(a) en rebeldía; **a. makes the heart grow fonder** la ausencia aviva el cariño
absent 1 *adj* ['æbsənt] (**a**) *(not present, missing)* ausente; **to be a. from school/work** faltar al colegio/al trabajo; *Mil* **a. without leave** ausente sin permiso; **to be conspicuously a.** brillar por su ausencia (**b**) *(distracted)* ausente
2 *vt* [æb'sent] *Formal* **to a. oneself (from)** ausentarse (de)
absentee [æbsən'ti:] *n* ausente *mf* ▫ ***a. landlord*** (propietario(a) *m,f*) absentista *mf*
absenteeism [æbsən'ti:ɪzəm] *n* absentismo *m*
absently ['æbsəntlɪ] *adv* distraídamente
absent-minded [æbsənt'maɪndɪd] *adj* distraído(a), despistado(a)
absent-mindedly [æbsənt'maɪndɪdlɪ] *adv* distraídamente; **she a. stirred the tea with her pencil** sin darse cuenta, revolvió el té con el lápiz
absinthe ['æbsɪnθ] *n* absenta *f*, ajenjo *m*
absolute ['æbsəlu:t] **1** *n (rule, value)* principio *or* valor *m* absoluto
2 *adj* (**a**) *(in general)* absoluto(a); **the a. maximum/minimum** el máximo/mínimo absoluto; **she's an a. beginner in French/computing** no sabe absolutamente nada de francés/informática; **it's an a. certainty** es seguro ▫ ***a. majority*** mayoría *f* absoluta; ***a. monarch*** monarca *m* absoluto; *Phys* ***a. zero*** cero *m* absoluto (**b**) *(emphatic)* absoluto(a), auténtico(a); **he's**

an a. fool! ¡es un completo idiota!; **he's an a. genius!** ¡es un verdadero genio!; **a. rubbish!** ¡no son más que tonterías!; **it's an a. disgrace!** ¡es una auténtica vergüenza!

absolutely [æbsəˈlu:tlɪ] *adv* absolutamente; **a. disgusting/hilarious** asquerosísimo/divertidísimo; **you're a. right** tienes toda la razón; **I'm not a. sure** no estoy completamente seguro; **she a. refuses to do it** se niega rotundamente a hacerlo; **it is a. forbidden** está terminantemente prohibido; **it's good, isn't it? — a.** es bueno, ¿verdad? — buenísimo; **are you coming tonight? — a.** ¿vas a venir esta noche? — ¡por supuesto!; **a. not!** ¡en absoluto!

absolution [æbsəˈlu:ʃən] *n Rel* absolución *f*

absolutism [æbsəˈlu:tɪzəm] *n* absolutismo *m*

absolve [əbˈzɒlv] *vt (person)* absolver (**from** *or* **of** de)

absorb [əbˈzɔ:b] *vt (liquid, shock, impact)* absorber; *Fig (information, ideas)* asimilar; **paperwork absorbs too much of my time** paso demasiado tiempo ocupado en papeleos

absorbed [əbˈzɔ:bd] *adj (expression)* absorto(a), abstraído(a); **to be a. in sth** estar absorto en algo

absorbency [əbˈzɔ:bənsɪ] *n (of material)* absorbencia *f*

absorbent [əbˈzɔ:bənt] *adj* absorbente

absorbing [əbˈzɔ:bɪŋ] *adj (book, work)* absorbente

absorption [əbˈzɔ:pʃən] *n* (**a**) *(of liquid, gas, heat, light)* absorción *f*; *Fig (of information, ideas)* asimilación *f* (**b**) *(involvement)* abstracción *f*, enfrascamiento *m*

abstain [əbˈsteɪn] *vi* (**a**) *(refrain)* **to a. from doing sth** abstenerse de hacer algo (**b**) *(not vote)* abstenerse (**c**) *(not drink alcohol)* no beber *or Am* tomar alcohol

abstemious [əbˈsti:mɪəs] *adj Formal* frugal, mesurado(a)

abstention [əbˈstenʃən] *n (in vote)* abstención *f*

abstinence [ˈæbstɪnəns] *n (from alcohol, sex)* abstinencia *f*

abstinent [ˈæbstɪnənt] *adj (lifestyle)* frugal

abstract [ˈæbstrækt] **1** *n* (**a**) **in the a.** en abstracto (**b**) *(of article)* resumen *m*
2 *adj* abstracto(a) ❑ ***a. art*** arte *m* abstracto
3 *vt* [æbˈstrækt] *Formal (remove)* extraer (**from** de); *(steal)* sustraer (**from** de)

abstracted [əbˈstræktɪd] *adj* abstraído(a), absorto(a)

abstraction [əbˈstrækʃən] *n* abstracción *f*

abstruse [əbˈstru:s] *adj Formal* abstruso(a), impenetrable

absurd [əbˈsɜ:d] *adj* absurdo(a); **don't be a.!** ¡no seas absurdo(a)!

absurdity [əbˈsɜ:dɪtɪ] *n* (**a**) *(irrationality)* irracionalidad *f* (**b**) *(statement, belief)* aberración *f*

absurdly [əbˈsɜ:dlɪ] *adv* disparatadamente; **our meal was a. expensive** la comida nos costó un disparate; **we had to get up a. early** nos tuvimos que levantar ridículamente temprano

ABTA [ˈæbtə] *n Br* (*abbr* **Association of British Travel Agents**) = asociación británica de agencias de viajes

abundance [əˈbʌndəns] *n* abundancia *f*; **in a.** en abundancia

abundant [əˈbʌndənt] *adj* abundante (**in** en)

abundantly [əˈbʌndəntlɪ] *adv* en abundancia; **it is a. clear that…** está clarísimo que…

abuse 1 *n* [əˈbju:s] (**a**) *(misuse)* abuso *m*, mal uso *m*; **the scheme is open to a.** este plan es susceptible de abusos (**b**) *(insults)* insultos *mpl*, improperios *mpl*; **term of a.** insulto *m*, término *m* ofensivo; **to shower a. on sb** despotricar contra alguien (**c**) *(cruelty)* malos tratos *mpl*; **(sexual) a.** abuso *m* (sexual)
2 *vt* [əˈbju:z] (**a**) *(misuse)* abusar de (**b**) *(insult)* insultar (**c**) *(ill-treat) (physically)* maltratar; *(sexually)* abusar de

abusive [əˈbju:sɪv] *adj (person)* grosero(a); *(language)* injurioso(a); **he got quite a.** se puso a soltar improperios

abut [əˈbʌt] (*pt & pp* **abutted**) **1** *vt* estar contiguo(a) a
2 *vi* **to a. onto** *or* **against sth** estar adyacente *or* contiguo(a) a algo

abuzz [əˈbʌz] *adj* **the office was a. with the news** en la oficina los ánimos estaban exaltados por la noticia; **to be a. with excitement** estar enardecido(a)

ABV (*abbr* **alcohol by volume**) **A. 3.8%** 3,8% Vol.

abysmal [əˈbɪzməl] *adj (stupidity, ignorance)* profundo(a); *(performance, quality)* pésimo(a)

abysmally [əˈbɪzməlɪ] *adv* deplorablemente, lamentablemente; **to fail a.** fracasar estrepitosamente

abyss [əˈbɪs] *n also Fig* abismo *m*

Abyssinia [æbɪˈsɪnɪə] *n Formerly* Abisinia

Abyssinian [æbɪˈsɪnɪən] *adj & n Formerly* abisinio(a) *m,f*

AC [ˈeɪˈsi:] *n Elec* (*abbr* **alternating current**) corriente *f* alterna

a/c (*abbr* **account**) cuenta *f*

acacia [əˈkeɪʃə] *n* **a. (tree)** acacia *f*

academia [ækəˈdi:mɪə] *n* el mundo académico, la universidad

academic [ækəˈdemɪk] **1** *n (university teacher)* profesor(ora) *m,f* de universidad; *(intellectual)* erudito(a) *m,f*
2 *adj* (**a**) *(of school, university)* académico(a) ❑ ***a. freedom*** libertad *f* de cátedra; ***the a. staff*** el personal académico (**b**) *(intellectual)* académico(a), intelectual (**c**) **it's entirely a. now** ya carece por completo de relevancia

academically [ækəˈdemɪklɪ] *adv* académicamente

academician [əkædəˈmɪʃən] *n* académico(a) *m,f*

academy [əˈkædəmɪ] *n* academia *f* ❑ ***the A. Awards*** los Óscars; ***a. of music*** conservatorio *m*

acanthus [əˈkænθəs] *n* acanto *m*

ACAS [ˈeɪkæs] *n Br* (*abbr* **Advisory, Conciliation and Arbitration Service**) = organismo independiente de arbitraje para conflictos laborales

accede [əkˈsi:d] *vi Formal* (**a**) *(agree)* **to a.** to acceder a (**b**) *(of monarch)* **to a. to the throne** acceder al trono

accelerate [əkˈseləreɪt] **1** *vt (rate, progress, computer)* acelerar
2 *vi (of car, driver)* acelerar; *(rate, growth)* acelerarse

acceleration [əkseləˈreɪʃən] *n* aceleración *f*

accelerator [əkˈselərеɪtə(r)] *n also Comptr* acelerador *m* ❑ *Comptr* ***a. board*** *or* ***card*** tarjeta *f* aceleradora

accent [ˈæksənt] **1** *n* (**a**) *(when speaking)* acento *m* (**b**) *(in writing)* acento *m*, tilde *f* (**c**) **to put the a. on sth** *(emphasize)* hacer hincapié en algo
2 *vt (word)* acentuar; **it's accented on the first syllable** se acentúa en la primera sílaba

accented [ˈæksəntɪd] *adj* **heavily/lightly a.** con un fuerte/ligero acento

accentuate [ækˈsentʃʊeɪt] *vt* acentuar; **to a. the positive** acentuar lo positivo

ACCEPT [əkˈsept] **1** *vt* (**a**) *(in general)* aceptar; *(reasons)* aceptar, admitir; *(blame)* admitir, reconocer; **to a. sth from sb** *(gift, bribe)* aceptar algo de alguien; **to a. responsibility for sth** asumir la responsabilidad de algo; **the machine won't a. foreign coins** la máquina no funciona con *or* no admite monedas extranjeras; **my novel has been accepted for publication** han aceptado publicar mi novela; **I don't a. that we're to blame** no acepto que nosotros tengamos la culpa; **I just can't a. that she's gone for good** no puedo aceptar que se haya ido para siempre; **it is generally accepted that…** en general, se acepta *or* se reconoce que…; **the accepted procedure** el procedimiento habitual
(**b**) *(person) (into university)* admitir; **to a. sb as a member** admitir a alguien como socio; **I've been accepted for the job** me han aceptado para el trabajo; **to a. sb for what they are** aceptar a alguien tal y como es; **I never really felt accepted there** nunca me sentí aceptado allí
2 *vi* aceptar

acceptability [əkseptəˈbɪlɪtɪ] *n* aceptabilidad *f*

acceptable [əkˈseptəbəl] *adj* aceptable, admisible; **to be a. to sb** *(suit)* venirle bien a alguien; **that would be most a.** me parece estupendamente

acceptance [əkˈseptəns] *n (of invitation,*

apology, defeat) aceptación *f*; **to find a.** tener aceptación; **to meet with general a.** ser bien acogido(a); **he telephoned his a.** aceptó por teléfono ▫ ***a. speech*** discurso *m* de agradecimiento *(al recibir un premio)*

access ['ækses] **1** *n* **(a)** *(entry, admission)* acceso *m*; **to gain a. to sth** acceder a algo; **to have a. to sth** disponer de algo ▫ ***a. road*** (vía *f* de) acceso *m* **(b)** *(for divorced parent)* derecho *m* de visita *(a los hijos)* **(c)** ***a. code*** código *m* de acceso; *Comptr* ***a. level*** nivel *m* de acceso; ***a. time*** tiempo *m* de acceso

2 *vt* **(a)** *also Comptr (data, information)* acceder a **(b)** *Formal (building)* accedra

accessibility [əksesə'bɪlɪtɪ] *n* **(a)** *(of place)* accesibilidad *f* **(b)** *(of education, health care)* accesibilidad *f*; **we have increased the a. of health care to poor families** hemos mejorado el acceso de los pobres a la sanidad

accessible [ək'sesəbəl] *adj* **(a)** *(place, person)* accesible; **the beach is easily a. by car** se puede acceder fácilmente a la playa en coche *or Am* carro *or RP* auto **(b)** *(explanation, book, movie)* accesible

accession [ək'seʃən] *n* **(a)** *(to power, throne)* acceso *m* **(b)** *(library book)* adquisición *f*

accessory [ək'sesərɪ] *n* **(a)** *(for car, camera)* accesorio *m*; **accessories** *(handbag, gloves etc)* complementos *mpl* **(b)** *Law* **a. (to a crime)** cómplice *mf* (de un delito)

accident ['æksɪdənt] *n* **(a)** *(unfortunate event)* accidente *m*; **to have an a.** tener *or* sufrir un accidente; *Euph (of small child)* hacerse pipí; **car a.** accidente de coche; **road a.** accidente de tráfico; IDIOM **an a. waiting to happen** un desastre en potencia, una bomba de relojería; **accidents will happen** le puede pasar a cualquiera ▫ ***a. insurance*** seguro *m* de accidentes **(b)** *(chance)* **by a.** *(by chance)* por casualidad; *(unintentionally)* sin querer; **that was no a.** eso no fue casualidad; **more by a. than design** más por suerte que por otra cosa

accidental [æksɪ'dentəl] *adj (discovery)* accidental, casual; *(damage, injury)* accidental ▫ *Law* ***a. death*** muerte *f* accidental

accidentally [æksɪ'dentəlɪ] *adv (unintentionally)* sin querer, accidentalmente; *(by chance)* por casualidad; **a. on purpose** sin querer pero queriendo; **I did it a. on purpose** lo hice sin queriendo

accident-prone ['æksɪdəntprəʊn] *adj* propenso(a) a tener accidentes

acclaim [ə'kleɪm] **1** *n* alabanza *f*, elogios *mpl*

2 *vt* alabar, elogiar; **a critically acclaimed novel** una novela elogiada por la crítica

acclamation [æklə'meɪʃən] *n* aclamación *f*

acclimatize [ə'klaɪmətaɪz] *vi* aclimatarse **(to** a); **to become acclimatized to sth** aclimatarse a algo

accolade ['ækəleɪd] *n (praise)* elogio *m*; *(prize)* galardón *m*

accommodate [ə'kɒmədeɪt] *vt* **(a)** *(provide room for)* alojar, acomodar; **the hotel can a. 300 people** el hotel puede albergar *or* alojar a 300 personas **(b)** *(satisfy)* complacer; *(point of view)* tener en cuenta **(c)** *(adapt)* **to a. oneself to sth** adaptarse a algo

accommodating [ə'kɒmədeɪtɪŋ] *adj (helpful)* servicial; *(easy to please)* flexible

accommodation [əkɒmə'deɪʃən] *n* **(a)** *(lodging)* alojamiento *m*; **there is a. in this hotel for fifty people** este hotel alberga a cincuenta personas **(b)** *Formal (agreement)* **to come to an a.** llegar a un acuerdo satisfactorio **(c)** *US* **accommodations** alojamiento *m*

accompaniment [ə'kʌmpənɪmənt] *n* acompañamiento *m*

accompanist [ə'kʌmpənɪst] *n Mus* acompañante *mf*

accompany [ə'kʌmpənɪ] *vt also Mus* acompañar

accomplice [ə'kʌmplɪs] *n* cómplice *mf* **(in** en)

accomplish [ə'kʌmplɪʃ] *vt (task)* realizar; *(aim)* cumplir, alcanzar; **we didn't a. much** no logramos *or* conseguimos gran cosa

accomplished [ə'kʌmplɪʃt] *adj (performer)* hábil; *(performance)* lógrado(a), conseguido(a)

accomplishment [ə'kʌmplɪʃmənt] *n* **(a)** *(feat)* logro *m*; **it was quite an a. to have finished within budget** fue todo un logro terminar sin salirse del presupuesto **(b) accomplishments** *(personal abilities)* talentos *mpl (aprendidos)* **(c)** *(completion)* cumplimiento *m*; **the a. of all their aims** el cumplimiento de todos sus objetivos

accord [ə'kɔːd] **1** *n (agreement, pact)* acuerdo *m*; **to be in a. with** estar de acuerdo con, acorde con; **with one a.** unánimemente, al unísono; **of one's own a.** de motu propio; **the problem disappeared of its own a.** el problema desapareció por sí solo

2 *vt Formal* conceder **(to** a); **to a. sb great respect** guardar gran respeto por alguien; **to a. sth great significance** atribuir gran relevancia a algo

▸**accord with** *vt insep Formal* ser acorde con, estar de acuerdo con

accordance [ə'kɔːdəns] *n* **in a. with** de acuerdo con

accordingly [ə'kɔːdɪŋlɪ] *adv* **(a)** *(appropriately)* como corresponde; **to act a.** actuar en consecuencia **(b)** *(therefore)* así pues, por consiguiente

according to [ə'kɔːdɪŋtuː] *prep* **(a)** *(depending on)* **a. whether one is rich or poor** dependiendo de si se es rico o pobre, según se sea rico o pobre **(b)** *(in conformity with)* **a. instructions** según las instrucciones; **everything went a. plan** todo fue de acuerdo con lo planeado **(c)** *(citing a source)* según

accordion [ə'kɔːdɪən] *n* acordeón *m*

accost [ə'kɒst] *vt (person)* abordar

ACCOUNT [ə'kaʊnt] **1** *n* **(a)** *(bill, at bank, shop)* cuenta *f*; **to have an a. with** tener una cuenta en; **to open an a.** abrir una cuenta; **charge it to** *or* **put it on my a.** cárguelo a *or* póngalo en mi cuenta; **he paid** *or* **settled his a.** pagó sus deudas; IDIOM *Fig* **to settle (one's) accounts with sb** arreglar cuentas con alguien; *Fin* **accounts payable/receivable** cuentas por pagar/cobrar ▫ ***a. number*** número *m* de cuenta

(b) *Com* **accounts** *(books, department)* contabilidad *f*; **to do one's accounts** hacer la contabilidad; **she works in accounts** trabaja en (el departamento de) contabilidad ▫ ***accounts department*** departamento *m* de contabilidad

(c) *(client)* cuenta *f*, cliente *m*; **to win/lose an a.** ganar/perder un cliente

(d) *(credit)* **to buy sth/pay for sth on a.** comprar/pagar algo a crédito

(e) *(reckoning)* **by his own a.** *(according to him)* según él mismo; **to keep (an) a. of sth** llevar la cuenta de algo; **to take sth into a., to take a. of sth** tener *or* tomar algo en cuenta; **to take no a. of sth** no tener algo en cuenta; **to call sb to a.** pedir cuentas a alguien; **to hold sb to a. (for sth)** hacer que alguien rinda cuentas (por algo); **the terrorists will be brought to a.** los terroristas tendrán que responder de sus acciones

(f) *Formal (importance)* **of no a.** sin importancia; **it's of no** *or* **little a. to me** me trae sin cuidado

(g) on a. of *(because of)* a causa de; **on a. of her being a minor** por ser menor de edad; **on no a. should you call her, do not call her on any a.** no la llames bajo ningún concepto; **on one's own a.** por cuenta propia; **don't do it on my a.!** ¡no lo hagas por mí!; **don't worry on that a.** no te preocupes por eso

(h) *(report)* relato *m*, descripción *f*; **what is your a. of events?** ¿cuál es su versión de los hechos?; **to give an a. of sth** narrar algo; IDIOM *Fig* **to give a good a. of oneself** *(in fight, contest)* salir airoso(a), lucirse; *Fig* **to give a poor a. of oneself** *(in fight, contest)* salir mal parado(a); **by** *or* **from all accounts** a decir de todos

(i) *Formal (use)* **to put** *or* **turn sth to good a.** sacar provecho de algo

2 *vt Formal (consider)* considerar

▸**account for** *vt insep* **(a)** *(explain, justify)* explicar; **the difference is accounted for by...** ...explica la diferencia; **I can't a. for it** no puedo dar cuenta de ello; **five people have still not been accounted for** todavía no se conoce la suerte de cinco personas; **there's no accounting for taste** sobre gustos no hay nada escrito

(b) *(constitute)* **salaries a. for 15 percent of expenditure** los salarios suponen un 15 por ciento de los gastos

(c) *(defeat)* derrotar, vencer

accountability [əkaʊntə'bɪlɪtɪ] *n* responsabilidad *f* **(to** ante)

accountable [ə'kaʊntəbəl] *adj* **to be a. (to sb/for sth)** ser responsable (ante alguien/de algo); **to hold sb a.** considerar a alguien responsable; **I can't be held a. for what happens** no puedo hacerme responsable de lo que suceda

accountancy [ə'kaʊntənsɪ] *n* contabilidad *f*

accountant [ə'kaʊntənt] *n* contable *mf*

accounting [ə'kaʊntɪŋ] *n* contabilidad *f* ▫ ***a. period*** período *m* contable

accoutrements [ə'ku:trəmənts] *npl Formal* pertrechos *mpl*, equipo *m*

accredited [ə'kredɪtɪd] *adj Formal* acreditado(a)

accretion [ə'kri:ʃən] *n Formal* (**a**) *(additional item)* aditamento *m* (**b**) *(accumulation)* acumulación *f*

accrue [ə'kru:] *vi Fin (of interest)* acumularse; **to a. to sb** *(of interest, benefits)* ir a parar a alguien

accumulate [ə'kju:mjʊleɪt] **1** *vt* acumular

2 *vi* acumularse

accumulation [əkju:mjʊ'leɪʃən] *n (process)* acumulación *f*; *(mass)* cúmulo *m*

accumulator [ə'kju:mjʊleɪtə(r)] *n* (**a**) *Elec (battery)* acumulador *m* (**b**) *Br (in horse-racing)* = apuesta en varias carreras en la que las ganancias de una carrera se apuestan directamente en la siguiente

accuracy ['ækjʊrəsɪ] *n (of calculation, report, measurement)* exacitud *f*, precisión *f*; *(of translation, portrayal)* fidelidad *f*; *(of firearm, shot)* precisión *f*

accurate ['ækjʊrət] *adj (calculation, report, measurement)* exacto(a), preciso(a); *(translation, portrayal)* fiel; *(firearm, shot)* certero(a)

accurately ['ækjʊrətlɪ] *adv (calculate)* exactamente; *(measure, aim, report)* con exactitud, con precisión; *(translate, portray)* fielmente

accursed [ə'kɜ:sɪd] *adj Fam (expressing frustration, annoyance)* dichoso(a), maldito(a)

accusation [ækjʊ'zeɪʃən] *n* acusación *f*

accusative [ə'kju:zətɪv] *n & adj Gram* acusativo *m*

accusatory [ə'kju:zətərɪ] *adj* acusatorio(a)

accuse [ə'kju:z] *vt* acusar; **to a. sb of (doing) sth** acusar a alguien de (hacer) algo

accused [ə'kju:zd] *n Law* **the a.** el/la acusado(a)

accuser [ə'kju:zə(r)] *n* acusador(ora) *m,f*

accusing [ə'kju:zɪŋ] *adj (look, stare)* acusador(ora)

accusingly [ə'kju:zɪŋlɪ] *adv (say)* en tono acusador; **he looked at me a.** me lanzó una mirada acusadora

accustom [ə'kʌstəm] *vt* acostumbrar; **they soon accustomed themselves to the idea** pronto se acostumbraron a la idea

accustomed [ə'kʌstəmd] *adj* (**a**) *(habituated)* **to be a. to (doing) sth** estar acostumbrado(a) a (hacer) algo; **to get** *or* **grow a. to (doing) sth** acostumbrarse a (hacer) algo (**b**) *(usual, expected)* habitual, acostumbrado(a)

AC/DC ['eɪsi:'di:si:] **1** *n Elec (abbr* **alternating current/direct current**) corriente *f* alterna/continua

2 *adj Fam (bisexual)* bi, bisexual

ace [eɪs] **1** *n* (**a**) *(in cards)* as *m*; **a. of spades** as de picas; *Fig* **to have an a. up one's sleeve** tener un as en la manga; **to have** *or* **hold all the aces** tener la sartén por el mango; IDIOM **she came within an a. of winning** *(very near to)* estuvo a punto *or* en un tris de ganar (**b**) *(in tennis)* ace *m* (**c**) *Fam (expert)* as *m*; **a flying a.** un as del vuelo

2 *adj* (**a**) *(expert)* **an a. reporter** un as del periodismo (**b**) *Br Fam (very good)* genial, *Esp* guay, *Andes, Carib* chévere, *Méx* padre, *RP* bárbaro(a)

3 *vt US* **to a. an exam** bordar un examen

acerbic [ə'sɜ:bɪk] *adj (wit, remark)* acre, mordaz

aces ['eɪsəs] *adj US Fam (excellent)* genial

acetate ['æsɪteɪt] *n Chem* acetato *m*

acetic acid [ə'si:tɪk'æsɪd] *n* ácido *m* acético

acetone ['æsɪtəʊn] *n Chem* acetona *f*

acetylene [ə'setəli:n] **1** *n Chem* acetileno *m*

2 *adj* ***a. lamp*** lámpara *f* de acetileno; ***a. torch*** soplete *m*

ache [eɪk] **1** *n* dolor *m*; **aches and pains** achaques *mpl*

2 *vi* doler; **my head aches** me duele la cabeza; **I a. all over** me duele todo; *Fig* **to be aching to do sth** estar deseando hacer algo

achievable [ə'tʃi:vəbəl] *adj* factible, realizable

achieve [ə'tʃi:v] *vt* conseguir, lograr

achievement [ə'tʃi:vmənt] *n (action)* realización *f*, consecución *f*; *(thing achieved)* logro *m*

achiever [ə'tʃi:və(r)] *n* triunfador(ora) *m,f*

Achilles' heel [ə'kɪli:z'hi:l] *n* talón *m* de Aquiles

aching ['eɪkɪŋ] *adj (head, limbs)* dolorido(a); **with an a. heart** con gran dolor

acid ['æsɪd] **1** *n* (**a**) *(chemical)* ácido *m* (**b**) *Fam (LSD)* ácido *m*; **to drop a.** tomar *or* meterse ácido (**c**) *Mus* ***a. house*** acid house *m*

2 *adj* (**a**) *(chemical, taste)* ácido(a) ▫ ***a. rain*** lluvia *f* ácida; ***a. rock*** *(music)* rock *m* psicodélico; *Fig* ***a. test*** prueba *f* de fuego (**b**) *(tone, remark)* sarcástico(a)

acidic [ə'sɪdɪk] *adj* ácido(a)

acidity [ə'sɪdɪtɪ] *n* (**a**) *(of chemical, taste)* acidez *f* (**b**) *(of tone, remark)* sarcasmo *m*

acknowledge [ək'nɒlɪdʒ] *vt (mistake, debt, truth)* reconocer, admitir; *(achievement, contribution)* reconocer; **it is generally acknowledged that...** es bien sabido que...; **to a. (receipt of) a letter** acusar recibo de una carta; **to a. defeat** admitir una derrota; **she didn't a. me** *or* **my presence** no me saludó

acknowledg(e)ment [ək'nɒlɪdʒmənt] *n* (**a**) *(of mistake, truth, achievement)* reconocimiento *m*; **in a. of** en reconocimiento a (**b**) *(of letter) & Comptr* acuse *m* de recibo (**c**) **acknowledgements** *(in book)* menciones *fpl*, agradecimientos *mpl*

ACLU ['eɪsi:elju:] *n US (abbr* **American Civil Liberties Union**) = organización americana para la defensa de las libertades civiles

acne ['æknɪ] *n* acné *m*

acolyte ['ækəlaɪt] *n* acólito *m*

acorn ['eɪkɔ:n] *n* bellota *f*

acoustic [ə'ku:stɪk] *adj* acústico(a) ▫ ***a. guitar*** guitarra *f* acústica

acoustics [ə'ku:stɪks] *npl* acústica *f*

acquaint [ə'kweɪnt] *vt* (**a**) *(with person)* **to be acquainted with sb** conocer a alguien; **to become** *or* **get acquainted** entablar relación (**b**) *(with facts, situation)* **to be acquainted with sth** conocer algo, estar al corriente de algo; **to a. sb with sth** poner al corriente de algo a alguien; **to a. oneself with sth** familiarizarse con algo

acquaintance [ə'kweɪntəns] *n* (**a**) *(person)* conocido(a) *m,f* (**b**) *(familiarity) (with person)* relación *f*; *(with facts)* conocimiento *m* (**with** de); **to make sb's a.** conocer a alguien

acquiesce [ækwɪ'es] *vi* acceder (**in** a)

acquiescence [ækwɪ'esəns] *n Formal* aquiescencia *f*, consentimiento *m*

acquiescent [ækwɪ'esənt] *adj Formal* aquiescente

acquire [ə'kwaɪə(r)] *vt* adquirir; **to a. a taste for sth** aprender a disfrutar de algo

acquired [ə'kwaɪəd] *adj (characteristic, habit)* adquirido(a); **it's an a. taste** es un placer adquirido con el tiempo ▫ ***a. immune deficiency syndrome*** síndrome *m* de inmunodeficiencia adquirida

acquisition [ækwɪ'zɪʃən] *n* adquisición *f*

acquisitive [ə'kwɪzɪtɪv] *adj (person)* **he's very a.** tiene un afán por coleccionar

acquit [ə'kwɪt] *(pt & pp* **acquitted**) *vt* (**a**) *Law* absolver, declarar inocente; **to a. sb of sth** absolver a alguien de algo (**b**) **to a. oneself well/badly** salir bien/mal parado(a)

acquittal [ə'kwɪtəl] *n Law* absolución *f*

acre ['eɪkə(r)] *n* acre *m*, = 4.047 m^2; *Fam* **acres of space** *(lots)* un montón *or Méx* un chorro *or RP* una pila de espacio

acreage ['eɪkərɪdʒ] *n* = superficie medida en acres

acrid ['ækrɪd] *adj* acre

acrimonious [ækrɪ'məʊnɪəs] *adj (discussion, debate)* agrio(a); *(words, remark)* mordaz, acre

acrimony ['ækrɪmənɪ] *n* acritud *f*, acrimonia *f*

acrobat ['ækrəbæt] *n* acróbata *mf*

acrobatic [ækrə'bætɪk] *adj* acrobático(a)

acrobatics [ækrə'bætɪks] **1** *n* acrobacias *fpl*

2 *npl Fig* **mental a.** gimnasia *f* mental

acronym ['ækrənɪm] *n* siglas *fpl*, acrónimo *m*

ACROSS [ə'krɒs] *prep* **1** (**a**) *(from one side to the other of)* a través de; **a trip a. Spain** un viaje por España; **to go a. sth** cruzar algo; **he walked a. the room** cruzó la habitación; **he ran a. the road** cruzó la calle corriendo; **we drove a. the desert** cruzamos el desierto en coche; **she swam a. the river** cruzó el río a nado; **to help sb a. the road** ayudar a alguien a cruzar *or* atravesar la calle; **to travel a. country** viajó campo a través; **she threw it a. the room** lo tiró al otro lado de la habitación; **he stared/shouted a. the table at her** la miró/le gritó desde el otro lado de la mesa; **the bridge a. the river** el puente que cruza el río; **she drew a line a. the page** dibujó una línea horizontal a lo ancho de toda página; **a grin spread a. her face** una amplia sonrisa se dibujó en su cara; **this jacket is a bit tight a. the shoulders** esta chaqueta queda un poco estrecha de hombros
(**b**) *(on the other side of)* al otro lado de; **a. the street/border** al otro lado de la calle/frontera; **they live just a. the road** viven justo enfrente; **I saw him a. the room** lo vi en el otro extremo de la sala
(**c**) *(throughout)* **a. the country** por todo el país; **people came from a. Europe** vino gente de toda Europa; **changes have been introduced a. the syllabus** se han introducido cambios en todo el programa
(**d**) *(on)* **his coat lay a. the chair** su abrigo estaba sobre la silla; **to hit sb a. the face** cruzarle la cara a alguien
2 *adv* (**a**) *(from one side to the other)* de un lado a otro; **to run/swim a.** cruzar corriendo/a nado; **we only got halfway a.** cruzamos sólo hasta la mitad; **he walked a. to the door** cruzó la habitación en dirección a la puerta; **she shouted a. to them** les gritó desde el otro lado; **to look a. at sb** *(at table)* mirar a alguien (desde el otro lado de la mesa); *(in room)* mirar a alguien (desde el otro lado de la habitación)
(**b**) *(with distance)* **it's 10 cm/2 km a.** tiene 10 cm/2 km de ancho
(**c**) *(opposite)* **a. from me/my house** enfrente; **she was sitting a. from me** estaba sentada enfrente de *or* frente a mí
(**d**) *(in crosswords)* **8 a.** 8 horizontal

across-the-board [ə'krɒsðə'bɔ:d] **1** *adj* generalizado(a); **an a. increase** *(in salary)* un aumento lineal
2 *adv* **there will be changes a.** habrá cambios generalizados

acrostic [ə'krɒstɪk] *n* acróstico *m*

acrylic [ə'krɪlɪk] **1** *n* acrílico *m*
2 *adj* acrílico(a)

ACT [ækt] **1** *n* (**a**) *(thing done)* acto *m*; **a criminal a.** un delito; **an a. of aggression** una agresión; **an a. of stupidity** una estupidez; **an a. of terrorism** una acción terrorista; **an a. of war** una acción de guerra; **the sexual a.** el acto sexual; **to be in the a. of doing sth** estar haciendo algo (precisamente); **to catch sb in the a. of doing sth** atrapar a alguien haciendo algo; **to catch sb in the a.** atrapar a alguien in fraganti; IDIOM *Fam* **to get in on the a.** *(get involved)* apuntarse, *Am* anotarse ▫ *Law* ***a. of God*** caso *m* de fuerza mayor
(**b**) *(in cabaret, circus) (performance)* número *m*; *(band)* grupo *m*; *Fig* **it's all an a.** es puro teatro *or* pura farsa; IDIOM **to do a vanishing a.** esfumarse, desaparecer; IDIOM *Fam* **to get one's a. together** organizarse, ponerse las pilas; IDIOM **he'll be a hard a. to follow** su sucesor lo va a tener difícil para emularlo; IDIOM **to put on an a.** hacer teatro
(**c**) *(in play)* acto *m*; **A. III** tercer acto
(**d**) *Law* **a.** (*Br* **of parliament** *or US* **of Congress**) ley *f*
2 *vt* (**a**) *(of actor)* interpretar; *Fig* **he was acting the part of the caring husband** estaba interpretando *or* haciendo el papel del marido solícito
(**b**) *(behave like)* IDIOM **to a. the fool** *or* **the goat** hacer el tonto; **to a. the hero** hacerse el héroe; *Fam* **a. your age!** ¡no seas infantil!
3 *vi* (**a**) *(take action)* actuar; **he was acting on his own** actuaba por libre; **the drug acts quickly** la droga actúa rápidamente; **to a. as secretary/chairperson** actuar *or* hacer de secretario(a)/presidente(a); **to a. as a warning/an incentive** servir de advertencia/incentivo; **to a. for sb** *or* **on behalf of sb** *(of lawyer)* representar a alguien; **to a. in good faith** actuar de buena fe
(**b**) *(behave)* actuar, comportarse; **she acted as if she didn't know him** actuó como si no lo conociera
(**c**) *(pretend)* actuar; **to a. stupid** hacerse el tonto; **to a. all innocent** hacerse el/la inocente
(**d**) *(of actor)* actuar; **which movies has she acted in?** ¿en qué películas ha actuado *or* salido?
▸**act on** *vt sep* (**a**) *(be prompted by)* **to a. on sb's advice** seguir los consejos de alguien; **they were acting on reliable information** actuaban siguiendo información fiable; **to a. on impulse** actuar impulsivamente (**b**) *(of drug, chemical)* actuar sobre
▸**act out** *vt sep (fantasy)* realizar; *(scene)* representar
▸**act up** *vi (of child, car, injury)* dar guerra

acting ['æktɪŋ] **1** *n* (**a**) *(performance)* interpretación *f*, actuación *f* (**b**) *(profession)* interpretación *f*, profesión *f* de actor/actriz
2 *adj (temporary)* en funciones

ACTION ['ækʃən] **1** *n* (**a**) *(individual act)* acto *m*, acción *f*; **to be responsible for one's actions** ser responsable de los propios actos; IDIOM **actions speak louder than words** hechos son amores y no buenas razones
(**b**) *(activity)* acción *f*; **the situation calls for immediate a.** la situación requiere una intervención inmediata; **to go into a.** ponerse en acción; **in a.** en acción; **to be out of a.** *(machine)* no funcionar; *(person)* estar fuera de combate; **to put sb out of a.** *(of injury, illness)* dejar a alguien fuera de combate; **to put a plan into a.** poner en marcha un plan; **to take a.** actuar; **to take a. against sb** hacer frente a alguien; **I want to see some a. around here!** *(get things moving!)* ¡quiero ver esto en marcha!; IDIOM *Fam* **they were looking for some a.** *(excitement)* estaban buscando acción; IDIOM *Fam* **Leeds is where the a. is these days** actualmente la movida *or Esp* marcha está en Leeds; IDIOM *Fam* **to want a piece** *or* **slice of the a.** querer un trozo del pastel ▫ *Com* ***a. plan*** plan *m* de acción
(**c**) *Mil* (acción *f* de) combate *m*; **to see a.** entrar en combate; **missing/killed in a.** desaparecido(a)/muerto(a) en combate; *Mil* **a. stations** *(positions)* puestos de combate; *Fam Fig* **a. stations!** *(get ready!)* ¡a sus puestos *or Col, RP* marcas!
(**d**) *(of movie, novel)* acción *f* ▫ *Br TV* ***a. replay*** repetición *f*
(**e**) *Law* demanda *f*; **to bring an a. against sb (for sth)** demandar a alguien (por algo)
(**f**) *(effect)* acción *f*, efecto *m* (**on** sobre)
(**g**) *(mechanism)* mecanismo *m*
2 *exclam Cin* **a.!** ¡acción!

actionable ['ækʃənəbəl] *adj Law* susceptible de procesamiento

action-packed ['ækʃənpækt] *adj (movie, novel)* lleno(a) de acción

activate ['æktɪveɪt] *vt (alarm, mechanism)* activar

active ['æktɪv] *adj* (**a**) *(person, imagination, life)* activo(a); *(interest, dislike)* profundo(a); *(volcano)* activo(a); **to take an a. part in sth** participar activamente en algo; *Mil* **on a. service** en servicio activo (**b**) *Gram* activo(a) (**c**) *Comptr* ***a. matrix display*** pantalla *f* de matriz activa; ***a. window*** ventana *f* activa

actively ['æktɪvlɪ] *adv* activamente; **to be a. involved in sth** estar activamente involucrado en algo; **I a. dislike him** me desagrada profundamente

activism ['æktɪvɪsm] *n* activismo *m*; **political a.** activismo político

activist ['æktɪvɪst] *n Pol* activista *mf*

activity [æk'tɪvɪtɪ] *n* actividad *f*; **business activities** actividades comerciales ▫ ***a. holiday*** = vacaciones organizadas en las que se practica algún deporte o actividad similar

actor ['æktə(r)] *n* actor *m*

actress ['æktrɪs] *n* actriz *f*; IDIOM *Br Hum* **...as the a. said to the bishop...** y no me malinterpretes

ACTUAL ['æktʃʊəl] *adj* (**a**) *(real)* verdadero(a), real; **the a. result was higher** el resultado real fue más alto; **her a. words were...** lo que dijo exactamente fue...; **an a. example** un ejemplo real; **there's no a. rule against it** no existe una regla como tal contra eso; **in a. fact** de hecho, en realidad; *Law* **a. bodily harm** lesiones menos graves, lesiones leves
(**b**) *(itself)* **although the garden is big, the a. house is small** aunque el jardín es grande, la casa en sí es pequeña; **what happened at the a. moment of the**

collision? ¿qué ocurrió en el momento preciso del choque?

Note that the Spanish word **actual** is a false friend and is never a translation for the English word **actual**. In Spanish **actual** means "current, modern, topical".

actuality [æktʃʊ'ælɪtɪ] *n Formal* **in a.** en realidad

ACTUALLY ['æktʃʊəlɪ] *adv* **(a)** *(really)* en realidad; **what a. happened?** ¿qué ocurrió en realidad?; **what she a. means is...** lo que quiere decir en realidad es...; **did he a. hit you?** ¿de verdad llegó a golpearte?; **I a. spoke to the prime minister himself** de hecho hablé con el primer ministro en persona; **he a. believed me!** ¡me creyó y todo!; **he a. bought me a drink for once!** ¡incluso me invitó a una copa y todo!
(b) *(in fact)* **a., I rather like it** la verdad es que me gusta; **a., it WAS the right number** de hecho, sí que era el número correcto; **you don't like wine, do you? — I do, a.** no te gusta el vino, ¿verdad? – no, no, sí que me gusta; **did you go? — no, a., I didn't** ¿fuiste? – pues no, no fui; **I'm not sure, a.** pues no estoy seguro; **the movie was so long, I a. fell asleep halfway through** la película era tan larga que llegué a dormirme a la mitad

Note that the Spanish word **actualmente** is a false friend and is never a translation for the English word **actually**. In Spanish **actualmente** means "nowadays, at the moment".

actuary ['æktʃʊərɪ] *n* actuario(a) *m,f* de seguros

actuate ['æktʃʊeɪt] *vt* **(a)** *Formal (motivate)* **her decision was actuated solely by greed** su decisión estaba motivada únicamente por la avaricia **(b)** *Tech* activar

acuity [ə'kju:ɪtɪ] *n (of senses, understanding)* agudeza *f*

acumen ['ækjʊmən] *n* perspicacia *f*, sagacidad *f* ❑ ***business a.*** perspicacia *f* para los negocios

acupressure ['ækjʊpreʃə(r)] *n* digitopuntura *f*

acupuncture ['ækjʊpʌŋktʃə(r)] *n* acupuntura *f*

acute [ə'kju:t] *adj* **(a)** *(serious) (pain)* agudo(a); *(problem, shortage)* acuciante, agudo(a); *(remorse, embarrassment)* intenso(a) ❑ ***a. appendicitis*** apendicitis *f* aguda **(b)** *(perceptive) (mind, eyesight)* agudo(a); *(hearing, sense of smell)* muy fino(a); *(comment)* agudo(a)

acutely [ə'kju:tlɪ] *adv (painful, embarrassing)* extremadamente; **to be a. aware of sth** ser plenamente consciente de algo

AD [eɪ'di:] *adv (abbr* **Anno Domini***)* d. J.C., d.C.

ad [æd] *n Fam (advertisement)* anuncio *m*

adage ['ædɪdʒ] *n* máxima *f*, adagio *m*

adagio [ə'dɑ:dʒɪəʊ] *Mus* **1** *n (pl* **adagios***)* adagio *m*
2 *adv* adagio

Adam ['ædəm] *n* IDIOM *Fam* **I wouldn't know him from A.** no lo conozco de nada *or RP* para nada ❑ ***A.'s apple*** nuez *f*, bocado *m* de Adán

adamant ['ædəmənt] *adj* inflexible; **she is a. that she saw him** insiste en que lo vio

adapt [ə'dæpt] **1** *vt* adaptar **(for** a); **to a. oneself to sth** adaptarse a algo; **to a. a novel for the stage** adaptar una novela a la escena
2 *vi* adaptarse **(to** a)

adaptability [ədæptə'bɪlɪtɪ] *n (of person)* adaptabilidad *f*, flexibilidad *f*; *(of product)* adaptabilidad *f*

adaptable [ə'dæptəbəl] *adj (instrument, person)* adaptable; **she's very a.** se adapta a todo

adaptation [ædæp'teɪʃən] *n* adaptación *f*

adaptor, adapter [ə'dæptə(r)] *n (for several plugs)* ladrón *m*; *(for different socket)* adaptador *m*

ADC [eɪdi:'si:] *n Mil (abbr* **aide-de-camp***)* ayudante *m* de campo, edecán *m*

add [æd] *vt* **(a)** *(in general)* añadir **(to** a); **added to our earlier arguments, this news finally convinced him** esta noticia, sumada a nuestros argumentos anteriores, acabó por convencerlo; **"and it's far too expensive," he added** "y es demasiado caro", añadió
(b) *Math* sumar; **a. four and five** suma cuatro más cinco
(c) *(confer, lend)* **it adds interest/distinction to the occasion** confiere interés/distinción a la ocasión

▸**add on** *vt insep* añadir

▸**add to** *vt insep* **(a)** *(increase)* aumentar **(b)** *(improve)* **it didn't really a. to the occasion** no contribuyó a mejorar a la ocasión

▸**add together** *vt sep* sumar

▸**add up 1** *vt sep (figures)* sumar; *(bill)* hacer
2 *vi* **(a)** *(give correct total)* cuadrar; *Fam (become expensive)* **with five kids, expenses soon a. up** con cinco hijos, los gastos ascienden rápidamente **(b)** *(make sense)* encajar, cuadrar; **it just doesn't a. up** algo no encaja

▸**add up to** *vt insep (amount to)* **it adds up to £126** suma un total de 126 libras; **it all adds up to an enjoyable day out** todo esto da como resultado una agradable excursión; **it doesn't a. up to much** no viene a ser gran cosa

added ['ædɪd] *adj* **(a)** *(additional)* adicional; **an a. advantage** *or* **bonus** una ventaja adicional; **with a. vitamins** con vitaminas añadidas **(b)** *(in addition)* **a. to that,...** además de eso,...

adder ['ædə(r)] *n* víbora *f*

addict ['ædɪkt] *n* adicto(a) *m,f*; **(drug) a.** drogadicto(a) *m,f*, toxicómano(a) *m,f*; **TV a.** teleadicto(a) *m,f*

addicted [ə'dɪktɪd] *adj* **to be a. to sth** ser adicto(a) a algo; **to become** *or* **get a. to sth** hacerse *or* volverse adicto(a) a algo

addiction [ə'dɪkʃən] *n* adicción *f*

addictive [ə'dɪktɪv] *adj also Fig* adictivo(a)

Addis Ababa ['ædɪs'æbəbə] *n* Addis Abeba

addition [ə'dɪʃən] *n* **(a)** *Math* suma *f* **(b)** *(action)* incorporación *f*, adición *f*; *(thing added)* incorporación *f*, añadido *m*; **in a. (to)** además (de); **an important a. to our collection** un importante nuevo elemento en nuestra colección; **an a. to the family** un nuevo miembro en la familia

additional [ə'dɪʃənəl] *adj* adicional

additive ['ædɪtɪv] *n* aditivo *m* ❑ *Comptr* ***a. colour*** color *m* aditivo

additive-free ['ædɪtɪv'fri:] *adj* sin aditivos

addle-brained ['ædəlbreɪnd] *adj Fam* atolondrado(a), *Col* apendejado(a)

addled ['ædəld] *adj* **(a)** *(egg)* podrido(a) **(b)** *(mind)* embarullado(a)

add-on ['ædɒn] *n Comptr* extra *m*

address [ə'dres] **1** *n* **(a)** *(of person, letter)* dirección *f*, domicilio *m*; **she no longer lives at that a.** ya no vive en esa dirección *or* ese domicilio ❑ ***a. book*** agenda *f* de direcciones
(b) *(speech)* alocución *f*, dis-curso *m*; **form of a.** *(when speaking to sb)* tratamiento *m*
(c) *Comptr* dirección *f*
2 *vt* **(a)** *(letter, remarks, criticism)* dirigir **(to** a); **the letter was addressed to Tony** la carta iba dirigida a Tony; **the parcel was incorrectly addressed** la dirección del destinatario del paquete era incorrecta
(b) *(person, crowd)* dirigirse a; **he addressed her as "Your Majesty"** le dio el tra-tamiento de "Su Majestad"
(c) *(question, problem)* abordar; **to a. oneself to sth** abordar algo

addressee [ædre'si:] *n* destinatario(a) *m,f*

adenoids ['ædɪnɔɪdz] *npl Anat* vegetaciones *fpl* (adenoideas)

adept 1 *n* ['ædept] *Formal* experto(a) *m,f*
2 *adj* [ə'dept] **she is a. at getting her own way** siempre consigue lo que quiere; **he had always been a. at persuading people to support him** siempre se le había dado muy bien conseguir el apoyo de la gente

adequacy ['ædɪkwəsɪ] *n (sufficiency)* idoneidad *f*; **he questioned the a. of the safety measures** cuestionó si las medidas de seguridad serían suficientes; **a solution of only marginal a.** una solución apenas satisfactoria

adequate ['ædɪkwət] *adj (enough)* suficiente; *(satisfactory)* adecuado(a), apropiado(a)

adequately ['ædɪkwətlɪ] *adv* suficientemente; **the engine performs only a. at high speeds** el rendimiento del motor a alta velocidad es apenas satisfactorio

adhere [əd'hɪə(r)] *vi Formal* **(a)** *(stick)* adherirse **(to** a) **(b) to a. to** *(rule)* cumplir, observar; *(belief, plan)* atenerse a

adherence [əd'hɪərəns] *n Formal (to rule)*

cumplimiento *m*, observancia *f* (**to** de); *(to belief, plan)* adhesión *f*, apoyo *m* (**to** a)

adherent [əd'hɪərənt] *n* adepto(a) *m,f*

adhesion [əd'hi:ʒən] *n (stickiness)* adherencia *f*

adhesive [əd'hi:sɪv] **1** *n* adhesivo *m*
2 *adj* adhesivo(a), adherente ❑ ***a. tape*** cinta *f* adhesiva

ad hoc [æd'hɒk] *adj* improvisado(a); **on an a. basis** improvisadamente ❑ ***a. committee*** comisión *f* especial

ad hominem [æd'hɒmɪnem] *adj & adv* ad hominem

ad infinitum ['ædɪnfɪ'naɪtəm] *adv* hasta el infinito, ad infinitum

adipose ['ædɪpəʊs] *adj Anat* adiposo(a) ❑ ***a. tissue*** tejido *m* adiposo

adjacent [ə'dʒeɪsənt] *adj* adyacente, contiguo(a); **to be a. to** estar al lado de

adjectival [ædʒɪk'taɪvəl] *adj* adjetival; **an a. use** un uso adjetival

adjective ['ædʒɪktɪv] *n* adjetivo *m*

adjoin [ə'dʒɔɪn] *vt (of building, land)* lindar con

adjoining [ə'dʒɔɪnɪŋ] *adj (building, room)* contiguo(a)

adjourn [ə'dʒɜ:n] **1** *vt (meeting, trial)* aplazar, posponer
2 *vi* **the trial/meeting adjourned** se levantó la sesión *(tras juicio/reunión)*; *Formal* **to a. to another room** pasar a otra habitación

adjournment [ə'dʒɜ:nmənt] *n (of meeting, trial)* aplazamiento *m*

adjudge [ə'dʒʌdʒ] *vt* **to a. sb guilty** declarar a alguien culpable; **to a. sb the winner** proclamar a alguien ganador

adjudicate [ə'dʒu:dɪkeɪt] **1** *vt (claim, dispute)* juzgar
2 *vi* actuar como árbitro; **to a. on sth** arbitrar algo, actuar como árbitro en algo

adjudication [ədʒu:dɪ'keɪʃən] *n* fallo *m*

adjudicator [ə'dʒu:dɪkeɪtə(r)] *n (of dispute)* árbitro *m*; *(of contest)* juez *mf*

adjunct ['ædʒʌŋkt] *n* apéndice *m*

adjust [ə'dʒʌst] **1** *vt (volume, lighting, machine)* ajustar, regular; *(method)* ajustar, adaptar; **to a. one's tie** ajustarse la corbata; **to a. oneself to sth** adaptarse a algo
2 *vi (of person)* adaptarse (**to** a)

adjustable [ə'dʒʌstəbəl] *adj* ajustable, regulable ❑ ***a. spanner*** llave *f* inglesa

adjustment [ə'dʒʌstmənt] *n* ajuste *m*; **to make an a. to sth** hacer un ajuste a algo, ajustar algo

adjutant ['ædʒətənt] *n Mil* ordenanza *m*

ad-lib ['æd'lɪb] **1** *adj* improvisado(a)
2 *adv* improvisadamente
3 *vi* (*pt & pp* **ad-libbed**) improvisar

adman ['ædmæn] *n Fam* publicista *m*, publicitario *m*

admin ['ædmɪn] *n Fam (work)* papeleo *m*

administer [əd'mɪnɪstə(r)] *vt* (**a**) *(estate, funds)* administrar (**b**) *(give) (punishment)* aplicar; *(blow)* propinar; *(medication)* administrar

administration [ədmɪnɪ'streɪʃən] *n* (**a**) *(act, activity)* administración *f* (**b**) *(government)* gobierno *m*, administración *f* (**c**) *(of business, university)* gestión *f*, administración *f*

administrative [əd'mɪnɪstrətɪv] *adj* administrativo(a) ❑ ***a. assistant*** *(with responsibility)* asistente *mf* de dirección; *(with little responsibility)* auxiliar *mf* administrativo(a); ***a. staff*** personal *m* administrativo

administrator [əd'mɪnɪstreɪtə(r)] *n* administrador(ora) *m,f*

admirable ['ædmɪrəbəl] *adj* admirable

admirably ['ædmɪrəblɪ] *adv* admirablemente

admiral ['ædmərəl] *n* almirante *m*

Admiralty ['ædmərəltɪ] *n (in Britain)* **the A.** Ministerio *m* de Marina, Almirantazgo *m*

admiration [ædmə'reɪʃən] *n* admiración *f*

admire [əd'maɪə(r)] *vt* admirar; **I can't help admiring his cheek** ¡me admira su descaro!

admirer [əd'maɪərə(r)] *n* admirador(ora) *m,f*

admiring [əd'maɪərɪŋ] *adj (look, glance)* de admiración

admissible [əd'mɪsɪbəl] *adj* admisible ❑ *Law* ***a. evidence*** prueba *f* admisible

admission [əd'mɪʃən] *n* (**a**) *(entry) (to school, hospital)* ingreso *m* (**to** en); *(to museum, exhibition)* visita *f* (**to** a), entrada *f* (**to** a); *(price)* entrada *f*; **a. free** entrada gratuita; **no a. to unaccompanied children** *(sign)* prohibida la entrada a menores no acompañados (**b**) *(acknowledgement) (of guilt, mistake)* confesión *f*; **by his own a.** según él mismo admite

admit [əd'mɪt] (*pt & pp* **admitted**) **1** *vt* (**a**) *(allow to enter)* admitir, dejar pasar; **he was admitted to hospital** ingresó en un hospital; **children not admitted** *(sign)* prohibida la entrada a niños; **a. one** *(on ticket)* individual (**b**) *(acknowledge) (fact, mistake)* admitir; *(crime, guilt)* confesar; **I must a. that...** tengo que reconocer *or* debo confesar que...; **to a. defeat** darse por vencido(a)
2 *vi* **to a. to** *(mistake)* admitir; *(crime)* confesar; **to a. to doing sth** admitir haber hecho algo

admittance [əd'mɪtəns] *n (entry)* acceso *m*, admisión *f*; **to gain a.** ser admitido(a); **to refuse sb a.** no dejar entrar a alguien; **no a.** *(sign)* prohibido el paso

admittedly [əd'mɪtɪdlɪ] *adv* es cierto que; **a., it was dark when I saw him** es cierto que estaba oscuro cuando lo vi; **an a. serious case** un caso sin duda serio

admixture [æd'mɪkstʃə(r)] *n* (**a**) *Formal (ingredient)* ingrediente *m*, componente *m* (**b**) *Fig (of irony, comedy)* toque *m*, componente *m* (**of** de)

admonish [əd'mɒnɪʃ] *vt Formal (reprimand)* reprender (**for** por)

ad nauseam [æd'nɔ:zɪæm] *adv* hasta la saciedad

ado [ə'du:] *n Formal* **without more** *or* **further a.** sin más preámbulos, sin más dilación; **much a. about nothing** mucho ruido y pocas nueces

adobe [ə'dəʊbɪ] *n (clay)* adobe *m*

adolescence [ædə'lesəns] *n* adolescencia *f*

adolescent [ædə'lesənt] *n* adolescente *mf*

Adonis [ə'dəʊnɪs] *n also Fig* Adonis *m*

adopt [ə'dɒpt] *vt (child, approach, measure, suggestion)* adoptar; *(candidate)* nombrar

adopted [ə'dɒptɪd] *adj (country)* adoptivo(a), de adopción ❑ ***a. daughter*** hija *f* adoptiva; ***a. son*** hijo *m* adoptivo

adoption [ə'dɒpʃən] *n (of child, approach, measure, suggestion)* adopción *f*; *(of candidate)* nombramiento *m*

adoptive [ə'dɒptɪv] *adj (parent)* adoptivo(a); *(country)* de adopción

adorable [ə'dɔ:rəbəl] *adj* encantador(ora); **what an a. little cottage/skirt!** ¡qué casita/faldita tan mona!

adoration [ædə'reɪʃən] *n* adoración *f*

adore [ə'dɔ:(r)] *vt (person)* adorar; *Fam* **I adored her last movie** me encantó su última película

adoring [ə'dɔ:rɪŋ] *adj* devoto(a)

adoringly [ə'dɔ:rɪŋlɪ] *adv* apasionadamente, fervorosamente

adorn [ə'dɔ:n] *vt* adornar

adornment [ə'dɔ:nmənt] *n* adorno *m*, ornamento *m*

ADP [eɪdi:'pi:] *n Comptr* (*abbr* **automatic data processing**) proceso *m or* procesamiento *m* automático de datos

adrenal [ə'dri:nəl] *adj Anat* adrenal ❑ ***a. gland*** glándula *f* adrenal

adrenalin(e) [ə'drenəlɪn] *n* adrenalina *f*; **to get** *or* **set the a. flowing** provocar una subida de adrenalina

Adriatic [eɪdrɪ'ætɪk] *n* **the A. (Sea)** el (mar) Adriático

adrift [ə'drɪft] *adv* **to be a.** *(of boat)* ir a la deriva; *Fig* **to go a.** *(of plan)* irse a pique *or* al garete

adroit [ə'drɔɪt] *adj* diestro(a), hábil

aduki bean [ə'du:kɪbi:n] *n* = tipo de judía *or Am* frijol de color rojo

adulation [ædjʊ'leɪʃən] *n* adulación *f*

adulatory [ædjʊ'leɪtərɪ] *adj Formal* adulatorio(a)

adult ['ædʌlt, ə'dʌlt] **1** *n* adulto(a) *m,f*
2 *adj (person, animal)* adulto(a); *(attitude)* adulto(a), maduro(a); *(movie, book)* para adul-tos ❑ ***a. education*** educación *f* de *or* para adultos

adulterate [ə'dʌltəreɪt] *vt* adulterar

adulterer [ə'dʌltərə(r)] *n* adúltero(a) *m,f*

adulteress [ə'dʌltrəs] *n* adúltera *f*

adulterous [ə'dʌltərəs] *adj* adúltero(a)

adultery [ə'dʌltərɪ] *n* adulterio *m*; **to commit a.** cometer adulterio

adulthood ['ædʌlthʊd] *n* edad *f* adulta

adumbrate ['ædʌmbreɪt] *vt Formal (outline)* esbozar, bosquejar

advance [əd'vɑ:ns] **1** *n* (**a**) *(forward movement)* avance *m*; *(progress)* avance *m*, progreso *m*; **to make advances to sb** *(sexual)* insinuarse a alguien; *(in business)* hacer una propuesta inicial a alguien; **in a.** *(pay)* por adelantado; *(give notice)* con antelación; **six weeks in a.** con seis semanas de antelación; **I would like to thank you in a.** quisiera darle las gracias de antemano; **thanking you in a.** *(at close of letter)* agradeciéndole de antemano su atención ❑ ***a. booking*** reserva *f* (anticipada); ***a. notice*** aviso *m* previo; ***a. publicity*** publicidad *f* (previa); ***a. warning*** advertencia *f* previa

(**b**) *(at auction)* **any a. on £500?** 500 libras, ¿alguien da más?

(**c**) *(loan)* anticipo *m*, adelanto *m*

2 *vt* (**a**) *(move forward) (chesspiece, troops)* avanzar, adelantar; *(science, knowledge)* hacer avanzar, adelantar; *(career, cause)* hacer avanzar

(**b**) *(idea, opinion)* presentar

(**c**) *(loan)* anticipar, adelantar

3 *vi (move forward, make progress)* avanzar; **the troops advanced on the city** las tropas avanzaron hacia la ciudad

advanced [əd'vɑ:nst] *adj (country, student)* avanzado(a); **she's very a. for her age** está muy adelantada para su edad; **the project was already at an a. stage** el proyecto se encontraba ya en una fase avanzada ❑ ***a. gas-cooled reactor*** reactor *m* nuclear de gas; *Br* ***A. level*** = examen final o diploma en una asignatura de los estudios preuniversitarios

advantage [əd'vɑ:ntɪdʒ] *n* (**a**) *(superiority, better position)* ventaja *f*; **to have an a. over** tener ventaja sobre; **there's no a. in finishing first** terminar en primer lugar no tiene ninguna ventaja

(**b**) *(profit)* **to take a. of** *(person)* aprovecharse de; *(opportunity, occasion)* aprovechar; **to turn sth to one's a.** sacar provecho de algo; **her skills aren't shown to (their) best a.** su talento no brilla todo lo que podría; **the picture may be seen to (its) best a. against a plain wall** donde más gana el cuadro es sobre una pared blanca; **it would be to your a.** te conviene

.(**c**) *Sport* **to play a.** aplicar la ley de la ventaja; **a. Sampras** *(in tennis)* ventaja de *or* para Sampras

advantageous [ædvən'teɪdʒəs] *adj* ventajoso(a)

advent ['ædvənt] *n* (**a**) *(arrival)* llegada *f*, advenimiento *m* (**b**) *Rel* **A.** Adviento *m* ❑ ***A. calendar*** = calendario del Adviento, en el que se abre una ventanita que descubre una imagen o un bombón por cada día que falta hasta Navidad

adventitious [ædvən'tɪʃəs] *adj Formal (accidental)* adventicio(a)

adventure [əd'ventʃə(r)] *n* aventura *f* ❑ *Comptr* ***a. game*** juego *m* de aventuras; ***a. playground*** parque *m* infantil; ***a. story*** historia *f* de aventuras

adventurer [əd'ventʃərə(r)] *n* (**a**) *(person fond of adventure)* aventurero(a) *m,f* (**b**) *(dishonest person)* sinvergüenza *mf*

adventuress [əd'ventʃərəs] *n* (**a**) *(person fond of adventure)* aventurera *f* (**b**) *(dishonest person)* sinvergüenza *f*

adventurous [əd'ventʃərəs] *adj (plan, choice)* aventurado(a), arriesgado(a); *(person)* aventurero(a)

adverb ['ædvɜ:b] *n* adverbio *m*

adverbial [əd'vɜ:bɪəl] *adj* adverbial; **an a. use** un uso adverbial

adversarial [ædvə'seərɪəl] *adj Law* de adversarios, = basado en el enfrentamiento de dos partes ❑ ***a. politics*** política *f* de enfrentamiento

adversary ['ædvəsərɪ] *n Formal* adversario(a) *m,f*

adverse ['ædvɜ:s] *adj* adverso(a), desfavorable

adversely ['ædvɜ:slɪ] *adv* desfavorablemente, negativamente; **to be a. affected by sth** resultar perjudicado(a) por algo

adversity [əd'vɜ:sɪtɪ] *n* adversidad *f*; **in a.** en la adversidad

advert ['ædvɜ:t] *n* anuncio *m*

advertise ['ædvətaɪz] **1** *vt* (**a**) *(product, job)* anunciar (**b**) *(call attention to)* **he didn't want to a. his presence** no quería llamar la atención

2 *vi* poner un anuncio (**for sth/sb** pidiendo algo/a alguien)

advertisement [əd'vɜ:tɪsmənt] *n (on TV, in newspaper)* anuncio *m*; *Fig* **you're not a good a. for your school** no le haces buena publicidad a tu colegio

advertiser ['ædvətaɪzə(r)] *n* anunciante *mf*

advertising ['ædvətaɪzɪŋ] *n* publicidad *f* ❑ ***a. agency*** agencia *f* de publicidad; ***a. campaign*** campaña *f* publicitaria

advice [əd'vaɪs] *n (in general)* consejo *m*; *(legal, financial)* asesoría *f*; **a piece of a.** un consejo; **that's good a.** es un buen consejo; **to give sb a.** aconsejar a alguien; **to ask sb's a.** pedir consejo a alguien; **to take sb's a.** seguir el consejo de alguien

advisability [ədvaɪzə'bɪlɪtɪ] *n* conveniencia *f*

advisable [əd'vaɪzəbəl] *adj* aconsejable, recomendable

advise [əd'vaɪz] *vt* (**a**) *(give advice to)* aconsejar; **to a. sb to do sth** aconsejar a alguien hacer *or* que haga algo; **to a. sb against doing sth** aconsejar a alguien que no haga algo; **you'd be well advised to take an umbrella** más vale que lleves un paraguas (**b**) *(recommend)* **he advised caution** recomendó precaución (**c**) *(inform)* **to a. sb that...** informar a alguien de que...; **to a. sb of sth** informar a alguien de algo (**d**) *(give professional guidance)* asesorar (**on** sobre)

advisedly [əd'vaɪzɪdlɪ] *adv* a sabiendas, deliberadamente; **I use the term a.** uso la palabra a sabiendas

adviser, advisor [əd'vaɪze(r)] *n (political)* consejero(a) *m,f*, asesor(ora) *m,f*; *(professional)* asesor(ora)

advisory [əd'vaɪzərɪ] *adj* asesor(ora); **in an a. capacity** en calidad de asesor(ora)

advocate 1 *n* ['ædvəkət] (**a**) *Scot Law* abogado(a) *m,f*; **the Lord A.** el fiscal general (**b**) *(of cause, doctrine)* defensor(ora) *m,f*

2 *vt* ['ædvəkeɪt] *(policy, plan)* abogar por, defender

A & E [eɪən'di:] *n Br (abbr* **Accident and Emergency**) urgencias *fpl*

AEA [eɪi:'eɪ] *n Br* (*abbr* **Atomic Energy Authority**) = agencia británica para la energía nuclear

AEC [eɪi:'si:] *n US* (*abbr* **Atomic Energy Commission**) = comisión estadounidense para la energía nuclear

Aegean [ɪ'dʒi:ən] *n* **the A. (Sea)** el (mar) Egeo

aegis, *US* **egis** ['i:dʒɪs] *n Formal* **under the a. of...** bajo los auspicios de...

aeon, *US* **eon** ['i:ən] *n* eón *m*; *Fam* **aeons ago** hace siglos

aerial ['eərɪəl] **1** *n (of radio, TV)* antena *f*

2 *adj* aéreo(a) ❑ ***a. photography*** fotografía *f* aérea

aero-bars ['eərəʊbɑ:z] *npl* manillar *m* de triatlón

aerobatics [eərə'bætɪks] *npl* acrobacias *fpl* aéreas

aerobics [eə'rəʊbɪks] *n* aerobic *m*, aeróbic *m*

aerodrome ['eərədrəʊm] *n* aeródromo *m*

aerodynamic [eərəʊdaɪ'næmɪk] *adj* aerodinámico(a)

aerogram(me) ['eərəgræm] *n* **a. (form)** aerograma *m*

aeronautic(al) [eərə'nɔ:tɪk(əl)] *adj* aeronáutico(a)

aeroplane ['eərəpleɪn], *US* **airplane** ['eəpleɪn] *n* avión *m*

aerosol ['eərəsɒl] *n* aerosol *m* ❑ ***a. spray*** aerosol *m*

aerospace ['eərəspeɪs] *adj* aeroespacial; **the a. industry** la industria aeroespacial

aesthete, *US* **esthete** ['i:sθi:t] *n* esteta *mf*

aesthetic, *US* **esthetic** [ɪs'θetɪk] *adj* estético(a)

aesthetically, *US* **esthetically** [ɪs'θetɪklɪ] *adv* estéticamente **a. pleasing** estéticamente agradable; *Hum* **a. challenged** feo(a), horroroso(a)

aesthetics, *US* **esthetics** [ɪs'θetɪks] *n* estética *f*

aetiology, *US* **etiology** [i:tɪ'ɒlədʒɪ] *n Med* etiología *f*

afar [ə'fɑ:(r)] *adv Literary* **from a.** desde lejos

affable ['æfəbəl] *adj* afable, amable

affair [ə'feə(r)] *n* (**a**) *(matter, concern)* asunto *m*; **that's my a.** eso es asunto mío; **she put her affairs in order** puso sus asuntos en orden; **in the present state of affairs** tal y como están las cosas ❑ ***affairs***

of state asuntos *mpl* de Estado (**b**) *(sexual)* aventura *f*, lío *m*; **to have an a. (with sb)** tener una aventura (con alguien) (**c**) *(event)* acontecimiento *m*; **the wedding was a quiet a.** fue una boda discreta

affect[1] [ə'fekt] *vt* (**a**) *(have effect on) (person, organ, health)* afectar; *(decision)* afectar a, influir en; **the worst affected areas** las zonas más afectadas (**b**) *(move emotionally)* afectar; **to be deeply affected by sth** estar muy afectado(a) por algo

affect[2] *vt* (**a**) *(indifference, interest)* afectar, fingir; **to a. an accent** poner un acento; **he affected to like Picasso** fingía que le gustaba Picasso (**b**) *Literary (wear, use)* usar

affect[3] ['æfekt] *n Psy* emociones *mpl*

affectation [æfek'teɪʃən] *n* afectación *f*, amaneramiento *m*

affected [ə'fektɪd] *adj (unnatural, pretended)* afectado(a), artificial

affecting [ə'fektɪŋ] *adj* emotivo(a)

affection [ə'fekʃən] *n* afecto *m*, cariño *m*, estima *f*; **to hold sb in great a.** tener gran estima a alguien; **to toy** *or* **trifle with sb's affections** jugar con los sentimientos de alguien

affectionate [ə'fekʃənət] *adj* afectuoso(a), cariñoso(a)

affectionately [ə'fekʃənətlɪ] *adv* cariñosamente; **a. known as "the Terrible Twins"** llamados cariñosamente "los Gemelos Terribles"

affective [ə'fektɪv] *adj Psy* emocional, afectivo(a)

affidavit [æfɪ'deɪvɪt] *n Law* declaración *f* jurada

affiliate 1 *n* [ə'fɪlɪət] filial *f*

2 *vt* [ə'fɪlɪeɪt] afiliar (**to** *or* **with** a); **affiliated company** (empresa *f*) filial *f*

affiliation [əfɪlɪ'eɪʃən] *n (link, connection)* conexión *f*; *(political, religious)* filiación *f* ❑ *Law* ***a. order*** = orden de pagar una pensión alimenticia a un hijo ilegítimo

affinity [ə'fɪnɪtɪ] *n* (**a**) *(liking, attraction)* afinidad *f* (**with/between** con/entre); **she felt an a. for such places** sentía atracción por ese tipo de lugares (**b**) *(relationship, connection)* afinidad *f* (**between/with** entre/con) ❑ ***a. card*** = tarjeta de crédito vinculada a una organización humanitaria o de caridad a la que la entidad bancaria transfiere un donativo cada vez que se usa

affirm [ə'fɜːm] **1** *vt* afirmar

2 *vi Law* = jurar por mi/su/*etc* honor

affirmation [æfə'meɪʃən] *n* afirmación *f*

affirmative [ə'fɜːmətɪv] **1** *n* **to answer in the a.** responder afirmativamente

2 *adj (answer)* afirmativo(a) ❑ *US* ***a. action*** discriminación *f* positiva

affix 1 *n* ['æfɪks] *Ling* afijo *m*

2 *vt* [ə'fɪks] *(notice, poster)* pegar (**to** a)

afflict [ə'flɪkt] *vt* afligir; **to be afflicted with sth** padecer algo

affliction [ə'flɪkʃən] *n (suffering)* padecimiento *m*; *(misfortune)* desgracia *f*

affluence ['æfluːəns] *n* prosperidad *f*, riqueza *f*

affluent ['æflʊənt] *adj* opulento(a), acomodado(a); **the a. society** la sociedad opulenta

afford [ə'fɔːd] *vt* (**a**) *(financially)* permitirse; **to be able to a. sth** poder permitirse algo; **I can't a. it** no me lo puedo permitir (**b**) *(non-financial use)* **I can a. to wait** puedo esperar; **can you a. the time?** ¿tienes tiempo?; **I can't a. not to** no puedo permitirme no hacerlo; **we can't a. another mistake** no podemos permitirnos cometer otro error (**c**) *Formal (protection, shade)* proporcionar

affordable [ə'fɔːdəbəl] *adj (price, purchase)* asequible

affray [ə'freɪ] *n Law & Formal* altercado *m*, reyerta *f*

affront [ə'frʌnt] **1** *n* afrenta *f*, ofensa *f*

2 *vt* afrentar, ofender; **to be/feel affronted** estar/sentirse ofendido(a)

Afghan ['æfgæn] **1** *n* (**a**) *(person)* afgano(a) *m,f* (**b**) *(dog)* (galgo *m*) afgano *m*

2 *adj* afgano(a) ❑ ***A. hound*** galgo *m* afgano

Afghanistan [æf'gænɪstɑːn] *n* Afganistán

afield [ə'fiːld] *adv* **to go further a.** ir más allá; **to look further a.** buscar más

AFL ['eɪefel] *n* (*abbr* **American Football League**) = la Liga estadounidense de Fútbol Americano

AFL/CIO [eɪef'elsiːaɪ'əʊ] *n* (*abbr* **American Federation of Labor and Congress of Industrial Organizations**) = federación estadounidense de sindicatos

aflame [ə'fleɪm] *adj* **the building was soon a.** el edificio se vio pronto envuelto en llamas; *Fig* **a. with desire/passion** inflamado(a) de deseo/pasión

afloat [ə'fləʊt] *adv* a flote; **to stay a.** *(of boat, company)* mantenerse a flote

afoot [ə'fʊt] *adv* **there's something a.** se está tramando algo

aforementioned [ə'fɔːmenʃənd], **aforesaid** [ə'fɔːsed] *adj Formal* susodicho(a), mencionado(a)

afraid [ə'freɪd] *adj* (**a**) *(scared)* **to be a.** tener miedo; **I'm a. of him** me da miedo; **I'm a. of dogs** tengo miedo a los perros; **I'm a. of making a mistake** tengo miedo de equivocarme; **I was a. of hurting him** no quería hacerle daño; **that's exactly what I was a. of!** ¡eso es precisamente lo que me temía!; **there's nothing to be a. of** no hay nada que temer; **I was a. there would be an accident** temía que ocurriera un accidente

(**b**) *(sorry)* **I'm a. so/not** me temo que sí/no; **I'm a. she's out** me temo que ha salido; **I'm a. I can't help you** lo siento, no puedo ayudarle; **I'm a. we can't allow that** me temo que eso no está permitido

afresh [ə'freʃ] *adv* de nuevo, otra vez; **to start a.** empezar de nuevo

Africa ['æfrɪkə] *n* África

African ['æfrɪkən] **1** *n* africano(a) *m,f*

2 *adj* africano(a) ❑ ***A. elephant*** elefante *m* africano

African-American ['æfrɪkənə'merɪkən] *n & adj* afroamericano(a) *m,f*

Afrikaans [æfrɪ'kɑːnz] *n* afrikaans *m*

Afro ['æfrəʊ] **1** *n* peinado *m* (a lo) afro

2 *adj* afro

Afro- ['æfrəʊ] *pref* afro-

Afro-American ['æfrəʊə'merɪkən] *n & adj* afroamericano(a) *m,f*

Afro-Caribbean ['æfrəʊkærɪ'biən] *n & adj* afrocaribeño(a) *m,f*

aft [ɑːft] *adv Naut* a popa

AFTER ['ɑːftə(r)] **1** *prep* (**a**) *(with time)* después de; **a. dinner** después de cenar; **what are you going to do a. your studies?** ¿qué vas a hacer cuanto termines tus estudios?; **a. a couple of hours he felt much better** al cabo de un par de horas se sentía mucho mejor; **a. years of trying** tras años de intentarlo; **a. a while** al cabo de un rato; **a. today** a partir de hoy; **the day a. tomorrow** pasado mañana; **it's a. five** son más de las cinco; *US* **it's twenty a. six** son las seis y veinte; **a. that, anything seems easy** después de eso, cualquier cosa parece fácil; **I'll never believe her again a. the way she lied to me** nunca volveré a creerla, después de cómo me mintió; **a. all I've done for him!** ¡después de todo lo que he hecho por él!; **a. all** *(all things considered)* después de todo; **it seems like they're going to do it a. all** parece que al final van a hacerlo

(**b**) *(with motion)* **to run a. sb** correr tras (de) alguien; **to shout a. sb** gritarle a alguien; **to stare a. sb** quedarse mirando a alguien; **to tidy up a. sb** ordenar lo que ha desordenado alguien; **close the door a. you** cierra la puerta al salir; **go a. her and apologize** ve a pedirle perdón

(**c**) *(looking for)* **to be a. sb** buscar a alguien, ir *or* andar detrás de alguien; **the police are a. him** la polícia lo busca; **I think she's a. a pay-rise** me parece que anda detrás de *or* va buscando un aumento de sueldo;

(**d**) *(expressing order)* **the first crossing a. the traffic lights** el primer cruce después del semáforo; **my name comes a. his on the list** mi nombre viene después del suyo en la lista; **am I a. you (in the queue)?** ¿voy detrás suyo (en la cola)?; **a. you!** *(you first)* ¡después de usted!; **a. you with the butter** pásame la mantequilla cuando termines; **a. her, he is the best** después de ella, el mejor es él

(**e**) *(expressing repetition)* **day a. day** un día tras otro; **time a. time** una y otra vez; **year a. year** año tras año; **one a. the other** uno tras otro; **page a. page of statistics** páginas y páginas de estadísticas

(**f**) *Br (in honour of)* **to name sb/sth a. sb** ponerle a alguien/algo el nombre de alguien

(**g**) *(in the style of)* **a painting a. Renoir** un cuadro al estilo Renoir

2 *adv* después; **soon/long a.** poco/mucho después; **the day/the week a.** el día/la semana siguiente; **he was angry for some days a.** después de aquello estuvo de mal humor durante unos días

3 *conj* después de que; **shortly a. we had arrived** poco después de llegar; **I came a. he left** llegué cuando él ya se había ido; **a. you've chopped the vegetables, fry them** una vez cortadas las verduras, fríelas; **a. doing sth** después de hacer algo

afterbirth ['ɑːftəbɜːθ] *n* placenta *f*, secundinas *fpl*

aftercare ['ɑːftəkeə(r)] *n (after operation)* atención *f* posoperatoria; *(of convalescent, delinquent)* seguimiento *m*

aftereffects ['ɑːftərəfekts] *npl (of accident, crisis)* secuelas *fpl*; *(of drug)* efectos *mpl* secundarios

afterglow ['ɑːftəgləʊ] *n (of sunset)* luz *f* del crepúsculo; *(of pleasant feeling)* regusto *m* placentero

afterlife ['ɑːftəlaɪf] *n* otra vida *f*, vida *f* de ultratumba

aftermath ['ɑːftəmɑːθ] *n (period)* periodo *m* posterior; *(result)* secuelas *fpl*, consecuencias *fpl*

afternoon [ɑːftə'nuːn] *n* tarde *f*; **in the a.** por la tarde; **at two o'clock in the a.** a las dos de la tarde; **good a.!** ¡buenas tardes! ❑ ***a. nap*** siesta *f*; ***a. tea*** *(meal)* merienda *f*

afters ['ɑːftəz] *npl Br Fam* postre *m*

after-sales service ['ɑːftə'seɪlz'sɜːvɪs] *n Com* servicio *m* posventa

aftershave ['ɑːftəʃeɪv] *n (as perfume)* colonia *f* ❑ ***a. balm*** *or* ***lotion*** *(to protect skin)* loción *f* para después del afeitado

aftertaste ['ɑːftəteɪst] *n also Fig* regusto *m*; **it leaves an unpleasant a.** deja mal sabor de boca

afterthought ['ɑːftəθɔːt] *n* idea *f* tardía; **it was an a.** se me ocurrió después

afterwards ['ɑːftəwədz] *adv* después

AGAIN [ə'gen] *adv* **(a)** *(in general)* de nuevo, otra vez; **to do sth a.** hacer algo de nuevo *or* otra vez; **to begin a.** volver a empezar; **don't do it a.!** ¡no lo vuelvas a hacer!; **to say sth a.** volver a decir algo; **he never came back a.** no volvió nunca más; **I'm not going there a.** no pienso volver (allí); **he's finally well a.** por fin se ha recuperado; **what did you say a.?** ¿qué?, ¿cómo has dicho?; **where does he live a.?** ¿dónde dijiste que vivía?; **a. and a.** una y otra vez; **to start all over a.** empezar de nuevo, volver a empezar; **half as much a.** la mitad más; **twice as much a.** el triple; **never a.!** ¡nunca más!; **not a.!** ¿otra vez?; **not you a.!** ¡otra vez tú!; **now and a.** de vez en cuando; **once a.** una vez más; **the same a., please** otra de lo mismo; **yet a.** una vez más

(b) *(besides)* además; **(then** *or* **there) a.** *(on the other hand)* por otra parte; **a., I may have imagined it** en fin, puede que me lo haya imaginado

AGAINST [ə'genst] **1** *prep* **(a)** *(in opposition to)* contra, en contra de; **the fight a. crime** la lucha contra el crimen; **to be a. sb/sth** estar en contra de alguien/algo; **to discriminate a. sb** discriminar a alguien; **to have something a. sb/sth** tener algo en contra de alguien/algo; **to have nothing a. sb/sth** no tener nada en contra de alguien/algo; **to play a. sb** jugar contra alguien; **to sail a. the wind** navegar contra el viento; **I won't hear a word said a. her!** ¡no quiero oír ni una palabra contra ella!; **to speak a. sth** hablar en contra de algo; **to swim a. the current** nadar contra corriente; **the odds a. them winning** las posibilidades de que pierdan; **it was a. my principles** iba (en) contra (de) mis principios; **to do sth a. sb's advice** hacer algo desoyendo los consejos de alguien; **a. all probability** contra toda probabilidad; **a. the law** ilegal; **it's a. the rules** va contra las reglas; **a. my will** en contra de mi voluntad; **a. my wishes** contra mis deseos

(b) *(as protection from)* contra; **insurance a. fire** seguro contra incendios; **to warn sb a. sth/sb** poner a alguien en guardia contra algo/alguien; **to warn sb a. doing sth** advertir a alguien que no haga algo

(c) *(in contact with)* contra; **to lean a. sth** apoyarse en algo; **she put the ladder a. the wall** puso la escalera contra la pared; **put a tick a. your choice** marque su elección con una señal

(d) *(in comparison with)* **the pound rose/fell a. the dollar** la libra subió/bajó frente al dólar; **inflation was 4.1 percent, as a. 3.2 percent last year** hubo una inflación del 4,1 por ciento frente a un 3,2 por ciento el año pasado; **check it a. the list** compruébalo con la lista; **a. the light** a contraluz

(e) *(in relation to)* frente a; **a. a background of rising inflation** en una situación de inflación creciente; **yellow flowers a. a grey wall** flores amarillas sobre un fondo gris

2 *adv* en contra; **there were fourteen votes a.** hubo catorce votos en contra

agape [ə'geɪp] **1** *adj* boquiabierto(a); **mouth a.** boquiabierto(a)

2 *adv* con la boca abierta

agate ['ægət] *n* ágata *f*

AGE [eɪdʒ] *(continuous* **aging** *or* **ageing) 1** *n* **(a)** *(of person, object)* edad *f*; **to be twenty years of a.** tener veinte años; **what a. is she?, what's her a.?** ¿qué edad tiene?, ¿cuántos años tiene?; **what a. is this church?** ¿cuántos años tiene esta iglesia?; **she's my a.** *or* **the same a. as me** tiene la misma edad que yo; **he's twice my a.** tiene el doble de años que yo; **at the a. of twenty,** *US* **at a. twenty** a los veinte años; **at an early a.** a una edad temprana; **at my a.** a mi edad; **I'm beginning to feel my a.** estoy empezando a sentirme viejo(a); **he doesn't look his a.** no aparenta la edad que tiene; **people of all ages** personas de todas las edades; **you're showing your a.!** ¡estás pregonando tu edad!; **when I was your a.** cuando tenía tu edad, a tu edad; **the fifteen-to-twenty a. bracket** *or* **group** la franja de edad comprendida entre los quince y los veinte años ❑ ***a. of consent*** edad *f* núbil; ***a. limit*** límite *m* de edad

(b) **(old) a.** vejez *f*; **photos yellowed with a.** fotos amarillentas por el paso del tiempo; **he has mellowed with a.** se ha suavizado con la edad

(c) *(adulthood)* **to be of a.** ser mayor de edad; *also Fig* **to come of a.** alcanzar la mayoría de edad; **to be under a.** ser menor *(para beber, tener relaciones sexuales, etc.)*

(d) *(era)* época *f*, edad *f*; **through the ages** a lo largo del tiempo

(e) *Fam (long time)* **it's ages since I saw him** hace siglos que no lo veo; **I've been waiting (for) ages** llevo esperando una eternidad; **it took ages (to do it)** llevó siglos hacerlo; **we sat there for what seemed like an a.** estuvimos ahí sentados lo que pareció una eternidad

2 *vt (person)* envejecer; **aged in oak casks** *(wine)* criado en barriles de roble

3 *vi (person)* envejecer

aged *adj* **(a)** [eɪdʒd] *(of the age of)* **a. twenty** de veinte años (de edad) **(b)** ['eɪdʒɪd] *(old)* anciano(a)

ageing ['eɪdʒɪŋ] **1** *n (of person, wine)* envejecimiento *m* ❑ ***a. process*** proceso *m* de envejecimiento

2 *adj (old)* viejo(a); **the problem of Britain's a. population** el problema del envejecimiento de la población británica

ageism ['eɪdʒɪzəm] *n* discriminación *f* por motivos de edad

ageless ['eɪdʒlɪs] *adj* intemporal, atemporal

agency ['eɪdʒənsɪ] *n* **(a)** *Com* agencia *f*; **advertising/travel a.** agencia de publicidad/viajes **(b)** *(of government)* agencia *f* **(c)** *Formal* **through the a. of** mediante la intervención de

agenda [ə'dʒendə] *n (of meeting)* orden *m* del día, programa *m*; *Fig* **to be at the top of the a.** ser un asunto prioritario; *Fig* **what is his real a.?** ¿cuáles son sus verdaderas intenciones?

agent ['eɪdʒənt] *n* **(a)** *(representative)* agente *mf*, representante *mf* **(b)** *(spy)* agente *mf* secreto(a) **(c)** *(instrument)* **to be the a. of** ser la causa de **(d)** *(substance)* agente *m*

age-old ['eɪdʒəʊld] *adj (custom, problem)* antiguo(a)

aggravate ['ægrəveɪt] *vt* **(a)** *(worsen)* agravar **(b)** *Fam (annoy)* fastidiar, molestar, *RP* hinchar

aggravating ['ægrəveɪtɪŋ] *adj* **(a)** *Law* agravante **(b)** *Fam (annoying)* molesto(a), *RP* hinchón(ona); **it's very a.** fastidia un montón

aggravation [ægrə'veɪʃən] *n* **(a)** *(worsening)* agravamiento *m*, empeoramiento *m* **(b)** *Fam (annoyance)* fastidio *m*, molestia *f*

aggregate ['ægrɪgət] **1** *n* conglomerado *m*; *Sport* **on a.** en el total de la eliminatoria

2 *adj* total, conjunto(a) ❑ ***a. score*** marcador *m* total

aggression [ə'greʃən] *n (violence)* agresividad *f*; **an act of a.** una agresión

aggressive [ə'gresɪv] *adj* (**a**) *(violent)* agresivo(a) (**b**) *(vigorous, dynamic)* enérgico(a), agresivo(a),

aggressively [ə'gresɪvlɪ] *adv* (**a**) *(violently)* agresivamente (**b**) *(vigorously)* enérgicamente, agresivamente

aggressor [ə'gresə(r)] *n* agresor(ora) *m,f*

aggrieved [ə'gri:vd] *adj* agraviado(a), ofendido(a); **to be a.** estar ofendido(a)

aggro ['ægrəʊ] *n Fam* (**a**) *(violence)* camorra *f*, pelea *f*, *RP* rona *f* (**b**) *(trouble)* líos *mpl*, *Esp* follones *mpl*, *Méx* argüende *m*, *RP* quilombo *m*

aghast [ə'gɑ:st] *adj* horrorizado(a), espantado(a); **he was a. at the expense** los gastos le horrorizaron *or* espantaron

agile ['ædʒaɪl] *adj* ágil

agility [ə'dʒɪlɪtɪ] *n* agilidad *f*

aging = ageing

agitate ['ædʒɪteɪt] **1** *vt* (**a**) *(liquid)* revolver, agitar (**b**) *(person)* inquietar, agitar

2 *vi* **to a. for/against sth** hacer campaña a favor de/en contra de algo

agitated ['ædʒɪteɪtɪd] *adj* inquieto(a), agitado(a); **to be a.** estar inquieto(a) *or* agitado(a)

agitation [ædʒɪ'teɪʃən] *n* (**a**) *(of person)* inquietud *f*, agitación *f* (**b**) *(campaign)* campaña *f*

agitator ['ædʒɪteɪtə(r)] *n Pol* agitador(ora) *m,f*, activista *mf*

aglow [ə'gləʊ] *adj* **to be a. with** *(colour)* estar encendido(a) de; *(pleasure, excitement)* estar rebosante de

AGM [eɪdʒi:'em] *n Com* (*abbr* **annual general meeting**) asamblea *f or* junta *f* general anual

agnostic [æg'nɒstɪk] **1** *n* agnóstico(a) *m,f*

2 *adj* agnóstico(a); *Fig* **I'm a. on the issue** no tengo opinión formada respecto a ese asunto

agnosticism [æg'nɒstɪsɪzəm] *n* agnosticismo *m*

AGO [ə'gəʊ] *adv* **ten years a.** hace diez años; **a little while a., a short time a.** hace un rato; **a year a. this Friday** hace un año este viernes; **long a., a long time a.** hace mucho (tiempo); **not long a.** no hace mucho (tiempo); **some time a.** hace algún tiempo; **as long a. as 1840** ya en 1840; **how long a. was that?** ¿hace cuánto (tiempo) fue eso?

---

agog [ə'gɒg] *adj* **they watched/listened a.** miraban/escuchaban con avidez e impresionados

agonize ['ægənaɪz] *vi* angustiarse, agobiarse (**over** por *or* con)

agonizing ['ægənaɪzɪŋ] *adj (pain, death)* atroz; *(silence, wait)* angustioso(a); *(decision, dilemma)* peliagudo(a)

agony ['ægənɪ] *n (physical pain)* dolor *m* intenso; *(anguish)* angustia *f*, agonía *f*; **to be in a.** morirse de dolor; **it's a. walking in these shoes** caminar con estos zapatos es un martirio ▫ **a. aunt** *(in newspaper)* consultor(ora) *m,f* sentimental; ***a. column*** *(in newspaper)* consultorio *m* sentimental

agoraphobia [ægərə'fəʊbɪə] *n* agorafobia *f*

AGR [eɪdʒi:'ɑ:(r)] *n* (*abbr* **advanced gas-cooled reactor**) reactor *m* nuclear de gas

agrarian [ə'greərɪən] *adj* agrario(a)

agree [ə'gri:] **1** *vt* (**a**) *(reach agreement on) (price, conditions)* acordar, pactar; *(date)* convenir; **we agreed to meet at six** quedamos a las seis; **as agreed** según lo acordado; **(are we) agreed?** ¿(estamos) de acuerdo?; **they couldn't a. what to do next** no conseguían ponerse de acuerdo sobre lo que harían a continuación

(**b**) *(concur)* **to a. (that)...** estar de acuerdo en que...

(**c**) *(consent)* **to a. to do sth** acordar hacer algo; **he agreed to pay** estuvo de acuerdo en pagar él; **we'll have to a. to differ** *or* **disagree on that** tendremos que aceptar las discrepancias en cuanto a eso; **it is generally agreed that...** se suele admitir que...

2 *vi* (**a**) *(be of same opinion, concur)* estar de acuerdo (**about/with** en cuanto a/con); **I quite** *or* **entirely a.** estoy completamente de acuerdo; **I'm afraid I can't a.** lo siento, pero no puedo estar conforme; **I couldn't a. more!** ¡estoy completamente de acuerdo!; **at least we a. about that** al menos estamos de acuerdo en eso; **that would be unfortunate, don't you a.?** eso sería una desgracia, ¿no te parece?; **I don't a. with all this violence on television** no me parece bien que haya tanta violencia en televisión

(**b**) *(match) (of statements, facts, opinions)* coincidir, concordar (**with** con)

(**c**) *(accept)* acceder, consentir

(**d**) *Gram* concordar (**with** con)

▸**agree on** *vt insep (be in agreement)* estar de acuerdo en; *(reach agreement)* ponerse de acuerdo en

▸**agree to** *vt insep* acceder a, aceptar; **he'll never a. to that** nunca accederá a eso; **to a. to a condition/a proposal** aceptar una condición/una propuesta

▸**agree with** *vt insep (of food, climate)* sentar bien a

agreeable [ə'gri:əbəl] *adj* (**a**) *(pleasant)* agradable; *(person)* simpático(a) (**b**) *(acceptable)* **if that is a. to you** si te parece bien

agreed [ə'gri:d] *adj (price, time)* fijado(a)

agreement [ə'gri:mənt] *n* (**a**) *(contract, assent)* acuerdo *m*; **to come to an a.** llegar a un acuerdo; **the proposal met with unanimous a.** la propuesta recibió un apoyo unánime; **to be in a. with sb/sth** estar de acuerdo con alguien/algo (**b**) *(of facts, account)* **to be in a. (with)** concordar, coincidir (con) (**c**) *Gram* concordancia *f*

agribusiness ['ægrɪbɪznɪs] *n* industria *f* agropecuaria

agricultural [ægrɪ'kʌltʃərəl] *adj* agrícola ▫ ***a. college*** escuela *f* de agricultura; ***a. labourer*** trabajador(ora) *m,f* agrícola

agriculturalist [ægrɪ'kʌltʃərəlɪst], **agriculturist** [ægrɪ'kʌltʃərɪst] *n (expert)* experto(a) *m,f* en agricultura, ingeniero(a) *m,f* agrónomo(a)

agriculture ['ægrɪkʌltʃə(r)] *n* agricultura *f*

agronomist [ə'grɒnəmɪst] *n* ingeniero(a) *m,f* agrónomo(a)

agronomy [ə'grɒnəmɪ] *n* agronomía *f*

aground [ə'graʊnd] *adv* (**a**) *Naut* **to run a.** *(of ship)* varar, encallar (**b**) *(of project, government)* encallar

aha [ɑ:'hɑ:] *exclam* ¡ajajá!, ¡ajá!

AHEAD [ə'hed] *adv* (**a**) *(forwards)* adelante; *(in front)* delante; **the road a. was clear** no había nadie en la carretera delante de nosotros/él/ellos/*etc*; **to go on a.** adelantarse; **to look (straight) a.** mirar hacia delante; **to send sb (on) a.** enviar a alguien por delante; **to send sth on a.** enviar algo por adelantado; **a. of** delante de; **up a.** más adelante

(**b**) *(winning)* **to be a. (of)** *(in race, opinion poll)* ir por delante (de); *(in match)* ir ganando (a); **Liverpool are two goals a.** el Liverpool gana por dos goles; **they are 7 percent a. in the polls** llevan una ventaja del 7 por ciento en los sondeos; **they went a. after twenty minutes** se pusieron por delante en el marcador a los veinte minutos; **to get a.** *(in career)* triunfar; **to get a. of sb** adelantar a alguien

(**c**) *(in time)* **in the years a.** en los años venideros; **the week a. promised to be difficult** la semana siguiente se presentaba difícil; **who knows what lies a.?** ¿quién sabe qué nos espera?; **how far a. should one book?** ¿con cuánta antelación hace falta reservar?; **to plan a.** hacer planes con antelación *or* por adelantado; **to think a.** pensar con *or* tener visión de futuro; **they are an hour a. of us in Colombia** en Colombia están una hora por delante de nosotros; **we have a long day a. of us** nos espera un día muy largo; **they met a. of the summit** se reunieron antes de la cumbre; **the project is a. of schedule** el proyecto va por delante del calendario previsto; **a. of time** antes de tiempo; **he was a. of his time** se adelantó a su tiempo

---

ahem [ə'hem] *exclam* ¡ejem!

ahoy [ə'hɔɪ] *exclam* **a. there!** ¡ha del barco!; **ship a.!** ¡barco a la vista!

AI [eɪ'aɪ] *n* (**a**) *Comptr* (*abbr* **artificial intelligence**) inteligencia *f* artificial (**b**) *Biol* (*abbr* **artificial insemination**) inseminación *f* artificial (**c**) *Pol* (*abbr* **Amnesty International**) AI, Amnistía *f* Internacional

aid [eɪd] **1** *n* (**a**) *(help, for disaster relief)* ayuda *f*; **with the a. of** con la ayuda de; **to go to sb's a.** acudir en ayuda de alguien; **in a. of** *(fundraising event)* a beneficio de; IDIOM *Fam* **what's (all) this in a. of?** ¿a qué se debe (todo) esto? (**b**) *(device)* ayuda *f*; **teaching aids** material *m* didáctico *or* docente

2 *vt (growth, development)* ayudar a, contribuir a; *(person)* ayudar; *Law* **to a. and abet sb** ser cómplice de alguien

aide [eɪd] *n* asistente *mf*

aide-de-camp ['eɪddə'kɒŋ] (*pl* **aides-de-camp**) *n Mil* ayudante *mf* de campo, edecán *m*

AIDS [eɪdz] *n* (*abbr* **Acquired Immunodeficiency Syndrome**) sida *m* ▫ ***A. clinic*** clínica *f* para enfermos de sida; ***A. sufferer*** enfermo(a) *m,f* de sida; ***A. virus*** virus *m* del sida

aileron ['eɪlərɒn] *n Av* alerón *m*

ailing ['eɪlɪŋ] *adj* (**a**) *(person)* enfermo(a) (**b**) *(company, economy)* enfermizo(a), débil

ailment ['eɪlmənt] *n* achaque *m*

aim [eɪm] **1** *n* (**a**) *(at target)* puntería *f*; **to take a. at** apuntar a; **her a. was good** tenía buena puntería (**b**) *(goal)* objetivo *m*, propósito *m*; **with the a. of doing sth** con el propósito de hacer algo

2 *vt (blow, remark, TV programme)* dirigir (**at** a); *(gun, camera)* apuntar (**at** hacia *or* a); **to be aimed at sb** *(of remarks, TV programme)* estar dirigido(a) a alguien; **the announcement was aimed at reassuring the public** el objetivo del anuncio era tranquilizar al público

3 *vi* (**a**) *(with gun)* **to a. at sth/sb** apuntar a *or* hacia algo/alguien (**b**) *(intend)* **to a. to do sth** tener la intención de hacer algo

aimless ['eɪmlɪs] *adj (existence)* sin objetivos; *(remark)* vago(a)

aimlessly ['eɪmlɪslɪ] *adv (to wander, walk)* sin rumbo fijo; *(to engage in activity)* baldíamente; **he spent the evening a. shuffling through papers** se pasó la tarde revolviendo papeles sin ningún propósito

ain't [eɪnt] *Fam* (**a**) = **is not, am not, are not** (**b**) = **has not, have not**

air [eə(r)] **1** *n* (**a**) *(in general)* aire *m*; **by a.** en avión; **to throw sth (up) in the a.** lanzar algo al aire; **our plans are up in the a.** *(undecided)* nuestros planes están en el aire; **to go up in the a.** *(get angry)* ponerse hecho(a) una furia, subirse por las paredes; **there's a feeling of hope in the a.** hay (un) ambiente de esperanza ▫ *Aut* ***a. bag*** airbag *m*; ***a. bed*** colchón *m* hinchable; ***a. brake*** freno *m* neumático; ***a. fare*** (precio *m* del) billete *m or Am* boleto *m*; ***a. filter*** filtro *m* del aire; ***the A. Force*** las Fuerzas Aéreas; ***a. freight*** transporte *m* aéreo; ***a. freshener*** ambientador *m*; ***a. hostess*** azafata *f* de vuelo, *Am* aeromoza; ***a. pressure*** presión *f* atmosférica; ***a. raid*** ataque *m* aéreo; ***a. rifle*** escopeta *f* de aire comprimido; ***a. show*** demostración *f or* exhibición *f* aérea; ***a. steward*** auxiliar *m* de vuelo; ***a. stewardess*** auxiliar *f* de vuelo, azafata *f*, *Am* aeromoza *f*; ***a. terminal*** terminal *f* de vuelo; ***a. traffic control*** control *m* (del tráfico) aéreo; ***a. traffic controller*** controlador(ora) *m,f* (del tráfico) aéreo(a)

(**b**) *Rad TV* **to be on the a.** *(of person, programme)* estar en el aire; **to take sb off the a.** cortar a alguien; **to take a programme off the a.** *(during transmission)* cortar un programa; *(stop showing)* dejar de emitir un programa

(**c**) *(melody)* melodía *f*, aire *m*

(**d**) *(look)* aire *m*; **he has the a. of somebody who has travelled** tiene aire de haber viajado mucho; IDIOM **to give oneself airs, to put on airs** darse aires, darse tono

2 *vt* (**a**) *(room, opinions, grievances)* ventilar, airear (**b**) *(clothing, bedding)* airear, orear

airbase ['eəbeɪs] *n* base *f* aérea

airborne ['eəbɔ:n] *adj (aircraft)* en vuelo; *(seeds, particles)* transportado(a) por el viento; *(troops)* aerotransportado(a); **to be a.** *(of aircraft)* estar volando

airbrush ['eəbrʌʃ] **1** *n* aerógrafo *m*

2 *vt (photograph)* retocar *(con aerógrafo)*; *also Fig* **to a. sth/sb out** borrar algo/a alguien

airbus ['eəbʌs] *n* aerobús *m*, airbús *m*

air-conditioned ['eəkən'dɪʃənd] *adj* climatizado(a), con aire acondicionado; **to be a.** *(of room)* tener aire acondicionado

air-conditioning ['eəkən'dɪʃənɪŋ] *n* aire *m* acondicionado

air-cooled ['eəku:ld] *adj* con refrigeración de aire

aircraft ['eəkrɑ:ft] (*pl* **aircraft**) *n (aeroplane)* avión *m*; *(any flying vehicle)* aeronave *f* ▫ ***a. carrier*** portaaviones *m inv*

aircrew ['eəkru:] *n Av* tripulación *f*

airdrop ['eədrɒp] **1** *n* = lanzamiento de un cargamento con paracaídas

2 *vt (supplies)* lanzar con paracaídas

airer ['eərə(r)] *n (for clothes)* tendedero *m*

airfield ['eəfi:ld] *n* campo *m* de aviación

airgun ['eəgʌn] *n (rifle)* escopeta *f* de aire comprimido; *(pistol)* pistola *f* de aire comprimido

airhead ['eəhed] *n Fam* cabeza *mf* de chorlito, simple *mf*

airhole ['eəhəʊl] *n (in container, ice)* respiradero *m*

airing ['eərɪŋ] *n* **to give sth an a.** *(room, opinions, grievances)* ventilar *or* airear algo; *(clothing)* airear *or* orear algo ▫ ***a. cupboard*** = ropero en el que se encuentra la caldera del agua caliente, y que se utiliza para orear la ropa, sábanas, etc.

airless ['eəlɪs] *adj (evening, atmosphere)* cargado(a); **an a. room** una habitación en la que falta el aire

airlift ['eəlɪft] **1** *n* puente *m* aéreo

2 *vt (supplies, troops)* transportar mediante un puente aéreo

airline ['eəlaɪn] *n* línea *f* aérea ▫ ***a. pilot*** piloto *mf* comercial

airlock ['eəlɒk] *n* (**a**) *(in submarine, spacecraft)* compartimento *m* estanco, esclusa *f* de aire (**b**) *(in pipe)* burbuja *f* de aire

airmail ['eəmeɪl] **1** *n* correo *m* aéreo ▫ ***a. letter*** carta *f* por vía aérea

2 *adv* **to send sth a.** enviar algo por vía aérea

3 *vt (letter)* mandar por vía aérea

airman ['eəmən] *n* aviador *m*

airplane ['eəpleɪn] *n US* avión *m*

airplay ['eəpleɪ] *n Rad* **to get a.** ser emitido por la radio

airport ['eəpɔ:t] *n* aeropuerto *m* ▫ ***a. tax*** tasas *fpl* de aeropuerto

air-raid shelter ['eəreɪd'ʃeltə(r)] *n* refugio *m* antiaéreo

air-sea rescue ['eəsi:'reskju:] *n* rescate *m* marítimo desde el aire

airship ['eəʃɪp] *n* dirigible *m*

airsick ['eəsɪk] *adj* **to be a.** marearse *(en un avión)*

airspace ['eəspeɪs] *n* espacio *m* aéreo

airspeed ['eəspi:d] *n* velocidad *f (relativa de vuelo)*

airstrip ['eəstrɪp] *n* pista *f* de aterrizaje

airtight ['eətaɪt] *adj* hermético(a)

airtime ['eətaɪm] *n Rad TV* tiempo *m* de emisión

airwaves ['eəweɪvz] *npl* **his voice came over the a.** su voz llegó a través de las ondas

airway ['eəweɪ] *n* (**a**) *(of body)* vía *f* respiratoria (**b**) *(for aeroplane)* ruta *f* aérea

airwoman ['eəwʊmən] *n* aviadora *f*

airworthy ['eəwɜ:ðɪ] *adj Av* **to be a.** estar en condiciones de volar

airy ['eərɪ] *adj* (**a**) *(room, house)* aireado(a) y espacioso(a) (**b**) *(person, attitude)* ligero(a), despreocupado(a)

airy-fairy ['eərɪ'feərɪ] *adj Fam (idea, scheme)* fantasioso(a), poco realista

aisle [aɪl] *n (in plane, bus, cinema, church)* pasillo *m*; IDIOM *Fam* **to have them rolling in the aisles** *(of comedian)* hacer que se caigan por los suelos *or RP* por el piso de la risa ▫ ***a. seat*** *(in plane)* asiento *m* de pasillo

aitch [eɪtʃ] *n* **to drop one's aitches** = no pronunciar la "h" (se considera propio del habla poco cuidada)

ajar [ə'dʒɑ:(r)] *adj & adv* entornado(a)

AK (*abbr* **Alaska**) Alaska

aka [eɪkeɪ'eɪ] *adv* (*abbr* **also known as**) alias

akimbo [ə'kɪmbəʊ] *adj* **with arms a.** con los brazos en jarras

akin [ə'kɪn] *adj & adv* **a. to** parecido(a) a

AL, Ala (*abbr* **Alabama**) Alabama

alabaster [ælə'bæstə(r)] *n* alabastro *m*

à la carte [ælə'kɑ:t] **1** *adj* **to have an a. meal** comer a la carta

2 *adv* a la carta

alacrity [ə'lækrɪtɪ] *n Formal* presteza *f*, diligencia *f*

à la mode [ælə'məʊd] **1** *adj* (**a**) *(clothes)* a la moda (**b**) *US (dessert)* con helado

2 *adv* a la moda

alarm [ə'lɑ:m] **1** *n* alarma *f*; **to raise** *or* **give the a.** dar la alarma; **there's no cause for a.** no hay motivo de alarma; *Fig* **a. bells started to ring when...** la señal de alarma saltó cuando...; ▫ ***a. clock*** (reloj *m*) despertador *m*; ***a. signal*** señal *f* de alarma

2 *vt* (**a**) *(startle)* alarmar; **to be alarmed at sth** estar alarmado(a) por algo (**b**) *(protect with alarm)* **all the doors are alarmed** todas las puertas tienen alarma

alarming [ə'lɑ:mɪŋ] *adj* alarmante

alarmist [ə'lɑ:mɪst] *n & adj* alarmista *mf*

alas [ə'læs] **1** *exclam* ¡ay de mí!
2 *adv* desgraciadamente

Albania [æl'beɪnɪə] *n* Albania

Albanian [æl'beɪnɪən] **1** *n* (**a**) *(person)* albanés(esa) *m,f* (**b**) *(language)* albanés *m*
2 *adj* albanés(esa)

albatross ['ælbətrɒs] *n* (**a**) *(bird)* albatros *m inv* (**b**) *(in golf)* albatros *m inv*

albeit [ɔ:l'bi:ɪt] *conj Formal* aunque; **a brilliant, a. uneven, novel** una novela brillante, aunque desigual

albino [æl'bi:nəʊ] (*pl* **albinos**) *n* albino(a) *m,f*

album ['ælbəm] *n (for photos, stamps, record)* álbum *m*

albumen ['ælbjʊmɪn] *n* (**a**) *(in egg)* albumen *m* (**b**) *(in blood)* albúmina *f*

albumin ['ælbjʊmɪn] *n* albúmina *f*

alchemist ['ælkəmɪst] *n* alquimista *mf*

alchemy ['ælkəmɪ] *n* alquimia *f*

alcohol ['ælkəhɒl] *n* alcohol *m* ❑ ***a. abuse*** alcoholismo *m*; ***a. consumption*** *or* ***intake*** consumo *m* de alcohol; ***a. problem*** problema *f* con el alcohol

alcoholic [ælkə'hɒlɪk] *n & adj* alcohólico(a) *m,f*

alcoholism ['ælkəhɒlɪzəm] *n* alcoholismo *m*

alcohol-related ['ælkəhɒlrɪ'leɪtɪd] *adj* **a. illness** *or* **disease** enfermedad *f* relacionada con el alcohol

alcove ['ælkəʊv] *n* hueco *m*

Note that the Spanish word **alcoba** is a false friend and is never a translation for the English word **alcove**. In Spanish **alcoba** means "bedroom".

aldehyde ['ældəhaɪd] *n Chem* aldehído *m*

al dente [æl'denteɪ] *adj* al dente

alder ['ɔ:ldə(r)] *n (tree)* aliso *m*

alderman ['ɔ:ldəmən] *n* (**a**) *Br Formerly* = concejal de un municipio que ocupaba el puesto inmediatamente inferior al de alcalde (**b**) *US & Can* concejal *m*

alderwoman ['ɔ:ldəwʊmən] *n US & Can* concejala *f*

ale [eɪl] *n* = cerveza inglesa de malta

alert [ə'lɜ:t] **1** *n* alerta *f*; **to be on the a. (for sth)** estar alerta (por si ocurre algo) ❑ *Comptr* ***a. box*** mensaje *m* de alerta
2 *adj (mind)* lúcido(a); **to be a.** *(watchful)* estar alerta *or* vigilante; *(lively)* ser despierto(a) *or* espabilado(a); **to be a. to sth** *(aware of)* ser consciente de algo
3 *vt* alertar; **he alerted them to the danger** los alertó del peligro

Aleutian Islands [ə'lu:ʃən'aɪləndz] *npl* **the A.** las (Islas) Aleutianas

Alexandria [ælɪg'zɑ:ndrɪə] *n* Alejandría

alfalfa [æl'fælfə] *n* alfalfa *f*

alfresco [æl'freskəʊ] *adj & adv* al aire libre

algae ['ælgɪ] *npl* algas *fpl*

algebra ['ældʒɪbrə] *n* álgebra *f*

Algeria [æl'dʒɪərɪə] *n* Argelia

Algerian [æl'dʒɪərɪən] *n & adj* argelino(a) *m,f*

Algiers [æl'dʒɪəz] *n* Argel

algorithm ['ælgərɪðəm] *n Comptr* algoritmo *m*

alias ['eɪlɪəs] **1** *n also Comptr* alias *m inv*
2 *adv* alias

aliasing ['eɪlɪəsɪŋ] *n Comptr* dientes *mpl* de sierra, dentado *m*

alibi ['ælɪbaɪ] *n Law* coartada *f*

Alice band ['ælɪsbænd] *n* cinta *f* para el cabello

Alice-in-Wonderland ['ælɪsɪn'wʌndəlænd] *adj* irreal

alien ['eɪlɪən] **1** *n* (**a**) *Formal (foreigner)* extranjero(a) *m,f* (**b**) *(from outer space)* extraterrestre *mf*, alienígena *mf*
2 *adj* (**a**) *(strange)* extraño(a); **it was a. to her nature** era ajeno a su carácter (**b**) *(from outer space)* extraterrestre, alienígena

alienate ['eɪlɪəneɪt] *vt (supporters, readers)* alejar, provocar el distanciamiento de; **they feel alienated from society** se sienten marginados de la sociedad

alienation [eɪlɪə'neɪʃən] *n* alienación *f*

alight¹ [ə'laɪt] *adj (burning)* **to be a.** estar ardiendo *or* en llamas; **to set sth a.** prender fuego a algo

alight² *vi* (**a**) *Formal (from train, car)* apearse (**at** en) (**b**) *(of bird, glance)* posarse (**on** sobre *or* en)

▸**alight on** *vt insep (fact, solution)* dar con

align [ə'laɪn] *vt* alinear; **to a. oneself with/against sb** alinearse con/contra alguien

alignment [ə'laɪnmənt] *n* alineamiento *m*, alineación *f*; **out of a.** desalineado(a), no alineado(a); **in a.** alineado

alike [ə'laɪk] **1** *adj* igual; **to look a.** parecerse; **you are all a.!** ¡todos sois iguales!
2 *adv (treat, dress, think)* igual; **old and young a.** jovenes y viejos por igual

alimentary [ælɪ'mentərɪ] *adj Anat* ***a. canal*** tracto *m* alimentario, tubo *m* digestivo

alimony ['ælɪmənɪ] *n Law* pensión *f* (matrimonial) alimenticia

alive [ə'laɪv] *adj* (**a**) *(living, still existing)* vivo(a); **to be a.** estar vivo(a); **when your father was a.** cuando tu padre vivía; **to keep sb a.** mantener vivo(a) a alguien; **to keep a memory a.** mantener un recuerdo vivo; **to stay a.** sobrevivir; **to be burnt/buried a.** ser quemado(a)/enterrado(a) vivo(a); **to be a. and well** *(still living)* estar a salvo; **the oldest man a.** el hombre más viejo del mundo
(**b**) *(aware)* **to be a. to sth** ser consciente de algo, darse cuenta de algo
(**c**) *(full of vitality)* **I've never felt so a.** nunca me he sentido tan lleno de vida; **to come a.** *(place, movie)* animarse; **he came a. when someone mentioned food** revivió cuando alguien nombró la comida; IDIOM **to be a. and kicking** estar vivito(a) y coleando
(**d**) *(teeming)* **to be a. with** *(rats, ants)* ser un hervidero de

alkali ['ælkəlaɪ] *n Chem* álcali *m*, base *f*

alkaline ['ælkəlaɪn] *adj Chem* alcalino(a)

alkaloid ['ælkəlɔɪd] *n Chem* alcaloide *m*

alky ['ælkɪ] *n Fam* (**a**) *(alcoholic)* borrachín(ina) *m,f* (**b**) *US (alcohol)* whisky *m* casero

ALL [ɔ:l] **1** *adj* (**a**) *(every one of)* todos(as); **a. men** todos los hombres; **a. the others** todos los demás; **a. four of them** los cuatro; **a. the books** todos los libros; **they are a. smokers** todos fuman, todos son fumadores; **at a. hours** a todas horas, continuamente
(**b**) *(the whole of)* todo(a); **a. the wine** todo el vino; **a. day** todo el día; **a. week** toda la semana; **he slept a. afternoon** se pasó la tarde durmiendo; **she has lived here a. her life** ha vivido aquí toda la *or* su vida; **a. the time** todo el tiempo; **he leaves the door open a. the time** siempre se deja la puerta abierta; **is that a. the money you're taking?** ¿no te llevas más que ese dinero?
(**c**) *(for emphasis)* **she helped me in a. sorts of ways** me ayudó de mil maneras; **what's a. that noise?** ¿qué es ese escándalo?; **what's a. this about you resigning?** ¿qué es eso de que vas a dimitir?; *Fam* **and a. that** y todo eso; **it's not a. that easy** no es tan fácil; **she wasn't as rude as a. that** tampoco estuvo tan maleducada; **for a. her apparent calm, she was actually very nervous** a pesar de su aparente tranquilidad, estaba realmente muy nerviosa; **you, of a. people, should understand** tú deberías comprenderlo mejor que nadie; **she was playing the sitar, of a. things!** ¡imagínate, estaba tocando nada menos que el sitar!; **of a. the times to phone!** ¡vaya un momento para llamar!
2 *pron* (**a**) *(everyone, each one)* todos(as) *m,fpl*; **a. of them say that..., they a. say that...** todos dicen que...; **a. of us** todos (nosotros); **we a. love him** todos lo queremos; **a. of them are blue, they are a. blue** todos son azules; **a. but the best of us failed** fracasamos todos, salvo los mejores; **a. together** todos juntos
(**b**) *(everything) (replacing uncountable noun)* todo(a) *m,f*; *(replacing plural noun)* todos(as) *m,fpl*; **a. was silent** todo estaba en silencio; **I did a. I could** hice todo lo que pude; **he ate it, bones and a.** se lo comió con huesos y todo; **I want a. of it, I want it a.** lo quiero todo; **he has seen/done it a.** está de vuelta de todo; **that says it a.** eso lo dice todo; **it was a. I could do not to laugh** apenas pude aguantar la risa; **best/worst of a.,...** y lo que es mejor/peor,...; **I like this one best of a.** este es el que más me gusta; **most of a.** ante todo; **when I was busiest of a.** cuando estaba más ocupado; **that's a.** eso es todo; **is that a.?** ¿nada más?, ¿es eso todo?; **a. I said was "good morning"** lo único que dije fue "buenos días"; **a. I want is some peace and quiet** lo único que pido es un poco de tranquilidad; **for a. I know** por lo que yo

sé; **it's a. the same to me** me da lo mismo; **thirty men in a.** *or* **a. told** treinta hombres en total; **a. in a.** *(to sum up)* en resumen, en suma; *(on balance)* después de todo; **it cost £260, a. in** costó 260 libras con todo incluido; *Ironic* **it cost a. of £2** costó la increíble suma de 2 libras; IDIOM **when a.'s said and done** a fin de cuentas; **a.'s well that ends well** bien está lo que bien acaba

3 *adv* **(a)** *(entirely)* totalmente, completamente; **he's not a. bad** no es del todo malo; **he was left a. alone** lo dejaron (completamente) solo(a); **he did it a. on his own** lo hizo él solo; **to be (dressed) a. in black** ir (vestido) todo de negro; **he went a. quiet** enmudeció; **to be a. ears** ser todo oídos; **a. along** desde el principio; **a. along the road** a lo largo de la carretera; **a. around the room** por toda la habitación; **a. at once** *(suddenly)* de repente; *(at the same time)* a la vez; **a. but** *(almost)* casi; **to be a. for sth** ser un gran partidario(a) de algo; **a. over (the place)** por todas partes; **a. too soon** demasiado pronto; **it's a. yours** es todo tuyo; IDIOM *Fam* **to be a. in** *(exhausted)* estar hecho(a) polvo *or* una piltrafa, *Col* estar como un chupo, *Méx* estar camotes; IDIOM *Fam* **he's not a. there** está un poco ido

(b) *(with comparatives)* **a. the better/worse** tanto mejor/peor; **the noise made it a. the harder to hear them** con el ruido era aún más difícil oírlos

(c) *(in games)* **two a.** *(in football)* empate *m* a dos; **four (games) a.** *(in tennis)* empate a cuatro juegos; **fifteen a.** *(in tennis)* quince iguales

4 *n* IDIOM **to give one's a.** darlo todo

Allah ['ælə] *n* Alá *m*

all-American [ɔːlə'merɪkən] *adj* típico americano(a), típico(a) estadounidense

allay [ə'leɪ] *vt (doubts, suspicions)* despejar; *(fear, pain)* apaciguar, aplacar

all-clear ['ɔːl'klɪə(r)] *n* **(a)** *(after air-raid)* señal *f* de que pasó el peligro **(b)** *(for project)* luz *f* verde

all-consuming ['ɔːlkən'sjuːmɪŋ] *adj (passion, thirst for knowledge)* devorador(ora)

allegation [ælɪ'geɪʃən] *n* acusación *f*

allege [ə'ledʒ] *vt* alegar; **it is alleged that...** se dice que...

alleged [ə'ledʒd] *adj* presunto(a)

allegedly [ə'ledʒɪdlɪ] *adv* presuntamente

allegiance [ə'liːdʒəns] *n* lealtad *f*

allegorical [ælɪ'gɒrɪkəl] *adj* alegórico(a)

allegory ['ælɪgərɪ] *n* alegoría *f*

allegro [ə'legrəʊ] *Mus* **1** *n (pl* **allegros***)* alegro *m*

2 *adv* alegro

all-embracing ['ɔːlɪm'breɪsɪŋ] *adj* general, global

allergen ['ælədʒən] *n* alergeno *m*

allergic [ə'lɜːdʒɪk] *adj* alérgico(a) **(to** a); **(to have) an a. reaction (to sth)** (padecer) una reacción alérgica (a algo)

allergy ['ælədʒɪ] *n* alergia *f*; **to have an a. to sth** tener alergia a algo

alleviate [ə'liːvɪeɪt] *vt (pain, boredom)* aliviar

alleviation [ə'liːvɪeɪʃən] *n* alivio *m*

alley ['ælɪ] *(pl* **alleys***)* *n* callejón *m*, callejuela *f* ▫ ***a. cat*** gato *m* callejero

alleyway ['ælɪweɪ] *n* callejón *m*, callejuela *f*

alliance [ə'laɪəns] *n* alianza *f*; **to enter into an a. (with)** formar una alianza (con), aliarse (con)

allied ['ælaɪd] *adj* **(a)** *(countries, forces)* aliado(a) **(b)** *(issues, phenomena)* afín, asociado(a); **a. to** *or* **with the poor weather, this change was disastrous** este cambio, asociado al mal tiempo, resultó desastroso

alligator ['ælɪgeɪtə(r)] *n* caimán *m*; **a. shoes/handbag** zapatos *mpl*/bolso *m* de cocodrilo

all-important ['ɔːlɪm'pɔːtənt] *adj* fundamental, esencial

all-in ['ɔːlɪn] *adj (price)* con todo incluido ▫ ***a. wrestling*** lucha *f* libre

alliteration [əlɪtə'reɪʃən] *n* aliteración *f*

all-night ['ɔːlnaɪt] *adj (party, session)* de toda la noche

allocate ['æləkeɪt] *vt (time, accommodation, task)* asignar **(to** a); *(money, resources)* asignar, destinar **(to** a)

allocation [ælə'keɪʃən] *n* asignación *f*

all-or-nothing ['ɔːlə'nʌθɪŋ] *adj* **an a. attitude** una actitud radical

allot [ə'lɒt] *(pt & pp* **allotted***)* *vt* asignar; **in the allotted time** en el tiempo asignado

allotment [ə'lɒtmənt] *n* **(a)** *Br (plot of land)* huerto *m* de ocio, parcela *f (arrendada por el ayuntamiento para cultivo)* **(b)** *(of time, money)* asignación *f*

all-out ['ɔːl'aʊt] *adj (effort)* supremo(a); *(opposition, resistance)* total; *(war)* sin cuartel; *(attack)* frontal; **an a. strike** una huelga general; **to go a. to do sth** poner toda la carne en el asador para hacer algo

---

ALLOW [ə'laʊ] *vt* **(a)** *(permit)* permitir; **to a. sb to do sth** permitir a alguien hacer *or* que haga algo, dejar a alguien hacer algo; **they'll never a. you to do it** nunca te dejarán hacerlo; **I am allowed to do it** tengo permiso para hacerlo; **you are not allowed to walk on the grass** está prohibido pisar el césped; **smoking is not allowed** se prohíbe *or* no se permite fumar; **I'd love to, but I'm not allowed** me encantaría, pero no me lo permiten; **we're not allowed sweets** no nos dejan comer caramelos; **the referee allowed the goal** el árbitro dio el gol por válido; **to a. sth to happen** permitir que ocurra algo; **don't a. them to persuade you** no dejes que te convenzan; **a. me!** *(offering help)* ¡permítame!; **I a. myself a glass of whisky now and again** me permito un whisky de vez en cuando; **to a. oneself to be deceived/persuaded** dejarse engañar/convencer

(b) *(allocate, grant)* dar, conceder; **a. an hour to get to the airport** cuenta *or* deja una hora para llegar al aeropuerto; **please a. 28 days for delivery** el envío puede tardar hasta 28 días; **a. two spoonfuls per person** cuenta dos cucharadas por persona; **you are allowed a maximum of two hours to complete this paper** tienen un máximo de dos horas para completar este examen

(c) *Law (evidence)* aceptar

(d) *Formal (admit)* **to a. that...** aceptar que...

▶**allow for** *vt insep* tener en cuenta; **add another hour to a. for delays** añade una hora más por si hay retraso; **our budget doesn't a. for it** no está incluido en nuestro presupuesto

---

allowable [ə'laʊəbəl] *adj (error, delay)* permisible

allowance [ə'laʊəns] *n* **(a)** *(money given)* asignación *f*; *US (pocket money)* paga *f*; **travel a.** gastos *mpl* de viaje, dietas *fpl* **(b) to make a. for sth** *(take into account)* tener algo en cuenta; **I'm tired of making allowances for his inexperience** estoy harto de hacer concesiones *or* de disculparle por su falta de experiencia

alloy ['ælɔɪ] *n* aleación *f*

all-powerful ['ɔːl'paʊəfʊl] *adj* todopoderoso(a)

all-purpose ['ɔːl'pɜːpəs] *adj* multiuso; **a. cleaner/adhesive** limpiador *m*/adhesivo *m* multiuso

all right [ɔːl'raɪt] **1** *adj* **(a)** *(fine)* **to be a.** estar bien; **are you a.?** ¿estás bien?; **he was in a car crash but he's a.** tuvo un accidente, pero no le pasó nada; **it's a.** *(acceptable)* no está mal; *(not a problem)* está bien; *(don't worry)* tranquilo(a); **is it a. if I smoke?** ¿puedo fumar?; **I'll come later, if that's a. with you** vendré más tarde, si te parece bien; **to be a. for money** tener dinero suficiente; **she's a. at dancing/at French** no se le da mal el baile/el francés

(b) *Fam (very good)* bueno(a); **he's an a. guy** es un buen tío *or Esp* tipo, *Chile, Col, Méx* es buena gentie; *Br* **he's a., is John** *(I like him)* es un buen tipo este John; *Br* **she's a bit of a.!** ¡está buenísima!

2 *adv* **(a)** *(well)* bien; **did it go a.?** ¿fue bien?; **did you get home a.?** ¿llegaste bien a casa?; **he's doing a. (for himself)** le va bastante bien

(b) *(yes)* vale, de acuerdo; **a., so I made a mistake** de acuerdo, cometí un error

(c) *(certainly)* **it was cold a.** ¡ya lo creo que hacía frío!

(d) *(checking agreement)* **phone me when you get there, a.?** llámame cuando llegues, ¿de acuerdo?

(e) *(expressing irritation)* **a., a.! I'm coming!** ¡vale, vale, ya voy!

(f) *(introducing topic)* **a., let's get started** venga, vamos a empezar

3 *exclam Fam* **(a)** *Br (as greeting)* ¿qué tal? **(b)** *US (in approval)* ¡estupendo!, *Andes, Carib* ¡chévere!, *Méx*, ¡padre!, *RP* ¡bárbaro!

all-round ['ɔːlraʊnd] *adj (education, improvement)* general; **an a. athlete** un/una atleta completo(a)

all-rounder [ɔːl'raʊndə(r)] *n* **he's an a.** todo se le da bien

all-seater ['ɔːlsiːtə(r)] *adj* **a. stadium** = estadio en el que todas las localidades son de asiento

all-singing all-dancing [ɔːl'sɪŋɪŋɔːl-'dɑːnsɪŋ] *adj Hum* multiusos

allspice ['ɔːlspaɪs] *n* pimienta *f* inglesa

all-star ['ɔːl'stɑː(r)] *adj* **an a. cast** un reparto de primeras figuras, un reparto estelar ▫ *Sport* ***a. game*** partido *m* de las estrellas

all-terrain ['ɔːltə'reɪn] *adj* ***a. bike*** (moto *f*) todoterreno *f*; ***a. vehicle*** todoterreno *m*

all-time ['ɔːl'taɪm] *adj (record)* sin precedentes; *(favourite)* de todos los tiempos; **a. high/low** máximo *m*/mínimo *m* histórico

allude [ə'luːd] *vi* aludir (**to** a)

allure [ə'lʊə(r)] *n* atractivo *m*, encanto *m*

alluring [ə'lʊərɪŋ] *adj* atractivo(a), seductor(ora)

allusion [ə'luːʒən] *n* alusión *f*; **to make an a. (to)** hacer (una) alusión (a)

allusive [ə'luːsɪv] *adj* alusivo(a)

alluvial [ə'luːvɪəl] *adj Geog* aluvial; **an a. plain** una llanura aluvial

ally 1 *n* ['ælaɪ] aliado(a) *m,f*; *Hist* **the Allies** los Aliados

2 *vt* [ə'laɪ] **to a. oneself with...** aliarse con...

alma mater ['ælmə'mɑːtə(r)] *n* alma mater *f*

almanac ['ælmənæk] *n (calendar)* almanaque *m*

almighty [ɔːl'maɪtɪ] **1** *n* **the A.** el Todopoderoso

2 *adj Fam (fuss, row)* de mil demonios, *or RP* de la gran siete

almond ['ɑːmənd] *n* almendra *f* ▫ ***a. tree*** almendro *m*

almost ['ɔːlməʊst] *adv* casi; **it's a. six o'clock** son casi las seis; **we're a. there** *(in journey)* casi hemos llegado; *(in task)* casi hemos acabado

alms [ɑːmz] *npl* limosna *f*

aloe ['æləʊ] *n* áloe *m*

aloft [ə'lɒft] *adv* por el aire, en vilo; **to hold sth a.** levantar a algo en el aire; *Naut* **to go a.** subir a un mástil

alone [ə'ləʊn] **1** *adj* solo(a); **to be a.** estar solo(a); **to be a. with sb** estar a solas con alguien; **we are not a. in thinking that...** no somos los únicos que pensamos que...; **to leave sth/sb a.** dejar algo/a alguien en paz; **to leave well a.** dejar las cosas como están; **let a....** mucho menos...; **I can't afford a bicycle, let a. a car!** no puedo comprarme una bicicleta, mucho menos un coche *or Am* carro *or RP* auto

2 *adv* (**a**) *(without others)* **I did it a.** lo hice yo solo(a); **to live a.** vivir solo(a); **a. among her contemporaries, she criticized the decision** fue la única de sus contemporáneos que criticó la decisión; **to go it a.** ir por libre (**b**) *(only)* **you a. can help me** tú eres el/la único/a que me puede ayudar, sólo tú puedes ayudarme; **my salary a. isn't enough** con mi sueldo sólo no es suficiente; **money a. can't make you happy** el dinero por sí solo no puede darte la felicidad

ALONG [ə'lɒŋ] **1** *prep* a lo largo de; **to walk a. the shore/a street** caminar por la costa/una calle; **it's the second office a. the corridor** es la segunda oficina del pasillo; **it's halfway a. the road** está en la carretera, a mitad de camino; **there was a table a. one wall** había una mesa a lo largo de una de las paredes; **her skirt trailed a. the floor** arrastraba la falda por el suelo; **somewhere a. the way** en algún punto (del camino); *Fig* en un momento dado

2 *adv* (**a**) *(forwards)* **I was walking a.** iba caminando; **it's a bit further a.** está un poco más adelante; **would you mind going a. to the shop?** ¿te importaría ir a la tienda?; **to move a.** avanzar; **move a., there!** ¡venga!; **how far a. are you with the project?** ¿cuánto has avanzado con el proyecto?; **he knew all a.** lo sabía desde el principio

(**b**) *(with someone)* **to bring sth/sb a.** traerse algo/a alguien (consigo); **do you want to come a.?** ¿quieres venir?; **to take sth/sb a.** llevar algo/a alguien; **he'll be a. in ten minutes** vendrá en diez minutos; **a. with** *(as well as)* además de, junto con

alongside [əlɒŋ'saɪd] *prep (next to)* junto a; *(together with)* junto con; *Naut* **to come a. the quay** arrimarse de costado al muelle

aloof [ə'luːf] **1** *adj (person, manner)* distante

2 *adv* al margen; **to remain a. (from)** mantenerse al margen (de)

alopecia [ælə'piːʃə] *n Med* alopecia *f*

aloud [ə'laʊd] *adv* en alto, en voz alta; **I was thinking a.** estaba pensando en voz alta

alpaca [æl'pækə] *n (animal, wool)* alpaca *f*

alpha ['ælfə] *n* (**a**) *(Greek letter)* alfa *f* (**b**) *Phys* ***a. particle*** partícula *f* alfa; ***a. radiation*** radiación *f* alfa; ***a. rays*** rayos *mpl* alfa (**c**) *Comptr* ***a. testing*** comprobación *f or* prueba *f* alfa; ***a. version*** versión *f* alfa

alphabet ['ælfəbet] *n* alfabeto *m*

alphabetical [ælfə'betɪkəl] *adj* alfabético(a); **in a. order** en orden alfabético

alphabetically [ælfə'betɪklɪ] *adv* alfabéticamente

alphabetize ['ælfəbətaɪz] *vt* ordenar alfabéticamente

alphanumeric ['ælfənjuː'merɪk] *adj Comptr* ***a. characters*** caracteres *mpl* alfanuméricos; ***a. code*** código *m* alfanumérico

alpine ['ælpaɪn] *adj* alpino(a)

Alps [ælps] *npl* **the A.** los Alpes

already [ɔːl'redɪ] *adv* ya; **I've a. seen it,** *US* **I a. saw it** ya lo he visto, *Am* ya lo vi

alright = all right

Alsatian [æl'seɪʃən] **1** *n* (**a**) *(dog)* pastor *m* alemán (**b**) *(person from Alsace)* alsaciano(a) *m,f*

2 *adj (from Alsace)* alsaciano(a)

ALSO ['ɔːlsəʊ] *adv* también; **my dog is a. called Fido** mi perro también se llama Fido; **a., you can't really afford it anyway** además, de todas formas no te lo puedes permitir; **you can a. tell him he's a liar** además puedes decirle que es un mentiroso, puedes decirle también que es un mentiroso; **not only... but a....** no sólo..., sino también...

also-ran ['ɔːlsəʊræn] *n (in horse race)* = caballo no clasificado entre los tres primeros; *Fig* **he is just an a.** sólo es uno más *or* uno del montón

alt [ɔːlt] *n Comptr* ***a. key*** tecla *f* alt

altar ['ɔːltə(r)] *n* altar *m* ▫ ***a. boy*** monaguillo *m*

altarpiece ['ɔːltəpiːs] *n* retablo *m*

alter ['ɔːltə(r)] **1** *vt* (**a**) *(person, design, plan)* cambiar, alterar; **he altered his opinion** cambió de opinión; **that doesn't a. the fact that...** eso no cambia el hecho de que... (**b**) *(garment)* arreglar (**c**) *US Euph (animal)* operar

2 *vi* cambiar, alterarse

alteration [ɔːltə'reɪʃən] *n* (**a**) *(to design, plan)* cambio *m*, alteración *f*; *(to timetable)* alteración *f*; **a few minor alterations** unos pequeños retoques (**b**) *(to garment)* arreglo *m*

altercation [ɔːltə'keɪʃən] *n Formal* altercado *m*

alter ego ['æltə'riːgəʊ] (*pl* **alter egos**) *n* álter ego *m*

alternate 1 *n* [ɔː'lɜːnət] *US (deputy)* sustituto(a) *m,f*

2 *adj* (**a**) *(every second)* alterno(a); **on a. days** en días alternos, cada dos días (**b**) *US (alternative)* alternativo(a)

3 *vt* ['ɔːltəneɪt] alternar

4 *vi* alternar (**with** con)

alternately [ɔː'lɜːnətlɪ] *adv* alternativamente

alternating ['ɔːltəneɪtɪŋ] *adj* alterno(a) ▫ *Elec* ***a. current*** corriente *f* alterna

alternative [ɔː'lɜːnətɪv] **1** *n (choice)* alternativa *f*; **there is no a.** no hay alternativa; **she had no a. but to obey** no tenía más remedio que obedecer

2 *adj (plan, route, music)* alternativo(a); **an a. proposal** una alternativa ▫ ***a. comedy*** = forma de comedia que surgió en Gran Bretaña en los 80, que rechaza el sexismo y el racismo del humor tradicional; ***a. energy*** energía *f* alternativa; ***a. medicine*** medicina *f* alternativa

alternatively [ɔː'lɜːnətɪvlɪ] *adv (on the other hand)* si no; **a., we could go to the beach** si no, podríamos ir a la playa

alternator ['ɔːltəneɪtə(r)] *n Elec* alternador *m*

although [ɔːl'ðəʊ] *conj* aunque

altimeter ['æltɪmiːtə(r)] *n* altímetro *m*

altitude ['æltɪtjuːd] *n* altitud *f* ▫ ***a. sickness*** mal *m* de altura, *Andes* soroche *m*

alto ['æltəʊ] *Mus* **1** *n* (*pl* **altos**) contralto *m,f*

2 *adj* contralto ▫ ***a. saxophone*** saxo *m* alto

altocumulus [æltəʊ'kju:mjʊləs] *(pl* **altocumuli** [æltəʊ'kju:mjʊlaɪ]) *n Met* altocúmulo *m*

altogether [ɔ:ltə'geðə(r)] **1** *adv* (**a**) *(entirely)* completamente, enteramente; **he soon stopped going a.** pronto dejó de ir definitivamente; **it was a. different** era completamente diferente; **I was not a. pleased** no estaba del todo contento (**b**) *(in total)* en total (**c**) *(on the whole)* en general, *Chile* pilucho(a), *Col* en bola
2 *n* IDIOM *Fam* **in the a.** *(naked)* como Dios lo trajo al mundo, en cueros, *Col* en bola

altostratus [æltəʊ'strɑ:təs] *(pl* **altostrati** [æltəʊ'strɑ:taɪ]) *n Met* altrostrato *m*

altruism ['æltrʊɪzəm] *n* altruismo *m*

altruistic [æltrʊ'ɪstɪk] *adj* altruista

ALU [eɪel'ju:] *n Comptr* (*abbr* **Arithmetic Logic Unit**) UAL *f*

aluminium [æljʊ'mɪnɪəm], *US* **aluminum** [ə'lu:mɪnəm] *n* aluminio *m* ▫ ***a. foil*** papel *m* de aluminio

alumna [ə'lʌmnə] *(pl* **alumnae** [ə'lʌmni:]) *n US* antigua alumna *f*

alumnus [ə'lʌmnəs] *(pl* **alumni** [ə'lʌmnaɪ]) *n US* antiguo alumno *m*

alveolar [ælvɪ'əʊlə(r)] *adj Anat & Ling* alveolar ▫ ***a. ridge*** alveolos *mpl*

alveolus [ælvɪ'əʊləs] *(pl* **alveoli** [ælvɪ'əʊlaɪ]) *n Anat* alveolo *m*

always ['ɔ:lweɪz] *adv* siempre; **I can a. try** siempre puedo intentarlo; **if she won't do it, there's a. Jim** si ella no lo hace, siempre podemos recurrir a Jim

Alzheimer's ['æltshaɪməz] *n* ***A. (disease)*** (enfermedad de) Alzheimer; ***A. patient*** enfermo(a) de Alzheimer

AM ['eɪ'em] *n Rad* (*abbr* **amplitude modulation**) AM, onda *f* media

a.m. ['eɪ'em] *adv* (*abbr* **ante meridiem**) a.m., de la mañana; **5 a.m.** las 5 de la mañana

am [æm] *1st person singular of* **be**

amalgam [ə'mælgəm] *n* amalgama *f*

amalgamate [ə'mælgəmeɪt] **1** *vt* (**a**) *(metals, ideas)* amalgamar (**b**) *(companies)* fusionar
2 *vi (of companies)* unirse, fusionarse

amaryllis [æmə'rɪlɪs] *n* amarilis *f*

amass [ə'mæs] *vt (wealth)* amasar; *(objects, information, evidence)* acumular, reunir

amateur ['æmətə(r)] **1** *n (non-professional) & Pej* aficionado(a) *m,f*
2 *adj (painter, musician)* aficionado(a); *Pej (work, performance)* de aficionado; **it was a rather a. job** fue un trabajo chapucero *or* de aficionados

amateurish ['æmə'tərɪʃ] *adj Pej* chapucero(a)

amaze [ə'meɪz] *vt* asombrar, pasmar; **to be amazed at** *or* **by sth** quedarse atónito(a) *or* pasmado(a) ante algo

amazement [ə'meɪzmənt] *n* asombro *m*, estupefacción *f*; **she watched in a.** miró asombrada; **to our a., he agreed** para sorpresa nuestra, accedió

amazing [ə'meɪzɪŋ] *adj* (**a**) *(surprising)* asombroso(a), extraordinario(a); **it's a. that no one was hurt** es increíble que nadie resultara herido (**b**) *(excellent)* genial, extraordinario(a)

amazingly [ə'meɪzɪŋlɪ] *adv (extremely)* increíblemente, extraordinariamente; **a. (enough)** increíblemente, por extraño que parezca

Amazon ['æməzən] *n* (**a**) **the A.** *(river)* el Amazonas; *(region)* la Amazonia (**b**) *(female warrior)* amazona *f*

ambassador [æm'bæsədə(r)] *n* embajador(ora) *m,f*

amber ['æmbə(r)] **1** *n* ámbar *m*
2 *adj* ambarino(a) ▫ *Br* ***a. light*** semáforo *m* en ámbar

ambidextrous [æmbɪ'dekstrəs] *adj* ambidextro(a), ambidiestro(a)

ambience, ambiance ['æmbɪəns] *n* ambiente *m*

ambient ['æmbɪənt] *adj (temperature)* ambiente, ambiental; *(noise, lighting)* ambiental

ambiguity [æmbɪ'gju:ɪtɪ] *n* ambigüedad *f*

ambiguous [æm'bɪgjʊəs] *adj* ambiguo(a)

ambition [æm'bɪʃən] *n* ambición *f*

ambitious [æm'bɪʃəs] *adj (person, plan)* ambicioso(a); **it's a bit a. for our first attempt** es demasiado ambicioso para un primer intento; **they're a. for their children** tienen grandes ambiciones para sus hijos

ambivalence [æm'bɪvələns] *n* ambivalencia *f* (**about** *or* **towards** respecto a)

ambivalent [æm'bɪvələnt] *adj* ambivalente (**about** *or* **towards** respecto a)

amble ['æmbəl] **1** *n* paseo *m*
2 *vi (of person)* deambular

ambulance ['æmbjʊləns] *n* ambulancia *f* ▫ *US Pej* ***a. chaser*** = abogado que busca a víctimas de accidentes para poner juicios a los responsables con el objeto de obtener lucrativas indemnizaciones; ***a. man/woman*** hombre *m*/mujer *f* de la ambulancia, ambulanciero(a) *m,f*

ambush ['æmbʊʃ] **1** *n also Fig* emboscada *f*; **to lie in a. for sb** acechar a alguien *(para atacarlo)*
2 *vt also Fig* tender una emboscada a

ameba *US* = **amoeba**

ameliorate [ə'mi:ljəreɪt] *vt & vi Formal* mejorar

amen [ɑ:'men] *exclam Rel* amén

amenable [ə'mi:nəbəl] *adj* receptivo(a); **to be a. to reason** atender a razones; **to prove a. to a suggestion** acoger bien una sugerencia

amend [ə'mend] *vt* (**a**) *(text, law)* enmendar, modificar; *(plans, schedule)* modificar (**b**) *(error)* corregir

amendment [ə'mendmənt] *n* (**a**) *(to text, law)* enmienda *f* (**to** a), modificación *f* (**to** de); *(to plans, schedule)* modificación *f* (**b**) *(of error)* corrección *f*

amends [ə'mendz] *npl* **to make a. (for sth)** compensar (algo); **to make a. to sb for sth** resarcir a alguien por *or* de algo

amenities [ə'mi:nɪtɪz] *npl* comodidades *fpl*, servicios *mpl*

amenorrhea, *Br* **amenorrhoea** [əmenə'rɪə] *n Med* amenorrea *f*

America [ə'merɪkə] *n (United States)* los Estados Unidos, América; *(continent)* América ▫ ***the A.'s Cup*** *(in sailing)* la Copa del América

American [ə'merɪkən] **1** *n (from USA)* estadounidense *mf*, americano(a) *m,f*
2 *adj (of USA)* estadounidense, americano(a); *(of continent)* americano(a) ▫ ***the A. Civil War*** la guerra civil *or* de secesión americana; ***the A. Dream*** el sueño americano; ***A. football*** fútbol *m* americano; ***A. Indian*** amerindio(a) *m,f*

Americanism [ə'merɪkənɪzəm] *n* americanismo *m*

Americanization [əmerɪkənaɪ'zeɪʃən] *n* americanización *f*

Amerindian [æmə'rɪndɪən] *n & adj* amerindio(a) *m,f*

amethyst ['æmɪθɪst] *n* amatista *f*

amiable ['eɪmɪəbəl] *adj* afable, amable

amiably ['eɪmɪəblɪ] *adv* agradablemente, amablemente

amicable ['æmɪkəbəl] *adj (relationship, agreement)* amistoso(a), amigable

amicably ['æmɪkəblɪ] *adv* amistosamente

amid [ə'mɪd], **amidst** [ə'mɪdst] *prep* entre, en medio de

amide ['æmaɪd] *n Chem* amida *f*

amine ['æmi:n] *n Chem* amina *f*

amino acid [ə'mi:nəʊ'æsɪd] *n Biol* aminoácido *m*

amiss [ə'mɪs] *adj & adv* **there's something a.** algo va mal; **to take sth a.** tomarse algo a mal; **a cup of coffee wouldn't go a.** no vendría mal un café

ammeter ['æmi:tə(r)] *n Elec* amperímetro *m*

ammo ['æməʊ] *n Fam* munición *f*, municiones *fpl*

ammonia [ə'məʊnɪə] *n* amoniaco *m*

ammonium [ə'məʊnɪəm] *n* ***a. sulphate*** sulfato *m* amónico

ammunition [æmjʊ'nɪʃən] *n (for guns)* munición *f*; *Fig (in debate, argument)* argumentos *mpl* ▫ ***a. dump*** depósito *m* de municiones

amnesia [æm'ni:zɪə] *n Med* amnesia *f*

amnesty ['æmnɪstɪ] *n* amnistía *f*

amniocentesis [æmnɪəʊsen'ti:sɪs] *n Med* amniocentesis *f*

amniotic [æmnɪ'ɒtɪk] *adj* amniótico(a) ▫ ***a. fluid*** líquido *m* amniótico

amoeba, *US* **ameba** [ə'mi:bə] *n* ameba *f*

amoebic dysentery [ə'mi:bɪk'dɪsəntrɪ] *n* disentería *f* amebiana

amok [ə'mɒk] *adv* **the demonstrators ran a. through the town** los manifestantes se descontrolaron y recorrieron la ciudad destrozando todo a su paso; **a gunman ran a.** un hombre perturbado disparó indiscriminadamente contra la multitud

among [ə'mʌŋ], **amongst** [ə'mʌŋst] *prep* entre; **we are a. friends** estamos entre amigos; **a. the best** entre los mejores; **a. other things** entre otras cosas; **they quarrel a. themselves** se pelean entre ellos; **the money was divided a. them** se repartió el dinero entre ellos

amoral [eɪ'mɒrəl] *adj* amoral

amorous ['æmərəs] *adj* apasionado(a)

amorphous [ə'mɔ:fəs] *adj* amorfo(a)

amount [ə'maʊnt] *n* cantidad *f*; **a certain a. of discomfort** una cierta incomodidad; **there are any a. of options** no faltan opciones; **no a. of money would persuade me to do it** no lo haría ni por todo el oro del mundo

▸**amount to** *vt insep* (**a**) *(add up to)* ascender a; **her debts a. to £700** sus deudas ascienden a 700 libras (**b**) *(mean)* **it amounts to the same thing** viene a ser lo mismo, equivale a lo mismo; **the savings don't a. to much** los ahorros no son gran cosa; **he'll never a. to much** *or* **anything** nunca llegará a nada

amp [æmp] *n* (**a**) *Elec (unit)* amperio *m*; **a 13-a. plug** un enchufe (con fusible) de 13 amperios (**b**) *Fam (amplifier)* amplificador *m*

amperage ['æmpərɪdʒ] *n* amperaje *m*

ampere ['æmpeə(r)] *n Elec* amperio *m*

ampersand ['æmpəsænd] *n Typ* = signo "&"

amphetamine [æm'fetəmɪn] *n* anfetamina *f*

amphibian [æm'fɪbɪən] *n & adj* anfibio *m*

amphibious [æm'fɪbɪəs] *adj (animal, vehicle)* anfibio(a)

amphitheatre, *US* **amphitheater** ['æmfɪθɪətə(r)] *n* anfiteatro *m*

ample ['æmpəl] *adj* (**a**) *(large) (garment)* amplio(a); *(bosom, proportions)* abundante (**b**) *(plentiful)* sobrado(a), abundante; **this will be a.** esto será más que suficiente; **to have a. time/opportunity to do sth** tener tiempo/ocasiones de sobra para hacer algo

amplification [æmplɪfɪ'keɪʃən] *n* (**a**) *(of sound)* amplificación *f* (**b**) *(of remarks)* ampliación *f*

amplifier ['æmplɪfaɪə(r)] *n* amplificador *m*

amplify ['æmplɪfaɪ] *vt* (**a**) *(current, volume)* amplificar (**b**) *(remarks)* ampliar

amplitude ['æmplɪtju:d] *n Phys (of wave, signal)* amplitud *f* ▫ *Rad* ***a. modulation*** modulación *f* de la amplitud

amply ['æmplɪ] *adv* abundantemente; **a. proportioned** amplio(a)

ampoule, *US* **ampule** ['æmpu:l] *n* ampolla *f*

amputate ['æmpjʊteɪt] *vt* amputar

amputation [æmpjʊ'teɪʃən] *n* amputación *f*

amputee [æmpjʊ'ti:] *n* amputado(a) *m,f*

Amsterdam [æmstə'dæm] *n* Amsterdam

amuck [ə'mʌk] = **amok**

amulet ['æmjʊlɪt] *n* amuleto *m*

amuse [ə'mju:z] *vt* (**a**) *(make laugh)* divertir (**b**) *(occupy)* distraer; **to a. oneself by doing sth** divertirse haciendo algo; **to keep sb amused** entretener a *or* distraer a alguien

amusement [ə'mju:zmənt] *n* (**a**) *(enjoyment)* diversión *f*; **much to everyone's a.** para regocijo *or* diversión de todos (**b**) *(pastime)* distracción *f*, entretenimiento *m* ▫ ***a. arcade*** salón *m* recreativo; ***a. park*** parque *m* de atracciones

amusing [ə'mju:zɪŋ] *adj* divertido(a)

an [æn] *see* **a**[2]

anabolic [ænə'bɒlɪk] *adj* anabólico(a) ▫ ***a. steroid*** (esteroide *m*) anabolizante *m*

anachronism [ə'nækrənɪzəm] *n* anacronismo *m*

anachronistic [ənækrə'nɪstɪk] *adj* anacrónico(a)

anaconda [ænə'kɒndə] *n* anaconda *f*

anaemia, *US* **anemia** [ə'ni:mɪə] *n* anemia *f*

anaemic, *US* **anemic** [ə'ni:mɪk] *adj Med* anémico(a); *Fig (weak)* pobre

anaerobic [ænə'rəʊbɪk] *adj Biol (organism, respiration)* anaerobio(a)

anaesthesia, *US* **anesthesia** [ænəs'θi:zɪə] *n* anestesia *f*

anaesthetic, *US* **anesthetic** [ænəs'θetɪk] *n* anestesia *f*, anestésico *m*; **under a.** bajo (los efectos de la) anestesia ▫ ***local/general a.*** anestesia *f* local/general

anaesthetist, *US* **anesthetist** [ə'ni:sθətɪst] *n* anestesista *mf*

anaesthetize, *US* **anesthetize** [ə'ni:sθətaɪz] *vt Med* anestesiar

anagram ['ænəgræm] *n* anagrama *m*

anal ['eɪnəl] *adj Anat & Psy* anal

analgesic [ænəl'dʒi:zɪk] **1** *n* analgésico *m*

2 *adj* analgésico(a)

analog *US* = **analogue**

analogous [ə'næləgəs] *adj* análogo(a) (**to** a)

analogously [ə'næləgəslɪ] *adv* análogamente

analogue, *US* **analog** ['ænəlɒg] **1** *n* equivalente *m*

2 *adj* analógico(a) ▫ ***a. clock*** reloj *m* analógico; ***a. computer*** *Esp* ordenador *m or Am* computador *m* analógico

analogy [ə'nælədʒɪ] *n* analogía *f*; **to draw an a. between two things** establecer una analogía entre dos cosas; **by a.** por analogía

analyse, *US* **analyze** ['ænəlaɪz] *vt* analizar; *Psy* psicoanalizar

analysis [ə'næləsɪs] (*pl* **analyses** [ə'næləsi:z]) *n* (**a**) *(examination, interpretation)* análisis *m inv*; **in the final a.** a fin de cuentas (**b**) *Psy* psicoanálisis *m inv*; **to be in a.** estar psicoanalizándose

analyst ['ænəlɪst] *n* (**a**) analista *mf* (**b**) *Psy* psicoanalista *mf*

analytic(al) [ænə'lɪtɪk(əl)] *adj* analítico(a)

analyze *US* = **analyse**

anarchic [ə'nɑ:kɪk] *adj* anárquico(a)

anarchism ['ænəkɪsm] *n* anarquismo *m*

anarchist ['ænəkɪst] *n* anarquista *mf*

anarchistic [ænə'kɪstɪk] *adj* anarquista

anarchy ['ænəkɪ] *n* anarquía *f*

anathema [ə'næθəmə] *n* (**a**) *Rel* anatema *m* (**b**) *(repellent)* **the very idea was a. to her** la sola idea le resultaba repugnante

anatomical [ænə'tɒmɪkəl] *adj* anatómico(a)

anatomist [ə'nætəmɪst] *n* anatomista *mf*

anatomy [ə'nætəmɪ] *n* (**a**) *(science)* anatomía *f* (**b**) *Fig (of crisis, social phenomenon)* análisis *m*

ANC [eɪen'si:] *n* (*abbr* **African National Congress**) ANC *m*, Congreso *m* Nacional Africano

ancestor ['ænsestə(r)] *n* antepasado(a) *m,f*

ancestral [æn'sestrəl] *adj* de los antepasados ▫ ***a. home*** casa *f* solariega

ancestry ['ænsestrɪ] *n (descent)* linaje *m*, abolengo *m*

anchor ['æŋkə(r)] **1** *n* (**a**) *Naut* ancla *f*; **at a.** fondeado(a), anclado(a); **to drop a.** echar el ancla, fondear; **to weigh a.** levar anclas (**b**) *(of team)* eje *m*

2 *vt* (**a**) *Naut* fondear, anclar (**b**) *(fix securely)* sujetar, anclar (**to** a) (**c**) *(radio, TV programme)* presentar

3 *vi Naut* fondear, anclar

anchorage ['æŋkərɪdʒ] *n* (**a**) *(place)* fondeadero *m* (**b**) *(charge)* anclaje *m*

anchorman ['æŋkəmən] *n (in radio, TV programme)* presentador *m*, locutor *m*

anchorwoman ['æŋkəwʊmən] *n (in radio, TV programme)* presentadora *f*, locutora *f*

anchovy ['æntʃəvɪ] *n (live, pickled)* boquerón *m*; *(salted)* anchoa *f*

ancient ['eɪnʃənt] **1** *n* **the ancients** los antiguos

2 *adj* antiguo(a); *Fam (car, clothes)* vetusto(a); **he's forty? that's a.!** ¿cuarenta años? ¡qué carroza! ▫ ***a. history*** historia *f* antigua; IDIOM **that's a. history** eso pasó a la historia; ***A. Rome*** la antigua Roma

ancillary [æn'sɪlərɪ] *adj (staff, workers)* auxiliar

AND [ænd, *unstressed* ənd, ən] *conj* (**a**) *(in general)* y; *(before* **i, hi***)* e; **she can read a. write** sabe leer y escribir; **father a. son** padre e hijo; **my father a. brother** mi padre y mi hermano; **chicken a. chips** pollo con patatas fritas; **rum a. raisin** ron con pasas; **go a. look for it** ve a buscarlo; **come a. see me** ven a verme; **try a. help me** intenta ayudarme; **wait a. see** espera a ver; **nice a. warm** bien calentito(a); **they will receive money a./or food** recibirán dinero o alimentos o ambos, recibirán dinero y/o alimentos; **do that again a. I'll hit you!** como hagas eso otra vez, te pego;

(**b**) *(in numbers)* **two hundred a. two** doscientos dos; **four a. a half** cuatro y medio; **two a. a quarter percent** *(written)* 2,25 por ciento; *(spoken)* dos como

veinticinco por ciento;an hour a. twenty minutes una hora y veinte minutos; **four a. five make nine** cuatro y cinco, nueve
(**c**) *(expressing, repetition)* **hours a. hours** horas y horas; **better a. better** cada vez mejor; **she talked a. talked** no paraba de hablar; **you just moan a. moan** no haces más que quejarte
(**d**) *(introducing a statement or question)* **a. now, the weather** y ahora, el tiempo; **John rang me — a. who's he?** me llamó John – ¿y quién es John?
(**e**) *Fam (so what?)* **I've read all the works of Shakespeare — a.?** he leído todas las obras de Shakespeare – ¿y?
(**f**) **a. so on (a. so forth)** etcétera, etcétera

Andalusia [ændəˈluːsɪə] *n* Andalucía

Andalusian [ændəˈluːsɪən] *n & adj* andaluz(uza) *m,f*

andante [ænˈdænteɪ] *Mus* **1** *n* andante *m*
2 *adv* andante

Andean [ˈændɪən] *adj* andino(a)

Andes [ˈændiːz] *npl* **the A.** los Andes

Andorra [ænˈdɔːrə] *n* Andorra

Andorran [ænˈdɔːrən] *n & adj* andorrano(a) *m,f*

androgynous [ænˈdrɒdʒɪnəs] *adj* (**a**) *Biol* hermafrodita, andrógino(a) (**b**) *Fig (person, appearance)* andrógino

android [ˈændrɔɪd] *n* androide *m*

anecdotal [ænɪkˈdəʊtəl] *adj* anecdótico(a)

anecdote [ˈænɪkdəʊt] *n* anécdota *f*

anemia, anemic *US* = **anaemia, anaemic**

anemometer [ænəˈmɒmɪtə(r)] *n* anemómetro *m*

anemone [əˈnemənɪ] *n (flower)* anémona *f* ▫ ***sea a.*** anémona *f* de mar

anesthesia, anesthetic *etc US* = **anaesthesia, anaesthetic** *etc*

aneurism [ˈænjərɪzəm] *n Med* aneurisma *m*

anew [əˈnjuː] *adv* de nuevo

angel [ˈeɪndʒəl] *n* ángel *m*; *Fam* **you're an a.!** ¡eres un ángel *or* un sol! ▫ *Fam* ***a. dust*** polvo *m* de ángel

Angeleno [ændʒəˈliːnəʊ] (*pl* **Angelenos**) *n* = habitante o nativo de Los Ángeles

angelic [ænˈdʒelɪk] *adj* angelical

angelica [ænˈdʒelɪkə] *n* (**a**) *(plant)* angélica *f* (**b**) *(for decorating cakes)* = tallos de angélica escarchados que se emplean para decorar pasteles

anger [ˈæŋgə(r)] **1** *n* ira *f*, enfado *m*, *Am* enojo *m*; **a fit of a.** un ataque de ira; **to speak in a.** hablar con ira
2 *vt* enfadar, *Am* enojar
3 *vi* **to be slow to a.** tardar en enfadarse *or Am* enojarse; **to be quick to a.** enfadarse *or Am* enojarse con facilidad

angina [ænˈdʒaɪnə] *n Med* angina *f* (de pecho)

angle [ˈæŋgəl] **1** *n* (**a**) *Math* ángulo *m*; **an a. of 90°, a 90° a.** un ángulo de 90° ▫ ***a. of approach*** *(of plane)* ángulo *m* de aproximación
(**b**) *Phys* ***a. of incidence*** ángulo *m* de incidencia; ***a. of reflection*** ángulo *m* de reflexión; ***a. of refraction*** ángulo *m* de refracción
(**c**) *(viewpoint)* ángulo *m*, punto *m* de vista; **seen from this a.** visto(a) desde este ángulo; **we need a new a. on this story** necesitamos dar un nuevo enfoque a esta historia
2 *vt (slant)* inclinar; **the programme is angled towards the youth market** el programa está dirigido principalmente al público juvenil
3 *vi* (**a**) *(slant)* inclinarse
(**b**) *(fish)* pescar con caña
(**c**) *Fam* **to a. for an invitation** a la caza *or Chile, RP* la pesca de una invitación

Anglepoise lamp® [ˈæŋgəlpɔɪzˈlæmp] *n* flexo *m*

angler [ˈæŋglə(r)] *n (person)* pescador(ora) *m,f* (de caña) ▫ ***a. fish*** rape *m*

Anglican [ˈæŋglɪkən] *n & adj Rel* anglicano(a) *m,f*

anglicism [ˈæŋglɪsɪzəm] *n* anglicismo *m*

anglicize [ˈæŋglɪsaɪz] *vt* anglicanizar

angling [ˈæŋglɪŋ] *n* pesca *f* con caña

Anglo [ˈæŋgləʊ] (*pl* **Anglos**) *n US* blanco(a) *m,f (no hispano)*

Anglo- [ˈæŋgləʊ] *prefix* anglo-

Anglo-American [ˈæŋgləʊəˈmerɪkən] *adj* angloamericano(a)

anglophile [ˈæŋgləfaɪl] *n* anglófilo(a) *m,f*

anglophobe [ˈæŋgləfəʊb] *n* anglófobo(a) *m,f*

anglophone [ˈæŋgləfəʊn] *n & adj* anglófono(a) *m, f*

Anglo-Saxon [ˈæŋgləʊˈsæksən] *n & adj* anglosajón(ona) *m,f*

Angola [æŋˈgəʊlə] *n* Angola

Angolan [æŋˈgəʊlən] *n & adj* angoleño(a) *m,f*

angora [æŋˈgɔːrə] *n (textile)* angora *f* ▫ ***a. goat*** cabra *f* de angora; ***a. rabbit*** conejo *m* de angora

Angostura bitters® [æŋgəˈstjʊərə ˈbɪtəz] *npl* angostura *f*

angrily [ˈæŋgrɪlɪ] *adv* airadamente, con enfado *or Am* enojo

angry [ˈæŋgrɪ] *adj* (**a**) *(person)* enfadado(a), *Am* enojado(a); *(voice, letter)* airado(a); **to be a. (with sb/about sth)** estar enfadado(a) *or Am* enojado(a) (con alguien/por algo); **to get a.** enfadarse, *Am* enojarse; **to make sb a.** (hacer) enfadar *or Am* enojar a alguien, hacer que alguien se enfade *or Am* enoje (**b**) *(sea, sky)* tempestuoso(a) (**c**) *(sore, wound)* irritado(a), inflamado(a)

angst [æŋst] *n* angustia *f*

angst-ridden [ˈæŋstrɪdən] *adj* lleno(a) de angustia

angstrom [ˈæŋstrəm] *n Phys* angstrom *m*

anguish [ˈæŋgwɪʃ] *n* angustia *f*

anguished [ˈæŋgwɪʃt] *adj* angustiado(a)

angular [ˈæŋgjʊlə(r)] *adj* (**a**) *(face, shape)* anguloso(a) (**b**) *Phys* ***a. acceleration*** aceleración *f* angular; ***a. momentum*** momento *m* angular

anhydride [ænˈhaɪdraɪd] *n Chem* anhídrido *m*

anhydrous [ænˈhaɪdrəs] *adj Chem* anhidro(a)

aniline [ˈænɪlɪn] *n* anilina *f*

animal [ˈænɪməl] *n (creature)* animal *m*; **he's an a.** *(uncivilized person)* es un animal, es un bestia ▫ ***the a. kingdom*** el reino animal; ***a. life*** fauna *f*; ***a. lover*** amante *mf* de los animales; ***a. magnetism*** magnetismo *m* animal; ***a. rights*** derechos *mpl* de los animales

animate **1** *adj* [ˈænɪmɪt] animado(a)
2 *vt* [ˈænɪmeɪt] animar

animated [ˈænɪmeɪtɪd] *adj (expression, discussion)* animado(a); **to be a.** estar animado(a); **to become a.** animarse ▫ ***a. cartoon*** (película *f* de) dibujos *mpl* animados

animation [ænɪˈmeɪʃən] *n* animación *f*

animator [ˈænɪmeɪtə(r)] *n Cin* animador(ora) *m,f*

animatronics [ænɪməˈtrɒnɪks] *n Cin* animación *f* (asistida) por *Esp* ordenador *or Am* computadora

animism [ˈænɪmɪzəm] *n Rel* animismo *m*

animosity [ænɪˈmɒsɪtɪ] *n* animosidad *f*

animus [ˈænɪməs] *n Formal (intense dislike)* animadversión *f*, animosidad *f*

anion [ˈænaɪən] *n Chem* anión *m*

anise [ˈænɪs] *n* anís *m (planta)*

aniseed [ˈænɪsiːd] *n* anís *m* ▫ ***a. ball*** bolita *f* de anís

Ankara [ˈæŋkərə] *n* Ankara

ankle [ˈæŋkəl] *n* tobillo *m* ▫ ***a. boots*** botines *mpl*; ***a. socks*** calcetines *mpl* cortos, *Chile, RP* zoquetes *mpl*, *Col* medias *fpl* tobilleras

anklet [ˈæŋklət] *n (ankle bracelet)* pulsera *f* para el tobillo

annals [ˈænəlz] *npl Hist & Literary* anales *mpl*

annex **1** *vt* [æˈneks] *(territory)* anexionar, anexar
2 *n* [ˈæneks] *US* = **annexe**

annexation [ænekˈseɪʃən] *n* anexión *f*

annexe, *US* **annex** [ˈæneks] *n* (**a**) *(of building)* edificio *m* anejo (**b**) *(of document)* anexo *m*

annihilate [əˈnaɪəleɪt] *vt* aniquilar

annihilation [ənaɪəˈleɪʃən] *n* aniquilación *f*

anniversary [ænɪˈvɜːsərɪ] *n* aniversario *m*

anno Domini [ˈænəʊˈdɒmɪnaɪ] *adv* después de Cristo

annotate [ˈænəteɪt] *vt* anotar

annotated [ˈænəteɪtɪd] *adj* anotado(a)

announce [əˈnaʊns] **1** *vt* (**a**) *(make known)* anunciar (**b**) *(declare)* **"I think you're all wrong," she announced** "creo que estáis todos equivocados", declaró *or* anunció

2 *vi US (declare one's candidacy)* **she announced for governor** hizo pública *o* anunció su candidatura al puesto de gobernador

announcement [ə'naʊnsmənt] *n (of news)* anuncio *m*; *(formal statement)* declaración *f*, anuncio *m*

announcer [ə'naʊnsə(r)] *n (on radio, TV programme)* presentador(ora) *m,f*

annoy [ə'nɔɪ] *vt* fastidiar, enfadar, *Am* enojar; **to get annoyed** molestarse, enfadarse, *Am* enojarse; **to be annoyed with sb** estar molesto(a) *or* enfadado(a) *or Am* enojado(a) con alguien

annoyance [ə'nɔɪəns] *n* **(a)** *(feeling)* enfado *m*, *Am* enojo *m* **(b)** *(annoying thing)* molestia *f*, fastidio *m*

annoying [ə'nɔɪɪŋ] *adj* molesto(a), irritante; **he has an a. habit of interrupting me** tiene la mala *or* molesta costumbre de interrumpirme; **how a.!** ¡qué fastidio!

annoyingly [ə'nɔɪɪŋlɪ] *adv* irritantemente; **a. enough, I saw the same dress in the sales a month later** ¡qué fastidio!, vi el mismo vestido en las rebajas un mes después

annual ['ænjʊəl] **1** *n* **(a)** *(plant)* planta *f* anual **(b)** *(book)* anuario *m*; *(for children)* = libro grueso de historietas de tebeo o de una serie televisiva que se publica cada año

2 *adj* anual ❑ ***a. general meeting*** asamblea *f or* junta *f* general anual; *Fin* ***a. percentage rate*** *(of interest)* tasa *f* anual equivalente, TAE *m o f*

annually ['ænjʊəlɪ] *adv* anualmente

annuity [ə'nju:ɪtɪ] *n* anualidad *f*

annul [ə'nʌl] *(pt & pp* **annulled***) vt Law (contract, marriage)* anular

annulment [ə'nʌlmənt] *n* anulación *f*

anode ['ænəʊd] *n Elec* ánodo *m*

anodized ['ænədaɪzd] *adj* anodizado(a)

anodyne ['ænədaɪn] *adj (bland)* anodino(a), insulso(a)

anoint [ə'nɔɪnt] *vt* ungir (**with** con)

anomalous [ə'nɒmələs] *adj* anómalo(a)

anomaly [ə'nɒməlɪ] *n* anomalía *f*

anon[1] [ə'nɒn] *adv Literary (soon)* pronto

anon[2] *n (abbr* **anonymous***)* anón., anónimo

anonymity [ænə'nɪmɪtɪ] *n* anonimato *m*

anonymous [ə'nɒnɪməs] *adj (gift, donor)* anónimo(a); *(organization, suburb)* impersonal; **to remain a.** permanecer en el anonimato ❑ *Comptr* ***a. FTP*** FTP *m* anónimo; ***a. letter*** carta *f* anónima, anónimo *m*

anonymously [ə'nɒnɪməslɪ] *adv* anónimamente

anorak ['ænəræk] *n* **(a)** *(jacket)* anorak *m* **(b)** *Br Fam (person)* petardo(a) *m,f*, *Esp* muermo *m*, *Chile* fome, *Ven* aguado(a)

anorexia [ænə'reksɪə] *n Med* anorexia *f* ❑ ***a. nervosa*** anorexia *f* nerviosa

anorexic [ænə'reksɪk] *adj Med* anoréxico(a)

ANOTHER [ə'nʌðə(r)] **1** *adj* otro(a); **a. one** otro(a); **a. cup of tea** otra taza de té; **let's do it a. way** vamos a hacerlo de otra manera; **it lasted for a. fifty years** duró otros cincuenta años *or* cincuenta años más; **there are a. two weeks to go** quedan otras dos semanas; **I'll be ready in a. five minutes** estaré listo en cinco minutos más; **don't say a. word** ni una palabra más; **they say he's a. Einstein** dicen que es un nuevo Einstein; **it's just a. day at the office to her** para ella no es más que otro día en la oficina; **that's quite a. matter, that's a. matter** *or* **thing altogether** eso es algo (totalmente) distinto; **a. time, perhaps** *(declining invitation)* quizá en otra ocasión; **he's made yet a. mistake** ha vuelto a equivocarse una vez más

2 *pron* **(a)** *(in general)* otro(a) *m,f*; **give me a.** dame otro; **the government has gone from one scandal to a.** el gobierno ha ido de escándalo en escándalo; **we all have problems of one sort or a.** todos tenemos problemas de algún tipo; **for one thing I don't like her, and for a....** no sólo no me gusta, sino que además...; **what with one thing and a., I forgot** entre unas cosas y otras, se me olvidó

(b) *(reciprocal)* **they saw one a.** se vieron; **they gave one a. presents** se dieron regalos; **we always help one a.** siempre nos ayudamos el uno al otro; **we like to spend time with one a.** nos gusta pasar tiempo juntos

ANSI ['ænsɪ] *n Comptr (abbr* **American National Standards Institute***)* = instituto estadounidense de normalización

ANSWER ['ɑ:nsə(r)] **1** *n (to question, letter)* respuesta *f*, contestación *f* (**to** a); *(in exam)* respuesta *f*; *(to problem)* solución *f* (**to** de); **to give sb an a.** dar una respuesta a alguien, contestar a alguien; **she made no a.** no respondió; **I knocked, but there was no a.** llamé a la puerta, pero no hubo respuesta; **there's no a.** *(on telephone)* no contestan; **he has an a. to everything** tiene respuesta para todo; **to know all the answers** saberlo todo; **he was Britain's a. to de Gaulle** fue el de Gaulle británico; **in a. to your comments** para responder a tus comentarios, en respuesta a tus comentarios; *Formal* **in a. to your letter** en respuesta a su carta; *Fig* **that would be the a. to our prayers** eso nos vendría como llovido del cielo

2 *vt* **(a)** *(person, question, letter, advertisement)* responder a, contestar; *(in exam)* responder a; *(problem)* solucionar; **to a. the telephone** contestar *or Esp* coger el teléfono; **to a. the door** abrir la puerta; *Fig* **our prayers were answered** nuestras plegarias fueron atendidas

(b) *(respond to) (criticism, accusation)* responder a; **to a. a description/need** responder a una descripción/una necesidad; *Law* **to a. a charge** responder a una acusación

3 *vi* **(a)** *(reply)* responder, contestar; **I knocked, but nobody answered** llamé, pero nadie respondió

(b) *(respond)* **to a. by doing sth** responder haciendo algo

▸**answer back** *vi* **(a)** *(be impertinent)* replicar, contestar; **don't a. back!** ¡no me repliques! **(b)** *(defend oneself)* **I want the opportunity to a. back** quiero tener la oportunidad de contestar *or* defenderme

▸**answer for** *vt insep* **(a)** *(be responsible for)* responder de, ser responsable de; **he has a lot to a. for** tiene mucho que explicar **(b)** *(vouch for)* responder por **(c)** *(speak for)* hablar por

▸**answer to** *vt insep* **(a)** *(be accountable to)* **to a. to sb (for sth)** ser responsable ante alguien (de algo), responder ante alguien (de algo) **(b)** *(correspond to) (description)* responder a **(c)** *(respond)* **the dog answers to the name of Rover** el perro responde al nombre de Rover; *Hum* **he answers to the name of Billy Bob** responde al nombre de Billy Bob

answerable ['ɑ:nsərəbəl] *adj* **to be a. to sb (for sth)** ser responsable ante alguien (de algo), responder ante alguien (de algo); **he acts as if he is a. to no one** se comporta como si no tuviera que responder (de nada) ante nadie

answering machine ['ɑ:nsərɪŋ-'məʃi:n], **answerphone** ['ɑ:nsəfəʊn] *n* contestador *m* (automático)

answering service ['ɑ:nsərɪŋsɜ:vɪs] *n* servicio *m* de atención de llamadas *or Am* llamados

ant [ænt] *n* hormiga *f*; IDIOM **to have ants in one's pants** *(constantly moving)* no poder parar quieto(a) un segundo; *(very restless)* estar hecho(a) un manojo de nervios ❑ ***a. hill*** hormiguero *m*

antacid [æn'tæsɪd] *n* antiácido *m*

antagonism [æn'tægənɪzəm] *n* animadversión *f* (**towards/between** hacia/entre)

antagonist [æn'tægənɪst] *n (opponent)* contrincante *mf*, rival *mf*

antagonize [æn'tægənaɪz] *vt* enfurecer, enfadar, *Am* enojar

Antarctic [ænt'ɑ:ktɪk] **1** *n* **the A.** el Antártico

2 *adj* antártico(a) ❑ ***the A. Circle*** el círculo polar antártico; ***the A. Ocean*** el (océano Glacial) Antártico

Antarctica [æn'tɑ:ktɪkə] *n* la Antártida

ante ['æntɪ] *n* IDIOM *Fam* **to up the a.** *(in gambling, conflict)* elevar la apuesta

anteater ['ænti:tə(r)] *n* oso *m* hormiguero

antecedent [æntɪ'si:dənt] **1** *n* **(a) antecedents** *(ancestors)* antepasados *mpl*; *(previous history)* antecedentes *mpl* **(b)** *Gram* antecedente *m*

2 *adj* precedente

antechamber ['æntɪtʃeɪmbə(r)] *n* antesala *f*

antedate [æntɪ'deɪt] *vt* **(a)** *(precede in time)* anteceder, preceder **(b)** *(letter, document)* poner fecha anterior a la actual a, antedatar

antediluvian [æntɪdɪ'lu:vɪən] *adj Hum* antediluviano(a)

antelope ['æntɪləʊp] (*pl* **antelopes** *or* **antelope**) *n* antílope *m*

antenatal [æntɪ'neɪtəl] *adj* prenatal ▫ ***a. clinic*** clínica *f* de obstetricia *or* de preparación para el parto

antenna [æn'tenə] *n* (**a**) (*pl* **antennae** [æn'teni:]) *(of insect, snail)* antena *f* (**b**) (*pl* **antennas**) *(of radio, TV)* antena *f*

anteroom ['æntɪru:m] *n* antesala *f*

anthem ['ænθəm] *n* himno *m*

anthology [æn'θɒlədʒɪ] *n* antología *f*

anthracite ['ænθrəsaɪt] *n* antracita *f*

anthrax ['ænθræks] *n Med* carbunco *m*, ántrax *m inv*

anthropologist [ænθrə'pɒlədʒɪst] *n* antropólogo(a) *m,f*

anthropology [ænθrə'pɒlədʒɪ] *n* antropología *f*

anthropomorphic [ænθrəpə'mɔ:fɪk] *adj* antropomórfico(a)

anti- ['æntɪ] *pref* anti-; **anti-American** antiamericano(a)

anti-aircraft [æntɪ'eəkrɑ:ft] *adj* antiaéreo(a)

antiballistic [æntɪbə'lɪstɪk] *adj* antibalístico, antimisil

antibiotic [æntɪbaɪ'ɒtɪk] *n* antibiótico *m*

antibody ['æntɪbɒdɪ] *n Med* anticuerpo *m*

Antichrist ['æntɪkraɪst] *n* Anticristo *m*

anticipate [æn'tɪsɪpeɪt] *vt* (**a**) *(expect)* esperar; *(foresee)* prever; **as anticipated, there was trouble** como se preveía, hubo problemas (**b**) *(foreshadow)* anticipar, anunciar (**c**) *(do or say before)* adelantarse a

anticipation [æntɪsɪ'peɪʃən] *n* (**a**) *(foresight)* previsión *f*; **in a. of trouble** en previsión de posibles problemas; **thanking you in a.** *(in letter)* le doy las gracias de antemano; **to show great a.** *(of tennis player, footballer)* tener mucha visión de juego (**b**) *(eagerness)* ilusión *f*, expectación *f*

anticlerical [æntɪ'klerɪkəl] *adj* anticlerical

anticlimax [æntɪ'klaɪmæks] *n* gran decepción *f*

anti-clockwise ['æntɪ'klɒkwaɪz] *Br* **1** *adj* **in an a. direction** en sentido contrario al de las agujas del reloj

2 *adv* en sentido contrario al de las agujas del reloj

anticoagulant [æntɪkəʊ'ægjʊlənt] *n & adj* anticoagulante *m*

anticonvulsant [æntɪkən'vʌlsənt] *n & adj* anticonvulsivo *m*

antics ['æntɪks] *npl* payasadas *fpl*; **he's been up to his usual a.** ha estado haciendo las payasadas de costumbre

anticyclone [æntɪ'saɪkləʊn] *n Met* anticiclón *m*

anti-dazzle [æntɪ'dæzəl] *adj* antirreflector(ora), antirreflejante; **a. headlights** faros *mpl* antideslumbrantes

antidepressant [æntɪdɪ'presənt] **1** *n* antidepresivo *m*

2 *adj* antidepresivo(a)

antidote ['æntɪdəʊt] *n also Fig* antídoto *m* (**to** contra)

antifreeze ['æntɪfri:z] *n* anticongelante *m*

antigen ['æntɪdʒən] *n* antígeno *m*

anti-glare [æntɪ'gleə(r)] *adj Comptr* ***a. filter*** *or* ***screen*** filtro *m* de pantalla

Antigua and Barbuda [æn'ti:gənbɑ:'bju:də] *n* Antigua y Barbuda

antihero ['æntɪhɪərəʊ] *n* antihéroe *m*

antiheroine [æntɪ'herəʊɪn] *n* antiheroína *f*

antihistamine [æntɪ'hɪstəmi:n] **1** *n* antihistamínico *m*

2 *adj* antihistamínico(a) ▫ ***a. drug*** antihistamínico *m*

anti-inflammatory [æntɪɪn'flæmətərɪ] **1** *n* antiinflamatorio *m*

2 *adj* antiinflamatorio(a) ▫ ***a. drug*** antiinflamatorio *m*

anti-inflationary [æntɪɪn'fleɪʃənərɪ] *adj* antiinflacionario(a), antiinflacionista

antiknock [æntɪ'nɒk] *n* antidetonante *m*

anti-lock ['æntɪlɒk] *adj (brakes)* antibloqueo, ABS

antimony ['æntɪmənɪ] *n* antimonio *m*

antioxidant [æntɪ'ɒksɪdənt] **1** *n* antioxidante *m*

2 *adj* antioxidante

antipathy [æn'tɪpəθɪ] *n* antipatía *f*

antiperspirant [æntɪ'pɜ:spərənt] *n* antitranspirante *m*

antipodean [æntɪpə'di:ən] **1** *n Hum (Australian)* australiano(a) *m,f*

2 *adj* (**a**) *Geog* antípoda, de las antípodas (**b**) *Hum* australiano(a)

antipodes [æn'tɪpədi:z] *npl Geog* antípodas *mpl o fpl*; *Br* **the A.** las antípodas *(Australia y Nueva Zelanda)*

antiquarian [æntɪ'kweərɪən] **1** *n (dealer)* anticuario(a) *m,f*; *(collector)* coleccionista *mf* de antigüedades

2 *adj (book)* antiguo(a) ▫ ***a. bookshop*** = librería especializada en libros antiguos

antiquated ['æntɪkweɪtɪd] *adj* anticuado(a)

antique [æn'ti:k] **1** *n* antigüedad *f* ▫ ***a. dealer*** anticuario(a) *m,f*; ***a. shop*** tienda *f* de antigüedades

2 *adj* antiguo(a) ▫ ***a. furniture*** muebles *mpl* antiguos

antiquity [æn'tɪkwɪtɪ] *n* antigüedad *f*

antiracist [æntɪ'reɪsɪst] *adj* antirracista

anti-Semitic [æntɪsɪ'mɪtɪk] *adj (person)* antisemita; *(beliefs, remarks)* antisemítico(a)

antiseptic [æntɪ'septɪk] **1** *n Med* antiséptico *m*

2 *adj* (**a**) *(antibacterial)* antiséptico(a) (**b**) *Fig (lacking character or warmth)* aséptico(a)

antisocial [æntɪ'səʊʃəl] *adj* (**a**) *(disruptive)* incívico(a), antisocial (**b**) *(unsociable)* insociable

antitank [æntɪ'tæŋk] *adj* anticarro(a)

antitheft [æntɪ'θeft] *adj* antirrobo

antithesis [æn'tɪθɪsɪs] (*pl* **antitheses** [æn'tɪθɪsi:z]) *n* antítesis *f inv*

antitrust [æntɪ'trʌst] *adj US* antimonopolio *inv* ▫ ***a. law*** ley *f* antimonopolio

antivirus [æntɪ'vaɪrəs] *adj (Comptr) (program, software)* antivirus

antler ['æntlə(r)] *n* cuerno *m*; **antlers** cornamenta *f*

antonym ['æntənɪm] *n* antónimo *m*

Antwerp ['æntwɜ:p] *n* Amberes

anus ['eɪnəs] *n* ano *m*

anvil ['ænvɪl] *n* yunque *m*

anxiety [æŋ'zaɪətɪ] *n* (**a**) *(worry, concern)* preocupación *f*; *(anguish, impatience)* ansiedad *f*; **her behaviour has been the cause of great a.** su comportamiento ha causado gran preocupación (**b**) *(eagerness)* ansia *f*, afán *m*; **in her a. not to offend…** en su afán por no ofender… (**c**) *Med* ansiedad *f*

anxious ['æŋkʃəs] *adj* (**a**) *(worried)* preocupado(a); *(anguished, impatient)* ansioso(a); **to be a. (for)** estar preocupado(a) (por); **I am a. about his health** me preocupa su salud; **he was a. that all his work might come to nothing** temía que todo su trabajo quedara en nada

(**b**) *(worrying)* **an a. moment** un momento de preocupación; **it was an a. time for us** en esos momentos estábamos muy preocupados

(**c**) *(eager)* **to be a. to do sth** estar ansioso(a) por hacer algo; **I was a. that our message should be clear** mi mayor deseo era que nuestro mensaje quedara claro

anxiously ['æŋkʃəslɪ] *adv (worriedly)* con preocupación; *(with anguish, impatience)* ansiosamente

ANY ['enɪ] **1** *pron* (**a**) *(some)* **have you got a.?** *(with plural nouns)* ¿tienes alguno(a)?; *(with uncountable nouns)* ¿tienes algo?; **I fancy some biscuits, have you got a.?** me apetecen unas galletas, ¿tienes?; **are there a. left?** ¿queda alguno(a)?; **is there a. left?** ¿queda algo?; **is there a. more?** ¿hay más?; **can a. of them speak English?** ¿alguno (de ellos) habla inglés?

(**b**) *(in negatives)* ninguno(a) *m,f*; **I haven't got a. and I don't want a.** no tengo y no quiero; **there isn't/aren't a. left** no queda ninguno; **I haven't read a. of her books** no he leído ninguno de sus libros; **there was nothing in a. of the boxes** no había nada en ninguna de las cajas; **few, if a., can read** pocos, o ninguno, saben leer; **I doubt you'll find more than a couple, if a. (at all)** dudo que vayas a encontrar más de dos, como mucho; **she has little, if a., experience** apenas tiene experiencia

(**c**) *(no particular one)* cualquiera; **a. of us** cualquiera de nosotros; **four dresses, a. of which would have suited her** cuatro vestidos, cualquiera de los cuales le habría quedado bien; **take a. of the bottles** toma *or Esp* coge cualquier botella *or* una botella cualquiera

(**d**) *(every one)* **keep a. you find** quédate

con todos los que encuentres

2 *adj* (**a**) *(some)* **have you a. milk/sugar?** ¿tienes leche/azúcar?; **have you a. apples/cigarettes?** ¿tienes manzanas/cigarrillos?; **is there a. hope?** ¿hay alguna esperanza?; **she has hardly a. experience** no tiene apenas experiencia; **do you have a. other colours?** ¿tiene algún otro color?; **do you by a. chance know him?** ¿acaso le conoces?; **I'm not in a. way jealous** no estoy celoso en absoluto *or* ni mucho menos

(**b**) *(in negatives)* ninguno(a); *(before masculine singular noun)* ningún; **he hasn't got a. money** no tiene dinero; **there weren't a. winners** no hubo ningún ganador; **I didn't win a. prizes** no gané ningún premio; **without a. help** sin ninguna ayuda; **I haven't a. idea** no tengo ni idea; **I can't see a. way of convincing her** no hay manera de convencerla

(**c**) *(no particular) (before noun)* cualquier; *(after noun)* cualquiera; **you can choose a. two free gifts** puede elegir los dos regalos que prefiera; **come a. day** ven cualquier día, ven un día cualquiera; **a. one of them could be right** cualquiera de ellos podría tener razón; **a. doctor will tell you the same** cualquier médico te diría lo mismo; *Fig* **a. fool will tell you that** eso lo sabe hasta el más tonto; **a. minute now** de un momento a otro; **a. day now** cualquier día de éstos; **I don't want just a. (old) wine** no quiero un vino cualquiera; **thanks — a. time!** gracias — ¡de nada!

(**d**) *(every)* **a. pupil who forgets his books will be punished** los alumnos que olviden sus libros serán castigados; **I'll take a. copies you have** me quedaré con todas las copias que tengas; **a. tension between them has vanished** cualquier tensión que hubiera podido haber entre ellos ha desaparecido; **it can be obtained from a. good bookshop** está a la venta en las mejores librerías; **a. other person would have said yes** cualquier otro hubiera dicho que sí; **at a. rate, in a. case** en cualquier caso

3 *adv* (**a**) *(with comparative)* **I'm not a. better** no me encuentro mejor; **the weather couldn't be a. worse** el tiempo no podía ser peor; **have you a. more milk?** ¿tienes más leche?; **we don't see them a. longer** *or* **more** ya no los vemos; **I don't like her a. more than you do** a mí no me gusta más que a ti; **is that a. easier?** ¿es así más fácil?; **I'm not getting a. younger** los años no pasan en balde

(**b**) *Fam (at all)* **that didn't help us a.** eso no nos ayudó para nada; **this printer isn't a. good** esta impresora es bastante mala; **a. old how** de cualquier manera, a la buena de Dios

---

ANYBODY ['enɪbɒdɪ], **anyone** ['enɪwʌn] *pron* (**a**) *(indeterminate)* alguien; **would a. like some more cake?** ¿quiere alguien más pastel?; **does a. mind if I close the window?** ¿les importa que cierre la ventana?; **why would a. want to do a thing like that?** ¿por qué iba alguien querer hacer algo así?; **if a. asks, I was at home all day** si alguien te pregunta, he estado en casa todo el día; **she'll know, if a. does** si alguien lo sabe es ella

(**b**) *(in negatives)* nadie; **there isn't a. here** aquí no hay nadie; **there was hardly a. there** no había apenas nadie, apenas había nadie; **I've never known a. so intelligent** nunca he conocido a una persona tan inteligente

(**c**) *(no matter who)* cualquiera; **a. will tell you so** cualquiera te lo diría; **bring along a. you like** trae a quien quieras; **a. holding a US passport, come this way** los que lleven pasaporte estadounidense, vengan por aquí; **I have as much reason as a. to be upset** tengo tanta razón para estar enfadado *or Am* enojado como el que más; **he's no different to a. else** no se diferencia en nada de los demás; **a. else** *or* **but her would have refused** cualquier otra se habría negado; **I don't want just a.!** ¡no quiero a cualquiera!

(**d**) *(person with status)* **he'll never be a.** nunca será nadie; **a. who's a. in British cinema is going to be there** todo el que es algo en el cine británico estará allí

ANYHOW ['enɪhaʊ] *adv* (**a**) *(however)* de todas maneras *or* formas, de todos modos; **I was feeling ill, but I decided to go a.** aunque no me encontraba bien decidí ir; **what were you doing in my office, a.?** en cualquier caso, ¿que hacías en mi oficina?; **she's really pretty, well a. that's what I think** es guapísima, por lo menos eso me parece a mí; **a., let's get back to what we were saying** bueno, volvamos a lo que estábamos diciendo…; **so a., as I was saying…** en todo caso, como iba diciendo; **a., I really ought to be going** en fin, me tengo que marchar

(**b**) *Fam (carelessly)* a la buena de Dios, de cualquier manera; **I don't want it done just a.** no quiero que se haga de cualquier manera

---

anyone ['enɪwʌn] = **anybody**

anyplace *US* = **anywhere**

ANYTHING ['enɪθɪŋ] **1** *pron* (**a**) *(indeterminate)* algo; **is there a. I can do (to help)?** ¿puedo ayudarte en algo?; **have you a. to write with?** ¿tienes con qué escribir?; **have you a. smaller?** ¿tendría algo más pequeño?; **if a. should happen to me** si me ocurriera algo; **do you notice a. strange about him?** ¿no le notas algo raro?; **think before you say a.** piensa antes de decir *or* de que digas nada; **is (there) a. the matter?** ¿ocurre algo?; **will there be a. else?** *(in shop)* ¿desea algo más?

(**b**) *(in negatives)* nada; **he doesn't do a.** no hace nada; **hardly a.** apenas nada; **I can't imagine a. more interesting** no podría imaginarme nada más interesante; **I can't think of a. else** no se me ocurre ninguna otra cosa; **we didn't do a. much** no hicimos gran cosa; **I haven't seen a. of him recently** no le he visto últimamente; **I wouldn't miss it for a. (in the world)** no me lo perdería por nada en el mundo

(**c**) *(no matter what)* cualquier cosa; **he eats a.** come cualquier cosa; **a. you want** lo que quieras; **I love a. French** me gusta todo lo francés; **he would do a. for me** haría cualquier cosa por mí; **I'll do a. I can to help** haré todo lo que pueda por ayudar; **a. is possible** todo es posible; **she could be a. between twenty and thirty-five** podría tener entre veinte y treinta y cinco años; **he was a. but friendly** fue de todo menos amable; **are you angry? — a. but** ¿estás enfadado(a) *or Am* enojado(a)? — ni mucho menos; **all right then, a. for a quiet life!** de acuerdo, ¡lo que sea por un poco de tranquilidad!; **do you agree? — sure, a. you say** ¿estás de acuerdo? — claro, lo que tú digas; **more than a. (else), I want to be a pilot** lo que realmente quiero ser es piloto; *Fam* **as funny as a.** divertidísimo(a); *Fam* **to work like a.** trabajar como loco(a); *Fam* **I miss her like a.** *Esp* la echo muchísimo en falta, *Am* la extraño muchísimo; *Fam* **can I get you a cup of tea or a.?** ¿quieres un té o algo?; *Fam* **it's not that you were wrong or a.** no es que estuvieras equivocado ni nada parecido; *Fam* **don't tell her or a., will you?** no se lo digas, ¿vale *or RP* dale?, *Méx* ándale, no se lo digas

2 *adv* **is it a. like the last one?** ¿se parece en algo al anterior?; **it didn't cost a. like £500** no costó 500 libras ni muchísimo menos; **the food wasn't a. like** *or* **near as bad as they said** la comida no fue en absoluto tan mala como decían

---

anyway ['enɪweɪ] = **anyhow** (**a**)

ANYWHERE ['enɪweə(r)], *US* **anyplace** ['enɪpleɪs] *adv* (**a**) *(in questions)* **can you see it a.?** ¿lo ves por alguna parte?; **have you found a. to live?** ¿has encontrado un lugar *or* algún sitio para vivir?; **I haven't got a. to sleep tonight** no tengo donde dormir esta noche; **can you recommend a. to stay?** ¿me puedes recomendar algún sitio donde alojarme?; **did you go a. yesterday?** ¿fuiste a alguna parte ayer?; **did you go a. interesting for your holidays?** ¿fuiste a algún lugar interesante de vacaciones?; **did you look a. else?** ¿has buscado en otros sitios?; **is there a. else we could go?** ¿podríamos ir a algún otro sitio?

(**b**) *(in negatives)* **I can't find it a.** no lo encuentro por ningún sitio; **we never go a. interesting** nunca vamos a ningún sitio interesante; **you won't find them a. else** no los encontrarás en ningún otro lugar; **I wasn't standing a. near you** no estaba cerca tuyo ni mucho menos; **he isn't a. near as clever as her** no es ni mucho menos tan listo como ella; **the food wasn't a. near as bad as they said** la comida no fue en absoluto tan mala como decían; **I don't play golf a. near as much as I used to** ya no juego a golf tanto como solía ni mucho menos; *Fig* **we're not getting a.** no estamos consiguiendo nada; *Fig* **this company isn't going a.** esta empresa no va a ninguna parte

(**c**) *(no matter where)* en cualquier lugar, en cualquier sitio; **put it a.** ponlo en cualquier sitio; **sit down a. (you like)** siéntate donde prefieras *or* quieras; **now we can go a.** ahora podemos ir a cualquier parte; **I'd know him a.** lo reconocería en cualquier parte; **it's miles from a.** está en un lugar muy aislado; **she could be a. between twenty and thirty-five** podría tener entre veinte y treinta y cinco años; **a. else you'd pay twice as much** en cualquier otro lugar pagarías el doble

AO(C)B [eɪəʊ(si:)'bi:] *Com (abbr* **any other (competent) business***)* ruegos *mpl* y preguntas

A-OK [eɪəʊ'keɪ] *US Fam* **1** *adj* de primera, *Esp* fetén *inv*; **everything's A.** todo está de maravilla

2 *adv* **to go A.** ir sobre ruedas *or* de maravilla

aorta [eɪ'ɔ:tə] *n Anat* aorta *f*

apace [ə'peɪs] *adv Literary* raudamente, con celeridad

APART [ə'pɑ:t] *adv* (**a**) *(at a distance)* alejado(a), separado(a); **he was standing a. from the others** se encontraba separado de los demás; **the garage is set a. from the house** el garage no está adosado a la casa; IDIOM **he's a class a. from the rest** es mucho mejor que el resto; **what really sets him a. from his contemporaries...** lo que realmente lo diferencia de sus contemporáneos...

(**b**) *(separated)* **the two towns are 10 kilometres a.** las dos ciudades están a 10 kilómetros una de la otra; **they're just 3 cm a.** están a sólo 3 cm; *Fig* **the two sides are still a long way a.** las distancias entre las dos partes son todavía importantes; **with one's legs a.** con las piernas abiertas; **boys and girls were kept a.** los chicos y las chicas estaban separados; **they're never a.** no se separan nunca; **I've grown a. from my sister** me he distanciado de mi hermana; **they've lived a. since 1987** viven separados desde 1987; **they were born two years a.** nacieron con dos años de diferencia; **their birthdays are two days a.** hay dos días entre sus cumpleaños; **it is difficult to tell them a.** es difícil distinguirlos

(**c**) *(to pieces)* **to blow sth a.** volar algo; **to come** *or* **fall a.** romperse en pedazos; **their marriage has fallen a.** su matrimonio ha fracasado; **to take sth a.** desmontar algo

(**d**) *(excepting)* **a. from** aparte de; **quite a. from the fact that...** independientemente del hecho de que...; **and that's quite a. from the royalties** y eso sin tener en cuenta los derechos de autor; **such considerations a....** aparte de estas consideraciones...; **joking a.** bromas aparte

apartheid [ə'pɑ:taɪt] *n* apartheid *m*

apartment [ə'pɑ:tmənt] *n US* apartamento *m, Esp* piso *m, Am* departamento *m* □ ***a. building*** bloque *m* de apartamentos *or Esp* pisos *or Am* departamentos

apathetic [æpə'θetɪk] *adj* apático(a) (**about** respecto a)

apathy ['æpəθɪ] *n* apatía *f*

ape [eɪp] **1** *n (animal)* simio *m*; IDIOM *US Fam* **to go a. (over)** *(lose one's temper)* ponerse hecho(a) una furia (por); *(enthuse)* ponerse como loco(a) (por *or* con), *Esp* despendolarse (por *or* con)

2 *vt (imitate)* imitar, remedar

aperitif [əperɪ'ti:f] *n* aperitivo *m (bebida)*

aperture ['æpətjʊə(r)] *n (opening)* abertura *f*; *(of camera)* (apertura *f* del) diafragma *m*

apeshit ['eɪpʃɪt] *adv* IDIOM *very Fam* **to go a.** *(lose one's temper)* ponerse hecho una fiera; *Esp* agarrarse un buen cabreo; *(enthuse)* ponerse como loco(a), *Esp* flipar en colores

APEX ['eɪpeks] *adj* ***A. ticket*** billete *m or Am* boleto *m* (con tarifa) APEX

apex ['eɪpeks] *n (of triangle)* vértice *m*; *(of career)* cima *f*, cumbre *f*

aphasia [ə'feɪzɪə] *n Med* afasia *f*

aphid ['eɪfɪd] *n* pulgón *m*

aphorism ['æfərɪzəm] *n* aforismo *m*

aphrodisiac [æfrə'dɪzɪæk] **1** *n* afrodisíaco *m*

2 *adj* afrodisíaco(a)

apiary ['eɪpɪərɪ] *n* colmenar *m*

apiece [ə'pi:s] *adv* cada uno(a); **they cost £3 a.** cuestan 3 libras cada uno, están a 3 libras

aplenty [ə'plentɪ] *adv* en abundancia; **there was wine a.** corría el vino a raudales

aplomb [ə'plɒm] *n* aplomo *m*

apocalypse [ə'pɒkəlɪps] *n* apocalipsis *m inv*

apocalyptic [əpɒkə'lɪptɪk] *adj* apocalíptico(a)

apocryphal [ə'pɒkrɪfəl] *adj (story)* apócrifo(a), espurio(a)

apolitical [eɪpə'lɪtɪkəl] *adj* apolítico(a)

apologetic [əpɒlə'dʒetɪk] *adj (tone, smile)* de disculpa; **she was quite a. about it** lo sentía mucho

apologetically [əpɒlə'dʒetɪklɪ] *adv (smile, shrug)* con aire de disculpa; **"I did try to get here early," he said a.** "hice todo lo que pude por llegar pronto", dijo él disculpándose *or* a modo de disculpa

apologist [ə'pɒlədʒɪst] *n Formal* apologista *mf*, defensor(ora) *m,f* (**for** de)

apologize [ə'pɒlədʒaɪz] *vi* disculparse (**to sb/for sth** ante alguien/por algo); **I had to a. for you** tuve que pedir disculpas por ti; **there's no need to a.** no hay por qué disculparse; **we a. for any inconvenience this may cause** rogamos disculpen las molestias (causadas)

apology [ə'pɒlədʒɪ] *n* (**a**) *(expression of regret)* disculpa *f*; **to make/offer an a.** disculparse; **to send one's apologies** *(for not attending meeting)* enviar excusas *or* excusarse por no poder asistir; **I owe you an a.** te debo una disculpa; **please accept my apologies** le ruego (que) acepte mis disculpas (**b**) IDIOM *Pej* **an a. for a dinner/football team** una birria de cena/equipo (de fútbol)

apoplectic [æpə'plektɪk] *adj* (**a**) *(angry)* **to be a. (with rage)** estar hecho(a) una furia (**b**) *Med* **to be a.** tener apoplejía

apoplexy ['æpəpleksɪ] *n Med* apoplejía *f*; *Fig (anger)* furia *f*

apostasy [ə'pɒstəsɪ] *n Rel & Pol* apostasía *f*

apostle [ə'pɒsəl] *n* apóstol *m*

apostolic(al) [æpɒs'tɒlɪk(əl)] *adj* apostólico(a)

apostrophe [ə'pɒstrəfɪ] *n (punctuation)* apóstrofo *m*

apothecary [ə'pɒθəkrɪ] *n Hist* boticario(a) *m,f*

appal, *US* **appall** [ə'pɔ:l] *(pt & pp* **appalled***)* *vt* horrorizar, espantar; **to be appalled at** *or* **by sth** horrorizarse por algo

appalling [ə'pɔ:lɪŋ] *adj* espantoso(a), horroroso(a)

apparatus [æpə'reɪtəs] *n* (**a**) *(equipment) (in laboratory, gym)* aparatos *mpl*; **a piece of a.** un aparato (**b**) *(of organization)* aparato *m*

apparel [ə'pærəl] *n Formal* atuendo *m*, atavío *m*

apparent [ə'pærənt] *adj* (**a**) *(obvious)* evidente; **to become a.** hacerse patente *or* evidente; **for no a. reason** sin motivo aparente (**b**) *(seeming)* aparente

apparently [ə'pærəntlɪ] *adv* al parecer; **is she married? — a.** ¿está casada? – eso parece; **a. easy/innocent** aparentemente fácil/inocente; **a. he never knew he had a son** según parece *or* por lo visto *or* al parecer nunca supo que tenía un hijo; **a. not** parece que no

apparition [æpə'rɪʃən] *n* aparición *f*

appeal [ə'pi:l] **1** *n* (**a**) *(call)* llamamiento *m*; **to make an a. for sth** hacer un llamamiento para solicitar algo; **an a. for calm** un llamamiento a la calma

(**b**) *(for charity)* = campaña de recaudación de fondos para fines benéficos

(**c**) *Law* apelación *f*; **to lodge an a.** presentar una apelación □ ***A. Court*** tribunal *m* de apelación

(**d**) *(attraction)* atractivo *m*; **to have** *or* **hold little a. for sb** no atraer mucho a alguien; **to have great a.** ser muy atractivo(a); **their music has a wide a.** su música gusta a gente muy diversa

2 *vt US Law* **to a. a decision** entablar recurso de apelación contra una decisión

3 *vi* (**a**) *(make a plea)* **to a. (to sb) for help/money** solicitar ayuda/dinero (a alguien); **to a. to sb's generosity** apelar a la generosidad de alguien

(**b**) *(attract)* **to a. to sb** atraer a alguien; **it doesn't a. to me** no me atrae

(**c**) *Law* apelar, recurrir; **to a. against a**

decision entablar recurso de apelación contraunadecisión

appealing [ə'pi:lɪŋ] *adj* atractivo(a), atrayente

APPEAR [ə'pɪə(r)] *vi* (**a**) *(come into view)* aparecer; **a head appeared at the window** una cabeza se asomó por la ventana; **where did you a. from?** ¿de dónde has salido?; **he appeared from behind a bush** apareció de detrás de un seto; **to a. from nowhere** aparecer de repente; **his name appears on the list** su nombre figura en la lista; **Hamlet's dead father appeared to him** el difunto padre de Hamlet se le apareció

(**b**) *(of actor)* **to a. as Estragon** hacer el papel de Estragón; **she's currently appearing at the National Theatre** actualmente está actuando en el Teatro Nacional; **to a. on TV** salir en televisión; *Fig* **when did your new girlfriend a. on the scene?** ¿desde cuándo sales con tu nueva novia?

(**c**) *Sport* jugar; **he appeared three times for his country** representó tres veces a su país

(**d**) *(of publication, movie)* salir, aparecer; **to a. in print** salir publicado, publicarse

(**e**) *Law* **to a. before a court** comparecer ante un tribunal; **to a. on a charge of burglary** comparecer acusado de robo; **to a. for sb** *(of counsel)* representar a alguien

(**f**) *(look, seem)* parecer; **to a. to be lost** parecer perdido(a); **there appears to be a mistake** parece que hay un error; **it appears as if** *or* **though...** parece que...; **it appears not, it would a. not** parece que no...; **it appears so, so it would a.** eso parece; **it appears (that)..., it would a. (that)...** parece que...; **it appears to me that...** me parece que...; **everything is not as it appears** las apariencias engañan; **I know how it must a. to you, but...** ya sé lo que debes estar pensando, pero...; **he tried to make it a. as if it had been an accident** intentó hacer parecer que había sido un accidente

appearance [ə'pɪərəns] *n* (**a**) *(arrival)* aparición *f*; **to put in an a.** hacer acto de presencia

(**b**) *(of actor)* aparición *f*; **to make one's first a. on TV** debutar en televisión

(**c**) *Sport* actuación *f*; **it was his last a. for United** fue el último encuentro que disputó con el United

(**d**) *(of publication)* publicación *f*

(**e**) *Law (in court)* comparecencia *f*

(**f**) *(looks, demeanour)* apariencia *f*, aspecto *m*; **unusual/comic in a.** de aspecto poco habitual/gracioso; **to give every** *or* **the a. of confidence** dar toda la impresión de tener seguridad en sí mismo

(**g**) **appearances** *(outward signs)* apariencias *fpl*; **you shouldn't judge by appearances** no se debe juzgar por las apariencias; **it has all the appearances of a conspiracy** tiene todo el aspecto de ser una conspiración; **appearances can be deceptive** las apariencias engañan; **to keep up appearances** guardar las apariencias; **to** *or* **by all appearances** a juzgar por lo visto

appease [ə'pi:z] *vt* (**a**) *(anger)* aplacar, apaciguar; *(person)* calmar, apaciguar (**b**) *Pol* contemporizar con

appeasement [ə'pi:zmənt] *n* (**a**) *(of person, anger)* apaciguamiento *m* (**b**) *Pol* contemporización *f*

appellant [ə'pelənt] *n Law* parte *f* apelante, apelante *mf*

appellate court [ə'pelɪt'kɔ:t] *n US Law* tribunal *m* de apelación

append [ə'pend] *vt (list, document)* adjuntar; *(one's signature)* añadir

appendage [ə'pendɪdʒ] *n* apéndice *m*; **she was tired of being treated as his a.** estaba harta de que se la tratara como si fuera un mero apéndice de él

appendectomy [æpen'dektəmɪ] *n Med* operación *f* de apendicitis, *Spec* apendicectomía *f*

appendicitis [əpendɪ'saɪtɪs] *n* apendicitis *f inv*

appendix [ə'pendɪks] (*pl* **appendices** [ə'pendɪsi:z]) *n* (**a**) *Anat* apéndice *m*; **to have one's a. (taken) out** operarse de apendicitis (**b**) *(of book)* apéndice *m*

appetite ['æpɪtaɪt] *n* (**a**) *(for food)* apetito *m*; **to have a good a.** tener buen apetito; **to spoil sb's a.** quitarle el apetito a alguien; **to give sb an a.** abrirle el apetito a alguien (**b**) *(for knowledge, sex)* afán *m*, apetito *m* (**for** de)

appetizer ['æpɪtaɪzə(r)] *n also Fig* aperitivo *m*

appetizing ['æpɪtaɪzɪŋ] *adj* apetitoso(a); *Fig* sugestivo(a), sugerente

applaud [ə'plɔ:d] **1** *vt* aplaudir; **we a. this decision** aplaudimos esta decisión

2 *vi* aplaudir

applause [ə'plɔ:z] *n (clapping)* aplauso *m*, ovación *f*; *(approval)* aplauso *m*, aprobación *f*

apple ['æpəl] *n* manzana *f*; IDIOM **she was the a. of his eye** era la niña de sus ojos ❑ ***a. core*** corazón *m* de manzana; ***a. dumpling*** bollo *m* relleno de manzana; ***a. juice*** *Esp* zumo *m or Am* jugo *m* de manzana; ***a. pie*** pastel *m* de manzana; IDIOM **as American as a. pie** típicamente americano(a); ***a. strudel*** = rollito de hojaldre relleno de pasas y manzana; ***a. tart*** tarta *f* de manzana; ***a. tree*** manzano *m*

applecart ['æpəlkɑ:t] *n* IDIOM **to upset the a.** *(spoil plan)* estropearlo todo

apple-pie ['æpəlpaɪ] *adj Fam* **in a. order** en perfecto orden; **to make sb an a. bed** hacer la petaca a alguien

applet ['æplɪt] *n Comptr* applet *m*

appliance [ə'plaɪəns] *n* aparato *m*; **(electrical** *or* **domestic) a.** electrodoméstico *m*

applicable [ə'plɪkəbəl] *adj* válido(a) (**to** para), aplicable (**to** a); **the rule is not a. in this case** la norma no ha lugar *or* no se aplica en este caso; **delete where not a.** *(on form)* táchese lo que no proceda

applicant ['æplɪkənt] *n (for job, patent)* solicitante *mf*

application [æplɪ'keɪʃən] *n* (**a**) *(for job, patent)* solicitud *f*; **to make an a. for sth** solicitar algo ❑ ***a. form*** *(for job)* impreso *m* de solicitud (**b**) *(of theory, technique)* aplicación *f* (**c**) *(of paint, ointment)* aplicación *f* (**d**) *(effort)* aplicación *f*, entrega *f* (**e**) *Comptr* aplicación *f*, programa *m*

applicator ['æplɪkeɪtə(r)] **1** *n* aplicador *m*

2 *adj* ***a. tampon*** tampón *m* con aplicador

applied [ə'plaɪd] *adj (maths, physics)* aplicado(a)

appliqué [ə'pli:keɪ] *n* aplique *m*, aplicación *f (en costura)*

apply [ə'plaɪ] **1** *vt* (**a**) *(put on)* aplicar; **to a. pressure to** ejercer presión sobre, presionar (**b**) *(use) (system, theory)* aplicar; **to a. one's mind to sth** concentrarse en algo; **to a. oneself to one's work** aplicarse en el trabajo

2 *vi* (**a**) *(for job, grant)* **to a. (to sb) for sth** solicitar algo (a alguien) (**b**) *(of law, rule)* **rule 26b applies in all other cases** la norma 26b se aplicará en todos los demás casos; **this clause no longer applies** esta cláusula ya no está en vigor; **that applies to all of you!** ¡esto es válido *or* vale para todos vosotros!

appoint [ə'pɔɪnt] *vt (person, committee)* nombrar, designar; **to a. sb to a post** designar a alguien para un cargo

appointed [ə'pɔɪntɪd] *adj Formal (place, hour)* fijado(a)

appointee [əpɔɪn'ti:] *n* persona *f* nombrada *or* designada

appointment [ə'pɔɪntmənt] *n* (**a**) *(meeting)* cita *f*; **to make an a. with sb** concertar una cita con alguien; **she didn't keep the a.** faltó a la cita; **I've made/got an a. with the doctor** he pedido/tengo hora con el médico; **by a. only** con cita previa (**b**) *(to job, of committee)* nombramiento *m*, designación *f*; **to make an a.** hacer un nombramiento; *Com* **by a. to His/Her Majesty** proveedores de la Casa Real; **appointments** *(in newspaper)* ofertas *fpl* de empleo

apportion [ə'pɔ:ʃən] *vt (food, costs, praise)* distribuir, repartir; **to a. blame** repartir la culpa

apposite ['æpəzɪt] *adj* apropiado(a), oportuno(a)

apposition [æpə'zɪʃən] *n Gram* **in a. (to)** en aposición (a *or* con)

appraisal [ə'preɪzəl] *n* evaluación *f*, valoración *f*

appraise [ə'preɪz] *vt* evaluar, valorar; **to a. the value of** *(property, jewellery)* tasar

appreciable [ə'pri:ʃɪəbəl] *adj (noticeable)* apreciable, sensible; *(significant)* considerable

appreciably [ə'pri:ʃɪəblɪ] *adv (noticeably)* de forma apreciable, sensiblemente; *(significantly)* considerablemente

appreciate [ə'pri:ʃɪeɪt] **1** *vt* (**a**) *(be grateful for)* agradecer; **I a. your helping me** te agradezco tu ayuda; **I would a. it if you**

didn't shout te agradecería que no gritaras (**b**) *(grasp, understand)* darse cuenta de; **I fully a. (the fact) that...** me doy perfecta cuenta de que...; **we a. the risks** somos conscientes de los riesgos (**c**) *(value) (art, wine)* apreciar

2 *vi (of goods, investment)* revalorizarse, aumentar de valor

appreciation [əpri:ʃɪ'eɪʃən] *n* (**a**) *(gratitude)* gratitud *f*, agradecimiento *m*; **in a. of** en agradecimiento por (**b**) *(understanding)* apreciación *f*, percepción *f*; **she has no a. of what is involved** no se da cuenta de lo que implica (**c**) *(assessment) (of movie, author's work)* reseña *f*, crítica *f*; *(of person recently deceased)* perfil *m* (biográfico) (**d**) *(valuing) (of music, art)* valorización *f*; **a musical/wine a. society** una asociación de amigos de la música/del vino (**e**) *Fin* ***a. of assets*** revalorización *f* de activos

appreciative [ə'pri:ʃɪətɪv] *adj (person, response, audience)* agradecido(a); *(review)* elogioso(a); **to be a. of sb's help/efforts** sentirse muy agradecido(a) por la ayuda/los esfuerzos de alguien

apprehend [æprɪ'hend] *vt* (**a**) *(arrest)* detener, aprehender (**b**) *Formal (understand)* aprehender, comprender

apprehension [æprɪ'henʃən] *n* (**a**) *(fear)* aprensión *f* (**b**) *Formal (arrest)* detención *f*, aprehensión *f*

apprehensive [æprɪ'hensɪv] *adj (look, smile)* temeroso(a), receloso(a); **to be a. about (doing) sth** tener miedo de (hacer) algo

apprehensively [æprɪ'hensɪvlɪ] *adv* temerosamente, con recelo *or* temor

apprentice [ə'prentɪs] **1** *n* aprendiz(iza) *m,f*

2 *vt* **he was apprenticed to a tailor** estaba de aprendiz con un sastre

apprenticeship [ə'prentɪʃɪp] *n also Fig* aprendizaje *m*; **to serve one's a.** hacer el aprendizaje

apprise [ə'praɪz] *vt Formal* poner al corriente, informar (**of** de)

APPROACH [ə'prəʊtʃ] **1** *n* (**a**) *(coming) (of person, season)* llegada *f*; *(of night)* caída *f*; **I could hear their a.** les oía acercarse; **at the a. of summer** con la llegada del verano; *Av* **we are making our a. into Dallas** estamos efectuando la maniobra de aproximación a Dallas; **to make approaches** *or* **an a. to sb** *(proposal)* hacer una propuesta inicial a alguien

(**b**) *(method)* enfoque *m*, planteamiento *m* (**to** de); *(attitude)* actitud *f*

(**c**) *(route of access)* acceso *m*; **the approaches to a town** los accesos a una ciudad ▫ *Aut* **a. road** (vía *f* de) acceso *m*

(**d**) **a. (shot)** *(in golf, tennis)* golpe *m* de aproximación

2 *vt* (**a**) *(get nearer to)* acercarse a, aproximarse a; **I'm approaching forty-five** tengo casi cuarenta y cinco años; **the total is approaching 10,000** el total se aproxima a 10.000; **temperatures approaching 50°C** temperaturas que rozan los 50°C; **I felt something approaching joy** sentí algo así como alegría

(**b**) *(go up to)* acercarse a, aproximarse a

(**c**) *(go and talk to)* **to a. sb about a problem** acudir *or* dirigirse a alguien para tratar un problema; **she approached several organizations (for funding)** acudió *or* se dirigió a varias organizaciones (para pedir fondos); **to be easy/difficult to a.** ser/no ser accesible

(**d**) *(tackle)* abordar, enfocar

3 *vi* acercarse, aproximarse; **the time is approaching when you will have to fend for yourself** se acerca el día en el que tendrás que valerte por ti mismo

---

approachable [ə'prəʊtʃəbəl] *adj* (**a**) *(place)* accesible **the house is only a. from the sea** sólo se puede acceder a la casa por el mar (**b**) *(person)* accesible

approaching [ə'prəʊtʃɪŋ] *adj (holiday, season)* próximo(a); **he recognized the a. vehicle** reconoció el vehículo que se aproximaba

approbation [æprə'beɪʃən] *n Formal* aceptación *f*, aprobación *f*

appropriate[1] [ə'prəʊprɪət] *adj (suitable)* apropiado(a), adecuado(a); *(moment)* oportuno(a), adecuado(a); **as a.** según el caso

appropriate[2] [ə'prəʊprɪeɪt] *vt* (**a**) *(take, steal)* apropiarse de (**b**) *(set aside) (money, funds)* destinar, asignar

appropriately [ə'prəʊprɪətlɪ] *adv (suitably)* apropiadamente, adecuadamente; *(properly)* con propiedad

appropriation [əprəʊprɪ'eɪʃən] *n (of funds)* apropiación *f*; **government appropriations** partidas *fpl* presupuestarias estatales

approval [ə'pru:vəl] *n* aprobación *f*; **he gave/withheld his a.** dio/no dio su aprobación; **I've passed it to the director for her a.** se lo he pasado a la directora para que dé el visto bueno; *Com* **on a.** a prueba

approve [ə'pru:v] **1** *vt* aprobar

2 *vi* dar (uno) su aprobación, estar de acuerdo; **do you a.?** ¿está de acuerdo?, ¿le parece bien?

▸**approve of** *vt insep* aprobar; **she doesn't a. of them smoking** no aprueba que fumen; **I don't a. of your friends** no me gustan tus amigos

approved school [ə'pru:vd'sku:l] *n Br Formerly* reformatorio *m*, correccional *m*

approving [ə'pru:vɪŋ] *adj* de aprobación

approx [ə'prɒks] *adv* (*abbr* **approximately**) aprox., aproximadamente

approximate **1** *adj* [ə'prɒksɪmət] aproximado(a)

2 *vt* [ə'prɒksɪmeɪt] *(simulate)* reproducir aproximadamente

3 *vi* **to a. to** aproximarse a

approximately [ə'prɒksɪmətlɪ] *adv* aproximadamente

approximation [əprɒksɪ'meɪʃən] *n* aproximación *f*

appurtenances [ə'pɜ:tənənsɪz] *npl Formal* enseres *mpl*, accesorios *mpl*

APR [eɪpi:'ɑ:(r)] *n Fin* (*abbr* **annual percentage rate**) TAE *m o f*

Apr (*abbr* **April**) abril *m*

apricot ['eɪprɪkɒt] *n (fruit)* albaricoque *m*, *Am* damasco *m*, *Méx* chabacano *m* ▫ ***a. tree*** albaricoquero *m*, *Am* damasco *m*, *Méx* chabacano *m*

April ['eɪprɪl] *n* abril *m*; **A. showers** lluvias *fpl* de abril ▫ ***A. fool*** *(person)* inocente *mf*; *(practical joke)* inocentada *f*; ***A. Fools' Day*** =1 de abril; ≃ día *m* de los (Santos) Inocentes; *see also* **May**

apron ['eɪprən] *n* (**a**) *(clothing)* delantal *m*; IDIOM *Fam* **he's still tied to his mother's a. strings** sigue pegado a las faldas de su madre (**b**) *Av* área *f* de estacionamiento

apropos [æprə'pəʊ] **1** *adj* oportuno(a), pertinente

2 *prep Formal* **a. (of)** a propósito de

apse [æps] *n* ábside *m*

apt [æpt] *adj* (**a**) *(word, description)* apropiado(a), acertado(a) (**b**) *(likely)* **to be a. to do sth** ser propenso(a) a hacer algo (**c**) *(quick to learn)* listo(a)

aptitude ['æptɪtju:d] *n* aptitud *f*; **to have an a. for** tener aptitudes para ▫ ***a. test*** prueba *f* de aptitud

aptly ['æptlɪ] *adv* acertadamente

aqualung ['ækwəlʌŋ] *n* escafandra *f* autónoma

aquamarine ['ækwəmə'ri:n] **1** *n (gem)* aguamarina *f*

2 *adj (colour)* azul verdoso

aquaplane ['ækwəpleɪn] **1** *n Sport* tabla *f* de esquí náutico *or* acuático

2 *vi* (**a**) *Sport* hacer esquí náutico *or* acuático sobre tabla (**b**) *(of car)* hacer aquaplaning, patinar

aquarium [ə'kweərɪəm] *n* acuario *m*

Aquarius [ə'kweərɪəs] *n (sign of zodiac)* acuario *m*; **to be (an) A.** ser acuario

aquatic [ə'kwætɪk] *adj* acuático(a)

aqueduct ['ækwɪdʌkt] *n* acueducto *m*

aqueous ['ækwɪəs] *adj Anat* ***a. humour*** humor *m* ácueo *or* acuoso; *Chem* ***a. solution*** disolución *f or* solución *f* acuosa

aquiline ['ækwɪlaɪn] *adj* aguileño(a), aquilino(a)

aquiver [ə'kwɪvə(r)] *adv* estremeciéndose, temblando; **to go all a.** estremecerse de arriba abajo

AR (*abbr* **Arkansas**) Arkansas

Arab ['ærəb] *n & adj* árabe *mf*

arabesque [ærə'besk] *n* arabesco *m*

Arabia [ə'reɪbɪə] *n* Arabia

Arabian [ə'reɪbɪən] *adj* árabe; **the A. Sea** el Mar de Arabia *or* de Omán

Arabic ['ærəbɪk] **1** *n (language)* árabe *m*

2 *adj* árabe ▫ ***A. numerals*** números *mpl* arábigos

arable ['ærəbəl] *adj* cultivable, arable

arachnid [ə'ræknɪd] *n Zool* arácnido *m*

arachnophobia [əræknə'fəʊbɪə] *n* aracnofobia *f*

Aragon [ˈærəgən] *n* Aragón

Aragonese [ærəgəˈni:z] *n & adj* aragonés(esa) *m,f*

arbiter [ˈɑ:bɪtə(r)] *n (of taste, fashion)* árbitro *m*

arbitrary [ˈɑ:bɪtrərɪ] *adj* arbitrario(a)

arbitrate [ˈɑ:bɪtreɪt] **1** *vt* arbitrar

2 *vi* arbitrar (**between** entre)

arbitration [ɑ:bɪˈtreɪʃən] *n* arbitraje *m*; **the dispute went to a.** el conflicto se llevó ante un árbitro

arbitrator [ˈɑ:bɪtreɪtə(r)] *n (in dispute)* árbitro *m*

arboreal [ɑ:ˈbɔ:rɪəl] *adj (animal)* arborícola

arbour, *US* **arbor** [ˈɑ:bə(r)] *n* cenador *m*, pérgola *f*

arc [ɑ:k] *n* arco *m* ▫ ***a. lamp*** lámpara *f* de arco (voltáico)

arcade [ɑ:ˈkeɪd] *n* (**a**) *(for shopping)* galería *f* comercial ▫ ***a. game*** (máquina *f* de) videojuego *m* (**b**) *Archit* galería *f*

arcane [ɑ:ˈkeɪn] *adj* oscuro(a), misterioso(a)

arch¹ [ɑ:tʃ] **1** *n* (**a**) *Archit* arco *m* (**b**) *(of foot)* puente *m*; **to have fallen arches** tener los pies planos

2 *vt* **to a. one's back** arquear la espalda; **to a. one's eyebrows** enarcar las cejas

3 *vi* hacer un arco (**over** *or* **across** sobre); **the rocket arched into the air** el cohete subió trazando un arco

arch² *adj* **a. enemy** mayor enemigo(a) *m,f*; **a. traitor** gran traidor(ora) *m,f*

arch³ *adj (mischievous)* pícaro(a)

archaeological, *US* **archeological** [ɑ:kɪəˈlɒdʒɪkəl] *adj* arqueológico(a)

archaeologist, *US* **archeologist** [ɑ:kɪˈɒlədʒɪst] *n* arqueólogo(a) *m,f*

archaeology, *US* **archeology** [ɑ:kɪˈɒlədʒɪ] *n* arqueología *f*

archaic [ɑ:ˈkeɪɪk] *adj* arcaico(a)

archangel [ˈɑ:keɪndʒəl] *n* arcángel *m*

archbishop [ɑ:tʃˈbɪʃəp] *n* arzobispo *m*

archduke [ɑ:tʃˈdju:k] *n* archiduque *m*

arched [ɑ:tʃt] *adj* (**a**) *(window)* en forma de arco (**b**) *(back)* arqueado(a) (**c**) *(eyebrows)* arqueado(a), enarcado(a)

archeological, archeologist *etc US* = **archaeological, archaeologist** *etc*

archer [ˈɑ:tʃə(r)] *n* arquero *m*

archery [ˈɑ:tʃərɪ] *n* tiro *m* con arco

archetypal [ɑ:kɪˈtaɪpəl] *adj* arquetípico(a), típico(a)

archetype [ˈɑ:kɪtaɪp] *n* arquetipo *m*, modelo *m*

archipelago [ɑ:kɪˈpeləgəʊ] *(pl* **archipelagoes** *or* **archipelagos)** *n* archipiélago *m*

architect [ˈɑ:kɪtekt] *n (of building)* arquitecto(a) *m,f*; *Fig (of scheme)* artífice *mf*

architecture [ˈɑ:kɪtektʃə(r)] *n also Comptr* arquitectura *f*

architrave [ˈɑ:kɪtreɪv] *n Archit* arquitrabe *m*

archive [ˈɑ:kaɪv] *n also Comptr* archivo *m*

archivist [ˈɑ:kɪvɪst] *n* archivero(a) *m,f*

archly [ˈɑ:tʃlɪ] *adv (mischievously)* con picardía, maliciosamente

archway [ˈɑ:tʃweɪ] *n (passage)* arcada *f*; *(entrance)* arco *m*

arctic [ˈɑ:ktɪk] **1** *n* **the A.** el Ártico

2 *adj* (**a**) *(climate)* ártico(a) ▫ ***the A. Circle*** el Círculo Polar Ártico; ***the A. Ocean*** el Océano (Glacial) Ártico (**b**) *Fam (very cold)* helado(a), glacial

ardent [ˈɑ:dənt] *adj (desire, love)* ardiente; *(admirer, believer)* ferviente

ardour, *US* **ardor** [ˈɑ:də(r)] *n* ardor *m*, fervor *m*

arduous [ˈɑ:djʊəs] *adj* arduo(a)

are [ɑ:(r)] *plural and 2nd person singular of* **be**

area [ˈeərɪə] *n* (**a**) *(surface, extent)* área *f* (**b**) *(region)* área *f*, zona *f*; *(of town, city)* zona *f*, barrio *m*; **the London a.** la región londinense ▫ *US Tel* ***a. code*** prefijo *m*; *Com* ***a. manager*** jefe *m* de zona (**c**) *(of knowledge, topic)* área *f*, ámbito *m*; **it's a difficult a.** es un tema complicado; **an a. of agreement** un área de acuerdo

arena [əˈri:nə] *n* (**a**) *(stadium)* estadio *m* (**b**) *Fig (economic, international)* ruedo *m*; **to enter the a.** salir al ruedo, saltar a la palestra

aren't [ɑ:nt] (**a**) = **are not** (**b**) **a. I?** = **am I not?**

areola [əˈrɪələ] *n Anat* (**a**) *(of eye)* círculo *m* menor (del iris) (**b**) *(of nipple)* areola *f*, aréola *f*

Argentina [ɑ:dʒənˈti:nə] *n* (la) Argentina

Argentine [ˈɑ:dʒəntaɪn] **1** *n* (**a**) *(person)* argentino(a) *m,f* (**b**) *Old-fashioned* **the A.** *(country)* (la) Argentina

2 *adj* argentino(a)

Argentinian [ɑ:dʒənˈtɪnɪən] *n & adj* argentino(a) *m,f*

argon [ˈɑ:gən] *n Chem* argón *m*

argot [ˈɑ:gəʊ] *n* jerga *f*, argot *m*

arguable [ˈɑ:gjʊəbəl] *adj* (**a**) *(questionable)* discutible; **it is a. whether it would have made any difference** cabe dudar que las cosas hubiesen sido distintas (**b**) *(conceivable)* **it is a. that...** se podría afirmar que...

arguably [ˈɑ:gjʊəblɪ] *adv* **it's a. the city's best restaurant** es, probablemente, el mejor restaurante de la ciudad

argue [ˈɑ:gju:] **1** *vt (case, position)* argumentar; **to a. that...** aducir *or* argumentar que...

2 *vi (quarrel)* discutir (**with** con); **to a. about sth** discutir sobre algo; **to a. for** *(defend)* abogar por; **to a. against** *(oppose)* oponerse a; **don't a.!** ¡no discutas *or* protestes!

argument [ˈɑ:gjʊmənt] *n* (**a**) *(quarrel)* discusión *f*, pelea *f*; **to have an a. (about sth)** discutir (por algo); **to get into an a.** meterse en una discusión; **and I don't want any arguments!** ¡y punto! (**b**) *(reason)* argumento *m*; **an a. for/against doing sth** un argumento a favor de/en contra de hacer algo; **there's an a. for doing nothing** hay razones para no hacer nada; **suppose for a.'s sake that...** pongamos por caso que...

argumentative [ɑ:gjʊˈmentətɪv] *adj* discutidor(ora), peleón(ona)

argy-bargy [ˈɑ:dʒɪˈbɑ:dʒɪ] *n Fam* agarrada *f*, trifulca *f*; **I don't want any a. with you** no quiero tenerla contigo

aria [ˈɑ:rɪə] *n Mus* aria *f*

arid [ˈærɪd] *adj* árido(a)

Aries [ˈeəri:z] *n (sign of zodiac)* aries *m*; **to be (an) A.** ser aries

arise [əˈraɪz] *(pt* **arose** [əˈrəʊz], *pp* **arisen** [əˈrɪzən]) *vi* (**a**) *(of problem, situation)* surgir; **the question has not yet arisen** todavía no se ha presentado la cuestión; **should the need a.** si surgiera la necesidad; **a storm arose** se formó una tormenta (**b**) *Literary (get up)* levantarse; **a., Sir Cedric!** ¡en pie *or* alzaos, Sir Cedric!

aristocracy [ærɪsˈtɒkrəsɪ] *n* aristocracia *f*

aristocrat [ˈærɪstəkræt] *n* aristócrata *mf*

aristocratic [ærɪstəˈkrætɪk] *adj* aristocrático(a)

arithmetic [əˈrɪθmətɪk] *n (calculations)* cálculos *mpl*, aritmética *f*; *(subject)* aritmética *f* ▫ *Comptr* ***a. logic unit*** unidad *f* aritmético-lógica

arithmetic(al) [ærɪθˈmetɪk(əl)] *adj* aritmético(a)

ark [ɑ:k] *n* arca *f*; IDIOM **like sth out of the a.** antediluviano, de los tiempos de Maricastaña

ARM [ɑ:m] **1** *n* (**a**) *(of person, chair)* brazo *m*; *(of garment)* manga *f*; **to carry sth/sb in one's arms** llevar algo/a alguien en brazos; **she took him in her arms** lo tomó *or Esp* cogió en brazos; **he took my a., he took me by the a.** me tomó *or Esp* cogió del brazo; **to throw one's arms around sb** abrazar a alguien; **to walk a. in a.** caminar *or* ir del brazo; **he had a young blonde on his a.** iba del brazo de una joven rubia; *Fig* **the long a. of the law** el (largo) brazo de la ley; *Fam Fig* **a list as long as your a.** una lista más larga que un día sin pan *or RP* que esperanza de pobre; IDIOM **to cost an a. and a leg** costar un ojo de la cara *or* un riñón; IDIOM **I'd give my right a. to do it** daría lo que fuera por hacerlo; **to hold the ball at a.'s length** agarrar la pelota con el brazo extendido; IDIOM **to keep sb at a.'s length** mantenerse a una distancia pru-dencial de alguien; *Fig* **to receive sb with open arms** *(warmly welcome)* recibir a alguien con los brazos abiertos ▫ ***a. wrestling*** los pulsos

(**b**) **arms** *(weapons)* armas *fpl*; **to lay down one's arms** deponer las armas; **to take up arms (against)** tomar *or Esp* coger las armas (contra); **under arms** armados y listos para luchar; IDIOM *Fam* **to be up in arms about sth** estar furioso

por algo ▫ ***arms control*** control *m* de armamento; ***arms dealer*** traficante *mf* de armas; ***arms race*** carrera *f* armamentística
(**c**) *(in heraldry)* **(coat of) arms** escudo *m* de armas
(**d**) *(of organization)* sección *f*
(**e**) *(of spectacles)* patilla *f*; *(of record player)* brazo *m*
(**f**) *(of land, water)* brazo *m*
2 *vt (person, country)* armar; **to a. oneself with sth** *(knife, gun)* armarse con algo; *Fig* **to a. oneself with the facts** armarse de datos

armadillo [ɑːmə'dɪləʊ] (*pl* **armadillos**) *n* armadillo *m*

Armageddon [ɑːmə'gedən] *n* apocalipsis *m inv*

armaments ['ɑːməmənts] *npl* armamento *m*

armature *n Constr* armadura *f*

armband ['ɑːmbænd] *n* brazalete *m*

armchair ['ɑːmtʃeə(r)] *n* sillón *m* ▫ ***an a. strategist*** un estratega de salón

Armco® ['ɑːmkəʊ] *n (crash barrier)* valla *f* de seguridad

armed [ɑːmd] *adj* armado(a); **to be a.** *(person)* estar armado(a); *(bomb)* estar activado(a); **a. with this new information,...** con estos nuevos datos en su poder,...; *Fig* **a. only with a map...** provisto únicamente de un mapa... ▫ ***a. forces*** fuerzas *fpl* armadas; ***a. robbery*** atraco *m* a mano armada

Armenia [ɑː'miːnɪə] *n* Armenia

Armenian [ɑː'miːnɪən] *n & adj* armenio(a) *m,f*

armful ['ɑːmfʊl] *n* brazada *f*; **an a. of papers** un montón de papeles (en los brazos)

armhole ['ɑːmhəʊl] *n* sisa *f*

armistice ['ɑːmɪstɪs] *n* armisticio *m* ▫ ***A. Day*** = día en que se conmemora el final de la primera Guerra Mundial

armour ['ɑːmə(r)] *n* (**a**) *(of knight)* armadura *f* (**b**) *(of tank)* blindaje *m* (**c**) *Mil (tanks)* tanques *mpl*

armoured ['ɑːməd] *adj (vehicle)* blindado(a); *(troops)* blindado(a), acorazado(a) ▫ ***a. car*** carro *m* de combate

armour-plated ['ɑːmə'pleɪtɪd] *adj (vehicle)* blindado(a); *(building)* blindado(a), acorazado(a)

armoury ['ɑːmərɪ] *n* arsenal *m*

armpit ['ɑːmpɪt] *n* axila *f*, sobaco *m*; IDIOM *Fam* **it's the a. of the universe** *(place)* es el culo del mundo

armrest ['ɑːmrest] *n* reposabrazos *m inv*

army ['ɑːmɪ] *n* ejército *m*; **to be in the a.** ser militar; *Fig* **an a. of assistants** un ejército de ayudantes

arnica ['ɑːnɪkə] *n (plant, medicine)* árnica *f*

aroma [ə'rəʊmə] *n* aroma *m*

aromatherapy [ərəʊmə'θerəpɪ] *n* aromaterapia *f*

aromatic [ærə'mætɪk] *adj* aromático(a)

arose [ə'rəʊz] *pt of* **arise**

AROUND [ə'raʊnd] **1** *prep* (**a**) *(indicating position)* alrededor de; **a. the table** en torno a la mesa; **to put one's arms a. sb** abrazar a alguien; **he wore a sash a. his waist** llevaba una faja en torno a la cintura; **there were hills all a. the town** la ciudad estaba rodeada de colinas; **she showed no respect for those a. her** no mostraba ningún respeto por la gente que tenía a su alrededor; **I won't be a. the office next week** no estaré en la oficina la próxima semana; **I have a few things to do a. the house** tengo unas cuantas cosas que hacer en casa; **a. here** por aquí (cerca); **all a. the world** por todo el mundo
(**b**) *(indicating motion)* **they walked a. the lake** dieron la vuelta al lago caminando; **to go a. the corner** dar la vuelta a la esquina; **they skirted a. the town** rodearon la ciudad; **to look a. the room** mirar por toda la habitación; **to show sb a. the house** enseñarle a alguien la casa; **to travel a. the world** viajar por todo el mundo; **to walk a. the town/the streets** caminar por la ciudad/las calles; **you can't go a. the place spreading rumours** no puedes ir por ahí difundiendo rumores
(**c**) *(based on)* **the team is built a. one player** el equipo está construido en torno a un jugador; **a philosophy centred a. compassion** una filosofía centrada en la compasión
2 *adv* (**a**) *(surrounding)* alrededor; **a garden with a fence a.** un jardín rodeado por una valla; **there were open fields all a. us** estábamos rodeados de campo por todas partes; **people came from all a.** vino gente de los alrededores; **for miles a.** en millas a la redonda
(**b**) *(in different directions)* **he looked a. to make sure all was clear** miró a todas partes para asegurarse de que no había peligro; **to run a.** corretear, correr de aquí para allá; **let me show you a.** deja que te enseñe la casa/ciudad/*etc.*; **to travel a.** viajar (por ahí); **to walk a.** pasear (por ahí); **to follow sb a.** seguir a alguien por todas partes; **he has difficulty getting a.** tiene problemas para desplazarse; **she was waving her arms a.** agitaba sus brazos; **he passed the sweets a.** ofreció caramelos a todo el mundo; **I've changed things a. in the living room** he movido algunas cosas en el salón; **there were books lying all a.** había libros por todas partes
(**c**) *(in opposite direction)* **to look a.** mirar hacia atrás; **to turn a.** dar(se) la vuelta
(**d**) *(with circular motion)* **the wheel spun a. and a.** la rueda giraba y giraba
(**e**) *(in circumference)* de circunferencia; **it's three metres a.** tiene tres metros de circunferencia
(**f**) *(in the general area)* **is Jack a.?** *(there)* ¿está Jack por ahí?; *(here)* ¿está Jack por aquí?; **he must be a. somewhere** debe estar en alguna parte; **there was nobody a.** no había nadie (por allí); **I won't be a. next week** no estaré la próxima semana; **there are a lot of tourists a. at the moment** hay muchos turistas por aquí en estos momentos; **there's a virus a.** hay un virus suelto por ahí; **that band has been a. for ages** esa banda lleva siglos tocando; **it's the best printer a.** es la mejor impresora que existe; **there's never a policeman a. when you need one** nunca hay un policía a mano cuando lo necesitas; **to ask a.** preguntar por ahí; **to sit a. doing nothing** estar sin hacer nada; **we're having a few friends a.** hemos invitado a unos cuantos amigos; **see you a.!** ¡nos vemos!; *Fam* **he's been a.** *(is experienced)* ha visto *or* tiene mucho mundo
(**g**) *(approximately)* **a. thirty** unos treinta; **she's a. thirty** anda por los treinta, tiene unos treinta años; **a. ten years** unos diez años; **at a. one o'clock** alrededor de la una, a eso de la una; **sometime a. November** hacia noviembre; **a. 1950** en torno a 1950; **a. about 200** cerca de 200

arousal [ə'raʊzəl] *n* excitación *f*

arouse [ə'raʊz] *vt* (**a**) *(sleeping person)* despertar (**b**) *(stimulate) (emotion, desire)* despertar, provocar; *(suspicion)* levantar, despertar; *(sexually)* excitar

arpeggio [ɑː'pedʒɪəʊ] (*pl* **arpeggios**) *n* arpegio *m*

arr *Rail* (*abbr* **arrival**) llegada *f*

arraign [ə'reɪn] *vt Law* hacer comparecer, citar

arraignment [ə'reɪnmənt] *n Law* acusación *f*

arrange [ə'reɪndʒ] **1** *vt* (**a**) *(put in order) (books, furniture)* ordenar, colocar; *(hair, flowers)* arreglar
(**b**) *(organize) (wedding, meeting)* organizar; *(time, date)* fijar; *(accom-modation)* buscar; **to a. to do sth** quedar en hacer algo; **to a. to meet** quedar; **to a. what to do** planear qué hacer; **it was arranged that...** se quedó en que...; **I've arranged things so I have the mornings free** me lo he organizado para tener las mañanas libres; **an arranged marriage** un matrimonio concertado
(**c**) *Mus* arreglar; **arranged for the piano** arreglado(a) para piano
2 *vi* **to a. for sth to be done** disponer que se haga algo; **we've arranged for you to be met at the station** lo hemos preparado para que alguien vaya a buscarle a la estación; **as arranged** según lo acordado

arrangement [ə'reɪndʒmənt] *n* (**a**) *(order, placing)* disposición *f* (**b**) *(plan, preparations)* **to make arrangements** hacer los preparativos; **I'm sorry, I've made other arrangements** lo siento, ya tengo otros planes (**c**) *(agreement)* acuerdo *m*; **to come to an a. (with sb)** llegar a un acuerdo (con alguien); **by a.** con cita previa (**d**) *(way of doing things)* arreglo *m*; **it's an odd a., but it seems to work** es un arreglo extraño, pero parece que funciona (**e**) *Mus* arreglo *m*

array [ə'reɪ] **1** *n* (**a**) *(arrangement)* despliegue *m* (**b**) *(variety)* surtido *m*; **they offer a vast a. of dishes** ofrecen un inmenso surtido de platos (**c**) *Comptr & Math* matriz *f*

2 *vt* (**a**) *(arrange, set out) (troops)* formar, poner en formación; *(dishes)* disponer, colocar (**b**) *Literary (dress)* ataviar, engalanar

arrears [əˈrɪəz] *npl* atrasos *mpl*; **to be in a. with the rent** ir atrasado(a) en el pago del alquiler *or Am* de la renta; **to get into a.** retrasarse *or Am* demorarse en el pago; **I am paid monthly in a.** me pagan al final de cada mes

arrest [əˈrest] **1** *n* detención *f*, arresto *m*; **to be under a.** estar detenido(a); **you're under a.** queda detenido; **to make an a.** realizar *or* practicar una detención ❑ ***a. warrant*** orden *f* de detención

2 *vt (person, development)* detener; **my attention was arrested by…** me llamó poderosamente la atención…

arresting [əˈrestɪŋ] *adj (expression, look)* llamativo(a)

arrival [əˈraɪvəl] *n* llegada *f*; **on a.** al llegar; **a new a.** *(at work, in club)* un/una recién llegado(a); *(baby)* un/una recién nacido(a)

arrive [əˈraɪv] *vi* (**a**) *(at place)* llegar; **to a. at a decision/solution** llegar a una decisión/solución (**b**) *Fam (attain success)* triunfar

arrogance [ˈærəgəns] *n* arrogancia *f*

arrogant [ˈærəgənt] *adj* arrogante

arrogantly [ˈærəgəntlɪ] *adv* con arrogancia, arrogantemente

arrow [ˈærəʊ] *n* flecha *f* ❑ *Comptr* ***a. keys*** teclas *fpl* de movimiento del cursor

arrowhead [ˈærəʊhed] *n* punta *f* de flecha

arrowroot [ˈærəʊruːt] *n Culin* arrurruz *m*

arse [ɑːs] *Br Vulg* **1** *n* (**a**) *(buttocks)* culo *m*; **get your a. over here!** ¡ven para acá, *Esp* coño *or Am* carajo!, ¡mueve el culo para acá!; **stick** *or* **shove it up your a.!** ¡métetelo en *or* por el culo *or Col* por donde más te duela! (**b**) *(stupid person) Esp* gilipollas *mf inv*, *Am* pendejo(a) *m,f*, *RP* boludo(a) *m,f*; **to make an a. of oneself** quedar como *Esp* un(a) gilipollas *or Am* un(a) pendejo(a) *or RP* un(a) boludo(a)

(**c**) IDIOMS **to get one's a. in gear** ponerse las pilas; **to talk out of one's a.** no decir más que *Esp* gilipolleces *or Am* pendejadas *or RP* boludeces; **to be out on one's a.** *(get fired)* irse a la puta calle; **he doesn't know his a. from his elbow** no tiene ni puta idea

2 *vt* **I can't be arsed (doing it)!** ¡no me sale de los huevos (hacerlo)!, *RP* ¡me rompe los huevos (hacerlo)!

▸**arse about, arse around** *vi Br Vulg (act foolishly)* hacer el *Esp* gilipollas *or RP* boludo, *Am* pendejear; *(waste time)* tocarse la pelotas *or* los huevos

arse-bandit [ˈɑːsbændɪt] *n Br Vulg* maricón *m*, *Esp* bujarrón *m*

arsehole [ˈɑːshəʊl] *n Vulg* (**a**) *(anus)* ojete *m*; IDIOM **the a. of the universe** *(place)* el culo del mundo (**b**) *(unpleasant person)* hijo(a) *m,f* de puta, cabrón(ona) *m,f*

arseholed [ˈɑːshəʊld] *adj Vulg* pedo perdido(a), *Méx* cuete, *RP* en pedo

arse-kisser [ˈɑːskɪsə(r)], **arse-licker** [ˈɑːslɪkə(r)] *n Br Vulg* lameculos *mf inv*

arsenal [ˈɑːsənəl] *n* arsenal *m*

arsenic [ˈɑːsənɪk] *n Chem* arsénico *m*

arson [ˈɑːsən] *n* incendio *m* provocado

arsonist [ˈɑːsənɪst] *n* incendiario(a) *m,f*, pirómano(a) *m,f*

art [ɑːt] *n* (**a**) *(in general)* arte *m*; **the arts** las artes ❑ ***arts and crafts*** artes *fpl* y oficios; ***a. exhibition*** exposición *f* (artística); ***a. form*** manifestación *f* artística; ***a. gallery*** *(for sale)* galería *f* de arte; *(for exhibition)* museo *m*; ***a. school*** escuela *f* de bellas artes; ***a. therapy*** terapia *f* artística (**b**) *Univ* **arts** letras *fpl* (**c**) *(technique)* arte *m*; **there's an a. to making omelettes** hacer tortillas tiene su arte; **the a. of war/conversation** el arte de la guerra/la conversación; **it's a dying a.** es algo *or* es un arte que se está perdiendo

artefact [ˈɑːtɪfækt] *n* utensilio *m*

arterial [ɑːˈtɪərɪəl] *adj* (**a**) *Anat* arterial; **a. blood** sangre *f* arterial (**b**) *(road, railway)* principal, arterial

arteriosclerosis [ɑːˈtɪərɪəʊskləˈrəʊsɪs] *n Med* arteriosclerosis *f inv*

artery [ˈɑːtərɪ] *n also Fig* arteria *f*

artesian well [ɑːˈtiːzɪənˈwel] *n Geol* pozo *m* artesiano

artful [ˈɑːtfʊl] *adj (person)* astuto(a), artero(a); *(solution)* astuto(a), hábil

arthritic [ɑːˈθrɪtɪk] *adj* artrítico(a)

arthritis [ɑːˈθraɪtɪs] *n* artritis *f inv*

artichoke [ˈɑːtɪtʃəʊk] *n* **(globe) a.** alcachofa *f*, *Am* alcaucil *m*

article [ˈɑːtɪkəl] **1** *n* (**a**) *(item)* artículo *m*; **a. of clothing** prenda *f* de vestir (**b**) *Gram* **definite/indefinite a.** artículo *m* determinado/indeterminado

2 *vt Law* **to be articled to a firm of solicitors** trabajar en prácticas *or* hacer una pasantía en un bufete de abogados

articled [ˈɑːtɪkəld] *adj* **a. clerk** abogado(a) *m,f* en prácticas

articulate 1 *adj* [ɑːˈtɪkjʊlət] (**a**) *(person)* elocuente; *(description, account)* claro(a), comprensible (**b**) *(jointed)* articulado(a)

2 *vt* [ɑːˈtɪkjʊleɪt] *(word)* articular; *(idea, feeling)* formular, expresar

articulated lorry [ɑːˈtɪkjʊleɪtɪdˈlɒrɪ] *n* camión *m* articulado

articulation [ɑːtɪkjʊˈleɪʃən] *n (of words)* articulación *f*; *(of ideas, feelings)* formulación *f*

artifice [ˈɑːtɪfɪs] *n* artificio *m*

artificial [ɑːtɪˈfɪʃəl] *adj* (**a**) *(not natural, manufactured) (conditions, light, distinction)* artificial; *(limb)* ortopédico(a); *(hair)* postizo(a) ❑ ***a. insemination*** inseminación *f* artificial; *Comptr* ***a. intelligence*** inteligencia *f* artificial; ***a. respiration*** respiración *f* artificial (**b**) *(insincere) (manner, smile)* afectado(a), artificial

artificiality [ɑːtɪfɪʃɪˈælɪtɪ] *n* (**a**) *(of situation)* artificialidad *f*, artificiosidad *f* (**b**) *(of manner, smile)* afectación *f*, artificialidad *f*

artificially [ɑːtɪˈfɪʃəlɪ] *adv* artificialmente

artillery [ɑːˈtɪlərɪ] *n* artillería *f*

artisan [ɑːtɪˈzæn] *n* artesano(a) *m,f*

artist [ˈɑːtɪst] *n* artista *mf*

artiste [ɑːˈtiːst] *n* artista *mf (de espectáculos)*

artistic [ɑːˈtɪstɪk] *adj* artístico(a); **she is very a.** tiene mucha sensibilidad artística ❑ *Sport* ***a. impression*** impresión *f* artística; ***a. licence*** licencia *f* artística

artistically [ɑːˈtɪstɪklɪ] *adv* artísticamente; **she's very gifted a.** tiene grandes dotes artísticas

artistry [ˈɑːtɪstrɪ] *n* arte *m*, destreza *f*

artless [ˈɑːtlɪs] *adj (simple)* inocente, ingenuo(a); *(clumsy)* torpe

artwork [ˈɑːtwɜːk] *n (in book, magazine)* ilustraciones *fpl*

arty [ˈɑːtɪ] *adj Fam (person)* = que se interesa por las artes

arty-farty [ˈɑːtɪˈfɑːtɪ], *US* **artsy-fartsy** [ˈɑːtsɪˈfɑːtsɪ] *adj Fam* intelectualoide

Aryan [ˈeərɪən] *n & adj* ario(a) *m,f*

AS [æz, *unstressed* əz] **1** *prep* como; **to be disguised/dressed as a woman** ir disfrazado/vestido de mujer; **to work as an interpreter** trabajar de intérprete; **to work as a team** trabajar en equipo; **to regard sb as a friend** considerar a alguien un amigo; **it doesn't strike me as a good idea** no me parece una buena idea; **it came as no surprise** no sorprendió nada; **to treat sb as a stranger** tratar a alguien como a un extraño; **to act/serve as a protection against sth** actuar/servir de protección contra algo; **she used it as a bandage** lo utilizó a modo de venda; **I'm speaking to you as a lawyer** te estoy hablando en calidad de abogado; **I was unhappy as a child** de niño era muy infeliz; **as a woman, I think that…** como mujer, creo que…; **they applauded as one** aplaudieron al unísono

2 *adv* (**a**) *(with manner)* (tal y) como; **we arrived at eight o'clock, as requested** llegamos a las ocho, tal y como se nos había pedido; **we did exactly as we had been told** hicimos exactamente lo que nos habían dicho; **delete as applicable** táchese lo que corresponda; **he tried as never before** lo intentó como nunca antes; **B as in Birmingham** B de burro

(**b**) *(in comparisons)* **as… as…** tan… como…; **not as** *or* **so… as…** no tan… como…; **as tall as me** tan alto como yo; **as white as a sheet** blanco(a) como la nieve; **I pushed/tried as hard as I could** empujé/lo intenté con todas mis fuerzas; **he's as good a player as his father** es tan buen jugador como su padre; **twice as big (as)** el doble de grande (que); **as many as you want** todos los que quieras; **as much as you want** todo lo que quieras; **it costs twice as much (as)** cuesta el doble (que); **he earns five times as much as I do** gana cinco veces más que yo; **she wasn't pleased and she told him as much** no estaba satisfecha y así se lo hizo saber; **there were as few as fifty people there** había tan sólo cincuenta personas allí; **printers from as little as £50** impresoras desde sólo £50; **I never thought as many as fifty people would come** nunca imaginé que pudieran venir hasta cincuenta personas; **as recently as last week** hace tan sólo una semana; **do it as soon as you can** hazlo en cuanto puedas; **as soon as possible** cuanto antes

(**c**) *(phrases)* **she looked as if** *or* **though she was upset** parecía (como si estuviera) disgustada; **it isn't as if** *or* **though I haven't tried** no será porque no lo he intentado, no es que no lo haya intentado; **it looks as if** *or* **though...** parece que...; *Fam* **as if I'd be interested!** ¡a mí que más me importa!; *Fam (expressing disbelief)* **he reckons he can speak ten languages — as if!** anda *or* va diciendo que habla diez idiomas — ¡qué valor!; **as for the cost/the food,...** en *or* por lo que se refiere al costo/a la comida,...; **as for me...** por lo que a mí respecta...; **as from** *or* **of today** a partir de hoy; **she was unsure as to who to invite** no sabía a quién invitar, no estaba segura de a quién invitar; **as well** también; **as well as** así como

3 *conj* (**a**) *(with time) (when)* cuando; *(whilst)* mientras; **he went out as I came in** salió cuando yo entraba; **she talked to me as I worked** me hablaba mientras trabajaba; **as you get older...** a medida que te haces mayor...; **as the years go by** conforme pasan los años; **as necessary** según sea necesario; **we will use this method as and when necessary** utilizaremos este método cómo y cuándo sea necesario; **as always** como siempre

(**b**) *(because)* como; **as he has now left,...** como se ha ido..., ahora que se ha ido...; **this scene is important, as it marks a turning point in the plot** esta escena es importante, puesto que *or* ya que marca un punto de inflexión en la trama

(**c**) *(concessive)* **late as it was,...** aunque era tarde...; **try as she might,...** por mucho que lo intentara...; **unlikely as it might seem,...** por improbable que parezca,...; **much as I like her...** por mucho que me guste...; **stupid as he is, even he saw the mistake** hasta él, que es tan estúpido, se dio cuenta del error

(**d**) *(with manner)* como; **as I was saying,...** como iba diciendo,...; **as you know...** como sabes...; **as I remember** si mal no recuerdo; **do as you like** haz lo que quieras; **as I suspected...** (tal y) como sospechaba; **knowing them as I do** conociéndolos como los conozco; **as is often the case,..., as often happens,...** como suele suceder,...; **it's hard enough as it is without this happening!** ¡ya es lo bastante duro como para que ahora pase esto!; **it's far enough as it is!** ¡ya está suficientemente lejos así!; **as it is, there's little we can do** tal y como están las cosas, no podemos hacer mucho; **he's not, as it were, terribly bright** no es muy listo que digamos; **all right, as you wish** de acuerdo, como quieras; **we have no further information as yet** todavía no tenemos más información

(**e**) *(in addition)* **your mother is well, as are the children** tu madre está bien, al igual que los niños

(**f**) *(in comparisons)* **I've got the same bicycle as him** tengo la misma bicicleta que él; **now, as then...** tanto ahora como antes...

---

asap [eɪeseɪˈpiː] *adv (abbr* **as soon as possible**) cuanto antes, lo antes posible

asbestos [æsˈbestəs] *n* amianto *m*, asbesto *m*

asbestosis [æsbesˈtəʊsɪs] *n Med* asbestosis *f inv*

ascend [əˈsend] **1** *vt* (**a**) *(mountain, steps)* ascender por, subir (**b**) *(throne)* ascender a, subir a

2 *vi* ascender

ascendancy, ascendency [əˈsendənsɪ] *n* dominio *m*, ascendiente *m* (**over** sobre)

ascendant, ascendent [əˈsendənt] *n* **to be in the a.** ir en ascenso

ascending [əˈsendɪŋ] *adj* ascendente

Ascension [əˈsenʃən] *n Rel* Ascensión *f*; **A. Island** Ascensión

ascent [əˈsent] *n* (**a**) *(of mountain)* ascensión *f*, subida *f* (**b**) *(rise)* ascenso *m*; **her a. to power** su ascenso al poder

ascertain [æsəˈteɪn] *vt (establish)* precisar, determinar; *(find out)* averiguar

ascertainable [æsəˈteɪnəbəl] *adj* determinable; **(not) easily a.** (no) fácil de determinar

ascetic [əˈsetɪk] **1** *n* asceta *mf*

2 *adj* ascético(a)

ASCII [ˈæskɪ] *n Comptr (abbr* **American Standard Code for Information Interchange**) ASCII *m*

ascribe [əˈskraɪb] *vt* atribuir (**to** a)

ASEAN [ˈæzɪæn] *n (abbr* **Association of South-East Asian Nations**) ASEAN *f*

aseptic [eɪˈseptɪk] *adj* aséptico(a)

asexual [eɪˈseksjʊəl] *adj* asexual ❑ ***a. reproduction*** reproducción *f* asexual

ash[1] [æʃ] *n (tree, wood)* fresno *m*

ash[2] *n (from fire, cigarette)* ceniza *f* ❑ *Rel* ***A. Wednesday*** Miércoles *m inv* de Ceniza

ashamed [əˈʃeɪmd] *adj* avergonzado(a), *Am* apenado(a); **to be a. (of)** estar avergonzado(a) (de); **to feel a.** sentir vergüenza *or Am* pena; **I'm a. of you!** ¡me das vergüenza *or Am* pena!; **I am a. to say that...** me avergüenza *or Am* apena decir que...; **there is nothing to be a. of** no hay de qué avergonzarse *or Am* apenarse; **you ought to be a. of yourself!** ¡debería darte vergüenza *or Am* pena!

ashamedly [əˈʃeɪmɪdlɪ] *adv* con vergüenza, *or Am* con pena

ashen [ˈæʃən] *adj* pálido(a)

ashore [əˈʃɔː(r)] *adv* en tierra; **to go a.** desembarcar

ashtray [ˈæʃtreɪ] *n* cenicero *m*

Asia [ˈeɪʒə] *n* Asia ❑ ***A. Minor*** Asia Menor

Asian [ˈeɪʒən] **1** *n* asiático(a) *m,f*; *Br (person from Indian subcontinent)* = persona de la India, Paquistán o Bangladesh

2 *adj* asiático(a); *Br (from Indian subcontinent)* = de la India, Paquistán o Bangladesh ❑ *US* ***A. American*** = americano(a) de origen asiático; ***A. elephant*** elefante *m* asiático

Asiatic [eɪzɪˈætɪk] *n & adj* asiático(a) *m,f*

aside [əˈsaɪd] **1** *adv* aparte, a un lado; **a. from** aparte de; **to put** *or* **set sth a.** apartar *or* reservar algo; **stand a. please!** ¡apártense, por favor!; **to take sb a.** llevarse a alguien aparte; **politics a.,...** dejando a un lado la política,...

2 *prep* **a. from** aparte de, al margen de

3 *n Th* aparte *m*

asinine [ˈæsɪnaɪn] *adj* cretino(a), majadero(a)

ASK [ɑːsk] **1** *vt* (**a**) *(enquire about)* preguntar; **to a. sb sth** preguntar algo a alguien; **to a. sb about sth** preguntarle a alguien sobre algo; **to a. (sb) a question** hacer una pregunta (a alguien); **to a. sb the time** preguntar la hora a alguien; **to a. sb the way** preguntar a alguien el camino; **may I a. what you think you're doing?** ¿se puede saber qué estás haciendo?; **to a. oneself sth** preguntarse algo; **sometimes I a. myself what would have happened if I'd accepted** a veces me pregunto qué habría ocurrido si hubiera aceptado; **don't a. me!** ¿a mí me lo vas a preguntar?; **if you a. me...** *(in my opinion)* si quieres saber mi opinión...; **I a. you!** *(expressing disapproval)* ¡qué barbaridad!

(**b**) *(request)* pedir; **to a. sb for sth** pedir algo a alguien; **to a. to do sth** pedir hacer algo; **to a. sb to do sth** pedir a alguien que haga algo; **I asked if I could do it** pedí permiso para hacerlo; *Fig* **she was asking to be criticized** se estaba buscando las críticas; **to a. a favour of sb, to a. sb a favour** pedir un favor a alguien; **to a. sb's advice** pedirle consejo a alguien; **to a. sb's permission to do sth** pedir permiso a alguien para hacer algo; **it's asking a lot of them to win** sería demasiado esperar que ganaran; **if it isn't asking too much** si no es mucho pedir; **we a. that you do not smoke** le rogamos que no fume

(**c**) *(invite)* invitar, convidar; **to a. sb along** invitar a alguien; **to a. sb back (for a drink)** invitar a alguien a casa (a tomar algo); **to a. sb in** invitar a alguien a que pase; **to a. sb over** *or* **round** invitar a alguien; **to a. sb to lunch** convidar a alguien a comer; **he asked me to stay the night** me invitó a pasar la noche

2 *vi* (**a**) *(enquire)* preguntar (**about** por); **she asked about my previous job** me preguntó por mi anterior trabajo; *Formal* **how much do you earn, if you don't mind my asking?** ¿cuánto gana, si no le molesta la indiscreción?; **how did it go? — don't a.!** ¿qué tal fue? — ¡mejor ni hablar!; **why did he do that? — you may well a.!** ¿por qué lo hizo? — ¡buena pregunta!

(**b**) *(request)* **you only have to a.!** ¡no tienes más que pedirlo!

▸**ask after** *vt insep* **to a. after sb** preguntar *or* interesarse por alguien

▸**ask around** *vi (make enquiries)* preguntar por ahí

▸**ask for** *vt insep* (**a**) *(request)* pedir; **I couldn't a. for more** no se puede pedir más; **it's as nice a house as anyone could a. for** no se podría pedir una casa mejor; **he was asking for trouble** se estaba buscando problemas; *Fam* **he was asking for it!** *(deserved it)* ¡se lo estaba buscando! (**b**) *(want to see)* preguntar por; **there's someone at the door asking for you** hay alguien en la puerta preguntando *or* que pregunta por ti

▸**ask out** *vt sep* (**a**) *(invite)* **to a. sb out for a meal/to the cinema** invitar a alguien a comer/a ir al cine (**b**) *(as boyfriend, girlfriend)* pedir salir; **have you asked him out yet?** ¿ya le has pedido salir?

askance [əˈskæns] *adv* **to look a. at sb** mirar a alguien con recelo

askew [əˈskjuː] *adv* **the picture was (hanging) a.** el cuadro estaba torcido; **her dress was a.** llevaba el vestido torcido

asking [ˈɑːskɪŋ] *n* **it's yours for the a.** lo tienes a pedir de boca ❑ ***a. price*** precio *m* de salida

ASL [eɪesˈel] *n US (abbr* **American Sign Language**) = lenguaje de signos para sordos

asleep [əˈsliːp] *adj* (**a**) *(person, animal)* **to be a.** estar dormido(a) *or* durmiendo; **to be fast** *or* **sound a.** estar profundamente dormido(a); **to fall a.** quedarse dormido(a), dormirse; IDIOM **they were a. on their feet** se caían de sueño (**b**) *(numb)* **my arm/foot is a.** tengo un brazo/pie dormido

asocial [eɪˈsəʊʃəl] *adj* asocial

asp [æsp] *n* áspid *m*

asparagus [əˈspærəgəs] *n (plant)* esparraguera *f*; *(vegetable)* espárragos *mpl*

aspartame [əˈspɑːteɪm] *n* aspartamo *m*

aspect [ˈæspekt] *n* (**a**) *(of problem, subject)* aspecto *m*; **the financial/political aspects (of a plan)** el aspecto *or* lado económico/político (de un plan) (**b**) *(of building)* orientación *f*

aspen [ˈæspən] *n* álamo *m* (temblón)

asperity [æˈsperɪtɪ] *n Formal* aspereza *f*

aspersions [əsˈpɜːʃənz] *npl* **to cast a. on sth** poner en duda algo

asphalt [ˈæsfælt] *n* asfalto *m*

asphyxiate [æsˈfɪksɪeɪt] **1** *vt* asfixiar
2 *vi* asfixiarse

asphyxiation [æsfɪksɪˈeɪʃən] *n* asfixia *f*

aspic [ˈæspɪk] *n Culin* gelatina *f*; *Fig* **it was as if the house had been preserved in a.** parecía que hubieran conservado la casa en alcanfor

aspidistra [æspɪˈdɪstrə] *n* aspidistra *f*

aspirant [ˈæspɪrənt] *n* aspirante *mf*

aspirate [ˈæspərət] *adj Ling* aspirado(a)

aspiration [æspɪˈreɪʃən] *n (ambition)* aspiración *f*

aspirator [ˈæspɪreɪtə(r)] *n* succionador *m*, aspirador *m*

aspire [əˈspaɪə(r)] *vi* **to a. to (do) sth** aspirar a (hacer) algo

aspirin [ˈæsprɪn] *n* aspirina *f*

aspiring [əˈspaɪərɪŋ] *adj* **to be an a. actor** ser un actor en ciernes

ass¹ [æs] *n* (**a**) *(animal)* burro *m*, asno *m* (**b**) *Fam (idiot)* burro(a) *m,f*, tonto(a) *m,f*; IDIOM **to make an a. of oneself** quedar como un tonto

ass² *n US very Fam* (**a**) *(buttocks)* culo *m* (**b**) IDIOMS *Vulg* **she's a nice piece of a.!** ¡qué tía más buena *or* maciza!, *Méx* ¡esa mujer es un cuero!, *RP* ¡qué fuerte que está esa mina!; **it's my a. that's on the line** soy yo el que me la juego *or* se la juega; **you can bet your a. I will!** ¿qué te juegas a que lo haré?; *see also* **arse**

assail [əˈseɪl] *vt (attack)* asaltar, agredir (**with** con); **to a. sb with questions** asediar a alguien a preguntas; **assailed by doubt** asaltado por la duda

assailant [əˈseɪlənt] *n Formal* asaltante *mf*, agresor(ora) *m,f*

assassin [əˈsæsɪn] *n* asesino(a) *m,f*

assassinate [əˈsæsɪneɪt] *vt* asesinar

assassination [əsæsɪˈneɪʃən] *n* asesinato *m*

assault [əˈsɔːlt] **1** *n* (**a**) *(attack)* ataque *m*, asalto *m* (**on** a) ❑ *Mil* ***a. course*** pista *f* de entrenamiento (**b**) *Law* agresión *f* ❑ ***a. and battery*** agresión con resultado de lesiones
2 *vt* (**a**) *(attack)* atacar, asaltar (**b**) *Law* agredir; **to be sexually assaulted** ser objeto de una agresión sexual

ass-bandit [ˈæsbændɪt] *n US Vulg* maricón *m*, *Esp* bujarrón *m*

assemble [əˈsembəl] **1** *vt* (**a**) *(bring together) (people)* reunir, congregar; *(facts, objects)* reunir, juntar (**b**) *(construct) (machine, furniture)* montar, ensamblar
2 *vi (of people)* reunirse, congregarse

assembler [əˈsemblə(r)] *n Comptr* ensamblador *m*

assembly [əˈsemblɪ] *n* (**a**) *(gathering)* reunión *f*; *Br Sch* = reunión de todos los profesores y los alumnos al principio de la jornada escolar ❑ ***a. hall*** *(in school)* salón *m* de actos (**b**) *(of machine, furniture)* montaje *m*, ensamblaje *m* ❑ ***a. instructions*** instrucciones *fpl* de montaje; *Comptr* ***a. language*** lenguaje *m* ensamblador; *Ind* ***a. line*** cadena *f* de montaje

assent [əˈsent] **1** *n* asentimiento *m*, consentimiento *m*; **she gave/withheld her a.** dio/no dio su consentimiento
2 *vi* dar el consentimiento (**to** a)

assert [əˈsɜːt] *vt (one's rights, point of view, authority)* afirmar, hacer valer; **to a. oneself** mostrarse firme, imponerse; **to a. that...** afirmar que...

assertion [əˈsɜːʃən] *n* (**a**) *(of right, authority)* afirmación *f* (**b**) *(statement)* afirmación *f*, aseveración *f*

assertive [əˈsɜːtɪv] *adj (tone, manner)* categórico(a), enérgico(a); **you should be more a.** deberías mostrar más carácter; **try to sound firm but not too a.** procura parecer firme pero no demasiado inflexible

assertiveness [əˈsɜːtɪvnəs] *n (insistence)* carácter *m* enérgico; *(self-confidence)* autoafirmación *f* ❑ ***a. training*** cursos *mpl* de afirmación personal

assess [əˈses] *vt* (**a**) *(estimate) (value)* tasar, valorar; *(damage)* evaluar, valorar; **to a. sb's income** *(for tax purposes)* evaluar la renta de alguien (**b**) *(analyse)* evaluar

assessment [əˈsesmənt] *n* (**a**) *(estimate) (of value)* tasación *f*, valoración *f*; *(of damage)* evaluación *f*, valoración *f*; *(for insurance or tax purposes)* tasación *f* (**b**) *(analysis)* evaluación *f*; **what's your a. of the situation?** ¿cómo valora la situación?

assessor [əˈsesə(r)] *n Fin* tasador(ora) *m,f*

asset [ˈæset] *n* (**a**) *(benefit)* ventaja *f*, beneficio *m*; **she is a great a. to the firm** es una valiosa aportación a la empresa (**b**) *Fin* **assets** activos *mpl* ❑ *Fin* ***a. stripping*** liquidación *f* (especulativa) de activos

asshole [ˈæshəʊl] *n US Vulg* (**a**) *(anus)* ojete *m*; IDIOM **the a. of the universe** *or* **world** *(place)* el culo del mundo (**b**) *(unpleasant person)* hijo(a) *m,f* de puta, cabrón(ona) *m,f*

assiduous [əˈsɪdjʊəs] *adj Formal* perseverante

assign [əˈsaɪn] *vt (task, funds)* asignar (**to** a); *(importance)* atribuir; **to a. sb to do sth** asignar a alguien la tarea de hacer algo

assignation [æsɪgˈneɪʃən] *n Formal (meeting)* cita *f*

assignment [əˈsaɪnmənt] *n* (**a**) *(allocation)* asignación *f* (**b**) *(task) Sch* tarea *f*, trabajo *m*; *Journ* encargo *m*, trabajo *m*; *Mil* misión *f*

assimilate [əˈsɪmɪleɪt] **1** *vt (food, ideas)* asimilar
2 *vi (of immigrants)* integrarse

assimilation [əsɪmɪˈleɪʃən] *n (of food, ideas)* asimilación *f*; *(of immigrants)* integración *f*

assist [əˈsɪst] **1** *n Sport* asistencia *f*
2 *vt (person)* ayudar; *(process, development)* colaborar en, contribuir a; **to a. sb in doing** *or* **to do sth** ayudar a alguien a hacer algo
3 *vi* prestar ayuda; **to a. in sth** colaborar en algo

assistance [əˈsɪstəns] *n* ayuda *f*, asistencia *f*; **to come to sb's a.** acudir en ayuda de alguien; **can I be of any a.?** ¿puedo ayudar en algo?

assistant [əˈsɪstənt] *n* (**a**) *(helper)* ayudante *mf* ❑ ***a. manager*** subdirector(ora) *m,f*; *Sport* ***a. referee*** árbitro *m* asistente (**b**) *(in shop)* **(shop) a.** dependiente(a) *m,f* (**c**) *Br* **(language) a.** *(in school)* auxiliar *mf* de conversación; *(in university)* lector(ora) *m,f* de lengua extranjera

assizes [əˈsaɪzɪz] *npl Br Law* ≃ audiencia *f* provincial

ass-kisser [ˈæskɪsə(r)], **ass-licker** [ˈæslɪkə(r)] *n US Vulg* lameculos *mf inv*

associate 1 *n* [əˈsəʊsɪət] *(in business)* socio(a) *m,f*; *(in crime)* cómplice *mf*

2 *adj (company)* asociado(a) ▫ *US* ***a. professor*** profesor(ora) *m,f* adjunto(a) *or* titular

3 *vt* [ə'səʊsɪeɪt] (**a**) *(mentally)* asociar (**b**) *(connect)* **to be associated with** estar asociado(a) *or* relacionado(a) con; **I don't want to be associated with it** no quiero tener nada que ver con ello, no quiero que se me relacione con ello

4 *vi* **to a. with sb** frecuentar a *or* tratar con alguien

associated [ə'səʊsɪeɪtɪd] *adj* asociado(a) ▫ **a. company** empresa *f* asociada

association [əsəʊsɪ'eɪʃən] *n (group, link)* asociación *f*; **the name has unfortunate associations for her** ese nombre le trae malos recuerdos; **to form an a.** crear una asociación; **in a. with...** conjuntamente con... ▫ *Br Sport* ***a. football*** fútbol *m* asociación

assonance ['æsənəns] *n* asonancia *f*

assorted [ə'sɔ:tɪd] *adj (colours, flavours)* diverso(a); *(biscuits, sweets)* surtido(a)

assortment [ə'sɔ:tmənt] *n (of colours, reasons)* diversidad *f*; *(of biscuits, sweets)* surtido *m*

assuage [ə'sweɪdʒ] *vt Formal (anger, person)* apaciguar; *(hunger, thirst)* aplacar

assume [ə'sju:m] *vt* (**a**) *(suppose)* suponer; **I a. so/not** supongo que sí/no; **he was assumed to be rich** se suponía que era rico; **that's assuming a lot** eso es mucho suponer; **assuming (that) you are right,...** suponiendo que tengas razón,...; **let us a. that...** supongamos que... (**b**) *(take over) (duty, power)* asumir; *(name)* adoptar; **to a. responsibility for sth** asumir la responsabilidad de algo; **an assumed name** *(false)* un nombre falso (**c**) *(take on) (appearance, shape)* adquirir, adoptar; *(significance, importance)* cobrar, adquirir

assumption [ə'sʌmpʃən] *n* (**a**) *(supposition)* suposición *f*; **to work on the a. that...** trabajar sobre la base de que...; **this is all based on the a. that...** todo esto partiendo de la base de que... (**b**) *(of power, responsibility)* asunción *f* (**c**) *Rel* **the A.** la Asunción

assurance [ə'ʃʊərəns] *n* (**a**) *(guarantee)* garantía *f*; **to give sb one's a.** dar garantías a alguien (**b**) *(confidence)* seguridad *f*; **to answer with a.** responder con seguridad (**c**) *Br (insurance)* seguro *m*

assure [ə'ʃʊə(r)] *vt* (**a**) *(guarantee)* asegurar; **to a. sb of sth** asegurar algo a alguien; **her support assured them of success** su respaldo les garantizaba el éxito; **I didn't know, I a. you!** ¡no sabía nada, te lo aseguro *or* garantizo! (**b**) *Br (insure)* asegurar

assured [ə'ʃʊəd] *adj (certain, confident)* seguro(a); **to be a. of sth** tener algo asegurado(a); **he gave a very a. performance** se mostró muy seguro en su actuación; **rest a. that...** ten por seguro que...

assuredly [ə'ʃʊrɪdlɪ] *adv (undoubtedly)* sin duda

ass-wipe ['æswaɪp] *n US Vulg (unpleasant person)* hijo(a) *m,f* de puta, cabrón(ona) *m,f*

asterisk ['æstərɪsk] *n* asterisco *m*

asteroid ['æstərɔɪd] *n* asteroide *m*

asthma ['æsmə] *n* asma *f*

asthmatic [æs'mætɪk] *n & adj* asmático(a) *m,f*

astigmatism [ə'stɪgmətɪzəm] *n* astigmatismo *m*

astonish [ə'stɒnɪʃ] *vt* asombrar; **to be astonished at** *or* **by** quedarse asombrado(a) por; **I am astonished that...** me asombra que...

astonished [ə'stɒnɪʃt] *adj (look, reaction)* de asombro, asombrado(a); **she gave him an a. look** ella le miró asombrada

astonishing [ə'stɒnɪʃɪŋ] *adj* asombroso(a); **I find it a. that...** me parece asombroso que...

astonishingly [ə'stɒnɪʃɪŋlɪ] *adv* asombrosamente; **a. enough, she still likes him** aunque parezca mentira, todavía le gusta

astonishment [ə'stɒnɪʃmənt] *n* asombro *m*; **to my a.** para mi asombro

astound [ə'staʊnd] *vt* dejar atónito(a), pasmar

astounded [ə'staʊndɪd] *adj* atónito(a), pasmado(a); **I was a.** me quedé atónito(a) *or* pasmado(a); **he was a. at** *or* **by her talent** su talento le dejó atónito *or* pasmado

astounding [ə'staʊndɪŋ] *adj* pasmoso(a), asombroso(a)

astoundingly [ə'staʊndɪŋlɪ] *adv* increíblemente, asombrosamente

astrakhan ['æstrəkæn] *n* astracán *m*

astral ['æstrəl] *adj* astral ▫ ***a. projection*** viaje *m* astral

astray [ə'streɪ] *adv* **to go a.** *(become lost)* perderse, extraviarse; **to lead sb a.** descarriar a alguien

astride [ə'straɪd] *prep* **to sit a. sth** sentarse a horcajadas sobre algo

astringent [ə'strɪndʒənt] **1** *n* loción *f* astringente *m (para contraer tejidos)*

2 *adj* (**a**) *(substance)* astringente *(que contrae tejidos)* (**b**) *(criticism)* áspero(a), agrio(a)

astrodome ['æstrədəʊm] *n US (stadium)* estadio *m* cubierto

astrolabe ['æstrəleɪb] *n* astrolabio *m*

astrologer [ə'strɒlədʒə(r)] *n* astrólogo(a) *m,f*

astrological [æstrə'lɒdʒɪkəl] *adj* astrológico(a); ▫ ***a. chart*** carta *f* astral

astrology [ə'strɒlədʒɪ] *n* astrología *f*

astronaut ['æstrənɔ:t] *n* astronauta *mf*

astronomer [ə'strɒnəmə(r)] *n* astrónomo(a) *m,f*

astronomic(al) [æstrə'nɒmɪk(əl)] *adj* (**a**) *(research, observation)* astronómico(a) (**b**) *Fam (gigantic)* **the prices are a.!** ¡los precios son astronómicos *or* están por las nubes!

astronomy [ə'strɒnəmɪ] *n* astronomía *f*

astrophysics [æstrəʊ'fɪzɪks] *n* astrofísica *f*

Astroturf® ['æstrəʊtɜ:f] *n Sport* (césped *m* de) hierba *f* artificial

Asturian [æ'stʊərɪən] *n & adj* asturiano(a) *m,f*

Asturias [æ'stʊərɪəs] *n* Asturias

astute [ə'stju:t] *adj* astuto(a), sagaz

astutely [ə'stju:tlɪ] *adv* astutamente, con sagacidad

asunder [ə'sʌndə(r)] *adv Literary* **to tear sth a.** hacer pedazos algo

asylum [ə'saɪləm] *n* (**a**) *(refuge)* asilo *m*; **to seek a.** buscar asilo; **(political) a.** asilo político (**b**) *(institution)* **(mental) a.** manicomio *m*

asymmetric(al) [eɪsɪ'metrɪk(əl)] *adj* asimétrico(a) ▫ *Sport* ***a. bars*** barras *fpl* asimétricas

asymmetry [eɪ'sɪmɪtrɪ] *n* asimetría *f*

asynchronous [eɪ'sɪŋkrənəs] *adj Comptr* asíncrono(a) ▫ ***a. transfer mode*** modo *m* asíncrono de transferencia

AT [æt, *unstressed* ət] *prep* (**a**) *(with place)* en; **she was sitting at the window** estaba sentada al lado de la ventana; **there's someone at the door** hay alguien en la puerta; **a dog lay at his feet** un perro estaba tumbado a sus pies; **stand at a distance of at least 30 metres** póngase a una distancia de al menos 30 metros; **at the top/bottom** (en la parte de) arriba/abajo; **at the top/bottom of the stairs** en lo alto de/al pie de las escaleras; **at the side** al lado; **at university/the station** en la universidad/la estación; **they live at number 20** viven en el número 20; **I saw him at the hairdresser's** le vi en la peluquería; **at John's** *(house)* en casa de John; **at home** en casa; IDIOM *Fam* **this club's where it's at** esta disco es lo más 'in', *RP* este boliche está de lo más de onda

(**b**) *(with time)* **at six o'clock** a las seis; **at night** por la noche; **at Christmas** en Navidad; **at lunchtime** a la hora de comer; **at a good time** en un momento oportuno; **at a later date** en una fecha posterior; **at the beginning/end** al principio/final; **at the end of the year** al final del año, a finales del año; **at (the age of) twenty** a los veinte años; **at regular intervals** a intervalos regulares

(**c**) *(with price, rate, level)* a; **at 60 km/h** a 60 km/h; **at top speed** a toda velocidad; **at 50p a kilo** a 50 peniques el kilo; **they sold it at a cheaper price** lo vendieron más barato; **unemployment is at 10 percent** el desempleo está en el 10 por ciento; **I'd put the total at nearer 200** yo diría más bien que un total de cerca de 200; **at 85 metres, it's the town's tallest building** con 85 metros, es el edificio más alto de la ciudad

(**d**) *(with direction)* a; **to run at sb** abalanzarse sobre alguien; **to point at sb** señalar a alguien; **to throw a stone at sb** tirarle una piedra a alguien; **to grab at sth** tratar de agarrar algo; **stop tugging at my sleeve!** ¡deja de tirarme de la manga!; **to**

look at sth/sb mirar algo/a alguien; **to shout at sb** gritar a alguien

(**e**) *(with cause)* **to be angry at sb** estar enfadado(a) *or Am* enojado(a) con alguien; **to be excited at sth** estar emocionado por algo; **to laugh at a joke** reírse de un chiste; **to be surprised at sth** sorprenderse de algo; **at his command/request** por orden/petición suya; **at that, he left the room** en ese momento, salió de la habitación; **it's poor quality, and expensive at that** es de mala calidad, y además caro

(**f**) *(with activity)* **to be at work/play** estar trabajando/jugando; **to be at lunch** estar almorzando; **he's at school at the moment** en estos momentos está en el colegio; **to be at war** estar en guerra; **to be at risk** estar en peligro; **at a gallop** al galope; **I am good at languages** los idiomas se me dan bien; **he's bad at sport** se le dan mal los deportes; **she's good at making people feel at home** sabe hacer que la gente se sienta en casa; **he's very experienced at this type of work** tiene mucha experiencia en este tipo de trabajo; *Fam* **have you been at the biscuits again?** ¿ya has vuelto a darle a las galletas?; **she's been at it all weekend** *(working)* ha pasado todo el fin de semana trabajando; **while you're at it, could you buy some sugar?** ya que vas, ¿podrías comprar azúcar?; *Fam* **he's at it again** *(doing the same thing)* ya está otra vez con lo mismo; *very Fam* **they were at it all night** *(having sex)* estuvieron dale que te pego *or RP* dale que dale toda la noche

(**g**) *(with superlatives)* **at best/worst** en el mejor/peor de los casos; **at least** al *o* por lo menos; **at (the) most** como mucho; **Scotland is at its best in June** cuando Escocia es más bonita es en junio; **this novel is Faulkner at his best** en esta novela Faulkner está en plena forma; **they didn't play at their best** no jugaron lo mejor que saben

(**h**) **at all** *loc adv* **do you know him at all?** ¿lo conoces de algo?; **can there be any doubt at all that he did it?** ¿no está clarísimo que lo hizo él?; **anything at all** cualquier cosa; **if at all possible** a ser posible; **it affected them very little, if at all** apenas les afectó; **if you are at all dissatisfied** en caso de no estar satisfecho; **if you had any sense at all** si tuvieras el más mínimo sentido común; **we got no credit at all for our work** no se nos reconoció nuestro trabajo en absoluto; **nothing at all** nada en absoluto; **they've done nothing at all** no han hecho nada en absoluto; **not at all** *(not in the slightest)* en absoluto; *(when thanked)* de nada; **I'm not at all astonished** no estoy en absoluto sorprendido; **it's not at all bad** no es nada malo

---

atavistic [ætəˈvɪstɪk] *adj* atávico(a)

at-bat [ˈætbæt] *n (in baseball)* turno *m* de bateo

ate [eɪt] *pt of* **eat**

atheism [ˈeɪθɪɪzəm] *n* ateísmo *m*

atheist [ˈeɪθɪɪst] *n* ateo(a) *m,f*

atheistic [eɪθɪˈɪstɪk] *adj* ateo(a)

Athenian [əˈθiːnɪən] *n & adj* ateniense *mf*

Athens [ˈæθənz] *n* Atenas

athlete [ˈæθliːt] *n* atleta *mf* ▫ *Med* ***a.'s foot*** pie *m* de atleta

athletic [æθˈletɪk] *adj* atlético(a) ▫ ***a. support*** suspensorio *m*

athletics [æθˈletɪks] *npl* atletismo *m*

atishoo [əˈtɪʃuː] *exclam* ¡achís!

Atlantic [ətˈlæntɪk] **1** *n* **the A.** el (océano) Atlántico

2 *adj* atlántico(a); **the A. Ocean** el océano Atlántico

atlas [ˈætləs] *n* atlas *m inv*; **the A. Mountains** las montañas Atlas

ATM [eɪtiːˈem] *n* (**a**) *Fin* (*abbr* **automated teller machine**) cajero *m* automático (**b**) *Comptr* (*abbr* **asynchronous transfer mode**) modo *m* asíncrono de transferencia

atmosphere [ˈætməsfɪə(r)] *n* (**a**) *(of planet)* atmósfera *f* (**b**) *Fig* ambiente *m*; IDIOM **you could have cut the a. with a knife** se respiraba la tensión en el aire

atmospheric [ætməsˈferɪk] *adj (pressure)* atmosférico(a); *Fig* **the music was very a.** la música era muy sugerente

atoll [ˈætɒl] *n Geog* atolón *m*

atom [ˈætəm] *n* átomo *m* ▫ ***a. bomb*** bomba *f* atómica

atomic [əˈtɒmɪk] *adj* atómico(a) ▫ ***a. bomb*** bomba *f* atómica; ***a. energy*** energía *f* atómica *or* nuclear; ***a. number*** número *m* atómico; ***a. weight*** peso *m* atómico

atomizer [ˈætəmaɪzə(r)] *n* atomizador *m*

▸**atone for** [əˈtəʊn] *vt insep (sin, crime)* expiar; *(mistake)* subsanar

atonement [əˈtəʊnmənt] *n (for sin, crime)* expiación *f*; *(for mistake)* subsanación *f*

ATP [eɪtiːˈpiː] *n Sport* (*abbr* **Association of Tennis Players**) ATP *f*

atrium [ˈeɪtrɪəm] (*pl* **atria** [ˈeɪtrɪə] *or* **atriums**) *n* (**a**) *Archit* atrio *m* (**b**) *Anat* aurícula *f*

atrocious [əˈtrəʊʃəs] *adj (crime, behaviour)* atroz, cruel; *(mistake, decision, weather, meal)* atroz, terrible

atrocity [əˈtrɒsɪtɪ] *n* atrocidad *f*

atrophy [ˈætrəfɪ] **1** *n* atrofia *f*

2 *vi* atrofiarse

attach [əˈtætʃ] *vt* (**a**) *(fasten) (label, cheque)* sujetar, fijar (**to** a); *(document) & Comptr* adjuntar (**to** a); *Fig* **to a. oneself to sb** pegarse a alguien (**b**) *(assign) (blame, responsibility, importance)* atribuir (**to** a)

attaché [əˈtæʃeɪ] *n* agregado(a) *m,f*; ***cultural/military a.*** agregado(a) *m,f* cultural/militar

attaché-case [əˈtæʃeɪkeɪs] *n* maletín *m*

attached [əˈtætʃt] *adj* (**a**) *(affixed)* adjunto(a) (**b**) *(emotionally)* **to be very a. to sb/sth** tenerle mucho cariño a alguien/algo; **to become/get a. to** tomar cariño a, encariñarse con (**c**) *Fam* **is he a.?** *(in a relationship)* ¿tiene novia?

attachment [əˈtætʃmənt] *n* (**a**) *(device)* accesorio *m* (**b**) *(secondment)* **to be on a. to a department** estar destinado(a) a un departamento (**c**) *(fondness)* cariño *m*; **to form an a. to sb** tomar cariño a alguien (**d**) *Comptr* archivo *m* adjunto, anexo *m*

attack [əˈtæk] **1** *n* ataque *m*; **to be under a.** estar siendo atacado(a); **to come under a.** ser atacado(a); **an a. of nerves** un ataque de nervios; **I had an a. of doubt** me asaltaron las dudas; **an a. of fever** un acceso de fiebre

2 *vt* (**a**) *(person, city)* atacar; **he was attacked in the street** lo asaltaron en la calle (**b**) *Fig (problem, task)* acometer, abordar; *(food)* atacar

3 *vi (troops, soccer team)* atacar

attacker [əˈtækə(r)] *n (assailant, sportsperson)* atacante *mf*

attain [əˈteɪn] *vt (ambition, age)* alcanzar; *(rank)* llegar a

attainable [əˈteɪnəbəl] *adj (goal, ambition)* alcanzable

attainment [əˈteɪnmənt] *n* (**a**) *(of goal, ambition)* consecución *f*, logro *m* (**b**) *(skill, achievement)* logro *m*

attempt [əˈtempt] **1** *n (effort)* intento *m*, tentativa *f*; **to make an a. at doing sth** *or* **to do sth** intentar hacer algo; **they made no a. to help** no trataron de ayudar; **to make an a. on sb's life** atentar contra la vida de alguien; **at the first a.** al primer intento

2 *vt (task)* intentar; **to a. to do sth** tratar de *or* intentar hacer algo; **to a. a smile** intentar sonreír

attempted [əˈtemptɪd] *adj* ***a. coup*** intento *m* de golpe de estado, intentona *f* golpista; *Law* ***a. murder/robbery*** intento *m* de asesinato/robo; ***a. suicide*** intento *m* de suicidio

attend [əˈtend] **1** *vt* (**a**) *(meeting, school)* asistir a, acudir a; **the concert was well attended** al concierto asistió numeroso público (**b**) *(patient, customer)* atender; **we were attended by three waiters** nos atendieron tres camareros

2 *vi (be present)* asistir

▸**attend to** *vt insep* (**a**) *(matter, problem)* ocuparse de; **you should a. to your work** deberías atender a tu trabajo (**b**) *(patient)* atender, asistir; *(customer)* atender

attendance [əˈtendəns] *n (presence, people present)* asistencia *f*; **there was a good/poor a.** acudió mucha/poca gente; **to be in a.** hacer acto de presencia, estar presente ▫ ***a. register*** lista *f* de asistencia

attendant [əˈtendənt] **1** *n (in museum)* vigilante *mf*; *(in car park, cloakroom, swimming pool)* encargado(a) *m,f*

2 *adj Formal* **the difficulties a. on this procedure** las dificultades que este procedimiento conlleva *or* comporta

attention [əˈtenʃən] *n* (**a**) *(in general)* atención *f*; **to pay a. to sth/sb** prestar atención a algo/alguien; **to pay a. to detail** fijarse en los detalles; **to give sth/sb one's full a.** atender bien algo/a alguien; **to attract** *or* **catch sb's a.** llamar la atención de alguien; **the program drew**

a. to the suffering of the refugees el programa llamó la atención sobre el sufrimiento de los refugiados; **I brought the error to the chairman's a.** hice ver el error al presidente; **to draw a. to oneself** llamar la atención; **to turn** *or* **direct one's a. to sth** dirigir la atención a algo; **your a. please, ladies and gentlemen** atención, señoras y señores; *Formal* **it has come to our a. that...** hemos sido advertidos *or* informados de que...; **for the a. of** *(on hand-delivered letter)* a la atención de ❑ ***a. span*** capacidad *f* de concentración
(**b**) *(repairs)* **the engine needs some a.** hay que revisar el motor
(**c**) *Mil* **a.!** ¡firmes!; **to stand at** *or* **to a.** ponerse firme, cuadrarse

attentive [ə'tentɪv] *adj (paying attention, considerate)* atento(a); **to be a. to sb** estar pendiente de alguien

attentively [ə'tentɪvlɪ] *adv* atentamente

attenuating [ə'tenjʊeɪtɪŋ] *adj Law* ***a. circumstances*** (circunstancias *fpl*) atenuantes *fpl*

attest [ə'test] **1** *vt (affirm, prove)* atestiguar; **this phenomenon/effect is well attested** este fenómeno/efecto está sobradamente comprobado
2 *vi* **to a. to** dar testimonio de

attic ['ætɪk] *n (storage space)* desván *m*; *(room)* ático *m*

attire [ə'taɪə(r)] **1** *n* atuendo *m*, atavío *m*
2 *vt Literary* ataviar, engalanar; **attired in silk** con atuendo de seda

attitude ['ætɪtju:d] *n* (**a**) *(opinion, behaviour)* actitud *f*; **what's your a. to abortion?** ¿cuál es tu actitud *or* postura ante el aborto?; **to take the a. that...** adoptar la actitud de que...; **I don't like your a.** no me gusta tu actitud ❑ *Com* ***a. survey*** = estudio de la actitud del personal en materia laboral (**b**) *(pose)* pose *f*; **to strike an a.** adoptar una pose (**c**) *Fam (self-assurance, assertiveness)* carácter *m*, genio *m*; **to have a.** tener carácter; **a car with a.** un automóvil con carácter *or* garra

attn *Com* (*abbr* **for the attention of**) a la atención de

attorney [ə'tɜ:nɪ] (*pl* **attorneys**) *n US Law* abogado(a) *m,f* ❑ ***A. General*** *Br* ≃ ministro(a) *m,f* de Justicia, *US* ≃ fiscal *mf* general del Estado

attract [ə'trækt] *vt* (**a**) *(pull, draw)* atraer; **to a. sb's attention** llamar la atención de alguien (**b**) *(give rise to)* **to a. interest/criticism** despertar *or* suscitar interés/críticas (**c**) *(interest)* atraer; **to be attracted to sth/sb** sentirse atraído(a) por algo/alguien; **the idea doesn't a. me** la idea no me atrae *or* seduce

attraction [ə'trækʃən] *n* (**a**) *(power)* atracción *f*; **the prospect holds little a. for me** la perspectiva no me atrae mucho (**b**) *(attractive aspect)* atractivo *m*

attractive [ə'træktɪv] *adj* (**a**) *(person, offer, prospect)* atractivo(a) (**b**) *(price, rate of interest)* interesante, atractivo(a)

attractiveness [ə'træktɪvnəs] *n* atractivo *m*

attributable [ə'trɪbjʊtəbəl] *adj* **to be a. to** ser atribuible a

attribute 1 *n* ['ætrɪbju:t] atributo *m*
2 *vt* [ə'trɪbju:t] atribuir (**to** a)

attributive [ə'trɪbjʊtɪv] *adj Gram* atributivo(a)

attrition [ə'trɪʃən] *n* desgaste *m*; **war of a.** guerra *f* de desgaste

attuned [ə'tju:nd] *adj* **he's a. to their way of thinking** sintoniza muy bien con su manera de pensar

atypical [eɪ'tɪpɪkəl] *adj* atípico(a)

aubergine ['əʊbəʒi:n] *n Br* berenjena *f*

auburn ['ɔ:bən] *adj (hair)* (color) caoba

auction ['ɔ:kʃən] **1** *n* subasta *f*; **to put sth up for a.** sacar algo a subasta ❑ ***a. room*** sala *f* de subastas
2 *vt* subastar

▸**auction off** *vt sep* liquidar mediante subasta, subastar

auctioneer [ɔ:kʃə'nɪə(r)] *n* subastador(ora) *m,f*

audacious [ɔ:'deɪʃəs] *adj* audaz

audacity [ɔ:'dæsɪtɪ] *n* audacia *f*

audible ['ɔ:dɪbəl] *adj* audible

audibly ['ɔ:dɪblɪ] *adv* de manera audible

audience ['ɔ:dɪəns] *n* (**a**) *(spectators)* público *m*; *TV & Rad* audiencia *f*; **to reach the widest possible a.** llegar al mayor número posible de espectadores/oyentes ❑ ***a. participation*** participación *f* del público (**b**) *(meeting with monarch, Pope)* audiencia *f*; **to grant sb an a.** conceder una audiencia a alguien

audio ['ɔ:dɪəʊ] *adj* ***a. cassette*** cinta *f* de audio; ***a. equipment*** equipo *m* de sonido; ***a. frequency*** audiofrecuencia *f*

audiotypist ['ɔ:dɪəʊtaɪpɪst] *n* mecanógrafo(a) *m,f* con dictáfono

audiovisual [ɔ:dɪəʊ'vɪzjʊəl] *adj* audiovisual

audit ['ɔ:dɪt] **1** *n Fin* auditoría *f*
2 *vt* (**a**) *Fin* auditar (**b**) *US (class, lecture)* asistir de oyente a

audition [ɔ:'dɪʃən] *Th* **1** *n* prueba *f*, audición *f*; **to hold auditions for a play** realizar pruebas a actores para una obra de teatro
2 *vt (of director)* hacer una prueba a
3 *vi (of actor)* hacer una prueba

auditor ['ɔ:dɪtə(r)] *n Fin* auditor(ora) *m,f*

auditorium [ɔ:dɪ'tɔ:rɪəm] *n* auditorio *m*

auditory ['ɔ:dɪtrɪ] *adj* auditivo(a)

au fait [əʊ'feɪ] *adj* **to be a. with sth** estar al día de algo

Aug (*abbr* **August**) ago.

augment [ɔ:g'ment] *vt* incrementar, aumentar

au gratin [əʊ'grætæn] *adj* gratinado(a), al gratén

augur ['ɔ:gə(r)] *vi* **to a. well/ill** ser un buen/mal augurio

August ['ɔ:gəst] *n* agosto *m*; *see also* **May**

august [ɔ:'gʌst] *adj Literary (distinguished)* augusto(a)

au naturel [əʊnætjʊ'rel] *adj* (**a**) *(food, method of cooking)* al natural, en crudo (**b**) *(person)* en cueros, desnudo(a)

aunt [ɑ:nt] *n* tía *f*

auntie, aunty ['ɑ:ntɪ] *n Fam* tita *f*, tiíta *f*

AUP [eɪju:'pi:] *n Comptr* (*abbr* **acceptable use policy**) política *f* aceptable de uso

au pair [əʊ'peə(r)] *n* au pair *f*

aura ['ɔ:rə] *n* aura *f*

aural ['ɔ:rəl] *adj* auditivo(a)

au revoir [əʊrə'vwɑ:(r)] *exclam* ¡adiós!, ¡chao!

auricle ['ɔ:rɪkəl] *n Anat* (**a**) *(of heart)* aurícula *f* (**b**) *(of ear)* pabellón *m* de la oreja

aurora [ə'rɔ:rə] *n Astron* aurora *f* ❑ ***a. borealis*** aurora *f* boreal

auspices ['ɔ:spɪsɪz] *npl* **under the a. of** bajo los auspicios de

auspicious [ɔ:'spɪʃəs] *adj* prometedor(a), halagüeño(a)

Aussie ['ɒzɪ] *n & adj Fam* australiano(a) *m,f*

austere [ɒ'stɪə(r)] *adj* austero(a)

austerity [ɒ'sterɪtɪ] *n* austeridad *f*

Australasia [ɒstrə'leɪʒə] *n* Australasia

Australasian [ɒstrə'leɪʒən] *adj* de Australasia

Australia [ɒ'streɪlɪə] *n* Australia

Australian [ɒ'streɪlɪən] *n* **1** australiano(a) *m,f*
2 *adj* australiano(a) ❑ ***A. rules football*** fútbol *m* australiano

Austria ['ɒstrɪə] *n* Austria

Austrian ['ɒstrɪən] *n & adj* austriaco(a) *m,f*

autarchy ['ɔ:tɑ:kɪ] *n* autarquía *f*

authentic [ɔ:'θentɪk] *adj* auténtico(a), genuino(a)

authenticate [ɔ:'θentɪkeɪt] *vt* autentificar, autenticar

authentication [ɔ:θentɪ'keɪʃən] *n Comptr* autentificación *f*, autenticación *f*

authenticity [ɔ:θen'tɪsɪtɪ] *n* autenticidad *f*

author ['ɔ:θə(r)] **1** *n* (**a**) *(writer) (by profession)* escritor(ora) *m,f*; *(of a book)* autor(ora) *m,f* (**b**) *(cause, creator)* autor(ora) *m,f*; **she was the a. of her own downfall** ella fue la causante de su propia ruina
2 *vt* crear, ser el autor/la autora de

authoring tool ['ɔ:θərɪŋ'tu:l] *n Comptr* herramienta *f* de autor

authoritarian [ɔ:θɒrɪ'teərɪən] *n & adj* autoritario(a) *m,f*

authoritarianism [ɔ:θɒrɪ'teərɪənɪzəm] *n* autoritarismo *m*

authoritative [ɔ:'θɒrɪtətɪv] *adj* (**a**) *(manner, voice, person)* autoritario(a) (**b**) *(study, source)* autorizado(a)

authority [ɔ:'θɒrɪtɪ] *n* (**a**) *(power)* autoridad *f*; **the authorities** las autoridades; **I'd like to speak to someone in a.** quisiera hablar con el responsable; **to have an air of a.** mostrar seguridad *or* aplomo (**b**) *(authorization)* autorización *f*; **to give sb a. to do sth** autorizar a alguien a hacer algo; **he did it on his own a.** lo hizo bajo su responsabilidad (**c**) *(expert)* autoridad *f*; **to be an a. on sth** ser una autoridad en algo; IDIOM **to have it on good a.** saberlo de buena tinta

authorization [ɔ:θəraɪ'zeɪʃən] *n* autorización *f*

authorize ['ɔ:θəraɪz] *vt* autorizar; **to a. sb to do sth** autorizar a alguien a hacer algo

authorized ['ɔ:θəraɪzd] *adj* ***a. dealer*** distribuidor *m* autorizado; ***the A. Version*** *(of Bible)* = la versión oficial de la Biblia protestante en inglés

authorship ['ɔ:θəʃɪp] *n (author's identity)* autoría *f*; **a work of unknown a.** una obra de autor desconocido

autism ['ɔ:tɪzəm] *n* autismo *m*

autistic [ɔ:'tɪstɪk] *adj* autista

auto ['ɔ:təʊ] (*pl* **autos**) *n US* coche *m*, automóvil *m*, *Am* carro *m*, *RP* auto *m*

auto- ['ɔ:təʊ] *pref* auto-

autobiographical [ɔ:təbaɪə'græfɪkəl] *adj* autobiográfico(a)

autobiography [ɔ:təbaɪ'ɒgrəfɪ] *n* autobiografía *f*

autocracy [ɔ:'tɒkrəsɪ] *n* autocracia *f*

autocrat ['ɔ:təkræt] *n* autócrata *mf*

autocratic [ɔ:tə'krætɪk] *adj* autocrático(a)

Autocue® ['ɔ:təʊkju:] *n Br TV* teleapuntador *m*

autodidact [ɔ:təʊ'daɪdækt] *n* autodidacta *mf*

autograph ['ɔ:təgrɑ:f] **1** *n* autógrafo *m* ▫ ***a. album*** *or* ***book*** álbum *m* de autógrafos

2 *vt* autografiar, firmar

autoimmune [ɔ:təʊɪ'mju:n] *adj* **a. disease** enfermedad *f* autoinmune

autoimmunity [ɔ:təʊɪ'mju:nɪtɪ] *n* autoinmunidad *f*

automat ['ɔ:təmæt] *n US* = restaurante en el que la comida se obtiene de máquinas expendedoras

automate ['ɔ:təmeɪt] *vt* automatizar

automated telling machine ['ɔ:təmeɪtɪd'telɪŋməʃi:n], **automatic telling machine** [ɔ:tə'mætɪk'telɪŋməʃi:n] *n* cajero *m* automático

automatic [ɔ:tə'mætɪk] **1** *n* (**a**) *(car)* coche *m or Am* carro *m or RP* auto *m* (con cambio) automático (**b**) *(pistol)* pistola *f* automática (**c**) *(washing machine)* lavadora *f* (automática), *RP* lavarropas *mpl* (automático)

2 *adj* automático(a) ▫ *Comptr* ***a. data processing*** proceso *m or* procesamiento *m* automático de datos; *Av* ***a. pilot*** piloto *m* automático; *Fig* **to be on a. pilot** tener puesto el piloto automático

automatically [ɔ:tə'mætɪklɪ] *adv* automáticamente

automation [ɔ:tə'meɪʃən] *n* automatización *f*

automaton [ɔ:'tɒmətən] (*pl* **automata** [ɔ:'tɒmətə]) *n* autómata *m*

automobile ['ɔ:təməʊbi:l] *n US* automóvil *m*, *Esp* coche *m*, *Am* carro *m*, *RP* auto *m*

autonomous [ɔ:'tɒnəməs] *adj* autónomo(a)

autonomy [ɔ:'tɒnəmɪ] *n* autonomía *f*

autopilot ['ɔ:təʊpaɪlət] *n (in vehicle)* piloto *m* automático; **on a.** *(vehicle)* con el piloto automático; **to be on a.** *(person)* tener puesto el piloto automático

autopsy ['ɔ:tɒpsɪ] *n* autopsia *f*

auto-reverse [ɔ:təʊrɪ'vɜ:s] *n (on cassette recorder)* autorreverse *m*, cambio *m* automático de dirección de cinta

auto-save ['ɔ:təʊseɪv] *n Comptr* autoguardado *m*

autosuggestion ['ɔ:təʊsə'dʒestʃən] *n Psy* autosugestión *f*

autumn ['ɔ:təm] *n* otoño *m*, **in (the) a.** en otoño

autumnal [ɔ:'tʌmnəl] *adj* otoñal

auxiliary [ɔ:g'zɪl(ɪ)ərɪ] **1** *n* (**a**) *(person)* auxiliar *mf*; *(soldier)* soldado *m* auxiliar (**b**) *Gram* **a. (verb)** (verbo *m*) auxiliar *m*

2 *adj* auxiliar

avail [ə'veɪl] *Literary* **1** *n* **of no a.** *(not useful)* inútil; **to no a.** *(in vain)* en vano

2 *vt* **to a. oneself of sth** aprovechar algo

availability [əveɪlə'bɪlɪtɪ] *n* disponibilidad *f*

available [ə'veɪləbəl] *adj* (**a**) *(information, services, products)* disponible; **the best/first a.** el mejor/primero que hay *or* de que se dispone; **not easily a.** difícil de conseguir; **tickets are still a.** todavía quedan entradas *or Am* boletos; **money is a. for…** hay dinero para… (**b**) *(person)* disponible, libre; **to be a.** *(free)* estar disponible *or* libre; *Euph* no tener compromiso; **to make oneself a. (to sb)** ponerse a disposición (de alguien)

avalanche ['ævəlɑ:ntʃ] *n also Fig* alud *m*, avalancha *f*

avant-garde [ævɒŋ'gɑ:d] *adj* vanguardista

avarice ['ævərɪs] *n* avaricia *f*

avaricious [ævə'rɪʃəs] *adj* avaricioso(a)

Ave (*abbr* **Avenue**) Avda.

avenge [ə'vendʒ] *vt (person, crime)* vengar; **to a. oneself on sb** vengarse de alguien

avenue ['ævɪnju:] *n* avenida *f*; *Fig* **an a. to success/fame** un camino hacia el éxito/la fama; **a new a. of enquiry** una nueva vía de investigación

aver [ə'vɜ:(r)] (*pt & pp* **averred**) *vt Formal* aseverar

average ['ævərɪdʒ] **1** *n* promedio *m*, media *f*; **on a.** de media, como promedio; **above/below a.** por encima/debajo del promedio *or* de la media

2 *adj* (**a**) *(mean, typical)* medio(a); **the a. Englishman** el inglés medio; **in an a. week** en una semana normal; **that's about a. for this time of year** eso es lo normal para esta época del año (**b**) *(unexceptional)* regular

3 *vt* alcanzar una media *or* un promedio de; **to a. eight hours work a day** trabajar un promedio de ocho horas diarias

▸**average out** *vi* **my expenses a. out at £400 per month** tengo una media de gastos de 400 libras al mes; **things a. out in the long run** a la larga todo se termina equilibrando

averse [ə'vɜ:s] *adj* reacio(a) (**to** a); **to be a. to sth** ser reacio a algo; **he is not a. to the occasional glass of wine** no le hace ascos a un vino de vez en cuando

aversion [ə'vɜ:ʃən] *n* (**a**) *(feeling)* aversión *f*; **to have an a. to sb/sth** sentir aversión por alguien/algo ▫ ***a. therapy*** terapia *f* de aversión (**b**) *(thing disliked)* fobia *f*; **rap music is my a.** no soporto el rap

avert [ə'vɜ:t] *vt* (**a**) *(turn away) (eyes, thoughts)* apartar, desviar (**b**) *(prevent) (misfortune, accident)* evitar, impedir

aviary ['eɪvɪərɪ] *n* pajarera *f*

aviation [eɪvɪ'eɪʃən] *n* aviación *f*

aviator ['eɪvɪeɪtə(r)] *n Old-fashioned* aviador(ora) *m,f*

avid ['ævɪd] *adj* ávido(a) (**for** de)

avidly ['ævɪdlɪ] *adv* ávidamente

avocado [ævə'kɑ:dəʊ] (*pl* **avocados**) *n* (**a**) *(fruit)* **a. (pear)** aguacate *m*, *Andes, RP* palta *f* (**b**) *(colour)* verde *m* aguacate

avoid [ə'vɔɪd] *vt (person, thing)* evitar; *(punishment, danger, question)* evitar, eludir; **to a. doing sth** evitar hacer algo; **to a. paying taxes** *(legally)* evitar *or* eludir el pago de impuestos; *(illegally)* evadir impuestos; IDIOM **to a. sb/sth like the plague** huir de alguien/algo como de la peste

avoidable [ə'vɔɪdəbəl] *adj* evitable

avoidance [ə'vɔɪdəns] *n* **to ensure the a. of stress…** para evitar el estrés…; **his a. of the real issue annoyed me** el hecho de que evitara el asunto clave me molestó

avowed [ə'vaʊd] *adj* declarado(a)

avuncular [ə'vʌnkjʊlə(r)] *adj* paternalista

AWACS ['eɪwæks] *n Mil* (*abbr* **Airborne Warning and Control System**) AWACS *m*, = sistema de control y alarma aéreo

await [ə'weɪt] *vt* esperar, *Esp* aguardar; **a nasty surprise awaited her** le esperaba una desagradable sorpresa; **to be awaiting trial** *(prisoner)* estar en espera de juicio

awake [ə'weɪk] **1** *adj* **to be a.** estar despierto(a); **to stay a.** quedarse despierto(a); **he lay a. for hours** permaneció despierto en la cama durante horas; **the coffee kept her a.** el café la mantuvo despierta

2 *vt* (*pt* **awoke** [ə'wəʊk], *pp* **awoken** [ə'wəʊkən]) despertar

3 *vi* despertarse; *Fig* **to a. to a danger** tomar conciencia de un peligro

awaken [ə'weɪkən] (*pt* **awakened** *or* **awoke** [ə'wəʊk], *pp* **awakened** *or* **awoken** [ə'wəʊkən]) **1** *vt* despertar

2 *vi* despertarse

awakening [ə'weɪkənɪŋ] *n* despertar *m*

award [ə'wɔ:d] **1** *n (prize)* premio *m*; *Law*

indemnización *f*

2 *vt* (**a**) *(prize, contract, damages)* otorgar, conceder; *(medal)* imponer, otorgar; **to a. sth to sb** otorgar *or* conceder algo a alguien (**b**) *Sport (penalty)* conceder

award-winning [ə'wɔ:dwɪnɪŋ] *adj* premiado(a)

aware [ə'weə(r)] *adj* (**a**) *(conscious)* **to be a. of** ser consciente de; **to be a. that…** ser consciente de que…; **not that I am a. of** no, que yo sepa; **as far as I'm a.** por lo que yo sé; **to become a. of** darse cuenta de (**b**) *(informed, concerned)* concienciado(a); **environmentally/politically a.** preocupado(a) por el medio ambiente/la política

awareness [ə'weənɪs] *n* conciencia *f* (**of** de); **to increase a. of an issue** aumentar el nivel de concienciación sobre un tema

awash [ə'wɒʃ] *adj also Fig* **to be a. (with)** estar inundado(a) (de)

AWAY [ə'weɪ] **1** *adv* (**a**) *(with distance)* **a long way a., far a.** muy lejos; **it's 10 kilometres a.** está a 10 kilómetros; **it's miles a.** está lejísimos; **how far a. is Dallas?** ¿a cúantos kilómetros está Dallas?; **I like living a. from the centre** me gusta vivir lejos del centro; **to keep** *or* **stay a. from sb/sth** mantenerse alejado(a) de alguien/algo; **she sat a. from the rest of the group** se sentó aparte del resto del grupo; **to stand a. from sth** mantenerse alejado(a) de algo

(**b**) *(with direction)* **the bus drove a.** el autobús partió; **to go a.** marcharse, irse; **go a.!** ¡vete!; **to move a. from sb/sth** apartarse de alguien/algo; **to turn a.** apartar *or* desviar la mirada; **the police were facing a. from the crowd** los policías daban la espalda a la multitud

(**c**) *(not present)* **to be a.** *(not at work)* estar fuera; **Billy's a. today** *(not at school)* Billy no ha venido hoy; **I was a. sick three days last week** falté tres días por enfermedad la semana pasada; **she was a. with a cold** estaba en casa con un resfriado; **he's a. on holiday/business** está de vacaciones/en viaje de negocios

(**d**) *(with time)* **right a.** inmediatamente; **Christmas is only two weeks a.** sólo quedan dos semanas para las Navidades; **Christmas is still a long way a.** todavía falta mucho para Navidad; **we live two minutes a. from the centre** vivimos a dos minutos del centro

(**e**) *(indicating removal)* **to take sth a. from sb** quitarle algo a alguien; **he peeled a. the top layer** levantó la capa superficial; **to carry sb a.** llevarse a alguien; **she wiped her tears a.** se secó las lágrimas; **to give sth a.** regalar algo

(**f**) *(indicating disappearance)* **the snow has all melted a.** la nieve se ha derretido; **the noise faded a.** el ruido se desvaneció; **they partied the night a.** estuvieron de fiesta toda la noche

(**g**) *(in the correct place)* **to put sth a.** recoger algo; **to file sth a.** archivar algo

(**h**) *(indicating continuous action)* **I was working a., when suddenly…** estaba concentrado trabajando, cuando de repente…; **the two girls were chattering a. at the back** las dos niñas estaban charlando en la parte de atrás

(**i**) *(indicating escape)* **to get a. from sb** escaparse de alguien; **to get a. from it all** desconectarse de todo

(**j**) *Sport* **to play/win a. (from home)** jugar/ganar fuera (de casa)

2 *adj Sport (team, captain)* visitante; **they won the a. leg against Liverpool** ganaron el partido de ida en el campo del Liverpool; **an a. game** un partido fuera de casa; **an a. goal** un gol marcado fuera de casa; **they won on a. goals** ganaron gracias al valor doble de los goles marcados fuera de casa; **the a. strip** el equipaje *m* reserva

---

awe [ɔ:] *n* sobrecogimiento *m*, temor *m*; **to be in a. of sb/sth** estar intimidado(a) ante alguien/algo

awe-inspiring ['ɔ:nspaɪərɪŋ] *adj* sobrecogedor(ora)

awesome ['ɔ:səm] *adj* (**a**) *(tremendous)* sobrecogedor(ora) (**b**) *US Fam (wonderful)* alucinante, *Andes, RP* macanudo(a), *Méx* padrísimo

awful ['ɔ:fʊl] *adj* (**a**) *(death, vengeance)* horrible, espantoso(a) (**b**) *Fam (very bad) (weather, experience)* horroroso(a), horrendo(a); *(person)* asqueroso(a), repugnante (**c**) *Fam (as intensifier)* **an a. lot** muchísimo, un montón; **an a. lot of people** un montón de gente, *Am* harta gente

awfully ['ɔ:flɪ] *adv* (**a**) *(very badly)* fatal, espantosamente (**b**) *Fam (very)* tremendamente; **I'm a. sorry/glad** lo siento/me alegro muchísimo; **she's an a. good player** es una jugadora buenísima

awhile [ə'waɪl] *adv* **wait a.** espera un poco

awkward ['ɔ:kwəd] *adj* (**a**) *(clumsy)* torpe (**b**) *(inconvenient) (moment, time)* inoportuno(a); *(location)* difícil (**c**) *(uncomfortable) (silence, situation)* incómodo(a), embarazoso(a) (**d**) *(difficult to deal with) (problem, person)* difícil; *Fam* **he's an a. customer** es un tipo difícil; **to make things a. for sb** hacerle la vida imposible a alguien

awl [ɔ:l] *n* lezna *f*

awning ['ɔ:nɪŋ] *n (of shop)* toldo *m*

awoke [ə'wəʊk] *pt of* **awake**

awoken [ə'wəʊkən] *pp of* **awake, awaken**

AWOL ['eɪwɒl] *adj Mil* (*abbr* **absent without leave**) **to be A.** estar ausente sin permiso; *Fig* **to go A.** desaparecer así como así

awry [ə'raɪ] *adv* **to go a.** salir mal

axe, *US* **ax** [æks] **1** *n* (**a**) *(tool)* hacha *f*; IDIOM **to have an a. to grind** tratar de barrer para dentro; *Fam* **two hospitals have been given the a.** van a cerrar dos hospitales (**b**) *Fam (guitar)* guitarra *f*, *RP* viola *f*

2 *vt Fam (jobs, project)* suprimir; *(spending, costs)* recortar

axiom ['æksɪəm] *n* axioma *m*

axiomatic [æksɪə'mætɪk] *adj* axiomático(a), incontrovertible

axis ['æksɪs] (*pl* **axes** ['æksi:z]) *n* (**a**) *Math* eje *m* (**b**) *Hist* **the A.** el Eje; **the A. powers** las potencias del Eje

axle ['æksəl] *n* eje *m*

axon ['æksɒn] *n Anat* axón *m*

ayatollah [aɪə'tɒlə] *n* ayatola *m*, ayatolá *m*

aye [aɪ] **1** *n Pol* **a. and noes** votos a favor y en contra

2 *adv Scot, Irish* sí

AZ (*abbr* **Arizona**) Arizona

azalea [ə'zeɪlɪə] *n* azalea *f*

Azerbaijan [æzəbaɪ'dʒɑ:n] *n* Azerbaiyán

Azerbaijani [æzəbaɪ'dʒɑ:nɪ], **Azeri** [ə'zeərɪ] *n & adj* azerbaiyano(a) *m,f*

Azores [ə'zɔ:z] *npl* **the A.** las Azores

Aztec ['æztek] *n & adj* azteca *mf*

azure ['eɪʒə(r)] *n & adj Literary* azur *m*, azul *m* celeste

B

B, b [biː] *n* **(a)** *(letter)* B, b ▫ ***B-movie*** película *f* de serie B; *Br* ***B road*** carretera *f* secundaria; ***B-side*** *(of single record)* cara *f* B **(b)** *Mus* si *m* **(c)** *Sch (grade)* notable *m*; **to get a B** sacar un notable

b *(abbr* **born***)* nacido(a)

BA [biːˈeɪ] *n Univ* *(abbr* **Bachelor of Arts***)* *(qualification)* licenciatura *f* en Filosofía y Letras; *(person)* licenciado(a) *m,f* en Filosofía y Letras

baa [bɑː] **1** *n* balido *m*
2 *vi* *(pt & pp* **baaed** *or* **baa'd** [bɑːd]*)* balar

babble [ˈbæbəl] **1** *n* *(of voices)* parloteo *m*
2 *vi* **(a)** *(of baby)* balbucear; *(of adult)* farfullar; **to b. away** *or* **on (about sth)** parlotear (sobre algo) **(b)** *(of water)* murmurar; **a babbling stream** un arroyo rumoroso

babe [beɪb] *n* **(a)** *Literary (child)* bebé *m*, *Andes, RP* guagua *mf*, *RP* nene(a) *m,f*; **a b. in arms** un niño de pecho **(b)** *Fam (woman)* nena *f*, bombón *m* **(c)** *Fam (term of address)* cariño, cielo **(d)** *US Fam (attractive man)* guaperas *m inv*, *Chile* pepito *m*, *Col* bollo *m*

babel [ˈbeɪbəl] *n* *(noise, confusion)* jaleo *m*

baboon [bəˈbuːn] *n* babuino *m*, papión *m*

baby [ˈbeɪbɪ] **1** *n* **(a)** *(infant)* bebé *m*, *Andes, RP* guagua *mf*, *RP* nene(a) *m,f*; **b. brother** hermanito *m*; **b. sister** hermanita *f* ▫ ***b. boom*** explosión *f* demográfica; ***b. boomer*** = persona nacida durante el periodo de explosión demográfica que siguió a la Segunda Guerra Mundial; ***b. bouncer*** = columpio elástico para bebés; *Br* ***B. Buggy***® sillita *f* de paseo *or* de niño; *US* ***b. buggy*** *or* ***carriage*** cochecito *m* de niño; ***b. doll*** *(toy)* muñeca *f*; ***b. grand*** *(piano)* piano *m* de media cola; ***b. jumper*** = columpio elástico para bebés; ***b. snatcher*** *(woman)* ladrona *f* de bebés; ***b. talk*** habla *f* infantil; ***b. tooth*** diente *m* de leche
(b) IDIOMS **the project was his b.** él era el padre de la criatura; **to sleep like a b.** dormir como un lirón; **we have to avoid throwing the b. out with the bathwater** tenemos que evitar dañar lo bueno al eliminar lo malo; **to leave sb holding the b.** endilgar el muerto a alguien
2 *vt* mimar, tratar como a un bebé

baby-doll [ˈbeɪbɪdɒl] *adj* ***b. nightie/pyjamas*** picardías *m inv*

baby-faced [ˈbeɪbɪfeɪst] *adj* con cara de niño

Babygro® [ˈbeɪbɪgrəʊ] *(pl* **Babygros***)* *n* pelele *m*

babyhood [ˈbeɪbɪhʊd] *n* primera infancia *f*

babyish [ˈbeɪbɪɪʃ] *adj Pej* infantil

Babylon [ˈbæbɪlɒn] *n* Babilonia

baby-minder [ˈbeɪbɪmaɪndə(r)] *n* niñera *f*

baby-sit [ˈbeɪbɪsɪt] *(pt & pp* **baby-sat** [ˈbeɪbɪsæt]*)* *vi* cuidar a niños, hacer de *Esp* canguro *or Am* babysitter; **to b. for sb** cuidar a los niños de alguien

baby-sitter [ˈbeɪbɪsɪtə(r)] *n Esp* canguro *mf*, *Am* babysitter *mf*

baby-walker [ˈbeɪbɪwɔːkə(r)] *n* andador *m*, tacataca *m*

baccalaureate [bækəˈlɔːrɪət] *n* *(at school)* bachillerato *m*

baccarat [ˈbækərɑː] *n* bacarrá *m*

bacchanalia [bækəˈneɪlɪə] *npl* bacanales *fpl*

baccy [ˈbækɪ] *n Br Fam* tabaco *m*

Bach [bæk] *n* **B. flower healing** *or* **B. remedies** flores *fpl or* terapia *f* floral de Bach

bachelor [ˈbætʃələ(r)] *n* **(a)** *(single man)* soltero *m* ▫ ***b. flat*** apartamento *m or Esp* piso *m or Am* departamento *m* de soltero; *Fam* ***b. pad*** picadero *m*, *RP* bulín *m* **(b)** *Univ* ***B. of Arts/Science*** *(qualification)* licenciatura *f* en Filosofía y Letras/Ciencias; *(person)* licenciado(a) *m,f* en Filosofía y Letras/Ciencias

bacillus [bəˈsɪləs] *(pl* **bacilli** [bəˈsɪlaɪ]*)* *n Biol* bacilo *m*

BACK [bæk] **1** *n* **(a)** *(of person)* espalda *f*; *(of animal)* lomo *m*; **to carry sth on one's b.** llevar algo a cuestas; **to fall on one's b.** caerse de espaldas; **to lie on one's b.** estar tumbado de espaldas; **I only saw her from the b.** sólo lo vi de espaldas; **to sit/stand with one's b. to sb/sth** dar la espalda a alguien/algo; *also Fig* **to turn one's b. on sb** volver la espalda a alguien; **b. pain** dolor *m* de espalda; **to have b. problems** tener problemas de espalda
(b) *(of page, hand, book, envelope)* dorso *m*; *(of chair)* respaldo *m*; *(of computer, TV, watch)* parte *f* trasera *or* de atrás; *(of dress, jacket)* espalda *f*; *(of spoon, fork)* parte *f* de atrás; *(of queue)* final *m*; *(of house, car)* parte *f* trasera *or* de atrás; *(of room)* fondo *m*; **he banged the b. of his head** se golpeó la parte posterior de la cabeza; **the b. of the neck** la nuca, el cogote; **at the b. (of)** *(behind)* en la parte de atrás (de), detrás (de); *(to the rear of)* al fondo (de); **the dress fastens at the b.** el vestido se abrocha por detrás; **at the b. of the bus/cinema** al fondo del autobús/cine; **at the b. of the book** al final del libro; *US* **in b. (of)** *(behind)* en la parte de atrás (de), detrás (de); *(to the rear of)* al fondo (de); *Br* **in the b.,** *US* **in b.** *(of car)* atrás, en el asiento trasero; **put it in the b. of the van** ponlo en la parte de atrás de la furgoneta; **to have sth at** *or* **in the b. of one's mind** tener algo en la cabeza; *Br* **out** *or* **round the b.,** *US* **out b.** *(of house)* en la parte de atrás; **b. to front** del revés *(con lo de detrás hacia delante)*; **your jumper's on b. to front** llevas el suéter al *or* del revés; *Fig* **to get sth b. to front** *(misunderstand)* entender algo al revés; *Fig* **to know sth b. to front** saberse algo al dedillo; **he knows London like the b. of his hand** conoce Londres como la palma de la mano; *Fam* **in the b. of beyond** en el quinto pino, *Chile* en la punta del cerro, *Col* en la Patagonia, *RP* donde el diablo perdió el poncho
(c) *(in rugby)* = cualquiera de los jugadores del número 9 al 15; *(in soccer)* defensa *mf*; **right/left b.** *(in soccer)* defensa *mf* lateral derecho/izquierdo
(d) IDIOMS **to do sth behind sb's b., to go behind sb's b. and do sth** hacer algo a espaldas de alguien; **he did it while my b. was turned** lo hizo a mis espaldas; **to be glad to see the b. of sb** alegrarse de perder a alguien de vista; **to break the b. of the work** hacer la parte más dura del trabajo; **to have one's b. to the wall** estar contra las cuerdas; **put your b. into it!** ¡ponte a hacerlo en serio!; *Fam* **to put** *or* **get sb's b. up** hinchar las narices a alguien; *Fam* **get off my b.!** ¡déjame en paz!, ¡deja de fastidiarme!; *Fam* **the boss was on my b. all day** el jefe estaba todo el día encima de mí; **he was selected on the b. of his recent good performances** fue seleccionado como resultado de sus buenas actuaciones recientes
2 *adj* **(a)** *(in space)* *(part, wheel, leg)* trasero(a), de atrás; *Br* **the b. end of the year** el final del año; **to go in the b. way** entrar por la puerta de atrás; IDIOM **to put sth on the b. burner** dejar algo para más tarde, aparcar algo; IDIOM **to be on the b. foot** estar a la defensiva ▫ *Br Parl* ***the b. benches*** = escaños ocupados por diputados que no desempeñan cargos ni en el gobierno ni en la oposición; *US* ***the b. country*** el monte remoto; ***b. door*** puerta *f* trasera *or* de atrás; *Fig* **he got it through the b. door** lo consiguió de manera poco ortodoxa; *Fig* **the government has been accused of trying to bring the**

legislation in through the b. door han acusado al gobierno de intentar implantar sus medidas a través de una legislación paralela; ***the b. four*** *(in soccer)* = los dos defensas laterales y los dos centrales; ***b. garden*** jardín *m (en la parte de atrás de una casa)*; ***b. heel*** *(in soccer)* tacón *m*; ***b. marker*** *(in race)* rezagado(a) *m,f*; ***the b. nine*** *(in golf)* los últimos nueve hoyos; ***the b. page*** *(of newspaper)* la contraportada; ***b. pas*** *(in soccer)* cesión *f* (al portero); *Euph* ***b. passage*** *(rectum)* recto *m*; *Cin* ***b. projection*** transparencia *f*; ***b. road*** carretera *f* secundaria; ***b. room*** cuarto *m* del fondo, habitación *f* trasera; ***the b. row*** *(at theatre, cinema)* la última fila; ***b. seat*** *(of car)* asiento *m* de atrás; *Fig* **to take a b. seat** quedarse en segundo plano; ***b. straight*** *(of athletics track)* recta *f* final; ***b. yard*** *Br (enclosed area)* patio *m* trasero; *US (garden)* jardín *m* trasero; *Fig* **we can't let this happen in our own b. yard** no podemos permitir que esto ocurra a dos puertas de nuestra casa; *Fig* **not in my b. yard attitude** = la actitud típica de la persona a la que le parece bien que exista algo mientras no le afecte

(**b**) *(in time)* ***b. catalogue*** *(of musician)* discografía *f*; ***b. issue*** *or* ***number*** número *m* atrasado; ***b. pay*** atrasos *mpl*, salario *m* atrasado; ***b. rent*** alquiler *m or Am* renta *f* pendiente de pago, atrasos *mpl*

3 *adv* (**a**) *(in space)* atrás; **3 kilometres b.** 3 kilómetros atrás; **a few pages b.** unas cuantas páginas atrás; **to look b.** mirar hacia atrás; **she pushed her chair b.** empujó su silla hacia atrás; **sit b. and relax** ponte cómodo y relájate; **stand b.!** ¡atrás!; **to step b.** dar un paso atrás; **he peeled the wrapper b.** abrió el envoltorio; **to tie one's hair b.** recogerse el pelo atrás; **b. and forth** de un lado a otro; **I spent hours going b. and forth between the two offices** me pasé horas yendo y viniendo de una oficina a la otra; **b. here/there** aquí/ahí atrás; **he's b. in tenth place** está en el décimo lugar

(**b**) *(in return, retaliation)* **to call sb b.** llamar más tarde a alguien; **to fight b.** defenderse; **to get one's own b. (on sb)** tomarse la revancha (contra alguien), desquitarse (de alguien); **to get b. at sb, to get sb b.** vengarse de alguien; **to smile b. at sb** devolver a alguien la sonrisa; **to write b.** contestar, responder *(por carta)*; **if you kick me I'll kick you b.** si me pegas una patada, te la devuelvo

(**c**) *(to original starting point, owner)* **to arrive b.** volver, llegar; **when will she be b.?** ¿cuándo estará de vuelta?; **things are b. to normal** las cosas han vuelto a la normalidad; **it's b. to work this week** volvemos al trabajo esta semana; **b. in an hour** *(on note, sign)* vuelvo en una hora; **to bring sth b.** traer algo; **to come/go b.** volver, *Col, Méx* regresarse; **to get b.** volver; **I couldn't get b. to sleep** no pude volver a dormirme; **to give sth b. to sb** devolverle algo a alguien; **to put sth b.** poner algo en su sitio; **shall we walk b.?** ¿regresamos caminando?, ¿volvemos andando?; **I don't want it b.** no me lo devuelvas; **on the way b.** *(whilst returning)* en el camino de vuelta; **b. in Britain** en Gran Bretaña; **b. home** *(in one's home country)* en mi país; *Fig* **miniskirts are b. this year** las minifaldas se han vuelto a poner de moda este año; *Fig* **he may have lost, but he'll be b.** puede que haya perdido, pero volverá

(**d**) *(in time)* **a few years b.** hace unos cuantos años; **b. when...** cuando..., en el tiempo en que...; **b. in 1982** allá por 1982; **b. in January** allá en enero; **as far b. as 1914** ya en 1914

(**e**) *(again)* **he stuck his head b. out of the window** volvió a asomar su cabeza por la ventana; **do you want me to go b. over the instructions?** ¿quieres que vuelva a explicarte las instrucciones?; **she played the tape b.** puso *or* reprodujo la cinta

4 *vt* (**a**) *(support)* respaldar, apoyar; *(financially)* financiar, dar respaldo financiero a

(**b**) *(bet on)* apostar por

(**c**) *(move backwards)* mover hacia atrás; **to b. one's car into the garage** entrar en el garaje marcha atrás; **he backed his car into a lamppost** dio marcha atrás y chocó contra una farola

(**d**) *(strengthen) (with material, card)* **to b. sth with sth** reforzar algo con algo *(por la parte de atrás)*

5 *vi (move backwards)* retroceder, ir hacia atrás; *(of car, driver)* recular, ir marcha atrás; **to b. round a corner** *(in car)* hacer marcha atrás alrededor de una esquina

▸**back away** *vi* alejarse (retrocediendo); *Fig* **to b. away from a commitment/policy** echarse atrás en un compromiso/una política

▸**back down** *vi* echarse atrás; **to b. down from sth** echarse atrás en algo; **they backed down from raising interest rates** se echaron atrás a la hora de subir los tipos de interés

▸**back off** *vi (move back)* echarse atrás; *Fig* **to b. off from a commitment/policy** echarse atrás en un compromiso/una política; *Fig* **b. off!** *(leave me alone)* ¡déjame en paz!

▸**back on to** *vt insep* dar por la parte de atrás a

▸**back out** *vi* (**a**) *(move backwards)* salir de espaldas; *(in car)* salir marcha atrás; **he backed out of the room** salió de la habitación caminando hacia atrás (**b**) *(withdraw)* echarse atrás; **to b. out of an agreement** retirarse de un acuerdo

▸**back up 1** *vt sep* (**a**) *(support)* respaldar; **will you b. me up?** *(corroborate my story)* ¿me apoyarás? (**b**) *Comptr (file)* hacer una copia de seguridad de (**c**) *(move backwards)* **to b. one's car up** dar marcha atrás

2 *vi* (**a**) *(move backwards)* retroceder; *(in car)* dar marcha atrás; **b. up a bit, will you?** *(person)* échate un poco para atrás (**b**) *(traffic)* **cars were backed up for miles** había millas de atasco (**c**) *Comptr* hacer copias de seguridad

backache ['bækeɪk] *n* dolor *m* de espalda

backbeat ['bækbi:t] *n Mus* tiempo *m* débil

backbench [bæk'bentʃ] *n Br Parl* = escaños ocupados por los diputados sin cargo en el gobierno o la oposición ▫ ***b. MP*** diputado(a) *m,f* ordinario(a) *(sin cargo en el gobierno o la oposición)*; ***b. opinion*** = opinión de los diputados sin cargo en el gobierno o la oposición; ***b. revolt*** indisciplina *f* de voto en el parlamento

backbencher ['bæk'bentʃə(r)] *n Br Parl* diputado(a) *m,f* ordinario(a) *(sin cargo en el gobierno o la oposición)*

backbiting ['bækbaɪtɪŋ] *n Fam* chismorreo *m*, murmuración *f*, *RP* chusmerío *m*

backboard ['bækbɔ:d] *n (in basketball)* tablero *m*, tabla *f*

backbone ['bækbəʊn] *n* (**a**) *(spine)* columna *f* vertebral, espina *f* dorsal; IDIOM **he's got no b.** no tiene agallas (**b**) *Comptr* red *f* troncal

backbreaking ['bækbreɪkɪŋ] *adj (work)* extenuante, agotador(ora)

backchat ['bæktʃæt] *n Br Fam* impertinencias *fpl*, insolencias *fpl*

backcloth ['bækklɒθ] *Br* = **backdrop**

backcomb ['bækkəʊm] *vt* cardar

backcourt ['bækkɔ:t] *n (in tennis)* fondo *m* de la pista; *(in basketball)* lado *m* propio de la cancha

backdate ['bækdeɪt] *vt* **the increase will be backdated to 1 July** el aumento tendrá efecto retroactivo a partir del uno de julio

backdoor [bæk'dɔ:(r)] *adj (methods)* subrepticio(a)

backdrop ['bækdrɒp] *n Th* telón *m* de fondo; *Fig* **against a b. of continuing violence** con la violencia como constante telón de fondo

backer ['bækə(r)] *n (of political party, project)* fuente *f* de financiación

backfill ['bækfɪl] *vt Constr (foundation, excavation)* rellenar

backfire [bæk'faɪə(r)] *vi* (**a**) *(of car)* petardear (**b**) *(of plan)* **it backfired on them** les salió el tiro por la culata

backgammon ['bækgæmən] *n* backgammon *m*

background ['bækgraʊnd] *n* (**a**) *(in scene, painting, view)* fondo *m*; **in the b.** al fondo, en el fondo; *Fig* **to stay in the b.** quedarse en segundo plano; *Fig* **to push sb into the b.** relegar a alguien a un segundo plano ▫ ***b. music*** música *f* de fondo; ***b. noise*** ruido *m* de fondo; *Astron & Phys* ***b. radiation*** radiación *f* de fondo

(**b**) *(of person) (social)* origen *m*, extracción *f*; *(educational)* formación *f*; *(professional)* experiencia *f*; **he comes from a disadvantaged b.** procede de un entorno desfavorecido; **we need someone with a b. in computers** necesitamos a alguien con conocimientos de informática

(**c**) *(circumstances)* antecedentes *mpl*; **against a b. of unrest** en un contexto de disturbios; **give me some b.** *(information)* ponme en contexto ▫ ***b. information*** información *f*, antecedentes *mpl* (**d**) *Comptr* ***b. printing*** impresión *f* subordinada; ***b. processing*** procesamiento *m* subordinado

backhand ['bækhænd] *n (in tennis)* revés *m*

backhanded [bæk'hændɪd] *adj* **a b. compliment** un cumplido con doble sentido

backhander ['bækhændə(r)] *n Fam (bribe)* soborno *m*, *Andes, RP* coima *f*, *CAm, Méx* mordida *f*

back-heel [bæk'hi:l] *vt* **to b. the ball** dar un taconazo al balón

backing ['bækɪŋ] *n (support)* apoyo *m*, respaldo; **financial b.** respaldo *m* financiero ❑ ***b. vocals*** coros *mpl*

backlash ['bæklæʃ] *n (reaction)* reacción *f* violenta

backless ['bæklɪs] *adj* ***b. dress*** vestido *m* con la espalda al aire; ***b. shoes*** zapatos *mpl* sin talón

backlist ['bæklɪst] *n (of publisher)* catálogo *m* (de publicaciones)

backlit ['bæklɪt] *adj Comptr* retroiluminado(a)

backlog ['bæklɒg] *n* acumulación *f*; **to clear a b.** ponerse al día con el trabajo; **a b. of work** trabajo *m* atrasado *or* acumulado

backpack ['bækpæk] **1** *n* mochila *f*
2 *vi* viajar con la mochila al hombro; **she backpacked around Europe** recorrió Europa con la mochila al hombro

backpacker ['bækpækə(r)] *n* mochilero(a) *m,f*

back-pedal ['bæk'pedəl] *vi Fig* dar marcha atrás, echarse atrás

backrest ['bækrest] *n* respaldo *m*

backroom ['bækru:m] *adj Fam* **the b. boys** los rostros anónimos, = la gente que hace el trabajo técnico en la sombra

backscratching ['bækskrætʃɪŋ] *n Fam* intercambio *m* de favores, *Esp* compadreo *m*; **in the world of finance, b. plays a role in many transactions** en el mundo de las finanzas la política del "hoy por ti, mañana por mí" interviene en muchas operaciones

back-seat driver ['bæksi:t'draɪvə(r)] *n Fam* = pasajero que molesta constantemente al conductor con sus consejos

backside [bæk'saɪd] *n Fam* trasero *m*; **to get off one's b.** mover el culo

backslapping ['bækslæpɪŋ] *n (joviality)* efusividad *f*, felicitaciones *fpl* efusivas

backslash ['bækslæʃ] *n Comptr* barra *f* invertida

backsliding ['bækslaɪdɪŋ] *n Fam* recaída *f*, reincidencia *f*

backspace ['bækspeɪs] *n Comptr* (tecla *f* de) retroceso *m*

backspin ['bækspɪn] *n Sport (in snooker, billiards)* efecto *m* picado *or* bajo; *(in tennis)* efecto *m* cortado; **he put b. on when potting the black** picó la bola al meter la negra

back-stabbing ['bækstæbɪŋ] **1** *n* puñaladas *fpl* por la espalda, zancadillas *fpl*
2 *adj* con mala idea, traicionero(a)

backstage [bæk'steɪdʒ] *adv also Fig* entre bastidores; **to go b. after the performance** ir a los camerinos después de la representación

backstairs [bæk'steəz] *n* escalera *f* de servicio

backstitch ['bækstɪtʃ] *n (in sewing)* pespunte *m*

backstop ['bækstɒp] *n Sport (barrier)* red *f*/valla *f* de fondo *(para retener la pelota)*; *(in baseball, rounders)* cátcher *mf*, receptor(ora) *m,f*

backstreet ['bækstri:t] *n* callejuela *f*; **the backstreets** *(of city)* las zonas deprimidas ❑ ***b. abortion*** aborto *m* clandestino

backstroke ['bækstrəʊk] *n (in swimming)* espalda *f*; **to do** *or* **swim (the) b.** nadar a espalda

backswing ['bækswɪŋ] *n Sport* swing *m* de retroceso

backtalk ['bæktɔ:k] *n US Fam* impertinencias *fpl*, insolencias *fpl*

back-to-back ['bæktə'bæk] **1** *adj (in time)* **b. meetings** reuniones *fpl* seguidas
2 *adv* (**a**) *(physically)* espalda con espalda (**b**) *(consecutively)* sucesivamente; **to watch two films b.** ver dos películas seguidas

backtrack ['bæktræk] *vi* (**a**) *(retrace one's steps)* volver atrás, retroceder; **we backtracked to the main road** recorrimos el camino de vuelta hasta la carretera principal (**b**) *(renege)* retractarse, volverse atrás; **to b. on a promise** incumplir una promesa; **to b. on a decision** retractarse de una decisión

backup ['bækʌp] *n* (**a**) *(support)* apoyo *m*, respaldo *m*; **to call for b.** pedir refuerzos; **the expedition had no technical b.** la expedición no contaba con medios técnicos ❑ ***b. system*** sistema *m* de apoyo; ***b. team*** equipo *m* técnico (**b**) *Comptr* copia *f* de seguridad ❑ ***b. copy*** copia *f* de seguridad; ***b. disk*** disquete *m* con la copia de seguridad; ***b. file*** copia de seguridad

backward ['bækwəd] **1** *adj* (**a**) *(direction)* hacia atrás; **she left without a b. glance** partió sin mirar atrás; *Fig* **a b. step** un paso atrás (**b**) *(retarded) (country)* atrasado(a); *(child)* retrasado(a); IDIOM *Br Fam* **he isn't b. in coming forward** no se corta (**c**) *Comptr* **b. compatible** compatible con versiones anteriores
2 *adv* = **backwards**

backwardness ['bækwədnɪs] *n (of child, country)* atraso *m*

backwards ['bækwədz] *adv* (**a**) *(to rear)* hacia atrás; **to fall b.** caerse hacia atrás; **to walk b. and forwards** caminar de un lado para otro; *also Fig* **a step b.** un paso atrás; IDIOM **to bend** *or* **lean over b. to help** hacer todo lo posible por ayudar (**b**) *(the wrong way round)* **you've got your cap on b.** llevas la gorra del revés; *Fig* **to do sth b.** hacer algo al revés; *Fig* **to know sth b.** conocer algo de pe a pa

backwash ['bækwɒʃ] *n (of boat)* estela *f*; *Fig* repercusiones *fpl*

backwater ['bækwɔ:tə(r)] *n* (**a**) *(of river)* remanso *m*, aguas *fpl* estancadas (**b**) *(isolated place)* zona *f* estancada, lugar *m* atrasado; **Jibrovia is a cultural b.** Jibrovia está muy atrasado culturalmente

backwoods ['bækwʊdz] *npl (forest)* bosque *m*, monte *m*; *(remote area)* lugar *m* apartado, zona *f* aislada

backwoodsman ['bækwʊdzmən] *n* (**a**) *(inhabitant)* habitante *mf* del monte (**b**) *(uncouth person)* palurdo(a) *m,f* (**c**) *Br Fam (of House of Lords)* = miembro de la cámara de los Lores que se caracteriza por su absentismo

bacon ['beɪkən] *n* tocino *m*, panceta *f*, *Esp* bacon *m*, *Esp* beicon *m*; IDIOM *Fam* **to save sb's b.** salvarle el pellejo a alguien; IDIOM *Fam* **to bring home the b.** *(succeed)* triunfar; *(earn wages)* ganar el pan ❑ ***b. slicer*** máquina *f* de cortar fiambre

bacteria [bæk'tɪərɪə] *npl* bacterias *fpl*

bacterial [bæk'tɪərɪəl] *adj* bacteriano(a)

bacteriological [bæktɪərɪə'lɒdʒɪkəl] *adj* bacteriológico(a)

bacteriologist [bæktɪərɪ'ɒlədʒɪst] *n* bacteriólogo(a) *m,f*

bacteriology [bæktɪərɪ'ɒlədʒɪ] *n* bacteriología *f*

Bactrian camel ['bæktrɪən'kæməl] *n* camello *m* (bactriano)

BAD [bæd] *(comparative* **worse** [wɜ:s], *superlative* **worst** [wɜ:st]) **1** *adj* (**a**) *(of poor quality)* malo(a), mal *(before singular masculine noun)*; **b. weather** mal tiempo; **the light is b.** no hay suficiente luz; **b. light stopped play** la falta de luz obligó a suspender el encuentro; **the pay is b.** el sueldo es malo; **it's not b.** *(fair)* no está mal; *(good)* no está nada mal; **how are you? — not (so** *or* **too) b.** ¿cómo estás? – no me va mal; **he's not a b. tennis player** no juega mal a tenis; *Br Fam* **this cake isn't half b.** *(it's good)* este pastel está de rechupete *or Esp* de campeonato *or Méx* padrísimo; **they're paying £200 — that can't be b.** pagan 200 libras – no está nada mal; **I've been b. about writing** no he escrito tanto como debiera; **he's b. at English** se le da mal el inglés; **I'm really b. at cooking** soy un desastre cocinando; **I'm b. at remembering birthdays** soy un desastre para acordarme de los cumpleaños; **she's b. at keeping secrets** no sabe guardar un secreto; **things are going from b. to worse** las cosas van de mal en peor; **things are looking b. (for them)** las cosas (les) van mal; **it was a b. time to leave** era un mal momento para irse; **to have a b. time** pasarlo mal; **in b. faith** de mala fe; *Br Old-fashioned* **it's b. form to be late for work** no se llega tarde al trabajo; **it was a b. idea to invite them** no fue una buena idea invitarles; IDIOM **to give sth up as a b. job** dejar algo por imposible; **he made a b. job of painting the kitchen** pintó la cocina muy mal; **to be a b. loser**

ser un mal perdedor; **I had a b. night** *(didn't sleep)* he pasado una mala noche; *Fam* **I'm having a b. hair day** *(my hair's a mess)* tengo el pelo hecho un desastre; *(I'm having a bad day)* hoy tengo un mal día ▫ ***b. cheque*** cheque *m* sin fondos; *Fin* ***b. debts*** impagados *mpl*; ***b. luck*** mala suerte *f*

(**b**) *(unpleasant)* malo(a); **to have a b. effect on sth** perjudicar algo; **I have a b. feeling about this interview** esta entrevista me da mala espina; **it's really b. the way you have to wait so long for an appointment** está muy mal que haya que esperar tanto tiempo para ser citado; IDIOM **to get into sb's b. books** entrar en la lista negra de alguien; *Fig* **she's b. news** es una tipa de cuidado, no te traerá más que problemas ▫ ***b. blood*** *(mutual resentment)* mala sangre *f*; **there's b. blood between them** existe una gran hostilidad entre ellos; ***b. dream*** pesadilla *f*; ***b. feeling*** *(resentment)* animadversión *f*; ***b. habit*** mala costumbre *f*; ***bad language:*** **to use b. language** decir palabrotas; ***b. manners*** mala educación *f*, malos modales *mpl*; **it's b. manners to...** es de mala educación...; ***bad mood:*** **to be in a b. mood** estar de mal humor; *Fam* ***b. trip*** *(on LSD)* mal viaje; ***b. word*** palabrota *f*; IDIOM **nobody has a b. word to say about her** nadie habla mal de ella

(**c**) *(unfortunate)* **it's (really) too b.!, that's too b.!** *(a shame)* ¡es una (verdadera) pena!; **it's too b. we couldn't come!** ¡qué pena que no pudiéramos ir!; **too b.!** *(bad luck)* ¡qué se le va a hacer!; *(that's your problem)* ¡mala suerte!; **it's b. enough having to climb all these stairs without being made to wait for ages too** ya es bastante tener que subir todas estas escaleras, para que encima me hagan esperar durante horas; **he'll come to a b. end** terminará mal

(**d**) *(not healthy)* enfermo(a); **he's got a b. back/heart** está mal de la espalda/del corazón; **is your b. leg any better?** ¿va mejor tu pierna mala?; **smoking/alcohol is b. for you** fumar/el alcohol es perjudicial para la salud; **it's b. for a young child to be so isolated** no es bueno que un niño pequeño esté tan aislado; **to be in a b. way** estar muy mal

(**e**) *(wicked) (person, behaviour)* malo(a); **(you) b. girl/boy!** ¡malo/mala!; **to be a b. influence on sb** ejercer una mala influencia sobre alguien; **it would look b. if we didn't invite them** quedaríamos bastante mal si no les invitáramos; **the b. guys** *(in movie)* los malos; IDIOM **he's a b. lot** es un elemento de cuidado

(**f**) *(serious) (mistake, illness, accident)* grave; *(pain, headache)* fuerte; **I've got a b. cough** tengo una tos terrible

(**g**) *(rotten)* malo(a), podrido(a); **to be b.** estar malo(a) *or* podrido(a); **to go b.** estropearse, echarse a perder; *Fig* **a b. apple** una manzana podrida

(**h**) *(guilty)* **to feel b. about sth** sentirse mal por algo

(**i**) *Fam (excellent)* genial; **this music's so b.** esta música está genial *or Méx* padrísima

2 *n Fam* **I'm £50 to the b.** he salido perdiendo 50 libras; *Fig* **to go to the b.** echarse a perder; **to take the b. with the good** estar a las duras y a las maduras

3 *adv US (badly)* **I need it real b.** lo necesito desesperadamente; **she's hurt b.** está malherida; **he treats me b.** me trata muy mal; *Fam* **he's got it b. (for her)** *(he's in love)* está coladísimo *or* coladito (por ella)

---

badass [ˈbædæs] *adj US very Fam* (**a**) *(intimidating, tough)* matón(ona), *Esp* macarra (**b**) *(excellent)* molón(ona), *Andes, Carib* chévere, *Méx* padrísimo(a), *RP* macanudo(a)

baddie, baddy [ˈbædɪ] *n Fam (in movie)* **the b.** el malo (de la película); **the goodies and the baddies** *(in conflict, war)* los buenos y los malos

bade [bæd, beɪd] *pt of* **bid**

badge [bædʒ] *n (bearing coat of arms, logo) & Fig* insignia *f*; *(round, made of metal)* chapa *f*; *(pin)* pin *m*

badger [ˈbædʒə(r)] **1** *n (animal)* tejón *m*

2 *vt* acosar, importunar; **to b. sb into doing sth** dar la lata a alguien para que haga algo; **she's always badgering me with questions** siempre me está acosando con preguntas

bad-looking [bædˈlʊkɪŋ] *adj* **he's not b.** es bastante guapo

badly [ˈbædlɪ] *adv (comparative* **worse** [wɜːs], *superlative* **worst** [wɜːst]) (**a**) *(not well)* mal; **to do b.** hacerlo mal; **he didn't do b.** *(in contest)* le fue (bastante) bien; **he took it very b.** se lo tomó muy mal; **to be b. off** *(poor)* estar *or* andar mal de dinero; *(in bad situation)* estar mal; **we are b. off for money/time** nos falta dinero/tiempo; **to get on b. (with sb)** llevarse mal (con alguien); **b. dressed** mal vestido(a)

(**b**) *(seriously)* gravemente; **to be b. beaten** recibir una buena paliza; **b. damaged** gravemente dañado(a); **to go b. wrong** salir rematadamente mal

(**c**) *(greatly)* mucho; **to want sth b.** desear algo mucho; **to be b. in need of sth** necesitar algo urgentemente

bad-mannered [bædˈmænəd] *adj* maleducado(a)

badminton [ˈbædmɪntən] *n* bádminton *m*

bad-mouth [ˈbædmaʊθ] *vt US Fam* hablar mal de

badness [ˈbædnɪs] *n* (**a**) *(poor quality)* mala calidad *f* (**b**) *(wickedness)* maldad *f*

bad-tempered [bædˈtempəd] *adj (remark)* malhumorado(a); **to be b.** *(person) (by nature)* tener mal carácter; *(temporarily)* estar de mal humor; **he made a b. apology** se excusó malhumorado

BAe [biːeɪˈiː] *n (abbr* **British Aerospace**) = agencia espacial británica

BAF [biːeɪˈef] *n Br (abbr* **British Athletics Federation**) = federación británica de atletismo

baffle¹ [ˈbæfəl] *vt (confuse)* desconcertar; **to be baffled** estar desconcertado(a) *or* atónito(a); **I'm baffled as to why she did it** no logro entender por qué lo hizo

baffle² *n Tech (for sound)* pantalla *f* (acústica), bafle *m*; *(for light)* deflector *m*

bafflement [ˈbæfəlmənt] *n* desconcierto *m*

baffling [ˈbæflɪŋ] *adj* desconcertante, incomprensible

BAFTA [ˈbæftə] *n (abbr* **British Academy of Film and Television Arts**) = organización británica que anualmente concede premios a personalidades del cine y de la televisión

bag [bæg] **1** *n* (**a**) *(of paper, plastic)* bolsa *f*; *(handbag)* bolso *m*, *Andes, RP* cartera *f*, *Méx* bolsa *f*; **to have bags under one's eyes** tener ojeras; IDIOM *Fam* **to be a b. of bones** estar esquelético(a) *or Esp* en los huesos; IDIOM **it's in the b.** *(of deal, victory)* lo tenemos en el bote; IDIOM **he let the secret out of the b.** descubrió el secreto; IDIOM *Fam* **to pull sth out of the b.** sacarse algo de la manga ▫ *Fam* ***b. lady*** vagabunda *f*, = mujer sin hogar que se desplaza llevando todas sus pertenencias en bolsas de plástico; *Fam* ***b. of tricks*** repertorio *m* (de recursos), *Esp* truquillos *mpl*

(**b**) *Fam* **bags of** *(lots)* un montón de; **there's bags of room** hay muchísimo sitio

(**c**) *Br very Fam Pej (woman)* **old b.** bruja *f*

(**d**) *Fam (interest)* historia *f*, rollo *m*; **it's not my b.** no me va (ese rollo)

2 *vt (pt & pp* **bagged**) (**a**) *(put in bag)* guardar en una bolsa, embolsar

(**b**) *(in hunting)* cobrar

(**c**) *Br Fam (claim)* pedirse, *Esp* pillar; **she always bags the best seat** siempre consigue *or Esp* coge el mejor asiento

bagatelle [bægəˈtel] *n* (**a**) *(board game)* billar *m* romano (**b**) *(triviality)* bagatela *f*; **a mere b.** una simple bagatela, una nimiedad

bagel [ˈbeɪgəl] *n* = tipo de rosca de pan

bagful [ˈbægfʊl] *n* bolsa *f* (llena)

baggage [ˈbægɪdʒ] *n* equipaje *m* ▫ ***b. allowance*** equipaje *m* permitido; ***b. handler*** mozo(a) *m,f* de equipajes; ***b. reclaim*** recogida *f* de equipajes

baggy [ˈbægɪ] *adj (garment)* suelto(a), holgado(a)

Baghdad [bægˈdæd] *n* Bagdad

bagpiper [ˈbægpaɪpə(r)] *n* gaitero(a) *m,f*

bagpipes [ˈbægpaɪps] *npl* gaita *f*

BAgr, BAgric *(abbr* **Bachelor of Agriculture**) *(qualification)* ≃ licenciatura *f* en ingeniería agrónoma; *(person)* ≃ ingeniero(a) *m,f* agrónomo(a)

bags [bægz] *vt Br Fam* **b. I go first!** ¡prímer!, ¡yo primero!; **b. I have that seat!** ¡me pido ese asiento!

baguette [bæˈget] *n* barra *f* de pan

bah [bɑː] *exclam* ¡bah!

Bahamas [bəˈhɑːməz] *npl* **the B.** las Bahamas

Bahrain [bɑːˈreɪn] *n* Bahrein

Bahraini [bɑːˈreɪnɪ] *n & adj* bahreiní *mf*

bail [beɪl] *n Law (guarantee)* fianza *f*; **on b.** bajo fianza; **to release sb on b.** poner a alguien en libertad bajo fianza; **to grant b.**

conceder la libertad bajo fianza; **to stand b. for sb** pagar la fianza de alguien

▸**bail out** *vt sep* (**a**) *Law* **to b. sb out** pagar la fianza de alguien (**b**) *Fig (rescue)* sacar de apuros; **your parents won't always be there to b. you out!** ¡tus padres no van a estar siempre ahí para sacarte las castañas del fuego!; **to b. a company out** sacar a una empresa del apuro

bailiff ['beɪlɪf] *n* (**a**) *Law* alguacil *mf* (**b**) *(on estate)* administrador(ora) *m,f*

bain-marie ['bænmə'ri:] *n* olla *f* para baño María

bait [beɪt] **1** *n (for fish)* cebo *m*; *Fig* cebo *m*, anzuelo *m*; *Fig* **to rise to the b.** morder el anzuelo; *Fig* **to swallow** *or* **take the b.** morder el anzuelo, picar

2 *vt* (**a**) *(attach bait to)* cebar (**b**) *(torment)* hostigar, atormentar

baize [beɪz] *n* tapete *m*

bake [beɪk] **1** *vt (bread, cake)* cocer (al horno), hornear; *(clay)* cocer; *(potatoes)* asar

2 *vi* (**a**) *(of food)* cocerse (**b**) *(of person)* hacer cosas en el horno

baked [beɪkt] *adj* ***b. beans*** alubias *fpl* con tomate *or Méx* jitomate; ***b. potato*** = *Esp* patata *or Am* papa asada con piel que se suele comer con un relleno

Bakelite® ['beɪkəlaɪt] *n* baquelita *f*

baker ['beɪkə(r)] *n* panadero(a) *m,f*; **b.'s (shop)** panadería *f* ▫ ***b.'s dozen*** docena *f* de fraile *(trece)*

bakery ['beɪkərɪ] *n* panadería *f*

baking ['beɪkɪŋ] **1** *n* **to do the b.** *(bread)* cocer el pan; *(cakes)* hacer pasteles ▫ ***b. powder*** levadura *f* (en polvo); ***b. sheet*** placa *f* de hornear; ***b. soda*** bicarbonato *m* sódico; ***b. tin*** molde *m* para hornear; ***b. tray*** bandeja *f* de hornear

2 *adj Fam* **it's b. (hot)** hace un calor achicharrante *or RP* calcinante; **I'm b. (hot)** ¡me estoy asando!, ¡estoy asado(a)!

balaclava [bælə'klɑ:və] *n* **b. (helmet)** pasamontañas *m inv*

balalaika [bælə'laɪkə] *n* balalaika *f*, balalaica *f*

balance ['bæləns] **1** *n* (**a**) *(equilibrium)* equilibrio *m*; **to keep/lose one's b.** mantener/perder el equilibrio; **to throw sb off b.** hacer que alguien pierda el equilibrio; *Fig* desconcertar a alguien; IDIOM **to catch sb off b.** *Esp* pillar *or Esp* coger *or Am* agarrar a alguien desprevenido(a); **the b. of power** el equilibrio *or* la correlación de fuerzas; **to hold the b. of power** *(of political party)* tener la llave de la gobernabilidad, ser el partido bisagra; **on b.** en conjunto; IDIOM **to strike a b.** establecer un equilibrio ▫ ***b. beam*** *(in gymnastics)* barra *f* de equilibrio

(**b**) *(of bank account)* saldo *m* ▫ *Econ* ***b. of payments*** balanza *f* de pagos; ***b. sheet*** balance *m*; ***b. of trade*** balanza *f* comercial

(**c**) *(remaining amount)* resto *m*, diferencia *f*; **I'll pay the b. later** el resto lo pagaré más adelante

(**d**) *(for weighing)* balanza *f*; IDIOM **to hang** *or* **be in the b.** *(of decision, result)* estar en el aire

2 *vt* (**a**) *(object)* poner en equilibrio; **she balanced the basket on her head** se puso la cesta en equilibrio sobre la cabeza; *Fig* **he sought to b. the claims of the two parties** trató de equilibrar las reivindicaciones de ambos bandos

(**b**) *(consider)* **to b. sth against sth** contraponer algo a algo, sopesar algo frente a algo

(**c**) *Fin* **to b. the books** hacer que cuadren las cuentas; **to b. the budget** hacer que cuadre *or* ajustar el presupuesto

3 *vi* (**a**) *(physically)* estar *or* mantenerse en equilibrio

(**b**) *Fin* cuadrar; **she couldn't get the accounts to b.** no consiguió que le cuadraran las cuentas

▸**balance out** *vi* compensarse, equilibrarse; **it will all b. out in the end** al final una cosa compensará a la otra, al final será lo comido por lo servido

balanced ['bælənst] *adj (view, account)* objetivo(a), imparcial; *(diet)* equilibrado(a)

balancing act ['bælənsɪŋ'ækt] *n* **to do** *or* **perform a political b.** hacer malabarismos en política

balcony ['bælkənɪ] *n* (**a**) *(on building) (small)* balcón *m*; *(larger)* terraza *f* (**b**) *(in theatre)* anfiteatro *m*

bald [bɔ:ld] *adj* (**a**) *(person)* calvo(a); *(tyre)* desgastado(a); **to go b.** quedarse calvo(a); IDIOM *Fam* **as b. as a coot** con la cabeza monda y lironda, como una bola de billar ▫ ***b. eagle*** pigargo *m* cabeciblanco; ***b. patch*** calva *f*, claro *m* (**b**) *(truth)* simple, llano(a); **the report contained a b. statement of the facts** el informe *or CAm, Méx* reporte contenía una mera descripción de los hechos

balderdash ['bɔ:ldədæʃ] *n Fam* bobadas *fpl*, tonterías *fpl*; **b.!** ¡bobadas!

balding ['bɔ:ldɪŋ] *adj* medio calvo(a)

baldly ['bɔ:ldlɪ] *adv* francamente, llanamente

baldness ['bɔ:ldnɪs] *n* (**a**) *(of person)* calvicie *f* (**b**) *(of statement, demand)* franqueza *f*

bale [beɪl] *n (of cloth)* fardo *m*, bala *f*; *(of hay)* paca *f*, bala *f*

▸**bale out** *vi (of pilot)* tirarse *or* lanzarse en paracaídas; *Fig (from difficult situation)* desentenderse, lavarse las manos

Balearic [bælɪ'ærɪk] **1** *npl* **the Balearics** las Baleares

2 *adj* **the B. Islands** las (Islas) Baleares

baleen [bə'li:n] *n* barbas *fpl* de ballena; **b. whale** ballena *f (suborden)*

baleful ['beɪlfʊl] *adj* maligno(a); **she gave me a b. stare** me lanzó una mirada asesina

balefully ['beɪlfʊlɪ] *adv* con malignidad

baler ['beɪlə(r)] *n* empacadora *f*

Bali ['bɑ:lɪ] *n* Bali

Balinese [bælɪ'ni:z] *adj* balinés(esa)

balk = **baulk**

Balkan ['bɔ:lkən] **1** *npl* **the Balkans** los Balcanes

2 *adj* balcánico(a), de los Balcanes

Balkanization, balkanization [bɔ:lkənaɪ'zeɪʃən] *n* balcanización *f*, fragmentación *f* en estados

ball¹ [bɔ:l] **1** *n* (**a**) *(for tennis, golf, cricket)* pelota *f*; *(of clay, of dough, for billiards)* bola *f*; *(for rugby, basketball, soccer)* balón *m*, pelota *f*; **to roll sth (up) into a b.** hacer una bola con algo; **a b. of wool** un ovillo de lana; *Sport* **good b.!** ¡buen pase! ▫ ***b. bearing*** rodamiento *m or* cojinete *m* de bolas; ***b. boy*** *(in tennis)* recogepelotas *m inv*; ***b. game*** *(in general)* juego *m* de pelota; *US (baseball match)* partido *m* de béisbol; *Fig* **that's a whole new b. game** esa es una historia completamente diferente; ***b. girl*** *(in tennis)* recogepelotas *f inv*

(**b**) *(in baseball) (foul throw)* bola *f*

(**c**) *(of foot)* **to stand on the balls of one's feet** estar de puntillas

(**d**) *Vulg* **balls** *(testicles)* huevos *mpl*, cojones *mpl*; *(nonsense) Esp* gilipolleces *fpl*, *Am* pendejadas *fpl*, *RP* boludeces *fpl*; *(courage)* huevos *mpl*, cojones *mpl*; **to have the balls to do sth** tener huevos *or* cojones para hacer algo; *Fig* **to have sb by the balls** tener a alguien agarrado *or Esp* cogido por los huevos *or Esp* cojones

(**e**) IDIOM **to be on the b.** *(alert)* estar despierto(a); *(knowledgeable)* estar muy enterado(a); **to play b. (with sb)** *(co-operate)* cooperar (con alguien); **to start the b. rolling** poner las cosas en marcha; **the b. is in your court** te toca dar el siguiente paso

2 *vt US Vulg (have sex with) Esp* follarse a, *Am* cogerse a, *Méx* chingarse a

3 *vi US Vulg (have sex)* joder, *Esp* follar, *Am* coger, *Méx* chingar

▸**ball up** [bɔ:l] *vt sep US very Fam* = **balls up**

ball² *n (party)* baile *m*; IDIOM *Fam* **to have a b.** pasárselo en grande ▫ ***b. dress*** *or* ***gown*** traje *m* de fiesta

ballad ['bæləd] *n* balada *f*

ball-and-socket joint [bɔ:lənd'sɒkɪt'dʒɔɪnt] *n* (**a**) *Tech* junta *f* articulada (**b**) *Med* enartrosis *f inv*

ballast ['bæləst] *n* (**a**) *Naut* lastre *m* (**b**) *Rail* balasto *m*

ball-buster ['bɔ:lbʌstə(r)] *n US Vulg* (**a**) *(woman)* déspota *f* con los hombres *or Esp* tíos (**b**) *(problem, situation)* asunto *m* jodido, *Esp* jodienda *f*

ballcock ['bɔ:lkɒk] *n* flotador *m*

ballerina [bælə'ri:nə] *n* bailarina *f*

ballet ['bæleɪ] *n* ballet *m* ▫ ***b. dancer*** bailarín(ina) *m,f*; ***b. shoe*** zapatilla *f* de ballet

ballistic [bə'lɪstɪk] *adj (missile)* balístico(a); IDIOM *Fam* **to go b.** ponerse hecho(a) una furia

ballistics [bə'lɪstɪks] *n* balística *f*

balloon [bə'lu:n] **1** *n* (**a**) *(for party, travel)* globo *m*; IDIOM *Fam* **when the b. goes up** cuando se arme la gorda (**b**) *(in cartoon)* bocadillo *m* (**c**) *Comptr* ***b. help*** globos *mpl* de ayuda

2 *vi (swell)* hincharse como un globo

ballooning [bə'lu:nɪŋ] *n* **to go b.** montar en globo

balloonist [bə'lu:nɪst] *n* piloto *mf* de aerostación

ballot ['bælət] **1** *n (process)* votación *f*; *(paper)* voto *m*; **to hold a b.** celebrar una votación; **to put sth to a b.** someter algo a votación ❑ ***b. box*** urna *f*; **this matter should be decided at the b. box** este asunto habrá que decidirlo en las urnas; ***b. paper*** papeleta *f* (de voto), *Chile, Méx* voto *m*, *Col* tarjetón *m*, *RP* boleta *f*
2 *vt Pol (membership)* consultar por votación
3 *vi* **to b. for sth** votar por algo

ballot-rigging ['bælətrɪgɪŋ] *n* fraude *m* electoral, pucherazo *m*

ballpark ['bɔ:lpɑ:k] *US* **1** *n* campo *m* de béisbol; IDIOM *Fam* **to be in the right b.** no estar *or* andar muy descaminado(a)
2 *adj* **a b. figure** una cifra aproximada

ballpoint ['bɔ:lpɔɪnt] *n* **b. (pen)** bolígrafo *m*, *Andes, Ven* esferográfica *m*, *Chile* lápiz *m* (de pasta), *Méx* pluma *f*, *RP* birome *m*

ballroom ['bɔ:lru:m] *n* salón *m* de baile ❑ ***b. dancing*** baile *m* de salón

▸**balls up** *vt sep Br very Fam* **he ballsed up the accounts** armó un cacao *or RP* despelote con las cuentas; **you've ballsed everything up!** ¡la has cagado bien cagada!, ¡la cagaste de lo lindo!

balls-up ['bɔ:lzʌp] *n Br very Fam* **he made a total b. of the timetable** armó un cacao *or RP* despelote con el horario; **the course was a complete b.** el curso fue una cagada total

ballsy ['bɔ:lzɪ] *adj very Fam* con (muchos) huevos

ball-up ['bɔ:lʌp] *n US* = **balls-up**

ballyhoo [bælɪ'hu:] *n Fam* alboroto *m*, *Esp* escandalera *f*, *RP* batifondo *m*

balm [bɑ:m] *n* bálsamo *m*

balmy ['bɑ:mɪ] *adj (weather)* cálido(a), suave

baloney [bə'ləʊnɪ] *n Fam* **1** *(nonsense)* tonterías *fpl*, bobadas *fpl*
2 *exclam* ¡tonterías!, ¡bobadas!

balsa ['bɔ:lsə] *n* **b. (wood)** madera *f* de balsa

balsam ['bɔ:lsəm] *n* bálsamo *m*

balsamic vinegar [bɔ:l'sæmɪk 'vɪnɪgə(r)] *n* vinagre *m* (balsámico) de Módena

Baltic ['bɔ:ltɪk] **1** *n* **the B.** el (mar) Báltico
2 *adj* báltico(a); **the B. Sea** el mar Báltico

balustrade [bælə'streɪd] *n* balaustrada *f*

bamboo [bæm'bu:] *n* bambú *m*; **b. shoots** brotes *mpl* de bambú

bamboozle [bæm'bu:zəl] *vt Fam (confuse, trick)* enredar, liar; **to b. sb into doing sth** liar *or* enredar a alguien para que haga algo

ban [bæn] **1** *n* prohibición *f*; **to impose a b. on sth** prohibir algo
2 *vt* (*pt & pp* **banned**) prohibir; **to b. sb from doing sth** prohibir a alguien hacer algo; **to b. sb from the premises** prohibirle a alguien la entrada al local

banal [bə'næl] *adj* banal

banality [bə'nælɪtɪ] *n* banalidad *f*

banana [bə'nɑ:nə] *n* (**a**) *(fruit)* plátano *m*, *RP* banana *f* ❑ ***b. fritter*** plátano rebozado y frito; ***b. republic*** república *f* bananera; ***b. skin*** *(of fruit)* piel *f* de plátano *or RP* banana; *Fig* trampa *f* potencial; ***b. split*** banana split *m*; ***b. tree*** platanero *m*, bananero *m* (**b**) IDIOMS *Fam* **to be bananas** *(mad)* estar como una cabra *or Méx* destrompado *or RP* de la nuca; **to go bananas** *(angry)* ponerse hecho(a) un basilisco, *Chile, RP* rayarse

band[1] [bænd] *n* (**a**) *(of metal, cloth)* banda *f*, tira *f*; *(of colour)* raya *f*, franja *f*; *(on hat)* cinta *f*; *(on cigar)* vitola *f* (**b**) *Rad* banda *f* (**c**) *(of age, ability)* franja *f*, banda *f*

band[2] *n* (**a**) *(group) (of friends)* pandilla *f*, grupo *m*; *(of robbers)* banda *f* (**b**) *Mus (pop group)* grupo *m*; *(jazz, brass)* banda *f*

▸**band together** *vi* unirse

bandage ['bændɪdʒ] **1** *n (fabric)* venda *f*; *(on wound, broken arm)* vendaje *m*, venda *f*
2 *vt* vendar; **the nurse bandaged his arm** la enfermera le vendó el brazo

▸**bandage up** *vt sep* vendar

Band-Aid® ['bændeɪd] *n US* tirita® *f*

bandan(n)a [bæn'dænə] *n* fular *m or* pañuelo *m* de colores

bandicoot ['bændɪku:t] *n* bandicut *m* (narigudo)

banding ['bændɪŋ] *n* (**a**) *Br Educ* = agrupamiento de alumnos según su capacidad o aptitud (**b**) *Fin* asignación *f* a una franja *or* horquilla

bandit ['bændɪt] *n* bandolero *m*, bandido *m*

bandmaster ['bændmɑ:stə(r)] *n Mus* director *m (de una banda)*

bandolier, bandoleer [bændə'lɪə(r)] *n* bandolera *f*

band-saw ['bændsɔ:] *n* sierra *f* (mecánica) de cinta

bandsman ['bændzmən] *n Mus* músico *m (de banda)*

bandstand ['bændstænd] *n* quiosco *m* de música

bandwagon ['bændwægən] *n Fam* **to jump on the b.** subirse al carro

bandwidth ['bændwɪdθ] *n Comptr & Rad* ancho *m* de banda

bandy[1] ['bændɪ] *adj (legs)* arqueado(a) *(hacia afuera)*

bandy[2] *vt (words, insults)* intercambiar, cambiar; **his name is being bandied about** suena *or* se oye mucho su nombre; **all sorts of figures are being bandied about in the press** en la prensa se barajan toda clase de cifras

bandy-legged ['bændɪ'leg(ɪ)d] *adj* estevado(a)

bane [beɪn] *n* cruz *f*, perdición *f*; **he's the b. of my life** es mi cruz, es mi ruina

baneful ['beɪnfʊl] *adj Literary* pernicioso(a), funesto(a)

bang [bæŋ] **1** *n* (**a**) *(noise)* golpe *m*; *(explosion)* explosión *f*; **the door shut with a b.** la puerta se cerró de un portazo; IDIOM **to go with a b.** *(of party, event)* salir redondo(a); IDIOM *US Fam* **to get a b. out of sb/sth** disfrutar de lo lindo con alguien/algo (**b**) *(blow)* golpe *m*; **to get a b. on the head** darse un golpe en la cabeza (**c**) *Vulg (sexual intercourse)* **to have a b.** echar un polvo
2 *adv* (**a**) **to go b.** *(explode)* explotar ruidosamente; *Br Fam* **b. went my hopes of a quiet weekend** a paseo mi esperado fin de semana tranquilo; *Br Fam* **b. goes that idea** pues habrá que pensar otra cosa (**b**) *Fam (exactly)* **b. in the middle** justo en medio; **to be b. on, to get it b. on** *(guess, answer)* acertar de lleno, dar justo en el clavo; **b. on time** justo a tiempo; **b. up-to-date** totalmente al día
3 *exclam (sound of gun)* ¡pum!; *(explosion)* ¡boum!
4 *vt* (**a**) *(hit)* golpear; **to b. one's head (against** *or* **on sth)** golpearse la cabeza (contra *or* con algo) (**b**) *Vulg (have sex with)* echar un polvo con
5 *vi* (**a**) *(of door, window)* batir, dar golpes; **the door banged shut** la puerta se cerró de un portazo; **to b. at** *or* **on the door** aporrear la puerta; **to b. into sth** chocar con algo (**b**) *Vulg (have sex)* echar un polvo

▸**bang about, bang around** *vi (make noise)* armar jaleo

▸**bang on** *vi Fam* **to b. on about sth** dar la lata *or* la murga con algo

▸**bang up** *vt sep very Fam* (**a**) *Br (imprison)* meter en *Esp* chirona *or Andes, RP* cana *or Méx* bote (**b**) *Br (make pregnant)* hacer un bombo *or* una barriga a, dejar preñada (**c**) *US (damage)* jorobar, dejar hecho(a) polvo

banger ['bæŋə(r)] *n* (**a**) *Br Fam (sausage)* salchicha *f*; **bangers and mash** salchichas con puré de patatas *or Am* papas (**b**) *Br (firework)* petardo *m* (**c**) *Fam (car)* **old b.** cacharro *m* viejo, carraca *f*

Bangkok [bæŋ'kɒk] *n* Bangkok

Bangladesh [bæŋglə'deʃ] *n* Bangladesh

Bangladeshi [bæŋglə'deʃɪ] *n & adj* bangladesí *mf*

bangle ['bæŋgəl] *n* brazalete *m*, pulsera *f*

bangs [bæŋz] *npl US* flequillo *m (corto)*

banish ['bænɪʃ] *vt (exile)* desterrar; *Fig* **he banished all thought of her from his mind** se la quitó de la cabeza

banishment ['bænɪʃmənt] *n* destierro *m*

banister ['bænɪstə(r)] *n* barandilla *f*

banjo ['bændʒəʊ] (*pl* **banjos**) *n* banjo *m*

bank[1] [bæŋk] **1** *n* (**a**) *(of river)* orilla *f*; *(of earth)* terraplén *m* (**b**) *(of clouds, fog)* banco *m* (**c**) *(of lights, switches)* batería *f*; **banks of seats** gradas *fpl* con asientos
2 *vt* flanquear; **the road is banked by trees** la carretera se halla flanqueada por dos filas de árboles
3 *vi* (**a**) *(of clouds, mist)* formar bancos; *(of snow)* acumularse (**b**) *(of plane)* ladearse, escorarse

bank[2] **1** *n* (**a**) *(financial institution)* banco *m* ❑ ***b. account*** cuenta *f* bancaria; ***b. balance*** saldo *m* bancario, haberes *mpl* bancarios; ***b. card*** tarjeta *f* bancaria; ***b. charges*** comisión *f* bancaria, gastos *mpl* bancarios; ***b. clerk*** empleado(a) *m,f* de banca; *Br* ***b. holiday*** día *m* festivo; ***b. loan*** préstamo *m or* crédito *m* bancario; ***b. manager*** director *m* de banco; *Fin* ***b. rate*** tipo *m or Am* tasa *f* de interés bancario; ***b. robber*** atracador(ora) *m,f or*

ladrón(ona) *m,f* de bancos; ***b. statement*** extracto *m or* balance *m* de cuenta
(**b**) *(in gambling)* banca *f*; **to break the b.** hacer saltar la banca; IDIOM **it won't break the b.** no vas a arruinarte por eso
(**c**) *(store)* **blood/data b.** banco de sangre/datos
2 *vt (funds)* ingresar (en un banco)
3 *vi* **to b. with** tener una cuenta en
▸**bank on** *vt insep (outcome, success)* contar con

bankable ['bæŋkəbəl] *adj Cin (star)* taquillero(a), de éxito

bankbook ['bæŋkbʊk] *n* cartilla *f*, libreta *f*

banker ['bæŋkə(r)] *n Fin* banquero *m* ▫ ***b.'s card*** tarjeta *f* bancaria; ***b.'s draft*** giro *m* bancario

banking ['bæŋkɪŋ] *n (occupation)* banca *f*, sector *m* bancario; *(activity)* operaciones *fpl* bancarias

banknote ['bæŋknəʊt] *n* billete *m* (de banco)

bankroll ['bæŋkrəʊl] *vt US (finance)* financiar

bankrupt ['bæŋkrʌpt] **1** *n Fin* quebrado(a) *m,f*
2 *adj* en quiebra, en bancarrota; **to be b.** estar en quiebra; **to go b.** quebrar, ir a la quiebra; *Fig* **to be morally b.** estar en quiebra moral
3 *vt Law* conducir a la quiebra; *Fig (make poor)* arruinar, dejar en la ruina

bankruptcy ['bæŋkrʌptsɪ] *n Law* quiebra *f*, bancarrota *f*; *Fig (poverty)* ruina *f*

banner ['bænə(r)] *n (flag)* bandera *f*; *(of trade union, political party)* pancarta *f* ▫ ***b. headlines*** *(in newspaper)* grandes titulares *mpl*

bannister = **banister**

banns [bænz] *npl* amonestaciones *fpl*; **to publish the b.** correr las amonestaciones

banquet ['bæŋkwɪt] *n* banquete *m*

banquette [bæŋ'ket] *n (seat)* banco *m* acolchado

banshee ['bænʃi:] *n* = espíritu femenino de la mitología irlandesa cuyos gemidos auguran la muerte

bantam ['bæntəm] *n* gallina *f* de Bantam

bantamweight ['bæntəmweɪt] *n (in boxing)* peso *m* gallo

banter ['bæntə(r)] **1** *n* bromas *fpl*, chanzas *fpl*
2 *vi* bromear

bantering ['bæntərɪŋ] *adj* jocoso(a); **b. tone** tono *m* jocoso

Bantu ['bæntu:] **1** *n (language)* bantú *m*
2 *adj* bantú

banyan ['bænjæn] *n* **b. (tree)** baniano *m*, higuera *f* de Bengala

baobab ['beɪəʊbæb] *n* **b. (tree)** baobab *m*

bap [bæp] *n* = panecillo blando redondo

baptism ['bæptɪzəm] *n* bautismo *m*; *Fig* **a b. of fire** un bautismo de fuego

baptismal [bæp'tɪzməl] *adj* ***b. certificate*** partida *f* de bautismo; ***b. font*** pila *f* bautismal

Baptist ['bæptɪst] *n* baptista *mf*, bautista *mf*

baptist(e)ry ['bæptɪstrɪ] *n (part of church)* baptisterio *m*

baptize [bæp'taɪz] *vt* bautizar

bar [bɑ:(r)] **1** *n* (**a**) *(of metal)* barra *f*; *(on window, of cage)* barrote *m*; *(of soap)* pastilla *f*; *(of chocolate)* tableta *f*; *(of colour, light)* franja *f*; IDIOM **to be behind bars** estar entre rejas; **gold bars** lingotes *mpl* de oro, oro *m* en barras; **a three-b. fire** una estufa (eléctrica) de tres resistencias ▫ ***b. chart*** gráfico *m* de barras; *Comptr* ***b. code*** código *m* de barras
(**b**) *(obstacle)* barrera *f*; **to be a b. to sth** constituir una barrera para algo; **to impose a b. on sth** prohibir algo
(**c**) *Law* **the B.** *Br (barristers)* = conjunto de los abogados que ejercen en tribunales superiores; *US (lawyers in general)* la abogacía; *Br* **to be called to the B.** obtener el título de abogado(a), ingresar en la abogacía; **the prisoner at the b.** el/la acusado(a)
(**d**) *(pub, in hotel)* bar *m*; *(pub counter)* barra *f*; **to sit/stand at the b.** sentarse/estar en la barra ▫ ***b. staff*** camareros(as) *mpl,fpl*, *Am* meseros(as) *mpl,fpl*, *RP* mozos(as) *mpl,fpl*
(**e**) *Mus* compás *m*
(**f**) *(in river, bay)* bajío *m*, barra *f*
(**g**) *(unit of atmospheric pressure)* bar *m*
(**h**) *US Mil* insignia *f*
2 *vt* (*pt & pp* **barred**) (**a**) *(obstruct)* obstruir; **to b. the door against sb** atrancar la puerta para impedir el paso a alguien; **to b. sb's way** obstruir el camino *or* impedir el paso a alguien
(**b**) *(ban)* **to b. sb from a place** prohibir la entrada de alguien a un lugar; **to b. sb from doing sth** prohibir a alguien hacer algo
3 *prep* salvo, excepto; **b. none** sin excepción; IDIOM **it's all over b. the shouting** la suerte está echada

barb [bɑ:b] *n* (**a**) *(on hook)* lengüeta *f* (**b**) *(remark)* dardo *m*

Barbadian [bɑ:'beɪdɪən] **1** *n* = habitante o nativo de Barbados
2 *adj* de Barbados

Barbados [bɑ:'beɪdɒs] *n* Barbados

barbarian [bɑ:'beərɪən] *n & adj* bárbaro(a) *m,f*

barbaric [bɑ:'bærɪk] *adj* salvaje

barbarically [bɑ:'bærɪklɪ] *adv* salvajemente

barbarism ['bɑ:bərɪzəm] *n* barbarie *f*

barbarity [bɑ:'bærɪtɪ] *n (act)* barbaridad *f*; *(cruelty)* barbarie *f*

barbarous ['bɑ:bərəs] *adj (act, behaviour)* bárbaro(a)

Barbary ape ['bɑ:bərɪ'eɪp] *n* macaco *m* (de Gibraltar)

barbecue ['bɑ:bɪkju:] **1** *n* barbacoa *f*, *Andes RP* asado *m*; **to have a b.** hacer una barbacoa *or Andes, RP* un asado ▫ ***b. sauce*** salsa *f* para barbacoa
2 *vt* asar en la barbacoa

barbed [bɑ:bd] *adj* (**a**) *(hook)* con lengüeta(s) ▫ ***b. wire*** alambre *m* de espino *or* de púas (**b**) *(remark, comment)* afilado(a), mordaz

bar-bell ['bɑ:bel] *n* barra *f* de pesas, haltera *f*

barber ['bɑ:bə(r)] *n* barbero *m*; **to go to the b.'s** ir a la peluquería

barbershop ['bɑ:bəʃɒp] *n US* barbería *f* ▫ ***b. quartet*** cuarteto *m* de voces masculinas

barbican ['bɑ:bɪkən] *n* barbacana *f*; **the B.** = gran centro cultural londinense

barbie ['bɑ:bɪ] *n Aus Fam* barbacoa *f*, *Andes, RP* asado *m*

barbiturate [bɑ:'bɪtjʊreɪt] *n* barbitúrico *m*

Barbour® ['bɑ:bə(r)] *n* **B. jacket** = chaqueta impermeable de algodón supuestamente característica de la clase alta británica

Barcelona [bɑ:sə'ləʊnə] *n* Barcelona

bard [bɑ:d] *n Literary* bardo *m*; **the B.** = Shakespeare

bare [beə(r)] **1** *adj* (**a**) *(not covered) (body)* desnudo(a); *(tree, branch)* desnudo(a), sin hojas; *(wire)* pelado(a); *(floorboards)* sin alfombrar; **to strip a house b.** *(of thieves)* llevarse absolutamente todo de una casa; **to fight with one's b. hands** luchar sin armas; **in one's b. feet** descalzo(a); **to lay sth b.** poner algo de manifiesto, descubrir algo
(**b**) *(empty) (room)* vacío(a); *(hillside, landscape)* pelado(a); **the cupboard was b.** el armario estaba vacío
(**c**) *(just sufficient)* **a b. majority** una mayoría por los pelos; **the b. minimum** lo imprescindible, lo indispensable; **a b. pass** *(in exam)* un aprobado raspado *or* por los pelos; **the b. bones of the case are...** lo esencial del caso es...; **the b. necessities (of life)** lo indispensable (para vivir)
2 *vt* descubrir; **to b. one's head** descubrirse (la cabeza); **to b. one's teeth** enseñar los dientes; **he bared his heart** *or* **soul to me** me abrió su corazón *or* alma

bareback ['beəbæk] **1** *adj* ***b. rider*** jinete *m*/amazona *f* que monta a pelo
2 *adv* **to ride b.** montar a pelo

barechested [beə'tʃestɪd] *adj* con el pecho al aire, desnudo(a) de cintura para arriba

barefaced ['beəfeɪst] *adj (lie, liar)* descarado(a); **what b. cheek!** ¡pero qué cara más dura!

barefoot(ed) ['beəfʊt(ɪd)] *adj & adv* descalzo(a)

bareheaded [beə'hedɪd] *adj & adv* sin sombrero

bareknuckle ['beənʌkəl] *adj (fight)* sin guantes, a puñetazo limpio; *Fig* **a b. encounter** *(debate, argument)* un enfrentamiento violento ▫ ***b. fighter*** = púgil que pelea sin guantes

barelegged [beə'leg(ɪ)d] *adj & adv* con las piernas desnudas

barely ['beəlɪ] *adv* (**a**) *(scarcely)* apenas (**b**) *(sparsely)* **b. furnished** amueblado(a) con lo indispensable

barf [bɑːf] *vi Fam* echar la papa, potar

barfly ['bɑːflaɪ] *n US Fam* borrachuzo(a) *m,f or Am* borrachón(ona) *m,f*

bargain ['bɑːgɪn] **1** *n* (**a**) *(agreement)* pacto *m*, trato *m*; **to make** *or* **strike a b.** hacer un pacto; **you haven't kept your side** *or* **part of the b.** no has cumplido tu parte del trato; **he drives a hard b.** es bueno regateando; **into the b.** *(what's more)* encima, además (**b**) *(good buy)* ganga *f*, chollo *m* ▫ ***b. basement*** sección *f* de oportunidades; ***b. hunter*** buscador(ora) *m,f* de gangas; ***b. price*** precio *m* de saldo

2 *vi* negociar

▸**bargain away** *vt sep (rights, privileges)* malvender, malbaratar

▸**bargain for** *vt insep* **I hadn't bargained for that** no contaba con eso; **he got more than he bargained for** recibió más de lo que esperaba

▸**bargain on** *vt insep* **I didn't b. on that** no contaba con eso

barge [bɑːdʒ] **1** *n (boat)* barcaza *f*; *(for parties, river cruises)* = barco para fiestas o pequeñas travesías turísticas

2 *vi* **to b. into sb** darse un topetazo contra alguien, chocar con alguien

▸**barge in** *vi (enter)* irrumpir en

▸**barge past** *vi* abrirse paso a empujones

bargee [bɑː'dʒiː], **bargeman** ['bɑːdʒmən] *n* gabarrero(a) *m,f*

bargepole ['bɑːdʒpəʊl] *n* pértiga *f*; IDIOM **I wouldn't touch it with a b.** no lo tocaría ni con pinzas

barhop ['bɑːhɒp] *vi US* ir de copas *or* de bares

baritone ['bærɪtəʊn] *n (singer)* barítono *m*; *(voice)* (voz *f* de) barítono *m*

barium ['beərɪəm] *n Chem* bario *m* ▫ *Med* ***b. meal*** (papilla *f* de) sulfato *m* de bario

bark[1] [bɑːk] **1** *n (of tree)* corteza *f*

2 *vt* **to b. one's shins (against sth)** arañarse *or* rasguñarse las espinillas (con algo)

bark[2] **1** *n (of dog)* ladrido *m*; IDIOM **his b. is worse than his bite** perro ladrador, poco mordedor, *RP* perro que ladra no muerde

2 *vt (order)* gritar

3 *vi (of dog)* ladrar; *(of person)* gritar; **to b. out an order** dar una orden a gritos *or* vociferando; IDIOM *Fam* **you're barking up the wrong tree** estás muy equivocado *or* confundido

barkeep ['bɑːkiːp], **barkeeper** ['bɑːkiːpə(r)] *n US* camarero(a) *m,f*, *Am* mesero(a) *m,f*, *RP* mozo(a) *m,f*

barker ['bɑːkə(r)] *n (in circus)* vocero(a) *m,f or* voceador(ora) *m,f* de feria

barking ['bɑːkɪŋ] *adj Br Fam* **b. (mad)** como una cabra, loco(a) de remate, *Méx* zafado(a)

barley ['bɑːlɪ] *n* cebada *f* ▫ ***b. sugar*** azúcar *m or f* cande

barmaid ['bɑːmeɪd] *n Br* camarera *f*, *Am* mesera *f*, *RP* moza *f*

barman ['bɑːmən] *n* camarero *m*, *Am* mesero *m*, *RP* mozo *m*

bar mitzvah [bɑː'mɪtsvə] *n* Bar Mitzvah *m*, = ceremonia de confirmación religiosa de un niño judío a los trece años

barmy ['bɑːmɪ] *adj Br Fam* chiflado(a); **to be b.** estar chiflado(a)

barn [bɑːn] *n* granero *m*, pajar *m* ▫ ***b. dance*** baile *m* campestre; ***b. owl*** lechuza *f*

barnacle ['bɑːnəkəl] *n* (**a**) *(shellfish)* bálano *m*, bellota *f* de mar (**b**) ***b. goose*** barnacla *f* cariblanca

barney ['bɑːnɪ] *n Br Fam* **to have a b.** tener una pelotera *or* agarrada

barnstorm ['bɑːnstɔːm] *vi* (**a**) *Th* hacer una gira por provincias (**b**) *US Pol* hacer campaña (electoral) por los pueblos

barnstorming ['bɑːnstɔːmɪŋ] *adj (speech, performance)* apoteósico(a)

barnyard ['bɑːnjɑːd] *n* corral *m*

barometer [bə'rɒmɪtə(r)] *n* barómetro *m*

barometric [bærə'metrɪk] *adj* barométrico(a) ▫ ***b. pressure*** presión *f* barométrica

baron ['bærən] *n* (**a**) *(noble)* barón *m* (**b**) *(tycoon)* **oil/press b.** magnate *m* del petróleo/de la prensa

baroness ['bærənes] *n* baronesa *f*

baronet ['bærənet] *n* baronet *m (título inglés)*

barony ['bærənɪ] *n (rank, land)* baronía *f*

baroque [bə'rɒk] **1** *n* barroco *m*

2 *adj* barroco(a)

barrack ['bærək] *vt (heckle)* abuchear

barracking ['bærəkɪŋ] *n (jeering, shouting)* abucheo *m*

barrack-room ['bærəkruːm] *adj (humour)* tabernario(a) ▫ **b. lawyer** abogado(a) *m,f* de secano *(que de todo dice saber)*

barracks ['bærəks] *npl* cuartel *m*

barracuda [bærə'kuːdə] *n* barracuda *f*

barrage ['bærɑːʒ] **1** *n* (**a**) *(dam)* presa *f* (**b**) *Mil (of artillery fire)* batería *f* de fuego; *Fig (of questions, complaints)* lluvia *f* ▫ ***b. balloon*** globo *m* cautivo *or* de barrera

2 *vt* **to b. sb with questions** acribillar a alguien a preguntas

barre [bɑː(r)] *n (in ballet)* barra *f* (fija)

barred [bɑːd] *adj (window)* enrejado(a)

barrel ['bærəl] **1** *n* (**a**) *(container)* barril *m*, tonel *m*; *(of oil)* barril *m*; IDIOM *Fam* **to have sb over a b.** tener a alguien en un puño; *Fam* **the party wasn't exactly a b. of fun** *or* **laughs** la fiesta no fue la más divertida del mundo ▫ ***b. organ*** organillo *m*; *Archit* ***b. vault*** bóveda *f* de cañón (**b**) *(of gun)* cañón *m*

2 *vi (pt & pp* **barrelled**, *US* **barreled**) **to b. along** ir disparado(a) *or* a toda mecha; **to b. past** pasar disparado(a) *or* a toda mecha

barrel-chested ['bærəl'tʃestɪd] *adj (person)* robusto(a)

barrelful ['bærəlfʊl] *n* barril *m*

barren ['bærən] *adj (land, woman)* yermo(a); *(landscape)* árido(a)

barrenness ['bærənnɪs] *n* aridez *f*, esterilidad *f*

barrette [bə'ret] *n US* pasador *m*

barricade ['bærɪkeɪd] **1** *n* barricada *f*

2 *vt (door, street)* poner barricadas en; **she had barricaded herself into the room** se había atrincherado en su habitación

barrier ['bærɪə(r)] *n also Fig* barrera *f* ▫ ***b. cream*** *(for skin)* crema *f* protectora *or* barrera; ***b. method*** *(of contraception)* (método *m*) anticonceptivo *m* de barrera; *Med* ***b. nursing*** atención *f* sanitaria en régimen de aislamiento

barring ['bɑːrɪŋ] *prep* salvo, excepto; **b. accidents** salvo imprevistos; **b. a miracle** a menos que ocurra un milagro

barrister ['bærɪstə(r)] *n Br Law* abogado(a) *m,f (que ejerce en tribunales superiores)*

bar-room ['bɑːruːm] *US* **1** *n* bar *m*

2 *adj* **b. brawl** riña *f or* gresca *f* de bar

barrow ['bærəʊ] *n (wheelbarrow)* carretilla *f*; *(in market)* carreta *f* ▫ ***b. boy*** vendedor *m* ambulante *(con tenderete)*

Bart *(abbr* **Baronet**) baronet *m*

bartender ['bɑːtendə(r)] *n US* camarero(a) *m,f*, *Am* mesero(a) *m,f*, *RP* mozo(a) *m,f*

barter ['bɑːtə(r)] **1** *n* trueque *m*

2 *vt* trocar *or* cambiar (**for** por)

3 *vi* hacer trueques, practicar el trueque

basalt ['bæsɔːlt] *n* basalto *m*

bascule bridge ['bæskjuː'brɪdʒ] *n* puente *m* basculante

base [beɪs] **1** *n* (**a**) *(bottom)* base *f*; *(of column)* base *f*, *Spec* basa *f* ▫ *Fin* ***b. rate*** tipo *m or Am* tasa *f* de interés básico (**b**) *(for explorers, military forces)* base *f* ▫ ***b. camp*** campamento *m* base (**c**) *(in baseball)* base *f*; IDIOM **to be off b.** estar muy equivocado(a); IDIOM **to touch b. with sb** mantener contacto con alguien; IDIOM **she didn't get past first b.** no llegó a superar la primera etapa ▫ ***b. hit*** hit *m* (**d**) *Chem* base *f*

2 *adj* (**a**) *Formal (motive, conduct)* vil, bajo(a) (**b**) ***b. metals*** *(non-precious)* metales *mpl* comunes *or* no preciosos

3 *vt* (**a**) *(found)* basar (**on** en); **to be based on** estar basado(a) en, basarse en (**b**) *(locate)* **to be based in Bath** *(of job, operation)* desarrollarse en Bath; *(of person)* residir *or* vivir en Bath; *(of troops, company)* estar radicado(a) en Bath

baseball ['beɪsbɔːl] *n (game)* béisbol *m*; *(ball)* pelota *f or* bola *f* de béisbol ▫ ***b. cap*** gorra *f* de visera; ***b. game*** partido *m* de béisbol; ***b. player*** jugador(ora) *m,f* de béisbol, *Am* pelotero(a) *m,f*

Basel ['bɑːzəl] *n* Basilea

baseless ['beɪslɪs] *adj* infundado(a), sin fundamento; **to be b.** *(rumour, accusation)* carecer de fundamento

baseline ['beɪslaɪn] *n* (**a**) *(in tennis)* línea *f* de saque *or* de fondo (**b**) *Comptr* línea *f* de base

basely ['beɪslɪ] *adv Formal* vilmente

baseman ['beɪsmæn] *n* **first/second/third b.** *(in baseball)* (jugador(ora) *m,f* de) primera/segunda/tercera base *mf*

basement ['beɪsmənt] *n* sótano *m* ▫ ***b. flat*** (apartamento *m or Esp* piso *m or Am* departamento *m* del) sótano *m*

baseness ['beɪsnɪs] *n* vileza *f*, bajeza *f*

bash [bæʃ] *Fam* **1** *n* (**a**) *(blow)* porrazo *m*, castañazo *m*; *Br* **to have a b. at (doing) sth** intentar (hacer) algo; *Br* **I'll give it a b.** voy a probar *or* a intentarlo (**b**) *(party)* fiesta *f*
2 *vt* golpear; **to b. one's head** darse un castañazo en la cabeza
▸**bash in** *vt sep Br Fam (door)* echar abajo; **I'll b. your face in!** ¡te parto la cara!
▸**bash into** *vt insep* darse (un porrazo) contra
▸**bash up** *vt sep Br Fam (person)* dar una paliza a; *(car)* abollar

bashful ['bæʃfʊl] *adj* tímido(a)

bashfully ['bæʃfʊlɪ] *adv* con timidez

bashfulness ['bæʃfʊlnɪs] *n* timidez *f*

bashing ['bæʃɪŋ] *n (physical)* paliza *f*, tunda *f*; *(verbal)* varapalo *m*

BASIC ['beɪsɪk] *n Comptr* (*abbr* **Beginners' All-purpose Symbolic Instruction Code**) (lenguaje *m*) BASIC *m*

basic ['beɪsɪk] **1** *n* **the basics** *(fundamental aspects)* lo esencial; *(of language, science)* fundamentos *mpl*; **let's get down to basics** centrémonos en lo esencial; **to go** *or* **get back to basics** poner más énfasis en lo esencial, recuperar los valores fundamentales
2 *adj* básico(a); **I get the b. idea** me hago una idea; **to be b. to sth** ser básico(a) para algo; **the accommodation was pretty b.** el alojamiento era de lo más modesto *or* sencillo ▫ ***b. pay*** sueldo *m* base; ***b. rate*** *(of income tax)* tipo *m* mínimo *or* básico, *Am* tasa *f* mínima *or* básica

basically ['beɪsɪklɪ] *adv* (**a**) *(fundamentally)* básicamente, fundamentalmente (**b**) *(in short)* en una palabra, en definitiva; **what happened? — b., we got thrashed** ¿qué pasó? — pues, en una palabra, que nos dieron un palizón

basil ['bæzəl] *n* albahaca *f*

basilica [bə'zɪlɪkə] *n* basílica *f*

basilisk ['bæzɪlɪsk] *n* (**a**) *(mythological creature)* basilisco *m*; **b. stare** mirada *f* asesina (**b**) *Zool* basilisco *m*

basin ['beɪsən] *n* (**a**) *(for cooking)* recipiente *m*, bol *m*; *(for washing hands)* lavabo *m*, *Am* lavamanos *m inv*; *(plastic, for washing up)* barreño *m*, palangana *f* (**b**) *Geog* cuenca *f*

basis ['beɪsɪs] (*pl* **bases** ['beɪsi:z]) *n* base *f*; **on a weekly b.** semanalmente; **on a monthly b.** mensualmente; **on a national b.** a escala *or* nivel nacional; **on an informal b.** informalmente; **the accusations have no b. in fact** las acusaciones no se basan en los hechos; **on the b. of this information** de acuerdo con *or* según esta información; **we are proceeding on that b.** procederemos partiendo de esa base; **that's no b. for a happy marriage** esa no es una base sólida para un matrimonio feliz

bask [bɑ:sk] *vi* **to b. in the sun** estar tumbado(a) al sol; **to b. in sb's favour** gozar del favor de alguien

basket ['bɑ:skɪt] *n* (**a**) *(container)* cesta *f*; IDIOM *Fam* **to be a b. case** *(person)* estar loco(a) de remate *or Esp* majareta *or Méx* zafado(a) ▫ ***b. chair*** silla *f* de mimbre; *Econ* ***b. of currencies*** cesta *f* de monedas *or* divisas; ***b. making*** *or* ***weaving*** cestería *f* (**b**) *(in basketball)* canasta *f*; **to score a b.** encestar

basketball ['bɑ:skɪtbɔ:l] *n* baloncesto *m*, *Am* básquetbol *m* ▫ ***b. player*** baloncestista *mf*, *Am* basquetbolista *mf*

basketful ['bɑ:skɪtfʊl] *n* cesta *f*

basketwork ['bɑ:skɪtwɜ:k] *n (art)* cestería *f*

basking ['bɑ:skɪŋ] *n* ***b. shark*** tiburón *m* peregrino, marrajo *m* gigante

Basle [bɑ:l] *n* Basilea

basmati [bæz'mætɪ] *n* ***b. rice*** arroz *m* basmati, = variedad de arroz de grano largo de origen indio

Basque [bɑ:sk] **1** *n* (**a**) *(person)* vasco(a) *m,f* (**b**) *(language)* vasco *m*, vascuence *m*
2 *adj* vasco(a); **the B. Country** el País Vasco, Euskadi

basque [bɑ:sk] *n (woman's garment)* corpiño *m*

bas-relief ['bɑ:rɪ'li:f] *n Art* bajorrelieve *m*

bass[1] [bæs] *n (seawater)* lubina *f*, róbalo *m*; *(freshwater)* perca *f*

bass[2] [beɪs] *Mus* **1** *n* (**a**) *(voice, singer)* bajo *m*; *(on amplifier)* graves *mpl* (**b**) *(guitar)* bajo *m* ▫ ***b. player*** bajista *mf* (**c**) *(double-bass)* contrabajo *m*
2 *adj (in music)* bajo(a) ▫ ***b. clef*** clave *f* de fa; ***b. drum*** bombo *m*; ***b. guitar*** bajo *m*

basset ['bæsɪt] *n* **b. (hound)** basset *m*

bassinet ['bæsɪnet] *n* moisés *m inv*, cuco *m*

bassist ['beɪsɪst] *n Mus* bajista *mf*

bassoon [bə'su:n] *n* fagot *m*

bassoonist [bə'su:nɪst] *n* fagot *mf*

bastard ['bɑ:stəd] **1** *n* (**a**) *(illegitimate child)* hijo(a) *m,f* ilegítimo(a), (hijo(a) *m,f*) bastardo(a) *m,f* (**b**) *very Fam (unpleasant person)* hijo(a) *m,f* de puta, cabrón(ona) *m,f* (**c**) *very Fam (person, fellow)* **you lucky b.!** ¡qué suerte tienes, desgraciado(a) *or* cabrón(ona)!; **poor b.!** ¡pobre desgraciado(a)! (**d**) *very Fam (unpleasant thing, task)* **a b. of a job** un trabajo muy jodido; **this oven is a b. to clean** este horno es jodido de limpiar
2 *adj (child)* bastardo(a)

bastardize ['bɑ:stədaɪz] *vt (corrupt)* degradar

baste [beɪst] *vt (meat)* regar con grasa

bastion ['bæstɪən] *n also Fig* bastión *m*, baluarte *m*

bat[1] [bæt] *n* (**a**) *(animal)* murciélago *m*; IDIOM *Fam* **like a b. out of hell** como alma que lleva el diablo; IDIOM *Hum* **to have bats in the belfry** estar tocado(a) del ala *or* mal de la azotea (**b**) *Fam Pej (woman)* **old b.** bruja *f* (**c**) *US Fam (drinking spree)* **to be on a b.** irse de parranda *or* de borrachera

bat[2] **1** *n (for cricket, baseball)* bate *m*; *(for table tennis)* pala *f*; IDIOM *Fam* **to do sth off one's own b.** hacer algo por cuenta propia
2 *vt* (*pt & pp* **batted**) IDIOM **he didn't b. an eye(lid)** ni se inmutó
3 *vi (in cricket, baseball)* batear

batch [bætʃ] *n* (**a**) *(of goods, material)* lote *m*, partida *f*; *(of recruits)* tanda *f*; *(of bread)* hornada *f* (**b**) *Comptr* ***b. file*** fichero *m* por lotes; ***b. processing*** proceso *m* por lotes

bated ['beɪtɪd] *adj* **with b. breath** con el alma en vilo

bath [bɑ:θ] **1** *n* (**a**) *(action)* baño *m*; **to take** *or* **have a b.** tomar *or* darse un baño, bañarse; **to give sb a b.** bañar a alguien (**b**) *(bathtub)* bañera *f*, *Am* tina *f* ▫ ***b. chair*** silla *f* de ruedas *(con capota)*; ***b. mat*** alfombrilla *f* de baño; ***b. salts*** sales *fpl* de baño; ***b. towel*** toalla *f* de baño (**c**) *Br* **(swimming) baths** piscina *f*, *Méx* alberca *f*, *RP* pileta *f*
2 *vt* bañar
3 *vi* bañarse

bathcube ['bɑ:θkju:b] *n* = cubito soluble con esencias aromáticas para el agua de baño

bathe [beɪð] **1** *n Old-fashioned* **to go for a b.** ir a bañarse
2 *vt (wound)* lavar; **she was bathed in sweat** estaba empapada en *or* de sudor
3 *vi Old-fashioned (swim)* bañarse

bather ['beɪðə(r)] *n* bañista *mf*

bathing ['beɪðɪŋ] *n* **b. is prohibited** *(sign)* prohibido bañarse ▫ ***b. cap*** gorro *m* de baño; ***b. costume*** bañador *m*, traje *m* de baño, *Col* vestido *m* de baño, *RP* malla *f*; ***b. trunks*** bañador *m* (de hombre)

bathos ['beɪθɒs] *n* = paso de lo sublime a lo común

bathrobe ['bɑ:θrəʊb] *n* albornoz *m*

bathroom ['bɑ:θru:m] *n* (**a**) *(with bath)* cuarto *m* de baño ▫ ***b. scales*** báscula *f* de baño; ***b. suite*** = conjunto de bañera *or Am* tina, lavabo *or Am* lavamanos e inodoro (**b**) *(toilet)* servicio *m*, retrete *m*, *Am* lavatorio *m*, *Am* baño *m*, *Chile, RP* toilette *m*; **to go to the b.** ir al servicio

bathtub ['bɑ:θtʌb] *n* bañera *f*, *Am* tina *f*

bathysphere ['bæθɪsfɪə(r)] *n* batisfera *f*

batik [bə'ti:k] *n* batik *m*

batman ['bætmən] *n Mil* ordenanza *m*

baton ['bætən] *n* (**a**) *(in relay race)* testigo *m* (**b**) *(of conductor)* batuta *f* (**c**) *Br (of policeman)* porra *f* ▫ ***b. charge*** carga *f* con porras; ***b. round*** *(plastic bullet)* bala *f* de plástico

bats [bæts] *adj Fam* **to be b.** estar tocado(a) del ala *or* mal de la azotea

batsman ['bætsmən] *n (in cricket)* bateador *m*

battalion [bə'tæljən] *n* batallón *m*

batten ['bætən] *n Naut* sable *m*
▸**batten down** *vt insep* **to b. down the hatches** *(on ship)* cerrar las escotillas; *Fig (before crisis)* atarse *or* apretarse los machos

Battenburg (cake) ['bætənbɜ:g(keɪk)] *n* = pastel de bizcocho alargado cubierto de mazapán

batter[1] ['bætə(r)] *n (in baseball)* bateador(ora) *m,f*

batter² **1** *n (in cooking)* pasta *f* para rebozar
2 *vt (fish, vegetables)* rebozar

batter³ *vt (beat) (door)* aporrear; *(person)* pegar, maltratar

▸**batter down** *vt sep* **to b. the door down** echar la puerta abajo

battered ['bætəd] *adj* (**a**) *(person)* maltratado(a) (**b**) *(furniture)* desvencijado(a); *(hat)* ajado(a); *(car)* abollado(a)

battering ['bætərɪŋ] *n (beating)* paliza *f*; *Fig (in games, sports)* paliza *f*; *(from critics)* varapalo *m* ▫ ***b. ram*** ariete *m*

battery ['bætərɪ] *n* (**a**) *(of radio, clock)* pila *f*; *(of car, video camera)* batería *f*; **to be b. operated** *or* **powered** funcionar a *or* con pilas ▫ ***b. charger*** cargador *m* de pilas/baterías (**b**) *Mil (of guns)* batería *f*; *Fig* **a b. of criticism** un aluvión de críticas; *Psy* **a b. of tests** una batería de pruebas (**c**) *Agr* ***b. farm*** granja *f* avícola intensiva; ***b. farming*** avicultura *f* intensiva; ***b. hen*** gallina *f* de granja avícola intensiva (**d**) *Law* lesiones *fpl*

batting ['bætɪŋ] *n (in cricket)* bateo *m* ▫ ***b. average*** media *f or* promedio *m* de bateo

battle ['bætəl] **1** *n also Fig* batalla *f*; **to fight a b.** librar una batalla; **to do b. with sb** librar una batalla contra alguien; **b. of wills** enfrentamiento *m or* conflicto *m* personal; **a b. of wits** un duelo de ingenio; **getting started is half the b.** lo más difícil es empezar ▫ *Hist* ***the B. of Britain*** la Batalla de Inglaterra; ***b. cry*** grito *m* de guerra; ***b. fatigue*** fatiga *f* de combate; ***b. royal*** batalla campal
2 *vi* batallar, luchar (**for/against** por/contra); **to b. on** seguir luchando

battleaxe ['bætəlæks] *n* (**a**) *(weapon)* hacha *f* de guerra (**b**) *Fam Pej (woman)* arpía *f*, bruja *f*

battledress ['bætəldres] *n Br* uniforme *m (de campaña)*

battlefield ['bætəlfi:ld], **battleground** ['bætəlgraʊnd] *n also Fig* campo *m* de batalla

battle-hardened ['bætəl'hɑ:dənd] *adj* curtido(a)

battlements ['bætəlmənts] *npl* almenas *fpl*

battler ['bætlə(r)] *n Fam* luchador(ora) *m,f*

battle-scarred ['bætəlskɑ:d] *adj (place)* minado(a) por la guerra *or* la batalla

battleship ['bætəlʃɪp] *n* acorazado *m*

batty ['bætɪ] *adj Fam* pirado(a), chiflado(a); **to be b.** *(of person)* estar chiflado(a) *or* pirado(a); *(of idea)* ser peregrino(a)

bauble ['bɔ:bəl] *n* (**a**) *(cheap ornament)* chuchería *f* (**b**) *(Christmas decoration)* bola *f* de Navidad

baud [bɔ:d] *n Comptr* baudio *m* ▫ ***b. rate*** velocidad *f* de transmisión

baulk [bɔ:k] **1** *n (in snooker, billiards)* cabaña *f* de salida, cuadro *m*
2 *vt (frustrate, defeat)* frustrar, hacer fracasar
3 *vi* **to b. at sth** *(of person)* mostrarse reticente *or* echarse atrás ante algo; **he baulked at paying such a price** se mostraba reticente a pagar un precio tan alto

bauxite ['bɔ:ksaɪt] *n* bauxita *f*

Bavaria [bə'veərɪə] *n* Baviera

Bavarian [bə'veərɪən] *n & adj* bávaro(a) *m,f*

bawdiness ['bɔ:dɪnəs] *n* obscenidad *f*

bawdy ['bɔ:dɪ] *adj (remark, humour)* picante, verde

bawl [bɔ:l] **1** *vt (order)* gritar; *(insult)* proferir
2 *vi* (**a**) *(shout)* gritar, vociferar (**b**) *(cry) (of baby, child)* berrear

▸**bawl out** *vt sep* (**a**) *(shout)* **to b. out an order** gritar una orden (**b**) *Fam (reprimand)* **to b. sb out** reñir *or* regañar a alguien

bay¹ [beɪ] *n (shrub)* laurel *m* ▫ ***b. leaf*** (hoja *f* de) laurel *m*

bay² *n* (**a**) *(on coastline)* bahía *f* ▫ ***the B. of Bengal*** el Golfo de Bengala; ***the B. of Biscay*** el Golfo de Vizcaya (**b**) *Archit* entrante *m*, hueco *m* ▫ ***b. window*** ventana *f* salediza (**c**) *(area)* **(parking) b.** área *f* de estacionamiento (**d**) *Comptr* hueco *m*, bahía *f* (**e**) **to hold** *or* **keep sth/sb at b.** *(keep at a distance)* tener a raya algo/a alguien

bay³ *vi (of dog, wolf)* aullar

bayonet ['beɪənɪt] **1** *n* bayoneta *f* ▫ ***b. fitting*** (cierre *m* de) bayoneta *f*; ***b. socket*** enchufe *m* de bayoneta
2 *vt* **to b. sb to death** matar a alguien a bayonetazos

bayou ['baɪu:] *n* afluente *m* pantanoso

bazaar [bə'zɑ:(r)] *n (in Middle East)* bazar *m*; *(for charity)* mercadillo *m*

bazooka [bə'zu:kə] *n* bazuca *m*, bazooka *m*

B & B [bi:ən'bi:] *n Br (abbr* **bed and breakfast**) *(hotel)* = hostal familiar en el que el desayuno está incluido en el precio de la habitación; *(service)* habitación *f* y desayuno

BBC [bi:bi:'si:] *n (abbr* **British Broadcasting Corporation**) BBC *f*

BBS [bi:bi:'es] *n Comptr (abbr* **Bulletin Board Service**) BBS *f*

BC [bi:'si:] **1** *adv (abbr* **before Christ**) a.C.
2 *n (abbr* **British Columbia**) Columbia Británica

BCG [bi:si:'dʒi:] *n Med (abbr* **bacillus Calmette-Guérin**) BCG *m*, = vacuna contra la tuberculosis

BD [bi:'di:] *(abbr* **Bachelor of Divinity**) *(qualification)* licenciatura *f* en teología; *(person)* licenciado(a) *m,f* en teología

BDA [bi:di:'eɪ] *(abbr* **British Dental Association**) = asociación de dentistas británicos

BDS [bi:di:'es] *(abbr* **Bachelor of Dental Surgery**) *(qualification)* licenciatura *f* en odontología; *(person)* licenciado(a) *m,f* en odontología

BE [bi:]

> En el inglés hablado, y en el escrito en estilo coloquial, el verbo **be** se contrae de forma que **I am** se transforma en **I'm**, **he/she/it is** se transforman en **he's/she's/it's** y **you/we/they are** se transforman en **you're/we're/they're**. Las formas negativas **is not**, **are not**, **was not** y **were not** se transforman en **isn't**, **aren't**, **wasn't** y **weren't**.

1 *vi (present* **I am, you/we/they are, he/she/it is**; *pt* **were** [wɜ:(r)]; *1st and 3rd person singular* **was** [wɒz]; *pp* **been** [bi:n]) (**a**) *(indicating permanent quality, condition)* ser; **sugar is sweet** el azúcar es dulce; **veal is very tasty** la ternera es muy sabrosa; **he's handsome** es guapo; **he's always very smart** siempre va muy elegante; **she's irritable by nature** es irritable por naturaleza; **she's English** es inglesa **he's clever** es inteligente; **she's dead** está muerta; **I'm a doctor** soy médico; **he's a good doctor** es un buen médico; **it's real silk/leather** es pura seda/de cuero auténtico; **it's 2 metres wide** tiene 2 metros de ancho; **three and two are five** tres y dos (son) cinco; **is it that you don't like me?** ¿es que no te gusto?; **just be yourself** compórtate con naturalidad; **I'm not myself today** hoy no estoy muy allá; **we're very happy together** somos muy felices
(**b**) *(indicating temporary state)* estar; **I'm tired** estoy cansado(a); **the bottle is empty/full** la botella está vacía/llena; **this veal is very tasty** esta ternera está muy sabrosa; **you're very smart today** hoy vas muy elegante; **she's rather irritable this morning** está bastante irritable esta mañana; **to be wet/dry** estar mojado(a)/seco(a); **to be cold/hot** *(of person)* tener frío/calor; *(of thing)* estar frío(a)/caliente; **it's cold/hot** *(weather)* hace frío/calor; **my feet are cold** tengo los pies fríos; **it's cloudy** está nublado; **to be hungry/thirsty** tener hambre/sed; **don't be long** no tardes mucho; **to be right** tener razón; **to be wrong** estar equivocado(a); **he was Hamlet in the play** hacía de Hamlet en la obra; **to be twenty (years old)** tener veinte años; **I was twenty last week** cumplí veinte años la semana pasada; **I'm very happy because I've had a pay rise** estoy muy feliz porque me han subido el sueldo
(**c**) *(expressing identity)* ser; **hello, I'm Paul** hola, soy Paul; **it's me/Paul** *(on phone)* soy yo/Paul; **this is my friend Ann** *(when introducing)* esta es mi amiga Ann; **is that Ann?** *(when asking who's there)* ¿eres Ann?; **this is Martin Bell, in Sarajevo** Martin Bell, desde Sarajevo
(**d**) *(with time, date)* ser; **it's six o'clock** son las seis (en punto); **when is the concert?** ¿cuándo es el concierto?; **today is the tenth** hoy estamos a diez; **what day is it today?** ¿qué día es hoy?; **it's Monday** es lunes; **it's a year since I saw her** hace un año que no la veo
(**e**) *(with location)* estar; **where is the**

station? ¿dónde está la estación?; **is this where you work?** ¿es aquí donde trabajas?; **it's 25 miles to Seattle** quedan 25 millas a Seattle; **to be at home** estar en casa; **where was I?** *(after digression)* ¿por dónde iba?

(**f**) *(with cost)* ser, costar; **how much are the shoes?** ¿cuánto son *or* cuestan los zapatos?; **how much is it?** ¿cuánto es?; **how much is a kilo of beef?** ¿a cuánto está el kilo de ternera?; **that will be** *or* **that's £25, please** son 25 libras

(**g**) *(with health)* estar; **how are you?** ¿cómo estás?; **I'm fine** estoy bien; **he's better** está mejor

(**h**) *(with imperatives)* **be good!** ¡sé bueno!; **be still!** ¡estate quieto!; **be careful!** ¡ten cuidado!; **don't be stupid!** ¡no seas tonto!; **let's be reasonable** seamos razonables

(**i**) *(exist)* **there is/are...** hay...; **are there any beaches there?** ¿hay alguna playa allí?; **to be or not to be** ser o no ser; **this famous company is no longer** esta famosa compañía ha dejado de existir; **the best band that ever was** el mejor grupo que ha existido jamás; **let him be!** ¡déjale en paz!; **we've decided to let it be** hemos decidido dejarlo; **how can this be?** ¡no es posible!; **they had high hopes of winning, but it was not to be** tenían muchas esperanzas de lograr la victoria, pero no ocurrió así; **be that as it may** así y todo

(**j**) *(with question tags)* **she's beautiful, isn't she?** es guapa ¿verdad?; **they're big, aren't they?** son grandes ¿verdad?; **you aren't from around here, are you?** tú no eres de aquí ¿no?

(**k**) *(in ellipses)* **is this the right answer? — yes it is/no it isn't** ¿es ésta la respuesta correcta? – sí/no; **it's good, isn't it? — I suppose it is** es bueno, ¿a qué sí? – supongo; **are you happy? — yes I am/no I am not** ¿estás contento? – sí/no

(**l**) *(as past participle of* **go***)* **I have been to London** he estado en Londres

2 *v aux* (**a**) *(in continuous tenses)* estar; **to be doing sth** estar haciendo algo; **she is/was laughing** se está/estaba riendo; **I'm leaving tomorrow** me voy mañana; **I'll be returning next week** volveré la próxima semana; **I've been waiting for hours** llevo horas esperando; **it's raining** está lloviendo, llueve

(**b**) *(in passives)* ser; **six employees were made redundant** fueron despedidos seis empleados; **they have been seen in London** han sido vistos *or* se les ha visto en Londres; **I haven't been invited** no me han invitado; **he was tortured and killed** lo torturaron y lo asesinaron; **he was killed in an accident** murió en un accidente; **she is respected by all** todos la respetan; **measures are being taken to control inflation** se están tomando medidas para controlar la inflación; **the decision to free the prisoners has been taken** se ha tomado la decisión de soltar a los presos; **the building is being renovated** están restaurando el edificio; **passengers are requested not to smoke** se ruega a los pasajeros que no fumen; **I should have been told earlier** me lo debían haber dicho antes; **the solution was heated to boiling point** se calentó la solución hasta el punto de ebullición

(**c**) *(indicating future)* **the house is to be sold** la casa se va a vender; **we are to leave on Tuesday** saldremos el martes; **he was never to see them again** nunca volvería a verlos; **we were to have got married, but...** íbamos a casarnos, pero...

(**d**) *(indicating conditional)* **if he were to sell the house...** si vendiera la casa...; **were I to tell you a secret, could you keep it?** si te contara un secreto, ¿lo sabrías guardar?

(**e**) *(indicating possibility, uncertainty)* **what are we to do?** ¿qué vamos a hacer?; **how was I to know?** ¿cómo lo iba a saber?; **what's to stop me from telling her?** ¿qué me impide contárselo?; **who is to say which is better?** ¿quién sabe cuál es el mejor?; **he was nowhere to be seen** no se le veía por ninguna parte

(**f**) *(indicating order, obligation)* **you are not to mention this to anyone** no debes decir esto a nadie; **you are to stay there** debes quedarte allí; **he is to be pitied** hay que sentir lástima por él

---

beach [bi:tʃ] **1** *n* playa *f* ❑ ***b. ball*** balón *m or* pelota *f* de playa; ***b. hut*** caseta *f*

2 *vt (boat, ship)* varar; **the whale beached itself on the shore** la ballena se quedó varada en la playa; IDIOM **like a beached whale** tumbado(a) y espatarrado(a)

beachcomber ['bi:tʃkəʊmə(r)] *n* = persona que se dedica a recoger objetos y materiales que encuentra en la playa

beachhead ['bi:tʃhed] *n Mil* cabeza *f* de playa

beacon ['bi:kən] *n (for plane, ship)* baliza *f*; *(lighthouse)* faro *m*; *(bonfire)* fuego *m*, hoguera *f*; *Fig* **a b. of hope** un rayo de esperanza

bead [bi:d] *n (of glass)* cuenta *f*; *(of dew, sweat)* gota *f*, perla *f*; **a string of beads** unas cuentas ensartadas

beading ['bi:dɪŋ] *n* (**a**) *(on furniture, walls)* moldura *f* (**b**) *(on garment)* adorno *m* de cuentas

beadle ['bi:dəl] *n Br* (**a**) *(in university)* bedel(ela) *m,f* (**b**) *Hist (in church)* = ayudante del párroco en la iglesia anglicana, ≃ pertiguero(a) *m,f*

beady ['bi:dɪ] *adj* **he had his b. eyes on it** lo miraba intensamente

beady-eyed ['bi:dɪ'aɪd] *adj (observant)* atento(a), vigilante

beagle ['bi:gəl] *n* beagle *m*

beak [bi:k] *n* (**a**) *(of bird)* pico *m*; *Fam (nose)* napias *fpl* (**b**) *Br Fam (magistrate)* juez *m*

beaker ['bi:kə(r)] *n* (**a**) *(cup)* vaso *m (generalmente de plástico)* (**b**) *Chem* vaso *m* de precipitación

be-all and end-all ['bi:ɔ:lən'endɔ:l] *n Fam* **the b.** lo más importante del mundo

beam [bi:m] **1** *n* (**a**) *(in building)* viga *f*; *(in gymnastics)* barra *f* de equilibrio (**b**) *(of light)* rayo *m*; *Phys* haz *m* (**c**) *(of ship)* manga *f*, anchura *f* máxima; *Fam Fig* **broad** *or* **wide in the b.** *(of person)* ancho(a) de caderas (**d**) IDIOM *Fam* **you're way off b.** te equivocas de medio a medio

2 *vt* (**a**) *(programme)* emitir; *(information)* mandar, enviar (**b**) IDIOM *Hum* **b. me up Scotty!** ¡tierra trágame!

3 *vi (shine) (of sun, moon)* brillar; *Fig* **to b. with pride/pleasure** sonreír con orgullo/de placer

beaming ['bi:mɪŋ] *adj* **a b. smile** una sonrisa radiante

bean [bi:n] *n* (**a**) *(vegetable)* alubia *f*, judía *f*, *Am* frijol *m*, *Chile, RP* poroto *m*; *(of coffee)* grano *m*; **(green) b.** judía *f* verde, *Bol, RP* chaucha *f*, *Chile* poroto *m* verde, *Col* habichuela *f*, *Méx* ejote *m* ❑ ***b. curd*** tofu *m* (**b**) IDIOMS *Fam* **to be full of beans** estar lleno(a) de vitalidad; **it didn't cost a b.** no costó un centavo *or Esp* duro *or Méx* peso; **it isn't worth a b.** no vale un pimiento *or Am* pepino; **he hasn't a b.** no tiene (ni) un centavo *or Esp* duro *or Méx* peso

beanbag ['bi:nbæg] *n* (**a**) *(for juggling)* bola *f* de malabares (**b**) *(for sitting on)* puf *m* relleno de bolitas

beanfeast ['bi:nfi:st] *n Br Hum* francachela *f*

beano ['bi:nəʊ] (*pl* **beanos**) *n Br Old-fashioned & Hum (party)* juerga *f*

beanpole ['bi:npəʊl] *n* (**a**) *(stick)* guía *f*, rodrigón *m* (**b**) *Fam (tall, thin person)* fideo *m*, larguirucho(a) *m,f*

beansprouts ['bi:nspraʊts] *npl* brotes *mpl* de soja

beanstalk ['bi:nstɔ:k] *n* tallo *m* de judía *or Am* frijol *or Chile, RP* poroto

bear[1] [beə(r)] *n* (**a**) *(animal)* oso(a) *m,f* ❑ ***b. cub*** osezno *m* (**b**) *Fin* ***b. market*** mercado *m* a la baja (**c**) IDIOMS **to give sb a b. hug** dar un fuerte abrazo a alguien; **to be like a b. with a sore head** estar de un humor de perros; *very Fam Hum* **do bears shit in the woods?** ¿y a ti qué te parece? ¡pues claro!

BEAR[2] (*pt* **bore** [bɔ:(r)], *pp* **borne** [bɔ:n])

1 *vt* (**a**) *(carry)* llevar; *(bring)* traer, portar; *(weight, load)* soportar; **to b. sth away** llevarse algo; *Literary* **the sound of guns was borne along on the air** el sonido de los cañones fue arrastrado por el aire; *Hum* **I come bearing gifts** mira qué maravillas te traigo; *Formal* **to b. oneself with dignity** comportarse con dignidad; **to b. sth in mind** tener algo presente *or* en cuenta; **we will b. the costs** nos haremos cargo de los costos *or Esp* costes; **to b. the blame for sth** asumir la responsabilidad de algo; **to b. the responsibility for sth** cargar con la responsabilidad de algo

(**b**) *(endure)* soportar, aguantar; **I can't b. him** no puedo soportarlo, no lo soporto; **I could b. it no longer** no podía aguantar más; **I can't b. to see you unhappy** no soporto verte triste; **it was more than I could b. to see his smug expression** su expresión de engreimiento fue ya demasiado; **this theory doesn't b. closer examination** esta teoría no resiste un análisis detallado; **it doesn't b. thinking about** no quiero ni pensarlo

(**c**) *(produce)* **she bore him three children** le dio tres hijos; **we filmed the lioness bearing its young** filmamos a la leona pariendo (a sus crías); **to b. interest** *(of investment)* devengar intereses; **to b. fruit** *(of tree)* dar fruto, fructificar; *(of effort, plan)* dar fruto(s), ser fructífero(a)

(**d**) *Formal (have)* **to b. a resemblance to** guardar cierto parecido con; **it bears no relation to...** no tiene nada que ver con...; **a poster bearing his name** un póster con su nombre; **his face bears a scar** tiene una cicatriz en la cara; *Fig* **she bears the scars of an unhappy childhood** está marcada por una infancia infeliz

(**e**) *Formal (feel)* **he bears them no ill will** no les desea ningún mal

2 *vi* (**a**) *(move)* **to b. (to the) right/left** echarse hacia la derecha/izquierda; **the road then bears south** la carretera tuerce después hacia el sur

(**b**) *(have effect)* **to bring pressure to b. on sb** ejercer presión sobre alguien; **he brought his considerable expertise to b. on the project** aportó su notable experiencia al proyecto

▸**bear down (up)on** *vt insep* (**a**) *(approach threateningly)* abalanzarse sobre; **the enemy tanks were bearing down (up)on us** los tanques enemigos se nos echaban encima (**b**) *(press down on)* aplastar

▸**bear out** *vt sep (theory)* corroborar; **I can b. her out** puedo corroborar lo que dice

▸**bear on, bear upon** *vt insep Formal (have connection with)* afectar a

▸**bear up** *vi* resistir; **b. up!** ¡ánimo!; **how are you bearing up?** ¿cómo lo llevas?

▸**bear upon** = **bear on**

▸**bear with** *vt insep* tener paciencia con; **if you could b. with me a minute...** si no le importa esperar un momento...

---

bearable ['beərəbəl] *adj* soportable

beard [bɪəd] *n* barba *f*; **to grow/have a b.** dejarse/tener barba

bearded ['bɪədɪd] *adj* con barba

beardless ['bɪədləs] *adj* imberbe, sin barba; **a b. youth** un joven imberbe *or* barbilampiño

bearer ['beərə(r)] *n (of news, cheque)* portador(ora) *m,f*; *(of passport)* titular *mf*

bearing ['beərɪŋ] *n* (**a**) *(of person)* porte *m* (**b**) *(in mechanism, engine)* cojinete *m*, rodamiento *m* (**c**) *Naut (orientation)* rumbo *m*; **to find** *or* **get one's bearings** orientarse; **to lose one's bearings** desorientarse (**d**) *(relevance)* relación *f* (**on** con); **it has no b. on the matter** es ajeno al asunto

bearish ['beərɪʃ] *adj Fin (market)* bajista

bearnaise [beɪə'neɪz] *adj* **b. sauce** salsa *f* bearnesa

bearskin ['beəskɪn] *n* (**a**) *(rug)* alfombra *f* (de piel) de oso (**b**) *(hat)* birretina *f*, = casco alto de piel utilizado en algunos regimientos británicos

beast [bi:st] *n* (**a**) *(animal)* bestia *f*, animal *m* ▫ ***b. of burden*** bestia *f* de carga (**b**) *Fam (unpleasant person)* bestia *mf*; **a b. of a job** un trabajo de chinos or *Am* negros (**c**) *US Fam (ugly woman)* coco *m*, *Esp* feto *m* (malayo), *Am* bagre *m*

beastliness ['bi:stlɪnəs] *n* mala idea *f*, saña *f*

beastly ['bi:stlɪ] *adj Fam (smell, taste)* horroroso(a); **to be b. to sb** portarse como un canalla con alguien; **what b. weather!** ¡qué tiempo tan horrible!

BEAT [bi:t] **1** *n* (**a**) *(of heart)* latido *m*; **a single b. of the drum** un golpe del tambor; **the b. of the drums** el redoble de los tambores

(**b**) *(in music) (rhythm)* ritmo *m*; *(in bar)* tiempo *m* ▫ *Fam* ***b. box*** radiocasete *m* portátil *(de gran tamaño)*

(**c**) *Br (of policeman)* ronda *f*; **on the b.** de ronda; **we need more policemen on the b.** hacen falta más policías en las calles

(**d**) *Lit* **the B. Generation** la generación beat

2 *adj Fam* (**a**) *(exhausted)* **to be (dead) b.** estar hecho(a) polvo *or* una piltrafa

(**b**) *(defeated)* derrotado(a); **we knew they had us b. when...** supimos que nos iban a ganar cuando...; **you've got me b. there!** ¡ahí me has pillado!

3 *vt* (*pt* **beat**, *pp* **beaten** ['bi:tən]) (**a**) *(hit) (object)* golpear (repetidamente); *(person)* pegar; *(carpet, rug)* sacudir; *(eggs)* batir; **to b. a drum** tocar el tambor; **he beats his wife** pega a su mujer; **the naughty boy was soundly beaten** el niño travieso se llevó una buena paliza; **the victim had been severely beaten** la víctima había sido golpeada brutalmente; **to b. sb black and blue** darle a alguien una paliza tremenda; **to b. sb to death** matar a alguien a golpes; **he b. her senseless** la dejó sin sentido de una paliza; *Fam* **I'll b. your brains out!** ¡te voy a partir la cara!; IDIOM *Fam* **to b. one's brains out over sth** comerse el coco por algo; *Fig* **to b. one's breast** darse golpes de pecho; **to b. the retreat** batirse en retirada; IDIOM **I b. a hasty retreat** salí corriendo; **to b. a path through the crowd** abrirse camino entre la multitud; IDIOM **to b. a path to sb's door** darse de bofetadas por alguien; *Fam* **to b. it**, *US* **to b. feet** *(go away)* largarse, *RP* borrarse; *Fam* **b. it!** ¡largo!, ¡esfúmate!, *RP* ¡bórrate!

(**b**) *(flap)* **the bird b. its wings** el pájaro batió las alas

(**c**) *Mus* **to b. time** llevar el compás

(**d**) *(defeat)* ganar a, derrotar a; *(record)* batir; *(score, problem)* superar; *(illness)* vencer, superar; **we b. them easily** les ganamos sin dificultad; **they b. us 2-0** nos ganaron *or* derrotaron (por) 2-0; *Fig* **to b. sb hollow** dar una paliza a alguien; **he b. me into third place** me dejó en tercer puesto, me superó en la lucha por el segundo puesto; **to b. the goalkeeper** *(in soccer)* batir al portero *or Am* arquero; **we intend to b. unemployment** queremos acabar con el desempleo *or Am* la desocupación; **to b. sb at sth** ganar *or* derrotar a alguien a algo; IDIOM **to b. sb at their own game** derrotar a alguien con sus propias tácticas; *US Fam* **to b. the rap** librarse; *Fig* **to b. the system** derrotar al sistema; *Fam* **it beats me why he did it** no tengo ni idea de por qué lo hizo; PROV **if you can't b. them, join them** si no puedes vencer al enemigo, únete a él

(**e**) *(be better than)* **it beats having to go to the office every day** es mucho mejor que ir a la oficina todos los días; *Fam* **it beats the hell out of going on foot** es mucho mejor *or Esp* mola mucho más que ir a pie, *RP* copa mucho más que caminar; **that will take some beating** eso va a ser difícil de mejorar; **nobody can b. our prices** nuestros precios son imbatibles; **you can't b. a good book** no hay nada mejor que un buen libro; **if you like sandy beaches, Fuerteventura is hard to b.** si te gustan las playas de arena, no hay nada mejor que Fuerteventura; *Fam* **can you b. that!** *(expressing annoyance)* ¡te lo puedes creer!; *Fam* **that beats everything!** ¡es lo mejor que he oído en mi vida!

(**f**) *(arrive before)* **I b. her to the bathroom** llegué al baño antes que ella; **he b. me to it** se me adelantó; **let's see if you can b. the clock and do it in less than ten seconds** a ver si puedes hacerlo en menos de diez segundos; **they b. the deadline by five hours** lo acabaron cinco horas antes del final del plazo establecido; **buy now and b. the rush!** ¡compre ahora y evite las colas!; **I got up early to b. the traffic** me levanté temprano para adelantarme a la hora punta

(**g**) *(metal, panels)* batir

4 *vi* (**a**) *(of heart)* latir; *(of drums)* redoblar

(**b**) *(hit)* **to b. against/on sth** golpear contra/en algo

(**c**) *(wings)* batir

(**d**) IDIOM **to b. about** *or* **around the bush** andarse *or* irse por las ramas

(**e**) *Naut* **to b. (to windward)** barloventear

▸**beat back** *vt sep* rechazar

▸**beat down 1** *vt sep (price)* conseguir una rebaja en; **I b. him down to £40 for the dress** conseguí que me dejara el vestido en 40 libras

2 *vi (of rain)* caer con fuerza; *(of sun)* caer a plomo

▸**beat off 1** *vt sep* (**a**) *(dogs, enemy)* rechazar (**b**) *(competition, rivals)* superar a

2 *vi US Vulg (masturbate)* hacerse una paja

▸**beat out** *vt sep (fire, flames)* apagar

▸**beat up** *vt sep Fam* dar una paliza a

▸**beat up on** *vt sep US Fam* dar una paliza a

---

beaten ['bi:tən] **1** *adj* **b. earth** tierra *f* batida; IDIOM **off the b. track** retirado(a)

2 *pp of* **beat**

beater ['bi:tə(r)] *n* (**a**) *(in cookery)* batidora *f*, batidor *m* (**b**) *(in hunting)* ojeador(ora) *m,f*

beatific [bɪə'tɪfɪk] *adj Literary* beatífico(a); **b. smile** sonrisa *f* beatífica

beatification [bi:ætɪfɪ'keɪʃən] *n Rel* beatificación *f*

beatify [bɪ'ætɪfaɪ] *vt* beatificar

beating ['bi:tɪŋ] *n (assault, defeat)* paliza *f*; **to give sb a b.** dar una paliza a alguien; **to take a b.** *(person, team)* recibir una paliza; *(belief, faith)* quedar maltrecho(a); **the ship took a real b. in the storm** la tormenta dejó el barco bastante maltrecho

beatitude [bi:'ætɪtju:d] *n Rel* beatitud *f*; **the Beatitudes** *(in the Bible)* las Bienaventuranzas

beatnik ['bi:tnɪk] *n* beatnik *mf*, miembro *m* de la generación beat

beat-up ['bi:tʌp] *adj Fam (car)* desvencijado(a), destartalado(a)

Beaufort scale ['bəʊfətskeɪl] *n Met* escala *f* de Beaufort

beaut [bju:t] *n Fam* **what a b.!** ¡qué preciosidad *or Col, RP* preciosura!

beautician [bju:'tɪʃən] *n* esteticista *mf*

beautiful ['bju:tɪfʊl] *adj (woman)* bonita, guapa; *(child, animal)* bonito(a), precioso(a); *(music, dress, landscape)* hermoso(a), precioso(a); *(smell, taste)* delicioso(a)

beautifully ['bju:tɪfʊlɪ] *adv* de maravilla; **they behaved b.** se portaron de maravilla; **you put that b.!** ¡yo no lo habría dicho *or* expresado mejor!, ¡muy bien dicho!

beautify ['bju:tɪfaɪ] *vt* embellecer

beauty ['bju:tɪ] **1** *n* **(a)** *(attribute, person)* belleza *f*; PROV **b. is in the eye of the beholder** todo depende del color del cristal con que se mira; PROV **b. is only skin deep** la belleza no es más que algo superficial ▫ ***b. contest*** concurso *m* de belleza; ***b. parlour*** salón *m* de belleza; ***b. queen*** miss *f*; ***b. salon*** salón *m* de belleza; *Hum* ***b. sleep*** dosis *f inv* de sueño; ***b. spot*** *(on face)* lunar *m*; *(in country)* paraje *m* de gran belleza

(b) *(object)* preciosidad *f*; *Fam* **that was a b. of a goal!** ¡qué golazo más precioso!; *Fam* **he's got a b. of a black eye** tiene un ojo morado a base de bien; IDIOM **that's the b. of it** eso es lo mejor

2 *exclam Br Fam* **(you) b.!** ¡vaya maravilla!

beaver ['bi:və(r)] *n* **(a)** *(animal)* castor *m* **(b)** *US Vulg (woman's genitals) Esp* coño *m*, *Esp* conejo *m*, *Am* concha *f*

▸**beaver away** *vi* afanarse *or* aplicarse **(at** en**)**

bebop ['bi:bɒp] *n Mus* bebop *m*

becalmed [bɪ'kɑ:md] *adj* **the ship lay b.** el barco estaba al pairo

became [bɪ'keɪm] *pt of* **become**

because [bɪ'kɒz] *conj* porque; **b. it's short, he thinks it's easy** como es corto se cree que es fácil; **why? — just b.** ¿por qué? — porque sí; **b. of** debido a, a causa de; **we lost, and all b. of you!** hemos perdido, ¡y todo por tu culpa!

béchamel [beɪʃə'mel] *n* **b. (sauce)** besamel *f*, bechamel *f*, *Chile, Col, RP* salsa *f* blanca

beck [bek] *n* **to be at sb's b. and call** estar a (la entera) disposición de alguien

beckon ['bekən] **1** *vt* **to b. sb in** hacer a alguien una seña para que entre

2 *vi* **to b. to sb** hacer una seña a alguien; *Fig* **I can't stay, work beckons** no puedo quedarme, el trabajo me reclama; *Fig* **the beach beckoned** la playa era una gran tentación; *Fig* **fame beckoned** la fama llamó a mi/su *etc* puerta

BECOME [bɪ'kʌm] *(pt* **became** [bɪ'keɪm], *pp* **become)** **1** *vi (boring, jealous, suspicious)* volverse; *(old, difficult, stronger)* hacerse; *(happy, sad, thin)* ponerse; **to b. angry/interested** enfadarse *or Am* enojarse/interesarse; **to b. famous** hacerse famoso; **he became convinced of her innocence** se convenció de su inocencia; **it's becoming colder** *(weather)* está haciendo más frío; **it's becoming harder and harder** es *or* se hace cada vez más difícil; **to b. a teacher/doctor/member** hacerse profesor/médico/miembro; **he's going to b. a father** va a ser padre; **the firm became a part of our group fifteen years ago** la compañía entró a formar parte de *or* se incorporó a nuestro grupo hace quince años; **we became friends** nos hicimos amigos; **she became Britain's number one in 1992** se convirtió en el número uno británico en 1992; **to b. king** convertirse en rey; **it became clear that she had no intention of cooperating** quedó claro que no pensaba cooperar; **his motives only became known later** sus motivos sólo se supieron más tarde; **this is becoming a bit of a habit** esto se está convirtiendo en un hábito

2 *vt Formal (of clothes, colour)* sentar bien a; **such behaviour doesn't b. you** ese comportamiento no es propio *or* digno de ti

▸**become of** *vt insep* **what will b. of him?** ¿qué va a ser de él?; **I don't know what has b. of her** no sé qué ha sido de ella

becoming [bɪ'kʌmɪŋ] *adj* **(a)** *(behaviour)* apropiado(a)

(b) *(attractive)* **green looks very b. on her** le sienta muy bien el verde

becquerel ['bekərel] *n Phys* becquerel *m*

BEd [bi:'ed] *n Univ (abbr* **Bachelor of Education)** *(qualification)* licenciatura *f* en ciencias de la educación; *(person)* licenciado(a) *m,f* en ciencias de la educación

bed [bed] **1** *n* **(a)** *(for sleeping)* cama *f*; **to be in b.** estar en la cama; **to go to b.** irse a la cama, ir a acostarse; **to put a child to b.** acostar a un niño; **to go to b. with sb** irse a la cama *or* acostarse con alguien; *Fam Fig* **to be in b. with sb** estar del lado de alguien; **to make the b.** hacer la cama; IDIOM *Fam* **you've made your b., now you'll have to lie in it** el que siembra vientos recoge tempestades; IDIOM *Fam* **to have got out of b. on the wrong side** haberse levantado con el pie izquierdo ▫ ***b. and board*** pensión *f* completa; ***b. and breakfast*** *(hotel)* = hostal familiar en el que el desayuno está incluido en el precio de la habitación; *(service)* habitación *f* y desayuno; ***b. linen*** ropa *f* de cama

(b) *(of river)* lecho *m*, cauce *m*

(c) *(of flowers)* macizo *m*; PROV **life is not a b. of roses** la vida no es un lecho de rosas

(d) *Geol* estrato *m*

(e) *Culin (of rice, lettuce)* base *f*, lecho *m*

2 *vt Fam (pt & pp* **bedded)** acostarse con

▸**bed down** *vi* **to b. down (for the night)** acostarse

bedazzle [bɪ'dæzəl] *vt (impress)* deslumbrar, impresionar

bedbath ['bedbɑ:θ] *n* = lavado que se practica a un paciente postrado en cama

bedbug ['bedbʌg] *n* chinche *f*

bedclothes ['bedkləʊðz] *npl* ropa *f* de cama

bedcover ['bedkʌvə(r)] *n* colcha *f*

beddable ['bedəbəl] *adj Fam & Hum (attractive person)* macizo(a), *Esp* guaperas

bedding ['bedɪŋ] *n* **(a)** *(sheets, blankets)* ropa *f* de cama **(b)** ***b. plant*** *(in gardening)* planta *f* de jardín

beddy-byes ['bedɪbaɪz] *n Fam* cama *f*; **come on kids, (time for) b.!** ¡venga niños, un beso y a la cama!

bedecked [bɪ'dekt] *adj Literary* engalanado(a) **(with** con**)**

bedevil [bɪ'devəl] *(pt & pp* **bedevilled**, *US* **bedeviled)** *vt* **to be bedevilled by problems** tener muchos problemas; **to be bedevilled by bad luck** tener la negra, estar maldito(a)

bedfellow ['bedfeləʊ] *n* IDIOM **they make strange bedfellows** forman una extraña pareja

bed-jacket ['beddʒækɪt] *n* mañanita *f (prenda)*

bedlam ['bedləm] *n* jaleo *m*, alboroto *m*

Bedouin ['bedʊɪn] *n & adj* beduino(a) *m,f*

bedpan ['bedpæn] *n* cuña *f*

bedpost ['bedpəʊst] *n* pilar *m* de la cama; **between you, me and the b.** entre tú y yo, que quede entre nosotros

bedraggled [bɪ'drægəld] *adj* desaliñado(a) y empapado(a)

bed-rest ['bedrest] *n* reposo *m* en cama

bedridden ['bedrɪdən] *adj* **to be b.** estar postrado(a) en la cama

bedrock ['bedrɒk] *n* **(a)** *Geol* lecho *m* rocoso **(b)** *Fig (of beliefs, faith)* base *f*, fondo *m*

bedroll ['bedrəʊl] *n* petate *m*

bedroom ['bedru:m] *n* **(a)** *(in house)* dormitorio *m*, *Am* cuarto *m*, *CAm, Col, Méx* recámara *f* ▫ *Fam Hum* ***b. eyes*** mirada *f* lasciva; ***b. farce*** *(play)* farsa *f or* comedia *f* de alcoba **(b)** *(in hotel)* habitación *f*, *Am* recámara *f*, *Am* cuarto *m*

Beds *(abbr* **Bedfordshire)** (condado *m* de) Bedfordshire

bedside ['bedsaɪd] *n* **at sb's b.** al lado de *or* junto a la cama de alguien ▫ ***b. lamp*** lamparita *f* de noche; ***b. manner*** *(of doctor)* actitud *f* ante el paciente; ***b. table*** mesilla *f or* mesita *f* (de noche), *Chile* velador *m*, *Méx* buró *m*, *RP* mesa *f* de luz

bedsit ['bedsɪt], **bedsitter** ['bedsɪtə(r)] *n*

Br cuarto *m* de alquiler ▫ ***b. land*** = zona con muchos cuartos de alquiler

bedsitting-room [bed'sɪtɪŋru:m] *n Formal* cuarto *m* de alquiler

bedsock ['bedsɒk] *n* calcetín *m* para dormir

bedsore ['bedsɔ:(r)] *n* úlcera *f* de decúbito

bedspread ['bedspred] *n* colcha *f*

bedstead ['bedsted] *n* (armazón *m or f* de la) cama *f*

bedtime ['bedtaɪm] *n* **it's b.!** ¡es hora de irse a la cama!; **what's your usual b.?** ¿a qué hora te sueles acostar?; **it's past my b.** ya debería estar acostado ▫ ***b. story*** cuento *m (contado antes de acostarse)*

bed-wetting ['bedwetɪŋ] *n* = problema infantil de orinarse en la cama por las noches, *Spec* enuresis *f inv*

bee [bi:] *n* abeja *f*; IDIOM *Fam* **to have a b. in one's bonnet about sth** estar obsesionado(a) con algo; IDIOM *Br Fam* **she thinks she's the b.'s knees** se cree superior al resto de los mortales

beech [bi:tʃ] *n* **b. (tree)** haya *f*

beechnut ['bi:tʃnʌt] *n* hayuco *m*

beef [bi:f] **1** *n* **(a)** *(meat)* (carne *f* de) vaca *f or Am* res *f* ▫ ***b. stew*** guiso *m* de vaca; ***b. stroganoff*** ternera *f* strogonoff; *Br* ***b. tea*** consomé *m or* caldo *m* de carne; ***b. tomato*** tomate *m or Méx* jitomate *m* grande **(b)** *Fam (strength)* **to have plenty of b.** estar cachas; **give it some b.!** ¡un poco más de esfuerzo! **(c)** *Fam (complaint)* queja *f*; **what's your b.?** ¿de qué te quejas?; **my b. is with him** mi problema es con él

2 *vi Fam (complain)* quejarse (**about** de)

▸**beef up** *vt sep Fam (forces, resources)* aumentar; *(legislation)* ampliar

beefburger ['bi:fbɜ:gə(r)] *n* hamburguesa *f*

beefcake ['bi:fkeɪk] *n Fam* tipos *mpl* macizos *or Esp* cachas

Beefeater ['bi:fi:tə(r)] *n* = guardia de la Torre de Londres

beefsteak ['bi:fsteɪk] *n* filete *m*, bistec *m*, *RP* bife *m*

beefy ['bi:fɪ] *adj Fam (muscular)* fornido(a), *Esp* muy cachas

beehive ['bi:haɪv] *n* colmena *f*

beekeeper ['bi:ki:pə(r)] *n* apicultor(ora) *m,f*, colmenero(a) *m,f*

beekeeping ['bi:ki:pɪŋ] *n* apicultura *f*

beeline ['bi:laɪn] *n* IDIOM *Fam* **to make a b. for** ir directamente hacia

beemer ['bi:mə(r)] *n Fam (BMW)* BMW *m*

been [bi:n] *pp of* **be**

beep [bi:p] **1** *n (sound)* pitido *m*

2 *vt (page)* llamar *(a un busca)*

3 *vi* pitar

beeper ['bi:pə(r)] *n (page)* busca *m*, buscapersonas *m inv*, *Méx* localizador *m*, *RP* radiomensaje *m*

beer [bɪə(r)] *n* cerveza *f*; **to go for a b.** ir a tomar una cerveza ▫ ***b. belly*** barrigón *m*, panza *f (de beber cerveza)*; ***b. garden*** terraza *f* (interior) de un bar; ***b. glass*** jarra *f* de cerveza; ***b. gut*** barrigón *m*, panza *f (de beber cerveza)*; ***b. mat*** posavasos *m inv* (de cartón); ***b. tent*** = carpa abierta con establecimiento de bebidas

beery ['bɪərɪ] *adj (smell, breath, taste)* a cerveza

beeswax ['bi:zwæks] *n* cera *f* (de abeja)

beet [bi:t] *n* **(a)** *(sugar beet)* remolacha *f* (azucarera) **(b)** *US (beetroot)* remolacha *f*, *Méx* betabel *m*

beetle ['bi:təl] *n* escarabajo *m*

▸**beetle off** *vi Fam* salir pitando, largarse

beetle-browed ['bi:təlbraʊd] *adj (with bushy eyebrows)* cejudo(a); *(scowling)* ceñudo(a)

beetroot ['bi:tru:t] *n* remolacha *f*, *Méx* betabel *m*; IDIOM *Fam* **to go** *or* **turn b.** ponerse colorado(a) *or* rojo(a) como un tomate

beezer ['bi:zə(r)] *n US Fam (nose)* napias *fpl*

befall [bɪ'fɔ:l] (*pt* **befell** [bɪ'fel], *pp* **befallen** [bɪ'fɔ:lən]) *Literary* **1** *vt* sobrevenir a

2 *vi* sobrevenir, acontecer; **whatever may b.** lo que pueda acontecer

befit [bɪ'fɪt] (*pt & pp* **befitted**) *vt* ser digno(a) de; **as befits a king** como corresponde a un rey

befitting [bɪ'fɪtɪŋ] *adj* digno(a)

BEFORE [bɪ'fɔ:(r)] **1** *prep* **(a)** *(with time)* antes de; **b. Christmas** antes de Navidad; **I got here b. you** he llegado antes que tú; **shut the door b. leaving** cierra la puerta antes de salir; **the day b. the battle** la víspera de la batalla; **b. that,...** antes (de eso)...; **we have a lot of work b. us** tenemos un montón de trabajo delante de nosotros; **he was old b. his time** envejeció prematuramente; **b. long** dentro de poco; **you ought to have finished b. now** ya tendrías que haber acabado

(b) *(with place)* ante, delante de; **b. my very eyes** ante mis propios ojos; **this lady is b. me (in the queue)** esta señora va delante de mí; **the school is a mile b. the crossroads** el colegio está una milla antes del cruce; **the road stretched out b. them** la carretera se extendía ante ellos; **to appear b. the judge** comparecer ante el juez; **the question b. us is whether or not she is guilty** la cuestión que nos ocupa es su culpabilidad o su inocencia; **A comes b. B** A va antes *or* delante de B

(c) *(in importance)* **she puts her family b. everything else** para ella su familia es lo primero; **profit comes b. all else for this firm** esta empresa antepone los beneficios a cualquier otra cosa

2 *adv* **(a)** *(with time)* antes; **two days b.** dos días antes; **the day/year b.** el día/año anterior; **the evening b.** la tarde anterior; **I have seen him b.** lo he visto antes; **I've told you b.** ya te lo he dicho (otras veces); **I told him to stop singing, but he just carried on as b.** le dije que parara de cantar, pero él siguió haciéndolo

(b) *(in space)* **this page and the one b.** esta página y la anterior

3 *conj* antes de que; **come and see me b. you leave** ven a verme antes de marcharte; **b. I forget, will you...?** antes de que se me olvide, ¿podrías...?; **give it to her b. she cries** dáselo antes de que empiece a llorar; **it was ages b. they finally left** tardaron *or Am* se demoraron siglos en marcharse; **shut up b. I call your father!** ¡cállate o llamaré a tu padre!; **I will die b. I let you have my job** antes morirme que dejarte mi trabajo; **b. you know it, he'll be telling US what to do!** ¡cualquier día de estos empezará a darnos órdenes!

---

beforehand [bɪ'fɔ:hænd] *adv (in advance)* de antemano; **two hours b.** con dos horas de antelación, dos horas antes; **I must tell you b. that...** debo prevenirte de que...

befriend [bɪ'frend] *vt* hacerse amigo(a) de

befuddled [bɪ'fʌdəld] *adj (confused)* aturdido(a); **to be b. (with)** estar aturdido(a) (por)

beg [beg] (*pt & pp* **begged**) **1** *vt* **to b. sb to do sth** rogar *or* suplicar a alguien que haga algo; **to b. a favour of sb** pedir un favor a alguien; **to b. forgiveness** pedir *or* implorar perdón; IDIOM **to b., borrow or steal sth** conseguir algo a cualquier precio *or* cueste lo que cueste; *Formal* **please, I b. you!** ¡por favor, se lo ruego!; **I b. your pardon** *(I apologize)* perdón; *(what did you say?)* ¿cómo dice?; **I b. to differ** me veo obligado a discrepar, discrepo; IDIOM **this proposal begs the question of whether we need any change at all** esta propuesta asume que necesitamos hacer un cambio, lo cual no está tan claro

2 *vi* **to b. (for sth)** *(money, food)* mendigar (algo); *(for help, a chance)* pedir *or* rogar (algo); **to b. for mercy** implorar clemencia; IDIOM **these jobs are going begging** estos trabajos los hay a patadas

▸**beg off** *vi* disculparse *or* excusarse por no ir

began [bɪ'gæn] *pt of* **begin**

beget [bɪ'get] (*pt* **begot** [bɪ'gɒt], *pp* **begotten** [bɪ'gɒtən]) *vt Formal (father)* engendrar; *Fig (cause)* generar, engendrar

beggar ['begə(r)] **1** *n* **(a)** *(person who begs)* mendigo(a) *m,f*; PROV **beggars can't be choosers** a buen hambre no hay pan duro **(b)** *Br Fam (person, fellow)* **poor b.!** ¡pobre diablo!; **lucky b.!** ¡qué suertudo(a)!

2 *vt* **to b. belief** ser difícil de creer; **to b. description** *(be impossible to describe)* resultar indescriptible; *(of something bad)* no tener nombre

beggarly ['begəlɪ] *adj* mísero(a)

beggar-my-neighbour ['begəmaɪ'neɪbə(r)] *n (card game)* = juego de naipes consistente en quedarse con todas las cartas, ≃ guerrilla *f*; *Fig* **b. policies/competition** política/competencia para arruinar al rival

beggary ['begərɪ] *n* mendicidad *f*, miseria *f*

begging ['begɪŋ] *n* mendicidad *f* ▫ ***b. bowl*** platillo *m* de las limosnas; ***b. letter*** carta *f* de súplica *(pidiendo dinero)*

BEGIN [bɪˈgɪn] (*pt* **began** [bɪˈgæn], *pp* **begun** [bɪˈgʌn]) **1** *vt* empezar, comenzar; **to b. a new job** empezar en un trabajo nuevo; **to b. to do sth, to b. doing sth** empezar *or* comenzar a hacer algo; **it's beginning to look like we won't finish on time** cada vez más parece que no acabaremos a tiempo; **I couldn't (even) b. to describe…** no sé ni cómo empezar a describir…; **you can't (even) b. to imagine how hard it was** no te puedes ni imaginar remotamente lo difícil que fue

2 *vi* empezar, comenzar; **there's so much to tell you, I don't know where to b.** tengo tantas cosas que contarte, que no sé por dónde empezar; **the hottest June since records began** el junio más caluroso desde que se efectúan mediciones; **to b. again** comenzar de nuevo, volver a empezar; **he began as a stagehand** empezó como tramoyista; **it began as a joke, but ended in tragedy** comenzó siendo una broma, pero acabó en tragedia; **let's b. at the beginning** comencemos por el principio; **to b. by doing sth** empezar por hacer algo; **he was nice enough to b. with, but…** al principio era bastante simpático, pero…; **it was broken to b. with** estaba roto desde el principio; **to b. with,…** *(firstly)* para empezar,…

beginner [bɪˈgɪnə(r)] *n* principiante *mf* ▫ ***b.'s luck*** la suerte del principiante

beginning [bɪˈgɪnɪŋ] *n* **(a)** *(in time)* principio *m*, comienzo *m*; **in** *or* **at the b.** al principio; **at the b. of the year/month** a principios de año/mes; **from the b.** desde el principio; **from b. to end** de principio a fin; **the b. of the end** el principio del fin **(b)** *(origin)* **the first beginnings of civilization** los orígenes de la civilización; **the problem has its beginnings in…** el problema tiene su origen en…

begone [bɪˈgɒn] *exclam Literary or Hum* ¡fuera (de aquí)!

begonia [bɪˈgəʊnɪə] *n* begonia *f*

begot [bɪˈgɒt] *pt of* **beget**

begotten [bɪˈgɒtən] *pp of* **beget**

begrudge [bɪˈgrʌdʒ] *vt* **(a)** *(resent)* **I b. spending so much** me duele gastar tanto **(b)** *(envy)* **I don't b. him his success** no le envidio su éxito

begrudgingly [bɪˈgrʌdʒɪŋlɪ] *adv (unwillingly)* a regañadientes

beguile [bɪˈgaɪl] *vt* **(a)** *(enchant)* seducir **(b)** *(deceive)* engañar; **to b. sb into doing sth** engatusar a alguien para que haga algo; **to b. sb with promises** encandilar a alguien con promesas

beguiling [bɪˈgaɪlɪŋ] *adj* seductor(ora)

begun [bɪˈgʌn] *pp of* **begin**

behalf [bɪˈhɑːf] *n* **on b. of sb, on sb's b.** en nombre de alguien; **I'm ringing on b. of a friend** llamo de parte de un amigo; **on b. of all of us, I'd like to say…** en nombre de todos, me gustaría decir que…; **don't worry on my b.** no te preocupes por mí

behave [bɪˈheɪv] *vi (of person)* portarse, comportarse; *(of car, machine)* funcionar; **to b. (well)** portarse bien; **to b. badly** portarse mal; **to b. oddly/suspiciously** comportarse *or* actuar de forma extraña/sospechosa; **what a way to b.!** ¡menudo comportamiento!; **b. (yourself)!** ¡compórtate como es debido!

behaviour, *US* **behavior** [bɪˈheɪvjə(r)] *n* comportamiento *m*, conducta *f*; **their b. was disgraceful** tuvieron un comportamiento penoso; **to be on one's best b.** portarse *or* comportarse muy bien

behavioural, *US* **behavioral** [bɪˈheɪvjərəl] *adj* del comportamiento, de la conducta

behaviourism, *US* **behaviorism** [bɪˈheɪvjərɪzəm] *n Psy* conductismo *m*

behaviourist, *US* **behaviorist** [bɪˈheɪvjərɪst] *n Psy* conductista *mf*

behead [bɪˈhed] *vt* decapitar

beheading [bɪˈhedɪŋ] *n* decapitación *f*

behest [bɪˈhest] *n Formal* orden *f*, mandato *m*; **at sb's b., at the b. of sb** por orden *or* a instancias de alguien

BEHIND [bɪˈhaɪnd] **1** *prep* detrás de, tras; **to be b. sb** *(situated)* estar detrás de alguien; *(less advanced)* ir por detrás de alguien; *(support)* respaldar a alguien; **close the door b. you** cierra la puerta cuando salgas *or* al salir; **to follow close b. sb** seguir de cerca a alguien; **look b. you** mira detrás de ti; **I have five years' experience as a teacher b. me** tengo cinco años de experiencia como profesora a mis espaldas; **to be b. schedule** ir atrasado(a); **she's been able to put her divorce b. her** ha conseguido dejar atrás su divorcio; **let's put it all b. us** olvidemos todo esto; **she's ten minutes b. the leaders** *(in race)* está a diez minutos de la cabeza de la carrera; **Brazil are a goal b. Italy with a minute to go** Brasil pierde por un gol ante Italia cuando queda un minuto; **to be b. the times** no andar con los tiempos; **the reasons b. sth** los motivos de algo; **the woman b. their success** la mujer detrás de su éxito; **what's b. all this?** ¿qué hay detrás de todo esto?

2 *adv* detrás; **to look b.** mirar hacia atrás; **from b.** *(attack)* por la espalda; **the German wasn't far b.** el alemán no iba mucho más atrás; **to be b. with one's work/with the rent** estar atrasado(a) en el trabajo/en el pago del alquiler; **they are only three points b.** *(in contest)* están a sólo tres puntos; **they went a goal b. after ten minutes** encajaron el 1 a 0 a los diez minutos; **the rest of us followed on b.** el resto seguimos detrás; **to leave sth b.** dejarse algo; *Fig* **I used to be an alcoholic, but I've left all that b.** era un alcohólico, pero todo eso ha quedado ya atrás; **to stay** *or* **remain b.** quedarse; **you go ahead, I'll walk b.** adelántate, yo te seguiré

3 *n Fam (buttocks)* trasero *m*

behindhand [bɪˈhaɪndhænd] *adv* **to be b. with one's work/with the rent** estar atrasado(a) en el trabajo/en el pago del alquiler

behold [bɪˈhəʊld] (*pt & pp* **beheld** [bɪˈheld]) *Literary* **1** *vt* contemplar

2 *vi* **b.!** ¡atención!, ¡mira!; **lo and b.!** ¡héteme aquí!, ¡mira por dónde!

beholden [bɪˈhəʊldən] *adj Formal* **to be b. to sb** estar en deuda con alguien

beholder [bɪˈhəʊldə(r)] *n* PROV **beauty is in the eye of the b.** sobre gustos no hay nada escrito

behove [bɪˈhəʊv], *US* **behoove** [bɪˈhuːv] *vt Formal or Old-fashioned* **it behoves you to be respectful to your elders** es tu deber *or* has de respetar a tus mayores

beige [beɪʒ] *n & adj* beige *m inv*, *Esp* beis *m inv*

Beijing [beɪˈʒɪŋ] *n* Pekín

being [ˈbiːɪŋ] *n* **(a)** *(creature)* ser *m* **(b)** *(existence)* **to bring sth into b.** crear algo, hacer que algo vea la luz; **to come into b.** nacer; **the company is no longer in b.** la empresa ya no existe; **with all my b.** con todo mi corazón

Beirut [beɪˈruːt] *n* Beirut

bejewelled [bɪˈdʒuːəld] *adj* enjoyado(a)

belabour, *US* **belabor** [bɪˈleɪbə(r)] *vt* apalear; **to b. sb with insults** poner verde a alguien

Belarus [beləˈruːs] *n* Bielorrusia

belated [bɪˈleɪtɪd] *adj* tardío(a); **wishing you a b. happy birthday** deseándote, con retraso *or Am* demora, un feliz cumpleaños

belatedly [bɪˈleɪtɪdlɪ] *adv* tardiamente, con retraso *or Am* demora

belay [bɪˈleɪ] **1** *n (in mountaineering) (rope attached to rock)* amarre *m* de seguridad

2 *vi (in mountaineering)* **we belayed across the mountain** cruzamos la montaña con la cuerda asegurada a la pared

belch [beltʃ] **1** *n (burp)* eructo *m*

2 *vt (smoke, flames)* escupir

3 *vi (of person)* eructar

beleaguered [bɪˈliːgəd] *adj (city, army)* sitiado(a), asediado(a); *(government)* acosado(a); *(person)* atormentado(a)

Belfast [ˈbelfɑːst] *n* Belfast

belfry [ˈbelfrɪ] *n* campanario *m*

Belgian [ˈbeldʒən] *n & adj* belga *mf*

Belgium [ˈbeldʒəm] *n* Bélgica

Belgrade [belˈgreɪd] *n* Belgrado

belie [bɪˈlaɪ] *vt* contradecir; **his experience is belied by his youthful looks** su experiencia queda enmascarada por su apariencia juvenil

belief [bɪˈliːf] *n* **(a)** *(conviction)* creencia *f*; **in the b. that…** en el convencimiento de que…; **it is my b. that…** estoy convencido(a) de que…; **it is beyond b.** es imposible de creer **(b)** *(confidence)* confianza *f*, fe *f*; **to have b. in oneself** tener confianza en uno(a) mismo(a)

believable [bɪˈliːvəbəl] *adj* verosímil, creíble

BELIEVE [bɪ'li:v] **1** *vt* creer; **I b. (that) I am right** creo no equivocarme; **her name's Joan, I b.** creo que su nombre es Joan; **I b. him to be alive** creo que está vivo; **he believes himself to be right** se cree que tiene razón; **she is believed to be here** se cree que está aquí; **if the opinion polls are to be believed...** si hacemos caso a las encuestas...; **I don't b. a word of it** no me creo (ni) una palabra; **you won't** *or* **you'll never b. who phoned last night** ¿a que no te imaginas quién llamó anoche?; **I could never b. such a thing of him** no me creo que pueda ser capaz de eso; **the remaining passengers are missing, believed dead** el resto de los pasajeros continúan desaparecidos, temiéndose por sus vidas; **if you b. that, you'll b. anything!** ¡hace falta ser ingenuo para creerse eso!, ¡cualquiera se lo cree!; **I'll b. it when I see it** ¡eso tengo que verlo con mis propios ojos!; IDIOM **I'll b. you (though thousands wouldn't)** si tú lo dices; **I b. not** creo que no; **I b. so** así lo creo, creo que sí; **b. it or not** aunque no te lo creas; **b. you me!** ¡créeme!; **you'd better b. it!** ¡ya lo creo que sí!; **I don't b. it!** ¡no me lo puedo creer!; **don't you b. it!** ¡no te lo creas!; **I can well b. it** no me extrañaría nada; **I couldn't b. my luck** ¡qué suerte más increíble tuve!; **I could scarcely b. my eyes/ears** no podía creer lo que veían mis ojos/lo que estaba oyendo; **would you b. it** *or* **who would have believed it, she's joined the Communist Party** aunque parezca increíble, se ha afiliado al Partido Comunista; **let's make b. (that) we're on a desert island** hagamos como que estamos en una isla desierta

2 *vi* **(a)** *(have faith)* creer; **to b. in sth** creer en algo; **to b. in God** creer en Dios; **to b. in sb** *(have confidence)* creer en alguien, tener fe en alguien; **to b. in oneself** tener confianza en uno(a) mismo(a)

(b) *(be in favour)* **to b. in sth** ser partidario(a) de algo; **I don't b. in making promises** no soy partidario de las promesas

believer [bɪ'li:və(r)] *n* **(a)** *(religious person)* creyente *mf* **(b)** *(supporter)* **to be a great b. in sth** ser un(a) gran partidario(a) de algo

Belisha beacon [bə'li:ʃə'bi:kən] *n Br* = farola intermitente junto a un paso de peatones

belittle [bɪ'lɪtəl] *vt* menospreciar, restar importancia a; **to b. oneself** restarse importancia

Belize [be'li:z] *n* Belice

bell [bel] *n* **(a)** *(of church)* campana *f*; *(handbell)* campanilla *f*; *(on door, bicycle)* timbre *m*; *(on cat, hat)* cascabel *m*; **to ring the b.** *(on door)* llamar al timbre ▫ ***b. buoy*** boya *f* de campana; ***b. jar*** campana de vidrio *or Esp* cristal; ***b. pull*** tirador *m* (de la campanilla); ***b. push*** (botón *m* del) timbre *m*; ***b. tent*** tienda *f* (de campaña) cónica *or* redonda, *Am* carpa *f* cónica *or* redonda; ***b. tower*** (torre *f* del) campanario *m*

(b) IDIOMS *Br Fam* **to give sb a b.** dar un telefonazo *or Méx* echar un fonazo a alguien; **saved by the b.** salvado por la campana *o* por los pelos; *very Fam* **and the same to you with bells on** y tú más, me rebota (y en t culo explota); **a model with bells and whistles** un modelo de lo más completo

belladonna [belə'dɒnə] *n* **(a)** *(plant)* belladona *f* **(b)** *(poison)* atropina *f*

bell-bottoms ['belbɒtəmz] *npl* pantalones *mpl* de campana; **a pair of b.** unos pantalones de campana

bellboy ['belbɔɪ] *n US* botones *m inv*

belle [bel] *n* bella *f*, belleza *f*; **the b. of the ball** la reina de la fiesta

belles-lettres [bel'letrə] *npl* letras *fpl*, literatura *f*

bellflower ['belflaʊə(r)] *n* campanilla *f*, campánula *f*

bellhop ['belhɒp] *n US* botones *m inv*

bellicose ['belɪkəʊs] *adj* belicoso(a)

belligerence [be'lɪdʒərəns] *n* beligerancia *f*

belligerent [be'lɪdʒərənt] **1** *n* contendiente *m*

2 *adj* beligerante

belligerently [be'lɪdʒərəntlɪ] *adv* con tono beligerante, agresivamente

bellow ['beləʊ] **1** *n* bramido *m*

2 *vi* bramar

bellows ['beləʊz] *npl* fuelle *m*; **a pair of b.** un fuelle

bell-ringer ['belrɪŋə(r)] *n* campanero(a) *m,f*

bellringing ['belrɪŋɪŋ] *n (hobby)* campanología *f*

bellwether ['belweθə(r)] *n* **(a)** *(sheep)* = carnero con cencerro que guía al rebaño **(b)** *(leader)* cabecilla *mf*; **the b. of the recovering economy** la punta de lanza *or* el motor de la recuperación económica

belly ['belɪ] *n* vientre *m*, barriga *f*, *Chile* guata *f*; **to have a full/an empty b.** tener la barriga llena/vacía ▫ ***b. dance*** danza *f* del vientre; ***b. landing*** *(in plane)* aterrizaje *m* de panza *or* sin el tren; ***b. laugh*** sonora carcajada *f*

▸**belly out** *vi* hinchar, inflar

bellyache ['belɪeɪk] *Fam* **1** *n* dolor *m* de barriga

2 *vi (complain)* rezongar *or* quejarse *or Méx* repelar (**about** de)

bellybutton ['belɪbʌtən] *n Fam* ombligo *m*

belly-flop ['belɪflɒp] **1** *n* **to do a b.** darse un panzazo *or* tripazo

2 *vi* (*pt & pp* **belly-flopped**) darse un panzazo *or* tripazo

bellyful ['belɪfʊl] *n* IDIOM *Fam* **to have had a b. (of sth)** estar hasta el gorro (de algo)

belong [bɪ'lɒŋ] *vi* **(a)** *(be property)* **to b. to** pertenecer a; **that book belongs to me** este libro es mío *or* me pertenece; **that book belongs to Jane** ese libro pertenece a Jane *or* es de Jane; **who does this pullover b. to?** ¿de quién es este suéter?

(b) *(be member)* **to b. to** *(club)* pertenecer a, ser socio(a) de; *(party)* pertenecer a, estar afiliado(a) a; **it belongs to the thrush family** pertenece a la familia de los túrdidos

(c) *(have a proper place)* ir; **to put sth back where it belongs** devolver algo a su sitio; **the saucepans don't b. in that cupboard** las ollas no van en esa alacena

s**(d)** *(fit in)* **I feel I b. here** siento que éste es mi sitio; **to feel that one doesn't b.** sentirse un(a) extraño(a)

belonging [bɪ'lɒŋɪŋ] *n* **to have a sense of b.** sentirse (como) en casa

belongings [bɪ'lɒŋɪŋz] *npl* pertenencias *fpl*; **personal b.** efectos *mpl* personales

Belorussia [beləʊ'rʌʃə] *n* Bielorrusia

Belorussian [beləʊ'rʌʃən] **1** *n* **(a)** *(person)* bielorruso(a) *m,f* **(b)** *(language)* bielorruso *m*

2 *adj* bielorruso(a)

beloved 1 *n* [bɪ'lʌvɪd] *Literary* amado(a) *m,f*

2 *adj* [bɪ'lʌvd] amado(a), querido(a)

BELOW [bɪ'ləʊ] **1** *prep* **(a)** *(physically)* debajo de; **they tunnelled b. the fence** hicieron un túnel por debajo de la valla; **the houses b. us seemed small** las casas allá abajo se veían pequeñas; **the sun disappeared b. the horizon** el sol desapareció por el horizonte; **he appears b. me on the list** está por debajo de mí en la lista; **b. (the) ground** bajo tierra; **b. the knee** por debajo de la rodilla; **b. sea level** por debajo del nivel del mar; **b. the surface** bajo la superficie

(b) *(with numbers)* por debajo de; **unemployment is b. 10 percent** el desempleo está por debajo del 10 per ciento; **a score b. 50 is poor** un resultado de menos de 50 es insuficiente; **children b. the age of ten** niños menores de diez años; **to be b. average** estar por debajo de la media; **children of b. average ability** niños de un nivel de aptitud inferior; **10 (degrees) b. zero** 10 (grados) bajo cero

(c) *(in classification, importance, rank)* **they finished b. us in the league** acabaron por detrás de nosotros en la liga; **he was in the year b. me (at school)** iba al curso posterior al mío; **I am b. him in rank** estoy por debajo suyo en rango

2 *adv* **(a)** *(physically)* abajo; **the houses b. seemed small** las casas allá abajo se veían pequeñas; **on the floor b.** en el piso de abajo; **ring the number b.** llame al número que aparece abajo; **to go down b.** *(on ship)* bajar *(a una cubierta inferior)*; **see b.** *(on document)* ver más abajo *or* adelante

(b) *(with numbers)* **children aged ten and b.** niños de diez años para abajo; **a score of 50 or b. is poor** un resultado de menos de 50 es insuficiente; **it's 10 degrees b.** hace 10 grados bajo cero

belt [belt] **1** *n* **(a)** *(for trousers)* cinturón *m*, correa *f*; IDIOM **to tighten one's b.** apretarse el cinturón; *Fig* **now that I've**

got some experience under my b. ahora que tengo algo de experiencia a mis espaldas; **to hit sb below the b.** *(in boxing)* dar un golpe bajo a alguien; *Fig* **that was a bit below the b.!** *(of remark, criticism)* ¡eso ha sido un golpe bajo!
(**b**) *(of machine)* correa *f*
(**c**) *(area) (of land)* franja *f*, cinturón *m*; *(of cloud)* franja *f*, capa *f*; **the coal-mining b.** la cuenca carbonífera
(**d**) *Fam (blow)* golpetazo *m*; **to give sb a b.** dar un golpetazo a alguien; **I'll give you a b. in the mouth** te voy a partir la boca
2 *vt Fam (hit)* dar un golpetazo a; *(with belt)* dar correazos a; *(ball)* pegar un cañonazo a
3 *vi Fam (move quickly)* **to b. along** ir a toda pastilla *or RP* máquina; **she belted down the stairs** bajó las escaleras a toda pastilla *or RP* máquina
▸**belt out** *vt sep Fam (sing loudly)* cantar a grito pelado
▸**belt up** *vi Br* (**a**) *very Fam (be silent)* cerrar el pico, cortar el rollo; **b. up!** ¡cierra el pico! (**b**) *(fasten seat belt)* abrocharse el cinturón (de seguridad)

belter ['beltə(r)] *n Fam* **that goal was a real b.** fue un gol de antología *or Méx* padrísimo *or RP* de morirse; **it's a b. of a song** esa canción *Esp* es la leche *or Méx* está padre *or RP* está que mata

beltway ['beltweɪ] *n US* carretera *f* de circunvalación, ronda *f* (de circunvalación)

bemoan [bɪ'məʊn] *vt* lamentar, lamentarse de

bemused [bɪ'mju:zd] *adj* perplejo(a), desconcertado(a); **to be b.** estar perplejo(a) *or* desconcertado(a)

bench [bentʃ] *n* (**a**) *(seat, work table)* banco *m* ▫ ***b. press*** *(equipment)* = aparato para levantar pesas con los brazos tumbado sobre un banco (**b**) *Br Law* **the B.** la magistratura (**c**) *Parl* escaños *mpl*; **the opposition benches** los escaños de la oposición (**d**) *Sport* **to be on the b.** estar en el banquillo

benchmark ['bentʃmɑ:k] *n (for comparison)* punto *m* de referencia ▫ *Comptr* ***b. test*** prueba *f* comparativa

benchmarking ['bentʃmɑ:kɪŋ] *n Com* evaluación *f* comparativa

bench-press ['bentʃpres] *vt* **I b. a hundred** levanto cien kilos *(tumbado en un banco)*

bend [bend] **1** *n* (**a**) *(of road, river)* curva *f*; *(of pipe, arm)* codo *m*; IDIOM **to be/go round the b.** estar/volverse *Esp* majara *or RP* piantado(a), *Méx* zafarse; IDIOM **to drive sb round the b.** sacar a alguien de sus casillas, poner a alguien a cien (**b**) **the bends** *(decompression sickness)* enfermedad *f* de los buzos; *Med* aeroembolismo *m*
2 *vt* (*pt & pp* **bent** [bent]) doblar; **to b. one's arm/back** doblar el brazo/la espalda; **do not b.** *(on envelope)* no doblar; **on bended knee** de rodillas; **to b. the ball** pegarle a la pelota con efecto *or* de rosca, darle efecto a la pelota; **to b. the rules** ser flexible en la interpretación de las reglas; IDIOM *Br Fam* **he bent my ear** *(told me his problems)* me contó sus penas
3 *vi (of road, river)* hacer una curva, girar; **to b. under the strain of sth** ceder bajo la presión de algo
▸**bend down** *vi* agacharse
▸**bend over** *vi* agacharse; IDIOM **to b. over backwards for sb/to do sth** desvivirse por alguien/por hacer algo

bender ['bendə(r)] *n Fam* (**a**) *(drinking session)* juerga *f*, parranda *f*, *Am* rumba *f*; **to go on a b.** irse de juerga *or* de copas (**b**) *Br (homosexual)* marica *m*

bendy ['bendɪ] *adj (curvy)* serpenteante; *(flexible)* flexible, maleable; **a b. toy** un juguete flexible

BENEATH [bɪ'ni:θ] **1** *prep* (**a**) *(physically)* debajo de; **they tunnelled b. the fence** hicieron un túnel por debajo de la valla; **the houses b. us seemed small** las casas allá abajo se veían pequeñas; **the shelf was straining b. the weight of the books** la estantería cedía bajo el peso de los libros; **b. that self-confident exterior, she's really very insecure** bajo esa apariencia de confianza hay mucha inseguridad; *Fig* **b. the surface he was a bundle of nerves** por dentro era un manojo de nervios
(**b**) *(in classification, importance)* **they finished b. us in the league** quedaron por detrás nuestro en la liga; **he was in the year b. me** *(at school)* iba al curso posterior al mío; **I am b. him in rank** estoy por debajo suyo en rango
(**c**) *(unworthy of)* **to marry b. oneself** casarse con alguien de clase social inferior; **she thinks it's b. her to work** cree que trabajar supondría rebajarse; **b. contempt** (completamente) despreciable
2 *adv* abajo; **from b.** desde abajo

Benedictine [benɪ'dɪktɪn] *n & adj Rel* benedictino(a) *m,f*

benediction [benɪ'dɪkʃən] *n Rel* bendición *f*

benefactor ['benɪfæktə(r)] *n* benefactor(ora) *m,f*

benefactress ['benɪfæktrɪs] *n* benefactora *f*

benefice ['benɪfɪs] *n* beneficio *m* (eclesiástico)

beneficent [bɪ'nefɪsənt] *adj Formal* benéfico(a)

beneficial [benɪ'fɪʃəl] *adj* beneficioso(a) (**to** para)

beneficiary [benɪ'fɪʃərɪ] *n* beneficiario(a) *m,f*

benefit ['benɪfɪt] **1** *n* (**a**) *(advantages)* beneficio *m*, provecho *m*; *(individual advantage)* ventaja *f*; **for sb's b., for the b. of sb** en atención a alguien; **that remark was for your b.** ese comentario iba dirigido a ti; **to have the b. of sth** contar con algo; **to derive b. from** sacar provecho de; **to give sb the b. of the doubt** dar a alguien el beneficio de la duda (**b**) *(charity event)* acto *m* benéfico ▫ *Sport* ***b. match*** partido *m* benéfico (**c**) *(state payment)* prestación *f*, subsidio *m*; **to be on b.** cobrar un subsidio; **social security benefits** prestaciones *fpl* sociales ▫ ***b. society*** mutua *f*, mutualidad *f*
2 *vt* beneficiar, favorecer
3 *vi* **to b. by** *or* **from** beneficiarse de, sacar provecho de; **everyone will b. in the end** todo el mundo saldrá ganando *or* beneficiado al final

Benelux ['benɪlʌks] *n* (el) Benelux; **the B. countries** los países del Benelux

benevolence [bɪ'nevələns] *n* benevolencia *f*

benevolent [bɪ'nevələnt] *adj* benévolo(a) ▫ ***b. society*** cofradía *f* benéfica

BEng (*abbr* **Bachelor of Engineering**) *(qualification)* licenciatura *f* en ingeniería; *(person)* licenciado(a) *m,f* en ingeniería

Bengal [beŋ'gɔ:l] *n* Bengala

Bengali [beŋ'gɔ:lɪ] **1** *n* (**a**) *(person)* bengalí *mf* (**b**) *(language)* bengalí *m*
2 *adj* bengalí

benign [bɪ'naɪn] *adj* (**a**) *(attitude, look)* bondadoso(a); *(climate)* benigno(a) (**b**) *Med (tumour)* benigno(a)

benignly [bɪ'naɪnlɪ] *adv* (**a**) *(kindly)* bondadosamente (**b**) *(not harshly)* de forma benigna

Benin [be'ni:n] *n* Benín

benny ['benɪ] *n very Fam (drug)* anfeta *f*

bent [bent] **1** *n (inclination)* inclinación *f*; **to have a natural b. for music** tener una inclinación natural por la música
2 *adj* (**a**) *(curved)* torcido(a), curvado(a)
(**b**) *Fam (dishonest)* corrupto(a); **a b. copper** un policía corrupto
(**c**) *(determined)* **to be b. on (doing) sth** estar empeñado(a) en hacer algo
(**d**) *Br very Fam (homosexual)* maricón(ona); IDIOM **to be as b. as a nine bob note** *or* **as a three pound note** ser marica perdido, ser de la otra acera *or* de la acera de enfrente
(**e**) IDIOM *US Fam* **b. out of shape** *(angry, upset)* hecho(a) una fiera, *Méx* como agua para chocolate
(**f**) *US very Fam* **get b.!** ¡que te den (por culo *or* por saco)!
3 *pt & pp of* **bend**

Benzedrine® ['benzɪdri:n] *n* bencedrina *f*

benzene ['benzi:n] *n Chem* benceno *m*; **b. ring** anillo *m* bencénico *or* de benceno

benzin(e) ['benzi:n] *n Chem* bencina *f*

benzocaine ['benzəʊkeɪn] *n Med* benzocaína *f*

benzoic acid [ben'zəʊɪk'æsɪd] *n Chem* ácido *m* benzoico

bequeath [bɪ'kwi:ð] *vt Formal* **to b. sth (to sb)** legar algo (a alguien)

bequest [bɪ'kwest] *n Law* legado *m*

berate [bɪ'reɪt] *vt Formal* **to b. sb (for sth)** reconvenir *or* reñir a alguien (por algo)

Berber ['bɜ:bə(r)] *n & adj* bereber *mf*

bereaved [bɪ'ri:vd] **1** *npl* **the b.** la familia del (de la) difunto(a)
2 *adj* privado(a) de un ser querido

bereavement [bɪ'ri:vmənt] *n* pérdida *f* (de un ser querido) ▫ ***b. counselling*** =

atención psicológica prestada a personas que sufren por la pérdida de un ser querido

bereft [bɪ'reft] *adj* **to be b. of** estar privado(a) de; **to feel b.** sentirse desolado(a) *or* desconsolado(a)

beret ['bereɪ] *n* boina *f*

bergamot ['bɜ:gəmɒt] *n* bergamota *f*

beribboned [bɪ'rɪbənd] *adj (hair)* adornado(a) con cintas

beriberi ['berɪ'berɪ] *n Med* beriberi *m*

berk [bɜ:k] *n Br Fam* idiota *mf*

Berks (*abbr* **Berkshire**) (condado *m* de) Berkshire

Berlin [bɜ:'lɪn] *n* Berlín; **the B. Wall** el Muro de Berlín

Berliner [bɜ:'lɪnə(r)] *n* berlinés(esa) *m,f*

Bermuda [bə'mju:də] *n* (las) Bermudas ❑ ***B. shorts*** bermudas *fpl*; ***B. Triangle*** triángulo *m* de las Bermudas

Bern(e) [bɜ:n] *n* Berna

berry ['berɪ] *n* baya *f*

berserk [bə'zɜ:k] *adj Fam* **to go b.** volverse loco(a)

berth [bɜ:θ] **1** *n* (**a**) *(on train, ship)* litera *f* (**b**) *(in harbour)* amarradero *m*; IDIOM **to give sb a wide b.** evitar a alguien

2 *vt & vi Naut* atracar

beryl ['berəl] *n Geol* berilo *m*

beryllium [be'rɪlɪəm] *n Chem* berilio *m*

beseech [bɪ'si:tʃ] (*pt & pp* **besought** [bɪ'sɔ:t] *or* **beseeched**) *vt Literary* implorar, suplicar

beseeching [bɪ'si:tʃɪŋ] *adj* suplicante, implorante

beseechingly [bɪ'si:tʃɪŋlɪ] *adv* con aire suplicante *or* de súplica

beset [bɪ'set] (*pt & pp* **beset**) *vt* acosar; **b. with dangers/difficulties** plagado(a) de peligros/dificultades; **she was b. by doubts** le asaltaron las dudas

beside [bɪ'saɪd] *prep* (**a**) *(next to)* al lado de; **seated b. me** sentado(a) a mi lado; **a house b. the lake** una casa a la orilla del *or* junto al lago; IDIOM **that's b. the point** eso no viene al caso; IDIOM **he was b. himself with joy** no cabía en sí de gozo; IDIOM **he was b. himself with anger** estaba fuera de sí (de ira) (**b**) *(compared to)* al lado de; **b. him, everyone else appears slow** a su lado todos parecen lentos

besides [bɪ'saɪdz] **1** *prep* (**a**) *(apart from)* además de, aparte de (**b**) *(in addition to)* además de; **...b. which, she was unwell** ...además de lo cual, no se encontraba bien

2 *adv* además; **many more b.** muchos(as) otros(as)

besiege [bɪ'si:dʒ] *vt (castle, town)* asediar, sitiar; *Fig* **to b. sb with complaints/requests** asediar a alguien con quejas/peticiones

besmear [bɪ'smɪə(r)] *n* **to b. sth/sb with sth** embadurnar algo/a alguien con *or* de algo

besmirch [bɪ'smɜ:tʃ] *vt Literary (face)* manchar; *(reputation)* mancillar

besotted [bɪ'sɒtɪd] *adj* **to be b. with sb/sth** estar embobado(a) con alguien/algo

besought [bɪ'sɔ:t] *pt & pp of* **beseech**

bespatter [bɪ'spætə(r)] *vt* salpicar (**with** de)

bespeak [bɪ'spi:k] (*pt* **bespoke** [bɪ'spəʊk], *pp* **bespoken** [bɪ'spəʊkən]) *vt Literary (indicate)* denotar, revelar

bespectacled [bɪ'spektəkəld] *adj* con gafas

bespoke [bɪ'spəʊk] *adj (made to measure)* a medida; **b. tailor** sastre *m (que hace trajes a medida)*

BEST [best] (*superlative of* **good, well**) **1** *n* (**a**) *(in general)* **the b.** el/la/lo mejor; **the Russians are (simply) the b.** los rusos son los mejores; **it's the b. I can do** no lo puedo hacer mejor; **she will accept nothing but the b.** sólo acepta lo mejor; **we'll provide you with the b. of service** le daremos el mejor servicio posible; **this novel is his b.** ésta es su mejor novela; **I did my b. — well, your b. just isn't good enough** hice todo lo que pude — pues parece que no ha sido suficiente; **at b.** en el mejor de los casos; **it was average at b.** era, como mucho, regular; **he was at his b.** estaba en plena forma; **this is French cuisine at its b.** éste es un ejemplo de lo mejor de la cocina francesa; **it's hard enough at the b. of times** incluso en el mejor de los casos ya resulta bastante difícil; **the b. of it is...** lo mejor del caso es que...; **we are the b. of friends** somos muy buenos amigos; **I am in the b. of health** estoy pletórico(a) de salud; **it happened for the b.** fue para bien; **to bring out the b. in sb** poner de manifiesto lo mejor de alguien; **she did her (level) b.** hizo todo lo que pudo; **to get the b. of the bargain** salir ganando en un trato; **to get the b. of sb** *(defeat)* superar a alguien; **to get the b. out of sth** sacar el máximo provecho de algo; **we've had the b. of the good weather** el mejor tiempo ya ha pasado; **he wants to have the b. of both worlds** él quiere tenerlo todo; **this camcorder offers you the b. of both worlds** esta videocámara le permite ganar por partida doble; **to hope for the b.** esperar que todo vaya bien; **a draw is the b. we can hope for** un empate es lo máximo a lo que podemos aspirar; **I'll want to look my b.** tendré que arreglarme lo mejor posible; **we will have to make the b. of it** nos las tendremos que apañar; *Sport* **to play the b. of three** jugar al mejor de tres; **I want the b. for you** te deseo lo mejor; **to the b. of my belief** *or* **knowledge** por lo que yo sé; **I will do it to the b. of my ability** lo haré lo mejor que pueda; **he can sing with the b. of them** canta como el mejor; *Fam* **all the b.!** ¡te deseo lo mejor!; *(at end of letter)* un saludo, *RP* cariños; **b. of all...** y lo mejor de todo es que...; **(the) b. of luck!** ¡que tengas mucha suerte!

(**b**) *Sport (performance)* plusmarca *f*; **personal b.** plusmarca *f* personal

(**c**) *Br (beer)* = "bitter" de calidad superior

2 *adj* mejor; **my b. dress** mi mejor vestido; **she is b. at French** *(of group of people)* es la mejor en francés; *(French is her best subject)* lo que mejor se le da es el francés; **it is b. to...** lo mejor es...; **the b. thing to do would be to phone her** lo mejor sería que la llamáramos; **it took the b. part of a year** llevó casi todo un año; **to know what is b. for sb** saber lo que le conviene a alguien; **to want what is b. for sb** querer lo mejor para alguien; *Com* **b. before...** consumir preferentemente antes de...; **this is a b. case scenario** esto es lo que ocurriría en el mejor de los casos; **may the b. man win** *(in contest)* que gane el mejor; **Doug and I are b. friends** Doug es mi mejor amigo; IDIOM **to put one's b. foot forward** dar lo mejor de sí mismo(a) ❑ *Cin & TV* ***b. boy*** ayudante *m* del electricista; ***b. man*** *(at wedding)* padrino *m*; *Com* ***b. practice*** las mejores iniciativas prácticas; ***b. wishes*** *(on card, letter)* un saludo cordial *o* afectuoso; **give her my b. wishes** envíale saludos *or* CAm, Col, Ecuad saludes (de mi parte)

3 *adv* mejor; **which do you like b.?** ¿cuál te gusta más?; **I like fish b.** lo que más me gusta es el pescado; **I comforted her as b. I could** la consolé lo mejor que pude; **this area is b. avoided** es mejor evitar esta área; **she came off b.** ella fue la que salió mejor parada; **our team did b.** nuestro equipo fue el mejor; **you had b. not mention it** más vale que no lo menciones; **we'd b. be going** tenemos que irnos ya; **you know b.** tú sabrás; **you always think you know b.** siempre te crees que sabes más que nadie; **to make the b. use of sth** aprovechar algo al máximo; **do as you think b.** haz lo que te parezca mejor; **he is b. known for his sculptures** se le conoce sobre todo por sus esculturas; **the b. dressed man** el hombre mejor vestido; **they are the b. off** *(in good situation)* son los que mejor están; *(richest)* son los que más dinero tienen

4 *vt Formal (in contest, argument)* superar

bestial ['bestɪəl] *adj* brutal, bestial

bestiality [bestɪ'ælɪtɪ] *n* (**a**) *(cruelty)* brutalidad *f*, bestialidad *f* (**b**) *(sexual practice)* bestialismo *m*, zoofilia *f*

bestir [bɪ'stɜ:(r)] (*pt & pp* **bestirred** *vt Formal* **to b. oneself** espabilarse, poner manos a la obra

bestow [bɪ'stəʊ] *vt (title)* conceder (**on** a); *(honour)* conferir (**on** a)

bestride [bɪ'straɪd] (*pt* **bestrode** [bɪ'strəʊd], *pp* **bestridden** [bɪ'strɪdən]) *vt Formal (horse)* montar; *(chair, fence)* sentarse a horcajadas sobre

bestseller [best'selə(r)] *n (book)* éxito *m* de ventas, best-séller *m*

bestselling [best'selɪŋ] *adj* **b. novel/author** novela *f*/escritor(ora) *m,f* de éxito

bet [bet] **1** *n* (**a**) *(gamble)* apuesta *f*; **to make** *or* **place a b.** hacer una apuesta (**b**) *(guess, option)* **my b. is that he'll come** personalmente, creo que vendrá; **your best**

b. would be to... lo mejor que puedes hacer es...; **it's a safe b.** es casi seguro

2 *vt* (*pt & pp* **bet** *or* **betted**) (**a**) *(gamble)* apostar; **I'll b. you £10** te apuesto 10 libras (**b**) *Fam (expressing conviction)* **it took me ages to do it — I b. it did!** tardé un montón en hacerlo — ¡no me extraña! *or* ¡no hace falta que lo jures!; **I b. you don't!** ¡a que no!; **I b. you she'll win** te apuesto que gana ella, qué te apuestas a que gana ella; **I b. you anything he won't manage it** te apuesto lo que quieras a que no lo consigue; **you can b. your life** *or* **your bottom dollar they'll say no** me juego la cabeza *or* lo que quieras a que dicen que no

3 *vi* (**a**) *(gamble)* **to b. on a horse** apostar a un caballo (**b**) *Fam (expressing conviction)* **(do you) wanna b.?** ¿qué te juegas?; **don't b. on it** no te fíes ni un pelo, yo no me jugaría nada; **I wouldn't b. on it!** yo no me apostaría nada; **you b.!** ¡ya lo creo!, ¡por supuesto!; **John says he's sorry — I b. (he does)!** John dice que lo siente — ¡hombre, claro! *or* ¡ya lo creo!; *Ironic* **he says he'll pay you tomorrow — I b.!** dice que te pagará mañana — ¡ya, claro! *or* ¡sí, seguro!

beta ['bi:tə] *n* (**a**) *(Greek letter)* beta *f* (**b**) *Phys* ***b. particle*** partícula *f* beta; ***b. radiation*** radiación *f* beta; ***b. rays*** rayos *mpl* beta (**c**) *Comptr* ***b. testing*** pruebas *fpl* beta; ***b. version*** versión *f* beta

beta-blocker ['bi:təblɒkə(r)] *n Pharm* betabloqueante *m*

betake [bɪ'teɪk] (*pt* **betook** [bɪ'tʊk], *pp* **betaken** [bɪ'teɪkən]) *vt Formal* **to b. oneself** trasladarse

betel ['bi:təl] *n* betel *m* ▫ ***b. nut*** areca *f*

bête noire [bet'nwɑ:(r)] (*pl* **bêtes noires** [bet'nwɑ:z]) *n* bestia *f* negra; **her real b. is unpunctuality** lo que verdaderamente hace que se la lleven los demonios es la falta de puntualidad

Bethlehem ['beθlɪhem] *n* Belén

betide [bɪ'taɪd] *vt Literary* **woe b. him/you** pobre de él/ti

betoken [bɪ'təʊkən] *vt Formal* (**a**) *(symbolize)* señalar, ser una señal de (**b**) *(be sign of, presage)* augurar, presagiar

betray [bɪ'treɪ] *vt* (**a**) *(person, country)* traicionar; **to b. sb's trust** abusar de la confianza de alguien (**b**) *(secret, fact)* revelar; **his tone betrayed a lack of conviction** su tono revelaba falta de convicción

betrayal [bɪ'treɪəl] *n* (**a**) *(of person, country)* traición *f*; **a b. of trust** un abuso de confianza (**b**) *(of secret, fact)* muestra *f*, indicio *m*; **her expression gave no b. of her true feelings** su expresión no permitía adivinar sus verdaderos sentimientos

betrothal [bɪ'trəʊðəl] *n Literary* compromiso *m*

betrothed [bɪ'trəʊðd] *n & adj Formal* prometido(a) *m,f*

BETTER ['betə(r)] (*comparative of* **good, well**) **1** *n* **which is the b. (of the two)?** ¿cuál es el mejor (de los dos)?; **it's not bad, but I've seen b.** no está mal, pero los he visto mejores; **she deserves b.** se merece *or Am* amerita algo mejor; **I expected b. of you** esperaba más de ti; **you should respect your (elders and) betters** deberías guardar respeto a tus mayores; **I'm all the b. for a rest** este descanso me ha hecho mucho bien; **to change for the b.** cambiar para mejor; **to get the b. of sb** poder con alguien; **his shyness got the b. of him** pudo más su timidez; **the faster/sooner the b.** cuanto más rápido/antes, mejor

2 *adj* (**a**) *(of higher quality, more suitable)* mejor; **to be b. (than)** *(be superior)* ser mejor (que); **to be b.** *(feel well again)* estar mejor; **he's b. at tennis than his brother** juega al tenis mejor que su hermano; **she's b. at chemistry than him** se le da mejor la química que a él; **it was b. than expected** fue mejor de lo esperado; **it's b. than nothing** es mejor que nada; **it's one of his b. novels** está entre sus mejores novelas; **it would be b. for you to go** más vale que te vayas; **what could be b. than...?** ¿podría haber algo mejor que...?; **they're no** *or* **little b. than criminals** no son más que criminales; **that's b.** ¡así está mejor!; **it could hardly have come at a b. time** no podría haber llegado más oportunamente; **to get b.** mejorar; **this athlete just gets b. (and b.)** este atleta cada vez es mejor

(**b**) IDIOMS **to go one b.** hacerlo mejor; *Ironic* **b. late than never** más vale tarde que nunca; **b. safe than sorry** más vale prevenir que curar; **b. luck next time!** ¡a ver si hay más suerte la próxima vez!; **it took the b. part of a week** llevó casi toda una semana; **the carpet's seen b. days** la *Esp* moqueta *or Am* alfombra está para que la jubilen; **I did it against my b. judgement** lo hice a pesar de no estar convencido(a); *Br Fam Hum* **my b. half** mi media naranja; **to appeal to sb's b. nature** apelar a la bondad de alguien

3 *adv* mejor; **our team did b.** nuestro equipo lo hizo mejor; **you'd do b. not to listen to him** más vale que no le escuches; **I am feeling b.** me siento mejor; **you'll feel b. for a cup of tea** un té te hará sentirte mejor; **to get to know sb b.** ir conociendo mejor a alguien; **you had b. not stay** más vale que no te quedes; **we'd b. be going** tenemos que irnos ya; **you'd b. not be lying!** ¡más vale que no estés mintiendo!; IDIOM **you'd b. believe it!** ¡ya lo creo que sí!; **you always think you know b.** siempre te crees que sabes más que nadie; **I know b. than to tell her my secrets** la conozco demasiado bien como para contarle mis secretos; **you should know b. than to ask him for money!** ¡para qué le pides dinero si ya sabes cómo es!; **I like this one b.** éste me gusta más; **there's nothing I like b. than to...** nada me gusta más que...; **to think b. of it** cambiar de idea, pensárselo mejor; **to think b. of sb (for doing sth)** tener mejor concepto de alguien (por haber hecho algo); **b. and b.** cada vez mejor; **b. still...** incluso mejor...; **so much the b., all the b.** tanto mejor; **for b. or worse** para bien o para mal; **the b. equipped of the two** el mejor equipado de los dos; **those problems are b. avoided** más vale evitar esos problemas; **he's b. known for his sculptures** se le conoce más bien por sus esculturas; **to be b. off** *(at an advantage)* estar mejor; *(financially)* tener más dinero

4 *vt (improve)* superar; *(surpass)* mejorar; **she wants to b. herself** quiere mejorar su situación

betterment ['betəmənt] *n* mejora *f*

betting ['betɪŋ] *n* juego *m*, apuestas *fpl*; IDIOM *Fam* **the b. is that...** lo más probable es que... ▫ ***b. shop*** casa *f* de apuestas; ***b. slip*** boleto *m* de apuestas

BETWEEN [bɪ'twi:n] **1** *prep* entre; **b. eight and nine o'clock** entre (las) ocho y (las) nueve; **b. Boston and London** entre Boston y Londres; **the final will be b. the Blue Jays and the Red Sox** la final la disputarán los Blue Jays y los Red Sox; **b. them they managed to move the table** entre todos consiguieron mover la mesa; **we bought it b. us** lo compramos entre todos; **you must choose b. them** tienes que elegir entre ellos; **I hope this won't come b. us** espero que esto no se interponga entre nosotros; **one man stands b. him and the title** entre él y el título sólo hay un hombre; **I did the course in b. getting married and having a baby** hice el curso entre la boda y el nacimiento del bebé; **it's something b. a duck and an ostrich** es una especie de mezcla de pato y avestruz; **I'm b. jobs just now** en estos momentos no estoy trabajando; **this is strictly b. you and me** esto debe quedar entre tú y yo

2 *adv* **(in) b.** en medio; **the trees in b.** los árboles que están en medio; **showers, with sunny spells in b.** chubascos, con intervalos soleados

betweentimes [bɪ'twi:ntaɪmz] *adv* entremedias

betwixt [bɪ'twɪkst] *Old-fashioned & Literary* **1** *prep* entre

2 *adv* **b. and between** entre dos aguas, *Esp* entre Pinto y Valdemoro

bevel ['bevəl] **1** *n (on wood, glass)* bisel *m*

2 *vt* (*pt & pp* **bevelled**, *US* **beveled**) *(wood, glass)* biselar

bevelled, *US* **beveled** ['bevəld] *adj* biselado(a)

beverage ['bevərɪdʒ] *n* bebida *f*

bevvy ['bevɪ] *n Br very Fam* (**a**) *(alcoholic drink)* **to go for** *or* **have a b.** tomarse una copa *or* copichuela

(**b**) *(drinking session)* **to go on the b.** agarrarse un pedo *or Méx* una pea

bevy ['bevɪ] *n (group)* nube *f*, grupo *m*

bewail [bɪ'weɪl] *vt* lamentar

beware [bɪ'weə(r)] *vi* tener cuidado (**of**

con); **b.!** ¡cuidado!; **b. of the dog** *(sign)* cuidado con el perro; **b. of cheap imitations** no acepte burdas imitaciones

bewilder [bɪˈwɪldə(r)] *vt* desconcertar

bewildered [bɪˈwɪldəd] *adj* desconcertado(a); **I was b. by their lack of interest** me dejó atónito su falta de interés

bewildering [bɪˈwɪldərɪŋ] *adj* desconcertante

bewilderingly [bɪˈwɪldərɪŋlɪ] *adv* desconcertantemente

bewilderment [bɪˈwɪldəmənt] *n* desconcierto *m*

bewitch [bɪˈwɪtʃ] *vt (fascinate)* embrujar, cautivar

bewitching [bɪˈwɪtʃɪŋ] *adj (smile, beauty)* cautivador(ora)

BEYOND [bɪˈjɒnd] **1** *prep* **(a)** *(in space)* más allá de; **the house is b. the church** la casa está pasada la iglesia; *Fig* **they can't see b. short-term success** no ven más allá del éxito inmediato

(b) *(in time)* **it continued b. midnight** siguió hasta más allá de la medianoche; **b. a certain date** después de *or* pasada una fecha determinada

(c) *(exceeding)* **that is b. the scope of this study** eso queda fuera del ámbito de este estudio; **unemployment has gone b. 10 percent** el desempleo ha sobrepasado el 10 por ciento; **my responsibilities go b. purely administrative work** mis responsabilidades van más allá del trabajo meramente administrativo; **to live b. the age of ninety** superar los noventa años; IDIOM **he lived b. his means** vivió por encima de sus posibilidades; IDIOM **it's b. me (how) they can do it** no comprendo cómo lo hacen; **due to circumstances b. our control** por circunstancias ajenas a nuestra voluntad; **to be b. belief** ser difícil de creer; IDIOM **I am b. caring** ya me trae sin cuidado; **it's b. doubt/question (that...)** es indudable/incuestionable (que...); **b. a shadow of a doubt** sin sombra de duda; *Law* **this proves his innocence b. (a) reasonable doubt** esto disipa cualquier duda razonable en torno a su inocencia; IDIOM **it's b. a joke** esto ya pasa de castaño oscuro; **b. reach** inalcanzable; **he has changed b. recognition** está irreconocible; **b. repair** irreparable; **it was b. our wildest dreams** superaba nuestros sueños más optimistas

(d) *(except)* aparte de, además de; **I have nothing to say b. observing that...** únicamente quisiera hacer notar que...

2 *adv* más allá; **we could see the river and the hills b.** podíamos ver el río y detrás las colinas; **up to the year 2010 and b.** hasta el año 2010 y después de esa fecha

3 *n Literary* **the b.** el más allá

bezel [ˈbezəl] *n (edge of chisel)* bisel *m*

BFI [bi:efˈaɪ] *n (abbr* **British Film Institute***)* = instituto británico de cinematografía

bhajee, bhagee [ˈbɑ:dʒi:] *n Culin* = aperitivo indio a base de verdura especiada, rebozada y frita

bhp [bi:eɪtʃˈpi:] *n (abbr* **brake horsepower***)* caballos *mpl* de vapor de potencia (al freno)

Bhutan [bu:ˈtɑ:n] *n* Bután

bi [baɪ] *adj Fam (abbr* **bisexual***)* bisexual, bi

bi- [baɪ] *pref* bi-

biannual [baɪˈænjʊəl] *adj* bianual, semestral

bias [ˈbaɪəs] **1** *n* **(a)** *(prejudice)* prejuicio *m*; *(inclination)* inclinación *f*; **to have a b. towards** sentir inclinación por; **to have a b. against** tener prejuicios contra, estar predispuesto(a) en contra de; **to be without b.** ser imparcial **(b)** *(in sewing)* bies *m*, sesgo *m*

2 *vt (pt & pp* **biased** *or* **biassed***)* influir en; **to b. sb against/for sth** predisponer a alguien en contra/a favor de algo

bias(s)ed [ˈbaɪəst] *adj* parcial, sesgado(a); **to be b. against sth/sb** tener prejuicios contra algo/alguien; **you're b. in her favour** estás predispuesto a favor de ella; **try not to be b.** intenta ser imparcial

biathlon [baɪˈæθlɒn] *n* biatlón *m*

bib [bɪb] *n* **(a)** *(for baby)* babero *m* **(b)** *(of apron, dungarees)* peto *m*; *Sport* camiseta *f*

bible [ˈbaɪbəl] *n* biblia *f*; **the B.** la Biblia; *Fig* **this dictionary is his b.** este diccionario es su Biblia ▫ *Fam Pej* ***b. basher*** proselitista *mf* fanático(a); *US* ***the B. Belt*** = zona integrista protestante en el sur de los Estados Unidos; ***b. thumper*** proselitista *mf* fanático(a)

biblical [ˈbɪblɪkəl] *adj* bíblico(a); *Hum* **he had known her in the b. sense** se la había llevado al huerto

bibliographical [bɪblɪəˈgræfɪkəl] *adj* bibliográfico(a)

bibliography [bɪblɪˈɒgrəfɪ] *n* bibliografía *f*

bibliomania [bɪblɪəˈmeɪnɪə] *n* bibliomanía *f*

bibliophile [ˈbɪblɪəfaɪl] *n* bibliófilo(a) *m,f*

bibulous [ˈbɪbjʊləs] *adj Hum (person)* beodo(a); *(evening)* de alcohol

bicameral [baɪˈkæmərəl] *adj Pol* bicameral

bicarbonate [baɪˈkɑ:bəneɪt] *n* bicarbonato *m* ▫ ***b. of soda*** bicarbonato *m* sódico

bicentenary [baɪsenˈti:nərɪ], *US* **bicentennial** [baɪsenˈtenɪəl] **1** *n* bicentenario *m*

2 *adj* bicentenario(a)

biceps [ˈbaɪseps] *npl Anat* bíceps *m inv*

bicker [ˈbɪkə(r)] *vi* reñir, pelearse

bickering [ˈbɪkərɪŋ] *n* riñas *fpl*, peleas *fpl*

bicultural [baɪˈkʌltʃərəl] *adj* con dos culturas

bicuspid [baɪˈkʌspɪd] **1** *n* premolar *m*

2 *adj (tooth)* premolar, *Spec* bicúspide

bicycle [ˈbaɪsɪkəl] *n* bicicleta *f*; **to ride a b.** montar en bicicleta ▫ ***b. chain*** cadena *f* de bicicleta; ***b. clips*** = pinzas que ciñen los pantalones a las pantorrillas para montar en bicicleta; ***b. kick*** *(in soccer)* tijereta *f*, chilena *f*; ***b. pump*** bomba *f* de bicicleta

bid[1] [bɪd] **1** *n* **(a)** *(offer)* oferta *f*; *(at auction)* puja *f*; **to put in a b. for** *(house)* hacer una oferta por; *(contract)* licitar por, hacer una oferta de licitación por **(b)** *(attempt)* tentativa *f*, intento *m*; **a rescue/suicide b.** un intento de rescate/suicidio; **to make a b. for freedom** hacer un intento de escapar; **to make a b. for power** intentar conseguir el poder **(c)** *(in cards)* declaración *f*; **no b.** paso

2 *vt (pt & pp* **bid***)* **(a)** *(offer)* ofrecer; *(at auction)* pujar (**for** por); **what am I b. for this table?** ¿qué ofrecen por esta mesa? **(b)** *(in cards)* declarar

3 *vi (at auction)* pujar (**for** por); *(for contract)* licitar (**for** por), hacer una oferta de licitación (**for** por)

bid[2] *(pt* **bade** [bæd, beɪd] *or* **bid**; *pp* **bidden** [ˈbɪdən] *or* **bid***)* *vt Literary* **(a)** *(greet)* **to b. sb welcome** dar la bienvenida a alguien; **to b. sb goodbye** despedir a alguien **(b)** *(ask, order)* **to b. sb enter** hacer pasar a alguien, invitar a entrar a alguien; **to b. sb be silent** ordenar callar a alguien

bidder [ˈbɪdə(r)] *n* postor(ora) *m,f*; **the highest b.** el mejor postor

bidding[1] [ˈbɪdɪŋ] *n (at auction)* puja *f*; **to start the b. at £5,000** comenzar la puja con 5.000 libras

bidding[2] *n Literary (command)* **to do sb's b.** llevar a cabo las órdenes de alguien

biddy [ˈbɪdɪ] *n Fam Pej* **old b.** vieja *f*, abuela *f*

bide [baɪd] *vt* **to b. one's time** esperar el momento oportuno

bidet [ˈbi:deɪ] *n* bidé *m*

biennial [baɪˈenɪəl] **1** *n Bot* planta *f* bienal

2 *adj* bienal

bier [bɪə(r)] *n (for carrying coffin)* andas *fpl*

biff [bɪf] *Fam* **1** *n* mamporro *m*

2 *vt* dar un mamporro a

bifocal [baɪˈfəʊkəl] **1** *n* **bifocals** gafas *fpl* (con lentes) bifocales; **a pair of bifocals** unas (gafas) bifocales

2 *adj* bifocal

BIFU [ˈbɪfu:] *(abbr* **Banking, Insurance and Finance Union***)* = sindicato británico de empleados del sector financiero

bifurcate [ˈbaɪfəkeɪt] *vi Formal (road)* bifurcarse

BIG [bɪg] **1** *adj* **(a)** *(large, tall)* grande; *(before singular nouns)* gran; **a b. problem** un problema grande, un gran problema; **a b. increase** un gran *or* importante incremento; **a b. mistake** un gran *or* grave error; **how b. is it?** ¿cómo es de grande?; **to grow big(ger)** crecer; **the bigger the better** cuanto(s) más, mejor; *Fam* **it's written with a b. "P"** se escribe con una "P" grande; *Fam* **he always uses such b. words** siempre utiliza palabras muy complicadas; *Fam* **you b. bully!** ¡pedazo de matón!; *Fam* **you b. baby!** ¡mariquita!; *Literary* **she was b. with child** se le notaba la gravidez; **he's a b. eater** come un montón; **she's into jazz in a b. way** le va mucho el jazz; **he's fallen for her in a b. way** está completamente loco por ella; **they contributed to our success in a b. way** ellos contribuyeron en gran medida a nuestro éxito; IDIOM *Ironic* **that's b. of you!** ¡qué generoso(a)!; *Fam Ironic* **b. deal!** ¡vaya cosa!; *Fam* **it's no b. deal** ¡no es nada!, ¡no es para tanto!; *Fam* **there's no need to make a b. deal (out) of it** no es para tanto; IDIOM **to be a b. fish in a small pond** ser el que manda, pero en un ámbito reducido; IDIOM **he's getting too b. for his boots** *or US* **britches** está empezando a darse humos, se lo tiene muy creído; **a b. hand for our guest!** ¡un gran aplauso para nuestro invitado!; *Fig* **to have a b. mouth** *(be indiscreet)* ser un/una bocazas; *Fam Fig* **why did you have to open your b. mouth?** ¿por qué has tenido que ser tan bocazas?; IDIOM **to wield the b. stick** amenazar con castigos duros; *Fam* **he's screwed up b. time** ¡la ha fastidiado bien!, ¡buena la ha hecho! ❑ *Fam* ***the B. Apple*** *(New York)* Nueva York; ***b. band*** *(group)* big band *f*, = banda de música original de los años 40 dominada por instrumentos de viento; *(music)* big band *f*, = música interpretada por una big band; ***the b. bang*** el big bang; ***the b. bang theory*** la teoría del big bang; ***B. Ben*** el Big Ben; ***b. business*** los grandes negocios *mpl*; **microchips are b. business at the moment** los microchips son un gran negocio en estos momentos; ***b. cat*** felino *m* mayor; ***the b. city*** la gran ciudad; ***b. dipper*** *(roller coaster)* montaña *f* rusa; *US Astron* ***the B. Dipper*** la Osa Mayor; *Aut* ***b. end*** cabeza *f* de biela; ***b. game*** *(in hunting)* caza *f* mayor; ***b. hand*** *(of clock)* manecilla *f* de los minutos; *US Fam* ***b. house*** *(prison)* cárcel *f*, *Esp* chirona *f*, *Andes, RP* cana *f*, *Méx* bote *m*; **in the b. house** en la cárcel *or Esp* chirona *or Andes, RP* la cana *or Méx* el bote; ***the b. screen*** la pantalla grande; ***to be a b. spender*** gastar mucho; ***b. toe*** dedo *m* gordo del pie; ***b. top*** *(of circus)* carpa *f*; ***b. wheel*** *(at fair)* noria *f*; *Fam (powerful person)* pez *m* gordo

(**b**) *(important)* importante; **this week's b. story** la noticia de la semana; **to have b. ideas** tener grandes ideas; IDIOM *Fam* **hey, what's the b. idea?** ¡eh!, ¿qué está pasando aquí?; **I've got b. plans for you** tengo grandes planes para ti; **the boss is very b. on punctuality** el jefe le da mucha importancia a la puntualidad; *Fam* **our small company can't compete with the b. boys** nuestra pequeña compañía no puede competir con los grandes (del sector); **it's her b. day tomorrow** mañana es su gran día; **today's a b. day for us** hoy es un día muy importante para nosotros; **when's the b. day?** *(wedding date)* ¿cuándo es la boda *or Andes, RP* el matrimonio?; **b. league companies** compañías *fpl* de primera línea; **to earn b. money** *or US Fam* **bucks** ganar millones ❑ *Fam* ***b. cheese*** mandamás *m*, pez *m* gordo; *Fam* ***b. fish*** *(important person)* pez *m* gordo; *Fam* ***the b. guns*** *(important people)* los pesos pesados; ***a b. name*** una gran figura; *Fam* ***b. noise*** *or* ***shot*** mandamás *m*, pez *m* gordo

(**c**) *(successful, popular)* famoso(a), popular; **it was b. last year** *(of music, fashion)* hizo furor el año pasado; **they're b. in the States** tienen mucho éxito en los Estados Unidos; **to make it b.** triunfar; **to make** *or* **hit the b. time** conseguir el éxito

(**d**) *(grown-up, older)* **my b. brother/sister** mi hermano/hermana mayor; **B. Brother** *(police state)* el Gran Hermano; **you're a b. girl now** ya eres mayorcita

2 *adv* **it went over b. with them** *(go down well)* les sentó muy bien; **he always talks b.** se le va siempre la fuerza por la boca; **to think b.** pensar a lo grande

---

bigamist ['bɪgəmɪst] *n* bígamo(a) *m,f*

bigamous ['bɪgəməs] *adj* bígamo(a)

bigamy ['bɪgəmɪ] *n* bigamia *f*

Bigfoot ['bɪgfʊt] *n* el abominable hombre de las nieves *(en Estados Unidos y Canadá)*

biggie, biggy ['bɪgɪ] *n Fam* **I think this storm's going to be a b.** me parece que ésta va a ser una tormenta de las gordas

biggish ['bɪgɪʃ] *adj* grandecito(a), más bien grande

bighead ['bɪghed] *n Fam* creído(a) *m,f*

bigheaded [bɪg'hedɪd] *adj Fam* creído(a), engreído(a); **we don't want him getting b.** no queremos que se vuelva un creído

big-hearted [bɪg'hɑːtɪd] *adj* **to be b.** tener gran corazón

bight [baɪt] *n (of coastline)* ensenada *f*

bigmouth ['bɪgmaʊθ] *n Fam* bocazas *mf inv*, *Col, RP* bocón(ona), *m,f*

big-name ['bɪg'neɪm] *adj Fam* renombrado(a), de renombre

bigot ['bɪgət] *n* fanático(a) *m,f*, intolerante *mf*

bigoted ['bɪgətɪd] *adj* fanático(a), intolerante

bigotry ['bɪgətrɪ] *n* fanatismo *m*, intolerancia *f*

Big Smoke *n Br Fam* **the B.** la gran ciudad, = Londres

big-ticket ['bɪgtɪkɪt] *adj US Fam* caro(a)

big-time ['bɪgtaɪm] *Fam* **1** *adj* de altos vuelos; **a b. politician** un pez gordo de la política, un político de alto nivel *or* de altos vuelos

2 *adv* a lo grande, *Esp* a base de bien

bigwig ['bɪgwɪg] *n Fam* pez *m* gordo

bijou ['biːʒuː] *adj Br (house, café)* muy cuco(a), muy mono(a); *(area, party)* finolis

bike [baɪk] *n* (**a**) *Fam (bicycle)* bici *f*; *(motorcycle)* moto *f*; *Br* **on your b.!** *(go away)* ¡largo!, ¡piérdete!; *(don't talk nonsense)* ¡no digas *Esp* chorradas *or Am* pendejadas *or RP* pavadas! ❑ ***b. shed*** cobertizo *m* para bicicletas (**b**) *very Fam* **she's the town b.** *(promiscuous)* es el putón verbenero *or* la pelandusca del pueblo

biker ['baɪkə(r)] *n Fam* motero(a) *m,f*

biking ['baɪkɪŋ] *n* ciclismo *m*; **b. is one of his favourite pastimes** montar en bici es uno de sus pasatiempos preferidos

bikini [bɪ'kiːnɪ] *n* biquini *m* ❑ ***b. bottom*** parte *f* de abajo del biquini; ***b. top*** parte *f* de arriba del biquini

bilabial [baɪ'leɪbɪəl] *adj Ling* bilabial

bilateral [baɪ'lætərəl] *adj* bilateral

bilberry ['bɪlbərɪ] *n* arándano *m*

bile [baɪl] *n also Fig* bilis *f inv*, hiel *f*

bilge [bɪldʒ] *n* (**a**) *Naut* pantoque *m*; **the bilges** la sentina; **b. (water)** agua *f* de sentinas (**b**) *Fam (nonsense)* tonterías *fpl*, *Esp* chorradas *fpl*, *Am* pendejadas *fpl*; **to talk (a lot of) b.** no decir más que tonterías *or Esp* chorradas *or Am* pendejadas

bilharzia [bɪl'hɑːzɪə] *n Med* bilharziosis *f inv*, esquistosomiasis *f inv*

bilingual [baɪ'lɪŋgwəl] *adj* bilingüe

bilingualism [baɪ'lɪŋgwəlɪzəm] *n* bilingüismo *m*

bilious ['bɪlɪəs] *adj* (**a**) *Med* bilioso(a) ❑ ***b. attack*** cólico *m* bilioso (**b**) *(revolting)* **b. green** de un color verde amarillento nauseabundo (**c**) *(bad-tempered)* bilioso(a), atrabiliario(a)

biliousness ['bɪlɪəsnɪs] *n* (**a**) *Med* bilis *f inv* (**b**) *(bad temper)* bilis *f inv*

Bill [bɪl] *n Br Fam* **the (Old) B.** *(the police) Esp* la pasma, *Andes* los pacos, *Col* los tombos, *Méx* los cuicos, *RP* la cana

bill[1] [bɪl] **1** *n (of bird)* pico *m*

2 *vi Fam (of lovers)* **to b. and coo** hacerse mimos *or* arrumacos

bill[2] **1** *n* (**a**) *(in restaurant)* cuenta *f*; *(for goods, services)* factura *f* ❑ *Fin* ***b. of exchange*** letra *f* de cambio

(**b**) *US (banknote)* billete *m*

(**c**) *(notice)* cartel *m*; **(stick) no bills** *(sign)* prohibido fijar carteles; **to fit the b.** venir como anillo al dedo; *Th* **to head** *or* **top the b.** estar en cabecera de cartel

(**d**) *(list)* **the doctor gave me a clean b. of health** el médico me dio el visto bueno ❑ ***b. of fare*** menú *m*, carta *f*; *Naut* ***b. of lading*** conocimiento *m* de embarque; *Com* ***b. of sale*** escritura *f* de compraventa

(**e**) *Pol (proposed law)* proyecto *m* de ley ❑ *US Pol* ***the B. of Rights*** = las diez primeras enmiendas a la constitución estadounidense, relacionadas con la garantía de las libertades individuales

2 *vt* (**a**) *(give invoice to)* pasar (la) factura a (**b**) *(publicize)* anunciar; **it was billed as the debate of the decade** fue anunciado como el debate del decenio

billboard ['bɪlbɔːd] *n* valla *f* publicitaria

billet ['bɪlɪt] **1** *n Mil* acantonamiento *m*

2 *vt* acantonar

billet-doux ['bɪleɪ'duː] *(pl* **billets-doux** ['bɪleɪ'duːz]*)* *n Hum or Literary* misiva *f* de amor

billfold ['bɪlfəʊld] *n US* cartera *f*, billetera *f*

billhook ['bɪlhʊk] *n* podadera *f*, navaja *f* jardinera

billiard ['bɪljəd] *n* **billiards** billar *m*; **to play billiards** jugar al billar ❑ ***b. ball/table*** bola *f*/mesa *f* de billar

billing ['bɪlɪŋ] *n Th* puesto *m* en el reparto

(por orden de importancia); **to get top b.** ser cabeza de cartel, encabezar el reparto

billion ['bɪljən] *n* mil millones *mpl*, millardo *m*; *Br Old-fashioned* billón *m*; *Fam* **I've got billions of things to do!** ¡tengo miles de cosas que hacer!

billionaire [bɪljə'neə(r)] *n* multimillonario(a) *m,f*

billionairess [bɪljəneə'res] *n* multimillonaria *f*

billionth ['bɪljənθ] **1** *n* milmillonésima *f*
2 *adj* milmillonésimo(a); *Fam* enésimo(a)

billow ['bɪləʊ] **1** *n (of smoke)* nube *f*
2 *vi* ondear

▸**billow out** *vi* hincharse

billowing ['bɪləʊɪŋ] *adj* hinchado(a)

billowy ['bɪləʊɪ] *adj (dress, sail)* ondeante; *(clouds)* ondulante

billposter ['bɪlpəʊstə(r)] *n* **billposters will be prosecuted** *(sign)* prohibido fijar carteles (responsable el anunciante)

billy ['bɪlɪ] *n* (**a**) *(container)* **b. (can)** cazo *m* (**b**) *US* **b. (club)** porra *f*

billy-goat ['bɪlɪgəʊt] *n* macho *m* cabrío

billy-o, billy-oh ['bɪlɪəʊ] *n Br Fam* **to run like b.** correr como alma que lleva el diablo

bimbo ['bɪmbəʊ] (*pl* **bimbos**) *n Fam Pej* = mujer atractiva y de pocas luces

bimetallic [baɪmɪ'tælɪk] *adj Tech* ***b. strip*** banda *f or* lámina *f* bimetálica

bin [bɪn] **1** *n (domestic)* cubo *m*; *(very large)* contenedor *m*; *(for wastepaper, on lamppost)* papelera *f*, *Arg, Méx* cesto *m*, *Chile* papelero *m*, *Col* caneca *f*, *Méx* bote *m*, *Carib* zafacón *m* ▫ *Br* ***b. liner*** bolsa *f* de basura
2 *vt* (*pt & pp* **binned**) tirar (a la papelera)

binary ['baɪnərɪ] *adj* (**a**) *Math & Comptr* binario(a) ▫ ***b. code*** código *m* binario; ***b. notation*** numeración *f* binaria; ***b. number*** número *m* binario; ***b. system*** sistema *m* binario (**b**) *Mil* ***b. weapon*** arma *f* química de agente binario

binbag ['bɪnbæg] *n Br* bolsa *f* de basura

bind [baɪnd] **1** *n Fam* (**a**) *(awkward situation)* **to be in a b.** estar en un apuro (**b**) *Br (inconvenience)* **it's a real b. to have to...** es una verdadera lata tener que...
2 *vt* (*pt & pp* **bound** [baʊnd]) (**a**) *(tie)* atar; **to b. sb hand and foot** atar a alguien de pies y manos; *Fig* **they are bound together by ties of friendship** les unen lazos *or* vínculos de amistad (**b**) *(bandage)* vendar (**c**) *(book)* encuadernar (**d**) *(cause to stick)* unir, ligar; **b. the mixture with egg** ligar la mezcla con huevo (**e**) *(oblige)* **she bound me to secrecy** me hizo prometer que guardaría el secreto

▸**bind over** *vt sep Law* **to b. sb over** obligar judicialmente a alguien

▸**bind up** *vt sep* (**a**) *(cut, wound)* vendar (**b**) **to be bound up with sth** *(involved)* estar íntimamente relacionado(a) con algo

binder ['baɪndə(r)] *n* (**a**) *(for papers)* carpeta *f* (**b**) *(bookbinder)* encuadernador(ora) *m,f* (**c**) *(farm machinery)* empacadora *f*

binding ['baɪndɪŋ] **1** *n* cubierta *f*, tapa *f*
2 *adj* vinculante

bindweed ['baɪndwi:d] *n* enredadera *f*

binge [bɪndʒ] **1** *n Fam (drinking spree)* borrachera *f*; **to go on a b.** ir de juerga *or Esp* marcha; **to go on a shopping b.** ir de compras y traerse media tienda; **a chocolate b.** un atracón de chocolate
2 *vi* **to b. on sth** darse un atracón de algo

bingo ['bɪŋgəʊ] **1** *n* bingo *m* ▫ ***b. caller*** = persona que va cantando los números en el bingo; ***b. hall*** (sala *f* de) bingo *m*
2 *exclam* ¡ole!, ¡bravo!

binman ['bɪnmæn] *n Br* basurero *m*

binnacle ['bɪnəkəl] *n Naut* bitácora *f*

binocular [bɪ'nɒkjʊlə(r)] *adj* binocular; **b. vision** visión *f* binocular

binoculars [bɪ'nɒkjʊləz] *npl* prismáticos *mpl*

binomial [baɪ'nəʊmɪəl] *Math* **1** *n (algebra)* binomio *m*
2 *adj* ***b. distribution*** distribución *f* binomial

bint [bɪnt] *n Br very Fam Pej* tipa *f*, *Esp* tía *f*

biochemic(al) [baɪəʊ'kemɪk(əl)] *adj* bioquímico(a)

biochemist [baɪəʊ'kemɪst] *n* bioquímico(a) *m,f*

biochemistry [baɪəʊ'kemɪstrɪ] *n* bioquímica *f*

biodegradable [baɪəʊdɪ'greɪdəbəl] *adj* biodegradable

biodiversity [baɪəʊdaɪ'vɜ:sɪtɪ] *n* biodiversidad *f*

bioengineering ['baɪəʊendʒɪ'nɪərɪŋ], **biological engineering** [baɪə'lɒdʒɪkəlendʒɪ'nɪərɪŋ] *n* (**a**) *Med* ingeniería *f* biomédica (**b**) *Biol* bioingeniería *f*

biofeedback [baɪəʊ'fi:dbæk] *n Psy* biorreacción *f*

biogas ['baɪəʊgæs] *n* biogás *m*

biographer [baɪ'ɒgrəfə(r)] *n* biógrafo(a) *m,f*

biographic(al) [baɪə'græfɪk(əl)] *adj* biográfico(a)

biography [baɪ'ɒgrəfɪ] *n* biografía *f*

biological [baɪə'lɒdʒɪkəl] *adj* biológico(a) ▫ ***b. clock*** reloj *m* biológico; ***b. diversity*** diversidad *f* biológica; ***b. warfare*** guerra *f* bacteriológica; ***b. washing powder*** detergente *m* de *or* con acción biológica

biological engineering = **bioengineering**

biologist [baɪ'ɒlədʒɪst] *n* biólogo(a) *m,f*

biology [baɪ'ɒlədʒɪ] *n* biología *f*

biomass ['baɪəʊmæs] *n* biomasa *f*

biometrics [baɪəʊ'metrɪks] *n* biometría *f*

bionic [baɪ'ɒnɪk] *adj* biónico(a)

biophysics [baɪəʊ'fɪzɪks] *n* biofísica *f*

biopic ['baɪəʊpɪk] *n (movie)* película *f* biográfica

biopsy ['baɪɒpsɪ] *n Med* biopsia *f*

biorhythm ['baɪəʊrɪðəm] *n* biorritmo *m*

BIOS ['baɪɒs] *n Comptr* (*abbr* **Basic Input/Output System**) BIOS *m*

biosphere ['baɪəʊsfɪə(r)] *n* biosfera *f*

biosynthesis [baɪəʊ'sɪnθɪsɪs] *n* biosíntesis *f inv*

biotechnology [baɪəʊtek'nɒlədʒɪ] *n* biotecnología *f*

bipartisan [baɪ'pɑ:tɪzæn] *adj Pol* bipartito(a)

bipartite [baɪ'pɑ:taɪt] *adj* (**a**) *(in two parts)* con dos partes, *Spec* bipartido(a) (**b**) *(agreement, talks)* bipartito(a), bilateral

biped ['baɪped] *n & adj* bípedo(a) *m,f*

biplane ['baɪpleɪn] *n* biplano *m*

bipolar [baɪ'pəʊlə(r)] *adj Elec (transistor)* bipolar

birch [bɜ:tʃ] **1** *n* abedul *m*; **to give sb the b.** azotar a alguien
2 *vt (beat)* azotar

bird [bɜ:d] *n* (**a**) *(in general)* pájaro *m*; *(as opposed to mammals, reptiles etc)* ave *f* ▫ ***b.'s nest soup*** sopa *f* de nido de golondrina; ***b. of paradise*** ave *f* del paraíso; ***b. of passage*** ave *f* migratoria *or* de paso; ***b. of prey*** (ave) rapaz *f*, ave de presa; ***b. sanctuary*** refugio *m* de aves; ***b. table*** comedero *m* de pájaros (**b**) *Br Fam (woman)* nena *f*, piba *f* (**c**) *US Fam (man)* tipo *m*, pibe *m* (**d**) IDIOMS **the b. has flown** el pájaro ha volado; **it's (strictly) for the birds** es cosa de bobos, es del género tonto; **to give sb the b.** *(boo, shout at)* abroncar *or* abuchear a alguien; **to kill two birds with one stone** matar dos pájaros de un tiro; *Euph* **to tell sb about the birds and the bees** explicar a alguien de dónde vienen los niños; PROV **a b. in the hand is worth two in the bush** más vale pájaro en mano que ciento volando; PROV **birds of a feather flock together** Dios los cría y ellos se juntan

birdbath ['bɜ:dbɑ:θ] *n* = especie de pila con agua que se coloca en el jardín para que los pájaros se refresquen

birdbrain ['bɜ:dbreɪn] *n Fam* cabeza *mf* de chorlito

bird-brained ['bɜ:dbreɪnd] *adj Fam* **to be b.** ser un(a) majadero(a); **a b. idea** una majadería

birdcage ['bɜ:dkeɪdʒ] *n* jaula *f*

birdcall ['bɜ:dkɔ:l] *n* canto *m*

bird-dog ['bɜ:ddɒg] *n US* **1** *n* perro *m* cobrador
2 *vt (watch)* vigilar de cerca, estar encima de

bird-fancier ['bɜ:dfænsɪə(r)] *n* criador(ora) *m,f* de pájaros

birdie ['bɜ:dɪ] **1** *n* (**a**) *Fam (bird)* pajarito *m*; **watch the b.!** *(photographer to children)* ¡mira el pajarito! (**b**) *(in golf)* uno *m* bajo par, birdie *m*
2 *vt (in golf)* **to b. a hole** hacer uno bajo par *or* birdie en un hoyo

birdseed ['bɜ:dsi:d] *n* alpiste *m*

bird's-eye view ['bɜ:dzaɪ'vju:] *n* **to have a b.** *(of place)* tener una vista panorámica *(desde arriba)*; *(of situation)* tener una visión de conjunto

birdshot ['bɜ:dʃɒt] *n* perdigones *mpl*

birdsong ['bɜ:dsɒŋ] *n* canto *m* de los pájaros *or* las aves

bird-watcher [ˈbɜːdwɒtʃə(r)] *n* aficionado(a) *m,f* a la observación de aves

bird-watching [ˈbɜːdwɒtʃɪŋ] *n* observación *f* de aves

biretta [bɪˈretə] *n Rel* birreta *f*

biriani, biryani [bɪrɪˈɑːnɪ] *n Culin* = plato indio a base de arroz especiado, con azafrán y carne o pescado

Birmingham [ˈbɜːmɪŋəm] *n* Birmingham

Biro® [ˈbaɪrəʊ] (*pl* **Biros**) *n Br* bolígrafo *m, Andes, Ven* esferográfica *f, Chile* lápiz *m* (de pasta), *Méx* pluma *f, RP* birome *m*

birth [bɜːθ] *n also Fig* nacimiento *m; (delivery)* parto *m;* **to give b. (to sb)** dar a luz (a alguien); **at b.** al nacer; **from b.** de nacimiento; **Irish by b.** irlandés(esa) de nacimiento ▫ ***b. certificate*** partida *f* de nacimiento; ***b. control*** control *m* de natalidad; ***b. control methods*** métodos *mpl* anticonceptivos; *also Fig* ***b. pangs*** dolores *mpl* del parto; ***b. rate*** índice *m* de natalidad; ***b. sign*** signo *m* del zodiaco

birthday [ˈbɜːθdeɪ] *n* cumpleaños *m inv;* IDIOM *Fam* **she was in her b. suit** estaba como su madre la trajo al mundo ▫ ***b. cake*** tarta *f* de cumpleaños; ***b. card*** tarjeta *f* de felicitación de cumpleaños; *Br* ***b. honours*** = títulos honorarios concedidos el día del cumpleaños del monarca británico; ***b. present*** regalo *m* de cumpleaños

birthing pool [ˈbɜːθɪŋpuːl] *n* = bañera *or Am* tina portátil para partos naturales

birthmark [ˈbɜːθmɑːk] *n* antojo *m*, marca *f* de nacimiento (en la piel)

birthplace [ˈbɜːθpleɪs] *n* lugar *m* de nacimiento

birthright [ˈbɜːθraɪt] *n* derecho *m* natural

biryani = **biriani**

Biscay [ˈbɪskeɪ] *n* **the Bay of B.** el Golfo de Vizcaya

biscuit [ˈbɪskɪt] **1** *n* **(a)** *Br* galleta *f;* IDIOM *Fam* **that really takes the b.!** ¡esto es el colmo! **(b)** *US (muffin)* tortita *f*, bollo *m* **(c)** *(colour)* beige *m inv, Esp* beis *m inv*
2 *adj (colour)* beige *inv, Esp* beis *inv*

bisect [baɪˈsekt] *vt* **(a)** *Math* bisecar **(b)** *(of road) (town, area)* dividir por la mitad

bisexual [baɪˈseksjʊəl] *n & adj* bisexual *mf*

bishop [ˈbɪʃəp] *n* **(a)** *Rel* obispo *m* **(b)** *(in chess)* alfil *m*

bishopric [ˈbɪʃəprɪk] *n* obispado *m*

bismuth [ˈbɪzməθ] *n Chem* bismuto *m*

bison [ˈbaɪsən] *n* bisonte *m*

bisque [bɪsk] *n* **(a)** *Culin* crema *f* de mariscos, bisqué *m* ▫ ***lobster b.*** crema *f* de langosta **(b)** *(unglazed china)* bizcocho *m*

bistro [ˈbiːstrəʊ] (*pl* **bistros**) *n* restaurante *m* pequeño

bisulphate [baɪˈsʌlfeɪt] *n Chem* bisulfato *m*

bisync [baɪˈsɪŋk], **bisynchronous** [baɪˈsɪŋkrənəs] *adj Comptr* bisíncrono(a)

bit¹ [bɪt] *n* **(a)** *(in horseriding)* bocado *m;* IDIOM **to have the b. between one's teeth** haber tomado *or Esp* cogido carrerilla **(b)** *(for drill)* broca *f*

BIT² *n* **(a)** *(piece)* trozo *m;* **would you like a b. of cake?** ¿quieres un trozo de pastel?; **he has eaten every b.** se ha comido hasta el último bocado; **to blow sth to bits** volar algo en pedazos; **to come** *or* **fall to bits** romperse en pedazos; *Fig* **this house is falling to bits!** ¡esta casa se cae en pedazos!; **to take sth to bits** desarmar *or* desmontar algo; **to tear/smash sth to bits** hacer añicos algo; **I'm doing it a b. at a time** lo estoy haciendo poco a poco; **b. by b.** poco a poco; *Fam* **I'm not into the whole marriage b.** el rollo del matrimonio no va conmigo; IDIOM *Fam* **to have a b. on the side** tener un rollo; IDIOM *Fam* **she's my b. on the side** tengo un rollo con ella; **bits and pieces** *or* **bobs** *(personal belongings)* cosas *fpl*, trastos *mpl* ▫ ***b. part*** *(in play, movie)* papel *m* secundario
(b) *(part)* parte *f;* **this is the easy b.** ésta es la parte fácil; **the best b. was when...** lo mejor fue cuando...; **I have done my b.** yo he cumplido con mi parte; **I try to do my b. for charity** intento poner mi granito de arena por las organizaciones benéficas
(c) *(expressing amount)* **a b. of** *(some)* un poco de; **a b. of advice** un consejo; **we had a b. of difficulty in finding him** nos costó un poco encontrarlo; **do a b. of exercise every day** haz algo de ejercicio todos los días; **with a b. of luck** con un poco de suerte; **a b. of news** una noticia; **would you like some more coffee? — just a b., please** ¿quieres más café? — sólo un poquito; **he's a b. of an idiot** ¡es bastante idiota; **I've got a b. of a sore throat** me duele un poco la garganta; **this could become a b. of a problem** puede que esto dé problemas; **he views himself as a b. of an authority on the subject** se cree toda una autoridad en el tema; **that'll take a b. of doing** no será nada fácil hacerlo; **it takes a b. of getting used to** se tarda algo en acostumbrarse; **that must have cost a b.!** ¡debe de haber costado una fortuna *or* un dineral!; IDIOM *Fam* **she's a b. of all right** está muy buena, no está nada mal; IDIOM *Br Fam* **a b. of fluff** *or* **stuff** *or* **skirt** una cordera
(d) *(expressing degree)* **a b. late/heavy/tired** un poco tarde/pesado(a)/cansado(a); **a b. more/less** un poco más/menos; **could you turn the fire up a b.?** ¿podrías subir el fuego un poco?; **it's a b. like a Picasso** se parece algo a un Picasso; **it's a b. too small** es un poco pequeño; **I'm a b. cold, actually** la verdad es que tengo algo de frío; **it's a b. annoying** es bastante molesto; **this curry's a b. on the hot side** este curry está muy picante; **I'm every b. as good as him** no tengo nada que envidiarle; **a good b. older** bastante más viejo(a); **he wasn't the least b. nervous** no estaba nervioso en absoluto; **a little b. worried/tired** algo preocupado(a)/cansado(a); **you haven't changed a b.** no has cambiado lo más mínimo; **he's not a b. like his father** no se parece en nada a su padre; IDIOM **not a b. (of it)!** ¡en absoluto!; **it's quite a b. warmer today** hace bastante más calor hoy; **we saved quite a b. of time** ahorramos bastante tiempo; IDIOM *Fam* **that's a b. much!** ¡eso es pasarse!; *Fam* **it was a b. much of them to expect us to help** ¡fue un poco fuerte esperar que les ayudáramos!
(e) *(with time)* rato *m;* momento *m*, **I'm popping out for a b.** voy a salir un rato *or* momento; **I'll be back in a b.** vuelvo en un momento; **wait a b.!** ¡espera un poco!
(f) *Comptr* bit *m;* **a 16-b. computer** *Esp* un ordenador *or Am* una computadora de 16 bits
(g) *Fam (coin)* moneda *f; US* **two bits** 25 centavos
(h) *US Fam (term of imprisonment)* **he did a b. in Fort Worth** estuvo *Esp* enchironado *or Méx* en el bote *or RP* en cana en Fort Worth

bit³ *pt of* **bite**

bitch [bɪtʃ] **1** *n* **(a)** *(female dog)* perra *f* **(b)** *very Fam Pej (unpleasant woman)* bruja *f*, zorra *f* **(c)** *Br Fam (person)* **the poor b.** la pobre desgraciada; **the lucky b.** la muy suertuda **(d)** *Fam (awkward thing, task)* jodienda *f;* **her place is a b. to find without a map** no hay Dios que encuentre su casa sin un mapa; **I've had a b. of a day** he tenido un día bien jodido; IDIOM **life's a b.!** ¡qué vida más perra! **(e)** *Fam (complaint)* queja *f*
2 *vi Fam (complain)* quejarse, *Esp* dar la tabarra; **he's always bitching about his colleagues** siempre está poniendo a parir *or RP* sacándole el cuero a sus compañeros

bitchin [ˈbɪtʃɪn] *adj US very Fam* cojonudo(a), *Méx* chingón(ona), *RP* macanudo(a)

bitchiness [ˈbɪtʃɪnəs] *n Fam* mala idea *f, Esp* mala uva *f*

bitchy [ˈbɪtʃɪ] *adj Fam* malintencionado(a), malicioso(a)

bite [baɪt] **1** *n* **(a)** *(of person, dog)* mordisco *m; (of insect)* picadura *f; (of snake)* mordedura *f*, picadura *f*
(b) *(mouthful)* bocado *m;* **he took a b. out of the apple** dio un bocado a la manzana; **I haven't had a b. to eat all day** no he probado bocado en todo el día; IDIOM **to get** *or* **have a b. at** *or* **of the cherry** tener una oportunidad *or Am* chance;
(c) *Fig (of speech, article)* chispa *f;* **this mustard has a bit of a b.** esta mostaza está fuertecilla
2 *vt* (*pt* **bit** [bɪt], *pp* **bitten** [ˈbɪtən]) **(a)** *(of person, dog)* morder; *(of insect, snake)* picar; **the dog bit him in the leg** el perro le mordió en la pierna; **to b. one's nails** morderse las uñas
(b) IDIOMS **to b. one's lip** *(not cry out in pain)* morderse la lengua; **to b. one's tongue** *(stay silent)* morderse la lengua; *Fam* **to b. the bullet** agarrar el toro por los cuernos *or RP* las astas; *Fam* **to b. the dust** *(of scheme, plan)* irse a paseo *or Esp* al garete; **to b. the hand that feeds you** morder la mano que nos da de comer PROV **once bitten twice shy** gato escaldado del agua fría huye; *US Fam* **b. me!,** *very Fam* **b. my ass!** *Esp* ¡vete a tomar por culo!, *Méx* ¡vete a la chingada!, *RP* ¡andá a cagar!

3 *vi* (**a**) *(of person, dog)* morder; *(of insect, snake)* picar; **to b. into sth** dar un mordisco a algo; *Fig* **the cost bit into our savings** los gastos supusieron una merma en nuestros ahorros
(**b**) *(be felt) (cuts, recession)* hacerse notar
(**c**) *(take bait)* picar, morder el anzuelo
(**d**) *US very Fam (be bad)* ser una mierda
▸**bite off** *vt sep* arrancar de un mordisco; IDIOM **to b. off more than one can chew** querer abarcar demasiado; *Fam* **there's no need to b. my head off!** ¡no hace falta que me contestes así!

biting ['baɪtɪŋ] *adj (wind, satire)* penetrante

bitmap ['bɪtmæp] *n Comptr* mapa *m* de bits

bit-mapped ['bɪtmæpt] *adj Comptr* en mapa de bits ▫ ***b. font*** fuente *f* en mapa de bits

bitten ['bɪtən] *pp of* **bite**

bitter ['bɪtə(r)] **1** *n Br (beer)* = cerveza sin burbujas y de tono castaño
2 *adj* (**a**) *(taste)* amargo(a); IDIOM **it was a b. pill to swallow** costó mucho tragar (con) aquello ▫ ***b. lemon*** *(drink)* bíter *m or* refresco *m* de limón (**b**) *(wind, opposition)* recio(a); *(struggle)* encarnizado(a); *(tears)* de amargura; **to go on/resist to the b. end** seguir/resistir hasta el final (**c**) *(resentful) (person)* amargado(a), resentido(a); *(argument, words)* agrio(a); *(experience, memories, disappointment)* amargo(a); **to be b. about sth** estar resentido(a) por algo

bitterly ['bɪtəlɪ] *adv* (**a**) *(extremely)* enormemente, terriblemente; **we were b. disappointed** nos llevamos una decepción tremenda; **I b. regretted telling them** me arrepentí enormemente de habérselo dicho; **it was b. cold** hacía un frío horrible (**b**) *(resentfully)* **to complain b.** quejarse amargamente

bittern ['bɪtən] *n* avetoro *m*

bitterness ['bɪtənɪs] *n* (**a**) *(taste)* amargor *m* (**b**) *(resentment)* amargura *f*, amargor *m*

bitters ['bɪtəz] *npl (flavour for drinks)* bíter *m*, = aromatizante o tónico amargo del estilo de la angostura

bittersweet ['bɪtəswi:t] *adj (taste)* agridulce; **b. memories** recuerdos entre dulces y amargos

bitty ['bɪtɪ] *adj Fam (incomplete, disconnected)* deshilvanado(a)

bitumen ['bɪtjʊmɪn] *n* betún *m*

bituminous [bɪ'tju:mɪnəs] *adj* ***b. coal*** hulla *f*

bivalve ['baɪvælv] *n Zool* (molusco *m*) bivalvo *m*

bivariate [baɪ'veərɪət] *adj Math* bivariante

bivouac ['bɪvʊæk] **1** *n* vivac *m*, vivaque *m*
2 *vi (pt & pp* **bivouacked**) vivaquear

bi-weekly [baɪ'wi:klɪ] **1** *adj (fortnightly)* quincenal; *(twice weekly)* bisemanal
2 *adv (fortnightly)* quincenalmente; *(twice weekly)* dos veces por semana

bizarre [bɪ'zɑ:(r)] *adj* extraño(a), raro(a)

bizarrely [bɪ'zɑ:lɪ] *adv* extrañamente, de una forma extraña *or* rara

bk *(abbr* **book**) l.

blab [blæb] *(pt & pp* **blabbed**) *Fam* **1** *vt* soltar
2 *vi (chatter)* parlotear, *Esp* largar, *Méx* platicar, *RP* chusmear; **someone has blabbed to the newspapers** alguien se lo ha soplado a los periódicos

blabber ['blæbə(r)] *vi Fam* parlotear, *Esp* largar, *Méx* platicar, *RP* chusmear

blabbermouth ['blæbəmaʊθ] *n Fam* cotorra *f*, *Esp* bocazas *mf inv*, *RP* bocón(ona) *m,f*

black [blæk] **1** *n* (**a**) *(colour)* negro *m*
(**b**) *(person)* negro(a) *m,f*
(**c**) IDIOMS **to be in the b.** *(financially)* tener saldo positivo; **it says here in b. and white...** aquí pone claramente que...; **to see everything in b. and white** tener una actitud maniquea
2 *adj* (**a**) *(colour)* negro(a); **a b. man** un negro; **a b. woman** una negra; **b. and blue** *(bruised)* amoratado(a) ▫ ***b. bear*** oso *m* negro; ***b. belt*** *(in martial arts)* cinturón *m* negro; *Av* ***b. box*** caja *f* negra; ***b. bread*** pan *m* moreno *or* negro (de centeno); ***b. coffee*** café *m* solo; ***b. eye*** ojo *m* morado; *Astron* ***b. hole*** agujero *m* negro; ***b. ice*** placas *fpl* de hielo; ***b. pudding*** morcilla *f*; *Fig* ***b. sheep*** oveja *f* negra; ***b. tie*** *Esp* pajarita *f* negra; *Chile* humita *f* negra, *Col* corbatín *m* negro, *Méx* corbata *f* de moño negra, *RP* moñito *m* negro, *Ven* corbata *f* de lacito negra; *(on invitation)* se ruega ir de etiqueta; ***b. widow (spider)*** viuda *f* negra
(**b**) *(evil, unfavourable)* **to give sb a b. look** lanzar a alguien una mirada asesina; **the future is looking b.** el futuro se presenta muy negro; **it's a b. day for Britain** es un día negro *or* aciago para Gran Bretaña; **to be in sb's b. books** haber caído en desgracia con alguien, estar en la lista negra de alguien; **that earned him a b. mark** aquello supuso un borrón en su historial; **a b. mark against sb** un punto en contra de alguien ▫ ***b. magic*** magia *f* negra; ***b. mass*** misa *f* negra; ***b. spot*** *(for accidents)* punto *m* negro
(**c**) *(macabre)* ***b. comedy*** *(play, movie)* comedia *f* de humor negro; ***b. humour*** humor *m* negro
(**d**) *(unofficial)* ***b. economy*** economía *f* sumergida; ***b. market*** mercado *m* negro; ***b. marketeer*** estraperlista *mf*
(**e**) *(in proper names)* ***B. Consciousness*** (el movimiento de) la conciencia negra; ***the B. Country*** = la región industrial de las Midlands de Inglaterra; ***the B. Death*** la peste negra; ***the B. Forest*** la Selva Negra; ***B. Forest gateau*** = tarta de chocolate y guindas; *Br Fam* ***B. Maria*** *(police van)* furgón *m* celular *or* policial; ***B. Muslims*** musulmanes *mpl* negros, negros *mpl* musulmanes; ***B. Power*** el poder negro; *Parl* ***B. Rod*** = ujier de la cámara de los lores británica encargado de convocar a los comunes cuando se abre el periodo de sesiones; ***the B. Sea*** el Mar Negro
3 *vt* (**a**) *(blacken)* ennegrecer, pintar de negro; **to b. sb's eye** ponerle el ojo morado a alguien
(**b**) *(boycott) (company)* boicotear
▸**black out 1** *vt sep* (**a**) *(censor) (piece of writing)* borrar, tachar; *(person in photo)* suprimir (**b**) *(city)* dejar a oscuras (**c**) *TV* **industrial action has blacked out this evening's programmes** la huelga ha obligado a suspender los programas de esta noche
2 *vi (faint)* desmayarse

black-and-white ['blækən'waɪt] *adj (movie, TV, illustration)* en blanco y negro

blackball ['blækbɔ:l] *vt* vetar, votar en contra de

blackberry ['blækbərɪ] *n (bush)* zarzamora *f*; *(berry)* mora *f*

blackbird ['blækbɜ:d] *n* mirlo *m*

blackboard ['blækbɔ:d] *n* pizarra *f*, encerado *m*

blackcurrant ['blækkʌrənt] *n* (**a**) *(berry)* grosella *f* negra (**b**) *(bush)* grosellero *m* (negro)

blacken ['blækən] *vt* ennegrecer; *Fig (reputation)* manchar; **clouds blackened the sky** las nubes oscurecían el cielo

black-eyed ['blækaɪd] *n* ***b. bean*** *or* ***pea*** alubia *f* carilla; ***b. Susan*** *(flower)* rubeckia *f*

blackguard ['blægɑ:d] *n Old-fashioned* villano *m*, bellaco *m*

blackhead ['blækhed] *n* punto *m* negro, barrillo *m*

blackjack ['blækdʒæk] *n US* (**a**) *(truncheon)* porra *f* (**b**) *(card game)* veintiuna *f*

blackleg ['blækleg] *n Fam (strikebreaker)* esquirol(ola) *m,f*

blacklist ['blæklɪst] **1** *n* lista *f* negra
2 *vt* poner en la lista negra

blackly ['blæklɪ] *adv (angrily)* enfurecidamente

blackmail ['blækmeɪl] **1** *n* chantaje *m*
2 *vt* hacer chantaje a, chantajear; **to b. sb into doing sth** chantajear a alguien para que haga algo

blackmailer ['blækmeɪlə(r)] *n* chantajista *mf*

blackness ['blæknɪs] *n* (**a**) *(dirtiness)* negrura *f* (**b**) *(darkness)* oscuridad *f*

blackout ['blækaʊt] *n* (**a**) *(during air-raid)* apagón *m*; *Fig* **to impose a news b.** prohibir la cobertura informativa (**b**) *(fainting fit)* desmayo *m*

Blackshirt ['blækʃɜ:t] *n Hist* camisa *mf* negra

blacksmith ['blæksmɪθ] *n* herrero *m*

blackthorn ['blækθɔ:n] *n* endrino *m*

black-tie ['blæk'taɪ] *adj* de etiqueta

blacktop ['blæktɒp] *n US (substance)* asfalto *m*; *(area)* calzada *f*, carretera *f*; **two-lane b.** carretera *f* de dos carriles *or* de doble sentido

bladder ['blædə(r)] *n* vejiga *f*

bladderwrack ['blædəræk] *n* fuco *m*

blade [bleɪd] *n* (**a**) *(of knife, sword)* hoja *f* (**b**) *(of propeller, oar)* pala *f* (**c**) *(of grass)* brizna *f*, hoja *f* (**d**) *US Fam (knife)* navaja *f*

blah [blɑ:] *Fam* **1** *n* (**a**) *(meaningless remarks, nonsense)* sandeces *fpl*, *Esp* chorradas *fpl*, *Am* pendejadas *fpl*, *RP* pavadas *fpl* (**b**) **b., b., b.** *(to avoid repetition)* bla, bla, bla (**c**) *US* **to**

have the blahs *(feel depressed)* estar depre
2 *adj (dull)* soso(a), *Esp* peñazo

blame [bleɪm] **1** *n* culpa *f*; **to put the b. (for sth) on sb** culpar a alguien (de algo), echar la culpa a alguien (de algo); **to take the b. (for sth)** asumir la culpa (de algo); **I get the b. for everything!** ¡siempre me echan la culpa de todo!
2 *vt* culpar, echar la culpa a; **to b. sb for sth, to b. sth on sb** echar la culpa a alguien de algo; **he blames himself for what happened** se echa la culpa de lo que pasó; **I b. the parents!** ¡la culpa la tienen los padres!; **to be to b.** tener la culpa; **I don't b. you for wanting to leave** no me extraña que quieras marcharte; **she's left him — well, can you b. her?** ella le ha dejado – ¡a ver! ¡y con razón!; **she has nobody to b. but herself** ella, y sólo ella, tiene la culpa

blameless ['bleɪmlɪs] *adj (person)* inocente; *(conduct, life)* intachable

blamelessly ['bleɪmlɪslɪ] *adv* de manera intachable

blameworthy ['bleɪmwɜ:ðɪ] *adj (person)* culpable; *(conduct)* reprobable

blanch [blɑ:ntʃ] **1** *vt Culin* escaldar
2 *vi (go pale)* palidecer, ponerse pálido(a)

blancmange [blə'mɒnʒ] *n* = budín dulce de aspecto gelatinoso a base de leche y maicena

bland [blænd] *adj* soso(a), insulso(a); **b. assurances** promesas *fpl* tibias

> Note that the Spanish word **blando** is a false friend and is never a translation for the English word **bland**. In Spanish **blando** means "soft, weak".

blandishments ['blændɪʃmənts] *npl Formal* halagos *mpl*, lisonjas *fpl*

blandly ['blændlɪ] *adv (reply, smile)* tibiamente, con tibieza

blank [blæŋk] **1** *n* **(a)** *(space)* espacio *m* en blanco; **my mind is a b.** no recuerdo absolutamente nada; IDIOM **to draw a b.** *(of inquiry)* no sacar nada en claro *or* en limpio **(b)** *(gun cartridge)* cartucho *m* de fogueo; **to fire blanks** disparar tiros de fogueo; *Fam (be infertile)* ser estéril
2 *adj (paper, screen)* en blanco; *(face, look)* vacío(a), inexpresivo(a); **he looked b. when I mentioned your name** no dio muestras de reconocer tu nombre cuando lo mencioné; **my mind went b.** se me quedó la mente en blanco ▫ ***b. cartridge*** cartucho *m* de fogueo; ***b. cassette*** cinta *f* virgen; ***b. cheque*** cheque *m* en blanco; IDIOM **to give sb a b. cheque to do sth** dar carta blanca a alguien para hacer algo; ***b. verse*** *(in poetry)* verso *m* blanco, verso *m* suelto

▸**blank out** *vt sep (erase)* borrar

blanket ['blæŋkɪt] **1** *n* manta *f*, *Am* cobija *f*, *Am* frazada *f*; *Fig (of fog, cloud)* manto *m*
2 *adj (agreement, ban)* general, total; **the government imposed a b. ban on demonstrations** el gobierno prohibió todas las manifestaciones ▫ ***b. bath*** = lavado que se practica a un paciente postrado en cama; ***b. stitch*** punto *m* de festón; ***b. term*** *(for)* término *m* genérico (para referirse a)
3 *vt (cover)* cubrir (**with** *or* **in** de)

▸**blanket out** *vt sep* oscurecer, eclipsar

blankly ['blæŋklɪ] *adv (without expression)* inexpresivamente; *(without understanding)* sin comprender; **she stared b. into the distance** tenía la mirada perdida en la distancia

blare [bleə(r)] **1** *n* estruendo *m*
2 *vi (radio, music)* retumbar

▸**blare out 1** *vt sep* dar a todo volumen
2 *vi (radio, music)* retumbar

blarney ['blɑ:nɪ] *n Fam* coba *f*, labia *f*

blasé ['blɑ:zeɪ] *adj* **she was very b. about the accident** no le dio mayor importancia al accidente

blaspheme [blæs'fi:m] *vi* blasfemar

blasphemer [blæs'fi:mə(r)] *n* blasfemo(a) *m,f*

blasphemous ['blæsfəməs] *adj* blasfemo(a)

blasphemy ['blæsfəmɪ] *n* blasfemia *f*

blast [blɑ:st] **1** *n* **(a)** *(of wind)* ráfaga *f*; *(of heat)* bocanada *f*; **at full b.** *(of machines)* a toda máquina ▫ ***b. furnace*** alto horno *m* **(b)** *(sound) (of whistle, horn)* pitido *m*; *Fam* **the radio was on full b.** la radio estaba a todo volumen **(c)** *(explosion)* explosión *f*; *(shock wave)* onda *f* expansiva; *Fam* **meeting him was a real b. from the past!** ¡encontrarme con él fue como volver de repente al pasado! **(d)** *US Fam (good time)* pasada *f*; **we had a b.** lo pasamos bomba
2 *vt* **(a)** *(hole, tunnel)* abrir (con la ayuda de explosivos); **the building had been blasted by a bomb** una bomba había volado el edificio; **to b. sb's head off** volarle la cabeza a alguien; *Formal* **to b. sb's hopes** dar al traste con las esperanzas de alguien **(b)** *Fam (criticize)* machacar, atacar **(c)** *Br Fam* **b. (it)!** ¡maldita sea!

▸**blast off** *vi (of space rocket)* despegar

blasted ['blɑ:stɪd] *adj Fam (for emphasis)* dichoso(a), *Esp* puñetero(a); **it's a b. nuisance!** ¡es una pesadez *or Esp* lata!

blast-off ['blɑ:stɒf] *n (of space rocket)* lanzamiento *m*

blatant ['bleɪtənt] *adj* descarado(a), manifiesto(a); **must you be so b. about it?** no hace falta que se entere todo el mundo ▫ ***a b. lie*** una mentira evidente

blatantly ['bleɪtəntlɪ] *adv* descaradamente, ostensiblemente; **it's b. obvious** es más que evidente

blather ['blæðə(r)] *vi US Fam* desbarrar, decir *Esp* paridas *or Am* pendejadas *or RP* pavadas

blaze [bleɪz] **1** *n* **(a)** *(fire) (in hearth)* fuego *m*, hoguera *f*; *(uncontrolled)* fuego *m*, incendio *m* **(b)** *(of colour, light)* explosión *f*; **in a b. of anger** en un ataque de ira; **in a b. of publicity** acompañado(a) de una gran campaña publicitaria; **to go out in a b. of glory** marcharse de forma apoteósica **(c)** *Fam* **to run/work like blazes** correr/trabajar como una bala *or Esp* a toda mecha; *Fam* **what the blazes does he want?** ¿qué diablo *or* diantre(s) quiere?; *Fam* **go** *or Br* **get to blazes!** ¡váyase usted a la porra!
2 *vt* IDIOM **to b. a trail** abrir nuevos caminos
3 *vi (of fire)* arder; *(of sun)* abrasar; *(of light)* estar encendido(a) *or Am* prendido(a); **to b. with anger** estar encendido(a) de ira

▸**blaze away** *vi (with gun)* disparar continuamente

blazer ['bleɪzə(r)] *n* chaqueta *f*, americana *f*

blazing ['bleɪzɪŋ] *adj* **(a)** *(sun, heat)* abrasador(ora), achicharrante **(b)** *(building)* en llamas **(c)** *Fig* **a b. row** una discusión violenta

blazon ['bleɪzən] *vt* **(a)** *(decorate)* ornar (**with** con) **(b)** *(broadcast)* proclamar *or* pregonar a los cuatro vientos; **his name was blazoned all over the news** su nombre sonaba en todos los noticiarios

bleach [bli:tʃ] **1** *n* lejía *f*, *Chile, Méx, RP* cloro *m*, *Col* decol *m*, *RP* lavandina *f*
2 *vt (cloth)* desteñir; **hair bleached by the sun** cabellos descoloridos por el sol

bleachers ['bli:tʃəz] *npl US* gradas *fpl* descubiertas

bleak [bli:k] *adj* **(a)** *(landscape, mountain)* desolado(a) **(b)** *(weather)* desapacible **(c)** *(outlook)* desolador(ora)

bleakly ['bli:klɪ] *adv* sombríamente

bleakness ['bli:knəs] *n* **(a)** *(of landscape)* desolación *f* **(b)** *(of weather)* desapacibilidad *f* **(c)** *(hopelessness)* carácter *m* desolador

blearily ['blɪərɪlɪ] *adv* con ojos de sueño

bleary ['blɪərɪ] *adj (eyes)* de sueño

bleary-eyed ['blɪərɪ'aɪd] *adj* **to be b.** tener ojos de sueño

bleat [bli:t] **1** *n (of lamb)* balido *m*
2 *vi* **(a)** *(of lamb)* balar **(b)** *Pej (complain)* quejarse (**about** de); **stop bleating!** ¡no seas quejica!

bleed [bli:d] (*pt & pp* **bled** [bled]) **1** *vt* **(a)** *Med* sangrar; *Fig* **to b. sb dry** chupar la sangre a alguien **(b)** *(radiator)* purgar
2 *vi* sangrar; **his nose is bleeding** le sangra la nariz; **to b. to death** morir desangrado(a)

bleeder ['bli:də(r)] *n Br Fam* imbécil *mf*, *Esp* soplagaitas *mf inv*; **poor b.** pobre diablo; **you lucky b.!** ¡qué suerte (tienes), cabrón!

bleeding ['bli:dɪŋ] **1** *n* hemorragia *f*; **has the b. stopped?** ¿te ha dejado de salir sangre?
2 *adj* **(a)** *(wound)* sangrante; *Fam Pej* **b. heart** abogado(a) *m,f* de causas perdidas, blandengue *mf* **(b)** *Br Fam (for emphasis)* **you b. liar!** ¡pedazo de *or Méx* pinche mentiroso!; **you b. idiot!** ¡maldito *or Méx* pinche imbécil!
3 *adv Br Fam (for emphasis)* **it's b. cold/expensive** hace un frío/es caro de la leche; **that was b. stupid!** ¡qué estupidez!; **you're b. (well) coming with me!** ¡mecachis en la mar, tú te vienes conmigo!

bleep [bli:p] **1** *n* pitido *m*
2 *vt (page)* localizar con el busca *or Méx* localizador *or RP* radiomensaje
3 *vi* pitar

▸**bleep out** *vt sep Fam TV* censurar con un pitido

bleeper ['bli:pə(r)] *n (pager)* buscapersonas *m inv*, busca *m*, *Méx* localizador *m*, *RP* radiomensaje *m*

blemish ['blemɪʃ] **1** *n (mark)* mancha *f*, marca *f*; *Fig (on reputation)* mancha *f*, mácula *f*
2 *vt Fig (spoil)* manchar, perjudicar

blench [blentʃ] *vi (flinch)* inmutarse

blend [blend] **1** *n* (**a**) *(mixture)* mezcla *f* (**b**) *Comptr* degradado *m*
2 *vt (styles, ideas)* conjugar (**with** con); *Culin* mezclar; **b. the eggs and butter together** mezclar los huevos y la mantequilla; **blended tea/tobacco** mezcla *f* de tés/tabacos
3 *vi* (**a**) *(mix together)* mezclarse (**b**) **to b. into** *(surroundings)* confundirse con; **to b. into the background** *(go unnoticed)* pasar desapercibido(a)

▸**blend in** *vi (with surroundings)* armonizar (**with** con)

blender ['blendə(r)] *n* licuadora *f*

blenny ['blenɪ] *n* blenio *m*, cangüeso *m*

bless [bles] (*pt & pp* **blessed** [blest]) *vt* (**a**) *(say blessing for)* bendecir (**b**) *(in exclamations)* **God b. you!** ¡(que) Dios te bendiga!; **b. you!** *(when someone sneezes)* ¡jesús!, ¡salud! (**c**) *(gift)* **he is blessed with quick wits** tiene la suerte de ser muy espabilado; **they have been blessed with two fine children** han tenido dos hermosos hijos

blessed ['blesɪd] *adj* (**a**) *(holy)* sagrado(a), santo(a); **b. are the peacemakers** bienaventurados son los que buscan la paz ❑ ***the B. Sacrament*** el Santísimo Sacramento (**b**) *Fam (for emphasis)* dichoso(a); **a b. nuisance** una pesadez; **I can't see a b. thing!** ¡no veo ni jota *or* un pepino!

blessing ['blesɪŋ] *n* (**a**) *(religious)* bendición *f*; *Fig* **she gave her son/the plan her b.** bendijo a su hijo/el plan (**b**) *(benefit, advantage)* bendición *f*, bondad *f*; IDIOM **it turned out to be a b. in disguise** a pesar de lo que parecía al principio, resultó ser una bendición; IDIOM **it was a mixed b.** tuvo sus cosas malas y sus cosas buenas; IDIOM **to count one's blessings** dar gracias (a Dios) por lo que se tiene

blether ['bleðə(r)] *vi Fam (talk rubbish)* desbarrar, decir *Esp* paridas *or Am* pendejadas *or RP* pavadas

blew [blu:] *pt of* **blow**

blight [blaɪt] **1** *n* (**a**) *(crop disease)* mildiu *m* (**b**) *(destructive influence)* plaga *f*; **to cast a b. on sth** enturbiar algo
2 *vt* (**a**) *(crop)* infestar, arruinar (**b**) *(spoil, ruin)* menoscabar, socavar; **to b. sb's hopes** truncar las esperanzas de alguien

blighter ['blaɪtə(r)] *n Br Fam Old-fashioned (fellow)* tipo *m*, *Esp* gachó *m*; **lucky b.** suertudo(a) *m,f*; **poor b.** pobre diablo *m*

Blighty ['blaɪtɪ] *n Br Fam Old-fashioned* Inglaterra

blimey ['blaɪmɪ] *exclam Br Fam Esp* ¡caray!, *Esp* ¡caramba!, *Méx* ¡ay güey!, *RP* ¡miércoles!

blimp [blɪmp] *n* (**a**) *(airship, balloon)* dirigible *m* (**b**) *Br Fam Pej* **a (Colonel) B.** un reaccionario

blimpish ['blɪmpɪʃ] *adj Br* reaccionario(a)

blind[1] [blaɪnd] **1** *npl* **the b.** los ciegos, los invidentes; IDIOM **it's like the b. leading the b.** es como un ciego guiando a otro ciego ❑ ***b. school*** escuela *f* para ciegos
2 *adj* (**a**) *(unable to see) & Fig* ciego(a); **a b. man** un ciego; **a b. woman** una ciega; **to be b.** ser *or* estar ciego(a); **to go b.** quedarse ciego(a); *Fig* **to be b. to sth** no ver algo; **to be b. in one eye** ser tuerto(a); IDIOM **to be as b. as a bat** ser cegato(a) perdido(a); IDIOM **to turn a b. eye (to sth)** hacer la vista gorda (con algo); **to be b. with fury** estar ciego de ira ❑ ***b. alley*** callejón *m* sin salida; ***b. date*** cita *f* a ciegas; ***b. man's buff*** la gallinita ciega; ***b. side*** *(for driver)* ángulo *m* muerto; *(of person)* zona *f* que queda fuera del ángulo de visión; ***b. spot*** *(for driver)* ángulo *m* muerto; *Fig (problem of understanding)* punto *m* flaco; *US Fin* ***b. trust*** = gestión de las inversiones de un personaje importante por la que él desconoce los detalles para evitar un posible conflicto de intereses
(**b**) *(as intensifier) Fam* **he didn't take a b. bit of notice** no hizo ni caso; **it didn't make a b. bit of difference** no importó lo más mínimo
3 *adv* (**a**) *(without seeing)* **to fly b.** volar a ciegas
(**b**) *(as intensifier)* **to be b. drunk** estar borracho(a) perdido(a)
4 *vt (deprive of sight, dazzle)* cegar; **he was blinded** se quedó ciego; *Fig* **love blinded her to his faults** el amor le impedía ver sus defectos; **to b. sb with science** confundir a alguien utilizando términos muy técnicos

blind[2] *n* (**a**) *(deception, decoy)* tapadera *f*; **it's just a b.** no es más que una tapadera (**b**) *(for window)* persiana *f*; *(roller type)* persiana (de tela) enrollable; *(venetian)* persiana veneciana *or* de lamas

blinder ['blaɪndə(r)] *n Br Fam (excellent example)* **a b. of a goal** un golazo; **a b. of a shot** un tiro increíble; **the keeper played a b.** el portero *or Am* arquero hizo un paradón

blindfold ['blaɪndfəʊld] **1** *n* venda *f*
2 *vt* vendar los ojos a

blinding ['blaɪndɪŋ] *adj* (**a**) *(light, flash)* cegador(ora); *(pain)* tremendo(a) (**b**) *Br Fam (excellent)* fenomenal, *Méx* padre

blindingly ['blaɪndɪŋlɪ] *adv* **it was b. obvious** estaba clarísimo, saltaba a la vista

blindly ['blaɪndlɪ] *adv* (**a**) *(grope, hit out)* a ciegas (**b**) *(obey, follow)* ciegamente

blindness ['blaɪndnɪs] *n also Fig* ceguera *f*

blindworm ['blaɪndwɜ:m] *n* lución *m*

blink [blɪŋk] **1** *n* (**a**) *(of eyes)* parpadeo *m*, pestañeo *m*; **in the b. of an eye** en un abrir y cerrar de ojos (**b**) IDIOM *Fam* **the TV is on the b. again** *(malfunctioning)* ya se ha vuelto a escacharrar la tele
2 *vt* **to b. one's eyes** parpadear, pestañear
3 *vi (of person)* parpadear, pestañear; *(of lights)* parpadear

blinkered ['blɪnkəd] *adj (approach, attitude)* estrecho(a) de miras, cerrado(a)

blinkers ['blɪŋkəz] *npl* (**a**) *(for horse)* anteojeras *fpl*; *Fig* **to be wearing b.** ser estrecho(a) de miras (**b**) *Fam (indicators)* intermitentes *mpl*

blinking ['blɪŋkɪŋ] **1** *adj* (**a**) *(light)* intermitente (**b**) *Br Fam (for emphasis)* condenado(a), dichoso(a); **what a b. nuisance!** ¡vaya lata *or RP* embole!; **you b. idiot!** ¡idiota de las narices!; **the b. thing won't work!** ¡este condenado cacharro no funciona!
2 *adv Fam (for emphasis)* **it's b. cold/expensive** hace un frío/es caro de narices; **you're so b. stubborn!** ¡mira que eres tozudo!

blip [blɪp] *n* (**a**) *(on radar screen)* parpadeo *m* (**b**) *Fam (temporary problem)* pequeño problema *m*

bliss [blɪs] *n* éxtasis *m inv*; **breakfast in bed, what b.!** el desayuno en la cama, ¡qué maravilla!

blissful ['blɪsfʊl] *adj* maravilloso(a), feliz; **to be in b. ignorance** ser felizmente ignorante

blissfully ['blɪsfʊlɪ] *adv* felizmente; **b. happy** completamente feliz; **b. ignorant** felizmente ignorante

B-list ['bi:lɪst] *adj (actor, celebrity)* de segunda (fila)

blister ['blɪstə(r)] **1** *n* (**a**) *(on feet, skin)* ampolla *f*; *(on paint)* burbuja *f* (**b**) *Com* ***b. pack*** blister *m*
2 *vt (feet, skin)* levantar ampollas en, ampollar; *(paint)* hacer que salgan burbujas en
3 *vi (of feet, skin)* ampollarse; *(of paint)* hacer burbujas

blistering ['blɪstərɪŋ] *adj* (**a**) *(sun, heat)* abrasador(ora), achicharrante (**b**) *(criticism, attack)* feroz, despiadado(a)

blithe [blaɪð] *adj* alegre

blithely ['blaɪðlɪ] *adv* alegremente

blithering ['blɪðərɪŋ] *adj Fam* **a b. idiot** un verdadero idiota

blitz [blɪts] **1** *n* (**a**) *(air bombardment)* bombardeo *m* aéreo; *Hist* **The B.** = bombardeo alemán de ciudades británicas en 1940-41 (**b**) *Fam Fig* **let's have a b. on that paperwork** vamos a quitarnos de encima estos papeles
2 *vt (bomb)* bombardear desde el aire

blitzed [blɪtst] *adj Fam* (**a**) *(on alcohol)* mamado(a), pedo; *Esp* colocado(a); **to get b.** ponerse pedo, colocarse (**b**) *(on drugs)* colocado(a), *RP* falopeado(a); **to get b.** colocarse, *Esp* ponerse pedo, *RP* falopearse

blizzard ['blɪzəd] *n* ventisca *f*, tormenta *f* de nieve

bloated ['bləʊtɪd] *adj (stomach, budget)* hinchado(a); *(ego)* exagerado(a)

blob [blɒb] *n (of cream, jam)* cuajarón *m*; *(of paint)* goterón *m*; *(of ink)* gota *f*

bloc [blɒk] *n Pol* bloque *m*

block [blɒk] **1** *n* (**a**) *(of wood, stone)* bloque

m; (of butcher, for execution) tajo *m; Fam* **I'll knock your b. off!** ¡te rompo la crisma!; **b. and tackle** *(for lifting)* polipasto *m*, sistema *m* de poleas ❑ ***b. capitals*** (letras *fpl*) mayúsculas *fpl*; ***b. diagram*** *(flowchart)* diagrama *m* (de flujo *or* bloques)
(**b**) *(building)* bloque *m*; *US (group of buildings)* manzana *f*, *Am* cuadra *f* ❑ *Br* ***b. of flats*** bloque *m* de apartamentos *or Esp* pisos *or Am* departamentos
(**c**) *(group) (of shares)* paquete *m*; *(of seats, tickets)* grupo *m*, conjunto *m*; *Comptr* **a b. of text** un bloque de texto ❑ ***b. booking*** reserva *f* de grupo; ***b. vote*** voto *m* por delegación
(**d**) *(in basketball, volleyball)* bloqueo *m*
(**e**) *(in race)* **(starting) blocks** tacos *mpl* de salida; **to be first off the blocks** hacer la salida más rápida
2 *vt* (**a**) *(pipe, road, proposal)* bloquear; *(toilet, sink)* atascar; *(exit, stairs)* obstruir; *(in basketball, volleyball)* bloquear; **my nose is blocked** tengo la nariz taponada; **to b. sb's way** cerrar el paso a alguien; **to b. sb's view** no dejar ver a alguien; *Fin* **to b. a cheque** anular un cheque
(**b**) *Comptr* **to b. text** seleccionar un bloque de texto; **to b. and copy** seleccionar y copiar
▸**block in** *vt sep* (**a**) *(sketch out)* esbozar (**b**) *(prevent free movement of)* tapar la salida a, cerrar el paso a
▸**block off** *vt sep (road, exit)* cortar, bloquear
▸**block out** *vt sep (light)* impedir el paso de; *(memory)* enterrar; **she wears earplugs to b. out the music** se pone tapones en los oídos para no oír la música
▸**block up** *vt sep (door, window)* atrancar; *(hole, entrance)* tapar

blockade [blɒ'keɪd] **1** *n* bloqueo *m*, embargo *m*
2 *vt* bloquear

blockage ['blɒkɪdʒ] *n* obstrucción *f*

blockboard ['blɒkbɔːd] *n* contrachapado *m or* panel *m* de listones

blockbuster ['blɒkbʌstə(r)] *n (book, movie)* bombazo *m*, gran éxito *m*

blocked-up [blɒkt'ʌp] *adj* **to have a b. nose** tener la nariz taponada

blockhead ['blɒkhed] *n Fam* zoquete *m*, *Esp* tarugo *m*

blockhouse ['blɒkhaʊs] *n Mil* blocao *m*

bloke [bləʊk] *n Br Fam* tipo *m*, *Esp* tío *m*

blokeish ['bləʊkɪʃ] *adj Br Fam (attitude)* típico(a) de machitos *or Esp* de tíos

blond(e) [blɒnd] **1** *n (woman)* rubia *f*, *Méx* güera *f*, *CAm* chela *f*, *Carib* catira *f*, *Col* mona *f*
2 *adj* rubio(a), *Méx* güero(a), *CAm* chele(a), *Carib* catire(a), *Col* mono(a)

blood [blʌd] **1** *n* (**a**) *(body fluid)* sangre *f*; **to give b.** donar sangre ❑ ***b. bank*** banco *m* de sangre; ***b. brother*** hermano *m* de sangre; ***b. cell*** glóbulo *m*; ***b. clot*** coágulo *m*; ***b. count*** recuento *m* de células sanguíneas, hemograma *m*; ***b. donor*** donante *mf* de sangre; ***b. doping*** = forma de dopaje consistente en reinyectar sangre previamente extraída justo antes de una carrera; ***b. group*** grupo *m* sanguíneo; ***b. heat*** temperatura *f* (normal) del cuerpo; ***b. money*** *(for committing murder)* = dinero pagado para que se cometa un asesinato; *(compensation)* indemnización *f* por fallecimiento *(en delito de sangre)*; ***b. orange*** (naranja *f*) sanguina *f*; ***b. packing*** = forma de dopaje consistente en reinyectar sangre previamente extraída justo antes de una carrera; ***b. poisoning*** septicemia *f*; ***b. pressure*** tensión *f* (arterial), presión *f* sanguínea; **to have high/low b. pressure** tener la tensión alta/baja; *US* ***b. pudding*** morcilla *f*; ***b. relations*** *or* ***relatives: they are b. relations*** *or* ***relatives*** les unen lazos de sangre; ***b. sports*** deportes *mpl* cinegéticos; ***b. sugar*** (nivel *m* de) azúcar *m o f* en la sangre; ***b. test*** análisis *m* de sangre; ***b. transfusion*** transfusión *f* sanguínea; ***b. type*** grupo *m* sanguíneo; ***b. vessel*** vaso *m* sanguíneo
(**b**) IDIOMS **to have sth in one's b.** llevar algo en la sangre; **to have b. on one's hands** tener las manos manchadas de sangre; **he's after your b.** te tiene ojeriza; **fresh** *or* **new b.** savia *f* nueva; **in cold b.** a sangre fría; **it makes my b. run cold** me hiela la sangre; **it makes my b. boil when...** me hierve la sangre cuando...; **b., sweat and tears** sangre, sudor y lágrimas; **it's like trying to get b. out of a stone** es como intentar sacar agua de una piedra; PROV **b. is thicker than water** la sangre tira
2 *vt (initiate) (soldier, politician)* dar el bautismo de fuego a

bloodbath ['blʌdbɑːθ] *n* baño *m* de sangre

bloodcurdling ['blʌdkɜːdlɪŋ] *adj* aterrador(ora), horripilante

bloodhound ['blʌdhaʊnd] *n* sabueso *m*

bloodily ['blʌdɪlɪ] *adv* de manera sangrienta

bloodless ['blʌdlɪs] *adj* (**a**) *(without bloodshed)* incruento(a), sin derramamiento de sangre; **b. coup** *(in country)* golpe *m* incruento; *Fig (in company, political party)* golpe *m* de mano (**b**) *(pale)* pálido(a) (**c**) *(lacking energy, emotion)* sin chispa

bloodletting ['blʌdletɪŋ] *n* (**a**) *Med* sangría *f* (**b**) *(slaughter)* sangría *f*, matanza *f*; *Fig (internal feuding)* luchas *fpl* intestinas

bloodline ['blʌdlaɪn] *n* (**a**) *(of people)* genealogía *f*, linaje *m* (**b**) *(of animal)* pedigrí *m*

bloodlust ['blʌdlʌst] *n* ansias *fpl* de sangre

blood-red ['blʌd'red] *adj* de un rojo intenso

bloodshed ['blʌdʃed] *n* derramamiento *m* de sangre

bloodshot ['blʌdʃɒt] *adj (eyes)* inyectado(a) de sangre

bloodstain ['blʌdsteɪn] *n* mancha *f* de sangre

bloodstained ['blʌdsteɪnd] *adj* manchado(a) de sangre

bloodstock ['blʌdstɒk] *n (horses)* caballos *mpl* de carreras, purasangres *mpl*

bloodstone ['blʌdstəʊn] *n Geol* heliotropo *m (gema)*

bloodstream ['blʌdstriːm] *n* torrente *m or* flujo *m* sanguíneo

bloodsucker ['blʌdsʌkə(r)] *n* (**a**) *(mosquito, leech)* chupador(ora) *m,f* de sangre (**b**) *Fam (person)* sanguijuela *f*, parásito(a) *m,f*

bloodthirsty ['blʌdθɜːstɪ] *adj* sanguinario(a)

bloody ['blʌdɪ] **1** *adj* (**a**) *(bleeding)* sanguinolento(a), sangriento(a); *(bloodstained)* ensangrentado(a); *(battle, revolution)* sangriento(a); *Fig* **to give sb a b. nose** dar un escarmiento a alguien, infligir una herida a alguien ❑ ***b. Mary*** *(drink)* bloody mary *m*
(**b**) *Br very Fam (for emphasis)* maldito(a), *Esp* puñetero(a), *Méx* pinche; **a b. liar** un mentiroso de mierda; **you b. idiot!** ¡tonto de mierda *or* de los cojones!; **where's my b. wallet?** ¿dónde he puesto la puta *or Esp* puñetera cartera?; **b. hell!** ¡me cago en la mar!, ¡mierda!, *Méx* ¡en la madre!
2 *adv Br very Fam (for emphasis)* **it's b. hot!** hace un calor de la leche *or RP* de mierda; **not b. likely!** ¡ni de coña *or RP* en pedo!, *Méx* ¡no mames!; **he can b. well do it himself!** ¡joder, que lo haga él!; **it was b. brilliant!** ¡fue cojonudo *or* la hostia!, *Méx* ¡fue de poca madre!, *RP* ¡fue para alquilar balcones!; *Ironic* **that's just b. marvellous!** ¡genial!, *Esp* ¡me parece cojonudo!, *RP* ¡ahora sí estamos bárbaro!

bloody-minded [blʌdɪ'maɪndɪd] *adj Br* terco(a)

bloody-mindedness [blʌdɪ'maɪndɪdnɪs] *n Br* terquedad *f*

bloom [bluːm] **1** *n* (**a**) *(flower)* flor *f*; **in (full) b.** en flor, florecido(a); *Fig* en su apogeo; **in the b. of youth** en la flor de la edad (**b**) *(on fruit, leaves)* vello *m*, pelusa *f*
2 *vi (of garden, flower, talent)* florecer; *Fig* **to b. with health** estar rebosante de salud

bloomer ['bluːmə(r)] *n Br* (**a**) *Fam (mistake)* metedura *f* de pata (**b**) *(bread)* hogaza *f*

bloomers ['bluːməz] *npl* pololos *mpl*

blooming ['bluːmɪŋ] *Br Fam* **1** *adj* condenado(a); **you b. idiot!** ¡pedazo de idiota!; **I've lost my b. keys!** ¡he perdido las malditas llaves!
2 *adv* **b. awful** fatal; **he's b. useless!** ¡es un inútil!

blooper ['bluːpə(r)] *n US Fam Hum* metedura *f* de pata

blossom ['blɒsəm] **1** *n* flor *f*; **to be in b.** estar en flor
2 *vi also Fig* florecer; *Fig* **a blossoming friendship/interest** una amistad/un interés floreciente; *Fig* **to b. into sth** transformarse en algo

blot [blɒt] **1** *n (of ink)* borrón *m*, mancha *f*; *Fig* tacha *f*, mácula *f*; *Fig* **to be a b. on the landscape** estropear el paisaje
2 *vt (pt & pp* **blotted***)* (**a**) *(stain)* emborronar, manchar; IDIOM **he had blotted his copybook** había manchado su reputación (**b**) *(with blotting paper)* secar
▸**blot out** *vt sep (sun, light)* impedir el paso de; *(memory)* enterrar

blotch [ˈblɒtʃ] *n (on skin)* mancha *f*, enrojecimiento *m*

blotchy [ˈblɒtʃɪ] *adj (skin)* con manchas

blotter [ˈblɒtə(r)] *n* (**a**) *(blotting pad)* hoja *f* de papel secante (**b**) *US (log book)* registro *m*

blotting paper [ˈblɒtɪŋpeɪpə(r)] *n* papel *m* secante

blotto [ˈblɒtəʊ] *adj Br Fam (drunk)* **to be b.** estar mamado(a) *or Esp* ciego(a) *or Méx* cuete *or RP* en pedo

blouse [blaʊz] *n* blusa *f*; IDIOM *Br Fam Hum & Pej* **a big girl's b.** un mariquita, un gallina

blow[1] [bləʊ] *n* (**a**) *(hit)* golpe *m*; **to come to blows (over sth)** llegar a las manos (por algo); *Fig* **to soften the b.** suavizar el golpe; IDIOM **to strike a b. for sth** romper una lanza por algo; **at one b.** de un golpe (**b**) *(setback)* duro golpe *m*; **this news came as** *or* **was a b. to us** la noticia fue un duro golpe para nosotros; **it was a b. to her pride** hirió su orgullo

BLOW[2] *(pt* **blew** [blu:], *pp* **blown** [bləʊn]) **1** *vt* (**a**) *(of wind)* **the wind blew the fence down** *or* **over** el viento derribó la valla; **the wind blew the door open** el viento abrió la puerta; **we were blown off course** el viento nos hizo perder el rumbo; IDIOM **it really blew the cobwebs away** me despejó por completo

(**b**) *(of person) (flute, whistle, horn)* tocar; **to b. the dust off sth** soplar el polvo que hay en algo; *Fig (plan, scheme)* desenterrar algo; **she blew smoke in his face** le echó humo a la cara; **to b. bubbles** hacer pompas de jabón; **to b. glass** soplar vidrio; **to b. sb a kiss** lanzar un beso a alguien; **to b. one's nose** sonarse la nariz; IDIOM **to b. one's own trumpet** *or* **horn** echarse flores; IDIOM **to b. the whistle on sth/sb** dar la alarma sobre algo/alguien

(**c**) *Elec* **the hairdryer has blown a fuse** ha saltado un fusible en el secador; IDIOM *Fam* **to b. a fuse** *or* **gasket** *(of person)* ponerse hecho(a) una furia

(**d**) *(cause to explode)* **to b. sth to pieces** volar algo; **the ship was blown right out of the water** el barco salió volando por los aires; **we've blown a tyre** se nos ha pinchado una rueda; *Fam* **to b. sb's brains out** saltarle a alguien la tapa de los sesos; IDIOM **to b. sb's cover** desvelar la verdadera identidad de alguien; IDIOM *Br Fam* **to b. the gaff on sb** descubrir a alguien; IDIOM **to b. the lid off sth** *(reveal)* sacar algo a la luz; IDIOM *Fam* **to b. one's lid** *or* **stack** *or* **top** ponerse hecho(a) un basilisco; *Fam* **the Grand Canyon blew my mind** el Gran Cañón me dejó patidifuso(a); *Fig* **this discovery blows their theory sky-high** este descubrimiento echa por tierra su teoría

(**e**) *Fam (waste) (chance, opportunity)* echar a perder, *Esp* mandar al garete; **that's blown it!** ¡lo ha estropeado todo!

(**f**) *Fam (spend) (money)* fundir, *RP* fumar; **he blew all his savings on a holiday** se fundió *or RP* fumó todos sus ahorros en unas vacaciones

(**g**) *US Fam (leave)* **to b. town** largarse de la ciudad

(**h**) *Fam (in exclamations)* **b. it!** *(expressing annoyance)* ¡ostras!; **b. me (down)!, well I'll be blowed!** *(expressing surprise)* ¡no fastidies!; **b. me if he didn't tell her anyway** ¡y no te fastidia, va y se lo cuenta!; **b. the cost!** ¡a paseo con el costo!; **I'm blowed if I'm going to help her** ya puede esperar sentada si cree que le voy a ayudar; *Old-fashioned* **well, I'll be blowed!** ¡cáspita!, ¡demontre!

2 *vi* (**a**) *(of wind, person)* soplar; **the fence blew down** *or* **over** el viento derribó la valla; **the door blew open/shut** el viento abrió/cerró la puerta; **my papers blew out of the window** mis papeles salieron volando por la ventana; **his scarf was blowing in the wind** el viento agitaba su bufanda; **dust blew in her eyes** se le llenaron los ojos de polvo; **to b. on one's fingers** calentarse los dedos soplando; **to b. on one's soup** soplar en la sopa; IDIOM **he's always blowing hot and cold** está cambiando constantemente de opinión

(**b**) *(of whistle, horn)* sonar; **the whistle had blown before the goal** el pitido sonó antes del gol

(**c**) *Elec (of fuse)* fundirse

(**d**) *(of tyre)* reventarse

(**e**) *(pant)* resoplar

3 *n* (**a**) *(of person)* soplido *m*; **she gave her nose a b.** se sonó la nariz

(**b**) *Br (walk)* **to go (out) for a b.** salir a dar una vuelta, salir a tomar el aire

(**c**) *Br Fam (cannabis)* chocolate *m*, *Méx* mota *f*, *RP* yerba *f*

(**d**) *US Fam (cocaine)* coca *f*, *Esp* perico *m*, *Chile, RP* merca *f*, *Col* perica *f*

▸**blow away 1** *vt sep* (**a**) *(of wind)* **the wind blew the newspaper away** el viento se llevó el periódico volando (**b**) *Fam (shoot dead)* **to b. sb away** dejar seco(a) a alguien de un disparo; **they blew away the opposition** barrieron a la oposición; *Fig* **his latest film blew me away** su última película me dejó alucinado

2 *vi (of paper, hat)* salir volando

▸**blow in** *vi Fam (arrive)* aterrizar

▸**blow off 1** *vt sep* **the wind blew her hat off** el viento le quitó el sombrero; *Fam* **to b. sb's head off** *(with gun)* volarle la cabeza a alguien

2 *vi (of hat)* salir volando

▸**blow out 1** *vt sep (extinguish)* apagar; **the storm blew itself out** la tormenta se extinguió

2 *vi* (**a**) *(be extinguished)* apagarse (**b**) *(tyre)* reventarse

▸**blow over** *vi (of storm)* amainar; *(of scandal)* calmarse

▸**blow up 1** *vt sep* (**a**) *(inflate) (balloon, tyre)* inflar, hinchar (**b**) *(cause to explode)* explosionar, (hacer) explotar; **they blew up the embassy** volaron la embajada (**c**) *Phot (enlarge)* ampliar; *Fig* **the press blew the incident up** la prensa exageró el incidente; *Fig* **it had been blown up out of all proportion** se sacaron las cosas de quicio

2 *vi* (**a**) *(of bomb)* explotar, hacer explosión; *Fig (lose one's temper)* ponerse hecho(a) una furia; **the van blew up** la furgoneta saltó por los aires (**b**) *(begin)* **there's a storm blowing up** se está formando una tormenta (**c**) *Fam (of athlete, cyclist)* desfallecer

---

blow-by-blow [ˈbləʊbaɪˈbləʊ] *adj (account)* detallado(a), con todo lujo de detalles

blow-dry [ˈbləʊdraɪ] **1** *n* secado *m*

2 *vt* secar con secador de mano

blower [ˈbləʊə(r)] *n Br Fam (telephone)* teléfono *m*

blowfly [ˈbləʊflaɪ] *n* moscardón *m*, moscarda *f*

blowhard [ˈbləʊhɑ:d] *n US Fam* fanfarrón(ona) *m,f*, *Esp* fantasma *mf*

blowhole [ˈbləʊhəʊl] *n (of whale)* espiráculo *m*

blowjob [ˈbləʊdʒɒb] *n Vulg* mamada *f*; **to give sb a b.** mamársela a alguien

blowlamp [ˈbləʊlæmp] *n* soplete *m*

blown [bləʊn] *pp of* **blow**

blow-out [ˈbləʊaʊt] *n* (**a**) *(of tyre)* reventón *m*, *Am* ponchadura *f* (**b**) *Br Fam (big meal)* comilona *f*, *Esp* cuchipanda *f*

blowpipe [ˈbləʊpaɪp] *n (weapon)* cerbatana *f*

blowtorch [ˈbləʊtɔ:tʃ] *n* soplete *m*

blow-up [ˈbləʊʌp] *n* (**a**) *(photograph)* ampliación *f* (**b**) *Fam (of temper)* estallido *m* de ira

blowy [ˈbləʊɪ] *adj* ventoso(a), de mucho viento

blowzy [ˈblaʊzɪ] *adj (woman)* desaseada y gorda

BLT [bi:elˈti:] *n (abbr* **bacon, lettuce and tomato**) **a B. (sandwich)** un sándwich de lechuga, tomate y tocino *m or Esp* beicon

blub [blʌb] *(pt & pp* **blubbed**) *vi Fam (cry)* lloriquear

blubber [ˈblʌbə(r)] **1** *n (fat)* grasa *f*

2 *vi Fam (cry)* lloriquear

blubbery [ˈblʌbərɪ] *adj Fam* (**a**) *(fat)* fofo(a) (**b**) *(tearful)* lloroso(a); **she gets all b. at weddings** siempre le da la llorera en las bodas

bludgeon [ˈblʌdʒən] **1** *n (club)* palo *m*, cachiporra *f*

2 *vt* apalear; *Fig* **to b. sb into doing sth** forzar a alguien a que haga algo

blue [blu:] **1** *n* (**a**) *(colour)* azul *m*; IDIOM **out of the b.** inesperadamente

(**b**) **the blues** *(music)* el blues; **to sing the blues** cantar blues; *Fam* **to have the blues** *(be depressed)* estar muy depre

(**c**) *Sport (at Oxbridge)* = persona que ha sido elegida para representar a Oxford o Cambridge en un deporte

2 *adj* (**a**) *(colour)* azul; **b. with cold** amoratado(a) de frío; IDIOM *Fam* **she can complain until she's b. in the face** puede quejarse todo lo que quiera; IDIOM **once in a b. moon** de Pascuas a Ramos; *Fam* **to scream b. murder** poner el grito en el cielo ❑ *Fam* ***b. baby*** niño(a) *m,f* cianótico(a); ***b. blood*** sangre *f* azul; ***b.***

cheese queso *m* azul; ***b. flag*** *(clean beach award)* bandera *f* azul, = distintivo de playa limpia en la Europa comunitaria; ***b. ribbon*** or ***riband*** *(first prize)* primer premio *m*; ***b. rinse*** *(hair colouring)* tinte *m* azulado; ***b. whale*** ballena *f* azul

(**b**) *Fam (sad)* **to feel b.** estar depre *or* triste

(**c**) *Fam (indecent) (joke)* verde; **to tell b. stories** contar chistes verdes; **a b. film** *or* **movie** una película porno

blue-arsed fly ['blu:ɑ:st'flaɪ] *n* IDIOM *Br very Fam* **to run about** *or* **around like a b.** *Esp* andar más liado(a) que la pata de un romano, *Méx* andar reacelerado(a), *RP* andar para todas partes como maleta de loco

bluebell ['blu:bel] *n* campanilla *f*

blueberry ['blu:bərɪ] *n US* arándano *m*

bluebird ['blu:bɜ:d] *n* azulejo *m*

blue-black ['blu:'blæk] *adj* azul oscuro(a)

bluebottle ['blu:bɒtəl] *n* moscarda *f*, mosca *f* azul

blue-chip ['blu:tʃɪp] *adj Fin (shares, company)* de gran liquidez, puntero(a)

blue-collar ['blu:'kɒlə(r)] *adj (union, background)* obrero(a); *(job)* manual ▫ ***b. worker*** obrero(a) *m,f*, trabajador(ora) *m,f* manual

blue-eyed ['blu:aɪd] *adj* de ojos azules; IDIOM *Br Fam* **his mother's b. boy** el niño bonito de mamá

bluegrass ['blu:grɑ:s] *n* (**a**) *(plant)* espiguilla *f*, hierba *f* de punta *(americana)* (**b**) *Mus* bluegrass *m*, = estilo de música country propio del sur de Estados Unidos

blue-green algae ['blu:gri:n'ældʒi:] *npl* algas *fpl* verdeazuladas

blue-pencil [blu:'pensəl] *vt (censor)* censurar

blueprint ['blu:prɪnt] *n Archit & Ind* cianotipo *m*, plano *m*; *Fig (plan)* proyecto *m*

blue-sky ['blu:skaɪ] *adj US* (**a**) *(research)* puramente teórico(a) *or* especulativo(a) (**b**) *(stocks, shares)* fraudulento(a)

bluestocking ['blu:stɒkɪŋ] *n Pej Old-fashioned* intelectualoide *f*, marisabidilla *f*

bluesy ['blu:zɪ] *adj (music)* con aire de blues

bluetit ['blu:tɪt] *n* herrerillo *m*, alionín *m*

bluff[1] [blʌf] **1** *n (pretence)* farol *m*; **to call sb's b.** *(at cards)* ver a alguien un farol; *(in negotiation)* retar a alguien a que cumpla sus fanfarronadas

2 *vt* **to b. sb into believing sth** hacerle creer algo a alguien; **she bluffed her way out of the problem** se escabulló del apuro a base de engaños

3 *vi (pretend)* fingir, simular; *(in cards)* tirarse un farol

bluff[2] *n (cliff)* despeñadero *m*

bluff[3] *adj (manner)* abrupto(a)

bluish ['blu:ɪʃ] *adj* azulado(a), tirando a azul

blunder ['blʌndə(r)] **1** *n (mistake)* metedura *f* de pata; *(more serious)* error *m* (de bulto)

2 *vi* (**a**) *(make mistake)* meter la pata; *(more seriously)* cometer un error (de bulto) (**b**) *(move clumsily)* **to b. about** *or* **around** dar tropezones aquí y allá; **to b. along** avanzar dando tumbos; **to b. into sb/sth** tropezar con alguien/algo

blunderbuss ['blʌndəbʌs] *n* trabuco *m*

blundering ['blʌndərɪŋ] *adj* torpe; *Fam* **he's a b. idiot!** ¡es un metepatas!

blunt [blʌnt] **1** *adj* (**a**) *(blade)* romo(a), desafilado(a); *(pencil)* desafilado(a) (**b**) *(frank) (manner, statement, person)* franco(a); *(refusal)* contundente; **to be b.,...** para ser francos,...

2 *vt (blade, pencil)* desafilar; *Fig (anger, enthusiasm)* atenuar, templar

bluntly ['blʌntlɪ] *adv (frankly)* sin rodeos, claramente; **to put it b.,...** para decirlo sin rodeos,...

bluntness ['blʌntnɪs] *n* (**a**) *(of blade)* embotadura *f* (**b**) *(of manner, statement, person)* franqueza *f*, llaneza *f*

blur [blɜ:(r)] **1** *n (vague shape)* imagen *f* borrosa; *(unclear memory)* vago recuerdo *m*; **to go by in a b.** *(of time)* pasar sin sentir *or* en un suspiro

2 *vt (pt & pp* **blurred***)* desdibujar

3 *vi also Fig* desdibujarse

blurb [blɜ:b] *n Fam (on book cover)* notas y citas *fpl* promocionales

blurred [blɜ:d], **blurry** ['blɜ:rɪ] *adj* borroso(a)

▸**blurt out** [blɜ:t] *vt sep* soltar

blush [blʌʃ] **1** *n* rubor *m*, sonrojo *m*; **to spare sb's blushes** salvar a alguien del bochorno

2 *vi* ruborizarse, sonrojarse; **to b. with shame** ponerse colorado(a) (de vergüenza *or Am* pena); **I b. to admit it** me da vergüenza *or Am* pena confesarlo

blusher ['blʌʃə(r)] *n (rouge)* colorete *m*

blushing ['blʌʃɪŋ] *adj* ruborizado(a), sonrojado(a); **b. bride** (novia *f*) afortunada *f*

bluster ['blʌstə(r)] **1** *n (protests, threats)* bravuconadas *fpl*, fanfarronadas *fpl*

2 *vi (protest, threaten)* echar bravatas

blustering ['blʌstərɪŋ] *adj* bravucón(ona)

blustery ['blʌstərɪ] *adj (wind)* tempestuoso(a); **a b. day** un día de vientos tempestuosos

blvd *(abbr* **boulevard***)* bulevar *m*, paseo *m*

BM *(abbr* **Bachelor of Medicine***)* *(qualification)* licenciatura *f* en medicina; *(person)* licenciado(a) *m,f* en medicina

BMA [bi:em'eɪ] *n (abbr* **British Medical Association***)* = colegio británico de médicos

BMus [bi:'mʌz] *(abbr* **Bachelor of Music***)* *(qualification)* licenciatura *f* en música; *(person)* licenciado(a) *m,f* en música

BMX [bi:em'eks] *(abbr* **Bicycle Motocross***)* *n* ciclocross *m*; **B. bike** bicicleta *f* de ciclocross

bn *(abbr* **billion***)* mil millones *mpl*, millardo *m*

BNFL [bi:enef'el] *n (abbr* **British Nuclear Fuels Limited***)* = empresa de energía nuclear británica

BO [bi:'əʊ] *n Fam (abbr* **body odour***)* sobaquina *f*, olor *m* a sudor

boa ['bəʊə] *n* (**a**) *(snake)* **b. (constrictor)** boa *f* (constrictor) (**b**) *(clothing)* **feather b.** boa *m*

boar ['bɔ:(r)] *n* (**a**) *(male pig)* verraco *m* (**b**) *(wild pig)* jabalí *m*

board [bɔ:d] **1** *n* (**a**) *(of wood)* tabla *f*, tablón *m*; *(for notices)* tablón *m*; *(for chess, draughts)* tablero *m*; *(blackboard)* pizarra *f*, encerado *m*, *Am* pizarrón *m*; IDIOM **to go by the b.** *(be abandoned, ignored)* irse a pique; **across the b.** de manera global *or* general ▫ ***b. game*** juego *m* de mesa

(**b**) *(material)* cartón *m* madera

(**c**) *(group of people)* **b. (of directors)** consejo *m* de administración; **b. of enquiry** comisión *f* investigadora; *Educ* **b. of examiners** tribunal *m* (de examinadores); *Br* **b. of governors** *(of school)* consejo *m* escolar; *Br* **B. of Trade** = departamento ministerial responsable de la supervisión del comercio y de la promoción de las exportaciones ▫ ***b. meeting*** reunión *f* del consejo, junta *f*

(**d**) *(meals)* **half b.** media pensión *f*; **full b.** pensión *f* completa; **b. and lodging** alojamiento *m* y comida

(**e**) **on b.** *(ship, plane, train)* a bordo; **to go on b.** subir a bordo; IDIOM **to take an idea/a proposal on b.** aceptar una idea/ una propuesta

(**f**) *Comptr* placa *f*

2 *vt* (**a**) *(ship, plane)* embarcar en; *(train, bus)* subir a, montar en

(**b**) *(attack) (ship)* abordar

3 *vi* (**a**) *(lodge)* alojarse (**with** en casa de); *(at school)* estar interno(a)

(**b**) *(get on) (ship, plane)* embarcar; *(train, bus)* subir, montar

(**c**) *Av* **flight 123 is now boarding** el vuelo 123 está en estos momentos procediendo al embarque

▸**board up** *vt sep (house, window)* cubrir con tablas, entablar

boarder ['bɔ:də(r)] *n (lodger)* huésped *mf*; *(at school)* interno(a) *m,f*

boarding ['bɔ:dɪŋ] *n* (**a**) *Av* ***b. card*** *or* ***pass*** tarjeta *f* de embarque (**b**) *(lodging)* ***b. house*** pensión *f*; ***b. school*** internado *m*

boardroom ['bɔ:dru:m] *n* sala *f* de juntas

boardwalk ['bɔ:dwɔ:k] *n US* paseo *m* marítimo entarimado

boast [bəʊst] **1** *n* jactancia *f*, alarde *m*

2 *vt* **the school boasts a fine library** el colegio posee una excelente biblioteca

3 *vi* alardear (**about** de); **it's nothing to b. about!** ¡no es como para estar orgulloso!

boastful ['bəʊstfʊl] *adj* jactancioso(a), presuntuoso(a)

boastfully ['bəʊstfʊlɪ] *adv* con (mucha) jactancia *or* presunción

boastfulness ['bəʊstfʊlnɪs] *n* jactancia *f*, presunción *f*

boasting ['bəʊstɪŋ] *n* jactancia *f*, alardeo *m*

boat [bəʊt] *n (in general)* barco *m*; *(small)* barca *f*, bote *m*; *(large)* buque *m*; **I came by b.** vine en barco; IDIOM **we're all in the**

same b. estamos todos en el mismo barco; IDIOM **to push the b. out** *(celebrate lavishly)* tirar la casa por la ventana ▫ ***b. people*** *(refugees)* balseros *mpl*; ***the B. race*** la regata Oxford-Cambridge, = carrera anual de barcos de remo que enfrenta en el río Támesis a una embarcación de la universidad de Cambridge con otra de la de Oxford; ***b. train*** = ferrocarril que enlaza con una línea marítima

boat-builder [ˈbəʊtbɪldə(r)] *n* constructor(ora) *m,f* de barcos

boater [ˈbəʊtə(r)] *n (straw hat)* canotier *m*

boathook [ˈbəʊthʊk] *n* bichero *m*

boathouse [ˈbəʊthaʊs] *n* cobertizo *m* para barcas

boating [ˈbəʊtɪŋ] *n* paseo *m* en barca; **to go b.** ir a pasear en barca

boat-load [ˈbəʊtləʊd] *n (of cargo, tourists)* cargamento *m*; *Fig* **by the b.** a espuertas

boatman [ˈbəʊtmən] *n* barquero *m*

boatswain [ˈbəʊsən] *n Naut* contramaestre *m*

boatyard [ˈbəʊtjɑːd] *n* astillero *m*

Bob [bɒb] *n Br Fam* **...and B.'s your uncle!** ¡y ya está!

bob¹ [bɒb] **1** *n* (**a**) *(curtsey)* ligera genuflexión *f (a modo de saludo)* (**b**) *(hairstyle)* corte *m* estilo paje (**c**) *(bobsleigh)* bobsleigh *m*, bob *m*

2 *vt* (*pt & pp* **bobbed**) (**a**) **to b. one's head** *(signalling assent)* hacer un gesto con la cabeza (**b**) **to have one's hair bobbed** *(cut short)* cortarse el pelo a lo paje

3 *vi* **to b. up and down** moverse arriba y abajo; **to b. about** *(on water)* mecerse

bob² (*pl* **bob**) *n Br Fam (shilling)* chelín *m*; **that must have cost a few b.** debe haber costado un pastón; **she's not short of a b. or two** le sobra la *Esp* pasta *or Esp, RP* guita *or Am* plata *or Méx* lana

bobbin [ˈbɒbɪn] *n (on machine)* canilla *f*, bobina *f*; *(for thread)* carrete *m*, bobina *f*

bobble [ˈbɒbəl] *n (on hat)* borla *f*, pompón *m*

bobble-hat [ˈbɒbəlhæt] *n* gorro *m* con borla *or* pompón

bobby [ˈbɒbɪ] *n Br Fam (policeman)* poli *mf*

bobby-dazzler [bɒbɪˈdæzlə(r)] *n Br Fam* pimpollo *m*, bombón *m*

bobby-pin [ˈbɒbɪpɪn] *n US (hairgrip)* horquilla *f*

bobby socks [ˈbɒbɪsɒks] *npl US (for girls)* calcetines *mpl* cortos *or* de colegiala, *Chile, RP* zoquetes *mpl*, *Col* medias *fpl* tobilleras

bobcat [ˈbɒbkæt] *n* lince *m* rojo

bobsled [ˈbɒbsled], **bobsleigh** [ˈbɒbsleɪ] *n* bobsleigh *m*, bob *m*

bobtail [ˈbɒbteɪl] *n* (**a**) *(animal)* animal *m* rabicorto (**b**) *(tail)* cola *f* cortada

Boche [bɒʃ] *n Old-fashioned Pej* **the B.** los cabezas cuadradas

bod [bɒd] *n Fam* (**a**) *Br (person)* tipo(a) *m,f*, *Esp* tío(a) *m,f*; **he's an odd b.** es un bicho raro (**b**) *(body)* cuerpo *m*; **he's got a nice b.** tiene un cuerpazo

bodacious [bəʊˈdeɪʃəs] *adj US Fam* tremendo(a), *Esp* de (agárrate y) no te menees

bode [bəʊd] **1** *vt* presagiar, augurar; **this bodes nothing good (for)** esto no hace presagiar nada bueno (para)

2 *vi* **this bodes well/ill for the future** es un buen/mal presagio para el futuro

bodge [bɒdʒ] *Br Fam* **1** *n* **b. (job)** chapuza *f*

2 *vt* hacer una chapuza con

bodger [ˈbɒdʒə(r)] *n Br Fam* chapuzas *mf inv*, chapucero(a) *m,f*

bodice [ˈbɒdɪs] *n* (**a**) *(part of dress)* cuerpo *m* (**b**) *(undergarment)* corpiño *m*

bodice-ripper [ˈbɒdɪsrɪpə(r)] *n Fam (book, movie)* = novela o película romántica de tono truculento y ambientación histórica

bodily [ˈbɒdɪlɪ] **1** *adj* corporal; **b. functions** funciones *fpl* fisiológicas; **b. needs** necesidades *fpl* físicas

2 *adv* en volandas; **he was carried b. to the door** lo llevaron en volandas hasta la puerta

body [ˈbɒdɪ] *n* (**a**) *(of person, animal)* cuerpo *m*; *(dead)* cadáver *m*; *Fig* **to have enough to keep b. and soul together** tener lo justo para vivir; IDIOM **over my dead b.!** ¡por encima de mi cadáver! ▫ ***b. bag*** = saco de plástico para contener cadáveres; *Fig* ***a b. blow*** *(severe setback)* un duro golpe; ***b. builder*** culturista *mf*; ***b. building*** culturismo *m*; ***b. clock*** reloj *m* biológico; *Mil* ***b. count*** *(of casualties)* número *m* de bajas; ***b. language*** lenguaje *m* corporal; ***b. odour*** olor *m* corporal; ***b. piercing*** perforaciones *fpl* en el cuerpo, piercing *m*; ***b. popping*** *(dance)* = manera de bailar propia de los años ochenta, moviendo el cuerpo como un robot; *Hist* ***b. snatcher*** profanador(ora) *m,f* de tumbas; ***b. warmer*** chaleco *m* acolchado

(**b**) *(of hair, wine)* cuerpo *m*

(**c**) *(group)* grupo *m*, conjunto *m*; *(organization)* entidad *f*; **public b.** organismo *m* público; **a large b. of people** un nutrido grupo de gente; **the b. politic** el Estado, la nación

(**d**) *(mass)* **a b. of evidence** un conjunto de pruebas; **b. of water** masa *f* de agua

(**e**) *(of car)* carrocería *f* ▫ ***b. shop*** taller *m* de carrocería

(**f**) *(of letter, argument)* núcleo *m*

(**g**) *(garment)* body *m* ▫ ***b. stocking*** *(leotard)* malla *f*; *(women's undergarment)* body *m*

bodycheck [ˈbɒdɪtʃek] **1** *n* blocaje *m*, carga *f* reglamentaria

2 *vt* blocar, hacer una carga reglamentaria a

bodyguard [ˈbɒdɪgɑːd] *n (person)* guardaespaldas *mf inv*, escolta *mf*; *(group)* escolta *f*

bodysurf [ˈbɒdɪsɜːf] *vi* hacer surf sin tabla

bodywork [ˈbɒdɪwɜːk] *n (of car)* carrocería *f*

Boer [bɔː(r)] *n* bóer *mf* ▫ ***the B. War*** la guerra de los bóers

boffin [ˈbɒfɪn] *n Br Fam Hum (scientist)* sabio *m*, lumbrera *f*

bog [bɒg] *n* (**a**) *(marsh)* pantano *m*, ciénaga *f* (**b**) *Br Fam (toilet)* baño *m*, *Esp* tigre *m* ▫ ***b. paper*** *or* ***roll*** papel *m* higiénico *or* de baño

▸**bog down** *vt sep* **to get bogged down** *(in mud, details)* quedarse atascado(a)

▸**bog off** *vi Br very Fam* **b. off!** *(go away)* ¡vete a tomar por saco!, *Méx* ¡vete a la chingada!, *RP* ¡andate a la mierda!; *(expressing contempt, disagreement)* ¡ni de coña!, *Méx* ¡no mames!, *RP* ¡ni soñando!

bogey [ˈbəʊgɪ] **1** *n* (*pl* **bogeys**) (**a**) *(cause of fear)* pesadilla *f* (**b**) *Fam (snot)* moco *m* (**c**) *(in golf)* uno *m* sobre par, bogey *m*; **a b. 5** un bogey en un par cuatro

2 *vt (in golf)* **to b. a hole** hacer uno sobre par, hacer bogey en un hoyo

bogeyman [ˈbəʊgɪmæn] *n* **the b.** el coco, el hombre del saco

boggle [ˈbɒgəl] *vi Fam* **he boggled at the thought of her reaction** le horripilaba pensar cómo reaccionaría ella; **she boggled at paying such a price** se quedó pasmada de tener que pagar un precio tan alto; IDIOM **the mind boggles!** ¡no me lo puedo ni imaginar!

boggy [ˈbɒgɪ] *adj (land)* cenagoso(a)

bogie [ˈbəʊgɪ] *n Rail* bogie *m*

Bogota [bɒgəˈtɑː] *n* Bogotá

bog-standard [ˈbɒgˈstændəd] *adj Br Fam* del montón, corrientucho(a)

bogus [ˈbəʊgəs] *adj* (**a**) *(false)* falso(a); *Fam* **he's completely b.** es un farsante (**b**) *US Fam (unpleasant)* de lo más pesado, *Esp* latoso(a); *(unfashionable)* carca

Bohemian [bəʊˈhiːmɪən] *n & adj also Fig* bohemio(a) *m,f*

bohunk [ˈbəʊhʌŋk] *n US Fam* (**a**) *(Eastern European immigrant)* = término ofensivo para referirse a los inmigrantes de la Europa del Este (**b**) *(country bumpkin)* *Esp* palurdo(a) *m,f*, *Esp* paleto(a) *m,f*, *RP* pajuerano(a) *m,f*

boil¹ [bɔɪl] *n Med* forúnculo *m*, pústula *f*

boil² **1** *n* **to come to the b.** empezar *or* romper a hervir; **to bring sth to the b.** hacer que algo hierva; **to be on the b.** *(of kettle, water)* estar hirviendo; *Fig (of situation)* estar cociéndose *or* fraguándose; **to go off the b.** dejar de hervir; *Fig (of movie, career)* flaquear

2 *vt* hervir, cocer; **to b. the kettle** poner el agua a hervir

3 *vi* hervir; **the kettle's boiling** el agua está hirviendo; **the kettle boiled dry** el hervidor se quedó sin agua; *Fig* **to b. with rage** enfurecerse; *Fig* **he can't b. an egg!** ¡no sabe ni freír un huevo!

▸**boil down to** *vt insep Fam* **it all boils down to...** todo se reduce a...

▸**boil over** *vi (of milk, soup)* salirse, rebosar; *Fig (of situation)* estallar

▸**boil up** *vt sep (water, kettle)* poner a hervir

boiled [bɔɪld] *adj* hervido(a), cocido(a); **a b. egg** *(soft)* un huevo pasado por agua; *(hard)* un huevo duro; **b. potatoes** *Esp* patatas *or Am* papas cocidas *or* hervidas ▫ ***b. sweet*** caramelo *m*

boiler [ˈbɔɪlə(r)] *n* (**a**) *(water heater, in engine)* caldera *f* ▫ ***b. room*** (sala *f* de) calderas *fpl*; ***b. suit*** mono *m* (de trabajo), *Am* overol *m*, *Arg, Chile, Cuba* mameluco *m*,

Urug pantaletas *fpl* (**b**) *(chicken)* gallina *f*, pollo *m* viejo (**c**) *Fam Pej* **(old) b.** vejestorio *m*, (vieja) foca *f*

boilermaker ['bɔɪləmeɪkə(r)] *n* (**a**) *(metalworker)* calderero *m* (**b**) *US Fam* = un whisky seguido de una cerveza

boiling ['bɔɪlɪŋ] **1** *adj* hirviente; *Fam* **I'm b.!** ¡me estoy asando! ▫ ***b. point*** punto *m* de ebullición; IDIOM **the situation has reached b. point** la situación está al rojo vivo

2 *adv* **it's b. hot** hace un calor abrasador

boil-in-the-bag ['bɔɪlɪnðə'bæg] *adj (food)* para hervir en bolsa

boisterous ['bɔɪstərəs] *adj (person)* alborotador(ora), bullicioso(a)

boisterously ['bɔɪstərəslɪ] *adv* ruidosamente, escandalosamente

bold [bəʊld] *adj* (**a**) *(brave)* audaz (**b**) *(shameless)* fresco(a); IDIOM **to be as b. as brass** tener más cara que espalda; *Formal* **to be** *or* **make so b. (as to do sth)** tener la osadía *or* el atrevimiento (de hacer algo) (**c**) *(striking)* marcado(a), acentuado(a) (**d**) *Typ* **b. (type** *or* **face)** negrita *f*

boldly ['bəʊldlɪ] *adv (bravely)* audazmente, con audacia

boldness ['bəʊldnɪs] *n* audacia *f*

bole [bəʊl] *n (of tree)* tronco *m*

bolero [bə'leərəʊ] (*pl* **boleros**) *n* (**a**) *(music, dance)* bolero *m* (**b**) *(jacket)* bolero *m*, torera *f*

Bolivia [bə'lɪvɪə] *n* Bolivia

Bolivian [bə'lɪvɪən] *n & adj* boliviano(a) *m,f*

boll [bəʊl] *n (on plant)* cápsula *f*

bollard ['bɒləd] *n* (**a**) *Naut* bolardo *m*, noray *m* (**b**) *Br (traffic barrier)* bolardo *m*

bollock ['bɒlək] *Br very Fam* **1** *adv* **b. naked** en bolas, *Esp* en pelota picada

2 *vt* **to b. sb** echar una bronca que te cagas a alguien

bollocking ['bɒləkɪŋ] *n Br very Fam* **to give sb a b.** echar una bronca que te cagas a alguien; **to get a b.** llevarse una bronca que te cagas

bollocks ['bɒləks] *npl Br Vulg* (**a**) *(testicles)* cojones *mpl*, huevos *mpl* (**b**) *(nonsense)* **(that's) b.!** ¡eso es una chorrada *or Esp* gilipollez *or Am* pendejada!; **the film was a load of b.** la película era una chorrada *or Esp* gilipollez *or Am* pendejada

▸**bollocks up** *vt sep Br Vulg* **to b. sth up** cagarla con algo

Bolognese [bɒlə'neɪz] *adj* **b. sauce** (salsa *f*) boloñesa *f*

Bolshevik ['bɒlʃəvɪk], **Bolshevist** ['bɒlʃɪvɪst] *n & adj* bolchevique *mf*

Bolshevism ['bɒlʃəvɪzəm] *n* bolchevismo *m*

bolshie, bolshy ['bɒlʃɪ] *adj Br Fam* **to be b.** estar renegón(ona)

bolster ['bəʊlstə(r)] **1** *n* almohada *f* cilíndrica

2 *vt (confidence, pride)* reforzar, fortalecer; **to b. sth up** reforzar algo

bolt [bəʊlt] **1** *n* (**a**) *(on door)* cerrojo *m*, pestillo *m*; IDIOM *Fam* **he has shot his b.** ha quemado sus últimos cartuchos (**b**) *(metal fastening)* perno *m* (**c**) *(of rifle)* cerrojo *m* (**d**) *(dash)* **she made a b. for the door** se precipitó hacia la puerta ▫ ***b. hole*** refugio *m* (**e**) *(of lightning)* rayo *m*; IDIOM **to come like a b. from the blue** ocurrir de sopetón, *Esp* pillar *or Esp* coger *or Am* agarrar a todo el mundo por sorpresa

2 *adv* **b. upright** erguido(a)

3 *vt* (**a**) *(lock)* **to b. the door/window** cerrar la puerta/ventana con pestillo (**b**) *(attach with bolts)* atornillar (**c**) *(eat)* engullir

4 *vi (of horse)* salir de estampida; *(of person)* salir huyendo

▸**bolt down** *vt sep (eat quickly)* **to b. sth down** engullir *or* zamparse algo

bomb [bɒm] **1** *n* (**a**) *(explosive device)* bomba *f*; **to drop/plant a b.** arrojar/colocar una bomba; IDIOM *Br Fam* **to go like a b.** *(go quickly)* ir como una bala ▫ ***b. disposal expert*** (experto *m*) artificiero *m*; ***b. scare*** amenaza *f* de bomba; ***b. squad*** brigada *f* de explosivos (**b**) *Br Fam. (fortune)* **it cost a b.** costó un ojo de la cara; **to make a b.** forrarse (**c**) *US Fam (failure)* fiasco *m*, desastre *m* (**d**) *(into swimming pool)* **to do a b.** tirarse en bomba, hacer la bomba

2 *vt* (**a**) *(from air)* bombardear (**b**) *(put bomb in)* colocar una bomba en

3 *vi US (fail)* fracasar estrepitosamente, ser un fiasco

▸**bomb along** *vi Fam (go quickly)* ir a toda máquina *or Esp* pastilla

▸**bomb out 1** *vt sep Br Fam* **to b. sb out** *(let down)* dejar a alguien en la estacada

2 *vi Fam (be eliminated)* **to b. out of sth** quedar apeado(a) *or* eliminado(a) de algo

bombard [bɒm'bɑːd] *vt* bombardear; *Fig* **to b. sb with questions** bombardear a alguien con preguntas

bombardier [bɒmbə'dɪə(r)] *n* (**a**) *Br (rank)* ≃ cabo *m* primero de artillería (**b**) *(in aircraft)* bombardero(a) *m,f*

bombardment [bɒm'bɑːdmənt] *n* bombardeo *m*

bombast ['bɒmbæst] *n* ampulosidad *f*, altisonancia *f*

bombastic [bɒm'bæstɪk] *adj* ampuloso(a), altisonante

Bombay [bɒm'beɪ] *n* ***B. duck*** = pescado en salazón utilizado como condimento en la cocina hindú; ***B. mix*** = aperitivo picante compuesto por fideos secos, lentejas y cacahuetes

bombed (out) ['bɒmd('aʊt)] *adj very Fam (drunk) Esp* bolinga, *Méx* cuete, *RP* en pedo; *(on drugs)* flipado(a), colocado(a), *RP* falopeado(a)

bomber ['bɒmə(r)] *n* (**a**) *(aircraft)* bombardero *m* ▫ ***b. jacket*** cazadora *f*, *Chile, RP* campera *f*, *Méx* chamarra *f* (**b**) *(person)* terrorista *mf (que coloca bombas)*

bombing ['bɒmɪŋ] *n (aerial)* bombardeo *m*; *(by terrorist)* atentado *m* con bomba ▫ *Mil* ***b. run*** incursión *f* aérea, misión *f* de bombardeo

bombshell ['bɒmʃel] *n* obús *m*; IDIOM *Fig* **to drop a b.** dejar caer una bomba; *Fam* **a blonde b.** una rubia *or Méx* güera despampanante *or* explosiva

bombsight ['bɒmsaɪt] *n* visor *m* de bombardeo

bombsite ['bɒmsaɪt] *n* lugar *m* arrasado por un bombardeo; *Fig* **your bedroom is a b.!** ¡tu cuarto está hecho una leonera!

bona fide ['bəʊnə'faɪdɪ] *adj* auténtico(a), genuino(a)

bonanza [bə'nænzə] *n* filón *m*; **a b. year** un año de grandes beneficios *or* de bonanza

bonbon ['bɒnbɒn] *n* caramelo *m*

bonce [bɒns] *n Br Fam (head)* coco *m*, *Esp* tarro *m*

bond [bɒnd] **1** *n* (**a**) *(between materials)* unión *f*; *(between people)* vínculo *m*; **to feel a b. with sb** sentir un vínculo de unión con alguien (**b**) *Literary* **bonds** *(ropes, chains)* ataduras *fpl* (**c**) *Fin* bono *m* (**d**) *Law* fianza *f*; *Formal* **my word is my b.** siempre cumplo mi palabra (**e**) *Com* **to be in b.** estar en depósito aduanero

2 *vt* (**a**) *(stick)* pegar, adherir (**b**) *Fig (unite)* **to b. together** unir

3 *vi* (**a**) *(stick)* pegar, adherirse (**b**) *Fig (form attachment)* unirse (**with** a)

bondage ['bɒndɪdʒ] *n* (**a**) *Literary (slavery)* esclavitud *f*, servidumbre *f* (**b**) *(sexual practice)* = práctica sexual en la que se ata a uno de los participantes

bonded ['bɒndɪd] *adj (company)* con responsabilidad legal ▫ ***b. warehouse*** depósito *m* franco

bondholder ['bɒndhəʊldə(r)] *n* obligacionista *mf*, poseedor(ora) *m,f* de bonos

bonding ['bɒndɪŋ] *n* (lazos *mpl* de) unión *f*; *Hum* **they're doing a bit of male b.** están haciendo cosas de hombres

bone [bəʊn] **1** *n* (**a**) *(of person, animal)* hueso *m*; *(of fish)* espina *f* ▫ ***b. china*** porcelana *f* fina; ***b. marrow*** *Anat* médula *f* (ósea); *Culin* tuétano *m*; ***b. meal*** harina *f* de hueso (**b**) IDIOMS **b. of contention** manzana *f* de la discordia; **close to the b.** *(tactless, risqué)* fuera de tono; **to be b. idle** *or* **lazy** ser más vago(a) que la chaqueta de un guardia; *Fam* **to have a b. to pick with sb** tener que arreglar *or* ajustar cuentas con alguien; **to work one's fingers to the b.** matarse a trabajar; **to make no bones about doing sth** no tener reparos *or* ningún reparo en hacer algo; **he made no bones about it** no trató de disimularlo; **I feel it in my bones** tengo una corazonada

2 *vt* (**a**) *(fillet) (chicken)* deshuesar; *(fish)* quitar las espinas a (**b**) *US Vulg (have sex with) Esp* follarse *or* tirarse a, *Am* cogerse a, *Méx* chingarse a

▸**bone up on** *vt insep Fam* empollarse

boned [bəʊnd] *adj (meat)* deshuesado(a); *(fish)* sin espinas, en filetes

bone-dry ['bəʊn'draɪ] *adj* completamente seco(a)

bonehead ['bəʊnhed] *US Fam* **1** *n* estúpido(a) *m,f*, *Esp* berzotas *mf inv*

2 *adj* estúpido(a)

boner ['bəʊnə(r)] *n* (**a**) *Vulg (erection)* **to**

have a b. estar empalmado (**b**) *US Fam (mistake)* metedura *f* de pata

boneshaker ['bəʊnʃeɪkə(r)] *n Fam (car)* tartana *f*, cafetera *f*

bonfire ['bɒnfaɪə(r)] *n* hoguera *f*, fogata *f*; *Br* **B. Night** = fiesta del 5 de noviembre en que de noche se hacen hogueras y hay fuegos artificiales

bongo ['bɒŋgəʊ] *n Mus* **b. drums, bongos** bongos *mpl*, bongós *mpl*

bonhomie ['bɒnəmi:] *n* camaradería *f*

bonk[1] [bɒŋk] *vt Fam (hit)* pegar

bonk[2] *Br very Fam* **1** *n (sex)* **to have a b.** *Esp* echar un casquete, *Am* coger, *Méx* chingar

2 *vt (have sex with) Esp* echar un casquete con, *Am* cogerse a, *Méx* chingarse a

3 *vi (have sex) Esp* echar un casquete, *Am* coger, *Méx* chingar

bonkers ['bɒŋkəz] *adj Br Fam (mad)* **to be b.** estar chiflado(a) *or Esp* majareta

bon mot [bɒn'məʊ] *n* salida *f* ingeniosa, agudeza *f*

Bonn [bɒn] *n* Bonn

bonnet ['bɒnɪt] *n* (**a**) *(hat)* cofia *f*, papalina *f* (**b**) *Br (of car)* capó *m*, *CAm, Méx* cofre *m*

bonny ['bɒnɪ] *adj Scot* bonito(a), precioso(a)

bonsai ['bɒnsaɪ] *n* bonsai *m*

bonus ['bəʊnəs] *n* (**a**) *(for productivity, seniority)* plus *m*; *(in insurance, for investment)* prima *f*; **Christmas b.** aguinaldo *m (dinero)* ▫ *Br Com* ***b. issue*** emisión *f* gratuita de acciones; ***b. number*** *(in lottery)* ≃ (número *m*) complementario *m*; ***b. scheme*** sistema *m* de primas (**b**) *(advantage)* ventaja *f* adicional

bon voyage ['bɒnvɔɪ'ɑ:ʒ] *n* buen viaje *m*

bony ['bəʊnɪ] *adj (person, limb)* huesudo(a); *(fish)* con muchas espinas

bonzo ['bɒnzəʊ] *adj US Fam* pirado(a), grillado(a)

boo [bu:] **1** *n (pl* **boos***)* abucheo *m*

2 *vt* abuchear

3 *exclam (of audience, crowd)* ¡buu!; *(to frighten sb)* ¡uuh!; IDIOM **he wouldn't say b. to a goose** es un cortado

boob [bu:b] *Fam* **1** *n* (**a**) *Br (mistake)* metedura *f or Am* metida de pata; **to make a b.** meter la pata, *Méx* segarla (**b**) *Br* **boobs** *(breasts)* tetas *fpl*; **to have a b. job** operarse del pecho ▫ ***b. tube*** = top ajustado sin mangas ni tirantes (**c**) *US (person)* lelo(a) *m,f*, bobalicón(ona) *m,f* ▫ ***b. tube*** *(television)* caja *f* tonta

2 *vi (make mistake)* meter la pata

boo-boo ['bu:bu:] *n US Fam* metedura *f or Am* metida de pata; **to make a b.** meter la pata

booby ['bu:bɪ] *n* (**a**) *(bird)* alcatraz *m*, piquero *m* (**b**) *Fam (fool)* memo(a) *m,f*, bobalicón(ona) *m,f*

booby-prize ['bu:bɪpraɪz] *n* premio *m* para el farolillo rojo

booby-trap ['bu:bɪtræp] **1** *n (explosive device)* bomba *f* trampa *or* camuflada; *(practical joke)* trampa *f*

2 *vt (pt & pp* **booby-trapped***)* *(with explosive device)* colocar una bomba trampa en; *(as practical joke)* colocar una trampa en

booger ['bu:gə(r)] *n US Fam* (**a**) *(nasal mucus)* moco *m* (**b**) *(person)* pillastre *mf* (**c**) *(thing)* chisme *m*, cacharro *m*

boogie ['bu:gɪ] *Fam* **1** *n (dance)* **to have a b.** echarse un bailecito, menear el esqueleto

2 *vi* (**a**) *(dance)* echarse un bailecito, menear el esqueleto (**b**) *US (leave)* largarse, *Esp* darse el piro

boogie-woogie ['bu:gɪ'wu:gɪ] *n* bugui-bugui *m*

boo-hoo ['bu:'hu:] *exclam* ¡buaaah!

book [bʊk] **1** *n* (**a**) *(in general)* libro *m*; *(of stamps)* librillo *m*; *(of matches)* caja *f* (de solapa); *(of tickets)* talonario *m* ▫ ***b. club*** círculo *m* de lectores; ***b. end*** sujetalibros *m inv*; ***b. review*** reseña *f* literaria; ***b. token*** vale *m* para comprar libros

(**b**) *Fin* **the books** *(of company)* la contabilidad; **to do the books** llevar la contabilidad ▫ *Fin* ***b. price*** *or* ***value*** valor *m* contable

(**c**) IDIOMS **to bring sb to b. for sth** obligar a alguien a rendir cuentas por algo; **physics is a closed b. to me** la física es un misterio para mí; **to be an open b.** *(of person)* ser (como) un libro abierto; **in my b....** a mi modo de ver...; **to be in sb's good/bad books** estar a buenas/malas con alguien; **to do sth by** *or* **according to the b.** hacer algo según las normas; *Fam* **that's one for the books!** ¡qué milagro!, ¡esto va a hacer historia!; **to throw the b. at sb** castigar a alguien con la máxima severidad

2 *vt* (**a**) *(reserve)* reservar; *(performer)* contratar; **to b. sb on a flight** reservarle (plaza en) un vuelo a alguien; **to be fully booked** *(theatre, flight)* estar completo(a); *(person)* tener la agenda completa

(**b**) *(record details of) (police suspect)* fichar; *(traffic offender)* multar; *(soccer player)* mostrar una tarjeta amarilla a

(**c**) *US Fam* **to b. it** *(leave)* largarse, *Esp* darse el piro

3 *vi* (**a**) *(make reservation)* reservar, hacer reserva

(**b**) *US Fam (leave)* largarse, *Esp* darse el piro

(**c**) *US Fam (move quickly)* ir a toda mecha

▸**book in 1** *vt sep* **to b. sb in** hacer una reserva para alguien

2 *vi (take a room)* tomar una habitación; *(register)* registrarse

▸**book into** *vt insep (hotel)* tomar una habitación en, registrarse en

▸**book up** *vt sep* **the hotel is fully booked up** el hotel está al completo; **I'm booked up for this evening** ya he quedado para esta noche

bookable ['bʊkəbəl] *adj (seat, flight)* que se puede reservar con antelación

bookbinder ['bʊkbaɪndə(r)] *n* encuadernador(ora) *m,f*

bookbinding ['bʊkbaɪndɪŋ] *n* encuadernación *f*

bookcase ['bʊkkeɪs] *n* librería *f*, estantería *f*

bookie ['bʊkɪ] *n Fam (in betting)* corredor(ora) *m,f* de apuestas

booking ['bʊkɪŋ] *n* (**a**) *(reservation)* reserva *f*; **to make a b.** hacer una reserva ▫ ***b. fee*** suplemento *m or* recargo *m* por reserva; ***b. office*** taquilla *f*, *Am* boletería *f* (**b**) *(in soccer)* tarjeta *f* amarilla; **to receive a b.** recibir una tarjeta amarilla

bookish ['bʊkɪʃ] *adj (person)* estudioso(a); *Pej (approach, style)* académico(a), sesudo(a)

bookkeeping ['bʊkki:pɪŋ] *n Fin* contabilidad *f*

booklet ['bʊklɪt] *n* folleto *m*

bookmaker ['bʊkmeɪkə(r)] *n (in betting)* corredor(ora) *m,f* de apuestas

bookmark ['bʊkmɑ:k] **1** *n* (**a**) *(for book)* marcapáginas *m* (**b**) *Comptr* marcador *m*

2 *vt Comptr (Web page)* añadir a la lista de marcadores

bookmobile ['bʊkməbi:l] *n US* bibliobús *m*, biblioteca *f* móvil *or* ambulante

bookplate ['bʊkpleɪt] *n* ex libris *m inv*

bookseller ['bʊkselə(r)] *n* librero(a) *m,f*

bookshelf ['bʊkʃelf] *n (single shelf)* estante *m*; **bookshelves** *(set of shelves)* estantería *f*

bookshop ['bʊkʃɒp] *n* librería *f*

bookstall ['bʊkstɔ:l] *n* (**a**) *(in street)* puesto *m* de libros (**b**) *Br (in railway station)* quiosco *m* de prensa

bookstore ['bʊkstɔ:(r)] *n US* librería *f*

bookworm ['bʊkwɜ:m] *n (avid reader)* ratón *m* de biblioteca

Boolean ['bu:lɪən] *adj Comptr (logic, operator)* booleano(a) ▫ ***B. search*** búsqueda *f* booleana

boom[1] [bu:m] *n* (**a**) *Naut (barrier)* barrera *f*; *(for sail)* botavara *f* (**b**) *Cin & TV* jirafa *f*

boom[2] **1** *n (economic)* auge *m*, boom *m*; **b. town** ciudad *f* en auge

2 *vi (of business, trade)* estar en auge, dispararse

boom[3] **1** *n (sound)* estruendo *m*, retumbo *m*

2 *vi (of thunder, gun)* retumbar

▸**boom out 1** *vt sep* decir vociferando

2 *vi* retumbar

boomerang ['bu:məræŋ] **1** *n* bumerán *m*

2 *vi Fam* **to b. on sb** volverse contra alguien

booming ['bu:mɪŋ] *adj (voice)* estruendoso(a), atronador(ora)

boon [bu:n] *n* bendición *f*; **this service is a b. for the elderly** este servicio es una bendición para los ancianos

boondocks ['bu:ndɒks] *npl US Fam* **in the b.** en el quinto infierno *or Esp* pino, *RP* donde el diablo perdió el poncho

boor ['bʊə(r)] *n* grosero(a) *m,f*, cafre *mf*

boorish ['bʊərɪʃ] *adj (person, behaviour)* grosero(a), ordinario(a)

boost [bu:st] **1** *n (of rocket)* propulsión *f*; *(of economy)* impulso *m*; **to give sb/sth a b.** dar un impulso a alguien/algo

2 *vt* (**a**) *(rocket)* propulsar; *Tel (signal)* amplificar; *(economy, production)* impulsar, estimular; *(hopes, morale)* levantar (**b**) *US*

Fam (steal) afanar, *Esp* sisar
3 *vi US Fam (shoplift)* afanar *or Esp* sisar en las tiendas

booster ['bu:stə(r)] *n* **(a)** *(on missile, spacecraft)* **b. (rocket)** (cohete *m*) propulsor *m* **(b)** *Elec* elevador *m* de tensión **(c)** *Med* revacunación *f*

boot [bu:t] **1** *n* **(a)** *(footwear)* bota *f*; *(ankle-length)* botín *m*
(b) *(kick)* **to give sth a b.** darle a algo una patada *or* un puntapié
(c) *Br (of car)* maletero *m*, *CAm, Méx* cajuela *f*, *RP* baúl *m*
(d) *Br very Fam Pej (ugly woman)* coco *m*, *Esp* feto *m* (malayo), *Am* bagre *m*
(e) *Fam (dismissal)* **to give sb the b.** dar la patada a alguien, poner a alguien de patitas en la calle; **to get the b.** *(from work)* ser despedido(a); **his girlfriend gave him the b.** su novia le dio calabazas
(f) to b. *(as well)* además, por añadidura
(g) IDIOMS **the b. is on the other foot** se ha dado la vuelta a la tortilla; *Br Fam* **to put** *or* **stick the b. in** *(beat severely, criticize)* ensañarse; **to die with one's boots on** morir con las botas puestas
2 *vt* **(a)** *Fam (kick)* dar una patada a
(b) *Comptr* arrancar
3 *vi Comptr* **to b. (up)** arrancar

▸**boot out** *vt sep Fam* **to b. sb out** poner a alguien en la calle, echar a alguien

bootblack ['bu:tblæk] *n US* limpiabotas *mf inv*

bootee [bu:'ti:] *n (child's shoe)* patuco *m*

booth [bu:ð] *n* **(a)** *(for telephone, in voting)* cabina *f* **(b)** *(at fair)* barraca *f* (de feria) **(c)** *(in restaurant)* mesa *f (rodeada de asientos corridos fijados al suelo)*

bootlace ['bu:tleɪs] *n* cordón *m* ▫ ***b. tie*** lazo *m*

bootleg ['bu:tleg] *adj (alcohol)* de contrabando; *(recording, cassette)* pirata

bootlegger ['bu:tlegə(r)] *n (of recordings)* pirateador(ora) *m,f*; *(of alcohol)* contrabandista *mf*

bootlicker ['bu:tlɪkə(r)] *n Fam* lameculos *mf inv*, *Esp* pelota *mf*, *Méx* arrastrado(a) *m,f*, *RP* chupamedias *mf inv*

bootstrap ['bu:tstræp] *n* **(a)** IDIOM **he pulled himself up by his bootstraps** logró salir adelante por su propio esfuerzo **(b)** *Comptr* arranque *m* ▫ ***b. routine*** secuencia *f* de arranque

booty ['bu:tɪ] *n (loot)* botín *m*

booze [bu:z] *Fam* **1** *n* bebida *f*, *Esp* priva *f*, *RP* chupi *m*; **to be on the b.** empinar el codo, darle a la bebida *or Esp* la priva *or RP* al chupi
2 *vi* empinar el codo, *RP* chupar

boozehound ['bu:zhaʊnd] *n US Fam* borrachuzo(a) *m,f*

boozer ['bu:zə(r)] *n Fam* **(a)** *(person)* bebedor(ora) *m,f*, esponja *f*, *Am* tomador(ora) *m,f* **(b)** *Br (pub)* bar *m*, *Esp* bareto *m*

booze-up ['bu:zʌp] *n Br Fam* juerga *f*; **to have a b.** agarrarse una curda

boozy ['bu:zɪ] *adj Fam (person)* borrachín(ina); *(occasion)* lleno(a) de alcohol; *(voice, breath)* de borracho(a)

bop[1] [bɒp] *Br Fam* **1** *n (dance)* baile *m*
2 *vi (pt & pp* **bopped***) (dance)* bailotear

bop[2] *Fam* **1** *n (blow)* golpecito *m*
2 *vt (pt & pp* **bopped***) (hit)* dar un golpecito a; **she bopped him on the head** le dio un coscorrón

boracic [bə'ræsɪk] *adj Chem* bórico(a); **b. acid** ácido *m* bórico

borage ['bɒrɪdʒ] *n* borraja *f*

borax ['bɔ:ræks] *n* bórax *m inv*

Bordeaux [bɔ:'dəʊ] *n* **(a)** *(city)* Burdeos **(b)** *(wine)* burdeos *m inv*

bordello [bɔ:'deləʊ] *(pl* **bordellos***) n* burdel *m*, lupanar *m*

border ['bɔ:də(r)] **1** *n* **(a)** *(edge)* borde *m*; *(on clothes)* ribete *m*; *(in garden)* arriate *m* **(b)** *(frontier)* frontera *f* ▫ ***b. guard*** guardia *m* fronterizo; ***b. town*** ciudad *f* fronteriza **(c)** *(proper names)* **the Borders** los Borders, = región en el sureste de Escocia ▫ ***B. collie*** Border collie *m*; ***B. terrier*** Border terrier *m*
2 *vt (be adjacent to)* bordear; *(country)* limitar con

▸**border on** *vt insep* **(a)** *(of country)* limitar con **(b)** *(be close to)* rayar en, bordear; **to b. on insanity/the ridiculous** rayar en *or* bordear la locura/lo ridículo

borderland ['bɔ:dəlænd] *n* frontera *f*, zona *f* fronteriza

borderline ['bɔ:dəlaɪn] *n* frontera *f*, divisoria *f*; **a b. case** un caso dudoso

bore[1] [bɔ:(r)] **1** *n (person)* pelma *mf*, pelmazo(a) *m,f*; *(thing)* fastidio *m*, lata *f*; **what a b.!** ¡qué lata *or* pesadez!
2 *vt* aburrir; *Fam Hum* **to b. the pants off sb** aburrir como una ostra *or RP* un perro a alguien, amuermar a alguien

bore[2] **1** *n (calibre)* calibre *m*; **a 12 b. shotgun** una escopeta del calibre 12
2 *vt (with drill)* perforar, taladrar; **to b. a hole in sth** taladrar algo
3 *vi* **to b. for water/minerals** hacer perforaciones *or* prospecciones en búsqueda *or Esp* busca de agua/minerales; **to b. through sth** perforar *or* taladrar algo

bore[3] *n (of river)* macareo *m*

bore[4] *pt of* **bear**[2]

bored [bɔ:d] *adj* aburrido(a); **to be b. (with)** estar aburrido(a) (de); *Fam* **I was b. stiff** *or* **to death** *or* **to tears** me aburrí como una ostra *or RP* un perro

boredom ['bɔ:dəm] *n* aburrimiento *m*

borehole ['bɔ:həʊl] *n* perforación *f*

boring ['bɔ:rɪŋ] *adj* aburrido(a); **to be b.** ser aburrido(a)

boringly ['bɔ:rɪŋlɪ] *adv* de la manera más aburrida

born [bɔ:n] **1** *adj* **he's a b. storyteller/leader** es un narrador/líder nato
2 *(pp of* **bear** *used to form passive)* **to be b.** nacer; **I was b. in London/in 1975** nací en Londres/en 1975; **I was b. for this** *(it's my destiny)* he nacido para esto; IDIOM *Fam* **I wasn't b. yesterday** no me chupo el dedo; IDIOM *Fam* **there's one b. every minute** hace falta ser bobo(a); **she's a Londoner, b. and bred** nació y se crió en Londres; IDIOM **to be b. with a silver spoon in one's mouth** nacer con un *or* el pan debajo del brazo; **a cynicism b. of experience** un cinismo que proviene de la experiencia; *Fam* **in all my b. days** en toda mi santa vida

born-again Christian ['bɔ:nəgen-'krɪstʃən] *n Rel* = cristiano convertido a un culto evangélico

borne [bɔ:n] *pp of* **bear**[2]

Borneo ['bɔ:nɪəʊ] *n* Borneo

boron ['bɔ:rɒn] *n Chem* boro *m*

borough ['bʌrə] *n Br* = división administrativa y electoral que comprende un municipio o un distrito urbano

borrow ['bɒrəʊ] **1** *vt* **(a)** *(take on loan)* tomar prestado(a); **can I b. your book?** ¿me prestas tu libro?; **I borrowed his bicycle without him knowing** le tomé la biciclata prestada sin que lo supiera; **to b. a book from the library** tomar prestado un libro de la biblioteca; **to b. money from the bank** pedir un crédito al banco; IDIOM **to be living on borrowed time** *(of ill person, government)* tener los días contados **(b)** *(appropriate) (idea)* sacar; *(word)* tomar
2 *vi* **she's always borrowing from other people** siempre está pidiendo cosas prestadas a los demás

borrower ['bɒrəʊə(r)] *n (from bank)* prestatario(a) *m,f*; *(from library)* usuario(a) *m,f*

borrowing ['bɒrəʊɪŋ] *n* **(a)** *(of money, word)* préstamo *m*, *Méx* prestamiento *m* **(b)** *Fin* **government b.** (nivel *m* de) endeudamiento *m* del Estado

borscht [bɔ:ʃt] *n* = sopa a base de remolacha

borstal ['bɔ:stəl] *n Br Formerly* correccional *m*, reformatorio *m*

borzoi ['bɔ:zɔɪ] *n* galgo *m* ruso, borzoi *m*

bosh [bɒʃ] *Fam Old-fashioned* **1** *n* tonterías *fpl*, *Am* pendejadas *fpl*, *RP* pavadas *fpl*
2 *exclam* ¡pamplinas!

Bosnia ['bɒznɪə] *n* Bosnia

Bosnia-Herzegovina ['bɒznɪəhɜ:tsə-gə'vi:nə] *n* Bosnia y Hercegovina

Bosnian ['bɒznɪən] **1** *n* bosnio(a) *m,f*
2 *adj* bosnio(a); **B. Croat** croata *mf* de Bosnia; **B. Muslim** musulmán(ana) *m,f* de Bosnia; **B. Serb** serbio(a) *m,f* de Bosnia

bosom ['bʊzəm] **1** *n* **(a)** *(breast, chest)* pecho *m*; **her ample b.** sus abundantes senos *or* pechos; **he clutched her/the book to his b.** la estrechó/estrechó el libro contra su pecho **(b)** *(heart, centre)* seno *m*; **in the b. of one's family** en el seno de la familia
2 *adj* **b. friend** amigo(a) *m,f* del alma; *Fam* **b. buddy** amiguete(a) *m,f* de toda la vida

bosomy ['bʊzəmɪ] *adj* pechugona

Bosphorus ['bɒsfərəs] *n* **the B.** el Bósforo

boss[1] [bɒs] *n (on shield)* tachón *m*

boss[2] *Fam* **1** *n* **(a)** *(at work)* jefe(a) *m,f*;

he's his own b. trabaja por cuenta propia; IDIOM **to show sb who's b.** enseñar a alguien quién manda (**b**) *(of union, party)* líder *mf*
2 *vt* **to b. sb about** *or* **around** dar órdenes a alguien (a diestro y siniestro)

bossily ['bɒsılı] *adv* de manera autoritaria

bossy ['bɒsı] *adj* mandón(ona); *Fam* **a b. boots** un(a) mandón(ona)

bosun ['bəʊsən] *n Naut* contramaestre *m*

botanic(al) [bə'tænık(əl)] *adj* botánico(a) ❑ ***b. garden(s)*** jardín *m* botánico

botanist ['bɒtənıst] *n* botánico(a) *m,f*

botany ['bɒtənı] *n* botánica *f*

botch [bɒtʃ] *Fam* **1** *n* chapuza *f*; **to make a b. of a job/an interview** hacer una chapuza de trabajo/entrevista
2 *vt* **to b. a job/an interview** hacer una chapuza de trabajo/entrevista

botched [bɒtʃt] *adj* chapucero(a); **a b. job** una chapuza

BOTH [bəʊθ] **1** *pron* ambos(as), los/las dos; **b. of my brothers** mis dos hermanos; **my sister's a doctor — so are b. of mine!** mi hermana es médica — ¡mis dos hermanas también!; **b. (of them) are dead, they are b. dead** los dos *or* ambos están muertos; **b. of these printers are faulty, these printers are b. faulty** estas dos impresoras son defectuosas; **b. of us agree, we b. agree** los dos estamos de acuerdo; **I'll tell you b. later** os lo diré (a los dos) más tarde; **two teams, b. of which are unbeaten** dos equipos, los dos imbatidos; **my sisters, b. of whom are married** mis dos hermanas, que están casadas
2 *adj* ambos(as), los/las dos; **b. (the) brothers** ambos hermanos, los dos hermanos; **b. my brothers** mis dos hermanos; **my sister's a doctor — b. mine are too!** mi hermana es médica — ¡mis dos hermanas también!; **to hold sth in b. hands** sostener algo con las dos manos; **on b. sides** a ambos lados; **on b. sides of the Atlantic** a ambos lados del Atlántico; **to look b. ways** mirar a uno y otro lado; IDIOM **you can't have it b. ways** o una cosa o la otra, no puedes tenerlo todo
3 *adv* **b. you and I** tanto tú como yo; **she is b. intelligent and beautiful** es inteligente y, además, guapa; **I speak b. German and Spanish** hablo tanto alemán como francés

BOTHER ['bɒðə(r)] **1** *n* (**a**) *(trouble)* problemas *mpl*, dificultades *fpl*; *(inconvenience)* molestia *f*; **thanks a lot — it was no b.** muchas gracias — no hay de qué; **if it's not too much b.** si no te es mucha molestia; **it wasn't worth the b.** no valió la pena; **to get into b. with the law** meterse en problemas con la justicia; **to go to the b. of doing sth** tomarse la molestia de hacer algo; *Br Fam* **I've been having a bit** *or* **a spot of b. with my back** he estado bastante fastidiado *or RP* embromado de la espalda últimamente; *Br Fam* **there was a spot of b. outside the pub** *(fighting)* hubo bronca a la salida del pub
(**b**) *Br (person)* **sorry to be such a b.** siento dar tanto mal
2 *vt* (**a**) *(annoy)* molestar (**about** por); **my back's still bothering me** todavía me molesta la espalda; **I hate to** *or* **I'm sorry to b. you but...** siento tener que molestarte pero...
(**b**) *(concern, worry)* preocupar; **to be bothered about sth** estar preocupado(a) por algo; **heights don't b. me** las alturas no me dan miedo; **don't b. yourself** *or* **your head about that** no te preocupes por eso
(**c**) *Fam (care about)* **I can't be bothered** no tengo ganas, paso; **I can't be bothered doing it** *or* **to do it** paso de hacerlo; **I'm not bothered** me da igual
3 *vi* (**a**) *(care)* preocuparse (**about** por)
(**b**) *(take the trouble)* **he didn't even b. to apologize** ni siquiera se molestó en pedir disculpas; **you'd know what I'd said if you'd bothered to listen** si te hubieras molestado en escucharme, te habrías enterado; **I didn't b. with breakfast today** hoy no he desayunado; **don't b.!** ¡no te molestes!; **I don't know why I b.!** ¡no sé ni por qué me molesto!; **thanks, but you needn't have bothered** gracias, pero no debías haberte molestado; **there's nothing to be gained, so why b. going?** si no vamos a sacar ningún partido, ¿para qué ir?; **he left without bothering to say thank you** se marchó sin ni siquiera decir adiós
4 *exclam Br* **b.!** ¡caramba!

botheration [bɒðə'reıʃən] *exclam Br Fam* ¡caramba!, ¡vaya por Dios!

bothersome ['bɒðəsəm] *adj* incordiante

Botswana [bɒt'swɑːnə] *n* Botsuana

bottle ['bɒtəl] **1** *n* (**a**) *(container)* botella *f*; *(of medicine)* frasco *m*; *(for baby)* biberón *m*; **bring your own b.** trae una botella de algo; IDIOM *Fam* **to take to** *or* **hit the b.** darse a la bebida ❑ ***b. bank*** contenedor *m* de vidrio; *Fam* ***b. blonde*** rubia *f or Méx* güera *f* teñida; ***b. brush*** escobilla *f* para limpiar botellas; ***b. green*** verde *m* botella; ***b. opener*** abrebotellas *m inv*; ***b. party*** fiesta *f (a la que cada invitado lleva una botella)*; *Fam* ***b. tan*** bronceado *m or* moreno *m* artificial (**b**) *Br very Fam (courage)* **to have a lot of b.** echarle muchas narices, tener muchas agallas
2 *vt* embotellar

▶**bottle out** *vi Br very Fam* rajarse

▶**bottle up** *vt sep (emotions, anger)* reprimir, contener

bottled ['bɒtəld] *adj* embotellado(a) ❑ ***b. gas*** gas *m* butano, gas *m* de bombona; ***b. water*** agua *f* embotellada

bottle-feed ['bɒtəlfiːd] *(pt & pp* **bottle-fed**) *vt* dar el biberón a

bottleneck ['bɒtəlnek] *n (in road, traffic)* embotellamiento *m*, estrechamiento *m*; *(in production)* atasco *m*

bottlenose dolphin ['bɒtəlnəʊz 'dɒlfın] *n* delfín *m* mular

BOTTOM ['bɒtəm] **1** *n* (**a**) *(lowest part) (of well, sea, swimming pool)* fondo *m*; *(of stairs, mountain, page, ladder)* pie *m*; *(of list)* final *m*; **it's in the b. of the cup** está en el fondo de la taza; **at the b. of** *(well, sea)* en el fondo de; *(stairs, mountain, page)* al pie de; **he's at the b. of the class** es el último de la clase; **my team are at the b. of the league** mi equipo está en la cola de la liga; **I'll wait for you at the b.** *(of hill)* te esperaré abajo; **I started at the b. and worked my way up** *(in job)* comencé desde abajo y fui ascendiendo a base de trabajo; **from the b. of one's heart** de todo corazón; **the b. has fallen out of the market** la demanda ha caído en picado; **at the b. of the fifth (inning)** *(in baseball)* en la segunda parte del quinto turno de bateo; *also Fig* **to touch b.** tocar fondo
(**b**) *(underside) (of cup, box)* parte *f* de abajo; *(of shoe)* suela *f*; *(of ship)* casco *m*; **there's a sticker on the b. of the box** hay una etiqueta en la parte de abajo de la caja
(**c**) *(furthest end) (of table)* final *m*; *(of bed)* pie *m*; *(of corridor)* fondo *m*; **at the b. of the garden** al fondo del jardín; **at the b. of the street** al final de la calle
(**d**) *(of clothing)* **bikini b.** parte *f* de abajo del bikini; **pyjama/tracksuit bottoms** pantalones *mpl* del pijama *or Am* piyama/de chándal; **the b. of my trousers has a hole in it** mis pantalones tienen un agujero en la parte del trasero
(**e**) *Fam (buttocks)* trasero *m*, culo *m*
(**f**) IDIOMS **at b.** *(fundamentally)* en el fondo; **to be at the b. of sth** *(be the reason for)* ser el motivo de algo; *(of person)* estar detrás de algo; **to be at the b. of the heap** *or* **pile** estar en lo más bajo de la escala; **to get to the b. of sth** llegar hasta el fondo de algo; *Fam* **bottoms up!** ¡salud!
2 *adj* inferior; **the b. layer/drawer** la capa/el cajón de abajo del todo; **the b. 20 percent of schoolchildren** el 20 por ciento de los escolares con peores resultados; **the b. score was 23** el peor resultado fue un 23; **the b. team in the league** el (equipo) colista; *Fam* **you can bet your b. dollar that...** puedes apostar lo que quieras a que...; *Br* **b. drawer** *(of bride-to-be)* ajuar *m*; **b. floor** planta *f* baja; **in b. gear** en primera (velocidad); *Sport* **the b. half of the draw** la parte de abajo de los cruces; **the b. line** *(financially)* el saldo final; **£500 is my b. line** no voy a bajar de 500 libras; **the b. line is that he is unsuited to the job** la realidad es que no resulta adecuado para el trabajo
3 *adv (in last place)* **to come** *or* **finish b.** llegar *or* finalizar el último

▶**bottom out** *vi (of recession, unemployment)* tocar fondo

bottomless ['bɒtəmlıs] *adj (abyss)* sin fondo; *(reserve)* inagotable; *Fig* **a b. pit** *(costly project)* un pozo sin fondo; *(very hungry person)* una persona con mucho saque

bottommost ['bɒtəmməʊst] *adj* de más abajo; **the b. layers of society** los estratos más bajos de la sociedad

botulism ['bɒtjʊlɪzəm] *n* botulismo *m*

boudoir ['bu:dwɑ:(r)] *n* tocador *m*

bouffant ['bu:fɒŋ] *adj* ahuecado(a)

bougainvillea [bu:gən'vɪlɪə] *n* buganvilla *f*

bough [baʊ] *n* rama *f*

bought [bɔ:t] *pt & pp of* **buy**

bouillon ['bu:jɒn] *n Culin* caldo *m*

boulder ['bəʊldə(r)] *n* roca *f* (redondeada)

boulevard ['bu:ləvɑ:d] *n* bulevar *m*, paseo *m*

bounce [baʊns] **1** *n* (**a**) *(of ball)* rebote *m*, bote *m*; **to catch a ball on the b.** agarrar una bola a bote pronto ❑ ***b. pass*** *(in basketball)* pase *m* de pique *or* picado (**b**) *(energy)* vitalidad *f*, chispa *f* (**c**) *(of hair)* vigor *m*, vitalidad *f* (**d**) *Comptr* ***b. message*** mensaje *m* rebotado

2 *vt* (**a**) *(ball)* botar; *Fig* **to b. an idea off sb** preguntar a alguien su opinión acerca de una idea; *Fig* **to b. sb into doing sth** hacer que alguien haga algo con presiones (**b**) *US Fam (dismiss, eject)* echar, poner en la calle

3 *vi* (**a**) *(of ball)* botar, rebotar; **to b. off the wall** *(of, ball)* rebotar en la pared; *Fig* **criticism bounces off him** las críticas le resbalan (**b**) *(move energetically)* **to b. into/out of a room** *(of person)* entrar a/salir de una habitación con energía (**c**) *Fam (of cheque)* ser rechazado (**d**) *Comptr* rebotar

▸**bounce back** *vi (after illness, disappointment)* recuperarse, reponerse

bouncer ['baʊnsə(r)] *n Fam (doorman)* gorila *m*, matón *m*

bouncing ['baʊnsɪŋ] *adj (baby)* robusto(a)

bouncy ['baʊnsɪ] *adj* (**a**) *(ball)* que bota bien; *(mattress)* elástico(a) ❑ ***b. castle*** castillo *m* hinchable (**b**) *(lively)* **to be b.** *(of person)* tener mucha vitalidad

bound¹ [baʊnd] **1** *n (leap)* salto *m*; **at one b.** de un salto

2 *vi (leap)* saltar; **to come bounding up to sb** ir hacia alguien dando saltos *or* brincos

bound² *adj* (**a**) *(destined)* **b. for** con destino a; **b. for great/better things** destinado(a) a hacer grandes/mejores cosas; **where are you b. for?** ¿hacia dónde se dirige?

(**b**) *(certain)* **he's b. to come** seguro que viene; **it was b. to happen** tenía que suceder; **it's b. to be painful at first** al principio seguro que va a ser doloroso

(**c**) *(obliged)* **you are b. to report any change in your income** tienes obligación de notificar cualquier cambio en tus ingresos; **to be b. by an oath/a contract** estar obligado(a) por un juramento/un contrato; **to be (legally) b. to do sth** tener la obligación legal *or* estar obligado(a) por ley a hacer algo; *Formal* **I feel b. to say (that)** he de decir que

bound³ *vt (border)* **to be bounded by sth** estar rodeado(a) de *or* por algo

bound⁴ *pt & pp of* **bind**

boundary ['baʊndərɪ] *n* frontera *f*, lí-mite *m*

bounden ['baʊndən] *adj Formal* **b. duty** deber *m* ineludible

bounder ['baʊndə(r)] *n Br Old-fashioned Fam* sinvergüenza *m*

boundless ['baʊndlɪs] *adj* ilimitado(a)

bounds [baʊndz] *npl (limit)* límites *mpl*; **to be out of b.** estar vedado(a); **the ball went out of b.** *(in golf)* la pelota salió fuera de límites; **it is (not) beyond the b. of possibility** (no) es del todo imposible; **to know no b.** *(of anger, ambition, grief)* no conocer límites; **within b.** dentro de un orden *or* límite

bountiful ['baʊntɪfʊl] *adj* abundante, copioso(a)

bounty ['baʊntɪ] *n* (**a**) *(reward)* recompensa *f* ❑ ***b. hunter*** cazarrecompensas *mf inv* (**b**) *(generosity)* generosidad *f*, exuberancia *f*

bouquet [bu:'keɪ] *n* (**a**) *(of flowers)* ramo *m* (**b**) *(of wine)* buqué *m* (**c**) *Culin* ***b. garni*** ramillete *m* de hierbas aromáticas

bourbon ['bɜ:bən] *n US (whiskey)* whisky *m* americano, bourbon *m*

bourgeois ['bʊəʒwɑ:] *adj* burgués(esa)

bourgeoisie [bʊəʒwɑ:'zi:] *n* burguesía *f*

bout [baʊt] *n* (**a**) *(of illness, depression)* ataque *m*; *(of work, activity)* periodo *m* (**b**) *(boxing match)* combate *m*

boutique [bu:'ti:k] *n* boutique *f*

bovine ['bəʊvaɪn] *adj* bovino(a) ❑ ***b. spongiform encephalopathy*** encefalopatía *f* espongiforme bovina

Bovril® ['bɒvrɪl] *n* Bovril®, = concentrado de carne

bovver ['bɒvə(r)] *n Br Fam* camorra *f*, *Esp* follón *m* ❑ ***b. boots*** botas *fpl* militares *or* de tachuelas; ***b. boy*** gamberro *m*, camorrista *m*, *RP* camorrero *m*

bow¹ [bəʊ] *n* (**a**) *(weapon, for violin)* arco *m*; **a b. and arrow** un arco y flechas (**b**) *(in hair, on dress)* lazo *m* ❑ ***b. tie*** *Esp* pajarita *f*, *CAm, Carib, Col* corbatín *m*, *Chile* humita *f*, *Méx* corbata *f* de moño, *RP* moñito *m*, *Ven* corbata *f* de lacito (**c**) ***b. window*** mirador *m*, ventanal *m* curvo

bow² [baʊ] *n (of ship)* proa *f*

bow³ **1** *n (with head)* reverencia *f*; **to take a b.** salir a saludar

2 *vt* **to b. one's head** inclinar la cabeza

3 *vi* (**a**) *(as greeting, sign of respect)* inclinar la cabeza; **to b. down** inclinarse; *Fig* **to b. down before sb** inclinarse ante alguien; *Fig* **to b. and scrape (to)** *(act servilely)* ser empalagoso(a) (con), mostrarse servil (ante *or* hacia) (**b**) *Fig (yield)* **to b. to sb/sth** rendirse ante alguien/algo

▸**bow out** *vi (resign)* retirarse, hacer mutis (por el foro)

bowdlerize ['baʊdləraɪz] *vt (text, account)* expurgar, censurar

bowed [baʊd] *adj* **with b. head** con la cabeza inclinada; **b. with age** encorvado(a) por la edad

bowel ['baʊəl] *n* intestino *m*; **bowels** entrañas *fpl*; *Literary* **the bowels of the earth** las entrañas de la Tierra ❑ ***b. complaint*** afección *f or* trastorno *m* intestinal; ***b. movement*** evacuación *f*, deposición *f*

bower ['baʊə(r)] *n* rincón *m* umbrío

bowl¹ [bəʊl] *n* (**a**) *(dish)* cuenco *m*, bol *m*; **a b. of soup, please** un plato de sopa, por favor; **fruit b.** frutero *m*; **salad b.** ensaladera *f*; **soup b.** plato *m* sopero (**b**) *(of toilet)* taza *f*

bowl² *vi (in cricket, bowling alley)* lanzar la bola

▸**bowl along** *vi (of car, bicycle)* rodar

▸**bowl over** *vt sep (knock down)* derribar; *Fig* **she was bowled over by the news** la noticia la dejó pasmada

bowlegged [bəʊ'legɪd] *adj* con las piernas arqueadas, estevado(a)

bowler ['bəʊlə(r)] *n* (**a**) *(hat)* sombrero *m* hongo, bombín *m* (**b**) *(in cricket)* lanzador *m*

bowlful ['bəʊlfʊl] *n* cuenco *m*, bol *m*

bowling ['bəʊlɪŋ] *n* (**a**) *(on grass)* ***b. green*** = campo de hierba para jugar a los "bowls" (**b**) *(in bowling alley)* (juego *m* de) bolos *mpl* ❑ ***b. alley*** pista *f* de bolos; *(building)* bolera *f*

bowls ['bəʊlz] *n (game)* = juego parecido a la petanca que se juega sobre césped, y en el que las bolas se lanzan a ras de suelo

bowman ['bəʊmən] *n* arquero *m*

bowser ['baʊzə(r)] *n* (**a**) *Av* camión *m* cisterna (**b**) *Aus (petrol pump)* surtidor *m* de gasolina *or RP* nafta

bowsprit ['bəʊsprɪt] *n Naut* bauprés *m*

bowstring ['bəʊstrɪŋ] *n* cuerda *f* de arco

bow-wow **1** *n* ['baʊwaʊ] *(dog)* gua-gua *m*, guau-guau *m*

2 *exclam* [baʊ'waʊ] ¡guau! ¡guau!

box [bɒks] **1** *n* (**a**) *(container)* caja *f*; *(vaulting horse)* plinto *m* ❑ ***b. camera*** cámara *f* de cajón; *Constr* ***b. girder*** viga *f* hueca; *Aut* ***b. junction*** cruce *m* con parrilla *or* cuadrícula *(de líneas amarillas)*; ***b. kite*** cometa *f or CAm, Méx* papalote *m or RP* barrilete *m* de caja; ***b. pleat*** tabla *f (en falda)*

(**b**) *(postal)* apartado *m* de correos, *Am* casilla *f* postal, *Andes, RP* casilla *f* de correos, *Col* apartado *m* aéreo; **b. number 12** apartado *m* de correos número 12

(**c**) *(printed, drawn)* recuadro *m*; **tick the b.** ponga una cruz en la casilla

(**d**) *(in soccer)* **(penalty) b.** área *f* (de castigo)

(**e**) *(in cricket, hockey)* protector *m* genital

(**f**) *(in theatre)* palco *m*

(**g**) *(blow)* **a b. round** *or* **on the ears** un cachete

(**h**) *Br Fam (television)* **the b.** la tele; **what's on the b. tonight?** ¿qué echan en la tele esta noche?

(**i**) *Br very Fam* **to be out of one's b.** *(drunk)* estar borracho(a) como una cuba, estar totalmente *Méx* cuete *or RP* en pedo

(**j**) *Vulg (woman's genitals) Esp* coño *m*, *Am* concha *f*

2 *vt* (**a**) *(place in box)* colocar en una caja (**b**) *(hit)* **to b. sb's ears, to b. sb round the ears** darle un cachete a alguien

3 *vi (fight)* boxear

▸**box in** *vt sep* (**a**) *(pipes, meter)* tapar (**b**) *(in race)* encajonar, encerrar

boxcar['bɒkskɑ:(r)], **box-wagon**['bɒkswægən] *n US* vagón *m* de mercancías, furgón *m* (de mercancías)

boxed [bɒkst] *adj* en estuche ◻ ***a b. set*** un (juego en) estuche

boxer ['bɒksə(r)] *n* (**a**) *(fighter)* boxeador *m* ◻ ***b. shorts, boxers*** *(underwear)* calzoncillos *mpl*, boxers *mpl* (**b**) *(dog)* bóxer *m*

boxing ['bɒksɪŋ] *n* boxeo *m*, *CAm, Méx* box *m* ◻ ***b. glove*** guante *m* de boxeo; ***b. match*** combate *m* de boxeo; ***b. ring*** ring *m*

Boxing Day ['bɒksɪŋ'deɪ] *n Br* = San Esteban, el 26 de diciembre, fiesta nacional en Inglaterra y Gales

box-office ['bɒksɒfɪs] *n* taquilla *f*, *Am* boletería *f*; **a b. success** un éxito de taquilla *or Am* boletería

boxroom ['bɒksru:m] *n Br* = en una vivienda, cuarto pequeño sin ventana que se suele usar como trastero

box-wagon = **boxcar**

boxwood ['bɒkswʊd] *n* (madera *f* de) boj *m*

boxy ['bɒksɪ] *adj* cuadrado(a), achaparrado(a)

boy [bɔɪ] *n* chico *m*; *(baby)* niño *m*; **they have three boys** tienen tres niños *or* chicos; **one of the boys** uno del grupo, un amigo; *Fam* **oh b.!** ¡vaya!; IDIOM **boys will be boys** ¡estos niños, siempre igual!; *Br Fam* **the boys in blue** la policía, la poli ◻ ***Boys' Brigade*** = organización protestante británica de escultismo para chicos; *Br* ***b. racer*** niñato *m* al volante; ***B. Scout*** boy scout *m*, escultista *m*

boycott ['bɔɪkɒt] **1** *n* boicot *m*
2 *vt* boicotear

boyf [bɔɪf] *n Br Fam* noviete *m*, *Esp* maromo *m*

boyfriend ['bɔɪfrend] *n* novio *m*

boyhood ['bɔɪhʊd] *n* niñez *f*

boyish ['bɔɪɪʃ] *adj* (**a**) *(of man) (looks, grin)* infantil (**b**) *(of woman) (looks, behaviour)* varonil

boyo ['bɔɪəʊ] (*pl* **boyos**) *n Fam (in Welsh and Irish dialect)* chico *m*, *Esp* chaval *m*, *Méx* chavo *m*, *Arg* pibe *m*

bozo ['bəʊzəʊ] (*pl* **bozos**) *n US very Fam* zoquete *m*, tarugo *m*

BP [bi:'pi:] *n* (*abbr* **blood pressure**) tensión *f* (arterial), presión *f* sanguínea

Bp (*abbr* **Bishop**) obispo *m*

BPhil [bi:'fɪl] (*abbr* **Bachelor of Philosophy**) *(qualification)* licenciatura *f* en filosofía; *(person)* licenciado(a) *m,f* en filosofía

bpi [bi:pi:'aɪ] *n Comptr* (**a**) (*abbr* **bits per inch**) bpp (**b**) (*abbr* **bytes per inch**) bpp

bps [bi:pi:'es] *n Comptr* (*abbr* **bits per second**) bps

Bq (*abbr* **becquerel**) Bq

BR [bi:'ɑ:(r)] *n Br Formerly* (*abbr* **British Rail**) = compañía británica estatal de ferrocarril

bra [brɑ:] *n* sostén *m*, *Esp* sujetador *m*, *Carib, Col, Méx* brasier *m*, *RP* corpiño *m*

brace [breɪs] **1** *n* (**a**) *(reinforcement, support)* abrazadera *f* (**b**) *(on teeth)* aparato *m* (corrector) (**c**) *Br* **braces** *(for trousers)* tirantes *mpl*; **a pair of braces** unos tirantes (**d**) *(pair) (of birds, pistols)* par *m* (**e**) *(tool)* ***b. and bit*** berbiquí *m*
2 *vt* (**a**) *(reinforce)* reforzar (**b**) **to b. oneself (for)** *(shock, surprise)* prepararse *or Chile, Méx, Ven* alistarse (para)

bracelet ['breɪslɪt] *n* pulsera *f*; *Fam* **bracelets** *(handcuffs)* esposas *fpl*

bracer ['breɪsə(r)] *n Fam (drink)* reconstituyente *m*, tónico *m*

brachiosaurus [brækɪə'sɔ:rəs] *n* braquiosaurio *m*

bracing ['breɪsɪŋ] *adj (wind, weather)* vigorizante

bracken ['brækən] *n* helechos *mpl*

bracket ['brækɪt] **1** *n* (**a**) *(for shelves)* escuadra *f*, soporte *m* (**b**) *(in writing)* paréntesis *m inv*; *(round)* paréntesis *m inv*; *(square)* corchete *m*; *(curly)* llave *f*; *(angle)* paréntesis *m inv or* corchete *m* angular; **in brackets** entre paréntesis (**c**) *(group)* banda *f*, grupo *m*; **age/income b.** banda de edad/de renta
2 *vt* (**a**) *(word, phrase)* poner entre paréntesis (**b**) *(classify)* asociar; **bracketed together** asociado(a)

brackish ['brækɪʃ] *adj (water)* ligeramente salobre *or* salado(a)

bradawl ['brædɔ:l] *n* lezna *f*

brag [bræg] (*pt & pp* **bragged**) *vi* jactarse (**about** de)

braggart ['brægət] *n* fanfarrón(ona) *m,f*

Brahma ['brɑ:mə] *n Rel* (el Dios) Brahma

braid [breɪd] **1** *n* (**a**) *(of hair)* trenza *f* (**b**) *(of thread)* galón *m*
2 *vt (hair, thread)* trenzar

Braille [breɪl] *n* braille *m*

brain [breɪn] **1** *n* (**a**) *(organ)* cerebro *m*; **brains** *(as food)* sesos *mpl*; **to suffer b. damage** sufrir una lesión cerebral ◻ *Med* ***b. death*** muerte *f* cerebral; *Anat* ***b. stem*** tronco *m* del encéfalo; ***b. surgeon*** neurocirujano(a) *m,f*; ***b. tumour*** tumor *m* cerebral (**b**) *(intelligence, mind) Fam* **to have brains** tener cerebro; *Fam* **he's a real b.** es un verdadero cerebro *or* cerebrito; *Fam* **she's the brains of the business** ella es el cerebro del negocio; IDIOM **to have money/sex on the b.** estar obsesionado(a) con el dinero/sexo ◻ ***the b. drain*** la fuga de cerebros
2 *vt Fam (hit)* descalabrar

brainbox ['breɪnbɒks] *n Fam (intelligent person)* cerebro *m*

brainchild ['breɪntʃaɪld] *n (idea, project)* idea *f*

brain-dead ['breɪnded] *adj* (**a**) Med clínicamente muerto(a) (**b**) *Pej* subnormal

brainless ['breɪnlɪs] *adj* insensato(a)

brainpower ['breɪnpaʊə(r)] *n* capacidad *f* intelectual, intelecto *m*

brainstorm ['breɪnstɔ:m] *n Fam* (**a**) *Br (mental confusion)* cruce *m* de cables (**b**) *US (brilliant idea)* idea *f* genial

brainstorming ['breɪnstɔ:mɪŋ] *n* **b. session** = reunión sin orden del día en la que los participantes realizan sugerencias para resolver uno o varios asuntos

brainteaser ['breɪnti:zə(r)] *n* rompecabezas *m inv*

brainwash ['breɪnwɒʃ] *vt* lavar el cerebro a; **to b. sb into doing sth** lavar el cerebro a alguien para que haga algo

brainwave ['breɪnweɪv] *n Fam* **to have a b.** tener una idea genial *or* una brillante idea

brainy ['breɪnɪ] *adj Fam* **to be b.** tener mucho coco

braise [breɪz] *vt* estofar, *Andes, Méx* ahogar

brake [breɪk] **1** *n* freno *m*; **to apply the brake(s)** frenar; *Fig* **to put the brakes on a project** frenar un proyecto ◻ ***b. fluid*** líquido *m* de frenos; ***b. lights*** luces *fpl* de freno; ***b. man*** *(in bobsleigh)* guardafrenos *m inv*; ***b. pedal*** (pedal *m* del) freno *m*; ***b. shoe*** zapata *f* (del freno)
2 *vi* frenar

brakesman ['breɪksmən], *US* **brakeman** ['breɪkmən] *n Rail* guardafrenos *mf inv*

braking distance ['breɪkɪŋ'dɪstəns] *n* distancia *f* de frenado *or* de seguridad

bramble ['bræmbəl] *n (plant)* zarza *f*

bran [bræn] *n* salvado *m* ◻ ***b. tub*** = juego de feria en que se extraen regalos de un recipiente lleno de salvado

branch [brɑ:ntʃ] **1** *n* (**a**) *(of tree, family, subject)* rama *f*; *(of river)* afluente *m*; *(of road, railway)* ramal *m*, derivación *f* ◻ ***b. line*** *(of railway)* línea *f* secundaria, ramal *m* (**b**) *(of bank)* sucursal *f*; *(of shop)* establecimiento *m* ◻ ***b. manager*** director(ora) *m,f* de sucursal (**c**) *(of organization, union) (department)* división *f*, sección *f*; *(local group, office)* delegación *f*
2 *vi* bifurcarse

▸**branch off** *vi (of road)* desviarse, bifurcarse (**from** de); *(of driver)* desviarse (**from** de); *(of discussion)* desviarse

▸**branch out** *vi* ampliar horizontes, diversificarse; **the company has branched out into electronics** la compañía ha ampliado su oferta a productos de electrónica; **I've decided to b. out on my own** *(become self-employed)* he decidido establecerme por mi cuenta

brand [brænd] **1** *n* (**a**) *Com (of product)* marca *f*; *Fig* **she has her own b. of humour** tiene un humor muy suyo ◻ ***b. image*** imagen *f* de marca; ***b. leader*** marca *f* líder (en el mercado); ***b. loyalty*** lealtad *f or* fidelidad *f* a la marca; ***b. name*** marca *f* de fábrica, nombre *m* comercial; ***b. recognition*** reconocimiento *m* de marca (**b**) *(on cattle)* marca *f*, hierro *m*
2 *vt (cattle)* marcar (con el hierro); *Fig* **the image was branded on her memory** la imagen se le quedó grabada en la memoria; *Fig* **to b. sb (as) a liar/coward** tildar a alguien de mentiroso/cobarde

branding-iron ['brændɪŋaɪən] *n* hierro *m* (de marcar)

brandish ['brændɪʃ] *vt* blandir

brand-new ['brænd'nju:] *adj* flamante, completamente nuevo(a)

brandy ['brændɪ] *n (cognac)* brandy *m*, coñac *m*; *(more generally)* aguardiente *m*; **cherry/plum b.** aguardiente de cerezas/ciruelas ▫ *Br **b. butter*** = crema a base de mantequilla, azúcar y coñac para aderezar postres; ***b. glass*** copa *f* de coñac; ***b. snap*** barquillo *m* (relleno) de crema

brash [bræʃ] *adj (person)* = demasiado seguro de sí mismo y chillón

brass [brɑ:s] *n* **(a)** *(metal)* latón *m*; IDIOM *Br Fam* **it's not worth a b. farthing** no vale un pepino *or* pimiento; IDIOM *Br very Fam* **it's b. monkey weather!** ¡hace un frío que pela!; IDIOM **to get down to b. tacks** ir al grano

(b) *Mus (brass instruments)* metales *mpl* ▫ ***b. band*** banda *f*

(c) *(memorial plaque)* placa *f* (conmemorativa) ▫ ***b. rubbing*** *(technique)* = técnica de grabado sobre latón por frotamiento

(d) *Br Fam (money) Esp* pasta *f*, *Esp, RP* guita *f*, *Am* plata *f*, *Méx* lana *f*

(e) *Br Mil Fam* **the (top) b., the b. hats** *(in army)* la plana mayor, los peces gordos

(f) *Br Fam (cheek, nerve)* cara *f*, caradura *f*; IDIOM **to have a b. neck** tener más cara que espalda; **to have the b. (neck) to do sth** tener la caradura de hacer algo

▸**brass off** *vt sep Br Fam* **to be brassed off (with)** estar hasta la coronilla (de)

brasserie ['bræsərɪ] *n* restaurante *m*, casa *f* de comidas

brassière ['bræzɪə(r)] *n* sostén *m*, *Esp* sujetador *m*, *Carib, Col, Méx* brasier *m*, *RP* corpiño *m*

brass-necked [brɑ:s'nekt] *adj Br Fam* caradura

brassy ['brɑ:sɪ] *adj Fam (woman)* demasiado segura de sí misma y chillona

brat [bræt] *n Pej* niñato(a) *m,f* ▫ *Fam **b. pack*** camada *f or* hornada *f* de jóvenes promesas

Bratislava [brætɪ'slɑ:və] *n* Bratislava

bravado [brə'vɑ:dəʊ] *n* fanfarronería *f*, bravuconería *f*

brave [breɪv] **1** *n* **(a)** *(native American)* guerrero *m* indio **(b)** *Literary* **the b.** los valientes

2 *adj* valiente, valeroso(a); **a b. effort** un intento encomiable; IDIOM **to put a b. face on it, to put on a b. front** poner al mal tiempo buena cara

3 *vt (danger, weather)* encarar, afrontar

▸**brave out** *vt sep* **to b. it out** aguantar, plantar cara; **he had to b. out the crisis alone** tuvo que lidiar con la crisis él solo

bravely ['breɪvlɪ] *adv* valientemente, valerosamente

bravery ['breɪvərɪ] *n* valentía *f*, valor *m*

bravo [brɑ:'vəʊ] *exclam* ¡bravo!

bravura [brə'vjʊrə] *n (spirit, zest)* brío *m*, entrega *f*; *Mus* virtuosismo *m*; **a b. performance** *Mus* una virtuosa interpretación; *Fig* una brillante actuación

brawl [brɔ:l] **1** *n* trifulca *f*, refriega *f*

2 *vi* pelearse

brawn [brɔ:n] *n Fam (strength)* fuerza *f*, músculo *m*; **he's got more b. than brains** tiene más músculo que seso

brawny ['brɔ:nɪ] *adj* musculoso(a)

bray [breɪ] **1** *n (of donkey)* rebuzno *m*; *Fig (laugh)* risotada *f*

2 *vi (of donkey)* rebuznar; *Fig (laugh)* carcajearse

brazen ['breɪzən] *adj* descarado(a)

▸**brazen out** *vt sep* **to b. it out** echarle mucha cara al asunto

brazenly ['breɪzənlɪ] *adv* con el mayor descaro

brazier ['breɪzɪə(r)] *n* brasero *m*

Brazil [brə'zɪl] *n* Brasil

brazil [brə'zɪl] *n* **b. (nut)** coquito *m* del Brasil

Brazilian [brə'zɪlɪən] *n & adj* brasileño(a) *m,f*

breach [bri:tʃ] **1** *n* **(a)** *(in wall)* brecha *f*; IDIOM **to step into the b.** *(in emergency)* echar un cable, cubrir el vacío

(b) *(of agreement, rules)* violación *f*, incumplimiento *m*; *(of trust)* abuso *m*; **in b. of sth** en contra de algo; **in b. of the law** infringiendo la ley ▫ ***b. of confidence*** abuso *m* de confianza; ***b. of contract*** incumplimiento *m* de contrato; ***b. of discipline*** incumplimiento *m* de las normas; *Law **b. of the peace*** alteración *f* del orden público; *Old-fashioned **b. of promise*** incumplimiento *m* de compromiso matrimonial

(c) *(in friendship)* ruptura *f*

2 *vt* **(a)** *(defences)* atravesar, abrir brecha en **(b)** *(contract, agreement)* violar, incumplir

bread [bred] *n* **(a)** *(food)* pan *m*; **a loaf of b.** un pan; **b. and butter** pan con mantequilla; *Fig* **the customers are our b. and butter** lo que nos da de comer son los clientes; IDIOM **he knows which side his b. is buttered on** él sabe lo que le conviene; IDIOM *Br Fam* **it's the best thing since sliced b.** es el no va más *or* lo más *or* la bomba ▫ *Br **b. bin**, US **b. box*** panera *f*; ***b. knife*** cuchillo *m* del pan; ***b. sauce*** = salsa hecha con leche, miga de pan y condimentos **(b)** *very Fam (money) Esp* pasta *f*, *Esp, RP* guita *f*, *Am* plata *f*, *Méx* lana *f*

bread-and-butter ['bredən'bʌtə(r)] *adj Fam* **b. issues** asuntos *mpl* básicos

breadbasket ['bredbɑ:skɪt] *n* cesta *f* del pan

breadboard ['bredbɔ:d] *n* tabla *f* de cortar el pan

breadcrumb ['bredkrʌm] *n* miga *f*; **breadcrumbs** *(in recipe)* pan *m* rallado; **fried in breadcrumbs** empanado(a)

breaded ['bredɪd] *adj* empanado(a)

breadfruit ['bredfru:t] *n* fruto *m* del árbol del pan ▫ ***b. tree*** árbol *m* del pan

breadline ['bredlaɪn] *n* **on the b.** en la pobreza

breadstick ['bredstɪk] *n* colín *m*

breadth [bredθ] *n (width)* ancho *m*, anchura *f*; *Fig (of outlook, understanding)* amplitud *f*

breadthways ['bredθweɪz], **breadthwise** ['bredθwaɪz] *adj* a lo ancho

breadwinner ['bredwɪnə(r)] *n* **the b.** el que gana el pan

BREAK [breɪk] **1** *n* **(a)** *(gap, opening) (in wall, fence)* abertura *f*, hueco *m*; *(in clouds)* claro *m*; *(in electric circuit)* corte *m*; **at b. of day** al despuntar el día ▫ *Elec **b. switch*** interruptor *m*

(b) *(interval, pause)* descanso *m*, pausa *f*; *(at theatre)* entreacto *m*, descanso *m*; *(in conversation)* pausa *f*; *(holiday)* vacaciones *fpl*; *Br* **b. (time)** *(at school)* recreo *m*; **(commercial) b.** *(on TV, radio)* pausa *f* publicitaria, anuncios *mpl*; **to take a b.** *(rest)* descansar; **to work/talk without a b.** trabajar/hablar sin pausa *or* sin descanso; *Fam* **give me a b.!** *(leave me alone)* ¡déjame en paz!; *(I don't believe you)* ¡no digas tonterías!

(c) *(change) (in routine)* cambio *m*; **there's been a b. in the deadlock** se ha desbloqueado la situación; **a b. in the weather** un paréntesis de buen tiempo; **a b. with tradition** una ruptura con la tradición; **I've decided to make a clean b.** he decidido hacer borrón y cuenta nueva; **she's wanted to leave him for years but only recently decided to make the b.** lleva años queriendo dejarle pero sólo recientemente ha decidido romper con él

(d) *(in bone)* fractura *f*, rotura *f*

(e) *Fam (escape)* fuga *f*; **he made a b. for the door** se abalanzó hacia la puerta; **to make a b. for it** intentar escaparse

(f) *Fam (chance)* oportunidad *f*, *Am* chance *f*; **to give sb a b.** *(give opportunity)* dar una oportunidad *or Am* chance a alguien; **big b.** gran oportunidad; **a lucky b.** un golpe de suerte

(g) *(in tennis)* **b. (of serve)** ruptura *f* (del servicio) ▫ ***b. point*** punto *m* de break *or* ruptura

(h) *(in snooker, billiards) (points)* tacada *f*

(i) *(in cycling)* escapada *f*; **he made a b.** *(in soccer, rugby)* se escapó de sus adversarios

(j) *(in song)* **an instrumental b.** una sección instrumental

2 *vt* (*pt* **broke** [brəʊk], *pp* **broken** ['brəʊkən]) **(a)** *(in general)* romper; *(machine)* romper, estropear; **I've broken my bicycle** se me ha roto la bicicleta; **to b. one's arm/leg** romperse *or* partirse un brazo/una pierna; **to b. sth into pieces** romper algo en pedazos; **she broke the roll in two** partió el panecillo en dos; **the river broke its banks** el río se desbordó; *Fig* **to b. one's back doing sth** deslomarse *or* desriñonarse haciendo algo; **to b. bread** *(take communion)* comulgar; *also Fig* **to b. camp** levantar el campamento; *also Fig* **to b. cover** ponerse al descubierto; **to b. sb's hold** *(escape)* escaparse de alguien; IDIOM **to b. the ice** romper el hielo; *US Fig* **to b. jail** evadirse; IDIOM **b. a leg!** *(good luck!)* ¡buena suerte!; *Fig* **to b. the mould** romper moldes; *Fig* **I nearly**

broke my neck! ¡casi me abro la cabeza!; *Fig* **I'll b. her neck if she does it again** como lo vuelva a hacer le partiré la cara; *Fig* **this product breaks new ground** este producto es muy innovador; **to b. ranks** romper filas; **to b. wind** soltar una ventosidad

(**b**) *(surpass)* **to b. a record** batir un récord; **to b. the sound barrier** superar la barrera del sonido

(**c**) *(interrupt)* **to b. one's journey/holiday** interrumpir el viaje/las vacaciones; **it broke my concentration** me desconcentró; **to b. the monotony** romper la monotonía

(**d**) *(end) (links, relations)* romper; **to b. the deadlock** desbloquear la situación; **to b. a habit** romper con una mala costumbre; **to b. the silence/tension** romper el silencio/la tensión; **he broke his silence** rompió su silencio; **to b. a strike** reventar una huelga; IDIOM *Fam Hum* **why b. the habit of a lifetime?** ¿y por qué cambiar ahora?

(**e**) *(cushion, soften) (blow)* amortiguar; **the tree broke his fall** el árbol amortiguó su caída

(**f**) *(destroy) (person, health, resistance)* acabar con, arruinar; **to b. sb's heart** romper el corazón de alguien; **to b. sb's spirit** minar la moral a alguien; **to b. the bank** *(in games)* hacer saltar la banca; **it's only $5, so it won't exactly b. the bank!** sólo cuesta 5 dólares, ¡no me voy a arruinar!

(**g**) *(violate) (agreement, promise)* romper; *(law, rules)* violar; **you broke your word** no cumpliste tu palabra

(**h**) *(reveal) (story)* descubrir, revelar (**to** a); **to b. the news of sth to sb** dar la noticia de algo a alguien; **try to b. it to her gently** intenta decírselo con mucho tacto

(**i**) *(decipher) (code)* descifrar

(**j**) *(horse)* domar

(**k**) *(in tennis)* **to b. sb's serve** romper el servicio a alguien

3 *vi* (**a**) *(of glass, bone)* romperse; *(of machine)* romperse, estropearse; **my bracelet broke** se me rompió la pulsera; **to b. into pieces** romperse en pedazos; **to b. in two** romperse *or* partirse en dos; **the sea broke against the rocks** el mar rompía contra las rocas

(**b**) *(of health)* sucumbir; *(of resistance)* desmoronarse; **he broke under torture** se desmoronó con la tortura

(**c**) *(begin) (storm)* estallar, desatarse; **dawn broke** amaneció; **day was beginning to b.** despuntaba el día

(**d**) *(of news, story)* saltar, estallar

(**e**) *(of voice) (at puberty)* cambiar; **her voice broke with emotion** se quedó con la voz quebrada por la emoción

(**f**) *(change) (of weather)* abrirse

(**g**) *(escape)* **to b. free (from)** escaparse (de); **to b. free** *or* **loose** soltarse

(**h**) *(have pause, rest)* hacer una pausa; **let's b. for coffee** paremos para tomar un café

(**i**) *(in tennis)* romper el servicio

(**j**) *(in snooker, billiards)* romper

▸**break away** *vi* (**a**) *(escape)* escapar (**from** de) (**b**) *(from party, country)* separarse (**from** de)

▸**break down 1** *vt sep* (**a**) *(destroy) (door)* echar abajo; *(resistance)* vencer; **they were unable to b. down the opposition's defence** no consiguieron superar la defensa del equipo contrario; **saliva breaks down food** la saliva descompone la comida; *Fig* **we need to b. down the barriers between the two sides** necesitamos derribar las barreras entre las dos partes (**b**) *(analyse) (argument)* dividir; *(figures)* desglosar

2 *vi* (**a**) *(of machine)* estropearse; *(of car)* averiarse, estropearse; *(of talks)* romperse; *(of argument)* fallar, desmoronarse (**b**) *(of person) (under pressure, physically)* derrumbarse; **to b. down (in tears)** romper a llorar

▸**break even** *vi* cubrir gastos, no tener pérdidas

▸**break in 1** *vt sep (horse, new shoes)* domar; *(new recruit)* amoldar

2 *vi* (**a**) *(of burglar)* entrar *(en una casa)* (**b**) *(interrupt)* interrumpir

▸**break into** *vt insep* (**a**) *(of burglar) (house)* entrar en; **somebody broke into the vehicle through the window** alguien entró en el vehículo rompiendo la ventana (**b**) *(begin suddenly)* **to b. into laughter/a song/a run** echarse a reír/cantar/correr; **to b. into a sweat** ponerse a sudar (**c**) *(gain presence in) (market)* penetrar en, introducirse en (**d**) *(use) (money)* **I'll have to b. into my savings** tendré que echar mano de mis ahorros

▸**break off 1** *vt sep* (**a**) *(detach) (twig, handle)* partir, desprender; **he broke off a piece of chocolate** partió una porción de chocolate (**b**) *(terminate) (relations, engagement)* romper (**c**) *(interrupt) (journey, holiday, speech)* interrumpir

2 *vi* (**a**) *(become detached)* partirse, desprenderse (**b**) *(stop talking)* interrumpirse; **to b. off to do sth** parar para hacer algo

▸**break open 1** *vt sep* (**a**) *(lock, safe)* forzar; *(door) (kick down)* echar abajo (**b**) *(melon, coconut)* abrir

2 *vi (burst)* romperse, partirse

▸**break out** *vi* (**a**) *(escape)* escaparse (**of** de) (**b**) *(start) (of disease, argument)* desatarse; *(of war)* estallar; *(of fire)* comenzar; **he broke out in a sweat** le entraron sudores; **she broke out in a rash** le salió un sarpullido

▸**break through 1** *vt insep (wall, barrier)* atravesar; *Fig (sb's reserve, shyness)* superar

2 *vi (of sun)* salir

▸**break up 1** *vt sep* (**a**) *(machine, company)* desmantelar; *(ship)* desguazar (**b**) *(ground, soil)* mullir (**c**) *(fight, quarrel)* poner fin a; *(demonstration)* disolver; *Fam* **b. it up!** *(stop fighting)* ¡basta ya (de pelear)! (**d**) *US Fam (cause to laugh)* **it broke me up** me hizo morirme de risa *or* desternillarme

2 *vi* (**a**) *(disintegrate)* hacerse pedazos; *(of family, group)* separarse; *(of crowd)* dispersarse (**b**) *(end) (of meeting, school term)* terminar; *(of marriage, relationship)* romperse, terminar; **to b. up with sb** romper con alguien

▸**break with** *vt insep* romper con

breakable ['breɪkəbəl] **1** *n* **breakables** objetos *mpl* frágiles

2 *adj* frágil, rompible

breakage ['breɪkɪdʒ] *n* **all breakages must be paid for** *(sign)* el cliente deberá abonar cualquier artículo que resulte roto

breakaway ['breɪkəweɪ] **1** *n (in cycling)* escapada *f*; **to establish a b.** organizar or montar una escapada

2 *adj* **a b. group** *(from party, organization)* un grupo escindido *(del principal)*; *(in cycling)* un grupo de escapados

breakdancing ['breɪkdɑːnsɪŋ] *n* break *m*, breakdance *m*

breakdown ['breɪkdaʊn] *n* (**a**) *(failure) (of car, machine)* avería *f*; *(of talks)* ruptura *f*; *(of communication)* fallo *m*, *Am* falla *f* ▫ ***b. truck*** grúa *f* (**b**) *(collapse)* **he had a (nervous) b.** le dio una depresión *or* una crisis nerviosa (**c**) *(analysis) (of figures, costs)* desglose *m*

breaker ['breɪkə(r)] *n (wave)* ola *f* grande

break-even point [breɪk'iːvənpɔɪnt] *n Fin* punto *m* de equilibrio, umbral *m* de rentabilidad

breakfast ['brekfəst] **1** *n* desayuno *m*; **to have b.** desayunar; **to have sth for b.** desayunar algo, tomar algo para desayunar; IDIOM **to have** *or* **eat sb for b.** merendarse a alguien ▫ ***b. cereal*** cereales *mpl* (de desayuno); ***b. television*** programación *f* matinal

2 *vi* **to b. (on sth)** desayunar (algo)

break-in ['breɪkɪn] *n (burglary)* robo *m (en el interior de una casa o edificio)*

breaking ['breɪkɪŋ] *n* (**a**) *Law* **b. and entering** allanamiento *m* de morada (**b**) **b. point** *(of person, patience)* límite *m*

breakneck ['breɪknek] *adj* **at b. speed** a una velocidad de vértigo

break-out ['breɪkaʊt] *n (from prison)* evasión *f*

breakthrough ['breɪkθruː] *n (major advance)* avance *m*, adelanto *m*; **to make a b.** *(in talks)* dar un gran paso adelante

break-up ['breɪkʌp] *n (of relationship)* ruptura *f*; *(of country, empire, organization)* desintegración *f*, desmembración *f*

breakwater ['breɪkwɔːtə(r)] *n* rompeolas *m inv*

bream [briːm] *n* (**a**) *(freshwater)* = tipo de carpa (**b**) *(saltwater)* **(sea) b.** besugo *m*

breast [brest] *n* (**a**) *(of woman)* pecho *m*, seno *m* ▫ ***b. cancer*** cáncer *m* de mama (**b**) *Literary (of man, woman)* pecho *m*; IDIOM **to make a clean b. of it** confesarlo todo ▫ ***b. pocket*** bolsillo *m or CAm, Méx, Perú* bolsa *f* superior (**c**) *(of chicken)* pechuga *f*

breastbone ['brestbəʊn] *n* esternón *m*

breast-feed ['brestfiːd] (*pt & pp* **breast-fed** ['brestfed]) **1** *vt* dar el pecho a, amamantar

2 *vi* dar el pecho

breastplate ['brestpleɪt] *n (of armour)* peto *m (de armadura)*

breaststroke ['breststrəʊk] *n* braza *f*; **to do** *or* **swim the b.** *Esp* nadar a braza, *Am* nadar pecho

breath [breθ] *n* respiración *f*; **bad b.** mal aliento *m*; **in the same b.** a la vez, al mismo tiempo; **they are not to be mentioned in the same b.** no tienen punto de comparación; **in the next b.** al momento siguiente; **out of b.** sin aliento, sin respiración; **under one's b.** en voz baja, en un susurro; **a b. of wind** una brisa; **to go out for a b. of fresh air** salir a tomar el aire; IDIOM **she's a real b. of fresh air** es una verdadera bocanada de aire fresco; **to take a deep b.** inspirar profundamente; **to pause for b.** pararse para tomar aliento; *also Fig* **to hold one's b.** contener la respiración; IDIOM *Fam* **don't hold your b.!** ¡ya puedes esperar sentado(a)!; **to get one's b. back** recuperar la respiración; *Fig* **to take sb's b. away** quitar la respiración a alguien; **to waste one's b.** malgastar saliva ▫ ***b. test*** prueba *f* de alcoholemia

breathable ['bri:ðəbəl] *adj (fabric)* transpirable, que transpira

breathalyse, *US* **breathalyze** ['breθəlaɪz] *vt (driver)* hacer la prueba de la alcoholemia a

Breathalyser®, *US* **Breathalyzer®** ['breθəlaɪzə(r)] *n* alcoholímetro *m*

breathe [bri:ð] **1** *vt* **(a)** *(inhale)* respirar, inspirar; *(exhale)* espirar, exhalar; **he breathed alcohol over her** le echó el aliento (con olor) a alcohol **(b)** IDIOMS **to b. fire** *(in anger)* echar chispas; *Literary* **to b. one's last** exhalar el último suspiro; **to b. new life into sth** *(project, scheme)* dar vida a algo; **to b. a sigh of relief** dar un suspiro de alivio; **don't b. a word (of it)!** ¡no digas una palabra!

2 *vi* respirar; *Fig* **to b. easily again** volver a respirar tranquilo(a); IDIOM **to b. down sb's neck** *(pursue)* pisar los talones a alguien; *(supervise closely)* estar constantemente encima de alguien

▸**breathe in** *vt sep & vi* inspirar, aspirar

▸**breathe out** *vt sep & vi* espirar

breather ['bri:ðə(r)] *n Fam (rest)* respiro *m*; **to have** *or* **take a b.** tomarse un respiro

breathing ['bri:ðɪŋ] *n* respiración *f* ▫ ***b. apparatus*** respirador *m*; *Fig* ***b. space*** respiro *m*

breathless ['breθlɪs] *adj (person)* jadeante; *(calm, silence)* completo(a)

breathtaking ['breθteɪkɪŋ] *adj* impresionante, asombroso(a)

breathtakingly ['breθteɪkɪŋlɪ] *adv* asombrosamente; **b. beautiful** de una belleza arrebatadora

breathy ['breθɪ] *adj* **to have a b. voice** tener la voz jadeante

bred [bred] *pt & pp of* **breed**

breech [bri:tʃ] *n* **(a)** *Med* ***b. birth*** *or* ***delivery*** parto *m* de nalgas **(b)** *(of gun)* recámara *f* ▫ ***b. loader*** arma *f* de retrocarga

breeches ['brɪtʃɪz] *npl* (pantalones *mpl*) bombachos *mpl*; **a pair of b.** unos (pantalones) bombachos ▫ ***b. buoy*** boya *f* de salvamento del andarivel

breed [bri:d] **1** *n (of animal) & Fig* raza *f*; *Fig* **a dying b.** una especie en extinción

2 *vt (pt & pp* **bred** [bred]*) (animals)* criar; *Fig (discontent)* crear, producir

3 *vi* reproducirse; **to b. like rabbits** reproducirse como conejos

breeder ['bri:də(r)] *n (of animals)* criador(ora) *m,f* ▫ *Phys* ***b. reactor*** reactor *m* nuclear reproductor

breeding ['bri:dɪŋ] *n* **(a)** *(of animals)* cría *f* ▫ ***b. ground*** criadero *m*; *Fig (of discontent, revolution)* caldo *m* de cultivo **(b)** *(of person)* **(good) b.** (buena) educación *f*; **to lack b.** no tener educación

breeze [bri:z] **1** *n* **(a)** *(light wind)* brisa *f* **(b)** *US Fam* **it was a b.** fue pan comido *or* coser y cantar

2 *vi* **to b. along** pasar con aire despreocupado; **to b. in/out** *(casually)* entrar/salir despreocupadamente

▸**breeze through** *vt insep* **to b. through sth** despachar algo con facilidad; **she breezed through her finals** pasó los exámenes finales sin problemas

breeze-block ['bri:zblɒk] *n Br* bloque *m* de cemento ligero

breezily ['bri:zɪlɪ] *adv* con aire despreocupado

breezy ['bri:zɪ] *adj* **(a)** *(weather)* **it's b.** hace aire **(b)** *(person, attitude)* despreocupado(a)

Bren gun ['brengʌn] *n* ametralladora *f* Bren

brethren ['breðrɪn] *npl Rel* hermanos *mpl*

Breton ['bretɒn] *n & adj* bretón(ona) *m,f*

breve [bri:v] *n Mus* breve *f*

breviary ['bri:vɪərɪ] *n Rel* breviario *m*

brevity ['brevɪtɪ] *n* brevedad *f*; PROV **b. is the soul of wit** lo bueno, si breve, dos veces bueno

brew [bru:] **1** *n* **(a)** *Fam (beer)* birra *f*, *Méx* cheve *f* **(b)** *(strange mixture)* brebaje *m*; **a heady b. of sex, politics and murder** una embriagadora combinación de sexo, política y asesinatos

2 *vt* **(a)** *(beer)* elaborar, fabricar **(b)** *(tea)* preparar

3 *vi* **(a)** *(make beer)* fabricar *or* elaborar cerveza **(b)** *(of tea)* hacerse **(c)** *(approach)* **there's a storm brewing** se está preparando una tormenta; **there's trouble brewing** se está fraguando *or* cociendo algo

▸**brew up** *vi Br Fam* preparar el té

brewer ['bru:ə(r)] *n (firm)* fabricante *mf* de cerveza; *Br Fam Hum* **to have b.'s droop** no poder empalmarse por culpa del alcohol ▫ ***b.'s yeast*** levadura *f* de cerveza

brewery ['brʊərɪ] *n* fábrica *f* de cerveza, cervecera *f*

brewing ['bru:ɪŋ] *n (business)* fabricación *f* de cerveza

brewski ['bru:skɪ] *n US Fam* birra *f*, *Méx* cheve *f*

briar, brier ['braɪə(r)] *n* **(a)** *(plant)* brezo *m* ▫ ***b. rose*** escaramujo *m* **(b)** *(pipe)* pipa *f* (de madera) de brezo

bribe [braɪb] **1** *n* soborno *m*, *Andes, RP* coima *f*, *CAm, Méx* mordida *f*

2 *vt* sobornar; **to b. sb into doing sth** sobornar a alguien para que haga algo

bribery ['braɪbərɪ] *n* soborno *m*

bric-a-brac ['brɪkəbræk] *n* baratijas *fpl*, chucherías *fpl*

brick [brɪk] *n* **(a)** *(for building)* ladrillo *m*; IDIOM *Br Fam Fig* **to drop a b.** meter la pata ▫ ***b. wall*** muro *m* de ladrillo(s); IDIOM **you're banging your head against a b. wall** te estás esforzando para nada **(b)** *(for children)* **(toy) bricks** cubos *mpl* para construir *(de juguete)* **(c)** *Br Old-fashioned Fam* **he's a b.** es un gran tipo

▸**brick up** *vt sep* tapiar

brickbat ['brɪkbæt] *n (insult)* pulla *f*, detracción *f*

brickie ['brɪkɪ] *n Br Fam* albañil *m*

bricklayer ['brɪkleɪə(r)] *n* albañil *m*

brickwork ['brɪkwɜ:k] *n* (obra *f* de) ladrillos *mpl*, enladrillado *m*

brickworks ['brɪkwɜ:ks] *n* fábrica *f* de ladrillos, ladrillar *m*

brickyard ['brɪkyɑ:d] *n* fábrica *f* de ladrillos, ladrillar *m*

bridal ['braɪdəl] *adj* nupcial ▫ ***b. dress*** *or* ***gown*** traje *m* de novia; ***b. suite*** suite *f* nupcial

bride [braɪd] *n* novia *f (en boda)*; **the b. and groom** los novios

bridegroom ['braɪdgru:m] *n* novio *m*

bridesmaid ['braɪdzmeɪd] *n* dama *f* de honor

bridge¹ [brɪdʒ] **1** *n (over river, on ship, of violin, on teeth) & Comptr* puente *m*; *(of nose)* caballete *m*; IDIOM **we'll cross that b. when we come to it** no adelantemos acontecimientos; *Fig* **a b. building effort** un esfuerzo por tender un puente

2 *vt (river)* tender un puente sobre; **to b. a gap** llenar un vacío; **to b. the gap between rich and poor** acortar la distancia entre ricos y pobres

bridge² *n (cardgame)* bridge *m*

bridgehead ['brɪdʒhed] *n Mil* cabeza *f* de puente

bridgework ['brɪdʒwɜ:k] *n (in dentistry)* puente *m*

bridging loan ['brɪdʒɪŋləʊn] *n Fin* crédito *m* de puente

bridle ['braɪdəl] **1** *n* brida *f* ▫ ***b. path*** *or* ***way*** camino *m* de herradura

2 *vt* embridar, poner la brida a

3 *vi (with anger)* indignarse (**at** por)

brief [bri:f] **1** *n* **(a)** *Law* escrito *m*; *(instructions)* misión *f*; *Fig* **that goes beyond our b.** eso no entra en el ámbito de nuestras competencias; *Fig* **I hold no b. for...** estoy en contra *or* no soy partidario(a) de... **(b) in b.** *(briefly)* en suma

2 *adj* breve; **a very b. pair of shorts** unos pantalones muy cortos; **to be b.** *(when talking)* ser breve; **to be b...., in b....** en pocas palabras...

3 *vt* **(a)** *(inform)* informar; *(before meeting)* poner al corriente; *(before a mission)* dar instrucciones a **(b)** *Law* pasar la instrucción del caso a

briefcase ['bri:fkeɪs] *n* maletín *m*, portafolios *m inv*

briefing ['bri:fɪŋ] *n* (**a**) *(meeting)* sesión *f* informativa (**b**) *(information)* información *f*; *(written)* informe *m*

briefly ['bri:flɪ] *adv* brevemente; **(put) b....** en pocas palabras...

briefness ['bri:fnɪs] *n* brevedad *f*

briefs [bri:fs] *npl (underwear) (woman's)* bragas *fpl*, braga *f*, *Col* blúmers *mpl*, *Ecuad* follones *mpl*, *RP* bombacha *f*; *(man's)* calzoncillos *mpl*

brier = **briar**

Brig. (*abbr* **Brigadier**) gral. *m* de brigada

brig [brɪg] *n* (**a**) *(ship)* bergantín *m* (**b**) *US Fam (prison) Esp* chirona *f*, *Andes, RP* cana *f*, *Méx* bote *m*; *(on ship)* calabozo *m*

brigade [brɪ'geɪd] *n* brigada *f*

brigadier [brɪgə'dɪə(r)] *n* general *m* de brigada ▫ *US* ***b. general*** general *m* de brigada

brigand ['brɪgənd] *n Literary* malhechor *m*, bandido *m*

bright [braɪt] **1** *adj* (**a**) *(sun, light, eyes)* brillante; *(day)* claro(a), luminoso(a); *(colour)* vivo(a); *Fig* **the b. lights** la gran ciudad; **b. red** rojo *m* vivo; **to go b. red** *(blush)* ruborizarse

(**b**) *(optimistic) (future, situation)* prometedor(ora); **it was the only b. spot in the day** fue el único momento bueno del día; **to look on the b. side (of things)** fijarse en el lado bueno (de las cosas)

(**c**) *(cheerful)* jovial

(**d**) *(clever) (person)* inteligente; *(idea, suggestion)* excelente, brillante; **he's b. at physics** se le da bien la física; IDIOM **to be as b. as a button** *or* **a new penny** *(clever)* ser más listo(a) que el hambre, ser la mar de espabilado(a); *(fresh, awake)* estar como una rosa; **b. spark** listo(a) *m,f*, listillo(a) *m,f*

2 *adv* **b. and early** tempranito

brighten ['braɪtən] **1** *vt* (**a**) *(room)* alegrar, avivar (**b**) *(mood)* alegrar, animar

2 *vi (of weather, sky)* aclararse; *(of face, eyes, mood)* alegrarse, animarse; *(of prospects)* mejorar

▸**brighten up 1** *vt sep (room, mood)* alegrar

2 *vi (of person, face)* animarse; *(of weather, sky)* despejarse

bright-eyed ['braɪt'aɪd] *adj* con los ojos brillantes; *Fig (enthusiastic)* vivo(a); IDIOM *Fam* **b. and bushy-tailed** alegre y contento(a)

brightly ['braɪtlɪ] *adv* (**a**) *(shine)* radiantemente; **b. coloured** de vivos colores (**b**) *(say, smile)* alegremente

brightness ['braɪtnɪs] *n* (**a**) *(of light, sun)* luminosidad *f*, brillo *m*; *(of colour)* viveza *f*; **b. (control)** *(on TV)* (mando *m* del) brillo (**b**) *(cleverness)* inteligencia *f*

brill [brɪl] *adj Br Fam* guay, genial

brilliance ['brɪljəns] *n* (**a**) *(of light, colour)* resplandor *m* (**b**) *(of person, idea)* genialidad *f*

brilliant ['brɪljənt] *adj* (**a**) *(light, sun, smile)* radiante, resplandeciente (**b**) *(person)* genial; *(future, career)* brillante (**c**) *Br Fam (excellent)* genial, *Andes, Carib* chévere, *Andes, Chile, RP* macanudo(a), *Méx* padre, *RP* bárbaro(a)

brilliantly ['brɪljəntlɪ] *adv* (**a**) *(shine)* radiantemente; **b. coloured** de vivos colores; **b. lit** muy iluminado(a) (**b**) *(acted, played)* magníficamente

brim [brɪm] **1** *n (of cup, glass)* borde *m*; *(of hat)* ala *f*

2 *vi* (*pt & pp* **brimmed**) *(with liquid, enthusiasm)* **to be brimming with** rebosar de; **her eyes brimmed with tears** tenía los ojos anegados de lágrimas

▸**brim over** *vi* rebosar, desbordarse; *Fig* **to be brimming over with health/ideas** estar rebosante de salud/ideas

brimful ['brɪmfʊl] *adj* hasta el borde; *Fig* **b. of health/ideas** pletórico(a) de salud/ideas

brimstone ['brɪmstəʊn] *n Literary* azufre *m*; **fire and b.** fuego *m* del infierno

brine [braɪn] *n* (**a**) *(for preserving)* salmuera *f* (**b**) *(seawater)* agua *f* del mar

BRING [brɪŋ] (*pt & pp* **brought** [brɔ:t]) *vt* (**a**) *(take)* traer; **b. me a chair, would you?** ¿me podrías traer una silla, por favor?; **b. a bottle (with you)** trae una botella; **the sound of sirens brought people onto the streets** las sirenas hicieron que la gente saliera a la calle; **to b. sth out of one's pocket** sacar algo del bolsillo; **the path brought us to a lake** el camino nos llevó a un lago; **what brings you to London?** ¿qué te trae por Londres?; **to b. sth to sb's attention** llamar la atención de alguien sobre algo; **that brings us to my final point...** esto nos lleva al último punto...; **he brings a wealth of technical expertise to the job** aporta a su trabajo sus grandes conocimientos técnicos; **to b. a child into the world** traer al mundo a un niño; *Law* **to b. an action against sb** interponer una demanda *or* entablar un pleito contra alguien; *Law* **to b. charges against sb** presentar cargos contra alguien; *Law* **to b. sb to trial** llevar a alguien a juicio; *Fig* **the pictures brought home to us the full horror of the war** las imágenes nos hicieron sentir en carne propia el tremendo horror de la guerra

(**b**) *(lead to, cause)* traer; **it has brought me great happiness** me ha causado gran alegría; **the announcement brought an angry reaction** el anuncio produjo una reacción airada; **the change brought new problems with it** el cambio trajo *or* acarreó nuevos problemas; **to b. sb (good) luck/bad luck** traer (buena) suerte/mala suerte a alguien; **to b. new hope to sb** infundir nuevas esperanzas a alguien; **to b. tears to sb's eyes** hacerle llorar a alguien

(**c**) *(cause to come to a particular condition)* **the latest death brings the total to seventy** la última muerte pone el total en setenta; **to b. oneself into an upright position** incorporarse; **to b. sth to the boil** hacer que algo hierva; **to b. sb to the brink of ruin** dejar a alguien al borde de la ruina; **to b. sth into disrepute** perjudicar la reputación de algo, desprestigiar algo; **it brought me into conflict with the authorities** me enfrentó con las autoridades; **to b. sth to an end** poner fin a algo; **the earthquake brought the building to the ground** el terremoto derrumbó el edificio; **she brought the bus to a halt** detuvo el autobús; **to b. sth to light** sacar algo a la luz; **to b. sth to mind** traer a la memoria algo; **to b. sth into question** poner en duda algo; **to b. sb up short** detener a alguien; **to b. oneself to do sth** resolverse a hacer algo; **I couldn't b. myself to tell her** no pude decírselo

(**d**) *(be sold for)* **the house won't b. very much** la casa no reportará mucho dinero

▸**bring about** *vt sep (cause)* provocar, ocasionar

▸**bring along** *vt sep* traer

▸**bring back** *vt sep* (**a**) *(return with)* traer; **b. me back a loaf of bread from the shop** tráeme una barra de pan de la tienda

(**b**) *(return) (purchase)* devolver; *(person)* traer de vuelta; **to b. sb back to life/health** devolver la vida/la salud a alguien; **that brings us back to the issue of human rights** esto nos trae de vuelta *or* de nuevo al tema de los derechos humanos

(**c**) *(cause to remember)* recordar; **to b. back memories of sth to sb** traer a alguien recuerdos de algo

(**d**) *(reintroduce) (law, punishment)* reinstaurar; **they're going to b. back trams** van a volver a poner tranvías

▸**bring down** *vt sep* (**a**) *(from shelf, attic)* bajar (**b**) *(cause to fall) (soldier, plane, footballer)* derribar; *(government)* derrocar; IDIOM *Fam* **her performance brought the house down** su actuación enfervorizó al público (**c**) *(lower) (price, temperature)* bajar; *(inflation)* reducir (**d**) *(land) (aircraft)* aterrizar

▸**bring forth** *vt sep Formal (cause)* producir, generar

▸**bring forward** *vt sep* (**a**) *(proposal, plan)* presentar; *(witness)* hacer comparecer (**b**) *(advance time of)* adelantar (**c**) *Com* pasar a cuenta nueva; **brought forward** saldo anterior

▸**bring in** *vt sep* (**a**) *(consult) (expert, consultant)* contratar los servicios de; **we're going to have to b. the police in** vamos a tener que recurrir a la policía; **could I just b. in Mr Lamont on that point?** ¿podría el Sr. Lamont decirnos lo que piensa al respecto?

(**b**) *(take to police station)* **the police brought him in for questioning** la policía lo llevó a comisaría para interrogarlo

(**c**) *(earn) (of person)* ganar; *(of sale, investment)* generar

(**d**) *(law, bill)* introducir

(**e**) *Law (verdict)* pronunciar

(**f**) *(attract)* **this should b. the crowds in** esto debería atraer a las masas

(**g**) *(washing)* entrar

▸**bring off** *vt sep* (**a**) *(accomplish)* conseguir; *(plan, deal)* llevar a cabo (**b**) *Sport (player)* sacar, sustituir

▸**bring on** *vt sep* (**a**) *(cause)* provocar;

you've brought it on yourself tú te lo has buscado; **she brought shame on her entire family** deshonró a toda su familia (**b**) *Sport (substitute)* sacar (al campo), hacer entrar a (**c**) *(cause to flower)* **the good weather has brought on the daffodils** el buen tiempo ha hecho florecer antes los narcisos

▸**bring out** *vt sep* (**a**) *(new product)* sacar (**b**) *(provoke, elicit)* **to b. out the best/the worst in sb** sacar lo mejor/peor de alguien; **to b. out the flavour in sth** realzar el sabor de algo; **strawberries b. her out in a rash** las fresas *or Chile, RP* frutillas le provocan un sarpullido; **to b. sb out (of his/her shell)** sacar a alguien de su concha (**c**) *(cause to strike)* poner en huelga

▸**bring round** *vt sep* (**a**) *(take)* traer (**b**) *(revive)* hacer volver en sí, reanimar (**c**) *(persuade)* convencer; **she brought him round to her point of view** le convenció (**d**) *(direct)* **he brought the conversation round to the subject of...** sacó a colación el tema de...

▸**bring through** *vt sep (help to overcome)* **to b. sb through sth** ayudar a alguien a superar algo

▸**bring together** *vt sep* (**a**) *(cause to meet)* reunir (**b**) *(make closer)* acercar, unir

▸**bring up** *vt sep* (**a**) *(subject)* sacar a colación (**b**) *(child)* educar; **she brought up ten children** crió a diez hijos; **I was brought up in Spain** fui criado(a) en España; **I was brought up (as) a Christian** me dieron una educación cristiana; **I was brought up to show respect for my elders** me enseñaron a respetar a mis mayores, me educaron en el respeto a mis mayores (**c**) *(vomit)* vomitar (**d**) *(charge)* **he's been brought up on a charge of assault** ha sido acusado de agresión

bring-and-buy ['brɪŋən'baɪ] *adj Br* **b. (sale)** = mercadillo benéfico de compra y venta

brink [brɪŋk] *n also Fig* borde *m*; **on the b. of** al borde de; *Fig* **to be on the b. of doing sth** estar a punto de hacer algo

brinkmanship ['brɪŋkmənʃɪp] *n (in politics, diplomacy)* = política consistente en arriesgarse hasta el límite para obtener concesiones de la parte contraria

briny ['braɪnɪ] **1** *n Fam* **the b.** el mar
2 *adj* salobre

briquette, briquet [brɪ'ket] *n* briqueta *f*

brisk [brɪsk] *adj* (**a**) *(weather, wind)* fresco(a), vigorizante (**b**) *(person, manner)* enérgico(a); **to be b. with sb** *(rude)* ser brusco(a) con alguien (**c**) *(rapid)* rápido(a); **at a b. pace** a paso ligero; **business is b.** el negocio va muy bien; **to do a b. trade in sth** hacer el agosto con algo

brisket ['brɪskɪt] *n* falda *f* de ternera

briskly ['brɪsklɪ] *adv* (**a**) *(efficiently)* enérgicamente (**b**) *(dismissively)* bruscamente (**c**) *(rapidly)* rápidamente

briskness ['brɪsknɪs] *n* (**a**) *(of manner, tone of voice)* brío *m*, energía *f* (**b**) *(of pace)* rapidez *f*

bristle ['brɪsəl] **1** *n (of animal, brush)* cerda *f*; *(on face)* pelo *m* de la barba; *(of plant)* pelo *m*
2 *vi* (**a**) *(of animal's fur)* erizarse; *Fig* **to b. (with anger)** enfurecerse (**b**) *(be full)* **the hall was bristling with security men** la sala estaba repleta de agentes de seguridad; **the situation was bristling with difficulties** la situación estaba erizada de dificultades

bristly ['brɪslɪ] *adj (chin)* con barba de tres días; *(beard)* erizado(a), pinchudo(a)

bristols ['brɪstəlz] *npl Br very Fam* domingas *fpl*, tetamen *m*, *Méx* chichis *mpl*, *RP* lolas *fpl*

Brit [brɪt] *n Fam* británico(a) *m,f*

Britain ['brɪtən] *n* Gran Bretaña

Britannic [brɪ'tænɪk] *adj Formal* **His** *or* **Her B. Majesty** Su Majestad Británica

britches ['brɪtʃɪz] *npl US* (pantalones *mpl*) bombachos *mpl*

Briticism ['brɪtɪsɪzəm] *n* término *m* (del inglés) británico

British ['brɪtɪʃ] **1** *npl* **the B.** los británicos
2 *adj* británico(a) ❑ ***the B. Isles*** las Islas Británicas; ***B. Summer Time*** = hora oficial de verano en Gran Bretaña; ***B. thermal unit*** unidad *f* térmica británica *(= 1.055 julios)*

Britisher ['brɪtɪʃə(r)] *n US* británico(a) *m,f*

Briton ['brɪtən] *n* (**a**) *(British citizen)* británico(a) *m,f* (**b**) *Hist* britano(a) *m,f*

Brittany ['brɪtənɪ] *n* Bretaña

brittle ['brɪtəl] *adj* (**a**) *(glass, bones)* frágil; *(paper, branches)* quebradizo(a) ❑ ***b. bone disease*** = osteopatía hereditaria que provoca una fragilidad anormal en los huesos (**b**) *(irritable)* **to be b.** *(permanent quality)* ser susceptible; *(temporarily)* estar susceptible

bro [brəʊ] *n Fam* (**a**) *(brother)* hermano *m* (**b**) *US (male friend)* compadre *m*, *Esp* colega *m*, *CAm, Méx* mano *m*; **yo, b.!** ¿qué pasa colega *or Esp* tronco?

broach [brəʊtʃ] *vt (subject, question)* sacar a colación, abordar

broad¹ [brɔːd] *adj (wide)* ancho(a); *(smile, sense)* amplio(a); *(consensus, support)* amplio(a), mayoritario(a); *(accent)* marcado(a); *(humour)* basto(a); *(mind)* abierto(a); **to be 5 metres b.** medir *or* tener 5 metros de ancho; **to have b. shoulders** ser ancho(a) de espaldas; *Fig (be resilient)* aguantar carros y carretas *or* lo que te/le/*etc.* echen; **to be in b. agreement** estar de acuerdo en líneas generales; *Fig* **the movement was a b. church** el movimiento admitía miembros de diversas tendencias; **in b. daylight** en pleno día; **to drop a b. hint** lanzar *or* soltar una clara indirecta; IDIOM *Fam* **it's as b. as it's long** lo mismo me da que me da lo mismo ❑ ***b. bean*** haba *f*; ***b. outline*** líneas *fpl* generales

broad² *n US very Fam* tía *f*, piba *f*

broadband ['brɔːdbænd] **1** *n Tel* banda *f* ancha
2 *adj Comptr* de banda ancha

broad-based ['brɔːdbeɪst] *adj* de amplio espectro

broadcast ['brɔːdkɑːst] **1** *n (programme)* emisión *f*
2 *vt (pt & pp* **broadcast***)* transmitir, emitir; *Fam* **don't b. it!** ¡no lo pregones!
3 *vi (of station)* emitir

broadcaster ['brɔːdkɑːstə(r)] *n (person)* presentador(ora) *m,f*

broadcasting ['brɔːdkɑːstɪŋ] *n (programmes)* emisiones *fpl*, programas *mpl*; **he works in b.** trabaja en la televisión/radio ❑ ***b. station*** emisora *f*

broaden ['brɔːdən] **1** *vt (road)* ensanchar; **to b. sb's horizons** ampliar los horizontes de alguien; **reading broadens the mind** leer amplia los horizontes culturales
2 *vi* **to b. (out)** ensancharse, ampliarse

broadly ['brɔːdlɪ] *adv (generally)* en general; **to smile b.** esbozar una amplia sonrisa; **b. speaking** en términos generales

broad-minded [brɔːd'maɪndɪd] *adj* tolerante, de mentalidad abierta

broadsheet ['brɔːdʃiːt] *n (newspaper)* periódico *m* de formato grande *(característico de la prensa británica seria)*

broad-shouldered [brɔːd'ʃəʊldəd] *adj* ancho(a) de espaldas

broadside ['brɔːdsaɪd] *n also Fig* **to fire a b.** soltar una andanada

broadsword ['brɔːdsɔːd] *n* sable *m*

brocade [brə'keɪd] *n (cloth)* brocado *m*

broccoli ['brɒkəlɪ] *n* brécol *m*, brócoli *m*

brochure ['brəʊʃə(r)] *n* folleto *m*

brogue¹ [brəʊg] *n (shoe)* zapato *m* de vestir *(de cuero calado)*

brogue² *n (accent)* acento *m (especialmente el irlandés)*

broil [brɔɪl] *vt US (grill)* asar a la parrilla

broiler ['brɔɪlə(r)] *n* (**a**) *(chicken)* pollo *m* (tomatero) (**b**) *US (grill)* parrilla *f* (**c**) *Fam (hot day)* día *m* achicharrante

broke [brəʊk] **1** *adj Fam* **to be b.** *(penniless)* estar sin un centavo *or Méx* sin un peso *or Esp* sin blanca; IDIOM **to go for b.** jugarse el todo por el todo
2 *pt of* **break**

broken ['brəʊkən] **1** *adj* (**a**) *(object, bone, promise)* roto(a); *(ground, surface)* accidentado(a) (**b**) *Fig (person, heart)* destrozado(a); **in a b. voice** con la voz quebrada; **to speak b. English** chapurrear inglés; **to come from a b. home** provenir de un hogar deshecho *or* roto
2 *pp of* **break**

broken-down ['brəʊkən'daʊn] *adj* (**a**) *(not working)* averiado(a) (**b**) *(in poor condition) (car)* destartalado(a); *(person)* enfermo(a)

broken-hearted ['brəʊkən'hɑːtɪd] *adj* **to be b.** estar desolado(a) *or* desconsolado(a)

broker ['brəʊkə(r)] *n Fin* agente *mf*, corredor *m*

brokerage ['brəʊkərɪdʒ] *n Fin (fee)* corretaje *m*, correduría *f*; *(office)* correduría *f*

brolly ['brɒlɪ] *n Br Fam* paraguas *m inv*

bromide ['brəʊmaɪd] *n* (**a**) *Chem* bromuro *m* ▫ ***b. paper*** papel *m* de bromuro de plata (**b**) *(platitude)* fórmula *f* caduca

bromine ['brəʊmi:n] *n Chem* bromo *m*

bronchi ['brɒŋkaɪ] *pl of* **bronchus**

bronchial ['brɒŋkɪəl] *adj Anat* bronquial; **the b. tubes** los bronquios

bronchitic [brɒŋ'kɪtɪk] *adj Med* bronquítico(a)

bronchitis [brɒŋ'kaɪtɪs] *n* bronquitis *f inv*

bronchodilator ['brɒŋkəʊdaɪ'leɪtə(r)] *n Med* broncodilatador *m*

bronchus ['brɒŋkəs] (*pl* **bronchi** ['brɒkŋkaɪ]) *n Anat* bronquio *m*

bronco ['brɒŋkəʊ] (*pl* **broncos**) *n* potro *m* salvaje

brontosaurus [brɒntə'sɔ:rəs] *n* brontosaurio *m*

Bronx cheer ['brɒŋks't∫ɪə(r)] *n US Fam* pedorreta *f*

bronze [brɒnz] **1** *n* (**a**) *(metal)* bronce *m*; **to win a b.** ganar una medalla de bronce ▫ ***the B. Age*** la Edad del Bronce; ***b. medal*** medalla *f* de bronce (**b**) *(sculpture)* bronce *m*
2 *adj* (**a**) *(material)* de bronce (**b**) *(colour)* color (de) bronce

bronzed [brɒnzd] *adj (tanned)* bronceado(a)

brooch [brəʊt∫] *n* broche *m*

brood [bru:d] **1** *n (of baby birds)* nidada *f*; *Hum (of children)* prole *f*, progenie *f*
2 *vi (of hen)* empollar; *Fig* **to b. over one's mistakes** rumiar los propios errores

brooding ['bru:dɪŋ] *adj (atmosphere)* desasosegante, amenazador(ora); *(expression, presence)* pesaroso(a)

broody ['bru:dɪ] *adj* (**a**) *(hen)* clueca (**b**) *(woman)* **in springtime, I get b.** en primavera me surge el instinto maternal (**c**) *(moody)* apesadumbrado(a)

brook[1] [brʊk] *n (stream)* arroyo *m*, riachuelo *m*

brook[2] *vt Formal (tolerate)* tolerar, consentir; **he will b. no opposition** no admitirá oposición

broom [bru:m] *n* (**a**) *(plant)* retama *f*, escoba *f* (**b**) *(for cleaning)* escoba *f*; *Fig* **a new b.** = jefe recién llegado que quiere cambiar radicalmente las cosas; PROV **a new b. sweeps clean** un jefe nuevo lo tiene más fácil para cambiar las cosas

broomstick ['bru:mstɪk] *n* palo *m* de escoba

Bros *npl Com (abbr* **Brothers**) **Riley B.** Hnos. Riley

broth [brɒθ] *n (soup) (thin)* sopa *f*, caldo *m*; *(thick)* potaje *m*, sopa *f*

brothel ['brɒθəl] *n* burdel *m*

brother ['brʌðə(r)] *n* (**a**) *(family member)* hermano *m* (**b**) *US Fam (fellow black male)* hermano *m* negro

brotherhood ['brʌðəhʊd] *n (feeling)* fraternidad *f*; *Rel* hermandad *f*; **the b. of man** la humanidad

brother-in-law ['brʌðərɪnlɔ:] (*pl* **brothers-in-law**) *n* cuñado *m*

brotherly ['brʌðəlɪ] *adj* fraternal

brought [brɔ:t] *pt & pp of* **bring**

brouhaha ['bru:hɑ:hɑ:] *n Fam* revuelo *m*, jaleo *m*

brow [braʊ] *n* (**a**) *(forehead)* frente *f*; *(eyebrow)* ceja *f* (**b**) *(of hill)* cima *f*, cumbre *f*

browbeat ['braʊbi:t] (*pt* **browbeat**, *pp* **browbeaten** ['braʊbi:tən]) *vt* intimidar; **to b. sb into doing sth** intimidar a alguien para que haga algo

brown [braʊn] **1** *n* marrón *m*, *Am* color *m* café
2 *adj* marrón, *Am* café; *(hair, eyes)* castaño(a); *(skin)* moreno(a) ▫ ***b. bear*** oso *m* pardo; ***b. bread*** pan *m* integral; ***b. owl*** cárabo *m*; ***b. paper*** papel *m* de estraza; ***b. rice*** arroz *m* integral; *Br* ***b. sauce*** = salsa oscura a base de fruta, vinagre y especias; ***b. sugar*** azúcar *m or f* moreno(a)
3 *vt (in cooking)* dorar
4 *vi (in cooking)* dorarse

browned-off ['braʊnd'ɒf] *adj Br Fam* **to be b. (with sb/sth)** estar hasta las narices (de alguien/algo)

Brownie ['braʊnɪ] *n* **B. (Guide)** *(member of girls' organization)* escultista *f*; IDIOM **to win** *or* **get b. points** anotarse tantos

brownie ['braʊnɪ] *n US (cake)* bizcocho *m* de chocolate y nueces

brownish ['braʊnɪ∫] *adj* parduzco(a)

brown-nose ['braʊnnəʊz] *Vulg* **1** *vt* lamer el culo a
2 *vi* lamer culos, ser un/una lameculos

brownstone ['braʊnstəʊn] *n US* (**a**) *(house)* casa *f* de piedra arenisca rojiza (**b**) *(stone)* piedra *f* arenisca rojiza

browse [braʊz] **1** *n* **to have a b.** echar una ojeada
2 *vt Comptr* **to b. the Web** navegar por la Web
3 *vi* (**a**) *(in bookshop, magazine)* echar una ojeada; **to b. through sth** *(book, magazine)* hojear algo (**b**) *(of animal)* pacer

browser ['braʊzə(r)] *n Comptr* navegador *m*

browsing ['braʊzɪŋ] *n Comptr* navegación *f*; **fast/secure b.** navegación rápida/segura

brucellosis [bru:sə'ləʊsɪs] *n Med* brucelosis *f inv*

bruise [bru:z] **1** *n* (**a**) *(on body)* cardenal *m*, moradura *f* (**b**) *(on fruit)* maca *f*, magulladura *f*
2 *vt* (**a**) *(person, sb's arm)* magullar; **to b. one's arm** hacerse un cardenal en el brazo (**b**) *(feelings)* herir
3 *vi* **to b. easily** *(of fruit)* macarse con facilidad; **he bruises easily** le salen cardenales con facilidad

bruised [bru:zd] *adj* (**a**) *(body)* magullado(a), lleno(a) de cardenales (**b**) *(fruit)* con macas, magullado(a) (**c**) *(feelings)* herido(a)

bruiser ['bru:zə(r)] *n Fam* matón *m*

bruising ['bru:zɪŋ] **1** *n (bruises)* moratones *mpl*, moraduras *fpl*
2 *adj (encounter, impact)* duro(a), violento(a)

bruit [bru:t] *vt Literary* **to b. sth about** *or* **around** divulgar algo, hacer correr el rumor de algo

Brum [brʌm] *n Br Fam* Birmingham

Brummie ['brʌmɪ] *Br Fam* **1** *n* = habitante o nativo de Birmingham
2 *adj* de Birmingham

brunch [brʌnt∫] *n Fam* desayuno-comida *m*, *RP* brunch *m*

Brunei [bru:'naɪ] *n* Brunei

brunette [bru:'net] *n* morena *f*

brunt [brʌnt] *n* **she bore the b. of the criticism** recibió la mayor parte de las críticas; **the north of the city bore the b. of the attack** el norte de la ciudad fue la parte más afectada por el ataque

brush [brʌ∫] **1** *n* (**a**) *(for clothes, hair)* cepillo *m*; *(for sweeping)* cepillo, escoba *f*; *(for painting pictures)* pincel *m*; *(for house-painting, shaving)* brocha *f* (**b**) *(action) (to hair, teeth, horse)* cepillado *m*; **to give one's hair a b.** cepillarse el pelo; **to give the floor a b.** barrer el suelo (**c**) *(light touch)* roce *m*; *Fam* **to have a b. with the law** tener un problemilla con la ley (**d**) *(of fox)* cola *f* (**e**) *(undergrowth)* maleza *f*, matorrales *mpl* ▫ ***b. fire*** incendio *m* de matorrales; *Fig* ***b. fire war*** (pequeño) enfrentamiento *m or f* conflicto *m* bélico
2 *vt* (**a**) *(clean)* cepillar; *(floor)* barrer; **to b. one's hair** cepillarse el pelo; **to b. one's teeth** lavarse *or* cepillarse los dientes (**b**) *(touch lightly)* rozar
3 *vi* **to b. against sth/sb** rozar algo/a alguien; **to brush past sth/sb** pasar rozando algo/a alguien

▸**brush aside** *vt sep (objection, criticism)* no hacer caso a; *(opponent)* deshacerse de

▸**brush off** *vt sep* (**a**) *(dust, dirt)* sacudir (**b**) *Fam (dismiss)* no hacer caso a, *Esp* pasar de

▸**brush up** *vt sep* (**a**) *(leaves, crumbs)* barrer (**b**) *Fam (subject, language)* **to b. up (on)** pulir, dar un repaso a

brushed [brʌ∫t] *adj (cotton, nylon)* afelpado(a)

brush-off ['brʌ∫ɒf] *n Fam* **to give sb the b.** no hacer ni caso a alguien

brushstroke ['brʌ∫strəʊk] *n Art* pincelada *f*; *(in house-painting)* brochazo *m*

brush-up ['brʌ∫ʌp] *n* **to have a wash and b.** arreglarse

brushwood ['brʌ∫wʊd] *n* (**a**) *(as fuel)* leña *f*, broza *f* (**b**) *(undergrowth)* maleza *f*, broza *f*

brushwork ['brʌ∫wɜ:k] *n Art* pincelada *f*, técnica *f* del pincel

brusque [bru:sk] *adj* brusco(a)

brusquely ['bru:sklɪ] *adv* bruscamente

Brussels ['brʌsəlz] *n* Bruselas ▫ ***b. sprouts*** coles *fpl* de Bruselas

brutal ['bru:təl] *adj* brutal

brutality [bru:'tælɪtɪ] *n* brutalidad *f*

brutalize ['bru:təlaɪz] *vt* (**a**) *(make cruel or insensitive)* embrutecer (**b**) *(ill-treat)* tratar con brutalidad

brutally ['bru:təlɪ] *adv* brutalmente; **he was b. frank about our prospects** fue de una sinceridad aplastante al hablar de nuestras posibilidades

brute [bru:t] **1** *n* bestia *mf*

2 *adj* **b. force** *or* **strength** fuerza *f* bruta

brutish ['bru:tɪʃ] *adj* brutal

bryony ['braɪənɪ] *n* nueza *f*, brionia *f*

BS [bi:'es] (**a**) (*abbr* **British Standard(s)**) normativa *f* británica (**b**) *US* (*abbr* **Bachelor of Surgery**) *(qualification)* licenciatura *f* en Cirugía; *(person)* licenciado(a) *m,f* en Cirugía

BSc [bi:es'si:] *n Univ* (*abbr* **Bachelor of Science**) *(qualification)* licenciatura *f* en Ciencias; *(person)* licenciado(a) *m,f* en Ciencias

BSE [bi:es'i:] *n* (*abbr* **bovine spongiform encephalopathy**) encefalopatía *f* espongiforme bovina *(enfermedad de las vacas locas)*

BSI [bi:es'aɪ] *n Br* (*abbr* **British Standards Institution**) = asociación británica de normalización, *Esp* ≃ AENOR

BST [bi:es'ti:] *n Br* (*abbr* **British Summer Time**) = horario británico de verano

BT [bi:'ti:] *n* (*abbr* **British Telecom**) BT, = compañía telefónica británica

BTU (*abbr* **British thermal unit**) BTU *f*

bubble ['bʌbəl] **1** *n (of air)* burbuja *f*; *(of soap)* pompa *f*; **to blow bubbles** hacer pompas de jabón; IDIOM **the b. has burst** la buena racha ha terminado ❑ ***b. bath*** *(liquid)* espuma *f* de baño; *(bath)* baño *m* de espuma; ***b. gum*** chicle *m*; *Comptr* ***b. jet (printer)*** impresora *f* de inyección; *Comptr* ***b. memory*** memoria *f* de burbuja; *Com* ***b. pack*** blister *m*; *Culin* ***b. and squeak*** = refrito de *Esp* patata *or Am* papa y repollo hervidos

2 *vi (form bubbles)* burbujear, borbotar

▸**bubble over** *vi (of soup, milk)* salirse, desbordarse; *Fig* **to b. over with joy** rebosar alegría

bubbly ['bʌblɪ] **1** *n Fam (champagne)* champán *m*

2 *adj* (**a**) *(liquid)* espumoso(a) (**b**) *(personality)* alegre, jovial

bubonic plague [bju:'bɒnɪk'pleɪg] *n* peste *f* bubónica

buccaneer [bʌkə'nɪə(r)] *n* bucanero *m*

buccaneering [bʌkə'nɪərɪŋ] *adj* desaprensivo(a)

Bucharest ['bʊkərest] *n* Bucarest

buck [bʌk] **1** *n* (**a**) *(deer)* ciervo *m* (macho); *(rabbit)* conejo *m* (macho) (**b**) *US Fam (dollar)* dólar *m*; **to make a fast** *or* **quick b.** hacer dinero fácil (**c**) *Fam (responsibility)* **to pass the b.** escurrir el bulto; **the b. stops here** aquí recae la responsabilidad última

2 *adv US Fam* **b. naked** en cueros, *Chile* pilucho(a), *Col* en bola

3 *vt* **to b. the odds** desafiar las leyes de la probabilidad; **to b. the system** oponerse al sistema; **to b. a trend** invertir una tendencia

4 *vi (of horse)* corcovear

▸**buck up** *Fam* **1** *vt sep (encourage)* animar, entonar; **to b. up one's ideas** espabilarse

2 *vi (cheer up)* animarse; *(hurry)* espabilarse, aligerar

bucked [bʌkt] *adj Br Fam* animado(a), contento(a); **I was really b. to hear the fantastic news** esas noticias tan buenas me dieron muchos ánimos

bucket ['bʌkɪt] **1** *n* balde *m*, *Esp* cubo *m*; **a b. of water** un balde *or Esp* cubo de agua; *Br Fam* **it's raining buckets** está lloviendo a cántaros; *Fam* **to cry** *or* **weep buckets** llorar a mares ❑ ***b. seat*** asiento *m* envolvente; *Br Fam* ***b. shop*** *(for air tickets)* agencia *f* de viajes barata

2 *vi Fam* **it's bucketing (down)** está lloviendo a cántaros

bucketful ['bʌkɪtfʊl] *n* balde *m or Esp* cubo *m* (lleno)

buckle ['bʌkəl] **1** *n* hebilla *f*

2 *vt* (**a**) *(fasten)* abrochar (**b**) *(deform)* combar

3 *vi (deform)* combarse; *(of knees)* doblarse; **he buckled at the knees** se le doblaron las rodillas

▸**buckle down** *vi* poner manos a la obra; **to b. down to a task** ponerse a hacer una tarea

Bucks (*abbr* **Buckinghamshire**) (condado *m* de) Buckinghamshire

buckshee [bʌk'ʃi:] *adj & adv Br very Fam* gratis *inv*

buckshot ['bʌkʃɒt] *n* perdigones *mpl*

buckskin ['bʌkskɪn] *n* piel *f (de ciervo o cabra)*

buckteeth [bʌk'ti:θ] *npl* dientes *mpl* de conejo

bucktoothed [bʌk'tu:θt] *adj* con dientes de conejo

buckwheat ['bʌkwi:t] *n* alforfón *m*

bucolic [bju:'kɒlɪk] *adj Literary* bucólico(a)

bud [bʌd] **1** *n (of leaf, branch)* brote *m*; *(of flower)* capullo *m*

2 *vi* (*pt & pp* **budded**) brotar, salir

Budapest ['bu:dəpest] *n* Budapest

Buddha ['bʊdə] *n* Buda *m*

Buddhism ['bʊdɪzəm] *n* budismo *m*

Buddhist ['bʊdɪst] *n & adj* budista *mf*

budding ['bʌdɪŋ] *adj (genius, actor)* en ciernes, incipiente

buddleia ['bʌdlɪə] *n* budleya *f*

buddy ['bʌdɪ] *n Fam* (**a**) *US (friend)* colega *mf*, *Am* compadre, *Am* hermano(a), *Méx* cuate ❑ *Cin* ***b. movie*** = película que narra las peripecias de dos amigos (**b**) *US (term of address)* **thanks, b.!** *(to friend, stranger)* ¡gracias colega *or Am* compadre *or Am* hermano(a), *Méx* manito!; **hey, b.!** ¡oye colega! *or Am* ¡eh, compañero! (**c**) *(friend of AIDS sufferer)* = amigo que ayuda a un enfermo del sida

▸**buddy up** *vi Fam US* **to b. up to sb** hacer la pelota a alguien

buddy-buddy ['bʌdɪ'bʌdɪ] *adj US Fam* muy amiguete(a); **to be b. with sb** ser muy amiguete(a) de alguien

budge [bʌdʒ] **1** *vt (move)* mover; **I couldn't b. him** *(change his mind)* no conseguí hacerle cambiar de opinión

2 *vi (move)* moverse; *Fig (yield)* ceder; **he won't b. an inch** no dará su brazo a torcer, no cederá un ápice

budgerigar ['bʌdʒərɪgɑ:(r)] *n* periquito *m* (australiano)

budget ['bʌdʒɪt] **1** *n* presupuesto *m*; *Br Pol* **the B.** ≃ los Presupuestos Generales del Estado; **to go over b.** salirse del presupuesto; **we are within b.** no nos hemos salido del presupuesto ❑ ***b. account*** *(with a shop)* cuenta *f* de cliente; *(with a bank)* cuenta *f* para domiciliaciones; ***b. deficit*** déficit *m* presupuestario; ***b. flights*** vuelos *mpl* a precios reducidos; ***b. holidays*** vacaciones *fpl* económicas; ***b. surplus*** superávit *m* presupuestario

2 *vt (time, money)* calcular

3 *vi* **to b. for** *(include in budget)* contemplar en el presupuesto; *Fig* contar con

budgetary ['bʌdʒɪtərɪ] *adj Fin* presupuestario(a)

budgie ['bʌdʒɪ] *n Fam* periquito *m* (australiano)

Buenos Aires ['bwenə'saɪrɪz] *n* Buenos Aires

buff [bʌf] **1** *n* (**a**) *(colour)* marrón *m* claro; *Fam* **in the b.** *(naked)* en cueros (**b**) *(enthusiast)* **film** *or* **movie b.** cinéfilo(a) *m,f*; **opera b.** entendido(a) *m,f* en ópera

2 *adj* marrón claro(a)

3 *vt (polish)* sacar brillo a

▸**buff up** *vt sep* **to b. sth up** sacar brillo a algo

buffalo ['bʌfələʊ] (*pl* **buffalo** *or* **buffaloes**) *n* búfalo *m*

buffer[1] ['bʌfə(r)] *n* (**a**) *Rail (on train, at end of track)* tope *m*; **to act as a b.** hacer de amortiguador ❑ ***b. state*** estado *m* barrera; ***b. zone*** zona *f* de protección (**b**) *US (on car)* parachoques *m inv*, *Méx* defensas *fpl*, *RP* paragolpes *m inv* (**c**) *Comptr* búfer *m*, buffer *m*

buffer[2] *n Br Fam* **old b.** vejete *m*

buffet[1] ['bʌfɪt] *vt (of wind)* zarandear, azotar; *Fig* **he was buffeted by the crowds** le arrolló *or* zarandeó la multitud; *Fig* **to be buffeted by events** verse sacudido(a) por el remolino de los acontecimientos

buffet[2] ['bʊfeɪ] *n* (**a**) *(sideboard)* mostrador *m* de comidas, bufé *m* (**b**) *(meal)* bufé *m* ❑ ***b. lunch*** (almuerzo *m* tipo) bufé *m* (**c**) *(at station)* cafetería *f* ❑ ***b. car*** vagón *m* restaurante, bar *m*

buffeting ['bʌfɪtɪŋ] *n* **to take a b.** *(of ship)* ser zarandeado(a); *Fig (of person)* recibir un repaso

buffoon [bə'fu:n] *n* payaso *m*, bufón *m*

buffoonery [bə'fu:nərɪ] *n* majaderías *fpl*, payasadas *fpl*

bug [bʌg] **1** *n* (**a**) *(insect)* bicho *m* (**b**) *Fam (illness)* infección *f*; **there's a b. going round** hay un virus rondando por ahí; *Fig* **the travel b.** el gusanillo de viajar (**c**) *Comptr* error *m* (**d**) *(listening device)* micrófono *m* oculto

2 *vt* (*pt & pp* **bugged**) (**a**) *(telephone)* pinchar, intervenir; *(room)* poner micrófonos en (**b**) *Fam (annoy)* molestar, fastidiar; **stop bugging me about it!** ¡deja de darme la lata con eso!

▸**bug off** *vi US Fam (leave)* largarse, *Esp* pirarse; **b. off!** ¡fuera!, ¡lárgate!

▸**bug out** *vi US Fam* (**a**) *(leave)* largarse, *Esp* pirarse (**b**) *(go mad)* tener una venada

bugaboo ['bʌgəbu:] *n US Fam* coco *m*

bugbear ['bʌgbeə(r)] *n Fam* tormento *m*, pesadilla *f*

bug-eyed ['bʌgeɪd] *adj* con ojos saltones

bug-free [bʌg'fri:] *adj Comptr* sin errores

bugger ['bʌgə(r)] **1** *n Br very Fam* (**a**) *(unpleasant person)* hijo(a) *m,f* de puta; cabrón(ona) *m,f*; **you silly b.!** ¡qué tonto(a) eres!; **the poor b.!** ¡pobre desgraciado!; **to play silly buggers** hacer el *Esp* gilipollas, hacerse *Méx* el pendejo *or RP* el pavo
(**b**) *(unpleasant thing)* **a b. of a job** una putada de trabajo; **her house is a b. to find** es bastante jodido encontrar su casa
(**c**) *(for emphasis)* **he knows b. all about it** no tiene ni puta idea; **there's b. all left in the fridge** carajo *or Esp* joder, no queda nada en la nevera; **I don't** *or* **couldn't give a b.!** ¡me importa un carajo!, *Esp* ¡me la trae floja!
2 *vt* (**a**) *(sodomize)* sodomizar
(**b**) *Br very Fam (exhaust)* dejar hecho(a) polvo
(**c**) *Br very Fam (ruin, break)* joder, cargarse, *Méx* chingar; **that's really buggered it!** ¡lo ha jodido todo bien!
(**d**) *Br very Fam (for emphasis)* **b. (it)!** ¡carajo!, *Esp* ¡joder!, *RP* ¡la puta (digo)!; **b. me!** ¡carajo!, *Esp* ¡la hostia!; *RP* ¡la puta (digo)!; **I'll be buggered if I'm going to pay for it!** ¡no lo voy a pagar ni loco *or Esp* ni de coña *or RP* ni en joda!; **I'm buggered if I know** no tengo ni puta idea; **b. the expense, let's buy it!** ¡al carajo con el precio, vamos a comprarlo!

▸**bugger about, bugger around** *Br very Fam* **1** *vt sep* **stop buggering me about** *or* **around!** *Esp* ¡deja de marearme, joder!, *Méx* ¡deja de chingarme!, *RP* ¡puta, dejá de volverme loco!
2 *vi* hacer el/la *Esp* gilipollas, *Am* pendejear

▸**bugger off** *vi Br very Fam* abrirse, pirarse; **b. off!** ¡vete a la mierda!

▸**bugger up** *vt sep Br very Fam* joder

buggery ['bʌgərɪ] *n* (**a**) *Law* sodomía *f* (**b**) *Br very Fam* **to run like b.** correr *Esp* a toda hostia *or RP* a los pedos, *Méx* ir hecho la raya; **is he a good cook? – is he b.!** ¿cocina bien? – ¡qué va a cocinar bien ni qué carajo *or Esp* ni qué hostias *or RP* ni en pedo!

bugging device ['bʌgɪŋdɪ'vaɪs] *n (in room)* micrófono *m* oculto; *(in telephone)* ≃ aparato para intervenir llamadas

buggy ['bʌgɪ] *n* (**a**) *Br (pushchair)* sillita *f* (de niño); *US (pram)* cochecito *m* (de niño) (**b**) *(carriage)* calesa *f*

bugle ['bju:gəl] *n* corneta *f*, clarín *m*

bugler ['bju:glə(r)] *n* corneta *m*, clarín *m*

build [bɪld] **1** *n (physique)* complexión *f*, constitución *f*
2 *vt (pt & pp* **built** [bɪlt]) *(wall, ship, bridge)* construir; *(house)* construir, edificar; *(barrier, structure)* levantar; *(car)* fabricar; *(empire)* construir, levantar; *(career, reputation)* forjarse, labrarse; **to be built (out) of sth** estar hecho(a) de algo

▸**build in, build into** *vt sep* (**a**) *Constr* empotrar (**b**) *Fig (safeguard)* incorporar

▸**build on** *vt sep* (**a**) *(add)* añadir (**b**) *(use as foundation)* **she built on their achievements** siguió avanzando a partir de sus logros; **they have built their hopes on it** han basado sus esperanzas en ello

▸**build up 1** *vt sep* (**a**) *(hopes, expectations)* alimentar; *(resources)* aumentar (**b**) *(reputation)* crear; **to b. up speed** tomar *or Esp* coger velocidad; **to b. up an immunity (to sth)** hacerse inmune (a algo) (**c**) *(hype)* **the press built her up as a future champion** la prensa construyó su imagen de futura campeona
2 *vi (of clouds)* formarse; *(of tension, pressure)* incrementarse, aumentar

builder ['bɪldə(r)] *n (worker)* albañil *m*; *(small businessman)* contratista *mf* de obras

building ['bɪldɪŋ] *n* (**a**) *(structure)* edificio *m* (**b**) *(trade)* construcción *f* ▫ ***b. block*** *(toy)* pieza *f* (de construcción); *Fig* unidad *f* básica; ***b. materials*** material *m* de construcción; ***b. site*** obra *f*; *Br* ***b. society*** ≃ caja *f* de ahorros

build-up ['bɪldʌp] *n* (**a**) *(of tension, forces)* incremento *m*, aumento *m*; *(of troops)* concentración *f* (**b**) *(before election, public event)* periodo *m* previo; **after all the b....** después de toda la expectación creada...

built [bɪlt] *pt & pp of* **build**

built-in ['bɪlt'ɪn] *adj* (**a**) *(cupboard)* empotrado(a); *(in car, computer)* incorporado(a); **it has a b. timer** lleva un temporizador incorporado (**b**) *Fig (safeguard, obsolescence)* inherente

built-up ['bɪlt'ʌp] *adj (area)* urbanizado(a)

bulb [bʌlb] *n* (**a**) *(of plant)* bulbo *m* (**b**) *(light bulb)* bombilla *f*, *Andes, CAm* bombillo *m*, *CAm, Méx, RP* foco *m*, *RP* lamparita *f*, *Chile* ampolleta *f* (**c**) *(of thermometer)* cubeta *f*

bulbous ['bʌlbəs] *adj* bulboso(a), en forma de bulbo

Bulgaria [bʌl'geərɪə] *n* Bulgaria

Bulgarian [bʌl'geərɪən] **1** *n* (**a**) *(person)* búlgaro(a) *m,f* (**b**) *(language)* búlgaro *m*
2 *adj* búlgaro(a)

bulge [bʌldʒ] **1** *n* bulto *m*, abultamiento *m*
2 *vi* (**a**) *(be full)* estar repleto(a) (**with** de) (**b**) *(swell)* abombarse; *Fig* **her eyes bulged at the sight of all the food** al ver tanta comida parecía que se le iban a salir los ojos de las órbitas; **to b. out** sobresalir

bulging ['bʌldʒɪŋ] *adj (bag, pocket)* abultado(a); *(eyes)* saltones

bulimia [bju:'lɪmɪə] *n Med* bulimia *f*

bulk [bʌlk] **1** *n* (**a**) *(mass)* masa *f*, volumen *m*; *(of person)* mole *f*, corpachón *m*; **the b. (of sth)** *(most)* el grueso (de algo) (**b**) *Com* **in b.** a granel; **to buy/sell in b.** comprar/vender al por mayor ▫ ***b. buying*** compra *f* al por mayor; ***b. carrier*** carguero *m* (de mercancía) a granel; ***b. purchase*** compra *f* al por mayor
2 *vt* **to b. sth out** abultar algo
3 *vi* **to b. large** *(of problem)* tener relieve

bulkhead ['bʌlkhed] *n Naut* mamparo *m*

bulkiness ['bʌlkɪnɪs] *n* voluminosidad *f*

bulky ['bʌlkɪ] *adj (thing)* grande, voluminoso(a); *(person)* corpulento(a)

bull[1] [bʊl] **1** *n* (**a**) *(animal)* toro *m* ▫ *Br Fam* ***b. bar*** *(on car)* = barra o pantalla protectora de metal para casos de choque con animales; ***b. elephant*** elefante *m* (macho); ***b. terrier*** bulterrier *m* (**b**) *Fin* ***b. market*** mercado *m* al alza (**c**) *very Fam (nonsense)* **to talk b.** decir sandeces *or* idioteces (**d**) IDIOM **like a b. in a china shop** como un elefante en una cacharrería; **to take the b. by the horns** agarrar *or Esp* coger el toro por los cuernos
2 *exclam very Fam* ¡y un cuerno!

bull[2] *n Rel* bula *f*

bulldog ['bʊldɒg] *n* bulldog *m* ▫ *Br* ***b. clip*** pinza *f* sujetapapeles

bulldoze ['bʊldəʊz] *vt (flatten) (area, land)* allanar, nivelar; *(building)* demoler; *(remove)* derribar; *Fig* **to b. sb into doing sth** forzar *or* obligar a alguien a hacer algo

bulldozer ['bʊldəʊzə(r)] *n* bulldozer *m*

bullet ['bʊlɪt] *n* (**a**) *(for gun)* bala *f*, proyectil *m* ▫ ***b. hole*** agujero *m* de bala; ***b. wound*** herida *f* de bala (**b**) *Comptr & Typ* topo *m* (**c**) *Ferroc* ***b. train*** tren *m* de alta velocidad

bulleted ['bʊlɪtɪd] *adj Comptr & Typ* **b. list** lista *f* con topos

bulletin ['bʊlɪtɪn] *n* boletín *m* ▫ *US & Comptr* ***b. board*** tablón *m* de anuncios; *Comptr* ***b. board service*** tablón *m* de anuncios electrónico

bulletproof ['bʊlɪtpru:f] *adj* antibalas *inv* ▫ ***b. vest*** chaleco *m* antibalas

bullfight ['bʊlfaɪt] *n* corrida *f* de toros

bullfighter ['bʊlfaɪtə(r)] *n* torero(a) *m,f*

bullfighting ['bʊlfaɪtɪŋ] *n* toreo *m*

bullfinch ['bʊlfɪntʃ] *n* camachuelo *m*

bullfrog ['bʊlfrɒg] *n* rana *f* toro

bullhorn ['bʊlhɔ:n] *n US* megáfono *m*

bullion ['bʊljən] *n* **gold/silver b.** oro/plata en lingotes *or* barras

bullish ['bʊlɪʃ] *adj Fin (market)* al alza; *Fig (person)* optimista

bull-necked ['bʊl'nekt] *adj (person)* cuellicorto(a)

bullock ['bʊlək] *n* buey *m*

bullpen ['bʊlpen] *n US* (**a**) *(cell)* calabozo *m*, celda *f* (**b**) *(in baseball)* ≃ área de calentamiento para los pitchers

bullring ['bʊlrɪŋ] *n (building)* plaza *f* de toros; *(arena)* ruedo *m*

bullrush ['bʊlrʌʃ] *n* junco *m*

bull's-eye ['bʊlzaɪ] *n* diana *f*, blanco *m*; *also Fig* **to hit the b.** dar en el blanco

bullshit ['bʊlʃɪt] *Vulg* **1** *n (nonsense) Esp* gilipolleces *fpl*, *Am* pendejadas *fpl*, *RP* boludeces *fpl*
2 *exclam* ¡y un huevo!

3 *vt (pt & pp* **bullshitted***)* **to b. sb** vacilar a alguien; **she bullshitted her way into the job** consiguió el puesto engañando a todo el mundo

4 *vi (talk nonsense)* decir *Esp* gilipolleces *or Am* pendejadas *or RP* boludeces

bully ['bʊlɪ] **1** *n (thug)* matón(ona) *m,f; (at school)* abusón(ona) *m,f*

2 *exclam Ironic* **b. for you!** ¡toma ya!

3 *vt* intimidar; **to b. sb into doing sth** intimidar a alguien para que haga algo

▸**bully off** *vi insep (in hockey)* comenzar el juego con un bully *or* saque neutral

bully beef ['bʊlɪbi:f] *n Br Fam* fiambre *m* de vaca en conserva

bully-boy ['bʊlɪbɔɪ] *n* matón *m*; **b. tactics** tácticas *fpl* de intimidación

bullying ['bʊlɪɪŋ] **1** *n* intimidación *f*

2 *adj* intimidatorio(a), amenazador(ora)

bulrush ['bʊlrʌʃ] *n* anea *f*, espadaña *f*

bulwark ['bʊlwək] *n also Fig* bastión *m* (**against** contra)

bum [bʌm] *Fam* **1** *n* (**a**) *Br (buttocks)* trasero *m*, culo *m* ❑ ***b. bag*** riñonera *f*; *Vulg* ***b. boy*** puto *m*, chapero *m*; *very Fam* ***b. fluff*** *(beard)* pelusilla *f*, primera barba *f* (**b**) *US (tramp)* vagabundo(a) *m,f* (**c**) **to give sb the b.'s rush** *(dismiss, eject)* poner a alguien de patitas en la calle; **to give sth the b.'s rush** *(idea, suggestion)* mandar algo a hacer gárgaras (**d**) *(enthusiast)* **to be a beach b.** pasarse la vida en la playa; **ski b.** fanático(a) *m,f* del esquí

2 *adj (of poor quality)* cutre, *RP* berreta; **she got a b. deal** la trataron a patadas; **a b. rap** *(false charge)* una acusación falsa; **b. steer** engañifa *f*

3 *vt (pt & pp* **bummed***)* **to b. sth from** *or* **off sb** gorronearle algo a alguien; **can I b. a lift** *or* **a ride to the station?** ¿me llevas a la estación?

▸**bum around** *Fam* **1** *vt insep* **to b. around Australia/the country** vagabundear por Australia/el país; **to b. around the house** haraganear por casa

2 *vi (be idle)* holgazanear, gandulear; *(travel)* vagabundear

bumble ['bʌmbəl] *vi* (**a**) *(move clumsily)* **to b. about** *or* **along** *or* **around** ir a trompicones (**b**) *(talk confusedly)* **to b. on (about sth)** farfullar (algo)

bumblebee ['bʌmbəlbi:] *n* abejorro *m*

bumbling ['bʌmblɪŋ] *adj* **b. fool** *or* **idiot** tonto(a) *m,f*, inútil *mf*

bumf, bumph [bʌmf] *n Br Fam* papelotes *mpl*

bummer ['bʌmə(r)] *n Fam (annoying thing)* lata *f*, petardo *m*; **what a b.!** ¡qué lata!; **it was a real b. being stuck at home all day** fue una pesadez *or* un latazo tener que quedarse en casa todo el día

bump [bʌmp] **1** *n* (**a**) *(jolt)* golpe *m*, sacudida *f*; *Fig* **to come (back) down to earth with a b.** volver a la dura realidad (**b**) *(lump) (on head)* chichón *m*; *(in surface)* bollo *m*; *(on road)* bache *m*

2 *vt* (**a**) *(hit)* **to b. one's head against sth** golpearse en la cabeza con algo (**b**) *(air passenger)* dejar en tierra (por overbooking) (**c**) *US Fam (remove)* cargarse

▸**bump into** *vt insep* (**a**) *(collide with)* chocarse con (**b**) *Fam (meet by chance)* encontrarse con, toparse con

▸**bump off** *vt sep Fam (kill)* liquidar, cargarse a

▸**bump up** *vt sep Fam (price)* subir

bumper ['bʌmpə(r)] **1** *n Br (of car)* parachoques *m inv*, *Méx* defensas *fpl*, *RP* paragolpes *m inv* ❑ ***b. car*** *(at fairground)* auto *m or* coche *m* de choque

2 *adj* abundante, excepcional ❑ ***b. crop*** cosecha *f* excepcional; ***b. issue*** número *m* especial

bumpkin ['bʌmpkɪn] *n* **(country) b.** paleto(a) *m,f*, palurdo(a) *m,f*

bump-start ['bʌmpstɑ:t] *vt* **to b. a car** arrancar un coche empujando

bumptious ['bʌmpʃəs] *adj* presuntuoso(a), engreído(a)

bumpy ['bʌmpɪ] *adj (road)* lleno(a) de baches, accidentado(a); *(journey)* incómodo(a), agitado(a); *Fam Fig* **to have a b. ride** encontrar muchos obstáculos

bun [bʌn] *n* (**a**) *(sweetened roll)* bollo *m*; *(spongecake)* bizcocho *m*; *(for beefburger)* panecillo *m* (redondo); IDIOM *Br Euph & Hum* **to have a b. in the oven** estar esperando a la cigüeña, estar con bombo ❑ *Br Fam Hum* ***b. fight*** *Esp* merendola *f*, *Am* té *m* (multitudinario) (**b**) *(hair)* moño *m* (**c**) *US Fam* **buns** *(buttocks)* trasero *m*, culo *m*

bunch [bʌntʃ] *n* (**a**) *(of flowers)* ramo *m*, ramillete *m*; *(of bananas, grapes)* racimo *m*; **the best** *or* **the pick of the b.** el mejor de todo el lote; IDIOM *Br Old-fashioned & Hum* **to give sb a b. of fives** darle un mamporro *or* puñetazo a alguien (**b**) *(of keys)* manojo *m* (**c**) *(of people)* grupo *m*; *(of friends)* pandilla *f*; *(of cyclists)* pelotón *m* (**d**) *(of hair)* **to wear one's hair in bunches** peinarse con *or* llevar coletas (**e**) *Fam (lot)* **to have a whole b. of things to do** tener un montón de cosas que hacer; *Ironic* **thanks a b.!** ¡gracias, generoso(a)!

▸**bunch together** *vi (of people)* apiñarse

bundle ['bʌndəl] **1** *n* (**a**) *(of papers)* manojo *m*; *(of banknotes)* fajo *m*; *(of straw)* haz *m*, gavilla *f*; *(of clothes)* fardo *m*, hato *m*; *Fam* **she's a b. of nerves** es un manojo de nervios; *Fam Ironic* **he's a real b. of laughs** es un muermo de tío (**b**) *Comptr* paquete *m*, kit *m* (**c**) *Fam (large sum of money)* **to cost a b.** costar un dineral; **to make a b.** forrarse (**d**) *Br Fam* **to go a b. on sth/sb** *(be enthusiastic about)* volverse loco por algo/alguien, *Esp* pirrarse por *or RP* coparse con algo/alguien; **I don't go a b. on horror films** no me vuelven loco las películas de terror

2 *vt* (**a**) *(move quickly)* **to b. sb out of the door** sacar a alguien a empujones por la puerta; **to b. sb into a taxi** meter a alguien a empujones en un taxi (**b**) *Comptr (software)* **it comes bundled with over £2,000 worth of software** viene acompañado de software por valor de más de 2.000 libras

▸**bundle off** *vt sep (send)* despachar

bung [bʌŋ] **1** *n* (**a**) *(of barrel)* tapón *m* (**b**) *Br Fam (bribe)* soborno *m*, *Andes, RP* coima *f*, *CAm, Méx* mordida *f*

2 *vt* (**a**) *(pipe, hole)* atascar, taponar (**b**) *Fam (put, throw)* echar, *Am* botar; **b. it there** échalo *or Am* bótalo ahí

▸**bung up** *vt sep Fam (pipe, hole)* atascar, taponar; **my nose is bunged up** tengo la nariz taponada

bungalow ['bʌŋgələʊ] *n* bungalow *m*

bungee jumping ['bʌndʒi:'dʒʌmpɪŋ] *n* puenting *m*

bunghole ['bʌŋhəʊl] *n* agujero *m* de barril

bungle ['bʌŋgəl] **1** *vt (job, task)* echar a perder, hacer mal; **they bungled their attempt to escape** fastidiaron su intento de fuga

2 *vi* hacer chapuzas

bungler ['bʌŋglə(r)] *n* chapucero(a) *m,f*, chapuzas *mf inv*

bungling ['bʌŋglɪŋ] *adj* chapucero(a)

bunion ['bʌnjən] *n (on foot)* juanete *m*

bunk¹ [bʌŋk] *n (bed)* litera *f* ❑ ***b. bed*** litera *f*

bunk² *n Br Fam* **to do a b.** *(run away) Esp* darse el piro, *Esp* pirarse, *Méx* rajarse, *RP* tomarse el buque; *(from prison)* fugarse

▸**bunk down** *vi* acostarse, echarse a dormir

▸**bunk off** *Br Fam* **1** *vt insep* **to b. off school** *Esp* hacer novillos, *Col* capar colegio, *Méx* irse de pinta, *RP* hacerse la rabona; **we bunked off geography** nos fumamos la clase de geografía

2 *vi Esp* hacer novillos, *Col* capar colegio, *Méx* irse de pinta, *RP* hacerse la rabona

bunker ['bʌŋkə(r)] *n* (**a**) *(for coal)* carbonera *f* (**b**) *Mil* búnker *m* (**c**) *Br (on golf course)* búnker *m*

bunkum ['bʌŋkəm] *n Fam* palabrería *f*, tonterías *fpl*

bunk-up ['bʌŋkʌp] *n Br Fam* **to give sb a b.** aupar a alguien

bunny ['bʌnɪ] *n Fam* **b. (rabbit)** conejito *m* ❑ ***b. girl*** conejita *f* (de club nocturno)

Bunsen burner ['bʌnsən'bɜ:nə(r)] *n* mechero *m* Bunsen

bunt [bʌnt] **1** *n (in baseball)* toque *m*

2 *vi* golpear ligeramente

bunting ['bʌntɪŋ] *n (decorations)* banderines *mpl*

buoy [bɔɪ] *n* boya *f*

▸**buoy up** *vt sep (person)* animar, alentar; *(prices)* mantener elevado

buoyancy ['bɔɪənsɪ] *n* (**a**) *(in water)* flotabilidad *f* (**b**) *(of market)* estabilidad *f*, optimismo *m* (**c**) *(of person)* optimismo *m*

buoyant ['bɔɪənt] *adj* (**a**) *(in water)* flotante (**b**) *(economy, prices)* boyante (**c**) *(person, mood)* optimista, vital

BUPA ['bu:pə] *n (abbr* **British United Provident Association***)* = seguro médico privado británico

Burberry® ['bɜ:bərɪ] *n* = tipo de gabardina

burble ['bɜ:bəl] **1** *vt (say)* farfullar

2 *vi (of stream)* borbotar; *(of person)* mascullar; **to b. on about** parlotear sobre

burbs [bɜ:bz] *npl US Fam* barrios *mpl* del extrarradio; **to live in the b.** vivir en el extrarradio

burden ['bɜ:dən] **1** *n also Fig* carga *f*; *Law* **b. of proof** obligación *f* de probar
2 *vt* cargar, sobrecargar (**with** con *or* de)

burdensome ['bɜ:dənsəm] *adj* pesado(a), molesto(a)

burdock ['bɜ:dɒk] *n* bardana *f*

bureau ['bjʊərəʊ] (*pl* **bureaux** ['bjʊərəʊz]) *n* (**a**) *(piece of furniture) Br (desk)* secreter *m*, escritorio *m*; *US (chest of drawers)* cómoda *f* (**b**) *(office)* oficina *f*, departamento *m* ▫ ***b. de change*** oficina *f* de cambio (de moneda) (**c**) *US (government department)* departamento *m*

bureaucracy [bjʊə'rɒkrəsɪ] *n* burocracia *f*

bureaucrat ['bjʊərəkræt] *n* burócrata *mf*

bureaucratic [bjʊərə'krætɪk] *adj* burocrático(a)

burgeon ['bɜ:dʒən] *vi (of trade, relationship)* florecer; **a burgeoning talent** un talento incipiente

burger ['bɜ:gə(r)] *n Fam (hamburger)* hamburguesa *f*

burgher ['bɜ:gə(r)] *n Hist & Hum* burgués(esa) *m,f*

burglar ['bɜ:glə(r)] *n* ladrón(ona) *m,f* ▫ ***b. alarm*** alarma *f* antirrobo *(en casa, edificio)*

burglarize ['bɜ:gləraɪz] *vt US* robar, desvalijar

burglar-proof ['bɜ:gləpru:f] *adj* a prueba de ladrones

burglary ['bɜ:glərɪ] *n* robo *m (en una casa o edificio)*

burgle ['bɜ:gəl] *vt* robar, desvalijar

burgundy ['bɜ:gəndɪ] *adj (colour)* (color) burdeos

burial ['berɪəl] *n* entierro *m* ▫ ***b. ground*** cementerio *m*

Burkina-Faso [bɜ:'ki:nə'fæsəʊ] *n* Burkina Faso

burlap ['bɜ:læp] *n US* arpillera *f*

burlesque [bɜ:'lesk] **1** *n* (**a**) *(parody)* parodia *f* (**b**) *US Th* espectáculo *m* de variedades, revista *f*
2 *adj* burlesco(a), paródico(a)
3 *vt* parodiar

burly ['bɜ:lɪ] *adj* fornido(a), corpulento(a)

Burma ['bɜ:mə] *n* Birmania

Burmese [bɜ:'mi:z] **1** *npl (people)* **the B.** los birmanos
2 *n (language)* birmano *m*
3 *adj* birmano(a)

burn[1] [bɜ:n] **1** *n* (**a**) *(wound)* quemadura *f* (**b**) *Fam* **to go for the b.** *(when exercising)* continuar hasta que duelan los músculos
2 *vt* (*pt & pp* **burnt** [bɜ:nt] *or* **burned**) (**a**) *(fuel, building)* quemar; *(waste, rubbish)* quemar, incinerar; **the stove burns wood/coal** la cocina funciona con leña/carbón; **I've burnt the dinner** se me ha quemado la cena; **to b. one's hand/finger** quemarse la mano/el dedo; **to b. one's tongue/mouth** *(with hot food, drink)* escaldarse *or* quemarse la lengua/boca; **to b. a hole in sth** hacer un agujero a algo quemándolo; **to be burnt alive** ser quemado(a) vivo(a); **to be burnt to death** morir abrasado(a)
(**b**) *US Fam (swindle)* timar, dar gato por liebre a; **they were badly burned in the stockmarket crash** la crisis de la bolsa los dejó temblando *or* los perjudicó mucho
(**c**) *Comptr (CD-ROM)* estampar
(**d**) IDIOMS **to have money to b.** *(rich person)* tener dinero de sobra; **she's just got paid so she's got money to b.** le acaban de pagar y tiene dinero para gastar; **to b. one's boats** *or* **one's bridges** quemar las naves; **to b. the candle at both ends** forzar la máquina, = intentar hacer demasiadas cosas al mismo tiempo y no dormir lo suficiente; **to b. a hole in sb's pocket** *(of money)* quemarle a alguien en las manos; **to b. the midnight oil** quedarse hasta muy tarde *(estudiando o trabajando)*
3 *vi* (**a**) *(of fire, fuel, building)* arder; *(of food)* quemarse; **I can smell something burning** (algo) huele a quemado; **the fire is burning low** el fuego está bajo
(**b**) *(with desire, anger, enthusiasm)* arder (**with** de); **to be burning to do sth** estar deseando hacer algo
(**c**) *(of light)* estar encendido(a) *or Am* prendido(a)
(**d**) *(sting, smart)* escocer

▸**burn down 1** *vt sep* incendiar, quemar
2 *vi* quemarse

▸**burn out 1** *vt sep* **to b. itself out** *(of fire)* consumirse, agotarse; *Fig* **to b. oneself out** *(become exhausted)* agotarse
2 *vi (of fire)* consumirse; *Fig (of person)* quemarse

▸**burn up 1** *vt sep* (**a**) *(energy)* quemar, consumir (**b**) *US Fam* **to b. sb up** poner negro(a) *or* a cien a alguien
2 *vi (of rocket, meteorite)* entrar en combustión

burn[2] *n Scot (stream)* arroyo *m*

burner ['bɜ:nə(r)] *n* quemador *m*

burning ['bɜ:nɪŋ] *adj* (**a**) *(on fire)* en llamas (**b**) *(very hot) (heat, sun)* abrasador(ora); **to be b. hot** abrasar (**c**) *(intense) (passion)* abrasador(ora); *(ambition)* irrefrenable (**d**) *(urgent, topical)* **a b. issue** un asunto candente; **the b. question** la pregunta candente *or* clave

burnish ['bɜ:nɪʃ] *vt (polish)* bruñir

burn-out ['bɜ:naʊt] *n Fam* agotamiento *m*

burnt [bɜ:nt] **1** *adj* quemado(a); **to be b.** estar quemado(a); *Hum* **a b. offering** un trozo quemado (de comida)
2 *pt & pp of* **burn**

burnt-out ['bɜ:nt'aʊt] *adj* (**a**) *(building)* calcinado(a), carbonizado(a) (**b**) *(fuse)* fundido(a)

burp [bɜ:p] **1** *n* eructo *m*
2 *vi* eructar

burr[1] [bɜ:(r)] *n (of plant)* erizo *m*

burr[2] *n* **to speak with a b.** hablar arrastrando la "r"

burrow ['bʌrəʊ] **1** *n (of animal)* madriguera *f*
2 *vi (of animal)* cavar; *Fig* **he burrowed around in his desk** rebuscó en su escritorio

bursar ['bɜ:sə(r)] *n Univ* tesorero(a) *m,f*

bursary ['bɜ:sərɪ] *n* beca *f*

bursitis [bɜ:'saɪtɪs] *n Med* bursitis *f inv*

burst [bɜ:st] **1** *n (of applause)* salva *f*; *(of activity, enthusiasm)* arranque *m*; **a b. of gunfire** una ráfaga de disparos; **a b. of laughter** una carcajada; **a b. of speed** un acelerón
2 *vt* (*pt & pp* **burst**) (**a**) *(balloon, tyre)* reventar (**b**) **to b. its banks** *(of river)* desbordarse
3 *vi* (**a**) *(explode, break open) (of balloon, tyre, pipe)* reventar; *Fig* **to be bursting at the seams** *(of room, bus)* estar hasta los topes; *Fam* **to be fit to b.** *(full of food)* estar a punto de reventar; *Fam* **I'm bursting for the toilet** (estoy que) me meo; *Fig* **to b. onto the scene** saltar a la palestra; **he b. onto the political scene in the early 1980s** irrumpió en el mundo de la política a principios de los ochenta (**b**) *(be eager, enthusiastic)* **to be bursting with pride/joy** reventar de orgullo/alegría; **to be bursting to do sth** morirse de ganas de hacer algo

▸**burst in** *vi (enter)* irrumpir; **to b. in on sth/sb** interrumpir algo/a alguien

▸**burst into** *vt insep* (**a**) *(enter)* irrumpir en (**b**) *(suddenly start)* **to b. into flames** inflamarse; **to b. into song** ponerse a cantar; **to b. into laughter/tears** echarse a reír/llorar

▸**burst open** *vi (of door, suitcase)* abrirse de golpe; *(plastic bag)* reventar

▸**burst out** *vi* **to b. out laughing** soltar una carcajada; **to b. out crying** echarse a llorar

Burton ['bɜ:tən] *n* IDIOM *Br Fam* **it's gone for a B.** *(machine, appliance)* se ha cascado *or* estropeado; *(chance)* se ha ido al garete; **he's gone for a B.** la ha cascado

Burundi [bə'rʊndɪ] *n* Burundi

bury ['berɪ] *vt (body, treasure)* enterrar; *(of avalanche, mudslide)* sepultar; **she buried the knife in his back** le clavó el cuchillo en la espalda; **the bullet buried itself in the wall** la bala se incrustó en la pared; *Fig* **to b. oneself in sth** *(work, book)* enfrascarse en algo; *Fig* **to b. oneself in the country** retirarse al campo; **to b. one's face in one's hands** esconder la cara en las manos; IDIOM **to b. the hatchet** *(end quarrel)* enterrar el hacha de guerra

bus [bʌs] **1** *n* (**a**) *(vehicle)* autobús *m*, *Andes* buseta *f*, *Bol, RP* colectivo *m*, *CAm, Méx* camión *m*, *CAm, Carib* guagua *f*, *RP* ómnibus *m*, *Ven* microbusete *m*; **by b.** en autobús ▫ ***b. conductor*** cobrador(ora) *m,f* de autobús; ***b. driver*** conductor(ora) *m,f* de autobús; ***b. lane*** carril *m* bus; ***b. route*** línea *f* de autobús; ***b. shelter*** marquesina *f*; ***b. station*** estación *f* de autobuses; ***b. stop*** parada *f* de autobús (**b**) *Comptr* bus *m* ▫ ***b. error*** error *m* de bus; ***b. width*** anchura *f* del bus

2 *vt* (*pt & pp* **bused** *or* **bussed**) llevar *or* transportar en autobús

bus-boy ['bʌsbɔɪ] *n US* ayudante *m* de camarero

busby ['bʌzbɪ] *n* birretina *f*, = casco alto de piel

bus-girl ['bʌsgɜ:l] *n US* ayudanta *f* de camarero

bush [bʊʃ] *n* (**a**) *(plant)* arbusto *m*, mata *f* (**b**) **the b.** *(in Africa, Australia)* = parte no cultivada del país, fuera de las ciudades ▫ ***b. jacket*** sahariana *f*; *Fam* ***b. telegraph*** *Esp* radio *f* macuto, *Cuba, CRica, Pan* radio *f* bemba; **I heard it on the b. telegraph** me lo contó un pajarito, me enteré por radio *Esp* macuto *or Cuba, CRica, Pan* bemba

bush-baby ['bʊʃbeɪbɪ] *n* gálago *m*, lémur *m*

bushed [bʊʃt] *adj Fam (exhausted)* **to be b.** estar molido(a) *or* reventado(a)

bushel ['bʊʃəl] *n* = medida de áridos *(GB = 36,35 litros*; US = 35,23 litros); *Fig* **don't hide your light under a b.** no ocultes tus buenas cualidades

bushfire ['bʊʃfaɪə(r)] *n* incendio *m* de matorral

Bushman ['bʊʃmən] *n* bosquimano(a) *m,f*

bushwhack ['bʊʃwæk] *vt US Fam (ambush)* tender una emboscada a

bushy ['bʊʃɪ] *adj* espeso(a)

busily ['bɪzɪlɪ] *adv* activamente, diligentemente

BUSINESS ['bɪznɪs] *n* (**a**) *(task, concern, affair)* asunto *m*; **we have a lot of b. to get through in this meeting** tenemos que tratar muchos asuntos en esta reunión; **that's your/my b.** es asunto tuyo/mío; **it's none of your b.** no es asunto tuyo; **it's not my b. to...** no me corresponde a mí...; **to get down to b.** ir a lo esencial, ir a lo importante; **I was just going about my b.** yo simplemente iba a lo mío; IDIOM **you had no b. telling her that** no tenías ningún derecho a decírselo; **to make it one's b. to do sth** proponerse algo; IDIOM **to mean b.** ir en serio; **mind your own b.** métete en tus asuntos; **I was sitting there minding my own b....** estaba sentado ocupado en mis cosas...; **it's a sad** *or* **sorry b.** es un asunto lamentable *or* triste; **I'm sick of the whole b.** estoy harto de todo este asunto; **what a b.!** ¡menudo lío!; **what's all that b. about you not getting paid?** ¿qué es eso de que no te han pagado?; **what's your b. here?** ¿qué te trae por aquí?; *Fam* **he was working like nobody's b.** estaba trabajando de lo lindo; *Br very Fam* **to do the b.** *(have sex)* echar un polvete; *Br Fam* **it's the b.!** *(excellent)* ¡es *Esp* la hostia *or RP* de primera!, *Méx* ¡está de poca!; **any other b.** *(on agenda)* ruegos y preguntas

(**b**) *Com (individual company)* empresa *f*; *(commercial activity)* negocios *mpl*; **b. as usual** *(on sign)* seguimos abiertos durante las reformas; *Fig* **it was b. as usual as the Raiders won again** los Raiders volvieron a ganar como de costumbre; **the music b.** la industria de la música; **I'm learning b. Spanish** estoy aprendiendo español comercial; **it's bad b. to be rude to customers** no es rentable tratar mal a los clientes; **to be in b.** dedicarse a los negocios; *Fig* **now we're back in b.** ya estamos otra vez en marcha; **to be in the computing b.** *(of person)* trabajar en el sector de la informática; **I'm not in the b. of making concessions** no estoy por hacer concesiones; **he's the best centre forward in the b.** es el mejor delantero centro del mundo; **to do b. (with)** hacer negocios (con); **we do a lot of b. with Germany** tenemos un gran volumen de negocios con Alemania; **it was a pleasure to do b. with you** ha sido un placer tratar con usted; **souvenir shops are doing good b. this year** las tiendas de recuerdos están teniendo un buen año; IDIOM **he's a man you can do b. with** es un hombre con el que se puede tratar; **to go into b. (with)** montar un negocio (con); **to go out of b.** quebrar; **how's b.?** ¿cómo van los negocios?; **b. is good/bad at the moment** en estos momentos el negocio va bien/mal; **it's good/bad for b.** es bueno/malo para los negocios; **to lose b. (to sb)** perder clientes *or* clientela (a manos de alguien); **to go to London on b.** ir a Londres en viaje de negocios; **I'm here on b.** estoy aquí por cuestiones de negocios; **we open for b. at nine** abrimos al público a las nueve; **to put sb out of b.** obligar a alguien a cerrar; **to talk b.** hablar de negocios; *Fam* **the b. end of a gun** la boca de un cañón/rifle/etc. ▫ *Fin* ***b. account*** cuenta *f* comercial; ***b. appointment*** cita *f* de negocios; ***b. card*** tarjeta *f* de visita; *Av* ***b. class*** clase *f* ejecutiva; ***the b. community*** la comunidad empresarial; ***b. hours*** *(of company)* horario *m* de trabajo; *(of shop)* horario *m* comercial; ***b. lunch*** comida *f* de trabajo; ***b. management*** gestión *or* administración *f* de empresas; ***b. park*** parque *m* empresarial; ***b. plan*** plan *m* económico; ***b. school*** escuela *f* de comercio; ***b. studies*** (ciencias *fpl*) empresariales *fpl*; ***b. trip*** viaje *m* de negocios

(**c**) *Fam Hum (excrement)* **the dog did its b.** el perro hizo sus necesidades

---

businesslike ['bɪznɪslaɪk] *adj* eficiente

businessman ['bɪznɪsmæn] *n (executive, manager)* hombre *m* de negocios, ejecutivo *m*; *(owner of business)* empresario *m*; **to be a good b.** tener cabeza para los negocios

businesswoman ['bɪznɪswʊmən] *n (executive, manager)* mujer *f* de negocios, ejecutiva *f*; *(owner of business)* empresaria *f*; **to be a good b.** tener cabeza para los negocios

busk [bʌsk] *vi Br (of street musician)* actuar en la calle

busker ['bʌskə(r)] *n Br (street musician)* músico(a) *m,f* callejero(a)

busman ['bʌsmən] *n* IDIOM *Fam* **a b.'s holiday** = tiempo libre que se ocupa con una actividad similar a la del trabajo habitual

bust[1] [bʌst] *n* (**a**) *(of woman)* busto *m*; **b. measurement** medida *f* de busto (**b**) *(statue)* busto *m*

bust[2] *Fam* **1** *n (police raid)* redada *f*; **drug b.** operación *f or* redada *f* antidroga

2 *adj* (**a**) *(broken)* **to be b.** estar escacharrado(a) (**b**) *(having no money)* arruinado(a); **to go b.** *(bankrupt)* quebrar; **victory/the championship or b.!** ¡la victoria/el campeonato o nada!

3 *vt* (*pt & pp* **bust** *or* **busted**) (**a**) *(break)* escacharrar; *US Vulg* **to b. one's ass (doing sth)** dejarse las pelotas *or* la piel (haciendo algo) (**b**) *(arrest)* trincar *or* empapelar (**for** por) (**c**) *(raid)* hacer una redada en (**d**) *US Mil (demote)* degradar; **he got busted to sergeant** lo degradaron a sargento

▸**bust out** *vi Fam (escape)* fugarse, largarse

▸**bust up** *vt sep Fam (disrupt) (event)* reventar; *(friendship, relationship)* romper

bustard ['bʌstəd] *n* avutarda *f*

buster ['bʌstə(r)] *n US Fam (term of address)* tío *m*, *Esp* tronco *m*; **who are you looking at, b.?** ¿tú qué miras, *Esp* tronco *or Méx* cuate *or RP* boludo?

bustle ['bʌsəl] **1** *n (activity)* bullicio *m*, trajín *m*

2 *vi* (**a**) *(move busily)* **to b. (about)** trajinar (**b**) *(be excited)* **to b. with sth** bullir de algo, ser un hervidero de algo

bustling ['bʌslɪŋ] *adj (city, street)* bullicioso(a)

bust-up ['bʌstʌp] *n Fam* (**a**) *(dispute)* bronca *f*; **to have a b.** tener una bronca (**b**) *(of relationship)* ruptura *f*

busty ['bʌstɪ] *adj Fam* pechugona, tetona

busy ['bɪzɪ] **1** *adj* (**a**) *(person)* ocupado(a); *(day, week)* ajetreado(a); **to be b.** *(of person)* estar ocupado(a); *(of day, week)* ser ajtreado(a); **the train was very b.** el tren iba muy lleno; **a b. road** una carretera con mucho tráfico; *Fam* **to be a b. bee** estar *or* andar siempre liado(a) *or* haciendo algo; **to be b. doing sth** estar haciendo algo; **to keep sb b.** dar que hacer a alguien; **make sure they're kept b.** asegúrate de que no se quedan sin hacer nada (**b**) *US (telephone line)* ocupado(a); **the line is b.** (el teléfono) está comunicando

2 *vt* **to b. oneself with sth** entretenerse con algo

busybody ['bɪzɪbɒdɪ] *n Fam* entrometido(a) *m,f*, metomentodo *mf*

busy Lizzie ['bɪzɪ'lɪzɪ] *n Br Bot* balsamina *f*

BUT [bʌt] **1** *conj* (**a**) *(in general)* pero; **small b. strong** pequeño, pero fuerte; **I told her to do it b. she refused** le dije que lo hiciera, pero se negó; **I had no choice b. to tell him** no tuve otra opción que decírselo; **it's all right to be angry, b. to resort to violence...!** ¡está bien enfadarse *or Am* enojarse, pero recurrir a la violencia...!; **he defended her, b. then he is her father** la defendió, pero claro, es su padre; **you could go by train, b. then**

it is more expensive podrías ir en tren, aunque claro, es más caro

(**b**) *(direct contrast)* sino; **not once b. twice** no una vez sino dos; **we shouldn't tell them, b. keep it secret** no se lo deberíamos decir, sino mantenerlo en secreto

(**c**) *(introducing statement)* **...b. let us turn to the subject of human rights** ...pero pasemos al tema de los derechos humanos; **b. I tell you I saw it!** ¡te aseguro que lo vi!; **b. that's fantastic!** ¡qué genial *or Esp* estupendo!

2 *prep (except)* salvo, excepto; **all b. one of them passed** aprobaron todos menos uno; **any day b. tomorrow** cualquier día salvo mañana; **she is anything b. stupid** es todo menos tonta; **it's nothing b. prejudice** no son más que prejuicios; **you've done nothing b. complain** no has hecho más que quejarte; **what could I do b. invite him?** ¿qué otra cosa podía hacer más que invitarlo?; **you cannot b. wonder at her self-confidence** su confianza en sí misma es increíble; **I couldn't help b. notice** no pude evitar darme cuenta; **who b. John could solve this problem?** ¿quién sino John podría resolver este problema?; **b. for you/him** *(had it not been for)* de no ser por ti/él, si no es por ti/él; **the room was empty b. for a table and a chair** no había más que una mesa y una silla en la habitación; **the last b. one** el/la penúltimo(a); **the next b. one** el próximo no, el otro

3 *adv* (**a**) *Formal (only)* **he is b. a child** no es más que un niño; **had I b. known!** ¡si lo hubiera sabido!; **this is b. one of the possible explanations** esta no es sino una de las posibles explicaciones; **he has b. recently lost his job** acaba de perder su trabajo; **one can b. try** por lo menos lo podemos intentar

(**b**) *(for emphasis)* **she wrote to me every day, b. every single day** me escribió todos los días, sin faltar uno solo

4 *n* **no buts!** ¡no hay peros que valgan!

---

butane ['bju:teɪn] *n* butano *m*

butch [bʊtʃ] **1** *n very Fam (masculine lesbian)* marimacho *m*

2 *adj Fam* (**a**) *(woman)* marimacho; **she looks rather b.** tiene pinta de marimacho (**b**) *(man)* muy macho *or* machote

butcher ['bʊtʃə(r)] **1** *n also Fig* carnicero(a) *m,f*; **the b.'s** *(shop)* la carnicería

2 *vt also Fig* matar; *Fig* **the censors butchered the movie** los censores masacraron la película

butchery ['bʊtʃərɪ] *n* carnicería *f*; *Fig* carnicería *f*, matanza *f*

butler ['bʌtlə(r)] *n* mayordomo *m*

butt [bʌt] **1** *n* (**a**) *(of rifle)* culata *f*; *(of cigarette)* colilla *f*; *Fig* **to be the b. of a joke** ser el blanco de una broma (**b**) *US Fam (buttocks)* trasero *m*; **move your b.!** ¡mueve el culo!

2 *vt (hit with head)* dar *or* arrear un cabezazo a

▸**butt in** *vi (interrupt)* inmiscuirse, entrometerse

▸**butt out** *vi US Fam* dejar de entrometerse; **b. out!** ¡no te metas donde no te llaman!

butter ['bʌtə(r)] **1** *n* mantequilla *f*, *RP* manteca *f*; IDIOM **she looks as if b. wouldn't melt in her mouth** parece como si no hubiera roto un plato en su vida ▫ ***b. bean*** = tipo de judía blanca *or Am* frijol *or Chile, RP* poroto *m* blanco; ***b. dish*** mantequera *f*; ***b. icing*** glaseado *m* de mantequilla *or RP* manteca; ***b. knife*** cuchillo *m* de mantequilla *or RP* manteca

2 *vt* untar de mantequilla *or RP* manteca

▸**butter up** *vt sep Fam (flatter)* hacer la rosca a

butterball ['bʌtəbɒl] *n US Fam* gordinflón(ona) *m,f*

buttercup ['bʌtəkʌp] *n* ranúnculo *m*, botón *m* de oro

butter-fingered ['bʌtəfɪŋgəd] *adj* torpe, manazas *inv*

butterfingers ['bʌtəfɪŋgəz] *n Fam (clumsy person)* torpe *mf*, manazas *mf inv*

butterfly ['bʌtəflaɪ] *n* mariposa *f*; IDIOM **I had butterflies (in my stomach)** me temblaban las rodillas ▫ ***b. (stroke)*** *(in swimming)* (estilo *m*) mariposa *f*; **to do** *or* **swim (the) b.** nadar a mariposa; ***b. kiss*** beso *m* de mariposa *(caricia con las pestañas)*; ***b. nut*** *or* ***screw*** palomilla *f*, (tuerca *f* de) mariposa *f*

buttermilk ['bʌtəmɪlk] *n* suero *m* (de leche)

butterscotch ['bʌtəskɒtʃ] *n* = dulce de mantequilla y azúcar

buttery ['bʌtərɪ] *adj* mantecoso(a); **a b. taste** un sabor a mantequilla

butthead ['bʌthed] *n US very Fam* zoquete *mf*, zopenco(a) *m,f*

buttinski [bʌ'tɪnskɪ] *n US Fam* metomentodo *mf*

buttock ['bʌtək] *n* nalga *f*

button ['bʌtən] **1** *n* (**a**) *(on shirt, machine)* botón *m*; *Comptr (on screen)* botón *m* ▫ ***b. lift*** *(in skiing)* telesquí *m*; ***b. mushroom*** champiñón *m* (pequeño) (**b**) *US (badge)* chapa *f* (**c**) IDIOMS *Fam* **on the b.** *(punctual)* en punto, a la hora; **to be right on the b.** *(accurate)* dar en el clavo

2 *vt (shirt)* abotonar; **to b. one's shirt** abotonarse la camisa; *Fam* **b. it!** ¡cierra el pico!

▸**button up** *vt sep (shirt, dress)* abotonar; **to b. up one's shirt** abotonarse la camisa

button-down ['bʌtəndaʊn] *adj (collar)* abrochado(a); *(shirt)* de cuello abrochado

buttonhole ['bʌtənhəʊl] **1** *n* ojal *m*

2 *vt (detain)* **to b. sb** agarrar a alguien para hablar

buttress ['bʌtrɪs] **1** *n Archit* contrafuerte *m*; *Fig* apoyo *m*, pilar *m*

2 *vt (support)* respaldar

butty ['bʌtɪ] *n Br Fam* bocadillo *m*, *Esp* bocata *m*, *Am* sandwich *m*

buxom ['bʌksəm] *adj (full-bosomed)* de amplios senos; *(plump)* de carnes generosas

buy [baɪ] **1** *n* compra *f*; **a good/bad b.** una buena/mala compra

2 *vt (pt & pp* **bought** [bɔ:t]) (**a**) *(purchase)* comprar; **to b. sb sth, to b. sth for sb** comprar algo a *or* para alguien; **to b. sth from** *or Fam* **off sb** comprarle algo a alguien; **can I b. you a drink?** te invito a tomar algo (**b**) IDIOMS **to b. time** ganar tiempo; *Fam* **he's bought it** *(has died)* estiró la pata, *Esp* la ha palmado; *Fam* **she won't b. that** *(won't believe)* no se lo tragará

3 *vi* comprar; **b. now, pay later** compre ahora y pague después

▸**buy in** *vt sep (supplies)* aprovisionarse de

▸**buy into** *vt insep (company, scheme)* adquirir una parte *or* acciones de

▸**buy off** *vt sep Fam (opponent)* comprar

▸**buy out** *vt sep* (**a**) *Com* comprar la parte de (**b**) *Mil* **to b. oneself out** pagar para salir del ejército

▸**buy up** *vt sep* acaparar, comprar la totalidad de

buy-back ['baɪbæk] *n Com* recompra *f*

buyer ['baɪə(r)] *n* comprador(ora) *m,f*; **b.'s market** mercado *m* favorable al comprador

buy-out ['baɪaʊt] *n Com* adquisición *f* (de todas las acciones)

buzz [bʌz] **1** *n* (**a**) *(noise) (of conversation)* rumor *m*; *(of machine, insects)* zumbido *m* ▫ *Fam* ***b. word*** palabra *f* de moda (**b**) *Fam (phone call)* **to give sb a b.** dar a alguien un toque *or* un telefonazo, *Méx* echar un fonazo a alguien (**c**) *Fam (thrill)* **to give sb a b.** volver loco(a) *or* dar mucho gusto a alguien; **to get a b. out of sth** volverse loco con algo

2 *vt Fam (on intercom)* llamar por el portero electrónico; *(on pager)* llamar a través del busca *or Méx* localizador *or RP* radiomensaje

3 *vi (make noise)* zumbar; *Fig* **the whole town was buzzing with excitement** toda la ciudad hervía de animación; *Fam* **my head was buzzing with ideas** las ideas me bullían en la cabeza; **my ears were buzzing** me zumbaban los oídos

▸**buzz off** *vi Br Fam* largarse, pirarse; **b. off!** ¡lárgate!, ¡fuera!

buzzard ['bʌzəd] *n* ratonero *m* común

buzzer ['bʌzə(r)] *n (electric bell)* timbre *m*

buzzing ['bʌzɪŋ] *n* zumbido *m*

Bvd *US (abbr* **Boulevard**) bulevar

b & w *Phot & Cin (abbr* **black and white**) b/n, blanco y negro

---

BY [baɪ] **1** *prep* (**a**) *(expressing agent)* por; **he was arrested by the police** fue detenido por la policía; **made by hand** hecho a mano; **the song was written by Lennon** la canción fue escrita por Lennon, Lennon escribió la canción; **a play by Shakespeare** una obra de Shakespeare

(**b**) *(close to)* junto a; **by the fire** junto al fuego; **by the side of the road** al borde de la carretera; **the dog sat by her side** el perro se sentó a su lado

(**c**) *(via)* por; **enter by the back door** entra por la puerta de atrás; **to go by the same route** ir por la misma ruta; **by land/sea** por tierra/mar

(**d**) *(with manner, means)* **by rail** en tren; **by car/plane** en coche/avión; **to make a** reservation by phone reservar algo por teléfono; **to send sth by courier** enviar algo por mensajero; **to pay by credit card** pagar con tarjeta de crédito; **by moonlight** a la luz de la luna; **what do you mean by that?** ¿qué quieres decir con eso?; **to call sb by their first name** llamar a alguien por su nombre (de pila); **to take sb by the hand/arm** tomar *or Esp* coger a alguien de la mano/del brazo; **he took the sword by the hilt** agarró la espada por la empuñadura; **to know sb by sight** conocer a alguien de vista; **he had two children by his first wife** tuvo dos hijos de su primera esposa; **to earn one's living by teaching** ganarse la vida enseñando; **the machine is activated by pressing this button** la máquina se enciende apretando este botón; **he achieved fame by becoming the first man to set foot on the Moon** se hizo famoso por ser el primer hombre en la Luna

(**e**) *(past)* **he walked right by me without stopping** pasó por mi lado sin detenerse; **we drove by the school on the way here** pasamos delante del colegio camino de aquí

(**f**) *(at or before)* **he should be here by now** debería estar ya aquí; **by then it was too late** para entonces ya era demasiado tarde; **by tomorrow** para mañana; **by 1980 they were all dead** en 1980 ya estaban todos muertos; **by the time I arrived, she had already gone** para cuando llegué, ya se había marchado

(**g**) *(during)* **by day** de día; **by night** de noche, por la noche

(**h**) *(with measurements, quantities, numbers)* **to divide by three** dividir entre tres; **to multiply by three** multiplicar por tres; **to sell sth by weight/the kilo** vender algo al peso/por kilos; **3 metres by 2** 3 por 2 metros, 3 metros por 2; **to increase by 50 percent** aumentar en un 50 por ciento; **the price has gone up by £5** el precio ha subido cinco libras; **you were exceeding the speed limit by 30 km/h** ibas 30 km/h por encima del límite de velocidad; **we are paid by the hour** nos pagan por horas; **they came by the thousand** vinieron a miles

(**i**) *(according to)* **I'm Swedish by birth** soy sueco de nacimiento; **by law** por ley; **that's all right by me** a mí me parece bien; **she's a teacher by profession** es profesora; **to go by appearances...** a juzgar por las apariencias...; **I will not live by their standards** me niego a vivir siguiendo sus criterios

(**j**) *(with reflexive pronouns) see* **myself, himself, yourself** *etc*

(**k**) *(as a result of)* **by chance/mistake** por casualidad/error; **I was surprised by what she said** me sorprendió lo que dijo

(**l**) *(indicating process)* **day by day** día a día; **little by little** poco a poco; **one by one** uno(a) a uno(a); **step by step** paso a paso; **two by two** de dos en dos

(**m**) **come by my house some time** *(visit)* pásate por mi casa algún día de éstos

2 *adv* (**a**) **by and by** *(gradually)* poco a poco; *(soon)* dentro de poco; **by and large** en general, por lo general; **by the way..., by the by...** a propósito,...

(**b**) *(past)* **to pass by** *(of person)* pasar; *(of time)* transcurrir, pasar; **to drive by** pasar sin detenerse *(en coche)*

(**c**) **you must come by some time** *(visit)* tienes que visitarnos un día de éstos

(**d**) *(in reserve)* **I've been putting some money by for Christmas** he apartado algo de dinero para las Navidades

---

bye [baɪ] *exclam Fam* **b.!** ¡adiós!, ¡hasta luego!, *Am* ¡bye!, *Am* ¡chau!

bye-bye ['baɪ'baɪ] *exclam Fam* **b.!** ¡adiós!, ¡hasta luego!, *Am* ¡bye!, *Am* ¡chau!

bye-law ['baɪlɔ:] *n Br* ordenanza *f* municipal

by-election ['baɪɪlekʃən] *n Br Pol* = elección parcial en una sola circunscripción para cubrir un escaño dejado vacante

Byelorussia [bɪeləʊ'rʌʃə] = **Belarus**

Byelorussian [bɪeləʊ'rʌʃən] *n & adj* bielorruso(a) *m,f*

bygone ['baɪgɒn] **1** *n* IDIOM **let bygones be bygones** lo pasado, pasado está

2 *adj* pasado(a), pretérito(a); **in b. days** en otros tiempos

by-law = **bye-law**

by-line ['baɪlaɪn] *n Journ* pie *m* de autor

BYOB (*abbr* **bring your own bottle**) = en invitaciones a una fiesta o en restaurantes, siglas que invitan a llevar bebidas

bypass ['baɪpɑ:s] **1** *n* (**a**) *(road)* (carretera *f* de) circunvalación *f* (**b**) *(heart operation)* bypass *m*

2 *vt (of road)* circunvalar; *Fig (difficulty)* evitar, esquivar

by-product ['baɪprɒdʌkt] *n (of industrial process)* subproducto *m*; *Fig* consecuencia *f*

bystander ['baɪstændə(r)] *n* espectador(ora) *m,f*, transeúnte *mf*

byte [baɪt] *n Comptr* byte *m*

byway ['baɪweɪ] *n* carretera *f* secundaria

byword ['baɪwɜ:d] *n* **to be a b. for...** ser sinónimo de...

by-your-leave ['baɪjɔ:'li:v] *n* IDIOM **without so much as a b.** sin (ni) siquiera pedir permiso

Byzantine [bɪ'zæntaɪn] *n & adj Hist & Fig* bizantino(a) *m,f*

C

C[1], **c** [si:] *n (letter)* C, c

C[2] *n* (**a**) *Mus* do *m* (**b**) *Sch (grade)* aprobado *m*; **to get a C** *(in exam, essay)* sacar un aprobado (**c**) (*abbr* **celsius** *or* **centigrade**) C, centígrado (**d**) (*abbr* **century**) s., siglo; **C. 16** s. XVI

C++ ['si:plʌs'plʌs] *n Comptr* C++

c, ca (*abbr* **circa**) hacia

CA (*abbr* **California**) California

CAA [si:eɪ'eɪ] *n Br* (*abbr* **Civil Aviation Authority**) = organismo regulador de la aviación civil en Gran Bretaña

CAB [si:eɪ'bi:] *n Br* (*abbr* **Citizens' Advice Bureau**) = oficina de asesoría jurídica para los ciudadanos

cab [kæb] *n* (**a**) *(taxi)* taxi *m* □ ***c. driver*** taxista *mf*; ***c. rank*** parada *f* de taxis (**b**) *(of lorry)* cabina *f*

cabal [kə'bɑ:l] *n Pej* camarilla *f*

cabaret ['kæbəreɪ] *n* cabaret *m* □ ***c. artist*** *(female)* cabaretera *f*; *(male or female)* artista *mf* de variedades

cabbage ['kæbɪdʒ] *n* (**a**) *(vegetable)* col *f*, repollo *m* □ ***c. white*** *(butterfly)* mariposa *f* de la col (**b**) *Br Fam (brain-damaged person)* vegetal *m*; *(dull person)* pasmarote *m*, pasmado(a) *m,f*, *Méx* pendejo(a) *m,f*, *RP* papanatas *mf inv* (**c**) *US Fam (money) Esp* pasta, *f Am* plata *f*

cabbie, cabby ['kæbɪ] (*pl* **cabbies**) *n Fam* taxista *mf*, *RP* tachero(a) *mf*

caber ['keɪbə(r)] *n (in Scotland)* tronco *m*; **tossing the c.** = prueba típica de los "Highland Games" consistente en llevar erguido un largo tronco y luego lanzarlo

cabin ['kæbɪn] *n* (**a**) *(hut)* cabaña *f* (**b**) *(of ship)* camarote *m* □ ***c. boy*** grumete *m*; ***c. cruiser*** yate *m* (de motor) (**c**) *(of plane)* cabina *f* □ ***c. crew*** personal *m* de a bordo, auxiliares *mfpl* de vuelo

cabinet ['kæbɪnɪt] *n* (**a**) *(piece of furniture)* armario *m*; *(with glass front)* vitrina *f* (**b**) *Pol* gabinete *m*, Consejo *m* de Ministros □ ***c. meeting*** (reunión *f* del) Consejo *m* de Ministros; ***c. minister*** ministro(a) *m,f* (con cartera)

cabinet-maker ['kæbɪnɪtmeɪkə(r)] *n* ebanista *mf*

cable ['keɪbəl] **1** *n (electrical)* cable *m*; *Tel* cable(grama) *m*; **c. (television)** televisión *f* por cable □ ***c. car*** teleférico *m*, funicular *m* *(por aire)*; ***c. stitch*** punto *m* de ochos *or* de trenzas

2 *vt (message)* cablegrafiar

cablegram ['keɪbəlgræm] *n* cable *m*, cablegrama *m*

caboodle [kə'bu:dəl] *n* IDIOM *Fam* **the whole (kit and) c.** todo, *Esp* toda la pesca

caboose [kə'bu:s] *n US (on train)* furgón *m* de cola; *Naut* bodega *f*

cabriolet ['kæbrɪəleɪ] *n Aut* cabriolé *m*, descapotable *m*, *Am* convertible *m*

cacao [kə'kɑ:əʊ] *n (plant)* cacao *m*

cache [kæʃ] *n* (**a**) *(of drugs, arms)* alijo *m* (**b**) *Comptr* caché *f* □ ***c. card*** tarjeta *f* caché; ***c. memory*** memoria *f* caché

cachet ['kæʃeɪ] *n (distinction)* caché *m*, distinción *f*

cack [kæk] *Br Fam* **1** *n* (**a**) *(excrement)* caca *f* (**b**) *(nonsense)* bobadas *fpl*, tonterías *fpl*, *Esp* chorradas *fpl*; **don't talk c.!** ¡no digas bobadas! (**c**) *(worthless things)* porquerías *fpl*; **the film was a load of c.** la película era una porquería

2 *adj (bad) Esp* chungo(a), *Am* feo(a) *m,f*; **her dress sense is c.** tiene un gusto nefasto para vestirse

3 *vt* **he was cacking himself** *(scared)* estaba cagado (de miedo)

cack-handed [kæk'hændɪd] *adj Fam* torpe, *Esp* patoso(a)

cackle ['kækəl] **1** *n* (**a**) *(of hen)* cacareo *m*, cloqueo *m* (**b**) *Fam (talking)* parloteo *m*; *(laughter)* carcajeo *m*; **cut the c.!** ¡corta el rollo!

2 *vi* (**a**) *(of hen)* cacarear, cloquear (**b**) *Fam (laugh)* carcajearse

cacophonous [kə'kɒfənəs] *adj* discordante, destemplado(a)

cacophony [kə'kɒfənɪ] *n* estrépito *m*; **a c. of voices** un griterío *or* una bulla enorme

cactus ['kæktəs] (*pl* **cacti** ['kæktaɪ]) *n* cactus *m inv*

CAD [si:eɪ'di:] *n Comptr* (*abbr* **computer-aided design**) CAD *m*, diseño *m* asistido por *Esp* ordenador *or Am* computadora

cad [kæd] *n Br Fam Old-fashioned* canalla *m*

cadaver [kə'dævə(r)] *n* cadáver *m*

cadaverous [kə'dævərəs] *adj* cadavérico(a)

caddie ['kædɪ] **1** *n (in golf)* caddy *mf*, ayudante *mf*

2 *vi* **to c. for sb** hacer de caddy para alguien

caddis fly ['kædɪsflaɪ] *n* frigánea *f*

caddy ['kædɪ] *n* (**a**) *(container)* **(tea) c.** caja *f* para el té (**b**) = **caddie**

cadence ['keɪdəns] *n* cadencia *f*

cadenza [kə'denzə] *n Mus* cadencia *f* *(pasaje para solista)*

cadet [kə'det] *n Mil* cadete *m* □ ***c. corps*** = organismo que, en algunas escuelas, enseña disciplina militar

cadge [kædʒ] *vt Fam* gorronear, *Col* gorrear (**from** *or* **off** a); **can I c. a lift from you?** ¿me puedes llevar *or CAm, Méx, Perú* dar aventón?

cadmium ['kædmɪəm] *n Chem* cadmio *m* □ ***c. yellow*** amarillo *m* cadmio

cadre ['kɑ:drə] *n Mil & Pol* cuadro *m*

CAE [si:eɪ'i:] *n Comptr* (*abbr* **computer-aided engineering**) ingeniería *f* asistida por *Esp* ordenador *or Am* computadora

caecum, *US* **cecum** ['si:kəm] *n Anat* (intestino *m*) ciego *m*

Caesar ['si:zə(r)] *n* César *m* □ ***C. salad*** ensalada *f* César, = ensalada de lechuga, huevo pasado por agua, ajo, queso rallado y picatostes

Caesarean, *US* **Cesarean** [sɪ'zeərɪən] *n* **C. (section)** (operación *f* de) cesárea *f*

caesura [sɪ'zjʊərə] (*pl* **caesuras** *or* **caesurae** [sɪ'zjʊəri:]) *n Lit* cesura *f*

café, cafe ['kæfeɪ] *n* café *m*, cafetería *f* □ ***c. au lait*** café *m* con leche

cafeteria [kæfə'tɪərɪə] *n* cafetería *f*, cantina *f*

cafetiere [kæfə'tjeə(r)] *n* cafetera *f* (de émbolo)

caff [kæf] *n Br Fam* = café barato

caffeine ['kæfi:n] *n* cafeína *f*

caffeine-free ['kæfi:n'fri:] *adj* descafeinado(a)

caftan ['kæftæn] *n* caftán *m*

cage [keɪdʒ] **1** *n (for bird or animal, of lift)* jaula *f*; *Sport (for discus, hammer)* jaula *f* (de protección)

2 *vt* enjaular; **to feel caged in** sentirse enjaulado(a)

cagey ['keɪdʒɪ] *adj* **to be c. (about sth)** *(cautious)* ir *or Esp* andar con tiento (con algo); *(evasive)* salirse por la tangente (en cuanto a algo)

cagily ['keɪdʒɪlɪ] *adv* con tiento, cautelosamente

caginess ['keɪdʒɪnɪs] *n* tiento *m*, cautela *f*

cagoule [kə'gu:l] *n* chubasquero *m*

cahoots [kə'hu:ts] *npl* IDIOM *Fam* **to be in c. (with sb)** estar conchabado(a) (con alguien), *RP* estar metido(a) (con alguien)

CAI [si:eɪ'aɪ] *n Comptr* (*abbr* **computer-aided instruction**) enseñanza *f* asistida por *Esp* ordenador *or Am* computadora

Cain [keɪn] *n Fam* **to raise C.** armar la gorda *or Esp* la marimorena

cairn ['keən] *n* hito *m* de piedras ▫ ***c. terrier*** terrier *m* cairn

Cairo ['kaɪrəʊ] *n* El Cairo

cajole [kə'dʒəʊl] *vt* engatusar; **to c. sb into doing sth** engatusar a alguien para que haga algo

cake [keɪk] **1** *n* (**a**) *(food)* pastel *m*, tarta *f*, *Chile, Col, RP* torta *f*, *Col* ponqué *m*; *(small)* pastel *m* ▫ ***c. shop*** pastelería *f*; ***c. tin*** molde *m* (**b**) *(of soap)* pastilla *f* (**c**) IDIOM **it's a piece of c.** está tirado, es facilísimo; **that takes the c.!** ¡esto es el colmo!; PROV **you can't have your c. and eat it** no se puede estar en misa y repicando

2 *vt* **her shoes were caked with mud** tenía los zapatos llenos de barro

cakewalk ['keɪkwɔ:k] *n* IDIOM *US Fam* **it was a c.** *(easy task)* fue pan comido, fue un paseo

CAL [kæl] *n Comptr* (*abbr* **computer-aided learning**) enseñanza *f* asistida por *Esp* ordenador *or Am* computadora

cal. (**a**) (*abbr* **calorie**) cal. (**b**) (*abbr* **calibre**) calibre *m*

calabash ['kæləbæʃ] *n* (**a**) *(fruit)* calabaza *f*, *Am* güira *f*, *Andes, RP* zapallo *m*, *Carib* ahuyama *f* (**b**) *(tree)* calabacero *m*, *Am* güiro *m*, *RP* zapallo *m*, *Col, Ven* totumo *m*

calaboose ['kæləbu:s] *n US Fam* calabozo *m*; **in the c.** en *Esp* chirona *or Andes, RP* la cana *or Méx* el bote

calamine ['kæləmaɪn] *n* calamina *f* ▫ ***c. lotion*** loción *f* de calamina

calamitous [kə'læmɪtəs] *adj* calamitoso(a), infortunado(a)

calamity [kə'læmɪtɪ] *n* calamidad *f*

calcareous [kæl'keərɪəs] *adj Chem* calcáreo(a)

calciferous [kæl'sɪfərəs] *adj Chem* cálcico(a)

calcify ['kælsɪfaɪ] *vt* calcificar

calcite ['kælsaɪt] *n Geol* calcita *f*

calcium ['kælsɪəm] *n Chem* calcio *m* ▫ ***c. carbonate*** carbonato *m* cálcico

calculable ['kælkjʊləbəl] *adj* calculable

calculate ['kælkjʊleɪt] **1** *vt* calcular; **his remark was calculated to shock** pretendió impresionar con el comentario

2 *vi* **to c. on (doing) sth** contar con (hacer) algo

calculated ['kælkjʊleɪtɪd] *adj (intentional)* deliberado(a); **a c. risk** un riesgo calculado

calculating ['kælkjʊleɪtɪŋ] *adj (scheming)* calculador(ora)

calculation [kælkjʊ'leɪʃən] *n* cálculo *m*; **to upset sb's calculations** desbaratar los cálculos de alguien

calculator ['kælkjʊleɪtə(r)] *n (electronic)* calculadora *f*

calculus ['kælkjʊləs] *n Math* cálculo *m* (infinitesimal)

calendar ['kælɪndə(r)] *n* calendario *m* ▫ ***c. month/year*** mes *m*/año *m* natural

calendarize ['kælɪndəraɪz] *vt Fin* desglosar en el calendario

calf[1] [kɑ:f] *(pl* **calves** [kɑ:vz]) *n (animal)* becerro(a) *m,f*, ternero(a) *m,f*; **the cow is in** *or* **with c.** la vaca está preñada; IDIOM **to kill the fatted c.** tirar la casa por la ventana

calf[2] *(pl* **calves** [kɑ:vz]) *n (of leg)* pantorrilla *f*

calfskin ['kɑ:fskɪn] *n* piel *f* de becerro

calibrate ['kælɪbreɪt] *vt (instrument)* calibrar

calibration [kælɪ'breɪʃən] *n (of instrument)* calibrado *m*, calibración *f*

calibre, *US* **caliber** ['kælɪbə(r)] *n (of firearm)* calibre *m*; *Fig (of person)* calibre *m*, categoría *f*

calico ['kælɪkəʊ] *n* percal *m*, calicó *m*

California [kælɪ'fɔ:nɪə] *n* California

Californian [kælɪ'fɔ:nɪən] *n & adj* californiano(a) *m,f*

californium [kælɪ'fɔ:nɪəm] *n Chem* californio *m*

calipers *US* = **callipers**

caliph ['keɪlɪf] *n Rel* califa *m*

CALL [kɔ:l] *n Comptr* (*abbr* **computer-assisted language learning**) enseñanza *f* de idiomas asistida por *Esp* ordenador *or Am* computadora

CALL [kɔ:l] **1** *n* (**a**) *(shout) (of person)* llamada *f*, grito *m*, *Am* llamado *m*; *(of animal)* grito *m*; *(of bird)* reclamo *m*; *(of horn, bugle)* toque *m*; *(at airport)* aviso *m*, llamada *f*, *Am* llamado *m*; **would you like a c. in the morning?** ¿quiere que le despertemos por la mañana?

(**b**) *(appeal)* llamamiento *m*, llamada *f*; **there were calls for a strike** hubo llamamientos a la huelga; **there were calls for her resignation** pidieron su dimisión; **a c. for unity/compassion** un llamamiento a la unidad/la compasión; *Com* **a c. for tenders** convocatoria a la licitación; **a c. to arms** una llamada *or Am* un llamado a (tomar) las armas

(**c**) *(on phone)* llamada *f*, *Am* llamado *m*; **to get** *or* **receive a c.** recibir una llamada *or Am* un llamado; **to give sb a c.** llamar *or Am* hablar a alguien; **to make a c.** hacer una llamada *or Am* un llamado; **to return sb's c.** devolverle la llamada *or Am* el llamado a alguien; **I'll take the c. in my office** pásame la llamada *or Am* el llamado a mi oficina ▫ ***c. centre*** centro *m* de atención telefónica; ***c. girl*** prostituta *f (que concierta sus citas por teléfono)*; ***c. sign*** *(of radio station)* código *m* de identificación; *Tel* ***c. waiting*** llamada *f* en espera

(**d**) *(visit)* visita *f*; **to pay a c. on sb, to pay sb a c.** hacer una visita a alguien

(**e**) *(demand)* demanda *f* (**for** de); **there are a lot of calls on my time** tengo muchos compromisos; **there's not much c. for it** no tiene mucha demanda, no hay mucha demanda de ello; **there's no c. for rudeness!** no hace falta ser grosero; **to be on c.** *(of doctor)* estar de guardia; **he showed bravery beyond the c. of duty** mostró un valor excepcional; *Hum* **I need to answer a c. of nature** necesito hacer mis necesidades

(**f**) *(decision)* decisión *f*; **it's a hard c.** es una decisión difícil; **it's your c.** *(when tossing coin)* tú eliges

(**g**) *(in basketball, baseball, tennis etc)* decisión *f*

(**h**) *Literary (attraction)* llamada *f*, *Am* llamado; **the c. of the wild** la llamada *or Am* el llamado de la naturaleza

(**i**) *(option)* **you'll have first c.** serás el primero al que consultemos; *Fin* **c. (option)** opción *f* de compra

2 *vt* (**a**) *(summon) (person)* llamar; *(meeting, strike, election)* convocar; *(flight)* anunciar; **she's been called away on business** ha tenido que marcharse por un asunto de negocios; **the headmaster called me into his study** el director me llamó a su despacho; **he called me over to show me something** me llamó para enseñarme una cosa; **he felt called to be a priest** sintió la llamada *or Am* el llamado del Señor; *Law* **to c. sb to give evidence** llamar a alguien a prestar declaración; *Law* **to c. sb as a witness** llamar a alguien a testificar; **to c. sb's attention to sth** llamar la atención de alguien sobre algo; **it calls to mind when...** me hace recordar cuando...; **to c. sb to order** llamar a alguien al orden; **to c. sth into question** poner algo en tela de juicio

(**b**) *(on phone)* llamar, telefonear, *Am* hablar; **I'm going to c. the police** voy a llamar a la policía; IDIOM *Hum* **don't c. us, we'll c. you** ya le llamaremos

(**c**) *(name)* llamar; **we called him Spot** le pusimos Spot; **she is called Teresa** se llama Teresa; **what's he/it called?** ¿cómo se llama?; **c. me by my first name** llámame por mi nombre (de pila); **to c. sb names** insultar a alguien

(**d**) *(describe as)* llamar; **to c. sb a liar/a thief** llamar a alguien mentiroso/ladrón; **I wouldn't call her a friend** no es exactamente una amiga; **do you c. that clean?** ¿llamas limpio a esto?; **the umpire called the shot out** el juez de silla dijo que la bola había sido mala *or* que la bola había salido; **we'll c. it $10** dejémoslo en *or* digamos 10 dólares; **let's c. it a day** ya está bien por hoy; **let's c. it a draw** dejémoslo en empate; **I want a place I can c. my own** quiero tener mi propia casa; **she calls herself a consultant** dice que es una asesora; *Ironic* **c. yourself a computer expert!** ¡vaya un experto en informática (que estás tú hecho)!

(**e**) *(shout)* **to c. sb's name** llamar a alguien por su nombre

3 *vi* (**a**) *(of person, bird, animal)* llamar; *(of horn, bugle)* sonar; **to c. for help** pedir ayuda a gritos; **he called to his companions** llamó a sus compañeros

(**b**) *(on phone)* llamar, *Am* hablar; **did anyone c. while I was out?** ¿me llamó alguien mientras no estaba?; **(may I ask) who's calling?** ¿de parte de quién?

(**c**) *(visit) (of person)* venir, pasarse; **to c. at the baker's** pasarse por la panadería; **I called (round) at Steve's** me pasé por

casa de Steve; **the ship called at several ports** el barco hizo escala en varios puertos; **this train will c. at York and Peterborough** este tren efectúa parada en York y Peterborough
(**d**) *(when tossing coin)* **you c.!** ¡tú eliges!

▸**call back 1** *vt sep* (**a**) *(summon again)* hacer volver; **as I was leaving he called me back** me llamó cuando ya me iba (**b**) *(on phone)* volver a llamar; **could you c. me back later?** ¿podría llamarme *or Am* hablarme más tarde?
2 *vi* (**a**) *(on phone)* volver a llamar *or Am* hablar (**b**) *(return)* volver (a pasar)

▸**call by** *vi Br (visit)* pasarse

▸**call down** *vt sep Literary* **to c. sth down on** *or* **upon sb** invocar algo sobre alguien

▸**call for** *vt insep* (**a**) *(require)* requerir, necesitar; *(demand)* exigir; **this calls for a celebration!** ¡esto hay que celebrarlo!; **that wasn't called for!** ¡eso no era necesario!, ¡no había necesidad de eso! (**b**) *Br (come to collect)* **a young man called for you** un joven vino a verte; **I'll c. for you/ it at 12** pasaré a recogerte/recogerlo a las 12

▸**call forth** *vt insep* (**a**) *Formal (provoke)* provocar (**b**) *Literary (summon)* convocar

▸**call in 1** *vt sep* (**a**) *(doctor, police)* llamar; *(into room)* hacer pasar (**b**) *(loan)* pedir la devolución de
2 *vi* (**a**) *(visit)* **to c. in on sb** ir a *or* pasarse por casa de alguien (**b**) *(phone)* llamar, *Am* hablar

▸**call on** *vt insep* (**a**) *(request)* **to c. on sb to do sth** instar a alguien a que haga algo; **I now c. on the mayor to open this conference** y cedo al alcalde el honor de inaugurar este congreso (**b**) *(visit)* visitar (**c**) *(make use of)* recurrir a; **he had to c. on every ounce of concentration** tuvo que concentrarse al máximo

▸**call out 1** *vt sep* (**a**) *(troops)* convocar; *(doctor)* llamar; **the workers were called out on strike** se convocó a los trabajadores a la huelga (**b**) *(shout)* gritar
2 *vi (shout out)* gritar

▸**call round** *vi* **I'll c. round this afternoon** pasaré a verte *or* visitarte esta tarde

▸**call up** *vt sep* (**a**) *(reinforcements)* pedir (**b**) *(on phone)* llamar, *Am* hablar (**c**) *Mil (draft)* llamar a filas, reclutar (**d**) *(select for team)* convocar (**e**) *Comptr (data, information)* visualizar

---

callbox ['kɔ:lbɒks] *n Br* cabina *f* telefónica *or* de teléfono

caller ['kɔ:lə(r)] *n (visitor)* visita *f*; *(on phone)* persona *f* que llama

calligrapher [kə'lɪgrəfə(r)] *n* calígrafo(a) *m,f*

calligraphy [kə'lɪgrəfɪ] *n* caligrafía *f*

calling ['kɔ:lɪŋ] *n (vocation)* vocación *f* ▫ ***c. card*** tarjeta *f* de visita; *Fig* sello *m* inconfundible

callipers, *US* **calipers** ['kælɪpəz] *npl* (**a**) *(for legs)* aparato *m* ortopédico (**b**) *(measuring device)* calibrador *m*, calibre *m*

callisthenics [kælɪs'θenɪks] *n* gimnasia *f* sueca, calistenia *f*

callous ['kæləs] *adj* cruel, desalmado(a)

calloused ['kæləst] *adj* calloso(a), encallecido(a)

callously ['kæləslɪ] *adv* cruelmente, despiadadamente

callousness ['kæləsnɪs] *n* crueldad *f*, inhumanidad *f*

callow ['kæləʊ] *adj* inmaduro(a); **a c. youth** un joven bisoño *or* inexperto

call-up ['kɔ:lʌp] *n Mil* llamada *f or Am* llamado *m* a filas, reclutamiento *m*; **to get one's c. papers** recibir la orden de reclutamiento, ser llamado(a) a filas

callus ['kæləs] *n* callo *m*, callosidad *f*

calm [kɑ:m] **1** *n* calma *f*, tranquilidad *f*; *also Fig* **the c. before the storm** la calma que precede a la tormenta
2 *adj (person, sea)* tranquilo(a); *(weather)* apacible; **to stay c.** mantener la calma; **to become** *or* **grow calmer** calmarse
3 *vt* calmar, tranquilizar

▸**calm down 1** *vt sep (person)* calmar, tranquilizar
2 *vi (of person)* calmarse, tranquilizarse; *(of situation)* calmarse

calmly ['kɑ:mlɪ] *adv* serenamente, tranquilamente

Calor gas® ['kælə'gæs] *n Br* butano *m*

calorie ['kælərɪ] *n* caloría *f*

calorific [kælə'rɪfɪk] *adj* calorífico(a) ▫ ***c. value*** *(of fuel)* poder *m* calorífico; *(of food)* valor *m* calórico

calque [kælk] *n Ling* calco *m*

calumny ['kæləmnɪ] *n* calumnia *f*

Calvados ['kælvədɒs] *n* calvados *m inv*

calve [kɑ:v] *vi (of cow)* parir

calves [kɑ:vz] *pl of* **calf**

Calvinism ['kælvɪnɪzəm] *n* calvinismo *m*

Calvinist ['kælvɪnɪst] *n* calvinista *mf*

calypso [kə'lɪpsəʊ] *n* calipso *m*

calyx ['keɪlɪks] (*pl* **calyxes** *or* **calyces** ['keɪlɪsi:z]) *n Bot* cáliz *m*

CAM [si:eɪ'em] *n Comptr* (*abbr* **computer-aided manufacture**) CAM *f*, fabricación *f* asistida por *Esp* ordenador *or Am* computadora

cam [kæm] *n Tech* leva *f*

camaraderie [kæmə'rɑ:dərɪ] *n* camaradería *f*, compañerismo *m*

camber ['kæmbə(r)] *n (of road)* caída *f*, peralte *m*; *(of ship deck)* brusca *f*

Cambodia [kæm'bəʊdɪə] *n* Camboya

Cambodian [kæm'bəʊdɪən] *n & adj* camboyano(a) *m,f*

Cambrian ['kæmbrɪən] *Geol* **1** *n* **the C.** el cámbrico
2 *adj (period)* cámbrico(a)

Cambs (*abbr* **Cambridgeshire**) (condado *m* de) Cambridgeshire

camcorder ['kæmkɔ:də(r)] *n* videocámara *f* (portátil)

came [keɪm] *pt of* **come**

camel ['kæməl] *n* camello *m* ▫ ***c. driver*** camellero(a) *m,f*

camelhair ['kæməlheə(r)] *n* pelo *m* de camello ▫ ***c. coat*** abrigo *m* de pelo de camello

camellia [kə'mi:lɪə] *n* camelia *f*

cameo ['kæmɪəʊ] (*pl* **cameos**) *n* (**a**) *(stone)* **c. (brooch)** camafeo *m* (**b**) *Cin* aparición *f* breve *(de un actor famoso)*

camera ['kæmərə] *n* (**a**) *(photographic)* cámara *f* (fotográfica); *(for TV, cinema)* cámara *f*; *TV* **off c.** fuera de imagen; *TV* **on c.** delante de la cámara ▫ ***c. crew*** equipo *m* de filmación (**b**) *Law* **in c.** a puerta cerrada

cameraman ['kæmərəmæn] *n* cámara *m*, operador *m*

camera-ready copy ['kæmərəredɪ'kɒpɪ] *n Typ* copia *f* lista para ser filmada

camera-shy ['kæmrəʃaɪ] *adj* **she's extremely c.** le da muchísima vergüenza *or Am* pena que le hagan fotos/que le filmen

camerawoman ['kæmərəwʊmən] *n* cámara *f*, operadora *f*

Cameroon [kæmə'ru:n] *n* Camerún

camiknickers ['kæmɪnɪkəz] *npl* picardías *m inv*

camisole ['kæmɪsəʊl] *n* combinación *f*

camomile ['kæməmaɪl] *n* manzanilla *f*, camomila *f* ▫ ***c. tea*** (infusión *f* de) manzanilla *f*

camouflage ['kæməflɑ:ʒ] **1** *n also Fig* camuflaje *m*
2 *vt also Fig* camuflar

camp[1] [kæmp] **1** *n* campamento *m* ▫ ***c. bed*** cama *f* plegable, catre *m*
2 *vi* **to c. (out)** acampar

camp[2] *adj Fam* (**a**) *(behaviour, manner)* amariposado(a), amanerado(a) (**b**) *(style, taste)* hortera, amanerado(a), *Méx* corriente, *RP* groncho(a), *Col* lobo(a)

▸**camp up** *vt sep* afeminar, amanerar; **to c. it up** remedar a las mujeres *(en gestos, la voz)*

campaign [kæm'peɪn] **1** *n* campaña *f*
2 *vi* **to c. for/against** hacer campaña a favor de/en contra de

campaigner [kæm'peɪnə(r)] *n* defensor(ora) *m,f*; **to be a c. for/against** hacer campaña a favor de/en contra de

campanile [kæmpə'ni:lɪ] *n* campanil *m*, campanario *m (torre independiente)*

campanology [kæmpə'nɒlədʒɪ] *n* campanología *f*

campanula [kæm'pænjʊlə] *n Bot* farolillo *m*, campánula *f*

camper ['kæmpə(r)] *n* (**a**) *(person)* campista *mf* (**b**) *(vehicle)* **c. (van)** autocaravana *f*

campfire ['kæmpfaɪə(r)] *n* fuego *m or* hoguera *f* (de campamento)

camp-follower ['kæmp'fɒləʊə(r)] *n* (**a**) *Hist* = vendedor, prostituta, etc. que se desplaza con un ejército (**b**) *(politician)* político(a) *m,f* oportunista

campground ['kæmpgraʊnd] *n US* camping *m*

camphor ['kæmfə(r)] *n* alcanfor *m*

camphorated ['kæmfəreɪtɪd] *adj* alcanforado(a)

camping ['kæmpɪŋ] *n* acampada *f*; *(on commercial camp site)* camping *m*; **to go c.** ir de acampada; *(on commercial campsite)* ir de camping ▫ ***c. site*** lugar *m* de acampada; *(commercial)* camping

campion ['kæmpɪən] *n (red)* coronaria *f*; *(white)* silene *f*

campsite ['kæmpsaɪt] *n* lugar *m* de acampada; *(commercial)* camping *m*

campus ['kæmpəs] *n* campus *m inv*

camshaft ['kæmʃɑːft] *n Tech* árbol *m* de levas

can[1] [kæn] **1** *n* (**a**) *(container) (for food, drink)* lata *f*; *(for hairspray)* bote *m*; *(for petrol)* bidón *m*; *US (for rubbish)* cubo *m*; **it's in the c.** *(movie)* está rodado; *Fam Fig* **the project's in the can** tenemos el proyecto en el bote; IDIOM **to open a c. of worms** sacar a la luz un asunto espinoso ▫ ***c. opener*** abrelatas *m inv* (**b**) *US Fam (toilet)* baño *m*, *Esp* tigre *m* (**c**) *US Fam (prison) Esp* chirona *f*, *Andes, RP* cana *f*, *Méx* bote *m*; **in the c.** en *Esp* chirona *or Andes, RP* la cana *or Méx* el bote (**d**) *US Fam (buttocks)* trasero *m*; **to kick sb in the c.** dar a alguien una patada en el culo *or* trasero

2 *vt* (*pt & pp* **canned**) (**a**) *(fruit, meat)* enlatar (**b**) *US Fam* **c. it!** *(keep quiet)* ¡cállate la boca! (**c**) *US Fam (dismiss)* poner de patitas en la calle

CAN[2] [*stressed* kæn, *unstressed* kən]

> El verbo **can** carece de infinitivo, de gerundio y de participio. En infinitivo o en participio, se empleará la forma correspondiente de **be able to**, por ejemplo: **he wanted to be able to speak English**; **she has always been able to swim**. En el inglés hablado, y en el escrito en estilo coloquial, la forma negativa **cannot** se transforma en **can't**.

modal aux v (**a**) *(be able to)* poder; **I c. go** puedo ir; **c. you help me?** ¿puedes ayudarme?, ¿me ayudas?; **we cannot possibly do it** no podemos hacerlo de ninguna manera; **I will come as soon as I c.** vendré lo antes posible; **a full description c. be found on page 56** en la página 56 hay *or* se encuentra una descripción completa; **he was very disappointed — c. you blame him?** se quedó muy desilusionado – ¡no me extraña!; **he will do what** *or* **all he c.** hará lo que pueda; **it can't be done** es imposible, no se puede hacer; **we c. but try** por lo menos lo podemos intentar; **I can't but dispute that claim** no puedo por menos que estar en desacuerdo con esa afirmación; *US* **c. do** *(yes, I will)* lo haré; *US* **no c. do** *(no, I won't)* no puedo hacerlo

(**b**) *(know how to)* saber; **I c. swim** sé nadar; **she c. play the violin** sabe tocar el violín; **I c. speak Spanish** hablo español

(**c**) *(indicating possibility)* poder; **adult animals c. grow to 6 metres** los ejemplares adultos pueden llegar a los 6 metros; **you c. be really stupid sometimes** a veces eres bien estúpido; **she can't have realized what was going on** seguro que no se daba cuenta de lo que pasaba; **there c. be no doubt that...** no cabe duda de que...; **c. it be true?** ¡no puede ser!; **you CAN'T be serious!** ¡no lo dirás en serio!; **you CAN'T be tired already!** ¡no me digas que ya estás cansado!; **what CAN he want now?** ¿pero qué es lo que quiere ahora?

(**d**) *(indicating permission)* poder; **c. I ask you something?** ¿te puedo hacer una pregunta?; **c. I borrow a pencil? — no, you can't/yes you c.** ¿me dejas un lápiz? – sí/no; **you can't smoke in here** aquí está prohibido fumar; **you can't play a jack after a king** no se puede echar una jota después de un rey; **we can't phone home from work** no nos dejan llamar *or Am* hablar a casa desde el trabajo

(**e**) *(indicating request)* **c. you tell those kids to shut up?** ¿quieres decirles a esos niños que se callen?; **can't you be a bit quieter?** ¿podrías hacer *or* armar menos ruido?; **mummy, c. I have an ice cream, please?** mamá, ¿me compras un helado?; **can I have the chicken, please?** para mí pollo, por favor

(**f**) *(indicating order)* **you c. leave this room at once!** ¡sal de la habitación ahora mismo!; *Fam* **and you c. shut up and all!** ¡y tú cierra el pico también!

(**g**) *(with verbs indicating senses or mental processes: not translated)* **I c. see/hear them** los veo/oigo; **you c. taste the pepper in it** se nota la pimienta; **I c. see you don't believe me** ya veo que no me crees; **how c. you tell?** ¿cómo lo sabes?; **I can't remember/understand** no recuerdo/entiendo

---

Canada ['kænədə] *n* (el) Canadá ▫ ***C. goose*** barnacla *f* canadiense

Canadian [kə'neɪdɪən] *n & adj* canadiense *mf*

canal [kə'næl] *n* canal *m* ▫ ***c. boat*** gabarra *f*

canapé ['kænəpeɪ] *n* canapé *m*

canard ['kænɑːd] *n (false report)* bulo *m*, patraña *f*

Canary [kə'neərɪ] *n* **the C. Islands, the Canaries** las (Islas) Canarias

canary [kə'neərɪ] *n* canario *m* ▫ ***c. yellow*** amarillo *m* canario

canasta [kə'næstə] *n* canasta *f (en naipes)*

cancan ['kæn'kæn] *n* cancán *m*

cancel ['kænsəl] (*pt & pp* **cancelled**, *US* **canceled**) **1** *vt* (**a**) *(match, trip)* suspender; *(flight, train)* suspender, cancelar; *(order, subscription)* anular (**b**) *Comptr* cancelar

2 *vi* **he called to cancel** llamó para cancelarlo; **they were supposed to be playing tonight, but they've cancelled** iban a tocar hoy, pero lo han suspendido

▸**cancel out** *vt sep* neutralizar, contrarrestar; **to c. each other out** neutralizarse, contrarrestarse

cancellation [kænsə'leɪʃən] *n (of match, trip, flight)* suspensión *f*; *(of order, subscription)* anulación *f* ▫ ***c. fee*** tarifa *f* de cancelación de reserva

Cancer ['kænsə(r)] *n (sign of zodiac)* Cáncer *m*; **to be (a) C.** ser Cáncer

cancer ['kænsə(r)] *n (disease)* cáncer *m*; **lung/skin c.** cáncer de pulmón/de piel ▫ ***c. research*** investigación *f* del cáncer

cancerous ['kænsərəs] *adj Med* canceroso(a)

candela [kæn'delə] *n Phys* candela *f*

candelabra [kændɪ'lɑːbrə] *n* candelabro *m*

candid ['kændɪd] *adj* sincero(a), franco(a)

> Note that the Spanish word **cándido** is a false friend and is never a translation for the English word **candid**. In Spanish **cándido** means "ingenuous, naive".

candidacy ['kændɪdəsɪ] *n* candidatura *f*

candidate ['kændɪdeɪt] *n* (**a**) *(for job, in election)* candidato(a) *m,f*; **to stand as a c.** presentarse como candidato (**b**) *(in exam)* examinando(a) *m,f*, candidato(a) *m,f*

candidature ['kændɪdətʃə(r)] = **candidacy**

candidiasis *nf* [kændɪ'daɪəsɪs] *Med* candidiasis *f inv*

candidly ['kændɪdlɪ] *adv* sinceramente, francamente

candied ['kændɪd] *adj* escarchado(a), confitado(a), *Col, Méx* cristalizado(a), *RP* abrillantado(a) ▫ ***c. peel*** piel *f* de naranja/limón escarchada

candle ['kændəl] *n* vela *f*; IDIOM **he can't hold a c. to you** no te llega ni a la suela del zapato; IDIOM **it's not worth the c.** no vale *or Esp* merece la pena

candlelight ['kændəllaɪt] *n* luz *f* de las velas; **by c.** a la luz de las velas

candlelit ['kændəllɪt] *adj (room)* iluminado(a) con velas; **a c. dinner** una cena a la luz de las velas

Candlemas ['kændəlməs] *n Rel* la Candelaria

candlestick ['kændəlstɪk] *n* palmatoria *f*

candlewick ['kændəlwɪk] *n* chenile *f*

candour ['kændə(r)] *n* sinceridad *f*, franqueza *f*

C and W *n* (*abbr* **Country and Western**) música *f* country

candy ['kændɪ] *n US (sweet)* caramelo *m*; *(sweets)* dulces *mpl*, golosinas *fpl* ▫ ***c. store*** confitería *f*

candyfloss ['kændɪflɒs] *n Br* algodón *m* dulce

candy-striped ['kændɪstraɪpt] *adj* de rayas

cane [keɪn] **1** *n (of sugar, bamboo)* caña *f*; *(walking stick)* bastón *m*; *(for punishment)* vara *f*, palmeta *f*; *(for furniture, baskets)* mimbre *m*; **to get the c.** ser castigado(a) con la vara ▫ ***c. furniture*** muebles *mpl* de mimbre; ***c. sugar*** azúcar *f* de caña

2 *vt (beat)* pegar con la vara *or* palmeta; *Fam (defeat)* dar una paliza *or Esp* un palizón a

canine ['keɪnaɪn] **1** *n* (**a**) *(Zool)* can *m* (**b**) *Anat* **c. (tooth)** colmillo *m*, (diente *m*) canino *m*

2 *adj* canino(a)

caning ['keɪnɪŋ] *n (beating)* castigo *m* con la vara *or* palmeta; *Fam (defeat)* paliza *f*, *Esp* palizón *m*

canister ['kænɪstə(r)] *n (for tear gas, smoke)* bote *m*; *(for film, oil)* lata *f*

canker ['kæŋkə(r)] *n* (**a**) *Med* ulceración *f* (**b**) *Bot* cancro *m* (**c**) *(evil influence)* cáncer *m*

cannabis ['kænəbɪs] *n* hachís *m*, cannabis *m* ❑ ***c. resin*** resina *f* (de cannabis)

canned [kænd] *adj* (**a**) *(food)* enlatado(a), en lata ❑ *Fig* ***c. laughter*** risas *fpl* de fondo, risas *fpl* grabadas, *Fig* ***c. music*** música *f* de supermercado (**b**) *Fam (drunk) Esp* ciego, *Méx* cuete, *RP* en pedo; **to get c.** agarrarse una borrachera *or Esp* una buena curda *or Méx* un cuete

cannelloni [kænə'ləʊnɪ] *n* canelones *mpl*

cannery ['kænərɪ] *n* fábrica *f* de conservas

cannibal ['kænɪbəl] *n* caníbal *mf*

cannibalism ['kænɪbəlɪzəm] *n* canibalismo *m*

cannibalize ['kænɪbəlaɪz] *vt (machinery, car)* desguazar *(para aprovechar las piezas)*

cannily ['kænɪlɪ] *adv* hábilmente, con astucia

cannon ['kænən] **1** *n* (**a**) *(gun)* cañón *m* ❑ ***c. fodder*** carne *f* de cañón (**b**) *(in billiards, snooker)* carambola *f*

2 *vi (in billiards, snooker)* **to c. into** hacer carambola con

cannonball ['kænənbɔ:l] *n* bala *f* de cañón

cannot ['kænɒt] = **can not**

cannula ['kænjʊlə] (*pl* **cannulas** *or* **cannulae** ['kænjʊli:]) *n Med* cánula *f*

canny ['kænɪ] *adj* astuto(a)

canoe [kə'nu:] *n* canoa *f*, piragua *f*

canoeing [kə'nu:ɪŋ] *n* piragüismo *m*; **to go c.** ir a hacer piragüismo

canoeist [kə'nu:ɪst] *n* piragüista *mf*

canon ['kænən] *n Rel* (**a**) *(religious decree)* canon *m*; *Fig* **canons of good taste** cánones del buen gusto ❑ ***c. law*** derecho *m* canónico (**b**) *(priest)* canónigo *m*

canonical [kə'nɒnɪkəl] *adj Rel & Fig* canónico(a)

canonize ['kænənaɪz] *vt Rel* canonizar

canoodle [kə'nu:dəl] *vi Hum* darse el lote

canopy ['kænəpɪ] *n (above bed)* dosel *m*; *(outside shop)* toldo *m*; *(of trees)* copas *fpl* de los árboles; *(of parachute)* tela *f*, casquete *m*

can't [kɑ:nt] = **can not**

cant [kænt] *n (insincerity)* hipocresías *fpl*, falsedades *fpl*

Cantabria [kæn'tæbrɪə] *n* Cantabria

Cantabrian [kæn'tæbrɪən] *n* **1** *(person)* cántabro(a) *m,f*

2 *adj* cántabro(a); **the C. Mountains** la Cordillera Cantábrica; **the C. Sea** el (Mar) Cantábrico

cantaloup(e) ['kæntəlu:p] *n* ***c. (melon)*** melón *m* francés *or* cantaloup

cantankerous [kæn'tæŋkərəs] *adj* cascarrabias, refunfuñón(ona)

cantata [kæn'tɑ:tə] *n Mus* cantata *f*

canteen [kæn'ti:n] *n* (**a**) *(restaurant)* cantina *f*, cafetería *f* (**b**) *(water bottle)* cantimplora *f* (**c**) *(set)* **a c. of cutlery** una cubertería

canter ['kæntə(r)] **1** *n (on horse)* medio galope *m*

2 *vi (of horse)* ir a medio galope; *Fig* **to c. through an exam** pasar un examen con facilidad

canticle ['kæntɪkəl] *n Mus* cántico *m*

cantilever ['kæntɪli:və(r)] *n (in engineering)* voladizo *m*, viga *f* voladiza ❑ ***c. bridge*** puente *m* voladizo

canto ['kæntəʊ] *n Mus* canto *m*

canton ['kæntɒn] *n* cantón *m*

Cantonese [kæntə'ni:z] **1** *n (language)* cantonés *m*

2 *adj* cantonés(esa)

cantor ['kæntɔ:(r)] *n Rel* chantre *m*, sochantre *m*

canvas ['kænvəs] *n* (**a**) *(cloth)* lona *f*; **under c.** *(in tent)* en una tienda de campaña *or Am* carpa; *(on sailing ship)* a vela ❑ ***c. shoes*** zapatillas *fpl* de lona (**b**) *Art* lienzo *m* (**c**) *(of boxing ring)* lona *f*

canvass ['kænvəs] **1** *vt* (**a**) *Pol* **to c. a street/an area** visitar las casas de una calle/una zona haciendo campaña electoral (**b**) *Com (consumers, customers)* encuestar; *Fig* **to c. opinion** hacer un sondeo de opinión informal

2 *vi* (**a**) *Pol* = hacer campaña electoral hablando directamente con los electores por las casas o en la calle (**b**) *Com* **to c. for customers** tratar de captar clientes

canvasser ['kænvəsə(r)] *n Pol* = persona que va de casa en casa tratando de captar votos para un partido

canyon ['kænjən] *n* cañón *m*

CAP [si:eɪ'pi:] *n* (*abbr* **Common Agricultural Policy**) PAC *f*

cap [kæp] **1** *n* (**a**) *(headgear) (without peak)* gorro *m*; *(with peak)* gorra *f*; *Sport* **to win a c.** entrar en la selección nacional; IDIOM **to go c. in hand to sb** acudir a alguien con actitud humilde; IDIOM **to set one's c. at sb** poner los ojos en alguien; PROV **if the c. fits, wear it** quien se pica, ajos come (**b**) *(cover) (of bottle)* tapón *m*; *(of pen)* capucha *f*; *(for tooth)* funda *f* (**c**) *(for toy gun)* fulminante *m* (**d**) *(limit)* **to put a c. on sth** poner un tope a algo (**e**) *(contraceptive device)* diafragma *m* (**f**) *US Fam (bullet)* plomo *m*, bala *f*;

2 *vt* (*pt & pp* **capped**) (**a**) *(cover)* **to be capped with** estar cubierto(a) de *or* por (**b**) *(surpass, do better than)* superar; **that caps the lot!** ¡es el colmo!; **to c. it all,...** para colmo,... (**c**) *(limit) (spending, taxation)* poner un tope a; *(local authority)* limitar las competencias fiscales de (**d**) *Sport* **he was capped for England** fue internacional *or* jugó con la selección inglesa (**e**) *(tooth)* poner una funda a (**f**) *US Fam (shoot)* llenar de plomo, *Am* balear, *Am* abalear, *Méx* balacear

cap. *n* (**a**) (*abbr* **capacity**) capacidad *f* (**b**) (*abbr* **capital**) cap.

capability [keɪpə'bɪlɪtɪ] *n* capacidad *f* (**to do sth** para hacer algo); **it is beyond our capabilities** no entra dentro de nuestras posibilidades

capable ['keɪpəbəl] *adj (competent)* capaz, competente; **to be c. of doing sth** *(be able to do)* ser capaz de hacer algo; **the project is now in the c. hands of Mr Simpson** el proyecto queda ahora a cargo del muy competente señor Simpson

capably ['keɪpəblɪ] *adv* competentemente; **c. assisted by...** con la inestimable colaboración de...

capacious [kə'peɪʃəs] *adj* espacioso(a)

capacitance [kə'pæsɪtəns] *n Elec* capacitancia *f*, capacidad *f* eléctrica (de un condensador)

capacitor [kə'pæsɪtə(r)] *n Elec* condensador *m*

capacity [kə'pæsɪtɪ] *n* (**a**) *(of container, bus, theatre)* capacidad *f*; **a c. crowd** *(in hall, stadium)* un lleno (absoluto); **full to c.** lleno hasta la bandera (**b**) *(aptitude)* capacidad *f*; **to have a c. for sth** tener capacidad para algo; **beyond/within my c.** fuera de/dentro de mis posibilidades (**c**) *(role)* **in my c. as...** en mi calidad de...

cape[1] [keɪp] *n (cloak)* capa *f*

cape[2] *n Geog* cabo *m*; **C. Canaveral** Cabo Cañaveral; **the C. of Good Hope** el Cabo de Buena Esperanza; **C. Horn** Cabo de Hornos; **C. Town** Ciudad del Cabo; **C. Verde** Cabo Verde

caper[1] ['keɪpə(r)] *n Culin* alcaparra *f*

caper[2] **1** *n* **capers** correrías *fpl*, peripecias *fpl*; **what a c.!** ¡qué aventura!

2 *vi* **to c. (about)** retozar

capercaillie [kæpə'keɪlɪ] *n* urogallo *m*

capillary [kə'pɪlərɪ] *n & adj* capilar *m*

capital ['kæpɪtəl] **1** *n* (**a**) *(letter)* mayúscula *f* (**b**) *(city)* capital *f* (**c**) *Fin* capital *m*; *Fig* **to make c. out of sth** sacar partido de algo ❑ ***c. assets*** activo *m* fijo, bienes *mpl* de capital; ***c. expenditure*** inversión *f* en activo fijo; ***c. gains*** plusvalías *fpl*; ***c. gains tax*** impuesto *m* sobre las plusvalías; ***c. goods*** bienes *mpl* de equipo *or* de producción; ***c. investment*** inversión *f* (de capital)

2 *adj* (**a**) *(letter)* mayúscula; **c. T** T mayúscula; *Fam* **he's arrogant with a c. A** es un arrogante de tomo y lomo, *RP* es rearrogante (**b**) *(principal)* ***c. city*** capital *f* (**c**) *Law* ***c. crime*** *or* ***offence*** delito *m* capital; ***c. punishment*** pena *f* capital *or* de muerte (**d**) *(important)* capital; **of c. importance** de capital importancia (**e**) *Br Old-fashioned (splendid)* excelente

capital-intensive ['kæpɪtəlɪn'tensɪv] *adj* con grandes necesidades de capital

capitalism ['kæpɪtəlɪzəm] *n* capitalismo *m*

capitalist ['kæpɪtəlɪst] *n & adj* capitalista *mf*

capitalization [kæpɪtəlaɪ'zeɪʃən] *n Fin* capitalización *f*

capitalize ['kæpɪtəlaɪz] *vt* (**a**) *Fin* capitalizar (**b**) *(word, letter)* escribir con mayúscula

▸**capitalize on** *vt insep* aprovechar, aprovecharse de

Capitol ['kæpɪtəl] *n US Pol* **the C.** el

Capitolio; **C. Hill** el Capitolio, el Congreso de los Estados Unidos

capitulate [kə'pɪtjʊleɪt] *vi* capitular (**to** ante)

capitulation [kəpɪtjʊ'leɪʃən] *n* capitulación *f*, rendición *f* (**to** ante)

capon ['keɪpɒn] *n Culin* capón *m*

cappuccino [kæpə'tʃi:nəʊ] *n* (café *m*) capuchino *m*

caprice [kə'pri:s] *n* capricho *m*

capricious [kə'prɪʃəs] *adj* caprichoso(a)

capriciousness [kə'prɪʃəsnɪs] *n* carácter *m* caprichoso

Capricorn ['kæprɪkɔ:n] *n (sign of zodiac)* Capricornio *m*; **to be (a) C.** ser Capricornio

caps [kæps] *npl Comptr & Typ (abbr* **capital letters**) (letras *fpl*) mayúsculas *fpl* ▫ ***c. lock*** mayúsculas *fpl* fijas

capsicum ['kæpsɪkəm] *n* pimiento *m*

capsize [kæp'saɪz] *vt & vi* volcar

capstan ['kæpstən] *n Naut* cabrestante *m*

capsule ['kæpsju:l] *n* cápsula *f*; **(space) c.** cápsula espacial

Capt *Mil (abbr* **Captain**) Capitán

captain ['kæptɪn] **1** *n (of boat, team)* capitán(ana) *m,f*; *(of aeroplane)* comandante *mf*

2 *vt Sport* capitanear

captaincy ['kæptɪnsɪ] *n Sport* capitanía *f*; **under his c. they won the league** ganaron la liga cuando él era capitán

caption ['kæpʃən] *n (under picture)* pie *m* de foto; *(under cartoon)* texto *m*; *(heading)* titular *m*, encabezamiento *m*, *Méx, RP* encabezado *m*

captious ['kæpʃəs] *adj Formal* puntilloso(a), criticón(ona)

captivate ['kæptɪveɪt] *vt* cautivar, embelesar

captivating ['kæptɪveɪtɪŋ] *adj (smile, manner)* cautivador(ora)

captive ['kæptɪv] **1** *n* cautivo(a) *m,f*, prisionero(a) *m,f*

2 *adj* cautivo(a); **he was taken c.** fue hecho prisionero; **they were held c. for four days** los tuvieron prisioneros durante cuatro días; **he knew he had a c. audience** sabía que su público no tenía elección

captivity [kæp'tɪvɪtɪ] *n* cautividad *f*; **in c.** en cautividad

captor ['kæptə(r)] *n* captor(ora) *m,f*

capture ['kæptjə(r)] **1** *vt (person, wild animal)* capturar; *(town)* tomar; *(in chess, draughts)* comer; *Fig (mood)* reflejar; *Comptr (data)* meter, introducir

2 *n (of person, wild animal)* captura *f*; *(of town)* toma *f*

Capuchin ['kæpʊtʃɪn] *n & adj Rel* capuchino *m*

CAR [si:eɪ'ɑ:(r)] *n (abbr* **Central African Republic**) República *f* Centroafricana

car [kɑ:(r)] *n* **(a)** *(automobile)* coche *m*, automóvil *m*, *Am* carro *m*, *RP* auto *m*; **by c.** en coche ▫ ***c. bomb*** coche *m* bomba; *Br* ***c. boot sale*** = mercadillo en el que los particulares venden objetos que exponen en el maletero *or CAm, Méx* cajuela *or RP* baúl del coche; ***c. crash*** accidente *m* de coche; ***c. dealer*** vendedor(ora) *m,f* de coches; ***c. door*** puerta *f* (del coche); *Br* ***c. hire*** alquiler *m or Méx* renta *f* de coches; ***c. industry*** industria *f* automovilística; *Br* ***c. park*** estacionamiento *m*, *Esp* aparcamiento *m*; ***c. phone*** teléfono *m* de coche; ***c. pool*** parque *m* móvil; ***c. radio*** radio *f* (del coche); *US* ***c. rental*** alquiler *m or Méx* renta *f* de coches; ***c. wash*** lavado *m* de coches, túnel *m* de lavado

(b) *US (train carriage)* vagón *m*, coche *m*

Caracas [kə'rækəs] *n* Caracas

carafe [kə'ræf] *n* jarra *f*

carambola [kærəm'bəʊlə] *n* **(a)** *(tree)* carambolo *m* **(b)** *(fruit)* carambola *f*

caramel ['kærəməl] *n* caramelo *m*

caramelize ['kærəməlaɪz] **1** *vt* caramelizar, poner a punto de caramelo

2 *vi* caramelizarse, ponerse a punto de caramelo

carapace ['kærəpeɪs] *n Zool* caparazón *m*

carat ['kærət] *n (of gold)* quilate *m*; **18-c. gold** oro *m* de 18 quilates

caravan ['kærəvæn] *n* **(a)** *Br (pulled by car)* caravana *f* ▫ ***c. holiday*** vacaciones *fpl* en caravana; ***c. site*** camping *m* para caravanas **(b)** *(in desert)* caravana *f*

caravanette [kærəvə'net] *n Br* autocaravana *f*

caravanning ['kærəvænɪŋ] *n Br* **to go c.** ir de vacaciones *fpl* en caravana, ir de caravaning *m*

caraway ['kærəweɪ] *n (plant)* alcaravea *f*; **c. seeds** carvis *mpl*

carbide ['kɑ:baɪd] *n Chem* carburo *m*

carbine ['kɑ:baɪn] *n* carabina *f*

carbohydrate [kɑ:bəʊ'haɪdreɪt] *n* hidrato *m* de carbono, carbohidrato *m*

carbolic [kɑ:'bɒlɪk] *adj Chem* ***c. acid*** fenol *m*, ácido *m* fénico *or* carbólico; ***c. soap*** jabón *m* (desinfectante) de brea

carbon ['kɑ:bən] *n Chem* carbono *m* ▫ ***c. copy*** copia *f* en papel carbón; *Fig* calco *m*, copia *f* exacta; ***c. dating*** prueba *f* del *or* datación *f* por carbono 14; ***c. dioxide*** dióxido *m* de carbono; ***c. fibre*** fibra *f* de carbono; ***c. monoxide*** monóxido *m* de carbono; ***c. paper*** papel *m* carbón *or* de calco; ***c. steel*** acero *m* al carbono

carbonaceous [kɑ:bə'neɪʃəs] *adj* carbonoso(a)

carbonate ['kɑ:bəneɪt] *n Chem* carbonato *m*

carbonated ['kɑ:bəneɪtɪd] *adj* carbónico(a), con gas; **c. water** agua *f* con gas

carbonic [kɑ:'bɒnɪk] *adj Chem* carbónico(a) ▫ ***c. acid*** ácido *m* carbónico

carboniferous [kɑ:bə'nɪfərəs] **1** *n* **the C.** el carbonífero

2 *adj (period)* carbonífero(a)

carbonize ['kɑ:bənaɪz] *vt* carbonizar

carborundum [kɑ:bə'rʌndəm] *n Chem* carborundo *m*

carbuncle ['kɑ:bʌŋkəl] *n Med* forúnculo *m*

carburettor, *US* **carburetor** [kɑ:bjʊ'retə(r)] *n* carburador *m*

carcass ['kɑ:kəs] *n (of animal)* animal *m* muerto; *(at butcher's)* res *f* muerta; **(chicken) c.** huesos *mpl or* restos *mpl* (de pollo)

carcinogen [kɑ:'sɪnədʒen] *n Med* agente *m* cancerígeno

carcinogenic [kɑ:sɪnə'dʒenɪk] *adj Med* cancerígeno(a), carcinógeno(a)

carcinoma [kɑ:sɪ'nəʊmə] *n Med* carcinoma *m*

card[1] [kɑ:d] **1** *n* **(a)** *(for game)* carta *f*, naipe *m*; **to play cards** jugar a las cartas ▫ ***c. game*** juego *m* de cartas *or* naipes; ***c. table*** mesa *f* de juego (para las cartas); ***c. trick*** truco *m or* juego *m* de cartas

(b) *(with printed information, greetings card)* tarjeta *f*; *(for identification)* carné *m*, carnet *m*; *(postcard)* (tarjeta) postal *f* ▫ ***c. index*** *or* ***file*** fichero *m* de tarjetas; *Pol* ***c. vote*** votación *f* por delegación

(c) *(thin cardboard)* cartulina *f*

(d) *Comptr* tarjeta *f*

(e) *(in golf)* tarjeta *f* (de recorrido)

(f) *(of race meeting)* programa *m* (de carreras)

(g) IDIOMS **play your cards right and you could get promoted** si juegas bien tus cartas, puedes conseguir un ascenso; **the cards are stacked against him** lleva las de perder; **to have** *or* **hold all the cards** tener la sartén por el mango; **to play** *or* **keep one's cards close to one's chest** no dar ninguna pista; **to put one's cards on the table** poner las cartas sobre la mesa; **to have a c. up one's sleeve** tener un as en la manga; **it is** *Br* **on** *or US* **in the cards that...** es más que probable que...; *Br Fam* **to get one's cards** ser despedido(a)

2 *vt (in golf)* entregar una tarjeta (con un recorrido) de

card[2] *Tex* **1** *n* carda *f*

2 *vt* cardar

cardamom ['kɑ:dəməm] *n* cardamomo *m*

cardboard ['kɑ:dbɔ:d] *n* cartón *m* ▫ ***c. box*** caja *f* de cartón; ***c. city*** = lugar donde duermen los vagabundos

card-carrying ['kɑ:dkærɪɪŋ] *adj* ***c. member*** miembro *m or* socio(a) *m,f* (de pleno derecho)

cardholder ['kɑ:dhəʊldə(r)] *n* titular *mf* de una tarjeta

cardiac ['kɑ:dɪæk] *adj* cardíaco(a) ▫ ***c. arrest*** paro *m* cardíaco; ***c. massage*** masaje *m* cardíaco

cardigan ['kɑ:dɪgən] *n* rebeca *f*, cárdigan *m*

cardinal ['kɑ:dɪnəl] **1** *n Rel* cardenal *m*

2 *adj (importance, significance)* capital, cardinal ▫ ***c. number*** número *m* cardinal; ***c. point*** punto *m* cardinal; ***c. sins*** pecados *mpl* capitales; ***c. virtues*** virtudes *fpl* cardinales

cardiograph ['kɑ:dɪəʊgræf] *n* cardiógrafo *m*

cardiologist [kɑːdɪˈɒlədʒɪst] *n* cardiólogo(a) *m,f*

cardiology [kɑːdɪˈɒlədʒɪ] *n* cardiología *f*

cardiovascular [kɑːdɪəʊˈvæskjʊlə(r)] *adj* cardiovascular

cardphone [ˈkɑːdfəʊn] *n* teléfono *m* que funciona con tarjetas

cardsharp(er) [ˈkɑːdʃɑːp(ə(r))] *n Pej* tahúr *m*, fullero(a) *m,f*

CARE [keə(r)] **1** *n* (**a**) *(worry)* preocupación *f*, inquietud *f*; *(problem)* preocupación *f*; **she doesn't have a c. in the world** no tiene ni una sola preocupación
(**b**) *(attention, effort)* cuidado *m*, atención *f*; **to do sth with great c.** hacer algo con mucho cuidado; **to drive with c.** conducir *or Am* manejar con precaución; **to take c. to do sth** procurar hacer algo; **take c. not to spill** *or* **that you don't spill any ink** ten cuidado de no derramar tinta; **take c. on the roads** conduce *or Am* maneja con prudencia; **I've taken a lot of c. over this piece of work** he puesto mucho cuidado en este trabajo; **take more c. with your handwriting** pon más atención en tu caligrafía
(**c**) *(looking after)* cuidado *m*; **(medical) c.** asistencia *f* médica; *Br* **to put a child in c.** poner a un niño bajo la tutela del Estado; *Br* **she was taken into c.** fue puesto bajo tutela; **to be in** *or* **under sb's c.** estar al cuidado de alguien; **write to me c. of Mrs Wallace** escríbeme a la dirección de la Sra Wallace; **to take c. of** *(look after) (person)* cuidar de; *(animal, machine)* cuidar; *(deal with)* ocuparse de; **to take c. of oneself** cuidarse; **it will take c. of itself** se resolverá por sí solo; **take good c. of him, won't you?** cuídalo bien, ¿de acuerdo?; **that has all been taken c. of by our lawyers** nuestros abogados ya se han ocupado de todo eso; **that takes c. of the financial side of things** y con eso ya hemos terminado con el aspecto financiero; **I'll take c. of the bill** yo pago la cuenta; *Fam* **take c. (of yourself)** *(goodbye)* ¡cuídate!, *Am* ¡que estés bien!
2 *vt* (**a**) *(mind)* **I don't c. what he says** no me importa lo que diga; **what do I c.?** ¿y a mí que me importa?; **who cares what they think?** ¿a quién le importa lo que piensen ellos?; **I don't c. whether he likes it or not** me da lo mismo que le guste o no
(**b**) *Formal (like)* **would you c. to come with me?** ¿le gustaría acompañarme?; **would you c. to try some of this wine?** ¿quiere probar este vino?; **I wouldn't c. to find out what he's like when he's angry** no quiero ni imaginarme cómo es cuando se enfada *or Am* enoja
(**c**) *(be willing to)* **he'll tell anyone who cares to listen** va por ahí contándoselo a todo el mundo
3 *vi* (**a**) *(be concerned)* preocuparse (**about** por); **no one seems to c.** no parece importarle a nadie, nadie parece preocuparse; **that's all he cares about** eso es lo único que le preocupa; **he said she'd be angry, as if I cared** dijo que se enfadaría *or Am* enojaría, como si me importara; **you can go ahead and tell her for all I c.** me trae sin cuidado que se lo digas; **I could be dead for all they c.** por ellos, como si me muero; **I couldn't c. less!** ¡me trae sin cuidado!; **I don't c.!** ¡me da igual!, ¡no me importa!; **see if I c.!** ¡me trae sin cuidado!; **who cares?** ¿qué más da?
(**b**) *(feel affection)* **I really c. about you** me importas mucho

▸**care for** *vt insep* (**a**) *(look after) (person)* cuidar de; *(animal, machine)* cuidar; **well cared for** bien cuidado(a) (**b**) *Formal (like)* **I don't c. for this music** no me gusta esta música; **would you c. for some tea?** ¿quiere un té?, ¿le *Esp* apetece *or Col, Méx, Ven* provoca *or Méx* antoja un té? (**c**) *(feel affection towards)* **I c. for you deeply** me importas muchísimo

career [kəˈrɪə(r)] **1** *n (working life, profession)* carrera *f*; **to make a c. for oneself** labrarse un futuro, hacer carrera; **c. diplomat** diplomático(a) *m,f* de carrera; **it was a good c. move** fue bueno para mi/tu/*etc* carrera; **a job with c. prospects** un trabajo con buenas perspectivas profesionales ❑ ***careers adviser*** *or* ***officer*** asesor(ora) *m,f* de orientación profesional; ***careers service*** servicio *m* de orientación profesional
2 *vi* **to c. (along)** ir a toda velocidad

careerist [kəˈrɪərɪst] *n Pej* arribista *mf*

carefree [ˈkeəfriː] *adj* despreocupado(a)

careful [ˈkeəfʊl] *adj* (**a**) *(taking care)* cuidadoso(a); *(prudent)* cauto(a), precavido(a); **(be) c.!** ¡(ten) cuidado!; **to be c. to do sth** tener cuidado de *or* procurar hacer algo; **be c. with that vase!** ¡(ten) cuidado con ese jarrón!; **she was c. not to mention this** tuvo cuidado de *or* procuró no mencionar esto; **be c. not to drop it** procura que no se te caiga; **be c. what you say** cuidado con lo que dices; **you can't be too c. these days** en estos tiempos que corren toda precaución es poca
(**b**) *(thorough) (work, inspection, person)* cuidadoso(a); **after c. consideration** tras mucho reflexionar

carefully [ˈkeəfʊlɪ] *adv (taking care, thoroughly)* cuidadosamente; *(think, choose)* con cuidado; *(drive)* con cuidado, con precaución; *(listen, watch)* atentamente

careless [ˈkeəlɪs] *adj* (**a**) *(negligent)* descuidado(a); **he's c. about his appearance** descuida mucho su aspecto; **a c. mistake** un descuido; **a c. remark** una observación inoportuna (**b**) **c. of** *(indifferent to)* sin preocuparse por, indiferente a

carelessly [ˈkeəlɪslɪ] *adv* (**a**) *(negligently)* descuidadamente (**b**) *(casually)* con aire despreocupado

carelessness [ˈkeəlɪsnɪs] *n* descuido *m*, negligencia *f*

carer [ˈkeərə(r)] *n* = persona que cuida de un familiar enfermo o anciano, sin que necesariamente reciba compensación económica por ello

caress [kəˈres] **1** *n* caricia *f*
2 *vt* acariciar

caret [ˈkærət] *n Typ & Comptr* signo *m* de intercalación

caretaker [ˈkeəteɪkə(r)] *n (of building, school)* conserje *m* ❑ ***c. government*** gobierno *m* provisional

careworn [ˈkeəwɔːn] *adj* agobiado(a); **to be c.** estar agobiado(a)

carfare [ˈkɑːfeə(r)] *n US* (precio *m* del) *Esp* billete *m or Am* boleto *m or Col* boleta *f*

cargo [ˈkɑːgəʊ] (*pl* **cargoes** *or* **cargos**) *n* cargamento *m* ❑ ***c. boat*** *or* ***ship*** barco *m* de carga, carguero *m*; ***c. plane*** avión *m* de carga

Carib [ˈkærɪb] *n (person)* caribe *mf*; *(language)* caribe *m*

Caribbean [kærɪˈbiːən, *US* kəˈrɪbɪən] **1** *n* **the C.** *(region)* las Antillas, el Caribe; *(sea)* el Caribe
2 *adj* caribeño(a); **the C. islands** las Antillas; **the C. Sea** el (mar) Caribe

caribou [ˈkærɪbuː] *n* caribú *m*

caricature [ˈkærɪkətʃʊə(r)] **1** *n* caricatura *f*
2 *vt* caricaturizar

caricaturist [ˈkærɪkətʃʊərɪst] *n* caricaturista *mf*

caries [ˈkeəriːz] *n Med* caries *f inv*

caring [ˈkeərɪŋ] *adj (person)* afectuoso(a), solícito(a); *(society)* solidario(a); **the c. professions** = las profesiones relacionadas con la salud y la asistencia social

carjacking [ˈkɑːdʒækɪŋ] *n Fam* secuestro *m* de un automóvil

Carmelite [ˈkɑːməlaɪt] **1** *n (monk)* (monje *m*) carmelita *m*; *(nun)* (monja *f*) carmelita *f*
2 *adj* carmelita

carmine [ˈkɑːmaɪn] **1** *n (colour)* carmín *m*
2 *adj* (color) carmín *inv*

carnage [ˈkɑːnɪdʒ] *n* matanza *f*

carnal [ˈkɑːnəl] *adj* carnal; **to have c. knowledge of sb** haber mantenido relaciones íntimas *or* sexuales con alguien

carnation [kɑːˈneɪʃən] *n* clavel *m*

carnival [ˈkɑːnɪvəl] *n (funfair)* feria *f*; *(traditional festival)* carnaval *m*

carnivore [ˈkɑːnɪvɔː(r)] *n* carnívoro *m*

carnivorous [kɑːˈnɪvərəs] *adj* carnívoro(a)

carob [ˈkærəb] *n (substance)* extracto *m* de algarroba *(sucedáneo de chocolate)*

carol [ˈkærəl] *n* **(Christmas) c.** villancico *m*

carotid [kəˈrɒtɪd] *n Anat* **c. (artery)** (arteria *f*) carótida *f*

carouse [kəˈraʊz] *vi* estar de parranda

carousel [kærəˈsel] *n* (**a**) *US (at fair)* tiovivo *m* (**b**) *(at airport)* cinta *f* transportadora de equipajes (**c**) *(for slides)* carro *m*

carp[1] [kɑːp] (*pl* **carp**) *n (fish)* carpa *f*

carp[2] *vi* quejarse (sin motivo) (**at** de)

carpal [ˈkɑːpəl] **1** *n Anat* hueso *m* carpiano
2 *adj Anat* carpiano(a) ❑ *Med* ***c. tunnel***

syndrome estrechamiento *m* del túnel carpiano

Carpathians [kɑːˈpeɪθɪənz] *npl* **the C.** los Cárpatos

carpenter [ˈkɑːpɪntə(r)] *n* carpintero(a) *m,f*

carpentry [ˈkɑːpɪntrɪ] *n* carpintería *f*

carpet [ˈkɑːpɪt] **1** *n* (**a**) *(rug)* alfombra *f; (fitted) Esp* moqueta *f, Am* alfombra *f; Fig* **a c. of flowers** una alfombra de flores ❑ ***c. bag*** maleta *f or RP* valija *f* tapizada; ***c. slippers*** zapatillas *fpl* de casa (**b**) IDIOMS **to pull the c. out from under sb** retirarle el apoyo a alguien repentinamente; *Br Fam* **to be on the c.** *(in trouble)* llevarse una buena bronca; *Br Fam* **to put sb on the c.** *(reprimand)* echar una bronca a alguien; **c. bombing** bombardeo *m* de saturación

2 *vt* (**a**) *(floor) Esp* enmoquetar, *Am* alfombrar (**b**) *Br Fam* **to c. sb** echar una bronca a alguien

carpetbagger [ˈkɑːpɪtbægə(r)] *n Pol* político(a) *m,f* de fuera (del distrito)

carpeting [ˈkɑːpɪtɪŋ] *n (fabric)* tejido *m* de alfombra; *(carpets)* alfombrado *m*; **wall-to-wall c.** *Esp* moqueta *f, Am* alfombra *f*

carpet-sweeper [ˈkɑːpɪtswiːpə(r)] *n* cepillo *m* mecánico (para alfombras)

carping [ˈkɑːpɪŋ] *adj (fault-finding)* criticón(ona), puntilloso(a); **c. criticism(s)** critiqueo *m*

carport [ˈkɑːpɔːt] *n Aut* plaza *f* de estacionamiento *or Esp* aparcamiento techado *(al lado de una casa)*

carrel [ˈkærəl] *n (in library)* cubículo *m or* pupitre *m* (de estudio)

carriage [ˈkærɪdʒ] *n* (**a**) *(vehicle)* carruaje *m*, coche *m* ❑ ***c. clock*** reloj *m* de mesa (con asa) (**b**) *Br (of train)* vagón *m*, coche *m* (**c**) *(of typewriter)* carro *m* ❑ ***c. return*** retorno *m* de carro (**d**) *Com (transport)* transporte *m*, porte *m; (cost)* portes *mpl*; **c. forward** porte *m* debido; **c. free** franco(a) de porte; **c. paid** porte *m* pagado (**e**) *(bearing) (of person)* porte *m*

carriageway [ˈkærɪdʒweɪ] *n Aut* calzada *f*; **the northbound c.** la calzada en dirección norte

carrier [ˈkærɪə(r)] *n* (**a**) *(of disease, infection)* portador(ora) *m,f* (**b**) *Com (company)* transportista *m; (airline)* línea *f* aérea (**c**) *(container) (on bicycle)* portaequipaje *m*, transportín *m*; **c. (bag)** bolsa *f* (**d**) *Comptr & Tel* portadora *f* ❑ ***c. signal*** señal *f* de portadora; ***c. tone*** tono *m* de portadora (**e**) ***c. pigeon*** *(bird)* paloma *f* mensajera

carrion [ˈkærɪən] *n* carroña *f*

carrot [ˈkærət] *n* zanahoria *f; Fig* **to hold out a c.** mostrar un señuelo; IDIOM **to use the c. and stick approach** utilizar una táctica de incentivos y amenazas

carroty [ˈkærətɪ] *adj (hair)* cobrizo(a), pelirrojo(a)

CARRY [ˈkærɪ] **1** *vt* (**a**) *(transport, convey)* llevar; *(goods, passengers)* transportar; *(disease)* ser portador(ora) de; **a bus carrying schoolchildren** un autobús con escolares; **this plane can c. 59 passengers** este avión tiene cabida para 59 pasajeros; **I've been carrying this note around for ages** llevo siglos cargando con esta nota; **to c. sth away** *or* **off** llevarse algo; **the boat was carried away by the tide** la marea arrastró el barco; **the injured player was carried off the pitch on a stretcher** sacaron al jugador lesionado del campo en camilla; **she carried him up to the first floor** lo subió en brazos hasta el primer piso; **to be carrying a child** *(be pregnant)* estar embarazada; IDIOM **to c. the can** pagar el pato *or* los platos rotos; **she carries herself like a queen** tiene el porte de una reina; **to c. oneself well** tener buen porte

(**b**) *(have on one's person) (gun, money)* llevar (encima)

(**c**) *(support, bear)* sostener, aguantar; **will it c. the weight of those books?** ¿aguantará el peso de esos libros?; **his legs wouldn't c. him any further** sus piernas no le aguantaban más; **you're carrying too much weight** *(are overweight)* estás demasiado gordo; *Fig* **to c. the cost of sth** correr con el costo de algo

(**d**) *(contain, have)* **this product carries a warning/a guarantee** este producto viene con un aviso/una garantía; **to c. an advertisement/article** *(of newspaper)* publicar un anuncio/artículo; **the news carried an item on Somalia** el telediario *or Am* noticiero incluyó un reportaje sobre Somalia; **to c. authority** tener autoridad; **to c. conviction** ser convincente; **to c. weight** tener peso

(**e**) *(involve) (fine, penalty, risk, consequences)* conllevar; **the post carries a lot of responsibility** el puesto conlleva una gran responsabilidad

(**f**) *(take, extend)* **to c. sth too far/to extremes** llevar algo demasiado lejos/ hasta los extremos; **to c. an argument to its logical conclusion** llevar un argumento hasta las últimas consecuencias

(**g**) *(capture, win)* **he carried all before him** arrolló, tuvo un éxito arrollador; *US* **Clinton carried the state** Clinton triunfó electoralmente en el estado; **his argument carried the day** su argumentación consiguió la victoria

(**h**) *(convince)* **we need to c. the party members with us** necesitamos convencer a los afiliados del partido; **her speech carried the meeting** su discurso convenció a los reunidos

(**i**) *Pol* **the bill was carried (by 30 votes)** se aprobó el proyecto de ley (por 30 votos)

(**j**) *Com (keep in stock)* tener (en almacén)

(**k**) *(compensate for)* **the team cannot afford to c. players who are not good enough** el equipo no puede permitirse tener jugadores mediocres

(**l**) *(help)* **their determination carried them to victory** su determinación los llevó a la victoria

(**m**) *Math* llevar(se); **3, c. 2** 3, (me) llevo 2

(**n**) *(sing correctly) (tune)* cantar bien

2 *vi* (**a**) *(reach destination) (of sound)* oírse; **your voice isn't carrying to the back of the room** tu voz no llega a la parte de atrás; **her voice carries well** tiene una voz potente; **the ball didn't c. to the fielder** la bola botó antes de llegar al defensor

(**b**) *Fam (carry a gun)* **he could be carrying** puede que vaya armado

▸**carry away** *vt sep* **to get carried away (by sth)** *(excited)* emocionarse (por *or* con algo); *(over-enthusiastic)* entusiasmarse (por *or* con algo); **I got a bit carried away with the garlic** se me ha ido la mano con el ajo; **I got carried away and said something I didn't mean** me exalté y dije algo que no quería decir

▸**carry forward** *vt sep Fin* pasar a nueva columna; **carried forward** suma y sigue

▸**carry off** *vt sep* (**a**) *(take away)* llevarse; **to c. off a prize** *(win)* llevarse un premio (**b**) *(do successfully)* **she carried it off (well)** salió airosa; **he carried off the role brilliantly** representó el papel brillantemente; **she carries off that short dress wonderfully** a ella sí que le queda bien ese vestido corto

▸**carry on 1** *vt sep* (**a**) *(continue) (tradition)* seguir; *(discussion)* continuar

(**b**) *(undertake) (business, trade)* dirigir, gestionar; *(correspondence, conversation)* mantener

2 *vi* (**a**) *(continue)* continuar, seguir; **c. on!** ¡sigue!, ¡adelante!; **to c. on doing sth** seguir haciendo algo; **we're trying to c. on as normal** intentamos seguir como si no hubiera pasado nada; **she just carried on regardless** siguió como si nada; **c. on with what you were doing** continúa con lo que estabas haciendo

(**b**) *Fam (behave badly)* hacer trastadas; **I don't like the way she carries on** no me gusta su forma de comportarse

(**c**) *Fam (have an affair)* tener un lío *or Méx* una movida *or RP* un asunto (**with** con)

(**d**) *Fam (argue)* **they were carrying on at each other** estaban tirándose los trastos a la cabeza

▸**carry out** *vt sep (plan, work)* llevar a cabo; *(promise, threat, order)* cumplir

▸**carry over** *vt sep* (**a**) *(postpone)* aplazar; **this match has been carried over from last week** este es el partido aplazado la semana pasada (**b**) *(retain)* **a practice carried over from the previous regime** una práctica heredada del antiguo régimen (**c**) = **carry forward**

▸**carry through** *vt sep* (**a**) *(help to succeed)* **her determination carried her through** su determinación la sostuvo (**b**) *(implement)* llevar a cabo; **they are determined to c. through the reforms** están decididos a llevar a cabo las reformas

---

carrycot [ˈkærɪkɒt] *n Br* moisés *m*, capazo *m*

carry-on [ˈkærɪˈɒn] *n Fam* bronca *f*, *Esp* follón *m*; **what a c.!** ¡menuda bronca!

carry-out [ˈkærɪˈaʊt] *n* (**a**) *US & Scot (food)* = comida preparada para llevar (**b**) *Scot (drink)* = bebidas alcohólicas que se compran para llevar (**c**) *US & Scot (restaurant)* = restaurante donde se vende comida para llevar

carsick ['kɑːsɪk] *adj* **to be c.** estar mareado(a) *(en el coche)*; **to get c.** marearse *(en el coche)*

cart[1] [kɑːt] **1** *n* (**a**) *(drawn by horse)* carro *m*, carreta *f*; IDIOM **to put the c. before the horse** empezar la casa por el tejado (**b**) *(pushed by hand)* carretilla *f* (**c**) *US (in supermarket)* carrito *m*

2 *vt Fam (carry)* cargar con

▸**cart off** *vt sep Fam* **to c. sb off** llevarse a alguien (a la fuerza)

cart[2] *n Fam (abbr* **cartridge**) *(for video game)* cartucho *m*

carte blanche ['kɑːt'blɑːnʃ] *n* **to give sb c. (to do sth)** dar a alguien carta blanca (para hacer algo)

cartel [kɑː'tel] *n Econ* cartel *m*, cártel *m*

carthorse ['kɑːthɔːs] *n* caballo *m* de tiro

Carthusian [kɑː'θjuːzɪən] *n & adj Rel* cartujo *m*

cartilage ['kɑːtɪlɪdʒ] *n* cartílago *m*

cartilaginous [kɑːtɪ'lædʒɪnəs] *adj Anat* cartilaginoso(a)

cartographer [kɑː'tɒgrəfə(r)] *n* cartógrafo(a) *m,f*

cartography [kɑː'tɒgrəfɪ] *n* cartografía *f*

carton ['kɑːtən] *n (for yoghurt, cream)* envase *m*; *(for milk)* cartón *m*, tetrabrik® *m*; **a c. of cigarettes** un cartón de cigarrillos

cartoon [kɑː'tuːn] *n (in newspaper)* chiste *m*, viñeta *f*; *(animated film)* dibujos *mpl* animados ❑ ***c. strip*** tira *f* cómica

cartoonist [kɑː'tuːnɪst] *n* humorista *mf* gráfico(a), dibujante *mf* de humor *or* de chistes

cartridge ['kɑːtrɪdʒ] *n* (**a**) *(for firearm)* cartucho *m* ❑ ***c. belt*** canana *f*, cartuchera *f* (**b**) *(refill) (of film)* cartucho *m*; *(for pen)* recambio *m* (**c**) *Art* ***c. paper*** papel *m* de dibujo (**d**) *Comptr (disk)* cartucho *m*; **ink/toner c.** cartucho de tinta/tóner

cartwheel ['kɑːtwiːl] *n* (**a**) *(wheel)* rueda *f* de carro (**b**) *(in gymnastics)* voltereta *f* lateral; **to turn cartwheels** hacer la voltereta lateral

carve [kɑːv] *vt* (**a**) *(wood, stone)* tallar, esculpir; *(name, inscription)* grabar, tallar (**b**) *(meat)* trinchar

▸**carve out** *vt sep* **to c. out a career for oneself** forjarse una carrera

▸**carve up** *vt sep* (**a**) *(meat)* trinchar; *Fig (territory)* repartir, dividir (**b**) *Fam* **to c. sb up** apuñalar *or* rajar a alguien

carvery ['kɑːvərɪ] *n Br* = restaurante que ofrece carne trinchada en el momento

carving ['kɑːvɪŋ] *n* (**a**) *Art* talla *f* (**b**) ***c. fork*** *(for meat)* tenedor *m or Andes, Méx* trinche *m* de trinchar; ***c. knife*** *(for meat)* cuchillo *m* de trinchar

caryatid [kærɪ'ætɪd] *n Archit* cariátide *f*

Casanova [kæsə'nəʊvə] *n* donjuán *m*, casanova *m*

casbah ['kæzbɑː] *n* kasba(h) *f*

cascade [kæs'keɪd] **1** *n* cascada *f*

2 *vi (of water)* caer formando una cascada

CASE[1] [keɪs] *n* (**a**) *(instance, situation) & Med* caso *m*; **that is/isn't the c.** es/no es así; **if that's the c....** si es así...; **it's a c. of not having any choice** la cuestión es que no tenemos alternativa; **a c. in point** un buen ejemplo, un caso claro; **as** *or* **whatever the c. may be** según el caso; **in c. he isn't there** por si no está allí; **bring an umbrella in c. it rains** trae un paraguas por si llueve; **in c. you were wondering, she's my sister** por si te lo estás preguntando, es mi hermana; **I'm trying to work, in c. you hadn't noticed** estoy intentando trabajar, por si no te habías dado cuenta; **in c. of emergency/accident** en caso de urgencia/accidente; **in any c.** en cualquier caso; **in my/his c.** en mi/su caso; **in no c. should you...** en ningún caso deberías...; **in that c.** en ese caso; **in this c.** en este caso; **in which c.** en cuyo caso; **just in c.** por si acaso; **we have ten detectives on the c.** tenemos diez detectives en el caso; *Fam Fig* **don't worry, I'm on the c.** no te preocupes que yo me encargo del tema; IDIOM *Fam* **he's always on my c.** siempre me está agobiando; IDIOM *Fam* **get off my c.!** ¡déjame en paz! ❑ *Med* ***c. history*** historial *m* médico, ficha *f*; ***c. study*** estudio *m* de caso (real)

(**b**) *Law* causa *f*; **the c. for the defence** la defensa; **the c. for the prosecution** la acusación; **to bring a c. for sth against sb** entablar un pleito por algo contra alguien; **we don't have a c.** no tenemos nada en lo que basar el caso; **to win/lose one's c.** ganar/perder el caso ❑ ***c. law*** jurisprudencia *f*

(**c**) *(arguments)* **the c. for/against sth** los argumentos a favor de/en contra de algo; **she argued her c. very convincingly** defendió su postura muy convincentemente; **to have a (good) c.** estar respaldado(a) por buenos argumentos; **to make (out) a c. for/against sth** exponer los argumentos a favor de/en contra de algo

(**d**) *Fam (eccentric person)* caso *m*

case[2] **1** *n* (**a**) *(container) (for spectacles)* funda *f*; *(for jewellery)* estuche *m*; **a cigarette c.** una pitillera *f*; **(packing) c.** cajón *m*; **(display** *or* **glass) c.** vitrina *f*; **a c. of wine** una caja de vino (**b**) *(suitcase)* maleta *f*, *RP* valija *f*; *(briefcase)* maletín *m*, cartera *f* (**c**) *Typ* **lower/upper c.** caja *f* baja/alta; *Comptr* **this e-mail address is c. sensitive** hay que respetar las mayúsculas y las minúsculas en esta dirección de correo electrónico (**d**) *Gram* caso *m*

2 *vt (enclose)* **the containers are cased in concrete** los contenedores están revestidos de cemento

case[3] *vt Fam* **to c. the joint** echar una ojeada al lugar *(antes de cometer un delito)*

casebook ['keɪsbʊk] *n* registro *m*

casein ['keɪsiːn] *n* caseína *f*

casement ['keɪsmənt] *n* **c. (window)** ventana *f* (batiente)

casework ['keɪswɜːk] *n* asistencia *f* social en casos individuales

cash [kæʃ] **1** *n (coins, banknotes)* (dinero *m* en) efectivo *m*; *Fam (money in general)* dinero *m*, *Am* plata *f*; **to pay (in) c.** pagar en efectivo; **c. on delivery** entrega contra reembolso; **c. in hand** al contado ❑ ***c. box*** caja *f* (para el dinero); ***c. card*** tarjeta *f (del cajero automático)*; ***c. and carry*** *(shop)* almacén *m* (de venta) al por mayor; ***c. crop*** cultivo *m* comercial; ***c. desk*** (mostrador *m* de) caja *f*; ***c. dispenser*** cajero *m* automático; *Fin* ***c. flow*** flujo *m* de caja, cash-flow *m*; ***c. machine*** cajero *m* automático; ***c. price*** precio *m* al contado; ***c. register*** caja *f* registradora

2 *vt (cheque, postal order)* hacer efectivo(a)

▸**cash in 1** *vt sep* (**a**) *(insurance policy)* hacer efectivo(a), cobrar; *(gambling chips)* cambiar; IDIOM *US Fam* **to c. in one's chips** *(die)* estirar la pata, *Esp* diñarla

2 *vi Fam* (**a**) **to c. in on** *(profit from)* aprovechar, sacar provecho de (**b**) *US (die)* estirar la pata, *Esp* diñarla

▸**cash up** *vi* hacer la caja

cashbook ['kæʃbʊk] *n* libro *m* de caja

cashew ['kæʃuː] *n* **c. (nut)** anacardo *m*

cashier[1] [kæ'ʃɪə(r)] *n* cajero(a) *m,f*

cashier[2] *vt Mil* destituir

cashless ['kæʃlɪs] *adj (transaction)* sin dinero en efectivo

cashmere ['kæʃmɪə(r)] *n* cachemir *m*; **a c. sweater** un suéter de cachemir

cashpoint ['kæʃpɔɪnt] *n Br* cajero *m* automático

casing ['keɪsɪŋ] *n Tech (of machine)* cubierta *f*, carcasa *f*; *(of tyre)* cubierta *f*; *(of wire, shaft)* revestimiento *m*; *(of sausage)* piel *f*

casino [kə'siːnəʊ] (*pl* **casinos**) *n* casino *m*

cask [kɑːsk] *n* tonel *m*, barril *m*

casket ['kɑːskɪt] *n* (**a**) *(for jewellery)* cofre *m*, arqueta *f* (**b**) *US (coffin)* ataúd *m*

Caspian ['kæspɪən] **1** *n* **the C.** el Caspio

2 *adj* caspio(a); **the C. Sea** el mar Caspio

cassava [kə'sɑːvə] *n* mandioca *f*

casserole ['kæsərəʊl] *n (cooking vessel)* cazuela *f*, cacerola *f*; *(food)* guiso *m*

cassette [kə'set] *n (audio, video)* cinta *f*, casete *f* ❑ ***c. deck*** platina *f*, pletina *f*; ***c. player*** casete *m*, magnetófono *m*; ***c. recorder*** casete *m*, magnetófono *m*; ***c. single*** cinta *f* de single, single *m* en (formato de) cinta

cassis [kæ'siːs] *n* casis *m*

cassock ['kæsək] *n* sotana *f*

cast [kɑːst] **1** *n* (**a**) *(of play, movie)* reparto *m* ❑ ***c. list*** reparto *m*

(**b**) *(reproduction)* reproducción *f*; *(mould)* molde *m*; *Fig* **c. of mind** mentalidad *f*

(**c**) *Med* **(plaster) c.** escayola *f*

(**d**) *(of fishing line)* lanzamiento *m*; *(of net)* redada *f*

(**e**) *(in eye)* bizquera *f*

2 *vt* (*pt & pp* **cast**) (**a**) *(throw) (stone)* tirar, lanzar; *(shadow)* proyectar, hacer; *(net, line)*

lanzar; **to c. one's eyes over sth** echar una ojeada a algo; **to c. doubt on sth** poner en duda algo; *Fig* **to c. a cloud over sth** ensombrecer algo; *also Fig* **to c. light on sth** arrojar luz sobre algo; **to c. one's mind back to sth** remontarse a algo; **the editor has c. his net wide** el editor ha aplicado criterios muy amplios en su selección; **to c. a spell over sb** hechizar a alguien
(**b**) **to c. its skin** *(of reptile)* mudar de piel *or* camisa
(**c**) *(vote)* **to c. one's vote** emitir el voto, votar
(**d**) *Th & Cin* **to c. a movie/play** seleccionar a los actores para una película/obra; **she was c. as** *or* **in the role of Desdemona** la eligieron para el papel de Desdémona
(**e**) *(metal, statue)* fundir
3 *vi (in fishing) (with rod)* lanzar la caña; *(with net)* lanzar la red
▸**cast about, cast around** *vi* **to c. about** *or* **around for sth** buscar algo
▸**cast aside** *vt sep (idea, prejudice)* abandonar
▸**cast away** *vt sep* **to be c. away** ser un/una náufrago(a)
▸**cast down** *vt sep* **to be c. down** estar deprimido(a) *or* abatido(a)
▸**cast off 1** *vt sep (clothes, chains, traditions)* deshacerse de
2 *vi* (**a**) *Naut* soltar amarras (**b**) *(in knitting)* rematar una vuelta
▸**cast on** *vi (in knitting)* engarzar una vuelta
▸**cast out** *vt sep Literary* expulsar
castanets [kæstə'nets] *npl* castañuelas *fpl*
castaway ['kɑːstəweɪ] *n* náufrago(a) *m,f*
caste [kɑːst] *n (social rank)* casta *f*
castellated ['kæstəleɪtɪd] *adj Archit* acastillado(a), almenado(a)
caster sugar ['kɑːstə'ʃʊgə(r)] *n* azúcar *m or f* extrafino(a), azúcar molido(a)
castigate ['kæstɪgeɪt] *vt Formal (criticize)* reprender
Castile [kæ'stiːl] *n* Castilla
Castilian [kæs'tɪlɪən] **1** *n* (**a**) *(person)* castellano(a) *m,f* (**b**) *(language)* castellano *m*
2 *adj* castellano(a); **C. Spanish** castellano *m*
casting ['kɑːstɪŋ] **1** *n Th & Cin* reparto *m*
2 *adj* **c. vote** voto *m* de calidad
cast-iron ['kɑːst'aɪən] *n* hierro *m* fundido *or* colado; **a c. pot** una olla de hierro fundido; *Fig* **c. alibi/guarantee** coartada *f*/garantía *f* irrefutable
castle ['kɑːsəl] **1** *n* (**a**) *(building)* castillo *m*; IDIOM **to build castles in the air** *or* **in Spain** construir castillos en el aire (**b**) *(in chess)* torre *f*
2 *vi (in chess)* enrocarse
cast-off ['kɑːstɒf] **1** *n (garment)* prenda *f* vieja *or* usada; *Fam (person)* persona *f* rechazada
2 *adj* **c. clothing** ropa *f* vieja *or* usada
castor ['kɑːstə(r)] *n (on furniture)* ruedecita *f*
castor oil [kɑːstə'rɔɪl] *n* aceite *m* de ricino
castrate [kæs'treɪt] *vt* castrar
castration [kæs'treɪʃən] *n* castración *f*
casual ['kæʒjʊəl] *adj* (**a**) *(relaxed, informal)* informal; **c. clothes** ropa *f* informal *or* de sport (**b**) *(unconcerned)* despreocupado(a); *(careless)* descuidado(a); *(remark, glance)* de pasada, casual; **c. sex** relaciones *fpl* sexuales ocasionales (**c**) *(employment, worker)* eventual (**d**) *(chance) (meeting)* casual; *(reader)* ocasional
casually ['kæʒjʊəlɪ] *adv (talk)* en tono informal; **she remarked quite c. that...** comentó de pasada que...; **he treated the issue rather c.** se tomó el asunto bastante a la ligera; **to dress c.** vestirse de manera informal, vestirse de sport
casualty ['kæʒjʊəltɪ] *n (in accident, earthquake)* víctima *f*; *(in war)* baja *f*; *Br* **c. (department)** urgencias *fpl*
casuistry ['kæʒjuːɪstrɪ] *n Formal* casuística *f*
CAT [kæt] *n Med (abbr* **Computerized Axial Tomography**) TAC *f* ❑ *C. scan* escáner *m* (TAC)
cat [kæt] *n* (**a**) *(animal)* gato(a) *m,f*; **the big cats** los grandes felinos ❑ *c. burglar* ladrón(ona) *m,f (que entra en las casas escalando)*; ***c.'s eye***® *(on road)* = baliza reflectante *(en la calzada)*; ***c. flap*** gatera *f*; ***c. litter*** arena *f* para gatos
(**b**) IDIOMS **a c. may look at a king** con mirar no hago daño a nadie; *Fam* **has the c. got your tongue?** ¿(se) te ha comido la lengua el gato?, *Am* ¿te comieron la lengua los ratones?; *Fam* **I don't have** *or* **stand a c. in hell's chance** no tengo la más mínima posibilidad *or Am* chance; *Fam* **who's "she"? the c.'s mother?** ¿qué es eso de "ella"? ella tiene un nombre; **to fight like c. and dog** llevarse como el perro y el gato; **look what the c.'s dragged in** mira quién amanece *or Am* anda por aquí; **you look like sth the c. brought in** ¿tú has visto la facha que llevas?; **to look like the c. that got the cream** estar más ancho(a) que largo(a); PROV **when the c.'s away, the mice will play** cuando el gato duerme bailan los ratones; **to play a c.-and-mouse game with sb** jugar al ratón y al gato con alguien; *Fam* **to be like a c. on a hot tin roof** *or* **on hot bricks** estar histérico(a); **to let the c. out of the bag** descubrir el pastel; **to set the c. among the pigeons** meter el lobo en el redil; *Fam* **there isn't enough room to swing a c.** no se puede uno ni mover; *Fam* **he thinks he's the c.'s whiskers** *or* **pyjamas** se lo tiene muy creído, se cree el no va más *or RP* el súmum, *Méx* se cree que es la única Coca-Cola en el desierto
cataclysm ['kætəklɪzəm] *n* cataclismo *m*
cataclysmic [kætə'klɪzmɪk] *adj* catastrófico(a)
catacombs ['kætəkuːmz] *npl* catacumbas *fpl*
catafalque ['kætəfælk] *n* catafalco *m*
Catalan ['kætəlæn] **1** *n* (**a**) *(person)* catalán(ana) *m,f* (**b**) *(language)* catalán *m*
2 *adj* catalán(ana)
catalepsy ['kætəlepsɪ] *n Med* catalepsia *f*
catalogue, *US* **catalog** ['kætəlɒg] **1** *n* catálogo *m*; *Fig* **a c. of complaints** una retahíla de quejas; **a c. of disasters** una serie *or* cadena de desastres
2 *vt* catalogar
Catalonia [kætə'ləʊnɪə] *n* Cataluña
catalyst ['kætəlɪst] *n also Fig* catalizador *m*
catalytic convertor [kætə'lɪtɪkkən-'vɜːtə(r)] *n Aut* catalizador *m*
catamaran [kætəmə'ræn] *n* catamarán *m*
cataplexy ['kætəpleksɪ] *n Med* cataplejía *f*, catapléjia *f*
catapult ['kætəpʌlt] **1** *n (hand-held)* tirachinas *m inv*; *(mediaeval siege weapon, on aircraft carrier)* catapulta *f*
2 *vt* catapultar; **to be catapulted into the air** salir despedido(a) por los aires; **to c. sb to stardom** lanzar *or* catapultar a alguien al estrellato
cataract ['kætərækt] *n (in river) & Med* catarata *f*
catarrh [kə'tɑː(r)] *n* catarro *m*
catastrophe [kə'tæstrəfɪ] *n* catástrofe *f*
catastrophic [kætə'strɒfɪk] *adj* catastrófico(a)
catatonic [kætə'tɒnɪk] *adj Med* catatónico(a)
catcall ['kætkɔːl] *n* silbido *m*

CATCH [kætʃ] **1** *n* (**a**) *(of ball)* parada *f (sin que la pelota toque el suelo)*; **to play c.** *(ball game)* jugar a (que no caiga) la pelota; *(chasing game)* jugar al corre-corre-que-te-pillo
(**b**) *(in fishing)* pesca *f*, captura *f*; *Fam Fig* **her new boyfriend's a real c.** su nuevo novio es un buen partido
(**c**) *(fastening) (on door, jewellery, box)* cierre *m*
(**d**) *(disadvantage)* trampa *f*; **where's the c.?** ¿dónde está la trampa?; IDIOM **a C. 22 situation** un callejón sin salida
(**e**) *(in voice)* **there was a c. in her voice** tenía la voz entrecortada
2 *vt (pt & pp* **caught** [kɔːt]) (**a**) *(ball)* atrapar, *Esp* coger; *(fish)* pescar; *(prey, mouse, thief)* atrapar, capturar; **c. (it)!** *(when throwing something)* ¡agárralo!, *Esp* ¡cógelo!; **she caught him before he hit the ground** lo agarró antes de que se cayera al suelo; **he caught her by the arm** la agarró del brazo; **we put the bucket there to c. the dripping water** pusimos el cubo ahí para que el agua de la gotera cayera dentro; **we got caught in a shower** nos agarró *or Esp* cogió un chubasco; **this photo catches the atmosphere of the match** esta fotografía refleja la atmósfera del partido; *US* **shall we c. a bite to eat?** ¿tomamos algo (de comer)?, **to c. one's breath** *(after exercise)* recobrar el aliento; *(in surprise)* quedarse sin aliento; **a sudden noise made her c. her breath** un ruido repentino hizo que se le cortara la respiración; **to c. hold of sth** agarrarse a algo; **to c. a few rays** tomar un poco el sol;

my room catches the sun a mi habitación le da el sol; **you look as if you've caught the sun** parece que te ha pegado el sol

(**b**) *(surprise, discover) Esp* pillar, *Esp* coger, *Am* encontrar; **to c. sb doing sth** *Esp* coger *or Am* encontrar a alguien haciendo algo; **we were caught without any matches** nos vimos sin fósforos *or Esp* cerillas; *Fam* **you won't c. me doing that!** ¡no haría eso ni borracho!; *Fam* **you won't c. me doing that again!** ¡no pienso volver a hacerlo!; **you won't c. my husband dancing** a mi marido no lo verás bailar ni borracho; **to c. oneself doing sth** sorprenderse haciendo algo; *Fam* **to c. sb napping** agarrar *or Esp* coger a alguien desprevenido; IDIOM **to c. sb red-handed** *or Fam* **at it** agarrar *or Esp* coger a alguien con las manos en la masa, *Esp* pillar *or Esp* coger *or Am* agarrar a alguien in fraganti; IDIOM *Fam* **to c. sb with their pants** *or Br* **trousers down** *Esp* pillar a alguien en bragas, *Am* agarrar a alguien en calzones; IDIOM **he was caught short** le entraron unas ganas repentinas de ir al baño

(**c**) *(take) (bus, train, taxi)* tomar, *Esp* coger

(**d**) *(be in time for) (bus, train)* alcanzar, llegar a; **I must leave, I've got a train to c.** me marcho, tengo que tomar *or Esp* coger un tren; **to c. the post** llegar a tiempo a la recogida del correo; **you need to c. the disease in its early stages** *(start treating)* hay que actuar contra la enfermedad en su fase inicial

(**e**) *(manage to see) (programme, movie, play)* ver, alcanzar a ver; **to c. a glimpse of sth** vislumbrar algo; **to c. sight of sth** ver algo

(**f**) *(manage to find) Esp* pillar, *Esp* coger, *Am* agarrar; **you've caught me at a bad time** me *Esp* pillas *or Am* agarras en un mal momento; **I'll c. you later!** luego te veo

(**g**) *(notice) (see)* ver; *(hear)* (alcanzar a) oír; *(smell)* percibir; **did you c. the irony in her voice?** ¿has captado el tono irónico de su voz?

(**h**) *(trap, entangle)* **I caught my dress on a nail, my dress got caught on a nail** me enganché el vestido en un clavo; **don't c. your fingers in the door** no te *Esp* pilles *or Am* agarres los dedos con la puerta; **to c. sb's attention** *or* **eye** llamar la atención de alguien; **to c. sb's imagination** capturar la imaginación de alguien

(**i**) *(become infected with)* agarrar, *Esp* coger, *Am* atrapar; **to c. a cold** agarrar *or Esp* coger un resfriado; **I caught this cold from** *or* **off you** tú me pegaste este resfriado; **you'll c. your death (of cold) out there!** ¡vas a agarrar *or Esp* coger un resfriado de muerte ahí fuera!; **he's caught the habit from his sister** se le ha pegado la costumbre de su hermana

(**j**) *(hit)* **he caught me (a blow) on the chest** me dio un golpe en el pecho; **the stone caught her on the arm** la piedra le dio en el brazo; **he caught his knee on the table** se dio con la rodilla en la mesa; *Fam* **you'll c. it!** *(get into trouble) Esp* ¡te la vas a cargar *or* ganar!, *Méx, RP* ¡la vas a ligar!

(**k**) **to c. fire** *or* **light** *(go on fire)* prenderse

3 *vi* (**a**) *(of fire)* prender

(**b**) *(in door)* quedarse pillado(a); *(on nail)* quedarse enganchado(a); **my skirt caught on a nail** se me enganchó la falda en un clavo

(**c**) *(of person)* **to c. at sth** tratar de agarrar *or Esp* coger algo

(**d**) *(of voice)* **her voice caught** su voz se entrecortó

▸**catch out** *vt sep* **to c. sb out** *(discover, trick) Esp* pillar *or Am* agarrar a alguien; **I got caught out by the weather** me sorprendió *or Esp* cogió el mal tiempo

▸**catch up 1** *vi (close gap, get closer)* **to c. up with sb** alcanzar a alguien; **we have a long way to go before we c. up with our competitors** todavía nos queda mucho para ponernos a la altura de nuestros competidores; **I'm going to c. up on some sleep** voy a recuperar algo de sueño; **we must c. up with each other some time** *(meet up)* tenemos que quedar para ponernos al día de lo que pasa por nuestras vidas; **to c. up with one's work** ponerse al día en el trabajo; **his past has caught up with him** ha salido a relucir su pasado; **the police will c. up with you eventually** la policía acabará atrapándote *or Esp* cogiéndote

2 *vt sep* (**a**) *(reach)* **to c. sb up** alcanzar a alguien (**b**) **to get caught up in sth** *(become entangled)* verse envuelto(a) *or* enredarse en algo; *Fig (become involved)* ensimismarse en algo; *Fig* **he was totally caught up in his book** estaba totalmente absorto en su libro

---

catch-all ['kætʃɔ:l] *adj Fam* **a c. term** un término muy general *or* que vale para todo

catcher ['kætʃə(r)] *n (in baseball)* cácher *m*, cátcher *m*

catching ['kætʃɪŋ] *adj (disease, habit)* contagioso(a)

catchment area ['kætʃmənt'eərɪə] *n (of school)* área *f* de cobertura

catchphrase ['kætʃfreɪz] *n* coletilla *f*, latiguillo *m*

catchword ['kætʃwɜ:d] *n* (**a**) *(catchphrase)* coletilla *f*, latiguillo *m* (**b**) *Typ* reclamo *m*

catchy ['kætʃɪ] *adj (tune, slogan)* pegadizo(a)

catechism ['kætəkɪzəm] *n* catecismo *m*

categoric(al) [kætɪ'gɒrɪk(əl)] *adj (denial, refusal)* categórico(a)

categorically [kætɪ'gɒrɪklɪ] *adv* categóricamente

categorization [kætəgəraɪ'zeɪʃən] *n* clasificación *f*

categorize ['kætəgəraɪz] *vt* clasificar (**as** como)

category ['kætɪgərɪ] *n* categoría *f* ▫ ***c. climb*** *(in cycling)* puerto *m* puntuable; ***first c. climb*** *(in cycling)* puerto *m* de primera

cater ['keɪtə(r)] **1** *vi* (**a**) *(provide food) (at weddings)* dar *or* organizar banquetes; *(for company, airline)* dar servicio de comidas *or* catering; **we c. for groups of up to 50** *(in restaurant)* servimos a grupos de hasta 50 personas; **parties catered for** *(sign in restaurant)* se organizan banquetes (**b**) **to c. for** *(needs, requirements)* tener en cuenta; **to c. for all tastes** atender a todos los gustos; **to c. to sth** *(indulge)* complacer

2 *vt US (party, event)* dar el servicio de comida y bebida de, hacer el catering de

caterer ['keɪtərə(r)] *n (company)* empresa *f* de hostelería; *(person)* hostelero(a) *m,f*

catering ['keɪtərɪŋ] *n (trade)* cátering , hostelería *f*; **to do the c.** *(at party)* dar el servicio de comida y bebida ▫ ***c. school*** escuela *f* de hostelería

caterpillar ['kætəpɪlə(r)] *n* oruga *f* ▫ ***c. track*** *(on tank, tractor)* oruga *f*

caterwaul ['kætəwɔ:l] *vi (of cat)* maullar; *(of person)* chillar

catfish ['kætfɪʃ] *n* siluro *m*

catgut ['kætgʌt] *n (for racquets, string instruments)* cuerda *f* de tripa; *(in surgery)* catgut *m*, hilo *m* de sutura

catharsis [kə'θɑ:sɪs] (*pl* **catharses** [kə'θɑ:si:z]) *n* catarsis *f inv*

cathartic [kə'θɑ:tɪk] *adj* catártico(a)

cathedral [kə'θi:drəl] *n* catedral *f* ▫ ***c. town/city*** ciudad *f* catedralicia

Catherine wheel ['kæθrɪnwi:l] *n* girándula *f*

catheter ['kæθɪtə(r)] *n Med* catéter *m*

catheterize ['kæθɪtəraɪz] *vt Med* introducir un catéter en, practicar un cateterismo a

cathode ['kæθəʊd] *n Elec* cátodo *m* ▫ **c. rays** rayos catódicos; **c. ray tube** tubo de rayos catódicos

Catholic ['kæθəlɪk] *n & adj* católico(a) *m,f*

catholic ['kæθəlɪk] *adj (wide-ranging)* ecléctico(a)

Catholicism [kə'θɒlɪsɪzəm] *n* catolicismo *m*

cation ['kætaɪən] *n Chem* catión *m*

catkin ['kætkɪn] *n (on bush, tree)* amento *m*, candelilla *f*

catnap ['kætnæp] *Fam* **1** *n* siestecilla *f*, *Am* siestita *f*

2 *vi* echarse una siestecilla *or Am* siestita, dar una cabezada

cat-o'-nine-tails [kætə'naɪnteɪlz] *n* azote *m* (de nueve cuerdas)

catsuit ['kætsu:t] *n Br* mallas *fpl*

catsup ['kætsʌp] *n US* ketchup *m*, catchup *m*

cattery ['kætərɪ] *n* residencia *f* para gatos

cattle ['kætəl] *npl* ganado *m* (vacuno) ▫ ***c. breeder*** ganadero(a) *m,f*; ***c. breeding*** cría *f* de ganado vacuno; ***c. cake*** = especie de pienso concentrado para el ganado; ***c. farmer*** ganadero(a) *m,f (de vacuno)*; ***c. grid*** paso *m* canadiense, reja *f (que impide el paso del ganado)*; ***c. market*** feria *f* de ganado; *Br Fam (nightclub)* discoteca *f* para ligar *or Esp* de ligue *or RP* para el levante; ***c. prod*** picana *f*; ***c. truck*** vagón *m* de ganado

catty ['kætɪ] *adj Fam* avieso(a), malintencionado(a)

catwalk ['kætwɔ:k] *n* pasarela *f*

Caucasian [kɔ:'keɪʒən] **1** *n (white person)* blanco(a) *m,f*

2 *adj (in ethnology)* caucásico(a)

Caucasus ['kɔ:kəsəs] *n* **the C.** el Cáucaso

caucus ['kɔ:kəs] *n* (**a**) *Br Pol* comité *m* (**b**) *US* = congreso de los dos principales partidos de Estados Unidos

caught [kɔ:t] *pt & pp of* **catch**

caul [kɔ:l] *n Anat* amnios *m*

cauldron ['kɔ:ldrən] *n* caldero *m*

cauliflower ['kɒlɪflaʊə(r)] *n* coliflor *f* ▫ ***c. cheese*** = coliflor con besamel de queso; ***c. ear*** *(swollen ear)* oreja *f* hinchada por los golpes

causal ['kɔ:zəl] *adj* causal; **a c. link (between)** una relación causa-efecto *or* de causalidad (entre)

causality [kɔ:'zælɪtɪ] *n Formal* causalidad *f*

causation [kɔ:'zeɪʃən] *n Formal* causalidad *f*

causative ['kɔ:zətɪv] **1** *n Gram (verb)* verbo *m* factitivo *or* causativo

2 *adj* (**a**) *Formal* causante (**b**) *Gram (verb)* factitivo(a), causativo(a)

cause [kɔ:z] **1** *n* (**a**) *(origin)* causa *f*; **c. and effect** causa y efecto

(**b**) *(reason)* motivo *m*, razón *f*; **his condition is giving c. for concern** su estado es preocupante; **to have good c. for doing sth** tener un buen motivo para hacer algo; **I have no c. for complaint** no tengo motivo de queja *or* motivos para quejarme; **there's no c. to be concerned** no hay por qué preocuparse

(**c**) *(purpose, mission)* causa *f*; **it's a lost c.** es una causa perdida; **it's all in a good c.** es por una buena causa; **to make common c.** hacer causa común

(**d**) **c. célèbre** *(legal case)* caso *m* célebre

2 *vt* causar; **I didn't mean to c. offence** no pretendía ofender a nadie; **he was accused of deliberately causing a fire** lo acusaron de provocar deliberadamente un incendio; **to c. trouble** crear problemas; **to c. sb to do sth** hacer que alguien haga algo

causeway ['kɔ:zweɪ] *n* paso *m* elevado *(sobre agua)*

caustic ['kɔ:stɪk] *adj Chem & Fig* cáustico(a) ▫ ***c. soda*** sosa *f* cáustica

cauterize ['kɔ:təraɪz] *vt Med* cauterizar

caution ['kɔ:ʃən] **1** *n* (**a**) *(prudence)* precaución *f*, cautela *f*; **to exercise c.** actuar con precaución; **to throw c. to the wind(s)** olvidarse de la prudencia (**b**) *(warning)* advertencia *f*; **to be given a c.** *Law* recibir una advertencia; *Sport* ser amonestado(a)

2 *vt* (**a**) *(warn)* advertir; **to c. sb against sth** prevenir a alguien contra algo (**b**) *Law (on arrest)* leer los derechos a; *(instead of prosecuting)* amonestar (**for** por) (**c**) *Sport* amonestar (**for** por)

cautionary ['kɔ:ʃənrɪ] *adj* **a c. tale** un cuento ejemplar

cautious ['kɔ:ʃəs] *adj* cauto(a), prudente

cautiously ['kɔ:ʃəslɪ] *adv* cautelosamente, con prudencia

cautiousness ['kɔ:ʃəsnɪs] *n* cautela *f*, prudencia *f*

cavalcade [kævəl'keɪd] *n* cabalgata *f*

cavalier [kævə'lɪə(r)] *adj* demasiado despreocupado(a); **to be c. about sth** tomarse algo a la ligera

cavalry ['kævəlrɪ] *n* caballería *f*

cave [keɪv] *n* cueva *f*, caverna *f* ▫ ***c. dweller*** cavernícola *mf*; ***c. painting*** pintura *f* rupestre

▸**cave in** *vi (of ground, structure)* hundirse, ceder; *Fig (stop resisting)* rendirse, darse por vencido(a)

caveat ['kævɪæt] *n* (**a**) *Law* = demanda de notificación previa ante un tribunal (**b**) *Formal (warning)* salvedad *f*, reserva *f*; **with the c. that...** con la salvedad de que...

caveman ['keɪvmæn] *n* cavernícola *mf*

cavern ['kævən] *n* caverna *f*

cavernous ['kævənəs] *adj (room, pit)* cavernoso(a)

caviar(e) ['kævɪɑ:(r)] *n* caviar *m*

cavil ['kævɪl] (*pt & pp* **cavilled**, *US* **caviled**) *vi Literary* poner reparos (**at** a)

caving ['keɪvɪŋ] *n* espeleología *f*; **to go c.** hacer espeleología

cavity ['kævɪtɪ] *n (hole)* cavidad *f*; *(of tooth)* caries *f inv* ▫ ***c. wall insulation*** aislamiento *m* de doble pared

cavort [kə'vɔ:t] *vi* retozar, brincar

caw [kɔ:] **1** *n (of bird)* graznido *m*

2 *vi* graznar

cayenne [keɪ'en] *n* **c. (pepper)** cayena *f*

cayman ['keɪmən] *n* caimán *m*

Cayman Islands ['keɪmənaɪləndz] *n* **the C.** las Islas Caimán

CB [si:'bi:] *n* (*abbr* **Citizen's Band**) banda *f* ciudadana *or* de radioaficionados

CBE [si:bi:'i:] *n* (*abbr* **Commander of the Order of the British Empire**) = condecoración británica al mérito civil

CBI [si:bi:'aɪ] *n* (*abbr* **Confederation of British Industry**) = organización empresarial británica, ≃ *Esp* CEOE *f*

CBS [si:bi:'es] *n* (*abbr* **Columbia Broadcasting System**) CBS *f*

cc [si:'si:] *n* (**a**) (*abbr* **cubic centimetre(s)**) c.c. (**b**) (*abbr* **copies to**) cc, copias a

CCTV [si:si:ti:'vi:] *n* (*abbr* **closed-circuit television**) circuito *m* cerrado de televisión

CD [si:'di:] *n* (**a**) (*abbr* **compact disc**) CD *m*, (disco *m*) compacto *m* ▫ ***CD player*** (lector *m or* reproductor *m* de) CD *m* (**b**) (*abbr* **Corps Diplomatique**) CD

CDI [si:di:'aɪ] *n Comptr* (*abbr* **compact disc interactive**) CDI *m*

Cdr *Mil* (*abbr* **Commander**) Comandante *m*

Cdre *Naut* (*abbr* **Commodore**) Comodoro *m*

CD-ROM [si:di:'rɒm] *n Comptr* (*abbr* **compact disc-read only memory**) CD-ROM *m* ▫ ***C. burner*** estampadora *f* de CD-ROM; ***C. drive*** unidad *f* de CD-ROM; ***C. reader*** lector *m* de CD-ROM; ***C. writer*** estampadora *f* de CD-ROM

CDT [si:di:'ti:] *n Br* (*abbr* **craft, design and technology**) = asignatura escolar que incluye el trabajo del metal, de la madera y dibujo técnico

CDW [si:di:'dʌbəlju:] (*abbr* **collision damage waiver**) CDW *m*, cobertura *f* parcial de daños por colisión

cease [si:s] **1** *vt* abandonar, suspender; **c. fire!** ¡alto el fuego!

2 *vi* cesar; **to c. doing** *or* **to do sth** dejar de hacer algo; **it never ceases to amaze me (that...)** no deja de sorprenderme (que...)

cease-fire ['si:sfaɪə(r)] *n* alto *m* el fuego, tregua *f*

ceaseless ['si:slɪs] *adj* incesante

ceaselessly ['si:slɪslɪ] *adv* incesantemente, sin parar

cecum *US* = **caecum**

cedar ['si:də(r)] *n (tree, wood)* cedro *m*

cede [si:d] *vt Law (territory, property)* ceder

Ceefax ['si:fæks] *n* = teletexto de la BBC

ceilidh ['keɪlɪ] *n* = en Escocia e Irlanda, fiesta en la que se bailan danzas tradicionales

ceiling ['si:lɪŋ] *n (of room)* techo *m*; *Fig (limit)* techo *m*, tope *m*; **to reach a c.** tocar techo ▫ ***c. price*** precio *m* máximo autorizado; ***c. rose*** rosetón *m* (de techo)

celandine ['seləndaɪn] *n Bot* celidonia *f*

celeb [sə'leb] *n Fam* famoso(a) *m,f*

celebrant ['selɪbrənt] *n Rel* celebrante *mf*

celebrate ['selɪbreɪt] **1** *vt* celebrar; **to c. mass** decir misa

2 *vi* **let's c.!** ¡vamos a celebrarlo!

celebrated ['selɪbreɪtɪd] *adj* célebre

celebration [selɪ'breɪʃən] *n* celebración *f*; **celebrations** *(of anniversary, victory)* actos *mpl* conmemorativos; **in c.** en celebración; **this calls for a c.!** ¡esto hay que celebrarlo!

celebrity [sɪ'lebrɪtɪ] *n* (**a**) *(person)* celebridad *f* (**b**) *(fame)* celebridad *f*, fama *f*

celeriac [sə'leərɪæk] *n* apio *m* nabo

celery ['selərɪ] *n* apio *m*

celestial [sɪ'lestɪəl] *adj Astron* celeste; *Literary* celestial ▫ ***c. body*** cuerpo *m* celeste

celiac *US* = **coeliac**

celibacy ['selɪbəsɪ] *n* celibato *m*

celibate ['selɪbət] *adj* célibe

cell [sel] *n* (**a**) *(in prison, monastery)* celda *f* (**b**) *Elec* pila *f* (**c**) *Biol* célula *f* ▫ ***c. wall*** pared *f* celular (**d**) *(underground group)* célula *f* (**e**) *Comptr (in spreadsheet)* celda *f*

cellar ['selə(r)] *n (basement)* sótano *m*; *(for wine)* bodega *f*

cellist ['tʃelɪst] *n* violonchelista *mf*

cello ['tʃeləʊ] (*pl* **cellos**) *n* violonchelo *m*

Cellophane® ['seləfeɪn] *n Br* celofán *m*

cellphone ['selfəʊn] *n* teléfono *m* celular

cellular ['seljʊlə(r)] *adj* celular ▫ ***c. phone*** teléfono *m* celular

cellulite ['seljʊlaɪt] *n* celulitis *f inv*

celluloid® ['seljʊlɔɪd] *n* celuloide *m*; **the true story: now on c.** la historia real, ahora en la pantalla grande

cellulose ['seljʊləʊs] *n* celulosa *f*

Celsius ['selsɪəs] *adj* centígrado(a); **10 degrees C.** 10 grados centígrados ▫ ***C. scale*** escala *f* centígrada

Celt [kelt] *n* celta *mf*

Celtic ['keltɪk] *adj* celta, céltico(a)

cement [sɪ'ment] **1** *n* cemento *m* ▫ ***c. mixer*** hormigonera *f*

2 *vt (glue together)* encolar, pegar; *(cover with cement)* cubrir de cemento; *Fig (friendship)* consolidar

cemetery ['semətrɪ] *n* cementerio *m*

cenotaph ['senətɑ:f] *n* cenotafio *m*

Cenozoic [si:nəʊ'zəʊɪk] *Geol* **1** *n* **the C.** el cenozoico

2 *adj (era)* cenozoico(a)

censer ['sensə(r)] *n (in church)* incensario *m*

censor ['sensə(r)] **1** *n* censor(ora) *m,f*

2 *vt* censurar

censorious [sen'sɔ:rɪəs] *adj (person)* censurador(ora); *(look)* reprobatorio(a); **to be c. of** censurar

censorship ['sensəʃɪp] *n* censura *f*

censure ['senʃə(r)] **1** *n* censura *f*, crítica *f*; *Pol* **vote of c.** moción *f* de censura

2 *vt* censurar, criticar

census ['sensəs] *n* censo *m*; **to take a c. of** censar

cent [sent] *n* centavo *m*; *US Fam* **I haven't got a c.** no tengo ni un centavo *or Esp* duro *or Méx* peso

centaur ['sentɔ:(r)] *n* centauro *m*

centenarian [sentɪ'neərɪən] *n* centenario(a) *m,f*

centenary [sen'ti:nərɪ], *US* **centennial** [sen'tenɪəl] **1** *n* centenario *m*

2 *adj* centenario(a)

center *US* = **centre**

centigrade ['sentɪgreɪd] *adj* centígrado(a); **10 degrees c.** 10 grados centígrados

centigram(me) ['sentɪgræm] *n* centigramo *m*

centilitre, *US* **centiliter** ['sentɪli:tə(r)] *n* centilitro *m*

centimetre, *US* **centimeter** ['sentɪmi:tə(r)] *n* centímetro *m*

centipede ['sentɪpi:d] *n* ciempiés *m inv*

central ['sentrəl] *adj* central; *(in convenient location)* céntrico(a); *(in importance)* central, primordial; **it is c. to our plans** es el eje sobre el que giran nuestros planes; **c. Miami** el centro de Miami; **our hotel is quite c.** nuestro hotel es bastante céntrico ▫ ***the C. African Republic*** la República Centroafricana; ***C. America*** Centroamérica, América Central; ***C. American*** centroamericano(a); ***c. bank*** banco *m* central; ***c. character*** *(in book, movie)* personaje *m* central, protagonista *mf*; *Sport* ***c. defender*** defensa *mf* central, central *mf*; ***C. Europe*** Europa Central; ***C. European*** centroeuropeo(a); ***c. government*** gobierno *m* central; ***c. heating*** calefacción *f* central; *Aut* ***c. locking*** cierre *m* centralizado; ***c. nervous system*** sistema *m* nervioso central; *Comptr* ***c. processing unit*** unidad *f* central de proceso; *Br* ***c. reservation*** *(on motorway)* mediana *f*; *US* ***C. Standard Time*** hora *f* oficial del meridiano 90°

centralization [sentrəlaɪ'zeɪʃən] *n* centralización *f*

centralize ['sentrəlaɪz] *vt* centralizar

centrally ['sentrəlɪ] *adv* **c. controlled** de control *or Am* monitoreo centralizado; **c. funded** de financiación *or Am* financiamiento central; **the house is c. heated** la casa tiene calefacción central

centre, *US* **center** ['sentə(r)] **1** *n* (**a**) *(in general)* centro *m*; **in the c.** en el centro; *Pol* **left of c.** de izquierdas; *Pol* **right of c.** de derechas; **c. of attraction** foco *m or* centro *m* de atracción; **c. of gravity** centro de gravedad ▫ ***c. spread*** *(in magazine)* póster *m* central

(**b**) *(in basketball)* pívot *mf*; *(in American football)* central *mf*; **(inside/outside) c.** *(in rugby)* centro *mf* (izquierdo/derecho) ▫ ***c. back*** *(in soccer)* defensa *mf* central, central *mf*; ***c. circle*** círculo *m* central; ***c. field*** *(in baseball)* jardín *m* central, campo *m* exterior central; ***c. forward*** *(in soccer)* delantero *m* centro; ***c. half*** *(in soccer)* medio *mf* centro

2 *vt* (**a**) *(focus) (attack, bombing)* centrar *or* concentrar (**on** sobre); *(attention, interest)* centrar *or* concentrar (**on** en)

(**b**) *Typ* centrar

(**c**) *(ball)* centrar

▸**centre on** *vt insep (concentrate)* centrarse en

centreboard ['sentəbɔ:d] *n Naut* orza *f* de la quilla

centrefold ['sentəfəʊld] *n (in magazine)* póster *m* central

centrepiece ['sentəpi:s] *n (on table)* centro *m* de mesa: *(main element)* núcleo *m*, eje *m*

centrifugal [sentrɪ'fju:gəl] *adj Phys* centrífugo(a) ▫ ***c. force*** fuerza *f* centrífuga

centrifuge ['sentrɪfju:dʒ] *n (for separating liquids)* centrifugadora *f*, separador *m* centrífugo

centripetal [sen'trɪpɪtəl] *adj Phys* centrípeto(a) ▫ ***c. force*** fuerza *f* centrípeta

centrist ['sentrɪst] *n* centrista *mf*

centurion [sen'tʃʊərɪən] *n Hist* centurión *m*

century ['sentʃərɪ] *n* (**a**) *(a hundred years)* siglo *m*; **the 2nd c.** *(written)* el siglo II; *(spoken)* el siglo dos *or* segundo (**b**) *(in cricket)* = cien (o más de cien) carreras

CEO [si:i:'əʊ] *n Com (abbr* **chief executive officer**) director(ora) *m,f* gerente, consejero(a) *m,f* delegado(a)

cephalic [sə'fælɪk] *adj Anat* cefálico(a)

ceramic [sə'ræmɪk] **1** *n* cerámica *f*

2 *adj* de cerámica

ceramics [sə'ræmɪks] *n (art)* cerámica *f*

cereal ['sɪərɪəl] *n* cereal *m*; **(breakfast) c.** cereales *mpl* (de desayuno)

cerebellum [serɪ'beləm] *n Anat* cerebelo *m*

cerebral ['serɪbrəl] *adj (intellectual) & Anat* cerebral ▫ *Anat* ***c. cortex*** córtex *m inv or* corteza *f* cerebral; *Anat* ***c. hemisphere*** hemisferio *m* cerebral; *Med* ***c. palsy*** parálisis *f inv* cerebral

cerebrospinal [serəbrəʊ'spaɪnəl] *adj Anat (fluid)* cefalorraquídeo(a)

cerebrum ['serɪbrəm] *n Anat* cerebro *m*

ceremonial [serɪ'məʊnɪəl] **1** *n* ceremonial *m*; **ceremonials** ceremoniales *mpl*

2 *adj* ceremonial

ceremonious [serɪ'məʊnɪəs] *adj* ceremonioso(a)

ceremony ['serɪmənɪ] *n* ceremonia *f*; **the marriage c.** la ceremonia nupcial; **with/without c.** con/sin ceremonia; *Fig* **he was sacked without c.** lo despidieron sin ningún miramiento; **there's no need to stand on c.** no hace falta cumplir con formalidades

cerise [sə'ri:z] **1** *n* color *m* cereza

2 *adj* de color cereza

cert [sɜ:t] *n Fam* **it's a (dead) c. to win** no cabe ninguna duda de que ganará

certain ['sɜ:tən] **1** *adj* (**a**) *(sure)* seguro(a); **defeat seemed c.** la derrota parecía inevitable; **to be c. about sth** estar seguro(a) de algo; **she was quite c. about the identity of the killer** no tenía la menor duda acerca de la identidad del asesino; **to be c. of sth** estar seguro(a) de algo; **to be c. of doing sth** ir a hacer algo seguro; **she's c. of finishing in the top three** seguro que queda entre las tres primeras; **it now seems c. she is guilty** ahora parece claro *or* seguro que es culpable; **he is c. to come** vendrá con toda seguridad; **his promotion is c. to cause a scandal** su ascenso provocará sin lugar a dudas un escándalo; **to make c. of sth** asegurarse de algo; **one thing at least is c.,...** por lo menos una cosa es segura *or* está clara,...; **for c.** con certeza

(**b**) *(particular)* cierto(a), determinado(a); **for c. reasons** por ciertos motivos; **a c. person** cierta persona; **a c. Richard Sanders** un tal Richard Sanders; **I suppose he has a c. charm** supongo que tiene un cierto encanto *or* un no sé qué

2 *pron Formal* **c. of us/them** algunos de nosotros/ellos

certainly ['sɜ:tənlɪ] *adv* (**a**) *(definitely)* por supuesto; **c. not!** ¡ni hablar!; **she's c. very clever, but...** sin duda es muy lista, pero... (**b**) *(for emphasis)* desde luego; **that was c. some goal!** ¡menudo golazo!; **I c. won't be recommending that movie!** ¡no pienso recomendar esa película ni en broma!

certainty ['sɜ:təntɪ] *n* certeza *f*, certidumbre *f*; **she said it with some c.** lo dijo con certidumbre; **there is no c. that we will win** no es seguro que ganemos; **to know sth for a c.** saber algo a ciencia cierta; **it's a c. that they will win** es seguro *or* cosa segura que ganarán, van a ganar seguro

certifiable ['sɜ:tɪfaɪəbəl] *adj (mad)* **to be c.** estar como para que lo/la encierren

certificate [sə'tɪfɪkət] *n* certificado *m*; *(in education)* título *m*; **marriage/death c.** certificado *or* partida *f* de matrimonio/defunción

certification [sɜːtɪfɪ'keɪʃən] *n* certificación *f*

certified ['sɜːtɪfaɪd] *adj (qualified)* diplomado(a)

certify ['sɜːtɪfaɪ] *vt* (**a**) *(confirm)* certificar; **to c. that sth is true** dar fe de que algo es verdad; **this is to c. that...** por la presente certifico que... (**b**) *(declare)* **to c. sb insane** declarar demente a alguien

certitude ['sɜːtɪtjuːd] *n* certidumbre *f*

cervical ['sɜːvɪkəl] *adj Anat* cervical ▫ ***c. cancer*** cáncer *m* cervical; ***c. smear*** frotis *m inv* cervical, citología *f* (cervical)

cervix ['sɜːvɪks] (*pl* **cervices** ['sɜːvɪsiːz]) *n Anat* cuello *m* del útero

Cesarean *US* = **Caesarean**

cessation [se'seɪʃən] *n Formal* cese *m*

cesspit ['sespɪt], **cesspool** ['sespuːl] *n* pozo *m* negro; *Fig* sentina *f*, cloaca *f*

cesura *US* = **caesura**

CET [siːiː'tiː] *n* (*abbr* **Central European Time**) = hora de Europa central

cetacean [sɪ'teɪʃən] *Zool* **1** *n* cetáceo *m*
2 *adj* cetáceo(a)

cetane ['siːteɪn] *n Chem* cetano *m*

Ceylon [sɪ'lɒn] *n Formerly* Ceilán

cf [siː'ef] (*abbr* **confer, compare**) cf., cfr., compárese

CFC [siːef'siː] *n Chem* (*abbr* **chlorofluorocarbon**) CFC *m*

CGA [siːdʒiː'eɪ] *n Comptr* (*abbr* **colour graphics adaptor**) CGA

CGI [siːdʒiː'aɪ] *n Comptr* (**a**) (*abbr* **common gateway interface**) interfaz *f* común de pasarela (**b**) (*abbr* **computer-generated images**) imágenes *fpl* generadas por *Esp* ordenador *or Am* computadora

Chad [tʃæd] *n* Chad

chafe [tʃeɪf] **1** *vt (rub)* rozar, hacer rozadura en
2 *vi (rub)* rozar, hacer rozadura; *Fig* **to c. at** *or* **against sth** *(resent)* sentirse irritado(a) por algo

chaff [tʃæf] **1** *n* granzas *fpl*, barcia *f*; IDIOM **to separate the wheat from the c.** separar el grano de la paja
2 *vt (tease)* tomar el pelo a

chaffinch ['tʃæfɪntʃ] *n* pinzón *m*

chagrin ['ʃægrɪn] *n* disgusto *m*, desazón *f*; **much to my/her c.** muy a mi/su pesar

chain [tʃeɪn] **1** *n* cadena *f*; **in chains** encadenado(a); **c. of mountains** cadena *f* montañosa, cordillera *f*; *Fig* **a c. of events** una concatenación de sucesos; **to pull the c.** *(in toilet)* tirar de la cadena ▫ ***c. gang*** cadena *f* de presidiarios; ***c. letter*** = carta en la que se pide al destinatario que envíe copias de la misma a otras personas; ***c. mail*** cota *f* de malla; ***c. of office*** *(of mayor)* collar *m* de mando; ***c. reaction*** reacción *f* en cadena; ***c. store*** tienda *f (perteneciente a una cadena)*
2 *vt* encadenar; **to c. sth/sb to sth** encadenar algo/a alguien a algo
▸**chain up** *vt sep* encadenar

chainsaw ['tʃeɪnsɔːl] *n* motosierra *f*, sierra *f* mecánica

chain-smoke ['tʃeɪnsməʊk] *vi* fumar un cigarrillo tras otro

chair [tʃeə(r)] **1** *n* (**a**) *(seat)* silla *f*; *(armchair)* sillón *m*; *US Fam* **the c.** la silla eléctrica (**b**) *(chairperson)* presidente(a) *m,f*; **to be in the c.** ocupar la presidencia (**c**) *Univ (of professor)* cátedra *f*
2 *vt (meeting)* presidir

chairlift ['tʃeəlɪft] *n* telesilla *m*

chairman ['tʃeəmən] *n* presidente *m*

chairmanship ['tʃeəmənʃɪp] *n* presidencia *f*

chairperson ['tʃeəpɜːsən] *n* presidente(a) *m,f*

chairwoman ['tʃeəwʊmən] *n* presidenta *f*

chaise longue [ʃeɪz'lɒŋ] (*pl* **chaises longues** [ʃeɪz'lɒŋ]) *n* chaise longue *f*

chalet ['ʃæleɪ] *n (in mountains)* chalé *m*; *(in holiday camp)* cabaña *f*

chalice ['tʃælɪs] *n Rel* cáliz *m*

chalk [tʃɔːk] **1** *n (mineral)* creta *f*; *(for blackboard)* tiza *f*, *Méx* gis *m*; IDIOM *Br* **they are as different as c. and cheese** no se parecen para nada *or* ni en el blanco de los ojos; IDIOM *Br Fam* **not by a long c.** ni de lejos
2 *vt* (**a**) *(mark)* trazar *or* marcar con tiza; *(write)* escribir con tiza (**b**) *(cue)* dar tiza a
▸**chalk up** *vt sep* (**a**) *(victory)* apuntarse (**b**) *(charge)* **to c. sth up to sb** apuntarle algo en la cuenta a alguien

chalkboard ['tʃɔːkbɔːd] *n US* pizarra *f*, encerado *m*, *Am* pizarrón *m*

chalky ['tʃɔːkɪ] *adj (soil)* calizo(a); *(substance)* terroso(a); *(hands, face)* lleno(a) de tiza

challenge ['tʃælɪndʒ] **1** *n* (**a**) *(exacting task, to duel)* desafío *m*, reto *m*; *(competition)* competición *f*, *Am* competencia *f*; **to issue/accept a c.** lanzar/aceptar un desafío; **to enjoy a c.** disfrutar con las tareas difíciles; **the job presents a real c.** el trabajo constituye un auténtico reto; **to rise to the c.** crecerse ante la adversidad; **leadership c.** asalto *m* al liderato *or* a la presidencia (**b**) *Mil* (orden *f* de) alto *m*
2 *vt* (**a**) *(to a contest, fight)* desafiar, retar; **to c. sb to do sth** desafiar *or* retar a alguien a hacer algo; **you need a job that will c. you** necesitas un trabajo que represente un reto para ti (**b**) *(statement, authority)* cuestionar, poner en duda; **she challenged his right to decide** puso en duda que él tuviera derecho a decidir (**c**) *Mil* dar el alto a

challenged ['tʃælɪndʒd] *adj* **physically c.** discapacitado(a) físico(a); *Hum* **to be vertically c.** ser muy bajito(a) *or* un retaco

challenger ['tʃælɪndʒə(r)] *n* aspirante *mf*

challenging ['tʃælɪndʒɪŋ] *adj (job)* estimulante

chamber ['tʃeɪmbə(r)] *n* (**a**) *(hall)* sala *f*; *Pol* **Lower/Upper C.** cámara *f* alta/baja ▫ ***C. of Commerce*** cámara *f* de comercio; ***c. music*** música *f* de cámara; ***c. pot*** orinal *m* (**b**) *(of heart)* cavidad *f* (cardíaca); *(of revolver)* recámara *f* (**c**) *Law* **chambers** *(of barrister, judge)* despacho *m* (**d**) *Old-fashioned (room)* aposento *m*

chamberlain ['tʃeɪmbəlɪn] *n* chambelán *m*

chambermaid ['tʃeɪmbəmeɪd] *n* camarera *f* (de hotel)

chamberperson ['tʃeɪmbəpɜːsən] *n (woman)* camarera *f* (de hotel); *(man)* camarero *m* de hotel

chameleon [kə'miːlɪən] *n* camaleón *m*

chamfer ['tʃæmfə(r)] **1** *n* bisel *m*
2 *vt* biselar

chamois *n* (**a**) ['ʃæmwɑː] *(deer)* rebeco *m*, gamuza *f* (**b**) ['ʃæmɪ] **c. (leather)** *(material)* ante *m*; *(cloth)* gamuza *f*

champ[1] [tʃæmp] *n Fam* campeón(ona) *m,f*

champ[2] *vi* IDIOM **to c. at the bit** hervir de impaciencia

champagne [ʃæm'peɪn] *n* champán *m* ▫ ***c. bottle*** botella *f* de champán; ***c. glass*** copa *f* de champán

champers ['ʃæmpəz] *n Fam* champán *m*

champion ['tʃæmpɪən] **1** *n* (**a**) *(in sport)* campeón(ona) *m,f*; **world/European c.** campeón(ona) mundial/de Europa ▫ ***the Champions League*** *(in soccer)* la Liga de Campeones (**b**) *(of cause)* abanderado(a) *m,f*, defensor(ora) *m,f*
2 *vt* defender, abanderar

championship ['tʃæmpɪənʃɪp] *n* campeonato *m*

chance [tʃɑːns] **1** *n* (**a**) *(luck)* casualidad *f*, suerte *f*; **by c.** por casualidad; **have you got a lighter by any c.?** ¿no tendrás por casualidad un encendedor?; **to leave nothing to c.** no dejar nada a la improvisación; *Fam* **chances are...** lo más seguro es que...; *Fam* **c. would be a fine thing!** ¡qué más quisiera yo!; **it was a c. in a million** *(flukish)* había una posibilidad entre un millón
(**b**) *(opportunity)* oportunidad *f*, *Am* chance *f*; **to give sb a c.** darle una oportunidad a alguien; **now's your c.!** ¡ésta es la tuya!, ¡ésta es tu oportunidad!; **it's your last c.** es tu última oportunidad; **when I get the c.** en cuanto tenga ocasión *or* oportunidad; *Fam* **to have an eye to the main c.** estar a la que salta; **given half a c.** a la mínima (oportunidad), como te descuides; **given the c., he could prove to be an excellent player** si le dieran la oportunidad, podría demostrar que es un excelente jugador; **to be in with a c.** tener posibilidades; **it's the c. of a lifetime** es una oportunidad única en la vida, es una oportunidad de oro
(**c**) *(likelihood)* posibilidad *f* (**of** de); **to have** *or* **stand a c.** tener posibilidades; **there's no c. of that happening** es imposible que suceda; *Fam* **no c.!** *Esp* ¡qué va!, *Am* ¡para nada!, *Méx* ¡ni modo!; **it's a c. in a million** *(unlikely)* es altamente improbable, hay muy pocas posibilidades

(**d**) *(risk)* riesgo *m*; **to take a c.** correr el riesgo; **it's a c. we'll have to take** es un riesgo que habrá que correr; **I'm taking no chances** no pienso correr riesgos
2 *adj* **a c. discovery/meeting** un descubrimiento/encuentro casual
3 *vt* **to c. doing sth** arriesgarse a hacer algo; *Fam* **to c. it, to c. one's arm** arriesgarse, jugársela
4 *vi (happen)* **to c. to do sth** hacer algo por casualidad

▸**chance on, chance upon** *vt insep* encontrar por casualidad

chancel ['tʃɑ:nsəl] *n* presbiterio *m*

chancellor ['tʃɑ:nsələ(r)] *n* (**a**) *(of university) Br* rector(ora) *m,f* honorario(a); *US* rector(ora) *m,f* (**b**) *(in Austria, Germany)* canciller *m* (**c**) *Br Pol* **C. (of the Exchequer)** ≃ ministro(a) *m,f* de Hacienda

chancer ['tʃɑ:nsə(r)] *n Br Fam Pej* oportunista *mf*

chancery ['tʃɑ:nsərı] *n* (**a**) *Br Law* **C. Division** = en la sección de lo civil del tribunal supremo, división que trata casos de derecho hipotecario, derecho de sociedades, fideicomisos y patentes (**b**) *US Law* = tribunal que trata casos fuera del ámbito del derecho consuetudinario (**c**) *Br (in embassy)* cancillería *f*

chancy ['tʃɑ:nsı] *adj Fam (risky)* arriesgado(a)

chandelier [ʃændə'lıə(r)] *n* araña *f (lámpara)*

chandler ['tʃɑ:ndlə(r)] *n Naut* abastecedor(ora) *m,f* de buques

CHANGE [tʃeındʒ] **1** *n* (**a**) *(alteration)* cambio *m* (**in/to** en/a); **we live in a time of great c.** vivimos en una época de grandes cambios; **a c. for the better/worse** un cambio a mejor/peor; **there has been no c. in the situation** la situación no ha cambiado; **a c. in the weather** un cambio de tiempo; **a c. of address** un cambio de domicilio; **a c. of clothes** una muda; *Fig* **a c. of direction** un giro; **to have a c. of heart** cambiar de parecer; **a c. of scene** un cambio de aires; **for a c.** para variar; **to make changes to sth** hacer cambios en algo, cambiar algo; **that makes a c.** es toda una novedad; **this rice is a welcome c. from pasta** qué alegría tomar arroz por una vez en lugar de pasta; **the c. (of life)** *(menopause)* la menopausia; PROV **a c. is as good as a rest** un cambio de actividad es casi tan bueno como un descanso
(**b**) *(money)* cambio *m*, vueltas *fpl*, *Am* vuelto *m*, *Am* sencillo *m*, *Carib* devuelta *f*; **small** *or* **loose c.** (dinero *m*) suelto *m*; **have you got c. for a $10 bill?** ¿tienes cambio *or Am* vuelto de 10 dólares?; **I have a dollar in c.** tengo un dólar en monedas; **keep the c.** quédese con el cambio *or Am* vuelto; **you've given me the wrong c.** me ha dado el cambio *or Am* vuelto equivocado; **you won't get much c. out of £300** te costará por lo menos 300 libras; *Fam Fig* **don't bother asking him, you won't get any c. out of him** ni te molestes en pedírselo, con ése no cuentes
2 *vt* (**a**) *(alter, transform)* cambiar; **to c. sth into sth** transformar algo en algo; **I'm a changed man** he cambiado completamente; **let's c. the living room around** cambiemos las cosas de sitio en el salón; **I'm going to c. my image** voy a cambiar mi imagen; **to c. colour** cambiar de color; *Br Aut* **to c. gear** cambiar de marcha; **to c. one's mind/the subject** cambiar de opinión/de tema; **to c. one's name** cambiarse de nombre; *Fig* **to c. tack** *(try different approach)* cambiar de táctica; IDIOM **you've certainly changed your tune!** ¡vaya, parece que has cambiado de opinión!; *Fig* **to c. one's ways** cambiar de comportamiento
(**b**) *(exchange)* cambiar (**for** por); **to c. one thing for another** cambiar una cosa por otra; **to c. a light bulb** cambiar una bombilla *or CAm, Méx, RP* un foco; *Sport* **to c. ends** cambiar de lado; **to c. hands** *(of money, car)* cambiar de manos; **I've decided to c. jobs** he decidido cambiar de trabajo; **to c. places with sb** *(in room)* cambiar el sitio con alguien; *(in job)* ponerse en el lugar de alguien; IDIOM **I wouldn't like to c. places with him** no me gustaría estar en su lugar; **to c. sides** cambiar de lado; **to c. trains** hacer transbordo
(**c**) *(with clothing, linen)* **to get changed** cambiarse (de ropa); **to c. one's shirt** cambiarse de camisa; **to c. the bedsheets** cambiar las sábanas; **to c. a** *Br* **nappy** *or US* **diaper** cambiar los pañales; **to c. the baby** cambiar al bebé *or Andes, RP* a la guagua *or RP* al nene
(**d**) *(money)* cambiar; **could you c. a $20 bill for two tens?** ¿me podrías cambiar un billete de 20 dólares en dos de diez?; **to c. dollars into francs** cambiar dólares por francos
3 *vi* (**a**) *(alter)* cambiar; **the wind changed** el viento cambió; **to c. for the better/worse** cambiar a mejor/peor; **he has changed in appearance** su apariencia ha cambiado; *Br Aut* **to c. into first gear** cambiar a primera; **nothing changes!** ¡siempre lo mismo!
(**b**) *(be transformed)* **to c. into sth** transformarse en algo
(**c**) *(put on other clothes)* cambiarse; **to c. into sth more comfortable** ponerse algo más cómodo; **why don't you c. out of your suit and put on something more comfortable?** ¿por qué no te quitas *or Am* sacas el traje y te pones algo más cómodo?
(**d**) *(of passenger)* hacer transbordo; **c. at Preston for all stations to Liverpool** todos los pasajeros en dirección a Liverpool deben hacer transbordo en Preston; **all c.!** ¡fin de trayecto!

▸**change down** *vi Br Aut* reducir (de marcha)

▸**change over** *vi* cambiarse; **to c. over from sth to sth** cambiar de algo a algo; **to c. over from dictatorship to democracy** pasar de la dictadura a la democracia; **to c. over to another channel** cambiar de canal

▸**change up** *vi Br Aut* cambiar a una marcha más larga

---

changeability [tʃeındʒə'bılıtı] *n* variabilidad *f*

changeable ['tʃeındʒəbəl] *adj (person, weather)* variable

changeless ['tʃeındʒlıs] *adj* invariable

changeling ['tʃeındʒlıŋ] *n (in folklore)* = niño que las hadas reemplazan por otro al nacer

changeover ['tʃeındʒəʊvə(r)] *n* transición *f* (**to** a)

changing ['tʃeındʒıŋ] *adj* cambiante

changing room ['tʃeındʒıŋ'ru:m] *n* (**a**) *(for sport)* vestuario *m*, vestuarios *mpl* (**b**) *(in shop)* probador *m*

channel ['tʃænəl] **1** *n also TV & Fig* canal *m*; **c. of communication** canal *m* de comunicación; **all enquiries must go through the proper channels** todas las consultas han de seguir los trámites *or* cauces apropiados; **the (English) C.** el Canal de la Mancha ❑ ***the C. Islands*** las Islas del Canal de la Mancha; *TV* ***c. surfing*** zapping *m*, zapeo *m*; ***the C. Tunnel*** el Eurotúnel
2 *vt* (*pt & pp* **channelled**, *US* **channeled**) *also Fig* canalizar

channel-hop ['tʃænəlhɒp] *vi* zapear, hacer zapping

chant [tʃɑ:nt] **1** *n* (**a**) *(of demonstrators, crowd)* consigna *f*; *(at sports matches)* cántico *m* (**b**) *Rel* canto *m*
2 *vt & vi* (**a**) *(of demonstrators, crowd)* corear (**b**) *Rel* salmodiar

chanterelle [tʃæntə'rel] *n* rebozuelo *m*

chaos ['keıɒs] *n* caos *m inv*; **there has been c. on the roads today** hoy el tráfico en las carreteras ha sido infernal ❑ *Phys* ***c. theory*** teoría *f* del caos

chaotic [keı'ɒtık] *adj* caótico(a)

chaotically [keı'ɒtıklı] *adv* de forma caótica

chap [tʃæp] *n Fam (man)* tipo *m*, *Esp* tío *m*; **a good c.** un buen tipo *or Esp* tío

chapat(t)i [tʃə'pætı] *n* chapati *m*, = pan sin levadura aplanado típico de la India

chapel ['tʃæpəl] *n* capilla *f*; *(Nonconformist church)* templo *m*

chaperone ['ʃæpərəʊn] **1** *n* carabina *f*
2 *vt* **to c. sb** acompañar a alguien como carabina

chaplain ['tʃæplın] *n* capellán *m*

chaplaincy ['tʃæplınsı] *n* capellanía *f*

chapped [tʃæpt] *adj (lips)* cortado(a); *(skin)* agrietado(a)

chappie ['tʃæpı] *n Br Fam* tipo *m*, *Esp* tío *m*

chaps [tʃæps] *npl (worn by cowboy)* zahones *mpl*, *Méx* chaparreras *fpl*, *Col, Ven* zamarros *mpl*

chapter ['tʃæptə(r)] *n* capítulo *m*; **c. eight** capítulo ocho; **the holiday was a c. of accidents** las vacaciones consistieron en una sucesión de accidentes; IDIOM **to quote** *or* **give c. and verse** dar pelos y señales ❑ *Rel* ***c. house*** sala *f* capitular

char[1] [tʃɑː(r)] *(pt & pp* **charred**) *vt (burn)* carbonizar, quemar

char[2] *Br Fam* **1** *n (cleaning lady)* señora *f* de la limpieza

2 *vi (pt & pp* **charred**) *(clean)* **to c. for sb** trabajar como señora de la limpieza para alguien

char[3] *n Br Fam (tea)* té *m*

charabanc [ˈʃærəbæŋ] *n Old-fashioned* autobús *m or* autocar *m* turístico

character [ˈkærɪktə(r)] *n* (**a**) *(in novel, play)* personaje *m* ▫ ***c. actor*** actor *m* de carácter, = actor especializado en personajes poco convencionales; ***c. part*** papel *m* de carácter; ***c. sketch*** descripción *f* de un personaje, semblanza *f*

(**b**) *(personality)* carácter *m*; **to be in/out of c.** ser/no ser típico de él/ella *etc*; **to have/lack c.** tener/no tener carácter; **a person of good c.** una persona íntegra ▫ ***c. assassination*** campaña *f* de desprestigio; ***c. reference*** *(when applying for job)* referencias *fpl*; *Law* ***c. witness*** = testigo que declara en favor del buen carácter del acusado

(**c**) *(person)* personaje *m*; **some c. in a uniform told us to leave** un tipo de uniforme nos dijo que nos marcháramos; **he's quite a c.!** *(eccentric, entertaining)* es todo un personaje

(**d**) *Typ & Comptr* carácter *m* ▫ ***c. map*** mapa *m* de caracteres; ***c. mode*** modo *m* carácter; ***c. set*** juego *m* de caracteres; ***c. string*** cadena *f* de caracteres

characteristic [kærɪktəˈrɪstɪk] **1** *n* característica *f*

2 *adj* característico(a)

characterization [kærɪktəraɪˈzeɪʃən] *n* caracterización *f*

characterize [ˈkærɪktəraɪz] *vt* (**a**) *(be typical of)* caracterizar (**b**) *(describe)* definir; **I would hardly c. him as naive!** ¡yo no lo definiría como ingenuo, ni mucho menos!

characterless [ˈkærɪktəlɪs] *adj* anodino(a), sin carácter

charade [ʃəˈrɑːd] *n (farce)* farsa *f*; **charades** *(party game)* charada *f*

charcoal [ˈtʃɑːkəʊl] **1** *n (fuel)* carbón *m* vegetal; *(for drawing)* carboncillo *m* ▫ ***c. drawing*** dibujo *m* al carboncillo; ***c. grey*** gris *m* marengo

2 *adj (colour)* gris marengo

chard [tʃɑːd] *n* acelgas *fpl*

CHARGE [tʃɑːdʒ] **1** *n* (**a**) *(cost)* precio *m*, tarifa *f*; **there is no c. for admission** la entrada es gratuita; **at no extra c.** sin cargo adicional; **free of c.** gratis ▫ ***c. account*** cuenta *f* de crédito; ***c. card*** tarjeta *f* de compra

(**b**) *Law* cargo *m*; *Fig (accusation)* acusación *f*; **he was arrested on a c. of...** fue arrestado acusado de...; **to bring a c. against sb** presentar cargos contra alguien ▫ ***c. sheet*** pliego *m* de acusaciones

(**c**) *(responsibility)* **to be in c. (of)** estar a cargo (de), ser el/la encargado(a) (de); **who's in c. here?** ¿quién manda aquí?; **I demand to see the person in c.** exijo ver al encargado; **to be in** *or* **have c. of doing sth** estar a cargo de hacer algo; **can I leave you in c. of the kids for a few minutes?** ¿te puedes encargar de los niños durante un rato?; **to take c. (of)** hacerse cargo (de); **to be in sb's c.** estar a cargo *or* al cuidado de alguien

(**d**) *(person in one's care)* **the nanny took her charges to the zoo** la niñera llevó a los niños a su cargo al zoo ▫ *Br* ***c. hand*** encargado(a) *m,f*; *Br* ***c. nurse*** enfermero(a) *m,f* jefe

(**e**) *(of explosive)* carga *f*

(**f**) *Elec* carga *f*

(**g**) *(attack) (by troops, police, bull)* carga *f*

2 *vt* (**a**) *(price, person)* cobrar; **how much** *or* **what do you c. for this service?** ¿cuánto cobran por este servicio?; **c. it to my account** cárguelo a mi cuenta; **c. it to the company** póngalo en la cuenta de la compañía; *US* **I'll c. it** *(pay by credit card)* lo pagaré con tarjeta de crédito

(**b**) *Law* acusar; **to c. sb with a crime** acusar a alguien de un delito; *Fig* **to c. sb with having done sth** *(accuse)* acusar a alguien de haber hecho algo

(**c**) *(attack) (of troops, police, bull)* cargar contra

(**d**) *Elec* cargar

(**e**) *Formal (give responsibility)* **to c. sb to do sth, to c. sb with doing sth** encomendarle a alguien que haga algo

(**f**) *(gun)* cargar

3 *vi* (**a**) *(rush)* cargar; **to c. about** *or* **around** corretear alocadamente; **he charged in** entró apresuradamente; *Fig* **you can't just c. in and start telling everybody what to do** no puedes llegar y empezar a decirle a todo el mundo lo que tiene que hacer

(**b**) *(attack) (of troops, police, bull)* cargar; **to c. at sb** cargar contra alguien; **c.!** ¡a la carga!

(**c**) *(ask money)* **we don't c. for this service** no cobramos por este servicio

(**d**) *Elec* cargarse

▸**charge up** *vt sep (battery)* cargar

chargeable [ˈtʃɑːdʒəbəl] *adj* (**a**) *(of cost)* imputable (**b**) *(taxable)* gravable

charged [tʃɑːdʒd] *adj* (**a**) *(situation, atmosphere)* **he spoke in a voice c. with emotion** hablaba embargado por la emoción; **an emotionally charged issue** un tema con una fuerte carga emotiva; **a highly charged atmosphere** un ambiente muy tenso (**b**) *Elec* cargado(a); **positively/negatively c.** con carga positiva/negativa

charger [ˈtʃɑːdʒə(r)] *n* (**a**) *Elec* cargador *m* (de pilas/baterías) (**b**) *(horse)* caballo *m* de batalla

chariot [ˈtʃærɪət] *n (in battles)* carro *m (de caballos)*; *(in ancient Rome)* cuadriga *f*

charisma [kəˈrɪzmə] *n* carisma *m*

charismatic [kærɪzˈmætɪk] *adj* carismático(a)

charitable [ˈtʃærɪtəbəl] *adj* (**a**) *(giving) (person, action)* caritativo(a) (**b**) *(kind) (person)* amable, generoso(a); **it would be c. to call him misguided** decir que va *or Esp* anda descaminado sería demasiado generoso (**c**) *(organization, work)* benéfico(a), de caridad

charity [ˈtʃærɪtɪ] *n* (**a**) *(quality)* caridad *f*; PROV **c. begins at home** la caridad bien entendida empieza por uno mismo (**b**) *(organization)* entidad *f* benéfica; **all proceeds will go to c.** toda la recaudación se dedicará a obras de beneficencia; **she does a lot of c. work** trabaja mucho para entidades benéficas ▫ *Br* ***c. shop*** = tienda perteneciente a una entidad benéfica en la que normalmente se venden artículos de segunda mano

charlady [ˈtʃɑːleɪdɪ] *n Br* señora *f* de la limpieza

charlatan [ˈʃɑːlətən] *n* charlatán(ana) *m,f*, embaucador(ora) *m,f*

charlie [ˈtʃɑːlɪ] *n Fam* (**a**) *(cocaine)* coca *f* (**b**) *Br (fool)* **to feel a right** *or* **proper C.** sentirse tonto(a)

charm [tʃɑːm] **1** *n* (**a**) *(attractiveness, attractive quality)* encanto *m*; **the charms of the big city** los encantos *or* atractivos de la gran ciudad ▫ *US* ***c. school*** = escuela privada de etiqueta para señoritas (**b**) *(spell)* hechizo *m*; **to be under a c.** estar hechizado(a); **it worked like a c.** funcionó a las mil maravillas (**c**) *(talisman)* **a lucky c.** un amuleto (de la suerte) ▫ ***c. bracelet*** pulsera *f* de dijes

2 *vt* hechizar, encantar; **she charmed the money out of him** lo cameló para sacarle dinero; **he charmed his way to the top** se sirvió de sus encantos para encumbrarse a lo más alto; **charmed, I'm sure** *(after introduction)* encantado(a) de conocerlo(a); **to lead a charmed life** tener buena estrella

charmer [ˈtʃɑːmə(r)] *n* **to be a real c.** ser todo cumplidos, ser todo gentileza

charming [ˈtʃɑːmɪŋ] *adj* encantador(ora)

charnel house [ˈtʃɑːnəlhaʊs] *n Hist* osario *m*; *Fig* **the country has been turned into a c.** el país se ha convertido en un cementerio

charred [tʃɑːd] *adj* carbonizado(a)

chart [tʃɑːt] **1** *n (graph)* gráfico *m*; *(map)* carta *f*; **the charts** *(pop music)* las listas (de éxitos)

2 *vt* (**a**) *(on map)* hacer un mapa de (**b**) *(trace, describe)* describir; **the book charts the rise of fascism** el libro describe el auge del fascismo

charter [ˈtʃɑːtə(r)] **1** *n (of town)* fuero *m*; *(of university, organization)* estatutos *mpl*; **the UN C.** la Carta de las Naciones Unidas ▫ ***c. flight*** vuelo *m* chárter

2 *vt (plane, ship)* fletar

chartered [ˈtʃɑːtəd] *adj (qualified)* colegiado(a) ▫ ***c. accountant*** censor(ora) *m,f* jurado(a) de cuentas; ***c. surveyor*** tasador(ora) *m,f* de la propiedad

chartreuse [ʃɑːˈtrɜːz] *n* chartreuse *m*

charwoman [ˈtʃɑːwʊmən] *n Br* señora *f* de la limpieza

chary ['tʃeərɪ] *adj (cautious)* cauteloso(a); **to be c. of doing sth** mostrarse reacio(a) a la hora de hacer algo

chase [tʃeɪs] **1** *n (pursuit)* persecución *f*; *(in cycling)* persecución *f*, caza *f* ; **to give c. to sb** perseguir a alguien
2 *vt (pursue)* perseguir; *Fam* **to c. the dragon** *(smoke heroin)* hacerse *or* fumarse un cigarrillo *or* chino (de caballo); **to c. rainbows** hacer castillos en el aire
3 *vi* **to c. after sb** perseguir a alguien; *Fam* **to c. after women** ir detrás de las chicas, andar detrás de las *Méx* faldas *or RP* polleras

▸**chase away** *vt sep* ahuyentar

▸**chase up** *vt sep (report, information)* hacerse con; **I'll chase them up about it** les llamaré para recordárselo

chaser ['tʃeɪsə(r)] *n (drink)* = vasito de licor que se toma después de la cerveza

chasm ['kæzəm] *n also Fig* abismo *m*

chassis ['ʃæsɪ] *n* **(a)** *(of car)* chasis *m inv* **(b)** *Fam (woman's body)* percha *f*, cuerpazo *m*

chaste [tʃeɪst] *adj* casto(a)

chasten ['tʃeɪsən] *vt* aleccionar

chastise [tʃæs'taɪz] *vt (tell off)* reprender

chastisement [tʃæs'taɪzmənt] *n* castigo *m*

chastity ['tʃæstɪtɪ] *n* castidad *f* ▫ ***c. belt*** cinturón *m* de castidad

chasuble ['tʃæzjʊbəl] *n Rel* casulla *f*

chat [tʃæt] **1** *n also Comptr* charla *f*, *CAm, Méx* plática *f*; **to have a c.** charlar ▫ ***c. line*** *(on telephone)* línea *f* compartida, party line *f*; ***c. show*** *(on TV)* tertulia *f* televisiva
2 *vi* (*pt & pp* **chatted**) *also Comptr* charlar (**to** *or* **with** con)

▸**chat up** *vt sep Br Fam* **to c. sb up** intentar ligar con alguien *or* ligarse a alguien, *RP* intentar levantar a alguien

chattel ['tʃætəl] *n Law* **goods and chattels** bienes *mpl* (muebles)

chatter ['tʃætə(r)] **1** *n* cháchara *f*
2 *vi* parlotear; **my teeth were chattering (with cold/fear)** me rechinaban *or* castañeteaban los dientes (de frío/miedo); *Br Pej* **the chattering classes** los intelectualoides

chatterbox ['tʃætəbɒks] *n Fam* cotorra *f*

chatty ['tʃætɪ] *adj (person)* hablador(ora); *(letter)* desenfadado(a)

chat-up line ['tʃætʌplaɪn] *n Br Fam* frase *f* típica para ligar

chauffeur ['ʃəʊfə(r)] **1** *n Esp* chófer *m*, *Am* chofer *m*
2 *vt* **we were chauffeured to the airport** el *Esp* chófer *or Am* chofer nos llevó al aeropuerto

chauvinism ['ʃəʊvɪnɪzəm] *n* **(a)** *(sexism)* machismo *m* **(b)** *(nationalism)* chovinismo *m*

chauvinist ['ʃəʊvɪnɪst] *n* **(a)** *(sexist)* machista *m* **(b)** *(nationalist)* chovinista *mf*

chauvinistic [ʃəʊvɪ'nɪstɪk] *adj* **(a)** *(sexist)* machista **(b)** *(nationalist)* chovinista

cheap [tʃi:p] **1** *n* **to do sth on the c.** hacer algo en plan barato *or* mirando el dinero
2 *adj* **(a)** *(inexpensive)* barato(a); **c. at (half) the price** tirado(a) de precio ▫ ***c. rate*** tarifa *f* reducida **(b)** *(of little value)* barato(a); **I feel c.!** *(of person)* ¡qué bajo he caído!; **c. and nasty** de chichinabo, de chicha y nabo **(c)** *(tasteless, mean)* burdo(a), rastrero(a); **a c. joke/remark** un chiste/comentario de mal gusto; **that was a c. shot** eso ha sido un golpe bajo
3 *adv Fam* **it was going c.** estaba tirado(a) de precio, estaba regalado

cheapen ['tʃi:pən] *vt* **to c. oneself** rebajarse

cheaply ['tʃi:plɪ] *adv* barato; **to live c.** vivir con poco dinero

cheapness ['tʃi:pnɪs] *n* **(a)** *(inexpensiveness)* bajo *m* precio **(b)** *(low value)* poco valor *m* **(c)** *(tastelessness)* vulgaridad *f*; *(meanness, nastiness)* bajeza *f*, vileza *f*

cheapskate ['tʃi:pskeɪt] *n Fam* roñica *mf*, roñoso(a) *m,f*

cheat [tʃi:t] **1** *n (dishonest person)* tramposo(a) *m,f*; *(deception, trick)* trampa *f*; **that's a c.** eso es trampa
2 *vt* engañar; **he cheated her out of the money** le estafó el dinero; **to c. death** burlar a la muerte
3 *vi (in game)* hacer trampa; *(in exam)* copiar

▸**cheat on** *vt insep (be unfaithful to)* engañar

cheating ['tʃi:tɪŋ] *n (in game)* trampas *fpl*; *(in exam)* copieteo *m*; **that's c.!** ¡eso es trampa!

check[1] [tʃek] **1** *n* **(a)** *(inspection)* control *m*, inspección *f*; **to keep a c. on sth/sb** controlar algo/a alguien; **the police ran a c. on her** la policía investigó sus antecedentes
(b) *(restraint)* freno *m*; **to put a c. on sth** poner freno a algo; **to keep sth/sb in c.** mantener algo/a alguien a raya *or* bajo control; *Pol* **checks and balances** controles *mpl*
(c) *(in chess)* jaque *m*; **to put sb in c.** poner en jaque a alguien
(d) *US (cheque)* cheque *m*; **to make out** *or* **write a c. (to sb)** extender un cheque *or* talón (a alguien); **a c. for $50** un cheque de 50 dólares
(e) *US (in restaurant)* cuenta *f*; *(ticket for coat etc)* resguardo *m*; **c. please!** ¡la cuenta, por favor!
(f) *US (tick)* marca *f* (de comprobado)
2 *vt* **(a)** *(verify, examine) (information)* comprobar, *Méx* checar; *(passport, ticket)* revisar; *(machine)* inspeccionar; **to c. (that)...** comprobar que...; **to c. sth against sth** *(compare)* confrontar *or* cotejar algo con algo; **I'll c. my diary** voy a mirar mi agenda; **to c. sth for errors** comprobar algo en búsqueda *or Esp* busca de fallos *or Am* fallas, comprobar algo por si hubiera fallos *or Am* fallas
(b) *(restrain) (inflation, enemy advance)* frenar; *(emotion, impulse)* contener, reprimir; **to c. oneself** contenerse
(c) *US (tick)* marcar (como comprobado)
(d) *US (coat, hat)* dejar en el guardarropa; *(baggage)* dejar en consigna
3 *vi (verify)* comprobar, *Méx* checar; **to c. on sth** comprobar algo; **to c. on sb** controlar *or* vigilar a alguien; **to c. with sb** preguntar a alguien
4 *exclam (yes)* **c.!** ¡sí!; *(to superior)* ¡sí, señor!

▸**check in 1** *vt sep* **(a)** *(baggage)* facturar; *(passenger)* registrar **(b)** *US (library book)* devolver
2 *vi (at hotel)* registrarse; *(at airport)* facturar

▸**check off** *vt sep (item on list)* marcar (como comprobado)

▸**check out 1** *vt sep* **(a)** *(investigate) (person)* investigar; *(information)* comprobar, verificar, *Am* chequear, *Méx* checar **(b)** *Fam (look at)* mirar, echar un ojo a; **we could c. out the new pub** podíamos ir a ver qué tal está el nuevo bar; **c. it/her out!** ¡fíjate!, ¡no te lo pierdas! **(c)** *US (library book)* sacar
2 *vi* **(a)** *(leave hotel)* dejar el hotel **(b)** *(prove to be correct) (of story)* cuadrar **(c)** *Fam (die)* diñarla, estirar la pata

▸**check up** *vi* asegurarse, cerciorarse; **to c. up on sb** hacer averiguaciones sobre alguien; **to c. up on sth** enterarse de algo

check[2] **1** *n (pattern)* cuadros *mpl*; **a suit in broad c.** un traje a cuadros grandes
2 *adj* a cuadros

checkbook *US* = **chequebook**

checkbox ['tʃekbɒks] *n Comptr* casilla *f or* cuadro *m* de verificación

checked [tʃekt] *adj* a cuadros

checkers ['tʃekəz] *n US* damas *fpl*

check-in ['tʃekɪn] *n Av* facturación *f*; **c. (desk)** mostrador *m* de facturación ▫ ***c. time*** = hora a la que hay que facturar

checking account ['tʃekɪŋekaʊnt] *n US* cuenta *f* corriente

checklist ['tʃeklɪst] *n* lista *f* de comprobaciones *or* de control

checkmate ['tʃekmeɪt] **1** *n (in chess)* jaque *m* mate
2 *vt (in chess)* dar jaque mate a; *Fig (opponent)* poner fuera de combate

checkout ['tʃekaʊt] *n (in supermarket)* (mostrador *m* de) caja *f* ▫ ***c. assistant*** cajero(a) *m,f*; ***c. girl*** cajera *f*

checkpoint ['tʃekpɔɪnt] *n* control *m*

checksum ['tʃeksʌm] *n Comptr* suma *f* de comprobación *or* control

checkup ['tʃekʌp] *n (at doctor's, dentist's)* revisión *f*

Cheddar ['tʃedə(r)] *n* queso *m* Cheddar

cheek [tʃi:k] **1** *n* **(a)** *(of face)* mejilla *f*; **to dance c. to c.** bailar muy agarrados; **c. by jowl (with sb)** hombro con hombro (con alguien); IDIOM **to turn the other c.** poner la otra mejilla **(b)** *(buttock)* nalga *f* **(c)** *Fam (impudence)* cara *f*, caradura *f*; **he's got a c.!** ¡qué *or Esp* vaya caradura!
2 *vt Fam (be impudent to)* ser descarado(a) con

cheekbone ['tʃi:kbəʊn] *n* pómulo *m*

cheekily ['tʃi:kɪlɪ] *adv* con mucho descaro, descaradamente

cheeky ['tʃi:kɪ] *adj Fam* descarado(a); *Hum* **c. devil** caradura *m,f*, descarado(a) *m,f*; *Hum* **c. monkey** desvergonzado(a) *m,f*, *Esp* faltón(ona) *m,f*

cheep [tʃi:p] **1** *n (of bird)* piada *f*; *Fam Fig* **I**

don't want to hear a c. from you! ¡no quiero oírte decir ni pío!
2 *vi (of bird)* piar

cheer [tʃɪə(r)] **1** *n* **(a)** *(shout) (of crowd)* ovación *f*; *(of single person)* grito *m* de entusiasmo; **three cheers for Gemma!** ¡tres hurras por Gemma! **(b)** *Fam* **cheers!** *(when drinking)* ¡salud!; *Br (goodbye)* ¡chao!, *Am* ¡chau!; *Br (thanks)* ¡gracias! **(c)** *Literary (mood)* **to be of good c.** estar de buen humor
2 *vt* **(a)** *(applaud)* aclamar, vitorear **(b)** *(make happier)* animar
3 *vi (shout)* lanzar vítores, gritar de entusiasmo

▸**cheer on** *vt sep (support)* animar, vitorear

▸**cheer up 1** *vt sep (person)* animar; *(room)* alegrar
2 *vi* animarse; **c. up!** ¡anímate!

cheerful ['tʃɪəfʊl] *adj* alegre

cheerfully ['tʃɪəfʊlɪ] *adv* alegremente; *Fam* **I could c. strangle him!** ¡lo estrangularía con mucho *or* sumo gusto!

cheerfulness ['tʃɪəfʊlnɪs] *n* alegría *f*

cheerily ['tʃɪərɪlɪ] *adv* jovialmente

cheering ['tʃɪərɪŋ] **1** *n (of crowd)* gritos *mpl* de ánimo
2 *adj (comforting)* alentador(ora)

cheerio [tʃɪərɪ'əʊ] *exclam Br* ¡chao!

cheerleader ['tʃɪəli:də(r)] *n* animadora *f*

cheerless ['tʃɪəlɪs] *adj* triste, sombrío(a)

cheery ['tʃɪərɪ] *adj* jovial, alegre

cheese [tʃi:z] *n* queso *m*; **c. sandwich/omelette** sandwich *m*/tortilla *f* de queso; *Fam* **(say) c.!** *(for photograph)* ¡sonríe!, *Esp* ¡(di) patata!, *Méx* ¡(di) rojo!, *RP* ¡decí (whisky)!; *Br Fam* **hard c.!** ¡qué le vamos a hacer!, ¡mala suerte!; *Fam* **big c.** *(important person)* pez *m* gordo ▫ ***c. plant*** costilla *f* de hombre; ***c. spread*** queso para untar

▸**cheese off** *vt sep Br Fam* **to c. sb off** *Esp* mosquear *or* cabrear a alguien, *Méx, RP* poner como loco a alguien; **to be cheesed off (with)** estar hasta las narices *or* la coronilla (de)

cheeseboard ['tʃi:zbɔ:d] *n (selection)* tabla *f* de quesos

cheeseburger ['tʃi:zbɜ:gə(r)] *n* hamburguesa *f* de *or* con queso

cheesecake ['tʃi:zkeɪk] *n* tarta *f* de queso

cheesecloth ['tʃi:zklɒθ] *n* estopilla *f*

cheeseparing ['tʃi:zpeərɪŋ] *n* tacañería *f*

cheesy ['tʃi:zɪ] *adj* **(a)** *(flavour, smell)* a queso; *(sauce, dish)* con sabor a queso **(b)** *Fam Pej (inferior)* de tres al cuarto, cutre, *RP* de cuarta **(c)** *(grin)* de oreja a oreja

cheetah ['tʃi:tə] *n* guepardo *m*

chef [ʃef] *n* chef *m*, jefe(a) *m,f* de cocina

chemical ['kemɪkəl] **1** *n* producto *m* químico
2 *adj* químico(a) ▫ ***c. compound*** compuesto *m* químico; ***c. element*** elemento *m* químico; ***c. engineering*** ingeniería química; ***c. formula*** fórmula *f* química; ***c. reaction*** reacción *f* química; ***c. symbol*** símbolo *m* químico; ***c. toilet*** inodoro *m* (de desecho) químico; ***c. warfare*** guerra *f* química; ***c. weapons*** armas *fpl* químicas

chemist ['kemɪst] *n* **(a)** *Br (pharmacist)* farmacéutico(a) *m,f*; **c.'s (shop)** farmacia *f* **(b)** *(scientist)* químico(a) *m,f*

chemistry ['kemɪstrɪ] *n* química *f*; *Fig* **there was a certain c. between them** entre ambos había una cierta química

chemotherapy ['ki:məʊ'θerəpɪ] *n Med* quimioterapia *f*

chenille [ʃə'ni:l] *n Tex* felpilla *f*

cheque, *US* **check** [tʃek] *n* cheque *m*, talón *m*; **to make out** *or* **write a c. (to sb)** extender un cheque *or* talón (a alguien); **a c. for $50** un cheque de 50 dólares ▫ *Br* ***c. card*** = tarjeta que avala los cheques

chequebook, *US* **checkbook** ['tʃekbʊk] *n* talonario *m* (de cheques) ▫ ***c. journalism*** periodismo *m* de exclusivas (a golpe de talonario)

chequered ['tʃekəd] *adj (pattern)* a cuadros; *Fig* **she's had a somewhat c. career** su trayectoria ha estado llena de altibajos ▫ *Sport* ***c. flag*** bandera *f* de llegada

cherish ['tʃerɪʃ] *vt (person)* querer, tener mucho cariño a; *(possessions)* apreciar; *(hope, illusion)* albergar; *(memory)* atesorar

cheroot [ʃə'ru:t] *n* = cigarro puro cortado por ambos extremos

cherry ['tʃerɪ] *n (fruit)* cereza *f*; **c. (tree)** cerezo *m* ▫ ***c. blossom*** flor *f* de cerezo; ***c. brandy*** brandy *m* de cereza; ***c. orchard*** cerezal *m*

cherry-pick ['tʃerɪpɪk] *Fam* **1** *vt* seleccionar sólo lo mejor de
2 *vi* seleccionar sólo lo mejor

cherub ['tʃerəb] *(pl* **cherubs** *or* **cherubim** ['tʃerəbɪm]*) n* querubín *m*

cherubic [tʃə'ru:bɪk] *adj* angelical

chervil ['tʃɜ:vɪl] *n* perifollo *m*

Ches *(abbr* **Cheshire***)* (condado *m* de) Cheshire

Cheshire ['tʃeʃə(r)] *n* IDIOM **to grin like a C. cat** sonreír de oreja a oreja

chess [tʃes] *n* ajedrez *m*; **a game of c.** una partida de ajedrez ▫ ***c. player*** ajedrecista *mf*, jugador(ora) *m,f* de ajedrez

chessboard ['tʃesbɔ:d] *n* tablero *m* de ajedrez

chessman ['tʃesmæn], **chesspiece** ['tʃespi:s] *n* pieza *f* (de ajedrez)

chest [tʃest] **1** *n* **(a)** *(of person)* pecho *m*; *(breasts)* delantera *f*, pechos *mpl*; IDIOM **I needed to get it off my c.** necesitaba desahogarme **(b)** *(box)* baúl *m* ▫ ***c. of drawers*** cómoda *f*
2 *vt* **to c. the ball down** *(in soccer)* parar y bajar la pelota con el pecho

chestnut ['tʃesnʌt] **1** *n* **(a)** *(nut)* castaña *f*; *(wood)* castaño *m*; **c. (tree)** castaño *m* **(b)** IDIOM *Fam* **an old c.** *(joke)* un chiste viejísimo
2 *adj (hair, horse)* castaño(a)

chesty ['tʃestɪ] *adj* **(a)** *(cough)* de pecho **(b)** *Fam (woman)* pechugona, tetona, *Méx* chichona

chevron ['ʃevrən] *n (on uniform)* galón *m*; *(on road)* marca *f* indicadora de curva

chew [tʃu:] **1** *n* **(a)** *(confectionery)* caramelo *m* **(b)** *(of tobacco)* = porción de tabaco de mascar
2 *vt* masticar; **to c. one's nails** morderse las uñas; **to c. a bone** roer un hueso; IDIOM *Fam* **to c. the fat** *or* **the rag** darle a la sinhueso, *RP* darle de la lengua
3 *vi* masticar; **to c. at** *or* **on sth** *(bone, stick)* mordisquear algo

▸**chew out** *vt sep US Fam (reprimand)* echar una bronca a; **to get chewed out** *Esp* llevarse *or Am* comerse una bronca

▸**chew over** *vt sep Fam* rumiar

▸**chew up** *vt sep (food)* masticar; *(slippers, carpet)* mordisquear; *Fig* **that machine chewed up my favourite cassette** el casete destrozó mi cinta favorita

chewing gum ['tʃu:ɪŋ'gʌm] *n* chicle *m*

chewy ['tʃu:ɪ] *adj (meat, bread)* correoso(a); *(confectionery)* gomoso(a), correoso(a)

chiaroscuro [kɪɑ:rə'skʊərəʊ] *n Art* claroscuro *m*

chic [ʃi:k] *adj* chic, elegante

Chicago [ʃɪ'kɑ:geʊ] *n* Chicago

Chicana [tʃɪ'kɑ:nə] *n US* chicana *f*

chicane [ʃɪ'keɪn] *n Sport* chicane *f*

chicanery [ʃɪ'keɪnərɪ] *n (trickery)* supercherías *fpl*

Chicano [tʃɪ'kɑ:nəʊ] *n US* chicano *m*

chick [tʃɪk] *n* **(a)** *(young bird)* polluelo *m*; *(young chicken)* pollito *m* **(b)** *Fam (woman)* nena *f*, *Arg* piba *f*, *Méx* chava *f*

chicken ['tʃɪkɪn] **1** *n* **(a)** *(bird)* gallina *f*; *(meat)* pollo *m*; IDIOM **it's a c. and egg situation** en esta situación no se sabe quién fue primero, la gallina o el huevo; **to play c.** jugar a ver quién se acobarda antes; PROV **don't count your chickens (before they're hatched)** no cantes victoria antes de tiempo ▫ ***c. feed*** *(food)* grano *m*; *Fam Fig (insignificant sum)* calderilla *f*; ***c. run*** corral *m*; ***c. wire*** tela *f* metálica, red *f* de alambre **(b)** *Fam (coward)* gallina *mf*
2 *adj Fam (cowardly)* **to be c.** ser un/una gallina

▸**chicken out** *vi Fam* amilanarse, acoquinarse, *Méx* ciscarse, *RP* achicarse; **to c. out of (doing) sth** amilanarse ante (la idea de hacer) algo

chicken-hearted ['tʃɪkɪn'hɑ:tɪd], **chicken-livered** ['tʃɪkɪn'lɪvəd] *adj Fam* gallina, cobarde

chickenpox ['tʃɪkɪnpɒks] *n* varicela *f*

chickpea ['tʃɪkpi:] *n* garbanzo *m*

chickweed ['tʃɪkwi:d] *n* pamplina *f*, álsine *f*

chicory ['tʃɪkərɪ] *n* achicoria *f*

chide [tʃaɪd] *(pt* **chided** *or* **chid** [tʃɪd], *pp* **chided** *or* **chidden** ['tʃɪdən]*) vt Literary* reprender, regañar

chief [tʃi:f] **1** *n (of tribe)* jefe(a) *m,f*; *Fam* **the c.** *(boss)* el/la jefe(a)
2 *adj (most important)* principal ▫ *Br* ***c. constable*** jefe(a) *m,f* de policía; *Com* ***c. executive*** director(ora) *m,f* gerente, conse-

jero(a) *m,f* delegado(a); *Naut* ***c. petty officer*** suboficial *mf* mayor de marina; ***c. of police*** jefe(a) *m,f* de policía; *Mil* ***c. of staff*** jefe(a) *m,f* del estado mayor

chiefly ['tʃi:flɪ] *adv* principalmente

chieftain ['tʃi:ftən] *n (of clan)* jefe *m* (del clan)

chiffon ['ʃɪfɒn] *n* gasa *f*; **c. scarf** fular *m*

chihuahua [tʃɪ'wɑ:wɑ:] *n* (perro *m*) chihuahua *m*

chilblain ['tʃɪlbleɪn] *n* sabañón *m*

child [tʃaɪld] (*pl* **children** ['tʃɪldrən]) *n* niño(a) *m,f*; *(son)* hijo *m*; *(daughter)* hija *f*; **they have three children** tienen tres hijos; **children's literature** literatura *f* infantil; **it's c.'s play** es un juego de niños; *Old-fashioned* **to be with c.** estar encinta ▫ ***c. abuse*** = malos tratos y/o agresión sexual a menores; *Br* ***c. benefit*** ayuda *f* familiar por hijos; ***c. labour*** trabajo *m* de menores; ***c. minder*** niñero(a) *m,f*, canguro *mf*; ***c. molester*** corruptor(ora) *m,f* de menores; ***C. Support Agency*** = agencia estatal británica que vela por el cumplimiento de la ley en materia de pensiones alimenticias

child-bearing ['tʃaɪldbeərɪŋ] *n* maternidad *f*; **of c. age** en edad de tener hijos

childbirth ['tʃaɪldbɜ:θ] *n* parto *m*; **to die in c.** morir al dar a luz, morir en el parto

childcare ['tʃaɪldkeə(r)] *n* cuidado *m* de menores *or* niños

childhood ['tʃaɪldhʊd] *n* infancia *f*; **his c. home** la casa de su niñez *or* infancia

childish ['tʃaɪldɪʃ] *adj Pej* pueril, infantil

childishness ['tʃaɪldɪʃnɪs] *n Pej* puerilidad *f*, infantilismo *m*

childless ['tʃaɪldlɪs] *adj* **to be c.** no tener hijos; **a c. couple** una pareja sin hijos

childlike ['tʃaɪldlaɪk] *adj (innocence)* infantil; *(appearance)* aniñado(a)

childproof ['tʃaɪldpru:f] *adj* **c. bottle** = botella que los niños no pueden abrir; **c. lock** *(in car)* cierre *m* de seguridad a prueba de niños

children *pl of* **child**

Chile ['tʃɪlɪ] *n* Chile

Chilean ['tʃɪlɪən] *n & adj* chileno(a) *m,f*

chill [tʃɪl] **1** *n* (**a**) *Med (cold)* resfriado *m*; **to catch a c.** agarrar *or Esp* coger un resfriado (**b**) *(cold temperature)* **there's a c. in the air** hace bastante fresco; **to take the c. off sth** templar algo ▫ ***c. factor*** índice *m* de enfriamiento (del aire) (**c**) *(feeling of fear)* escalofrío *m*; **a c. ran down my spine** sentí un escalofrío; **a c. of fear** un escalofrío de temor

2 *adj (wind)* frío(a)

3 *vt (wine, food)* poner a enfriar

▸**chill out** *vi Fam* estar tranqui, relajarse

chilled [tʃɪld] *adj* (**a**) *(cold)* frío(a); **serve c.** *(on product)* sírvase frío; **to be c. to the bone** estar muerto(a) de frío (**b**) *Fam (relaxed)* **c. (out)** relajado(a), *Esp* tranqui

chilli ['tʃɪlɪ] *n* **c. (pepper)** guindilla *f*, chile *m*, *RP* ají *m*; **c. (con carne)** = guiso picante de carne picada y alubias rojas ▫ ***c. powder*** guindilla *or* chile en polvo

chillin ['tʃɪlɪn] *adj US Fam* genial

chilling ['tʃɪlɪŋ] *adj (frightening)* escalofriante

chilly ['tʃɪlɪ] *adj* (**a**) *(cold)* frío(a); **it's a bit c. out** hace bastante fresco fuera (**b**) *(unfriendly)* frío(a)

chime [tʃaɪm] **1** *n (of bells)* repique *m*; *(of clock)* campanada *f*; *(of doorbell)* campanilleo *m*

2 *vt* **the clock chimed nine o'clock** el reloj dio las nueve

3 *vi (of bells)* repicar; *(of clock)* dar la hora; *(of doorbell)* sonar (con ruido de campanilla)

▸**chime in** *vi Fam (in conversation)* meter baza *or Méx, RP* la cuchara; **they all chimed in at once** se pusieron todos a hablar a la vez

chimera [kaɪ'mɪərə] *n (unrealistic idea)* quimera *f*

chimney ['tʃɪmnɪ] (*pl* **chimneys**) *n* chimenea *f*; IDIOM *Fam* **to smoke like a c.** *(of person)* fumar como un carretero *or Méx* un chacuaco *or RP* un escuerzo ▫ ***c. breast*** campana *f* (de la chimenea); ***c. stack*** chimenea *f (parte que sobresale)*; ***c. sweep*** deshollinador(ora) *m,f*

chimneypot ['tʃɪmnɪpɒt] *n* (cañón *m* exterior de) chimenea *f*

chimpanzee [tʃɪmpæn'zi:], *Fam* **chimp** [tʃɪmp] *n* chimpancé *m*

chin [tʃɪn] *n* mentón *m*, barbilla *f*; IDIOM **to keep one's c. up** mantener los ánimos; IDIOM **to take it on the c.** aguantarlo sin rechistar

China ['tʃaɪnə] *n* China

china ['tʃaɪnə] *n* porcelana *f* ▫ ***c. clay*** caolín *m*

Chinaman ['tʃaɪnəmən] *n Old-fashioned or Pej* chino *m*

Chinatown ['tʃaɪnətaʊn] *n* barrio *m* chino *(de la comunidad china)*

chinchilla [tʃɪn'tʃɪlə] *n (animal)* chinchilla *f*; *(fur)* (piel *f* de) chinchilla *f*

Chinese [tʃaɪ'ni:z] **1** *n* (**a**) *(person)* chino(a) *m,f* (**b**) *(language)* chino *m* (**c**) *Fam (meal)* comida *f* china; *(restaurant)* (restaurante *m*) chino *m*

2 *npl* **the C.** los chinos

3 *adj* chino(a) ▫ ***C. cabbage*** *or* ***leaves*** col *f* china, repollo *m* chino; ***C. checkers*** damas *fpl* chinas; ***C. lantern*** lámpara *f* china *or* de papel; ***C. New Year*** el Año Nuevo chino; ***C. restaurant*** restaurante *m* chino; ***C. tea*** té *m* chino

Chink [tʃɪŋk] *n Fam* = término generalmente ofensivo para referirse a los chinos

chink[1] [tʃɪŋk] *n (gap)* resquicio *m*; IDIOM **to find a c. in sb's armour** encontrar el punto flaco de alguien

chink[2] **1** *n (sound)* tintineo *m*

2 *vt (glasses)* entrechocar

3 *vi* tintinear

Chinkie, Chinky ['tʃɪŋkɪ] *n Fam* (**a**) *(person)* = término generalmente ofensivo para referirse a los chinos (**b**) *Br (meal)* comida *f* china; *(restaurant)* (restaurante *m*) chino *m*

chinless wonder ['tʃɪnlɪs'wʌndə(r)] *n Br Fam* niño *m* bien *or* de papá, *Esp* niñato *m*, *RP* nene *m* bien *or* de papá

chinos ['tʃi:nəʊz] *npl* pantalones *mpl* (de algodón) de sarga

chinstrap ['tʃɪnstræp] *n* barboquejo *m*

chintz [tʃɪnts] *n (textile)* cretona *f* satinada

chintzy ['tʃɪntsɪ] *adj US* (**a**) *(cheap, poor-quality)* baratillo(a), ordinario(a) (**b**) *Fam (miserly)* roñoso(a), tacaño(a), *Méx* codo(a), *Chile, RP* amarrete(a)

chin-up ['tʃɪnʌp] *n (exercise)* flexión *f (colgando de una barra con los brazos)*

chinwag ['tʃɪnwæg] *n Fam* **to have a c.** charlar, *CAm, Méx* platicar

chip [tʃɪp] **1** *n* (**a**) *(of wood)* viruta *f*; *(of marble)* lasca *f*; *(out of plate, cup)* mella *f*, desportilladura *f*; **chocolate chips** trozos *mpl* de chocolate

(**b**) *(food)* **chips** *Br Esp* patatas *fpl or Am* papas *fpl* fritas; *US Esp* patatas *fpl or Am* papas *fpl* fritas *(de bolsa)* ▫ *Br* ***c. shop*** = tienda que vende comida para llevar, especialmente pescado frito con *Esp* patatas *or Am* papas fritas

(**c**) *(in gambling, card games)* ficha *f*

(**d**) *Comptr* chip *m*, pastilla *f*

(**e**) *(in soccer, rugby)* vaselina *f*, globo *m*; **c. (shot)** *(in golf)* chip *m*, golpe *m* corto

(**f**) IDIOMS **he's a c. off the old block** de tal palo, tal astilla; **to have a c. on one's shoulder (about sth)** tener complejo (por algo); *Fam* **when the chips are down** en los momentos difíciles; *Br Fam* **he's had his chips** *(has failed)* ya ha tenido su oportunidad *or Am* chance; *(has died)* ya la ha palmado

2 *vt* (*pt & pp* **chipped**) (**a**) *(cut at)* tallar; *(damage) (plate, cup)* mellar, desportillar; *(furniture)* astillar; **to c. one's tooth** mellarse un diente

(**b**) *Culin* cortar

(**c**) *(ball) (in soccer, rugby)* picar; *(in golf)* dar un golpe corto con la cucharilla a

3 *vi (of plate, cup)* mellarse, desportillarse

▸**chip in** *vi Fam* (**a**) *(in collection of money)* poner algo (de dinero) (**b**) *(in discussion)* meter baza *or Méx, RP* la cuchara, terciar; **to c. in with a suggestion** aportar alguna sugerencia

chipboard ['tʃɪpbɔ:d] *n* aglomerado *m*

chipmunk ['tʃɪpmʌŋk] *n* ardilla *f* listada

chipolata [tʃɪpə'lɑ:tə] *n* salchichilla *f*

chipper ['tʃɪpə(r)] *adj Fam* animado(a), alegre

chippy ['tʃɪpɪ] *n Br Fam* = tienda que vende comida para llevar, especialmente pescado frito con *Esp* patatas *or Am* papas fritas

chiropodist [kɪ'rɒpədɪst] *n* podólogo(a) *m,f*

chiropody [kɪ'rɒpədɪ] *n* podología *f*

chiropractor ['kaɪrəpræktə(r)] *n* quiropráctico(a) *m,f*

chirp [tʃɜ:p] **1** *n (of birds)* trino *m*; *(of grasshopper)* chirrido *m*

2 *vi (of bird)* trinar; *(of grasshopper)* chirriar

chirpily ['tʃɜːpɪlɪ] *adv* con alegría *or* jovialidad

chirpy ['tʃɜːpɪ] *adj* alegre, jovial

chirrup ['tʃɪrəp] = **chirp**

chisel ['tʃɪzəl] **1** *n (for wood)* formón *m*; *(for stone)* cincel *m*

2 *vt* (*pt & pp* **chiselled**, *US* **chiseled**) (**a**) *(in woodwork, sculpture)* tallar; *Fig* **chiselled features** rasgos muy dibujados (**b**) *Fam (cheat)* **to c. sb out of his money** estafar a alguien

chit [tʃɪt] *n (note)* nota *f*

chitchat ['tʃɪttʃæt] *n Fam* charla *f*, cháchara *f*, *CAm, Méx* plática *f*

chitterlings ['tʃɪtəlɪŋz] *npl* mondongo *m*, callos *mpl*

chitty ['tʃɪtɪ] = **chit**

chivalrous ['ʃɪvəlrəs] *adj* caballeroso(a)

chivalry ['ʃɪvəlrɪ] *n* (**a**) *(courteous behaviour)* caballerosidad *f* (**b**) *Hist* caballería *f*

chives [tʃaɪvz] *npl* cebollinos *mpl*

chiv(v)y ['tʃɪvɪ] *vt Br Fam* **to c. sb into doing sth** dar la lata *or RP* hinchar a alguien para que haga algo; **to c. sb along** meter prisa *or Am* apurar a alguien

chlamydia [klə'mɪdɪə] *n Med* linfogranuloma *m* venéreo

chlorate ['klɔːreɪt] *n Chem* clorato *m*

chloride ['klɔːraɪd] *n Chem* cloruro *m*

chlorinate ['klɒrɪneɪt] *vt* clorar

chlorine ['klɔːriːn] *n Chem* cloro *m*

chlorofluorocarbon [klɔːrəʊflʊərəʊ'kɑːbən] *n Chem* clorofluorocarbono *m*

chloroform ['klɒrəfɔːm] *n Chem* cloroformo *m*

chlorophyl(l) ['klɒrəfɪl] *n Biol* clorofila *f*

choc [tʃɒk], **choccy** ['tʃɒkɪ] *n Br Fam* chocolate *m*

chocaholic [tʃɒkə'hɒlɪk] *n Fam Hum* adicto(a) *m,f* al chocolate

choc-ice ['tʃɒkaɪs] *n* bombón *m* helado *(sin palo)*

chock [tʃɒk] *n (for wheel of car, plane)* calzo *m*

chock-a-block ['tʃɒkə'blɒk], *Br* **chocka** ['tʃɒkə] *adj Fam* abarrotado(a) (**with** de)

chock-full [tʃɒk'fʊl] *adj Fam* abarrotado(a) (**of** de)

chocolate ['tʃɒklət] **1** *n* chocolate *m*; **a c.** *(sweet)* un bombón; **c. ice-cream/milk shake** helado/batido de chocolate; (**hot** *or* **drinking**) **c.** chocolate a la taza *or* caliente ▫ ***c. bar*** chocolatina *f*; ***c. biscuit*** galleta *f* de chocolate; ***c. cake*** tarta *f or* pastel *m or Chile, Col, RP* torta *f* de chocolate; ***c. sauce*** chocolate *m* líquido

2 *adj (made of chocolate)* de chocolate; **c. (coloured)** marrón oscuro, color chocolate

CHOICE [tʃɔɪs] **1** *n* (**a**) *(act, thing chosen)* elección *f*; **that's an excellent c., sir** excelente elección, señor; **the c. is yours** la decisión es suya; **he was a surprise c. as party leader** fue una elección sorpresa como líder del partido; **my first c. would be...** mi primera opción sería...; **to make** *or* **take one's c.** elegir, escoger; **by** *or* **from c.** por (propia) elección; **cake with the ice cream of your c.** pastel con helado a elegir; **the drink of your c.** la bebida que prefieras; **it has become the drug of c. for doctors treating this illness** se ha convertido en la droga preferida por los doctores que tratan esta enfermedad

(**b**) *(alternative)* alternativa *f*, opción *f*; **you give me no c. but to dismiss you** no me dejas otra alternativa que despedirte; **you have the c. of staying or coming with us** puedes elegir entre quedarte o venir con nosotros; **you have no c. in the matter** no tienes otra opción; **we had no c. but to do it** no tuvimos más remedio que hacerlo

(**c**) *(selection)* selección *f*, surtido *m*; **there isn't much c.** no hay mucho donde elegir; **available in a wide c. of colours** disponible en una amplia gama de colores; **you have a c. of three starters** puedes elegir entre tres primeros platos

2 *adj* (**a**) *(well chosen)* escogido(a); **she used some c. language** *(offensive)* soltó unas cuantas lindezas

(**b**) *(food, wine)* selecto(a); *(meat)* de calidad

choir ['kwaɪə(r)] *n* coro *m*

choirboy ['kwaɪəbɔɪ] *n* niño *m* de coro

choirmaster ['kwaɪəmɑːstə(r)] *n* director *m* de coro

choirmistress ['kwaɪəmɪstrɪs] *n* directora *f* de coro

choke [tʃəʊk] **1** *n Aut* estárter *m*

2 *vt* (**a**) *(strangle)* ahogar, estrangular (**b**) *(block)* atascar; **the roads were choked with traffic** las carreteras estaban atascadas *or* colapsadas de tráfico

3 *vi* (**a**) ahogarse; **she choked on a fish bone** se atragantó con una espina; *Fig* **to c. with anger** ponerse rojo(a) de ira (**b**) *Sport Fam* venirse abajo por los nervios

▸**choke back** *vt sep (tears, words, anger)* contener

▸**choke up** *vt sep (drain)* atascar

choker ['tʃəʊkə(r)] *n (necklace)* gargantilla *f*

cholera ['kɒlərə] *n* cólera *m*

cholesterol [kɒ'lestərɒl] *n* colesterol *m*

chomp [tʃɒmp] *vt & vi* masticar, mascar

CHOOSE [tʃuːz] (*pt* **chose** [tʃəʊz], *pp* **chosen** ['tʃəʊzən]) **1** *vt* elegir, escoger; **to c. sb sth, to c. sth for sb** elegir algo a *or* para alguien; **to c. to do sth** decidir hacer algo; **they chose her as** *or* **to be party leader** la eligieron como líder del partido; **there's not much to c. between them** no es fácil escoger entre los dos

2 *vi* elegir, escoger; **I'll do as I c.** haré lo que me parezca; **c. for yourself** elige tú mismo; **if you c., you can receive cash instead** si lo prefiere, se lo podemos abonar en efectivo; **there's a wide range to c. from** hay una amplia gama donde elegir

chooser ['tʃuːzə(r)] *n Comptr* selector *m*

choosy ['tʃuːzɪ] *adj Fam* exigente (**about** con)

chop [tʃɒp] **1** *n* (**a**) *(with axe)* hachazo *m*; *(with side of hand)* manotazo *m*, cate *m*; *Br Fam* **she got the c.** *(was sacked)* la pusieron de patitas en la calle; *Br Fam* **to be for the c.** *(of plan, scheme, organization)* ser lo próximo en desaparecer; *(of person)* ir a ser despedido (**b**) *(of lamb, pork)* chuleta *f*

2 *vt* (*pt & pp* **chopped**) *(wood)* cortar; *(meat)* trocear; *(vegetables)* picar

3 *vi Br* IDIOM **to c. and change** cambiar de idea continuamente

▸**chop down** *vt sep (tree)* derribar, talar

▸**chop off** *vt sep* cortar; **to c. sb's head off** cortarle a alguien la cabeza

▸**chop up** *vt sep (vegetables)* picar

chop-chop ['tʃɒp'tʃɒp] *exclam Fam* ¡venga, vamos!

chopper ['tʃɒpə(r)] *n* (**a**) *(for meat)* tajadera *f*; *(axe)* hacha *f* pequeña (**b**) *Fam (helicopter)* helicóptero *m* (**c**) *Br Vulg (penis)* polla *f*

chopping ['tʃɒpɪŋ] *n* ***c. block*** *(butcher's)* tajo *m*, tajadera *f*; ***c. board*** tabla *f* (para cortar)

choppy ['tʃɒpɪ] *adj (sea, lake)* picado(a); **to be c.** estar picado(a)

chops [tʃɒps] *npl Fam (of person, animal)* morro *m*, morros *mpl*, *Am* trompa *f*; *Fam Fig* **to lick one's c.** *(to relish)* relamerse (de gusto)

chopsticks ['tʃɒpstɪks] *npl* palillos *mpl (chinos)*

choral ['kɔːrəl] *adj Mus* coral ▫ ***c. society*** orfeón *m*, coral *f*

chorale [kɒ'rɑːl] *n* (**a**) *(hymn)* coral *m* (**b**) *US (choir)* coral *f*, orfeón *m*

chord [kɔːd] *n* (**a**) *Mus* acorde *m*; **to touch a c. (in sb)** tocar la fibra sensible (de alguien); **her speech struck a c. with the electorate** su discurso caló hondo en el electorado (**b**) *Math (of arc)* cuerda *f*

chore [tʃɔː(r)] *n* **to do the chores** hacer las tareas; *Fam* **what a c.!** ¡vaya lata!

choreograph ['kɒrɪəgræf] *vt* coreografiar

choreographer [kɒrɪ'ɒgrəfə(r)] *n* coreógrafo(a) *m,f*

choreography [kɒrɪ'ɒgrəfɪ] *n* coreografía *f*

chorister ['kɒrɪstə(r)] *n* orfeonista *mf*, miembro *m* de un coro

chortle ['tʃɔːtəl] **1** *n* risa *f* placentera

2 *vi* reírse con placer

chorus ['kɔːrəs] **1** *n (of song)* estribillo *m*; *(group of singers, actors)* coro *m*; **in c.** a coro; **a c. of protest** un coro de protestas ▫ ***c. girl*** corista *f*; ***c. line*** coro *m* de revista

2 *vt* corear, decir a coro

chose [tʃəʊz] *pt of* **choose**

chosen ['tʃəʊzən] **1** *adj* escogido(a); **the c. few** los elegidos

2 *pp of* **choose**

chow[1] [tʃaʊ], **chow-chow** ['tʃaʊ'tʃaʊ] *n (dog)* chow-chow *m*

chow[2] *n Fam (food)* manduca *f*, papeo *m*, *Méx* itacate *m*, *RP* morfi *m*

▸**chow down** *vi US Fam* liarse a papear *or* manducar *or RP* morfar

chowder ['tʃaʊdə(r)] *n* = crema de pescado o de mariscos

chowderhead ['tʃaʊdəhed] *n US Fam* cenutrio(a) *m,f*, *RP* lenteja *mf*

Christ [kraɪst] *n* Cristo *m*; *Fam* **C. (Almighty)!** ¡Dios!; *Fam* **for C.'s sake** ¡por (el amor de) Dios!; *Fam* **C. (alone) knows** *(I have no idea)* sabe Dios, (sólo) Dios sabe

christen ['krɪsən] *vt* bautizar

Christendom ['krɪsəndəm] *n Old-fashioned (people, countries)* cristiandad *f*

christening ['krɪsənɪŋ] *n* bautizo *m*

Christian ['krɪstʃən] **1** *n* cristiano(a) *m,f*
2 *adj* cristiano(a) ▫ ***C. name*** nombre *m* de pila; ***C. Scientist*** = miembro de la "Christian Science"

Christianity [krɪstɪ'ænɪtɪ] *n* cristianismo *m*

Christmas ['krɪsməs] *n* Navidad *f*, Navidades *fpl*; **at C.** en Navidad; **Merry** *or* **Happy C.!** ¡Feliz Navidad! ▫ ***C. cactus*** cactus *m inv* de Navidad; ***C. cake*** = pastel de Navidad a base de frutas; ***C. card*** crisma *m*, crismas *m inv*; ***C. carol*** villancico *m*; ***C. cracker*** = cilindro de papel que produce un pequeño estallido al abrirlo estirándolo por los extremos y contiene un regalito de Navidad; ***C. Day*** día *m* de Navidad; ***C. dinner*** comida *f* de Navidad; ***C. Eve*** Nochebuena *f*; ***C. present*** regalo *m* de Navidad; ***C. pudding*** = pudin con pasas y otras frutas típico de Navidad; ***C. tree*** árbol *m* de Navidad

Christmassy ['krɪsməsɪ] *adj Fam* navideño(a)

chromatic scale [krəʊ'mætɪk'skeɪl] *n Mus* escala *f* cromática

chromatography [krəʊmə'tɒgrəfɪ] *n Chem* cromatografía *f*

chrome [krəʊm] **1** *n* cromo *m*
2 *adj* cromado(a)

chromium ['krəʊmɪəm] **1** *n Chem* cromo *m*
2 *adj* de cromo

chromosome ['krəʊməsəʊm] *n Biol* cromosoma *m*

chromosphere ['krəʊməsfɪə(r)] *n Astron* cromosfera *f*

chronic ['krɒnɪk] *adj* **(a)** *(invalid, ill-health)* crónico(a); **c. unemployment** desempleo *m* crónico, paro *m* estructural, *Am* desocupación *f* crónica ▫ *Med* ***c. fatigue syndrome*** encefalomielitis *f inv* miálgica **(b)** *Br Fam (very bad)* chungo(a), de pena, *Méx* mugrero(a), *RP* de última

chronically ['krɒnɪklɪ] *adv* **(a)** *(ill)* **to be c. ill** ser un/una enfermo(a) crónico(a) **(b)** *Fam (very)* enormemente

chronicle ['krɒnɪkəl] **1** *n* crónica *f*
2 *vt* relatar, dar cuenta de

chronological [krɒnə'lɒdʒɪkəl] *adj* cronológico(a); **in c. order** por orden cronológico

chronologically [krɒnə'lɒdʒɪklɪ] *adv* cronológicamente

chronology [krə'nɒlədʒɪ] *n* cronología *f*

chronometer [krə'nɒmɪtə(r)] *n* cronómetro *m*

chrysalis ['krɪsəlɪs], **chrysalid** ['krɪsəlɪd] (*pl* **chrysalides** [krɪ'sælɪdi:z]) *n Zool* pupa *f*, crisálida *f*

chrysanthemum [krɪ'zænθəməm] *n* crisantemo *m*

chub [tʃʌb] *n* cacho *m (pez)*

chubby ['tʃʌbɪ] *adj* rechoncho(a); **c.-cheeked** mofletudo(a)

chuck[1] [tʃʌk] *Fam* **1** *n Br* **to give sb the c.** cortar con alguien, *Esp* dar calabazas a alguien, *Andes, CAm, Carib* botar a alguien
2 *vt* **(a)** *(throw, throw away)* tirar, *Am* botar **(b)** *(finish relationship with)* cortar con, *Esp* dar calabazas a, *Andes, CAm, Carib* botar a

▸**chuck away** *vt sep Fam* tirar (a la basura), *Am* botar; *Fig (opportunity)* desperdiciar

▸**chuck down** *vt sep Br Fam* **it's chucking it down** *(raining)* está lloviendo a cántaros, *Esp* están cayendo chuzos de punta

▸**chuck in** *vt sep Br Fam (job, studies)* dejar, mandar al diablo *or Esp* a paseo; **sometimes I feel like chucking it all in** a veces me dan ganas de mandarlo todo al diablo *or Esp* a paseo

▸**chuck out** *vt sep Fam (throw away)* tirar *or Am* botar; *(eject from pub, house)* echar

▸**chuck up** *vi Fam (vomit)* devolver, *Esp* echar la papilla

chuck[2] *n Tech (of drill)* mandril *m*, portabrocas *m inv*

chuckle ['tʃʌkəl] **1** *n* risita *f*
2 *vi* reírse por lo bajo; **to c. to oneself** reír entre dientes

chuck steak ['tʃʌk'steɪk] *n* aguja *f* (de ternera)

chuffed [tʃʌft] *adj Br Fam* **to be c. about sth** estar encantado(a) con algo; **I was c. to bits** estaba contentísimo *or* loco de contento

chug [tʃʌg] (*pt & pp* **chugged**) *vi* **the train chugged up the hill** el tren resollaba cuesta arriba; *Fam* **he's still chugging along in the same job** sigue tirando con el mismo trabajo

chukka ['tʃʌkə] *n Sport (in polo)* tiempo *m*, periodo *m*

chum [tʃʌm] *n Fam* amiguete(a) *m,f*

chummy ['tʃʌmɪ] *adj Fam* **to be c. with sb** ir de amiguete(a) con alguien

chump [tʃʌmp] *n Fam* **(a)** *(foolish person)* zoquete *mf* **(b) to be off one's c.** *(mad)* faltarle un tornillo a alguien, *Esp* estar mal de la chaveta *or* azotea, *RP* estar del tomate; **to go off one's c.** perder la chaveta, volverse majara **(c)** *US* **c. change** *(small amount of money)* unas monedillas, algo de dinerillo

chunder ['tʃʌndə(r)] *vi Br & Austr Fam* devolver, *Esp* echar la papilla

chunk [tʃʌŋk] *n* trozo *m*

chunky ['tʃʌŋkɪ] *adj Fam (person)* fortachón(ona), *Esp* cuadrado(a); **a c. pullover** un suéter *or Esp* jersey *or RP* pulóver grueso o gordo

Chunnel ['tʃʌnəl] *n Fam* **the C.** el Eurotúnel

church [tʃɜ:tʃ] *n* iglesia *f*; **the C.** *(institution)* la Iglesia; **to go to c.** ir a misa; **the C. of England** la Iglesia anglicana; **the C. of Scotland** la Iglesia de Escocia ▫ ***c. hall*** = sala para actividades parroquiales; ***c. service*** oficio *m* religioso

churchgoer ['tʃɜ:tʃgəʊə(r)] *n* **to be a c.** ser cristiano practicante

churchwarden ['tʃɜ:tʃ'wɔ:dən] *n (in Church of England)* ≃ sacristán *m*

churchyard ['tʃɜ:tʃjɑ:d] *n* cementerio *m (de iglesia)*, camposanto *m (de iglesia)*

churlish ['tʃɜ:lɪʃ] *adj* grosero(a)

churlishness ['tʃɜ:lɪʃnɪs] *n* grosería *f*

churn [tʃɜ:n] **1** *n (for making butter)* mantequera *f*; *(for milk)* lechera *f*
2 *vt (butter)* batir; **the propeller churned up the water** la hélice agitaba el agua
3 *vi* **my stomach's churning** *(because of nervousness)* tengo un nudo en el estómago

▸**churn out** *vt sep Fam* **he churns out novel after novel** escribe novelas como churros

chute [ʃu:t] *n* **(a)** *(for parcels, coal)* rampa *f*; **(rubbish) c.** colector *m* de basuras **(b)** *(in swimming pool, playground)* tobogán *m* **(c)** *Fam (parachute)* paracaídas *m inv*

chutney ['tʃʌtnɪ] *n* = salsa agridulce y picante a base de fruta

chutzpah ['hʊtspə] *n US Fam* descaro *m*, frescura *f*

CIA [si:aɪ'eɪ] *n US* (*abbr* **Central Intelligence Agency**) CIA *f*

ciao [tʃaʊ] *exclam* ¡chao!, *Am* ¡chau!

cicada [sɪ'kɑ:də] *n (insect)* cigarra *f*, chicharra *f*

CID [si:aɪ'di:] *n* (*abbr* **Criminal Investigation Department**) = policía judicial británica

cider ['saɪdə(r)] *n* **(a)** *(alcoholic)* sidra *f* ▫ ***c. apple*** manzana *f* sidrera; ***c. vinegar*** vinagre *m* de sidra **(b)** *US (non-alcoholic) Esp* zumo *or Am* jugo *m* de manzana

cigar [sɪ'gɑ:(r)] *n* (cigarro *m*) puro *m* ▫ ***c. butt*** colilla *f* de puro

cigarette [sɪgə'ret] *n* cigarrillo *m* ▫ ***c. ash*** ceniza *f* (de cigarrillo); ***c. butt*** colilla *f*; ***c. case*** pitillera *f*; ***c. end*** colilla *f*; ***c. holder*** boquilla *f*; ***c. lighter*** encendedor *m*, mechero *m*; ***c. machine*** máquina *f* (expendedora) de tabaco; ***c. packet*** paquete *m* de tabaco; ***c. paper*** papel *m* de fumar

cigarillo [sɪgə'rɪləʊ] *n* purito *m*

ciggy ['sɪgɪ] *n Br Fam* pitillo *m*, *Am* pucho *m*

C-in-C [si:ɪn'si:] *n Mil* (*abbr* **Commander in Chief**) comandante *m* en jefe

cinch [sɪntʃ] *n Fam* **it's a c.** *(easy task)* es pan comido; *(certain)* es cosa hecha *or* segura, es fijo

cinder ['sɪndə(r)] *n* **cinders** cenizas *fpl*; **burnt to a c.** completamente carbonizado(a)

Cinderella [sɪndə'relə] *n* Cenicienta *f*

cine ['sɪnɪ] *n* ***c. camera*** cámara *f* de cine; ***c.***

film película *f*; ***c. projector*** proyector *m* de cine

cinema ['sɪnəmə] *n (building, art)* cine *m*; **Spanish c.** el cine español

cinemagoer ['sɪnəməgəʊə(r)] *n* **she's a regular c.** va al cine con asiduidad, es una asistente asidua al cine; **the number of cinemagoers has risen** el número de espectadores en las salas de cine ha aumentado

Cinemascope® ['sɪnəməskəʊp] *n* cinemascope® *m*

cinematographer [sɪnəmə'tɒgrəfə(r)] *n* director(ora) *m,f* de fotografía, operador(ora) *m,f* de cine

cinematography [sɪnəmə'tɒgrəfi] *n* fotografía *f*

cinnamon ['sɪnəmən] *n* canela *f* ▫ ***c. stick*** palito *m* de canela en rama

cipher ['saɪfə(r)] *n (code)* clave *f*, cifra *f*; *Fig* **he's a mere c.** es un don nadie ▫ ***c. text*** texto *m* cifrado

circa ['sɜ:kə] *prep* hacia, circa

circle ['sɜ:kəl] **1** *n* **(a)** *(shape)* círculo *m*; **to sit in a c.** sentarse en círculo; IDIOM **we're going round in circles** estamos dándole vueltas a lo mismo; IDIOM **to come full c.** volver al punto de partida **(b)** *(in theatre)* anfiteatro *m*; **lower/upper c.** primer/ segundo anfiteatro **(c)** *(group)* círculo *m*; **c. of friends** círculo de amistades; **in certain circles** en determinados círculos **(d)** *(in discus, shot, hammer)* área *f or* círculo *m* de lanzamiento

2 *vt* **(a)** *(go round)* girar en torno de **(b)** *(surround)* rodear

3 *vi (of plane, birds)* volar en círculo, hacer círculos

circuit ['sɜ:kɪt] *n* **(a)** *(electric)* circuito *m* ▫ ***c. breaker*** cortacircuitos *m inv* **(b)** *(in motor racing)* circuito *m* **(c)** *(series of venues) (for comedian, singer)* circuito *m*; *Sport* circuito *m* ▫ *Law* ***c. judge*** juez *mf* de distrito, ≃ juez *mf* de la audiencia provincial **(d)** *Sport* ***c. training*** circuito *m* (de entrenamiento)

circuitous [sə'kju:ɪtəs] *adj (reasoning)* enrevesado(a); **we got there by a c. route** dimos muchos rodeos para llegar

circuitry ['sɜ:kɪtrɪ] *n Comptr* circuitería *f*; *Elec* sistema *m* de circuitos

circular ['sɜ:kjʊlə(r)] **1** *n (letter, advertisement)* circular *f*

2 *adj (movement, argument)* circular ▫ *Comptr* ***c. reference*** referencia *f* circular; ***c. saw*** sierra *f* circular

circulate ['sɜ:kjʊleɪt] **1** *vt (document)* hacer circular

2 *vi* circular; *(at party)* alternar

circulation [sɜ:kjʊ'leɪʃən] *n (of air, blood, money)* circulación *f*; *(of newspaper)* tirada *f*; **for internal c. only** *(on document)* para uso interno solamente; *Med* **to have poor c.** tener mala circulación; *Fig* **to be out of c.** *(of person)* estar fuera de la circulación

circulatory [sɜ:kjʊ'leɪtərɪ] *adj Anat* circulatorio(a) ▫ ***c. system*** sistema *m* circulatorio

circumcise ['sɜ:kəmsaɪz] *vt* circuncidar

circumcision [sɜ:kəm'sɪʒən] *n* circuncisión *f*; **female c.** ablación *f* del clítoris

circumference [sə'kʌmfərəns] *n* circunferencia *f*

circumflex ['sɜ:kəmfleks] *n* acento *m* circunflejo

circumlocution [sɜ:kəmlə'kju:ʃən] *n Formal* circunloquio *m*

circumnavigate [sɜ:kəm'nævɪgeɪt] *vt* circunnavegar

circumnavigation [sɜ:kəmnævɪ'geɪʃən] *n* circunnavegación *f*

circumscribe ['sɜ:kəmskraɪb] *vt (limit)* restringir, circunscribir

circumspect ['sɜ:kəmspekt] *adj* prudente, comedido(a)

circumstance ['sɜ:kəmstæns] *n* **(a)** *(situation)* circunstancia *f*; **in** *or* **under the circumstances** dadas las circunstancias; **in** *or* **under no circumstances** en ningún caso; **due to circumstances beyond our control** debido a circunstancias ajenas a nuestra voluntad **(b)** *(fate)* las circunstancias **(c)** *Formal (financial situation)* **circumstances** situación *f* económica, posición *f*; **to live in reduced circumstances** vivir en la pobrezas

circumstantial [sɜ:kəm'stænʃəl] *adj Law* **c. evidence** pruebas *fpl* indiciarias

circumstantiate [sɜ:kəm'stænʃɪeɪt] *vt Formal* corroborar (con datos)

circumvent [sɜ:kəm'vent] *vt Formal* eludir

circus ['sɜ:kəs] *n* circo *m*; **c. clown/ performer** payaso *m*/artista *m* de circo

cirrhosis [sɪ'rəʊsɪs] *n Med* cirrosis *f inv*; **c. of the liver** cirrosis hepática

cirrocumulus [sɪrəʊ'kju:mjʊləs] *(pl* **cirrocumuli** [sɪrəʊ'kju:mjʊlaɪ]) *n Met* cirrocúmulo *m*

cirrostratus [sɪrəʊ'strɑ:təs] *(pl* **cirrostrati** [sɪrəʊ'strɑ:taɪ]) *n Met* cirroestrato *m*

cirrus ['sɪrəs] *(pl* **cirri** ['sɪraɪ]) *n Met* cirro *m*

CIS [si:aɪ'es] *n (abbr* **Commonwealth of Independent States**) CEI *f*

cissy ['sɪsɪ] *n Br Fam (weak male)* blandengue *m*, llorica *m*; *(effeminate male)* mariquita *m*

cistern ['sɪstən] *n* cisterna *f*

citadel ['sɪtədel] *n* ciudadela *f*

citation [saɪ'teɪʃən] *n* **(a)** *(from author)* cita *f* **(b)** *Mil* mención *f* (de honor)

cite [saɪt] *vt (quote)* citar

citizen ['sɪtɪzən] *n* ciudadano(a) *m,f*; **the citizens of the town** los habitantes de la ciudad ▫ ***c.'s arrest*** = detención realizada por un civil; ***c.'s band (radio)*** (radio *f* de) banda *f* ciudadana *or* de radioaficionados

citizenship ['sɪtɪzənʃɪp] *n* ciudadanía *f*

citric acid ['sɪtrɪk'æsɪd] *n Chem* ácido *m* cítrico

citrus fruit ['sɪtrəs'fru:t] *n* cítrico *m*; **they grow c.** cultivan cítricos

city ['sɪtɪ] *n* **(a)** *(large town)* ciudad *f*; *Br* **the C.** la City (de Londres), = el barrio financiero y bursátil de Londres ▫ ***c. centre*** centro *m* urbano; *Journ* ***c. desk*** sección *f* de economía; *Journ* ***c. editor*** *Br* redactor(ora) *m,f* jefe de economía; *US* redactor(ora) *m,f* de local; ***c. fathers*** *(council)* gobierno *m* municipal, consistorio *m*; *US* ***c. hall*** ayuntamiento *m*; *Pej* ***c. slicker*** urbanita *mf* presuntuoso(a)

(b) *US very Fam* **you should see the people at the gym — it's fat c.!** tendrías que ver la gente que va al gimnasio ¡es el país de los gordos *or* es gordilandia!; **try the park, it's dope c.!** pásate por el parque ¡es el paraíso de las drogas!

city-dweller ['sɪtɪdwelə(r)] *n* habitante *mf* de ciudad, urbanita *mf*

cityscape ['sɪtɪskeɪp] *n* paisaje *m* urbano

civet ['sɪvət] *n* civeta *f*

civic ['sɪvɪk] *adj* cívico(a); **to do one's c. duty** cumplir con la obligación de uno como ciudadano ▫ ***c. centre*** = area o complejo que acoge las oficinas administrativas de la ciudad

civil ['sɪvəl] *adj* **(a)** *(of society)* civil ▫ ***c. aviation*** aviación *f* civil; ***c. defence*** protección *f* civil; ***c. disobedience*** desobediencia *f* civil; ***c. engineering*** ingeniería *f* civil; ***c. law*** derecho *m* civil; ***c. liberty*** libertad *f* individual *or* civil; ***c. list*** = presupuesto anual concedido por el parlamento a la corona británica; *Law* ***c. marriage*** matrimonio *m* civil; *Law* ***c. rights*** derechos *mpl* civiles; ***c. servant*** funcionario(a) *m,f*; ***the c. service*** la administración (pública), el funcionariado; ***c. war*** guerra *f* civil; ***the C. War*** *(American)* la Guerra de Secesión (americana); *(Spanish)* la Guerra Civil (española)

(b) *(polite)* cortés

civilian [sɪ'vɪljən] *n & adj* civil *mf*

civility [sɪ'vɪlɪtɪ] *n* cortesía *f*

civilization [sɪvɪlaɪ'zeɪʃən] *n* civilización *f*

civilize ['sɪvɪlaɪz] *vt* civilizar

civilized ['sɪvɪlaɪzd] *adj* civilizado(a)

civvy ['sɪvɪ] *n Fam* **civvies** *(clothes)* ropa *f* de paisano ▫ *Br* ***c. street*** vida *f* de civil *or* de paisano

CJD [si:dʒeɪ'di:] *n (abbr* **Creutzfeldt-Jakob disease**) enfermedad *f* de Creutzfeld-Jakob

cl *(abbr* **centilitre**) cl

clack [klæk] **1** *n (sound)* golpeteo *m*

2 *vi* golpetear

clad [klæd] **1** *adj* ataviado(a) (**in** de)

2 *pt & pp of* **clothe**

cladding ['klædɪŋ] *n Tech* revestimiento *m*

claim [kleɪm] **1** *n* **(a)** *(for damages, compensation)* reclamación *f* (**for** de); **wage c.** reivindicación *f* salarial; **to lay c. to sth** reivindicar (la posesión de) algo; **to make** *or* **put in a c.** hacer *or* presentar una reclamación; **to make a c. on insurance** dar parte al seguro; **I have many claims on my time** estoy muy ocupado; **he has a c. to the throne of France** tiene derechos sobre el trono de Francia; **his only c. to fame** su único título de gloria

(b) *(assertion)* afirmación *f*; **she makes no c. to originality** no pretende ser original;

c. and counter-claim réplica *f* y contrarréplica
(**c**) *(piece of land)* terreno *m*, explotación *f*
2 *vt* (**a**) *(as a right)* reclamar; **to c. compensation/damages (from sb)** reclamar (a alguien) una compensación/daños y perjuicios; **to c. a prize** hacerse con un premio; **to c. responsibility for sth** atribuirse la responsabilidad de algo
(**b**) *(assert)* **to c. that…** afirmar que…; **he claims to be an expert** asegura ser un experto; **I can't c. to be a close friend** no puedo pretender que soy un amigo íntimo
(**c**) *(assert ownership of) (baggage)* recoger; *(lost property)* reclamar; **the epidemic claimed thousands of lives** la epidemia segó miles de vidas

claimant ['kleɪmənt] *n (to throne)* aspirante *mf*, pretendiente *mf*; *(for social security)* solicitante *mf*; *(for insurance)* reclamante *mf*

clairvoyant [kleə'vɔɪənt] **1** *n* vidente *mf*
2 *adj* **to be c.** ser clarividente

clam [klæm] *n* almeja *f*; IDIOM **to shut up like a c.** no decir esta boca es mía ▫ ***c. chowder*** sopa *f* de almejas

▸**clam up** *(pt & pp* **clammed***) vi Fam* no decir esta boca es mía *or* ni mú

clamber ['klæmbə(r)] *vi* trepar (**up** *or* **over** por)

clammy ['klæmɪ] *adj (weather)* húmedo(a); **his hands were c.** tenía las manos húmedas y frías

clamorous ['klæmərəs] *adj (crowd)* vociferante; *(protest, complaint)* vehemente

clamour ['klæmə(r)] **1** *n (noise)* griterío *m*, clamor *m*; *(demands)* demandas *fpl* (**for** de); **a c. of protest** una oleada de protestas
2 *vi (make noise)* clamar; **to c. for sth** *(demand)* clamar por algo

clamp [klæmp] **1** *n (of vice)* mordaza *f*, abrazadera *f*; *Med* pinza *f* quirúrgica, clamp *m*; **(wheel) c.** *(for car)* cepo *m*
2 *vt* sujetar (**to** a); *(car)* poner un cepo a

▸**clamp down on** *vt insep Fam (people)* tomar medidas contundentes contra; *(tax evasion, violence)* poner coto a

clampdown ['klæmpdaʊn] *n Fam* medidas *fpl* contundentes (**on** contra)

clan [klæn] *n* clan *m*

clandestine [klæn'destɪn] *adj* clandestino(a)

clandestinely [klæn'destɪnlɪ] *adv* clandestinamente, de forma clandestina

clang [klæŋ] **1** *n* ruido *m* metálico, estrépito *m*
2 *vi (of bell)* repicar; **the gate clanged shut** la verja se cerró con gran estrépito

clanger ['klæŋə(r)] *n Br Fam* metedura *f* de pata, patinazo *m*; IDIOM **to drop a c.** meter la pata

clank ['klæŋk] **1** *n* sonido *m* metálico
2 *vi* **the chains clanked** las cadenas produjeron un sonido metálico

clap [klæp] **1** *n* (**a**) *(with hands)* **to give sb a c.** aplaudir a alguien (**b**) *(noise)* **a c. of thunder** el estampido de un trueno (**c**) *very Fam (venereal disease)* **the c.** gonorrea *f*; **to have (a dose of) the c.** haber *Esp* pillado *or Am* agarrado la gonorrea
2 *vt (pt & pp* **clapped**) (**a**) *(applaud)* aplaudir; **to c. one's hands** dar palmadas (**b**) *(slap)* **to c. sb on the back** dar a alguien una palmada en la espalda (**c**) *(put)* **he clapped his hat on** se encasquetó el sombrero; *Fam* **to c. sb in prison** *Esp* enchironar a alguien, meter *Méx* en el bote *or RP* en cana a alguien; *Fam* **to c. eyes on sth/sb** ver algo/a alguien
3 *vi (applaud)* aplaudir

clapped-out [klæpt'aʊt] *adj Br Fam (person)* rendido(a), hecho(a) polvo; *(car, machine)* destartalado(a), *Esp* cascado(a), *Méx* jodido(a); **to be c.** estar destartalado(a) *or Esp* cascado(a) *or Méx* jodido(a)

clapper ['klæpə(r)] *n (of bell)* badajo *m*; *Fam* **to run/work like the clappers** correr/trabajar como un condenado(a)

clapperboard ['klæpəbɔ:d] *n Cin* claqueta *f*

clapping ['klæpɪŋ] *n (applause)* aplausos *mpl*

claptrap ['klæptræp] *n Fam* majaderías *fpl*, *Am* huevadas *fpl*, *Am* pendejadas *fpl*

claret ['klærət] **1** *n (wine, colour)* burdeos *m inv*
2 *adj (colour)* burdeos

clarification [klærɪfɪ'keɪʃən] *n (explanation)* aclaración *f*

clarify ['klærɪfaɪ] *vt* (**a**) *(explain)* aclarar (**b**) *(butter)* clarificar

clarinet [klærɪ'net] *n* clarinete *m*

clarinettist [klærɪ'netɪst] *n* clarinetista *mf*

clarion ['klærɪən] *n Hist* clarín *m*; *Fig* **c. call** llamada *f* inequívoca

clarity ['klærɪtɪ] *n* claridad *f*

clash [klæʃ] **1** *n* (**a**) *(of opinions)* discrepancia *f* (**b**) *(between people)* enfrentamiento *m*, choque *m*; **there have been clashes in the streets** ha habido enfrentamientos callejeros (**c**) *(of events)* coincidencia *f* (**d**) *(of metal objects)* estrépito *m*
2 *vi* (**a**) *(come into conflict)* enfrentarse (**with** con *or* a) (**b**) *(of evidence, explanations)* contradecirse; *(of colours, designs)* no pegar, desentonar; **the wallpaper clashes with the carpet** el papel no pega con la *Esp* moqueta *or Am* alfombra (**c**) *(of events)* **to c. with** coincidir con (**d**) *(of metal objects)* entrechocar

clasp [klɑ:sp] **1** *n (on necklace, handbag)* broche *m*, cierre *m* ▫ ***c. knife*** navaja *f*
2 *vt (grip)* agarrar; *(embrace)* estrechar; **to c. sb's hand** agarrar a alguien de la mano

class [klɑ:s] **1** *n* (**a**) *(social group)* clase *f* ▫ ***c. struggle*** lucha *f* de clases; ***c. war*** guerra *f* de clase
(**b**) *(in school, university) (group, lesson)* clase *f*; **I've got a history c. now** ahora tengo clase de historia; **before/after c.** antes/después de clase; **the c. of '91** la promoción del '91
(**c**) *(category)* clase *f*; *Fig* **to be in a c. of one's own** constituir una clase aparte
(**d**) *(in transport)* clase *f*; **first/second c.** primera/segunda clase
(**e**) *(stylishness)* clase *f*; **to have a lot of c.** tener mucha clase; **to be a c. act** *(person)* tener un toque de distinción
2 *vt (classify)* clasificar (**as** como)

class-conscious ['klɑ:skɒnʃəs] *adj Pej* clasista

classic ['klæsɪk] **1** *adj* clásico(a); **a c. example** un ejemplo típico; *Fam* **it was c.!** *Esp* ¡fue la pera *or* la monda!, *Méx* ¡estuvo padrísimo!, *RP* ¡fue de lo mejor! ▫ ***c. car*** = automóvil de época fabricado entre 1925 y 1942
2 *n* (**a**) *(book)* clásico *m* (**b**) *Sch Univ* **classics** (lenguas *fpl*) clásicas *fpl* (**c**) *Fam* **it was a c.!** *Esp* ¡fue la pera *or* la monda!, *Méx* ¡estuvo padrísimo!, *RP* ¡fue de lo mejor! (**d**) *Sport* (prueba *f*) clásica *f*

classical ['klæsɪkəl] *adj* clásico(a) ▫ ***c. music*** música *f* clásica

classically ['klæsɪklɪ] *adv (trained, educated)* a la manera clásica

classicism ['klæsɪsɪzəm] *n* clasicismo *m*

classicist ['klæsɪsɪst] *n* estudiante *mf* de clásicas

classification [klæsɪfɪ'keɪʃən] *n* clasificación *f*

classified ['klæsɪfaɪd] **1** *adj* (**a**) *(secret)* reservado(a) (**b**) ***c. advertisements*** *or* ***ads*** *(in newspaper)* anuncios *mpl* por palabras
2 *n* **the classifieds** *(in newspaper)* los anuncios por palabras

classify ['klæsɪfaɪ] *vt* clasificar

classless ['klɑ:slɪs] *adj (society)* sin clases, sin barreras sociales; *(accent)* desclasado(a)

classmate ['klɑ:smeɪt] *n* compañero(a) *m,f* de clase

classroom ['klɑ:sru:m] *n* aula *f*, clase *f*

classy ['klɑ:sɪ] *adj Fam* con clase, elegante

clatter ['klætə(r)] **1** *n* ruido *m*, estrépito *m*
2 *vi* **he clattered up the stairs** subió las escaleras con estrépito; **to c. about** *(of person)* trastear, trapalear

clause [klɔ:z] *n (of contract)* cláusula *f*; *(of sentence)* oración *f* (simple), cláusula *f*

claustrophobia [klɔ:strə'fəʊbɪə] *n* claustrofobia *f*

claustrophobic [klɔ:strə'fəʊbɪk] *adj* claustrofóbico(a)

clavichord ['klævɪkɔ:d] *n Mus* clavicordio *m*

clavicle ['klævɪkəl] *n Anat* clavícula *f*

claw [klɔ:] **1** *n (of animal, bird)* garra *f*; *(of crab, lobster)* pinza *f*; *Fam Fig* **to get one's claws into sb** echarle el guante a alguien, *Am* pescar a alguien ▫ ***c. hammer*** martillo *m* de carpintero *or* de oreja
2 *vt (scratch)* arañar; *Fig* **to c. one's way to the top** lograr abrirse paso hasta la cima del éxito
3 *vi* **to c. at sth/sb** arañar algo/a alguien

▸**claw back** *vt (money)* recobrar, recuperar

clay [kleɪ] *n* arcilla *f*; *Sport* **on c.** en tierra batida ▫ ***c. court*** *(for tennis)* pista *f* de tierra batida; ***c. pigeon*** plato *m*; ***c. pigeon shooting*** tiro *m* al plato; ***c. pipe*** pipa *f* de cerámica

clayey ['kleɪɪ] *adj* arcilloso(a)

CLEAN [kliːn] **1** *adj* (**a**) *(not dirty)* limpio(a); **are your hands c.?** ¿tienes las manos limpias?; **wipe the bath c.** limpia el baño; **he keeps his home very c.** tiene su casa muy limpia; **a c. piece of paper** una hoja (de papel) en blanco; **a c. fuel/technology** *(non-polluting)* un combustible/una tecnología no contaminante; **he was given a c. bill of health** lo declararon sano; *Fig* **the inspectors gave the building a c. bill of health** los inspectores dieron el visto bueno al edificio; **to have a c.** *Br* **driving** *or US* **driver's licence** no tener puntos de penalización en *Esp* el carné de conducir *or RP* el carné de conductor *or Méx* la licencia para conducir; **a c. game** un juego limpio; **c. living** vida *f* sana; **to start with a c. sheet** *or* **slate** hacer borrón y cuenta nueva, empezar de cero otra vez; **he kept a c. sheet** *(in soccer)* no le metieron ni un gol
(**b**) *(not obscene) (humour, joke)* sano(a); **good c. fun** diversión *f* sana; **keep it c., we don't want to offend anybody** sin tacos, no queremos que se ofenda nadie
(**c**) *(clear) (shape, outline)* nítido(a); *(flavour)* bien definido(a); **a c. break** *(of bone)* una fractura limpia; *Fig* **it would be better for us to make a c. break** *(end relationship)* sería mejor que lo dejáramos; *Fig* **to make a c. break with the past** romper radicalmente con el pasado; *Fig* **to make a c. getaway** escaparse sin ser seguido; IDIOM **he showed his pursuers a c. pair of heels** puso tierra de por medio entre él y sus perseguidores; *Fig* **to make a c. sweep** *(of prizes, in election)* arrasar; *(replace staff)* renovar a todo el personal
(**d**) *Fam (not in possession of gun)* desarmado(a); **they arrested him, but he turned out to be c.** lo detuvieron, pero no llevaba drogas encima; **I've been c. for six months now** *(no longer on drugs)* no me he metido nada en los últimos seis meses
2 *adv* (**a**) *(completely)* **to cut c. through sth** cortar algo limpiamente; **they got c. away** se escaparon sin que nadie les siguiera; *Fam* **I c. forgot** me olvidé completamente
(**b**) *Fam* **to come c. (about sth)** *(admit the truth)* decir la verdad *or* sincerarse (acerca de algo)
3 *vt* limpiar; **to c. one's teeth/hands** limpiarse los dientes/las manos; **c. the dirt off the mantelpiece** limpia la repisa; **to c. one's plate** *(eat all one's food)* limpiar el plato
4 *vi* (**a**) *(of detergent)* **it doesn't c. very well** no limpia muy bien
(**b**) *(do housework)* limpiar
5 *n (wash)* **to give sth a c.** limpiar algo; **the bathroom needs a c.** hay que limpiar el baño
▸**clean out** *vt sep* (**a**) *(cupboard, room)* limpiar de arriba abajo (**b**) *Fam (rob)* desplumar; *(leave without money)* dejar *Esp* sin blanca *or Am* sin un centavo
▸**clean up 1** *vt sep (place, person)* limpiar; **to c. oneself up** limpiarse; *Fig* **we need to c. up our image** tenemos que mejorar nuestra imagen; *Fam* **to c. up one's act** empezar a portarse como Dios manda, ponerse las pilas; *Fig* **the company has been told that unless it cleans up its act it will be fined** le han dicho a la empresa que si no rectifica su comportamiento será multada; *Fam* **you've got to c. up your act!** *(give up drugs, alcohol)* ¡tienes que limpiarte!
2 *vi* (**a**) *(tidy up)* ordenar; *(wash oneself)* lavarse; **to c. up after sb** limpiar lo que ha ensuciado alguien (**b**) *Fam (win money)* arrasar, ganar un pastón; *(win all prizes, medals)* arrasar

---

clean-cut [ˈkliːnˈkʌt] *adj (features)* nítido(a)

cleaner [ˈkliːnə(r)] *n* (**a**) *(person)* limpiador(ora) *m,f* (**b**) *(substance)* producto *m* de limpieza (**c**) **c.'s** *(dry cleaner's)* tintorería *f*; IDIOM *Fam* **to take sb to the cleaners** *(defeat)* darle un buen baño a alguien

cleaning *n* [ˈkliːnɪŋ] limpieza *f* ▫ ***c. lady*** mujer *f or* señora *f* de la limpieza; **c. materials** productos *mpl* de limpieza

cleanliness [ˈklenlɪnɪs] *n (of place)* limpieza *f*; *(of person)* higiene *f*; PROV **c. is next to godliness** la limpieza ante todo

clean-living [ˈkliːnˈlɪvɪŋ] *adj* sano(a), sin vicios

cleanly [ˈkliːnlɪ] *adv* (**a**) *(fight)* limpiamente (**b**) *(break)* limpiamente

cleanness [ˈkliːnnɪs] *n* limpieza *f*

clean-out [ˈkliːnaʊt] *n* buena limpieza *f*, limpieza *f* a fondo

cleanse [klenz] *vt* limpiar

cleanser [ˈklenzə(r)] *n (for household use)* producto *m* de limpieza; *(for skin)* loción *f* limpiadora

clean-shaven [ˈkliːnˈʃeɪvən] *adj (man, face)* (bien) afeitado(a); **to be c.** *(just shaved)* estar bien afeitado(a); *(have no beard)* no tener barba ni bigote

cleansing [ˈklenzɪŋ] *adj* limpiador(ora) ▫ *Br* ***c. department*** servicio *m* municipal de limpieza; ***c. lotion*** loción *f* limpiadora

clean-up [ˈkliːnʌp] *n* limpieza *f*

CLEAR [klɪə(r)] **1** *adj* (**a**) *(liquid, colour)* claro(a); *(glass, gel)* transparente; *(sky, road, weather)* despejado(a); *(sound, image)* nítido(a); *(skin, complexion)* limpio(a); **all c.!** ¡no hay peligro!; **to be c.** *(of sky, road)* estar despejado(a); **a c. soup** un caldo; **to have a c. view of sth** ver algo claramente; *Fig* **to have a c. conscience** tener la conciencia tranquila; *Fig* **to have/keep a c. head** tener/mantener la mente despejada; **a c. profit** un beneficio neto; **a c. winner** un claro vencedor
(**b**) *(easy to understand)* claro(a); **to be c.** *(of explanation)* ser claro(a); **to be a c. speaker** hablar con claridad; **to make it c. to sb that...** dejar bien claro a alguien que...; **to make oneself c.** expresarse con claridad *or* claramente; **let's get this c.** que quede esto claro; **do I make myself c.?** ¿queda claro?; IDIOM **as c. as a bell** *(of voice, sound)* perfectamente audible
(**c**) *(obvious, evident)* claro(a); **it is c. that...** es evidente que..., está claro que...; **it is becoming c. to me that you don't care** me estoy dando cuenta de que no te importa; IDIOM **it's (as) c. as day** está más claro que el agua; IDIOM *Fam* **it's (as) c. as mud** de claro no tiene nada
(**d**) *(sure)* **I wasn't c. what she meant** no me quedó claro lo que quería decir; **are you c. on** *or* **about that?** ¿lo tienes claro?
(**e**) *(free)* **c. of** *(not touching)* despegado(a) de; *(at safe distance)* alejado(a) de; **when the plane is c. of the ground** cuando el avión haya despegado; **once you are c. of the area** una vez que estés a una distancia prudencial; **I have two c. weeks at the end of May** tengo dos semanas libres a final de mayo; **they are six points c. of their nearest rivals** les sacan seis puntos a sus inmediatos perseguidores
(**f**) ***c. round*** *(in show jumping)* ronda *f* sin penalizaciones
2 *adv* **make sure the curtains hang c. of the ground** asegúrate de que las cortinas no tocan el suelo; **he pulled her c. of the wreckage** la sacó de entre los restos del accidente; **stay c. of the edge of the cliff!** ¡no te acerques al acantilado!; **I'd stay c. of him if I were you** yo de ti no me acercaría a él; **to steer c. of sth/sb** evitar algo/a alguien; **stand c. of the doors!** ¡apártense de las puertas!; **you can see c. to the hills** la vista alcanza hasta las colinas
3 *vt* (**a**) *(road, area, blocked nose)* despejar; *(forest)* talar; *(pipe)* desatascar; *Com (old stock)* liquidar; *Comptr (data)* borrar; **to c. one's desk** ordenar la mesa; **to c. a path through the crowd** abrirse camino entre la multitud; **he cleared a space for the tray** hizo un hueco para la bandeja; **to c. the table** recoger la mesa; **the police cleared the square of demonstrators** la policía despejó la plaza de manifestantes; **could you c. those books off the table?** ¿podrías quitar *or Am* sacar esos libros de la mesa?; **to c. the ball** *(in soccer, rugby, hockey)* despejar la pelota; **to c. a debt** saldar una deuda; **to c. one's head** despejar la mente; **to c. one's throat** carraspear; IDIOM **to c. the air** disipar los malentendidos; IDIOM **to c. the decks** ponerse al día y finalizar los asuntos pendientes; *also Fig* **to c. the way (for sth)** abrir el camino (a algo)
(**b**) *(exonerate)* eximir; *Law* absolver; **to c. sb of blame** eximir de culpa a alguien; **they campaigned to c. his name** hicieron una campaña para limpiar su nombre
(**c**) *(pass) (jump over)* **to c. a fence** sortear una valla; **to c. customs** pasar la aduana
(**d**) *(not touch)* **make sure it clears the ground** asegúrate de que no toca el suelo
(**e**) *(authorize) (plan, proposal)* aprobar; *(cheque)* compensar, dar por bueno; **we've been cleared for take-off** nos han dado permiso para el despegue *or Am* decolaje; **I'll need to c. it with the boss** necesito el visto bueno del jefe
(**f**) *(solve)* **to c. a case** resolver un caso

(**g**) *(earn)* **she clears $45,000 a year** gana 45.000 dólares limpios al año

4 *vi* (**a**) *(of weather, sky)* despejarse; *(of fog)* levantarse; **the water eventually cleared** el agua acabó por aclararse

(**b**) *(of cheque)* **the cheque hasn't cleared yet** el cheque no ha sido compensado todavía

5 *n* **to be in the c.** *(not under suspicion)* estar fuera de sospecha; *(out of danger)* estar fuera de peligro

▸**clear away 1** *vt sep (remove)* quitar (de en medio); *(tidy up)* ordenar; *(dishes)* recoger

2 *vi (of clouds)* despejarse; *(of fog)* levantarse

▸**clear off 1** *vt sep (debt)* liquidar

2 *vi Br Fam (leave)* largarse; **c. off!** ¡largo!, ¡fuera!

▸**clear out 1** *vt sep (empty)* limpiar, ordenar; *(get rid of)* deshacerse de

2 *vi Fam (leave)* largarse

▸**clear up 1** *vt sep* (**a**) *(tidy)* ordenar; *(toys)* recoger (**b**) *(doubt, misunderstanding, problem)* aclarar; *(mystery)* resolver

2 *vi* (**a**) *(tidy up)* ordenar; **to c. up after sb** limpiar lo que ha ensuciado alguien (**b**) *(of weather)* despejarse; *(of cold, infection)* desaparecer

---

clearance [ˈklɪərəns] *n* (**a**) *Com* **reduced for c.** rebajado(a) por liquidación (de existencias) ▫ ***c. sale*** liquidación *f* (de existencias) (**b**) *(authorization)* autorización *f*; **to get c. to do sth** obtener autorización para hacer algo (**c**) *(removal)* eliminación *f*; **slum c.** derribo *m* de chabolas (**d**) *(in soccer, rugby, hockey)* despeje *m* (**e**) *(in high jump, pole vault)* salto *m* válido (**f**) *(in snooker, pool)* tacada *f* final *(metiendo todas las bolas)* (**g**) *Tech (gap)* margen *m*, espacio *m*

clear-cut [ˈklɪəˈkʌt] *adj* claro(a), inequívoco(a)

clear-headed [klɪəˈhedɪd] *adj* lúcido(a)

clearing [ˈklɪərɪŋ] *n* (**a**) *(in forest)* claro *m* (**b**) *Br Fin* ***c. bank*** banco *m* de compensación; *Fin* ***c. house*** cámara *f* de compensación

clearly [ˈklɪəlɪ] *adv* (**a**) *(see, explain, write)* claramente, con claridad (**b**) *(obviously)* claramente; **he is c. wrong** está claramente equivocado; **c.!** ¡sin duda!; **c. not!** ¡en absoluto!

clearness [ˈklɪənɪs] *n* claridad *f*

clearout [ˈklɪəraʊt] *n* **I need to give my desk a c.** tengo que limpiar *or* ordenar mi escritorio

clear-sighted [klɪəˈsaɪtɪd] *adj (perceptive)* lúcido(a), clarividente

clearway [ˈklɪəweɪ] *n Br* = trecho de calle o carretera en donde está prohibido detenerse

cleat [kliːt] *n Naut* cornamusa *f*

cleavage [ˈkliːvɪdʒ] *n* escote *m*

cleave [kliːv] (*pt* **cleaved** *or* **cleft** [kleft] *or* **clove** [kləʊv], *pp* **cleaved** *or* **cleft** *or* **cloven** [ˈkləʊvən]) *vt Literary* hendir, partir en dos

▸**cleave to** (*pt & pp* **cleaved**) *vt insep Formal* aferrarse a

cleaver [ˈkliːvə(r)] *n* cuchillo *m* de carnicero, tajadera *f*

clef [klef] *n Mus* clave *f*

cleft [kleft] **1** *n* grieta *f*, hendidura *f*

2 *adj* hendido(a); **to have a c. palate** tener fisura de paladar; IDIOM **to be (caught) in a c. stick** *(in awkward situation)* estar entre la espada y la pared

3 *pt & pp of* **cleave**

clematis [ˈklemətɪs] *n* clemátide *f*

clemency [ˈklemənsɪ] *n* clemencia *f*

clement [ˈklemənt] *adj (weather)* bonancible, benigno(a)

clementine [ˈkleməntiːn] *n Br* clementina *f*

clench [klentʃ] *vt* apretar

clergy [ˈklɜːdʒɪ] *n* clero *m*

clergyman [ˈklɜːdʒɪmən] *n* clérigo *m*

cleric [ˈklerɪk] *n* clérigo *m*

clerical [ˈklerɪkəl] *adj* (**a**) *(administrative)* administrativo(a) ▫ ***c. assistant*** auxiliar *mf* administrativo(a); ***c. error*** error *m* administrativo; ***c. work*** trabajo *m* de oficina (**b**) *Rel* clerical

clerk [klɑːk, *US* klɜːrk] *n* *(in office)* oficinista *mf*; *(in court)* oficial(ala) *m,f*, secretario(a) *m,f*; *US (in store)* dependiente(a) *m,f*

clever [ˈklevə(r)] *adj* (**a**) *(intelligent) (person, animal)* listo(a); **she's very c. at mathematics** se le dan muy bien las matemáticas; IDIOM *Fam* **she's too c. by half** se pasa de lista; *Br Fam Pej* **c. clogs** *or* **dick** sabelotodo *mf*, *Esp* listillo(a) *m,f* (**b**) *(plan, idea)* ingenioso(a) (**c**) *(skilful)* habilidoso(a), hábil; **it was very c. the way he persuaded her** fue una manera muy habilidosa *or* hábil de convencerla; **to be c. with one's hands** ser un/una manitas

cleverly [ˈklevəlɪ] *adv* (**a**) *(intelligently)* inteligentemente (**b**) *(ingeniously)* ingeniosamente

cleverness [ˈklevənɪs] *n (of person, plan)* inteligencia *f*

cliché [ˈkliːʃeɪ] *n* tópico *m*, lugar *m* común

clichéd [ˈkliːʃeɪd] *adj* tópico(a); **a c. comment** *or* **remark** un tópico, un lugar común

click [klɪk] **1** *n (of button)* clic *m*; *(of fingers, tongue)* chasquido *m*; *Comptr* clic *m* ▫ ***c. beetle*** baticabeza *m*

2 *vt* **to c. one's fingers** chasquear los dedos; **to c. one's heels** dar un taconazo; **to c. one's tongue** chasquear la lengua

3 *vi* (**a**) *(make a sound) & Comptr* hacer clic; *Comptr* **c.-and-drag** hacer clic y arrastrar (**b**) IDIOMS *Fam* **suddenly it clicked** *(became obvious to me)* de pronto caí en la cuenta; **they clicked at once** *(got on)* se entendieron desde el primer momento

client [ˈklaɪənt] *n* (**a**) *(customer)* cliente(a) *m,f* ▫ ***c. state*** estado *m* satélite (**b**) *Comptr* cliente *m* ▫ ***c./server model*** modelo *m* cliente/servidor

clientele [kliːɒnˈtel] *n* clientela *f*

cliff [klɪf] *n* acantilado *m* ▫ ***c. face*** ladera *f* del acantilado

cliffhanger [ˈklɪfhæŋə(r)] *n* **the movie was a real c.** la película tenía mucho suspense

climactic [klaɪˈmæktɪk] *adj* culminante

climate [ˈklaɪmət] *n* clima *m*; *Fig* **in the current c.** en las actuales circunstancias; **c. change** cambio *m* climático

climatic [klaɪˈmætɪk] *adj* climático(a)

climax [ˈklaɪmæks] **1** *n (peak)* clímax *m inv*, momento *m* culminante; *(sexual)* orgasmo *m*

2 *vi* culminar (**with** con); *(reach orgasm)* llegar al orgasmo

climb [klaɪm] **1** *n (up hill)* ascensión *f*, subida *f*; *(of mountaineer)* escalada *f*; **it's quite a c.** hay una buena subida; **it's a steep c.** es una cuesta *or* subida muy empinada

2 *vt (tree)* subir a, trepar a; *(hill, ladder)* subir; *(rope)* subir por, trepar por; *(mountain, cliff)* escalar; **to c. the stairs** subir las escaleras; *Fig* **to c. the walls** subirse por las paredes

3 *vi (of road, prices, figures)* subir; *(of aeroplane)* ascender; **to c. into bed** meterse en la cama; **to c. over a wall** trepar por un muro

▸**climb down 1** *vt insep (descend)* bajar de

2 *vi* (**a**) *(descend)* descender, bajar (**b**) *Fig (in argument, conflict)* echarse atrás, dar marcha atrás

▸**climb up 1** *vt insep (tree)* subir a, trepar a; *(hill, ladder)* subir; *(rope)* subir por, trepar por; *(mountain, cliff)* escalar

2 *vi* subir

climber [ˈklaɪmə(r)] *n* (**a**) *(mountain climber)* alpinista *mf*, *Am* andinista *mf*; *(rock climber)* escalador(ora) *m,f* (**b**) *(plant)* (planta *f*) trepadora *f*

climbing [ˈklaɪmɪŋ] *n (mountain climbing)* alpinismo *m*, *Am* andinismo *m*; *(rock climbing)* escalada *f*; **to go c.** hacer alpinismo, ir de escalada ▫ ***c. frame*** = en los parques, estructura de hierro o madera para que trepen los niños; ***c. plant*** trepadora *f*

climes [klaɪmz] *npl Literary or Hum* latitudes *fpl*, tierras *fpl*; **foreign c.** tierras foráneas

clinch [klɪntʃ] **1** *n (of lovers, fighters)* abrazo *m*; **they were in a c.** estaban abrazados

2 *vt (settle) (deal)* cerrar; *(argument)* zanjar; **that clinches it!** ¡eso lo resuelve del todo!

cling [klɪŋ] (*pt & pp* **clung** [klʌŋ]) *vi* **to c. to** *(rope, person)* aferrarse a; *Fig* **to c. to an opinion** aferrarse a una idea

clingfilm [ˈklɪŋfɪlm] *n Br* plástico *m* transparente *(para envolver alimentos)*

clingy [ˈklɪŋɪ] *adj* (**a**) *(child)* mimoso(a), pegajoso(a); *(boyfriend, girlfriend)* pegajoso(a), empalagoso(a) (**b**) *(clothes)* ceñido(a), ajustado(a); **clothes get very c. in this humidity** la ropa se pega mucho con tanta humedad

clinic [ˈklɪnɪk] *n (hospital)* clínica *f*; *(department, session)* consulta *f*

clinical [ˈklɪnɪkəl] *adj* (**a**) *Med* clínico(a)

❑ ***c. psychology*** psicología *f* clínica (**b**) *(unemotional)* aséptico(a)

clinically ['klɪnɪklɪ] *adv* (**a**) *Med* clínicamente; **c. dead** clínicamente muerto(a); **c. depressed** con un cuadro clínico de depresión (**b**) *(unemotionally)* asépticamente

clinician [klɪ'nɪʃən] *n* facultativo(a) *m,f*, clínico(a) *m,f*

clink[1] [klɪŋk] **1** *n (sound)* tintineo *m*
2 *vt* hacer tintinear; **to c. glasses (with sb)** brindar (con alguien)
3 *vi (of glasses)* tintinear

clink[2] *n very Fam (prison) Esp* trena *f*, *Esp* trullo *m*, *Andes, RP* cana *f*, *Méx* bote *m*

clinker ['klɪŋkə(r)] *n* (**a**) *(ash)* escoria *f* (**b**) *US Fam (mistake, gaffe)* metedura *f or Am* metida *f* de pata

clip[1] [klɪp] **1** *n (for paper)* clip *m*, sujetapapeles *m inv*
2 *vt* (*pt & pp* **clipped**) *(attach)* sujetar (con un clip)
3 *vi* **the two pieces c. together** las dos piezas se acoplan

clip[2] **1** *n* (**a**) *Br Fam (blow)* **to give sb a c. on** *or* **round the ear** darle a alguien un *Esp* cachete *or Am* una cachetada en la oreja (**b**) *(of movie)* fragmento *m*; *(of programme)* avance *m*
2 (*pt & pp* **clipped**) *vt* (**a**) *(cut) (hair)* cortar; *(hedge)* podar; *(ticket)* picar; IDIOM **to c. sb's wings** cortar las alas a alguien (**b**) *(hit)* dar un golpe a; *Br Fam* **to c. sb round the ear** dar un sopapo a alguien (**c**) *US Fam Pej* ***c. joint*** garito *m or RP* boliche *m* carero (**d**) *Comptr* ***c. art*** clip art *m*, dibujos *mpl* artísticos

clipboard ['klɪpbɔ:d] *n* carpeta *f* con sujetapapeles; *Comptr* portapapeles *m inv*

clip-on ['klɪpɒn] *adj* ***c. bow tie*** *Esp* pajarita *f* (de broche), *Méx* corbata *f* de moño (de broche), *RP* moñito *m* (de broche); ***c. earrings*** pendientes *mpl or Am* aretes *mpl* de clip; ***c. microphone*** micrófono *m* de solapa; ***c. sunglasses*** suplemento *m* (de sol), = gafas de sol para ponerse sobre las gafas graduadas

clipped [klɪpt] *adj (accent, tone)* entrecortado(a)

clipper ['klɪpə(r)] *n (ship)* cliper *m*

clippers ['klɪpəz] *npl (for hair)* maquinilla *f (para cortar el pelo)*; *(for nails)* cortaúñas *m inv*; *(for hedge)* podadera *f*, tijeras *fpl* de podar

clipping ['klɪpɪŋ] *n (from newspaper)* recorte *m*

clique [kli:k] *n* camarilla *f*, círculo *m*

cliquey ['kli:kɪ] *adj* exclusivista; **students tend to be rather c.** los estudiantes tienden a formar grupos muy cerrados

clitoral ['klɪtərəl] *adj* del clítoris ❑ ***c. circumcision*** ablación *f* del clítoris

clitoris ['klɪtərɪs] *n* clítoris *m inv*

cloak [kləʊk] **1** *n* capa *f*; *Fig* **under the c. of darkness** bajo el manto de la oscuridad
2 *vt Fig* **cloaked in secrecy** rodeado(a) de secreto

cloak-and-dagger ['kləʊkən'dægə(r)] *adj (movie, book)* de intriga; **a c. affair** un asunto lleno de intrigas

cloakroom ['kləʊkru:m] *n* guardarropa *m*

clobber[1] ['klɒbə(r)] *n Br Fam (clothes)* trapos *mpl*, ropa *f*; *(belongings)* trastos *mpl*

clobber[2] *vt Fam (hit)* sacudir; *(defeat)* dar una paliza a

cloche [klɒʃ] *n (for plants)* campana *f* protectora ❑ ***c. hat*** sombrero *m* de campana

clock [klɒk] **1** *n* (**a**) *(for telling the time)* reloj *m (grande o de pared)*; **to work round the c.** trabajar día y noche; **a race against the c.** una carrera contrarreloj; **to put the c. forward/back** adelantar/atrasar el reloj; IDIOM **to turn the c. back** retroceder en el tiempo; **to watch the c.** = estar siempre pendiente de la hora de finalización de la jornada laboral ❑ ***c. radio*** radio *f* despertador; ***c. tower*** torre *f* del reloj (**b**) *Fam (milometer)* cuentakilómetros *m inv* (**c**) *Comptr* reloj *m* ❑ ***c. speed*** velocidad *f* de reloj
2 *vt* (**a**) *(measure speed of)* medir la velocidad de; *(reach speed of)* alcanzar; *(achieve time of)* registrar un tiempo de (**b**) *Fam (hit)* cascar, endiñar (**c**) *Fam (notice) (person, thing)* echar el ojo a; *(situation)* captar, cazar, *Esp* coscarse de

▸**clock in** *vi (at work)* fichar (a la entrada), *Am* marcar tarjeta (a la entrada)

▸**clock off** *vi (at work)* fichar (a la salida), *Am* marcar tarjeta (a la salida)

▸**clock on** = **clock in**

▸**clock out** = **clock off**

▸**clock up** *vt sep (votes, profits)* registrar; **this car has clocked up 10,000 miles** este coche marca 10.000 millas

clockmaker ['klɒkmeɪkə(r)] *n* relojero(a) *m,f*

clockwatcher ['klɒkwɒtʃə(r)] *n Fam* = trabajador que está siempre pendiente de que dé la hora para irse

clockwise ['klɒkwaɪz] *adv* en el sentido de las agujas del reloj

clockwork ['klɒkwɜ:k] **1** *n* **to go like c.** marchar a la perfección
2 *adj (toy)* mecánico(a)

clod [klɒd] *n (of earth)* terrón *m*

clodhopper ['klɒdhɒpə(r)] *n Fam* (**a**) *(person)* ganso(a) *m,f*, patoso(a) *m,f* (**b**) *(shoe)* zapatón *m*

clog [klɒg] **1** *n (shoe)* zueco *m*
2 *vt* (*pt & pp* **clogged**) bloquear, atascar
3 *vi* bloquearse, atascarse

▸**clog up** **1** *vt* bloquear, atascar
2 *vi* bloquearse, atascarse

cloister ['klɔɪstə(r)] *n* claustro *m*

cloistered ['klɔɪstəd] *adj* **to lead a c. life** no tener mucha relación con el mundo exterior

clone [kləʊn] **1** *n* (**a**) *Biol* clon *m* (**b**) *Comptr* clónico *m*
2 *vt Biol* clonar

CLOSE[1] [kləʊs] **1** *adj* (**a**) *(in distance, time)* cercano(a), próximo(a); *(contact, cooperation, relationship)* estrecho(a); *(community)* unido(a); **to be c. to** *(near)* estar cerca de; **to be c. to tears/victory** estar a punto de llorar/vencer; **to be c. to sb** *(of friends)* tener mucha confianza con alguien; *(of relatives)* estar muy unido(a) a alguien; **a c. friend** un amigo íntimo; **a c. relative** un pariente cercano *or* próximo; **he bears a very c. resemblance to his father** se parece mucho a su padre; **they are very c. in age** se llevan muy pocos años; **they are very c. in ideology** tienen unas ideas muy parecidas; **to be c. on fifty** estar cerca de los cincuenta; **is his name Tim? — you're c., it's Tom** ¿se llama Tim? – casi, se llama Tom; **that was c., she nearly saw me** me he librado por poco, casi me ve; **we won, but it was a c. (run) thing** ganamos por un pelo; **c. combat** combate *m* cuerpo a cuerpo; **to be in c. contact with sb** tener mucho contacto con alguien; **c. to home** *(remark, criticism)* personal; **an example from closer to home** un ejemplo que nos será más familiar; **in c. proximity to** muy cerca de; **at c. quarters** de cerca; **he was shot at c. range** le dispararon *or Am* balearon a quemarropa; **this razor gives a very c. shave** con esta maquinilla se obtiene un afeitado muy apurado; IDIOM **I had a c. call** *or* **shave when I nearly missed my flight** me faltó un pelo para perder el avión (**b**) *(inspection, attention)* cuidadoso(a); *(observer)* atento(a); **to keep a c. watch on sth/sb** vigilar de cerca algo/a alguien; **to take a c. look at sth** mirar algo detenidamente
(**c**) *(weather)* bochornoso(a); *(room)* cargado(a)
(**d**) *(contest, election)* reñido(a); **she came a c. second** llegó segunda muy cerca de la primera; **the result is too c. to call** es imposible saber quién va a ganar
(**e**) *(secretive)* reservado(a); **to be c. about sth** ser reservado con algo
(**f**) *Fam (mean, miserly)* rácano(a), *Am* amarrado(a)
(**g**) *Br* **the c. season** *(for hunting)* la veda; *(in sport)* la temporada de descanso *(al final de la liga)*
(**h**) *Com & Fin Br* **c. company** = tipo de sociedad anónima controlada por un máximo de cinco socios; *US* **c. corporation** = tipo de sociedad anónima controlada por un número pequeño de socios
2 *n (cul-de-sac)* callejón *m*
3 *adv (near)* cerca; **c. to** cerca de; **to come c. to death** estar a punto de morir; **to come c. to doing sth** estar a punto de hacer algo; **don't get too c. to the edge** no te acerques demasiado al borde; **to hold sb c.** abrazar a alguien fuerte; **he lives c. to here** *or* **c. by** vive cerca de aquí; **to follow c. behind sb** seguir de cerca a alguien; **they were sitting c. together** estaban sentados muy juntos; **c. at hand** a mano; **look at it c. up** míralo de cerca

CLOSE[2] [kləʊz] **1** *n (end)* final *m*; **to bring sth to a c.** poner término a algo, dar por terminado(a) algo; **to come** *or* **draw to a c.** tocar *or* llegar a su fin ❑ *Fin* ***c. of trading*** cierre *m* de la sesión
2 *vt* (**a**) *(shut) (door, eyes, shop)* cerrar; *(curtains)* cerrar, correr; *Fig* **to c. one's eyes to**

sth *(ignore)* no querer ver algo; *Fig* **to c. ranks (around sb)** cerrar filas (en torno a alguien)

(**b**) *(end) (meeting, debate)* terminar; *(conference)* clausurar; *(case)* cerrar; *(account)* cancelar; **to c. a deal** cerrar un trato

(**c**) *(reduce) (distance, gap)* reducir

3 *vi* (**a**) *(shut) (of shop, business)* cerrar; *(of door)* cerrarse

(**b**) *(end) (of meeting, movie, book)* terminar

(**c**) *Fin* **the pound closed at $1.65** la libra cerró a 1.65 dólares; *Fin* **the shares closed up/down** al cierre de la sesión las acciones habían subido/bajado con respecto al precio de salida

▸**close in** *vi (of night)* acercarse; *(of fog)* espesarse; **to c. in on sb** ir cercando a alguien; **to c. in for the kill** *(of lion, tiger)* acercarse para matar; **the days are closing in** los días se están acortando

▸**close off** *vt sep (area, building)* cerrar

▸**close on** *vt insep (prey, target)* acercarse a

▸**close out** *vt sep US (goods)* liquidar

▸**close up 1** *vi* (**a**) *(of wound, hole)* cerrarse (**b**) *(of shopkeeper)* cerrar (**c**) *(hide emotions)* cerrarse

2 *vt sep (hole, shop, wound)* cerrar

▸**close with** *vt sep* (**a**) *(settle deal with)* cerrar el trato con (**b**) *Literary (enemy)* enzarzarse con

---

close-cropped ['kləʊs'krɒpt] *adj (hair)* al rape

closed [kləʊzd] *adj* cerrado(a); **behind c. doors** a puerta cerrada; *Fig* **he's a c. book** es un tipo misterioso; **computing is a c. book to me** la informática para mí es un verdadero misterio ❑ ***c. circuit television*** circuito *m* cerrado de televisión; *Ind* ***c. shop*** = centro de trabajo que emplea exclusivamente a trabajadores sindicados

close-down ['kləʊzdaʊn] *n* (**a**) *(of shop, business)* cierre *m* (por cese de negocio) (**b**) *TV & Rad* cierre *m* (de emisión)

close-fisted [kləʊs'fɪstɪd], **close-handed** [kləʊs'hændɪd] *adj Fam* agarrado(a), roñoso(a), *Am* amarrado(a)

close-fitting ['kləʊs'fɪtɪŋ] *adj* ajustado(a)

close-knit ['kləʊs'nɪt] *adj (community, group)* muy unido(a)

closely ['kləʊslɪ] *adv* (**a**) *(attentively) (examine, watch, follow)* de cerca; **to listen c.** escuchar atentamente (**b**) *(not distantly)* **to c. resemble sb** parecerse mucho a alguien; **c. related/connected** íntimamente relacionado(a)/conectado(a); **c. contested** muy reñido(a) (**c**) *(populated)* densamente; **c. packed** apiñado(a)

closeness ['kləʊsnɪs] *n* (**a**) *(physical nearness)* proximidad *f*, cercanía *f* (**b**) *(of relationship, contact)* intimidad *f*

close-run ['kləʊs'rʌn] *adj (election, race)* reñido(a)

close-set ['kləʊs'set] *adj* **to have c. eyes** tener los ojos muy juntos

closet ['klɒzɪt] **1** *n (cupboard)* armario *m*; IDIOM *Fam* **to come out of the c.** declararse homosexual públicamente

2 *adj Fam* **c. communist/alcoholic** comunista/alcohólico encubierto; **c. gay** homosexual *m* no declarado; **she's a c. Julio Iglesias fan** le encanta Julio Iglesias, pero nunca lo confesaría

3 *vt* **to be closeted with sb** *(in meeting)* estar encerrado(a) con alguien

close-up ['kləʊsʌp] *n* primer plano *m*; **in c.** en primer plano

closing ['kləʊzɪŋ] *n (shutting)* cierre *m* ❑ ***c. ceremony*** ceremonia *f* de clausura; ***c. date*** fecha *f* límite; *Fin* ***c. prices*** cotizaciones *fpl* al cierre; ***c. speech*** discurso *m* de clausura; ***c. time*** hora *f* de cierre

closure ['kləʊʒə(r)] *n (of company, shop)* cierre *m*

clot [klɒt] **1** *n* (**a**) *(of blood)* coágulo *m* (**b**) *Fam (stupid person)* memo(a) *m,f*, lelo(a) *m,f*

2 *vi (pt & pp* **clotted**) *(of blood)* coagularse

cloth [klɒθ] *n* (**a**) *(material)* tela *f*, tejido *m*; IDIOM **to be cut from the same c.** estar cortados(as) por el mismo patrón, ser tal para cual ❑ ***c. cap*** gorra *f* de tela *or* paño; ***the c. cap vote*** el voto de la clase trabajadora *or* obrera (**b**) *(individual piece)* trapo *m* (**c**) **a man of the c.** *(clergyman)* un ministro de Dios

clothe [kləʊð] *(pt & pp* **clad** [klæd] *or* **clothed**) *vt* vestir

cloth-ears ['klɒθɪəz] *n Fam Hum* sorderas *mf inv*

clothes [kləʊðz] *npl* ropa *f*; **to put one's c. on** vestirse, ponerse la ropa; **to take one's c. off** quitarse *or Am* sacarse la ropa, desvestirse ❑ ***c. brush*** cepillo *m* para la ropa; ***c. hanger*** percha *f*; ***c. horse*** tendedero *m* (plegable); *Fam Pej (person)* pijo(a) *m,f*, presumido(a) *m,f* con la ropa; ***c. line*** cuerda *f* de tender la ropa; ***c. peg*** *or US* ***pin*** pinza *f* (de la ropa); ***c. pole*** palo *m* del tendedero; ***c. shop*** tienda *f* de ropa *or* de modas

clothing ['kləʊðɪŋ] *n (clothes)* ropa *f*; **an article of c.** una prenda de vestir; **the c. industry** la industria del vestido

clotted cream ['klɒtɪd'kri:m] *n* = *Esp* nata *or Am* crema de leche muy espesa típica del suroeste de Inglaterra

cloud [klaʊd] **1** *n* (**a**) *(in sky, of smoke)* nube *f* ❑ *Phys* ***c. chamber*** cámara *f* de niebla; *Met* ***c. cover*** cielo *m* nuboso, nubosidad *f*

(**b**) IDIOMS **to be under a c.** *(in disgrace)* haber caído en desgracia; **he left under a c.** se marchó bajo sospecha, salió por la puerta falsa *or* de atrás; **to have one's head in the clouds** estar en las nubes; *Br Fam* **to be (living) in c. cuckoo land** estar en Babia *or* la luna; PROV **every c. has a silver lining** no hay mal que por bien no venga; *Fam* **she is on c. nine** está más contenta que un chico con zapatos nuevos *or Esp* que unas castañuelas

2 *vt* (**a**) *(mirror)* empañar

(**b**) *(obscure)* nublar; **the news clouded their happiness** las noticias enturbiaron su alegría; **to c. the issue** embrollar las cosas; **his judgement was clouded** no podía pensar con claridad, estaba ofuscado

▸**cloud over** *vi (of sky)* nublarse

cloudburst ['klaʊdbɜ:st] *n* chaparrón *m*

cloudless ['klaʊdlɪs] *adj* despejado(a)

cloudy ['klaʊdɪ] *adj* (**a**) *(sky, day)* nublado(a) (**b**) *(liquid)* turbio(a)

clout [klaʊt] *Fam* **1** *n* (**a**) *(blow)* tortazo *m*, sopapo *m*; **to give sth/sb a c.** dar algo/a alguien un tortazo *or* sopapo (**b**) *(power, influence)* poder *m*, influencia *f*; **to have a lot of c.** ser muy influyente

2 *vt (hit)* sacudir, atizar, *RP* mandar

clove[1] [kləʊv] *n (of garlic)* diente *m*

clove[2] *n (spice)* clavo *m*

clove[3] *pt of* **cleave**

cloven ['kləʊvən] **1** *adj* **c. hoof** pata *f* hendida

2 *pp of* **cleave**

clover ['kləʊvə(r)] *n (plant)* trébol *m*; *Fig* **to be in c.** vivir a cuerpo de rey

cloverleaf ['kləʊvəli:f] *n* hoja *f* de trébol ❑ ***c. junction*** (cruce *m or* nudo *m* de) trébol *m*

clown [klaʊn] **1** *n (in circus)* payaso *m*; **to act the c.** hacer el payaso

2 *vi* **to c. about** *or* **around** hacer el payaso

cloying ['klɔɪɪŋ] *adj* empalagoso(a)

club [klʌb] **1** *n* (**a**) *(society, in sport)* club *m*; *Fam Fig* **join the c.!** ¡ya eres uno más!; **soccer/tennis c.** club de fútbol/tenis; IDIOM *Br Fam Hum* **to be in the (pudding) c.** *(pregnant)* estar con bombo, estar preñada ❑ ***c. class*** clase *f* preferente *or* club; ***c. sandwich*** sándwich *m* club; *US* ***c. soda*** soda *f* (**b**) *(nightclub)* discoteca *f*, sala *f* (de fiestas) (**c**) *(weapon)* palo *m*, garrote *m* (**d**) *(in golf)* palo *m* (**e**) *(in cards)* trébol *m*; **ace of clubs** as *m* de tréboles (**f**) *Med* ***c. foot*** pie *m* deforme

2 *vt (pt & pp* **clubbed**) *(hit)* apalear

▸**club together** *vi* **to c. together (to buy sth)** poner dinero a escote (para comprar algo)

clubbable ['klʌbəbəl] *adj Br Old-fashioned* sociable

clubbing ['klʌbɪŋ] *n* **to go c.** ir de discotecas

clubhouse ['klʌbhaʊs] *n* = en unas instalaciones deportivas, edificio en el que se encuentran los vestuarios y el bar

cluck [klʌk] **1** *n* cacareo *m*

2 *vi* cacarear

clue [klu:] *n (in crime, mystery)* pista *f*; *(in crossword)* definición *f*, pregunta *f*; **to give sb a c.** dar una pista a alguien; *Fam* **he hasn't got a c.** no tiene ni idea

clued-up [klu:d'ʌp] *adj Fam* **to be c. (on** *or* **about sth)** estar muy puesto(a) (en algo)

clueless ['klu:lɪs] *adj Fam* **he's c. (about)** es un *Esp* negado *or Méx* desmadre *or RP* queso (para)

clump [klʌmp] **1** *n* (**a**) *(of bushes)* mata *f*; *(of people, trees)* grupo *m* (**b**) *(of weeds)* matojo *m*; *(of earth)* terrón *m* (**c**) *(sound)* **the c. of her footsteps** el ruido de sus pisotones

2 *vi* **to c. about** dar pisotones

clumpy ['klʌmpɪ] *adj Fam* **c. shoes** zapatones *mpl*

clumsiness ['klʌmzɪnɪs] *n* torpeza *f*

clumsy ['klʌmzɪ] *adj (person, movement)* torpe; *(attempt, burglary)* burdo(a)

clung [klʌŋ] *pt & pp of* **cling**

clunk [klʌŋk] **1** *n* estrépito *m*

2 *vi* golpear estrepitosamente

cluster ['klʌstə(r)] **1** *n* **(a)** *(of flowers)* ramo *m*; *(of grapes)* racimo *m*; *(of people, islands, stars)* grupo *m*; *(of cases of an illness)* conjunto *m*, serie *f* ▫ ***c. bomb*** bomba *f* de dispersión **(b)** *Comptr* cluster *m*, bloque *m*

2 *vi* **to c. round sb/sth** apiñarse en torno a alguien/algo

clutch[1] [klʌtʃ] **1** *n* **(a)** *Aut* embrague *m*; **to let the c. in** pisar el embrague, embragar; **to let the c. out** soltar el embrague, desembragar ▫ ***c. pedal*** (pedal *m* de) embrague *m* **(b)** *(grasp)* **she had fallen into his clutches** ella había caído en sus garras ▫ ***c. bag*** bolso *m or Andes, RP* cartera *f or Méx* bolsa *f (sin asas)*

2 *vt* agarrar; **she clutched her coat to her chest** apretaba el abrigo contra su pecho

3 *vi* **to c. at sth** agarrarse a algo; IDIOM **to c. at straws** agarrarse a un clavo ardiendo

clutch[2] *n (of eggs)* nidada *f*

clutter ['klʌtə(r)] **1** *n* desbarajuste *m*; **in a c.** revuelto(a)

2 *vt* **to be cluttered (up) with sth** estar abarrotado(a) de algo

cluttered ['klʌtəd] *adj* revuelto(a)

cm *(abbr* **centimetre(s)**) cm

CNAA [si:ener'eɪ] *n Univ (abbr* **Council for National Academic Awards**) = organismo británico que expide los títulos universitarios

CND [si:en'di:] *n (abbr* **Campaign for Nuclear Disarmament**) = organización británica en favor del desarme nuclear

C-note ['si:nəʊt] *n US Fam* billete *m* de cien dólares

CO[1] [si:'əʊ] *(pl* **COs**) *n Mil (abbr* **Commanding Officer**) oficial *m* al mando

CO[2] *(abbr* **Colorado**) Colorado

Co, co [kəʊ] *n Com (abbr* **company**) cía; *Fig* **Jane and co** Jane y compañía

c/o [si:'əʊ] *(abbr* **care of**) en el domicilio de

coach [kəʊtʃ] **1** *n* **(a)** *Br (bus)* autobús *m*, *Esp* autocar *m*; *(horse-drawn carriage)* coche *m* de caballos, diligencia *f*; *(section of train)* vagón *m*; IDIOM **to drive a c. and horses through sth** saltarse algo a la torera ▫ ***c. driver*** conductor(ora) *m,f* de autobús; ***c. party*** grupo *m* de viajeros en autobús; ***c. station*** estación *f* de autobuses; ***c. tour*** gira *f* en autobús; ***c. trip*** excursión *f* en autobús **(b)** *(of athlete, team)* entrenador(ora) *m,f*; *(of pupil)* profesor(ora) *m,f* particular

2 *vt (athlete, team)* entrenar; *(pupil)* dar clases particulares a; **to c. sb for an exam** ayudar a alguien a preparar un examen

coachbuilder ['kəʊtʃbɪldə(r)] *n Aut* carrocero(a) *m,f*

coaching ['kəʊtʃɪŋ] *n (of athlete, team)* entrenamiento *m*; *(of pupil)* clases *fpl* particulares

coachwork ['kəʊtʃwɜ:k] *n Aut* carrocería *f*

coagulant [kəʊ'ægjʊlənt] *n Med* coagulante *m*

coagulate [kəʊ'ægjʊleɪt] *vi* coagularse

coal [kəʊl] *n* **(a)** *(fuel)* carbón *m*; **a lump of c.** un trozo de carbón ▫ ***c. bunker*** carbonera *f*; ***c. fire*** hoguera *f or* lumbre *f* de carbón; ***c. merchant*** carbonero(a) *m,f*; ***c. mine*** mina *f* de carbón; ***c. miner*** minero(a) *m,f* (del carbón); ***c. mining*** minería *f* del carbón; ***c. scuttle*** cubo *m* del carbón; ***c. tar*** alquitrán *m* mineral; ***c. tit*** carbonero *m* garrapinos **(b)** IDIOMS **to carry coals to Newcastle** ir a vendimiar y llevar uvas de postre; **to haul sb over the coals** echar una bronca a alguien

coalesce [kəʊə'les] *vi (of views, interests)* fundirse; *(of movements, groups)* coaligarse

coalface ['kəʊlfeɪs] *n* cabeza *f or* frente *m* de mina

coalfield ['kəʊlfi:ld] *n* yacimiento *m* de carbón; *(large region)* cuenca *f* carbonífera

coal-fired ['kəʊlfaɪəd] *adj* de carbón

coalition [kəʊə'lɪʃən] *n* coalición *f*; **to form a c.** formar una coalición ▫ ***c. government*** gobierno *m* de coalición

coalman ['kəʊlmæn] *n* carbonero *m*

coarse [kɔ:s] *adj* **(a)** *(person, language)* grosero(a), basto(a) **(b)** *(surface)* áspero(a); *(sand)* grueso(a); *(salt)* gordo(a); **to have c. hair** tener el pelo basto **(c)** *Sport* ***c. fishing*** pesca *f* de río *(salvo trucha y salmón)*

coarsely ['kɔ:slɪ] *adv* **(a)** *(vulgarly)* groseramente **(b)** *(roughly)* **c. chopped** cortado(a) en trozos grandes; **c. ground** molido(a) grueso

coarseness ['kɔ:snɪs] *n* **(a)** *(of person, language)* grosería *f* **(b)** *(of surface, texture)* aspereza *f*

coast [kəʊst] **1** *n* costa *f*; **it was broadcast c. to c.** fue retransmitido de costa a costa en todo el país; IDIOM **the c. is clear** no hay moros en la costa ▫ ***c. road*** carretera *f* costera *or* litoral

2 *vi (in car)* rodar en punto muerto; *(on bicycle)* rodar sin pedalear; *Fig* **she coasted through her exams** pasó sus exámenes con toda facilidad

coastal ['kəʊstəl] *adj* costero(a)

coaster ['kəʊstə(r)] *n* **(a)** *(ship)* buque *m* de cabotaje **(b)** *(for glass)* posavasos *m inv*

coastguard ['kəʊstgɑ:d] *n* guardacostas *mf inv*

coastline ['kəʊstlaɪn] *n* costa *f*, litoral *m*

coat [kəʊt] **1** *n* **(a)** *(overcoat)* abrigo *m*; *(jacket)* chaqueta *f*, *Méx* chamarra *f*, *RP* campera *f* ▫ ***c. hanger*** percha *f*; ***c. hook*** colgador *m* **(b)** *(of dog, horse)* pelaje *m* **(c)** *(of snow, paint)* capa *f* **(d)** ***c. of arms*** escudo *m* de armas

2 *vt* cubrir (**with** de); **coated with mud** cubierto(a) de barro, embarrado(a); **hazelnuts coated with chocolate** avellanas recubiertas de chocolate

coating ['kəʊtɪŋ] *n (of paint, dust)* capa *f*

coat-tails ['kəʊtteɪlz] *npl* frac *m*; *Fig* **on sb's c.** a la sombra de alguien

co-author [kəʊ'ɔ:θə(r)] **1** *n* coautor(ora) *m,f*

2 *vt* **to c. a book with sb** escribir un libro conjuntamente con alguien

coax [kəʊks] *vt* persuadir; **to c. sb into doing sth** persuadir a alguien para que haga algo; **to c. sth out of sb** sonsacar algo a alguien

coaxial [kəʊ'æksɪəl] *adj Comptr* coaxial ▫ ***c. cable*** cable *m* coaxial

cob [kɒb] *n* **(a)** *(horse)* jaca *f* **(b)** *(of maize)* mazorca *f*

cobalt ['kəʊbɔ:lt] *n Chem* cobalto *m* ▫ ***c. blue*** azul *m* cobalto

cobble ['kɒbəl] **1** *n* adoquín *m*

2 *vt* adoquinar

▸**cobble together** *vt sep Fam (make hastily)* improvisar, *Esp* apañar

cobbled ['kɒbəld] *adj (path, street)* adoquinado(a)

cobbler ['kɒblə(r)] *n* zapatero *m* (remendón)

cobblers ['kɒbləz] *Br* **1** *npl* **(a)** *very Fam (nonsense) Esp* paridas *fpl*, *Am* pendejadas *fpl*, *RP* pelotudeces *fpl* **(b)** *Vulg (testicles)* huevos *mpl*, *Esp* cojones *mpl*

2 *exclam very Fam* ¡menuda *Esp* parida *or Am* pendejada *or RP* pelotudez!

cobblestone ['kɒbəlstəʊn] *n* adoquín *m*

COBOL ['kəʊbɒl] *n Comptr (abbr* **Common Business Oriented Language**) (lenguaje *m*) COBOL *m*

cobra ['kəʊbrə] *n* cobra *f*

cobweb ['kɒbweb] *n* telaraña *f*; *Fig* **to brush the cobwebs off sth** desempolvar algo

coca ['kəʊkə] *n (bush)* coca *f*; **c. leaves** cocas *fpl*, hojas *fpl* de coca

cocaine [kə'keɪn] *n* cocaína *f*

coccyx ['kɒksɪks] *n Anat* coxis *m inv*

cochineal ['kɒtʃɪni:l] *n (insect)* cochinilla *f*; *(colouring)* carmín *m*, cochinilla *f*

cochlea ['kɒklɪə] *(pl* **cochleae** ['kɒklɪi:]) *n Anat* caracol *m* (del oído)

cock [kɒk] **1** *n* **(a)** *(male fowl)* gallo *m*; *(male bird)* macho *m* ▫ ***c. sparrow*** gorrión *m* macho **(b)** *Vulg (penis) Esp* polla *f*, *Am* verga *f*, *Chile* pico *m*, *Méx* pájaro *m*, *RP* pija *f* **(c)** *Br Fam (term of address)* macho *m*, *Esp* colega *m*; **alright, me old c.!** ¡qué pasa, macho!

2 *vt* **(a)** *(gun)* montar, amartillar **(b)** *(lift up)* **the dog/horse cocked its ears** el perro/caballo levantó las orejas; IDIOM **to c. a snook at sb** hacer burla a alguien

▸**cock up** *vt sep Br very Fam* **to c. sth up** cagar *or Esp* joder *or Méx* madrear algo

cockade [kɒ'keɪd] *n* escarapela *f*

cock-a-doodle-doo ['kɒkədu:dəl'du:] *exclam* ¡quiquiriquí!

cock-a-hoop ['kɒkə'hu:p] *adj* **he was c. about the result** estaba encantado con el resultado

cockamamie ['kɒkəmeɪmɪ] *adj US Fam* demencial

cock-and-bull story ['kɒkən'bʊlstɔ:rɪ] *n Fam* cuento *m* chino

cockatoo [kɒkə'tu:] (*pl* **cockatoos**) *n* cacatúa *f*

cockcrow ['kɒkkrəʊ] *n Literary* **at c.** al amanecer

cocked [kɒkt] *adj* IDIOM **to knock sb/sth into a c. hat** *(outclass)* dar mil *or* cien vueltas a alguien/algo

cockerel ['kɒkərəl] *n* gallo *m* joven

cocker spaniel ['kɒkə'spænjəl] *n* cocker *mf*

cockeyed ['kɒkaɪd] *adj Fam* (**a**) *(decision, plan)* disparatado(a) (**b**) *(crooked)* torcido(a)

cockfight ['kɒkfaɪt] *n* pelea *f* de gallos

cockle ['kɒkəl] *n* (**a**) *(shellfish)* berberecho *m* (**b**) IDIOM *Fam* **it warmed the cockles of his heart** le alegró el corazón

Cockney ['kɒknɪ] **1** *n* (**a**) (*pl* **Cockneys**) *(person)* = habitante de los barrios obreros del este de Londres (**b**) *(dialect)* = habla de los barrios obreros del este de Londres

2 *adj* = de los barrios obreros del este de Londres

cockpit ['kɒkpɪt] *n* (**a**) *(of passenger plane)* cabina *f*; *(of fighter plane)* carlinga *f*; *(of racing car)* cabina *f*, habitáculo *m*; *(of boat)* puente *m* de mando (**b**) *(for cockfights)* reñidero *m*, *Col* gallera *f*, *Cuba* gallería *f*, *Méx* palenque *m*

cockroach ['kɒkrəʊtʃ] *n* cucaracha *f*

cockscomb ['kɒkskəʊm] *n* cresta *f*

cocksure ['kɒkʃʊə(r)] *adj* arrogante

cocktail ['kɒkteɪl] *n also Fig* cóctel *m* ▫ ***c. bar*** coctelería *f*, bar *m* de cócteles; ***c. dress*** vestido *m* de noche; ***c. lounge*** bar *m* *(de hotel)*; ***c. party*** cóctel *m*; ***c. shaker*** coctelera *f*; ***c. stick*** palillo *m*; ***c. waitress*** camarera *f or Méx* mesera f *or RP* moza *f* de bar

cock-teaser ['kɒkti:sə(r)] *n Vulg* calientapollas *f inv*, *Col, Ven* calientahuevos *f inv*, *RP* calientapija *f*

cock-up ['kɒkʌp] *n Br very Fam* cagada *f*; **to make a c. of sth** cagarla con algo; **it was a c., not a conspiracy** fue un error, no una conspiración

cocky ['kɒkɪ] *adj Fam* creído(a)

cocoa ['kəʊkəʊ] *n (powder)* cacao *m*; **a cup of c.** una taza de leche con cacao ▫ ***c. bean*** semilla *f or* grano *m* de cacao; ***c. butter*** manteca *f* de cacao

coconut ['kəʊkənʌt] *n (fruit)* coco *m*; **c. (tree)** cocotero *m* ▫ ***c. matting*** estera *f* de fibra de coco; ***c. milk*** leche *f* de coco; ***c. oil*** aceite *m* de coco; ***c. palm*** cocotero *m*; ***c. shy*** = juego de feria que consiste en derribar cocos con una pelota

cocoon [kə'ku:n] **1** *n* capullo *m*

2 *vt* **to be cocooned from the outside world** estar sobreprotegido(a) del mundo exterior

COD [si:əʊ'di:] *Com* (*abbr* **cash on delivery**) entrega *f* contra reembolso

cod [kɒd] *n* bacalao *m* ▫ ***c. liver oil*** aceite *m* de hígado de bacalao

coda ['kəʊdə] *n Mus* coda *f*; *(in book)* colofón *m*

coddle ['kɒdəl] *vt (child)* mimar

code [kəʊd] **1** *n* (**a**) *(cipher)* código *m*, clave *f*; **in c.** cifrado(a) ▫ ***c. book*** libro *m* de códigos; ***c. name*** nombre *m* en clave; ***c. word*** contraseña *f* (**b**) *(used to identify)* código *m* ▫ ***c. number*** código *m* (**c**) *(rules)* código *m*; **c. of conduct** código de conducta; **c. of practice** código de conducta (**d**) *Comptr* código *m* (**e**) *(for telephone number)* prefijo *m*

2 *vt* (**a**) *(message)* codificar, cifrar (**b**) *Comptr* codificar

codeine ['kəʊdi:n] *n* codeína *f*

co-dependancy [kəʊdɪ'pendənsɪ] *n* codependencia *f*, dependencia *f* mutua

co-dependant [kəʊdɪ'pendənt] *n* codependiente *mf*

codfish ['kɒdfɪʃ] (*pl* **codfish** *or* **codfishes**) *n* bacalao *m*

codger ['kɒdʒə(r)] *n Fam* **old c.** vejete *m*, abuelo *m*

codicil ['kəʊdɪsɪl] *n Law* codicilo *m*

codify ['kəʊdɪfaɪ] *vt* codificar

coding ['kəʊdɪŋ] *n Comptr* codificación *f*

codswallop ['kɒdzwɒləp] *n Br Fam* majaderías *fpl*, sandeces *fpl*, *Am* pendejadas *fpl*; **a load of c.** una sarta de majaderías

co-ed [kəʊ'ed] **1** *n (school)* colegio *m* mixto; *US (female student)* alumna *f* de escuela mixta

2 *adj* mixto(a)

coeducation ['kəʊedjʊ'keɪʃən] *n* educación *f or* enseñanza *f* mixta

coeducational ['kəʊedjʊ'keɪʃənəl] *adj (school)* mixto(a)

coefficient [kəʊɪ'fɪʃənt] *n Math* coeficiente *m*

coeliac, *US* **celiac** ['si:lɪæk] *adj Anat* abdominal, celiaco(a) ▫ *Med* ***c. disease*** enfermedad *f* celiaca

coerce [kəʊ'ɜ:s] *vt* coaccionar; **to c. sb into doing sth** coaccionar a alguien para que haga algo

coercion [kəʊ'ɜ:ʃən] *n* coacción *f*

coercive [kəʊ'ɜ:sɪv] *adj* coactivo(a), coercitivo(a)

coexist ['kəʊɪg'zɪst] *vi* convivir, coexistir

coexistence ['kəʊɪg'zɪstəns] *n* convivencia *f*, coexistencia *f*

C of E [si:əv'i:] *adj Br* (*abbr* **Church of England**) anglicano(a)

coffee ['kɒfɪ] *n* café *m*; **two coffees, please!** ¡dos cafés, por favor!; **black/white c.** café solo/con leche ▫ ***c. bar*** café, cafetería *f*; ***c. bean*** grano *m* de café; ***c. break*** descanso *m* para el café; ***c. cake*** tarta *f or* pastel *m* or *Chile, Col, RP* torta *f* de moka; ***c. cup*** taza *f* de café; ***c. grinder*** molinillo *m* de café; ***c. grounds*** posos *mpl* del café; ***c. house*** café *m*; ***c. machine*** cafetera *f*; ***c. mill*** molinillo *m* de café; ***c. pot*** cafetera *f*; ***c. shop*** cafetería *f*; ***c. table*** mesita *f* baja, mesa *f* de centro; ***c. table book*** libro *m* ilustrado de gran formato

coffee-coloured ['kɒfɪkʌləd] *adj* color café *inv*

coffer ['kɒfə(r)] *n (chest)* cofre *m*; *Fig* **the company's coffers** las arcas de la empresa

coffin ['kɒfɪn] *n* ataúd *m*, féretro *m*; *Fam* **c. nail** *(cigarette)* pitillo *m*, *Am* pucho *m*

cog [kɒg] *n (tooth)* diente *m (en engranaje)*; *(wheel)* rueda *f* dentada; *Fig* **I'm only a c. in the machine** no soy más que una pieza del engranaje

cogent ['kəʊdʒənt] *adj* poderoso(a), convincente

cogitate ['kɒdʒɪteɪt] *vi Formal* meditar, reflexionar

cogitation [kɒdʒɪ'teɪʃən] *n Formal* meditación *f*, reflexión *f*

cognac ['kɒnjæk] *n* coñá *m*, coñac *m*

cognate ['kɒgneɪt] *Ling* **1** *n* término *m* emparentado, cognado *m*

2 *adj* emparentado(a)

cognition [kɒg'nɪʃən] *n* cognición *f*, conocimiento *m*

cognitive ['kɒgnɪtɪv] *adj* cognitivo(a), cognoscitivo(a) ▫ ***c. psychology*** psicología *f* cognitiva; ***c. science*** ciencia *f* del conocimiento

cognizance ['kɒgnɪzəns] *n Formal* **to take c. of** tener en cuenta

cognizant ['kɒgnɪzənt] *adj Formal* **to be c. of sth** tener conocimiento de algo

cognoscenti [kɒgnə'senti:] *npl* entendidos *mpl*

cogwheel ['kɒgwi:l] *n* rueda *f* dentada

cohabit [kəʊ'hæbɪt] *vi* cohabitar, convivir

cohabitation [kəʊhæbɪ'teɪʃən] *n* cohabitación *f*, convivencia *f*

cohere [kəʊ'hɪə(r)] *vi* ser coherente, tener cohesión *or* coherencia

coherence [kəʊ'hɪərəns] *n* coherencia *f*

coherent [kəʊ'hɪərənt] *adj* coherente

coherently [kəʊ'hɪərəntlɪ] *adv* coherentemente, con coherencia

cohesion [kəʊ'hi:ʒən] *n* cohesión *f*

cohesive [kəʊ'hi:sɪv] *adj* cohesivo(a)

cohort ['kəʊhɔ:t] *n* (**a**) *Pej (associate, companion)* acólito(a) *m,f*, secuaz *mf* (**b**) *(in statistics)* cohorte *f* (**c**) *Hist* cohorte *f*

coiffure [kwɑ:'fjʊə(r)] *n* peinado *m*

coil [kɔɪl] **1** *n* (**a**) *(of rope, wire)* rollo *m*; *(electrical)* bobina *f*; IDIOM *Hum & Literary* **to shuffle off this mortal c.** irse al otro barrio (**b**) *(single loop)* bucle *m*, vuelta *f*; **the snake's coils** los anillos de la serpiente (**c**) *Br (contraceptive device)* DIU *m*, espiral *f*

2 *vt* enrollar (**round** alrededor de)

▸**coil up** *vi (of snake)* enrollarse, enroscarse

coin [kɔɪn] **1** *n* moneda *f*; IDIOM **the other side of the c.** la otra cara de la moneda ▫ ***c. box*** *(of telephone, vending machine)* depósito *m* de monedas; *(in church)* cepillo *m*

2 *vt* (**a**) *(mint)* **to c. money** acuñar moneda; *Fam* **he's simply coining it** se está forrando, *Méx* se está pudriendo en dinero (**b**) *(new word, phrase)* acuñar; **to c. a phrase...** por así decirlo..., valga la expresión...

coinage ['kɔɪnɪdʒ] *n* (**a**) *(coins)* monedas *fpl* (**b**) *(new word, phrase)* **a recent c.** una expresión de nuevo cuño

coincide [kəʊɪn'saɪd] *vi* coincidir (**with** con)

coincidence [kəʊ'ɪnsɪdəns] *n* coincidencia *f*; **by c.** por casualidad; **what a c.!** ¡qué coincidencia!

coincidental [kəʊɪnsɪ'dentəl] *adj* casual, accidental

coincidentally [kəʊɪnsɪ'dentəlɪ] *adv* casualmente

coin-operated ['kɔɪnɒpəreɪtɪd] *adj* **c. machine** máquina *f* de monedas

coir [kɔɪə(r)] *n* fibra *f* de coco

coital ['kɔɪtəl] *adj* del coito

coitus ['kɔɪtəs] *n Formal* coito *m* ▫ ***c. interruptus*** coitus *m inv* interruptus

Coke® [kəʊk] *n* Coca-Cola® *f*

coke *n* (**a**) *(fuel)* coque *m* (**b**) *Fam (cocaine)* coca *f*

cokehead ['kəʊkhed] *n very Fam* cocainómano(a) *m,f*

Col *Mil* (*abbr* **Colonel**) coronel *m*

col[1] (*abbr* **column**) col.

col[2] [kɒl] *n (of mountain)* puerto *m*, paso *m*

cola ['kəʊlə] *n* (refresco *m* de) cola *f* ▫ ***c. nut*** nuez *f* de cola

colander ['kɒləndə(r)] *n* escurridor *m*

cold [kəʊld] **1** *n* (**a**) *(low temperature)* frío *m*; **he doesn't seem to feel the c.** parece que no siente el frío

(**b**) *(illness)* resfriado *m*, catarro *m*; **to have a c.** tener un resfriado, estar acatarrado(a); **to catch a c.** agarrar *or Esp* coger un resfriado

(**c**) IDIOMS **to come in from the c.** salir del ostracismo; **to be left out in the c.** ser dejado(a) de lado

2 *adj* (**a**) *(in temperature)* frío(a); **to be c.** *(of person)* tener frío; *(of thing)* estar frío(a); **it's c.** *(weather)* hace frío; **to get c.** enfriarse; **to be in a c. sweat** tener sudores fríos; **the thought made him break out in a c. sweat** sólo de pensarlo le entraban escalofríos *or* sudores fríos; *Fam* **a c. one** *(beer)* una cervecita, una birra, *Méx* una chela ▫ ***c. calling*** *(in marketing)* contacto *m* en frío *or* sin previo aviso; ***c. chisel*** cortafrío *m*, *RP* cortafierro *m*; ***c. cream*** crema *f* de belleza; *US* ***c. cuts*** fiambres *mpl* y embutidos; *Met* ***c. front*** frente *m* frío; ***c. meats*** fiambres *mpl* y embutidos; ***c. sore*** calentura *f*; ***c. start*** *(of car)* arranque *m* en frío; ***c. storage*** *(of food)* conservación *f* en cámara frigorífica; ***c. war*** guerra *f* fría

(**b**) *(person, manner, welcome)* frío(a)

(**c**) *Comptr* ***c. boot*** reinicio *m* en frío, reinicio *m Esp* del ordenador *or Am* de la computadora *(tras haberlo/a apagado/a por completo)*

(**d**) IDIOMS **c. as charity** frío(a) como el hielo; **c. as ice** frío(a) como el hielo; *Fam* **it leaves me c.** *(doesn't interest or impress me)* ni me va ni me viene, me deja frío(a); **in c. blood** a sangre fría; **it was a c. comfort to know…** no servía de mucho consuelo saber…; **that's c. comfort** eso no es un consuelo; **to get c. feet** echarse atrás; **to give sb the c. shoulder** dar de lado a alguien; **to put sth into c. storage** aparcar *or* postergar algo indefinidamente; *Fam* **c. turkey** *(withdrawal symptoms)* mono *m*; **to go c. turkey** cortar por lo sano con las drogas; **to pour** *or* **throw c. water on sth** echar un jarro de agua fría sobre algo

3 *adv* **to do sth c.** *(without preparation)* hacer algo en frío; *Fam Fig* **to be out c.** estar inconsciente

cold-blooded ['kəʊld'blʌdɪd] *adj (animal)* de sangre fría; *Fig (act)* desalmado(a); **to be c.** *(of animal)* tener la sangre fría; *(of person) Fig* ser desalmado(a); **c. murder** asesinato *m* a sangre fría

coldcock ['kəʊld'kɒk] *vt US Fam* dejar K.O. *or* sin sentido

cold-hearted [kəʊld'hɑːtɪd] *adj (person, decision)* insensible

coldly ['kəʊldlɪ] *adv* fríamente, con frialdad

coldness ['kəʊldnɪs] *n (of weather, manner)* frialdad *f*

cold-shoulder ['kəʊld'ʃəʊldə(r)] *vt* dar de lado a, dar la espalda a

coleslaw ['kəʊlslɔː] *n* = ensalada de repollo, zanahoria y cebolla con mayonesa

colic ['kɒlɪk] *n* cólico *m*

coliseum [kɒlə'sɪəm] *n* coliseo *m*

collaborate [kə'læbəreɪt] *vi also Pej* colaborar (**with** con)

collaboration [kəlæbə'reɪʃən] *n* colaboración *f* (**with** con); *Pej (with the enemy)* colaboracionismo *m* (**with** con); **in c. with** en colaboración con

collaborative [kə'læbərətɪv] *adj* colectivo(a), en colaboración

collaborator [kə'læbəreɪtə(r)] *n* colaborador(ora) *m,f*; *Pej (with the enemy)* colaboracionista *mf*

collage ['kɒlɑːʒ] *n (art)* collage *m*

collagen ['kɒlədʒən] *n* colágeno *m*

collapse [kə'læps] **1** *n* (**a**) *(of building)* hundimiento *m*, desplome *m*; *(of person)* colapso *m* (**b**) *(of prices)* caída *f*, desplome *m*; *(of government)* caída *f*, hundimiento *m*; *(of business)* hundimiento *m*

2 *vi* (**a**) *(of building)* desplomarse, hundirse; *(of person)* desplomarse (**b**) *(of prices, resistance)* desplomarse, hundirse; *(of government)* caer, hundirse; *(of business)* hundirse

collapsible [kə'læpsəbəl] *adj (table, bed)* plegable

collar ['kɒlə(r)] **1** *n* (**a**) *(of shirt)* cuello *m*; *(for dog)* collar *m* (**b**) *Tech* abrazadera *f*

2 *vt Fam (seize)* cazar, agarrar

collarbone ['kɒləbəʊn] *n* clavícula *f*

collarless ['kɒləlɪs] *n* ***c. shirt*** camisa *f* sin cuello

collate [kɒ'leɪt] *vt* cotejar

collateral [kə'lætərəl] **1** *n Fin* garantía *f* (prendaria)

2 *adj Mil* ***c. damage*** bajas *fpl* civiles *(en un bombardeo)*

colleague ['kɒliːg] *n* colega *mf*, compañero(a) *m,f*

collect [kə'lekt] **1** *vt* (**a**) *(as pastime) (stamps, books)* coleccionar (**b**) *(gather) (supporters, belongings)* reunir, juntar; *(data, news)* recoger, reunir; *(taxes)* recaudar (**c**) *(pick up)* recoger, pasar a buscar; **I'll c. you at midday** te recogeré *or* pasaré a buscar al mediodía (**d**) *(compose)* **she collected her thoughts** puso en orden sus ideas; **to c. oneself** concentrarse

2 *vi* (**a**) *(of people)* reunirse; *(of things, dust)* acumularse (**b**) *(gather money)* recoger dinero, hacer una colecta (**for** para)

3 *adj US* ***c. call*** llamada *f* a cobro revertido

4 *adv US* **to call sb c.** llamar *or Am* hablar a alguien a cobro revertido

collectable [kə'lektəbəl] **1** *n* **collectables** piezas *fpl* coleccionables *or* de coleccionista

2 *adj (desirable)* codiciado(a)

collected [kə'lektɪd] *adj* (**a**) *(calm)* sereno(a), entero(a) (**b**) **the c. works of…** las obras completas de…

collection [kə'lekʃən] *n* (**a**) *(group) (of stamps, paintings)* colección *f*; *(of poems, essays)* recopilación *f*; *(of objects)* montón *m*; *(of people)* grupo *m* (**b**) *(act of collecting) (of money)* colecta *f*; *(of rubbish, letters)* recogida *f*; *(of taxes)* recaudación *f*; **to make a c.** *(for charity)* hacer una colecta ▫ ***c. plate*** *(in church)* platillo *m* para las limosnas

collective [kə'lektɪv] **1** *n (group)* colectivo *m*; *(farm)* (granja *f*) cooperativa *f*

2 *adj* colectivo(a) ▫ ***c. bargaining*** negociación *f* colectiva; *Gram* ***c. noun*** sustantivo *m* colectivo; ***c. unconscious*** inconsciente *m* colectivo

collectively [kə'lektɪvlɪ] *adv* colectivamente; **they are c. known as…** se los conoce como…

collectivism [kə'lektɪvɪzəm] *n Pol* colectivismo *m*

collectivization [kəlektɪvaɪ'zeɪʃən] *n* colectivización *f*

collectivize [kə'lektɪvaɪz] *vt* colectivizar

collector [kə'lektə(r)] *n (of paintings, stamps)* coleccionista *mf* ▫ ***c.'s item*** pieza *f* de coleccionista

college ['kɒlɪdʒ] *n* (**a**) *(for adult or further education)* escuela *f*; *(for vocational training)* instituto *m* ▫ *Br* ***c. of education*** escuela *f* de pedagogía *or* magisterio (**b**) *US (university)* universidad *f*; **to be at c.** estar en la universidad; **a c. student** un (alumno) universitario (**c**) *Br (part of university)* colegio *m* universitario

collegiate [kə'liːdʒɪət] *adj US* universitario(a)

collide [kə'laɪd] *vi* colisionar, chocar (**with** con *or* contra)

collie ['kɒlɪ] *n* collie *m*

collier ['kɒlɪə(r)] *n (miner)* minero(a) *m,f* del carbón

colliery ['kɒlɪərɪ] *n* mina *f* de carbón

collision [kə'lɪʒən] *n* colisión *f*, choque *m*; **to be in c. (with)** chocar *or* colisionar (con), entrar en colisión (con); **to be on a c. course** *(of aeroplanes, ships)* estar a punto de chocar *or* colisionar; *Fig* **they are on a c. course** terminarán enfrentándose ▫ *Aut* ***c. damage waiver*** cobertura *f* parcial de daños por colisión

collocate ['kɒləkeɪt] *Ling* **1** *n* colocador *m*, colocación *f*

2 *vi* ser colocador típico or colocación típica (**with** de)

collocation [kɒlə'keɪʃən] *n Ling* colocación *f* (típica), enlace *m* típico

colloid ['kɒlɔɪd] *n Chem* coloide *m*

colloidal [kə'lɔɪdəl] *adj Chem* coloidal; **c. suspension** suspensión *f or* sistema *m* coloidal

colloquial [kə'ləʊkwɪəl] *adj* coloquial

colloquialism [kə'ləʊkwɪəlɪzəm] *n* voz *f or* término *m* coloquial

colloquially [kə'ləʊkwɪəlɪ] *adv* coloquialmente

colloquium [kə'ləʊkwɪəm] (*pl* **colloquia** [kə'ləʊkwɪə] *or* **colloquiums**) *n Formal* coloquio *m*

collude [kə'lu:d] *vi* conspirar, confabularse

collusion [kə'lu:ʒən] *n* connivencia *f*; **to be in c. with sb** estar en connivencia con alguien

collywobbles ['kɒlɪwɒbəlz] *npl Fam* **to have the c.** *(be nervous)* tener *Esp* canguelo *or Méx* mello *or RP* chuchi

cologne [kə'ləʊn] *n* **(eau de) c.** (agua *f* de) colonia *f*

Colombia [kə'lʌmbɪə] *n* Colombia

Colombian [kə'lʌmbɪən] *n & adj* colombiano(a) *m,f*

colon ['kəʊlən] *n* (**a**) *Anat* colon *m* (**b**) *(punctuation mark)* dos puntos *mpl*

colonel ['kɜ:nəl] *n* coronel *m*

colonial [kə'ləʊnɪəl] *adj* colonial

colonialism [kə'ləʊnɪəlɪzəm] *n* colonialismo *m*

colonic irrigation [kə'lɒnɪkɪrɪ'geɪʃən] *n Med* irrigación *f* de colon

colonist ['kɒlənɪst] *n* colonizador(ora) *m,f*, colono *m*

colonization [kɒlənaɪ'zeɪʃən] *n also Fig* colonización *f*

colonize ['kɒlənaɪz] *vt* colonizar

colonnade [kɒlə'neɪd] *n* columnata *f*

colony ['kɒlənɪ] *n* colonia *f*

color, colored *etc US see* **colour, coloured** *etc*

Colorado beetle ['kɒlərɑ:dəʊ'bi:təl] *n* escarabajo *m* de la *Esp* patata *or Am* papa

colorant ['kʌlərənt] *n (for food)* colorante *m*; *(for hair)* tinte *m*

coloration [kʌlə'reɪʃən] *n* coloración *f*

colossal [kə'lɒsəl] *adj* colosal

colosseum = **coliseum**

colossus [kə'lɒsəs] (*pl* **colossi** [kə'lɒsaɪ] *or* **colossuses**) *n* (**a**) *(statue)* coloso *m* (**b**) *(person)* coloso(a) *m,f*

colostomy [kə'lɒstəmɪ] *n Med* colostomía *f* ❑ ***c. bag*** = bolsa de evacuación para una colostomía

colour, *US* **color** ['kʌlə(r)] **1** *n* (**a**) *(hue)* color *m*; **what c. is it?** ¿de qué color es?; **it's blue in c.** es de color azul; **c. photograph/film** fotografía *f*/película *f* en color; **in c.** *(film)* en color; *(magazine)* a color ❑ *Comptr & Typ* ***c. correction*** calibración *f or* corrección *f* de color; ***c. scheme*** combinación *f* de colores; *Comptr & Typ* ***c. separation*** separación *f* de colores; ***c. supplement*** *(of newspaper)* suplemento *m* a color; ***c. television*** televisión *f* en color

(**b**) *(skin colour)* color *m* de la piel; *US* **person of c.** persona *f* de color ❑ ***c. bar*** discriminación *f* racial

(**c**) *(liveliness)* color *m*; **to give c. to a story** dar colorido a una historia

(**d**) IDIOMS **to be off c.** *(of person)* estar pocho(a); **to bring some c. to sb's cheeks** hacer que alguien recupere los colores; **let's see the c. of your money** veamos primero el dinero

2 *vt* (**a**) *(change colour of)* colorear; **to c. sth blue** pintar *or* colorear algo de azul; **to c. one's hair** teñirse el pelo

(**b**) *(affect) (judgment, view)* influir en

3 *vi (blush)* ruborizarse

▸**colour in,** *US* **color in** *vt sep* colorear

colour-blind, *US* **color-blind** ['kʌləblaɪnd] *adj* daltónico(a)

colour-blindness, *US* **color-blindness** ['kʌləblaɪndnɪs] *n* daltonismo *m*

colour-coded, *US* **color-coded** ['kʌlə'kəʊdɪd] *adj* **the wires are c.** los cables están coloreados de acuerdo con un código

coloured, *US* **colored** ['kʌləd] **1** *n (person)* = término para referirse a una persona de color, a veces considerado ofensivo o anticuado

2 *adj* (**a**) *(illustration)* coloreado(a); **brightly c.** de colores vivos; *Fig* **a highly c. narrative** una narrativa llena de colorido (**b**) *(person)* = término para describir a una persona de color, hoy en día considerado ofensivo o anticuado

colour-fast, *US* **color-fast** ['kʌləfɑ:st] *adj (fabric)* que no destiñe

colourful, *US* **colorful** ['kʌləfʊl] *adj* (**a**) *(having bright colours)* de colores vivos (**b**) *(interesting, exciting)* lleno(a) de colorido; **a c. character** un personaje pintoresco (**c**) *(vivid) (language, description)* expresivo(a), vívido(a)

colouring, *US* **coloring** ['kʌlərɪŋ] *n* (**a**) *(in food)* colorante *m* (**b**) *(complexion)* tez *f*; **to have dark/fair c.** ser de tez morena/clara (**c**) ***c. book*** libro *m* para colorear

colourize, *US* **colorise** ['kʌləraɪz] *vt Cin* colorear, transformar por coloreado

colourless, *US* **colorless** ['kʌləlɪs] *adj* (**a**) *(clear)* incoloro(a) (**b**) *Fig (dull)* insulso(a), inexpresivo(a)

colours, *US* **colors** ['kʌləz] *npl* (**a**) *(of sports team)* colores *mpl*, camiseta *f*; **to wear the school c.** llevar los colores del colegio (**b**) *Mil (flag)* bandera *f*, enseña *f* (**c**) IDIOMS **to pass with flying c.** aprobar con todos los honores; **to show oneself in one's true c.** quitarse la máscara; **she nailed her c. to the mast** manifestó públicamente su postura

colt [kəʊlt] *n (horse)* potro *m*

Columbus [kə'lʌmbəs] *n* **Christopher C.** Cristóbal Colón ❑ *US* ***C. Day*** = festividad que conmemora la llegada de Colón a América, *Esp* ≃ el día de la Hispanidad, *Am* ≃ el día de la Raza

column ['kɒləm] *n (of building, troops, in newspaper)* columna *f*; **the story got a lot of c. inches** *(good coverage)* la prensa se hizo amplio eco de la noticia

columnist ['kɒləmɪst] *n* columnista *mf*

coma ['kəʊmə] *n* coma *m*; **to go into/be in a c.** entrar en/estar en coma

comatose ['kəʊmətəʊs] *adj Med* comatoso(a); *Fig (exhausted)* hecho(a) polvo

comb [kəʊm] **1** *n* (**a**) *(for hair)* peine *m*; *(worn in hair)* peineta *f*; **to run a c. through one's hair, to give one's hair a c.** peinarse (**b**) *(of cock)* cresta *f*

2 *vt* (**a**) *(hair)* peinar; **to c. one's hair** peinarse (**b**) *(area, town)* peinar, rastrear minuciosamente

combat ['kɒmbæt] **1** *n* combate *m*; **to die in c.** caer *or* morir en combate ❑ ***c. jacket*** guerrera *f*; ***c. zone*** área *f* de combate

2 *vt (disease, prejudice, crime)* combatir

combatant ['kɒmbətənt] *n & adj* combatiente *mf*

combative ['kɒmbətɪv] *adj* combativo(a), beligerante

combination [kɒmbɪ'neɪʃən] *n* combinación *f*; **a c. of circumstances** un cúmulo de circunstancias ❑ ***c. lock*** cierre *m* de combinación; ***c. therapy*** *(for HIV)* terapia *f* combinada, multiterapia *f*

combine 1 *n* ['kɒmbaɪn] (**a**) *Agric* **c. (harvester)** cosechadora *f* (**b**) *Econ* grupo *m* empresarial

2 *vt* [kəm'baɪn] combinar; **to c. business with pleasure** combinar los negocios con el placer

3 *vi (merge)* unirse, combinarse; *(of people)* unirse; *(of chemical elements)* combinarse

combined [kəm'baɪnd] **1** *adj* conjunto(a); **our c. efforts** todos nuestros esfuerzos ❑ *Sport* ***c. event*** clasificación *f* combinada

2 *n Sport* combinada *f*

combining form [kəm'baɪnɪŋfɔ:m] *n Gram* afijo *m*

combustible [kəm'bʌstɪbəl] *adj* combustible

combustion [kəm'bʌstʃən] *n* combustión *f* ❑ ***c. chamber*** cámara *f* de combustión

COME [kʌm] (*pt* **came** [keɪm], *pp* **come**) **1** *vi* (**a**) *(in general)* venir (**from** de); *(arrive)* venir, llegar; **here c. the children** ya llegan *or* ahí vienen los niños; **c. (over) here!** ¡ven aquí!; **c. and have a look** ven a ver; **I'll c. and help** iré a ayudar; **coming!** ¡ya voy!; **she came running towards us** vino corriendo hacia nosotros; **the rain came pouring down** se puso a llover a cántaros; **can I c. to the park with you?** ¿puedo ir al parque contigo?; **someone is coming to fix the VCR tomorrow** mañana vendrá alguien a arreglar el *Esp* vídeo *or Am* video; **why don't you c. to dinner some time?** ¿por qué no venís a cenar un día de éstos?; **she always comes**

to me for help siempre acude a mí en búsqueda *or Esp* busca de ayuda; **to c. to sb's rescue** acudir al rescate de alguien; **to c. first/last** *(in race, competition)* llegar *or* terminar primero/último; *Fig* **my family comes first** mi familia es lo primero; **c. away from there, it's dangerous** quítate de ahí, que es peligroso; **my name comes before hers on the list** mi nombre está *or* va antes que el de ella en la lista; **she won't let anything c. between her and her work** no permite que nada interfiera con su trabajo; **let's not let this disagreement c. between us** no dejemos que este desacuerdo se interponga entre nosotros; **to c. for sb/sth** *(to pick up)* venir en búsqueda *or Esp* busca de alguien/algo; **they came from three-nil down to win** remontaron el tres (a) cero y ganaron; **the pain comes and goes** el dolor es intermitente; **you can't just c. and go as you please** no puedes entrar y salir como te dé la gana; **the deadline came and went** el plazo pasó; IDIOM *Fam* **I don't know whether I'm coming or going!** ¡no sé dónde tengo la cabeza!; *Fam* **c., c.!** ¡bueno, bueno!, ¡venga ya!; *Fam* **c. again?** ¿cómo (dices)?; **lying comes naturally to her** mentir es algo natural en ella; **now that I c. to think of it** ahora que lo pienso; **c. to that, she never told me either** ahora que lo mencionas, a mí tampoco me lo dijo

(**b**) *(reach)* **the mud came up to our knees** el barro nos llegaba a las rodillas; **her hair comes down to her waist** el pelo le llega hasta la cintura

(**c**) *(in time)* venir; **Christmas is coming** llega la Navidad; **summer has c. early this year** el verano se ha adelantado este año; **what comes next?** ¿qué viene a continuación?; **a chance like that won't c. again** una oportunidad *or Am* chance como esa no se volverá a presentar; **the time has c. to...** ha llegado el momento de...; **she will be ten c. January** cumple diez años en enero; **the weather should be better c. Sunday** el tiempo debería mejorar el domingo; **she's got a nasty shock coming** se va a llevar una sorpresa desagradable; **to take things as they c.** tomarse las cosas como vienen; **it came as a relief to me** fue un gran alivio para mí; **to c. as a surprise** ser una sorpresa, resultar sorprendente; **it comes as no surprise that...** no es de extrañar que...; **c. what may** suceda lo que suceda; **in the days/years to c.** en días/años venideros; IDIOM *Fam* **he had it coming (to him)** se lo estaba buscando

(**d**) *(be available)* **it comes in three sizes** viene en tres tallas; **the computer comes with a free modem** *Esp* el ordenador *or Am* la computadora viene con un módem de regalo; **work of that quality doesn't c. cheap** un trabajo de esa calidad no sale barato; **do you want milk or sugar in your coffee? — I'll have it as it comes** ¿quieres el café con leche o con azúcar? — me da igual, como sea; *Fam* **he's as tough as they c.** es duro como el que más, *RP* es más duro que la miércoles; **it's as good as they c.** es de lo mejor que hay

(**e**) *(become)* **to c. of age** hacerse mayor de edad; **how did the door c. to be open?** ¿cómo es que estaba la puerta abierta?; **he has c. to be regarded as the greatest novelist of his time** ha llegado a ser considerado el novelista más grande de su época; *Literary* **it came to pass that...** aconteció que...; **he had a poor start to the season but he came good eventually** comenzó mal la temporada pero con el tiempo se puso a la altura de lo que se esperaba de él; **to c. loose** aflojarse; **to c. open** abrirse; **to c. true** cumplirse, hacerse realidad; **to c. unstuck** fracasar

(**f**) *very Fam (have orgasm) Esp* correrse, *Am* venirse, *RP* irse

2 *vt* (**a**) *(travel)* **we've c. a long way to be here** hemos venido desde lejos para estar aquí; *Fig* **she has c. a long way since then** ha progresado mucho desde entonces (**b**) *Br Fam (pretend to be)* **don't c. the innocent with me!** ¡no te hagas el inocente conmigo!; *Fam* **don't c. it with me!** *(don't lie to me)* ¡no me vengas con ésas!; *(don't be cheeky)* ¡no te pongas chulo(a) conmigo!, *RP* ¡no te hagas el vivo conmigo!

3 *n very Fam (semen)* leche *f*

▸**come about** *vi* (**a**) *(happen)* ocurrir, suceder; **how did it c. about that...?** ¿cómo fue que...? (**b**) *(of boat)* cambiar de rumbo

▸**come across 1** *vt insep (find)* encontrar, encontrarse con; **I've never c. across that expression before** es la primera vez que encuentro esa expresión

2 *vi (make an impression)* **to c. across well/badly** quedar bien/mal, dar buena/mala impresión; **she comes across as (being) a bit arrogant** da la impresión de que es un poco arrogante

▸**come after** *vt insep (chase)* perseguir

▸**come along** *vi* (**a**) *(accompany)* **why don't you c. along?** ¿por qué no te vienes? (**b**) *(turn up)* venir; **chances like this don't c. along very often** oportunidades como ésta no se presentan todos los días (**c**) *(as exhortation)* **c. along!** ¡venga! (**d**) *(of project, work)* marchar, progresar; **how's the project coming along?** ¿qué tal marcha el proyecto?; **his Spanish is coming along well** su español va mejorando

▸**come apart** *vi* deshacerse; **to c. apart at the seams** descoserse

▸**come at** *vt insep (attack)* ir a por, atacar; **he came at me with a knife** fue a por mí con un cuchillo

▸**come away** *vi* (**a**) *(become detached)* soltarse; **to c. away from sth** desprenderse de algo (**b**) *(leave)* **I came away from the meeting feeling cheated** salí de la reunión sintiéndome engañado

▸**come back** *vi* (**a**) *(return)* volver, regresar, *Col, Méx* regresarse; **to c. back to what I was saying,...** volviendo a lo que decía antes,...; **it's all coming back to me** ahora me acuerdo de todo (**b**) *(recover)* recuperarse; **the Pistons came back strongly in the final quarter** los Pistons remontaron en el último cuarto

▸**come before** *vt insep* (**a**) *(court, judge)* comparecer ante; *(Parliament)* presentarse ante (**b**) *(be more important than)* anteponerse a

▸**come by 1** *vt insep (acquire)* conseguir; **how did she c. by all that money?** ¿de dónde sacó todo ese dinero?

2 *vi (visit)* pasarse; **I'll c. by tomorrow** me pasaré mañana (por tu casa)

▸**come down** *vi* (**a**) *(descend)* bajar; *(of rain)* caer; **the plane came down in a field/the sea** el avión tuvo que aterrizar en un campo/cayó al mar; *Fig* **you've c. down in my estimation** ahora te tengo en menos estima; *Fig* **to c. down in the world** venir a menos (**b**) *(collapse)* venirse abajo (**c**) *Fam (from drug)* **it took me ages to c. down** los efectos me duraron una eternidad (**d**) *(decrease) (of temperature, prices)* bajar, descender (**e**) *(decide)* **to c. down in favour of** decantarse a favor de

▸**come down on** *vt insep (reprimand)* regañar; IDIOM **to c. down on sb like a ton of bricks** castigar a alguien duramente

▸**come down to** *vt insep (be a matter of)* reducirse a, tratarse de; **when it comes down to it...** a la hora de la verdad...

▸**come forward** *vi (as candidate)* presentarse; **no witnesses have yet c. forward** todavía no han aparecido testigos

▸**come from** *vt insep* (**a**) *(originate from)* **to c. from France** *(person)* ser francés(esa); **to c. from Chicago** ser de Chicago; **to c. from a middle-class background** proceder de un entorno de clase media; **where is the money going to c. from?** ¿de dónde va a salir el dinero?; **this word comes from the Greek** esta palabra viene del griego; **that's surprising coming from him** viniendo de él, es sorprendente; *Fam Fig* **I can see where you're coming from, but...** entiendo tus razones, pero...

(**b**) *(result from)* **that's what comes from telling lies** eso es lo que pasa por contar mentiras

▸**come in** *vi* (**a**) *(enter) (of person)* entrar; *(of tide)* subir; **c. in!** ¡adelante!, ¡pase!; **I won't be coming in (to work) tomorrow** no vendré (a trabajar) mañana

(**b**) *(arrive) (of train, flight)* llegar; **to c. in first/second** llegar en primer/segundo lugar; **reports are coming in of a major accident** nos llegan noticias de un grave accidente; **it's nice to have some money coming in** está bien tener ingresos

(**c**) *(have a role)* entrar; *Fam* **that's where you c. in** ahí es cuando entras tú; **to c. in handy** *or* **useful** resultar útil, venir bien

(**d**) *(comment)* intervenir; **can I c. in on that last point?** ¿podría hacer un comentario sobre ese último punto?

(**e**) *(be introduced)* entrar en vigor; **when do the new rules c. in?** ¿cuándo entran en vigor las nuevas normas?

(**f**) *(of government)* llegar al poder

▸**come in for** *vt insep* **to c. in for praise/criticism** recibir alabanzas/críticas

▸**come into** *vt insep* (**a**) *(enter) (room, city)* entrar en; **he came into my life five years ago** entró en mi vida hace cinco años; **luck didn't c. into it** la suerte no tuvo nada que ver; **to c. into existence** nacer, surgir; **to c. into fashion** ponerse de moda; **to c. into force** *or* **effect** *(of law, ruling)* entrar en vigor; **this car really comes into its own on rough terrain** es en terrenos accidentados donde este coche *or Am* carro *or RP* auto rinde de verdad; **to c. into the world** venir al mundo (**b**) *(inherit)* heredar

▸**come of** *vt insep (result from)* **no good will c. of it** no saldrá nada bueno de esto; **that's what comes of being too ambitious** eso es lo que pasa por ser demasiado ambicioso

▸**come off 1** *vt insep* (**a**) *(fall from) (horse, bicycle)* caerse de (**b**) *(be removed from) (of button)* caerse; *(of paint)* desconcharse; **the handle has c. off this cup** se ha soltado el asa de esta taza (**c**) *(stop taking) (medicine, drugs)* dejar de tomar (**d**) *(have completed)* **the team is coming off a run of defeats** el equipo ha tenido una racha de derrotas (**e**) *Fam* **c. off it!** *(don't be ridiculous)* ¡anda ya!, ¡venga ya!

2 *vi* (**a**) *(be removed) (of button)* caerse; *(of paint)* levantarse; *(of player)* retirarse; **the handle came off in my hand** se me quedó el asa en la mano (**b**) *(fall)* caerse (**c**) *(succeed) (of plan)* salir; *(of joke)* funcionar; **to c. off well/badly** *(in contest)* quedar bien/mal; **she came off worst again** ha vuelto a salir la peor parada

▸**come on 1** *vi* (**a**) *(as exhortation)* **c. on!** *(hurry up, try harder)* ¡venga!, ¡vamos!; *(expressing disbelief)* ¡venga ya!, ¡anda ya!; **c. on in!** ¡entra!, ¡pasa!; **why don't you c. on over to our place?** ¿por qué no te vienes a (nuestra) casa?

(**b**) *(make progress)* marchar, progresar; **how's the project coming on?** ¿qué tal marcha el proyecto?; **his Spanish is coming on well** su español va mejorando; **we now c. on to the next point on the agenda** pasamos ahora al siguiente punto del orden del día

(**c**) *(appear) (on stage, in movie)* salir, aparecer; *(of substitute)* salir

(**d**) *(start) (of heating, lights)* encenderse, *Am* prenderse; *(of TV programme)* empezar; **I feel a cold coming on** me estoy resfriando *or* acatarrando

2 *vt insep (find) (person, object)* encontrar, encontrarse con

▸**come on to** *vt insep Fam (flirt)* tirar los tejos a, *RP* arrastrarle el ala a alguien, *Méx* echarle los perros a alguien

▸**come out** *vi* (**a**) *(of person, sun, magazine)* salir; *(of movie)* estrenarse; *(of flower)* salir; **she came out in a rash** le salió un sarpullido; **to c. out on strike** declararse en huelga; **that didn't c. out the way I meant it** no he querido decir eso

(**b**) *(of tooth, screw, hair)* caerse; *(of stain)* salir, quitarse

(**c**) *(become known)* **it came out that...** se descubrió que...; **the truth will c. out in the end** al final se sabrá la verdad

(**d**) *(as gay or lesbian)* declararse homosexual

(**e**) *(decide)* **to c. out in favour of/against sth** declararse a favor de/en contra de algo

(**f**) *(turn out)* salir; **the photos have c. out well** las fotos han salido bien; **to c. out on top** *(win)* ganar

(**g**) *(amount to)* **the total comes out at 450** el total asciende a 450

▸**come out of** *vt insep (result from)* **the only good thing to c. out of it was...** lo único positivo del asunto fue...; **to c. out of an affair well/badly** salir bien/mal parado(a) de un asunto

▸**come out in** *vt insep* **I came out in a rash** me salió un sarpullido; **I came out in spots** me salieron granos

▸**come out with** *vt insep* **to c. out with an opinion** expresar una opinión; **she comes out with some really stupid comments** mira que dice tonterías a veces

▸**come over 1** *vt insep (affect)* sobrevenir; **a strange feeling came over me** me sobrevino una extraña sensación; **what's c. over you?** ¿qué te ha pasado?

2 *vi* (**a**) *(make impression)* **to c. over well/badly** quedar bien/mal; **she comes over (as) a bit arrogant** da la impresión de que es un poco arrogante (**b**) *(feel)* **to c. over all funny** sentirse raro(a); **to c. over all dizzy** marearse (**c**) *(visit)* pasarse; **I'll c. over tomorrow** me pasaré mañana (por tu casa)

▸**come round** *vi* (**a**) *(visit)* pasarse; **c. round and see me one day** pásate a verme un día (**b**) *(regain consciousness)* volver en sí (**c**) *(accept)* **to c. round to sb's way of thinking** terminar aceptando la opinión de alguien (**d**) *(recur)* **my birthday has c. round again** otra vez es mi cumpleaños

▸**come through 1** *vi* (**a**) *(of message, news)* llegar (**b**) *(show)* **the fear came through in his voice** el temor se revelaba en su voz (**c**) *(survive)* sobrevivir (**d**) *(enter)* pasar; **c. through into my office** pase a mi oficina

2 *vt insep (survive) (war, crisis, illness)* sobrevivir a

▸**come through for** *vt insep Fam (help)* resultar ser un gran apoyo para

▸**come to 1** *vt insep* (**a**) *(amount to)* sumar, alcanzar; **how much does it c. to?** ¿a cuánto asciende?; **the scheme never came to anything, the scheme came to nothing** el plan se quedó en nada

(**b**) *(reach) (place, decision, conclusion)* llegar a; **to c. to the end (of sth)** llegar al final (de algo); **to c. to harm** sufrir daño; **to c. to the point** ir al grano; **to c. to rest** detenerse; **what is the world coming to?** ¿adónde vamos a ir a parar?; **when it comes to...** en cuestión de...; **if it comes to that, you're not exactly a genius either** si nos fijamos en eso, no es que tú seas tampoco un genio

(**c**) *(occur to)* **the answer came to him all of a sudden** la respuesta se le ocurrió de repente; **it will c. to me later** ya me saldrá

2 *vi (regain consciousness)* volver en sí

▸**come together** *vi* (**a**) *(gather)* reunirse (**b**) *(begin to go well)* **things are really starting to c. together for us** las cosas nos están comenzando a salir bien

▸**come under** *vt insep* (**a**) *(appear under) (heading)* ir bajo (**b**) *(be responsibility of)* **that doesn't c. under our department** no es responsabilidad de nuestro departamento (**c**) *(be subjected to) (pressure, scrutiny)* ser sometido(a) a; **his motives have c. under suspicion** sus motivos han sido puestos en duda; **the measures have c. under heavy criticism** las medidas han sido duramente criticadas; **to c. under attack** ser atacado(a)

▸**come up 1** *vt insep (stairs, hill)* subir

2 *vi* (**a**) *(of sun, plant)* salir

(**b**) *(arise) (of opportunity, problem)* surgir, presentarse; *(of issue, name)* surgir; *(of job)* salir; **there are some interesting films coming up on television** van a poner algunas películas interesantes en la televisión; **Christmas is coming up** llega la Navidad; **I'll let you know if anything comes up** te avisaré si surge algo; **two glasses of wine, please — coming up!** dos vasos de vino, por favor — ¡marchando!; **a nice house has c. up for sale** ha salido a la venta una casa bonita; **the case comes up for trial tomorrow** el caso se verá mañana

(**c**) *(travel)* venir; **we've got some friends coming up to visit us** van a venir a visitarnos unos amigos

(**d**) *(approach)* **to c. up behind sb** acercarse a alguien por atrás

(**e**) *(go up)* subir; IDIOM **to c. up in the world** ascender socialmente

(**f**) *(turn out)* **that old sideboard has come up beautifully** *(after cleaning)* ese aparador antiguo ha quedado estupendamente; IDIOM **to c. up smelling of roses** salir airoso(a)

▸**come up against** *vt insep* **to c. up against opposition/a problem** encontrarse con oposición/un problema

▸**come up for** *vt insep* **the agreement is coming up for review** el acuerdo va a ser revisado; **the chairperson is coming up for re-election** se va a volver a elegir presidente

▸**come upon** *vt insep (find) (person, object)* encontrar, encontrarse con

▸**come up to** *vt insep* (**a**) *(approach)* acercarse a; **a man came up to me and started talking** un hombre se me acercó y comenzó a hablarme; **we're coming up to Christmas** se acerca la Navidad; **it's coming up to nine o'clock** ya son casi las nueve (**b**) *(reach, equal)* llegar a (la altura de); **the water came up to her chin** el agua le llegaba a la (altura de la) barbilla; **the movie didn't c. up to my expectations** la película no fue tan buena como yo esperaba

comeback ['kʌmbæk] *n* (**a**) *(of sportsperson)* vuelta *f* a la competición *or Am* competencia; *(of actor)* regreso *m*; **to make a c.** *(of fashion)* volver; *(of actor)* volver a actuar; *(of sportsperson)* volver a la competición *or Am* competencia (**b**) *(opportunity for retaliation)* posibilidad *f* de reclamar; **I've got no c.** no hay nada que pueda hacer, sólo me queda el recurso del pataleo

COMECON ['kɒmɪkɒn] *n Formerly (abbr* **Council for Mutual Economic Assistance**) COMECON *m*, CAME *m*, Consejo *m* de Ayuda Mutua Económica

comedian [kə'mi:dɪən] *n* humorista *mf*

Note that the Spanish word **comediante** is a false friend and is never a translation for the English word **comedian**. In Spanish **comediante** means both "actor, actress" and "fraud".

comedienne [kəmi:dɪ'en] *n* humorista *f*

comedown ['kʌmdaʊn] *n Fam* degradación *f*

comedy ['kɒmɪdɪ] *n* (**a**) *(play, movie)* comedia *f*; *(TV series)* serie *f* cómica *or* de humor (**b**) *(humorous entertainment)* humor *m*, humorismo *m* ▫ ***c. show*** *(on TV)* programa *m* de humor (**c**) *(humorousness)* gracia *f*, comicidad *f*

come-hither ['kʌm'hɪðə(r)] *adj Fam* **c. look** mirada *f* seductora

comely ['kʌmlɪ] *adj Literary* hermoso(a), bello(a)

come-on ['kʌmɒn] *n Fam* **to give sb the c.** *(sexually)* tirar los tejos a alguien, *RP* arrastrarle el ala a alguien, *Méx* echarle los perros a alguien

comer ['kʌmə(r)] *n* **open to all comers** abierto(a) para todo el mundo

comet ['kɒmɪt] *n* cometa *m*

comeuppance [kʌm'ʌpɒns] *n Fam* **he'll get his c.** ya tendrá su merecido

comfort ['kʌmfət] **1** *n* (**a**) *(ease)* comodidad *f*; **to live in c.** vivir confortablemente; **in the c. of one's own home** en el calor del hogar; **the bullets were too close for c.** las balas pasaban peligrosamente cerca ▫ *US* ***c. station*** servicio *m*, aseos *mpl*, *Am* baños *mpl*, *Am* lavatorios *mpl* (**b**) *(consolation)* consuelo *m*; **if it's any c.,...** si te sirve de consuelo,...; **to take c. from** *or* **in sth** consolarse con algo

2 *vt (console)* consolar, confortar

comfortable ['kʌmftəbəl] *adj* (**a**) *(bed, chair)* cómodo(a); **to be c.** *(of person)* estar cómodo(a); **to make oneself c.** ponerse cómodo(a); **to feel c.** sentirse a gusto, sentirse cómodo(a); **I wouldn't feel c. accepting that money** no me sentiría bien si aceptara ese dinero (**b**) *(majority, income)* holgado(a); *(life)* cómodo(a); **to be in c. circumstances** estar en una situación holgada *or* desahogada (**c**) *(patient)* estable; **the patient is c.** el paciente no sufre demasiados dolores

comfortably ['kʌmftəblɪ] *adv* (**a**) *(sit)* cómodamente (**b**) *(without difficulty)* holgadamente, cómodamente; **to be c. off** estar en una situación holgada *or* desahogada; **to live c.** vivir sin apuros; **to win c.** ganar holgadamente

comforter ['kʌmfətə(r)] *n* (**a**) *US (quilt)* edredón *m* (**b**) *(for baby)* chupete *m* (**c**) *Old-fashioned (scarf)* bufanda *f*

comforting ['kʌmfətɪŋ] *adj* reconfortante

comfrey ['kʌmfrɪ] *n* consuelda *f*

comfy ['kʌmfɪ] *adj Fam (bed, chair)* cómodo(a); **to be c.** *(of person)* estar cómodo(a)

comic ['kɒmɪk] **1** *n* (**a**) *(performer)* cómico(a) *m,f*, humorista *mf* (**b**) *(magazine)* **c. (book)** *(for children)* tebeo *m*; *(for adults)* cómic *m* (**c**) *US* **comics** *(in newspaper, magazine)* tiras *fpl* cómicas

2 *adj* cómico(a); **to provide some c. relief** aliviar la situación con un toque de humor ▫ ***c. opera*** ópera *f* cómica; ***c. strip*** tira *f* cómica

comical ['kɒmɪkəl] *adj* cómico(a)

coming ['kʌmɪŋ] **1** *n (of person)* venida *f*, llegada *f*; *(of night)* caída *f*; **comings and goings** idas *fpl* y venidas

2 *adj (year, week)* próximo(a); **this c. weekend** la semana próxima *or* que viene; **he's the c. man** es un tipo con una gran proyección de futuro

comma ['kɒmə] *n* coma *f*

command [kə'mɑ:nd] **1** *n* (**a**) *(order)* orden *f*; **to do sth at sb's c.** hacer algo por orden de alguien ▫ *Th & TV* ***c. performance*** gala *f* real

(**b**) *(authority, control) (of army, expedition)* mando *m*; **to be in c. (of)** estar al mando (de); **to be in c. of a situation** dominar una situación; **to be at sb's c.** estar a las órdenes de alguien; **he has many resources at his c.** tiene muchos recursos a su disposición; **she has a good c. of English** tiene un buen dominio del inglés ▫ *Econ* ***c. economy*** economía *f* dirigida; *Astron* ***c. module*** módulo *m* de mando; ***c. post*** puesto *m* de mando

(**c**) *Comptr* comando *m*, instrucción *f* ▫ ***c. interpreter*** intérprete *m* de comandos; ***c. key*** tecla *f* de comando; ***c. language*** lenguaje *m* de comandos *or* de mando; ***c. line*** línea *f* de comando; ***c. processor*** intérprete *m* de procesos

2 *vt* (**a**) *(order)* mandar, ordenar; **to c. sb to do sth** mandar a alguien que haga algo

(**b**) *(ship, regiment)* estar al mando de, mandar

(**c**) *(have at one's disposal)* disponer de; **with all the skill he could c.** con toda la habilidad de que disponía

(**d**) *(inspire) (respect, admiration)* infundir, inspirar; *(attention)* obtener; **to c. a high price** alcanzar un precio elevado; **she can c. a high salary** puede pedir *or* exigir un buen sueldo

commandant [kɒmən'dænt] *n Mil* comandante *mf*

commandeer [kɒmən'dɪə(r)] *vt* requisar

commander [kə'mɑ:ndə(r)] *n Mil* comandante *mf*

commander-in-chief [kə'mɑ:ndərɪn'tʃi:f] *n Mil* comandante *mf* en jefe

commanding [kə'mɑ:ndɪŋ] *adj (tone, appearance)* autoritario(a); *(position)* dominante; *(lead)* abrumador(ora) ▫ *Mil* ***c. officer*** oficial *m* (al mando)

commandment [kə'mɑ:ndmənt] *n Rel* mandamiento *m*

commando [kə'mɑ:ndəʊ] (*pl* **commandos** *or* **commandoes**) *n Mil (soldier, unit)* comando *m*

commemorate [kə'meməreɪt] *vt* conmemorar

commemoration [kəmemə'reɪʃən] *n* conmemoración *f*; **in c. of** en conmemoración de

commemorative [kə'memərətɪv] *adj* conmemorativo(a)

commence [kə'mens] *Formal* **1** *vt* comenzar; **to c. doing sth** comenzar a hacer algo

2 *vi* comenzar

commencement [kə'mensmənt] *n* (**a**) *Formal (beginning)* comienzo *m*, inicio *m* (**b**) *US Univ* ceremonia *f* de licenciatura

commend [kə'mend] *vt* (**a**) *(praise)* encomiar, elogiar; **to c. sb for bravery** elogiar la valentía de alguien (**b**) *(recommend)* **highly commended** muy recomendado(a); **the train journey has little to c. it** el viaje en tren tiene poco de recomendable (**c**) *(entrust)* encomendar (**to** a)

commendable [kə'mendəbəl] *adj* encomiable

commendation [kɒmen'deɪʃən] *n* **to receive a c.** recibir una mención; **worthy of c.** digno(a) de encomio *or* mención

commensurate [kə'menʃərət] *adj Formal* acorde (**with** con), proporcional (**with** a); **you will receive a salary c. with the position** percibirá un salario adecuado a su puesto

comment ['kɒment] **1** *n* (**a**) *(remark)* comentario *m*; **to make a c. on sth** hacer un comentario acerca de algo (**b**) *(reaction)* impresiones *fpl*, valoraciones *fpl*; **no one was available for c.** nadie quiso hacer declaraciones *or* valorar el asunto; **no c.** sin comentarios

2 *vt* **to c. that...** comentar que...; **"how interesting" he commented"** "qué interesante", comentó

3 *vi* hacer comentarios; **to c. on sth** comentar algo

commentary ['kɒməntərɪ] *n* (**a**) *(on TV, radio)* comentarios *mpl* ▫ *Sport* ***c. box*** cabina *f* de comentaristas (**b**) *(on text)* comentario *m*

commentate ['kɒmənteɪt] *vi (for TV, radio)* hacer de comentarista; **to c. on a match** ser el comentarista de un partido

commentator ['kɒmənteɪtə(r)] *n (on TV, radio)* comentarista *mf*; **a political c.** un comentarista político

commerce ['kɒmɜ:s] *n* comercio *m*

commercial [kə'mɜ:ʃəl] **1** *adj also Pej* comercial ▫ ***c. artist*** diseñador(ora) *m,f* gráfico(a) de publicidad; *Fin* ***c. bank*** banco *m* comercial; *TV & Rad* ***c. break*** pausa *f* publicitaria; ***c. law*** derecho *m* mercantil; ***c. traveller*** viajante *mf* de comercio; ***c. value*** valor *m* comercial; ***c. vehicle*** vehículo *m* de transporte de mercancías

2 *n (TV, radio advertisement)* anuncio *m* (publicitario)

commercialism [kəˈmɜːʃəlɪzəm] *n Pej* comercialidad *f*

commercialize [kəˈmɜːʃəlaɪz] *vt* explotar

commercially [kəˈmɜːʃəlɪ] *adv* comercialmente; **to be c. successful** *(of product)* ser un éxito de ventas; *(of movie, play)* ser un éxito de taquilla *or Am* boletería; **c. viable** rentable, viable desde el punto de vista económico

commie [ˈkɒmɪ] *n & adj Fam Pej (communist)* rojo(a) *m,f*

commis [ˈkɒmɪ] *n (waiter)* ayudante *mf* de camarero; **c. (chef)** ayudante *mf* de cocina

commiserate [kəˈmɪzəreɪt] *vi* **he commiserated with me** me dijo cuánto lo sentía

commiseration [kəmɪzəˈreɪʃən] *n* **he offered his commiserations** dijo cuánto lo sentía; **(you have) my commiserations** te compadezco, cuánto lo siento

commissar [kɒmɪˈsɑː(r)] *n Pol* comisario(a) *m,f* político(a)

commission [kəˈmɪʃən] **1** *n* (**a**) *Com (payment)* comisión *f*; **to charge c.** cobrar comisión (**b**) *(order)* encargo *m* (**c**) *(investigating body)* comisión *f*, comité *m* (**d**) **out of/in c.** *(ship)* fuera de/en servicio; *(machine, car)* averiado(a)/en funcionamiento (**e**) *Mil* nombramiento *m*

2 *vt* (**a**) *(order) (new building, work of art)* encargar; **to c. sb to do sth** encargar a alguien hacer algo *or* que haga algo (**b**) *Mil* **to be commissioned** ser nombrado(a)

commissionaire [kəmɪʃəˈneə(r)] *n Br (at hotel, cinema)* portero *m* de librea

commissioner [kəˈmɪʃənə(r)] *n* comisario(a) *m,f* ▫ ***c. of police*** comisario(a) *m,f* de policía; *Law* ***c. for oaths*** ≃ notario(a) *m,f*, *CRica, Ecuad, RP* ≃ escribano(a) *m,f*

commit [kəˈmɪt] *vt* (**a**) *(error, crime)* cometer; **to c. suicide** suicidarse

(**b**) **to c. oneself** *(promise)* comprometerse; **to c. oneself to (doing) sth** comprometerse a (hacer) algo

(**c**) *(oblige)* obligar; **to c. sb to doing sth** obligar a alguien a hacer algo

(**d**) *(entrust)* confiar, encomendar; **to c. sth to writing** *or* **paper** poner algo por escrito; **to c. sth to memory** memorizar algo

(**e**) *(confine)* **to c. sb to prison** encarcelar a alguien; **he was committed** *(to mental institution)* fue ingresado en un psiquiátrico

(**f**) *Law* **to c. sb for trial** enviar a alguien a un tribunal superior para ser juzgado

commitment [kəˈmɪtmənt] *n* (**a**) *(obligation)* compromiso *m*; **family commitments** compromisos familiares (**b**) *(promise)* compromiso *m*; **to make a c. (to sb/sth)** comprometerse (con alguien/algo) (**c**) *(dedication)* entrega *f* (**to** a), compromiso *m* (**to** con); **she lacks c.** no se entrega *or* compromete lo suficiente

committal [kəˈmɪtəl] *n* (**a**) *(to mental hospital, prison)* reclusión *f* (**to** en), ingreso *m* (**to** en) ▫ *Law* ***c. proceedings*** auto *m* de prisión, orden *f* de encarcelamiento (**b**) *(of coffin to ground)* enterramiento *m*, sepultura *f*

committed [kəˈmɪtɪd] *adj (dedicated)* comprometido(a); **to be c. to an idea** estar comprometido(a) con una idea

committee [kəˈmɪtɪ] *n* comité *m*, comisión *f*; **to sit** *or* **be on a c.** ser miembro de un comité ▫ ***c. meeting*** reunión *f* del comité; ***c. member*** miembro *mf* del comité

commode [kəˈməʊd] *n* (**a**) *(chest of drawers)* cómoda *f* (**b**) *(toilet)* silla *f* con orinal, silla *f* (de) servicio

commodious [kəˈməʊdɪəs] *adj Formal* amplio(a), espacioso(a)

commodity [kəˈmɒdɪtɪ] *n Econ & Fin* producto *m* básico; *Fig* **a rare c.** un bien muy escaso ▫ ***c. market*** mercado *m* de productos básicos

commodore [ˈkɒmədɔː(r)] *n Naut* comodoro *m*

common [ˈkɒmən] **1** *n* (**a**) **to have sth in c. (with sb)** tener algo en común (con alguien); **in c. with you,...** al igual que tú,...

(**b**) *(land)* = campo municipal para uso del común, ≃ ejido *m*

2 *adj* (**a**) *(frequent)* común, frecuente; **in c. use** de uso corriente

(**b**) *(shared)* común (**to** a); **it is by c. consent the best** está considerado por todos como el mejor; **it's c. knowledge** es de(l) dominio público ▫ ***C. Agricultural Policy*** Política *f* Agrícola Común; *also Fig* ***c. denominator*** denominador *m* común; *Comptr* ***c. gateway interface*** interfaz *f* común de pasarela; ***the c. good*** el bien común; *Fig* ***c. ground*** puntos *mpl* en común; ***c. law*** derecho *m* consuetudinario; ***the C. Market*** el Mercado Común; *Sch* ***c. room*** *(for pupils)* sala *f* de alumnos; *(for teachers)* sala *f* de profesores

(**c**) *(average, ordinary)* común, corriente; **c. or garden** del montón, normal y corriente ▫ ***the c. cold*** el resfriado común; ***the c. man*** el ciudadano medio; *Gram* ***c. noun*** nombre *m or* sustantivo *m* común; ***the c. people*** la gente corriente; ***c. sense*** sentido *m* común; ***the c. touch*** el don de gentes

(**d**) *(vulgar)* ordinario(a); IDIOM *Fam* **as c. as muck** más basto(a) que la lija, vulgarote(a), *RP* regroncho(a)

commoner [ˈkɒmənə(r)] *n* plebeyo(a) *m,f*

common-law [ˈkɒmənlɔː] *adj* ***c. husband*** esposo *m* de hecho; ***c. marriage*** matrimonio *m or* unión *f* de hecho; ***c. wife*** esposa *f* de hecho

commonly [ˈkɒmənlɪ] *adv* comúnmente

common-or-garden [kɒmənɔːˈgɑːdən] *adj Br Fam* corriente y moliente, común y corriente

commonplace [ˈkɒmənpleɪs] **1** *n* tópico *m*, lugar *m* común

2 *adj* común, habitual

Commons [ˈkɒmənz] *npl* **the (House of) C.** la Cámara de los Comunes

Commonwealth [ˈkɒmənwelθ] *n* **the C.** la Commonwealth, la Comunidad Británica de Naciones ▫ ***the C. Games*** los Juegos de la Commonwealth

commotion [kəˈməʊʃən] *n* alboroto *m*, tumulto *m*; **to cause a c.** causar un alboroto

communal [ˈkɒmjʊnəl] *adj* comunal, compartido(a); **c. life** vida *f* en comunidad

commune 1 *n* [ˈkɒmjuːn] *(collective)* comuna *f*

2 *vi* [kəˈmjuːn] estar en comunión (**with** con)

communicable [kəˈmjuːnɪkəbəl] *adj (disease)* contagioso(a)

communicant [kəˈmjuːnɪkənt] *n Rel* comulgante *mf*

communicate [kəˈmjuːnɪkeɪt] **1** *vt (information, idea)* comunicar (**to** a)

2 *vi* (**a**) *(of person)* comunicarse (**with** con) (**b**) *(of rooms)* comunicarse (**with** con)

communication [kəmjuːnɪˈkeɪʃən] *n* (**a**) *(contact)* comunicación *f*; **to be in c. (with sb)** estar en contacto (con alguien); **radio c.** comunicación *f* por radio; **to pull the c. cord** accionar la alarma *(en los trenes)*; **c. skills** dotes *fpl* para la comunicación (**b**) *Tel* ***communications satellite*** satélite *m* de telecomunicaciones; ***communications technology*** tecnología *f* de las telecomunicaciones (**c**) *Comptr* ***communications protocol*** protocolo *m* de comunicaciones; ***communications software*** software *m* de comunicaciones

communicative [kəˈmjuːnɪkətɪv] *adj* comunicativo(a)

communion [kəˈmjuːnjən] *n Rel* comunión *f*; **to take C.** comulgar

communiqué [kəˈmjuːnɪkeɪ] *n* comunicado *m*

communism [ˈkɒmjʊnɪzəm] *n* comunismo *m*

communist [ˈkɒmjʊnɪst] *n & adj* comunista *mf*

community [kəˈmjuːnɪtɪ] *n* comunidad *f*; **the Jewish c.** la comunidad judía; **the business c.** el sector empresarial, los empresarios ▫ ***c. centre*** ≃ centro *m* cívico *or* social; *Formerly* ***c. charge*** ≃ contribución *f* urbana; ***c. college*** = centro docente integrado con educación ordinaria y de adultos; ***c. policeman*** policía *m* de barrio, *Esp* policía *m* de proximidad; ***c. policing*** policía *f* de barrio, *Esp* policía *f* de proximidad; ***c. service*** servicios *mpl* a la comunidad *(impuestos como pena sustitutiva de cárcel)*; ***c. spirit*** espíritu *m* comunitario; ***c. work*** trabajo *m or* asistencia *f* social de zona

commutable [kəˈmjuːtəbəl] *adj* (**a**) *(journey)* suficientemente corto(a) para hacerlo en el día (**b**) *Law (sentence)* conmutable

commutation [kɒmjuːˈteɪʃən] *n* (**a**) *Law (of sentence)* conmutación *f* (**b**) *US* ***c. ticket*** abono *m*

commute [kəˈmjuːt] **1** *vt Law* conmutar (**to** por)

2 *vi* **to c. (to work)** viajar diariamente al lugar de trabajo

commuter [kə'mju:tə(r)] *n* = persona que viaja diariamente al trabajo ❑ ***c. train*** = tren de cercanías que las personas utilizan para desplazarse diariamente al lugar de trabajo

Comoros ['kɒmərəʊz] *n* **the C. (Islands)** las (Islas) Comores

compact 1 *n* ['kɒmpækt] (**a**) *(for powder)* polvera *f* (**b**) *(treaty)* pacto *m* (**c**) *US (car)* utilitario *m*
2 *adj* [kəm'pækt] compacto(a)
3 *vt* compactar, comprimir

compact disc ['kɒmpækt'dɪsk] *n* (disco *m*) compacto *m* ❑ ***c. player*** reproductor *m* de discos compactos

companion [kəm'pænjən] *n* (**a**) *(friend)* compañero(a) *m,f*; **a drinking/travelling c.** un compañero de borrachera/viaje (**b**) *(guidebook)* guía *f* (**to** de)

companionable [kəm'pænjənəbəl] *adj* sociable

companionship [kəm'pænjənʃɪp] *n* compañía *f*

companionway [kəm'pænjənweɪ] *n* *Naut* escalera *f* de cámara

company ['kʌmpənɪ] *n* (**a**) *(companionship)* compañía *f*; **in sb's c.** en compañía de alguien; **to keep sb c.** hacer compañía a alguien; **to be good c.** ser buena compañía; **to part c. (with sb)** separarse (de alguien); **to get into bad c.** mezclarse con malas compañías; **you shouldn't pick your nose in c.** no se debe uno meter el dedo en la nariz delante de (la) gente; **we're expecting c.** *(guests)* tenemos invitados; PROV **two's c., three's a crowd** dos es compañía, tres es multitud; **I like my own c.** me gusta estar solo(a)
(**b**) *Com* empresa *f*, compañía *f* ❑ ***c. car*** coche *m* or *Am* carro *m* or *RP* auto *m* de empresa; ***c. policy*** política *f* de empresa; *Com* ***c. secretary*** jefe(a) *m,f* de administración
(**c**) *(army unit, theatre group)* compañía *f*
(**d**) *Naut* **the ship's c.** la tripulación (del barco)

comparable ['kɒmpərəbəl] *adj* comparable

comparative [kəm'pærətɪv] **1** *n Gram* comparativo *m*
2 *adj* (**a**) *(cost, comfort, wealth)* relativo(a) (**b**) *(study, research, linguistics)* comparado(a)

comparatively [kəm'pærətɪvlɪ] *adv* relativamente

compare [kəm'peə(r)] **1** *n Literary* **beyond c.** incomparable
2 *vt* comparar (**with** *or* **to** con); **compared with** *or* **to...** comparado(a) con..., en comparación con...; **he has been compared to Kerouac** se le ha comparado con Kerouac; *Fig* **to c. notes (with sb)** intercambiar pareceres *or* opiniones (con alguien); **to c. like with like** comparar dos iguales
3 *vi* compararse (**with** con *or* a); **they just don't c.** no tienen ni punto de comparación; **how do our results c. with those of our competitors?** ¿cómo son nuestros resultados en comparación con los de nuestros competidores?; **to c. favourably with sth** resultar ser mejor que algo

comparison [kəm'pærɪsən] *n* comparación *f*; **in** *or* **by c.** en comparación; **there is no c.** no hay punto de comparación; **to draw** *or* **make a c. between** establecer un paralelismo entre

compartment [kəm'pɑ:tmənt] *n* compartimento *m*

compartmentalize [kɒmpɑ:t'mentəlaɪz] *vt also Fig* dividir en compartimentos, compartimentar

compass ['kʌmpəs] *n* (**a**) *(for finding direction)* brújula *f* ❑ ***c. card*** brújula *f* giroscópica; ***c. rose*** rosa *f* de los vientos (**b**) *Math* **compasses** compás *m*; **a pair of compasses** un compás (**c**) *Formal (range)* ámbito *m*, alcance *m*

compassion [kəm'pæʃən] *n* compasión *f* ❑ ***c. fatigue*** insensibilización *f*

compassionate [kəm'pæʃənət] *adj* *(person, attitude)* compasivo(a); **to be c. towards sb** ser compasivo(a) con alguien; **on c. grounds** por compasión ❑ ***c. leave*** = permiso por enfermedad grave o muerte de un familiar

compatibility [kəmpætə'bɪlɪtɪ] *n* compatibilidad *f*

compatible [kəm'pætəbəl] *adj* compatible (**with** con) ❑ *Comptr* ***c. computer*** *Esp* ordenador *m* or *Am* computadora *f* compatible

compatriot [kəm'pætrɪət] *n* compatriota *mf*

compel [kəm'pel] (*pt & pp* **compelled**) *vt* obligar; **to c. sb to do sth** obligar a alguien a hacer algo; **to c. admiration/respect** inspirar admiración/respeto

compelling [kəm'pelɪŋ] *adj (movie, performance)* absorbente; *(argument)* poderoso(a), convincente; *(urgency)* apremiante

compendious [kəm'pendɪəs] *adj Formal* condensado(a) y completo(a)

compendium [kəm'pendɪəm] *n Br* (**a**) *(book)* compendio *m* (**b**) **a c. of games** *(board games)* unos juegos reunidos

compensate ['kɒmpənseɪt] **1** *vt* compensar, indemnizar (**for** por)
2 *vi* **to c. for sth** compensar algo

compensation [kɒmpən'seɪʃən] *n (reparation)* compensación *f*; *(money)* indemnización *f*

compensatory [kɒmpen'seɪtərɪ] *adj* compensatorio(a)

compere, compère ['kɒmpeə(r)] **1** *n* presentador(ora) *m,f*
2 *vt (programme, show)* presentar

compete [kəm'pi:t] *vi* competir (**with** con *or* contra); **to c. for a prize** competir por un premio

competence ['kɒmpɪtəns] *n* (**a**) *(ability)* competencia *f*, cualidades *fpl* (**b**) *Law* competencia *f*

competent ['kɒmpɪtənt] *adj* competente

competently ['kɒmpɪtəntlɪ] *adv* competentemente

competition [kɒmpɪ'tɪʃən] *n* (**a**) *(contest)* concurso *m*; *(in sport)* competición *f or Am* competencia *f* (**b**) *(rivalry)* competencia; **to be in c. with sb** competir con alguien; **the c.** *(rivals)* la competencia

competitive [kəm'petɪtɪv] *adj* competitivo(a) ❑ ***c. sports*** deportes *mpl* de competición *or Am* competencia; *Com* ***c. tendering*** adjudicación *f* por concurso público

competitively [kəm'petɪtɪvlɪ] *adv* competitivamente; **to play c.** *(in competitions)* jugar en competiciones; *(intent on winning)* ser muy competitivo en el juego; **c. priced goods** productos a precios muy competitivos

competitiveness [kəm'petɪtɪvnɪs] *n* competitividad *f*

competitor [kəm'petɪtə(r)] *n* competidor(ora) *m,f*

compilation [kɒmpɪ'leɪʃən] *n* recopilación *f*, compilación *f*

compile [kəm'paɪl] *vt* recopilar, compilar

compiler [kəm'paɪlə(r)] *n* (**a**) *(of book, information)* recopilador(ora) *m,f*, compilador(ora) *m,f*; *(of dictionary)* redactor(ora) *m,f* (**b**) *Comptr* compilador *m*

complacency [kəm'pleɪsənsɪ] *n* autocomplacencia *f*

complacent [kəm'pleɪsənt] *adj* autocomplaciente; **to be c. about sth** ser demasiado relajado(a) respecto a algo

complain [kəm'pleɪn] *vi* quejarse (**about** de); **to c. of** *(symptoms)* estar aquejado(a) de; **she complained that he had cheated** se quejó de que él había hecho trampa; **I can't c. about the service** no tengo queja alguna del servicio; **how are things? — I can't c.** ¿cómo van las cosas? — no me puedo quejar

complaining [kəm'pleɪnɪŋ] *n* quejas *fpl*

complaint [kəm'pleɪnt] *n* (**a**) *(grievance)* queja *f*; **to have cause** *or* **grounds for c.** tener motivos de queja; **to lodge** *or* **make a c. (against sb)** presentar una queja (contra alguien) (**b**) *(illness)* afección *f*, problema *m*; **she suffers from a skin c.** tiene un problema de piel

complement ['kɒmplɪmənt] **1** *n* (**a**) *(supplement)* complemento *m* (**b**) *Gram* complemento *m* (**c**) *Naut* **the full c.** la dotación, la tripulación; *Fig* **I still have my full c. of teeth** todavía conservo toda mi dentadura
2 *vt* complementar

complementary [kɒmplɪ'mentərɪ] *adj* complementario(a) ❑ ***c. medicine*** medicina *f* alternativa

complete [kəm'pli:t] **1** *adj* (**a**) *(lacking nothing)* completo(a); **the c. works of...** las obras completas de...; **c. with fitted plug** con el enchufe incluido (**b**) *(finished)* terminado(a), acabado(a); **the work is now c.** el trabajo ya está terminado (**c**) *(total, thorough)* total, absoluto(a); **a c. turnaround in the situation** un vuelco total de la situación; **it came as a c. surprise** fue una sorpresa absoluta; **she is**

a c. fool es tonta de remate; **he's a c. stranger** es un completo desconocido
2 *vt* completar, terminar; **to c. a form** rellenar un impreso

completely [kəm'pli:tlɪ] *adv* completamente, totalmente

completion [kəm'pli:ʃən] *n* finalización *f*, terminación *f*; **on c.** al terminar; **to be nearing c.** estar próximo a concluir

complex ['kɒmpleks] **1** *n (of buildings, psychological)* complejo *m*; **to have a c. about one's weight** tener complejo de gordo(a)
2 *adj* complejo(a)

complexion [kəm'plekʃən] *n* tez *f*; **to have a dark/fair c.** tener la tez oscura/clara; *Fig* **that puts a different c. on it** eso le da otro color

> Note that the Spanish word **complexión** is a false friend and is never a translation for the English word **complexion**. In Spanish **complexión** means "build".

complexity [kəm'pleksɪtɪ] *n* complejidad *f*

compliance [kəm'plaɪəns] *n* cumplimiento *m* (**with** de); **in c. with your wishes** en cumplimiento de sus deseos

compliant [kəm'plaɪənt] *adj* dócil, sumiso(a)

complicate ['kɒmplɪkeɪt] *vt* complicar; **the issue is complicated by the fact that...** el asunto se complica aún más debido al hecho de que...

complicated ['kɒmplɪkeɪtɪd] *adj* complicado(a)

complication [kɒmplɪ'keɪʃən] *n* complicación *f*; **complications** *(in patient's condition)* complicaciones

complicity [kəm'plɪsɪtɪ] *n* complicidad *f*

compliment ['kɒmplɪmənt] **1** *n* cumplido *m*; **to pay sb a c.** hacer un cumplido a alguien; *also Ironic* **to return the c.** devolver el cumplido; **with compliments** con mis mejores deseos; **to send one's compliments to sb** enviar saludos *or CAm, Col, Ecuad* saludes a alguien; *Formal* **compliments of the season** Felices Fiestas ❑ ***compliments slip*** nota *f* de cortesía
2 *vt* **to c. sb on sth** felicitar a alguien por algo

complimentary [kɒmplɪ'mentərɪ] *adj* (**a**) *(praising)* elogioso(a) (**b**) *(free)* de regalo, gratuito(a) ❑ ***c. ticket*** invitación *f*

comply [kəm'plaɪ] *vi* **to c. with** *(rule)* cumplir, ajustarse a; *(order)* cumplir; *(request)* someterse a

component [kəm'pəʊnənt] **1** *n* pieza *f*
2 *adj* ***c. part*** pieza *f*

comport [kəm'pɔ:t] *vt Formal* **to c. oneself** conducirse, comportarse

comportment [kəm'pɔ:tmənt] *n Formal* conducta *f*, comportamiento *m*

compose [kəm'pəʊz] *vt* (**a**) *(music, poetry)* componer (**b**) *(constitute)* **to be composed of** estar compuesto(a) de (**c**) *(calm)* **to c. oneself** serenarse

composed [kəm'pəʊzd] *adj* sereno(a)

composer [kəm'pəʊzə(r)] *n* compositor(ora) *m,f*

composite ['kɒmpəzɪt] *adj* compuesto(a)

composition [kɒmpə'zɪʃən] *n (piece of music, act of composing)* composición *f*; *(essay)* redacción *f*

compositor [kəm'pɒzɪtə(r)] *n Typ* cajista *mf*

compos mentis ['kɒmpəs'mentɪs] *adj Law* en pleno uso de sus facultades mentales; *Hum* **I'm never c. before midday** yo no soy persona *or* no valgo para nada antes del mediodía

compost ['kɒmpɒst] *n* compost *m*, mantillo *m* ❑ ***c. heap*** montón *m* de compost *or* mantillo

composure [kəm'pəʊʒə(r)] *n* compostura *f*; **to lose/recover one's c.** perder/recobrar la compostura

compote ['kɒmpɒt] *n Culin* compota *f*

compound[1] **1** *n* ['kɒmpaʊnd] *Chem & Gram* compuesto *m*
2 *adj* compuesto(a) ❑ *Biol* ***c. eye*** ojo *m* compuesto; *Math* ***c. fraction*** fracción *f* mixta; *Med* ***c. fracture*** fractura *f* abierta; *Fin* ***c. interest*** interés *m* compuesto
3 *vt* [kəm'paʊnd] *(problem)* complicar, empeorar

compound[2] ['kɒmpaʊnd] *n (enclosure)* recinto *m*

comprehend [kɒmprɪ'hend] *vt* comprender

comprehensible [kɒmprɪ'hensəbəl] *adj* comprensible

comprehension [kɒmprɪ'henʃən] *n* comprensión *f*; **it is beyond my c.** me resulta incomprensible

comprehensive [kɒmprɪ'hensɪv] *adj* **1** *(answer, study, view)* detallado(a), completo(a); *(defeat, victory)* rotundo(a) ❑ *Fin* ***c. insurance*** seguro *m* a todo riesgo; *Br* ***c. school*** ≃ instituto *m* (de enseñanza secundaria) *(no selectiva)*
2 *n Br* ≃ instituto *m* (de enseñanza secundario) *(no selectiva)*

> Note that the Spanish word **comprensivo** is a false friend and is never a translation for the English word **comprehensive**. In Spanish **comprensivo** means "understanding".

compress 1 *n* ['kɒmpres] *Med* compresa *f*, apósito *m*
2 *vt* [kəm'pres] (**a**) *(gas)* comprimir; *Fig (text)* condensar; **compressed air** aire *m* comprimido (**b**) *Comptr* comprimir

compression [kəm'preʃən] *n* compresión *f* ❑ *Comptr* ***c. utility*** utilidad *f* de compresión, compresor *m*

compressor [kəm'presə(r)] *n also Comptr* compresor *m*

comprise [kəm'praɪz] *vt (include)* comprender, incluir; **to be comprised of** constar de

compromise ['kɒmprəmaɪz] **1** *n* solución *f* negociada *or* intermedia; **to reach a c.** alcanzar una solución intermedia
2 *vt* poner en peligro; **to c. oneself** ponerse en un compromiso; **he compromised his principles** traicionó sus principios
3 *vi* transigir, hacer concesiones

compromising ['kɒmprəmaɪzɪŋ] *adj* comprometedor(ora)

compulsion [kəm'pʌlʃən] *n (urge)* impulso *m*; *(obligation)* obligación *f*; **under c.** bajo coacción; **to be under no c. to do sth** no estar obligado(a) a hacer algo

compulsive [kəm'pʌlsɪv] *adj* compulsivo(a); **the programme was c. viewing** el programa fue absorbente *or* fascinante

compulsory [kəm'pʌlsərɪ] *adj* obligatorio(a) ❑ ***c. purchase*** expropiación *f*; ***c. redundancy*** despido *m* forzoso

compunction [kəm'pʌŋkʃən] *n* reparo *m*; **without c.** sin reparos

computation [kɒmpjʊ'teɪʃən] *n* cálculo *m*

computational [kɒmpjʊ'teɪʃənəl] *adj* computacional

compute [kəm'pju:t] *vt* calcular

computer [kəm'pju:tə(r)] *n Esp* ordenador *m*, *Am* computadora *f*, *Am* computador *m* ❑ ***c. animation*** animación *f* por *Esp* ordenador *or Am* computadora; ***c. dating*** sistema *m* informatizado de emparejamiento *(de agencia matrimonial)*; ***c. game*** juego *m* de *Esp* ordenador *or Am* computadora; *Fam* ***c. geek*** monstruo *m* de la informática; ***c. graphics*** infografía *f*; ***c. literacy*** conocimientos *mpl* de informática; ***c. printout*** listado *m*, copia *f* impresa; ***c. program*** programa *m* informático; ***c. programmer*** programador(ora) *m,f*; ***c. programming*** programación *f* (de *Esp* ordenadores *or Am* computadoras); ***c. science*** informática *f*; ***c. scientist*** informático(a) *m,f*; ***c. simulation*** simulación *f* por *Esp* ordenador *or Am* computadora; ***c. terminal*** terminal *m* de *Esp* ordenador *or Am* computadora; ***c. virus*** virus *m inv* informático

computer-aided design [kəm'pju:təreɪdɪddɪ'zaɪn] *n* diseño *m* asistido por *Esp* ordenador *or Am* computadora

computer-generated [kəm'pju:tə'dʒenəreɪtɪd] *adj* generado(a) por *Esp* ordenador *or Am* computadora

computerization [kəmpju:tərar'zeɪʃən] *n* informatización *f*

computerize [kəm'pju:təraɪz] *vt* informatizar, *Am* computarizar, *Am* computadorizar

computerized [kəm'pju:təraɪzd] *adj* informatizado(a), *Am* computarizado(a), *Am* computadorizado(a)

computer-literate [kəm'pju:tə'lɪtərɪt] *adj* **to be c.** tener conocimientos de informática

computing [kəm'pju:tɪŋ] *n* informática *f*

comrade ['kɒmreɪd] *n* camarada *mf*, compañero(a) *m,f*

comradeship ['kɒmrədʃɪp] *n* camaradería *f*

Con *Br Pol* (*abbr* **Conservative**) conservador(ora)

con[1] [kɒn] *Fam* **1** *n (swindle)* timo *m*, *Andes, RP* truchada *f*; **what a c.!** ¡menudo timo!, *Andes, RP* ¡qué truchada! ▫ ***c. man*** timador *m*, *Andes, RP* cagador *m*; ***c. trick*** timo *m*, *RP* truchada *f*

2 *vt* (*pt & pp* **conned**) *(swindle)* timar, *RP* cagar; **to c. sth out of sb, to c. sb out of sth** timarle *or* estafarle algo a alguien; **to c. sb into doing sth** embaucar a alguien para que haga algo

con[2] *n Fam (prisoner)* recluso(a) *m,f*, preso(a) *m,f*

con[3] *n (disadvantage)* **the pros and cons** los pros y los contras

concatenation [kənkætə'neɪʃən] *n Formal* concatenación *f*

concave ['kɒnkeɪv] *adj* cóncavo(a)

conceal [kən'si:l] *vt (object)* ocultar, esconder (**from** de); *(fact)* ocultar (**from** a); **to c. oneself** esconderse, ocultarse

concealer [kən'si:lə(r)] *n (cosmetics)* corrector *m*; *(for use under eyes)* antiojeras *m inv*

concede [kən'si:d] **1** *vt* (**a**) *(admit)* reconocer, admitir; **to c. defeat** admitir la derrota; **she was forced to c. that he was right** se vio obligada a reconocer que él tenia razón (**b**) *(grant, allow)* conceder (**c**) *Sport* **to c. a goal** encajar un gol

2 *vi* rendirse

conceit [kən'si:t] *n (vanity)* engreimiento *m*, presuntuosidad *f*

conceited [kən'si:tɪd] *adj* engreído(a), presuntuoso(a)

conceivable [kən'si:vəbəl] *adj* concebible, posible; **it is c. that...** es posible que...

conceivably [kən'si:vəblɪ] *adv* posiblemente; **she could c. have done it** es posible que lo haya hecho ella

conceive [kən'si:v] **1** *vt* concebir

2 *vi* **to c. of** imaginar, concebir

concentrate ['kɒnsəntreɪt] **1** *vt* concentrar; **the threat helped to c. their minds** la amenaza les hizo aplicarse

2 *vi* concentrarse (**on** en)

3 *n* concentrado *m*

concentrated ['kɒnsəntreɪtɪd] *adj (liquid)* concentrado(a); *(effort)* intenso(a), consciente

concentration [kɒnsən'treɪʃən] *n* concentración *f* ▫ ***c. camp*** campo *m* de concentración; ***c. span*** capacidad *f* de concentración

concentric [kən'sentrɪk] *adj Math* concéntrico(a)

concept ['kɒnsept] *n* concepto *m*

conception [kən'sepʃən] *n* (**a**) *(of child, idea)* concepción *f* (**b**) *(understanding)* idea *f*; **to have no c. of sth** no tener ni idea de algo

conceptual [kən'septjʊəl] *adj* conceptual

conceptualize [kən'septjʊəlaɪz] *vt* formarse un concepto de

CONCERN [kən'sɜ:n] **1** *n* (**a**) *(interest, business)* interés *m*; **that's my c.** eso es asunto mío; **it's no c. of mine/yours, it's none of my/your c.** no es de mi/tu incumbencia; **it's of no c. to me whether you go or not** me da igual que vayas o no; **of public c.** de interés público

(**b**) *(worry, compassion)* preocupación *f*; **their main c. is to avoid defeat** lo más importante para ellos es evitar la derrota; **my one c. is that...** lo único que me preocupa es que...; **there is growing c. that...** preocupa cada vez más a la gente que...; **this is a matter of some c. to us** nos preocupa bastante este asunto; **I did it out of c. for you** lo hice por ti; **to give cause for c.** dar motivos de preocupación; **there is no cause for c.** no hay motivo de preocupación; **to show c.** mostrar preocupación; **he showed no c. for their safety** dejó claro que su seguridad no le importaba

(**c**) *(company)* empresa *f*

2 *vt* (**a**) *(affect)* concernir, incumbir; **this matter does not c. you** este asunto no te concierne *or* incumbe; **those concerned will be informed in writing** se informará por escrito a los interesados; **as far as I'm concerned...** por lo que a mí respecta...; **as far as your salary is concerned...** en cuanto a *or* por lo que se refiere a tu salario...; **I'm useless where figures are concerned** soy inútil para los números; **to whom it may c.** a quien pueda interesar

(**b**) *(worry)* preocupar; **it concerns me that...** me preocupa que...

(**c**) *(occupy)* **to c. oneself with** *or* **about sth** preocuparse de algo; **so far, I have concerned myself only with the causes of the problem** hasta ahora, sólo me he ocupado de las causas del problema

(**d**) *(be about)* **the article concerns revelations regarding the president** el artículo trata de revelaciones sobre el presidente; **it concerns your request for a transfer** tiene que ver con tu petición de traslado

---

concerned [kən'sɜ:nd] *adj (worried)* preocupado(a) (**about** por); **a c. expression** una expresión de preocupación

concerning [kən'sɜ:nɪŋ] *prep* en relación con *or* a

concert ['kɒnsət] *n* (**a**) *(musical)* concierto *m*; **in c.** en concierto ▫ ***c. hall*** sala *f* de conciertos; ***c. pianist*** concertista *mf* de piano (**b**) *(cooperation)* **in c. with** en colaboración con

concerted [kən'sɜ:tɪd] *adj* conjunto(a), concertado(a)

concertina [kɒnsə'ti:nə] *n* **1** *(musical instrument)* concertina *f*

2 *vi (collapse) (of car)* arrugarse como un acordeón

concerto [kən'tʃɜ:təʊ] (*pl* **concertos**) *n Mus* concierto *m*; **piano/violin c.** concierto para piano/violín

concession [kən'seʃən] *n* (**a**) *(compromise)* concesión *f*; **to make concessions** hacer concesiones (**b**) *Br (discount)* descuento *m*

concessionary [kən'seʃənərɪ] *adj* con descuento ▫ *Br* ***c. ticket*** billete *m or Am* boleto *m* con descuento *(para niños, estudiantes, parados o jubilados)*

conch [kɒntʃ] *n* caracola *f*

conciliate [kən'sɪlɪeɪt] *vt (appease)* apaciguar; *(reconcile)* conciliar

conciliation [kənsɪlɪ'eɪʃən] *n* arbitraje *m*, conciliación *f*; **the dispute went to c.** se recurrió al arbitraje para dirimir el conflicto

conciliatory [kən'sɪlɪətərɪ] *adj* conciliador(ora)

concise [kən'saɪs] *adj* conciso(a)

conclave ['kɒnkleɪv] *n (private meeting)* cónclave *m*, conciliábulo *m*; *Rel* cónclave *m*; **in c.** en cónclave

conclude [kən'klu:d] **1** *vt* (**a**) *(finish)* concluir; **to c. a treaty** firmar un tratado (**b**) *(deduce)* **to c. that...** concluir que...

2 *vi (finish)* concluir

concluding [kən'klu:dɪŋ] *adj* final

conclusion [kən'klu:ʒən] *n* (**a**) *(inference)* conclusión *f*; **to draw a c.** sacar una conclusión; **to come to** *or* **reach a c.** llegar a una conclusión; **to jump to conclusions** sacar conclusiones precipitadas (**b**) *(end)* conclusión *f*; **in c.** en conclusión, concluyendo

conclusive [kən'klu:sɪv] *adj* concluyente

conclusively [kən'klu:sɪvlɪ] *adv* de manera concluyente

concoct [kən'kɒkt] *vt (dish)* preparar, confeccionar; *(plan, excuse)* tramar, fraguar

concoction [kən'kɒkʃən] *n* poción *f*, brebaje *m*

concomitant [kən'kɒmɪtənt] *Formal* **1** *n* concomitancia *f*, hecho *m* concomitante

2 *adj* concomitante (**with** con); **the snow and the c. delays** la nieve y los consiguientes retrasos

concord ['kɒŋkɔ:d] *n* armonía *f*, concordia *f*

concordance [kən'kɔ:dəns] *n (agreement)* consonancia *f*, acuerdo *m*; **to be in c. with...** estar en consonancia con...

concordat [kɒn'kɔ:dæt] *n* concordato *m*

concourse ['kɒŋkɔ:s] *n* vestíbulo *m*

concrete ['kɒŋkri:t] **1** *n* hormigón *m*, *Am* concreto *m* ▫ ***c. jungle*** jungla *f* de(l) asfalto; ***c. mixer*** hormigonera *f*

2 *adj (definite)* concreto(a) ▫ *Gram* ***c. noun*** sustantivo *m* concreto

concubine ['kɒŋkjʊbaɪn] *n* concubina *f*

concur [kən'kɜ:(r)] (*pt & pp* **concurred**) *vi (agree)* coincidir, estar de acuerdo (**with** con)

concurrent [kən'kʌrənt] *adj* simultáneo(a)

concurrently [kən'kʌrəntlɪ] *adv* simultáneamente

concussed [kən'kʌst] *adj* conmocionado(a)

concussion [kən'kʌʃən] *n* conmoción *f* cerebral

condemn [kən'dem] *vt* (**a**) *Law (sentence)* condenar (**to** a); **to c. sb to death** condenar a alguien a muerte; **the condemned cell** la celda de los condenados a muerte (**b**) *(censure)* condenar (**c**) *(building)* declarar en ruina

condemnation [kɒndem'neɪʃən] *n* condena *f*

condensation [kɒnden'seɪʃən] *n (on glass)* vaho *m*; *(on walls)* condensación *f*, vapor *m* condensado

condense [kən'dens] **1** *vt* (**a**) *(gas, liquid)* condensar (**b**) *(text)* condensar
2 *vi* condensarse

condensed [kən'denst] *adj* resumido(a), condensado(a) ▫ ***c. milk*** leche *f* condensada; ***c. soup*** sopa *f* concentrada

condenser [kən'densə(r)] *n Tech* condensador *m*

condescend [kɒndɪ'send] *vi* **to c. towards sb** tratar a alguien con aires de superioridad; **to c. to do sth** dignarse a *or* tener a bien hacer algo

condescending [kɒndɪ'sendɪŋ] *adj* altivo(a), condescendiente

condescension [kɒndɪ'senʃən] *n* altivez *f*, condescendencia *f*

condiment ['kɒndɪmənt] *n* condimento *m*

condition [kən'dɪʃən] **1** *n* (**a**) *(state)* condiciones *fpl*, estado *m*; **in good/bad c.** en buen/mal estado; **you're in no c. to drive** no estás en condiciones de *Esp* conducir *or Am* manejar; **to be out of c.** *(of person)* no estar en forma; **to be in (good) c.** *(of person)* estar en (buena) forma; **the human c.** la condición humana
(**b**) **conditions** *(circumstances)* circunstancias *fpl*; **working conditions** condiciones laborales; **driving conditions** estado *m* de las carreteras; **living conditions** condiciones de vida; **weather conditions** condiciones meteorológicas, estado del tiempo
(**c**) **conditions** *(of contract, offer)* términos *mpl*, condiciones *fpl* ▫ *Law* ***conditions of employment*** términos *mpl* del contrato
(**d**) *(requirement)* condición *f*; **on (the) c. that...** con la condición *or* a condición de que...; **on no c.** bajo ningún concepto; **on one c.** con una condición
(**e**) *Med* enfermedad *f*, afección *f*; **heart c.** afección *f* cardíaca
2 *vt* (**a**) *(influence)* condicionar; **we have been conditioned to believe that...** nos han programado para creer que...; *Psy* **a conditioned reflex** un reflejo condicionado
(**b**) *(hair)* suavizar

conditional [kən'dɪʃənəl] **1** *n Gram* condicional *m*, potencial *m*
2 *adj* condicional; **to be c. on sth** depender de algo, tener algo como condición ▫ *Law* ***c. discharge*** remisión *f* condicional de la pena

conditionally [kən'dɪʃənəlɪ] *adv* condicionalmente

conditioner [kən'dɪʃənə(r)] *n (for hair)* suavizante *m*, acondicionador *m*; *(for fabric)* suavizante *m*

conditioning [kən'dɪʃənɪŋ] *n (psychological)* condicionamiento *m*

condo ['kɒndəʊ] (*pl* **condos**) *n US* (**a**) *(apartment)* apartamento *m*, *Esp* piso *m*, *Am* departamento *m (en propiedad)* (**b**) *(building)* = bloque de apartamentos poseídos por diferentes propietarios

condolences [kən'dəʊlənsɪz] *npl* pésame *m*; **to offer sb one's c.** dar el pésame a alguien

condom ['kɒndɒm] *n* preservativo *m*, condón *m*

condominium [kɒndə'mɪnɪəm] *n US* (**a**) *(apartment)* apartamento *m*, *Esp* piso *m*, *Am* departamento *m (en propiedad)* (**b**) *(building)* = bloque de apartamentos poseídos por diferentes propietarios

condone [kən'dəʊn] *vt* justificar; **I cannot c. such behaviour** no puedo justificar ese tipo de comportamiento

condor ['kɒndɔ:(r)] *n* cóndor *m*

conducive [kən'dju:sɪv] *adj* **to be c. to** ser favorable para, facilitar; **these conditions are not c. to economic growth** estas condiciones no son favorables para el crecimiento de la economía

conduct 1 *n* ['kɒndʌkt] (**a**) *(behaviour)* conducta *f* (**b**) *(management)* **his c. of the war** la manera en que condujo la guerra
2 *vt* [kən'dʌkt] (**a**) *(business, operations)* gestionar, hacer; *(campaign, experiment, enquiry)* realizar, hacer; *Mus (orchestra)* dirigir (**b**) *(guide)* **we were conducted round the factory** nos llevaron por toda la fábrica; **a conducted tour** una visita guiada (**c**) *(heat, electricity)* conducir (**d**) **to c. oneself** *(behave)* comportarse, conducirse
3 *vi Mus* dirigir

conductance [kən'dʌktəns] *n Phys* conductancia *f*

conduction [kən'dʌkʃən] *n Phys* conducción *f*

conductive [kən'dʌktɪv] *adj Phys* conductor(ora); **c. material** conductor *m*

conductivity [kɒndʌk'tɪvɪtɪ] *n Phys* conductividad *f*

conductor [kən'dʌktə(r)] *n* (**a**) *Br (on bus)* revisor *m* (**b**) *US (on train)* revisor *m*, *RP* guarda *m* (**c**) *(of orchestra)* director(ora) *m,f* de orquesta (**d**) *(of heat, electricity)* conductor *m*

conductress [kən'dʌktrɪs] *n* (**a**) *Br (on bus)* revisora *f*, *RP* guarda *f* (**b**) *US (on train)* revisora *f*, *RP* guarda *f*

conduit ['kɒndjʊɪt] *n* conducto *m*

cone [kəʊn] *n (shape)* cono *m*; *(of pine)* piña *f*; *(for ice cream)* cucurucho *m*; *(for traffic)* cono *m (de tráfico)*

cone-shaped ['kəʊnʃeɪpt] *adj* cónico(a)

confab ['kɒnfæb] *n Fam (discussion)* deliberación *f*; **to have a c. about sth** deliberar sobre algo

confection [kən'fekʃən] *n Formal* dulce *m*

confectioner [kən'fekʃənə(r)] *n* pastelero(a) *m,f*; **c.'s (shop)** pastelería *f* ▫ *Culin* ***c.'s custard*** crema *f* pastelera

confectionery [kən'fekʃənərɪ] *n* dulces *mpl*

confederacy [kən'fedərəsɪ] *n* confederación *f*, liga *f*

confederate [kən'fedərət] **1** *n* compinche *mf*, cómplice *mf*
2 *adj* confederado(a)

confederation [kənfedə'reɪʃən] *n* confederación *f*

confer [kən'fɜ:(r)] (*pt & pp* **conferred**) **1** *vt (title, rank, powers)* conferir, otorgar (**on** a); *(degree, diploma)* conceder, otorgar (**on** a)
2 *vi (discuss)* deliberar (**with** con)

conference ['kɒnfərəns] *n* (**a**) *(meeting, congress)* congreso *m*; *Com* **to be in c.** estar reunido(a) ▫ *Tel* ***c. call*** multiconferencia *f*; ***c. centre*** palacio *m* de congresos (**b**) *US Sport* conferencia *f*

confess [kən'fes] **1** *vt* confesar, admitir; *Rel* confesar; **to c. that...** confesar que...
2 *vi* confesar; *Rel* confesarse; **to c. to sth** confesarse culpable de algo, confesar algo; **I must** *or* **I have to c., ...** tengo que *or* debo confesar que ...

confessed [kən'fest] *adj* confeso(a), declarado(a)

confession [kən'feʃən] *n also Rel* confesión *f*; **to make a c.** confesar, hacer una confesión; *Rel* **to go to c.** confesarse

confessional [kən'feʃənəl] *n Rel* confesionario *m*, confesonario *m*

confessor [kən'fesə(r)] *n Rel* confesor *m*

confetti [kən'fetɪ] *n* confeti *m*

confidant ['kɒnfɪdænt] *n* confidente *m*

confide [kən'faɪd] **1** *vt* confiar; **to c. sth to sb** confiarle algo a alguien
2 *vi* **to c. in sb** confiarse a *or* confesarse con alguien

confidence ['kɒnfɪdəns] *n* (**a**) *(trust)* confianza *f*; **to have c. in sb** fiarse de alguien, tener confianza en alguien; **to have every c. that...** estar completamente seguro(a) de que...; **to take sb into one's c.** confiarse a alguien ▫ ***c. trick*** timo *m*, estafa *f* (**b**) *(self-assurance)* confianza *f* (en uno mismo); **she's full of c.** tiene mucha confianza en sí misma (**c**) *(secret)* **to exchange confidences** intercambiar confidencias; **in c.** confidencialmente

confident ['kɒnfɪdənt] *adj* (**a**) *(certain)* seguro(a); **to be c. of** *(success, outcome)* estar seguro(a) de; **to be c. that...** estar seguro(a) de que... (**b**) *(self-assured) (person)* seguro(a) de sí mismo(a); *(performance)* lleno(a) de seguridad

confidential [kɒnfɪ'denʃəl] *adj* confidencial, secreto(a)

confidentiality [kɒnfɪdenʃɪ'ælɪtɪ] *n* confidencialidad *f*

confidentially [kɒnfɪ'denʃəlɪ] *adv* confidencialmente

confidently ['kɒnfɪdəntlɪ] *adv* con seguridad

confiding [kən'faɪdɪŋ] *adj* confiado(a)

configuration [kənfɪg(j)ʊ'reɪʃən] *n also Comptr* configuración *f*

configure [kən'fɪg(j)ə(r)] *vt also Comptr* configurar

confine [kən'faɪn] *vt* **(a)** *(imprison)* confinar, recluir; **to be confined to bed** tener que guardar cama; **to be confined to barracks** quedarse arrestado(a) en el cuartel **(b)** *(limit)* **to c. oneself to sth** limitarse a algo; **damage was confined to the centre** los destrozos se localizaron en el centro **(c)** *(a fire)* aislar

confined [kən'faɪnd] *adj* **in a c. space** en un espacio limitado

confinement [kən'faɪnmənt] *n* **(a)** *(in prison)* reclusión *f*, encierro *m* **(b)** *Old-fashioned (birth)* parto *m*

confines ['kɒnfaɪnz] *npl* límites *mpl*; **within the c. of the home** en el ámbito del hogar

confirm [kən'fɜ:m] *vt also Rel* confirmar

confirmation [kɒnfə'meɪʃən] *n also Rel* confirmación *f*

confirmed [kən'fɜ:md] *adj (smoker, liar)* empedernido(a)

confiscate ['kɒnfɪskeɪt] *vt* confiscar

confiscation [kɒnfɪs'keɪʃən] *n* confiscación *f*

conflagration [kɒnflə'greɪʃən] *n Formal* incendio *m*

conflate [kən'fleɪt] *vt* aunar

conflict 1 *n* ['kɒnflɪkt] conflicto *m*; **to come into c. with** entrar en conflicto con; **a c. of interests** un conflicto de intereses
2 *vi* [kən'flɪkt] *(of evidence, reports)* chocar (**with** con)

conflicting [kən'flɪktɪŋ] *adj (opinions)* encontrado(a); *(reports, evidence)* contradictorio(a)

confluence ['kɒnflʊəns] *n* confluencia *f*

conform [kən'fɔ:m] *vi* **(a)** *(be in keeping with) (laws, standards)* ajustarse (**to** a); *(expectations)* ajustarse, responder (**with** a) **(b)** *(behave normally)* ser conformista, actuar como todo el mundo

conformist [kən'fɔ:mɪst] *n & adj* conformista *mf*

conformity [kən'fɔ:mɪtɪ] *n* conformidad *f*; **in c. with...** de conformidad con...

confound [kən'faʊnd] *vt* **(a)** *(frustrate)* frustrar **(b)** *(surprise)* desconcertar, sorprender **(c)** *Fam Old-fashioned* **c. it/him!** ¡maldita sea!

confounded [kən'faʊndɪd] *adj Fam Old-fashioned* condenado(a), dichoso(a), *RP, Méx* maldito(a)

confront [kən'frʌnt] *vt (face up to, meet face to face)* enfrentarse a, hacer frente a; **to be confronted by a problem** enfrentarse a un problema; **to c. sb (about sth)** hablar cara a cara con alguien (acerca de algo); **to c. sb with the facts** enfrentar a alguien a los hechos

confrontation [kɒnfrʌn'teɪʃən] *n* confrontación *f*

confuse [kən'fju:z] *vt* **(a)** *(bewilder)* desconcertar, confundir **(b)** *(mix up)* confundir (**with** con)

confused [kən'fju:zd] *adj (person)* confundido(a), desorientado(a); *(mind, ideas, situation)* confuso(a); **to get c.** desorientarse

confusedly [kən'fju:zɪdlɪ] *adv* con aire confundido

confusing [kən'fju:zɪŋ] *adj* confuso(a); **Mexican history is very c.** la historia de México es muy complicada

confusingly [kən'fju:zɪŋlɪ] *adv* confusamente; **c., both twins do exactly the same courses at university** para mayor confusión, ambos gemelos cursan la misma carrera universitaria

confusion [kən'fju:ʒən] *n* **(a)** *(of person)* desconcierto *m* **(b)** *(disorder)* confusión *f*; **to throw sth into c.** *(country, party)* sumir a algo en el desconcierto; *(plans)* trastocar algo por completo

confute [kən'fju:t] *vt Formal (person)* rebatir los argumentos de; *(theory)* rebatir, refutar

conga ['kɒŋgə] *n (dance)* conga *f*

congeal [kən'dʒi:l] *vi (of blood)* coagularse; *(fat)* solidificarse

congenial [kən'dʒi:nɪəl] *adj (person)* simpático(a); *(atmosphere)* agradable

congenital [kən'dʒenɪtəl] *adj* congénito(a); *Fig* **c. liar** mentiroso(a) *m,f* patológico(a)

conger ['kɒŋgə(r)] *n* **c. (eel)** congrio *m*

congested [kən'dʒestɪd] *adj (street, lungs)* congestionado(a)

congestion [kən'dʒestʃən] *n (of traffic, lungs)* congestión *f*

conglomerate [kən'glɒmərət] *n* **(a)** *Com* conglomerado *m* de empresas **(b)** *Geol* conglomerado *m*

conglomeration [kənglɒmə'reɪʃən] *n* conglomerado *m*

Congo ['kɒŋgəʊ] *n* **the C.** *(country, river)* el Congo; **the Democratic Republic of C.** la República Democrática del Congo

Congolese ['kɒŋgəli:z] *n & adj* congoleño(a) *m,f*

congrats [kən'græts] *exclam Fam* ¡felicidades!, ¡enhorabuena!

congratulate [kən'grætjʊleɪt] *vt* felicitar (**on** por); **to c. oneself on (having done) sth** felicitarse por (haber hecho) algo

congratulations [kəngrætjʊ'leɪʃənz] *npl* enhorabuena *f*, felicitaciones *fpl*; **to give** *or* **offer one's c. to sb** dar la enhorabuena a alguien; **c.!** ¡felicidades!

congratulatory [kən'grætjʊlətərɪ] *adj* de felicitación

congregate ['kɒŋgrɪgeɪt] *vi* congregarse

congregation [kɒŋgrɪ'geɪʃən] *n (of church)* fieles *mpl*, feligreses *mpl*

congress ['kɒŋgres] *n* **(a)** *(conference)* congreso *m* **(b)** *US Pol* **C.** el Congreso *(de los Estados Unidos)*

congressional [kən'greʃənəl] *adj US Pol (leaders, report, committee)* del Congreso; *(election)* al Congreso ▫ ***c. district*** circunscripción *f* electoral (del Congreso); ***c. immunity*** inmunidad *f* parlamentaria

Congressman ['kɒŋgresmæn] *n US Pol* congresista *m*, *Am* congresal *m*

Congresswoman ['kɒŋgreswʊmən] *n US Pol* congresista *f*, *Am* congresal *f*

congruent ['kɒŋgrʊənt] *adj* **(a)** *Formal (similar)* afín (**with** a) **(b)** *Formal (suitable)* acorde (**with** con) **(c)** *Geom* congruente

conical ['kɒnɪkəl] *adj* cónico(a)

conifer ['kɒnɪfə(r)] *n* conífera *f*

coniferous [kə'nɪfərəs] *adj* conífero(a)

conjecture [kən'dʒektʃə(r)] **1** *n* conjetura *f*; **it's sheer c.** no son más que conjeturas
2 *vt* conjeturar
3 *vi* hacer conjeturas

conjugal ['kɒndʒəgəl] *adj* conyugal; **he demanded his c. rights** pidió a su esposa que cumpliera sus deberes conyugales

conjugate ['kɒndʒəgeɪt] *Gram* **1** *vt* conjugar
2 *vi* conjugarse

conjugation [kɒndʒə'geɪʃən] *n Gram* conjugación *f*

conjunction [kən'dʒʌŋkʃən] *n also Gram* conjunción *f*; **in c. with** junto con

conjunctivitis [kəndʒʌŋktɪ'vaɪtɪs] *n Med* conjuntivitis *f inv*

conjure ['kʌndʒə(r)] *vi (do magic)* hacer juegos de manos

▸**conjure up** *vt sep* **(a)** *(produce)* hacer aparecer; **she conjured up a meal** preparó una comida prácticamente con nada **(b)** *(call to mind)* evocar

conjurer ['kʌndʒərə(r)] *n* mago(a) *m,f*, prestidigitador(ora) *m,f*

conjuring ['kʌndʒərɪŋ] *n* magia *f*, prestidigitación *f* ▫ ***c. trick*** juego *m* de manos

conjuror = **conjurer**

conk [kɒŋk] *n Br Fam (nose)* napia *f*, *Esp* napias *fpl*

▸**conk out** *vi Fam* **(a)** *(stop working) (of car, TV)* escacharrarse, *Am* descomponerse, *Méx* desconchinflarse **(b)** *(fall asleep)* quedarse frito(a) *or Esp* roque *or Méx* súpito(a)

conker ['kɒŋkə(r)] *n Fam (chestnut)* castaña *f*; *Br* **conkers** *(game)* = juego con castañas ensartadas en cordeles

conman ['kɒnmæn] *n* timador *m*

Conn (*abbr* **Connecticut**) Connecticut

connect [kə'nekt] **1** *vt* **(a)** *(pipes, wires, gas)* conectar, empalmar (**to** con *or* a); **to c. sth to the mains** enchufar algo, conectar algo a la red; **to get connected** *(to telephone system, Internet)* conectarse
(b) *(associate) (person, problem)* relacionar (**with** con), vincular (**with** con *or* a); **to be connected with...** estar relacionado(a) con...; **are they connected?** ¿existe algún vínculo *or* alguna relación entre

ellos?; **the two issues are not connected** los dos asuntos no están relacionados; **to be well connected** *(socially)* estar bien relacionado(a)

(**c**) *Tel* poner, pasar; **could you c. me with Lost Property, please?** ¿me pone con el departamento de objetos perdidos, por favor?

2 *vi* (**a**) *(of wires, roads, pipes)* conectarse, empalmarse; **the living room connects with the kitchen** el salón da a la cocina

(**b**) *(of train, plane)* enlazar (**with** con)

(**c**) *(of blow)* dar en el blanco

(**d**) *(of people) (emotionally)* entenderse, conectar

▸**connect up** *vt sep (pipes, wires)* conectar

connecting [kə'nektɪŋ] *adj (rooms)* que se comunican ❑ ***c. door*** puerta *f* que comunica; ***c. flight*** vuelo *m* de enlace *or* conexión; *Tech* ***c. rod*** biela *f*

connection [kə'nekʃən] *n* (**a**) *(of pipes, wires)* conexión *f*, empalme *m*; *(electrical)* conexión *f* ❑ *Comptr* ***c. kit*** kit *m* de conexión

(**b**) *(link, association)* conexión *f*, vínculo *m*; **to make a c. between X and Y** relacionar X con Y; **that was when I made the c.** entonces lo relacioné; **in c. with** en relación con; **in this c.** a este respecto

(**c**) *(acquaintance)* contacto *m*; **she has important connections** está bien relacionada; **he used his connections to get the job** utilizó sus contactos para conseguir el trabajo

(**d**) *(train, plane)* enlace *m*, conexión *f*; **I missed my c.** perdí el enlace *or* la conexión

(**e**) *US Fam (drug dealer)* camello *m*, *Méx* narco *mf*

connective tissue [kə'nektɪv'tɪsju:] *n Anat* tejido *m* conjuntivo

connectivity [kɒnek'tɪvɪtɪ] *n Comptr* conectividad *f*

connector [kə'nektə(r)] *n (for wire, piping)* conector *m*, junta *f*; *Comptr* conector *m*

connivance [kə'naɪvəns] *n* connivencia *f*; **to be in c. with sb** estar en connivencia con alguien

connive [kə'naɪv] *vi* (**a**) *(conspire)* **to c. with** confabularse con (**b**) *(contribute)* **to c. at** contribuir a

conniving [kə'naɪvɪŋ] *adj* confabulador(ora)

connoisseur [kɒnɪ'sɜ:(r)] *n* entendido(a) *m,f* (**of** en)

connotation [kɒnə'teɪʃən] *n* connotación *f*

connote [kə'nəʊt] *vt (imply)* tener connotaciones de, connotar

conquer ['kɒŋkə(r)] *vt (country, sb's heart)* conquistar; *(difficulty, one's shyness, fears)* vencer

conquering ['kɒŋkərɪŋ] *adj* vencedor(ora)

conqueror ['kɒŋkərə(r)] *n* conquistador(ora) *m,f*

conquest ['kɒŋkwest] *n* conquista *f*; **to make a c. of sb** conquistar a alguien

conscience ['kɒnʃəns] *n* conciencia *f*; **to have a clear c.** tener la conciencia tranquila; **to have a guilty c.** tener sentimiento de culpa; **she had three deaths on her c.** sobre su conciencia pesaban tres muertes; **in all c.** en conciencia

conscientious [kɒnʃɪ'enʃəs] *adj (worker)* concienzudo(a); **she's c. about wiping her feet before entering the house** nunca deja de limpiarse los zapatos antes de entrar en casa ❑ ***c. objector*** objetor(ora) *m,f* de conciencia

conscientiously [kɒnʃɪ'enʃəslɪ] *adv* concienzudamente

conscious ['kɒnʃəs] *adj* (**a**) *(awake)* **to be c.** estar consciente; **to become c.** volver en sí, recobrar la con(s)ciencia (**b**) *(aware)* **to be c. of** ser consciente de; **to become c. of** cobrar conciencia de, darse cuenta de; **to be c. that...** ser consciente de que...; *Psy* **the c. mind** la con(s)ciencia, el consciente (**c**) *(intentional)* consciente, deliberado(a); **to make a c. effort to do sth** hacer un esfuerzo consciente para hacer algo; **to make a c. decision to do sth** tomar conscientemente la decisión de hacer algo

consciously ['kɒnʃəslɪ] *adv (deliberately)* conscientemente, adrede

consciousness ['kɒnʃəsnɪs] *n* (**a**) *Med* con(s)ciencia *f*; **to lose c.** quedar inconsciente; **to regain c.** volver en sí (**b**) *(awareness)* conciencia *f*, concienciación *f*; **to raise sb's c. of sth** concienciar a alguien de algo ❑ ***c. raising*** concienciación *f*

conscript 1 *n* ['kɒnskrɪpt] recluta *mf (forzoso)*

2 *vt* [kən'skrɪpt] reclutar *(forzosamente)*

conscription [kən'skrɪpʃən] *n* reclutamiento *m* obligatorio

consecrate ['kɒnsɪkreɪt] *vt Rel & Fig* consagrar (**to** a)

consecration [kɒnsɪ'kreɪʃən] *n* consagración *f*

consecutive [kən'sekjʊtɪv] *adj* consecutivo(a); **on three c. days** tres días consecutivos

consecutively [kən'sekjʊtɪvlɪ] *adv* consecutivamente; **three times c.** tres veces consecutivas *or* seguidas

consensual [kən'sensjʊəl] *adj* (**a**) *(approach, politics)* consensuado(a) (**b**) *(sexual activity)* consentido(a) (**c**) *Law (contract)* consensual

consensus [kən'sensəs] *n* consenso *m*; **to reach a c.** alcanzar un consenso; **the c. of opinion** el parecer de la mayoría

consent [kən'sent] **1** *n* consentimiento *m*; **to give one's c. to sth** dar el consentimiento a algo

2 *vi* **to c. to (do) sth** consentir (en hacer) algo

consenting [kən'sentɪŋ] *adj* puestos(as) de acuerdo ❑ *Law* ***c. adult*** mayor *mf* de edad (que actúa de motu proprio)

consequence ['kɒnsɪkwəns] *n* (**a**) *(result)* consecuencia *f*; **as a c.** como consecuencia; **in c.** en consecuencia; **to take the consequences** asumir las consecuencias (**b**) *(importance)* **of little c.** de poca relevancia; **of no c.** irrelevante

consequent ['kɒnsɪkwənt] *adj Formal* consiguiente; **c. upon sth** resultante de algo

consequential [kɒnsɪ'kwenʃəl] *adj Formal* (**a**) *(resultant)* consiguiente, resultante (**b**) *(significant)* trascendente, relevante

consequently ['kɒnsɪkwəntlɪ] *adv* por consiguiente, en consecuencia

conservation [kɒnsə'veɪʃən] *n (of the environment)* conservación *f or* protección *f* del medio ambiente; *(of energy, resources)* conservación *f* ❑ ***c. area*** *(of town, city)* zona *f* arquitectónica protegida; *(nature reserve)* zona *f* protegida

conservationist [kɒnsə'veɪʃənɪst] *n* ecologista *mf*

conservatism [kən'sɜ:vətɪzəm] *n* conservadurismo *m*

Conservative [kən'sɜ:vətɪv] *Br Pol* **1** *adj* conservador(ora); **the C. Party** el Partido Conservador

2 *n* conservador(ora) *m,f*; **the Conservatives** los conservadores

conservative [kən'sɜ:vətɪv] *adj* (**a**) *(traditional)* conservador(ora) (**b**) *(cautious)* prudente, cauto(a); **a c. estimate** un cálculo moderado

conservatoire [kən'sɜ:vətwɑ:(r)] *n Mus* conservatorio *m*

conservatory [kən'sɜ:vətrɪ] *n* (**a**) *(room)* cenador *m*, = habitación acristalada que da al jardín de una casa (**b**) *Mus* conservatorio *m*

conserve 1 *vt* [kən'sɜ:v] *(monument, countryside, wildlife)* conservar, preservar; *(water, energy)* reservar

2 *n* ['kɒnsɜ:v] *(jam)* compota *f*

consider [kən'sɪdə(r)] **1** *vt* (**a**) *(think over)* considerar; **to c. doing sth** considerar hacer algo; **to c. whether to do sth** contemplar la posibilidad de hacer algo; **the jury retired to c. its verdict** el jurado se retiró a deliberar; **to c. sb for a job** tener en cuenta a alguien para un puesto

(**b**) *(take into account)* tener en cuenta; **all things considered** mirándolo bien

(**c**) *(regard)* considerar; **c. it done** considéralo hecho, dalo por hecho; **to c. oneself happy** considerarse feliz; **I c. him a friend** yo lo considero un amigo; **it is considered to be the best treatment available** está considerado como *or* se le considera como el mejor tratamiento disponible; **we can c. ourselves lucky** ya podemos considerarnos afortunados; **c. yourself dismissed!** ¡date por despedido!

(**d**) *Formal (look at)* observar

2 *vi (think)* reflexionar

considerable [kən'sɪdərəbəl] *adj* considerable; **with c. difficulty** con grandes dificultades

considerably [kən'sɪdərəblɪ] *adv* considerablemente, notablemente

considerate [kən'sɪdərət] *adj* considerado(a) (**towards** *or* **to** con)

considerateness [kən'sɪdərətnɪs] *n* consideración *f*

consideration [kənsɪdə'reɪʃən] *n* (**a**) *(deliberation)* **different possibilities are under c.** se están estudiando varias posibilidades; **after due c.** tras las debidas deliberaciones; **to give a proposal some c.** considerar una propuesta; **to take sth into c.** tomar algo en consideración; *Formal* **in c. of** *(because of)* en consideración *or* atención a
(**b**) *(factor)* factor *m*; **it's an important c. in reaching a decision** es un factor a tener muy en cuenta a la hora de tomar una decisión
(**c**) *(respect)* consideración *f*; **show some c.!** ¡ten un poco de consideración!; **out of c. for** por consideración hacia
(**d**) *(payment)* **for a small c.** a cambio de una pequeña retribución

considered [kən'sɪdəd] *adj* **it is my c. opinion that…** tras pensarlo muy detenidamente creo que…

considering [kən'sɪdərɪŋ] **1** *prep* considerando, teniendo en cuenta
2 *conj* considerando que, teniendo en cuenta que; **c. (that) he is so young** teniendo en cuenta su juventud
3 *adv* **it's not so bad, c.** no está tan mal, después de todo

consign [kən'saɪn] *vt* (**a**) *(entrust)* confiar (**to** a) (**b**) *(send)* consignar, enviar (**to** a)

consignment [kən'saɪnmənt] *n (of goods)* envío *m*

▸**consist of** [kən'sɪst] *vt insep* consistir en

consistency [kən'sɪstənsɪ] *n* (**a**) *(of substance, liquid)* consistencia *f* (**b**) *(of actions, arguments)* coherencia *f*, congruencia *f*; **to lack c.** ser incongruente (**c**) *(of performance, work)* regularidad *f*, constancia *f*

consistent [kən'sɪstənt] *adj* (**a**) *(coherent) (reasoning, behaviour)* coherente, congruente; **c. with** coherente con (**b**) *(unvarying) (quality, standard)* invariable, constante; *(performance)* constante, regular; *(refusal, failure)* constante, continuo(a)

consistently [kən'sɪstəntlɪ] *adv* (**a**) *(coherently) (argue, behave)* coherentemente, congruentemente (**b**) *(without variation) (perform)* con un nivel constante de calidad; *(fail, deny, oppose)* constantemente

consolation [kɒnsə'leɪʃən] *n* consuelo *m*; **that's one c.** es un consuelo; **if it's any c.** si te sirve de consuelo ▫ ***c. prize*** premio *m* de consolación

console¹ ['kɒnsəʊl] *n (control panel)* consola *f*

console² [kən'səʊl] *vt* consolar

consolidate [kən'sɒlɪdeɪt] **1** *vt* consolidar; *Com (companies)* fusionar
2 *vi* consolidarse

consolidation [kənsɒlɪ'deɪʃən] *n* consolidación *f*; *Com (of companies)* fusión *f*

consommé [kɒn'sɒmeɪ] *n* consomé *m*

consonant ['kɒnsənənt] **1** *n* consonante *f*
2 *adj Formal* **c. with** en consonancia con

consort ['kɒnsɔːt] *n (spouse of monarch)* consorte *mf*

▸**consort with** [kən'sɔːt] *vt insep* asociarse con

consortium [kən'sɔːtɪəm] *n Com* consorcio *m*

conspicuous [kən'spɪkjʊəs] *adj (person)* visible; *(colour)* llamativo(a); *(bravery, intelligence)* notable; **to look c.** resaltar, llamar la atención; **to make oneself c.** hacerse notar; **in a c. position** en un lugar bien visible; **to be c. by one's/its absence** brillar por su ausencia ▫ ***c. consumption*** ostentación *f* en el consumo

conspiracy [kən'spɪrəsɪ] *n* conspiración *f*, conjura *f*; **c. of silence** pacto *m* de silencio ▫ ***c. theory*** = teoría que sostiene la existencia de una conspiración, generalmente imaginaria

conspirator [kən'spɪrətə(r)] *n* conspirador(ora) *m,f*

conspiratorial [kənspɪrə'tɔːrɪəl] *adj* conspirador(ora), de conspiración

conspire [kən'spaɪə(r)] *vi* ·*(of person)* conspirar (**against/with** contra/con); *(of events)* obrar; **to c. with sb to do sth** conspirar con alguien para hacer algo; **circumstances conspired against me** las circunstancias obraban en mi contra

constable ['kʌnstəbəl, 'kɒnstəbəl] *n Br* policía *mf*

constabulary [kən'stæbjʊlərɪ] *n Br* (cuerpo *m* de) policía *f*

constancy ['kɒnstənsɪ] *n Literary (loyalty)* lealtad *f*

constant ['kɒnstənt] **1** *adj* (**a**) *(price, temperature)* constante (**b**) *(attention, questions)* continuo(a), constante (**c**) *Literary (loyal)* leal
2 *n* constante *f*

constantly ['kɒnstəntlɪ] *adv* constantemente; **c. diminishing returns** rendimientos en constante descenso

constellation [kɒnstə'leɪʃən] *n* constelación *f*

consternation [kɒnstə'neɪʃən] *n* consternación *f*

constipated ['kɒnstɪpeɪtɪd] *adj* estreñido(a)

> Note that the Spanish word **constipado** is a false friend and is never a translation for the English word **constipated**. In Spanish **constipado** means both "cold" and "suffering from a cold".

constipation [kɒnstɪ'peɪʃən] *n* estreñimiento *m*

constituency [kən'stɪtjʊənsɪ] *n Pol* circunscripción *f* electoral

constituent [kən'stɪtjʊənt] **1** *n* (**a**) *Pol* elector(ora) *m,f* (**b**) *(part)* elemento *m* (constitutivo)
2 *adj* constitutivo(a)

constitute ['kɒnstɪtjuːt] *vt* constituir; **it constitutes a major change in policy** constituye un importante cambio de política

constitution [kɒnstɪ'tjuːʃən] *n* (**a**) *(of state, organization)* constitución *f* (**b**) *(of person)* constitución *f*; **to have a strong c.** ser de constitución robusta; **to have the c. of an ox** estar hecho(a) un roble, estar fuerte como un toro

constitutional [kɒnstɪ'tjuːʃənəl] **1** *n Hum or Old-fashioned (walk)* paseo *m*
2 *adj (reform, decision)* constitucional ▫ ***c. monarchy*** monarquía *f* constitucional

constitutionality [kɒnstɪtjuːʃə'nælɪtɪ] *n Formal* constitucionalidad *f*

constitutionally [kɒnstɪ'tjuːʃənəlɪ] *adv* constitucionalmente

constrain [kən'streɪn] *vt Formal* restringir, constreñir; **to feel constrained to do sth** sentirse obligado(a) a hacer algo

constraint [kən'streɪnt] *n (restriction)* limitación *f*, restricción *f*; **to place constraints (up)on sb/sth** imponer restricciones a alguien/algo; **to do sth under c.** hacer algo bajo coacción; **to speak without c.** hablar abiertamente; **financial constraints** restricciones económicas

constrict [kən'strɪkt] *vt (blood vessel)* constreñir, contraer; *(flow, breathing)* dificultar; *(person, economy)* constreñir

constriction [kən'strɪkʃən] *n (of person, economy)* constricción *f*; **c. of the blood vessels** vasoconstricción *f*

construct 1 *n* ['kɒnstrʌkt] *(idea)* concepto *m*
2 *vt* [kən'strʌkt] *(build)* construir

construction [kən'strʌkʃən] *n* (**a**) *(act of building, thing built)* construcción *f*; **under c.** en construcción ▫ ***the c. industry*** (el sector de) la construcción; ***c. site*** obra *f*; ***c. workers*** obreros *mpl* de la construcción (**b**) *(interpretation)* **to put a favourable/unfavourable c. on sb's words** darle un sentido bueno/malo a las palabras de alguien (**c**) *Gram* construcción *f*

constructive [kən'strʌktɪv] *adj (comment, proposal)* constructivo(a); **c. criticism** críticas constructivas

construe [kən'struː] *vt (interpret)* interpretar

> Note that the Spanish verb **construir** is a false friend and is never a translation for the English verb **to construe**. In Spanish **construir** means "to build, to manufacture"

consul ['kɒnsəl] *n* cónsul *mf*

consular ['kɒnsjʊlə(r)] *adj* consular

consulate ['kɒnsjʊlət] *n* consulado *m*

consult [kən'sʌlt] **1** *vt* consultar
2 *vi* consultar (**with sb/about sth** con alguien/sobre algo)

consultancy [kən'sʌltənsɪ] *n* (**a**) *(of medical specialist)* = plaza de especialista hospitalario (**b**) *Com* asesoría *f*, consultoría *f*

consultant [kən'sʌltənt] *n* (**a**) *(medical specialist)* médico(a) *m,f* especialista *(en* *hospital)* (**b**) *Com* asesor(ora) *m,f,* consultor(ora) *m,f*

consultation [kɒnsəl'teɪʃən] *n* consulta *f*; **to hold a c. (with)** consultar (con); **in c. with sb** con la asesoría de alguien

consultative [kən'sʌltətɪv] *adj* consultivo(a); **in a c. capacity** a título consultivo

consulting [kən'sʌltɪŋ] *n* asesor(ora) □ ***c. room*** *(of doctor)* consulta *f*, consultorio *m*

consume [kən'sju:m] *vt (food, fuel, time)* consumir; **to be consumed with jealousy/desire** estar consumido(a) por los celos/el deseo; **fire consumed the building** las llamas arrasaron el edificio

consumer [kən'sju:mə(r)] *n (of product)* consumidor(ora) *m,f* □ ***c. durables*** bienes *mpl* de consumo duraderos; ***c. goods*** bienes *mpl* de consumo; *Econ* ***c. price index*** índice *m* de precios al consumo, IPC *m*; ***c. protection*** protección *f* del consumidor; ***the c. society*** la sociedad de consumo

consumerism [kən'sju:mərɪzəm] *n* consumismo *m*

consuming [kən'sju:mɪŋ] *adj (passion)* arrebatado(a), arrollador(ora); *(interest)* ferviente, absorbente

consummate 1 *adj* ['kɒnsəmət] *(skilled)* consumado(a)

2 *vt* ['kɒnsəmeɪt] *(marriage, relationship)* consumar

consummation [kɒnsə'meɪʃən] *n* consumación *f*

consumption [kən'sʌmpʃən] *n* (**a**) *(of food, fuel, resources)* consumo *m*; **unfit for human c.** no apto(a) para el consumo humano (**b**) *Old-fashioned (tuberculosis)* tisis *f inv*

consumptive [kən'sʌmptɪv] *adj Old-fashioned* tísico(a)

contact ['kɒntækt] **1** *n* (**a**) *(between things, people)* contacto *m*; **to be in/come into c. with** estar en/ponerse en contacto con; **to make c. with sb** contactar con alguien, ponerse en contacto con alguien; **to lose c. with sb** perder el contacto con alguien □ ***c. sport*** deporte *m* de contacto (**b**) *(person)* contacto *m*; **he has lots of contacts** tiene muchos contactos (**c**) *Elec* contacto *m* (**d**) *(lens)* **c. lens** lente *f* de contacto, *Esp* lentilla *f*, *Méx* pupilente *f*; **she wears c. lenses** *or Fam* **contacts** lleva lentes de contacto

2 *vt* contactar con, ponerse en contacto con

contactable [kɒn'tæktəbəl] *adj* localizable

contagion [kən'teɪdʒən] *n* contagio *m*; *Fig (harmful influence)* peste *f*

contagious [kən'teɪdʒəs] *adj (disease, laughter)* contagioso(a)

contain [kən'teɪn] *vt* (**a**) *(hold, include)* contener (**b**) *(control)* contener; **I could scarcely c. my indignation** apenas podía contener la indignación; **to c. oneself** contenerse

container [kən'teɪnə(r)] *n (for storage)* recipiente *m*; *(for transport)* contenedor *m* □ ***c. lorry/ship*** camión *m*/buque *m* de transporte de contenedores; ***c. terminal*** terminal *f* de contenedores

containerize [kən'teɪnəraɪz] *vt (cargo)* meter en contenedores

containment [kən'teɪnmənt] *n (of political power, problem)* contención *f*

contaminate [kən'tæmɪneɪt] *vt also Fig* contaminar

contamination [kəntæmɪ'neɪʃən] *n* contaminación *f*

contd *(abbr* **continued**) cont.; **c. on page 14** sigue en la página 14

contemplate ['kɒntəmpleɪt] *vt (look at, consider)* contemplar; **to c. doing sth** contemplar (la posibilidad de) hacer algo

contemplation [kɒntəm'pleɪʃən] *n* contemplación *f*

contemplative [kən'templətɪv] *adj* contemplativo(a)

contemporaneous [kəntempə'reɪnɪəs] *adj Formal* simultáneo(a); **to be c. (with sth)** ocurrir a la par (que algo), coincidir en el tiempo (con algo)

contemporary [kən'tempərərɪ] **1** *n* contemporáneo(a) *m,f*

2 *adj* contemporáneo(a) (**with** con) □ ***c. dance*** ballet *m* moderno, danza *f* moderna

contempt [kən'tempt] *n* desprecio *m*, menosprecio *m*; **to hold sb/sth in c.** sentir desprecio por alguien/algo; *Law* **c. (of court)** desacato *m* (al tribunal)

contemptible [kən'temptəbəl] *adj* despreciable

contemptuous [kən'temptjʊəs] *adj* despreciativo(a); **to be c. of** mostrar desprecio hacia

contend [kən'tend] **1** *vt* **to c. that...** afirmar *or* alegar que...

2 *vi* (**a**) *(struggle)* enfrentarse (**with** a *or* con); **the difficulties I have to c. with** las dificultades a las que me tengo que enfrentar (**b**) *(compete)* **to c. for sth** disputarse algo, competir por algo

contender [kən'tendə(r)] *n* contendiente *mf*

contending [kən'tendɪŋ] *adj (views, interests)* encontrados(as), enfrentados(as)

content[1] ['kɒntent] *n* contenido *m*; **contents** *(of pockets, drawer, letter)* contenido *m*; *(table in book)* índice *m*; **high protein/fibre c.** alto contenido en proteínas/fibra

content[2] [kən'tent] **1** *adj* **to be c. with sth** estar satisfecho(a) con *or* de algo

2 *vt* **to c. oneself with (doing) sth** contentarse con (hacer) algo

3 *n* **to one's heart's c.** a placer, a discreción

contented [kən'tentɪd] *adj (person, smile)* satisfecho(a) (**with** con *or* de); **to be c. (with)** estar satisfecho(a) (con *or* de)

contentedly [kən'tentɪdlɪ] *adv* con satisfacción; **she sighed c.** suspiró satisfecha

contention [kən'tenʃən] *n* (**a**) *(dispute)* disputa *f* (**b**) *(competition)* **to be in c. (for sth)** tener posibilidades (de ganar algo); **to be out of c.** no tener ninguna posibilidad (**c**) *(opinion)* argumento *m*; **my c. is that...** sostengo que...

contentious [kən'tenʃəs] *adj (issue, views)* polémico(a); *(person)* que siempre se mete en discusiones

contentment [kən'tentmənt] *n* satisfacción *f*

contest 1 *n* ['kɒntest] *(competition)* concurso *m*; *(in boxing)* combate *m*; **leadership c.** carrera *f or* pugna *f* por la jefatura del partido

2 *vt* [kən'test] *(right, decision)* impugnar, rebatir; **to c. a seat** disputar un escaño; *Pol* **a fiercely contested election** unas elecciones muy reñidas

contestant [kən'testənt] *n (in competition, game)* concursante *mf*; *(in sporting competition)* competidor(ora) *m,f*

context ['kɒntekst] *n* contexto *m*; **in/out of c.** en/fuera de contexto; **to quote sth out of c.** citar algo fuera de contexto; **to put sth into c.** poner algo en contexto

contextual [kən'tekstjʊəl] *adj* contextual, relativo(a) al contexto

contiguity [kɒntɪ'gju:ɪtɪ] *n Formal* contigüedad *f*

contiguous [kən'tɪgjʊəs] *adj Formal* contiguo(a) (**with** con)

continent[1] ['kɒntɪnənt] *n* (**a**) *(land mass)* continente *m* (**b**) *Br (Europe)* **(on) the C.** (en) Europa continental

continent[2] *adj Med & Formal* continente

continental [kɒntɪ'nentəl] *adj* (**a**) *(in geography)* continental □ ***c. drift*** deriva *f* continental; ***c. shelf*** plataforma *f* continental (**b**) *Br (European)* de la Europa continental □ ***c. breakfast*** desayuno *m* continental; ***c. quilt*** edredón *m*

contingency [kən'tɪndʒənsɪ] *n* contingencia *f*, eventualidad *f*; **to allow for contingencies** tomar precauciones ante cualquier eventualidad □ ***c. fund*** fondo *m* de emergencia; ***c. plan*** plan *m* de emergencia

contingent [kən'tɪndʒənt] **1** *n* contingente *m*

2 *adj Formal* contingente; **to be c. on sth** depender de algo

continual [kən'tɪnjʊəl] *adj* continuo(a)

continually [kən'tɪnjʊəlɪ] *adv (ceaselessly, repeatedly)* continuamente, constantemente

continuation [kəntɪnjʊ'eɪʃən] *n* (**a**) *(extra part) (of story)* continuación *f*; *(of road)* continuación *f*, prolongación *f* (**b**) *(resumption)* continuación *f*, reanudación *f*

continue [kən'tɪnju:] **1** *vt* continuar, seguir; *(after interruption)* reanudar; **to c. doing** *or* **to do sth** continuar *or* seguir haciendo algo; **to be continued** continuará; **continued on page 30** sigue en la página 30

2 *vi* continuar, seguir; **the rain continued for three days** no paró de llover en tres días, siguió lloviendo durante tres días; **to c. with sth** seguir con algo; **it's not something I want to c. with** no es algo que quiera seguir haciendo; **if you c.**

with this appalling behaviour,... si sigues portándote así de mal,...; **we continued along the road for an hour** seguimos *or* continuamos por la carretera durante una hora; **he continued on his way** reanudó su camino; **the situation cannot c.** esto no puede continuar *or* seguir así

continued [kən'tɪnju:d] *adj (support, interest)* constante

continuing [kən'tɪnju:ɪŋ] *adj (conflict, involvement)* continuado(a) ▫ *Br* ***c. education*** formación *f* continua

continuity [kɒntɪ'nju:ɪtɪ] *n* continuidad *f* ▫ ***c. announcer*** *(on TV)* locutor(ora) *m,f* de continuidad; ***c. girl*** script *f*, anotadora *f*

continuous [kən'tɪnjʊəs] *adj also Gram* continuo(a) ▫ *Sch & Univ* ***c. assessment*** evaluación *f* continua; *Comptr* ***c. paper*** papel *m* continuo; *Cin* ***c. performance*** sesión *f* continua; *Comptr* ***c. stationery*** papel *m* continuo; *Comptr & Typ* ***c. tone*** tono *m* continuo

continuously [kən'tɪnjʊəslɪ] *adv* continuamente, ininterrumpidamente

continuum [kən'tɪnjʊəm] (*pl* **continua** [kən'tɪnjʊə] *or* **continuums**) *n* continuo *m*

contort [kən'tɔ:t] **1** *vt* contorsionar

2 *vi* contorsionarse; **his face contorted in pain** tenía el rostro contorsionado *or* contraído de dolor

contorted [kən'tɔ:tɪd] *adj* **(a)** *(face)* crispado(a), contorsionado(a); *(body)* contorsionado(a) **(b)** *(logic, argument)* tergiversado(a)

contortion [kən'tɔ:ʃən] *n* contorsión *f*

contortionist [kən'tɔ:ʃənɪst] *n* contorsionista *mf*

contour ['kɒntʊə(r)] *n* contorno *m*, perfil *m*; **c. (line)** *(on map)* curva *f* de nivel ▫ ***c. map*** mapa *m* topográfico

contraband ['kɒntrəbænd] *n* contrabando *m* ▫ ***c. goods*** mercancía *f* de contrabando

contrabassoon [kɒntrəbə'su:n] *n Mus* contrafagot *m*

contraception [kɒntrə'sepʃən] *n* anticoncepción *f*

contraceptive [kɒntrə'septɪv] **1** *n* anticonceptivo *m*

2 *adj* anticonceptivo(a) ▫ ***c. method*** método *m* anticonceptivo; ***c. pill*** píldora *f* anticonceptiva

contract 1 *n* ['kɒntrækt] **(a)** *(agreement)* contrato *m*; *(won by tender)* contrata *f*; **to break one's c.** incumplir el contrato; **to be under c.** estar contratado(a); **to enter into a c.** firmar un contrato ▫ ***c. bridge*** (bridge *m*) contrato *m*; ***c. law*** derecho *m* contractual **(b)** *Fam* **to take out a c. on sb** *(hire assassin)* contratar a un asesino para matar a alguien ▫ ***c. killer*** asesino(a) *m,f* a sueldo

2 *vt* [kən'trækt] **(a)** *(illness)* contraer; **to c. debts** contraer deudas **(b)** *(hire)* **to c. sb to do sth** contratar a alguien para hacer algo **(c)** *(muscle)* contraer **(d)** *Gram* contraer; **a contracted form** una forma contracta

3 *vi* **(a) to c. to do sth** firmar un contrato para hacer algo **(b)** *(shrink)* contraerse

▸**contract in** *vi insep* suscribirse

▸**contract out** *Com* **1** *vt sep* **the cleaning service was contracted out** el servicio de limpieza lo lleva una contrata

2 *vi* excluirse, optar por salirse (**of** de)

contraction [kən'trækʃən] *n* **(a)** *Med* contracción *f*; **contractions have begun** *(before childbirth)* han empezado las contracciones **(b)** *Gram* contracción *f*

contractor [kən'træktə(r)] *n* contratista *mf*

contractual [kən'træktjʊəl] *adj* contractual

contractually [kən'træktjʊəlɪ] *adv* contractualmente; **c. bound/obliged to do sth** vinculado/obligado por contrato a hacer algo

contradict [kɒntrə'dɪkt] *vt* **(a)** *(disagree with)* contradecir; **to c. oneself** contradecirse **(b)** *(deny)* desmentir

contradiction [kɒntrə'dɪkʃən] *n* contradicción *f*; **it's a c. in terms** es una contradicción en sí misma

contradictory [kɒntrə'dɪktərɪ] *adj* contradictorio(a)

contraflow system ['kɒntrəfləʊ'sɪstəm] *n* habilitación *f* del carril contrario

contraindication [kɒntrəɪndɪ'keɪʃən] *n Med* contraindicación *f*

contralto [kən'træltəʊ] (*pl* **contraltos**) *n Mus* contralto *f*

contraption [kən'træpʃən] *n* cachivache *m*, artilugio *m*

contrariness [kən'treərɪnɪs] *n* ganas *fpl* de llevar la contraria, espíritu *m* de contradicción

contrary ['kɒntrərɪ] **1** *n* **the c.** lo contrario; **on the c.** por el *or* al contrario; **unless you hear to the c.** salvo que te digan lo contrario *or* otra cosa

2 *adj* **(a)** *(opposite)* contrario(a); **c. to** contrario(a) a; **c. to my expectations** al contrario de lo que esperaba; **c. to popular belief,...** en contra de lo que vulgarmente se cree,... **(b)** [kən'treərɪ] *(awkward)* puñetero(a), difícil

contrast 1 *n* ['kɒntrɑ:st] *also TV & Phot* contraste *m*; **in c. with** *or* **to** en contraste con; **by c.** por el contrario

2 *vt* [kən'trɑ:st] **to c. sth with sth** contrastar *or* comparar algo con algo *or* algo y algo

3 *vi* contrastar (**with** con)

contrasting [kən'trɑ:stɪŋ] *adj* opuesto(a), antagónico(a)

contrastive [kən'trɑ:stɪv] *adj* opuesto(a), antagónico(a)

contravene [kɒntrə'vi:n] *vt* contravenir

contravention [kɒntrə'venʃən] *n* contravención *f*; **in c. of...** contraviniendo...

contretemps ['kɒntrətɒm] (*pl* **contretemps**) *n (disagreement)* discusión *f*, altercado *m*; *(embarrassing situation)* contratiempo *m* embarazoso

contribute [kən'trɪbju:t] **1** *vt* contribuir con, aportar; **to c. an article to a newspaper** escribir una colaboración para un periódico

2 *vi* contribuir (**to** a)

contribution [kɒntrɪ'bju:ʃən] *n* contribución *f*, aportación *f*; *(to charity)* donación *f*; **social security contributions** cotizaciones *fpl* a la seguridad social

contributor [kən'trɪbjʊtə(r)] *n (to charity)* donante *mf*; *(to newspaper)* colaborador(ora) *m,f*

contributory [kən'trɪbjʊtərɪ] *adj (cause, factor)* coadyuvante ▫ *Law* ***c. negligence*** imprudencia *f or* negligencia *f* (culposa), culpa *f* concurrente; ***c. pension scheme*** plan *m* de pensiones contributivo

contrite [kən'traɪt] *adj* arrepentido(a); **to be c.** estar arrepentido(a)

contrition [kən'trɪʃən] *n* arrepentimiento *m*, contrición *f*

contrivance [kən'traɪvəns] *n (device)* aparato *m*; *(scheme, plan)* estratagema *f*

contrive [kən'traɪv] *vt (device, scheme)* idear, inventar; **to c. to do sth** arreglárselas *or* ingeniárselas para hacer algo

contrived [kən'traɪvd] *adj (words, compliment)* estudiado(a), forzado(a); *(ending, plot)* artificioso(a)

control [kən'trəʊl] **1** *n* **(a)** *(power, restriction)* control *m*; **to take c.** ponerse al mando, tomar el control; **to have c. over** controlar; **to be in c. of** *(in charge of)* estar al cargo de; **to be back in c.** *(of situation)* volver a controlar la situación; **to get out of c.** descontrolarse; **under c.** bajo control; **to bring a fire under c.** controlar un incendio; **due to circumstances beyond our c.** debido a circunstancias ajenas a nuestra voluntad; **to lose/regain c.** perder/recuperar el control; **he lost c. (of himself)** perdió el control; **she likes to feel in c.** le gusta notar que lleva las riendas ▫ *Comptr* ***c. key*** tecla *f* de control; ***c. tower*** *(at airport)* torre *f* de control

(b) *(of device)* mando *m*; **volume/brightness c.** mando del volumen/brillo; **the controls** los mandos; **to be at the controls** estar a los mandos ▫ ***c. panel*** tablero *m* de mandos; *Comptr* panel *m* de control

(c) *(of ball)* control *m*; **he showed good c.** mostró un buen control

(d) *(experiment)* prueba *f* de control ▫ ***c. group*** grupo *m* de control

(e) *(checkpoint)* control *m*

(f) *(base)* (centro *m* de) control *m*

2 *vt* (*pt & pp* **controlled**) **(a)** *(be in charge of) (company, country)* controlar, dominar

(b) *(regulate) (production, expenditure, flow)* controlar, regular

(c) *(child, pupils)* controlar, dominar; *(vehicle)* manejar, controlar; *(ball)* controlar; **to c. the traffic** dirigir el tráfico

(d) *(restrict) (disease)* controlar; **to c. oneself** controlarse, dominarse; **she was unable to c. her anger** fue incapaz de dominar su ira

controlled [kən'trəʊld] *adj (person)* controlado(a), contenido(a); *(experiment)* controlado(a) ▫ ***c. explosion*** explosión *f* controlada

controller [kən'trəʊlə(r)] *n* director(ora) *m,f*

controlling interest [kən'trəʊlɪŋ-'ɪntrest] *n Fin* control *m* accionarial, participación *f* mayoritaria (**in** en)

controversial [kɒntrə'vɜːʃəl] *adj* polémico(a), controvertido(a)

controversially [kɒntrə'vɜːʃəlɪ] *adv* con gran polémica

controversy ['kɒntrəvɜːsɪ, kən'trɒvəsɪ] *n* polémica *f*, controversia *f*.

contusion [kən'tjuːʒən] *n Med* contusión *f*

conundrum [kə'nʌndrəm] *n* enigma *m*

conurbation [kɒnə'beɪʃən] *n* conurbación *f*

convalesce [kɒnvə'les] *vi* convalecer

convalescence [kɒnvə'lesəns] *n* convalecencia *f*

convalescent [kɒnvə'lesənt] *n (patient)* convaleciente *mf* ▫ ***c. home*** clínica *f* de reposo

convection [kən'vekʃən] *n* convección *f* ▫ ***c. heater*** calentador *m* de aire, convector *m*

convector [kən'vekt(r)] *n* **c. (heater)** calentador *m* de aire, convector *m*

convene [kən'viːn] **1** *vt (meeting)* convocar
2 *vi (of committee)* reunirse

convener, convenor [kən'viːnə(r)] *n* convocante *mf*

convenience [kən'viːnɪəns] *n* conveniencia *f*; **at your c.** a su conveniencia, como mejor le convenga; *Formal* **at your earliest c.** en cuanto le sea posible; **(public) c.** *(toilet)* servicio *m* público, aseos *mpl*, *Am* baños *mpl* públicos, *Am* lavatorios *mpl* públicos, *Chile, RP* toilettes *mpl* públicos ▫ ***c. food*** comida *f* preparada; ***c. store*** tienda *f* de ultramarinos, *Chile, RP* almacén *m*, *Col, Méx* tienda *f*, *Cuba* bodega *f* de barrio

convenient [kən'viːnɪənt] *adj* **(a)** *(suitable) (arrangement, method)* conveniente, adecuado(a); *(time, place)* oportuno(a); **if it is c. for you** si te viene bien; **would one o'clock be c.?** ¿le viene bien a la una? **(b)** *(handy) (place)* bien situado(a); **c. for** próximo(a) a

conveniently [kən'viːnɪəntlɪ] *adv* convenientemente; **c. located** bien situado(a), (en un sitio) muy a mano; *Ironic* **she had c. left her purse at home** se había dejado el monedero en casa, lo cual le vino muy bien

convenor = **convener**

convent ['kɒnvənt] *n Rel* convento *m* ▫ ***c. education*** educación *f* religiosa; **she had a c. education** fue a un colegio de monjas; ***c. school*** colegio *m* de monjas

convention [kən'venʃən] *n* **(a)** *(conference)* congreso *m* **(b)** *(agreement)* convención *f*, convenio *m* (**on** sobre) **(c)** *(established practice)* convencionalismo *m*, convención *f*; **to go against c.** ir contra las convenciones; **the c. is that...** según la costumbre,...

conventional [kən'venʃənəl] *adj* convencional; **the c. wisdom is that...** la sabiduría popular dice que... ▫ *Comptr* ***c. memory*** memoria *f* convencional; ***c. warfare*** guerra *f* convencional; ***c. weapons*** armas *fpl* convencionales

conventionally [kən'venʃənəlɪ] *adv* de manera convencional

converge [kən'vɜːdʒ] *vi* **(a)** *(of lines, people)* converger, convergir (**on** con) **(b)** *(of economies)* converger, convergir

convergence [kən'vɜːdʒəns] *n* **(a)** *(of ideas, opinions)* convergencia *f* **(b)** *(economic)* convergencia *f* ▫ ***c. criteria*** criterios *mpl* de convergencia

convergent [kən'vɜːdʒənt] *adj* **(a)** *(ideas, opinions)* convergente **(b)** *(economies)* convergente

converging lens [kən'vɜːdʒɪŋ'lenz] *n Phys* lente *f* convergente

conversant [kən'vɜːsənt] *adj* **to be c. with sth** estar familiarizado(a) con algo

conversation [kɒnvə'seɪʃən] *n* conversación *f*, *CAm, Méx* plática *f*; **to have a c. (with sb)** mantener una conversación (con alguien); **to make c. (with)** dar conversación (a); **the art of c.** el arte de hablar *or* conversar *or CAm, Méx* platicar ▫ ***c. killer*** *or* ***stopper*** comentario *m* que corta la conversación; ***c. piece*** tema *m* de conversación

conversational [kɒnvə'seɪʃənəl] *adj* *(tone, style)* coloquial; *Comptr (mode)* conversacional

conversationalist [kɒnvə'seɪʃənəlɪst] *n* conversador(ora) *m,f*; **to be a good c.** ser buen conversador

converse[1] [kən'vɜːs] *vi (talk)* conversar (**about** *or* **on** sobre)

converse[2] ['kɒnvɜːs] *n (opposite)* **the c.** lo contrario, lo opuesto

conversely [kən'vɜːslɪ] *adv* por el contrario, a la inversa

conversion [kən'vɜːʃən] *n* **(a)** *Rel & Fig* conversión *f* **(b)** *(alteration)* conversión *f*, transformación *f* ▫ ***c. table*** *(for measurements)* tabla *f* de conversión *or* de equivalencias **(c)** *(in rugby)* transformación *f* **(d)** *Comptr* conversión *f*

convert 1 *n* ['kɒnvɜːt] *Rel & Fig* converso(a) *m,f* (**to** a)
2 *vt* [kən'vɜːt] **(a)** *Rel & Fig* convertir (**to** a) **(b)** *(alter, adapt)* transformar, convertir (**into** en) **(c)** *(in rugby)* **to c. a try** transformar un ensayo, realizar la transformación **(d)** *Comptr* convertir
3 *vi Rel & Fig* convertirse (**to** a)

converted [kən'vɜːtɪd] *adj (building)* reformado(a)

convertible [kən'vɜːtəbəl] **1** *adj (settee)* convertible; *(car)* descapotable, *Am* convertible ▫ ***c. currency*** moneda *f* convertible
2 *n (car)* descapotable *m*, *Am* convertible *m*

convex ['kɒnveks] *adj* convexo(a)

convey [kən'veɪ] *vt* **(a)** *(communicate)* transmitir; *Formal* **please c. my appreciation to the host** por favor, hágale llegar *or* transmítale mis saludos *or CAm, Col, Ecuad* saludes al anfitrión **(b)** *(transport)* transportar

conveyance [kən'veɪəns] *n* **(a)** *(of goods)* transporte *m* **(b)** *Formal (vehicle)* vehículo *m*

conveyancing [kən'veɪənsɪŋ] *n Law* (escrituración *f* de) traspaso *m* de propiedad

conveyor belt [kən'veɪə'belt] *n* cinta *f* transportadora

convict 1 *n* ['kɒnvɪkt] *Hist* convicto(a) *m,f*
2 [kən'vɪkt] *vt* **to c. sb (of a crime)** declarar a alguien culpable (de un delito), condenar a alguien (por un delito)

convicted [kən'vɪktɪd] *adj Law* convicto(a); **to be c. of sth** ser condenado(a) por algo

conviction [kən'vɪkʃən] *n* **(a)** *Law* condena *f* (**for** por); **to have no previous convictions** no tener condenas anteriores **(b)** *(belief)* convicción *f*; **her voice lacked c.** le faltaba convicción en la voz; **to carry c.** ser convincente

convince [kən'vɪns] *vt* convencer; **to c. sb to do sth** convencer a alguien para hacer algo *or* para que haga algo; **to c. sb of sth** convencer a alguien de algo

convinced [kən'vɪnst] *adj* convencido(a); **he was c. he was right** estaba convencido de que tenía razón; **I'm still to be c.** sigo sin convencerme

convincing [kən'vɪnsɪŋ] *adj* convincente

convincingly [kən'vɪnsɪŋlɪ] *adv* convincentemente

convivial [kən'vɪvɪəl] *adj (person)* sociable; *(atmosphere)* agradable

conviviality [kənvɪvɪ'ælɪtɪ] *n (of person)* cordialidad *f*; *(of atmosphere)* amenidad *f*

convoke [kən'vəʊk] *vt* convocar

convoluted ['kɒnvəluːtɪd] *adj (argument, explanation)* intrincado(a), enrevesado(a)

convolvulus [kən'vɒlvjʊləs] (*pl* **convolvuluses** *or* **convolvuli** [kən'vɒlvjʊlaɪ]) *n Bot* convolvulácea *f*

convoy ['kɒnvɔɪ] (*pl* **convoys**) *n (of ships, lorries)* convoy *m*

convulse [kən'vʌls] *vt* convulsionar; **to be convulsed with laughter/pain** retorcerse de risa/dolor

convulsions [kən'vʌlʃənz] *npl Med* convulsiones *fpl*; **to be in c.** *(of laughter)* desternillarse de risa

convulsive [kən'vʌlsɪv] *adj* convulsivo(a)

coo [kuː] *vi (of dove)* arrullar; **the neighbours came to c. over the baby** los vecinos vinieron a hacer monerías al bebé

cooee ['kuːiː] *exclam* ¡yuju!

cook [kʊk] **1** *n* cocinero(a) *m,f*; **he's a very good c.** es muy buen cocinero, cocina muy bien; PROV **too many cooks spoil the broth** = es difícil obtener un buen resultado cuando hay demasiadas personas trabajando en lo mismo
2 *vt (prepare) (meal, dish)* preparar; *(boil, bake, fry)* guisar, cocinar; IDIOM *Fam* **to c. the books** falsificar las cuentas
3 *vi (of person)* cocinar; *(of food)* cocinarse, hacerse; IDIOM *Fam* **now we're cooking**

with gas! ahora sí (que sí), ahora la cosa marcha; *Fam* **what's cooking?** *(what's happening?)* ¿qué se cuece por aquí?, *Am* ¿qué andan tramando por acá?

▸**cook up 1** *vt insep* (**a**) *(food)* preparar, cocinar; *Fam Fig* **to c. up an excuse/a story** inventarse una excusa/un cuento (**b**) *Fam (heroin)* cocinarse, calentarse
2 *vi Fam (heat heroin)* cocinarse *or* calentarse un chute

cookbook [ˈkʊkbʊk] *n* libro *m* de cocina

cooked [kʊkt] *adj (food)* cocinado(a); *(meal)* caliente; *(pasta, vegetables)* cocido(a); **this meat isn't c.** esta carne no está bien hecha ▫ ***c. breakfast*** desayuno *m* caliente; ***c. meats*** fiambres *mpl*

cooker [ˈkʊkə(r)] *n (stove)* cocina *f*, *Col, Méx, Ven* estufa *f*

cookery [ˈkʊkərɪ] *n* cocina *f* ▫ ***c. book*** libro *m* de cocina

cookie [ˈkʊkɪ] *n* (**a**) *US (biscuit)* galleta *f*; *Fam Fig* **that's the way the c. crumbles!** ¡qué se le va a hacer! (**b**) *Fam (person)* **a smart c.** un/una espabilado(a), *RP* un/una avivado(a), *Méx* un/una listo(a); **a tough c.** un/una tío(a) *or Am* tipo(a) duro(a) de pelar (**c**) *Comptr* cookie *m*

cooking [ˈkʊkɪŋ] *n* cocina *f*; **to do the c.** cocinar; **I prefer good home c.** yo prefiero la buena comida casera ▫ ***c. apple*** manzana *f* para asar; ***c. chocolate*** chocolate *m* fondant; ***c. foil*** papel *m* (de) aluminio; ***c. time*** tiempo *m* de cocción; ***c. utensils*** utensilios *mpl* de cocina

cool [ku:l] **1** *n* (**a**) *(coldness)* fresco *m*; **in the c. of the evening** al fresco de la tarde (**b**) *(calm)* **to keep/lose one's c.** mantener/perder la calma
2 *adj* (**a**) *(wind, weather) (cold)* fresco(a); *(lukewarm)* tibio(a); **it's c.** hace fresco ▫ ***c. box*** *or* ***bag*** nevera *f or Chile, RP* heladera *f or Méx* refrigerador *m* portátil
(**b**) *Fig (person) (calm)* sereno(a); *(unfriendly)* frío(a); **keep c.!** *(stay calm)* ¡mantén la calma!; **to keep a c. head** mantener la cabeza fría; **he's a c. customer!** ¡qué sangre fría tiene!; IDIOM **as c. as a cucumber** imperturbable, impasible; *Fam* **he lost a c. thousand** *(money)* perdió nada menos que mil dólares/libras/*etc*
(**c**) *Fam (fashionable) (person, place) Esp* guay, *Esp* enrollado(a), *Am* chévere, *RP* copado(a), *Méx* padre; *(car, trainers)* genial, *Esp* guay, *Am* chévere, *RP* copado(a), *Méx* padre; **he still thinks it's c. to smoke** todavía cree que mola fumar
(**d**) *Fam (excellent)* genial, *Esp* guay, *Andes, Carib* chévere, *Andes, RP* macanudo(a), *Méx* padre
(**e**) *Fam (allowed, acceptable)* **is it c. to smoke in here?** ¿se puede fumar aquí dentro?; **everything's c.!** *(there's nothing to worry about)* ¡todo está guay *or Am* OK!
(**f**) *Fam (accepting, not upset)* conforme, **are you c. with that?** ¿(te) vale?, *Andes, RP* ¿listo?, *Méx* ¿OK?; **I thought she'd be angry, but she was really c. about it** pensé que se mosquearía, pero se lo tomó genial *or Am* rebién
3 *exclam Fam* ¡qué genial!, *Esp* ¡qué guay!, *Col, Ven* ¡qué chévere!, *Méx* ¡qué padre!
4 *adv Fam* **to play it c.** aparentar calma; **play it c.!** ¡tómatelo con calma!
5 *vt (make cold)* enfriar; *(make less warm) (air, one's feet)* refrescar; *(food, drink)* enfriar (un poco); **c. it!** ¡tranquilo!, *Esp* ¡tranqui!; *Fam* **to c. one's heels** esperar, hacer antesala
6 *vi (become cold)* enfriarse; *(become less warm) (air)* refrescarse; *(food, drink)* enfriarse (un poco); **his anger soon cooled** pronto se le pasó el enfado *or Am* enojo

▸**cool down 1** *vt sep* **this will c. you down** *(of cold drink)* esto te refrescará
2 *vi* (**a**) *(of weather)* refrescar; *(of liquid)* enfriarse (un poco) (**b**) *(become calm)* calmarse, tranquilizarse

▸**cool off** *vi* (**a**) *(become cooler)* **he had a shower to c. off** se dio una ducha para refrescarse (**b**) *(of affection, enthusiasm)* enfriarse; *(of angry person)* calmarse, tranquilizarse

coolant [ˈku:lənt] *n* refrigerante *m*

cooler [ˈku:lə(r)] *n* (**a**) *(for drinks)* nevera *f or Chile, RP* heladera *f or Méx* refrigerador *m* portátil (**b**) *Fam (prison) Esp* chirona *f*, *Andes, RP* cana *f*, *Méx* bote *m*; **in the c.** en *Esp* chirona *or Andes, RP* cana *or Méx* bote (**c**) *(drink)* **(wine) c.** = refresco a base de vino y jugo de frutas

cool-headed [ˈku:lˈhedɪd] *adj* **to be c.** tener la cabeza fría, tener serenidad

coolie [ˈku:lɪ] *n* culi *m*

cooling [ˈku:lɪŋ] *adj* refrescante ▫ *Ind* ***c. off period*** *(before strike)* fase *f* de reflexión; ***c. tower*** torre *f* de refrigeración

coolly [ˈku:llɪ] *adv* (**a**) *(calmly)* tranquilamente, con serenidad (**b**) *(in an unfriendly way)* friamente, con frialdad

coolness [ˈku:lnɪs] *n* (**a**) *(of breeze)* frescura *f* (**b**) *(calmness)* serenidad *f*, tranquilidad *f* (**c**) *(unfriendliness)* frialdad *f*

coon [ku:n] *n* (**a**) *US Fam (raccoon)* mapache *m* (**b**) *Fam (black person)* = término generalmente ofensivo para referirse a los negros

co-op [ˈkəʊɒp] *n* cooperativa *f*

coop [ku:p] *n* corral *m*

▸**coop up** *vt sep* encerrar

cooperate [kəʊˈɒpəreɪt] *vi* cooperar (**with** con)

cooperation [kəʊɒpəˈreɪʃən] *n* cooperación *f*

cooperative [kəʊˈɒpərətɪv] **1** *n* cooperativa *f*
2 *adj* (**a**) *(helpful)* cooperativo(a) (**b**) *(joint, collective)* conjunto(a); **it was a c. effort** fue un esfuerzo conjunto ▫ ***c. society*** cooperativa *f*

coopt [kəʊˈɒpt] *vt* **to c. sb onto a committee** nombrar a alguien miembro de una comisión; **to c. sb to do sth** elegir a alguien para que haga algo

coordinate 1 *n* [kəʊˈɔ:dɪnət] (**a**) *Math* coordenada *f* (**b**) **co-ordinates** *(clothes)* conjuntos *mpl*
2 *vt* [kəʊˈɔ:dɪneɪt] coordinar

coordination [kəʊɔ:dɪˈneɪʃən] *n* coordinación *f*

coordinator [kəʊˈɔ:dɪneɪtə(r)] *n* coordinador(ora) *m,f*

coot [ku:t] *n* (**a**) *(bird)* focha *f* (**b**) *Fam Old-fashioned (idiot)* merluzo(a) *m,f*, *RP* tontuelo(a) *m,f*

co-owner [ˈkəʊˈəʊnə(r)] *n* copropietario(a) *m,f*

cop [kɒp] *Fam* **1** *n* (**a**) *(police officer)* poli *mf*; **to play cops and robbers** jugar a policías y ladrones ▫ ***c. shop*** *(police station)* comisaría *f* (**b**) *Br Old-fashioned (arrest)* **it's a fair c.!** ¡me han *Esp* pillado or *Am* agarrado con todo el equipo! (**c**) *Br* **it's not much c.** *(not very good)* no es nada del otro mundo
2 *vt* (**a**) *(catch)* **to c. sb** pescar *or Esp* pillar *or Am* agarrar a alguien; **to c. hold of sth** pillar algo; **c. (a load of) this!** *(listen)* ¡oye esto!; *(look)* ¡mira!, ¡no te lo pierdas!, *Esp* ¡al loro! (**b**) *Br* **to c. it** *(be punished)* cargársela; *(die)* estirar la pata, *Esp* palmarla, *Méx* petaleársela (**c**) *US* **to c. some z's** echar una cabezadita *or* un sueñecito

▸**cop out** *vi Fam* escaquearse, *RP* zafar; **he copped out of telling her** se escaqueó de decírselo, *RP* zafó de decírselo

cope [kəʊp] *vi* arreglárselas; **to c. with** hacer frente a, poder con; **he can't c. with his job** su trabajo es demasiado para él; **I just can't c.!** ¡es demasiado para mí!, ¡no puedo con ello!

Copenhagen [kəʊpənˈhɑ:gən] *n* Copenhague

copier [ˈkɒpɪə(r)] *n (photocopying machine)* fotocopiadora *f*

copilot [ˈkəʊpaɪlət] *n* copiloto *mf*

coping [ˈkəʊpɪŋ] *n (on wall)* albardilla *f*

coping-stone [ˈkəʊpɪŋstəʊn] *n* piedra *f* de albardilla

copious [ˈkəʊpɪəs] *adj* abundante, copioso(a)

copiously [ˈkəʊpɪəslɪ] *adv* abundantemente, copiosamente

cop-out [ˈkɒpaʊt] *n Fam* **to be a c.** ser una forma de escaquearse *or RP* zafar

copper [ˈkɒpə(r)] **1** *n* (**a**) *(metal)* cobre *m* ▫ ***c. sulphate*** sulfato *m* de cobre (**b**) *Fam* **coppers** *(coins)* calderilla *f*, *RP* chirolas *fpl*, *Méx* morralla *f (sólo monedas de uno y dos peniques)* (**c**) *(colour)* color *m* cobrizo (**d**) *Fam (policeman)* poli *m*
2 *adj* (**a**) *(made from copper)* de cobre (**b**) *(copper-coloured)* cobrizo(a)

copper-bottomed [kɒpəˈbɒtəmd] *adj (pot)* con fondo de cobre; *Fig (guarantee, commitment)* sólido(a)

copperplate [ˈkɒpəpleɪt] *n (writing)* letra *f* de caligrafía

coppery [ˈkɒpərɪ] *adj* cobrizo(a)

coppice [ˈkɒpɪs] *n* arboleda *f*, soto *m*

coprocessor [kəʊˈprəʊsesə(r)] *n Comptr* coprocesador *m*

coproduction [kəʊprəˈdʌkʃən] *n Cin* coproducción *f*

copse [kɒps] *n* arboleda *f*, soto *m*

copula [ˈkɒpjʊlə] (*pl* **copulas** *or* **copulae** [ˈkɒpjʊli:]) *n Gram* cópula *f*

copulate [ˈkɒpjʊleɪt] *vi* copular

copulation [kɒpjʊ'leɪʃən] *n* cópula *f*

copulative ['kɒpjʊlətɪv] *adj Gram* copulativo(a)

copy ['kɒpɪ] **1** *n* (**a**) *(reproduction)* copia *f* ❑ *Comptr* ***c. protection*** protección *f* contra copia (**b**) *(of letter, document)* copia *f* ❑ ***c. typist*** mecanógrafo(a) *m,f* (**c**) *(of book, newspaper)* ejemplar *m* (**d**) *Journ* **advertising c.** textos *mpl* publicitarios; **the story made good c.** la noticia dio mucho de sí ❑ ***c. editor*** corrector(ora) *m,f* de estilo
2 *vt* (**a**) *(reproduce)* copiar (**b**) *(imitate, emulate)* copiar, imitar (**c**) *(photocopy)* fotocopiar (**d**) *Comptr (text, file)* copiar; **to c. and paste sth** copiar y pegar algo
3 *vi* copiar

copybook ['kɒpɪbʊk] *n* cuaderno *m* de caligrafía; IDIOM **to blot one's c.** empañar (uno) su prestigio ❑ ***a c. example*** un ejemplo perfecto

copycat ['kɒpɪkæt] **1** *n Fam* copión(ona) *m,f*
2 *adj* **c. crime** = delito inspirado en otro similar

copyright ['kɒpɪraɪt] **1** *n* copyright *m*, derechos *mpl* de autor, propiedad *f* intelectual; **this book is out of c.** los derechos de autor sobre este libro han vencido ❑ ***c. law*** leyes *fpl* de la propiedad intelectual
2 *adj* = protegido por las leyes de la propiedad intelectual

copywriter ['kɒpɪraɪtə(r)] *n* redactor(ora) *m,f* creativo(a) *or* de publicidad

coquette [kɒ'ket] *n* (mujer *f*) coqueta *f*

coquettish [kɒ'ketɪʃ] *adj* coqueto(a)

cor [kɔ:(r)] *exclam Br Fam* ¡caramba!, *Esp* ¡jolines!; **c. blimey** ¡demonios!, ¡caramba!

coral ['kɒrəl] *n* coral *m* ❑ ***c. island*** isla *f* coralina; ***c. reef*** arrecife *m* de coral; ***the C. Sea*** el Mar del Coral

cor anglais ['kɔ:rɒŋ'gleɪ] *n Mus* corno *m* inglés

corbel ['kɔ:bəl] *n Archit* ménsula *f*

cord [kɔ:d] *n* (**a**) *(string)* cuerda *f*, cordel *m*; *(for curtains, pyjamas)* cordón *m* (**b**) *Elec* cable *m*, cordón *m* (**c**) *(corduroy)* pana *f*; **a c. jacket/skirt** una chaqueta *or Méx* chamarra *or RP* campera/falda *or RP* pollera de pana; **cords** pantalones *mpl* de pana

cordial ['kɔ:dɪəl] **1** *n (drink)* refresco *m*
2 *adj* (**a**) *(friendly)* cordial (**b**) *(deeply felt)* profundo(a)

cordiality [kɔ:dɪ'ælɪtɪ] *n* cordialidad *f*

cordially ['kɔ:dɪəlɪ] *adv* cordialmente

cordite ['kɔ:daɪt] *n* cordita *f*

cordless ['kɔ:dlɪs] *adj* ***c. kettle*** = hervidor eléctrico con soporte independiente enchufado a la red; ***c. phone*** teléfono *m* inalámbrico

cordon ['kɔ:dən] *n* cordón *m*

▸**cordon off** *vt sep* acordonar

corduroy ['kɔ:dərɔɪ] *n* pana *f*; **a c. jacket/skirt** una chaqueta *or Méx* chamarra *or RP* campera/falda *or RP* pollera de pana; **c. trousers** pantalones *mpl* de pana

core [kɔ:(r)] **1** *n* (**a**) *(of apple)* corazón *m*; *(of earth, nuclear reactor)* núcleo *m*; **he's rotten to the c.** está corrompido hasta la médula (**b**) *(of problem)* meollo *m*; **a hard c. of support** un núcleo sólido de apoyo ❑ *Sch* ***c. curriculum*** asignaturas *fpl* troncales (**c**) *Elec (of cable)* alma *f*
2 *vt (apple)* quitar *or* sacar el corazón a

corer ['kɔ:rə(r)] *n* sacacorazones *m inv* (de manzanas)

Corfu [kɔ:'fu:] *n* Corfú

coriander [kɒrɪ'ændə(r)] *n* cilantro *m*

cork [kɔ:k] **1** *n (material)* corcho *m*; *(stopper)* (tapón *m* de) corcho *m*
2 *vt (bottle)* encorchar

corkage ['kɔ:kɪdʒ] *n* = recargo que se cobra en un restaurante por el consumo de bebidas traídas de fuera

corked [kɔ:kt] *adj (wine)* agrio(a) *(por entrada de aire al descomponerse el corcho)*

corker ['kɔ:kə(r)] *n Fam Old-fashioned* **a c. of a joke** un chiste tronchante *or Am* cómico; **a c. of a fib** una trola *or RP* boleto como una casa, *Méx* un chisme enorme

corkscrew ['kɔ:kskru:] *n* sacacorchos *m inv*

cormorant ['kɔ:mərənt] *n* cormorán *m*

Corn (*abbr* **Cornwall**) (condado *m* de) Cornwall *or* Cornualles

corn[1] [kɔ:n] *n* (**a**) *Br (wheat)* trigo *m* ❑ ***c. circle*** = franja aplastada y circular de terreno cultivado, que aparece por causas supuestamente paranormales (**b**) *US (maize)* maíz *m*, *Andes, RP* choclo *m* ❑ ***c. bread*** pan *m* de maíz *or Andes, RP* choclo; ***c. on the cob*** mazorca *f* de maíz *or Andes, RP* choclo, *Méx* elote *m*; ***c. meal*** harina *f* de maíz *or Andes, RP* choclo; ***c. oil*** aceite *m* de maíz *or Andes, RP* choclo

corn[2] *n (on foot)* callo *m* ❑ ***c. plaster*** parche *m* para callos

corncob ['kɔ:nkɒb] *n* mazorca *f*

corncrake ['kɔ:nkreɪk] *n* rey *m or* guión *m* de codornices

cornea ['kɔ:nɪə] *n Anat* córnea *f*

corned beef ['kɔ:nd'bi:f] *adj* = fiambre de carne de vaca prensado y enlatado

corner ['kɔ:nə(r)] **1** *n* (**a**) *(of page, screen, street)* esquina *f*; *(of room)* rincón *m*; *(of mouth, eye)* comisura *f*; **I'll meet you on the c.** quedamos en la esquina; **it's on the c. of Washington Avenue and Main Street** está en la esquina de Washington Avenue y *or* con Main Street; *also Fig* **it's just round the c.** está a la vuelta de la esquina; **to turn the c.** doblar la esquina; *Fig (of economy, company)* empezar a mejorar; **out of the c. of one's eye** con el rabillo del ojo; **a forgotten c. of the world** un rincón perdido del globo; IDIOM **from the four corners** *or* **every c. of the earth** desde todos los rincones de la tierra ❑ *Br* ***c. shop*** = tienda pequeña de barrio que vende productos alimenticios, de limpieza, golosinas, *etc.*
(**b**) *(bend in road)* curva *f* (cerrada); IDIOM **to cut corners** hacer las cosas chapuceramente
(**c**) *(difficult situation)* **to be in a (tight) c.** estar en un apuro *or* aprieto
(**d**) *(in soccer, hockey)* saque *m* de esquina, córner *m* ❑ ***c. flag*** banderín *m* de córner; ***c. kick*** *(in soccer)* saque *m* de esquina, córner *m*
(**e**) *(in boxing)* rincón *m*, esquina *f* ❑ ***c. man*** ayudante *m* del preparador
2 *vt* (**a**) *(person, animal)* acorralar, arrinconar (**b**) *(market)* monopolizar, acaparar
3 *vi (of car)* girar, torcer

cornerstone ['kɔ:nəstəʊn] *n also Fig* piedra *f* angular

cornet ['kɔ:nɪt, *US* kɔ:'net] *n* (**a**) *(musical instrument)* corneta *f* (**b**) *(for ice cream)* cucurucho *m*

cornfield ['kɔ:nfi:ld] *n* (**a**) *Br (of wheat)* trigal *m* (**b**) *US (of maize)* maizal *m*

cornflakes ['kɔ:nfleɪks] *npl* copos *mpl* de maíz *or Andes, RP* choclo

cornflour ['kɔ:nflaʊə(r)] *n Br* harina *f* de maíz *or Andes, RP* choclo, maicena® *f*

cornflower ['kɔ:nflaʊə(r)] *n* aciano *m* ❑ ***c. blue*** azul *m* violáceo

cornice ['kɔ:nɪs] *n* cornisa *f*

Cornish ['kɔ:nɪʃ] **1** *npl (people)* **the C.** la gente de Cornualles
2 *n (language)* córnico *m*
3 *adj* de Cornualles ❑ *Br* ***C. pasty*** empanada *f* de carne y *Esp* patatas *or Am* papas

cornstarch ['kɔ:nsta:tʃ] *n US* harina *f* de maíz *or Andes, RP* choclo, maicena® *f*

cornucopia [kɔ:njʊ'kəʊpɪə] *n* (**a**) *Art* cornucopia *f*, cuerno *m* de la abundancia (**b**) *(abundant source)* fuente *f* inagotable

Cornwall ['kɔ:nwəl] *n* Cornualles

corny ['kɔ:nɪ] *adj Fam* (**a**) *(joke)* viejo(a), trillado(a) (**b**) *(movie, novel)* sensiblero(a), cursi

corolla [kə'rɒlə] *n Bot* corola *f*

corollary [kə'rɒlərɪ] *n* corolario *m*

coronary ['kɒrənərɪ] **1** *n* **he had a c.** le dio un infarto (de miocardio)
2 *adj Med* coronario(a) ❑ ***c. artery*** arteria *f* coronaria; ***c. thrombosis*** trombosis *f* coronaria

coronation [kɒrə'neɪʃən] *n* coronación *f* ❑ ***c. chicken*** = pollo con mayonesa aromatizada con curry

coroner ['kɒrənə(r)] *n Law* = juez de instrucción encargado de investigar casos de muerte sospechosa

corporal[1] ['kɔ:pərəl] *adj* corporal ❑ ***c. punishment*** castigo *m* corporal

corporal[2] *n Mil* cabo *mf*

corporate ['kɔ:pərət] *adj Com* de empresa, corporativo(a) ❑ ***c. culture*** cultura *f* empresarial; ***c. image*** imagen *f* corporativa *or* de empresa; ***c. interests*** los intereses de los empresarios *or* del capital; *Fin* ***c. raider*** tiburón *m*; ***c. strategy*** estrategia *f* empresarial

corporation [kɔ:pə'reɪʃən] *n* (**a**) *Com* sociedad *f* anónima ❑ ***c. tax*** impuesto *m* de sociedades (**b**) *Br (council)* consistorio *m*, ayuntamiento *m*

corporeal [kɔ:'pɔ:rɪəl] *adj Formal* corpóreo(a)

corps [kɔ:(r)] (*pl* **corps** [kɔ:z]) *n Mil* cuerpo *m*

corpse [kɔ:ps] *n* cadáver *m*

corpulence ['kɔ:pjʊləns] *n* obesidad *f*

corpulent ['kɔ:pjʊlənt] *adj* obeso(a)

corpus ['kɔ:pəs] (*pl* **corpuses** *or* **corpora** ['kɔ:pərə]) *n (works of author)* recopilación *f*, corpus *m inv*; *(collected text)* corpus *m inv*

corpuscle ['kɔ:pʌsəl] *n Anat* glóbulo *m*

corral [kə'rɑ:l] **1** *n US* corral *m*, cercado *m*
2 *vt (cattle, horses)* encorralar, acorralar; *Fig (people)* acorralar

correct [kə'rekt] **1** *adj* (**a**) *(exact) (amount, figure)* exacto(a); *(information, use, spelling)* correcto(a); **do you have the c. time?** ¿sabes qué hora es exactamente?; **he is c.** tiene razón; **that is c.** (eso es) correcto; **to prove c.** resultar (ser) correcto(a) (**b**) *(person, behaviour)* correcto(a)
2 *vt* corregir; **to c. a misunderstanding** corregir un malentendido; **c. me if I'm wrong, but…** corríjame si me equivoco, pero…; **I stand corrected** reconozco mi error

correcting fluid [kə'rektɪŋflu:ɪd] *n* líquido *m* corrector, Tipp-Ex® *m*

correction [kə'rekʃən] *n* corrección *f*

correctional institution [kə'rekʃənəlɪnstɪ'tju:ʃən] *n US* correccional *m*

corrective [kə'rektɪv] **1** *n* enmienda *f*; **to serve as a c. to sth** enmendar algo
2 *adj* corrector(ora), correctivo(a); **to take c. action to rectify a problem** poner remedio a un problema ▫ *Med* ***c. surgery*** cirugía *f* correctiva

correctly [kə'rektlɪ] *adv* (**a**) *(exactly)* correctamente; **I'm not sure I heard you c.** no estoy seguro de haberte oído bien (**b**) *(properly)* correctamente, apropiadamente

correlate ['kɒrɪleɪt] **1** *vt* relacionar (**with** con)
2 *vi* presentar una correlación (**with** con)

correlation [kɒrɪ'leɪʃən] *n* correlación *f*

correlative [kə'relətɪv] *Gram* **1** *n* correlativo *m*
2 *adj* correlativo(a)

correspond [kɒrɪs'pɒnd] *vi* (**a**) *(be in accordance, be equivalent)* corresponder (**with** *or* **to** con *or* a), corresponderse (**with** *or* **to** con) (**b**) *(write letters)* mantener correspondencia (**with** con)

correspondence [kɒrɪs'pɒndəns] *n* (**a**) *(relationship)* correspondencia *f*, relación *f* (**between** entre) (**b**) *(letter writing)* correspondencia *f*; **they kept up a regular c.** se carteaban de forma habitual, mantenían una correspondencia habitual; **to be in c. with sb** mantener correspondencia con alguien ▫ ***c. course*** curso *m* por correspondencia

correspondent [kɒrɪs'pɒndənt] *n* (**a**) *(of newspaper)* corresponsal *mf*; **our Middle East c.** nuestro corresponsal en Oriente Medio (**b**) *(letter writer)* correspondiente *mf*

corresponding [kɒrɪ'spɒndɪŋ] *adj* correspondiente

correspondingly [kɒrɪ'spɒndɪŋlɪ] *adv* correspondientemente, consecuentemente

corridor ['kɒrɪdɔ:(r)] *n* pasillo *m*; *Fig* **the corridors of power** las altas esferas

corroborate [kə'rɒbəreɪt] *vt* corroborar

corroboration [kərɒbə'reɪʃən] *n* corroboración *f*

corrode [kə'rəʊd] **1** *vt also Fig* corroer
2 *vi* corroerse

corrosion [kə'rəʊʒən] *n* corrosión *f*

corrosive [kə'rəʊsɪv] *n & adj* corrosivo(a) *m*

corrugated ['kɒrəgeɪtɪd] *adj* ondulado(a) ▫ ***c. iron*** chapa *f* ondulada

corrupt [kə'rʌpt] **1** *adj* (**a**) *(dishonest)* corrupto(a) (**b**) *Comptr* corrompido(a)
2 *vt also Comptr* corromper; **to c. sb's morals** pervertir a alguien

corruptible [kə'rʌptəbəl] *adj* corruptible

corruption [kə'rʌpʃən] *n* corrupción *f*; **a c. of the truth** una tergiversación *or* deformación de la verdad

corruptly [kə'rʌptlɪ] *adv* corruptamente, de forma deshonesta

corsage [kɔ:'sɑ:ʒ] *n (flowers)* ramillete *m*

corsair [kɔ:'seə(r)] *n Old-fashioned* (**a**) *(pirate)* corsario *m* (**b**) *(ship)* buque *m* corsario

corset ['kɔ:sɪt] *n* corsé *m*

Corsica ['kɔ:sɪkə] *n* Córcega

Corsican ['kɔ:sɪkən] *n & adj* corso(a) *m,f*

cortege, cortège [kɔ:'teʒ] *n* cortejo *m* (fúnebre)

cortex ['kɔ:teks] (*pl* **cortices** ['kɔ:tɪsi:z]) *n Anat* corteza *f*

cortisone ['kɔ:tɪzəʊn] *n* cortisona *f*

corundum [kə'rʌndəm] *n Geol* corindón *m*

coruscating ['kɒrəskeɪtɪŋ] *adj (wit)* chispeante

corvette [kɔ:'vet] *n* corbeta *f*

cos[1] [cɒz] *n Math* (*abbr* **cosine**) cos

cos[2] *conj Fam (because)* porque

cos[3] [kɒs] *n* ***c. (lettuce)*** lechuga *f* romana

cosh [kɒʃ] **1** *Br n* porra *f*
2 *vt* golpear con una porra

cosily ['kəʊzɪlɪ] *adv (warmly, comfortably)* cómodamente, confortablemente; *(furnished, decorated)* acogedoramente; *(in a friendly way)* amigablemente

cosine ['kəʊsaɪn] *n Math* coseno *m*

cosmetic [kɒz'metɪk] **1** *n* cosmético *m*; **cosmetics** cosméticos *mpl*, maquillaje *m*
2 *adj* cosmético(a); **the changes were only c.** eran unos cambios superficiales *or* puramente decorativos ▫ ***c. surgery*** cirugía *f* estética

cosmic ['kɒzmɪk] *adj* cósmico(a) ▫ *Astron* ***c. radiation*** radiación *f* cósmica; ***c. rays*** rayos *mpl* cósmicos

cosmography [kɒz'mɒgrəfɪ] *n* cosmografía *f*

cosmology [kɒz'mɒlədʒɪ] *n* cosmología *f*

cosmonaut ['kɒzmənɔ:t] *n* cosmonauta *mf*

cosmopolitan [kɒzmə'pɒlɪtən] *adj* cosmopolita

cosmos ['kɒzmɒs] *n* **the c.** el cosmos

cosset ['kɒsɪt] *vt* mimar

cost [kɒst] **1** *n* (**a**) *(price)* costo *m*, *Esp* coste *m*; *Law* **costs** costas *fpl*; **at little c.** a bajo precio; **at no extra c.** sin costo adicional; **at great c.** *(financial)* por un precio alto; *Fig* a un alto precio; *Fig* **at the c. of…** a costa de…; *Com* **at c. (price)** a precio de costo *or Esp* coste ▫ *Fin* ***c. accounting*** contabilidad *f* de costes; *Econ* ***c. benefit analysis*** análisis *m inv* de costo-beneficio *or Esp* coste-beneficio; *Econ* ***c. of living*** costo *m or Esp* coste *m* de la vida; *Com* ***c. of production*** costo *m* de producción
(**b**) IDIOMS **to count the c. of sth** ver las consecuencias de algo; **at any c.** a toda costa, cueste lo que cueste; **at all costs** a toda costa, a cualquier precio; **as I found out to my c.** como pude comprobar para mi desgracia
2 *vt* (**a**) (*pt & pp* **cost**) costar; **how much does it c.?** ¿cuánto cuesta?; **it costs $25** cuesta 25 dólares; **whatever it costs** cueste lo que cueste; *Fam* **to c. a fortune** *or* **the earth** costar una fortuna *or* un ojo de la cara; **to c. sb dear** costarle caro a alguien; **the attempt c. him his life** el intento le costó la vida
(**b**) (*pt & pp* **costed**) *Com (budget)* presupuestar, calcular el costo de
3 *vi Fam* **it's going to c.** va a salir por un pico, va a salir carillo

co-star ['kəʊstɑ:(r)] **1** *n* coprotagonista *mf*
2 *vt* (*pt & pp* **co-starred**) **co-starring…** coprotagonizada por…
3 *vi* ser el coprotagonista

Costa Rica ['kɒstə'ri:kə] *n* Costa Rica

Costa Rican ['kɒstə'ri:kən] *n & adj* costarricense *mf*

cost-effective ['kɒstɪ'fektɪv] *adj* rentable

costing ['kɒstɪŋ] *n Com* cálculo *m* de costos *or Esp* costes

costly ['kɒstlɪ] *adj* caro(a); **a c. error** *or* **mistake** un error muy caro

costume ['kɒstju:m] *n* traje *m*; **(swimming) c.** bañador *m*, traje *m* de baño, *Col* vestido *m* de baño, *RP* malla *f* ▫ ***c. drama*** *(TV series)* serie *f* de época; *(movie)* película *f* de época; ***c. jewellery*** bisutería *f*

costumier [kɒ'stju:mɪə(r)] *n* diseñador(ora) *m,f* de vestuario

cosy, *US* **cozy** ['kəʊzɪ] *adj* acogedor(ora); **it's c. here** se está bien aquí; **to feel c.** sentirse a gusto; *Fig* **a c. relationship** una relación demasiado estrecha *or* amistosa

▸**cosy up** *vi* **to c. up to sb** *(snuggle up)* acurrucarse contra alguien; *Fig (ingratiate oneself)* adular a alguien, tratar de ganarse el favor de alguien

cot [kɒt] *n* (**a**) *Br (for child)* cuna *f* ▫ ***c. death*** (síndrome *m* de la) muerte *f* súbita *(en la cuna)* (**b**) *US (folding bed)* catre *m*, cama *f* plegable

cotangent ['kəʊ'tændʒənt] *n Math* cotangente *f*

coterie ['kəʊtəri:] *n* camarilla *f*

cottage ['kɒtɪdʒ] *n* casa *f* de campo, chalé *m* ❑ ***c. cheese*** queso *m* fresco; ***c. hospital*** hospital *m* rural; ***c. industry*** industria *f* artesanal; ***c. loaf*** pan *m* payés, hogaza *f*; ***c. pie*** = pastel de carne picada y puré de *Esp* patata *or Am* papa

cotton ['kɒtən] *n* algodón *m*; *Br (thread)* hilo *m* (de algodón); **a c. shirt** una camisa de algodón ❑ *US* ***the C. belt*** el cinturón de algodón, = la región algodonera al sudeste de Estados Unidos; ***c. bud*** bastoncillo *m* (de algodón); *US* ***c. candy*** algodón *m* dulce; ***c. mill*** fábrica *f* de algodón; ***c. wool*** algodón *m* (hidrófilo)

▸**cotton on** *vi Fam* enterarse, *Esp* coscarse (**to** de), *RP* captar

cottonmouth ['kɒtənmaʊθ] *n* mocasín *m* de agua

cotton-pickin' ['kɒtənpɪkɪn] *adj US Fam* maldito(a)

cotyledon [kɒtɪ'li:dən] *n Bot* cotiledón *m*

couch [kaʊtʃ] **1** *n* sofá *m*; *Fam Fig* **to be on the c.** *(in psychoanalysis)* estar yendo al psicoanalista ❑ ***c. grass*** grama *f* del norte, cerrillo *m*; *Fam* ***c. potato*** = persona perezosa que se pasa todo el día viendo la tele

2 *vt (express)* expresar, formular (**in** en)

couchette [ku:'ʃet] *n* litera *f*

cougar ['ku:gə(r)] *n* puma *m*

cough [kɒf] **1** *n* tos *f*; **to have a c.** tener tos ❑ ***c. drop*** pastilla *f* para la tos; ***c. mixture*** jarabe *m* para la tos; ***c. sweet*** caramelo *m* para la tos

2 *vi* toser

▸**cough up 1** *vt sep* (**a**) *(phlegm, blood)* toser (**b**) *Fam (money)* apoquinar, *RP* garpar

2 *vi Fam (pay up)* apoquinar, *RP* garpar

could [kʊd]

> En el inglés hablado, y en el escrito en estilo coloquial, la forma negativa **could not** se transforma en **couldn't**.

modal aux v (**a**) *(was able to: past of* **can***)* **I c. swim well at that age** a esa edad nadaba muy bien; **I c. hear them talking** los oía hablar; **I c. have tried harder** podía haberme esforzado más; **he couldn't have been kinder** fue de lo más amable; **how COULD you!** ¡cómo has podido!; **I c. have hit him!** *(I was so angry)* ¡me dieron ganas de pegarle!; **you c. have warned me!** ¡me podías haber avisado!, ¡haberme avisado!

(**b**) *(in requests)* **c. you get me some water?** ¿me puedes traer un poco de agua?; **c. you be quiet please?** ¿te podrías callar, por favor?; **c. I borrow your newspaper?** ¿me prestas el periódico?

(**c**) *(in conditional, suggestions)* **(it) c. be** podría ser; **if I had more money, I c. buy a new guitar** si tuviera más dinero podría comprarme una guitarra nueva; **we c. always telephone** siempre podríamos llamar *or Am* hablar por teléfono; **you c. go to the beach** podríais ir a la playa

couldn't ['kʊdənt] = **could not**

couldn't-care-less ['kʊdəntkeə'les] *adj* pasota; **c. attitude** actitud *f* pasota

coulomb ['ku:lɒm] *n Elec* culombio *m*

council ['kaʊnsəl] *n* (**a**) *(organization)* consejo *m* ❑ ***C. of Europe*** Consejo *m* de Europa; ***C. of Ministers*** *(of EU)* Consejo *m* de Ministros (**b**) *(local government) (of town)* ayuntamiento *m*; *(of region, county)* autoridades *fpl* regionales, ≃ diputación *f* provincial ❑ *Br* ***c. house*** ≃ vivienda *f* de protección oficial; *Br* ***c. tax*** ≃ contribución *f* urbana

councillor ['kaʊnsɪlə(r)] *n Pol* concejal(ala) *m,f*

counsel ['kaʊnsəl] **1** *n* (**a**) *(advice)* consejo *m*; **he's someone who keeps his own c.** siempre se reserva su opinión (**b**) *Law* abogado(a) *m,f* ❑ ***c. for the defence*** abogado(a) *m,f* defensor(ora); ***c. for the prosecution*** fiscal *mf*

2 *vt* (*pt & pp* **counselled,** *US* **counseled**) *(advise)* aconsejar; *(give psychological help to)* proporcionar apoyo psicológico a; **to c. sb to do sth** aconsejar a alguien que haga algo

counselling ['kaʊnsəlɪŋ] *n* apoyo *m* psicológico

counsellor ['kaʊnsələ(r)] *n* (**a**) *(adviser)* consejero(a) *m,f*, asesor(ora) *m,f*; *(therapist)* psicólogo(a) *m,f* (**b**) *US Law* abogado(a) *m,f*

count[1] [kaʊnt] *n (nobleman)* conde *m*

count[2] **1** *n* (**a**) *(calculation)* cuenta *f*; *(of votes)* recuento *m*; **at the last c.** según las cifras más recientes; **we had ten bottles left, at the last c.** en el último recuento nos quedaban diez botellas; **to keep/lose c. of** llevar/perder la cuenta de; **on the c. of three** a la (voz) de tres

(**b**) *(total, number)* (número *m*) total *m*; **the casualty c. has risen to 34** el número *or* la cifra total de víctimas se eleva ya a 34

(**c**) *(in boxing)* cuenta *f* (hasta diez); IDIOM **to be out for the c.** *(boxer)* estar fuera de combate; *Fig (fast asleep)* estar roque

(**d**) *Law* cargo *m*, acusación *f*; **guilty on both counts** culpable de los dos cargos; *Fig* **on a number of counts** en una serie de puntos

2 *vt* (**a**) *(enumerate)* contar; **I'm counting the days until I leave the company** cuento los días que faltan para poder marcharme de la empresa; *Fig* **you can c. them on the fingers of one hand** se pueden contar con los dedos de una mano; **to c. sheep** *(in order to fall asleep)* contar ovejitas

(**b**) *(include)* contar; **counting the dog, there were four of us** éramos cuatro, contando al perro; **there were four of us, not counting the dog** eramos cuatro sin contar al perro

(**c**) *(consider)* considerar; **I c. him as a friend** lo considero un amigo; **I c. him among my friends** lo incluyo entre mis amigos; **c. yourself lucky you weren't killed** considérate afortunado(a) por haber salido con vida

3 *vi* (**a**) *(by numbers)* contar; **to c. (up) to ten** contar hasta diez

(**b**) *(be valid)* contar, valer; **that one doesn't c.** ese no cuenta; **it counts as one of my worst holidays** fue una de mis peores vacaciones; **to c. for nothing** no contar para nada

(**c**) *(be important)* contar; **every vote counts** todos los votos cuentan *or* son importantes; **we have to make this opportunity c.** tenemos que hacer valer esta ocasión

▸**count against** *vt insep* ir en contra de, perjudicar

▸**count down** *vi* hacer la cuenta atrás; *Fig* **the whole nation is counting down to the elections** toda la nación espera *or Esp* aguarda con interés el día de las elecciones

▸**count for** *vt insep* **their opinion doesn't c. for much** su opinión no cuenta gran cosa

▸**count in** *vt sep* **c. me in!** ¡contad conmigo!

▸**count on** *vt insep* contar con; **to c. on sb to do sth** contar con que alguien haga algo; **I'm counting on getting away by five o'clock** cuento con salir *or* con que saldré antes de las cinco; **don't c. on it** no cuentes con ello

▸**count out** *vt sep* (**a**) *(money)* contar (**b**) *(exclude)* dejar fuera, excluir; **c. me out!** ¡no contéis conmigo! (**c**) *(in boxing)* **to be counted out** quedar fuera de combate (tras la cuenta hasta diez)

▸**count towards** *vt insep (contribute to)* contar para, valer para

▸**count up** *vt sep* contar, hacer la cuenta de

countable ['kaʊntəbəl] *adj Gram* contable

countdown ['kaʊntdaʊn] *n* cuenta *f* atrás

countenance ['kaʊntɪnəns] *Formal* **1** *n* (**a**) *(face)* semblante *m* (**b**) *(support)* **to give c. to sth** dar respaldo a algo

2 *vt* respaldar

counter[1] ['kaʊntə(r)] *n* (**a**) *(in shop)* mostrador *m*; *(in pub)* barra *f*; *(in bank)* ventanilla *f*; **it's available over the c.** *(of medicine)* se vende sin receta (médica); **under the c.** bajo cuerda (**b**) *(token)* ficha *f* (**c**) *(counting device)* contador *m*

counter[2] **1** *adv* **c. to** en contra de; **to run c. to** estar en contra de

2 *vt (argument, assertion)* responder a; **to c. that...** replicar que...

3 *vi* **to c. by doing sth** reaccionar haciendo algo

counteract [kaʊntə'rækt] *vt* contrarrestar

counterattack ['kaʊntərətæk] **1** *n* contraataque *m*

2 *vt & vi* contraatacar

counter-attraction ['kaʊntərə'trækʃən] *n* rival *m*

counterbalance ['kaʊntə'bæləns] **1** *n* contrapeso *m*; *Fig* **to act as a c. (to sth)** contrarrestar (algo)

2 *vt* contrarrestar

counterblast ['kaʊntəblɑ:st] *n* dura réplica *f*

counter-claim ['kaʊntəkleɪm] *n* contrarréplica *f*

counter-clockwise ['kaʊntə'klɒkwaɪz] *US***1** *adj* **in a c. direction** en sentido opuesto al de las agujas del reloj
2 *adv* en sentido opuesto al de las agujas del reloj

counter-culture ['kaʊntəkʌltʃə(r)] *n* contracultura *f*

counterespionage [kaʊntər'espɪənɑːʒ] *n* contraespionaje *m*

counterfeit ['kaʊntəfɪt] **1** *n* falsificación *f*
2 *adj* falso(a)
3 *vt* falsificar

counterfoil ['kaʊntəfɔɪl] *n* matriz *f*

counter-insurgency [kaʊntərɪn'sɜːdʒənsɪ] *n Mil* medidas *fpl* para sofocar una revuelta

counterintelligence ['kaʊntərɪn'telɪdʒəns] *n* contraespionaje *m*

countermand [kaʊntə'mɑːnd] *vt* revocar

countermeasure ['kaʊntəmeʒə(r)] *n* medida *f* en sentido contrario

counteroffensive ['kaʊntərə'fensɪv] *n* contraofensiva *f*

counterpane ['kaʊntəpeɪn] *n* colcha *f*

counterpart ['kaʊntəpɑːt] *n* homólogo(a) *m,f*

counterpoint ['kaʊntəpɔɪnt] *n Mus* contrapunto *m*

counterproductive ['kaʊntəprə'dʌktɪv] *adj* contraproducente

counterproposal ['kaʊntəprə'pəʊzəl] *n* contrapropuesta *f*

counter-revolution ['kaʊntərevə'luːʃən] *n* contrarrevolución *f*

counter-revolutionary ['kaʊntərevə'luːʃənərɪ] *n & adj* contrarrevolucionario(a) *m,f*

countersign ['kaʊntəsaɪn] *vt* refrendar

countersink ['kaʊntəsɪŋk] *vt Tech (hole)* avellanar

counter-tenor ['kaʊntə'tenə(r)] *n Mus* contratenor *m*, contralto *m*

counterterrorism [kaʊntə'terərɪzəm] *n* contraterrorismo *m*

counterweight ['kaʊntəweɪt] *n* contrapeso *m*; **to act as a c. (to sth)** servir de contrapeso (a algo), contrarrestar (algo)

countess ['kaʊntəs] *n* condesa *f*

countless ['kaʊntlɪs] *adj* innumerables, incontables; **on c. occasions** en innumerables ocasiones

country ['kʌntrɪ] *n* **(a)** *(state, people)* país *m*; **the whole c. was saddened by the news** la noticia entristeció a todo el país; **up and down the c.** por todo el país; *Pol* **to go to the c.** *(call elections)* convocar elecciones; **the old c.** mi tierra, el terruño
(b) *(as opposed to town)* campo *m*; **in the c.** en el campo; **c. people** la gente del campo; **c. lifestyle** modo de vida rural *or* campestre ▫ *Fam Pej **c. bumpkin** Esp* paleto(a) *m,f*, *Esp* palurdo(a) *m,f*, *RP* garoncho(a) *m,f*, *Méx* pelado(a) *m,f*; ***c. club*** club *m* de campo; ***c. cousin*** palurdo(a) *m,f*, pueblerino(a) *m,f*; ***c. dancing*** bailes *mpl* regionales *or* tradicionales; ***c. house*** casa *f* solariega, quinta *f*; ***c. life*** vida *f* campestre; ***c. seat*** casa *f* solariega, quinta *f*
(c) *(area)* terreno *m*, tierras *fpl*
(d) *(music)* **C. (and Western)** música *f* country

countryman ['kʌntrɪmən] *n* paisano *m*; **a fellow c.** un compatriota

countryside ['kʌntrɪsaɪd] *n* campo *m*; **in the c.** en el campo

countrywide [kʌntrɪ'waɪd] *adj* a escala nacional

countrywoman ['kʌntrɪwʊmən] *n* paisana *f*; **a fellow c.** una compatriota

county ['kaʊntɪ] *n* condado *m* ▫ *Br **c. council*** = órgano de gobierno de un condado *m*; *Law **c. court*** = tribunal de justicia de un condado, *Esp* ≃ audiencia *f* provincial; *US **the c. line*** el límite del condado; *Br **c. town*** capital *f* de condado

coup [kuː] *n* **(a)** *(surprising achievement)* golpe *m* de efecto **(b)** *Pol* **c. (d'état)** golpe *m* de Estado

coupé ['kuːpeɪ] *n* cupé *m*

couple ['kʌpəl] **1** *n* **(a)** *(of things)* par *m*; **a c. of** un par de **(b)** *(people)* pareja *f* **(c)** *Phys* par *m* de fuerzas
2 *vt* **(a)** *(associate)* relacionar, asociar **(b)** *(combine)* conjugar, combinar; **coupled with** junto con **(c)** *Rail* enganchar, acoplar
3 *vi (have sexual intercourse) (of people)* copular; *(of animals)* aparearse

couplet ['kʌplɪt] *n Lit* pareado *m*

coupling ['kʌplɪŋ] *n* **(a)** *(link)* enganche *m* **(b)** *(sexual intercourse) (between people)* cópula *f*; *(between animals)* apareamiento *m*

coupon ['kuːpɒn] *n* cupón *m*, vale *m*

courage ['kʌrɪdʒ] *n* valor *m*, coraje *m*; **to have the c. to do sth** tener valor para hacer algo; **to pluck up** *or* **screw up the c. (to do sth)** armarse de valor (para hacer algo); **he didn't have the c. of his convictions** no tuvo coraje para defender sus convicciones; **he took c. from the news** aquella noticia le animó *or* le dio ánimos

courageous [kə'reɪdʒəs] *adj* valiente

courageously [kə'reɪdʒəslɪ] *adv* valientemente

courgette [kʊə'ʒet] *n Br* calabacín *m*, *Chile, RP* zapallito *m*, *Méx* calabacita *f*

courier ['kʊrɪə(r)] *n (messenger)* mensajero(a) *m,f*; *(in tourism)* guía *mf*; *(drug smuggler)* correo *m*, enlace *m*

COURSE [kɔːs] **1** *n* **(a)** *(of river, illness)* curso *m*; *(of time, events)* transcurso *m*, curso *m*; **a c. of action** una táctica (a seguir); **it is the only c. left open to us** es la única posibilidad *or* opción que nos queda; **to be on c.** *(of ship)* seguir el rumbo; **to be on c. for** *(likely to achieve)* ir camino de; **to be off c.** haber perdido el rumbo; **the boat was blown off c.** el viento desvió el barco de su rumbo; *also Fig* **to change c.** cambiar de rumbo; **during** *or* **in the c. of the campaign** durante el transcurso de la campaña; **in the c. of my investigations** en el curso de mis investigaciones; **I'll find out in the c. of the next few months** me enteraré a lo largo de los próximos meses; **in the c. of time** con el tiempo; **in the normal c. of events** normalmente; **to be in the c. of doing sth** estar haciendo algo; **to let things take** *or* **run their c.** dejar que las cosas sigan su curso; **the flu has run its c.** el proceso gripal ha completado su evolución; **to set c. for** poner rumbo a; **throughout the c. of history** durante el transcurso de la historia; *also Fig* **to stay the c.** aguantar hasta el final; *Fig* **to steer a c. between recklessness and excessive caution** encontrar un término medio entre la imprudencia y una cautela excesiva
(b) of c. *(expressing agreement)* claro; *(clearly, unsurprisingly)* naturalmente; **of c. you can come!** ¡pues claro que puedes venir!; **can I have a go? — of c. (you can)** ¿puedo intentarlo? — claro (que sí); **ah, of c., that's why he wouldn't tell me** ah, claro, por eso no me lo quería decir; **he is, of c., very experienced in this area** tiene, naturalmente, una gran experiencia en este área; **of c., you can't expect them to accept it immediately** por supuesto, no se puede esperar que lo acepten de inmediato; **of c. not!** ¡claro *or* por supuesto que no!; **did you tell her? — of c. I didn't!** ¿se lo dijiste? — ¡claro *or* por supuesto que no!
(c) *Educ (self-contained)* curso *m*; *(as part of degree)* asignatura *f*; **to do** *or* **take a c. in sth** hacer un curso de algo; **(degree) c.** carrera *f*; **a c. of lectures** un ciclo de conferencias ▫ ***c. work*** trabajo *m* realizado durante el curso
(d) *Med* **c. of treatment** tratamiento *m*; **the doctor put me on a c. of antibiotics/injections** el doctor me recetó antibióticos/inyecciones
(e) *(of meal)* plato *m*; **first c.** primer plato; **main c.** plato principal; **what would you like for your first c.?** ¿qué tomarán de primero?; **a three-c. meal** una comida con primer y segundo platos, y postre
(f) *(for race)* circuito *m*; *(for golf)* campo *m*; *(for showjumping)* recorrido *m*
(g) *(of bricks)* hilada *f*
2 *vt (hunt)* **to course hares** cazar liebres con perros
3 *vi (of liquid)* correr; **tears coursed down her cheeks** las lágrimas caían por sus mejillas; **the blood coursed through his veins** la sangre le corría por las venas

---

coursebook ['kɔːsbʊk] *n* manual *m*, libro *m* de texto

court [kɔːt] **1** *n* **(a)** *Law* tribunal *m*; *(room)* sala *f*; **to go to c.** ir a los tribunales *or* a juicio; **to take sb to c.** llevar a alguien a juicio *or* a los tribunales; **to settle a case out of c.** arreglar una disputa sin acudir a los tribunales; IDIOM **to be laughed out of c.** *(of idea)* ser ridiculizado(a); IDIOM **I was laughed out of c.** se rieron de mí; IDIOM **to rule sth out of c.** rechazar algo de plano ▫ ***c. of appeal*** tribunal *m* de apelación; ***c. appearance*** *(of defendant)*

comparecencia *f* en un juicio; ***c. case*** caso *m* judicial, proceso *m*; ***c. of inquiry*** comisión *f* de investigación; ***c. of law*** tribunal *m*; *Mil* ***c. martial*** consejo *m* de guerra; ***c. order*** orden *f* judicial
(b) *(for tennis, basketball)* pista *f*, cancha *f*; *(for squash)* pista *f*
(c) *(royal)* corte *f*; *Fig* **she held c. in the hotel bar, surrounded by a posse of journalists** entretuvo a un grupo de periodistas en el bar del hotel ▫ ***c. card*** figura *f (naipe)*; *Br* ***c. shoe*** zapato *m* de salón
2 *vt* (a) *Old-fashioned (woo)* cortejar
(b) *(seek) (sb's friendship, favour)* intentar ganarse; *(failure)* exponerse a; *(death)* jugar con; **to c. disaster** jugársela, buscarse problemas
3 *vi Old-fashioned* **to be courting** *(of couple)* cortejarse

courteous ['kɜːtɪəs] *adj* cortés

courteously ['kɜːtɪəslɪ] *adv* cortésmente

courtesan ['kɔːtɪzæn] *n Literary* cortesana *f*

courtesy ['kɜːtəsɪ] *n* cortesía *f*; **do me the c. of listening** ten la cortesía de escucharme; **by c. of...** por cortesía de...; **to exchange courtesies** intercambiar cumplidos ▫ ***c. call*** visita *f* de cortesía; ***c. car*** coche *m* gratuito *(cortesía de una empresa)*; ***c. light*** *(in car)* luz *f* interior

courthouse ['kɔːthaʊs] *n US Law* palacio *m* de justicia

courtier ['kɔːtɪə(r)] *n* cortesano(a) *m,f*

courtly ['kɔːtlɪ] *adj Literary* refinado(a), distinguido(a) ▫ ***c. love*** amor *m* cortés

court-martial ['kɔːt'mɑːʃəl] *(pt & pp* **court-martialled,** *US* **court-martialed**) *vt* hacer un consejo de guerra a

courtroom ['kɔːtruːm] *n Law* sala *f* de juicios

courtship ['kɔːtʃɪp] *n* cortejo *m*

courtside ['kɔːtsaɪd] *adj* ***c. seat*** *(at basketball match)* silla *f* de pista

courtyard ['kɔːtjɑːd] *n* patio *m*

couscous ['kuːskuːs] *n* cuscús *m*

cousin ['kʌzən] *n* primo(a) *m,f*

couture [kʊ'tʃʊə(r)] *n* alta costura *f*

cove[1] [kəʊv] *n (small bay)* cala *f*, ensenada *f*

cove[2] *n Br Fam Old-fashioned (person)* tipo *m*, *Esp* gachó *m*

coven ['kʌvən] *n* aquelarre *m*

covenant ['kʌvənənt] *Law* **1** *n* pacto *m*, convenio *m*
2 *vt* pactar, concertar

Coventry ['kɒvəntrɪ] *n* IDIOM **to send sb to C.** hacer el vacío a alguien

COVER ['kʌvə(r)] **1** *n* (a) *(lid)* tapa *f*
(b) *(soft covering)* funda *f*; **covers** *(of bed)* mantas *fpl* (y sábanas); **under the covers** debajo de las sábanas
(c) *(of book)* tapa *f*; *(of magazine)* portada *f*; **front c.** portada *f*; **back c.** contraportada *f*; **to read a book from c. to c.** leerse un libro de principio a fin ▫ ***c. girl*** chica *f* de portada; ***c. price*** precio *m*; ***c. story*** tema *m* de portada
(d) *(shelter)* protección *f*; **the soldiers looked for c.** los soldados buscaron un lugar en el que protegerse; **to break c.** ponerse al descubierto; **to run for c.** correr a ponerse a cubierto; **to take c.** ponerse a cubierto; **to take c. from sth** protegerse *or* resguardarse de algo; *Fig* **they are using the business as a c. for money laundering activities** utilizan el negocio como tapadera para sus operaciones de blanqueo de dinero; **under c. of darkness** al amparo de la oscuridad
(e) *Fin (in insurance)* cobertura *f*; **full c.** cobertura máxima; **to take out c. against sth** protegerse *or* asegurarse contra algo ▫ *Br* ***c. note*** póliza *f* provisional
(f) *(replacement)* **there is no c. available for her when she's ill** no hay nadie que la reemplace cuando se pone enferma
(g) *(song)* **c. (version)** versión *f (de una canción original)*
(h) ***c. charge*** *(in restaurant)* cubierto *m*
(i) *Com (envelope)* **to send sth under plain c.** enviar algo en un sobre sin la dirección del remitente; **to send sth under separate c.** enviar algo por separado *o* aparte
(j) *US* ***c. letter*** *(for job application)* carta *f* de presentación
2 *vt* (a) *(person, object)* cubrir; *(with a lid)* tapar; *(seat, sofa)* tapizar; *(book)* forrar; **to be covered in sth** estar cubierto(a) de algo; **to c. one's eyes** taparse los ojos; **to c. one's face** taparse la cara; **to c. a wall with paint** recubrir de pintura una pared; **the ground was covered with snow** el suelo estaba cubierto de nieve; **to c. oneself with glory** cubrirse de gloria
(b) *(hide) (one's embarrassment, confusion)* ocultar; **to c. one's tracks** no dejar rastro
(c) *(travel over)* cubrir, recorrer; **we covered 100 km** cubrimos *or* recorrimos 100 kms; *Fig* **to c. a lot of ground** *(in book, discussion)* abarcar mucho
(d) *(include, deal with)* cubrir; **the law covers the whole of the banking sector** la ley abarca a todo el sector bancario; IDIOM **I've got it covered** me estoy ocupando de ello
(e) *(of journalist)* cubrir; **to c. a story** cubrir una noticia
(f) *(be sufficient for)* cubrir; **to c. one's costs** cubrir gastos; **$20 should c. it** 20 dólares deberían bastar *or* ser suficientes
(g) *(protect) (with insurance)* cubrir, asegurar (**against** contra); *(under gunfire)* cubrir; **you c. me while I cross the street** cúbreme mientras cruzo la calle; **we've got the door covered** estamos apuntando a la puerta; IDIOM **to c. oneself** *or Br* **one's back** *or US very Fam* **one's ass** cubrirse las espaldas
(h) *(of musician, band)* **to c. a song** hacer una versión de una canción
(i) *(of animal)* cubrir

▸**cover for** *vt insep (replace)* reemplazar *or* sustituir temporalmente; *(provide excuses for)* excusar

▸**cover up 1** *vt sep* (a) *(conceal)* ocultar (b) *(person, object)* cubrir; *(with a lid)* tapar; **to c. oneself up** *(with clothing)* taparse
2 *vi (conceal the truth)* encubrir (**for sb** a alguien)

coverage ['kʌvərɪdʒ] *n (on TV, in newspapers)* cobertura *f* informativa

coveralls ['kʌvərɔːlz] *npl US* mono *m*, *Am* overol *m*, *Arg, Chile, Cuba* mameluco *m*, *Urug* pantaletas *fpl*

covering ['kʌvərɪŋ] *n (on furniture)* funda *f*; *(of snow, dust, chocolate)* capa *f* ▫ *Br* ***c. letter*** carta *f* de presentación

coverlet ['kʌvəlɪt] *n* colcha *f*

covert ['kəʊvɜːt] *adj* encubierto(a)

covertly ['kəʊvɜːtlɪ] *adv* a escondidas, de manera encubierta

cover-up ['kʌvərʌp] *n* encubrimiento *m*

covet ['kʌvɪt] *vt* codiciar

covetous ['kʌvɪtəs] *adj* codicioso(a); **to be c. of** codiciar

cow[1] [kaʊ] *n* (a) *(animal)* vaca *f*; *(female elephant, whale)* hembra *f*; IDIOM **till the cows come home** hasta que las ranas críen pelo ▫ ***c. parsley*** perifollo *m* silvestre (b) *very Fam Pej (woman)* bruja *f*, pécora *f*; **poor c.** pobre infeliz *or* desgraciada; **lucky c.** tía suertuda; **you silly c.!** ¡boba!

cow[2] *vt* acobardar, intimidar; **to c. sb into submission** reducir a alguien a la obediencia; **to look cowed** parecer intimidado(a)

coward ['kaʊəd] *n* cobarde *mf*

cowardice ['kaʊədɪs], **cowardliness** ['kaʊədlɪnəs] *n* cobardía *f*

cowardly ['kaʊədlɪ] *adj* cobarde

cowbell ['kaʊbel] *n* cencerro *m*

cowboy ['kaʊbɔɪ] *n* (a) *(in American West)* vaquero *m*; **to play cowboys and indians** jugar a indios y vaqueros; **a c. movie** una película de vaqueros *or* del oeste ▫ ***c. boots*** (botas *fpl*) camperas *fpl* (b) *Br Fam Pej (careless or dishonest workman)* jeta *m*, sinvergüenza *m*; **a c. company** una empresa de sinvergüenzas

cowcatcher ['kaʊkætʃə(r)] *n US* quitapiedras *m inv*

cower ['kaʊə(r)] *vi* acoquinarse, amilanarse

cowgirl ['kaʊgɜːl] *n* vaquera *f*

cowhide ['kaʊhaɪd] *n* cuero *m*

cowl [kaʊl] *n* (a) *(monk's hood)* capucha *f* (b) *(on chimney)* sombrerete *m*

cowlick ['kaʊlɪk] *n* mechón *m*

cowling ['kaʊlɪŋ] *n* capó *m*

cowman ['kaʊmən] *n* (a) *Br (cowherd)* vaquero *m* (b) *US (ranch owner)* ganadero *m*

co-worker [kəʊ'wɜːkə(r)] *n US* compañero(a) *m,f* de trabajo, colega *mf*

cowpat ['kaʊpæt] *n Fam* boñiga *f*, *Méx* caca *f*, *Col, RP* mierda *f*

cowpoke ['kaʊpəʊk] *n US Fam* vaquero *m*

cowshed ['kaʊʃed] *n* establo *m*

cowslip ['kaʊslɪp] *n* prímula *f*

cox [kɒks] **1** *n* timonel *mf*

2 *vt* llevar el timón de
3 *vi* hacer de timonel

coxcomb = **cockscomb**

coxswain ['kɒksweɪn] *n* timonel *mf*

coy [kɔɪ] *adj (shy)* timorato(a); **to be c. about sth** *(evasive)* mostrarse evasivo(a) en relación con algo

coyly ['kɔɪlɪ] *adv (shyly)* con estudiada timidez; *(evasively)* de manera evasiva

coyote [kɔɪ'jəʊtɪ] *n* coyote *m*

coypu ['kɔɪpu:] (*pl* **coypus** *or* **coypu**) *n* coipo *m*

cozy *US* = **cosy**

CPA [si:pi:'eɪ] *n US* (*abbr* **certified public accountant**) contable *mf* diplomado(a)

Cpl *Mil* (*abbr* **Corporal**) cabo *m*

CPR [si:pi:'ɑ:(r)] *n Med* (*abbr* **cardio-pulmonary resuscitation**) masaje *m* cardiaco

cps *n Comptr* (*abbr* **characters per second**) cps

CPU [si:pi:'ju:] *n Comptr* (*abbr* **central processing unit**) CPU *f*

Cr (*abbr* **Crescent**) = calle en forma de media luna

crab [kræb] *n* (**a**) *(crustacean)* cangrejo *m*, *Am* jaiba *f* ▫ ***c. stick*** palito *m* de cangrejo (**b**) *Fam (pubic louse)* ladilla *f*; **to have crabs** tener ladillas (**c**) *(gymnastic position)* puente *m* (**d**) ***c. apple*** *(fruit)* manzana *f* silvestre; *(tree)* manzano *m* silvestre

crabbed ['kræbd] *adj* **c. writing** letra *f* apretada y difícil de leer

crabby ['kræbɪ] *adj Fam* gruñón(ona)

crack [kræk] **1** *n* (**a**) *(in glass, porcelain)* raja *f*; *(in wood, wall, ground)* grieta *f*; *Fig* **cracks have started to appear in his alibi** su coartada está empezando a hacer agua
(**b**) *(gap)* rendija *f*; **the door was open a c.** la puerta estaba entreabierta
(**c**) *(sound) (of whip)* chasquido *m*; *(of twig)* crujido *m*; *(of gun)* disparo *m*; **a c. of thunder** un trueno; IDIOM **she wasn't given a fair c. of the whip** no le dieron ninguna oportunidad
(**d**) *(blow)* **a c. on the head** un porrazo en la cabeza
(**e**) *Fam (attempt)* intento; **to have a c. at (doing) sth** intentar (hacer) algo
(**f**) *Fam (joke, insult)* chiste *m*
(**g**) *(first moment)* **to get up at the c. of dawn** levantarse al amanecer
(**h**) *(drug)* **c. (cocaine)** crack *m*
(**i**) *Vulg (woman's genitals)* coño *m*, *Col* cuca *f*, *Méx* paloma *f*, *RP* concha *f*
(**j**) *Vulg (anus)* ojete *m*, culo *m*
2 *adj Fam* de primera; **c. troops** tropas *fpl* de élite
3 *vt* (**a**) *(fracture) (cup, glass)* rajar; *(skin, wood, wall)* agrietar; *(bone)* fracturarse; **he cracked his head open** se abrió la cabeza
(**b**) *(make sound with) (whip)* chasquear; *(fingers)* hacer crujir; *Fig* **to c. the whip** usar la mano dura
(**c**) *(hit)* **to c. sb over the head** dar a alguien un porrazo en la cabeza; **he cracked his head against the wall** se dio con la cabeza contra la pared
(**d**) *(solve) (problem)* resolver; *(code)* descifrar
(**e**) *Comptr (protection)* descifrar, saltarse; *(program)* desproteger
(**f**) *(break open) (nut, egg)* cascar; *(safe)* forzar
(**g**) *(joke)* soltar, contar
4 *vi* (**a**) *(of cup, glass)* rajarse; *(of skin, wood, wall)* agrietarse
(**b**) *(of voice) (with emotion)* fallar
(**c**) *(of person) (under pressure)* venirse abajo, derrumbarse; **his nerve cracked** perdió los nervios
(**d**) *(make sound)* crujir; *(of whip)* chasquear; *Fam Fig* **to get cracking** ponerse en marcha *or* manos a la obra; **get cracking!** ¡manos a la obra!

▸**crack down** *vi* **to c. down on sth** adoptar medidas severas contra algo

▸**crack up** *Fam* **1** *vt sep* (**a**) *(repute)* **it's not all it's cracked up to be** no es tan bueno como lo pintan (**b**) *(cause to laugh)* **to c. sb up** hacer que alguien se parta *or* se muera *or* *Esp* se tronche *or* *RP* se descostille *or* *Méx* se ataque de risa
2 *vi* (**a**) *(laugh)* partirse *or* morirse *or* *Esp* troncharse *or* *RP* descostillarse de risa, *Méx* atacarse de risa (**b**) *(go mad)* (empezar a) desvariar (**c**) *(have nervous breakdown)* tener un ataque de nervios *or* una crisis nerviosa

crackbrained ['krækbreɪnd] *adj Fam* descabellado(a)

crackdown ['krækdaʊn] *n* medidas *fpl* severas; **a c. on drugs/tax-evasion** medidas severas contra las drogas/la evasión fiscal

cracked [krækt] *adj Fam (crazy)* **to be c.** estar chiflado(a) *or* pirado(a)

cracker ['krækə(r)] *n* (**a**) *(biscuit)* galleta *f* salada, cracker *f* (**b**) *(firework)* petardo *m* (**c**) *Br Fam (excellent thing, person)* **the first goal was an absolute c.** el primer gol fue de antología; **she's a c.** *(very attractive)* está muy buena, *Esp* está como un tren, *RP* está que mata (**d**) *Comptr* cracker *mf*, intruso(a) *m,f*

crackerjack ['krækədʒæk] *US Fam* **1** *n (excellent person)* figura *mf*, fuera de serie *mf*; *(excellent thing)* cosa *f* genial *or* fuera de serie
2 *adj (excellent)* genial, fuera de serie

crackers ['krækəz] *adj Br Fam (mad)* **to be c.** estar como una cabra; **to go c.** volverse majareta, *RP* pirarse

cracking ['krækɪŋ] *adj Br Fam* (**a**) *(very good)* genial, fuera de serie (**b**) *(very fast)* rapidísimo(a); **at a c. pace** a toda mecha *or* pastilla, *Méx* hecho(a) la raya, *RP* a los piques

crackle ['krækəl] **1** *n (of twigs)* crujido *m*; *(of fire)* crepitación *m*; *(of radio)* ruido *m* de fondo, interferencias *fpl*
2 *vi (of twigs)* crujir; *(of fire)* crepitar; *(of radio)* tener ruido de fondo *or* interferencias

crackling ['kræklɪŋ] *n* (**a**) *(on roast pork)* piel *f* tostada (**b**) *US* **cracklings** cortezas *fpl* de cerdo, *Am* chicharrones *mpl*

crackly ['kræklɪ] *adj* (**a**) *(paper)* crujiente (**b**) *(sound) (on radio)* con interferencias; *(on record)* con ruidos de fondo; **the phone line was a bit c.** había interferencias en la línea telefónica

crackpot ['krækpɒt] *Fam* **1** *n* pirado(a) *m,f*, *Esp* majareta *mf*, *Méx* zafado(a) *m,f*
2 *adj* descabellado(a)

cradle ['kreɪdəl] **1** *n* (**a**) *(for child, of civilization)* cuna *f*; IDIOM **from the c. to the grave** de la cuna a la sepultura (**b**) *(for cleaning windows)* andamio *m* colgante
2 *vt* acunar

cradle-snatcher ['kreɪdəlsnætʃə(r)] *n Fam Hum* asaltacunas *mf inv*, = persona que mantiene relaciones con otra persona muy joven

craft¹ [krɑ:ft] *n* (**a**) *(trade)* oficio *m*; *(skill)* arte *m* (**b**) **crafts** *(handcrafts)* artesanía ▫ ***c. fair*** feria *f* de artesanía; ***c. knife*** cúter *m*, cuchilla *f* (**c**) *(cunning)* maña *f*, astucia *f*

craft² (*pl* **craft**) *n (boat)* embarcación *f*

craftily ['krɑ:ftɪlɪ] *adv* muy ladinamente; **c. worded** muy hábilmente *or* astutamente expresado

craftsman ['krɑ:ftsmən] *n* artesano *m*

craftsmanship ['krɑ:ftsmənʃɪp] *n* destreza *f*, maestría *f*

craftswoman ['krɑ:ftswʊmən] *n* artesana *f*

crafty ['krɑ:ftɪ] *adj* ladino(a)

crag [kræg] *n* peñasco *m*, risco *m*

craggy ['krægɪ] *adj (rocky)* escarpado(a); *(features)* marcado(a)

cram [kræm] (*pt & pp* **crammed**) **1** *vt (things)* embutir (**into** en); *(people)* apiñar (**into** en); **he crammed the clothes into the suitcase** llenó la maleta *or* *RP* valija de ropa hasta los topes; **to be crammed with sth** estar repleto(a) de algo; **they crammed as much sightseeing as possible into their three days** no pararon de ver monumentos y sitios en los tres días que tenían
2 *vi* (**a**) *(squeeze)* **we all crammed into the taxi** nos apiñamos todos en el taxi (**b**) *Fam (study)* empollar, matarse estudiando, *RP* tragar

cram-full [kræm'fʊl] *adj Fam* atestado(a), abarrotado(a)

crammer ['kræmə(r)] *n Br (school)* academia *f* de preparación intensiva

cramp [kræmp] **1** *n* calambre *m*
2 *vt (restrict)* limitar, coartar; IDIOM *Fam* **to c. sb's style** ser un estorbo para alguien, coartar a alguien

cramped [kræmpt] *adj (room)* estrecho(a); **to be c. for space** tener muy poco espacio

crampon ['kræmpɒn] *n* crampón *m*

cranberry ['krænbərɪ] *n* arándano *m* agrio ▫ ***c. juice*** *Esp* zumo *m* *or* *Am* jugo *m* de arándanos; ***c. sauce*** salsa *f* de arándanos

crane [kreɪn] **1** *n* (**a**) *(for lifting)* grúa *f* (**b**) *(bird)* grulla *f*
2 *vt* **to c. one's neck** estirar el cuello
3 *vi* **to c. forward** inclinarse hacia delante (estirando el cuello)

cranefly ['kreɪnflaɪ] *n* típula *f*

cranial ['kreɪnɪəl] *adj Anat* craneal ▫ ***c. nerve*** nervio *m* craneal

cranium ['kreɪnɪəm] (*pl* **crania** ['kreɪnɪə]) *n Anat* cráneo *m*

crank¹ [kræŋk] *n (gear mechanism)* cigüeñal *m* ▫ ***c. handle*** manivela *f*

▸**crank up** *vt sep (engine)* poner en marcha con manivela; *(volume)* subir a tope; *Fam Fig* **to c. oneself up** ponerse las pilas, ponerse a funcionar

crank² *n Fam* (**a**) *Br (eccentric)* rarito(a) *m,f*, maniático(a) *m, f* (**b**) *US Fam (grumpy person)* cascarrabias *mf inv*, gruñón(ona) *m,f*

crankshaft ['kræŋkʃɑ:ft] *n Aut* cigüeñal *m*

cranky ['kræŋkɪ] *adj Fam* (**a**) *Br (eccentric)* rarito(a), maniático(a) (**b**) *US (grumpy)* cascarrabias, gruñón(ona)

cranny ['krænɪ] *n* rendija *f*

crap [kræp] *very Fam* **1** *n* (**a**) *(excrement)* mierda *f*; **to have** *or* **take a c.** cagar, *Esp* echar una cagada, *Col, RP* embarrarla, *Méx* chingarla

(**b**) *(dirt, disgusting substance)* porquería *f*, mierda *f*

(**c**) *(worthless things)* mierda *f*, porquerías *fpl*; **the movie/book was a load of c.** la película/el libro era una mierda; **clear all your c. off the bed** quita toda tu mierda *or* todas tus porquerías de la cama; **he eats nothing but c.** no come más que porquerías *or* guarrerías

(**d**) *(nonsense) Esp* gilipolleces *fpl*, *Esp* paridas *fpl*, *Col, Méx* pendejadas *fpl*, *RP* pelotudeces *fpl*; **he's full of c.** no dice más que gilipolleces; **you're talking c.!** ¡eso que dices es una gilipollez *or* parida!

(**e**) *(unfair treatment, interference)* **I'm not taking that c. from you!** ¡a mí no me vengas con esas!; **I don't need this c.!** *(I'm sick of this)* ¡estoy hasta los huevos!

2 *adj Br* (**a**) *(of poor quality) Esp* fatal, *Esp* de puta pena, *Am* pésimo; **it's c.!** ¡es una mierda!; **he's a c. teacher** es una mierda de profesor

(**b**) *(unpleasant)* de pena, de mierda; **I had a c. time at my parents'** lo pasé *Esp* fatal *or Esp* de puta pena *or Am* pésimo en casa de mis padres; **that was a c. thing to say to her!** ¡fue una putada decirle eso!

(**c**) **to feel c.** *(ill)* estar hecho(a) una mierda, sentirse fatal, *Méx* estar jodido(a), *RP* sentirse para la mierda; **I felt c. about having let them down** *(guilty)* me sentí fatal *or Méx* una mierda *or RP* para la mierda por haberles fallado

3 *vt* **he was crapping himself** *(scared)* estaba cagado (de miedo)

4 *vi (defecate)* cagar

▸**crap out** *vi very Fam* cagarse, rajarse; **to c. out of sth** cagarse y no poder con algo; **to c. out of doing sth** cagarse y no hacer algo

crappy ['kræpɪ] *adj* = **crap**

craps [kræps] *n US (game)* sevenleven *m*, = juego de apuestas con dos dados; **to shoot c.** jugar al sevenleven

crash [kræʃ] **1** *n* (**a**) *(noise)* estruendo *m*; **a c. of thunder** un trueno

(**b**) *(accident)* choque *m*, colisión *f*; **car/train/plane c.** accidente *m* de coche *or Am* carro *or RP* auto/tren/avión ▫ ***Aut c. barrier*** quitamiedos *m inv*; ***c. dive*** *(of plane)* caída *f* en picado; *(of submarine)* inmersión *f* a toda máquina; *Aut* ***c. helmet*** casco *m* (protector); *Av* ***c. landing*** aterrizaje *m* forzoso *or* de emergencia

(**c**) *(financial)* quiebra *f* (financiera), crac *m*

2 *adj* ***c. course*** curso *m* intensivo; ***c. diet*** dieta *f* drástica

3 *vt* (**a**) *(plane)* estrellar; **she crashed the car** se estrelló con el coche *or Am* carro *or RP* auto

(**b**) *Fam* **to c. a party** colarse en una fiesta

4 *vi* (**a**) *(make noise) (of waves)* romper; *(of cymbals, thunder)* sonar; **the bookcase crashed to the ground** la estantería cayó con estruendo

(**b**) *(of car, train)* chocar, estrellarse (**into** contra); *(of plane)* estrellarse (**into** contra)

(**c**) *(of business, economy, stock market)* quebrar; **share prices crashed** el precio de las acciones cayó estrepitosamente

(**d**) *Comptr* bloquearse, colgarse

(**e**) *Fam (sleep)* sobar, dormir; **can I c. at your place?** ¿puedo quedarme a dormir *or Esp* sobar *or RP* roncar en tu casa?

▸**crash out** *vi Fam (go to sleep)* quedarse frito(a) *or Esp* sopa; **he had crashed out on the sofa** estaba frito *or Esp* sopa en el sofá

crashing ['kræʃɪŋ] *adj* **a c. bore** un tostón

crash-land ['kræʃ'lænd] *vi* realizar un aterrizaje forzoso

crass [kræs] *adj* zafio(a); **c. ignorance/stupidity** ignorancia/estupidez supina

crate [kreɪt] *n* (**a**) *(box)* caja *f* (**b**) *Fam (aeroplane)* cafetera *f*, *Esp* tartana *f*

crater ['kreɪtə(r)] *n* cráter *m*

cratered ['kreɪtəd] *adj* lleno(a) de cráteres

cravat [krə'væt] *n* pañuelo *m*, fular *m*

crave [kreɪv] **1** *vt (affection, tobacco)* ansiar

2 *vi* **to crave for** *(affection, tobacco)* ansiar

craven ['kreɪvən] *adj Literary* cobarde

craving ['kreɪvɪŋ] *n (in general)* ansia *f* (**for** de); *(of pregnant woman)* antojo *m*; **to have a c. for sth** desear vehementemente algo, ansiar algo

craw [krɔ:] *n Fam* **having to apologize stuck in my c.** se me hizo muy cuesta arriba tener que disculparme; **his arrogant attitude really sticks in my c.** no puedo tragar su arrogancia

crawfish ['krɔ:fɪʃ] *US* = **crayfish**

crawl [krɔ:l] **1** *n* (**a**) *(slow pace)* paso *m* lento; **the traffic was moving at a c.** el tráfico avanzaba lentamente (**b**) *(swimming stroke)* (estilo *m*) crol *m*; **to do** *or* **swim the c.** nadar a crol

2 *vi* (**a**) *(of person)* arrastrarse; *(of baby)* gatear; *(of car)* avanzar lentamente (**b**) *Fam (be infested)* **the house was crawling with cockroaches** la casa estaba infestado de cucarachas; **it makes my skin c.** me pone la carne de gallina (**c**) *Fam (be obsequious)* **to c. to sb** arrastrarse ante alguien

crawler ['krɔ:lə(r)] *n* (**a**) *Fam (obsequious person)* adulador(ora) *m,f*, *Esp* pelota *mf*, *Am* arrastrado(a) *m,f*, *Méx* lambiscón(ona) *m,f*, *RP* chupamedias *mf inv* (**b**) *Br* ***c. lane*** carril *m* (adicional) para tráfico lento (**c**) *Comptr* rastreador *m*

crayfish ['kreɪfɪʃ] *n* (**a**) *(freshwater)* cangrejo *m* de río (**b**) *(saltwater)* langosta *f*

crayon ['kreɪɒn] **1** *n (wax)* (barra *f* de) cera *f*; *(pastel)* (barra *f* de) pastel *m*; *(pencil)* lápiz *m* de color

2 *vt* pintar

craze [kreɪz] *n* locura *f*, moda *f* (**for** de)

crazed [kreɪzd] *adj* demente, delirante

crazy ['kreɪzɪ] *adj* (**a**) *(mad)* loco(a); **to be c.** estar loco(a); **to go c.** volverse loco(a); **to drive sb c.** volver loco(a) a alguien; **like c.** *(to run, work)* como un loco (**b**) *Fam (very keen)* **she's c. about motorbikes** las motos la vuelven loca; **to be c. about sb** estar loco(a) por alguien (**c**) *Br* ***c. paving*** pavimento *m* de formas irregulares

CRE [si:ɑ:'ri:] *n* (*abbr* **Commission for Racial Equality**) = órgano oficial británico contra el racismo

creak [kri:k] **1** *n (of hinge)* chirrido *m*; *(of timber, shoes)* chirrido, crujido *m*

2 *vi (of hinge)* chirriar, rechinar; *(of timber, shoes)* crujir

creaky ['kri:kɪ] *adj (chair)* que cruje; *Fig* **the dialogue is a bit c.** los diálogos chirrían un poco

cream [kri:m] **1** *n* (**a**) *(of milk) Esp* nata *f*, *Am* crema *f* (de leche); **c. of tomato/chicken (soup)** crema *f* de tomate *or Méx* jitomate/pollo ▫ ***c. cake*** pastel *m* de *Esp* nata *or Am* crema; ***c. cheese*** queso *m* blanco para untar; ***c. cracker*** galleta *f* salada, cracker *f*; ***c. soda*** refresco *m or* gaseosa *f* de vainilla; *Br* ***c. tea*** = merienda a base de té, bollos con *Esp* nata *or Am* crema y mermelada (**b**) *Fig* **the c.** *(best part)* la flor y nata (**c**) *(lotion)* crema *f*; **face/hand c.** crema facial/de manos (**d**) *(colour)* (color *m*) crema *m*

2 *adj* **c.(-coloured)** (color) crema

3 *vt Culin (beat)* batir; **creamed coconut** crema *f* de coco

▸**cream off** *vt sep* seleccionar, quedarse con

creamer ['kri:mə(r)] *n* (**a**) *(milk substitute)* leche *f* en polvo (**b**) *US (jug)* jarrita *f* para la *Esp* nata *or Am* crema

creamery ['kri:mərɪ] *n* (**a**) *(shop)* lechería *f* (**b**) *(factory)* central *f* lechera, fábrica *f* de productos lácteos

creamy ['kri:mɪ] *adj* (**a**) *(containing cream)* con *Esp* nata *or Am* crema (**b**) *(in texture) (liquid)* cremoso(a); *(skin)* de porcelana

crease [kri:s] **1** *n (in skin, paper, crumpled fabric)* arruga *f*; *(in ironed trousers)* raya *f*

2 *vt* arrugar; **to c. one's brow** fruncir el ceño

3 *vi (become creased)* arrugarse

▸**crease up** *Br Fam* **1** *vt sep* **to c. sb up** *(make laugh)* hacer que alguien se parta *or* se muera or *Esp* se tronche de risa

2 *vi (laugh)* partirse *or* morirse *or Esp* troncharse *or RP* descostillarse de risa, *Méx* atacarse de risa

create [krɪ'eɪt] **1** *vt* crear; **to c. a sensation** causar sensación
2 *vi Fam (get angry, cause fuss)* ponerse hecho(a) una furia

creation [krɪ'eɪʃən] *n* creación *f*; *Rel* **the C.** la creación

creative [krɪ'eɪtɪv] *adj* creativo(a); **the c. process** el proceso creativo ❑ *Fin* ***c. accounting*** maquillaje *m* de cuentas, artificios *mpl* contables; ***c. writing*** creación *f* literaria

creativity [krɪə'tɪvɪtɪ] *n* creatividad *f*

creator [krɪ'eɪtə(r)] *n* creador(ora) *m,f*; *Rel* **the C.** el Creador

creature ['kri:tʃə(r)] *n (living being, animal)* criatura *f*; **he's a c. of habit** es un animal de costumbres; **the chairman is a c. of the government** *(instrument)* el presidente es un títere del Gobierno ❑ ***c. comforts*** (pequeños) placeres *mpl* de la vida

crèche [kreʃ] *n Br* guardería *f* (infantil)

credence ['kri:dəns] *n* **to give c. to sth** dar crédito a algo

credentials [krɪ'denʃəlz] *npl (of ambassador)* credenciales *fpl*; *Fig* **he quickly established his c.** pronto demostró su valía

credibility [kredɪ'bɪlɪtɪ] *n* credibilidad *f* ❑ ***c. gap*** vacío *m or* falta *f* de credibilidad

credible ['kredɪbəl] *adj* creíble

credit ['kredɪt] **1** *n* **(a)** *Fin* crédito *m*; **to be in c.** tener saldo positivo; **to give sb c.** conceder un crédito a alguien; **to buy/sell on c.** comprar/vender a crédito ❑ ***c. account*** cuenta abierta *or* a crédito; ***c. card*** tarjeta *f* de crédito; *Econ* ***c. control*** control *m* crediticio *or* de crédito; *Fin* ***c. limit*** límite *m* de descubierto *or* de crédito; *Fin* ***c. note*** vale *m* de compra; *Fin* ***c. rating*** clasificación *f or* grado *m* de solvencia; *Econ* ***c. squeeze*** restricción *f* de crédito; *Fin* ***c. transfer*** transferencia *f* bancaria; ***c. union*** cooperativa *f* de crédito
(b) *(belief)* crédito *m*; **to give c. to sth** dar crédito a algo; **to gain c.** *(of theory)* ganar aceptación
(c) *(recognition)* reconocimiento *m*; **you'll have to give her c. for that** se lo tendrás que reconocer; **you're smarter than I gave you c. for** eres más lista de lo que yo creía; **to take the c. for sth** apuntarse el mérito de algo; IDIOM **c. where c.'s due, Joe did most of the work** en justicia, hay que reconocer que Joe hizo la mayor parte del trabajo; **to her c., she refused** se negó, lo cual dice mucho en su favor; **it does you c.** puedes estar orgulloso de ello; **you're a c. to the school** eres motivo de orgullo para la escuela
(d) *(of movie)* **credits** títulos *mpl* de crédito
(e) *Sch Univ* **(pass with) c.** notable *m*
2 *vt* **(a)** *(money)* abonar; **to c. money to sb's account** abonar dinero en la cuenta de alguien
(b) *(attribute)* **to c. sb with sth** atribuir algo a alguien; **I credited you with more sense** te consideraba más sensato; **she's credited with being the first woman to sail round the world** a ella se le atribuye el mérito de ser la primera mujer en dar la vuelta al mundo en velero
(c) *(believe)* creer; **would you c. it?** ¿te lo quieres creer?

creditable ['kredɪtəbəl] *adj* encomiable, digno(a) de encomio

creditably ['kredɪtəblɪ] *adv* encomiablemente; **we managed to come out of it quite c.** conseguimos salir con la cabeza alta

creditor ['kredɪtə(r)] *n Fin* acreedor(ora) *m,f*

credo ['kri:dəʊ] *n Rel & Fig* credo *m*

credulity [krɪ'dju:lɪtɪ] *n* credulidad *f*

credulous ['kredjʊləs] *adj* crédulo(a)

creed [kri:d] *n Rel & Fig* credo *m*

creek [kri:k] *n (small bay)* cala *f*; *(stream)* riachuelo *m*; IDIOM *Fam* **to be up the c. (without a paddle)** tenerlo claro, ir de culo

creel [kri:l] *n* nasa *f*

creep [kri:p] **1** *n* **(a)** *(unpleasant person)* asqueroso(a) *m,f*; *Br (obsequious person)* adulador(ora) *m,f*, *Esp* pelota *mf*, *Am* arrastrado(a) *m,f*, *Méx* lambiscón(ona) *m,f*, *RP* chupamedias *mf inv* **(b)** IDIOMS *Fam* **he/it gives me the creeps** *(makes me uneasy)* me pone la piel de gallina; *(disgusts me)* me da asco; **I always get the creeps when I'm alone in the house** *(get frightened)* siempre que me quedo solo en casa me entra el canguelo *or Col* culillo *or Méx* mello *or RP* cuiqui
2 *vi* (*pt & pp* **crept** [krept]) *(of animal, person)* moverse sigilosamente, deslizarse; *(of plants)* trepar; **to c. in** colarse; **to c. out** escapar (sigilosamente); **a mistake has crept into our calculations** se nos ha colado un error en los cálculos; **they crept up on him from behind** se acercaron a él por detrás sigilosamente; **old age has crept up on me** los años se me han echado encima; IDIOM *Fam* **it makes my flesh c.** me pone la carne de gallina

creeper ['kri:pə(r)] *n (plant)* enredadera *f*; *(in wild)* liana *f*

creeping ['kri:pɪŋ] *adj (gradual)* paulatino(a); **c. privatization** privatización *f* gradual subrepticia

creepy ['kri:pɪ] *adj Fam* **(a)** *(unpleasant)* repugnante, repelente **(b)** *(frightening)* espeluznante

creepy-crawly ['kri:pɪ'krɔ:lɪ] *n Fam* bicho *m*, bicharraco *m*

cremate [krɪ'meɪt] *vt* incinerar

cremation [krɪ'meɪʃən] *n* incineración *f*, cremación *f*

crematorium [kremə'tɔ:rɪəm] (*pl* **crematoria** [kremə'tɔ:rɪə]) *n* crematorio *m*

crème [krem] *n* ***c. caramel*** flan *m*; IDIOM ***the c. de la c.*** *(the best)* la flor y nata; ***c. fraîche*** = nata/crema fresca fermentada; ***c. de menthe*** pipermín *m*, licor *m* de menta

creole ['kri:əʊl] **1** *n* **(a)** *(person)* criollo(a) *m,f* **(b)** *Ling* criollo *m*
2 *adj* criollo(a)

creosote ['krɪəsəʊt] *n* creosota *f*

crêpe *n* **(a)** [kreɪp] *(textile)* crepé *m*, crespón *m* ❑ ***c. bandage*** venda *f*; ***c. paper*** papel *m* crespón *or* pinocho; ***c.(-rubber) soles*** zapatos *mpl* de suela de goma *or* de crepé **(b)** [krep] *(pancake)* crepe *f*

crept [krept] *pt & pp of* **creep**

crepuscular [krɪ'pʌskjʊlə(r)] *adj Literary* crepuscular

Cres (*abbr* **Crescent**) = calle en forma de medialuna

crescendo [krɪ'ʃendəʊ] (*pl* **crescendos**) *n Mus & Fig* crescendo *m*; **to rise to a c.** *(of music, complaints)* alcanzar el punto culminante

crescent ['kresənt] **1** *n* **(a)** *(shape)* medialuna *f* **(b)** *(street)* = calle en forma de medialuna
2 *adj* **c.(-shaped)** en forma de medialuna ❑ ***c. moon*** cuarto *m* creciente

cress [kres] *n* berro *m*

crest [krest] *n* **(a)** *(of bird, wave)* cresta *f*; *(of helmet)* penacho *m*; IDIOM **on the c. of a wave** en la cresta de la ola **(b)** *(of hill)* cima *f* **(c)** *(coat of arms)* escudo *m*

crested ['krestɪd] *adj* **(a)** *(animal, bird)* con cresta **(b)** *(notepaper)* con membrete

crestfallen ['krestfɔ:lən] *adj* abatido(a)

Cretaceous [krɪ'teɪʃəs] *Geol* **1** *n* **the C.** el cretácico *or* cretáceo
2 *adj (period)* cretácico(a), cretáceo(a)

Cretan ['kri:tən] *n & adj* cretense *mf*

Crete [kri:t] *n* Creta

cretin ['kretɪn] *n* **(a)** *Fam Pej (idiot)* cretino(a) *m,f* **(b)** *Med* cretino(a) *m,f*, enfermo(a) *m,f* de cretinismo

cretinous ['kretɪnəs] *adj* estúpido(a), cretino(a)

crevasse [krə'væs] *n (in glacier)* grieta *f*

crevice ['krevɪs] *n* grieta *f*

crew[1] [kru:] **1** *n* **(a)** *(of ship, plane)* tripulación *f*; *(of tank)* dotación *f*, personal *m*; *(of ambulance)* personal *m* ❑ ***c. cut*** rapado *m*; ***c. neck*** cuello *m* redondo **(b)** *(team of workers)* equipo *m* **(c)** *Fam (gang, group)* pandilla *f*, *Méx* bola *f*, *RP* barra *f*
2 *vt (ship, plane)* tripular

crew[2] *pt of* **crow**

crib [krɪb] **1** *n* **(a)** *(cradle)* cuna *f*; *(Nativity scene)* belén *m*, pesebre *m* **(b)** *Fam (at school) (translation)* traducción *f (que permite entender el original)*; *(in exam) Esp* chuleta *f*, *Chile* torpedo *m*, *Perú* comprimido *m Col, Méx* acordeón *m*, *RP* machete *m*
2 *vt* (*pt & pp* **cribbed**) *Fam (at school)* copiar (**from** *or* **off** de)

cribbage ['krɪbɪdʒ] *n* = juego de naipes en el que los puntos se van anotando con clavijas en un tablero

crick [krɪk] **1** *n (in neck)* **to have/get a c. in one's neck** tener tortícolis
2 *vt* **to c. one's neck** hacerse daño en el cuello

cricket[1] ['krɪkɪt] *n (insect)* grillo *m*

cricket[2] *n (sport)* críquet *m*; IDIOM *Br* **that's not c.!** ¡eso es juego sucio! ❑ ***c. ball*** pelota *f* de críquet; ***c. bat*** bate *m* de críquet; ***c. pitch*** campo *m* de críquet

cricketer ['krɪkɪtə(r)] *n* jugador(ora) *m,f* de críquet

crikey ['kraɪkɪ] *exclam Fam* ¡caramba!

crime [kraɪm] *n (serious criminal act)* crimen *m*; *(less serious)* delito *m*; **c. is on the increase** está aumentando la delincuencia; **to commit a c.** cometer un delito, delinquir; *Fig* **it's a c.** *(outrageous)* es un crimen ▫ ***c. of passion*** crimen *m* pasional; ***c. wave*** ola *f* de delincuencia; ***c. writer*** escritor(ora) *m,f* de novela negra

Crimea [kraɪ'mɪə] *n* Crimea

Crimean [kraɪ'mɪən] *adj* de Crimea

criminal ['krɪmɪnəl] **1** *n (in general)* delincuente *mf*; *(serious)* criminal *mf*

2 *adj* delictivo(a), criminal; *Fig* **a c. waste of money** un despilfarro disparatado; **it's c. what they've done to the rainforest** es un crimen lo que han hecho con las selvas tropicales; **to instigate c. proceedings against sb** demandar a alguien ante un juzgado de lo penal ▫ ***c. court*** juzgado *m* de lo penal; ***C. Investigation Department*** = policía judicial británica; ***c. law*** derecho *m* penal; ***c. lawyer*** abogado(a) *m,f* criminalista, penalista *mf*; ***c. negligence*** delito *m* de negligencia; ***c. offence*** delito *m* (penal); ***c. record*** antecedentes *mpl* penales

criminality [krɪmɪ'nælɪtɪ] *n (in general)* delincuencia *f*; *(serious)* criminalidad *f*

criminalization [krɪmɪnəlaɪ'zeɪʃən] *n* penalización *f*

criminalize ['krɪmɪnəlaɪz] *vt* penalizar

criminally ['krɪmɪnəlɪ] *adv* (**a**) *(for legal purposes)* a efectos penales, penalmente; **the c. insane** los (delincuentes) psicópatas; **he was c. negligent** cometió un delito de negligencia (**b**) *(outrageously)* escandalosamente

criminology [krɪmɪ'nɒlədʒɪ] *n* criminología *f*

crimp [krɪmp] *vt (hair)* rizar (con tenacillas)

Crimplene® ['krɪmpli:n] *n* = tejido de poliéster antiarrugas

crimson ['krɪmzən] **1** *n* carmesí *m*; **to turn c.** ponerse colorado(a), ponerse rojo(a) como un tomate

2 *adj* carmesí

cringe [krɪndʒ] *vi* (**a**) *(show fear)* encogerse (**b**) *(be embarrassed)* tener vergüenza ajena, abochornarse; **it makes me c.** me produce vergüenza ajena

cringing ['krɪndʒɪŋ] *adj (afraid)* atemorizado(a); *(servile)* servil

crinkle ['krɪŋkəl] **1** *vt (paper)* arrugar; **to c. one's nose** arrugar la nariz

2 *vi* arrugarse

crinkly ['krɪŋklɪ] *adj* arrugado(a)

crinoline ['krɪnəlɪn] *n* crinolina *f*

cripple ['krɪpəl] **1** *n* inválido(a) *m,f*

2 *vt* (**a**) *(person)* dejar inválido(a), lisiar (**b**) *(industry, system)* deteriorar, arruinar

crippling ['krɪplɪŋ] *adj* (**a**) *(illness)* incapacitante (**b**) *(taxes, strike)* pernicioso(a)

crisis ['kraɪsɪs] (*pl* **crises** ['kraɪsi:z]) *n* crisis *f inv*; **in c.** en crisis; **to go through a c.** atravesar una crisis; **to have a c. of confidence** pasar una etapa de inseguridad, tener una crisis de confianza; **the situation has reached c. point** la situación ha llegado a un punto crítico ▫ ***c. management*** gestión *f* de crisis

crisp [krɪsp] **1** *n Br* **crisps** *Esp* patatas *fpl* or *Am* papas *fpl* fritas (de bolsa); **burnt to a c.** achicharrado(a)

2 *adj* (**a**) *(apple, lettuce)* fresco(a); *(pastry, bacon)* crujiente (**b**) *(air, breeze)* fresco(a) (**c**) *(style)* conciso(a); *(tone)* seco(a)

crispbread ['krɪspbred] *n* = galleta crujiente de trigo o centeno empleada como sustituto adelgazante del pan

crisply ['krɪsplɪ] *adv (say)* secamente

crispy ['krɪspɪ] *adj* crujiente

criss-cross ['krɪskrɒs] **1** *vt* entrecruzar

2 *vi* entrecruzarse

criterion [kraɪ'tɪərɪən] (*pl* **criteria** [kraɪ'tɪərɪə]) *n* criterio *m*

criterium [kraɪ'tɪərɪəm] *n Sport* criterium *m*

critic ['krɪtɪk] *n* crítico(a) *m,f*

critical ['krɪtɪkəl] *adj* (**a**) *(negative)* crítico(a); **to be c. of** criticar (**b**) *(essay, study)* crítico(a); **it was a c. success** fue un éxito de crítica *or* entre la crítica (**c**) *(decisive)* crítico(a), decisivo(a); **this is a c. time for them** es un momento crítico para ellos; **it's c. that we get a decision by Monday** se hace del todo imprescindible que para el lunes hayamos tomado una decisión; **she was in a c. condition** *(of patient)* se encontraba en estado crítico (**d**) *Phys* ***c. mass*** masa *f* crítica; ***c. temperature*** temperatura *f* crítica

critically ['krɪtɪklɪ] *adv* (**a**) *(disparagingly)* en *or* con tono crítico (**b**) *(crucially)* **it is c. important (that)** es de vital importancia (que...) (**c**) *(seriously)* seriamente; **c. ill** gravemente enfermo(a) (**d**) *(by critics)* **c. acclaimed** elogiado(a) por la crítica

criticism ['krɪtɪsɪzəm] *n* crítica *f*

criticize ['krɪtɪsaɪz] *vt* criticar; **to c. sb for (doing) sth** criticar a alguien por (hacer) algo

critique [krɪ'ti:k] *n* crítica *f*

critter ['krɪtə(r)] *n US Fam* bicho *m*

croak [krəʊk] **1** *n (of frog)* croar *m*; *(of raven)* graznido *m*; *(of person)* gruñido *m*

2 *vi* (**a**) *(of frog)* croar; *(of raven)* graznar; *(of person)* gruñir (**b**) *very Fam (die)* palmar, espicharla

Croat ['krəʊæt] **1** *n* (**a**) *(person)* croata *mf* (**b**) *(language)* croata *m*

2 *adj* croata

Croatia [krəʊ'eɪʃə] *n* Croacia

Croatian [krəʊ'eɪʃən] = **Croat**

crochet ['krəʊʃeɪ] **1** *n* ganchillo *m*, *Chile, Col, RP* crochet *m*, *Méx* gancho *m* ▫ ***c. hook*** (aguja *f* de) ganchillo *m*

2 *vt* **to c. sth** hacer algo a ganchillo *or Chile, Col, RP* crochet *or Méx* gancho

3 *vi* hacer ganchillo *or Chile, Col, RP* crochet *or Méx* gancho *m*

crock [krɒk] *n* (**a**) *(pot)* vasija *f* de barro (**b**) *Fam* **old c.** *(person)* viejo(a) *m,f* chocho(a); *(car)* cacharro *m*, *Esp* tartana *f* (**c**) *Vulg* **it's a c. of shit** es una cagada *or Méx* una pendejada *or RP* una boludez

crockery ['krɒkərɪ] *n* vajilla *f*

crocodile ['krɒkədaɪl] *n* (**a**) *(animal)* cocodrilo *m* ▫ ***c. tears*** lágrimas *fpl* de cocodrilo (**b**) *(line of pupils)* fila *f*

crocus ['krəʊkəs] *n* azafrán *m*

croft [krɒft] *n Scot* granja *f* pequeña

crofter ['krɒftə(r)] *n Scot* granjero(a) *m,f*

croissant ['krwæsɒŋ] *n* croisant *m*

crone [krəʊn] *n Pej* **old c.** bruja *f*

crony ['krəʊnɪ] *n* amigote *m*, amiguete(a) *m,f*

crook [krʊk] **1** *n* (**a**) *(criminal)* granuja *mf*, bribón(ona) *m,f* (**b**) *(shepherd's staff)* cayado *m*; *(bishop's)* báculo *m* (**c**) *(curve)* recodo *m*; **to hold sth in the c. of one's arm** llevar algo en brazos *or* en el brazo

2 *vt (finger, arm)* doblar

crooked ['krʊkɪd] *adj* (**a**) *(not straight)* torcido(a); *(lane, path)* tortuoso(a) (**b**) *Fam (dishonest, illegal)* *(deal)* sucio(a); *(person)* corrupto(a)

croon [kru:n] *vt & vi* canturrear

crooner ['kru:nə(r)] *n* cantante *mf* melódico(a)

crop [krɒp] **1** *n* (**a**) *(harvest)* cosecha *f*; *Fig* **this year's c. of films** la cosecha de películas de este año (**b**) *(variety)* cultivo *m* ▫ ***c. circle*** = franja aplastada y circular de terreno cultivado, que aparece por causas supuestamente paranormales; *Agr* ***c. rotation*** rotación *f* de cultivos (**c**) *(whip)* **(riding) c.** fusta *f* (**d**) *(of bird)* buche *m* (**e**) *Typ* ***c. marks*** marcas *fpl* de (re)corte

2 *vt* (*pt & pp* **cropped**) (**a**) *(cut)* *(hair)* cortar; *(photograph)* recortar (**b**) *(of cattle)* *(grass)* pacer

▸**crop up** *vi (arise)* surgir; **sorry I was late, something cropped up** siento haber llegado tarde, me surgió un imprevisto

cropper ['krɒpə(r)] *n* IDIOM *Fam* **to come a c.** *(fall)* darse un porrazo *or Esp* batacazo *or Méx* madrazo; *Fig (fail)* pinchar

croquet ['krəʊkeɪ] *n* croquet *m*

croquette [krɒ'ket] *n* croqueta *f*

crosier, crozier ['krəʊzɪə(r)] *n* báculo *m*

cross [krɒs] **1** *n* (**a**) *(sign, shape)* cruz *f*; **to make the sign of the c.** *(blessing self)* santiguarse; *(blessing others)* dar la bendición; IDIOM **it's a heavy c. to bear** es una cruz, es una pesada carga; **we all have our crosses to bear** todos tenemos alguna *or* nuestra cruz

(**b**) *(hybrid)* *(of animals)* cruce *m*, híbrido *m*, *Am* cruza *f*; *Fig* **to be a c. between A and B** ser una mezcla de A y B

(**c**) *(in soccer)* centro *m*; *(in boxing)* (golpe *m*) directo *m*

2 *adj (annoyed)* enfadado(a), *Am* enojado(a) (**about** por); **to be c.** estar enfadado(a) *or Am* enojado(a); **to get c.** enfadarse *or Am* enojarse; **it makes me c.** me da mucha rabia; **we've never exchanged a c. word** nunca nos hemos levantado la voz, nunca nos hemos dicho una palabra más alta que otra

3 *vt* (**a**) *(go across) (river, road)* cruzar; **to c. sb's path** cruzarse en el camino de alguien; **it crossed my mind (that...)** se me ocurrió (que...); IDIOM **we'll c. that bridge when we come to it** no adelantemos acontecimientos; IDIOM **to c. the Rubicon** cruzar el Rubicón
(**b**) *(span) (of bridge)* atravesar, cruzar
(**c**) *(place across)* cruzar; **to c. one's legs/arms** cruzar las piernas/los brazos; **to c. one's eyes** poner los ojos bizcos; IDIOM **to keep one's fingers crossed** cruzar los dedos; IDIOM **to c. sb's palm with silver** soltarle parné a alguien; IDIOM **to c. swords (with)** verse las caras *or* habérselas (con); IDIOM **we must have got our wires crossed** parece que no nos hemos entendido bien
(**d**) *(write line across)* **to c. one's t's** ponerle el palito a la te
(**e**) *(oppose)* oponerse a, contrariar
(**f**) *(animals, plants)* cruzar (**with** con)
(**g**) *Sport (ball, puck)* centrar
(**h**) *Br (cheque)* **to c. a cheque** cruzar un cheque
(**i**) *Rel* **to c. oneself** santiguarse; IDIOM *Fam* **c. my heart!** ¡te lo juro!
4 *vi* (**a**) *(of roads, lines)* cruzarse; **our letters crossed in the post** nuestras cartas se cruzaron en el correo
(**b**) *(go across)* cruzar; **she crossed to the other side of the road** cruzó (al otro lado de) la carretera

▸**cross off** *vt sep* tachar; **c. his name off the list** tacha su nombre de la lista

▸**cross out** *vt sep* tachar

▸**cross over** *vi* (**a**) *(go across)* cruzar (**b**) *(of band)* cambiar de estilo; **to c. over into the mainstream** *(of band, actor)* darse a conocer al gran público; **to c. over into everyday use** *(of technical term)* pasar al lenguaje cotidiano

crossbar ['krɒsbɑ:(r)] *n* (**a**) *(on bike)* barra *f (de la bicicleta)* (**b**) *(of goalposts)* larguero *m*

crossbeam ['krɒsbi:m] *n* viga *f* (transversal)

crossbill ['krɒsbɪl] *n* piquituerto *m*

crossbones ['krɒsbəʊnz] *npl* **skull and c.** la calavera y las tibias

cross-border ['krɒs'bɔ:də(r)] *adj (trade, cooperation)* entre países fronterizos; *(attack)* fronterizo(a)

crossbow ['krɒsbəʊ] *n* ballesta *f*

crossbreed ['krɒsbri:d] *n* híbrido *m*, cruce *m*, *Am* cruza *f*

cross-Channel ['krɒs'tʃænəl] *adj* ***c. ferry*** = transbordador que cruza el Canal de la Mancha; ***c. trade*** = comercio entre Gran Bretaña y el resto de Europa

crosscheck ['krɒstʃek] **1** *n* comprobación *f*, verificación *f*
2 *vt* comprobar, contrastar

cross-country ['krɒs'kʌntrɪ] *adj (vehicle)* todoterreno ▫ ***c. runner*** corredor(ora) *m,f* de cross; ***c. running*** campo *m* a través, cross *m*; ***c. skiing*** esquí *m* de fondo

crosscourt ['krɒskɔ:t] *adj Sport* cruzado(a)

cross-cultural [krɒs'kʌltʃərəl] *adj* intercultural, entre culturas

cross-current ['krɒskʌrənt] *n (in sea)* contracorriente *f*; *Fig* tendencia *f* a contracorriente

cross-cut saw ['krɒskʌt'sɔ:] *n* (sierra *f*) tronzadera *f*, tronzador *m*

cross-dressing [krɒs'dresɪŋ] *n* travestismo *m*

cross-examination ['krɒsɪgzæmɪ'neɪʃən] *n* interrogatorio *m*

cross-examine ['krɒsɪg'zæmɪn] *vt* interrogar

cross-eyed ['krɒsaɪd] *adj* bizco(a)

cross-fertilization ['krɒsfɜ:tɪlaɪ'zeɪʃən] *n* (**a**) *(between plants)* polinización *f* cruzada (**b**) *(cultural)* mestizaje *m* (cultural); *(of ideas)* intercambio *m*

cross-fertilize [krɒs'fɜ:tɪlaɪz] *vt (plants)* polinizar con fecundación cruzada

cross-field ['krɒsfi:ld] *adj Sport* ***c. ball*** *or* ***pass*** cruce *m*

crossfire ['krɒsfaɪə(r)] *n also Fig* fuego *m* cruzado; **they were caught in the c.** el fuego cruzado los pilló *or Esp* cogió *or Am* agarró en medio

crosshatch ['krɒshætʃ] *vt* sombrear, rayar

crosshatching ['krɒshætʃɪŋ] *n* sombreado *m*

crossing ['krɒsɪŋ] *n* (**a**) *(of sea)* travesía *f* (**b**) *(in street)* paso *m* de peatones

cross-legged [krɒs'leg(ɪ)d] *adv* **to sit c.** sentarse con las piernas cruzadas

crossly ['krɒslɪ] *adv* con enfado *or Am* enojo

cross-over ['krɒsəʊvə(r)] **1** *n (of career)* salto *m*, cambio *m*
2 *adj Mus (style)* híbrido(a), de fusión

cross-platform ['krɒs'plætfɔ:m] *adj Comptr* multiplataforma *inv*

cross-ply ['krɒsplaɪ] *adj (tyre)* (de cubierta) diagonal

cross-pollination ['krɒspɒlɪ'neɪʃən] *n Bot* polinización *f* cruzada

cross-posting [krɒs'pəʊstɪŋ] *n Comptr* = envío masivo de mensajes por correo electrónico a diferentes grupos de noticias

cross-purposes [krɒs'pɜ:pəsɪz] *npl* **they were (talking) at c. with each other** sin darse cuenta, estaban hablando de cosas distintas

cross-question [krɒs'kwestʃən] *vt* interrogar

cross-refer ['krɒsrɪ'fɜ:(r)] *vt* remitir (**to** a)

cross-reference [krɒs'refərəns] *n* referencia *f*, remisión *f*

crossroads ['krɒsrəʊdz] *n also Fig* encrucijada *f*

cross-section ['krɒs'sekʃən] *n* sección *f* transversal; **a c. of the population** una muestra representativa de la población

cross-stitch ['krɒsstɪtʃ] *n* punto *m* de cruz

crosstown ['krɒstaʊn] *adj US (bus, train)* que cruza la ciudad

cross-training ['krɒs'treɪnɪŋ] *n Sport* ejercicios *mpl* combinados (de suelo y aparatos)

crosstree ['krɒstri:] *n Naut* cruceta *f*

crosswalk ['krɒswɔ:k] *n US* paso *m* de peatones

crossways = **crosswise**

crosswind ['krɒswɪnd] *n* viento *m* lateral

crosswise ['krɒswaɪz], **crossways** ['krɒsweɪz] **1** *adj* diagonal, transversal
2 *adv* en diagonal, transversalmente

crossword ['krɒswɜ:d] *n* **c. (puzzle)** crucigrama *m*

crotch [krɒtʃ] *n* entrepierna *f*

crotchet ['krɒtʃɪt] *n Mus* negra *f*

crotchety ['krɒtʃətɪ] *adj Fam* gruñón (ona)

crouch [kraʊtʃ] *vi (of animal)* agazaparse; *(of person)* agacharse

croup [kru:p] *n* (**a**) *Med* garrotillo *m*, crup *m* (**b**) *(of animal)* grupa *f*

croupier ['kru:pɪə(r)] *n* crupier *m*

crouton ['kru:tɒn] *n* picatoste *m (en forma de dado)*

crow [krəʊ] **1** *n (bird)* corneja *f*; **as the c. flies** en línea recta ▫ ***c.'s feet*** *(facial lines)* patas *fpl* de gallo; ***c.'s nest*** *(on ship)* cofa *f*
2 *vi* (*pt* **crowed** *or* **crew** [kru:], *pp* **crowed**) (**a**) *(of cock)* cantar (**b**) *(show off)* pavonearse (**about** de)

crowbar ['krəʊbɑ:(r)] *n* palanqueta *f*

crowd [kraʊd] **1** *n* (**a**) *(large number of people)* muchedumbre *f*, multitud *f*; *(at sports match)* público *m*; IDIOM **to stand out from the c.** destacar, sobresalir; **to be a c. puller** atraer a las masas ▫ ***c. scene*** *(in movie)* escena *f* de masas (**b**) *Fam (group)* pandilla *f*, *Méx* bola *f*, *RP* barra *f*; **the usual c. were there** estaba la gente de siempre, estaban los de siempre
2 *vt* atestar, abarrotar
3 *vi* **to c. (together)** apiñarse, amontonarse; **to c. round sb** apiñarse en torno de alguien

▸**crowd out** *vt sep (exclude)* **to c. sb out of a deal/the market** excluir a alguien de un acuerdo/del mercado

crowded ['kraʊdɪd] *adj* abarrotado(a), atestado(a); **to be c.** estar abarrotado(a) *or* atestado(a)

crown [kraʊn] **1** *n* (**a**) *(of monarch)* corona *f*; **the C.** la Corona ▫ *Br Law* ***c. court*** = tribunal superior de lo penal; ***the c. jewels*** las joyas de la corona; ***c. prince*** príncipe *m* heredero; ***c. princess*** princesa *f* heredera (**b**) *(top) (of head)* coronilla *f*; *(of hat)* copa *f*; *(of hill)* cima *f*; *(on tooth)* corona *f* (**c**) *(currency)* corona *f*
2 *vt* (**a**) *(as monarch)* coronar; **to c. sb king** coronar rey a alguien; IDIOM **to c. it all...** para colmo, para remate... (**b**) **to c. a tooth** ponerle una corona a una muela (**c**) *Fam (hit on the head)* **I'll c. you!** ¡te voy a dar una!, *Esp* ¡te voy a sacudir!

crowning ['kraʊnɪŋ] *adj (achievement)* supremo(a); **c. glory** gloria *f* suprema

crozier = crosier

CRT *n Tech (abbr* **cathode ray tube**) TRC *m*

crucial ['kru:ʃəl] *adj* (**a**) *(very important)* crucial (**b**) *Br very Fam (very good)* genial, *Esp* guay, *Andes, Carib* chévere, *Andes, RP* macanudo(a), *Méx* padre

crucially ['kru:ʃəlɪ] *adv* de manera crucial; **it is c. important** es de una importancia crucial *or* vital

crucible ['kru:sɪbəl] *n also Fig* crisol *m*

crucifix ['kru:sɪfɪks] *n* crucifijo *m*

crucifixion [kru:sɪ'fɪkʃən] *n* crucifixión *f*

cruciform ['kru:sɪfɔ:m] *adj Formal* cruciforme

crucify ['kru:sɪfaɪ] *vt also Fig* crucificar

crud [krʌd] *n Fam* (**a**) *(dirt)* porquería *f*, mugre *f* (**b**) *(nonsense)* bobadas *fpl*, sandeces *fpl*, *Am* huevadas *fpl*

cruddy ['krʌdɪ] *adj Fam* (**a**) *(dirty)* mugriento(a), *Esp* guarro(a) (**b**) *(bad)* asqueroso(a), *Esp* cutre, *RP* groncho(a)

crude [kru:d] **1** *adj* (**a**) *(unsophisticated)* tosco(a) (**b**) *(rude, vulgar)* ordinario(a), grosero(a) (**c**) *(oil)* crudo(a)
2 *n (oil)* crudo *m*

crudely ['kru:dlɪ] *adv* (**a**) *(simply)* toscamente (**b**) *(vulgarly)* de forma ordinaria, groseramente; **to gesture c.** hacer gestos groseros

crudeness ['kru:dnɪs], **crudity** ['kru:dɪtɪ] *n* (**a**) *(simplicity)* tosquedad *f* (**b**) *(vulgarity)* ordinariez *f*, grosería *f*

cruel ['krʊəl] *adj* cruel (**to** con); *(fate)* fatal, aciago(a); **it was c. luck** fue muy mala suerte, fue tremendamente injusto; PROV **you have to be c. to be kind** quien bien te quiere te hará llorar

cruelly ['krʊəlɪ] *adv* cruelmente, con crueldad; **they were c. mistaken in thinking him a friend** estaban completamente engañados al pensar que era su amigo

cruelty ['krʊəltɪ] *n* crueldad *f* (**to** con)

cruelty-free ['krʊəltɪ'fri:] *adj (cosmetics)* = elaborado y probado sin el uso de animales

cruet ['kru:ɪt] *n Culin* **c. (stand** *or* **set)** vinagreras *fpl*

cruise [kru:z] **1** *n (on ship)* crucero *m*; **to go on a c.** ir de crucero ▫ *Aut* ***c. control*** control *m* automático de velocidad; ***c. missile*** misil *m* de crucero
2 *vt Fam* (**a**) *(person)* intentar ligar con *or Méx* a, *RP* intentar enganchar con (**b**) *(place)* ir de ligue *or RP* levante por
3 *vi* (**a**) *(of ship)* navegar tranquilamente; *(of passengers)* hacer un crucero; *(of car, plane)* ir a velocidad de crucero; **it was cruising at 25 knots** *(of ship)* navegaba a 25 nudos; **cruising speed** *(of ship, plane)* velocidad *f* de crucero (**b**) *Fam (look for sexual partner)* buscar ligue, tratar de ligar (**c**) *US Fam (leave)* irse, marcharse, *Méx* rajarse; **ready to c.?** ¿nos piramos *or* abrimos ya?, *RP* ¿nos rajamos?, *Méx* ¡ándale, vámonos!

cruiser ['kru:zə(r)] *n (ship)* **(battle) c.** crucero *m* (de guerra); **(cabin) c.** yate *m* (de motor)

cruiserweight ['kru:zəweɪt] **1** *adj (in boxing)* del peso semipesado
2 *n (in boxing)* peso *m* semipesado

crumb [krʌm] *n (of bread)* miga *f*; **my only c. of comfort is...** lo único que me consuela es...; IDIOM **he was left with the crumbs** no le dejaron más que las migajas

crumble ['krʌmbəl] **1** *n (dessert)* = postre al horno a base de compota con masa quebrada dulce por encima
2 *vt (bread)* desmigajar
3 *vi (of stone)* desmenuzarse; *(of bread)* desmigajarse; *Fig (of empire, resistance)* desmoronarse, venirse abajo

crumbly ['krʌmblɪ] *adj* **it's very c.** se desmenuza muy fácilmente

crumbs [krʌmz] *exclam Fam* ¡vaya por Dios!

crummy ['krʌmɪ] *adj Fam Esp* chungo(a), *Esp* cutre, *Col* corroncho(a), *RP* groncho(a)

crumpet ['krʌmpɪt] *n* (**a**) *(teacake)* = torta pequeña que se come con mantequilla (**b**) *Br very Fam Esp* titis *fpl*, *Esp* tias *fpl*, *Méx* viejas *fpl*, *RP* minas *fpl*; **a bit of c.** *Esp* una tía maciza, *Am* una tipa bien buena

crumple ['krʌmpəl] **1** *vt (material, dress)* arrugar
2 *vi (of material, structure)* arrugarse; *(of person)* desplomarse; *(of resistance)* sucumbir

crunch [krʌntʃ] **1** *n (sound)* crujido *m*; IDIOM **when it comes to the c.** a la hora de la verdad; **a c. game** un partido decisivo
2 *vt (with teeth)* ronzar, machacar con los dientes
3 *vi* (**a**) *(with teeth)* ronzar (**b**) *(make sound)* crujir

crunchy ['krʌntʃɪ] *adj* crujiente

crusade [kru:'seɪd] **1** *n also Fig* cruzada *f*
2 *vi* **to c. for/against** emprender una cruzada a favor de/en contra de

crusader [kru:'seɪdə(r)] *n Hist* cruzado *m*; *Fig* paladín *m*

crush [krʌʃ] **1** *n* (**a**) *(crowd)* muchedumbre *f*, aglomeración *f*; **we lost each other in the c.** nos separamos entre el gentío ▫ ***c. barrier*** barrera *f or* valla *f* de seguridad (**b**) *(drink)* **orange c.** naranjada *f* (**c**) *Fam (infatuation)* **to have a c. on sb** estar embobado(a) con alguien, *Esp* estar colado(a) por *or* encaprichado(a) de alguien
2 *vt (person, thing)* estrujar, aplastar; *(grapes, garlic)* prensar, aplastar; *(ice)* picar; *Fig (opponent, revolt)* aplastar, destrozar; **to c. sb's hopes** tirar abajo las esperanzas de alguien
3 *vi* **we crushed into the taxi** nos estrujamos para entrar en el taxi

crushing ['krʌʃɪŋ] *adj (blow, defeat)* demoledor(ora), aplastante

crust [krʌst] *n (of bread, pie, the earth)* corteza *f*; IDIOM *Br Fam* **to earn a** *or* **one's c.** ganarse el pan

crustacean [krʌs'teɪʃən] *n Zool* crustáceo *m*

crusty ['krʌstɪ] *adj* (**a**) *(bread, roll)* crujiente (**b**) *Br (person)* malhumorado(a), gruñón(ona)

crutch [krʌtʃ] *n* (**a**) *(for walking)* muleta *f*; *Fig (support)* apoyo *m*, sostén *m*; **to be on crutches** ir con muletas (**b**) *(of trousers, person)* entrepierna *f*

crux [krʌks] *n* **the c. of the matter** el quid de la cuestión

cruzado [kru:'sɑ:deʊ] *(pl* **cruzados**) *n Formerly (Brazilian currency)* cruzado *m*

cry [kraɪ] **1** *n* (**a**) *(call) (of person, animal)* grito *m*; *(in demonstration)* consigna *f*; **to give a c.** dar un grito; **a c. of pain** un grito de dolor; *Fig* **a c. for help** una petición de ayuda; **it's a far c. from what we expected** dista mucho de lo que esperábamos; **to be in full c.** *(of hounds)* ir detrás como fieras; **the opposition is in full c. after the government** la oposición está criticando al gobierno a voz en grito (**b**) *(weeping)* **to have a good c.** llorar abundantemente
2 *vt (pt & pp* **cried** [kraɪd]) (**a**) *(exclaim)* exclamar (**b**) *(weep)* **she cried herself to sleep** lloró hasta quedarse dormida
3 *vi* (**a**) *(weep)* llorar; **to c. over sth** llorar por algo; PROV **there's no point in crying over spilt milk** a lo hecho, pecho (**b**) *(shout, call)* gritar; **to c. for help** gritar pidiendo ayuda

▸**cry off** *vi* volverse atrás

▸**cry out 1** *vt sep* (**a**) *(shout)* gritar (**b**) *(weep)* **to c. one's eyes** *or* **heart out** llorar a lágrima viva
2 *vi (shout)* gritar; *Fam* **for crying out loud!** ¡por el amor de Dios!; *Fam* **that wall is crying out for a coat of paint** esa pared está pidiendo a gritos una mano de pintura

crybaby ['kraɪbeɪbɪ] *n Fam* llorica *mf*

crying ['kraɪɪŋ] **1** *n (weeping)* llanto *m*
2 *adj (need)* acuciante; **it's a c. shame that...** es una auténtica vergüenza que...

cryogenics [kraɪəʊ'dʒenɪks] *n* criogenia *f*

cryonics [kraɪ'ɒnɪks] *n* crionización *f*, criogenización *f*

crypt [krɪpt] *n* cripta *f*

cryptic ['krɪptɪk] *adj* críptico(a) ▫ ***c. crossword*** crucigrama *m* críptico

cryptogram ['krɪptəgræm] *n* criptograma *m*

cryptography [krɪp'tɒgrəfɪ] *n* criptografía *f*

crystal ['krɪstəl] **1** *n (glass)* cristal *m*, vidrio *m*; *(mineral)* cristal *m*; **salt/sugar crystals** cristales *mpl* de sal/azúcar ▫ *Phys* ***c. lattice*** estructura *f or* malla *f* cristalina
2 *adj* (**a**) *(clear)* transparente, claro(a); IDIOM **to be c. clear** *(of issue)* ser de una claridad meridiana (**b**) *(made of glass)* de cristal, de vidrio ▫ ***c. ball*** bola *f* de vidrio *or Esp* cristal; ***c. healing*** curación *f* con cristales

crystal-clear ['krɪstəl'klɪə(r)] *adj (water)*

cristalino(a); *(explanation)* clarísimo(a), más claro(a) que el agua

crystalline ['krɪstəlaɪn] *adj* (**a**) *Chem* cristalino(a) (**b**) *(clear)* cristalino(a)

crystallize ['krɪstəlaɪz] **1** *vt Chem* cristalizar; **crystallized fruits** frutas *fpl* escarchadas

2 *vi Chem & Fig* cristalizar

CSA *n* (*abbr* **Child Support Agency**) = agencia estatal británica que vela por el cumplimiento de la ley en materia de pensiones alimenticias

CSE [si:es'i:] *n Br Sch Formerly* (*abbr* **Certificate of Secondary Education**) = certificado de enseñanza secundaria que se obtenía a los 15 o 16 años

CS gas [si:es'gæs] *n* gas *m* lacrimógeno

CST [si:es'ti:] *n US* (*abbr* **Central Standard Time**) = hora oficial en el centro de los Estados Unidos

CSU [si:es'ju:] *n* (*abbr* **Civil Service Union**) = sindicato británico de funcionarios

CT[1] (*abbr* **Connecticut**) Connecticut

CT[2] [si:'ti:] *n US Med* (*abbr* **Computerized Tomography**) TAC *f* ▫ ***C. scan*** escáner *m* (TAC)

cub [kʌb] *n* (**a**) *(of fox, lion)* cachorro *m*; *(of bear)* osezno *m*; *(of wolf)* lobezno *m*, lobato *m* (**b**) *(in youth organization)* **C. (Scout)** lobato *m*, niño *m* explorador

Cuba ['kju:bə] *n* Cuba

Cuban ['kju:bən] *n & adj* cubano(a) *m,f*

cubbyhole ['kʌbɪhəʊl] *n* *(cupboard)* armario *m* empotrado; *(room)* cuartito *m*

cube [kju:b] **1** *n (shape)* cubo *m*; *(of sugar)* terrón *m* ▫ *Math* ***c. root*** raíz *f* cúbica

2 *vt* (**a**) *(cut into cubes)* cortar en daditos (**b**) *Math* elevar al cubo

cubic ['kju:bɪk] *adj* cúbico(a) ▫ ***c. capacity*** capacidad *f*, volumen *m*; ***c. metre*** metro *m* cúbico

cubicle ['kju:bɪkəl] *n (in hospital, dormitory)* cubículo *m*; *(in swimming pool)* cabina *f*, vestuario *m*; *(in public toilet)* cubículo *m*

cubism ['kju:bɪzəm] *n Art* cubismo *m*

cubist ['kju:bɪst] *n & adj Art* cubista *mf*

cuboid ['kju:bɔɪd] *Math* **1** *n* paralelepípedo *m* rectángulo

2 *adj* cúbico(a)

cuckold ['kʌkəld] **1** *n* cornudo *m*

2 *vt* poner los cuernos a

cuckoo ['kʊku:] **1** *n* (*pl* **cuckoos**) cuco *m* ▫ ***c. clock*** reloj *m* de cuco, *RP* reloj *m* cucú; ***c. spit*** espumilla *f* del cércopo

2 *adj Fam (mad)* **to be c.** estar pirado(a), *Méx* estar zafado(a)

cucumber ['kju:kʌmbə(r)] *n* pepino *m*

cud [kʌd] *n* **to chew the c.** rumiar

cuddle ['kʌdəl] **1** *n* abrazo *m*; **to give sb a c.** dar un abrazo a alguien

2 *vt* abrazar

3 *vi* arrimarse; **to c. up to sb** arrimarse a alguien

cuddly ['kʌdlɪ] *adj Fam (child, animal)* tierno(a) ▫ ***c. toy*** muñeco *m* de peluche

cudgel ['kʌdʒəl] **1** *n* porra *f*, palo *m*; IDIOM **to take up the cudgels on sb's behalf** salir en defensa de alguien

2 *vt* (*pt & pp* **cudgelled**, *US* **cudgeled**) IDIOM **to c. one's brains** estrujarse el cerebro

cue[1] [kju:] **1** *n (of actor)* entrada *f*, pie *m*; **to miss one's c.** no oír la entrada *or* el pie; *Fig* **to take one's c. from sb** tomar ejemplo de alguien; **as if on c.** en ese preciso instante ▫ ***c. card*** *(for public speaker)* tarjeta *f (en la que están anotados los puntos más importantes)*

2 *vt (track on CD)* buscar

▸**cue in** *vt sep (actor)* dar el pie a; *(musician)* dar la entrada a

cue[2] *n (in billiards, pool)* taco *m* ▫ ***c. ball*** bola *f* jugadora

cuff[1] [kʌf] **1** *n (of shirt)* puño *m*; **cuffs** *(handcuffs)* esposas *fpl*; IDIOM *Fam* **off the c.** improvisadamente ▫ ***c. links*** gemelos *mpl*

2 *vt Fam (put handcuffs on)* esposar

cuff[2] *Fam* **1** *n (blow)* cachete *m*, cate *m*

2 *vt (hit)* dar un sopapo *or Am* una cachetada a; **to c. sb round the ear** dar un sopapo a alguien

cuisine [kwɪ'zi:n] *n* cocina *f*

cul-de-sac ['kʌldəsæk] *n* callejón *m* sin salida

culinary ['kʌlɪnərɪ] *adj* culinario(a)

cull [kʌl] **1** *n (of seals, deer)* sacrificio *m (selectivo)*

2 *vt* (**a**) *(animals)* sacrificar *(selectivamente)* (**b**) *(select)* extraer, recoger (**from** de)

culminate ['kʌlmɪneɪt] *vi* **to c. in** culminar en

culmination [kʌlmɪ'neɪʃən] *n* culminación *f*

culottes [kju:'lɒts] *npl* falda *f or Am* pollera *f* pantalón; **a pair of c.** una falda *or Am* pollera pantalón

culpable ['kʌlpəbəl] *adj* culpable ▫ *Scot Law* ***c. homicide*** homicidio *m* involuntario

culprit ['kʌlprɪt] *n* culpable *mf*

cult [kʌlt] *n* culto *m*; **he became a c. figure** se convirtió en objeto de culto ▫ ***c. movie/novel*** película *f*/novela *f* de culto

cultivate ['kʌltɪveɪt] *vt also Fig* cultivar

cultivated ['kʌltɪveɪtɪd] *adj* (**a**) *(land, plant)* cultivado(a) (**b**) *(educated)* culto(a)

cultivation [kʌltɪ'veɪʃən] *n* cultivo *m*

cultivator ['kʌltɪveɪtə(r)] *n* *(machine)* cultivadora *f*; *(person)* cultivador(ora) *m,f*

cultural ['kʌltʃərəl] *adj* cultural ▫ ***c. attaché*** agregado cultural

culturally ['kʌltʃərəlɪ] *adv* culturalmente

culture ['kʌltʃə(r)] **1** *n* (**a**) *(artistic activity, refinement)* cultura *f* ▫ *Hum* ***c. vulture*** devorador(ora) *m,f* de cultura (**b**) *(society)* cultura *f* ▫ ***c. shock*** choque *m* cultural (**c**) *Biol* cultivo *m* ▫ ***c. medium*** caldo *m* de cultivo

2 *vt Biol* cultivar

cultured ['kʌltʃəd] *adj* (**a**) *(educated)* culto(a) (**b**) *(pearl)* cultivado(a)

culvert ['kʌlvət] *n* alcantarilla *f*

cum [kʌm] *prep* **kitchen-c.-dining room** cocina-comedor *f*; **he's a joiner-c.-gardener** es carpintero y jardinero

cumbersome ['kʌmbəsəm] *adj* engorroso(a)

cumin ['kʌmɪn] *n* comino *m*

cummerbund ['kʌməbʌnd] *n* fajín *m* (de esmoquin)

cumulative ['kju:mjʊlətɪv] *adj* acumulativo(a)

cumulonimbus [kju:mjʊləʊ'nɪmbəs] (*pl* **cumulonimbi** [kju:mjʊləʊ'nɪmbaɪ]) *n Met* cumulonimbo *m*

cumulus ['kju:mjʊləs] (*pl* **cumuli** ['kju:mjʊlaɪ]) *n Met* cúmulo *m*

cuneiform ['kju:nɪfɔ:m] *adj* cuneiforme

cunnilingus [kʌnɪ'lɪŋgəs] *n* cunilinguo *m*, cunnilingus *m inv*

cunning ['kʌnɪŋ] **1** *n* astucia *f*

2 *adj (devious)* astuto(a), artero(a); *(ingenious)* ingenioso(a)

cunningly ['kʌnɪŋlɪ] *adv (deviously)* astutamente; *(ingeniously)* ingeniosamente

cunt [kʌnt] *n Vulg* (**a**) *(vagina)* coño *m*, *Col* cuca *f*, *Méx* paloma *f*, *RP* concha *f* (**b**) *(as insult)* hijo(a) *m,f* de puta, cabrón(ona) *m,f*

cup [kʌp] **1** *n* (**a**) *(for drinking)* taza *f*; *(measurement)* taza *f*, vaso *m*; **c. of coffee/tea** (taza *f* de) café *m*/té *m*; IDIOM *Fam* **it's not my c. of tea** no me va mucho; IDIOM *Fam* **it's not everyone's c. of tea** no (le) gusta a todo el mundo (**b**) *(trophy)* copa *f*; **the (European) C. Winners C.** *(in soccer)* la Recopa (de Europa) ▫ ***c. final*** final *f* de la copa; ***c. tie*** *(in football)* eliminatoria *f* de copa (**c**) *(of bra)* copa *f* ▫ ***c. size*** talla *f* de copa (**d**) *(in golf)* hoyo *m*

2 *vt* (*pt & pp* **cupped**) **to c. one's hands round one's mouth** poner las manos en la boca a modo de bocina

cupboard ['kʌbəd] *n* armario *m*; IDIOM *Br Fam* **it was c. love** era un amor interesado ▫ ***c. space*** armarios *mpl*

cupcake ['kʌpkeɪk] *n* (**a**) *(cake)* ≃ magdalena *f* (**b**) *Fam (eccentric person)* bicho *m* raro (**c**) *US Fam (homosexual)* mariquita *m*

cupful ['kʌpfʊl] *n* taza *f*

Cupid ['kju:pɪd] *n* Cupido *m*

cupola ['kju:pələ] *n* cúpula *f*

cuppa ['kʌpə] *n Br Fam* (taza *f* de) té *m*

cupric ['kju:prɪk] *adj Chem* cúprico(a)

cur [kɜ:(r)] *n Old-fashioned* (**a**) *(dog)* chucho (**b**) *(person)* perro(a) *m,f*, granuja *mf*

curable ['kjʊərəbəl] *adj* curable

curate ['kjʊərət] *n Rel* coadjutor *m*; IDIOM **it's a c.'s egg** tiene alguna que otra cosa buena

curative ['kjʊərətɪv] **1** *n* remedio *m* curativo

2 *adj* curativo(a)

curator [kjʊə'reɪtə(r)] *n* conservador(ora) *m,f* (de museos)

curb [kɜ:b] **1** *n* (**a**) *(limit)* **to put a c. on sth** poner freno a algo (**b**) *US (at roadside)* bordillo *m*, *Chile* solera *f*, *Col, Perú* sardinel *m*, *Chile, RP* cordón *m*, *Méx* borde *m*

2 *vt (spending)* reducir; *(emotions)* refrenar

curd [kɜːd] *n* **curd(s)** cuajada *f* ❑ ***c. cheese*** queso *m* blanco

curdle ['kɜːdəl] **1** *vt* cortar; IDIOM *Fam* **to have a face that would c. milk** tener la cara avinagrada
2 *vi* cortarse

cure [kjʊə(r)] **1** *n* cura *f*; **to take a c.** *(at health spa)* tomar las aguas; **there is no known c.** no se conoce ninguna cura; **beyond c.** incurable
2 *vt* (**a**) *(person) (of illness)* curar, sanar; *Fig (of bad habit)* quitar, curar; **to c. sb of sth** curar a alguien de algo (**b**) *(preserve) (meat, fish)* curar; *(hides)* curtir

cure-all ['kjʊərɔːl] *n* panacea *f*

curettage [kjʊ'retɪdʒ] *n Med* raspado *m*, legrado *m*

curfew ['kɜːfjuː] *n* toque *m* de queda

curie ['kjʊərɪ] *n Phys* curio *m*, curie *m*

curio ['kjʊərɪəʊ] (*pl* **curios**) *n* curiosidad *f*, rareza *f*

curiosity [kjʊərɪ'ɒsɪtɪ] *n* curiosidad *f*; PROV **c. killed the cat** mejor no te metas donde no te llaman

curious ['kjʊərɪəs] *adj (inquisitive, strange)* curioso(a); **to be c. to see/know** tener curiosidad por ver/saber

curiously ['kjʊərɪəslɪ] *adv* (**a**) *(inquisitively)* con curiosidad, con extrañeza (**b**) *(strangely)* curiosamente

curl [kɜːl] **1** *n (of hair)* rizo *m*, *Andes, RP* rulo *m*; *(of smoke)* voluta *f*
2 *vt (hair)* rizar; **to c. one's lip** hacer un gesto de desprecio; **to c. oneself into a ball** enroscarse, hacerse un ovillo; **to c. the ball** *(in soccer)* dar al balón con efecto *or* de rosca
3 *vi (of hair)* rizarse; *(of paper)* abarquillarse; *(of smoke)* formar volutas

▸**curl up** *vi* (**a**) *(settle down) (in bed, on sofa)* acurrucarse (**b**) *(of hedgehog, person)* enroscarse, hacerse un ovillo; *Fam* **when I saw him at the party, I just wanted to c. up and die** cuando lo vi en la fiesta pensé 'tierra trágame' (**c**) *(of leaves)* rizarse; *(of paper)* abarquillarse

curler ['kɜːlə(r)] *n* rulo *m*, *Chile* tubo *m*, *RP* rulero *m*, *Ven* rollo *m*

curlew ['kɜːljuː] *n* zarapito *m*

curlicue ['kɜːlɪkjuː] *n* floritura *f*

curling ['kɜːlɪŋ] *n* (**a**) *(sport)* curling *m*, = deporte consistente en el deslizamiento sobre hielo de piedras pulidas lo más cerca posible de una meta (**b**) ***c. tongs*** *(for hair)* tenacillas *fpl*

curly ['kɜːlɪ] *adj (hair)* rizado(a), *Chile, Col* crespo(a), *Méx* quebrado(a), *RP* enrulado(a) ❑ *Typ* ***c. brackets*** llaves *fpl*; *Comptr* ***c. quotes*** comillas *fpl* tipográficas

curmudgeon [kə'mʌdʒən] *n Old-fashioned* cascarrabias *mf inv*

currant ['kʌrənt] *n* pasa *f* (de Corinto) ❑ ***c. bun*** bollo *m* de pasas

currency ['kʌrənsɪ] *n* (**a**) *Fin* moneda *f*; **to buy c.** comprar divisas; **foreign c.** divisas *fpl* ❑ ***c. market*** mercado *m* de divisas (**b**) *(acceptance, credence)* **to give c. to a rumour** extender un rumor; **to gain c.** *(of idea, belief)* extenderse

current ['kʌrənt] **1** *n (of water, electricity, opinion)* corriente *f*; *also Fig* **to swim against the c.** ir a *or* nadar contra corriente
2 *adj* (**a**) *(existing, present)* actual; **in c. use** de uso corriente ❑ ***c. affairs*** (temas *mpl* de) actualidad *f*; ***c. issue*** *(of magazine)* (último) número *m* (**b**) *Br Fin* ***c. account*** cuenta *f* corriente; ***c. assets*** activo *m* circulante; ***c. expenditure*** gasto *m* corriente *or* ordinario; ***c. liabilities*** pasivo *m* corriente, obligaciones *fpl* a corto plazo

currently ['kʌrəntlɪ] *adv* actualmente, en este momento

curriculum [kə'rɪkjʊləm] (*pl* **curricula** [kə'rɪkjʊlə]) *n Sch* programa *m*, plan *m* de estudios ❑ *Br* ***c. vitae*** currículum *m* (vitae)

curry[1] ['kʌrɪ] *Culin* **1** *n* curry *m*; **chicken/lamb c.** pollo *m*/cordero *m* al curry ❑ ***c. powder*** curry *m (especia)*; ***c. sauce*** salsa *f* de curry
2 *vt* **curried chicken/lamb** pollo *m*/cordero *m* al curry

curry[2] *vt* **to c. favour with sb** ganarse el favor de alguien con zalamerías

curse [kɜːs] **1** *n* (**a**) *(jinx, affliction)* maldición *f*; **to put a c. on sb** echar una maldición a alguien; **a c. on...!** ¡maldito(a) sea...! (**b**) *(swearword)* maldición *f*, juramento *m* (**c**) *Old fashioned Fam* **the c.** *(period)* el mes, la regla
2 *vt* (**a**) *(jinx, damn)* maldecir; **he is cursed with a violent temper** tiene la desgracia de tener mal genio; **I c. the day I met him!** ¡maldito sea el día en que lo conocí! (**b**) *(swear at)* insultar
3 *vi* maldecir

cursed [kɜːst] *adj* maldito(a)

cursive ['kɜːsɪv] *adj* cursivo(a)

cursor ['kɜːsə(r)] *n Comptr* cursor *m*

cursory ['kɜːsərɪ] *adj* somero(a)

curt [kɜːt] *adj* brusco(a), seco(a)

curtail [kɜː'teɪl] *vt (shorten)* acortar; *(limit)* restringir, limitar

curtain ['kɜːtən] *n* (**a**) *(for window)* cortina *f* (**b**) *(in theatre)* telón *m*; IDIOM **to bring down the c. on sth** dar por finalizado algo; IDIOM *Fam* **it's curtains for him** es su final ❑ *Th* ***c. call*** saludo *m*; ***c. raiser*** *Th* número *m* introductorio; *Fig* prólogo *m*

▸**curtain off** *vt sep* separar con una cortina

curtly ['kɜːtlɪ] *adv* secamente, con brusquedad

curts(e)y ['kɜːtsɪ] **1** *n* reverencia *f*
2 *vi* hacer una reverencia

curvaceous [kɜː'veɪʃəs] *adj* escultural

curvature ['kɜːvətʃə(r)] *n* curvatura *f*; *Med* **c. of the spine** desviación *f* de la columna vertebral

curve [kɜːv] **1** *n* curva *f* ❑ *US* ***c. ball*** *(in baseball)* bola *f* con mucho efecto; IDIOM *US* **to throw sb a c. ball** poner a alguien en un aprieto
2 *vi (of surface)* curvarse; *(of road, river)* hacer una curva

curved [kɜːvd] *adj* curvo(a), curvado(a)

curvy ['kɜːvɪ] *adj (line, road)* sinuoso(a); *Fam (woman)* escultural

cushion ['kʊʃən] **1** *n (on chair)* cojín *m*, almohadón *m*; *(of air)* colchón *m*; *(on billiard table)* banda *f*; *Fig* amortiguador *m* (**against** para)
2 *vt (blow, impact)* amortiguar; **to c. sb against sth** proteger a alguien de algo

cushy ['kʊʃɪ] *adj Fam* fácil; **a c. number** una ganga, *Esp* un chollo, *Méx* pan *m* comido

cusp [kʌsp] *n Astron* cuerno *m* (de la luna); **on the c.** en el borde

cuss [kʌs] *US Fam* **1** *n* (**a**) *(curse)* maldición *f*, juramento *m* (**b**) *(person)* maldito(a), *Esp* puñetero(a) *m,f*
2 *vi* maldecir, jurar

cussed ['kʌsɪd] *adj US Fam (stubborn)* tozudo(a), *Esp* puñetero(a); *(cursed)* maldito(a), *Esp* puñetero(a)

custard ['kʌstəd] *n* natillas *fpl* ❑ ***c. apple*** chirimoya *f*; ***c. pie*** *(in slapstick comedy)* tarta *f* de crema; ***c. powder*** polvos *mpl* para hacer natillas

custodial [kʌ'stəʊdɪəl] *adj Law* ***c. sentence*** pena *f* de cárcel

custodian [kʌs'təʊdɪən] *n (of building, library)* conservador(ora) *m,f*; *(of principles, morals)* guardián(ana) *m,f*

custody ['kʌstədɪ] *n (of children)* custodia *f*; **to have c. of sb** tener la custodia de alguien; **in safe c.** bien custodiado(a); **to take sb into c.** detener a alguien ❑ ***c. battle*** batalla *f* legal por la custodia

custom ['kʌstəm] *n* (**a**) *(tradition, practice)* costumbre *f*; **it was his c. to rise early** tenía la costumbre de levantarse temprano; **the c. is to leave a small tip** es costumbre dejar una pequeña propina (**b**) *Com* clientela *f*; **to lose sb's c.** perder a alguien como cliente; **to take one's c. elsewhere** comprar en otra parte

customarily ['kʌstəmərɪlɪ] *adv* por lo común, normalmente

customary ['kʌstəmərɪ] *adj* acostumbrado(a), de costumbre; **it is c. to...** es costumbre...

custom-built ['kʌstəm'bɪlt] *adj* hecho(a) de encargo

customer ['kʌstəmə(r)] *n (in shop, of business)* cliente(a) *m,f*; *Fam* **an awkward c.** un tipo quisquilloso ❑ *Com* ***c. base*** clientela *f* fija, clientes *fpl* fijos; *Com* ***c. care*** atención *f* al cliente; *Com* ***c. services (department)*** (departamento *m* de) atención *f* al cliente

customize ['kʌstəmaɪz] *vt (modify)* adaptar al gusto del cliente; *Comptr (program, menu)* personalizar

custom-made ['kʌstəm'meɪd] *adj (equipment)* personalizado(a); *(clothes)* hecho(a) a medida; *(musical instrument)* de encargo

customs ['kʌstəmz] *npl* aduana *f*; **to go through c.** pasar la aduana ❑ ***c. declaration*** declaración *f* en la aduana; ***c. duties*** derechos *mpl* de aduana; ***c. officer*** empleado(a) *m,f* de aduanas; ***c. union*** unión *f* aduanera

CUT [kʌt] **1** *n* (**a**) *(in flesh, wood, cloth)* corte *m*; **a c. of meat** una pieza de carne; *Fig* **a c. of the profits** una tajada de los beneficios; *Fig* **the c. and thrust of debate** el duelo del debate; IDIOM **to be a c. above sb/sth** ser mejor que *or* estar por encima de alguien/algo
(**b**) *(reduction) (in wages, prices)* recorte *m* (**in** de); **to make cuts to** *(text, movie)* cortar; *(budget)* recortar; **to take a pay c.** aceptar un recorte salarial
(**c**) *(style) (of clothes, hair)* corte *m*
(**d**) *(trim) (of hair)* corte *m*; **a c. and blow-dry** cortar y marcar
(**e**) *(in golf)* corte *m*; **to make/miss the c.** meterse/no meterse en el corte
(**f**) *Cin (edit)* versión *f*
2 *adj Fig* **c. and dried** *(problem, situation)* claro(a), nítido(a); *(solution, result)* preestablecido(a) ❑ ***c. flowers*** flores *fpl* cortadas; ***c. glass*** vidrio *m or Esp* cristal *m* tallado; *Fam* ***a c. glass accent*** un acento muy afectado
3 *vt* (*pt & pp* **cut**) (**a**) *(in general)* cortar; *(in slices)* rebanar; *(diamond, glass, stone)* tallar; *(tunnel)* abrir, excavar; *(key)* hacer; **a well c. suit** un traje bien cortado; **c. me/yourself a slice of cake** córtame/córtate un trozo de pastel; **to c. a hole in sth** hacer un agujero en algo *(cortando)*; **to c. oneself (on sth)** cortarse (con algo); **to c. one's finger** hacerse un corte en un dedo; **to have one's hair c.** (ir a) cortarse el pelo; **to c. sb's hair** cortarle el pelo a alguien; **to c. one's nails** cortarse las uñas; *Fig* **to c. one's teeth on sth** iniciarse con *or* en algo; *also Fig* **to c. one's throat** cortarse el cuello; **to c. one's wrists** cortarse las muñecas; **to c. sth in two** *or* **in half** cortar algo en dos *or* por la mitad; **to c. sth into quarters** cortar algo en cuatro; **to c. sb loose** *or* **free** soltar a alguien; **to c. sth open** *(bag, melon)* abrir algo *(cortando)*; **to c. one's head open** abrirse la cabeza; **to c. sth to pieces** cortar algo en pedazos; *Fig (criticize)* poner algo por los suelos; **to c. the cards** *or* **deck** cortar la baraja; IDIOM **to c. corners** hacer las cosas chapuceramente; *Old-fashioned* **to c. a record** *or* **disc** *(make recording)* grabar un disco; *Comptr* **to c. and paste sth** cortar y pegar algo; **to c. a swathe through sth** hacer estragos en algo
(**b**) *(reduce) (wages, prices)* recortar; *(movie, text)* acortar; **we have to c. our workforce to 300** tenemos que reducir nuestra plantilla a 300
(**c**) *(eliminate, suppress)* eliminar; **the scene was c. from the movie** eliminaron la escena de la película; *very Fam* **c. the crap!** ¡corta el rollo de una puñetera vez!, ¡déjate de gilipolleces!
(**d**) *(stop) (engine)* parar
(**e**) *Cin (edit)* montar
(**f**) *(cross, intersect)* cortar
(**g**) *Fam (drug)* cortar
(**h**) IDIOMS *US* **to c. class** *or* **school** hacer novillos; **to c. one's coat according to one's cloth** adaptarse (uno) a sus posibilidades; **to c. sb dead** *(ignore)* no hacer ni caso a alguien; **to c. a fine figure** *or Br* **a dash** tener un aspecto elegante; **that's cutting it** *or* **things (a bit) fine** eso es ir muy justo; **the atmosphere was so tense you could c. it with a knife** había tanta tensión en el ambiente que se podía cortar con un cuchillo; **that cuts no ice with me** eso me deja frío; **to c. one's losses** cortar por lo sano; **to c. sb to the quick** *(upset)* herir a alguien en lo más profundo; **to c. sb short** cortar a alguien; **to c. a speech/a visit short** abreviar un discurso/una visita; **to c. a long story short...** en resumidas cuentas...
4 *vi* (**a**) *(in general)* cortar; **a substance that cuts easily** una sustancia que se corta fácilmente; IDIOM **that's an argument that cuts both ways** es un arma de doble filo; *Fig* **to c. loose** *(become independent)* romper las ataduras; *(in sport)* abrir brecha; *Comptr* **to c. and paste** cortar y pegar; IDIOM *Fam* **to c. and run** escabullirse, escaquearse
(**b**) *Cin* **c.!** ¡corten!; *Cin* **to c. to another scene** saltar a otra escena; IDIOM **to c. to the chase** ir al grano
(**c**) *(in cards)* cortar

▸**cut across** *vt insep (take short cut)* atajar por; **this issue cuts across party lines** este tema está por encima de las diferencias entre partidos

▸**cut back 1** *vt sep (bush, tree)* podar; *(costs, production)* recortar
2 *vi* (**a**) *(make reduction)* **to c. back on expenses** recortar gastos; **to c. back on smoking/drinking** fumar/beber *or Am* tomar menos (**b**) *(double back)* volver sobre sus pasos

▸**cut down 1** *vt sep (tree)* talar, cortar; *(speech, text)* reducir; *(spending, time)* recortar, reducir; **they were c. down by machine-gun fire** los abatió una ráfaga de ametralladora; IDIOM **to c. sb down to size** bajarle los humos a alguien
2 *vi* **to c. down on sth** reducir algo; **he has c. down on smoking** fuma menos

▸**cut in** *vi* (**a**) *(interrupt conversation)* interrumpir; **to c. in on sb/sb's conversation** interrumpir a alguien/la conversación de alguien (**b**) *(start working)* **the thermostat cuts in automatically** el termostato se pone en funcionamiento automáticamente (**c**) *(of car, athlete)* **a van c. in in front of me** se me metió delante una camioneta

▸**cut into** *vt insep (with knife)* cortar; **the rope was cutting into his wrists** la cuerda se le hincaba en las muñecas; **the work was cutting into her free time** el trabajo estaba interfiriendo en su tiempo libre

▸**cut off** *vt sep* (**a**) *(remove)* cortar; **to c. off sb's head** cortarle la cabeza a alguien; IDIOM **to c. off one's nose to spite one's face** tirar piedras contra el propio tejado
(**b**) *(disconnect)* cortar; **I've been c. off** *(had electricity, water etc disconnected)* me han cortado la luz/el agua/*etc*; *(during phone conversation)* se ha cortado la comunicación
(**c**) *(interrupt)* interrumpir; **to c. sb off in mid-sentence** interrumpir a alguien a mitad de frase; **the enemy c. off our supplies** el enemigo nos cortó los suministros
(**d**) *(isolate)* aislar; **we're c. off from the rest of the country here** aquí estamos aislados del resto del país; **to c. oneself off (from)** desconectarse (de)

▸**cut out 1** *vt sep* (**a**) *(picture)* recortar; *(tumour)* extirpar; *(from text, movie)* eliminar
(**b**) *(stop)* **to c. out cigarettes/chocolate** dejar de fumar/de comer chocolate; **c. out the stupid remarks!** ¡déjate de comentarios estúpidos!; *Fam* **c. it out!** ¡basta ya!
(**c**) *(light, sound)* apagar
(**d**) IDIOMS **to c. sb out of a deal** excluir a alguien de un trato; **to c. sb out of one's will** desheredar a alguien; **to be c. out for sth** *(suited)* estar hecho(a) para algo; *Fam* **I've really got my work c. out** lo tengo verdaderamente difícil, me las estoy viendo negras *or RP* en figurillas
2 *vi* (**a**) *(stop working) (of thermostat)* desconectarse; *(of engine)* calarse
(**b**) *US Fam (leave)* largarse

▸**cut through** *vt insep* (**a**) *(slice)* **the knife c. clean through the rope** el cuchillo cortó limpiamente la cuerda; *Fig* **she c. through all the waffle and got straight to the point** se dejó de rodeos y fue al grano (**b**) *(take short cut via)* atajar por

▸**cut up 1** *vt sep* (**a**) *(meat, vegetables)* cortar, trocear; *(paper)* recortar (**b**) *(attack with razor, knife)* **the robbers c. him up** los ladrones le hicieron varios cortes en la cara (**c**) *Fam* **to be very c. up (about sth)** *(upset)* estar muy afectado(a) (por algo) (**d**) *(when driving)* cruzarse por delante de
2 *vi Fam* (**a**) *Br* **to c. up rough** *(of person)* ponerse hecho(a) una fiera, hacerse el *Méx* pendejo *or RP* pavo (**b**) *US (misbehave)* hacer el ganso

---

cutaway [ˈkʌtəweɪ] **1** *n Cin* cambio *m* de plano (**to** a)
2 *adj (diagram, model)* con un corte interno

cutback [ˈkʌtbæk] *n* reducción *f*, recorte *m*

cute [kju:t] *adj* (**a**) *(sweet)* bonito(a), mono(a) (**b**) *(good-looking) Esp* guapo(a), *Am* buen(ena) mozo(a), *RP* pintón(ona) (**c**) *US (clever)* listo(a)

cuticle [ˈkju:tɪkəl] *n* cutícula *f*

cutlass [ˈkʌtləs] *n* alfanje *m*

cutlery [ˈkʌtlərɪ] *n* cubiertos *mpl*, cubertería *f*

cutlet [ˈkʌtlɪt] *n (of meat)* chuleta *f*

cutoff [ˈkʌtɒf] *n* ***c. date*** fecha *f* tope; ***c. point*** límite *m*, tope *m*

cut-offs [ˈkʌtɒfs] *npl Fam* vaqueros *mpl* recortados, *Méx* pantalones *mpl* de mezclilla recortados, *Chile* bluyíns *mpl* recortados

cutout [ˈkʌtaʊt] *n* (**a**) *(shape)* figura *f* recortada (**b**) *Elec* cortacircuitos *m inv*

cut-price [ˈkʌtˈpraɪs] *adj* rebajado(a)

cutter [ˈkʌtə(r)] *n (ship)* cúter *m*

cutthroat [ˈkʌtθrəʊt] **1** *n* matón *m*, asesino(a) *m,f*
2 *adj* **c. competition** competencia *f*

salvaje *or* sin escrúpulos ▫ ***c. razor*** navaja *f* barbera

cutting ['kʌtɪŋ] **1** *n* (**a**) *(of plant)* esqueje *m*; **(newspaper) c.** recorte *m* (de periódico) (**b**) *(for railway)* desmonte *m* (**c**) *Cin* ***c. room*** sala *f* de montaje

2 *adj (wind)* cortante; *(remark)* hiriente, cortante ▫ ***c. edge*** filo *m* cortante; *Fig* **to be at the c. edge of** estar a la vanguardia de

cuttlefish ['kʌtəlfɪʃ] *n* sepia *f*, jibia *f*

CV [si:'vi:] *n Br* (*abbr* **curriculum vitae**) CV, currículum *m* vitae

cwt (*abbr* **hundredweight**) (**a**) *(metric)* 50 kg (**b**) *(imperial) Br (112 lb)* = 50,8 kg; *US (100 lb)* = 45,36 kg

cyan ['saɪæn] *n & adj* azul *m* cian

cyanide ['saɪənaɪd] *n Chem* cianuro *m*

cybercafe ['saɪbəkæfeɪ] *n Comptr* cibercafé *m*

cybercrime ['saɪbəkraɪm] *n Comptr* cibercrimen *m*

cybernetic [saɪbə'netɪk] *adj Comptr* cibernético(a) ▫ ***c. organism*** organismo *m* cibernético, ciborg *m*

cybernetics [saɪbə'netɪks] *n Comptr* cibernética *f*

cyberpunk ['saɪbəpʌŋk] *n Comptr (science fiction)* ciberpunk *m*

cybersex ['saɪbəseks] *n Comptr* cibersexo *m*

cyberspace ['saɪbəspeɪs] *n Comptr* ciberespacio *m*; **in c.** en el ciberespacio

cyborg ['saɪbɔ:g] *n Comptr* ciborg *m*

cyclamen ['sɪkləmən] *n* ciclamen *m*, pamporcino *m*

cycle ['saɪkəl] **1** *n* (**a**) *(pattern)* ciclo *m* (**b**) *(bicycle)* bicicleta *f* ▫ ***c. lane*** carril *m* bici; ***c. path*** sendero *m* para bicicletas *(por parque, ciudad, campo)*; ***c. racing*** carreras *fpl* ciclistas

2 *vi* ir en bicicleta

cycleway ['saɪkəlweɪ] *n* sendero *m* para bicicletas *(por parque, ciudad, campo)*

cyclic(al) ['sɪklɪk(əl)] *adj* cíclico(a)

cycling ['saɪklɪŋ] *n* ciclismo *m*; **to go on a c. holiday** hacer cicloturismo ▫ ***c. shorts*** culotte *m*, culottes *mpl*; ***c. track*** pista *f* de ciclismo

cyclist ['saɪklɪst] *n* ciclista *mf*

cyclo-cross ['saɪkləkrɒs] *n* ciclocross *m*

cyclone ['saɪkləʊn] *n Met* ciclón *m*

cyclonic [saɪ'klɒnɪk] *adj Met* ciclónico(a)

cyclotron ['saɪklətrɒn] *n Phys* ciclotrón *m*

cygnet ['sɪgnɪt] *n* cisne *m* joven

cylinder ['sɪlɪndə(r)] *n (shape, in engine)* cilindro *m*; *(gas container)* bombona *f*; IDIOM **to be firing on all cylinders** funcionar a pleno rendimiento ▫ ***c. block*** bloque *m* (de cilindros); ***c. head*** culata *f*

cylindrical [sɪ'lɪndrɪkəl] *adj* cilíndrico(a)

cymbal ['sɪmbəl] *n* platillo *m*

cynic ['sɪnɪk] *n* descreído(a) *m,f*, suspicaz *mf*; **you're such a c.!** ¡siempre estás pensando lo peor!

> Note that the Spanish word **cínico** is a false friend and is never a translation for the English word **cynic**. In Spanish **cínico** means "shameless person".

cynical ['sɪnɪkəl] *adj* (**a**) *(sceptical)* descreído(a), suspicaz; **you're so c.!** ¡cómo puedes pensar siempre lo peor! (**b**) *(unscrupulous)* desaprensivo(a), sin escrúpulos

> Note that the Spanish word **cínico** is a false friend and is never a translation for the English word **cynical**. In Spanish **cínico** means "shameless".

cynically ['sɪnɪklɪ] *adv* (**a**) *(sceptically)* descreídamente, con suspicacia (**b**) *(unscrupulously)* desaprensivamente, sin escrúpul-os

> Note that the Spanish word **cínicamente** is a false friend and is never a translation for the English word **cynically**. In Spanish **cínicamente** means "shamelessly".

cynicism ['sɪnɪsɪzəm] *n (scepticism)* descreimiento *m*, suspicacia *f*

> Note that the Spanish word **cinismo** is a false friend and is never a translation for the English word **cynicism**. In Spanish **cinismo** means "shamelessness".

cypress ['saɪprəs] *n* ciprés *m*

Cypriot ['sɪprɪət] *n & adj* chipriota *mf*

Cyprus ['saɪprəs] *n* Chipre

Cyrillic [sɪ'rɪlɪk] *adj* cirílico(a)

cyst [sɪst] *n Med* quiste *m*

cystic fibrosis ['sɪstɪkfaɪ'brəʊsɪs] *n Med* fibrosis *f inv* cística *or* quística

cystitis [sɪs'taɪtɪs] *n Med* cistitis *f inv*

cytology [saɪ'tɒlədʒɪ] *n Biol* citología *f*

cytoplasm ['saɪtəplæzəm] *n Biol* citoplasma *m*

czar [zɑ:(r)] *n* zar *m*

Czech [tʃek] **1** *n* (**a**) *(person)* checo(a) *m,f* (**b**) *(language)* checo *m*

2 *adj* checo(a) ▫ ***the C. Republic*** la República Checa

Czechoslovakia [tʃekəʊslə'vækɪə] *n Formerly* Checoslovaquia

D

D, d [di:] *n* (**a**) *(letter)* D, d (**b**) *Mus* re *m* (**c**) *Sch* **to get a D** *(in exam, essay) (pass)* sacar un aprobado *or* suficiente bajo; *(fail)* suspender (**d**) *US Pol* *(abbr* **Democratic**) demócrata *mf* (**e**) **the D** *(in soccer)* el semicírculo (del área)

DA [di:'eɪ] *n US Law (abbr* **district attorney**) fiscal *mf* (del distrito)

dab [dæb] **1** *n (of paint, glue, perfume)* pizca *f*, toque *m*; *Br Fam* **dabs** *(fingerprints)* huellas *fpl* dactilares *or* digitales; *Fam* **she's a d. hand at drawing** dibuja que es un alucine

2 *vt (pt & pp* **dabbed**) *(paint, glue, perfume)* aplicar, poner; **she dabbed her eyes with a handkerchief** se secó los ojos delicadamente con un pañuelo

dabble ['dæbəl] *vi* **he dabbles in politics** se entretiene con la política

dabbler ['dæblə(r)] *n* aficionado(a) *m,f*, diletante *mf*

dabchick ['dæbtʃɪk] *n* zampullín *m* chico

dace [deɪs] *(pl* **dace** *or* **daces**) *n* cacho *m (pez)*

dachshund ['dækshʊnd] *n* dachshund *m*, perro *m* salchicha

dad [dæd] *n Fam* papá *m*

Dadaism ['dɑ:dɑ:ɪzəm] *n Art* dadaísmo *m*

daddy ['dædɪ] *n Fam* papi *m*, papaíto *m*; **the d. bear/elephant** el papá oso/elefante

daddy-longlegs ['dædɪ'lɒŋlegz] *n Fam* típula *f*

dado ['deɪdəʊ] *n* ***d. rail*** zócalo *m*, friso *m*

daff [dæf] *n Br Fam* narciso *m*

daffodil ['dæfədɪl] *n* narciso *m (de los prados)*

daft [dɑ:ft] *adj Br Fam* tonto(a), *Am* sonso(a), *Am* zonzo(a); **to be d. about sb/sth** estar loco por alguien/algo

dagger ['dægə(r)] *n* daga *f*, puñal *m*; IDIOM **to be at daggers drawn (with sb)** estar a matar (con alguien)

dago ['deɪgəʊ] *(pl* **dagos**) *n very Fam* = término generalmente ofensivo para referirse a españoles, italianos, portugueses o latinoamericanos

dahl, d(h)al [dɑ:l] *n* = potaje hindú muy especiado a base de legumbres

dahlia ['deɪlɪə] *n* dalia *f*

daily ['deɪlɪ] **1** *n (newspaper)* diario *m*, periódico *m*

2 *adj* diario(a); **on a d. basis** a diario; **our d. bread** el pan nuestro de cada día; *Fam* **the d. grind** la rutina diaria ▫ ***d. paper*** diario *m*, periódico *m*

3 *adv* diariamente; **twice d.** dos veces al día

dainty ['deɪntɪ] *adj (movement)* grácil; *(porcelain, lace)* delicado(a), fino(a)

daiquiri ['dækərɪ] *n* daiquiri *m*, *Am* daiquirí *m*

dairy ['deərɪ] *n (on farm)* vaquería *f*; *(shop)* lechería *f*; *(factory)* central *f* lechera ▫ ***d. cow*** vaca *f* lechera; ***d. farm*** vaquería *f*; ***d. farming*** la industria lechera; ***d. produce*** productos *mpl* lácteos

dairymaid ['deərɪmeɪd] *n Old-fashioned* lechera *f*

dairyman ['deərɪmən] *n* lechero *m*

dais ['deɪɪs] *n* tarima *f*

daisy ['deɪzɪ] *n* margarita *f*; IDIOM *Fam* **he's pushing up the daisies** está criando malvas ▫ ***d. chain*** guirnalda *f* de margaritas

daisywheel ['deɪzɪwi:l] *n Comptr* margarita *f*

dal = **dahl**

dale [deɪl] *n* valle *m*

dalliance ['dælɪəns] *n Formal* flirteo *m*, coqueteo *m*

dally ['dælɪ] *vi (dawdle)* perder el tiempo; **to d. over a decision** demorarse en tomar una decisión; **to d. with sb** coquetear con alguien

Dalmatian [dæl'meɪʃən] *n (dog)* dálmata *m*

dam [dæm] **1** *n* dique *m*, presa *f*

2 *vt (pt & pp* **dammed**) *(valley)* construir una presa en; *(river, lake)* embalsar

▸**dam up** *vt sep (one's feelings)* reprimir

damage ['dæmɪdʒ] **1** *n* (**a**) *(to machine, building)* daños *mpl*; *(to health, reputation)* perjuicio *m*, daño *m*; **to do** *or* **cause d. to sth** ocasionar daños a algo, perjudicar a algo; **the d. is done** el daño ya está hecho; IDIOM *Br Fam* **what's the d.?** ¿qué se debe? ▫ ***d. limitation*** limitación *f* de daños (**b**) *Law* **damages** daños *mpl* y perjuicios

2 *vt (machine, building)* dañar; *(health, reputation)* perjudicar, dañar

damaged ['dæmɪdʒd] *adj* dañado(a)

damaging ['dæmɪdʒɪŋ] *adj* perjudicial

Damascus [də'mæskəs] *n* Damasco

damask ['dæməsk] *n* damasco *m*

dame [deɪm] *n* (**a**) *US Fam (woman)* mujer *f*, tía *f* (**b**) *Br (in pantomime)* = personaje femenino de una vieja interpretado por un actor (**c**) *Br (title)* dama *f*

dammit ['dæmɪt] *exclam Fam* ¡maldita sea!; *Br* **as near as d.** casi casi

damn [dæm] **1** *n Fam* **I don't give a d.** me importa un bledo; **it's not worth a d.** no vale un pimiento

2 *adj Fam* maldito(a); **you d. fool!** ¡maldito idiota!; **it's a d. nuisance!** ¡qué fastidio!; **it's one d. thing after another** es que es una cosa *or CAm, Carib, Col* vaina detrás de la otra

3 *adv Fam* **d. good** genial, buenísimo(a); *Br* **d. all** *(nothing)* nada de nada; *Br* **d. all money/help** nada de dinero/ayuda; *Br* **he knows d. all about politics** no tiene ni puñetera idea de política; **he's so d. slow** ¡mira que es lento!, es lento como él sólo; **you know d. well what I mean!** ¡sabes de sobra lo que quiero decir!

4 *vt* (**a**) *(criticize severely)* vapulear, criticar duramente

(**b**) *Rel* condenar

(**c**) *Fam* **d. it!** ¡maldita sea!; **d. the expense/the consequences!** ¡a la porra con los gastos/las consecuencias!; **well I'll be damned!** ¡que me aspen!, ¡madre mía!; **I'm damned if...** *(I will not)* no tengo la menor intención de..., no pienso...; **I'm damned if I'm going to help him!** ¡va listo *or* lo lleva claro si piensa que voy a ayudarle!; **I'm damned if I understand** no entiendo nada de nada; **to d. sb with faint praise** criticar veladamente a alguien a base de falsos elogios; **I'm** *or* **I'll be damned if I'm going to apologize** no tengo la menor intención de disculparme

5 *exclam* **d.!** ¡mierda!

damnable ['dæmnəbəl] *adj Old-fashioned* horrible, detestable

damnation [dæm'neɪʃən] *n* **1** *Rel* condenación *f*

2 *exclam Fam* **d.!** ¡maldición!

damned [dæmd] **1** *adj Fam* maldito(a); **you d. fool!** ¡maldito idiota!

2 *adv Fam* **d. good** genial, buenísimo(a)

3 *n Rel* **the d.** los condenados

damnedest ['dæmdəst] *Fam* **1** *n* **to do one's d. (to do sth)** hacer todo lo posible (por hacer algo)

2 *adj US* **it was the d. thing!** ¡fue de lo más raro!, ¡fue una cosa rarísima!

damning ['dæmɪŋ] *adj (admission, revelation)* condenatorio(a)

damp [dæmp] **1** *n* humedad *f* ▫ ***d. course*** aislante *m* hidrófugo

2 *adj* húmedo(a); **a d. patch** una mancha de humedad; *Fig* **a d. squib** un chasco

3 *vt* **to d. sb's spirits** desanimar a alguien; **to d. down a fire** sofocar un fuego

dampen ['dæmpən] *vt (make wet)* humedecer; *Fig (enthusiasm)* apagar; **to d. sb's spirits** desanimar a alguien

damper ['dæmpə(r)] *n Mus* apagador *m*; *Fig* **to put a d. on sth** ensombrecer algo

dampness ['dæmpnɪs] *n* humedad *f*

damp-proof ['dæmppru:f] **1** *vt* aislar de la humedad

2 *n* ***d. course*** aislante *m* hidrófugo *or* antihumedad

damsel ['dæmzəl] *n Literary* doncella *f*, damisela *f*; *Hum* **a d. in distress** una doncella en apuros

damson ['dæmzən] *n* (**a**) *(fruit)* ciruela *f* damascena (**b**) *(tree)* ciruelo *m* damasceno

dan [dæn] *n (in martial arts)* dan *m*

dance [dɑ:ns] **1** *n* baile *m*; **to study d.** estudiar danza; **traditional dances** danzas *fpl or* bailes tradicionales; IDIOM *Fam* **to lead sb a (merry) d.** traer a alguien al retortero *or* a mal traer ▫ ***d. band*** orquesta *f* de baile; ***d. floor*** pista *f* de baile; ***d. hall*** salón *m* de baile; ***d. music*** música *f* de baile; ***d. school*** academia *f* de baile

2 *vt* bailar; **to d. attendance on sb** atender servilmente a alguien

3 *vi* bailar; **they danced down the road** bajaron la calle dando brincos; IDIOM **to d. to sb's tune** *(obey)* bailar al son que toca alguien

dancer ['dɑ:nsə(r)] *n* bailarín(ina) *m,f*

dancing ['dɑ:nsɪŋ] *n* baile *m* ▫ ***d. partner*** pareja *f* de baile; ***d. shoes*** zapatos *mpl* de baile

D and C [di:ən'si:] *n Med* (*abbr* **Dilatation and Curettage**) operación *f* de legrado

dandelion ['dændɪlaɪən] *n* diente *m* de león ▫ ***d. clock*** vilano *m* del diente de león

dander ['dændə(r)] *n* IDIOM *Fam* **to get sb's d. up** *(annoy)* sacar de quicio a alguien

dandle ['dændəl] *vt* montar a caballito (en las rodillas)

dandruff ['dændrʌf] *n* caspa *f* ▫ ***d. shampoo*** champú *m* anticaspa

dandy ['dændɪ] **1** *n* petimetre *m*, dandi *m*

2 *adj Fam* genial; **everything's just (fine and) d.** está todo fenómeno

Dane [deɪn] *n* danés(esa) *m,f*

danger ['deɪndʒə(r)] *n* peligro *m*; **in/out of d.** en/fuera de peligro; **to be in d. of doing sth** correr el peligro de hacer algo; **there is no d. that...** no hay peligro de que...; **to be on the d. list** *(of patient)* estar muy grave; **to be off the d. list** *(of patient)* estar fuera de peligro ▫ ***d. money*** prima *f or* plus *m* de peligrosidad; *Fig* ***d. sign*** señal *f* de peligro

dangerous ['deɪndʒərəs] *adj* peligroso(a) ▫ ***d. driving*** conducción *f* temeraria

dangerously ['deɪndʒərəslɪ] *adv* peligrosamente; **they came d. close to losing** estuvieron en un tris de caer derrotados

dangle ['dæŋgəl] **1** *vt* balancear, hacer oscilar; *Fig* **the company dangled a bonus in front of its workers** la empresa ofreció una paga extra a sus trabajadores como incentivo

2 *vi* colgar; *Fig* **to keep sb dangling** tener a alguien pendiente

Danish ['deɪnɪʃ] **1** *n* (**a**) *(language)* danés *m* (**b**) *US (pastry)* = pastel dulce de hojaldre

2 *adj* danés(esa) ▫ ***D. blue (cheese)*** queso *m* azul danés; ***D. pastry*** = pastel dulce de hojaldre

dank [dæŋk] *adj* frío(a) y húmedo(a)

Danube ['dænju:b] *n* **the D.** el Danubio

dapper ['dæpə(r)] *adj* pulcro(a), atildado(a)

dappled ['dæpəld] *adj (horse)* rodado(a); **the d. light on the forest floor** el lecho del bosque, salpicado de luces y sombras

dare ['deə(r)] **1** *n* reto *m*, desafío *m*; **he would do anything for a d.** es capaz de hacer cualquier cosa si le desafían a ello; **they did it for a d.** lo hicieron para demostrar que podían

2 *vt* (**a**) *(be sufficiently brave)* **to d. to do sth** atreverse a hacer algo (**b**) *(challenge)* **to d. sb to do sth** retar a alguien a que haga algo; **I d. you to tell her!** ¿a que no se lo dices?, ¿a que no eres capaz de decírselo?

3 *modal aux v* **to d. do sth** atreverse a hacer algo; **I d. not** *or* **daren't ask him** no me atrevo a preguntarle; **don't you d. tell her!** ¡ni se te ocurra decírselo!; **how d. you!** ¡cómo te atreves!; **I d. say** probablemente

daredevil ['deədevəl] *n & adj* temerario(a) *m,f*

daring ['deərɪŋ] **1** *n* atrevimiento *m*, osadía *f*

2 *adj* audaz, atrevido(a)

dark [dɑ:k] **1** *n* (**a**) *(darkness)* oscuridad *f*; **before/after d.** antes/después del anochecer; **in the d.** en la oscuridad

(**b**) IDIOMS **to be in the d. (about sth)** estar in albis (sobre algo); **to keep sb in the d. (about sth)** mantener a alguien en la ignorancia (acerca de algo)

2 *adj* (**a**) *(not light)* oscuro(a); *(skin, hair)* oscuro(a), moreno(a); **it's d. by six o'clock** a las seis ya es de noche; **it's getting d.** está oscureciendo *or* anocheciendo; IDIOM **to be a d. horse** *(in competition)* ser quien puede dar la campanada; *(in politics)* ser el/la candidato(a) sorpresa; *(secretive person)* ser un enigma ▫ ***d. glasses*** gafas *fpl* oscuras; *Astron* ***d. matter*** materia *f* oscura

(**b**) *(gloomy) (thought, period)* sombrío(a), oscuro(a)

(**c**) *(sinister) (look)* siniestro(a); **d. powers** las fuerzas del mal, una mano negra

(**d**) *(mysterious)* oscuro(a); **in darkest Africa** en el corazón de África, en lo más recóndito del continente africano

(**e**) *Hist* **the D. Ages** la Edad Media *(antes del año mil)*; *Fig* **to be in the D. Ages** estar en la prehistoria

darken ['dɑ:kən] **1** *vt (sky, colour)* oscurecer; IDIOM **never d. my door again!** ¡no vuelvas a pisar el umbral de mi casa!, ¡no quiero verte nunca más!

2 *vi (of sky, colour)* oscurecerse; *(thoughts)* ensombrecerse

darkly ['dɑ:klɪ] *adv (say, hint)* con tono sombrío

darkness ['dɑ:knɪs] *n* oscuridad *f*; **in d.** a oscuras, en tinieblas

darkroom ['dɑ:kru:m] *n Phot* cuarto *m* oscuro

dark-skinned ['dɑ:k'skɪnd] *adj* moreno(a)

darky, darkie ['dɑ:kɪ] *n Br Fam Pej* moreno(a) *m,f*, negro(a) *m,f*

darling ['dɑ:lɪŋ] **1** *n* encanto *m*; **d.!** ¡querido(a)!; **be a d. and...** sé bueno(a) y...; **she's the d. of the press** es la niña mimada de la prensa

2 *adj* (**a**) *(beloved)* querido(a), queridísimo(a) (**b**) *Fam (delightful)* mono(a), precioso(a)

darn[1] [dɑ:n] *vt (mend)* zurcir

darn[2] *Fam* **1** *adj* maldito(a); **it's a d. nuisance!** ¡es un verdadero fastidio!; **you're a d. fool** ¡eres más tonto que Abundio!

2 *adv* condenadamente; **we were d. lucky** tuvimos una suerte loca

3 *exclam* **d. (it)!** ¡caramba!; **he's late, d. him!** ¡mecachis en la mar, ya llega tarde!

darned [dɑ:nd] *adj & adv* = **darn**[2]

darning needle ['dɑ:nɪŋ'ni:dəl] *n* aguja *f* de zurcir

dart [dɑ:t] **1** *n* (**a**) *(missile)* dardo *m*; **darts** *(game)* dardos *mpl* (**b**) *(movement)* **to make a d. for sth** salir disparado(a) hacia algo (**c**) *(in clothes)* pinza *f*

2 *vt* **to d. a glance at sb** lanzar una mirada a alguien

3 *vi (move quickly)* precipitarse; **to d. in/out** entrar/salir precipitadamente

dartboard ['dɑ:tbɔ:d] *n* diana *f*

Darwinian [dɑ:'wɪnɪən] **1** *n* darviniano(a) *m,f*, darvinista *mf*

2 *adj* darviniano(a)

Darwinism ['dɑ:wɪnɪzəm] *n* darvinismo *m*

dash [dæʃ] **1** *n* (**a**) *(of liquid)* chorrito *m*; *Fig (of humour, colour)* toque *m*, pizca *f* (**b**) *(hyphen, in Morse)* raya *f* (**c**) *(run)* carrera *f*; **to make a d. for it** echar a correr; **the 60 metres d.** los 60 metros lisos (**d**) *(style)* dinamismo *m*, brío *m*; **to cut a d.** tener un aspecto elegante

2 *vt* (**a**) *(throw)* arrojar; **to d. sth to the ground** arrojar algo al suelo (**b**) *(destroy)* **to d. sb's hopes** truncar las esperanzas de alguien; *Fam* **d. (it)!** ¡caramba!

3 *vi (move quickly)* correr, ir apresuradamente; **to d. in/out** entrar/salir apresuradamente; **to d. about** *or* **around** correr de acá para allá; *Fam* **I must d.** tengo que salir pitando

▸**dash off 1** *vt sep* **to d. off a letter** escribir a toda prisa *or Am* apuro una carta

2 *vi* salir corriendo

dashboard ['dæʃbɔ:d] *n* salpicadero *m*

dashed [dæʃt] *adj Fam Old-fashioned* dichoso(a), maldito(a)

dashing ['dæʃɪŋ] *adj (person)* imponente; *(appearance)* deslumbrante

dastardly ['dæstədlɪ] *adj Old-fashioned (act, person)* ruin, malvado(a)

DAT [di:eɪ'ti:] *n* (*abbr* **digital audio tape**) cinta *f* digital de audio, DAT ▫ *Comptr* ***D. cartridge*** cartucho *m* DAT; ***D. drive*** unidad *f* DAT

data ['deɪtə] *n also Comptr* datos *mpl*; **an item** *or* **piece of d.** un dato ▫ ***d. bank*** banco *m* de datos; ***d. capture*** introducción *f* de datos; ***d. communications*** transmisión *f* (electrónica) de datos; ***d. entry*** proceso *m or* entrada *f* de datos; ***d. link*** enlace *m* para transmisión de datos; ***d. processing*** proceso *m or* procesamiento *m* de datos; ***d. protection*** protección *f* de datos; ***d. recovery*** recuperación *f* de datos; ***d. traffic*** tráfico *m* de datos; ***d. transfer rate*** velocidad *f* de transferencia de datos

database ['deɪtəbeɪs] *Comptr* **1** *n* base *f* de datos
2 *vt* introducir en una base de datos

datagram ['deɪtəgræm] *n Comptr* datagrama *m*

date¹ [deɪt] *n (fruit)* dátil *m* ▫ ***d. palm*** palmera *f* datilera

date² **1** *n* (**a**) *(day)* fecha *f*; **what's the d. (today)?** ¿a qué (fecha) estamos hoy?, ¿qué fecha es hoy?, *Am* ¿a cómo estamos?; **to fix a d. for sth** fijar una fecha para algo; **let's make it a d.** vamos a quedar de fijo; **to d.** hasta la fecha; **up to d.** al día; **out of d.** anticuado(a), pasado(a) de moda ▫ ***d. of birth*** fecha *f* de nacimiento; ***d. stamp*** sello *m* con la fecha
(**b**) *(with girlfriend, boyfriend)* cita *f*; **to have a d. with sb** haber quedado *or* tener una cita con alguien ▫ ***d. rape*** = violación por una persona con quien se sale o con quien se tiene una relación
(**c**) *US (girlfriend, boyfriend)* pareja *f*
(**d**) *(performance)* actuación *f*
2 *vt* (**a**) *(letter, ticket)* fechar
(**b**) *(fix date of) (antique, remains)* datar, fechar; *Fig* **that dates you** eso demuestra lo viejo que eres
(**c**) *US (go out with)* salir con
3 *vi* (**a**) **to d. from** *or* **back to** *(of custom, practice)* remontarse a; *(of building)* datar de
(**b**) *(go out of fashion)* pasar de moda
(**c**) *US (go out with boyfriend, girlfriend)* **he hasn't started dating yet** aún no ha empezado a salir con chicas

dated ['deɪtɪd] *adj (clothes, style)* anticuado(a), pasado(a) de moda; *(word)* desusado(a)

dateline ['deɪtlaɪn] *n* meridiano *m* de cambio de fecha; *Journ* **d. Tel Aviv** fechado(a) en Tel Aviv

dating agency ['deɪtɪŋ'eɪdʒənsɪ] *n* agencia *f* de contactos

dative ['deɪtɪv] *n Gram* dativo *m*

datum ['deɪtəm] (*pl* **data** ['deɪtə]) *n* dato *m*

daub [dɔ:b] **1** *n Fam Pej (painting)* mamarracho *m*
2 *vt (with mud, paint)* embadurnar (**with** de)

daughter ['dɔ:tə(r)] *n* hija *f*

daughter-in-law ['dɔ:tərɪnlɔ:] *n* nuera *f*

daughterly ['dɔ:təlɪ] *adj* filial; **to behave in a d. way** comportarse como una hija

daunt [dɔ:nt] *vt* intimidar, acobardar; *Formal* **nothing daunted** sin dejarse arredrar

daunting ['dɔ:ntɪŋ] *adj* desalentador(ora), desmoralizante; **a d. task** una tarea ingente

davenport ['dævənpɔ:t] *n* (**a**) *Br (desk)* escritorio *m* davenport (**b**) *US (sofa)* sofá *m* grande

Davis Cup ['deɪvɪs'kʌp] *n* **the D.** la Copa Davis

davit ['dævɪt] *n Naut* pescante *m*

Davy Jones' locker ['deɪvɪdʒəʊnz-'lɒkə(r)] *n* el fondo del mar

dawdle ['dɔ:dəl] *vi* perder el tiempo

dawdler ['dɔ:dlə(r)] *n* lento(a) *m,f*

dawn [dɔ:n] **1** *n* amanecer *m*, alba *f*; *Fig (of life, civilization)* albores *mpl*, despertar *m*; **at d.** al alba; **from d. to dusk** de sol a sol ▫ ***the d. chorus*** el canto de los pájaros al amanecer; ***d. raid*** *Mil* ataque *m* sorpresa al amanecer; *Fin* ataque *m* sorpresa (especulativo)
2 *vi* amanecer; *Fig (of life, civilization)* despertar; **the day dawned bright and clear** el día amaneció claro y despejado

▸**dawn on** *vt insep* **the truth finally dawned on him** finalmente vio la verdad; **it dawned on me that...** caí en la cuenta de que...

DAY [deɪ] *n* (**a**) *(period of daylight, 24 hours)* día *m*; *(period of work)* jornada *f*; **to work a seven-hour d.** hacer *or* trabajar una jornada de siete horas; **once/twice a d.** una vez/dos veces al día; **the d. after tomorrow** pasado mañana; **the d. before yesterday** anteayer; **we had a d. out at the seaside** fuimos a pasar el día en la playa; **all d. (long)** todo el día; *Fam* **I don't have any time for word processors, give me a typewriter any d.** donde esté *or* haya una máquina de escribir que se quiten los procesadores de textos; *Fam* **when it comes to holidays, give me the beach any d.** en cuanto a las vacaciones, donde esté la playa, que se quite lo demás; **any d. now** cualquier día de estos; **by d.** durante el día; **d. after d.** día tras día; **d. by d.** día a día; **d. in d. out** día tras día; **every d.** todos los días; **every other d.** cada dos días, un día sí y otro no; **we've been searching for them for days** llevamos días buscándoles; **we're going to the beach for the d.** vamos a pasar el día en la playa; **from d. one** desde el primer día; **from d. to d.** de un día para otro; **from one d. to the next** de un día para otro; **from that d. on** desde aquel día; **in a few days' time** en unos pocos días; **soup of the d.** sopa del día; **one d., one of these days, some d.** un día (de éstos); **the other d.** el otro día; **a year ago to the d.** hace exactamante un año; **to this d.** hasta el día de hoy; *Fam* **I'm on days this week** *(working day shift)* esta semana voy de días; *Fam* **it's not every d. (that) you get promoted** no te ascienden todos los días; **I had a bad d. today** hoy ha sido un mal día; **did you have a good d. at work?** ¿qué tal te ha ido hoy el trabajo?; *US* **have a nice d.!** ¡que tenga un buen día!; **to have an off d.** tener un mal día; *Fam* **hurry up, we haven't got all d.!** ¡date prisa, no tenemos todo el día!; **to be paid by the d.** cobrar por día trabajado; **to take** *or* **have a d. off** tomarse un día libre; **to work d. and night** trabajar día y noche; **to work days** trabajar el turno de día ▫ *Br* ***d. of action*** día *m* de huelga; ***d. bed*** diván *m*; *Fin* ***d. book*** diario *m* de entradas y salidas; ***d. boy*** alumno *m* externo; ***d. care*** *(for children)* servicio *m* de guardería (infantil); *(for elderly people)* = servicio de atención domiciliaria a los ancianos; ***d. care centre*** *(for children)* guardería *f* (infantil); ***d. girl*** alumna *f* externa; *Com* ***days of grace*** = periodo de cortesía para el pago de una deuda, renovación de un seguro, etc.; ***D. of Judgement*** Día *m* del Juicio Final; ***d. labourer*** jornalero(a) *m,f*; ***d. nursery*** guardería *f*; ***d. patient*** paciente *mf* ambulatorio(a); ***d. pupil*** alumno(a) *m,f* externo(a); ***d. of reckoning*** hora *f* de pagar las culpas; ***d. release*** = sistema que permite a un trabajador realizar cursos de formación continua un día a la semana; ***d. of rest*** día *m* de descanso; *Br* ***d. return*** *(train ticket)* billete *m or Am* boleto *m* de ida y vuelta en el día; ***d. room*** *(in hospital)* = sala de estar en la que los pacientes ven la televisión, charlan, etc.; ***d. school*** colegio *m* sin internado; ***d. shift*** *(in factory)* turno *m* de día; ***d. trip*** excursión *f* de un día
(**b**) *(era)* **in my d.** en mis tiempos; **in my university days** en mis tiempos de universitario; **he was a great player in his d.** en su tiempo fue un gran jugador; **in the days before electricity** antes de que hubiera electricidad; **in the days of...** en tiempos de...; **in days to come** más adelante, en el futuro; **in days gone by** antaño; **in this d. and age** en los tiempos que corren; **in those days** en aquellos tiempos; **she was the greatest actress of her d.** fue la actriz más grande de su tiempo; **the good old days** los buenos tiempos; **the best days of their lives** los mejores días de sus vidas; **these days** hoy (en) día; **those were the days!** ¡aquellos sí que eran buenos tiempos!; **he began/ended his days in poverty** comenzó/terminó sus días en la pobreza; **your d. will come** tu día llegará; **the d. will come when...** llegará el día en el que...; **communism has had its d.** el comunismo ha pasado a la historia
(**c**) IDIOMS *Fam* **he's sixty if he's a d.** tiene como mínimo sesenta años; **in all my (born) days** en toda mi vida; **it's all in a d.'s work** son los gajes del oficio; **it's been one of those days!** ¡ha sido un día loco!; *Fam* **that'll be the d.!** ¡no lo verán tus ojos!, ¡cuando las ranas críen pelo!; **it's my lucky d.!** ¡es mi día (de suerte)!; **this isn't my d.!** ¡hoy no es mi día!; **it's rather late in the d. to start worrying about that** ya es un poco tarde como para preocuparse por eso; **his/its days are**

numbered sus días están contados; *Fam* **let's call it a d.** dejémoslo por hoy; **to carry** *or* **win the d.** *(bring victory)* conseguir la victoria; *Fam Hum* **don't give up the d. job!** mira, mejor dedícate a otra cosa; **we decided to make a d. of it** decidimos aprovechar para pasar el día; *Fam* **to make sb's d.** alegrarle el día a alguien; **to name the d.** *(of wedding)* fijar la fecha de la boda *or Andes, RP* del matrimonio

daybreak ['deɪbreɪk] *n* amanecer *m*, alba *f*; **at d.** al alba

daydream ['deɪdri:m] **1** *n* fantasía *f*

2 *vi* fantasear, soñar despierto(a); **to d. about sth** fantasear sobre algo

dayglo® ['deɪgləʊ] *adj* fosforescente, fosforito(a)

daylight ['deɪlaɪt] *n* (luz *f* del) día *m*; **it was still d.** todavía era de día; **in d.** de día; **in broad d.** a plena luz del día; **d. hours** horas *fpl* de luz; IDIOM **it's d. robbery!** ¡es un atraco a mano armada!; IDIOM **to scare the living daylights out of sb** pegarle un susto de muerte a alguien ❑ *US* ***d. saving time*** horario *m* oficial de verano

daylong ['deɪlɒŋ] *adj* de un día

daytime ['deɪtaɪm] *n* día *m*; **in the d.** durante el día ❑ ***d. TV*** programación *f* diurna *or* de día

day-to-day ['deɪtə'deɪ] *adj* diario(a), cotidiano(a); **on a d. basis** día a día

day-tripper ['deɪ'trɪpə(r)] *n* dominguero(a) *m,f*; **the town was full of day-trippers** el pueblo estaba lleno de gente que había venido a pasar el día

daze [deɪz] **1** *n* aturdimiento *m*; **to be in a d.** estar aturdido(a)

2 *vt* aturdir

dazed [deɪzd] *adj* aturdido(a)

dazzle ['dæzəl] *vt also Fig* deslumbrar

dazzling ['dæzlɪŋ] *adj also Fig* deslumbrante

DC [di:'si:] *n* **(a)** *Elec* (*abbr* **direct current**) corriente *f* continua **(b)** (*abbr* **District of Columbia**) DC, Distrito de Columbia

DCL (*abbr* **Doctor of Civil Law**) doctor(ora) *m,f* en derecho civil

DD *Comptr* (*abbr* **double density**) doble densidad *f*

D-Day ['di:'deɪ] *n Mil & Fig* el día D ❑ *Hist* ***the D. landings*** el Desembarco de Normandía

DDT [di:di:'ti:] *n* (*abbr* **dichlorodiphenyltrichloroethane**) DDT *m*

DEA [di:i:'eɪ] *n* (*abbr* **Drug Enforcement Administration**) = departamento estadounidense de lucha contra la droga

deacon ['di:kən] *n Rel* diácono *m*

deaconess [di:kən'es] *n Rel* diaconisa *f*

deactivate [di:'æktɪveɪt] *vt* desactivar

DEAD [ded] **1** *adj* **(a)** *(not alive)* muerto(a); **a d. man** un muerto; **a d. woman** una muerta; IDIOM **to step into** *or* **fill d. men's shoes** pasar a ocupar el puesto de uno que ha muerto; **to be d.** estar muerto(a); IDIOM *Fam* **to be d. from the neck up** tener la cabeza llena de serrín; IDIOM **to be d. to the world** *(asleep)* estar como un tronco; *(drunk)* estar K.O., estar inconsciente; **he was d. on arrival** ingresó cadáver; **to give sb up for d.** dar a alguien por muerto; **to shoot sb d.** matar a alguien a tiros; IDIOM *Fam* **as d. as a doornail** *or* **a dodo** muerto(a) y bien muerto(a); *Fig* **half d. with fright** medio muerto(a) de miedo; **wanted d. or alive** se busca vivo(a) o muerto(a); *Fig* **they were more d. than alive** estaban más muertos que vivos; *Fam Fig* **if dad finds out, you're d.** si papá se entera, te mata; IDIOM **to leave sth d. in the water** condenar algo al fracaso; *Fam* **I wouldn't be seen** *or* **caught d. in that dress!** ¡no me pondría ese vestido ni borracha!; **a d. body** un cádaver; IDIOM *Fam* **over my d. body!** ¡por encima de mi cadáver!; IDIOM **there is too much d. wood in this office** en esta oficina sobra mucha gente *or* hay mucha gente que está de más; PROV **d. men tell no tales** los muertos no hablan ❑ *US* ***d. bolt*** cerradura *f* embutida *or* de pestillo; *Fam Fig* ***d. duck:* the project proved to be a d. duck** el proyecto estaba condenado al fracaso desde el principio; *also Fig* ***d. end*** callejón *m* sin salida; ***d. man's handle*** *or* ***pedal*** = control de seguridad que tiene que estar accionado para que el aparato funcione; *Mus* ***d. march*** marcha *f* fúnebre; *Fam Fig* ***he's d. meat*** se puede dar por muerto; *Fam* ***d. men*** *(empty bottles)* cascos *mpl*, botellas *fpl* vacías; ***the D. Sea*** el Mar Muerto

(b) *(numb)* dormido(a); **my leg went d.** se me durmió la pierna; *Fam* **to give sb a d. leg** = golpear a alguien en cierto músculo de manera que se le quede la pierna floja durante unos instantes

(c) *(not working) (battery)* gastado(a), agotado(a); **the engine's d.** no funciona el motor; **the phone/line is d.** no hay línea; **the battery has gone d.** se ha gastado *or* agotado la batería; **the phone/line went d.** se cortó la línea

(d) *(not alight) (fire, match, cigarette)* extinguido(a)

(e) *(no longer continuing)* **the deal still isn't d.** todavía hay esperanzas de alcanzar un acuerdo; *Fig* **d. and buried** finiquitado(a) ❑ ***d. letter*** *(undelivered letter)* = carta que no se puede repartir ni devolver; *(law)* letra *f* muerta; ***d. letter box*** *or* ***drop*** = escondrijo donde los espías dejan y recogen cartas

(f) *(language)* muerto(a)

(g) *(lacking energy) (voice, eyes, performance, colour)* apagado(a); *(sound)* sordo(a); **this place is d. in winter** este lugar está muerto en invierno ❑ *Fig* ***he's a d. weight*** es un peso muerto

(h) *(absolute) (silence)* absoluto(a), completo(a); **to hit a target d. centre** alcanzar el objetivo en pleno centro; IDIOM *Fam* **it/he was a d. loss** resultó ser un desastre total; IDIOM *Fam* **to be a d. ringer for sb** ser idéntico(a) a alguien ❑ ***d. calm*** calma *f* chicha; *Fam* ***d. cert*** ganador(ora) *m,f* seguro(a); ***d. halt:* to come to a d. halt** detenerse por completo; ***d. heat*** *(in race)* empate *m*; *Naut* ***d. reckoning*** estima *f*

(i) *(tired) Fam* **to be d.** estar muerto(a); **I'm d. on my feet** estoy que me muero *or* que me caigo

(j) *Sport (out of play)* muerto(a); **the ball went d.** *(in rugby)* la pelota acabó en balón muerto ❑ ***d. ball line*** *(in rugby)* línea *f* de balón muerto; ***d. ball situation*** *(in football)* jugada *f* a balón parado

2 *adv* **(a)** *(completely) (certain, wrong)* totalmente, completamente; *Fam* **d. beat** *or* **tired** hecho(a) polvo, molido(a); *Fam* **you're d. right** tienes toda la razón del mundo; **to be d. (set) against sth** oponerse rotundamente a algo; **to be d. set on doing sth** estar completamente decidido(a) a hacer algo; **d. slow** *(sign)* muy despacio; **they arrived d. on time** llegaron puntualísimos; *Fam* **to be d. wrong** equivocarse de medio a medio; **to stop d.** pararse en seco; **to stop sb d. in their tracks** hacer que alguien se pare en seco

(b) *very Fam (very)* **you were d. lucky** fuiste muy suertudo; **the movie was d. boring** la película fue un petardo *or* un tostón; **the exam was d. easy** el examen estuvo chupado *or* tirado; **these meatballs are d. good** estas albóndigas están de morirse

(c) *(exactly)* **d. on six o'clock** a las seis en punto; **you're d. on** *(exactly right)* exactamente; **it hit the target d. centre** dio de lleno en el blanco; **to stare d. ahead** mirar fijamente hacia delante

3 *n* **at d. of night** a altas horas de la noche; **in the d. of winter** en pleno invierno

4 *npl* **the d.** los muertos; *Fig* **to come back from the d.** resucitar; **to rise from the d.** resucitar (de entre los muertos)

dead-and-alive ['dedəndə'laɪv] *adj Br (place)* de mala muerte

deadbeat ['dedbi:t] *n Fam (lazy person)* vago(a) *m,f*, holgazán(ana) *m,f*; *(tramp)* indigente *mf*; *(parasite)* gorrón(ona) *m,f*

deaden ['dedən] *vt (blow, sound, pain)* amortiguar, atenuar; **to become deadened to sth** volverse insensible a algo

deadhead ['dedhed] **1** *n* **(a)** *US Fam (lazy person)* vago(a) *m,f*, holgazán(ana) *m,f* **(b)** *US (user of free ticket for theatre)* espectador(ora) *m,f* con invitación; *(user of free ticket for bus, train)* viajero(a) *m,f* con billete *or Am* boleto gratuito **(c)** *Br (of plant)* flor *f* marchita

2 *vt (plant)* cortar las flores marchitas a

deadline ['dedlaɪn] *n (day)* fecha *f* tope; *(time)* plazo *m*; **to meet a d.** cumplir un plazo; **to work to a d.** trabajar con un plazo

deadlock ['dedlɒk] **1** *n* punto *m* muerto; **to reach (a) d.** llegar a un punto muerto

2 *vt* **to be deadlocked** *(of talks, negotiations)* estar en un punto muerto

deadly ['dedlɪ] **1** *adj* **(a)** *(poison, blow, enemy)* mortal, mortífero(a); *(weapon)* mortífero(a); *(pallor)* cadavérico(a); *(silence)* sepulcral ❑ ***d. nightshade*** belladona *f* (**b**) *Fam (boring)* aburridísimo(a)

2 *adv (very)* **d. accurate** tremendamente exacto(a); **d. boring** mortalmente aburrido(a); **to be d. serious about sth** decir algo completamente en serio

dead-on ['ded'ɒn] *adj Fam* atinado(a)

deadpan ['dedpæn] *adj (expression)* inexpresivo(a); *(humour)* socarrón(ona)

deaf [def] **1** *adj* sordo(a); **a d. man** un sordo; **a d. woman** una sorda; **to be d.** ser *or* estar sordo(a); **d. and dumb** sordomudo(a); **to go d.** quedarse sordo(a); **to be d. in one ear** ser sordo(a) de un oído; IDIOM **as d. as a post** sordo(a) como una tapia; **to turn a d. ear to sb** hacer caso omiso de alguien; **the appeal fell on d. ears** el llamamiento cayó en saco roto; *Fig* **she was d. to his appeals** hizo oídos sordos a sus requerimientos

2 *npl* **the d.** los sordos

deaf-aid ['defeɪd] *n* audífono *m*

deafen ['defən] *vt* ensordecer

deafening ['defənɪŋ] *adj* ensordecedor(ora)

deaf-mute [def'mju:t] *n Old-fashioned* sordomudo(a) *m,f*

deafness ['defnəs] *n* sordera *f*

deal¹ [di:l] *n (wood)* madera *f* de conífera, madera *f* blanda

deal² **1** *n* (**a**) *(agreement)* acuerdo *m*; *(in business)* trato *m*; **to do a d.** hacer un trato; **it's a d.!** ¡trato hecho!; **to get a good/bad d.** recibir un buen/mal trato; **the president promised a new d. for teachers** el presidente prometió una renovación de la situación de los maestros; IDIOM *US Fam* **what's the d.?** *(what happened?)* ¿qué pasó?, ¿qué ha pasado?

(**b**) *(bargain)* oferta *f*; **I got a good d. on this video** este *Esp* vídeo *or Am* video me salió muy barato

(**c**) *(amount)* **a good** *or* **great d.**, *Old-fashioned* **a d.** *(a lot)* mucho; **not a great d.** no mucho; **they haven't had a great d. of luck** no han tenido demasiada suerte, han tenido muy poca suerte; **to have a great d. to do** tener mucho que hacer; **a good or great d. of my time** gran parte de mi tiempo

(**d**) *(in cards)* **(it's) your d.** te toca repartir *or* dar; **whose d. is it?** ¿quién da *or* reparte?

2 *vt* (*pt & pp* **dealt** [delt]) (**a**) *(cards)* repartir, dar; **he dealt me a king** me dio *or* repartió un rey

(**b**) *(blow)* **to d. sb/sth a blow** dar un golpe a alguien/algo; *Fig* **our hopes have been dealt a severe blow** nuestras ilusiones han sufrido un serio revés

(**c**) *(sell)* **to d. drugs** traficar con droga, pasar droga

3 *vi* (**a**) *(trade) (in drugs)* traficar con droga, pasar droga; **to d. in leather/shares** comerciar con pieles/acciones; **to d. in drugs** traficar con droga, pasar droga

(**b**) *(in cards)* repartir, dar

▸**deal out** *vt sep (cards, justice)* repartir; **she dealt out a heavy sentence to them** les infligió una severa condena

▸**deal with** *vt insep* (**a**) *(subject)* tratar; **the book deals with her rise to power** el libro trata sobre su ascenso al poder

(**b**) *(tackle) (complaint)* ocuparse de; *(situation, criticism)* hacer frente a, afrontar; **the problem is being dealt with** nos estamos ocupando del problema; **we're dealing with a very difficult problem here** aquí nos enfrentamos a un serio problema; **I know how to d. with him** sé cómo tratarlo; **how is she dealing with his death?** ¿qué tal lleva lo de su muerte?

(**c**) *(have dealings with)* tener tratos con; **I usually d. with the boss** normalmente hablo *or* negocio con el jefe; **to d. with a company** tener relaciones *or* tratos con una empresa

(**d**) *(punish)* **she dealt severely with them** les impuso un severo castigo; **I'll d. with you later** ya hablaremos tú y yo después

dealer ['di:lə(r)] *n* (**a**) *(in card game)* = jugador que reparte (**b**) *Com* comerciante *mf* (**in** de); **(art) d.** marchante *mf* (de arte); **(car) d.** *(in general)* vendedor(ora) *m,f* (de coches *or Am* carros *or RP* autos); **a Ford/Toyota d.** un concesionario Ford/Toyota (**c**) *(in drugs)* traficante *mf*

dealership ['di:ləʃɪp] *n Aut (showroom)* concesionario *m*; *(franchise)* concesión *f*

dealings ['di:lɪŋz] *npl* tratos *mpl*; **to have d. with sb** estar en tratos con alguien

dealt [delt] *pt & pp of* **deal**

dean [di:n] *n* (**a**) *Rel* deán *m* (**b**) *Univ* decano(a) *m,f*

dear [dɪə(r)] **1** *adj* (**a**) *(loved)* querido(a); **to hold sth/sb d.** apreciar mucho algo/a alguien; **he's a d. friend** es un amigo muy querido; **my dearest wish is that...** mi mayor deseo es que...; **a place d. to the hearts of...** un lugar muy querido para...; IDIOM *Fam* **to run for d. life** correr desesperadamente

(**b**) *(in letter)* **D. Sir** Muy Sr. mío; **D. Madam** Muy Sra. mía; **D. Sir or Madam, D. Sir/Madam** Muy Sres. míos; **D. Mr Thomas** Estimado Sr. Thomas; **D. Andrew** Querido Andrew; **My dearest Gertrude** Queridísima Gertrude

(**c**) *(expensive)* caro(a)

(**d**) *(delightful)* mono(a), precioso(a)

2 *exclam* **oh d.!** ¡vaya!; **d. me!** ¡madre mía!

3 *n* **poor d.** pobrecito(a); **my d.** cariño mío, mi amor; **be a d. and...** sé bueno y...; *Fam* **an old d.** una viejecita

4 *adv (buy, sell)* caro; *Fig* **it cost me d.** me costó muy caro

dearly ['dɪəlɪ] *adv (very much)* **I love him d.** lo quiero muchísimo; **I would d. love to know** me encantaría saberlo; *Fig* **she paid d. for her mistake** pagó muy caro su error; *Rel* **d. beloved** queridos hermanos y hermanas

dearth [dɜ:θ] *n* escasez *f* (**of** de)

deary ['dɪərɪ] *n Fam* cariño *m*, corazón *m*; **d. me!** ¡madre mía!

death [deθ] *n* (**a**) *(end of life)* muerte *f*; **to put sb to d.** ejecutar a alguien; **a fight to the d.** una lucha a muerte; **d. to traitors!** ¡muerte a *or* mueran los traidores! ❑ ***d. camp*** campo *m* de exterminio; ***d. certificate*** certificado *m or* partida *f* de defunción; *Br Formerly* ***d. duties*** impuesto *m* de sucesiones; ***d. mask*** mascarilla *f*; ***d. penalty*** pena *f* de muerte; ***d. rate*** tasa *f* de mortalidad; ***d. rattle*** último estertor *m*; *US* ***d. row*** galería *f* de los condenados a muerte; ***d. sentence*** pena *f* de muerte; ***d. squad*** escuadrón *m* de la muerte; *also Fig* ***d. throes*** últimos estertores *mpl*, agonía *f*; ***d. toll*** número *m or* saldo *m* de víctimas mortales; ***d. warrant*** orden *f* de ejecución; IDIOM **to sign one's own d. warrant** firmar la propia sentencia de muerte; ***d. wish*** ganas *fpl* de morir

(**b**) IDIOMS **to be sick to d. of sth** estar hasta la coronilla de algo; **to be scared to d.** estar muerto(a) de miedo; *Fam* **to do sth to d.** repetir algo hasta la saciedad; **those children will be the d. of her!** esos niños la van a matar (a disgustos); **you'll catch your d. (of cold)!** ¡vas a agarrar *or Esp* coger un resfriado de muerte!; **to be at d.'s door** estar a las puertas de la muerte; **to sound the d. knell for sth** asestar el golpe de gracia a algo *or* anunciar el final de algo; **to look like d. warmed up** tener una pinta horrorosa

deathbed ['deθbed] *n* lecho *m* de muerte; **a d. confession** una confesión en artículo mortis

deathblow ['deθbləʊ] *n Fig* golpe *m* mortal; **to deal a d. to sth** asestarle un golpe mortal a algo

deathly ['deθlɪ] *adj (pallor)* cadavérico(a); *(silence)* sepulcral

deathtrap ['deθtræp] *n* **this house/this car is a d.** esta casa/este coche *or Am* carro *or RP* auto es un auténtico peligro

deathwatch beetle ['deθwɒtʃ'bi:təl] *n* carcoma *f*

deb [deb] *n Fam* debutante *f*

debacle [deɪ'bɑ:kl] *n* desastre *m*, debacle *f*

debag [di:'bæg] (*pt & pp* **debagged**) *vt Fam* quitar *or Am* sacar los pantalones a

debar [di:'bɑ:(r)] (*pt & pp* **debarred**) *vt (from club, pub)* prohibir la entrada (**from** en); **to d. sb from doing sth** prohibirle a alguien hacer algo

debase [dɪ'beɪs] *vt* degradar; **to d. oneself** degradarse

debasement [dɪ'beɪsmənt] *n* degradación *f*

debatable [dɪ'beɪtəbəl] *adj* discutible

debate [dɪ'beɪt] **1** *n* debate *m*; **after much d.** tras mucho debatir

2 *vt (issue)* debatir, discutir; **he debated whether to go** se debatía entre ir y no ir

3 *vi* debatir

debating society [dɪ'beɪtɪŋsə'saɪətɪ] *n* = asociación que organiza debates en una universidad o instituto

debauched [dɪ'bɔ:tʃt] *adj* depravado(a), degenerado(a)

debauchery [dɪ'bɔ:tʃərɪ] *n* libertinaje *m*, depravación *f*

debenture [dɪ'bentʃə(r)] *n Fin* obligación *f* ❑ ***debentures issue*** emisión *f* de obligaciones

debilitate [dɪ'bɪlɪteɪt] *vt* debilitar

debilitating [dɪ'bɪlɪteɪtɪŋ] *adj* debilitador(ora), debilitanté

debility [dɪ'bɪlɪtɪ] *n* debilidad *f*

debit ['debɪt] *Fin* **1** *n* cargo *m*, adeudo *m*; *Fig* **on the d. side** en el lado negativo ❑ ***d. card*** tarjeta *f* de débito

2 *vt* cargar, adeudar; **to d. sb's account with an amount** adeudar una cantidad en la cuenta de alguien

debonair [debə'neə(r)] *adj* gallardo(a)

debrief [di:'bri:f] *vt* **to d. sb on a mission** pedir a alguien que rinda cuentas sobre una misión

debriefing [di:'bri:fɪŋ] *n* interrogatorio *m (tras una misión)*

debris ['debri:] *n (of building)* escombros *mpl*; *(of plane, car)* restos *mpl*

debt [det] *n* deuda *f*; **to get into d.** endeudarse; **to be in d. (to)** estar endeudado(a) (con); *Fig* **I shall always be in your d.** siempre estaré en deuda contigo; **to owe sb a d. of gratitude** tener una deuda de gratitud con alguien; **d. of honour** deuda *f* de honor ❑ ***d. collector*** cobrador(ora) *m,f* de morosos

debtor ['detə(r)] *n* deudor(ora) *m,f*

debug [di:'bʌg] (*pt & pp* **debugged**) *vt Comptr* depurar, eliminar errores en

debugger [di:'bʌgə(r)] *n Comptr* depurador *m*

debugging [di:'bʌgɪŋ] *n Comptr* depuración *m*

debunk [di:'bʌŋk] *vt Fam* echar por tierra

debut ['deɪbju:] **1** *n* debut *m*; **to make one's d.** debutar

2 *vi* debutar

débutante, debutante ['debjʊtɑ:nt] *n* debutante *f*

Dec (*abbr* **December**) dic. *m*

decade ['dekeɪd] *n* decenio *m*, década *f*

decadence ['dekədəns] *n* decadencia *f*

decadent ['dekədənt] *adj* decadente

decaf(f) ['di:kæf] *n Fam* descafeinado *m*

decaffeinated [di:'kæfɪneɪtɪd] *adj* descafeinado(a)

decagon ['dekəgən] *n Geom* decágono *m*

decahedron [dekə'hi:drən] *n Geom* decaedro *m*

decal ['di:kæl] *n US* calcomanía *f*

decalitre ['dekəli:tə(r)] *n* decalitro *m*

decamp [dɪ'kæmp] *vi Fam (abscond)* esfumarse, *Esp* darse el piro

decant [dɪ'kænt] *vt (wine)* decantar

decanter [dɪ'kæntə(r)] *n* licorera *f*

decapitate [dɪ'kæpɪteɪt] *vt* decapitar

decathlete [dɪ'kæθli:t] *n* decatleta *mf*

decathlon [dɪ'kæθlɒn] *n* decatlón *m*

decay [dɪ'keɪ] **1** *n* (**a**) *(of wood)* putrefacción *f*, descomposición *f*; *(of teeth)* caries *f inv* (**b**) *(of civilization)* declive *m*, decadencia *f*; *(of building)* ruina *f*

2 *vi* (**a**) *(of wood)* pudrirse; *(of teeth)* picarse, cariarse (**b**) *(decline)* declinar

decayed [dɪ'keɪd] *adj (wood)* podrido(a); *(teeth)* picado(a), cariado(a)

decease [dɪ'si:s] *n Formal* fallecimiento *m*

deceased [dɪ'si:st] **1** *adj* difunto(a)

2 *n* **the d.** el/la difunto(a)

deceit [dɪ'si:t] *n* engaño *m*, mentira *f*

deceitful [dɪ'si:tfʊl] *adj (person)* mentiroso(a), falso(a); *(behaviour)* equívoco(a), engañoso(a); **to be d.** ser mentiroso(a)

deceive [dɪ'si:v] *vt* engañar; **to be deceived by appearances** dejarse engañar por las apariencias; **to d. oneself** engañarse; **to d. sb into thinking sth** hacer creer algo a alguien; **I thought my eyes were deceiving me** no creía lo que veían mis ojos

decelerate [di:'seləreɪt] *vi* decelerar, desacelerar

deceleration [di:selə'reɪʃən] *n* deceleración *f*, desaceleración *f*

December [dɪ'sembə(r)] *n* diciembre *m*; *see also* **May**

decency ['di:sənsɪ] *n (of dress, behaviour)* decencia *f*, decoro *m*; **common d.** (mínima) decencia *f*; **he didn't even have the d. to tell us first** ni siquiera tuvo la delicadeza de decírnoslo primero

decent ['di:sənt] *adj* (**a**) *(respectable)* decente, decoroso(a); **I expect you to do the d. thing** espero que hagas lo que tienes que hacer *or* lo que hay que hacer (**b**) *(of acceptable quality, size)* decente (**c**) *(kind)* **a d. chap** un buen tipo; **it's very d. of you** es muy amable de tu parte

decently ['di:səntlɪ] *adv* (**a**) *(respectably, to an acceptable degree)* decentemente; **they pay quite d.** pagan un sueldo bastante decente (**b**) *(kindly)* con amabilidad

decentralization [di:sentrəlaɪ'zeɪʃən] *n* descentralización *f*

decentralize [di:'sentrəlaɪz] *vt* descentralizar

deception [dɪ'sepʃən] *n* engaño *m*

> Note that the Spanish word **decepción** is a false friend and is never a translation for the English word **deception**. In Spanish **decepción** means "disappointment".

deceptive [dɪ'septɪv] *adj* engañoso(a); **appearances can be d.** las apariencias engañan

deceptively [dɪ'septɪvlɪ] *adv* engañosamente; **it looks d. easy** a primera vista parece muy fácil

decibel ['desɪbel] *n* decibelio *m*

decide [dɪ'saɪd] **1** *vt* decidir; **to d. to do sth** decidir hacer algo; **it was decided to wait for her reply** se decidió esperar su respuesta; **that was what decided me** eso fue lo que me hizo decidirme; **that decides the matter** eso resuelve la cuestión; **the issue will be decided at our next meeting** el asunto se resolverá en nuestra próxima reunión; **to d. one's own future** decidir *or* determinar (uno) su propio porvenir

2 *vi* decidir; **what shall we do? – you d.** ¿qué hacemos? – tú decides; **she couldn't d. between the two** no se decidía entre los dos; **I can't d. whether to go or not** no sé si ir o no; **to d. in favour of/against sb** *(of judge, jury)* fallar a favor de/en contra de alguien; **to d. against doing sth** decidir no hacer algo; **to d. in favour of doing sth** decidir hacer algo

▸**decide on** *vt insep* decidirse por

decided [dɪ'saɪdɪd] *adj* (**a**) *(person, manner)* decidido(a), resuelto(a); *(opinion)* tajante (**b**) *(difference, preference, improvement)* claro(a), marcado(a)

decidedly [dɪ'saɪdɪdlɪ] *adv* (**a**) *(answer, say)* categóricamente (**b**) *(very)* decididamente; **he was d. unhelpful** no ayudó en lo más mínimo

decider [dɪ'saɪdə(r)] *n* **the d.** *(goal, match etc)* el gol/partido/*etc* decisivo

deciding [dɪ'saɪdɪŋ] *adj* decisivo(a); **the d. factor** el factor decisivo

deciduous [dɪ'sɪdjʊəs] *adj Bot* de hoja caduca, caducifolio(a)

decilitre ['desɪli:tə(r)] *n* decilitro *m*

decimal ['desɪməl] **1** *n* número *m* decimal

2 *adj* decimal ❑ ***d. currency*** moneda *f* (de sistema) decimal; ***d. place:* correct to five d. places** correcto hasta la quinta cifra decimal; ***d. point*** coma *f* (decimal); ***d. system*** sistema *m* decimal

decimalization [desɪməlaɪ'zeɪʃən] *n* conversión *f* al sistema decimal

decimate ['desɪmeɪt] *vt* diezmar

decipher [dɪ'saɪfə(r)] *vt* descifrar

decision [dɪ'sɪʒən] *n* decisión *f*; **to come to** *or* **arrive at** *or* **reach a d.** llegar a una decisión; **to make** *or* **take a d.** tomar una decisión; **to act/speak with d.** actuar/hablar con decisión

decision-making [dɪ'sɪʒənmeɪkɪŋ] *n* toma *f* de decisiones; **the d. process** el proceso para la toma de decisiones

decisive [dɪ'saɪsɪv] *adj* (**a**) *(battle, argument)* decisivo(a) (**b**) *(able to take quick decision)* decidido(a)

decisively [dɪ'saɪsɪvlɪ] *adv (firmly, with decision)* con decisión, decididamente; **they were d. defeated** fueron derrotados claramente *or* contundentemente

deck 1 *n* [dek] (**a**) *(of ship)* cubierta *f*; **on d.** en cubierta; **below d.** bajo cubierta ❑ ***d. chair*** tumbona *f*, hamaca *f*; ***d. hand*** marinero *m*; ***d. tennis*** = modalidad de tenis para jugar sobre la cubierta de un barco (**b**) **top/bottom d.** *(of bus)* piso *m* de arriba/abajo (**c**) *(outside house)* terraza *f* entarimada (**d**) *(of cards)* baraja *f* (**e**) *Fam (ground)* **to hit the d.** *(fall)* caer de bruces; *(lie down)* echar cuerpo a tierra (**f**) ***cassette*** *or* ***tape d.*** pletina *f*

2 *vt* (**a**) *(decorate)* **to d. oneself out in sth** engalanarse con algo (**b**) *Fam (knock to ground)* tumbar, noquear

declaim [dɪ'kleɪm] **1** *vt* proclamar, pregonar
2 *vi* pregonar

declamatory [dɪ'klæmətərɪ] *adj* declamatorio(a)

declaration [deklə'reɪʃən] *n* declaración *f* ▫ *Hist* ***the D. of Independence*** la declaración de independencia de los Estados Unidos

declare [dɪ'kleə(r)] **1** *vt* declarar; **to d. war (on)** declarar la guerra (a); **to d. sb guilty/innocent** declarar a alguien culpable/inocente; **have you anything to d.?** *(at customs)* ¿(tiene) algo que declarar?
2 *vi* **to d. for/against sth** declararse a favor de/en contra de algo; *Old-fashioned* **I do d.!** ¡demontre!

declassify [di:'klæsɪfaɪ] *vt* desclasificar

declension [dɪ'klenʃən] *n Gram* declinación *f*

decline [dɪ'klaɪn] **1** *n (of person, empire)* declive *m*; *(decrease, reduction)* descenso *m*, disminución *f*; **to go into d.** decaer, debilitarse; **to be on the d.** estar en declive
2 *vt* **(a)** *(offer, invitation)* declinar; **to d. to do sth** declinar hacer algo **(b)** *Gram* declinar
3 *vi* **(a)** *(refuse)* rehusar **(b)** *(of health, influence)* declinar; *(of standards)* decaer, bajar; *(of numbers)* disminuir, reducirse; **to d. in importance** perder importancia

declining [dɪ'klaɪnɪŋ] *adj* **(a)** *(decreasing)* decreciente **(b)** *(deteriorating)* en declive, en decadencia; **in my d. years** en mis últimos años

declutch [di:'klʌtʃ] *vi* desembragar

decode [di:'kəʊd] *vt* descodificar, descifrar

decoder [di:'kəʊdə(r)] *n* descodificador *m*

decommission [di:kə'mɪʃən] *vt* **(a)** *(of nuclear reactor)* desmantelar **(b)** *(of warship)* retirar de servicio **(c)** *(of weapons)* entregar

decompose [di:kəm'pəʊz] *vi* descomponerse

decomposition [di:kɒmpə'zɪʃən] *n* descomposición *f*

decompression [di:kəm'preʃən] *n* descompresión *f* ▫ ***d. chamber*** cámara *f* de descompresión; ***d. sickness*** aeroembolismo *m*

decongestant [di:kən'dʒestənt] *n Med* descongestionante *m*

deconsecrate [di:'kɒnsɪkreɪt] *vt* secularizar

deconstruction [di:kən'strʌkʃən] *n Lit* teoría *f* desconstructiva, desconstruccionismo *m*

decontaminate [di:kən'tæmɪneɪt] *vt* descontaminar

decontamination [di:kəntæmɪ'neɪʃən] *n* descontaminación *f*

decor ['deɪkɔ:(r)] *n* decoración *f*

decorate ['dekəreɪt] **1** *vt* **(a)** *(cake, room) (with decorations)* decorar, adornar (**with** con) **(b)** *(room) (with paint)* pintar; *(with wallpaper)* empapelar **(c)** *(with medal)* condecorar
2 *vi (with paint)* pintar; *(with wallpaper)* empapelar

decoration [dekə'reɪʃən] *n* **(a)** *(on cake, for party)* decoración *f*; **she's just there for d.** sólo está allí de adorno; **decorations** adornos *mpl* **(b)** *(of room) (with paint)* pintado *m*; *(with wallpaper)* empapelado *m* **(c)** *(medal)* condecoración *f*

decorative ['dekərətɪv] *adj* decorativo(a)

decorator ['dekəreɪtə(r)] *n* **(painter and) d.** pintor(ora) *m,f (que también empapela)*

decorous ['dekərəs] *adj Formal* decoroso(a)

decorum [dɪ'kɔ:rəm] *n* decoro *m*

decoy 1 *n* ['di:kɔɪ] *also Fig* señuelo *m*
2 *vt* [dɪ'kɔɪ] atraer con un señuelo; **to d. sb into doing sth** lograr que alguien haga algo utilizando un señuelo

decrease 1 *n* ['di:kri:s] reducción *f* (**in** de); disminución *f* (**in** de); **to be on the d.** estar disminuyendo, decrecer
2 *vt* [dɪ'kri:s] disminuir, reducir
3 *vi* disminuir; **the price has decreased** ha bajado el precio

decreasing [dɪ'kri:sɪŋ] *adj* decreciente

decreasingly [dɪ'kri:sɪŋlɪ] *adv* cada vez menos

decree [dɪ'kri:] **1** *n* decreto *m*; **to issue a d.** promulgar un decreto ▫ *Law* ***d. absolute*** sentencia *f* definitiva de divorcio; *Law* ***d. nisi*** sentencia *f* provisional de divorcio
2 *vt* decretar

decrepit [dɪ'krepɪt] *adj (person)* decrépito(a); *(thing)* ruinoso(a)

decrepitude [dɪ'krepɪtju:d] *n Formal (of person)* decrepitud *f*; *(of thing)* ruina *f*, deterioro *m*

decriminalize [di:'krɪmɪnəlaɪz] *vt* despenalizar

decry [dɪ'kraɪ] *vt* censurar, condenar

decrypt [di:'krɪpt] *vt Comptr* descifrar

DEd *(abbr* **Doctor of Education***)* doctor(ora) *m,f* en pedagogía

dedicate ['dedɪkeɪt] *vt* dedicar; **to d. oneself to (doing) sth** consagrarse a (hacer) algo; **she dedicated her life to helping the poor** consagró *or* dedicó su vida a ayudar a los pobres

dedicated ['dedɪkeɪtɪd] *adj* **(a)** *(committed)* entregado(a), dedicado(a); **to be d. to sth** estar consagrado(a) a algo **(b)** *Comptr* dedicado(a), especializado(a) ▫ *Comptr* ***d. line*** línea *f* dedicada; ***d. word processor*** procesador *m* de textos *(ordenador, computadora)*

dedication [dedɪ'keɪʃən] *n* **(a)** *(of book)* dedicatoria *f* **(b)** *(devotion)* dedicación *f*, entrega *f* (**to** a)

deduce [dɪ'dju:s] *vt* deducir (**from** de)

deduct [dɪ'dʌkt] *vt* descontar, deducir (**from** de)

deductible [dɪ'dʌktɪbəl] *adj* deducible; *Fin* **d. for tax purposes** desgravable

deduction [dɪ'dʌkʃən] *n* **(a)** *(subtraction)* deducción *f*; **after deductions** después de (hacer las) deducciones **(b)** *(conclusion)* deducción *f*; **by a process of d.** por deducción

deductive [dɪ'dʌktɪv] *adj* deductivo(a)

deed [di:d] *n* **(a)** *(action)* acción *f*, obra *f*; **to do one's good d. for the day** hacer la buena acción *or* obra del día **(b)** *Law (document)* escritura *f*, título *m* de propiedad ▫ ***d. of covenant*** = escritura que formaliza el pago de una donación periódica a una entidad, generalmente benéfica, o a un individuo; ***d. poll:*** **to change one's name by d. poll** cambiarse legalmente el nombre

deejay ['di:dʒeɪ] *Fam* **1** *n* pincha *mf*, discjockey *mf inv*
2 *vi* pinchar (música)

deem [di:m] *vt Formal* considerar, estimar

deep [di:p] **1** *n Literary* **the d.** las profundidades del mar
2 *adj* **(a)** *(water, sleep, thinker)* profundo(a); *(dish)* hondo(a); **to be 10 metres d.** tener 10 metros de profundidad; **the cupboard is a metre d.** el armario tiene un metro de fondo; **to give a d. sigh** dar un profundo *or* hondo suspiro, suspirar profundamente; **take a d. breath** respire hondo; *Vulg* **to be in d. shit** estar metido en un lío de cojones; **to be in d. trouble** estar en un serio aprieto; IDIOM **to be in/get into d. water** estar/meterse en un lío; **they were d. in conversation** estaban enfrascados en la conversación *or CAm, Méx* plática; **d. in debt** endeudado(a) hasta el cuello; **d. in thought** ensimismado(a); **in deepest sympathy** *(on card)* con mi más sincero pésame ▫ ***d. end*** *(of swimming pool)* parte *f* profunda; IDIOM **to go off the d. end (at sb)** ponerse hecho(a) un basilisco (con alguien); IDIOM **she was thrown in at the d. end** le hicieron empezar de golpe *or* sin preparación; ***the D. South*** *(of USA)* la América profunda de los estados del sur; ***d. space*** espacio *m* interplanetario *or* intergaláctico
(b) *(colour)* intenso(a); *(sound, voice)* grave
3 *adv* profundamente; **she thrust her hand d. into the bag** metió la mano hasta el fondo de la bolsa; **the crowd lining the road was four d.** la gente se agolpaba en cuatro filas a lo largo de la calle; **to look d. into sb's eyes** mirar a alguien fijamente a los ojos; **to walk d. into the forest** internarse en el bosque; **to work d. into the night** trabajar hasta bien entrada la noche; **d. down he's very kind** en el fondo, es muy amable; **mistrust between the two families runs d.** la desconfianza entre las dos familias está profundamente arraigada

deepen ['di:pən] **1** *vt (well, ditch)* profundizar, ahondar; *(sorrow, interest)* acentuar, agudizar; **to d. one's understanding of sth** ahondar en el conocimiento de algo
2 *vi* **(a)** *(of river, silence, mystery)* hacerse más profundo(a); *(of conviction, belief)* afianzarse; *(of sorrow, interest)* acentuarse, agudizarse **(b)** *(of colour)* intensificarse; *(of sound, voice)* hacerse más grave

deep-freeze ['di:p'fri:z] **1** *n* congelador *m*
2 *vt* congelar

deep-fry ['di:p'fraɪ] *vt* freír (en aceite muy abundante)

deep-fryer ['di:p'fraɪə(r)] *n* freidora *f*

deeply ['di:plɪ] *adv* (**a**) *(breathe, sleep)* profundamente; *(think, study)* a fondo (**b**) *(touched, offended)* profundamente

deep-rooted ['di:pru:tɪd] *adj (prejudice, fear)* muy arraigado(a)

deep-sea ['di:p'si:] *adj* ***d. diver*** buceador(ora) *m,f or* buzo *m* de profundidad; ***d. fishing*** pesca *f* de altura

deep-seated ['di:p'si:tɪd] *adj* muy arraigado(a)

deep-set ['di:pset] *adj (eyes)* hundido(a)

deer ['dɪə(r)] (*pl* **deer**) *n* ciervo *m*, venado *m*

deerstalker ['dɪəstɔ:kə(r)] *n (hat)* gorro *m* de cazador (con orejeras)

def [def] *adj Fam* genial, *Esp* guay, *Esp* dabuten

deface [dɪ'feɪs] *vt* dañar, deteriorar

de facto [deɪ'fæktəʊ] *adj & adv* de hecho

defamation [defə'meɪʃən] *n* difamación *f*

defamatory [dɪ'fæmətərɪ] *adj* difamatorio(a)

defame [dɪ'feɪm] *vt* difamar

default [dɪ'fɔ:lt] **1** *n Law & Sport (failure to appear)* incomparecencia *f*; **to win sth by d.** ganar algo por incomparecencia (del contrario); *Fig* **he became the boss by d.** a falta de otra persona, él terminó por convertirse en el jefe ❑ *Comptr* ***d. drive*** unidad *f* (de disco) por defecto *or* omisión; *Comptr* ***d. settings*** valores *mpl or* configuración *f* por defecto *or* omisión
2 *vi Law* **to d. on payments** *(of debt, alimony)* incumplir los pagos

defaulter [dɪ'fɔ:ltə(r)] *n* moroso(a) *m,f*

defeat [dɪ'fi:t] **1** *n* derrota *f*; **to admit d.** admitir la derrota; **to suffer (a) d.** sufrir una derrota
2 *vt (army, government, opponent)* derrotar, vencer; *(proposal, bill, motion)* rechazar; **that rather defeats the object of the exercise** eso se contradice con la finalidad de la operación

defeatism [dɪ'fi:tɪzəm] *n* derrotismo *m*

defeatist [dɪ'fi:tɪst] *n & adj* derrotista *mf*

defecate ['defəkeɪt] *vi* defecar

defect 1 *n* ['di:fekt] defecto *m*
2 *vi* [dɪ'fekt] *(to enemy country)* desertar (**from** de); **to d. to another party** pasarse a otro partido

defection [dɪ'fekʃən] *n (to enemy country)* deserción *f*; *(to another party)* cambio *m* de partido

defective [dɪ'fektɪv] *adj (machine)* defectuoso(a); *(reasoning)* erróneo(a)

defector [dɪ'fektə(r)] *n (to enemy country)* desertor(ora) *m,f*; *(to another party)* tránsfuga *mf*

defence, *US* **defense** [dɪ'fens] *n* (**a**) *(of country, person)* defensa *f*; **defences** *(of country)* defensas *fpl*; **to come to sb's d.** salir en defensa de alguien; *Fig* **my defences were down** había bajado la guardia; **he had no d. against her charms** estaba indefenso ante sus encantos; **Ministry of D.** Ministerio *m* de Defensa ❑ ***d. mechanism*** mecanismo *m* de defensa; ***D. Minister,*** *US* ***D. Secretary*** ministro(a) *m,f* de Defensa; ***d. spending*** gasto *m* de defensa
(**b**) *Law* defensa *f* ❑ ***d. counsel*** abogado(a) *m,f* defensor(ora); ***d. witness*** testigo *mf* de descargo
(**c**) *Sport* defensa *f*

defenceless, *US* **defenseless** [dɪ'fenslɪs] *adj* indefenso(a)

defenceman [dɪ'fensmæn] *n (in ice hockey)* defensa *mf*

defend [dɪ'fend] **1** *vt* defender (**from** de)
2 *vi* (**a**) *Law* defender (**b**) *Sport* defender

defendant [dɪ'fendənt] *n Law* acusado(a) *m,f*

defender [dɪ'fendə(r)] *n* (**a**) *(of country, belief)* defensor(ora) *m,f* (**b**) *Sport* defensa *mf*

defending [dɪ'fendɪŋ] *adj* **the d. champion** el defensor del título, el actual campeón

defense, defenseless *US* = **defence, defenceless**

defensible [dɪ'fensəbəl] *adj* justificable, defendible

defensive [dɪ'fensɪv] **1** *n* **on the d.** a la defensiva
2 *adj* defensivo(a); **to get d.** ponerse a la defensiva ❑ ***d. end*** *(in American football)* defensive end *m*; ***d. line*** *(in American football)* línea *f* de defensa

defensively [dɪ'fensɪvlɪ] *adv also Sport* a la defensiva; **she answered d.** respondió en actitud defensiva

defer [dɪ'fɜ:(r)] (*pt & pp* **deferred**) **1** *vt (delay, postpone)* aplazar, posponer
2 *vi* **to d. to** *(person, knowledge)* ceder ante, deferir a

deference ['defərəns] *n* deferencia *f*; **in** *or* **out of d. to...** por deferencia hacia...

deferential [defə'renʃəl] *adj* deferente; **to be d. to sb** mostrar deferencia hacia alguien

deferment [dɪ'fɜ:mənt] *n* (**a**) *(of payment, decision)* aplazamiento *m* (**b**) *US (of military service)* prórroga *f*

deferral [dɪ'fɜ:rəl] *n (of payment, decision, sentence)* aplazamiento *m*

deferred [dɪ'fɜ:d] *adj* aplazado(a)

defiance [dɪ'faɪəns] *n* desafío *m*; **a gesture of d.** un gesto desafiante; **in d. of the law/my instructions** desafiando la ley/mis instrucciones

defiant [dɪ'faɪənt] *adj (look, gesture, remark)* desafiante; *(person)* insolente

defiantly [dɪ'faɪəntlɪ] *adv (act)* de manera desafiante; *(look, gesture, remark)* con aire desafiante

defibrillation [di:fɪbrɪ'leɪʃən] *n Med* desfibrilación *f*

deficiency [dɪ'fɪʃənsɪ] *n* (**a**) *(lack) (of resources)* escasez *f*; *(of vitamins, minerals)* carencia *f*, deficiencia *f* (**b**) *(flaw, defect)* deficiencia *f*, defecto *m*

deficient [dɪ'fɪʃənt] *adj* deficiente; **he is d. in vitamin C** le falta *or Esp* anda bajo(a) de vitamina C

deficit ['defɪsɪt] *n Fin* déficit *m*

defile [dɪ'faɪl] *vt* (**a**) *(sacred place, tomb)* profanar (**b**) *Literary (memory)* profanar, mancillar

definable [dɪ'faɪnəbəl] *adj* definible

define [dɪ'faɪn] *vt* definir

definite ['defɪnɪt] *adj* (**a**) *(precise) (plan, date, answer, decision)* claro(a), definitivo(a); *(views)* concluyente (**b**) *(noticeable) (change, advantage, improvement)* claro(a), indudable (**c**) *(sure, certain)* seguro(a); **are you d. about it?** ¿estás seguro (de ello)?, ¿lo tienes claro?; **it's not d. yet** todavía no está claro (**d**) *Gram* ***d. article*** artículo *m* determinado

definitely ['defɪnɪtlɪ] *adv* (**a**) *(certainly)* con certeza; **I'll d. be there** seguro que estaré allí; **are you going? — d.!** ¿vas a ir? — ¡claro!; **d. not!** ¡desde luego que no! (**b**) *(noticeably) (improved, superior)* claramente, sin duda (**c**) *(precisely) (fix, arrange)* en concreto, de forma definitiva

definition [defɪ'nɪʃən] *n* (**a**) *(of word)* definición *f*; **by d.** por definición (**b**) *(of TV, binoculars)* definición *f*

definitive [dɪ'fɪnɪtɪv] *adj* definitivo(a); **his is the d. study on the subject** el suyo es el estudio más autorizado sobre la materia

definitively [dɪ'fɪnɪtɪvlɪ] *adv* definitivamente

deflate [di:'fleɪt] **1** *vt* (**a**) *(ball, tyre)* deshinchar, desinflar (**b**) *(economy)* producir una deflación en (**c**) *(person)* desanimar; **to d. sb's ego** bajarle los humos a alguien
2 *vi* (**a**) *(of ball, tyre)* deshincharse, desinflarse (**b**) *(of economy)* sufrir una deflación

deflated [di:'fleɪtɪd] *adj* (**a**) *(ball, tyre)* deshinchado(a) (**b**) *(person)* desanimado(a)

deflation [di:'fleɪʃən] *n* deflación *f*

deflationary [di:'fleɪʃənərɪ] *adj* deflacionario(a)

deflect [dɪ'flekt] **1** *vt (bullet, sound)* desviar; *Fig (person)* distraer, desviar (**from** de); **to d. criticism** distraer la atención de los críticos
2 *vi (of projectile, light)* desviarse

deflection [dɪ'flekʃən] *n* desviación *f*

deflower [di:'flaʊə(r)] *vt Old-fashioned or Literary (woman)* desflorar, desvirgar

defoliant [di:'fəʊlɪənt] *n* defoliante *m*

defoliate [di:'fəʊlɪeɪt] *vt* defoliar

deforestation [di:fɒrɪs'teɪʃən] *n* de(s)forestación *f*

deform [dɪ'fɔ:m] *vt* deformar

deformation [di:fɔ:'meɪʃən] *n* deformación *f*

deformed [dɪ'fɔ:md] *adj* deforme

deformity [dɪ'fɔ:mɪtɪ] *n* deformidad *f*; *(in baby, unborn child)* malformación *f* congénita

defragment [di:fræg'ment] *vt Comptr* desfragmentar

defraud [dɪˈfrɔːd] *vt* defraudar, estafar; **to d. sb of sth** defraudar algo a alguien

defray [dɪˈfreɪ] *vt Formal* sufragar

defrock [diːˈfrɒk] *vt* expulsar del sacerdocio

defrost [diːˈfrɒst] **1** *vt* (**a**) *(food)* descongelar (**b**) *US (windshield)* desempañar
2 *vi* descongelarse

deft [deft] *adj* diestro(a), hábil

deftly [ˈdeftlɪ] *adv* con destreza, hábilmente

deftness [ˈdeftnɪs] *n* destreza *f*, habilidad *f*

defunct [dɪˈfʌŋkt] *adj* (**a**) *(person)* difunto(a) (**b**) *(company, scheme)* ya desaparecido(a); *(theory)* trasnochado(a)

defuse [diːˈfjuːz] *vt (bomb)* desactivar; *Fig (situation)* calmar, apaciguar

defy [dɪˈfaɪ] *vt* (**a**) *(disobey)* desobedecer (**b**) *(challenge)* desafiar; **to d. description** ser indescriptible; **to d. sb to do sth** desafiar a alguien a hacer *or* a que haga algo

degaussing [diːˈgaʊsɪŋ] *n Comptr* desmagnetización *f*

degenerate 1 *n* [dɪˈdʒenərət] *(person)* degenerado(a) *m,f*
2 *adj* degenerado(a)
3 *vi* [dɪˈdʒenəreɪt] degenerar (**into** en)

degeneration [dɪdʒenəˈreɪʃən] *n* degeneración *f*

degenerative [dɪˈdʒenərətɪv] *adj* degenerativo(a)

degradation [degrəˈdeɪʃən] *n* degradación *f*

degrade [dɪˈgreɪd] *vt* rebajar, degradar; **I won't d. myself by answering that** no me rebajaré a contestar a eso

degrading [dɪˈgreɪdɪŋ] *adj* degradante

degree [dɪˈgriː] *n* (**a**) *(extent)* grado *m*; **a d. of risk** un cierto riesgo, un elemento de riesgo; **a d. of truth** cierto grado de verdad, algo de cierto *or* de verdad; **to a d.** hasta cierto punto; **to such a d. that...** hasta tal punto que...; **by degrees** poco a poco, gradualmente
(**b**) *(of temperature, in geometry)* grado *m*; **it's 25 degrees** *(of temperature)* hace 25 grados
(**c**) *(at university) (title)* título *m* universitario, licenciatura *f*; *(course)* carrera *f*; **postgraduate d.** título *m*/curso *m* de posgrado; **to take** *or* **do a d.** hacer *or* estudiar una carrera; **to have a d. in physics** ser licenciado(a) en física

dehumanize [diːˈhjuːmənaɪz] *vt* deshumanizar

dehumidifier [diːhjuːˈmɪdɪfaɪə(r)] *n* deshumidificador *m*

dehydrate [diːhaɪˈdreɪt] **1** *vt* deshidratar
2 *vi* deshidratarse

dehydrated [diːhaɪˈdreɪtɪd] *adj* deshidratado(a); **to be d.** estar deshidratado(a); **to become d.** deshidratarse

dehydration [diːhaɪˈdreɪʃən] *n* deshidratación *f*

de-ice [diːˈaɪs] *vt* quitar el hielo de

de-icer [diːˈaɪsə(r)] *n (for car)* descongelador *m* de parabrisas; *(on plane)* dispositivo *m* de descongelación

deification [deɪɪfɪˈkeɪʃən] *n* deificación *f*, divinización *f*

deify [ˈdeɪɪfaɪ] *vt* deificar, divinizar

deign [deɪn] *vt* **to d. to do sth** dignarse a hacer algo

deindustrialization [diːɪndʌstrɪəlaɪˈzeɪʃən] *n* desindustrialización *f*

deity [ˈdeɪɪtɪ] *n* deidad *f*, divinidad *f*

déjà vu [ˈdeɪʒɑːˈvuː] *n* déjà vu *m*; **when I went in, I experienced a strange feeling of d.** cuando entré, sentí como si ya hubiera estado allí antes

dejected [dɪˈdʒektɪd] *adj* abatido(a); **to be d.** estar abatido(a)

dejectedly [dɪˈdʒektɪdlɪ] *adv* con abatimiento

dejection [dɪˈdʒekʃən] *n* abatimiento *m*

dekko [ˈdekəʊ] *n Br Fam* **to have** *or* **take a d. at sb/sth** echar un vistazo *or* una ojeada a alguien/algo

Del (*abbr* **Delaware**) Delaware

delay [dɪˈleɪ] **1** *n* retraso *m*, *Am* demora *f*; **without d.** sin (mayor) demora; **an hour's d.** un retraso *or Am* una demora de una hora; **all flights are subject to d.** todos los vuelos llevan retraso *or Am* demora; **there has been a d. in processing your application** se ha producido un retraso *or Am* una demora en la tramitación de su solicitud
2 *vt (project, decision, act)* retrasar; *(traffic)* retener, demorar; **to be delayed** *(of train)* llevar retraso; *(of person)* llegar tarde, retrasarse, *Am* demorarse; **I don't want to d. you** no te quiero entretener; **delaying tactics** tácticas *fpl* dilatorias
3 *vi* retrasarse, demorarse; **don't d.!** ¡no deje pasar más tiempo!

delayed-action [dɪˈleɪdˈækʃən] *adj* de efecto retardado

delectable [dɪˈlektəbəl] *adj* delicioso(a)

delectation [dɪlekˈteɪʃən] *n Formal or Hum* deleite *m*; **for your d.** para mayor deleite suyo/vuestro

delegate 1 *n* [ˈdelɪgət] delegado(a) *m,f*
2 *vt* [ˈdelɪgeɪt] *(power, responsibility)* delegar (**to** en); **to d. sb to do sth** delegar en alguien para hacer algo
3 *vi* delegar responsabilidades

delegation [delɪˈgeɪʃən] *n* delegación *f*

delete [dɪˈliːt] *vt* borrar, suprimir; **d. where inapplicable** táchese lo que no corresponda ❑ *Comptr* ***d. key*** tecla *f* de borrado

deleterious [delɪˈtɪərɪəs] *adj Formal* nocivo(a), deletéreo(a)

deletion [dɪˈliːʃən] *n* supresión *f*, borrado *m*

deli [ˈdelɪ] *n Fam (shop)* = tienda de ultramarinos *or Am* enlatados de calidad

deliberate 1 *adj* [dɪˈlɪbərət] (**a**) *(intentional)* deliberado(a), intencionado(a); **it wasn't d.** fue sin querer (**b**) *(unhurried)* pausado(a)
2 *vi* [dɪˈlɪbəreɪt] *(think)* reflexionar (**on** sobre); *(discuss)* deliberar (**on** sobre)

deliberately [dɪˈlɪbərətlɪ] *adv* (**a**) *(intentionally)* a propósito, deliberadamente (**b**) *(unhurriedly)* pausadamente

deliberation [dɪlɪbəˈreɪʃən] *n* (**a**) *(thought)* reflexión *f*; *(discussion)* deliberación *f*; **after much d.** tras largas deliberaciones (**b**) *(unhurriedness)* pausa *f*; **to do sth with d.** hacer algo pausadamente

delicacy [ˈdelɪkəsɪ] *n* (**a**) *(of situation)* dificultad *f* (**b**) *(tact)* delicadeza *f*, tacto *m* (**c**) *(food)* esquisitez *f*

delicate [ˈdelɪkət] *adj* (**a**) *(in general)* delicado(a) (**b**) *(health)* frágil, delicado(a); *(child)* enfermizo(a)

delicately [ˈdelɪkətlɪ] *adv* (**a**) *(finely)* **d. carved** primorosamente tallado(a) (**b**) *(tactfully)* con delicadeza

delicatessen [delɪkəˈtesən] *n (shop)* = tienda de ultramarinos *or Am* enlatados de calidad

delicious [dɪˈlɪʃəs] *adj* delicioso(a)

deliciously [dɪˈlɪʃəslɪ] *adv* deliciosamente

delight [dɪˈlaɪt] **1** *n (pleasure)* gusto *m*, placer *m*; **to my/her d.** para mi/su deleite; **he took d. in her failure** se alegró de su fracaso; **to take d. in doing sth** disfrutar haciendo algo; **the car is a d. to drive** *Esp* conducir *or Am* manejar ese coche *or Am* carro *or RP* auto es una delicia; **the delights of Blackpool** los encantos *or* placeres de la ciudad de Blackpool
2 *vt* deleitar, encantar
3 *vi* **to d. in doing sth** disfrutar haciendo algo

delighted [dɪˈlaɪtɪd] *adj* encantado(a); **to be d. (with sth)** estar encantado(a) (con algo); **I'm d. to see you** me alegro mucho de verte; **I'm d. that you can come** me alegra mucho que puedas venir; **I would be d. to attend** me encantaría poder asistir

delightedly [dɪˈlaɪtɪdlɪ] *adv* con alegría

delightful [dɪˈlaɪtfʊl] *adj (person, smile)* encantador(ora); *(meal, evening)* delicioso(a)

delightfully [dɪˈlaɪtfʊlɪ] *adv* maravillosamente

delimit [diːˈlɪmɪt] *vt* delimitar

delimiter [diːˈlɪmɪtə(r)] *n Comptr* delimitador *m*

delineate [dɪˈlɪnɪeɪt] *vt Formal (sketch)* delinear; *(plan, proposal)* detallar, especificar

delineation [dɪlɪnɪˈeɪʃən] *n Formal* descripción *f*

delinquency [dɪˈlɪŋkwənsɪ] *n* delincuencia *f*

delinquent [dɪˈlɪŋkwənt] *n & adj* delincuente *mf*

delirious [dɪˈlɪrɪəs] *adj* delirante; **to be d.** delirar; *Fig* **to be d. about sth** estar como loco(a) con algo

deliriously [dɪˈlɪrɪəslɪ] *adv* **to be d. happy** estar loco(a) de alegría

delirium [dɪˈlɪrɪəm] *n also Fig* delirio *m* ❑ *Med* ***d. tremens*** delírium *m* tremens

deliver [dɪˈlɪvə(r)] **1** *vt* (**a**) *(letter, parcel)* entregar (**to** a); IDIOM **to d. the goods**

cumplir (con lo esperado) (**b**) *(achieve) (result, victory, deal)* alcanzar, lograr (**c**) *(blow)* propinar; *(speech, verdict)* pronunciar; **to d. a service** prestar un servicio (**d**) *Med* **to d. a baby** traer al mundo a un niño; **the baby was delivered at 6.08 this morning** el niño nació a las 6.08 de esta mañana (**e**) *Literary (free)* **to d. sb from sth** *(from evil, temptation)* librar a alguien de algo; *(from prison, captivity)* liberar a alguien de algo
2 *vi* repartir; **we d.** repartimos a domicilio; *Fig* **their proposal is impressive, but can they d.?** la propuesta es impresionante, pero ¿podrán llevarla a la práctica?

deliverance [dɪ'lɪvərəns] *n Literary* liberación *f*

delivery [dɪ'lɪvərɪ] *n* (**a**) *(of letter, parcel)* entrega *f*; *(consignment)* envío *m*, entrega *f*; **to take d. of sth** recibir algo ❑ ***d. date*** fecha *f* de entrega; ***d. man*** repartidor *m*; ***d. van*** furgoneta *f* de reparto (**b**) *Med (of baby)* parto *m* ❑ ***d. room*** sala *f* de partos, paritorio *m* (**c**) *(style of speaking)* discurso *m*, oratoria *f* (**d**) *Literary (saving)* liberación *f* (**e**) *(in cricket)* lanzamiento *m*

dell [del] *n Literary* nava *f*, vallejo *m*

delouse [di:'laʊs] *vt* despiojar

delphinium [del'fɪnɪəm] *n* espuela *f* de caballero

delta ['deltə] *n* (**a**) *(Greek letter)* delta *f* (**b**) *(of river)* delta *m* (**c**) *Av* ***d. wing*** ala *f* supercrítica

deltoid ['deltɔɪd] *n Anat* **d. (muscle)** deltoides *m inv*

delude [dɪ'lu:d] *vt* engañar; **to d. oneself** engañarse

deluge ['delju:dʒ] **1** *n (of water)* diluvio *m*; *Fig (of letters, questions)* avalancha *f*, lluvia *f*
2 *vt also Fig* inundar (**with** de)

delusion [dɪ'lu:ʒən] *n* engaño *m*, ilusión *f*; **to be under a d.** estar engañado(a); **delusions of grandeur** delirios *mpl* de grandeza

de luxe [dɪ'lʌks] *adj* de lujo

delve [delv] *vi* rebuscar; **to d. into a bag** rebuscar en una bolsa; **to d. into the past** hurgar en el pasado

demagnetize [di:'mægnətaɪz] *vt Tech* desimantar, desmagnetizar

demagogue, *US* **demagog** ['deməgɒg] *n* demagogo(a) *m,f*

demand [dɪ'mɑ:nd] **1** *n* (**a**) *(request)* exigencia *f*; *(for pay rise)* demanda *f or* reivindicación *f* salarial; **to make demands on sb** exigir mucho de alguien; **I have a lot of demands on my time** estoy *or Esp* ando siempre muy ocupado; **by popular d.** a petición popular (**b**) *(for goods)* demanda *f* (**for** de); **to be in d.** estar muy solicitado(a)
2 *vt* (**a**) *(insist on)* exigir; **to d. to do sth** exigir *or* querer hacer algo; **to d. (that) sb do sth** exigir a alguien que haga algo; **to d. sth of sb** exigir algo a alguien (**b**) *(require)* requerir, exigir

demanding [dɪ'mɑ:ndɪŋ] *adj (person)* exigente; **to be d.** *(of job)* exigir mucho (esfuerzo); **he's a d. child** es un niño que da mucho trabajo

demarcate ['di:mɑ:keɪt] *vt Formal* delimitar, demarcar

demarcation [di:mɑ:'keɪʃən] *n* demarcación *f* ❑ *Ind* ***d. dispute*** = enfrentamiento entre grupos sindicales y la patronal sobre la delimitación de las tareas que sus miembros deben realizar en el trabajo; ***d. line*** línea *f* de demarcación

demean [dɪ'mi:n] *vt* **to d. oneself** rebajarse

demeaning [dɪ'mi:nɪŋ] *adj* degradante

demeanour, *US* **demeanor** [dɪ'mi:nə(r)] *n* comportamiento *m*, conducta *f*

demented [dɪ'mentɪd] *adj* demente; **to be d. with grief** estar trastornado(a) por el dolor

dementia [dɪ'menʃə] *n* demencia *f*

demerara sugar [demə'reərə'ʃʊgə(r)] *n* azúcar *m* moreno de caña

demerger [di:'mɜ:dʒə(r)] *n Br Com* separación *f*, disolución *f*

demerit [di:'merɪt] *n* (**a**) *Formal (fault, flaw)* demérito *m*, deficiencia *f* (**b**) *US Sch & Mil* falta *f (en el historial)*

demigod ['demɪgɒd] *n* semidiós *m*

demijohn ['demɪdʒɒn] *n* damajuana *f*

demilitarization [di:mɪlɪtəraɪ'zeɪʃən] *n* desmilitarización *f*

demilitarize [di:'mɪlɪtəraɪz] *vt* desmilitarizar

demilitarized zone [di:'mɪlɪtəraɪzd-'zəʊn] *n* zona *f* desmilitarizada

demise [dɪ'maɪz] *n Formal* desaparición *f*, extinción *f*

demisemiquaver [demɪ'semɪkweɪvə(r)] *n Mus* fusa *f*

demist [di:'mɪst] *vt Br Aut* desempañar

demister [di:'mɪstə(r)] *n Br Aut* luneta *f* térmica, dispositivo *m* antivaho

demo ['deməʊ] (*pl* **demos**) *n Fam* (**a**) *(protest)* mani *f* (**b**) *(musical)* maqueta *f* ❑ ***d. tape*** maqueta *f (cinta)* (**c**) *Comptr* demo *f* ❑ ***d. disk*** disco *m* de demostración

demob [di:'mɒb] (*pt & pp* **demobbed**) *vt Br Fam (troops)* licenciar, desmovilizar

demobilization [di:məʊbɪlaɪ'zeɪʃən] *n* licencia *f* (absoluta), desmovilización *f*

demobilize [di:'məʊbɪlaɪz] *vt* licenciar, desmovilizar

democracy [dɪ'mɒkrəsɪ] *n* democracia *f*

Democrat ['deməkræt] *n US (politician, voter)* demócrata *m,f*; **the Democrats** los demócratas, el partido demócrata

democrat ['deməkræt] *n* demócrata *mf*

Democratic [demə'krætɪk] *adj US Pol* demócrata

democratic [demə'krætɪk] *adj* democrático(a)

democratically [demə'krætɪklɪ] *adv* democráticamente

democratization [dɪmɒkrətaɪ'zeɪʃən] *n* democratización *f*

democratize [dɪ'mɒkrətaɪz] *vt* democratizar

demodulate [di:'mɒdjʊleɪt] *vt Rad* producir la desmodulación de

demographic [demə'græfɪk] *adj* demográfico(a)

demography [dɪ'mɒgrəfɪ] *n* demografía *f*

demolish [dɪ'mɒlɪʃ] *vt* (**a**) *(building)* demoler, derribar; *Fig (theory)* desbaratar; *(opponent)* aplastar (**b**) *Fam (food)* engullir, zamparse

demolition [demə'lɪʃən] *n* demolición *f*, derribo *m* ❑ ***d. derby*** = concurso en el que varios vehículos viejos chocan entre sí hasta que sólo queda uno en funcionamiento; ***d. squad*** equipo *m* de demolición

demon ['di:mən] *n* demonio *m*; *Fam* **he's a d. tennis player** es un fiera jugando al tenis; *Hum* **the d. drink** el veneno de la bebida

demonic [dɪ'mɒnɪk] *adj* demoníaco(a)

demonstrable [dɪ'mɒnstrəbəl] *adj* demostrable

demonstrably [dɪ'mɒnstrəblɪ] *adv* manifiestamente

demonstrate ['demənstreɪt] **1** *vt (fact, theory)* demostrar; **to d. how sth works** hacer una demostración de cómo funciona algo
2 *vi (politically)* manifestarse

demonstration [demən'streɪʃən] *n* (**a**) *(of fact, theory, skills)* demostración *f* (**b**) *(political)* manifestación *f*

demonstrative [dɪ'mɒnstrətɪv] *adj* (**a**) *(person)* efusivo(a), extravertido(a) (**b**) *Gram* demostrativo(a)

demonstrator ['demənstreɪtə(r)] *n* (**a**) *(political)* manifestante *mf* (**b**) *(of product)* demostrador(ora) *m,f* comercial

demoralize [dɪ'mɒrəlaɪz] *vt* desmoralizar

demoralizing [dɪ'mɒrəlaɪzɪŋ] *adj* desmoralizador(ora)

demote [dɪ'məʊt] *vt* (**a**) *(in army, organization)* degradar, relegar (a un puesto más bajo) (**b**) *Sport* **two teams were demoted** dos equipos fueron descendidos de categoría

demotic [dɪ'mɒtɪk] *adj Ling* popular, coloquial; **d. Greek** (griego *m*) demótico *m*

demotion [dɪ'məʊʃən] *n* (**a**) *(of person)* degradación *f* (**b**) *Sport* descenso *m* de categoría

demotivate [di:'məʊtɪveɪt] *vt* desmotivar

demur [dɪ'mɜ:(r)] (*pt & pp* **demurred**) *vi* objetar; **to d. at a suggestion** poner objeciones a una sugerencia

demure [dɪ'mjʊə(r)] *adj* recatado(a)

demurely [dɪ'mjʊəlɪ] *adv* recatadamente, con recato

demystify [di:'mɪstɪfaɪ] *vt* aclarar, clarificar

den [den] *n* (**a**) *(of animal)* guarida *f*; *Fig* **a d. of thieves** una cueva de ladrones; *Fig* **a d. of iniquity** un antro de depravación (**b**) *(room)* cuarto *m* privado, madriguera *f*

denationalization [diːnæʃənəlaɪ'zeɪʃən] *n* desnacionalización *f*

denationalize [diː'næʃənəlaɪz] *vt* desnacionalizar

denature [diː'neɪtʃə(r)] *vt* desnaturalizar

dendrite ['dendraɪt] *n Anat* dendrita *f*

deniable [dɪ'naɪəbəl] *adj* refutable, negable

denial [dɪ'naɪəl] *n* (**a**) *(of right, request)* denegación *f* (**b**) *(of accusation, guilt)* negación *f* (**c**) *Psy* **to be in d.** atravesar una fase de negación *or* rechazo

denier ['denɪə(r)] *n* denier *m*; **20 d. tights** medias de un denier 20

denigrate ['denɪgreɪt] *vt (person)* denigrar; *(ability, achievement)* despreciar, menospreciar

denigration [denɪ'greɪʃən] *n (of person)* trato *m* denigrante (**of** a); *(of sb's ability, achievement)* desprecio *m*, menosprecio *m*

denim ['denɪm] *n* tela *f* vaquera; **denims** *(jeans)* vaqueros *mpl*, *Méx* pantalones *mpl* de mezclilla, *Chile* bluyíns *nmpl*; **d. jacket** cazadora *f or Chile, RP* campera *f or Méx* chamarra *f* vaquera; **d. shirt** camisa *f* vaquera

denizen ['denɪzən] *n Literary & Hum* morador(ora) *m,f*

Denmark ['denmɑːk] *n* Dinamarca

denomination [dɪnɒmɪ'neɪʃən] *n* (**a**) *Rel* confesión *f* (**b**) *Fin* valor *m* (nominal)

denominational [dɪnɒmɪ'neɪʃənəl] *adj Rel* confesional

denominator [dɪ'nɒmɪneɪtə(r)] *n Math* denominador *m*

denotation [diːnəʊ'teɪʃən] *n Phil* denotación *f*

denote [dɪ'nəʊt] *vt Formal* denotar

denouement [deɪ'nuːmɒŋ] *n* desenlace *m*

denounce [dɪ'naʊns] *vt* (**a**) *(inform against)* denunciar (**b**) *(criticize publicly)* denunciar, condenar

dense [dens] *adj* (**a**) *(smoke, fog, traffic)* denso(a); *(jungle)* tupido(a); *(crowd)* nutrido(a) (**b**) *(text, article)* denso(a) (**c**) *Fam (stupid)* corto(a)

densely ['denslɪ] *adv* densamente; **d. packed** muy apretado(a); **d. populated** densamente poblado(a)

density ['densɪtɪ] *n* densidad *f*

dent [dent] **1** *n* abolladura *f*; *Fig* **the wedding made a d. in his savings** la boda le costó una buena parte de sus ahorros

2 *vt (car, metal)* abollar; *Fig (confidence, pride)* minar

dental ['dentəl] *adj* dental ▫ ***d. appointment*** cita *f* con el dentista; ***d. floss*** hilo *m or* seda *f* dental; ***d. hygiene*** higiene *f* dental; ***d. nurse*** enfermera *f* de dentista; ***d. practice*** clínica *f* dental, consulta *f* de dentista; ***d. surgeon*** odontólogo(a) *m,f*

dentine ['dentiːn], *US* **dentin** ['dentɪn] *n* dentina *f*

dentist ['dentɪst] *n* dentista *mf*; **to go to the d.** ir al dentista

dentistry ['dentɪstrɪ] *n (subject)* odontología *f*

dentition [den'tɪʃən] *n Anat* dentición *f*

dentures ['dentʃəz] *npl* **(set of) d.** dentadura *f* postiza

denude [dɪ'njuːd] *vt* **to be denuded of** estar desprovisto(a) de

denunciation [dɪnʌnsɪ'eɪʃən] *n* (**a**) *(accusation)* denuncia *f* (**b**) *(criticism)* denuncia *f*, condena *f*

deny [dɪ'naɪ] *vt* (**a**) *(right, request)* denegar; **to d. sb his rights** denegar *or* negar a alguien sus derechos; **to d. oneself sth** privarse de algo (**b**) *(accusation, fact)* negar; *(rumour)* desmentir; **to d. doing sth, to d. having done sth** negar haber hecho algo; **there's no denying that…** es innegable que…; **to d. all knowledge of sth** negar tener conocimiento de algo

deodorant [diː'əʊdərənt] *n* desodorante *m*

deodorize [diː'əʊdəraɪz] *vt* desodorizar, eliminar el mal olor de

deoxidize [diː'ɒksɪdaɪz] *vt Chem* desoxidar

deoxygenate [diː'ɒksɪdʒəneɪt] *vt Chem* desoxigenar

deoxyribonucleic acid [diː'ɒksɪraɪbəʊnjuː'kleɪk'æsɪd] *n Biochem* ácido *m* desoxirribonucleico

dep *Rail* (*abbr* **departure**) salida *f*

depart [dɪ'pɑːt] **1** *vi (leave)* salir (**from** de); **to d. from** *(tradition, subject, truth)* desviarse de; **the Glasgow train will d. from platform 6** el tren con destino a Glasgow efectuará su salida por la vía 6

2 *vt Literary* **to d. this life** dejar este mundo, pasar a mejor vida

departed [dɪ'pɑːtɪd] **1** *n* **the d.** los difuntos

2 *adj (dead)* difunto(a); **his dear d.** su difunta esposa, su esposa que en paz descanse

department [dɪ'pɑːtmənt] *n* (**a**) *(in company, shop)* departamento *m*; *Fig* **that's not my d.** eso no es de mi competencia ▫ ***d. store*** grandes almacenes *mpl* (**b**) *(in university, school)* cátedra *f*, departamento *m* (**c**) *(of government)* ministerio *m*

departmental [diːpɑːt'mentəl] *adj* de departamento ▫ ***d. head*** jefe(a) *m,f* de departamento

departure [dɪ'pɑːtʃə(r)] *n* (**a**) *(of plane, train)* salida *f* ▫ ***d. lounge*** *(in airport)* sala *f* de embarque; ***d. time*** hora *f* de salida (**b**) *(of person) (from place)* partida *f*; *(from competition)* salida *f* (**c**) *(from tradition, subject, truth)* alejamiento *m*; **a new d.** un camino distinto, una innovación

depend [dɪ'pend] *vi* depender (**on** de); **that/it depends** depende; **to d. on sb** *(be dependent on)* depender de alguien; *(count on)* confiar en alguien; **we d. on oil for our prosperity** nuestra prosperidad depende del petróleo; **that depends on you** eso depende de ti; **it depends on how much money I have** depende de cuánto dinero tenga; *Ironic* **you can d. on him to be late** puedes estar seguro(a) de que llegará tarde

dependability [dɪpendə'bɪlɪtɪ] *n (of person)* formalidad *f*; *(of car)* fiabilidad *f*

dependable [dɪ'pendəbəl] *adj (person)* formal; *(friend)* leal; *(car)* fiable, *Am* confiable

dependant [dɪ'pendənt] *n* **his/her dependants** las personas a su cargo

dependence [dɪ'pendəns] *n* dependencia *f* (**on** de)

dependency [dɪ'pendənsɪ] *n (territory)* dependencia *f* ▫ ***d. culture*** cultura *f* de la dependencia del Estado

dependent [dɪ'pendənt] *adj* dependiente; **to be d. on** depender de

depending [dɪ'pendɪŋ] *adv* **d. on** dependiendo de

depersonalize [diː'pɜːsənəlaɪz] *vt* despersonalizar, deshumanizar

depict [dɪ'pɪkt] *vt (of painting)* retratar, plasmar; *(of book, piece of writing)* describir

depiction [dɪ'pɪkʃən] *n (picture)* representación *f*; *(description)* descripción *f*

depilate ['depɪleɪt] *vt* depilar

depilatory [dɪ'pɪlətərɪ] *adj* depilatorio(a)

deplane [diː'pleɪn] *vi US* desembarcar del avión, abandonar el avión

deplete [dɪ'pliːt] *vt* mermar; **to be seriously depleted** haber disminuido mucho

depletion [dɪ'pliːʃən] *n* disminución *f*, merma *f*; **the d. of the ozone layer** la degradación de la capa de ozono

deplorable [dɪ'plɔːrəbəl] *adj* deplorable

deplorably [dɪ'plɔːrəblɪ] *adv* deplorablemente

deplore [dɪ'plɔː(r)] *vt* deplorar

deploy [dɪ'plɔɪ] *vt* desplegar

deployment [dɪ'plɔɪmənt] *n* despliegue *m*

depoliticize [diːpə'lɪtɪsaɪz] *vt* despolitizar

deponent [dɪ'pəʊnənt] *n Law* declarante *mf*

depopulate [diː'pɒpjʊleɪt] *vt* despoblar

depopulated [diː'pɒpjʊleɪtɪd] *adj* despoblado(a); **to become d.** despoblarse

depopulation [diːpɒpjʊ'leɪʃən] *n* despoblación *f*

deport [dɪ'pɔːt] *vt* deportar

deportation [diːpɔː'teɪʃən] *n* deportación *f*

deportee [diːpɔː'tiː] *n* deportado(a) *m,f*

deportment [dɪ'pɔːtmənt] *n Formal* porte *m*

depose [dɪ'pəʊz] *vt* deponer

deposit [dɪ'pɒzɪt] **1** *n* (**a**) *(in bank account)* depósito *m*; **to make a d.** hacer *or* realizar un depósito *or Esp* ingreso ▫ *Br* ***d. account*** cuenta *f* de depósito *or* a plazo (**b**) *(returnable)* señal *f*, fianza *f*; *(first payment)* entrada *f*; **to put down a d. (on sth)** pagar la entrada (de algo); *Br Pol* **to lose one's d.** = perder el dinero depositado al presentarse como candidato por no haber sacado suficientes votos (**c**) *(of minerals)* yacimiento *m*; *(of wine)* poso *m*

2 *vt* **(a)** *(put down, leave)* depositar **(b)** *(in bank account)* ingresar

depositary [dɪˈpɒzɪtərɪ] *n Formal* depositario(a) *m,f*

deposition [diːpəˈzɪʃən] *n Law* declaración *f*

depositor [dɪˈpɒzɪtə(r)] *n Fin* depositante *mf*

depository [dɪˈpɒzɪtərɪ] *n (store)* depósito *m*, almacén *m*; *(for furniture)* guardamuebles *m inv*

depot [ˈdepəʊ] *n* **(a)** *Mil* depósito *m*; *Com* almacén *m* **(b)** *Br (for keeping and repairing buses)* cochera *f* **(c)** *US (bus station)* estación *f or* terminal *f* de autobuses

depravation [deprəˈveɪʃən] *n* depravación *f*

depraved [dɪˈpreɪvd] *adj* depravado(a)

depravity [dɪˈprævɪtɪ] *n* depravación *f*

deprecate [ˈdeprɪkeɪt] *vt Formal* censurar; **to d. sb's efforts** restar importancia *or* mérito a los esfuerzos de alguien

deprecating [ˈdeprɪkeɪtɪŋ], **deprecatory** [ˈdeprɪkeɪtərɪ] *adj* de desaprobación; **to be d. about sth/sb** mostrar desaprobación por algo/alguien

depreciate [dɪˈpriːʃɪeɪt] *vi* depreciarse

depreciation [dɪpriːʃɪˈeɪʃən] *n* depreciación *f*

depredation [deprəˈdeɪʃən] *n Formal* **depredations** *(of war, time)* estragos *mpl*; **environmental d.** estragos en el medio ambiente

depress [dɪˈpres] *vt* **(a)** *(person)* deprimir **(b)** *(prices)* hacer bajar; *(economy)* deprimir **(c)** *Formal (push down) (button)* pulsar; *(clutch)* presionar

depressant [dɪˈpresənt] *Med* **1** *n (sedative)* depresor *m*

2 *adj* depresor(ora)

depressed [dɪˈprest] *adj* **(a)** *(person)* deprimido(a); **to be d.** estar deprimido(a); **to make sb d.** deprimir a alguien **(b)** *(economy)* deprimido(a)

depressing [dɪˈpresɪŋ] *adj* deprimente

depressingly [dɪˈpresɪŋlɪ] *adv* **d. slow** de una lentitud deprimente; **his lack of interest was d. clear** su clara falta de interés era deprimente

depression [dɪˈpreʃən] *n* **(a)** *(of person)* depresión *f* **(b)** *(of economy)* depresión *f* **(c)** *Met* depresión *f* atmosférica, zona *f* de bajas presiones

depressive [dɪˈpresɪv] *Med* **1** *n (person)* depresivo(a) *m,f*

2 *adj* depresivo(a); **he had a tendency to be d.** tendía a deprimirse *or* a la depresión ▫ ***d. disorder*** trastorno *m* depresivo

depressurize [diːˈpreʃəraɪz] *vt* despresurizar

deprivation [deprɪˈveɪʃən] *n* privación *f*

deprive [dɪˈpraɪv] *vt* **to d. sb of sth** privar a alguien de algo

deprived [dɪˈpraɪvd] *adj (background, area)* desfavorecido(a)

dept *(abbr* **department***)* dpto.

depth [depθ] *n* **(a)** *(of water, hole)* profundidad *f*; **to be out of one's d.** *(in water)* no hacer pie; *Fig* **she was out of her d. in her new job/in the competition** el nuevo trabajo/el campeonato le venía grande ▫ *Mil* ***d. charge*** carga *f* de profundidad

(b) *(of sleep, feeling, knowledge)* profundidad *f*; **in d.** *(investigate, discuss)* a fondo, en profundidad

(c) *(of colour)* intensidad *f*; *(of sound)* gravedad *f*

(d) *Phot* ***d. of field*** profundidad *f* de campo

(e) the depths *(of ocean)* las profundidades (marinas); **the depths of despair** la más absoluta desesperación; **in the depths of winter** en pleno invierno

deputation [depjʊˈteɪʃən] *n* delegación *f*

depute [dɪˈpjuːt] *vt* **to d. sb to do sth** delegar en alguien para que haga algo

deputize [ˈdepjʊtaɪz] *vi* **to d. for sb** suplir a alguien

deputy [ˈdepjʊtɪ] *n* **(a)** *(substitute)* sustituto(a) *m,f*; *(second-in-command)* asistente *mf*, lugarteniente *mf* ▫ ***d. manager*** director(ora) *m,f* adjunto(a); ***d. prime minister*** vicepresidente(a) *m,f* del Gobierno **(b)** *(political representative)* diputado(a) *m,f* **(c)** *US (policeman)* ayudante *mf* del sheriff

derail [diːˈreɪl] **1** *vt* **to be derailed** *(of train)* descarrilar; *Fig (of project, plan)* fracasar

2 *vi (of train)* descarrilar

derailleur [dɪˈreɪlɪə(r)] *n* cambio *m* de marchas

derailment [dɪˈreɪlmənt] *n* descarrilamiento *m*

deranged [dɪˈreɪndʒd] *adj* perturbado(a); **to be d.** estar perturbado(a)

derby *n* **(a)** [ˈdɑːbɪ] *Br Sport* derby *m* **(b)** [ˈdɜːrbɪ] *US (hat)* bombín *m*, sombrero *m* hongo

deregulate [diːˈregjʊleɪt] *vt Com & Econ* liberalizar, desregular

deregulation [diːregjʊˈleɪʃən] *n Com & Econ* liberalización *f*, desregulación *f*

derelict [ˈderəlɪkt] **1** *adj* ruinoso(a), en ruinas

2 *n (person)* indigente *mf*

dereliction [derɪˈlɪkʃən] *n* ruina *f* ▫ ***d. of duty*** incumplimiento *m* del deber

deride [dɪˈraɪd] *vt* ridiculizar, burlarse de

de rigueur [dɪrɪˈgɜː(r)] *adj* de rigor

derision [dɪˈrɪʒən] *n* burla *f*, escarnio *m*; **to be an object of d.** ser objeto de burla

derisive [dɪˈraɪsɪv] *adj* burlón(ona)

derisory [dɪˈraɪsərɪ] *adj* irrisorio(a)

derivable [dɪˈraɪvəbəl] *adj* deducible (**from** de)

derivation [derɪˈveɪʃən] *n* **(a)** *(of word)* origen *m* **(b)** *Mat* derivación *f*

derivative [dɪˈrɪvətɪv] **1** *n* derivado *m*

2 *adj Pej* poco original

derive [dɪˈraɪv] **1** *vt (pleasure, satisfaction)* encontrar (**from** en); *(benefit, profit)* obtener (**from** de); **to be derived from** *(of name, behaviour)* derivar *or* provenir de

2 *vi* **to d. from** derivar *or* provenir de

dermatitis [dɜːməˈtaɪtɪs] *n Med* dermatitis *f inv*

dermatological [dɜːmətəˈlɒdʒɪkəl] *adj Med* dermatológico(a)

dermatologist [dɜːməˈtɒlədʒɪst] *n Med* dermatólogo(a) *m,f*

dermatology [dɜːməˈtɒlədʒɪ] *n Med* dermatología *f*

dermis [ˈdɜːmɪs] *n Anat* dermis *f inv*

derogatory [dɪˈrɒgətərɪ] *adj* despectivo(a)

derrick [ˈderɪk] *n* torre *f* de perforación

derrière [derɪˈeə(r)] *n Euph & Hum* trasero *m*

derv [dɜːv] *n Br (fuel)* gasóleo *m*, gasoil *m*

desalination [diːsælɪˈneɪʃən] *n* desalinización *f* ▫ ***d. plant*** planta *f* desalinizadora

descale [diːˈskeɪl] *vt* quitar la cal *or* el sarro a

descant [ˈdeskænt] *n Mus* contrapunto *m* ▫ ***d. recorder*** flautín *m*

descend [dɪˈsend] **1** *vt* **(a)** *(hill, stairs)* descender por, bajar

(b) *(be related to)* **to be descended from sb** descender de alguien

2 *vi* **(a)** *(come down)* descender; **darkness descended** cayó la noche; **silence descended on the battlefield** el campo de batalla quedó sumido en el silencio; **a mood of despair descended upon the country** el país quedó sumido en un sentimiento de desesperación; **every summer tourists d. on the city** todos los veranos los turistas invaden la ciudad; **the children descended on the table of goodies** los niños se abalanzaron *or* lanzaron sobre la mesa de golosinas; **we can't all d. on him without warning** *(visit en masse)* no podemos presentarnos allí todos sin avisar

(b) *(demean oneself)* **to d. to sb's level** rebajarse al nivel de alguien

(c) to d. from sb *(be related to)* descender de alguien

descendant [dɪˈsendənt] *n* descendiente *m*

descending [dɪˈsendɪŋ] *adj* **(a) in d. order** *(of priority, size)* en orden descendente **(b)** *Mus* descendente

descent [dɪˈsent] *n* **(a)** *(of plane, from mountain)* descenso *m* **(b)** *(ancestry)* ascendencia *f*; **of Mexican d.** de ascendencia mexicana **(c)** *(slope)* bajada *f*, pendiente *f* (cuesta abajo)

descramble [diːˈskræmbəl] *vt* descodificar

describe [dɪsˈkraɪb] *vt* **(a)** *(depict verbally)* describir; **she describes herself as an artist** se define a sí misma como artista **(b)** *Formal (draw) (circle, line)* describir, trazar

description [dɪsˈkrɪpʃən] *n* descripción *f*; **to give a d. (of)** dar *or* hacer una descripción (de); **to answer** *or* **fit the d.** responder a la descripción; **I don't know anyone of that d.** no conozco a nadie con esa descripción; **beyond d.** indescriptible;

birds of all descriptions todo tipo de aves; **she's a journalist of some d.** es periodista, no sé de qué tipo exactamente

descriptive [dɪs'krɪptɪv] *adj* descriptivo(a)

descriptor [dɪs'krɪptə(r)] *n Comptr* descriptor *m*

desecrate ['desɪkreɪt] *vt* profanar

desecration [desɪ'kreɪʃən] *n* profanación *f*

desegregate [di:'segrɪgeɪt] *vt* terminar con la segregación racial en

desegregation [di:segrɪ'geɪʃən] *n* eliminación *f* de la segregación racial (**of** en)

deselect [di:sɪ'lekt] *vt Br Pol* no reelegir como candidato(a)

desensitize [di:'sensɪtaɪz] *vt (emotionally)* insensibilizar; **children have become desensitized to violence** los niños se han hecho insensibles a la violencia

desert¹ ['dezət] *n* desierto *m*; **d. region** región *f* desértica; **d. storm** tormenta *f* del desierto ❑ ***d. boots*** botas *fpl* de ante *(con cordones)*; ***d. island*** isla *f* desierta

desert² [dɪ'zɜ:t] **1** *vt (place, family)* abandonar; *Fig* **his courage deserted him** el valor le abandonó

2 *vi (from army)* desertar

deserted [dɪ'zɜ:tɪd] *adj* desierto(a)

deserter [dɪ'zɜ:tə(r)] *n* desertor(ora) *m,f*

desertification [dɪzɜ:tɪfɪ'keɪʃən] *n* desertización *f*

desertion [dɪ'zɜ:ʃən] *n* (**a**) *Law* abandono *m* del hogar (**b**) *Mil* deserción *f*

deserts [dɪ'zɜ:ts] *npl* IDIOM **he got his just d.** recibió su merecido

deserve [dɪ'zɜ:v] *vt* merecer, merecerse, *Am* ameritar; **to d. (to do) sth** merecer *or Am* ameritar (hacer) algo; **the case deserves serious consideration** el caso merece *or Am* amerita toda nuestra atención; **she got what she deserved** recibió su merecido; **to d. whatever or everything one gets** merecérselo

deservedly [dɪ'zɜ:vɪdlɪ] *adv* merecidamente; **she was d. reprimanded** fue reprendida, y con razón

deserving [dɪ'zɜ:vɪŋ] *adj* **to be d. of sth** ser digno(a) *or* merecedor(ora) de algo; **a d. case** un caso merecedor de ayuda

desiccated ['desɪkeɪtɪd] *adj* (**a**) *(dried)* seco(a), desecado(a) ❑ ***d. coconut*** coco *m* rallado y seco (**b**) *Fig (person)* seco(a), rancio(a)

design [dɪ'zaɪn] **1** *n* (**a**) *(decorative pattern)* dibujo *m*, motivo *m* (**b**) *(style) (of car, furniture, clothes)* modelo *m*, diseño *m*; **our latest d.** nuestro último modelo (**c**) *(drawing) (of building, machine)* diseño *m* (**d**) *(subject)* diseño *m* (**e**) *(planning) (of product, machine)* diseño *m*; **it's still at the d. stage** todavía se halla en fase de diseño (**f**) *(intention)* propósito *m*; **by d.** a propósito; **to have designs on sb/sth** tener las miras puestas en alguien/algo

2 *vt (building, vehicle, clothes)* diseñar; **the book is designed for children** el libro está pensado *or* concebido para los niños; **his remarks were designed to shock** sus comentarios pretendían escandalizar

designate ['dezɪgneɪt] **1** *vt (person)* designar; **to d. sb to do sth** designar a alguien para hacer algo; **he designated her as his successor** la nombró su sucesora; **this area has been designated a national park** esta zona ha sido declarada parque nacional

2 *adj* designado(a), nombrado(a)

designated hitter ['dezɪgneɪtɪd'hɪtə(r)] *n (in baseball)* bateador(ora) *m,f* designado(a)

designation [dezɪg'neɪʃən] *n* (**a**) *(appointment)* nombramiento *m* (**b**) *(title)* denominación *f*

designer [dɪ'zaɪnə(r)] *n* diseñador(ora) *m,f*; **(set) d.** *Th* escenógrafo(a) *m,f*; *Cin* decorador(ora) *m,f* ❑ ***d. clothes*** ropa *f* de diseño; ***d. drugs*** drogas *fpl* de diseño

desirability [dɪzaɪərə'bɪlɪtɪ] *n (of outcome)* conveniencia *f*; *(of person)* atractivo *m*

desirable [dɪ'zaɪərəbəl] *adj (attractive)* apetecible; *(sexually)* deseable; *(appropriate)* deseable; **a knowledge of French is d.** *(in job advert)* se valorarán los conocimientos de francés; **d. residence** *(in advert)* propiedad *f* impecable

desire [dɪ'zaɪə(r)] **1** *n* deseo *m*; **I feel no d. to go** no me apetece *or Col, Méx, Ven* provoca nada ir

2 *vt* desear; **to d. (to do) sth** desear (hacer) algo; **it leaves a lot to be desired** deja mucho que desear

desirous [dɪ'zaɪərəs] *adj Formal* deseoso(a) (**of** de)

desist [dɪ'sɪst] *vi Formal* desistir (**from** de)

desk [desk] *n* (**a**) *(in school)* pupitre *m*; *(in office)* mesa *f*, escritorio *m* ❑ ***d. diary*** agenda *f*; ***a d. job*** un trabajo de oficina; ***d. lamp*** lámpara *f* de mesa *or* de escritorio (**b**) *(in hotel)* mostrador *m* (**c**) *Journ* sección *f*

desk-bound ['deskbaʊnd] *adj* **a d. job** un trabajo de oficina; **he doesn't like being d.** no le gusta tener que trabajar en la oficina

deskilling [di:'skɪlɪŋ] *n* = proceso de pérdida de la aportación humana en un trabajo como resultado de la introducción de una nueva tecnología

desktop ['desktɒp] *n Comptr* ***d. computer*** *Esp* ordenador *m or Am* computadora *f* de sobremesa; ***d. publishing*** autoedición *f*

desolate ['desələt] *adj (place)* desolado(a); *(person, look)* desolado(a), afligido(a); *(future, prospect)* desolador(ora)

desolation [desə'leɪʃən] *n (of landscape, person, defeated country)* desolación *f*

despair [dɪs'peə(r)] **1** *n* desesperación *f*; **to be in d.** estar desesperado(a); **to drive sb to d.** llevar a alguien a la desesperación

2 *vi* desesperarse; **to d. of doing sth** perder la esperanza de hacer algo; **I d. of you** contigo me desespero, no sé qué voy a hacer contigo

despairing [dɪ'speərɪŋ] *adj* de desesperación

despairingly [dɪ'speərɪŋlɪ] *adv* con desesperación, desesperadamente

despatch = **dispatch**

desperado [despə'rɑ:dəʊ] (*pl* **desperados**) *n* forajido(a) *m,f*

desperate ['despərət] *adj (person, situation)* desesperado(a); **to be d.** *(of person)* estar desesperado(a); **to be d. to do sth** morirse de ganas de hacer algo; **to be d. for sth, to be in d. need of sth** necesitar algo desesperadamente; *Fam* **I'm d. for a cigarette** me muero por un cigarrillo; **these are d. times** corren tiempos muy difíciles

desperately ['despərətlɪ] *adv (fight, plead)* desesperadamente; *(in love)* perdidamente; **d. ill** gravísimamente enfermo(a); **to be d. sorry about sth** lamentar algo muchísimo; **to d. need sth** necesitar algo desesperadamente

desperation [despə'reɪʃən] *n* desesperación *f*; **in d.** presa de la desesperación; **she did it in d.** lo hizo por desesperación *or* a la desesperada

despicable [dɪ'spɪkəbəl] *adj* despreciable

despise [dɪ'spaɪz] *vt* despreciar

despite [dɪ'spaɪt] *prep* a pesar de, pese a

despoil [dɪ'spɔɪl] *vt Literary* expoliar, saquear

despondency [dɪ'spɒndənsɪ] *n* desánimo *m*, abatimiento *m*

despondent [dɪ'spɒndənt] *adj* desanimado(a), abatido(a); **to be d.** estar desanimado(a) *or* abatido(a); **to become d.** desanimarse, abatirse

despondently [dɪ'spɒndəntlɪ] *adv* con desánimo, con aire abatido

despot ['despɒt] *n* déspota *mf*

despotic [dɪs'pɒtɪk] *adj* despótico(a)

despotism ['despətɪzəm] *n* despotismo *m*

des res ['dez'rez] *n Br* (*abbr* **desirable residence**) *(in advert)* propiedad *f* impecable; *Fam Hum* pisito *m*

dessert [dɪ'zɜ:t] *n* postre *m* ❑ ***d. wine*** vino *m* dulce

dessertspoon [dɪ'zɜ:tspu:n] *n* cuchara *f or Ven* cucharilla *f* de postre; *(as measurement)* cucharada *f* de las de postre

destabilize [di:'steɪbəlaɪz] *vt* desestabilizar

destination [destɪ'neɪʃən] *n* (lugar *m* de) destino *m* ❑ *Comptr* ***d. disk*** disco *m* de destino; ***d. drive*** unidad *f* (de disco) de destino

destine ['destɪn] *vt* destinar

destined ['destɪnd] *adj* (**a**) *(meant)* destinado(a); **to be d. to do sth** estar destinado a hacer algo (**b**) *(of plane, ship)* **d. for** con destino *or* rumbo a

destiny ['destɪnɪ] *n* destino *m*, sino *m*

destitute ['destɪtju:t] *adj (needy)* indigente; **to be utterly d.** estar en la miseria

destitution [destɪ'tju:ʃən] *n* indigencia *f*; **to live in d.** vivir en la indigencia

destroy [dɪ'strɔɪ] *vt* (**a**) *(damage, ruin)* destruir; *(health, career, reputation)* acabar con, destruir; **he was destroyed by his wife's death** la muerte de su esposa le dejó deshecho *or* destrozado (**b**) *(kill) (sick or* *unwanted animal)* sacrificar; *(vermin)* acabar con, destruir (**c**) *(defeat)* arrasar, aplastar

destroyer [dɪ'strɔɪə(r)] *n Naut* destructor *m*

destruction [dɪ'strʌkʃən] *n (action)* destrucción *f*; *(damage)* destrozos *mpl*

destructive [dɪ'strʌktɪv] *adj* destructivo(a); **d. criticism** crítica *f* destructiva

desultory ['desəltərɪ] *adj (attempt, manner)* sin convicción, desganado(a); **to have a d. conversation** mantener a desgana una conversación *or CAm, Méx* plática

detach [dɪ'tætʃ] *vt* separar (**from** de); **to d. oneself from sth** distanciarse de algo

detachable [dɪ'tætʃəbəl] *adj (cover, handle)* extraíble; *(accessories)* desmontable; *(hood)* de quita y pon

detached [dɪ'tætʃt] *adj* (**a**) *(separate)* separado(a); **to become** *or* **get d. from sth** alejarse *or* separarse de algo; **to become d. from reality** perder el contacto con la realidad ▫ *Br **d. house*** casa *f or* chalé *m* individual; *Med **d. retina*** desprendimiento *m* de retina (**b**) **to be d.** *(objective)* ser imparcial; *(cold, distant)* ser despegado(a) *or* distante

detachment [dɪ'tætʃmənt] *n* (**a**) *(military unit)* destacamento *m* (**b**) *(objectivity)* imparcialidad *f*; *(coldness)* despego *m*, desapego *m*; **with an air of d.** con (aire de) despego *or* desapego

detail ['di:teɪl] **1** *n* (**a**) *(item of information)* detalle *m*; **details** *(information)* detalles *mpl*; *(address and phone number)* datos *mpl*; **to pay attention to d.** prestar atención a los pequeños detalles; **to go into detail(s)** entrar en detalles; **it's not important, it's just a d.** es sólo un detalle sin importancia; **in d.** en *or* con detalle; **minor details** detalles sin importancia (**b**) *Mil (group of soldiers)* piquete *m*, cuadrilla *f*

2 *vt* (**a**) *(describe)* detallar (**b**) **to d. sb to do sth** encomendar a alguien hacer algo

detailed ['di:teɪld] *adj* detallado(a)

detain [dɪ'teɪn] *vt (suspect)* detener; **such details need not d. us** no deberíamos entretenernos en estos detalles

detainee [di:teɪ'ni:] *n* detenido(a) *m,f*

detect [dɪ'tekt] *vt (of person)* percibir; *(of machine)* detectar; *(source of a problem)* identificar, hallar

detectable [dɪ'tektəbəl] *adj (by person)* perceptible; *(by machine, device)* detectable

detection [dɪ'tekʃən] *n (of mines, planes)* detección *f*; *(by detective)* investigación *f*; **to escape d.** no ser detectado(a)

detective [dɪ'tektɪv] *n* detective *mf* ▫ ***d. agency*** *or* ***bureau*** agencia *f* de detectives; ***d. story*** relato *m* detectivesco; ***d. work*** investigación *f*

detector [dɪ'tektə(r)] *n (device)* detector *m*

détente [deɪ'tɒnt] *n* distensión *f (entre países)*

detention [dɪ'tenʃən] *n* (**a**) *Law* detención *f*, arresto *m*; **in d.** bajo arresto ▫ ***d. centre*** centro *m* de internamiento *or* reclusión de menores; ***d. order*** orden *f* de arresto (**b**) *Sch* **to get d.** = ser castigado a quedarse en el colegio después de terminadas las clases

deter [dɪ'tɜ:(r)] (*pt & pp* **deterred**) *vt* disuadir (**from** de); **to d. sb from doing sth** disuadir a alguien de que haga algo

detergent [dɪ'tɜ:dʒənt] *n* detergente *m*

deteriorate [dɪ'tɪərɪəreɪt] *vi (of situation, health, relations)* deteriorarse; *(of weather)* empeorar

deterioration [dɪtɪərɪə'reɪʃən] *n (of situation, health, relations)* deterioro *m*; *(of weather)* empeoramiento *m*

determinable [dɪ'tɜ:mɪnəbəl] *adj* concretable, determinable

determinant [dɪ'tɜ:mɪnənt] *n Formal* factor *m* determinante

determination [dɪtɜ:mɪ'neɪʃən] *n (resoluteness)* decisión *f*, determinación *f*

determine [dɪ'tɜ:mɪn] *vt* (**a**) *(decide)* decidir, resolver; **to d. to do sth** tomar la determinación de hacer algo (**b**) *(cause, date)* determinar

determined [dɪ'tɜ:mɪnd] *adj* decidido(a), resuelto(a); **to be d. to do sth** estar decidido(a) a hacer algo; **I'm d. that this will not happen again** estoy empeñado en que esto no vuelva a suceder

determinedly [dɪ'tɜ:mɪndlɪ] *adv* decididamente, con determinación

determinism [dɪ'tɜ:mɪnɪzəm] *n* determinismo *m*

deterrence [dɪ'terəns] *n* disuasión *f*

deterrent [dɪ'terənt] **1** *n* elemento *m* de disuasión; **to act as a d.** tener un efecto disuasorio

2 *adj* disuasivo(a), disuasorio(a)

detest [dɪ'test] *vt* detestar

detestable [dɪ'testəbəl] *adj* detestable, odioso(a)

detestation [di:tes'teɪʃən] *n Formal* odio *m*, aborrecimiento *m* (**of** a)

dethrone [di:'θrəʊn] *vt* destronar

detonate ['detəneɪt] **1** *vt* explosionar, hacer explotar

2 *vi* detonar, explotar

detonation [detə'neɪʃən] *n* detonación *f*

detonator ['detəneɪtə(r)] *n* detonador *m*

detour ['di:tʊə(r)] *n* desvío *m*; **to make a d.** dar un rodeo

detoxification [di:tɒksɪfɪ'keɪʃən], *Fam* **detox** ['di:tɒks] *n* desintoxicación *f* ▫ ***d. centre/programme*** centro *m*/programa *m* de desintoxicación

detoxify [di:'tɒksɪfaɪ] *vt (person)* desintoxicar; *(substance)* purificar, eliminar la toxicidad de

▸**detract from** [dɪ'trækt] *vt insep* disminuir, mermar; *(achievement, contribution)* restar importancia *or* valor a; **the oil refinery detracts from the beauty of the place** la refinería de petróleo resta belleza al lugar

detractor [dɪ'træktə(r)] *n* detractor(ora) *m,f*

detrain [di:'treɪn] *vi US* apearse, bajar del tren

detriment ['detrɪmənt] *n* **to the d. of...** en detrimento de...; **without d. to...** sin perjuicio para...

detrimental [detrɪ'mentəl] *adj* perjudicial (**to** para); **to have a d. effect on** perjudicar

detritus [dɪ'traɪtəs] *n* detrito *m*

deuce [dju:s] *n (in tennis)* deuce *m*

deuterium [dʒu:'tɪərɪəm] *n Chem* deuterio *m*

Deutschmark ['dɔɪtʃmɑ:k] *n* marco *m* alemán

devaluation [di:væljʊ'eɪʃən] *n* devaluación *f*

devalue [di:'vælju:] *vt* (**a**) *(currency)* devaluar (**b**) *(person, achievements, efforts)* restar mérito a

devastate ['devəsteɪt] *vt (crops, village)* devastar

devastated ['devəsteɪtɪd] *adj (crops, village)* devastado(a); *(expression)* consternado(a); **I was d. by the news** la noticia me dejó destrozado *or* consternado

devastating ['devəsteɪtɪŋ] *adj* (**a**) *(storm, bombardment)* devastador(ora); *(news, discovery)* desolador(ora), terrible; *(argument, criticism)* demoledor(ora) (**b**) *(charm, beauty)* arrollador(ora)

devastatingly ['devəsteɪtɪŋlɪ] *adv* **d. effective** de efectos devastadores; **d. frank/direct** terriblemente *or* tremendamente franco/directo; **d. beautiful/handsome** de una belleza arrolladora

devastation [devəs'teɪʃən] *n* devastación *f*

develop [dɪ'veləp] **1** *vt* (**a**) *(region)* desarrollar; *(site)* urbanizar; **developed countries** países *mpl* desarrollados (**b**) *(acquire) (infection)* contraer; *(habit)* adquirir; **to d. a fault** *(of machine)* empezar a fallar; **to d. a liking for sth** tomar afición a algo; **to d. a taste for sth** agarrarle *or Esp* cogerle el gusto a algo (**c**) *(theory, argument, design, product)* desarrollar; *(skills)* perfeccionar (**d**) *Phot* revelar

2 *vi* (**a**) *(of body, region, trade)* desarrollarse; **to d. into sth** transformarse *or* convertirse en algo; **as the story developed,...** a medida que la historia se iba desarrollando,... (**b**) *(become apparent)* surgir

developer [dɪ'veləpə(r)] *n* (**a**) *(of land)* promotor(ora) *m,f* inmobiliario(a) (**b**) *(person)* **a slow d.** una persona lenta en su desarrollo (**c**) *Phot* revelador *m*, líquido *m* de revelado (**d**) *Comptr* desarrollador(a) *m,f*

developing [dɪ'veləpɪŋ] *adj (region, country)* en (vías de) desarrollo; *(crisis)* creciente

development [dɪ'veləpmənt] *n* (**a**) *(growth, expansion)* desarrollo *m* ▫ ***d. aid*** ayuda *f* al desarrollo; *Br **d. area*** = área deprimida en la que el gobierno fomenta la creación de nuevas industrias; *Econ **d. potential*** potencial *m* de explotación

(**b**) *(progress, change)* cambio *m*, variación *f*; **recent developments in the industry**

la evolución reciente de la industria; **there have been some interesting developments** se han dado novedades interesantes; **to await further developments** esperar a ver cómo se desarrolla la situación; **the latest developments in medical research** los últimos avances de la investigación médica
(**c**) *(of argument, product, method)* desarrollo *m*
(**d**) *(of land)* urbanización *f*
(**e**) *(housing project)* urbanización *f*

developmental [dɪveləp'mentəl] *adj* de desarrollo

deviance ['di:vɪəns] *n* desviación *f*

deviant ['di:vɪənt] *adj* desviado(a), anómalo(a)

deviate ['di:vɪeɪt] *vi* desviarse (**from** de)

deviation [di:vɪ'eɪʃən] *n* desviación *f* (**from** de)

device [dɪ'vaɪs] *n* (**a**) *(for measuring, processing, cutting)* aparato *m*; *(for safety, security)* dispositivo *m*; **an explosive d.** un artefacto explosivo (**b**) *(method, scheme)* estratagema *f*; IDIOM **to leave sb to his own devices** dejar a alguien que se las arregle solo (**c**) *Comptr* dispositivo *m*, periférico *m* ❑ ***d. driver*** controlador *m* de dispositivos *or* periféricos

devil ['devəl] *n* (**a**) *(evil being)* diablo *m*, demonio *m*; **the D.** el diablo *or* demonio
(**b**) *Fam (person)* **poor d.!** ¡pobre diablo!; **you little d.!** *(to child)* ¡granujilla!; **you lucky d.!** ¡qué suerte tienes!; **he's a bit of a d.** *(daring, reckless)* no se corta un pelo; **go on, be a d.!** ¡venga pues, date el gusto!
(**c**) *Fam (for emphasis)* **what the d. are you doing?** ¿qué diablos *or* demonios estás haciendo?; **how the d....?** ¿cómo diablos *or* demonios...?; **how the d. should I know?** ¿y yo cómo diablos *or* demonios voy a saberlo?; **we had a d. of a job moving it** sudamos tinta para moverlo
(**d**) IDIOMS **to be (caught) between the d. and the deep blue sea** estar entre la espada y la pared; **talk of the d....** hablando del rey de Roma...; **there'll be the d. to pay** se va a armar la gorda *or* la de San Quintín; **to work like the d.** trabajar como un(a) negro(a); **(to play) d.'s advocate** (hacer de) abogado *m* del diablo; PROV **better the d. you know (than the d. you don't)** más vale lo malo conocido (que lo bueno por conocer); PROV **the d. makes** *or* **finds work for idle hands** el ocio es la madre de todos los vicios

devilish ['devəlɪʃ] *adj* diabólico(a)

devil-may-care ['devəlmeɪ'keə(r)] *adj* despreocupado(a)

devilry ['devəlrɪ], **devilment** ['devəlmənt] *n (mischief)* malicia *f*, diabluras *fpl*; **out of d.** por malicia

devious ['di:vɪəs] *adj (person, mind)* retorcido(a); *(route)* sinuoso(a); **that's a bit d. of you!** ¡qué maquiavélico eres!

deviously ['di:vɪəslɪ] *adv* maquiavélicamente

devise [dɪ'vaɪz] *vt* idear

devoid [dɪ'vɔɪd] *adj* desprovisto(a) (**of** de)

devolution [di:və'lu:ʃən] *n Pol* transferencia *f* de poder político, traspaso *m* de competencias; **they want d.** quieren la autonomía (política)

devolve [dɪ'vɒlv] **1** *vt (functions, powers)* transferir, traspasar
2 *vi* recaer (**on** en)

Devonian [dɪ'vəʊnɪən] *Geol* **1** *n* **the D.** el devónico
2 *adj (period)* devónico(a)

devote [dɪ'vəʊt] *vt (time, money, energy)* dedicar (**to** a); **to d. oneself to** consagrarse a; **the whole meeting was devoted to a discussion of the sales figures** toda la reunión estuvo dedicada a discutir las cifras de ventas

devoted [dɪ'vəʊtɪd] *adj (parent, husband, wife)* devoto(a); *(admirer)* devoto(a), ferviente; **to be d. to sb** tener auténtica devoción por alguien, tener un enorme cariño a alguien; **they are d. to each other** están muy unidos; **after years of d. service** tras años de abnegada dedicación

devotee [devəʊ'ti:] *n (of person, idea)* adepto(a) *m,f*; *(of sport, music)* fanático(a) *m,f*, entusiasta *mf*

devotion [dɪ'vəʊʃən] *n* (**a**) *(to friend, family)* devoción *f*; *(to cause, leader)* dedicación *f*, entrega *f*; *(of time, money, energy)* dedicación *f* (**b**) *(to god, saint)* devoción *f*; **devotions** *(prayers)* oraciones *fpl*

devotional [dɪ'vəʊʃənəl] *adj Rel (pictures, objects)* de devoción, de culto; *(literature, manual)* litúrgico(a)

devour [dɪ'vaʊə(r)] *vt also Fig* devorar

devout [dɪ'vaʊt] *adj (person)* devoto(a); *(wish)* sincero(a)

dew [dju:] *n* rocío *m*

dewberry ['dju:bərɪ] *n* = tipo de zarzamora

dewdrop ['dju:drɒp] *n* gota *f* de rocío

dewlap ['dju:læp] *n* papada *f*

dewy ['dju:ɪ] *adj* cubierto(a) de rocío

dewy-eyed [dju:ɪ'aɪd] *adj (loving)* cándido(a), inocente, sentimental; *(naive)* ingenuo(a), candoroso(a)

dexterity [deks'terɪtɪ] *n (mental, physical)* destreza *f*

dexterous, dextrous ['dekstrəs] *adj* diestro(a), hábil

dextrose ['dekstrəʊs] *n* dextrosa *f*

dextrous = dexterous

DfE [di:ef'i:] *n Br* (*abbr* **Department for Education**) Ministerio *m* de Educación

dhal = dahl

DHSS [di:eɪtʃes'es] *n Formerly* (*abbr* **Department of Health and Social Security**) = ministerio británico de sanidad y seguridad social

diabetes [daɪə'bi:ti:z] *n* diabetes *f inv*

diabetic [daɪə'betɪk] **1** *n* diabético(a) *m,f*; **d. chocolate** chocolate *m* para diabéticos
2 *adj* diabético(a)

diabolic [daɪə'bɒlɪk] *adj* diabólico(a), demoníaco(a)

diabolical [daɪə'bɒlɪkəl] *adj* (**a**) *(evil)* diabólico(a), demoníaco(a) (**b**) *Br Fam (very bad)* espantoso(a)

diachronic [daɪə'krɒnɪk] *adj Ling* diacrónico(a)

diacritic [daɪə'krɪtɪk] *n Ling* signo *m* diacrítico

diadem ['daɪədem] *n* diadema *f*

diaeresis, *US* **dieresis** [daɪ'erəsɪs] *n Ling* diéresis *f inv*

diagnose ['daɪəgnəʊz] *vt also Fig* diagnosticar; **the illness was wrongly diagnosed** se le dio un diagnóstico erróneo a la enfermedad; **he was diagnosed as having eczema** le diagnosticaron un eccema

diagnosis [daɪəg'nəʊsɪs] (*pl* **diagnoses** [daɪəg'nəʊsi:z]) *n Med & Fig* diagnóstico *m*; **to make** *or* **give a d.** emitir un diagnóstico

diagnostic [daɪəg'nɒstɪk] *adj* diagnóstico(a)

diagonal [daɪ'ægənəl] **1** *n* diagonal *f*
2 *adj* diagonal

diagonally [daɪ'ægənəlɪ] *adv* en diagonal, diagonalmente

diagram ['daɪəgræm] *n* diagrama *m*

diagrammatic [daɪəgrə'mætɪk] *adj* gráfico(a), esquemático(a); **in d. form** en forma de diagrama

dial ['daɪəl] **1** *n (of clock)* esfera *f*; *(of radio)* dial *m*; *(of phone)* disco *m*; *(on instrument panel)* cuadrante *m* ❑ *US* ***d. tone*** tono *m (de marcar)*
2 *vt* (*pt & pp* **dialled,** *US* **dialed**) *(phone number)* marcar, *Andes, RP* discar
3 *vi* marcar, *Andes, RP* discar

dialect ['daɪəlekt] *n* dialecto *m*

dialectal [daɪə'lektəl] *adj* dialectal

dialectic(al) [daɪə'lektɪkəl] *adj* dialéctico(a)

dialectics [daɪə'lektɪks] *n* dialéctica *f*

dialling ['daɪəlɪŋ] *n Br* ***d. code*** prefijo *m* (telefónico); *Br* ***d. tone*** tono *m (de marcar)*

dialogue, *US* **dialog** ['daɪəlɒg] *n* diálogo *m*; *Pol* **to enter into a d.** establecer un diálogo ❑ *Comptr* ***d. box*** cuadro *m* de diálogo

dial-up ['daɪlʌp] *n Comptr* conexión *f* telefónica *or Spec* por línea conmutada ❑ ***d. account*** cuenta *f* con acceso telefónico *or Spec* por línea conmutada

dialysis [daɪ'ælɪsɪs] *n Med* diálisis *f inv* ❑ ***d. machine*** aparato *m* de diálisis

diameter [daɪ'æmɪtə(r)] *n* diámetro *m*; **the wheel is 60 cm in d.** la rueda tiene 60 cms de diámetro

diametrically [daɪə'metrɪklɪ] *adv* **to be d. opposed to** ser diametralmente opuesto(a) a

diamond ['daɪəmənd] *n* (**a**) *(gem)* diamante *m*; *(shape)* rombo *m*; IDIOM *US* **she is a d. in the rough** vale mucho, aunque no tenga muchos modales ❑ ***d. anniversary*** bodas *fpl* de diamante; ***d. jubilee*** (celebración *f* del) sexagésimo aniversario *m*; ***d. necklace*** collar *m* de diamantes; ***d. ring*** sortija *f* de diamantes (**b**) *(in cards)* diamante *m*; **diamonds** diamantes *mpl* (**c**) *(in baseball)* diamante *m*

diaper ['daɪəpə(r)] *n US* pañal *m*

diaphanous [daɪ'æfənəs] *adj Literary* diáfano(a)

diaphragm ['daɪəfræm] *n* diafragma *m*

diarist ['daɪərɪst] *n* escritor(ora) *m,f* de diarios

diarrhoea, *US* **diarrhea** [daɪə'rɪə] *n* diarrea *f*

diary ['daɪərɪ] *n (as record)* diario *m*; *(for appointments)* agenda *f*; **to keep a d.** llevar un diario

diaspora [daɪ'æspərə] *n* **the d.** la diáspora

diatomic [daɪə'tɒmɪk] *adj Chem* diatómico(a)

diatonic [daɪə'tɒnɪk] *adj Mus* diatónico(a) ❑ ***d. scale*** escala *f* diatónica

diatribe ['daɪətraɪb] *n* diatriba *f* (**against** contra *or* en contra de)

diazepam [daɪ'æzəpæm] *n Med* diazepán *m*

dibs [dɪbz] *n* IDIOM *Fam* **to have first d. (of sth)** tener la primicia (de algo)

dice [daɪs] **1** *n (pl* **dice***) (in game)* dado *m*; **to play d.** jugar a los dados; IDIOM *Fam* **no d.!** ¡no ha habido suerte!

2 *vt (meat, potatoes)* cortar en dados

3 *vi* IDIOM **to d. with death** jugarse la piel

dicey ['daɪsɪ] *adj Fam* arriesgado(a)

dichotomy [daɪ'kɒtəmɪ] *n* dicotomía *f*

dick [dɪk] *n* (**a**) *US Fam (detective)* sabueso(a) *m,f* (**b**) *Vulg (penis)* polla *f*, picha *f* (**c**) *Vulg (idiot)* gilipollas *mf inv*

dickens [dɪkɪnz] *n* **what the d.?** ¿qué diablos?

dickhead ['dɪkhed] *n Br Vulg* gilipollas *mf inv*

dickie, dickey ['dɪkɪ] *n Fam (shirt front)* pechera *f*; **d. (bow)** *Esp* pajarita *f*, *CAm, Carib, Col* corbatín *m*, *Chile* humita *f*, *Méx* corbata *f* de moño, *RP* moñito *m*, *Ven* corbata *f* de lacito

dicky ['dɪkɪ] *adj Br Fam* **to have a d. heart** no estar muy bien del corazón

dicky-bird ['dɪkɪbɜ:d] *n Fam* **not a d.** ni pío

dicotyledon [daɪkɒtɪ'li:dən] *n Bot* dicotiledónea *f*

Dictaphone® ['dɪktəfəʊn] *n* dictáfono *m*

dictate 1 *n* ['dɪkteɪt] **she followed the dictates of her conscience** siguió los dictados de su conciencia

2 *vt* [dɪk'teɪt] (**a**) *(letter, passage)* dictar (**to** a) (**b**) *(determine) (choice)* imponer, dictar; *(conditions)* imponer; **circumstances d. that we postpone the meeting** las circunstancias (nos) obligan a aplazar la reunión; **common sense dictates that we should leave early** el sentido común dicta *or* nos dice que nos marchemos temprano

3 *vi* (**a**) *(dictate text)* dictar (**b**) *(give orders)* **to d. to sb** dar órdenes a alguien; **I won't be dictated to!** ¡no voy a permitir que me den órdenes!

dictation [dɪk'teɪʃən] *n* dictado *m*; **to take d.** escribir al dictado; *Sch* **to do d.** hacer un dictado

dictator [dɪk'teɪtə(r)] *n* dictador(ora) *m,f*

dictatorial [dɪktə'tɔ:rɪəl] *adj* dictatorial

dictatorship [dɪk'teɪtəʃɪp] *n* dictadura *f*

diction ['dɪkʃən] *n* dicción *f*

dictionary ['dɪkʃənərɪ] *n* diccionario *m*

did [dɪd] *pt of* **do**

didactic [dɪ'dæktɪk] *adj* didáctico(a)

didactics [dɪ'dæktɪks] *n* didáctica *f*

diddle ['dɪdəl] *vt Fam* tangar, timar; **they diddled him out of the money** le engatusaron para sacarle el dinero

diddly ['dɪdlɪ] *n US Fam* **that's not worth d.** no vale un pimiento

diddlyshit [dɪdəlɪʃɪt] *n US Vulg* **I don't give a d.** me importa un carajo *or* una mierda

diddy ['dɪdɪ] *adj Fam* pequeñito(a), enanísimo(a)

didn't ['dɪdənt] = **did not**

die[1] [daɪ] *n* (**a**) *(pl* **dice** [daɪs]) *(in game)* dado *m*; IDIOM **the d. is cast** la suerte está echada (**b**) *(pl* **dies** [daɪz]) *(punch)* troquel *m* ❑ ***d. casting*** vaciado *m*

die[2] **1** *vi* (**a**) *(stop living)* morir; **she is dying** se está muriendo; **to d. young/a hero** morir (de) joven/como un héroe; **to d. from** *or* **of one's wounds** morir de las heridas recibidas; *Fam* **I'd rather d.!** ¡ni borracho!; *Fam* **I nearly died (laughing/of shame)** casi me muero (de risa/de vergüenza *or Am* pena); *Fam* **to be dying to do sth** morirse de ganas de hacer algo; *Fam* **I'm dying for a cigarette** me muero de ganas de fumar un cigarrillo; *Fam* **it was a house to d. for** la casa era para caerse de espaldas *or* de agárrate y no te menees; IDIOM *Fam* **never say d.!** ¡nunca te des por vencido!

(**b**) *(of fire, light)* extinguirse, apagarse; *(of memory, image)* morir, borrarse; **their love died** su amor se extinguió; **to d. hard** *(of habit, rumour)* ser difícil de eliminar; **the engine died on me** se me estropeó el motor

2 *vt* **to d. a natural/violent death** morir de muerte natural/violenta; IDIOM **to d. the death** quedarse en nada

▸**die away** *vi (of sound, voice)* desvanecerse

▸**die down** *vi (of fire)* remitir; *(of wind)* calmarse; *(of sound)* atenuarse; *(of applause)* irse apagando; *(of excitement, scandal)* apaciguarse

▸**die off** *vi* morirse; **to be dying off** ir muriéndose

▸**die out** *vi* extinguirse, desaparecer

die-hard ['daɪhɑ:d] *n & adj* intransigente *mf*

dieresis *US* = **diaeresis**

diesel ['di:zəl] **1** *n* (**a**) *(fuel)* gasoil *m*, gasóleo *m* (**b**) *(railway engine)* locomotora *f* diesel (**c**) *(car)* coche *m or Am* carro *m or RP* auto *m* (de motor) diesel

2 *adj* diesel ❑ ***d. engine*** motor *m* diesel; ***d. oil*** *or* ***fuel*** gasoil *m*, gasóleo *m*

diet ['daɪət] **1** *n* (**a**) *(habitual food)* dieta *f*; **you should reduce the fat in your d.** deberías reducir la cantidad de grasas en tus comidas *or* en tu dieta; **they live on a d. of root vegetables** se alimentan *or* llevan una dieta a base de tubérculos (**b**) *(restricted food)* dieta *f*, régimen *m*; **to be/go on a d.** estar/ponerse a dieta *or* régimen

2 *vi* hacer dieta *or* régimen

3 *adj (low-calorie)* light, bajo(a) en calorías

dietary ['daɪətərɪ] *adj* dietético(a) ❑ ***d. fibre*** fibra *f* alimenticia

dietician [daɪə'tɪʃən] *n* especialista *mf* en dietética

differ ['dɪfə(r)] *vi* (**a**) *(be different)* ser distinto(a) *or* diferente (**from** de); **to d. in size/colour** diferenciarse por el tamaño/color; **they d. from each other in one respect** se diferencian *or* se distinguen en un aspecto (**b**) *(disagree)* discrepar (**with sb/about sth** de alguien/en algo); *Formal* **I beg to d.** me veo obligado a discrepar; IDIOM **to agree to d.** reconocer mutuamente las discrepancias

difference ['dɪfərəns] *n* (**a**) *(disparity)* diferencia *f* (**between** entre); **that doesn't make any d.** eso no cambia nada; **would it make any d. to you if we left earlier?** ¿te importa si nos vamos antes?; **it makes no d. (to me)** (me) da igual *or* lo mismo; **that makes all the d.** eso cambia mucho las cosas; *Fam* **tell her, then, for all the d. it will make** pues díselo, total, para lo que va a servir; **I just want to make a d.** tan sólo quiero aportar algo al mundo; *Fam* **same d.** igual da, lo mismo me da; **a product with a d.** un producto distinto a los demás; **to pay the d.** pagar la diferencia; **to be able tell the d. between two things** ser capaz de distinguir entre dos cosas; **a d. of opinion** una diferencia de opiniones

(**b**) *(disagreement)* diferencia *f*, discrepancia *f*; **we've had our differences in the past** en el pasado ha habido sus más y sus menos entre nosotros; **we have to settle our differences** tenemos que resolver nuestras diferencias

different ['dɪfərənt] *adj* (**a**) *(not the same)* diferente, distinto(a); **that's quite a d. matter** eso es una cuestión aparte; **I'm working for a d. firm now** ahora trabajo para otra empresa; **you look d.** se te ve distinta, tienes otro aspecto; **to be d. from** *or* **to** *or US* **than** ser diferente *or* distinto(a) de; **she feels a d. person** se siente otra (persona); **he just wants to be d.** sólo busca ser diferente (**b**) *(various)* diferentes, distintos(as); **I spoke to d. people about it** hablé de ello con varias personas

differential [dɪfə'renʃəl] **1** *n* diferencial *m*; **wage** *or* **pay differentials** diferencias *fpl* salariales

2 *adj* diferencial ❑ *Math* ***d. calculus*** cálculo *m* diferencial; *Aut* ***d. gear*** diferencial *m*

differentiate [dɪfə'renʃɪeɪt] **1** *vt* dife-

renciar, distinguir (**from** de)
2 *vi* diferenciar, distinguir (**between** entre)

differentiation [dɪfərenʃɪ'eɪʃən] *n* (**a**) *(difference)* diferencia *f*, diferenciación *f* (**b**) *Math* diferenciación *f*

differently ['dɪfərəntlɪ] *adv* de forma diferente; *Euph* **d. abled** discapacitado(a)

difficult ['dɪfɪkəlt] *adj (task, problem)* difícil; **he's d. to get on with** no es fácil llevarse bien con él; **you're just being d.** no estás siendo razonable; **I found it d. to get established** me resultó difícil *or* me costó establecerme; **to make life d. for sb** complicarle la vida a alguien; **to make things d. for sb** poner las cosas difíciles a alguien

difficulty ['dɪfɪkəltɪ] *n* (**a**) *(trouble)* dificultad *f*; **to have d. (in) doing sth** tener dificultad en hacer algo; **to be in d.** *or* **difficulties** estar en dificultades; **to get into d.** *or* **difficulties** verse en apuros, encontrar problemas; **with d.** con dificultad (**b**) *(obstacle, problem)* dificultad *f*, problema *m*; **to make difficulties (for sb)** crear dificultades (a alguien)

diffidence ['dɪfɪdəns] *n* pudor *m*, retraimiento *m*

diffident ['dɪfɪdənt] *adj* pudoroso(a), retraído(a)

diffract [dɪ'frækt] *vt Phys* difractar

diffraction [dɪ'frækʃən] *n Phys* difracción *f*

diffuse **1** *adj* [dɪ'fju:s] *(light)* difuso(a); *(literary style)* difuso(a), prolijo(a); *(sense of unease)* vago(a), difuso(a)
2 *vt* [dɪ'fju:z] difundir
3 *vi* difundirse

diffused [dɪ'fju:zd] *adj* **d. lighting** iluminación *f* difusa *or* difuminada

diffuser [dɪ'fju:zə(r)] *n* difusor *m*

diffusion [dɪ'fju:ʒən] *n* difusión *f*

dig [dɪg] **1** *n* (**a**) *(in archeology)* excavación *f* (**b**) *(poke)* golpe *m*; **a d. in the ribs** *(with elbow)* un codazo en las costillas (**c**) *(remark)* pulla *f*; **to get a d. in at sb, to have a d. at sb** lanzar una pulla a alguien
2 *vt* (*pt & pp* **dug** [dʌg]) (**a**) *(hole, grave)* cavar; *(garden)* cavar en; *(well)* excavar; **the dog dug a hole by the tree** el perro escarbó *or* hizo un agujero junto al árbol; IDIOM **she is digging her own grave** está cavando su propia tumba; IDIOM **to d. oneself into a hole** empeorar las cosas (**b**) *(thrust)* **to d. sth into sth** clavar algo en algo (**c**) *Fam (like)* **she really digs that kind of music** ese tipo de música le mola cantidad
3 *vi* (**a**) *(of person)* cavar (**for** en búsqueda *or Esp* busca de); *(of animal)* escarbar; *(in archeology)* excavar (**b**) *very Fam (understand)* **you d.?** ¿lo pillas?

▸**dig in** **1** *vt sep* **to d. one's heels in** emperrarse; **to d. oneself in** *(of soldiers)* atrincherarse
2 *vi* (**a**) *Fam (start eating)* ponerse a comer; **d. in!** ¡a comer! (**b**) *(of soldiers)* atrincherarse

▸**dig out** *vt sep* (**a**) *(bullet, splinter)* extraer; *(person) (from ruins, snow drift)* rescatar (**b**) *Fam (find) (information)* encontrar; *(object)* rescatar

▸**dig up** *vt sep* (**a**) *(plant)* arrancar, desarraigar; *(treasure, body)* desenterrar; *(road)* levantar (**b**) *Fam (find) (information)* desenterrar, sacar a la luz; *(person)* sacar

digest **1** *n* ['daɪdʒest] *(summary)* resumen *m*
2 *vt* [dɪ'dʒest] *also Fig* digerir

digestible [dɪ'dʒestəbəl] *adj also Fig* digerible, fácil de digerir; **to be easily d.** digerirse fácilmente

digestion [dɪ'dʒestʃən] *n* digestión *f*

digestive [dɪ'dʒestɪv] *adj* digestivo(a); **d. (biscuit)** galleta *f* integral ▫ ***d. system*** aparato *m* digestivo; ***d. tract*** tubo *m* digestivo

digger ['dɪgə(r)] *n* excavadora *f*

digit ['dɪdʒɪt] *n* (**a**) *(finger)* dedo *m* (**b**) *Math* dígito *m*

digital ['dɪdʒɪtəl] *adj (watch, computer)* digital ▫ ***d. audio tape*** cinta *f* digital (de audio); ***d. camera*** cámara *f* digital; ***d. recording*** grabación *f* digital; *Comptr* ***d. signature*** firma *f* electrónica; ***d. television*** televisión *f* digital

digital/analog converter ['dɪdʒɪtəl-'ænəlɒgkən'vɜ:tə(r)] *n Comptr* conversor *m* digital analógico, analogizador *m*

digitalis [dɪdʒɪ'teɪlɪs] *n* (**a**) *Bot* digital *f* (**b**) *Med* digitalina *f*

digitize ['dɪdʒɪtaɪz] *vt & vi Comptr* digitalizar, escanear

dignified ['dɪgnɪfaɪd] *adj* digno(a)

dignify ['dɪgnɪfaɪ] *vt* dignificar; **I won't d. that remark with a reply** un comentario así no merece *or Am* amerita siquiera una contestación

dignitary ['dɪgnɪtərɪ] *n Formal* dignatario(a) *m,f*

dignity ['dɪgnɪtɪ] *n* dignidad *f*; **she considered it beneath her d. to respond** le pareció que responder supondría una degradación; **to stand on one's d.** ponerse muy digno(a)

digraph ['daɪgrɑ:f] *n Ling* dígrafo *m*

digress [daɪ'gres] *vi* divagar; **..., but I d.** ..., pero me estoy alejando del tema

digression [daɪ'greʃən] *n* digresión *f*

digs [dɪgz] *npl Br* **to live in d.** vivir en una habitación *or* un cuarto de alquiler

dike = **dyke**

diktat ['dɪktæt] *n* decreto *m*; **to govern by d.** gobernar por decreto

dilapidated [dɪ'læpɪdeɪtɪd] *adj (building)* derruido(a); *(car)* destartalado(a); **to be d.** *(of building)* estar derruido(a); *(of car)* destartalado(a)

dilapidation [dɪlæpɪ'deɪʃən] *n* ruina *f*, grave deterioro *m*

dilatation and curettage [daɪlə'teɪʃənənkjʊ'retɪdʒ] *n Med* operación *f* de legrado

dilate [daɪ'leɪt] **1** *vt* dilatar
2 *vi* dilatarse

dilation [daɪ'leɪʃən] *n* dilatación *f*

dilatory ['dɪlətərɪ] *adj Formal* dilatorio(a); **to be d. in doing sth** hacer algo con dilación

dildo ['dɪldəʊ] (*pl* **dildos**) *n* (**a**) *(sex aid)* consolador *m* (**b**) *very Fam (person)* gil *mf*, soplagaitas *mf inv*

dilemma [daɪ'lemə] *n* dilema *m*, disyuntiva *f*; **to be in a d.** estar en un dilema

dilettante [dɪlɪ'tæntɪ] *n* diletante *mf*

diligence ['dɪlɪdʒəns] *n* diligencia *f*

diligent ['dɪlɪdʒənt] *adj* diligente

diligently ['dɪlɪdʒəntlɪ] *adv* con diligencia, diligentemente

dill [dɪl] *n* eneldo *m* ▫ ***d. pickle*** pepinillo *m* en vinagre (al eneldo)

dilly-dally ['dɪlɪ'dælɪ] *vi Fam (loiter)* entretenerse; *(hesitate)* titubear, vacilar

dilute [daɪ'lu:t] **1** *adj* diluido(a)
2 *vt (wine, acid)* diluir; *Fig (policy, proposal)* debilitar, restar eficacia a; **d. to taste** diluir al gusto de cada uno

dilution [daɪ'lu:ʃən] *n (of wine, acid)* dilución *f*; *Fig (of policy, proposal)* debilitamiento *m*

dim [dɪm] **1** *adj* (**a**) *(light, outline)* tenue (**b**) *(memory)* vago(a); *(eyesight)* débil (**c**) *(chance, hope)* remoto(a), lejano(a) (**d**) IDIOM **to take a d. view of sth** *(regard unfavourably)* desaprobar algo (**e**) *Fam (stupid)* tonto(a), corto(a) de alcances, *Am* sonso(a), *Am* zonzo(a)
2 *vt* (*pt & pp* **dimmed**) *(light)* atenuar
3 *vi (of light)* atenuarse

dime [daɪm] *n US* moneda *f* de diez centavos; *Fam* **it's not worth a d.** no vale un centavo *or Esp* un duro; IDIOM *Fam* **they're a d. a dozen** los hay a patadas; IDIOM **it can turn on a d.** *(of car)* da la vuelta en una baldosa, tiene un ángulo de giro muy pequeño ▫ ***d. store*** (tienda *f* de) baratillo *m*, *Esp* (tienda *f* de) todo a cien *m*

dimension [daɪ'menʃən] *n* dimensión *f*

diminish [dɪ'mɪnɪʃ] *vt & vi* disminuir

diminished [dɪ'mɪnɪʃt] *adj Law* ***d. responsibility*** responsabilidad *f* atenuada

diminishing [dɪ'mɪnɪʃɪŋ] *adj* decreciente; **law of d. returns** ley *f* de los rendimientos decrecientes

diminution [dɪmɪ'nju:ʃən] *n Formal* disminución *f*; **there has been no d. in his powers as a novelist** sus grandes facultades como novelista no se han visto mermadas

diminutive [dɪ'mɪnjʊtɪv] **1** *n Gram* diminutivo *m*
2 *adj* diminuto(a), minúsculo(a)

dimly ['dɪmlɪ] *adv (remember)* vagamente; *(see)* con dificultad; **d. lit** en penumbra, con luz tenue

dimmer ['dɪmə(r)] *n* **d. (switch)** potenciómetro *m*, regulador *m or* modulador *m* de (potencia de) luz

dimple ['dɪmpəl] *n* hoyuelo *m*

dimpled ['dɪmpəld] *adj* con hoyuelos

dimwit ['dɪmwɪt] *n Fam* estúpido(a) *m,f*, idiota *mf*

dim-witted [dɪm'wɪtɪd] *adj Fam* estúpido(a), idiota

din [dɪn] *n (of traffic, machinery)* estrépito *m*; *(of people)* jaleo *m*, alboroto *m*

dinar ['di:nɑ:(r)] *n* dinar *m*

dine [daɪn] **1** *vt* **to wine and d. sb** llevar a alguien a cenar

2 *vi* cenar

▸**dine out** *vi* cenar fuera; *Fig* **he'll be able to d. out on that story for months** esa historia le dará tema de conversación para varios meses

diner ['daɪnə(r)] *n* (**a**) *(person)* comensal *mf* (**b**) *US (restaurant)* restaurante *m* barato

dingbat ['dɪŋbæt] *n* (**a**) *US Fam* chalado(a) *m,f* (**b**) *Comptr & Typ* (carácter *m*) dingbat *m*

ding-dong ['dɪŋ'dɒŋ] **1** *n* (**a**) *(sound)* din don *m* (**b**) *Fam (fight)* trifulca *f*

2 *adj (argument, contest)* reñido(a)

dinghy ['dɪŋ(g)ɪ] *n* **(rubber) d.** lancha *f* neumática; **(sailing) d.** bote *m* de vela

dingo ['dɪŋgəʊ] (*pl* **dingoes**) *n* dingo *m*

dingy ['dɪndʒɪ] *adj (room, street)* sórdido(a); *(colour)* sucio(a)

dining ['daɪnɪŋ] *n* ***d. car*** *(on train)* vagón *m* restaurante; ***d. hall*** *(in school)* comedor *m*; ***d. room*** comedor *m*; ***d. table*** mesa *f* de comedor

Dinky ['dɪŋkɪ] *n Hum Fam* (*abbr* **double income no kids yet**) = pareja *f* joven que trabaja y no tiene niños

dinky ['dɪŋkɪ] *adj* (**a**) *Br Fam (small and charming)* lindo(a), chiquitín(ina); **look at that d. little chair!** ¡mira qué sillita tan mona *or* cuca! (**b**) *US Pej (insignificant)* vulgar, del montón; **a d. little house/hotel room** una casucha/un cuartucho de hotel

dinner ['dɪnə(r)] *n (midday meal)* comida *f*, almuerzo *m*; *(evening meal)* cena *f*; **to have d.** *(at midday)* comer, almorzar; *(in evening)* cenar; **what's for d.?** *(midday meal)* ¿qué hay de comida?; *(evening meal)* ¿qué hay de cena?; *Fam* **he's seen more movies than I've had hot dinners** ese ha visto más películas que pelos tiene en la cabeza, ese ha visto películas a porrillo ▫ ***d. dance*** cena *f* con baile; ***d. hour*** *(at school)* hora *f* de comer; ***d. jacket*** esmoquin *m*; ***d. lady*** camarera *f*, *Am* mesera *f*, *RP* moza *f (en un comedor escolar)*; ***d. party*** cena *f (en casa con invitados)*; ***d. plate*** plato *m* llano; ***d. service*** vajilla *f*; ***d. table*** mesa *f*; ***d. time*** *(midday meal)* hora *f* de comer; *(evening meal)* hora *f* de cenar

dinosaur ['daɪnəsɔ:(r)] *n also Fig* dinosaurio *m*

DIN plug ['dɪnplʌg] *n Elec* conector *m* DIN

dint [dɪnt] *n* **by d. of** a fuerza de

diocesan [daɪ'ɒsɪzən] *adj Rel* diocesano(a)

diocese ['daɪəsɪs] *n Rel* diócesis *f inv*

diode ['daɪəʊd] *n Elec* diodo *m*

dioptre, *US* **diopter** [daɪ'ɒptə(r)] *n* dioptría *f*

dioxide [daɪ'ɒksaɪd] *n Chem* dióxido *m*

dioxin [daɪ'ɒksɪn] *n Chem* dioxina *f*

dip [dɪp] **1** *n* (**a**) *(in road, land) (hollow)* hondonada *f*; *(slope)* pendiente *f* (**b**) *(in prices, temperature)* caída *f*, descenso *m* (**c**) *Fam (swim)* chapuzón *m*, baño *m*; **to go for a d.** ir a darse un chapuzón (**d**) *(sauce)* salsa *f* fría *(para mojar aperitivos)* (**e**) *(for sheep)* baño *m* desinfectante (**f**) *US Fam (idiot)* imbécil *mf*

2 *vt* (*pt & pp* **dipped**) (**a**) *(immerse)* meter (**in(to)** en); *(food)* mojar (**in(to)** en) (**b**) *(lower)* bajar; *Br* **to d. one's headlights** poner las luces de cruce; **the plane dipped its wings** el avión se alabeó (**c**) *(sheep)* dar un baño desinfectante a

3 *vi* (**a**) *(of road, land)* bajar *or* descender un poco (**b**) *(of prices, temperature)* caer, descender (**c**) *(move down)* bajar; **she dipped down behind the wall** se agachó tras el muro; **the sun dipped below the horizon** el sol se hundió en el horizonte

▸**dip into** *vt insep (savings, capital)* recurrir a, echar mano de; *(book, subject)* echar un vistazo a

DipEd [dɪp'ed] *n Br Educ* (*abbr* **Diploma in Education**) = diploma de capacitación para la enseñanza

diphtheria [dɪf'θɪərɪə] *n Med* difteria *f*

diphthong ['dɪfθɒŋ] *n Ling* diptongo *m*

diplodocus [dɪ'plɒdəkəs] *n* diplodocus *m inv*, diplodoco *m*

diploma [dɪ'pləʊmə] *n* diploma *m*, título *m*; **postgraduate d.** título *m* de posgrado; **to take** *or* **do a d.** sacarse un diploma *or* título, diplomarse; **to have a d. in physics** estar diplomado en física, tener el título de físico

diplomacy [dɪ'pləʊməsɪ] *n also Fig* diplomacia *f*

diplomat ['dɪpləmæt] *n also Fig* diplomático(a) *m,f*

diplomatic [dɪplə'mætɪk] *adj also Fig* diplomático(a) ▫ ***d. bag*** valija *f* diplomática; ***d. corps*** cuerpo *m* diplomático; ***d. immunity*** inmunidad *f* diplomática; ***d. relations*** relaciones *fpl* diplomáticas; ***d. service*** diplomacia *f*, cuerpo *m* diplomático

dipper ['dɪpə(r)] *n* (**a**) *US (ladle)* cucharón *m*, cazo *m* (**b**) *(bird)* mirlo *m* acuático

dippy ['dɪpɪ] *adj Fam (mad)* locuelo(a), chiflado(a); **she's d. about him** se muere por sus huesitos, está colada por él

dipshit ['dɪpʃɪt] *n US Vulg* soplagaitas *mf inv*, gilipollas *mf inv*

dipso ['dɪpsəʊ] (*pl* **dipsos**) *n Fam* borracho(a) *m,f*

dipsomaniac [dɪpsə'meɪnɪæk] *n* dipsómano(a) *m,f*, dipsomaníaco(a) *m,f*

dipstick ['dɪpstɪk] *n* (**a**) *Aut* varilla *f* del aceite (**b**) *Fam (idiot)* idiota *mf*, imbécil *mf*

DIP switch ['dɪpswɪtʃ] *n Comptr* interruptor *m* DIP

diptych ['dɪptɪk] *n Art* díptico *m*

dire ['daɪə(r)] *adj* (**a**) *(serious) (consequences)* terrible; *(warning)* serio(a); **to be in d. need of sth** tener una necesidad acuciante de algo; **to be in d. straits** estar en un serio apuro (**b**) *Fam (bad)* pésimo(a)

direct [dɪ'rekt, daɪ'rekt] **1** *adj* directo(a); **the d. opposite** justamente lo contrario; **to be a d. descendant of sb** ser descendiente directo(a) de alguien; **to score a d. hit** dar en el blanco, hacer diana; **to have a d. influence on sth** influir directamente en algo ▫ *Pol* ***d. action*** acción *f* directa; *Elec* ***d. current*** corriente *f* continua; *Fin* ***d. debit*** domiciliación *f* bancaria *or* de pago; ***d. dialling*** llamada *f* directa, *Am* llamado *m* directo; *Com* ***d. mail*** propaganda *f* por correo, correo *m* directo; *Gram* ***d. object*** complemento *m or* objeto *m* directo; *Pol* ***d. rule*** gobierno *m* directo; *Com* ***d. selling*** venta *f* directa; *Gram* ***d. speech*** estilo *m* directo; *Fin* ***d. taxation*** impuestos *mpl* directos

2 *adv (travel, write)* directamente; *(broadcast)* en directo; **to dial d.** hacer una llamada directa *or Am* llamado directo

3 *vt* (**a**) *(remark, gaze, effort)* dirigir (**at** a); **their criticism was directed against the manager** sus críticas iban dirigidas contra el encargado (**b**) *(show the way)* **can you d. me to the station?** ¿podría indicarme cómo llegar a la estación? (**c**) *(company, traffic, movie)* dirigir (**d**) *(instruct)* **to d. sb to do sth** mandar *or* indicar a alguien que haga algo; **as directed** según las instrucciones

4 *vi Cin* dirigir

direction [dɪ'rekʃən, daɪ'rekʃən] *n* (**a**) *(way)* dirección *f*; **in the d. of...** en dirección a...; **in every d., in all directions** en todas direcciones ▫ ***d. finder*** radiogoniómetro *m*

(**b**) *(of movie, play, project)* dirección *f*; **under the d. of...** dirigido(a) por...

(**c**) *(instruction)* dirección *f*, supervisión *f*; **they worked under my d.** trabajaban bajo mi supervisión

(**d**) *(purpose)* **he has no d. in his life** no tiene un norte *or* un rumbo en la vida

(**e**) **directions** *(to place)* indicaciones *fpl*; **he asked me for directions to the station** me preguntó cómo se llegaba a la estación

directional [dɪ'rekʃənəl, daɪ'rekʃənəl] *adj* direccional, de dirección ▫ *Rad* ***d. aerial*** antena *f* direccional *or Spec* directiva

directive [dɪ'rektɪv, daɪ'rektɪv] *n* directiva *f*; **an EU d.** una directiva de la UE

directly [dɪ'rektlɪ, daɪ'rektlɪ] **1** *adv* (**a**) *(go, write)* directamente; **to be d. descended from sb** ser descendiente directo(a) de alguien; **he reports d. to me** él me rinde cuentas directamente a mí, yo soy su inmediato superior (**b**) *(opposite, above)* justo, directamente (**c**) *(frankly) (answer, speak)* directamente, abiertamente (**d**) *(soon)* pronto, en breve; **I'm coming d.** voy ahora mismo

2 *conj* **I'll come d. I've finished** vendré en cuanto acabe

directness [dɪ'rektnɪs, daɪ'rektnɪs] *n* franqueza *f*

director [dɪ'rektə(r), daɪ'rektə(r)] *n* (**a**) *(of company)* director(ora) *m,f* ▫ *Br Law* ***d. of public prosecutions*** ≃ Fiscal *mf* General del Estado (**b**) *(of movie, play)* director(ora) *m,f* □ ***d.'s chair*** silla *f* plegable de tela, silla *f* de director (**c**) *(of orchestra)* director(ora) *m,f* de orquesta

directorate [dɪ'rektərət, daɪ'rektərət] *n (post)* dirección *f*; *(board)* consejo *m* de administración

director-general [dɪ'rektə'dʒenərəl, daɪ-'rektə'dʒenərəl] *n* director(ora) *m,f* general

directorial [dɪrek'tɔ:rɪəl, daɪrek'tɔ:rɪəl] *adj Th & Cin (career, debut)* como director(ora); *(work)* de director(ora)

directorship [dɪ'rektəʃɪp, daɪ'rektəʃɪp] *n* dirección *f*, puesto *m* de director(ora)

directory [dɪ'rektərɪ, daɪ'rektərɪ] *n (of phone numbers)* guía *f* (telefónica), listín *m* (de teléfonos), *Am* directorio *m* de teléfonos; *Comptr* directorio *m*; **(street) d.** callejero *m* □ *Br* ***d. enquiries*** (servicio *m* de) información *f* telefónica

dirge [dɜ:dʒ] *n* (**a**) *Rel* canto *m* fúnebre (**b**) *Fam (depressing tune)* = canción sombría y aburrida

dirigible [dɪ'rɪdʒəbəl] *n* dirigible *m*

dirt [dɜ:t] *n* (**a**) *(mud, dust)* suciedad *f*; IDIOM **to treat sb like d.** tratar a alguien como a un trapo; **dog d.** excremento *m* de perro (**b**) *(soil)* tierra *f* □ ***d. road/track*** camino *m*/pista *f* de tierra (**c**) *Fam (scandal)* **to dig for d. on sb** buscar material comprometedor acerca de alguien

dirt-cheap ['dɜ:t'tʃi:p] *Fam adj & adv* tirado(a) de precio

dirty ['dɜ:tɪ] **1** *adj* (**a**) *(unclean)* sucio(a); **to get d.** ensuciarse, mancharse; *also Fig* **to get one's hands d.** mancharse las manos; IDIOM **the party is washing its d. linen in public** el partido está sacando sus propios trapos sucios a la luz pública
(**b**) *(unprincipled, ruthless)* sucio(a); **a d. player** un deportista que juega sucio; **it's a d. business** es un asunto sucio; **to give sb a d. look** fulminar a alguien con la mirada □ *Fam* ***d. dog*** canalla *mf*, perro(a) *m,f*; ***d. money*** dinero *m* negro; ***d. trick*** jugarreta *f*, mala pasada *f*; ***d. tricks campaign*** campaña *f* de descrédito *or* difamación; *also Fig* ***d. work*** trabajo *m* sucio; **I'm not doing his d. work for him** no voy a hacerle el trabajo sucio
(**c**) *(obscene) (movie)* pornográfico(a); *(book, language)* obsceno(a), lascivo(a); **to have a d. mind** tener una mente calenturienta □ ***d. joke*** chiste *m* verde; ***d. old man*** viejo *m* verde; ***d. weekend*** fin *m* de semana de lujuria; ***d. word*** palabrota *f*
(**d**) *(weather)* horroroso(a), de perros
(**e**) *(colour)* desvaído(a); **a d. brown colour** un color marronáceo
2 *adv* (**a**) *(fight, play)* sucio
(**b**) *(obscenely)* **to talk d.** decir obscenidades
(**c**) *Br Fam (for emphasis)* **a d. big hole** un pedazo de agujero
3 *vt* ensuciar, manchar
4 *n* IDIOM *Br Fam* **to do the d. on sb** jugársela a alguien

dis(s) [dɪs] *vt US Fam* faltar (al respeto) a

disability [dɪsə'bɪlɪtɪ] *n* discapacidad *f*, minusvalía *f* □ ***d. allowance*** subsidio *m* por discapacidad *or* minusvalía

disable [dɪ'seɪbəl] *vt* (**a**) *(person)* discapacitar, incapacitar (**b**) *(tank, ship)* inutilizar; *(alarm system)* desactivar

disabled [dɪ'seɪbəld] **1** *adj* discapacitado(a), minusválido(a); **a d. man** un discapacitado *or* minusválido; **a d. woman** una discapacitada *or* minusválida □ ***d. access*** acceso *m* para minusválidos; ***d. parking space*** estacionamiento *m* para minusválidos; ***d. toilet*** servicio *m or Am* baño *m or Am* lavatorio *m* para minusválidos
2 *npl* **the d.** los discapacitados *or* minusválidos

disabuse [dɪsə'bju:z] *vt Formal* desengañar (**of** de)

disadvantage [dɪsəd'vɑ:ntɪdʒ] **1** *n* desventaja *f*, inconveniente *m*; **to be at a d.** estar en desventaja; **it's to her d. that...** va en detrimento suyo que..., supone una desventaja para ella que...; **to put sb at a d.** poner a alguien en desventaja
2 *vt* perjudicar

disadvantaged [dɪsəd'vɑ:ntɪdʒd] *adj* desfavorecido(a)

disadvantageous [dɪsædvæn'teɪdʒəs] *adj* desventajoso(a), desfavorable; **in a d. position** en una posición nada ventajosa

disaffected [dɪsə'fektɪd] *adj* descontento(a)

disaffection [dɪsə'fekʃən] *n* descontento *m*, desapego *m*

disagree [dɪsə'gri:] *vi* (**a**) *(have different opinion)* no estar de acuerdo (**with** con) (**b**) *Euph (quarrel)* tener una discusión, discutir (**c**) *(not correspond) (of reports, figures)* no cuadrar, no coincidir (**d**) *(of climate, food)* **to d. with sb** sentarle mal a alguien

disagreeable [dɪsə'gri:əbəl] *adj* desagradable

disagreement [dɪsə'gri:mənt] *n* (**a**) *(failure to agree)* desacuerdo *m*; **to be in d. with sb** estar en desacuerdo con alguien; **there was a lot of d. as to what to do** nadie se ponía de acuerdo sobre qué hacer (**b**) *Euph (quarrel)* discusión *f*; **to have a d. with sb** discutir con alguien (**c**) *(discrepancy)* discrepancia *f*

disallow [dɪsə'laʊ] *vt Formal (objection)* rechazar; *(goal)* anular

disambiguate [dɪsæm'bɪgjʊeɪt] *vt* clarificar, eliminar ambigüedades de

disappear [dɪsə'pɪə(r)] *vi* desaparecer

disappearance [dɪsə'pɪərəns] *n* desaparición *f*

disappoint [dɪsə'pɔɪnt] *vt (person)* decepcionar, desilusionar; *(hope, ambition)* frustrar, dar al traste con

disappointed [dɪsə'pɔɪntɪd] *adj (person)* decepcionado(a), desilusionado(a); *(hope, ambition)* frustrado(a); **to be d.** *(of person)* estar decepcionado(a) *or* desilusionado(a); **she was d. with the book** el libro le decepcionó; **to be d. in sb** llevarse una decepción *or* desilusión con alguien

disappointing [dɪsə'pɔɪntɪŋ] *adj* decepcionante

disappointment [dɪsə'pɔɪntmənt] *n* decepción *f*, desilusión *f*; **to be a d.** *(of person, movie)* ser decepcionante

disapproval [dɪsə'pru:vəl] *n* desaprobación *f*

disapprove [dɪsə'pru:v] *vi* estar en contra, mostrar desaprobación; **to d. of sth** desaprobar algo; **to d. of sb** no ver con buenos ojos a alguien, no tener buena opinión de alguien; **to d. of doing sth** no estimar correcto hacer algo; **I d. of parents who smack their children** no me parece bien que los padres peguen a sus hijos

disapproving [dɪsə'pru:vɪŋ] *adj (tone, look)* desaprobatorio(a); **to be d. of sth** desaprobar algo

disapprovingly [dɪsə'pru:vɪŋlɪ] *adv* con desaprobación

disarm [dɪs'ɑ:m] **1** *vt also Fig* desarmar
2 *vi* desarmarse

disarmament [dɪs'ɑ:məmənt] *n* desarme *m* □ ***d. talks*** conversaciones *fpl* para el desarme

disarming [dɪs'ɑ:mɪŋ] *adj (smile)* arrebatador(ora)

disarranged [dɪsə'reɪndʒd] *adj Formal (hair, clothes)* desarreglado(a)

disarray [dɪsə'reɪ] *n* desorden *m*; **in d.** *(untidy)* en desorden; *(confused)* sumido(a) en el caos; **the army retreated in d.** el ejército se batía en retirada desordenadamente

disassemble [dɪsə'sembəl] *vt* desmontar, desarmar

disassociate = **dissociate**

disaster [dɪ'zɑ:stə(r)] *n* desastre *m*, catástrofe *f* □ ***d. area*** zona *f* catastrófica; *Fam (untidy place)* leonera *f*, cuadra *f*; *Fam* **he's a (walking) d. area** *(person)* es un desastre *m* ambulante; **my desk is just a d. area** tengo la mesa hecha un desastre; ***d. fund*** fondo *m* de ayuda para los damnificados; *Cin* ***d. movie*** película *f* de catástrofes

disastrous [dɪ'zɑ:strəs] *adj* desastroso(a), catastrófico(a)

disastrously [dɪ'zɑ:strəslɪ] *adv* desastrosamente

disavow [dɪsə'vaʊ] *vt Formal* negar, desmentir

disavowal [dɪsə'vaʊəl] *n Formal* desmentido *m*, mentís *m*

disband [dɪs'bænd] **1** *vt* disolver
2 *vi* disolverse

disbar [dɪs'bɑ:(r)] *vt Law* expulsar de la abogacía, inhabilitar como abogado(a)

disbelief [dɪsbɪ'li:f] *n* incredulidad *f*; **in d.** con incredulidad

disbelieve [dɪsbɪ'li:v] *vt* no creer, dudar de

disburse [dɪs'bɜ:s] *vt Formal* desembolsar

disbursement [dɪs'bɜ:smənt] *n Formal* desembolso *m*

disc, *US* **disk** [dɪsk] *n* disco *m* □ ***d. brake*** freno *m* de disco; ***d. jockey*** pinchadiscos *mf inv*

discard [dɪs'kɑ:d] **1** *vt (thing, person)*

desechar; *(plan, proposal, possibility)* descartar

2 *vi (in cards)* descartarse

discern [dɪ'sɜ:n] *vt* distinguir, apreciar

discernible [dɪ'sɜ:nɪbəl] *adj* perceptible; **there is no d. difference** no hay una diferencia apreciable

discerning [dɪ'sɜ:nɪŋ] *adj (audience, customer)* entendido(a); *(taste)* cultivado(a)

discharge 1 *n* ['dɪstʃɑ:dʒ] **(a)** *(of patient)* alta *f*; *(of prisoner)* puesta *f* en libertad; *(of soldier)* licencia *f* **(b)** *(of firearm)* descarga *f*, disparo *m* **(c)** *(of gas, chemical)* emisión *f*; *(of electricity)* descarga *f*; *(of pus, fluid)* supuración *f*; *(vaginal)* flujo *m* (vaginal) **(d)** *(of duty)* cumplimiento *m*; *(of debt)* liquidación *f*; *(of fine)* abono *m*

2 *vt* [dɪs'tʃɑ:dʒ] **(a)** *(patient)* dar el alta a; *(prisoner)* poner en libertad; *(employee)* despedir; *(soldier)* licenciar; **she discharged herself from hospital** se dio de alta del hospital **(b)** *(firearm)* descargar, disparar **(c)** *(gas, chemical)* emitir; *(electricity)* descargar; *(pus, fluid)* supurar **(d)** *(duty)* cumplir; *(debt)* saldar, liquidar; *(fine)* abonar

disciple [dɪ'saɪpəl] *n* discípulo(a) *m,f*

disciplinarian [dɪsɪplɪ'neərɪən] *n* **he's such a strict d.** le gusta llevar una severa disciplina

disciplinary ['dɪsɪplɪnərɪ] *adj* disciplinario(a); **to take d. action against sb** abrirle a alguien un expediente disciplinario; *Sport* **he has a poor d. record** tiene un abultado historial de sanciones

discipline ['dɪsɪplɪn] **1** *n (control, academic subject)* disciplina *f*; **to keep** *or* **maintain d.** guardar la disciplina

2 *vt (punish)* castigar; *(train)* disciplinar; **to d. oneself** disciplinarse

disclaim [dɪs'kleɪm] *vt (renounce)* renunciar a; *(deny)* negar

disclaimer [dɪs'kleɪmə(r)] *n* negación *f* de responsabilidad; **to issue a d.** hacer público un comunicado negando toda responsabilidad

disclose [dɪs'kləʊz] *vt* revelar

disclosure [dɪs'kləʊʒə(r)] *n* revelación *f*

disco ['dɪskəʊ] (*pl* **discos**) *n* discoteca *f* ❑ ***d. dancer*** bailarín(ina) *m,f* de música disco; ***d. music*** música *f* disco

discography [dɪs'kɒgrəfɪ] *n* discografía *f*

discolour, *US* **discolor** [dɪs'kʌlə(r)] **1** *vt (fade)* decolorar; *(stain)* teñir, manchar

2 *vi (fade)* ponerse descolorido(a); *(stain)* dejar mancha, manchar

discolouration, *US* **discoloration** [dɪskʌlə'reɪʃən] *n* mancha *f* descolorida

discombobulate [dɪskəm'bɒbjʊleɪt] *vt US Fam Hum* trastornar, despendolar

discomfited [dɪs'kʌmfɪtɪd] *adj Formal* **to feel d.** sentirse turbado(a) *or* desconcertado(a)

discomfiture [dɪs'kʌmfɪtʃə(r)] *n Formal* turbación *f*, desconcierto *m*

discomfort [dɪs'kʌmfət] *n (lack of comfort)* incomodidad *f*; *(pain)* molestia *f*, dolor *m*; **to be in d.** sufrir, pasarlo mal

disconcert [dɪskən'sɜ:t] *vt* desconcertar

disconcerting [dɪskən'sɜ:tɪŋ] *adj (causing confusion, embarrassment)* desconcertante; *(causing anxiety)* preocupante

disconnect [dɪskə'nekt] *vt (gas, electricity, phone)* cortar, desconectar; *(machine, appliance)* desenchufar, desconectar; **we've been disconnected** nos han cortado el gas/la electricidad/el teléfono

disconnected [dɪskə'nektɪd] *adj (events, account)* inconexo(a)

disconsolate [dɪs'kɒnsələt] *adj* desconsolado(a) (**at** por); **to be d. (at)** estar desconsolado(a) (por)

disconsolately [dɪs'kɒnsələtlɪ] *adv* desconsoladamente

discontent [dɪskən'tent] *n* descontento *m*

discontented [dɪskən'tentɪd] *adj* descontento(a); **to be d.** estar descontento(a)

discontinuation [dɪskəntɪnjʊ'eɪʃən] *n (of product, model)* desaparición *f*; *(of practice, production, treatment)* suspensión *f*; **this design flaw led to the product's d.** este defecto en el diseño hizo que el producto se dejara de fabricar

discontinue [dɪskən'tɪnju:] *vt* suspender, interrumpir; *Com* **it's a discontinued line** ese modelo ya no se fabrica

discontinuous [dɪskən'tɪnjʊəs] *adj (line)* discontinuo(a); *(process, run of events)* intermitente

discord ['dɪskɔ:d] *n* discordia *f*

discordant [dɪs'kɔ:dənt] *adj (opinions, music)* discordante, discorde

discotheque ['dɪskətek] *n* discoteca *f*

discount 1 *n* ['dɪskaʊnt] descuento *m*, rebaja *f*; **at a d.** con descuento ❑ *Fin* ***d. rate*** tipo *m or Am* tasa *f* de descuento; ***d. store*** tienda *f* de saldos

2 *vt* **(a)** *(price, goods)* rebajar **(b)** [dɪs'kaʊnt] *(suggestion, possibility)* descartar

discourage [dɪs'kʌrɪdʒ] *vt* **(a)** *(dishearten)* desalentar, desanimar **(b)** *(dissuade) (burglars, visitors)* disuadir, ahuyentar; *(crime)* poner trabas a, impedir; **to d. sb from doing sth** tratar de disuadir a alguien de que haga algo

discouragement [dɪs'kʌrɪdʒmənt] *n* **(a)** *(loss of enthusiasm)* desaliento *m*, desánimo *m* **(b)** *(deterrent)* **to act as a d.** frenar

discouraging [dɪs'kʌrɪdʒɪŋ] *adj* desalentador(ora)

discourse ['dɪskɔ:s] *Formal* **1** *n* discurso *m*

2 *vi* **to d. (up)on a subject** disertar sobre un tema

discourteous [dɪs'kɜ:tɪəs] *adj* descortés

discourtesy [dɪs'kɜ:təsɪ] *n* descortesía *f*

discover [dɪs'kʌvə(r)] *vt* descubrir

discoverer [dɪs'kʌvərə(r)] *n* descubridor(ora) *m,f*

discovery [dɪs'kʌvərɪ] *n* descubrimiento *m*; **to make a d.** realizar un descubrimiento

discredit [dɪs'kredɪt] **1** *n* descrédito *m*; **to be a d. to sth/sb** desacreditar algo/a alguien

2 *vt* desacreditar

discreet [dɪs'kri:t] *adj* discreto(a)

discreetly [dɪs'kri:tlɪ] *adv* discretamente, con discreción

discrepancy [dɪs'krepənsɪ] *n* discrepancia *f* (**between** entre)

discrete [dɪs'kri:t] *adj* **(a)** *(distinct)* diferenciado(a), independiente **(b)** *Math & Phys* discreto(a)

discretion [dɪs'kreʃən] *n* **(a)** *(tact)* discreción *f* **(b)** *(judgement)* criterio *m*; **at your d.** a discreción, a voluntad; **use your (own) d.** sigue tu propio criterio

discretionary [dɪs'kreʃənərɪ] *adj* discrecional

discriminate [dɪs'krɪmɪneɪt] **1** *vt* discriminar, distinguir (**from** de)

2 *vi* **to d. between** discriminar *or* distinguir entre; **to d. against sb** discriminar a alguien; **to d. in favour of** discriminar a favor de

discriminating [dɪs'krɪmɪneɪtɪŋ] *adj (audience, customer)* entendido(a); *(taste)* cultivado(a)

discrimination [dɪskrɪmɪ'neɪʃən] *n* **(a)** *(bias)* discriminación *f*; **racial/sexual/religious d.** discriminación racial/sexual/religiosa **(b)** *(taste)* buen gusto *m*, refinamiento *m* **(c)** *(differentiation)* distinción *f*, diferenciación *f*

discriminatory [dɪs'krɪmɪnətərɪ] *adj* discriminatorio(a)

discursive [dɪs'kɜ:sɪv] *adj* dilatado(a), con muchas digresiones *or* divagaciones

discus ['dɪskəs] *n* disco *m* *(para lanzamientos)* ❑ ***d. thrower*** lanzador(ora) *m,f* de disco

discuss [dɪs'kʌs] *vt* discutir, hablar de; **I want to d. it with my lawyer** quiero consultarlo con mi abogado

discussion [dɪs'kʌʃən] *n* discusión *f*; **the matter is under d.** el asunto está siendo discutido

disdain [dɪs'deɪn] **1** *n* desdén *m*, desprecio *m* (**for** por)

2 *vt* desdeñar, despreciar; **to d. to do sth** no dignarse a hacer algo

disdainful [dɪs'deɪnfʊl] *adj* desdeñoso(a)

disease [dɪ'zi:z] *n* enfermedad *f*

diseased [dɪ'zi:zd] *adj (plant, limb)* enfermo(a); **to be d.** estar afectado(a) por una enfermedad

disembark [dɪsɪm'bɑ:k] *vt & vi* desembarcar

disembodied [dɪsɪm'bɒdɪd] *adj (voice, presence)* inmaterial, incorpóreo(a)

disembowel [dɪsɪm'baʊəl] (*pt & pp* **disembowelled,** *US* **disemboweled**) *vt* destripar

disenchanted [dɪsɪn'tʃɑ:ntɪd] *adj* desencantado(a) (**with** con)

disenchantment [dɪsɪn'tʃɑ:ntmənt] *n* desencanto *m*

disengage [dɪsɪn'geɪdʒ] **1** *vt* **(a)** *(separate)* soltar; **to d. oneself from sth** desasirse de algo **(b)** *(gear)* quitar; **to d. the clutch** desembragar

2 *vi* (**a**) *(separate)* desasirse, soltarse (**from** de) (**b**) *Mil* retirarse

disentangle [dɪsɪn'tæŋgəl] *vt* desenredar

disfavour, *US* **disfavor** [dɪs'feɪvə(r)] *n* **to be in d.** no ser visto(a) con buenos ojos; **to fall into d.** caer en desgracia

disfigure [dɪs'fɪgə(r)] *vt* desfigurar

disfigurement [dɪs'fɪgəmənt] *n* desfiguración *f*

disgorge [dɪs'gɔːdʒ] *vt (liquid, sewage)* expulsar; *(people)* derramar; *(information)* desembuchar

disgrace [dɪs'greɪs] **1** *n (shame)* vergüenza *f*; **it's a d.!** ¡es una vergüenza *or* un escándalo!; **he is in d. with the party** el partido está muy disgustado con él; **to resign in d.** dimitir a causa de un escándalo; **he is a d. to his family/country** es una vergüenza *or* deshonra para su familia/país

2 *vt (person)* avergonzar; *(family, country)* deshonrar; **to d. oneself** caer en la deshonra; **a disgraced politician** un político desacreditado

disgraceful [dɪs'greɪsfʊl] *adj* vergonzoso(a), indignante; **it's d.!** ¡es una vergüenza!

disgracefully [dɪs'greɪsfʊlɪ] *adv* vergonzosamente; **she was d. late** fue vergonzoso lo tarde que llegó

disgruntled [dɪs'grʌntəld] *adj* contrariado(a), descontento(a); **to be d.** estar contrariado(a) *or* descontento(a)

disguise [dɪs'gaɪz] **1** *n (costume)* disfraz *m*; **in d.** disfrazado(a)

2 *vt (person)* disfrazar (**as** de); *(one's feelings, the truth)* ocultar, disfrazar; **to d. oneself** disfrazarse; **there is no disguising the fact that...** no se puede ocultar el hecho de que...

disgust [dɪs'gʌst] **1** *n* asco *m*, repugnancia *f*; **to fill sb with d.** dar asco a alguien; **she left in d.** se marchó indignada *or* asqueada

2 *vt* repugnar; **I was disgusted by their behaviour** me dio asco su comportamiento

> Note that the Spanish words **disgusto** and **disgustar** are false friends and are never a translation for the English word **disgust**. In Spanish **disgusto** means "annoyance, sorrow" and **disgustar** means "to upset".

disgusted [dɪs'gʌstɪd] *adj* indignado(a), asqueado(a); **he was** *or* **felt d. with himself** sentía asco de sí mismo, estaba indignado consigo mismo

disgustedly [dɪs'gʌstɪdlɪ] *adv* con indignación, con asco

disgusting [dɪs'gʌstɪŋ] *adj (revolting)* asqueroso(a), repugnante; *(disgraceful)* vergonzoso(a)

dish [dɪʃ] **1** *n* (**a**) *(bowl) (for serving)* fuente *f*; *(for cooking)* cazuela *f*; **dishes** *(crockery)* platos *mpl*; **to do the dishes** lavar los platos, fregar los cacharros ❑ *US* ***d. soap*** lavavajillas *m inv (detergente)* (**b**) *(food)* plato *m* (**c**) ***d. aerial*** *or* ***antenna*** *(for TV)* antena *f* parabólica

2 *vt* IDIOM *Fam* **to d. the dirt (on sb)** ir *or Esp* andar pregonando los trapos sucios (de alguien)

▸**dish out** *vt sep (food, money, advice)* repartir

▸**dish up** *vt sep (meal)* servir

disharmony [dɪs'hɑːmənɪ] *n* discordia *f*

dishcloth ['dɪʃklɒθ] *n (for washing)* bayeta *f*; *(for drying)* paño *m* (de cocina), *CAm* secador *m*, *Chile* paño *m* de loza, *Col* limpión *m*, *Méx* trapón *m*, *RP* repasador *m*

dishearten [dɪs'hɑːtən] *vt* descorazonar, desalentar; **don't get disheartened** trata de no desanimarte

disheartening [dɪs'hɑːtənɪŋ] *adj* descorazonador(ora)

dishevelled, *US* **disheveled** [dɪ'ʃevəld] *adj* desaliñado(a); **to be d.** estar desaliñado(a)

dishonest [dɪs'ɒnɪst] *adj* deshonesto(a), poco honrado(a)

dishonestly [dɪs'ɒnɪstlɪ] *adv (act, obtain)* de forma poco honrada; *(answer, speak)* con engaños

dishonesty [dɪs'ɒnɪstɪ] *n* deshonestidad *f*, falta *f* de honradez

dishonour, *US* **dishonor** [dɪs'ɒnə(r)] **1** *n* deshonra *f*; **to bring d. on sb** deshonrar a alguien, llevar la deshonra a alguien

2 *vt* deshonrar

dishonourable, *US* **dishonorable** [dɪs'ɒnərəbəl] *adj* deshonroso(a) ❑ *Mil* ***d. discharge*** expulsión *f* por conducta deshonrosa

dishrag ['dɪʃræg] *n US* bayeta *f*

dishtowel ['dɪʃtaʊəl] *n* paño *m* (de cocina), *CAm* secador *m*, *Chile* paño *m* de loza, *Col* limpión *m*, *Méx* trapón *m*, *RP* repasador *m*

dishwasher ['dɪʃwɒʃə(r)] *n (person)* lavaplatos *mf inv*, friegaplatos *mf inv*; *(machine)* lavavajillas *m inv*

dishwater ['dɪʃwɔːtə(r)] *n* agua *f* de fregar (los platos); *Fig* **this coffee is like d.!** ¡este café es puro aguachirle!

dishy ['dɪʃɪ] *adj Br Fam* majo(a), de buen ver

disillusioned [dɪsɪ'luːʒənd] *adj* desencantado(a), desilusionado(a); **to be d. (with)** estar desencantado(a) (con)

disillusionment [dɪsɪ'luːʒənmənt] *n* desencanto *m*, desilusión *f* (**with** con)

disincentive [dɪsɪn'sentɪv] *n* traba *f*; **it acts as a d. to creativity** constituye una traba para la creatividad

disinclination [dɪsɪnklɪ'neɪʃən] *n* falta *f* de interés (**to do sth** en hacer algo)

disinclined [dɪsɪn'klaɪnd] *adj* **to be d. to do sth** no tener ganas de *or* interés por hacer algo

disinfect [dɪsɪn'fekt] *vt* desinfectar

disinfectant [dɪsɪn'fektənt] *n* desinfectante *m*

disinformation [dɪsɪnfə'meɪʃən] *n* desinformación *f*

disingenuous [dɪsɪn'dʒenjʊəs] *adj* falso(a), poco sincero(a)

disinherit [dɪsɪn'herɪt] *vt* desheredar

disintegrate [dɪs'ɪntɪgreɪt] *vi* desintegrarse

disintegration [dɪsɪntɪ'greɪʃən] *n* desintegración *f*

disinter [dɪsɪn'tɜː(r)] (*pt & pp* **disinterred**) *vt (body)* desenterrar; *Fig (fact)* desenterrar, desempolvar

disinterest [dɪs'ɪntərɪst] *n* desinterés *m*

disinterested [dɪs'ɪntrɪstɪd] *adj* (**a**) *(unbiased)* desinteresado(a) (**b**) *(uninterested)* **he was d. in the movie** no le interesaba la película

disinvest [dɪsɪn'vest] *vi* retirar el capital invertido

disinvestment [dɪsɪn'vestmənt] *n Fin* desinversión *f*

disjointed [dɪs'dʒɔɪntɪd] *adj* deshilvanado(a)

disk [dɪsk] *n* (**a**) *US* disco *m* (**b**) *Comptr* disco *m* ❑ ***d. controller*** controlador *m* del disco; ***d. drive*** unidad *f* de disco, disquetera *f*; ***d. operating system*** sistema *m* operativo de disco

diskette [dɪs'ket] *n Comptr* disquete *m*

dislike [dɪs'laɪk] **1** *n (of things)* aversión *f* (**of** por); *(of people)* antipatía *f* (**of** hacia); **my likes and dislikes** las cosas que me gustan y las que me disgustan; **to take a d. to sb** tomar *or Esp* coger antipatía a alguien

2 *vt* **I d. him/it** no me gusta; **I don't d. him/it** no me disgusta; **I d. them** no me gustan; **I don't d. them** no me disgustan; **I d. getting up early** no me gusta madrugar

dislocate ['dɪsləkeɪt] *vt* (**a**) *(shoulder, hip)* dislocar; **to d. one's shoulder** dislocarse el hombro (**b**) *(plan, timetable)* trastocar

dislocation [dɪslə'keɪʃən] *n* (**a**) *(of shoulder, hip)* dislocación *f* (**b**) *(of plan)* desbaratamiento *m*

dislodge [dɪs'lɒdʒ] *vt (brick, tile)* soltar; *(something stuck)* sacar; *(opponent)* desplazar, desalojar

disloyal [dɪs'lɔɪəl] *adj* desleal

disloyalty [dɪs'lɔɪəltɪ] *n* deslealtad *f*

dismal ['dɪzməl] *adj* (**a**) *(place)* sombrío(a), tétrico(a); *(weather)* muy triste; *(future)* oscuro(a) (**b**) *(failure)* horroroso(a); *(performance)* nefasto(a), fatal

dismally ['dɪzməlɪ] *adv (perform)* fatal, rematadamente mal; *(fail)* estrepitosamente

dismantle [dɪs'mæntəl] *vt* desmantelar

dismay [dɪs'meɪ] **1** *n* consternación *f*; **in d.** con consternación; **(much) to my d.** para mi consternación

2 *vt* consternar

dismayed [dɪs'meɪd] *adj* consternado(a)

dismember [dɪs'membə(r)] *vt (body)* descuartizar; *(country, company)* desmembrar

dismiss [dɪs'mɪs] *vt* (**a**) *(from job)* despedir (**b**) *(send away) (school class)* dejar marcharse; **to d. sb** dar a alguien permiso para retirarse; *Mil* **d.!** ¡rompan filas! (**c**) *(thought, theory)* descartar; *(proposal,* *suggestion)* rechazar; *(threat, danger)* no hacer caso de; **the suggestion was dismissed as being irrelevant** la sugerencia fue rechazada por no venir al caso (**d**) *Law (case)* sobreseer; *(appeal)* desestimar

dismissal [dɪs'mɪsəl] *n* (**a**) *(of employee)* despido *m* (**b**) *Law (of case)* sobreseimiento *m*; *(of appeal)* desestimación *f*

dismissive [dɪs'mɪsɪv] *adj* desdeñoso(a), despectivo(a) (**of** hacia *or* respecto a); **he was very d. of my chances** se mostró escéptico en cuanto a mis posibilidades

dismount [dɪs'maʊnt] **1** *vt Comptr* desmontar

2 *vi (from horse, bicycle)* desmontar, bajarse (**from** de)

disobedience [dɪsə'bi:dɪens] *n* desobediencia *f*

disobedient [dɪsə'bi:dɪənt] *adj* desobediente

disobey [dɪsə'beɪ] *vt* desobedecer

disorder [dɪs'ɔ:də(r)] *n* (**a**) *(confusion, unrest)* desorden *m*; **in d.** en desorden (**b**) *Med* dolencia *f*

disordered [dɪs'ɔ:dəd] *adj (room, mind)* desordenado(a)

disorderly [dɪs'ɔ:dəlɪ] *adj* (**a**) *(untidy)* desordenado(a) (**b**) *(unruly)* revoltoso(a) ▫ *Law* ***d. conduct*** escándalo *m* público; *Law* ***d. house*** casa *f* de prostitución

disorganization [dɪsɔ:gənaɪ'zeɪʃən] *n* desorganización *f*

disorganized [dɪs'ɔ:gənaɪzd] *adj* desorganizado(a)

disorientate [dɪs'ɔ:rɪənteɪt], **disorient** [dɪs'ɔ:rɪənt] *vt* desorientar

disorientation [dɪsɔ:rɪən'teɪʃən] *n* desorientación *f*

disown [dɪs'əʊn] *vt (wife, child)* repudiar; *(country)* renegar de; *(statement)* no reconocer como propio(a)

disparage [dɪs'pærɪdʒ] *vt* desdeñar, menospreciar

disparaging [dɪs'pærɪdʒɪŋ] *adj* desdeñoso(a), menospreciativo(a)

disparate ['dɪspərɪt] *adj* dispar

disparity [dɪs'pærɪtɪ] *n* disparidad *f*

dispassionate [dɪs'pæʃənət] *adj* desapasionado(a)

dispassionately [dɪs'pæʃənətlɪ] *adv* desapasionadamente, sin apasionamiento

dispatch, despatch [dɪs'pætʃ] **1** *n* (**a**) *(of letter, parcel)* envío *m* (**b**) *(message)* despacho *m*; *Mil* **he was mentioned in dispatches** aparecía mencionado en partes de guerra ▫ ***d. box*** *(for papers)* valija *f* oficial; *Br* **at the d. box** *(in Parliament)* en la tribuna *f* de oradores; *US* ***d. case*** *(for papers)* valija *f* oficial; *Mil* ***d. rider*** mensajero(a) *m,f* motorizado(a) (**c**) *Formal (promptness)* **with d.** con celeridad *or* prontitud

2 *vt* (**a**) *(send)* enviar, mandar (**b**) *(kill)* dar muerte a (**c**) *Formal (task)* dar cuenta de, despachar

dispel [dɪs'pel] *(pt & pp* **dispelled**) *vt (doubt, fear)* disipar

dispensable [dɪs'pensəbəl] *adj* prescindible

dispensary [dɪs'pensərɪ] *n Med* dispensario *m*, botiquín *m*

dispensation [dɪspen'seɪʃən] *n Law & Rel (exemption)* dispensa *f* (**from** de)

dispense [dɪs'pens] *vt* (**a**) *(justice)* administrar (**b**) *(medication, prescription)* administrar (**c**) *(advice)* repartir; *(of vending machine)* expedir

▸**dispense with** *vt insep* prescindir de

dispersal [dɪs'pɜ:səl] *n* dispersión *f*

disperse [dɪs'pɜ:s] **1** *vt (seeds, people)* dispersar; *(knowledge, information)* difundir

2 *vi (of crowd)* dispersarse; *(of darkness, clouds)* disiparse

dispirited [dɪs'pɪrɪtɪd] *adj* desanimado(a), desalentado(a); **to be d.** estar desanimado(a) *or* desalentado(a)

displace [dɪs'pleɪs] *vt* (**a**) *(shift)* desplazar (**b**) *(supplant)* sustituir

displaced [dɪs'pleɪst] *adj* desplazado(a) ▫ ***d. persons*** desplazados *mpl*

displacement [dɪs'pleɪsmənt] *n* (**a**) *(of water, people, ship)* desplazamiento *m* (**b**) *(substitution)* **d. (of A by B)** sustitución *f* (de A por B) ▫ *Psy* ***d. activity*** actividad *f* sublimadora

display [dɪs'pleɪ] **1** *n* (**a**) *(of goods)* muestra *f*; *(of handicrafts, paintings)* exposición *f*; **on d.** expuesto(a) ▫ ***d. cabinet*** vitrina *f*; ***d. copy*** *(of book)* ejemplar *m* de muestra; ***d. window*** escaparate *m*, *Am* vidriera *f*, *Chile, Col, Méx* vitrina *f* (**b**) *(of emotion, technique)* demostración *f*; *(of sport)* exhibición *f* (**c**) *Comptr* pantalla *f* ▫ ***d. menu*** menú *m* de visualización

2 *vt* (**a**) *(goods)* disponer; *(on sign, screen)* mostrar (**b**) *(emotion, talent, ignorance)* demostrar, mostrar

3 *vi (of bird, animal)* realizar la parada nupcial

displease [dɪs'pli:z] *vt* disgustar, desagradar; **to be displeased with sb/sth** estar disgustado(a) con alguien/algo

displeasure [dɪs'pleʒə(r)] *n* disgusto *m*, desagrado *m*; **to incur sb's d.** provocar el enojo de alguien

disposable [dɪs'pəʊzəbəl] *adj (camera, pen, lighter)* desechable; *(funds)* disponible ▫ ***d. income*** poder *m* adquisitivo

disposal [dɪs'pəʊzəl] *n* (**a**) *(of rubbish, evidence, body)* eliminación *f* (**b**) *(of property)* venta *f* (**c**) *(availability)* **to have sth at one's d.** disponer de algo

dispose [dɪs'pəʊz] *vt Formal (arrange)* disponer

▸**dispose of** *vt insep* (**a**) *(get rid of) (rubbish, evidence, body)* eliminar; *(problem)* acabar con (**b**) *(sell) (property)* vender (**c**) *Euph (kill)* eliminar (**d**) *Hum (eat)* dar buena cuenta de, merendarse

disposed [dɪs'pəʊzd] *adj (willing)* **to be d. to do sth** estar dispuesto(a) a hacer algo

disposition [dɪspə'zɪʃən] *n* (**a**) *(temperament)* carácter *m*; **a man of a placid d.** un hombre de carácter plácido (**b**) *(inclination)* **to have a d. to do sth** tener tendencia a hacer algo (**c**) *Formal (arrangement)* disposición *f*

dispossess [dɪspə'zes] *vt* desposeer (**of** de)

dispossessed [dɪspə'zest] **1** *npl* **the d.** los desposeídos

2 *adj* desposeído(a)

disproportion [dɪsprə'pɔ:ʃən] *n* desproporción *f*; **to be in d. to sth** ser desproporcionado(a) en relación con algo, no guardar proporción con algo

disproportionate [dɪsprə'pɔ:ʃənət] *adj* desproporcionado(a)

disproportionately [dɪsprə'pɔ:ʃənətlɪ] *adv* desproporcionadamente; **a d. large sum of money** una cantidad enorme *or* desmesurada de dinero

disprove [dɪs'pru:v] *(pp* **disproved**, *Law* **disproven** [dɪs'prəʊvən]) *vt* refutar

disputable [dɪs'pju:təbəl] *adj* discutible

dispute [dɪs'pju:t] **1** *n (debate)* discusión *f*, debate *m*; *(argument)* pelea *f*, disputa *f*; **the matter in d.** la cuestión debatida; **it's beyond d.** es indiscutible; **it's open to d.** es cuestionable; **(industrial) d.** conflicto *m* laboral

2 *vt* (**a**) *(subject, claim)* debatir, discutir; **I'm not disputing that** eso no lo discuto (**b**) *(decision)* cuestionar (**c**) *(contest, final)* disputar; **two teams are currently disputing the leadership** dos equipos se disputan actualmente el liderazgo

3 *vi* discutir (**about** *or* **over** sobre)

disqualification [dɪskwɒlɪfɪ'keɪʃən] *n* (**a**) *(from competition)* descalificación *f* (**b**) *Br Law* **a year's d. from driving** un año de suspensión del permiso de *Esp* conducir *or Am* manejar

disqualify [dɪs'kwɒlɪfaɪ] *vt* (**a**) *(from competition)* descalificar; **to d. sb from doing sth** incapacitar a alguien para hacer algo (**b**) *Br Law* **to d. sb from driving** retirar a alguien el permiso de *Esp* conducir *or Am* manejar

disquiet [dɪs'kwaɪət] *n* inquietud *f*, desasosiego *m*

disquieting [dɪs'kwaɪətɪŋ] *adj* inquietante

disquisition [dɪskwɪ'zɪʃən] *n Formal* disquisición *f* (**on** acerca de)

disregard [dɪsrɪ'gɑ:d] **1** *n* indiferencia *f*, menosprecio *m* (**for** por)

2 *vt (warning, fact, feelings)* no tener en cuenta; *(order)* desacatar

disrepair [dɪsrɪ'peə(r)] *n* **in (a state of) d.** deteriorado(a); **to fall into d.** deteriorarse

disreputable [dɪs'repjʊtəbəl] *adj (person, behaviour)* poco respetable; *(neighbourhood, pub)* de mala reputación

disrepute [dɪsrɪ'pju:t] *n* **to bring sth into d.** desprestigiar algo; **to fall into d.** caer en descrédito

disrespect [dɪsrɪ'spekt] *n* irreverencia *f*, falta *f* de respeto; **to treat sb with d.** tratar a alguien irrespetuosamente; **I meant no d.** no pretendía faltar al respeto

disrespectful [dɪsrɪ'spektfʊl] *adj* irrespetuoso(a)

disrobe [dɪs'rəʊb] *vi* (**a**) *Formal (of judge, priest, monarch)* despojarse de las vestiduras (**b**) *Hum (undress)* desvestirse, ponerse en cueros

disrupt [dɪs'rʌpt] *vt (traffic)* entorpecer, trastornar; *(plan)* trastornar, trastocar; *(meeting)* interrumpir, alterar el desarrollo de; *(life, routine)* alterar

disruption [dɪs'rʌpʃən] *n (of traffic)* entorpecimiento *m*, trastorno *m* (**to** de); *(of plan)* desbaratamiento *m* (**to** de); *(of meeting)* interrupción *f* (**of** de); *(of life, routine)* alteración *f* (**to** de)

disruptive [dɪs'rʌptɪv] *adj (behaviour)* alborotador(ora), revoltoso(a); **to be d.** ocasionar trastornos; **to have a d. influence on sb** tener una influencia perjudicial sobre alguien

diss = **dis**

dissatisfaction [dɪsætɪs'fækʃən] *n* insatisfacción *f* (**with** con)

dissatisfied [dɪ'sætɪsfaɪd] *adj* insatisfecho(a) (**with** con); **to be d. (with)** estar insatisfecho(a) (con)

dissect [dɪ'sekt] *vt also Fig* diseccionar

dissection [dɪ'sekʃən] *n also Fig* disección *f*

dissemble [dɪ'sembəl] *Formal* **1** *vt* ocultar, disimular

2 *vi* disimular

disseminate [dɪ'semɪneɪt] *Formal* **1** *vt* propagar, difundir

2 *vi* propagarse, difundirse

dissemination [dɪsemɪ'neɪʃən] *n Formal* difusión *f*, propagación *f*

dissension [dɪ'senʃən] *n Formal* disensión *f*, discordia *f*

dissent [dɪ'sent] **1** *n* discrepancia *f*, disconformidad *f*; *Sport* **he was booked for d.** fue amonestado por protestar

2 *vi* disentir (**from** de)

dissenter [dɪ'sentə(r)] *n* disidente *mf*

dissenting [dɪ'sentɪŋ] *adj* discrepante; **a d. voice** una voz discordante

dissertation [dɪsə'teɪʃən] *n Univ* tesina *f*

disservice [dɪ'sɜːvɪs] *n* **to do sb a d.** perjudicar a alguien

dissident ['dɪsɪdənt] *n & adj* disidente *mf*

dissimilar [dɪ'sɪmɪlə(r)] *adj* distinto(a) (**to** de)

dissimilarity [dɪssɪmɪ'lærɪtɪ] *n* desigualdad *f*, disimilitud *f* (**between** entre)

dissipate ['dɪsɪpeɪt] **1** *vt (fears, doubts)* disipar; *(fortune, one's energy)* derrochar

2 *vi (mist, doubts)* disiparse

dissipated ['dɪsɪpeɪtɪd] *adj (lifestyle, adolescence)* disipado(a), disoluto(a)

dissipation [dɪsɪ'peɪʃən] *n (loose living)* disipación *f*

dissociate [dɪ'səʊsɪeɪt], **disassociate** [dɪsə'səʊsɪeɪt] *vt* disociar; **to d. oneself from sb/sth** desmarcarse de alguien/algo

dissolute ['dɪsəluːt] *adj* disoluto(a)

dissolution [dɪsə'luːʃən] *n* disolución *f*

dissolve [dɪ'zɒlv] **1** *vt* disolver

2 *vi* disolverse; **it dissolves in water** es soluble en agua; **to d. into tears** deshacerse en lágrimas

dissonance ['dɪsənəns] *n* (**a**) *Mus* disonancia *f* (**b**) *(disagreement)* discordancia *f*

dissonant ['dɪsənənt] *adj* (**a**) *Mus* disonante (**b**) *(opinions)* discordante

dissuade [dɪ'sweɪd] *vt* **to d. sb from doing sth** disuadir a alguien de hacer algo

distaff ['dɪstɑːf] *n* (**a**) *(in spinning)* rueca *f* (**b**) *Literary* **on the d. side** en la rama femenina de la familia

distal ['dɪstəl] *adj Anat* distal

distance ['dɪstəns] **1** *n* distancia *f*; **from a d.** desde lejos; **in the d.** en la lejanía, a lo lejos; **at a d. of...** a una distancia de...; **a short d. away** bastante cerca; **some d. away** bastante lejos; **to keep sb at a d.** guardar las distancias con alguien; **to keep one's d.** mantener las distancias; **at this d. in time...** después de tanto tiempo...; **to go the d.** *(in boxing)* aguantar todos los asaltos; *(of racehorse)* acabar la carrera; *Fig* resistir hasta el final ▫ ***d. learning*** educación *f* a distancia; *Sport* ***d. race*** carrera *f* de fondo; ***d. running*** fondo *m*

2 *vt* **to d. oneself from sb/sth** distanciarse de alguien/algo

distant ['dɪstənt] *adj* (**a**) *(far-off)* distante, lejano(a); **three kilometres d.** a tres kilómetros de distancia; **a d. relative** un pariente lejano; **in the d. past** en el pasado lejano (**b**) *(reserved)* distante (**c**) *(distracted)* distraído(a); **she had a d. look** tenía la mirada distante *or* perdida

distantly ['dɪstəntlɪ] *adv* (**a**) *(not closely)* **d. related** lejanamente emparentado(a) (**b**) *(reservedly)* distantemente, con frialdad (**c**) *(distractedly) (answer, smile)* distraídamente

distaste [dɪs'teɪst] *n* desagrado *m* (**for** por)

distasteful [dɪs'teɪstfʊl] *adj* desagradable

distemper[1] [dɪs'tempə(r)] *n (disease)* moquillo *m*

distemper[2] *n (paint)* (pintura *f* al) temple *m*

distend [dɪs'tend] **1** *vt* hinchar

2 *vi* hincharse

distil [dɪs'tɪl] (*pt & pp* **distilled**) *vt (water, whisky)* destilar; *(information)* condensar

distillate ['dɪstɪlət] *n Chem* destilado *m*

distillation [dɪstɪ'leɪʃən] *n (of water, whisky)* destilación *f*; *(information)* condensación *f*, compendio *m*

distilled water [dɪs'tɪld'wɔːtə(r)] *n* agua *f* destilada

distiller [dɪ'stɪlə(r)] *n (person)* destilador(ora) *m,f*; *(business)* destilería *f*

distillery [dɪs'tɪlərɪ] *n* destilería *f*

distinct [dɪs'tɪŋkt] *adj* (**a**) *(different)* distinto(a); **as d. from** a diferencia de (**b**) *(clear) (change, idea, preference)* claro(a) (**c**) *(real) (possibility, feeling)* claro(a)

distinction [dɪs'tɪŋkʃən] *n* (**a**) *(difference)* distinción *f*; **to make** *or* **draw a d. between** establecer una distinción entre (**b**) *(honour)* honor *m*; *Ironic* **I had the d. of coming last** me correspondió el honor de ser el último (**c**) *(excellence)* **a writer/scientist of d.** un escritor/científico destacado; **with d.** *(perform, serve)* de manera sobresaliente (**d**) *Sch Univ* sobresaliente *m*

distinctive [dɪs'tɪŋktɪv] *adj* característico(a), distintivo(a)

distinctly [dɪs'tɪŋktlɪ] *adv* (**a**) *(clearly) (speak, hear)* claramente, con claridad; **I d. remember telling you** recuerdo con toda claridad habértelo dicho (**b**) *(decidedly) (better, easier)* claramente; *(stupid, ill-mannered)* verdaderamente

distinguish [dɪs'tɪŋgwɪʃ] **1** *vt* (**a**) *(recognize)* distinguir (**b**) *(characterize, differentiate)* distinguir (**from** de) (**c**) *(earn praise, honour)* **to d. oneself by...** distinguirse por...

2 *vi* **to d. between** distinguir entre

distinguishable [dɪs'tɪŋgwɪʃəbəl] *adj* (**a**) *(recognizable)* distinguible; **to be d.** distinguirse (**b**) *(differentiable)* diferenciable (**from** de); **the two species are not easily d. from a distance** las dos especies son difíciles de diferenciar *or* distinguir desde lejos

distinguished [dɪs'tɪŋgwɪʃt] *adj (person, performance, career)* destacado(a); *(air)* distinguido(a)

distinguishing [dɪs'tɪŋgwɪʃɪŋ] *adj* **d. feature** rasgo *m* físico característico

distort [dɪs'tɔːt] *vt* (**a**) *(shape)* deformar; *(sound)* distorsionar (**b**) *(meaning, facts)* distorsionar, tergiversar

distorted [dɪs'tɔːtɪd] *adj* (**a**) *(shape)* deformado(a); *(sound)* distorsionado(a) (**b**) *(account)* distorsionado(a), tergiversado(a)

distortion [dɪs'tɔːʃən] *n* (**a**) *(of shape)* deformación *f*; *(of sound)* distorsión *f* (**b**) *(of meaning, facts)* distorsión *f*, tergiversación *f*

distract [dɪs'trækt] *vt (person, attention)* distraer; **this is distracting us from our main purpose** esto nos está alejando de nuestro objetivo principal; **she is easily distracted** se distrae con facilidad

distracted [dɪs'træktɪd] *adj* abstraído(a), ausente; **to be d.** estar abstraído(a) *or* ausente

distracting [dɪs'træktɪŋ] *adj* **that noise is very d.** ese ruido distrae mucho

distraction [dɪs'trækʃən] *n* (**a**) *(distracting thing)* distracción *f*; **to drive sb to d.** sacar a alguien de quicio (**b**) *(amusement)* entretenimiento *m*, distracción *f*

distraught [dɪs'trɔːt] *adj* desconsolado(a), consternado(a); **to be d.** estar desconsolado(a) *or* consternado(a)

distress [dɪs'tres] **1** *n* sufrimiento *m*, angustia *f*; **to be in d.** *(of person)* estar sufriendo mucho; *(of ship)* estar en situación de peligro ▫ ***d. flare*** bengala *f* (de socorro); ***d. signal*** señal *f* de socorro

2 *vt (upset)* afligir, angustiar

distressed [dɪs'trest] *adj* (**a**) *(person)* angustiado(a), afligido(a); **to be d.** estar angustiado(a) *or* afligido(a) (**b**) *(wood, paintwork)* envejecido(a)

distressing [dɪs'tresɪŋ] *adj* angustioso(a); *Fig (worrying)* preocupante

distribute [dɪs'trɪbju:t] *vt* distribuir

distribution [dɪstrɪ'bju:ʃən] *n* distribución *f*; **d. of wealth** reparto *m* de la riqueza ▫ *Com* ***d. cost*** costo *m* de distribución; *Com* ***d. network*** red *f* de distribución

distributive [dɪs'trɪbjʊtɪv] *adj Com* de la distribución

distributor [dɪs'trɪbjʊtə(r)] *n* (**a**) *(person, company)* distribuidor(ora) *m,f* (**b**) *Aut* distribuidor *m*, delco® *m* ▫ ***d. cap*** tapa *f* del distribuidor *or* delco®

district ['dɪstrɪkt] *n (of country) (administrative area)* comarca *f*; *(more generally)* zona *f*, región *f*; *(of town, city)* barrio *m* ▫ *US* ***d. attorney*** fiscal *mf* del distrito; *Br Formerly* ***d. council*** junta *f* municipal; ***d. court*** tribunal *m* federal; *Br* ***d. nurse*** = enfermera que visita a los pacientes en sus casas

distrust [dɪs'trʌst] **1** *n* desconfianza *f*
2 *vt* desconfiar de

distrustful [dɪs'trʌstfʊl] *adj* desconfiado(a); **to be d. of** desconfiar de

disturb [dɪs'tɜ:b] *vt* (**a**) *(annoy, interrupt) (person)* molestar; *(sleep, concentration)* perturbar; **the police disturbed the burglar as he was breaking in** la policía sorprendió al ladrón cuando penetraba en el inmueble; **"do not d."** *(sign)* "se ruega no molesten *or* no molestar"; *Law* **to d. the peace** alterar el orden público (**b**) *(worry)* preocupar (**c**) *(disarrange) (papers, room)* desordenar; *(water surface)* agitar

disturbance [dɪs'tɜ:bəns] *n* (**a**) *(nuisance)* molestia *f* (**b**) *(atmospheric, emotional)* perturbación *f* (**c**) *(fight, riot)* altercado *m*; **to cause** *or* **create a d.** provocar altercados

disturbed [dɪs'tɜ:bd] *adj (night, sleep)* agitado(a); *(mentally, emotionally)* trastornado(a), perturbado(a); **to be d.** *(mentally, emotionally)* estar trastornado(a) *or* perturbado(a)

disturbing [dɪs'tɜ:bɪŋ] *adj* (**a**) *(worrying)* preocupante (**b**) *(upsetting)* perturbador(ora); **some viewers may find these scenes d.** estas escenas pueden herir la sensibilidad de algunas espectadores

disunity [dɪs'ju:nɪtɪ] *n* desunión *f*

disuse [dɪs'ju:s] *n* falta *f* de uso; **to fall into d.** caer en desuso

ditch [dɪtʃ] **1** *n* zanja *f*; *(at roadside)* cuneta *f*; *(as defence)* foso *m*
2 *vt Fam (get rid of) (car, useless object)* deshacerse de; *(girlfriend, boyfriend)* plantar; *(plan, idea)* descartar
3 *vi Fam (of plane)* amerizar

dither ['dɪðə(r)] *Fam* **1** *n* **to be all of a d., to be in a d.** aturullarse
2 *vi* vacilar, estar hecho(a) un lío

ditto ['dɪtəʊ] *adv* ídem; *Fam* **I'm hungry — d.** tengo hambre — ídem (de ídem) ▫ ***d. marks*** comillas *fpl* de repetición

ditty ['dɪtɪ] *n Fam* tonadilla *f*

diuretic [daɪjʊ'retɪk] **1** *n* diurético *m*
2 *adj* diurético(a)

diurnal [daɪ'ɜ:nəl] *adj* (**a**) *Literary (daily)* diario(a) (**b**) *Zool (animal)* diurno(a)

diva ['di:və] *n* diva *f*

divan [dɪ'væn] *n* diván *m* ▫ ***d. bed*** cama *f* turca

dive [daɪv] **1** *n* (**a**) *(from poolside, diving board)* salto *m* de cabeza; *(of diver, submarine)* inmersión *f* (**b**) *(of plane)* **the plane went into a d.** el avión se lanzó en picado (**c**) *Fam Pej (place)* antro *m* (**d**) *(in soccer) (by goalkeeper)* estirada *f*; **it was a blatant d.** se ha tirado descaradamente
2 *vi* (*pt US* **dove** [dəʊv]) (**a**) *(from poolside, diving board)* tirarse de cabeza; *(of scuba-diver)* bucear; *(of deep-sea diver, submarine)* sumergirse; *(of aircraft)* lanzarse en picado (**b**) *(move quickly)* lanzarse; **to d. for cover** ponerse a cubierto; **she dived under the bed** se metió a toda prisa debajo de la cama (**c**) *(in soccer) (of goalkeeper)* hacer *or* realizar una estirada; *(to gain penalty)* tirarse (a la piscina)

dive-bomb ['daɪvbɒm] *vt* bombardear (cayendo) en picado

dive-bomber ['daɪvbɒmə(r)] *n* bombardero *m (tipo Stuka)*

diver ['daɪvə(r)] *n (from diving board)* saltador(ora) *m,f* de trampolín; *(with scuba apparatus)* submarinista *mf*, buzo *m*; *(deep-sea)* buzo *m*

diverge [daɪ'vɜ:dʒ] *vi (of rays)* divergir; *(of roads)* bifurcarse; *(of opinions, persons)* discrepar, divergir (**from** de)

divergence [daɪ'vɜ:dʒəns] *n* divergencia *f* (**from** de)

divergent [daɪ'vɜ:dgənt], **diverging** [daɪ'vɜ:dʒɪŋ] *adj* divergente, discrepante

diverse [daɪ'vɜ:s] *adj* diverso(a)

diversification [daɪvɜ:sɪfɪ'keɪʃən] *n Com* diversificación *f*

diversify [daɪ'vɜ:sɪfaɪ] *Com* **1** *vt* diversificar
2 *vi* diversificarse

diversion [daɪ'vɜ:ʃən] *n* (**a**) *(of traffic, funds)* desvío *m*; **to create a d.** distraer la atención (**b**) *(amusement)* distracción *f*

diversionary [daɪ'vɜ:ʃənərɪ] *adj* de despiste, para distraer la atención

diversity [daɪ'vɜ:sɪtɪ] *n* diversidad *f*

divert [daɪ'vɜ:t, dɪ'vɜ:t] *vt* (**a**) *(traffic, river, attention)* desviar (**from** de) (**b**) *(amuse)* **to d. oneself** distraerse

diverting [daɪ'vɜ:tɪŋ] *adj* entretenido(a), distraído(a)

divest [daɪ'vest] *vt Formal* **to d. sb of sth** despojar a alguien de algo

divide [dɪ'vaɪd] **1** *n Fig (gulf)* división *f*, separación *f*
2 *vt* (**a**) *(money, food)* repartir (**between** *or* **among** entre); **to d. sth in two/three** dividir algo en dos/tres partes (**b**) *Math* dividir; **to d. 346 by 17** dividir 346 entre 17 (**c**) *(separate)* separar (**from** de); IDIOM **d. and rule** divide y vencerás
3 *vi* (**a**) *(of road)* bifurcarse (**b**) *(of group)* dividirse (**c**) *Br (of parliament)* votar

▸**divide up** *vt sep* repartir

divided [dɪ'vaɪdɪd] *adj* dividido(a); **to be d.** estar dividido(a); **a family d. against itself** una familia dividida ▫ *US* ***d. highway*** autovía *f*

dividend ['dɪvɪdend] *n* dividendo *m*; IDIOM **to pay dividends** resultar beneficioso(a)

dividers [dɪ'vaɪdəz] *npl* compás *m* de puntas

dividing [dɪ'vaɪdɪŋ] *adj* ***d. line*** línea *f* divisoria; ***d. wall*** muro *m* divisorio

divination [dɪvɪ'neɪʃən] *n* adivinación *f*

divine [dɪ'vaɪn] **1** *adj* (**a**) *(judgement, worship)* divino(a); **d. right** derecho *m* divino (**b**) *Fam (wonderful)* precioso(a), divino(a); **you look d. in that dress** estás divina con ese vestido
2 *vt Formal* adivinar

diving ['daɪvɪŋ] *n (from poolside, diving board)* salto *m* (de cabeza); *(sporting event)* saltos *mpl* de trampolín; *(scuba diving)* submarinismo *m*, buceo *m*; *(deep sea)* buceo *m* en alta mar; **to go d.** hacer submarinismo ▫ ***d. bell*** campana *f* de buzo; ***d. board*** trampolín *m*; ***d. header*** *(in soccer)* cabezazo *m* en plancha; ***d. suit*** traje *m* de buceo *or* de hombre rana

divining rod [dɪ'vaɪnɪŋrɒd], **dowsing rod** ['daʊzɪŋrɒd] *n* varilla *f* de zahorí

divinity [dɪ'vɪnɪtɪ] *n* (**a**) *(divine nature, god)* divinidad *f* (**b**) *(subject)* teología *f*

divisible [dɪ'vɪzɪbəl] *adj* divisible (**by** por *or* entre)

division [dɪ'vɪʒən] *n* (**a**) *(separation, in maths)* división *f* ▫ *Math* ***d. sign*** signo *m* de división *or* dividir (**b**) *(distribution)* reparto *m* ▫ ***d. of labour*** reparto *m* del trabajo (**c**) *(discord)* discordia *f*; **a d. of opinion** división de opiniones (**d**) *(unit)* división *f*; **first/second d.** *(in league)* primera/segunda división (**e**) *Br Parl* votación *f* ▫ ***d. lobby*** = cada uno de los dos pasillos que se utilizan para votar en la Cámara de los Comunes

divisive [dɪ'vaɪsɪv] *adj* disgregador(ora)

divorce [dɪ'vɔ:s] **1** *n* divorcio *m*; **to start d. proceedings (against sb)** emprender los trámites de divorcio (contra alguien) ▫ ***d. court*** = tribunal especializado en divorcios y anulaciones; ***d. lawyer*** (abogado(a) *m,f*) matrimonialista *mf*
2 *vt* (**a**) *(spouse)* divorciarse de (**b**) *Fig* separar (**from** de)
3 *vi (of husband and wife)* divorciarse

divorced [dɪ'vɔ:st] *adj* divorciado(a); **to get d. (from sb)** divorciarse (de alguien)

divorcee [dɪvɔ:'si:] *n* divorciado(a) *m,f*

divot ['dɪvət] *n* chuleta *f*, = trozo de tierra y hierba arrancado al jugar al golf

divulge [daɪ'vʌldʒ] *vt* divulgar, dar a conocer

divvy ['dɪvɪ] *n Br Fam* (**a**) *(share)* tajada *f*, parte *f* (**b**) *(idiot)* imbécil *mf*, merluzo(a) *m,f*

▸**divvy up** *vt sep Br Fam* repartirse

Diwali [di:'wɑ:lɪ] *n Rel* = fiesta religiosa hindú celebrada en torno a octubre o noviembre en honor de Lakshmi, la diosa de la fortuna

DIY [di:aɪ'waɪ] (*abbr* **do-it-yourself**) bricolaje *m*; **a D. enthusiast** un amante del bricolaje; **D. store** tienda *f or* almacén *m* de bricolaje

dizziness ['dɪzɪnɪs] *n* mareos *mpl*; **a spell of d.** un mareo

dizzy ['dɪzɪ] *adj* (**a**) *(unsteady) (because of illness)* mareado(a); *(feeling vertigo)* con vértigo; **to be d.** *(because of illness)* estar mareado(a); *(feeling vertigo)* tener *or* sentir vértigo; *Fig* **to reach the d. heights of government** alcanzar las altas esferas del gobierno ▫ ***d. spell*** mareo *m* (**b**) *Fam (foolish)* lelo(a), atontado(a); **a d. blonde** una rubia *or Méx* güera locuela

DJ ['di:dʒeɪ] **1** *n* (**a**) (*abbr* **disc jockey**) pinchadiscos *mf inv*, disc-jockey *mf* (**b**) *Fam* (*abbr* **dinner jacket**) esmoquin *m*

2 *vi* pinchar (música)

Djibouti [dʒɪ'bu:tɪ] *n* Yibuti

dl (*abbr* **decilitres**) dl

DLitt (*abbr* **Doctor of Letters**) doctor(ora) *m,f* en filología *(rama de literatura)*

DMus (*abbr* **Doctor of Music**) doctor(ora) *m,f* en música

DNA [di:en'eɪ] *n Chem* (*abbr* **deoxyribonucleic acid**) ADN *m* ▫ ***D. fingerprinting*** pruebas *fpl* de(l) ADN, pruebas *fpl* de identificación genética; ***D. profile*** perfil *m* de ADN

DNS *n Comptr* (*abbr* **Domain Name System**) DNS

do¹ [dəʊ] *n Mus* do *m*

DO² [du:] **1** *v aux*

> En el inglés hablado, y en el escrito en estilo coloquial, las formas negativas **do not, does not** y **did not** se transforman en **don't, doesn't** y **didn't**.

(*3rd person singular* **does** [dʌz], *pt* **did** [dɪd], *pp* **done** [dʌn]) (**a**) *(not translated in negatives and questions)* **I don't speak Spanish** no hablo español; **I didn't see him** no lo vi; **don't be so stupid!** ¡no seas tan estúpido(a)!; **don't let's fall out over it** no nos vayamos a pelear por esto; **do you speak Spanish?** ¿hablas español?; **did you see him?** ¿lo viste?; **don't you speak Spanish?** ¿no hablas español?; **didn't you see him?** ¿no lo viste?; **doesn't she look lovely?** ¿verdad que está preciosa?; **doesn't it (just) make you mad the way they get paid double what we do?** es para ponerse hecho una furia que ellos cobren el doble que nosotros; **where did she go?** ¿adónde fue?; **why don't we have a drink?** ¿por qué no nos tomamos una copa?; *Old-fashioned* **never did I see such a mess!** ¡jamás vi un desorden semejante!

(**b**) *(for emphasis)* **she DOES speak Spanish!** ¡sí que habla español!; **I DIDN'T see him!** ¡te digo que no lo vi!; **DO be careful!** ¡ten mucho cuidado, por favor!; *Fam* **DO shut up!** ¡haz el favor de callarte!; **so you DO know her after all** así que después de todo sí que la conoces; **if you DO decide to come...** si finalmente decides venir...; **we do stock them normally, but we're out of them at the moment** normalmente sí que los tenemos, pero en este momento se nos han agotado; **I did warn you** yo ya te avisé; **you DO say some silly things!** ¡mira que llegas a decir tonterías!; **well you did kick him first** fuiste tú la que le dio la patada en primer lugar; **I do believe she lied to me** tengo la sospecha de que me mintió; *Fam* **do I love that song!** ¡pero cómo me gusta esa canción!; *Fam* **boy, did he get angry!** jo, ¡y cómo se enfadó *or Am* enojó!

(**c**) *(substituting main verb)* **she writes better than I do** escribe mejor que yo; **he has always loved her and still does** siempre la ha querido y todavía la quiere; **if you want to speak to him, do it now** si quieres hablar con él, hazlo ahora; **who said that? — I did** ¿quién dijo eso? – yo; **you don't have to worry about that, but I do** tú no tienes por qué preocuparte de eso, pero yo sí; **they wanted to stop, but we didn't** querían parar, pero nosotros no; **I speak Spanish — do you?** hablo español – ¿de verdad?; *Ironic* **I want a bike for Christmas — do you now** *or* **indeed?** para Navidad quiero una bici – ¡no me digas!; **I think it's great, don't you?** me parece genial, ¿a que sí?; **you look better than you did** ahora tienes mejor aspecto que antes; **I feel concerned for my son, as do most parents** me preocupa mi hijo, como a la mayoría de padres; **switch the light off — I have done** apaga la luz – ya lo he hecho; **why do you feel that way? — I just do!** ¿por qué te sientes así? – ¡no lo sé!; **will they come? — they may do** ¿vendrán? – puede que sí; **can I have some more tea? — please do** ¿podría tomar más té? – por favor; **do you speak Spanish? — no I don't** ¿hablas español? – no; **you hid my book! — no I didn't** ¡has escondido mi libro! – ¡no!; **did you see him? — (yes) I did** ¿lo viste? – sí; *Fam* **you didn't clean your room — I did so!** no has limpiado tu habitación – ¡que sí que la he limpiado!; **I don't like them — nor** *or* **neither do I** no me gustan – a mí tampoco; **I like them — so do I** me gustan – a mí también; **you forgot your keys — so I did** te olvidaste las llaves – es verdad; **oh no you don't!** *(don't do that)* ¡ni se te ocurra!

(**d**) *(in tag questions)* **you speak Spanish, don't you?** tú hablas español, ¿no?; **John lives near here, doesn't he?** John vive cerca de aquí, ¿verdad?; **you do like her, don't you?** sí que te gusta, ¿no?; **they said they'd come early, didn't they?** dijeron que vendrían pronto, ¿no?; **you didn't see him, did you?** tú no lo viste, ¿verdad?; **you didn't believe her, did you?** no le creíste, ¿a que no?; **so you finally passed, did you?** así que finalmente aprobaste, ¿no?; **so you think you can play chess, do you?** ¿así que crees que sabes jugar al ajedrez?

2 *vt*

> **Do**, unido a muchos nombres, expresa actividades, como **to do the gardening, to do the ironing** y **to do the shopping**. En el presente diccionario, estas estructuras se encuentran bajo los nombres respectivos.

(**a**) *(in general)* hacer; **what are you doing?** ¿qué haces?, ¿qué estás haciendo?; **to do sth to sb** hacer algo a alguien; **what a foolish thing to do!** ¡que tontería!; **to do the housework** hacer las labores de la casa; **to do the washing-up** fregar (los platos); **I'll do the talking** déjame hablar a mí; **to do French/physics** *(at school, university)* estudiar francés/física; **to do sb good** sentar bien a alguien; **to do sb harm** hacer daño a alguien; **what do you do?** *(what's your job?)* ¿a qué te dedicas?, ¿en qué trabajas?; **it can't be done any quicker** no se puede hacer más rápidamente; **it just isn't done!** *(is not acceptable behaviour)* ¡eso no se hace!, ¡eso no está bien!; **he's done it!** *(managed it)* ¡lo ha conseguido!; **that does it!** *(expressing annoyance)* ¡esto ya es demasiado!; **we need to do something about this problem** tenemos que hacer algo sobre este problema; **there's not much we can do (about it)** ¿qué le vamos a hacer?; **what are you doing for New Year?** ¿qué vas a hacer el fin de año?; **what are we going to do for food?** ¿y qué vamos a comer?; **to do sth for sb** hacer algo por alguien; **what can I do for you?** ¿qué desea?, ¿puedo ayudarle en algo?; **that hairstyle does nothing for her** ese peinado no le favorece nada; *Fam* **this music doesn't do anything for me** esta música no me dice nada; *Fam* **she really does something for me** me pone a cien; **what do you do with yourself in the evenings?** ¿qué haces por las tardes?; **I was so embarrassed I didn't know what to do with myself** estaba tan avergonzada *or Am* apenada que no sabía dónde meterme; PROV **what's done is done** lo hecho, hecho está

(**b**) *(clean, wash, brush)* **to do the bathroom** limpiar el baño; **to do the dishes** fregar (los platos), lavar los platos; **to do one's hair** peinarse, arreglarse el pelo; **to do one's nails** arreglarse las uñas; **to do one's teeth** lavarse los dientes

(**c**) *(fix, mend)* reparar, arreglar; **I've come to do the roof** he venido a reparar *or* arreglar el tejado

(**d**) *(make, prepare, give, sell)* **they do good food here** aquí hacen muy bien de comer; **do you do carpets?** ¿venden *or* tienen alfombras?; **I can do you a ham sandwich** te puedo preparar un *Esp* bocadillo *or Am* sandwich de jamón; **I'll do you a deal on this sale** te voy a hacer un trato especial en éste; **do a few copies of this page for me** hazme *or* sácame unas copias de esta página

(**e**) *(finish)* **have** *or* **are you done complaining?** ¿has terminado ya de quejarte?

(**f**) *(cook)* hacer; **how would you like your steak done?** ¿cómo quiere el filete?; **to be done** *(of food)* estar hecho(a)

(**g**) *(travel at)* **the motorbike was/we were doing 150 km per hour** la moto iba/íbamos a 150 kms por hora; **this car can do 150 km per hour** este coche alcanza los 150 kms por hora; **it does 41 miles to the gallon** ≃ consume 7 litros a los cien (kilómetros)

(**h**) *(serve)* servir, atender; **I'll just do this gentleman first** serviré *or* atenderé primero a este caballero

(**i**) *Fam (visit)* hacerse; **we did Europe in a week** nos hicimos Europa en una semana

(**j**) *(with time)* **I did a year in China** pasé un año en China; *Fam* **he did ten years for robbery** estuvo diez años en *Esp* chirona *or Andes, RP* la cana *or Méx* el bote por robo

(**k**) *Fam (impersonate)* **she does a very good Roseanne** imita muy bien a Roseanne

(**l**) *Fam (take)* **to do drugs** tomar drogas; **let's do lunch** tenemos que quedar para comer

(**m**) *Br Fam (punish, prosecute)* **he was done for fraud** lo empapelaron por fraude; **I got done by my dad for smoking** mi padre me echó la bronca por fumar

(**n**) *Br Fam (beat up)* **I'm going to do you!** ¡te voy a dar un repaso!

(**o**) *Fam (cheat)* **I've been done!** ¡me han timado!; **they did me for £100** me timaron 100 libras

(**p**) *Fam (spoil)* **you've really done it now!** ¡ahora sí que la has hecho!, **that's done it, we'll never win now!** ¡la has/hemos fastidiado, ahora sí que no ganamos!

(**q**) *Fam (be sufficient for)* **will that do you?** ¿te basta con eso?; **there, that should do it** venga, con eso ya está

(**r**) *Fam (rob, burgle)* hacer, limpiar

(**s**) *Fam* **to do it (with sb)** *(have sex)* hacerlo (con alguien); *very Fam* **has he done her yet?** ¿ya se la ha tirado?

3 *vi* (**a**) *(in general)* hacer; **do as I do** haz lo mismo que yo; **do as your father says** haz lo que dice tu padre; *Fam* **do as I say, not as I do** sigue mi consejo y no hagas lo que yo; **you'd do well to take her advice** harías bien en seguir su consejo

(**b**) *(perform, get on)* **she did well/badly** le fue bien/mal; **he is doing well/badly at school** le va bien/mal en el colegio; **the patient is doing well** el paciente se está recuperando; **how am I doing?** ¿qué tal lo estoy haciendo?; **how are you doing?** ¿qué tal te va?, ¿cómo te va?; *Formal* **how do you do?** encantado(a) de conocerlo(la); **how did you do in the interview?** ¿qué tal te salió la entrevista?; **the tomatoes are doing well this year** los tomates están creciendo hermosos este año; **how are we doing for time?** ¿qué tal vamos de tiempo?; **he has done very well for himself** ha prosperado mucho

(**c**) *(suffice, be acceptable)* **a kilo should/won't do** un kilo será/no será suficiente; **will this room do?** ¿qué tal le parece esta habitación?; **you may not like it, but it'll just have to do** puede que no te guste, pero tendrás que conformarte; **I've only got a red one — that'll do** sólo tengo uno rojo — ése valdrá; **that'll do nicely** eso vendrá de maravilla; **that'll do!** *(expressing annoyance)* ¡ya vale *or* basta!; **this will never do!** ¡esto es intolerable!; **it doesn't do to insult your boss** no conviene insultar a tu jefe; **to make do** arreglárselas, apañárselas

(**d**) *(finish)* **hasn't she done yet?** ¿no ha terminado aún?; **I haven't** *or* **I'm not done with you yet** todavía no he acabado contigo

(**e**) *Fam (happen)* **there was nothing doing down at the club** no había nada de marcha en el club; **nothing doing!** ¡de eso nada!

4 *n* (**a**) **do's and don'ts** *(rules)* reglas *fpl* básicas

(**b**) *Fam (party, celebration)* fiesta *f*

▸**do away with** *vt insep* (**a**) *(abolish)* suprimir (**b**) *Fam (kill)* acabar con

▸**do down** *vt sep* desacreditar, menospreciar; **to do oneself down** minusvalorarse, infravalorarse

▸**do for** *vt insep Fam* acabar con; **he's done for** *(he's had it)* está perdido, lo tiene crudo *or* claro; **I'm done for!** *(exhausted)* ¡estoy hecho(a) polvo!

▸**do in** *vt sep Fam* (**a**) *(kill)* cargarse, cepillarse; *(beat up)* dar un repaso; **he did himself in** se mató (**b**) *(exhaust)* **I'm absolutely done in** estoy hecho(a) migas (**c**) *(damage)* **to do one's back/knee in** fastidiarse la espalda/rodilla

▸**do out** *vt sep* (**a**) *(decorate)* decorar; **the room was done out in blue** la habitación estaba decorada de azul (**b**) *Br Fam (clean)* limpiar

▸**do out of** *vt sep Fam* **to do sb out of sth** *(deprive)* privar a alguien de algo; *(cheat)* tangar *or* estafar algo a alguien

▸**do over** *vt sep* (**a**) *Br Fam (beat up)* **to d. sb over** dar una tunda a alguien (**b**) *US (repeat)* volver a hacer (**c**) *Br Fam (rob, burgle)* hacer

▸**do up 1** *vt sep* (**a**) *(fasten)* abrochar; **to do one's buttons up** abrocharse los botones; **d. your coat up** abróchate el abrigo; **to do one's shoes** *or* **laces up** atarse los zapatos *or* cordones; **to do one's tie up** hacerse el nudo de la corbata (**b**) *(wrap)* envolver (**c**) *(improve appearance of)* remozar, renovar; **to do oneself up** *(dress smartly)* arreglarse, ponerse guapo(a); **she was all done up** iba toda arreglada

2 *vi (of clothes)* abrocharse

▸**do with** *vt insep* (**a**) *(benefit from)* **I could do with a cup of tea** no me vendría mal una taza de té; **this room could do with being painted** a esta habitación le hace falta *or* no le vendría mal una capa de pintura

(**b**) *(expressing involvement)* **it's to do with your husband** tiene que ver con tu marido; **what has that got to do with it?** ¿y qué tiene que ver (con ello)?; **I want nothing to do with him** no quiero tener nada que ver con él; **I had nothing to do with it** no tuve nada que ver con eso; **it has** *or* **it's nothing to do with you** *(not your business)* no es asunto tuyo; **we have nothing to do with them any more** ya no tenemos nada que ver con ellos

(**c**) *(finish)* **to have done with sth** terminar con algo; **have you done with the scissors yet?** ¿has terminado con las tijeras?; **I've done with making excuses for her** ya no voy a inventarle más excusas; **let's have done with it!** ¡acabemos de una vez!

(**d**) *Br Fam (tolerate)* **I can't do with** *or* **be doing with you complaining all the time** ya estoy harto(a) de que te quejes todo el rato

▸**do without 1** *vt insep (manage without)* pasar sin; **I couldn't do without a computer** no podría pasar sin *Esp* ordenador *or Am* computadora; **I could do without your snide remarks** me sobran *or* puedes ahorrarte tus comentarios sarcásticos; **I could do without having to travel an hour to work** si no tuviera que viajar una hora hasta el trabajo no pasaría nada

2 *vi* **we haven't got any left, so you'll just have to do without** no nos queda ninguno, tendrás que arreglártelas sin él/ellos

---

DOA [diːəʊ'eɪ] *adj Med* (*abbr* **dead on arrival**) **to be D.** ingresar cadáver

doable ['duːəbəl] *adj Fam* realizable, factible

DOB (*abbr* **date of birth**) = fecha de nacimiento

Dobermann ['dəʊbəmən] *n* **D. (pinscher)** dobermann *m inv*

doc [dɒk] *n Fam* doctor(ora) *m,f*

docile ['dəʊsaɪl] *adj* dócil

dock¹ [dɒk] **1** *n (for ships)* muelle *m*; **to be in d.** *(of ship)* estar atracado(a); **the docks** el puerto ▫ ***d. strike*** huelga *f* de estibadores; ***d. worker*** estibador *m*

2 *vi (of ship)* atracar; *(of two spacecraft)* acoplarse

dock² *n Law* banquillo *m* (de los acusados)

dock³ *vt* (**a**) *(tail)* recortar (**b**) *(wages)* recortar

dock⁴ *n (plant)* acederón *m*, acedera *f*

docker ['dɒkə(r)] *n* estibador *m*

docket ['dɒkɪt] *n* (**a**) *(on parcel) (indicating contents)* etiqueta *f*; *(delivery note)* albarán *m* (de entrega) (**b**) *US Law (agenda)* orden *m* del día

dockland(s) ['dɒklænd(z)] *n(pl)* barrio *m* portuario

dockyard ['dɒkjɑːd] *n* astillero *m*

doctor ['dɒktə(r)] **1** *n* (**a**) *(medical)* médico(a) *m,f*; **to go to the d.('s)** ir al médico; IDIOM *Fam* **that's just what the d. ordered** me/le/*etc* viene que ni pintado (**b**) *Univ* doctor(ora) *m,f* (**of** en)

2 *vt* (**a**) *Fam (accounts, evidence)* amañar (**b**) *(cat)* castrar, capar

doctoral ['dɒktərəl] *adj Univ* doctoral; **d. candidate** doctorando(a) *m,f*

doctorate ['dɒktərɪt] *n Univ* doctorado *m*

doctrinaire [dɒktrɪ'neə(r)] *adj* doctrinario(a)

doctrinal [dɒk'traɪnəl] *adj* doctrinal

doctrine ['dɒktrɪn] *n* doctrina *f*

docudrama ['dɒkjʊdrɑːmə] *n* docudrama *m*

document ['dɒkjʊmənt] **1** *n* documento *m* ▫ *Comptr* ***d. reader*** digitalizador *m*, lector *m* de documentos

2 *vt* documentar; **the first documented case** el primer caso registrado *or* documentado

documentary [dɒkjʊ'mentərɪ] **1** *n* documental *m*

2 *adj* documental

documentation [dɒkjʊmen'teɪʃən] *n* documentación *f*

dodder ['dɒdə(r)] *vi* renquear, caminar *or Esp* andar con paso vacilante

doddering ['dɒdərɪŋ] *adj (walk)* renqueante, vacilante; **d. fool** viejo *m* chocho

doddery ['dɒdərɪ] *adj* renqueante; **a d. old man** un viejo chocho

doddle ['dɒdəl] *n Br Fam* **it's a d.** es pan comido

dodecagon [dəʊ'dekəgən] *n Geom* dodecágono *m*

dodecahedron [dəʊdekə'hiːdrən] *n Geom* dodecaedro *m*

dodge [dɒdʒ] *n* **1** (**a**) *(movement)* regate *m*, quiebro *m* (**b**) *Fam (trick)* truco *m*; **tax d.** trampa *f* para engañar a Hacienda

2 *vt (blow, person)* esquivar; *(responsibility, question)* eludir

3 *vi* apartarse bruscamente

Dodgems® ['dɒdgəmz] *npl Br* coches *mpl or* autos *mpl* de choque

dodger ['dɒdʒə(r)] *n* **he's a bit of a d.** no hace más que escaquearse

dodgy ['dɒdʒɪ] *adj Br Fam (person)* dudoso(a); *(area)* chungo(a), peligroso(a); *(situation, brakes, weather)* chungo(a); **a d. business deal** un chanchullo; **the ceiling looks a bit d.** el techo tiene toda la pinta de ir a caerse; **my stomach's been a bit d. recently** tengo el estómago hecho una pena últimamente

dodo ['dəʊdəʊ] *(pl* **dodos** *or* **dodoes***) n* dodo *m*; IDIOM **(as) dead as a d.** muerto(a) y bien muerto(a)

DOE [diːəʊ'iː] *n (abbr* **Department of the Environment**) = ministerio británico del medio ambiente

doe [dəʊ] *n* (**a**) *(deer)* cierva *f* (**b**) *(rabbit)* coneja *f*

doe-eyed ['dəʊaɪd] *adj* de mirada tierna

does [dʌz] *3rd person singular of* **do**

doesn't ['dʌzənt] = **does not**

doff [dɒf] *vt* **to d. one's cap to sb** descubrirse ante alguien

dog [dɒg] **1** *n* (**a**) *(animal)* perro *m* ▫ ***d. biscuit*** galleta *f* para perros; ***d. collar*** *(of dog)* collar *m* de perro; *Fam (of cleric)* alzacuello *m*; ***the d. days*** la canícula; ***d. food*** comida *f* para perros; ***d. handler*** adiestrador(ora) *m,f* de perros; ***d. licence*** licencia *f* del perro; ***d. paddle*** *(swimming stroke)* estilo *m* perrito; ***d. racing***, *Br Fam* ***the dogs*** carreras *fpl* de galgos; ***d. rose*** escaramujo *m*; ***D. Star*** Sirio; ***d. tag*** *(of dog, soldier)* placa *f* de identificación

(**b**) *Fam (person)* **you lucky d.!** ¡qué potra tienes!; **dirty d.** canalla *mf*, perro(a) *m,f* asqueroso(a)

(**c**) *Fam Pej (ugly woman)* cardo *m*

(**d**) IDIOMS **give a d. a bad name (and hang him)** no es fácil desprenderse de la mala reputación; *Br Vulg Hum* **to be the d.'s bollocks** estar de puta madre; *Fam* **to make a d.'s breakfast** *or* **dinner of sth** hacer una chapuza con algo; *Fam* **it's a d.-eat-d. world** es un mundo de fieras; *Fam* **to go to the dogs** irse a pique, hundirse; *Fam* **to lead a d.'s life** llevar una vida de perros; *Fam* **to be a d. in the manger** ser como el perro del hortelano, que ni come ni deja comer; **to work like a d.** trabajar como un(a) condenado(a); *Hum Fam* **I'm going to see a man about a d.** *(going to the toilet)* voy a mudarle el agua al canario *or* a los garbanzos; *(going somewhere unspecified)* voy a dar un voltio; PROV **you can't teach an old d. new tricks** a perro viejo no hay tus tus; PROV **every d. has his day** todos tenemos nuestro momento de gloria

2 *vt (pt & pp* **dogged**) *(follow)* perseguir, seguir; **to d. sb's footsteps** seguir los pasos de alguien; **she was dogged by misfortune** le perseguía la mala suerte

doge [dəʊdʒ] *n Hist* dux *m inv*, dogo *m*

dog-eared ['dɒgɪəd] *adj* ajado(a), con las esquinas dobladas

dog-end ['dɒgend] *n Br Fam* colilla *f*

dogfight ['dɒgfaɪt] *n (between planes)* combate *m* aéreo; *(between people)* lucha *f* encarnizada

dogfish ['dɒgfɪʃ] *n* lija *f*, pintarroja *f*

dogged ['dɒgɪd] *adj* tenaz, perseverante

doggedly ['dɒgɪdlɪ] *adv* tenazmente, con tenacidad

doggerel ['dɒgərəl] *n (comical)* poesía *f* burlesca; *(bad)* ripios *mpl*

doggo ['dɒgəʊ] *adv Br Fam* **to lie d.** permanecer escondido(a)

doggone ['dɒgɒn] *US Fam* **1** *adj* maldito(a), puñetero(a); **I've lost the d. keys** ya he perdido las puñeteras llaves

2 *adv* **it's so d. hot!** ¡vaya un calorazo que hace!

3 *exclam* **d. (it)!** ¡maldita sea!, ¡mecachis en la mar!

doggy ['dɒgɪ] *n Fam* perrito *m* ▫ ***d. bag*** bolsa *f* para las sobras de la comida

doggy-paddle ['dɒgɪpædəl] *n* estilo *m* perrito

doghouse ['dɒghaʊs] *n* IDIOM *Fam* **to be in the d.** haber caído en desgracia

dogleg ['dɒgleg] *n (in corridor)* esquina *f*, ángulo *m*; *(in road)* curva *f* cerrada; *(golf hole)* hoyo *m* en ángulo

dogma ['dɒgmə] *n* dogma *m*

dogmatic [dɒg'mætɪk] *adj* dogmático(a)

do-gooder ['duː'gʊdə(r)] *n Fam Pej* = persona idealista que intenta siempre ayudar a los demás, incluso cuando no lo necesitan

dogsbody ['dɒgzbɒdɪ] *n Br Fam* burro *m* de carga

dog-tired ['dɒg'taɪəd] *adj Fam* molido(a), hecho(a) polvo *or* puré

dogwood ['dɒgwʊd] *n* cornejo *m*, cerezo *m* silvestre *(hembra)*

doh [dəʊ] *n Mus* do *m*

doily ['dɔɪlɪ] *n* blonda *f*

doing ['duːɪŋ] *n* (**a**) *(work)* **this is his d.** esto es obra suya; **it was none of my d.** yo no he tenido nada que ver; **that takes some d.** eso tiene su trabajo *or* no es ninguna tontería (**b**) **doings** *(activities)* actividades *fpl*

do-it-yourself ['duːɪtjə'self] *n* bricolaje *m*; **a d. enthusiast** un amante del bricolaje

Dolby® ['dɒlbɪ] *n* dolby® *nm inv*

doldrums ['dɒldrəmz] *npl* IDIOM **to be in the d.** *(person)* estar con la moral baja; *(trade, economy)* estar estancado(a)

dole [dəʊl] *n Br Fam* (subsidio *m* de) paro *m*; **to be on the d.** cobrar el paro; **to join the d. queue** apuntarse al paro

▸**dole out** *vt sep Fam* repartir

doleful ['dəʊlfʊl] *adj* triste

dolefully ['dəʊlfʊlɪ] *adv* apesadumbradamente, con tristeza

doll [dɒl] *n* (**a**) muñeca *f* ▫ *Br* ***d.'s house*** casa *f* de muñecas (**b**) *Fam (attractive woman)* muñeca *f* (**c**) *US Fam (kind person)* encanto *m*

▸**doll up** *vt sep Fam* **to d. oneself up** emperifollarse

dollar ['dɒlə(r)] *n* dólar *m*; **to look like a million dollars** ir con una pinta que quita el hipo, ir despampanante; IDIOM *Fam Hum* **the sixty-four-thousand d. question** la pregunta del millón ▫ ***d. bill*** billete *m* de un dólar; ***d. sign*** signo *m* del dólar; IDIOM *Fam Hum* **to have d. signs in one's eyes** pensar sólo en el dinero

dolled up [dɒld'ʌp] *adj Fam* **to get d.** emperifollarse

dollhouse ['dɒlhaʊs] *n US* casa *f* de muñecas

dollop ['dɒləp] *n Fam (serving)* cucharada *f*

dolly ['dɒlɪ] *n* (**a**) *Fam (toy)* muñequita *f* (**b**) *Cin & TV* plataforma *f* móvil ▫ ***d. shot*** travelling *m*

dolphin ['dɒlfɪn] *n* delfín *m*

dolt [dəʊlt] *n* estúpido(a) *m,f*, idiota *mf*

domain [də'meɪn] *n* (**a**) *(lands)* dominios *mpl* (**b**) *Comptr* dominio *m* ▫ ***d. name*** nombre *m* de dominio; ***d. name system*** sistema *m* de nombres de dominio (**c**) *(area of influence, expertise)* ámbito *m*, campo *m*; **that is outside my d.** eso queda fuera de mi campo

dome [dəʊm] *n* cúpula *f*

domed [dəʊmd] *adj* (**a**) *(building)* con cúpula (**b**) *(forehead)* abombado(a)

domestic [də'mestɪk] **1** *n* (**a**) *Fam*

(argument) riña *f* familiar **(b)** *(servant)* criado(a) *m,f*

2 *adj* **(a)** *(appliance, pet)* doméstico(a) ▫ ***d. bliss*** felicidad *f* hogareña; *Br* ***d. science*** *(school subject)* economía *f* doméstica; ***d. servant*** criado(a) *m,f*; ***d. violence*** violencia *f* doméstica *or* en el hogar **(b)** *(policy)* interior; *(flight, economy)* nacional

domesticate [də'mestɪkeɪt] *vt* domesticar

domesticated [də'mestɪkeɪtɪd] *adj (animal)* domesticado(a); *Fig Hum* **to be d.** *(of person)* estar muy bien enseñado(a)

domesticity [dɒmes'tɪsɪtɪ] *n* vida *f* hogareña *or* doméstica

domestique [dɒmes'ti:k] *n (in cycling)* doméstico(a) *m,f*

domicile ['dɒmɪsaɪl] *n Law* domicilio *m*

domiciled ['dɒmɪsaɪld] *adj* **to be d. in** estar domiciliado(a) en

dominance ['dɒmɪnəns] *n* **(a)** *(pre-eminence)* predominio *m*; **the d. of the sport by European athletes** el dominio ejercido en este deporte por atletas europeos **(b)** *(of gene)* dominancia *f*

dominant ['dɒmɪnənt] *adj* dominante

dominate ['dɒmɪneɪt] *vt & vi* dominar

domination [dɒmɪ'neɪʃən] *n* dominio *m*

domineering [dɒmɪ'nɪərɪŋ] *adj* dominante

Dominica [də'mɪnɪkə] *n* Dominica

Dominican [də'mɪnɪkən] **1** *n* **(a)** *(person from Dominican Republic)* dominicano(a) *m,f* **(b)** *(monk)* dominico(a) *m,f*

2 *adj (of Dominican Republic)* dominicano(a) ▫ ***the D. Republic*** la República Dominicana

dominion [də'mɪnjən] *n Literary* dominio *m*; **to have d. over sb** tener a alguien bajo el dominio de uno

domino ['dɒmɪnəʊ] (*pl* **dominoes**) *n* ficha *f* de dominó; **dominoes** *(game)* dominó *m* ▫ *Pol* ***the d. effect*** el efecto dominó

don¹ [dɒn] *n Br Univ* profesor(ora) *m,f*

don² (*pt & pp* **donned**) *vt Formal (hat, clothes)* enfundarse, ponerse

donate [də'neɪt] *vt* donar

donation [də'neɪʃən] *n* donativo *m*, donación *f*; **to make a d.** hacer un donativo

done [dʌn] *pp of* **do**

dong [dɒŋ] *n* **(a)** *(sound of bell)* tolón tolón *m*, (sonido *m* de la) campanada *f* **(b)** *very Fam (penis)* verga *f*, *Esp* polla *f*, *Esp* cipote *m*

dongle ['dɒŋgəl] *n Comptr* llave *f* de hardware

Don Juan [dɒn'hwɑ:n] *n* donjuán *m*

donkey ['dɒŋkɪ] (*pl* **donkeys**) *n (animal)* burro *m*; *(person)* burro(a) *m,f*; IDIOM *Fam* **I haven't seen him for d.'s years** no lo he visto desde hace siglos ▫ ***d. jacket*** chaqueta *f or Méx* chamarra *f or RP* campera *f* gruesa de trabajo; *Fam* ***d. work*** trabajo *m* pesado

donor ['dəʊnə(r)] *n* donante *mf* ▫ ***d. card*** carné *m* de donante

don't [dəʊnt] = **do not**

donut ['dəʊnʌt] *n US* dónut *m*

doodah ['du:dɑ:], *US* **doodad** [du:dæd] *n Fam* chisme *m*

doodle ['du:dəl] *Fam* **1** *n* garabato *m*

2 *vi* garabatear

doolally [du:'lælɪ] *adj Br Fam* majara, grillado(a)

doom [du:m] **1** *n* fatalidad *f*; **it's not all d. and gloom** no todo es tan terrible; *Literary* **he fell to his d.** se despeñó y se mató

2 *vt* **to be doomed** *(unlucky)* tener mala estrella; *(about to die)* ir hacia una muerte segura; *(of plan, marriage, expedition)* estar condenado(a) al fracaso; **to be doomed to do sth** estar fatalmente predestinado(a) a hacer algo

doom-laden ['du:mleɪdən] *adj* funesto(a)

doomsday ['du:mzdeɪ] *n* día *m* del Juicio Final; **till d.** hasta el día del Juicio Final

door [dɔ:(r)] *n* puerta *f*; **front d.** *(of house, building)* puerta principal; *(of block of flats)* portal *m*; **back/side d.** puerta trasera/lateral; **there's someone at the d.** están llamando a la puerta; **answer the d.** ve a ver quién llama; **to see sb to the d.** acompañar a alguien a la puerta *or* a la salida; **to show sb the d.** *(ask to leave)* echar a alguien; **to shut the d. in sb's face** dar a alguien con la puerta en las narices; **out of doors** al aire libre; **behind closed doors** *(meet, take decision)* a puerta cerrada; **she lives two doors away** vive a dos portales de aquí; IDIOM **to lay sth at sb's d.** achacar algo a alguien ▫ ***d. handle*** manilla *f*, tirador *m*; ***d. knocker*** aldaba *f*, llamador *m*

doorbell ['dɔ:bel] *n* timbre *m*

doorframe ['dɔ:freɪm] *n* marco *m* de la puerta

doorjamb ['dɔ:dʒæm] *n* jamba *f*, montante *m*

doorkeeper ['dɔ:ki:pə(r)] *n* portero(a) *m,f*

doorknob ['dɔ:nɒb] *n* pomo *m*

doorman ['dɔ:mən] *n* portero *m*

doormat ['dɔ:mæt] *n* felpudo *m*; IDIOM **to treat sb like a d.** tratar como un trapo *or* pisotear a alguien

doorpost ['dɔ:pəʊst] *n* jamba *f*

doorstep ['dɔ:step] *n* **(a)** *(step)* escalón *m* de entrada; **he stood on the d.** se quedó en el umbral; *Fig* **on one's d.** *(very near)* en la misma puerta **(b)** *Br Fam (slice of bread)* rebanada *f* gruesa de pan

doorstop ['dɔ:stɒp] *n (fixed)* tope *m*; *(wedge)* cuña *f*

door-to-door ['dɔ:tə'dɔ:(r)] **1** *adj Pol* ***d. canvassing*** = campaña electoral en la que los representantes de los partidos van de casa en casa; *Com* ***d. salesman*** vendedor *m* a domicilio

2 *adv* **to sell sth d.** vender algo a domicilio

doorway ['dɔ:weɪ] *n* puerta *f*, entrada *f*; **in the d.** a *or* en la puerta

dopamine ['dəʊpəmi:n] *n Biochem* dopamina *f*

dope [dəʊp] **1** *n Fam* **(a)** *(hashish, cannabis)* costo *m*; *(marijuana)* maría *f* ▫ ***d. test*** *(for athlete)* control *m or* prueba *f* antidoping **(b)** *Fam (idiot)* tonto(a) *m,f*, bobo(a) *m,f*, *Am* sonso(a), *Am* zonzo(a) *m,f*

2 *vt (person, horse)* drogar; *(food, drink)* echar droga en

3 *adj US Fam (excellent)* genial, *Esp* guay, *Esp* chachi, *Andes & Carib* chévere, *Méx* padre

dopehead ['dəʊphed] *n Fam* porrero(a) *m,f*, fumeta *mf*

dopey ['dəʊpɪ] *adj Fam* **(a)** *(stupid)* tonto(a), bobo(a), *Am* sonso(a), *Am* zonzo(a) **(b)** *(not alert)* **I was a bit d.** estaba un poco zombi

Doppler effect ['dɒplərɪfekt] *n Phys* **the D.** el efecto Doppler

dork [dɔ:k] *n US Fam* petardo(a) *m,f*

dorky [dɔ:kɪ] *adj US Fam (person)* petardo(a); *(clothes)* fuera de onda

dorm [dɔ:m] *n Fam* dormitorio *m (colectivo)*

dormant ['dɔ:mənt] **1** *adj (emotions, ideas)* latente; *(volcano)* inactivo(a)

2 *adv* **to lie d.** permanecer latente

dormer ['dɔ:mə(r)] *n* **d. (window)** claraboya *f*

dormitory ['dɔ:mɪtərɪ] *n* **(a)** *(in school, institution)* dormitorio *m (colectivo)* ▫ ***d. town*** ciudad *f* dormitorio **(b)** *US Univ* ≃ colegio *m* mayor

Dormobile® ['dɔ:məbi:l] *n* combi *f*

dormouse ['dɔ:maʊs] (*pl* **dormice** ['dɔ:maɪs]) *n* lirón *m*

dorsal ['dɔ:səl] *adj* dorsal

DOS [dɒs] *n Comptr* (*abbr* **disk operating system**) DOS *m* ▫ ***D. prompt*** indicador *m or* señal *f* de DOS

dosage ['dəʊsɪdʒ] *n (amount)* dosis *f*; **to increase the d.** aumentar la dosis

dose [dəʊs] *n* **1** dosis *f inv*; **a d. of flu** una gripe *or Am* gripa; *Fig* **in small doses** en pequeñas dosis; **children are fine... in small doses** los niños están bien... para un rato; IDIOM **to go through sth like a d. of salts** hacer algo a toda velocidad *or* en dos patadas

2 *vt Fam* **to d. oneself (up) with pills** tomarse una fuerte dosis de pastillas

dosh [dɒʃ] *n Br Fam (money)* tela *f*, pasta *f*

doss [dɒs] *Br Fam* **1** *n* **(a)** *(sleep)* **to have a d.** echarse a dormir *or Esp* sobar **(b)** **it was a d.** *(easy)* fue pan comido, fue coser y cantar

2 *vi* **to d. in a park** dormir *or Esp* sobar en un parque

▸**doss about, doss around** *vi Br Fam* gandulear

▸**doss down** *vi Br Fam* echarse a dormir *or Esp* sobar

dosser ['dɒsə(r)] *n Br Fam (tramp)* vagabundo(a) *m,f*; *(lazy person)* perro(a) *m,f or* vago(a) *m,f* del copón

doss-house ['dɒshaʊs] *n Br Fam* pensión *f* de mala muerte

dossier ['dɒsɪeɪ] *n* dossier *m*, expediente *m*

dot [dɒt] **1** *n* punto *m*; **on the d.** *(exactly)* en punto; IDIOM *Br Fam* **since the year d.**

desde el año catapún ❑ *Comptr* ***d. matrix printer*** impresora *f* matricial *or* de agujas

2 *vt* (*pt & pp* **dotted**) salpicar; **dotted with** salpicado(a) de; **to d. an "i"** poner el punto sobre una "i"; IDIOM **to d. the i's (and cross the t's)** dar los últimos toques; **dotted line** línea *f* de puntos; **to sign on the dotted line** estampar la firma

dotage ['dəʊtɪdʒ] *n* **to be in one's d.** estar chocho(a), chochear

▸**dote on, dote upon** [dəʊt] *vt insep* mimar, adorar

dotty ['dɒtɪ] *adj Fam (person)* chalado(a); **a d. idea** una chaladura; **to be d.** estar chalado(a); **he's d. about her** se le cae la baba con ella

double ['dʌbəl] **1** *n* (**a**) *(of person)* doble *mf* (**b**) *(hotel room)* habitación *f* doble (**c**) *(drink)* doble *m* (**d**) **doubles** *(in tennis)* dobles *mpl*; **a doubles match** un partido de dobles (**e**) *Sport* **the d.** *(two titles)* el doblete (**f**) *(in snooker, pool)* doblete *m* (**g**) *(in baseball)* = bateo que permite llegar a la segunda base (**h**) *(in darts)* (tiro *m* al) doble *m* (**i**) *(in bridge)* doble *m* (**j**) **at** *or* **on the d.** *(quickly)* a toda velocidad, corriendo

2 *adj* doble; **it's d. the price/size** tiene el doble de precio/tamaño, cuesta/mide el doble; **her wages are d. mine** gana el doble que yo, tiene el doble de sueldo que yo; **a d. gin/whisky** una ginebra/un whisky doble; **d. three, nine, four, d. two** *(phone number)* treinta y tres, noventa y cuatro, veintidós; **d. m** *(when spelling)* doble eme, dos emes ❑ ***d. act*** *(two entertainers)* pareja *f* de humoristas; ***d. agent*** agente *mf* doble; ***d. bass*** contrabajo *m*; ***d. bed*** cama *f* de matrimonio; ***d. bill*** *(at cinema)* programa *m* doble; ***d. bluff*** supuesto farol *m*; ***d. bogey*** *(in golf)* doble bogey *m*; ***d. chin*** papada *f*; ***d. cream*** *Esp* nata *f or Am* crema *f* líquida enriquecida; ***d. dribble*** *(in basketball)* dobles *mpl*; *Br Fam* ***to talk d. Dutch*** hablar en chino; ***d. fault*** *(in tennis)* doble falta *f*; *US Cin* ***d. feature*** *(at cinema)* sesión *f* doble; ***d. figures*** números *mpl* de dos cifras; **inflation is now in d. figures** la inflación ha superado la barrera del 10 por ciento; ***d. life:*** **to lead a d. life** llevar una doble vida; ***d. meaning*** doble sentido *m*; ***d. negative*** doble negación *f*; ***d. pump*** *(in basketball)* rectificación *f* en el aire; ***d. room*** habitación *f* doble; ***d. standard*** doble moral *f*; ***to do a d. take*** reaccionar un instante más tarde; ***d. team*** *(in basketball)* dos *m* contra uno; ***d. time*** *(pay)* paga *f* doble; ***d. vision*** visión *f* doble; *Br* ***d. yellow line*** = línea doble continua de color amarillo próxima al bordillo que indica prohibición total de estacionamiento; *Fam* ***d. whammy*** mazazo *m* por partida doble; *US* ***d. whole note*** breve *f*

3 *adv* (**a**) *(twice as much)* el doble; **to charge sb d.** cobrar a alguien el doble; **it cost d. what it did last year** cuesta el doble de lo que costaba el año pasado; **to see d.** ver doble (**b**) *(in two)* **to fold sth d.** doblar algo por la mitad; **to be bent d.** estar doblado(a) *or* agachado(a)

4 *vt* (**a**) *(multiply by 2)* duplicar (**b**) *(fold)* doblar por la mitad (**c**) *(in betting, bridge)* doblar

5 *vi* (**a**) *(increase)* duplicarse (**b**) **to d. as** *(of person)* hacer también de; *(of thing)* funcionar también como

▸**double back** *vi* volver sobre sus pasos

▸**double up** *vi* (**a**) *(bend)* doblarse; **to d. up with pain** retorcerse de dolor; **to d. up with laughter** troncharse de risa (**b**) **to d. up as** *(of person)* hacer también de; *(of thing)* funcionar también como

double-barrelled ['dʌbəl'bærəld] *adj* (**a**) *(shotgun)* de dos cañones (**b**) *(surname)* compuesto(a)

double-blind ['dʌbəl'blaɪnd] *adj (experiment)* a doble ciego

double-breasted ['dʌbəl'brestɪd] *adj (suit, jacket)* cruzado(a)

double-check ['dʌbəl'tʃek] *vt & vi* comprobar dos veces

double-click ['dʌbəl'klɪk] *Comptr* **1** *n* doble click *m*

2 *vt & vi* hacer doble click

double-cross ['dʌbəl'krɒs] *vt* engañar, traicionar

double-dealing ['dʌbəl'di:lɪŋ] *n* doblez *f*, duplicidad *f*

double-decker ['dʌbəl'dekə(r)] *n Br* autobús *m* de dos pisos

double-edged ['dʌbəl'edʒd] *adj (blade, remark)* de doble filo; IDIOM **to be a d. sword** ser una arma de doble filo

double-glazed ['dʌbəl'gleɪzd] *adj* con doble acristalamiento

double-glazing ['dʌbəl'gleɪzɪŋ] *n* doble acristalamiento *m*

doubleheader [dʌbəl'hedə(r)] *n US Sport* dos encuentros *mpl* consecutivos

double-jointed ['dʌbəl'dʒɒɪntɪd] *adj* **to be d.** = tener las articulaciones más flexibles de lo normal de modo que se doblan hacia atrás

double-lock ['dʌbəl'lɒk] *vt* cerrar con dos vueltas (de llave)

double-park ['dʌbəl'pɑ:k] *vt & vi* estacionarse *or Esp* aparcar en doble fila

double-quick ['dʌbəl'kwɪk] *adv* rapidísimamente

doublet ['dʌblɪt] *n Hist* jubón *m*; **d. and hose** calzas *fpl* y jubón

double-talk ['dʌbəltɔ:k] *n* equívocos *mpl*, ambigüedades *fpl*; **we asked for a raise and he gave us a lot of d. about bonuses** le pedimos un aumento de sueldo y nos soltó un rollo acerca de primas

doublethink ['dʌbəlθɪŋk] *n* (asunción *f* de) ideas *fpl* contradictorias

doubly ['dʌblɪ] *adv* doblemente, por partida doble; **it's d. important that...** es doblemente importante que...

doubt [daʊt] **1** *n* duda *f*; **to have doubts about sth** tener dudas sobre algo; **I have my doubts** yo tengo mis dudas (al respecto); **to be in d.** *(of person)* tener dudas; *(of outcome)* ser incierto(a); **your ability is not in d.** no se cuestiona *or* no se pone en duda tu capacidad; **when in d.** en caso de duda; **beyond d.** sin lugar a dudas; *Law* **to prove sth beyond reasonable d.** demostrar algo más allá de toda duda fundada; **no d.** sin duda; **without (a) d.** sin duda alguna; **there is no d. that...** no cabe duda de que...; **there is no d. about her guilt** no hay duda alguna acerca de su culpabilidad; **I have no d. (that) she's telling the truth** no me cabe la menor duda de que dice la verdad; **there is some d. about her guilt** se tienen dudas acerca de su culpabilidad; **to cast d. on sth** poner en tela de juicio algo, cuestionar algo

2 *vt* (**a**) *(think unlikely)* dudar; **I d. it** lo dudo; **I don't d. it** no lo dudo; **I d. (that) he's telling the truth** dudo que diga la verdad; **I d. whether that is the case** dudo que sea así (**b**) *(mistrust)* dudar de; **do you d. me?** ¿acaso dudas de mí?; **I don't d. his honesty** no dudo de su honradez

doubtful ['daʊtfʊl] *adj* (**a**) *(uncertain) (person)* dubitativo(a); *(outcome)* incierto(a); **to be d. about sth** tener dudas acerca de algo; **it is d. whether he will succeed** es dudoso que tenga éxito (**b**) *(questionable)* dudoso(a); **she has rather d. dress sense** su gusto a la hora de vestir es más que dudoso

doubtfully ['daʊtfʊlɪ] *adv* con aire dubitativo, sin demasiada convicción

doubting ['daʊtɪŋ] *adj* escéptico(a), incrédulo(a); **a d. Thomas** un(a) escéptico(a) *or* incrédulo(a)

doubtless ['daʊtlɪs] *adv* sin duda, indudablemente; **d. he will have something to say about it** seguro que *or* sin duda tendrá algo que decir a todo esto

dough [dəʊ] *n* (**a**) *(for bread)* masa *f* (**b**) *Fam (money)* pasta *f*, pelas *fpl*

doughnut ['dəʊnʌt] *n (with hole)* dónut *m*; *(without hole)* buñuelo *m*

dour [dʊə(r)] *adj* severo(a), adusto(a)

Douro ['daʊrəʊ] *n* **the D.** el Duero

douse [daʊs] *vt* (**a**) *(soak)* empapar, mojar (**b**) *(extinguish)* apagar

dove¹ [dʌv] *n* (**a**) *(bird)* paloma *f* (**b**) *Pol* partidario(a) *m,f* de la negociación *(en política exterior)*

dove² [dəʊv] *US pt of* **dive**

dovecote ['dʌvkɒt] *n* palomar *m*

Dover sole ['dəʊvə'səʊl] *n* lenguado *m*

dovetail ['dʌvteɪl] **1** *vi (fit closely)* encajar (**with** en *or* con)

2 *n* ***d. joint*** (ensamblaje *m* de) cola *f* de milano

dowager ['daʊədʒə(r)] *n* viuda *f (de un noble)* ❑ ***d. duchess*** duquesa *f* viuda

dowdy ['daʊdɪ] *adj* poco atractivo(a)

dowel ['daʊəl] *n* espiga *f*, tubillón *m*

Dow-Jones [daʊ'dʒəʊnz] *n* **the D. (average** *or* **index)** el índice Dow-Jones

down¹ [daʊn] *n* (**a**) *(feathers)* plumón *m* (**b**) *(fine hair)* pelusa *f*

DOWN² **1** *prep* (**a**) *(moving from top to bottom)* **to fall d. the stairs** caerse por las escaleras (abajo); **pour it d. the sink**

échalo por el fregadero *or Chile, Col, Méx* lavaplatos *or RP* pileta; **she ran her finger d. the page** recorrió hacia abajo la página con su dedo; **we walked d. the hill** bajamos la colina; **she spilled ketchup d. her blouse** se manchó la blusa de ketchup; **tears streamed d. her cheeks** ríos de lágrimas bajaban por sus mejillas

(**b**) *(at the bottom of)* **the kitchen is d. the stairs** la cocina está escaleras abajo

(**c**) *(along)* **it's just d. the road** está a la vuelta de la esquina; IDIOM **three years d. the line** *or* **road** de aquí a tres años; **to go d. the street** ir por la calle; **go d. the corridor and turn right** ve hasta el fondo del pasillo y gira a la derecha; **it's halfway d. the corridor** está a mitad de pasillo; **they sailed d. the river** navegaron río abajo; **we don't get many visitors d. our way** no vienen muchos visitantes por aquí

(**d**) *Br Fam (to, in)* **we're going d. the disco** nos vamos a acercar a la disco; **I've got to go d. the town** tengo que bajar al centro; **he'll be d. the pub** estará en el bar

(**e**) *Fam (inside)* **get this whisky d. you** métete este whisky en el cuerpo

(**f**) *(relating to time)* **d. the years** a través de los años

2 *adv* (**a**) *(with motion)* abajo; **I'll be d. in a minute** bajo enseguida; **come d. here** ven aquí abajo; **we drove d. to New Orleans** bajamos en coche *or Am* carro *or RP* auto hasta Nueva Orleans; **the book had fallen d. behind the sofa** el libro se había caído detrás del sofá; **go d. to the basement** baja al sótano; **put your bags d. on the floor** deja *or* pon las bolsas en el suelo; **everything was perfect, d. to the last detail** todo estuvo perfecto, hasta el último detalle; **d. with traitors!** ¡abajo *or* fuera los traidores!; *Br Fam* **d. under** en/a Australia y Nueva Zelanda

(**b**) *(with position)* abajo; **it's another 50 metres d.** está 50 metros más abajo; **we're halfway d.** estamos a mitad de descenso; **d. at the bottom of the mountain** al pie de la montaña; **d. below** abajo; **d. here/there** aquí/ahí abajo; **further d.** más abajo; **it's on the third shelf d.** está en el tercer estante empezando por encima; **from the waist d.** de cintura para abajo; **we'll be d. at the mall** estaremos en el centro comercial; **she's from d. South** es del Sur

(**c**) *(to or at lower level)* **the price is d.** ha bajado el precio; **inflation is d. on last year** la inflación ha bajado con respecto al año pasado; **interest rates are d. to 5 percent** los tipos de interés han bajado al 5 por ciento; **I'm trying to keep my weight d.** estoy intentando no engordar; **could you turn the music d.?** ¿podrías bajar la música?; **everyone from the boss d.** todos, desde el jefe hacia *or* para abajo

(**d**) *(in writing)* **I'm not d. on the list** no estoy (apuntado) en la lista; **you're d. to go last** estás apuntado para salir el último

(**e**) *(behind)* **they are a goal d.** pierden por un gol; **he's three minutes d. on the leader** va a tres minutos del líder

(**f**) *(as deposit)* **we paid $100 d.** pagamos un depósito de 100 dólares

(**g**) *(phrases)* **it's d. to her** *(her decision)* ella decide; *(her achievement)* es gracias a ella; **it's d. to you to make the plan succeed** de ti depende que el plan tenga éxito; **our failure is d. to a lack of effort** nuestro fracaso se debe a una falta de esfuerzo; **I'm d. to my last cigarette** sólo me queda un cigarrillo

3 *adj* (**a**) *(depressed)* **to be d.** estar deprimido(a)

(**b**) *(not working)* **to be d.** *(of computer)* no funcionar; **the network is d.** se ha caído la red; **the lines are d.** no hay línea

(**c**) *(finished)* **one d., two to go!** ¡uno menos, ya sólo quedan dos!

(**d**) *(ill)* **he's d. with the flu** está con gripe *or Am* gripa

(**e**) *(phrases) Fam* **to be d. on sb/sth** haber tomado *or Esp* cogido manía a alguien/algo; **to be d. on one's luck** no estar de suerte

4 *vt* (**a**) *(put down)* **to d. tools** *(of workers)* dejar de trabajar

(**b**) *(aircraft, opponent)* derribar

(**c**) *(drink)* **he downed his beer and left** se terminó la cerveza de un trago y se fue; **he can d. a pint in thirty seconds** se bebe *or* toma una pinta en treinta segundos

5 *n* (**a**) **downs** *(hills)* colinas *fpl*

(**b**) *(in American football)* down *m*, = cada uno de los cuatro intentos de avance que tiene el equipo atacante; **first d.** primer down

(**c**) IDIOM *Fam* **to have a d. on sb** haber agarrado *or Esp* cogido manía a alguien

---

down-and-out ['daʊnən'aʊt] *Fam* **1** *n* *(tramp)* vagabundo(a) *m,f*, indigente *mf*

2 *adj* **to be d.** ser indigente

down-at-heel ['daʊnət'hi:l] *adj (person, appearance)* desastrado(a); *(bar)* destartalado(a); *(district)* pobre, ruinoso(a)

downbeat ['daʊnbi:t] *adj* (**a**) *(gloomy, pessimistic)* triste, pesimista (**b**) *(restrained)* **to be d. about sth** minimizar algo

downcast ['daʊnkɑ:st] *adj (eyes)* bajo(a); *(person)* deprimido(a), abatido(a); **to be d.** *(of person)* estar deprimido(a) *or* abatido(a)

downer ['daʊnə(r)] *n Fam* (**a**) *(drug)* calmante *m*, depresor *m* (**b**) **what a d.!** *(how depressing)* ¡qué muermo!; **to be on a d.** estar con la depre; **it was a real d.** fue un buen palo

downfall ['daʊnfɔ:l] *n (of government)* caída *f*; *(of person)* perdición *f*

downgrade ['daʊngreɪd] *vt* degradar, rebajar

downhearted [daʊn'hɑ:tɪd] *adj* desanimado(a), abatido(a)

downhill [daʊn'hɪl] **1** *n Sport* (prueba *f* de) descenso *m*

2 *adj (road)* cuesta abajo ▫ ***d. skiing*** (esquí *m* de) descenso *m*

3 *adv also Fig* **to go d.** ir cuesta abajo; IDIOM **it was d. all the way** *(unproblematic)* fue coser y cantar; *(in continual decline)* fue cuesta abajo

down-in-the-mouth ['daʊnɪnðə'maʊθ] *adj* **to be d.** estar deprimido(a) *or* tristón(ona)

download ['daʊn'ləʊd] *Comptr* **1** *n* descarga *f*

2 *vt* bajar, descargar

downloadable [daʊn'ləʊdəbəl] *adj Comptr* descargable ▫ ***d. font*** fuente *f* cargable

down-market [daʊn'mɑ:kɪt] *adj* popular, barato(a)

downpour ['daʊnpɔ:(r)] *n* aguacero *m*, tromba *f* de agua

downright ['daʊnraɪt] **1** *adj (stupidity, dishonesty)* absoluto(a), completo(a); **it's a d. lie!** ¡es completamente falso!

2 *adv (stupid, untrue)* absolutamente, completamente

downside ['daʊnsaɪd] *n* inconveniente *m*, aspecto *m* negativo

downsize ['daʊnsaɪz] *vt Com* hacer reajuste de plantilla en, reducir plantilla en

downsizing ['daʊnsaɪzɪŋ] *n Com* reajuste *m* de plantillas

Down's Syndrome ['daʊnz'sɪndrəʊm] *n* síndrome *m* de Down

downstairs 1 ['daʊnsteəz] *adj* de abajo; **the d. apartment/bathroom** el apartamento/cuarto de baño de abajo

2 [daʊn'steəz] *adv* abajo; **to come/go d.** bajar (la escalera); **he lives d.** vive en el apartamento *or Esp* piso de abajo

downstream [daʊn'stri:m] *adv* aguas abajo (**from** de)

downstroke ['daʊnstrəʊk] *n* (**a**) *(in engine)* movimiento *m* descendente, *Spec* carrera *f* descendente (**b**) *(in writing)* trazo *m* hacia abajo

downswing ['daʊnswɪŋ] *n Econ* (fase *f* de) contracción *f*, bajón *m*

downtime ['daʊntaɪm] *n Comptr & Ind* paro *m* técnico

down-to-earth ['daʊntə'ɜ:θ] *adj* práctico(a), realista

downtown ['daʊn'taʊn] *US* **1** *n* centro *m* (urbano)

2 *adj* del centro; **d. New York** el centro de Nueva York

3 *adv* **he gave me a lift d.** me llevó *or CAm, Méx, Perú* me dio aventón al centro; **to live d.** vivir en el centro

downtrodden ['daʊntrɒdən] *adj* oprimido(a)

downturn ['daʊntɜ:n] *n Econ* (fase *f* de) contracción *f*, bajón *m*

downward ['daʊnwəd] *adj* descendente

downwards ['daʊnwədz] *adv* hacia abajo

downwind [daʊn'wɪnd] *adv* en la dirección del viento; **they lived d. from the brewery** el viento solía llevar el olor de la fábrica de cerveza hasta donde vivían

dowry ['daʊrɪ] *n* dote *f*

dowse 1 *vt* = **douse**

2 *vi* **to d. for water** buscar agua con varilla de zahorí

dowsing rod = **divining rod**

doyen ['dɔɪən] *n* decano *m*, más veterano *m*

doyenne [dɔɪ'en] *n* decana *f*, más veterana *f*

doze [dəʊz] **1** *n* cabezada *f*, sueñecito *m*; **to have a d.** echar una cabezada
2 *vi* dormitar

▸**doze off** *vi* quedarse traspuesto(a)

dozen ['dʌzən] *n* docena *f*; **a d. eggs** una docena de huevos; **half a d. eggs** media docena de huevos; **86 cents a d.** 86 centavos la docena; *Fam* **dozens of times/people** montones de veces/personas

dozy ['dəʊzɪ] *adj Fam* (**a**) *(sleepy)* amodorrado(a) (**b**) *(stupid)* bobo(a), idiota

DPhil [di:'fɪl] *n Br (abbr* **Doctor of Philosophy**) doctor(ora) *m,f* en filosofía

dpi [di:pi:'aɪ] *n Comptr (abbr* **dots per inch**) ppp

DPP [di:pi:'pi:] *n Br (abbr* **Director of Public Prosecutions**) ≃ Fiscal *mf* General del Estado

Dr *(abbr* **doctor**) Dr., Dra.

drab [dræb] *adj (person)* gris, soso(a); *(colours, clothes)* soso(a), insulso(a); *(atmosphere, city)* anodino(a)

drachma ['drækmə] *n* dracma *m*

draconian [drə'kəʊnɪən] *adj* draconiano(a)

draft [drɑ:ft] **1** *n* (**a**) *(of letter, proposal, novel)* borrador *m* ❑ *Comptr* ***d. quality*** calidad *f* borrador (**b**) *Fin* letra *f* de cambio, giro *m* (**c**) *US (conscription)* llamada *f or Am* llamado *m* a filas, reclutamiento *m* ❑ ***d. dodger*** = persona que se libra de tener que alistarse en el ejército mediante subterfugios (**d**) *US* = **draught** (**e**) *US Sport* draft *m*, selección *f* de jugadores; **first round d. pick** *(player)* = jugador escogido en la primera ronda de selección de los drafts
2 *vt* (**a**) *(letter, proposal)* hacer un borrador de; **to d. a bill** redactar un anteproyecto de ley (**b**) *US Mil* llamar a filas a, reclutar

▸**draft in** *vt sep (troops, supporters)* movilizar

draftsman *US* = **draughtsman**

drafty *US* = **draughty**

drag [dræg] **1** *n* (**a**) *(air resistance)* resistencia *f* del aire ❑ ***d. racing*** = carreras de aceleración en coches preparados
(**b**) *Fam (boring person)* plomo *m*, pelma *mf*; *(boring task)* rollo *m*, lata *f*; **the party was a real d.** la fiesta fue un rollazo; **what a d.!** ¡qué lata!, ¡vaya rollo!
(**c**) *Fam (on cigarette)* calada *f*; **to take a d. on a cigarette** dar una calada a un cigarrillo
(**d**) *(women's clothing)* **he was in d.** iba vestido de mujer; **d. artist** *or* **queen** transformista *m*, travestí *m (que viste espectacularmente)*
(**e**) *US Fam* **the main d.** la calle mayor *or* principal
(**f**) *US Fam (influence) Esp* enchufe *m*, *Chile* pituto *m*, *Col, Méx, RP* palanca *f*, *RP* acomodo *m*
2 *vt (pt & pp* **dragged**) (**a**) *(pull)* arrastrar; IDIOM **they dragged their feet over the decision** se anduvieron con muchos rodeos hasta tomar la decisión; *Fig* **we eventually dragged ourselves away from the party** finalmente y a regañadientes nos fuimos de la fiesta
(**b**) *(trawl) (pond, canal)* dragar
(**c**) *Comptr* arrastrar; **d. and drop** arrastrar y soltar
3 *vi* (**a**) *(of coat, scarf)* arrastrar, ir arrastrando
(**b**) *(of movie, conversation)* resultar pesado(a); **the meeting dragged to a close** la reunión terminó por fin

▸**drag down** *vt sep Fig* **don't let him d. you down with him** no te dejes arrastrar por él

▸**drag on** *vi (of meeting, movie)* durar eternamente

▸**drag out** *vt sep (meeting, speech)* alargar innecesariamente

▸**drag up** *vt (refer to)* sacar a relucir

dragnet ['drægnet] *n (in deep-sea fishing)* red *f* de arrastre *or* barredera; *Fig (to catch criminals)* emboscada *f*

dragon ['drægən] *n* (**a**) *(mythological creature)* dragón *m* (**b**) *Fam (fearsome woman)* ogro *m*, bruja *f*

dragonfly ['drægənflaɪ] *n* libélula *f*

dragoon [drə'gu:n] **1** *n Mil* dragón *m*
2 *vt* **to d. sb into doing sth** obligar a alguien a hacer algo

dragster ['drægstə(r)] *n* dragster *m*, = automóvil preparado o modificado para participar en carreras de aceleración en distancias cortas

drain [dreɪn] **1** *n* (**a**) *(for water)* desagüe *m*; *(for sewage)* alcantarilla *f*; *(grating)* sumidero *m*; IDIOM **to go down the d.** *(of money)* echarse a perder; *(of work)* irse al traste (**b**) *(on strength, resources)* merma *f*, mengua *f* (**on** de); **the space programme is a d. on the country's resources** el programa espacial se lleva muchos de los recursos del país
2 *vt* (**a**) *(liquid)* vaciar, quitar (**from** de); *(sink)* vaciar; *(pond)* desaguar; *(swamp)* drenar; *(pasta, vegetables)* escurrir (**b**) **to d. one's glass** *(drink up)* apurar el vaso (**c**) *(strength, resources)* mermar, menguar; *Fig* **to d. wealth from a country** debilitar la economía de un país; *Fig* **to feel drained** estar extenuado(a)
3 *vi (of liquid)* irse; *(of sink, river)* desaguar; *(of washed dishes)* escurrir; **the colour drained from her face** se puso pálida, empalideció repentinamente

▸**drain away** *vi (of liquid)* irse; *Fig (of strength, enthusiasm)* diluirse, agotarse; *Fig (of fear, tension)* disiparse

drainage ['dreɪnɪdʒ] *n* drenaje *m*

draining board ['dreɪnɪŋbɔ:d], *US* **drainboard** ['dreɪnbɔ:d] *n* escurridero *m*, escurreplatos *m inv*

drainpipe ['dreɪnpaɪp] *n* tubo *m* de desagüe ❑ ***d. trousers, drainpipes*** pantalones *mpl* de pitillo

drake [dreɪk] *n* pato *m*

DRAM ['di:ræm] *n Comptr (abbr* **dynamic random access memory**) (memoria *f*) RAM *f* dinámica

dram [dræm] *n* chupito *m*

drama ['drɑ:mə] *n* (**a**) *(art form)* teatro *m*, drama *m*; *(play)* obra *f* de teatro, drama *m*; *Fig* **to make a d. out of sth** hacer una tragedia de algo ❑ ***d. documentary*** documental *m* dramatizado; ***d. school*** escuela *f* de arte dramático (**b**) *(excitement)* dramatismo *m*

dramatherapy ['drɑ:məθerəpɪ] *n Psy* (técnica *f* del) psicodrama *m*

dramatic [drə'mætɪk] *adj* (**a**) *(actor, work)* dramático(a) ❑ ***d. irony*** = en una obra de teatro, situación en la que el espectador sabe más que los personajes (**b**) *(change, reduction)* drástico(a); *(effect)* dramático(a); *(event, scenery)* espectacular

dramatically [drə'mætɪklɪ] *adv* (**a**) *(suddenly, markedly) (change, reduce)* drásticamente; *(improve)* espectacularmente; **d. different** radicalmente distinto (**b**) *(of play)* **to be d. effective** tener un efecto dramático

dramatics [drə'mætɪks] *npl* (**a**) *Th* arte *m* dramático, teatro *m* (**b**) *(behaviour)* histrionismo *m*, dramatismo *m* exagerado; *Fam* **ok, cut the d. and calm down** *Esp* vale *or Arg* dale *or Méx* órale, deja de echarle tanto teatro y tranquilízate

dramatist ['dræmətɪst] *n* dramaturgo(a) *m,f*

dramatization [dræmətaɪ'zeɪʃən] *n* dramatización *f*

dramatize ['dræmətaɪz] *vt* (**a**) *(novel)* adaptar para el teatro (**b**) *(exaggerate)* **to d. a situation** dramatizar una situación

drank [dræŋk] *pt of* **drink**

drape [dreɪp] **1** *vt (table, coffin)* cubrir (**with** con); **they draped the flag over the coffin** cubrieron el ataúd con la bandera
2 *n US* **drapes** cortinas *fpl*

draper ['dreɪpə(r)] *n Br* mercero(a) *m,f*; **d.'s (shop)** mercería *f*, tienda *f* de confección

drapery ['dreɪpərɪ] *n Br* (**a**) *(goods)* artículos *mpl* de confección, tejidos *mpl* (**b**) *(shop)* mercería *f*, tienda *f* de confección

drastic ['dræstɪk] *adj* drástico(a)

drastically ['dræstɪklɪ] *adv* drásticamente

drat [dræt] *exclam Fam* **d. (it)!** ¡caramba!

dratted ['drætɪd] *adj Fam* dichoso(a), condenado(a); **where's that d. brother of mine?** ¿dónde se ha metido el bobo de mi hermano?

draught, *US* **draft** [drɑ:ft] *n* (**a**) *(wind)* corriente *f* (de aire) ❑ ***d. excluder*** burlete *m* (**b**) *(drink)* trago *m*; **on d.** *(beer)* de barril; **d. beer** cerveza *f* de barril

draughtboard ['drɑ:ftbɔ:d] *n Br* tablero *m* de damas

draughts ['drɑ:fts] *n Br (game)* damas *fpl*

draughtsman, *US* **draftsman** ['drɑ:ftsmən] *n* delineante *mf*

draughtsmanship, *US* **draftsmanship** ['drɑ:ftsmənʃɪp] *n (in artistic* *drawing)* dibujo *m* (artístico); *(in technical drawing)* dibujo *m* lineal, delineación *f*

draughty, *US* **drafty** ['drɑːftɪ] *adj* **this room/house is a bit d.** en este cuarto/esta casa hay *or* hace bastante corriente

DRAW [drɔː] **1** *n* **(a)** *(in game, argument)* empate *m*
(b) *(for lottery, sporting competition)* sorteo *m*
(c) *(attraction)* atracción *f*; **she's a big d.** tiene mucho gancho
(d) *(of gun)* **to be quick on the d.** desenfundar rápido *or* con rapidez
(e) *(on cigarette, pipe)* chupada *f*, *Esp* calada *f*
2 *vt* (*pt* **drew** [druː], *pp* **drawn** [drɔːn]) **(a)** *(scene, diagram, map)* dibujar; *(line)* trazar; **to d. a picture of sth** hacer un dibujo de algo; **to d. sb's picture** hacer el retrato de alguien; *Fig* **she drew a vivid picture of events** pintó un vivo retrato de los acontecimientos; *Fig* **I d. the line at sharing my bed with him** lo que no pienso hacer es compartir la cama con él; *Fig* **he doesn't know where to d. the line** se pasa de la raya; *Fig* **the agreement draws a line under the dispute** el acuerdo pone fin a la disputa
(b) *(pull) (cart)* tirar de; *(person)* llevar (**towards** hacia); **he drew her towards him in a passionate embrace** la atrajo hacia él, abrazándola apasionadamente; **she drew the shawl around her shoulders** envolvió sus hombros con el chal; *Fig* **I won't be drawn into your argument** no pienso meterme en vuestra discusión; *Fig* **let's not get drawn into that argument** no empecemos con esta discusión; *Fig* **to be drawn into a life of crime** verse arrastrado(a) a una vida delictiva; **he barely had time to d. breath** apenas tuvo tiempo de respirar; **to d. the blinds** bajar la persiana; **to d. the curtains** *(open)* correr *or* descorrer las cortinas; *(close)* correr *or* echar las cortinas
(c) *(extract) (cork, tooth, nail)* sacar (**from** de); *(pistol, gun)* desenfundar; *(sword)* desenvainar; *Fig (strength, comfort, inspiration)* hallar (**from** en); **he drew a knife on me** me sacó un cuchillo; **to d. water from a well** sacar agua de un pozo; **to d. money from the bank** sacar dinero del banco; **to d. blood** hacer sangre; **our members are drawn from all walks of life** nuestros socios proceden de diferentes profesiones; *Fig* **she refused to be drawn on the issue** eludió dar detalles sobre el asunto
(d) *(attract)* atraer; **the program drew attention to the suffering of the refugees** el programa llamó la atención sobre el sufrimiento de los refugiados; **I drew the error to the chairman's attention** hice ver el error al presidente; **to d. attention to oneself** llamar la atención; **to d. a crowd** atraer a una multitud; **my eyes were drawn to his hat** su sombrero me llamó la atención; **to feel drawn to sb/sth** sentirse atraído(a) hacia alguien/algo; IDIOM **to d. sb's fire** suscitar las críticas *or* iras de alguien
(e) *(tie)* **to d. a game with sb** empatar con alguien
(f) *(choose) (card)* tomar, extraer; **I drew the winning ticket** saqué el boleto ganador; **to d. lots** echar a suertes; **they were drawn against** *or* **they drew the champions** les tocó enfrentarse a los campeones; IDIOM **I drew the short straw** me tocó la peor parte
(g) *(receive) (salary, pension, benefit)* percibir
(h) *(establish)* **to d. a comparison with sth** establecer una comparación con algo; **to d. a conclusion from sth** sacar una conclusión de algo
(i) *(provoke) (reaction, comment)* provocar; **the trick drew a gasp of astonishment from the crowd** el truco provocó un grito de sorpresa entre el público
(j) *Fin* **to d. a cheque (on)** librar *or* girar un cheque (a cargo de)
(k) **to d. the ball** *(in golf)* golpear la pelota con efecto *(intencionalmente)*
(l) *(disembowel)* destripar
3 *vi* **(a)** *(illustrate)* dibujar
(b) *(in game)* empatar (**with** con); **they drew two-two** *or* **two all** empataron a dos
(c) *(move)* **to d. ahead of** *or* **past sb** adelantar a alguien; **the police car drew alongside us** el coche *or Am* carro *or RP* auto policial se puso a nuestra altura; **to d. apart (from)** separarse (de); **to d. away (from)** alejarse (de); **the train drew into the station** el tren entró en la estación; **to d. level with sb** ponerse a la altura de alguien; **the campaign is drawing to an end** *or* **a close** la campaña llega *or* toca a su fin; **to d. to a halt** detenerse; **to d. near** *or* **close** acercarse, aproximarse
(d) *(choose card, straw)* elegir
(e) *(take out gun)* desenfundar
(f) *(of fire, chimney)* tirar

▶**draw back 1** *vt sep (sheet, veil)* retirar
2 *vi* echarse atrás (**from** de); *Fig* **to d. back from doing sth** echarse atrás a la hora de hacer algo

▶**draw in 1** *vt sep* **(a)** *(make picture of)* **I'm going to d. the head in next** ahora voy a dibujar la cabeza **(b)** *(claws)* esconder
2 *vi* **the train drew in (to the station)** el tren llegó (a la estación); **the nights are drawing in** las noches se están alargando

▶**draw off** *vt sep (liquid)* extraer

▶**draw on 1** *vt insep* **(a)** *(resources, savings, experience)* recurrir a **(b)** *(cigarette, pipe)* dar una chupada *or Esp* calada a **(c)** *(put on)* **he drew on a pair of trousers** se puso unos pantalones
2 *vi* **evening was drawing on** caía la tarde; **winter is drawing on** se está acercando el invierno

▶**draw out** *vt sep* **(a)** *(encourage to talk)* **to d. sb out** hacer que alguien suelte a hablar **(b)** *(prolong)* alargar, prolongar **(c)** *(money from bank)* sacar

▶**draw up 1** *vt sep* **(a)** *(pull)* **to d. up a chair** acercar una silla; **she drew herself up to her full height** se levantó cuan larga era **(b)** *(plan, list, will)* redactar **(c)** *(position)* **the troops were drawn up on the hill** las tropas estaban colocadas *or* situadas en la colina
2 *vi (of vehicle)* parar, detenerse

drawback ['drɔːbæk] *n* inconveniente *m*

drawbridge ['drɔːbrɪdʒ] *n* puente *m* levadizo

drawer [drɔː(r)] *n* **(a)** *(of furniture)* cajón *m* **(b)** *Fin (of cheque)* librador(ora) *m,f*

drawers [drɔːz] *npl Old-fashioned (for women)* bragas *fpl*, braga *f*, *Col* blúmers *mpl*, *RP* bombacha *f*; *(for men)* calzoncillos *mpl*, *Chile* fundillos *mpl*, *Col* pantaloncillos *mpl*, *Méx* calzones *mpl*

drawing ['drɔːɪŋ] *n* **(a)** *(illustration)* dibujo *m* ▫ ***d. board*** tablero *m* de dibujo; IDIOM **back to the d. board!** ¡hay que volver a empezar desde cero *or* el principio!; ***d. paper*** papel *m* de dibujo; ***d. pin*** chincheta *f* **(b)** ***d. room*** *(in house)* sala *f* de estar, salón *m* **(c)** ***d. power*** *(attractive capacity)* poder *m* de convocatoria

drawl [drɔːl] **1** *n* acento *m* cansino
2 *vi* arrastrar los sonidos al hablar

drawn [drɔːn] **1** *adj* **to look d.** tener aspecto demacrado(a); **d. features** facciones *fpl* demacradas
2 *pp of* **draw**

drawstring ['drɔːstrɪŋ] *n* cordón *m*

dray [dreɪ] *n (cart)* carreta *f*, carretón *m*

dread [dred] **1** *n* pavor *m*, terror *m*
2 *vt* **she dreaded telling him** la idea de decírselo le aterraba; **I d. to think!** ¡me da pavor pensarlo!

dreaded ['dredɪd] *adj* temido(a), temible

dreadful ['dredfʊl] *adj* **(a)** *(terrible)* espantoso(a), horroroso(a); **to feel d.** sentirse fatal; **to look d.** tener un aspecto terrible **(b)** *Fam (for emphasis)* **it's a d. bore!** ¡es un aburrimiento total!; **it's a d. shame!** ¡es una vergüenza absoluta!

dreadfully ['dredfʊlɪ] *adv Fam* **(a)** *(very badly)* fatal, espantosamente **(b)** *(very)* terriblemente; **I'm d. sorry** lo siento muchísimo

dreadlocks ['dredlɒks], *Fam* **dreads** [dredz] *npl* trenzas *fpl* rastafari

dream [driːm] **1** *n* sueño *m*; **to have a d. (about)** soñar (con); **to have bad dreams** tener pesadillas; **my d. house/job** la casa/el trabajo de mis sueños, la casa/el trabajo que siempre soñé; **a d. come true** un sueño hecho realidad; **it worked like a d.** salió a la perfección; IDIOM *Fam* **in your dreams!** ¡ya te gustaría a ti!, ¡eso quisieras tú! ▫ ***d. world*** mundo *m* de ensueño
2 *vt* (*pt & pp* **dreamt** [dremt] *or* **dreamed**) **to d. that...** soñar que...; *Fig* **I never dreamt you would take me seriously** nunca imaginé que me tomarías en serio
3 *vi* soñar (**of** *or* **about** con); *Fam* **I wouldn't d. of it!** ¡jamás se me ocurriría!; IDIOM *Fam* **d. on!** *(that'll never happen)* ¡ya puedes esperar sentado(a)!; *(that's not the case)* ¡qué va!

▶**dream up** *vt* idear, inventarse

dreamboat ['driːmbəʊt] *n Fam* bombón *m*

dreamer ['dri:mə(r)] *n* soñador(ora) *m,f*

dreamlike ['dri:mlaɪk] *adj* onírico(a)

dreamt [dremt] *pt & pp of* **dream**

dreamy ['dri:mɪ] *adj* soñador(ora)

dreary ['drɪərɪ] *adj* deprimente

dredge [dredʒ] *vt* dragar; *Fig* **she dredged her memory** rebuscó en su memoria

▸**dredge up** *vt* sacar del agua al dragar; *Fig (scandal, memory)* sacar a relucir

dredger ['dredʒə(r)] *n* dragador *m*

dregs [dregz] *npl (of drink)* posos *mpl*; *Fig* **the d. of society** la escoria de la sociedad

drench [drentʃ] *vt* empapar (**with** *or* **in** con *or* en); **drenched to the skin** calado(a) hasta los huesos

dress [dres] **1** *n* (**a**) *(for woman)* vestido *m* (**b**) *(clothing)* traje *m*; **national d.** traje *m* típico (del país); **to have good/no d. sense** saber/no saber vestirse, tener/no tener estilo para vestir ❑ ***d. circle*** *(in theatre)* piso *m* principal; ***d. code*** etiqueta *f (en el vestir)*; ***d. rehearsal*** *(of play)* ensayo *m* general; ***d. shirt*** camisa *f* de vestir

2 *vt* (**a**) *(person)* vestir; **to d. oneself, to get dressed** vestirse; **to be dressed in black** ir vestido(a) de negro; **well/badly dressed** bien/mal vestido(a) (**b**) *(wound)* vendar (**c**) *(salad)* aderezar, *Esp* aliñar; **dressed crab** changurro *m*

3 *vi* vestirse; **to d. well/badly** vestir(se) bien/mal; **to d. in white** ir vestido(a) de blanco, vestir de blanco; **to d. for dinner** ponerse elegante *or* vestirse para la cena

▸**dress down 1** *vt sep (scold)* regañar, echar un rapapolvo a

2 *vi (wear casual clothes)* ir vestido(a) con ropa informal

▸**dress up 1** *vt sep Fig (disguise)* disfrazar (**as** de *or* como)

2 *vi (elegantly)* arreglarse, vestirse de etiqueta; *(in fancy dress)* disfrazarse (**as** de)

dressage ['dresɑ:ʒ] *n* doma *f* de caballos

dresser ['dresə(r)] *n* (**a**) *(person)* **a smart/sloppy d.** una persona elegante/descuidada vistiendo, una persona elegante/descuidada en el vestir (**b**) *(in kitchen)* aparador *m* (**c**) *US (in bedroom)* cómoda *f* (**d**) *Th* ayudante *mf* de camerino

dressing ['dresɪŋ] *n* (**a**) *(putting clothes on)* ***d. gown*** bata *f*; ***d. room*** *Th* camerino *m*; *Sport* vestuario *m*; ***d. table*** tocador *m* (**b**) *(for wound)* vendaje *m*, gasa *f* (**c**) *(for salad)* aderezo *m*, *Esp* aliño *m*

dressing down ['dresɪŋ'daʊn] *n* **to give sb a d.** echar un rapapolvo a alguien

dressmaker ['dresmeɪkə(r)] *n* modista *f*

dressmaking ['dresmeɪkɪŋ] *n* corte *m* y confección

dressy [dresɪ] *adj Fam* elegante, puesto(a)

drew [dru:] *pt of* **draw**

dribs [drɪbz] *npl* **in d. and drabs** poco a poco, con cuentagotas

dribble ['drɪbəl] **1** *n (saliva)* baba *f*; *(of blood, oil)* reguero *m*

2 *vi* (**a**) *(of person)* babear (**b**) *(of liquid)* gotear; *Fig* **to d. in/out** *(of people)* entrar/salir poco a poco (**c**) *Sport* avanzar con el balón controlado; **to d. past a defender** regatear *or* driblar a un defensa

dribbling ['drɪblɪŋ] *n Sport* dribbling *m*

dried [draɪd] *adj (meat, fish)* desecado(a), en salazón; *(milk, eggs)* en polvo ❑ ***d. flowers*** flores *fpl* secas; ***d. fruit*** fruta *f* pasa

drier, dryer ['draɪə(r)] *n (for hair)* secador *m*; *(for clothes)* secadora *f*

drift [drɪft] **1** *n* (**a**) *(of current)* movimiento *m*, arrastre *m*; *(of business, conversation)* tendencia *f*; *(of events)* curso *m* ❑ ***d. net*** *(for fishing)* red *f* de deriva (**b**) *(meaning) (of person's words)* sentido *m*, idea *f*; *Fam* **I get the d.** ya veo cuál es la idea; *Fam* **if you catch** *or* **get my d.** tú ya me entiendes, tu ya sabes por donde voy (**c**) *(of snow)* ventisquero *m*

2 *vi* (**a**) *(of boat, economy)* ir a la deriva; *(of conversation)* derivar; *(of events)* discurrir; *(of person)* vagar, errar; **to let things d.** dejar que las cosas vayan a la deriva; **people drifted in and out during the speech** durante el discurso, la gente entraba y salía; **to d. apart** irse separando poco a poco; **to d. into war/crime** ir derivando hacia la guerra/la delincuencia (**b**) *(of sand, snow)* amontonarse

drifter ['drɪftə(r)] *n* vagabundo(a) *m,f*

driftwood ['drɪftwʊd] *n* madera *f* flotante

drill [drɪl] **1** *n* (**a**) *(electric tool)* taladradora *f*; *(manual tool)* taladro *m* (manual); *(of dentist)* torno *m*; *(pneumatic)* martillo *m* neumático ❑ ***d. bit*** broca *f*; ***d. hole*** *(in wood, brick)* taladro *m*; *(for oil well)* perforación *f* (**b**) *(training)* ejercicio *m*

2 *vt* (**a**) *(well, road)* perforar; **to d. a hole in sth** taladrar un agujero en algo (**b**) *(train) (soldiers)* entrenar; **to d. pupils in pronunciation** hacer practicar la pronunciación a los alumnos; *Fam* **to d. sth into sb** meterle algo en la cabeza a alguien

3 *vi* (**a**) *(in ground)* **to d. for oil** hacer perforaciones en búsqueda *or Esp* busca de petróleo (**b**) *(of troops)* entrenar, practicar

drilling ['drɪlɪŋ] *n* ***d. platform*** plataforma *f* de perforación (petrolífera); ***d. rig*** torre *f* de perforación (petrolífera)

drily, dryly ['draɪlɪ] *adv (comment)* lacónicamente

drink [drɪŋk] **1** *n* (**a**) bebida *f*; *(alcoholic)* copa *f*; **to have a d.** beber *or* tomar algo; **to go for a d.** ir a tomar algo; **to be the worse for d.** haber tomado una copa de más; **to take to d.** darse a la bebida; **to have a d. problem** tener un problema con la bebida ❑ ***drinks machine*** máquina *f* expendedora de bebidas (**b**) *Fam* **the d.** *(the sea)* el mar

2 *vt (pt* **drank** [dræŋk], *pp* **drunk** [drʌŋk]) beber, tomar; **to d. sb's health** brindar a la salud de alguien; **to d. sb under the table** aguantar bebiendo *or Am* tomando más que alguien; **to d. oneself to death** morir alcoholizado(a) *or* por el alcohol

3 *vi* beber, *Am* tomar; **don't d. and drive** si bebes no conduzcas, *Am* si tomas no manejes; **to d. to sb** brindar a la salud de alguien, *Esp* beber a la salud de alguien; **to d. to sth** brindar por algo; IDIOM *Fam* **to d. like a fish** beber *or Am* tomar como un cosaco

▸**drink in** *vt sep (words)* absorber; *(applause)* regodearse con; *(view)* admirar embelesado(a); **to d. in the atmosphere** empaparse del ambiente

▸**drink up 1** *vt sep* beberse todo

2 *vi* **d. up!** *(in pub)* ¡vayan terminando!

drinkable ['drɪŋkəbəl] *adj (water)* potable; *(wine, beer)* pasable, aceptable

drink-driver ['drɪŋk'draɪvə(r)] *n Br* conductor(ora) *m,f* en estado de embriaguez

drink-driving ['drɪŋk'draɪvɪŋ] *n Br* **he was arrested for d.** lo detuvieron por *Esp* conducir *or Am* manejar en estado de embriaguez

drinker ['drɪŋkə(r)] *n* bebedor(ora) *m,f*; **he's a heavy d.** es un bebedor empedernido

drinking ['drɪŋkɪŋ] *n* **heavy d. is bad for you** beber *or Am* tomar mucho es malo; **his d. companions** sus compañeros de borracheras; **d. and driving** conducción *f* en estado de embriaguez ❑ ***d. chocolate*** chocolate *m* a la taza *(poco espeso)*; ***d. fountain*** fuente *f* de agua potable; ***d. straw*** pajita *f*, *Col* pitillo *m*, *Méx* popote *m*; ***d. water*** agua *f* potable

drinking-up time [drɪŋkɪŋ'ʌptaɪm] *n Br* = tiempo que tienen los clientes de un bar para acabarse las bebidas después de la hora oficial de cierre

drip [drɪp] **1** *n* (**a**) *(drop)* gota *f*; *(sound)* goteo *m* (**b**) *(in hospital)* gota a gota *m inv*; **she's on a d.** le han puesto suero (**c**) *Fam (weak person)* sosaina *mf*

2 *vt (pt & pp* **dripped**) gotear; **you're dripping water all over the floor** estás derramando agua por todo el suelo

3 *vi* gotear; **to be dripping with sweat/blood** estar empapado(a) en sudor/sangre; *Fig* **to be dripping with jewels** ir cargado(a) de joyas

drip-dry ['drɪp'draɪ] *adj* que no necesita plancha

drip-feed ['drɪpfi:d] **1** *n (device)* gota a gota *m*, goteo *m*; *(solution)* suero *m* (intravenoso)

2 *vt* poner el gota a gota a, alimentar con suero intravenoso a

dripping ['drɪpɪŋ] **1** *n* grasa *m*

2 *adj* **a d. tap** un grifo *or Chile, Col, Méx* una llave *or RP* una canilla que gotea

3 *adv* **to be d. wet** estar empapado(a)

DRIVE [draɪv] **1** *n* (**a**) *(trip)* viaje *m* (en coche *or Am* carro *or RP* auto); **it's an hour's d. away** está a una hora en coche *or Am* carro *or RP* auto; **to go for** *or* **take a d.** dar una vuelta en *Esp* coche, dar un paseo en *Am* carro *or RP* auto

(**b**) *Aut (of car)* tracción *f*; **four-wheel d.** *(car)* cuatro por cuatro *m inv*, vehículo *m* con tracción a las cuatro ruedas; *(system)* tracción *f* a las cuatro ruedas; **left-hand d.** *(car)* vehículo *m* con el volante al lado

izquierdo ▫ ***d. shaft*** (eje *m* de) transmisión *f*
(**c**) *Comptr* unidad *f* de disco
(**d**) *Mil* ofensiva *f*
(**e**) *Sport (in golf)* golpe *m* largo, drive *m*; *(in tennis)* golpe *m* natural, drive *m*; *(in soccer)* disparo *m* fuerte; *(in American football)* avance *m* ofensivo, ataque *m*
(**f**) *(of house)* camino *m* de entrada
(**g**) *(street)* calle *f*
(**h**) *(initiative, energy)* brío *m*, empuje *m*
(**i**) *(strong need)* instinto *m*
(**j**) *(campaign)* **sales/membership d.** campaña *f* de ventas/para captar socios; **we're on an economy d.** estamos en una campaña de ahorro
(**k**) *(competition) (of whist, bridge)* competición *f*, *Am* competencia *f*
2 *vt* (*pt* **drove** [drəʊv], *pp* **driven** ['drɪvən]) (**a**) *(car, train) Esp* conducir, *Am* manejar; *(racing car, motor boat)* pilotar; **to d. sb to school** llevar a alguien al colegio en coche *or Am* carro *or RP* auto; **she drives a BMW** tiene un BMW; **I d. a lorry** soy camionero
(**b**) *(cover) (distance)* cubrir; **we drove 400 miles in a day** cubrimos 400 millas en un día
(**c**) *(direct, guide, force) (cattle, people)* conducir, guiar; **to d. sb to do sth** empujar a alguien a que haga algo; **to d. prices up/down** hacer que los precios suban/bajen; **we were driven off course by the wind** el viento nos apartó de nuestro rumbo; **the movement was driven underground** el movimiento se vio forzado a pasar a la clandestinidad; **to d. sb to drink** hacer que alguien se dé a la bebida; *Fam* **it's enough to d. you to drink!** ¡es como para volverse loco(a)!; **to d. sb mad** *or* **crazy** volver loco(a) a alguien; IDIOM *Fam* **to drive sb round the bend** *or* **twist** hacer que alguien acabe hasta el gorro; *Fam* **it drives me wild** *(I love it)* me vuelve loco; **to d. oneself too hard** *(at work)* trabajar demasiado; **to d. a hard bargain** ser un/una duro(a) negociador(ora), no regalar nada a nadie
(**d**) *(machine)* impulsar, hacer funcionar; **to be driven by electricity** funcionar con electricidad; *Fig* **he is driven by a desire for revenge** lo motiva *or* impulsa un deseo de venganza
(**e**) *(expel)* **they were driven from the country/their homes** fueron forzados a abandonar su país/sus hogares; **he was driven out of office** fue obligado a abandonar el cargo
(**f**) *(hit hard) (in soccer)* lanzar con fuerza; **she drove the ball past her opponent** *(in tennis)* superó a su rival con un drive; **he drove the ball 250 yards** *(in golf)* hizo un drive de 250 yardas; **to d. a post into the ground** clavar un poste en el suelo; *Fig* **he really drove the message home** dejó bien claro su mensaje
3 *vi* (**a**) *(in car) Esp* conducir, *Am* manejar; **can you d.?** ¿sabes *Esp* conducir *or Am* manejar?; **I've decided to d. rather than take the train** he decidido ir en coche *or Am* carro *or RP* auto en vez de en tren; **to d. at 100 km/h** ir a 100 km/h.; **to d. to work** ir al trabajo en coche *or Am* carro *or RP* auto; **they d. on the left** circulan por la izquierda
(**b**) *(in American football)* **they drove upfield** avanzaron hacia la portería contraria *or Am* arco contrario

▸**drive against** *vt insep (of rain, hail)* golpear con fuerza

▸**drive at** *vi* **what are you driving at?** ¿qué estás insinuando?

▸**drive away 1** *vt sep* (**a**) *(car)* **you can d. the car away today** se puede llevar el automóvil hoy mismo; **to d. sb away** llevarse a alguien en un coche *or Am* carro *or RP* auto (**b**) *(cause to leave) (person)* expulsar; *(animal)* ahuyentar; *Fig* **to d. sb away** *(alienate)* ahuyentar a alguien
2 *vi (in car)* irse, marcharse *(en coche)*

▸**drive back** *vt sep (enemy, opposition)* hacer retroceder

▸**drive into** *vt insep (crash into)* chocar contra

▸**drive off 1** *vt sep (repel)* repeler
2 *vi* (**a**) *(in car)* irse (**b**) *(in golf)* salir

▸**drive on** *vi (in car)* seguir adelante

▸**drive past 1** *vt insep (in car)* **we drove past a castle** pasamos por delante de un castillo
2 *vi (in car)* pasar de largo

---

drive-in ['draɪvɪn] *n* **d. (cinema)** autocine *m*; **d. (restaurant)** = establecimiento de comida rápida que atiende a los clientes sin que éstos necesiten salir de su vehículo

drivel ['drɪvəl] *n Fam* chorradas *fpl*; **to talk d.** decir chorradas

driven ['drɪvən] **1** *pp of* **drive**
2 *adj (ambitious)* ambicioso(a)

driver ['draɪvə(r)] *n* (**a**) *(of car, bus)* conductor(ora) *m,f*; *(of lorry)* camionero(a) *m,f*; *(of taxi)* taxista *mf*; *(of train)* maquinista *mf*; *(of racing car, motor boat)* piloto *mf* ▫ *US* ***d.'s license*** carné *m or* permiso *m* de *Esp* conducir *or RP* conductor, licencia *f Carib* de conducir *or Méx* manejar (**b**) *(golf club)* driver *m* (**c**) *Comptr* controlador *m*

drive-through ['draɪvθru:] *n* = establecimiento que atiende a sus clientes a través de una ventana sin que tengan que salir del automóvil

driveway ['draɪvweɪ] *n* camino *f* de entrada

driving ['draɪvɪŋ] **1** *n (in car) Esp* conducción *f*, *Am* manejo *m*; **I like d.** me gusta *Esp* conducir *or Am* manejar; **his d. is awful** *Esp* conduce *or Am* maneja fatal; IDIOM **to be in the d. seat** estar al mando ▫ ***d. instructor*** profesor(ora) *m,f* de autoescuela; ***d. lessons*** clases *fpl* de *Esp* conducir *or Am* manejar; *Br* ***d. licence*** carné *m or* permiso *m* de *Esp* conducir *or RP* conductor, licencia *f Carib* de conducir *or Méx* manejar; ***d. range*** campo *m* de tiro *or* prácticas (para golf); ***d. school*** autoescuela *f*; ***d. test*** examen *m* de *Esp* conducir *or Am* manejar
2 *adj (rain)* torrencial; **d. force (behind sth)** fuerza *f* motriz (detrás de algo)

drizzle ['drɪzəl] **1** *n* llovizna *f*, *Andes, RP* garúa *f*
2 *vi* lloviznar, chispear, *Andes, RP* garuar; **it's drizzling** está lloviznando *or Andes, RP* garuando

drizzly ['drɪzlɪ] *adj* **a d. day** un día de llovizna *or Andes, RP* garúa

droll [drəʊl] *adj* gracioso(a); *Ironic* **oh, very d.!** ¡muy gracioso!

dromedary ['drɒmədərɪ] *n* dromedario *m*

drone [drəʊn] **1** *n* (**a**) *(bee)* zángano *m* (**b**) *(noise)* zumbido *m*
2 *vi* zumbar

▸**drone on** *vi* **to d. on about sth** soltar una perorata sobre algo

drongo ['drɒŋgəʊ] (*pl* **drongoes** *or* **drongos**) *n Austr Fam* imbécil *mf*, inútil *mf*

drool [dru:l] *vi* babear; *Fig* **she was drooling at the idea** se le caía la baba con sólo pensarlo; *Fig* **she was drooling over him** se le caía la baba con él

droop [dru:p] *vi* (**a**) *(bow, slope) (of head)* inclinarse; *(of shoulders)* encorvarse (**b**) *(bend, collapse) (of flower)* marchitarse; *Fig (of person)* desanimarse

droopy ['dru:pɪ] *adj (ears, eyes)* caído(a); **we were all feeling pretty d.** estábamos todos bastante cansados

---

DROP [drɒp] **1** *n* (**a**) *(of liquid)* gota *f*; **drops** *(for eyes, nose)* gotas *fpl*; **you've had a d. too much** *(to drink)* llevas una copa de más; **I haven't touched a d. since** desde entonces no he bebido *or Am* tomado ni una gota; **could I have a d. more coffee?** ¿me podrías poner un poquitín más de café?; IDIOM **it's only a d. in the ocean** no es más que un grano de arena en el desierto
(**b**) *(fall, decrease)* caída *f*, descenso *m* (**in** de); **a d. in our wages** una reducción de nuestros sueldos; **a d. of 10 metres** una caída de 10 metros; IDIOM **I'd go there at the d. of a hat** iría allí sin pensármelo dos veces; IDIOM **we have to be ready to change our strategy at the d. of a hat** tenemos que estar preparados para cambiar nuestra estrategia de un momento a otro
(**c**) *(of supplies) (by parachute)* suministro *m* aéreo ▫ ***d. zone*** = zona sobre la que se lanzan suministros
(**d**) *Sport (in golf)* drop *m* ▫ ***d. ball*** *(in soccer)* saque *m* neutral; ***d. goal*** *(in rugby)* gol *m* de botepronto; ***d. kick*** *(in rugby)* (puntapié *m* de) botepronto *m*; ***d. shot*** *(in tennis, badminton)* dejada *f*
(**e**) *(sweet)* caramelo *m*
(**f**) *(collection point)* punto *m* de recogida
2 *vt* (*pt & pp* **dropped**) (**a**) *(allow to fall) (accidentally)* dejar caer; *(deliberately)* tirar, dejar caer, *Am* botar; *(bomb)* lanzar, tirar; **I've dropped my pen** se me ha caído el boli; **he dropped the catch** se le cayó la pelota en la recepción; **to d. one's trousers** bajarse los pantalones; **to d. names** dárselas de conocer a muchos famosos
(**b**) *(lower) (prices)* bajar; **she dropped her eyes/voice** bajo los ojos/la voz; **d. your speed** reduzca la velocidad
(**c**) *(person from car)* dejar; **I'll d. you at the station** te dejaré en la estación

(**d**) *(abandon) (idea, plan)* abandonar; *(subject, boyfriend)* dejar; **we dropped everything and ran outside** dejamos todo y salimos corriendo; **I can't d. everything just because you're here** no puedo dejarlo todo sólo por que estés aquí; **to d. sb** *(as friend)* abandonar *or* dejar a alguien; **to d. maths/French** dejar las matemáticas/el francés; *Fam* **just d. it, will you!** *(change subject)* déjalo ya, ¿te parece?; *Law* **to d. the charges** retirar los cargos

(**e**) *(omit) (letter, syllable)* saltarse, omitir; *(not pronounce)* no pronunciar; *(story, article)* no publicar; **to d. sb from a team** excluir a alguien de un equipo; **I've dropped a stitch** se me ha salido un punto; **you can d. the "doctor"** no hace falta que me llames "doctor"

(**f**) *(lose) (points, set)* perder

(**g**) *(give)* **to d. sb a line/a card** mandar unas líneas/una postal a alguien; **to d. (sb) a hint** lanzar una indirecta (a alguien)

(**h**) *(in rugby)* **to d. a goal** marcar un gol de botepronto

(**i**) *(in golf)* **to d. a shot** hacer un bogey

3 *vi* (**a**) *(of object)* caer, caerse; *(of ground)* caer; **it dropped onto the floor** se cayó al suelo; **it dropped out of my pocket** se me cayó del bolsillo; **she dropped into an armchair** se dejó caer en un sillón; **he dropped to the ground** se echó al suelo; **she dropped to her knees** cayó de rodillas; **to d. into sb's lap** *(of opportunity)* llegarle a alguien como venido(a) *or* llovido(a) del cielo; **my jaw dropped** me quedé boquiabierto; *Fam* **I'm ready** *or* **fit to d.** estoy para el arrastre, estoy hecho polvo; *Fam* **we danced until we dropped** bailamos hasta más no poder; IDIOM *Fam* **people are dropping like flies** la gente está cayendo como moscas; **to d. dead** caerse muerto; *Fam* **d. dead!** ¡muérete!

(**b**) *(of prices, temperature, demand)* caer, bajar; *(of voice)* bajar; *(of wind)* amainar; *(of speed)* disminuir; **inflation has dropped below 3 percent** la inflación ha caído por debajo del 3 por ciento; **the temperature dropped below zero** las temperaturas descendieron por debajo de los cero grados; **the Stealers have dropped to seventh in the league** los Stealers han descendido al séptimo puesto de la liga

(**c**) *(of subject)* **we have decided to let the matter d.** hemos decidido pasar por alto el asunto; *Fam* **let it d.!** ¡déjalo ya!; **she let it d. that...** *(mentioned)* dejó caer que...

▸**drop away** *vi (of ground)* descender; *(of interest, membership, attendance)* disminuir

▸**drop back** *vi (intentionally)* retrasarse, *Am* demorarse; **he's dropped back from third to fifth place** ha pasado del tercer al quinto puesto

▸**drop behind** *vi (of athlete)* rezagarse; **you've been dropping behind with your schoolwork** te has ido retrasando con tus estudios

▸**drop by 1** *vt insep* **why don't you d. by our house some time?** ¿por qué no te pasas por nuestra casa un rato de éstos?

2 *vi* **I thought I'd d. by for a chat** se me ocurrió pasarme a charlar *or CAm, Méx* platicar un rato

▸**drop in** *vi* **he dropped in yesterday** se pasó por aquí ayer; **to d. in on sb** pasar a visitar a alguien

▸**drop off 1** *vt sep (person from car)* dejar; **he called round to d. some work off for me** se acercó para traerme algo de trabajo

2 *vi* (**a**) *(fall)* caerse (**b**) **to d. off (to sleep)** quedarse dormido(a) (**c**) *(of interest, membership, attendance)* bajar, disminuir

▸**drop out** *vi (from a contest)* retirarse; *(from society)* marginarse; **to d. out of university** dejar la universidad

▸**drop round 1** *vt sep (deliver)* **to drop sth round** entregar *or* llevar algo; **I'll d. it round at your place tomorrow** lo dejaré en tu casa mañana

2 *vi (visit)* pasarse

---

drop-dead gorgeous ['drɒpded-gɔːdʒəs] *adj Fam* guapísimo(a); **to be/look d.** estar como un tren *or* para parar un tren

droplet ['drɒplɪt] *n* gotita *f*

drop-out ['drɒpaʊt] *n (in rugby)* saque *m* de 22

dropout ['drɒpaʊt] *n Fam (from society)* marginado(a) *m,f*; *(from university)* = persona que ha abandonado los estudios ▫ ***d. rate*** *(from university)* índice *m* de abandono de los estudios

dropper ['drɒpə(r)] *n (for medicine)* cuentagotas *m inv*

droppings ['drɒpɪŋz] *npl* excrementos *mpl*

dropsy ['drɒpsɪ] *n Med* hidropesía *f*

dross [drɒs] *n* (**a**) *(waste coal)* escoria *f* (**b**) *Fam (rubbish)* porquería *f*, basura *f*; **the movie was a load of d.** la película era una auténtica basura *or* porquería

drought [draʊt] *n* sequía *f*

drove [drəʊv] **1** *n* **in droves** en manadas

2 *pt of* **drive**

drown [draʊn] **1** *vt* (**a**) *(kill by drowning)* ahogar; **to d. oneself** ahogarse; **to d. one's sorrows (in drink)** ahogar las penas (en alcohol); **to look like a drowned rat** ir calado(a) hasta los huesos; *Fig* **he drowned his food in ketchup** inundó de ketchup la comida (**b**) *(make inaudible)* ahogar

2 *vi (die by drowning)* ahogarse

▸**drown out** *vt sep* ahogar

drowse [draʊz] *vi* dormitar

drowsiness ['draʊzɪnɪs] *n* somnolencia *f*, sueño *m*

drowsy ['draʊzɪ] *adj (person)* somnoliento(a), soñoliento(a); *(afternoon)* soporífero(a); **to be d.** estar somnoliento(a)

drubbing ['drʌbɪŋ] *n Fam (thorough defeat)* paliza *f*, severa derrota *f*

drudge [drʌdʒ] *n* = persona que tiene un trabajo pesado y aburrido

drudgery ['drʌdʒərɪ] *n* trabajo *m* (duro y) rutinario

drug [drʌg] **1** *n (medicine)* medicamento *m*; *(illegal)* droga *f*; **hard/soft drugs** drogas duras/blandas; **to be on drugs** *(as a habit)* drogarse, tomar drogas; *(at particular time)* estar drogado(a); **to take** *or* **do drugs** drogarse, tomar drogas ▫ ***d. abuse*** drogadicción *f*; ***d. addict*** drogadicto(a) *m,f*, toxicómano(a) *m,f*; ***d. baron*** capo *m* de la droga, gran narco *m*; ***d. dealer*** *(large-scale)* narcotraficante *m,f*, traficante *mf* de drogas; *(small-scale)* camello *mf*; ***d. pusher*** camello *mf*; ***d. squad*** brigada *f* de estupefacientes; ***drugs test*** prueba *m* antidoping *or* antidopaje

2 *vt* (*pt & pp* **drugged**) drogar; **they had drugged his wine/food** le echaron una droga en el vino/la comida; **to d. oneself up** *(with medicine)* atiborrarse de medicamentos; *(with illegal drugs)* atiborrarse de drogas

druggie ['drʌgɪ] *n Fam* drogata mf

druggist ['drʌgɪst] *n US* farmacéutico(a) *m,f*

druggy = **druggie**

drugstore ['drʌgstɔː(r)] *n US* = tienda que vende cosméticos, periódicos, medicamentos, etc.

druid ['druːɪd] *n* druida *m*

drum [drʌm] **1** *n* (**a**) *(musical instrument)* tambor *m*; **to play (the) drums** tocar la batería ▫ ***d. and bass*** jungle *m*; ***d. kit*** batería *f*; ***d. machine*** caja *f* de ritmos; ***d. roll*** redoble *m* de tambor (**b**) *(container)* barril *m*; *(for oil)* bidón *m* (**c**) *(of machine)* tambor *m* ▫ *Aut* ***d. brake*** freno *m* de tambor; *Comptr* ***d. scanner*** escáner *m* de tambor

2 *vt* (*pt & pp* **drummed**) **she was drumming her fingers on the table** estaba tamborileando en la mesa con los dedos; **to d. sth into sb** meterle algo en la cabeza a alguien

3 *vi (play drums)* tocar la batería; **the rain was drumming on the window panes** la lluvia golpeaba en los cristales

▸**drum up** *vt (support, enthusiasm)* buscar, reunir

drumbeat ['drʌmbiːt] *n* toque *m* de tambor

drummer ['drʌmə(r)] *n (in pop band)* batería *mf*, *Am* baterista *mf*; *(in military band)* tamborilero(a) *m,f*

drumstick ['drʌmstɪk] *n* (**a**) *(for playing drums)* baqueta *f* (**b**) *(chicken leg)* muslo *m*

drunk [drʌŋk] **1** *n* borracho(a) *m,f*

2 *adj* borracho(a); **to be d.** estar borracho(a); **to get d.** emborracharse; *Law* **d. and disorderly behaviour** estado *m* de embriaguez con conducta violenta; IDIOM **d. as a lord** borracho(a) como una cuba; *Fig* **d. with power** ebrio(a) de poder

3 *pp of* **drink**

drunkard ['drʌŋkəd] *n* borracho(a) *m,f*

drunk-driver ['drʌŋk'draɪvə(r)] *n US* conductor(ora) *m,f* en estado de embriaguez

drunk-driving ['drʌŋk'draɪvɪŋ] *n US* **he was arrested for d.** lo detuvieron por *Esp* conducir *or Am* manejar en estado de embriaguez

drunken ['drʌŋkən] *adj (person)* borracho(a); *(party, argument)* acalorado(a) por el alcohol; **d. brawl** trifulca *f* de borrachos; **in a d. stupor** aturdido(a) por el alcohol

dry [draɪ] **1** *adj* **(a)** *(not wet)* seco(a); **the weekend will be d.** el tiempo será seco *or* no habrá precipitaciones durante el fin de semana; **my mouth/throat is d.** tengo la boca/garganta seca; **to run** *or* **go d.** secarse; **to be kept d.** *(sign on container)* no mojar; IDIOM **as d. as a bone** reseco(a); IDIOM **there wasn't a d. eye in the house** la sala entera lloraba a lágrima viva *or* a moco tendido ▫ *Phys* ***d. battery*** pila *f* (seca); *Naut* ***d. dock*** dique *m* seco; ***d. goods*** *(tea, coffee, etc)* áridos *mpl*; *US (drapery)* artículos *mpl* de confección; *US* ***d. goods store*** mercería *f*, tienda *f* de confección; ***d. ice*** nieve *f* carbónica, hielo *m* seco; ***d. land*** tierra *f* firme; ***d. rot*** putrefacción *f* de la madera; ***d. run*** ensayo *m*; ***d. ski slope*** pista *f* de esquí artificial; ***d. season*** estación *f* seca
(b) *(boring)* aburrido(a), árido(a); IDIOM **to be (as) d. as dust** ser un tostón
(c) *(humour)* lacónico(a)
(d) *(wine)* seco(a)
(e) *(state, town)* que prohibe la venta de alcohol
2 *vt* secar; **to d. one's eyes** secarse las lágrimas; **to d. oneself** secarse; **to d. one's hair/hands** secarse el pelo/las manos
3 *vi* secarse

▸**dry off 1** *vt* secar; **to d. oneself off** secarse
2 *vi* secarse

▸**dry out 1** *vt sep (skin, hair)* resecar
2 *vi* **(a)** *(of alcoholic)* dejar el alcohol **(b)** *(of moisture, wet thing)* secarse

▸**dry up 1** *vt sep* **(a)** *(well, pool)* secar **(b)** *(dishes)* secar
2 *vi* **(a)** *(of well, pool)* secarse **(b)** *(of funds, conversation, inspiration)* agotarse **(c)** *(of actor, public speaker)* quedarse en blanco **(d)** *Fam* **d. up!** *(shut up)* ¡cierra el pico! **(e)** *Br (do drying-up)* secar (los platos)

dry-clean [draɪ'kli:n] *vt* limpiar en seco

dry-cleaner's [draɪ'kli:nəz] *n* tintorería *f*

dry-cleaning [draɪ'kli:nɪŋ] *n (process)* limpieza *f* en seco; *(clothes)* **to collect the d.** recoger la ropa de la tintorería

drying-up [draɪɪŋ'ʌp] *n Br* **to do the d.** secar (los platos)

dryer = drier

dryly = drily

dryness ['draɪnɪs] *n* **(a)** *(of weather, skin, wine)* sequedad *f* **(b)** *(of prose style)* aridez *f* **(c)** *(of humour)* laconismo *m*

dry-stone wall ['draɪstəʊn'wɔ:l] *n* muro *m* de piedra (sin argamasa)

DSO [di:es'əʊ] *n Br Mil (abbr* **Distinguished Service Order**) ≃ medalla *f* al mérito militar

DSS [di:es'es] *n (abbr* **Department of Social Security**) = ministerio británico de seguridad social

DST [di:es'ti:] *n (abbr* **daylight saving time**) horario *m* oficial de verano

DTI [di:ti:'aɪ] *n Br (abbr* **Department of Trade and Industry**) ≃ Ministerio *m* de Industria

DTP [di:ti:'pi:] *n Comptr (abbr* **desktop publishing**) autoedición *f* ▫ ***D. operator*** autoeditor(a) *m,f*

DTs [di:'ti:z] *npl (abbr* **delirium tremens**) delírium tremens *m inv*; **to have the D.** tener un delírium tremens

dual ['djʊəl] *adj* doble ▫ ***d. carriageway*** *(road)* (tramo *m* de) autovía *f*; ***to have d. nationality*** tener doble nacionalidad; ***d. ownership*** copropiedad *f*

dualism ['djʊəlɪzm] *n Phil* dualismo *m*

duality [djʊ'ælɪtɪ] *n* dualidad *f*

dual-purpose ['djʊəl'pɜ:pəs] *adj* de doble uso

dub [dʌb] (*pt & pp* **dubbed**) *vt* **(a)** *(movie)* doblar **(b)** *(call)* apodar

dubbin ['dʌbɪn] *n* grasa *f* de cuero, ≃ grasa *f* de caballo

dubbing ['dʌbɪŋ] *n Cin* doblaje *m*

dubious ['dju:bɪəs] *adj* **(a)** *(uncertain)* dudoso(a), inseguro(a); **to be d. (about sth)** no estar convencido(a) (de algo) **(b)** *(questionable) (distinction, honour)* dudoso(a); **a d. character** un tipo sospechoso

Dublin ['dʌblɪn] *n* Dublín

Dubliner ['dʌblɪnə(r)] *n* dublinés(esa) *m,f*

ducat ['dʌkət] *n* **(a)** *Hist* ducado *m* **(b)** *US Fam* **ducats** *(money) Esp* pasta *f*, *Esp, RP* guita *f*, *Am* plata *f*, *Méx* lana *f*

duchess ['dʌtʃɪs] *n* duquesa *f*

duchy ['dʌtʃɪ] *n* ducado *m*

duck [dʌk] **1** *n* **(a)** pato *m*; IDIOM **to take to sth like a d. to water** sentirse en algo como pez en el agua; IDIOM **criticism runs off him like water off a d.'s back** le resbalan las críticas ▫ ***d. pond*** estanque *m* de patos; ***ducks and drakes:* to play ducks and drakes** *(game)* hacer cabrillas *or* hacer la rana en el agua **(b)** *(in cricket)* = cero carreras; *Fig* **to break one's d.** romper la mala racha
2 *vt* **(a)** *(one's head)* agachar; **to d. sb** *(under water)* hacer una ahogadilla a alguien **(b)** *(avoid)* **to d. the issue** eludir el tema
3 *vi (to avoid being hit)* agacharse; *(under water)* zambullirse

▸**duck down** *vi* agacharse

▸**duck out of** *vt insep* **to d. out of sth/doing sth** zafarse de algo/hacer algo

duck-billed platypus ['dʌkbɪld'plætɪpəs] *n* ornitorrinco *m*

duckling ['dʌklɪŋ] *n* patito *m*

duckweed ['dʌkwi:d] *n* lenteja *f* de agua

ducky ['dʌkɪ] *n Fam* cielo *m*, corazón *m*

duct [dʌkt] *n (for fuel, air, tears)* conducto *m*

ductile ['dʌktaɪl] *adj Tech* dúctil

dud [dʌd] *Fam* **1** *n* **(a)** *(person)* mamarracho *m*, desastre *m* **(b)** *(shell)* proyectil *m* que no estalla
2 *adj* defectuoso(a); *(banknote)* falso(a)

dude [dju:d, du:d] *n US Fam* **(a)** *(man)* tío *m*, tipo *m* ▫ ***d. ranch*** = rancho acondicionado para el turista urbanita **(b)** *(term of address)* tío *m*, colega *m*

dudgeon ['dʌdʒən] *n* **in high d.** encolerizado(a)

due [dju:] **1** *adj* **(a)** *(owed)* pagadero(a); **to fall d.** ser pagadero(a); **are you d. any money from him?** ¿te debe dinero?; **you're d. an apology** mereces *or Am* ameritas una disculpa; **d. to...** *(because of, as result of)* debido a... ▫ *Fin* ***d. date*** (fecha *f* de) vencimiento *m*
(b) *(merited, proper)* debido(a); **after d. consideration** tras la debida consideración; **with all d. respect,...** con el debido respeto,...; **in d. course** *(when appropriate)* a su debido tiempo; *(eventually)* al final
(c) *(expected)* **the train/he is d. (to arrive) at two o'clock** el tren/él tiene la llegada prevista a las dos; **when is he d.?** ¿cuándo llega?; **she's d. back any minute** volverá en cualquier momento; **when is their baby d.?** ¿para cuándo esperan el niño?; **the movie/book is d. out soon** la película/el libro está a punto de aparecer ▫ ***d. date:* when's the d. date?** ¿cuándo sales de cuentas?
2 *n* **(a)** *(right)* **to give him his d., he did apologize** para ser justos con él, hay que decir que se disculpó
(b) **dues** *(for membership)* cuota *f*; *Fig* **to pay one's dues** saldar (uno) sus cuentas
3 *adv* **d. north** justo al *or* hacia el norte; **to head d. south** dirigirse derecho al *or* hacia el sur

duel ['djʊəl] **1** *n* duelo *m*; **to fight a d.** batirse en duelo
2 *vi* (*pt & pp* **duelled**, *US* **dueled**) batirse en duelo

duet [dju:'et] *n Mus* dúo *m*; **to sing/play a d.** cantar/tocar un dúo

duff [dʌf] *Fam* **1** *n* **(a)** IDIOM *Br* **to be up the d.** *(pregnant)* estar preñada **(b)** *US (buttocks)* trasero *m*, culo *m*
2 *adj (bad, useless)* chungo(a), cutre

▸**duff up** *vt sep Br Fam* dar un paliza a

duffel = duffle

duffer ['dʌfə(r)] *n Fam (incompetent person)* ceporro(a) *m,f*, nulidad *f*; **to be a d. at history/French** ser una nulidad en historia/francés; **old d.** viejales *m inv*, abuelo *m*, *Esp* pureta *m*

duffle, duffel ['dʌfəl] *n* **d. (coat)** trenca *f* ▫ ***d. bag*** talega *f* de lona

dug [dʌg] *pt & pp of* **dig**

dugout ['dʌgaʊt] *n* **(a)** *(canoe)* piragua *f*, canoa *f (hecha con un tronco vaciado)* **(b)** *(shelter)* refugio *m* subterráneo **(c)** *Sport* banquillo *m (en foso)*

duke [dju:k] *n* duque *m*

dukedom ['dju:kdəm] *n* ducado *m*

dulcet ['dʌlsɪt] *adj Literary* dulce, melodioso(a); *Ironic* **her d. tones** su dulce voz

dulcimer ['dʌlsɪmə(r)] *n Mus* salterio *m*, dulcémele *m*

dull [dʌl] **1** *adj* **(a)** *(boring) (book, movie, person)* aburrido(a); *(job, life, party)* insulso(a), soso(a); IDIOM **to be as d. as ditchwater** ser más soso(a) que la calabaza **(b)** *(not intelligent)* tonto(a), torpe, *Am* sonso(a), *Am* zonzo(a) **(c)** *(not sharp)* *(tool, blade)* romo(a); *(sound, pain)* sordo(a) (**d**) *(not bright) (colour, surface)* mate, apagado(a); *(eyes)* apagado(a); *(weather, sky)* gris, triste

2 *vt* (**a**) *(reduce intensity of) (pleasure)* enturbiar; *(the senses)* embotar; *(pain)* mitigar, atenuar; *(sound)* apagar; *(blade)* desafilar, embotar (**b**) *(make less bright) (colours, eyes)* apagar

dully ['dʌllɪ] *adv* (**a**) *(boringly)* pesadamente (**b**) *(not brightly)* pálidamente, sin brillo

duly ['dju:lɪ] *adv* (**a**) *(properly)* como corresponde, debidamente; **we were d. worried** estábamos preocupados con razón (**b**) *(as expected)* **he said he'd be punctual and he d. arrived on the stroke of eight** dijo que llegaría puntual y confirmando las previsiones, llegó a las ocho en punto

dumb [dʌm] *adj* (**a**) *(unable to speak)* mudo(a); **to be struck d. with astonishment** quedarse mudo(a) de asombro; **d. animals** los animales indefensos (**b**) *Fam (stupid) (person, action)* bobo(a), estúpido(a); **d. blonde** rubia *f or Méx* güera *f* sin cerebro

▸**dumb down** *vt sep (population, youth, electorate)* reducir el nivel cultural de; *(newspaper, programme)* empobrecer los contenidos de

dumbass ['dʌmæs] *US very Fam* **1** *n* gil *mf*, lerdo(a) *m,f*, *Esp* gilipuertas *mf inv*

2 *adj* lerdo(a), *Esp* gilipollesco(a)

dumbbell ['dʌmbel] *n* pesa *f*

dumbfounded [dʌm'faʊndɪd] *adj* boquiabierto(a), pasmado(a)

dumbing (down) ['dʌmɪŋ(daʊn)] *n (of population, youth, electorate)* reducción *f* del nivel cultural; *(of newspaper, programme)* empobrecimiento *m* de contenidos

dumbo ['dʌmbəʊ] *n Fam* idiota *mf*, imbécil *mf*

dumbstruck ['dʌmstrʌk] *adj* boquiabierto(a), pasmado(a)

dumbwaiter ['dʌm'weɪtə(r)] *n* montaplatos *m inv*

dumdum bullet ['dʌmdʌm'bʊlɪt] *n* (bala *f*) dumdum *f*

dummy ['dʌmɪ] **1** *n* (**a**) *(in shop window)* maniquí *m*; *(of ventriloquist)* muñeco *m*; *(model of car, plane)* modelo *m*, maqueta *f* (**b**) *Br (for baby)* chupete *m* (**c**) *Fam (idiot)* idiota *mf*, imbécil *mf* (**d**) *(in soccer, rugby)* amago *m*; **to sell sb a d.** hacerle un amago a alguien (**e**) *(in bridge)* mano *f* del muerto

2 *vt (in soccer, rugby)* **to d. sb** hacerle un amago a alguien

2 *adj (fake)* falso(a) ▫ ***d. run*** prueba *f*

dump [dʌmp] **1** *n* (**a**) *(for refuse)* vertedero *m*, basurero *m*; *Fam* **what a d.!** ¡qué sitio más cutre! ▫ ***d. truck*** volquete *m* (**b**) *Mil (store)* depósito *m* (**c**) *Comptr* **(memory** *or* **storage) d.** volcado *m* de memoria (**d**) *very Fam* **to** *Br* **have** *or US* **take a d.** *(defecate)* jiñar, poner una piedra

2 *vt* (**a**) *(put down)* soltar, dejar; *(unload)* descargar; **just d. your bags over there** pon *or* deja tus bolsas ahí (**b**) *(dispose of) (rubbish, old car)* tirar, *or Am* botar; *(nuclear, toxic waste)* verter; *Fam (lover, boyfriend, girlfriend)* dejar, dar calabazas a (**c**) *Econ* inundar el mercado con, hacer dumping con (**d**) *Comptr (memory)* volcar

dumper ['dʌmpə(r)] *n* **d. (truck)** volquete *m*

dumping ['dʌmpɪŋ] *n* (**a**) **no d.** *(sign)* prohibido arrojar basuras ▫ ***d. ground*** vertedero *m* (**b**) *Econ* dumping *m*

dumpling ['dʌmplɪŋ] *n* (**a**) *(in stew)* = bola de masa hervida (**b**) *(sweet)* **apple d.** bollo *m* relleno de manzana

dumps [dʌmps] *npl* IDIOM *Fam* **to be down in the d.** estar con la moral por los suelos

Dumpster® ['dʌmpstə(r)] *n US* contenedor *m* de basuras

dumpy ['dʌmpɪ] *adj Fam* rechoncho(a), achaparrado(a)

dun¹ [dʌn] *adj (colour)* pardo(a)

dun² *vt* **to d. sb for payment** apremiar a alguien para que pague

dunce [dʌns] *n* burro(a) *m,f* ▫ ***d.'s cap*** ≃ orejas *fpl* de burro

dunderhead ['dʌndəhed] *n Fam* tonto(a) *m,f* del bote

dune [dju:n] *n* **(sand) d.** duna *f*

dung [dʌŋ] *n* estiércol *m* ▫ ***d. heap*** estercolero *m*

dungarees [dʌŋgə'ri:z] *npl* (pantalón *m* de) peto *m*; **a pair of d.** unos pantalones de peto

dung-beetle ['dʌŋbi:təl] *n* escarabajo *m* pelotero

dungeon ['dʌndʒən] *n* mazmorra *f*

dunghill ['dʌŋhɪl] *n* estercolero *m*

dunk [dʌŋk] **1** *n (in basketball)* mate *m*

2 *vt* (**a**) *(in liquid)* mojar (**b**) *(in basketball)* machacar

dunno [də'nəʊ] *Fam* = **don't know**

duo ['dju:əʊ] (*pl* **duos**) *n* dúo *m*

duodenal [dju:əʊ'di:nəl] *adj Anat* duodenal

duodenum [dju:əʊ'di:nəm] *n Anat* duodeno *m*

duopoly [dju:'ɒpəlɪ] *n Com* duopolio *m*

DUP [di:ju:'pi:] *n* (*abbr* **Democratic Unionist Party**) = Partido Unionista Democrático, que apoya la permanencia de Irlanda del Norte en el Reino Unido

dupe [dju:p] **1** *n* primo(a) *m,f*, ingenuo(a) *m,f*

2 *vt* engañar; **to d. sb into doing sth** engañar a alguien para que haga algo

duplex ['dju:pleks] **1** *n US & Can (apartment)* dúplex *m*

2 *adj* (**a**) *US & Can* ***d. apartment*** dúplex *m*; ***d. house*** chalet *m* adosado (**b**) *Comptr* dúplex *m*

duplicate ['dju:plɪkət] **1** *n (copy)* duplicado *m*, copia *f*; **in d.** por duplicado

2 *adj* duplicado(a)

3 *vt* ['dju:plɪkeɪt] (**a**) *(document)* duplicar, hacer un duplicado de (**b**) *(work, result)* repetir

duplication [dju:plɪ'keɪʃən] *n* (**a**) *(copying)* duplicación *f* (**b**) *(repetition)* repetición *f*

duplicator ['dju:plɪkeɪtə(r)] *n (machine)* multicopista *mf*

duplicitous [dju:'plɪsɪtəs] *adj Formal* falso, artero(a)

duplicity [dju:'plɪsɪtɪ] *n Formal* duplicidad *f*

durability [djʊərə'bɪlɪtɪ] *n* durabilidad *f*

durable ['djʊərəbəl] **1** *adj* duradero(a)

2 *n* **(consumer) durables** bienes *mpl* de consumo duraderos

duration [djʊ'reɪʃən] *n* duración *f*; **for the d.** hasta el final

duress [djʊ'res] *n* **under d.** bajo coacción

durex® ['dju:reks] *n Br Fam* condón *m*, preservativo *m*

during ['djʊərɪŋ] *prep* durante

durum ['dʌrəm] *n* **d. (wheat)** trigo *m* duro

dusk [dʌsk] *n* crepúsculo *m*, anochecer *m*; **at d.** al anochecer

dusky ['dʌskɪ] *adj* oscuro(a); *Hum* **a d. maiden** una doncella de tez morena

dust [dʌst] **1** *n* (**a**) *(dirt, powder)* polvo *m* ▫ ***d. bowl*** zona *f* semidesértica; ***d. cover*** *(for furniture) (fitted)* funda *f*; *(loose)* sábana *f (para proteger del polvo)*; ***d. cover*** *or* ***jacket*** *(for book)* sobrecubierta *f*; ***d. storm*** tormenta *f* de polvo (**b**) *(action)* **to give sth a d.** quitar *or* sacar el polvo a algo (**c**) IDIOMS **to let the d. settle** dejar que las aguas vuelvan a su cauce; **once the d. has settled** *(when the fuss is over)* cuando haya pasado la tormenta; *Fam* **you won't see me for d.!** pondré pies en polvorosa

2 *vt* (**a**) *(clean) (room, furniture)* limpiar el polvo de (**b**) *(sprinkle) (with flour, sugar)* espolvorear (**with** con)

▸**dust down, dust off** *vt sep* (**a**) *(furniture)* quitar *or* sacar el polvo a (**b**) *Fig (legislation, one's French)* desempolvar

dustbin ['dʌstbɪn] *n Br* cubo *m* de la basura

dustcart ['dʌstkɑ:t] *n Br* camión *m* de la basura

dustcloud ['dʌstklaʊd] *n* polvareda *f*, nube *f* de polvo

duster ['dʌstə(r)] *n Br (cloth)* trapo *m or* bayeta *f* del polvo; *(for blackboard)* borrador *m*

dustman ['dʌstmən] *n Br* basurero *m*

dustpan ['dʌstpæn] *n* recogedor *m* ▫ ***d. and brush*** cepillo *m* y recogedor

dustsheet ['dʌstʃi:t] *n* sábana *f (para proteger del polvo)*

dust-up ['dʌstʌp] *n Fam (brawl)* bronca *f*, trifulca *f*; **to have a d. (with sb)** tener una bronca (con alguien)

dusty ['dʌstɪ] *adj* polvoriento(a); **to get d.** llenarse de polvo

Dutch [dʌtʃ] **1** *npl (people)* **the D.** los holandeses

2 *n (language)* neerlandés *m*

3 *adj* holandés(esa) ▫ ***D. auction*** = subasta en la que se va bajando el precio hasta encontrar comprador; ***D. cap*** *(contraceptive)* diafragma *m*; ***D. courage*** =

valentía que da el alcohol; ***D. elm disease*** enfermedad *f* de los olmos

4 *adv* IDIOM *Fam* **to go D.** pagar a escote

Dutchman ['dʌtʃmən] *n* holandés *m*; IDIOM *Fam* **if that's a real diamond (then) I'm a D.** si eso es un diamante de verdad, que venga Dios y lo vea

Dutchwoman ['dʌtʃwʊmən] *n* holandesa *f*

dutiful ['dju:tɪfʊl] *adj* obediente, bien mandado(a)

dutifully ['dju:tɪfʊlɪ] *adv* obedientemente, sin rechistar

duty ['dju:tɪ] *n* **(a)** *(obligation)* deber *m*; **he did his d.** cumplió con su deber; **he failed in his d.** faltó a *or* no cumplió con su deber; **I shall make it my d. to...** yo me ocuparé de...; **it is your d. to...** tu deber es...; **I'll have to go, d. calls** tengo que ir, el deber me llama

(b) *(task)* **duties** tareas *fpl*; **she took up** *or* **assumed her duties** se incorporó a su puesto; **she carried out** *or* **performed her duties well** desempeñó bien su trabajo

(c) *(of soldier, employee)* **to be on d.** estar de servicio; **to be off d.** estar fuera de servicio; *Mil* **tour of d.** destino *m* ❑ ***d. officer*** oficial *mf* de guardia; ***d. roster*** rota *f* de guardias

(d) *Fin (tax)* derecho *m*, impuesto *m*; **to pay d. on sth** pagar derechos *or* impuestos por algo

duty-bound ['dju:tɪbaʊnd] *adj* **to feel d. to do sth** sentirse obligado(a) a hacer algo

duty-free ['dju:tɪ'fri:] **1** *n Fam (goods)* artículos *mpl* libres de impuestos; **I'm just going to get some d.** voy a comprar algo al duty-free

2 *adj* exento(a) *or* libre de impuestos; **d. shop** tienda *f* libre de impuestos

duvet ['du:veɪ] *n Br* edredón *m* ❑ ***d. cover*** funda *f* de edredón

DVD [di:vi:'di:] *n Comptr* (*abbr* **Digital Versatile Disk**, **Digital Video Disk**) DVD *m*

DVLA [di:vi:el'eɪ] *n* (*abbr* **Driver and Vehicle Licensing Agency**) ≃ Dirección *f* General de Tráfico

dwarf [dwɔ:f] **1** *n* (*pl* **dwarfs** *or* **dwarves** [dwɔ:vz]) enano(a) *m,f*

2 *adj (plant, tree)* enano(a)

3 *vt* empequeñecer; **the church is dwarfed by the new skyscraper** el nuevo rascacielos hace pequeña a la iglesia

dweeb [dwi:b] *n US Fam* petardo(a) *m,f*

dwell [dwel] (*pt & pp* **dwelt** [dwelt]) *vi Literary (live)* morar

▶**dwell on, dwell upon** *vt insep* **why d. on the negative side of things?** ¿para qué fijarse en el lado negativo de las cosas?; **let's not** *or* **don't let's d. on it** no le demos más vueltas al asunto

dweller ['dwelə(r)] *n* **cave d.** cavernícola *mf*; **city d.** habitante *mf* de la ciudad

dwelling ['dwelɪŋ] *n Formal* morada *f* ❑ ***d. house*** residencia *f*

dwelt [dwelt] *pt & pp of* **dwell**

dwindle ['dwɪndəl] *vi* disminuir, reducirse; **to d. (away) to nothing** quedar reducido(a) a nada

dwindling ['dwɪndlɪŋ] *adj (funds, membership)* menguante; *(enthusiasm)* decreciente

dye [daɪ] **1** *n* tinte *m*

2 *vt* teñir; **to d. sth black/red** teñir algo de negro/rojo; **to d. one's hair** teñirse el pelo

dyed-in-the-wool ['daɪdɪnðə'wʊl] *adj* acérrimo(a)

dyestuff ['daɪstʌf] *n* tinte *m*, tintura *f*

dying ['daɪɪŋ] **1** *adj (person)* moribundo(a), agonizante; *(industry, tradition)* en vías de desaparición; **to my d. day** hasta el día de mi muerte ❑ ***d. wish*** última voluntad *f*; ***d. words*** últimas palabras *fpl*

2 *npl* **the d.** los moribundos

dyke, dike [daɪk] *n* **(a)** *(barrier)* dique *m* **(b)** *very Fam Pej (lesbian)* tortillera *f*

dynamic [daɪ'næmɪk] **1** *adj* dinámico(a) ❑ *Comptr* ***d. RAM*** RAM *f* dinámica

2 *n* dinámica *f*

dynamics [daɪ'næmɪks] **1** *npl (of change, growth)* dinámica *f*

2 *n Phys* dinámica *f*

dynamism ['daɪnəmɪzəm] *n* dinamismo *m*

dynamite ['daɪnəmaɪt] **1** *n* dinamita *f*; *Fig* **this information is political d.** esta información es políticamente explosiva; *Fam* **it's d.!** *(marvellous)* ¡es genial!

2 *vt* dinamitar

dynamo ['daɪnəməʊ] (*pl* **dynamos**) *n Elec* dinamo *f*

dynastic [dɪ'næstɪk] *adj* dinástico(a)

dynasty ['dɪnəstɪ] *n* dinastía *f*

dysentery ['dɪsəntrɪ] *n* disentería *f*

dysfunctional [dɪs'fʌŋkʃənəl] *adj* disfuncional

dyslexia [dɪs'leksɪə] *n* dislexia *f*

dyslexic [dɪs'leksɪk] *adj* disléxico(a)

dysmenorrhoea, *US* **dysmenorrhea** [dɪsmenə'rɪə] *n Med* dismenorrea *f*

dyspepsia [dɪs'pepsɪə] *n Med* dispepsia *f*

dyspeptic [dɪs'peptɪk] *adj* **(a)** *Med* dispéptico(a), que hace malas digestiones **(b)** *Formal (bad-tempered)* malhumorado(a); **to be in a d. mood** estar de mal humor

dyspnoea, *US* **dyspnea** [dɪsp'nɪə] *n Med* disnea *f*

dystrophy ['dɪstrəfɪ] *n Med* distrofia *f*

E

E, e [iː] *n* (**a**) *(letter)* E, e *f* (**b**) *Mus* mi *m* (**c**) *(abbr* **east**) E (**d**) *Sch* suspenso *m*; **to get an** E *(in exam, essay)* suspender (**e**) *Fam* (*abbr* **ecstasy**) *(drug)* éxtasis *m inv* (**f**) IDIOM *Br Fam* **to give sb the big E** deshacerse de alguien, *Esp* dar calabazas a alguien

EACH [iːtʃ] **1** *adj* cada; **e. day** cada día; **e. one (of them)** cada uno (de ellos); **e. (and every) one of us** todos (y cada uno de) nosotros; **an e. way bet** *(in horse racing)* = apuesta que se gana si el caballo queda entre los tres primeros

2 *pron* (**a**) *(both, all)* cada uno(a); **we e. earn $300, we earn $300 e.** ganamos cada uno 300 dólares, ganamos 300 dólares cada uno; **oranges at 25 pence e.** naranjas a 25 peniques la pieza *or* cada una; **you can have one e.** podéis tomar uno cada (uno); **e. of us** cada uno de nosotros; **her novels, e. of which is a masterpiece,...** sus novelas, cada una de las cuales es una obra maestra,...; **a little of e.** un poco de cada (uno); **take one of e.** tomad uno de cada (uno); **it may seem odd, but e. to his own** aunque parezca extraño, sobre gustos no hay nada escrito

(**b**) *(reciprocal)* **to hate e. other** odiarse; **to kiss e. other** besarse; **they were made for e. other** fueron hechos el uno para el otro; **to support e. other** apoyarse mutuamente; **we used to copy e. other's homework** solíamos copiarnos los deberes; **stop screaming at e. other!** ¡dejad de gritar!; **we write to e. other** nos escribimos; **they are always arguing with e. other** siempre están discutiendo

eager [ˈiːgə(r)] *adj (look, interest)* ávido(a), ansioso(a); *(supporter)* entusiasta; *(desire, hope)* intenso(a); **to be e. for sth** estar ansioso(a) por *or* ávido(a) de algo; **the audience were e. for more** el público seguía pidiendo más; **to be e. to do sth** estar ansioso(a) por hacer algo; **to be e. to please** estar deseoso(a) por agradar; **they were e. to learn** estaban ávidos *or* ansiosos por aprender; IDIOM *Fam* **to be an e. beaver** ser muy aplicado(a)

eagerly [ˈiːgəlɪ] *adv* ansiosamente; **e. awaited** ansiado(a), largamente esperado(a)

eagerness [ˈiːgənɪs] *n (impatience)* avidez *f*, ansia *f*; *(enthusiasm)* entusiasmo *m*; **in her e. to leave, she forgot the key** en su afán por marcharse, se olvidó de la llave

eagle [ˈiːgəl] **1** *n* (**a**) *(bird)* águila *f*; IDIOM **under the e. eye of...** bajo la atenta mirada de... ❑ ***e. owl*** búho *m* real (**b**) *(in golf)* dos *m* bajo par, eagle *m*; **an e. 3** un eagle en un par 5

2 *vt (in golf)* **to e. a hole** hacer dos bajo par *or* eagle en un hoyo

eagle-eyed [ˈiːgəlˈaɪd] *adj* **to be e.** tener vista de lince

eaglet [ˈiːglɪt] *n* aguilucho *m*

ear [ˈɪə(r)] *n* (**a**) *(of person, animal) (external part)* oreja *f*; *(internal part)* oído *m*; *Med* **e., nose and throat specialist** otorrinolaringólogo(a) *m,f* ❑ ***e. piercing*** perforación *f* de las orejas *(para pendientes)*; ***e. trumpet*** trompetilla *f*

(**b**) *(hearing, perception)* oído *m*; **I could scarcely believe my ears** no daba crédito a lo que estaba oyendo *or* lo que oían mis oídos; **to reach sb's ears** llegar a (los) oídos de alguien; **to have an e. for music** tener buen oído para la música; **to have an e. for languages** tener aptitudes para los idiomas; **to play by e.** *(instrument, tune)* tocar de oído; *Fig* **let's play it by e.** ya veremos sobre la marcha

(**c**) *(of wheat)* espiga *f*

(**d**) IDIOMS **the house was falling down around their ears** la casa se les caía encima; *Fam* **to be up to one's ears in work/debt** estar hasta las *Esp* cejas *or Am* narices de trabajo/deudas; *Fam* **to have sth coming out of one's ears** estar hasta *Esp* arriba *or Am* las narices de algo; **to go in one e. and out the other** *(of words, information)* entrar por un oído y salir por el otro; *Fam* **to be (thrown) out on one's e.** ser puesto(a) de patitas en la calle; **to grin from e. to e.** sonreír de oreja a oreja; **to keep one's ears pinned back** ser todo oídos; **I was listening to them with half an e.** estaba medio escuchándoles; **he has the boss's e.** goza de la confianza del jefe; **to keep one's e. to the ground** mantenerse al corriente; **his ears must be burning** no se habla más que de él; *Fam* **I'm all ears** soy todo oídos

earache [ˈɪəreɪk] *n* dolor *m* de oídos

ear-bashing [ˈɪəbæʃɪŋ] *n Fam* bronca *f*, reprimenda *f*; **to give sb an e.** echar un sermón a alguien; **to get an e.** llevarse *or RP* comerse una bronca

eardrops [ˈɪədrɒps] *npl* gotas *fpl* para los oídos

eardrum [ˈɪədrʌm] *n* tímpano *m*

earflap [ˈɪəflæp] *n* orejera *f*

earful [ˈɪəfʊl] *n Fam* **to give sb an e.** *(scold, criticize)* echar un sermón *or* una bronca a alguien; **to get an e.** llevarse un sermón *or* una bronca

ear-hole [ˈɪəhəʊl] *n* agujero *m* de la oreja

earl [ɜːl] *n* conde *m*

earldom [ˈɜːldəm] *n* título *m* de conde, condado *m*

earlier [ˈɜːlɪə(r)] **1** *adj* anterior; **I caught an e. train** tomé *or Esp* cogí un tren anterior; **her e. novels** sus novelas anteriores

2 *adv* **e. (on)** antes; **a few days e.** unos días antes; **e. that day** ese mismo día con anterioridad; **no e. than tomorrow** no antes de mañana; **as we saw e.** como vimos anteriormente *or* antes

earliest [ˈɜːlɪəst] **1** *n* **at the e.** como muy pronto; **the e. I can be there is four o'clock** no podré estar ahí antes de las cuatro

2 *adj (opportunity, memory)* primero(a); **at the e. possible moment** lo antes posible; **from the e. times** desde los primeros tiempos

earliness [ˈɜːlɪnɪs] *n* **the e. of the hour** lo temprano de la hora

earlobe [ˈɪələʊb] *n* lóbulo *m* de la oreja

EARLY [ˈɜːlɪ] **1** *adj* (**a**) *(in the day)* temprano(a); **at this e. hour...** a una hora tan temprana...; **the e. hours** las primeras horas de la mañana, la madrugada; **in the e. afternoon** a primera hora de la tarde; **in the e. morning** por la mañana temprano; **to be an e. riser** *or* **bird** ser madrugador(ora); **to have an e. night** acostarse temprano; **to make an e. start** *(on journey)* salir temprano; *Br* **it's e. closing on Wednesdays** los miércoles las tiendas abren sólo por la mañana; PROV **the e. bird catches the worm** a quien madruga, Dios le ayuda

(**b**) *(at beginning of period of time)* temprano(a); **my e. childhood/teens** mi temprana infancia/juventud; **an e. example of...** un ejemplo temprano de...; **an e. goal** un gol temprano *or* tempranero; **this is an e. Rembrandt** éste es un Rembrandt de su primera época; **at/from an e. age** en/desde una edad temprana; **in e. summer** a principios del verano; **in the e. 1980s** a principios de los ochenta; **in my e. days as a teacher...** en mis primeros tiempos como profesor...; **in the e. days** al principio ❑ ***e. music*** música *f* antigua

(**c**) *(first)* primero(a); **e. aircraft were much slower** los primeros aviones eran mucho más lentos; **the e. days/stages of...** los primeros días/las primeras etapas de...; **he is in the e. stages of cancer** se encuentra en la fase inicial de un cáncer; **e. signs suggest that...** las primeras señales sugieren que... ❑ ***e. man*** el hombre primitivo

(**d**) *(ahead of time) (arrival)* antes de tiempo; *(flowers, vegetables)* temprano(a); **to be e.** llegar pronto *or* temprano; **I am half an hour e.** llego media hora antes *or* con media hora de adelanto; **she was e. for the interview** llegó pronto a la entrevista; **we were e. going to bed last night** ayer nos fuimos pronto a la cama; **it's too e. to say** es demasiado pronto para saber; **it's e. days** todavía es pronto; **to have an e. breakfast/lunch** desayunar/comer temprano; **an e. death** una muerte prematura; **the illness sent him to an e. grave** la enfermedad le ocasionó una muerte prematura ❑ ***e. retirement*** jubilación *f* anticipada, prejubilación *f*; *Mil* ***e. warning system*** sistema *m* de alerta inmediata

(**e**) *(future)* pronto(a); **we need an e. decision** necesitamos una decisión rápida; **an e. reply** una pronta respuesta; **at an e. date** en fecha próxima

2 *adv* (**a**) *(in the day)* temprano, pronto; **e. in the morning/evening** en las primeras horas de la mañana/tarde; **I'd phoned her e. that day** ya le había llamado ese mismo día; **to get up e.** levantarse temprano

(**b**) *(at beginning of period of time)* **e. next week** a principios de la semana que viene; **e. in the year** a primeros de año; **e. in one's life/career** al principio de la vida/carrera profesional; **they scored as e. as the fifth minute** marcaron tras sólo cinco minutos, sólo tardaron *or Am* demoraron en marcar cinco minutos; **e. on** temprano; **it became clear e. on that we would lose** ya al poco de comenzar quedó claro que perderíamos

(**c**) *(ahead of time)* pronto; **he was born a month e.** nació con un mes de adelanto; **we finished e.** acabamos pronto; **they left the party e.** se fueron pronto de la fiesta; **to die e.** morir prematuramente; **Easter falls e. this year** este año Semana Santa cae antes; **we made our reservations e.** reservamos con antelación; **to retire e.** jubilarse anticipadamente; **as e. as possible** lo antes posible, cuanto antes; **we arrived too e.** llegamos demasiado pronto

---

earmark ['ɪəmɑːk] *vt* destinar (**for** a)

earmuffs ['ɪəmʌfs] *npl* orejeras *fpl*

earn [ɜːn] *vt (money)* ganar; *(rest, respect)* ganarse; **to e. one's living** ganarse la vida; *Econ* **earned income** rentas *fpl* del trabajo

▸**earn out** *vi Com (cover costs, profit)* ser rentable, dar beneficios

earner ['ɜːnə(r)] *n* (**a**) *(person)* **(wage) e.** asalariado(a) *m,f* (**b**) *Br Fam (source of income)* **the shop is a nice little e.** la tienda es una buena fuente de ingresos

earnest ['ɜːnɪst] **1** *adj* (**a**) *(serious)* serio(a); **she's terribly e.** es muy formal, todo se lo toma muy en serio (**b**) *(sincere)* **it is my e. hope/wish that...** espero/deseo de todo corazón que...

2 *n* **in e.** en serio; **he spoke in deadly e.** habló muy en serio

earnestly ['ɜːnɪstlɪ] *adv* (**a**) *(seriously)* seriamente, con gravedad (**b**) *(sincerely)* sinceramente

earnings ['ɜːnɪŋz] *npl (of person)* ingresos *mpl*; *(of company)* beneficios *mpl*, ganancias *fpl*; **e. related** *(pension, benefit)* proporcional a los ingresos

earphones ['ɪəfəʊnz] *npl* auriculares *mpl*

earpiece ['ɪəpiːs] *n (of telephone)* auricular *m*

earplug ['ɪəplʌg] *n* tapón *m* para los oídos

earring ['ɪərɪŋ] *n* pendiente *m*, *Am* arete *m*

earshot ['ɪəʃɒt] *n* **within e.** al alcance del oído; **out of e.** fuera del alcance del oído; **I was within e. of them** podía oírles

ear-splitting ['ɪəsplɪtɪŋ] *adj* ensordecedor(ora)

earth [ɜːθ] **1** *n* (**a**) *(planet)* **the E.** la Tierra; *Hum* **E. to John, E. calling John** John ¿estás ahí?, centro de control *or Am* monitoreo llamando a John ❑ ***e. mother*** *(in mythology)* madre tierra *f*, diosa *f* de la fecundidad; *Fig (woman)* madraza *f*; ***e. sciences*** ciencias *fpl* de la Tierra; ***e. tremor*** temblor *m* de tierra

(**b**) *(soil)* tierra *f*

(**c**) *Br Elec* toma *f* de tierra

(**d**) *(burrow)* madriguera *f*; *Fig* **to go to e.** esconderse; *Fig* **to run sb to e.** dar con alguien

(**e**) *Fam (as intensifier)* **where/why on e....?** ¿dónde/por qué diablos...?; **how on e. should I know?** ¿cómo (demonios *or* diablos) quieres que yo lo sepa?

(**f**) IDIOMS *Hum* **the e. moved** la tierra tembló; *Fig* **to come back to e. (with a bump)** bajarse de la nube, bajar a la tierra; **to bring sb back down to e.** ponerle a alguien los pies en la tierra; *Fam* **to look/feel like nothing on e.** tener un aspecto/sentirse fatal; **to cost the e.** costar un ojo de la cara *or Esp* un riñón; **to promise sb the e.** prometer a alguien el oro y el moro

2 *vt Br Elec* conectar a tierra

earthbound ['ɜːθbaʊnd] *adj* (**a**) *(heading towards earth)* en dirección a tierra (**b**) *Fig (uninspired)* mediocre, gris

earthen ['ɜːθən] *adj* (**a**) *(floor)* de tierra (**b**) *(pot)* de barro

earthenware ['ɜːθənweə(r)] *n* loza *f*

earthling ['ɜːθlɪŋ] *n* terrícola *mf*

earthly ['ɜːθlɪ] *adj* (**a**) *(life, existence)* terrenal (**b**) *Fam (emphatic)* **there's no e. reason** no hay razón alguna; **she hasn't got an e. (chance)** no tiene la menor posibilidad; **I haven't got an e.** (no tengo) ni idea; **it's of no e. use** no vale absolutamente para nada

earthmover ['ɜːθmuːvə(r)] *n* excavadora *f*, pala *f* mecánica

earthquake ['ɜːθkweɪk] *n also Fig* terremoto *m*

earth-shaking ['ɜːθʃeɪkɪŋ], **earth-shattering** ['ɜːθʃætərɪŋ] *adj Fam (news, discovery)* extraordinario(a)

earthward(s) ['ɜːθwəd(z)] *adv* rumbo a la Tierra

earthwork ['ɜːθwɜːk] *n* terraplén *m*

earthworm ['ɜːθwɜːm] *n* lombriz *f (de tierra)*

earthy ['ɜːθɪ] *adj* (**a**) *(of or like earth)* terroso(a) (**b**) *(person, humour) (coarse)* grosero(a); *(uninhibited)* directo(a), campechano(a)

earwax ['ɪəwæks] *n* cera *f* de los oídos, cerumen *m*

earwig ['ɪəwɪg] **1** *n* tijereta *f*

2 *vi* (*pt & pp* **earwigged**) *Fam (eavesdrop)* pegar la oreja, escuchar de *Esp* estranjis *or RP* de contrabando

earwigging ['ɪəwɪgɪŋ] *n Fam (scolding)* broncazo *m*, *Esp* rapapolvo *m*

ease [iːz] **1** *n* (**a**) *(facility)* facilidad *f*; **with e.** con facilidad; **e. of access/use** fácil acceso/manejo; **for e. of reference** para facilitar la consulta (**b**) *(peace)* **at e.** a gusto; **to put sb at e.** hacer que alguien se sienta a gusto; **to put** *or* **set sb's mind at e.** tranquilizar a alguien; **a life of e.** una vida desahogada (**c**) *Mil* **(stand) at e.!** ¡descansen!

2 *vt* (**a**) *(alleviate) (pain, anxiety)* calmar (**b**) *(relax) (pressure, tension)* disminuir (**c**) *(move carefully, slowly)* **she eased the heavy box onto the shelf** despacio y con cuidado, trasladó la pesada caja al estante

3 *vi (of pain, pressure)* disminuir, remitir; **the wind/the rain has eased** el viento/la lluvia ha amainado un poco

▸**ease in** *vt sep* **to e. sth in** introducir algo con cuidado

▸**ease off** *vi (of pain)* disminuir, remitir; *(of rain)* amainar; *(of work)* aflojar; *(of pressure)* disminuir, bajar

▸**ease up** *vi* (**a**) *(diminish) (of pain)* disminuir, remitir; *(of rain)* amainar (**b**) *(take things easy)* tomarse las cosas con más calma

easel ['iːzəl] *n* caballete *m*

easily ['iːzɪlɪ] *adv* (**a**) *(without difficulty, probably)* fácilmente; **e. the best/biggest** sin duda alguna el mejor/mayor; **the information could (just as) e. be wrong** la información puede muy bien ser errónea; **that's e. said** eso se dice pronto, del dicho al hecho...; **it's e. the best of the lot** es con mucho *or* con diferencia el mejor de todos (**b**) *(comfortably)* cómodamente, sin dificultad (**c**) *(at least)* **he's e. forty** andará por los cuarenta como poco, tendrá por lo menos cuarenta (años) (**d**) *(speak)* con soltura

easiness ['iːzɪnɪs] *n* (**a**) *(of task, question, exam)* facilidad *f* (**b**) *(of manner)* desenvoltura *f*

east [iːst] **1** *n* este *m*; **to the e. (of)** al este (de); **the E. of Spain** el este de España; **the E.** *(Asia)* el Oriente; *(of Europe)* el Este

2 *adj* (**a**) *(direction, side)* oriental, este; **e. London** el este de Londres ❑ ***e. wind*** viento *m* del este *or* de levante (**b**) *(in*

names) ***E. Africa*** África Oriental; ***the E. End*** = el barrio este de Londres; *Formerly* ***E. Germany*** Alemania Oriental *or* del Este; *Old-fashioned* ***the E. Indies*** = el archipiélago indonesio, las Indias orientales; ***the E. Side*** = el barrio este de Manhattan

3 *adv (travel, move)* hacia el este; **it's (3 miles) e. of here** está (a 3 millas) al este de aquí; **to face e.** *(of person)* mirar hacia el este; *(of room)* estar orientado(a) *or* mirar al este; **to go e.** ir hacia el este

eastbound ['i:stbaʊnd] *adj (train, traffic)* en dirección este; **the e. carriageway** el carril que va hacia el este

Easter ['i:stə(r)] *n (period)* Semana *f* Santa; *(festival)* Pascua *f*; **at E.** en Semana Santa ❑ ***E. Day*** Domingo *m* de Pascua *or* de Resurrección; ***E. egg*** *(chocolate egg)* huevo *m* de Pascua; ***E. Island*** la Isla de Pascua; ***E. Monday*** Lunes *m inv* de Pascua; ***E. Sunday*** Domingo *m* de Pascua *or* de Resurrección; ***E. week*** Semana *f* Santa

easterly ['i:stəlɪ] **1** *n (wind)* levante *m*

2 *adj (direction)* (hacia el) este; **the most e. point** el punto más al este; **e. wind** viento *m* de levante

eastern ['i:stən] *adj (region)* del este, oriental; *(religion)* oriental ❑ *Formerly* ***the E. bloc*** el bloque del Este; ***E. Europe*** Europa Oriental *or* del Este; ***e. hemisphere*** hemisferio *m* oriental; ***E. Orthodox Church*** Iglesia *f* ortodoxa; *US* ***E. Standard Time*** = hora oficial en la costa este de los EE.UU.

Easterner ['i:stənə(r)] *n* **(a)** *(in US)* = natural o habitante del este de Estados Unidos **(b)** *(oriental)* oriental *mf*

easternmost ['i:stənməʊst] *adj* más oriental, más al este

eastward ['i:stwəd] *adj & adv* hacia el este

eastwards ['i:stwədz] *adv* hacia el este

EASY ['i:zɪ] **1** *adj* **(a)** *(not difficult)* fácil; **that's the e. answer** ésa es la salida fácil; **to take the e. option** *or* **the e. way out** optar por *o* elegir la solución fácil; **they ran out e. winners** ganaron con gran facilidad; **e. on the eye/ear** agradable a la vista/al oído; **e. to get on with** tratable; **e. to install** de fácil instalación; **e. to please** fácil de contentar; **e. to talk to** de trato fácil; *Com* **by e. payments, on e. terms** con facilidades de pago; **it's within e. walking distance** se puede ir caminando *or Esp* andando perfectamente; **it's all too e. to believe such a thing of her** no es difícil creer algo así de ella; **that's e. for you to say** eso se dice muy fácil; **it's the easiest thing in the world** es la cosa más fácil del mundo; **that's easier said than done** es muy fácil decirlo, del dicho al hecho (hay mucho trecho); **that's far from e.** *or* **no e. matter** de fácil eso no tiene nada, eso no es nada fácil; **to make things e. for sb** ponerle las cosas fáciles a alguien; **you're not making this e. for me** no me lo estás poniendo nada fácil; *Fam* **I'm e.!** *(I don't mind)* ¡por mí es igual!, ¡a mí me da lo mismo!; IDIOM *Fam* **it's as e. as ABC** *or* **as anything** *or* **as pie** *or* **as falling off a log** es pan comido; IDIOM *Fam* **to be e. game** *or* **meat** *or* **prey** ser presa fácil ❑ *Fam* ***e. money*** dinero *m* fácil

(b) *(comfortable) (pace, life)* cómodo(a), apacible; *(manners, style)* desenvuelto(a); **with an e. mind** *or* **conscience** con la conciencia tranquila; IDIOM *Fam* **to be on e. street** no tener problemas económicos; **I don't feel too e. about the idea** la idea me inquieta *o* preocupa; **my stomach feels a little easier** *(less painful)* mi estómago está algo mejor; **to have an e. time (of it)** tenerlo fácil; **I haven't been having an e. time of it recently** no lo he tenido nada fácil últimamente ❑ ***e. chair*** butaca *f*, sillón *m*; ***e. listening*** *(music)* música *f* ligera

(c) *Fam (woman)* fácil; *Old-fashioned* **a woman of e. virtue** una mujer de vida *Esp* alegre *or RP* ligera, *Méx* una mujer de costumbres fáciles

2 *adv Fam* **I could beat you e.** te gano fácil; **true love doesn't come e.** el amor verdadero no se encuentra fácilmente; *Fam* **to get off e.** salir bien parado(a); **to go e. on sb** no ser demasiado duro(a) con alguien; **to go e. on sth** no pasarse con algo; **now we can rest** *or* **breathe e.** ahora podemos descansar *or* respirar tranquilos; *Fig* **I can sleep e.** puedo dormir tranquilo; *Mil* **stand e.!** ¡descansen!; **to take things** *or* **it e.** tomarse las cosas con calma, tomárselo con calma; **the doctor told me to take things e.** el doctor me dijo que no hiciera grandes esfuerzos; **take it e.!** ¡tranquilo!; IDIOM **e. come, e. go** tal como viene, se va; *Fam* **e. does it!** ¡con cuidado!; *US* **e. over** *(egg)* frito por los dos lados

---

easy-care ['i:zɪkeə(r)] *adj (fabric, clothing)* fácil de lavar y planchar, que no necesita especiales cuidados

easy-going ['i:zɪ'gəʊɪŋ] *adj (tolerant)* tolerante; *(calm)* tranquilo(a)

eat [i:t] (*pt* **ate** [et, eɪt], *pp* **eaten** ['i:tən]) **1** *vt* **(a)** *(food)* comer; **to e. one's breakfast** desayunar **(b)** IDIOMS **to e. sb out of house and home** dejarle la despensa vacía a alguien; *Fam* **I could e. a horse!** ¡tengo un hambre tremenda *or Esp* canina *or RP* de perros *or Col* de la Madona!; *Fam* **he won't e. you!** ¡no te va a comer!; *Fam* **what's eating you?** *(worrying you)* ¿qué te preocupa?; **to e. one's words** tragarse (uno) sus propias palabras; *Fam* **if it works, I'll e. my hat** si esto funciona, *Esp* me meto a *or Méx* me voy de *or RP* me hago monja

2 *vi* comer; IDIOM **to have sb eating out of one's hand** tener a alguien en *Esp* el bote *or Am* el bolsillo

▸**eat away (at)** *vt insep also Fig* erosionar

▸**eat in** *vi (at home)* comer en casa

▸**eat into** *vt insep (erode)* corroer; *Fig (time)* gastar; *(savings)* mermar

▸**eat out** *vi* salir a comer fuera

▸**eat up 1** *vt sep (food)* terminar (de comer); *(petrol, money)* consumir

2 *vi* **e. up!** ¡termina (de comer)!

eaten ['i:tən] *pp of* **eat**

eater ['i:tə(r)] *n* **to be a slow/fast e.** comer despacio/deprisa

eatery ['i:tərɪ] *n Fam* restaurante *m*

eating ['i:tɪŋ] *n* **to be good e.** estar riquísimo(a) ❑ ***e. apple*** manzana *f* de mesa *or* para comer; ***e. house*** restaurante *m*

eats [i:ts] *npl Fam* comida *f*, *Esp* manduca *f*, *RP* morfi *m*

eau-de-Cologne ['əʊdəkə'ləʊn] *n* (agua *f* de) colonia *f*

eaves [i:vz] *npl (of house)* alero *m*

eavesdrop ['i:vzdrɒp] (*pt & pp* **eavesdropped**) *vi* escuchar disimuladamente

eavesdropper ['i:vzdrɒpə(r)] *n* = persona que escucha con disimulo conversaciones ajenas

ebb [eb] **1** *n (of tide)* reflujo *m*; *Fig* **the e. and flow** *(of events)* los vaivenes *mpl*; IDIOM **to be at a low e.** *(of person, spirits)* estar en horas bajas ❑ ***e. tide*** marea *f* baja, bajamar *f*

2 *vi (of tide)* bajar

▸**ebb away** *vi* **(a)** *(of water)* bajar **(b)** *(of strength, enthusiasm)* menguar, disminuir; *(of life)* escaparse, consumirse

ebony ['ebənɪ] *n* ébano *m*

ebullience [ɪ'bʌlɪəns] *n* fogosidad *f*

ebullient [ɪ'bʌlɪənt] *adj* fogoso(a)

EC [i:'si:] *n* (*abbr* **European Community**) CE *f*

e-cash ['i:kæʃ] *n Comptr* dinero *m* electrónico

eccentric [ek'sentrɪk] *n & adj* excéntrico(a) *m,f*

eccentrically [ek'sentrɪklɪ] *adv (dress, talk, behave)* de forma excéntrica, excéntricamente

eccentricity [eksen'trɪsɪtɪ] *n* excentricidad *f*

ecclesiastic [ɪkli:zɪ'æstɪk] **1** *n* clérigo *m*

2 *adj* eclesiástico(a)

ecclesiastical [ɪkli:zɪ'æstɪkəl] *adj* eclesiástico(a)

ECG [i:si:'dʒi:] *n Med* (*abbr* **electrocardiogram**) ECG *m*

echelon ['eʃəlɒn] *n* **the higher echelons** las altas esferas; **the lower echelons** los grados inferiores

echo ['ekəʊ] **1** *n* (*pl* **echoes**) **(a)** *also Fig* eco *m* ❑ ***e. chamber*** cámara *f* de resonancia; *Med* ***e. virus*** ecovirus *m inv*, echovirus *m inv* **(b)** *Comptr* eco *m*

2 *vt* (*pt & pp* **echoed**) *(opinion, words)* repetir, hacerse eco de

3 *vi* resonar (**with** con)

echolocation ['ekəʊləʊkeɪʃən] *n* ecolocación *f*

echo-sounder ['ekəʊsaʊndə(r)] *n* ecosonda *f*, sonda *f* acústica

echt [ekt] *adj* auténtico(a), genuino(a)

éclair [eɪ'kleə(r)] *n (pastry)* petisú *m*

eclampsia [ɪ'klæmpsɪə] *n Med* eclampsia *f*

eclectic [ə'klektɪk] *adj* ecléctico(a)

eclecticism [ɪ'klektɪsɪzəm] *n* eclecticismo *m*

eclipse [ɪ'klɪps] **1** *n also Fig* eclipse *m*
2 *vt also Fig* eclipsar

eco-friendly ['i:kəʊfrendlɪ] *adj* ecológico(a)

eco-label ['i:kəʊleɪbəl] *n* ecoetiqueta *f*

E. coli ['i:'kəʊlaɪ] *n Biol* (*abbr* **Escherichia coli**) Escherichia coli *f*

ecological [i:kə'lɒdʒɪkəl] *adj* ecológico(a)

ecologically [i:kə'lɒdʒɪklɪ] *adv* desde el punto de vista ecológico; **e. friendly** ecológico(a), que no daña el medio ambiente; **e. sound** razonable desde el punto de vista ecológico

ecologist [ɪ'kɒlədʒɪst] *n (scientist)* ecólogo(a) *m,f*

ecology [ɪ'kɒlədʒɪ] *n* ecología *f*

e-commerce ['i:'kɒmɜ:s] *n* comercio *m* electrónico

econometrics [ɪkɒnə'metrɪks] *n Econ* econometría *f*

economic [i:kə'nɒmɪk] *adj* (**a**) *(factor, problem)* económico(a) ▫ *Pol* ***e. refugee*** refugiado(a) *m,f* por razones económicas (**b**) *(profitable)* rentable; **it's more e. to buy in bulk** sale más barato *or* económico comprar grandes cantidades

economical [i:kə'nɒmɪkəl] *adj (cost-effective)* económico(a); **he was being e. with the truth** no decía toda la verdad

economically [i:kə'nɒmɪklɪ] *adv* económicamente

economics [i:kə'nɒmɪks] *n* economía *f*; **the e. of a plan** el aspecto económico de un plan

economist [ɪ'kɒnəmɪst] *n* economista *mf*

economize [ɪ'kɒnəmaɪz] *vi* economizar, ahorrar (**on** en)

economy [ɪ'kɒnəmɪ] *n* economía *f*; **economies of scale** economías *fpl* de escala ▫ *Av* ***e. class*** clase *f* turista; ***e. drive*** *(cost-cutting campaign)* campaña *f* de ahorro; ***e. measure*** medida *f* de ahorro; ***e. size*** *(of packet)* tamaño *m* económico

ecosphere ['i:kəʊsfɪə(r)] *n Geog* ecosfera *f*, biosfera *f*

ecosystem ['i:kəʊsɪstəm] *n* ecosistema *m*

ecotax ['i:kəʊtæks] *n* ecotasa *f*, impuesto *m* ecológico

ecotourism ['i:kəʊtɔ:rɪzəm] *n* ecoturismo *m*, turismo *m* verde *or* ecológico

ecru ['eɪkru:] **1** *n* color *m* crudo
2 *adj* de color crudo

ecstasy ['ekstəsɪ] *n* (**a**) *(emotional state)* éxtasis *m inv*; **he went into ecstasies over the food** se deshacía en elogios a la comida (**b**) *(drug)* éxtasis *m inv*

ecstatic [ek'stætɪk] *adj* exultante, alborozado(a); **to be e. (about** *or* **over sth)** estar exultante de alegría (por algo)

ecstatically [ek'stætɪklɪ] *adv* con inmensa alegría, con gran alborozo; **e. happy** loco(a) de alegría *or* de contento

ECT [i:si:'ti:] *n Med* (*abbr* **electroconvulsive therapy**) electrochoque *m*

ectopic [ek'tɒpɪk] *adj Med* ectópico(a) ▫ ***e. pregnancy*** embarazo *m* ectópico *or* extrauterino

ectoplasm ['ektəplæzəm] *n (at a seance)* ectoplasma *m*

ECU, ecu ['ekju:, 'i:kju:] *n Formerly Fin* (*abbr* **European Currency Unit**) ecu *m*

Ecuador ['ekwədɔ:(r)] *n* Ecuador

Ecuadoran [ekwə'dɔ:rən], **Ecuadorian** [ekwə'dɔ:rɪən] *n & adj* ecuatoriano(a) *m,f*

ecumenic(al) [i:kjʊ'menɪk(əl)] *adj Rel* ecuménico(a)

eczema ['eksɪmə] *n* eccema *m*

ed [ed] (**a**) (*abbr* **edition**) ed. (**b**) (*abbr* **editor**) ed. (**c**) (*abbr* **edited**) editado(a)

Edam ['i:dæm] *n* queso *m* de bola

eddy ['edɪ] **1** *n* remolino *m*
2 *vi* arremolinarse

edelweiss ['eɪdəlvaɪs] *n* edelweiss *m inv*

edema *US* = **oedema**

Eden ['i:dən] *n* (jardín *m* del) Edén *m*

EDF [i:di:'ef] *n* (*abbr* **European Development Fund**) FED *m*

edge [edʒ] **1** *n* (**a**) *(of table, road, forest)* borde *m*; *(of page)* margen *m*; *(of coin, book)* canto *m*; **at the water's e.** al borde *or* a la orilla del agua; *Fig* **to be on the e. of one's seat** estar (con el alma) en vilo (**b**) *(of blade, tool)* filo *m*; IDIOM **to take the e. off sb's hunger** calmar el hambre a alguien; IDIOM **it took the e. off their victory** deslustró *or* enturbió su victoria; **to be on e.** *(nervous)* estar tenso(a) *or* nervioso(a); **to set sb on e.** *(make nervous)* poner los nervios de punta a alguien (**c**) *(advantage)* ventaja *f*; **to have the e. (over sb)** llevar ventaja (a alguien)
2 *vt (in sewing)* ribetear; **edged with lace** ribeteado(a) con encaje
3 *vi (move slowly)* **to e. forward(s)** ir avanzando despacio *or* poco a poco; **to e. towards** acercarse lentamente a; **to e. past sb** pasar deslizándose junto a alguien; **to e. through the crowd** avanzar lentamente entre la multitud

▸**edge out** *vt sep (beat narrowly)* batir por muy poco a

edger ['edʒə(r)] *n (for lawn)* desbrozadora *f*, cortadora *f* de bordes

edgeways ['edʒweɪz], **edgewise** ['edʒwaɪz] *adv* de canto, de lado

edgily ['edʒɪlɪ] *adv (nervously)* tensamente, con los nervios a flor de piel

edginess ['edʒɪnɪs] *n (nervousness)* estado *m* de tensión, nerviosismo *m*

edging ['edʒɪŋ] *n (of cloth)* ribete *m*; *(of furniture)* moldura *f*

edgy ['edʒɪ] *adj (nervous)* tenso(a), con los nervios a flor de piel; **to be e.** estar tenso(a) *or* con los nervios a flor de piel

edible ['edɪbəl] *adj* comestible

edict ['i:dɪkt] *n Formal* edicto *m*

edification [edɪfɪ'keɪʃən] *n Formal* edificación *f*, instrucción *f*; *Ironic* **for your e.** para que te vayas instruyendo, para tu solaz espiritual

edifice ['edɪfɪs] *n Formal* edificio *m*

edify ['edɪfaɪ] *vt Formal* edificar

edifying ['edɪfaɪɪŋ] *adj* edificante; **a far from e. spectacle** un espectáculo nada edificante

Edinburgh ['edɪnbərə] *n* Edimburgo

edit ['edɪt] **1** *n Comptr (menu heading)* edición *f*
2 *vt* (**a**) *(rewrite)* corregir (**b**) *(prepare for publication)* editar; **edited by...** edición (a cargo) de... (**c**) *Cin (cut)* montar (**d**) *(manage) (newspaper, journal)* dirigir (**e**) *Comptr* editar ▫ ***e. mode*** modo *m* de edición

▸**edit out** *vt sep* eliminar, excluir

editing ['edɪtɪŋ] *n Cin* montaje *m*

edition [ɪ'dɪʃən] *n* edición *f*

editor ['edɪtə(r)] *n* (**a**) *(of published writings)* editor(ora) *m,f* (**b**) *(of film)* montador(ora) *m,f* (**c**) *(of newspaper, journal)* director(ora) *m,f*; *(newspaper or TV journalist)* redactor(ora) *m,f* (**d**) *Comptr (software)* editor *m*

editorial [edɪ'tɔ:rɪəl] **1** *n* editorial *m*
2 *adj* editorial ▫ ***e. staff*** (equipo *m* de) redacción *f*

editorialize [edɪ'tɔ:rɪəlaɪz] *vi Journ (be opinionated)* verter las propias opiniones, ser subjetivo(a)

editorially [edɪ'tɔ:rɪəlɪ] *adv* desde el punto de vista editorial

editorship ['edɪtəʃɪp] *n (of newspaper)* dirección *f*

EDP [i:di:'pi:] *n Comptr* (*abbr* **electronic data processing**) tratamiento *m or* procesamiento *m* electrónico de datos

educate ['edjʊkeɪt] *vt* educar

educated ['edjʊkeɪtɪd] *adj* culto(a); **an e. guess** una suposición bien fundada

education [edjʊ'keɪʃən] *n (process of learning)* educación *f*, aprendizaje *m*; *(process of teaching)* educación *f*, enseñanza *f*; *(knowledge)* educación *f*, cultura *f*; **Faculty of E.** facultad *f* de pedagogía; *Fam* **it was an e. working over there** trabajar allí fue muy instructivo

educational [edjʊ'keɪʃənəl] *adj (system, standards, TV programme)* educativo(a); *(establishment)* docente; *(experience, visit)* instructivo(a); **e. qualifications** títulos *mpl* académicos; **e. toy** juguete *m* educativo

educationalist [edju:'keɪʃənəlɪst], **educationist** [edju:'keɪʃənɪst] *n* pedagogo(a) *m,f*

educationally [edju:'keɪʃənəlɪ] *adv* pedagógicamente hablando, desde el punto de vista pedagógico; **to be e. disadvantaged** estar en una situación desventajosa desde el punto de vista educativo; **e. sub-normal** con graves problemas de aprendizaje

educationist = **educationalist**

educative ['edjʊkətɪv] *adj* educativo(a)

educator ['edjʊkeɪtə(r)] *n* educador(ora) *m,f*, docente *mf*

educe [ɪ'dju:s] *vt Formal* extraer

Edwardian [ed'wɔ:dɪən] *adj (architecture, furniture)* = de la época de Eduardo VII (1901–10)

EEC [i:i:ˈsi:] *n Formerly* (*abbr* **European Economic Community**) CEE *f*

EEG [i:i:ˈdʒi:] *n Med* (**a**) (*abbr* **electroencephalogram**) EEG *m* (**b**) (*abbr* **electroencephalograph**) electroencefalógrafo *m*

eel [i:l] *n* anguila *f*

eerie [ˈɪərɪ] *adj* espeluznante, sobrecogedor(ora)

eerily [ˈɪərɪlɪ] *adv* de forma espeluznante; **it was e. silent** había un silencio sobrecogedor

eff [ef] *vi Br Fam Euph* **he was effing and blinding** estaba diciendo palabrotas *or* soltando maldiciones

▸**eff off** *vi Br Fam Euph* irse *Esp* a tomar por saco *or Méx* a la chingada *or RP* a cagar; **e. off!** ¡vete *Esp* a tomar por saco *or Méx* a la chingada!, *RP* ¡andá a cagar!

efface [ɪˈfeɪs] *vt* borrar; **to e. oneself** mantenerse en un segundo plano

EFFECT [ɪˈfekt] **1** *n* (**a**) *(result)* efecto *m*; **we did all we could, but to little** *or* **no e.** hicimos todo lo posible, pero no sirvió para nada; **with e. from...** con efecto a partir de...; **with immediate e.** con efecto inmediato; **to come into e.** entrar en vigor *o* vigencia; **to have an e. on** tener efecto en *or* sobre; **the measures had a positive e. on inflation** las medidas incidieron positivamente en la inflación, las medidas tuvieron un impacto positivo en la inflación; **the medicine didn't have any e.** el medicamento no surtió ningún efecto; **to put sth into e.** llevar algo a la práctica; **to remain in e.** permanecer en vigor *o* vigencia; **to suffer (from) the effects of sth** sufrir los efectos de algo; **to take e.** *(of drug, medicine)* hacer *or* surtir efecto; *(of law)* entrar en vigor

(**b**) *(impression)* efecto *m*, impresión *f*; **they had altered the design to great e.** su cambio de diseño fue impactante; **the city is seen to best e. at night** la ciudad puede observarse en todo su esplendor de noche; **for e.** para impresionar; **to pause for e.** hacer una pausa para mantener el suspense

(**c**) *(meaning, significance)* **...or words to that e.** ...o algo por el estilo; **he said something to the e. that he wouldn't be staying long** dijo algo en el sentido de que no se quedaría mucho rato; *Formal* **you will receive a letter to this e.** recibirá una carta confirmando este hecho

(**d**) *Formal (possession)* **personal effects** efectos *mpl* personales

(**e**) **effects** *(in film)* efectos *mpl* especiales; *(in music)* efectos *mpl*

(**f**) **in effect** *adv (basically)* de hecho, en la práctica; **in e., what this means is that...** lo que esto viene a decir es que...

2 *vt Formal (cause) (reconciliation, cure)* lograr; *(payment)* efectuar, hacer efectivo(a); **to e. a change** efectuar un cambio; **to e. an entry** entrar, penetrar

effective [ɪˈfektɪv] *adj* (**a**) *(efficient, successful)* eficaz (**b**) *(actual, real)* efectivo(a) (**c**) *Law (in force)* **to be e. (from)** entrar en vigor (desde)

effectively [ɪˈfektɪvlɪ] *adv* (**a**) *(efficiently)* eficazmente (**b**) *(really)* en realidad, de hecho; **they are e. the same** de hecho vienen a ser lo mismo

effectiveness [ɪˈfektɪvnɪs] *n* eficacia *f*

effectual [ɪˈfektjʊəl] *adj* efectivo(a)

effectuate [ɪˈfektʊeɪt] *vt Formal* efectuar, operar

effeminate [ɪˈfemɪnət] *adj* afeminado(a)

effervesce [efəˈves] *vi* (**a**) *(liquid)* burbujear, estar en efervescencia (**b**) *Fig (person)* estar en plena efervescencia

effervescence [efəˈvesəns] *n also Fig* efervescencia *f*

effervescent [efəˈvesənt] *adj also Fig* efervescente

effete [ɪˈfi:t] *adj (person, gesture)* afectado(a), refinado(a) en exceso

efficacious [efɪˈkeɪʃəs] *adj Formal* eficaz

efficacy [ˈefɪkəsɪ] *n Formal* eficacia *f*

efficiency [ɪˈfɪʃənsɪ] *n* (**a**) *(of person)* eficiencia *f* (**b**) *(of method)* eficacia *f*

efficient [ɪˈfɪʃənt] *adj* (**a**) *(person)* eficiente (**b**) *(method)* eficaz

efficiently [ɪˈfɪʃəntlɪ] *adv* con eficiencia, eficientemente

effigy [ˈefɪdʒɪ] *n (statue)* efigie *f*; *(for ridicule)* monigote *m*; **to burn sb in e.** quemar un monigote de alguien

effing [ˈefɪŋ] *Br Fam Euph* **1** *n* **e. and blinding** palabrotas *fpl*

2 *adj* maldito(a), *Esp* puñetero(a), *Col, RP* puto(a), *Méx* pinche; **the e. telly's on the blink** la maldita tele se ha escacharrado

3 *adv* puñeteramente; **don't be so e. lazy!** ¡no seas tan vago, contra *or* caray!

efflorescence [efləˈresəns] *n Bot (of plant)* floración *f*

effluent [ˈeflʊənt] *n* aguas *fpl* residuales

effort [ˈefət] *n* (**a**) *(exertion)* esfuerzo *m*; **to make an e. (to do sth)** hacer un esfuerzo (por hacer algo); **to make no e. to do sth** no molestarse en hacer algo, no hacer nada *or* ningún esfuerzo por hacer algo; **to be worth the e.** valer la pena; **put some e. into it!** ¡podrías hacer un esfuerzo! (**b**) *(attempt)* intento *m*; **it's not a bad e.** no está nada mal

effortless [ˈefətlɪs] *adj* fácil, cómodo(a)

effortlessly [ˈefətlɪslɪ] *adv* sin esfuerzo, fácilmente

effrontery [ɪˈfrʌntərɪ] *n Formal* desfachatez *f*, descaro *m*; **he had the e. to...** tuvo la desfachatez *or* el descaro de...

effusion [ɪˈfju:ʒən] *n (spontaneous expression)* efusión *f*

effusive [ɪˈfju:sɪv] *adj* efusivo(a)

effusively [ɪˈfju:sɪvlɪ] *adv* efusivamente

EFL [i:efˈel] *n* (*abbr* **English as a Foreign Language**) inglés *m* como lengua extranjera

EFT [i:efˈti:] *n Comptr* (*abbr* **electronic funds transfer**) transferencia *f* electrónica de fondos

EFTA [ˈeftə] *n* (*abbr* **European Free Trade Association**) EFTA *f*, AELC *f*

EFTPOS [ˈeftpɒs] *n Comptr* (*abbr* **electronic funds transfer at point of sale**) T.P.V. *f*

e.g. [i:ˈdʒi:] (*abbr* **exempli gratia**) p. ej.

EGA [i:dʒi:ˈeɪ] *Comptr* (*abbr* **enhanced graphics adaptor**) EGA

egalitarian [ɪgælɪˈteərɪən] **1** *n* partidario(a) *m,f* del igualitarismo

2 *adj* igualitario(a)

egalitarianism [ɪgælɪˈteərɪənɪzəm] *n* igualitarismo *m*

egg [eg] *n* (**a**) *(of animal, food)* huevo *m*, *CAm, Méx* blanquillo *m* ❑ ***e. cosy*** cubrehuevera *f*; ***e. cup*** huevera *f*; ***e. custard*** ≃ natillas *fpl*; ***e. timer*** reloj *m* de arena *(para medir el tiempo que tarda en cocerse un huevo)*; ***e. white*** clara *f* (de huevo); ***e. yolk*** yema *f* (de huevo) (**b**) *(reproductive cell)* óvulo *m* (**c**) IDIOMS **to be a good/bad e.** *(person)* ser buena/mala gente; **to have e. on one's face** haber quedado en ridículo; *Br* **as sure as eggs is eggs** como que dos y dos son cuatro; PROV **don't put all your eggs in one basket** no te lo juegues todo a una sola carta

▸**egg on** *vt sep* **to e. sb on (to do sth)** incitar a alguien (a hacer algo)

egg-and-spoon race [ˈegənˈspu:nreɪs] *n* carrera *f* del huevo y la cuchara

eggbeater [ˈegbi:tə(r)] *n* varillas *fpl* (para batir), batidor *m*

eggbox [ˈegbɒks] *n* huevera *f*, cartón *m* de huevos

egg-flip = **eggnog**

egghead [ˈeghed] *n Fam Hum or Pej* lumbrera *f*, cerebrito *m*

eggnog [egˈnɒg], **egg-flip** [egˈflɪp] *n* ponche *m* de huevo

eggplant [ˈegplænt] *n US* berenjena *f*

eggshell [ˈegʃel] **1** *n* cáscara *f* (de huevo); IDIOM **to walk on eggshells** caminar *or Esp* andar con pies de plomo

2 *adj (paint, finish)* semimate

eggwhisk [ˈegwɪsk] *n* varillas *fpl* (para batir), batidor *m*

eggy [ˈegɪ] *adj Fam (smell, taste)* a huevo

egis *US* = **aegis**

eglantine [ˈegləntaɪn] *n Bot* eglantina *f*

ego [ˈi:gəʊ] (*pl* **egos**) *n (self-esteem)* amor *m* propio, autoestima *f*; *Psy* ego *m*, yo *m*; **he has an enormous e.** tiene un ego descomunal, es un presuntuoso; **to boost sb's e.** dar mucha moral a alguien; *Fam* **to be on an e. trip** hacer algo por autocomplacerse

egocentric [i:gəʊˈsentrɪk] *adj* egocéntrico(a)

egoism [ˈi:gəʊɪzəm] *n* egoísmo *m*

egoist [ˈi:gəʊɪst] *n* egoísta *mf*

egoistic [i:gəʊˈɪstɪk] *adj* egoísta

egomania [i:gəʊˈmeɪnɪə] *n* egolatría *f*, egocentrismo *m*

egomaniac [i:gəʊˈmeɪnɪæk] *n* ególatra *mf*, egocéntrico(a) *m,f*

egotism ['i:gətɪzəm] *n* egocentrismo *m*

egotist ['i:gətɪst] *n* egocéntrico(a) *m,f*

egotistic(al) [i:gə'tɪstɪk(əl)] *adj* egocéntrico(a)

egregious [ɪ'gri:dʒɪəs] *adj Formal* atroz; **an e. error** un craso error, un error mayúsculo

egress ['i:gres] *n Formal* salida *f*

egret ['i:gret] *n* garceta *f*

Egypt ['i:dʒɪpt] *n* Egipto

Egyptian [ɪ'dʒɪpʃən] *n & adj* egipcio(a) *m,f*

Egyptology [i:dʒɪp'tɒlədʒɪ] *n* egiptología *f*

eh [eɪ] *exclam* ¿eh?

eider ['aɪdə(r)] *n* eíder *m*, eider *m*

eiderdown ['aɪdədaʊn] *n (duvet)* edredón *m*

eight [eɪt] **1** *n* (**a**) *(number)* ocho *m*; **e. and e. are sixteen** ocho y ocho, dieciséis; **there were e. of us** éramos ocho; **all e. of them left** se marcharon los ocho; **the e. of hearts** *(in cards)* el ocho de corazones (**b**) *(time)* las ocho; **come at e.** ven a las ocho; **it's almost e.** van a dar *or* son casi las ocho; **is e. too late?** ¿(qué tal) a las ocho? ¿o es muy tarde?

2 *adj* (**a**) *(number)* ocho; **they live at number e.** viven en el (número) ocho; **chapter/page e.** capítulo/página ocho; **e. hundred** ochocientos(as); **e. hundred men** ochocientos hombres; **e. thousand** ocho mil; **it costs e. pounds** cuesta ocho libras (**b**) *(time)* ocho; **e. o'clock** las ocho (en punto); **it's e. minutes to five** son las cinco menos ocho minutos (**c**) *(age)* **to be e. (years old)** tener ocho años (de edad); **she'll soon be e. (years old)** dentro de nada cumplirá (los) ocho años

eighteen [eɪ'ti:n] *n & adj* dieciocho *m*; *see also* **eight**

eighteenth [eɪ'ti:nθ] **1** *n* (**a**) *(fraction)* dieciochoavo *m*, decimoctava parte *f* (**b**) *(in series)* decimoctavo(a) *m,f* (**c**) *(of month)* dieciocho *m*

2 *adj* decimoctavo(a); *see also* **eleventh**

eighth [eɪtθ] **1** *n* (**a**) *(fraction)* octavo *m*, octava parte *f* (**b**) *(in series)* octavo(a) *m,f*; **Edward the E.** *(written)* Eduardo VIII; *(spoken)* Eduardo octavo (**c**) *(of month)* ocho *m*; **(on) the e. of May** el ocho de mayo; **we're leaving on the e.** nos vamos el (día) ocho

2 *adj* octavo(a); **the e. century** *(written)* el siglo VIII; *(spoken)* el siglo octavo *or* ocho; *US* **e. grade** = octavo (y último) curso de educación primaria en Estados Unidos; *US* **e. grader** alumno(a) *m,f* de octavo de primaria ❑ *US Mus* ***e. note*** corchea *f*

eighties ['eɪtɪ:z] **1** *npl* **in the e.** *(decade)* en los (años) ochenta; **to be in one's e.** tener ochenta y tantos años; **the temperature was in the e.** *(Fahrenheit)* hacía alrededor de 30 grados

2 *adj Fam* de los ochenta; **it's terribly e.** recuerda un montón a los años ochenta; **e. look/song** pinta *f*/canción *f* de los (años) ochenta; **e. hairstyle** peinado *m* estilo años ochenta

eightieth ['eɪtɪəθ] *n & adj* octogésimo(a) *m,f*

eighty ['eɪtɪ] **1** *n* ochenta *m*; **e.-one** ochenta y uno(a); **he was doing e. (miles an hour)** *(in car)* iba a unos ciento treinta (kilómetros por hora)

2 *adj* ochenta; **about e. books/passengers** unos ochenta libros/pasajeros; **e. percent of the staff** el ochenta por ciento del personal; **she's about e. (years old)** tiene unos ochenta años; **he will be e. tomorrow** mañana cumple ochenta años

Eire ['eərə] *n Formerly* Eire *m (hoy la República de Irlanda)*

eisteddfod [aɪ'stedfəd] *n* = festival de música, teatro y poesía celebrado en Gales

---

EITHER ['aɪðə(r), 'i:ðə(r)] **1** *adj* (**a**) *(one or other)* cualquiera de los/las dos; **e. candidate may win** puede ganar cualquiera de los (dos) candidatos; **I doubt whether e. solution can really work** dudo que ninguna de las dos soluciones pueda funcionar; **I don't like e. colour** no me gusta ninguno de los dos colores

(**b**) *(each of the two)* **in e. case** en los dos casos, en ambos casos; **she wore a bracelet on e. arm** llevaba una pulsera en ambos brazos; **on e. side** a cada lado; **e. way, you still have to pay the full fare** en cualquier caso vas a tener que pagar el importe completo; **I don't mind e. way** me da igual; **they said a week, but it could be a day e. way** dijeron una semana, pero podría ser un día arriba, un día abajo

2 *pron* cualquiera; **e. (of them) will do** me sirve cualquiera (de ellos); **has e. of you heard from him?** ¿alguno de los dos tiene noticias suyas?; **if e. got lost...** si se perdiese cualquiera de los dos...; **I don't believe e. of you** no os creo a ninguno de los dos; **I don't want e. of them** no quiero ninguno

3 *conj* **e.... or...** o... o..., (o) bien... o bien...; **e. you or your brother** o tú o tu hermano; **we can e. do it now or later** o lo hacemos ahora o más tarde; **I don't eat e. meat or fish** no como (ni) carne ni pescado; **you e. love it or hate it** lo amas o lo odias; **e. shut up or leave!** ¡o te callas o te vas!; **it's e. that or I lose my job** o eso o pierdo mi trabajo

4 *adv* tampoco; **if you don't go, I won't go e.** si tú no vas, yo tampoco; **I've never met her — I haven't e.** no la conozco — yo tampoco; **he can't sing, and he can't act e.** no sabe cantar ni tampoco actuar; **I don't want to and I don't see why I should e.** ni quiero ni veo por qué debería

---

either-or ['aɪðər'ɔ:(r)] *adj* **to be in an e. situation** tener que elegir (entre lo uno o lo otro)

ejaculate [ɪ'dʒækjʊleɪt] **1** *vt* (**a**) *(semen)* eyacular (**b**) *Formal (exclaim)* exclamar

2 *vi (emit semen)* eyacular

ejaculation [ɪdʒækjʊ'leɪʃən] *n* (**a**) *(of semen)* eyaculación *f* (**b**) *Old-fashioned (exclamation)* exclamación *f*

eject [ɪ'dʒekt] **1** *vt* expulsar

2 *vi (from plane)* eyectarse

ejection [ɪ'dʒekʃən] *n* expulsión *f*; *Av* eyección *f*

ejector seat [ɪ'dʒektəsi:t] *n Av* asiento *m* eyectable *or* eyector

▸**eke out** [i:k] *vt sep* **to e. out a living** ganarse la vida a duras penas

elaborate 1 *adj* [ɪ'læbərət] *(plan, excuse, meal)* elaborado(a); *(drawing, description)* detallado(a)

2 *vt* [ɪ'læbəreɪt] elaborar

3 *vi* dar detalles (**on** *or* **upon** sobre)

elaborately [ɪ'læbərətlɪ] *adv* laboriosamente; **an e. worked-out scheme** un plan cuidadosamente elaborado; **an e. decorated room** una habitación profusamente decorada

elaboration [ɪlæbə'reɪʃən] *n (development, adding of detail)* elaboración *f*

élan [eɪ'lɑ:n] *n Literary* brío *m*

eland ['i:lənd] *n* alce *m* africano, eland *m* de El Cabo

elapse [ɪ'læps] *vi* transcurrir

elastic [ɪ'læstɪk] **1** *n* elástico *m*

2 *adj also Fig* flexible, elástico(a) ❑ ***e. band*** goma *f* (elástica), gomita *f*

elasticated [ɪ'læstɪkeɪtɪd] *adj* elástico(a)

elasticity [i:læs'tɪsɪtɪ] *n* elasticidad *f*

Elastoplast® [ɪ'læstəplɑ:st] *n* tirita *f*

elated [ɪ'leɪtɪd] *adj* jubiloso(a), eufórico(a); **to be e. (about sth)** estar jubiloso(a) *or* eufórico(a) (por algo)

elation [ɪ'leɪʃən] *n* júbilo *m*, euforia *f*

elbow ['elbəʊ] **1** *n* codo *m*; **out at the elbows** *(of pullover, jacket)* con agujeros en los codos; IDIOM **to give sb the e.** *(of employer)* dar la patada a alguien; *(of lover)* dar calabazas a alguien; IDIOM **put some e. grease into it!** ¡dale fuerte! *(al sacar brillo)* ❑ ***e. patch*** codera *f*

2 *vt* **to e. sb in the ribs** dar un codazo a alguien en las costillas; **to e. sb aside** apartar a alguien de un codazo; **to e. one's way through (a crowd)** abrirse paso a codazos (entre una multitud)

elbowroom ['elbəʊrʊm] *n* (**a**) *(space)* espacio *m or* sitio *m* (libre) (**b**) *Fam Fig (freedom)* **to have enough e.** tener un margen de libertad *or* de maniobra

elder[1] ['eldə(r)] **1** *adj* mayor; **my e. brother** mi hermano mayor ❑ ***e. statesman*** antiguo mandatario *m (que conserva su prestigio)*

2 *n* (**a**) *(older person)* mayor *mf*; **young people should respect their elders** los jóvenes deberían respetar a sus mayores (**b**) *(of tribe, church)* anciano(a) *m,f*

elder[2] *n (tree)* saúco *m*

elderberry ['eldəberɪ] *n (fruit)* baya *f* de saúco

elderly ['eldəlɪ] **1** *adj* anciano(a)

2 *npl* **the e.** los ancianos

eldest ['eldɪst] **1** *adj* mayor; **my e.**

daughter la mayor de mis hijas, mi hija mayor
2 *n* **the e.** el/la mayor

elect [ɪ'lekt] **1** *n Rel* **the e.** los elegidos
2 *adj* electo(a); **the president e.** el presidente electo
3 *vt* (**a**) *(councillor, MP)* elegir; **to e. sb president, to e. sb to the presidency** elegir a alguien presidente (**b**) *Formal (choose)* **to e. to do sth** elegir hacer algo

electable [ɪ'lektəbəl] *adj* elegible, con gancho electoral

election [ɪ'lekʃən] *n* elección *f*; **to hold an e.** celebrar unas elecciones; **to stand for e.** presentarse a las elecciones ▫ ***e. agent*** representante *mf* electoral; ***e. campaign*** campaña *f* electoral

electioneering [ɪlekʃə'nɪərɪŋ] *n* electoralismo *m*

elective [ɪ'lektɪv] *adj* (**a**) *(assembly)* electivo(a) (**b**) *Univ (course)* optativo(a), opcional

elector [ɪ'lektə(r)] *n* elector(ora) *m,f*, votante *mf*

electoral [ɪ'lektərəl] *adj Pol* electoral ▫ ***e. college*** cuerpo *m* de compromisarios, colegio *m* electoral; ***e. reform*** reforma *f* electoral; ***e. register*** *or* ***roll*** censo *m* electoral

electorate [ɪ'lektərət] *n* electorado *m*

electric [ɪ'lektrɪk] *adj* eléctrico(a); *Fig* **the atmosphere of the meeting was e.** en la reunión el ambiente estaba electrizado ▫ ***e. blanket*** manta *f* eléctrica; ***e. blue*** azul *m* eléctrico; ***e. chair*** silla *f* eléctrica; ***e. charge*** carga *f* eléctrica; ***e. cooker*** cocina *f or Col, Méx, Ven* estufa *f* eléctrica; ***e. current*** corriente *f* eléctrica; ***e. eel*** anguila *f* eléctrica; ***e. eye*** célula *f* fotoeléctrica; ***e. fence*** valla *f* electrificada; ***e. field*** campo *m* eléctrico; ***e. guitar*** guitarra *f* eléctrica; ***e. motor*** electromotor *m*, motor *m* eléctrico; ***e. organ*** órgano *m* electrónico; ***e. ray*** *(fish)* torpedo *m*, tembladera *f*; ***e. shock*** descarga *f* eléctrica; ***e. shock therapy*** terapia *f* de electrochoque *or* electroshock; ***e. storm*** tormenta *f* eléctrica

electrical [ɪ'lektrɪkəl] *adj* eléctrico(a) ▫ ***e. engineer*** ingeniero(a) *m,f* electrónico(a); ***e. engineering*** electrotecnia *f*, ingeniería *f* electrónica; ***e. fault*** fallo *m* eléctrico, *Am* falla *f* eléctrica

electrically [ɪ'lektrɪklɪ] *adv* **e. powered** *or* **operated** eléctrico(a); **e. charged** con carga eléctrica

electrician [ɪlek'trɪʃən] *n* electricista *mf*

electricity [ɪlek'trɪsɪtɪ] *n* electricidad *f* ▫ *Br* ***e. bill*** factura *f* de la luz; ***e. generator*** generador *m* eléctrico, grupo *m* electrógeno

electrification [ɪlektrɪfɪ'keɪʃən] *n* electrificación *f*

electrify [ɪ'lektrɪfaɪ] *vt* (**a**) *(supply)* electrificar (**b**) *(railway system)* electrificar (**c**) *Fig (excite)* electrizar

electrifying [ɪ'lektrɪfaɪɪŋ] *adj Fig* electrizante

electrocardiogram [ɪlektrə'kɑːdɪəgræm] *n Med* electrocardiograma *m*

electrocardiograph [ɪlektrə'kɑːdɪəgræf] *n Med* electrocardiógrafo *m*

electrochemical [ɪlektrə'kemɪkəl] *adj* electroquímico(a)

electroconvulsive therapy [ɪ'lektrəʊkənvʌlsɪv'θerəpɪ] *n* terapia *f* de electrochoque *or* electroshock

electrocute [ɪ'lektrəkjuːt] *vt* electrocutar; **to e. oneself** electrocutarse

electrocution [ɪlektrə'kjuːʃən] *n* electrocución *f*

electrode [ɪ'lektrəʊd] *n* electrodo *m*

electrodynamics [ɪlektrəʊdaɪ'næmɪks] *n* electrodinámica *f*

electroencephalogram [ɪlektrəʊen'sefələgræm] *n* electroencefalograma *m*

electroencephalograph [ɪlektrəʊen'sefələgræf] *n* electroencefalógrafo *m*

electrolyse, *US* **electrolyze** [ɪ'lektrəlaɪz] *vt* (**a**) *Chem* electrolizar (**b**) *(to remove hair)* hacerse la depilación eléctrica en

electrolysis [ɪlek'trɒlɪsɪs] *n* (**a**) *Chem* electrólisis *f inv* (**b**) *(to remove hair)* depilación *f* eléctrica

electrolyte [ɪ'lektrəlaɪt] *n Chem* electrólito *m*, electrolito *m*

electromagnet [ɪlektrəʊ'mægnɪt] *n* electroimán *m*

electromagnetic [ɪlektrəʊmæg'netɪk] *adj Phys* electromagnético(a) ▫ ***e. theory*** teoría *f* electromagnética de la luz; ***e. wave*** onda *f* electromagnética

electromagnetism [ɪlektrəʊ'mægnətɪzəm] *n Phys* electromagnetismo *m*

electromotive [ɪlektrəʊ'məʊtɪv] *adj Phys* ***e. force*** fuerza *f* electromotriz

electron [ɪ'lektrɒn] *n* electrón *m* ▫ *Phys* ***e. gun*** cañón *m* electrónico *or* de electrones; ***e. microscope*** microscopio *m* electrónico

electronic [ɪlek'trɒnɪk] *adj* electrónico(a) ▫ *Fin* ***e. banking*** banca *f* electrónica, (servicio *m* de) telebanco *m*; ***e. engineer*** ingeniero(a) *m,f* electrónico(a); ***e. engineering*** ingeniería *f* electrónica; ***e. funds transfer at point of sale*** transferencia *f* (electrónica de fondos) en el punto de venta; *Comptr* ***e. mail*** correo *m* electrónico; *Comptr* ***e. office*** oficina *f* informatizada *or* electrónica; ***e. point of sale*** punto *m* de venta electrónico; ***e. publishing*** edición *f* electrónica; ***e. tagging*** *(of criminal)* = sistema electrónico que mediante una etiqueta permite la localización de presos en libertad condicional

electronically [ɪlek'trɒnɪklɪ] *adv* electrónicamente

electronics [ɪlek'trɒnɪks] **1** *n* electrónica *f*; **e. company** casa *f* de electrónica; **the e. industry** el sector de la electrónica
2 *npl (of machine)* sistema *m* electrónico

electronvolt [ɪ'lektrɒnvəʊlt] *n Phys* electronvoltio *m*

electroplate [ɪ'lektrəpleɪt] *vt* bañar por galvanoplastia, galvanizar por electrodeposición

electroshock [ɪlektrəʊ'ʃɒk] *n Med* **e. therapy** *or* **treatment** terapia *f or* tratamiento *m* de electrochoque

electrostatics [ɪlektrə'stætɪks] *n* electrostática *f*

electrotherapy [ɪlektrə'θerəpɪ] *n* electroterapia *f*

electrotype [ɪ'lektrətaɪp] *n Typ (printing plate)* electrotipo *m*, galvanotipo *m*

elegance ['elɪgəns] *n* elegancia *f*

elegant ['elɪgənt] *adj (appearance, movement)* elegante; *(reasoning)* lúcido(a)

elegantly ['elɪgəntlɪ] *adv (dress, move)* elegantemente; **e. arranged/proportioned** armoniosamente dispuesto(a)/proporcionado(a)

elegiac [elə'dʒaɪək] *adj* elegiaco(a), elegíaco(a)

elegy ['elɪdʒɪ] *n* elegía *f*

element ['elɪmənt] *n* (**a**) *(constituent part)* elemento *m*, componente *m*; **this movie has all the elements of a hit movie** esta película contiene todos los ingredientes del éxito
(**b**) *(factor)* componente *m*, elemento *m*; **the e. of surprise** el factor sorpresa; **the human e.** el factor humano; **an e. of danger** un factor de peligro
(**c**) *(in society)* elemento *m*; **the hooligan e.** los gamberros *(en una multitud, en la sociedad)*
(**d**) *Chem* elemento *m*
(**e**) *(of kettle, electric fire)* resistencia *f*
(**f**) *(force of nature)* **the four elements** los cuatro elementos; **to brave the elements** desafiar a los elementos
(**g**) *(ideal environment)* **she was in her e.** estaba en su elemento

elemental [elɪ'mentəl] *adj* elemental, primario(a)

elementary [elɪ'mentərɪ] *adj* elemental, básico(a); **e. my dear Watson** elemental, mi querido Watson ▫ ***e. algebra*** álgebra *f* elemental; *Phys* ***e. particle*** partícula *f* elemental; *US* ***e. school*** escuela *f* primaria

elephant ['eləfənt] *n* elefante *m*; *Hum* **like the e., he never forgets** no olvida fácilmente las cosas ▫ ***e. seal*** elefante *m* marino

elephantiasis [eləfən'taɪəsɪs] *n Med* elefantiasis *f inv*

elephantine [elə'fæntaɪn] *adj (body, size)* mastodóntico(a); *(steps, movement)* pesado(a), de elefante

elevate ['elɪveɪt] *vt* elevar; **to e. sb to the peerage** otorgar a alguien un título nobiliario

elevated ['elɪveɪtɪd] *adj* elevado(a); **to have an e. opinion of oneself** tener un concepto demasiado elevado de uno mismo ▫ ***e. railway*** ferrocarril *m or* tren *m* elevado

elevation [elɪ'veɪʃən] *n* (**a**) *(height)* **e. above sea level** altitud *f* (por encima del nivel del mar) (**b**) *(promotion)* ascenso *m*, elevación *f* (**c**) *(high place)* elevación *f* (del terreno), promontorio *m* (**d**) *Archit* alzado *m*

elevator ['elɪveɪtə(r)] *n* (**a**) *US (lift)* ascensor *m* ▫ ***e. shoes*** zapatos *mpl* de plataforma (**b**) *US* **(grain) e.** elevador *m or* cinta *f* elevadora de grano (**c**) *(for goods)* montacargas *m inv* (**d**) *(on aeroplane wing)* timón *m* de profundidad

eleven [ɪ'levən] **1** *n* once *m*; **the Spanish e.** *(football team)* el once español ▫ *Formerly* ***e. plus*** = prueba selectiva que podían realizar los alumnos británicos a la edad de once años para acceder a una "grammar school" y así encaminar su educación secundaria con miras a la universidad

2 *adj* once; *see also* **eight**

elevenses [ɪ'levənzɪz] *npl Br Fam* tentempié *m* (de la mañana), *Am* onces *nfpl*

eleventh [ɪ'levənθ] **1** *n* (**a**) *(fraction)* onceavo *m*, onceava parte *f* (**b**) *(in series)* undécimo(a) *m,f*; **Louis the E.** *(written)* Luis XI; *(spoken)* Luis once (**c**) *(in month)* once *m*; **(on) the e. of May** el once de mayo; **we're leaving on the e.** nos vamos el (día) once

2 *adj* undécimo(a); IDIOM **at the e. hour** en el último momento; **the e. century** *(written)* el siglo XI; *(spoken)* el siglo once

elf [elf] (*pl* **elves** [elvz]) *n* elfo *m*

elfin ['elfɪn] *adj* delicado(a), angelical

elicit [ɪ'lɪsɪt] *vt (information)* sacar, obtener (**from** de); *(reaction, response)* provocar (**from** en)

elide [ɪ'laɪd] *vt Ling* elidir

eligibility [elɪdʒə'bɪlɪtɪ] *n* elegibilidad *f*; **they questioned his e.** cuestionaron si era apto para presentar su candidatura

eligible ['elɪdʒəbəl] *adj* **to be e. for sth** reunir los requisitos para algo; **an e. bachelor** un buen partido

eliminate [ɪ'lɪmɪneɪt] *vt* eliminar

elimination [ɪlɪmɪ'neɪʃən] *n* eliminación *f*; **by a process of e.** por (un proceso de) eliminación

eliminator [ɪ'lɪmɪneɪtə(r)] *n (contest)* eliminatoria *f*

elision [ɪ'lɪʒən] *n Ling* elisión *f*

elite [eɪ'li:t] *n* élite *f*

elitism [eɪ'li:tɪzəm] *n* elitismo *m*

elitist [eɪ'li:tɪst] *n & adj* elitista *mf*

elixir [ɪ'lɪksə(r)] *n Literary* elixir *m*

Elizabethan [ɪlɪzə'bi:θən] *n & adj* isabelino(a) *m,f*

elk [elk] *n* (**a**) *(European)* alce *m* (**b**) *(North American)* ciervo *m* canadiense

ellipse [ɪ'lɪps] *n Math* elipse *f*

ellipsis [ɪ'lɪpsɪs] (*pl* **ellipses** [ɪ'lɪpsi:z]) *n Gram* elipsis *f inv*

elliptic(al) [ɪ'lɪptɪk(əl)] *adj* (**a**) *Tech* elíptico(a) (**b**) *Formal (remark)* solapado(a), indirecto(a)

elm [elm] *n* olmo *m*

elocution [elə'kju:ʃən] *n* dicción *f*

elongate ['i:lɒŋgeɪt] *vt* alargar

elongation [i:lɒŋ'geɪʃən] *n* (**a**) *(act)* alargamiento *m* (**b**) *(of line)* prolongación *f*, alargamiento *m*

elope [ɪ'ləʊp] *vi* fugarse *(para casarse)*

eloquence ['eləkwəns] *n* elocuencia *f*

eloquent ['eləkwənt] *adj* elocuente

eloquently ['eləkwəntlɪ] *adv* con elocuencia, elocuentemente

ELSE [els] *adv* **all e. is mere speculation** todo lo demás es mera especulación; **above all e.** por encima de todo; **if all e. fails** si el resto falla, en último extremo; **anyone e.** *(any other person)* alguien más; *(in negative sentences)* nadie más; **anyone e. would have given up** cualquier otro(a) hubiera abandonado; **would anyone e. like some coffee?** ¿alguien más quiere café?; **anything e.** cualquier otra cosa; *(in negative sentences)* nada más; **I rarely eat anything e.** rara vez como otra cosa; **(can I get you) anything e.?** ¿(desea) alguna cosa más *or* algo más?; **anywhere e.** (en/a) cualquier otro sitio; **we'd never live anywhere e.** nunca viviríamos en ninguna otra parte; **is there anywhere e. I should look?** ¿debería mirar en alguna otra parte?; **everyone e.** todos los demás; **everything e.** todo lo demás; **everywhere e.** (en/a) todos los demás sitios; **how e.?** ¿cómo si no?; **how e. do you think I did it?** ¿cómo piensas si no que lo hice?; **little e.** poca cosa más, poco más; **there's little e. we can do, there isn't much e. we can do** poco más podemos hacer; **no one e.** nadie más; **nothing e.** *(nothing different)* ninguna otra cosa; *(nothing additional)* nada más; **we'll have to have sausages, there's nothing e.** tendremos que comer salchichas, es lo único que tenemos; **if nothing e. it taught me to be more cautious** al menos me enseñó a ser más precavido; **nowhere e.** (en/a) ningún otro sitio; **there's nowhere e. for us to hide** no tenemos ningún otro sitio donde escondernos; **or e.** de lo contrario, si no; **do what I tell you or e.!** ¡como no hagas lo que te digo, te vas a enterar *or* ya verás!; **someone e.** *(different person)* otra persona; *(additional person)* alguien más; **she ran off with someone e.** se marchó con otro; **it must be someone e.'s** debe ser de otro; **something e.** *(different thing)* otra cosa; *(additional thing)* algo más; *Fam* **that meal was something e.!** ¡la comida estaba *Esp* estupenda *or Andes, Carib* chévere *or Col* tenaz *or Méx* padre *or RP* bárbara!; *Fam* **you're something e., you know!** ¡eres *Esp* la repera *or Méx* lo máximo!, *RP* ¡sos de no creer!; **somewhere e.** (en/a) otro sitio; **there must be somewhere e. we can hide** tiene que haber algún otro sitio donde nos podamos esconder; **what e.?** ¿qué más?; **what e. can you do?** *(expressing resignation)* ¿qué más se puede hacer?; **I didn't know what e. to do** no sabía qué otra cosa podía hacer; **what did you get for your birthday? — socks, what e.?** ¿qué te regalaron para tu cumpleaños? — calcetines, para variar; **whatever e. you do, don't do that** hagas lo que hagas, no se te ocurra hacer eso; **when e.?** ¿en qué otro momento?; **when is he coming round — Tuesday, when e.?** ¿cuándo va a venir? — el martes, ¿cuándo si no?; **where e.?** ¿en/a qué otro sitio?; **where is she? — in the bar, where e.?** ¿dónde está? — en el bar, ¿dónde si no?; **who e. was there?** ¿quién más estaba allí?; **who broke it? — Peter, who e.?** ¿quién lo rompió? — Peter, ¿quién si no? *or* ¿quién va a ser?; **whoever e. you tell, don't tell her** se lo digas a quien se lo digas, no se te ocurra decírselo a ella; **why e.?** ¿por qué si no?; **why e. would I do that?** ¿por qué iba a hacerlo si no?

elsewhere ['elsweə(r)] *adv (in another place)* en otro sitio; *(to another place)* a otro sitio; **e. in Europe** en otras partes de Europa

ELT [i:el'ti:] *n* (*abbr* **English Language Teaching**) enseñanza *f* del inglés

elucidate [ɪ'lu:sɪdeɪt] **1** *vt* aclarar, poner en claro

2 *vi* aclararlo, explicarse

elucidation [ɪlu:sɪ'deɪʃən] *n Formal* aclaración *f*, dilucidación *f*

elude [ɪ'lu:d] *vt* eludir; **success has eluded us so far** el éxito nos ha rehuido hasta ahora; **his name eludes me** no consigo recordar su nombre

elusive [ɪ'lu:sɪv] *adj (enemy, concept)* escurridizo(a); **success proved e.** el éxito se mostraba esquivo

elusiveness [ɪ'lu:sɪvnɪs] *n* carácter *m* escurridizo *or* esquivo

elver ['elvə(r)] *n* angula *f*

elves ['elvz] *pl of* **elf**

'em [əm] *pron Fam* = **them**

emaciated [ɪ'meɪsɪeɪtɪd] *adj* esquelético(a), raquítico(a); **to be e.** estar esquelético(a) *or* raquítico(a)

emaciation [ɪmeɪsɪ'eɪʃən] *n* enflaquecimiento *m*, escualidez *f*

e-mail ['i:meɪl] *Comptr* **1** *n* (**a**) *(system)* correo *m* electrónico ▫ ***e. account*** cuenta *f* de correo (electrónico) (**b**) *(message)* (mensaje *m* por) correo *m* electrónico

2 *vt (person)* enviar un correo electrónico a; *(file)* enviar por correo electrónico

emanate ['eməneɪt] **1** *vt* emanar

2 *vi (of quality, smell, radiation)* emanar (**from** de); *(of suggestions, noises)* provenir, proceder (**from** de); **orders emanating from headquarters** órdenes provenientes del cuartel general

emancipate [ɪ'mænsɪpeɪt] *vt* emancipar

emancipated [ɪ'mænsɪpeɪtɪd] *adj* emancipado(a)

emancipation [ɪmænsɪ'peɪʃən] *n* emancipación *f*

emasculate [ɪ'mæskjʊleɪt] *vt Formal* (**a**) *(castrate)* emascular, castrar (**b**) *Fig (rights, legislation)* desvirtuar; *(group, organization)* debilitar, minar

embalm [ɪm'bɑ:m] *vt* embalsamar

embankment [ɪm'bæŋkmənt] *n* (**a**) *(beside railway)* terraplén *m* (**b**) *(alongside river)* dique *m*

embargo [ɪm'bɑ:gəʊ] **1** *n* (*pl* **embargoes**) embargo *m*; **trade/arms e.** embargo comercial/de armas; **to be under (an) e.** estar sometido(a) a embargo; **to put an e. on** imponer un embargo a; **to lift** *or* **raise an e.** levantar un embargo

2 *vt* (*pt & pp* **embargoed**, *continuous* **embargoing**) someter a embargo

embark [ɪm'bɑːk] *vi (go on ship)* embarcar; *Fig* **to e. (up)on** *(adventure)* embarcarse en

embarkation [embɑː'keɪʃən] *n* embarque *m*

embarrass [ɪm'bærəs] *vt* avergonzar, abochornar, *Am* apenar; **to e. the government** poner en apuros al Gobierno

embarrassed [ɪm'bærəst] *adj (ashamed)* avergonzado(a), *Am* apenado(a); *(uncomfortable)* azorado(a), violento(a); *(financially)* apurado(a) (de dinero); **an e. laugh/grin** una risa/sonrisa de apuro; **there was an e. silence** se produjo un embarazoso *or* incómodo silencio; **to be e.** *(ashamed)* estar avergonzado(a) *or Am* apenado(a); *(uncomfortable)* estar azorado(a) *or* violento(a)

> Note that the Spanish word **embarazado** is a false friend and is never a translation for the English word **embarrassed**. In Spanish **embarazado** means "pregnant".

embarrassing [ɪm'bærəsɪŋ] *adj* embarazoso(a), bochornoso(a); **she was so bad it was e.** era tan mala que daba vergüenza (ajena); **e. revelations** revelaciones escandalosas; **how e.!** ¡qué vergüenza *or Am* pena!

embarrassingly [ɪm'bærəsɪŋlɪ] *adv* bochornosamente; **it was e. easy** resultaba tan sencillo que le hacía a uno sentirse incómodo

embarrassment [ɪm'bærəsmənt] *n (shame)* vergüenza *f*, *Am* pena *f*; *(discomfort)* apuro *m*, embarazo *m*; **much to my e.** para mi bochorno; **to be an e. to sb** ser motivo de vergüenza *or Am* pena para alguien

embassy ['embəsɪ] *n* embajada *f*; **the Spanish E.** la embajada española *or* de España

embattled [ɪm'bætəld] *adj* acosado(a); **to be e.** estar acosado(a)

embed [ɪm'bed] (*pt & pp* **embedded**) *vt* **(a) to be embedded in sth** estar incrustado(a) en algo; **to be embedded in sb's memory** estar grabado(a) en la memoria de alguien **(b)** *Comptr* incrustar

embellish [ɪm'belɪʃ] *vt (room, account)* adornar (**with** con)

embellishment [ɪm'belɪʃmənt] *n* adorno *m*

embers ['embəz] *npl* brasas *fpl*, rescoldos *mpl*

embezzle [ɪm'bezəl] *vt (public money)* malversar; *(private money)* desfalcar

embezzlement [ɪm'bezəlmənt] *n (of public money)* malversación *f*; *(of private money)* desfalco *m*

embezzler [ɪm'bezlə(r)] *n (of public money)* malversador(ora) *m,f*; *(of private money)* desfalcador(ora) *m,f*

embitter [ɪm'bɪtə(r)] *vt (person)* amargar

embittered [ɪm'bɪtəd] *adj* amargado(a)

emblazon [ɪm'bleɪzən] *vt (shield)* blasonar (**with** con); *Fig (name, headline)* estampar con grandes letras

emblem ['embləm] *n* emblema *m*

emblematic [emblə'mætɪk] *adj* simbólico(a), emblemático(a); **to be e. of sth** ser el emblema de algo, simbolizar algo

embodiment [ɪm'bɒdɪmənt] *n* encarnación *f*; **she seemed the e. of reasonableness** parecía la sensatez personificada

embody [ɪm'bɒdɪ] *vt* encarnar, representar

embolden [ɪm'bəʊldən] *vt* envalentonar

embolism ['embəlɪzəm] *n Med* embolia *f*

emboss [ɪm'bɒs] *vt (metal, leather)* repujar; *(letter, design)* grabar en relieve

embossed [ɪm'bɒst] *adj (design, notepaper)* grabado(a) en relieve; *(wallpaper)* estampado(a) en relieve; **an e. letterhead** un membrete en relieve

embrace [ɪm'breɪs] **1** *n* abrazo *m*

2 *vt* **(a)** *(person, belief)* abrazar **(b)** *(include)* abarcar

3 *vi* abrazarse

embrocation [embrə'keɪʃən] *n* linimento *m*

embroider [ɪm'brɔɪdə(r)] *vt* **(a)** *(cloth)* bordar **(b)** *(account, report)* adornar

embroidery [ɪm'brɔɪdərɪ] *n* bordado *m*

embroil [ɪm'brɔɪl] *vt* **to be embroiled in sth** estar enredado(a) en algo; **to get embroiled in a debate with sb** enfrascarse *or* enredarse en una discusión con alguien

embryo ['embrɪəʊ] (*pl* **embryos**) *n* embrión *m*; *Fig* **in e.** *(plan, idea)* en estado embrionario

embryology [embrɪ'ɒlədʒɪ] *n* embriología *f*

embryonic [embrɪ'ɒnɪk] *adj Biol* embrionario(a); *(plan, idea)* en estado embrionario

emcee [em'siː] *n Fam* presentador(ora) *m,f*, maestro(a) *m,f* de ceremonias

emend [ɪ'mend] *vt Formal* enmendar, corregir

emendation [iːmen'deɪʃən] *n Formal* enmienda *f*, corrección *f*

emerald ['emərəld] *n* esmeralda *f*; **e. (green)** verde *m* esmeralda; **the E. Isle** = Irlanda

emerge [ɪ'mɜːdʒ] *vi* **(a)** *(come out) (from water)* emerger, salir a la superficie (**from** de); *(from behind, inside something)* salir (**from** de) **(b)** *(of difficulty, truth)* aflorar, surgir; **it later emerged that...** más tarde resultó que...

emergence [ɪ'mɜːdʒəns] *n (of facts, from hiding)* aparición *f*; *(of new state, new leader)* surgimiento *m*

emergency [ɪ'mɜːdʒənsɪ] *n* emergencia *f*; *Med* urgencia *f*; **in an e., in case of e.** en caso de emergencia ▫ ***e. exit*** salida *f* de emergencia; ***e. landing*** aterrizaje *m* forzoso; *US* ***e. room*** sala *f* de urgencias; ***e. services*** *(police, ambulance, fire brigade)* servicios *mpl* de urgencia; ***e. stop*** parada *f* en seco *or* de emergencia

emergent [ɪ'mɜːdʒənt] *adj* pujante; **e. nations** países *mpl* emergentes

emeritus [ɪ'merɪtəs] *adj* emérito(a); **professor e., e. professor** profesor(ora) *m,f* emérito(a)

emery ['emərɪ] *n* esmeril *m* ▫ ***e. board*** lima *f* de uñas; ***e. paper*** (papel *m* de) lija *f*

emetic [ɪ'metɪk] *n* emético *m*, vomitivo *m*

EMF [iːem'ef] *n* **(a)** (*abbr* **electromotive force**) fuerza *f* electromotriz **(b)** (*abbr* **European Monetary Fund**) FME *m*

emigrant ['emɪgrənt] *n* emigrante *mf*

emigrate ['emɪgreɪt] *vi* emigrar

emigration [emɪ'greɪʃən] *n* emigración *f*

émigré ['emɪgreɪ] *n* emigrado(a) *m,f*; *Pol* exiliado(a) *m,f*

eminence ['emɪnəns] *n* **(a)** *(importance)* eminencia *f* **(b)** *(title of cardinal)* **Your E.** Su *or* Vuestra Eminencia

eminent ['emɪnənt] *adj (person)* eminente; *(quality)* notable

eminently ['emɪnəntlɪ] *adv* sumamente

emir [e'mɪə(r)] *n* emir *m*

emirate ['emɪreɪt] *n* emirato *m*

emissary ['emɪsərɪ] *n* emisario(a) *m,f*

emission [iː'mɪʃən] *n* emisión *f*, emanación *f*; **toxic emissions** emanaciones tóxicas

emit [iː'mɪt] (*pt & pp* **emitted**) *vt (heat, light, sound)* emitir; *(smell, gas)* desprender, emanar

Emmental ['eməntɑːl] *n* (queso *m*) emental *m or* emmenthal *m*

Emmy ['emɪ] *n* **E. (Award)** (premio *m*) Emmy *m*

emollient [ɪ'mɒlɪənt] **1** *n Med* emoliente *m*

2 *adj* **(a)** *Med* emoliente **(b)** *(calming)* conciliador(ora), apaciguador(ora)

emolument [ɪ'mɒljʊmənt] *n Formal* emolumento *m*

emote [ɪ'məʊt] *vi* exteriorizar las emociones

emoticon [ɪ'mɒtɪkɒn] *n Comptr* emoticono *m*

emotion [ɪ'məʊʃən] *n* emoción *f*

emotional [ɪ'məʊʃənəl] *adj (person)* emotivo(a), sensible; *(problem, reaction)* emocional; *(film, farewell)* conmovedor(ora), emotivo(a); **to get** *or* **become e.** emocionarse ▫ ***e. blackmail*** chantaje *m* sentimental *or* emocional

emotionally [ɪ'məʊʃənəlɪ] *adv* emotivamente; **to be e. involved with sb** tener una relación sentimental con alguien; **e. deprived** privado(a) de cariño

emotionless [ɪ'məʊʃənlɪs] *adj (voice)* desapasionado(a), inexpresivo(a); *(expression)* impertérrito(a)

emotive [ɪ'məʊtɪv] *adj (words, plea)* emotivo(a); **an e. issue** un asunto que despierta las más encendidas pasiones

empathize ['empəθaɪz] *vi* identificarse (**with** con)

empathy ['empəθɪ] *n* identificación *f*; **to feel e. for sb** identificarse con alguien

emperor ['empərə(r)] *n* emperador *m*; **it was a case of the e.'s new clothes** *(deception)* era un caso de autoengaño colectivo, era negarse a ver la realidad ▫ ***e. moth*** pavón *m*; ***e. penguin*** pingüino *m* emperador

emphasis ['emfəsɪs] (*pl* **emphases** ['emfəsi:z]) *n* énfasis *m inv*; **to lay** *or* **place e. on sth** hacer hincapié en algo; **the e. is on written work** se hace hincapié en el trabajo escrito

emphasize ['emfəsaɪz] *vt* (**a**) *(point, fact)* hacer hincapié en, subrayar (**b**) *(word, syllable)* acentuar

emphatic [ɪm'fætɪk] *adj (gesture, tone)* enfático(a); *(denial, response)* rotundo(a), categórico(a); *(victory, scoreline)* convincente; **he was quite e. that...** hizo especial hincapié en que...

emphatically [ɪm'fætɪklɪ] *adv (say)* enfáticamente; *(refuse, deny)* categóricamente; **most e.!** ¡absolutamente!

emphysema [emfɪ'si:mə] *n* enfisema *m*

empire ['empaɪə(r)] *n also Fig* imperio *m*; *Fig* **e. building** acumulación *f* de poder, medro *m* personal

empirical [em'pɪrɪkəl] *adj* empírico(a)

empirically [em'pɪrɪklɪ] *adv* empíricamente

empiricism [em'pɪrɪsɪzəm] *n Phil* empirismo *m*

emplacement [ɪm'pleɪsmənt] *n Mil* **(gun) e.** puesto *m* de artillería, emplazamiento *m* de tiro

employ [ɪm'plɔɪ] **1** *n Formal* **to be in sb's e.** trabajar al servicio *or* a las órdenes de alguien

2 *vt* (**a**) *(workers)* emplear; **to e. oneself (by** *or* **in doing sth)** ocuparse (en hacer algo) (**b**) *(tool, time, force)* emplear, utilizar; **you would be better employed elsewhere** serías de más provecho en otra parte

employable [ɪm'plɔɪəbəl] *adj* con posibilidades de encontrar empleo

employed [ɪm'plɔɪd] **1** *n* **the e.** los trabajadores, los asalariados

2 *adj* empleado(a), con empleo

employee [ɪm'plɔɪi:] *n* empleado(a) *m,f* ▫ *Com* ***e. buyout*** = adquisición de una empresa por los empleados

employer [ɪm'plɔɪə(r)] *n (person)* empresario(a) *m,f*, patrono(a) *m,f*; *(company)* empresa *f*

employment [ɪm'plɔɪmənt] *n* (**a**) *(work)* empleo *m*; **to be in e.** tener un (puesto de) trabajo, estar empleado(a); **to be without e.** no tener empleo, estar desempleado(a) *or Am* desocupado(a) ▫ *Com* ***e. agency*** *or* ***bureau*** agencia *f* de colocaciones; *Br Formerly* ***e. exchange*** oficina *f* de empleo (**b**) *(use) (of tool, force)* empleo *m*, uso *m*

emporium [em'pɔ:rɪəm] (*pl* **emporiums** *or* **emporia** [em'pɔ:rɪə]) *n Formal* gran almacén *m*, *Am* emporio *m*

empower [ɪm'paʊə(r)] *vt* **to e. sb to do sth** habilitar *or* capacitar a alguien para hacer algo

empowerment [ɪm'paʊəmənt] *n* capacitación *f*; **the e. of women** la potenciación del papel de la mujer

empress ['emprɪs] *n* emperatriz *f*

emptiness ['emptɪnɪs] *n* vacío *m*

empty ['emptɪ] **1** *adj (container, existence)* vacío(a); *(promise, threat)* vano(a); **on an e. stomach** con el estómago vacío; **her life seemed e. of meaning** su vida parecía carecer de significado *or* sentido

2 *vt* vaciar; **to e. sth into sth** vaciar (el contenido de) algo en algo; **he emptied everything out of his pockets** se vació los bolsillos *or CAm, Méx, Perú* bolsas por completo

3 *vi* vaciarse; **the room emptied** la habitación se quedó vacía; **the sewer emptied into the river** la cloaca vertía sus aguas *or* desaguaba en el río

4 *n (bottle)* **empties** cascos *mpl*

▸**empty out** *vt sep (pockets)* vaciar

empty-handed ['emptɪ'hændɪd] *adv* con las manos vacías

empty-headed ['emptɪ'hedɪd] *adj* necio(a), bobo(a); **to be e.** tener la cabeza hueca

EMS [i:em'es] *n Fin* (*abbr* **European Monetary System**) SME *m*

EMU [i:em'ju:] *n Fin* (*abbr* **Economic and Monetary Union**) UEM *f*

emu ['i:mju:] *n (bird)* emú *m*

emulate ['emjʊleɪt] *vt* emular

emulation [emjʊ'leɪʃən] *n also Comptr* emulación *f*

emulator ['emjʊleɪtə(r)] *n Comptr* emulador *m*

emulsifier [ɪ'mʌlsɪfaɪə(r)], **emulsifying agent** [ɪ'mʌlsɪfaɪɪŋ'eɪdʒənt] *n* emulgente *m*, emulsionante *m*

emulsify [ɪ'mʌlsɪfaɪ] *vt Tech* emulsionar

emulsifying agent = **emulsifier**

emulsion [ɪ'mʌlʃən] *n (liquid mixture) & Phot* emulsión *f*; **e. (paint)** pintura *f* (al temple)

enable [ɪ'neɪbəl] *vt* (**a**) *(allow)* **to e. sb to do sth** permitir a alguien hacer algo (**b**) *Comptr (function)* ejecutar; *(device)* activar, hacer operativo(a)

enabling [ɪn'eɪblɪŋ] *n Law* capacitación *f*, autorización *f* ▫ ***e. act*** ley *f* de otorgamiento de poderes

enact [ɪ'nækt] *vt* (**a**) *(law)* promulgar (**b**) *(drama)* representar

enactment [ɪn'æktmənt] *n* (**a**) *(of law)* promulgación *f* (**b**) *(of drama)* representación *f*

enamel [ɪ'næməl] **1** *n* esmalte *m*

2 *vt* (*pt & pp* **enamelled**, *US* **enameled**) esmaltar

enamoured [ɪ'næməd] *adj* **to be e. of** estar enamorado(a) de; **I'm not greatly e. of the idea** no me entusiasma la idea

en bloc [ɒn'blɒk] *adv* en bloque

encampment [ɪn'kæmpmənt] *n Mil* campamento *m*

encapsulate [ɪn'kæpsjʊleɪt] *vt (summarize)* sintetizar

encase [ɪn'keɪs] *vt (with lining, cover)* revestir; **to be encased in concrete** estar revestido(a) de hormigón *or Am* concreto

encash [ɪn'kæʃ] *vt Br* hacer efectivo(a), cobrar

encephalitis [ɪnsefə'laɪtɪs] *n Med* encefalitis *f inv*

encephalogram [ɪn'sefələgræm] *n* encefalograma *m*

enchant [ɪn'tʃɑ:nt] *vt* (**a**) *(charm)* cautivar, encantar; **her performance enchanted us all** su actuación nos cautivó a todos *or* nos dejó a todos encantados (**b**) *(put under a spell)* hechizar

enchanting [ɪn'tʃɑ:ntɪŋ] *adj* encantador(ora), cautivador(ora)

enchantment [ɪn'tʃɑ:ntmənt] *n* fascinación *f*, encanto *m*

enchantress [ɪn'tʃɑ:ntrɪs] *n (attractive woman)* seductora *f*

enchilada [entʃɪ'lɑ:də] *n US Fam* **big e.** *(person)* pez *m* gordo; **the whole e.** *(everything)* todo, toda *Esp* la pesca *or RP* la bola

encircle [ɪn'sɜ:kəl] *vt* rodear

enclave ['enkleɪv] *n* enclave *m*

enclose [ɪn'kləʊz] *vt* (**a**) *(surround)* rodear (**b**) *(include in letter)* adjuntar

enclosed [ɪn'kləʊzd] *adj* (**a**) *(confined)* **an e. space** un espacio cerrado (**b**) *(in letter)* adjunto(a); **please find e....** le adjunto..., le envío adjunto(a)...

enclosure [ɪn'kləʊʒə(r)] *n* (**a**) *(area)* recinto *m*, cercado *m* (**b**) *(in letter)* material *m* adjunto (**c**) *(of land)* terreno *m* cercado

encode [ɪn'kəʊd] *vt* cifrar, codificar; *Comptr* codificar

encompass [ɪn'kʌmpəs] *vt* abarcar, incluir

encore ['ɒŋkɔ:(r)] *n (in theatre)* bis *m*; **to call for an e.** pedir un bis; **e.!** ¡otra, otra!

encounter [ɪn'kaʊntə(r)] **1** *n (meeting)* encuentro *m*; *(confrontation)* enfrentamiento *m* ▫ ***e. group*** grupo *m* de encuentro

2 *vt (person, difficulty)* encontrarse *or* toparse con

encourage [ɪn'kʌrɪdʒ] *vt (person)* animar; *(growth, belief)* promover, impulsar; **it's something we want to e.** es algo que pretendemos fomentar; **to e. sb to do sth** animar a alguien a hacer algo; **don't e. him!** ¡no le des más pie!, ¡no lo animes!

encouragement [ɪn'kʌrɪdʒmənt] *n* apoyo *m*, aliento *m*; **to give** *or* **offer sb e.** animar *or* alentar a alguien

encouraging [ɪn'kʌrɪdʒɪŋ] *adj* alentador(ora)

▸**encroach on, encroach upon** *vt insep (rights)* usurpar; *(time, land)* invadir

encroachment [ɪn'krəʊtʃmənt] *n (on rights)* usurpación *f* (**on** de); *(on time, land)* invasión *f* (**on** de)

encrusted [ɪn'krʌstɪd] *adj* **e. with diamonds** con diamantes incrustados; **e. with mud** con barro incrustado

encrypt [ɪn'krɪpt] *vt Comptr* encriptar

encryption [ɪn'krɪpʃən] *n Comptr* encriptación *f*

encumber [ɪn'kʌmbə(r)] *vt* **to be encumbered by** *or* **with** estar *or* verse entorpecido(a) por

encumbrance [ɪn'kʌmbrəns] *n* estorbo *m*

encyclical [ɪn'sɪklɪkəl] *n Rel* encíclica *f*

encyclop(a)edia [ɪnsaɪklə'pi:dɪə] *n* enciclopedia *f*

encyclop(a)edic [ɪnsaɪklə'pi:dɪk] *adj* enciclopédico(a)

END [end] **1** *n* (**a**) *(extremity)* extremo *m*; *(of nose, finger, stick)* punta *f*; *(of sports stadium)* fondo *m*; **a cigarette e.** una colilla; **the financial e. of the business** el lado *or* aspecto financiero del negocio; **aimed at the lower e. of the market** dirigido(a) al segmento bajo del mercado; **at the other e. of the line** *(on phone)* al otro lado del teléfono; **we'll pick you up at the other e.** *(of journey)* te recogeremos a la llegada; **go to the e. of the** *Br* **queue** *or US* **line** ve al final de la cola; **a cylinder viewed e. on looks like a circle** un cilindro visto desde un extremo parece un círculo; **place the two tables e. to e.** junta las mesas a lo largo; **the cars were parked e. to e.** los coches *or Am* carros *or Chile, RP* autos estaban estacionados *or Esp* aparcados en cordón; **from one e. to the other, from e. to e.** de un extremo al otro; *Sport* **to change ends** cambiar de lado; **to stand sth on (its) e.** colocar algo de pie *or Am* parado(a); **the deep/shallow e.** *(of swimming pool)* el lado más/menos hondo *or* donde cubre/no cubre ▫ *Comptr* ***e. key*** (tecla *f*) fin *m*; ***e. zone*** *(in American football)* zona *f* de anotación

(**b**) *(limit in time, quantity)* final *m*, fin *m*; *(of film, book)* final *m*, desenlace *m*; **THE E.** *(in film)* FIN; **I'll take questions at the e.** responderé preguntas al final; **at the e. of the week** al final de la semana; **at the e. of May/the month** a finales de mayo/de mes; **there will be no e. to the bombings until...** los bombardeos no cesarán hasta...; IDIOM **at the e. of the day** en definitiva, al final; **I am at the e. of my patience** se me está agotando la paciencia; **I'm not going, e. of story** *or* **and that's the e. of it** no voy, y se acabó, no voy, y no hay nada más que hablar; **his career is at an e.** su carrera ha llegado a su fin; **in the e.** al final; **they have improved no e.** han mejorado un montón; *Fam* **no e. of...** la mar de...; **for hours/days on e.** durante horas y horas/días y días; **that's the e. of that!** ¡se acabó!, ¡sanseacabó!; **it's not the e. of the world** no es el fin del mundo; **to bring sth to an e.** *(interview, show)* terminar *or* acabar algo; *(speculation, uncertainty)* terminar *or* acabar con algo; **to come to an e.** concluir, llegar a su fin; *Fam* **to come to a bad** *or* **sticky e.** acabar mal; **look, take my bike and let that be the e. of it** *or* **an e. to it!** ¡toma mi bici, y no se hable más!; **to put an e. to sth** poner fin a algo; **to the e. of time** *(forever)* siempre ▫ ***e. product*** producto *m* final; ***e. result*** resultado *m* final; *Com & Comptr* ***e. user*** usuario(a) *m,f* final

(**c**) *(death)* final *m*, fin *m*; **when the e. finally came** cuando llegó la hora final; **and that was the e. of him** y así murió; *Fam* **this job will be the e. of me!** ¡este trabajo va a acabar conmigo *or* me va a matar!; **to meet one's e.** encontrar la muerte; **to meet a bloody e.** tener un final violento

(**d**) *(aim, purpose)* fin *m*, propósito *m*; **an e. in itself** un fin en sí mismo; **to this e.** con este fin; **to whát e.?** ¿con qué fin *or* propósito?; **she attained** *or* **achieved her end(s)** logró lo que se proponía; PROV **the e. justifies the means** el fin justifica los medios

(**e**) *Sport (in American football)* extremo *m*, end *m*; **defensive e.** extremo defensivo, defensive end; **tight e.** extremo cerrado, tight end

(**f**) *Sport (in bowls, curling)* tanda *f* de lanzamiento *(en una dirección)*

(**g**) IDIOMS *Fam* **it's/she's the absolute e.!** ¡es el colmo!; **to be at the e. of one's tether** *or* **rope** estar hasta la coronilla; *Fam* **to beat sb all ends up** darle a alguien un baño; **to come to** *or* **reach the e. of the road** *or* **line** llegar al final; *Fam* **to get (hold of) the wrong e. of the stick** agarrar el rábano por las hojas, *RP* agarrar para el lado de los tomates; *Br very Fam* **to get one's e. away** mojar *Esp* el churro *or RP* bizcocho, *Méx* echarse un caldito; **I would go to the ends of the earth to be with you** iría hasta el fin del mundo para estar contigo; **we shall never hear the e. of it** nos lo van a recordar mientras vivamos; *Fam* **to keep** *or* **hold one's e. up** defenderse bien; **we've kept our e. of the bargain** por nuestra parte hemos cumplido; **to make ends meet** llegar a fin de mes; **he can't see beyond the e. of his nose** no ve más allá de sus narices; *Fam* **she can't tell one e. of a cello from the other** no tiene ni idea de violoncelos

(**h**) **in the end** *adv* al final; **in the e. we decided not to go** al final decidimos no ir; **what does it matter in the e.?** ¿qué importa a fin de cuentas?

2 *adj Fam* **it's the e. one** es el que está al final

3 *vt* terminar, poner fin a; **this ends weeks of uncertainty** esto pone fin a semanas de incertidumbre; **she ended her career on a high** finalizó su carrera a lo grande; **to e. it all, to e. one's own life** *(commit suicide)* quitarse la vida; **he ended his life** *or* **days in poverty** terminó *o* acabó sus días en la pobreza; **it will be the celebration to e. all celebrations** será una celebración de antología

4 *vi* terminar, acabar; **the similarity ends there** el parecido acaba ahí; **I must e. by thanking...** para terminar, debo dar gracias a...; **it ends in a point** acaba en punta; **the match ended in a draw** el partido terminó en empate; **it ended in disaster** terminó en desastre; *Br* **it'll all e. in tears!** ¡acabará mal!; **the book ends with everyone getting married** el libro concluye con todos casándose; *Fig* **where will it all e.?** ¿hasta dónde vamos a llegar?

endanger [ɪn'deɪndʒə(r)] *vt* poner en peligro; **such work would e. her health** un trabajo así resultaría peligroso para su salud; **an endangered species** una especie amenazada *or* en peligro de extinción

endear [ɪn'dɪə(r)] *vt* **to e. oneself to sb** hacerse querer por alguien; **her outspokenness did not e. her to her boss** su franqueza no le ganó el favor del jefe

endearing [ɪn'dɪərɪŋ] *adj* encantador(ora)

endearment [ɪn'dɪəmənt] *n* **words** *or* **terms of e.** palabras *fpl* tiernas *or* cariñosas

endeavour, *US* **endeavor** [ɪn'devə(r)] *Formal* **1** *n* esfuerzo *m*

2 *vt* **to e. to do sth** procurar hacer algo

endemic [ɪn'demɪk] *adj* endémico(a)

endgame ['endgeɪm] *n (in chess)* final *m* (de partida); *Fig (in conflict)* etapa *f* final *or* desenlace *m* (de los acontecimientos)

ending ['endɪŋ] *n (of story)* final *m*, desenlace *m*; *(of word)* terminación *f*

endive ['endaɪv] *n* (**a**) *(like lettuce)* **(curly) e.** escarola *f* (**b**) *US (chicory)* endibia *f*, achicoria *f*

endless ['endlɪs] *adj (series)* interminable; *(variations)* innumerables, infinitos(as); *(complaining)* constante; *(patience, tolerance)* inagotable; **the long afternoons seemed e.** las largas tardes se hacían interminables *or* eternas

endlessly ['endlɪslɪ] *adv (talk, discuss)* constantemente, sin parar; **the road stretched out e. before them** la carretera se extendía interminable ante ellos

endocrine ['endəkraɪn] *adj Med* endocrino(a) ▫ ***e. gland*** glándula *f* endocrina

endocrinology [endəkrɪ'nɒlədʒɪ] *n* endocrinología *f*

endogenous [ɪn'dɒdʒənəs] *adj* endógeno(a)

endorphin [ɪn'dɔ:fɪn] *n* endorfina *f*

endorse, indorse [ɪn'dɔ:s] *vt* (**a**) *(document, cheque)* endosar (**b**) *(opinion, action)* apoyar, res-paldar (**c**) *Br (driving licence)* anotar una infracción en

endorsement [ɪn'dɔ:smənt] *n* (**a**) *(on document, cheque)* endoso *m* (**b**) *(of action, opinion)* apoyo *m*, respaldo *m* (**of** a) (**c**) *Br (on driving licence)* infracción *f* anotada

endoscope ['endəskəʊp] *n Med* endoscopio *m*

endoskeleton ['endəʊskelətən] *n Zool* endoesqueleto *m*

endow [ɪn'daʊ] *vt* (**a**) *Fin* = donar (a una institución) capital o propiedades que proporcionen una renta regular (**b**) *(gift)* dotar (**with** de); **she was endowed with a lively sense of humour** estaba dotada de un gran sentido del humor

endowment [ɪn'daʊmənt] *n* (**a**) *Fin* donación *f* ▫ ***e. assurance*** *or* ***insurance*** seguro *m* de vida mixto *or* de ahorro; ***e. mortgage*** hipoteca-inversión *f*, = crédito hipotecario por intereses ligado a un seguro de vida (**b**) *Formal (talent)* dote *f*

endpaper ['endpeɪpə(r)] *n (in book)* guarda *f*

endurable [ɪn'djʊərəbəl] *adj* soportable

endurance [ɪn'djʊrəns] *n* resistencia *f*; **beyond e.** a más no poder ▫ ***e. test*** prueba *f* de resistencia

endure [ɪn'djʊə(r)] **1** *vt* soportar, aguantar
2 *vi (last)* durar

enduring [ɪn'djʊərɪŋ] *adj* duradero(a)

endways ['endweɪz], **endwise** ['endwaɪz] *adv* (**a**) *(end forward)* de frente (**b**) *(end to end)* a lo largo, extremo con extremo

enema ['enəmə] *n* enema *m*

enemy ['enəmɪ] **1** *n* enemigo(a) *m,f*; **I wouldn't wish it/him on my worst e.** no se lo desearía ni a mi peor enemigo; **she's her own worst e.** su peor enemigo es ella misma; **to make an e. of sb** ganarse la enemistad de alguien; **the e. within** el enemigo en casa *or* de dentro
2 *adj (country, ship, territory)* enemigo(a); *(losses)* en el enemigo

energetic [enə'dʒetɪk] *adj (exercise, activity)* vigoroso(a); *(person, denials, protest)* enérgico(a); **they're doing it, but they aren't being very e. about it** lo están haciendo pero no le están echando muchas ganas; **I'm at my most e. in the morning** por las mañanas es cuando tengo más energías

energetically [enə'dʒetɪklɪ] *adv (move, work)* con brío, con energías; *(protest)* enérgicamente

energize ['enədʒaɪz] *vt (invigorate)* dar energías a

energy ['enədʒɪ] *n* energía *f*; **to save e.** ahorrar energía; **to direct one's energies towards sth** concentrar (uno) sus energías en algo ▫ ***e. conservation*** reducción *f* del consumo energético; ***e. crisis*** crisis *f* energética; ***e. level*** nivel *m* de energía

energy-saving ['enədʒɪseɪvɪŋ] *adj* que ahorra energía

enervated ['enəveɪtɪd] *adj* debilitado(a)

enervating ['enəveɪtɪŋ] *adj Formal* debilitante, enervante

enfant terrible ['ɒnfɒnte'ri:blə] (*pl* **enfants terribles**) *n* niño(a) *m,f* terrible

enfeeble [ɪn'fi:bəl] *vt* debilitar, enervar

enfold [ɪn'fəʊld] *vt* rodear; **he enfolded her in his arms** la rodeó con sus brazos

enforce [ɪn'fɔ:s] *vt (law)* hacer cumplir, aplicar; *(rights)* hacer valer

enforced [ɪn'fɔ:st] *adj* forzado(a), obligado(a)

enforcement [ɪn'fɔ:smənt] *n* aplicación *f*

enfranchise [ɪn'fræntʃaɪz] *vt* otorgar el derecho al voto a

enfranchisement [ɪn'fræntʃɪzmənt] *n* concesión *f* del derecho al voto (**of** a)

engage [ɪn'geɪdʒ] **1** *vt* (**a**) *(employ)* contratar (**b**) *(attention, person)* ocupar; **to e. sb in conversation** entablar conversación con alguien (**c**) *Mil* **to e. the enemy** entrar en liza con el enemigo (**d**) *(cog, gear)* engranar; **to e. the clutch** embragar
2 *vi* (**a**) **to e. in** *(activity, sport)* dedicarse a (**b**) *(of cog wheel)* engranar

engaged [ɪn'geɪdʒd] *adj* (**a**) *(to be married)* prometido(a); **to be e. (to sb)** estar prometido(a) (a *or* con alguien) (**b**) *Br (to be in use)* **to be e.** *(phone)* estar comunicando; *(public toilet)* estar ocupado(a) (**c**) *(to be involved)* **to be e. in doing sth** estar ocupado(a) haciendo algo; *Formal* **I am otherwise e. this evening** tengo otros compromisos esta noche

engagement [ɪn'geɪdʒmənt] *n* (**a**) *(to be married)* compromiso *m*; *(period)* noviazgo *m*; **to break off an e.** romper un compromiso ▫ ***e. ring*** anillo *m* de pedida *or* de compromiso (**b**) *(appointment)* compromiso *m* (**c**) *(military action)* batalla *f*, combate *m*

engaging [ɪn'geɪdʒɪŋ] *adj* atractivo(a)

engender [ɪn'dʒendə(r)] *vt Formal* generar, engendrar

engine ['endʒɪn] *n* (**a**) *(of car, plane, ship)* motor *m* ▫ ***e. room*** sala *f* de máquinas; ***e. trouble*** avería *f (del motor)* (**b**) *Rail* locomotora *f* ▫ ***e. driver*** maquinista *mf*

engineer [endʒɪ'nɪə(r)] **1** *n* ingeniero(a) *m,f*; *Naut* maquinista *mf*
2 *vt (cause, bring about)* urdir

engineering [endʒɪ'nɪərɪŋ] *n* ingeniería *f*

England ['ɪŋglənd] *n* Inglaterra

English ['ɪŋglɪʃ] **1** *n (language)* inglés *m*; **E. class/teacher** clase *f*/profesor(a) *m,f* de inglés
2 *npl (people)* **the E.** los ingleses
3 *adj* inglés(esa); **the E. Channel** el Canal de la Mancha ▫ *US* ***E. muffin*** tortita *f*

Englishman ['ɪŋglɪʃmən] *n* inglés *m*; PROV **an E.'s home is his castle** cada uno en su casa, y Dios en la de todos

English-speaking ['ɪŋglɪʃ'spi:kɪŋ] *adj* anglófono(a), de habla inglesa; **the E. world** los países *or* el mundo de habla inglesa

Englishwoman ['ɪŋglɪʃwʊmən] *n* inglesa *f*

engrain, engrained = **ingrain, ingrained**

engrave [ɪn'greɪv] *vt* grabar; **to have one's name engraved on sth** hacer (uno) grabar algo con su nombre

engraver [ɪn'greɪvə(r)] *n* grabador(ora) *m,f*

engraving [ɪn'greɪvɪŋ] *n* grabado *m*

engrossed [ɪn'grəʊst] *adj* absorto(a); **to be e. (in)** estar absorto(a) (en)

engrossing [ɪn'grəʊsɪŋ] *adj* absorbente

engulf [ɪn'gʌlf] *vt (of waves, flames)* devorar; **she was engulfed by despair** se sumió en la desesperación

enhance [ɪn'hɑ:ns] *vt (value, chances)* incrementar, aumentar; *(performance, quality)* mejorar; *(beauty, colour)* realzar; *(reputation)* acrecentar, elevar

enhanced [ɪn'hɑ:nst] *adj Comptr* ***e. keyboard*** teclado *m* expandido

enhancement [ɪn'hɑ:nsmənt] *n (of beauty, colour, music)* realce *m*; *(of performance, quality)* mejora *f*

enigma [ɪ'nɪgmə] *n* enigma *m*

enigmatic [enɪg'mætɪk] *adj* enigmático(a)

enjoin [ɪn'dʒɔɪn] *vt Formal (urge)* ordenar; **to e. sb to do sth** instar a alguien a hacer algo; **to e. sth on sb** exigir *or* imponer algo a alguien

enjoy [ɪn'dʒɔɪ] *vt* (**a**) *(take pleasure from)* disfrutar de; **did you e. your meal?** ¿les gustó la comida?; **he enjoys swimming** le gusta nadar; **to e. oneself** divertirse, pasarlo bien (**b**) *(benefit from)* gozar de, disfrutar de

enjoyable [ɪn'dʒɔɪəbəl] *adj* agradable

enjoyment [ɪn'dʒɔɪmənt] *n (pleasure)* disfrute *m*; **to get e. out of sth** disfrutar con algo

enlarge [ɪn'lɑ:dʒ] **1** *vt* (**a**) *(make larger)* ampliar, agrandar (**b**) *(photograph)* ampliar
2 *vi Formal* **to e. (up)on sth** *(explain in greater detail)* explicar algo más detalladamente

enlargement [ɪn'lɑ:dʒmənt] *n* (**a**) *(of organization)* ampliación *f* (**b**) *(of organ)* agrandamiento *m*, aumento *m* de volumen (**c**) *(of photograph)* ampliación *f*

enlarger [ɪn'lɑ:dʒə(r)] *n Phot* ampliadora *f*

enlighten [ɪn'laɪtən] *vt* aclarar; **can somebody e. me as to what is going on?** ¿podría alguien aclararme qué está ocurriendo?

enlightened [ɪn'laɪtənd] *adj* ilustrado(a), progresista

enlightening [ɪn'laɪtənɪŋ] *adj* esclarecedor(ora)

enlightenment [ɪn'laɪtənmənt] *n* (**a**) *(clarification)* aclaración *f* (**b**) *Hist* **the E.** la Ilustración

enlist [ɪn'lɪst] **1** *vt* (**a**) *(support, help)* conseguir (**b**) *Mil (soldier)* alistar; **enlisted man** soldado *m* raso, recluta *m*
2 *vi Mil* alistarse

enliven [ɪn'laɪvən] *vt* animar

en masse ['ɒn'mæs] *adv* en masa

enmesh [ɪn'meʃ] *vt* **to become enmeshed in sth** enredarse en algo

enmity ['enmɪtɪ] *n Formal* enemistad *f*

ennoble [ɪ'nəʊbəl] *vt* (**a**) *(confer title on)* conceder un título nobiliario a (**b**) *Fig (elevate, dignify)* ennoblecer

ennui [ɒn'wi:] *n Literary* hastío *m*

enormity [ɪ'nɔ:mɪtɪ] *n* magnitud *f*

enormous [ɪ'nɔ:məs] *adj* enorme, inmenso(a)

enormously [ɪ'nɔ:məslɪ] *adv* enormemente, inmensamente

ENOUGH [ɪ'nʌf] **1** *adj* suficiente, bastante; **are there e. chairs?** ¿hay suficientes sillas?; **there'll be opportunity e. later** habrá suficientes oportunidades más adelante; **I've got problems e. of my own** ya tengo yo suficientes problemas; **do you have e. money to pay for it?** ¿te alcanza *o* llega el dinero para pagarlo?; **more than e.** *or* **quite e. money/wine** dinero/vino de sobra *or* más que suficiente; **there's not nearly e. food** no hay suficiente comida ni de lejos; **that's e. complaining for one day!** ¡ya basta de quejarte!

2 *pron* **will this be e.?** ¿bastará *or* será bastante con esto?; **I haven't got e.** no tengo suficiente(s); **have you got e. to pay the bill?** ¿te llega para pagar la cuenta?; **I know e. about the subject to say that...** conozco el tema lo suficiente como para decir que...; *Ironic* **have you had e. of that cake yet?** ¿todavía no te has hartado de pastel *or Chile, Col, RP* torta?; **you've had e. of a chance to apologize** has tenido (más que) suficientes ocasiones para pedir perdón; **more than e., quite e.** más que suficiente; **that's not nearly e.** con eso no basta ni mucho menos; **that's e.** *(sufficient)* es suficiente; **that's e.!** *(stop doing that)* ¡basta ya!, ¡vale ya!; **e. is e.** ya basta; **e. of this nonsense!** ¡basta de tonterías!; **e. said!** ¡no me digas más!, ¡ni una palabra más!; **it's e. to make you doubt your sanity!** ¡es como para volverte loco!; *Fam* **I can't get e. of that wine!** ¡no me canso de beber *or* tomar ese vino!; **to have e. to live on** tener (lo suficiente) para vivir; **to have had e. of sb/sth** estar harto(a) de alguien/algo; *US Fam* **e. already!** ¡ya vale!, ¡basta!

3 *adv* **(a)** *(sufficiently)* suficientemente, bastante; **good e.** suficientemente bueno(a), suficiente; **it's just not good e.!** *(behaviour)* ¡esto es inaceptable!; **she is not strong/tall e. (to...)** no es lo bastante fuerte/alta (como para...); **is it warm e. in here for you?** ¿no tendrás frío aquí?; **last year was bad e., but this year is even worse** el año pasado ya fue malo, pero éste es aún peor; **I was stupid e. to listen to him** fui tan estúpido como para escucharle; **would you be kind e. to give me a hand?** ¿serías tan amable de ayudarme?; **you understand well e. what I'm saying** entiendes perfectamente lo que estoy diciendo

(b) *(reasonably)* bastante; **she's a nice e. girl** es una chica bastante maja; **he's friendly e., I suppose, but...** no es que no sea amable, pero...; **it's normal e. that he should want to be informed** es bastante lógico que quiera estar informado; **oddly** *or* **strangely e.,...** curiosamente,...

en passant [ɒnpæ'sɒn] *adv* de pasada

enquire, enquiry = **inquire, inquiry**

enrage [ɪn'reɪdʒ] *vt* enfurecer, encolerizar

enraged [ɪn'reɪdʒd] *adj* enfurecido(a), colérico(a)

enrapture [ɪn'ræptʃə(r)] *vt* embelesar

enraptured [ɪn'ræptʃəd] *adj* embelesado(a); **to be e.** estar embelesado(a)

enrich [ɪn'rɪtʃ] *vt* enriquecer; **to e. oneself** enriquecerse; **enriched uranium** uranio *m* enriquecido

enrichment [ɪn'rɪtʃmənt] *n* enriquecimiento *m*

enrol, *US* **enroll** [ɪn'rəʊl] *(pt & pp* **enrolled) 1** *vt* inscribir

2 *vi* inscribirse

enrolment, *US* **enrollment** [ɪn'rəʊlmənt] *n* inscripción *f*

en route [ɒn'ru:t] *adv* de camino, por el camino

ensconce [ɪn'skɒns] *vt* **to e. oneself** apoltronarse, aposentarse; **to be ensconced in** estar apoltronado(a) *or* aposentado(a) en

ensemble [ɒn'sɒmbəl] *n* conjunto *m*; **a wind e.** un conjunto de viento

enshrine [ɪn'ʃraɪn] *vt* **to be enshrined in sth** estar amparado(a) por algo

enshroud [ɪn'ʃraʊd] *vt Literary* ocultar

ensign ['ensaɪn] *n* **(a)** *(flag)* bandera *f*, enseña *f* **(b)** *US (naval officer)* alférez *m* de fragata

enslave [ɪn'sleɪv] *vt* esclavizar

ensnare [ɪn'sneə(r)] *vt (animal, criminal)* capturar

ensue [ɪn'sju:] *vi* sucederse, seguir

ensuing [ɪn'sju:ɪŋ] *adj* subsiguiente

en suite ['ɒn'swi:t] *adj* **with an e. bathroom, with bathroom e.** con cuarto de baño privado

ensure [ɪn'ʃʊə(r)] *vt* garantizar

ENT [i:en'ti:] *n Med (abbr* **Ear, Nose and Throat)** otorrinolaringología *f* ▫ ***E. specialist*** otorrinolaringólogo(a) *m,f*

entail [en'teɪl] *vt* **(a)** *(involve)* implicar, conllevar; **what does the job e.?** ¿en qué consiste el trabajo? **(b)** *Law* **to e. an estate** vincular mediante testamento una propiedad

entangle [ɪn'tæŋgəl] *vt* **to get** *or* **become entangled** *(of wires, animal in net)* enredarse; **to be romantically entangled with sb** tener relaciones amorosas con alguien

entanglement [ɪn'tæŋgəlmənt] *n* **(a)** *(of wires, cables)* enredo *m* **(b)** *(love affair, difficult situation)* lío *m*

entente [ɒn'tɒnt] *n Pol* **e. (cordiale)** entente *f* (cordial)

enter ['entə(r)] **1** *vt* **(a)** *(house, country)* entrar en; **it never entered my head** *or* **mind that...** jamás se me pasó por la cabeza que... **(b)** *(race)* inscribirse en; *(exam)* presentarse a; **to e. sb for an exam/a race** inscribir a alguien en un examen/una carrera **(c)** *(army, university)* ingresar en **(d)** *(formally present)* **to e. a complaint/protest** presentar una queja/un escrito de protesta; *Law* **to e. a plea of guilty/not guilty** declararse culpable/inocente **(e)** *Comptr (data)* introducir ▫ ***e. key*** tecla *f* enter

2 *vi* **(a)** *(go in)* entrar **(b)** *(sign up)* **to e. for a race** inscribirse en una carrera

▸**enter into** *vt insep* **(a)** *(service, dispute, relationship)* empezar, iniciar; **to e. into conversation with sb** entablar conversación con alguien; **to e. into discussions with sb** entablar *or* establecer un diálogo con alguien; **to e. into partnership (with sb)** asociarse (con alguien) **(b)** *(have a part in)* **money doesn't e. into it** el dinero no tiene nada que ver

▸**enter on, enter upon** *vt insep* embarcarse en

enteric [en'terɪk] *adj Med* entérico(a) ▫ ***e. fever*** fiebre *f* tifoidea

enteritis [entə'raɪtɪs] *n Med* enteritis *f inv*

enterprise ['entəpraɪz] *n* **(a)** *(undertaking)* empresa *f*, iniciativa *f* **(b)** *(company)* empresa *f* **(c)** *(initiative)* iniciativa *f*; **to show e.** tener iniciativa ▫ ***e. culture*** cultura *f* empresarial; ***e. zone*** ≃ zona *f* de urgente reindustrialización

enterprising ['entəpraɪzɪŋ] *adj* emprendedor(ora)

entertain [entə'teɪn] **1** *vt* **(a)** *(amuse)* entretener, divertir; **to e. guests** tener invitados **(b)** *Formal (consider) (opinion)* considerar; *(fear, suspicion, hope)* albergar

2 *vi* recibir (invitados)

entertainer [entə'teɪnə(r)] *n* artista *mf* (del espectáculo)

entertaining [entə'teɪnɪŋ] **1** *n* **to do a lot of e.** tener a menudo invitados en casa

2 *adj* entretenido(a), divertido(a)

entertainment [entə'teɪnmənt] *n* **(a)** *(amusement)* entretenimiento *m*, diversión *f*; **much to the e. of the crowd** para regocijo de la multitud; **I'm not doing this for my own e., you know!** ¡esto no lo hago por gusto, eh! ▫ *Com* ***e. allowance*** gastos *mpl* de representación **(b)** *Th* espectáculo *m*; **the e. business** la industria del espectáculo

enthral, *US* **enthrall** [ɪn'θrɔ:l] *(pt & pp* **enthralled)** *vt* cautivar, hechizar

enthralling [ɪn'θrɔ:lɪŋ] *adj* cautivador(ora)

enthrone [ɪn'θrəʊn] *vt* entronizar, colocar en el trono

enthuse [ɪn'θju:z] **1** *vt* entusiasmar

2 *vi* entusiasmarse (**about** *or* **over** por)

enthusiasm [ɪn'θju:zɪæzəm] *n* entusiasmo *m*

enthusiast [ɪn'θju:zɪæst] *n* entusiasta *mf*

enthusiastic [ɪnθju:zɪ'æstɪk] *adj (person)* entusiasmado(a); *(praise)* entusiasta; **to be e. (about)** estar entusiasmado(a) (con)

enthusiastically [ɪnθju:zɪ'æstɪklɪ] *adv* con entusiasmo

entice [ɪn'taɪs] *vt* **to e. sb to do sth** incitar a alguien a hacer algo; **he was enticed away from her** le incitaron a que la abandonara

enticement [ɪn'taɪsmənt] *n* aliciente *m*

enticing [ɪn'taɪsɪŋ] *adj* tentador(ora), atractivo(a)

entire [ɪn'taɪə(r)] *adj (whole, complete)* entero(a); **the e. building/country** el edificio/país entero; **to be in e. agreement (with sb)** estar completamente de acuerdo (con alguien)

entirely [ɪn'taɪəlɪ] *adv* completamente, por entero

entirety [ɪn'taɪərətɪ] *n* integridad *f*, totalidad *f*; **in its e.** en su totalidad, íntegramente

entitle [ɪn'taɪtəl] *vt* (**a**) *(allow)* **to e. sb to do sth** autorizar a alguien a hacer algo; **to be entitled to (do) sth** tener derecho a (hacer) algo (**b**) *(book, song)* titular

entitlement [ɪn'taɪtəlmənt] *n* derecho *m*

entity ['entɪtɪ] *n* ente *m*, entidad *f*

entomb [ɪn'tu:m] *vt* sepultar

entomology [entə'mɒlədʒɪ] *n* entomología *f*

entourage ['ɒntʊ'rɑ:ʒ] *n* séquito *m*, comitiva *f*

entrails ['entreɪlz] *npl* entrañas *fpl*

entrain [ɪn'treɪn] *vi* subir al tren

entrance[1] ['entrəns] *n* (**a**) *(way in, act of entering)* entrada *f*; **to gain e. to** lograr acceder a, lograr ingresar en; *Th & Fig* **he made his e.** hizo su aparición *or* entrada (en escena) ❑ ***e. hall*** vestíbulo *m* (**b**) *(admission)* entrada *f*, ingreso *m* ❑ ***e. examination*** examen *m* de ingreso; ***e. fee*** *(to museum)* (precio *m* de) entrada *f*; *(to join organization)* cuota *f* de ingreso; *(to sit exam)* (cuota *f* de) inscripción *f*

entrance[2] [ɪn'trɑ:ns] *vt (charm)* cautivar, encantar

entrancing [ɪn'trɑ:nsɪŋ] *adj* cautivador(ora), encantador(ora)

entrant ['entrənt] *n* participante *mf*

entrapment [ɪn'træpmənt] *n Law* incitación *f* al delito

entreat [ɪn'tri:t] *vt Formal* suplicar, rogar; **to e. sb to do sth** suplicar a alguien que haga algo

entreaty [ɪn'tri:tɪ] *n Formal* súplica *f*, ruego *m*

entrechat ['ɒntrəʃɑ:] *n (in ballet)* entrechat *m*, cruce *m* de pies

entrée ['ɒntreɪ] *n* (**a**) *(introduction)* entrada *f*, acceso *m* (**b**) *Br (first course)* entrada *f*, primer plato *m*; *US (main course)* plato *m* principal

entrench [ɪn'trentʃ] *vt (establish)* consolidar

entrenched [ɪn'trentʃd] *adj* (**a**) *(troops)* **to be e.** estar atrincherado(a) (**b**) *(deep-rooted)* arraigado(a); *(opposition)* firme; **to be e.** *(custom, attitude)* estar arraigado(a)

entrepreneur [ɒntrəprə'nɜ:(r)] *n* empresario(a) *m,f*

entrepreneurial [ɒntrəprə'nɜ:rɪəl] *adj* empresarial

entropy ['entrəpɪ] *n* entropía *f*

entrust [ɪn'trʌst] *vt* **to e. sb with sth, to e. sth to sb** confiar algo a alguien

entry ['entrɪ] *n* (**a**) *(way in, act of entering)* entrada *f*; *(into group, organization)* ingreso *m*; **to gain e. to** lograr introducirse en; **to deny** *or* **refuse sb e. (to)** *(place)* negarle a alguien la entrada (a); *(organization)* negarle a alguien el ingreso (en); **she made her e.** hizo su entrada

(**b**) *(in competition)* **we had over 1,000 entries for the competition** se recibieron más de 1.000 inscripciones para el concurso; **last year's marathon had a record number of entries** el maratón del año pasado registró un número récord de participantes ❑ ***e. fee*** cuota *f* de inscripción; ***e. form*** (impreso *m* de) inscripción *f*

(**c**) *(item) (in dictionary, encyclopedia)* entrada *f*; *(in accounts)* asiento *m*

entryphone ['entrɪfəʊn] *n* portero *m* automático

entwine [ɪn'twaɪn] **1** *vt* entrelazar

2 *vi* entrelazarse

E-number ['i:nʌmbə(r)] *n* número *m* E, aditivo *m*

enumerate [ɪ'nju:məreɪt] *vt* enumerar

enunciate [ɪ'nʌnsɪeɪt] *vt* (**a**) *(sound, word)* articular (**b**) *(opinion, view)* enunciar

enunciation [ɪnʌnsɪ'eɪʃən] *n (diction)* dicción *f*

envelop [ɪn'veləp] *vt* envolver (**in** en)

envelope ['envələʊp, 'ɒnvələʊp] *n (for letter)* sobre *m*

enviable ['envɪəbəl] *adj* envidiable

envious ['envɪəs] *adj* envidioso(a); **to be** *or* **feel e. (of)** tener envidia (de)

enviously ['envɪəslɪ] *adv* con envidia

environment [ɪn'vaɪrənmənt] *n* (**a**) *(natural surroundings)* **the e.** el medio ambiente; *Pol* **Department** *or* **Ministry of the E.** ministerio *m* del medio ambiente (**b**) *(of animal, plant)* **(natural) e.** entorno *m* *or* medio *m* natural (**c**) *(context)* entorno *m*; **in a work e.** en un entorno laboral (**d**) *(atmosphere)* ambiente *m*; **a good working e.** un buen ambiente de trabajo (**e**) *Comptr* entorno *m*

environmental [ɪnvaɪrən'mentəl] *adj* medioambiental ❑ ***e. audit*** aditoría *f* medioambiental; ***e. damage*** daños *mpl* medioambientales; ***e. disaster*** catástrofe *f* ecológica; ***e. groups*** grupos *mpl* ecologistas; *Br* ***e. health officer*** inspector(ora) *m,f* de sanidad; ***e. studies*** estudios *mpl* medioambientales *or* del medio ambiente

environmentalist [ɪnvaɪrən'mentəlɪst] *n* ecologista *mf*

environmentally [ɪnvaɪrən'mentəlɪ] *adv* ecológicamente, desde el punto de vista ecológico ❑ ***e. friendly*** ecológico(a), que no daña el medio ambiente

environs [ɪn'vaɪrənz] *npl* inmediaciones *fpl*, alrededores *mpl*

envisage [ɪn'vɪzɪdʒ], **envision** [en'vɪʒən] *vt* (**a**) *(foresee)* prever; **I don't e. any major changes** no preveo ningún cambio importante (**b**) *(imagine)* imaginar; **it's not quite what I'd envisaged** yo me había hecho a la idea de otra cosa

envoy ['envɔɪ] *n (diplomat)* enviado(a) *m,f*

envy ['envɪ] **1** *n* envidia *f*; **to be the e. of sb** ser la envidia de alguien

2 *vt (person)* envidiar; **they envied him his success** tenían envidia de *or* envidiaban su éxito

enzyme ['enzaɪm] *n Biol* enzima *m or f*

EOC [i:əʊ'si:] *n (abbr* **Equal Opportunities Commission**) = organismo público británico que vela por la existencia de igualdad de oportunidades para los diferentes sexos, razas, etc.

Eocene ['i:əʊsi:n] *Geol* **1** *n* **the E.** el eoceno

2 *adj (epoch)* eoceno(a)

eon *US* = **aeon**

EP [i:'pi:] *n (abbr* **extended play**) EP *m*

EPA [i:pi:'eɪ] *n (abbr* **Environmental Protection Agency**) = agencia gubernamental estadounidense encargada de la protección medioambiental

epaulette, *US* **epaulet** ['epəlet] *n Mil* charretera *f*

ephedrine ['efɪdrɪn] *n Pharm* efedrina *f*

ephemera [ɪ'femərə] *npl* objetos *mpl* efímeros coleccionables

ephemeral [ɪ'femərəl] *adj* efímero(a)

epic ['epɪk] **1** *n (film)* película *f* épica; *(poem, novel)* epopeya *f*

2 *adj* épico(a)

epicentre, *US* **epicenter** ['epɪsentə(r)] *n* epicentro *m*

epicure ['epɪkjʊə(r)] *n Formal* gourmet *mf*

epidemic [epɪ'demɪk] *Med & Fig* **1** *n* epidemia *f*

2 *adj* epidémico(a); **the problem has reached e. proportions** el problema ha alcanzado una enorme magnitud

epidemiology [epɪdi:mɪ'ɒlədʒɪ] *n Biol* epidemiología *f*

epidermis [epɪ'dɜ:mɪs] *n Anat* epidermis *f inv*

epidural [epɪ'dju:rəl] *n Med* (anestesia *f*) epidural *f*

epiglottis [epɪ'glɒtɪs] (*pl* **epiglottises**) *n Anat* epiglotis *f inv*

epigram ['epɪgræm] *n* epigrama *m*

epigrammatic [epɪgrə'mætɪk] *adj* epigramático(a)

epigraph ['epɪgrɑ:f] *n* epígrafe *m*

epilepsy ['epɪlepsɪ] *n* epilepsia *f*

epileptic [epɪ'leptɪk] **1** *n* epiléptico(a) *m,f*

2 *adj* epiléptico(a) ❑ ***e. fit*** ataque *m* epiléptico

epilogue, *US* **epilog** ['epɪlɒg] *n* epílogo *m*

Epiphany [ɪ'pɪfənɪ] *n* Epifanía *f*

episcopacy [ɪ'pɪskəpəsɪ] *n (church government)* gobierno *m* episcopal; *(group of bishops)* episcopado *m*

episcopal [ɪ'pɪskəpəl] *adj* episcopal

episcopalian [ɪpɪskə'peɪlɪən] *n & adj Rel* episcopalista *mf*

episiotomy [epɪsɪ'ɒtəmɪ] *n Med* episiotomía *f*

episode ['epɪsəʊd] *n* (**a**) *(part of story, programme)* capítulo *m*, episodio *m* (**b**) *(incident)* episodio *m*

episodic [epɪ'sɒdɪk] *adj* episódico(a)

epistemology [ɪpɪstə'mɒlədʒɪ] *n* epistemología *f*

epistle [ɪ'pɪsəl] *n also Hum* epístola *f*

epistolary [ɪ'pɪstələrɪ] *adj Lit* epistolar

epitaph ['epɪtɑːf] *n* epitafio *m*

epithet ['epɪθet] *n* epíteto *m*

epitome [ɪ'pɪtəmɪ] *n* vivo ejemplo *m*; **to be the e. of sth** ser el vivo ejemplo de algo

epitomize [ɪ'pɪtəmaɪz] *vt* reflejar a la perfección, ser el vivo ejemplo de

epoch ['iːpɒk] *n* época *f*

epoch-making ['iːpɒkmeɪkɪŋ], **epochal** ['epəkəl] *adj* **an e. change/event** un cambio/acontecimiento que hace/hizo/*etc* época

eponymous [ɪ'pɒnɪməs] *adj* epónimo(a)

epoxy resin [ɪ'pɒksɪ'rezɪn] *n Chem* resina *f* epoxídica

EPROM ['iːprɒm] *n Comptr* (*abbr* **erasable programmable read only memory**) eprom *f*

EPS [iːpiː'es] *n* (**a**) *Fin* (*abbr* **earnings per share**) dividendos *mpl* por acción (**b**) *Comptr* (*abbr* **encapsulated PostScript**) EPS *m*

epsilon ['epsɪlɒn] *n* épsilon *f*

Epsom salts ['epsəm'sɔːlts] *npl* epsomita *f*

equable ['ekwəbəl] *adj* (*person, temper*) ecuánime

equal ['iːkwəl] **1** *n* igual *mf*; **to treat sb as an e.** tratar a alguien de igual a igual; **to have no e.** (*of person*) no tener rival; (*of achievement, work of art*) no tener parangón

2 *adj* (**a**) (*identical*) igual; **all other things being e.** en condiciones de igualdad; **in e. measure** en igual medida; **on e. terms** en igualdad de condiciones ❑ ***e. opportunities*** igualdad *f* de oportunidades; **an e. opportunity employer** = una entidad que practica la igualdad de oportunidades en la selección de personal; ***e. pay*** igualdad *f* de retribuciones; ***e. rights*** igualdad *f* de derechos; *Math* ***e.*** *or* ***equals sign*** (signo *m* de) igual *m* (**b**) (*good enough*) **to be e. to (doing) sth** estar capacitado(a) para (hacer) algo

3 *vt* (*pt & pp* **equalled**, *US* **equaled**) (*record, offer*) igualar; **four fives equal(s) twenty** cuatro por cinco (es) igual a veinte, cuatro por cinco, veinte

equality [ɪ'kwɒlɪtɪ] *n* igualdad *f*; **e. of opportunity** igualdad de oportunidades

equalize ['iːkwəlaɪz] **1** *vt* igualar

2 *vi Sport* empatar, igualar el marcador

equalizer ['iːkwəlaɪzə(r)] *n* (**a**) *Elec* ecualizador *m* (**b**) *Sport* tanto *m* del empate

equally ['iːkwəlɪ] *adv* (**a**) (*to an equal degree*) igualmente (**b**) (*in equal amounts*) **to share** *or* **divide sth e.** dividir algo en partes iguales (**c**) (*alternatively*) al mismo tiempo, del mismo modo; **e., he might be lying** por otro lado, podría estar mintiendo; **we could e. well stay at home** también podemos quedarnos en casa

equanimity [ekwə'nɪmɪtɪ] *n Formal* ecuanimidad *f*; **with e.** ecuánimemente

equate [ɪ'kweɪt] *vt* equiparar (**with** con)

equation [ɪ'kweɪʒən] *n Math* ecuación *f*

equator [ɪ'kweɪtə(r)] *n* ecuador *m*

equatorial [ekwə'tɔːrɪəl] *adj* ecuatorial; **E. Guinea** Guinea Ecuatorial

equestrian [ɪ'kwestrɪən] **1** *n* caballista *mf*

2 *adj* (*statue, ability*) ecuestre

equestrianism [ɪ'kwestrɪənɪzəm] *n* equitación *f*

equidistant [ekwɪ'dɪstənt] *adj* equidistante (**from** de)

equilateral [ekwɪ'lætərəl] *adj* equilátero(a)

equilibrium [ekwɪ'lɪbrɪəm] *n* equilibrio *m*; **to maintain/lose one's e.** mantener/perder el equilibrio

equine ['ekwaɪn] *adj* (**a**) (*activities*) ecuestre; (*disease*) equino(a) (**b**) (*features*) caballuno(a), equino(a); **to have an e. face** tener cara de caballo

equinox ['ekwɪnɒks] *n* equinoccio *m*

equip [ɪ'kwɪp] (*pt & pp* **equipped**) *vt* (**a**) (*provide with equipment*) equipar; **to e. sb with sth** equipar a alguien con *or* de algo (**b**) (*prepare*) preparar; **to be equipped for...** estar preparado(a) para...

equipment [ɪ'kwɪpmənt] *n* (*items*) equipo *m* ❑ ***e. allowance*** gastos *mpl* de equipamiento

equitable ['ekwɪtəbəl] *adj* justo(a), equitativo(a)

equitably ['ekwɪtəblɪ] *adv* equitativamente

Equity ['ekwɪtɪ] *n* (*actors' union*) = sindicato británico de actores

equity ['ekwɪtɪ] *n* (**a**) (*fairness*) justicia *f*, equidad *f* (**b**) *Fin* (*of shareholders*) fondos *mpl* propios, neto *m* patrimonial; (*of company*) capital *m* escriturado *or* social; **equities** acciones *fpl* ordinarias; **e. markets** mercados *mpl* de renta variable

equivalence [ɪ'kwɪvələns] *n* equivalencia *f*

equivalent [ɪ'kwɪvələnt] **1** *n* equivalente *m*

2 *adj* equivalente (**to** a)

equivocal [ɪ'kwɪvəkəl] *adj* equívoco(a)

equivocally [ɪ'kwɪvəklɪ] *adv* de manera equívoca

equivocate [ɪ'kwɪvəkeɪt] *vi* andarse con rodeos

equivocation [ɪkwɪvə'keɪʃən] *n* rodeos *mpl*, ambigüedades *fpl*

ER [iː'ɑː(r)] *n* (**a**) *US Med* (*abbr* **Emergency Room**) (sala *f* de) urgencias *fpl* (**b**) *Br* (*abbr* **Elizabeth Regina**) = emblema de la reina Isabel

era ['ɪərə] *n* era *f*

eradicate [ɪ'rædɪkeɪt] *vt* erradicar

eradication [ɪrædɪ'keɪʃən] *n* erradicación *f*

erasable [ɪ'reɪzəbəl] *adj Comptr* regrabable

erase [ɪ'reɪz] *vt also Comptr* borrar; **to e. sth from one's mind** borrar algo de la mente *or* del pensamiento

eraser [ɪ'reɪzə(r)] *n* goma *f* (de borrar)

erbium ['ɜːbɪəm] *n Chem* erbio *m*

ere [eə(r)] *Literary* **1** *prep* antes de

2 *conj* antes (de) que

erect [ɪ'rekt] **1** *adj* erguido(a), erecto(a)

2 *vt* erigir

erectile [ɪ'rektaɪl] *adj Physiol* eréctil

erection [ɪ'rekʃən] *n* (**a**) (*of building*) erección *f*, construcción *f* (**b**) (*erect penis*) erección *f*

erg [ɜːg] *n Phys* ergio *m*

ergo ['ɜːgəʊ] *adv Formal & Hum* ergo, luego

ergonomic [ɛːgə'nɒmɪk] *adj* ergonómico(a)

ergonomics [ɜːgə'nɒmɪks] *n* ergonomía *f*

ergot ['ɜːgɒt] *n* cornezuelo *m*, ergotina *f*

Eritrea [erɪ'treɪə] *n* Eritrea

Eritrean [erɪ'treɪən] *n & adj* eritreo(a) *m,f*

ERM [iːɑː'rem] *n Fin* (*abbr* **Exchange Rate Mechanism**) mecanismo *m* de tipos de cambio

ermine ['ɜːmɪn] *n* armiño *m*

erode [ɪ'rəʊd] **1** *vt* (**a**) (*rock, soil, metal*) erosionar (**b**) (*confidence, power*) erosionar, minar (**c**) (*savings, income*) mermar

2 *vi* (**a**) (*of rock, soil, metal*) erosionarse (**b**) (*of confidence, power*) minarse (**c**) (*of savings, income*) mermar

erogenous [ɪ'rɒdʒɪnəs] *adj* erógeno(a); **e. zone** zona *f* erógena

Eros ['ɪərɒs] *n* Eros

erosion [ɪ'rəʊʒən] *n* (**a**) (*of rock, soil, metal*) erosión *f* (**b**) (*of confidence, power*) desgaste *m* (**c**) (*of savings, income*) merma *f*

erotic [ɪ'rɒtɪk] *adj* erótico(a)

erotica [ɪ'rɒtɪkə] *npl* obras *fpl* eróticas

eroticism [ɪ'rɒtɪsɪzəm] *n* erotismo *m*

err [ɜː(r)] *vi* (*make mistake*) cometer un error, errar; **to e. on the side of caution** pecar de prudente; PROV **to e. is human** errar es humano

errand ['erənd] *n* recado *m*, *Am* mandado *m*; **to run errands for sb** hacerle los recados *or Am* mandados a alguien; **an e. of mercy** una misión caritativa *or* de caridad ❑ ***e. boy*** chico *m* de los recados

errant ['erənt] *adj Formal* (*behaviour*) desordenado(a), díscolo(a); (*son, daughter*) descarriado(a); (*husband*) díscolo(a), infiel

errata [ɪ'rɑːtə] *npl Typ* (*mistakes*) erratas *fpl*; (*list*) fe *f* de erratas ❑ ***e. slip*** fe *f* de erratas (*en una hoja suelta*)

erratic [ɪ'rætɪk] *adj* (*service, performance*) desigual, irregular; (*course, mood*) errático(a)

erroneous [ɪ'rəʊnɪəs] *adj* erróneo(a)

erroneously [ɪ'rəʊnɪəslɪ] *adv* erróneamente

error ['erə(r)] *n* (**a**) (*mistake*) error *m*; **to make an e.** cometer un error, equivocarse; **in e.** por error; **to see the e. of one's ways** darse cuenta de los propios errores (**b**) *Comptr* ***e. code*** código *m* de error; ***e. message*** mensaje *m* de error

ersatz ['ɜ:zæts] *adj* sucedáneo(a)

erstwhile ['ɜ:stwaɪl] *adj Literary* antiguo(a), de otros tiempos

erudite ['erjədaɪt] *adj Formal* erudito(a)

erudition [erjə'dɪʃən] *n Formal* erudición *f*

erupt [ɪ'rʌpt] *vi (volcano)* entrar en erupción; *Fig* estallar, explotar

eruption [ɪ'rʌpʃən] *n (of volcano)* erupción *f*; *(of anger, noise)* explosión *f*, estallido *m*

erythrocyte [ɪ'rɪθrəsaɪt] *n Physiol* eritrocito *m*, hematíe *m*

esc *n Comptr* ***e. key*** tecla *f* Esc

escalate ['eskəleɪt] **1** *vt (conflict, tension)* intensificar, provocar una escalada de; *(demands)* aumentar, incrementar
2 *vi (of prices)* aumentar; **escalating costs/prices** costos *or Esp* costes/precios cada vez más altos *or* en constante aumento; **to e. into...** *(of conflict)* convertirse en...; **the conflict may e.** puede intensificarse el conflicto, puede producirse una escalada del conflicto

escalation [eskə'leɪʃən] *n (of prices, conflict)* escalada *f*

escalator ['eskəleɪtə(r)] *n* escalera *f* mecánica

escalope ['eskəlɒp] *n Culin* escalope *m*

escapade ['eskəpeɪd] *n* aventura *f*, correría *f*

> Note that the Spanish word **escapada** is a false friend and is never a translation for the English word **escapade**. In Spanish **escapada** means both "escape" and "quick trip".

escape [ɪs'keɪp] **1** *n* (**a**) *(of person)* huida *f*, evasión *f*; *(of prisoner)* fuga *f*, evasión *f*; *(of animal)* huida *f*; *(of gas, fluid)* escape *m*; **to make one's e.** escapar, huir ▫ *Com* ***e. clause*** cláusula *f* de escape *or* de salvaguardia; ***e. road*** vía *f* de escape, zona *f* de frenado de emergencia; ***e. route*** *(from fire)* vía *f* de salida (de emergencia); *(of criminal)* vía *f* de escape; ***e. velocity*** velocidad *f* de escape (**b**) *Comptr* escape *m* ▫ ***e. key*** tecla *f* de escape
2 *vt (danger, punishment)* escapar de, librarse de; **to e. sb's notice** pasar inadvertido(a) a alguien; **her name escapes me** ahora no me sale su nombre; **there's no escaping the fact that...** no se puede negar (el hecho de) que...
3 *vi (of person, gas, fluid)* escaparse (**from** de); **to e. from reality** evadirse de la realidad

escapee [eskeɪ'pi:] *n* fugitivo(a) *m,f*

escapism [ɪs'keɪpɪzəm] *n* evasión *f* de la realidad

escapist [ɪs'keɪpɪst] **1** *n* fantasioso(a) *m,f*
2 *adj* de evasión

escapologist [eskə'pɒlədʒɪst] *n* escapista *mf*

escarpment [ɪs'kɑ:pmənt] *n* escarpa *f*, escarpadura *f*

eschew [ɪs'tʃu:] *vt Formal* eludir, rehuir

escort 1 *n* ['eskɔ:t] escolta *f*; **under e.** escoltado(a); **under armed e.** escoltado(a) por hombres armados ▫ ***e. agency*** agencia *f* de contactos; *Mil* ***e. duty*** servicio *m* de escolta
2 *vt* [ɪs'kɔ:t] escoltar; **to e. sb off the premises** conducir a alguien fuera del local

escritoire [eskrɪ'twɑ:(r)] *n* buró *m*, escritorio *m*

escudo [ɪ'sku:dəʊ] (*pl* **escudos**) *n* escudo *m*

escutcheon [ɪs'kʌtʃən] *n (shield)* escudo *m* de armas, blasón *m*

Eskimo ['eskɪməʊ] (*pl* **Eskimos**) **1** *n* esquimal *mf*
2 *adj* esquimal ▫ ***E. roll*** *(in canoeing)* = maniobra para darle la vuelta a una piragua que ha volcado sin salirse de ella

ESL [i:es'el] *n* (*abbr* **English as a Second Language**) = inglés como segunda lengua

esophagus *US* = **oesophagus**

esoteric [esəʊ'terɪk] *adj* esotérico(a)

ESP [i:es'pi:] *n* (*abbr* **extrasensory perception**) percepción *f* extrasensorial

espadrille ['espədrɪl] *n* alpargata *f*, zapatilla *f* de esparto

esparto [ɪ'spɑ:təʊ] *n* **e. (grass)** esparto *m*

especially [ɪs'peʃəlɪ] *adv* especialmente; **we were e. lucky with the weather** tuvimos especial suerte con el tiempo; **I wasn't e. interested in the movie** no tenía especial *or* particular interés por la película; **it's very hot, e. in August** hace mucho calor, sobre todo en agosto

Esperanto [espə'ræntəʊ] *n* esperanto *m*

espionage ['espɪənɑ:ʒ] *n* espionaje *m*

esplanade [esplə'neɪd] *n* paseo *m* marítimo

espouse [ɪs'paʊz] *vt* patrocinar

espresso [es'presəʊ] (*pl* **espressos**) *n* café *m* exprés

esprit de corps [e'spri:də'kɔ:(r)] *n* espíritu *m* de grupo *or* cuerpo

Esq (*abbr* **Esquire**) **Derek Wilson, E.** (Sr.) D. Derek Wilson

essay ['eseɪ] *n (at school)* redacción *f*; *(at university)* trabajo *m*; *(literary)* ensayo *m*

essayist ['eseɪɪst] *n* ensayista *mf*

essence ['esəns] *n* (**a**) *(most important part or quality)* esencia *f*; **in e.** esencialmente, en esencia; **the very e. of...** la más pura esencia de...; **time is of the e.** no hay tiempo que perder (**b**) *Culin* esencia *f*; **coffee/vanilla e.** esencia de cafe/vainillá

essential [ɪ'senʃəl] **1** *n* (**a**) *(vital item, ingredient)* **when camping a good sleeping bag is an e.** cuando vas de camping, un buen saco de dormir es imprescindible (**b**) **essentials** *(basic foodstuffs)* productos *mpl* primarios *or* de primera necesidad; *(basic issues)* cuestiones *fpl* básicas; *(basic principles)* nociones *fpl* básicas, principios *mpl* básicos; **just pack a few essentials** prepara sólo lo imprescindible
2 *adj* (**a**) *(basic)* esencial, básico(a) ▫ ***e. oil*** aceite *m* esencial (**b**) *(indispensable)* esencial, fundamental; **it is e. that...** es fundamental que...

essentially [ɪ'senʃəlɪ] *adv* esencialmente; **e., it's a question of having enough money** fundamentalmente, se trata de disponer del dinero suficiente

EST [i:es'ti:] *n US* (*abbr* **Eastern Standard Time**) = hora oficial de la costa este de los Estados Unidos

establish [ɪs'tæblɪʃ] *vt* (**a**) *(set up)* establecer; **to e. oneself in business** establecerse en el mundo de los negocios; **to e. a reputation** crearse *or* labrarse una reputación; **they established their right to vote** establecieron su derecho al voto; **the movie established her as an important director** la película la consagró como una gran directora (**b**) *(prove) (fact, somebody's innocence)* determinar

established [ɪs'tæblɪʃt] *adj (custom, practice)* establecido(a); *(fact)* probado(a); **the e. Church** la iglesia oficial; **the e. order** el orden establecido

establishment [ɪs'tæblɪʃmənt] *n* (**a**) **the E.** *(established order)* el sistema, el orden establecido; *(ruling class)* la clase dominante (**b**) *(hotel, restaurant)* establecimiento *m* (**c**) *(founding, creation) (of company)* fundación *f*; *(of reputation)* establecimiento *m* (**d**) *(of fact)* determinación *f*

estate [ɪs'teɪt] *n* (**a**) *Law (possessions)* posesiones *fpl* (**b**) *(land)* finca *f*; *Br* **(housing) e.** urbanización *f* ▫ *Br* ***e. agency*** (agencia *f*) inmobiliaria *f*; *Br* ***e. agent*** agente *mf* inmobiliario(a) (**c**) *Br* **e. (car)** (coche *m*) ranchera *f*

esteem [ɪs'ti:m] **1** *n* estima *f*; **to hold sb in high/low e.** tener a alguien en gran/poca estima; **to go down/up in sb's e.** perder/ganar puntos con alguien
2 *vt* estimar; *Formal* **to e. it an honour that...** considerar un honor que...

esteemed [ɪs'ti:md] *adj Formal* estimado(a)

ester ['estə(r)] *n Chem* éster *m*

esthete, esthetic *etc US* = **aesthete, aesthetic** *etc*

estimable ['estɪməbəl] *adj Formal* estimable

estimate 1 *n* ['estɪmət] *(calculation)* estimación *f*, cálculo *m* aproximado; *Com* presupuesto *m*; **at a rough e.** aproximadamente
2 *vt* ['estɪmeɪt] estimar (**at** en); **an estimated cost/value** un costo/valor estimado; **estimated time of arrival** hora aproximada *or* prevista de llegada

estimation [estɪ'meɪʃən] *n* (**a**) *(calculation)* cálculo *m*, estimación *f* (**b**) *(judgement)* juicio *m*, opinión *f*; **in my e.** a mi juicio; **she has gone up/down in my e.** ahora la tengo en más/menos estima

Estonia [es'təʊnɪə] *n* Estonia

Estonian [es'təʊnɪən] **1** *n* (**a**) *(person)* estonio(a) *m,f* (**b**) *(language)* estonio *m*
2 *adj* estonio(a)

estranged [ɪs'treɪndʒd] *adj* **his e. wife**

su mujer, con la que ya no vive; **to be e. (from)** estar separado(a) (de)

estrangement [ɪs'treɪndʒmənt] *n* separación *f*

estrogen *US* = **oestrogen**

estuary ['estjʊərɪ] *n* estuario *m*

ETA [i:ti:'eɪ] *n Av* (*abbr* **estimated time of arrival**) hora *f* aproximada *or* prevista de llegada

et al [et'æl] (*abbr* **et alii**) et al.

etc *adv* (*abbr* **et cetera**) etc.

et cetera [ɪt'setərə] *adv* etcétera

etch [etʃ] *vt* grabar (al aguafuerte); *Fig* **the scene was etched in his memory** tenía la escena grabada en la memoria

etching ['etʃɪŋ] *n (picture)* (grabado *m* al) aguafuerte *m*

eternal [ɪ'tɜ:nəl] *adj* eterno(a) ▫ ***the E. City*** la Ciudad Eterna; ***e. triangle*** triángulo *m* amoroso

eternally [ɪ'tɜ:nəlɪ] *adv* eternamente; **I shall be e. grateful to you** te estaré eternamente agradecido(a)

eternity [ɪ'tɜ:nɪtɪ] *n* eternidad *f*; *Fam* **I waited an e.** esperé una eternidad ▫ ***e. ring*** alianza *f*

ethane ['i:θeɪn] *n Chem* etano *m*

ethanol ['eθənɒl] *n Chem* etanol *m*

ethene ['eθi:n] *n Chem* etileno *m*, eteno *m*

ether ['i:θə(r)] *n* éter *m*

ethereal [ɪ'θɪərɪəl] *adj* etéreo(a)

Ethernet® ['i:θənet] *n Comptr* Ethernet® *f*

ethic ['eθɪk] *n* ética *f*, moral *f*

ethical ['eθɪkəl] *adj* ético(a)

ethically ['eθɪklɪ] *adv* éticamente

ethics ['eθɪks] *npl* ética *f*

Ethiopia [i:θɪ'əʊpɪə] *n* Etiopía

Ethiopian [i:θɪ'əʊpɪən] *n & adj* etíope *mf*

ethnic ['eθnɪk] *adj* étnico(a) ▫ ***e. cleansing*** limpieza *f* étnica; ***e. minority*** minoría *f* étnica

ethnically ['eθnɪklɪ] *adv* étnicamente

ethnocentric [eθnəʊ'sentrɪk] *adj* etnocéntrico(a)

ethnographic [eθnə'græfɪk] *adj* etnográfico(a)

ethnography [eθ'nɒgrəfɪ] *n* etnografía *f*

ethnology [eθ'nɒlədʒɪ] *n* etnología *f*

ethos ['i:θɒs] *n* espíritu *m*, valores *mpl* (morales)

ethyl ['eθɪl] *n Chem* etilo *m* ▫ ***e. alcohol*** alcohol *m* etílico

ethylene ['eθɪli:n] *n Chem* etileno *m* ▫ ***e. glycol*** etilenglicol *m*

etiolated ['i:tɪəleɪtɪd] *adj* **(a)** *Bot* con etiolación **(b)** *Formal* demacrado(a)

etiology *US* = **aetiology**

etiquette ['etɪket] *n* etiqueta *f*, protocolo *m*; **professional e.** ética *f* profesional

Etruscan [ɪ'trʌskən] *n & adj* etrusco(a) *m,f*

etymological [etɪmə'lɒdʒɪkəl] *adj* etimológico(a)

etymology [etɪ'mɒlədʒɪ] *n* etimología *f*

EU [i:'ju:] *n* (*abbr* **European Union**) UE *f*

eucalyptus [ju:kə'lɪptəs] *n* eucalipto *m*

Eucharist ['ju:kərɪst] *n* **the E.** la Eucaristía

Euclidean [ju:'klɪdɪən] *adj Geom* euclidiano(a)

eugenics [ju:'dʒenɪks] *n Tech* eugenesia *f*

eulogize ['ju:lədʒaɪz] *vt Formal* loar, alabar

eulogy ['ju:lədʒɪ] *n* panegírico *m*

eunuch ['ju:nək] *n* eunuco *m*

euphemism ['ju:fəmɪzəm] *n* eufemismo *m*

euphemistic [ju:fə'mɪstɪk] *adj* eufemístico(a)

euphemistically [ju:fə'mɪstɪklɪ] *adv* de manera eufemística, eufemísticamente

euphonious [ju:'fəʊnɪəs] *adj Formal* eufónico(a), armonioso(a)

euphonium [ju:'fəʊnɪəm] *n* bombardino *m*

euphony ['ju:fənɪ] *n* eufonía *f*

euphoria [ju:'fɔ:rɪə] *n* euforia *f*

euphoric [ju:'fɔ:rɪk] *adj* eufórico(a); **to be e.** estar eufórico(a)

Eurasian [jʊə'reɪʒən] *n & adj* eur(o)asiático(a) *m,f*

EURATOM [jʊə'rætəm] *n* (*abbr* **European Atomic Energy Community**) EURATOM *f*

eureka [jʊə'ri:kə] *exclam* ¡eureka!

euro ['jʊərəʊ] (*pl* **euros**) *n Fin (European currency)* euro *m*

Eurobond ['jʊərəʊbɒnd] *n* eurobono *m*

Eurocentric [jʊərəʊ'sentrɪk] *adj* eurocéntrico(a)

Eurocheque ['jʊərəʊtʃek] *n Fin* eurocheque *m*

Eurocrat ['jʊərəkræt] *n* eurócrata *mf*

eurocurrency ['jʊərəʊkʌrənsɪ] *n* eurodivisa *f*

Eurodollar ['jʊərəʊdɒlə(r)] *n Fin* eurodólar *m*

Euro-MP ['jʊərəʊem'pi:] *n* eurodiputado(a) *m,f*

Europe ['jʊərəp] *n* Europa

European [jʊərə'pi:ən] **1** *n* europeo(a) *m,f*
2 *adj* europeo(a) ▫ ***E. Commission*** Comisión *f* Europea; ***E. Community*** Comunidad *f* Europea; ***E. Court of Human Rights*** Tribunal *m* Europeo de Derechos Humanos; ***E. Court of Justice*** Tribunal *m* de Justicia Europeo; ***the E. Cup*** *(in soccer)* la Copa de Europa; ***the E. Cup Winners Cup*** *(in soccer)* la Recopa de Europa; *Formerly* ***E. Currency Unit*** unidad *f* de cuenta europea; *Formerly* ***E. Economic Community*** Comunidad *f* Económica Europea; ***E. Free Trade Association*** Asociación *f* Europea de Libre Comercio; ***E. Monetary System*** Sistema *m* Monetario Europeo; ***E. Parliament*** Parlamento *m* Europeo; ***E. Union*** Unión *f* Europea

Eurosceptic [jʊərəʊ'skeptɪk] *n* euroescéptico(a) *m,f*

Eustachian tube [ju:'steɪʃən'tju:b] *n Anat* trompa *f* de Eustaquio

euthanasia [ju:θə'neɪzɪə] *n* eutanasia *f*

evacuate [ɪ'vækjʊeɪt] *vt (person, area)* evacuar

evacuation [ɪvækjʊ'eɪʃən] *n (of people, area)* evacuación *f*

evacuee [ɪvækjʊ'i:] *n* evacuado(a) *m,f*

evade [ɪ'veɪd] *vt (pursuer)* burlar; *(blow)* esquivar; *(question)* eludir; **she evaded her responsibilities** rehuyó sus responsabilidades; **to e. tax** evadir impuestos

evaluate [ɪ'væljʊeɪt] *vt* evaluar

evaluation [ɪvæljʊ'eɪʃən] *n* evaluación *f*

evaluative [ɪ'væljʊətɪv] *adj* evaluador(ora), valorativo(a)

evanescent [evə'nesənt] *adj Literary* evanescente, efímero(a)

evangelical [i:væn'dʒelɪkəl] *n & adj* evangélico(a) *m,f*

evangelism [ɪ'vændʒəlɪzəm] *n* evangelismo *m*

evangelist [ɪ'vændʒəlɪst] *n* evangelista *mf*

evangelize [ɪ'vændʒəlaɪz] *vt & vi* evangelizar

evaporate [ɪ'væpəreɪt] **1** *vt* evaporar; **evaporated milk** leche *f* concentrada
2 *vi (of liquid, enthusiasm)* evaporarse

evaporation [ɪvæpə'reɪʃən] *n* evaporación *f*

evasion [ɪ'veɪʒən] *n* **(a)** *(escape) (of pursuer, question)* evasión *f*; *(of responsibility)* evasión, negligencia *f* **(b)** *(evasive statement)* evasiva *f*; **I was met with the usual evasions** me dieron las evasivas de costumbre **(c)** *(of tax)* **(tax) e.** evasión *f* fiscal *or* de impuestos

evasive [ɪ'veɪsɪv] *adj (person, reply)* evasivo(a); **to take e. action** *Mil* maniobrar para evitar el enfrentamiento; *Fig* quitarse *or Andes, RP* sacarse de en medio; **to be e. (about sth)** andarse *or* venir con evasivas (con respecto a algo)

evasiveness [ɪ'veɪsɪvnɪs] *n* actitud *f* evasiva

eve [i:v] *n (day before)* víspera *f*; **on the e. of...** (en) la víspera de..., en vísperas de...

EVEN ['i:vən] **1** *adj* **(a)** *(flat) (surface)* llano(a), liso(a); **the surface isn't very e.** la superficie no está nivelada; IDIOM **to put sth back on an e. keel** restablecer el equilibrio de algo
(b) *(regular) (breathing, pace)* regular, constante; *(temperature)* constante; *(coating)* uniforme; *(voice, tone)* mesurado(a); **to have an e. temper** tener un carácter pacífico
(c) *(equal) (contest)* igualado(a); **an e. distribution of wealth** una distribución equitativa de la riqueza; **to have an e. chance (of doing sth)** tener un cincuenta por ciento de posibilidades (de hacer algo); *Fig* **we're e. now** (ahora) estamos en paz; *Fig* **to get e. with sb** *(take revenge on)* vengarse *or* desquitarse de alguien; **it's e. money whether... or...** tan posible es que... como que...
(d) *(exactly divisible by 2)* **e. number** número *m* par
2 *adv* **(a)** *(for emphasis)* incluso, aún; **e. bigger/more interesting** aún *or* inclu-

so mayor/más interesante; **e. my dad agreed** hasta my padre estuvo de acuerdo; **it could be described as foolish, e. absurd** se podría describir como tonto, hasta absurdo; **he seemed shy, surly e.** parecía tímido, incluso arisco; **it would be unwise to e. consider the offer** no sería aconsejable ni plantearse siquiera la oferta; *Fam* **don't e. think about it!** ¡ni lo pienses!, ¡ni se te ocurra!; **I never e. saw it** ni siquiera llegué a verlo; **not e.** ni siquiera; **without e. speaking** sin tan siquiera hablar

(**b**) **even as** *conj* **e. as I speak** justo a la vez que estoy hablando; **e. as she said it, she realized she was wrong** conforme lo decía, se daba cuenta de que estaba equivocada

(**c**) **even if** *conj* aunque; **e. if what you say is true** aunque sea verdad lo que dices, aun siendo verdad lo que dices; **e. if you run you'll be late** aunque corras llegarás tarde

(**d**) **even now** *adv* incluso ahora

(**e**) **even so** *adv* aun así

(**f**) **even then** *adv (still)* ya entonces; *(nevertheless)* aun así

(**g**) **even though** *conj* aunque, a pesar de que

3 *vt* (**a**) *(surface)* allanar, nivelar

(**b**) *(make equal)* igualar, equilibrar; **in order to e. the odds their team had an extra player** con el objeto de igualar el encuentro, su equipo tenía un jugador más; **to e. the score** igualar el marcador

▸**even out 1** *vt sep* **they aim to e. out social inequalities** aspiran a eliminar las desigualdades sociales; **with this account, you can e. out payments over the year** con esta cuenta, los pagos se reparten equitativamente a lo largo del año

2 *vi (of differences, workload)* equilibrarse

▸**even up** *vt sep* **to e. things up** igualar *or* equilibrar las cosas

---

even-handed ['i:vən'hændɪd] *adj* imparcial

evening ['i:vnɪŋ] *n (earlier)* tarde *f*; *(later)* noche *f*; **tomorrow e.** mañana por la tarde/noche; **yesterday e.** ayer (por la) tarde/noche; *Fam* **e.!** ¡buenas tardes/noches!, *RP* ¡nas tardes/noches!; **in the e.** por la tarde/noche; **a musical/cultural e.** una velada musical/cultural; **to make an e. of it** aprovechar la noche ❑ ***e. class*** clase *f* nocturna; ***e. dress*** *(for men)* traje *m* de etiqueta; *(for women)* vestido *m or* traje *m* de noche; ***e. paper*** periódico *m* vespertino *or* de la tarde; ***e. performance*** *(of play)* sesión *f* de noche; ***e. primrose*** onagra *f*, hierba *f* del asno; ***e. primrose oil*** aceite *m* de onagra; ***e. star*** lucero *m* de la tarde *or* vespertino

evenly ['i:vənlɪ] *adv (uniformly)* uniformemente; *(fairly)* equitativamente; **to breathe e.** respirar tranquilamente; **to say sth e.** decir algo en tono neutro; **e. matched** en igualdad de condiciones

evenness ['i:vənnɪs] *n (of surface)* uniformidad *f*, lisura *f*; *(of breathing, pace)* regularidad *f*

evens ['i:vənz] *n (in betting)* **the odds are e.** = por cada libra/dólar que se apuesta se reciben dos

evensong ['i:vənsɒŋ] *n Rel* vísperas *fpl*

event [ɪ'vent] *n* (**a**) *(occurrence)* acontecimiento *m*; **in the normal course of events** en circunstancias normales; **at all events** en todo *or* cualquier caso; **in any e.** en cualquier caso; **in the e. of fire** en caso de incendio; **in the e. of her resigning...** en caso de que dimita...; **a strange/unexpected turn of events** un giro extraño/inesperado en el transcurso de los acontecimientos (**b**) *(in athletics)* prueba *f*

even-tempered ['i:vən'tempəd] *adj* ecuánime, sereno(a)

eventful [ɪ'ventfʊl] *adj (day, life)* agitado(a), azaroso(a)

eventide ['i:vəntaɪd] *n Old-fashioned or Literary* anochecer *m* ❑ *Euph* ***e. home*** residencia *f* de la tercera edad *or* de ancianos

eventual [ɪ'ventʃʊəl] *adj* final

> Note that the Spanish word **eventual** is a false friend and is never a translation for the English word **eventual**. In Spanish **eventual** means both "temporary" and "possible".

eventuality [ɪventʃʊ'ælɪtɪ] *n* eventualidad *f*, posibilidad *f*; **in that e.** en ese caso; **to be ready for all eventualities** estar preparado(a) *or Am* alistado(a) para cualquier eventualidad

eventually [ɪ'ventʃəlɪ] *adv* finalmente, al final

> Note that the Spanish word **eventualmente** is a false friend and is never a translation for the English word **eventually**. In Spanish **eventualmente** means both "by chance" and "possibly".

EVER ['evə(r)] *adv* (**a**) *(always, at any time)* **all she e. does is criticize** no hace más que criticar; **it's the only brand of coffee I e. buy** es la única marca de café que compro; **don't e. do it again!** ¡ni se te ocurra volver a hacerlo!; **before I had e. met her** antes de que la conociera; **if you e. come to Washington** si vienes a Washington alguna vez; **e. the gentleman, he opened the door for her** caballeroso como siempre, le abrió la puerta; *Literary* **it will e. be so** siempre será así; **she was as friendly as e.** estuvo tan amable como siempre; **as e., we were the last to find out** como siempre, fuimos los últimos en saberlo; **e. since (then)** desde entonces; **e. since 1960** desde 1960; **e. since her mother died** desde que murió su madre; **for e. (and e.)** por siempre; **if e. there was a time to celebrate, this is it** esta es una ocasión como ninguna para celebrar; **she's a liar if e. there was one** miente como ella sola, es la más mentirosa del mundo; **they all lived happily e. after** *(in story)* vivieron felices y comieron perdices; *Br* **Yours e.,** *Old-fashioned* **e. yours** *(in letter)* afectuosamente, un saludo afectuoso

(**b**) *(with comparatives, superlatives)* **the worst/best e.** el peor/mejor de todos los tiempos; **the biggest earthquake e. recorded** el mayor terremoto registrado jamás; **it's my first e. parachute jump** es mi primer salto en paracaídas; **it's my last e. performance** es mi última representación; **the biggest house I've e. seen** la casa más grande que haya visto jamás; **worse/better than e.** mejor/peor que nunca; **more than e.** más que nunca; **they are becoming e. better** son cada vez mejores

(**c**) *(with negative sense)* **hardly e.** casi nunca; **nobody had e. heard of him** nadie sabía nada de él; **not e.** nunca; **nothing e. happens** nunca pasa nada; **nothing e. upsets her** nada consigue enfadarla *or Am* enojarla; **I don't know if I'll e. see him again** no sé si lo volveré a ver (alguna vez); **I seldom** *or* **rarely if e. see her** apenas la veo

(**d**) *(in questions)* alguna vez; **do you e. go to Spain?** ¿vas a España?, ¿visitas España?; **have you e. been to Spain?** ¿has estado (alguna vez) en España?; **I can't remember e. meeting him** no recuerdo haberlo visto; **will I e. be happy?** ¿seré feliz algún día?; **can't you e. get anything right?** ¿es que no puedes hacer nada bien?; **don't you e. regret it?** ¿nunca sientes remordimientos?

(**e**) *(for emphasis) US* **are you pleased? — am I e.!** ¿estás contento? — ¡ya lo creo!; **have you e. seen the like of it!** ¡has visto algo igual!; **how e. could she say that?** ¿pero cómo ha podido decir algo así?; **what e. is the matter?** ¿se puede saber qué te ocurre?; **when e. did you manage to do it?** ¿pero cuándo te las arreglaste para hacerlo?; **where e. can it be?** ¿pero dónde puede estar?; **who e. was that?** ¿se puede saber quién era ése?; **why e. would he do such a thing?** ¿pero por qué haría una cosa así?

(**f**) *Fam (for emphasis)* **e. so expensive** tan carísimo(a); **thanks e. so much** muchísimas *o* tantísimas gracias; **it's e. so slightly stained** tiene una mancha pero apenas se nota; **I got e. so confused** me confundí por completo; **e. such a lot of money** tantísimo dinero; **she's e. such a nice person** es una persona tan encantadora; **we had e. such a good time** nos lo pasamos de maravilla

---

Everglades ['evəgleɪdz] *npl* **the E.** los Everglades, = región pantanosa al sur de Florida

evergreen ['evəgri:n] **1** *n* árbol *m* de hoja perenne

2 *adj* (**a**) *(tree)* (de hoja) perenne (**b**) *Fig (ever popular)* imperecedero(a), clásico(a)

everlasting [evə'lɑ:stɪŋ] *adj* eterno(a), perpetuo(a); **to my e. shame/regret,...** para mi infinita vergüenza *or Am* pena/infinito remordimiento,...

evermore [evə'mɔ:(r)] *adv Formal* por siempre (jamás); **for e.** para siempre

EVERY ['evrɪ] *adj* (**a**) *(each, all)* cada; **I know e. song he's ever written** conozco todas las canciones que ha escrito; **he ate e. (last) bit of it** se comió hasta el último bocado; **I enjoyed e. minute of the movie** disfruté la película enormemente; **it was worth e. penny** ha valido su precio; **she has read e. (single) one** ha leído todos y cada uno, ha leído todos sin excepción; **e. (single) one of us** todos y cada uno de nosotros; **e. time** siempre, cada vez; **e. time (that) I see her** cada vez que la veo; *US* **e. which way** en todas direcciones; **he criticizes me at e. opportunity** me critica siempre que puede; **from e. side** de todas partes; **it is in e. sense** *or* **way an improvement** supone una mejora desde todos los puntos de vista; **of e. description** *or* **kind** *or* **sort** de todo tipo; **e. man for himself!** ¡sálvese quien pueda!; **they have been watching her e. move** han estado vigilando todos sus movimientos; **they cater for your e. need** se ocupan de todas tus necesidades; **they hung on his e. word** estaban pendientes de cada una de sus palabras
(**b**) *(indicating regular occurrence)* **e. day** todos los días; **e. week** todas las semanas; **e. 20 kilometres** cada 20 kilómetros; **e. day this week** cada día de esta semana; **a baby is born e. three minutes** cada tres minutos nace un bebé; **e. second week** cada dos semanas; **e. second man was killed** uno de cada dos hombres murió; **one in e. ten** uno de cada diez; **e. few days** cada pocos días; **e. other** *or* **second day** cada dos días; **e. other line/page** *(one in two)* cada dos líneas/páginas; **e. other house had a satellite dish** *(almost all)* casi todas las casas tenían antena parabólica; **e. so often, e. once in a while, e. now and again** *or* **then** de vez en cuando
(**c**) *(for emphasis)* **I shall give you e. assistance** haré todo lo que pueda para ayudarte; **there is e. chance the plan will succeed** lo más probable es que el plan sea un éxito; **I have e. confidence in you** confío plenamente en ti; **we are making e. effort to improve** estamos haciendo todo lo posible por mejorar; **I have e. intention of telling her** estoy completamente decidido a contárselo; **you have had e. opportunity to change** has tenido todas las oportunidades del mundo para cambiar; **you have e. right to be angry** tienes todo el derecho a estar enfadado *or Am* enojado; **he is showing e. sign of improving** muestra todos los signos de estar recuperándose; **we wish you e. success** te deseamos mucho éxito; **e. bit as good/intelligent as...** exactamente igual de bueno/inteligente que...

EVERYBODY ['evrɪbɒdɪ] *pron* todo el mundo, todos(as); **e. I know was there** toda la gente que conozco estaba allí; **e. has their own opinion on the matter** todos tenemos nuestra propia opinión sobre el tema; **is e. ready?** ¿estamos/estáis todos listos?; **is that e.?** *(are we all here?)* ¿estamos todos?; **not e. would agree with you** no todo el mundo estaría de acuerdo contigo; **we will send a letter to e. affected** enviaremos una carta a todos los afectados; **would e. in favour raise their hand?** los que estén a favor, que levanten la mano; **O.K. e., let's start** venga todos, comencemos; **e. but Jim agreed** todos estuvimos/estuvieron de acuerdo menos Jim; **e. who wants to go should put their name on the list** el que quiera ir que escriba su nombre en la lista; *Hum* **e. who is anybody** toda la gente importante

everyday ['evrɪdeɪ] *adj (event, expression)* cotidiano(a); **for e. use** para uso cotidiano; **in e. use** de uso cotidiano *or* corriente

everyone ['evrɪwʌn] = **everybody**

EVERYTHING ['evrɪθɪŋ] *pron* todo; **I lost e.** (lo) perdí todo; **the movie has e.** la película tiene de todo; **we have e. from sofas to fitted kitchens** tenemos de todo, desde sofás hasta cocinas integrales; **she has e. going for her** lo tiene todo a su favor; **e. (that) I did seemed to go wrong** parecía que todo lo que hacía salía mal; **I will do e. possible** *or* **e. (that) I can** haré todo lo posible *o* todo lo que pueda; **e. went quiet** se hizo el silencio; **is e. all right?** ¿pasa algo?, ¿algún problema?; **money isn't e.** el dinero no lo es todo; **you are** *or* **mean e. to me** tú lo eres todo para mí; **does it have anything to do with me? — it has e. to do with you!** ¿tiene algo que ver conmigo? – ¡por supuesto que tiene que ver contigo!; *Fam* **the room had a minibar and e.** la habitación tenía minibar y todo; *Fam* **what with the kids and e. we haven't got time** con los niños y *Esp* toda la pesca *or Méx* todas las historias *or RP* toda la pelota no tenemos tiempo; **e. must go!** *(sign in sale)* ¡hasta liquidar existencias *or RP* el stock!

EVERYWHERE ['evrɪweə(r)] **1** *adv* por *or* en todas partes; **we looked e.** miramos por todas partes; **they go e. together** van juntos a todas partes; **he follows me e.** me sigue a todas partes; **e. in France** en toda Francia; **e. you go/look** dondequiera que vayas/mires; **I fly e. with British Airways** siempre vuelo con British Airways; **democrats e. were shocked by this decision** la decisión conmocionó a los demócratas de todo el mundo; **death was e.** la presencia de la muerte se dejaba sentir en todas partes; **I can't be e. at once!** ¡no se puede estar en todas partes a la vez!
2 *pron* **e. looks so clean** todo parece tan limpio; **e.'s fully booked** no hay plazas en ningún sitio

evict [ɪ'vɪkt] *vt* desahuciar, desalojar

eviction [ɪ'vɪkʃən] *n* desahucio *m*, desalojo *m* ▫ ***e. order*** orden *f* de desahucio *or* desalojo

evidence ['evɪdəns] **1** *n* (**a**) *(proof, indication)* pruebas *fpl*; **to be in e.** ser claramente visible; **the police weren't much in e.** no se veía mucha policía; **to show e. of** demostrar, dar prueba de; **there was no e. of his stay in the house** no había pruebas de su paso por la casa (**b**) *Law* pruebas *fpl*; **on the e. of...** de acuerdo con el *or* sobre la base del testimonio de...; **to give e.** testificar, prestar declaración
2 *vt Formal* evidenciar, demostrar; **as evidenced by...** como lo demuestra...

evident ['evɪdənt] *adj* evidente; **it was e. that...** era evidente que...

evidently ['evɪdəntlɪ] *adv* evidentemente

evil ['i:vəl] **1** *n* mal *m*; **a greater/lesser e.** un mal mayor/menor; **to speak e. of sb** hablar mal de alguien
2 *adj (person)* malo(a), malvado(a); *(action, practice)* vil, perverso(a); *(influence, effect)* nocivo(a), perjudicial; *(spirit)* maligno(a) ▫ ***the e. eye*** el mal de ojo

evildoer ['i:vəldu:ə(r)] *n Literary* malhechor(ora) *m,f*

evil-looking ['i:vəllʊkɪŋ] *adj* de aspecto siniestro

evil-smelling ['i:vəl'smelɪŋ] *adj* maloliente, apestoso(a)

evince [ɪ'vɪns] *vt Formal* evidenciar

eviscerate [ɪ'vɪsəreɪt] *vt (disembowel)* destripar

evocation [evə'keɪʃən] *n* evocación *f*

evocative [ɪ'vɒkətɪv] *adj* evocador(ora) (**of** de)

evoke [ɪ'vəʊk] *vt* evocar

evolution [i:və'lu:ʃən] *n* evolución *f*

evolutionary [i:və'lu:ʃənərɪ] *adj* evolutivo(a)

evolve [ɪ'vɒlv] **1** *vt* desarrollar
2 *vi (of species)* evolucionar; *(of situation)* desarrollarse; **to e. from** *(of species)* provenir de

ewe [ju:] *n* oveja *f* (hembra)

ewer ['ju:ə(r)] *n* aguamanil *m*, jarro *m*

ex [eks] *n Fam (former spouse, girlfriend, boyfriend)* ex *mf*

ex- [eks] *pref (former)* ex; **ex-minister/teacher** ex ministro(a)/profesor(ora); **ex-wife/husband** ex mujer/marido, exmujer/exmarido

exacerbate [eg'zæsəbeɪt] *vt* exacerbar

exact [ɪg'zækt] **1** *adj (number, amount)* exacto(a), preciso(a); **at the e. moment when...** en el preciso momento *or* instante en que...; **those were her e. words** esas fueron exactamente sus palabras; **the e. opposite** exactamente lo contrario; **to be e.** para ser exactos; **an e. science** una ciencia exacta
2 *vt (promise, apology)* arrancar (**from** a); *(obedience, respect)* imponer (**from** a); *(tax)* imponer el pago de (**from** a)

exacting [ɪg'zæktɪŋ] *adj (person)* exigente; *(task)* arduo(a); *(standards)* riguroso(a)

exactitude [ɪg'zæktɪtju:d] *n Formal* exactitud *f*

exactly [ɪg'zæktlɪ] *adv* exactamente; **e.!** ¡exacto!; **not e.** *(not very)* no precisamente;

(as a reply) no exactamente; **it's e. what I was worried about** es justo lo que me preocupaba; *Ironic* **her remarks were not e. helpful** sus comentarios no fueron lo que se dice de gran ayuda

exactness [ɪg'zæktnɪs] *n* exactitud *f*, precisión *f*

exaggerate [ɪg'zædʒəreɪt] *vt & vi* exagerar

exaggerated [ɪg'zædʒəreɪtɪd] *adj* exagerado(a)

exaggeration [ɪgzædʒə'reɪʃən] *n* exageración *f*

exalt [ɪg'zɔ:lt] *vt Formal (praise)* exaltar

exaltation [egzɔl'teɪʃən] *n* júbilo *m*, exultación *f*

exalted [ɪg'zɔ:ltɪd] *adj (high)* elevado(a)

exam [ɪg'zæm] *n* examen *m*; **to take** *or* **sit an e.** examinarse, hacer un examen ❑ ***e. result*** nota *f*, resultado *m*

examination [ɪgzæmɪ'neɪʃən] *n* (**a**) *(at school, at university)* examen *m*; **to take** *or* **sit an e.** examinarse, hacer un examen ❑ *Educ* ***e. board*** tribunal *m* (de examen), junta *f* examinadora; *Educ* ***e. result*** nota *f*, resultado *m* (**b**) *(inspection, scrutiny)* examen *m*, inspección *f*; **on closer** *or* **further e.** en un examen más detenido; **the matter is under e.** el asunto se está estudiando

examine [ɪg'zæmɪn] *vt (evidence, student)* examinar; **to e. one's conscience** hacer examen de conciencia

examinee [ɪgzæmɪ'ni:] *n* examinando(a) *m,f*

examiner [ɪg'zæmɪnə(r)] *n* examinador(ora) *m,f*

example [ɪg'zɑ:mpəl] *n* ejemplo *m*; **for e.** por ejemplo; **to set an e.** dar ejemplo; **to make an e. of sb** imponer un castigo ejemplar a alguien; **to follow sb's e.** seguir el ejemplo de alguien; **to lead by e.** predicar con el ejemplo

exasperate [ɪg'zɑ:spəreɪt] *vt* exasperar; **to get exasperated** exasperarse

exasperating [ɪg'zɑ:spəreɪtɪŋ] *adj* exasperante

exasperation [ɪgzɑ:spə'reɪʃən] *n* exasperación *f*

excavate ['ekskəveɪt] *vt* excavar

excavation [ekskə'veɪʃən] *n* excavación *f*

excavator ['ekskəveɪtə(r)] *n (machine)* excavadora *f*

exceed [ɪk'si:d] *vt (amount, number, expectations)* superar, exceder; *(limit)* rebasar

exceedingly [ɪk'si:dɪŋlɪ] *adv* sumamente, extremadamente

excel [ɪk'sel] (*pt & pp* **excelled**) **1** *vt esp Ironic* **to e. oneself** lucirse

2 *vi* sobresalir (**at** *or* **in** en)

excellence ['eksələns] *n* excelencia *f*

excellency ['eksələnsɪ] *n* **Your/His E.** Su Excelencia

excellent ['eksələnt] *adj* excelente; **e.!** *Esp* ¡estupendo!, *Carib, Ecuad, Perú* ¡chévere!, *Méx* ¡padre!, *RP* ¡bárbaro!

excellently ['eksələntlɪ] *adv* estupendamente, excelentemente

---

EXCEPT [ɪk'sept] **1** *prep* excepto, salvo; **everywhere e. there** en todas partes menos allí; **nobody e. him** nadie salvo él; **I know nothing e. what you've told me** no sé nada aparte de lo que me has contado; **they did everything e. win** hicieron todo menos ganar; **you can't get them e. by mail order** sólo los puedes conseguir por correo; **we would have lost, e. for you** de no ser *or* a no ser por ti, habríamos perdido; **the dress is ready e. for the buttons** menos *or* salvo los botones, el vestido está listo; **he's my best friend, e. for you, of course** es mi mejor amigo, aparte de ti, claro está; **there is little we can do e. pray** aparte de rezar, poco podemos hacer; **e. when** salvo cuando

2 *conj* **e. (that)** sólo que; **mine's identical e. (that) it's red** el mío es igual, pero rojo; **I'd love to go, e. I haven't got time** me encantaría ir, si no fuera porque no tengo tiempo

3 *vt* exceptuar, excluir (**from** de); **Friday excepted, we had a nice week** con la excepción del viernes, la semana fue buena; **present company excepted** exceptuando a los aquí presentes; **I got all the answers right, excepting the first one** acerté todas las respuestas menos la primera; **not excepting...** incluyendo a...

---

exception [ɪk'sepʃən] *n* excepción *f*; **to make an e. of sth/for sb** hacer una excepción con algo/con alguien; **with the e. of...** a excepción de...; **without e.** sin excepción; **the e. that proves the rule** la excepción que confirma la regla; **to take e. to sth** *(be offended)* ofenderse por algo; *(object)* censurar algo

exceptionable [ɪk'sepʃənəbəl] *adj Formal* inaceptable, censurable

exceptional [ɪk'sepʃənəl] *adj* excepcional

exceptionally [ɪk'sepʃənəlɪ] *adv* (**a**) *(outstandingly)* extraordinariamente (**b**) *(in very special cases)* excepcionalmente; **e., more time may be allowed** en casos excepcionales se dará más tiempo

excerpt ['eksɜ:pt] *n* fragmento *m* (**from** de)

excess [ɪk'ses] *n* exceso *m*; **excesses** *(outrages, atrocities)* excesos *mpl*; **in e. of** más de, por encima de; **sums in e. of £1,000** sumas superiores a *or* de más de 1.000 libras; **to do sth to e.** hacer algo en exceso; **to lead a life of e.** llevar una vida de excesos; **to pay the e.** *(on ticket)* pagar la diferencia *or* el suplemento ❑ ***e. baggage*** exceso de equipaje

excessive [ɪk'sesɪv] *adj* excesivo(a)

excessively [ɪk'sesɪvlɪ] *adv* excesivamente

exchange [ɪks'tʃeɪndʒ] **1** *n* (**a**) *(of prisoners, ideas)* intercambio *m*; **in e. (for)** a cambio (de); *Com* **e. of contracts** acto *m* notarial de compraventa ❑ ***e. student*** alumno(a) *m,f* de intercambio; ***e. visit*** visita *f* de intercambio

(**b**) *(argument)* **there was a heated e.** hubo un acalorado intercambio verbal

(**c**) *Fin (of currency)* cambio *m* ❑ ***e. controls*** controles *m* de cambio (monetario); ***e. rate*** tipo *m or Am* tasa *f* de cambio; ***e. rate mechanism*** mecanismo *m* de los tipos de cambio

(**d**) *Fin (place)* **(Stock) E.** mercado *m* de valores, bolsa *f*

(**e**) **(telephone) e.** *(equipment)* central *f* telefónica, centralita *f*

2 *vt (insults, gifts, information)* intercambiar; *(faulty goods)* descambiar; *(prisoners)* canjear; **to e. sth for sth** cambiar algo por algo; **to e. glances** mirarse, intercambiar miradas

exchangeable [ɪks'tʃeɪndʒəbəl] *adj (voucher, currency)* canjeable (**for** por)

exchequer [ɪks'tʃekə(r)] *n Br* **the E.** ≃ Hacienda *f*, el Tesoro (público)

excise 1 *n* ['eksaɪz] **e. (duties)** *(tax)* impuesto *m* sobre el consumo

2 *vt* [ɪk'saɪz] *Formal (remove) (growth)* extirpar; *(from text)* suprimir, excluir

excitable [ɪk'saɪtəbəl] *adj* excitable

excite [ɪk'saɪt] *vt* (**a**) *(person)* entusiasmar, emocionar (**b**) *(arouse sexually)* excitar (**c**) *(feeling, passion)* excitar, estimular; *(envy, interest)* suscitar

excited [ɪk'saɪtɪd] *adj* entusiasmado(a), emocionado(a); **to get e. (about)** entusiasmarse *or* emocionarse (con); **don't get too e.!** ¡no te hagas/os hagáis/*etc.* muchas ilusiones!

excitedly [ɪk'saɪtɪdlɪ] *adv* con entusiasmo

excitement [ɪk'saɪtmənt] *n* emoción *f*; **to avoid e.** evitar las emociones fuertes; **to cause great e.** provocar un gran revuelo; **what's all the e. about?** ¿a (cuento de) qué viene tanto revuelo?

exciting [ɪk'saɪtɪŋ] *adj* emocionante, apasionante

exclaim [ɪks'kleɪm] **1** *vt* exclamar

2 *vi* exclamar (**at** ante)

exclamation [ekskləʼmeɪʃən] *n* exclamación *f* ❑ ***e.*** *Br* ***mark*** *or US* ***point*** signo *m* de admiración *or* exclamación

exclamatory [eks'klæmətərɪ] *adj* exclamativo(a)

exclude [ɪks'klu:d] *vt* excluir (**from** de); **excluding...** excluyendo...; **to feel excluded (from)** sentirse marginado(a) *or* excluido(a) (de)

exclusion [ɪks'klu:ʒən] *n* exclusión *f*; **to the e. of...** haciendo caso omiso de... ❑ ***e. order*** orden *f* (judicial) de extrañamiento; ***e. zone*** zona *f* de exclusión

exclusive [ɪks'klu:sɪv] **1** *n (in newspaper, on TV)* exclusiva *f*

2 *adj* exclusivo(a); **for the e. use of...** para uso exclusivo de...; **e. interview** entrevista *f* en exclusiva

3 *adv* **e. of** excluyendo

exclusively [ɪks'klu:sɪvlɪ] *adv* exclusivamente; *(in newspaper, on TV)* en exclusiva

exclusivity [eksklu:'sɪvɪtɪ] *n* uso *m* exclusivo, exclusividad *f*

excommunicate [ekskə'mju:nɪkeɪt] *vt* excomulgar

excommunication [ekskəmju:nɪ'keɪʃən] *n* excomunión *f*

excoriate [ɪks'kɔ:rɪeɪt] *vt Formal (criticize)* vituperar

excrement ['ekskrɪmənt] *n* excremento *m*

excrescence [ɪks'kresəns] *n Formal* (**a**) *(growth)* excrecencia *f* (**b**) *(eyesore)* adefesio *m*

excreta [ɪks'kri:tə] *npl Formal* excrementos *mpl*, deposiciones *fpl*

excrete [ɪks'kri:t] *vt & vi Formal* excretar

excretion [ɪks'kri:ʃən] *n Formal* excreción *f*

excruciating [ɪks'kru:ʃɪeɪtɪŋ] *adj* terrible, espantoso(a)

excruciatingly [ɪks'kru:ʃɪeɪtɪŋlɪ] *adv* terriblemente, espantosamente; **e. painful** terriblemente doloroso(a); *Fam* **e. funny** tremendamente gracioso(a)

exculpate ['ekskʌlpeɪt] *vt Formal* exculpar

excursion [ɪks'kɜ:ʃən] *n* excursión *f*; **e. ticket** billete *m or Am* boleto *m* de tarifa reducida

excusable [ɪk'skju:zəbəl] *adj* disculpable, perdonable

excuse 1 *n* [ɪks'kju:s] excusa *f*; **to make an e., to make excuses** disculparse, excusarse; **to make one's excuses (and leave)** excusarse (y marcharse); **there's no e. for it!** ¡no hay derecho a eso!; **ignorance is no e.** el no saber no es excusa; **a poor e. for a TV show** una porquería de programa

2 *vt* [ɪks'kju:z] (**a**) *(forgive)* disculpar, excusar; **e. me!** *(to attract attention)* ¡perdón!, ¡oiga (por favor)!; *(when trying to get past)* ¿me permite?; *(making objection)* ¡un momento!, ¡perdona!; **e. me?** *(what did you say?)* ¿cómo? (**b**) *(exempt)* eximir (**from** de) (**c**) **to e. oneself** *(give excuse)* disculparse, excusarse

ex-directory [eksdɪ'rektərɪ] *adj Br* **e. number** = número de teléfono que no figura en la guía *or Am* en el directorio

exe ['eksi:] *n Comptr* exe m ▫ ***e. file*** archivo *m* exe

exec [ɪg'zek] *n Fam* ejecutivo(a) *m,f*

execrable ['eksɪkrəbəl] *adj Formal* execrable

execrate ['eksəkreɪt] *vt Formal* execrar

execute ['eksɪkju:t] *vt* (**a**) *(prisoner)* ejecutar (**b**) *(carry out) (command)* ejecutar; *(plan, operation)* llevar a cabo; *(one's duties)* cumplir (con) (**c**) *Comptr* ejecutar

execution [eksɪ'kju:ʃən] *n* (**a**) *(of prisoner)* ejecución *f* (**b**) *(of order)* ejecución *f*; *(of duty)* cumplimiento *m*

executioner [eksɪ'kju:ʃənə(r)] *n* verdugo *m*

executive [ɪg'zekjʊtɪv] **1** *n* (**a**) *(businessman)* ejecutivo(a) *m,f* (**b**) *(committee)* ejecutiva *f* (**c**) *(arm of government)* (poder *m*) ejecutivo *m*

2 *adj* ejecutivo(a); **an e. car** un coche *or Am* carro *or Chile, RP* auto de lujo ▫ *Br* ***e. director*** director(ora) *m,f* ejecutivo(a); ***e. toy*** = juego o artilugio para entretenerse en los ratos libres en la oficina

executor [ɪg'zekjʊtə(r)] *n Law* albacea *mf*

executrix [ɪg'zekjʊtrɪks] (*pl* **executrices** [ɪg'zekjʊtrɪsi:z]) *n Law* albacea *f*

exegesis [eksə'dʒi:sɪs] (*pl* **exegeses** [eksə'dʒi:si:z]) *n Formal* exégesis *f inv*

exemplar [ɪg'zemplɑ:(r)] *n (fine example)* modelo *m*; *(typical example)* ejemplo *m*

exemplary [ɪg'zemplərɪ] *adj* ejemplar ▫ *Law* ***e. damages*** = indemnización adicional en calidad de castigo ejemplar

exemplification [ɪgzemplɪfɪ'keɪʃən] *n* ejemplificación *f*

exemplify [ɪg'zemplɪfaɪ] *vt* ilustrar

exempt [ɪg'zempt] **1** *adj* exento(a) (**from** de)

2 *vt* eximir (**from** de)

exemption [ɪg'zem(p)ʃən] *n* exención *f* (**from** de)

exercise ['eksəsaɪz] **1** *n* (**a**) *(physical)* ejercicio *m*; **to take e.** hacer ejercicio ▫ ***e. bike*** bicicleta *f* estática (**b**) *(school task)* ejercicio *m* ▫ ***e. book*** libro *m* de ejercicios (**c**) *(military)* maniobra *f*; **on e.** de maniobras (**d**) *(activity, undertaking)* ejercicio *m*, operación *f*; **a useful/futile e.** una útil/vana empresa

2 *vt* (**a**) *(body, mind)* ejercitar (**b**) *(right, one's influence)* ejercer; **to e. discretion** ser discreto(a); **to e. restraint** controlarse

3 *vi (physically)* hacer ejercicio

exert [ɪg'zɜ:t] *vt (pressure, influence)* ejercer; **to e. oneself** esforzarse

exertion [ɪg'zɜ:ʃən] *n* esfuerzo *m*

exfoliating cream [eks'fəʊlɪeɪtɪŋkri:m] *n* crema *f* exfoliante

ex gratia ['eks'greɪʃɪə] *adj (payment)* voluntario(a)

exhalation [ekshə'leɪʃən] *n* espiración *f*

exhale [eks'heɪl] **1** *vt* espirar, emitir

2 *vi* espirar

exhaust [ɪg'zɔ:st] **1** *n (on car)* escape *m*; **e. (fumes)** gases *mpl* de la combustión; **e. (pipe)** tubo *m* de escape

2 *vt (person, resources)* agotar

exhausted [ɪg'zɔ:stɪd] *adj* agotado(a); **to be e.** estar agotado(a)

exhausting [ɪg'zɔ:stɪŋ] *adj* agotador(ora)

exhaustion [ɪg'zɔ:stʃən] *n* agotamiento *m*

exhaustive [ɪg'zɔ:stɪv] *adj* exhaustivo(a)

exhibit [ɪg'zɪbɪt] **1** *n* (**a**) *(in art exhibition)* obra *f* expuesta; **one of the prize exhibits** una de las mejores piezas (**b**) *(in court case)* prueba *f* material

2 *vt* (**a**) *(object)* exhibir (**b**) *(painting in exhibition)* exponer (**c**) *(show)* **to e. signs of stress/wear** dar muestras *or* mostrar signos de estrés/desgaste

exhibition [eksɪ'bɪʃən] *n* (**a**) *(of art, informative)* exposición *f* (**b**) *Fam* **to make an e. of oneself** dar el espectáculo, *Esp* montar el número; **that was a disgraceful e.!** ¡fue un espectáculo penoso *or* bochornoso!

exhibitionism [eksɪ'bɪʃənɪzəm] *n (attracting attention)* exhibicionismo *m*

exhibitionist [eksɪ'bɪʃənɪst] *n (person who likes attracting attention)* exhibicionista *mf*

exhibitor [ɪg'zɪbɪtə(r)] *n Art* expositor(ora) *m,f*

exhilarated [ɪg'zɪləreɪtɪd] *adj* eufórico(a), enardecido(a)

exhilarating [ɪg'zɪləreɪtɪŋ] *adj* vivificante, excitante

exhilaration [ɪgzɪlə'reɪʃən] *n* euforia *f*

exhort [ɪg'zɔ:t] *vt* exhortar; **to e. sb to do sth** exhortar a alguien a hacer algo

exhortation [egzɔ:'teɪʃən] *n* exhortación *f*

exhume [eks'hju:m] *vt* exhumar

exigency ['eksɪdʒənsɪ] *n Formal* (**a**) **exigencies** *(demands, needs)* exigencias *fpl*, imperativos *mpl* (**b**) *(emergency)* urgencia *f*

exigent ['eksɪdʒənt] *adj Formal (problem)* acuciante, apremiante; *(manner)* exigente, imperioso(a)

exiguous [ɪg'zɪgjʊəs] *adj Formal* exiguo(a)

exile ['eksaɪl] **1** *n* (**a**) *(banishment)* exilio *m*; **in e.** en el exilio (**b**) *(exiled person)* exiliado(a) *m,f*

2 *vt* exiliar

exist [ɪg'zɪst] *vi* (**a**) *(be in existence)* existir (**b**) *(survive)* sobrevivir (**on** a base de)

existence [ɪg'zɪstəns] *n* (**a**) *(state of being)* existencia *f*; **to be in e.** existir; **to come into e.** nacer, ver la luz; **to go out of e.** desaparecer (**b**) *(life)* existencia *f*, vida *f*

existential [egzɪs'tenʃəl] *adj* existencial

existentialism [egzɪs'tenʃəlɪzəm] *n* existencialismo *m*

existentialist [egzɪs'tenʃəlɪst] *n & adj* existencialista *mf*

existing [ɪg'zɪstɪŋ] *adj* actual, existente

exit ['egzɪt] **1** *n* salida *f*; **to make an e.** salir ▫ *Pol* ***e. poll*** sondeo *m* a la salida de los colegios electorales; ***e. visa*** visado *m or Am* visa *f* de salida

2 *vi (leave) & Comptr* salir

exodus ['eksədəs] *n* éxodo *m*

ex officio ['eksə'fɪʃɪəʊ] **1** *adj (member)* en virtud del cargo

2 *adv* **to act e.** actuar en virtud del cargo

exonerate [ɪg'zɒnəreɪt] *vt* exonerar, exculpar (**from** *or* **of** de)

exorbitant [ɪg'zɔ:bɪtənt] *adj* exorbitante, exagerado(a)

exorcism ['eksɔ:sɪzəm] *n* exorcismo *m*

exorcist ['eksɔ:sɪst] *n* exorcista *mf*

exorcize ['eksɔ:saɪz] *vt* exorcizar

exoskeleton ['eksəʊskelətən] *n Zool* exoesqueleto *m*

exosphere ['eksəʊsfɪə(r)] *n Astron* exosfera *f*

exotic [ɪg'zɒtɪk] *adj* exótico(a)

exotica [ɪg'zɒtɪkə] *npl* objetos *mpl* exóticos, rarezas *fpl*

exoticism [ɪg'zɒtɪsɪzəm] *n* exotismo *m*

expand [ɪks'pænd] **1** *vt* (**a**) *(increase) (production, output)* ampliar (**b**) *(extend)* *(ambitions, influence)* extender, ampliar; **to e. one's horizons** ampliar horizontes (**c**) *(add detail to)* ampliar

2 *vi* (**a**) *(of solid, gas)* dilatarse (**b**) *(of company)* expandirse, extenderse

▸**expand on, expand upon** *vt insep (talk, write at greater length about)* desarrollar

expandable [ɪks'pændəbəl] *adj Comptr* expandible; **4MB e. to 64MB** 4MB expandibles a 64MB

expanded [ɪks'pændɪd] *adj Comptr* ***e. memory*** memoria *f* expandida; ***e. polystyrene*** poliestireno *m* expandido

expanding [ɪks'pændɪŋ] *adj (market, company)* en expansión

expanse [ɪks'pæns] *n (of land, water)* extensión *f*

expansion [ɪks'pænʃən] *n (of solid, gas)* dilatación *f*; *(of production, output)* ampliación *f*; *(of company)* expansión *f* ❑ *Comptr* ***e. card*** tarjeta *f* de ampliación (de memoria); ***e. joint*** junta *f* de dilatación; *Comptr* ***e. slot*** ranura *f* de expansión

expansionist [ɪks'pænʃənɪst] *adj* expansionista

expansive [ɪks'pænsɪv] *adj* expansivo(a), comunicativo(a)

expansively [ɪks'pænsɪvlɪ] *adv* de modo muy abierto

expat ['eks'pæt] *n Br Fam* emigrado(a) *m,f*

expatiate [eks'peɪʃɪeɪt] *vi Formal* explayarse, hablar largo y tendido (**on** acerca de)

expatriate 1 *n* [eks'pætrɪət] *(voluntary)* emigrado(a) *m,f*; *(in exile)* expatriado(a) *m,f*

2 *vt* [eks'pætrɪeɪt] expatriar

EXPECT [ɪks'pekt] **1** *vt* (**a**) *(anticipate)* esperar; **the movie was better than I expected** la película era mejor de lo que esperaba; **I wasn't expecting that** no me esperaba eso, no contaba con eso; **I knew what to e.** ya sabía lo que me esperaba; **the police are expecting trouble** la policía prevé problemas, la policía cree que se producirán problemas; **we were expecting more people to turn up** contábamos con que viniera más gente; **e. it to be difficult** puedes contar con que será difícil; **I'll e. you at six** te espero a las seis; **we're expecting him back any minute** le esperamos en cualquier momento; **I expected as much** ya me lo esperaba; **to e. the worst** esperarse lo peor; **she's expecting a baby** está esperando un hijo; **to e. to do sth** esperar hacer algo; **so I'll e. to see you here on Monday** nos vemos entonces el lunes; **I'm expecting to be made redundant** estoy pendiente de que me despidan; **you can e. to pay up to $50** te puede costar hasta 50 dólares; **to e. sb to do sth** esperar que alguien haga algo; **I was expecting you to say no** me temía que dirías que no; **don't e. me to help you out** no esperes que yo te ayude; **we e. sales to drop** prevemos un descenso en las ventas; **they won, as expected** perdieron, como se esperaba; **as one might e.** como era de esperar; **it's only to be expected** no es de sorprender; **what do** *or* **can you e. (from him)?** ¿qué esperas *or* esperabas (de él)?; **I expected better of you** realmente esperaba más de ti

(**b**) *(require)* **to e. sb to do sth** esperar de alguien que haga algo; **I e. you to be punctual** confío en que serás puntual; **I don't e. you to be perfect** no pretendo que seas perfecto; **you are expected to answer all the questions** conteste a todas las preguntas; **applicants are expected to provide three references** los aspirantes deberán adjuntar tres referencias; **you can't be expected to do everything yourself** no te pueden pedir que hagas todo por ti solo; **people e. too much from marriage** la gente espera demasiado del matrimonio; **I e. absolute loyalty from you** te exijo lealtad absoluta; **I know what is expected of me** sé qué es lo que se espera de mí

(**c**) *(suppose)* **to e. (that)...** suponer que...; **it is expected that they will marry in the autumn** se espera que se casen en otoño; **I e. so/not** supongo que sí/que no

2 *vi Fam (be pregnant)* **she's expecting** está en estado

---

expectancy [ɪks'pektənsɪ] *n* expectación *f*; **an air of e.** un ambiente de gran expectación

expectant [ɪks'pektənt] *adj (air, crowd)* expectante; **e. mother** futura madre *f*

expectantly [ɪks'pektəntlɪ] *adv* con expectación, con aire expectante

expectation [ekspek'teɪʃən] *n* expectativa *f*; **in (the) e. of sth** en previsión de algo; **to have high expectations of** tener muchas esperanzas puestas en; **it came up to/fell short of his expectations** estuvo/no estuvo a la altura de sus expectativas; **contrary to all expectations** contra lo que se esperaba

expected [ɪks'pektɪd] *adj* esperado(a), previsto(a)

expectorant [ɪks'pektərənt] *n Med* expectorante *m*

expediency [ɪks'pi:dɪənsɪ], **expedience** [ɪks'pi:dɪəns] *n* conveniencia *f*

expedient [ɪks'pi:dɪənt] *Formal* **1** *n* recurso *m*

2 *adj* conveniente, oportuno(a); **it would be e. to...** resultaría conveniente...

expedite ['ekspɪdaɪt] *vt Formal* acelerar, apresurar

expedition [ekspə'dɪʃən] *n* expedición *f*

expeditionary force [ekspə'dɪʃənərɪ-'fɔ:s] *n Mil* fuerzas *fpl* expedicionarias

expeditious [ekspə'dɪʃəs] *adj Formal* expeditivo(a)

expel [ɪks'pel] (*pt & pp* **expelled**) *vt* expulsar

expend [ɪks'pend] *vt (time)* emplear; *(effort)* dedicar; *(energy)* consumir; *(money, resources)* emplear, invertir

expendable [ɪks'pendəbəl] *adj* prescindible

expenditure [ɪks'pendɪtʃə(r)] *n (of money, energy)* gasto *m*; **public e.** gasto público

expense [ɪks'pens] *n* (**a**) *(cost)* gasto *m*; **at no extra e.** sin costo *or Esp* coste adicional; **at my own e.** a mi costa; **to go to great e.** gastar mucho dinero; **no e. was spared to...** no se reparó en gastos para...; **at the e. of one's health/sanity** a costa de perder la salud/cordura; **to go to the e. of doing sth** gastarse el dinero en hacer algo; **to make a joke at sb's e.** hacer un chiste a costa de alguien

(**b**) *Com* **expenses** gastos *mpl*; **to meet** *or* **cover sb's expenses** correr con *or* costear los gastos de alguien; **to put sth on expenses** apuntar algo en la cuenta de gastos (de la empresa); **it's on expenses** corre a cargo de la empresa ❑ ***e. account*** cuenta *f* de gastos

expensive [ɪks'pensɪv] *adj* caro(a), costoso(a); **to have e. tastes** tener gustos caros; **an e. mistake** un error muy caro

expensively [ɪks'pensɪvlɪ] *adv* caro; **e. dressed/furnished** con ropa cara/ muebles caros; **to live e.** vivir a lo grande

experience [ɪks'pɪərɪəns] **1** *n* experiencia *f*; **he still lacks e.** todavía le falta experiencia; **to learn from e.** aprender de la experiencia; **in my e.** según mi experiencia; **she had a nasty e.** le pasó una cosa terrible; **to chalk it up to** *or* **put it down to e.** asumirlo como una experiencia positiva; **no e. necessary** *(in job advert)* no es necesaria *or* no se necesita experiencia

2 *vt* experimentar; **it's not something I've experienced myself** no es algo por lo que yo haya pasado

experienced [ɪks'pɪərɪənst] *adj* experimentado(a) (**in** en)

experiment [ɪks'perɪmənt] **1** *n* experimento *m*; **to do** *or* **conduct an e.** hacer *or* realizar un experimento; **as an e.** como experimento

2 *vi* experimentar (**with/on** con)

experimental [ɪksperɪ'mentəl] *adj* experimental

experimentation [ɪksperɪmən'teɪʃən] *n* experimentación *f*

expert ['ekspɜ:t] **1** *n* experto(a) *m,f*

2 *adj* experto(a) (**in** *or* **at** en); **an e. opinion** la opinión de un experto; **to seek e. advice** recurrir a la opinión de un experto ❑ *Comptr* ***e. system*** sistema *m* experto; *Law* ***e. witness*** perito(a) *m,f*

expertise [ekspɜ:'ti:z] *n* destreza *f*, pericia *f*

expertly ['ekspɜ:tlɪ] *adv* diestramente, hábilmente

expiate ['ekspɪeɪt] *vt Formal* expiar

expiation [ekspɪ'eɪʃən] *n Formal* expiación *f*; **in e. of sth** para expiar *or* enmendar algo

expiration [ekspɪ'reɪʃən] *n Formal (of contract)* vencimiento *m*

expire [ɪks'paɪə(r)] *vi* (**a**) *(of law)* caducar;

(of deadline) expirar, vencer (**b**) *Literary (die)* expirar

expiry [ɪks'paɪərɪ] *n* vencimiento *m* ▫ ***e. date*** fecha *f* de caducidad

explain [ɪks'pleɪn] **1** *vt (rule, theory)* explicar; **to e. oneself** explicarse; **that explains it!** ¡eso lo explica todo!, ¡acabáramos!

2 *vi* explicarse

▸**explain away** *vt sep* justificar, explicar

explaining [ɪks'pleɪnɪŋ] *n* **he's got a lot of e. to do** tiene muchas cosas que explicar *or* muchas explicaciones que dar

explanation [eksplə'neɪʃən] *n* explicación *f*; **to give an e. of sth** explicar algo; **what's the e. for this?** ¿cómo se explica esto?, ¿qué explicación tiene esto?

explanatory [ɪks'plænətərɪ] *adj* explicativo(a)

expletive [ɪks'pli:tɪv] *n* taco *m*, palabrota *f*

explicable [ɪks'plɪkəbəl] *adj* explicable

explicate ['eksplɪkeɪt] *vt Formal* explicar, ofrecer una interpretación de

explicit [ɪks'plɪsɪt] *adj* explícito(a)

explicitly [ɪks'plɪsɪtlɪ] *adv* explícitamente

explode [ɪks'pləʊd] **1** *vt* (**a**) *(bomb)* hacer explotar, explosionar (**b**) *Fig (idea, theory)* reventar, desbaratar

2 *vi (of bomb)* explotar, estallar; *Fig (with anger)* estallar

exploded [ɪks'pləʊdɪd] *adj (diagram)* en secciones, esquemático(a)

exploit 1 *n* ['eksplɔɪt] hazaña *f*, proeza *f*

2 *vt* [eks'plɔɪt] (**a**) *(take unfair advantage of)* explotar (**b**) *(use) (resources, sb's talents)* aprovechar

exploitation [eksplɔɪ'teɪʃən] *n* explotación *f*

exploitative [eks'plɔɪtətɪv] *adj* explotador(ora)

exploration [eksplə'reɪʃən] *n* exploración *f*

exploratory [ɪks'plɒrətərɪ] *adj* exploratorio(a); **e. discussions** *or* **talks** negociaciones *fpl* preliminares ▫ *Med **e. surgery*** cirugía *f* exploratoria

explore [ɪks'plɔ:(r)] *vt & vi* explorar

explorer [ɪks'plɔ:rə(r)] *n* explorador(ora) *m,f*

explosion [ɪks'pləʊʒən] *n also Fig* explosión *f*, estallido *m*; **an e. in house prices** una vertiginosa escalada de los precios de la vivienda; **an e. in the number of fast-food outlets** un espectacular incremento de los establecimientos de comida rápida

explosive [ɪks'pləʊsɪv] **1** *n* explosivo *m*

2 *adj also Fig* explosivo(a); *Fig* **an e. combination** *(of personalities, factors)* una mezcla explosiva

expo ['ekspəʊ] (*pl* **expos**) *n Fam* expo *f*

exponent [ɪks'pəʊnənt] *n (of theory, art) & Math* exponente *m*; **a leading e. of...** *(supporter)* un destacado defensor de...

exponential [ekspə'nenʃəl] *adj* exponencial; **e. growth/increase** crecimiento *m*/aumento *m* exponencial

exponentially [ekspə'nenʃəlɪ] *adv* exponencialmente

export 1 *n* ['ekspɔ:t] (**a**) *(product)* artículo *m* de exportación; **exports** *(of country)* exportaciones *fpl* (**b**) *(exportation)* exportación *f* ▫ ***e. duty*** derechos *mpl* de exportación; ***e. licence*** permiso *m* de exportación; ***e. trade*** comercio *m* de exportación

2 *vt* [eks'pɔ:t] (**a**) *(goods)* exportar (**b**) *Comptr* exportar

exportation [ekspɔ:'teɪʃən] *n* exportación *f*

exporter [eks'pɔ:tə(r)] *n* exportador(ora) *m,f*

expose [ɪks'pəʊz] *vt* (**a**) *(to air, cold, danger)* exponer (**to** a); **to e. sb to sth** dar a conocer algo a alguien; **to be exposed to criticism** estar expuesto(a) a las críticas (**b**) *(crime, scandal)* sacar a la luz, revelar; **to e. sb as a traitor** revelar que alguien es un traidor (**c**) *(sexually)* **a man exposed himself to my sister** a mi hermana le salió al paso un exhibicionista (**d**) *Phot* exponer

exposé [eks'pəʊzeɪ] *n (article)* artículo *m* de denuncia; *(TV programme)* programa *m* de denuncia

exposed [ɪks'pəʊzd] *adj (position, hillside)* expuesto(a), desprotegido(a); *(wire)* al descubierto, sin protección; **to be e. (to)** estar expuesto(a) (a)

exposition [ekspə'zɪʃən] *n (explanation)* exposición *f*

expostulate [ɪks'pɒstjʊleɪt] *vi Formal* discutir (**to sb/about sth** con alguien/por algo)

exposure [ɪks'pəʊʒə(r)] *n* (**a**) *(to air, cold, danger)* exposición *f*; **to die of e.** morir de hipotermia *(a la intemperie)* (**b**) *(publicity)* publicidad *f*; **to get a lot of e.** recibir mucha publicidad (**c**) *(of crime, criminal)* denuncia *f* (**d**) *Phot (time)* (tiempo *m* de) exposición *f*; *(photograph)* foto *f* ▫ ***e. meter*** fotómetro *m*

expound [ɪks'paʊnd] *vt Formal* explicar, dar cuenta de

express [ɪks'pres] **1** *n (train)* (tren *m*) rápido *m*

2 *adj* (**a**) *(explicit) (purpose, instruction)* expreso(a) (**b**) *(rapid)* ***e. delivery*** entrega *f* urgente; ***e. letter*** carta *f* urgente; ***e. train*** tren *m* rápido

3 *adv* **to send a letter e.** enviar una carta urgente

4 *vt (opinion, emotion)* expresar; **to e. oneself** expresarse

expression [ɪks'preʃən] *n (facial, verbal)* expresión *f*; **freedom of e.** libertad *f* de expresión

expressionism [ɪks'preʃənɪzəm] *n* expresionismo *m*

expressionist [ɪks'preʃənɪst] *n & adj* expresionista *mf*

expressionless [ɪks'preʃənlɪs] *adj (face, voice)* inexpresivo(a)

expressive [ɪks'presɪv] *adj* expresivo(a)

expressively [ɪks'presɪvlɪ] *adv* de un modo expresivo

expressly [ɪks'preslɪ] *adv* expresamente

expresso [e(k)s'presəʊ] (*pl* **expressos**) *n* café *m* solo

expressway [ɪks'presweɪ] *n US* autopista *f*

expropriate [eks'prəʊprɪeɪt] *vt* expropiar

expropriation [eksprəʊprɪ'eɪʃən] *n* expropiación *f*

expulsion [ɪks'pʌlʃən] *n* expulsión *f*

expunge [ɪks'pʌndʒ] *vt Formal* borrar, eliminar

expurgate ['ekspɜ:geɪt] *vt* expurgar

exquisite ['ekskwɪzɪt] *adj* exquisito(a)

exquisitely [eks'kwɪzɪtlɪ] *adv* exquisitamente

ex-serviceman [eks'sɜ:vɪsmən] *n* excombatiente *m*

extant [eks'tænt] *adj* **one of the few e. paintings of that period** una de las pocas pinturas que se conservan de aquel periodo

extempore [ɪks'tempərɪ] **1** *adj (speech, speaker)* improvisado(a)

2 *adv* **to speak e.** hablar improvisando

extemporize [ɪks'tempəraɪz] *vi Formal* improvisar

extend [ɪks'tend] **1** *vt* (**a**) *(in space)* extender; *(frontier, knowledge)* ampliar; **to e. a house** ampliar una casa (**b**) *(in time) (holiday, deadline, contract)* prolongar, prorrogar (**c**) *(give, offer) (one's hand)* tender; *(support, thanks)* dar; *Fin* **to e. credit to sb** conceder un crédito a alguien

2 *vi* (**a**) *(in space)* extenderse (**b**) *(in time)* prolongarse

extendable [ɪks'tendəbəl] *adj* (**a**) *(ladder, legs)* extensible (**b**) *(lease, contract)* prorrogable

extended [ɪks'tendɪd] *adj* ***e. family*** clan *m* familiar, *Spec* familia *f* extendida; *Comptr* ***e. keyboard*** teclado *m* extendido; *Comptr* ***e. memory*** memoria *f* extendida

extended-play [ɪks'tendɪd'pleɪ] *adj* EP *inv*

extension [ɪks'tenʃən] *n* (**a**) *(of deadline)* prórroga *f*, prolongación *f*; *(for essay)* aplazamiento *m* (de la fecha de entrega) (**b**) *(on building)* ampliación *f* (**c**) *(for telephone)* extensión *f* (**d**) **e. (cable** *or Br* **lead)** alargador *m*, alargadera *f* (**e**) *Comptr* extensión *f*

extensive [ɪks'tensɪv] *adj (area, knowledge)* extenso(a), amplio(a); *(damage, repairs)* cuantioso(a); *(changes)* profundo(a); *(research, enquiries)* exhaustivo(a); **to make e. use of sth** utilizar algo mucho

extensively [ɪks'tensɪvlɪ] *adv (travel)* mucho, a muchas partes; *(read)* mucho, extensamente; **to use sth e.** utilizar algo mucho; **to be e. damaged** sufrir cuantiosos daños; **e. changed/revised** profundamente transformado(a)/revisado(a)

extent [ɪks'tent] *n (of lands)* extensión *f*; *(of problem, damage, knowledge)* alcance *m*; **to an e., to a certain e., to some e.** hasta cierto punto, en cierta medida; **to a great e., to a large e.** en gran medida; **to a lesser e.** en menor medida; **to such an e. that...** hasta tal punto que...

extenuating circumstances [ɪks'tenjʊeɪtɪŋ'sɜːkəmstænsɪz] *npl* (circunstancias *fpl*) atenuantes *fpl*

exterior [ɪks'tɪərɪə(r)] **1** *n* exterior *m*; **beneath her calm e. she was extremely nervous** bajo su apariencia tranquila estaba sumamente inquieta
2 *adj* externo(a), exterior

exterminate [ɪks'tɜːmɪneɪt] *vt* exterminar

extermination [ɪkstɜːmɪ'neɪʃən] *n* exterminio *m*

exterminator [ɪks'tɜːmɪneɪtə(r)] *n (of insects)* técnico(a) *m,f* en desinfección; *(of rodents)* técnico(a) *m,f* en desratización

external [ɪks'tɜːnəl] *adj* externo(a); **for e. use** *or* **application only** *(on medicine)* (de) uso tópico, (de) aplicación externa ▫ *Pol* ***e. affairs*** política *f* exterior; *Comptr* ***e. command*** comando *m* externo; *Univ* ***e. examiner*** examinador(ora) *m,f* externo(a); *Comptr* ***e. hard disk*** disco *m* duro externo

externalize [ɪks'tɜːnəlaɪz] *vt (feelings, emotions)* exteriorizar

externally [ɪks'tɜːnəlɪ] *adv* **(a)** *(outside, outwardly)* por fuera, exteriormente **(b)** *(apply medicine)* por vía tópica, externamente

extinct [ɪks'tɪŋkt] *adj (species)* extinto(a), extinguido(a); *(volcano)* extinto(a), apagado(a); **to become e.** extinguirse

extinction [ɪks'tɪŋkʃən] *n* extinción *f*

extinguish [ɪks'tɪŋgwɪʃ] *vt (fire)* extinguir; *(light, cigarette)* apagar; *Fig (hope)* extinguir, apagar

extinguisher [ɪks'tɪŋgwɪʃə(r)] *n* extintor *m*

extirpate ['ekstɜːpeɪt] *vt Formal* extirpar, erradicar

extol, *US* **extoll** [ɪks'təʊl] *(pt & pp* **extolled)** *vt* ensalzar

extort [ɪks'tɔːt] *vt (money)* obtener mediante extorsión; **to e. money from sb** extorsionar a alguien

extortion [ɪks'tɔːʃən] *n* extorsión *f*

extortionate [ɪks'tɔːʃənɪt] *adj (demand, price)* abusivo(a)

extortionately [ɪks'tɔːʃənɪtlɪ] *adv* **to be e. expensive** tener un precio abusivo *or* exorbitante

extra ['ekstrə] **1** *n* **(a)** *(on bill)* suplemento *m*, recargo *m* **(b)** *(in film)* extra *mf*
2 *adj* **(a)** *(additional)* adicional; **no e. charge** sin recargo ▫ ***e. time*** *(in football match)* prórroga *f* **(b)** *(spare)* de repuesto, de sobra
3 *adv* **be e. careful with the salt** ten muchísmo cuidado con la sal; **e. fast** superrápido; **e. large** extragrande ▫ ***e. virgin olive oil*** aceite *m* de oliva virgen extra

extract 1 *n* ['ekstrækt] **(a)** *(concentrate)* extracto *m* **(b)** *(from book, film)* fragmento *m*
2 *vt* [ɪks'trækt] extraer, sacar

extraction [ɪks'trækʃən] *n (removal)* extracción *f*; *(social, geographical)* origen *m*; **she is of Danish e.** es de origen danés

extractor fan [ɪks'træktə'fæn] *n* extractor *m*

extracurricular ['ekstrəkə'rɪkjʊlə(r)] *adj Sch* extraescolar

extradite ['ekstrədaɪt] *vt Law* extraditar

extradition [ekstrə'dɪʃən] *n Law* extradición *f*

extrajudicial ['ekstrədʒuː'dɪʃəl] *adj* extrajudicial

extramarital ['ekstrə'mærɪtəl] *adj* extramarital

extramural ['ekstrə'mjʊərəl] *adj Univ* **e. course** = curso universitario para alumnos externos

extraneous [ɪks'treɪnɪəs] *adj Formal* ajeno(a)

extraordinarily [ɪks'trɔːdənərɪlɪ] *adv* extraordinariamente

extraordinary [ɪks'trɔːdənrɪ] *adj* extraordinario(a); **the e. thing is that...** lo extraordinario es que... ▫ ***e. general meeting*** junta *f* general extraordinaria; ***e. powers*** poderes *mpl or* competencias *fpl* extraordinarios(as)

extrapolate [ɪk'stræpəleɪt] *vt & vi* extrapolar (**from** a partir de)

extrapolation [ɪkstræpə'leɪʃən] *n* extrapolación *f*

extrasensory perception ['ekstrə'sensərɪpə'sepʃən] *n* percepción *f* extrasensorial

extraterrestrial ['ekstrətɪ'restrɪəl] *n & adj* extraterrestre *mf*

extravagance [ɪks'trævəgəns] *n* **(a)** *(excessive spending)* derroche *m*, despilfarro *m* **(b)** *(expensive purchase)* dispendio *m*

> Note that the Spanish word **extravagancia** is a false friend and is never a translation for the English word **extravagance**. In Spanish **extravagancia** means both "eccentricity" and "outlandishness".

extravagant [ɪks'trævəgənt] *adj (person)* derrochador(ora); *(tastes)* caro(a); **an e. purchase** un despilfarro

> Note that the Spanish word **extravagante** is a false friend and is never a translation for the English word **extravagant**. In Spanish **extravagante** means both "eccentric" and "outlandish".

extravagantly [ɪks'trævəgəntlɪ] *adv* dispendiosamente; **to live e.** vivir a todo lujo

> Note that the Spanish word **extravagantemente** is a false friend and is never a translation for the English word **extravagantly**. In Spanish **extravagantemente** means both "eccentrically" and "outlandishly".

extravaganza [ɪkstrævə'gænzə] *n* espectáculo *m* fastuoso

extravehicular ['ekstrəvɪ'hɪkjʊlə(r)] *adj (in space flight)* fuera de la nave ▫ ***e. activity*** paseo *m* espacial

Extremadura [ekstrəmə'djuːrə] *n* Extremadura

extreme [ɪks'triːm] **1** *n* extremo *m*; **to go from one e. to the other** pasar de un extremo al otro; **to go to extremes** recurrir a comportamientos extremos; **extremes of temperature** temperaturas *fpl* extremas; **in the e.** en grado sumo
2 *adj* extremo(a); *Pol* **the e. left** la extrema izquierda

extremely [ɪks'triːmlɪ] *adv* extremadamente, sumamente

extremism [ɪks'triːmɪzəm] *n* extremismo *m*

extremist [ɪks'triːmɪst] *n & adj* extremista *mf*

extremity [ɪks'tremɪtɪ] *n* **(a)** *(end)* extremo *m* **(b) the extremities** *(of the body)* las extremidades **(c)** *(of situation)* gravedad *f* extrema; *(extreme measure)* medida *f* extrema

extricate ['ekstrɪkeɪt] *vt* sacar, extraer; **to e. oneself from** *(danger, difficulties)* escapar *or* librarse de

extrinsic [eks'trɪnsɪk] *adj Formal* extrínseco(a)

extroversion [ekstrə'vɜːʃən] *n Psy* extroversión *f*, extraversión *f*

extrovert ['ekstrəvɜːt] *n & adj* extrovertido(a) *m,f*, extravertido(a) *m,f*

extroverted ['ekstrəvɜːtɪd] *adj* extrovertido(a), extravertido(a)

extrude [ɪks'truːd] *vt Tech* extrudir

exuberance [ɪg'zjuːbərəns] *n* euforia *f*, exultación *f*

exuberant [ɪg'zjuːbərənt] *adj* eufórico(a), exultante

exuberantly [ɪg'zjuːbərəntlɪ] *adv* con euforia, eufóricamente

exude [ɪg'zjuːd] *vt (sweat, odour)* exudar, rezumar; *(health, confidence)* rebosar, rezumar

exult [ɪg'zʌlt] *vi Formal* alborozarse, exultar (**in** ante)

exultant [ɪg'zʌltənt] *adj Formal* exultante

exultantly [ɪg'zʌltəntlɪ] *adv Formal* con gran júbilo, exultantemente

exultation [egzʌl'teɪʃən] *n Formal* júbilo *m*, euforia *f*

EYE [aɪ] **1** *n* **(a)** *(of person, needle)* ojo *m*; **he has blue eyes** tiene los ojos azules; **I have weak eyes** tengo la vista débil; **to open/close one's eyes** abrir/cerrar los ojos; **to look sb (straight) in the e.** mirar a alguien a los ojos; **the e. of the camera** la mirada de la cámara; **the e. of the storm** el ojo del huracán ▫ ***e. contact*** contacto *m* visual; **to establish e. contact with sb** mirar a alguien a los ojos, cruzar la mirada con alguien; *US* ***e. cup*** lavaojos *m inv*; ***e. drops*** *(medicine)* colirio *m*; ***e. gel*** gel *m* para los ojos; ***at e. level*** a la altura de los ojos; ***e. pencil*** lápiz *m* de ojos; ***e. shadow*** sombra *f* de ojos; ***e. socket*** cuenca *f* del ojo; ***e. test*** revisión *f* ocular *or* de la vista

(**b**) *(on potato)* ojo *m*

(**c**) IDIOMS **all eyes will be on the prime minister this week** todas las miradas recaerán esta semana sobre el primer ministro; **they were all eyes** miraban con enorme atención; **as far as the e. can see** hasta donde alcanza la vista; **she's our eyes and ears at central office** nos mantiene informados de lo que ocurre en la oficina central; **he stole it before my (very) eyes** lo robó delante de mis ojos; **I couldn't believe my eyes** no podía creer lo que veía *o* lo que estaba viendo; **to catch sb's e.** *(attract attention)* llamar la atención de alguien; **I was trying to catch your e., but you didn't notice** intentaba hacer que me miraras, pero no me viste; *Fam* **to clap eyes on** echarle el ojo *or* la vista a; **to cry one's eyes out** llorar a lágrima viva; **to disappear from the public e.** desaparecer de la escena pública; **your eyes were too big for your stomach!** ¡comiste más con los ojos *o* con la vista que con la boca!; **his eyes were popping out of his head** los ojos casi se le salieron de las órbitas; *Fam* **her eyes were out on stalks** tenía los ojos como platos; **to feast one's eyes on sth** recrearse la vista con algo *o* mirando algo; **this is for your eyes only** esto sólo te lo enseño a ti; **to get one's e. in** *(when playing sport)* afinar la puntería; **to give sb the e.** echarle unas miraditas a; **a scene of devastation greeted** *or* **met my eyes** ante mis ojos se presentaba una escena de destrucción; **to have an e. for detail/colour/a bargain** tener buen ojo para los detalles/el color/las gangas; *Br* **to have an e. to** *or* **for the main chance** actuar siempre de manera oportunista; **the government clearly has half an e. on the forthcoming election** el gobierno no pierde de vista las próximas elecciones; **to have a good e.** *(at billiards, tennis, shooting)* tener buen ojo; **to have one's e. on sth/sb** *(be observing)* estar vigilando algo/a alguien; **to have one's e. on sth** *(be intending to buy)* tenerle el ojo echado a algo; **to have one's e. on sb** *(be attracted to)* haberle echado el ojo a alguien; **he only has eyes for her** sólo tiene ojos para ella; **he has eyes in** *or* **at the back of his head** se entera de todo; **she has eyes like a hawk** no se le pasa ni un detalle; **to be in the public e.** estar en (el) candelero; **she can do no wrong in his eyes** para él, ella es perfecta; **in the eye(s) of the law** a (los) ojos de la ley; **to keep an e. on sth/sb** vigilar algo/a alguien; **I'll keep an e. out for it/him** estaré al tanto de ello/él; **keep your e. on the ball** no pierdas de vista la pelota; **keep your eyes open for any cheap printers** estate alerta por si ves alguna impresora barata; **to keep one's eyes and ears open** mantener los ojos y los oídos bien abiertos; **to keep one's eyes peeled** *or* **skinned** no perder ojo; **to look at sth with a critical e.** mirar algo con ojo crítico; **to make eyes at sb** echar miradas lánguidas *or* miraditas a alguien; **I couldn't meet her eyes** no me atrevía a mirarle a los ojos; **there's more to this/him than meets the e.** es más complicado de lo que parece; *Br Fam* **that's one in the e. for him!** ¡le va a sentar como una patada!; **to open sb's eyes to sth** abrirle a alguien los ojos en relación con algo, hacer ver algo a alguien; **to please** *or* **delight the e.** deleitar la vista; **to run** *or* **cast one's e. over sth** echar una ojeada a algo; **I don't see e. to e. with my boss** *(we don't get on)* no me llevo bien con mi jefe; **we don't see e. to e. about abortion** no compartimos las mismas ideas sobre el aborto; **I saw it with my own eyes** lo vi con mis propios ojos; **to shut** *or* **close one's eyes to sth** negarse a ver algo, no querer ver algo; **to set** *or* **lay eyes on sth** ver algo; **he couldn't take his eyes off it/her** no podía quitarle *or Andes, RP* sacarle los ojos de encima; **to my beginner's e., it seems fine** desde mi mirada de principiante, parece bien; **a story told through the eyes of a child** una historia contada desde la mirada *o* perspectiva de un niño; **to be up to one's eyes in work/debt** estar hasta el cuello de trabajo/deudas; **with an e. to...** con vistas a; **I could do it with my eyes closed** *or* **shut** lo podría hacer con los ojos cerrados; **she wanders around with her eyes closed** *or* **shut most of the time** la mayoría del tiempo no se entera de nada; **to do sth with one's eyes open** hacer algo a sabiendas; PROV **what the e. doesn't see, the heart doesn't grieve over** ojos que no ven, corazón que no siente; PROV **an e. for an e., a tooth for a tooth** ojo por ojo, diente por diente; **their justice is based on an e. for an e., a tooth for a tooth** su justicia se basa en la ley del talión

2 *vt* observar, mirar; **they eyed each other suspiciously** se miraron con sospecha

▸**eye up** *vt sep Fam (ogle)* desnudar con la mirada

---

eyeball ['aɪbɔːl] *n* globo *m* ocular; *Fam* **e. to e.** muy cerca, frente a frente; *Fam* **I'm up to my eyeballs in work** estoy *Esp* hasta arriba *or Am* las narices de trabajo

eyebath ['aɪbɑːθ] *n* lavaojos *m inv*

eyebrow ['aɪbraʊ] *n* ceja *f*; **to raise one's eyebrows** *(in surprise)* arquear las cejas; **this remark raised a few eyebrows** *or* **caused a few raised eyebrows** este comentario provocó estupor entre algunos

eye-catching ['aɪkætʃɪŋ] *adj* llamativo(a)

eyeful ['aɪfʊl] *n Fam* **to get an e. of sth** *(look at)* mirar algo bien; **she's quite an e.!** ¡está para comérsela *or Esp* como un tren!

eyeglass ['aɪglɑːs] *n* monóculo *m*

eyeglasses ['aɪglɑːsɪz] *npl US (spectacles)* gafas *fpl*

eyehole ['aɪhəʊl] *n (in mask)* (agujero *m* del) ojo *m*; *(peephole)* mirilla *f*

eyelash ['aɪlæʃ] *n* pestaña *f*

eyelet ['aɪlɪt] *n (hole)* ojete *m*; *(metal ring)* aro *m* (del ojete)

eyelid ['aɪlɪd] *n* párpado *m*

eyeliner ['aɪlaɪnə(r)] *n* lápiz *m* de ojos

eye-opener ['aɪəʊpənə(r)] *n Fam* revelación *f*

eyepatch ['aɪpætʃ] *n* parche *m*

eyepiece ['aɪpiːs] *n* ocular *m*

eyeshade ['aɪʃeɪd] *n* visera *f*

eyesight ['aɪsaɪt] *n* vista *f*; **to have bad e.** tener mala vista, tener mal la vista; **to have good e.** tener buena vista, tener bien la vista

eyesore ['aɪsɔː(r)] *n (building)* engendro *m*, adefesio *m*

eyestrain ['aɪstreɪn] *n* vista *f* cansada; **it causes e.** cansa la vista

Eyetie ['aɪtaɪ] *n Br Fam Pej RP* tano(a) *m,f*, = término despectivo para referirse a personas de origen italiano

eyetooth [aɪ'tuːθ] *n* colmillo *m*; IDIOM **I'd give my eyeteeth to go with them** daría un ojo de la cara por ir con ellos

eyewash ['aɪwɒʃ] *n (for eye)* colirio *m*, baño *m* ocular; *Fig (nonsense)* paparruchas *fpl*

eyewitness ['aɪwɪtnɪs] *n* testigo *mf* ocular

eyrie ['ɪərɪ] *n* nido *m* de águila

e-zine ['iːziːn] *n Fam Comptr* fanzine *m* electrónico

F

F, f [ef] *n* (**a**) *(letter)* F, f *f*; *Br Euph* **the F word** = eufemismo para referirse a la palabra "fuck" (**b**) *Mus* fa *m* (**c**) *Sch* muy deficiente *m*; **to get an F** *(in exam, essay)* sacar un muy deficiente

F (*abbr* **Fahrenheit**) F

FA [e'feɪ] *n Br* (*abbr* **Football Association**) = federación inglesa de fútbol; **the FA Cup** = la copa de la federación inglesa de fútbol, ≃ Copa del Rey

fa [fɑː] *n Mus* fa *m*

fab [fæb] *adj Br Fam* chupi, genial

fable ['feɪbəl] *n* fábula *f*

fabled ['feɪbəld] *adj* legendario(a), fabuloso(a)

fabric ['fæbrɪk] *n (cloth)* tejido *m*; *Fig* **the f. of society** el tejido social ▫ ***f. conditioner*** *or* ***softener*** suavizante *m* (para la ropa)

> Note that the Spanish word **fábrica** is a false friend and is never a translation for the English word **fabric**. In Spanish **fábrica** means "factory".

fabricate ['fæbrɪkeɪt] *vt (story)* inventar; *(evidence)* falsificar

fabrication [fæbrɪ'keɪʃən] *n* (**a**) *(of story)* invención *f*; *(of evidence)* falsificación *f* (**b**) *(manufacture)* fabricación *f*

fabulous ['fæbjʊləs] *adj* fabuloso(a), magnífico(a)

fabulously ['fæbjʊləslɪ] *adv (rich)* tremendamente

facade [fə'sɑːd] *n also Fig* fachada *f*

FACE [feɪs] **1** *n* (**a**) *(of person)* cara *f*, rostro *m*; **she has a beautiful f.** tiene una cara bonita; **he had a frown on his f.** tenía el ceño fruncido; **I never forget a f.** nunca olvido una cara; **I shall never be able to look her in the f. again** nunca podré volver a mirarla a la cara; **I told him to his f.** se lo dije a *or* en la cara; **to be f. to f. with sb** estar cara a cara con alguien ▫ ***f. card*** *(playing card)* figura *f*; ***f. cloth*** toallita *f*; ***f. cream*** crema *f* facial; *Br* ***f. flannel*** toallita *f*; ***f. mask*** *(cosmetic)* mascarilla *f* (facial); *(in ice hockey)* protector *m* facial; ***f. pack*** mascarilla *f* (facial); ***f. powder*** polvos *mpl (para la cara)*

(**b**) *(expression)* cara *f*; **she had a sad f.** tenía la cara triste; **his f. was a picture** su cara era un poema; **you should have seen her f. when I told her** deberías haber visto la cara que puso cuando se lo dije; **his f. dropped** *or* **fell** puso cara larga; **to keep a straight f.** quedarse serio(a); **to make** *or* **pull a f.** *(of distaste)* poner cara de asco; **to make** *or* **pull faces** hacer muecas, poner caras

(**c**) *(appearance)* **the changing f. of Britain** el rostro cambiante de Gran Bretaña; **the acceptable f. of terrorism** la cara más aceptable del terrorismo; **on the f. of it** a primera vista; **to lose f.** sufrir una humillación; **to save f.** salvar las apariencias; **the new legislation is just a f. saver** la nueva legislación sólo sirve para salvar las apariencias ▫ ***f. value*** *(of stamp, note)* valor *m* nominal; *Fig* **to take sth at f. value** aceptar algo sin darle más vueltas

(**d**) *(person)* cara *f*; **a famous/new f.** una cara famosa/nueva; **the same old faces** las mismas caras de siempre

(**e**) *(surface) (of the earth)* superficie *f*, faz *f*; *(of clock)* esfera *f*; *(of coin)* cara *f*; *(of cliff)* ladera *f*; *(of coalmine)* frente *m*, tajo *m*; *(of building)* fachada *f*; *(of cube, pyramid)* cara *f*; *(of bat)* cara *f (con la que se golpea)*; **f. up/down** boca arriba/abajo; **to disappear off the f. of the earth** desaparecer de la faz de la tierra

(**f**) *Typ* tipo *m*, letra *f*; **bold f.** letra *or* tipo negrita

(**g**) IDIOMS *Fam* **to have a f. like the back (end) of a bus** ser un coco, *Esp* ser feo(a) con avaricia, *RP* ser más feo que el miércoles; **her f. doesn't fit** *(in job, company)* no encaja bien; **the situation blew up in his f.** la situación le salió fatal; *US very Fam* **get out of my f.!** ¡piérdete!; *Fam* **in your f.** impactante, atrevido(a); *US Fam* **he's always in my f.** está siempre encima de mí; *Fam* **to be off one's f.** *(drunk)* estar ciego(a), estar pedo; *(on drugs)* estar colocado(a); *Fam* **to put one's f. on** *(make-up)* pintarse; **to set one's f. against sth** oponerse cerrilmente a algo; **to show one's f.** dejarse ver, hacer acto de presencia; **don't ever show your f. here again!** ¡ni se te ocurra volver a aparecer por aquí!; *very Fam* **shut your f.!** ¡cierra el pico!

(**h**) **in the face of** *prep (danger, threat)* ante

2 *vt* (**a**) *(confront) (difficulty, danger)* afrontar, encarar; **they f. Colombia in the next round** se enfrentarán a Colombia en la siguiente ronda; **he faces a sentence of up to twenty years** puede recibir una condena de hasta veinte años; **the problem facing us** el problema que afrontamos; **to be faced with a decision** enfrentarse a una decisión; **to be faced with the prospect of having to do sth** afrontar la posibilidad de tener que hacer algo; **I don't think I can f. her** no creo que pueda mirarla a la cara; **to f. the press** hacer frente a la prensa; **I don't think I can f. listening to him for another hour** no creo que pueda aguantar escucharle otra hora más; **to f. facts** *or* **the truth** afrontar la realidad; **let's f. it** no nos engañemos; IDIOM **to f. the music** apechugar con las consecuencias

(**b**) *(look towards)* mirar a; **to f. the front** mirar al frente; **we were facing each other** estábamos el uno frente al otro; **the house faces the river** la casa da al río; **she turned to f. him** se puso cara a él

(**c**) *Constr* **the building is faced with brick/stone** la fachada del edificio está recubierta de ladrillo/piedra

3 *vi* **to f. north/south** *(building, window)* estar orientado(a) hacia el norte/sur; **he was facing away from me** me daba la espalda; **the house faces away from the river** la casa da al lado opuesto al río

▸**face down** *vt sep* **he faced down his critics** se enfrentó a sus críticos y los hizo callar

▸**face up to** *vt insep (person, fears)* hacer frente a

face-ache ['feɪseɪk] *n Fam* cardo *m*, *Méx* gocho(a) *m,f*, *RP* asco *m*

faceless ['feɪslɪs] *adj* anónimo(a)

face-lift ['feɪslɪft] *n (plastic surgery)* lifting *m*, estiramiento *m* de piel; *Fig (of building)* lavado *m* de cara; **to have a f.** hacerse un lifting

face-off ['feɪsɒf] *n* (**a**) *(confrontation)* enfrentamiento *m* (a cara de perro) (**b**) *(in ice hockey)* saque *m* neutral

face-painting ['feɪspeɪntɪŋ] *n* pintado *m* *or* pintura *f* del rostro

face-saving ['feɪsseɪvɪŋ] *adj (agreement, manoeuvre)* para salvar las apariencias

facet ['fæsɪt] *n (of gem, situation)* faceta *f*

facetious [fə'siːʃəs] *adj* guasón(ona), jocoso(a)

facetiousness [fə'siːʃəsnɪs] *n* guasonería *f*, jocosidad *f*

face-to-face ['feɪstə'feɪs] **1** *adj (meeting)* cara a cara

2 *adv* cara a cara, frente a frente; **to meet sb f.** encontrarse frente a frente con alguien

facia = **fascia**

facial ['feɪʃəl] **1** *n* **to have a f.** hacerse una limpieza de cutis

2 *adj* facial

facile ['fæsaɪl] *adj (argument, remark)* obvio(a), fácil

facilitate [fə'sɪlɪteɪt] *vt Formal* facilitar

facilitator [fə'sɪlɪteɪtə(r)] *n (person)* promotor(ora) *m,f*

facility [fə'sɪlɪtɪ] *n* **(a)** *(ease)* facilidad *f*; **to do sth with great f.** hacer algo con gran facilidad **(b) facilities** *(buildings, equipment)* instalaciones *fpl*; *(services)* servicios *mpl*

facing ['feɪsɪŋ] *n* **(a)** *(of garment)* entretela *f* **(b)** *(on wall)* revestimiento *m*

facsimile [fæk'sɪmɪlɪ] *n (copy)* facsímil *m*

FACT [fækt] *n* **(a)** *(thing that is true)* hecho *m*; **despite the f. that...** a pesar del hecho de que...; **in view of** *or* **given the f. that...** en vista de que..., dado que...; **it's a f. that...** se sabe que...; **it's a f. of life** es una realidad insoslayable *or* un hecho cierto; **the facts of life** *(sexual)* lo referente al sexo y a la reproducción; **I want a pay rise — is that a f.?** quiero una subida de sueldo — ¿no me digas?; **the f. (of the matter) is that...** el hecho es que...; **the f. that you didn't know it's a crime is irrelevant** el que no supieras que era delito no viene al caso; **the f. remains that it was a failure** no obstante, fue un fracaso; **the facts speak for themselves** los hechos hablan por sí mismos; **to know for a f. (that)...** saber a ciencia cierta (que)...; **to stick** *or* **keep to the facts** centrarse en los hechos; *Law* **after the f.** después de los hechos
(b) *(piece of information, detail)* dato *m*; **the book is full of interesting facts** el libro está lleno de datos interesantes; **to get one's facts right/wrong** informarse bien/mal; **facts and figures** datos ❑ ***f. file*** ficha *f* técnica *(con datos de interés)*; ***f. sheet*** hoja *f* informativa
(c) *(reality)* realidad *f*; **to distinguish f. from fiction** distinguir la realidad de la ficción; **in (actual) f.** en realidad

fact-finding ['fæktfaɪndɪŋ] *adj* de investigación

faction¹ ['fækʃən] *n* facción *f*

faction² *n* **(a)** *(novel)* = novela que narra hechos reales **(b)** *(TV programme)* docudrama *m*

factional ['fækʃənəl] *adj (in-fighting, disputes)* entre facciones

factitious [fæk'tɪʃəs] *adj Formal* forzado(a), artificial

factor ['fæktə(r)] *n* factor *m*

factorial [fæk'tɔ:rɪəl] *n Math* factorial *f*

factory ['fæktərɪ] *n* fábrica *f*, *Am* planta *f* ❑ ***f. farm*** granja *f* industrial; ***f. farming*** las granjas de cría intensiva; ***f. ship*** buque *m* factoría; ***f. shop*** tienda *f or* almacén *m* de fábrica

factotum [fæk'təʊtəm] *n Formal* factótum *mf*

factual ['fæktʃʊəl] *adj* basado(a) en hechos reales

factually ['fæktʃʊəlɪ] *adv* ateniéndose a los hechos

faculty ['fækəltɪ] *n (of mind, in university)* facultad *f*; **she is still in possession of all her faculties** tiene pleno uso de sus facultades

fad [fæd] *n Fam* moda *f* (**for** de); **his latest f. is ballroom dancing** ahora le ha dado por los bailes de salón

faddy ['fædɪ], **faddish** ['fædɪʃ] *adj Fam (fussy)* quisquilloso(a) *m,f*, *Esp* tiquismiquis *inv*

fade [feɪd] **1** *vt* **(a)** *(cloth, colour)* desteñir **(b)** *Sport (ball)* abrir
2 *vi (of material)* desteñirse, perder color; *(of flower)* marchitarse; **to f. from memory** desaparecer de la memoria; **to be fading fast** apagarse por momentos

▸**fade away** *vi (of music, hope)* desvanecerse; *Fig (of person)* evaporarse, desaparecer

▸**fade in 1** *vt sep Cin (picture, sound)* fundir
2 *vi Cin (picture, sound)* fundirse

▸**fade out 1** *vt sep Cin* fundir en negro
2 *vi Cin* fundirse en negro; *(music)* apagarse

faded ['feɪdɪd] *adj (flower)* marchito(a); *(photograph, garment)* descolorido(a)

fade-in ['feɪdɪn] *n Cin* fundido *m*

fade-out ['feɪdaʊt] *n Cin* fundido *m* en negro

fading ['feɪdɪŋ] *adj (light)* mortecino(a)

faecal ['fi:kəl] *adj* fecal ❑ ***f. matter*** heces *fpl* fecales

faeces ['fi:si:z] *npl* heces *fpl*

▸**faff about, faff around** [fæf] *vi Br Fam* enredar

fag [fæg] *n* **(a)** *Br Fam (unpleasant job)* lata *f*, rollo *m* **(b)** *US very Fam (homosexual)* = maricón *m*, *Méx* tortillón *m*, *RP* trolo *m* ❑ ***f. hag*** = mujer que se relaciona con hombres homosexuales **(c)** *Br Fam (cigarette)* pitillo *m* ❑ *Fam* ***f. end*** *(cigarette butt)* colilla *f*, *Am* pucho *m*; **the f. end of a conversation** los últimos coletazos *or* el final de una conversación; **stop picking up f. ends!** ¡no seas chismoso *or Esp* cotilla!

fagged (out) ['fægd('aʊt)] *adj Br Fam* hecho(a) migas *or* polvo, molido(a)

faggot ['fægət] *n* **(a)** *(firewood)* haz *m* de leña **(b)** *Br (meatball)* albóndiga *f* **(c)** *US very Fam (homosexual)* maricón *m*, *Méx* tortillón *m*, *RP* trolo *m*

fah [fɑ:] *n Mus* fa *m*

Fahrenheit ['færənhaɪt] *adj* Fahrenheit; **70 degrees F.** 70 grados Fahrenheit, ≃ 21 grados centígrados

FAIL [feɪl] **1** *n (in exam)* suspenso *m*; IDIOM **without f.** sin falta
2 *vt* **(a)** *(exam, candidate)* suspender; **to f. a drugs test** dar positivo en un control antidoping
(b) *(let down)* **I won't f. you** no te fallaré; **his nerve failed him** le fallaron los nervios; **words f. me** me faltan las palabras
3 *vi* **(a)** *(not succeed) (of person, plan, business)* fracasar; *(in exam)* suspender; *(of crops)* perderse; *(of rains)* no llegar; **I tried to convince her, but I failed** intenté convencerla, pero no lo logré; **it never fails** *(strategy, excuse)* nunca falla; **if all else fails** en último extremo; **she failed in her attempt to become champion** fracasó en su intento de convertirse en campeona; **he failed in his duty** no cumplió con su obligación
(b) *(not work properly) (of health, brakes, kidneys)* fallar; **his memory/eyesight is starting to f.** su memoria/vista está comenzando a fallarle; **the light was failing** se hacía de noche, estaba oscureciendo
(c) to f. to do sth *(not do)* no hacer algo; **they failed to agree a price** no consiguieron ponerse de acuerdo en el precio; **she failed to qualify for the final** no consiguió clasificarse para la final; **I f. to see what the problem is** no acabo de ver cuál es el problema; **you can't f. to be impressed by her skill** no se puede negar que tiene mucho talento; **I f. to be impressed** no me impresiona, no me dice nada; **it never fails to surprise me how/that...** nunca deja de sorprenderme cómo/que...

failed [feɪld] *adj (attempt, plan)* fallido(a); *(writer, actor)* fracasado(a)

failing ['feɪlɪŋ] **1** *n (fault)* fallo *m*, defecto *m*, *Am* falla *f*; **with all her failings** con todos sus fallos *or Am* fallas
2 *adj (sight, strength)* debilitado(a)
3 *prep* a falta de; **f. that** en su defecto; **f. all else** en último extremo

fail-safe ['feɪlseɪf] *adj (device)* de seguridad *or* de bloqueo (en caso de fallo *or Am* falla); *Fig (plan, excuse)* infalible

failure ['feɪljə(r)] *n (useless person)* inútil *mf*; *(unsuccessful person)* fracasado(a) *m,f*; *(unsuccessful film, lack of success)* fracaso *m*; *(of machine)* fallo *m*, *Am* falla *f*; *(of company)* quiebra *f*; **f. to keep a promise** incumplimiento *m* de una promesa; **f. to pay a bill** impago *m* de una factura

fain [feɪn] *adv Old-fashioned or Literary* de (buen) grado

faint [feɪnt] **1** *n (loss of consciousness)* desmayo *m*
2 *adj* **(a)** *(slight) (light, sound, smell)* leve, tenue; *(idea, hope, memory)* vago(a), ligero(a); *(chance, possibility)* remoto(a); *(mark, trace)* ligero(a); *(suggestion)* leve; **I haven't got the faintest idea** no tengo ni la más mínima *or* remota idea **(b)** *(weak, dizzy)* **to feel f.** *(of person)* estar *or* sentirse mareado(a)
3 *vi (lose consciousness)* desmayarse

faint-hearted ['feɪnt'hɑ:tɪd] *adj* pusilánime

faintly ['feɪntlɪ] *adv* **(a)** *(hear, see)* apenas; *(shine)* débilmente; *(remember)* vagamente **(b)** *(slightly) (uneasy, ridiculous)* ligeramente

faintness ['feɪntnɪs] *n* **(a)** *(of sound, light)* levedad *f* **(b)** *(weakness)* mareos *mpl*, desfallecimientos *mpl*

fair¹ [feə(r)] *n* **(a)** *Br (funfair)* feria *f* (ambulante) **(b)** *(trade fair)* feria *f*

FAIR² **1** *adj* **(a)** *(just)* justo(a); **it's not f.** no es justo; **it's not f. on your mother,**

leaving her to do everything no es justo que tu madre tenga que hacer todo; **that's only f., f.'s f.** hay que ser justos; **it is f. to say that...** es justo decir que...; **to be f.,...** para ser justos,...; **be f., he's not that bad!** ¡no seas injusto, no es tan malo!; **I try to be f. to** *or* **with everybody** intento ser justo con todos; *Fam* **you did it last week, so it's f. do's that he has his turn too** tú lo hiciste la semana pasada, ¿por qué no va a tener él también su oportunidad?; **what you say is f. enough, but...** no te falta razón en lo que dices, pero...; **f. enough!** de acuerdo *or Esp* vale, está bien; IDIOM **by f. means or foul** como sea; PROV **all's f. in love and war** en la guerra y en el amor, no hay reglas; **to give sb a f. chance** dar a alguien una oportunidad decente; **that's f. comment** no te/le/*etc.* falta razón; IDIOM *Br & Austr Fam* **it's a f. cop** *Esp* vale, me has pillado, *Méx* órale, me cachaste, *RP* bueno, me agarraste; IDIOM *Fam* **you've had a f. crack of the whip** has tenido suficientes oportunidades; **to be f. game** ser un blanco legítimo; **to get a f. hearing** *Law* tener un juicio justo; *Fig* tener la oportunidad de explicarse; **she didn't do her f. share (of the work)** no hizo su parte (del trabajo); **they all got their f. share** todos recibieron lo que les correspondía; **we've had our f. share of problems** hemos tenido bastantes problemas; **he's had more than his f. share of misfortune** ya ha sufrido su buen número de desgracias; **to have a f. trial** tener un juicio justo; **I've given you f. warning** ya te he avisado suficientes veces ▫ *Sport* ***f. play*** juego *m* limpio; *Austr & Irish Fam* **f. play to you!** ¡bien hecho!; ***f. trade*** comercio *m* justo

(**b**) *(quite good)* bastante bueno(a); *(average)* regular; **a f. idea** una idea bastante buena; **f. to middling** regular

(**c**) *(quite large)* **a f. amount of luck** bastante suerte; **a f. number of people** bastante gente; **it's a f. size** es bastante grande; **we still have a f. way to go** todavía nos queda bastante camino

(**d**) *Literary (attractive)* hermoso(a); *Old-fashioned* **the fair(er) sex** el bello sexo

(**e**) *(neat)* ***f. copy*** copia *f* en limpio; **to make a f. copy of sth** pasar algo a limpio

(**f**) *(weather)* bueno(a); **f. weather** buen tiempo

(**g**) *(light-coloured) (hair)* rubio(a); *(skin)* claro(a); **she's f.** *(fair-haired)* es rubia

(**h**) *(favourable) (wind)* a favor

2 *adv (act)* justamente; **to play/fight f.** jugar/pelear limpio; **to beat sb f. and square** derrotar a alguien con todas las de la ley; **you can't say fairer than that** no se puede pedir más

---

fairground ['feəgraʊnd] *n* feria *f*

fair-haired ['feə'heəd] *adj* rubio(a)

fairing ['feərɪŋ] *n (of plane, car, motorbike)* carenado *m*

fairly ['feəlɪ] *adv* (**a**) *(justly)* justamente; **to come by sth f.** conseguir algo limpiamente; **to play/fight f.** jugar/pelear limpio; **to treat sb f.** tratar justamente a alguien; **to lay the blame f. and squarely on sb/sth** echarle la culpa directamente a alguien/algo

(**b**) *(quite) (rich, skilful)* bastante; **the paint comes off f. easily** la pintura sale *or* se quita con bastante facilidad; **it is f. certain that...** es bastante probable *or* más que probable que...

(**c**) *(for emphasis)* **he f. took me by surprise** la verdad es que me pilló *or Esp* cogió *or Am* agarró por sorpresa; **we were f. racing along** íbamos bastante rápido

fair-minded ['feə'maɪndɪd] *adj* imparcial, justo(a)

fairness ['feənɪs] *n* (**a**) *(of person)* imparcialidad *f*; *(of decision)* justicia *f*; **in all f.** con toda justicia (**b**) *(of hair)* color *m* rubio; *(of skin)* claridad *f*

fair-sized ['feə'saɪzd] *adj* (de tamaño) considerable

fairway ['feəweɪ] *n* calle *f (de campo de golf)*

fair-weather friend ['feəweðə'frend] *n* amigo(a) *m,f* sólo para lo bueno

fairy ['feərɪ] *n* (**a**) *(in folklore)* hada *f* ▫ ***f. godmother*** hada madrina; ***f. lights*** lucecitas *fpl* de colores; ***f. ring*** corro *m* de brujas *(de setas)*; ***f. story*** *(magic story)* cuento *m* de hadas; *Fam (lie)* cuento *m* chino, patraña *f* (**b**) *Pej (homosexual)* mariquita *m*

fairytale ['feərɪteɪl] *n* cuento *m* de hadas; *Fig* **a f. ending** un final feliz

fait accompli ['feɪtə'kɒmpli:] (*pl* **faits accomplis** ['feɪtə'kɒmpli:]) *n* hecho *m* consumado

faith [feɪθ] *n* fe *f*; **an act of f.** un acto de fe; **to be of the Catholic/Jewish f.** profesar la fe católica/judía; **to break f. with** romper la lealtad hacia; **to keep f. with sb** mantenerse fiel a alguien; **in good/bad f.** de buena/mala *f* ▫ ***f. healer*** = persona que pretende curar a la gente gracias a la fe y la oración

faithful ['feɪθfʊl] **1** *adj (friend, supporter)* fiel, leal; *(copy, account)* fiel

2 *npl* **the f.** los fieles

faithfully ['feɪθfʊlɪ] *adv (loyally, accurately)* fielmente; **Yours f.** *(in formal letter)* (le saluda) atentamente

faithfulness ['feɪθfʊlnɪs] *n* fidelidad *f*

faithless ['feɪθlɪs] *adj* (**a**) *(disloyal, unreliable) (husband, partner)* infiel; *(friend)* desleal (**b**) *Rel* infiel

fake [feɪk] **1** *n (object)* falsificación *f*; *(person)* impostor(ora) *m,f*

2 *adj (passport, banknote)* falso(a); *(beard)* postizo(a)

3 *vt (signature, result)* falsificar; *(illness, death, orgasm)* simular, fingir

fakir ['feɪkɪə(r)] *n* faquir *m*, fakir *m*

falcon ['fɔ:lkən] *n* halcón *m*

falconer ['fɔ:lkənə(r)] *n* cetrero(a) *m,f*, halconero(a) *m,f*

falconry ['fɔ:lkənrɪ] *n* cetrería *f*

Falkland ['fɔ:lklənd] *n* **the F. Islands, the Falklands** las (Islas) Malvinas

FALL [fɔ:l] **1** *n* (**a**) *(of person, besieged city)* caída *f*; **there has been a heavy f. of snow** ha caído una gran nevada; **a f. from grace** una caída en desgracia; **his f. from power** su caída del poder; **to have a f.** sufrir una caída; IDIOM **he's heading for a f.** un día de estos se va a pegar un batacazo; *US Fam* **to take the f. for sth** asumir la responsabilidad de algo; *US Fam* **he took the f. for his boss** pagó por lo que hizo su jefe ▫ *US Fam* ***f. guy*** *(scapegoat)* chivo *m* expiatorio

(**b**) *(decrease)* caída *f* (**in** de); **a f. in interest rates** una caída de los tipos de interés

(**c**) *US (autumn)* otoño *m*; **in (the) f.** en (el) otoño

(**d**) *Rel* **the F.** la Caída

(**e**) *(in wrestling)* caída *f*

(**f**) **falls** *(waterfall) (small)* cascada *f*; *(larger)* catarata *f*

2 *vi* (*pt* **fell** [fel], *pp* **fallen** ['fɔ:lən]) (**a**) *(trip, tumble) (of person)* caerse; **she fell nastily** tuvo una caída muy mala; **the horse fell at the first (fence)** el caballo cayó en el primer obstáculo; **to f. backwards** caerse hacia atrás; **to f. down a hole** caer por un agujero; **to f. from a great height** caer desde muy alto; **be careful not to f. in!** ¡no te vayas a caer (dentro)!; **he fell into the water** se cayó al agua; **she fell off the ladder** se cayó de la escalera; **he fell on his ankle** se torció el tobillo al caer; IDIOM **she always seems to f. on her feet** siempre se las arregla; **be careful you don't f. out!** ¡no te vayas a caer!; **she fell out of the window** se cayó de la ventana; **she fell to her death from the the tower** se mató al caer desde la torre; **to f. flat** *(be disappointing)* no funcionar; *also Fig* **to f. into a trap** caer en una trampa; **to f. short of doing sth** no llegar a hacer algo

(**b**) *(drop) (of rain, snow, stone)* caer; *(of curtain)* caer, cerrarse; **to f. at sb's feet** caer a los pies de alguien; **she fell into his arms** cayó en sus brazos; **a tin of paint fell on my head** me cayó una lata de pintura en la cabeza; **his gaze fell on her** su mirada cayó sobre ella; **she fell onto the bed** se dejó caer en la cama; **it fell out of my pocket** se me cayó del bolsillo; **a photo fell out of the book** se cayó una foto del libro; **to f. to one's knees** caer de rodillas; **the satellite fell to earth** el satélite cayó a la tierra; **my spirits fell** me desmoralicé; **to f. from grace** caer en desgracia; *Literary* **not a word fell from his lips** sus labios no dejaron escapar ni un suspiro; **to f. into line** entrar en vereda; **suddenly everything fell into place** de pronto todo encajaba

(**c**) *(decrease) (of price, temperature, demand, level)* caer, bajar, descender; **the dollar has fallen against the yen** el dólar ha caído *or* bajado con respecto al yen; **the temperature fell by 10°/below zero** la temperatura descendió 10°/bajo cero

(**d**) *(become)* **to f. asleep** dormirse; **to f. due** ser pagadero(a); **to f. foul of sb** ponerse a malas con alguien; **to f. foul of the law** incumplir la ley; **to f. ill** caer enfermo(a), enfermar; **to f. in love** enamorarse; **to f. on hard times** caer en la pobreza; **the book fell open at page 25** el libro cayó abierto por la página 25; **to f. out of favour with sb** dejar de contar con el apoyo de alguien; **to f. silent** quedarse callado(a); **to f. to pieces** *(of object)* romperse en pedazos; *Fig (of person)* desmoronarse; **those trousers are falling to pieces!** ¡esos pantalones se caen a pedazos!; **to f. victim to sth** ser víctima de algo; **the match fell victim to the weather** el partido se suspendió debido al mal tiempo

(**e**) *(happen, be)* **Christmas Day falls on a Thursday** el día de Navidad cae en jueves; **Easter falls late this year** este año Semana Santa cae más tarde que de costumbre; **the stress falls on the second syllable** el acento cae *or* recae en la segunda sílaba

(**f**) *(be classified)* **to f. into two categories** dividirse en dos categorías; **such matters f. under my responsibilities** esos asuntos son responsabilidad mía

(**g**) *(of empire, government)* caer, sucumbir; **to f. from power** perder el poder; **the city fell to the Gauls** la ciudad cayó en manos *or* en poder de los Galos

(**h**) *(be killed) (of soldier)* caer, morir

(**i**) *(begin)* **silence/night fell** se hizo el silencio/de noche

(**j**) *(of light, shadow)* **a shadow fell across the floor** una sombra se proyectó sobre el suelo; **a ray of sunshine fell on the table** un rayo de sol cayó sobre la mesa

▸**fall about** *vi Br Fam* **to f. about (laughing)** partirse (de risa)

▸**fall apart** *vi (break)* romperse; *(of marriage, deal)* fracasar; *(of person)* desmoronarse; **these trousers are falling apart!** ¡estos pantalones se caen a pedazos!; **my world fell apart** el mundo se me vino encima

▸**fall away** *vi* (**a**) *(of ground)* caer, descender (**b**) *(of attendance)* declinar

▸**fall back** *vi* (**a**) *(move away)* echarse atrás, retroceder; *Mil* replegarse (**b**) *(drop behind)* **he has fallen back into fifth place** ha retrocedido al quinto puesto (**c**) *(decrease)* caer, bajar, descender

▸**fall back on** *vt insep (money, resources, argument)* recurrir a

▸**fall behind 1** *vt insep* **we have fallen behind our competitors** nos hemos rezagado con respecto a nuestros competidores

2 *vi (drop back)* quedarse rezagado(a); **to f. behind with one's payments** atrasarse en los pagos

▸**fall down** *vi (of person, building)* caerse; *Fig (of argument, plan)* fallar; **your trousers are falling down** se te están cayendo los pantalones; **this house is falling down!** *(is in bad condition)* ¡esta casa se cae en pedazos!

▸**fall for** *vt insep Fam* (**a**) *(fall in love with)* enamorarse de (**b**) *(be deceived by) (story)* tragarse; **to f. for it** picar

▸**fall in** *vi* (**a**) *(of roof)* hundirse (**b**) *(of troops)* formar; **the rest of the group fell in behind him** el resto del grupo se colocó en fila detrás suyo

▸**fall into** *vt insep* (**a**) *(come to be in)* **to f. into the wrong hands** caer en malas manos; **to f. into disrepair** deteriorarse; **to f. into disrepute** caer en descrédito; **to f. into disuse** caer en desuso; **to f. into a stupor** quedar aletargado(a) (**b**) *(habit, routine)* caer en; **to f. into conversation with sb** trabar *or* entablar conversación con alguien; **I fell into step with the rest of the troop** me puse al ritmo del resto de la tropa

▸**fall in with** *vt insep (become friendly with)* juntarse con, andar con; *(plan, idea)* aceptar

▸**fall off** *vi* (**a**) *(come off)* desprenderse, caerse (**b**) *(of profits, attendance)* decrecer

▸**fall on** *vt insep* (**a**) *(attack) (person, food)* abalanzarse *or* caer sobre (**b**) *(be responsibility of)* **the responsibility falls on you** la responsabilidad recae sobre usted

▸**fall out** *vi* (**a**) *(of teeth, hair)* **all his hair/one of his teeth has fallen out** se le ha caído todo el pelo/un diente (**b**) *(quarrel)* reñir, pelearse (**with** con) (**c**) *Mil* romper filas

▸**fall over 1** *vt insep (stumble on)* tropezar con; IDIOM **to f. over oneself to do sth** *(be very keen)* desvivirse por hacer algo

2 *vi* caerse

▸**fall through** *vi (of plan, deal)* venirse abajo

▸**fall to 1** *vt insep* (**a**) *(begin)* **to f. to doing sth** empezar *or* comenzar a hacer algo (**b**) *Formal (be responsibility of)* **it falls to me to break the bad news** me toca a mí darles las malas noticias

2 *vi (start eating)* empezar *or* comenzar a comer

▸**fall under** *vt insep* **to f. under sb's influence/spell** caer bajo la influencia/el hechizo de alguien

▸**fall upon** *vt insep* = **fall on**

fallacious [fəˈleɪʃəs] *adj Formal* falaz

fallacy [ˈfæləsɪ] *n* falacia *f*

fall-back [ˈfɔːlbæk] *n* recurso *m* alternativo ❑ ***f. position*** postura *f* alternativa

fallen [ˈfɔːlən] **1** *npl* **the f.** los caídos

2 *adj* caído(a); *Old-fashioned* **a f. woman** una mujer perdida

3 *pp of* **fall**

fallibility [fælɪˈbɪlɪtɪ] *n* capacidad *f* de errar, falibilidad *f*

fallible [ˈfælɪbəl] *adj* falible

falling [ˈfɔːlɪŋ] *adj (standards, prices, demand)* a la baja, en descenso; **due to f. demand/prices** debido a la caída de la demanda/los precios

falling-off [ˈfɔːlɪŋˈɒf] *n (of demand, popularity)* descenso *m*, bajón *m*; *(in quality)* paso *m* atrás

Fallopian tube [fəˈləʊpɪənˈtjuːb] *n Anat* trompa *f* de Falopio

fallout [ˈfɔːlaʊt] *n Phys* lluvia *f* radiactiva; *Fig (from scandal)* secuelas *fpl*

fallow [ˈfæləʊ] **1** *adj (uncultivated)* en barbecho; *Fig* **a f. period** un periodo improductivo ❑ ***f. deer*** gamo *m*

2 *adv* **to lie f.** estar en barbecho

false [fɔːls] *adj* (**a**) *(incorrect, mistaken)* falso(a); **the ceasefire turned out to be a f. dawn** el alto el fuego se convirtió en una esperanza frustrada; **make one f. move and I'll shoot** no hagas un solo movimiento en falso o disparo; **to bear f. witness** presentar falso testimonio ❑ ***f. alarm*** falsa alarma *f*; ***a f. economy*** un falso ahorro; ***f. friend*** *(in foreign language)* falso amigo *m*; ***f. modesty*** falsa modestia *f*; *Mus & Fig* ***f. note*** nota *f* falsa; ***f. pregnancy*** embarazo *m* psicológico; ***f. rib*** falsa costilla *f*; ***f. start*** *(in race)* salida *f* nula

(**b**) *(dishonest, insincere)* falso(a); **to put on a f. front** ponerse una máscara, pretender ser diferente; **under f. pretences** bajo falsas apariencias

(**c**) *(unfaithful)* infiel

(**d**) *(simulated) (beard, nose)* postizo(a); *(document, passport)* falso(a) ❑ ***f. bottom*** *(of container)* doble fondo *m*; ***f. teeth*** dentadura *f* postiza

falsehood [ˈfɔːlshʊd] *n Formal (lie)* falsedad *f*

falsely [ˈfɔːlslɪ] *adv (mistakenly)* equivocadamente; *(insincerely)* falsamente

falsetto [fɔːlˈsetəʊ] *(pl* **falsettos***) n Mus* falsete *m*

falsies [ˈfɔːlsɪz] *npl Fam* rellenos *mpl (para sostén)*

falsification [fɔːlsɪfɪˈkeɪʃən] *n* falsificación *f*

falsify [ˈfɔːlsɪfaɪ] *vt* (**a**) *(forge) (records, document)* falsificar (**b**) *(disprove) (theory)* refutar

falsity [ˈfɔːlsɪtɪ] *n* falsedad *f*

falter [ˈfɔːltə(r)] *vi* vacilar, titubear

fame [feɪm] *n* fama *f*; **to seek f. and fortune** buscar fama y fortuna

famed [feɪmd] *adj* famoso(a), afamado(a)

familial [fəˈmɪlɪəl] *adj Formal* familiar

familiar [fəˈmɪlɪə(r)] *adj* (**a**) *(well-known)* familiar; **a f. face** un rostro familiar (**b**) *(intimate)* **to be on f. terms with sb** ser íntimo(a) de alguien; **to get too f. with sb** tomarse demasiada confianza con alguien (**c**) *(acquainted)* **to be f. with** estar familiarizado(a) con

familiarity [fəmɪlɪˈærɪtɪ] *n* (**a**) *(intimacy)* familiaridad *f*, confianza *f*; PROV **f. breeds contempt** donde hay confianza da asco (**b**) *(acquaintance)* familiaridad *f*

familiarization [fəmɪlɪəraɪˈzeɪʃən] *n* familiarización *f*

familiarize [fəˈmɪlɪəraɪz] *vt* **to f. oneself with sth** familiarizarse con algo; **to f. sb with sth** familiarizar a alguien con algo

familiarly [fəˈmɪlɪəlɪ] *adv (informally)* con confianza *or* familiaridad; **f. known as...** popularmente *or* comúnmente conocido(a) como...

family [ˈfæmɪlɪ] *n* familia *f*; **it runs in the f.** es cosa de familia; **to start a f.** empezar a tener hijos; **they treat her as one of the f.** la tratan como si fuera de la familia; *Fam* **she's in the f. way** está en estado ❑ *Br*

Formerly ***f. allowance*** ayuda *f* familiar; ***f. business*** negocio *m* familiar; *Br* ***f. credit*** ayuda *f or* subsidio *m* familiar; ***f. doctor*** médico *m* de familia; ***f. life*** vida *f* de familia; ***f. man*** hombre *m* de familia; ***f. name*** apellido *m*; ***f. planning*** planificación *f* familiar; ***f. resemblance*** parecido *m* de familia; ***f. tree*** árbol *m* genealógico

famine ['fæmɪn] *n* hambruna *f* ❑ ***f. relief*** ayuda *f* humanitaria contra el hambre

famished ['fæmɪʃd] *adj Fam* **to be f.** estar muerto(a) de hambre

famous ['feɪməs] *adj* famoso(a); **f. last words!** ¡que te crees tú eso!

famously ['feɪməslɪ] *adv Fam* **to get on f. (with sb)** llevarse genial (con alguien)

fan¹ [fæn] **1** *n (cooling device) (hand-held)* abanico *m*; *(mechanical)* ventilador *m* ❑ ***f. belt*** *(of car)* correa *f* del ventilador; ***f. heater*** convector *m*; ***f. oven*** horno *m* de convección

2 *vt* (*pt & pp* **fanned**) (**a**) *(with fan)* abanicar; **to f. oneself** abanicarse (**b**) *(fire, passions)* atizar, avivar; **to f. the flames** echar (más) leña al fuego

fan² *n (enthusiast) (of music, art, sport)* aficionado(a) *m,f*; *(of team)* hincha *mf*; *(of artist, singer)* admirador(ora) *m,f*, fan *mf*; **I'm not a f. of electric cookers** no soy partidario de las cocinas *or Col, Méx, Ven* estufas eléctricas ❑ ***f. club*** club *m* de fans; ***f. mail*** cartas *fpl* de fans *or* de admiradores

▸**fan out** *vi (of police, soldiers)* desplegarse

fanatic [fə'nætɪk] *n* fanático(a) *m,f*

fanatical [fə'nætɪkəl] *adj* fanático(a)

fanatically [fə'nætɪklɪ] *adv* con fanatismo, de un modo fanático

fanaticism [fə'nætɪsɪzəm] *n* fanatismo *m*

fanciable ['fænsɪəbəl] *adj Fam* atractivo(a), *Esp* resultón(ona)

fanciful ['fænsɪfʊl] *adj (imaginative)* creativo(a), imaginativo(a); *(unrealistic)* inverosímil

fancifully ['fænsɪfʊlɪ] *adv (suggest)* con gran derroche *or* grandes dosis de imaginación

fancy ['fænsɪ] **1** *n* (**a**) *(imagination)* fantasía *f*; **a flight of f.** un delirio

(**b**) *(whim)* capricho *m*; **he went wherever his f. took him** iba donde le apetecía *or* se le antojaba *or Col, Méx, Ven* le provocaba

(**c**) *(liking)* **to take a f. to sb/sth** encapricharse de alguien/con algo; **the idea took his f.** le atrajo *or* gustó la idea

2 *adj (jewels, hat)* de fantasía; *(gadget)* sofisticado(a); *(party)* encopetado(a); *(hotel)* lujoso(a); *(food, decoration)* con muchas florituras ❑ ***f. dress*** disfraz *m*; ***f. dress party*** fiesta *f* de disfraces; ***f. goods*** obsequios *mpl*, artículos *mpl* de regalo; *Fam* ***f. man*** *(lover)* querido *m*, amiguito *m*; *Fam* ***f. woman*** querida *f*, amiguita *f*

3 *vt* (**a**) *Fam (want)* **do you f. a drink?** ¿te apetece algo de beber?, *Col, Méx, Ven* te provoca algo de beber?, *RP* ¿querés algo de tomar?; **I didn't f. the idea** no me atraía la idea

(**b**) *Br Fam (be attracted by)* **he fancies her** le gusta ella; *Fam* **to f. the pants off sb** encontrar a alguien buenísimo(a)

(**c**) *(imagine)* imaginar; **to f. (that)...** imaginar que...; **I f. I have seen her before** me parece que la he visto antes; *Fam* **f. that!** ¡fíjate!, ¡lo que hay que ver!; **f. meeting you here!** ¡qué sorpresa encontrarte aquí!

(**d**) *(have good opinion of)* **he is strongly fancied to win** se cree que tiene muchas posibilidades de ganar; *Fam* **to f. oneself** tenérselo muy creído; *Fam* **she fancies herself as a writer/musician** se las da de buena escritora/música; *Fam* **he fancies his chances of getting the job** cree que tiene muchas posibilidades de conseguir el trabajo

fanfare ['fænfeə(r)] *n* fanfarria *f*

fang [fæŋ] *n* colmillo *m*

fanlight ['fænlaɪt] *n* montante *m* en abanico

fanny ['fænɪ] *n* (**a**) *US Fam (bum)* culo *m* ❑ ***f. pack*** riñonera *f* (**b**) *Br Vulg (vagina) Esp* coño *m*, *Am* concha *f*, *Méx* paloma *f*

fantail ['fænteɪl] *n* **f. (pigeon)** paloma *f* colipava

fantasize ['fæntəsaɪz] *vi* fantasear (**about** sobre)

fantastic [fæn'tæstɪk] *adj* (**a**) *Fam (excellent)* fantástico(a), fabuloso(a) (**b**) *(enormous) (size)* inmenso(a); *(price)* desorbitado(a) (**c**) *(unbelievable)* absurdo(a)

fantastical [fæn'tæstɪkəl] *adj* fantástico(a), increíble

fantasy ['fæntəsɪ] *n* fantasía *f*

fanzine ['fænzi:n] *n* fanzine *m*

FAO [efeɪ'əʊ] *n* (*abbr* **Food and Agriculture Organization**) FAO *f*

FAQ [fæk] *n Comptr* (*abbr* **frequently asked questions**) preguntas *fpl* más frecuentes ❑ ***F. file*** documento *m* con las preguntas más frecuentes

---

FAR [fɑ:(r)] **1** *adj* lejano(a); **in the f. distance** allá a lo lejos; **the f. end** el (otro) extremo; **on the f. left of the screen** en el extremo izquierdo de la pantalla; *Pol* **the f. left/right** la extrema izquierda/derecha; **in the f. north of the country** en el extremo norte del país; **the f. side of the pitch** el otro lado del campo; **life here is a f. cry from life in Paris** la vida aquí no tiene nada que ver con *or* no se parece en nada a la vida en París ❑ ***the F. East*** el Lejano Oriente

2 *adv* (*comparative* **farther** ['fɑ:ðə(r)] *or* **further** ['fɜ:ðə(r)], *superlative* **farthest** ['fɑ:ðɪst] *or* **furthest** ['fɜ:ðɪst]) (**a**) *(with distance)* lejos; **is it f. to Seattle?** ¿está muy lejos Seattle?; **how f. is it to Glasgow?** ¿a cuánto estamos de Glasgow?; **how f. is it from Montreal to Toronto?** ¿a qué distancia *or* a cuánto está Montreal de Toronto?; **how f. did she jump?** ¿cuánto saltó?; **how f. did you get with your homework?** ¿hasta dónde llegaste en tus deberes?; **how f. can he be trusted?** ¿hasta qué punto podemos confiar en él?; **we hadn't got f. along the road when...** no llevábamos mucho rato en la carretera cuando...; **f. away** lejos; **how f. away is it?** ¿a qué distancia está?; **f. below/above** muy abajo/arriba; *also Fig* **f. from...** lejos de...; **I was f. from satisfied** no estaba satisfecho ni mucho menos; **I didn't mean to offend you, f. from it** no quise ofenderte, todo lo contrario; **f. be it from me to criticize, but...** Dios me libre de criticar a nadie, pero...; **f. and wide** *or* **near** por todas partes; **they got as f. as the border** no pasaron de la frontera; **as f. as possible** *(as much as possible)* en la medida de lo posible; *Fig* **as** *or* **so f. as I can see** tal y como yo lo veo; **as** *or* **so f. as I know** que yo sepa; **as** *or* **so f. as I can remember** por lo que yo recuerdo; **as** *or* **so f. as I'm concerned** en *or* por lo que a mí respecta; **as** *or* **so f. as your salary is concerned** en *or* por lo que se refiere a tu salario; **it's all right as f. as it goes** dentro de lo que cabe, no está mal; **they came from/searched f. and wide** vinieron de/buscaron por todas partes; **he can only be trusted so f.** sólo se puede confiar en él hasta cierto punto; IDIOM *Fam* **to be f. gone** *(drunk)* estar *Esp* mamado(a) *or Méx* cuete *or RP* en pedo; *(mad)* estar *Esp* ido(a) *or Chile, RP* rayado(a) *or Méx* zafado(a); **you weren't f. off** *or* **out** *or* **wrong** no ibas muy desencaminado; *Fig* **to go f.** *(in career)* llegar lejos; *(of money)* dar para mucho; *Fig* **to go as** *or* **so f. as to do sth** llegar al extremo de hacer algo; **I would go so f. as to call him stupid** yo hasta estúpido lo llamaría; **this has gone f. enough!** ¡esto ya pasa de castaño oscuro!; *Fig* **to go too f.** ir demasiado lejos; **if you follow my advice, you won't go f. wrong** si sigues mis consejos, no tendrás problemas; *Fig* **to take** *or* **carry sth too f.** ir demasiado lejos con algo

(**b**) *(with time)* **to work f. into the night** trabajar hasta bien entrada la noche; **we mustn't plan so f. ahead** no debemos hacer planes a tan largo plazo; **my birthday isn't f. away** no queda mucho para mi cumpleaños; **f. back in the past** en el pasado lejano; **for as f. back as I can remember** hasta donde alcanzo a recordar; **so f.** hasta el momento; **so f. this year** en lo que llevamos de año; IDIOM **so f. so good** todo bien de momento

(**c**) *(much)* **f. better/worse** mucho mejor/peor; **f. above/below the average** muy por encima/por debajo del promedio; **I'd f. rather stay at home** yo desde luego preferiría quedarme en casa; **her arguments f. outweigh his** sus argumentos tienen mucho más peso que los de él; **she's f. too intelligent to do that** es demasiado inteligente para hacer eso; **f. too many** demasiados(a); **f. too much** demasiado; **f. and away the best** el mejor con diferencia; **by f.** con diferencia, con mucho

---

farad ['færəd] *n Elec* faradio *m*

faraday ['færədeɪ] *n Phys* faraday *m*

faraway ['fɑ:rəweɪ] *adj (place)* lejano(a); *(look)* ausente

farce [fɑ:s] *n also Fig* farsa *f*

farcical ['fɑ:sɪkəl] *adj* grotesco(a)

fare [feər] **1** *n* (**a**) *(for journey)* tarifa *f* ❑ ***f. dodger*** = persona que se cuela en un medio de transporte público; *Br* ***f. stage*** *(section)* zona *f* tarifaria (de un autobús) (**b**) *(taxi passenger)* pasajero(a) *m,f* (**c**) *Formal (food)* comida *f*

2 *vi* comportarse; **to f. well/badly** *(of person, team)* hacerlo bien/mal; *(of industry, sector)* comportarse bien/mal; **how did she f.?** ¿cómo le salió?

farewell [feə'wel] *n* despedida *f*, adiós *m*; **to bid sb f.** despedirse de alguien; **to say one's farewells** despedirse ❑ ***f. dinner*** cena *f* de despedida

far-fetched ['fɑː'fetʃt] *adj (idea, plan)* inverosímil, rebuscado(a)

far-flung ['fɑːflʌŋ] *adj* (**a**) *(distant)* remoto(a) (**b**) *(widespread)* amplio(a), vasto(a)

farm [fɑːm] **1** *n (small)* granja *f*; *(large)* hacienda *f*, explotación *f* agrícola, *RP* estancia *f* ❑ ***f. animals*** animales *mpl* de granja; ***f. hand*** *or* ***labourer*** bracero *m*, peón *m or* trabajador *m* del campo

2 *vt (land)* cultivar; *(livestock)* criar

3 *vi (grow crops)* cultivar la tierra

▸**farm out** *vt sep (work)* subcontratar

farmer ['fɑːmə(r)] *n (of small farm)* granjero(a) *m,f*; *(of large farm)* agricultor(ora) *m,f*

farmhouse ['fɑːmhaʊs] *n* granja *f*, casa *f* de labranza

farming ['fɑːmɪŋ] *n* agricultura *f*

farmland ['fɑːmlænd] *n* terreno *m* agrícola

farmstead ['fɑːmsted] *n US* granja *f*, alquería *f*

farmworker ['fɑːmwɜːkə(r)] *n* bracero *m*, peón *m or* trabajador *m* del campo

farmyard ['fɑːmjɑːd] *n* corral *m*

Faroe ['feərəʊ] *n* **the F. Islands, the Faroes** las islas Feroe

far-off ['fɑː'rɒf] *adj (place, time)* lejano(a)

far-out ['fɑː'raʊt] *Fam* **1** *adj (strange)* raro(a); *(avant-garde)* moderno(a)

2 *exclam* **f.!** ¡chachi!, ¡súper!

farrago [fə'rɑːgəʊ] (*pl* **farragos** *or* **farragoes**) *n* fárrago *m*, mezcolanza *f*; **a f. of lies** una sarta de mentiras

far-reaching ['fɑː'riːtʃɪŋ] *adj (decision, change)* de gran alcance

farrier ['færɪə(r)] *n* herrador(ora) *m,f*, herrero(a) *m,f*

farrow ['færəʊ] **1** *n* camada *f* de cerdos *or* puercos *or Am* chanchos

2 *vi* parir

Farsi ['fɑːsiː] *n (language)* persa *m* (moderno)

far-sighted ['fɑː'saɪtɪd] *adj (person, decision)* previsor(ora), con visión de futuro

fart [fɑːt] *Fam* **1** *n* pedo *m*; **a boring old f.** *(person)* un(a) petardo(a), *Esp* un(a) plasta

2 *vi* tirarse un pedo, *Esp* pederse

▸**fart about, fart around** *vi Fam (waste time)* perder el tiempo a lo tonto

farther ['fɑːðə(r)] = **further**

farthest ['fɑːðɪst] = **furthest**

farthing ['fɑːðɪŋ] *n Br Formerly* cuarto *m* de penique; *Fam* **he doesn't have a (brass) f.** no tiene (ni) un céntimo

f.a.s. *Com* (*abbr* **free alongside ship**) F.A.S., franco al costado del buque

fa(s)cia ['feɪʃə] (*pl* **fasciae** ['feɪʃiː] *or* **fascias**) *n* (**a**) *(on shop front)* rótulo *m* (**b**) *(in car)* salpicadero *m*

fascinate ['fæsɪneɪt] *vt* fascinar

fascinating ['fæsɪneɪtɪŋ] *adj* fascinante

fascination [fæsɪ'neɪʃən] *n* fascinación *f*

fascism ['fæʃɪzəm] *n* fascismo *m*

fascist ['fæʃɪst] *n & adj* fascista *mf*

fascistic [fə'ʃɪstɪk] *adj* fascista

fashion ['fæʃən] **1** *n* (**a**) *(in clothes)* moda *f*; **in f.** de moda; **out of f.** pasado(a) de moda; **to follow f.** seguir la moda ❑ ***f. designer*** modisto(a) *m,f*; ***f. house*** casa *f* de moda(s); ***f. show*** desfile *m* de moda, desfile *m or* pase *m* de modelos; *Pej* ***f. victim*** adicto(a) *m,f* a la moda (**b**) *(manner)* modo *m*, manera *f*; **after a f.** más o menos

2 *vt (form)* elaborar (**from** con); **he fashioned a small figure from a block of wood** modeló un figurín a partir de un bloque de madera

fashionable ['fæʃnəbəl] *adj* de moda; **to be f.** estar de moda

fashionably ['fæʃnəblɪ] *adv* a la moda

FAST[1] [fɑːst] **1** *adj* (**a**) *(rapid)* rápido(a); **I'm a f. reader/swimmer** leo/nado muy rápido; *Fam Fig* **he's a f. worker!** ¡no pierde un instante!; **the action was f. and furious** la acción transcurría a un ritmo vertiginoso; IDIOM *Fam* **he pulled a f. one on me** me jugó una mala pasada, *Esp* me la pegó ❑ ***f. food*** comida *f* rápida; ***the f. lane*** *(of motorway)* el carril rápido; IDIOM **to live life in the f. lane** llevar un tren de vida frenético; ***f. train*** (tren *m*) rápido *m*

(**b**) *(clock, watch)* adelantado(a); **my watch is ten minutes f.** mi reloj lleva diez minutos de adelanto

(**c**) *(secure) (grip)* firme; **to make sth f.** sujetar algo

(**d**) *Phot (film)* sensible

(**e**) *(track, green, surface)* rápido(a)

(**f**) *(colour)* sólido(a), inalterable

(**g**) *Fam (promiscuous)* **a f. woman** una mujer fácil *or Esp* casquivana

2 *adv* (**a**) *(rapidly)* rápido; **we need a doctor, f.!** ¡rápido, necesitamos un doctor!; **this species is disappearing f.** esta especie está desapareciendo rápidamente; **do it, and do it f.!** ¡hazlo, y hazlo deprisa!; **how f. can it go?** ¿qué velocidad alcanza?; **how f. were you driving?** ¿a qué velocidad *Esp* conducías *or Am* manejabas?; **how f. can you finish it?** ¿para cuándo puedes tenerlo finalizado?; **not so f.!** ¡no tan deprisa *or* rápido!; **we are f. running out of options** cada vez nos quedan menos opciones; **she ran as f. as her legs could carry her** corrió como una condenada; **to play f. and loose with the truth** jugar con la verdad

(**b**) *(securely)* firmemente; **to hold f.** sujetarse bien; **he held f. to his beliefs** se mantuvo fiel a sus creencias; **f. asleep** profundamente dormido(a)

fast[2] **1** *n* ayuno *m*; **to break one's f.** romper el ayuno ❑ *Rel* ***f. day*** día *m* de ayuno

2 *vi* ayunar

fastball ['fɑːstbɔːl] *n (in baseball)* bola *f* rápida

fast-breeder reactor ['fɑːstbriːdərɪ'æktə(r)] *n* reactor *m* (nuclear) reproductor rápido

fasten ['fɑːsən] **1** *vt (attach)* sujetar; *(door, window)* cerrar, echar el cerrojo a; *Fig (eyes, attention)* fijar (**on** en); **to f. one's belt/buttons** abrocharse el cinturón/los botones

2 *vi (garment)* abrocharse

▸**fasten on, fasten upon** *vt insep* (**a**) *(idea)* centrarse en (**b**) *(fix eyes on)* fijarse en

fastener ['fɑːsnə(r)], **fastening** ['fɑːsnɪŋ] *n (of garment)* cierre *m*

fast-forward ['fɑːst'fɔːwəd] **1** *n* avance *m* rápido

2 *vt (cassette)* pasar hacia delante

fastidious [fæ'stɪdɪəs] *adj (fussy)* escrupuloso(a); *(meticulous)* meticuloso(a)

fast-moving ['fɑːst'muːvɪŋ] *adj (vehicle)* veloz, rápido(a); *(film)* rápido(a)

fast-talk ['fɑːsttɔːk] *vt Fam* **he fast-talked his way into a good job** consiguió un buen empleo a base de mucha labia *or* palabrería

fast-talker [fɑːst'tɔːkə(r)] *n Fam* embaucador(ora) *m,f*, tipo(a) *m,f* con mucha labia

fast-track ['fɑːsttræk] **1** *n* vía *f* rápida

2 *adj (promotion, career)* fulgurante; *(executive)* de fulgurante carrera

3 *vt* hacer por la vía rápida

fat [fæt] **1** *n* (**a**) *(on meat, person)* grasa *f*; **f. content** materia *f* grasa (**b**) IDIOM *Fam* **the f.'s in the fire!** ¡la que se va a armar!; **to live off the f. of the land** vivir a cuerpo de rey; *Fam* **to chew the f. (with sb)** estar de charla *or Esp* palique (con alguien)

2 *adj* (**a**) *(obese)* gordo(a); **to get f.** engordar; *Fig* **to grow f. at the expense of others** *(become rich)* hacerse rico(a) a costa de los demás ❑ *Fig* ***f. cat*** pez *m* gordo; *Pej* ***f. cat executive*** = alto ejecutivo con un salario desproporcionado (**b**) *(meat)* graso(a) (**c**) *(thick)* grueso(a), voluminoso(a) (**d**) *Fam (cheque, salary)* jugoso(a); *US Fam* **to be in f. city** vivir en jauja (**e**) *Fam (for emphasis)* **a f. lot of good that'll do you!** ¡pues sí que te va a servir de mucho!; **you're a f. lot of help!** ¡pues sí que eres tú de mucha ayuda!; **f. chance!** ¡ni soñarlo!, *Méx* ¡ya mero!

fatal ['feɪtəl] *adj* fatal

fatalism ['feɪtəlɪzəm] *n* fatalismo *m*

fatalistic [feɪtə'lɪstɪk] *adj* fatalista

fatality [fə'tælɪtɪ] *n (in accident)* víctima *f* mortal

fatally ['feɪtəlɪ] *adv (wounded)* mortalmente; **f. flawed** con graves defectos

fate [feɪt] *n* destino *m*, sino *m*; **to leave sb**

to his f. abandonar a alguien a su suerte; **to suffer/share a similar f.** sufrir/compartir la misma suerte; *Formal* **f. decreed otherwise** el destino no lo quiso así; **a f. worse than death** un sino peor que la muerte

fated ['feɪtɪd] *adj (destined)* predestinado(a); **they were f. to meet** estaban destinados a conocerse

fateful ['feɪtfʊl] *adj (words, day)* fatídico(a)

fat-free ['fæt'fri:] *adj* sin grasas; **95 percent f.** sin grasas en un 95 por ciento de su contenido

fathead ['fæthed] *n Fam* imbécil *mf*, *Esp* majadero(a) *m,f*

father ['fɑ:ðə(r)] **1** *n (parent, priest)* padre *m*; **f. of six** padre de seis hijos; **from f. to son** de padre a hijo; **he was like a f. to me** fue como un padre para mí; PROV **like f., like son** de tal palo, tal astilla; **Our F.** Padre Nuestro; **F. Murphy** el padre Murphy ❑ ***F. Christmas*** Papá *m* Noel; ***F.'s Day*** el día del padre; ***f. figure*** figura *f* paterna; **he was a f. figure to her** para ella él era como un padre

2 *vt (child)* engendrar; *Fig (idea, invention)* concebir, crear

fatherhood ['fɑ:ðəhʊd] *n* paternidad *f*

father-in-law ['fɑ:ðərɪnlɔ:] (*pl* **fathers-in-law**) *n* suegro *m*

fatherland ['fɑ:ðəlænd] *n* tierra *f* natal, patria *f*

fatherless ['fɑ:ðəlɪs] *adj* huérfano(a) de padre

fatherly ['fɑ:ðəlɪ] *adj* paternal

father-to-be ['fɑ:ðətə'bi:] (*pl* **fathers-to-be**) *n* futuro padre *m*

fathom ['fæðəm] **1** *n (measurement)* braza *f*

2 *vt (mystery)* desentrañar; *(person)* entender

▸**fathom out** *vt sep (mystery)* desentrañar; *(person)* entender

fatigue [fə'ti:g] **1** *n* (**a**) *(tiredness)* fatiga *f*, cansancio *m* (**b**) *Mil* **f. (duty)** faena *f*; **fatigues** *(military clothing)* traje *m* de faena

2 *vt (person)* fatigar, cansar

fatness ['fætnɪs] *n* (**a**) *(obesity)* gordura *f* (**b**) *(of meat)* grasa *f* (**c**) *(thickness)* grosor *m*, voluminosidad *f*

fatso ['fætsəʊ] (*pl* **fatsos**) *n Fam* gordinflón(ona) *m,f*

fatten ['fætən] *vt* engordar, cebar

▸**fatten up** *vt sep* engordar, cebar

fattening ['fætənɪŋ] *adj* que engorda; **it's very f.** engorda mucho

fatty ['fætɪ] **1** *n Fam* gordito(a) *m,f*

2 *adj* graso(a); **f. foods** alimentos grasos ❑ ***f. acid*** ácido *m* graso; ***f. tissue*** tejido *m* adiposo

fatuous ['fætjʊəs] *adj* fatuo(a), necio(a)

fatwa ['fætwɑ:] *n* fatwa *f*

faucet ['fɔ:sɪt] *n US* grifo *m* (del agua), *Chile, Col, Méx* llave *f* (del agua), *RP* canilla *f*

fault [fɔ:lt] **1** *n* (**a**) *(flaw) (of person, product)* defecto *m*; *(of engine)* fallo *m*, avería *f*, *Am* falla *f*; **to find f. with** encontrar defectos a; **she's generous to a f.** se pasa de generosa (**b**) *(guilt)* culpa *f*; **whose f. is it?** ¿de quién es la culpa?; **it was my f.** fue culpa mía; **to be at f.** tener la culpa; **I was late, but through no f. of my own** llegué tarde, pero no fue por culpa mía (**c**) *(in tennis)* falta *f* (**d**) *(geological)* falla *f* ❑ *Geol* ***f. plane*** plano *m* de falla

2 *vt* criticar, poner reparos a; **her attitude can't be faulted** no se puede criticar su actitud

fault-finding ['fɔ:ltfaɪndɪŋ] **1** *n* **her f. is losing her friends** como no para de poner defectos está perdiendo amistades

2 *adj* criticón(ona)

faultless ['fɔ:ltlɪs] *adj* impecable, intachable

faultlessly ['fɔ:ltlɪslɪ] *adv* impecablemente, de manera impecable

faulty ['fɔ:ltɪ] *adj* defectuoso(a)

faun [fɔ:n] *n (mythological creature)* fauno *m*

fauna ['fɔ:nə] *n (animal life)* fauna *f*

Fauvism ['fəʊvɪzəm] *n Art* fauvismo *m*

faux ami ['fəʊzæ'mi:] (*pl* **faux amis** ['fəʊzæ'mi:z]) *n* falso amigo *m*

faux pas ['fəʊ'pɑ:] (*pl* **faux pas** ['fəʊ'pa:z]) *n* metedura *f or Am* metida *f* de pata

favour, *US* **favor** ['feɪvə(r)] **1** *n* favor *m*; **to be in/out of f. (with)** *(of people)* ser visto(a) con buenos/malos ojos (por); *(of product, method)* gozar/no gozar de mucha aceptación (entre); **to look on sth/sb with f.** ser partidario(a) de algo/alguien; **to find f. with sb** encontrar aceptación por parte de alguien; **to ask sb a f., to ask a f. of sb** pedir un favor a alguien; **to do sb a f.** hacer un favor a alguien; *Br Fam* **do me a f. and shut up!** ¡haz el favor de callarte!; **in f. of...** *(in preference to)* en favor de...; **to be in f. of sth** estar a favor de algo; **to vote in f. (of)** votar a favor (de); **that's a point in her f.** eso es un punto a su favor; *Fin* **balance in your f.** saldo a su favor

2 *vt* (**a**) *(approve of)* estar a favor de, ser partidario(a) de (**b**) *(bestow favour on)* favorecer

favourable, *US* **favorable** ['feɪvrəbəl] *adj* favorable; **in a f. light** desde una óptica favorable

favourably, *US* **favorably** ['feɪvrəblɪ] *adv* favorablemente; **she spoke f. of you** habló muy bien de ti; **the movie was f. reviewed** la película recibió críticas favorables; **to be f. disposed toward(s)** tener buena disposición hacia; **I was f. impressed** me impresionó gratamente

favoured, *US* **favored** ['feɪvəd] *adj* privilegiado(a), favorecido(a)

favourite, *US* **favorite** ['feɪvərɪt] **1** *n also Sport* favorito(a) *m,f*; **spaghetti? my f.!** ¿espaguetis? ¡mi plato favorito *or* preferido!

2 *adj* favorito(a)

favouritism, *US* **favoritism** ['feɪvrɪtɪzəm] *n* favoritismo *m*

fawn[1] [fɔ:n] **1** *n* (**a**) *(deer)* cervatillo *m* (**b**) *(colour)* beige *m*, *Esp* beis *m*

2 *adj (colour)* beige, *Esp* beis

fawn[2] *vi* adular (**on** a)

fawning ['fɔ:nɪŋ] *adj* adulador(ora), adulón(ona)

fax [fæks] **1** *n (machine)* fax *m*, telefax *m*; *(message)* fax *m* ❑ *Comptr* ***f. modem*** módem *m* fax; ***f. number*** número *m* de fax

2 *vt* mandar por fax; **to f. sb** mandar un fax a alguien

faze [feɪz] *vt Fam* desconcertar

FBI [efbi:'aɪ] *n US* (*abbr* **Federal Bureau of Investigation**) FBI *m*

FC [ef'si:] *n* (*abbr* **football club**) CF *m*, FC *m*

fealty ['fi:əltɪ] *n Hist* (juramento *m* de) vasallaje *m*

fear [fɪə(r)] **1** *n* miedo *m*; **her f. of spiders/failure** su miedo a las arañas/al fracaso; **there is a f. amongst some groups that...** existe el temor entre algunos grupos de que...; **my fears proved unfounded** mis temores resultaron ser infundados; **fears are growing for his safety** existe una creciente preocupación *or* un miedo creciente por su seguridad; **for f. of** por miedo a; **for f. that** por miedo a que; **to be** *or* **go in f. of** tener miedo de; **she was in f. of her life** temía por su vida; **we live in f. of being attacked by terrorists** vivimos con el miedo en el cuerpo a un atentado terrorista; IDIOM *Fam* **to put the f. of God into sb** meter a alguien el miedo en el cuerpo; *Fam* **no f.!** ¡ni pensarlo!, *Méx* ¡ya mero!

2 *vt* temer; **I f. so** eso me temo; **I f. not** me temo que no; **to f. that...** temer(se) que...; **to f. the worst** temerse lo peor; **just as I had feared** tal y como yo (me) temía

3 *vi* temer (**for** por); *Old-fashioned* **f. not!, never f.!** pierde cuidado, no hay por qué preocuparse

feared ['fɪəd] *adj* temido(a)

fearful ['fɪəfʊl] *adj* (**a**) *(pain, consequence)* terrible, espantoso(a) (**b**) *Fam (noise, expense)* tremendo(a) (**c**) *(person)* temeroso(a); **to be f. of...** tener miedo de...

fearfully ['fɪəfʊlɪ] *adv* (**a**) *(in fear)* temerosamente, atemorizadamente (**b**) *Fam (extremely)* tremendamente

fearless ['fɪəlɪs] *adj* valiente, arrojado(a)

fearlessly ['fɪəlɪslɪ] *adv* sin miedo, con arrojo

fearlessness ['fɪəlɪsnɪs] *n* valentía *f*, arrojo *m*

fearsome ['fɪəsəm] *adj* terrible, espantoso(a)

feasibility [fi:zə'bɪlɪtɪ] *n* viabilidad *f* ❑ ***f. study*** estudio *m* de viabilidad

feasible ['fi:zəbəl] *adj* factible, viable

feasibly ['fi:zəblɪ] *adv* **he could quite f. finish last** no es imposible que llegue el último

feast [fi:st] **1** *n* banquete *m*, festín *m* ❑ *Rel* ***f. day*** fiesta *f* de guardar

2 *vt* IDIOM **to f. one's eyes on sth** recrear la vista en algo

3 *vi* darse un banquete (**on** *or* **upon** de)

feasting ['fi:stɪŋ] *n* celebraciones *fpl*, festejos *mpl*

feat [fi:t] *n* hazaña *f*

feather ['feðə(r)] **1** *n* (**a**) *(bird's)* pluma *f* ▫ ***f. bed*** colchón *m* de plumas; ***f. duster*** plumero *m*; ***f. stitch*** punto *m* de escapulario (**b**) IDIOMS **you could have knocked me down with a f.** me quedé de piedra; **that's a f. in her cap** es un triunfo personal para ella; **to make the feathers fly** armar un buen revuelo
2 *vt Fig* **to f. one's nest** hacer el agosto

feather-brained ['feðəbreɪnd] *adj Fam* atolondrado(a), cabeza hueca

feathered ['feðəd] *adj* con plumas ▫ *Hum* ***f. friend*** pájaro *m*

featherweight ['feðəweɪt] *n (in boxing)* peso *m* pluma

feature ['fi:tʃə(r)] **1** *n* (**a**) *(of face)* rasgo *m*, facción *f*; **features** *(face)* facciones *fpl* (**b**) *(part, element)* elemento *m*; **it's a regular f. in the programme** es un elemento fijo del programa; **safety features** *(of car)* equipamiento *m* de seguridad (**c**) *(characteristic, quality)* característica *f*; **it's a f. of these films that...** una de las características de estas películas es que... (**d**) *Cin* **f. (film)** largometraje *m* (**e**) *(in newspaper, on television, radio)* reportaje *m* ▫ ***f. writer*** articulista *mf*
2 *vt* **a movie featuring...** una película en la que figura...
3 *vi (appear)* figurar, aparecer

feature-length ['fi:tʃəleŋθ] *adj* de larga duración, de largo metraje

featureless ['fi:tʃəlɪs] *adj* uniforme, monótono(a)

Feb *(abbr* **February***)* feb.

febrile ['fi:braɪl] *adj Formal (atmosphere, state)* febril

February ['febrʊərɪ] *n* febrero *m*; *see also* **May**

feckless ['feklɪs] *adj* inepto(a)

fecund ['fekʌnd] *adj Formal* fecundo(a)

fecundity [fə'kʌndɪtɪ] *n Formal* fecundidad *f*

Fed [fed] *n US Fam* (**a**) *(FBI agent)* agente *mf* del FBI; **the Feds** los del FBI (**b**) *Fin* **the F.** la junta de gobierno de la Reserva Federal

fed [fed] *pt & pp of* **feed**

federal ['fedərəl] *adj* federal; **F. Bureau of Investigation** FBI *m*; **F. Republic of Germany** República *f* Federal de Alemania; **F. Reserve Bank** banco *m* de la Reserva Federal; **F. Reserve Board** junta *f* de gobierno de la Reserva Federal

federalism ['fedərəlɪzəm] *n* federalismo *m*

federalist ['fedərəlɪst] *n & adj* federalista *mf*

federation [fedə'reɪʃən] *n* federación *f* ▫ ***the F. Cup*** *(in tennis)* la Copa Federación

fedora [fɪ'dɔ:rə] *n* = sombrero flexible de fieltro

fed up ['fed'ʌp] *adj Fam* **to be f. (with)** estar harto(a) (de)

fee [fi:] *n (of lawyer, doctor)* minuta *f*, honorarios *mpl*; *(for entrance)* (precio *m* de) entrada *f*, *Am* (precio *m* del) boleto *m*; *(for membership)* cuota *f*; **(school) fees** matrícula *f*

feeble ['fi:bəl] *adj (person, light)* débil; *(argument, excuse)* flojo(a), pobre

feeble-minded ['fi:bəl'maɪndɪd] *adj* lelo(a)

feebleness ['fi:bəlnɪs] *n (of person)* debilidad *f*; *(of argument, excuse)* pobreza *f*

feebly ['fi:blɪ] *adv* débilmente

feed [fi:d] **1** *n* (**a**) *(animal food)* pienso *m* (**b**) *(for baby) (from breast, bottle)* toma *f*; **it's time for her next f.** ya le toca comer, ya es la hora de la siguiente toma
2 *vt* (*pt & pp* **fed** [fed]) (**a**) *(give food to)* alimentar, dar de comer a; **we were well fed** nos dieron muy bien de comer; **to f. one's family** dar de comer a la familia (**b**) *(baby) (from breast)* amamantar, dar de mamar a; *(from bottle)* dar el biberón a (**c**) *(plant)* echar fertilizante a (**d**) *(supply)* **to f. a fire** alimentar un fuego; **to f. coins into a machine** introducir monedas en una máquina; **to f. sb with information** proporcionar información a alguien
3 *vi* alimentarse (**on** de); *Fig* **these demagogues f. on people's ignorance** estos demagogos se aprovechan de la ignorancia de la gente; **to f. into sth** abastecer algo

▸**feed off** *vt insep (eat)* alimentarse de; *(prey on)* cebarse en *or* con

▸**feed up** *vt sep* **to f. sb up** alimentar bien *or* hacer engordar a alguien

feedback ['fi:dbæk] *n Elec* realimentación *f*; *(on guitar, microphone)* acoplamiento *m*, feedback *m*; *Fig (response)* reacción *f*

feeder ['fi:də(r)] *n* (**a**) *(eater)* **this baby is such a messy f.** este niño es muy sucio a la hora de comer (**b**) *(small road, railway line)* ramal *m*

feeding ['fi:dɪŋ] *n* alimentación *f* ▫ ***f. bottle*** biberón *m*; ***f. time*** hora *f* de comer

FEEL [fi:l] **1** *n* (**a**) *(act of touching)* **can I have a f.?** ¿puedo tocar?
(**b**) *(sense of touch)* tacto *m*
(**c**) *(sensation)* sensación *f*; **I don't like the f. of nylon** no me gusta la sensación que produce el nylon; **it has a silky f.** es sedoso al tacto; **the f. of silk against her skin** el roce de la seda contra su piel; **the movie has an authentic f. to it** la película da sensación de autenticidad
(**d**) *(knack)* **she has a real f. for languages** tiene un don especial para los idiomas; **he soon got the f. for it** enseguida *Esp* cogió *or Am* agarró el truco *or* tranquillo; **I haven't got a f. for the part yet** todavía no me he hecho con el personaje
(**e**) *Sport (skill)* finura *f*
2 *vt* (*pt & pp* **felt** [felt]) (**a**) *(touch with hand)* tocar; *(examine)* palpar; **f. how hot this plate is!** ¡toca y verás lo caliente que está el plato!; **to f. one's way** *(in darkness)* andar *or* ir a tientas; *Fig (in new situation)* familiarizarse
(**b**) *(notice)* notar; **did it hurt? — no, I didn't f. a thing** ¿te dolió? – no, no noté nada; **I felt the floor tremble** *or* **trembling** noté que el suelo temblaba; **I felt her arm against mine** noté el contacto de su brazo contra el mío; **I could f. myself getting nervous** sentía que me estaba poniendo nervioso
(**c**) *(experience) (pain, despair)* sentir; **I no longer f. anything for her** ya no siento nada por ella; **I felt her death more than the others** su muerte me afectó a mí más que a los otros; **I'm beginning to f. my age** estoy empezando a sentirme viejo(a); **to f. the cold** ser friolero(a); **to f. the effects of sth** sentir los efectos de algo; *Fig* **to f. the heat** sentir la presión; **to f. the need to do sth** sentir la necesidad de hacer algo; **to f. the pace** *(of athlete) & Fig* no conseguir seguir, no aguantar el ritmo; IDIOM **I f. it in my bones** *(have intuition)* lo presiento, me da en la nariz
(**d**) *(believe)* creer, pensar; **I f. (that)...** me parece que...; **I f. it necessary** creo que hace falta; **she felt herself (to be) better than the rest** se creía mejor que el resto
3 *vi* (**a**) *(physically) (of person)* sentirse; **to f. ill/tired** sentirse enfermo(a)/cansado(a); **my legs are feeling tired** tengo las piernas cansadas; **to f. hot/cold** tener calor/frío; **to f. hungry/thirsty** tener hambre/sed; **my throat feels sore** me duele la garganta; **my foot feels better** tengo mejor el pie; **how do you f.?, how are you feeling?** ¿cómo te encuentras?; **not to f. oneself** no sentirse muy bien; **to f. up to doing sth** *(well enough)* sentirse con fuerzas para hacer algo; *(competent enough)* sentirse capaz de hacer algo
(**b**) *(mentally, emotionally)* sentirse; **to f. satisfied/left out** sentirse satisfecho(a)/excluido(a); **I f. as if...** me da la sensación de que...; **to f. bad about sth** sentirse mal por algo; **to f. strongly about sth** tener convicciones muy arraigadas sobre algo; **to f. sure (that)...** estar seguro(a) (de que)...; **how would you f. about going to the cinema?** ¿qué te parecería ir al cine?; **how would you f. if...?** ¿cómo te sentirías si...?; **I know exactly how you f.** te entiendo perfectamente; **to f. (like) a new man/woman** sentirse otro/otra; **it feels strange/good** es extraño/agradable; **how does it f. to be a grandfather?** ¿qué se siente siendo abuelo?; **I felt (like) an idiot** me sentí como un/una idiota; **to f. like doing sth** tener ganas de hacer algo; **I f. like a cup of coffee** me apetece *or Col, Méx, Ven* me provoca *or Méx* se me antoja un café; **I don't f. like it** no me apetece; **come round whenever you f. like it** ven a vernos cuando quieras; **it felt like** *or* **as if it would never end** parecía que no iba a acabar nunca; **it feels like (it's going to) rain** parece que va a llover; **f. free to take as many as you like** llévate todos los que quieras; **can I have another? — f. free!** ¿puedo tomar otro? – ¡claro! *or* ¡por favor!
(**c**) *(feel sympathy for)* **to f. for sb** sentirlo por alguien; **I really felt for his wife** me daba mucha pena su mujer
(**d**) *(of things)* **to f. hard/soft** ser duro(a)/

blando(a) al tacto; **it feels soft now** ahora está blando(a); **to f. hot/cold** estar caliente/frío(a); **it feels warmer today** *(weather)* parece que hace más calor hoy; **it feels like leather** parece cuero al tacto; **it feels like summer** parece que estemos en verano
(**e**) *(touch with hands)* **to f. in one's pockets** hurgarse *or* mirarse en los bolsillos *or CAm, Méx, Perú* las bolsas; **he felt on the ground for the key** buscó la llave a tientas por el suelo
▸**feel out** *vt sep US Fam (ask opinion of)* **to f. sb out about sth** sondear *or* tantear a alguien acerca de algo
▸**feel up** *vt sep Fam* meter mano a, sobar

feeler ['fi:lə(r)] *n (of insect)* antena *f*; *(of snail)* cuerno *m*; *Fig* **to put out feelers** tantear el terreno

feelgood ['fi:lgʊd] *adj Fam* **a f. movie/ending** una de esas películas/uno de esos finales que levantan la moral; **the f. factor** la sensación de bienestar

feeling ['fi:lɪŋ] *n* (**a**) *(sensation) (of cold, pain)* sensación *f*
(**b**) *(ability to feel)* **(sense of) f.** sensibilidad *f*; **to have no f. in one's right arm** tener el brazo derecho insensible
(**c**) *(emotion)* sentimiento *m*; **a f. of joy/anger** un sentimiento de alegría/ira; **to speak with f.** hablar apasionadamente; **I know the f.!** ¡sé cómo te sientes!; **I had a f. I might find you here** me daba la sensación *or* tenía la impresión de que te encontraría aquí; **his feelings towards me** sus sentimientos hacia mí; **to hurt sb's feelings** herir los sentimientos de alguien; **to have no feelings** no tener sentimientos; **feelings were running high (about)** estaban los ánimos revueltos (en cuanto a); *Fam* **no hard feelings!** ¡estamos en paz!
(**d**) *(opinion)* opinión *f*; **there is a general f. that...** la impresión general es que...; **my f. is that...** pienso *or* creo que...; **to have a good/bad f. about sth/sb** tener un buen/mal presentimiento acerca de algo/alguien
(**e**) *(sensitivity)* sensibilidad *f*; **to have a f. for sth** tener sensibilidad para algo

feet [fi:t] *pl of* **foot**

feign [feɪn] *vt (anger, surprise)* fingir, simular

feigned [feɪnd] *adj (fake)* fingido(a), simulado(a)

feint [feɪnt] **1** *n* amago *m*, finta *f*
2 *vi* **to f. to the left/right** hacer una finta *or* amagar a la izquierda/derecha

feisty ['faɪstɪ] *adj Fam (spirited)* combativo(a), animoso(a)

felafel [fə'læfəl] *n* falafel *m*, = especie de albóndiga a base de pasta de garbanzos, cebolla, pimiento y especias

feldspar ['feldspɑ:(r)] *n Geol* feldespato *m*

felicitous [fɪ'lɪsɪtəs] *adj Formal (choice, expression)* feliz, acertado(a)

felicitously [fɪ'lɪsɪtəslɪ] *adv Formal* acertadamente

felicity [fɪ'lɪsɪtɪ] *n Formal* dicha *f*, felicidad *f*

feline ['fi:laɪn] **1** *n* felino *m*, félido *m*
2 *adj* felino(a)

fell[1] [fel] *vt* (**a**) *(tree)* talar (**b**) *(opponent)* derribar

fell[2] *adj* **at one f. swoop** de un golpe

fell[3] *n Br (hill)* monte *m* ▫ ***f. walking*** senderismo *m*, excursionismo *m*

fell[4] *pt of* **fall**

fella(h), feller ['felə] *n Fam* (**a**) *(bloke)* tipo *m*, *Esp* tío *m* (**b**) *(boyfriend)* novio *m*, *Esp* chorbo *m*

fellatio [fe'leɪʃɪəʊ] *n* felación *f*

feller = fella(h)

fellow ['feləʊ] *n* (**a**) *(comrade)* compañero(a) *m,f*, camarada *mf* ▫ ***f. citizen*** conciudadano(a) *m,f*; ***f. countryman/countrywoman*** compatriota *mf*; ***f. feeling*** (sentimiento *m* de) solidaridad *f*; ***f. passenger/student*** compañero(a) *m,f* de viaje/de estudios; *Fig* ***f. traveller*** *(in politics)* simpatizante *mf*; ***f. worker*** compañero(a) *m,f* de trabajo (**b**) *(at university)* profesor(ora) *m,f*; *(of academy, society)* miembro *m* (**c**) *Fam (man)* tipo *m*, *Esp* tío *m*

fellowship ['feləʊʃɪp] *n* (**a**) *(friendship)* compañerismo *m*, camaradería *f* (**b**) *(association)* sociedad *f*, asociación *f* (**c**) *(at university)* beca *f* de investigación

felon ['felən] *n US Law* criminal *mf*

felonious [fe'ləʊnɪəs] *adj Formal* criminal

felony ['felənɪ] *n US Law* crimen *m*, delito *m* grave

felt[1] [felt] *n (fabric)* fieltro *m*

felt[2] *pt & pp of* **feel**

felt-tip ['felt'tɪp] *n* **f. (pen)** rotulador *m*, *Méx* plumón *m*, *RP* marcador *m*

fem [fem] *Fam* **1** *n (feminine lesbian)* lesbiana *f* femenina
2 *adj* femenino(a)

female ['fi:meɪl] **1** *n (person)* mujer *f*; *(animal, plant)* hembra *f*
2 *adj (person)* femenino(a); *(animal, plant)* hembra ▫ ***f. circumcision*** circuncisión *f* femenina, ablación *f* del clítoris; ***f. condom*** condón *m* femenino; ***f. connector*** conector *m* hembra; ***f. screw*** rosca *f* (hembra), hembra *f* del tornillo

feminine ['femɪnɪn] **1** *n Gram* femenino *m*
2 *adj* femenino(a)

femininity [femɪ'nɪnɪtɪ] *n* femin(e)idad *f*

feminism ['femɪnɪzəm] *n* feminismo *m*

feminist ['femɪnɪst] *n & adj* feminista *mf*

femme fatale ['fæmfə'tɑ:l] (*pl* **femmes fatales** ['fæmfə'tɑ:l]) *n* mujer *f* fatal

femoral ['femərəl] *adj Anat* femoral

femur ['fi:mə(r)] *n Anat* fémur *m*

fen [fen] *n (marshy land)* pantano *m*, ciénaga *f*; **the Fens** = tierras bajas del este de Inglaterra, especialmente Norfolk y Cambridgeshire

fence [fens] **1** *n* (**a**) *(barrier)* valla *f*, cerca *f*; IDIOM **to sit on the f.** no pronunciarse, nadar entre dos aguas; IDIOM **to get off the f.** pronunciarse (**b**) *Fam (receiver of stolen property)* perista *mf*
2 *vi* (**a**) *(as sport)* hacer esgrima (**b**) *Fam (criminal)* ejercer de perista
▸**fence in** *vt sep* vallar, cercar; *Fig* **to feel fenced in** sentirse atrapado(a)
▸**fence off** *vt sep* cerrar *or* separar con una valla

fencer ['fensə(r)] *n (in fencing)* tirador *m*

fencing ['fensɪŋ] *n* (**a**) *(sport)* esgrima *f* (**b**) *Fig (verbal)* refriega *f*

fend [fend] *vi* **to f. for oneself** valerse por sí mismo(a)
▸**fend off** *vt sep (attack)* rechazar; *(blow)* atajar, parar; *(question)* eludir

fender ['fendə(r)] *n* (**a**) *US (of car)* guardabarros *mpl* (**b**) *(for fireplace)* pantalla *f* (de chimenea), parachispas *m inv*

Fenian ['fi:nɪən] *adj* feniano(a)

fenland ['fenlənd] *n* pantano *m*, ciénaga *f*

fennel ['fenəl] *n* hinojo *m*

fenugreek ['fenjʊgri:k] *n* alholva *f*, fenogreco *m*

feral ['ferəl] *adj* montaraz, salvaje

ferment 1 *n* ['fɜ:ment] *(commotion)* agitación *f*; **in a (state of) f.** agitado(a)
2 *vi* [fə'ment] *(of alcoholic drink)* fermentar

fermentation [fɜ:men'teɪʃən] *n* fermentación *f*

fern [fɜ:n] *n* helecho *m*

ferocious [fə'rəʊʃəs] *adj* feroz

ferocity [fə'rɒsɪtɪ], **ferociousness** [fə'rəʊʃəsnɪs] *n* ferocidad *f*

ferret ['ferɪt] **1** *n* hurón *m*
2 *vi Fam* **to f. (about) for sth** rebuscar algo
▸**ferret out** *vt sep (object, information)* encontrar, dar con

ferric ['ferɪk] *adj* férrico(a) ▫ ***f. oxide*** óxido *m* férrico

ferris wheel ['ferɪs'wi:l] *n* noria *f*

ferrous ['ferəs] *adj* ferroso(a)

ferrule ['feru:l] *n (on umbrella, walking stick)* virola *f*, contera *f*

ferry ['ferɪ] **1** *n* transbordador *m*, ferry *m*
2 *vt* **to f. sth/sb across a river** pasar algo/a alguien al otro lado de un río; **the injured were ferried to hospital in taxis** los heridos fueron trasladados *or* transportados al hospital en taxis

ferryboat ['ferɪbəʊt] *n* transbordador *m*, ferry *m*

ferryman ['ferɪmən] *n* barquero *m*

fertile ['fɜ:taɪl] *adj also Fig* fértil

fertility [fɜ:'tɪlɪtɪ] *n* fertilidad *f* ▫ ***f. drug*** fármaco *m or* medicamento *m* fertilizante; ***f. symbol*** símbolo *m* de fertilidad; *Med* ***f. treatment*** tratamiento *m* de fertilidad

fertilization [fɜ:tɪlaɪ'zeɪʃən] *n (of animal, plant, egg)* fecundación *f*; *(of land)* abono *m*

fertilize ['fɜ:tɪlaɪz] *vt (animal, plant, egg)* fecundar; *(land)* fertilizar

fertilizer ['fɜ:tɪlaɪzə(r)] *n* fertilizante *m*

fervent ['fɜ:vənt], **fervid** ['fɜ:vɪd] *adj* ferviente

fervently ['fɜ:vəntlɪ] *adv* fervientemente

fervid = fervent

fervour, *US* **fervor** ['fɜ:və(r)] *n* fervor *m*

-fest [fest] *suf Fam* (**a**) *(festival)* **filmfest/songfest** festival *m* de cine/de la canción (**b**) *(occasion of excess)* **drinkfest** orgía *f* de alcohol

fester ['festə(r)] *vi* (**a**) *(wound)* infectarse (**b**) *(rubbish)* pudrirse; *Fig* **piles of dishes were festering in the kitchen** había montones de platos pudriéndose en la cocina (**c**) *(resentment, rivalry)* enconarse

festival ['festɪvəl] *n* (**a**) *(of arts, music, drama)* festival *m* (**b**) *(public holiday)* festividad *f*

festive ['festɪv] *adj* festivo(a); **in f. mood** con ganas de fiesta; **the f. season** *(Christmas)* la época navideña

festively ['festɪvlɪ] *adv* con aire festivo *or* de fiesta

festivity [fes'tɪvɪtɪ] *n* regocijo *m*; **the festivities** la celebración, las fiestas

festoon [fes'tu:n] *vt* festonear, engalanar (**with** con)

feta ['fetə] *n* **f. (cheese)** queso *m* feta

fetal *US* = **foetal**

fetch [fetʃ] **1** *vt* (**a**) *(bring) (object, liquid)* ir a por, traer; *(person)* ir a recoger a; **to f. the police** llamar a la policía; **f.!** *(to dog)* ¡busca! (**b**) *(be sold for)* alcanzar; **it should f. at least $50,000** debería venderse al menos por 50.000 dólares (**c**) *(blow)* **to f. sb a blow** propinarle un golpe a alguien

2 *vi* **to f. and carry for sb** ser el/la criado(a) de alguien

▸**fetch up 1** *vt sep Fam* (**a**) *(vomit)* **the child fetched up his dinner all over himself** el niño se devolvió toda la cena encima (**b**) *(bring up)* **he fetched a bottle of wine up from the cellar** subió una botella de vino de la bodega

2 *vi (end up)* ir a parar, acabar

fetching ['fetʃɪŋ] *adj* atractivo(a); **that hat's very f. on you** ese sombrero te sienta de maravilla, estás muy guapo(a) con ese sombrero

fête [feɪt] **1** *n* = fiesta benéfica al aire libre con mercadillo, concursos, actuaciones, etc.

2 *vt* festejar, agasajar

fetid ['fetɪd] *adj* fétido(a)

fetish ['fetɪʃ] *n* fetiche *m*

fetishism ['fetɪʃɪzəm] *n* fetichismo *m*

fetishist ['fetɪʃɪst] *n* fetichista *mf*

fetlock ['fetlɒk] *n* espolón *m*

fetter ['fetə(r)] **1** *vt* poner grilletes a; *Fig* encadenar, atar

2 *npl* **fetters** *(on slave, prisoner)* grilletes *mpl*; *Fig (on rights, freedom)* cadenas *fpl*, ataduras *fpl*

fettle ['fetəl] *n* **in good** *or* **fine f.** en plena forma

fetus *US* = **foetus**

feud [fju:d] **1** *n* disputa *f*

2 *vi* estar enemistado(a) (**with** con)

feudal ['fju:dəl] *adj* feudal ▫ *f. system* feudalismo *m*

feudalism ['fju:dəlɪzəm] *n* feudalismo *m*

fever ['fi:və(r)] *n also Fig* fiebre *f*; **to have** *or* **be running a f.** tener fiebre; *Fig* **to be in a f. (over sth)** estar revolucionado(a) *or* muy agitado(a) (por algo); **excitement had risen to f. pitch** los ánimos estaban muy exaltados

feverish ['fi:vərɪʃ] *adj (patient)* con fiebre, febril; *Fig (excitement, atmosphere)* febril

feverishly ['fi:vərɪʃlɪ] *adv* febrilmente

FEW [fju:] **1** *npl* **the f. who came** los pocos que vinieron; **the many suffer abject poverty while the f. enjoy great wealth** la mayoría sufre una pobreza extrema mientras que unos pocos viven en la abundancia

2 *adj* (**a**) *(not many)* pocos(as); **f. people knew who she was** pocos sabían quién era; **he's one of the f. people you can trust** es uno de los pocos en los que se puede confiar; **in the last/next f. days** en los últimos/próximos días; **his visits are f. and far between** sólo viene muy de vez en cuando; **as f. as a dozen finished the race** tan sólo una docena terminó la carrera; **every f. minutes/days** cada pocos minutos/días; **so f. people came that...** vino tan poca gente que...; **only a very f. people knew** sólo lo sabía muy poca gente; **he gave too f. examples** dio muy pocos ejemplos; **we had one chair too f.** nos faltaba una silla

(**b**) *(some)* **a f. days/lemons** algunos días/limones; **there are only a f. tickets left** sólo quedan unas pocas entradas *or Am* boletos; **a f. hundred metres** algunos centenares de metros; **I've met him a f. times** me lo he encontrado unas cuantas veces; **have a f. more olives** toma unas cuantas olivas más; **more than a f. people were shocked** mucha gente se escandalizó; **we've had quite a f.** *or* **a good f. problems** hemos tenido bastantes problemas; **to have a f. words with sb (about sth)** hablar con alguien (sobre algo)

3 *pron* (**a**) *(not many)* pocos(as) *m,fpl*; **f. (of them) could speak French** pocos (de ellos) hablaban francés; **he's one of the f. you can trust** es uno de los pocos en los que se puede confiar; **the last/next f.** los últimos/los siguientes; **f., if any** pocos(as) o ninguno(a), apenas alguno(a); **so f. remain that...** quedan tan pocos que...; **we have too f.** no tenemos suficientes; **there are very/too f. of us** somos muy/demasiado pocos

(**b**) *(some)* **a f.** algunos(as); **carrots? — just a f., please** ¿zanahorias? – unas pocas, por favor; **a f. of the survivors** algunos supervivientes; **a f. of us** algunos de nosotros; **all but a f. (of them) left early** casi todos se fueron pronto; **more than a f. (of us) were shocked** muchos nos escandalizamos; **there are only a f. left** sólo quedan unos pocos; **quite a f., a good f.** bastantes; *Fig* **to have had a f. (too many)** haber tomado unas cuantas copas de más

fewer ['fju:ə(r)] *(comparative of* **few**) **1** *adj* menos; **we have ten books f.** tenemos diez libros menos; **f. and f. people** cada vez menos gente; **no f. than thirty** no menos de treinta

2 *pron* menos *mfpl*; **there are f. (of them) than I thought** hay menos de lo que creía; **few like him, f. still respect him** pocos lo aprecian y menos aún lo respetan

fewest ['fju:ɪst] *(superlative of* **few**) **1** *adj* **that hospital reported the f. cases** ese hospital es el que menos casos registró; **take the road which has the f. curves** ve por la carretera que tenga menos curvas

2 *pron* **we received the f.** nosotros somos los que menos recibimos

fey [feɪ] *adj* (**a**) *(whimsical)* fantasioso(a) (**b**) *(clairvoyant)* clarividente

fez [fez] *(pl* **fezzes**) *n* fez *m*

FIA [efaɪ'eɪ] *n (abbr* **Fédération Internationale de l'Automobile**) FIA *f*

fiancé [fɪ'ɒnseɪ] *n* prometido *m*, novio *m*

fiancée [fɪ'ɒnseɪ] *n* prometida *f*, novia *f*

fiasco [fɪ'æskəʊ] *(pl Br* **fiascos**, *US* **fiascoes**) *n* fiasco *m*

fib [fɪb] *Fam* **1** *n* cuento *m*, *Esp* trola *f*; **to tell a f.** contar un cuento, *Esp* meter una trola

2 *vi (pt & pp* **fibbed**) contar un cuento, *Esp* meter una bola

FIBA ['fi:bə] *n (abbr* **Fédération Internationale de Basketball Amateur**) FIBA *f*

fibber ['fɪbə(r)] *n Fam Esp* trolero(a) *m,f*, *Am* cuentero(a) *m,f*

fibre, *US* **fiber** ['faɪbə(r)] *n* fibra *f*; **every f. of his being** lo más profundo de su ser; **high/low f. diet** dieta rica/baja en fibra ▫ *f. optics* transmisión *f* por fibra óptica

fibreboard, *US* **fiberboard** ['faɪbəbɔ:d] *n* chapa *f or* tablero *m* de fibra

fibreglass, *US* **fiberglass** ['faɪbəglɑ:s] *n* fibra *f* de vidrio

fibre-optic, *US* **fiber-optic** [faɪbə'rɒptɪk] *adj* de fibra óptica

fibrescope, *US* **fiberscope** ['faɪbəskəʊp] *n Med* fibroscopio *m*

fibrillation [fɪbrɪ'leɪʃən] *n Med* fibrilación *f*

fibroid ['faɪbrɔɪd] *n Med* fibroma *m*

fibrosis [faɪ'brəʊsɪs] *n Med* fibrosis *f inv*

fibrositis [faɪbrə'saɪtɪs] *n Med* fibrositis *f inv*

fibrous ['faɪbrəs] *adj* fibroso(a)

fibula ['fɪbjʊlə] *(pl* **fibulae** ['fɪbjʊli:] *or* **fibulas**) *n Anat* peroné *m*

fickle ['fɪkəl] *adj* inconstante, voluble

fickleness ['fɪkəlnɪs] *n* inconstancia *f*, carácter *m* voluble

fiction ['fɪkʃən] *n (something invented)* ficción *f*; *(short stories, novels)* (literatura *f* de) ficción *f*; **a work of f.** una obra de ficción

fictional ['fɪkʃənəl] *adj (character)* de ficción; *(scene, account)* novelado(a)

fictionalize ['fɪkʃənəlaɪz] *vt* novelar, traspasar a la ficción

fictitious [fɪk'tɪʃəs] *adj* ficticio(a)

fiddle ['fɪdəl] **1** *n* (**a**) *(violin)* violín *m (en música folk)* (**b**) *Br Fam (swindle)* timo *m*; **to**

be on the f. dedicarse a hacer chanchullos
2 *vt Br Fam (cheat)* amañar; **to f. the accounts** amañar la contabilidad, *Méx* hacer una tranza con la contabilidad
3 *vi* **(a)** *(play violin)* tocar el violín *(en música folk)*; IDIOM **to f. while Rome burns** tontear en un momento de crisis **(b)** *(fidget)* **to f. (about** *or* **around) with sth** juguetear *or* enredar con algo

fiddler [ˈfɪdlə(r)] *n* violinista *mf (en música folk)*

fiddlesticks [ˈfɪdəlstɪks] *exclam Old-fashioned* ¡paparruchas!

fiddling [ˈfɪdlɪŋ] **1** *n Br (swindling)* chanchullos *mpl*, tejemanejes *mpl*
2 *adj (trifling)* trivial

fiddly [ˈfɪdlɪ] *adj* complicado(a); **to be a f. job** ser un trabajo complicado *or* de chinos

fidelity [fɪˈdelɪtɪ] *n* fidelidad *f*

fidget [ˈfɪdʒɪt] **1** *n (person)* enredador(ora) *m,f*, trasto *m*
2 *vi* enredar, trastear

fidgety [ˈfɪdʒɪtɪ] *adj* inquieto(a)

fiduciary [fɪˈdu:ʃərɪ] *adj Fin* fiduciario(a)

fiefdom [ˈfi:fdəm] *n Hist & Fig* feudo *m*

field [fi:ld] **1** *n* **(a)** *(of crops) & Comptr* campo *m*; *(of oil, coal)* yacimiento *m* ❑ ***f. of view*** *or* ***vision*** campo *m* visual
(b) *(of study, activity)* campo *m*; **she's an expert in her f.** es una experta en su campo; **that's not my f.** ese no entra en mi campo
(c) *(not in office, laboratory)* **to work in the f.** hacer trabajo de campo, trabajar in situ ❑ ***f. study*** *(scientific)* estudio *m* de campo; *Sch & Univ* ***f. trip*** viaje *m or* salida *f* para (realizar) trabajo de campo; ***f. work*** *(scientific)* trabajo *m* de campo
(d) *(for sport)* campo *m*; **the f.** *(in race, contest)* los participantes; *also Fig* **to lead the f.** ir en cabeza ❑ ***f. day*** día *m* de actividades al aire libre; *Mil* día *m* de maniobras; IDIOM **the press had a f. day** la prensa se puso las botas; ***f. events*** *(in athletics)* pruebas *fpl* de salto y lanzamiento; ***f. goal*** *(in American football)* gol *m* de campo; *(in basketball)* tiro *m* de campo; *(in ice hockey)* gol *m* de campo; *US* ***f. hockey*** hockey *m* sobre hierba; ***f. sports*** = la caza y la pesca
(e) *Mil* **in the f.** en el campo de batalla ❑ ***f. ambulance*** ambulancia *f* de campaña; ***f. artillery*** artillería *f* de campaña; ***f. glasses*** prismáticos *mpl*, gemelos *mpl*; ***f. gun*** cañón *m* de campaña; ***f. hospital*** hospital *m* de campaña; ***f. marshal*** mariscal *m* de campo
2 *vt* **(a)** *(team)* poner a jugar; *(candidates)* presentar
(b) *(deal with)* **to f. a question** contestar con destreza a una pregunta

fielder [ˈfi:ldə(r)] *n (in cricket, baseball)* jardinero(a) *m,f*, exterior *mf*; **center/left/right f.** jardinero(a) *or* exterior central/izquierdo(a)/derecho(a)

fieldmouse [ˈfi:ldmaʊs] (*pl* **fieldmice** [ˈfi:ldmaɪs]) *n* ratón *m* de campo

fiend [fi:nd] *n (demon)* demonio *m*; *Fam* **my boss is a f. for punctuality** mi jefe está obsesionado con la puntualidad

fiendish [ˈfi:ndɪʃ] *adj (evil, difficult)* endiablado(a), endemoniado(a)

fiendishly [ˈfi:ndɪʃlɪ] *adv (difficult, clever)* endiabladamente, endemoniadamente

fierce [fɪəs] *adj (animal, look)* fiero(a); *(heat)* abrasador(ora); *(contest, argument, competition)* feroz; *(loyalty)* fervoroso(a)

fiercely [ˈfɪəslɪ] *adv (glare)* fieramente; *(fight)* ferozmente; *(condemn, defend)* vehementemente, apasionadamente; *(resist)* con furia

fiery [ˈfaɪərɪ] *adj (heat)* achicharrante, abrasador(ora); *(red, sky)* encendido(a); *(taste)* muy picante; *(person, character)* fogoso(a), ardiente

FIFA [ˈfi:fə] *n* (*abbr* **Fédération Internationale de Football Association**) FIFA *f*

fife [faɪf] *n* pífano *m*, flautín *m*

fifteen [fɪfˈti:n] **1** *n* quince *m*; *Sport (rugby team)* equipo *m*
2 *adj* quince; *see also* **eight**

fifteenth [fɪfˈti:nθ] **1** *n* **(a)** *(fraction)* quinceavo *m*, quinceava parte *f* **(b)** *(in series)* decimoquinto(a) *m,f* **(c)** *(of month)* quince *m*
2 *adj* decimoquinto(a); *see also* **eleventh**

fifth [fɪfθ] **1** *n* **(a)** *(fraction)* quinto *m*, quinta parte *f* **(b)** *(in series)* quinto(a) *m,f* **(c)** *(of month)* cinco *m* **(d)** *(fifth gear)* quinta *f*; **in f.** en quinta
2 *adj* quinto(a); IDIOM *US Fam* **to feel like a f. wheel** hacer de carabina *or* de sujetavelas ❑ *Pol* ***f. column*** quinta columna *f*; *Aut* ***f. gear*** quinta *f* (marcha *f*); *see also* **eighth**

fifthly [ˈfɪfθlɪ] *adv* en quinto lugar

fifties [ˈfɪfti:z] *npl* (años *mpl*) cincuenta *mpl*; *see also* **eighties**

fiftieth [ˈfɪftɪəθ] *n & adj* quincuagésimo(a) *m,f*

fifty [ˈfɪftɪ] *n & adj* cincuenta *m*; *see also* **eighty**

fifty-fifty [ˈfɪftɪˈfɪftɪ] **1** *adj* **a f. chance of success** un cincuenta por ciento de posibilidades de éxito
2 *adv* a medias; **to go f. (on sth/with sb)** ir a medias (en algo/con alguien)

fig[1] [fɪg] *n (fruit)* higo *m*; IDIOM *Fam* **he doesn't give** *or* **care a f.** le importa un rábano ❑ ***f. leaf*** *(in art)* hoja *f* de parra; *Fig* **it's just a f. leaf** no es más que una tapadera; ***f. tree*** higuera *f*

fig[2] (*abbr* **figure**) fig.

FIGHT [faɪt] **1** *n* **(a)** *(physical, verbal)* pelea *f*; *(contest, battle)* lucha *f*; *(boxing match)* combate *m*; **to get into a f. (with sb)** pelearse (con alguien); **to give in without a f.** ceder sin oponer resistencia; **to have a f. (with sb)** pelearse (con alguien); IDIOM **it promises to be a f. to the finish** promete ser una lucha encarnizada; IDIOM **you'll have a f. on your hands to convince her** te costará Dios y ayuda convencerla; **to put up a good f.** oponer resistencia; **to start a f. (with sb)** pelearse (con alguien)
(b) *(struggle)* lucha *f* (**for** por); **the f. against cancer** la lucha contra el cáncer
(c) *(spirit)* **to show some f.** demostrar espíritu de lucha; **all the f. went out of her** se quedó sin fuerzas para seguir luchando; **there was no f. left in him** no le quedaban arrestos
2 *vt* (*pt & pp* **fought** [fɔ:t]) *(person, enemy, rivals)* luchar contra; *(of boxer)* pelear contra; *(disease, poverty, fire)* luchar contra, combatir; *(temptation, desire, decision)* luchar contra; *(war, battle)* librar; **he's always fighting other children** siempre se está peleando con otros niños; **to f. sb for sth** disputar algo a alguien; *Law* **she fought her case** defendió su caso *(en un juicio)*; **the Socialists fought a successful campaign** los Socialistas llevaron a cabo una campaña exitosa; **to f. a duel** enfrentarse en duelo; **to f. an election** presentarse a unas elecciones; *Pol* **to f. a seat** = presentarse como candidato por una circunscripción electoral; IDIOM **to f. sb's battles for them** dar la cara por alguien; IDIOM **she fought her corner fiercely** defendió su parcela apasionadamente; IDIOM **we'll have to f. fire with fire** combatiremos con sus mismas armas; IDIOM **we're fighting a losing battle** estamos librando una batalla perdida; **to f. one's way through a crowd** abrirse paso entre una multitud
3 *vi* **(a)** *(physically)* luchar (**about/with** por/contra), pelearse (**about/with** por/con); *(verbally)* pelearse, discutir (**about/with** por/con); *(of boxer)* pelear; **did you f. in the Second World War?** ¿combatiste en la Segunda Guerra Mundial?; **to f. over sth** pelearse por algo; **to f. fair** pelear limpio; **to f. shy of sth** evitar algo; **to f. to the death** luchar a muerte; **to go down fighting** luchar hasta el final; IDIOM **to f. like cats and dogs** pelearse como locos
(b) *(struggle)* luchar (**for** por); **to f. for breath** luchar por respirar; **he is fighting for his life** se está debatiendo entre la vida y la muerte; **she is fighting for her political life** está luchando por salvar su carrera política

▸**fight back 1** *vt sep* **to f. back one's tears** tratar de contener las lágrimas
2 *vi* responder

▸**fight down** *vt sep* **to f. down one's tears** tratar de contener las lágrimas

▸**fight off** *vt sep (enemy, attack)* rechazar, ahuyentar; *(illness)* librarse de; *(sensation, sleep, impulse)* vencer

▸**fight on** *vi* continuar luchando

▸**fight out** *vt sep* **you'll have to f. it out (between you) for who gets the last slice** tendréis que poneros de acuerdo para ver quién se lleva el último trozo

fighter [ˈfaɪtə(r)] *n* **(a)** *(person) (in fight)* combatiente *mf*, contendiente *mf*; *(for cause)* luchador(ora) *m,f*; *(boxer)* boxeador(ora) *m,f*, púgil *mf* **(b)** *(plane)* **f. (plane)** caza *m* ❑ ***f. pilot*** piloto *m* de caza; ***f. squadron*** escuadrón *m* de cazas

fighting [ˈfaɪtɪŋ] **1** *n* **(a)** *(brawling)* peleas *fpl* (**b**) *Mil* combates *mpl*, enfrentamientos *mpl* (armados); **heavy f.** fuertes combates *or* enfrentamientos

2 *adj* IDIOM **to have a f. chance** tener posibilidad de ganar; **to be f. fit** estar en plena forma ▫ ***f. cock*** gallo *m* de pelea; ***f. forces*** fuerzas *fpl* de combate; ***f. spirit*** espíritu *m* de lucha; ***f. talk*** violencia *f* verbal

figment ['fɪgmənt] *n* **it's a f. of your imagination** es producto de tu imaginación

figurative ['fɪgərətɪv] *adj* figurado(a)

figuratively ['fɪgərətɪvlɪ] *adv* en sentido figurado

FIGURE ['fɪgə(r), *US* 'fɪgjə(r)] **1** *n* (**a**) *(number)* cifra *f*; **there must be a mistake in the figures** debe de haber un error en los números; **she's good at figures** se le dan bien los números; **I couldn't put a f. on it** no sabría decir cuánto exactamente; **he received a f. of around $10,000** recibió una cantidad en torno a los 10.000 dólares; **unemployment is down to single figures** el desempleo *or Am* la desocupación ha caído por debajo del 10 por ciento; **to reach double/three figures** *(of total)* alcanzar valores de dos/ tres cifras; **his salary is in six figures** gana más de 100.000 libras/dólares/*etc.*

(**b**) *(body shape)* figura *f*; **to have a good f.** tener buena figura; **she has kept/lost her f.** ha mantenido/ha perdido la línea; **a fine f. of a man** un hombre muy bien plantado; **to cut a sorry f.** tener un aspecto lamentable

(**c**) *(person)* figura *f*; **a leading f. in local politics** una figura destacada de la política local; **a distinguished f.** una personalidad distinguida; **he's a f. of fun** todo el mundo se ríe de él

(**d**) *(illustration)* figura *f*, ilustración *f*; **see f. 21 b** ver figura 21 b

(**e**) *(expression)* **f. of speech** figura *f* retórica; **I didn't mean it like that, it was just a f. of speech** no quería decir eso, era sólo una manera *or* forma de hablar

(**f**) *Geom* figura *f* ▫ *Br* ***f. of eight,*** *US* ***f. eight*** ocho *m*; ***f. skater*** patinador(ora) *m,f* artístico(a); ***f. skating*** patinaje *m* artístico

(**g**) *(statue, in painting)* figura *f*

2 *vt US* (**a**) *(think)* figurarse; **I figured (that) you'd want me to tell her** me figuraba que querrías que se lo dijera yo; **why did you help me? – I figured I owed you one** ¿por qué me ayudaste? – te debía una

(**b**) *(calculate)* calcular

3 *vi* (**a**) *(appear) (in list, book)* figurar; **that doesn't f. in my plans** eso no figura en mis planes

(**b**) *Fam (make sense)* **that figures!** (es) normal *or* lógico; **it doesn't f.** no lo entiendo

▸**figure on** *vt insep Fam* **to f. on doing sth** contar con hacer algo

▸**figure out** *vt sep Fam (amount)* calcular; *(problem)* resolver; *(solution)* encontrar; **to f. out (that)...** llegar a la conclusión de que...; **I couldn't f. out how to do it** no conseguí entender cómo había que hacerlo; **I can't f. out why he'd do such a thing** no acabo de entender por qué ha hecho algo así; **she can't f. you out at all** ¡no te entiende en absoluto!

figurehead ['fɪgəhed] *n (on ship)* mascarón *m* de proa; *Fig (of country, party)* testaferro *m*

figure-hugging ['fɪgəhʌgɪŋ] *adj* muy ceñido(a)

figurine [fɪgə'ri:n] *n* figurilla *f*, estatuilla *f*

Fiji ['fi:dʒi:] *n* (las islas) Fidji *or* Fiji

Fijian [fi:'dʒi:ən] **1** *n* fidjiano(a) *m,f*, fiji *mf*

2 *adj* de Fiji

filament ['fɪləmənt] *n Elec* filamento *m*

filbert ['fɪlbət] *n* avellana *f*; **f. (tree)** avellano *m*

filch [fɪltʃ] *vt Fam* afanar, *Esp* mangar

file[1] [faɪl] **1** *n (tool)* lima *f*

2 *vt (metal)* limar; **to f. one's nails** limarse las uñas

file[2] **1** *n* (**a**) *(folder)* carpeta *f*; *(box)* archivo *m*; *(documents)* expediente *m*, ficha *f*; **to keep** *or* **have a f. on** tener una ficha *or* un expediente de; **to have sth on f.** tener algo archivado ▫ ***f. copy*** copia *f* de archivo

(**b**) *Comptr* archivo *m*, fichero *m* ▫ ***f. conversion*** conversión *f* de archivos *or* ficheros; ***f. format*** formato *m* de archivo *or* fichero; ***f. manager*** administrador *m* de archivos; ***f. name*** nombre *m* de archivo *or* fichero; ***f. server*** servidor *m* de ficheros *or* archivos; ***f. transfer*** transferencia de archivos *or* ficheros

2 *vt* (**a**) *(store) (documents, letters)* archivar (**b**) *(present)* **to f. a claim** presentar una demanda

3 *vi* **to f. for divorce** presentar una demanda de divorcio

file[3] **1** *n (line)* fila *f*; **in single f.** en fila india

2 *vi* **to f. past (sth/sb)** desfilar (ante algo/ alguien); **to f. in/out** entrar/salir en fila

filial ['fɪlɪəl] *adj* filial

filibuster ['fɪlɪbʌstə(r)] *Pol* **1** *n* discurso *m* dilatorio

2 *vi* pronunciar discursos dilatorios

filigree ['fɪlɪgri:] *n* filigrana *f*

filing ['faɪlɪŋ] *n* archivación *f*, archivado *m* ▫ ***f. cabinet*** archivador *m*

filings ['faɪlɪŋz] *npl (of metal)* limaduras *fpl*

Filipino [fɪlɪ'pi:nəʊ] **1** *n* (*pl* **Filipinos**) filipino(a) *m,f*

2 *adj* filipino(a)

FILL [fɪl] **1** *n* **we ate/drank our f.** comimos/bebimos hasta llenarnos; *Fig* **to have had one's f. of sth** estar harto(a) de algo

2 *vt* (**a**) *(container)* llenar (**with** de); *(gap, hole)* rellenar; *(sails)* hinchar; **to f. sb's glass** llenar el vaso a alguien; **he filled his pipe** cargó su pipa; **filled with chocolate** relleno(a) de chocolate; **to be filled with admiration/hope** estar lleno(a) de admiración/esperanza; **the smell of roses filled the air** el olor a rosas inundaba el ambiente; **the article filled three pages** el artículo ocupaba tres páginas; **the thought fills me with dread** la idea me horroriza; **we need someone with more experience to f. this post** necesitamos alguien con más experiencia para ocupar este puesto; **to f. a vacancy** *(of employer)* cubrir una vacante; IDIOM **to f. sb's shoes** reemplazar a alguien; **I had a tooth filled** me hicieron un empaste *or RP* una emplomadura

(**b**) *(occupy) (time)* ocupar

(**c**) *(cover) (need, demand)* responder a; *(role)* desempeñar

3 *vi (become full)* llenarse (**with** de *or* con); **her eyes filled (up) with tears** se le llenaron los ojos de lágrimas

▸**fill in 1** *vt sep* (**a**) *(hole, space, form)* rellenar; **f. your address in here** escriba su dirección aquí; **to f. in time** matar el tiempo (**b**) *Fam (inform)* **to f. sb in (on sth)** poner a alguien al tanto (de algo)

2 *vi* **to f. in for sb** sustituir a alguien

▸**fill out 1** *vt sep (form, application)* rellenar

2 *vi (of person)* engordar

▸**fill up 1** *vt sep (glass)* llenar (hasta el borde); *Fam* **f. her up!** *(car)* ¡lleno, por favor!; **this rice pudding should f. you up** este arroz con leche te debería llenar

2 *vi (of tank, container, stadium, theatre)* llenarse (**with** de); **we'd better f. up at the next** *Br* **petrol** *or US* **gas station** será mejor que repostemos en la próxima gasolinera or *Am* estación de servicio

filler ['fɪlə(r)] *n* (**a**) *(for cracks, holes)* masilla *f*; *(for cavity)* empaste *m* (**b**) *(in newspaper)* artículo *m* de relleno; *(on TV or radio)* programa *m* de relleno

fillet ['fɪlɪt] **1** *n (of fish)* filete *m* ▫ ***f. steak*** filete *m*

2 *vt (fish)* cortar en filetes

filling ['fɪlɪŋ] **1** *n* (**a**) *(in tooth)* empaste *m* (**b**) *(in sandwich, pie)* relleno *m* (**c**) ***f. station*** gasolinera *f*, estación *f* de servicio

2 *adj* **a f. meal** una comida que llena mucho

fillip ['fɪlɪp] *n* impulso *m*, empujón *m*; **to give sth/sb a f.** impulsar algo/a alguien

filly ['fɪlɪ] *n (horse)* potra *f*

film [fɪlm] **1** *n* (**a**) *(thin layer)* película *f*; **a f. of ice** una fina capa de hielo

(**b**) *(at cinema)* película *f*; **French/ German f.** el cine francés/alemán ▫ ***f. actor/actress*** actor *m*/actriz *f* de cine; ***f. buff*** cinéfilo(a) *m,f*; ***f. crew*** equipo *m* de rodaje; ***f. critic*** crítico(a) *m,f* de cine; ***f. director*** director(ora) *m,f* de cine, cineasta *mf*; ***f. festival*** festival *m* de cine; ***the f. industry*** la industria cinematográfica; ***f. library*** filmoteca *f*; ***f. noir*** cine *m* negro; ***f. script*** guión *m* de cine; ***f. set*** plató *m* cinematográfico *or* de cine; ***f. star*** estrella *f* de cine; ***f. studio*** estudio *m* cinematográfico

(**c**) *(photographic)* **a (roll of) f.** *(for camera)* un rollo *or* carrete ▫ ***f. speed*** sensibilidad *f* (de película); ***f. strip*** tira *f* de diapositivas

(**d**) *Typ* fotolito *m*

2 *vt (person, event)* filmar, rodar

3 *vi* rodar

filmgoer ['fɪlmgəʊə(r)] *n* aficionado(a) *m,f* al cine, espectador(ora) *m,f* de cine

filmic ['fɪlmɪk] *adj* cinematográfico(a), fílmico(a)

filmography [fɪl'mɒgrəfɪ] *n* filmografía *f*

Filofax® ['faɪləfæks] *n* agenda *f* de anillas

filo pastry ['fi:ləʊ'peɪstrɪ] *n* hojaldre *m* griego

filter ['fɪltə(r)] **1** *n* (**a**) *(for liquids, on cigarette) & Phot* filtro *m* ❑ ***f. cigarette*** cigarrillo *m* con filtro; ***f. coffee*** café *m* de filtro; ***f. paper*** papel *m* de filtro; ***f. tip*** filtro *m*; ***f. tip cigarette*** cigarrillo *m* con filtro (**b**) *Aut* ***f. lane*** carril *m* de giro a la derecha/izquierda; ***f. signal*** *(on traffic light)* señal *f* de giro a la derecha/izquierda (**c**) *Comptr* filtro *m*

2 *vt* filtrar

3 *vi* (**a**) *(of liquid, light)* filtrarse (**through** a través de); **the news soon filtered through** la noticia se filtró rápidamente (**b**) *Aut (of traffic)* **to f. to the right/left** girar a la derecha/izquierda *(según la indicación del semáforo)*

▸**filter out** *vt sep (impurities, noise)* filtrar (hasta eliminar)

filter-tipped ['fɪltətɪpt] *adj* ***f. cigarette*** cigarrillo *m* con filtro

filth [fɪlθ] *n* (**a**) *(dirt)* porquería *f* (**b**) *(obscenity)* obscenidades *fpl*; **to talk f.** decir cochinadas (**c**) *Br very Fam* **the f.** la poli, *Esp* la madera

filthy ['fɪlθɪ] **1** *adj* (**a**) *(very dirty)* asqueroso(a) (**b**) *(very bad)* **to be in a f. temper** tener un humor de perros; **he gave me a f. look** me atravesó con la mirada; *Br* **f. weather** tiempo *m* de perros (**c**) *(obscene)* obsceno(a)

2 *adv Fam* **f. rich** asquerosamente rico(a)

filtrate ['fɪltreɪt] *n Chem* líquido *m* filtrado

filtration [fɪl'treɪʃən] *n Chem* filtración *f*

fin [fɪn] *n (of fish, aeroplane)* aleta *f* ❑ ***f. whale*** rorcual *m*

final ['faɪnəl] **1** *n* (**a**) *(of competition)* final *f*; **to be through to the finals** haber llegado a la fase final (**b**) *Univ* **finals** *Br* exámenes *mpl* de fin de carrera, *US* exámenes *mpl* finales

2 *adj* (**a**) *(last)* último(a); **the f. whistle** el pitido final; **the f. stages** las etapas finales, las últimas etapas ❑ *Fin* ***f. demand*** último aviso *m* de pago; ***f. warning*** última advertencia *f* (**b**) *(definitive)* definitivo(a); **the umpire's decision is f.** la decisión del árbitro es definitiva; **and that's f.!** ¡y no hay más que hablar!

finale [fɪ'nɑ:lɪ] *n (of concert, play)* final *m*; **grand f.** gran final; **there was a grand f. to the match** el partido tuvo un final apoteósico

finalist ['faɪnəlɪst] *n* finalista *mf*

finality [faɪ'nælɪtɪ] *n (of words, statement)* rotundidad *f*, irrevocabilidad *f*; *(of death)* carácter *m* irreversible

finalization [faɪnəlaɪ'zeɪʃən] *n* ultimación *f*, conclusión *f*

finalize ['faɪnəlaɪz] *vt (details, plan, agreement)* ultimar; *(date)* concretar

finally ['faɪnəlɪ] *adv* (**a**) *(lastly)* por último, finalmente; **and f.,...** y por último,... (**b**) *(at last)* por fin, finalmente; **she had f. met him** por fin lo había conocido (**c**) *(irrevocably)* definitivamente; **it hasn't been decided f. yet** todavía no se ha tomado la decisión definitiva

final-year ['faɪnəl'jɪə(r)] *adj (student, exam)* de último curso

finance [faɪ'næns, fɪ'næns] **1** *n* (**a**) *(subject)* finanzas *fpl* ❑ ***f. company*** *or* ***house*** compañía *f* financiera (**b**) **finances** *(funds)* finanzas *fpl*; **his finances are low** se encuentra en una mala situación financiera

2 *vt* financiar

financial [faɪ'nænʃəl, fɪ'nænʃəl] *adj* financiero(a) ❑ ***f. adviser*** asesor(ora) *m,f* financiero(a); ***f. control*** control *m* financiero; ***f. controller*** director(ora) *m,f* financiero(a); ***f. management*** gestión *f* financiera; ***f. market*** mercado *m* financiero; ***f. planning*** planificación *f* financiera; ***f. statement*** balance *m* (general); *Br* ***f. year*** *(for budget)* ejercicio *m* (económico); *(for tax)* año *m* fiscal

financially [faɪ'nænʃəlɪ, fɪ'nænʃəlɪ] *adv* económicamente

financier [faɪ'nænsɪə(r), fɪ'nænsɪə(r)] *n* financiero(a) *m,f*

finch [fɪntʃ] *n* pinzón *m*

FIND [faɪnd] **1** *n* hallazgo *m*; **it was quite a f.** fue todo un hallazgo

2 *vt* (*pt & pp* **found** [faʊnd]) (**a**) *(discover by chance)* encontrar, hallar; **to f. sb at home** *or* **in** encontrar a alguien en casa; **I found her waiting in the hall** me la encontré esperando en la entrada; **he was found dead** lo encontraron muerto; **leave everything as you found it** deja todo tal y como lo encontraste; **they found an unexpected supporter in Richard Sanders** recibieron el inesperado apoyo de Richard Sanders; **you don't f. many people taking the bus for that journey** no mucha gente hace ese viaje en autobús; *Literary* **nightfall found us 20 miles from our destination** la noche cayó sobre nosotros a 20 millas de nuestro destino; **I f. comfort in the knowledge that...** me consuela saber que...; **they f. themselves in serious difficulty** están metidos en serias dificultades; **I often f. myself wondering...** a menudo me sorprendo preguntándome...; **I found myself feeling jealous** me di cuenta de que tenía celos

(**b**) *(discover by searching)* encontrar, hallar; **the painting has been found** han encontrado el cuadro; **we need to f. another $500** necesitamos conseguir otros 500 dólares; **you won't f. a better bike for the price** por este precio no vas a encontrar una bicicleta mejor; **there wasn't a single free seat to be found** no quedaba ni un asiento (libre); **she was nowhere to be found** no la encontraron por ninguna parte; **to f. a job for sb, to f. sb a job** encontrarle un trabajo a alguien; **he found something for me to do** me encontró algo que hacer; **to f. the courage/time to do sth** encontrar el valor/el tiempo para hacer algo; **to f. fault with sth** encontrar defectos a algo; **he couldn't f. it in his heart to tell her** no halló fuerzas para decírselo; **the arrow/comment found its mark** la flecha/el comentario dio en el blanco; **to f. oneself** *(spiritually)* encontrarse a uno mismo; *Fig* **to f. one's feet** situarse; *Fig* **to f. one's tongue** recuperar el habla; **to f. one's way** orientarse, encontrar el camino; **this leaflet somehow found its way into my pocket** no sé cómo ha venido a parar a mi bolsillo este folleto; **the product never found its way into the shops** el producto no llegó a ser comercializado; **to f. a way to do sth** encontrar la manera de hacer algo

(**c**) *(discover by analysis)* encontrar, hallar; **to f. an answer/a solution** hallar una respuesta/una solución; **our research found that...** nuestra investigación descubrió que...; **the drug has been found to benefit cancer patients** se ha demostrado que la droga beneficia a los pacientes con cáncer

(**d**) *(experience)* **they will f. it easy/difficult** les resultará *or* lo encontrarán fácil/difícil; **she found it impossible to understand him** le resultó imposible entenderle; **he found it necessary to remind her of her duty** consideró necesario recordarle su obligación; **how did you f. the meal/the exam?** ¿qué te pareció la comida/el examen?; **did you f. everything to your satisfaction?** ¿le ha parecido todo bien?; **I found her charming** me pareció muy simpática; **I f. that I can't bend down as easily as I used to** estoy descubriendo que ya no me puedo agachar como antes; **you'll f. (that) it gets easier the more you do it** ya verás cómo te resultará más fácil con la práctica

(**e**) *(realize)* **you will f. (that) I am right** te darás cuenta de que tengo razón; **I was surprised to f. that...** me sorprendió enterarme de que...

(**f**) *Law* **to f. sb guilty/innocent** declarar a alguien culpable/inocente; **how do you f. the accused?** ¿cuál es su veredicto?

(**g**) **to be found** *(exist)* encontrarse; **this species is only found in Australia** esta especie sólo se encuentra en Australia

3 *vi Law* **to f. in favour of/against sb** fallar a favor de/en contra de alguien

▸**find out 1** *vt sep* (**a**) *(discover)* descubrir; *(check, confirm)* enterarse de; **we found out that she was French** descubrimos que era francesa; **go and f. out what's happening** ve y entérate de lo que está pasando; **to f. out more, write to...** para obtener más información, diríjase a...; **I found out from his wife that he had been ill for some time** me enteré por su esposa que llevaba un tiempo enfermo (**b**) *(see through)* **to f. sb out** descubrir a alguien; **we've been found out** nos han descubierto

2 *vi* **to f. out (about sth)** *(discover)* enterarse (de algo); *(get information)* informarse (de algo)

finder ['faɪndə(r)] *n* **the f. of the money should contact the police** quien encuentre el dinero ha de llamar a la policía; IDIOM *Fam* **finders keepers (losers weepers)** si yo lo encontré, es para mí

finding ['faɪndɪŋ] *n* (**a**) *(discovery)* descubrimiento *m* (**b**) **findings** conclusiones *fpl*

fine[1] [faɪn] **1** *n Law* multa *f*
2 *vt Law* multar, poner una multa a; **to f. sb £100** poner a alguien una multa de 100 libras

FINE[2] **1** *adj* (**a**) *(excellent)* excelente; *(food)* fino(a), exquisito(a); *(furniture, china, clothes)* fino(a); **the weather was f.** hacía buen tiempo; **it will be f. tomorrow** mañana hará buen tiempo; **she's a f. woman** es una mujer extraordinaria; **one of these f. days** un día de éstos; **to appeal to sb's finer feelings** apelar a los más nobles sentimientos de alguien; **that was our finest hour** fue nuestro mejor momento ▫ ***f. art*** *(paintings, artefacts)* arte *m*; **she's got it down to a f. art** lo hace con los ojos cerrados, lo tiene muy controlado; ***the f. arts*** las bellas artes; ***f. wines*** vinos *mpl* selectos
(**b**) *(satisfactory)* bien; **she's f.** está bien; **everything is f.** todo está bien; **would you like wine? – water would be f.** ¿quieres vino? – con agua me basta; **more tea? – I'm f., thanks** ¿más té? – no, gracias; **that's f. by me** ¡por mí, *Esp* vale *or Arg* dale *or Méx* órale!, ¡me parece bien!; **I feel f.** me encuentro bien
(**c**) *(thin)* fino(a); **f. grains of sand** granos finos de arena ▫ ***f. print*** letra *f* pequeña
(**d**) *(pointed, sharp)* fino(a); **a f. nib** una plumilla fina
(**e**) *(delicate, subtle)* fino(a); *(adjustment)* preciso(a); *(distinction)* sutil; *(features)* delicado(a); **there's a f. line between eccentricity and madness** la frontera entre la excentricidad y la locura es muy tenue; **I didn't understand some of the finer points** no entendí los aspectos más sutiles; **not to put too f. a point on it** hablando en plata
(**f**) *Ironic (great)* **you're a f. one to talk!** ¡mira quién fue a hablar!; **this is another f. mess you've got us into!** ¡en menudo lío nos has vuelto a meter!; **that's a f. thing to do to your mother!** ¡eso no se le hace a tu madre!; **a f. help you are!** ¡menuda ayuda estás hecho(a)!; **he was in a f. (old) temper!** estaba de un humor de perros
2 *adv* bien; **that'll do (me) just f.** con eso me bastará; **you're doing f.!** ¡lo estás haciendo muy bien!; **she's getting on** *or* **doing f.** le va bien; **they get on f.** se llevan bien; **that suits me f.** eso me viene bien; **it seems to be working f. to me** me parece que no le pasa nada
3 *exclam* **shall we meet at five? – f.** ¿nos vemos a las cinco? – muy bien *or Esp* vale *or Arg* dale *or Méx* órale; *Ironic* **oh f., you just sit there while I do all the work!** ¡fantástico, tú ahí sentado mientras yo hago todo el trabajo!

finely ['faɪnlɪ] *adv (skilfully)* acertadamente, hábilmente; **f. balanced** *(contest)* muy equilibrado(a); **f. chopped** picado(a) muy fino; **f. tuned** *(engine)* a punto

finery ['faɪnərɪ] *n* galas *fpl*

finesse [fɪ'nes] **1** *n* (**a**) *(elegance, tact)* finura *f*; **he handled the matter with great f.** llevó el asunto con mucha mano izquierda *or* delicadeza (**b**) *(in card games)* impasse *m*
2 *vt* (**a**) *(in card game)* jugar de impasse (**b**) *(deal with skillfully)* sortear con destreza; **he finessed his way through the interview** sorteó la entrevista con mucha habilidad

fine-tooth(ed) comb ['faɪntu:θ(t)-'kəʊm] *n* peine *m* de púas finas; IDIOM **to go through sth with a f.** mirar algo con lupa, examinar algo al detalle

fine-tune ['faɪn'tju:n] *vt* (**a**) *(machine, engine)* afinar, poner a punto (**b**) *(economy, policy)* afinar

fine-tuning ['faɪn'tju:nɪŋ] *n* (**a**) *(of machine, engine)* ajuste *m* (**b**) *(of economy, policy)* ajuste *m*

finger ['fɪŋgə(r)] **1** *n* (**a**) *(of hand, glove)* dedo *m*; *Fig* **to keep one's fingers crossed** cruzar los dedos ▫ ***f. bowl*** bol *m or* cuenco *m* para las manos; ***f. buffet*** bufé *m* a base de canapés y aperitivos; ***f. food*** *(snacks)* cosas *fpl* de picar
(**b**) *(measure)* **a f. of brandy** un dedo de coñac
(**c**) *Comptr* finger *m*
(**d**) IDIOMS **I'm all fingers and thumbs today** hoy estoy hecho un manazas; **he's got them (wrapped) round his little f.** los tiene a sus pies; **to get one's fingers burnt** salir escaldado(a) *or* escarmentado(a); *Br very Fam* **get** *or* **pull your f. out!** ¡mueve el culo!; **to give sb the f.** = hacerle un gesto grosero a alguien con el dedo corazón hacia arriba, ≃ hacerle un corte de mangas a alguien; *Fam* **to stick two fingers up at sb** = hacerle a alguien un gesto insultante con los dedos índice y corazón hacia arriba y el dorso de la mano hacia fuera, ≃ hacerle un corte de mangas a alguien; **to have one's f. on the pulse** estar al tanto *or* a la última; **to have a f. in every pie** estar metido(a) en todo; **don't you dare lay a f. on him** no te atrevas a tocarle un pelo; **she wouldn't lift a f. to help you** no levantaría *or* movería un dedo por ayudarte; **to point the f. at sb** señalar a alguien con el dedo; **to put one's f. on it** dar en el clavo; **I can't quite put my f. on it** no consigo dar con ello; **to work one's fingers to the bone** trabajar duro, matarse a trabajar
2 *vt* (**a**) *(feel)* tocar
(**b**) *Fam (inform on) Esp* dar el soplo acerca de, *Méx* soplar acerca de, *RP* pasar el dato de
(**c**) *Vulg (woman)* masturbar con el dedo

fingerboard ['fɪŋgəbɔ:d] *n (on musical instrument)* diapasón *m*

fingering ['fɪŋgərɪŋ] *n Mus* digitación *f*

fingerless ['fɪŋgəlɪs] *adj* ***f. gloves*** mitones *mpl*

fingermark ['fɪŋgəmɑ:k] *n* marca *f or* huella *f* de los dedos

fingernail ['fɪŋgəneɪl] *n* uña *f*

fingerprint ['fɪŋgəprɪnt] **1** *n* huella *f* digital *or* dactilar
2 *vt (person)* tomar las huellas digitales *or* dactilares a

fingerstall ['fɪŋgəstɔ:l] *n* dedil *m*

fingertip ['fɪŋgətɪp] *n* punta *f* del dedo; **to have sth at one's fingertips** *(facts, information)* tener algo al alcance de la mano; *(subject)* conocer algo al dedillo

finicky ['fɪnɪkɪ] *adj Fam (fussy)* quisquilloso(a); **to be a f. job** ser un trabajo complicado *or* de chinos

FINISH ['fɪnɪʃ] **1** *n* (**a**) *(end) (of match, meeting)* final *m*; *(of race)* meta *f*; **to be in at the f.** presenciar el final; **it was a close f.** fue un final reñido
(**b**) *(surface) (of furniture, metalwork)* acabado *m*
(**c**) *Sport* **that was a very good f. from Jones** Jones ha marcado un gol muy bueno
2 *vt* (**a**) *(end)* terminar, acabar; **the injury finished his career** la lesión terminó *or* acabó con su carrera; **to f. doing sth** terminar *or* acabar de hacer algo; **have you finished eating?** ¿has terminado *or* acabado de comer?
(**b**) *(use up)* terminar, acabar; **the milk is finished** se ha terminado *or* acabado la leche
(**c**) *(ruin, kill)* acabar con, terminar con
(**d**) *Fam (tire out)* acabar con, terminar con
(**e**) *(polish, varnish)* **nicely finished** con un excelente acabado
3 *vi* (**a**) *(end)* terminar; **you didn't let me f.** no me dejaste terminar (lo que estaba diciendo); **school finishes on Friday/at three o'clock** el colegio termina el viernes/a las tres; **I would like to f. by thanking…** me gustaría concluir agradeciendo…; **to f. on an optimistic note** finalizar con una nota de optimismo; **would you like a brandy to f. with?** ¿te apetecería *or Col, Méx, Ven* te provocaría *or Méx* se te antojaría un brandy para terminar?
(**b**) *(in race, contest)* **to f. fourth** quedar en cuarto lugar, terminar cuarto(a); **three horses failed to f.** tres caballos no terminaron la carrera; **Mexico finished the stronger of the two teams** México terminó jugando mejor que el otro equipo

▸**finish off 1** *vt sep* (**a**) *(complete) (task, book)* terminar (del todo) (**b**) *(use up)* acabar (con); **we'd better f. off this ice cream** será mejor que acabemos este helado (**c**) *Fam (ruin, kill)* acabar con, terminar con (**d**) *Fam (tire out)* acabar con, terminar con
2 *vi* terminar; **to f. off by doing sth** terminar haciendo algo

▸**finish up 1** *vt sep (use up)* acabar; **f. up that spinach** acábate las espinacas
2 *vi (end up)* terminar, acabar; **to f. up doing sth** terminar *or* acabar haciendo algo; **most of the waste finishes up as recycled paper** la mayoría de los desechos son convertidos en papel reciclado

▸**finish with** *vt insep* (**a**) *(stop using, talking to)* acabar con, terminar con; **have you finished with the newspaper?** ¿has acabado *or* terminado con el periódico?; **I haven't finished with you yet** todavía no he acabado *or* terminado contigo (**b**) *(end relationship with)* acabar con, terminar con

finished ['fɪnɪʃt] *adj* (**a**) *(completed)* terminado(a), acabado(a); **the job isn't f. yet** el trabajo no está terminado aún; *Fam* **he's f.!** ¡está acabado! (**b**) *(of high quality)* elaborado(a)

finishing ['fɪnɪʃɪŋ] *adj* **to put the f. touches to sth** dar los últimos (re)toques a algo ❑ ***f. line*** línea *f* de meta; ***f. post*** poste *m* de llegada; ***f. school*** = escuela privada de etiqueta para señoritas

finite ['faɪnaɪt] *adj* (**a**) *(resources, time)* finito(a) (**b**) *Gram (verb)* conjugado(a)

fink [fɪŋk] *US Fam* **1** *n* (**a**) *(informer)* soplón(ona) *m,f*, *Esp* chivato(a) *m,f* (**b**) *(unpleasant person)* pelagatos *mf inv* (**c**) *(strikebreaker)* esquirol(ola) *m,f*
2 *vi* dar el chivatazo; **to f. on sb** dar el chivatazo acerca de alguien

Finland ['fɪnlənd] *n* Finlandia

Finn [fɪn] *n (person)* finlandés(esa) *m,f*

Finnish ['fɪnɪʃ] **1** *n (language)* finés *m*, finlandés *m*
2 *adj* finlandés(esa)

fiord = **fjord**

fir [fɜː(r)] *n* **f. (tree)** abeto *m* ❑ ***f. cone*** piña *f*

fire ['faɪə(r)] **1** *n* (**a**) *(element, in hearth)* fuego *m*; *(large, destructive)* incendio *m*; *Fig (enthusiasm)* pasión *f*; **on f.** en llamas, ardiendo; **to cause** *or* **start a f.** provocar un incendio; **to catch f.** prender; **to set f. to sth, to set sth on f.** prender fuego a algo; **f.!** ¡fuego!; IDIOM **to play with f.** jugar con fuego; **f. and brimstone** fuego *m* eterno ❑ ***f. alarm*** alarma *f* contra incendios; *Br* ***f. brigade***, *US* ***f. department*** (cuerpo *m* de) bomberos *mpl*; ***f. door*** puerta *f* contra incendios; ***f. drill*** simulacro *m* de incendio; ***f. engine*** coche *m* de bomberos; ***f. escape*** escalera *f* de incendios; ***f. exit*** salida *f* de incendios; ***f. extinguisher*** extintor *m*; ***f. fighter*** bombero *m*; ***f. hazard*** = objeto que supone peligro de incendio; ***f. hose*** manguera *f* de incendios; ***f. hydrant*** boca *f* de incendios; ***f. insurance*** seguro *m* contra incendios; ***f. irons*** (juego *m* de) utensilios *mpl* para la lumbre; ***f. regulations*** *(laws)* normativa *f* contra incendios; *(in building)* procedimiento *m* en caso de incendio; ***f. sale*** venta *f* de objetos dañados en un incendio; ***f. station*** parque *m* de bomberos
(**b**) *(heater)* estufa *f*; **electric/gas f.** estufa *f* eléctrica/de gas
(**c**) *(of rifle, artillery)* fuego *m*; **to open f.** abrir fuego; **to hold one's f.** dejar de disparar; **to come under f.** caer bajo el fuego enemigo; *Fig* **to be** *or* **come under f.** *(be criticized)* recibir muchas críticas ❑ ***f. power*** capacidad *f* ofensiva
2 *vt* (**a**) *(rifle, bullet, missile)* disparar (**at** contra); **to f. a shot** disparar; *Fig* **to f. a question at sb** lanzar una pregunta a alguien
(**b**) *Fam (dismiss)* despedir; **you're fired!** ¡quedas despedido!
(**c**) *(set alight, heat)* encender, *Am* prender; **oil-/gas-fired central heating** calefacción *f* central de petróleo/gas; *Fig* **to f. sb with enthusiasm** hacer arder de entusiasmo a alguien; *Fig* **the movie fired his imagination** la película despertó su imaginación
(**d**) *(pottery)* cocer
3 *vi* (**a**) *(with gun)* disparar; **f.!** ¡fuego!; *Fam Fig* **f. away!** *(to questioner)* ¡adelante!
(**b**) *(of engine)* encenderse, *Am* prenderse; *Fig* **to be firing on all cylinders** funcionar a pleno rendimiento

▸**fire up** *vt sep Fam (switch on)* encender, *Am* prender

firearm ['faɪərɑːm] *n* arma *f* de fuego

fireball ['faɪəbɔːl] *n* bola *f* de fuego

firebomb ['faɪəbɒm] **1** *n* bomba *f* incendiaria
2 *vt* arrojar bombas incendiarias a

firebrand ['faɪəbrænd] *n (torch)* antorcha *f*; *Fig (agitator)* agitador(ora) *m,f*

firebreak ['faɪəbreɪk] *n* cortafuego *m*

firebug ['faɪəbʌg] *n Fam* pirómano(a) *m,f*, incendiario(a) *m,f*

firecracker ['faɪəkrækə(r)] *n* petardo *m*

firedamp ['faɪədæmp] *n* grisú *m*

fire-eater ['faɪəriːtə(r)] *n* (**a**) *(performer)* tragafuegos *mf inv* (**b**) *(aggressive person)* belicoso(a) *m,f*, agresivo(a) *m,f*

firefight ['faɪəfaɪt] *n* tiroteo *m*

fire-fighting ['faɪəfaɪtɪŋ] *adj* ***f. equipment*** equipo *m* contra incendios

firefly ['faɪəflaɪ] *n* luciérnaga *f*

fireguard ['faɪəgɑːd] *n* pantalla *f* (de chimenea), parachispas *m inv*

firelight ['faɪəlaɪt] *n* luz *f* del fuego

firelighter ['faɪəlaɪtə(r)] *n* pastilla *f* para (encender *or Am* prender) el fuego

fireman ['faɪəmən] *n* bombero *m* ❑ ***f.'s lift*** = manera de llevar a alguien a cuestas sobre un hombro y el otro brazo libre

fireplace ['faɪəpleɪs] *n* chimenea *f*

fireproof ['faɪəpruːf] *adj* ignífugo(a), incombustible

fire-raiser ['faɪəreɪzə(r)] *n* pirómano(a) *m,f*, incendiario(a) *m,f*

fire-resistant ['faɪərɪzɪstənt] *adj* ignífugo(a), incombustible

firescreen ['faɪəskriːn] *n* pantalla *f* (de chimenea)

fireside ['faɪəsaɪd] *n* **by the f.** junto a la chimenea

firetrap ['faɪətræp] *n* = local altamente peligroso en caso de incendio

firewall ['faɪəwɔːl] *n Comptr* cortafuegos *m inv*

firewater ['faɪəwɔːtə(r)] *n Fam* aguardiente *m*

firewood ['faɪəwʊd] *n* leña *f*

firework ['faɪəwɜːk] *n* fuego *m* de artificio; **fireworks** fuegos *mpl* artificiales; *Fig* **there'll be fireworks** se va a armar una buena ❑ ***f. display*** (castillo *m* de) fuegos *mpl* artificiales

firing ['faɪərɪŋ] *n* disparos *mpl*; IDIOM **to be in the f. line** estar en la línea de fuego *or* en el punto de mira ❑ ***f. pin*** percutor *m*; ***f. squad*** pelotón *m* de ejecución *or* de fusilamiento

firm¹ [fɜːm] *n (company)* empresa *f*

firm² **1** *adj* (**a**) *(steady, definite)* firme; **the f. favourite** el gran favorito; **it is my f. belief that...** creo firmemente que...; *Fin* **the franc remained f.** el franco se mantuvo (firme) (**b**) *(strict)* firme, estricto(a); **to be f. with sb** ser estricto(a) con alguien; **she was polite but f.** se mostró educada, pero firme (**c**) *(in horseracing) (ground)* duro(a)
2 *adv* **to stand f.** mantenerse firme; **she held f. to her principles** se mantuvo firme en sus principios

▸**firm up 1** *vt sep (plan)* concretar algo
2 *vi (of muscles)* reafirmarse; *Com (of prices)* afianzarse, consolidarse

firmament ['fɜːməmənt] *n Literary* firmamento *m*

firmly ['fɜːmlɪ] *adv* con firmeza, firmemente; **I f. believe that...** creo firmemente que...

firmness ['fɜːmnɪs] *n* firmeza *f*

firmware ['fɜːmweə(r)] *n Comptr* firmware *m*, microprograma *m*

FIRST [fɜːst] **1** *n* (**a**) *(in series)* primero(a) *m,f*; **the second one was better than the f.** el segundo fue mejor que el primero; **I'm the f. on the list** soy el primero de la lista; **we were the f. to arrive** fuimos los primeros en llegar; **I'm the f. to admit that...** soy el primero en reconocer que...; **it's the f. I've heard of it** es la primera noticia que tengo (de ello), ahora me entero
(**b**) *(of month)* uno *m*; **the f. of May** *(labour holiday)* el primero de mayo; **we're leaving on the f.** nos marchamos el (día) uno
(**c**) *(beginning)* **at f.** al principio; **it will be cloudy at f.** por la mañana estará nublado; **from f. to last** de principio a fin; **from the (very) f.** (ya) desde el principio
(**d**) *Br Univ* **to get a f.** *(in degree)* = licenciarse con la nota más alta en la escala de calificaciones
(**e**) *(first gear)* primera *f*; **in f.** en primera
(**f**) *(unique event)* **it was a f.** fue un acontecimiento sin precedentes
2 *adj* primero(a); *(before masculine singular noun)* primer; **the f. month** el primer mes; **he was one of the f. people to arrive** fue uno de los primeros en llegar; **the f. few days** los primeros días; **the f. century** *(written)* el siglo I; *(spoken)* el siglo uno *or* primero; **our f. priority is to...** nuestra prioridad máxima es...; **at f. hand** de primera mano; **at f. sight** a primera vista; **for the f. time** por primera vez; **in the f. place** en primer lugar; **why didn't you say so in the f. place?** ¡haberlo dicho antes!; **neither of them dared make the**

f. move nadie se atrevió a dar el primer paso; **to have f. refusal on sth** tener la opción de compra sobre algo; **f. things f.!** lo primero es lo primero; **I said the f. thing that came into my head** dije lo primero que me vino a la mente; **I don't know the f. thing** *or* **haven't got the f. idea about motorbikes** no tengo ni idea de motos; **f. thing (in the morning)** a primera hora de la mañana; **it'll be ready f. thing Monday** estará listo a primera hora del lunes ▫ ***f. aid*** *(skill)* socorrismo *m*; *(treatment)* primeros auxilios *mpl*; ***f. base*** *(baseball) (place)* primera base *f*; *(player)* primer base *m*; IDIOM *US Fam* **to get to f. base** *(complete first stage)* cubrir la primera etapa; ***f. class*** *(on train)* primera *f* (clase *f*); *(for mail)* = en el Reino Unido, tarifa postal más cara y rápida que la de segunda clase; ***f. cousin*** primo(a) *m,f* hermano(a) *or* carnal; ***F. Division*** *(of league)* Primera División; *(in British soccer)* = la segunda división del fútbol inglés y escocés; ***f. edition*** primera edición *f*; ***f. eleven*** *(in soccer, cricket)* primer equipo *m*; ***f. floor*** *Br (above ground floor)* primer piso *m*; *US (ground floor)* planta *f* baja; *Br* ***f. form*** *(at school)* primer curso *m*; *Aut* ***f. gear*** primera *f* (marcha *f*); *US* ***f. grade*** *(at school)* primer curso *m* de enseñanza primaria; *Sport* ***f. half*** primera parte *f*; *US* ***the F. Lady*** la primera dama; ***f. language*** lengua *f* materna; *US Mil* ***f. lieutenant*** teniente *mf*; ***at f. light*** al alba; ***f. love*** primer amor *m*; *Naut* ***f. mate*** segundo *m* de a bordo; ***f. name*** nombre *m* (de pila); ***f. night*** *(of play)* (noche *f* del) estreno *m*; *Law* ***f. offence*** primer delito *m*; *Law* ***f. offender*** delincuente *mf* sin antecedentes; *Naut* ***f. officer*** segundo *m* de a bordo; *Gram* ***f. person*** primera persona *f*; **in the f. person** en primera persona; ***f. prize*** *(in competition)* primer premio *m*; *Mil* ***f. strike*** ataque *m* preventivo; *Sport* ***f. team*** primer equipo *m*; ***f. violin*** primer violín *m*; ***the F. World*** el primer mundo *m*; ***the F. World War*** la Primera Guerra Mundial; ***f. year*** *(at school, university)* primer curso *m*; *(pupil, student)* estudiante *mf* de primer curso

3 *adv* **(a)** *(firstly)* primero; **f., I don't want to, and second, I can't** en primer lugar, no quiero, y en segundo (lugar), no puedo; **f. and foremost** ante todo; **she was f. and last a singer** por encima de todo era una cantante; **f. of all** antes de nada, en primer lugar; *Fam* **f. off** primero de todo

(b) *(for the first time)* por primera vez; **I f. met her in London** la conocí en Londres; **I f. started working here three years ago** comencé a trabajar aquí hace tres años

(c) *(before)* primero(a), antes; **to come f.** *(in race, contest)* quedar primero; *(in importance)* ser lo primero; **you go f.!** ¡tú primero!; **he puts his work f.** para él, su trabajo es lo primero; **on a f. come, f. served basis** por orden de llegada; **ladies f.!** las señoras primero

(d) *(rather)* **I'd resign f.** antes dimito

---

first-aid [fɜːst'eɪd] *adj* ***f. box*** botiquín *m* de primeros auxilios; ***f. certificate*** título *m* de primeros auxilios; ***f. kit*** botiquín *m* de primeros auxilios

first-born ['fɜːstbɔːn] *n & adj Literary* primogénito(a) *m,f*

first-class ['fɜːst'klɑːs] **1** *adj* **(a)** *(compartment, ticket)* de primera (clase); *Br Univ* **f. honours degree** = licenciatura obtenida con la nota más alta en la escala de calificaciones ▫ ***f. mail*** = en el Reino Unido, servicio postal más caro y rápido que el de segunda clase; ***f. stamp*** = en el Reino Unido, sello *or Am* estampilla correspondiente a la tarifa postal de primera clase **(b)** *Br Fam (excellent)* de primera; **f.!** ¡genial!

2 *adv* **to travel f.** viajar en primera (clase); **to send a letter f.** enviar una carta utilizando la tarifa postal de primera clase

first-day cover ['fɜːstdeɪ'kʌvə(r)] *n* = sobre con un sello matasellado *or Am* estampilla matasellada el día de su puesta en circulación

first-degree ['fɜːstdɪ'griː] *adj* **(a)** *Med (burns)* de primer grado **(b)** *US Law (murder)* en primer grado

first-foot ['fɜːst'fʊt] **1** *n* = primera visita en la madrugada de Año Nuevo

2 *vt* = ser el primero en visitar a alguien en la madrugada de Año Nuevo

first-hand ['fɜːst'hænd] **1** *adj* de primera mano

2 *adv* de primera mano; **he heard it f.** se lo dijeron a él mismo

firstly ['fɜːstlɪ] *adv* en primer lugar

first-name ['fɜːst'neɪm] *adj* **to be on f. terms (with sb)** ≃ tutearse (con alguien)

first-past-the-post ['fɜːstpɑːstðə'pəʊst] *adj Pol* ***f. system*** sistema *m* de elección por mayoría simple

first-rate [fɜːst'reɪt] *adj* excelente, de primera clase

first-run ['fɜːstrʌn] *adj* ***f. cinema*** cine *m* de estreno

first-time buyer ['fɜːstaɪm'baɪə(r)] *n* = persona que compra una vivienda por primera vez

firth [fɜːθ] *n Scot* ría *f*, estuario *m*

fiscal ['fɪskəl] *adj* fiscal ▫ *Econ* ***f. drag*** presión *f* fiscal en frío; ***f. policy*** política *f* fiscal; *US* ***f. year*** año *m* fiscal

fish [fɪʃ] **1** *n* (*pl* **fish** *or* **fishes**) **(a)** *(animal)* pez *m*; *(food)*,pescado *m* ▫ *Br* ***f. and chips*** = pescado frito con *Esp* patatas *or Am* papas fritas; *Br* ***f.-and-chip shop*** = tienda de "fish and chips"; ***f. cake*** pastelillo *m* de pescado; ***f. farm*** piscifactoría *f*; ***f. farming*** piscicultura *f*; *Br* ***f. fingers*** palitos *mpl or* barritas *fpl* de pescado; ***f. knife*** cuchillo *m or* paleta *f* de pescado; ***f. slice*** pala *f or* espátula *f* (de cocina); *US* ***f. sticks*** palitos *mpl or* barritas *fpl* de pescado; ***f. tank*** acuario *m*

(b) *(person)* **a cold f.** un(a) borde; *Fam* **a queer f.** un bicho raro

(c) IDIOMS **there are plenty more f. in the sea** con él/ella no se acaba el mundo; **at school/work, he was a big f. in a small pond** en la escuela/el trabajo era un pez gordo, pero fuera era un don nadie; **to have bigger** *or* **other f. to fry** tener algo más importante que hacer; *Fam* **to drink like a f.** beber como un cosaco, *Am* tomar como un barril sin fondo; **she felt like a f. out of water** no se sentía en su elemento; **neither f. nor fowl** ni chicha ni limoná

2 *vt* **(a)** *(river)* pescar en

(b) *(remove)* **to f. sth from somewhere** retirar algo de un lugar

3 *vi* **(a)** *(for fish)* pescar

(b) *Fam* **to f. for compliments** tratar de atraer elogios; **she fished around in her pocket for some change** rebuscó en el bolsillo *or CAm, Méx, Perú* la bolsa a ver si tenía monedas

▸**fish out** *vt sep* sacar

fisherman ['fɪʃəmən] *n* pescador *m*

fisherwoman ['fɪʃəwʊmən] *n* pescadora *f*

fishery ['fɪʃərɪ] *n* **(a)** *(area)* caladero *m* **(b)** **fisheries** *(fishing industry)* sector *m* pesquero, industria *f* pesquera **(c)** *(fish farm)* piscifactoría *f*

fish-eye lens ['fɪʃaɪ'lenz] *n Phot* (objetivo *m* de) ojo *m* de pez

fish-face ['fɪʃfeɪs] *n Fam* merluzo(a) *m,f*

fish-hook ['fɪʃhʊk] *n* anzuelo *m*

fishing ['fɪʃɪŋ] *n* pesca *f*; **to go f.** ir de pesca *or* a pescar ▫ ***f. boat*** barco *m* pesquero; ***f. grounds*** caladeros *mpl*; ***f. line*** sedal *m*; ***f. net*** red *f* de pesca; ***f. port*** puerto *m* pesquero; ***f. rod*** caña *f* de pescar; ***f. tackle*** aparejos *mpl* de pesca

fish-ladder ['fɪʃlædə(r)] *n* salmonera *f*

fishmonger ['fɪʃmʌŋgə(r)] *n (person)* pescadero(a) *m,f*; **the f.'s** la pescadería

fishnet ['fɪʃnet] *adj* **f. stockings** *or* **tights** medias *fpl* de red *or* de malla

fishtail ['fɪʃteɪl] **1** *n* cola *f* de pescado

2 *vi (of aircraft, car)* colear

fishwife ['fɪʃwaɪf] *n Pej* verdulera *f*

fishy ['fɪʃɪ] *adj* **(a)** *(smell, taste)* a pescado **(b)** *Fam (suspicious)* sospechoso(a); **there's something f. going on here** aquí hay gato encerrado

fissile ['fɪsaɪl] *adj* **(a)** *Geol* fisil, hojoso(a) **(b)** *Phys* fisible, fisionable

fission ['fɪʃən] *n* fisión *f*

fissure ['fɪʃə(r)] *n* **(a)** *(in mountain, rock)* grieta *f* **(b)** *Med* fisura *f*

fist [fɪst] *n* puño *m*; **to shake one's f. at sb** amenazar a alguien con el puño; IDIOM **to make a (good) f. of it** hacerlo bastante bien

fistful ['fɪstfʊl] *n* puñado *m*

fisticuffs ['fɪstɪkʌfs] *npl* pelea *f* a puñetazos

fistula ['fɪstjʊlə] (*pl* **fistulas** *or* **fistulae** ['fɪstjʊliː]) *n Med* fístula *f*

fit[1] [fɪt] *n* ataque *m*, crisis *f inv*; **(epileptic) f.** ataque *m* de epilepsia, crisis epiléptica; **a f. of coughing** un acceso de tos; *Fam Fig* **to have** *or* **throw a f.** *(get angry)* ponerse hecho(a) una furia; **in a f. of temper** en un arrebato de ira; **a f. of crying** un ataque de llanto; **to be in fits** partirse *or Am* morirse de risa; **to have sb in fits (of laughter)** hacer que alguien se muera de risa; **to do sth by fits and starts** hacer algo a trompicones

FIT² **1** *adj* (**a**) *(appropriate)* adecuado(a), apto(a); **f. to drink** potable; **f. to eat** comestible; **he's not f. to serve as a director** no está en condiciones de ejercer de director; **a meal f. for a king** una comida digna de un rey; **that's all he's f. for** no vale para más; **those trousers are only f. for the bin** esos pantalones no valen más que para tirarlos *or Am* botarlos; **you are in no f. state to be going to work** no estás en condiciones de ir al trabajo; **this is no f. way to behave** esta no es manera de comportarse; **they were f. to burst with excitement** desbordaban de entusiasmo; **she worked until she was f. to drop** trabajó hasta caer rendida; IDIOM *US Fam* **she was f. to be tied** se subía por las paredes, *Méx* estaba como agua para chocolate; **do as you see** *or* **think f.** haz lo que creas conveniente; **she saw f. to tell him without asking me first** le dio por contárselo sin ni siquiera preguntarme a mí primero; **they didn't see f. to inform us** no juzgaron necesario informarnos

(**b**) *(healthy)* en forma; **she's very f. for her age** se mantiene muy en forma para su edad; **to get/keep f.** ponerse/mantenerse en forma; **he is not yet f. to go back to work** todavía no está en condiciones de volver a trabajar; IDIOM *Fam* **to be as f. as a fiddle** estar en plena forma

(**c**) *Br Fam (attractive)* **to be f.** estar como un tren *or RP* como un camión, *Méx* estar buenón(ona)

2 *vt* (*pt & pp* **fitted**) (**a**) *(match)* ajustarse a, adecuarse a; **she fits the description** se ajusta a la descripción; **to make the punishment f. the crime** imponer un castigo proporcional al delito

(**b**) *(be the right size for)* **it fits me** me sirve, me queda *or* me va bien; **this key fits the lock** esta llave entra (bien) en la cerradura; **this hat doesn't f. me** este sombrero me queda pequeño/grande; **the trousers had been made to f. a smaller man** los pantalones habían sido confeccionados para una persona más pequeña; **the dress fits you like a glove** el vestido te queda como un guante

(**c**) *(in dressmaking)* **she's being fitted for her wedding dress** le están tomando las medidas para el traje de novia

(**d**) *(install)* colocar, poner; **to f. a carpet** colocar una *Esp* moqueta or *Am* alfombra; **the car is fitted with an alarm** el coche *or Am* carro *or Chile, RP* auto viene equipado con alarma

(**e**) *(insert)* **to f. sth into sth** introducir *or* encajar algo en algo; **to f. sth onto sth** colocar algo sobre algo; **we can f. another two people inside** podemos meter a dos personas más; **the lid fits over the box** la tapa se coloca en la caja; **to f. two things together** encajar dos cosas

(**f**) *(make suitable)* **it is her tact that fits her for the job** su tacto la hace idónea para el trabajo

3 *vi* (**a**) *(of lid, key, plug)* encajar; **to f. (together)** encajar; **to f. into sth** caber en algo; **I can't f. into these shoes any more** estos zapatos ya no me caben; *Fig* **she doesn't f. into any of the usual categories** es inclasificable; *Fig* **there's something about her that doesn't f.** tiene algo raro

(**b**) *(of clothes)* quedar bien (de talla); **it fits perfectly** me queda perfectamente; **this shirt doesn't f. any more** esta camisa ya no me sirve

4 *n* (**a**) *(of clothes)* **the skirt is a good/bad f.** la falda *or RP* pollera está bien/mal de talla

(**b**) *(match)* **there must be a f. between what we offer and what they need** tiene que haber una correspondencia entre lo que ofrecemos y lo que necesitan

▸**fit in 1** *vt sep (in timetable)* **to f. sb in** hacer un hueco a alguien; **I don't think I'll be able to f. any shopping in** no creo que pueda sacar tiempo para ir de compras

2 *vi* (**a**) *(go into place)* encajar; **will we all f. in?** ¿cabremos todos?; *Fig* **that idea doesn't f. in with our overall strategy** esa idea no encaja en nuestra estrategia global (**b**) *(of person)* **he just didn't f. in** simplemente no encajaba bien (en aquel ambiente); **you're going to have to learn to f. in at school** vas a tener que aprender a adaptarte en el colegio

▸**fit out** *vt sep (ship)* armar (**with** de); *(room)* amueblar (**with** con); *(person)* equipar (**with** de *or* con)

▸**fit up** *vt sep* (**a**) *(provide)* **to f. sb up with sth** proporcionar algo a alguien (**b**) *Fam (frame)* **to f. sb up** hacer una declaración falsa *or* un montaje contra alguien

fitful ['fɪtfʊl] *adj (sleep)* intermitente; **to make f. progress** ir progresando por rachas

fitfully ['fɪtfʊlɪ] *adv* intermitentemente, a ratos

fitment ['fɪtmənt] *n* accesorio *m (de instalación)*

fitness ['fɪtnɪs] *n* (**a**) *(health)* buena forma *f* (**b**) *(suitability)* aptitud *f*

fitted ['fɪtɪd] *adj* ***f. carpet*** *Esp* moqueta *f*, *Am* alfombra *f*; ***f. kitchen*** cocina *f* amueblada a medida; ***f. skirt*** falda *f or Am* pollera *f* a medida

fitter ['fɪtə(r)] *n (of machine, electrical parts)* técnico(a) *m,f*

fitting ['fɪtɪŋ] **1** *n* (**a**) *(of clothes)* prueba *f* ▫ ***f. room*** probador *m* (**b**) **fittings** *(of office)* equipamiento *m*; *(of bathroom)* accesorios *mpl*

2 *adj* apropiado(a)

fittingly ['fɪtɪŋlɪ] *adv* muy apropiadamente; **f., he died in battle** como no podía ser de otro modo, murió en el campo de batalla

five [faɪv] **1** *n* (**a**) *(number)* cinco *m*; *Fam* **to take f.** descansar cinco minutos; *US Fam* **gimme f.!** ¡chócala!, ¡choca esos cinco! (**b**) *US Fam (five-dollar note)* billete *m* de cinco (dólares)

2 *adj* cinco ▫ ***the F. Nations (Championship)*** *(in rugby)* el (torneo de las) Cinco Naciones; *see also* **eight**

five-a-side ['faɪvəsaɪd] **1** *adj* ***f. football*** fútbol *m* sala

2 *n* fútbol *m* sala

five-day ['faɪvdeɪ] *adj* de cinco días ▫ ***f. week*** semana *f* laboral de cinco días, semana *f* inglesa

fivefold ['faɪvfəʊld] *adj* quintuplicado(a)

five-o'clock shadow ['faɪvəklɒk-'ʃædəʊ] *n Fam* sombra *f* de barba

fiver ['faɪvə(r)] *n Fam* (**a**) *Br (sum)* cinco libras *fpl*; *(note)* billete *m* de cinco libras (**b**) *US (sum)* cinco dólares *mpl*; *(note)* billete *m* de cinco dólares

five-spot ['faɪvspɒt] *n US Fam* billete *m* de cinco (dólares)

fix [fɪks] **1** *n Fam* (**a**) *(difficulty)* **to be in a f.** estar en un lío; **to get into a f.** meterse en un lío

(**b**) *(of drug)* chute *m*, pico *m*, *RP* pichicata *f*; *Fig* **my daily f. of television news** mi dosis diaria de noticias

(**c**) *(set-up)* **the match/quiz was a f.** el partido/concurso estaba amañado

2 *vt* (**a**) *(attach securely)* fijar; **to f. sth in one's memory** fijar algo en la memoria; **to f. one's attention on sth** fijar la atención en algo; **to f. one's eyes on sb** fijar la mirada en alguien

(**b**) *(decide) (limit, price)* fijar; **nothing is fixed yet** no hay nada fijo todavía

(**c**) *(repair)* arreglar

(**d**) *(arrange) (meeting)* organizar; **just wait while I f. my hair** espera mientras me peino; *US Fam (do up)* **to f. one's face** pintarse la cara

(**e**) *Fam* **I'll f. him!** ¡se va a enterar!

(**f**) *(stare at)* **she fixed him with her piercing eyes** le dirigió una mirada penetrante

(**g**) *Fam (rig) (election, contest) Esp* amañar, *Am* arreglar

(**h**) *(prepare)* **to f. sb breakfast/a drink** preparar el desayuno/una bebida a alguien

▸**fix on** *vt insep (decide on)* decidirse por

▸**fix up** *vt sep* (**a**) *(arrange) (meeting)* preparar; **it's all fixed up** está todo dispuesto; **I've fixed you up with a date** te he buscado a alguien para que salgáis juntos (**b**) *(repair)* **the doctor will have you fixed up in no time** el doctor te pondrá bien rápidamente

fixated [fɪk'seɪtɪd] *adj* obsesionado(a) (**on** con)

fixation [fɪk'seɪʃən] *n* fijación *f*; **to have a f. about sth** tener una fijación con algo

fixative ['fɪksətɪv] *n (on drawing, painting, for dentures)* fijador *m*

fixed [fɪkst] *adj* (**a**) *(unchanging)* fijo(a); **to have f. ideas** tener ideas fijas ▫ *Fin* ***f. assets*** activo *m* fijo *or* inmovilizado; *Fin* ***f. costs*** costos *or Esp* costes *mpl* fijos; ***f. expenses*** gastos *mpl* fijos; ***f. income*** renta *f* fija; *Law* ***f. penalty*** multa *f* fija *or* estipulada; ***f. satellite*** satélite *m* fijo *or* geoestacionario (**b**) *(definite)* **to have no f. plans** no tener planes definidos (**c**) *Fam* **how are you f. for money/time?** ¿qué tal vas *or* andas de dinero/tiempo? (**d**) *Fam (election, contest) Esp* amañado(a), *Am* arreglado(a)

fixedly ['fɪksɪdlɪ] *adv* fijamente

fixed-rate ['fɪkstreɪt] *adj* a interés fijo ❑ ***f. mortgage*** hipoteca *f or* crédito *m* hipotecario a interés fijo

fixed-term ['fɪkstɜ:m] *adj* ***f. contract*** contrato *m* temporal *or Am* temporario

fixer ['fɪksə(r)] *n* (**a**) *Fam* intermediario(a) *m,f*, chanchullero(a) *m,f* (**b**) *Phot* fijador *m*

fixity ['fɪksɪtɪ] *n* fijeza *f*

fixture ['fɪkstʃə(r)] *n* (**a**) *(permanent feature)* **bathroom fixtures and fittings** saneamientos *mpl or* sanitarios *mpl* y accesorios; *Fam* **she was something of a f. at his parties** asistía invariablemente a todas sus fiestas (**b**) *Br Sport* encuentro *m*

fizz [fɪz] **1** *n* (**a**) *(sound)* burbujeo *m* (**b**) *Fam (soft drink)* refresco *m*; *(champagne)* champán *m* (**c**) *Fam (excitement)* chispa *f*

2 *vi* burbujear

▸**fizzle out** [fɪzəl] *vi Fam (of plan)* quedarse en nada *or Esp* en agua de borrajas; *(of enthusiasm, interest)* disiparse

fizzy ['fɪzɪ] *adj (wine)* espumoso(a); *(soft drink)* con gas, con burbujas

fjord, fiord ['fi:ɔ:d] *n* fiordo *m*

FL (*abbr* **Florida**) Florida

flab [flæb] *n Fam* grasa *f*

flabbergast ['flæbəgɑ:st] *vt Fam* **I was flabbergasted by this news** aluciné *or* flipé con la noticia

flabbiness ['flæbɪnɪs] *n (of person)* flac(c)idez *f*; *Fig (of prose)* flojedad *f*

flabby ['flæbɪ] *adj (person)* fofo(a); *Fig (argument, reasoning)* flojo(a)

flaccid ['flæsɪd] *adj* flác(c)ido(a)

flag [flæg] **1** *n* (**a**) *(of country)* bandera *f*; *(on boat)* pabellón *m*, bandera *f*; IDIOM **to keep the f. flying** mantener alto el pabellón ❑ ***f. of convenience*** pabellón *m or* bandera *f* de conveniencia; ***F. Day*** *(in United States)* = día de la bandera en Estados Unidos, 14 de junio; *Br* ***f. day*** *(for charity)* día *m* de la banderita, día *m* de cuestación (**b**) *Comptr* comentario *m*, flag *m*

2 *vt* (*pt & pp* **flagged**) **to f. (down) a taxi** llamar *or* parar a un taxi; **to f. a mistake** señalar un error

3 *vi (lose strength) (of person)* desfallecer; *(of conversation, interest)* decaer; *(of strength)* flaquear

flagella ['flədʒelə] *pl of* **flagellum**

flagellate ['flædʒəleɪt] *vt* flagelar

flagellum [flə'dʒeləm] (*pl* **flagella** [flə-'dʒelə]) *n Biol* flagelo *m*

flagon ['flægən] *n* (**a**) *(bottle)* botellón *m* (**b**) *(jug)* jarra *f*

flagpole ['flægpəʊl] *n* asta *f*, mástil *m (de bandera)*

flagrant ['fleɪgrənt] *adj* flagrante

flagrantly ['fleɪgrəntlɪ] *adv* flagrantemente

flagship ['flægʃɪp] *n (of fleet)* buque *m* insignia; *Fig (of range of products, policies)* estandarte *m*

flagstaff ['flægstɑ:f] *n* asta *f*, mástil *m (de bandera)*

flagstick ['flægstɪk] *n (in golf)* bandera *f or* banderola *f* del hoyo

flagstone ['flægstəʊn] *n* losa *f*

flail [fleɪl] **1** *n Agr* mayal *m*

2 *vt* agitar; **she flailed her fists at him** trató inútilmente de golpearle

3 *vi* agitarse; **I managed to avoid his flailing fists** conseguí evitar sus puñetazos

▸**flail about, flail around** *vi (of arms, legs)* moverse descontroladamente

flair [fleə(r)] *n* don *m*, dotes *fpl*; **to have a f. for sth** tener dotes para algo; **to do sth with f.** hacer algo con estilo *or* elegancia

flak [flæk] *n* fuego *m* antiaéreo; *Fig* **she got a lot of f. for her decision** su decisión recibió duras críticas ❑ ***f. jacket*** chaleco *m* antifragmentación

flake [fleɪk] **1** *n* (**a**) *(of snow, cereal)* copo *m*; *(of skin, soap)* escama *f*; *(of paint)* desconchón *m* (**b**) *US Fam (person)* bicho *m* raro

2 *vi (of skin)* descamarse; *(of paint)* desconcharse

▸**flake out** *vi Fam* quedarse roque

flakiness ['fleɪkɪnɪs] *n* (**a**) *(of surface, skin)* escamosidad *f* (**b**) *US Fam (of person)* rareza *f*

flaky ['fleɪkɪ] *adj* (**a**) *(surface)* desconchado(a); *(skin)* con escamas ❑ ***f. pastry*** hojaldre *m* (**b**) *US Fam (eccentric)* raro(a)

flambé ['flɒmbeɪ] (*pt & pp* **flambéed**) *vt Culin* flambear, flamear

flamboyance [flæm'bɔɪəns] *n (of person, manner)* extravagancia *f*; *(of clothes)* vistosidad *f*

flamboyant [flæm'bɔɪənt] *adj (person, manner)* extravagante; *(clothes)* vistoso(a)

flame [fleɪm] **1** *n* (**a**) *(of fire)* llama *f*; **to go up in flames** ser pasto de las llamas; **to burst into flames** incendiarse; **to be shot down in flames** *(of plane, pilot)* caer envuelto(a) en llamas; *Fig (of politician, critic)* llevarse un tremendo varapalo; *Fam* **he's an old f. of mine** es un antiguo amor ❑ ***f. retardant*** material *m* ignífugo (**b**) *Comptr* llamarada *f* ❑ ***f. war*** guerra *f* de llamaradas *or* dialéctica

2 *vi* (**a**) *(of fire)* llamear (**b**) *Comptr* lanzar llamaradas

3 *vt Comptr* lanzar llamaradas a

flamenco [flə'meŋkəʊ] *n* flamenco *m* ❑ ***f. dancing*** baile *m* flamenco; ***f. music*** el flamenco, la música flamenca

flameproof ['fleɪmpru:f] *adj* resistente al fuego

flamethrower ['fleɪmθrəʊə(r)] *n* lanzallamas *m inv*

flaming ['fleɪmɪŋ] **1** *adj* (**a**) *(burning)* en llamas; **in a f. temper** enfurecido(a) (**b**) *Br Fam (for emphasis)* maldito(a), *Méx* pinche, *RP* bendito(a); **he's got a f. cheek** ¡qué jeta que tiene el tipo!; **you f. idiot!** ¡serás imbécil!; **he's a f. pest** es un pesado de narices

2 *adv Br Fam* **don't be so f. stupid** ¡mira que eres bobo!; **it was f. expensive** fue caro *Esp* del copón *or RP* recaro, *Méx* fue mucho muy caro; **you're f. well staying here!** ¡tú te quedas aquí!

flamingo [flə'mɪŋgəʊ] (*pl* **flamingos**) *n* flamenco *m*

flammable ['flæməbəl] *adj* inflamable

flan [flæn] *n* tarta *f*

> Note that the Spanish word **flan** is a false friend and is never a translation for the English word **flan**. In Spanish **flan** means "crème caramel".

Flanders ['flɑ:ndəz] *n* Flandes

flange [flændʒ] *n* pestaña *f*

flank [flæŋk] **1** *n* (**a**) *(of person, animal)* costado *m* (**b**) *(of beef, mutton)* falda *f* (**c**) *(of mountain)* ladera *f* (**d**) *(of army)* flanco *m*

2 *vt* flanquear

flanker ['flæŋkə(r)] *n (in rugby)* ala *m*

flannel ['flænəl] *n* (**a**) *(fabric)* franela *f* (**b**) *Br (face-cloth)* toallita *f* (**c**) *Br Fam (wordy talk)* palabrería *f*

flannelette [flænə'let] *n* franela *f* de algodón

flannels ['flænəlz] *npl (trousers)* pantalones *mpl* de franela; **a pair of f.** unos pantalones de franela

flap [flæp] **1** *n* (**a**) *(of envelope, book cover)* solapa *f*; *(of tent)* puerta *f*; *(of aeroplane)* alerón *m* (**b**) *Fam (panic)* **to be in/get into a f.** estar/ponerse hecho(a) un manojo de nervios *or* histérico(a)

2 *vt* (*pt & pp* **flapped**) *(wings)* batir; **she flapped her arms excitedly** agitó los brazos con excitación

3 *vi* (**a**) *(of wings)* aletear; *(of flag)* ondear (**b**) *Fam (panic)* ponerse hecho(a) un manojo de nervios *or* histérico(a); **stop flapping!** ¡tranquilízate de una vez!

flapjack ['flæpdʒæk] *n* (**a**) *Br (biscuit)* galleta *f* de avena (**b**) *US (pancake)* crepe *f*, hojuela *f*

flapper ['flæpə(r)] *n* chica *f* moderna *(de los años veinte)*

flare [fleə(r)] **1** *n (signal)* bengala *f* ❑ *Av* ***f. path*** pista *f* iluminada

2 *vt* **to f. one's nostrils** hinchar las aletas de la nariz

3 *vi (of fire)* llamear; *(of temper, trouble)* estallar

▸**flare up** *vi* (**a**) *(of fire)* llamear (**b**) *(of medical condition)* exacerbarse (**c**) *(of temper, trouble)* estallar; **she flares up at the least thing** se pone hecha una fiera a la mínima

flares [fleəz] *npl (trousers)* pantalones *mpl* de campana; **a pair of f.** unos pantalones de campana

flare-up ['fleərʌp] *n* (**a**) *(of anger)* estallido *m* de ira (**b**) *(of old injury)* rebrote *m*

flash [flæʃ] **1** *n* (**a**) *(of light)* destello *m*; **a f. of lightning** un relámpago; **a f. of wit** una ocurrencia; **a f. of inspiration** una inspiración súbita; **in a f.** *(very quickly)* en un abrir y cerrar de ojos; IDIOM **a f. in the pan** un éxito aislado ❑ ***f. burn*** quemadura *f* por fogonazo; ***f. flood*** riada *f*; *Fam* ***f. Harry*** chulo *m*, fanfarrón *m*; ***f. point*** *(of situation)* momento *m* de máxima tensión; *(region)*

zona *f* conflictiva (**b**) *(in photography)* flash *m*
2 *adj Br Fam (showy)* llamativo(a), ostentoso(a)
3 *vt (smile, look)* lanzar (**at** a); *(card, badge)* mostrar, exhibir; **to f. one's headlights at sb** darle las luces a alguien, hacerle señales con los faros a alguien
4 *vi* (**a**) *(of light)* destellar; **his eyes flashed with anger** sus ojos lanzaban destellos de ira (**b**) *(move quickly)* **to f. past** pasar a toda velocidad; **it flashed across my mind that...** se me ocurrió de pronto que...; **my life flashed before me** en un instante vi mi vida entera (**c**) *Fam (expose oneself)* hacer exhibicionismo

flashback ['flæʃbæk] *n* (**a**) *(in novel, film)* escena *f* retrospectiva, flashback *m* (**b**) *Fam (hallucination)* flash *m* de después

flashbulb ['flæʃbʌlb] *n Phot* (bombilla *f* del) flash *m*

flashcard ['flæʃkɑ:d] *n* = tarjeta grande con un dibujo o palabra empleada como material didáctico

flasher ['flæʃə(r)] *n Br Fam* exhibicionista *m*

flashgun ['flæʃgʌn] *n Phot* disparador *m* del flash

flashily ['flæʃɪlɪ] *adv Pej* ostentosamente; **f. dressed** con ropa muy llamativa

flashing ['flæʃɪŋ] *adj (light)* intermitente

flashlight ['flæʃlaɪt] *n US* linterna *f*

flashy ['flæʃɪ] *adj Pej* llamativo(a), ostentoso(a)

flask [flɑ:sk] *n (in chemistry)* matraz *m*; **(hip) f.** petaca *f*; **(Thermos®) f.** termo *m*

flat [flæt] **1** *n* (**a**) *Br (apartment)* apartamento *m, Esp* piso *m, Am* departamento *m*
(**b**) *Fam (flat tyre)* rueda *f* desinflada
(**c**) *(flat surface)* **on the f.** en *or* sobre el llano; *(in horse racing)* en carreras sin obstáculos
2 *adj* (**a**) *(surface)* llano(a), liso(a), plano(a); *(landscape, region)* llano(a); *(roof)* liso(a), plano(a); *(nose)* chato(a); **to be as f. as a pancake** estar liso(a) como un plato; *Fam (flat-chested)* estar plana como una tabla; **to go into a f. spin** *(of airplane)* entrar en barrena (horizontal); *Fam Fig* no saber por dónde tirar *or RP* agarrar, *Méx* no saber ni qué ondas ❑ ***f. cap*** = gorra de tela; ***f. feet:*** **to have f. feet** tener los pies planos; ***f. race*** carrera *f* (de caballos) sin obstáculos; ***f. racing*** carreras *fpl* de caballos sin obstáculos; ***f. rate*** *Fin* tarifa *f* única; *Comptr* tarifa *f* plana; ***f. top*** *(haircut)* corte *m* de pelo al cepillo; ***f. tyre*** rueda *f* desinflada
(**b**) *(refusal)* rotundo(a)
(**c**) *(existence, atmosphere)* gris, monótono(a); *(voice)* monótono(a); *(battery)* descargado(a); **this beer is f.** esta cerveza ha perdido el gas *or* no tiene fuerza
(**d**) *Mus (a semitone lower)* bemol; *(out of tune)* desafinado(a); **B f.** si *m* bemol
(**e**) *Comptr* ***f. file*** archivo *m* sin formato
3 *adv* (**a**) *(horizontal)* **he lay f. on the floor** estaba tumbado en el suelo; **to fall f. on one's face** caer de bruces; *Fig* **the joke fell f.** el chiste no hizo mucha gracia
(**b**) *(completely)* **to turn sb down f.** rechazar a alguien de plano; **in twenty seconds f.** en veinte segundos justos; **to work f. out** trabajar a tope; *Fam* **to be f. broke** estar sin un *Esp* duro *or Méx* quinto, *RP* estar en lampa y la vía

flatbed ['flætbed] *n* (**a**) *(vehicle)* ***f. truck*** camión *m* (con semirremolque) de plataforma (**b**) *Comptr* ***f. scanner*** escáner *m* plano *or* de sobremesa

flat-chested ['flæt'tʃestɪd] *adj* plana (de pecho)

flatfish ['flætfɪʃ] *n* pez *m* (de cuerpo) plano

flat-footed ['flæt'fʊtɪd] *adj* **to be f.** tener (los) pies planos

flatly ['flætlɪ] *adv (refuse, deny)* rotundamente, de plano

flatmate ['flætmeɪt] *n Br* compañero(a) *m,f* de apartamento *or Esp* piso *or Am* departamento

flatness ['flætnɪs] *n (dullness)* monotonía *f*

flatten ['flætən] *vt* (**a**) *(make flat) (by squashing)* aplastar; *(ground)* allanar (**b**) *(knock down) (building, area)* arrasar; *Fam (in fight)* tumbar

▶**flatten out 1** *vt sep (ground, surface)* allanar, aplanar; *(dents, tablecloth)* alisar; **to f. out a map on a table** extender un mapa en una mesa
2 *vi* (**a**) *(of hills)* allanarse, hacerse más llano(a); *(of prices)* estabilizarse, nivelarse (**b**) *(of aeroplane)* estabilizarse

flatter ['flætə(r)] *vt (of person)* halagar, adular; *(of clothes)* favorecer; **I felt flattered** me sentí halagado; **I f. myself that I am a good judge of character** me considero muy bueno a la hora de juzgar personalidades; **she flatters herself that she's a good cook** se piensa que es una buena cocinera; *Fam* **don't f. yourself!** ¡no te engañes!

flatterer ['flætərə(r)] *n* adulador(ora) *m,f*

flattering ['flætərɪŋ] *adj* (**a**) *(words)* halagador(ora) (**b**) *(clothes, colour)* favorecedor(ora)

flattery ['flætərɪ] *n* halagos *mpl*; **f. will get you nowhere** con halagos no llegarás a ninguna parte *or* no tienes nada que hacer

flatulence ['flætjʊləns] *n Med* flatulencia *f*

flatulent ['flætjʊlənt] *adj* (**a**) *Med* flatulento(a); **to make sb f.** producirle gases a alguien (**b**) *Fig (speech, style)* rimbombante, campanudo(a)

flatworm ['flætwɜ:m] *n* (gusano *m*) platelminto *m*

flaunt [flɔ:nt] *vt* hacer ostentación de; *Fam* **if you've got it, f. it!** el que presume de algo es porque puede

flautist ['flɔ:tɪst] *n Mus* flautista *mf*

flavour, *US* **flavor** ['fleɪvə(r)] **1** *n (of food) & Fig* sabor *m*; **her stories have a Mediterranean f.** sus relatos tienen un sabor mediterráneo; IDIOM **to be f. of the month** *(be fashionable)* estar a la orden del día; IDIOM **I'm not exactly f. of the month at head office** en la central no están lo que se dice encantados conmigo ❑ ***f. enhancer*** aditivo *m* para potenciar el sabor
2 *vt (food)* condimentar; **vanilla flavoured** con sabor a vainilla

flavourful, *US* **flavorful** ['fleɪvəfʊl] *adj* sabroso(a)

flavouring, *US* **flavoring** ['fleɪvərɪŋ] *n* aromatizante *m*

flavourless, *US* **flavorless** ['fleɪvəlɪs] *adj* insípido(a)

flavoursome, *US* **flavorsome** ['fleɪvəsəm] *adj* sabroso(a)

flaw [flɔ:] *n (in diamond, plan, personality)* fallo *m*, defecto *m*, *Am* falla *f*

flawed [flɔ:d] *adj (object, argument)* defectuoso(a); *(work of art)* imperfecto(a); *(character)* con defectos

flawless ['flɔ:lɪs] *adj (reasoning, logic)* impecable; *(plan, figure, complexion)* perfecto(a); **to speak in f. English** hablar un inglés perfecto

flawlessly ['flɔ:lɪslɪ] *adv* impecablemente, a la perfección

flax [flæks] *n* lino *m*

flaxen ['flæksən] *adj* **f. hair** pelo *m* muy rubio

flay [fleɪ] *vt (flog, criticize)* despellejar, desollar; **I'll f. him alive!** ¡lo voy a despellejar vivo!

flea [fli:] *n (insect)* pulga *f*; IDIOM *Fam* **to send sb away with a f. in his ear** echarle a alguien una buena bronca ❑ ***f. circus*** circo *m* de pulgas amaestradas; ***f. collar*** (collar *m*) antiparasitario *m*; ***f. market*** mercadillo *m* callejero, rastro *m*

fleabag ['fli:bæg] *n Fam* (**a**) *Br (person)* piojoso(a) *m,f*; *(animal)* pulgoso(a) *m,f* (**b**) *US (hotel)* hotel *m* de mala muerte

fleabite ['fli:baɪt] *n* picadura *f* de pulga

flea-bitten ['fli:bɪtən] *adj Fam (shabby)* mugriento(a)

flea-pit ['fli:pɪt] *n Br Fam (cinema)* cine *m* de mala muerte, cine *m* de barrio

fleck [flek] **1** *n* mota *f*
2 *vt* motear (**with** de); **flecked with paint** con gotas de pintura

flecked [flekt] *adj (bird, cloth)* moteado(a) (**with** de); **hair f. with grey** pelo jaspeado de canas

fled [fled] *pt & pp of* **flee**

fledgling ['fledʒlɪŋ] **1** *n (young bird)* polluelo *m*
2 *adj Fig (person)* novato(a); *(company, state)* naciente

flee [fli:] *(pt & pp* **fled** [fled]) *vi* huir (**from** de); **he fled the country** huyó del país

fleece [fli:s] **1** *n* (**a**) *(of sheep)* vellón *m* (**b**) *(material)* vellón *m*; *(garment)* forro *m* polar
2 *vt Fam (cheat)* desplumar; *(overcharge) Esp* clavar, *Méx* desplumar, *RP* afanar

fleecy ['fli:sɪ] *adj* algodonoso(a)

fleet [fli:t] **1** *n (of ships)* flota *f*; *(of taxis, buses)* flota *f*, parque *m* (móvil)
2 *adj Literary (rapid)* raudo(a), ligero(a); **f. of foot** de pies ligeros, veloz

fleet-footed ['fli:t'fʊtɪd] *adj Literary* de pies ligeros, veloz

fleeting ['fli:tɪŋ] *adj* fugaz; **we caught a f. glimpse of her** sólo logramos atisbarla fugazmente

fleetingly ['fli:tɪŋlɪ] *adv* fugazmente, por un momento

Flemish ['flemɪʃ] **1** *n (language)* flamenco *m*

2 *adj* flamenco(a)

flesh [fleʃ] *n* **(a)** *(of person)* carne *f*; **in the f.** en persona; **to add f. to** *or* **put f. on one's argument** darle mayor peso a los argumentos de uno; **to make sb's f. creep** *or* **crawl** darle escalofríos a alguien; **his own f. and blood** los de su misma sangre ▫ ***f. wound*** herida *f* superficial **(b)** *(of fruit)* pulpa *f*

▸**flesh out** *vt sep (plan, remarks)* definir, precisar

flesh-coloured, *US* **flesh-colored** ['fleʃkʌləd] *adj* color carne *inv*

fleshpots ['fleʃpɒts] *npl Hum* antros *mpl* de lujuria y perdición

fleshy ['fleʃɪ] *adj (limb, fruit)* carnoso(a)

fleur-de-lis, fleur-de-lys [flɜ:də'li:] *(pl* **fleurs-de-lis** *or* **fleurs-de-lys** [flɜ:də'li:]) *n* flor *f* de lis

flew [flu:] *pt of* **fly**[4]

flex [fleks] **1** *n Br (cable)* cable *m*, cordón *m*

2 *vt* flexionar; *Fig* **they are flexing their muscles** están haciendo una demostración de fuerza

flexibility [fleksɪ'bɪlɪtɪ] *n* flexibilidad *f*

flexible ['fleksɪbəl] *adj* flexible; **f. working hours** horario *m* de trabajo flexible; **f. working practices** flexibilidad *f* laboral

flexibly ['fleksɪblɪ] *adv* con flexibilidad

flexitime ['fleksɪtaɪm] *n* horario *m* flexible

flick [flɪk] **1** *n* **(a)** *(movement) (of finger)* toba *f*; **a f. of the wrist** *(in tennis)* un golpe de muñeca ▫ ***f. knife*** navaja *f* automática **(b)** *Br Fam Old-fashioned* **the flicks** *(cinema)* el cine

2 *vt (with finger)* dar una toba a; *(with hands, tail)* sacudir; **he flicked the cigarette ash onto the floor** tiró *or Am* botó la ceniza del cigarrillo al suelo; **she flicked the hair out of her eyes** se quitó *or* apartó el pelo de los ojos; **to f. a switch** pulsar un interruptor; **to f. off/on a light, to f. a light off/on** apagar/encender *or Am* prender una luz

▸**flick through** *vt insep (book, magazine)* hojear, echar un vistazo a

flicker ['flɪkə(r)] **1** *n* parpadeo *m*; **a f. of hope** un rayo de esperanza; **a f. of interest** un atisbo de interés

2 *vi (of flame)* parpadear

flickering ['flɪkərɪŋ] *adj (light)* parpadeante; **the f. fire** el resplandor oscilante de la lumbre; **a f. hope** un incierto rayo de esperanza

flick-on ['flɪkɒn] *n (in soccer)* golpe *m* al primer toque

flier ['flaɪə(r)] *n (pilot)* piloto *mf*

flight [flaɪt] *n* **(a)** *(act of flying)* vuelo *m*; **it's two hours' f. from Chicago** está a dos horas de vuelo desde Chicago; *Fig* **a f. of fancy** un vuelo de la imaginación ▫ ***f. attendant*** auxiliar *mf* de vuelo; ***f. bag*** bolso *m or* bolsa *f* de viaje; ***f. crew*** tripulación *f* de vuelo; ***f. deck*** *(of plane)* cabina *f* del piloto; *Br* ***f. lieutenant*** teniente *mf* de aviación; ***f. path*** ruta *f* de vuelo; ***f. plan*** plan *m* de vuelo; ***f. recorder*** caja *f* negra; ***f. simulator*** simulador *m* de vuelo

(b) *(group) (of birds)* bandada *f*; *(of aircraft)* escuadrilla *f*; *Fig* **in the top f.** con los mejores, entre la élite

(c) *(of stairs)* **f. (of stairs)** tramo *m* (de escalera); **two flights up from me** dos pisos más arriba

(d) *(escape)* huida *f*, fuga *f*; **to put sb to f.** poner a alguien en fuga

flightless ['flaɪtlɪs] *adj* no volador(ora)

flighty ['flaɪtɪ] *adj* inconstante, voluble

flimflam ['flɪmflæm] *n Fam* rollos *mpl*, historias *fpl*

flimsily ['flɪmzɪlɪ] *adv* con poca solidez

flimsy ['flɪmzɪ] *adj* **(a)** *(structure)* endeble **(b)** *(dress)* ligero(a) **(c)** *(excuse, evidence)* débil, flojo(a)

flinch [flɪntʃ] *vi (with pain)* encogerse; **to f. from (doing) sth** *(shy away)* echarse atrás a la hora de (hacer) algo

fling [flɪŋ] **1** *n Fam* **(a)** *(affair)* aventura *f*; **to have a f. (with sb)** tener una aventura (con alguien) **(b)** *(period of pleasure)* juerga *f*; **to have a f.** echar una cana al aire

2 *vt (pt & pp* **flung** [flʌŋ]) arrojar; **to f. one's arms around sb** abrazar fuertemente a alguien; *Fig* **to f. oneself into a campaign** meterse de lleno en una campaña

▸**fling out** *vt sep (object)* tirar, *Am* botar; *(person)* echar

flint [flɪnt] *n* **(a)** *(stone)* sílex *m inv*, pedernal *m* **(b)** *(of lighter)* piedra *f*

flintlock ['flɪntlɒk] *n* fusil *m (de chispa)*

flinty ['flɪntɪ] *adj (soil)* silíceo(a); *Fig (person)* duro(a), despiadado(a); *(manner)* arisco(a)

flip [flɪp] **1** *n Fam* **the f. side** *(of record)* la cara B; *Fig (of situation)* la otra cara de la moneda ▫ ***f. chart*** flip chart *m*, pizarra *f* de conferencia *(con bloc)*

2 *vt (pt & pp* **flipped)** **to f. the switch** dar al interruptor; **to f. a coin** lanzar una moneda al aire; IDIOM *Fam* **to f. one's lid** *or US* **wig** *(get angry)* ponerse hecho(a) una fiera, *Esp* cabrearse; *(go mad)* volverse loco *or Esp* majara; *(get excited) Esp* desmadrarse, *Col, Méx, Ven* alebrestarse, *RP* pirarse; IDIOM *US* **to f. sb the bird** *(gesture at)* = hacerle un gesto grosero a alguien con el dedo corazón hacia arriba, ≃ hacerle un corte de mangas a alguien

3 *vi Fam (get angry)* ponerse hecho(a) una fiera *or Méx* como agua para chocolate; *(go mad)* volverse majara; *(get excited) Esp* desmadrarse, *Col, Méx, Ven* alebrestarse, *RP* pirarse

▸**flip over** *vt sep (pancake)* dar la vuelta a; *(pages)* pasar

▸**flip through** *vt insep (book, magazine)* hojear, echar un vistazo a

flip-flop ['flɪpflɒp] *n* chancleta *f*, chancla *f*

flippancy ['flɪpənsɪ] *n* frivolidad *f*, tono *m* frívolo

flippant ['flɪpənt] *adj* frívolo(a)

flippantly ['flɪpəntlɪ] *adv* frívolamente, con ligereza

flipper ['flɪpə(r)] *n* aleta *f*

flipping ['flɪpɪŋ] *Br Fam* **1** *adj (for emphasis)* condenado(a), *Esp* puñetero(a), *Méx* pinche, *Col, RP* de miércoles; **get that f. dog out of here!** ¡saca de aquí al condenado perro este!; **f. heck!** *Esp* ¡puñeta!, *Méx* ¡híjole!, *Col, RP* ¡miércoles!

2 *adv (for emphasis)* condenadamente, puñeteramente; **it was f. sore!** ¡dolía que no veas!; **don't f. well talk to me like that!** ¡a mí no se te ocurra hablarme así!

flirt [flɜ:t] **1** *n (man)* ligón *m*, mariposón *m*; *(woman)* ligona *f*, coqueta *f*

2 *vi* flirtear, coquetear (**with** con); *Fig* **to f. with danger/an idea** coquetear con el peligro/una idea

flirtation [flɜ:'teɪʃən] *n* coqueteo *m*, flirteo *m*; *Fig* **he had a brief f. with Communism/politics** tuvo fugaces devaneos con el comunismo/la política

flirtatious [flɜ:'teɪʃəs] *adj* coqueto(a)

flirtatiously [flɜ:'teɪʃəslɪ] *adv* de un modo coqueto

flirty ['flɜ:tɪ] *adj* coqueto(a)

flit [flɪt] **1** *n Br Fam* **to do a moonlight f.** *(move house)* mudarse de casa a escondidas

2 *vi (pt & pp* **flitted)** **to f. about** *(of bird)* revolotear; *Fig* **to f. from one thing to another** saltar de una cosa a otra

float [fləʊt] **1** *n* **(a)** *(on fishing line, net)* flotador *m*, corcho *m*; *(as swimming aid)* flotador *m* **(b)** *(vehicle in procession)* carroza *f*; *Br* **(milk) f.** = furgoneta eléctrica para el reparto de leche **(c)** *(supply of change)* reserva *f* de cambio

2 *vt* **(a)** *(ship)* flotar **(b)** *(idea, proposal)* lanzar; **they decided to f. the company** *(on Stock Exchange)* decidieron que la empresa comenzara a cotizar en bolsa

3 *vi (in water, air)* flotar; *Fig* **she floated out of the room** se deslizó fuera de la habitación

▸**float about, float around** *Fam* **1** *vt insep (of object)* estar *or* andar por; *(of person)* dar vueltas por

2 *vi* andar por ahí; **have you seen my keys floating about** *or* **around?** ¿has visto por ahí mis llaves?; **there's a rumour floating about** *or* **around that...** se dice por ahí que...

floatation = **flotation**

floater ['fləʊtə(r)] *n* **(a)** *(floating voter)* votante *mf* indeciso(a) **(b)** *(person who often changes jobs)* = persona que cambia de empleo con frecuencia

floating ['fləʊtɪŋ] *adj* **(a)** *(object)* flotante; *(population)* fluctuante, flotante ▫ ***f. dock*** dique *m* flotante; ***f. rib*** costilla *f* flotante; *Pol* ***f. voter*** votante *mf* indeciso(a) **(b)** *Fin (exchange rate)* flotante ▫ ***f. capital*** capital *m* circulante **(c)** *Comptr* ***f. point*** coma *f* flotante; ***f. window*** paleta *f* flotante

flock [flɒk] **1** *n* (**a**) *(of sheep)* rebaño *m*; *(of birds)* bandada *f*; *Rel (congregation)* rebaño *m*, grey *f*; **a f. of tourists** un grupo multitudinario de turistas (**b**) *(fibre)* **f. wallpaper** papel *m* pintado con relieve
2 *vi (gather)* acudir en masa

floe [fləʊ] *n* témpano *m* (de hielo)

flog [flɒg] (*pt & pp* **flogged**) *vt* (**a**) *(beat)* azotar; IDIOM *Fam* **you're flogging a dead horse** te estás esforzando inútilmente; IDIOM *Fam* **to f. a subject to death** agotar completamente un tema (**b**) *Br Fam (sell)* enchufar, vender

flood [flʌd] **1** *n* inundación *f*; **the F.** *(in the Bible)* el diluvio (universal); **floods of tears** un mar de lágrimas ▫ ***f. plain*** llanura *f* aluvial
2 *vt (land, bathroom, market)* inundar; **to be flooded with complaints/calls** recibir un aluvión de quejas/llamadas *or Am* llamados telefónicos
3 *vi (of river)* desbordarse; **the sun's rays came flooding through the window** el sol entraba a raudales por la ventana; **the spectators flooded out of the stadium** los espectadores salían en masa del estadio; **money flooded out of the country** el dinero salió a raudales del país

floodgate ['flʌdgeɪt] *n* compuerta *f*; IDIOM **to open the floodgates to sth** abrir las puertas a algo

flooding ['flʌdɪŋ] *n* inundaciones *fpl*

floodlight ['flʌdlaɪt] **1** *n* foco *m*
2 *vt* (*pt & pp* **floodlit** ['flʌdlɪt] *or* **floodlighted**) iluminar con focos

floodlit ['flʌdlɪt] *adj* iluminado(a) con focos

floodtide ['flʌdtaɪd] *n* pleamar *f*, marea *f* alta

floodwall ['flʌdwɔːl] *n* dique m

floor [flɔː(r)] **1** *n* (**a**) *(of room, forest)* suelo *m*; *(of Stock Exchange)* parquet *m*; *(of ocean)* fondo *m*; **to give sb the f.** *(in debate)* pasar *or* dar la palabra a alguien; **to take the f.** levantarse para tomar la palabra ▫ ***f. plan*** (plano *m* de) planta *f*; ***f. show*** espectáculo *m* de variedades (**b**) *(storey) (of building)* piso *m*, planta *f*
2 *vt (knock down)* derribar; *Fig* **the question floored him** la pregunta lo dejó perplejo

floorboard ['flɔːbɔːd] *n* tabla *f* del suelo *(de tarima)*

floorcloth ['flɔːklɒθ] *n* trapo *m* del suelo

flooring ['flɔːrɪŋ] *n* suelo *m*, solado *m*

floorwalker ['flɔːwɔːkə(r)] *n US* jefe(a) *m,f* de sección *or* planta

floozie, floozy ['fluːzɪ] *n Fam* putón *m* (verbenero)

flop [flɒp] **1** *n (failure)* fracaso *m*
2 *vi* (*pt & pp* **flopped**) (**a**) *(fall)* dejarse caer; **she flopped into the chair** se dejó caer sobre el sillón (**b**) *(fail)* fracasar

floppy ['flɒpɪ] **1** *adj (ears)* caído(a); *(garments)* flojo(a) ▫ *Comptr* ***f. disk*** disquete *m*
2 *n Comptr* disquete *m*

flora ['flɔːrə] *n (plant life)* flora *f*; **f. and fauna** flora y fauna

floral ['flɔːrəl] *adj* floral ▫ ***f. tribute*** corona *f* de flores

Florence ['flɒrəns] *n* Florencia

floret ['flɒrɪt] *n* (**a**) *Bot* flósculo *m* (**b**) **broccoli/cauliflower florets** cogollos *mpl* de brécol/coliflor

florid ['flɒrɪd] *adj* (**a**) *(style)* florido(a) (**b**) *(complexion)* colorado(a)

florist ['flɒrɪst] *n* florista *mf*; **f.'s (shop)** floristería *f*

floss [flɒs] **1** *n* **(dental) f.** hilo *m* dental
2 *vt* **to f. one's teeth** limpiarse los dientes con hilo dental

flotation [fləʊ'teɪʃən] *n* (**a**) *(in water)* flotación *f* ▫ ***f. tank*** cámara *f* de balneoterapia; ***f. therapy*** balneoterapia *f*, talasoterapia *f* (**b**) *Com (of company)* emisión *f* de títulos

flotilla [flə'tɪlə] *n* flotilla *f*

flotsam ['flɒtsəm] *n* **f. (and jetsam)** desechos *mpl* arrojados por el mar; *Fig* **the f. of the war/of society** los desechos de la guerra/de la sociedad

flounce [flaʊns] **1** *n (in sewing)* volante *m*, *Chile* vuelo *m*, *RP, Ven* volado *m*
2 *vi* **to f. in/out/off** entrar/salir/irse haciendo aspavientos

flounder ['flaʊndə(r)] **1** *n (fish)* platija *f*
2 *vi (in water, mud)* debatirse

flour ['flaʊə(r)] **1** *n* harina *f* ▫ ***f. improver*** = aditivo conservante para la harina del pan
2 *vt* enharinar

flourish ['flʌrɪʃ] **1** *n* (**a**) *(gesture)* ademán *m* floriturесco (**b**) *(musical, in writing)* floritura *f*; *(in signature)* rúbrica *f*
2 *vt (brandish)* blandir
3 *vi (thrive) (of plant, person)* crecer con vigor; *(of business, arts)* florecer

flourishing ['flʌrɪʃɪŋ] *adj (plant)* vigoroso(a), lozano(a); *(business)* próspero(a), floreciente

floury ['flaʊrɪ] *adj* (**a**) *(hands, surface)* lleno(a) de harina, enharinado(a); *(roll)* con harina encima (**b**) *(in texture) (potatoes)* harinoso(a)

flout [flaʊt] *vt (rule, sb's authority)* desobedecer

flow [fləʊ] **1** *n (of liquid, electricity)* flujo *m*; *(of goods, supplies)* circulación *f*; **the f. of traffic** la circulación; **a steady f. of tourists** un movimiento constante de turistas; *Fig* **the speaker was interrupted in full f.** el orador fue interrumpido en pleno discurso; *Fig* **to follow the f. of an argument** seguir el hilo de un razonamiento; *Fig* **the f. of the narrative** la fluidez del hilo narrativo; *Fig* **to go against the f.** ir a contracorriente; *Fig* **to go with the f.** seguir la corriente ▫ ***f. chart*** *or* ***diagram*** organigrama *m*
2 *vi* (**a**) *(of liquid, electricity)* correr, fluir; *Fig (of ideas, conversation)* fluir; **a river flows through the city** un río atraviesa la ciudad; **blood was flowing from the wound** la sangre salía de la herida; **to f. into the sea** *(of river)* desembocar en el mar; **the wine flowed freely** había vino para dar y vender (**b**) **to f. from** *(be the result of)* derivarse de

flower ['flaʊə(r)] **1** *n* flor *f*; *Fig* **in the first f. of youth** en la flor de la juventud ▫ ***f. arranging*** arte *m or* decoración *f* floral; ***f. garden*** jardín *m* floral; ***f. girl*** = dama de honor de corta edad que lleva un ramo de flores en una boda; ***f. people*** hippies *mpl* pacifistas; ***f. power*** movimiento *m* pacifista hippie; ***f. show*** exposición *f* de flores
2 *vi (of plant, talent)* florecer

flowerbed ['flaʊəbed] *n* parterre *m*

flowerpot ['flaʊəpɒt] *n* tiesto *m*, maceta *f*

flowery ['flaʊərɪ] *adj (fabric, dress)* floreado(a); *Fig (prose, compliments)* florido(a)

flowing ['fləʊɪŋ] *adj (hair, movement)* suelto(a)

flown [fləʊn] *pp of* **fly**[4]

flu [fluː] *n* gripe *f*, *Am* gripa *f*; **a dose of the f.** una gripe *or Am* gripa

fluctuate ['flʌktjʊeɪt] *vi* fluctuar

fluctuation [flʌktjʊ'eɪʃən] *n* fluctuación *f*

flue [fluː] *n (of heater)* salida *f* de humos; *(of chimney)* tiro *m*

fluency ['fluːənsɪ] *n* fluidez *f*; **f. in French required** *(in job advert)* se requiere dominio del francés

fluent ['fluːənt] *adj (speaker)* con dominio *or* soltura; *(delivery)* fluido(a); **he is f. in French, he speaks f. French** habla francés con soltura

fluently ['fluːəntlɪ] *adv* con soltura

fluey ['fluːɪ] *adj Fam* griposo(a)

fluff [flʌf] **1** *n* pelusa *f*; *Fam* **a bit of f.** una *Esp* chorba *or Méx* vieja *or RP* mina
2 *vt Fam (botch)* hacer muy mal; *(lines)* decir mal

▸**fluff out, fluff up** *vt sep (pillow)* mullir; *(feathers)* ahuecar

fluffy ['flʌfɪ] *adj (towel, spongecake, pastry)* esponjoso(a); *(toy)* de peluche

fluid ['fluːɪd] **1** *n* fluido *m*
2 *adj* fluido(a); *Fig* **a f. situation** una situación inestable ▫ ***f. ounce*** onza *f* líquida *(Br = 28,4 ml; US = 29,6ml)*

fluidity [fluː'ɪdɪtɪ] *n* fluidez *f*

fluke [fluːk] *n Fam (stroke of luck)* chiripa *f*; **by a f.** de chiripa

fluk(e)y ['fluːkɪ] *adj Fam (lucky)* suertudo(a)

flume [fluːm] *n* tobogán *m*

flummox ['flʌməks] *vt Fam* desconcertar

flung [flʌŋ] *pt & pp of* **fling**

flunk [flʌŋk] *vt & vi US Fam* catear, *Méx* tronar, *RP* desaprobar

▸**flunk out** *vi US Fam* ser expulsado(a) *(por malas notas)*

flunkey ['flʌŋkɪ] *n Fam Pej* lacayo *m*

fluorescent [flʊə'resənt] *adj* fluorescente ▫ ***f. light*** (luz *f*) fluorescente *m*

fluoridate ['flʊərɪdeɪt], **fluoridize** ['flʊərɪdaɪz] *vt* fluorar

fluoridation [flʊərɪ'deɪʃən] *n* fluoración *f*

fluoride ['flʊəraɪd] *n* fluoruro *m*

fluorine ['flʊəri:n] *n Chem* flúor *m*

fluorocarbon ['flʊərəʊ'kɑ:bən] *n Chem* fluorocarburo *m*

flurry ['flʌrɪ] *n also Fig* torbellino *m*

flush [flʌʃ] **1** *n* (**a**) *(beginning)* **in the first f. of youth** en la primera juventud; **in the first f. of enthusiasm** en el primer momento de entusiasmo (**b**) *(redness of face)* rubor *m*, sonrojo *m* (**c**) *(in cards)* color *m* (**d**) *(toilet mechanism)* cisterna *f*, cadena *f*; **to give the toilet a f.** tirar de la cadena

2 *adj* (**a**) *(even)* **the door is f. with the wall** la puerta no sobresale de la pared (**b**) *Fam (of person)* **to be f.** estar *or* andar bien de dinero (**c**) *Comptr & Typ* **f. left/right** alineado(a) a la izquierda/derecha

3 *vt (toilet)* **to f. the toilet** tirar de la cadena

4 *vi* (**a**) *(blush)* ruborizarse, sonrojarse (**b**) *(of toilet)* **the lavatory isn't flushing properly** la cisterna (del váter) no funciona bien

▸**flush away 1** *vt sep* tirar *or Am* botar al váter, tirar por el váter

2 *vi* irse al tirar de la cadena

▸**flush out** *vt sep (force to emerge)* hacer salir

flushed [flʌʃt] *adj (face)* ruborizado(a); **f. with** *(joy, pride)* rebosante de; *(success)* enardecido(a) por

fluster ['flʌstə(r)] **1** *n* **to be/get in a f.** estar/ponerse nervioso(a)

2 *vt* poner nervioso(a), alterar

flute [flu:t] *n* (**a**) *(musical instrument)* flauta *f* (**b**) *(glass)* copa *f* de flauta *or* de champán

fluted ['flu:tɪd] *adj Archit* acanalado(a), estriado(a) ▫ ***f. glass*** vidrio *m* ondulado

flutter ['flʌtə(r)] **1** *n* (**a**) *(of wings)* aleteo *m*; *(of eyelids)* parpadeo *m*; *Fig* **in a f. of excitement** en un revuelo de emoción (**b**) *Br Fam (bet)* apuesta *f*; **to have a f.** hacer una pequeña apuesta

2 *vt* **to f. its wings** *(of bird)* batir las alas; **she fluttered her eyelashes at him** lo miró pestañeando con coquetería

3 *vi (of birds, insects)* aletear

fluvial ['flu:vɪəl] *adj* fluvial

flux [flʌks] *n* (**a**) *(constant change)* **in a state of f.** en constante fluctuación (**b**) *Phys* flujo *m*

fly[1] [flaɪ] *n (of trousers)* **f.** *or* **flies** bragueta *f*; **his f. is** *or* **flies are open** lleva la bragueta bajada *or* abierta

fly[2] *adj Br Fam (cunning)* astuto(a), listo(a)

fly[3] *n* (**a**) *(insect)* mosca *f* ▫ ***f. agaric*** amanita *f* muscaria (**b**) IDIOMS **he wouldn't hurt a f.** es incapaz de matar una mosca; **they were dropping like flies** caían como moscas; **a f. in the ointment** una pequeña pega; *Fam* **there are no flies on him** se las sabe todas; **I wish I could be a f. on the wall** me encantaría espiar por un agujerito

fly[4] *(pt* **flew** [flu:], *pp* **flown** [fləʊn]) **1** *vt* (**a**) *(plane)* pilotar; *(goods)* mandar por avión; *(route, distance)* cubrir; **to f. Air India** volar con Air India

(**b**) *(kite)* volar; **the ship/town hall was flying the Polish flag** la bandera polaca ondeaba en el barco/ayuntamiento; IDIOM **to f. the flag** *(be patriotic)* defender el pabellón *(del propio país)*

(**c**) *(flee)* huir de, escapar de; *Fig* **to f. the nest** *(of child)* volar del nido

2 *vi* (**a**) *(of bird, plane)* volar; *(of passenger)* ir en avión, volar; **to f. over London** sobrevolar Londres; **to f. across the Atlantic** cruzar el Atlántico en avión; *Fig* **to be flying high** *(doing well)* estar en un muy buen momento

(**b**) *(of flag, hair)* ondear

(**c**) *(move quickly)* ir volando; **I must f.** tengo que salir volando; **she flew down the stairs** pasó volando *or* como una exhalación escaleras abajo; **the door flew open** la puerta se abrió de golpe; **to f. into a rage** enfurecerse, ponerse hecho(a) una furia; **to f. at sb** *(attack)* lanzarse sobre alguien; *Fam* **to send sth/sb flying** mandar algo/a alguien por los aires; IDIOM **to f. by the seat of one's pants** hacer las cosas a base de intuición; **to f. in the face of sth** desafiar algo; **to f. in the face of reason** ir en contra de la razón; IDIOM *Fam* **to f. off the handle** perder los estribos

▸**fly away** *vi (of bird)* salir volando; *(of papers)* volarse

▸**fly in 1** *vt sep (transport by aircraft)* traer en avión

2 *vi (arrive by aircraft)* llegar en avión

flyball ['flaɪbɔ:l] *n (in baseball)* fly *m*, = bola golpeada hacia lo alto y a lo lejos

flyblown ['flaɪbləʊn] *adj* (**a**) *(food)* infestado(a) de moscarda (**b**) *(shabby)* mugriento(a)

fly-by-night ['flaɪbaɪnaɪt] *Fam Pej* **1** *n* pirata *mf*, = empresa o empresario que no es de fiar

2 *adj (company)* nada fiable *or Am* confiable

flycatcher ['flaɪkætʃə(r)] *n (bird)* papamoscas *m inv*

flyer ['flaɪə(r)] *n* (**a**) *(pilot)* piloto *mf* (**b**) *(leaflet)* hoja *f* de propaganda

fly-fishing ['flaɪfɪʃɪŋ] *n* pesca *f* con mosca

fly-half [flaɪ'hɑ:f] *n (in rugby)* medio *m* de apertura

flying ['flaɪɪŋ] **1** *n* **she loves f.** le encanta volar ▫ ***f. boat*** hidroavión *m*; ***f. club*** aeroclub *m*; ***f. lessons*** lecciones *fpl* de vuelo; *Old-fashioned* ***f. machine*** máquina *f* voladora, aeroplano *m*; ***f. officer*** ≃ teniente *mf* de aviación; ***f. suit*** traje *m* de vuelo; ***f. time*** horas *fpl* de vuelo

2 *adj* (**a**) *(in flight, capable of flight)* volador(ora); IDIOM **to pass an exam with f. colours** aprobar un examen con muy buena nota ▫ ***f. buttress*** arbotante *m*; ***f. doctor*** = médico que hace uso del avión *or* del helicóptero para visitar a pacientes en zonas remotas o de difícil acceso; ***f. fish*** pez *m* volador; ***f. fox*** panique *m*; ***f. saucer*** platillo *m* volante; ***f. squirrel*** ardilla *f* voladora (**b**) *(rapid, energetic)* **f. leap** *or* **jump** salto *m* con carrerilla; *Fig* **to get off to a f. start** comenzar con muy buen pie (**c**) *(mobile)* ▫ ***f. picket*** piquete *m* volante; ***f. squad*** brigada *f* volante (**d**) *(visit)* breve

flyleaf ['flaɪli:f] *(pl* **flyleaves** ['flaɪli:vz]) *n (of book)* guarda *f*

fly-on-the-wall *adj* **a f. documentary** = un documental en el que la cámara actua con la mayor discreción posible para mostrar un retrato realista

flyover ['flaɪəʊvə(r)] *n Br* paso *m* elevado

flypaper ['flaɪpeɪpə(r)] *n* papel *m* atrapamoscas

fly-past ['flaɪpɑ:st] *n Br Av* desfile *m* aéreo

flyposting ['flaɪpəʊstɪŋ] *n Br* = fijar carteles *or Am* afiches en lugares donde no está permitido

flysheet ['flaɪʃi:t] *n (of tent)* doble techo *m*

flyspray ['flaɪspreɪ] *n* matamoscas *m inv* (en aerosol)

fly-tipping ['flaɪtɪpɪŋ] *n Br* vertido *m* ilegal (de residuos)

flytrap ['flaɪtræp] *n Bot* atrapamoscas *m inv*

flyweight ['flaɪweɪt] *n (in boxing)* peso *m* mosca

flywheel ['flaɪwi:l] *n Tech* volante *m (de motor)*

FM [ef'em] *n Rad (abbr* **frequency modulation**) FM *f*

f-number ['efnʌmbə(r)] *n Phot* número *m* f

FO [ef'əʊ] *n Br Pol (abbr* **Foreign Office**) = Ministerio *m* de Asuntos Exteriores, ≃ Mº AA EE

foal [fəʊl] **1** *n* potro *m*, potrillo *m*

2 *vi* parir

foam [fəʊm] **1** *n* espuma *f* ▫ ***f. rubber*** gomaespuma *f*

2 *vi (of sea, beer)* hacer espuma; **to f. at the mouth** echar espuma por la boca

foamy ['fəʊmɪ] *adj* espumoso(a)

fob [fɒb] *n* cadena *f* (de reloj), leontina *f* ▫ ***f. watch*** reloj *m* de bolsillo

▸**fob off** *(pt & pp* **fobbed**) *vt sep Fam* **to f. sb off with sth** quitarse a alguien de encima con algo; **to f. sth off on sb** colocarle *or* encasquetarle algo a alguien

f.o.b. *Com (abbr* **free on board**) F.O.B.

focal ['fəʊkəl] *adj* focal ▫ ***f. distance*** *or* ***length*** distancia *f* focal; ***f. point*** *(of lens)* foco *m*; *Fig (centre of attraction)* núcleo *m*, foco *m* de atención

focus ['fəʊkəs] **1** *n (pl* **focuses** *or* **foci** ['fəʊkaɪ]) *(of lens, discontent, interest)* foco *m*; **in f.** enfocado(a); **out of f.** desenfocado(a)

2 *vt (pt & pp* **focussed** *or* **focused**) *(rays of light)* enfocar; *(one's interest, energy)* concentrar (**on** en); **all eyes were focused on him** todas las miradas estaban centradas en él

3 *vi (with eyes)* enfocar la vista (**on** en); *Fig* **to f. on sth** *(of debate, speaker)* centrarse en algo

fodder ['fɒdə(r)] *n (for animal)* forraje *m*

foe [fəʊ] *n* enemigo(a) *m,f*

foetal, *US* **fetal** ['fi:təl] *adj* fetal ▫ ***f. position*** posición *f* fetal

foetus, *US* **fetus** ['fi:təs] *n* feto *m*

fog [fɒg] *n* niebla *f*; *Fig* **to be in a f.** *(confused)* estar hecho(a) un lío ▫ ***f. bank***

banco *m* de niebla; *Aut* ***f. lamp*** *or* ***light*** faro *m* antiniebla

▸**fog up** (*pt & pp* **fogged**) *vi (of windows)* empañarse

fogbound ['fɒgbaʊnd] *adj (port, airport)* paralizado(a) por la niebla

fogey, fogy ['fəʊgɪ] (*pl* **fogeys, fogies**) *n Fam* **old f.** *Esp* carroza *mf*, *Am* carcamán *mf*; *Hum* **young f.** nene(a) *m,f* carca

foggy ['fɒgɪ] *adj* neblinoso(a); **a f. day** un día de niebla; **it's f.** hay (mucha) niebla; *Fam* **I haven't (got) the foggiest (idea)!** no tengo ni la menor idea

foghorn ['fɒghɔːn] *n (on ship)* sirena *f* de niebla; IDIOM **a voice like a f.** una voz estridente, un vozarrón

fogy = **fogey**

foible ['fɔɪbəl] *n* manía *f*

foil [fɔɪl] **1** *n* (**a**) *(tinfoil)* papel *m* de aluminio (**b**) *(counterweight, contrast)* contrapunto *m*; **to act as a f. (to** *or* **for)** servir de contrapunto (a *or* para) (**c**) *(sword)* florete *m*

2 *vt (thwart)* frustrar, malograr

foist [fɔɪst] *vt* imponer (**on** a)

fold[1] [fəʊld] *n* **(sheep) f.** redil *m*

fold[2] **1** *n* pliegue *m*

2 *vt (cloth, paper)* doblar; *(chair, table)* plegar; **to f. sth in two** *or* **in half** doblar algo por la mitad; **to f. sth away** plegar algo; **to f. one's arms** cruzarse de brazos

3 *vi* (**a**) *(of chair, table)* **to f. (away)** plegarse (**b**) *Fam (of business)* quebrar

▸**fold back** *vt sep (sheets)* doblar; *(shutters, partition)* plegar

▸**fold in** *vt sep Culin* incorporar

▸**fold up 1** *vt sep* doblar

2 *vi (of map, chair)* plegarse

foldaway ['fəʊldəweɪ] *adj* plegable

folder ['fəʊldə(r)] *n* (**a**) *(file, document wallet)* carpeta *f*; *(ring binder)* carpeta *f* de anillas (**b**) *Comptr* carpeta *f*

folding ['fəʊldɪŋ] *adj (chair, table)* plegable ▫ ***f. doors*** puertas *fpl* plegables

foldout ['fəʊldaʊt] *n (in a book)* (página *f*) desplegable *m*

foliage ['fəʊlɪɪdʒ] *n* follaje *m*

folic acid ['fɒlɪk'æsɪd] *adj Biochem* ácido *m* fólico

folio ['fəʊlɪəʊ] (*pl* **folios**) *n* folio *m*

folk [fəʊk] **1** *npl Fam (people)* gente *f*; **the f. I work with** la gente con la que trabajo; **my/your folks** *(family)* mi/tu familia, mi/tu gente; *US (parents)* mis/tus padres

2 *adj (traditional)* ***f. dance*** baile *m* popular *or* regional; ***f. hero*** héroe *m* popular; ***f. memory*** acervo *m* popular, memoria *f* de la gente; ***f. music*** música *f* folk *or* popular; ***f. singer*** cantante *mf* de folk; ***f. song*** canción *f* folk; ***f. tale*** cuento *m* popular

folklore ['fəʊklɔː(r)] *n* folclor *m*, folclore *m*

folksy ['fəʊksɪ] *adj Fam* campechano(a)

follicle ['fɒlɪkəl] *n* folículo *m*

FOLLOW ['fɒləʊ] **1** *vt* (**a**) *(go after) (person, path, route)* seguir; **I think we're being followed** creo que nos están siguiendo; **the road follows the coast** la carretera va a lo largo de la costa; IDIOM **to f. the crowd** dejarse llevar por la masa; **to f. one's nose** *(go straight ahead)* seguir todo recto; *(act instinctively)* guiarse por el instinto; **to f. suit** seguir el ejemplo; **f. that!** ¡toma ya!

(**b**) *(come after)* seguir a; **in the years that followed his death** en los años posteriores a su muerte; **the news will f. this programme** a este programa le seguirán las noticias; **roast chicken followed by ice cream** pollo asado y de postre, helado

(**c**) *(be guided by) (example, fashion, instructions)* seguir; *(career)* hacer, seguir; **she followed a strict fitness regime** siguió una preparación física estricta; **f. your instincts** sigue tus instintos

(**d**) *(understand)* seguir; **I don't quite f. you** no te sigo bien

(**e**) *(pay attention to)* seguir; **are you following events in Afghanistan?** ¿te mantienes al tanto de los acontecimientos en Afganistán?; **I f. the Bears** soy de los Bears; **to f. a tune** seguir una melodía; **to f. sb's progress** seguir el progreso de alguien

(**f**) *(believe in)* seguir

2 *vi* (**a**) *(come after)* seguir; **there follows a special newsflash** a continuación un avance informativo especial; **what followed would change the course of history** lo que siguió cambió el transcurso de la historia; **in the years that followed** en los años posteriores; **proceed as follows** proceda de la siguiente forma; **their names are as follows** sus nombres son los siguientes

(**b**) *(result)* **it follows that...** se sigue *or* deduce que...; **just because I was late once it doesn't f. that I will be again** porque llegara tarde una vez no quiere decir que lo vaya a volver hacer; **it follows from X that Y...** de X se deduce que Y...

(**c**) *(understand)* entender; **I don't f.** no (lo) entiendo

▸**follow around** *vt sep* seguir por todas partes

▸**follow on** *vi* continuar, seguir; **to f. on from my earlier remarks...** a lo anteriormente dicho quisiera añadir *or Am* agregar...

▸**follow through 1** *vt sep (argument, development)* desarrollar; **to f. a project through (to the end)** llevar a cabo un proyecto (hasta el final)

2 *vi (complete task)* llegar hasta el final; *Sport* acompañar el golpe

▸**follow up** *vt sep* (**a**) *(advantage, success)* acrecentar; **they followed up their debut single with a platinum album** a su single de debut le siguió un disco de platino (**b**) *(investigate) (contact, job opportunity)* hacer un seguimiento de; **they didn't f. up their complaint** presentaron una queja pero no persistieron en ella; **to f. up a clue** seguir una pista

follower ['fɒləʊə(r)] *n* seguidor(ora) *m,f*

following ['fɒləʊɪŋ] **1** *n (of team)* seguidores *mpl*; *(of politician, political party)* partidarios *mpl*; *(of TV programme)* audiencia *f*; *(of novelist, pop group)* admiradores *mpl*

2 *pron* **the f. is the full list** a continuación figura la lista completa

3 *adj* siguiente; **on the f. day** al día siguiente; **a f. wind** un viento favorable *or* a favor

follow-through ['fɒləʊθruː] *n Sport (of stroke)* acompañamiento *m* (del golpe)

follow-up ['fɒləʊʌp] *n Com* seguimiento *m* ▫ ***f. programme*** *(on TV)* continuación *f*

folly ['fɒlɪ] *n* (**a**) *(foolishness)* locura *f* (**b**) *Archit* pequeño edificio *m* ornamental

foment [fə'ment] *vt (unrest, ill feeling)* fomentar

fond [fɒnd] *adj* (**a**) **to be f. of sb** *(like)* tenerle cariño a alguien; **to become f. of sb** encariñarse con alguien; **she was f. of the occasional whisky** le gustaba tomarse un whisky de vez en cuando (**b**) *(loving)* cariñoso(a); **f. memories** recuerdos *mpl* entrañables (**c**) *(hope, belief)* vano(a)

fondant ['fɒndənt] *n* fondant *m*

fondle ['fɒndəl] *vt* acariciar

fondly ['fɒndlɪ] *adv* (**a**) *(lovingly)* cariñosamente (**b**) *(naively)* **to f. imagine that...** creer ingenuamente que...

fondness ['fɒndnɪs] *n* (**a**) *(affection)* cariño *m*, afecto *m* (**for** por) (**b**) *(liking)* afición *f* (**for** a), gusto *m* (**for** por)

fondue ['fɒnduː] *n* fondue *f* ▫ ***f. set*** fondue *f (utensilios)*

font [fɒnt] *n* (**a**) *Rel* pila *f* bautismal (**b**) *Typ & Comptr* fuente *f*, (tipo *m* de) letra *f*

fontanelle, *US* **fontanel** [fɒntə'nel] *n Anat* fontanela *f*

food [fuːd] *n* comida *f*; **f. and drink** comida y bebida; **to be off one's f.** estar desganado(a); **to give sb f. for thought** servir a alguien como materia de reflexión ▫ ***f. additive*** aditivo *m* (alimentario); *Biol* ***f. chain*** cadena *f* alimentaria; ***f. court*** = plaza o zona de un centro comercial dedicada al consumo de comida rápida; ***f. industry*** industria *f* alimentaria; ***f. poisoning*** intoxicación *f* alimentaria; ***f. processor*** robot *m* de cocina; *US* ***f. stamp*** = cupón que se da a gentes con bajos ingresos para la adquisición de alimentos; ***f. value*** valor *m* alimenticio *or* nutricional

foodie ['fuːdɪ] *n Fam* sibarita *mf* de la cocina

foodstuffs ['fuːdstʌfs] *npl* alimentos *mpl*, (productos *mpl*) comestibles *mpl*

fool[1] [fuːl] **1** *n* (**a**) *(stupid person)* idiota *mf*; **to play** *or* **act the f.** hacer el tonto; **to make a f. of sb** poner a alguien en ridículo; **to make a f. of oneself** hacer el ridículo; **(the) more f. you!** ¡peor para ti!; **I felt such a f.** me sentí como un tonto; **she's no** *or* **nobody's f.** no tiene un pelo de tonta; IDIOM **they're living in a f.'s paradise** viven en las nubes; PROV **a f. and his money are soon parted** poco le dura el dinero a quien mal lo administra; PROV **fools rush in where angels fear to**

tread la ignorancia es osada ▫ ***f.'s gold*** pirita *f* (**b**) *(jester)* bufón *m*

2 *adj US Fam* estúpido(a), insensato(a); **that f. brother of mine** el estúpido *or* insensato de mi hermano

3 *vt (deceive)* engañar; **to f. sb into doing sth** engañar a alguien para que haga algo; **you can't f. me** a mí no me engañas; **he's an expert? you could have fooled me!** ¿que es un experto? ¡quién lo hubiera dicho!

4 *vi (act foolishly)* hacer el tonto *or* el indio; **stop fooling!** ¡deja de hacer el tonto!; **I was only fooling** estaba de broma

▸**fool about, fool around** *vi* (**a**) *(act foolishly)* hacer el tonto *or* el indio; **to f. about** *or* **around with sth** enredar con algo (**b**) *(waste time)* perder el tiempo (**c**) *(have affair)* tener un lío (**with** con)

fool² *n Culin* = *Esp* crema de frutas con nata, *Am* crema (de leche)

foolery ['fu:lərɪ] *n Fam* idioteces *fpl, Am* pendejadas *fpl*

foolhardiness ['fu:lhɑ:dɪnɪs] *n* temeridad *f*

foolhardy ['fu:lhɑ:dɪ] *adj* temerario(a)

foolish ['fu:lɪʃ] *adj (stupid)* tonto(a); *(imprudent)* absurdo(a), imprudente; **to do sth f.** hacer una tontería; **to make sb look f.** dejar a alguien en ridículo

foolishly ['fu:lɪʃlɪ] *adv (act)* irreflexivamente; **I f. agreed to do it** con gran imprudencia por mi parte acepté hacerlo

foolishness ['fu:lɪʃnɪs] *n (of action, decision)* estupidez *f*, imprudencia *f*; **I don't want any more f.!** ¡no quiero más tonterías!

foolproof ['fu:lpru:f] *adj (method, plan)* infalible

foolscap ['fu:lskæp] *n Br* pliego *m* común *(de 43 x 34 cm)*

FOOT [fʊt] (*pl* **feet** [fi:t]) **1** *n* (**a**) *(of person)* pie *m*; *(of animal, chair)* pata *f*; **a f. injury** una lesión en el pie; **the dog lay at her feet** el perro estaba tumbado a sus pies; **on f.** a pie, caminando, *Esp* andando; **she is on her feet all day** se pasa el día entero de pie *or Am* parada; **to be on one's feet again** *(after illness)* estar recuperado(a); **we'll soon have you back on your feet** *(better)* dentro de poco estarás recuperado; **to get to one's feet** levantarse, ponerse de pie, *Am* pararse; **to jump to one's feet** levantarse *or* ponerse de pie *or Am* pararse de un salto; **to put one's feet up** *(rest)* descansar; **I was so tired I could barely put one f. in front of the other** estaba tan cansado que apenas podía caminar; **to set f. in/on** poner los pies en ▫ ***f. bath*** baño *m* de pies; ***f. brake*** freno *m* de pie; ***f. fault*** *(in tennis)* falta *f* de pie; ***f. passenger*** pasajero(a) *m,f* peatón; *Mil* ***f. patrol*** patrulla *f* de infantería; ***f. pedal*** pedal *m*; ***f. pump*** bomba *f* de pie; ***f. soldier*** soldado *mf* de infantería

(**b**) *(lower part) (of mountain, stairs, page)* pie *m*; **at the f. of** al pie de

(**c**) *(measurement)* pie *m (= 30,48 cm)*; **three f.** *or* **feet six (inches)** tres pies y seis pulgadas *(= 1,06 m)*; **at 2,000 feet** a dos mil pies *(= 609,6 m)*

(**d**) *(in poetry)* pie *m*

(**e**) IDIOMS **the job's not much, but it's a f. in the door** el trabajo no es gran cosa, pero supone un primer paso; **to find one's feet** *(in new surroundings, activity)* familiarizarse; **to get off on the right/wrong f.** empezar con buen/mal pie; **to have feet of clay** tener (los) pies de barro; **to have a f. in both camps** tener intereses en los dos bandos; **to have one's** *or* **both feet (firmly) on the ground** tener los pies en la tierra; **to have one f. in the grave** tener un pie en la tumba; **I was out on my feet** *(exhausted)* estaba que no me tenía en pie; **she hasn't put a f. wrong** no ha cometido un solo error; *Fam* **my f.!** *Esp* ¡y un jamón!, *Méx* ¡ni yendo a bailar a Chalma!, *RP* ¡tu abuela!; **to put one's f. down** *(be firm)* ponerse serio(a); *(refuse)* negarse en redondo; *(drive faster)* apretar el acelerador, pisar fuerte; *Fam* **to put one's f. in it, to put one's f. in one's mouth** meter la pata; **we've been rushed off our feet** no hemos parado ni un instante; **we had to think on our feet** tuvimos que reaccionar rápidamente; **the children have been under my feet all day** los niños han estado incordiándome todo el día

2 *vt* **to f. the bill** pagar la cuenta

footage ['fʊtɪdʒ] *n Cin* secuencias *fpl*; *TV* imágenes *fpl*

foot-and-mouth disease ['fʊtən'maʊθdɪzi:z] *n* glosopeda *f*, fiebre *f* aftosa

football ['fʊtbɔ:l] *n* (**a**) *Br (soccer)* fútbol *m*; *(ball)* balón *m* (de fútbol) ▫ ***f. club*** club *m* (de fútbol); ***f. colours*** colores *mpl* del equipo; ***f. fan*** hincha *mf*, forofo(a) *m,f*; ***f. ground*** estadio *m* de fútbol; ***f. hooligan*** hincha *m* violento; ***f. league*** liga *f* de fútbol; ***f. match*** partido *m* de fútbol; ***f. pitch*** campo *m* de fútbol; ***f. player*** futbolista *mf*; ***f. pools*** quiniela *f*; ***f. stadium*** estadio *m* de fútbol; ***f. supporter*** hincha *mf*, forofo(a) *m,f*; ***f. team*** equipo *m* (de fútbol)

(**b**) *US (American football)* fútbol *m* americano; *(ball)* balón *m* (de fútbol americano) ▫ ***f. fan*** hincha *mf*, forofo(a) *m,f*; ***f. game*** partido *m* de fútbol americano; ***f. league*** liga *f* de fútbol americano; ***f. pitch*** campo *m* de fútbol americano; ***f. player*** futbolista *mf*, jugador *m* de fútbol americano; ***f. stadium*** estadio *m* de fútbol americano; ***f. supporter*** hincha *mf*, forofo(a) *m,f*

footballer ['fʊtbɔ:lə(r)] *n* futbolista *mf*

footbridge ['fʊtbrɪdʒ] *n* puente *m* peatonal

footer ['fʊtə(r)] *n Comptr & Typ* pie *m* de página

footfall ['fʊtfɔ:l] *n* pisada *f*

foothills ['fʊthɪlz] *npl* estribaciones *fpl*

foothold ['fʊthəʊld] *n* punto *m* de apoyo; *Fig* **to gain a f.** afianzarse

footie, footy ['fʊtɪ] *n Br Fam* fútbol *m*, *RP* fóbal *m*

footing ['fʊtɪŋ] *n* (**a**) *(balance)* **to lose one's f.** *(on hill, ladder)* perder el equilibrio (**b**) *(basis)* **on an equal f.** de igual a igual; **on a sound financial f.** en la senda económica correcta, con una base económica sólida; **to be on a friendly f. with sb** tener relaciones amistosas con alguien

▸**footle about, footle around** ['fu:təl] *vi Fam* perder el tiempo

footlights ['fʊtlaɪts] *npl Th* candilejas *fpl*

footling ['fu:təlɪŋ] *adj Fam (objection)* nimio(a); *(sum)* irrisorio(a)

footloose ['fʊtlu:s] *adj* libre de ataduras; **to be f. and fancy-free** ser libre como el viento

footman ['fʊtmən] *n* lacayo *m*

footnote ['fʊtnəʊt] *n* nota *f* a pie de página; *Fig* **he was a mere f. to history** no fue más que una gota en el océano de la historia

footpath ['fʊtpɑ:θ] *n* sendero *m*, senda *f*

footprint ['fʊtprɪnt] *n* huella *f*, pisada *f*

footrest ['fʊtrest] *n (under desk, on motorcycle)* reposapiés *m inv*

footsie ['fʊtsɪ] *n Fam* **to play f. with sb** = acariciar a alguien con el pie por debajo de la mesa

footsore ['fʊtsɔ:(r)] *adj* con los pies doloridos

footstep ['fʊtstep] *n* paso *m*; IDIOM **to follow in sb's footsteps** seguir los pasos de alguien

footstool ['fʊtstu:l] *n* escabel *m*, reposapiés *m inv*

footwear ['fʊtweə(r)] *n* calzado *m*

footwork ['fʊtwɜ:k] *n (in dancing, sports)* juego *m* de piernas; *Fig* **fancy f.** *(in difficult situation)* malabarismos *mpl*

footy *Fam* = **footie**

fop [fɒp] *n Pej* petimetre *m*

foppish ['fɒpɪʃ] *adj* peripuesto(a)

FOR [fɔ:(r), *unstressed* fə(r)] **1** *prep* (**a**) *(reason)* por; **what did you say that f.?** ¿por qué has dicho eso?; **they chose him f. his looks** lo eligieron por su aspecto; **they fined him f. speeding** le multaron por exceso de velocidad; **she couldn't sleep f. the pain** no pudo dormir a causa del dolor; **to jump f. joy** dar saltos de alegría; **there must be a reason f. him to be so quiet** debe estar callado por alguna razón; **if it weren't f. you** si no hubiera sido por ti; **if it hadn't been f. the weather** si no hubiera sido por el tiempo; **he did five years f. robbery** cumplió cinco años por robo; **he was operated on f. cancer** le operaron de un cáncer

(**b**) *(purpose)* para; **what's it f.?** ¿para qué es?; **underwear f. men** ropa interior de hombre; **a table f. two** una mesa para dos; **there's no time f. that** no hay tiempo para eso; **bring that chair over f. me to sit on** acércame esa silla para que me pueda sentar; **can you give me something f. the pain?** ¿me puede dar algo para el dolor?; **to ask sb round f. dinner** invitar a alguien a cenar; **f. hire** se alquila, *Am* se renta; **f. sale** se vende

(**c**) *(in order to get)* **I always go to my uncle f. advice** siempre voy a pedirle consejo a mi tío; **will you go f. the paper?** ¿podrías ir a por el periódico?; **he reached f. his wallet** sacó su cartera; **we had to run f. the bus** tuvimos que correr para alcanzar el autobús; **I've sent off f. details** he pedido que me envíen más detalles; **we did it f. a laugh** lo hicimos por divertirnos *or* por diversión

(**d**) *(destination)* para; **to leave f. France** salir hacia *or* para Francia; **the plane f. Dallas** el avión de *or* para Dallas; **it's f. you** es para ti; **there's a prize f. the winner** hay un premio para el ganador; **her love f. him** el amor que siente por él; *Br Fam* **I'm f. bed** me voy a la cama

(**e**) *(on the occasion of)* para; **what do you want f. your birthday?** ¿qué quieres para tu cumpleaños?; **what's f. dinner?** ¿qué hay para cenar?

(**f**) *(in exchange for)* **I bought it f. £10** lo compré por 10 libras; **it is insured f. $5,000** está asegurado en 5.000 dólares; **you get a lot f. your money at that restaurant** la comida de ese restaurante sale muy bien de precio; **I wouldn't do that f. all the world** *or* **f. anything** no lo haría ni por todo el oro del mundo

(**g**) *(with regard to, considering)* para; **he is big f. his age** es grande para su edad; **f. a woman of your age...** para una mujer de tu edad...; **he's quite nice f. an Australian** para ser australiano no es mala persona; **that's f. you to decide** eso lo tienes que decidir tú; **f. me, she's the best** para mí, es la mejor; **how are we f. time?** ¿cómo vamos de tiempo?; **they sell ten red bikes f. every black one** se venden diez bicicletas de color rojo por cada una de color negro; **as f. him/that,...** en cuanto a él/eso,...

(**h**) *(representing, on behalf of)* **A f. Andrew** A de Andrés; **what's the Russian f. "book"?** ¿cómo se dice "libro" en ruso?; **he plays f. Boca Juniors** juega en el Boca Juniors; **I work f. an insurance company** trabajo para una aseguradora; **I can't speak f. her** no puedo hablar por ella; **to be happy f. sb** estar contento(a) por alguien

(**i**) *(duration)* durante; **cook f. an hour** cocinar durante una hora; **I was there f. a month** pasé un mes allí; **I've been here f. a month** llevo un mes aquí; **I will be here f. a month** voy a pasar un mes aquí; **I haven't been there f. a month** hace un mes que no voy (por allí); **we have enough food f. two days** tenemos comida suficiente para dos días

(**j**) *(point in time)* **f. the first/last time** por primera/última vez; **it's time f. lunch** es la hora de comer; **can I book a table f. eight o'clock?** querría reservar una mesa para las ocho; **I need it f. Friday** lo necesito (para) el viernes; **can you do it f. next Monday?** ¿lo puedes hacer para el lunes que viene?; **be there at five f. five thirty** estáte ahí entre las cinco y las cinco y media

(**k**) *(distance)* **we ran f. miles** corrimos varias millas

(**l**) *(in favour of)* **to be f. sth** estar a favor de algo; **who's f. a game of chess/a glass of wine?** ¿a quién le apetece *or Col, Méx, Ven* le provoca *or Méx* se le antoja una partida de ajedrez/un vaso de vino?; **to vote f. sth** votar a favor de *or* por algo; **I'm all f. it!** ¡estoy absolutamente a favor!

(**m**) *(introducing an infinitive clause)* **it is too early f. me to decide** es demasiado pronto para decidirme; **it's time f. us to act** ya es hora de que actuemos; **it will be difficult/easy f. her to come** lo va a tener difícil/fácil para venir; **it took an hour f. us to get there** tardamos *or Am* demoramos una hora en llegar; **it's rare f. her to be late** no es normal que llegue tarde

(**n**) *(despite)* a pesar de; **f. all his wealth, he was still unhappy** a pesar de todo su dinero, no era feliz; **f. all that, we're still good friends** a pesar de eso, seguimos siendo buenos amigos

(**o**) *(to the liking of)* para; **she's too quiet f. me** es demasiado tranquila para mi gusto; **it's too small f. you** es demasiado pequeño para ti

(**p**) *(in phrases)* **now f. the moment you've all been waiting for** y ahora el momento que todos esperabais; *Fam* **he's f. it!** ¡se la va a cargar!, *RP* ¡se va a ligar una!; **f. all the good it will do!** ¡para lo que va a servir!; **f. all I care** para lo que me importa; **I f. one am going to stay** yo por lo menos me voy a quedar; **f. one thing..., f. another...** por un lado..., por el otro...; **that's men f. you!** ¡los hombres, ya se sabe!; *Ironic* **there's gratitude f. you!** ¡los he visto más agradecidos!

2 *conj Literary (because)* dado que

---

forage ['fɒrɪdʒ] **1** *n (animal food)* forraje *m* ❑ *Mil* ***f. cap*** gorra *f* militar
2 *vi* **to f. for** buscar

foray ['fɒreɪ] *n* incursión *f* (**into** en)

forbade [fə'bæd, fə'beɪd] *pt of* **forbid**

forbear [fɔː'beə(r)] (*pt* **forbore** [fɔː'bɔː(r)], *pp* **forborne** [fɔː'bɔːn]) *vi Formal* **to f. from doing sth** abstenerse de hacer algo, contenerse para no hacer algo; **I forbore to point out it had been my idea all along** omití *or* me abstuve de señalar que la idea había sido mía

forbearance [fɔː'beərəns] *n* paciencia *f*, tolerancia *f*

forbearing [fɔː'beərɪŋ] *adj* paciente, tolerante

forbid [fə'bɪd] (*pt* **forbade** [fə'bæd, fə'beɪd], *pp* **forbidden** [fə'bɪdən]) *vt* prohibir; **to f. sb to do sth** prohibir a alguien que haga algo; **to f. oneself sth** prohibirse algo; **God f.!** ¡Dios no lo quiera!

forbidden [fə'bɪdən] *adj* prohibido(a); **smoking/talking (is) f.** (está) prohibido fumar/hablar ❑ ***f. fruit*** fruta *f* prohibida; ***f. territory*** *(literally)* zona *f* prohibida, territorio *m* vedado; *Fig (subject, topic)* tema *m* tabú *or* prohibido

forbidding [fə'bɪdɪŋ] *adj (appearance, look)* severo(a); *(sky)* amenazador(ora); *(landscape)* agreste; *(task)* dificultoso(a); **it was a f. prospect** era una perspectiva aterradora

forbore [fɔː'bɔː(r)] *pt of* **forbear**

forborne [fɔː'bɔːn] *pp of* **forbear**

FORCE [fɔːs] **1** *n* (**a**) *(strength, violence)* fuerza *f*; **to use f.** emplear la fuerza; **by (sheer** *or* **brute) f.** por la fuerza; **they won by f. of numbers** ganaron por superioridad numérica

(**b**) *(power, influence)* fuerza *f*; **the f. of gravity** la fuerza de la gravedad; **the forces of Nature** las fuerzas de la naturaleza; **a f. 9 gale** un viento de fuerza 9; **various forces conspired to bring about his downfall** diversas causas contribuyeron a su caída; **a f. for good** una fuerza del bien; **the forces of evil** las fuerzas del mal; **f. of circumstance(s)** causas *fpl* de fuerza mayor; **she is a f. to be reckoned with** es alguien a tener en cuenta; **I did it from f. of habit** lo hice por la fuerza de la costumbre ❑ ***f. field*** campo *m* de fuerza

(**c**) *(group)* fuerza *f*; **the (armed) forces** las fuerzas armadas; **the police f.** la policía, el cuerpo de policía; **to join forces (to do sth)** unir fuerzas (para hacer algo); **they turned out in (full) f.** se presentaron en gran número

(**d**) *(of law)* **to be in f.** estar en vigor; **to come into f.** entrar en vigor

2 *vt* (**a**) *(compel)* forzar, obligar; **to f. a smile** forzar una sonrisa; **to f. sb to do sth** *or* **into doing sth** forzar *or* obligar a alguien a hacer algo; **she was forced into accepting the offer** se vio obligada a aceptar la oferta; **to f. sth on sb** imponer algo a alguien; **to f. oneself to do sth** forzarse a hacer algo; *Br Fam* **I can't manage any more chocolate — go on, f. yourself!** ya no puedo tomar más chocolate – venga, haz un esfuerzo

(**b**) *(use force on) (door, lock)* forzar; **to f. a vehicle off the road** obligar a un vehículo a salirse de la carretera; **to f. a door open** abrir una puerta a la fuerza; **to f. one's way through a crowd** abrirse paso a través de una multitud; **they forced his head under the water** metieron su cabeza en el agua a la fuerza; **to f. an entry** entrar por la fuerza; **to f. sb's hand** forzar a alguien a tomar una decisión; **to f. the issue** acelerar las cosas; **to f. oneself on sb** *(sexually)* intentar forzar a alguien

(**c**) *(quicken)* **to f. the pace** forzar el ritmo

(**d**) *Comptr* **to f. quit** forzar la salida

▸**force back** *vt sep* **they forced the enemy back** obligaron a retroceder al enemigo; **to f. back the tears** contener *or* reprimir las lágrimas

▸**force down** *vt sep* (**a**) *(medicine, food)* tragar a la fuerza (**b**) *(aircraft)* **the plane was forced down** el avión se vio obligado a aterrizar (**c**) *(prices, interest rates)* hacer bajar

▸**force open** *vt sep* abrir forzudo

▸**force out** *vt sep* **he forced out an apology** pidió perdón de una manera forzada; **I always have to f. the truth out of you** siempre tengo que extraerte la verdad con pinzas

▸**force up** *vt sep (prices, interest rates)* hacer subir

forced [fɔ:st] *adj (manner, laugh)* forzado(a) ▫ ***f. labour*** trabajos *mpl* forzados; *Av* ***f. landing*** aterrizaje *m* forzoso; *Mil* ***f. march*** marcha *f* forzada

force-feed ['fɔ:s'fi:d] (*pt & pp* **force-fed** ['fɔ:s'fed]) *vt* dar de comer a la fuerza

forceful ['fɔ:sfʊl] *adj (person, argument)* poderoso(a)

forcefully ['fɔ:sfʊlɪ] *adv* enérgicamente

force majeure ['fɔ:smæ'ʒɜ:(r)] *n Law* fuerza *f* mayor

forcemeat ['fɔ:smi:t] *n Br Culin* (picadillo *m* de) relleno *m*

forceps ['fɔ:seps] *npl Med* fórceps *m inv*

forcible ['fɔ:sɪbəl] *adj (reminder)* contundente ▫ *Law* ***f. entry*** allanamiento *m* de morada

forcibly ['fɔ:sɪblɪ] *adv* (**a**) *(by force)* por la fuerza (**b**) *(powerfully)* **I was f. reminded of his father by these words** estas palabras me recordaron vivamente a su padre

ford [fɔ:d] **1** *n* vado *m*
2 *vt* vadear

fore [fɔ:(r)] **1** *n* **he was always to the f. at such times** en momentos como ése, él siempre aparecía *or* se dejaba ver; **to come to the f.** cobrar importancia
2 *adv Naut* **they searched the ship f. and aft** registraron el barco de proa a popa

forearm ['fɔ:rɑ:m] *n* antebrazo *m*

forebear ['fɔ:beə(r)] *n* antepasado(a) *m,f*, ancestro *m*

foreboding [fɔ:'bəʊdɪŋ] *n* presentimento *m* ominoso; **the news filled us with f.** la noticia nos llenó de desasosiego

forecast ['fɔ:kɑ:st] **1** *n* pronóstico *m*; *Com* previsión *f*; **the (weather) f.** *(prediction)* el pronóstico meteorológico; *(programme)* el parte meteorológico, el tiempo
2 *vt* (*pt & pp* **forecast(ed)**) pronosticar

forecaster ['fɔ:kɑ:stə(r)] *n* **weather f.** meteorólogo(a) *m,f*; **political/economic f.** analista *mf* político(a)/económico(a)

forecastle ['fəʊksəl] *n Naut* castillo *m* de proa

foreclose [fɔ:'kləʊz] *Fin* **1** *vt* **to f. a mortgage** ejecutar una hipoteca
2 *vi* **to f. (on a mortgage/a loan)** ejecutar (una hipoteca/un crédito)

foreclosure [fɔ:'kləʊʒə(r)] *n Fin* ejecución *f*

forecourt ['fɔ:kɔ:t] *n (of petrol station)* explanada *f* delantera

forefathers ['fɔ:fɑ:ðəz] *npl* ancestros *mpl*

forefinger ['fɔ:fɪŋgə(r)] *n* (dedo *m*) índice *m*

forefront ['fɔ:frʌnt] *n* **to be in the f. (of)** estar a la vanguardia (de); **it was at the f. of my mind** lo tenía siempre en mente

for(e)go [fɔ:'gəʊ] (*pt* **for(e)went** [fɔ:'went], *pp* **for(e)gone** [fɔ:'gɒn]) *vt Formal* renunciar a

foregoing [fɔ:'gəʊɪŋ] *Formal* **1** *n* **the f.** lo anterior, lo anteriormente dicho
2 *adj* precedente, anterior

foregone ['fɔ:gɒn] *adj* **the result was a f. conclusion** el resultado ya se conocía de antemano

foreground ['fɔ:graʊnd] **1** *n* primer plano *m*; **in the f.** *(in picture)* en primer plano; **to keep the issue in the f.** mantener el asunto en el primer plano de actualidad *or* en el candelero
2 *vt* poner de relieve

forehand ['fɔ:hænd] **1** *n (tennis stroke)* drive *m*, golpe *m* natural
2 *adj (tennis stroke)* de drive ▫ ***f. smash*** mate *m* (de drive); ***f. volley*** volea *f* de drive

forehead ['fɒrɪd, 'fɔ:hed] *n* frente *f*

foreign ['fɒrɪn] *adj* (**a**) *(from another country)* extranjero(a) ▫ ***f. affairs*** política *f* exterior, asuntos *mpl* exteriores; ***f. aid*** *(to another country)* ayuda *f* al exterior; *(from another country)* ayuda *f* extranjera *or* del exterior; *Br* ***F. and Commonwealth Office*** ministerio *m* de Asuntos Exteriores; *Journ* ***f. correspondent*** corresponsal *mf* (en el extranjero); ***f. debt*** deuda *f* exterior *or* externa; ***f. exchange*** *(currency)* divisas *fpl*; *(system)* mercado *m* de divisas; ***F. Legion*** legión *f* extranjera; ***F. Minister*** ministro(a) *m,f* de Asuntos Exteriores; *Br* ***F. Office*** ministerio *m* de Asuntos Exteriores; *Br* ***F. Secretary*** ministro(a) *m,f* de Asuntos Exteriores; ***f. trade*** comercio *m* exterior
(**b**) *(not characteristic of)* ajeno(a); **this is f. to our traditions** esto es ajeno a nuestras tradiciones ▫ *Med* ***f. body*** cuerpo *m* extraño

foreigner ['fɒrɪnə(r)] *n* extranjero(a) *m,f*

foreland ['fɔ:lənd] *n* promontorio *m*, lengua *f* de tierra

foreleg ['fɔ:leg] *n* pata *f* delantera

forelock ['fɔ:lɒk] *n* mechón *m* de pelo (sobre los ojos); IDIOM **to tug one's f.** hacer una reverencia

foreman ['fɔ:mən] *n* (**a**) *Ind* capataz *m*, encargado *m* (**b**) *(of jury)* presidente *m or* portavoz *m* (del jurado)

foremast ['fɔ:mɑ:st] *n Naut* (palo *m* del) trinquete *m*

foremost ['fɔ:məʊst] *adj* principal; **one of our f. citizens** uno de nuestros más ilustres *or* insignes ciudadanos

forename ['fɔ:neɪm] *n* nombre *m* (de pila)

forensic [fə'rensɪk] *adj Law* forense ▫ ***f. evidence*** pruebas *fpl* forenses; ***f. medicine*** medicina *f* legal *or* forense; ***f. scientist*** forense *mf*; ***f. skill*** pericia *f* legal

foreplay ['fɔ:pleɪ] *n* juego *m* amoroso *(antes del coito)*

forequarter ['fɔ:kwɔ:tə(r)] *n (of meat)* espaldilla *f*, cuarto *m* delantero; **forequarters** *(of animal)* cuartos *mpl* delanteros

forerunner ['fɔ:rʌnə(r)] *n* predecesor(ora) *m,f*

foresee [fɔ:'si:] (*pt* **foresaw** [fɔ:'sɔ:], *pp* **foreseen** [fɔ:'si:n]) *vt* prever; **this could not have been foreseen** esto era imposible de prever

foreseeable [fɔ:'si:əbəl] *adj* previsible; **in the f. future** en un futuro próximo *or* no muy lejano; **for the f. future** en tiempos venideros, en el futuro inmediato

foreseen [fɔ:'si:n] *pp of* **foresee**

foreshadow [fɔ:'ʃædəʊ] *vt* presagiar, anunciar

foreshore ['fɔ:ʃɔ:(r)] *n* franja *f* costera intermareal

foreshorten [fɔ:'ʃɔ:tən] *vt* escorzar

foresight ['fɔ:saɪt] *n* previsión *f*; **she had the f. to see what would probably happen** supo prever lo que podría ocurrir; **lack of f.** falta *f* de previsión

foreskin ['fɔ:skɪn] *n* prepucio *m*

forest ['fɒrɪst] *n* bosque *m* ▫ ***f. fire*** incendio *m* forestal; *US* ***f. ranger*** guarda *mf* forestal, guardabosques *mf inv*

forestall [fɔ:'stɔ:l] *vt (attempt, criticism, rivals)* anticiparse a, adelantarse a

forester ['fɒrɪstə(r)] *n* guardabosque *mf*, guarda *mf* forestal

forestry ['fɒrɪstrɪ] *n* silvicultura *f* ▫ ***the F. Commission*** = organismo oficial británico dedicado al cuidado y explotación forestales; ***f. worker*** trabajador(ora) *m,f* forestal

foretaste ['fɔ:teɪst] *n* anticipo *m*

foretell [fɔ:'tel] (*pt & pp* **foretold** [fɔ:'təʊld]) *vt* predecir; **nobody could have foretold what happened next** nadie podría haber anticipado lo que ocurrió a continuación

forethought ['fɔ:θɔ:t] *n* previsión *f*

foretold [fɔ:'təʊld] *pt & pp of* **foretell**

forever [fə'revə(r)] **1** *n Fam* **to take f. (to do sth)** tardar *or Am* demorar una eternidad (en hacer algo)
2 *adv (until the end of time)* para siempre; *(repeatedly)* constantemente; **he was f. changing his mind** siempre estaba cambiando de opinión; **Scotland f.!** ¡viva Escocia!

forevermore [fɔ:revə'mɔ:(r)] *adv Literary* por el resto de los días, para siempre jamás

forewarn [fɔ:'wɔ:n] *vt* advertir; PROV **forewarned is forearmed** hombre prevenido vale por dos

forewoman ['fɔ:wʊmən] *n* (**a**) *Ind* capataza *f*, encargada *f* (**b**) *(of jury)* presidenta *f or* portavoz *f* (del jurado)

foreword ['fɔ:wɜ:d] *n* prólogo *m*

forfeit ['fɔ:fɪt] *n* **1** *(in game)* prenda *f*; *Law* sanción *f*
2 *vt Formal (right, property, sb's respect)* renunciar a, sacrificar

forfeiture ['fɔ:fɪtʃə(r)] *n* pérdida *f*

forgave [fə'geɪv] *pt of* **forgive**

forge [fɔːdʒ] **1** *n (factory)* fundición *f*; *(of blacksmith)* forja *f*, fragua *f*
2 *vt* **(a)** *(metal, alliance)* forjar **(b)** *(counterfeit)* falsificar

▸**forge ahead** *vi (make progress)* progresar a pasos agigantados; *(in competition)* tomar la delantera

forged [fɔːdʒd] *adj (banknote, letter)* falso(a), falsificado(a)

forger [ˈfɔːdʒə(r)] *n* falsificador(ora) *m,f*

forgery [ˈfɔːdʒərɪ] *n* falsificación *f*; **it's a f.** es una falsificación

FORGET [fəˈget] (*pt* **forgot** [fəˈgɒt], *pp* **forgotten** [fəˈgɒtən]) **1** *vt* **(a)** *(not recall)* olvidar; **I'll never f. you** nunca te olvidaré; **I've forgotten her name, I f. her name** se me ha olvidado su nombre; **I want to f. everything for a few days** quiero olvidarme de todo durante unos días; *Fam* **you can f. the holiday** ya puedes decir adiós a las vacaciones; **to f. to do sth** olvidarse de hacer algo; **I'll never f. meeting him for the first time** nunca olvidaré la primera vez que le vi; **to f. how to do sth** olvidar cómo se hace algo; **to be forgotten (by)** caer en el olvido (de); **that has all been forgotten now** eso ya ha quedado olvidado; **the whole affair is best forgotten** es mejor que olvidemos el asunto; **to f. (that)...** olvidar que...; **f. I mentioned it** como si no hubiera dicho nada; **I'd like to thank all my friends, not forgetting my family** quisiera dar las gracias a todos mis amigos, sin olvidarme de mi familia; *Fam* **f. it!** *(in reply to apology)* olvídalo; *(in reply to thanks)* no hay de qué; *(stop talking about it)* dejémoslo; *(no way)* ¡ni hablar!; **I'm in charge and don't you f. it!** yo soy el que manda, ¡ni se te ocurra olvidarlo!; **to f. oneself** perder el control
(b) *(leave behind)* olvidar(se); **I forgot my coat at their place** (me) olvidé el abrigo en su casa
2 *vi* olvidarse (**about** de); **before I f.** antes de que se me olvide; **don't f.** no te olvides; **let's f. about it** olvidémoslo; *Fam* **you can f. about the holiday** ya puedes decir adiós a las vacaciones

forgetful [fəˈgetfʊl] *adj* olvidadizo(a)

forgetfulness [fəˈgetfʊlnɪs] *n* mala memoria *f*

forget-me-not [fəˈgetmiːnɒt] *n* nomeolvides *m inv*

forgivable [fəˈgɪvəbəl] *adj* perdonable

forgivably [fəˈgɪvəblɪ] *adv* comprensiblemente

forgive [fəˈgɪv] (*pt* **forgave** [fəˈgeɪv], *pp* **forgiven** [fəˈgɪvən]) **1** *vt* perdonar; **to f. sb (for sth)** perdonar (algo) a alguien; **I'll never f. myself if he dies** si llegara a morir nunca me lo perdonaría; **one could be forgiven for finding this strange** no es de extrañar que a uno esto le parezca raro
2 *vi* **to f. and forget** perdonar y olvidar

forgiveness [fəˈgɪvnɪs] *n* perdón *m*; **to ask (sb) for f.** pedir perdón (a alguien)

forgiving [fəˈgɪvɪŋ] *adj* indulgente

forgo = **forego**

forgone [fəˈgɒn] *pp of* **forgo**

forgot [fəˈgɒt] *pt of* **forget**

forgotten [fəˈgɒtən] **1** *adj (obscure)* olvidado(a)
2 *pp of* **forget**

fork [fɔːk] **1** *n* **(a)** *(for food)* tenedor *m*, *Am* trinche *m* **(b)** *(for lifting hay)* horca *f* **(c)** *(in road)* bifurcación *f*; **take the left f.** tomar el desvío a *or* de la izquierda **(d)** *(of bicycle, motorbike)* horquilla *f*
2 *vt* **he forked the food into his mouth** se llevó la comida a la boca con el tenedor
3 *vi (of road)* bifurcarse; *(of driver)* desviarse

▸**fork out** *Fam* **1** *vt sep (money)* aflojar, apoquinar, *RP* garpar
2 *vi* pagar, *RP* garpar

forked [fɔːkt] *adj (tongue)* bífido(a); *(tail)* ahorquillado(a); *(stick)* bifurcado(a); IDIOM *Hum* **to speak with f. tongue** hablar con dobleces ❑ ***f. lightning*** relámpagos *mpl (bifurcados)*

fork-lift truck [ˈfɔːklɪftˈtrʌk] *n* carretilla *f* elevadora

forlorn [fəˈlɔːn] *adj (place)* abandonado(a); *(look)* desamparado(a); *(belief, attempt)* desesperado(a); **in the f. hope that...** con la vana esperanza de que...

forlornly [fəˈlɔːnlɪ] *adv* desesperanzadamente, apesadumbradamente

FORM [fɔːm] **1** *n* **(a)** *(shape)* forma *f*; **in the f. of...** en forma de...; **the news came in the f. of a fax** las noticias llegaron por fax; **to take f.** tomar forma; **to take the f. of...** consistir en...; **f. and content** forma y fondo *or* contenido
(b) *(type)* forma *f*; **it's a f. of madness** es una forma de locura; **some f. of apology would be nice** no estaría mal que te disculparas de una manera u otra; **a f. of address** una fórmula de tratamiento; **f. of transport** forma *or* modalidad *f* de transporte
(c) *(formality)* **as a matter of f., for f.'s sake** por guardar las formas; **it's good/bad f.** es de buena/mala educación
(d) *(for applications, orders)* impreso *m*, formulario *m*; **to fill in** *or* **out a f.** rellenar un impreso ❑ *Comptr* ***f. feed*** avance *m* de página
(e) *(condition)* forma *f* (física); **to be in (good) f.** estar en (buena) forma
(f) *(recent performances) (of athlete, player, team)* forma *f*; *(in horseracing)* reciente historial *m*; **on current f., this team is unlikely to win** tal y como está jugando últimamente es poco probable que este equipo gane; **on current f., the government is unlikely to last long** de seguir así, el gobierno no durará mucho; **this tennis player is in** *or* **on (good) f.** este tenista está en plena forma *or* jugando (muy) bien; *Fig* **you're on (good) f. today!** ¡hoy estás en vena!; **this sprinter is out of** *or* **off f.** este esprínter está en plena forma *or* corriendo (muy) bien; *Fig* **I'm a bit off f. at the moment** no estoy muy en forma últimamente; *Fig* **true to f., he failed to turn up** como de costumbre, no se presentó; **to upset the f. book** ganar contra pronóstico
(g) *Br Sch (class)* clase *f*; *(year)* curso *m* ❑ ***f. teacher*** tutor(ora) *m,f*
(h) *Gram* forma *f*
(i) *Br Fam (criminal record)* ficha *f*
(j) *Br (bench)* banco *m (sin respaldo)*
2 *vt (in general)* formar; *(organization, party, committee)* formar, fundar; *(relationship, friendship)* establecer; *(plan)* concebir; *(obstacle, basis)* constituir; *(habit)* adquirir; **the plural is formed by adding an "s"** el plural se forma añadiendo *or Am* agregando una "s"; **to f. an idea/opinion** formarse una idea/opinión; **I formed the impression that she wasn't interested** me dio la impresión de que no estaba interesada; **to f. part of sth** formar parte de algo; **to f. a** *Br* **queue** *or US* **line** ponerse en cola; **she formed her hands into a cup** puso las manos en forma de cuenco
3 *vi* formarse; **they formed into a circle** se pusieron en círculo

formal [ˈfɔːməl] *adj* **(a)** *(ceremonious)* formal; **he's very f.** es muy formal *or* ceremonioso ❑ ***f. dress*** traje *m* de etiqueta **(b)** *(official)* formal; **he has no f. qualifications** no tiene titulación oficial ❑ ***a f. application*** una solicitud oficial; ***f. education*** formación *f* académica

formaldehyde [fɔːˈmældəhaɪd] *n Chem* formaldehído *m*

formalin [ˈfɔːməlɪn] *n Chem* formol *m*, formalina *f*

formality [fɔːˈmælɪtɪ] *n* formalidad *f*; **it's a mere f.** no es más que un trámite *or* una formalidad; **let's skip the formalities** vamos a dejarnos de formalidades

formalization [fɔːməlaɪˈzeɪʃən] *n* formalización *f*

formalize [ˈfɔːməlaɪz] *vt* formalizar

formally [ˈfɔːməlɪ] *adv (with formality)* formalmente; *(officially)* oficialmente, formalmente; **f. announced/agreed** anunciado/acordado de manera oficial

format [ˈfɔːmæt] **1** *n* formato *m*
2 *vt* (*pt & pp* **formatted**) *Comptr* formatear

formation [fɔːˈmeɪʃən] *n (act, arrangement)* formación *f* ❑ ***f. dancing*** baile *m* sincronizado; ***f. flying*** vuelo *m* en formación

formative [ˈfɔːmətɪv] *adj* formativo(a); **the f. years** los años de formación

formatting [ˈfɔːmætɪŋ] *n Comptr* **(a)** *(action) (of disk, text)* formateado *m* **(b)** *(format) (of text)* formato *m*

former [ˈfɔːmə(r)] **1** *adj (pupil, colleague)* antiguo(a); **in a f. life** en una vida anterior; **in f. times** antiguamente; **he is a mere shadow of his f. self** no es más que una sombra de lo que fue; **the f. Soviet Union** la antigua Unión Soviética
2 *pron* **the f.** el/la primero(a); *(plural)* los/las primeros(as)

formerly [ˈfɔːməlɪ] *adv* antiguamente

Formica® [fɔːˈmaɪkə] *n* formica® *f*

formic acid [ˈfɔːmɪkˈæsɪd] *n Chem* ácido *m* fórmico

formidable [fɔːˈmɪdəbəl] *adj (opponent, difficulty)* terrible; *(performance, talent)* formidable

formless [ˈfɔːmlɪs] *adj* informe, sin forma

formula [ˈfɔːmjʊlə] *(pl* **formulas** *or* **formulae** [ˈfɔːmjʊliː]) *n* (**a**) *(in general)* fórmula *f*; **the f. for success** la clave del éxito; **a peace/pay f.** una fórmula para la paz/de pago ▫ *Sport* ***F. One*** fórmula *f* uno (**b**) *US (baby food)* leche *f* maternizada

formulaic [fɔːmjʊˈleɪɪk] *adj* formulario(a)

formulate [ˈfɔːmjʊleɪt] *vt* formular

formulation [fɔːmjʊˈleɪʃən] *n* (**a**) *(of plan)* formulación *f*; *(of idea)* formulación *f*, expresión *f* (**b**) *(of medicine, cosmetics)* fórmula *f*

fornicate [ˈfɔːnɪkeɪt] *vi Formal* fornicar

fornication [fɔːnɪˈkeɪʃən] *n Formal* fornicación *f*

forsake [fəˈseɪk] *(pt* **forsook** [fəˈsʊk], *pp* **forsaken** [fəˈseɪkən]) *vt Literary* abandonar

forsaken [fəˈseɪkən] *adj* abandonado(a)

forsook [fəˈsʊk] *pt of* **forsake**

forswear [fɔːˈsweə(r)] *(pt* **forswore** [fɔːˈswɔː(r)], *pp* **forsworn** [fɔːˈswɔːn]) *vt Formal* renunciar a

fort [fɔːt] *n Mil* fortaleza *f*, fuerte *m*; *Fig* **to hold the f.** quedarse al cargo

forte [ˈfɔːtɪ] **1** *n (strong point)* fuerte *m*
2 *adv Mus* forte

forth [fɔːθ] *adv* **to go f.** partir; **and so f.** y así sucesivamente; **to walk back and f.** ir de aquí para allá; **from that day f.** a partir de ese día

forthcoming [fɔːθˈkʌmɪŋ] *adj* (**a**) *(imminent) (election)* próximo(a); *(book)* de próxima aparición; *(movie)* de próximo estreno (**b**) *(available)* **no money/help was f.** no había dinero/ayuda disponible (**c**) *(informative)* comunicativo(a)

forthright [ˈfɔːθraɪt] *adj* directo(a), franco(a)

forthwith [fɔːθˈwɪθ] *adv Formal* en el acto

forties [ˈfɔːtɪz] *npl* (años *mpl*) cuarenta *mpl*; *see also* **eighties**

fortieth [ˈfɔːtɪəθ] *n & adj* cuadragésimo(a) *m,f*

fortification [fɔːtɪfɪˈkeɪʃən] *n* fortificación *f*

fortified [ˈfɔːtɪfaɪd] *adj* (**a**) *(town)* fortificado(a) (**b**) ***f. wine*** = vino fuerte tipo Oporto o Jerez

fortify [ˈfɔːtɪfaɪ] *vt Mil* fortificar; **to f. oneself** fortalecerse

fortitude [ˈfɔːtɪtjuːd] *n* fortaleza *f*, entereza *f*

fortnight [ˈfɔːtnaɪt] *n Br* quincena *f*; **a f. today** en quince días; **a f.'s holiday** quince días de vacaciones

fortnightly [ˈfɔːtnaɪtlɪ] *Br* **1** *adj* quincenal
2 *adv* quincenalmente, cada quince días

fortress [ˈfɔːtrɪs] *n* fortaleza *f*

fortuitous [fɔːˈtjuːɪtəs] *adj* casual, fortuito(a)

fortuitously [fɔːˈtjuːɪtəslɪ] *adv* por casualidad, de manera fortuita

fortunate [ˈfɔːtʃənət] *adj* afortunado(a); **to be f. enough to do sth** tener la suerte de hacer algo

fortunately [ˈfɔːtʃənətlɪ] *adv* afortunadamente

fortune [ˈfɔːtʃən] *n* (**a**) *(riches)* fortuna *f*; **to make a** *or* **one's f.** hacer una fortuna; **there are fortunes to be made in computing** con la informática se puede uno hacer de oro; *Fam* **it cost me a (small) f.** me ha costado un dineral *or* una fortuna
(**b**) *(luck)* suerte *f*, fortuna *f*; **good/bad f.** buena/mala suerte; **the changing fortunes of...** los avatares de...; **to tell sb's f.** decir a alguien la buenaventura; **f. smiles on him** la fortuna le sonríe ▫ ***f. cookie*** = galletita de la cocina china que contiene un papel con un proverbio o una predicción; *Fam Pej* ***f. hunter*** cazafortunas *mf inv*, cazadotes *m inv*

fortune-teller [ˈfɔːtʃəntelə(r)] *n* adivino(a) *m,f*

forty [ˈfɔːtɪ] **1** *n* cuarenta *m*
2 *adj* cuarenta; *Fam* **to have f. winks** echarse una siestecita; *see also* **eighty**

forty-five [ˈfɔːtɪˈfaɪv] *n (record)* disco *m* de cuarenta y cinco (revoluciones)

forum [ˈfɔːrəm] *n* (**a**) *(place)* foro *m*; **a f. for debate** un foro de debate (**b**) *Comptr* fórum *m*

forward [ˈfɔːwəd] **1** *n Sport* delantero(a) *m,f*; *(in basketball)* alero(a) *m,f*
2 *adj* (**a**) *(position)* delantero(a); *(movement)* hacia delante ▫ *Fin* ***f. market*** mercado *m* de futuros; ***f. pass*** *(in rugby)* pase *m* adelantado, avant *m*; ***f. planning*** planificación *f* (de futuro) (**b**) *(impudent, bold)* atrevido(a)
3 *adv* (**a**) *(of time)* **from this/that day f.** desde este/ese día en adelante; **to put the clocks f.** adelantar los relojes (**b**) *(of direction)* hacia delante (**c**) *(of position)* delante; **we're too far f.** estamos demasiado delante
4 *vt* (**a**) *(letter)* reexpedir, remitir; *(e-mail)* remitir, transmitir; **to f. sth to sb** enviar algo a alguien (**b**) *(one's career, interests)* promover

forwarding agent [ˈfɔːwədɪŋˈeɪdʒənt] *n Com* transitario *m*

forward-looking [ˈfɔːwədlʊkɪŋ] *adj* con visión de futuro, progresista

forwards [ˈfɔːwədz] *adv* = **forward**

forwent [fɔːˈwent] *pt of* **forgo**

fossil [ˈfɒs(ɪ)l] *n* (**a**) *(of plant, animal)* fósil *m* ▫ ***f. fuel*** combustible *m* fósil (**b**) *Fam (person)* **an old f.** un (viejo) *Esp* carcamal *or Am* carcamán

fossilize [ˈfɒsɪlaɪz] *vi* (**a**) *(remains)* fosilizar (**b**) *(attitudes, opinions)* anquilosarse

fossilized [ˈfɒsɪlaɪzd] *adj* (**a**) *(remains)* fosilizado(a) (**b**) *(attitudes, opinions)* anquilosado(a)

foster [ˈfɒstə(r)] **1** *adj* ***f. child*** niño(a) *m,f* en régimen de acogida; ***f. home*** hogar *m* de acogida; ***f. parents*** familia *f* de acogida
2 *vt* (**a**) *(child)* adoptar (temporalmente), acoger (**b**) *(idea, hope, friendship)* fomentar

fostering [ˈfɒstərɪŋ] *n* acogida *f* familiar *(de un niño)*

fought [fɔːt] *pt & pp of* **fight**

foul [faʊl] **1** *n Sport* falta *f*
2 *adj* (**a**) *(disgusting) (smell, taste)* asqueroso(a); *(air)* viciado(a); *(breath)* fétido(a); *(weather)* espantoso(a); **to be in a f. temper** estar de un humor de perros; **to be f. to sb** tratar fatal a alguien; **he was being perfectly f.** estuvo de lo más desagradable ▫ ***f. language*** lenguaje *m* soez (**b**) *(illegal) Sport* ***f. play*** juego *m* sucio; *Law* **f. play is not suspected** no hay sospecha de que exista un acto delictivo
3 *adv* **to smell/taste f.** oler/saber asqueroso(a) *or* fatal; **to fall f. of the law** incumplir la ley
4 *vt* (**a**) *(make dirty)* ensuciar; *(pollute)* contaminar (**b**) *(entangle)* **weeds had fouled the propeller** unas algas atascaron la hélice (**c**) *Sport* **to f. sb** hacerle (una) falta a alguien

▸**foul up** *Fam* **1** *vt sep (ruin) Esp* cargarse, *Méx* chingar, *RP* hacer de goma
2 *vi (fail)* meter la pata, *Méx* regarla

foul-mouthed [ˈfaʊlˈmaʊðd] *adj* grosero(a), soez; **he was being particularly f.** se puso de lo más grosero

foulness [ˈfaʊlnɪs] *n* (**a**) *(unpleasantness) (of weather)* inclemencia *f*; *(of breath, smell)* hedor *m*, hediondez *f* (**b**) *(unpleasant behaviour)* grosería *f*, malos modos *mpl*

foul-tempered [ˈfaʊlˈtempəd] *adj* malhumorado(a), arisco(a); **to be f.** tener muy mal genio

foul-up [ˈfaʊlʌp] *n Fam* metedura *f or Am* metida *f* de pata

found[1] [faʊnd] *vt* (**a**) *(city, organization)* fundar (**b**) *(suspicions, hope)* fundar, basar (**on** en); **the story is founded on fact** la historia se basa en hechos reales

found[2] *pt & pp of* **find**

foundation [faʊnˈdeɪʃən] *n* (**a**) *(act of founding, institution)* fundación *f* (**b**) *(basis) (of theory, belief)* fundamento *m*; **the rumour is without f.** el rumor no tiene fundamento (**c**) *Constr* **the foundations** los cimientos; **to lay the foundations of sth** sentar las bases de algo, poner los cimientos de algo; *Fig* **the foundations of modern society** los pilares de la sociedad moderna ▫ *Univ* ***f. course*** curso *m* introductorio *or* de iniciación; ***f. garment*** prenda *f* de corsetería; ***f. stone*** primera piedra *f* (**d**) *(make-up)* **f. (cream)** (crema *f* de) base *f*

founder[1] [ˈfaʊndə(r)] *n (of hospital, school)* fundador(ora) *m,f* ▫ ***f. member*** miembro *mf* fundador(ora)

founder[2] *vi* (**a**) *(of ship)* **the boat foundered on the rocks** el barco chocó contra las rocas y se fue a pique (**b**) *(of project, talks)* irse a pique (**on** debido a)

founding father [ˈfaʊndɪŋˈfɑːðə(r)] *n* padre *m*, fundador *m*; *US Hist* **the F. Fathers** = los redactores de la constitución estadounidense en 1787 y fundadores de los Estados Unidos

foundling ['faʊndlɪŋ] *n Old-fashioned* expósito(a) *m,f*

foundry ['faʊndrɪ] *n* fundición *f*

fount [faʊnt] *n Literary & Fig* fuente *f*

fountain ['faʊntɪn] *n* fuente *f* ❑ ***f. pen*** pluma *f* (estilográfica), *Chile, RP* lapicera *f*

four [fɔ:(r)] **1** *n* cuatro *m*; **on all fours** a gatas, a cuatro patas

2 *adj* cuatro; **the f. winds** los cuatro vientos; **to the f. corners of the earth** a todos los rincones del orbe; *see also* **eight**

fourball ['fɔ:bɔ:l] *n (in golf)* fourball *m*, cuatro bolas *m*

four-colour ['fɔ:'kʌlə(r)] *adj Comptr & Typ* ***f. process*** cuatricromía *f*; ***f. separation*** separación *f* de colores

four-door ['fɔ:'dɔ:(r)] *adj* de cuatro puertas ❑ ***f. hatchback*** cinco puertas *m*; ***f. saloon*** berlina *f*

four-eyes ['fɔ:raɪz] *n Fam* cuatro ojos *mf inv, Méx* cuatro lámparas *mf inv, RP* anteojudo(a) *m,f*

four-figure ['fɔ:'fɪgə(r)] *adj* de cuatro cifras; **a f. sum** una suma de dinero de cuatro cifras

fourfold ['fɔ:fəʊld] **1** *adj* **a f. increase (in)** cuatro veces más (de)

2 *adv* cuatro veces

four-footed ['fɔ:'fʊtɪd] *adj* cuadrúpedo(a)

four-leaf clover ['fɔ:li:f'kləʊvə(r)] *n* trébol *m* de cuatro hojas

four-legged ['fɔ:'legɪd] *adj* cuadrúpedo(a) ❑ *Hum* ***f. friend*** amigo *m* cuadrúpedo

four-letter word ['fɔ:letə'wɜ:d] *n* palabrota *f*, taco *m*

four-poster ['fɔ:'pəʊstə(r)] *n* **f. (bed)** cama *f* de dosel

fourscore ['fɔ:skɔ:(r)] *Old-fashioned* **1** *n* ochenta *m*

2 *adj* ochenta

foursome ['fɔ:səm] *n* grupo *m* de cuatro; *(for tennis match, card game)* dos parejas *fpl*; *(in golf)* foursome *m*

four-square ['fɔ:skweə(r)] **1** *adj (steady)* firme; *(solid)* sólido(a)

2 *adv* **they stood f. behind her** la apoyaron firmemente *or* decididamente

four-star ['fɔ:stɑ:(r)] *Br* **1** *n* súper *f*

2 *adj (petrol)* súper

four-stroke ['fɔ:strəʊk] *adj* de cuatro tiempos

fourteen [fɔ:'ti:n] *n & adj* catorce *m*; *see also* **eight**

fourteenth [fɔ:'ti:nθ] **1** *n* **(a)** *(fraction)* catorceavo *m*, catorceava parte *f* **(b)** *(in series)* decimocuarto(a) *m,f* **(c)** *(of month)* catorce *m*

2 *adj* decimocuarto(a); *see also* **eleventh**

fourth [fɔ:θ] **1** *n* **(a)** *(in series)* cuarto(a) *m,f* **(b)** *(of month)* cuatro *m* **(c)** *(fourth gear)* cuarta *f*; **in f.** en cuarta

2 *adj* cuarto(a) ❑ ***f. dimension*** cuarta dimensión *f*; *Aut* ***f. gear*** cuarta *f* (marcha *f*); *see also* **eighth**

fourthly ['fɔ:θlɪ] *adv* en cuarto lugar

four-wheel drive ['fɔ:wi:l'draɪv] *n* tracción *f* a las cuatro ruedas

fowl [faʊl] (*pl* **fowl**) *n* ave *f* de corral

fox [fɒks] **1** *n* zorro *m*; *Fig* **a sly old f.** *(cunning person)* un viejo zorro ❑ ***f. cub*** cría *f* de zorro; ***f. hunt*** cacería *f* del zorro; ***f. hunting*** caza *f* del zorro; ***f. terrier*** foxterrier *m*

2 *vt Fam* **(a)** *(perplex)* confundir; **the problem had us foxed** el problema nos tenía confundidos **(b)** *(deceive)* burlar, engañar

foxglove ['fɒksglʌv] *n* digital *f*, dedalera *f*

foxhole ['fɒkshəʊl] *n Mil* hoyo *m* trinchera

foxhound ['fɒkshaʊnd] *n* perro *m* raposero

foxtrot ['fɒkstrɒt] **1** *n* foxtrot *m*

2 *vi* (*pt & pp* **foxtrotted**) bailar el foxtrot

foxy ['fɒksɪ] *adj Fam* **(a)** *(cunning)* astuto(a), zorro **(b)** *US (sexy)* sexy

foyer ['fɔɪeɪ] *n* vestíbulo *m*

FPU [efpi:'ju:] *n Comptr* (*abbr* **floating-point unit**) FPU *f*

Fr (*abbr* **Father**) P.

fracas ['frækɑ:] (*pl* **fracas** ['frækɑ:z]) *n* gresca *f*, refriega *f*

fractal ['fræktəl] *n Math* fractal *m* ❑ ***f. geometry*** geometría *f* fractal *or* de fractales

fraction ['frækʃən] *n Math* fracción *f*, quebrado *m*; *Fig (small part)* fracción *f*; **a f. too small/large** un poquitín pequeño/grande

fractional ['frækʃənəl] *adj (amount)* ínfimo(a); *(decline, hesitation)* mínimo(a), ligero(a) ❑ *Chem* ***f. distillation*** destilación *f* fraccionada

fractionally ['frækʃənəlɪ] *adv* mínimamente

fractious ['frækʃəs] *adj* irritable

fracture ['fræktʃə(r)] **1** *n* fractura *f*

2 *vt* fracturar

3 *vi* fracturarse

fragile ['frædʒaɪl] *adj (object, alliance)* frágil; *(health)* delicado(a), frágil; *Fam* **I'm feeling a bit f.** me siento un poco débil

fragility [frə'dʒɪlɪtɪ] *n* fragilidad *f*

fragment 1 *n* ['frægmənt] *(of object, story)* fragmento *m*

2 [fræg'ment] *vi (of object)* romperse; *(of organization)* fragmentarse

fragmentary [fræg'mentərɪ] *adj* fragmentario(a)

fragmentation [frægmen'teɪʃən] *n* **(a)** *(breaking up)* fragmentación *f* ❑ ***f. bomb*** bomba *f* de fragmentación **(b)** *Comptr* fragmentación *f*

fragmented [fræg'mentɪd] *adj* fragmentado(a)

fragrance ['freɪgrəns] *n* fragancia *f*

fragrant ['freɪgrənt] *adj* fragante

frail [freɪl] *adj (person)* delicado(a), frágil; *(object, beauty, happiness)* frágil

frailty ['freɪltɪ] *n* fragilidad *f*; **human f.** la flaqueza humana

frame [freɪm] **1** *n* **(a)** *(of picture, door)* marco *m*; *(of person, animal)* cuerpo *m*; *(of building, bridge)* estructura *f*; *(of bicycle)* cuadro *m*; *(of spectacles)* montura *f* **(b)** *Fig* **f. of mind** humor *m*, estado *m* de ánimo; **f. of reference** marco *m* de referencia **(c)** *(of film)* fotograma *m*; *(of comic strip)* viñeta *f* **(d)** *(in snooker, pool, billiards)* set *m*; *(in bowling)* juego *m*

2 *vt* **(a)** *(picture)* enmarcar; **he stood framed in the doorway** estaba de pie *or Am* parado(a) en el vano de la puerta **(b)** *(answer, legislation)* formular **(c)** *Fam (falsely incriminate)* tender una trampa a

frame-up ['freɪmʌp] *n Fam* trampa *f*, montaje *m*

framework ['freɪmwɜ:k] *n (of structure)* estructura *f*; *Fig (for talks)* marco *m*

franc [fræŋk] *n (currency)* franco *m*; **Belgian/French/Swiss f.** franco *m* belga/francés/suizo

France [frɑ:ns] *n* Francia

franchise ['fræntʃaɪz] **1** *n* **(a)** *Com* franquicia *f* **(b)** *Pol* sufragio *m*

2 *vt Com* franquiciar

franchisee [fræntʃaɪ'zi:] *n Com* franquiciado(a) *m,f*, concesionario(a) *m,f*

Franciscan [fræn'sɪskən] *n & adj* franciscano(a) *m,f*

francium ['frænsɪəm] *n Chem* francio *m*

francophile ['fræŋkəʊfaɪl] *n & adj* francófilo(a) *m,f*

francophone ['fræŋkəʊfəʊn] *n & adj* francófono(a) *m,f*

frangipane ['frændʒɪpeɪn] *n Culin* franchipán *m*

frangipani [frændʒɪ'pɑ:nɪ] *n (plant)* franchipaniero *m*; *(perfume)* esencia *f* de franchipaniero

franglais ['frɒŋgleɪ] *n Hum* francés *m* lleno de anglicismos

frank [fræŋk] **1** *adj* franco(a); **to be f.,...** francamente,...

2 *vt (letter)* franquear

Frankenstein ['fræŋkɪnsteɪn] *n* **F., F.'s monster** *(the character)* (el monstruo del doctor) Frankenstein; *Fig* **the committee has turned into a F.'s monster** el comité se ha convertido en un monstruo descontrolado que se ha vuelto contra su creador

Frankfurt ['fræŋkfɜ:t] *n* Fráncfort

frankfurter ['fræŋkfɜ:tə(r)] *n (sausage)* salchicha *f* de Fráncfort

frankincense ['fræŋkɪnsens] *n* incienso *m*

frankly ['fræŋklɪ] *adv* francamente; **f., I couldn't care less** la verdad, me da igual

frankness ['fræŋknɪs] *n* franqueza *f*

frantic ['fræntɪk] *adj* **(a)** *(rush, pace)* frenético(a) **(b)** *(agitated)* **f. with worry** angustiado(a); **to drive sb f.** poner a alguien frenético(a) *or* al borde de la desesperación

frantically ['fræntɪklɪ] *adv* frenéticamente

frat [fræt] *n US Fam* ***f. boy*** ≃ niño *m* bien

(en la universidad); ***f. house*** = residencia perteneciente a una "fraternity"

fraternal [frəˈtɜːnəl] *adj* fraterno(a), fraternal

fraternity [frəˈtɜːnɪtɪ] *n* (**a**) *(brotherliness)* fraternidad *f*; *(religious group)* hermandad *f*, cofradía *f*; **the medical/banking f.** el gremio médico/de la banca (**b**) *US Univ* = asociación de estudiantes que suele funcionar como club social; **f. house** = residencia perteneciente a dicha asociación

fraternize [ˈfrætənaɪz] *vi* confraternizar (**with** con)

fratricide [ˈfrætrɪsaɪd] *n* fratricidio *m*

fraud [frɔːd] *n* (**a**) *(person)* farsante *mf* (**b**) *(deception)* fraude *m*; **credit card f.** fraude *m* con tarjetas de crédito; **computer f.** delito *m* informático; **to obtain sth by f.** conseguir algo por medios fraudulentos ❑ ***f. squad*** brigada *f* de delitos económicos, brigada anticorrupción

fraudster [ˈfrɔːdstə(r)] *n Fam* estafador(ora) *m,f*

fraudulent [ˈfrɔːdjʊlənt] *adj* fraudulento(a)

fraught [frɔːt] *adj (person, situation)* tenso(a), tirante; **f. with danger/emotion** cargado(a) de peligro/emoción; **f. with difficulty** plagado(a) de dificul-tades

fray¹ [freɪ] *n (brawl)* contienda *f*, combate *m*; **to enter the f.** entrar en liza

fray² **1** *vt (material)* deshilachar

2 *vi* (**a**) *(of material)* deshilacharse (**b**) *(of nerves, tempers)* crisparse

frazzle [ˈfræzəl] *n* **to be burnt to a f.** estar (totalmente) carbonizado(a)

frazzled [ˈfræzəld] *adj Fam (worn out)* **to be f.** estar *Esp* hecho(a) migas *or Am* destruido(a)

FRCP [efɑːsiːˈpiː] *n (abbr* **Fellow of the Royal College of Physicians**) = miembro del colegio británico de médicos

FRCS [efɑːsiːˈes] *n (abbr* **Fellow of the Royal College of Surgeons**) = miembro del colegio británico de cirujanos

freak [friːk] **1** *n* (**a**) *(bizarre example) (person)* engendro *m*, monstruo *m*; **by a f. of fortune** por un capricho del destino; **a f. occurrence** un caso excepcional *or* insólito; **a f. storm** una tormenta *f* inesperada ❑ ***f. show*** = espectáculo que consiste en exhibir a personas con extrañas anomalías físicas (**b**) *Fam (enthusiast)* fanático(a) *m,f*; **jazz/film f.** fanático(a) del jazz/cine

2 *vi* = **freak out**

▸**freak out** *Fam* **1** *vt sep (shock)* alucinar; *(scare)* meter *Esp* canguelo *or Méx* mello *or RP* cuiqui a

2 *vi* (**a**) *(become angry)* ponerse hecho(a) una furia; **I freaked out** *(panicked)* me entró el pánico *or Esp* la neura (**b**) *Fam (dance with abandon)* bailar como descosido(a)

freakish [ˈfriːkɪʃ] *adj (bizarre)* extrafalario(a), raro(a)

freaky [ˈfriːkɪ] *adj Fam* muy raro(a)

freckle [ˈfrekəl] *n* peca *f*

freckled [ˈfrekəld], **freckly** [ˈfreklɪ] *adj* pecoso(a)

FREE [friː] **1** *adj* (**a**) *(at liberty)* libre (**from** *or* **of** de); **f. and easy** relajado(a); IDIOM **as f. as a bird** libre como el viento; **to be f. to do sth** ser libre para hacer algo; **you are f. to do as you please** eres libre de hacer lo que quieras; **feel f. to borrow the books** toma los libros cuando quieras; **feel f. to help yourself to tea** sírvete té si quieres; **she didn't feel f. to...** no se atrevía a...; **to set sb f.** liberar a alguien; IDIOM **to give sb/to have a f. hand** dar a alguien/tener carta blanca; **to have f. use of sth** poder utilizar algo sin restricciones; **to be a f. agent** *(in general)* poder obrar a su antojo; *(of sports player)* tener la carta de libertad ❑ ***f. association*** asociación *f* libre; ***f. climbing*** escalada *f* libre; *Ind* ***f. collective bargaining*** negociación *f* colectiva libre; ***f. drop:* to take a f. drop** *(in golf)* dropar una bola sin penalización; ***f. enterprise*** empresa *f* libre; ***f. fall*** *(of parachutist)* caída *f* libre; *(of economy)* caída *f* en picado; ***f. hit*** *(in hockey)* falta *f* tiro *m* libre; ***f. house*** = "pub" británico que no depende de ninguna cervecera y puede vender cualquier marca de cerveza; ***f. kick*** *(in soccer)* falta *f*, golpe *m* franco; ***f. love*** amor *m* libre; *Econ* ***f. market*** libre mercado *m*; ***f. market economy*** economía *f* de libre mercado; *Econ* ***f. marketeer*** librecambista *mf*, partidario(a) *m,f* de la economía de libre mercado; *Br Law* ***free pardon:* to give sb a f. pardon** conceder el indulto a alguien; *Com* ***f. port*** puerto *m* franco; ***a f. press*** una prensa libre; ***f. skating*** programa *m* libre; ***f. speech*** libertad *f* de expresión; ***she's a f. spirit*** no se conforma con una vida convencional; ***f. throw*** *(in basketball)* tiro *m* libre; ***f. throw line*** *(in basketball)* línea de tiros *mpl* libres; ***f. trade*** librecambio *m*; ***f. verse*** verso *m* libre; ***f. vote*** voto *m* libre; ***f. will*** *(generally)* propia voluntad *f*; *(in philosophy, theology)* libre albedrío *m*; **to do sth of one's own f. will** hacer algo por iniciativa propia; ***the f. world*** el mundo libre

(**b**) *(unoccupied)* libre; **I am f. tomorrow** mañana estoy libre; **is this seat f.?** ¿está libre este asiento?; **she closed the door with her f. hand** cerró la puerta con la mano libre ❑ *Br Sch* ***f. period*** = hora sin clase; ***f. time*** tiempo *m* libre

(**c**) *(without charge)* gratuito(a), gratis; **to be f.** ser gratuito(a) *or* gratis; *Com* **f. on board** franco a bordo; PROV **there's no such thing as a f. lunch** nadie regala nada ❑ ***f. gift*** obsequio *m* (promocional)

(**d**) *(loose, not touching)* **you take the f. end** agarra el extremo que queda libre; **they pulled him f. of the rubble** le sacaron de los escombros; **to get f.** liberarse; **the bolt had worked itself f.** el cerrojo se había soltado

(**e**) *(not having)* **the country will never be completely f. from** *or* **of unemployment** el país nunca se librará por completo del paro; **none of us is f. from** *or* **of guilt** ninguno de nosotros está libre de culpa; **this product is f. from** *or* **of artificial colouring** este producto no contiene colorantes artificiales; **it's nice to be f. of the children for once** no está mal estar sin los niños por una vez

(**f**) *(translation)* libre

(**g**) *(generous)* **to make f. with sth** no regatear algo; *Ironic* **he is very f. with his advice** es demasiado pródigo a la hora de dar consejos

(**h**) *Chem* libre ❑ ***f. radical*** radical *m* libre

2 *adv* (**a**) *(without charge)* gratis, gratuitamente; **to do sth f. of charge** hacer algo gratis *or* gratuitamente; **for f.** gratis; *Fam Fig* **I won't be inviting you back again, I'll tell you that much for f.** no te voy a volver a invitar, eso lo tengo muy claro

(**b**) *(of prisoner)* **to go** *or* **walk f.** salir libre

3 *vt (pt & pp* **freed** [friːd]) *(prisoner, funds, mechanism)* liberar (**from** de); *(time, place)* desocupar; *(something stuck)* soltar; **this tool belt frees your hands for other jobs** este cinturón para herramientas te deja las manos libres para otras tareas; **they freed her from the wreckage** la sacaron de los restos del accidente; **losing my job frees me to do other things** el haber perdido el trabajo me deja tiempo para hacer otras cosas; **to f. oneself from** *or* **of sth** librarse de algo

▸**free up** *vt sep (time, person)* dejar libre; *(funds)* liberar; **this system frees up space on your hard disk** este sistema libera espacio en el disco duro

freebase [ˈfriːbeɪs] *vi Fam* hacerse un chino de coca

freebie, freebee [ˈfriːbiː] *n Fam* regalito *m*

freedom [ˈfriːdəm] *n* libertad *f*; **to have the f. to do sth** tener libertad para hacer algo; **to give sb the f. of the city** entregar la(s) llave(s) de la ciudad a alguien; **f. from fear/interference** total ausencia de miedos/intromisiones; **f. of information/speech/worship** libertad de información/expresión/culto; **f. of the press** libertad de prensa ❑ ***f. fighter*** luchador(ora) *m,f* por la libertad

Freefone® [ˈfriːfəʊn] *adj Br* **a F. number** un (número de) teléfono gratuito, *Esp* ≃ un teléfono 900

free-for-all [ˈfriːfərɔːl] *n Fam (fight, discussion)* bronca *f*, *Esp* gresca *f*, *Méx* agarrón *m*, *RP* pelotera *f*; **it turned into a f.** degeneró en una bronca

freehand [ˈfriːhænd] *adj & adv* a mano alzada

free-handed [friːˈhændɪd] *adj* generoso(a), desprendido(a)

freehold [ˈfriːhəʊld] *Law* **1** *n* propiedad *f* absoluta

2 *adv* en propiedad (absoluta)

freeholder [ˈfriːhəʊldə(r)] *n* propietario(a) *m,f* absoluto(a)

freelance [ˈfriːlɑːns] **1** *n* colaborador(ora) *m,f* externo(a), free-lance *mf*

2 *adj* free-lance

3 *adv* **to work f.** trabajar como autónomo(a) *or* free-lance

4 *vi* trabajar como autónomo(a) *or* freelance

freelancer ['fri:lɑ:nsə(r)] *n* colaborador(ora) *m,f* externo(a), free-lance *mf*

freeload ['fri:ləʊd] *vi Fam* gorronear, gorrear, *RP* garronear

freeloader ['fri:ləʊdə(r)] *n Fam* gorrón(ona) *m,f*, *RP* garronero(a) *m,f*

freely ['fri:lɪ] *adv (give, speak)* libremente; **I f. admit I was wrong** no me cuesta reconocer que estaba equivocado; **to be f. available** encontrarse fácilmente

freeman ['fri:mən] *n* ciudadano(a) *m,f* honorífico(a)

freemason ['fri:meɪsən] *n* masón *m*, francmasón *m*

freemasonry ['fri:meɪsənrɪ] *n* masonería *f*, francmasonería *f*

freenet ['fri:net] *n Comptr* red *f* ciudadana

Freepost® ['fri:pəʊst] *n Br* ≃ franqueo *m* pagado

free-range ['fri:'reɪndʒ] *adj (egg, chicken)* de corral, de granja

freesheet ['fri:ʃi:t] *n Br* periódico *m* gratuito

freesia ['fri:zɪə] *n* fresia *f*

free-standing ['fri:'stændɪŋ] *adj* independiente

freestyle ['fri:staɪl] *n (in swimming)* estilo *m* libre

freethinker [fri:'θɪŋkə(r)] *n* librepensador(ora) *m,f*

freeware ['fri:weə(r)] *n Comptr* freeware *m*, programa *m* de dominio público *(y gratuito)*

freeway ['fri:weɪ] *n US* autopista *f*

freewheel [fri:'wi:l] *vi (on bicycle)* ir sin pedalear; *(in car)* ir en punto muerto

freewheeling [fri:'wi:lɪŋ] *adj (unrestricted)* libre, sin limitaciones

freeze [fri:z] **1** *n (in weather)* helada *f*; **price/wage f.** congelación *f* de los precios/los salarios

2 *vt (pt* **froze** [frəʊz], *pp* **frozen** ['frəʊzən]) *(food, prices)* congelar

3 *vi* **(a)** *(of weather)* **it's freezing** *(very cold)* hace un frío espantoso; **it may f. tonight** puede que hiele esta noche **(b)** *(of liquid)* congelarse; **does it f. well?** *(of food)* ¿se puede congelar?; **to f. to death** morirse de frío; *Fam* **I'm freezing!** ¡me estoy congelando! **(c)** *(of person) (stand still)* quedarse paralizado(a); **f.!** ¡quieto(a)! **(d)** *Comptr* bloquearse

▸**freeze out** *vt sep Fam* **to f. sb out of the conversation** excluir a alguien de la conversación

▸**freeze over** *vi (of pond, river)* helarse

▸**freeze up** *vi (of pond, mechanism)* helarse

freeze-dried ['fri:z'draɪd] *adj* liofilizado(a)

freeze-frame ['fri:z'freɪm] *n Cin* imagen *f* congelada

freezer ['fri:zə(r)] *n* congelador *m*

freezing ['fri:zɪŋ] *adj (room)* helado(a); *(weather, temperature)* muy frío(a); **f. cold** helado(a) ▫ ***f. point*** punto *m* de congelación

freight [freɪt] *Com* **1** *n (transport)* transporte *m or* flete *m* de mercancías; *(goods)* flete *m*, carga *f*; *(price)* flete *m*, porte *m* ▫ ***f. train*** tren *m* de mercancías

2 *vt (transport)* fletar, transportar; **we'll f. it to you tomorrow** se lo fletaremos mañana

freighter ['freɪtə(r)] *n (ship)* carguero *m*

French [frentʃ] **1** *npl (people)* **the F.** los franceses

2 *n (language)* francés *m*; **F. class/teacher** clase *f*/profesor(ora) *m,f* de francés; *Hum* **pardon** *or* **excuse my F.** *(after swearing)* con perdón, que Dios me perdone

3 *adj* francés(esa) ▫ ***F. bean*** *Esp* judía *f* verde, *Bol, RP* chaucha *f*, *Chile* poroto *m* verde, *Col* habichuela *f*, *Méx* ejote *m*; ***F. bread*** pan *m* francés *or* de barra; ***F. Canadian*** francocanadiense *mf*; ***F. chalk*** jaboncillo *m*, jabón *m* de sastre; ***F. doors*** (puerta *f*) cristalera *f*; ***F. dressing*** vinagreta *f*; ***F. fries*** *Esp* patatas *fpl or Am* papas *fpl* fritas; *Mus* ***F. horn*** trompa *f*; ***F. kiss*** beso *m* de tornillo; ***F. knickers*** culot *m*; ***to take F. leave*** escaquearse; *Br Old-fashioned* ***F. letter*** condón *m*; ***F. loaf*** barra *f* de pan; ***F. polish*** barniz *m* para muebles *or* de muñequilla; ***F. stick*** barra *f* de pan; ***F. toast*** torrija *f*; ***F. window*** (puerta *f*) cristalera *f*

Frenchify ['frentʃɪfaɪ] *vt Fam* afrancesar

Frenchman ['frentʃmən] *n* francés *m*

French-speaking ['frentʃspi:kɪŋ] *adj* francófono(a)

Frenchwoman ['frentʃwʊmən] *n* francesa *f*

frenetic [frə'netɪk] *adj* frenético(a)

frenzied ['frenzɪd] *adj* frenético(a); **f. with rage** fuera de sí (de ira); **f. with worry** angustiado(a)

frenzy ['frenzɪ] *n* frenesí *m*; **to work oneself into a f.** ponerse frenético(a)

frequency ['fri:kwənsɪ] *n* frecuencia *f* ▫ *Rad* ***f. band*** banda *f* de frecuencia; *Math* ***f. distribution*** distribución *f* de frecuencias; *Rad* ***f. modulation*** frecuencia *f* modulada

frequent 1 *adj* ['fri:kwənt] frecuente ▫ ***f. flyer*** pasajero *m* habitual

2 *vt* [frɪ'kwent] *Formal* frecuentar

frequently ['fri:kwəntlɪ] *adv* con frecuencia

fresco ['freskəʊ] *(pl* **frescos** *or* **frescoes**) *n Art* fresco *m*

fresh [freʃ] **1** *adj* **(a)** *(food, air)* fresco(a); *(taste)* refrescante; **it is still f. in my mind** todavía lo tengo fresco en la memoria; IDIOM **as f. as a daisy** (fresco(a)) como una rosa; **to get some f. air** tomar un poco de aire fresco; IDIOM **to look for f. fields and pastures new** ampliar horizontes ▫ ***f. water*** *(not salty)* agua *f* dulce

(b) *(page, attempt, drink)* nuevo(a); *(troops)* de refresco; **to make a f. start** empezar de nuevo

(c) *(original) (approach, writing)* novedoso(a), original

(d) *(cold) (breeze, weather)* fresco(a); **it's a bit f. today** hoy hace fresco *or* fresquito

(e) *US Fam (cheeky)* fresco(a); **to get f. with sb** *(sexually)* propasarse con alguien

2 *adv* **f. from...** recién salido(a) de...; **we're f. out of lemons** se nos acaban de terminar los limones

freshen ['freʃən] **1** *vt US (drink)* rellenar

2 *vi (of wind)* soplar más fuerte; *(of weather)* refrescar

▸**freshen up** *vi (wash)* refrescarse

fresher ['freʃə(r)] *n Br Univ* novato(a) *m,f*; **Freshers' Week** = semana previa al inicio de las clases universitarias con actividades organizadas para los estudiantes de primero

freshly ['freʃlɪ] *adv* recién; **f. baked/made/painted** recién horneado/hecho/pintado

freshman ['freʃmən] *n Univ* novato(a) *m,f*, estudiante *mf* de primer año

freshness ['freʃnɪs] *n (of food)* frescura *f*

freshwater ['freʃwɔ:tə(r)] *adj* de agua dulce

fret[1] [fret] **1** *n* **to be in a f.** estar nerviosísimo(a) *or* de los nervios

2 *vt (pt & pp* **fretted**) **don't f. yourself!** ¡cálmate!, ¡tranquilízate!

3 *vi (worry)* ponerse nervioso(a)

fret[2] *n Mus* traste *m*

fretful ['fretfʊl] *adj (anxious)* inquieto(a), desazonado(a)

fretfully ['fretfʊlɪ] *adv* con mucha desazón, con gran disgusto

fretsaw ['fretsɔ:] *n (manual)* segueta *f*; *(electrical)* sierra *f* de calar

fretwork ['fretwɜ:k] *n* calado *m* (de marquetería)

Freudian ['frɔɪdɪən] *adj* freudiano(a) ▫ ***F. slip*** lapsus *m inv* (linguae)

FRG [efɑ:'dʒi:] *n (abbr* **Federal Republic of Germany**) RFA *f*

Fri *(abbr* **Friday**) viern.

friable ['fraɪəbəl] *adj* desmenuzable, *Spec* friable

friar ['fraɪə(r)] *n* fraile *m*; **F. Edmund** Fray Edmund

fricassee [frɪkə'si:] *n* fricasé *m*

fricative ['frɪkətɪv] *Ling* **1** *n* fricativa *f*

2 *adj* fricativo(a)

friction ['frɪkʃən] *n* **(a)** *(rubbing, disagreement)* fricción *f*; **the decision is bound to cause f.** esta es una decisión que va a provocar roces *or* levantar ampollas **(b)** *Phys* rozamiento *m* **(c)** *Comptr* ***f. feed*** avance *m* de papel por fricción

Friday ['fraɪdɪ] *n* viernes *m inv*; **F. the 13th** ≃ martes y trece; *see also* **Saturday**

fridge [frɪdʒ] *n* nevera *f*, frigorífico *m*, *Méx* refrigerador *m*, *RP* heladera *f*

fridge-freezer ['frɪdʒ'fri:zə(r)] *n* combi *m*, frigorífico-congelador *m*

fried [fraɪd] *adj* frito(a) ▫ ***a f. egg*** un huevo frito; ***f. food*** frituras *fpl*, fritos *mpl*

friend [frend] *n* amigo(a) *m,f*; **to be friends with sb, to be sb's f.** ser amigo de alguien; **to make friends with sb** hacerse amigo de alguien; **to be a f. to sb** ser amigo de alguien, ser un amigo para alguien; **that's what friends are for** para eso están los amigos; **we're just good**

friends sólo somos buenos amigos; **he's no f. of mine** no es amigo mío; **to have friends in high places** tener amigos influyentes; **to be a f. of the arts** ser un mecenas de las artes; **with friends like that, who needs enemies?** ten amigos para esto, con amigos así ¿a quién le hacen falta enemigos?; PROV **a f. in need is a f. indeed** en la adversidad se conoce al amigo ▫ ***Friends of the Earth*** Amigos de la Tierra

friendless ['frendlɪs] *adj* **to be f.** no tener amigos; **a f. childhood** una infancia sin amigos

friendliness ['frendlɪnɪs] *n* amabilidad *f*, simpatía *f*

friendly ['frendlɪ] **1** *n Sport* partido *m* amistoso

2 *adj (person)* agradable, amable; *(greeting, place)* amistoso(a); **to be f. with sb** llevarse bien con alguien; **they became f.** se hicieron amigos(as); **to be on f. terms with sb** llevarse bien con alguien; **let me give you some f. advice** te voy a dar un consejo de amigo ▫ *Mil* ***f. fire*** fuego *m* del propio bando; *Fin* ***f. society*** mutua *f*, mutualidad *f*

friendship ['frendʃɪp] *n* amistad *f*; **to form a f. with sb** forjar una amistad con alguien; **to lose sb's f.** perder la amistad de alguien

frier = **fryer**

fries [fraɪz] *npl US* **(French) f.** *Esp* patatas *fpl or Am* papas *fpl* fritas

Friesian ['fri:ʒən] *n* **(a)** *(person)* frisón(ona) *m,f* **(b)** *(language)* frisón *m* **(c)** *(cow)* vaca *f* frisona *or* holandesa

frieze [fri:z] *n Art & Archit* friso *m*

frigate ['frɪgət] *n* fragata *f* ▫ ***f. bird*** rabihorcado *m*, fragata *f*

frigging ['frɪgɪŋ] *very Fam* **1** *adj (for emphasis) Esp* puñetero(a), *Méx* pinche, *RP* reverendo(a); **what a f. waste of time!** ¡esto es *Esp* una puñetera *or Méx* pinche *or RP* una reverenda pérdida de tiempo!; **shut your f. mouth!** ¡cierra el pico, joder!

2 *adv (for emphasis)* **don't f. lie to me!** ¡a mí no me vengas jodiendo *or Méx* chingando con mentiras!; **I'm f. freezing!** ¡tengo un frío del carajo!

fright [fraɪt] *n* **(a)** *(scare)* susto *m*; **to take f.** asustarse; **to get a f.** darse un susto, asustarse; **to get the f. of one's life** llevarse (uno) el susto de su vida; **to give sb a f.** dar un susto a alguien **(b)** *Fam* **to look a f.** estar horroroso(a)

frighten ['fraɪtən] **1** *vt* asustar; **to f. sb into doing sth** atemorizar a alguien para que haga algo; *Fam* **to f. the life** *or* **the wits out of sb** dar a alguien un susto *Esp* de muerte *or Méx* de la madre *or RP* de miércoles

2 *vi* **I don't f. easily** no me asusto fácilmente

▸**frighten away, frighten off** *vt sep* espantar, ahuyentar

frightened ['fraɪtənd] *adj* asustado(a) **(of** de); **to be f. of heights/spiders** tener miedo a las alturas/las arañas; **to be f. to do sth** tener miedo de hacer algo

frighteners ['fraɪtnəz] *npl Br Fam* **to put the f. on sb** meterle el miedo en el cuerpo a alguien

frightening ['fraɪtnɪŋ] *adj* escalofriante, aterrador(ora)

frighteningly ['fraɪtnɪŋlɪ] *adv* tremendamente, terriblemente

frightful ['fraɪtfʊl] *adj* espantoso(a); **she's a f. bore** es una pesada de aquí te espero; **what f. nonsense!** ¡vaya una solemne tontería!

frightfully ['fraɪtfʊlɪ] *adv* tremendamente, terriblemente; **it's f. boring** es aburrido de solemnidad

frigid ['frɪdʒɪd] *adj* **(a)** *(smile, atmosphere)* glacial **(b)** *(sexually)* frígida

frigidity [frɪ'dʒɪdɪtɪ] *n* **(a)** *(of smile, atmosphere)* frialdad *f* **(b)** *(sexual)* frigidez *f*

frill [frɪl] *n* volante *m*; *Fig* **without frills** *(of ceremony)* sin florituras

frilly ['frɪlɪ] *adj* ***f. shirt/skirt*** camisa *f*/ falda *f or RP* pollera *f* de volantes; ***f. underwear*** ropa *f* interior de fantasía

fringe [frɪndʒ] *n* **(a)** *(on clothes, lampshade)* flecos *mpl* **(b)** *(of hair)* flequillo *m* **(c)** *(edge)* extremo *m*, borde *m*; **to be on the fringes of society** ser un/una marginado(a), vivir en la marginalidad ▫ ***f. benefits*** ventajas *fpl* adicionales *or* extras; *Pol* ***f. group*** grupo *m* marginal; ***f. theatre*** teatro *m* experimental

frippery ['frɪpərɪ] *n* trivialidad *f*, fruslería *f*

Frisbee® ['frɪzbi:] *n* frisbee® *m*, disco *m or* plato *m* volador

frisk [frɪsk] **1** *vt (search)* cachear, registrar

2 *vi* **to f. about** retozar, corretear

frisky ['frɪskɪ] *adj (person)* lleno(a) de vitalidad; *(animal)* retozón(ona), saltarín(ina); **to be f.** *(of person)* estar lleno(a) de vitalidad

frisson ['fri:sɒn] *n (of excitement, fear)* estremecimento *m*

fritter ['frɪtə(r)] *n* buñuelo *m*

▸**fritter away** *vt sep (money)* despilfarrar; *(time)* desperdiciar

frivolity [frɪ'vɒlɪtɪ] *n* frivolidad *f*

frivolous ['frɪvələs] *adj* frívolo(a); **a f. waste of time** una pérdida de tiempo inútil

frivolously ['frɪvələslɪ] *adv* frívolamente, con poca seriedad

frizzy ['frɪzɪ] *adj* ensortijado(a)

fro [frəʊ] *adv* **to and f.** de aquí para allá; **to go to and f.** ir y venir (de un lado para otro)

frock [frɒk] *n (dress)* vestido *m* ▫ ***f. coat*** levita *f*

frog [frɒg] *n* **(a)** *(animal)* rana *f*; IDIOM *Fam* **to have a f. in one's throat** tener carraspera ▫ ***f.'s legs*** ancas *fpl* de rana **(b)** *Br Fam* **F.** *(French person)* franchute *mf*, *Esp* gabacho(a) *m,f*

frogman ['frɒgmən] *n* hombre *m* rana

frogmarch ['frɒgmɑ:tʃ] *vt* llevar por la fuerza

frogspawn ['frɒgspɔ:n] *n* huevos *mpl* de rana

frolic ['frɒlɪk] **1** *n* jugueteo *m*

2 *vi (pt & pp* **frolicked***)* retozar

FROM [frɒm, *unstressed* frəm] *prep* **(a)** *(expressing place)* de; *(expressing specific location or origin)* desde; **f. above/the outside** desde arriba/fuera; **there's a great view f. the top** desde la cima la vista es magnífica; **it fell f. a great height** cayó desde gran altura; **he watched them f. behind a tree** les observó desde detrás de un árbol; **hanging f. the ceiling** colgado(a) del techo; **to travel f. Edinburgh to Madrid** viajar de Edimburgo a Madrid; **the train f. Guadalajara** el tren (procedente) de Guadalajara; **the road f. Bakersfield** la carretera de Bakersfield; **10 km f. Barcelona** a 10 km de Barcelona; **to return f. abroad** volver del extranjero

(b) *(expressing time)* desde; **f. now on** de ahora en adelante, a partir de ahora; **f. then (on)** desde entonces; **f. that day on** a partir de *or* desde aquel día; **f. tomorrow** a partir de mañana; **f. six to seven (o'clock)** de (las) seis a (las) siete; **f. morning to** *or* **till night** de la mañana a la noche; **f. the beginning** desde el principio; **five years f. now** de aquí a cinco años; **to be blind f. birth** ser ciego(a) de nacimiento; **they date f. the twelfth century** datan del siglo doce; **we are still many years f. finding a cure** todavía han de pasar muchos años hasta que encontremos una cura

(c) *(expressing range)* **f.… to…** de… a…; **for children f. seven to nine (years)** para niños de siete a nueve años; **we receive anything f. twenty to fifty calls an hour** recibimos entre veinte y cincuenta llamadas *or Am* llamados por hora; **it will benefit everyone, f. the poor to the rich** beneficiará a todos, desde los pobres hasta los ricos; **wine f. $7 a bottle** vinos desde 7 dólares la botella; **prices start f. $20** precios desde 20 dólares

(d) *(expressing change)* **unemployment has gone down f. 10 to 9 percent** el desempleo *or Am* la desocupación ha caído del 10 al 9 por ciento; **he has changed f. being opposed to the idea to supporting it** ha cambiado de oponerse a la idea a estar a favor de ella; **to go f. bad to worse** ir de mal en peor; **to go f. door to door** ir puerta a puerta

(e) *(expressing source)* de; **who's this letter f.?** ¿de quién es esta carta?; **I bought it f. a friend** se lo compré a un amigo; **I bought it f. an antique shop** lo compré en una tienda de antigüedades; **I caught chickenpox f. my cousin** mi primo me contagió la varicela; **where are you f.?, where do you come f.?** ¿de dónde eres?; **she's f. Portugal** es de Portugal; **to drink f. a cup/bottle** beber de una taza *or* en taza/de una botella *or* en botella; **a quotation f. the Bible** una cita de la Biblia; **the wind is blowing f. the north** el viento sopla del norte; **made f. rubber** hecho(a) de goma; **you can tell her f. me that…** le puedes decir de mi parte que…

(f) *(on cards, faxes, in e-mails)* **f. Dave** de Dave

(**g**) *(expressing removal)* **to take sth f. sb** quitar *or Andes, RP* sacar algo a alguien; **take** *or* **subtract seven f. ten** réstale siete a diez; **she took a coin f. her pocket** sacó una moneda del bolsillo *or CAm, Méx, Perú* de la bolsa; **he was banned f. the club** fue expulsado del club; **she ran f. the room** salió corriendo de la habitación

(**h**) *(expressing cause)* **he died f. cancer/ his burns** murió de cáncer/a causa de las quemaduras; **she suffers f. a rare disease** padece una rara enfermedad

(**i**) *(on the basis of)* **to act f. conviction** actuar por convicción; **you could tell he was angry f. his expression** se sabía que estaba enfadado *or Am* enojado por su expresión; **f. what I heard/saw...** (a juzgar) por lo que yo he oído/visto...; **f. what she has said we can conclude that...** por lo que ha dicho podemos concluir que...; **f. my point of view** desde mi punto de vista

(**j**) *(expressing protection)* **to protect sb f. sth** proteger a alguien de algo; **we sheltered f. the rain** nos resguardamos de la lluvia

(**k**) *(expressing prevention)* **to keep sb f. doing sth** impedir que alguien haga algo; **we kept the information f. them** les ocultamos la información; **she has been banned f. driving** le han retirado el carnet de *Esp* conducir *or Am* manejar

(**l**) *(expressing comparison)* **to be different f. sth/sb** ser diferente de algo/alguien; **it's hard to tell one f. the other** es difícil diferenciarlos

---

fromage frais ['frɒmɑːʒ'freɪ] *n* crema *f* de queso fresco

frond [frɒnd] *n (of fern)* fronda *f*; *(of palm)* (hoja *f* de) palma *f*

FRONT [frʌnt] **1** *n* (**a**) *(forward part)* parte *f* delantera; *(of building)* fachada *f*; *(cover of book)* portada *f*; *(of shirt, dress)* parte *f* de delante; *(of queue)* principio *m*; **on the f. of the book** en la portada del libro; **at the f. of the book** al principio del libro; **at the f. of the lecture hall** en la parte de delante del aula; **let's sit at the f.** sentémonos delante; **I sat in the f.** *(of car)* me senté delante; **lie on your f.** túmbate boca abajo; **she pushed her way to the f.** se abrió camino hasta la parte de delante; *Br* **the f.** *(at seaside)* el paseo marítimo; *Th* **f. of house** = conjunto de actividades que se desarrollan dentro del teatro y que implican contacto con el público

(**b**) *(outward appearance)* fachada *f*; **his kindness is only a f.** su amabilidad no es más que fachada; **the company is a f. for their arms dealing** la empresa es una tapadera para el tráfico de armas ▫ *Fam* ***f. man*** *(of TV, radio programme)* presentador *m*; *(of pop group)* líder *m*; *(of organization)* cabeza *f* visible

(**c**) *Mil & Pol* frente *m*; *Fig* **to make progress on all fronts** hacer progresos en todos los frentes; **on the domestic** *or* **home f.** *(at national level)* en el frente nacional; **how are things on the work f.?** ¿cómo van las cosas en el trabajo?

(**d**) *Met* frente *m*; **warm/cold f.** frente cálido/frío

(**e**) **in front** *adv (in race, contest)* en cabeza, por delante; **to be in f.** ir ganando; **the car in f.** el coche *or Am* carro *or Chile, RP* auto de delante; **I sat in f.** *(of car)* me senté delante; **you go on in f.** ve tú delante

(**f**) **in front of** *prep (in queue, opposite)* delante de; *(in presence of)* delante de, en presencia de; **we have a lot of work in f. of us** tenemos un montón de trabajo delante de nosotros

(**g**) **out front** *adv Fam (of building)* fuera, afuera

(**h**) **up front** *adj Fam* **to be up f. about sth** ser claro(a) en cuanto a algo

(**i**) **up front** *adv Fam (money)* por adelantado

2 *adj* delantero(a) ▫ *Br Parl* ***f. benches*** = las filas de escaños ocupados por los ministros y sus homólogos en la oposición; *Rail* ***f. carriage*** vagón *m* delantero; ***f. cover*** *(of magazine, book)* portada *f*; ***f. desk*** *(reception)* recepción *f*; ***f. door*** puerta *f* principal; ***f. garden*** jardín *m* delantero; ***f. line*** *Mil* frente *m* (de batalla); *(in soccer)* línea *f* delantera; *Fig* **we are in the f. line of the fight against crime** estamos en la primera línea de la lucha contra la delincuencia; ***the f. nine*** *(in golf)* los primeros nueve hoyos; ***f. page*** *(of newspaper)* portada *f*, primera plana *f*; ***f. room*** salón *m*, sala *f* de estar; ***f. row:* in the f. row** en la primera fila; *Th* **to have a f. row seat** tener asiento de primera fila; *Fig* ser espectador privilegiado; ***f. seat*** *(in car)* asiento *m* delantero; ***f. teeth*** palas *fpl*; ***f. view*** vista *f* frontal

3 *vt* (**a**) *(government)* encabezar; *(TV programme)* presentar; *(organization)* dirigir; *(pop group)* liderar

(**b**) *Constr* **the building is fronted with...** la fachada del edificio está recubierta de...

4 *vi (of building)* **the house fronts onto the river** la casa da al río

---

frontage ['frʌntɪdʒ] *n* fachada *f*

frontal ['frʌntəl] *adj Anat & Mil* frontal ▫ ***f. lobes*** lóbulos *mpl* frontales; ***f. lobotomy*** lobotomía *f* frontal; *Met* ***f. system*** sistema *m* frontal

frontbencher [frʌnt'bentʃə(r)] *n Br Parl* = diputado con cargo ministerial en el gobierno u homólogo en la oposición

frontier ['frʌntɪə(r)] *n* frontera *f*; **the frontiers of human knowledge** los límites del conocimiento humano ▫ ***f. guard*** guardia *mf* fronterizo(a); ***f. town*** ciudad *f* fronteriza

frontiersman [frʌn'tɪəzmən] *n* colonizador *m*

frontispiece ['frʌntɪspiːs] *n* frontispicio *m*

front-page ['frʌntpeɪdʒ] *adj* de portada, de primera plana *or* página ▫ ***f. news*** noticias *fpl* de primera plana *or* página; **it was f. news** salió en primera plana *or* página

front-runner ['frʌnt'rʌnə(r)] *n* líder *mf*; **to be the f.** ir en cabeza

frontwards ['frʌntwədz] *adv* hacia delante, hacia el frente

front-wheel drive ['frʌntwiːl'draɪv] *n* tracción *f* delantera

frost [frɒst] *n* escarcha *f*; **there was a f.** cayó una helada

▸**frost over, frost up** *vi (of window)* cubrirse de escarcha

frostbite ['frɒstbaɪt] *n* congelación *f*

frostbitten ['frɒstbɪtən] *adj (fingers, toes)* con síntomas de congelación; **his fingers were f.** sus dedos mostraban síntomas de congelación

frosted ['frɒstɪd] *adj (glass)* esmerilado(a)

frostily ['frɒstɪlɪ] *adv* con gelidez *or* frialdad

frosting ['frɒstɪŋ] *n US (on cake)* glaseado *m*

frosty ['frɒstɪ] *adj* (**a**) *(night, air)* gélido(a), helado(a) (**b**) *(welcome, smile)* glacial, gélido(a)

froth [frɒθ] **1** *n* (**a**) *(foam)* espuma *f* (**b**) *(insubstantial talk, entertainment)* insustancialidades *fpl*, banalidades *fpl*

2 *vi* hacer espuma; **he was frothing at the mouth** *(with rage)* echaba espuma por la boca

frothy ['frɒθɪ] *adj* (**a**) *(liquid)* espumoso(a) (**b**) *Pej (novel, style)* insustancial, banal

frown [fraʊn] **1** *n* **he gave a disapproving f.** frunció el ceño en señal de desaprobación

2 *vi* fruncir el ceño

▸**frown on, frown upon** *vt insep (disapprove of)* desaprobar

frowsy ['fraʊzɪ] *adj (person)* desaliñado(a); *(atmosphere)* con olor a cerrado

froze [frəʊz] *pt of* **freeze**

frozen ['frəʊzən] **1** *adj* (**a**) *(food)* congelado(a); **to be f.** estar congelado(a) ▫ ***f. peas*** guisantes *mpl or Méx* chícharos *mpl* congelados, *Am* arvejas *fpl* congeladas; ***f. yoghurt*** yogur *m* helado, helado *m* de yogur (**b**) *Fam (very cold)* congelado(a), helado(a); **my feet are f.!** ¡tengo los pies congelados! (**c**) *Comptr (screen, computer)* bloqueado(a)

2 *pp of* **freeze**

FRS [efɑː'res] *n (abbr* **Fellow of the Royal Society**) miembro *m* de la Real Academia de las Ciencias Británica

fructose ['frʌktəʊs] *n* fructosa *f*

frugal ['fruːgəl] *adj* frugal

frugally ['fruːgəlɪ] *adv* frugalmente

fruit [fruːt] *n* (**a**) *(for eating)* fruta *f*; *(on plant)* fruto *m*; *also Fig* **to bear f.** dar fruto ▫ ***f. bat*** murciélago *m* frugívoro, zorro *m* volador; ***f. bowl*** frutero *m*; ***f. fly*** mosca *f* de la fruta; ***f. juice*** *Esp* zumo *m or Am* jugo *m* de frutas; *Br* ***f. machine*** (máquina *f*) tragaperras *f inv*; ***f. salad*** macedonia *f* (de frutas); ***f. tree*** (árbol *m*) frutal *m* (**b**) *US Fam (homosexual)* mariquita *m*, *Esp* sarasa *m*

fruitcake ['fruːtkeɪk] *n* (**a**) *(cake)* bizcocho *m* de frutas (**b**) *Fam (mad person)* chiflado(a), *Esp* chalado(a) *m,f*

fruiterer ['fru:tərə(r)] *n Br* frutero(a) *m,f*; **the fruiterer's** la frutería

fruitful ['fru:tfʊl] *adj* fructífero(a)

fruitfully ['fru:tfʊlɪ] *adv* provechosamente, de modo fructífero

fruition [fru:'ɪʃən] *n* **to come to f.** *(of plan, effort)* fructificar

fruitless ['fru:tlɪs] *adj* infructuoso(a)

fruitlessly ['fru:tlɪslɪ] *adv* infructuosamente

fruity ['fru:tɪ] *adj* (**a**) *(taste)* afrutado(a) (**b**) *Fam (voice)* profundo(a) y sonoro(a)

frump [frʌmp] *n Fam* **she's a f.** es muy rancia en la manera de vestir

frumpish ['frʌmpɪʃ], **frumpy** ['frʌmpɪ] *adj Fam* **to be f.** ser rancia en la manera de vestir

frustrate [frʌs'treɪt] *vt (person, plan)* frustrar

frustrated [frʌs'treɪtɪd] *adj* frustrado(a); **to be f.** estar frustrado(a)

frustrating [frʌs'treɪtɪŋ] *adj* frustrante

frustratingly [frʌs'treɪtɪŋlɪ] *adv* desesperantemente; **f., he refused to help** para mayor frustración mía, se negó a ayudarme

frustration [frʌs'treɪʃən] *n (emotion)* frustración *f*; **in f.** de (la) rabia, de desesperación; **to the point of f.** hasta desesperarse

fry [fraɪ] **1** *vt* (**a**) *(cook)* freír (**b**) *US Fam (electrocute)* electrocutar, achicharrar en la silla eléctrica

2 *vi* (**a**) *(cook)* freírse (**b**) *US Fam (of convict)* morir electrocutado(a) *or* achicharrado(a) en la silla eléctrica

fryer, frier ['fraɪə(r)] *n* **(deep fat) f.** freidora *f*

frying ['fraɪɪŋ] *n* fritura *f* □ ***f. pan*** sartén *f*; IDIOM **to jump out of the f. pan into the fire** ir de Guatemala a Guatepeor

fry-up ['fraɪʌp] *n Br* fritura *f*

f-stop ['efstɒp] *n Phot* posición *f* del número f

FT [ef'ti:] *n (abbr* **Financial Times***)* Financial Times *m*; **FT Index** índice *m* (FT) de la bolsa de Londres

ft *(abbr* **foot** *or* **feet***)* pie *m (= 30,48 cm)*; **20 ft** 20 pies

FTP [efti:'pi:] *n Comptr (abbr* **File Transfer Protocol***)* FTP *m*

FT-SE ['fʊtsɪ] *n* **F. (Index)** índice *m* (FTSE *or* FOOTSIE) de la bolsa de Londres

fuchsia ['fju:ʃə] *n (plant, colour)* fucsia *f*

fuck [fʌk] *Vulg* **1** *n* (**a**) *(intercourse)* polvo *m*; **to have a f.** echar un polvo, *Esp* follar, *Am* coger

(**b**) *(person)* **to be a good f.** tener un buen polvo, *RP* coger como los dioses; **you stupid f.!** ¡tonto de mierda!, *Esp* ¡gilipollas (de mierda)!

(**c**) *(expressing surprise, contempt, irritation)* **f.!** ¡joder!; **what the f....?** ¿qué *Esp* coño *or Esp* cojones *or Col, Méx* chingados *or RP* mierda...?; **who/why the f....?** ¿quién/por qué *Esp* coño *or Esp* cojones *or Col, Méx* chingados *or RP* mierda...?; **get to f.!** ¡vete a tomar por (el) culo!; **shut the f. up!** ¡cállate de una puta vez!; **for f.'s sake!** ¡me cago en la ostia *or* la puta!; **f. knows why he came!** ¡para qué *Esp* cojones *or Col, Méx* chingados *or RP* mierda habrá venido!

(**d**) *(for emphasis)* **I don't give a f.** me importa un huevo; **I can't really afford it, but what the f.!** no me lo puedo permitir pero ¡qué *Esp* cojones *or RP* mierda! *or Méx* ¡me vale madre!; **he's as stupid/rich as f.** es más bobo/rico que la hostia *or RP* la mierda; **it costs a f. of a lot of money** cuesta un huevo, *Esp* es caro de cojones

2 *vt* (**a**) *(have sex with)* follarse, *Esp* joder, *Am* coger, *Méx* chingar

(**b**) *(expressing surprise, contempt, irritation)* **f. it!** ¡joder!; **f. me!** ¡no me jodas!, *Esp* ¡coño!; **f. you!** *Esp* ¡que te den por culo!, *Méx* ¡chinga tu madre!, *RP* ¡andate a la puta que te parió!

3 *vi* follar, *Am* coger, *Méx* chingar; **don't f. with me!** ¡no me jodas!

▸**fuck about, fuck around** *Vulg* **1** *vt sep* **to f. sb about** *or* **around** *(treat badly)* joder *or Méx* chingar a alguien; *(waste time of)* andar jodiendo *or RP* hinchando a alguien

2 *vi (act foolishly)* hacer el *Esp* gilipollas *or Am* pendejo (**with** con); *(waste time)* tocarse los cojones, *RP* rascarse las bolas; **to f. about** *or* **around with sth** joder con algo

▸**fuck off** *vi Vulg (go away)* darse el piro, *RP* tomarse el raje; **f. off!** *Esp* ¡vete a tomar por (el) culo!, *Méx* ¡vete a la chingada!, *RP* ¡andate a la puta que te parió!

▸**fuck over** *vt sep Vulg* **to f. sb over** *Esp* tangar *or Méx* chingar *or RP* joder a alguien

▸**fuck up** *Vulg* **1** *vt sep* **to f. sth up** *(bungle)* joder bien algo; **she's totally fucked up** está jodidísima

2 *vi (bungle)* cagarla (bien cagada), *Méx* regarla

fuck-all ['fʌk'ɔ:l] *n Vulg (nothing)* **he's done f. this week** se ha tocado los huevos *or RP* rascado las bolas toda la semana, *Méx* estuvo de huevón toda la semana; **to know f. about sth** no tener ni puta idea de algo

fucked [fʌkt] *adj Vulg* **to be f.** *(exhausted)* estar *Esp* hecho(a) una braga *or Méx* chingado(a) *or RP* hecho(a) una mierda; *(broken)* estar jodido(a); **my leg's f.** se me ha jodido una pierna

fucker ['fʌkə(r)] *n Vulg* (**a**) *(person)* cabrón(ona) *m,f*, hijo(a) *m,f* de puta *or Méx* de la chingada; **stupid/lazy f.** tonto/vago de mierda *or Esp* de los cojones (**b**) *(thing)* **I can't get the f. to start** este hijo (de) puta *or Méx* de la chingada no arranca

fucking ['fʌkɪŋ] *Vulg* **1** *adj* **he's a f. idiot!** ¡es un *Esp* gilipollas *or Am* pendejo *or RP* boludo!; **where's the f. key?** ¿dónde está la puta llave?; *US* **f. A!** *Esp* ¡de puta madre!, *Méx* ¡de poca madre!, *RP* ¡de (la) mierda!; **f. hell!** ¡joder!, *Esp* ¡cojones!; **where the f. hell have you been?** ¿dónde *Esp* cojones *or Méx* chingados *or RP* mierda te habías metido?

2 *adv* **it's f. brilliant!** ¡está de puta madre *or Méx* de la chingada!; **it's f. cold!** ¡hace un frío *Esp* de cojones *or Méx* de la chingada *or RP* de mierda!; **I'm f. (well) sick of it!** ¡estoy hasta las pelotas *or Esp* los cojones de ello!; **f. stop it!** ¡basta, carajo *or Esp* coño!

fuck-up ['fʌkʌp] *n Vulg (disaster)* cagada *f*; **to make a f. of sth** cagarla *or Méx* chingarla con algo

fuckwit ['fʌkwɪt] *n Vulg* tonto(a) *m,f Esp* del culo *or RP* de mierda, *Am* pendejo *m*

fuddle ['fʌdəl] **1** *n* aturdimiento *m*; **in a f.** aturdido(a)

2 *vt* aturdir; **to get fuddled** aturdirse

fuddy-duddy ['fʌdɪdʌdɪ] *n Fam* **an old f.** un *Esp* carcamal *or Am* carcamán

fudge [fʌdʒ] **1** *n* (**a**) *(sweet)* = dulce blando de azúcar, leche y mantequilla (**b**) *Fam Pej (compromise)* apaño *m or Am* arreglo *m* (para salir del paso)

2 *vt Fam Pej (avoid)* **to f. an issue** eludir un asunto, *Esp* echar balones fuera

3 *vi Fam* **stop fudging!** ¡déjate de evasivas!

fuel ['fjʊəl] **1** *n* combustible *m*; **fossil/nuclear f.** combustible fósil/nuclear; IDIOM **to add f. to the flames** *(of situation, crisis)* echar leña al fuego □ ***f. bill*** factura *f* del gas y la electricidad; *Aut* ***f. consumption*** consumo *m* de combustible; *Aut* ***f. gauge*** indicador *m* del nivel de gasolina *or RP* nafta; *Aut* ***f. injection*** inyección *f* (de combustible); ***f. pump*** bomba *f* de (la) gasolina *or RP* nafta; ***f. tank*** depósito *m* de combustible

2 *vt (pt & pp* **fuelled**, *US* **fueled***)* (**a**) *(vehicle, plane)* **it is fuelled by...** utiliza... (**b**) *Fig (argument, hatred)* dar pábulo a, avivar

fug [fʌg] *n Br Fam* ambiente *m* cargado, aire *m* viciado

fugitive ['fju:dʒɪtɪv] **1** *n* fugitivo(a) *m,f*

2 *adj Formal (temporary)* pasajero(a), fugaz

fugue [fju:g] *n Mus* fuga *f*

fulcrum ['fʊlkrəm] *n* fulcro *m*, punto *m* de apoyo

fulfil, *US* **fulfill** [fʊl'fɪl] *(pt & pp* **fulfilled***)* *vt (plan, condition)* cumplir; *(ambition, dream, task)* realizar, cumplir; *(need, requirement)* satisfacer; *(function, role)* desempeñar; **to feel fulfilled** *(of person)* sentirse realizado(a); **to f. one's potential** desarrollar (uno) todo su potencial

fulfilment, *US* **fulfillment** [fʊl'fɪlmənt] *n (of plan, condition)* cumplimiento *m*; *(of ambition, dream, task)* realización *f*, cumplimiento; *(of need, requirement)* satisfacción *f*; *(of function, role)* desempeño *m*; **to find** *or* **achieve f.** realizarse, hallar satisfacción

FULL [fʊl] **1** *adj* (**a**) *(container, room)* lleno(a); *(day, schedule)* completo(a); **to be f. (up)** *(of person, bus, container)* estar lleno(a); *(of hotel)* estar lleno(a) *or* completo(a); **to be half f.** estar a medio llenar *or* medio lleno(a); **don't speak with your**

mouth f. no hables con la boca llena; *Fig* **my heart is f.** mi corazón rebosa de emociones; **to be f. of** estar lleno(a) de; **f. of holes** lleno(a) de agujeros; **to be f. of energy** rebosar energía; **to be f. of praise for sb** no tener más que elogios para alguien; **to be f. of oneself** *or* **of one's own importance** tenérselo muy creído; *Fam* **he was f. of the joys of spring** estaba que se salía de alegría; *Vulg* **you're f. of shit** no dices más que *Esp* gilipolleces or *Am* pendejadas *or RP* boludeces; **f. to the brim** (lleno(a)) hasta el borde; *Br* **to be f. to bursting** *(of person, bus)* estar hasta arriba; **on a f. stomach** con el estómago lleno

(**b**) *(complete) (amount, support)* total; *(explanation, recovery, range)* completo(a); **this is our last f. day** es nuestro último día completo; **I waited two f. days for news** estuve esperando noticias (durante) dos días enteros; **the f. extent of the damage** el alcance real del daño; **he drew himself up to his f. height** se levantó cuan largo era; **the f. horror** todo el horror; **the f. implications** todas las implicaciones *or Chile, RP* implicancias; **to take f. responsibility for sth** asumir plena responsabilidad por algo; **she gave me the f. story** me lo contó todo; **to lead a f. life** llevar una vida plena; **I waited two f. hours** *or* **a f. two hours** esperé dos horas enteras; **to ask for fuller information about sth** pedir más información acerca de algo; **to be in f. agreement** estar completamente de acuerdo; *also Fig* **to be in f. bloom** estar en pleno florecimiento; **in f. flow** *(of speaker)* en pleno discurso; **to be in f. swing** *(of party)* estar en pleno apogeo; **in f. view** completamente a la vista; **to come f. circle** volver al punto de partida ▫ *Br Aut* ***f. beam*** luces *fpl* de carretera, (luces *fpl*) largas *fpl*; ***f. board*** pensión *f* completa; *Phot* ***in f. colour*** a todo color; ***f. dress*** traje *m* de gala; *Rail* ***f. fare*** precio *m or* tarifa *f* normal; ***f. house*** *(in theatre)* lleno *m*; *(in cards)* full *m*; *(in bingo)* cartón *m* completo; *Comptr* ***f. Internet access*** acceso *m* completo a Internet; ***f. member*** miembro *m* de pleno derecho; ***f. moon*** luna *f* llena; ***f. name*** nombre *m* y apellidos; ***f. price*** *(of theatre ticket)* precio *m* completo; ***f. stop*** *(punctuation)* punto *m* (y seguido); **you can't go, f. stop** no puedes ir, y punto; **the talks have come to a f. stop** se han roto las conversaciones; ***f. time*** *(in sports)* final *m* del tiempo reglamentario

(**c**) *(maximum)* **at f. blast** *(heater, air conditioning)* a plena potencia; *(radio, TV)* a todo volumen; **at f. pelt** *or* **tilt** a toda pastilla *or* marcha; **(at) f. speed** a toda velocidad; **f. steam ahead!** ¡a toda máquina!; **at f. stretch** a pleno rendimiento; **to make f. use of sth** aprovechar algo al máximo ▫ ***f. employment*** pleno empleo *m*; ***f. marks*** *(in exam)* nota *f or* puntuación *f* máxima; **f. marks for observation!** ¡qué observador eres!

(**d**) *(skirt, sleeve)* holgado(a), amplio(a); **a f. figure** *(of woman)* una figura de formas bien contorneadas; **f. lips** labios *mpl* carnosos (**e**) *(flavour, smell)* rico(a)

2 *n* **to pay in f.** pagar el total; **name in f.** nombre y apellidos; **to live life to the f.** disfrutar la vida al máximo

3 *adv* **I know it f. well** lo sé perfectamente; **it hit him f. in the face** le dió en plena cara; **to look sb f. in the face** mirar a alguien directamente a la cara

---

fullback ['fʊlbæk] *n* (**a**) *(in soccer)* (defensa *m*) lateral *m* (**b**) *(in rugby)* defensa *m* de cierre, zaguero *m*

full-blooded ['fʊl'blʌdɪd] *adj* (**a**) *(thoroughbred)* de pura raza (**b**) *(enthusiastic) (attempt)* vigoroso(a), decidido(a); *(argument)* ardoroso(a)

full-blown ['fʊl'bləʊn] *adj (war, scandal)* declarado(a); *(argument)* verdadero(a); **to have f. AIDS** haber desarrollado la enfermedad del SIDA (por completo)

full-bodied ['fʊl'bɒdɪd] *adj (wine)* con cuerpo

full-face ['fʊl'feɪs] *adj & adv* de frente

full-fat ['fʊl'fæt] *adj (cheese, yoghurt)* con toda su grasa; **f. milk** leche *f* entera

full-fledged *US* = **fully-fledged**

full-frontal ['fʊl'frʌntəl] **1** *n* desnudo *m* integral

2 *adj* (**a**) *(photograph)* con desnudo integral; **f. nudity** desnudo *m* integral (**b**) *(unrestrained)* directo(a), frontal

full-grown ['fʊl'grəʊn] *adj* plenamente desarrollado(a); **to be f.** estar plenamente desarrollado(a)

full-length ['fʊl'leŋθ] *adj (portrait, mirror)* de cuerpo entero; **f. film** largometraje *m*

fullness ['fʊlnɪs] *n* **in the f. of time** en su momento

full-page ['fʊl'peɪdʒ] *adj (advert, illustration)* a toda página ▫ *Comptr* ***f. display*** pantalla *f* de página completa

full-scale ['fʊl'skeɪl] *adj* (**a**) *(model)* (de) tamaño natural (**b**) *(search, reorganization)* exhaustivo(a), a gran escala; **f. war** guerra *f* a gran escala

full-time ['fʊl'taɪm] **1** *adj (job, employment)* a tiempo completo; *(teacher, housewife)* con dedicación exclusiva, de plena dedicación; *Fig* **looking after the children is a f. job** cuidar de los niños es un trabajo de plena dedicación

2 *adv (work)* a tiempo completo

full-timer ['fʊl'taɪmə(r)] *n* trabajador(ora) *m,f or* empleado(a) *m,f* a tiempo completo

fully ['fʊlɪ] *adv* (**a**) *(completely)* completamente; **f. clothed** vestido(a) de arriba abajo; **f. grown** hecho(a) y derecho(a); **I f. expected to be arrested** no esperaba otra cosa que ser arrestado (**b**) *(at least)* **it takes f. two hours** lleva dos horas largas

fully-fashioned ['fʊlɪ'fæʃənd] *adj (knitwear, hosiery)* ajustado(a)

fully-fledged ['fʊlɪ'fledʒd], *US* **full-fledged** ['fʊl'fledʒd] *adj Fig* hecho(a) y derecho(a)

fulmar ['fʊlmɑ:(r)] *n* fulmar *m*

fulminate ['fʊlmɪneɪt] *vi* tronar, arremeter (**against** contra)

fulness = **fullness**

fulsome ['fʊlsəm] *adj* excesivo(a), exagerado(a); **to be f. in one's praise of sth/sb** alabar algo/a alguien en exceso

fumble ['fʌmbəl] **1** *vt* **the goalkeeper fumbled the ball** al portero *or Am* arquero se le escapó la pelota de las manos

2 *vi* rebuscar; **to f. for words** no encontrar las palabras adecuadas, titubear; **he fumbled with the controls** trató torpemente de accionar los mandos

3 *n (in American football)* = pérdida del balón al caérsele a un jugador de las manos

fume [fju:m] **1** *n* **fumes** humos *mpl*

2 *vi* (**a**) *(give off fumes)* despedir humo (**b**) *(be angry)* **to be fuming** echar humo (por las orejas)

fumigate ['fju:mɪgeɪt] *vt* fumigar

fumigation [fju:mɪ'geɪʃən] *n* fumigación *f*

fun [fʌn] *n* diversión *f*; **to have f.** divertirse; **it was great f.** fue muy divertido(a); IDIOM **there'll be f. and games** *(trouble)* se va a armar una buena; **to make f. of, to poke f. at** burlarse de; **to say sth in f.** decir algo en broma; **to do sth for f., to do sth for the f. of it** hacer algo para divertirse; **to join in the f.** unirse a la diversión; **what f.!** ¡qué divertido! ▫ ***f. run*** maratón *m o f* popular

function ['fʌŋkʃən] **1** *n* (**a**) *(of machine, person, institution) & Math* función *f*; **my f. in life is to...** mi papel consiste en... ▫ *Comptr* ***f. key*** tecla *f* de función (**b**) *(celebration)* celebración *f*; *(official occasion)* acto *m*

2 *vi* funcionar; **to f. as** servir de, hacer de

functional ['fʌŋkʃənəl] *adj* (**a**) *(practical)* funcional (**b**) *(operational)* operativo(a); **to be f.** estar en funcionamiento, funcionar

functionally ['fʌŋkʃənəlɪ] *adv* funcionalmente

functionary ['fʌŋkʃənərɪ] *n* funcionario(a) *m,f*

fund [fʌnd] **1** *n* (**a**) *(of money)* fondo *m*; **funds** fondos *mpl* ▫ *Fin* ***f. manager*** gestor(ora) *m,f* financiero(a) *or* de fondos (**b**) *(of information, jokes)* fuente *f*

2 *vt Fin* financiar

fundamental [fʌndə'mentəl] **1** *adj* (**a**) *(basic)* fundamental ▫ *Phys* ***f. particle*** partícula *f* elemental (**b**) *(inherent)* **the f. inequalities in society** las desigualdades básicas *or* estructurales de la sociedad; **her f. honesty** su honradez inherente

2 *n* **fundamentals** principios *mpl* básicos, fundamentos *mpl*

fundamentalism [fʌndə'mentəlɪzəm] *n Rel* integrismo *m*, fundamentalismo *m*

fundamentalist [fʌndə'mentəlɪst] *n Rel* integrista *mf*, fundamentalista *mf*

fundamentally [fʌndə'mentəlɪ] *adv* básicamente, fundamentalmente

fundholder ['fʌndhəʊldə(r)] *n Br* = centro de salud o médico con autonomía en la gestión financiera

funding ['fʌndɪŋ] *n* fondos *mpl*, financiación *f*, *Am* financiamiento *m*

fund-raiser ['fʌndreɪzə(r)] *n* (**a**) *(person)* recaudador(ora) *m,f* de fondos (**b**) *(event)* acto *m* para recaudar fondos

fundraising ['fʌndreɪzɪŋ] *n* recaudación *f* de fondos

funeral ['fju:nərəl] *n* funeral *m*; IDIOM *Fam* **that's your f.!** ¡eso es cosa tuya *or* tu problema! ▫ ***f. director*** encargado(a) *m,f* de la funeraria; ***f. home*** funeraria *f*; *Mus* ***f. march*** marcha *f* fúnebre; ***f. parlour*** funeraria *f*; ***f. procession*** cortejo *m* fúnebre; ***f. service*** funeral *m*, honras *fpl* fúnebres

funerary ['fju:nərərɪ] *adj* funerario(a)

funereal [fjʊ'nɪərɪəl] *adj* fúnebre

funfair ['fʌn'feə(r)] *n* feria *f* (ambulante)

fungal ['fʌŋgəl] *adj* fúngico(a), de los hongos; **a f. infection** una micosis

fungi ['fʌŋgaɪ] *pl of* **fungus**

fungicide ['fʌŋgɪsaɪd] *n* fungicida *m*

fungus ['fʌŋgəs] (*pl* **fungi** ['fʌŋgaɪ]) *n* (**a**) *(mushroom, toadstool)* hongo *m* (**b**) *(on walls, fruit)* moho *m* (**c**) *(on skin)* hongos *mpl*

funicular [fjʊ'nɪkjʊlə(r)] *n* **f. (railway)** funicular *m*

funk [fʌŋk] *n* (**a**) *Fam Old-fashioned (fright)* **to be in a (blue) f.** estar muerto(a) de miedo; **he got into a f.** le entró *Esp* mieditis (aguditis) *or Méx* el mello *or RP* el cuiqui (**b**) *(music)* funk *m*, funky *m*

funkhole ['fʌŋkhəʊl] *n Fam* (**a**) *Mil* escondrijo *m*, agujero *m* (**b**) *(civilian job)* = trabajo que permite eludir el servicio militar

funky ['fʌŋkɪ] *adj* (**a**) *Fam (fashionable, excellent)* genial, *Esp* muy guapo(a), *Méx* muy padre (**b**) *US Fam (smelly)* apestoso(a), maloliente

funnel ['fʌnəl] **1** *n* (**a**) *(of locomotive, steamship)* chimenea *f* (**b**) *(for filling bottle)* embudo *m*

2 *vt* (*pt & pp* **funnelled**, *US* **funneled**) *(direct)* canalizar

funnily ['fʌnɪlɪ] *adv (strangely)* de forma rara; **f. enough...** curiosamente..., por raro que parezca...

funny ['fʌnɪ] *adj* (**a**) *(amusing)* divertido(a); **are you trying to be f.?** ¿te estás haciendo el gracioso?; **to look/sound f.** parecer/sonar divertido(a); **to seem f.** parecer gracioso(a); **it didn't seem f. to me** a mí no me hizo gracia; *Ironic* **very f.!** ¡muy gracioso! ▫ ***f. bone*** hueso *m* de la risa; ***f. man*** *(comedian)* humorista *m*, cómico *m*; *Ironic* gracioso *m*

(**b**) *(strange)* curioso(a), raro(a); **I feel a bit f.** *(ill)* no me siento muy allá; **(that's) f., I thought I'd locked the door** qué curioso, creía que había cerrado la puerta con llave; **(it's) f. you should say that** es curioso que digas eso; **this butter tastes/smells f.** esta mantequilla *or RP* manteca sabe/huele raro; **to look/sound f.** parecer/sonar raro; **he went a bit f. in his old age** *(eccentric)* se volvió un poco raro(a) con los años; *Fam* **I don't want any f. business!** ¡nada de trucos!; *Fam* **there was some f. business about the will** había gato encerrado en lo del testamento ▫ *Fam* ***f. farm*** manicomio *m*, *Esp* frenopático *m*; ***f. money*** *(fake)* dinero *m* falso; *(dishonest)* dinero *m* negro

fur [fɜ:(r)] **1** *n* (**a**) *(hair)* pelo *m*; *(animal skin)* piel *f*; *Fig* **the f. was flying** se armó la marimorena ▫ ***f. coat*** abrigo *m* de piel; ***f. trade*** comercio *m* de pieles (**b**) *(on tongue)* sarro *m* (**c**) *Br (in kettle, pipe)* sarro *m*

2 *vt* (*pt & pp* **furred**) *Br* **to f. (up)** *(kettle, pipe)* cubrir de sarro *(por dentro)*

▸**fur up** *vi (of kettle, pipe)* cubrirse de sarro *(por dentro)*

furious ['fjʊərɪəs] *adj* (**a**) *(angry)* furioso(a); **to be f.** estar furioso(a); **to be f. with oneself** tirarse de los pelos; **to be in a f. temper** estar de un humor de perros (**b**) *(intense)* feroz; **at a f. pace** a un ritmo frenético *or* vertiginoso; **at a f. speed** a una velocidad de vértigo

furiously ['fjʊərɪəslɪ] *adv* con furia

furl [fɜ:l] *vt (flag, sail)* enrollar, recoger; *(umbrella)* plegar

furlong ['fɜ:lɒŋ] *n* = 201 metros *(unidad utilizada en las carreras de caballos)*

furlough ['fɜ:ləʊ] *n US Mil* permiso *m*

furnace ['fɜ:nɪs] *n* horno *m*; **it's like a f. in here!** ¡esto es un horno!

furnish ['fɜ:nɪʃ] *vt* (**a**) *(house, flat)* amueblar (**b**) *Formal (provide)* proporcionar, suministrar; **to f. sb with sth** proporcionar algo a alguien; **they had furnished themselves with the necessary information** habían hecho acopio de la información necesaria

furnished ['fɜ:nɪʃd] *adj (flat, room)* amueblado(a); **to be f.** estar amueblado(a) ▫ ***f. accommodation*** viviendas *fpl* amuebladas

furnishings ['fɜ:nɪʃɪŋz] *npl (furniture, fittings)* mobiliario *m*, muebles *mpl*

furniture ['fɜ:nɪtʃə(r)] *n* muebles *mpl*, mobiliario *m*; **a piece of f.** un mueble; **office/garden f.** mobiliario *m* de oficina/jardín ▫ ***f. polish*** abrillantador *m* de muebles; ***f. remover*** empleado(a) *m,f* de una empresa de mudanzas; ***f. shop*** tienda *f* de muebles; ***f. van*** camión *m* de mudanzas

furore [fʊ'rɔ:rɪ], *US* **furor** ['fjʊrɔ:(r)] *n (uproar)* revuelo *m*, escándalo *m*; **to cause a f.** levantar un gran revuelo

furred [fɜ:d] *adj (kettle, pipe, tongue)* lleno(a) de sarro

furrier ['fʌrɪə(r)] *n* peletero(a) *m,f*

furrow ['fʌrəʊ] **1** *n (in field, on face)* surco *m*

2 *vt Literary* **his brow was furrowed with worry** arrugaba la frente con preocupación

furry ['fɜ:rɪ] *adj (animal)* peludo(a); *(toy)* de peluche; **to have a f. tongue** tener la lengua llena de sarro

further ['fɜ:ðə(r)] (*comparative of* **far**) **1** *adv* (**a**) *(in distance)* más lejos; **how much f. is it to the station?** ¿cuánto queda para la estación?; **f. away** más lejos; **f. back** *(in space)* más atrás; *(in time)* antes; **f. on** *(in space, time)* más adelante; **we got no f. than the river** no pasamos del río; **that doesn't get us much f.** eso no nos ayuda mucho; **I can go no f.** no puedo seguir; **this mustn't go any f.** *(don't tell anyone else)* esto no debe salir de aquí; **I didn't question him any f.** no le pregunté más; **to go no f. into the matter** no profundizar más en el asunto; **by being careful he made his money go f.** siendo cuidadoso pudo sacar más partido a su dinero; **they fell f. and f. into debt** cada vez tenían más deudas; **if you want financial advice, look no f. (than me)!** si necesitas un asesor financiero ¡ése soy yo *or* aquí me tienes!; **nothing could be f. from the truth** nada más lejos de la realidad

(**b**) *(additionally)* además; **the issue is f. confused by...** el asunto se complica más si cabe por...; *Formal* **I would f. suggest that...** es más, yo sugeriría que...; *Formal* **f. to your recent letter...** en respuesta a su última carta...

2 *adj* (**a**) *(more distant)* más alejado(a) (**b**) *(additional)* nuevo(a), adicional; **I have nothing f. to say** no tengo nada más que añadir *or Am* agregar; **upon f. consideration** tras considerarlo de nuevo; **until f. notice** hasta nuevo aviso; **without f. warning** sin más aviso ▫ *Br* ***f. education*** = enseñanza no universitaria para adultos, ≃ formación *f* continua

3 *vt* promover; **to f. one's career** desarrollar (uno) su carrera

furtherance ['fɜ:ðərəns] *n Formal* promoción *f*, fomento *m*; **in f. of** para favorecer

furthermore [fɜ:ðə'mɔ:(r)] *adv Formal* es más

furthermost ['fɜ:ðəməʊst] *adj Literary* último(a), más alejado

furthest ['fɜ:ðɪst] (*superlative of* **far**) **1** *adj* **the f.** el/la más alejado(a), el/la más distante

2 *adv* más lejos

furtive ['fɜ:tɪv] *adj* furtivo(a)

furtively ['fɜ:tɪvlɪ] *adv (glance)* furtivamente, con disimulo; *(creep)* sigilosamente

fury ['fjʊərɪ] *n (of person, storm)* furia *f*; **to be in a f.** estar furioso(a); *Fam* **to work like f.** trabajar como loco(a)

furze [fɜ:z] *n* aliaga *f*, aulaga *f*

fuse, *US* **fuze** [fju:z] **1** *n* (**a**) *Elec* fusible *m*; IDIOM *Fam* **she blew a f.** *(became angry)* se puso como una fiera ▫ ***f. box*** cuadro *m* eléctrico, caja *f* de fusibles; ***f. wire*** fusible *m* (**b**) *(for dynamite)* mecha *f*; *(in bomb)* espoleta *f*; IDIOM *Fam* **to have a short f.** *(be short-tempered)* saltar a la mínima

2 *vt* (**a**) *(join, melt)* fundir (**b**) *Br Elec* **a surge of power fused the lights** se fundieron los plomos y se fue la luz por una subida de corriente

3 *vi* (**a**) *(of metals)* fundirse (**b**) *(of organizations, parties)* fusionarse (**c**) *Br Elec* **the lights have fused** se han fundido los plomos y se ha ido la luz

fused [fju:zd] *adj Elec (plug, appliance)* provisto(a) de fusible

fuselage ['fju:zəlɑ:ʒ] *n* fuselaje *m*

fusilier [fju:zɪ'lɪə(r)] *n* fusilero *m*

fusillade ['fju:zɪleɪd] *n (of bullets)* descarga *f* cerrada; *Fig (of criticism, questions)* lluvia *f*

fusion ['fju:ʒən] *n* fusión *f*

fuss [fʌs] **1** *n* alboroto *m*, escándalo *m*; **a lot of f. about** *or* **over nothing** mucho ruido y pocas nueces; **I don't see what all the f. is about** no veo a qué viene tanto alboroto; **to make** *or Fam* **kick up a f.** armar un alboroto *or* un escándalo; **with as little f. as possible** lo más discretamente posible; **he always makes a f. of his grandchildren** se deshace en atenciones cada vez que está con sus nietos

2 *vt Fam* **I'm not fussed** *(I don't mind)* me da lo mismo

3 *vi* **to f. (about** *or* **around)** estar inquieto(a); **stop fussing!** ¡estate quieto!

fussily ['fʌsɪlɪ] *adv* **(a)** *(react, comment)* quisquillosamente **(b)** *(dressed, decorated)* recargadamente

fusspot ['fʌspɒt] *n Fam* quisquilloso(a) *m,f*

fussy ['fʌsɪ] *adj* **(a)** *(person)* quisquilloso(a), tiquismiquis *inv*; **I'm not f.** *(I don't mind)* me da lo mismo **(b)** *(dress, decor)* recargado(a)

fustian ['fʌstɪən] *n* **(a)** *(cloth)* fustán *m* **(b)** *(pompous language)* grandilocuencia *f*, prosopopeya *f*

fusty ['fʌstɪ] *adj* **(a)** *(furniture, carpets)* con olor a humedad; *(place)* con olor a cerrado **(b)** *(person, attitude)* rancio(a), anticuado(a)

futile ['fju:taɪl] *adj (attempt, protest)* inútil, vano(a); *(remark, suggestion)* fútil

futility [fju:'tɪlɪtɪ] *n (of attempt, protest)* inutilidad; *(of remark, suggestion)* futilidad *f*

futon ['fu:tɒn] *n* futón *m*

future ['fju:tʃə(r)] **1** *n* **(a)** *(time) & Gram* futuro *m*; **in (the) f.** en el futuro; **in the near/distant f.** en un futuro próximo/lejano; **to look into the f.** mirar al futuro **(b)** *(prospects)* futuro *m*, porvenir *m*; **the f. of the company/country** el futuro de la empresa/del país; **she has a job with a (good) f.** tiene un trabajo con (mucho) futuro; **the f. looks bright** el futuro se presenta inmejorable; **there's no f. in it** no tiene futuro **(c)** *Gram* **f. (tense)** futuro *m*; **f. perfect (tense)** futuro perfecto **(d)** *Fin* **futures** futuros *mpl* ❑ ***futures market*** mercado *m* de futuros

2 *adj* futuro(a); **my f. wife** mi futura esposa; **at some f. date** en una fecha futura; **for f. reference** por si pudiera ser de interés en el futuro

futuristic [fju:tʃə'rɪstɪk] *adj* futurista

futurology [fju:tʃə'rɒlədʒɪ] *n* futurología *f*

fuze *US* = **fuse**

fuzz [fʌz] *n* **(a)** *(on peach, skin)* pelusa *f* **(b)** *Br Fam* **the f.** *(the police)* la poli, *Esp* la pasma, *Méx* los pitufos, *RP* la cana

fuzziness ['fʌzɪnɪs] *n* falta *f* de nitidez; *Fig* embotamiento *m*

fuzzy ['fʌzɪ] *adj* **(a)** *(hair)* crespo(a) **(b)** *(ill-defined) (outline)* borroso(a); *(idea)* vago(a) ❑ *Comptr* ***f. logic*** lógica difusa *or* borrosa

fwd *(abbr* **forward)** reexpedir (al destinatario)

FX *(abbr* **special effects)** efectos *mpl* especiales

fyi *(abbr* **for your information)** para tu información

FYROM *n (abbr* **Former Yugoslavian Republic of Macedonia)** Antigua República *f* Yugoslava de Macedonia

G

G, g [dʒiː] *n* (**a**) *(letter)* G, g *f*; **G and T** gin-tonic *m* (**b**) *Mus* sol *m*

g *(abbr* **gramme**) g

G7 ['dʒiː'sevən] *n* (*abbr* **Group of Seven**) G7 *m*

G8 ['dʒiː'eɪt] *n* (*abbr* **Group of Eight**) G8 *m*

GA (*abbr* **Georgia**) Georgia

gab [gæb] *Fam* **1** *n* IDIOM **to have the gift of the g.** tener un pico de oro

2 *vi* (*pt & pp* **gabbed**) *(talk, gossip)* darle al pico; *(to police, press)* dar el soplo, *Méx* soplar, *RP* pasar el dato

gabardine [gæbə'diːn] *n* gabardina *f*

gabble ['gæbəl] **1** *n* vocerío *m*, alboroto *m*

2 *vi* farfullar

gable ['geɪbəl] *n (of house)* hastial *m*, gablete *m* □ ***g. end*** hastial *m*

Gabon [gæ'bɒn] *n* Gabón

Gabonese [gæbə'niːz] *n & adj* gabonés(esa) *m,f*

▸**gad about** [gæd] (*pt & pp* **gadded**) *vi Fam* pendonear, zascandilear

gadabout ['gædəbaʊt] *n Fam* pendón *m*, zascandil *mf*

gadfly ['gædflaɪ] *n* (**a**) *(insect)* tábano *m* (**b**) *Fig (person)* provocador(ora) *m,f*

gadget ['gædʒɪt] *n* artilugio *m*

gadgetry ['gædʒɪtrɪ] *n* artilugios *mpl*

Gael [geɪl] *n* = persona de origen celta oriunda de Irlanda o Escocia

Gaelic ['geɪlɪk, 'gælɪk] **1** *n (language)* gaélico *m*

2 *adj* gaélico(a) □ *Br* ***G. coffee*** café *m* irlandés; *Sport* ***G. football*** fútbol *m* gaélico, = deporte irlandés a medio camino entre el fútbol y el rugby

gaff [gæf] *n* (**a**) *(in fishing)* garfio *m* (**b**) *Br very Fam (home)* quel(i) *f*

gaffe [gæf] *n (blunder)* desliz *m*, metedura *f or Am* metida *f* de pata; **to make a g.** cometer un desliz

gaffer ['gæfə(r)] *n Br Fam* (**a**) *(boss)* mandamás *m* (**b**) *(soccer manager)* míster *m* (**c**) *Cin, TV* jefe(a) *m,f* de electricistas

gag [gæg] **1** *n* (**a**) *(on mouth) also Fig* mordaza *f* (**b**) *Fam (joke)* chiste *m*

2 *vt* (*pt & pp* **gagged**) *(silence) (person, the press)* amordazar; IDIOM *US Fam Hum* **g. me with a spoon!** ¡qué asco!, ¡es como para echar hasta la primera papilla!

3 *vi* (**a**) *(retch)* tener arcadas; **to make sb g.** provocar arcadas a alguien (**b**) *Vulg* **to be gagging for it** perder el culo por un polvo, tener unas ganas locas de follar

gaga ['gɑːgɑː] *adj Fam* (**a**) *(senile)* chocho(a) (**b**) *(besotted)* **to be g. about** *or* **over sb** estar encaprichado(a) de *or* con alguien

gage *US* = **gauge**

gaggle ['gægəl] *n (of geese)* bandada *f*; *Fig* **a g. of journalists** una manada de periodistas

gaiety ['geɪətɪ] *n* regocijo *m*, alegría *f*

gaily ['geɪlɪ] *adv* alegremente, con alegría; **they went g. on, as if nothing had happened** ellos siguieron tan felices *or* panchos, como si nada hubiera pasado

gain [geɪn] **1** *n* (**a**) *(profit)* beneficio *m*, ganancia *f*; **gains and losses** ganancias y pérdidas; **there have been major gains on the Stock Exchange** la bolsa ha generado fuertes ganancias; **for personal g.** en beneficio propio

(**b**) *(increase)* aumento *m* (**in** de); **a g. in speed/weight** un aumento de velocidad/peso

(**c**) *(improvement, advance)* **the real gains of the revolution** los verdaderos beneficios *or* las verdaderas mejoras que ha aportado la revolución

(**d**) *(in election)* **a g. for the Republicans/Liberals** una victoria *or* un escaño para los republicanos/liberales; **to make gains** ganar terreno

2 *vt* (**a**) *(win) (advantage, reputation)* cobrar, ganar; *(victory)* obtener; *(sympathy)* granjearse, ganarse; **to g. access to** lograr acceder a; **to g. control of sth** hacerse con el control de algo; **to g. ground** ganar terreno; **to g. ground on sb** comerle *or* ganarle terreno a alguien; **we have everything/nothing to g. from this proposal** con esta propuesta podemos ganar mucho/no ganamos nada; **he gained the impression that...** le dio la impresión de que...

(**b**) *(increase)* ganar; **to g. weight** ganar peso; **to g. ground on** ganar terreno a; **to g. speed** cobrar velocidad; **to g. time** ganar tiempo

(**c**) *(in election)* **to g. seats (for/from)** conseguir escaños (para/a costa de)

3 *vi* (**a**) *(benefit)* **to g. by sth** beneficiarse de algo

(**b**) *(increase)* **to g. in confidence** cobrar *or* ganar confianza; **to g. in popularity** hacerse cada vez más popular

(**c**) *(of clock)* adelantar

▸**gain on** *vt insep* **to g. on one's competitors** ganar terreno a los competidores; **they're gaining on us!** ¡los tenemos cada vez más cerca!

gainful ['geɪnfʊl] *adj (employment)* remunerado(a)

gainfully ['geɪnfʊlɪ] *adv* **to be g. employed** tener un empleo remunerado

gainsay [geɪn'seɪ] (*pt & pp* **gainsaid** [geɪn'sed]) *vt Formal* negar; **there is no gainsaying her achievement** es innegable lo que ha conseguido

gait [geɪt] *n* paso *m*, manera *f* de caminar *or Esp* andar

gaiter ['geɪtə(r)] *n* polaina *f*

gal [gæl] *n Old-fashioned Fam* moza *f*

gala ['gɑːlə] *n* gala *f*; **swimming g.** concurso *m* de natación □ ***g. evening*** noche *f* de gala; ***g. performance*** (actuación *f* de) gala

galactic [gə'læktɪk] *adj* galáctico(a)

Galapagos [gə'læpəgəs] *npl* **the G. (Islands)** las (Islas) Galápagos

galaxy ['gæləksɪ] *n* galaxia *f*; *Fig* **a g. of stars** un elenco de estrellas

gale [geɪl] *n* vendaval *m*; *Fig* **a g. of laughter** un torrente de carcajadas

Galicia [gə'lɪsɪə] *n* (**a**) *(in Spain)* Galicia (**b**) *(in Eastern Europe)* Galitzia

Galician [gə'lɪsɪən] **1** *n* (**a**) *(from Spain)* gallego(a) *m,f* (**b**) *(from Eastern Europe)* galitzio(a) *m,f*

2 (**a**) *(from Spain)* gallego(a) (**b**) *(from Eastern Europe)* galitzio(a)

gall [gɔːl] **1** *n* (**a**) *Med* bilis *f inv* □ ***g. bladder*** vesícula *f* biliar (**b**) *(bitterness)* rencor *m*, hiel *f* (**c**) *(impudence)* insolencia *f*; **she had the g. to...** tuvo la insolencia de... (**d**) *(on tree)* agalla *f*

2 *vt (annoy)* irritar, dar rabia a; **much though it galls me to admit it...** aunque me duela *or* reviente reconocerlo...

gallant ['gælənt] *adj* (**a**) *(brave)* valiente, intrépido(a) (**b**) *(attentive)* galante

gallantly ['gæləntlɪ] *adv* (**a**) *(courageously)* con coraje, valerosamente (**b**) *(attentively)* galantemente, cortésmente

gallantry ['gæləntrɪ] *n* (**a**) *(bravery)* valentía *f*, intrepidez *f* (**b**) *(attentiveness)* galantería *f*

galleon ['gælɪən] *n* galeón *m*

gallery ['gælərɪ] *n* (**a**) **(art) g.** *(for sale)* galería *f* de arte; *(for exhibition)* museo *m* (de arte) (**b**) *(balcony, walkway)* galería *f* (**c**) *(in theatre)* galería *f*, paraíso *m*; IDIOM **to play to the g.** *(of politician)* actuar para la galería (**d**) *Sport (spectators)* público *m*

galley ['gælɪ] (*pl* **galleys**) *n* (**a**) *(ship)*

galera *f* ▫ ***g. slave*** galeote *m* **(b)** *(ship's kitchen)* cocina *f* **(c)** *Typ* **g. (proof)** galerada *f*

Gallic ['gælɪk] *adj* **(a)** *(French)* galo(a) **(b)** *Hist (of Gaul)* galo(a), gálico(a)

gallicism ['gælɪsɪzəm] *n Ling* galicismo *m*

galling ['gɔ:lɪŋ] *adj* irritante, mortificante; **a g. admission** un reconocimiento a regañadientes

gallium ['gælɪəm] *n Chem* galio *m*

▸**gallivant about, gallivant around** ['gælɪvænt] *vi* pendonear

gallon ['gælən] *n* galón *m (GB = 4,546 litros; EU = 3,785 litros)*

gallop ['gæləp] **1** *n* galope *m*; **to go for a g.** ir a galopar; **at a g.** al galope

2 *vi* **(a)** *(of horse, rider)* galopar; **to g. off** *or* **away** salir galopando *or* al galope **(b)** *Fig* **the country has galloped ahead of its rivals** el país ha dejado descolgados a sus competidores; **she galloped through her work** despachó rápidamente su trabajo

galloping ['gæləpɪŋ] *adj* galopante

gallows ['gæləʊz] *npl* patíbulo *m*, horca *f* ▫ ***g. humour*** humor *m* negro *or* macabro

gallstone ['gɔ:lstəʊn] *n* cálculo *m* biliar

Gallup poll® ['gæləp'pəʊl] *n* sondeo *m* de opinión *(llevado a cabo por Gallup)*

galoot [gə'lu:t] *n Scot, US Fam* zoquete *m*, *Am* sonso(a) *m,f*

galore [gə'lɔ:(r)] *adv Fam* a montones, a patadas

galoshes, goloshes [gə'lɒʃɪz] *npl* chanclos *mpl*

galumph [gə'lʌmf] *vi Fam (walk clumsily)* caminar *or Esp* andar como un ganso, zanquear como un mastuerzo

galvanize ['gælvənaɪz] *vt* **(a)** *Tech* galvanizar **(b)** *(stimulate)* galvanizar; **to g. sb into action** mover a alguien a la acción

galvanized ['gælvənaɪzd] *adj* galvanizado(a) ▫ ***g. steel*** acero *m* galvanizado

galvanometer [gælvə'nɒmɪtə(r)] *n Phys* galvanómetro *m*

Gambia ['gæmbɪə] *n* **the G.** Gambia

Gambian ['gæmbɪən] *n & adj* gambiano(a), *m,f*, gambio(a) *m,f*

gambit ['gæmbɪt] *n* **(a)** *(in chess)* gambito *m* **(b)** *(in negotiation, diplomacy)* jugada *f*, maniobra *f*; **opening g.** primer envite *m*

gamble ['gæmbəl] **1** *n* riesgo *m*; **to take a g.** arriesgarse

2 *vt* jugarse; **to g. one's future on sth** jugarse el porvenir por algo

3 *vi* jugar, apostar dinero; **to g. on sth** *(bet money on)* apostar a algo; *(take risk on)* jugársela confiando en algo, apostar por algo

▸**gamble away** *vt sep* **to g. sth away** perder algo en el juego

gambler ['gæmblə(r)] *n* jugador(ora) *m,f*

gambling ['gæmblɪŋ] *n* juego *m* ▫ ***g. debts*** deudas *fpl* de juego; ***g. den*** timba *f*, garito *m*

gambol ['gæmbəl] *(pt & pp* **gambolled**, *US* **gamboled**) *vi* retozar

game [geɪm] **1** *n* **(a)** *(activity, sport, in tennis)* juego *m*; *(of cards, chess)* partida *f*; *(of football, tennis, golf)* partido *m*; **g., set, and match** *(in tennis)* juego, set y partido; **games** *Br (school subject)* deportes *mpl*; *(sporting event)* juegos *mpl*; **politics is just a g. to them** la política no es más que un juego para ellos ▫ ***g. plan*** plan *m or* estrategia *f* de juego; ***g. point*** *(in tennis)* punto *m or* pelota *f* de juego; ***g. show*** concurso *m* televisivo; ***g. theory*** teoría *f* de juegos

(b) *(in hunting)* caza *f* ▫ ***g. preserve*** *or* ***reserve*** coto *m or* reserva *f* de caza; ***g. warden*** guarda *mf* de caza

(c) IDIOMS **to play the g.** jugar limpio; **two can play at that g.** donde las dan las toman; **to be easy g.** ser presa fácil; **to beat sb at his own g.** vencer a alguien con sus propias armas; **to play games with sb** jugar con alguien; **to give the g. away** desvelar el secreto; **what's his g.?** ¿qué pretende?; **I know what your g. is** sé a qué estás jugando; **the g.'s up for him** para él se acabó lo que se daba; **I've been in this g. a long time** llevo mucho tiempo metido en esto; *Br Fam* **to be on the g.** *(of a prostitute)* hacer la calle

2 *adj (brave)* valiente; **to be g. (to do sth)** *(willing)* estar dispuesto(a) (a hacer algo)

gamekeeper ['geɪmki:pə(r)] *n* guarda *mf* de caza

gamely ['geɪmlɪ] *adv* valientemente

gamesmanship ['geɪmzmənʃɪp] *n* falta *f* de deportividad

gamete ['gæmi:t] *n Biol* gameto *m*

gaming ['geɪmɪŋ] *n* juego *m*, juegos *mpl* de azar

gamma ['gæmə] *n* **(a)** *(Greek letter)* gamma *f* **(b)** *Phys* ***g. radiation*** radiación *f* gamma; ***g. rays*** rayos *mpl* gamma

gammon ['gæmən] *n* jamón *m* ▫ ***g. steak*** = loncha de jamón a la plancha

gammy ['gæmɪ] *adj Fam* **a g. leg** una pata chula *or RP* cachuza

gamut ['gæmət] *n* gama *f*; **to run the g. of** pasar por toda la gama de

gamy ['geɪmɪ] *adj (of flavour)* de *or* a caza

gander ['gændə(r)] *n* **(a)** *(male goose)* ganso *m* **(b)** *Fam* **to have** *or* **take a g. (at)** *(look)* echar un ojo *or* un vistazo (a)

gang [gæŋ] *n* **(a)** *(of criminals)* banda *f*; *(of violent youths)* pandilla *f*, panda *f* **(b)** *(of children, friends)* pandilla *f* **(c)** *(of workers)* cuadrilla *f*

▸**gang together** *vi* juntarse, formar una banda *or* panda

▸**gang up** *vi* **to g. up on sb/with sb** confabularse contra/con alguien

gangbang ['gæŋ'bæŋ] *very Fam* **1** *n (group rape)* violación *f* colectiva

2 *vt* violar en grupo a

Ganges ['gændʒi:z] *n* **the G.** el Ganges

gangland ['gæŋlænd] *n (underworld)* hampa *f*; **a g. killing** un ajuste de cuentas entre gángsters

ganglia ['gæŋglɪə] *pl of* **ganglion**

gangling ['gæŋglɪŋ] *adj* larguirucho(a)

ganglion ['gæŋglɪən] *(pl* **ganglia** ['gæŋglɪə]) *n Anat* ganglio *m*

gangplank ['gæŋplæŋk] *n Naut* pasarela *f*, plancha *f*

gang-rape ['gæŋgreɪp] **1** *n* violación *f* colectiva

2 *vt* violar en grupo a

gangrene ['gæŋgri:n] *n* gangrena *f*

gangrenous ['gæŋgrɪnəs] *adj* gangrenoso(a); **to go** *or* **turn g.** gangrenarse

gangster ['gæŋstə(r)] *n* gángster *m* ▫ ***g. movie*** película *f* de gángsters

gangway ['gæŋweɪ] *n* **(a)** *Th (passage)* pasillo *m*; **g.!** ¡paso! **(b)** *Naut (gangplank)* pasarela *f*, plancha *f*

ganja ['gændʒə] *n Fam* maría *f*, hierba *f*

gannet ['gænət] *n* **(a)** *(bird)* alcatraz *m* **(b)** *(greedy person)* glotón(ona) *m,f*

gantry ['gæntrɪ] *n* **(a)** *(for crane)* pórtico *m* **(b)** *(for rocket)* torre *f* de lanzamiento **(c)** *(for theatre lighting)* pasarela *f* de focos *or* luces, rejilla *f* de iluminación

gaol [dʒeɪl] *Br* **1** *n* cárcel *f*, prisión *f*; **to be in g.** estar en la cárcel; **to go to g.** ir a la cárcel

2 *vt* encarcelar

gap [gæp] *n* **(a)** *(physical opening) (in wall, defences)* hueco *m*; *(in mountains)* desfiladero *m*, paso *m*

(b) *(interruption) (in time)* intervalo *m*; **after a g. of some years/months** tras un lapso *or* intervalo de varios años/meses

(c) *(inequality) (in age, ability)* diferencia *f*; **the g. between rich and poor** la brecha entre ricos y pobres

(d) *(lack) (in knowledge)* laguna *f*; *(in text)* espacio *m* en blanco; **to fill in the gaps** *(in knowledge, story)* cubrir las lagunas, tapar los huecos; **his death leaves a g. in all of our lives** su muerte deja un vacío en la vida de todos nosotros; *Com* **a g. in the market** un hueco en el mercado

gape [geɪp] *vi* **(a)** *(stare)* **to g. (at sth/sb)** mirar (algo/a alguien) boquiabierto(a) **(b)** *(open)* **to g. (open)** abrirse

gaping ['geɪpɪŋ] *adj* **(a)** *(onlookers)* boquiabierto(a) **(b)** *(hole, chasm)* enorme; *(wound)* abierto(a)

gappy ['gæpɪ] *adj (account, knowledge)* disperso(a), con muchas lagunas; **to have g. teeth** tener los dientes separados

gap-toothed ['gæptu:θt] *adj (with noticeable spaces)* con los dientes separados; *(with missing teeth)* mellado(a), desdentado(a)

garage ['gærɑ:ʒ, 'gærɪdʒ, *US* gə'rɑ:ʒ] **1** *n* **(a)** *(for storing cars)* garaje *m*, *Am* cochera *f* **(b)** *(where fuel is sold)* gasolinera *f*, estación *f* de servicio **(c)** *(for repairing cars)* taller *m* (de reparaciones)

2 *vt (vehicle)* meter en un garaje *or Am* una cochera

garam masala ['gærəmmə'sɑ:lə] *n Culin* = mezcla de especias de la cocina india

garb [gɑ:b] *n Literary* atuendo *m*, atavío *m*

garbage ['gɑ:bɪdʒ] *n* **(a)** *US (household waste)* basura *f* ▫ ***g. can*** cubo *m* de la basura; ***g. heap*** montón *m* de basura; ***g.***

man basurero *m* (**b**) *Fam (nonsense) Esp* chorradas *fpl, Am* pendejadas; **he's talking g.** está diciendo bobadas; **that's g.!** ¡(eso no son más que) bobadas! (**c**) *Fam (worthless, useless things)* porquería *f*; **their new album is (a load of) g.** su nuevo disco es una porquería

garbled [ˈgɑːbəld] *adj* confuso(a); **the message had become g. in transmission** con la transmisión el mensaje no se entendía *or* era indescifrable

garden [ˈgɑːdən] **1** *n* jardín *m*; **back/front g.** jardín trasero/delantero; IDIOM **everything in the g. is rosy** todo es de color de rosa, todo marcha de maravilla; IDIOM *Fam* **to lead sb up the g. path** *(mislead)* engañar a alguien ❑ ***g. centre*** centro *m* de jardinería; ***g. city*** ciudad *f* jardín; ***G. of Eden*** jardín *m* del Edén; ***g. flat*** apartamento *m or Esp* piso *m or Am* departamento *m* (en planta baja) con jardín; ***g. furniture*** mobiliario *m* de jardín; ***g. party*** recepción *f* al aire libre; ***g. suburb*** = urbanización con grandes zonas ajardinadas; ***g. tools*** útiles *mpl* de jardinería
2 *vi* cuidar el jardín, trabajar en el jardín

gardener [ˈgɑːdnə(r)] *n* jardinero(a) *m,f*

gardenia [gɑːˈdiːnɪə] *n* gardenia *f*

gardening [ˈgɑːdnɪŋ] *n* jardinería *f*; **to do the g.** cuidar el jardín

gargantuan [gɑːˈgæntjʊən] *adj (in general)* colosal; *(meal)* pantagruélico(a)

gargle [ˈgɑːgəl] *vi* hacer gárgaras

gargoyle [ˈgɑːgɔɪl] *n* gárgola *f*

garish [ˈgeərɪʃ] *adj (clothes, colour)* chillón(ona), estridente; *(light)* deslumbrante

garishly [ˈgeərɪʃlɪ] *adv* con colores chillones

garland [ˈgɑːlənd] **1** *n* guirnalda *f*
2 *vt* adornar con guirnaldas

garlic [ˈgɑːlɪk] *n* ajo *m* ❑ ***g. bread*** pan *m* de ajo; ***g. butter*** mantequilla *f or RP* manteca *f* aromatizada con ajo; ***g. press*** triturador *m* de ajos, prensaajos *m inv*; ***g. sausage*** embutido *m* al ajo

garlicky [ˈgɑːlɪkɪ] *adj (food)* con mucho ajo; *(smell, taste, breath)* a ajo

garment [ˈgɑːmənt] *n* prenda *f* (de vestir)

garner [ˈgɑːnə(r)] *vt* hacer acopio de

garnet [ˈgɑːnɪt] *n* granate *m*

garnish [ˈgɑːnɪʃ] **1** *n Culin* guarnición *f*
2 *vt* guarnecer, adornar (**with** con)

garret [ˈgærət] *n* buhardilla *f*

garrison [ˈgærɪsən] **1** *n* guarnición *f* ❑ ***g. duty*** servicio *m* en una guarnición; ***g. town*** ciudad *f* con guarnición
2 *vt (troops)* acuartelar; **the fort was garrisoned with regular troops** el fuerte tenía una guarnición de tropas regulares

garrotte [gəˈrɒt] **1** *n* garrote *m* vil
2 *vt* dar garrote vil a

garrulity = **garrulousness**

garrulous [ˈgærələs] *adj* gárrulo(a), parlanchín(ina)

garrulousness [ˈgærələsnɪs], **garrulity** [gəˈruːlɪtɪ] *n* garrulería *f*, charlatanería *f*

garter [ˈgɑːtə(r)] *n (for stockings)* liga *f* ❑ *US* ***g. belt*** liguero *m*; ***g. snake*** culebra *f* de jaretas; ***g. stitch*** punto *m* del derecho

gas [gæs] **1** *n* (**a**) *(for cooking, heating)* gas *m*; **to have g.** *(as anaesthetic)* recibir anestesia gaseosa ❑ ***g. bill*** factura *f* del gas; ***g. chamber*** cámara *f* de gas; ***g. chromatography*** cromatografía *f* de gases; ***g. cooker*** cocina *f or Col, Méx, Ven* estufa *f* de gas; ***g. cylinder*** bombona *f* de gas; ***g. fire*** estufa *f* de gas; ***g. fitter*** técnico(a) *m,f* instalador(ora) de gas; ***g. heater*** *(for heating)* radiador *m* de gas; *(for hot water)* calentador *m* de gas; ***g. holder*** gasómetro *m*, tanque *m* de gas; ***g. lamp*** lámpara *f* de gas; ***g. main*** tubería *f* del gas, gasoducto *m*; ***g. man*** técnico *m* de la compañía del gas; ***g. mask*** máscara *f* antigás; ***g. meter*** contador *m* del gas; ***g. ring*** quemador *m*
(**b**) *US (gasoline)* gasolina *f*, *RP* nafta *f*; *Fam* **to step on the g.** *(accelerate)* pisar el acelerador; **to be out of g.** quedarse sin gasolina *or RP* nafta; *Fig (exhausted)* estar rendido(a), haberse quedado sin fuelle ❑ ***g. station*** gasolinera *f*, estación *f* de servicio; ***g. tank*** depósito *m* de la gasolina *or RP* nafta
(**c**) *Fam* **what a g.!** ¡qué divertido!; **the movie was a real g.!** ¡la película era divertidísima *or Esp* muy cachonda!
2 *vt* (*pt & pp* **gassed**) gasear
3 *vi Fam (chat)* estar de palique *or* cháchara

gasbag [ˈgæsbæg] *n Fam* charlatán(ana) *m,f*, cotorra *f*

gaseous [ˈgeɪsɪəs] *adj* gaseoso(a)

gasfield [ˈgæsfiːld] *n* yacimiento *m* de gas natural

gas-guzzler [ˈgæsˈgʌzlə(r)] *n Fam* = vehículo que consume mucho combustible

gash [gæʃ] **1** *n (wound)* herida *f* (profunda), corte *m* (profundo); *(in wood, metal)* brecha *f*
2 *vt* hacerse una herida en

gasket [ˈgæskɪt] *n Aut* junta *f*; IDIOM *Fam* **he blew a g.** se salió de sus casillas

gaslight [ˈgæslaɪt] *n* (**a**) *(lamp)* lámpara *f* de gas (**b**) *(light)* luz *f* de gas

gasoline [ˈgæsəliːn] *n US* gasolina *f*, *RP* nafta *f*

gasometer [gæˈsɒmɪtə(r)] *n* gasómetro *m*

gasp [gɑːsp] **1** *n (of surprise)* grito *m* ahogado; **to be at one's last g.** estar en las últimas
2 *vi* lanzar un grito ahogado (**with** *or* **in** de); **to make sb g.** dejar boquiabierto a alguien; **she gasped for breath** *or* **for air** luchaba por respirar; **to be gasping for a cigarette/a drink** morirse por un cigarrillo/algo de beber *or Am* tomar

gassy [ˈgæsɪ] *adj (beer)* con burbujas

gastric [ˈgæstrɪk] *adj* gástrico(a) ❑ ***g. flu*** gripe *f* gastrointestinal; ***g. juices*** jugos *mpl* gástricos; ***g. ulcer*** úlcera *f* de estómago

gastritis [gæsˈtraɪtɪs] *n* gastritis *f inv*

gastroenteritis [gæstrəʊentəˈraɪtɪs] *n* gastroenteritis *f inv*

gastronome [ˈgæstrənəʊm] *n* gastrónomo(a) *m,f*

gastronomic [gæstrəˈnɒmɪk] *adj* gastronómico(a)

gastronomy [gæsˈtrɒnəmɪ] *n* gastronomía *f*

gastropod [ˈgæstrəpɒd] *n Biol* gasterópodo *m*

gasworks [ˈgæswɜːks] *n* fábrica *f or Am* planta *f* de gas

gate [geɪt] **1** *n* (**a**) *(entrance)* puerta *f*; *(made of metal)* verja *f*; **g. (number) 15** *(in airport)* puerta número 15 (**b**) *Sport (spectators)* entrada *f*; *(takings)* recaudación *f* (**c**) *(in skiing, canoeing)* puerta *f*
2 *vt Br Sch* **they were gated for a week** fueron castigados a quedarse después de clase una semana

gâteau [ˈgætəʊ] (*pl* **gâteaux** [ˈgætəʊz]) *n* pastel *m*, tarta *f*, *Chile, Col, RP* torta *f*

gatecrash [ˈgeɪtkræʃ] *Fam* **1** *vt* **to g. a party** colarse en una fiesta
2 *vi* colarse

gatecrasher [ˈgeɪtkræʃə(r)] *n Fam* intruso(a) *m,f*

gatefold [ˈgeɪtfəʊld] *n (in book, magazine)* (página *f*) desplegable *m*

gatehouse [ˈgeɪthaʊs] *n (of park, castle)* casa *f* del guarda; *(of house, estate)* casa *f* del portero

gatekeeper [ˈgeɪtkiːpə(r)] *n (of park, castle)* guarda *mf*; *(of house, estate)* portero(a) *m,f*

gateleg table [ˈgeɪtlegˈteɪbəl] *n* mesa *f* (plegable) de hojas

gatepost [ˈgeɪtpəʊst] *n* poste *m* (de la verja); IDIOM *Fam* **between you, me and the g.** entre tú y yo, que quede entre nosotros

gateway [ˈgeɪtweɪ] *n* (**a**) *(entrance)* entrada *f*; *Fig* **the g. to the East** la vía de entrada a Oriente; *Fig* **the g. to success** la clave del éxito (**b**) *Comptr* pasarela

gather [ˈgæðə(r)] **1** *vt* (**a**) *(collect)* reunir; *(fruit, flowers)* recoger; **to g. the harvest** recoger la cosecha, cosechar; **he gathered his thoughts** puso en orden sus ideas; **to g. all one's strength to do sth** hacer acopio de fuerzas para hacer algo; **we are gathered here today...** estamos hoy aquí reunidos...; **he gathered her in his arms** la tomó entre sus brazos
(**b**) *(accumulate) (dirt, dust)* acumular, llenarse de; *Fig* **to be gathering dust** *(plan, project)* estar arrinconado(a); **to g. speed** ganar velocidad
(**c**) *(in sewing)* fruncir
(**d**) *(con-clude, understand)* **to g. that...** deducir que..., entender que...; **as you may already have gathered,...** como probablemente ya habrás deducido,...; **so I g.** eso parece
2 *vi (of people)* reunirse, congregarse; *(of things)* acumularse; **a storm is gathering** se está formando una tormenta; **to g. round the fire/the radio** reunirse en torno al fuego/a la radio

▸**gather round** *vi* formar corro, agruparse; **g. round, children!** ¡a ver, niños, acérquense!

▸**gather together 1** *vt sep (belongings, evidence)* reunir
2 *vi (of people)* reunirse
▸**gather up** *vt sep* recoger; **he gathered her up in his arms** la tomó en sus brazos

gathered ['gæðəd] *adj* fruncido(a) ▫ ***g. skirt*** falda *f or RP* pollera *f* fruncida

gathering ['gæðərıŋ] **1** *n (group)* grupo *m* de personas; *(meeting)* reunión *f*
2 *adj (darkness, speed)* creciente; *also Fig* **the g. storm** la tormenta que se viene preparando

GATT [gæt] *n (abbr* **General Agreement on Tariffs and Trade**) GATT *m*

gauche [gəʊʃ] *adj* torpe, desmañado(a)

gaudily ['gɔ:dılı] *adv* con colores chillones

gaudy ['gɔ:dı] *adj* chillón(ona), llamativo(a)

gauge, *US* **gage** [geıdʒ] **1** *n* (**a**) *(size) (of screw, wire, shotgun)* calibre *m* (**b**) *(of railway track)* ancho *m* de vía; **narrow g. railway** vía *f* estrecha (**c**) *(measuring device)* calibrador *m*; **the poll is a useful g. of public opinion** los sondeos son un útil indicador de la opinión pública
2 *vt (amount, difficulty)* calcular, precisar

Gaul [gɔ:l] *n Hist* (**a**) *(region)* Galia *f* (**b**) *(inhabitant)* galo(a) *m,f*

Gaullist ['gɔ:lıst] *n Pol* gaullista *mf*

gaunt [gɔ:nt] *adj (person, features)* demacrado(a)

gauntlet ['gɔ:ntlıt] *n* (**a**) *(glove)* guante *m* (largo); *Hist* guantelete *m*, manopla *f*; IDIOM **to throw** *or* **fling down the g.** arrojar el guante; IDIOM **to take up the g.** recoger el guante, aceptar el reto *or* desafío (**b**) *Hist Mil* **to run the g.** recorrer el pasillo *(recibiendo golpes de los que lo forman)*; *Fig* **to run the g. of sth** exponerse a algo

gauze [gɔ:z] *n* gasa *f*

gave [geıv] *pt of* **give**

gavel ['gævəl] *n* martillo *m*, maceta *f (de subastador, juez)*

gawk [gɔ:k] = **gawp**

gawky ['gɔ:kı] *adj Fam* desgarbado(a)

gawp [gɔ:p] *vi Fam* quedarse papando moscas; **to g. at sth/sb** mirar boquiabierto(a) algo/a alguien

gay [geı] **1** *adj* (**a**) *(homosexual)* homosexual, gay ▫ ***g. bashing*** acoso *m or* maltrato *m* a homosexuales; ***g. rights*** derechos *mpl* de los homosexuales (**b**) *Old-fashioned (happy)* alegre; **with g. abandon** con alegre despreocupación
2 *n (man)* homosexual *m*, gay *m*; *(woman)* lesbiana *f*

gayness ['geınıs] *n (homosexuality)* homosexualidad *f*

Gaza ['gɑ:zə] *n* Gaza ▫ ***the G. Strip*** la Franja de Gaza

gaze [geız] **1** *n* mirada *f* (fija); **to meet** *or* **return sb's g.** devolver la mirada a alguien
2 *vi* **to g. at** mirar fijamente *or* embobadamente; **to g. into space** *or* **the middle distance** mirar al vacío

gazebo [gə'zi:bəʊ] (*pl* **gazebos** *or* **gazeboes**) *n* belvedere *m*, mirador *m*

gazelle [gə'zel] *n* gacela *f*

gazette [gə'zet] *n (official journal)* boletín *m* oficial

gazetteer [gæzı'tıə(r)] *n (book)* diccionario *m* geográfico

gazump [gə'zʌmp] *vt Br Fam* = en una compraventa de una propiedad, retractarse el vendedor de un precio acordado verbalmente para obtener otro mayor de otro comprador

GB [dʒi:'bi:] *n* (**a**) *(abbr* **Great Britain**) GB (**b**) *Comptr (abbr* **gigabyte**) GB *m*

GBH [dʒi:bi:'eıtʃ] *n Br Law (abbr* **grievous bodily harm**) lesiones *fpl* graves

GC [dʒi:'si:] *n Br (abbr* **George Cross**) = condecoración civil concedida por actos de heroísmo

GCE [dʒi:si:'i:] *n Br Sch Formerly (abbr* **General Certificate of Education**) = certificado de enseñanza secundaria

G-clef ['dʒi:klef] *n Mus* clave *f* de sol

GCSE [dʒi:si:es'i:] *n Br Sch (abbr* **General Certificate of Secondary Education**) = certificado de enseñanza secundaria

GDP [dʒi:di:'pi:] *n Econ (abbr* **gross domestic product**) PIB *m*

GDR [dʒi:di:'ɑ:(r)] *n Formerly (abbr* **German Democratic Republic**) RDA *f*

gear [gıə(r)] *n* (**a**) *(on car, bicycle) (speed)* marcha *f*, velocidad *f*; *(mechanism)* engranaje *m*; **first/second g.** primera/segunda marcha *f or* velocidad *f*; **to change g.** cambiar de marcha; *Fig* **to put sb's plans out of g.** desbaratar los planes de alguien; *Fig* **to step** *or* **move up a g.** superarse, ir a más ▫ *Aut* ***g. lever*** palanca *f* de cambios; ***g. ratio*** relación *f* de marchas *or* velocidades (**b**) *Fam (equipment)* equipo *m*; *(in kitchen)* aparatos *mpl* (**c**) *Fam (belongings)* bártulos *mpl* (**d**) *Fam (clothes)* ropa *f* (**e**) *Fam (drugs)* material *m*, *Esp* mandanga *f*
▸**gear to** *vt sep* **to g. sth to sth** adaptar algo a algo
▸**gear towards** *vt sep* **to be geared towards sth/sb** estar dirigido(a) *or* orientado(a) a algo/alguien
▸**gear up** *vt sep* **to g. sb up** preparar a alguien; **to g. oneself up** prepararse, *Am* alistarse

gearbox ['gıəbɒks] *n* caja *f* de cambios

gearshift ['gıəʃıft], **gearstick** ['gıəstık] *n* palanca *f* de cambios

gearwheel ['gıəwi:l] *n* piñón *m*, rueda *f* dentada

gecko ['gekəʊ] (*pl* **geckos** *or* **geckoes**) *n* geco *m*

gee [dʒi:] *exclam* (**a**) *(to horse)* **g. up!** ¡arre! (**b**) *US* **g. (whizz)!** ¡anda!, ¡caramba!
▸**gee up** *vt sep Fam* **to g. sb up** hacer espabilar a alguien, *Esp* meter caña a alguien

gee-gee ['dʒi:dʒi:] *n Fam (in children's language)* caballito *m*

geek [gi:k] *n US Fam* memo(a) *m,f*, *Esp* tontaina *mf*; **computer g.** monstruo *m* de la informática

geese [gi:s] *pl of* **goose**

geezer ['gi:zə(r)] *n Br Fam* tipo *m*, tío *m*; **old g.** tarra *m*, vejestorio *m*

Geiger counter ['gaıgə'kaʊntə(r)] *n* contador *m* Geiger

geisha ['geıʃə] (*pl* **geisha** *or* **geishas**) *n* **g. (girl)** geisha *f*, geisa *f*

gel [dʒel] **1** *n (substance)* gel *m*; *(for hair)* gomina *f*
2 *vi* (*pt & pp* **gelled**) (**a**) *(of liquid)* aglutinarse (**b**) *(of ideas, plans, team)* cuajar

gelatin(e) [dʒelə'ti:n] *n* gelatina *f*

gelatinous [dʒı'lætınəs] *adj* gelatinoso(a)

geld [geld] *vt* capar, castrar

gelding ['geldıŋ] *n* caballo *m* castrado

gelignite ['dʒelıgnaıt] *n* gelignita *f* (explosiva)

gem [dʒem] *n (precious stone)* gema *f*; *Fig* **he's an absolute g.** es una verdadera joya

Gemini ['dʒemınaı] *n (sign of zodiac)* Géminis *m inv*; **to be (a) G.** ser Géminis

gemstone ['dʒemstəʊn] *n* piedra *f* preciosa, gema *f*

gen [dʒen] *n Br Fam (information)* información *f*, datos *mpl*
▸**gen up on** (*pt & pp* **genned**) *vi* **to g. up on sth** ponerse al día de algo, informarse bien sobre algo

gender ['dʒendə(r)] *n* (**a**) *Gram* género *m* (**b**) *(sex)* sexo *m*

gender-bender ['dʒendə'bendə(r)] *n Fam* travestí *mf*, transformista *mf*

gender-specific ['dʒendəspə'sıfık] *adj* exclusivo(a) de un sexo

gene [dʒi:n] *n Biol* gen *m*; **to have sth in one's genes** *(talent, trait)* llevar algo en los genes *or* en la sangre ▫ ***g. bank*** genoteca *f*, banco *m* de ADN; ***g. pool*** acervo *m* génico; ***g. therapy*** terapia *f* génica

genealogical [dʒi:nıə'lɒdʒıkəl] *adj* genealógico(a)

genealogy [dʒi:nı'ælədʒı] *n* genealogía *f*

genera ['dʒenərə] *pl of* **genus**

general ['dʒenərəl] **1** *n* (**a**) *Mil* general *m* (**b**) *(not particular)* **to go from the g. to the particular** ir de lo general a lo particular; **in g.** en general
2 *adj* general; **as a g. rule** por norma *or* regla general; **in g. terms** en términos generales ▫ ***g. anaesthetic*** anestesia *f* general; ***G. Assembly*** *(of United Nations)* Asamblea *f* General; ***g. election*** elecciones *fpl* generales; ***g. knowledge*** cultura *f* general; ***g. manager*** director(ora) *m,f* general; ***g. meeting*** asamblea *f* general; *Br* ***g. post office*** (oficina *f*) central *f* de correos; *Med* ***g. practice*** medicina *f* general; *Med* ***g. practitioner*** médico(a) *m,f* de cabecera *or* de familia; ***the g. public*** el gran público, el público en general; *Mil* ***g. staff*** plana *f* mayor; *US* ***g. store*** tienda *f (que vende de todo)*; ***g. strike*** huelga *f* general; *Phys* ***g. theory of relativity*** teoría *f* de la relatividad general

generalissimo [dʒenərə'lısıməʊ] (*pl* **generalissimos**) *n* generalísimo *m*

generality [dʒenə'rælıtı] *n* (**a**) *(abstractness)* generalidad *f* (**b**) *(general state-*

ment) generalidad *f,* generalización *f* (**c**) *Formal (majority)* **the g. of men** la generalidad *or* la mayoría de los hombres

generalization [dʒenərəlaɪ'zeɪʃən] *n* generalización *f*

generalize ['dʒenərəlaɪz] **1** *vt* **to become generalized** *(of practice, belief)* generalizarse
2 *vi* generalizar

generally ['dʒenrəlɪ] *adv (taken overall)* en general; *(as a general rule)* generalmente, por lo general; **g. speaking** en términos generales; **it was g. regarded as a success** fue considerado por casi todos como un éxito

general-purpose ['dʒenrəl'pɜ:pəs] *adj* multiuso *inv*

generate ['dʒenəreɪt] *vt (electricity, income)* generar; *(reaction, interest)* provocar

generation [dʒenə'reɪʃən] *n* (**a**) *(of people, computers)* generación *f;* **from g. to g.** de generación en generación; **the younger/older g.** la generación joven/vieja ▫ ***g. gap*** conflicto *m* generacional (**b**) *(production) (of electricity)* producción *f*

generative ['dʒenərətɪv] *adj* generativo(a) ▫ *Ling* ***g. grammar*** gramática *f* generativa

generator ['dʒenəreɪtə(r)] *n Elec* generador *m*

generic [dʒɪ'nerɪk] *adj* genérico(a) ▫ ***g. drug*** (medicamento *m*) genérico *m;* ***g. name*** nombre *m* genérico

generosity [dʒenə'rɒsɪtɪ] *n* generosidad *f*

generous ['dʒenərəs] *adj* generoso(a); **to be g. with one's time** conceder generosamente el tiempo del que se dispone

generously ['dʒenərəslɪ] *adv* generosamente; **to give g.** ser generoso(a); **she g. acknowledged our contribution** reconoció con generosidad nuestra aportación

genesis ['dʒenɪsɪs] *(pl* **geneses** ['dʒenɪsi:z]) *n Formal* génesis *f inv,* origen *m;* **(the Book of) G.** (el Libro del) Génesis *m*

genetic [dʒɪ'netɪk] *adj* genético(a) ▫ ***g. code*** código *m* genético; ***g. engineering*** ingeniería *f* genética; ***g. fingerprinting*** pruebas *fpl* de(l) ADN, pruebas *fpl* de identificación genética; ***g. screening*** = pruebas para la detección precoz de enfermedades hereditarias en pacientes de alto riesgo

genetically [dʒɪ'netɪklɪ] *adv* genéticamente; **g. modified** modificado(a) genéticamente

geneticist [dʒɪ'netɪsɪst] *n* genetista *mf*

genetics [dʒɪ'netɪks] *n* genética *f*

Geneva [dʒɪ'ni:və] *n* Ginebra; **Lake G.** el Lago Leman ▫ ***the G. Convention*** la Convención de Ginebra

genial ['dʒi:nɪəl] *adj* cordial, amable

> Note that the Spanish word **genial** is a false friend and is never a translation for the English word **genial**. In Spanish **genial** means both "of genius" and "brilliant".

geniality [dʒi:nɪ'ælɪtɪ] *n* cordialidad *f,* amabilidad *f*

> Note that the Spanish word **genialidad** is a false friend and is never a translation for the English word **geniality**. In Spanish **genialidad** means both "genius" and "stroke of genius".

genially ['dʒi:nɪəlɪ] *adv* cordialmente, amablemente

> Note that the Spanish word **genialmente** is a false friend and is never a translation for the English word **genially**. In Spanish **genialmente** means both "genially" and "brilliantly".

genie ['dʒi:nɪ] *n* duende *m,* genio *m*

genital ['dʒenɪtəl] **1** *adj* genital
2 *npl* **genitals** (órganos *mpl*) genitales *mpl*

genitalia [dʒenɪ'teɪlɪə] *npl Formal* (órganos *mpl*) genitales *mpl*

genitive ['dʒenɪtɪv] *Gram* **1** *n* genitivo *m*
2 *adj* genitivo(a) ▫ ***g. case*** (caso *m*) genitivo *m*

genito-urinary ['dʒenɪtəʊ'jʊərɪnərɪ] *adj Med* genitourinario(a), urogenital

genius ['dʒi:nɪəs] *n* (**a**) *(person)* genio *m* (**b**) *(special gift)* genio *m,* don *m;* **to have a g. for...** tener un don (natural) para...; **man/work of g.** hombre *m*/obra *f* genial

Genoa ['dʒenəʊə] *n* Génova

genocide ['dʒenəsaɪd] *n* genocidio *m*

genome ['dʒi:nəʊm] *n Biol* genoma *m*

genotype ['dʒi:nəʊtaɪp] *n Biol* genotipo *m*

genre ['ʒɒnrə] *n (of film, novel)* género *m*

gent [dʒent] *n Br Fam* (**a**) *(gentleman)* caballero *m,* señor *m;* **gents' footwear** calzado *m* de caballero (**b**) **the gents** *(toilets)* el servicio *or Am* lavatorio *or Chile, RP* la toilette de caballeros

genteel [dʒen'ti:l] *adj* (**a**) *(delicate)* fino(a); *Pej* afectado(a) (**b**) *(respectable)* respetable

> Note that the Spanish word **gentil** is a false friend and is never a translation for the English word **genteel**. In Spanish **gentil** means "kind, nice".

gentian ['dʒenʃən] *n* genciana *f* ▫ *Br* ***g. violet*** violeta *f* de genciana

Gentile ['dʒentaɪl] *n* gentil *mf,* no judío(a) *m,f*

gentility [dʒen'tɪlɪtɪ] *n* refinamiento *m,* finura *f; Pej* afectación *f,* cursilería *f*

gentle ['dʒentəl] *adj (person, manner)* tierno(a), afectuoso(a); *(push, breeze, slope)* suave; *(hint)* discreto(a); *(reminder)* sutil; *(rise, fall)* leve; **to be g. with sb/sth** tener cuidado con alguien/algo

gentlefolk ['dʒentəlfəʊk] *npl Old-fashioned* gente *f* de buena familia *or* de prosapia

gentleman ['dʒentəlmən] *n* caballero *m;* **he's a real g.** es todo un caballero; **a g.'s agreement** un pacto entre caballeros ▫ ***g. farmer*** terrateniente *m,* latifundista *m*

gentlemanly ['dʒentəlmənlɪ] *adj* caballeroso(a), cortés

gentleness ['dʒentəlnɪs] *n (of person, nature)* ternura *f,* afectuosidad *f*

gentlewoman ['dʒentəlwʊmən] *n Hist* dama *f,* señora *f*

gently ['dʒentlɪ] *adv* (**a**) *(not roughly) (treat)* con ternura, afectuosamente; *(move, touch)* con suavidad; **g. does it!** ¡con cuidado!, ¡despacio! (**b**) *(slowly)* despacio, poco a poco

gentrification [dʒentrɪfɪ'keɪʃən] *n Br (of area)* aburguesamiento *m (de barrio obrero)*

gentrify ['dʒentrɪfaɪ] *vt Br (area)* aburguesar

gentry ['dʒentrɪ] *npl* alta burguesía *f (terrateniente)*

genuflect ['dʒenjʊflekt] *vi* hacer una genuflexión

genuine ['dʒenjʊɪn] *adj* (**a**) *(authentic) (manuscript, painting)* genuino(a), auténtico(a); **it's the g. article** es el/la de verdad; **g. leather** cuero auténtico; **g. silver** plata auténtica (**b**) *(sincere)* sincero(a); **a g. mistake** un error no intencionado

genuinely ['dʒenjʊɪnlɪ] *adv (sincerely)* realmente

genuineness ['dʒenjʊɪnnɪs] *n* (**a**) *(authenticity)* autenticidad *f* (**b**) *(sincerity)* sinceridad *f*

genus ['dʒi:nəs] *(pl* **genera** ['dʒenərə]) *n Biol* género *m*

geo- ['dʒi:əʊ] *pref* geo-

geocentric [dʒi:əʊ'sentrɪk] *adj* geocéntrico(a)

geographer [dʒɪ'ɒgrəfə(r)] *n* geógrafo(a) *m,f*

geographic(al) [dʒɪə'græfɪk(əl)] *adj* geográfico(a)

geography [dʒɪ'ɒgrəfɪ] *n* geografía *f*

geological [dʒɪə'lɒdʒɪk(əl)] *adj* geológico(a) ▫ ***g. survey*** estudio *m* geológico

geologist [dʒɪ'ɒlədʒɪst] *n* geólogo(a) *m,f*

geology [dʒɪ'ɒlədʒɪ] *n* geología *f*

geomagnetic ['dʒi:əʊmæg'netɪk] *adj* geomagnético(a)

geometric(al) [dʒɪə'metrɪk(əl)] *adj* geométrico(a) ▫ ***g. progression*** progresión *f* geométrica

geometry [dʒɪ'ɒmɪtrɪ] *n* geometría *f*

geophysical ['dʒi:əʊ'fɪzɪkəl] *adj* geofísico(a)

geophysics ['dʒi:əʊ'fɪzɪks] *n* geofísica *f*

geopolitical ['dʒi:əʊpə'lɪtɪkəl] *adj* geopolítico(a)

Geordie ['dʒɔ:dɪ] **1** *n Br Fam* = natural o habitante de la región de Tyneside
2 *adj* de la región de Tyneside

George [dʒɔ:dʒ] *n* (**a**) *Fam Old-fashioned* **by G.!** ¡cáspita!, ¡caramba! (**b**) *(in proper names)* ***G. Cross*** = medalla al mérito civil del Reino Unido; ***G. Medal*** = medalla al mérito civil y militar del Reino Unido

Georgia ['dʒɔ:dʒə] *n (country, US state)* Georgia

Georgian ['dʒɔːdʒən] **1** *n* (**a**) *(person)* georgiano(a) *m,f* (**b**) *(language)* georgiano *m*
2 *adj* (**a**) *(of country, US state)* georgiano(a) (**b**) *Br (architecture, furniture)* georgiano(a)

geosphere ['dʒɪəsfɪə(r)] *n* geosfera *f*

geostationary ['dʒiːəʊ'steɪʃənərɪ] *adj* geoestacionario(a)

geothermal ['dʒiːəʊ'θɜːməl] *adj* geotérmico(a) ▫ ***g. energy*** energía *f* geotérmica

geranium [dʒə'reɪnɪəm] *n* geranio *m*

gerbil ['dʒɜːbɪl] *n* jerbo *m*, gerbo *m*

geriatric [dʒerɪ'ætrɪk] **1** *n* (**a**) *Med* anciano(a) *m,f* (**b**) *Fam Pej* vejestorio *mf*
2 *adj* geriátrico(a)

geriatrics [dʒerɪ'ætrɪks] *n Med* geriatría *f*

germ [dʒɜːm] *n* (**a**) *Med (micro-organism)* germen *m*, microbio *m* ▫ ***g. warfare*** guerra *f* bacteriológica (**b**) *Bot* germen; *Fig* **the g. of an idea** el germen de una idea

German ['dʒɜːmən] **1** *n* (**a**) *(person)* alemán(ana) *m,f* (**b**) *(language)* alemán *m*; **G. class/teacher** clase *f*/profesor(ora) *m,f* de alemán
2 *adj* alemán(ana) ▫ ***G. measles*** rubeola *f*; ***G. shepherd*** pastor *m* alemán

germane [dʒɜː'meɪn] *adj Formal* pertinente; **that's not entirely g. to the matter** eso no concierne mucho al asunto

Germanic [dʒɜː'mænɪk] *adj* germánico(a)

germanium [dʒɜː'meɪnɪəm] *n Chem* germanio *m*

Germany ['dʒɜːmənɪ] *n* Alemania

germicidal [dʒɜːmɪ'saɪdəl] *adj* germicida

germicide ['dʒɜːmɪsaɪd] *n* germicida *m*

germinate ['dʒɜːmɪneɪt] *vi* germinar

germination [dʒɜːmɪ'neɪʃən] *n* germinación *f*

gerontocracy [dʒerɒn'tɒkrəsɪ] *n* gerontocracia *f*

gerontology [dʒerɒn'tɒlədʒɪ] *n Med* gerontología *f*

gerrymandering ['dʒerɪmændərɪŋ] *n Pol* = alteración de los límites de un distrito electoral para que un partido obtenga mejores resultados

gerund ['dʒerənd] *n Gram* gerundio *m*

gesso ['dʒesəʊ] (*pl* **gessoes**) *n* yeso *m*

gestalt [gə'ʃtælt] *n Psy* gestalt *f* ▫ ***G. psychology*** (escuela *f* de la) Gestalt *f*, psicología *f* gestáltica

gestate [dʒes'teɪt] *vi* (**a**) *Biol (mother)* gestar, estar en estado de gestación; *(young)* gestarse, permanecer en el útero (**b**) *(idea, plan)* gestarse

gestation [dʒes'teɪʃən] *n Biol & Fig* gestación *f* ▫ ***g. period*** período *m* de gestación

gesticulate [dʒes'tɪkjʊleɪt] *vi* gesticular

gesticulation [dʒestɪkjʊ'leɪʃən] *n* gesticulación *f*

gestural ['dʒestʃərəl] *adj* gestual

gesture ['dʒestʃə(r)] **1** *n also Fig* gesto *m*; *Fig* **as a g. of friendship** en señal de amistad; *Fig* **a hollow** *or* **empty g.** un gesto vacuo *or* para guardar las apariencias
2 *vi (single action)* hacer un gesto; *(repeatedly)* gesticular, hacer gestos; **to g. towards sth** *(point)* señalar *or* indicar hacia algo

GET [get] (*pt & pp* **got** [gɒt], *US pp* **gotten** ['gɒtən])

> En las expresiones que aparecen bajo (**q**) y (**r**), **get** suele ser opcional. Cuando se omite **get**, **have** no se contrae. Para los casos en que se puede omitir, véase **have**.

1 *vt* (**a**) *(obtain)* conseguir (**from** *or* **off** de); *(buy)* comprar (**from** *or* **off** a); *(mark)* sacar; **to g. sth for sb, to g. sb sth** *(present)* comprar algo a alguien; **could you g. me some sweets from the supermarket?** ¿me traes unos caramelos del supermercado?; **shall we g. a bite to eat?** ¿comemos algo?; **let me g. this round** *(pay for)* deja que pague yo esta ronda; **we usually g. "The Sun"** normalmente compramos "The Sun"; **could you g. me extension 340?** *(on phone)* ¿me podría poner con la extensión 340?; **to g. a job** encontrar trabajo; **I got the idea from a book** saqué la idea de un libro; **to g. the right/wrong answer** dar la respuesta correcta/equivocada; **the food there is as good as you can g.** la comida de ahí no puede ser mejor; **to g. oneself a job/girlfriend** conseguir un trabajo/una novia; **I got myself a new suit** me compré un traje nuevo

(**b**) *(receive) (present, reply)* recibir; **I always g. chocolates for Christmas** siempre me dan *or* regalan bombones para Navidad; **how did you g. that scar?** ¿cómo te hiciste esa cicatriz?; **to g. £18,000 a year** ganar 18.000 libras anuales; **we can't g. Channel 9 here** aquí no recibimos *or* no llega el Canal 9; **we got a lot of rain this summer** este verano llovió mucho; **I got $50 for my old fridge** me dieron 50 dólares por la nevera *or RP* heladera vieja; **he got ten years for rape** le condenaron a diez años por violación; **she gets her figure from her mother** tiene el tipo de su madre; **I g. the feeling** *or* **impression that...** me da *or* tengo la impresión de que...; **to g. pleasure from doing sth** disfrutar haciendo algo; **to g. promotion** ser ascendido(a); **she got a surprise/shock** se llevó una sorpresa/un susto

(**c**) *(catch) (person, disease)* pillar, *Esp* coger, *Am* agarrar; *(train, bus)* tomar, *Esp* coger, *Am* agarrar; **he got her by the throat** la agarró de la garganta; **I got this cold off** *or* **from my sister** mi hermana me pegó el resfriado; *Fam* **I'll g. you for that!** ¡me las pagarás!; *Fam* **g. him!** *(look at him)* ¡fíjate en él!; *Fam* **what's the capital of Somalia? – you've got me there!** ¿cuál es la capital de Somalia? – ¡ahí me has pillado!; *Fam* **the bit where she dies always gets me** el momento en el que muere siempre me emociona

(**d**) *(fetch)* **to g. sth for sb, to g. sb sth** traerle algo a alguien; **g. me the hammer** tráeme el martillo; **go and g. a doctor** ve a buscar a un médico; **I'm going to g. my mother from the hospital** voy a recoger *or* buscar a mi madre al hospital

(**e**) *(prepare, make) (meal, cocktail)* preparar; **can I g. you a glass of wine?** ¿te pongo un vaso de vino?; **g. yourself a drink** ponte algo de beber *or* tomar

(**f**) *(reach)* **put it where the children can't g. it** ponlo donde los niños no lleguen *or* alcancen

(**g**) *(answer) (phone, door)* contestar a; **would you g. that for me?** ¿te importaría contestar?

(**h**) *Fam (annoy)* molestar, fastidiar

(**i**) *Fam (understand)* entender; *(hear)* (alcanzar a) oír; **now I g. you!** ¡ahora te entiendo!; **I didn't quite g. what you said** no oí bien lo que dijiste; **oh, I g. it, you're trying to be funny** ah, ahora lo entiendo, estás haciéndote el gracioso; **you just don't g. it, do you? I'm leaving** ¿es que no te quieres enterar? me marcho; **to g. a joke** pescar *or Esp* coger un chiste; **I don't g. your meaning** no entiendo *or* pillo *or Esp* cojo lo que quieres decir; **I g. the message!** ¡entendido!; **don't g. me wrong!** ¡no me malinterpretes!; **g. (a load of) that haircut!** ¡fíjate qué corte de pelo!

(**j**) *(send)* **to g. sth to sb** mandar *or* enviar algo a alguien; **I got a message to them** les mandé *or* envié un mensaje

(**k**) *(cause to be in a certain state)* **to g. sth dry/wet** secar/mojar algo; **I can't g. it clean** no consigo limpiarlo; **to g. sth dirty** ensuciar algo; **to g. sth fixed** arreglar algo; **I like to g. things done** me gusta acabar las cosas rápidamente; **I got my wallet stolen** me robaron la cartera; **she got her work finished** terminó su trabajo; **to g. sb pregnant** dejar embarazada a alguien; **you've got him worried** lo has dejado preocupado; **the movie got everyone talking** la película dio que hablar a todo el mundo; **to g. sb into trouble** meter a alguien en líos; **to g. the children to bed** acostar a los niños; **arguing will g. you nowhere** discutir no lleva a ninguna parte

(**l**) *(move)* **g. the washing inside, quick!** mete la ropa, ¡rápido!; **we got him past the guards** conseguimos pasarlo sin que lo vieran los guardias; **you'll never g. that piano through the door** nunca conseguirás que el piano pase por la puerta

(**m**) *(cause to do)* **she got me to help her** me pidió que la ayudara *(y la ayudé)*; **why don't you g. your mother to do it?** ¿por qué no le pides a tu madre que lo haga ella?; **I finally got my mother to do it** por fin conseguí que lo hiciera mi madre; **you can g. them to wrap it for you** puedes pedir que te lo envuelvan; **we g. our paper delivered** nos traen el periódico; **can I g. you to write your address here?** ¿te importaría escribir tu dirección aquí?; **I can't g. the car to start** no consigo que arranque el coche *or Am* carro *or Chile, RP* auto

(**n**) *(do gradually)* **to g. to know sb** llegar a conocer a alguien; **you'll g. to like him** te llegará a gustar; **you're getting to be quite good at chess** juegas cada vez mejor al ajedrez; **she soon got to thinking that...** pronto empezó a pensar que...

(**o**) *(have opportunity)* **I'll do it when I g. the time/chance** lo haré cuando tenga tiempo/la ocasión; **to g. to do sth** llegar a hacer algo; **you g. to travel a lot in this job** en este trabajo se viaja mucho; **I finally got to see her** por fin pude *or* conseguí verla

(**p**) *(find)* **you don't g. many eagles round here** no se ven muchas águilas por aquí; **we don't g. many visitors here** no viene mucha gente por aquí

(**q**) *(possess) (with* **have***)* **they've got a big house** tienen una casa grande; **she hasn't got a car** no tiene coche *or Am* carro *or Chile, RP* auto; **he's got black hair** tiene el pelo negro; **she's got measles/AIDS** tiene (el) sarampión/SIDA; **we've got a choice** tenemos una alternativa; **I've got something to do** tengo algo que hacer; **what's that got to do with it?** ¿qué tiene eso que ver?

(**r**) *(must) (with* **have***)* **I've got to go** me tengo que ir; **have you got to work?** ¿tienes que trabajar?; **it's got to be done** hay que hacerlo

2 *vi* (**a**) *(arrive, progress)* llegar (**to** a); **to g. home** llegar a casa; **how do you g. there?** ¿cómo se llega?; **how did this motorbike g. here?** ¿cómo ha llegado hasta aquí esta moto?; **he got as far as Chapter Five** llegó hasta el quinto capítulo; **when it got to Friday, I started to worry** cuando llegó el viernes, comencé a preocuparme; **I was about to g. to that** estaba a punto de mencionar eso; **we're not getting anywhere** (así) no vamos a ninguna parte; **how's the project coming on? – we're getting there** ¿cómo va el proyecto? – vamos avanzando

(**b**) *(move)* **g. behind that bush!** ¡escóndete detrás de ese arbusto!; **to g. in the way** ponerse en medio; **to g. in the way of sb, to g. in sb's way** ponerse delante de alguien; **he got onto the table** se subió a la mesa; **she got over the wall** sorteó *or* pasó el muro; **I got to my feet** me puse de pie, me levanté, *Am* me paré

(**c**) *(become)* **to g. angry** enfadarse, *Am* enojarse; **to g. better** mejorar; **it's getting dark/chilly** está oscureciendo/empezando a hacer frío; **it's getting late** se está haciendo tarde; **to g. drunk** emborracharse; **to g. old** envejecer; **this is getting ridiculous** esto es cada vez más ridículo

(**d**) *(in passive-type constructions)* **to g. broken** romperse; **to g. captured** ser capturado(a); **I didn't g. invited** no me invitaron; **to g. lost** *(person)* perderse; *(object)* perderse, extraviarse; **to g. stolen** ser robado(a)

(**e**) *(in reflexive-type constructions)* **to g. dressed** vestirse; **to g. married** casarse; **to g. ready for sth** prepararse *or Am* alistarse para algo

(**f**) *(start)* **to g. going** *(leave)* irse, marcharse; *(start working)* empezar a funcionar; **let's g. moving** *or* **going!** ¡en marcha!; **to g. talking with sb** empezar a hablar con alguien

3 *n* (**a**) *Br very Fam (person) Esp* capullo(a) *m,f, Am* pendejo(a) *m,f*

(**b**) *Fam (in tennis)* salvada *f*

▸**get about** *vi (of person)* moverse; *(of news, rumour)* difundirse, trascender; **you g. about a lot!** *(travel)* ¡viajas mucho!

▸**get above** *vt insep* **to g. above oneself** darse muchos humos

▸**get across 1** *vt insep (cross)* cruzar

2 *vt sep* (**a**) *(take across)* **how are we going to g. the van across the river?** ¿cómo vamos a cruzar la furgoneta a la otra orilla? (**b**) *(convey)* **to g. an idea/a message across** hacer entender una idea/un mensaje; **to g. sth across to sb** hacer que alguien entienda algo

3 *vi (cross)* cruzar

▸**get ahead** *vi (in life)* abrirse paso *or* camino

▸**get along** *vi* (**a**) *(leave)* marcharse, irse; **we must be getting along** tenemos que marcharnos *or* irnos (**b**) *(progress)* **how are you getting along in your new job?** ¿cómo te va en el nuevo trabajo?; **we can g. along without them** podemos seguir sin ellos (**c**) *(have good relationship)* llevarse bien

▸**get around 1** *vt insep* (**a**) *(avoid) (problem)* evitar; **we got around the rule** conseguimos evitar tener que cumplir la norma (**b**) *(persuade)* **he knows how to g. around his mother** sabe cómo ganarse a su madre

2 *vi* = **get about**

▸**get around to** *vt insep* **to g. around to doing sth** sacar tiempo para hacer algo; **I haven't got around to telling her yet** no he sacado tiempo para decírselo

▸**get at** *vt insep* (**a**) *(gain access to)* acceder a, llegar a; *(reach)* alcanzar; **to g. at the truth** dar con la verdad (**b**) *(imply)* **what are you getting at?** ¿qué (es lo que) quieres decir? (**c**) *Fam (criticize unfairly) (person)* meterse con, *Esp* chinchar (**d**) *Fam (influence) (witness, jury)* atemorizar

▸**get away 1** *vt sep (move)* **to g. sth/sb away from sth/sb** apartar algo/a alguien de algo/de alguien

2 *vi (escape)* irse, escaparse; *(have a holiday)* tomarse unas vacaciones; *(leave work)* salir de trabajar; **g. away from me!** ¡aléjate de mí!; *Fam* **g. away (with you)!** *(expressing disbelief) Esp* ¡anda *or* venga ya!, *Méx* ¡no me cuentes!, *RP* ¡dale!; **we need to g. away from that way of thinking** tenemos que abandonar esa manera de ver las cosas; **you can't g. away** *or* **there's no getting away from the fact that...** es imposible ignorar el hecho de que...; **to g. away from it all** escaparse de todo

▸**get away with** *vt insep (crime)* salir impune de; **I don't know how you g. away with speaking to your mother like that** no entiendo cómo tu madre te permite que le hables así; **he got away with a small fine** sólo le han puesto una pequeña multa; IDIOM **that child gets away with murder!** ¡ese niño se sale siempre con la suya!

▸**get back 1** *vt sep* (**a**) *(recover)* recuperar; **we got our money back** nos devolvieron el dinero (**b**) *(return)* **how are we going to g. these packages back home?** ¿cómo vamos a llevar estos paquetes a casa?; **I'll g. it back to you by Monday at the latest** te lo devolveré el lunes como muy tarde (**c**) *Fam (take revenge on)* **I'll g. you back for this!** ¡me las pagarás!

2 *vi* (**a**) *(move)* echarse atrás, apartarse; **g. back!** ¡atrás! (**b**) *(return)* volver, regresar; **to g. back to normal** volver a la normalidad; **let's g. back to the point** centrémonos de nuevo en el tema; **to g. back to sleep** volverse a dormir (**c**) *(contact later)* **can I g. back to you?** *(on phone)* ¿te puedo llamar dentro de un rato?; **can I g. back to you on that? I'm busy just now** ahora estoy ocupado, ¿te puedo contestar más tarde?

▸**get back at** *vt insep* **to g. back at sb (for sth)** vengarse de alguien (por algo)

▸**get back together** *vi (couple)* volver a juntarse

▸**get behind 1** *vt insep (support)* apoyar

2 *vi (become delayed)* atrasarse, quedarse atrás

▸**get by** *vi (manage)* arreglárselas; **we g. by on just $150 a week** nos las arreglamos con sólo 150 dólares a la semana; **I g. by in Spanish** me defiendo en español

▸**get down 1** *vt sep* (**a**) *(move)* bajar; **could you g. that book down for me?** ¿me podrías bajar ese libro? (**b**) *(reduce) (costs, temperature)* reducir; **to g. one's weight down** perder peso (**c**) *(write)* anotar (**d**) *(depress)* **to g. sb down** desanimar *or* deprimir a alguien (**e**) *(swallow)* tragar

2 *vi (descend)* bajarse (**from** de); **g. down, he's going to shoot!** ¡agáchate, va a disparar!; **to g. down on one's hands and knees** ponerse a cuatro patas

▸**get down to** *vt insep* ponerse a; **to g. down to doing sth** ponerse a hacer algo; **to g. down to the facts** ir (directamente) a los hechos; **to g. down to work** poner manos a la obra; **I just can't seem to g. down to work today** no consigo centrarme en el trabajo; **when you g. down to it...** en el fondo...

▸**get in 1** *vt sep* (**a**) *(bring inside) (washing)* meter; *(harvest)* recoger (**b**) *(fit in)* meter; **I couldn't g. a word in** *(in conversation)* no pude meter baza (**c**) *(stock up with) (food, coal)* hacer acopio de (**d**) *(call) (plumber, expert)* llamar (**e**) *(submit)* entregar, presentar; **we have to g. the application in by next week** tenemos que entregar *or* presentar la solicitud antes del final de la semana que viene

2 *vi* (**a**) *(arrive) (of train, person)* llegar (**b**) *(enter)* entrar; **water is getting in through the roof** está entrando agua por el techo (**c**) *(be elected)* salir elegido(a), ganar las elecciones

▸**get in on** *vt insep Fam (take part in)* apuntarse a

▸**get into 1** *vt insep* (**a**) *(enter) (house, car)* entrar en; **to g. into the habit of doing sth** *Am* agarrar *or Esp* coger la costumbre de hacer algo; **to g. into a temper** agarrar

una pataleta, *Esp* coger una rabieta; **to g. into trouble** meterse en un lío; *Fam* **I don't know what's got into her** no sé qué mosca le ha picado
(**b**) *(put on) (clothes, boots)* ponerse; **she got into her dress** se puso el vestido; **I can't g. into my trousers** no me entran *or* caben los pantalones
(**c**) *(arrive at) (station, work)* llegar a
(**d**) *(be accepted)* **to g. into Parliament** salir elegido(a) parlamentario(a); **to g. into college** ser admitido(a) en la universidad
(**e**) *Fam* **I really got into it** *(book, activity)* me enganchó muchísimo
2 *vt sep* (**a**) *(fit)* meter
(**b**) *(involve in)* meter

▸**get in with** *vt insep (ingratiate oneself with)* congraciarse con

▸**get off 1** *vt insep* (**a**) *(descend from)* bajar(se) de; **g. off that table!** ¡baja *or* bájate de esa mesa!
(**b**) *(bus, train)* bajarse de
2 *vt sep* (**a**) *(remove) (lid, wrapper)* quitar, *Andes, RP* sacar; **g. your feet off the table!** ¡quita *or Andes, RP* saca los pies de la mesa!; **g. your hands off me!** ¡quítame las manos de encima!
(**b**) *(save from punishment)* **to g. sb off** librar *or* salvar a alguien
(**c**) *(avoid)* **to g. off having to do sth** librarse de tener que hacer algo
(**d**) *(cause to be)* **to g. the children off to school** mandar a los niños al colegio; **to g. a baby off (to sleep)** dormir a un niño
(**e**) *(send)* enviar
(**f**) *(leave) (work)* salir de; **g. off my land!** ¡fuera de mis tierras!
3 *vi* (**a**) *(descend from vehicle)* bajarse, apearse; *Fig* **I told him where to g. off** *(rebuked him)* lo mandé a paseo
(**b**) *(go unpunished)* librarse; **he got off with a small fine** sólo le han puesto una pequeña multa; *Fig* **to g. off lightly** salir bien librado(a)
(**c**) *(begin)* **to g. off (to sleep)** dormirse, quedarse dormido(a); **to g. off to a good/bad start** empezar con buen/mal pie
(**d**) *(start journey)* salir; **we'd best be getting off** deberíamos marcharnos *or* irnos
(**e**) *(leave) (work)* salir (del trabajo)
(**f**) *(leave alone)* **g. off!** ¡déjame en paz!
(**g**) *US very Fam (have orgasm) Esp* correrse, *Col, Méx* venirse, *RP* irse

▸**get off on** *vt insep very Fam* **she really gets off on ordering people about** eso de mandar le pone cachonda

▸**get off with** *vt insep Br Fam* **to g. off with sb** enrollarse *or* ligar con alguien

▸**get on 1** *vt insep* (**a**) *(move onto)* **g. on the table** súbete a la mesa
(**b**) *(board) (train, bus, plane)* montar en, subir a
2 *vt sep* (**a**) *(put on)* **to g. one's clothes/trousers on** ponerse la ropa/los pantalones; **I can't g. my trousers on** no me entran *or* caben los pantalones
(**b**) *US very Fam* **to g. it on (with sb)** *(have sex) Esp* hacérselo (con alguien), *Am* coger (con alguien)
3 *vi* (**a**) *(board)* montarse, subirse
(**b**) *(succeed, progress)* **how are you getting on?** ¿cómo te va?; **I'm getting on well/badly** me va bien/mal; **do you know how you got on in the exam?** ¿sabes qué te han puesto en el examen?; **we're getting on fine without you** nos va muy bien sin ti; **you'll never g. on in life** *or* **in the world with that attitude!** ¡con esa actitud nunca llegarás a ninguna parte!
(**c**) *(have good relationship)* llevarse bien; **to g. on well/badly with sb** llevarse bien/mal con alguien; **how do you g. on with her?** ¿qué tal te llevas con ella?
(**d**) *(with time)* **it's getting on, we should go** se hace tarde, tenemos que irnos; **to be getting on (in years)** ser bastante mayor

▸**get on at** *vt insep Fam* **to g. on at sb (about sth)** meterse con alguien (por algo)

▸**get on for** *vt insep* **he must be getting on for fifty** debe de tener cerca de los cincuenta; **it was getting on for midnight** era cerca de medianoche; **there were getting on for 10,000 people there** debía haber allí cerca de 10.000 personas

▸**get onto** *vt insep* (**a**) *(move)* **g. onto the table** súbete a la mesa (**b**) *(board) (train, bus, plane)* montar en, subir a (**c**) *(contact)* ponerse en contacto con (**d**) *(move onto subject of)* pasar a (hablar de); **they eventually got onto (the subject of) money** finalmente pasaron a hablar de (asuntos de) dinero (**e**) *(be elected to) (committee, board)* ser elegido como miembro de (**f**) *(start to deal with)* comenzar a tratar

▸**get on with** *vt insep (continue with)* seguir, continuar; **g. on with it!** *(hurry up)* ¡date prisa!, *Am* ¡apúrate!; **here's $20 to be getting on with** aquí tienes 20 dólares para ir empezando; *Fam* **why can't you just let me g. on with my work?** ¿por qué no me dejas trabajar en paz?

▸**get out 1** *vt sep* (**a**) *(remove) (tools, books, money)* sacar; *(nail, splinter)* sacar, extraer; *(stain)* quitar, *Andes, RP* sacar; **he got his wallet out** sacó su cartera (**b**) *(publish)* publicar, sacar (**c**) *(manage to say)* **I couldn't g. the words out** no me salían las palabras
2 *vi* (**a**) *(leave)* salir; *(escape)* salir, escapar; **g. out!** ¡vete de aquí! (**b**) *(from car)* salir, bajarse (**c**) *(socialize)* salir; **we don't g. out much** no salimos mucho (**d**) *(of news)* filtrarse; **the secret got out** se descubrió el secreto

▸**get out of 1** *vt insep* (**a**) *(car, bus, train)* salir de, bajar de; **to g. out of the way** apartarse, quitarse de en medio; **he got out of bed** se levantó de la cama; **how are we going to g. out of this mess?** ¿cómo vamos a salir de este lío? (**b**) *(avoid)* **to g. out of sth/doing sth** librarse de algo/de hacer algo
2 *vt sep* (**a**) *(benefit from)* **what do I g. out of it?** ¿y yo qué saco (de ello)?; **to g. a lot of enjoyment out of sth** disfrutar mucho con algo (**b**) *(help to avoid)* **to g. sb out of doing sth** ayudar a alguien a librarse de tener que hacer algo; **to g. sb out of trouble** sacar a alguien de un apuro (**c**) *(extract)* **to g. the truth/a confession out of sb** extraer la verdad/una confesión de alguien

▸**get over 1** *vt insep* (**a**) *(cross) (road, river)* cruzar; *(wall, fence)* franquear (**b**) *(recover from) (illness, trauma)* recuperarse de; **you'll g. over it** se te pasará; *Fam* **I can't g. over how stupidly he behaved** no puedo creerme lo estúpido que fue (**c**) *(overcome) (problem)* superar
2 *vt sep (communicate)* hacer llegar, transmitir
3 *vi (come)* **g. over here as soon as possible** ven aquí tan pronto como puedas

▸**get over with** *vt sep* **to g. sth over with** terminar con algo

▸**get round 1** *vt insep* = **get around**
2 *vi* = **get about**

▸**get round to** = **get around to**

▸**get through 1** *vt insep* (**a**) *(pass through) (hole, roof)* entrar por (**b**) *(survive) (test, interview)* pasar, superar; *(exam)* aprobar; *(period of time)* superar, aguantar; **the bill finally got through Parliament** el proyecto de ley fue finalmente aprobado por el parlamento (**c**) *(finish) (work)* terminar, acabar (**d**) *(consume) (food, drink)* consumir; *(money)* gastar; **I g. through two packs of cigarettes a day** me fumo dos paquetes de cigarrillos al día
2 *vt sep* (**a**) *(communicate)* **to g. sth through to sb** hacer ver algo a alguien (**b**) *(help to overcome)* **to g. sb through sth** ayudar a alguien a superar algo; **to g. a bill through Parliament** conseguir que un proyecto de ley se apruebe en el parlamento
3 *vi* (**a**) *(pass through)* pasar (**b**) *(arrive) (of news, messenger, supplies)* llegar (**c**) **to g. through to sb** *(on telephone)* (lograr) comunicarse con alguien; *Fig (communicate with)* conectar con alguien; **the idea had finally got through to him** la idea le entró por fin en la cabeza (**d**) *(qualify)* clasificarse

▸**get to 1** *vt insep Fam (annoy)* fastidiar, molestar
2 *vi* **where has Alistair/my wallet got to?** ¿adónde ha ido a parar Alistair/mi cartera?

▸**get together 1** *vt sep (organize) (petition)* organizar; *(band, team)* montar, juntar; **to g. some money together** juntar algo de dinero; **we got our belongings together** juntamos *or* recogimos nuestros efectos personales; **let me g. my thoughts together** déjame poner en claro mis ideas; **I've finally got it** *or* **myself together** finalmente he puesto mi vida en orden; *Fam* **they finally got it together last week** *(became lovers)* finalmente comenzaron a salir la semana pasada
2 *vi (meet)* quedar, verse

▸**get up 1** *vt insep* **I couldn't g. up the stairs** no podía subir las escaleras; IDIOM **to g. up sb's nose** *(annoy)* tocar a alguien las narices
2 *vt sep* (**a**) *(wake up)* **to g. sb up** levantar *or*

despertar a alguien (**b**) *(dress up)* **he got himself up in his best clothes** se puso sus mejores ropas; **to g. oneself up as sb/sth** disfrazarse de alguien/algo (**c**) *(arouse) (appetite, enthusiasm)* despertar; **don't g. your hopes up** no te hagas ilusiones; **to g. up the courage to do sth** armarse de valor para hacer algo (**d**) *(organize)* organizar, juntar (**e**) *very Fam* **he couldn't g. it up** *(achieve erection) Esp* no se le empinaba, *Am* no se le paraba

3 *vi* (**a**) *(in morning)* levantarse; *(stand up)* levantarse, ponerse de pie, *Am* pararse (**b**) *(wind, storm)* levantarse

▸**get up to** *vt insep* (**a**) *(reach)* **I've got up to Chapter Two** he llegado hasta el segundo capítulo (**b**) *(do)* **what have you been getting up to recently?** ¿qué has estado haciendo últimamente?; **to g. up to mischief** hacer de las suyas; **he's been getting up to his old tricks** ha vuelto a las andadas

---

get-at-able [get'ætəbəl] *adj Fam (high shelf, person)* accesible

getaway ['getəweɪ] *n* fuga *f*, huida *f*; **to make one's g.** fugarse, escaparse ❑ ***g. car*** vehículo *m* utilizado en la fuga

get-out ['getaʊt] *n* salida *f*, escapatoria *f* ❑ ***g. clause*** cláusula *f* de salvaguardia

get-rich-quick [getrɪtʃ'kwɪk] *adj Fam* **a g. scheme** un proyecto para enriquecerse rápidamente

get-together ['gettəgeðə(r)] *n Fam* reunión *f*

get-up ['getʌp] *n Fam (clothes)* indumentaria *f*; *(fancy dress)* disfraz *m*

get-up-and-go ['getʌpən'gəʊ] *n Fam (energy)* dinamismo *m*, iniciativa *f*

get-well card [get'welkɑ:d] *n* = tarjeta con que se desea a un enfermo su mejoría

geyser ['gi:zə(r)] *n Geog* géiser *m*

Ghana ['gɑ:nə] *n* Ghana

Ghanaian [gɑ:'neɪən] *n & adj* ghanés(esa) *m,f*

ghastly ['gɑ:stlɪ] *adj* (**a**) *(horrific)* tremendo(a), horripilante (**b**) *Fam (very bad)* horrible, horroroso(a); **how g.!** ¡qué horror!; **it was all a g. mistake** todo fue un tremendo error; **he looked g.** tenía un aspecto horrible

gherkin ['gɜ:kɪn] *n* pepinillo *m*

ghetto ['getəʊ] (*pl* **ghettos**) *n* gueto *m* ❑ *Fam* ***g. blaster*** *(cassette player)* radiocasete *m* portátil *(de gran tamaño)*

ghettoize ['getəʊaɪz] *vt* marginar (como en un gueto)

ghost [gəʊst] **1** *n* (**a**) *(spirit)* fantasma *m*; IDIOM **to give up the g.** pasar a mejor vida; IDIOM **to lay the g. of sth to rest** enterrar el fantasma de algo ❑ ***g. story*** relato *m* de fantasmas; ***g. town*** ciudad *f*/pueblo *m* fantasma; ***g. train*** tren *m* fantasma (**b**) *(trace, hint)* **the g. of a smile** la sombra de una sonrisa; **she doesn't have the g. of a chance** no tiene ni la más remota posibilidad

2 *vt* **to g. a book for sb** escribir anónimamente un libro para alguien

ghostly ['gəʊstlɪ] *adj* fantasmal

ghostwrite ['gəʊstraɪt] *vt* **to g. a book for sb** escribir anónimamente un libro para alguien

ghostwriter ['gəʊstraɪtə(r)] *n* negro(a) *m,f*, escritor(ora) *m,f* anónimo(a)

ghoul [gu:l] *n* (**a**) *(evil spirit)* espíritu *m* maligno (**b**) *(morbid person)* espíritu *m* macabro

ghoulish ['gu:lɪʃ] *adj (humour, remark)* macabro(a)

GHQ [dʒi:eɪtʃ'kju:] *n Mil* (*abbr* **General Headquarters**) cuartel *m* general

GI [dʒi:'aɪ] *n US Fam* soldado *m* raso

giant ['dʒaɪənt] **1** *n* gigante(a) *m,f* ❑ ***g. killer*** *(in sport)* matagigantes *mf inv*

2 *adj* colosal, gigantesco(a) ❑ ***g. panda*** (oso *m*) panda *m*, panda *m* gigante; ***g. slalom*** *(in skiing)* eslalon *m or* slalom *m* gigante

gibber ['dʒɪbə(r)] *vi* (**a**) *(of monkey)* parlotear (**b**) *(talk incoherently)* farfullar

gibbering ['dʒɪbərɪŋ] *adj* incoherente, desvariado(a); *Fam* **a g. idiot** un perfecto idiota

gibberish ['dʒɪbərɪʃ] *n (unintelligible speech, writing)* galimatías *m inv*; *(nonsense)* tonterías *fpl*, memeces *fpl*; **to talk g.** decir tonterías *or* memeces

gibbet ['dʒɪbɪt] *n* horca *f*

gibbon ['gɪbən] *n* gibón *m*

gibe [dʒaɪb] **1** *n* burla *f*

2 *vi* **to g. at sb** hacer burla de alguien

giblets ['dʒɪbləts] *npl* menudillos *mpl*

Gibraltar [dʒɪ'brɔ:ltə(r)] *n* Gibraltar

giddiness ['gɪdɪnɪs] *n (dizziness)* mareo *m*; *(from height)* vértigo *m*

giddy ['gɪdɪ] *adj (dizzy)* **to be g.** estar mareado(a); *(from height)* tener vértigo; **g. heights** altas cotas *fpl or* cumbres *fpl*; *Ironic* **to reach the g. heights of deputy assistant inspector** alcanzar el alto honor de ser ayudante del subinspector

GIF [dʒɪf] *n Comptr* (*abbr* **Graphics Interchange Format**) GIF *m*

gift [gɪft] *n* (**a**) *(present)* regalo *m*, obsequio *m*; **a g. from the gods** *or* **from God** un regalo de Dios, una bendición divina; PROV **never look a g. horse in the mouth** a caballo regalado no le mires el diente ❑ *US* ***g. certificate*** vale *m* de regalo; ***g. shop*** tienda *f* de artículos de regalo; *Br* ***g. token*** *or* ***voucher*** vale *m* de regalo (**b**) *(talent)* don *m*; **to have a g. for mathematics** tener un don para las matemáticas; **she has a g. for putting her foot in it** tiene un don especial para meter la pata, lo de meter la pata se le da como a nadie; IDIOM **to have the g. of the gab** tener un pico de oro

gifted ['gɪftɪd] *adj (talented)* dotado(a); *(unusually talented)* superdotado(a)

giftwrap ['gɪftræp] **1** *n* papel *m* de regalo

2 *vt* envolver con papel de regalo; **would you like it giftwrapped?** ¿se lo envuelvo para regalo?

gig [gɪg] *n* (**a**) *(carriage)* calesa *f* (**b**) *Fam (pop concert)* actuación *f*, concierto *m*

gigabyte ['dʒɪgəbaɪt] *n Comptr* gigabyte *m*

gigantic [dʒaɪ'gæntɪk] *adj* gigantesco(a)

giggle ['gɪgəl] **1** *n* risita *f*, risa *f* floja; **to get the giggles, to have a fit of the giggles** tener un ataque de risa tonta; *Fam* **to do sth for a g.** hacer algo de broma

2 *vi* soltar risitas

giggly ['gɪglɪ] *adj* **two g. girls at the back of the class** dos niñas soltando risitas al fondo de la clase

GIGO ['gaɪgəʊ] *Comptr* (*abbr* **garbage in garbage out**) = información errónea genera resultados erróneos

gigolo ['dʒɪgələʊ] (*pl* **gigolos**) *n* gigoló *m*

Gila monster ['hi:ləmɒnstə(r)] *n* monstruo *m* de Gila

gild [gɪld] (*pt & pp* **gilded** *or* **gilt** [gɪlt]) *vt* dorar; IDIOM **to g. the lily** rizar el rizo

gilded ['gɪldɪd] *adj* dorado(a)

gill¹ [gɪl] *n* **gills** *(of fish)* branquias *fpl*; IDIOM **to be green about the gills** *(look unwell)* tener muy mala cara

gill² [dʒɪl] *n (liquid measure)* cuarto *m* de pinta *(= 0,142 litros)*

gillyflower ['dʒɪlɪflaʊə(r)] *n* clavellina *f*, clavel *m* silvestre

gilt [gɪlt] **1** *n* (baño *m*) dorado *m*; *Br Fin* **gilts** valores *mpl* del Estado; IDIOM **to take the g. off the gingerbread** quitarle la gracia a algo

2 *adj* dorado(a)

3 *pt & pp of* **gild**

gilt-edged ['gɪlt'edʒd] *adj Fin* ***g. securities*** *or* ***stock*** *Br* títulos *mpl* de deuda pública, valores *mpl* del Estado; *US* títulos *mpl or* valores *mpl* de máxima garantía

gimcrack ['dʒɪmkræk] *adj* de pacotilla

gimlet ['gɪmlɪt] *n (tool)* barrena *f*; **his g. eyes** su mirada *f* penetrante

gimme ['gɪmi:] *Fam* = **give me**

gimmick ['gɪmɪk] *n* truco *m*, reclamo *m*

gimmickry ['gɪmɪkrɪ] *n* trucos *mpl*, reclamos *mpl*

gimmicky ['gɪmɪkɪ] *adj* artificioso(a)

gimp [gɪmp] *n US very Fam* cojo(a) *m,f*, *Esp* cojitranco(a) *m,f*

gin [dʒɪn] *n* (**a**) *(drink)* ginebra *f*; **g. and tonic** gin-tonic *m*; **g. and it** martini *m*, = cóctel a base de ginebra y vermú italiano ❑ ***g. sling*** gin sling *m*, = cóctel a base de ginebra con mucho hielo, *Esp* zumo *or Am* jugo de limón y licor de cerezas (**b**) *(trap)* ***g. trap*** lazo *m (trampa de caza)*

ginger ['dʒɪndʒə(r)] **1** *n* jengibre *m* ❑ ***g. ale*** ginger ale *m*; ***g. beer*** refresco *m* de jengibre; *Br* ***g. group*** grupo *m* de presión; ***g. nut*** *or* ***snap*** galleta *f* de jengibre

2 *adj (hair)* pelirrojo(a)

▸**ginger up** *vt sep Fam* animar

gingerbread ['dʒɪndʒəbred] *n (cake)* pan *m* de jengibre; *(biscuit)* galleta *f* de jengibre

gingerly ['dʒɪndʒəlɪ] *adv* con mucho tiento

gingery ['dʒɪndʒərɪ] *adj* (**a**) *(colour)* bermejo(a); *(hair)* pelirrojo(a) (**b**) *(taste)* a jengibre

gingham ['gɪŋəm] *n* guinga *f*, = tela de algodón a cuadros

gingivitis [dʒɪndʒɪ'vaɪtɪs] *n Med* gingivitis *f inv*

gink [gɪŋk] *n US Fam* bicho *m* raro

ginormous [dʒaɪ'nɔːməs] *adj Br Fam* requetegrande

ginseng ['dʒɪnseŋ] *n* ginseng *m*

gippy tummy ['dʒɪpɪ'tʌmɪ] *n Fam* descomposición *f or RP* descompostura *f* (de barriga)

gipsy, gypsy ['dʒɪpsɪ] *n* gitano(a) *m,f* ▫ ***g. caravan*** carromato *m* de gitanos

giraffe [dʒɪ'rɑːf] *n* jirafa *f*

gird [gɜːd] *(pt & pp* **girded** *or* **girt** [gɜːt]) *vt Literary* **to g. one's loins** armarse para la batalla

girder ['gɜːdə(r)] *n* viga *f*

girdle ['gɜːdəl] **1** *n (corset)* faja *f*

2 *vt Literary* ceñir

girl [gɜːl] *n (child, baby)* niña *f*; *(young woman)* chica *f*; **that's my g.!** *(well done)* ¡buena chica! ▫ ***g. Friday*** chica *f* para todo; *Br* ***G. Guide*** scout *f*, escultista *f*

girlfriend ['gɜːlfrend] *n* (**a**) *(of boy, man)* novia *f*; *(of girl, woman)* amiga *f* (**b**) *US Fam (term of address)* hermana *f*, compañera *f*, *Am* comay *f*

girlhood ['gɜːlhʊd] *n* niñez *f*

girlie, girly [gɜːlɪ] *Fam* **1** *n* nena *f*, chica *f*, *Arg* piba *f*, *Méx* chava *f* ▫ ***g. mag*** revista *f* porno

2 *adj Pej* de chica *or Arg* piba *or Méx* chava; **g. things** cosas de chicas; **it looks a bit g. on you** tienes pinta de chica con eso

girlish ['gɜːlɪʃ] *adj* (**a**) *(of girl, young woman)* de niña (**b**) *(man)* afeminado(a)

giro ['dʒaɪrəʊ] *(pl* **giros**) *n Br* (**a**) *Fin* **g. account** cuenta *f* de giros postales (**b**) *Fam (unemployment cheque)* cheque *m* del paro

girt [gɜːt] *pt & pp of* **gird**

girth [gɜːθ] *n (of tree)* contorno *m*; *(of person)* barriga *f*

gist [dʒɪst] *n* esencia *f*; **to get the g. (of sth)** entender el sentido general (de algo)

git [gɪt] *n Br very Fam Esp* capullo(a) *m,f*, *Am* pendejo(a) *m,f*

GIVE [gɪv] **1** *vt (pt* **gave** [geɪv], *pp* **given** ['gɪvən]) (**a**) *(in general)* dar; *(blood, sperm)* dar, donar; *(as present)* regalar; **to g. sth to sb, to g. sb sth** dar algo a alguien; *(as present)* regalar algo a alguien; **g. it to me** dámelo; **g. the money to John** dale el dinero a John; **we were each given different orders** cada uno de nosotros recibió diferentes órdenes; **to g. sb sth to eat** dar algo de comer a alguien; **to g. sb a present** dar a alguien un regalo, regalar algo a alguien; **to g. a child a name** ponerle nombre a un niño; **g. her my love** dale recuerdos de mi parte; **I'll g. you $20 for it** te doy 20 dólares por él; **can you g. me something for the pain?** ¿me podría dar algo para el dolor?; **I wouldn't g. much for their chances** no creo que tengan muchas posibilidades; **computer games are all very well, but g. me a good book any day** *or* **every time** donde esté o haya un buen libro, que se quiten los juegos de *Esp* ordenador *or Am* computadora; **I'd g. anything to be able to go too** daría lo que fuera por ir también; **she gives as good as she gets** sabe defenderse; **g. or take a few minutes/pesetas** minuto/peseta arriba o abajo

(**b**) *(organize) (party, dinner, dance)* dar

(**c**) *(cause)* dar; **to g. sb trouble** molestar a alguien; **to g. sb a fright** dar un susto a alguien; **to g. sb a headache** dar dolor de cabeza a alguien; **to g. sb an illness** contagiarle *or* pegarle una enfermedad a alguien; **he gives me the impression that he couldn't care less** me da la impresión de que no le importa nada

(**d**) *(allow)* dar; *(rights, power)* dar, conceder; **to g. sb a choice** dar a alguien una alternativa; **given the chance again** si se presentara de nuevo la ocasión; **she has been given six months to live** le han dado seis meses de vida; **he's intelligent, I'll g. you that, but I still don't like him** es inteligente, de acuerdo, pero me sigue sin gustar

(**e**) *(devote)* **I'll g. my full attention to the matter** pondré toda mi atención en el asunto; **to g. a lot of thought to sth** considerar algo a fondo; **he gave his all, he gave it everything he'd got** dio todo de sí

(**f**) *(lend)* **it gives her an air of distinction** le da un aire de distinción; **his name gives authority to the study** su nombre confiere autoridad al estudio

(**g**) *(tell)* **he gave his age as twenty** declaró que tenía veinte años; **the clock gave the time as midnight** el reloj marcaba la medianoche; *Formal* **she gave me to understand that...** me dio a entender que...; *Formal* **I was given to understand that...** se me dio a entender que...; **g. it to me straight!** *(tell me the truth)* ¡sé franco conmigo!; *Fam* **don't g. me that (nonsense)!** ¡no me vengas con ésas!

(**h**) *(sentence to)* imponer, sentenciar a; **he was given ten years** le cayeron diez años; **she was given a fine** le pusieron una multa

(**i**) *Sport (adjudge)* **the referee gave a penalty** el árbitro señaló penalti *or RP* penal; **the umpire gave the ball out** el juez de silla decidió que la bola había salido

(**j**) *Br Formal (present)* **ladies and gentlemen, I g. you the mayor of Boston!** ¡damas y caballeros, con ustedes el alcalde de Boston!

(**k**) *Old-fashioned* **to g. oneself to sb** *(have sex with)* entregarse a alguien

(**l**) *(with noun, to form verbal expressions)* **to g. evidence** testificar, prestar declaración; **to g. sb a kick** dar una patada a alguien; **to g. a laugh** soltar una carcajada; **she gave me a strange look** me lanzó una extraña mirada; **to g. a sigh** lanzar un suspiro; **to g. sb a smile** sonreírle a alguien; **to g. a speech** dar *or* pronunciar un discurso; **she gave the soup a stir** removió *or* revolvió la sopa; **he gave his face a wash** se lavó la cara

2 *vi* (**a**) *(donate)* hacer donativos; **please g. generously** por favor, sea generoso en sus donativos; **he gave of his free time to the cause** dedicó parte de su tiempo libre a la causa; **he gave of his best** dio lo mejor de sí mismo; **to g. of oneself** entregarse a los demás

(**b**) *(bend, stretch)* dar de sí; *(break)* ceder, romperse; **she refused to g. on the question of money** se negó a ceder en la cuestión del dinero; **we can't continue like this, something will have to g.** no podemos seguir así, algo va a tener que cambiar

(**c**) *US Fam* **what gives?** ¿qué pasa?

3 *n* elasticidad *f*; **this fabric hasn't got much g.** este tejido no da mucho de sí

▸**give away** *vt sep* (**a**) *(give for nothing)* regalar; **it was in such bad condition, I couldn't even g. it away** estaba en tal malas condiciones que no lo podía dar ni regalado

(**b**) *(prize)* repartir

(**c**) *(by mistake, carelessness) (chance, opportunity)* regalar; **they gave away an easy goal** regalaron un gol fácil

(**d**) *(at wedding)* **to g. the bride away** llevar a la novia al altar; **she was given away by her father** su padre la llevó hasta el altar

(**e**) *(betray, reveal)* traicionar; **to g. away details/a secret** revelar detalles/un secreto; **his accent gave him away** su acento lo delató; **to g. oneself away** descubrirse

▸**give back** *vt sep* devolver; **to g. sth back to sb, to g. sb sth back** devolver algo a alguien

▸**give in 1** *vt sep (hand over)* entregar

2 *vi (surrender)* rendirse (**to** a); *(admit defeat)* rendirse, darse por vencido(a); **we will not g. in to their demands** no cederemos ante sus demandas; **I gave in to the pressure** cedí ante la presión; **I nearly gave in to the urge to hit him** casi no me aguanto y le pego

▸**give off** *vt sep (smell, heat)* despedir

▸**give onto** *vt insep (of window, door)* dar a

▸**give out 1** *vt sep* (**a**) *(money, food)* repartir; *(information)* divulgar (**b**) *Br (announce)* anunciar (**c**) *(noise, heat)* emitir; *(cry)* dar, lanzar

2 *vi (of supplies, patience)* agotarse; *(of luck)* acabarse; *(of machine)* estropearse

▸**give over 1** *vt sep* (**a**) *(hand over) (money, objects)* entregar (**b**) *(devote)* dedicar; **most of the land is given over to agriculture** la mayor parte de la tierra está dedicada a usos agrarios; **to g. oneself over to sth** entregarse a algo

2 *vi Br Fam* (**a**) *(stop)* **g. over, will you?** déjalo ya, ¿quieres?; **g. over criticizing!** ¡ya vale *or* basta de criticar! (**b**) *(expressing disbelief)* **we're getting married — g. over!** nos vamos a casar – ¡anda ya!

▸**give up 1** *vt sep* (**a**) *(possessions, activity,*

hope) abandonar, renunciar a; *(boyfriend, girlfriend)* abandonar; **to g. up one's job** dejar el trabajo; **I'm giving up chocolate for Lent** voy a renunciar al chocolate durante la cuaresma; **she gave her seat up to an old man** cedió su asiento a un hombre mayor; **to g. up smoking** dejar de fumar; **I've given up hoping** he perdido la esperanza; **to g. sb up for adoption** dar a alguien en adopción; **to g. sb up for dead** dar a alguien por muerto(a)
(**b**) *(denounce)* delatar; **he gave his accomplices up (to the police)** delató a sus cómplices (a la policía); **to g. oneself up** *(to police)* entregarse
(**c**) *(devote) (time)* dedicar
2 *vi (stop trying)* rendirse, darse por vencido(a); **I g. up, I don't know the answer** me rindo, no sé la respuesta; **I g. up, there's clearly no point trying to convince you** me rindo *or* me doy por vencido, está claro que no vale la pena intentar convencerte; **to g. up on sth/sb** *(lose faith, hope in)* dejar algo/a alguien por imposible; **the doctors have given up on her** los doctores la han desahuciado; **we had given up on ever finding them** habíamos perdido todas las esperanzas de encontrarlos; **we've been waiting since five – we'd almost given up on you** llevamos esperando desde las cinco – casi pensábamos que no venías

▸**give way** *vi* (**a**) *(collapse)* ceder, hundirse (**b**) *(yield) (in argument)* ceder (**to** ante); *(in car)* ceder el paso (**to** a); **g. way** *(sign)* ceda el paso (**c**) *(be superseded)* verse desbancado(a) (**to** por); **her tears gave way to laughter** las lágrimas dieron paso a la risa

---

give-and-take ['gɪvən'teɪk] *n* toma y daca *m*

giveaway ['gɪvəweɪ] *n Fam* (**a**) *(revelation)* señal *f* reveladora; **it was a dead g.** estaba más claro que el agua (**b**) *(free gift)* obsequio *m* ▫ ***g. price*** precio *m* de saldo

given ['gɪvən] **1** *adj* (**a**) *(specific) (time, place)* dado(a), determinado(a); **at any g. time** en todo momento, en cualquier momento; **at a g. point** en un momento dado ▫ ***g. name*** nombre *m* (de pila) (**b**) *(apt, likely)* **to be g. to** ser dado(a) *or* propenso(a) a
2 *conj (considering)* dado(a); **g. the nature of the case** dada la naturaleza del caso
3 *pp of* **give**

giving ['gɪvɪŋ] *adj* desprendido(a), generoso(a)

gizmo ['gɪzməʊ] (*pl* **gizmos**) *n Fam* chisme *m*, aparato *m*

gizzard ['gɪzəd] *n* molleja *f*

glacé ['glæseɪ] *adj Culin* confitado(a), escarchado(a), *Col, Méx* cristalizado(a), *RP* abrillantado(a) ▫ ***g. cherries*** cerezas *fpl* confitadas

glacial ['gleɪsɪəl] *adj also Fig* glacial

glacier ['glæsɪə(r)] *n* glaciar *m*

glad [glæd] *adj* alegre, contento(a); **to be g. about sth** estar alegre *or* contento(a) por algo; **to be g. of sth** *(grateful for)* agradecer algo; **to be g. to do sth** estar encantado(a) de hacer algo ▫ *Fam* ***g. rags*** ropa *f* elegante; *Literary* ***g. tidings*** buenas nuevas *fpl*

gladden ['glædən] *vt* alegrar, llenar de contento

glade [gleɪd] *n Literary* calvero *m*, claro *m*

glad-hand ['glæd'hænd] *vt US Fam* dar apretones de manos efusivos a

gladiator ['glædɪeɪtə(r)] *n* gladiador *m*

gladiolus [glædɪ'əʊləs] (*pl* **gladioli** [glædɪ'əʊlaɪ]) *n* gladiolo *m*

gladly ['glædlɪ] *adv* con mucho gusto

gladness ['glædnɪs] *n* alegría *f*, regocijo *m*

glam [glæm] *n* ***g. rock*** (música *f*) glam *m*, glam rock *m*

▸**glam up** *vt sep Fam* arreglar, acicalar; **to g. oneself up** acicalarse

glamor *US* = **glamour**

glamorize ['glæməraɪz] *vt* hacer atractivo(a)

glamorous ['glæmərəs] *adj* atractivo(a)

glamorously ['glæmərəslɪ] *adv* con una elegancia deslumbrante

glamour, *US* **glamor** ['glæmə(r)] *n* atractivo *m*, encanto *m* ▫ *Fam* ***g. boy*** *Esp* guaperas *m inv*, *Am* guapetón *m*; ***g. girl*** bombón *m*, *Am* muñequita *f*

glance [glɑːns] **1** *n* vistazo *m*, ojeada *f*; **at a g.** de un vistazo; **at first g.** a primera vista
2 *vi* **to g. at** echar una mirada *or* un vistazo a; **to g. through** *(book, magazine)* ojear

▸**glance off** *vt insep (of blow, missile)* rebotar en

glancing ['glɑːnsɪŋ] *adj (blow)* de lado, de refilón

gland [glænd] *n* glándula *f*

glandes [glændiːz] *pl of* **glans**

glandular ['glændjʊlə(r)] *adj* glandular ▫ *Med* ***g. fever*** mononucleosis *f inv* infecciosa

glans [glænz] (*pl* **glandes** ['glændiːz]) *n Anat* **g. (penis)** glande *m*

glare [gleə(r)] **1** *n* (**a**) *(angry stare)* mirada *f* feroz (**b**) *(bright light)* resplandor *m*; *Fig* **in the full g. of publicity** en el punto de mira de toda la gente
2 *vi (stare angrily)* **to g. at sth/sb** mirar algo/a alguien con furia
3 *adj Comptr* ***g. filter*** *or* ***screen*** filtro *m* de pantalla

glaring ['gleərɪŋ] *adj* (**a**) *(light)* deslumbrante (**b**) *(omission, mistake, injustice)* flagrante

glaringly ['gleərɪŋlɪ] *adv* **g. obvious** clarísimo(a), de una claridad meridiana

Glasgow ['glɑːzgəʊ] *n* Glasgow

glasnost ['glæznɒst] *n* glásnost *f*, apertura *f* política

glass [glɑːs] *n* (**a**) *(material)* vidrio *m*, *Esp* cristal *m*; **to grow sth under g.** cultivar algo en invernadero; **g. bottle** botella *f* de vidrio *or Esp* cristal; **g. case** vitrina *f* ▫ *Fig* ***g. ceiling*** *(in career)* barreras *fpl* laborales *or* profesionales; ***g. eye*** ojo *m* de vidrio *or Esp* cristal; ***g. fibre*** fibra *f* de vidrio; ***g. wool*** lana *f* de vidrio (**b**) *(vessel)* vaso *m*; *(with stem)* copa *f*; **a g. of wine** un vaso de vino; **a champagne/wine g.** una copa de champán/vino (**c**) *(glassware)* cristalería *f*

glass-blower ['glɑːsbləʊə(r)] *n* soplador(ora) *m,f* de vidrio

glass-blowing ['glɑːsbləʊɪŋ] *n* soplado *m* de vidrio

glasses ['glɑːsɪz] *npl (spectacles)* gafas *fpl*, *Am* anteojos *mpl*, *Am* lentes *mpl*; **he wears g.** lleva gafas ▫ ***g. case*** funda *f* de (las) gafas

glassful ['glɑːsfʊl] *n* vaso *m*

glasshouse ['glɑːshaʊs] *n Br* (**a**) *(for plants)* invernadero *m* (**b**) *Mil Fam (military prison)* calabozo *m*, *Esp* trullo *m*

glasspaper ['glɑːspeɪpə(r)] *n* papel *m* de lija

glassware ['glɑːsweə(r)] *n* cristalería *f*

glassworks ['glɑːswɔːks] *n* fábrica *f* de vidrio

glassy ['glɑːsɪ] *adj (water, lake)* cristalino(a); *(surface)* vítreo(a), bruñido(a); **a g. look** una mirada vidriosa

Glaswegian [glæz'wiːdʒən] **1** *n* = natural o habitante de Glasgow
2 *adj* de Glasgow

glaucoma [glɔː'kəʊmə] *n Med* glaucoma *m*

glaucous ['glɔːkəs] *adj Bot* de piel verdosa

glaze [gleɪz] **1** *n (on pottery)* vidriado *m*; *(on pastry)* glaseado *m*
2 *vt* (**a**) *(window)* acristalar (**b**) *(pottery)* vidriar; *(pastry)* glasear

▸**glaze over** *vi (of eyes)* velarse

glazed [gleɪzd] *adj* (**a**) *(roof, door)* acristalado(a) (**b**) *(pottery)* vidriado(a)

glazier ['gleɪzɪə(r)] *n* cristalero *m*, vidriero *m*

glazing ['gleɪzɪŋ] *n* (**a**) *(installation)* acristalamiento *m* (**b**) *(glass)* vidrios *mpl*, cristales *mpl*

gleam [gliːm] **1** *n (of light)* destello *m*
2 *vi* resplandecer, relucir

gleaming ['gliːmɪŋ] *adj* resplandeciente, reluciente

glean [gliːn] *vt (information)* averiguar; **to g. information from sth** extraer información de algo

glee [gliː] *n (delight)* regocijo *m*, contento *m*; *(malicious pleasure)* regodeo *m*

gleeful ['gliːfʊl] *adj (happy)* regocijado(a); **to be g.** *(to be maliciously happy)* regodearse

gleefully ['gliːfʊlɪ] *adv (joyfully)* con regocijo; *(maliciously)* con malicia, regodeándose

glen [glen] *n Scot* cañada *f*

glib [glɪb] *adj (salesman, politician)* con mucha labia; *(talk)* simplista; *(excuse, answer)* fácil

glibly ['glɪblɪ] *adv (fluently)* con labia; *(simplistically)* simplistamente

glide [glaɪd] *vi (slide)* deslizarse; *Av* planear

glider ['glaɪdə(r)] *n Av* planeador *m*

gliding ['glaɪdɪŋ] *n Av* vuelo *m* sin motor

glimmer ['glɪmə(r)] **1** *n* brillo *m* tenue; *Fig* **g. of hope** resquicio *m* de esperanza; **not**

the slightest g. of intelligence ni el más mínimo atisbo de inteligencia
2 *vi (of light)* brillar tenuemente; *(of water, metal)* relucir

glimpse [glɪmps] **1** *n* vistazo *m* fugaz, atisbo *m*; **to catch a g. of** vislumbrar, entrever; **a g. of the future** un atisbo del futuro
2 *vt* vislumbrar, entrever

glint [glɪnt] **1** *n* centelleo *m*, destello *m*; **with a g. in her eye** con un brillo en los ojos
2 *vi* centellear, lanzar destellos

glisten ['glɪsən] *vi* relucir, brillar

glitch [glɪtʃ] *n Fam* pequeño fallo *m* técnico, *Am* pequeña falla *f* técnica

glitter ['glɪtə(r)] **1** *n* **(a)** *(sparkle)* brillo *m*, resplandor *m*; *Fig (of occasion)* esplendor *m*, brillantez *f* **(b)** *(decoration)* purpurina *f*
2 *vi* lanzar destellos; **her eyes glittered with excitement** le brillaban los ojos de emoción; PROV **all that glitters is not gold** no es oro todo lo que reluce

glitterati [glɪtə'rɑːtɪ] *npl Fam* famosos *mpl*, gente *f* guapa, *Méx* popis *mpl*, *RP* crema *f*

glittering ['glɪtərɪŋ] *adj (jewels)* brillante, resplandeciente; *Fig (occasion, career)* rutilante

glittery ['glɪtərɪ] *adj* llamativo(a), de relumbrón

glitz [glɪts] *n Fam* boato *m*, pompa *f*

glitzy ['glɪtsɪ] *adj Fam (party)* espectacular, despampanante

gloaming ['gləʊmɪŋ] *n Literary* crepúsculo *m*

gloat [gləʊt] *vi (at one's own success)* alardear presumir (**at** *or* **about** de); *(about someone else's misfortune)* regodearse (**about** *or* **over** con *or* de)

glob [glɒb] *n Fam* pegote *m*

global ['gləʊbəl] *adj* **(a)** *(worldwide)* mundial, global ▫ ***the g. village*** la aldea global; ***g. warming*** cambio *m* climático, calentamiento *m* global **(b)** *(comprehensive)* global **(c)** *Comptr (search, change)* global

globalization [gləʊbəlaɪ'zeɪʃən] *n* mundialización *f*, globalización *f*

globally ['gləʊbəlɪ] *adv* globalmente

globe [gləʊb] *n (sphere)* esfera *f*, bola *f*; *(with map)* globo *m* terráqueo, bola *f* del mundo; **the g.** *(the Earth)* el globo, el planeta; **to travel the g.** viajar por todo el mundo ▫ ***g. artichoke*** alcachofa *f*, *Am* alcaucil *m*

globetrotter ['gləʊbtrɒtə(r)] *n Fam* trotamundos *mf inv*

globetrotting ['gləʊbtrɒtɪŋ] *n* viajes *mpl* por todo el mundo

globule ['glɒbjuːl] *n* gota *f*

glockenspiel ['glɒkənʃpiːl] *n Med* carillón *m*

gloom [gluːm] *n* **(a)** *(darkness)* oscuridad *f*, tinieblas *fpl* **(b)** *(melancholy)* abatimiento *m*, tristeza *f*; *(pessimism)* pesimismo *m*; **to cast** *or* **throw a g. over sth** enturbiar algo; **g. and doom** oscuros presagios; **the papers were full of g. and doom about the economy** todos los periódicos auguraban un oscuro porvenir para la economía

gloomily ['gluːmɪlɪ] *adv (unhappily)* sombríamente, tenebrosamente

gloominess ['gluːmɪnɪs] *n* **(a)** *(darkness)* oscuridad *f* **(b)** *(melancholy)* abatimiento *m*, tristeza *f*

gloomy ['gluːmɪ] *adj* **(a)** *(dark)* oscuro(a); **g. weather** tiempo *m* gris **(b)** *(melancholy)* abatido(a), decaído(a); *(pessimistic)* pesimista; **g. thoughts** pensamientos *mpl* sombríos; **to paint a g. picture (of sth)** hacer un retrato sombrío (de algo), pintar (algo) muy negro

glop [glɒp] *n US Fam* plomo *m*, *Esp* plasta *mf*

glorification [glɔːrɪfɪ'keɪʃən] *n* glorificación *f*, ensalzamiento *m*

glorified ['glɔːrɪfaɪd] *adj Fam* con aires de grandeza; **it's just a g. typewriter** en realidad no es más que una máquina de escribir con pretensiones

glorify ['glɔːrɪfaɪ] *vt (extol, glamorize)* glorificar, ensalzar; *Rel* **to g. God** alabar a Dios

glorious ['glɔːrɪəs] *adj* **(a)** *(reign, victory)* glorioso(a) **(b)** *(view, weather)* espléndido(a), magnífico(a)

gloriously ['glɔːrɪəslɪ] *adv* espléndidamente

glory ['glɔːrɪ] *n* **(a)** *(honour)* gloria *f*; **to live on past glories** vivir de glorias pasadas; **g. be to God** Gloria a Dios **(b)** *(splendour)* esplendor *m*; **the g. of it is that...** lo genial es que... ▫ ***g. days*** días *mpl* gloriosos; *Fam* ***g. hole*** *(for junk)* trastero *m*

▸**glory in** *vt insep* deleitarse *or* regocijarse con

Glos (*abbr* **Gloucestershire**) (condado *m* de) Gloucestershire

gloss[1] [glɒs] **1** *n (in text)* glosa *f*
2 *vt (text)* glosar, explicar

gloss[2] *n (of paint, finish) & Fig* lustre *m*, brillo *m*; *Fig* **to take the g. off sth** deslucir algo; **g. (paint)** pintura *f* (con acabado) brillo

▸**gloss over** *vt insep (difficulty, mistake)* mencionar muy de pasada

glossary ['glɒsərɪ] *n* glosario *m*

glossy ['glɒsɪ] *adj* brillante; **a g. brochure** un folleto en papel cuché ▫ ***g. magazine*** revista *f* de lujo a todo color; ***g. paper*** papel *m* cuché

glottal stop ['glɒtəl'stɒp] *n Ling* oclusión *f* glotal

glottis ['glɒtɪs] *n Anat* glotis *f inv*

glove [glʌv] *n* guante *m*; IDIOM **to fit like a g.** quedar como un guante; IDIOM **the gloves are off** se ha desatado la lucha ▫ *Aut* ***g. box*** *or* ***compartment*** guantera *f*; ***g. puppet*** marioneta *f* de guiñol

glow [gləʊ] **1** *n (light)* brillo *m*, resplandor *m*; *(on cheeks)* rubor *m*; *Fig* **to have a healthy g.** *(of person)* tener buen color; *Fig* **he had a g. of pride/satisfaction** se le iluminaba la cara de orgullo/satisfacción
2 *vi (of light, fire)* brillar; *Fig* **to be glowing with health** tener un color muy saludable; *Fig* **he was glowing with pride/pleasure** la cara se le iluminaba de orgullo/placer

glower ['glaʊə(r)] *vi* **to g. at sb** mirar con furia a alguien

glowing ['gləʊɪŋ] *adj* **(a)** *(cigarette, coal)* encendido(a) **(b)** *(flattering) (report)* encendido(a), entusiasta; *Fig* **to paint sth in g. colours** pintar algo de color de rosa

glow-worm ['gləʊwɜːm] *n* luciérnaga *f*

glucose ['gluːkəʊs] *n* glucosa *f*

glue [gluː] **1** *n (in general)* pegamento *m*; *(thicker, for wood, metal)* cola *f*; IDIOM **he stuck to them like g.** se les pegó como una lapa
2 *vt (in general)* pegar; *(wood, metal)* encolar; *Fig* **to be glued to the television** estar pegado(a) a la televisión

glue-sniffing ['gluːsnɪfɪŋ] *n* inhalación *f* de pegamento

gluey ['gluːɪ] *adj* pegajoso(a)

glug [glʌg] *n* **g. g.** gluglú *m*

glum [glʌm] *adj* abatido(a), triste; **to be g.** estar abatido(a) *or* triste

glumly ['glʌmlɪ] *adv* con abatimiento, con aire sombrío

glut [glʌt] **1** *n Com* saturación *f*
2 *vt (pt & pp* **glutted) (a)** *Com* saturar **(b) to g. oneself (on)** saciarse (de), hartarse (de)

glutamate ['gluːtəmeɪt] *n Chem* glutamato *m*

glutamic acid [gluː'tæmɪk'æsɪd] *n Biochem* ácido *m* glutámico

gluten ['gluːtən] *n Biochem* gluten *m*

gluteus ['gluːtɪəs] *n Anat* glúteo *m* ▫ ***g. maximus*** glúteo mayor

glutinous ['gluːtɪnəs] *adj (substance)* viscoso(a), glutinoso(a); *(rice)* apelmazado(a)

glutton ['glʌtən] *n (greedy person)* glotón(ona) *m,f*; *Fig* **she's a g. for work** nunca se harta de trabajar; IDIOM **you're a g. for punishment** eres masoquista

gluttonous ['glʌtənəs] *adj* glotón(ona)

gluttony ['glʌtənɪ] *n* gula *f*, glotonería *f*

glyceride ['glɪsəraɪd] *n Chem* glicérido *m*

glycerin ['glɪsərɪn], **glycerine** ['glɪsəriːn], **glycerol** ['glɪsərɒl] *n Chem* glicerina *f*

glycogen ['glaɪkədʒən] *n Biochem* glucógeno *m*

glycol ['glaɪkɒl] *n Chem* glicol *m*

GM [dʒiː'em] *n Com* (*abbr* **general manager**) dtor(a). *m,f* gral.

GMB [dʒiːem'biː] *n Br* (*abbr* **General and Municipal and Boilerworkers (Union)**) = importante sindicato británico que incluye trabajadores de varios sectores

GMC [dʒiːem'siː] *n Br* (*abbr* **General Medical Council**) ≃ colegio *m* de médicos

GMT [dʒiːem'tiː] *n* (*abbr* **Greenwich Mean Time**) hora *f* del meridiano de Greenwich

gnarled [nɑːld] *adj (tree)* retorcido(a) y nudoso(a); *(hands)* nudoso(a)

gnarly [nɑːlɪ] *adj US Fam* (**a**) *(excellent)* alucinante (**b**) *(terrible)* fatal

gnash [næʃ] *vt* **to g. one's teeth** hacer rechinar los dientes

gnat [næt] *n* mosquito *m (muy pequeño)* ❑ *very Fam* ***g.'s piss*** *(drink)* bebida *f* intragable, *Esp* meado *m*

gnaw [nɔː] **1** *vt (of animal)* roer
2 *vi* (**a**) *(of animal)* **to g. through sth** roer algo (**b**) *Fig (of doubt)* **to g. away at sb** corroer a alguien

gnawing [ˈnɔːɪŋ] *adj (pain)* martirizador(ora); *(doubts)* atenazador(ora); **he suffered from a g. sense of guilt** le corroía *or* atenazaba el sentimiento de culpa

gneiss [naɪs] *n Geol* gneis *m*

gnocchi [ˈnjɒkɪ] *npl Culin* ñoquis *mpl*

gnome [nəʊm] *n* gnomo *m*

gnomic [ˈnəʊmɪk] *adj* enigmático(a)

gnostic [ˈnɒstɪk] *n & adj* gnóstico(a) *m,f*

GNP [dʒiːenˈpiː] *n Econ (abbr* **Gross National Product**) PNB *m*

gnu [nuː] *n* ñu *m*

GNVQ [dʒiːenviːˈkjuː] *n Br Educ (abbr* **General National Vocational Qualification**) = curso de formación profesional de dos años para mayores de dieciséis años

GO [gəʊ] **1** *n (pl* **goes**) (**a**) *(energy)* **to be full of go** estar lleno(a) de vitalidad
(**b**) *(turn)* turno *m*; **(it's) your go!** ¡te toca a ti!; **can I have a go on the swing?** ¿me dejas subirme al columpio?; **this ride is £1 a go** esta atracción es a una libra el viaje
(**c**) *(try)* intento *m*; **I did it (at the) first go** lo hice al primer intento *or* a la primera; **at one go** de una vez; **to give sth a go** intentar *or* probar algo; **I've decided to give it a go as a musician** he decidido probar suerte como músico; **to have a go at doing sth** probar a *or* intentar hacer algo; **let's have a go!** ¡probemos!, ¡intentémoslo!; **let me have a go** déjame probar
(**d**) IDIOMS **from the word "go"** desde el principio, desde el primer momento; **it's all go** hay mucha actividad; *Fam* **I asked her if she'd help, but it was no go** le pregunté si ayudaría, pero me dijo que nones; *Fam* **she had a go at me** *(told me off)* me echó la bronca; *Fam* **he was dying to have a go at me** *(attack)* se moría de ganas de meterse conmigo; **to make a go of sth** sacar algo adelante; **I've been on the go all day** *(active)* he estado en marcha todo el día; **she had three boyfriends on the go at the same time** tenía tres novios al mismo tiempo
2 *vi (3rd person singular* **goes** [gəʊz], *pt* **went** [went], *pp* **gone** [gɒn]) (**a**) *(in general)* ir; **to go closer** acercarse; **to go home** irse a casa; **go right/left** tuerce *or* gira a la derecha/izquierda; **to go by bus/train** ir en autobús/en tren; **to go to Spain/the doctor** ir a España/al médico; **to go to prison** ir a la cárcel; **I had to go into hospital** tuve que ser ingresado (en el hospital); **to go to church/school** ir a la iglesia/al colegio; **to go to bed** ir a la cama; **to go hunting/skiing** ir de caza/a esquiar; **the glass went flying** el vaso salió volando; *Fam* **don't go wasting your money** no vayas por ahí derrochando el dinero; **I'd better go and tell them,** *US* **I'd better go tell them** será mejor que vaya y se lo diga; **go and play outside** sal a jugar fuera; *Fam* **now look what you've gone and done!** ¡mira la que has armado!; *Fam* **you've really gone and done it this time!** ¡esta vez la has hecho buena!; **to go for a swim/walk** ir a darse un baño/a dar un paseo; **to go on television** salir en televisión; *Mil* **who goes there?** ¿quién va?; **there goes Bob!** ¡ahí va Bob!; *Fam* **there** *or* **bang goes my chance of getting the job!** ¡*Esp* a paseo *or Am* al diablo todas mis oportunidades de obtener el trabajo!; *Fam* **there you go** *(when giving sth)* aquí tienes; *(I told you so)* ¿qué te dije?; *(there's nothing to be done about it)* ¿qué le vamos a hacer?; **where do we go from here?** *(what do we do next?)* y ahora, ¿qué hacemos?; **it's not bad, as fast-food restaurants go** como restaurante de comida rápida, no está mal; *US* **two white coffees to go** *(to take away)* dos cafés con leche para llevar
(**b**) *(leave) (person)* irse, marcharse; *(train, bus)* salir; **we'd better be going** deberíamos irnos *or* salir ya; **that dog will have to go!** ¡tenemos que librarnos de ese perro!; *Euph* **I'm afraid we're having to let you go** *(make redundant)* me temo que vamos a tener que prescindir de tus servicios; *Euph* **when I am gone** cuando yo falte
(**c**) *(move quickly)* **watch him go!** ¡mira cómo corre!; **this bike can really go** esta moto corre lo suyo
(**d**) *(start)* empezar; **we're ready to go** estamos listos para empezar; **you go now** *(have turn)* ahora tú; **go!** *(at start of race, contest)* ¡ya!; **to go to sleep** dormirse; *Fam* **here goes!, here we go!** ¡vamos allá!; **she went to pick the phone up...** *(was about to)* fue a contestar el teléfono...
(**e**) *(be sent)* **this letter must go by tonight/by courier** esta carta hay que enviarla esta noche/por mensajero
(**f**) *(extend)* **the garden goes down to the river** el jardín llega *or* se extiende hasta el río; **the path goes down to the beach** el camino lleva hasta la playa; **this road goes to Miami** esta carretera va *or* lleva a Miami; **the river goes from north to south** el río fluye de norte a sur
(**g**) *(function)* funcionar; *(bell)* sonar; **I can't get my car going** no consigo arrancar el coche *or Am* carro *or Chile, RP* auto; **to keep the conversation going** mantener viva la conversación
(**h**) *(progress)* ir; **to go well/badly** ir bien/mal; **how did the exam go?** ¿qué tal fue el examen?; **to go wrong** ir mal, *Am* descomponerse, *Andes* malograrse; *Fam* **how's it going?, how are things going?** ¿qué tal?; **if all goes well** si todo va bien; **the way things are going...** tal y como van las cosas...; **how does the song/story go?** ¿cómo es la canción/historia?; **the legend goes that...** según la leyenda...
(**i**) *(of time)* **the time went quickly** el tiempo pasó muy rápido; **it's just gone eight** acaban de dar las ocho; **there are only five minutes to go** sólo quedan cinco minutos; **I only have two days to go** sólo me quedan dos días
(**j**) *(disappear)* desaparecer; **the pain has gone** el dolor ha desaparecido; **where has my wallet gone?** ¿adónde ha ido a parar mi cartera?; **five hundred jobs are to go** se van a perder quinientos puestos de trabajo; **most of my money goes on food** la mayor parte del dinero se me va en comida
(**k**) *(deteriorate, be damaged)* **his nerve went** perdió la calma; **her sight is going** está perdiendo la vista; **my voice is going** me estoy quedando afónico; **the light bulb has gone** se ha fundido la bombilla; **the fuse has gone** se ha fundido el fusible; **the batteries are going** se están acabando las pilas; **my jumper is going at the elbows** se me está desgastando el suéter por los codos
(**l**) *(forming future)* **to be going to do sth** ir a hacer algo; **I was going to walk there** iba a ir caminando *or Esp* andando; **it's going to rain** va a llover; **I'm going to be a doctor** voy a ser médico
(**m**) *(match)* ir bien, pegar (**with** con); **these colours go/don't go** estos colores pegan/no pegan; **red wine goes well with cheese** el vino tinto va bien con el queso
(**n**) *(be available)* **there's a job going at the factory** hay una (plaza) vacante en la fábrica; **is there any wine going?** ¿hay vino?
(**o**) *(be sold)* venderse; **has the sofa you advertised gone yet?** ¿ha vendido el sofá que anunciaba?; **VCRs are going cheap at the moment** los vídeos están muy baratos en este momento; **it went for $12** se vendió por 12 dólares; **20,000, going (once), going (twice), gone!** *(at auction)* ¡20.000 a la de una, 20.000 a la de dos, 20.000 a la de tres!, ¡adjudicado!
(**p**) *(be given)* **the job went to a woman** le dieron el trabajo a una mujer; **first prize went to a sculpture** el primer premio fue para una escultura; **the proceeds will go to charity** las ganancias se destinarán a obras de beneficencia; **a lot of praise went to him for his performance** recibió muchos elogios por su actuación
(**q**) *(belong)* ir; **the plates go in the cupboard** los platos van en el armario; **this strap goes around your arm** esta correa se pone en torno al brazo
(**r**) *(fit)* caber; **the piano won't go through the door** el piano no cabe por la puerta; **four into three won't go** tres no es divisible entre cuatro, tres entre cuatro no cabe; **two goes into six three times** seis entre dos, tres

(**s**) *(become)* **to go bad** echarse a perder; **to go bankrupt** quebrar, ir a la quiebra; **to go blind** quedarse ciego(a); **to go cold** enfriarse; **to go crazy** volverse loco(a); **he's going grey** le están saliendo canas; **to go red** enrojecer, ponerse rojo(a); **to go wild with excitement** enloquecer
(**t**) *(be)* **her protests went unheard** nadie escuchó sus protestas; **to go topless** ir en topless; **I don't want the children to go hungry** no quiero que los niños pasen hambre; **I go in fear of my life** temo por mi vida
(**u**) *(be the rule)* **what she says goes** ella es la que manda; **anything goes** todo vale
(**v**) *(gesture)* **he went like this with his tongue** hizo esto con su lengua
(**w**) *(undergo)* **to go to a lot of trouble** tomarse muchas molestias; **to go to a lot of expense** gastar mucho dinero
(**x**) *Fam (urinate)* mear, *Méx* miar
(**y**) *Fam (believe)* **I had you going for a while there!** ¡casi caes!
3 *vt* (**a**) *(travel)* hacer; **we went 20 miles in a day** hicimos 20 millas en un día; **to g. one's own way** ir (uno) a lo suyo
(**b**) *Fam (say)* decir; **"get lost", he went** ¡piérdete!, dijo
(**c**) *(make sound)* **dogs go "woof"** los perros hacen "guau"; **it went bang** estalló
(**d**) IDIOMS **to go it alone** ir por libre, montárselo por su cuenta; **to go one better than sb** superar a alguien; **last year they finished third, this year they went one better** el año pasado acabaron terceros, este año han mejorado un puesto; *Fam* **I could really go a beer!** ¡me tomaría una cerveza ahora mismo!

▸**go about 1** *vt insep* (**a**) *(travel) (country)* viajar por (**b**) *(tackle) (task)* abordar; **I went about my business calmly** me ocupé tranquilamente de mis asuntos; **to go about doing sth** *(start)* ponerse a hacer algo; **how do I go about getting a licence?** ¿qué hay que hacer para conseguir un permiso?
2 *vi* (**a**) *(circulate) (of person)* ir por ahí; *(of rumour)* circular, correr; **he goes about wearing nothing but a hat** va por ahí sin llevar otra cosa que un sombrero; **there's a virus going about** hay un virus suelto por ahí; **she goes about with some strange people** sale por ahí con unos tipos raros; **you can't just go about lying to everyone** no puedes ir por ahí mintiendo a todo el mundo (**b**) *Naut* virar

▸**go across 1** *vt insep* cruzar, atravesar
2 *vi* **to go across to the States** ir a los Estados Unidos

▸**go after** *vt insep (pursue)* ir tras; *Fig (job, prize, person)* ir a por, estar detrás de

▸**go against** *vt insep* (**a**) *(conflict with) (principles, instincts)* ir (en) contra de; **he went against my wishes** actuó en contra de mis deseos (**b**) *(be unfavourable to)* **the decision went against him** la decisión le fue desfavorable

▸**go ahead** *vi* (**a**) *(proceed)* seguir adelante; **we've decided to go ahead and buy the tickets anyway** a pesar de todo hemos decidido comprar las entradas *or Am* los boletos; **to go ahead with sth** seguir (adelante) con algo; **may I say something? — go ahead** ¿puedo hablar? – adelante; **can I smoke? — go ahead** ¿puedo fumar? – adelante (**b**) *(go in front)* ir delante (**c**) *(take the lead)* **Paraguay went ahead after five minutes** Paraguay se puso por delante a los cinco minutos

▸**go along** *vi* (**a**) *(proceed)* avanzar; **to do sth as one goes along** hacer algo sobre la marcha (**b**) *(attend)* acudir (**to** a)

▸**go along with** *vt insep* estar de acuerdo con, aceptar; **she wouldn't go along with it** no quiso tomar parte en ello

▸**go around** = **go round**

▸**go at** *vt insep (person, food)* atacar; *(task)* emprender; *(problem)* enfrentarse con decisión a; *Fam* **to go at it** *(fight)* darse de bofetadas *or Esp* de hostias *or Méx* de machazos *or RP* a los golpes

▸**go away** *vi (leave)* irse; *(disappear)* desaparecer; **go away!** ¡vete!; **this should make the pain go away** esto hará que desaparezca el dolor; **to go away on business** irse en viaje de negocios; **to go away for the weekend** irse a pasar el fin de semana fuera

▸**go back** *vi* (**a**) *(return)* volver; **she's gone back to her husband** ha vuelto con su marido; **to go back to sleep** volver a dormirse; **going back to what you said earlier...** volviendo a lo que dijiste antes...; **to go back to one's old ways** volver a las andadas; **to go back to doing sth** volver a hacer algo; **once you've signed, there's no going back** una vez que has firmado, ya no te puedes echar atrás
(**b**) *(be put back)* **the clocks go back tonight** hay que retrasar los relojes esta madrugada
(**c**) *(date back)* **to go back to** remontarse a, datar de; *Fam* **we go back a long way** nos conocemos desde hace mucho tiempo

▸**go back on** *vt insep (promise, one's word)* faltar a

▸**go before 1** *vt insep* **to go before the court** *(of defendant)* comparecer ante el juez, ir a juicio; *(of case)* verse
2 *vi (precede)* **we can't ignore what has gone before** no podemos ignorar lo que ha pasado antes

▸**go by 1** *vt insep* (**a**) *(be guided by)* guiarse por; **if their last performance is anything to go by, they'll lose** si nos guiamos por su última actuación, perderán; **to go by appearances** fiarse de las apariencias; **to go by the rules** seguir las reglas (**b**) *(be known by)* **to go by the name of...** ser conocido(a) con el nombre de...
2 *vi* (**a**) *(pass)* pasar; **to watch people going by** mirar a la gente que pasa; **we can't let this chance go by** no podemos dejar pasar esta oportunidad (**b**) *(elapse) (of time)* pasar, transcurrir; **hardly a day goes by that I don't think of him** no pasa un día en el que no piense en él; *Literary* **in days gone by** antaño

▸**go down 1** *vt insep (descend) (hill, ladder)* bajar por; **I was going down the road, when...** iba por la carretera, cuando...
2 *vi* (**a**) *(descend)* bajar; *(of sun)* ponerse; *(of theatre curtain)* caer; *(of ship)* hundirse; *(of plane)* caer; **to go down on one's knees** arrodillarse, ponerse de rodillas; **we're going down to Florida/the park** vamos a ir a Florida/al parque; *Fig* **he's gone down in my estimation** ahora lo tengo en menos estima
(**b**) *(fall down) (in soccer, boxing)* caer
(**c**) *(be defeated)* perder (**to** contra), caer (**to** ante); *(be relegated)* descender; **they went down to the second division** descendieron a segunda división; **I'm not going to go down without a fight** no voy a rendirme sin luchar
(**d**) *(decrease) (of flood, temperature, prices)* bajar, caer, descender; *(of swelling)* bajar; *(of tyre, balloon)* desinflarse; **to go down in price** bajar de precio
(**e**) *(stop working) (of computer network)* caerse
(**f**) *(become dimmer) (of lights)* atenuarse
(**g**) *(be received)* **to go down well/badly (with sb)** ser bien/mal acogido(a) (por alguien); IDIOM *Fam* **to go down like a ton of bricks** *or* **a lead balloon** sentar *or RP* caer como una patada en el culo, *Méx* caer como una bomba
(**h**) *(be remembered, recorded)* **this must go down as one of the worst days of my life!** ¡éste pasará a la historia como uno de los peores días de mi vida!; **he went down in history as a tyrant** pasó a la historia como un tirano
(**i**) *(of food, drink)* **the pill won't go down** no consigo tragar la píldora; *Fam* **that beer went down a treat!** ¡la cerveza me sentó de maravilla!; **to go down the wrong way** *(of food)* irse por otro lado *(la comida al tragar)*
(**j**) *Fam (be sent to prison)* **he went down for ten years** le cayeron diez años en la cárcel *or Esp* en chirona *or Méx* en el bote *or Andes, RP* en la cana
(**k**) *Fam (happen)* **what's going down?** ¿qué te cuentas?, *CAm, Col, Méx* ¡qué hubo!; **when's the robbery going down?** ¿cuándo va a ser el robo?
(**l**) *Br (leave university) (after graduating)* licenciarse; *(at end of term)* = dejar la universidad al acabar el trimestre

▸**go down on** *vt insep very Fam (man)* mamársela *or* chupársela a; *(woman)* darle una chupadita a, *Esp* comerle el conejo a

▸**go down with** *vt insep Fam (illness)* agarrar, *Esp* coger

▸**go for** *vt insep* (**a**) *(attack)* lanzarse contra, atacar
(**b**) *(try to get) (job, title, win)* ir a por; **he went for the ball** fue a por la pelota; *Fam* **if you really want the job, go for it!** si realmente te interesa el trabajo, ¡lánzate *or* (ve) a por él!
(**c**) *(like)* **she goes for strong types** le van los tipos fuertes
(**d**) *(choose)* escoger, elegir
(**e**) *(favour)* **he has got a lot going for**

him tiene mucho a su favor; **the play didn't have a lot going for it** la obra no valía demasiado la pena

(**f**) *(apply to)* valer para; **the same goes f. you** lo mismo te digo a ti *or* vale para ti

(**g**) *(continue for)* **we went for three days without any food** pasamos tres días sin comer

▸**go forward** *vi* (**a**) *(progress)* pasar; **the two top teams go forward to the next round** los primeros dos equipos pasan a la siguiente ronda (**b**) *(be put forward)* **the clocks go forward tomorrow** hay que adelantar los relojes esta madrugada

▸**go in** *vi* (**a**) *(enter)* entrar; *Fig* **do you want to go in with us on this project?** ¿quieres unirte a nosotros en este proyecto? (**b**) *(fit)* caber; **this rod goes in here** esta barra entra *or* se mete aquí (**c**) *(disappear)* **the sun has gone in** se ha nublado

▸**go in for** *vt insep* (**a**) *(competition)* tomar parte en; *(exam)* presentarse a (**b**) *(profession)* **have you ever thought about going in for teaching?** ¿has pensado alguna vez meterte a profesor? (**c**) *(like)* **she doesn't go in for cooking/sports** no le atrae la cocina/el deporte

▸**go into** *vt insep* (**a**) *(enter) (place)* entrar en; *(hospital)* ingresar en; *(career)* entrar en, meterse en; *(trade, market)* introducirse en; **to go into business with sb** montar un negocio con alguien

(**b**) *(hit)* chocar con; **I went into the car in front of me** choqué con el coche *or Am* carro *or Chile, RP* auto de delante

(**c**) *(begin) (speech, description)* comenzar, empezar; **to go into production** comenzar *or* empezar a ser fabricado; **to go into a spin** *(of car)* comenzar a dar vueltas; *(of plane)* entrar en barrena; **to go into a sulk** enfurruñarse; **to go into a trance** entrar en trance

(**d**) *(be devoted to)* dedicarse a; **a lot of time and effort has gone into this manual** se ha dedicado mucho tiempo y esfuerzo a este manual

(**e**) *(examine) (question, matter)* tratar; **to go into detail** entrar en detalle

▸**go off 1** *vt insep (lose liking for)* **I've gone off wine** ya no me gusta el vino; **I've gone off the idea** me ha dejado de gustar la idea

2 *vi* (**a**) *(leave)* marcharse, irse; *Th* salir; *(from sports field)* retirarse; **to go off with sb** *(elope)* escaparse con alguien; **to go off with sth** *(steal)* irse con algo, llevarse algo (**b**) *(of milk, meat, fish)* echarse a perder (**c**) *Br (get worse)* empeorar (**d**) *(of gun)* dispararse; *(of bomb)* explotar; *(of alarm)* saltar, sonar (**e**) *(of event)* transcurrir; **to go off well** *or* **smoothly** salir bien (**f**) *(of electricity, heating)* apagarse; **the lights went off** *(because of fault)* se fue la luz (**g**) *(go to sleep)* dormirse, quedarse dormido(a)

▸**go on 1** *vt insep* (**a**) *(enter) (boat, train)* subir a

(**b**) *(start)* **to go on a course** hacer un curso; **to go on a diet** ponerse a dieta; **to go on the pill** empezar a tomar la píldora

(**c**) *(be guided by)* guiarse por; **the police have nothing to go on** la policía carece de pistas

(**d**) *(approach)* **she's two, going on three** tiene dos años, casi tres; **it's going on eight years that I've worked here** llevo casi ocho años trabajando aquí

2 *vi* (**a**) *(continue)* seguir, continuar (**with** con); **you go on (ahead)** tú sigue adelante; **the weather will improve as the day goes on** el tiempo mejorará conforme avanza el día; **the contest went on for two days** la *Esp* competición *or Am* competencia duró dos días; **as time went on...** a medida que pasaba el tiempo...; **the movie went on and on** parecía que la película no se iba a acabar nunca; **the way he's going on, he'll kill himself soon** tal y como va, acabará matándose pronto; *Br Fam* **here's £10 to be going on with** aquí tienes diez libras para ir empezando; *Br Fam* **go on with you!** *(expressing disbelief)* ¡anda *or* venga ya!, *Méx* ¡no me cuentes!, *RP* ¡dale!

(**b**) *(proceed)* **to go on to (do) sth** pasar a (hacer) algo; **we had a meal and went on to a bar afterwards** cenamos y después fuimos a un bar

(**c**) *(talk excessively)* hablar sin parar, enrollarse; **to go on (and on) about sth** no parar de hablar de algo, enrollarse con algo; **to go on at sb** dar la lata a alguien

(**d**) *(happen)* pasar, ocurrir; **what's going on here?** ¿qué pasa aquí?; **do you think there's anything going on between them?** ¿crees que hay algo entre ellos?

(**e**) *(progress)* **how's the project going on?** ¿cómo va el proyecto?

(**f**) *(appear) (on stage)* salir

(**g**) *(of electricity, lights, heating)* encenderse, *Am* prenderse

(**h**) *(as encouragement)* **go on, try it!** ¡venga *or Méx* ándale *or RP* dale, pruébalo!; **no, you can't have a go — oh, go on!** no, no puedes— ¡hala *or Méx* ándale *or RP* dale, por favor!; **I bet I can do it — go on, then** ¿a que puedo hacerlo?— adelante pues; **more cake? — go on then, just a small slice** ¿más tarta?— venga, pero sólo un trocito

▸**go out** *vi* (**a**) *(leave)* salir; **to go out for a breath of fresh air** salir a tomar el aire; **he's going out to China** se va a China; **to go out (on strike)** ponerse *or* declararse en huelga; *Fig* **all the fight went out of her** se quedó sin fuerzas para seguir luchando

(**b**) *(for entertainment)* salir; **are you going out tonight?** ¿vais a salir esta noche?; **to go out for a meal** salir a comer fuera

(**c**) *(date)* **to go out with sb** salir con alguien; **they are going out together** salen juntos

(**d**) *(of tide)* bajar

(**e**) *(of fire, light)* apagarse

(**f**) *(become unfashionable)* pasar de moda

(**g**) *Sport (be eliminated)* quedar eliminado(a); **Italy went out to England** Italia fue eliminada por Inglaterra

(**h**) *TV & Rad (be transmitted)* emitirse

(**i**) *(be sent)* **the forms went out yesterday** los impresos salieron ayer

(**j**) *(intend)* **I didn't go out to hurt him** no pretendía hacerle daño

(**k**) *(feel sympathy)* **my heart goes out to them** comparto su sufrimiento; *(on death)* los acompaño en el sentimiento; **our sympathy goes out to the relatives of the victim** expresamos nuestras condolencias a los familiares de la víctima

▸**go over 1** *vt insep* (**a**) *(road, bridge)* cruzar (**b**) *(examine) (accounts, report)* estudiar, examinar; **the police went over the apartment** la policía registró el apartamento; **to go over sth in one's mind** repasar algo mentalmente (**c**) *(practise, revise)* repasar; **let's go over it one more time** repasémoslo una vez más (**d**) *(explain)* explicar; **could you go over the first bit again?** ¿podrías explicar la primera parte otra vez? (**e**) *(clean)* **she went over the mantelpiece with a cloth** pasó un trapo *or RP* repasador por la repisa

2 *vi* (**a**) *(cross)* **to go over to sb** aproximarse a alguien, acercarse hasta alguien; **I'm going over to Europe** voy a ir a Europa (**b**) *(switch)* **to go over to a different system** cambiar de sistema; **to go over to the enemy** pasarse a las filas del enemigo; **we now go over to our correspondent in Chicago** y pasamos ahora a nuestro corresponsal en Chicago; **I've gone over to smoking cigars** he pasado a fumar puros (**c**) *(be received)* **to go over well/badly** tener buena/mala acogida

▸**go past 1** *vt insep* **we went past a castle on the way** pasamos un castillo de camino; **he went right past me without saying hello** pasó a mi lado sin saludarme

2 *vi* pasar

▸**go round 1** *vt insep* (**a**) *(of person)* **to go round town/the shops** recorrer la ciudad/las tiendas; **to go round the world** dar la vuelta al mundo

(**b**) *(of rumour)* circular por, correr por

2 *vi* (**a**) *(move in circle)* dar vueltas

(**b**) *(visit)* **I said I'd go round (and see her)** dije que me pasaría (a visitarla); **she's gone round to a friend's** ha ido a casa de un amigo

(**c**) *(circulate) (of rumour)* circular, correr; **there's a virus going round** hay un virus suelto por ahí; **she goes round with some strange people** sale por ahí con unos tipos raros; **you can't just go round lying to everyone** no puedes ir por ahí mintiendo a todo el mundo

(**d**) *(suffice) (of food, drink)* llegar, alcanzar; **are there enough plates to go round?** ¿tenemos suficientes platos?; **there should be enough money to go round** debería llegarnos el dinero

▸**go through 1** *vt insep* (**a**) *(penetrate)* atravesar

(**b**) *(experience, suffer)* pasar (por), atravesar; **in spite of all she had gone through** a pesar de todo lo que le había pasado

(**c**) *(complete) (formalities)* cumplir con

(**d**) *(be dealt with via)* **your application must go through the proper channels** su solicitud debe seguir los trámites *or* cauces apropiados (**e**) *(examine) (document, accounts)* estudiar, examinar; *(suitcase, house)* registrar; **he went through his pockets looking for the letter** rebuscó en los bolsillos buscando la carta

(**f**) *(practise)* repasar; **let's go through it one more time** repasémoslo una vez más

(**g**) *(explain)* explicar; **could you go through the first bit again?** ¿podrías explicar la primera parte otra vez?

(**h**) *(use up) (money, food)* acabar con, gastar; **we've gone through six bottles of milk** hemos gastado seis botellas de leche

2 *vi* (**a**) *(enter)* pasar, entrar; **you can go through to the interview room** puede pasar a la oficina de entrevistas

(**b**) *(be approved) (of bill)* aprobarse; *(of deal, divorce)* consumarse

(**c**) *(qualify)* clasificarse

▸**go through with** *vt insep (carry out)* llevar a término

▸**go together** *vi* (**a**) *(harmonize)* pegar, ir bien; **red wine and fish don't go together** el vino tinto y el pescado no combinan bien; **youth and innocence don't always go together** la juventud y la inocencia no siempre van unidas (**b**) *Fam (have relationship)* salir juntos

▸**go towards** *vt insep (contribute to)* **this money can go towards your new bicycle** aquí tienes una contribución para tu nueva bicicleta

▸**go under 1** *vt insep* **this product goes under the name of...** este producto se comercializa con el nombre de...

2 *vi* (**a**) *(of drowning person)* hundirse; *(of ship)* naufragar (**b**) *(go bankrupt)* quebrar, ir a la quiebra

▸**go up 1** *vt insep (ascend) (hill, ladder)* subir; **I'm just going up the road to the shop** voy un momento a la tienda

2 *vi* (**a**) *(climb, rise)* subir; *Th (of curtain)* levantarse; *(of building)* subir; **a notice went up saying...** pusieron un aviso que decía...; **the wall went up overnight** construyeron el muro de un día a otro; **to go up to bed** subir a acostarse; **we're going up to Canada** vamos a subir a Canadá; *Fig* **he's gone up in my opinion** ahora lo tengo en más estima; IDIOM **to go up in the world** prosperar

(**b**) *(of prices, temperature, standard)* subir; **to go up in price** subir de precio

(**c**) *(be promoted)* subir; **to go up to the first division** subir a primera (división)

(**d**) *(explode)* estallar; **to go up (in flames)** ser pasto de las llamas

(**e**) *(be heard)* **a shout went up from the crowd** se elevó un grito desde la multitud

▸**go up to** *vt insep* (**a**) *(approach)* acercarse a, aproximarse a (**b**) *(reach)* **the book only goes up to the end of the war** el libro sólo llega hasta el final de la guerra (**c**) *Br (university)* ir a

▸**go with** *vt insep* (**a**) *(accompany)* ir con; **a company car goes with the job** el puesto lleva aparejado coche *or Am* carro *or Chile, RP* auto de empresa; **the consequences that go with heavy drinking** las consecuencias de beber *or Am* tomar en exceso (**b**) *(harmonize with)* pegar con; **red wine doesn't go with fish** el vino tinto no combina con el pescado (**c**) *(agree with, accept) (decision)* aceptar; **we've decided to go with the original plan** hemos decidido seguir el plan original (**d**) *Fam (have sexual relationship with)* acostarse con

▸**go without 1** *vt insep (not have)* prescindir de, quedarse sin; **it goes without saying that...** no hace falta decir que...

2 *vi* pasar privaciones; **they haven't got any, so we'll just have to go without** no les quedan, así que habrá que apañárselas (sin ellos)

---

goad [gəʊd] **1** *n (prod)* aguijada *f, Am* picana *f; Fig (remark, criticism)* acicate *m*

2 *vt (animal)* aguijonear; *(sb's curiosity, interest)* suscitar; **to g. sb into doing sth** pinchar a alguien para que haga algo; **he was goaded by these remarks** estos comentarios le sirvieron de acicate

▸**goad on** *vt sep* **to g. sb on** *(motivate)* espolear *or* acicatear a alguien

go-ahead ['gəʊəhed] **1** *n* **to give sb/sth the g.** dar luz verde a alguien/algo

2 *adj (enterprising)* dinámico(a)

goal [gəʊl] *n* (**a**) *(aim)* objetivo *m,* meta *f;* **to achieve a g.** alcanzar un objetivo; **to define one's goals** concretar *or* definir los objetivos; **to set oneself a g.** marcarse un objetivo *or* una meta (**b**) *Sport (point)* gol *m; (goalmouth)* portería *f, Am* arco *m* ❑ ***g. area*** área *m* de portería *or* de meta; ***g. average*** promedio *m* de goles, gol average *m;* ***g. difference*** gol *m* average; ***g. kick*** saque *m* de puerta; ***g. kicker*** *(in American football)* goal kicker *m;* ***g. line*** *(at end of field)* línea *f* de fondo; *(between goalposts)* línea de gol *or* meta; ***g. scorer*** goleador(ora) *m,f*

goalkeeper ['gəʊlki:pə(r)], *Fam* **goalie** ['gəʊlɪ] *n* portero(a) *m,f,* guardameta *mf, Am* arquero(a) *m,f, Am* guardavalla *mf*

goalless ['gəʊllɪs] *adj Sport* ***g. draw*** empate *m* a cero

goalminder ['gəʊlmaɪndə(r)] *n (in hockey, ice hockey)* portero *m, Am* arquero *m*

goalmouth ['gəʊlmaʊθ] *n (in soccer)* portería *f, Am* arco *m* ❑ ***g. scramble*** melé *f* en el área pequeña

goalpost ['gəʊlpəʊst] *n* poste *m;* **the goalposts** la portería, la meta, *Am* el arco; IDIOM **to move** *or* **shift the goalposts** cambiar las reglas del juego

go-as-you-please ['gəʊəzju:'pli:z] *adj (informal)* informal

goat [gəʊt] *n* cabra *f;* IDIOM **to act** *or* **play the g.** hacer el indio, hacer el ganso; IDIOM *Fam* **it really gets my g.!** ¡me pone negro(a) *or* a cien *or RP* de la nuca! ❑ ***g.'s milk*** leche *f* de cabra

goatee [gəʊ'ti:] *n* perilla *f*

goatherd ['gəʊthɜ:d] *n* cabrero(a) *m,f*

goatskin ['gəʊtskɪn] *n* piel *f* de cabra

gob [gɒb] *Br very Fam* **1** *n (mouth)* pico *m;* **shut your g.!** ¡cierra el pico!

2 *vi (pt & pp* **gobbed***) (spit)* escupir, echar lapos

gobbet ['gɒbɪt] *n (of food, substance)* goterón *m,* cacho *m;* **a g. of information** un dato, una información

gobble ['gɒbəl] **1** *vt (eat)* engullir

2 *vi (of turkey)* gluglutear

▸**gobble up** *vt sep* engullir; **to g. up one's food** engullir la comida; **to g. up money/resources** *(of project)* consumir mucho dinero/muchos recursos

gobbledygook ['gɒbəldɪgu:k] *n Fam* jerigonza *f,* galimatías *m inv*

gobbler ['gɒblə(r)] *n US (turkey)* pavo *m, Méx* guajolote *m*

go-between ['gəʊbɪtwi:n] *n* mediador(ora) *m,f;* **to act** *or* **serve as a g.** actuar como mediador, mediar

goblet ['gɒblɪt] *n* copa *f*

goblin ['gɒblɪn] *n* duende *m*

gobshite ['gɒbʃaɪt] *n Br Vulg Esp* gilipollas *mf inv, Am* pendejo(a) *m,f*

gobsmacked ['gɒbsmækt] *adj Br Fam* **I was g.** me quedé atónito *or Esp* flipado

gobstopper ['gɒbstɒpə(r)] *n Br* = caramelo grande y redondo

go-cart ['gəʊkɑ:t] *n* (**a**) *(child's toy)* coche *m* de juguete *(en el que se puede sentar el niño)* (**b**) *(motorized)* kart *m* ❑ ***g. racing*** carreras *fpl* de karts

God [gɒd] *n* (**a**) *(supreme being)* Dios *m; Fam* **oh G.!, my G.!** ¡Dios mío!; *Fam* **for G.'s sake!** ¡por (el amor de) Dios!; **please G.** te lo ruego, Señor; *Fam* **thank G.** gracias a Dios; **thank G. for that** menos mal; **I wish to G....** ojalá...; **G. Almighty!** ¡Santo Dios!; **G. forbid!** ¡Dios no lo quiera!; *Fam* **he thinks he's G.'s gift to women** se cree irresistible para las mujeres; **G. help you** *(warning)* que Dios te ayude; **G. help him** *(in sympathy)* que Dios lo bendiga; **G. help us** que Dios nos agarre *or Esp* coja confesados; *Fam* **G. knows** sabe Dios; **in G.'s name** por el amor de Dios; **what in G.'s name are you doing?** pero por el amor de Dios, ¿qué haces?; **G. willing** si Dios quiere; **G.'s truth** lo juro por Dios, es la pura verdad ❑ *Fam* ***G. slot*** la hora del Señor, el programa de la misa; *Fam* ***the G. squad*** los beatos *(que intentan convertir a los demás)*

(**b**) *Br Fam Th* **the gods** *(gallery)* el gallinero

god-awful ['gɒdɔ:fəl] *adj Fam* horroroso(a)

godchild ['gɒdtʃaɪld] *n* ahijado(a) *m,f*

goddam ['gɒdæm], **goddamn** ['gɒdæm(d)] *Fam* **1** *adj* maldito(a), *Esp* dichoso(a), *Méx* pinche; **he's a g. fool!** ¡es tonto de remate!, ¡es un maldito imbécil!

2 *adv* **that was g. stupid!** ¡eso fue una auténtica estupidez!

3 *exclam* **g. (it)!** ¡maldita sea!, *Méx* ¡híjole!, *RP* ¡miércoles!

goddaughter ['gɒddɔ:tə(r)] *n* ahijada *f*

goddess ['gɒdɪs] *n* diosa *f*

godfather ['gɒdfɑ:ðə(r)] *n* padrino *m*

god-fearing ['gɒdfɪərɪŋ] *adj* temeroso(a) de Dios

godforsaken ['gɒdfəseɪkən] *adj* dejado(a) de la mano de Dios

godgiven ['gɒdgɪvən] *adj* divino(a); **she sees it as her g. right** lo ve como un derecho otorgado por la gracia divina

Godhead ['gɒdhed] *n Formal* **the G.** Dios *m*, el Señor

godless ['gɒdlɪs] *adj (sinful)* pecaminoso(a); *(unbelieving)* impío(a)

godlike ['gɒdlaɪk] *adj* divino(a)

godliness ['gɒdlɪnɪs] *n* piedad *f*, devoción *f*

godly ['gɒdlɪ] *adj* pío(a), piadoso(a)

godmother ['gɒdmʌðə(r)] *n* madrina *f*

godparent ['gɒdpeərənt] *n* padrino *m*, madrina *f*; **my godparents** mis padrinos

godsend ['gɒdsend] *n* regalo *m* del cielo; **this money is a g. to him** este dinero le viene como llovido del cielo

godson ['gɒdsʌn] *n* ahijado *m*

goer ['gəʊə(r)] *n Br Fam (woman)* **she's quite a g.** es una calentona, *Esp* le va la marcha

gofer ['gəʊfə(r)] *n Fam* recadero(a) *m,f*, chico(a) *m,f* de los recados *or RP* mandados

go-getter ['gəʊ'getə(r)] *n Fam* **he's a real g.** es ambicioso y decidido

goggle ['gɒgəl] *vi* mirar con ojos desorbitados; **to g. at sth/sb** mirar algo/a alguien con los ojos como platos

goggle-box ['gɒgəlbɒks] *n Br Fam* caja *f* tonta, tele *f*

goggle-eyed ['gɒgəlaɪd] *adv Fam* con ojos como platos *or RP* como dos huevos fritos

goggles ['gɒgəlz] *npl* gafas *fpl (para esquí, natación)*; **safety g.** gafas protectoras

go-go dancer ['gəʊ'gəʊ'dɑːnsə(r)] *n* gogó *f*

going ['gəʊɪŋ] **1** *n* **(a)** *(progress)* **that's very good g.!** ¡es un buen ritmo!; **it's slow g.** es muy trabajoso(a) **(b)** *(condition of path)* camino *m*; *(in horseracing)* terreno *m*; *Fig* **heavy g.** *(film, book)* pesado(a); **the g. is good** el terreno está en buen estado; *Fig* **to get out while the g. is good** retirarse mientras las cosas van bien

2 *adj* **(a)** *(functioning)* **a g. concern** *(successful business)* un negocio en marcha y rentable **(b)** *(current)* **the g. price** *or* **rate** *(for purchase)* la tasa *or* el precio vigente; **the g. rate** *(for job)* la tarifa vigente

going-away ['gəʊɪŋə'weɪ] *adj* **g. dress/outfit** vestido/conjunto de luna de miel; **a g. party/present** una fiesta/un regalo de despedida

going-over ['gəʊɪŋ'əʊvə(r)] *n Fam* **to give sb a g.** *(beating)* dar una paliza *or Esp* tunda a alguien; *(criticism)* echar una bronca *or Esp* broncazo a alguien; **the auditors gave the accounts a thorough g.** los auditores miraron las cuentas de arriba abajo *or* con lupa

goings-on ['gəʊɪŋz'ɒn] *npl Fam* asuntos *mpl* turbios, tejemanejes *mpl*

goitre, *US* **goiter** ['gɔɪtə(r)] *n* bocio *m*

go-kart ['gəʊkɑːt] *n* kart *m* ▫ ***g. racing*** carreras *fpl* de karts

gold [gəʊld] **1** *n* oro *m* ▫ ***g. braid*** galón *m* de oro; ***g. bullion*** lingotes *mpl* de oro; ***g. card*** tarjeta *f* oro; ***g. disc*** disco *m* de oro; ***g. dust*** oro *m* en polvo; IDIOM **tickets are like g. dust** es casi imposible conseguir una entrada *or Am* un boleto; ***g. foil*** *or* ***leaf*** pan *m* de oro, oro batido; *Sport* ***g. medal*** medalla *f* de oro; ***g. mine*** mina *f* de oro; *Fig* mina *f* (de oro); ***g. plate*** *(decoration)* baño *m* de oro; *(dishes)* vajilla *f* de oro; *Fin* ***g. reserves*** reservas *fpl* de oro; ***g. rush*** fiebre *f* del oro; ***g. standard*** patrón *m* oro

2 *adj (of gold)* de oro; *(colour)* dorado(a)

goldcrest ['gəʊldcrest] *n* reyezuelo *m*

gold-digger ['gəʊld'dɪgə(r)] *n Fam Pej (mercenary woman)* cazafortunas *f inv*

golden ['gəʊldən] *adj (made of gold)* de oro; *(gold-coloured)* dorado(a); **a g. opportunity** una oportunidad de oro; **the g. boy/girl of…** el chico/la chica de oro de… ▫ ***the g. age*** la edad de oro; ***G. Delicious*** (manzana *f*) golden *f*; ***g. eagle*** águila *f* real; ***the G. Fleece*** el Vellocino de Oro; ***g. goal*** *(in soccer)* gol *m* de oro; ***the g. goose*** la gallina de los huevos de oro; *Fin* ***g. handcuffs*** contrato *m* blindado; ***g. handshake*** *(retirement bonus)* gratificación *f* voluntaria por jubilación; ***g. hello*** = cuantiosa gratificación ofrecida como incentivo para ingresar en una empresa; ***g. jubilee*** quincuagésimo aniversario *m*, cincuentenario *m*; ***g. oldie*** clásico *m*, viejo éxito *m*; ***g. parachute*** contrato *m* blindado; ***g. retriever*** retriever *m* dorado, = raza de perro cobrador; ***g. rule*** regla *f* de oro; *Fin* ***g. share*** acción *f* de oro, participación *f* de control; *Br* ***g. syrup*** melaza *f* de caña; ***g. wedding*** bodas *fpl* de oro

goldenrod ['gəʊldənrɒd] *n Bot* vara *f* de oro *(planta)*

goldfield ['gəʊldfiːld] *n* yacimiento *m* de oro

goldfinch ['gəʊldfɪntʃ] *n* jilguero *m*

goldfish ['gəʊldfɪʃ] *n* pez *m* de colores ▫ ***g. bowl*** pecera *f*; IDIOM **it's like living in a g. bowl** es como estar expuesto(a) en una vitrina

gold-plated ['gəʊld'pleɪtɪd] *adj* bañado(a) en oro

goldsmith ['gəʊldsmɪθ] *n* orfebre *mf*

golf [gɒlf] *n* golf *m* ▫ ***g. bag*** bolsa *f* de golf; ***g. ball*** pelota *f* de golf; ***g. buggy*** carrito *m* de golf (eléctrico); ***g. club*** *(stick)* palo *m* de golf; *(association)* club *m* de golf; ***g. course*** campo *m* de golf; ***g. glove*** guante *m* de golf; ***g. links*** campo *m* de golf; ***g. shoes*** zapatos *mpl* de golf

golfer ['gɒlfə(r)] *n* jugador(ora) *m,f* de golf, golfista *mf*; **to be a good g.** jugar bien al golf

golfing ['gɒlfɪŋ] *n* el golf; **g. holiday** = vacaciones dedicadas a jugar al golf

Goliath [gə'laɪəθ] *n (in the Bible)* Goliat; *Fig (powerful person, company)* gigante *m*

golliwog, gollywog ['gɒlɪwɒg] *n (doll)* muñeca *f* de trapo negra

golly ['gɒlɪ] *exclam Fam Old-fashioned* ¡caramba!

gollywog = **golliwog**

goloshes = **galoshes**

gonad ['gəʊnæd] *n Biol* gónada *f*

gondola ['gɒndələ] *n* góndola *f*

gondolier [gɒndə'lɪə(r)] *n* gondolero *m*

gone [gɒn] **1** *adj* **(a)** *(past)* **it's g. ten o'clock** son las diez pasadas **(b)** *Fam* **to be six months g.** *(pregnant)* estar (embarazada) de seis meses; **to be pretty far g.** *(drunk)* estar pedo; **to be g. on sb** *(infatuated)* estar colado(a) por alguien

2 *pp of* **go**

goner ['gɒnə(r)] *n Fam* **I thought she was a g.** *(thought she would die)* la vi con un pie en la tumba; **I'm a g. if she finds out** *(will be in trouble)* si se entera, me mata

gong [gɒŋ] *n* **(a)** *(for striking)* gong *m* **(b)** *Br Fam (medal)* medalla *f*

gonna ['gɒnə] *Fam* = **going to**

gonorrhoea, *US* **gonorrhea** [gɒnə'rɪə] *n* gonorrea *f*

gonzo ['gɒnzəʊ] *adj US Fam* extravagante ▫ ***g. journalism*** = estilo de periodismo extravagante y muy subjetivo

goo [guː] *n Fam* **(a)** *(sticky substance)* pringue *f* **(b)** *(sentimentality)* cursilería *f*, *Esp* cursiladas *fpl*

GOOD [gʊd] **1** *n* **(a)** *(in general)* bien *m*; **g. and evil** el bien y el mal; **he's up to no g.** está tramando algo malo; **to do g.** hacer el bien; **to see the g. in sb/sth** ver el lado bueno de alguien/algo

(b) *(benefit)* bien *m*; **what's the g. of that?, what g. is that?** ¿para qué sirve eso?; **I did it for your own g.** lo hice por tu bien; **for the g. of his health** por motivos de salud; **for the common g.** por el bien de todos; **it was all to the g.** todo fue para bien; **I'm £50 to the g.** tengo 50 libras más; **it will do you g.** te sentará bien, te vendrá bien; **the measures will do a lot of g.** las medidas harán mucho bien; **is his new book any g.?** ¿es bueno su nuevo libro?; **it won't do any g.** *(make any difference)* no cambiará nada; **it's no g. complaining** quejarse no sirve de nada; **he's no g.** *(incompetent)* no sirve para nada; *(morally bad)* no es bueno; **the food there's no g.** *or* **not much g.** la comida de allí no es muy buena; **no g. will come of it** no puede acabar bien; PROV **you have to take the g. with the bad** hay que estar a las duras y a las maduras

(c) for good *adv (permanently)* para siempre

2 *npl* **the g.** los buenos

3 *adj (comparative* **better** ['betə(r)], *superlative* **best** [best]) **(a)** *(of positive quality)* bueno(a), buen *(before singular masculine noun)*; **to be g.** *(of person, film)* ser bueno; *(of food, drink)* estar bueno; **g. to eat** comestible; **he's a g. friend** es un buen amigo; **he used his g. arm** utilizó el brazo bueno; **did you have a g. trip?** ¿tuvisteis un buen viaje?; *Sch* **"g."** "bien"; **g. luck!** ¡buena suerte!; **we had g. luck** tuvimos buena suerte; **g. luck to her!** ¡me alegro por ella!; *Br Old-fashioned* **g. show!** ¡bien hecho!; **you're late again, it's just not g. enough!** has vuelto a llegar tarde, ¡esto es inaceptable!; **it's g. to see you** me alegro de verte; **I don't feel too g.** no me encuentro muy bien; **that feels g.!** ¡así!, ¡así!; **I feel g. about my decision** me siento bien tras haber tomado la decisión; **that cake looks g.** esa tarta tiene buen aspecto; **it looks g. on you** te queda bien; **she looks g. in that hat** le queda muy bien ese sombrero; **to sound/taste g.** sonar/saber bien; **I told him to get lost — g. for you!** le mandé a paseo — ¡bien hecho!; **if it's g. enough for you, it's g. enough for me** si a ti te vale, a mí también; **to have g. cause** *or* **reason to do sth** tener buenos motivos para hacer algo; **in g. faith** de buena fe; **it was g. fun** fue muy divertido(a); **to have a g. nature** ser bueno(a) por naturaleza; *Br Fam* **Anne's a g. laugh** Anne es muy divertida; *Br Fam* **the party was a g. laugh** lo pasamos genial en la fiesta; **to earn g. money** ganar un buen sueldo; **the g. old days** los viejos tiempos; *Fam* **have a g. one!** ¡que lo pases bien!; *Fam* **that's a g. one!** *(I don't believe you)* ¡no me digas!, *Esp* ¡venga ya!; **she had the g. sense to keep quiet** fue lo suficientemente sensata como para callarse; **to have a g. time** pasarlo bien; **to show sb a g. time** *(entertain)* sacar a alguien a divertirse por ahí; *Fam* **I'll show you a g. time** *(said by prostitute)* te lo voy a hacer pasar de maravilla; **all in g. time** todo llegará; **to arrive in g. time** llegar a tiempo; **I'll do it in my own g. time** lo haré cuando lo considere oportuno; **she was as g. as her word** cumplió lo prometido; **too g. to be true** demasiado bueno para ser verdad; **he's been really nice to me recently, it's too g. to last** se ha portado muy bien conmigo últimamente, esto no puede durar mucho; **I suppose he thinks he's too g. for us** debe pensar que es más que nosotros; **she's too g. for him** es demasiado buena para él; [PROV] **all g. things come to an end** todo lo bueno se acaba ❑ ***the G. Book*** la Biblia; [IDIOM] **to be in sb's g. books** estar a buenas con alguien; ***a g. cause*** una buena causa; ***G. Friday*** Viernes *m inv* Santo; *Fam* ***the g. guys*** los buenos; ***the g. life*** la buena vida; ***g. news*** buenas noticias *fpl*; *Rel & Fig* ***G. Samaritan*** buen samaritano *m*

(**b**) *(advantageous, beneficial)* bueno(a); **I got a g. deal on this video** este vídeo *or Am* video me salió muy barato; **to be g. for business** ser bueno para el negocio; **a g. opportunity** una buena ocasión; **he doesn't know what's g. for him** no sabe lo que le conviene; **to be in a g. position to do sth** estar en una buena posición para hacer algo; **to use sth to g. purpose** hacer buen uso de algo; **things are looking g.** la cosa tiene buena pinta; **to be on to a g. thing** tener entre manos algo bueno; **she never has a g. word for anyone** nunca habla bien de nadie; **to put in a g. word for sb** decir unas palabras en favor de alguien; [PROV] **you can have too much of a g. thing** lo bueno si breve, dos veces bueno

(**c**) *(appropriate, suitable)* **it's a g. day for mowing the lawn** es un buen día para cortar el césped; **is now a g. moment?** ¿es éste un buen momento?; **now's as g. a time as any** ahora, ¿por qué no?; **tomorrow is g. for me** mañana me va bien; **it's a g. job** *or* **thing we were here** menos mal que estábamos aquí; **g. riddance!** ¡ya era hora de que desapareciera!

(**d**) *(healthy)* bueno(a); **this medicine is very g. for coughs** este medicamento es muy bueno para la tos; **exercise is g. for you** el ejercicio es bueno para la salud

(**e**) *(useful)* **that's a g. thing to know** es bueno saber eso; **this sofa is g. for a few years yet** este sofá durará unos cuantos años más; **he's g. for nothing** no sirve para nada, es un inútil; **he's g. for $25,000** *(has in credit)* tiene un activo de 25.000 dólares; *(will contribute)* aportará 25.000 dólares; *Fam* **she's always g. for a laugh** *(entertaining)* con ella siempre nos lo pasamos bien; **that should be g. for a laugh** ya verás como nos reímos

(**f**) *(skilful)* bueno(a); **he is a g. swimmer** es un buen nadador, nada muy bien; **she is g. at chemistry** se le da bien la química; **he is g. at languages** se le dan bien los idiomas; **to be g. with one's hands** ser muy manitas; **she is g. with children** se le dan bien los niños; **he's g. with people** tiene don de gentes; **to be g. in bed** ser bueno(a) en la cama

(**g**) *(well-behaved)* bueno(a); **be g.!** *(to child)* ¡sé bueno!, ¡pórtate bien!; **g. boy/girl!** ¡qué bueno/buena eres!; **g. dog!** ¡buen chico!; **g. behaviour** *or* **conduct** buena conducta, buen comportamiento; [IDIOM] **to be as g. as gold** ser más bueno(a) que el pan; **to lead a g. life** llevar una vida ejemplar

(**h**) *(kind)* amable; **she's a g. person** es una buena persona; **to be g. to sb** ser amable *or* bueno con alguien; *Formal* **would you be so g. as to** *or* **g. enough to...?** ¿serías tan amable de...?; **he was very g. about it** fue muy comprensivo al respecto; **that's very g. of you** es muy amable de tu parte; **g. old Bob's got dinner for us!** ¡el bueno de Bob nos ha preparado la cena!; **g. deed** buena obra *f*; **to do sb a g. turn** hacer un favor a alguien

(**i**) *(valid)* **the ticket is g. for two weeks** el billete *or Am* boleto es válido durante dos semanas; **(that's a) g. point** es verdad; **(that's a) g. question** buena pregunta; **a g. reason** una buena razón; **I have g. reason to believe that...** tengo buenas razones para creer que...; **there is no g. reason why...** no hay razón alguna por la que...

(**j**) *Sport (goal, try, touchdown)* válido(a); **the ball was g.** *(in tennis)* la bola ha entrado

(**k**) *(thorough)* bueno(a); **to have a g. cry (about)** llorar a gusto (por), echarse una buena llantina (por); **to have a g. look (at sb/sth)** echar una buena ojeada (a alguien/algo); **have a g. think about it** piénsalo bien

(**l**) **to make g.** *(of person)* prosperar; **he was ordered to make g. the company's losses** fue condenado a indemnizar a la empresa por las pérdidas; **they made g. their promise/threat** cumplieron su promesa/amenaza; **he made g. his escape** consiguió escapar

(**m**) *(at least)* **a g. ten hours/miles** por lo menos diez horas/millas

(**n**) *(large)* **the room is a g. size** la habitación es bastante grande; **you've got a g. chance** tienes bastantes posibilidades; **there's a g. chance the game will be postponed** es muy probable que se aplace el partido; **a g. deal better** mucho mejor; **a g. deal of** mucho(s), mucha(s); **a g. few** bastantes; **a g. many** muchos(as); **we've come a g. way** hemos progresado mucho; **it took a g. while** llevó un buen rato

(**o**) *(in greetings)* **g. afternoon!** ¡buenas tardes!; **g. day!** *US Austr (hello)* ¡hola!; *Br Old-fashioned (hello)* ¡buenas!; *(goodbye)* ¡adiós!; **g. evening!** ¡buenas tardes/noches!; **g. morning!** ¡buenos días!; **g. night!** ¡buenas noches!, ¡hasta mañana!

(**p**) *Fam (in exclamations)* **g. God!**, **g. grief!**, **g. heavens!**, **g. Lord!**, **g. gracious!** ¡madre mía!, ¡santo cielo!

(**q**) *(in horse-racing) (ground)* en buen estado

(**r**) **as good as** *adv (almost)* **it's as g. as new** está como nuevo; **if she hears about it, I'm as g. as dead** si se entera, me puedo dar por muerto; **he as g. as called me a liar** prácticamente me llamó mentiroso

4 *adv* (**a**) *(for emphasis)* bien, muy; **a g. long time** un tiempo bien largo, mucho tiempo; *Fam* **her soup is always g. and hot** su sopa siempre está bien calentita; *Fam* **I'll do it when I'm g. and ready** lo haré cuando crea conveniente; *Fam* **they beat us g. and proper** nos dieron una buena paliza

(**b**) *(as comment, answer)* bien, *Esp* estupendo, *Carib, Ecuad, Perú* chévere, *Méx* padre, *RP* bárbaro(a); **I feel better today — g.** hoy me encuentro mejor — *Esp* estupendo, *Carib, Ecuad, Perú* chévere, *Méx* padre, *RP* bárbaro; **g., it's a relief to know you're all right** me alegro mucho de saber que estáis bien; **I've finished that piece of work — g.!** he acabado ese trabajo — *Esp* ¡estupendo!, *Carib, Ecuad, Perú* ¡chévere!, *Méx* ¡padre!, *RP* ¡bárbaro!; **g., so we'll meet at eight, then** de acuerdo, nos veremos a las ocho; *Br* **very g., sir!** *(yes)* sí, señor

(**c**) *US Fam (well)* bien; **I played real g.** jugué muy bien; **listen and listen g.!** ¡escucha con mucha atención!

---

goodbye ['gʊd'baɪ] *n* despedida *f*, adiós *m*; **g.!** ¡adiós!; **to say g.** despedirse; **to say g. to sb** decir adiós a alguien, despedir a alguien; **they said their goodbyes** dijeron adiós, se despidieron; **he can say g. to his chances of winning** puede despedirse del triunfo, puede decir adiós al triunfo

good-for-nothing ['gʊdfə'nʌθɪŋ] **1** *n* inútil *mf*
2 *adj* inútil

good-humoured, *US* **good-humored** ['gʊd'hju:məd] *adj* jovial, distendido(a)

good-humouredly, *US* **good-humoredly** ['gʊd'hju:mədlɪ] *adv* con buen humor

good-looking ['gʊd'lʊkɪŋ] *adj* guapo(a)

goodly ['gʊdlɪ] *adj Literary* considerable, importante

good-natured ['gʊd'neɪtʃəd] *adj (person)* bondadoso(a); *(discussion, disagreement)* amigable

goodness ['gʊdnɪs] *n* **(a)** *(of person)* bondad *f* **(b)** *(of food)* **if you boil it, you lose all the g.** si lo hierves, pierde todas sus propiedades **(c)** *(in exclamations)* **g. (me)!** ¡santo cielo!; **thank g.!** ¡gracias a Dios!; **for g. sake, be quiet!** ¡por el amor de Dios, cállate!; **g. knows** sabe Dios, quién sabe

goodnight [gʊd'naɪt] *n* buenas noches *fpl*; **to say g. (to sb)** dar las buenas noches (a alguien)

goods [gʊdz] *npl* **(a)** *Law* bienes *mpl* **(b)** *(articles)* productos *mpl*, artículos *mpl*; IDIOM **to deliver the g.** *(keep one's promise)* cumplir (lo prometido); IDIOM **to come up with the g.** cumplir □ ***g. and chattels*** enseres *mpl*; ***g. depot*** almacén *m* de mercancías; ***g. train*** tren *m* de mercancías

good-tempered ['gʊd'tempəd] *adj (person)* afable

goodwill ['gʊd'wɪl] *n* **(a)** *(benevolence, willingness)* buena voluntad *f*; **to retain sb's g.** conservar el favor de alguien □ ***g. ambassador*** embajador *m* en misión de buena voluntad; ***g. visit*** visita *f* de buena voluntad **(b)** *Com* fondo *m* de comercio

goody ['gʊdɪ] *Fam* **1** *n* **(a)** *(person)* buenazo(a) *m,f*; **the goodies and the baddies** los buenos y los malos **(b) goodies** *(food)* golosinas *fpl*; *(presents, prizes)* estupendos obsequios *mpl*
2 *exclam* **g.!** ¡viva!, *Esp* ¡qué chupi!

goody-goody ['gʊdɪgʊdɪ] *n Fam Pej* niño(a) *m,f* modelo

gooey ['gu:ɪ] *adj Fam* **(a)** *(sticky)* pegajoso(a) **(b)** *(sentimental)* empalagoso(a), sentimentaloide

goof [gu:f] *US Fam* **1** *n* **(a)** *(blunder)* metedura *f or Am* metida *f* de pata, *Esp* patinazo *m*; *(in movie)* gazapo *m* **(b)** *(idiot)* bobo(a) *m,f*
2 *vi* meter la pata

▸**goof about, goof around** *vi US Fam (mess around)* hacer el bobo

▸**goof off** *US Fam* **1** *vt insep* **to g. off work** escaquearse
2 *vi* holgazanear, *Esp* gandulear

▸**goof up** *US Fam* **1** *vt sep* **to g. sth up** meter la pata con algo
2 *vi* meter la pata

goofball ['gu:fbɔ:l] *n US Fam* **(a)** *(person)* bobalicón(ona) *m,f*, *Esp* zampabollos *mf inv* **(b)** *(barbiturate)* barbitúrico *m*, somnífero *m*

goofy ['gu:fɪ] *adj Fam* **(a)** *(stupid)* bobalicón(ona), *Esp* zampabollos *inv* **(b)** *Br (buck-toothed)* dentón(ona), dentudo(a)

gook [gu:k] *n US Fam* = término ofensivo para referirse a una persona de China, Vietnam, Corea, etc.

goolies ['gu:lɪz] *npl Br Vulg (testicles)* pelotas *fpl*, huevos *mpl*

goon [gu:n] *n Fam* **(a)** *Br (stupid person)* bobo(a) *m,f*, lerdo(a) *m,f* **(b)** *US (thug)* matón *m*

goose [gu:s] **1** *n* (*pl* **geese** [gi:s]) *(bird)* ganso *m*, oca *f*; IDIOM **his g. is cooked** se va a caer con todo el equipo; IDIOM **to kill the g. that lays the golden eggs** matar la gallina de los huevos de oro □ *Br* ***g. pimples,*** *US* ***g. bumps*** carne *f* de gallina
2 *vt Fam* **to g. sb** dar un pellizco en el trasero a alguien

gooseberry ['gʊzbərɪ] *n* grosella *f*; IDIOM *Br Fam* **to play g.** hacer de carabina *or* de sujetavelas □ ***g. bush*** grosellero *m*

gooseflesh ['gu:sfleʃ] *n* carne *f* de gallina

goose-step ['gu:sstep] **1** *n* paso *m* de la oca
2 *vi* (*pt & pp* **goose-stepped**) marchar al paso de la oca

GOP [dʒi:əʊ'pi:] *n* (*abbr* **Grand Old Party**) Partido *m* Republicano (de Estados Unidos)

gopher ['gəʊfə(r)] *n* **(a)** *(ground squirrel)* ardilla *f* de tierra **(b)** *Comptr* gopher *m*

gorblim(e)y [gɔ:'blaɪmɪ] *exclam* ¡demonios!, ¡caramba!

Gordian knot ['gɔ:dɪən'nɒt] *n* IDIOM **to cut the G.** cortar el nudo gordiano, resolver el asunto de un plumazo

Gordon Bennett ['gɔ:dən'benɪt] *exclam Br Fam* ¡caray!, *Esp* ¡jolín!, *Esp* ¡jolines!

gore [gɔ:(r)] **1** *n (blood)* sangre *f* (derramada)
2 *vt (of bull)* cornear, empitonar

gorge [gɔ:dʒ] **1** *n* **(a)** *(valley)* garganta *f*, desfiladero *m* **(b)** *(throat)* IDIOM **it makes my g. rise** me revuelve el estómago
2 *vt* **to g. oneself (on sth)** hartarse (de algo), atiborrarse (de algo)
3 *vi* hartarse, atiborrarse (**on** de)

gorgeous ['gɔ:dʒəs] *adj* **(a)** *(beautiful) (colours, day, sunset)* precioso(a); *(woman, baby)* precioso(a); *(man)* guapísimo **(b)** *(very good) (meal, weather)* magnífico(a), maravilloso(a)

gorgeously ['gɔ:dʒəslɪ] *adv* maravillosamente, espléndidamente

gorgon ['gɔ:gən] *n* **(a)** *(in mythology)* gorgona *f* **(b)** *Fam (fierce woman)* bruja *f*, arpía *f*

Gorgonzola [gɔ:gən'zəʊlə] *n* (queso *m*) gorgonzola *m*

gorilla [gə'rɪlə] *n* gorila *m*

gormless ['gɔ:mlɪs] *adj Br Fam (person, expression)* idiota, *Esp* memo(a); **a g. idiot** un completo idiota

gorse [gɔ:s] *n* tojo *m*, aulaga *f*

gory ['gɔ:rɪ] *adj (covered in blood)* ensangrentado(a); *(film, crime)* sangriento(a); *Fig & Hum* **in g. detail** con todo lujo de detalles, con pelos y señales

gosh [gɒʃ] *exclam Fam* ¡vaya!, *Esp* ¡jolines!, *Méx* ¡híjole!

goshawk ['gɒshɔ:k] *n* azor *m*

gosling ['gɒzlɪŋ] *n* ansarón *m*

go-slow [gəʊ'sləʊ] *n Br* huelga *f* de celo

gospel ['gɒspəl] *n* **(a)** *(in Bible)* evangelio *m*; **St Mark's G., the G. according to St Mark** el evangelio según San Marcos; **to take sth as g.** tomarse algo como si fuera el evangelio; **it's the g. truth** es la pura verdad **(b)** *(music)* **g. (music)** (música *f*) gospel *m* □ ***g. singer*** cantante *mf* (de) gospel

gossamer ['gɒsəmə(r)] *n* **(a)** *(spider's thread)* (hilos *mpl* de) telaraña *f* **(b)** *(fabric)* gasa *f*

gossip ['gɒsɪp] **1** *n* **(a)** *(person)* cotilla *mf*, chismoso(a) *m,f* **(b)** *(talk)* chismorreo *m*, *Esp* cotilleo *m*; **to have a g. (about)** chismorrear *or Esp* cotillear (sobre) □ ***g. column*** ecos *mpl* de sociedad; ***g. columnist*** cronista *mf* de sociedad
2 *vi* chismorrear, *Esp* cotillear

gossiping ['gɒsɪpɪŋ] **1** *n* chismorreo *m*, *Esp* cotilleo *m*
2 *adj* chismoso(a), *Esp* cotilla

gossipy ['gɒsɪpɪ] *adj* **he's very g.** es muy cotilla; **a g. letter** una carta llena de chismorreos *or Esp* cotilleos

got [gɒt] *pt & pp of* **get**

gotcha ['gɒtʃə] *exclam Br Fam* (= **I got you**) *(I understand)* ¡ajá!, ¡ya veo!; *(on catching someone)* ¡te agarré *or Esp* pillé!; *(in triumph)* ¡toma ya!

Goth [gɒθ] *n* **(a)** *Hist* godo(a) *m,f* **(b)** *(music fan)* siniestro(a) *m,f*

Gothic ['gɒθɪk] **1** *n (artistic style, language)* gótico *m*
2 *adj* gótico(a) □ ***g. novel*** novela *f* gótica

gotta ['gɒtə] *Fam* = **got to**

gotten ['gɒtən] *US pp of* **get**

gouge[1] [gaʊdʒ] *n (tool)* gubia *f*

▸**gouge out** *vt sep (eye)* arrancar; *(hole)* cavar

gouge[2] *vt US Fam* clavar, *RP* afanar

gouache [gʊ'ɑ:ʃ] *n* guache *m*, aguada *f*

Gouda ['gaʊdə] *n* queso *m* Gouda

goujons ['gu:ʒɒnz] *npl Culin* escalopines *mpl*

goulash ['gu:læʃ] *n* gulach *m*

gourd ['gʊəd] *n (vegetable, container)* calabaza *f*, *Bol, Chile, RP* zapallo *m*, *Col, Ven* ahuyama *f*; IDIOM *US Fam* **to be out of one's g.** estar mal de la azotea

gourmand ['gʊəmənd] *n* gourmand *mf*

gourmet ['gʊəmeɪ] *n* gastrónomo(a) *m,f*, gourmet *mf* □ ***g. cooking*** alta *or* buena cocina *f*

gout [gaʊt] *n (illness)* gota *f*

Gov *n* (a) (*abbr* **government**) gobierno *m* **(b)** (*abbr* **governor**) gobernador(ora) *m,f*

govern ['gʌvən] *vt* **(a)** *(state, country)* gobernar **(b)** *(control) (emotions)* dominar; *(of scientific law)* regir, determinar; **her**

behaviour was governed by a desire for revenge le movía el deseo de venganza (**c**) *Gram* regir

governess [ˈgʌvənɪs] *n* institutriz *f*

governing [ˈgʌvənɪŋ] *adj (party, coalition)* gobernante; *(concept, principle)* rector(ora) ▫ ***g. body*** órgano *m* rector

government [ˈgʌvənmənt] *n* gobierno *m*; **good g.** buen gobierno; **strong g.** gobierno fuerte; **to form a g.** formar gobierno ▫ ***g. policy*** la política gubernamental

governmental [gʌvənˈmentəl] *adj* gubernamental, gubernativo(a)

governor [ˈgʌvənə(r)] *n* (**a**) *(head) (of colony, central bank)* gobernador(ora) *m,f*; *(of prison)* director(ora) *m,f* ▫ ***g. general*** gobernador general (**b**) *Br Fam* **the g.** *(boss)* el/la mandamás

governorship [ˈgʌvənəʃɪp] *n* gobernación *f*

Govt *n* (*abbr* **government**) gobierno *m*

gown [gaʊn] *n* (**a**) *(of woman)* vestido *m* (largo) (**b**) *(of magistrate, academic)* toga *f* (**c**) *(of surgeon)* bata *f*

GP [dʒiːˈpiː] *n Br* (*abbr* **general practitioner**) médico(a) *m,f* de familia *or* de cabecera

GPO [dʒiːpiːˈəʊ] *n Br Formerly* (*abbr* **General Post Office**) ≃ (Administración *f* Central de) Correos *mpl*

GPS [dʒiːpiːˈes] *n* (*abbr*) **global positioning system**) GPS

gr (*abbr* **gramme(s)**) g

grab [græb] **1** *n (movement)* **to make a g. at** *or* **for sth** tratar de agarrar algo; IDIOM *Fam* **to be up for grabs** estar a disposición de cualquiera

2 *vt* (*pt & pp* **grabbed**) (**a**) *(snatch)* **to g. (hold of) sth/sb** agarrar algo/a alguien; **to g. sth off sb** arrebatar algo a alguien (**b**) *Fam (take)* **g. a chair** agarra *or* pilla una silla; **to g. a bite to eat** comer algo en cualquier parte (**c**) *Fam (attract, interest)* **how does that g. you?** ¿qué te parece?; **the idea doesn't g. me** no me entusiasma la idea

3 *vi* **to g. at sth/sb** tratar de agarrar algo/a alguien

grace [greɪs] **1** *n* (**a**) *(of movement, dancer, language)* gracia *f*, elegancia *f*

(**b**) *(of manners)* **to do sth with (a) good/bad g.** hacer algo de buena/mala gana; **to have the (good) g. to do sth** tener la delicadeza de hacer algo

(**c**) *(favour)* **to be in/get into sb's good graces** gozar del/ganarse el favor de alguien

(**d**) *Rel* **in a state of g.** en estado de gracia; **to fall from g.** caer en desgracia; **the g. of God** la gracia de Dios; **there, but for the g. of God, go I** nos podría haber pasado a cualquiera

(**e**) *(for payment of a bill)* **to give a debtor seven days' g.** conceder a un moroso una prórroga de siete días

(**f**) *(prayer before meal)* **to say g.** bendecir la mesa

(**g**) *(form of address)* **Your G.** *(bishop)* (Su) Ilustrísima; *(duke, duchess)* (Su) Excelencia

(**h**) *Mus* ***g. note*** (nota *f* de) adorno *m*, floritura *f*

2 *vt (honour)* honrar; *Ironic* **she rarely graces us with her presence** raras veces nos honra con su presencia *or* se digna a acompañarnos

graceful [ˈgreɪsfʊl] *adj (person, movement)* airoso(a), elegante; *(speech, style)* elegante; *(apology)* decoroso(a)

gracefully [ˈgreɪsfʊlɪ] *adv* con elegancia; **to accept/decline g.** aceptar/declinar cortésmente

gracefulness [ˈgreɪsfʊlnɪs] *n* gracia *f*, garbo *m*

graceless [ˈgreɪslɪs] *adj* (**a**) *(inelegant) (person, movement)* falto(a) de gracia, ordinario(a) (**b**) *(apology, behaviour)* descortés

gracious [ˈgreɪʃəs] *adj* (**a**) *(kind, polite)* amable, atento(a); *(in victory)* caballeroso(a) (**b**) *(elegant)* elegante, lujoso(a) (**c**) *Old-fashioned (exclamation)* **g. (me)!, good(ness) g.!** ¡santo cielo!, ¡Dios bendito!

graciously [ˈgreɪʃəslɪ] *adv (kindly)* amablemente, cortésmente

graciousness [ˈgreɪʃəsnɪs] *n* (**a**) *(kindness, politeness)* cortesía *f*, gentileza *f* (**b**) *(elegance)* elegancia *f*

gradation [grəˈdeɪʃən] *n* gradación *f*; **subtle gradations of meaning** matizes sutiles del significado

grade [greɪd] **1** *n* (**a**) *(rank)* grado *m*, rango *m* (**b**) *(quality)* clase *f*, calidad *f*; IDIOM **to make the g.** *(be good enough)* dar la talla (**c**) *US Sch (mark)* nota *f* (**d**) *US (year at school)* curso *m* ▫ ***g. school*** escuela *f* primaria (**e**) *US* ***g. crossing*** *(level crossing)* paso *m* a nivel

2 *vt* (**a**) *(classify)* clasificar (**b**) *US* **to g. essays** calificar los trabajos

gradient [ˈgreɪdɪənt] *n* (**a**) *(of slope)* pendiente *f*; **a g. of one in four, a one in four g.** una pendiente del 25 por ciento (**b**) *(of temperature)* gradiente *m*, curva *f* de temperaturas (**c**) *Comptr* ***g. fill*** degradado *m* lineal

gradual [ˈgrædjʊəl] *adj* gradual

gradually [ˈgrædjʊəlɪ] *adv* gradualmente

graduate [ˈgrædjʊət] **1** *n* (**a**) *Br Univ* licenciado(a) *m,f* (**b**) *US (from high school)* ≃ bachiller *mf*

2 *adj US (postgraduate)* ***g. studies*** estudios *mpl* de posgrado

3 *vi* [ˈgrædjʊeɪt] (**a**) *Br Univ* licenciarse (**b**) *US (from high school)* ≃ sacar el bachillerato (**c**) *(progress)* **she learnt on a cheap violin before graduating to a better instrument** aprendió con un violín corriente antes de pasar a tocar con uno mejor; **he soon graduated from marijuana to cocaine** pronto pasó *or* dio el paso de la marihuana a la cocaína

graduated [ˈgrædʊeɪtɪd] *adj (thermometer)* graduado(a) ▫ *Comptr* ***g. fill*** degradado *m* lineal; ***g. income tax*** impuesto *m* sobre la renta progresivo

graduation [grædjʊˈeɪʃən] *n (from school, university)* graduación *f* ▫ ***g. ceremony*** ceremonia *f* de graduación

graffiti [græˈfiːtiː] *n* graffiti *m*

graft¹ [grɑːft] **1** *n (of skin, plant)* injerto *m*

2 *vt (skin, plant)* injertar (**onto** en); *Fig (idea, method)* implantar (**onto** en)

graft² *Fam* **1** *n* (**a**) *Br (work)* **the job involves a lot of hard g.** en ese trabajo hay que trabajar *or Esp* currar *or Méx* chambear *or RP* laburar mucho (**b**) *US (bribery)* corruptelas *fpl*

2 *vi Br (work hard)* trabajar mucho, *Esp* currar a tope, *Méx* chambear duro, *RP* laburar como loco

grafter [ˈgrɑːftə(r)] *n Br Fam* trabajador(ora) *m,f*, *Esp* currante *mf*, *Col* camellador(ora) *m,f*, *RP* laburador(ora) *m,f*

grain [greɪn] *n* (**a**) *(of wheat, salt, sand)* grano *m*; **a g. of truth** una pizca de verdad ▫ ***g. alcohol*** alcohol *m* de grano (**b**) *(of photo)* grano *m* (**c**) *(of wood, meat)* grano *m*; IDIOM **it goes against the g. for me to do it** hacer eso va contra mi naturaleza (**d**) *(unit of weight)* grano *m* (= *0,065 gramos*)

grainy [ˈgreɪnɪ] *adj Phot* granuloso(a), con mucho grano

gram [græm] *n* gramo *m*

grammar [ˈgræmə(r)] *n* gramática *f*; **her g. is terrible** comete muchos errores gramaticales; **to improve one's g.** mejorar el dominio de la lengua *or* del idioma; **g. (book)** (método *m* de) gramática *f* ▫ *Comptr* ***g. checker*** corrector *m* de gramática; *Br* ***g. school*** instituto *m* de enseñanza secundaria *(al que sólo se accede después de superar un examen de ingreso)*

grammarian [grəˈmeərɪən] *n* gramático(a) *m,f*

grammatical [grəˈmætɪkəl] *adj* gramatical

grammaticality [grəmætɪˈkælɪtɪ] *n* gramaticalidad *f*

grammatically [grəˈmætɪklɪ] *adv* gramaticalmente

gramme [græm] *n Br* gramo *m*

gramophone [ˈgræməfəʊn] *n Br Old-fashioned* gramófono *m* ▫ ***g. record*** disco *m* de gramófono

grampus [ˈgræmpəs] *n (dolphin)* delfín *m* grís; *(whale)* orca *f*

gran [græn] *n Br Fam (grandmother)* abuelita *f*, *Esp* yaya *f*

granary [ˈgrænərɪ] *n* granero *m* ▫ *Br* ***g. bread*** pan *m* de semillas

grand [grænd] **1** *adj* (**a**) *(imposing)* grandioso(a), imponente; *(plan, scheme)* ambicioso(a); **on a g. scale** a gran escala; **the g. old man of car racing** el gran mito viviente *or* la leyenda viva del automovilismo ▫ ***the G. Canyon*** el Gran Cañón (del Colorado); ***g. duchess*** gran duquesa *f*; ***g. duchy*** gran ducado *m*; ***g. duke*** gran duque *m*; ***g. finale*** final *m* apoteósico, apoteosis *f inv* final; *US Law* ***g. jury*** jurado *m* de acusación; ***g. master*** *(in chess)* gran maestro(a) *m,f*; *Br* ***the G. National*** el Grand National, = carrera hípica de obstáculos que se celebra anualmente en Aintree, Gran Bretaña; ***g. opera*** gran ópera *f*; ***g. piano*** piano *m* de cola; ***g. prix*** *(motor race)* gran premio *m*; ***g.***

slam *(in tennis, bridge)* gran slam *m; (in rugby)* Gran Slam *m,* = conseguir derrotar a los otros cuatro países en el Torneo de las Cinco Naciones; **a g. slam tournament** *(in tennis)* un torneo de(l) gran slam; ***g. total:*** **a g. total of £5,000** una suma total de 5.000 libras
(**b**) *Fam (excellent)* genial, *Carib, Ecuad, Perú* chévere, *Méx* padre, *RP* bárbaro; **we had a g. time** lo pasamos estupendamente
2 *n Fam* (**a**) *(thousand pounds)* mil libras *fpl; (thousand dollars)* mil dólares *mpl*
(**b**) *(piano)* piano *m* de cola

grandad ['grændæd] *n Fam* abuelito *m, Esp* yayo *m*

grandaddy ['grændædɪ] *n Fam* abuelito *m, Esp* yayo *m; Fig* **the g. of them all** el padre de todos ellos

grandchild ['græntʃaɪld] *n* nieto(a) *m,f*

granddaughter ['grændɔːtə(r)] *n* nieta *f*

grandee [græn'diː] *n* grande *m*

grandeur ['grændjə(r)] *n (of place, building)* grandiosidad *f; (personal status)* grandeza *f*

grandfather ['grænfɑːðə(r)] *n* abuelo *m* ▫ ***g. clock*** reloj *m* de pie

grandiloquence [græn'dɪləkwəns] *n Formal* grandilocuencia *f*

grandiloquent [græn'dɪləkwənt] *adj Formal* grandilocuente

grandiose ['grændɪəʊs] *adj* grandioso(a)

grandly ['grændlɪ] *adv (impressively)* grandiosamente, majestuosamente; *(pompously)* solemnemente

grandma ['grænmɑː] *n Fam* abuelita *f, Esp* yaya *f*

grandmamma ['grænməmɑː] *n Old-fashioned* abuela *f, Esp* yaya *f*

grandmother ['grænmʌðə(r)] *n* abuela *f*

grandpa ['grænpɑː] *n Fam* abuelito *m, Esp* yayo *m*

grandpapa ['grænpəpɑː] *n Old-fashioned* abuelo *m, Esp* yayo *m*

grandparent ['grænpeərənt] *n* abuelo(a) *m,f;* **grandparents** abuelos *mpl*

grandson ['grænsʌn] *n* nieto *m*

grandstand ['grænstænd] **1** *n (in stadium)* tribuna *m;* **to have a g. view of sth** presenciar algo desde una posición privilegiada
2 *vi US Fam* figurar, pavonearse, *Esp* darse pisto

grange [greɪndʒ] *n* (**a**) *Br (house)* casa *f* solariega (**b**) *US (farm)* granja *f*

granite ['grænɪt] *n* granito *m*

grannie, granny ['grænɪ] *n Fam* abuelita *f, Esp* yaya *f* ▫ ***g. flat*** = apartamento anexo a una casa o en su interior dedicado al alojamiento de un familiar anciano; ***g. knot*** nudo *m* mal hecho; ***G. Smith*** manzana *f* Granny Smith

granola [grə'nəʊlə] *n US* muesli *m* de avena

grant [grɑːnt] **1** *n (financial aid)* subvención *f; (for student)* beca *f*
2 *vt* (**a**) *(allow) (permission, request)* conceder; **to g. sb an interview** conceder una entrevista a alguien; **to take sth for granted** dar algo por supuesto *or* por sentado; **she felt that she was being taken for granted** sentía que no la apreciaban debidamente (**b**) *(award) (money, subsidy)* conceder (**c**) *(admit)* reconocer, admitir; **I g. that he's talented, but...** admito que tiene talento, pero...; **I g. (you) he was mistaken, but he meant well** de acuerdo que estaba equivocado, pero tenía buena intención

grant-maintained ['grɑːntmeɪn'teɪnd] *adj Br* **g. school** = escuela subvencionada por el Estado

grantor [grɑːn'tɔː(r)] *n Law* cesionista *mf*

granular ['grænjʊlə(r)] *adj (surface, texture)* granuloso(a)

granulated sugar ['grænjʊleɪtɪd-'ʃʊgə(r)] *n* azúcar *m or f* granulado(a)

granule ['grænjʊl] *n* gránulo *m*

grape [greɪp] *n* uva *f* ▫ ***g. harvest*** vendimia *f;* ***g. juice*** mosto *m, Esp* zumo *m or Am* jugo *m* de uva; ***g. picker*** vendimiador(ora) *m,f*

grapefruit ['greɪpfruːt] *n* pomelo *m, Am* toronja *f* ▫ ***g. juice*** *Esp* zumo *m or Am* jugo *m* de pomelo

grapeshot ['greɪpʃɒt] *n* metralla *f*

grapevine ['greɪpvaɪn] *n (plant) (on ground)* vid *f; (climbing)* parra *f;* IDIOM *Fam* **I heard on the g. that...** me ha dicho un pajarito que...

graph [grɑːf] *n* gráfico *m,* gráfica *f* ▫ ***g. paper*** papel *m* cuadriculado

grapheme ['græfiːm] *n Ling* grafema *m*

graphic ['græfɪk] *adj* (**a**) *(description, language)* gráfico(a); **in g. detail** sin escatimar detalle, con todo lujo de detalles (**b**) *Art* gráfico(a) ▫ ***g. artist*** artista *mf* gráfico(a); ***g. arts*** artes *fpl* gráficas; ***g. design*** diseño *m* gráfico; ***g. designer*** diseñador(ora) *m,f* gráfico(a), grafista *mf;* ***g. novel*** novela *f* ilustrada (**c**) *Elec* ***g. equalizer*** ecualizador *m* gráfico (**d**) *Comptr* ***g. accelerator*** acelerador *m* gráfico; ***g. display*** representación *f* gráfica

graphical ['græfɪkəl] *adj Comptr* ***g. (user) interface*** interfaz *f* gráfica

graphically ['græfɪklɪ] *adv (describe, portray)* gráficamente

graphics ['græfɪks] **1** *n Art* diseño *m* gráfico, grafismo *m*
2 *npl Comptr* gráficos *mpl* ▫ *Comptr* ***g. mode*** modo *m* de gráficos; ***g. tablet*** tableta *f* gráfica

graphite ['græfaɪt] *n* grafito *m*

graphology [græ'fɒlədʒɪ] *n* grafología *f*

grapnel ['græpnəl] *n* rezón *m*

grapple ['græpəl] *vi (fight)* forcejear (**with** con); **to g. with a problem** debatirse *or* batallar con un problema

grappling hook ['græplɪŋ'hʊk], **grappling iron** ['græplɪŋ'aɪən] *n* rezón *m*

GRAS *US (abbr* **generally recognized as safe**) = declarado no perjudicial por las autoridades sanitarias estadounidenses

grasp [grɑːsp] **1** *n* (**a**) *(hold)* asimiento *m;* **to wrest sth from sb's g.** arrancar algo de las manos de alguien; *Fig* **to have sth within one's g.** tener algo al alcance de la mano; *Fig* **the opportunity had slipped from her g.** había dejado escapar la oportunidad (**b**) *(understanding)* comprensión *f;* **to have a good g. of modern history** comprender *or* dominar muy bien la historia moderna
2 *vt* (**a**) *(hold firmly)* agarrar, asir; IDIOM **to g. the nettle** agarrar al toro por los cuernos; *Fig* **to g. the opportunity** aprovechar la oportunidad (**b**) *(understand)* comprender

grasping ['grɑːspɪŋ] *adj* avaricioso(a)

grass [grɑːs] **1** *n* (**a**) *(plant)* hierba *f;* IDIOM **she doesn't let the g. grow under her feet** *(is very decisive)* no se dedica a perder el tiempo; PROV **the g. is always greener (on the other side of the fence)** siempre anhelamos lo que no tenemos ▫ *Fig* ***the g. roots*** *(of organization)* las bases; ***g. snake*** culebra *f* de agua; ***g. widow*** = mujer cuyo marido se encuentra ausente
(**b**) *(lawn)* césped *m,* hierba *f;* **keep off the g.** *(sign)* prohibido pisar el césped ▫ ***g. court*** *(in tennis)* pista *f* de hierba
(**c**) *(pasture)* pasto *m; Fig* **to put sb out to g.** = despedir a alguien por ser demasiado mayor para el trabajo
(**d**) *Fam (marijuana)* maría *f,* hierba *f*
(**e**) *Br Fam (informer)* soplón(a) *m,f, Esp* chivato(a) *m,f*
2 *vi Br Fam (inform)* cantar; **to g. on sb** delatar a alguien, *Esp* dar el soplo sobre alguien

grass-cutter ['grɑːskʌtə(r)] *n* cortacésped *m o f*

grasshopper ['grɑːshɒpə(r)] *n* saltamontes *m inv*

grassland ['grɑːslænd] *n* pradera *f,* pastizal *m*

grassroots ['græs'ruːts] *adj* **g. opinion** la opinión de las bases; **g. support/opposition** apoyo *m*/oposición *f* de las bases

grassy ['grɑːsɪ] *adj* poblado(a) de hierba

grate[1] [greɪt] *n (of hearth)* parrilla *f,* rejilla *f*

grate[2] **1** *vt (cheese, nutmeg)* rallar
2 *vi (of machinery)* chirriar, rechinar; **to g. on the ear** *(of voice, sound)* chirriar al oído; **it really grates on my nerves** me ataca los nervios

grateful ['greɪtfʊl] *adj* agradecido(a); **to be g.** estar agradecido(a); **I'm g. for all you've done** te agradezco todo lo que has hecho; **I would be g. if you could let me know as soon as possible** le agradecería que me lo comunicara lo antes posible

gratefully ['greɪtfʊlɪ] *adv* agradecidamente, con agradecimiento

grater ['greɪtə(r)] *n (for cheese, nutmeg)* rallador *m*

graticule ['grætɪkjuːl] *n (in microscope)* retícula *f; (on map)* coordenadas *fpl* geográficas, cuadrícula *f*

gratification [grætɪfɪ'keɪʃən] *n* satisfacción *f*

gratified ['grætɪfaɪd] *adj* **to be g.** estar satisfecho(a) *or* complacido(a)

gratify ['grætɪfaɪ] *vt* satisfacer, complacer

gratifying ['grætɪfaɪɪŋ] *adj* satisfactorio(a), gratificante

grating[1] ['greɪtɪŋ] *adj (noise)* chirriante; *(voice)* chillón(ona)

grating[2] *n (grille)* reja *f*

gratis ['grætɪs] *adv* gratis

gratitude ['grætɪtju:d] *n* gratitud *f*

gratuitous [grə'tju:ɪtəs] *adj* gratuito(a)

gratuitously [grə'tju:ɪtəslɪ] *adv* gratuitamente

gratuity [grə'tju:ɪtɪ] *n Formal (tip)* propina *f*, gratificación *f*

grave [greɪv] **1** *n* (**a**) *(for burial)* tumba *f*, sepultura *f* ▫ ***g. clothes*** mortaja *f* (**b**) IDIOM **from beyond the g.** del más allá, de ultratumba; **to drink/work oneself into an early g.** tener una muerte temprana víctima de la bebida/del trabajo; **to make sb turn in his g.** hacer que alguien se revuelva en su sepultura; **to have one foot in the g.** estar con un pie en la tumba

2 *adj (manner, voice, mistake)* grave

gravedigger ['greɪvdɪgə(r)] *n* sepulturero(a) *m,f*

gravel ['grævəl] *n* grava *f*, gravilla *f* ▫ ***g. path*** camino *m* de grava; ***g. pit*** yacimiento *m* de grava, gravera *f*

gravelly ['grævəlɪ] *adj (sand, soil)* pedregoso(a); **a g. voice** una voz cavernosa

gravely ['greɪvlɪ] *adv* gravemente

graven ['greɪvən] *adj (in the Bible)* **g. image** ídolo *m*

graveside ['greɪvsaɪd] *n* pie *m* de la sepultura

gravestone ['greɪvstəʊn] *n* lápida *f*

graveyard ['greɪvjɑ:d] *n* cementerio *m*

gravid ['grævɪd] *adj Med* grávida

gravitate ['grævɪteɪt] *vi* **to g. towards** verse atraído(a) por; **most of the guests had gravitated towards the bar** casi todos los invitados se habían ido desplazando hacia el bar

gravitation [grævɪ'teɪʃən] *n* gravitación *f*

gravitational [grævɪ'teɪʃənəl] *adj (force, field)* gravitatorio(a) ▫ ***g. pull*** atracción *f* gravitatoria

gravity ['grævɪtɪ] *n* (**a**) *(force)* gravedad *f* (**b**) *(seriousness)* gravedad *f*

gravy ['greɪvɪ] *n* jugo *m* de carne ▫ ***g. boat*** salsera *f*; *Fam* ***g. train***: **to be on the g. train** estar apuntado(a) al *Esp* chollo *or Am* chance de la temporada

gray, gray-haired *etc US* = **grey, grey-haired** *etc*

grayling ['greɪlɪŋ] *n (fish)* tímalo *m*, timo *m*

graze[1] [greɪz] **1** *vt (of farmer) (cattle, herd)* apacentar

2 *vi (of cattle)* pastar, pacer

graze[2] **1** *n* rasguño *m*, arañazo *m*

2 *vt (scrape)* arañar; *(touch lightly)* rozar; **to g. one's knee** hacerse un arañazo en la rodilla

grazing ['greɪzɪŋ] *n (pasture)* pastos *mpl*, pastizales *mpl*

grease [gri:s] **1** *n (in cooking, for machine)* grasa *f* ▫ ***g. gun*** pistola *f* engrasadora; *Fam* ***g. monkey*** mecánico(a) *m,f*

2 *vt (machine)* engrasar, lubricar; *(cake tin)* engrasar; **to g. back one's hair** engominarse el pelo; IDIOM *Fam* **to g. sb's palm** *(bribe)* untar a alguien, *Andes, RP* coimear a alguien, *CAm, Méx* dar una mordida a alguien; IDIOM *Fam* **to move like greased lightning** moverse con la velocidad del rayo

greasepaint ['gri:speɪnt] *n Th* maquillaje *m* de teatro

greaseproof ['gri:spru:f] *adj Br* ***g. paper*** papel *m* de cera *or* parafinado

greaser [gri:sə(r)] *n* (**a**) *Fam (biker)* motero(a) *m,f* (**b**) *US Fam Pej (Latin American)* latino(a) *m,f*, *Esp* sudaca *mf*

greasy ['gri:sɪ] *adj* (**a**) *(containing, covered in grease)* grasiento(a); *(hair)* graso(a); *(grease-stained)* manchado(a) de grasa ▫ *Fam* ***g. spoon*** *(cheap restaurant)* restaurante *m* barato (**b**) *Fam (manner)* adulador(ora), *Méx, RP* arrastrado(a)

GREAT [greɪt] **1** *adj* (**a**) *(large, considerable)* grande, gran *(before singular noun)*; **this is a g. improvement over her previous novel** esta novela es mucho mejor que su anterior; **to reach a g. age** llegar a una edad avanzada; **to take g. care** poner mucho cuidado; **in g. detail** en gran detalle; **it gives me g. pleasure to announce that…** es un auténtico placer para mí anunciar que…; **I have g. respect for them** siento enorme respeto por ellos; **a g. deal better** muchísimo mejor; **a g. deal of…** un montón de…, muchísimo(a)…; **a g. many** muchos(as) ▫ ***g. ape*** gran simio *m* antropoide

(**b**) *(important)* grande, gran *(before singular noun)*; **a g. artist** un/una gran artista; **the g. Jesse Owens** el gran Jesse Owens; **to be the greatest** ser el mejor; **g. deeds** grandes hazañas; **he seems destined for g. things** parece destinado a hacer grandes cosas; *Hum* **g. minds think alike** los genios siempre tenemos las mismas ideas

(**c**) *(accomplished)* grande, gran *(before singular noun)*; **a g. player/painting** un gran jugador/cuadro; **he's g. at cooking** cocina de maravilla; **to have a g. eye for detail** tener un ojo excelente para los detalles

(**d**) *Fam (very good)* genial, *Carib, Ecuad, Perú* chévere, *Méx* padre, *RP* bárbaro(a); **this knife is g. for chopping carrots** este cuchillo es genial *or Carib, Ecuad, Perú* chévere *or Méx* padre *or RP* bárbaro(a) para picar zanahorias; **it's g. that you'll be living so near us!** ¡qué genial *or Carib, Ecuad, Perú* chévere *or Méx* padre *or RP* bárbaro(a) que vayáis a vivir tan cerca de nosotros!; **it's g. to see you again!** ¡qué alegría verte de nuevo!; **to have a g. time** pasarlo muy bien; **he's a g. guy** es un tipo excelente; **the g. thing about this printer is…** y lo mejor de esta impresora es que…; **(that's) g.!** ¡genial!, *Carib, Ecuad, Perú* ¡chévere!, *Méx* ¡padre!, *RP* ¡bárbaro(a)!; *Ironic* **oh, (that's) g., now what are we going to do?** oh, fantástico, ¿y ahora qué hacemos?

(**e**) *(enthusiastic, committed)* **I'm a g. fan of hers** soy un gran admirador suyo; **they are g. friends** son muy buenos amigos; **she's a g. hillwalker** es muy aficionada al montañismo; **he's a g. one for having everything planned in advance** nadie como él para tener todo planeado de antemano

(**f**) *(in proper names)* **Alexander the G.** Alejandro Magno ▫ ***the G. Barrier Reef*** la Gran Barrera de Coral; *Astron* ***the G. Bear*** la Osa Mayor; ***G. Britain*** Gran Bretaña; ***G. Dane*** gran danés *m*; ***the G. Lakes*** los Grandes Lagos; ***Greater London*** el área metropolitana de Londres; ***the G. Plains*** las Grandes Llanuras (de Norteamérica); *Zool* ***g. tit*** carbonero *m* común; ***the G. Wall of China*** la Gran Muralla China; *Hist* ***the G. War*** la Primera Guerra Mundial, la guerra del 14

2 *n (person)* grande *mf*

3 *npl* **the g. and the good** las personalidades más importantes de la vida pública

4 *adv Fam* (**a**) *(well)* estupendamente; **I feel g.!** ¡me siento estupendamente!; **he's doing g.** *(in health)* se está recuperando muy bien

(**b**) *(for emphasis)* **a g. big dog** un perrazo enorme; **you g. fat slob!** ¡so vago *or Esp* gandulazo!; **you g. big idiot!** ¡pero qué tontorrón *or Am* papanatas eres!; **a huge g. mountain** una montaña gigantesca

great-aunt ['greɪt'ɑ:nt] *n* tía *f* abuela

greatcoat ['greɪtkəʊt] *n* abrigo *m*, gabán *m*

great-grandchild ['greɪt'græntʃaɪld] *n* bisnieto(a) *m,f*

great-granddaughter ['greɪt'grændɔ:tə(r)] *n* bisnieta *f*

great-grandfather ['greɪt'grænfɑ:ðə(r)] *n* bisabuelo *m*

great-grandmother ['greɪt'græn-mʌðə(r)] *n* bisabuela *f*

great-grandparents ['greɪt'grænpeərənts] *npl* bisabuelos *mpl*

great-grandson ['greɪt'grænsʌn] *n* bisnieto *m*

great-great-grandchild ['greɪt'greɪt-'græntʃaɪld] *n* tataranieto(a) *m,f*

great-great-grandfather ['greɪt-'greɪt'grænfɑ:ðə(r)] *n* tatarabuelo *m*

greatly ['greɪtlɪ] *adv* **he was g. influenced by his father** estaba muy influenciado por su padre; **he was g. surprised by the news** la noticia le sorprendió mucho

great-nephew ['greɪt'nefju:] *n* sobrino *m* nieto

greatness ['greɪtnɪs] *n (of person)* talla *f*, grandeza *f*; *(of action)* grandeza *f*; **to achieve g.** *(of writer, politician)* convertirse en uno de los grandes

great-niece ['greɪt'ni:s] *n* sobrina *f* nieta

great-uncle ['greɪt'ʌŋkəl] *n* tío *m* abuelo

grebe [gri:b] *n* somormujo *m*

Grecian ['gri:ʃən] *adj* helénico(a), griego(a)

Greece [gri:s] *n* Grecia

greed [gri:d] *n* **(a)** *(for food)* glotonería *f*, gula *f*; *(for material things)* codicia *f*, avidez *f* (**for** de) **(b)** *(for fame, power)* ambición *f*, avidez *f* (**for** de)

greedily ['gri:dɪlɪ] *adv (eat)* con glotonería; *(look, behave)* con avidez

greediness ['gri:dɪnɪs] = **greed**

greedy ['gri:dɪ] *adj* **(a)** *(for food)* glotón(a); *(for material things)* codicioso(a), ávido(a) **(b) to be g. for sth** *(knowledge, success)* estar ávido de algo

greedy-guts ['gri:dɪgʌts] *n Br Fam* tragón(ona) *m,f*

Greek [gri:k] **1** *n* **(a)** *(person)* griego(a) *m,f* **(b)** *(language)* griego *m*; **ancient/modern G.** griego clásico/moderno; IDIOM *Fam* **it's all G. to me** me suena a chino

2 *adj* griego(a) ▫ ***G. god*** dios *m* griego; ***G. goddess*** diosa *f* griega; ***G. Orthodox Church*** iglesia *f* ortodoxa griega; *Comptr* ***G. text*** texto *m* simulado

green [gri:n] **1** *n* **(a)** *(colour)* verde *m*

(b) greens *(vegetables)* verdura *f*

(c) *(grassy area) (in golf)* green *m*; **to hit/miss the g.** alcanzar/no alcanzar el green; **village g.** = en los pueblos, parque o zona verde céntricos de uso público

(d) *Pol* **the Greens** los verdes, los ecologistas

2 *adj* **(a)** *(colour)* verde; **to go** *or* **turn g.** *(traffic lights)* cambiar a *or* ponerse verde; **to be g. with envy** estar muerto(a) de envidia; IDIOM **to have g. fingers** tener buena mano con las plantas; IDIOM **to give sb the g. light (to do sth)** dar a alguien luz verde (para hacer algo) ▫ ***g. bean*** *Esp* judía *f* verde, *Chile* poroto *m* verde, *Carib, Col* habichuela *f*, *Méx* ejote *m*, *RP* chaucha *f*; ***g. belt*** *(around city)* cinturón *m* verde; *US* ***G. Beret*** boina verde *mf*; *US* ***g. card*** permiso *m* de trabajo; ***G. Cross Code*** = código británico de seguridad vial infantil; *Parl* ***g. paper*** libro *m* verde; ***g. pepper*** pimiento *m* verde; ***the g. pound*** el valor de la libra en el mercado agrícola europeo; ***the g. revolution*** la revolución verde; ***g. salad*** ensalada *f* verde; *US Fam* ***g. stuff*** *(money)* *Esp* pasta *f*, *Am* plata *f*, *Méx* lana *f*, *RP* guita *f*; ***g. tea*** té *m* verde

(b) *Fam (young, inexperienced)* novato(a); *(naive)* ingenuo(a)

(c) *(environmentalist)* ecologista, verde ▫ ***the G. Party*** el partido ecologista *or* de los verdes

greenback ['gri:nbæk] *n US Fam* billete *m (dólar estadounidense)*, *RP* verde *m*

greenery ['gri:nərɪ] *n* vegetación *f*

green-eyed ['gri:naɪd] *adj* de ojos verdes; *Literary* **the g. monster** *(jealousy)* los celos

greenfield site ['gri:nfi:ld'saɪt] *n (for factory, houses)* terreno *m* edificable *(fuera del casco urbano)*

greenfly ['gri:nflaɪ] *n* pulgón *m*

greengage ['gri:ngeɪdʒ] *n (fruit)* ciruela *f* claudia

greengrocer ['gri:ngrəʊsə(r)] *n Br* verdulero(a) *m,f*; **g.'s (shop)** verdulería *f*

greenhorn ['gri:nhɔ:n] *n Fam* novato(a) *m,f*

greenhouse ['gri:nhaʊs] *n* invernadero *m* ▫ ***the g. effect*** el efecto invernadero; ***g. gas*** gas *m* productor del efecto invernadero

greening ['gri:nɪŋ] *n* ecologización *f*, concienciación *f* ecológica

greenish ['gri:nɪʃ] *adj* verdoso(a)

greenkeeper ['gri:nki:pə(r)] *n* técnico(a) *m,f* de mantenimiento *or* cuidador(ora) *m,f* de campo de golf

Greenland ['gri:nlənd] *n* Groenlandia

Greenlander ['gri:nləndə(r)] *n* groenlandés(esa) *m,f*

greenroom ['gri:nru:m] *n Th* sala *f* de descanso *(para actores)*

greenstick fracture ['gri:nstɪk-'frækt∫ə(r)] *n Med* fractura *f* de tallo verde

Greenwich Mean Time ['grenɪtʃ-'mi:ntaɪm] *n* tiempo *m* universal, hora *f* del meridiano cero *or* de Greenwich

greeny ['gri:nɪ] *adj* verdoso(a)

greet [gri:t] *vt* **(a)** *(say hello to)* saludar **(b)** *(welcome) (person, idea)* recibir, acoger; **her speech was greeted with wild applause** su discurso fue recibido *or* acogido con una enardecida ovación; **an awful sight greeted their eyes** un horrendo espectáculo se ofrecía ante sus ojos

greeter ['gri:tə(r)] *n (in restaurant)* relaciones *mf* públicas

greeting ['gri:tɪŋ] *n* saludo *m*; **to send greetings to sb** enviar saludos *or CAm, Col, Ecuad* saludes a alguien; **New Year/birthday greetings** felicitaciones *fpl* de Año Nuevo/cumpleaños ▫ ***greetings card*** tarjeta *f* de felicitación

gregarious [grɪ'geərɪəs] *adj* sociable

Gregorian [grɪ'gɔ:rɪən] *adj* ***G. calendar*** calendario *m* gregoriano; ***G. chant*** canto *m* gregoriano

gremlin ['gremlɪn] *n Fam* duende *m*

Grenada [grə'neɪdə] *n* Granada *(país)*

grenade [grə'neɪd] *n* granada *f*

grenadier [grenə'dɪə(r)] *n* granadero *m*

grenadine ['grenədi:n] *n (drink)* granadina *f*

grew ['gru:] *pt of* **grow**

grey, *US* **gray** [greɪ] **1** *n (colour)* gris *m*

2 *adj* **(a)** *(in colour)* gris; *(hair)* cano(a), gris; **he's going** *or* **turning g.** le están saliendo canas ▫ ***g. hairs*** canas *fpl*; ***g. matter*** *(brain)* materia *f* gris; ***g. seal*** foca *f* gris; ***g. squirrel*** ardilla *f* gris **(b)** *(boring)* gris **(c)** *(unclear)* **a g. area** un área poco clara

3 *vi (of hair)* encanecer

greybeard, *US* **graybeard** ['greɪbɪəd] *n Literary* anciano *m*

grey-haired, *US* **gray-haired** ['greɪ-'heəd] *adj* canoso(a)

greyhound ['greɪhaʊnd] *n (dog)* galgo *m* ▫ ***g. race*** carrera *f* de galgos; ***g. stadium*** canódromo *m*

greying, *US* **graying** ['greɪɪŋ] *adj (hair)* encanecido(a); *(population)* envejecido(a)

greyish, *US* **grayish** ['greɪɪʃ] *adj* grisáceo(a)

greyscale, *US* **grayscale** ['greɪskeɪl] *n Comptr & Typ* escala *f* de grises

grid [grɪd] *n* **(a)** *(bars)* reja *f* **(b)** *(on map)* cuadrícula *f* ▫ ***g. layout*** *(of town)* trazado *m* cuadricular, planta *f* cuadriculada; ***g. reference*** coordenadas *fpl* **(c)** *(for electricity)* red *f* eléctrica **(d)** *(on motor racing track)* parrilla *f* de salida

griddle ['grɪdəl] *n* plancha *f*

gridiron ['grɪdaɪən] *n* **(a)** *(for cooking)* parrilla *f* **(b)** *US (field)* campo *m* de fútbol americano

gridlock ['grɪdlɒk] *n* **(a)** *(traffic jam)* atasco *m*, embotellamiento *m* **(b)** *(in negotiations)* estancamiento *m*

grief [gri:f] *n* **(a)** *(sorrow)* dolor *m*, aflicción *f*; **to come to g.** venirse abajo; *Fam* **good g.!** ¡santo Dios! **(b)** *Fam (hassle)* **to give sb g. (about sth)** dar la vara *or* la lata a alguien (con algo), *RP* hinchar a alguien (con algo); **I'm getting a lot of g. from my parents** mis padres no paran de darme la vara *or* la lata

grief-stricken ['gri:fstrɪkən] *adj* afligido(a); **to be g.** estar afligido(a)

grievance ['gri:vəns] *n* **(a)** *(resentment)* (sentimiento *m* de) agravio *m* **(b)** *(complaint)* motivo *m* de queja ▫ *Ind* ***g. procedure*** procedimiento *m* de quejas

grieve [gri:v] **1** *vt* apenar, afligir; **it grieves me to have to tell you that...** lamento tener que decirte que...

2 *vi* sufrir de aflicción; **to g. for** *or* **over sb** llorar la muerte de alguien

grieving ['gri:vɪŋ] *adj* desconsolado(a)

grievous ['gri:vəs] *adj Formal* grave ▫ *Br Law* ***g. bodily harm*** lesiones *fpl* graves

grievously ['gri:vəslɪ] *adv Formal (seriously)* seriamente; **to be g. wounded** estar gravemente herido(a); **you are g. mistaken** estás en un grave error

griffin ['grɪfɪn] *n (mythological creature)* grifo *m*

grifter ['grɪftə(r)] *n US Fam* timador(ora) *m,f*

grill [grɪl] **1** *n* **(a)** *Br (on cooker)* grill *m*; *(for open fire)* parrilla *f* **(b)** *(food)* parrillada *f*; **a mixed g.** una parrillada de carne

2 *vt* **(a)** *Br (cook)* asar (a la parrilla); **grilled meat** carne *f* a la parrilla **(b)** *Fam (interrogate)* acribillar a preguntas

grille [grɪl] *n* **(a)** *(bars)* reja *f* **(b)** *Aut* **(radiator) g.** rejilla *f* del radiador

grilling ['grɪlɪŋ] *n Fam (interrogation)* **to give sb a g.** acribillar a alguien a preguntas

grillroom ['grɪlru:m] *n* asador *m*, parrilla *f* *(restaurante)*

grilse [grɪls] *n* = salmón joven que remonta por primera vez para el desove

grim [grɪm] *adj* **(a)** *(depressing) (account,*

news, prospects) desolador(ora); *(reality)* duro(a); *(mood)* desolado(a); **the situation looks g.** el panorama es deprimente *or* desolador; *Fam* **how do you feel? – pretty g.!** ¿cómo te sientes? – ¡fatal *or Am* pésimo!
(**b**) *(stern) (face)* severo(a); *(landscape)* lúgubre; **to look g.** *(serious)* tener la cara larga; *(ill)* tener muy mala cara ❑ ***the g. reaper*** = la figura con guadaña que simboliza la muerte
(**c**) *(relentless)* **he showed g. determination** se mostró completamente resuelto; **to hold on like g. death** agarrarse como si le fuera a uno la vida en ello

grimace [grɪ'meɪs] **1** *n* mueca *f*
2 *vi (once)* hacer una mueca; *(more than once)* hacer muecas

grime [graɪm] *n* mugre *f*, porquería *f*

grimly ['grɪmlɪ] *adv (fight, hold on)* con determinación

grimy ['graɪmɪ] *adj* mugriento(a)

grin [grɪn] **1** *n (smile)* (amplia) sonrisa *f*; **take** *or* **wipe that stupid g. off your face!** ¡deja ya de sonreír como un imbécil!
2 *vi (smile)* sonreír abiertamente; **to g. from ear to ear** sonreír de oreja a oreja; IDIOM **to g. and bear it** poner al mal tiempo buena cara

grind [graɪnd] **1** *n Fam (work)* **the daily g.** la rutina diaria; **what a g.!** ¡qué rollo de trabajo!
2 *vt (pt & pp* **ground** [graʊnd]) (**a**) *(grain, coffee)* moler; *Fig* **to g. sth/sb under one's heel** hacer añicos algo/a alguien; **to g. one's teeth** hacer rechinar los dientes (**b**) *(polish) (glass)* pulir
3 *vi (of wheels, gears)* chirriar; **to g. to a halt** *(of vehicle, machine)* detenerse con estrépito; *(of project)* acabar estancado(a)

▸**grind away** *vi (work hard)* trabajar sin parar (**at** en)

▸**grind down** *vt sep* (**a**) *(reduce)* pulverizar, moler (**b**) *Fig (opposition)* desgastar, minar; *Fam* **don't let them g. you down!** ¡no te dejes avasallar por ellos!

▸**grind on** *vi (proceed relentlessly)* proseguir machaconamente; **he was still grinding on about taxes when I left** cuando me fui todavía seguía dándole al tema de los impuestos

▸**grind out** *vt sep* **to g. out a novel/an essay** escribir con gran dificultad una novela/un ensayo

grinder ['graɪndə(r)] *n* (**a**) *(for coffee, pepper)* molinillo *m* (**b**) *(industrial) (crusher)* trituradora *f* (**c**) *(for polishing)* pulidora *f*

grinding ['graɪndɪŋ] *adj (boredom, worry)* insufrible, insoportable; **to come to a g. halt** *(of car, machine)* pararse en seco; *(of project)* acabar estancado(a) ❑ ***g. poverty*** pobreza *f* absoluta

grindstone ['graɪndstəʊn] *n* muela *f*, piedra *f* de afilar; IDIOM **to keep one's nose to the g.** trabajar como un negro

gringo ['grɪŋgəʊ] *(pl* **gringos**) *n US Fam* gringo(a) *m,f*

grip [grɪp] **1** *n* (**a**) *(hold, grasp)* sujeción *f*; *(in tennis, golf)* sujeción *f*, forma *f* de sujetar; **to have a strong g.** agarrar con fuerza; **to get a g. on sth** *(rope, handle)* agarrar algo; *Fig* **to get to grips with** *(situation)* asimilar; *(subject, method)* llegar a comprender; *Fig* **to get a g. on oneself** dominarse, contenerse; *Fig* **get a g.!** *(control yourself)* ¡no desvaríes!; *Fig* **to have a firm g. on a situation** ejercer un fuerte control sobre una situación; **to lose one's g. (on sth)** perder el agarre (de algo); *Fig* **to lose one's g. on reality** perder el contacto con la realidad; *Fig* **to be in the g. of a disease/a crisis** ser presa de una enfermedad/una crisis
(**b**) *(handle) (of oar, handlebars)* mango *m*
(**c**) *(pin)* **(hair) g.** horquilla *f*
(**d**) *US (bag)* bolsa *f* de viaje
2 *vt (pt & pp* **gripped**) *(seize)* agarrar, *Esp* coger; *(hold)* sujetar; **tyres that g. the road** neumáticos *or Col, Méx* llantas *or RP* gomas que se adhieren (bien) a la carretera; *Fig* **to be gripped by panic/fear** ser presa del pánico/miedo; *Fig* **the play gripped the audience** la obra tuvo en vilo al público
3 *vi (of tyre)* adherirse

gripe [graɪp] **1** *n* (**a**) *Fam (complaint)* queja *f*; **what's your g.?** ¿qué tripa se te ha roto? (**b**) *Br* ***g. water*** (medicamento *m*) carminativo *m*, agua *f* de anís
2 *vi Fam (complain)* quejarse (**about** de)

gripping ['grɪpɪŋ] *adj (book, story)* apasionante

grisly ['grɪzlɪ] *adj* espeluznante, horripilante

grist [grɪst] *n* IDIOM **it's all g. to his mill** todo lo aprovecha

gristle ['grɪsəl] *n* ternilla *f*

gristly ['grɪslɪ] *adj (meat)* lleno(a) de nervios

grit [grɪt] **1** *n* (**a**) *(gravel)* gravilla *f* (**b**) *Fam (courage, determination)* coraje *m*; **to have a lot of g.** tener mucho coraje
2 *vt (pt & pp* **gritted**) (**a**) *(put grit on)* **to g. a road** echar gravilla en una carretera (**b**) *(clench)* **to g. one's teeth** apretar los dientes

grits [grɪts] *npl US* gachas *fpl* de sémola de maíz *or Andes, RP* choclo

gritter ['grɪtə(r)] *n Br (lorry)* = camión que va esparciendo gravilla por la carretera cuando está resbaladiza por el hielo o la nieve

gritty ['grɪtɪ] *adj* (**a**) *(sandy)* arenoso(a) (**b**) *(determined)* valiente, audaz (**c**) *(grim)* **g. realism** realismo *m* descarnado

grizzle ['grɪzəl] *vi (complain)* refunfuñar

grizzled ['grɪzəld] *adj (hair, person) (grey)* canoso(a); *(greyish)* entrecano(a)

grizzly ['grɪzlɪ] **1** *n* **g. (bear)** oso *m* pardo *(norteamericano)*
2 *adj (hair, person)* canoso(a)

groan [grəʊn] **1** *n (of pain, dismay)* gemido *m*; *(creak)* crujido *m*
2 *vi (in pain, dismay)* gemir; **to g. inwardly** ahogar un gemido; **the shelves groaned under the weight of books** la estantería estaba que se caía con tanto libro

groaning ['grəʊnɪŋ] *n* gemidos *mpl*

grocer ['grəʊsə(r)] *n* tendero(a) *m,f*; **g.'s (shop)** *Esp* tienda *f* de comestibles, *Chile, RP* almacén *m*, *Col, Méx* tienda *f* de abarrotes

groceries ['grəʊsərɪz] *npl (shopping)* comestibles *mpl*

grocery ['grəʊsərɪ] *n (shop) Esp* tienda *f* de comestibles, *Chile, RP* almacén *m*, *Col, Méx* tienda *f* de abarrotes

grody ['grəʊdɪ] *adj US Fam* asqueroso(a); **g. to the max** asqueroso *Esp* de la leche, *Méx* putrefacto(a), *RP* más asqueroso que la miércoles

grog [grɒg] *n Fam (drink)* grog *m*, ponche *m*

groggy ['grɒgɪ] *adj Fam* atontado(a), aturdido(a); **to be g.** estar atontado(a) *or* aturdido(a)

groin[1] [grɔɪn] *n* ingle *f* ❑ ***g. strain*** = lesión muscular en la ingle

groin[2] = *US* **groyne**

groom [gru:m] **1** *n* (**a**) *(of horse)* mozo *m* de cuadra (**b**) *(at wedding)* novio *m*
2 *vt (horse)* almohazar; *Fig (candidate)* preparar

groove [gru:v] *n* (**a**) *(slot)* ranura *f* (**b**) *(of record)* surco *m*

groovy ['gru:vɪ] *Fam* **1** *adj* genial, enrollante
2 *exclam* ¡chachi!, ¡chupi!, ¡qué *Méx* padre *or RP* grande!

grope [grəʊp] **1** *vt* (**a**) *(move in the dark)* **to g. one's way forward** avanzar a tientas (**b**) *Fam (sexually)* magrear, sobar
2 *vi* **to g. (about) for sth** buscar algo a tientas

gross [grəʊs] **1** *n (quantity)* gruesa *f*, doce docenas *fpl*; **two g.** dos gruesas
2 *adj* (**a**) *(fat)* muy gordo(a) (**b**) *(blatant) (error, ignorance)* craso(a); *(stupidity, indecency, incompetence)* tremendo(a) ❑ *Law* ***g. negligence*** negligencia *f* grave (**c**) *(profit, income)* bruto(a) ❑ *Econ* ***g. domestic product*** producto *m* interior bruto; *Econ* ***g. national product*** producto nacional bruto; ***g. weight*** peso *m* bruto (**d**) *(vulgar) (joke, person)* basto(a), grosero(a) (**e**) *Fam (disgusting)* asqueroso(a)
3 *vt (earn)* ganar en bruto; **she grosses £40,000 a year** gana 40.000 libras brutas al año

▸**gross out** *vt sep US Fam* **to g. sb out** revolver las tripas a alguien

▸**gross up** *vt sep Fin* **to g. sth up** expresar algo en bruto

grossly ['grəʊslɪ] *adv (exaggerated, negligent)* tremendamente, enormemente

grot [grɒt] *n Br Fam* porquería *f*, cochambre *f*

grotesque [grəʊ'tesk] *adj* grotesco(a)

grotesquely [grəʊ'tesklɪ] *adv* grotescamente; **he was g. fat** estaba inmensamente gordo

grotto ['grɒtəʊ] *(pl* **grottoes** *or* **grottos**) *n* gruta *f*

grotty ['grɒtɪ] *adj Br Fam (house, job)* malo(a), *Esp* cutre, *Méx* gacho(a), *RP* roñoso(a); **to feel g.** sentirse fatal *or Am* pésimo

grouch [graʊtʃ] *Fam* **1** *n* (**a**) *(person)* gruñón(ona) *m,f* (**b**) *(complaint)* queja *f*
2 *vi* refunfuñar

grouchy ['graʊtʃɪ] *adj Fam* **(to be) g.** *(inherent quality)* (ser) refunfuñón(ona); *(temporary mood)* (estar) enfurruñado(a) *or Am* enojado(a)

GROUND [graʊnd] **1** *n* (**a**) *(earth, soil)* tierra *f; (surface of earth)* suelo *m;* **to fall to the g.** caer al suelo; **to sit on the g.** sentarse en el suelo; *Fig* **on the g.** *(in the field)* sobre el terreno; **opinion on the g. seems to be in favour** la opinión pública parece estar a favor; **above g.** sobre la tierra; **to come above g.** salir a la superficie; **below g.** bajo tierra; **burnt to the g.** completamente destruido(a) por el fuego; IDIOM **to be on dangerous/safe g.** estar en terreno peligroso/seguro; IDIOM **to get off the g.** *(of project)* ponerse en marcha; IDIOM **to go to g.** ocultarse, desaparecer de la circulación; IDIOM **to run sb to g.** dar por fin con alguien; IDIOM **it suits you down to the g.** te sienta de maravilla; IDIOM **to work** *or* **drive oneself into the g.** matarse a trabajar ▫ ***g. bait*** carnada *f;* ***g. ball*** *(in baseball)* = bola bateada a ras de suelo; *Av* ***g. control*** control *m* de tierra; ***g. cover*** maleza *f; Av* ***g. crew*** personal *m* de tierra; *Br* ***g. floor*** planta *f* baja; *Fig* **to get in on the g. floor** estar metido(a) desde el principio; *Mil* ***g. forces*** ejército *m* de tierra; ***g. frost*** escarcha *f;* ***at g. level*** a nivel del suelo; ***g. plan*** *Archit* planta *f; Fig* plan *m* básico; ***g. rules:* to establish the g. rules** establecer las normas básicas; *Av* ***g. speed*** velocidad *f* en tierra; ***g. squirrel*** ardilla *f* terrestre; *Av* ***g. staff*** personal *m* de tierra
(**b**) *(area of land)* terreno *m;* **high g.** terreno elevado; **he's on home g.** *or* **on his own g.** está en su terreno; IDIOM **to cover a lot of g.** *(of book, lecture)* abarcar mucho; *also Fig* **to gain g. on sb** *(catch up on)* ganarle terreno a alguien; IDIOM **the idea is gaining g.** la idea está ganando terreno; *also Fig* **to lose** *or* **give g. to sb** perder *or* ceder terreno ante alguien; IDIOM **to go over the same g.** volver a abordar la misma temática; *Pol* **the middle g.** el centro; IDIOM **to prepare the g. for sth** preparar el terreno para algo; IDIOM **to stand** *or* **hold one's g.** mantenerse firme ▫ ***g. rent*** = alquiler *or Am* renta que se paga al dueño del solar donde está edificada una vivienda
(**c**) *(stadium)* campo *m,* estadio *m* ▫ ***g. staff*** personal *m* de mantenimiento (del campo de juego)
(**d**) *(area of knowledge)* **to find common g. for negotiations** hallar un terreno común para las negociaciones; **to be on familiar/firm g.** pisar terreno conocido/firme; **to be on shaky g.** pisar un terreno resbaladizo; **he's very sure of his g.** está muy seguro de lo que hace/dice; **to break new** *or* **fresh g.** abrir nuevas vías *or* nuevos caminos; **to change** *or* **shift one's g.** cambiar la línea de argumentación
(**e**) **grounds** *(of school, hospital)* terrenos *mpl; (of country house)* jardines *mpl*
(**f**) *(reason)* **grounds** motivo *m,* razón *f;* **to have (good) g.** *or* **grounds for doing sth** tener (buenos) motivos para hacer algo; **g.** *or* **grounds for complaint** motivo de queja; **on grounds of ill health** por motivos de salud; *Law* **grounds for divorce** motivo de divorcio
(**g**) **grounds** *(of coffee)* posos *mpl*
(**h**) *US Elec* toma *f* de tierra
2 *adj (coffee, pepper)* molido(a) ▫ ***g. glass*** *(powder)* vidrio *m* pulverizado; *(opaque)* vidrio *m* esmerilado; *US* ***g. meat*** carne *f* picada
3 *vt* (**a**) *(base)* fundamentar, basar; **their argument is not grounded in fact** su argumento no se basa en hechos reales
(**b**) *(educate)* **to g. sb in a subject** enseñar a alguien los principios de una materia; **to be well grounded in sth** tener buenos conocimientos de algo
(**c**) *US Elec (current)* conectar a tierra
(**d**) *(prevent from moving)* **the plane was grounded by bad weather** el avión no salió a causa del mal tiempo; **the ship was grounded on a sandbank** el barco encalló en un banco de arena; *US Fig* **her parents grounded her** sus padres la castigaron a quedarse en casa; *US Fig* **you're grounded for a week!** ¡te quedas sin salir una semana!
(**e**) *Sport (ball)* poner en tierra
4 *vi (of ship)* encallar
5 *pt & pp of* **grind**

groundbreaking ['graʊndbreɪkɪŋ] *adj* innovador(ora)

groundcloth ['graʊndklɒθ] *n US (of tent)* suelo *m*

groundhog ['graʊndhɒg] *n* marmota *f*

grounding ['graʊndɪŋ] *n* (**a**) *(basis)* fundamento *m,* base *f* (**b**) *(basic knowledge)* nociones *fpl* elementales, rudimentos *mpl*

groundless ['graʊndlɪs] *adj (suspicion, fear)* infundado(a), inmotivado(a)

groundnut ['graʊndnʌt] *n Esp* cacahuete *m, Am* maní *m, CAm, Méx* cacahuate *m* ▫ ***g. oil*** aceite *m* de *Esp* cacahuete *or Am* maní *or CAm, Méx* cacahuate

groundsel ['graʊnsəl] *n* hierba *f* cana, zuzón *m*

groundsheet ['graʊndʃi:t] *n Br (of tent)* suelo *m*

groundsman ['graʊndzmən] *n* encargado(a) *m,f* del mantenimiento del campo de juego

groundstroke ['graʊndstrəʊk] *n* golpe *m* (tras el bote)

groundswell ['graʊndswel] *n* oleada *f; Fig* **the g. of public opinion** la corriente mayoritaria de opinión

groundwater ['graʊndwɔ:tə(r)] *n Geol* aguas *fpl* subterráneas

groundwork ['graʊndwɜ:k] *n* **to do** *or* **lay the g.** allanar el camino

group [gru:p] **1** *n* grupo *m* ▫ ***g. captain*** coronel *mf* de aviación; ***g. decision*** decisión *f* colectiva; ***g. dynamics*** dinámica *f* de grupo; *Econ* ***G. of Eight*** Grupo *m* de los Ocho; ***g. photograph*** fotografía *f* de grupo; *Econ* ***G. of Seven*** Grupo *m* de los Siete; *Math* ***g. theory*** teoría *f* de grupos; ***g. therapy*** terapia *f* de grupo
2 *vt* agrupar
3 *vi* agruparse

groupie ['gru:pɪ] *n Fam* groupie *mf,* grupi *mf*

grouping ['gru:pɪŋ] *n* agrupación *f,* grupo *m*

grouse[1] [graʊs] *(pl* **grouse**) *n (bird)* lagópodo *m* escocés

grouse[2] *Fam* **1** *n (complaint)* queja *f*
2 *vi* quejarse (**about** de)

grout [graʊt] **1** *n (for tiles)* lechada *f*
2 *vt (tiles)* enlechar

grove [grəʊv] *n (of trees)* arboleda *f*

grovel ['grɒvəl] *(pt & pp* **grovelled**, *US* **groveled**) *vi also Fig* arrastrarse; **to g. to sb** arrastrarse ante alguien

grovelling, *US* **groveling** ['grɒvəlɪŋ] *adj (tone, remark)* servil

GROW [grəʊ] *(pt* **grew** [gru:], *pp* **grown** [grəʊn]) **1** *vt* (**a**) *(vegetables)* cultivar; **I g. roses in my garden** tengo rosas en mi jardín; **to g. a beard** dejarse (crecer la) barba; **I've decided to g. my hair long** he decidido dejarme el pelo largo; **I'm growing my nails** me estoy dejando crecer las uñas
(**b**) *(increase in size by)* **it has grown 5 centimetres** ha crecido 5 centímetros
(**c**) *Com (profits, business)* incrementar
2 *vi* (**a**) *(increase in size)* crecer; **you've grown since I last saw you!** ¡cuánto has crecido desde la última vez que te vi!; **our profits have grown by 5 percent** nuestros beneficios han crecido un 5 por ciento; **fears are growing for their safety** se teme cada vez más por su seguridad; **his influence grew** su influencia se acrecentó; **a growing number of people think that...** cada vez más gente piensa que...; **to g. as a person** madurar como persona; **to g. in wisdom/beauty** ganar en sabiduría/belleza
(**b**) *(become)* hacerse; **to g. accustomed to sth** ir acostumbrándose a algo; **to g. angry** enfadarse *or Am* enojarse; **to g. big** *or* **bigger** crecer; **to g. dark** oscurecer; **to g. old** envejecer; **she grew more and more suspicious of him** cada vez sospechaba más de él; **to g. worse** empeorar
(**c**) *(come eventually)* **he grew to respect her** la llegó a respetar; **they grew to like the house** les llegó a gustar la casa; IDIOM *Fam* **it'll g. on you** *(of music, book)* te irá gustando con el tiempo

▸**grow apart** *vi (of people)* distanciarse (**from** de); **they have grown apart from each other** se han distanciado

▸**grow from** *vt insep (result from)* resultar de

▸**grow into** *vt insep* (**a**) *(clothes)* **this T-shirt's too big for him, but he'll g.**

into it ahora le queda grande la camiseta, pero cuando crezca podrá llevarlo; **to g. into a role/job** hacerse con un papel/ trabajo (**b**) *(become)* convertirse en; **he had grown into a handsome young man** se había convertido en un joven muy guapo

▸**grow out** *vi (of dye, perm)* irse, desaparecer

▸**grow out of** *vt insep* (**a**) *(become too large for)* **he's grown out of his shoes** se le han quedado pequeños los zapatos (**b**) *(become too old for)* **she grew out of her dolls** dejó de jugar con muñecas al hacerse mayor; **he's obsessed with Madonna — don't worry, he'll g. out of it** está obsesionado con Madonna — no te preocupes, ya se le pasará (**c**) *(result from)* resultar de

▸**grow together** *vi* ir intimando

▸**grow up** *vi* (**a**) *(become adult)* crecer; **I want to be a doctor when I g. up** de mayor quiero ser médico; **we didn't have television when I was growing up** cuando era pequeño no teníamos televisión; **I grew up in the countryside** me crié en el campo; *Fam* **g. up!** ¡no seas niño *or Esp* crío! (**b**) *(develop) (of town, village)* surgir; **the industry has grown up out of nothing** la industria ha surgido de la nada

grower ['grəʊə(r)] *n (person)* cultivador(ora) *m,f*

growing ['grəʊɪŋ] **1** *adj (child)* en edad de crecer; *(town, population)* creciente, en crecimiento; *(debt, discontent)* creciente; **there was a g. fear that...** se extendía el temor de que...
2 *n Fig* ***g. pains*** *(of firm, country)* dificultades *fpl* del desarrollo

growl [graʊl] **1** *n (of dog, person)* gruñido *m*
2 *vi (of dog, person)* gruñir (**at** a)

growling ['graʊlɪŋ] *n (of dog)* gruñidos *mpl*

grown [grəʊn] **1** *adj* adulto(a); **a g. woman** una mujer adulta; **fully g.** completamente desarrollado(a)
2 *pp of* **grow**

grown-up 1 *n* ['grəʊnʌp] adulto(a) *m,f*; **the grown-ups** los adultos, los mayores
2 *adj* [grəʊn'ʌp] *(person, attitude)* maduro(a); **he was very g. about it** reaccionó con mucha madurez

growth [grəʊθ] *n* (**a**) *(increase in size)* crecimiento *m*; **a week's g. of beard** una barba de una semana ❑ ***a g. area*** un área de crecimiento; *Physiol* ***g. hormone*** hormona *f* del crecimiento; ***g. industry*** industria *f* en expansión; *Econ* ***g. market*** mercado *m* en expansión; *Fin* ***g. stock*** valores *mpl or* títulos *mpl* de crecimiento (**b**) *(lump)* bulto *m*

groyne, *US* **groin** [grɔɪn] *n* escollera *f*

grub [grʌb] *n* (**a**) *(larva)* larva *f*, gusano *m* (**b**) *Fam (food)* manduca *f*, *Méx* itocate *m*, *RP* morfi *m*; **g.'s up!** ¡a comer!

▸**grub about, grub around** *vi (pt & pp* **grubbed**) rebuscar (**for sth** algo)

▸**grub up** *vt sep* arrancar

grubby ['grʌbɪ] *adj* sucio(a), mugriento(a)

grudge [grʌdʒ] **1** *n* rencor *m*, resentimiento *m*; **to bear sb a g., to have** *or* **hold a g. against sb** guardar rencor *or* resentimiento a alguien; **he's not one to bear grudges** no es rencoroso ❑ ***g. fight*** ajuste *m* de cuentas
2 *vt* **he paid, but he grudged them every penny** les pagó, pero escatimándoles cada penique; **she grudges him his success** siente rencor por su éxito

grudging ['grʌdʒɪŋ] *adj* **he felt g. respect for her** sentía respeto por ella a pesar de sí mismo; **to be g. in one's praise** ser reacio(a) a alabar; **they helped, but they were very g. about it** ayudaron, pero muy a regañadientes *or* de muy mala gana

grudgingly ['grʌdʒɪŋlɪ] *adv* de mala gana, a regañadientes

gruel ['gru:əl] *n* gachas *fpl* (de avena)

gruelling, *US* **grueling** ['gru:əlɪŋ] *adj (journey, experience)* agotador(ora)

gruesome ['gru:səm] *adj* horripilante, espantoso(a); **in g. detail** sin ahorrar detalles truculentos

gruff [grʌf] *adj (tone, manner)* seco(a), hosco(a); *(voice)* áspero(a)

gruffly ['grʌflɪ] *adv* secamente, bruscamente

grumble ['grʌmbəl] **1** *n* queja *f*; **she obeyed without so much as a g.** obedeció sin rechistar
2 *vi* (**a**) *(of person)* quejarse (**about** de); *Fam* **how are things? — mustn't g.!** ¿cómo te va? — ¡no me puedo quejar! (**b**) *(of stomach)* gruñir

grumbler ['grʌmblə(r)] *n* quejica *mf*, gruñón(ona) *m,f*

grumbling ['grʌmblɪŋ] **1** *n* quejas *fpl*
2 *adj* quejumbroso(a) ❑ *Med* ***g. appendix*** dolores *mpl* intermitentes de apéndice

grump [grʌmp] *n Fam (person)* gruñón(ona) *m,f*

grumpily ['grʌmpɪlɪ] *adv* malhumoradamente

grumpiness ['grʌmpɪnɪs] *n* mal genio *m*, malas pulgas *fpl*

grumpy ['grʌmpɪ] *adj* malhumorado(a)

grunge [grʌndʒ] *n (music)* (música *f*) grunge *m*

grungy ['grʌndʒɪ] *adj US Fam* asqueroso(a), *Esp* cutre, *Méx* gacho(a), *RP* roñoso(a)

grunt [grʌnt] **1** *n* (**a**) *(of pig, person)* gruñido *m*; **to give a g.** dar un gruñido (**b**) *US Fam (foot soldier)* soldado *mf* de infantería
2 *vi (of pig, person)* gruñir

grunting ['grʌntɪŋ] *n* gruñidos *mpl*

GSM [dʒi:es'em] *n Tel (abbr* **global system for mobile communication**) GSM *m*

g-spot ['dʒi:spɒt] *n* punto *m* G

G-string ['dʒi:strɪŋ] *n* (**a**) *(garment)* tanga *m* (**b**) *Mus* cuerda *f* de sol

g-suit ['dʒi:su:t] *n Av & Astron* traje *m* espacial presurizado

guano ['gwɑ:nəʊ] *n* guano *m*

guarantee [gærən'ti:] **1** *n (assurance, document)* garantía *f*; **she gave me her g. that it wouldn't happen again** me aseguró que no volvería a pasar; **we have no g. that she was telling the truth** no tenemos la garantía *or* la seguridad de que dice la verdad; *Com* **under g.** en garantía
2 *vt* garantizar; **the watch is guaranteed for two years** el reloj tiene una garantía de dos años; *Fin* **to g. sb against loss** ofrecer a alguien una garantía contra posibles pérdidas

guaranteed [gærən'ti:d] *adj* garantizado(a)

guarantor [gærən'tɔ:(r)] *n* avalista *mf*, garante *mf*

guard [gɑ:d] **1** *n* (**a**) *(sentry)* guardia *mf*; *US (in prison)* funcionario(a) *m,f* de prisiones, guardián(ana) *m,f*; *Mil (body of sentries)* guardia *f* ❑ ***g. of honour*** guardia de honor
(**b**) *(supervision)* **under g.** bajo custodia; **to stand g.** estar de guardia; **to be on g. duty** estar de guardia ❑ ***g. dog*** perro *m* guardián
(**c**) *(readiness)* **to be on one's g.** estar en guardia; **to put sb on his g.** poner en guardia a alguien; **to put sb off his g.** desarmar a alguien; **to catch sb off his g.** agarrar *or Esp* coger a alguien desprevenido
(**d**) *(device) (on machine)* protección *f*; **as a g. against...** como protección contra...
(**e**) *Br (on train)* jefe *m* de tren ❑ ***g.'s van*** furgón *m* de equipajes
(**f**) *(in basketball)* base *mf*
(**g**) *(in boxing)* guardia *f*; **to keep one's g. up** *(in boxing)* mantener la guardia alta; *Fig (be alert)* mantenerse en guardia; *also Fig* **to drop one's g.** bajar la guardia
(**h**) *(in American football)* defensa *mf*
2 *vt* (**a**) *(protect)* guardar; **a closely guarded secret** un secreto muy bien guardado
(**b**) *(prisoner, place)* vigilar

▸**guard against** *vt insep* evitar

guarded ['gɑ:dɪd] *adj (cautious)* cauteloso(a), cauto(a)

guardedly ['gɑ:dɪdlɪ] *adv* con cautela, cautamente

guardhouse ['gɑ:dhaʊs] *n Mil* cuartel *m* del cuerpo de guardia; *(prison)* edificio *m* con calabozos

guardian ['gɑ:dɪən] *n* (**a**) *(of standards)* guardián(ana) *m,f* ❑ ***g. angel*** ángel *m* custodio *or* de la guarda (**b**) *Law (of minor)* tutor(ora) *m,f*

guardianship ['gɑ:dɪənʃɪp] *n Law* tutela *f*

guardrail ['gɑ:dreɪl] *n* barandilla *f*

guardroom ['gɑ:dru:m] *n Mil* cuartel *m* del cuerpo de guardia; *(for prisoners)* celda *f*

guardsman ['gɑ:dzmən] *n Br Mil* = miembro del regimiento de guardias reales

Guatemala [gwætɪ'mɑ:lə] *n* Guatemala

Guatemalan [gwætɪ'mɑ:lən] *n & adj* guatemalteco(a) *m,f*

guava ['gwɑ:və] *n (fruit)* guayaba *f* ❑ ***g. tree*** guayabo *m*

gubernatorial [gu:bənə'tɔ:rɪəl] *adj Formal* del/de la gobernador(ora); **a g.**

candidate/election un candidato/unas elecciones a gobernador

gudgeon ['gʌdʒən] *n (fish)* gobio *m* (de agua dulce)

Guernsey ['gɜ:nzɪ] *n* (**a**) *(island)* (la isla de) Guernesey (**b**) *(breed of cattle)* vaca *f* de Guernesey (**c**) *(sweater)* suéter *m or Esp* jersey *m or Col* saco *m or RP* pulóver *m* tipo chaleco

guerrilla [gə'rɪlə] *n* guerrillero(a) *m,f* ▫ ***g. war*** guerra *f* de guerrillas; ***g. warfare*** la guerra de guerrillas

guess [ges] **1** *n* conjetura *f*, suposición *f*; **to have** *or* **make a g.** intentar adivinar; **at a g.** a ojo (de buen cubero); **it was a lucky g.** lo he adivinado por casualidad; **it's anybody's g.** no se sabe; **your g. is as good as mine** vete a saber

2 *vt* (**a**) *(estimate)* adivinar; **g. who I saw!** ¡adivina a quién he visto!; **you've guessed it!** ¡has acertado!; *Fam* **g. what** ¿a qué no sabes qué? (**b**) *(suppose)* suponer; **I g. you're right** supongo que tienes razón

3 *vi* adivinar; **to g. right** acertar; **to g. wrong** equivocarse, no acertar; **to keep sb guessing** tener a alguien en vilo; **to g. at sth** hacer suposiciones *or* conjeturas acerca de algo; **we can only g. as to the real reason** los verdaderos motivos no podemos más que suponerlos

guessable ['gesəbəl] *adj* **it's g.** se puede acertar *or* adivinar

guessing game ['gesɪŋ'geɪm] *n* (juego *m* de las) adivinanzas *fpl*

guesstimate ['gestɪmɪt] *n Fam* cálculo *m* a ojo

guesswork ['geswɜ:k] *n* conjeturas *fpl*; **it's pure** *or* **sheer g.** son sólo conjeturas

guest [gest] *n (at home, on TV programme)* invitado(a) *m,f*; *(at hotel)* huésped *mf*; **be my g.!** ¡por favor!, ¡no faltaba más!; **a g. appearance by...** una aparición como artista invitado(a) de... ▫ ***g. artist*** artista *mf* invitado(a); ***g. room*** habitación *f* de los invitados, cuarto *m* de los huéspedes; ***g. speaker*** orador(ora) *m,f* invitado(a); ***g. worker*** = extranjero con permiso de trabajo

guesthouse ['gesthaʊs] *n Br (hotel)* casa *f* de huéspedes

guff [gʌf] *n Fam* paparruchas *fpl*, *Esp* chorradas *fpl*, *Am* pendejadas; **the movie was a load of g.** la película era una *Esp* chorrada *or Am* pendejada

guffaw [gʌ'fɔ:] **1** *n* carcajada *f*

2 *vi* carcajearse

GUI ['gu:ɪ] *n Comptr (abbr* **Graphical User Interface**) interfaz *f* gráfica

Guiana [gaɪ'ɑ:nə] *n* (la) Guayana, las Guayanas

guidance ['gaɪdəns] *n* orientación *f*; **under the g. of...** bajo la dirección de...; **for your g.** para su información ▫ ***g. system*** *(for missile)* sistema *m* de guiado; *Br Sch* ***g. teacher*** tutor(ora) *m,f* (de curso)

guide [gaɪd] **1** *n* (**a**) *(person)* guía *mf*; *Br* **(Girl) G.** scout *f*, escultista *f* ▫ ***g. dog*** (perro *m*) lazarillo *m* (**b**) *(book)* guía *f* (to de) (**c**) *(indication)* guía *f*; **as a g.** como guía

2 *vt (person)* guiar; *(vehicle) (while driving) Esp* conducir, *Am* manejar; *(by instructions)* guiar; *(investigation, conversation)* conducir, dirigir; *(machine part)* dirigir; **I will be guided by your advice** me guiaré por tus consejos; **he simply won't be guided** es que no atiende a razones

guidebook ['gaɪdbʊk] *n* guía *f*

guided ['gaɪdɪd] *adj* ***g. missile*** misil *m* teledirigido; ***g. tour*** visita *f* guiada

guideline ['gaɪdlaɪn] *n (indication)* directriz *f*, línea *f* general; **guidelines** directrices *fpl*; **as a general g.** como orientación general

guiding ['gaɪdɪŋ] *adj* **the g. principle of his life** el principio que rige su vida ▫ *Fig* ***g. hand*** mano *f* que guía; *Fig* ***g. light*** guía *mf*; ***g. star*** guía *mf*

guild [gɪld] *n* gremio *m*

guilder ['gɪldə(r)] *n* florín *m*

guildhall ['gɪldhɔ:l] *n* sede *f or* casa *f* gremial

guile [gaɪl] *n* astucia *f*

guileless ['gaɪllɪs] *adj* ingenuo(a), cándido(a)

guillemot ['gɪlɪmɒt] *n* arao *m* común

guillotine ['gɪləti:n] **1** *n* (**a**) *(for executions)* guillotina *f* (**b**) *(for cutting paper)* guillotina *f* (**c**) *Br Parl* **to put a g. on a bill** = limitar el plazo de discusión de un proyecto de ley

2 *vt* guillotinar

guilt [gɪlt] *n* (**a**) *(blame)* culpa *f*; **an admission of g.** una declaración de culpabilidad (**b**) *(emotion)* culpabilidad *f*, culpa *f*; **to feel g.** tener sentimientos de culpabilidad ▫ ***g. complex*** complejo *m* de culpabilidad

guiltily ['gɪltɪlɪ] *adv* con aire culpable

guiltless ['gɪltlɪs] *adj* inocente

guilty ['gɪltɪ] *adj* (**a**) *(of crime)* culpable; **to find sb g./not g.** declarar a alguien culpable/inocente (**b**) *(emotionally)* **to feel g.** sentirse culpable; **g. conscience** remordimientos *mpl* de conciencia; **he gave me a g. look** me lanzó una mirada (de) culpable (**c**) *(shameful)* **a g. secret** un secreto vergonzante

Guinea ['gɪnɪ] *n* Guinea

guinea ['gɪnɪ] *n* (**a**) *Br (coin)* guinea *f* *(moneda equivalente a 21 chelines)* (**b**) ***g. fowl*** *or* ***hen*** pintada *f*, *Am* gallina *f* de Guinea; ***g. pig*** cobaya *m or f*, conejillo *m* de Indias; *Fig* **to be a g. pig** hacer de conejillo de Indias

Guinea-Bissau ['gɪnɪbɪ'saʊ] *n* Guinea-Bissau

Guinean [gɪ'neɪən] *n & adj* guineano(a) *m,f*

guise [gaɪz] *n* apariencia *f*; **in** *or* **under the g. of...** bajo la apariencia de...; **in a different g.** con una apariencia diferente

guitar [gɪ'tɑ:(r)] *n* guitarra *f*

guitarist [gɪ'tɑ:rɪst] *n* guitarrista *mf*

gulch [gʌltʃ] *n US (valley)* garganta *f*, hoz *f*

gulf [gʌlf] *n* (**a**) *(bay)* golfo *m*; **the (Persian) G.** el Golfo (Pérsico) ▫ ***the G. of Mexico*** el Golfo de México; ***the G. States*** los países del Golfo; ***the G. Stream*** la corriente del Golfo; ***the G. War*** la guerra del Golfo (**b**) *(between people, ideas)* brecha *f*, abismo *m*

gull [gʌl] *n* gaviota *f*

gullet ['gʌlɪt] *n* esófago *m*

gullibility [gʌlɪ'bɪlɪtɪ] *n* credulidad *f*, ingenuidad *f*

gullible ['gʌlɪbəl] *adj* crédulo(a), ingenuo(a)

gully ['gʌlɪ] *n* barranco *m*

gulp [gʌlp] **1** *n* trago *m*; **in** *or* **at one g.** de un trago; **"what money?" he said, with a g.** "¿qué dinero?" dijo, tragando saliva

2 *vt (swallow)* tragar, engullir

3 *vi (with surprise)* tragar saliva

▸**gulp down** *vt sep (swallow)* tragar, engullir

gum [gʌm] **1** *n* (**a**) *(in mouth)* encía *f* ▫ ***g. disease*** gingivitis *f inv* (**b**) *(adhesive)* pegamento *m*, goma *f* (**c**) **(chewing) g.** chicle *m* (**d**) *(resin)* ***g. arabic*** goma *f* arábiga; ***g. tree*** eucalipto *m*; IDIOM *Br Fam* **to be up a g. tree** estar metido(a) en un buen lío

2 *vt (pt & pp* **gummed**) *(stick)* pegar

▸**gum up** *vt sep (mechanism)* pegar

gumbo ['gʌmbəʊ] *(pl* **gumbos**) *n US* (**a**) *(soup)* = sopa de verduras con carne o pescado y espesada con quingombó (**b**) *(okra)* quingombó *m*

gumboil ['gʌmbɔɪl] *n* flemón *m*

gumboot ['gʌmbu:t] *n* bota *f* de goma

gumdrop ['gʌmdrɒp] *n* pastilla *f* de goma, *Esp* ≃ gominola *f*

gummed [gʌmd] *adj (label)* engomado(a)

gumption ['gʌmʃən] *n Fam (common sense)* sensatez *f*, sentido *m* común; *(courage)* narices *fpl*, agallas *fpl*

gumshield ['gʌmʃi:ld] *n Sport* protector *m* bucal

gumshoe ['gʌmʃu:] *n Fam (detective)* sabueso *m*, detective *m*

gun [gʌn] **1** *n* (**a**) *(pistol)* pistola *f*; *(rifle)* rifle *m*; *(artillery piece)* cañón *m* ▫ ***g. carriage*** cureña *f*; ***g. cotton*** algodón *m* pólvora, cordita *f*; ***g. dog*** perro *m* de caza; ***g. laws*** legislación *f* sobre armas de fuego; ***g. licence*** licencia *f* de armas (**b**) IDIOMS *Fam* **big g.** *(important person)* pez *m* gordo; **to be going great guns** ir a pedir de boca; **to stick to one's guns** no dar el brazo a torcer; **to jump the g.** precipitarse

2 *vt (pt & pp* **gunned**) **to g. the engine** dar acelerones

▸**gun down** *vt sep (kill)* matar a tiros

▸**gun for** *vt insep* **he's gunning for us** la tiene tomada con nosotros; **he's gunning for the heavyweight title** aspira al título de los pesos pesados; **she's gunning for my job** tiene las miras puestas en mi trabajo

gunboat ['gʌnbəʊt] *n* cañonera *f* ▫ ***g. diplomacy*** la diplomacia de los cañones

gunfight ['gʌnfaɪt] *n* tiroteo *m*

gunfighter ['gʌnfaɪtə(r)] *n* pistolero(a) *m,f*

gunfire ['gʌnfaɪə(r)] *n* disparos *mpl*, tiros *mpl*

gunge [gʌndʒ] *n Br Fam* porquería *f, Esp* pringue *f*

gung-ho [ˈgʌŋˈhəʊ] *adj (enthusiastic)* exaltado(a); *(eager for war)* belicoso(a); **to be g. about sth** lanzar las campanas al vuelo con relación a algo

gunk [gʌŋk] *n Fam* porquería *f, Esp* pringue *f*

gunman [ˈgʌnmən] *n* hombre *m* armado

gunmetal [ˈgʌnmetəl] **1** *n* bronce *m* para cañones
2 *adj* gris oscuro(a)

gunner [ˈgʌnə(r)] *n* artillero *m*

gunnery [ˈgʌnərɪ] *n* artillería *f*

gunny [ˈgʌnɪ] *n* arpillera *f*, tela *f* de saco; **g. (sack)** saco *m* de arpillera

gunplay [ˈgʌnpleɪ] *n* tiroteo *m*

gunpoint [ˈgʌnpɔɪnt] *n* **at g.** a punta de pistola

gunpowder [ˈgʌnpaʊdə(r)] *n* pólvora *f* ▫ ***G. Plot*** = conspiración encabezada por Guy Fawkes en 1605 para volar el parlamento inglés

gunroom [ˈgʌnru:m] *n* **(a)** *(in house)* sala *f* de armas **(b)** *(on ship)* sala *f* de suboficiales

gunrunning [ˈgʌnrʌnɪŋ] *n* contrabando *m* de armas

gunship [ˈgʌnʃɪp] *n* **helicopter g.** helicóptero *m* de combate

gunshot [ˈgʌnʃɒt] *n* disparo *m*, tiro *m* ▫ ***g. wound*** herida *f* de bala

gunslinger [ˈgʌnslɪŋə(r)] *n Fam* pistolero(a) *m,f*

gunsmith [ˈgʌnsmɪθ] *n* armero *m*

gunwale [ˈgʌnəl] *n Naut* borda *f*, regala *f*

guppy [ˈgʌpɪ] *n* guppy *m*, lebistes *m inv*

gurgle [ˈgɜ:gəl] **1** *n* **(a)** *(of liquid)* borboteo *m*, gorgoteo *m* **(b)** *(of baby)* gorjeo *m*; **a g. of delight** un gorjeo de placer
2 *vi* **(a)** *(of liquid)* borbotear, gorgotear **(b)** *(of baby)* gorjear; **to g. with delight** gorjear de placer

Gurkha [ˈgɜ:kə] *n* gurja *mf*, gurka *mf*

guru [ˈgʊru:] *n also Fig* gurú *m*

gush [gʌʃ] **1** *n (of spring, fountain)* chorro *m*; **a g. of words** un torrente de palabras
2 *vi* **(a)** *(spurt, pour)* manar, correr; **tears gushed from her eyes** derramaba lágrimas a mares **(b)** *Pej (talk effusively)* **to g. about sth** hablar con excesiva efusividad de algo

gushing [ˈgʌʃɪŋ], **gushy** [ˈgʌʃɪ] *adj Pej (person, praise)* excesivamente efusivo(a)

gusset [ˈgʌsɪt] *n* escudete *m*

gust [gʌst] **1** *n (of wind, rain, air)* ráfaga *f*
2 *vi (of wind)* soplar racheado *or* en ráfagas

gusto [ˈgʌstəʊ] *n* entusiasmo *m*, ganas *fpl*; **with g.** con muchas ganas

gusty [ˈgʌstɪ] *adj (wind)* racheado(a); **a g. day** un día con viento racheado; **g. weather** tiempo con viento racheado

gut [gʌt] **1** *n* **(a)** *(intestine)* intestino *m*; **a g. feeling** *(intuition)* una intuición, una corazonada; **I have a g. feeling that...** tengo la intuición *or* corazonada de que…; *Fam* **to bust a g.** *(make big effort)* herniarse; *(laugh uncontrollably)* morirse *or Esp* troncharse de risa ▫ ***g. reaction*** *(intuitive)* reacción *f* instintiva
(b) *Fam* **guts** *(of person, machine)* tripas *fpl*; IDIOM *Fam* **to sweat** *or* **work one's guts out** dejarse la piel; IDIOM *Fam* **she hates my guts** no me puede ver ni en pintura; IDIOM *Fam* **I'll have his guts for garters** lo haré picadillo
(c) *Fam* **guts** *(courage)* agallas *fpl*, arrestos *mpl*; **I didn't have the guts to tell them** no tuve agallas para decírselo
2 *vt (pt & pp* **gutted) (a)** *(fish)* limpiar **(b)** *(building)* **the house had been gutted by the fire** el fuego destruyó por completo el interior de la casa; **she gutted the house and completely redecorated it** despojó la casa de todos sus enseres y la decoró de nuevo por completo

gutless [ˈgʌtlɪs] *adj* cobarde

gutrot [ˈgʌtrɒt] *n Fam* **(a)** *(drink)* matarratas *m inv* **(b)** *(stomach upset)* dolor *m* de tripa

gutsy [ˈgʌtsɪ] *adj Fam (brave)* corajudo(a)

gutted [ˈgʌtɪd] *adj Br Fam (disappointed)* **to be g.** llevarse un chasco enorme, quedarse hecho(a) polvo

gutter [ˈgʌtə(r)] **1** *n* **(a)** *(in street)* cuneta *f* **(b)** *(on roof)* canalón *m* **(c)** IDIOMS **to end up in the g.** terminar en el arroyo; **to drag oneself out of the g.** salir del arroyo ▫ *Fam Pej* ***g. press*** prensa *f* amarilla *or* sensacionalista
2 *vi (of flame)* parpadear

guttering [ˈgʌtərɪŋ] *n* canalones *mpl*

guttersnipe [ˈgʌtəsnaɪp] *n Fam Old-fashioned* pillo(a) *m,f, Esp* golfillo(a) *m,f*

guttural [ˈgʌtərəl] *adj* gutural

guv [gʌv], **guv'nor, guvnor** [ˈgʌvnə(r)] *n Br Fam (boss)* patrón *m*, jefe *m*; *(form of address)* jefe *m*, amigo *m*

guy¹ [gaɪ] **1** *n* **(a)** *Fam (man)* tipo *m*, *Esp* tío *m*; **a great g.** un gran tipo; **a tough g.** un tipo duro **(b)** *US Fam* **hi guys!** ¡hola, amigos(as) *or Esp* tíos(as)!; **what are you guys doing tonight?** ¡eh, tíos(as)!, ¿qué vais a hacer esta noche? **(c)** *Br (effigy)* = muñeco que representa a Guy Fawkes y que se quema en las hogueras la noche del 5 de noviembre
2 *vt (make fun of)* burlarse de

guy² *n* **g. (rope)** *(for tent)* viento *m*

Guyana [gaɪˈænə] *n* Guyana

Guyanese [gaɪəˈni:z] *n & adj* guyanés(esa) *m,f*

Guy Fawkes Night [ˈgaɪˈfɔ:ksˈnaɪt] *n Br* = fiesta del 5 de noviembre en la que se lanzan fuegos artificiales en recuerdo del fracaso del intento de voladura del parlamento por Guy Fawkes en 1605

guzzle [ˈgʌzəl] *vt Fam (food)* engullir

gym [dʒɪm] *n (gymnasium)* gimnasio *m*; *(gymnastics)* gimnasia *f* ▫ ***g. shoes*** zapatillas *fpl* de gimnasia *or* de deporte; ***g. slip*** = especie de bata o pichi del uniforme colegial femenino

gymkhana [dʒɪmˈkɑ:nə] *n* gincana *f* hípica

gymnasium [dʒɪmˈneɪzɪəm] *n* gimnasio *m*

gymnast [ˈdʒɪmnæst] *n* gimnasta *mf*

gymnastic [dʒɪmˈnæstɪk] *adj* gimnástico(a)

gymnastics [dʒɪmˈnæstɪks] **1** *n* gimnasia *f*
2 *npl Fig* **mental g.** gimnasia *f* mental

gynaecological, *US* **gynecological** [gaɪnɪkəˈlɒdʒɪkəl] *adj* ginecológico(a)

gynaecologist, *US* **gynecologist** [gaɪnɪˈkɒlədʒɪst] *n* ginecólogo(a) *m,f*

gynaecology, *US* **gynecology** [gaɪnɪˈkɒlədʒɪ] *n* ginecología *f*

gyp [dʒɪp] *n Br Fam* **my tooth/leg is giving me g.** la muela/pierna me está matando; **he's been giving me g. about my decision** no para de darme la barrila por mi decisión

gypsum [ˈdʒɪpsəm] *n* yeso *m*

gypsy = **gipsy**

gyrate [dʒaɪˈreɪt] *vi* rotar, girar

gyration [dʒaɪˈreɪʃən] *n* rotación *f*, giro *m*

gyrocompass [ˈdʒaɪrəʊkʌmpəs] *n* brújula *f* giroscópica

gyroscope [ˈdʒaɪrəskəʊp] *n* giróscopo *m*, giroscopio *m*

H

H, h [eɪtʃ] *n (letter)* H, h *f* ▫ ***H bomb*** bomba *f* H

habeas corpus ['heɪbɪəs'kɔːpəs] *n Law* habeas corpus *m*

haberdashery ['hæbədæʃərɪ] *n* **(a)** *Br (sewing items, shop)* mercería *f* **(b)** *US (men's clothes)* ropa *f* de caballero; *(shop)* tienda *f* de confección de caballero

habit ['hæbɪt] *n* **(a)** *(custom, practice)* hábito *m*, costumbre *f*; **to be in the h. of doing sth** tener la costumbre de hacer algo; **to get into the h. of doing sth** adquirir el hábito de hacer algo; **you must get out of the h. of always blaming other people** tienes que dejar de echar siempre la culpa a los demás; **don't make a h. of it** que no se convierta en una costumbre; **from force of h., out of h.** por la fuerza de la costumbre; **a bad/good h.** una mala/buena costumbre

(b) *Fam (addiction)* vicio *m*, hábito *m*; **to have a drug h.** ser drogadicto(a), tener adicción a las drogas; **to kick the h.** dejar el vicio

(c) *(costume)* hábito *m*

habitable ['hæbɪtəbəl] *adj* habitable

habitat ['hæbɪtæt] *n* hábitat *m*

habitation [hæbɪ'teɪʃən] *n* **(a)** *(occupation)* habitación *f*; **there were few signs of h.** había pocos rastros de habitantes; **fit/unfit for h.** apto/no apto para su uso como vivienda **(b)** *Formal (dwelling place)* vivienda *f*

habit-forming ['hæbɪtfɔːmɪŋ] *adj (drug)* adictivo(a); *(activity)* que crea hábito

habitual [hə'bɪtjʊəl] *adj (generosity, rudeness)* habitual, acostumbrado(a); *(liar, drunk)* habitual

habitually [hə'bɪtjʊəlɪ] *adv* habitualmente

habituate [hə'bɪtjʊeɪt] *vt* habituar (**to** a); **to become habituated to sth** habituarse a algo

habitué [hə'bɪtʃʊeɪ] *n* asiduo(a) *m,f*

hack¹ [hæk] *n* **(a)** *Fam Pej (journalist)* gacetillero(a) *m,f*; *(political activist)* militante *mf*, activista *mf* **(b)** *(horseride)* **to go for a h.** ir a dar un paseo a caballo **(c)** *US Fam (taxi)* taxi *m*, *Esp* pelas *m inv*, *RP* tacho *m*; *(taxi driver)* taxista *mf*, *RP* tachero(a) *m,f*

hack² **1** *vt* **(a)** *(cut)* cortar; **to h. sth/sb to pieces** despedazar algo/a alguien a golpes de cuchillo; **to h. one's way through the jungle** abrirse paso a machetazos por la jungla **(b)** *(in soccer)* dar un hachazo a **(c)** *Fam (cope with)* **he can't h. it** no puede con ello

2 *vi* **(a)** *(cut)* **to h. at sth** dar machetazos a algo **(b)** *(cough)* toser con fuerza **(c)** *Comptr* **to h. into a computer system** introducirse ilegalmente en un sistema informático

▸**hack down** *vt sep* **(a)** *(tree)* talar, cortar **(b)** *(soccer player)* derribar, entrar en falta a

▸**hack off** *vt sep* **(a)** *(chop off) (branch, limb)* cortar **(b)** *Fam* **to h. sb off** enfurecer *or Esp* mosquear a alguien; **to be hacked off (with sb/sth)** estar furioso(a) *or Esp* mosqueado(a) (con alguien/por algo)

hacker ['hækə(r)] *n Comptr* **(a)** *(illegal user)* pirata *mf* informático(a) *mf* **(b)** *(expert)* usuario(a) *m,f* experto(a), hacker *mf*

hackette [hæ'ket] *n Fam Pej* gacetillera *f*

hacking ['hækɪŋ] **1** *n* **(a)** *Fam Comptr* pirateo *m* informático, piratería *f* informática **(b)** **h. jacket** chaqueta *f* de montar

2 *adj* **a h. cough** una tos seca

hackles ['hækəlz] *npl (of dog)* pelo *m* del cuello; IDIOM **to make sb's h. rise** *(make sb angry)* enfurecer a alguien

hackney cab ['hæknɪ'kæb], **hackney carriage** ['hæknɪ'kærɪdʒ] *n Formal* taxi *m*

hackneyed ['hæknɪd] *adj* manido(a), trillado(a)

hacksaw ['hæksɔː] *n* sierra *f* para metales

had [hæd] *pt & pp of* **have**

haddock ['hædək] *n* eglefino *m*

hadn't ['hædənt] = **had not**

Hades ['heɪdiːz] *n* el Hades

hadj = **hajj**

haematite, *US* **hematite** ['hiːmətaɪt] *n Geol* hematites *m inv*

haematologist, *US* **hematologist** [hiːmə'tɒlədʒɪst] *n* hematólogo(a) *m,f*

haematology, *US* **hematology** [hiːmə'tɒlədʒɪ] *n* hematología *f*

haematoma, *US* **hematoma** [hiːmə'təʊmə] (*pl* **haematomas** *or* **haematomata** [hiːmə'təʊmətə]) *n* hematoma *m*

haemoglobin, *US* **hemoglobin** [hiːməʊ'gləʊbɪn] *n* hemoglobina *f*

haemophilia, *US* **hemophilia** [hiːməʊ'fɪlɪə] *n* hemofilia *f*

haemophiliac, *US* **hemophiliac** [hiːməʊ'fɪlɪæk] *n* hemofílico(a) *m,f*

haemophilic, *US* **hemophilic** [hiːmə'fɪlɪk] *adj* hemofílico(a)

haemorrhage, *US* **hemorrhage** ['hemərɪdʒ] **1** *n* **(a)** *(bleeding)* hemorragia *f* **(b)** *Fig (of people, resources)* fuerte pérdida *f*

2 *vi* **(a)** *Med* sangrar, sufrir una hemorragia **(b)** *Fig (of support, funds)* decrecer por momentos

haemorrhoids, *US* **hemorrhoids** ['hemərɔɪdz] *npl Med* hemorroides *fpl*

haft [hɑːft] *n (of axe)* astil *m*; *(of knife)* mango *m*; *(of sword)* empuñadura *f*

hag [hæg] *n Pej (old woman)* bruja *f*, arpía *f*

haggard ['hægəd] *adj* demacrado(a)

haggis ['hægɪs] *n* = plato típico escocés a base de asaduras de cordero embutidas en una tripa

haggle ['hægəl] *vi* regatear; **to h. about** *or* **over the price of sth** regatear el precio de algo

hagiography [hægɪ'ɒgrəfɪ] *n* hagiografía *f*

Hague [heɪg] *n* **the H.** La Haya

ha-ha ['hɑː'hɑː], **haw haw** ['hɔː'hɔː] **1** *exclam (laughter, mockery)* ¡ja, ja!

2 *n (fence in ditch)* valla *f* (en zanja)

hail¹ [heɪl] **1** *n (hailstones)* granizo *m*; *Fig (of blows, bullets, insults)* lluvia *f*

2 *vi* **it's hailing** está granizando

hail² **1** *interj* **h. Caesar!** ¡ave, César!; **h. Mary** avemaría *m*

2 *vt* **(a)** *(attract attention of) (person)* llamar; *(ship)* saludar; *(taxi)* parar, hacer señas a; **to be within hailing distance of sb/sth** estar a suficiente distancia de alguien/algo como para llamarle/hacerle señas **(b)** *(acclaim)* aclamar (**as** como); **she has been hailed as the greatest novelist of the century** la han ensalzado diciendo que era la mejor novelista del siglo

▸**hail from** *vt insep* proceder de

hailstone ['heɪlstəʊn] *n* (piedra *f* de) granizo *m*

hailstorm ['heɪlstɔːm] *n* granizada *f*

hair [heə(r)] *n* **(a)** *(on head)* pelo *m*, cabello *m*; *(on body)* vello *m*; *(of animal)* pelo *m*; **to have long h.** tener el pelo largo; **to do one's h.** peinarse; **to brush/comb one's h.** cepillarse/peinarse el pelo; **to have** *or* **get one's h. cut** cortarse el pelo ▫ ***h. colorant*** tinte *m* para el pelo; ***h. gel*** gomina *f*; ***h. restorer*** crecepelo *m*; ***h. shirt*** cilicio *m*; *Br* ***h. slide*** pasador *m* (para el pelo)

(b) *(single hair)* pelo *m*; **if you harm** *or* **touch a h. on that child's head...** como le toques un solo pelo a ese niño...; **she never has a h. out of place** va siempre muy arreglada

(c) IDIOMS **to make sb's h. stand on end** ponerle a alguien los pelos de punta;

Fam **keep your h. on!** ¡no te sulfures!; *Fam* **to get in sb's h.** dar la lata a alguien; **to let one's h. down** *(lose inhibitions)* soltarse el pelo; **without turning a h.** sin pestañear; *Fam Hum* **that'll put hairs on your chest** eso te pondrá las pilas; *Fam* **to have sb by the short hairs** tener a alguien en un puño; **to make one's h. curl** ponerle a uno los pelos de punta; *Fam* **do you fancy a h. of the dog?** *(for hangover)* ¿quieres algo de alcohol para quitarte la resaca *or Méx* cruda?

hairband ['heəbænd] *n* cinta *f* (para el pelo)

hairbrush ['heəbrʌʃ] *n* cepillo *m*

haircare ['heəkeə(r)] **1** *n* cuidado *m* del cabello *or* pelo

2 *adj* para el cuidado del cabello *or* pelo; **h. products** productos *mpl* capilares

hairclip ['heəklɪp] *n* clip *m* para el pelo, horquilla *f*

haircut ['heəkʌt] *n* corte *m* de pelo; **to have a h.** cortarse el pelo

hairdo ['heədu:] (*pl* **hairdos**) *n Fam* peinado *m*

hairdresser ['heədresə(r)] *n* peluquero(a) *m,f*; **h.'s** peluquería *f*

hairdressing ['heədresɪŋ] *n* peluquería *f*; **h. salon** salón *m* de peluquería

hairdryer ['heədraɪə(r)] *n* secador *m* (de pelo)

hairgrip ['heəgrɪp] *n* horquilla *f*

hairless ['heəlɪs] *adj* sin pelo; *(face)* lampiño(a); *(infant, puppy)* pelón(ona)

hairline ['heəlaɪn] *n* **(a)** *(of person)* nacimiento *m* del pelo; **to have a receding h.** tener entradas **(b)** ***h. crack*** *(in pipe, wall)* fisura *f* muy pequeña; ***h. fracture*** *(of bone)* fisura *f* (de hueso)

hairnet ['heənet] *n* redecilla *f* para el pelo

hairpiece ['heəpi:s] *n* peluquín *m*

hairpin ['heəpɪn] *n* horquilla *f* ▫ ***h. bend*** *or US* ***turn*** *(on road)* curva *f* muy cerrada

hair-raising ['heəreɪzɪŋ] *adj* espeluznante

hair's-breadth ['heəzbredθ] *n* **by a h.** por un pelo; **to be within a h. of** estar al borde de

hair-splitting ['heəsplɪtɪŋ] *n* sutilezas *fpl*

hairspray ['heəspreɪ] *n* laca *f* (de pelo)

hairspring ['heəsprɪŋ] *n* espiral *f (de reloj)*

hairstyle ['heəstaɪl] *n* peinado *m*

hairy ['heərɪ] *adj* **(a)** *(hair-covered)* velludo(a), peludo(a) **(b)** *Fam (scary)* peliagudo(a)

Haiti ['heɪtɪ] *n* Haití

Haitian ['heɪʃən] *n & adj* haitiano(a) *m,f*

hajj, hadj [hɑ:dʒ] *n* peregrinación *f* a la Meca

hake [heɪk] *n* merluza *f*

halal [hə'lɑ:l] **h. meat** = carne sacrificada según la ley musulmana

halation [hə'leɪʃən] *n Phot* halo *m*, *Spec* halación *f*

halberd ['hælbəd] *n Hist* alabarda *f*

halcyon days ['hælsɪən'deɪz] *npl Literary* días *mpl* felices

hale [heɪl] *adj* sano(a); **to be h. and hearty** estar como una rosa

HALF [hɑ:f] **1** *n* (*pl* **halves** [hɑ:vz]) **(a)** *(in general)* mitad *f*; *(six months)* semestre *m*; *Sport* **first/second h.** primera/segunda parte *f*, primero/segundo tiempo *m*; **the lower h. of the page** la mitad inferior de la página; **h. of it** la mitad; **h. of them** la mitad (de ellos); **h. of the time you can't understand her** la mitad del tiempo no se le entiende; *Fam* **I haven't told you the h. of it** y todavía no te he contado lo mejor; **to increase sth by h.** aumentar algo en un 50 por ciento; **to reduce sth by h.** reducir algo a la mitad; **she is too clever/arrogant by h.** se pasa de lista/arrogante; **she doesn't do things by halves** no le gusta hacer las cosas a medias; **to fold/cut sth in h.** doblar/cortar algo por la mitad; *Hum* **my better** *or* **other h.** mi media naranja; **the king wanted to see how the other h. lives** el rey quería enterarse de cómo viven los pobres; **to go halves with sb (on sth)** ir a medias con alguien (en algo)

(b) *(fraction)* medio *m*; **three and a h.** tres y medio; **an hour and a h.** una hora y media; **three and a h. thousand** tres mil quinientos(as); *Fam Fig* **that was a goal and a h.!** ¡menudo gol!

(c) *Br (ticket) (for child)* billete *m* de niño

(d) *Br (half pint)* media pinta *f*

(e) *(in golf)* hoyo *m* empatado

2 *adj* medio(a); **h. an hour** media hora *f*; **h. past twelve,** *US* **h. after twelve,** *Fam* **h. twelve** las doce y media; **it's h. past** son y media: **h. a dozen** media docena *f*; **h. the students failed** suspendió la mitad de los alumnos; **getting started is h. the battle** lo más difícil es empezar; **given h. a chance** a la mínima oportunidad; **that's h. the problem** eso es parte del problema; **but that's only h. the story** pero aún hay más; **she's h. the writer she used to be** es una sombra del escritor que era antes; **to have h. a mind to do sth** estar tentado(a) de hacer algo; **the plan went off at h. cock** el plan salió mal por falta de preparación ▫ ***h. board*** media pensión *f*; ***h. day*** media jornada *f*; ***h. dollar*** medio dólar *m*; ***h. hour*** media hora *f*; **every h. hour** cada media hora; *US Mus* ***h. note*** semitono *m*; ***at h. price*** a mitad de precio; *US Mus* ***h. step*** semitono *m*; ***h. volley*** media volea *f*

3 *adv* a medias; **to h. do sth** hacer algo a medias; **you're h. my age** tienes la mitad de años que yo, te doblo la edad; **the bottle was h. full/empty** la botella estaba medio llena/vacía; **the painting is only h. finished** el cuadro está por la mitad; **I'm h. Canadian** soy medio canadiense; **she was h. naked** estaba medio desnuda; **you're h. right** tienes razón a medias; **you look h. starved** pareces un muerto de hambre; **he was only h. joking** estaba medio bromeando; **I was h. expecting him to say no** medio me esperaba que me dijera que no; **she was h. laughing, h. crying** reía y lloraba al mismo tiempo; **the novel is h. as long as her last one** la novela es la mitad de larga que la anterior; **this movie isn't h. as good as his last one** esta película no es ni la mitad de buena que la anterior; **I earn h. as much as him** gano la mitad que él; **you need h. as much again** necesitas la mitad más; *Br Fam* **not h.!** ¡y que lo digas!; *Br Fam* **it isn't h. cold!** ¡menudo frío (que) hace!, ¡no hace frío ni nada!; *Br Fam* **he didn't h. get angry** ¡no se enfadó *or Am* enojó ni nada!, ¡menudo enfado *or Am* enojo se agarró!

---

half- [hɑ:f] *pref* **h.-naked/asleep/dead** medio desnudo(a)/dormido(a)/muerto(a)

half-and-half ['hɑ:fən'hɑ:f] *n US* leche *f* con *Esp* nata *or Am* crema

half-arsed ['hɑ:f'ɑ:st], *US* **half-assed** ['hɑ:f'æst] *adj very Fam (attempt, plan)* penoso(a), lamentable; *(person)* zote

halfback ['hɑ:fbæk] *n* **(a)** *(in rugby)* **the halfbacks** el medio de melé y el medio de apertura **(b)** *(in American football)* corredor *m*

half-baked [hɑ:f'beɪkt] *adj Fam (theory, plan)* mal concebido(a)

halfbreed ['hɑ:fbri:d] *n Pej* mestizo(a) *m,f*

half-brother ['hɑ:fbrʌðə(r)] *n* hermanastro *m*

half-caste ['hɑ:fkɑ:st] *n Pej* mestizo(a) *m,f*

half-(a-)crown ['hɑ:f(ə)kraʊn] *n Br Formerly* media corona *f*

half-cut [hɑ:f'kʌt] *adj Br Fam (drunk)* pedo, *RP* en pedo

half-dozen [hɑ:f'dʌzən] *n* media docena *f*

half-hearted ['hɑ:f'hɑ:tɪd] *adj (effort, performance)* desganado(a); *(belief, support)* tibio(a)

half-heartedly ['hɑ:f'hɑ:tɪdlɪ] *adv* sin (muchas) ganas

half-hourly [hɑ:f'aʊəlɪ] **1** *adj* cada media hora; **at h. intervals** cada media hora

2 *adv* cada media hora

half-life ['hɑ:flaɪf] *n Phys* media vida *f*

half-light ['hɑ:flaɪt] *n* penumbra *f*, media luz *f*

half-marathon [hɑ:f'mærəθən] *n* media maratón *f*

half-mast ['hɑ:f'mɑ:st] *n Br* **at h.** a media asta

half-measures ['hɑ:f'meʒəz] *npl* **we won't be satisfied with h.** no nos conformaremos con soluciones que se queden a medio camino

half-moon [hɑ:f'mu:n] *n* media luna *f*; **h. glasses** gafas *fpl* de media luna

half-open [hɑ:f'əʊpən] *adj (eyes, window)* entreabierto(a), entornado(a)

halfpenny, ha'penny ['heɪpnɪ] *n Br Formerly* medio penique *m*; **he didn't have two ha'pennies to rub together** no tenía ni un real o un chavo

half-sister ['hɑ:f'sɪstə(r)] *n* hermanastra *f*

half-size ['hɑ:f'saɪz] *n (for clothing)* talla *f* intermedia; *(for shoes)* número *m* intermedio

half-term [ˈhɑːfˈtɜːm] *n Br* **h. (holiday)** vacaciones *fpl* de mitad de trimestre

half-timbered [hɑːfˈtɪmbəd] *adj* con entramado de madera

half-time [ˈhɑːfˈtaɪm] *n (of match)* descanso *m*; **the h. score** el resultado al descanso

half-tone [hɑːfˈtəʊn] *n Phot* grabado *m* reticulado; *Comptr* medio tono *m*

half-truth [ˈhɑːfˈtruːθ] *n* verdad *f* a medias

halfway [ˈhɑːfˈweɪ] **1** *adj (point, stage)* intermedio(a) ▫ ***h. house*** *(for former prisoners, addicts)* centro *m* de reinserción; *Fig (compromise)* término *m* medio; ***h. line*** *(on soccer pitch)* línea *f* divisoria *or* de medio campo

2 *adv* **(a)** *(on route)* a mitad de camino; **we're h. there (already)** ya llevamos la mitad del camino, ya estamos a mitad de camino; IDIOM **to meet sb h.** *(compromise)* llegar a una solución de compromiso con alguien **(b)** *(adequately)* **some h. decent food/accommodation** una comida/un alojamiento mínimamente decente

halfwit [ˈhɑːfwɪt] *n Fam* bobo(a) *m,f*, lerdo(a) *m,f*

halfwitted [hɑːfˈwɪtɪd] *adj Fam (person)* idiota, memo(a); **a h. idea** una memez

half-yearly [ˈhɑːfˈjɪəlɪ] *adj* semestral, bianual

halibut [ˈhælɪbət] *n* fletán *m*

halide [ˈheɪlaɪd] *n Chem* haluro *m*, halogenuro *m*

halitosis [hælɪˈtəʊsɪs] *n Med* halitosis *f inv*

hall [hɔːl] *n* **(a)** *(entrance room)* vestíbulo *m*; *(corridor)* pasillo *m* ▫ ***h. stand*** perchero *m* **(b)** *(for concerts, meetings) (large room)* salón *m* de actos; *(building)* auditorio *m* **(c)** *Br Univ* **h. of residence** residencia *f* de estudiantes **(c)** *US Sport* **H. of fame** panteón *m* de celebridades del deporte; **H. of famer** = deportista que ha entrado en el panteón de celebridades

hallelujah, halleluia [hælɪˈluːjə] *exclam* ¡aleluya!

hallmark [ˈhɔːlmɑːk] *n* **(a)** *(on silver)* contraste *m* **(b)** *(of idea, plan)* sello *m* característico; **to have all the hallmarks of sb/sth** llevar el sello característico de alguien/algo

hallo = **hello**

hallowed [ˈhæləʊd] *adj* sagrado(a); *also Fig* **h. ground** terreno *m* sagrado

Hallowe'en [hæləʊˈiːn] *n* = víspera *f* de Todos los Santos en la que los niños se disfrazan de brujas y fantasmas

hallucinate [həˈluːsɪneɪt] *vi* alucinar, sufrir alucinaciones

hallucination [həluːsɪˈneɪʃən] *n* alucinación *f*

hallucinatory [həˈluːsɪnətərɪ] *adj* alucinatorio(a)

hallucinogen [həˈluːsɪnədʒən] *n* alucinógeno *m*

hallucinogenic [həluːsɪnəˈdʒenɪk] *adj* alucinógeno(a)

hallway [ˈhɔːlweɪ] *n (entrance room)* vestíbulo *m*; *(corridor)* pasillo *m*

halo [ˈheɪləʊ] (*pl* **halos** *or* **haloes**) *n* halo *m*

halogen [ˈhælədʒən] *n* halógeno *m* ▫ ***h. lamp*** lámpara *f* halógena

halt [hɒlt] **1** *n* alto *m*, parada *f*; **to come to a h.** detenerse; **to bring sth to a h.** paralizar algo; **to call a h. to sth** interrumpir algo

2 *vt* detener

3 *vi* detenerse

halter [ˈhɔːltə(r)] *n (for horse)* ronzal *m*

halterneck [ˈhɔːltənek] *adj (dress, top)* sujeto(a) al cuello

halting [ˈhɔːltɪŋ] *adj (voice, progress)* vacilante, titubeante

haltingly [ˈhɔːltɪŋlɪ] *adv (to walk)* con paso vacilante; *(to speak)* con la voz entrecortada

halva [ˈhælvə] *n* halva *f*, = golosina que contiene frutos secos, miel, azafrán y semillas de sésamo

halve [hɑːv] *vt* **(a)** *(divide in two)* dividir (en dos); *(number)* dividir por *or* entre dos; *(cake, fruit)* partir por la mitad **(b)** *(reduce by half)* reducir a la mitad

halves [hɑːvz] *pl of* **half**

halyard [ˈhæljəd] *n Naut* driza *f*

ham [hæm] **1** *n* **(a)** *(meat)* jamón *m* **(b)** *Fam (actor)* actor *m* exagerado, actriz *f* exagerada ▫ ***h. acting*** sobreactuación *f*, histrionismo *m*

2 *vt* (*pt & pp* **hammed**) *Fam (of actor)* **to h. it up** sobreactuar

Hamburg [ˈhæmbɜːg] *n* Hamburgo

hamburger [ˈhæmbɜːgə(r)] *n* **(a)** *(in bun)* hamburguesa *f* **(b)** *US (minced beef)* carne *f* picada

ham-fisted [ˈhæmˈfɪstɪd] *adj Fam (person)* torpe, *Esp* manazas; *(workmanship, attempt)* torpe

hamlet [ˈhæmlɪt] *n* aldea *f*

hammer [ˈhæmə(r)] **1** *n (tool) & Sport* martillo *m*; **to come under the h.** *(be auctioned)* salir a subasta; **to go at it h. and tongs** *(argue)* tener una acalorada discusión; *(try hard)* poner mucho empeño *or* esfuerzo; **the h. and sickle** la hoz y el martillo ▫ ***h. beam*** imposta *f*; ***h. drill*** taladro *m or* taladradora *f* de percusión

2 *vt* **(a)** *(hit with hammer)* martillear; *(hit with fist)* dar puñetazos a; **to h. a nail into sth** clavar un clavo en algo; **to h. home** *(nail, argument)* remachar; **she hammered home her advantage** se aseguró su ventaja **(b)** *Fam (defeat)* vapulear, *Esp* machacar **(c)** *Br Fam (criticize)* poner por los suelos a

▸**hammer away at** *vt insep Fig* **to h. away at a problem** ponerse en serio con un problema

▸**hammer out** *vt sep Fig (agreement)* alcanzar, llegar a

hammered [hæməd] *adj Fam (drunk) Esp* ciego(a), *Méx* cuete, *RP* en pedo

hammerhead [ˈhæməhed] *n* **h. (shark)** pez *m* martillo

hammering [ˈhæmərɪŋ] *n* **(a)** *(noise)* martilleo *m* **(b)** *Fam (defeat)* paliza *f*; **to give sb a h.** dar una paliza a alguien, machacar a alguien; **we got a real h.** nos dieron un palizón **(c)** *Fam (criticism)* **to give sth/sb a h.** poner por los suelos algo/a alguien

hammock [ˈhæmək] *n* hamaca *f*

hammy [ˈhæmɪ] *adj (actor, performance)* sobreactuado(a), histriónico(a)

hamper[1] [ˈhæmpə(r)] *n (for food)* cesta *f*, cesto *m*; **(Christmas) h.** cesta de Navidad

hamper[2] *vt (hinder)* entorpecer

hamster [ˈhæmstə(r)] *n* hámster *m*

hamstring [ˈhæmstrɪŋ] **1** *n* tendón *m* de la corva ▫ ***h. injury*** rotura *f* de ligamentos (de la rodilla)

2 *vt* (*pt & pp* **hamstrung** [ˈhæmstrʌŋ]) *(incapacitate)* incapacitar, paralizar

HAND [hænd] **1** *n* **(a)** *(part of body)* mano *f*; *(of clock, watch)* manecilla *f*; **to be good with one's hands** tener habilidad manual; **to hold sth in one's h.** sostener algo en la mano; **to hold hands** cogerse de las manos; **to take sb by the h.** coger a alguien de la mano; **by h.** *(make, wash, write)* a mano; *(on envelope)* en propia mano; **to deliver sth by h.** entregar algo a mano; **h. in h.** (cogidos) de la mano; **autograph book in h., he approached the star** con el libro de autógrafos en mano *or* en ristre, se acercó a la estrella; **on one's hands and knees** a cuatro patas; **hands off!** ¡las manos fuera!; **get your hands off me!** ¡quítame las manos de encima!; **hands up!** *(in robbery)* ¡manos arriba!; **hands up anyone who knows the answer** que levante la mano quien sepa la respuesta ▫ ***h. baggage*** equipaje *m* de mano; ***h. basin*** lavabo *m*, *Am* lavamanos *m*; ***h. cream*** crema *f* de manos; ***h. drill*** taladro *m* manual; ***h. grenade*** granada *f* de mano; ***h. lotion*** loción *f* para las manos; ***h. luggage*** equipaje *m* de mano; ***h. towel*** toalla *f* (de manos)

(b) *(worker)* brazo *m*; **all hands on deck!** ¡todos a cubierta!; **to be an old h. at sth** ser veterano(a) en algo

(c) *(handwriting)* letra *f*; **in his own h.** de su puño y letra

(d) *(in cards)* mano *f*; **to play a h. of poker** jugar *or* echar una mano de poker; *Fig* **to show one's h.** poner las cartas boca arriba *or* sobre la mesa; *Fig* **to strengthen/weaken sb's h.** reforzar/debilitar la posición de alguien

(e) *(influence)* mano *f*; **you can see the h. of the CIA in this decision** se nota la mano de la CIA en esta decisión; **I had a h. in designing the course** tuve que ver *or* puse de mi parte en el diseño del curso; **the government is suspected of having had a h. in the decision** se sospecha que el gobierno ha tenido mano en esta decisión

(f) *(help)* **to give** *or* **lend sb a h.** echar una mano a alguien; **do you need a h. with that box?** ¿necesitas que te eche una mano con esa caja?

(g) *(unit of measurement)* = unidad para

medir la altura de los caballos, de aproximadamente 10 cm

(h) IDIOMS **at h., close at h.** a mano; **luckily, help was at h.** por suerte, teníamos quien nos ayudara; **the day is almost at h. when…** no está lejano el día en que…; **to suffer/die at sb's hands** sufrir/morir a manos de alguien; **to ask for sb's h. (in marriage)** pedir la mano de alguien; **to change hands** *(of money, car)* cambiar de mano; **it came into my hands via an acquaintance** llegó a mis manos por medio de un conocido; **we'll use whatever comes to h.** utilizaremos lo que haya por ahí; **to fall into the wrong hands** caer en malas manos; **just wait till I get** *or* **lay my hands on him!** espera a que le ponga la mano encima; **the situation has got out of h.** la situación se nos ha escapado de las manos; **the children got out of h.** los niños se desmandaron; **to give sb a big h.** *(applaud)* dar un gran aplauso a alguien; **she gave me her h. on the deal** sellamos el trato con un apretón de manos; **to be h. in glove with sb** colaborar estrechamente con alguien; **to go from h. to h.** ir *or* pasar de mano en mano; **success and fame go h. in h.** el éxito y la fama van juntos; **to have one's hands full** estar completamente ocupado(a); **I have my hands tied, my hands are tied** tengo las manos atadas; **I don't need you to hold my h. any more** no te necesito, ya puedo hacerlo solo; **we still have a few days in h.** todavía tenemos unos días; **they have a game in h.** han jugado un partido menos; **concentrate on the job in h.** concentrarse en lo que se está haciendo; **to have a situation in h.** tener una situación bajo control; **to take sb in h.** hacerse cargo de alguien; **to be in good** *or* **safe hands** estar en buenas manos; **the city is in enemy hands** la ciudad está en manos enemigas; **we are putting the matter in the hands of our lawyer** vamos a poner el asunto en manos de nuestro abogado; **her fate is in her own hands** su futuro está en sus manos; **to keep one's h. in** no perder la práctica; *Fam* **they can't keep their hands off each other** están todo el día uno encima del otro; **to keep a firm h. on sth** controlar algo con mano dura; **the left h. doesn't know what the right h. is doing** no se aclaran; **to live from h. to mouth** vivir de forma precaria; **to lose money h. over fist** perder dinero a raudales; **to make money h. over fist** ganar dinero a espuertas; **a doctor is always on h.** siempre hay un médico disponible; **on the one h.** por una parte; **on the other h.** por otra parte; **to have time on one's hands** tener tiempo libre; **we've got a real problem on our hands here** nos enfrentamos a un problema serio; **it's out of my hands** no está en mi mano; **to dismiss a suggestion out of h.** rechazar una sugerencia sin más ni más; **to put one's h. in one's pocket** *(pay)* echar mano al bolsillo; **I can put my h. on my heart and say…** puedo decir con la mano en el corazón que…; **I've never raised a h. to her** nunca le he levantado la mano; **we need a safe pair of hands for this job** necesitamos a alguien fiable *or Am* confiable para hacer este trabajo; **to have sth to h.** tener algo a mano; **to try one's h. at sth** intentar algo alguna vez; **he turned his h. to painting** se puso a pintar, empezó a dedicarse a la pintura; **to win hands down** ganar con comodidad; PROV **many hands make light work** compartir el trabajo aligera la carga

2 *vt* dar, pasar; **to h. sth to sb, to h. sb sth** dar *or* pasar algo a alguien; *Fig* **to h. sth to sb (on a plate)** ponerle algo a alguien en bandeja; *Fig* **you've got to h. it to him** tienes que reconocérselo

▸**hand around** *vt sep* = **hand round**

▸**hand back** *vt sep (return)* devolver

▸**hand down** *vt sep* (**a**) *(pass)* pasar (**b**) *(bequeath)* dejar en herencia; **the story had been handed down from one generation to the next** la historia había pasado de generación en generación; **these trousers were handed down from my sister** heredé estos pantalones de mi hermana (**c**) *(sentence, verdict)* dictar

▸**hand in** *vt sep (give)* entregar; *(resignation)* presentar

▸**hand on** *vt sep* pasar

▸**hand out** *vt sep (money, food)* repartir; *(advice)* dar; *(justice)* administrar

▸**hand over 1** *vt sep (give)* dar, entregar; *(hostages, ransom)* entregar; *Fig (control, responsibility)* ceder; *(on phone)* **I'll h. you over to my boss** te paso con mi jefe

2 *vi* **to h. over to sb** dar paso a

▸**hand round** *vt sep (circulate)* pasar

handbag ['hændbæg] *n Br Esp* bolso *m, Chile, Col, RP* cartera *f, Méx* bolsa *f*

handball *n* ['hændbɔːl] (**a**) *(team game)* balonmano *m* (**b**) *(individual sport)* pelota *f* (vasca), frontón *m*

handbell ['hændbel] *n* campanilla *f*

handbill ['hændbɪl] *n* panfleto *m* (de propaganda)

handbook ['hændbʊk] *n* manual *m*

handbrake ['hændbreɪk] *n (of car)* freno *m* de mano

h and c, h & c *adj (abbr* **hot and cold**) que dispone de agua caliente

handcart ['hændkɑːt] *n* carretilla *f*

handclap ['hændklæp] *n* **a slow h.** = palmas lentas de desaprobación

handcraft ['hændkrɑːft] *vt* realizar a mano; **all items are lovingly handcrafted** todos los artículos están elaborados artesanalmente con el mayor esmero

handcrafted ['hændkrɑːftɪd] *adj* artesanal, de artesanía

handcuff ['hændkʌf] *vt* esposar; **he was handcuffed to the radiator** estaba esposado al radiador

handcuffs ['hændkʌfs] *npl* esposas *fpl*

handful ['hændfʊl] *n* (**a**) *(of sand, rice)* puñado *m* (**b**) *(of people)* puñado (**c**) IDIOM **that child is a real h.** ese niño es un terremoto *or* una buena pieza

handgun ['hændgʌn] *n* pistola *f*

handicap ['hændɪkæp] **1** *n* (**a**) *(disadvantage)* desventaja *f*, hándicap *m*; *(disability)* discapacidad *f*, minusvalía *f* (**b**) *(in golf, horse racing)* hándicap *m*

2 *vt (pt & pp* **handicapped**) suponer una desventaja para; **to be handicapped by…** verse perjudicado(a) por…

handicapped ['hændɪkæpt] **1** *adj* discapacitado(a), minusválido(a); **mentally/physically h.** discapacitado(a) psíquico(a)/físico(a)

2 *npl* **the h.** los discapacitados *or* minusválidos

handicraft ['hændɪkrɑːft] *n* (**a**) *(skill)* artesanía *f* (**b**) *(object)* objeto *m* de artesanía

handily ['hændɪlɪ] *adv* (**a**) *(conveniently)* cómodamente, convenientemente (**b**) *(within reach)* a mano; **the switch is h. placed next to the steering wheel** el interruptor se halla muy a mano junto al volante (**c**) *US (easily)* con facilidad

handiness ['hændɪnɪs] *n* (**a**) *(convenience)* comodidad *f*, conveniencia *f* (**b**) *(skill)* habilidad *f*, destreza *f*; **his h. about the home** lo manitas que es para las cosas de la casa

handiwork ['hændɪwɜːk] *n* (**a**) *(craftwork)* trabajos *mpl* manuales, manualidades *fpl* (**b**) *(product of work)* obra *f*, trabajo *m*; **she stood back to admire her h.** retrocedió para admirar su obra *or* trabajo (**c**) *Ironic* **this mess looks like Clara's h.!** este desorden parece obra de Clara

hand-job ['hænddʒɒb] *n Vulg* **to give sb a h.** hacer una paja *or* un manual a alguien

handkerchief ['hæŋkətʃɪf] *n* pañuelo *m*; **(paper) h.** pañuelo *m* de papel

handle ['hændəl] **1** *n* (**a**) *(of broom, gun, knife)* mango *m*; *(of racket, bat)* empuñadura *f*; *(of suitcase, cup)* asa *f*; *(of door)* manilla *f* (**b**) *Comptr* manejador *m* (**c**) IDIOMS **to fly off the h.** *(lose one's temper)* perder los estribos; *Fam* **I can't get a h. on it** *(understand)* no sé por dónde agarrarlo

2 *vt* (**a**) *(touch, hold)* manejar, manipular; **wash your hands before you h. food** lávese las manos antes de manipular alimentos; **h. with care** *(sign)* frágil; **to h. the ball** *(in soccer)* hacer (falta con la) mano (**b**) *(cope with, control) (situation, crisis)* hacer frente a, manejar; *(people)* manejar, tratar; **the situation was badly handled** no se afrontó la situación de manera apropiada; **now he knows the truth he can't h. it** ahora que sabe lo qué pasó no puede soportarlo; **I'll h. this** déjame a mí, yo me encargo de esto

(**c**) *Com (business, contract, client)* encargarse de; **we h. all the large orders** nosotros llevamos todos los pedidos grandes

3 *vi* **to h. well** *(of car, boat)* responder bien

handlebar moustache ['hændəlbɑːməˈstɑːʃ] *n* bigote *m* a lo Dalí

handlebars ['hændəlbɑːz] *npl (of bicycle, motorbike)* manillar *m, Am* manubrio *m*

handler ['hændlə(r)] *n* (**a**) *(of animals)* adiestrador(ora) *m,f* (**b**) *(of spy, agent)* contacto *m*

handling ['hændlɪŋ] *n* (**a**) *(of situation, problem)* manejo *m*; **her h. of the enquiry has been seriously questioned** la manera en la que ha llevado a cabo la investigación ha sido puesta en tela de juicio (**b**) *(of car, aeroplane, boat)* manejo *m* (**c**) *Fin* ***h. charges*** gastos *mpl* de gestión *or* tramitación

handmade ['hænd'meɪd] *adj* hecho(a) a mano; **to be h.** estar hecho(a) a mano

handmaiden ['hændmeɪdən] *n Old-fashioned (female servant)* doncella *f*

hand-me-downs ['hændmɪdaʊnz] *npl Fam* **he wore his brother's h.** llevaba ropa heredada de su hermano

handout ['hændaʊt] *n* (**a**) *(donation)* donativo *m*, limosna *f*; **we don't want to live off handouts** no queremos vivir de (las) limosnas (**b**) *(leaflet)* hoja *f* informativa

handover ['hændəʊvə(r)] *n* entrega *f*

hand-picked ['hænd'pɪkd] *adj (person, team)* cuidadosamente seleccionado(a)

handrail ['hændreɪl] *n* barandilla *f*

handsaw ['hændsɔː] *n* serrucho *m*

handset ['hændset] *n (of telephone)* auricular *m*

handshake ['hændʃeɪk] *n* (**a**) *(greeting)* apretón *m* de manos (**b**) *Comptr* procedimiento *m* de regulación mutua de los intercambios

handshaking ['hændʃeɪkɪŋ] *n Comptr* establecimiento *m* de comunicación, iniciación *f* de diálogo

hands-off ['hæn'zɒf] *adj (approach, style)* no intervencionista

handsome ['hænsəm] *adj* (**a**) *(man)* guapo, atractivo; *(woman)* distinguida; *(animal)* hermoso(a), bello(a); *(building)* elegante, bello(a) (**b**) *(praise)* generoso(a); *(price, profit)* considerable

handsomely ['hænsəmlɪ] *adv* (**a**) *(dressed, furnished)* elegantemente (**b**) *(praised, paid)* generosamente

hands-on ['hæn'zɒn] *adj* **he has a h. management style** le gusta implicarse en todos los aspectos del negocio ❑ ***h. training*** formación *f* práctica

handspring ['hændsprɪŋ] *n* voltereta *f*

handstand ['hændstænd] *n* **to do a h.** hacer el pino

hand-to-hand ['hæntə'hænd] *adj* **h. combat** combate *m* cuerpo a cuerpo

hand-to-mouth ['hæntə'maʊθ] **1** *adj* **a h. existence** una existencia precaria

2 *adv* **to live h.** vivir de forma precaria

handwriting ['hændraɪtɪŋ] *n* letra *f*, caligrafía *f*

handwritten ['hændrɪtən] *adj* manuscrito(a), escrito(a) a mano

handy ['hændɪ] *adj* (**a**) *(useful)* práctico(a), útil; **to come in h.** venir bien (**b**) *(conveniently situated)* bien situado(a); **the house is very h. for the shops** la casa queda muy cerca de las tiendas (**c**) *(within reach)* a mano; **have you got a pencil h.?** ¿tienes un lápiz a mano? (**d**) *(skilful)* habilidoso(a); **he's very h. in the kitchen** se le da muy bien la cocina *or* cocinar; **she's very h. with a paintbrush** es muy hábil con la brocha

handyman ['hændɪmæn] *n (person good at odd jobs)* manitas *mf inv*

HANG [hæŋ] **1** *n* (**a**) *(of garment, fabric)* caída *f*

(**b**) *Fam* **to get the h. of sth** pillarle el truco *or* el tranquillo a algo, *Méx* pescar algo, *RP* agarrarle la mano a algo

2 *vt* (*pt & pp* **hung** [hʌŋ]) (**a**) *(suspend) (wallpaper, door)* poner, colocar; *(meat)* colgar

(**b**) *(lower)* **to h. one's head** bajar la cabeza; **he hung his head in shame** bajó la cabeza avergonzado

(**c**) *(decorate)* decorar; **the walls were hung with rugs** había tapices colgados de las paredes, las paredes estaban decoradas con tapices

(**d**) **to h. fire** *(delay)* esperar, no hacer nada por el momento

(**e**) *Fam (damn)* **h. it (all)!** ¡al diablo *or Esp* a la porra con todo!; **h. the cost!** ¡al diablo *or Esp* a la porra el precio!

(**f**) *US Fam (take turning)* **h. a left/right!** ¡tuerce *or* dobla a la izquierda/derecha!

(**g**) (*pt & pp* **hanged**) *(execute)* ahorcar, colgar (**for** por); **to h. oneself** ahorcarse, colgarse; **he was hanged, drawn and quartered** lo colgaron, lo destriparon y lo descuartizaron; *Fam* **I'll be hanged if I'm going to let her do that!** ¡no le pienso dejar hacer eso ni de broma!

3 *vi* (**a**) *(be suspended)* colgar; **the painting hangs in the Metropolitan museum/on the wall** el cuadro está en el Metropolitan/en la pared; **a string of pearls hung around her neck** llevaba un collar de perlas al cuello; **her hair hung loose around her shoulders** los cabellos sueltos caían sobre sus hombros; **their future is hanging by a thread** su futuro pende *or* está pendiente de un hilo; **their future is hanging in the balance** su futuro es incierto *or* está en el aire; *Fam* **h. loose!** ¡tranqui!

(**b**) *(hover)* **the bird hung in the air for a moment, then dived** el ave permaneció inmóvil en el aire unos instantes y se lanzó en picado; **the smoke hung in the air for some time** el humo permaneció en el aire durante un rato

(**c**) *(be executed)* ser ahorcado(a) *or* colgado(a) (**for** por); *Fam* **he can go h. for all I care!** ¡por mí, como si se muere!

(**d**) *(of material, clothes)* caer, colgar; **the suit hangs well on you** el traje te cae *or* sienta bien

(**e**) *US Fam (hang out)* **what are you doing? — nothing, just hanging** ¿qué haces? — ya ves

(**f**) *Fam* **how's it hanging?** *(how are you?) Esp* ¿qué pasa?, *Carib, Col, Méx* ¿quihu?, *RP* ¿qué talco?

▸**hang about, hang around** *Fam* **1** *vt insep* **we used to h. about** *or* **around the mall after school** solíamos rondar por el centro comercial después de clase

2 *vi* (**a**) *(wait)* esperar; **he kept me hanging about** *or* **around for hours** me tuvo esperando horas; *Br* **h. about, there's something odd going on here** un momento, aquí pasa algo raro (**b**) *(be slow)* **stop hanging about** *or* **around and get a move on!** ¡deja de perder el tiempo y ponte en marcha!; **she didn't h. about!** ¡no perdió ni un segundo! (**c**) *(spend time)* **to h. about or around with one's friends** andar por ahí con los amigos; **I don't h. about** *or* **around with them any more** ya no voy *or* salgo con ellos

▸**hang back** *vi* (**a**) *(stay behind)* quedarse atrás (**b**) *(hesitate)* dudar, titubear

▸**hang down** *vi* colgar (**from** de)

▸**hang in** *vi Fam (persevere)* aguantar; **h. (on) in there!** ¡resiste!, ¡aguanta!

▸**hang on 1** *vi* (**a**) *(hold)* agarrarse (**b**) *Fam (wait)* esperar; **h. on (a minute)!** ¡espérate (un minuto)! (**c**) *(survive)* resistir, aguantar; **Germany hung on for a draw** Alemania aguantó y consiguió un empate

2 *vt insep (depend on)* depender de; **everything hangs on his answer** todo depende de su respuesta; **she hung on his every word** estaba totalmente pendiente de sus palabras

3 *vt sep (put blame on)* **to h. sth on sb** colgarle el muerto a alguien

▸**hang on to** *vt insep* (**a**) *(hold)* agarrarse a (**b**) *(keep)* conservar; **I'd h. on to those documents if I were you** yo, en tu lugar, me quedaría con esos documentos

▸**hang open** *vi* **her mouth hung open in dismay** se le quedó la boca abierta de consternación

▸**hang out 1** *vt sep (washing)* tender

2 *vi* (**a**) *(protrude)* **his tongue/shirt was hanging out** tenía la lengua/camisa fuera; **she always has a cigarette hanging out of her mouth** siempre tiene un cigarrillo en la boca; *Fam* **just let it all h. out** ¡tranqui! (**b**) *Fam (spend time)* **to h. out with one's friends** andar por ahí con los amigos; **he usually hangs out in the Bronx Café** normalmente va por el Café Bronx; **what are you doing? — nothing, just hanging out** ¿qué haces? — ya ves

▸**hang over** *vt insep* **the threat of relegation has been hanging over them all season** la amenaza del descenso se ha cernido sobre ellos durante toda la temporada; **a question mark hangs over his reliability** su fiabilidad se encuentra en entredicho

▸**hang together** *vi* (**a**) *(of argument, statements)* encajar, concordar (**b**) *(help each other)* cooperar

▸**hang up 1** *vt sep (suspend) (hat, picture)* colgar

2 *vi (on telephone)* colgar; **to h. up on sb** colgarle (el teléfono) a alguien

hangar ['hæŋə(r)] *n Av* hangar *m*

hangdog ['hæŋdɒg] *adj* **a h. look** una expresión avergonzada *or Am* apenada

hanger ['hæŋə(r)] *n (for clothes)* percha *f*

hanger-on [hæŋə'rɒn] (*pl* **hangers-on**) *n Fam Pej* parásito(a) *m,f*; **the mayor and his hangers-on** el alcalde y su cohorte

hang-glider ['hæŋglaɪdər] *n* ala *f* delta

hang-gliding ['hæŋglaɪdɪŋ] *n* **to go h.** hacer ala delta

hanging ['hæŋɪŋ] **1** *n* (**a**) *(execution)* ahorcamiento *m*, ejecución *f* en la horca (**b**) **hangings** *(curtains, drapes)* colgaduras *fpl*
2 *adj Typ* ***h. indent*** sangría *f* francesa

hangman ['hæŋmən] *n* verdugo *m*

hangnail ['hæŋneɪl] *n* padrastro *m*

hang-out ['hæŋaʊt] *n Fam* guarida *f*, sitio *m* predilecto; **it's a real student h.** es un garito donde se suelen juntar los estudiantes

hangover ['hæŋəʊvə(r)] *n* (**a**) *(from drinking)* resaca *f*; **to have a h.** tener resaca, *Col* tener guayabo, *Guat, Méx* andar crudo (**b**) *(practice, belief)* vestigio *m*

hang-up ['hæŋʌp] *n Fam (complex)* complejo *m*, paranoia *f*; **to have a h. about sth** estar acomplejado(a) por algo

hanker ['hæŋkə(r)] *vi* **to h. after** *or* **for sth** anhelar algo

hankering ['hæŋkərɪŋ] *n* **to have a h. for sth** sentir anhelo de algo

hankie, hanky ['hæŋkɪ] *n Fam* pañuelo *m*

hanky-panky ['hæŋkɪ'pæŋkɪ] *n Fam* (**a**) *(sexual activity)* magreo *m*, manoseo *m* (**b**) *(underhand behaviour)* chanchullos *mpl*, tejemanejes *mpl*

Hanover ['hæneʊvə(r)] *n* Hanover

Hansard ['hænsa:d] *n Br Pol* = actas oficiales y diario de sesiones del parlamento británico

hansom ['hænsəm] *n* **h. (cab)** cabriolé *m*, cab *m* inglés

Hants (*abbr* **Hampshire**) (condado *m* de) Hampshire

Hanukkah ['hɑ:nəkə] *n Rel* = fiesta judía de ocho días celebrada en diciembre para conmemorar la dedicación del templo

ha'penny = **halfpenny**

haphazard [hæp'hæzəd] *adj (choice, decision)* arbitrario(a), incoherente; *(attempt)* desorganizado(a)

haphazardly [hæp'hæzədlɪ] *adv* a la buena de Dios, descuidadamente

hapless ['hæplɪs] *adj* infortunado(a)

happen ['hæpən] *vi* (**a**) *(take place)* pasar, ocurrir, suceder; **it happened ten years ago** pasó hace diez años; **it all happened so quickly** todo ocurrió tan deprisa; **what has happened to him?** ¿qué le ha pasado?; **what has happened to my keys?** *(where are they?)* ¿dónde estarán mis llaves?; **whatever happens, stay calm** pase lo que pase, no te pongas nervioso; **these things h.** son cosas que pasan; **don't worry, it'll never h.** no te preocupes, que no va a pasar; *Fam* **it's all happening!** ¡qué movida!; *US Fam* **what's happening?** *(greeting) Esp* ¿qué pasa?, *Carib, Col, Méx* ¿quihu?, *RP* ¿qué talco?
(**b**) *(occur by chance)* **to h. to meet sb** encontrarse con alguien por casualidad; **I happened to mention it to the boss** dio la casualidad de que se lo comenté al jefe; **I h. to know that...** resulta que sé que...; **do you h. to know when she's coming?** ¿no sabrás por casualidad cuándo viene?; **you wouldn't h. to have a pen I could borrow, would you?** ¿no tendrías por ahí un lápiz para dejarme?; **it just so happens that I DO know the answer** pues mira por dónde sí que sé la respuesta; **as it happens,...** precisamente..., casualmente...; **as it happened, we were going there anyway** casualmente, nosotros íbamos para allí de todas maneras

▸**happen on, happen upon** *vt insep* encontrarse con

happening ['hæpənɪŋ] **1** *n* suceso *m*
2 *adj Fam* **this club is a really h. place** esta discoteca está de moda *or Esp* a la última

happenstance ['hæpənstæns] *n US* casualidad *f*, **by h.** por casualidad

happily ['hæpɪlɪ] *adv* (**a**) *(with pleasure)* alegremente; **they lived h. ever after** fueron felices y comieron perdices; **I'd quite h. do it** no me importaría para nada hacerlo, lo haría con mucho gusto (**b**) *(fortunately)* afortunadamente, por suerte

happiness ['hæpɪnɪs] *n* felicidad *f*

happy ['hæpɪ] *adj* (**a**) *(in a state of contentment)* feliz; *(pleased)* contento(a); *(cheerful)* alegre, feliz; **h. birthday/Christmas/New Year!** ¡feliz cumpleaños/Navidad/Año Nuevo!; **to be h. with sth** estar contento(a) con algo; **to be h. for sb** alegrarse por alguien; **to be h. to do sth** hacer algo con mucho gusto; **to make sb h.** hacer feliz a alguien; *Ironic* **there, are you h. now?** ¿qué? estarás contento, ¿no?; **as h. as Larry** *or* **a sandboy** más contento(a) que un niño con zapatos nuevos *or* que unas castañuelas; *Fam Hum* **he's not a h. camper** *or* **chappy** *Esp* tiene un mosqueo de narices, *Méx* está como agua para chocolate, *RP* está más furioso que la miércoles ❑ ***a h. ending*** un final feliz; *Fam* ***the h. event*** el feliz acontecimiento, el nacimiento del niño; ***h. hour*** = periodo del día en que las bebidas son más baratas en el bar; ***h. hunting ground*** paraíso *m*
(**b**) *(fortunate) (choice, phrase)* afortunado(a), acertado(a); **it wasn't a h. choice of words** no eligió las palabras más acertadas; **(to strike) a h. medium** (llegar a) un satisfactorio término medio

happy-go-lucky ['hæpɪgəʊ'lʌkɪ] *adj* despreocupado(a)

Hapsburg ['hæpsbɜ:g] *n* **the Hapsburgs** los Habsburgo, los Austrias

hara-kiri [hærə'kɪrɪ] *n also Fig* haraquiri *m*; **to commit h.** hacerse el haraquiri

harangue [hə'ræŋ] **1** *n* arenga *f*
2 *vt* arengar, soltar una arenga a

harass [hə'ræs, 'hærəs] *vt* (**a**) *(pester)* acosar, hostigar (**b**) *(attack)* asediar

harassed [hə'ræst, 'hærəst] *adj* agobiado(a)

harassment [hə'ræsmənt, 'hærəsmənt] *n* acoso *m*; **police h.** acoso por parte de la policía

harbinger ['hɑ:bɪndʒə(r)] *n Literary* heraldo *m*, precursor *m*; **the announcement was viewed as a h. of doom** recibieron el anuncio como un mal presagio

harbour, *US* **harbor** ['hɑ:bə(r)] **1** *n* puerto *m* ❑ ***h. dues*** derechos *mpl* portuarios; ***h. master*** capitán(ana) *m,f* de puerto
2 *vt (fugitive)* acoger, proteger; *(hope, suspicion)* albergar; **to h. a grudge against sb** guardar rencor a alguien

---

HARD [hɑ:d] **1** *adj* (**a**) *(substance)* duro(a); **to become h.** endurecerse; **as h. as iron** *or* **stone** *or* **a rock** (duro) como una piedra ❑ ***in h. cash*** en metálico; ***h. core*** *(of supporters, movement)* núcleo *m* duro; ***h. court*** *(for tennis)* pista *f* de superficie dura; ***h. currency*** divisa *f* fuerte; *US* ***h. goods*** bienes *mpl* de consumo duraderos; ***h. hat*** casco *m*; *Br Aut* ***h. shoulder*** arcén *m*
(**b**) *(fact, evidence)* concreto(a), real; ***h. science*** ciencia *f* (pura)
(**c**) *(difficult)* difícil; **it's h. to read** es difícil de leer; **it's h. to say...** no es fácil decir...; **to be h. to come by** ser difícil de conseguir; **to be h. to please** ser muy exigente; **I find it h. to believe that...** me cuesta creer que...; **the book/job is h. going** es un libro/trabajo difícil *or* duro; **why do you always have to do things the h. way?** ¿por qué tienes que hacerlo todo tan difícil?; **to learn the h. way** aprender por las malas; **h. of hearing** duro(a) de oído
(**d**) *(harsh, tough) (person, conditions, life)* duro(a); **a h. frost** una helada muy fuerte; **a h. winter** un invierno muy duro; *Fam* **a h. case** *(man)* un tipo duro; *(woman)* una tipa dura; *Fam* **a h. man** un hombre duro; *Fam* **a h. nut** *(person)* un desgraciado, *Esp* un macarra; *Fig* **to be as h. as nails** *(unfeeling)* ser muy borde *or* un hueso; *(tough)* ser duro(a) de pelar; **to be h. on sb** ser (muy) duro(a) con alguien; **this type of work is h. on the eyes** este tipo de trabajo cansa la vista *or* los ojos; **it was h. on them losing both parents** fue muy duro para ellos perder a sus padres; **to give sb a h. time** hacérselo pasar mal a alguien; **he's been having a h. time of it recently** está pasando por una mala racha; **I had a h. time convincing them** me costó mucho convencerlos; *Fam* **no h. feelings?** ¿no me guardas rencor?; **to take a h. line on sth** ponerse duro(a) con (respecto a) algo; *Fam* **h. luck!, h. cheese!,** *Br* **h. lines!** ¡mala pata *or* suerte!
(**e**) *(forceful)* **to give sth a h. kick/push** darle una buena patada/un buen empujón a algo ❑ *Com* ***h. sell*** venta *f* agresiva; *Fig* **to give sth the h. sell** montar una campaña para vender algo
(**f**) *(intense) (work, climb, run)* duro(a); **I've had a h. day** he tenido un día muy duro; **to be a h. worker** ser muy trabajador(ora); **we need to take a long h. look at our strategy** tenemos que examinar con ojo muy crítico nuestra estrategia; **you're making h. work of that job** te estás complicando demasiado la vida para hacer ese trabajo ❑ ***h. drinker*** alcohólico(a) *m,f*; *Law* ***h. labour*** trabajos *mpl* forzados

(**g**) *(extreme) Pol* **h. left/right** izquierda *f*/derecha *f* radical
(**h**) *(strong, powerful)* ***h. drink*** *or US* ***liquor*** bebida *f* fuerte; ***h. drugs*** drogas *fpl* duras; *Fam* ***h. porn*** porno *m* duro; *Mus* ***h. rock*** rock *m* duro; *Fam* ***the h. stuff*** *(spirits)* el alcohol, las bebidas fuertes
(**i**) *Comptr* ***h. copy*** copia *f* impresa, listado *m*; ***h. disk*** disco *m* duro; ***h. drive*** unidad *f* de disco duro; ***h. return*** retorno *m* manual; ***h. space*** espacio *m* indivisible
(**j**) *(water)* duro(a)
(**k**) *Gram* fuerte
2 *adv* (**a**) *(to work)* duro, duramente; *(to think, consider)* detenidamente; *(to push, hit)* fuerte; *(to laugh, cry)* fuertemente; **I work h. and play h.** yo trabajo duro y vivo la vida al máximo; **to be h. at work** estar muy metido(a) en el trabajo; **we have been h. hit by the cutbacks** nos han afectado mucho los recortes; **I'd be h. pushed** *or* **put** *or* **pressed to finish any earlier** me va a ser muy difícil terminar antes; **to feel h. done by** sentirse injustamente tratado(a); **to listen h.** escuchar bien; **to look h. at sb** mirar fijamente a alguien; **it's raining h.** está lloviendo mucho; **to take sth h.** tomarse algo mal; **to try h.** esforzarse
(**b**) *(sharply)* **turn h. left/right** gira totalmente a la izquierda/derecha
(**c**) *(solid)* **the ground was frozen h.** se había congelado la tierra; **the ice-cream's frozen h.** el helado está hecho un bloque de hielo
(**d**) *(close)* **h. by** muy cerca de; **to follow h. upon** *or* **behind sb** seguir a alguien muy de cerca
(**e**) *Fam* **hard up** *adj* **to be h. up** estar en apuros; **I'm a bit h. up for cash** ando mal de dinero

---

hard-and-fast ['hɑːdən'fɑːst] *adj* **there are no h. rules** no hay reglas fijas

hardback ['hɑːdbæk] *n (book)* edición *f* de pasta dura

hardball ['hɑːdbɔːl] *n US (baseball)* béisbol *m*; IDIOM **to play h. (with sb)** ponerse duro(a) (con alguien), adoptar una línea dura (con alguien)

hard-bitten ['hɑːd'bɪtən] *adj* curtido(a)

hardboard ['hɑːdbɔːd] *n* cartón *m* madera

hard-boiled [hɑːd'bɔɪld] *adj* (**a**) *(egg)* duro(a), cocido(a) (**b**) *(person) (tough)* duro(a), curtido(a)

hard-core ['hɑːdkɔː(r)] *adj (support)* incondicional, acérrimo(a); **h. porn(ography)** porno *m* duro

hard-earned [hɑːd'ɜːnd] *adj* ganado(a) con mucho esfuerzo

harden ['hɑːdən] **1** *vt* endurecer; **to h. oneself to sth** insensibilizarse a algo; **to h. one's heart** endurecerse; **the bombing only hardened their resolve** el bombardeo reforzó aún más si cabe su determinación
2 *vi (of substance, attitude)* endurecerse

hardened ['hɑːdənd] *adj* (**a**) *(steel)* endurecido(a), templado(a) (**b**) *(unrepentant) (drinker)* empedernido(a); *(sinner)* impenitente; **a h. criminal** un delincuente habitual

hardening ['hɑːdənɪŋ] *n* endurecimiento *m*; **h. of the arteries** arteriosclerosis *f inv*

hard-fought ['hɑːd'fɔːt] *adj (election, contest)* (muy) reñido(a), (muy) disputado(a)

hard-headed ['hɑːd'hedɪd] *adj* pragmático(a)

hard-hearted ['hɑːd'hɑːtɪd] *adj* duro(a), insensible

hard-hit [hɑːd'hɪt] *adj* castigado(a), seriamente afectado(a)

hard-hitting [hɑːd'hɪtɪŋ] *adj (criticism, report)* contundente

hardiness ['hɑːdɪnɪs] *n* fortaleza *f*, reciedumbre *m*

hardliner [hɑːd'laɪnə(r)] *n (politician, activist)* intransigente *mf*, partidario(a) *m,f* de la línea dura

hardly ['hɑːdlɪ] *adv* (**a**) *(scarcely)* apenas; **there are h. any left** no queda apenas ninguno(a); **h. anyone/anything** casi nadie/nada; **h. ever** casi nunca; **I can h. believe it** me cuesta creerlo; **I can h. wait till the holidays!** tengo unas ganas enormes de que lleguen las vacaciones; *Ironic* **a new Woody Allen movie? I can h. wait!** ¿otra de Woody Allen? ¡qué ganas de verla!; **h. had we begun when…** no habíamos hecho más que empezar cuando…
(**b**) *(not at all)* **I could h. have refused** no podía negarme; **it's h. surprising** no es en absoluto de extrañar; **this is h. the time to ask him** este no es momento para preguntárselo

hardness ['hɑːdnɪs] *n* (**a**) *(of substance)* dureza *f* (**b**) *(of problem)* dificultad *f*

hard-nosed ['hɑːdnəʊzd] *adj Fam* contundente

hard-on ['hɑːdɒn] *n Vulg* **to have a h.** estar empalmado, *Am* tenerla parada; **to get a h.** empalmarse, *Am* pararársele

hard-pressed [hɑːd'prest], **hard-pushed** [hɑːd'pʊʃt] *adj* **to be h. to do sth** tenerlo difícil para hacer algo; **to be h. for time/money** estar (muy) apurado(a) de tiempo/dinero

hard-shell(ed) ['hɑːdʃel(d)] *adj* (**a**) *(crab)* crustáceo(a) (**b**) *US (fundamentalist)* integrista

hardship ['hɑːdʃɪp] *n (suffering)* sufrimiento *m*; *(deprivation)* privación *f*; **to live in h.** vivir en la miseria; **that would be no great h.** eso no supondría un tremendo sacrificio ❑ ***h. fund*** = fondo de solidaridad para ayudar en casos de necesidad

hardware ['hɑːdweə(r)] *n* (**a**) *(tools)* ferretería *f*; **(military) h.** *(weapons)* armamento *m* ❑ *US* ***h. store*** ferretería *f* (**b**) *Comptr* hardware *m*, soporte *m* físico

hard-wearing [hɑːd'weərɪŋ] *adj* resistente

hard-won [hɑːd'wʌn] *adj* ganado(a) a pulso

hardwood ['hɑːdwʊd] *n* madera *f* noble

hard-working ['hɑːd'wɜːkɪŋ] *adj* trabajador(ora)

hardy ['hɑːdɪ] *adj (person)* recio(a); *(plant)* resistente (al frío) ❑ ***h. annual*** planta *f* anual (de jardín); ***h. perennial*** planta *f* resistente a las heladas

hare [heə(r)] **1** *n (animal)* liebre *f*
2 *vi* **to h. off** salir disparado(a)

harebell ['heəbel] *n* campanilla *f*

harebrained ['heəbreɪnd] *adj* disparatado(a)

harelip ['heəlɪp] *n* labio *m* leporino

harem [hɑː'riːm] *n* harén *m*

haricot ['hærɪkəʊ] *n* **h. (bean)** alubia *f*, judía *f* blanca, *Am* frijol *m*

hark [hɑːk] *exclam Literary* ¡escucha!; *Fam* **h. at him!** ¿has oído lo que dice?

▸**hark back** *vi* **to h. back to sth** recordar algo; **he's always harking back to his youth** siempre está recordando su juventud

▸**harken to** ['hɑːkən] *vt insep Old-fashioned (pay attention to)* escuchar, prestar atención a

harlequin ['hɑːləkwɪn] *n Th* arlequín *m*

harlot ['hɑːlət] *n Literary* ramera *f*, meretriz *f*

harm [hɑːm] **1** *n* daño *m*; **to do sb h.** hacer daño a alguien; **to do oneself h.** hacerse daño; **it will do more h. than good** hará más mal que bien; **I see no h. in it** no veo que tenga nada de malo; **where's the h. in that?** ¿qué tiene eso de malo?; **there's no h. in trying** no se pierde nada por intentarlo; **you will come to no h.** no sufrirás ningún daño; **out of h.'s way** en lugar seguro
2 *vt (person, animal)* hacer daño a; *(reputation, image, quality)* dañar; *(chances, interests, business)* perjudicar

harmful ['hɑːmfʊl] *adj (effect)* perjudicial, dañino(a); *(substance)* nocivo(a), perjudicial (**to** para)

harmless ['hɑːmlɪs] *adj (animal, substance, experiment)* inofensivo(a); *(fun, amusement, comment)* inocente, sin malicia

harmlessly ['hɑːmlɪslɪ] *adv (not harming)* sin causar daños; *(innocently)* sin malicia

harmonic [hɑː'mɒnɪk] **1** *n* (**a**) *Phys* armónico *m* (**b**) *Mus* armónico *m*
2 *adj* (**a**) *Phys & Math* armónico(a) ❑ ***h. progression*** progresión *f* armónica (**b**) *Mus* armónico(a)

harmonica [hɑː'mɒnɪkə] *n* armónica *f*

harmonics [hɑː'mɒnɪks] *n* armonía *f*

harmonious [hɑː'məʊnɪəs] *adj* armonioso(a)

harmoniously [hɑː'məʊnɪəslɪ] *adv (to live)* en armonía; *(to blend)* armoniosamente

harmonium [hɑː'məʊnɪəm] *n* armonio *m*

harmonization [hɑːmənaɪ'zeɪʃən] *n* armonización *f*

harmonize ['hɑːmənaɪz] *vt & vi* armonizar

harmony ['hɑːmənɪ] *n also Fig* armonía *f*; **in h. with** en armonía con; **to live in h. (with)** vivir en armonía *or* en paz (con)

harness ['hɑːnɪs] **1** *n* (**a**) *(of horse)* arreos *mpl*; *(for safety, of parachute)* arnés *m* (**b**)

IDIOMS **to work in h. with sb** trabajar hombro con hombro con alguien; **to be back in h.** volver al tajo; **to die in h.** morir antes de jubilarse
2 *vt* (**a**) *(horse)* arrear, aparejar (**b**) *(resources)* emplear, hacer uso de

harp [hɑːp] **1** *n* arpa *f*
2 *vi Fam* **to h. on about sth** dar la lata con algo, *RP* hinchar con algo

harpist ['hɑːpɪst] *n* arpista *mf*

harpoon [hɑː'puːn] **1** *n* arpón *m*
2 *vt* arponear

harpsichord ['hɑːpsɪkɔːd] *n* clave *m*, clavicémbalo *m*

harpy ['hɑːpɪ] *n* arpía *f*

harridan ['hærɪdən] *n Literary* vieja *f* gruñona, arpía *f*

harrier ['hærɪə(r)] *n* (**a**) *Sport (runner)* corredor(ora) *m,f* de cross (**b**) *(hunting dog)* lebrel *m* (**c**) *(bird)* aguilucho *m*

harrow ['hærəʊ] *n (farm equipment)* grada *f*

harrowing ['hærəʊɪŋ] *adj (experience, sight)* angustioso(a)

harry ['hærɪ] *vt* hostigar

harsh [hɑːʃ] *adj* (**a**) *(voice, sound)* áspero(a); *(climate)* duro(a), severo(a); *(light)* cegador(ora) (**b**) *(punishment, sentence, person)* duro(a), severo(a); **to use h. words** expresarse en *or* con términos muy duros

harshly ['hɑːʃlɪ] *adv (to punish, treat, speak)* con dureza *or* severidad

harshness ['hɑːʃnɪs] *n* (**a**) *(of voice, sound)* aspereza *f*; *(of climate)* dureza *f*, severidad *f* (**b**) *(of punishment, sentence)* dureza *f*, severidad *f*; *(of person)* severidad *f*

hart [hɑːt] *n* venado *m*, ciervo *m*

harum-scarum ['heərəm'skeərəm] *Fam* **1** *adj* alocado(a)
2 *adv* alocadamente

harvest ['hɑːvɪst] **1** *n* cosecha *f* ▫ ***h. festival*** = fiesta con que se celebra la recogida de la cosecha; ***h. moon*** luna *f* llena del (equinoccio de) otoño; ***h. mouse*** ratón *m* de las mieses
2 *vt* cosechar

harvester ['hɑːvɪstə(r)] *n* (**a**) *(machine)* cosechadora *f* (**b**) *(person) (of cereals)* segador(ora) *m,f*; *(of fruit)* recolector(ora) *m,f*

harvestman ['hɑːvɪstmən] *n (insect)* segador *m*, falangio *m*

has [hæz] *3rd person singular of* **have**

has-been ['hæzbiːn] *n Fam Pej* vieja gloria *f*

hash [hæʃ] *n* (**a**) *(stew)* guiso *m or Andes, Méx* ahogado *m* de carne con *Esp* patatas *or Am* papas; *Fam Fig* **to make a h. of sth** hacer algo muy mal ▫ *US* ***h. browns*** = fritura de *Esp* patata *or Am* papa y cebolla (**b**) *Fam (hashish)* costo *m*

hashish ['hæʃiːʃ] *n* hachís *m*

Hasidic ['hæsɪd] *adj Rel* hasídico(a)

hasn't ['hæznt] = **has not**

hasp [hɑːsp] *n (for door)* pestillo *m*; *(for box)* aldabilla *f*, cierre *m*

hassle ['hæsəl] *Fam* **1** *n* lío *m*, *Esp* follón *m*; **it's too much h.** es demasiado lío; **it's a real h. buying a house** comprarse una casa es un lío *Esp* de aquí te espero *or Méx* de la madre *or RP* que para qué te cuento; **to give sb h.** dar la lata a alguien; **no h.** no es ninguna molestia, no hay problema
2 *vt* dar la lata a; **to h. sb into doing sth** dar la lata a alguien para que haga algo

hassle-free ['hæsəl'friː] *adj Fam* sin líos, *Esp* sin follones

hassock ['hæsək] *n* (**a**) *(cushion in church)* cojín *m*, almohadón *m (para arrodillarse)* (**b**) *(tuft of grass)* mata *f* de hierba

haste [heɪst] *n* prisa *f*, *Am* apuro *m*; **in h.** a toda prisa, *Am* con apuro; **to make h.** apresurarse, *Am* apurarse; PROV **more h. less speed** vísteme despacio que tengo prisa

hasten ['heɪsən] **1** *vt* acelerar; **to h. sb's departure** apresurar *or* acelerar la partida de alguien
2 *vi* apresurarse, *Am* apurarse; **I h. to add** me apresuro a añadir

hastily ['heɪstɪlɪ] *adv* (**a**) *(quickly)* deprisa, apresuradamente (**b**) *(rashly)* precipitadamente, apresuradamente; **to judge sth h.** juzgar algo a la ligera

hastiness ['heɪstɪnɪs] *n* (**a**) *(speed)* celeridad *f* (**b**) *(rashness)* precipitación *f*

hasty ['heɪstɪ] *adj* apresurado(a); **don't be too h.** no te precipites; **to jump to a h. conclusion** sacar conclusiones apresuradas; **to make a h. exit** marcharse apresuradamente *or* a toda prisa

hat [hæt] *n* (**a**) sombrero *m*; *also Fig* **to take one's h. off to sb** descubrirse ante alguien; ▫ ***h. stand*** perchero *m*; ***h. tree*** *US* perchero *m*; ***h. trick*** *(of goals)* tres goles *mpl (en el mismo partido)*; *(of victories)* tres victorias *fpl* consecutivas (**b**) IDIOMS **to pass the h. round** *(collect money)* pasar la gorra; **to throw one's h. in the ring** *(enter contest)* echarse al ruedo; *Fam* **to keep sth under one's h.** no decir ni media de algo a nadie; **to talk through one's h.** hablar sin conocimiento de causa

hatband ['hætbænd] *n* cinta *f* del sombrero

hatbox ['hætbɒks] *n* sombrerera *f*

hatch[1] [hætʃ] *n (in wall, floor)* trampilla *f*; *Naut* escotilla *f*; *Fam* **down the h.!** ¡salud!; **(serving) h.** ventanilla *f*

hatch[2] **1** *vt (eggs)* incubar; **to h. a plot** urdir un plan
2 *vi* **the egg hatched** el pollo salió del cascarón

hatchback ['hætʃbæk] *n (car) (3-door)* tres puertas *m inv*; *(5-door)* cinco puertas *m inv*

hatchery ['hætʃərɪ] *n* criadero *m*

hatchet ['hætʃɪt] *n* hacha *f (pequeña)*; IDIOM *Fam* **to do a h. job on sb/sth** *(of critic, reviewer)* ensañarse con alguien/algo ▫ *Fam* ***h. man*** = encargado del trabajo sucio

hatchet-faced ['hætʃɪtfeɪst] *adj* de rostro enjuto y anguloso

hatchway ['hætʃweɪ] *n (in wall, floor)* trampilla *f*; *Naut* escotilla *f*

hate [heɪt] **1** *n* (**a**) *(hatred)* odio *m* ▫ ***h. mail*** = cartas que contienen amenazas o fuertes críticas
(**b**) *(thing detested)* fobia *f*; **one of my pet hates is…** una de las cosas que más odio es…
2 *vt* (**a**) *(detest)* odiar, detestar; **he hates to be contradicted** no soporta que le contradigan; **I h. it when you do that** me pone negro que hagas eso; **to h. oneself** odiarse a sí mismo(a)
(**b**) *(not want)* **I h. to admit it but I think he's right** me cuesta admitirlo, pero creo que tiene razón; **I'd h. to see anything go wrong** no me haría ninguna gracia que fallara algo; **I h. to think what might have happened otherwise** no quiero ni pensar qué hubiera ocurrido de no ser así

hateful ['heɪtfʊl] *adj* odioso(a), detestable

hatpin ['hætpɪn] *n* alfiler *m* (de sombrero)

hatred ['heɪtrɪd] *n* odio *m*

haughtily ['hɔːtɪlɪ] *adv* con altanería

haughty ['hɔːtɪ] *adj* altanero(a)

haul [hɔːl] **1** *n (fish caught)* captura *f*; *(loot; of stolen goods)* botín *m*; *(of drugs)* alijo *m*
2 *vt* (**a**) *(pull)* arrastrar; *Fam* **he was hauled in for questioning** se lo llevaron para interrogarlo; IDIOM *US Vulg* **to h. ass** correr que te cagas *or Méx* hecho la raya *or RP* a los santos pedos; IDIOM *Fam* **to h. sb over the coals** *(reprimand)* echar una bronca a alguien (**b**) *(transport)* transportar
▸**haul up** *vt sep* llamar al orden a; **she was hauled up before the headmaster** la llevaron al despacho del director; **he was hauled up before the court** tuvo que ir a juicio

haulage ['hɔːlɪdʒ] *n* (**a**) *(transportation)* transporte *m* (de mercancías) ▫ ***h. firm*** empresa *f* de transportes, transportista *m* (**b**) *(costs)* portes *mpl*

haulier, *US* **hauler** ['hɔːlə(r)] *n (company)* empresa *f* de transportes, transportista *m*

haunch [hɔːntʃ] *n* (**a**) *(of person)* trasero *m*; **to sit** *or* **squat on one's haunches** ponerse en cuclillas (**b**) *(of meat)* pierna *f*

haunt [hɔːnt] **1** *n (favourite place)* lugar *m* predilecto
2 *vt* (**a**) *(of ghost) (house)* aparecerse en; *(person)* aparecerse a (**b**) *(of thought, memory)* asaltar; **he was haunted by the fear that…** le asaltaba el temor de que… (**c**) *(frequent)* frecuentar

haunted ['hɔːntɪd] *adj (castle, room)* encantado(a); *Fig* **he has a h. look** tiene una mirada atormentada

haunting ['hɔːntɪŋ] *adj* fascinante, hechizante

hauntingly ['hɔːntɪŋlɪ] *adv* **h. beautiful** de una belleza fascinante *or* hechizante

haute couture [əʊtkuː'tʃʊə(r)] *n* alta costura *f*

haute cuisine [əʊtkwɪ'ziːn] *n* alta cocina *f*

hauteur [əʊ'tɜː(r)] *n Formal* altivez *f*, soberbia *f*

Havana [hə'vænə] *n* La Habana ▫ ***H. cigar*** (puro *m*) habano *m*

HAVE [hæv]

> En el inglés hablado, y en el escrito en estilo coloquial, el verbo auxiliar **have** se contrae de forma que **I have** se transforma en **I've**, **he/she/it has** se transforman en **he's/she's/it's** y **you/we/they have** se transforman en **you've/we've/they've**. Las formas de pasado **I/you/he** *etc* **had** se transforman en **I'd**, **you'd**, **he'd** *etc.* Las formas negativas **has not**, **have not** y **had not** se transforman en **hasn't**, **haven't** y **hadn't**.

1 *n* **the haves and the have-nots** los ricos y los pobres

2 *vt* (*3rd person singular* **has** [hæz], *pt & pp* **had** [hæd]) (**a**) *(possess, own)* tener; **they've got** *or* **they h. a big house** tienen una casa grande; **she hasn't got** *or* **doesn't h. a cat** no tiene gato; **she's got** *or* **she has blue eyes** tiene los ojos azules; **I've got** *or* **I h. something to do** tengo algo que hacer; **we've got** *or* **we h. a choice** tenemos una alternativa; **I don't h. time** no tengo tiempo; **I've got no sympathy for them** no me dan ninguna pena; **he had them in his power** los tenía en su poder; **now I h. the house all to myself** ahora tengo toda la casa para mí solo; **she had her eyes closed** tenía los ojos cerrados; **I haven't got** *or* **don't h. the document with me** no tengo el documento aquí; **what's that got to do with it?** ¿qué tiene que ver eso?; *Fam* **well done, I didn't know you had it in you!** ¡muy bien, no pensé que fueras a ser capaz de hacerlo!

(**b**) *(suffer from) (disease)* tener; **she's got** *or* **she has measles/AIDS** tiene (el) sarampión/el sida; **I've got** *or* **I h. a bad knee** tengo una rodilla mal

(**c**) *(take, receive, accept)* **can I h. a beer and a brandy, please?** ¿me pone una cerveza y un coñac, (por favor)?; **can I h. some more bread?** ¿puedo tomar más pan?; **I'll h. the soup** yo tomaré una sopa; **which one will you h.?** ¿cuál prefieres?; **here, h. my pen** toma mi bolígrafo; **I haven't had any more news** no he tenido más noticias; **we're having friends to stay** tenemos amigos durmiendo *or* quedándose en casa

(**d**) *(eat, drink)* tomar; **to h. something to eat/drink** comer/beber algo; **what are we having for lunch?** ¿qué vamos a comer?; **h. some more cheese/wine** toma más queso/vino; **to h. breakfast** desayunar; **to h. dinner** cenar; **to h. lunch** comer

(**e**) *(with noun, to denote activity)* **to h. a bath** darse un baño; **to h. a meeting** tener una reunión; **to h. a nap** echarse una siesta; **to h. sex** tener relaciones sexuales; **to h. a shave** afeitarse; **to h. a swim** darse un baño; **to h. a walk** dar un paseo; **to h. a wash** lavarse

(**f**) *(give birth to)* tener; **she has had a baby girl** ha tenido una niña

(**g**) *(experience)* pasar; **to h. an accident** tener *or* sufrir un accidente; **I'm having the operation next week** me operan la semana que viene; **I had a pleasant evening** pasé una agradable velada; **to h. a good/bad time** pasarlo bien/mal; **to h. a surprise** llevarse una sorpresa; **we didn't h. any trouble** no tuvimos ningún problema

(**h**) *(causative)* **I had him do it again** le hice repetirlo; **h. her call me as soon as she knows** que me llame en cuanto lo sepa; **he had them killed** los mandó *or* hizo matar; **I'm having my television repaired** me están arreglando el televisor; **I'll h. it ready by Friday** lo tendré listo para el viernes; **he had us in fits of laughter** nos reímos muchísimo con él; **some people would h. you believe she's a saint** algunos te harían creer que es una santa; **I'll h. you know that...!** ¡has de saber que...!

(**i**) *(in passive-type constructions)* **to h. one's hair cut** cortarse el pelo; **I had my watch stolen** me robaron el reloj; **the house had all its windows blown out** estallaron todas las ventanas de la casa

(**j**) *(allow)* **I will not h. such conduct!** ¡no toleraré ese comportamiento!; **I won't h. you causing trouble!** ¡no permitiré que crees problemas!; **as luck would h. it...** mira qué casualidad..., mira por dónde...; *Fam* **I asked her for some money, but she wasn't having any of it** le pedí dinero, pero pasó de mí

(**k**) *(be compelled)* **to h. to do sth** tener que hacer algo; **I h.** *or* **I've got to go** me tengo que ir; **do you h. to work?, h. you got to work?** ¿tienes que trabajar?; **it's got** *or* **it has to be done** hay que hacerlo; **I h. to admit that...** he de admitir que...; **I'm not going unless I h. to** no voy a ir a no ser que me obliguen; **do you h. to keep singing that song?** ¿tienes que cantar esa canción todo el rato?; **that has to be the best wine I've ever had** debe de ser el mejor vino que he tomado nunca

(**l**) *(grip)* **he had me by the throat** me tenía sujeto *or* cogido por el cuello; *Fam* **you've got** *or* **you h. me there!** *(I don't know)* ¡ahí me has *Esp* pillado *or Am* agarrado *or Méx* cachado!

(**m**) *(obtain)* **there were no tickets to be had** no quedaban entradas or *Am* boletos; **can I h. your address?** ¿me puedes dar tu dirección?; **could I h. extension 238?** *(on phone)* ¿me pone con la extensión 238?; **I h. it on good authority that...** sé por fuentes fidedignas que...

(**n**) *(assert, state)* **some people would h. it that there's nothing wrong with drugs** para algunas personas las drogas no son malas; **tradition has it that...** según *or* de acuerdo con la tradición,...

(**o**) *Fam (cheat)* **you've been had!** ¡te han timado *or Méx* chingado *or RP* cagado!

(**p**) *Fam* **I've had it if she finds out!** ¡si se entera, me la cargo!; **this coat has had it** este abrigo está para el arrastre; *US* **to h. had it** *(be exhausted)* estar hecho(a) polvo; **I've had it (up to here) with your sarcastic comments!** ¡ya estoy harto *or* hasta aquí de tus comentarios sarcásticos!; *Fam* **she really let him h. it when she found out what he'd done** *(told him off)* le echó una buena bronca cuando se enteró de lo que había hecho; *(hit him)* le dio una bunea paliza cuando se enteró de lo que había hecho

(**q**) *very Fam (have sex with)* tirarse a, *Am* cogerse a, *Méx* chingarse a

(**r**) *Fam (beat up)* **I could h. him** a ese le puedo

3 *v aux* haber; **I/we/they h. seen it** lo he/hemos/han visto; **you h. seen it** *(singular)* lo has visto; *(plural)* lo habéis visto; **he/she/it has seen it** lo ha visto; **I h. worked here for three years** llevo *or Am* tengo tres años trabajando aquí; **I would h. left immediately** yo me habría marchado inmediatamente; **they had gone already** ya se habían marchado; **had I known earlier...** si lo hubiera sabido antes..., de haberlo sabido antes...; **having reached the border, our next problem was how to get across** una vez llegados a la frontera, nuestro siguiente problema fue cómo cruzarla; **you HAVE been working hard!** ¡sí que has trabajado!; **he has been in prison before - no he hasn't!** ha estado ya antes en la cárcel - ¡no!; **h. you been to Paris? — yes I h.** ¿has estado en parís? — sí; **I've bought a new car — h. you?** me he comprado un coche or *Am* carro nuevo — ¿ah sí?; **you haven't forgotten, have you?** no te habrás olvidado, ¿no? *or* ¿verdad?; **they've split up, haven't they?** han roto, ¿no?; **you've gone and told him, haven't you?** ya se lo has tenido que decir, ¿no?; **I've resigned from my job — you haven't (have you)?** he dejado el trabajo — ¿de verdad? *or* ¿en serio?

▸**have around** *vt sep* **he's a useful person to h. around** conviene tenerlo cerca

▸**have away** *vt sep Br very Fam (have sex)* **to h. it away (with sb)** echar un polvo (con alguien), hacérselo (con alguien)

▸**have back** *vt sep* **you shall h. it back tomorrow** te lo devolveré mañana; **will you h. him back?** ¿vas a volver con él?

▸**have in** *vt sep* (**a**) *(have supply of)* tener; **do we h. any coffee in?** ¿tenemos café? (**b**) *(workman)* **we had the plumber in to fix the pipes** vino el fontanero *or RP* plomero para arreglar las tuberías (**c**) *Fam* **to h. it in for sb** tenerla tomada con alguien

▸**have off** *vt sep* (**a**) *(time)* **I had a week off work with a cold** estuve una semana sin ir a trabajar porque tenía un resfriado; **we've got next Monday off** el lunes que viene libramos, tenemos el lunes que viene libre (**b**) *Br very Fam (have sex)* **to h. it off (with sb)** echar un polvo (con alguien), hacérselo (con alguien)

▸**have on** *vt sep* (**a**) *(wear)* llevar puesto; **they had nothing on** estaban desnudos (**b**) *(be carrying)* **I haven't got any money on me** no llevo dinero encima; **do you h. a pen on you?** ¿tienes un bolígrafo? (**c**) *(have switched on)* tener encendido(a) *or Am* prendido(a) (**d**) *Fam (fool)* **to h. sb on** tomarle el pelo *or* vacilar a alguien; **you're having me on!** ¡me estás tomando el pelo or vacilando! (**e**) *(have arranged)* **he has a lot on this week** esta semana tiene mucho que hacer; **I haven't got anything on on Tuesday** el martes lo tengo libre

▸**have out** *vt sep* (**a**) *(have extracted)* **I had my tonsils out** me operaron de amígdalas, me sacaron las amígdalas; **I had a tooth out** me sacaron una muela (**b**) **to h. it out (with sb)** *(resolve)* poner las cosas en claro (con alguien)

▸**have over** *vt sep* = **have round**

▸**have round** *vt sep (friends, guests)* invitar; **I'm having some friends round this evening** he invitado a unos amigos esta noche

▸**have up** *vt sep Br Fam* **to be had up (for sth)** tener que ir a juicio (por algo)

---

have-a-go hero ['hævəgəʊ'hɪərəʊ] *n Fam* héroe *m* espontáneo

haven ['heɪvən] *n* refugio *m*

haven't ['hævnt] = **have not**

haversack ['hævəsæk] *n* mochila *f*

havoc ['hævək] *n* estragos *mpl*; **to cause** *or* **wreak h.** hacer estragos; **to play h. with** hacer estragos en

haw [hɔː] *n (berry)* baya *f* del espino

Hawaii [hə'waiː] *n* Hawai

Hawaiian [hə'waɪən] *n & adj* hawaiano(a) *m,f*

hawfinch ['hɔːfɪntʃ] *n* picogordo *m*

haw-haw ['hɔː'hɔː] = **ha-ha**

hawk[1] [hɔːk] *n* (**a**) *(bird)* halcón *m*; **to watch sth/sb like a h.** mirar algo/a alguien con ojos de lince ▫ ***h. moth*** esfinge *f (mariposa)* (**b**) *Pol* halcón *m*, partidario(a) *m,f* de la línea dura *(en política exterior)*

hawk[2] *vt* **to h. one's wares** hacer venta ambulante

hawk[3] *vi* carraspear

▸**hawk up** *vt* esputar carraspeando

hawker ['hɔːkə(r)] *n* vendedor(ora) *m,f* ambulante

hawk-eyed ['hɔːkaɪd] *adj* con ojos de lince

hawkish ['hɔːkɪʃ] *adj Pol* partidario(a) de la línea dura *(en política exterior)*

hawser ['hɔːzə(r)] *n* cable *m*, estacha *f*

hawthorn ['hɔːθɔːn] *n* espino *m* (albar)

hay [heɪ] *n* heno *m*; **to make h.** dejar secar la paja; PROV **make h. while the sun shines** aprovecha mientras puedas; *Fam* **to hit the h.** *(go to bed)* irse al sobre

haycock ['heɪkɒk] *n* almiar *m*

hay fever ['heɪfiːvə(r)] *n* fiebre *f* del heno, alergia *f* al polen

hayfork ['heɪfɔːk] *n* horca *f*

hayloft ['heɪlɒft] *n* henal *m*, henil *m*

haymaker ['heɪmeɪkə(r)] *n* (**a**) *(person)* segador(ora) *m,f*; *(machine)* segadora *f* (**b**) *Fam (punch)* directo *m*

hayrick ['heɪrɪk] *n* almiar *m*

hayseed ['heɪsiːd] *n US Fam Esp* paleto(a) *m,f*, *Méx* paisa *mf*, *RP* pajuerano(a) *m,f*

haystack ['heɪstæk] *n* almiar *m*

haywire ['heɪwaɪə(r)] *adv Fam* **to go h.** *(of plan)* desbaratarse; *(of mechanism)* volverse loco(a)

hazard ['hæzəd] **1** *n* (**a**) *(danger)* peligro *m*, riesgo *m*; **a health h.** un peligro para la salud; **a fire h.** una causa potencial de incendio ▫ *Aut* ***h. (warning) lights*** luces *fpl* de emergencia; *US* ***h. pay*** prima *f or* plus *m* de peligrosidad (**b**) *(in golf)* trampa *f*

2 *vt* (**a**) *(one's life, fortune)* arriesgar, poner en peligro (**b**) *(opinion, guess)* aventurar

hazardous ['hæzədəs] *adj* peligroso(a)

haze[1] [heɪz] *n (of mist)* neblina *f*; *(of doubt, confusion)* nube *f*; **my mind was in a h.** tenía la mente nublada

haze[2] *vt US Fam (bully)* hacer novatadas a

hazel ['heɪzəl] *n (colour)* color *m* avellana; **h. (tree)** avellano *m*

hazelnut ['heɪzəlnʌt] *n* avellana *f*

hazily ['heɪzɪlɪ] *adv (remember)* vagamente

haziness ['heɪzɪnɪs] *n* (**a**) *(of weather)* ambiente *m* neblinoso (**b**) *(of memory)* vaguedad *f*

hazing ['heɪzɪŋ] *n US Fam (bullying)* novatadas *fpl*

hazy ['heɪzɪ] *adj* (**a**) *(weather)* neblinoso(a) (**b**) *(image, memory)* vago(a), confuso(a); **to be h. about sth** no tener algo nada claro

HD *n Comptr* (**a**) *(abbr* **hard drive**) disco *m* duro (**b**) *(abbr* **high density**) alta densidad *f*

HDTV [eɪtʃdiːtiː'viː] *n (abbr* **high-definition television**) televisión *f* de alta definición

HE *n (abbr* **His/Her Excellency**) S. E., Su Excelencia

HE [hiː] **1** *pron* él *(usually omitted in Spanish, except for contrast)*; **he's Scottish** es escocés; **he likes red wine** le gusta el vino tinto; **who's he?** *(pointing at sb)* ¿quién es ése?; **HE hasn't got it!** ¡él no lo tiene!; *Formal* **he who believes this...** quien se crea *or* aquel que se crea esto...

2 *n* **it's a he** *(of animal)* es macho

HEAD [hed] **1** *n* (**a**) *(of person)* cabeza *f*; **my h. hurts** me duele la cabeza; **a fine h. of hair** una buena cabellera; **to be a h. taller than sb** sacar una cabeza a alguien; **from h. to foot** *or* **toe** de la cabeza a los pies; **to stand on one's h.** hacer el pino (con la cabeza sobre el suelo); *Fig* **to stand** *or* **turn the situation on its h.** trastornar completamente la situación; **to win by a h.** *(of horse)* ganar por una cabeza ▫ *Med* ***h. cold*** catarro *m*; *Med* ***h. injuries*** lesiones *fpl* craneales; ***h. restraint*** reposacabezas *m inv*; ***h. start*** *(advantage)* ventaja *f*; **to give sb a h. start** dar ventaja a alguien; **to have a h. start on** *or* **over sb** tener ventaja sobre alguien

(**b**) *(intellect, mind)* cabeza *f*; **you need a clear h. for this sort of work** hay que tener la mente despejada para hacer este tipo de trabajo; **to clear one's h.** despejarse la cabeza; **say the first thing that comes into your h.** decir lo primero que te viene a la cabeza *or* mente; **to do sums in one's h.** sumar mentalmente; **it never entered my h. that...** nunca se me pasó por la cabeza que...; **I can't get that song/Susan out of my h.** no puedo quitarme *or Am* sacarme esa canción/a Susan de la cabeza; **to have a good h. on one's shoulders** tener la cabeza sobre los hombros; **to have a (good) h. for business/figures** tener (buena) cabeza para los negocios/los números; **to have a h. for heights** no tener vértigo; **to put ideas into sb's h.** meter ideas a alguien en la cabeza; **he has taken** *or* **got it into his h. that...** se le ha metido en la cabeza que...; **use your h.!** ¡usa la cabeza!

(**c**) *(of pin, hammer, golf club, garlic, list, pimple)* cabeza *f*; *(of arrow)* punta *f*; *(of plant, flower)* flor *f*; *(of page, stairs)* parte *f* superior; *(of bed, table, river)* cabecera *f*; *(on beer)* espuma *f*; *(on tape recorder)* cabeza *f* (magnética), cabezal *m*; **a h. of cabbage** un repollo; **a h. of lettuce** una lechuga; **to be at the h. of a list/queue** encabezar una lista/cola; **heads or tails?** *(when tossing coin)* ¿cara o cruz?; *Hum* **heads I win, tails you lose** cara, gano yo, cruz, pierdes tú

(**d**) *(person in charge) (of family, the Church)* cabeza *mf*; *(of business, department)* jefe(a) *m,f*; *Br Sch* **h. (teacher)** director(ora) *m,f* ▫ *Br Sch* ***h. boy*** delegado *m* de toda la escuela; ***h. chef*** primer chef *m*; ***h. gardener*** jardinero *m* jefe; ***h. girl*** delegada *f* de toda la escuela; ***h. office*** sede *f*, central *f*; ***h. of state*** jefe *m* de Estado; ***h. waiter*** maître *m*

(**e**) *(unit)* **to pay £10 per** *or* **a h.** pagar 10 libras por cabeza; **six h. of cattle** seis cabezas de ganado, seis reses

(**f**) *Geog (of land)* promontorio *m*

(**g**) IDIOMS **she's h. and shoulders above the other candidates** está muy por encima de los demás candidatos; **to be h. over heels in love (with sb)** estar locamente enamorado(a) (de alguien); **to bite** *or* **snap sb's h. off** ponerse borde con alguien; *Br Fam* **to do sb's h. in** mosquear a alguien; *Fam* **don't bother your h. about it** no te comas la cabeza con eso; **to bring sth to a h.** *(conflict, situation)* llevar algo a un punto crítico; **to build up a h. of steam** *(of person, campaign)* tomar ímpetu; **to bury** *or* **have one's h. in the sand** adoptar la estrategia del avestruz; **to come to a h.** *(of conflict, situation)* alcanzar un punto crítico; *Fam* **he's funny** *or* **not right in the h.** no está bien de la cabeza; **we need to get our heads down** *(start working hard)* tenemos que ponernos a trabajar en serio; **when will you get it into your h. that I refuse to lend you any more money?** ¿cuándo te va a entrar en la cabeza que no te voy a prestar más dinero?; *Fam* **I can't get my h. round the idea of him leaving** no puedo hacerme a la idea de que se haya ido; *Vulg* **to give sb h.** *(oral sex)* chupársela *or Esp* hacerle una mamada a alguien; **to give sb his h.** *(allow to take decisions)* dar libertad a alguien; **to go over sb's h.** *(appeal to higher authority)* pasar por encima de alguien; **it went** *or* **was over my h.** *(I didn't understand it)* no me enteré de nada; **the wine/praise went to**

his h. se le subió a la cabeza el vino/tanto halago; **to have one's h. in the clouds** tener la cabeza en las nubes; **they'll have your h. (on a plate) for this** vas a pagar con el pellejo por esto; **she has her h. screwed on** tiene la cabeza sobre los hombros, es una mujer sensata; **she has a good h. on her shoulders** tiene la cabeza sobre los hombros; **he has an old h. on young shoulders** es muy maduro para su edad; **you can hold your h. (up) high** puedes andar con la cabeza bien alta; **he's in over his h.** no puede con la situación; *Fam* **to keep one's h.** mantener la cabeza fría; **to keep one's h. above water** mantenerse a flote; **to keep one's h. down** mantenerse en segundo plano; *Fam* **to laugh one's h. off** morirse *or Esp* desternillarse de risa; *Fam* **to lose one's h.** perder la cabeza; **I can't make h. or tail of this** no le encuentro ni pies ni cabeza a esto; *Fam* **she needs her h. examined** está como una cabra, está para que la encierren; *Fam* **to be off one's h.** estar mal de la cabeza; **off the top of one's h.** sin pararse a pensar; **on your own h. be it** allá tú con lo que haces; *Fam* **he was out of his h.** *(drunk, stoned) Esp* tenía un colocón tremendo, *Col, Méx* estaba zafadísimo, *RP* estaba mamadísimo *or* voladísimo; **to put** *or* **get one's h. down** *(sleep)* echarse a dormir; **we put our heads together** entre todos nos pusimos a pensar; **when the report is published, heads will roll** cuando se publique el informe *or CAm, Méx* reporte van a rodar muchas cabezas; *Fam* **to shout one's h. off** desgañitarse, vociferar; PROV **two heads are better than one** dos mentes discurren más que una sola

2 *vt* (**a**) *(lead) (organization, campaign)* estar a la cabeza de; *(list, procession)* encabezar; **the organization is headed by a famous businessman** la organización está dirigida por un famoso hombre de nogocios (**b**) *(direct)* conducir; **one of the locals headed me in the right direction** un lugareño me indicó el camino; **which way are you headed?** ¿hacia dónde vas? (**c**) *(put a title on) (page, chapter)* encabezar, titular; **the first chapter is headed "Introduction"** el primer capítulo se titula "Introducción" (**d**) *(in soccer)* **to h. the ball** cabecear el balón, darle al balón de cabeza; **to h. a goal** meter un gol de cabeza

3 *vi (move)* dirigirse; **where are you heading?** ¿hacia dónde vas?; **we should be heading home** deberíamos irnos ya a casa; **they were heading out of town** salían de la ciudad; **they headed north/south** se dirigieron hacia el norte/sur

▸**head back** *vi* volver, regresar

▸**head for** *vt insep* dirigirse a; **when I saw him, I headed for the exit** cuando lo vi, me fui hacia la salida; **to be heading** *or* **headed for disaster** ir camino de la ruina; **you're heading** *or* **headed for trouble** vas a tener problemas

▸**head off 1** *vt sep* (**a**) *(intercept)* interceptar (**b**) *(prevent)* evitar

2 *vi (depart)* marcharse

headache ['hedeɪk] *n* (**a**) *(pain)* dolor *m* de cabeza; **I have a terrible h.** me duele muchísimo la cabeza (**b**) *Fam (problem)* quebradero *m* de cabeza

headband ['hedbænd] *n* cinta *f* para la cabeza

headbanger ['hedbæŋə(r)] *n Br Fam* (**a**) *(heavy metal fan)* (fan *mf* del) heavy *mf* (**b**) *(crazy person)* descerebrado(a) *m,f*, bruto(a) *m,f*

headboard ['hedbɔ:d] *n (of bed)* cabecero *m*

headbutt ['hedbʌt] *vt* dar un cabezazo a

headcase ['hedkeɪs] *n Br Fam (lunatic)* chiflado(a) *m,f*

headcount ['hedkaʊnt] *n* recuento *m* (de personas)

headdress ['heddres] *n* tocado *m*

headed ['hedɪd] *adj* **h. (note)paper** papel *m* con membrete

header ['hedə(r)] *n* (**a**) *Typ* encabezamiento *m* (**b**) *(in soccer)* cabezazo *m*

headfirst ['hed'fɜ:st] *adv* de cabeza

headgear ['hedgɪə(r)] *n* tocado *m*

headguard ['hedgɑ:d] *n* protector *m* para la cabeza

head-hunt ['hed'hʌnt] *vt Com* captar, cazar *(altos ejecutivos)*

head-hunter ['hedhʌntə(r)] *n* (**a**) *(member of tribe)* cazador(ora) *m,f* de cabezas (**b**) *Com* cazatalentos *mf inv*

heading ['hedɪŋ] *n (of chapter, article)* encabezamiento *m*; **it comes** *or* **falls under the h. of...** entra dentro de la categoría de...

headlamp ['hedlæmp] *n (on car)* faro *m*

headland ['hedlənd] *n* promontorio *m*

headless ['hedlɪs] *adj (creature, figure)* sin cabeza; *(corpse)* decapitado(a); IDIOM *Fam* **to run about like a h. chicken** ir *or* andar de aquí para allá sin parar

headlight ['hedlaɪt] *n (on car)* faro *m*

headline ['hedlaɪn] **1** *n (of newspaper, TV news)* titular *m*, *Méx, RP* encabezado *m*; **to hit the headlines** saltar a los titulares; **to be h. news** ser noticia de portada

2 *vt (article, story)* titular

headlong ['hedlɒŋ] *adv* de cabeza; **there was a h. rush for the bar** se produjo una estampida hacia el bar

headman ['hedmən] *n (of a tribe)* jefe *m*

headmaster [hed'mɑ:stə(r)] *n Sch* director *m*

headmistress [hed'mɪstrɪs] *n Sch* directora *f*

head-on ['he'dɒn] **1** *adj* de frente; **a h. collision** un choque frontal

2 *adv* de frente; **to meet sb h.** encontrarse con alguien de frente

headphones ['hedfəʊnz] *npl* auriculares *mpl*

headquarters [hed'kwɔ:təz] *npl* (**a**) *(of organization)* sede *f*, central *f* (**b**) *Mil* cuartel *m* general

headrest ['hedrest] *n* reposacabezas *m inv*

headroom ['hedru:m] *n* (**a**) *(under bridge)* gálibo *m* (**b**) *(inside car)* altura *f* de la cabeza al techo

headscarf ['hedskɑ:f] *n* pañuelo *m (para la cabeza)*

headset ['hedset] *n (earphones)* auriculares *mpl*, cascos *mpl*

headship ['hedʃɪp] *n Br (of school)* dirección *f*

headshrinker ['hedʃrɪŋkə(r)] *n Fam (psychiatrist)* psiquiatra *mf*

headstone ['hedstəʊn] *n (on grave)* lápida *f*

headstrong ['hedstrɒŋ] *adj* testarudo(a), cabezota

head-to-head ['hedtə'hed] **1** *n (confrontation)* enfrentamiento *m* cara a cara

2 *adv* **to meet** *or* **clash h.** tener un enfrentamiento cara a cara

headwaters ['hedwɔ:təz] *npl* cabecera *f* (del río)

headway ['hedweɪ] *n* **to make h.** avanzar

headwind ['hedwɪnd] *n* viento *m* contrario *or* de cara

headword ['hedwɜ:d] *n (in dictionary)* lema *m*

heady ['hedɪ] *adj (drink, feeling)* embriagador(ora); *(atmosphere, experience, days)* emocionante

heal [hi:l] **1** *vt (wound)* curar; *Fig (differences)* subsanar; *Fig* **wounds which only time would h.** heridas que sólo el tiempo podría cerrar

2 *vi (of wound)* **to h. (up** *or* **over)** curarse, sanar

healer ['hi:lə(r)] *n* curandero(a) *m,f*; PROV **time is a great h.** el tiempo todo lo cura

health [helθ] *n* salud *f*; **to be in good/poor h.** estar bien/mal de salud; **the economy is in good h.** la economía goza de buena salud; **the Department of H.** el Ministerio de Sanidad; **to drink (to) sb's h.** brindar a la salud de alguien, brindar por alguien ▫ ***h. care*** atención *f* sanitaria; *Br* ***h. centre*** centro *m* de salud, ambulatorio *m*; *Fin* ***h. cover*** cobertura *f* sanitaria; ***h. education*** educación *f* sanitaria *or* para la salud; ***h. farm*** clínica *f* de adelgazamiento; ***h. food*** comida *f* integral; ***h. hazard*** *or* ***risk*** peligro *m* para la salud; *Fin* ***h. insurance*** seguro *m* de enfermedad; ***h. resort*** centro *m* de reposo; *Br* ***H. Service*** sistema *m* de sanidad pública británico; ***h. visitor*** enfermero(a) *m,f* visitante

healthily ['helθɪlɪ] *adv* de un modo sano

healthy ['helθɪ] *adj (person, climate)* sano(a), saludable; **a h. appetite** un apetito sano; **it is a h. sign that...** es un buen síntoma que...; **he has a h. disrespect for authority** demuestra una saludable falta de respeto ante la autoridad

heap [hi:p] **1** *n* (**a**) *(pile)* montón *m*; *Fig* **people at the top/bottom of the h.** los de arriba/abajo (**b**) *Br Fam* **heaps** *(large amount)* montones *mpl*; **we've got heaps of time** tenemos un montón de tiempo; **she had heaps of children** tenía montones de hijos; **it's heaps better** es muchísimo *or* infinitamente mejor (**c**) *Fam (car)* cacharro *m*, *Esp* carraca *f* (**d**) *Comptr* zona *f*

2 *vt* amontonar; **his plate was heaped with food** tenía el plato lleno hasta arriba de comida; **a heaped spoonful** *(in recipe)* una cucharada colmada; **to h. riches/ praise/insults on sb** colmar a alguien de riquezas/alabanzas/insultos

heaped [hi:pt] *adj (spoonful)* colmado(a)

HEAR [hɪə(r)] (*pt & pp* **heard** [hɜ:d]) **1** *vt* (**a**) *(perceive)* oír; **to h. sb speak** *or* **speaking** oír hablar a alguien; **I could hardly h. myself speak** apenas se oía; *Fam* **I could hardly h. myself think** había un ruido increíble; **she was struggling to make herself heard over the noise** se esforzaba por hacerse oír en medio del ruido; **he was heard to say that he didn't care** parece que dijo que le daba igual; **to h. her talk you'd think she was some sort of expert** oyéndola hablar cualquiera diría que es una experta; **let's h. it for…** aplaudamos a…; *Fam* **I h. you, I h. what you're saying** bueno *or Esp* vale, tienes razón; *Fam* **I've heard that one before!** ¡no me vengas con ésas!, *Esp* ¡a otro perro con ese hueso!; *Fam Hum* **he said he'd do the dusting – I must be hearing things!** dijo que él limpiaría el polvo – ¡ha ocurrido un milagro!

(**b**) *(listen to)* escuchar; **h.!, h.!** *(at meeting)* ¡sí señor!, ¡eso es!; *Law* **to h. a case** ver un caso

(**c**) *(find out)* oír; **I heard (that) she was in Spain** he oído (decir) que estaba en España; **I h. (that) you're getting married** me han dicho que te vas a casar; **I'm glad to h. (that) you're better** me alegra saber que estás mejor; **have you heard the news?** ¿has oído la noticia?; **from what I've heard it was a bit of a disaster** según lo que yo he oído, fue un desastre; **she had a baby — so I heard** ha tenido un niño – sí, ya lo sabía

2 *vi* **I can't h. properly** no oigo bien; **that's quite enough, do you h.?** basta ya, ¿me oyes?; **to h. about sth** saber de algo; **have you heard about the job yet?** ¿sabes algo del trabajo ya?; **did you h. about the train crash yesterday?** ¿te has enterado del accidente de tren que hubo ayer?; **I've heard a lot about you** he oído hablar mucho de ti; **to h. from sb** tener noticias de alguien, saber de alguien; **I look forward to hearing from you** *(in letter)* quedo a la espera de recibir noticias suyas; **you'll be hearing from my lawyer!** ¡mi abogado se pondrá en contacto con usted!; **they were never heard of again** nunca se supo nada más de ellos; **that's the first I've heard of it!** es la primera noticia que tengo; **I've never heard of such a thing!** ¡nunca he oído hablar de nada semejante!; **I won't h. of it!** ¡no quiero ni oír hablar de ello!

▸**hear out** *vt sep* **h. me out** escúchame antes

hearer ['hɪərə(r)] *n* oyente *mf*

hearing ['hɪərɪŋ] *n* (**a**) *(sense)* oído *m*; **my h. is getting worse** ▫ ***h. aid*** audífono *m* (**b**) *(earshot)* **to be within/out of h.** estar/ no estar lo suficientemente cerca como para oír; **he's never said it in my h.** nunca lo ha dicho en mi presencia, yo nunca le he oído decirlo (**c**) *(chance to explain)* **to give sb a fair h.** dejar a alguien que se explique; **to condemn sb without a h.** condenar a alguien sin haberlo escuchado antes (**d**) *Law (enquiry)* vista *f*

hearsay ['hɪəseɪ] *n* rumores *mpl* ▫ *Law* ***h. evidence*** pruebas *fpl* basadas en rumores

hearse [hɜ:s] *n* coche *m* fúnebre

HEART [hɑ:t] *n* (**a**) *(organ)* corazón *m*; **to have h. trouble, to have a weak** *or* **bad h., to have a h. condition** tener problemas cardíacos *or* de corazón; *Fam* **just look at her tap dancing, eat your h. out, Fred Astaire!** mira como baila el claqué, ¡chúpate esa *or* toma del frasco, Fred Astaire!; *Fig* **my h. skipped** *or* **missed a beat** me dio un vuelco el corazón ▫ ***h. attack*** ataque *m* al corazón, infarto *m*; *Fig* **you nearly gave me a h. attack!** ¡casi me matas del susto!; ***h. disease*** cardiopatía *f*; ***h. failure*** paro *m* cardíaco; ***h. murmur*** soplo *m* (cardíaco); ***h. surgery*** cirugía *f* cardíaca; ***h. transplant*** transplante *m* de corazón

(**b**) *(seat of the emotions)* corazón *m*; **a h. of gold** un corazón de oro; **a h. of stone** un corazón duro; **affairs** *or* **matters of the h.** asuntos *mpl or* cosas *fpl* del corazón; **he's a man after my own h.** es uno de los míos; **at h.** en el fondo; **to have sb's welfare/ interests at h.** preocuparse de veras por el bienestar/los intereses de alguien; *Ironic* **my h. bleeds for you** ¡qué pena me das!; **to break sb's h.** *(of lover)* romperle el corazón a alguien; **it breaks my h. to see them suffer** me rompe el corazón verlos sufrir; **the subject is very close** *or* **dear to my h.** este tema es muy importante para mí; **I can't find it in my h. to feel sorry for them** aunque lo intento, la verdad es que no los compadezco; **I speak from the h.** estoy hablando con el corazón en la mano; **from the bottom of one's h.** *(thank, congratulate)* de todo corazón; **my heart goes out to them** comparto su sufrimiento; *(on death)* los acompaño en el sentimiento; **have a h.!** ¡no seas cruel!; **to have a big h.** tener un gran corazón; **she has a kind** *or* **good h.** tiene muy buen corazón; **to have one's h. in one's mouth** tener el corazón en un puño; **her h.'s in the right place** tiene un gran corazón; **in my h. (of hearts)** en el fondo (de mi corazón); **my h. leapt at the news** el corazón me dio un vuelco al oír la noticia; *Literary* **to lose one's h. to sb** caer perdidamente enamorado(a) de alguien; **he loved her h. and soul** *or* **with all his h.** la amaba con toda su alma; **to pour one's h. out to sb** abrirle el corazón a alguien; **my h. sank at the news** la noticia me dejó hundido; **he had set his h. on it** lo deseaba con toda el alma; **to take sth to h.** tomarse algo a pecho; **to one's h.'s content** hasta saciarse; **to wear one's h. on one's sleeve** no ocultar los sentimientos; *Literary* **to win sb's h.** ganarse el corazón *or* amor de alguien; **with a heavy h.** con aflicción

(**c**) *(enthusiasm, courage)* **to be in good h.** tener la moral alta; **it gives me h. to know that** me anima saberlo; **to take/ lose h.** animarse/desanimarse; **they can take h. from these results** estos resultados son alentadores para ellos; **he tried to convince them but his h. wasn't in it** trató de convencerlos, pero sin mucho empeño; **I didn't have the h. to tell him** no tuve coraje para decírselo; **she put her h. and soul into it** puso todo su empeño en ello

(**d**) *(memory)* **by h.** de memoria

(**e**) *(centre) (of lettuce, cabbage, artichoke)* corazón *m*; **the h. of the city** el corazón de la ciudad; **the h. of the matter** el meollo del asunto; **in the h. of the forest** en el corazón del bosque; **in the h. of winter** en pleno invierno

(**f**) *(in cards)* corazón *m*; **hearts** *(suit)* corazones *mpl*

heartache ['hɑ:teɪk] *n* dolor *m*, tristeza *f*

heartbeat ['hɑ:tbi:t] *n* latido *m* (del corazón)

heartbreak ['hɑ:tbreɪk] *n (sorrow)* congoja *f*, pena *f*; *(in love)* desengaño *m* amoroso

heartbreaking ['hɑ:tbreɪkɪŋ] *adj* desgarrador(ora)

heartbroken ['hɑ:tbrəʊkən] *adj* abatido(a), descorazonado(a); **he was left h. by the news** la noticia le dejó abatido *or* destrozado

heartburn ['hɑ:tbɜ:n] *n (indigestion)* acidez *f* (de estómago), ardor *m* de estómago

hearten ['hɑ:tən] *vt* alentar

heartening ['hɑ:tənɪŋ] *adj* alentador(ora)

heartfelt ['hɑ:tfelt] *adj* sincero(a)

hearth [hɑ:θ] *n* (**a**) *(fireplace)* chimenea *f* ▫ ***h. rug*** alfombrilla *f* de chimenea (**b**) *(home)* hogar *m*; **h. and home** el hogar

heartily ['hɑ:tɪlɪ] *adv (say, thank, congratulate)* de todo corazón; *(laugh)* campechanamente; *(eat)* con ganas; **I h. agree** yo pienso exactamente lo mismo; **to be h. sick of sth** estar hasta las narices de algo

heartland ['hɑ:tlænd] *n* núcleo *m*; **Britain's industrial h. was devastated by the depression** la recesión asoló el núcleo *or* el corazón industrial de Gran Bretaña

heartless ['hɑ:tlɪs] *adj* inhumano(a), despiadado(a)

heartlessly ['hɑ:tlɪslɪ] *adv* despiadadamente

heart-rending ['hɑ:trendɪŋ] *adj* desgarrador(ora)

heart-searching ['hɑ:tsɜ:tʃɪŋ] *n* **after much h.** tras un profundo examen de conciencia

heartsease ['hɑ:tsi:z] *n* trinitaria *f*

heartstrings ['hɑ:tstrɪŋz] *npl* **to tug** *or*

pull at sb's h. tocar la fibra sensible de alguien

heart-throb ['hɑ:tθrɒb] *n Fam* ídolo *m*

heart-to-heart ['hɑ:tə'hɑ:t] **1** *n* **to have a h. with sb** tener una charla íntima con alguien

2 *adj* íntimo(a)

heart-warming ['hɑ:twɔ:mɪŋ] *adj* conmovedor(ora)

hearty ['hɑ:tɪ] *adj* **(a)** *(jovial, warm) (person, laugh)* campechano(a), jovial; *(welcome)* cordial **(b)** *(wholehearted) (approval)* caluroso(a); *(dislike)* profundo(a); **my heartiest congratulations** felicidades de todo corazón **(c)** *(substantial) (meal)* copioso(a); *(appetite)* voraz

heat [hi:t] **1** *n* **(a)** *(high temperature)* calor *m*; **in the h. of the day** con todo el calor del día; **to cook at a high/moderate/low h.** cocinar a fuego vivo/moderado/lento; **to turn up/down the h.** *(on cooker)* subir/bajar el fuego ❑ *Phys* ***h. exchanger*** cambiador *m* de calor; ***h. exhaustion*** colapso *m* por exceso de calor; ***h. haze*** calima *f*; ***h. loss*** pérdida *f* de calor; ***h. rash*** sarpullido *m (por el calor)*; ***h. shield*** pantalla *f* térmica, escudo *m* térmico; ***h. treatment*** *Med* termoterapia *f*; *Tech* tratamiento *m* térmico

(b) *(passion)* calor *m*; **in the h. of the moment/of the argument** con el acaloramiento del momento/de la pelea

(c) *Fam (pressure)* **to turn up the h. on sb** presionar a alguien; **the h. is on** ha llegado la hora de la verdad; **this decision took the h. off us** esta decisión supuso un respiro para nosotros

(d) *(of female animal)* **in h.** en celo

(e) *(in sport)* serie *f*, eliminatoria *f*

2 *vt* calentar

▸**heat up 1** *vt sep* calentar

2 *vi* calentarse; *Fig (of argument, contest)* subir de tono, acalorarse

heated ['hi:tɪd] *adj* **(a)** *(room, building)* caldeado(a); *(swimming pool)* climatizado(a) **(b)** *(argument)* acalorado(a); **to become h.** *(of person)* acalorarse; *(of argument, discussion)* caldearse

heatedly ['hi:tɪdlɪ] *adv* acaloradamente

heater ['hi:tə(r)] *n (radiator)* radiador *m*; *(electric, gas)* estufa *f*

heath [hi:θ] *n* brezal *m*, páramo *m*

heathen ['hi:ðən] *n & adj* pagano(a) *m,f*

heather ['heðə(r)] *n* brezo *m*

Heath Robinson [hi:θ'rɒbɪnsən] *adj Br* complicadísimo(a)

heating ['hi:tɪŋ] *n* calefacción *f*

heatproof ['hi:tpru:f] *adj* termorresistente, refractario(a)

heat-resistant ['hi:trɪzɪstənt] *adj* resistente al calor, refractario(a)

heat-seeking ['hi:tsi:kɪŋ] *adj (missile)* de guiado térmico, termodirigido(a)

heatstroke ['hi:tstrəʊk] *n Med* insolación *f*

heatwave ['hi:tweɪv] *n* ola *f* de calor

heave [hi:v] **1** *vt (pull)* tirar de; *(push)* empujar; *(lift)* subir; **she heaved herself out of her chair** se levantó de la silla con dificultad; **to h. a sigh of relief** exhalar un (profundo) suspiro de alivio, suspirar aliviado(a)

2 *vi* **(a)** *(pull)* **they heaved on the rope** tiraron de la cuerda **(b)** *(of deck, ground)* subir y bajar; *(of bosom)* palpitar **(c)** *(retch)* tener arcadas; *(vomit)* vomitar **(d)** *Naut (pt* **hove** [həʊv]) **to h. into view** *(of ship)* aparecer; *Fig Hum (of person)* aparecer por el horizonte **(e)** *Br Fam* **to be heaving** *(extremely busy)* estar *Esp* liadísimo(a) *or Am* enloquecido(a)

3 *n (pull)* tirón *m*; *(push)* empujón *m*; **to give sb the h.** *(employee)* poner a alguien en la calle; *(boyfriend, girlfriend)* dar calabazas a alguien; **to get the h.** *(of employee)* irse a la calle; *(of boyfriend, girlfriend)* quedarse compuesto(a) y sin novia(o)

▸**heave to** *(pp* **hove** [həʊv]) *vi Naut (of ship)* ponerse al pairo

heave-ho [hi:v'həʊ] *n Fam Hum* **to give sb the (old) h.** *(employee)* poner a alguien de patitas en la calle; *(boyfriend, girlfriend)* dar calabazas a alguien; **to get the (old) h.** *(of employee)* irse a la calle; *(of boyfriend, girlfriend)* quedarse compuesto(a) y sin novia(o)

heaven ['hevən] *n* cielo *m*; **in h.** en el cielo; *Fig (overjoyed)* en la gloria; **to go to h.** ir al cielo; **this is h.!** ¡esto es la gloria!; IDIOM **to move h. and earth to do sth** mover *or* remover Roma con Santiago para hacer algo; **the heavens opened** cayó un aguacero; *Fam* **it stinks to high h.** ¡huele que apesta!; **(good) heavens!, heavens above!** ¡madre mía!, ¡Dios mío!; **thank h. (for that)!** ¡gracias a Dios!; **h. forbid!** ¡Dios no lo quiera!; **h. help you** *(warning)* que Dios te ayude; *(in sympathy)* que Dios lo bendiga; **h. help us** que Dios nos ayude, *Esp* que Dios nos coja confesados; **h. knows!** ¡sabe Dios!; **h. knows we've tried to help!** ¡sabe Dios que hemos hecho todo lo que hemos podido!; **in heaven's name** por el amor de Dios; **why in heaven's name are you dressed up like that?** por el amor de Dios ¿por qué vas vestido así?; **for h.'s sake!** ¡por el amor de Dios!

heavenly ['hevənlɪ] *adj* **(a)** *(of heaven)* celestial; **Our H. Father** Dios Padre **(b)** *Fam (weather, food)* divino(a) **(c)** *Astron* ***h. body*** cuerpo *m* celeste

heaven-sent ['hevənsent] *adj* como caído(a) del cielo; **a h. opportunity** una ocasión de oro

heavily ['hevɪlɪ] *adv* **(a)** *(fall, walk, sleep)* pesadamente; *(breathe)* profundamente; **to come down h. on sth/sb** *(penalize, criticize)* pegarle duro a algo/alguien; **h. built** corpulento(a)

(b) *(a lot)* **it was raining h.** llovía a cántaros, llovía con fuerza; **to drink/smoke h.** beber *or Am* tomar/fumar mucho; **to rely** *or* **depend h. on sth** depender mucho de algo; **to criticize sth/sb h.** criticar duramente algo/a alguien; **to be h. defeated** perder estrepitosamente; **to be h. taxed** estar sometido(a) a fuertes impuestos; *Fam* **to be h. into sth** estar metido(a) a tope en algo

heaviness ['hevɪnɪs] *n* **(a)** *(of load)* peso *m* **(b)** *(of features)* tosquedad *f*; *(of build)* robustez *f* **(c)** *(of food)* pesadez *f* **(d)** *(of rain)* fuerza *f*; *(of responsibilities)* envergadura *f*; *(of defeat, fine, sentence)* dureza *f*

HEAVY ['hevɪ] **1** *adj* **(a)** *(in weight)* pesado(a); **how h. is it?** ¿cuánto pesa?; **he's twice as h. as I am** pesa el doble que yo; **the branches were h. with apples** las ramas se doblaban bajo el peso de las manzanas; **her eyes were h. with sleep** se le caían los ojos de sueño; *Literary* **she was h. with child** estaba grávida *or* embarazada ❑ *Mil* ***h. artillery*** artillería *f* pesada; *US* ***h. cream*** *Esp* nata *f or Am* crema *f* líquida enriquecida; ***h. goods vehicle*** vehículo *m* pesado; ***h. industry*** industria *f* pesada; ***h. machinery*** maquinaria *f* pesada; ***h. metal*** *Chem* metal *m* pesado; *(music)* rock *m* duro, heavy metal *m*; *Br* ***h. plant crossing*** *(on sign)* peligro, maquinaria pesada; *Chem* ***h. water*** agua pesada

(b) *(large, thick) (coat, shoes)* grueso(a); *(features)* tosco(a); *(build)* robusto(a), fornido(a)

(c) *(food)* pesado(a)

(d) *(clumsy)* **to be h. on one's feet** ser torpe, ser de movimientos torpes; **a h. hint** una indirecta obvia *or* clara

(e) *(intense) (fighting)* enconado(a); *(rain, showers, blow, thud, spending)* fuerte; *(snowfall)* intenso(a), fuerte; *(defeat, fine, sentence)* duro(a); *(period)* abundante; *(drinker, smoker)* empedernido(a); *(sarcasm)* duro(a); **we place h. emphasis on this** hacemos mucho hincapié en esto; **the traffic was very h.** había mucho tráfico; **a h. cold** *(illness)* un fuerte resfriado; **to make h. demands on sb** exigir mucho a alguien; **the project is placing h. demands on our company's resources** el proyecto supone una gran carga financiera para nuestra empresa; **he's a h. drinker** bebe mucho, es un alcohólico; **h. losses** grandes pérdidas; **they hadn't gone further than h. petting** se pegaron un buen lote pero no llegaron a más; **h. responsibility** gran responsabilidad; **to be a h. sleeper** dormir profundamente; **for h. use** para uso continuado; **we came under h. fire** *Mil* no dejaron de dispararnos; *Fig* recibimos una lluvia de críticas

(f) *(oppressive) (smell)* fuerte; *(sky)* cargado(a), plomizo(a); *(clouds)* plomizo(a); *(air, atmosphere)* cargado(a), pesado(a); **you're making h. weather of that job** te estás complicando demasiado la vida para hacer ese trabajo

(g) *(hard) (work, day, schedule)* duro(a); *(breathing)* jadeante; **h. seas** mar *f* gruesa

(h) *(soil)* **it was h. underfoot** el suelo estaba embarrado *or* enfangado; **the going is h.** *(in horseracing)* el suelo está embarrado *or* enfangado; *Fig* **the book was h. going** el libro era muy denso

(i) *(boring) (book, lecture)* pesado(a), aburrido(a)

(**j**) *very Fam (serious, threatening) (situation) Esp* chungo(a), *Méx* gocho(a), *RP* fulero(a); **things started to get a bit h.** las cosas empezaron a ponerse *Esp* chungas *or Méx* gochas *or RP* fuleras; **I don't want things to get too h. in our relationship** no quiero una relación demasiado seria

2 *n* (**a**) *Fam (person)* gorila *m*, matón *m*

(**b**) *Scot (beer)* = cerveza tostada de gusto amargo con poco gas

---

heavy-duty [hevɪ'dju:tɪ] *adj* resistente

heavy-handed [hevɪ'hændɪd] *adj* (**a**) *(clumsy)* torpe; **a h. attempt at humour** un burdo *or* torpe intento de parecer gracioso(a) (**b**) *(harsh)* de *or* con mano dura

heavyweight ['hevɪweɪt] *n (in boxing) & Fig* peso *m* pesado

hebe [hi:b] *n US Fam Pej* = término ofensivo para referirse a un judío, *RP* ruso(a) *m,f*

Hebraic [hɪ'breɪɪk] *adj* hebraico(a), hebreo(a)

Hebrew ['hi:bru:] **1** *n (language)* hebreo *m*

2 *adj* hebreo(a); **H. script** escritura *f* hebrea

Hebrides ['hebrɪdi:z] *npl* **the H.** las Hébridas

heck [hek] *Fam* **1** *n* **what/who/why the h....?** ¿qué/quién/por qué demonios...?; **what the h. are you doing here?** ¿qué diablos *or Esp* narices haces aquí?; **what the h.!** *(when taking risk)* ¡qué demonios!; **to do sth just for the h. of it** hacer algo porque sí; **a h. of a lot** un montón; **not a h. of a lot** no mucho

2 *exclam* **h., if you don't like it don't buy it!** ¡vaya, hombre!, si no te gusta no lo compres

heckle ['hekəl] *vt & vi* interrumpir (con comentarios impertinentes)

heckler ['heklə(r)] *n* espectador *m* molesto

heckling ['hekəlɪŋ] *n* interrupciones *fpl* impertinentes

hectare ['hektɑ:(r)] *n* hectárea *f*

hectic ['hektɪk] *adj (lifestyle)* ajetreado(a); *(pace)* vertiginoso(a), frenético(a); *(day, week)* frenético(a); **things are getting pretty h.** esto ya es no parar

hector ['hektə(r)] *vt* intimidar; **she tried to h. me into agreeing** trató de intimidarme para que accediera

hectoring ['hektərɪŋ] *adj* intimidante, intimidatorio(a)

he'd [hi:d] = **he had, he would**

hedge [hedʒ] **1** *n* (**a**) *(in field, garden)* seto *m* ▫ ***h. sparrow*** acentor *m* (**b**) *(protection)* **a h. against inflation** una protección contra la inflación

2 *vt* (**a**) *(field)* cercar con un seto (**b**) **to h. one's bets** cubrirse las espaldas

3 *vi (in discussion)* responder con evasivas

hedgehog ['hedʒhɒg] *n* erizo *m*

hedgerow ['hedʒrəʊ] *n* seto *m*

hedonism ['hedənɪzəm] *n* hedonismo *m*

hedonist ['hedənɪst] *n* hedonista *mf*

hedonistic [hedə'nɪstɪk] *adj* hedonista

heebie-jeebies [hi:bɪ'dʒi:bɪz] *npl Fam* **it gives me the h.** me da *Esp* canguelo *or Méx* mello *or RP* cuiqui

heed [hi:d] **1** *vt (warning, advice)* prestar atención a, escuchar

2 *n* **to pay h. to, to take h. of** hacer caso de *or* a; **to pay no h. to, to take no h. of** hacer caso omiso de

heedless ['hi:dlɪs] *adj* **to be h. of** hacer caso omiso de

heedlessly ['hi:dlɪslɪ] *adv* sin preocuparse, con gran irresponsabilidad

hee-haw ['hi:hɔ:] **1** *n (noise of donkey)* rebuzno *m*

2 *vi* rebuznar

heel [hi:l] **1** *n* (**a**) *(of foot, sock)* talón *m*; *(of shoe)* tacón *m*, *Am* taco *m*; **high heels** *(shoes)* zapatos *mpl* de tacón *or Am* taco alto; **he had the police at his heels** la policía le venía pisando los talones; **to take to one's heels** poner pies en polvorosa; **to turn on one's h.** dar media vuelta; IDIOM *Fam* **to cool** *or* **kick one's heels** *(wait)* quedarse esperando un largo rato; IDIOM **to bring sb to h.** meter a alguien en cintura; **to be close** *or* **hard** *or* **hot on sb's heels** ir pisándole los talones a alguien

(**b**) *(of hand)* **the h. of the hand** la parte inferior de la palma de la mano

(**c**) *Fam Pej (person)* canalla *mf*, desgraciado(a) *m,f*

2 *vt (shoe)* poner un tacón or *Am* taco nuevo a

3 *vi (of dog)* **h.!** ¡ven aquí!

hefty ['heftɪ] *adj Fam (person)* robusto(a), fornido(a); *(suitcase, box)* pesado(a); *(bill, fine)* cuantioso(a)

hegemony [hɪ'geməni] *n* hegemonía *f*

heifer ['hefə(r)] *n (young cow)* novilla *f*, vaquilla *f*

height [haɪt] *n* (**a**) *(of person)* estatura *f*, altura *f*; **of medium** *or* **average h.** de mediana estatura, de estatura media; **what h. are you?** ¿cuánto mides?

(**b**) *(of building, mountain)* altura *f*; **(at/from) a h. of 20,000 metres** (a/desde) una altura de 20.000 metros; **to gain/lose h.** *(of plane)* ganar/perder altura; **to be afraid of heights** tener vértigo

(**c**) *(peak)* **at the h. of the battle** en el momento álgido *or* punto culminante de la batalla; **she's at the h. of her powers** está en plenas facultades; **she's at the h. of her career** está en la cumbre de su carrera; **to reach new heights** *(of talent, career)* alcanzar nuevas cotas; **the h. of fashion** el último grito; **the h. of ignorance/stupidity** el colmo de la ignorancia/estupidez, el súmmum de la ignorancia/estupidez; **it's the h. of madness!** ¡es el colmo de la locura!

heighten ['haɪtən] *vt (intensify)* intensificar, aumentar; **to h. sb's awareness (of sth)** elevar el grado de concienciación de alguien (sobre algo), concienciar bien a alguien (de algo); **a heightened sense of injustice** una mayor conciencia de la injusticia

heinous ['heɪnəs] *adj Formal (crime)* execrable, infame

heir [eə(r)] *n* heredero *m*; **to be h. to sth** ser heredero de algo; **the h. to the throne** el heredero al trono ▫ ***h. apparent*** heredero *m* forzoso; *Fig* heredero *m* natural

heiress ['eərɪs] *n* heredera *f*

heirless ['eəlɪs] *adj* sin herederos

heirloom ['eəlu:m] *n* reliquia *f* familiar

heist [haɪst] *n US Fam* golpe *m*, robo *m*

held [held] *pt & pp of* **hold**

helicopter ['helɪkɒptə(r)] *n* helicóptero *m* ▫ ***h. gunship*** helicóptero *m* de guerra

helideck ['helɪdek] *n* helipuerto *m* en cubierta

heliocentric [hi:lɪəʊ'sentrɪk] *adj Astron* heliocéntrico(a)

heliograph ['hi:lɪəgrɑ:f] *n* heliógrafo *m*

heliotrope ['hi:lɪətrəʊp] *n* (**a**) *(plant)* heliotropo *m* (**b**) *(colour)* azul *m* heliotropo *or* lila

helipad ['helɪpæd] *n* helipuerto *m*

heliport ['helɪpɔ:t] *n* helipuerto *m*

helium ['hi:lɪəm] *n Chem* helio *m*

helix ['hi:lɪks] (*pl* **helices** ['hi:lɪsi:z] *or* **helixes**) *n* hélice *f*

he'll [hi:l] = **he will, he shall**

hell [hel] *n* (**a**) *Rel* infierno *m* ▫ ***h.'s angels*** *(bikers)* los ángeles del infierno

(**b**) *Fam (expressing annoyance)* **h.!** ¡mierda!; **go to h.!** ¡vete a la mierda!; **like h. (I will)!** *Esp* ¡ni de coña!, *Méx* ¡ya mero!, *RP* ¡ni en joda!; **what the h. do you think you're doing?** ¿me quieres decir qué demonios estás haciendo?; **who the h. are you?** ¿y tú quién diablos *or Esp* leches eres?; **why the h.** *or* **in h.'s name...?** ¿por qué demonios or diablos...?; **how the h. should I know?** ¿y yo cómo demonios voy a saberlo?; **are you going? — like** *or* **the h. I am!, am I h.!** ¿vas a ir? – *Esp* ¡y un cuerno voy a ir! *or Méx* ¡ni yendo a bailar a Chalma voy a ir! *or RP* ¡ni en joda voy a ir!; **to h. with it!** ¡que se vaya al infierno!, *Esp* ¡que le den por saco!; **h.'s teeth** *or* **bells!** ¡madre de Dios *or* del amor hermoso!

(**c**) *Fam (as intensifier)* **a h. of a lot of...** *Esp* una porrada de..., *Méx* un chorro de..., *RP* un toco de...; **it could have been a h. of a lot worse** podría haber sido muchísimo peor; **to have a h. of a time** *(good)* pasárselo como Dios *or RP* como los dioses; *(bad)* pasarlas negras *or Esp* moradas; **we had a h. of a time convincing her** nos costó muchísimo trabajo *or Esp* Dios y ayuda convencerla; **he put up a h. of a fight** opuso muchísima resistencia; **he's one** *or* **a h. of a guy** *Esp* es una pasada de tío, *Am* es un tipo de primera; **a h. of a price** un precio altísimo; **to run like h.** correr como alma que lleva el diablo; **get the h. out of here!** ¡largo de aquí!; **get the h. out of there!** ¡lárgate de allí!; **I wish to h. I knew** ¡ojalá yo lo supiera!

(**d**) *Fam* IDIOMS **it was h. (on earth)** fue un infierno *or* una pesadilla; **to go to h. and back** pasárlas moradas; **I'll see him**

in h. before I speak to him again antes muerta que volver a dirigirle la palabra; **you can wait till h. freezes over** puedes esperar hasta que las ranas críen pelo; **the boyfriend/neighbours from h.** una pesadilla de novio/vecinos; **to feel like h.** sentirse fatal *or* muy mal; **to give sb h.** hacérselas pasar canutas a alguien; **these shoes are giving me h.** estos zapatos me están matando; **to knock h. out of sb** pegarle una paliza de muerte a alguien; **to make sb's life h.** amargarle a alguien la vida; **to play (merry) h. with sb** traer a alguien por la calle de la amargura; **to play (merry) h. with sth** hacer estragos en algo; **to go h. for leather** ir a toda mecha; **come h. or high water** pase lo que pase; **all h. broke loose** se armó la gorda *or Esp* la marimorena; **there'll be h. to pay if...** alguien lo va a pasar muy mal si...; **to do sth for the h. of it** hacer algo porque sí; **what the h., you only live once!** ¡qué demonios! ¡sólo se vive una vez!

hellbent ['helbent] *adj Fam* **to be h. on doing sth** tener entre ceja y ceja hacer algo

hellcat ['helkæt] *n* bruja *f*, arpía *f*

Hellenic [hɪ'li:nɪk] *adj* helénico(a)

hellfire ['helfaɪə(r)] *n* el fuego del infierno; **a h. preacher/sermon** un predicador/sermón incendiario

hellhole ['helhəʊl] *n Fam (place)* infierno *m*, agujero *m* infecto

hellish ['helɪʃ] *adj Fam* infernal, horroroso(a)

hellishly ['helɪʃlɪ] *adv Fam* endiabladamente, horrorosamente

hello [he'ləʊ] *exclam* (**a**) *(as greeting)* ¡hola!; **to say h. to sb** saludar a alguien (**b**) *(on phone) (when answering)* ¿sí?, *Esp* ¿diga?, *Esp* ¿dígame?, *Am* ¿aló?, *Carib, RP* ¿oigo?, *Méx* ¿bueno?, *RP* ¿hola?; *(when calling)* ¡hola! (**c**) *(indicating surprise)* **h., what's this?** caramba, ¿qué es esto?

hell-raiser ['helreɪzə(r)] *n Fam* camorrista *mf*

helluva ['heləvə] *very Fam* = **hell of a**

helm [helm] *n (of ship)* timón *m*; *Fig* **to be at the h.** *(of party, country)* estar al frente

helmet ['helmɪt] *n* casco *m*; *(for knight)* yelmo *m*

helmsman ['helmzmən] *n (on ship)* timonel *m*

HELP [help] **1** *n* (**a**) *(aid)* ayuda *f*; **h.!** ¡socorro!; **do you need any h. with that box?** ¿necesitas ayuda para llevar esa caja?; **his directions weren't much h.** sus indicaciones no fueron de mucha ayuda; **to be of h. to sb** ser de ayuda para alguien; **shall I carry this box? — thanks, that would be a h.** ¿llevo esta caja? — sí, sería de gran ayuda; **thank you, you've been a great h.** gracias, has sido de gran ayuda; *Ironic* **you've been a great h.!** ¡gracias por tu ayuda!; **with the h. of sb, with sb's h.** con la ayuda de alguien; **to be beyond h.** no tener remedio; **go and get h.** ve a buscar ayuda

(**b**) *Comptr* ayuda *f* ❑ ***h. menu*** menú *m* de ayuda; ***h. screen*** pantalla *f or* ventana *f* de ayuda

(**b**) *(cleaning woman)* asistenta *f*

(**d**) *Br Fam (alternative)* **there's no h. for it but to...** no hay más remedio que...

2 *vt* (**a**) *(aid)* ayudar; **to h. sb (to) do sth** ayudar a alguien a hacer algo; **can I h. you?** *(in shop)* ¿en qué puedo servirle?; **this tablet will h. the pain** esta pastilla aliviará el dolor; **the measures should h. growth** estas medidas deberían fomentar el crecimiento; **his comments did little to h. the situation** sus comentarios no fueron una gran ayuda para resolver la situación; **to h. sb across the road** ayudar a alguien a cruzar; **to h. sb on/off with their coat** ayudar a alguien a ponerse/quitarse *or Am* sacarse el abrigo; **h. me up!** ¡ayúdame a subir!; **he is helping the police with their enquiries** está ayudando en la investigación policial; **to h. one another** ayudarse mutuamente, ayudarse el uno al otro; **we must help the poor to h. themselves** debemos ayudar a los pobres a ser autosuficientes; **God** *or* **heaven h. us if they ever find out!** ¡que Dios nos proteja si se enteran!

(**b**) *(prevent)* **I can't h. it** no lo puedo evitar; **I can't h. it if he won't listen** ¡si él no escucha yo no puedo hacer nada!; **it can't be helped** no tiene remedio; **I can't h. being short** no puedo remediar ser bajito; **I can't h. laughing** no puedo evitar reírme; **don't move more than you can h.** muévete lo menos posible; **she couldn't h. overhearing** *or* **but overhear** no pudo evitar oír (la conversación); **I can't h. thinking it's a bit unfair** no puedo evitar pensar que es un poco injusto; **I didn't mean to laugh, but I couldn't h. myself** no quería reírme, pero no lo pude evitar; **not if I can h. it!** ¡no, si lo puedo evitar!

(**c**) *(take)* **to h. oneself to sth** agarrar *or Esp* coger algo

(**d**) *(serve)* **can I h. you to some more carrots?** ¿te sirvo más zanahorias?; **h. yourself!** ¡sírvete!

3 *vi* ayudar; **can I h.?** ¿puedo ayudar?; **would it h. if I closed the door?** ¿sirve de algo que cierre la puerta?; **every little helps** toda contribución (ya sea grande o pequeña) es importante; **these measures will h. to reduce unemployment** estas medidas contribuirán a reducir el desempleo *or Am* la desocupación

▸**help out 1** *vt sep* ayudar

2 *vi* ayudar

---

helper ['helpə(r)] *n* ayudante *mf*

helpful ['helpfʊl] *adj (person) (willing to help)* servicial; *(advice, book)* útil, provechoso(a); **you've been very h.** nos has sido de gran ayuda; **I was only trying to be h.!** ¡sólo trataba de ayudar!

helpfully ['helpfʊlɪ] *adv* **"have you tried asking Sue?" he suggested h.** "¿has probado a preguntar a Sue?" sugirió, tratando de ser útil; **a translation is h. provided** como ayuda se incluye una traducción

helping ['helpɪŋ] **1** *n (portion)* ración *f*; **I had a second h. of spaghetti** repetí (de) espagueti

2 *adj* **to lend a h. hand** echar una mano

helpless ['helplɪs] *adj* (**a**) *(powerless)* impotente; **we were h. to prevent it** no pudimos evitarlo; **to be h. with laughter** no poder dejar de reír (**b**) *(defenceless)* indefenso(a)

helplessly ['helplɪslɪ] *adv* impotentemente, sin poder hacer nada

helplessness ['helplɪsnɪs] *n* (**a**) *(powerlessness)* impotencia *f* (**b**) *(defencelessness)* indefensión *f*

helpline ['helplaɪn] *n* teléfono *m* de asistencia *or* ayuda

Helsinki [hel'sɪŋkɪ] *n* Helsinki

helter-skelter ['heltə'skeltə(r)] **1** *n (at fairground)* tobogán *m*

2 *adv (in disorder)* atropelladamente, a lo loco

hem [hem] **1** *n* dobladillo *m*; **to take up a h.** meter el dobladillo

2 *vt (pt & pp* **hemmed***)* hacer el dobladillo a

▸**hem in** *vt sep (surround)* cercar, rodear

he-man ['hi:mæn] *n Fam* machote *m*, *Esp* hombretón *m*

hematite, hematologist *etc US* = **haematite, haematologist** *etc*

hemidemisemiquaver ['hemɪ'demɪ'semɪ'kweɪvə(r)] *n Mus* semifusa *f*

hemiplegia [hemɪ'pli:dʒɪə] *n Med* hemiplejia *f*, hemiplejía *f*

hemisphere ['hemɪsfɪə(r)] *n* (**a**) *Geog & Anat* hemisferio *m* (**b**) *Geom* semiesfera *f*

hemispheric(al) [hemɪs'ferɪk(əl)] *adj Geom* semiesférico(a)

hemline ['hemlaɪn] *n* bajo *m*

hemlock ['hemlɒk] *n* cicuta *f*

hemoglobin, hemophilia *etc US* = **haemoglobin, haemophilia** *etc*

hemp [hemp] *n* cáñamo *m*

hemstitch ['hemstɪtʃ] *n* vainica *f*

hen [hen] *n* gallina *f* ❑ *Fam* ***h. night*** *or* ***party*** *(before wedding)* despedida *f* de soltera

henbane ['henbeɪn] *n* beleño *m* negro

hence [hens] *adv* (**a**) *(thus)* de ahí; **h. his anger** de ahí su enfado *or Am* enojo (**b**) *(from now)* desde aquí; **five years h.** de aquí a cinco años

henceforth [hens'fɔ:θ], **henceforward** [hens'fɔ:wəd] *adv Formal* en lo sucesivo, de ahora/ahí en adelante

henchman ['henʃmən] *n Pej* sicario *m*, secuaz *m*

hencoop ['henku:p] *n* gallinero *m*

henhouse ['henhaʊs] *n* gallinero *m*

henna ['henə] **1** *n* henna *f*

2 *vt (hair)* darse henna en

henpecked ['henpekt] *adj* **a h. husband** un calzonazos

hepatitis [hepə'taɪtɪs] *n Med* hepatitis *f inv*; **h. A/B** hepatitis A/B

heptagon ['heptəgɒn] *n* heptágono *m*

heptagonal [hep'tægənəl] *adj* heptagonal

heptathlete [hep'tæθli:t] *n* heptatleta *mf*

heptathlon [hep'tæθlɒn] *n* heptatlón *m*

HER [hɜ:(r), *unstressed* hə(r)] **1** *possessive adj* **(a)** *(singular)* su; *(plural)* sus; **h. dog** su perro; **h. parents** sus padres; **I took h. car** tomé su coche; *(contrasting with his or theirs)* tomé el coche de ella; **what's h. name?** ¿cómo se llama?; **it wasn't HER idea!** ¡no fue idea suya!; **they were upset at h. mentioning it** les sentó mal que lo mencionara; **that wasn't h. understanding** no lo entendió así; **h. sails billowed in the wind** *(of ship)* sus velas ondeaban al viento

(b) *(for parts of body, clothes)* **h. eyes are blue** tiene los ojos azules; **she hit h. head** se dio un golpe en la cabeza; **she washed h. face** se lavó la cara; **she put h. hands in h. pockets** se metió las manos en los bolsillos

2 *pron* **(a)** *(direct object)* la; **I hate h.** la odio; **I like h.** me gusta; **kill h.!** ¡mátala!; **I can forgive her son but not HER** puedo perdonar a su hijo, pero no a ella; **fill h. up!** *(of car)* lleno, por favor

(b) *(indirect object)* le; **I gave h. the book** le di el libro; **I gave it to h.** se lo di; **give it to h.** dáselo (a ella)

(c) *(after preposition)* ella; **I talked to h.** hablé con ella; **her mother lives near h.** su madre vive cerca de ella; **it was meant for you, not for HER** iba dirigido a ti, no a ella

(d) *(as complement of verb* **to be***)* ella; **it's h.!** ¡es ella!; **it was h. who did it** lo hizo ella; **the coat isn't really h.** el abrigo no va mucho con ella

(e) *Br Fam Hum* **h. indoors** *Esp* la parienta

herald ['herəld] **1** *n* heraldo *m*

2 *vt* anunciar

heraldic [hə'rældɪk] *adj* heráldico(a)

heraldry ['herəldrɪ] *n* heráldica *f*

herb [hɜ:b] *n* hierba *f* ▫ ***h. garden*** jardín *m* de hierbas; ***h. tea*** infusión *f*

herbaceous [hɜ:'beɪʃəs] *adj* ***h. border*** arriate *m* de plantas y flores

herbal ['hɜ:bəl] *adj* de hierbas ▫ ***h. medicine*** medicina *f* a base de hierbas; ***h. remedies*** = remedios a base de hierbas medicinales; ***h. tea*** infusión *f*

herbalist ['hɜ:bəlɪst] *n* herbolario(a) *m,f*; **h.'s (shop)** herbolario *m*, herboristería *f*

herbarium [hɜ:'beərɪəm] *n* herbario *m*

herbicide ['hɜ:bɪsaɪd] *n* herbicida *m*

herbivore ['hɜ:bɪvɔ:(r)] *n* herbívoro *m*

herbivorous [hɜ:'bɪvərəs] *adj* herbívoro(a)

Herculean [hɜ:kjʊ'lɪən] *adj* hercúleo(a), titánico(a)

herd [hɜ:d] **1** *n (of cattle, sheep)* rebaño *m*; *(of horses, elephants)* manada *f*; *(of people)* rebaño *m*, manada *f*; **to follow the h.** dejarse llevar por la masa ▫ ***the h. instinct*** el instinto gregario

2 *vt (cattle, people)* conducir

herdsman ['hɜ:dzmən] *n (of cattle)* vaquero(a) *m,f*

HERE [hɪə(r)] **1** *n* **the h. and now** el aquí y ahora

2 *adv* **(a)** *(referring to position)* aquí; **come h.!** ¡ven aquí!; **h. she comes** aquí viene; **she's not h.** no está aquí; **they're still not h.** todavía no están aquí; **h. it/he is** aquí está; **h. you are, we couldn't find you!** ¡estás aquí, no te encontrábamos por ninguna parte!; **h.'s Nick** aquí está *or* llega Nick; **h.'s what you have to do** esto es lo que tienes que hacer; **in/out h.** aquí dentro/fuera; **over h.** aquí; **round h.** por aquí; **up/down h.** aquí arriba/abajo; **what have we h.?** ¿qué es esto?, ¿qué tenemos aquí?; *Fam* **give it h.!** trae, dámelo; **h.!** *(at roll call)* ¡presente!; **h.!, come and look at this** ¡ven!, echa un vistazo a esto; **h., let me try** ¿a ver?, déjame que pruebe; **h. boy!** *(to dog)* ¡ven aquí!; *Br* **h., you, what are you doing?** ¡oye, tú!, ¿qué haces?; **h. and now** aquí y ahora; **h. and there** aquí y allá; *Fig* **that's neither h. nor there** eso es irrelevante; **h., there and everywhere** por *or* en todas partes; **h. goes!** ¡vamos allá!; **h. we go again!** ¡ya estamos otra vez con lo mismo!; **it looks like mobile phones are h. to stay** parece que los teléfonos móviles no son una moda pasajera; **now where's her address? ah, h. we are!** a ver... ¿dónde está su dirección? ¡ah, aquí está!

(b) *(referring to time)* ahora, aquí; **what you need to remember h. is...** ahora *or* aquí lo que tienes que recordar es...; **the moment we've all been waiting for is finally h.** por fin ha llegado el momento que todos estábamos esperando; **where do we go from h.?** ¿y ahora qué hacemos?

(c) *(when giving)* **h.'s that tape I promised you** aquí tienes la cinta que te prometí; **h. you are!** *(when giving something)* aquí tienes, toma; **h. (you are), have some of this whisky** toma un poco de este whisky

(d) *(in toasts)* **h.'s to the future!** ¡por el futuro!; **h.'s to you!** ¡por ti!

hereabout(s) ['hɪərəbaʊt(s)] *adv* por estos lares, por aquí

hereafter [hɪər'ɑ:ftə(r)] **1** *adv Formal* en adelante, en lo sucesivo

2 *n Literary* **the h.** el más allá

hereby [hɪə'baɪ] *adv Formal (in writing)* por la presente; *(in speech)* por el presente acto; **I h. declare my intention to...** y quiero anunciar mi intención de...; **I h. pronounce you man and wife** desde ahora os declaro marido y mujer

hereditary [hɪ'redɪtərɪ] *adj* hereditario(a) ▫ *Br* ***h. peer*** noble *m* hereditario; *Br* ***h. peerage*** título *m* de nobleza hereditario

heredity [hɪ'redɪtɪ] *n* herencia *f*

herein [hɪə'rɪn] *adv Formal or Law* en la presente; **h. lies the difference between them** aquí radica la diferencia entre ellos

hereinafter [hɪərɪn'ɑ:ftə(r)] *adv Formal or Law* (de aquí) en adelante, en lo sucesivo

hereof [hɪə'rɒv] *adv Formal or Law* al respecto

hereon [hɪə'rɒn] *adv Formal or Law* al respecto

heresy ['herəsɪ] *n* herejía *f*

heretic ['herətɪk] *n* hereje *mf*

heretical [hɪ'retɪkəl] *adj* herético(a)

hereto [hɪə'tu:] *adv Formal or Law* con este documento

heretofore [hɪətʊ'fɔ:(r)] *adv Formal or Law* hasta ahora

hereunder [hɪə'rʌndə(r)] *adv Formal or Law (below)* a continuación; *(by this document)* por el presente documento

hereupon [hɪərə'pɒn] *adv Formal or Law (immediately after this)* a partir de aquí; *(upon this subject)* al respecto

herewith [hɪə'wɪð] *adv Formal or Law* con este documento; **enclosed h. is the information you requested** le enviamos adjunta la información que solicitó

heritage ['herɪtɪdʒ] *n* patrimonio *m* ▫ ***h. centre*** = edificio con museo en un lugar de interés histórico o cultural

hermaphrodite [hɜ:'mæfrədaɪt] *n & adj* hermafrodita *mf*

hermeneutics [hɜ:mə'nju:tɪks] *n* hermenéutica *f*

hermetic [hɜ:'metɪk] *adj* hermético(a)

hermetically [hɜ:'metɪklɪ] *adv* herméticamente; **h. sealed** herméticamente cerrado(a)

hermit ['hɜ:mɪt] *n* ermitaño(a) *m,f* ▫ ***h. crab*** cangrejo *m* ermitaño

hermitage ['hɜ:mɪtɪdʒ] *n* ermita *f*

hernia ['hɜ:nɪə] *n* hernia *f*

hero ['hɪərəʊ] (*pl* **heroes**) *n* **(a)** *(brave man, in fiction)* héroe *m* **(b)** *(idol)* ídolo *m* ▫ ***h. worship*** idolatría *f* **(c)** *US (sandwich)* *Esp* flauta *f*, = *Esp* bocadillo *or Am* sándwich hecho con una barra de pan larga y estrecha

heroic [hɪ'rəʊɪk] *adj* heroico(a)

heroically [hɪ'rəʊɪklɪ] *adv* heroicamente

heroics [hɪ'rəʊɪks] *npl* heroicidades *fpl*; **we don't want any h.** nada de heroicidades, que nadie intente hacerse el héroe

heroin ['herəʊɪn] *n (drug)* heroína *f* ▫ ***h. addict*** heroinómano(a) *m,f*

heroine ['herəʊɪn] *n (female hero)* heroína *f*

heroism ['herəʊɪzəm] *n* heroísmo *m*

heron ['herən] *n* garza *f*

hero-worship ['hɪərəʊwɜ:ʃɪp] (*pt & pp* **hero-worshipped**) *vt* idolatrar

herpes ['hɜ:pi:z] *n* herpes *m inv* ▫ ***h. simplex*** herpes *m* simple; ***h. zoster*** herpes *m* zóster

herring ['herɪŋ] (*pl* **herring** *or* **herrings**) *n* arenque *m* ▫ ***h. gull*** gaviota *f* argéntea

herringbone ['herɪŋbəʊn] *n* **(a)** *(on cloth)* espiguilla *f*, espiga *f* **(b)** *(in skiing)* tijera *f*

hers [hɜ:z] *possessive pron* **(a)** *(singular)* el suyo *m*, la suya *f*; *(plural)* los suyos *mpl*, las suyas *fpl*; *(to distinguish)* el/la/los/las de ella;

my house is big but h. is bigger mi casa es grande, pero la suya es mayor; **it wasn't his fault, it was HERS** no fue culpa de él, sino de ella; **h. is the work I admire most** su obra es la que más admiro (**b**) *(used attributively) (singular)* suyo(a); *(plural)* suyos(as); **this book is h.** este libro es suyo; **a friend of h.** un amigo suyo

herself [hɜː'self] *pron* (**a**) *(reflexive)* se; **she hurt h.** se hizo daño; **she feels h. again** vuelve a sentirse la de siempre (**b**) *(emphatic)* ella misma; **she told me h.** me lo dijo ella misma; **she's not h. today** hoy está un poco rara (**c**) *(after preposition)* ella; **she lives by h.** vive sola; **she did it all by h.** lo hizo ella misma *or* ella sola; **she bought it for h.** se lo compró para ella; **she talks to h.** habla sola; **"how unfair!" she thought to h.** "¡qué injusto!" pensó para sus adentros

hertz [hɜːtz] (*pl* **hertz**) *n Phys* hercio *m*

he's [hiːz] = **he is, he has**

hesitancy ['hezɪtənsɪ] *n* duda *f*, vacilación *f*

hesitant ['hezɪtənt] *adj (speaker, smile, gesture)* vacilante; **to be/seem h.** estar/parecer indeciso(a); **to be h. about doing sth** tener dudas a la hora de hacer algo; **I would be h. to...** no me atrevería a...

hesitantly ['hezɪtəntlɪ] *adv* con indecisión, sin demasiada convicción

hesitate ['hezɪteɪt] *vi* dudar, vacilar; **I h. to say this, but...** no sé si debería decir esto, pero...; **don't h. to ask for advice** no dude en pedir ayuda

hesitation [hezɪ'teɪʃən] *n* vacilación *f*, titubeo *m*; **without h.** sin vacilar

hessian ['hesɪən] **1** *n* arpillera *f*
2 *adj* de arpillera

hetero ['hetərəʊ] *adj Fam* heterosexual

heterodox ['hetərədɒks] *adj* heterodoxo(a)

heterodoxy ['hetərədɒksɪ] *n* heterodoxia *f*

heterogeneity [hetərəʊdʒɪ'niːɪtɪ] *n* heterogeneidad *f*

heterogeneous [hetərə'dʒiːnɪəs] *adj* heterogéneo(a)

heteronym ['hetərənɪm] *n Gram* heterónimo *m*

heterosexual [hetərəʊ'seksjʊəl] *n & adj* heterosexual *mf*

heterosexuality [hetərəsekʃʊ'ælɪtɪ] *n* heterosexualidad *f*

het up ['hetʌp] *adj Br Fam (angry)* furioso(a), *Esp* mosqueado(a); *(tense)* nervioso(a); **to get h. (about sth)** *(angry)* enfurecerse *or Esp* mosquearse (por algo); *(tense)* ponerse nervioso (por algo)

heuristic [hjʊə'rɪstɪk] **1** *n (program, method)* método *m* heurístico
2 *adj* heurístico(a)

heuristics [hjuː'rɪstɪks] *npl* heurística *f*

hew [hjuː] (*pp* **hewn** [hjuːn] *or* **hewed**) *vt (cut down)* cortar; *(shape)* tallar; **it was hewn from a single block of stone** fue tallado de una sola pieza de piedra

hexadecimal [heksə'desɪməl] *adj Comptr* hexadecimal ▫ ***h. system*** sistema *m* hexadecimal

hexagon ['heksəgən] *n* hexágono *m*

hexagonal [hek'sægənəl] *adj* hexagonal

hexameter [hek'sæmɪtə(r)] *n* hexámetro *m*

hey [heɪ] *exclam* ¡eh!; **h. presto!** ¡ale-hop!

heyday ['heɪdeɪ] *n* apogeo *m*; **in his/its h.** en su apogeo

HF (*abbr* **high frequency**) frecuencia *f* alta, HF

HGV [eɪtʃdʒiː'viː] *n Br* (*abbr* **heavy goods vehicle**) vehículo *m* de carga pesada

HI (*abbr* **Hawaii**) Hawai

hi [haɪ] *exclam Fam* ¡hola!

hiatus [haɪ'eɪtəs] *n (interruption)* interrupción *f*; *(blank space)* laguna *f* ▫ ***h. hernia*** hernia *f* de hiato

hibernate ['haɪbəneɪt] *vi* hibernar

hibernation [haɪbə'neɪʃən] *n* hibernación *f*

hibiscus [hɪ'bɪskəs] *n* hibisco *m*

hiccup, hiccough ['hɪkʌp] **1** *n* hipo *m*; *Fig (minor problem)* traspié m, desliz *m*; **to have (the) hiccups** tener hipo
2 *vi* (*pt & pp* **hiccupped**) *(repeatedly)* tener hipo; *(once)* hipar

hick [hɪk] *n US Fam Esp* paleto(a) *m,f*, *Esp* pueblerino(a) *m,f*, *Méx* paisa *mf*, *RP* pajuerano(a) *m,f*

hickey [hɪkɪ] (*pl* **hickeys**) *n US Fam* chupetón *m*, marca *f* (de un beso)

hickory ['hɪkərɪ] *n (tree, wood)* nogal *m* americano

hid [hɪd] *pt of* **hide**

hidden ['hɪdən] **1** *adj* oculto(a); **to be h.** estar oculto(a) ▫ ***h. agenda*** objetivo *m* secreto; *Comptr* ***h. file*** archivo *m or* fichero *m* oculto; *Comptr* ***h. text*** texto *m* oculto
2 *pp of* **hide**

hide[1] [haɪd] **1** *vt* (*pt* **hid** [hɪd], *pp* **hidden** ['hɪdən]) (**a**) *(conceal)* esconder (**from** de); **the town was hidden from view** no se podía ver el pueblo; **to h. oneself** esconderse; **to h. one's face in one's hands** taparse la cara con las manos; IDIOM **to h. one's light under a bushel** no hacer alardes de las propias cualidades (**b**) *(not reveal) (emotions, truth)* ocultar; **to h. the truth from sb** ocultarle la verdad a alguien; **to have nothing to h.** no tener nada que ocultar
2 *vi* esconderse (**from** de)
3 *n (for birdwatching)* puesto *m* de observación

▸**hide away 1** *vt* esconder; **to h. oneself away** esconderse
2 *vi* esconderse

▸**hide out** *vi* esconderse

hide[2] *n* (**a**) *(skin)* piel *f*; *Fam* **to tan sb's h.** dar una buena paliza *or Esp* tunda a alguien (**b**) IDIOMS **to save one's h.** salvar el pellejo; **I haven't seen h. nor hair of her** no le he visto el pelo

hide-and-seek [haɪdən'siːk] *n* escondite *m*, *Am* escondidas *fpl*; **to play h.** jugar al escondite

hideaway ['haɪdəweɪ] *n* escondite *m*, escondrijo *m*

hidebound ['haɪdbaʊnd] *adj (person, attitude)* rígido(a), inflexible

hideous ['hɪdɪəs] *adj* espantoso(a)

hideously ['hɪdɪəslɪ] *adv* espantosamente

hide-out ['haɪdaʊt] *n* guarida *f*, escondite *m*

hiding[1] ['haɪdɪŋ] *n* **to be in h.** estar en la clandestinidad; **to go into/come out of h.** pasar a/salir de la clandestinidad ▫ ***h. place*** escondite *m*

hiding[2] *n Fam (beating)* paliza *f*; **to give sb a h.** dar una paliza a alguien; IDIOM **to be on a h. to nothing** no tener nada que hacer, estar perdiendo el tiempo

hierarchical [haɪə'rɑːkɪkəl] *adj* jerárquico(a) ▫ *Comptr* ***h. file system*** sistema *m* de archivos jerárquicos; *Comptr* ***h. menu*** menú *m* jerárquico

hierarchically [haɪə'rɑːkɪkəlɪ] *adv* jerárquicamente

hierarchy ['haɪərɑːkɪ] *n* jerarquía *f*

hieroglyph ['haɪərəglɪf] *n* jeroglífico *m*

hieroglyphics [haɪərə'glɪfɪks] *npl* jeroglíficos *mpl*

hi-fi ['haɪ'faɪ] **1** *n* (**a**) *(stereo system)* equipo *m* de alta fidelidad (**b**) *(reproduction)* alta fidelidad *f*
2 *adj* de alta fidelidad ▫ ***h. system*** equipo *m* de alta fidelidad

higgledy-piggledy ['hɪgəldɪ'pɪgəldɪ] *adv Fam* de cualquier manera, a la buena de Dios

HIGH [haɪ] **1** *n* (**a**) *(peak)* punto *m* álgido; *Fam (from drugs)* colocón *m*; **to reach a new h.** *(in career, performance)* alcanzar nuevas cotas de éxito; *(of unemployment, inflation)* alcanzar un nuevo máximo *or* récord; **to be on a h.** *(from drugs)* estar colocado(a); *(from success)* estar ebrio(a) de triunfo; **highs and lows** altibajos *mpl*; **there have been more highs than lows** ha habido más momentos buenos que malos
(**b**) *Met (area of high pressure)* anticiclón *m*; *(highest temperature)* máxima *f*
(**c**) *Rel* **on h.** en el cielo; *Fig* **an order from on h.** una orden de arriba
2 *adj* (**a**) *(mountain, building)* alto(a); **how h. is it?** ¿qué altura tiene?; **it's 2 metres h.** tiene 2 metros de altura; **at h. altitude** a mucha altitud; **the sun was h. in the sky** el sol estaba alto; *Fig* **this reform is h. on the agenda** *or* **list** esta reforma es prioritaria; *Fig* **to get on one's h. horse about sth** echar un sermón sobre algo; *Fam* **to be left h. and dry** quedarse en la estacada ▫ ***h. board*** *(in diving)* palanca *f*; Sport ***h. diving*** salto *m* de trampolín; ***h. ground*** terreno *m* elevado; **to gain the moral h. ground** convertirse en una autoridad moral; ***h. heels*** tacones *mpl or Am* tacos *mpl* altos; ***h. jump*** salto *m* de altura, *Chile, Col* salto *m* alto, *RP* salto *m* en

alto; *Fig* **you'll be for the h. jump** *(will be punished)* te vas a enterar de lo que vale un peine; ***h. jumper*** saltador(ora) *m,f* de altura; ***the h. seas*** alta mar *f*; ***h. tide*** marea *f* alta; ***h. water mark*** *(on beach)* marca *f* de la marea alta; *Fig* cumbre *f*, cima *f*; ***h. wire*** cuerda *f* floja

(**b**) *(price, speed, number, score, standards)* alto(a), elevado(a); *(risk, danger)* grande; *(reputation)* bueno(a), excelente; **the h. quality of our products** la gran calidad de nuestros productos; **to be h. in calories/fibre** tener alto contenido calórico/en fibra; **we had h. hopes of winning** teníamos muchas esperanzas de ganar; **to have a h. opinion of sb** tener una buena opinión de alguien; *Pej* **to have a h. opinion of oneself** tener una alta opinión de sí mismo(a); **to hold sb in h. esteem** *or* **regard** tener a alguien en gran estima; **the total could be as h. as 150** el total podría alcanzar los 150; **at h. speed** a gran velocidad; **the figure is in the h. sixties** la cifra se acerca a setenta; **in h. spirits** muy animado(a) ▫ *US Aut* ***h. beam*** luces *fpl* de carretera; ***h. drama*** gran dramatismo *m*; ***h. explosive*** explosivo *m* de gran potencia; ***h. fidelity*** alta fidelidad *f*; ***h. jinks*** exaltación *f*; ***h. point*** *or* ***spot*** momento *m* culminante; *US Fam* ***h. roller*** *(gambler)* jugador(ora) *m,f*; ***the h. season*** la temporada alta; ***h. technology*** alta tecnología *f*; *Law* ***h. treason*** alta traición *f*; ***h. winds*** viento *m* fuerte

(**c**) *(rank, position)* elevado(a), alto(a); *(honour, award, priority)* alto(a); **to have a h. profile** ser muy prominente *or* destacado(a); **to act all h. and mighty** comportarse de forma arrogante; **I have it on the highest authority that...** sé de muy buena fuente que...; **to live the h. life** darse *or* pegarse la gran vida ▫ *Rel* ***h. altar*** altar *m* mayor; *Rel* ***H. Church*** = sección de la iglesia anglicana más próxima al catolicismo; *Mil* ***h. command*** alto mando *m*; ***H. Commission*** = embajada de un país de la Commonwealth en otro; ***H. Commissioner*** = embajador de un país de la Commonwealth en otro; ***H. Court*** Tribunal *m* Supremo; ***h. fashion*** alta costura *f*; ***h. finance*** altas finanzas *fpl*; ***H. Mass*** misa *f* solemne; ***h. office:* the pressures of h. office** las presiones de ocupar un alto cargo; ***h. priest*** sumo sacerdote *m*; ***h. priestess*** suma sacerdotisa *f*; ***h. school*** *(in US)* instituto *m* de enseñanza secundaria *(de 14 a 18 años)*; *(in UK)* instituto *m* de enseñanza secundaria *(de 11 a 18 años)*; ***h. society*** alta sociedad *f*; ***h. street*** calle *f* principal

(**d**) *(forehead)* amplio(a), ancho(a); **to have h. cheekbones** tener los pómulos salientes

(**e**) *(river)* crecido(a), alto(a)

(**f**) *(in tone, pitch)* agudo(a); *Fig* **h. note** *(of career, performance)* punto *m* culminante

(**g**) *(of time)* **it's h. time you got yourself a job** ya es hora de que te busques un trabajo ▫ ***h. noon*** *(midday)* mediodía *m*; ***h. summer*** pleno verano *m*; *Br* ***h. tea*** merienda *f* cena

(**h**) *Comptr* ***h. memory*** memoria *f* alta; ***h. resolution*** alta resolución *f*

(**i**) *(meat)* pasado(a)

(**j**) *Fam* **to be h.** *(on drugs)* estar colocado(a) *or RP* entregado(a); *Fig (on success, excitement)* estar eufórico(a) (**on** de); **to be as h. as a kite** *(from drugs)* estar totalmente colocado, tener un colocón tremendo; **to get h. (on sth)** *(on drugs)* colocarse de algo, agarrar un colocón de algo; *Fig (on success)* ponerse como una moto (con algo)

3 *adv* (**a**) *(with position) (to jump)* alto; **the plate was piled h. with cakes** el plato estaba lleno a rebosar de pasteles; **the building rose h. above them** el edificio se elevaba hasta el cielo ante ellos; **prices have risen higher than ever before** los precios han subido más que nunca; *Fig* **to aim h.** apuntar alto, ponerse metas altas; **to be h. up** *(above ground)* estar muy alto(a); *(in organization)* ocupar un puesto importante; **to hunt h. and low for sth** buscar algo por todas partes; **feelings were running h.** los ánimos estaban exaltados *or* caldeados

(**b**) *Mus* **to sing h.** cantar en tono agudo

---

highball ['haɪbɔ:l] *n US* highball *m* ▫ ***h. glass*** vaso *m* alto *or Esp* de tubo

high-born ['haɪbɔ:n] *adj* de alta alcurnia

highbrow ['haɪbraʊ] **1** *n* intelectual *mf*
2 *adj (tastes, movie, novel)* intelectual, culto(a)

highchair ['haɪtʃeə(r)] *n* trona *f*

high-class [haɪ'klɑ:s] *adj (of high quality)* de (alta) categoría; *(person)* de clase alta

high-definition [haɪdefɪ'nɪʃən] *adj* de alta definición ▫ ***h. graphics*** gráficos *mpl* de alta definición; ***h. screen*** pantalla *f* de alta definición; ***h. television*** televisión *f* de alta definición

high-density [haɪ'densɪtɪ] *adj Comptr* de alta densidad

high-end ['haɪend] *adj Comptr* de gama alta

Higher ['hɑɪə(r)] *n Scot Sch* = examen final de los estudios preuniversitarios

higher education ['haɪəredjʊ'keɪʃən] *n* enseñanza *f* superior

highfalutin [haɪfə'lu:tɪn] *adj Fam* pretencioso(a), creído(a)

high-five [haɪfaɪv] *n US Fam* palmada *f* en el aire *(saludo entre dos)*

high-flier, high-flyer ['haɪ'flaɪə(r)] *n (successful person)* persona *f* brillante y ambiciosa

high-flown [haɪ'fləʊn] *adj (language)* altisonante, pomposo(a)

high-flying ['haɪ'flaɪɪŋ] *adj* brillante y ambicioso(a)

high-frequency [haɪ'fri:kwənsɪ] *adj* de alta frecuencia

high-handed [haɪ'hændɪd] *adj* despótico(a)

high-heeled ['haɪ'hi:ld] *adj* de tacón or *Am* taco alto

highland ['haɪlənd] *adj* de montaña ▫ ***H. cattle*** = raza de ganado vacuno escocés de pelo largo rojizo y largos cuernos; ***H. fling*** = danza individual de ritmo vivo originaria de las Tierras Altas escocesas; ***H. games*** = fiesta al aire libre con concursos de música tradicional, deportes rurales, etc., que se celebra en distintas localidades escocesas

Highlander ['haɪləndə(r)] *n (Scottish)* habitante *mf* de las Tierras Altas de Escocia

Highlands ['haɪləndz] *npl* **the H.** *(of Scotland)* las Tierras Altas de Escocia; **the Kenyan/Guatemalan H.** las zonas montañosas *or* tierras altas de Kenia/Guatemala

high-level ['haɪlevəl] *adj* (**a**) *(talks, delegation)* de alto nivel (**b**) *Comptr* ***h. format*** formateado *m* de alto nivel; ***h. language*** lenguaje *m* de alto nivel

highlight ['haɪlaɪt] **1** *n* (**a**) *(of performance, career)* momento *m* cumbre; **highlights** *(of match)* (repetición *f* de las) jugadas *fpl* más interesantes, mejores momentos *mpl* (**b**) *(in hair)* **highlights** reflejos *mpl*, mechas *fpl*
2 *vt* (**a**) *(problem, difference)* destacar (**b**) *(with pen)* resaltar *(con rotulador fluorescente)*

highlighter ['haɪlaɪtə(r)] *n (pen)* rotulador *m* fluorescente, *Col, RP* resaltador *m*, *Méx* marcador *m*

highly ['haɪlɪ] *adv* (**a**) *(very)* muy; **h. dangerous** muy peligroso(a), tremendamente peligroso(a); **h. intelligent** muy inteligente, enormemente inteligente; **h. paid** (muy) bien pagado(a); **it is h. recommended** es altamente recomendable; **h. seasoned** muy condimentado(a); **to be h. strung** ser muy nervioso(a) (**b**) *(well)* **to think h. of sb** tener buena opinión de alguien; **to speak h. of sb/sth** hablar bien de alguien/algo

high-minded ['haɪ'maɪndɪd] *adj* noble, elevado(a)

Highness ['haɪnɪs] *n* **His/Her Royal H.** Su Alteza Real

high-octane [haɪ'ɒkteɪn] *adj* de alto octanaje

high-pitched ['haɪpɪtʃt] *adj* agudo(a)

high-powered ['haɪ'paʊəd] *adj* (**a**) *(engine, car, telescope)* potente, de gran potencia (**b**) *(person, job)* de altos vuelos

high-pressure ['haɪ'preʃə(r)] *adj* (**a**) *(substance, container)* a gran presión (**b**) *(sales campaign)* agresivo(a)

high-profile ['haɪ'prəʊfaɪl] *adj* (**a**) *(person)* prominente, destacado(a) (**b**) *(campaign)* de gran alcance

high-rise ['haɪ'raɪz] **1** *n (block of flats)* bloque *m*, torre *f*
2 *adj* ***h. building*** bloque *m*, torre *f*

high-risk ['haɪrɪsk] *adj (strategy, investment)* de alto riesgo

highroad ['haɪrəʊd] *n Old-fashioned* carretera *f* principal; *Fig* **the h. to success** la vía directa hacia el éxito

high-roast [haɪ'rəʊst] *adj (coffee)* torrefacto(a)

high-speed ['haɪ'spi:d] *adj* de alta velocidad

high-spirited [haɪ'spɪrɪtɪd] *adj* radiante, exultante

high-street ['haɪstri:t] *adj Br* **h. banks** bancos *mpl* comerciales; **h. shops** las tiendas principales del centro de la ciudad

hightail ['haɪteɪl] *vt US Fam* **to h. it** largarse corriendo, *Esp, RP* pirarse, pirárselas; **he hightailed it home/out of there** se largó a su casa/de allí corriendo

high-tech ['haɪ'tek] *adj* de alta tecnología

high-up ['haɪʌp] *adj Fam* importante

high-voltage ['haɪ'vɒltɪdʒ] *adj* de alta tensión, de alto voltaje

high-water [haɪ'wɔ:tə(r)] *n* marea *f* alta ❑ ***h. mark*** *(of tide)* nivel *m* de pleamar; *(of river)* nivel *m* de crecida

highway ['haɪweɪ] *n* **(a)** *US (freeway)* autopista *f*; IDIOM **it's h. robbery!** ¡es un atraco a mano armada! ❑ ***h. patrol*** (patrulla *f* de) policía de *f* autopista **(b)** *Br Formal (road)* carretera *f*; *Fig* **to travel the highways and byways** recorrer hasta el último camino ❑ ***H. Code*** código *m* de la circulación

highwayman ['haɪweɪmən] *n* bandolero *m*, salteador *m* de caminos

hijack ['haɪdʒæk] *vt* **(a)** *(vehicle)* secuestrar **(b)** *(campaign, public meeting)* apropiarse de

hijacker ['haɪdʒækə(r)] *n* secuestrador(ora) *m,f*

hijacking ['haɪdʒækɪŋ] *n* secuestro *m*

hike [haɪk] **1** *n* **(a)** *(walk)* excursión *f*, caminata *f*; **to go on** *or* **for a h.** darse una caminata; *Fam Fig* **go take a h.!** ¡vete a paseo *or* al diablo! **(b)** *(in prices)* subida *f*

2 *vt (prices)* subir

3 *vi (walk)* caminar

hiker ['haɪkə(r)] *n* excursionista *mf*, senderista *mf*

hiking ['haɪkɪŋ] *n* senderismo *m*, excursionismo *m*; **to go h.** hacer senderismo *or* excursionismo ❑ ***h. boots*** botas *fpl* de excursionismo

hilarious [hɪ'leərɪəs] *adj* divertidísimo(a), tronchante

hilariously [hɪ'leərɪəslɪ] *adv* **h. funny** divertidísimo(a), tronchante

hilarity [hɪ'lærɪtɪ] *n* hilaridad *f*

hill [hɪl] *n* **(a)** *(small mountain)* colina *f*, monte *m*; IDIOM **to be over the h.** *(past one's best)* no estar ya para muchos trotes **(b)** *(slope)* cuesta *f*; **to go down/up the h.** ir cuesta abajo/arriba

hillbilly ['hɪlbɪlɪ] *n US Pej* palurdo(a) *m,f* de la montaña

hilliness ['hɪlɪnɪs] *n* carácter *m* accidentado *or* montañoso

hillock ['hɪlək] *n* cerro *m*, collado *m*

hillside ['hɪlsaɪd] *n* ladera *f*

hilltop ['hɪltɒp] *n* cima *f*, cumbre *f*

hill-walker ['hɪlwɔ:kə(r)] *n* senderista *mf*

hill-walking ['hɪlwɔ:kɪŋ] *n* senderismo *m*

hilly ['hɪlɪ] *adj (with hills)* con muchas colinas; *(with mountains)* accidentado(a), montañoso(a)

hilt [hɪlt] *n (of sword, dagger)* puño *m*, empuñadura *f*; **to back sb to the h.** *(support)* apoyar sin reservas a alguien

HIM [hɪm] *pron* **(a)** *(direct object)* lo; **I hate h.** lo odio; **I like h.** me gusta; **kill h.!** ¡mátalo!; **I can forgive his son but not HIM** puedo perdonar a su hijo, pero no a él

(b) *(indirect object)* le; **I gave h. the book** le di el libro; **I gave it to h.** se lo di; **give it to h.** dáselo (a él)

(c) *(after preposition)* él; **I talked to h.** hablé con él; **his mother lives near h.** su madre vive cerca de él; **it was meant for you, not for HIM** iba dirigido a ti, no a él

(d) *(as complement of verb* **to be***)* él; **it's h.!** ¡es él!; **it was h. who did it** es él el que lo hizo; *Fam* **the coat isn't really h.** el abrigo no va mucho con él

---

Himalayan [hɪmə'leɪən] *adj* himalayo(a)

Himalayas [hɪmə'leɪəz] *npl* **the H.** el Himalaya

himself [hɪm'self] *pron* **(a)** *(reflexive)* se; **he hurt h.** se hizo daño; **he feels h. again** vuelve a sentirse el de siempre **(b)** *(emphatic)* él mismo; **he told me h.** me lo dijo él mismo; **he's not h. today** hoy está un poco raro **(c)** *(after preposition)* él; **he lives by h.** vive solo; **he did it all by h.** lo hizo él mismo *or* él solo; **he bought it for h.** se lo compró para él; **he talks to h.** habla solo; **"how unfair!" he thought to h.** "¡qué injusto!" pensó para sus adentros

hind¹ [haɪnd] *adj* trasero(a), de atrás; **h. legs** patas *fpl* traseras; *Fam* **she could talk the h. legs off a donkey** habla como una cotorra, habla por los codos

hind² *n (female deer)* cierva *f*

hinder ['hɪndə(r)] *vt (person)* estorbar; *(movements, operation, negotiations)* entorpecer; **his shyness hindered him from making friends** su timidez le impedía hacer amigos

Hindi ['hɪndɪ] *n* hindi *m*

hindquarters ['haɪndkwɔ:təz] *npl* cuartos *mpl* traseros

hindrance ['hɪndrəns] *n (person)* estorbo *m*; *(thing)* impedimento *m*, traba *f*

hindsight ['haɪndsaɪt] *n* retrospección *f*; **with the benefit** *or* **wisdom of h.** con la perspectiva que da el tiempo

Hindu ['hɪndu:] *n & adj* hindú *mf*

Hinduism ['hɪndu:ɪzəm] *n* hinduismo *m*

hinge [hɪndʒ] *n* bisagra *f* ❑ ***h. joint*** (articulación *f* de) charnela *f*

▸**hinge on, hinge upon** *vt insep (depend on)* depender de

hint [hɪnt] **1** *n* **(a)** *(allusion)* indirecta *f*, insinuación *f*; **to give** *or* **drop sb a h.** lanzar a alguien una indirecta; **to be able to take a h.** saber pillar *or Esp* coger *or Am* agarrar una indirecta **(b)** *(sign, trace)* rastro *m*; **not a h. of surprise** ni un asomo de sorpresa; **a h. of garlic** un ligero gusto a ajo **(c)** *(piece of advice)* consejo *m*; **to give sb a h.** dar a alguien una pista

2 *vt* **to h. that...** insinuar que...

▸**hint at** *vt insep* aludir a, hacer alusión a

hinterland ['hɪntəlænd] *n* región *f* interior

hip¹ [hɪp] *n* cadera *f* ❑ ***h. bath*** baño *m* de asiento; ***h. bone*** hueso *m* de la cadera; ***h. flask*** petaca *f*; ***h. joint*** articulación *f* de la cadera; ***h. pocket*** bolsillo *m* trasero

hip² *adj Fam (trendy)* moderno(a), *Esp* a la última, *Am* de onda

hip-hop ['hɪphɒp] *n Mus* hip-hop *m*

hippie = **hippy**

hippo ['hɪpəʊ] (*pl* **hippos**) *n Fam* hipopótamo *m*

hippocampus [hɪpəʊ'kæmpəs] (*pl* **hippocampi** [hɪpəʊ'kæmpaɪ]) *n Anat* hipocampo *m*

Hippocratic oath [hɪpə'krætɪk'əʊθ] *n* juramento *m* hipocrático

hippopotamus [hɪpə'pɒtəməs], (*pl* **hippopotami** [hɪpə'pɒtəmaɪ]) *n* hipopótamo *m*

hippy, hippie ['hɪpɪ] *n* hippy *mf*

hipsters ['hɪpstəz] *npl* pantalones *mpl* de cintura baja, pantalones *mpl* por la cadera

hire ['haɪə(r)] **1** *n Br (of car, room)* alquiler *m*; **for h.** *(taxi)* libre; **bicycles for h.** *(sign)* se alquilan *or Méx* rentan bicicletas ❑ ***h. car*** coche *m or Am* carro *m or Chile, RP* auto *m* de alquiler

2 *vt (car, room)* alquilar, *Am* rentar; *(lawyer, worker)* contratar

▸**hire out** *vt sep Br (boat, bicycle)* alquilar, *Méx* rentar; *(one's services)* ofrecer

hired ['haɪəd] *adj (car, suit)* alquilado(a) ❑ ***h. hand*** *(on farm)* jornalero(a) *m,f*

hireling ['haɪəlɪŋ] *n Pej* mercenario(a) *m,f*

hire-purchase ['haɪə'pɜ:tʃɪs] *n Br Com* compra *f* a plazos; **to buy sth on h.** comprar algo a plazos ❑ ***h. agreement*** contrato *m* de compra a plazos

hirsute ['hɜ:sju:t] *adj Literary* hirsuto(a)

his [hɪz] **1** *possessive adj* **(a)** *(singular)* su; *(plural)* sus; **h. dog** su perro; **h. parents** sus padres; **I took h. car** tomé su coche; *(contrasting with hers or theirs)* tomé el coche de él; **what's h. name?** ¿cómo se llama?; **it wasn't HIS idea!** ¡no fue idea suya!; **they were upset at h. mentioning it** les sentó mal que lo mencionara; **that wasn't h. understanding** no lo entendió así

(b) *(for parts of body, clothes)* **h. eyes are blue** tiene los ojos azules; **he hit h. head** se dio un golpe en la cabeza; **he washed h. face** se lavó la cara; **he put h. hands in h. pockets** se metió las manos en los bolsillos

2 *possessive pron* **(a)** *(singular)* el suyo *m*, la suya *f*; *(plural)* los suyos *mpl*, las suyas *fpl*; *(to distinguish)* el/la/los/las de él; **my house is big but h. is bigger** mi casa es grande, pero la suya es mayor; **she didn't have a book so I gave her h.** ella no tenía libro, así que le di el de él; **it wasn't her fault, it was HIS** no fue culpa de ella, sino de él; **h. is the work I admire most** su obra es la que más admiro

(b) *(used attributively) (singular)* suyo(a); *(plural)* suyos(as); **this book is h.** este libro es suyo; **a friend of h.** un amigo suyo

Hispanic [hɪs'pænɪk] **1** *n US* hispano(a) *m,f*

2 *adj* hispánico(a), hispano(a)

hispanicize [hɪs'pænɪsaɪz] *vt* hispanizar

Hispanist ['hɪspənɪst], **Hispanicist** [hɪs'pænɪsɪst] *n* hispanista *mf*

Hispanophile [hɪs'pænəfaɪl] *n* hispanófilo(a) *m,f*

hiss [hɪs] **1** *n* (**a**) *(sound)* silbido *m* (**b**) *(to express disapproval)* siseo *m*

2 *vt* sisear; **"come here!" he hissed** "¡ven aquí!" dijo bisbiseando

3 *vi* (**a**) *(of snake, steam)* silbar (**b**) *(expressing disapproval)* chistar

histamine ['hɪstəmi:n] *n Biochem* histamina *f*

histogram ['hɪstəgræm] *n* histograma *m*

histology [hɪ'stɒlədʒɪ] *n* histología *f*

historian [hɪs'tɔ:rɪən] *n* historiador(ora) *m,f*

historic [hɪs'tɒrɪk] *adj* histórico(a); **a h. event** un acontecimiento *or* hecho histórico

historical [hɪs'tɒrɪkəl] *adj* histórico(a)

historically [hɪs'tɒrɪklɪ] *adv* históricamente

historiography [hɪstɒrɪ'ɒgrəfɪ] *n* historiografía *f*

history ['hɪstərɪ] *n* historia *f*; **to go down in h. as...** pasar a (los anales de) la historia como...; *Fig* **that's h.** eso pasó a la historia; **to have a h. of...** *Med* tener precedentes en el historial clínico de...; *(by reputation)* tener un largo historial de...; IDIOM *Fam* **you're h.!** ¡de ésta no te salva nadie!, ¡estás perdido, amigo! ❑ ***h. book*** libro *m* de historia; ***h. teacher*** profesor(ora) *m,f* de historia

histrionic [hɪstrɪ'ɒnɪk] *adj Pej* histriónico(a), teatral

histrionics [hɪstrɪ'ɒnɪks] *npl Pej* histrionismo *m*, teatralidad *f*

HIT [hɪt] **1** *n* (**a**) *(blow)* golpe *m*; *(in American football, rugby)* placaje *m*; *(in fencing)* tocado *m*; *(in shooting)* impacto *m*; **to score a direct h.** dar de lleno en el blanco; **the air base took a direct h.** la bomba alcanzó directamente a la base aérea

(**b**) *(in baseball)* hit *m*, batazo *m* de base

(**c**) *(success)* éxito *m*; *(record)* (disco *m* de) éxito *m*; **she had two top-ten hits** dos de sus discos estuvieron entre los diez más vendidos; **Bananarama's Greatest Hits** los grandes éxitos de Bananarama; **the canapés were a real h.** los canapés fueron todo un éxito; **you were a real h. with my friends** le caíste fenomenal a mis amigos ❑ *Old-fashioned* ***h. parade*** lista *f* de éxitos

(**d**) *Comptr* acceso *m*, visita *f*; **this Web site counted 20,000 hits last week** 20.000 personas han visitado esta página web durante la semana pasada

(**e**) *Fam (murder)* asesinato *m* ❑ ***h. list*** lista *f* negra; ***h. man*** asesino *m* a sueldo; ***h. squad*** banda *f* de asesinos

(**f**) *very Fam (of drug) (puff)* tiro *m*, *Méx* fumada *f*, *RP* pitada *f*; *(injection)* pico *m*, *RP* pichicata *f*

2 *adj (successful)* de mucho éxito; **h. record** (disco *m* de) éxito *m*

3 *vt (pt & pp* **hit***)* (**a**) *(of person)* golpear; **he hits his wife** pega a su mujer; **to h. one's hand (on sth)** darse un golpe en la mano (con algo); **he h. me in the face** me pegó en la cara; **to h. a ball** golpear una pelota/bola; **to h. a home run** *(in baseball)* hacer un home-run; *Fig* **he didn't know what had h. him** no sabía lo que le pasaba; *Fig* **to h. sb when they are down** ensañarse con alguien; *Fig* **to h. sb where it hurts** dar a alguien donde más le duele; IDIOM **to h. the nail on the head** dar en el clavo; **to h. the ceiling** *or* **the roof** *(lose one's temper)* ponerse hecho(a) una furia

(**b**) *(of vehicle) (tree, bus)* chocar contra; *(person)* atropellar; **the boat h. a reef** el barco chocó contra un arrecife

(**c**) *(reach) (target)* alcanzar; **his shot h. the post** su disparo dio en el poste; **the bullet h. him in the leg** la bala le dio en *or* le alcanzó la pierna; **the air base was h. by the bomb** la bomba alcanzó la base aérea; **to h. a note** llegar a *or* dar una nota; **to h. the jackpot** ganar el premio gordo; **his insult h. the mark** su insulto dio en el blanco; *Fam* **that whisky really h. the spot!** este whisky es justo lo que necesitaba

(**d**) *(arrive at) (barrier, difficulty)* toparse *or* encontrarse con; **we h. the outskirts of Paris just after dawn** llegamos a las afueras de París justo después del amanecer; **the typhoon h. the capital at midday** el tifón alcanzó la ciudad a mediodía; **the circus hits town tomorrow** el circo llega mañana a la ciudad; **it hits the shops next week** estará a la venta la próxima semana; **to h. 90 (miles an hour)** alcanzar las 90 millas por hora; **to have h. an all-time low** *(of investment)* haber alcanzado un mínimo histórico; *Fig (of relationship)* estar por los suelos; *Fam* **to h. the big time** alcanzar la fama; *Fig* **to h. the ground running** empezar con brío; **to h. the headlines** salir en en los titulares; *Fam* **to h. the road** *(leave)* ponerse en marcha, largarse

(**e**) *(affect)* afectar; **to be hard h. by...** verse muy afectado(a) por...; **the worst h. areas** las áreas más afectadas

(**f**) *(operate) (button, switch)* darle a; *Comptr (key)* pulsar; **to h. the brakes** pisar el freno

(**g**) *(occur to)* **it suddenly h. me that...** de repente me di cuenta de que...; **the solution suddenly h. me** de repente se me ocurrió la solución, de repente di con la solución

(**h**) *Fam (murder) Esp* cargarse a, *Méx* echarse a, *RP* amasijar a

4 *vi* (**a**) *(strike)* golpear

(**b**) *(collide)* estrellarse, chocar

(**c**) *(reach target) (bullet, bomb)* dar en el blanco

(**d**) *(arrive)* llegar; **the hurricane h. at midday** el huracán llegó a mediodía; **the full implications only h. home later** no nos dimos cuenta de todas las consecuencias hasta más tarde

▸**hit back 1** *vt sep* **to h. sb back** devolver el golpe a alguien

2 *vi (return blow)* devolver el golpe; *Fig (with answer, accusation, criticism)* responder (**at** a)

▸**hit off** *vt sep Fam* **to h. it off** caerse bien; **I didn't h. it off with them** no nos caímos bien

▸**hit on** *vt insep* (**a**) *(idea, solution)* dar con (**b**) *US Fam (woman)* intentar ligar con

▸**hit out** *vi (physically)* lanzar golpes (**at** contra); *(verbally)* lanzar ataques (**at** contra)

▸**hit up** *vt sep US Fam* **she h. me up for $10** me sacó 10 dólares

▸**hit upon** = **hit on**

hit-and-miss = **hit-or-miss**

hit-and-run ['hɪtən'rʌn] *adj* **he was knocked down in a h. accident** lo atropelló un coche que se dio a la fuga ❑ ***a h. driver*** = conductor que huye tras atropellar a alguien

hitch [hɪtʃ] **1** *n* (**a**) *(difficulty)* contratiempo *m*; **without a h.** sin ningún contratiempo (**b**) *(knot)* nudo *m*

2 *vt* (**a**) *(attach)* enganchar (**to** a); *Fam* **to get hitched** *(marry)* casarse (**b**) *Fam* **to h. a lift to...** ir en autoestop *or* a dedo a..., *CAm, Méx, Perú* irse en aventón a...

3 *vi Fam* hacer autoestop *or* dedo, *CAm, Méx, Perú* pedir un aventón

▸**hitch up** *vt sep (trousers, skirt)* subirse

hitchhike ['hɪtʃhaɪk] *vi* hacer autoestop

hitchhiker ['hɪtʃhaɪkə(r)] *n* autoestopista *mf*

hi-tech ['haɪ'tek] *adj* de alta tecnología

hither ['hɪðə(r)] *adv Literary* acá; **h. and thither** de acá para allá

hitherto ['hɪðə'tu:] *adv Formal* hasta la fecha

hitman [hɪtmæn] *n Fam* asesino *m* a sueldo

hit-or-miss ['hɪtɔ:'mɪs], **hit-and-miss** [hɪtən'mɪs] *adj* azaroso(a), al tuntún; **it's all a bit h.** todo sale un poco a la buena de Dios

HIV [eɪtʃaɪ'vi:] *n (abbr* **human immunodeficiency virus***)* VIH *m*, virus *m inv* de la inmunodeficiencia humana; **to be H. positive/negative** ser/no ser seropositivo(a)

hive [haɪv] *n* colmena *f*; *Fig* **a h. of activity** un hervidero de actividad

▸**hive off** *vt sep (sell)* desprenderse de

hives [haɪvz] *n Med* urticaria *f*

hiya [haɪjə] *exclam Fam* ¡hola!, ¿qué hay?

HM [eɪtʃ'em] *(abbr* **Her/His Majesty***)* S. M.

HMG [eɪtʃem'dʒi:] *n Br (abbr* **Her/His Majesty's Government***)* el Gobierno de Su Majestad

HMI [eɪtʃem'aɪ] *n Educ Formerly* (**a**) *(abbr* **Her/His Majesty's Inspectorate***)* = organismo británico de inspección de enseñanza (**b**) *(abbr* **Her/His Majesty's Inspector***)* inspector(ora) *m,f* de enseñanza

HMS [eɪtʃem'es] *n Naut (abbr* **Her/His Majesty's Ship***)* = título que precede a los nombres de buques de la marina británica

HMSO [eɪtʃemes'əʊ] *n Br Formerly (abbr* **Her/His Majesty's Stationery Office***)* = imprenta *f* del Estado

HNC [eɪtʃen'si:] *n Br Educ (abbr* **Higher National Certificate***)* = título de escuela técnica de grado medio (un año)

HND [eɪtʃen'di:] *n Br Educ (abbr* **Higher**

National Diploma) = título de escuela técnica de grado superior (dos años)

hoard [hɔ:d] *n* **1** *(of food)* provisión *f*; *(of money)* montón *m*
2 *vt (food)* hacer acopio de; *(money)* atesorar

hoarder ['hɔ:də(r)] *n* acaparador(ora) *m,f*

hoarding ['hɔ:dɪŋ] *n* (**a**) *(of food, money)* acaparamiento *m*, acopio *m* (**b**) *Br (display board)* valla *f* publicitaria (**c**) *(temporary fence)* valla *f* (provisional)

hoarfrost ['hɔ:frɒst] *n* escarcha *f*

hoarse [hɔ:s] *adj* ronco(a); **to be h.** quedarse ronco(a)

hoarsely ['hɔ:slɪ] *adv* con la voz ronca

hoary ['hɔ:rɪ] *adj* (**a**) *(white)* canoso(a) (**b**) *(old)* viejo(a)

hoax [həʊks] **1** *n* engaño *m*; **to play a h. on sb** engañar a alguien ▫ ***h. caller*** = persona que realiza falsas alarmas por teléfono
2 *vt* engañar

hoaxer ['həʊksə(r)] *n* bromista *mf*

hob [hɒb] *n (on electric cooker)* placa *f*, fuego *m*; *(on hearth)* plancha *f*

hobble ['hɒbəl] *vi* cojear

hobby ['hɒbɪ] *n* afición *f*, hobby *m*

hobbyhorse ['hɒbɪhɔ:s] *n* (**a**) *(toy)* caballito *m* de juguete (**b**) *(favourite subject)* tema *m* favorito; **he's off on his h. again** ya está con la misma cantinela *or* canción de siempre

hobgoblin [hɒb'gɒblɪn] *n* diablillo *m*, duende *m*

hobnail(ed) boot ['hɒbneɪl(d)'bu:t] *n* bota *f* de suela claveteada

hobnob ['hɒbnɒb] *(pt & pp* **hobnobbed**) *vi Fam* **to h. with sb** codearse con alguien

hobo ['həʊbəʊ] *(pl* **hoboes** *or* **hobos**) *n US (tramp)* vagabundo(a) *m,f*, indigente *mf*; *(worker)* peón *m*, jornalero(a) *m,f*

Hobson's choice ['hɒbsənz'tʃɔɪs] *n* **it's H.** no hay otra elección, *Esp* esto son lentejas (si quieres las tomas, si no, las dejas)

hock¹ [hɒk] *n (wine)* = vino blanco alemán del valle del Rin

hock² *Fam* **1** *n* **in h.** empeñado(a); **to be in h. to the bank** tener una deuda con el banco
2 *vt* empeñar

hockey ['hɒkɪ] *n Br (on grass)* hockey *m* (sobre hierba); *US (on ice)* hockey (sobre hielo) ▫ ***h. pitch*** campo *m* de hockey; ***h. stick*** stick *m*, palo *m* de hockey

hocus-pocus ['həʊkəs'pəʊkəs] *n* camelo *m*, embaucamiento *m*

hoe [həʊ] **1** *n* azada *f*, azadón *m*
2 *vt* remover con la azada

hod [hɒd] *n* = artesa abierta por los lados utilizada para acarrear ladrillos

Hodgkin's disease ['hɒdʒkɪnzdɪzi:z], **Hodgkin's lymphoma** ['hɒdʒkɪnzlɪm'fəʊmə] *n* linfoma *m* de Hodgkin

hoedown ['həʊdaʊn] *n US* contradanza *f*

hog [hɒg] **1** *n* (**a**) *(pig)* cerdo *m*, puerco *m*, *Am* chancho *m* (**b**) *(glutton)* glotón(ona) *m,f* (**c**) *US Fam (motorbike)* motaza *f*, moto *f* grande (**d**) IDIOMS **to go the whole h.** *(be extravagant)* tirar *or Am* botar la casa por la ventana; *US Fam* **to live high on the h.** vivir a todo lujo *or* tren, pegarse la vida padre; *US Fam* **to be in h. heaven** estar más contento que un chico con zapatos nuevos *or Esp* que unas castañuelas
2 *vt (pt & pp* **hogged**) *Fam* acaparar

Hogmanay [hɒgmə'neɪ] *n Scot* Nochevieja *f*

hogshead ['hɒgzhed] *n* tonel *m*

hogtie ['hɒgtaɪ] *vt US also Fig* atar de pies y manos

hogwash ['hɒgwɒʃ] *n Fam* sandeces *fpl*, tonterías *fpl*; **that's a load of h.!** ¡eso es una sandez!, ¡eso no son más que tonterías!

hoi(c)k [hɔɪk] *vt Br Fam* levantar de golpe

hoi polloi [hɔɪpə'lɔɪ] *n* **the h.** el populacho, la plebe

hoist [hɔɪst] **1** *n (device)* aparejo *m* para izar
2 *vt (equipment, person)* subir, izar; *(flag, sail)* izar; IDIOM **she was h. with her own petard** le salió el tiro por la culata

hoity-toity ['hɔɪtɪ'tɔɪtɪ] *adj Fam* creído(a), presumido(a)

hokum ['həʊkəm] *n US Fam* (**a**) *(nonsense) Esp* majaderías *fpl*, *Am* pendejadas *fpl* (**b**) *(sentimental or unreal play, movie)* cursilería *f*, *Esp* ñoñez *f*

HOLD [həʊld] **1** *n* (**a**) *(grip)* **to catch** *or* **take h. of** agarrarse a; **get h. of the other end of the table** sujeta *or Esp* coge el otro extremo de la mesa; **to have h. of sth** tener algo *Esp* cogido *or Am* agarrado; **to keep h. of sth** no soltar algo; **to let go one's h. on sth** soltar algo; **he lost h. of the rope** se le escapó la cuerda; **to loosen one's h. on sth** aflojar la presión sobre algo; **to tighten one's h. on sth** apretar más algo; *Fig* **to get h. of sb** *(make contact with)* localizar a alguien; *Fig* **to get h. of sth** *(obtain)* hacerse con algo; **to lose one's h. on reality** perder el contacto con la realidad
(**b**) *(place to grip) (when climbing)* agarre *m*, apoyo *m*
(**c**) *(in wrestling)* llave *f*; *Fig* **no holds barred** sin límites; *Fig* **there were no holds barred in the election campaign** la campaña electoral fue una batalla campal
(**d**) *(control)* control *m* (**on** sobre); **to have a h. on** *or* **over sb** tener poder sobre alguien; **to keep a h. on sth** contener algo; **the fire was beginning to take h.** el incendio estaba empezando a extenderse
(**e**) *(of ship)* bodega *f*
(**f**) **on hold** *adv* **to put sth on h.** suspender algo temporalmente; *Tel* **to put sb on h.** poner a alguien a la espera
2 *vt (pt & pp* **held** [held]) (**a**) *(grip)* coger, sujetar, *Am* agarrar; *(embrace)* abrazar; **h. this!** ¡sujeta esto!; **he held the baby in his arms** sostuvo al bebé *or Andes* a la guagua *or RP* al nene en brazos; **she held a knife (in her hand)** tenía un cuchillo en la mano; **they held hands** estaban agarrados de la mano; **to h. one's head in dismay** hundir la cara entre las manos consternado(a); **to h. one's nose** taparse la nariz; **to h. sth in position** *or* **place** sujetar algo sin que se mueva; **he held the door open for her** le sujetó la puerta para que pasara; **to h. sth/sb tight** coger *or* sujetar algo/a alguien fuerte; *Aut* **to h. the road well** tener buen agarre, agarrarse a la carretera
(**b**) *(carry, support)* **the chair couldn't h. his weight** la silla no resistió su peso; **to h. one's head high** llevar la cabeza bien alta; **to h. oneself well** mantenerse erguido(a)
(**c**) *(keep) (ticket, room)* guardar, reservar; *(parliamentary seat)* mantener; **to h. one's position/course** mantener la posición/el rumbo; **we h. details of all our customers** tenemos detalles de todos nuestros clientes; **to h. sb's interest/attention** mantener el interés/la atención de alguien; **we held them to a draw** les sacamos un empate; **to h. sb to his promise** hacer que alguien cumpla su promesa; **I'll h. you to that!** ¡lo prometido es deuda!, ¡te lo recordaré!; *Mus* **to h. a note** sostener una nota; **to h. one's ground** mantenerse en sus trece; *Tel* **h. the line** espere un momento, no cuelgue; **to h. one's own** defenderse (bien); **to h. one's own against sb** no desmerecer frente a alguien
(**d**) *(keep against will)* retener, tener; **to h. sb prisoner/hostage** tener a alguien prisionero/como rehén; **the police are holding him for questioning** la policía lo tiene retenido para interrogarlo; *Mil* **to h. a town** tener tomada una ciudad
(**e**) *(contain)* contener; **the stadium holds over 50,000** el estadio tiene capacidad *or* cabida para más de 50.000 espectadores; **will this box h. all our things?** ¿nos cabrá todo en esta caja?; **nobody knows what the future holds** nadie sabe lo que deparará el futuro; **it holds no interest for me** no tiene ningún interés para mí; **he can't h. his drink** *or US* **liquor** el alcohol se le sube a la cabeza muy rápido; *Fig* **to h. water** *(of theory, story)* no hacer agua; *Fig* **it doesn't h. water** hace agua
(**f**) *(restrain)* sujetar; **to h. one's breath** contener la respiración; *Fig* **don't h. your breath!** puedes esperar sentado; **there's no holding him** no hay quien lo pare; *Fig* **h. your tongue!** ¡cierra la boca!
(**g**) *(delay) (start)* retrasar; **h. everything until further notice** paraliza todo hasta nueva orden; *Fam* **h. it!, h. your horses!** ¡para el carro!; *Tel* **h. all my calls for the next hour** no me pases llamadas durante la próxima hora; **to h. one's fire** *(not shoot)* no disparar; *(not criticize)* no empezar a criticar
(**h**) *(conduct) (negotiations, meeting)* celebrar; *(inquiry)* realizar; *(conversation)* mantener; *(interview)* hacer; *(party)* dar; *(protest, demonstration)* hacer, celebrar
(**i**) *(possess) (shares, passport, account, degree, ticket)* tener; *(title, rank)* poseer; *(job, position)* ocupar; *(advantage, idea)* tener; *(record)* ostentar; **I h. the opinion that...** soy de la opinión de que...; **she had held office**

before ya antes había ocupado un cargo; *Fig* **to h. all the cards** tener las mejores cartas

(j) *(consider)* **to h. sb responsible** hacer a alguien responsable; **to be held in respect** ser respetado(a); **to h. that...** *(person)* sostener que...

3 *vi* (a) *(of person)* **h. still!** ¡quieto!; **h. tight!** ¡agárrate bien!; **to h. fast to a belief** aferrarse a una idea

(b) *(of rope, shelf, branch)* resistir, aguantar

(c) *(of agreement, weather)* mantenerse; **if your luck holds** si sigues teniendo suerte; **my offer still holds** mi oferta sigue en pie; **the same holds (true) for everyone** lo mismo es válido para todos

(d) *Tel* esperar

(e) *Av* esperar para aterrizar

▸**hold against** *vt sep* **to h. sth against sb** tener algo contra alguien; **he never held it against me** nunca me lo reprochó

▸**hold back 1** *vt sep* (a) *(restrain) (person)* frenar, contener; *(army, enemy advance, flood)* contener; *(progress, project)* impedir el avance de; **she held back her tears/laughter** contuvo las lágrimas/la risa (b) *(not tell)* **he's holding something back** se está guardando algo (c) *(keep in reserve)* reservar, guardar

2 *vi (refrain)* contenerse; **to h. back from doing sth** abstenerse de hacer algo; **don't h. back, express yourself!** ¡no te cortes, expresa lo que sientes!

▸**hold down** *vt sep* (a) *(restrain) (person)* sujetar; *(taxes, prices)* mantener en un nivel bajo (b) **to h. down a job** *(keep)* conservar un trabajo

▸**hold forth** *vi* explayarse (**on** acerca de)

▸**hold in** *vt sep* **to h. one's stomach in** meter el estómago; **he held his emotions in** no exteriorizaba sus emociones

▸**hold off 1** *vt sep (keep at bay)* rechazar; **she held off making a decision until she had more information** pospuso su decisión hasta disponer de más datos

2 *vi (delay)* **the rain is holding off** no se decide a llover; **he ordered the mob to h. off** ordenó a la multitud que se contuviera

▸**hold on 1** *vt sep (attach)* **it was held on with glue** estaba pegado con pegamento

2 *vi* (a) *(endure)* resistir, aguantar (b) *(wait)* esperar; **h. on (a minute)!** ¡espera (un momento)!; **h. on (a minute), there's something funny going on here** espera (un momento), aquí pasa algo raro (c) *(brace oneself)* **h. on (tight)!** ¡agárrate (fuerte)!

▸**hold on to** *vt insep* (a) *(grip tightly) (to stop oneself from falling)* agarrarse a; *(to stop something from falling)* agarrar; *Fig (idea, hope)* aferrarse a (b) *(keep)* guardar, conservar

▸**hold out 1** *vt sep (one's hand)* tender; *(hope, opportunity)* ofrecer; **h. your arms out in front of you** extiende los brazos hacia delante; **I don't h. out much hope of...** tengo pocas esperanzas de que...

2 *vi* (a) *(resist)* resistir; **to h. out for a better offer** aguantar a la espera de una oferta mejor (b) *(of supplies)* durar

▸**hold out on** *vt insep Fam* resistirse a

▸**hold over** *vt sep* (a) *(postpone)* diferir, posponer (b) *US (keep on)* **the play was held over for another three weeks** mantuvieron la obra en cartel tres semanas más (c) *(use to blackmail)* **to h. sth over sb** sobornar a alguien con algo

▸**hold to** *vt insep (belief, opinion)* aferrarse a

▸**hold together 1** *vt sep (party, marriage, alliance)* mantener unido(a); *(with glue, string, rope)* sujetar

2 *vi (of party, marriage, alliance)* mantenerse unido(a)

▸**hold up 1** *vt sep* (a) *(support)* soportar, aguantar (b) *(raise)* levantar, alzar; **h. your head up above the water** mantén la cabeza fuera del agua; **to h. sth up to the light** poner algo a contraluz; *Fig* **to h. sb up as an example** poner a alguien como ejemplo (c) *(delay)* retrasar; **I was held up in the traffic** me retrasé por culpa del tráfico (d) *(rob)* atracar

2 *vi (of theory, alibi)* tenerse en pie; *(of good weather)* aguantar; **she's holding up well under the pressure** está aguantando bien las presiones

▸**hold with** *vt insep* **I don't h. with swearing** no me parece bien que la gente use palabrotas; **I don't h. with his opinions** no estoy de acuerdo con sus opiniones

---

holdall ['həʊldɔːl] *n Br* bolsa *f (de viaje o de deporte)*

holder ['həʊldə(r)] *n* (a) *(of record, trophy, ticket)* poseedor(ora) *m,f*; *(of passport, licence, permit)* titular *mf*; *(of belief, opinion)* defensor(ora) *m,f* (b) *(device)* soporte *m*

holding ['həʊldɪŋ] *n* (a) *(property)* propiedad *f*; *(of shares)* participación *f* ❑ *Com* ***h. company*** holding *m* (b) *Mil* ***h. operation*** maniobra *f* de contención (c) *Av* ***h. pattern*** vuelo *m* de espera para el aterrizaje

hold-up ['həʊldʌp] *n* (a) *(delay) (in plan)* retraso *m*, *Am* demora *f*; *(of traffic)* retención *f* (b) *(armed robbery)* atraco *m*

hole [həʊl] **1** *n* (a) *(in roof, clothing)* agujero *m*; *(in ground)* hoyo *m*, agujero *m*; **to make a h. in sth** hacer un agujero en algo; **the holiday made a h. in their savings** las vacaciones dejaron maltrecha su economía; *Fig* **to pick holes in sth** *(in argument, theory)* encontrar defectos en *or* a algo; IDIOM *Fam* **I need this like a h. in the head** esto es lo último que necesito; *Med* **h. in the heart** comunicación *f* interventricular congénita; *Br Fam* **h. in the wall** *(cash machine)* cajero *m* automático

(b) *(animal's burrow)* madriguera *f*

(c) *(in golf)* hoyo *m*; **h. in one** hoyo *m* en uno; *Hum* **the nineteenth h.** = el bar del club de golf

(d) *Fam (awkward situation)* **to be in a h.** *(in difficulty)* estar en un apuro *or* Esp brete

(e) *Fam Fig (room, house)* cuchitril *m*; *(town)* lugar *m* de mala muerte

(f) *Vulg (vagina)* coño *m*, *Méx* paloma *f*, *RP* concha *f*; **to get one's h.** echar un polvo, *Esp* follar, *Méx* chingar

2 *vt* (a) *(make a hole in)* agujerear; **the ship was holed below the waterline** el buque tenía una vía de agua por debajo de la línea de flotación

(b) *(in golf)* **to h. a shot/putt** embocar un golpe/putt

▸**hole out** *vi (in golf)* embocar (la bola)

▸**hole up** *vi Fam (hide)* esconderse

hole-and-corner ['həʊlən'kɔːnə(r)] *adj* clandestino(a)

holiday ['hɒlɪdeɪ] **1** *n* (a) *Br (vacation)* vacaciones *fpl*; **to go on h.** irse de vacaciones ❑ ***h. camp*** centro *m* turístico, colonia *f* turística; ***h. home*** segunda residencia *f*, casa *f* para las vacaciones; ***h. season*** temporada *f* de vacaciones (b) *(day off)* (día *m* de) fiesta *f*

2 *vi* pasar las vacaciones; *(in summer)* veranear

holidaymaker ['hɒlɪdeɪmeɪkə(r)] *n* turista *mf*; *(in summer)* veraneante *mf*

holier-than-thou ['həʊlɪəðən'ðaʊ] *adj (religiously)* santurrón(ona); *(morally in general)* con aires de superioridad moral; **he always sounds so h.** habla siempre como si él estuviera más allá del bien y del mal

holiness ['həʊlɪnɪs] *n* santidad *f*; **Your H.** Su Santidad

holistic [həʊ'lɪstɪk] *adj* holístico(a)

Holland ['hɒlənd] *n* Holanda

hollandaise sauce ['hɒləndeɪz'sɔːs] *n* salsa *f* holandesa

holler ['hɒlə(r)] *vi Fam* gritar, dar voces

hollow ['hɒləʊ] **1** *n (in wall, tree)* hueco *m*; *(in ground)* depresión *f*

2 *adj* (a) *(container, log)* hueco(a); *(cheek, eyes)* hundido(a) (b) *(sound)* hueco(a), resonante; **in a h. voice** con voz hueca; **a h. laugh** una risa sardónica (c) *(promise, guarantee)* vacío(a); **h. victory** victoria *f* deslucida

3 *adv* (a) *(empty)* **to sound h.** sonar a hueco (b) *Fam* **to beat sb h.** dar una (buena) paliza a alguien

▸**hollow out** *vt sep* ahuecar, vaciar

hollow-eyed ['hɒləʊwaɪd] *adj* de ojos hundidos

holly ['hɒlɪ] *n* acebo *m*

hollyhock ['hɒlɪhɒk] *n* malvarrosa *f*

holm oak ['həʊməʊk] *n* encina *f*

holocaust ['hɒləkɔːst] *n* holocausto *m*; **nuclear h.** holocausto nuclear; *Hist* **the H.** el holocausto judío

Holocene ['hɒləsiːn] *Geol* **1** *n* **the H.** el holoceno

2 *adj (era)* holoceno(a)

hologram ['hɒləgræm] *n* holograma *m*

holograph ['hɒləgrɑːf] **1** *n* (h)ológrafo *m*

2 *adj* (h)ológrafo(a)

hols [hɒlz] *npl Br Fam* vacaciones *fpl*

holster ['həʊlstə(r)] *n* pistolera *f*

holt [hɒlt] *n* guarida *f*, madriguera *f*

holy ['həʊlɪ] *adj* (a) *(sacred)* santo(a) ❑ ***the H. Bible*** la Sagrada Biblia; ***H. Communion*** la comunión; ***h. day*** fiesta *f* de guardar; ***the H. Father*** el Santo Padre; ***the H. Ghost*** el Espíritu Santo; ***H. Grail*** el Santo Grial; ***the H. Land*** Tierra Santa; ***h. of holies*** *(place)* santuario *m*, sanctasanctórum *m*; *(thing)* cosa *f* sacrosanta; *Br Fam Pej* ***H. Joe*** meapilas *mf inv*; ***h. orders*** sagradas órdenes *fpl*; ***H. Roman Empire*** Sacro *m* Imperio Romano Germánico; ***the H. Spirit*** el Espíritu Santo; ***h. war*** guerra *f* santa; ***h. water*** agua *f* bendita; ***H. Week*** Semana *f* Santa

(**b**) *Fam* **h. cow** *or* **smoke** *or* **mackerel!** ¡madre de Dios *or* del amor hermoso!; *very Fam* **h. shit!** ¡ostras!

homage ['hɒmɪdʒ] *n* homenaje *m*; **to pay h. to sth/sb** rendir homenaje a algo/ alguien

homburg ['hɒmbɜ:g] *n* sombrero *m* de fieltro

HOME [həʊm] **1** *n* (**a**) *(house)* casa *f*; *(of animal, plant)* hábitat *m*; *(family)* hogar *m*; **my h. phone number** mi número de teléfono particular; **at h.** en casa; *Sport* **to be** *or* **play at/away from h.** jugar en/ fuera de casa; **to be away from h.** *(not in house)* estar fuera (de casa); **the region is h. to thousands of refugees** en la región habitan miles de refugiados; **to come from a good h.** ser de buena familia; **to feel at h.** sentirse como en casa; **I am** *or* **feel very much at h. with modern technology** me siento cómodo utilizando las nuevas tecnologías; *Fam* **we'll have to find a h. for this new vase** tendremos que encontrar un sitio para este jarrón nuevo; **to give a h. to an orphan** acoger a un huérfano; **to have a h. of one's own** tener casa propia; **to leave h.** *(in the morning)* salir de casa; *(one's parents' home)* independizarse, irse de casa; **to make sb feel at h.** hacer que alguien se sienta cómodo(a); **make yourself at h.** estás en tu casa, ponte cómodo; **to make one's h. in...** asentarse en...; *Br* **to work from h.** trabajar en casa; *Br Fam* **what's a "cotyledon" when it's at h.?** ¿qué diablos es un cotiledón?, ¿qué es un cotiledón en cristiano?; *Br* **it's a h. from h.,** *US* **it's a h. away from h.** es como estar en casa; *Fig* **to be h. and dry** estar sano(a) y salvo(a); *US* **to be h. free** haber pasado lo peor; **to tell sb a few h. truths** decirle a alguien cuatro verdades; PROV **h. is where the heart is** = el hogar se encuentra donde uno tiene a los seres queridos; PROV **there's no place like h.** no hay nada como el hogar ▫ ***h. address*** domicilio *m*; ***h. banking*** telebanco *m*; ***h. birth*** parto *m* en casa; ***h. brew*** cerveza *f* casera; ***h. comforts*** comodidades *fpl* hogareñas; ***h. computer*** *Esp* ordenador *m* doméstico, *Am* computadora *f* doméstica; ***h. cooking*** cocina *f* casera; *Br* ***the H. Counties*** = los condados de alrededor de Londres; ***h. delivery*** entrega *f* a domicilio; ***h. economics*** *(school subject)* economía *f* doméstica; ***h. help*** ayuda *f* doméstica; ***h. improvements*** reformas *fpl* del hogar; *Comptr* ***h. key*** tecla *f* de inicio; ***h. life*** vida *f* doméstica; *Fin* ***h. loan*** crédito *m* hipotecario, hipoteca *f*; ***h. movie*** vídeo *m or Am* video *m* casero *or* doméstico; ***h. owner*** propietario(a) *m,f* de vivienda; *Comptr* ***h. page*** portada *f* de página Web, página *f* inicial *or* de inicio; *US Sch* ***h. room*** = aula donde cada alumno debe presentarse todas las mañanas; ***h. shopping*** telecompra *f*; *Sport & Fig* ***the h. straight*** *or* ***stretch*** la recta final; ***h. town*** ciudad *f*/pueblo *m* natal; ***h. worker*** teletrabajador(ora) *m,f*

(**b**) *(country, region)* tierra *f*; **people at h. are very different** en mi país la gente es muy muy diferente; **at h. and abroad** nacional e internacionalmente; **Mexico has been my h. for twenty years** vivió veinte años en México; **an example nearer h.** un ejemplo más cercano; **Milan, the h. of fashion** Milán, la meca *or* la cuna de la moda ▫ ***h. front*** frente *m* civil; *Br Hist* ***the H. Guard*** = fuerza de reservistas que se quedó para defender Gran Bretaña durante la segunda Guerra Mundial; *Br Pol* ***H. Office*** Ministerio *m* del Interior; *Pol* ***h. rule*** autonomía *f*, autogobierno *m*; *Br Pol* ***the H. Secretary*** el ministro del Interior

(**c**) *(institution)* **(children's) h.** residencia *f* infantil; **(old people's) h.** residencia *f* de ancianos; **dog's/cat's h.** residencia *f* canina/para gatos; **they put the child in a h.** metieron al niño en un centro de acogida

(**d**) *(in baseball)* home *m* ▫ ***h. base*** *or* ***plate*** home *m*, base *f* meta; ***h. run*** carrera *f* completa, home-run *m*, *Am* jonrón *m*

2 *adj* (**a**) *Sport (team, game, ground, supporters)* local, de casa; **to have h. advantage** (tener la ventaja de) jugar en casa; *Fig* **to be on h. ground** conocer el tema

(**b**) *(national) (market)* nacional, doméstico(a); *TV & Journ* **h. news** noticias *fpl* nacionales;

3 *adv* (**a**) *(in general)* a casa; **to be h.** estar en casa; **to go/come h.** ir/venir a casa; **to send sb h.** mandar a alguien a casa; **my friends back h.** los amigos que dejé en mi ciudad/pueblo/país; **to be h. alone** estar solo(a) en casa; **how much do you take h.?** ¿cuánto ganas?

(**b**) *(all the way)* **he drove the knife h.** hundió el cuchillo hasta el fondo; **she really drove the message h.** dejó bien claro su mensaje; **to bring sth h. to sb** dejar bien claro algo a alguien; **the danger really came h. to me when...** verdaderamente me di cuenta del peligro cuando...

▸**home in on** *vt insep (on target)* dirigirse a; *(on mistake, evidence)* señalar, concentrarse en

---

homemaker [həʊm'meɪkə(r)] *n* ama *f* de casa

homeboy [həʊmbɔɪ] *n US Fam* (**a**) *(man from one's home town, district)* paisano(a) *m,f* (**b**) *(friend)* amiguete(a) *m,f*, *Esp* colega *mf*, *Méx & CAm* cuate(a) *m,f* (**c**) *(fellow gang member)* compinche *mf*, *Méx & CAm* cuate(a) *m,f*

homebuyer ['həʊmbaɪə(r)] *n* comprador(ora) *m,f* de vivienda

homecoming ['həʊmkʌmɪŋ] *n* regreso *m* a casa, recepción *f*

home-grown ['həʊm'grəʊn] *adj (from own garden)* de cosecha propia; *Fig (not imported)* del país

homeland ['həʊmlænd] *n* (**a**) *(native country)* tierra *f* natal, país *m* (**b**) *Formerly (in South Africa)* homeland *m*, = territorio donde se confinaba a la población negra

homeless ['həʊmlɪs] **1** *adj* sin techo, sin hogar

2 *npl* **the h.** las personas sin techo, los sin techo

homelessness ['həʊmlɪsnɪs] *n* carencia *f* de hogar; **h. is becoming a huge problem** el problema de la gente sin techo *or* sin hogar está alcanzando proporciones enormes

homely ['həʊmlɪ] *adj* (**a**) *Br (welcoming) (person, atmosphere)* hogareño(a) (**b**) *US (ugly)* feúcho(a)

home-made ['həʊm'meɪd] *adj* casero(a)

homeopath ['həʊmɪəʊpæθ] *n* homeópata *mf*

homeopathic [həʊmɪəʊ'pæθɪk] *adj* homeopático(a)

homeopathy [həʊmɪ'ɒpəθɪ] *n* homeopatía *f*

homer ['həʊmə(r)] *US Fam* **1** *n (in baseball)* carrera *f* completa, home-run *m*, *Am* jonrón *m*

2 *vi* hacer una carrera completa *or* un home run *or Am* un jonrón

homesick ['həʊmsɪk] *adj* nostálgico(a); **to be** *or* **feel h. (for)** tener morriña (de)

homesickness ['həʊmsɪknɪs] *n* morriña *f*

homespun ['həʊmspʌn] *adj Fig (wisdom, advice)* de andar por casa

homestead ['həʊmsted] *n* finca *f*, hacienda *f*

homeward ['həʊmwəd] **1** *adj* de vuelta a casa

2 *adv* a casa; **to be h. bound** estar de regreso a casa

homewards ['həʊmwədz] *adv* = **homeward**

homework ['həʊmwɜ:k] *n Sch* deberes *mpl*; *also Fig* **to do one's h.** hacer los deberes

homey ['həʊmɪ] *adj US* hogareño(a)

homicidal [hɒmɪ'saɪdəl] *adj* homicida

homicide ['hɒmɪsaɪd] *n* homicidio *m*

homily ['hɒmɪlɪ] *n Rel* homilía *f*; *Fig* sermón *m*

homing ['həʊmɪŋ] *adj* ***h. device*** *(of missile)* sistema *m* de guiado pasivo; ***h. instinct*** querencia *f*; ***h. pigeon*** paloma *f* mensajera

hominid ['hɒmɪnɪd] *n* homínido *m*

hominy ['hɒmɪnɪ] *n US* sémola *f* de maíz or *Andes, RP* choclo ▫ ***h. grits*** gachas *fpl* de sémola de maíz *or Andes, RP* choclo

homo ['həʊməʊ] *n Fam (homosexual)* marica *m*

homogeneity [həʊməʊdʒə'neɪtɪ] *n* homogeneidad *f*

homogeneous [hɒmə'dʒi:nɪəs, hə'mɒdʒɪnəs] *adj* homogéneo(a)

homogenize [hɒ'mɒdʒənaɪz] *vt* homogeneizar

homograph ['hɒməgrɑːf] *n* homógrafo *m*

homologous [hə'mɒləgəs] *adj Biol* homólogo(a)

homonym ['hɒmənɪm] *n* homónimo *m*

homophobe ['həʊməfəʊb] *n* homófobo(a) *m,f*

homophobia [hɒmə'fəʊbɪə] *n* homofobia *f*

homophobic [həʊmə'fəʊbɪk] *adj* homófobo(a)

homophone ['hɒməfəʊn] *n Ling* homófono *m*

Homo sapiens ['həʊməʊ'sæpɪenz] *n* homo sapiens *m*

homosexual [hɒmə'seksjʊəl] *n & adj* homosexual *mf*

homosexuality [hɒməseksjʊ'ælɪtɪ] *n* homosexualidad *f*

homunculus [hə'mʌŋkjʊləs] (*pl* **homunculi** [hə'mʌŋkjʊlaɪ]) *n* homúnculo *m*

Hon *Br Parl* (*abbr* **Honourable**) **the H. member (for...)** el/la señor(ora) diputado(a) (por...)

hon [hʌn] *n US Fam* (*abbrev* **honey**) *(term of address)* cielo *m*, cariño *m*

honcho ['hɒntʃəʊ] *n US Fam* **the head h.** el/la mandamás

Honduran [hɒn'djʊərən] *n & adj* hondureño(a) *m,f*

Honduras [hɒn'djʊərəs] *n* Honduras

hone [həʊn] *vt* (**a**) *(knife, blade)* afilar (**b**) *(skill)* pulir

honest ['ɒnɪst] *adj* (**a**) *(trustworthy)* honrado(a); **he has an h. face** tiene aspecto de honrado ❑ ***h. broker*** mediador(ora) *m,f* imparcial (**b**) *(truthful)* sincero(a); **the h. truth** la pura verdad; **I don't think he was being h. with me** creo que no me estaba diciendo la verdad; **to be h., I don't know** la verdad es que no lo sé (**c**) *(legitimate)* **to earn an h. living** ganarse honradamente la vida; IDIOM *Hum* **to make an h. woman of sb** *(marry)* llevar a alguien al altar

honestly ['ɒnɪstlɪ] *adv* (**a**) *(legitimately)* honradamente; **to obtain sth h.** conseguir algo honradamente (**b**) *(sincerely)* sinceramente; **I can h. say that...** puedo decir sin faltar a la verdad que...; **h., I'm fine/it doesn't matter** en serio que estoy bien/no importa; **I can't h. remember** la verdad es que no me acuerdo (**c**) *(expressing indignation)* **well h.!** ¡desde luego!, ¡hay que ver!; **h.! some people!** ¡desde luego, hay cada uno por ahí!

honesty ['ɒnɪstɪ] *n* (**a**) *(trustworthiness)* honradez *f* (**b**) *(truthfulness)* sinceridad *f*; **in all h.** para ser francos; PROV **h. is the best policy** lo mejor es decir la verdad

honey ['hʌnɪ] (*pl* **honeys**) *n* (**a**) *(food)* miel *f* ❑ ***h. bee*** abeja *f* (**b**) *US Fam (term of endearment)* cariño *m*, cielo *m* (**c**) *Fam (person, thing)* **he's a h.** *(good-looking)* es un bombón, está como un *Esp* tren *or RP* camión; *(nice)* es un cielo, *Esp* es majísimo; **a h. of a motorbike/dress** una maravilla de moto/vestido

honeycomb ['hʌnɪkəʊm] **1** *n* panal *m*

2 *vt* **the mountain is honeycombed with tunnels** el interior de la montaña es un entramado de túneles

honeydew ['hʌnɪdjuː] *n* ***h. melon*** melón *m* francés, = variedad muy dulce de melón

honeyed ['hʌnɪd] *adj (voice, words)* meloso(a)

honeymoon ['hʌnɪmuːn] **1** *n* luna *f* de miel, viaje *m* de novios; *Fig* **the h. is over** se acabó el periodo de gracia

2 *vi* pasar la luna de miel, estar de viaje de novios

honeysuckle ['hʌnɪsʌkəl] *n* madreselva *f*

Hong Kong ['hɒŋ'kɒŋ] *n* Hong Kong

honk [hɒŋk] **1** *n (of goose)* graznido *m*; *(of car horn)* bocinazo *m*

2 *vi* (**a**) *(of goose)* graznar; *(of car driver)* tocar la bocina *or* el claxon, dar bocinazos (**b**) *Fam (smell bad)* apestar, *Esp* cantar (**c**) *Br Fam (vomit)* devolver, *Esp* echar la papilla

honky ['hɒŋkɪ] *n US very Fam* = término ofensivo para referirse a un blanco

honky-tonk ['hɒŋkɪtɒŋk] *Fam* **1** *n (music)* = variedad del ragtime tocada en piano vertical

2 *adj* = típico de o relacionado con la música "honky-tonk"

honor, honorable etc *US* = **honour, honourable** etc

honorarium [ɒnə'reərɪəm] (*pl* **honorariums** *or* **honoraria** [ɒnə'reərɪə]) *n* honorarios *mpl*

honorary ['ɒnərərɪ] *adj* honorífico(a), honorario(a) ❑ *Univ* ***h. degree*** título *m* honoris causa

honor-guard ['ɒnəgɑːd] *n US* guardia *f* de honor

honorific [ɒnə'rɪfɪk] **1** *n* título *m* honorífico

2 *adj* honorífico(a)

honour, *US* **honor** ['ɒnə(r)] **1** *n* (**a**) *(respect)* honor *m*; *(pride)* honra *f*; **in h. of** en honor de; **this is a great h.** es un gran honor; **to have the h. of doing sth** tener el honor de hacer algo; *Hum* **to what do I owe this h.?** ¿a qué debo semejante honor *or* privilegio?; **Your H.** *(judge)* Señoría

(**b**) *(good name)* honor *m*, honra *f*; **to feel h. bound to do sth** sentirse moralmente obligado(a) a hacer algo; **on my (word of) h.!** ¡palabra de honor!; PROV **(there is) h. among thieves** hasta los ladrones tienen sus reglas

(**c**) *(award, distinction)* **honours list** relación *f* de condecorados; **honours degree** licenciatura *f (necesaria para realizar un máster)*; **he was buried with full military honours** fue enterrado con todos los honores militares; *Hum* **to do the honours** *(serve food or drink)* hacer los honores

(**d**) *(in golf)* **to have the h.** abrir el par, dar el primer golpe de salida

2 *vt* (**a**) *(person)* honrar; **I felt honoured that they had invited me** me honró mucho su invitación

(**b**) *(fulfil) (commitment, obligation)* cumplir

(**c**) *(debt, cheque)* pagar

honourable, *US* **honorable** ['ɒnərəbəl] *adj* honorable; *Br Parl* **the H. member for Caithness** el señor diputado por Caithness; **to do the h. thing** *(marry)* hacer lo que Dios manda y casarse; *(resign)* tomar la salida más honrosa y dimitir; **h. mention** mención *f* honorífica

honourably, *US* **honorably** ['ɒnərəblɪ] *adv* honorablemente

honour-bound ['ɒnə'baʊnd] *adj* obligado(a) moralmente; **to be/feel h. to do sth** estar/sentirse obligado(a) moralmente a hacer algo, tener/sentir la obligación moral de hacer algo

hooch [huːtʃ] *n US Fam (liquor)* alcohol *m (destilado clandestinamente)*

hood [hʊd] *n* (**a**) *(of coat, cloak)* capucha *f*; *Br (of car, pram)* capota *f*; *US (car bonnet)* capó *m* (**b**) *(over cooker, fireplace)* campana *f* (extractora); *(on machine)* cubierta *f* (**c**) *US Fam (gangster)* matón *m* (**d**) *US Fam* barrio *m*

hooded ['hʊdɪd] *adj (item of clothing)* con capucha; *(person)* encapuchado(a) ❑ ***h. crow*** corneja *f* cenicienta

hoodlum ['huːdləm] *n Fam* matón *m*

hoodoo ['huːduː] *n US Fam* cenizo *m*, gafe *m*

hoodwink ['hʊdwɪŋk] *vt Fam* engañar, *Esp* timar

hooey ['huːɪ] *n Fam* tonterías *fpl*, *Esp* majaderías *fpl*

hoof [huːf] **1** *n* (*pl* **hooves** [huːvz]) *(of horse)* casco *m*; *(of cattle, deer, sheep)* pezuña *f*

2 *vt Fam* **to h. it** ir a pata

hoo-ha ['huːhɑː] *n Fam (fuss)* alboroto *m*, *Esp* jaleo *m*

hook [hʊk] **1** *n* (**a**) *(in general)* gancho *m*; *(for coats)* colgador *m*; *(on dress)* corchete *m*; *(for fishing)* anzuelo *m*; *(for hanging pictures)* escarpia *f*, alcayata *f*; IDIOM *Fam* **to get one's hooks into sb** ponerle a alguien las garras encima; **to leave the phone off the h.** dejar el teléfono descolgado; IDIOM *Fam* **to get sb off the h.** sacar a alguien del apuro; IDIOM *Fam* **he swallowed it h., line and sinker** *(believed it)* se tragó el anzuelo; IDIOM *Fam* **by h. or by crook** sea como sea ❑ ***h. and eye*** corchete *m* (**b**) *(in boxing, basketball)* gancho *m* (**c**) *(in golf)* hook *m* (**d**) *(of song)* gancho *m*

2 *vt* (**a**) *(catch)* enganchar; **to h. one's legs around sth** rodear algo con las piernas; **to h. a fish** pescar un pez (con anzuelo) (**b**) *(in golf)* **to h. the ball** golpear la bola de hook

▸**hook up 1** *vt sep TV & Comptr* conectar

2 *vi* (**a**) *(of dress)* abrocharse (**b**) *Comptr* conectar (**with** con *or* a)

hookah ['hʊkə] *n* narguile *m*

hooked [hʊkt] *adj* (**a**) **h. nose** nariz *f* aguileña (**b**) *Fam* **to be h. on sth** estar enganchado(a) a algo

hooker ['hʊkə(r)] *n* (**a**) *Br (in rugby)* talon(e)ador *m* (**b**) *US Fam (prostitute)* fulana *f*, puta *f*

hook(e)y ['hʊkɪ] *n US Fam* **to play h.** hacer novillos, *Méx* irse de pinta, *RP* hacerse la rabona

hooligan ['hu:lɪgən] *n* gamberro(a) *m,f*, vándalo(a) *m,f*

hooliganism ['hu:lɪgənɪzəm] *n* gamberrismo *m*, vandalismo *m*

hoop [hu:p] *n* (**a**) aro *m*; *Fig* **to put sb through the hoops** *(test thoroughly)* poner a alguien a prueba (**b**) *Fam* **hoops** *(basketball)* básquet *m*; **to shoot hoops** echar unos tiros

hoop-la ['hu:plɑ:] *n* (**a**) *Br (game)* = juego de feria en el que se intentan colar aros en los premios (**b**) *US (noise, bustle)* alboroto *m* (**c**) *US (nonsense)* bobadas *fpl*

hoopoe ['hu:pu:] *n* abubilla *f*

hoorah [hʊ'rɑ:] *exclam* ¡hurra!

hooray [hʊ'reɪ] *exclam* ¡hurra!

hoot [hu:t] **1** *n* (**a**) *(of owl)* ululato *m*; *(of horn, factory whistle)* bocinazo *m*; **hoots of laughter** risotadas *fpl*; IDIOM *Fam* **I don't give a h.** *or* **two hoots** me importa un pepino *or* bledo (**b**) *Fam (amusing person, situation)* **he's a h.!** ¡es un cachondo!; **it was a h.!** ¡fue un cachondeo!

2 *vi (of owl)* ulular; *(of car)* dar bocinazos; *(of train)* pitar; **to h. with laughter** reírse a carcajadas

hooter ['hu:tə(r)] *n Br* (**a**) *(of ship, factory)* sirena *f*; *(of car)* bocina *f*, claxon *m* (**b**) *Fam (nose)* napias *fpl*

hoover® ['hu:və(r)] **1** *n* aspiradora *f*, aspirador *m*

2 *vt (room)* aspirar, pasar la aspiradora por

hooves [hu:vz] *pl of* **hoof**

hop [hɒp] **1** *n* (**a**) *(jump)* salto *m*, brinco *m*; *Fam (on plane)* vuelo *m* corto; IDIOM *Fam* **to catch sb on the h.** agarrar *or Esp* coger desprevenido(a) a alguien (**b**) *Fam (dance)* baile *m*

2 *vt (pt & pp* **hopped***) Fam* **h. it!** ¡lárgate!

3 *vi (jump)* saltar, brincar; **to h. out of bed** salir de la cama de un salto; *Fam* **h. in!** *(to car)* ¡sube!

▸**hop off** *vi Fam* largarse

HOPE [həʊp] **1** *n* esperanza *f*; **he's one of his country's young hopes** es una de las jóvenes promesas de su país; **in the h. of (doing) sth** con la esperanza de (hacer) algo; **in the h. that...** con la esperanza de que...; **there is little h. (of)** hay pocas esperanzas (de); **there is no h. (of)** no hay esperanza(s) (de); **her best h. is if her opponent doesn't turn up** su mayor esperanza es que su adversario no se presente; **my only** *or* **last h. is to ask for a second opinion** mi única *or* última esperanza es pedir una segunda opinión; **the situation is beyond h.** la situación es desesperada; **hopes are fading of a settlement to the dispute** cada vez hay menos esperanzas de que se resuelva la situación; **to get one's hopes up** hacerse ilusiones; **to give up** *or* **lose h.** perder la esperanza *or* las esperanzas; **she hasn't got a h. of winning** no tiene posibilidad alguna de ganar; *Fam* **they haven't got a h. in hell of winning** no van a ganar ni de casualidad; *Hum* **we live in h.!, h. springs eternal!** la esperanza es lo último que se pierde; *Fam* **do you think they'll agree? — not a h.!** ¿tú crees que aceptarán? — ni de casualidad; **to raise (sb's) hopes** dar esperanzas (a alguien); *Ironic* **what a h.!, some h.!** ¡no caerá esa breva!
❑ *US* ***h. chest*** ajuar *m*

2 *vt* **to h. to do sth** esperar hacer algo; **I h. to see you again** espero volverte a ver; **you're feeling better, I h.** te encuentras mejor, ¿no?, espero que ya te encuentres mejor; **I h. (that) your brother is better** espero que tu hermano esté mejor; **I h. (to God that) you are right** ojalá tengas razón; **let's h. we're not too late** esperemos que no sea demasiado tarde; **I'm hoping they won't notice** espero que no se den cuenta; **we h. and pray that...** ojalá que...; **I h. so** eso espero; **I h. not** espero que no; *Br* **he got sacked as a result — I should h. so too!** como resultado, lo echaron – ¡y con razón!

3 *vi* esperar; **don't h. for too much** no esperes demasiado; **a victory was always going to be too much to h. for** esperar la victoria hubiera sido demasiado optimista; **I'm hoping for promotion** espero conseguir un ascenso; **we're hoping for a nice day** esperamos que haga buen día; **to h. for the best** confiar en la suerte; **we must h. against h. that...** no debemos perder la esperanza de que...; *Fam* **wouldn't it be nice if she got the job? — here's hoping** estaría bien que consiguiera el trabajo – sí, ojalá

---

hopeful ['həʊpfʊl] **1** *n Fam* **a young h.** una joven promesa

2 *adj (situation)* prometedor(ora); *(person)* esperanzado(a), optimista; **we are h. that...** esperamos que...; **he didn't seem very h. that he would win** no parecía tener grandes *or* muchas esperanzas en su victoria

hopefully ['həʊpfʊlɪ] *adv* (**a**) *(in a hopeful manner)* esperanzadamente (**b**) *(it is to be hoped)* **h. not** esperemos que no; **h. we will have found him by then** con un poco de suerte, para entonces ya le habremos encontrado

hopeless ['həʊplɪs] *adj* (**a**) *(without hope) (person)* desesperanzado(a), sin esperanza; *(situation)* desesperado(a); **it's h.!** ¡es inútil!; **a h. cause** una causa perdida (**b**) *Fam (very bad)* malísimo(a); **to be h. at maths/cooking** ser nulo(a) *or Esp* un(a) negado(a) para las matemáticas/la cocina; **he's h.!** ¡es un inútil!

hopelessly ['həʊplɪslɪ] *adv* (**a**) *(inconsolably)* desesperanzadamente, sin esperanza (**b**) *(completely)* totalmente; **he was h. in love with her** estaba desesperadamente enamorado de ella

hopelessness ['həʊplɪsnɪs] *n* desesperanza *f*; **the h. of the situation** lo desesperado de la situación

hopper ['hɒpə(r)] *n (for storage, loading)* tolva *f*

hopping ['hɒpɪŋ] *adv Fam* **to be h. mad** estar hecho(a) una furia *or Esp* un basilisco, *Méx* estar como agua para chocolate

hops [hɒps] *npl* lúpulo *m*

hopscotch ['hɒpskɒtʃ] *n* tejo *m*, rayuela *f*

horde [hɔ:d] *n* horda *f*

horizon [hə'raɪzən] *n* horizonte *m*; **there is a general election on the h.** hay elecciones generales a la vista

horizontal [hɒrɪ'zɒntəl] **1** *n* horizontal *f*

2 *adj* horizontal ❑ *Sport* ***h. bar*** barra *f* fija; *Comptr* ***h. justification*** justificación *f* horizontal; *Comptr* ***h. orientation*** orientación *f* horizontal

horizontally [hɒrɪ'zɒntəlɪ] *adv* horizontalmente

hormonal [hɔ:'məʊnəl] *adj* hormonal

hormone ['hɔ:məʊn] *n* hormona *f* ❑ *Med* ***h. replacement therapy*** terapia *f* hormonal sustitutiva

horn [hɔ:n] *n* (**a**) *(of animal)* cuerno *m* (**b**) *(musical instrument)* trompa *f*; *(on car)* bocina *f*, claxon *m*; **to sound one's h.** *(in car)* tocar la bocina *or* el claxon (**c**) IDIOM **to be on the horns of a dilemma** estar entre la espada y la pared

hornbeam ['hɔ:nbi:m] *n* carpe *m*

hornbill ['hɔ:nbɪl] *n* cálao *m*

horned [hɔ:nd] *adj* con cuernos

hornet ['hɔ:nɪt] *n* avispón *m*; *Fig* **to stir up a h.'s nest** remover un avispero

hornpipe ['hɔ:npaɪp] *n (dance, music)* aire *m* marinero

horn-rimmed ['hɔ:nrɪmd] *adj* **h. spectacles** *or* **glasses** gafas *fpl* de (montura de) concha

horny ['hɔ:nɪ] *adj* (**a**) *(hands)* calloso(a), encallecido(a) (**b**) *very Fam (sexually aroused)* cachondo(a), *Esp* calentorro(a); *US (sexually attractive) Esp* buenorro(a), *Carib, Col, Méx* buenón(ona), *RP* fuerte

horoscope ['hɒrəskəʊp] *n* horóscopo *m*

horrendous [hɒ'rendəs] *adj* horrendo(a), espantoso(a)

horrendously [hɒ'rendəslɪ] *adv Fam (expensive, complicated)* terriblemente

horrible ['hɒrɪbəl] *adj* (**a**) *(unpleasant)* horrible; **I have a h. feeling she's right** me da la desagradable sensación de que tiene razón; **how h.!** ¡qué horror! (**b**) *(unkind)* antipático(a); **to be h. to sb** ser muy antipático(a) con alguien

horribly ['hɒrɪblɪ] *adv* espantosamente, horriblemente; **it all went h. wrong** todo salió rematadamente mal

horrid ['hɒrɪd] *adj* (**a**) *(unpleasant)* espantoso(a) (**b**) *(unkind)* antipático(a); **to be h. to sb** ser muy antipático con alguien

horrific [hɒ'rɪfɪk] *adj* horrible, espantoso(a)

horrifically [hɒ'rɪfɪklɪ] *adv* de un modo horrible, espantosamente

horrified ['hɒrɪfaɪd] *adj* horrorizado(a); **a h. expression** una expresión de horror

horrify ['hɒrɪfaɪ] *vt* horrorizar

horrifying ['hɒrɪfaɪɪŋ] *adj* horroroso(a)

horror ['hɒrə(r)] *n (feeling, terrifying thing)* horror *m*; **to my h. I saw that...** me horroricé al ver que...; **to have a h. of sth**

tener pánico *or* horror a algo; *Fam* **that child's a little h.** ese niño es un monstruo; **to have the horrors** sentir pavor *or* espanto; **to give sb the horrors** dar pavor *or* espantar a alguien ▫ ***h. film*** *or* ***movie*** película *f* de terror; ***h. story*** cuento *m* de terror

horror-stricken ['hɒrəstrɪkən], **horror-struck** ['hɒrəstrʌk] *adj* horrorizado(a)

hors d'oeuvre [ɔː'dɜːvr] (*pl* **hors d'oeuvres** [ɔː'dɜːvr]) *n* entremeses *mpl*

horse [hɔːs] *n* (**a**) *(animal, gym apparatus)* caballo *m*; *Fam* **the horses** *(horse racing)* los caballos, las carreras de caballos; **I like h. riding** me gusta montar a caballo ▫ ***h. brass*** jaez *m* de latón; ***h. chestnut*** *(tree)* castaño *m* de Indias; ***h. race*** carrera *f* hípica *or* de caballos; ***h. racing*** carreras *fpl* de caballos; ***h. trials*** concurso *m* hípico
(**b**) IDIOMS **to eat like a h.** comer como una lima; **to get up on one's high h.** darse ínfulas; **to hear sth from the h.'s mouth** haber oído algo de boca del propio interesado; **(I'm so hungry) I could eat a h.** tengo un hambre canina, tengo un hambre que no veo ▫ ***h. laugh*** risotada *f*; *Fam* ***h. sense*** sentido *m* común; *Fam* ***h. trading*** negociaciones *fpl* entre bastidores

▸**horse about, horse around** *vi* hacer el indio

horseback ['hɔːsbæk] *n* **on h.** a caballo

horsebox ['hɔːsbɒks] *n* remolque *m* para caballos

horse-drawn ['hɔːsdrɔːn] *adj* de tiro, de caballos

horseflesh ['hɔːsfleʃ] *n* (**a**) *(horse meat)* carne *f* de caballo (**b**) *(horses collectively)* caballos *mpl*

horsefly ['hɔːsflaɪ] *n* tábano *m*

horsehair ['hɔːsheə(r)] *n* crin *f*, crines *fpl* ▫ ***h. mattress*** colchón *m* de crin

horseman ['hɔːsmən] *n* jinete *m*

horsemanship ['hɔːsmənʃɪp] *n* equitación *f*, manejo *m* del caballo

horseplay ['hɔːspleɪ] *n* retozo *m*, jugueteo *m*

horsepower ['hɔːspaʊə(r)] *n Tech* caballos *mpl* (de vapor)

horseradish ['hɔːsrædɪʃ] *n* rábano *m* silvestre

horseshit [hɔːsʃɪt] *n US Vulg (nonsense) Esp* gilipolleces *fpl*, *Am* pendejadas *fpl*

horseshoe ['hɔːsʃuː] *n* herradura *f* ▫ ***h. crab*** cacerola *f or* cangrejo *m* de las Molucas, límulo *m*

horsetail ['hɔːsteɪl] *n* (**a**) *(tail of horse)* cola *f* de caballo (**b**) *(plant)* cola *f* de caballo, equiseto *m*

horsewhip ['hɔːswɪp] **1** *n* fusta *f*
2 *vt* (*pt & pp* **horsewhipped**) azotar

horsewoman ['hɔːswʊmən] *n* amazona *f*

hors(e)y ['hɔːsɪ] *adj* (**a**) *(horse-like)* caballuno(a) (**b**) *(keen on horses)* aficionado(a) a los caballos (**c**) *Br Fam* *(upper class)* bien, *Esp* pijo(a), *Méx* de la popis

horticultural [hɔːtɪ'kʌltʃərəl] *adj* hortícola

horticulture ['hɔːtɪkʌltʃə(r)] *n* horticultura *f*

hosanna [həʊ'zænə] *n* hosanna *m*

hose [həʊz] **1** *n (pipe)* manguera *f*
2 *vt* regar con manguera

▸**hose down** *vt sep* limpiar con manguera

hosepipe ['həʊzpaɪp] *n* manguera *f*

hosiery ['həʊzɪərɪ] *n* calcetines *mpl* y medias

hospice ['hɒspɪs] *n (for the terminally ill)* hospital *m* para enfermos terminales

hospitable [hɒs'pɪtəbəl] *adj* hospitalario(a)

hospitably [hɒs'pɪtəblɪ] *adv* hospitalariamente

hospital ['hɒspɪtəl] *n* hospital *m*; **to go into h.** ingresar en el hospital, ser hospitalizado(a) ▫ ***h. bed*** cama *f* de hospital; ***h. care*** atención *f* hospitalaria; ***h. treatment*** tratamiento *m* hospitalario

hospitality [hɒspɪ'tælɪtɪ] *n* hospitalidad *f*

hospitalization [hɒspɪtəlaɪ'zeɪʃən] *n* hospitalización *f*

hospitalize ['hɒspɪtəlaɪz] *vt* hospitalizar

host[1] [həʊst] **1** *n* (**a**) *(at home, party)* anfitrión *m*; *(on TV)* presentador(ora) *m,f* **h. country** país *m* anfitrión *or* organizador (**b**) *Biol (of parasite)* huésped *m* (**c**) *Comptr* **h. (computer)** host *m*, sistema *m* central ▫ ***h. system*** sistema *m* host
2 *vt (party)* dar; *(TV show)* presentar

host[2] *n (great number)* **a whole h. of** un sinfín de

host[3] *n Rel (consecrated bread)* hostia *f*

hostage ['hɒstɪdʒ] *n* rehén *m*; **to take/hold sb h.** tomar/tener a alguien como rehén; IDIOM **that's offering a h. to fortune** eso supone hipotecar el futuro

hostel ['hɒstəl] *n (for students, nurses)* residencia *f*; *(for the homeless)* albergue *m*

hostelling, *US* **hosteling** ['hɒstəlɪŋ] *n* **to go (youth) h.** ir de albergues

hostelry ['hɒstəlrɪ] *n Old-fashioned & Hum (pub)* bar *m*

hostess ['həʊstɪs] *n (in private house)* anfitriona *f*; *(on TV)* azafata *f*; **(air) h.** azafata *f* ▫ ***h. trolley*** carro *m* caliente

hostile ['hɒstaɪl, *US* 'hɒstəl] *adj* hostil (**to** a, con); **to be h. to** ser hostil a, mostrarse hostil ante

hostility [hɒs'tɪlɪtɪ] *n* hostilidad *f*; *Formal* **hostilities** *(war)* hostilidades *fpl*

hosting ['həʊstɪŋ] *n Comptr* hospedaje *m*

HOT [hɒt] *adj* (**a**) *(food, plate, stove, water)* caliente; *(day, summer, climate)* caluroso(a); **to be h.** *(of person)* tener calor; *(of thing)* estar caliente; **it's h.** *(of weather)* hace calor ▫ ***h. cross bun*** = bollo con pasas y una cruz dibujada encima que se suele comer el día de Viernes Santo; *Med* ***h. flushes*** sofocos *mpl*; ***h. spring*** manantial *m* de aguas termales; *US* ***h. tub*** jacuzzi® *m*
(**b**) *(spicy)* picante
(**c**) *(close)* **you're getting h.** *(in guessing game)* caliente, caliente; **to be h. on sb's/sth's trail** estar pisando los talones a alguien/algo
(**d**) *Fam (good)* cosa fina; **that's one h. car** ese coche es cosa fina; **to be h. on sth** *(be knowledgeable about)* estar muy puesto(a) en algo; *(attach importance to)* ser muy quisquilloso(a) con algo; **it wasn't such a h. idea** no fue una idea tan buena; **how are you? – not so h.** ¿qué tal? – regular; *very Fam* **h. shit** *Esp* dabuten, *Andes, Carib* chévere, *Méx* padrísimo(a), *RP* bárbaro(a); *very Fam* **she's pretty h. shit when it comes to statistics** se le dan genial *or Esp* dabuten las estadísticas, *Méx* es una chingona para las estadísticas; *Fam* **to be h. stuff** *(excellent) Esp* ser cosa fina, ser *Andes, Carib* chévere *or Méx* padrísimo(a) *or RP* bárbaro(a); *(person)* estar buenísimo(a), *Esp* estar como un tren
(**e**) *Fam (dangerous)* **things were getting too h. for us** las cosas se estaban poniendo feas ▫ ***h. spot*** *(trouble spot)* zona *f* conflictiva
(**f**) *Fam (sexy)* caliente; *(sexually aroused)* cachondo(a)
(**g**) *Fam (stolen)* afanado(a), *Esp* chorizado(a)
(**h**) ***h. spot sprint*** *(in cycling)* sprint *m* especial, meta *f* volante
(**i**) IDIOMS **h. from** *or* **off the press** *(of news)* caliente; *(of book)* recién salido(a) (de la imprenta); **too h. to handle** *(issue)* demasiado comprometido(a); **they're selling like h. cakes** se venden como churros; **to have a h. temper** tener mal genio; **to get h. under the collar** *(become indignant)* acalorarse; **h. and bothered** agobiado(a); *Fam* **to be in h. water** *(in difficult situation)* estar en un lío *or* en apuros; *Fam* **to get into h. water** meterse en un lío *or* en apuros ▫ *Fam* ***h. air*** *(meaningless talk)* palabras *fpl* vanas; *Fam* **it's all h. air** no son más que fanfarronadas; *Fam* ***h. date*** cita *f* íntima; ***a h. favourite*** *(in race)* un/una gran favorito(a); ***h. gossip*** chismorreo *m or Esp* cotilleo *m* jugoso; *Comptr* ***h. key*** atajo *m* de teclado; *Tel* ***h. line*** línea *f* directa; ***h. news*** noticias *fpl* frescas; ***h. pants*** minishorts *mpl*; ***h. pepper*** guindilla *f*, *Andes, RP* ají *m*; *Fam* ***h. potato*** *(controversial issue)* asunto *m* espinoso, *Esp* patata *f* caliente; ***h. rod*** *(car)* coche *m or Am* carro *m or Chile, RP* auto *m* trucado; *US Fam* ***the h. seat*** *(electric chair)* la silla eléctrica; *Fig* **to be in the h. seat** ser el responsable

▸**hot up** (*pt & pp* **hotted**) *vi Fam (of situation, contest) Esp* calentarse, *Am* ponerse bravo(a)

hot-air balloon ['hɒteəbə'luːn] *n* globo *m* de aire caliente, aerostato *m*

hotbed ['hɒtbed] *n* **a h. of rebellion/intrigue** un foco de rebelión/intrigas

hot-blooded ['hɒt'blʌdɪd] *adj* (**a**) *(passionate)* ardiente (**b**) *(excitable)* irascible

hotchpotch ['hɒtʃpɒtʃ] *n Fam* revoltijo *m*, *Esp* batiburrillo *m*

hotdog ['hɒtdɒg] **1** *n* perrito *m* caliente, *Col, Méx* perro *m* caliente, *RP* pancho *m*

2 *vi (pt & pp* **hotdogged***)* (**a**) *US Fam (show off)* alardear, fanfarronear (**b**) *(in skiing)* hacer acrobacias

hotel [həʊ'tel] *n* hotel *m*; **the h. industry** el sector hotelero, la industria hotelera ❑ ***h. room*** habitación *f (de hotel)*; ***h. manager*** director(ora) *m,f* de hotel

hotelier [həʊ'teljeɪ] *n* hotelero(a) *m,f*

hotfoot ['hɒt'fʊt] *Fam* **1** *adv* a la carrera, zumbando

2 *vt* **to h. it** ir a la carrera, ir zumbando

hothead ['hɒthed] *n* impulsivo(a) *m,f*, impetuoso(a) *m,f*

hot-headed ['hɒt'hedɪd] *adj* impulsivo(a), impetuoso(a)

hothouse ['hɒthaʊs] *n (glasshouse)* invernadero *m*; *Fig* hervidero *m*

hotly ['hɒtlɪ] *adv (to reply, protest)* acaloradamente; **h. contested** reñidamente disputado(a)

hotplate ['hɒtpleɪt] *n (on cooker)* placa *f*; *(for keeping food warm)* = placa para mantener la comida caliente

hotpot ['hɒtpɒt] *n (stew)* estofado *m*, *Am* ahogado *m*

hots [hɒts] *npl very Fam* **she had the h. for Fred** Fred le ponía a cien *or* muy caliente, *RP* estaba recaliente con Fred

hotshot ['hɒtʃɒt] *Fam* **1** *n (expert)* as *m*, *Esp* hacha *m*

2 *adj* **a h. lawyer** un abogado de primera

hot-tempered ['hɒt'tempəd] *adj* enfadadizo(a), con mal genio

hot-water [hɒt'wɔ:tə(r)] *adj* de agua caliente ❑ ***h. bottle*** bolsa *f* de agua caliente

hot-wire ['hɒtwaɪə(r)] *vt Fam* hacer un puente a

hound [haʊnd] **1** *n (dog)* perro *m* de caza

2 *vt (persecute)* acosar; **she was hounded by the press** la prensa la acosaba

hound's-tooth ['haʊndztu:θ] *n (fabric)* pata *f* de gallo

hour ['aʊə(r)] *n* (**a**) *(period of time)* hora *f*; **an h. and a half** una hora y media; **half an h.** media hora; **to pay sb by the h.** pagar a alguien por horas; **to take hours over sth** tardar *or Am* demorar horas en algo; **we've been waiting for hours** llevamos horas esperando; **to work long hours** trabajar muchas horas ❑ ***h. hand*** *(of watch, clock)* manecilla *f* de las horas

(**b**) *(time of day)* **at this h.!** ¡a estas horas!; **after hours** fuera de horas, a deshora; **every h. (on the h.)** cada hora (en punto); **till all hours** hasta las tantas; **to keep late hours** acostarse muy tarde; **where were you in my h. of need?** ¿dónde estabas cuando te necesitaba?; **his h. has come** ha llegado su hora

hourglass ['aʊəglɑ:s] *n* reloj *m* de arena; **an h. figure** una cintura de avispa

hourly ['aʊəlɪ] **1** *adj* **at h. intervals** con intervalos de una hora

2 *adv* (**a**) *(every hour)* cada hora (**b**) *(at any time)* en cualquier momento

house 1 *n* [haʊs] (**a**) *(dwelling)* casa *f*; **to move h.** mudarse de casa; **to set up h.** irse a vivir juntos; IDIOM **to set one's h. in order** poner uno sus cosas en orden; IDIOM **to get on like a h. on fire** llevarse estupendamente; **h. of ill fame** *or* **repute** casa *f* de lenocinio, prostíbulo *m*; **the h. of God** la casa del Señor ❑ *Law* ***h. arrest*** arresto *m* domiciliario; ***h. guest*** huésped *mf*, invitado(a) *m,f*; ***h. martin*** avión *m* común; ***h. painter*** pintor(ora) *m,f* de brocha gorda; ***h. party*** fiesta *f (en una casa de campo)*; ***h. plant*** planta *f* de interior; ***h. surgeon*** *(in hospital)* cirujano(a) *m,f* residente

(**b**) *Com (company)* casa *f*, empresa *f*; **banking h.** banco *m*; **publishing h.** (casa *f*) editorial *f* ❑ ***h. style*** política *f* (de estilo) de la casa

(**c**) *Pol* **the H. of Commons/Lords** la Cámara de los Comunes/Lores; **the Houses of Parliament** el Parlamento británico; **the H. of Representatives** la Cámara de Representantes

(**d**) *(royal family)* casa *f*; **the H. of Stuart** la casa de los Estuardo, los Estuardos

(**e**) *(restaurant)* **on the h.** por cuenta de la casa ❑ ***h. wine*** vino *m* de la casa

(**f**) *Th* **an empty/a good h.** un público escaso/numeroso; **to bring the h. down** hacer que el teatro se venga abajo, meterse al público en el bolsillo ❑ ***h. lights*** luces *fpl* de sala

(**g**) *(music)* **h. (music)** (música *f*) house *m*

(**h**) *Br Sch* = división que se hace de los alumnos de cada curso para la realización de actividades no académicas

2 *vt* [haʊz] *(person, collection, mechanism)* alojar

houseboat ['haʊsbəʊt] *n* barco-vivienda *m*

housebound ['haʊsbaʊnd] *adj* **to be h.** estar confinado(a) en casa

housebreaker ['haʊsbreɪkə(r)] *n* ladrón(ona) *m,f*

housebreaking ['haʊsbreɪkɪŋ] *n* allanamiento *m* de morada

housecoat ['haʊskəʊt] *n* bata *f* de (estar en) casa

housefly ['haʊsflaɪ] *n* mosca *f* (doméstica)

household ['haʊshəʊld] *n* hogar *m*; **to be a h. name** *(of famous person)* ser un nombre conocidísimo ❑ ***h. appliance*** electrodoméstico *m*; ***h. chores*** tareas *fpl* domésticas

householder ['haʊshəʊldə(r)] *n* ocupante *mf* de vivienda

house-hunting ['haʊshʌntɪŋ] *n* búsqueda *f* de vivienda

house-husband ['haʊs'hʌzbənd] *n* amo *m* de casa

housekeeper ['haʊski:pə(r)] *n* ama *f* de llaves

housekeeping ['haʊski:pɪŋ] *n* (**a**) *(work)* tareas *fpl* domésticas (**b**) **h. (money)** dinero *m* para los gastos domésticos

housemaid ['haʊsmeɪd] *n* doncella *f*, sirvienta *f*, criada *f* ❑ ***h.'s knee*** *(inflammation)* bursitis *f inv* de rodilla

houseman ['haʊsmən] *n Br Med* médico(a) *m,f* interno(a) residente

housemaster ['haʊsmɑ:stə(r)] *n Br Sch* = profesor a cargo de una "house" (división para actividades no académicas)

housemistress ['haʊsmɪstrɪs] *n Br Sch* = profesora a cargo de una "house" (división para actividades no académicas)

house-proud ['haʊspraʊd] *adj* **she's very h.** es una mujer muy de su casa

houseroom ['haʊsru:m] *n* **I wouldn't give it h.** *(piece of furniture)* yo no lo pondría en mi casa; *(theory, suggestion)* yo no lo aceptaría

house-sit ['haʊssɪt] *vi* quedarse cuidando la casa (**for** de)

house-to-house ['haʊstə'haʊs] *adj (search, enquiries)* de casa en casa, casa por casa

house-trained ['haʊstreɪnd] *adj* (**a**) *(dog)* = que ya ha aprendido a no hacer sus necesidades en casa (**b**) *Hum (husband)* bien enseñado

house-warming ['haʊswɔ:mɪŋ] *n* **h. (party)** fiesta *f* de inauguración *(de un apartamento, piso, una casa)*

housewife ['haʊswaɪf] *n* ama *f* de casa

housework ['haʊswɜ:k] *n* tareas *fpl* domésticas

housing ['haʊzɪŋ] *n* (**a**) *(accommodation)* vivienda *f* ❑ *Br* ***h. association*** cooperativa *f* de viviendas; *Br* ***h. benefit*** = subsidio para el pago del alquiler; *Br* ***h. estate*** *(public housing)* = urbanización con viviendas de protección oficial; *(private housing)* urbanización *f*; ***h. market*** mercado *m* inmobiliario; *US* ***h. project*** = urbanización con viviendas de protección oficial; ***h. scheme*** plan *m* de vivienda (**b**) *(of machinery)* cubierta *f* protectora

hovel ['hɒvəl] *n Pej* chabola *f*, chozo *m*

hover ['hɒvə(r)] *vi* (**a**) *(of bird)* cernerse, cernirse; *(of helicopter)* permanecer inmóvil en el aire (**b**) *(of person)* rondar; **she hovered between life and death** se debatía entre la vida y la muerte

hovercraft ['hɒvəkrɑ:ft] *n* aerodeslizador *m*, hovercraft *m*

hoverport ['hɒvəpɔ:t] *n* puerto *m* de aerodeslizadores

HOW [haʊ] **1** *adv* (**a**) *(in what way, by what means)* cómo; **h. did they find out?** ¿cómo lo averiguaron?; **h. do you pronounce this word?** ¿cómo se pronuncia esta palabra?; **h. can you be so insensitive?** ¿cómo puedes ser tan insensible?; **tell me h. he did it** dime cómo lo hizo; *Fam* **I can behave h. I like** me porto como me da la gana; **it's incredible h. they stay so calm** es increíble lo tranquilos que están; **do you remember h. we used to hide behind the shed?** ¿te acuerdas de cuando nos escondíamos detrás del cobertizo?; *Fam* **h. come** *or* **so?** ¿cómo es eso?; *Fam* **h. come they told you and not me?** ¿por qué te lo dijeron a ti y a mí no?; *Fam* **h. do you mean?** *(I don't understand)* ¿cómo?; *Fam* **and h.!** ¡y cómo!

(**b**) *(to what extent)* **h. big is it?** ¿cómo es de grande?; **h. far is it to Houston?** ¿a cuánto está Houston de aquí?; **h. fast is the train?** ¿qué velocidad alcanza el tren?; **h. heavy is it?** ¿cuánto pesa?; **h. high is the mountain?** ¿qué altura tiene la montaña?; **h. long have you been here?** ¿cuánto tiempo llevas *or Méx, Ven* tienes aquí?; **h. many** cuántos(as); **h. many times?** ¿cuántas veces?; **h. much** cuánto; **h. much time is left?** ¿cuánto tiempo queda?; **h. much (is it)?** ¿cuánto es?, ¿cuánto cuesta?; **h. much longer will you be?** ¿cuánto te queda para terminar?; **h. often?** ¿con qué frecuencia?; **h. often do you go swimming?** ¿cada cuánto vas a la piscina?; **h. old are you?** ¿cuántos años tienes?; **h. soon will it be ready?** ¿(para) cuándo estará listo?; **h. tall are you?** ¿cuánto mides?; **I was surprised by h. easy it was** me sorprendió lo fácil que era; **you know h. useful he is to me** sabes lo útil que me resulta; **h. interested are you in politics?** ¿hasta qué punto te interesa la política?; **h. stupid can you get?** ¡qué tonto(a)!

(**c**) *(greetings, enquiries after health, quality, success)* **h. are you?** ¿cómo estás?, ¿qué tal estás?; **h. was the movie?** ¿qué tal fue la película?; **h. was it for you?** ¿y tú qué tal?; **h. did you like the meal?** ¿te gustó la comida?; **h. did the interview go?** ¿qué tal fue la entrevista?; *Fam* **h. are things?, how's everything?, how's it going?** ¿qué tal?; **h.'s business?** ¿qué tal el negocio?; *Formal* **h. do you do?** encantado de conocerlo; *Fam* **h. goes it?** ¿qué tal?, ¿cómo te va?

(**d**) *(in exclamations)* qué; **h. nice to see you again!** ¡cuánto me alegro de verte otra vez!; **h. pretty she is!** ¡qué guapa es!; **h. disgusting!** ¡qué asco!; **h. she has changed!** ¡cómo ha cambiado!; **h. I miss them!** ¡cuánto los echo de menos!, *Am* ¡cuánto los extraño!; **h. silly of me!** ¡qué tonto!; **well h. about that!** ¡caramba!, ¡fíjate!; **well h. do you like that, she left without even saying thank you!** ¿qué te parece?, se fue sin ni siquiera dar las gracias!

(**e**) *(in suggestions)* **h. about a game of cards?, h. would you like a game of cards?** ¿te apetece jugar a las cartas?; **h. about going out for a meal?, h. would you like to go out for a meal?** ¿te apetece salir a comer?; **h. about it?** ¿qué te parece?; **h. about next week?** ¿qué te parece la semana que viene?; **h. about painting it blue?** ¿y si lo pintamos de azul?; **h. about you/Mike?** ¿y tú/Mike?

2 *n* **the h. and the why of sth** el cómo y el por qué de algo

---

howdy ['haʊdɪ] *exclam US Fam* ¡hola!, ¿qué hay?, *CAm, Col, Méx* ¡quihubo!

however [haʊ'evə(r)] **1** *adv* (**a**) *(to whatever degree)* **h. clever she is** por muy lista que sea; **h. hard she tried, she couldn't do it** por mucho que lo intentaba no podía hacerlo (**b**) *(in whatever way)* **h. you look at it,...** se mire como se mire,...; **h. did she find out?** pero, ¿cómo se pudo enterar?

2 *conj* sin embargo, no obstante

howitzer ['haʊɪtsə(r)] *n* obús *m*

howl [haʊl] **1** *n (of animal, person)* aullido *m*

2 *vi (of animal, person)* aullar; **to h. with laughter** desternillarse de risa

▸**howl down** *vt sep (silence by shouting)* acallar con gritos

howler ['haʊlə(r)] *n Fam (mistake)* error *m* grave *or Esp* de bulto

howling ['haʊlɪŋ] **1** *n* aullidos *mpl*

2 *adj (wolf)* aullador(ora); *(gale, wind)* violento(a), salvaje; *Fam* **it wasn't exactly a h. success** no fue un éxito clamoroso, que digamos

howsoever [haʊsəʊ'evə(r)] *adv Formal* comoquiera que

how's-your-father ['haʊzjə'fɑːðə(r)] *n Br Fam Hum (sexual intercourse)* **he fancied a bit of h.** tenía ganas de hacer ñacañaca *or Méx* el cuchi-cuchi

hoy [hɔɪ] *exclam* ¡eh!

HP, hp [eɪtʃ'piː] *n* (**a**) *Tech (abbr* **horsepower**) C.V. (**b**) *Com (abbr* **hire-purchase**) compra *f* a plazos

HQ [eɪtʃ'kjuː] *n (abbr* **headquarters**) sede *f*, central *f*

hr *(abbr* **hour**) h.

HRH [eɪtʃɑː'reɪtʃ] *n Br (abbr* **Her/His Royal Highness**) S.A.R.

HRT [eɪtʃɑː'tiː] *n Med (abbr* **hormone replacement therapy**) terapia *f* hormonal sustitutiva

HS *(abbr* **High School**) instituto *m* de enseñanza secundaria

HT *(abbr* **high tension**) AT, alta tensión *f*

HTML [eɪtʃtiːem'el] *n Comptr (abbr* **Hyper Text Markup Language**) HTML *m*

HTTP [eɪtʃtiːtiː'piː] *n Comptr (abbr* **Hyper Text Transfer Protocol**) HTTP *m*

hub [hʌb] *n* (**a**) *(of wheel)* cubo *m* (**b**) *(of community)* centro *m* (**c**) **h. (airport)** aeropuerto *m* principal *(con múltiples conexiones)* (**d**) *Comptr* hub *m*

hubbub ['hʌbʌb] *n* griterío *m*, algarabía *f*

hubby ['hʌbɪ] *n Fam (husband)* maridito *m*

hubcap ['hʌbkæp] *n (of wheel)* tapacubos *m inv*

hubris ['hjuːbrɪs] *n Literary* orgullo *m* desmedido, ensoberbecimiento *m*

huckleberry ['hʌkəlbərɪ] *n* = especie de arándano norteamericano

huckster ['hʌkstə(r)] *n* (**a**) *Old-fashioned (pedlar)* buhonero(a) *m,f* (**b**) *US (swindler)* charlatán(ana) *m,f*, estafador(ora) *m,f*

huddle ['hʌdəl] **1** *n (of people, houses)* piña *f*; **to go into a h.** hacer un grupo aparte, reunirse en petit comité

2 *vi* acurrucarse; **to h. round sth** apiñarse en torno a algo

▸**huddle together, huddle up** *vi* apiñarse

Hudson Bay ['hʌdsən'beɪ] *n* la bahía de Hudson

hue¹ [hjuː] *n (colour)* tonalidad *f*; *Fig* **political opinions of every h.** opiniones políticas de todo signo

hue² *n* **h. and cry** revuelo *m* tremendo; **to raise a h. and cry about sth** poner el grito en el cielo por algo

huff [hʌf] **1** *n Fam* **to be in a h.** estar mosqueado(a) *or Esp* enfurruñado(a); **to go (off) in a h.** mosquearse, *Esp* enfurruñarse

2 *vi* **to h. and puff** *(blow)* resoplar; *Fig (show annoyance)* refunfuñar

huffy ['hʌfɪ] *adj Fam* **to be h.** *(in bad mood)* estar mosqueado(a) *or Esp* enfurruñado(a); *(by nature)* ser un/una refunfuñón(ona), *Esp* ser muy picajoso(a)

hug [hʌg] **1** *n* abrazo *m*; **to give sb a h.** dar un abrazo a alguien

2 *vt (pt & pp* **hugged**) (**a**) *(embrace)* abrazar; **she hugged the child to her** abrazó al niño; **her dress hugged her figure** el vestido se ceñía a su cuerpo (**b**) *Fig (ground, shore)* no alejarse de

huge [hjuːdʒ] *adj* enorme

hugely ['hjuːdʒlɪ] *adv* enormemente

huh [hʌh] *exclam (expressing disbelief, inquiry)* ¿eh?, ¿qué?; *(expressing disgust, scorn)* ¡ja!

hula ['huːlə] *n* ***h. hoop*** hula-hoop *m*; ***h. skirt*** falda *f or RP* pollera *f* de paja *(para bailar el hula-hula)*

hulk [hʌlk] *n* (**a**) *(of ship)* casco *m*, carcasa *f* (**b**) *(large thing)* armatoste *m*; *(large person)* mole *f*, mastodonte *m*

hulking ['hʌlkɪŋ] *adj* descomunal, mastodóntico(a)

hull [hʌl] **1** *n* (**a**) *(of ship)* casco *m* (**b**) *(of pea)* vaina *f*

2 *vt (peas)* desgranar

hullabaloo [hʌləbə'luː] *n Fam* alboroto *m*, *Esp* jaleo *m*

hullo = **hello**

hum [hʌm] **1** *n* zumbido *m*

2 *vt (pt & pp* **hummed**) *(tune)* tararear, canturrear

3 *vi* (**a**) *(make noise) (of person)* tararear; *(of insect, engine)* zumbar; **to h. and haw** titubear, vacilar; **to h. with activity** bullir de actividad (**b**) *Fam (smell)* apestar

human ['hjuːmən] **1** *n* ser *m* humano

2 *adj* humano(a); **to have the h. touch** tener calor humano, tener un toque de humanidad ❑ ***h. being*** ser *m* humano; ***h. error*** error *m* humano; ***h. interest*** interés *m* humano; ***h. nature*** la naturaleza humana; ***h. resources*** recursos *mpl* humanos; ***h. rights*** derechos *mpl* humanos; ***h. shield*** escudo *m* humano

humane [hjʊ'meɪn] *adj* humano(a)

humanely [hjʊ'meɪnlɪ] *adv* humanamente

humanism ['hjuːmənɪzəm] *n* humanismo *m*

humanist ['hjuːmənɪst] *n* humanista *mf*

humanistic [hjʊmə'nɪstɪk] *adj* humanístico(a)

humanitarian [hjʊmænɪ'teərɪən] **1** *n* persona *f* humanitaria

2 *adj* humanitario(a)

humanity [hjʊˈmænɪtɪ] *n* (**a**) *(the human race)* humanidad *f* (**b**) *(compassion)* humanidad *f*; **to lack h.** no tener humanidad (**c**) *Univ* **the humanities** humanidades *fpl*, letras *fpl*

humanize [ˈhjuːmənaɪz] *vt* humanizar

humankind [hjʊmənˈkaɪnd] *n* humanidad *f*, raza *f* humana

humanly [ˈhjuːmənlɪ] *adv* humanamente; **to do everything h. possible** hacer todo lo humanamente posible

humanoid [ˈhjuːmənɔɪd] *n & adj* humanoide *mf*

humble [ˈhʌmbəl] **1** *adj (meek, unpretentious)* humilde; **to come from h. origins** *or* **a h. background** proceder de familia humilde; **in my h. opinion** en mi humilde opinión; IDIOM **to eat h. pie** *(admit one was wrong)* tragarse (uno) sus palabras

2 *vt (defeat)* humillar, poner en su sitio; **to be humbled (by sth)** sacar una lección de humildad (de algo)

humbling [ˈhʌmbəlɪŋ] *adj* **a h. experience** una lección de humildad

humbly [ˈhʌmblɪ] *adv* humildemente

humbug [ˈhʌmbʌg] *n* (**a**) *(nonsense)* embustes *mpl*, patrañas *fpl* (**b**) *(hypocrite)* embaucador(ora) *m,f* (**c**) *Br (sweet)* caramelo *m* de menta

humdinger [ˈhʌmdɪŋə(r)] *n Fam* **a h. of a movie** una película bestial *or Méx* padrísima

humdrum [ˈhʌmdrʌm] *adj* anodino(a)

humerus [ˈhjuːmərəs] *n Anat* húmero *m*

humid [ˈhjuːmɪd] *adj* húmedo(a)

humidifier [hjʊˈmɪdɪfaɪə(r)] *n* humidificador *m*

humidity [hjʊˈmɪdɪtɪ] *n* humedad *f*

humiliate [hjʊˈmɪlɪeɪt] *vt* humillar; **to feel humiliated** sentirse humillado(a)

humiliating [hjʊˈmɪlɪeɪtɪŋ] *adj* humillante

humiliation [hjʊmɪlɪˈeɪʃən] *n* humillación *f*

humility [hjʊˈmɪlɪtɪ] *n* humildad *f*

hummingbird [ˈhʌmɪŋbɜːd] *n* colibrí *m*

hummus [ˈhʊməs] *n* hum(m)us *m inv*, puré *m* de garbanzos

humongous, humungous [hjuːˈmʌŋgəs] *adj Fam* grandísimo(a), *Esp* gansísimo(a)

humor, humorless *US* = **humour, humourless**

humorist [ˈhjuːmərɪst] *n* humorista *mf*

humorous [ˈhjuːmərəs] *adj (person, remark)* gracioso(a); *(play, magazine)* humorístico(a); **she had a h. twinkle in her eye** tenía un brillo divertido en la mirada

humorously [ˈhjuːmərəslɪ] *adv* con humor, con gracia

humour, *US* **humor** [ˈhjuːmə(r)] **1** *n (in general)* humor *m*; *(of a situation, a story)* gracia *f*; **sense of h.** sentido *m* del humor; **to see the h. in sth** verle la gracia a algo; *Formal* **to be in good/bad h.** estar de buen/mal humor

2 *vt (indulge)* complacer

humourless, *US* **humorless** [ˈhjuːməlɪs] *adj* serio(a), con poco sentido del humor

hump [hʌmp] **1** *n* (**a**) *(lump, bump) (on back)* joroba *f*; *(on road)* bache *m (convexo)* (**b**) *Br Fam* **to have** *or* **get the h.** enfurecerse, mosquearse; **to give sb the h.** poner de mal humor a alguien, mosquear a alguien

2 *vt* (**a**) *Fam (carry)* acarrear (**b**) *Vulg (have sex with)* tirarse a

3 *vi Vulg (have sex) Esp* joder, *Am* coger, *Méx* chingar

humpback [ˈhʌmpbæk] *n* ***h. bridge*** puente *m* peraltado; ***h. whale*** rorcual *m* jiboso, yubarta *f*

humpbacked [ˈhʌmpbækt] *adj* jorobado(a)

humus [ˈhjuːməs] *n (in soil)* humus *m inv*

Hun [hʌn] *(pl* **Huns** *or* **Hun***)* *n* (**a**) *Hist* huno(a) *m,f* (**b**) *Fam Pej* **the H.** los cabezas cuadradas, = término ofensivo para referirse a los alemanes

hunch [hʌntʃ] **1** *n (intuition)* presentimiento *m*, corazonada *f*; **to have a h. that...** tener el presentimiento *or* la corazonada de que...; **my h. is that...** a mí me da en la nariz que...

2 *vt* **to h. one's back** encorvar la espalda, encorvarse

3 *vi* **to h. over sth** inclinarse sobre algo encorvándose

hunchback [ˈhʌntʃbæk] *n (person)* jorobado(a) *m,f*

hunchbacked [ˈhʌntʃbækt] *adj* jorobado(a)

hundred [ˈhʌndrəd] **1** *n (in general and before "thousand", "million", etc)* cien *m*; *(before other numbers)* ciento *m*; **one** *or* **a h.** cien; **one** *or* **a h. thousand** cien mil; **a h. and twenty-five books** ciento veinticinco libros; **two h. books** doscientos libros; *Fig* **a h. and one details** mil y un detalles; **to live to be a h.** vivir hasta los cien años; **I've told you hundreds of times** te lo he dicho cientos de veces; *Culin* **hundreds and thousands** gragea *f or* anises *mpl* de colores

2 *adj* cien; **a h. kilometres an hour** cien kilómetros por hora; **one** *or* **a h. per cent** cien por cien, ciento por ciento; **to be a h. per cent certain** estar seguro(a) al cien por cien; **I'm not feeling a h. per cent** no me encuentro del todo bien; **the h. metres** *(in athletics)* los cien metros (lisos); **the H. Years' War** la guerra de los Cien Años

hundredfold [ˈhʌndrədfəʊld] *adv* **to increase a h.** multiplicar por cien

hundredth [ˈhʌndrədθ] **1** *n* (**a**) *(fraction)* centésimo *m*, centésima parte *f* (**b**) *(in series)* centésimo(a) *m,f*

2 *adj* centésimo(a); *Fam* **for the h. time, no!** por enésima vez, ¡no!

hundredweight [ˈhʌndrədweɪt] *n* (**a**) *(metric)* 50 kg (**b**) *(imperial) Br* = 50,8 kg; *US* = 45,36 kg

hung [hʌŋ] **1** *adj* (**a**) *(without a clear majority)* **h. jury** jurado *m* dividido; **h. parliament** parlamento *m* sin mayoría (**b**) *very Fam* **to be h. like a horse** *Esp* tener un buen paquete, estar bien *Méx* dado *or RP* armado

2 *pt & pp of* **hang**

Hungarian [hʌŋˈgeərɪən] **1** *n* (**a**) *(person)* húngaro(a) *m,f* (**b**) *(language)* húngaro *m*

2 *adj* húngaro(a)

Hungary [ˈhʌŋgərɪ] *n* Hungría

hunger [ˈhʌŋgə(r)] *n* hambre *f* ▫ ***h. march*** = marcha de protesta de desempleados o necesitados; ***h. strike*** huelga *f* de hambre; ***h. striker*** persona *f* en huelga de hambre

▸**hunger after, hunger for** *vt insep* ansiar

hungrily [ˈhʌŋgrɪlɪ] *adv* (**a**) *(eat)* vorazmente (**b**) *(stare)* con avidez

hungry [ˈhʌŋgrɪ] *adj* hambriento(a); **a h. look** una mirada de hambre; **to be h.** tener hambre; **to be as h. as a wolf** tener un hambre canina; **to go h.** pasar hambre; *Fig* **to be h. for knowledge** tener ansias de conocimiento

hung-up [ˈhʌŋˈʌp] *adj* acomplejado(a) (**about** con)

hunk [hʌŋk] *n* (**a**) *(large piece of bread, meat)* pedazo *m*, trozo *m* (**b**) *Fam (attractive man)* tío *m* bueno

hunky [ˈhʌŋkɪ] *adj Fam (man)* fortachón, *Esp* cachas *inv*

hunky-dory [hʌŋkɪˈdɔːrɪ] *adj Fam* **everything's h.** todo es de color de rosa, todo va de perlas

hunt [hʌnt] **1** *n* (**a**) *(search) (for animals)* caza *f*; *(for person, work)* búsqueda *f*, caza *f*; **to be on the h. for sth** ir *or* andar a la caza de algo, ir en búsqueda *or Esp* busca de algo; **the h. is on (for)** ha comenzado la búsqueda (de) (**b**) *Br (fox-hunting group)* partida *f* de caza ▫ ***h. ball*** baile *m* de cazadores; ***h. saboteur*** saboteador(ora) *m,f* de cacerías

2 *vt (fox, deer)* cazar; **to h. a criminal** ir tras la pista de un delincuente

3 *vi* (**a**) *(search)* **to h. for** ir en búsqueda *or Esp* busca de (**b**) *(kill animals)* cazar

▸**hunt about for, hunt around for** *vt insep* buscar

▸**hunt down** *vt sep (animal)* cazar; *(person)* atrapar, capturar; *(information)* conseguir

▸**hunt out** *vt sep* (**a**) *(find) (person)* dar con, lograr encontrar (**b**) *(look for) (thing)* buscar

hunted [ˈhʌntɪd] *adj (look, appearance)* angustiado(a)

hunter [ˈhʌntə(r)] *n* cazador(ora) *m,f*

hunter-gatherer [hʌntəˈgæðərə(r)] *n* cazador-recolector *m*

hunter-killer [hʌntəˈkɪlə(r)] *n (submarine)* submarino *m* de ataque

hunting [ˈhʌntɪŋ] *n* caza *f*; **to go h.** ir a cazar, ir de caza *or* de cacería ▫ ***h. ground*** terreno *m* de caza; ***h. knife*** navaja *f* de caza; ***h. lodge*** refugio *m* de cazadores

hunting-horn [ˈhʌntɪŋhɔːn] *n* cuerno *m* de caza

Huntington's chorea [hʌntɪŋtənzkəˈrɪə] *n Med* corea *f* de Huntington

huntress [ˈhʌntrɪs] *n* cazadora *f*

huntsman [ˈhʌntsmən] *n* cazador *m*

hurdle ['hɜːdəl] **1** *n* (**a**) *(in race)* valla *f*; **hurdles** *(event)* (prueba *f* de) vallas *fpl* (**b**) *(obstacle)* obstáculo *m*; **to overcome a h.** vencer un obstáculo
2 *vt (obstacle)* saltar

hurdler ['hɜːdlə(r)] *n Sport* vallista *mf*

hurdling ['hɜːdlɪŋ] *n Sport* carreras *fpl* de vallas

hurl [hɜːl] **1** *vt (thing)* lanzar; *(insults)* proferir; **to h. oneself at sb** lanzarse contra alguien; **to h. oneself into the fray/one's work** lanzarse a combatir/trabajar, meterse de lleno en el combate/trabajo; **she hurled herself off the bridge** se tiró desde el puente
2 *vi Fam (vomit)* devolver, *Esp* echar la papilla

hurling ['hɜːlɪŋ] *n (Irish game)* = deporte irlandés a medio camino entre el hockey y el rugby

hurly-burly ['hɜːlɪ'bɜːlɪ] *n Fam* tumulto *m*, barullo *m*

hurrah [hʊ'rɑː], **hurray** [hʊ'reɪ] *exclam* ¡hurra!

hurricane ['hʌrɪkən, *US* 'hʌrɪkeɪn] *n* huracán *m*; **h. force winds** vientos *mpl* de fuerza huracanada ▫ ***h. lamp*** farol *m*

hurried ['hʌrɪd] *adj* apresurado(a); **to be h.** tener prisa, *Am* estar apurado(a)

hurriedly ['hʌrɪdlɪ] *adv* apresuradamente

hurry ['hʌrɪ] **1** *n* prisa *f*, *Am* apuro *m*; **to be in a h. (to do sth)** tener prisa *or Am* apuro (por hacer algo); **he was in no h. to finish** no tenía ninguna prisa *or Am* ningún apuro por terminar; **to do sth in a h.** hacer algo deprisa; **to leave in a h.** marcharse apresuradamente; **I won't do that again in a h.** no lo volveré a hacer con prisas; **there's no h.** no hay prisa *or Am* apuro, no corre prisa; **what's the h.?** ¿a qué tanta prisa *or Am* tanto apuro?
2 *vt (person)* meter prisa a, apremiar, *Am* apurar; *(work, decision)* apresurar, realizar con prisas; **she was hurried to hospital** la llevaron apresuradamente al hospital
3 *vi* apresurarse (**to do sth** a hacer algo), *Am* apurarse (**to do sth** a hacer algo); **to h. into a room** entrar apresuradamente en una habitación; **to h. out of a room** salir apresuradamente de una habitación

▸**hurry along 1** *vt sep (person)* meter prisa a, *Am* apurar
2 *vi* irse rápido; **to h. along towards** precipitarse hacia

▸**hurry away** *vi* marcharse a toda prisa *Am* con apuro

▸**hurry back** *vi* volver corriendo

▸**hurry on 1** *vt sep (person)* hacer irse con rapidez; *(work)* acelerar
2 *vi (proceed quickly) (of person)* seguir sin pararse; **to h. on with sth** continuar algo deprisa

▸**hurry up 1** *vt sep (person)* meter prisa a, *Am* apurar; *(work)* acelerar
2 *vi* apresurarse, darse prisa, *Am* apurarse; **h. up!** ¡date prisa!, *Am* ¡apúrate!

HURT [hɜːt] **1** *n (emotional)* dolor *m*
2 *adj* (**a**) *(physically)* **are you h.?** *(after falling)* ¿te has hecho daño?; *(wounded)* ¿estás herido?
(**b**) *(emotionally) (person)* dolido(a); *(look)* dolorido(a); *(feelings)* herido(a)
3 *vt* (*pt & pp* **hurt**) (**a**) *(physically)* hacer daño a; *Fig (chances, prospects)* perjudicar; **my leg is hurting me** me duele la pierna; **to h. one's foot** hacerse daño en un pie; **nobody was h. in the accident** nadie resultó herido en el accidente; **the measures really h. small businesses** las medidas perjudicaron mucho a las pequeñas empresas; **to get h.** hacerse daño; **to h. oneself** hacerse daño; *Fig* **it wouldn't h. him to do the dishes once in a while** no le se van a caer los anillos por lavar los platos de vez en cuando; **a bit of exercise never h. anyone** un poco de ejercicio nunca le hizo mal a nadie
(**b**) *(emotionally)* herir; **I'm very h. by what you said** me duele mucho lo que me dices; **I don't want to get h. again** no quiero que me vuelvan a hacer daño; **to h. sb's feelings** herir los sentimientos de alguien; **you're only hurting yourself** te estás haciendo daño a ti mismo
4 *vi* (**a**) *(cause pain)* doler; **it hurts** me duele; **where does it h.?** ¿dónde te duele?; **my foot hurts** me duele el pie; *Fig* **it hurts to admit it, but...** me da rabia admitirlo, pero...; *Fam* **one more chocolate won't h.** por un bombón más no va a pasar nada; *Fam* **it wouldn't h. to say sorry** no pasaría nada por que pidieras perdón, no estaría mal que pidieras perdón; *Fam* **it won't h. to check first** no estará de más que lo comprobemos antes
(**b**) *(feel pain)* **the athlete is really hurting now** el atleta está pasándolo mal ahora
(**c**) *(emotionally)* resultar doloroso(a), doler; **it hurts that you didn't come** me dolió que no vinieras

hurtful ['hɜːtfʊl] *adj (remark)* hiriente; **that was a h. thing to say** ese fue un comentario de los que hacen daño *or* de lo más hiriente

hurtle ['hɜːtəl] *vi* **to h. along** pasar zumbando; **to h. down the street** bajar por la calle a todo correr; **to h. towards** precipitarse hacia

husband ['hʌzbənd] **1** *n* marido *m*; **h. and wife** marido y mujer
2 *vt Formal (one's resources)* economizar

husbandry ['hʌzbəndrɪ] *n* agricultura *f*; **animal h.** ganadería *f*

hush [hʌʃ] **1** *n (quiet)* silencio *m*; **h.!** ¡silencio!; *Fam* **h. my mouth** ¡me callo, entonces!, ¡no he dicho nada! ▫ **h. money** = dinero que se paga a alguien para que guarde silencio sobre un asunto
2 *vt* acallar

▸**hush up** *vt sep (scandal)* echar tierra a

hushed [hʌʃt] *adj* susurrado(a); **to speak in h. tones** hablar susurrando *or* en voz muy baja *or Am* despacio

hush-hush ['hʌʃhʌʃ] *adj Fam* secreto(a)

husk [hʌsk] **1** *n (of seed)* cáscara *f*
2 *vt (grain)* pelar

huskily ['hʌskɪlɪ] *adv (hoarsely)* con voz ronca, con tono ronco; *(attractively)* con voz grave

huskiness ['hʌskɪnɪs] *n (of voice, sound) (hoarseness)* aspereza *f*; *(attractive)* tonalidad *f* grave

husky[1] ['hʌskɪ] *adj (voice)* áspero(a); *(attractive)* grave

husky[2] *n (dog)* husky *m*

hussar [hʊ'zɑː(r)] *n Mil* húsar *m*

hussy ['hʌsɪ] *n Old-fashioned or Hum* fresca *f*, pelandusca *f*

hustings ['hʌstɪŋz] *npl* mítines *mpl* electorales; **on the h.** en campaña electoral

hustle ['hʌsəl] **1** *n* agitación *f*, bullicio *m*; **h. and bustle** ajetreo *m*, bullicio *m*
2 *vt* (**a**) *(shove, push)* empujar; **I was hustled into a small room** me metieron a empujones en un cuartito (**b**) *(persuade quickly)* **to h. sb into (doing) sth** meter prisa *or* presionar a alguien para que haga algo, *Am* apurar a alguien para que haga algo (**c**) *(obtain dishonestly)* quedarse con
2 *vi Fam* (**a**) *(work as prostitute)* hacer la calle *or Méx* la esquina (**b**) *(promote oneself aggressively)* venderse, hacerse *or* dejarse notar

hustler ['hʌslə(r)] *n US Fam* (**a**) *(swindler)* estafador(ora) *m,f*, *Esp* timador(ora) *m,f* (**b**) *(prostitute)* puto(a) *m,f*

hut [hʌt] *n* (**a**) *(shed)* cobertizo *m* (**b**) *(dwelling)* cabaña *f*, choza *f*

hutch [hʌtʃ] *n (for rabbit)* jaula *f* para conejos

HV (*abbr* **high voltage**) AV

hyacinth ['haɪəsɪnθ] *n* jacinto *m*

hybrid ['haɪbrɪd] **1** *n* híbrido *m*
2 *adj* híbrido(a)

hydra ['haɪdrə] *n Zool* hidra *f*

hydrangea [haɪ'dreɪndʒə] *n* hortensia *f*

hydrant ['haɪdrənt] *n* boca *f* de incendio *or* de riego

hydrate ['haɪdreɪt] *n Chem* hidrato *m*; **chloral h.** hidrato *m* de cloral

hydration [haɪ'dreɪʃən] *n Chem* hidratación *f*

hydraulic [haɪ'drɔːlɪk] *adj* hidráulico(a) ▫ ***h. brake*** freno *m* hidráulico; ***h. press*** prensa *f* hidráulica; ***h. suspension*** suspensión *f* hidráulica

hydraulics [haɪ'drɔːlɪks] *npl* hidráulica *f*

hydride ['haɪdraɪd] *n* hidruro *m*

hydrocarbon [haɪdrəʊ'kɑːbən] *n* hidrocarburo *m*

hydrocephalus [haɪdrəʊ'sefələs] *n Med* hidrocefalia *f*

hydrochloric acid [haɪdrəʊ'klɒrɪk'æsɪd] *n* ácido *m* clorhídrico

hydrodynamics [haɪdrəʊdaɪ'næmɪks] *n* hidrodinámica *f*

hydroelectric [haɪdrəʊɪ'lektrɪk] *adj* hidroeléctrico(a) ▫ ***h. power*** energía *f* hidroeléctrica

hydroelectricity [haɪdrəʊelɪk'trɪsɪtɪ] *n* hidroelectricidad *f*

hydrofoil ['haɪdrəfɔɪl] *n* barco *m* con hidroala

hydrogen ['haɪdrədʒən] *n Chem* hidrógeno *m* ❑ ***h. bomb*** bomba *f* de hidrógeno; ***h. bond*** enlace *m or* puente *m* de hidrógeno; ***h. chloride*** cloruro *m* de hidrógeno; ***h. ion*** ion *m* hidrógeno, protón *m*; ***h. peroxide*** agua *f* oxigenada, *Spec* peróxido *m* de hidrógeno; ***h. sulphide*** ácido *m* sulfhídrico, sulfuro *m* de hidrógeno

hydrogenated [haɪ'drɒdʒɪneɪtɪd] *adj Chem* hidrogenado(a)

hydrogenous [haɪ'drɒdʒɪnəs] *adj* de hidrógeno

hydrolyse ['haɪdrəlaɪz] *vt* hidrolizar

hydrolysis [haɪ'drɒlɪsɪs] *n* hidrólisis *f inv*

hydrophobia [haɪdrə'fəʊbɪə] *n Med (rabies)* hidrofobia *f*

hydrophobic [haɪdrə'fəʊbɪk] *adj* (**a**) *Chem* hidrófobo(a) (**b**) *Med (with rabies)* hidrófobo(a)

hydroplane ['haɪdrəpleɪn] *n* planeadora *f*, hidroplano *m*

hydroponics [haɪdrə'pɒnɪks] *n Bot* cultivo *m* hidropónico

hydrotherapy [haɪdrə'θerəpɪ] *n* hidroterapia *f*

hydroxide [haɪ'drɒksaɪd] *n* hidróxido *m*; **sodium h.** hidróxido *m* sódico

hyena [haɪ'i:nə] *n* hiena *f*

hygiene ['haɪdʒi:n] *n* higiene *f*

hygienic [haɪ'dʒi:nɪk] *adj* higiénico(a)

hygienically [haɪ'dʒi:nɪklɪ] *adv* con higiene, de un modo higiénico

hygienist ['haɪdʒi:nɪst] *n* higienista *mf*

hymen ['haɪmen] *n Anat* himen *m*

hymn [hɪm] *n* himno *m* ❑ ***h. book*** libro *m* de himnos, himnario *m*

hymnal ['hɪmnəl] *n Rel* himnario *m*, libro *m* de himnos

hype [haɪp] *Fam* **1** *n (publicity)* bombo *m*, revuelo *m* publicitario

2 *vt (publicize)* dar mucho bombo a

▸**hype up** *vt sep* (**a**) *(publicize)* dar mucho bombo a (**b**) **to be hyped up** *(excited)* estar hecho(a) un manojo de nervios

hyper ['haɪpə(r)] *adj Fam (overexcited)* acelerado(a)

hyperactive [haɪpə'ræktɪv] *adj also Fig* hiperactivo(a)

hyperbola [haɪ'pɜ:bələ] *n Math* hipérbola *f*

hyperbole [haɪ'pɜ:bəlɪ] *n* hipérbole *f*

hyperbolic [haɪpə'bɒlɪk] *adj Math & Lit* hiperbólico(a)

hypercritical [haɪpə'krɪtɪkəl] *adj* criticón(ona)

hyperglycaemia, *US* **hyperglycemia** [haɪpəglaɪ'si:mɪə] *n* hiperglucemia *f*

hyperinflation [haɪpərɪn'fleɪʃən] *n Fin* hiperinflación *f*

hyperlink ['haɪpəlɪŋk] *n Comptr* hiperenlance *m*

hypermarket ['haɪpəmɑ:kɪt] *n* hipermercado *m*

hypermedia [haɪpə'mi:dɪə] *n Comptr* hipermedia *f*

hypersensitive [haɪpə'sensɪtɪv] *adj* hipersensible, muy susceptible

hypersonic [haɪpə'sɒnɪk] *adj* hipersónico(a)

hypertension [haɪpə'tenʃən] *n Med* hipertensión *f*

hypertext ['haɪpətekst] *n Comptr* hipertexto *m*

hyperthyroidism [haɪpə'θaɪrɔɪdɪzəm] *n Med* hipertiroidismo *m*

hyperventilate [haɪpə'ventɪleɪt] *vi* hiperventilar

hyphen ['haɪfən] *n* guión *m*

hyphenate ['haɪfəneɪt] *vt (word)* escribir con guión

hyphenated ['haɪfəneɪtɪd] *adj* con guión

hyphenation [haɪfə'neɪʃən] *n Comptr* partición *f* de palabras

hypnosis [hɪp'nəʊsɪs] *n* hipnosis *f inv*

hypnotherapy [hɪpnə'θerəpɪ] *n* terapia *f* hipnótica, hipnoterapia *f*

hypnotic [hɪp'nɒtɪk] *adj* hipnótico(a)

hypnotism ['hɪpnətɪzəm] *n* hipnotismo *m*

hypnotist ['hɪpnətɪst] *n* hipnotizador(ora) *m,f*

hypnotize ['hɪpnətaɪz] *vt* hipnotizar

hypo ['haɪpəʊ] *n Fam* jeringuilla *f*

hypoallergenic [haɪpəʊælə'dʒenɪk] *adj* hipoalergénico(a)

hypochondria [haɪpə'kɒndrɪə] *n Med* hipocondría *f*

hypochondriac [haɪpə'kɒndrɪæk] *n* hipocondríaco(a) *m,f*

hypocrisy [hɪ'pɒkrɪsɪ] *n* hipocresía *f*

hypocrite ['hɪpəkrɪt] *n* hipócrita *mf*

hypocritical [hɪpə'krɪtɪkəl] *adj* hipócrita

hypodermic [haɪpə'dɜ:mɪk] **1** *n* **h. (syringe)** (jeringuilla *f*) hipodérmica *f*

2 *adj* hipodérmico(a)

hypoglycaemia, *US* **hypoglycemia** ['haɪpəʊglaɪ'si:mɪə] *n Med* hipoglucemia *f*

hyponym ['haɪpənɪm] *n Ling* hipónimo *m*

hypotenuse [haɪ'pɒtənju:z] *n Math* hipotenusa *f*

hypothalamus [haɪpəʊ'θæləməs] *n Anat* hipotálamo *m*

hypothermia [haɪpəʊ'θɜ:mɪə] *n Med* hipotermia *f*

hypothesis [haɪ'pɒθəsɪs] *n* hipótesis *f inv*

hypothesize [haɪ'pɒθəsaɪz] **1** *vt* plantear como hipótesis, conjeturar

2 *vi* plantear hipótesis, conjeturar

hypothetical [haɪpə'θetɪkəl] *adj* hipotético(a)

hypothetically [haɪpə'θetɪklɪ] *adv* en teoría, hipotéticamente

hypothyroidism [haɪpəʊ'θaɪrɔɪdɪzəm] *n Med* hipotiroidismo *m*

hysterectomy [hɪstə'rektəmɪ] *n Med* histerectomía *f*

hysteresis [hɪstə'ri:sɪs] *n Phys* histéresis *f inv*

hysteria [hɪs'tɪərɪə] *n* (**a**) *(panic)* histeria *f*, histerismo *m* (**b**) *(laughter)* grandes carcajadas *fpl*, hilaridad *f*

hysteric [hɪs'terɪk] *n* histérico(a) *m,f*

hysterical [hɪs'terɪkəl] *adj* (**a**) *(uncontrolled)* histérico(a) (**b**) *(very funny)* graciosísimo(a), divertidísimo(a); **h. laughter** grandes carcajadas *fpl*, hilaridad *f*

hysterically [hɪs'terɪklɪ] *adv* (**a**) *(uncontrolledly)* histéricamente (**b**) *(hilariously)* **h. funny** para morirse de risa

hysterics [hɪs'terɪks] *npl* (**a**) *(panic)* ataque *m* de histeria; **to go into** *or* **have h.** tener un ataque de histeria (**b**) *(laughter)* **we were in h.** nos desternillábamos de risa

Hz *Elec* (*abbr* **Hertz**) Hz

I

I, i[1] [aɪ] *n (letter)* I, i *f*

I[2] *pron* yo *(usually omitted, except for contrast)*; **I'm Canadian** soy canadiense; **I like red wine** me gusta el vino tinto; **I haven't got it!** ¡yo no lo tengo!; **my friend and I** mi amigo y yo; **I, for one, am in favour** yo, desde luego, estoy a favor; *Formal* **it is I** soy yo; *Formal* **it was I who did it** yo fui el que lo hizo

IA *(abbr* **Iowa***)* Iowa

IAAF [aɪdʌbəleɪ'ef] *n (abbr* **International Amateur Athletics Federation***)* IAAF *f*

IAEA [aɪeiː'eɪ] *n (abbr* **International Atomic Energy Agency***)* AIEA *f*

iambic [aɪ'æmbɪk] *adj* yámbico(a) ▫ ***i. pentameter*** pentámetro *m* yámbico

IAP *n Comptr (abbr* **Internet Access Provider***)* PSI *m*, proveedor *m* de servicios Internet

IATA [aɪ'ɑːtə] *n (abbr* **International Air Transport Association***)* IATA *f*

IBA [aɪbiː'eɪ] *n (abbr* **Independent Broadcasting Authority***)* = organismo regulador de las cadenas privadas de radio y televisión británicas

I-beam ['aɪbiːm] *n Constr* viga *f* de doble T

Iberian [aɪ'bɪːrɪən] *adj* ibérico(a); **the I. peninsula** la península Ibérica

ibex ['aɪbeks] *n* íbice *m*, cabra *f* montés

IBF [aɪbiː'ef] *n (abbr* **International Boxing Federation***)* IBF *f*, Federación *f* Internacional de Boxeo

ibid ['ɪbɪd] *adv (abbr* **ibidem***)* ibíd., ib.

ibidem ['ɪbɪdem] *adv* ibídem

ibis ['aɪbɪs] *(pl* **ibis** *or* **ibises***)* *n* ibis *m inv*

IBM [aɪbi'ːem] *n Mil (abbr* **intercontinental ballistic missile***)* misil *m* balístico intercontinental

IBRD [aɪbiːɑː'diː] *n (abbr* **International Bank for Reconstruction and Development***)* BIRD *m*, Banco *m* Mundial

ibuprofen [aɪbjuː'prəʊfən] *n Pharm* ibuprofén *m*, = fármaco antiinflamatorio para el reúma y la artritis

i/c *(abbr* **in charge, in command***)* al mando

ICBM [aɪsiːbiː'em] *n (abbr* **intercontinental ballistic missile***)* misil *m* balístico intercontinental

ice [aɪs] **1** *n* **(a)** *(frozen water)* hielo *m* ▫ ***i. age*** glaciación *f*; ***i. axe*** piolet *m*; ***i. bucket*** cubitera *f*; ***i. cube*** cubito *m* de hielo; ***i. dance*** *or* ***dancing*** patinaje *m* artístico por parejas en la modalidad de danza; ***i. field*** campo *m* de hielo; ***i. floe*** témpano *m* (de hielo); ***i. hockey*** hockey *m* sobre hielo; ***i. pack*** bolsa *f* de hielo; ***i. pick*** pico *m* para el hielo; ***i. rink*** pista *f* de hielo; ***i. sheet*** capa *f* de hielo; ***i. skating*** patinaje *m* sobre hielo

(b) *(edible)* **i. (cream)** helado *m* ▫ ***i. lolly*** polo *m*

(c) IDIOMS **to put a project on i.** aparcar un proyecto; **to break the i.** *(socially)* romper el hielo; **to be skating on thin i.** estar jugándosela; **that cuts no i. with me** eso me deja frío

2 *vt (cake)* glasear

▸**ice over** *vi (of pond)* cubrirse de hielo, helarse

▸**ice up** *vi* helarse

iceberg ['aɪsbɜːg] *n* iceberg *m*; *Fig* **that's just the tip of the i.** eso es sólo la punta del iceberg ▫ ***i. lettuce*** lechuga *f* iceberg *or* repolluda

icebound ['aɪsbaʊnd] *adj (ship, port)* bloqueado(a) por el hielo

icebox ['aɪsbɒks] *n* **(a)** *Br (in fridge)* congelador *m* **(b)** *US (fridge)* nevera *f*, *RP* heladera *f*, *Méx* refrigerador *m*

icebreaker ['aɪs'breɪkə(r)] *n* **(a)** *(ship)* rompehielos *m inv* **(b)** *(at social occasion)* **this game's a good i.** este juego viene muy bien para romper el hielo

icecap ['aɪskæp] *n (at poles)* casquetes *mpl* polares *or* glaciares

ice-cold ['aɪs'kəʊld] *adj* helado(a)

iced [aɪst] *adj* **(a)** *(containing ice)* ***i. tea*** té *m* frío *or* helado; ***i. water*** agua *f* con hielo **(b)** *(cake)* glaseado(a)

Iceland ['aɪslənd] *n* Islandia

Icelander ['aɪsləndə(r)] *n* islandés(esa) *m,f*

Icelandic [aɪs'lændɪk] **1** *n (language)* islandés *m*

2 *adj* islandés(esa)

ice-skate ['aɪs'skeɪt] **1** *n* patín *m (de hielo)*

2 *vi* patinar sobre hielo

ice-skater ['aɪsskeɪtə(r)] *n* patinador(ora) *m,f* (sobre hielo)

ice-skating ['aɪs'skeɪtɪŋ] *n* patinaje *m* sobre hielo

ichthyology [ɪkθɪ'ɒlədʒɪ] *n* ictiología *f*

icicle ['aɪsɪkəl] *n* carámbano *m*

icily ['aɪsɪlɪ] *adv* gélidamente; *Fig* con gran frialdad

icing ['aɪsɪŋ] *n (on cake)* glaseado *m*; IDIOM **the i. on the cake** la guinda ▫ *Br* ***i. sugar*** azúcar *m Esp, Méx* glas *or Esp* de lustre *or Chile* flor *or Col* pulverizado *or RP* impalpable

icky [ɪkɪ] *adj US Fam (repulsive)* asqueroso(a); *(sentimental)* sentimentaloide, *Esp* ñoño(a)

icon ['aɪkɒn] *n Art, Comptr & Fig* icono *m*

iconoclast [aɪ'kɒnəklæst] *n* iconoclasta *mf*

iconoclastic [aɪkɒnəʊ'klæstɪk] *adj* iconoclasta

iconography [aɪkə'nɒgrəfɪ] *n* iconografía *f*

ICRC [aɪsiːɑː'siː] *n (abbr* **International Committee of the Red Cross***)* CICR *m*

ICU [aɪsiː'juː] *n (abbr* **intensive-care unit***)* UCI *f*, UVI *f*

icy ['aɪsɪ] *adj* **(a)** *(road)* con hielo; *(wind)* helado(a) **(b)** *Fig (expression, reply)* frío(a)

ID [aɪ'diː] *n (abbr* **identification***)* documentación *f* ▫ ***ID card*** carné *m* de identidad, *Esp* ≃ DNI *m*

ID *(abbr* **Idaho***)* Idaho

I'd [aɪd] = **I had, I would**

IDE [aɪdiː'iː] *n Comptr (abbr* **integrated drive electronics***)* IDE *m*

idea [aɪ'diːə] *n* **(a)** *(individual notion)* idea *f*; **it's a bad i. to do this alone** no es buena idea hacer esto solo; **it's a good i. to check first** no sería mala idea *or* no estaría mal comprobarlo antes; **what a good i.!** ¡qué buena idea!; **it seemed like a good i. at the time** entonces no parecía una mala idea; **what gave you that i.?, what put that i. into your head?** ¿qué te metió esa idea en la cabeza?, ¿qué te hizo pensar eso?; **the very i.!** ¡es el colmo!, ¡vaya ideas!; *Fam* **what's the big i.?** ¿a qué viene esto?; **that's the whole i.!** ¡de eso se trata, precisamente!

(b) *(concept)* idea *f*, concepto *m*; **to have an i. that…** tener la sensación de que…; **to get the i.** captar la idea, enterarse; **to get ideas** hacerse ilusiones; **to give sb ideas, to put ideas into sb's head** darle (falsas) ideas a alguien; **her i. of a joke is…** su idea de una broma es…; **(I've) no i.** (no tengo) ni idea; **I had no i. that…** no tenía ni idea de que ..; **I haven't the faintest** *or* **foggiest** *or* **remotest i.** no tengo (ni) la menor *or* (ni) la más remota idea; **can you give me an i. of how much it will cost?** ¿puede darme una idea de cuánto va a costar?; **I thought the i. was for them to come here** creí que la idea era que ellos vinieran aquí; **the general i. is to…** la idea general es…

ideal [aɪ'diːəl] **1** *n* ideal *m*

2 *adj* ideal *m* ❑ *Phys* ***i. gas*** gas *m* ideal *or* perfecto
idealism [aɪ'dɪəlɪzəm] *n* idealismo *m*
idealist [aɪ'dɪəlɪst] *n* idealista *mf*
idealistic [aɪdɪə'lɪstɪk] *adj* idealista
idealization [aɪdɪəlaɪ'zeɪʃən] *n* idealización *f*
idealize [aɪ'dɪəlaɪz] *vt* idealizar
ideally [aɪ'di:əlɪ] *adv* **i., we should all be there** lo ideal sería que estuviéramos todos; **they're i. matched** están hechos el uno para el otro; **i. situated** en una posición ideal
idée fixe [i:deɪ'fi:ks] (*pl* **idées fixes**) *n* idea *f* fija
idem ['aɪdem] *adv* en el lugar ya mencionado
identical [aɪ'dentɪkəl] *adj* idéntico(a) ❑ ***i. twins*** gemelos(as) *mfpl* idénticos(as) *or Spec* monocigóticos(as)
identically [aɪ'dentɪklɪ] *adv* igual, de manera idéntica
identifiable [aɪdentɪ'faɪəbəl] *adj* identificable; **it was not easily i.** no se podía identificar fácilmente
identification [aɪdentɪfɪ'keɪʃən] *n* (**a**) *(of body, criminal)* identificación *f* ❑ ***i. parade*** rueda *f* de reconocimento *or* identificación (**b**) *(documents)* documentación *f*
identify [aɪ'dentɪfaɪ] **1** *vt* identificar; **to i. sth with sth** identificar algo con algo; **to i. oneself** identificarse; **to i. oneself with a cause** sentirse identificado(a) *or* identificarse con una causa
2 *vi* **to i. with sb/sth** identificarse con alguien/algo
identifying mark [aɪ'dentɪfaɪɪŋ'mɑ:k] *n* seña *f* de identidad
Identikit® [aɪ'dentɪkɪt] *n* **i. (picture)** retrato *m* robot
identity [aɪ'dentɪtɪ] *n* identidad *f*; **a case of mistaken i.** un caso de identificación errónea ❑ ***i. card*** carné *m* de identidad, *Esp* ≃ DNI *m*; ***i. crisis*** crisis *f inv* de identidad; ***i. parade*** rueda *f* de reconocimento *or* identificación
ideogram ['ɪdɪəgræm], **ideograph** ['ɪdɪəgrɑ:f] *n* ideograma *m*
ideological [aɪdɪə'lɒdʒɪkəl] *adj* ideológico(a)
ideologically [aɪdɪə'lɒdʒɪklɪ] *adv* ideológicamente
ideologist [aɪdɪ'ɒlədʒɪst] *n* ideólogo(a) *m,f*
ideologue ['aɪdɪəlɒg] *adj Pej* ideólogo(a) *m,f*
ideology [aɪdɪ'ɒlədʒɪ] *n* ideología *f*
idiocy ['ɪdɪəsɪ] *n* idiotez *f*, estupidez *f*
idiolect ['ɪdɪəlekt] *n Ling* idiolecto *m*
idiom ['ɪdɪəm] *n (expression)* modismo *m*, giro *m*; *(dialect)* lenguaje *m*
idiomatic [ɪdɪə'mætɪk] *adj* **his English isn't very i.** su inglés no suena muy natural ❑ ***i. expression*** modismo *m*, giro *m*
idiomatically [ɪdɪə'mætɪklɪ] *adv* con modismos *or* giros idiomáticos
idiosyncrasy [ɪdɪəʊ'sɪŋkrəsɪ] *n* peculiaridad *f*, particularidad *f*
idiosyncratic [ɪdɪəʊsɪŋ'krætɪk] *adj* peculiar, particular
idiot ['ɪdɪət] *n* idiota *mf*, estúpido(a) *m,f*; **you i.!** ¡idiota!, ¡imbécil! ❑ *Fam* ***i. board*** teleapuntador *m*
idiotic [ɪdɪ'ɒtɪk] *adj* idiota, estúpido(a)
idle ['aɪdəl] **1** *adj* (**a**) *(unoccupied, unused) (person)* ocioso(a), desocupado(a); *(factory, machine)* inactivo(a); **an i. moment** un momento libre; **to lie i.** permanecer en desuso (**b**) *(lazy)* vago(a) (**c**) *(futile) (threat, boast)* vano(a); *(gossip, rumour)* frívolo(a); **i. curiosity** mera curiosidad
2 *vi (of engine)* estar en punto muerto
▸**idle away** *vt sep* pasar ociosamente
idleness ['aɪdəlnɪs] *n* (**a**) *(inaction)* ociosidad *f* (**b**) *(laziness)* vagancia *f*
idler ['aɪdlə(r)] *n (lazy person)* vago(a) *m,f*
idly ['aɪdlɪ] *adv* (**a**) *(inactively)* ociosamente; **to stand i. by** estar sin hacer nada (**b**) *(casually)* despreocupadamente
idol ['aɪdəl] *n* ídolo *m*
idolatrous [aɪ'dɒlətrəs] *adj* idólatra
idolatry [aɪ'dɒlətrɪ] *n* idolatría *f*
idolize ['aɪdəlaɪz] *vt* idolatrar
idyll ['ɪdɪl] *n* idilio *m*
idyllic [ɪ'dɪlɪk] *adj* idílico(a)
i.e. ['aɪ'i:] (*abbr* **id est**) i.e., es decir

IF [ɪf] **1** *n* **ifs and buts** pegas *fpl*; **if we win, and it's a big if,...** en el caso hipotético de que ganáramos,...
2 *conj* (**a**) *(conditional)* si; **if the weather's good** si hace buen tiempo; **if you hadn't arrived right then...** si no hubieras llegado en ese momento...; **if I were rich** si fuese rico; **if I were you** yo en tu lugar, yo de ti; **would you mind if I smoked?** ¿te importa que fume?; **if I could just interrupt for a second...** ¿me permites una pequeña interrupción?; **sorry if I've upset you** perdona si te he disgustado
(**b**) *(whenever)* si, cuando; **if you click here, a help menu appears** si *or* cuando haces click aquí, aparece un menú de ayuda
(**c**) *(conceding)* si bien; **the movie was good, if rather long** la película fue buena, si bien un poco larga
(**d**) *(whether)* si; **I asked if it was true** pregunté si era verdad
(**e**) *(in phrases)* **if and when...** en caso de que...; **I'll talk to her if and when the occasion arises** hablaré con ella sólo si se presenta la ocasión; **we get little, if any snow** nieva muy poco, a veces nada; **which, if any, do you prefer?** ¿cuál prefieres, si es que te gusta alguno?; **if anything it's better** en todo caso, es mejor, si acaso, es mejor; **he sees them rarely, if at all** *or* **if ever** apenas los ve; **if ever someone deserved the award it's her** si hay alguien que de verdad se merezca or *Am* amerite ese premio, es ella; **that's a pathetic excuse if ever there was one!** ¡es la peor excusa que he oído en mi vida!; **if it isn't my old friend James!** ¡caramba, pero si es mi amigo James!; **if necessary** si es preciso *or* necesario; **if not** si no; **I'll be finished by Monday, if not earlier** habré terminado el lunes, si no antes; **it's colourful, if nothing else** por lo menos no se puede decir que no sea colorido; **if only!** ¡ojalá!; **if only I had more money!** ¡ojalá tuviera más dinero!; **if only they knew!, if they only knew!** ¡si ellos supieran!; **if so** en ese caso; **if you ask me** si quieres saber mi opinión

iffy ['ɪfɪ] *adj Fam* (**a**) *(doubtful, unreliable)* dudoso(a); **my stomach's been a bit i. lately** tengo el estómago un poco revuelto últimamente, *Esp* estoy un poco pachucho del estómago últimamente; **the brakes are a bit i.** los frenos no van *or* andan demasiado bien (**b**) *(suspicious)* sospechoso(a); **it all sounded rather i.** todo aquello daba muy mala espina
igloo ['ɪglu:] (*pl* **igloos**) *n* iglú *m*
igneous ['ɪgnɪəs] *adj Geol (rock)* ígneo(a)
ignite [ɪg'naɪt] **1** *vt (fire, conflict)* prender, encender
2 *vi (of fire, conflict)* prender, encenderse
ignition [ɪg'nɪʃən] *n Aut* encendido *m*, contacto *m*; **to turn on the i.** arrancar, dar al contacto ❑ ***i. key*** llave *f* de contacto
ignoble [ɪg'nəʊbəl] *adj* innoble, indigno(a)
ignominious [ɪgnə'mɪnɪəs] *adj* ignominioso(a)
ignominiously [ɪgnə'mɪnɪəslɪ] *adv* de forma ignominiosa, ignominiosamente
ignominy ['ɪgnəmɪnɪ] *n* ignominia *f*
ignoramus [ɪgnə'reɪməs] *n* ignorante *mf*
ignorance ['ɪgnərəns] *n* ignorancia *f*; **out of** *or* **through i.** por ignorancia; **to keep sb in i. (of)** mantener a alguien en la ignorancia (acerca de); PROV **i. is bliss** a veces es mejor no saber
ignorant ['ɪgnərənt] *adj* ignorante; **to be i. of sth** ignorar algo
ignore [ɪg'nɔ:(r)] *vt (person)* no hacer caso a, ignorar; *(warning, advice)* no hacer caso de, ignorar; **we can't i. it this time!** ¡esta vez no se puede ignorar!, ¡esta vez debemos tenerlo en cuenta!; **just i. him!** ¡no le hagas caso!
iguana [ɪg'wɑ:nə] *n* iguana *f*
iguanodon [ɪ'gwɑ:nədɒn] *n* iguanodonte *m*
ikon = **icon**
IL (*abbr* **Illinois**) Illinois
ileum ['ɪlɪəm] (*pl* **ilea** ['ɪlɪə]) *n Anat* íleon *m*
ilex ['aɪleks] *n Bot* (**a**) *(shrub)* ilicínea *f* (**b**) *(holm oak)* encina *f*
ilium ['ɪlɪəm] (*pl* **ilia** ['ɪlɪə]) *n Anat* ilion *m*, íleon *m*
ilk [ɪlk] *n* **of that i.** por el estilo
I'll [aɪl] = **I will, I shall**
ill [ɪl] **1** *npl* **ills** males *mpl*
2 *adj* (**a**) *(unwell)* enfermo(a); **to be i.** estar enfermo(a) *or* malo(a); **to fall** *or* **be taken i.** caer enfermo(a) *or* malo(a) (**b**) *(bad, poor)* **i. effects** efectos *mpl* indeseables; **i.**

feeling rencor *m*; **i. fortune** mala suerte *f or* fortuna *f*; **to be in i. health** tener mala salud; **to be** *or* **feel i. at ease** no sentirse a gusto; **i. will** rencor *m*; PROV **it's an i. wind (that blows nobody any good)** no hay mal que por bien no venga

3 *adv* mal; **I can i. afford it** me lo puedo permitir a duras penas; **to speak/think i. of sb** hablar/pensar mal de alguien

ill. (*abbr* **illustration**) ilustración *f*

ill-advised ['ɪləd'vaɪzd] *adj* imprudente, desacertado(a); **you'd be i. to complain** harías mal en quejarte

ill-advisedly ['ɪləd'vaɪzɪdlɪ] *adv* de manera imprudente

ill-assorted ['ɪlə'sɔːtɪd] *adj (group, collection)* dispar, variopinto(a); *(couple)* incompatible

ill-bred ['ɪl'bred] *adj* maleducado(a)

ill-concealed ['ɪlkən'siːld] *adj (disappointment, disgust)* mal disimulado(a)

ill-considered ['ɪlkən'sɪdəd] *adj (remark, decision)* irreflexivo(a), precipitado(a)

ill-defined ['ɪldɪ'faɪnd] *adj* difuso(a)

ill-disposed ['ɪldɪs'pəʊzd] *adj* **to be i. towards sb** tener mala disposición hacia alguien

illegal [ɪ'liːgəl] *adj* ilegal

illegality [ɪlɪ'gælɪtɪ] *n* ilegalidad *f*

illegally [ɪ'liːgəlɪ] *adv* ilegalmente, de forma ilegal

illegible [ɪ'ledʒɪbəl] *adj* ilegible

illegitimacy [ɪlɪ'dʒɪtɪməsɪ] *n* ilegitimidad *f*

illegitimate [ɪlɪ'dʒɪtɪmət] *adj* ilegítimo(a)

ill-equipped ['ɪlɪ'kwɪpd] *adj* mal equipado(a); *Fig* **to be i. to do sth** *(lack skill, experience)* no estar preparado(a) para hacer algo

ill-fated ['ɪl'feɪtɪd] *adj (day, occasion)* aciago(a); *(enterprise)* infausto(a), desdichado(a)

ill-favoured, *US* **ill-favored** [ɪl'feɪvəd] *adj (unattractive)* poco agraciado(a)

ill-founded ['ɪl'faʊndɪd] *adj* infundado(a)

ill-gotten gains ['ɪlgɒtən'gaɪnz] *npl* ganancias *fpl* obtenidas por medios ilícitos

illiberal [ɪ'lɪbərəl] *adj Formal* (**a**) *(narrow-minded)* intolerante (**b**) *(ungenerous)* cicatero(a), mezquino(a)

illicit [ɪ'lɪsɪt] *adj* ilícito(a)

illicitly [ɪ'lɪsɪtlɪ] *adv* de manera ilícita, ilícitamente

ill-informed ['ɪlɪn'fɔːmd] *adj* mal informado(a)

ill-intentioned ['ɪlɪn'tenʃənd] *adj* malintencionado(a)

illiteracy [ɪ'lɪtərəsɪ] *n* analfabetismo *m*

illiterate [ɪ'lɪtərət] **1** *adj* (**a**) *(unable to read or write)* analfabeto(a) (**b**) *(usage, style)* analfabeto(a), ignorante

2 *n* analfabeto(a) *m,f*

ill-judged ['ɪldʒʌdʒd] *adj* imprudente; **an i. move** un error de cálculo

ill-mannered ['ɪl'mænəd] *adj* maleducado(a)

ill-natured ['ɪl'neɪtʃəd] *adj* malhumorado(a)

illness ['ɪlnɪs] *n* enfermedad *f*

illogical [ɪ'lɒdʒɪkəl] *adj* ilógico(a)

illogicality [ɪlɒdʒɪ'kælɪtɪ] *n* falta *f* de lógica, incongruencia *f*

illogically [ɪ'lɒdʒɪklɪ] *adv* de forma ilógica, de manera incongruente

ill-starred ['ɪl'stɑːd] *adj Literary (person)* desventurado(a), malaventurado(a); *(plan, attempt)* malhadado(a), desafortunado(a)

ill-suited ['ɪl'suːtɪd] *adj (not appropriate)* inadecuado(a) (**to** para)

ill-tempered ['ɪl'tempəd] *adj (person)* malhumorado(a); *(meeting, exchange)* agrio(a); *(match, occasion)* brusco(a), áspero(a)

ill-timed ['ɪl'taɪmd] *adj* inoportuno(a)

ill-treat ['ɪl'triːt] *vt* maltratar

ill-treatment [ɪl'triːtmənt] *n* malos tratos *mpl*; **to be subjected to i.** ser objeto de *or* recibir malos tratos

illuminate [ɪ'luːmɪneɪt] *vt* (**a**) *(light up)* iluminar (**b**) *(clarify)* ilustrar

illuminated [ɪ'luːmɪneɪtɪd] *adj (manuscript)* iluminado(a)

illuminating [ɪ'luːmɪneɪtɪŋ] *adj* ilustrativo(a), iluminador(ora)

illumination [ɪluːmɪ'neɪʃən] *n* (**a**) *(lighting)* iluminación *f* (**b**) *(clarification)* explicación *f*, aclaración *f*; **his answer provided little i.** su respuesta no resultó muy ilustrativa (**c**) **illuminations** *(decorative lights)* iluminación

ill-use 1 *n* ['ɪl'juːs] maltrato *m*

2 *vt* ['ɪl'juːz] maltratar; **to feel ill-used** sentirse maltratado(a)

illusion [ɪ'luːʒən] *n* ilusión *f*; **to be under the i. that...** hacerse la ilusión de que...; **I was under no illusions about the risk** no me engañaba en lo referente al peligro

illusionist [ɪ'luːʒənɪst] *n* ilusionista *mf*

illusory [ɪ'luːsərɪ] *adj Formal* ilusorio(a)

illustrate ['ɪləstreɪt] *vt also Fig* ilustrar; **this clearly illustrates the danger** esto ilustra bien a las claras el peligro existente

illustrated ['ɪlʌstreɪtɪd] *adj* ilustrado(a)

illustration [ɪləs'treɪʃən] *n (picture, example)* ilustración *f*

illustrative ['ɪlʌstrətɪv] *adj* ilustrativo(a); **to be i. of sth** ilustrar algo; **this crisis is i. of the problems in the economy** esta crisis ilustra bien a las claras *or* pone de manifiesto los problemas de la economía

illustrator ['ɪləstreɪtə(r)] *n* ilustrador(ora) *m,f*

illustrious [ɪ'lʌstrɪəs] *adj* ilustre, insigne

ILO [aɪe'ləʊ] *n* (*abbr* **International Labour Organization**) OIT *f*

I'm [aɪm] = **I am**

image ['ɪmɪdʒ] *n* imagen *f*; **to improve one's i.** mejorar la imagen; **he's the i. of his father** es la viva imagen *or* el vivo retrato de su padre ▫ ***i. consultant*** asesor(a) *m,f* de imagen; *Comptr* ***i. enhancement*** realce *or* mejora *m* de imagen; ***i. intensifier*** *(in radiology)* intensificador *m* de imagen; ***i. maker*** creador(ora) *m,f* de imagen; *Comptr* ***i. processing*** tratamiento *m* de imagen

imagery ['ɪmɪdʒərɪ] *n* imágenes *fpl*

imagesetter ['ɪmɪdʒsetə(r)] *n* filmadora *f*

imaginable [ɪ'mædʒɪnəbəl] *adj* imaginable; **the best/worst thing i.** lo mejor/peor del mundo

imaginary [ɪ'mædʒɪnərɪ] *adj* imaginario(a), ficticio(a) ▫ *Math* ***i. number*** número *m* imaginario

imagination [ɪmædʒɪ'neɪʃən] *n* imaginación *f*; **to have no i.** no tener imaginación; **to capture sb's i.** atraer *or* despertar el interés de alguien; **is it just my i., or...** son imaginaciones mías o...; **use your i.!** ¡imagina!, ¡imagínatelo!

imaginative [ɪ'mædʒɪnətɪv] *adj* imaginativo(a)

imaginatively [ɪ'mædʒɪnətɪvlɪ] *adv* imaginativamente, con imaginación; **an i. designed collection** una colección de imaginativos *or* originales diseños

imagine [ɪ'mædʒɪn] **1** *vt* (**a**) *(mentally picture)* imaginar, imaginarse; **to i. sb doing sth** imaginarse a alguien haciendo algo; **i. winning all that money!** ¡imagínate ganar todo ese dinero!; **you must have imagined it** debes de haberlo imaginado; **I had imagined it to be very different** me lo había imaginado de otra forma; **I can't i. what he wants** no tengo ni idea de qué es lo que quiere; **you're imagining things** son imaginaciones tuyas

(**b**) *(suppose)* imaginar, imaginarse; **I i. that you must be very tired** (me) imagino que debes de estar muy cansado; **as you can i., I was most annoyed** como te puedes figurar *or* imaginar, estaba muy enojado; **I i. so** me lo imaginaba *or* figuraba

2 *vi* **just i.** imagínate; **what could he want with a barrel organ? — I can't i.** ¿para qué querrá un organillo? – no me lo puedo imaginar

imaginings [ɪ'mædʒɪnɪŋs] *npl* imaginaciones *fpl*, figuraciones *fpl*

imam [ɪ'mɑːm] *n Rel* imán *m*, imam *m*

IMAX ['aɪmæks] *n Cin* Imax® *m*

imbalance [ɪm'bæləns] *n* desequilibrio *m*

imbecile ['ɪmbɪsiːl] *n* imbécil *mf*, idiota *mf*

imbecility [ɪmbɪ'sɪlɪtɪ] *n Formal (stupidity)* imbecilidad *f*, idiotez *f*

imbibe [ɪm'baɪb] *vt Formal (drink)* ingerir, beber; *Fig (knowledge, ideas)* absorber, embeber

imbroglio [ɪm'brɒlɪəʊ] *n* embrollo *m*

imbue [ɪm'bjuː] *vt Formal* **to i. sb with sth** inculcar algo a alguien; **to be imbued with sth** estar imbuido(a) de algo

IMF [aɪe'mef] *n* (*abbr* **International Monetary Fund**) FMI *m*

imitable ['ɪmɪtəbəl] *adj* imitable

imitate ['ɪmɪteɪt] *vt* imitar

imitation [ɪmɪˈteɪʃən] **1** *n (action, copy)* imitación *f*; **in i. of** a imitación de, imitando a
2 *adj* ***i. jewellery*** bisutería *f*; ***i. leather*** piel *f* sintética
imitative [ˈɪmɪtətɪv] *adj* imitativo(a)
imitator [ˈɪmɪteɪtə(r)] *n* imitador(ora) *m,f*
immaculate [ɪˈmækjʊlət] *adj (very clean, tidy)* inmaculado(a); *(performance, rendition, taste)* impecable ❑ *Rel* ***the I. Conception*** la Inmaculada Concepción
immaculately [ɪˈmækjʊlətlɪ] *adv (clean, tidy)* inmaculadamente; *(performed, played)* impecablemente; **i. turned out/dressed** impecablemente arreglado(a)/vestido(a)
immanent [ˈɪmənənt] *adj* inmanente
immaterial [ɪməˈtɪərɪəl] *adj* irrelevante; **that's quite i.** eso no tiene ninguna importancia
immature [ɪməˈtjʊə(r)] *adj* inmaduro(a)
immaturely [ɪməˈtjʊəlɪ] *adv* con poca madurez, de forma inmadura
immaturity [ɪməˈtjʊərɪtɪ] *n* inmadurez *f*
immeasurable [ɪˈmeʒərəbəl] *adj* inconmensurable
immeasurably [ɪˈmeʒərəblɪ] *adv* **(a)** *(long, high)* inmensamente, infinitamente **(b)** *(better, change)* enormemente
immediacy [ɪˈmi:dɪəsɪ] *n* inmediatez *f*, proximidad *f*
immediate [ɪˈmi:dɪət] *adj* inmediato(a); **in the i. future** en un futuro inmediato; **the i. family** la familia más cercana; **my i. superior** mi superior más inmediato *or* directo; **in the i. vicinity** en las inmediaciones; **enough to satisfy i. needs** suficiente para cubrir las necesidades más inmediatas *or* perentorias; **to come into or have i. effect** entrar en vigor de manera inmediata
immediately [ɪˈmi:dɪətlɪ] **1** *adv* inmediatamente; **it was not i. apparent** no era algo que saltara a la vista
2 *conj* **i. I saw her I knew…** en cuanto la vi supe…; **phone me i. she arrives** llámame en cuanto llegue
immemorial [ɪmɪˈmɔ:rɪəl] *adj Literary* inmemorial, ancestral; **from time i.** desde tiempo(s) inmemorial(es)
immense [ɪˈmens] *adj* inmenso(a)
immensely [ɪˈmenslɪ] *adv (interesting, enjoyable, difficult)* enormemente; *(problematic, rich, powerful)* inmensamente; **to enjoy sth i.** disfrutar enormemente de algo
immensity [ɪˈmensɪtɪ] *n* inmensidad *f*
immerse [ɪˈmɜ:s] *vt also Fig* sumergir (**in** en); **to i. oneself in sth** sumergirse en algo
immersion [ɪˈmɜ:ʃən] *n (in liquid)* inmersión *f*; *(in activity)* enfrascamiento *m* ❑ ***i. heater*** calentador *m* de agua eléctrico
immigrant [ˈɪmɪgrənt] *n & adj* inmigrante *mf*
immigrate [ˈɪmɪgreɪt] *vi* inmigrar
immigration [ɪmɪˈgreɪʃən] *n* inmigración *f*; **to go through i.** pasar por el control de pasaportes ❑ ***i. control*** control *m* de pasaportes; ***i. officer*** agente *mf* de inmigración
imminence [ˈɪmɪnəns] *n* inminencia *f*
imminent [ˈɪmɪnənt] *adj* inminente
immobile [ɪˈməʊbaɪl] *adj* inmóvil
immobility [ɪməˈbɪlɪtɪ] *n* inmovilidad *f*
immobilize [ɪˈməʊbɪlaɪz] *vt* inmovilizar
immoderate [ɪˈmɒdərət] *adj* desmedido(a)
immoderately [ɪˈmɒdərətlɪ] *adv* de forma desmedida
immodest [ɪˈmɒdɪst] *adj* **(a)** *(vain)* inmodesto(a), vanidoso(a) **(b)** *(indecent)* deshonesto(a), impúdico(a)
immodestly [ɪˈmɒdɪstlɪ] *adv* **(a)** *(vainly)* sin ninguna modestia **(b)** *(indecently)* impúdicamente
immodesty [ɪˈmɒdɪstɪ] *n* **(a)** *(vanity)* inmodestia *f*, vanidad *f* **(b)** *(indecency)* impudicia *f*
immoral [ɪˈmɒrəl] *adj* inmoral ❑ *Law* ***i. earnings*** ganancias *fpl* procedentes del proxenetismo
immorality [ɪməˈrælɪtɪ] *n* inmoralidad *f*
immorally [ɪˈmɒrəlɪ] *adv* de forma inmoral
immortal [ɪˈmɔ:təl] *n & adj* inmortal *mf*
immortality [ɪmɔ:ˈtælɪtɪ] *n* inmortalidad *f*
immortalize [ɪˈmɔ:təlaɪz] *vt* inmortalizar
immovable [ɪˈmu:vəbəl] *adj (object)* inamovible, fijo(a); *Fig (opposition)* inflexible
immune [ɪˈmju:n] *adj* **(a)** *(invulnerable)* inmune; **to be i. to a disease** ser inmune a una enfermedad; *Fig* **i. to criticism** inmune a la crítica **(b)** *Med* ***i. response*** respuesta *f* inmunitaria *or* inmunológica; ***i. system*** sistema *m* inmunológico
immunity [ɪˈmju:nɪtɪ] *n* **(a)** *Med* inmunidad *f* **(b)** *Law* **i. (from prosecution)** inmunidad *f* (procesal)
immunization [ɪmjʊnaɪˈzeɪʃən] *n Med* inmunización *f*, vacunación *f*
immunize [ˈɪmjʊnaɪz] *vt Med* inmunizar
immunodeficiency [ɪmjʊnəʊdəˈfɪʃənsɪ] *n* inmunodeficiencia *f*
immunodepressant [ɪmjʊnəʊdɪˈpresənt] *n* inmunodepresor *m*
immunoglobulin [ɪmju:nəʊˈglɒbjʊlɪn] *n* inmunoglobina *f*
immunological [ɪmjʊnəˈlɒdʒɪkəl] *adj* inmunológico(a)
immunologist [ɪmjʊˈnɒlədʒɪst] *n* inmunólogo(a) *m,f*
immunology [ɪmjʊˈnɒlədʒɪ] *n* inmunología *f*
immunosuppressant [ɪmju:nəʊsəˈpresənt] *n* inmunosupresor *m*
immutable [ɪˈmju:təbəl] *adj Formal* inmutable
immutably [ɪˈmju:təblɪ] *adv Formal* de forma inmutable
imp [ɪmp] *n* diablillo *m*
impact 1 *n* [ˈɪmpækt] impacto *m*; **on i.** en el momento del impacto; *Fig* **to make an i. on sb/sth** causar (un) gran impacto en algo/alguien
2 *vt* [ɪmˈpækt] **(a)** *(collide with)* impactar en, chocar con **(b)** *(influence)* repercutir en
impacted [ɪmˈpæktɪd] *adj* **to have i. wisdom teeth** tener las muelas del juicio impactadas *or* incluidas ❑ *Med* ***i. fracture*** impacción *f*, fractura *f* impactada
impair [ɪmˈpeə(r)] *vt (sight, hearing)* dañar, estropear; *(relations, chances)* perjudicar
impaired [ɪmˈpeəd] *adj* defectuoso(a)
impairment [ɪmˈpeəmənt] *n (in sight, hearing)* defecto *m*
impala [ɪmˈpɑ:lə] (*pl* **impalas** *or* **impala**) *n* impala *m*
impale [ɪmˈpeɪl] *vt* clavar (**on** en)
impalpable [ɪmˈpælpəbəl] *adj* **(a)** *(by touch)* intangible, inmaterial **(b)** *(difficult to grasp, understand)* inaprehensible
impart [ɪmˈpɑ:t] *vt Formal* **(a)** *(heat, light)* desprender **(b)** *(quality)* conferir **(c)** *(knowledge)* impartir; *(news)* revelar
impartial [ɪmˈpɑ:ʃəl] *adj* imparcial
impartiality [ɪmpɑ:ʃɪˈælɪtɪ] *n* imparcialidad *f*
impartially [ɪmˈpɑ:ʃəlɪ] *adv* imparcialmente, de manera imparcial
impassable [ɪmˈpɑ:səbəl] *adj (river, barrier)* infranqueable; *(road)* intransitable
impasse [ˈæmpɑ:s] *n* punto *m* muerto, callejón *m* sin salida
impassioned [ɪmˈpæʃənd] *adj* apasionado(a)
impassive [ɪmˈpæsɪv] *adj* impasible, impertérrito(a)
impassively [ɪmˈpæsɪvlɪ] *adv* impasiblemente
impassivity [ɪmpæˈsɪvɪtɪ] *n* impasibilidad *f*
impasto [ɪmˈpæstəʊ] *n Art* empaste *m*
impatience [ɪmˈpeɪʃəns] *n* impaciencia *f*
impatient [ɪmˈpeɪʃənt] *adj* impaciente; **to be i. (to do sth)** estar impaciente (por hacer algo); **to get i. (with sb)** impacientarse (con alguien); **to be i. for change** esperar con impaciencia el cambio
impatiently [ɪmˈpeɪʃəntlɪ] *adv* impacientemente
impeach [ɪmˈpi:tʃ] *vt US Law* iniciar un proceso de destitución *or* un impeachment contra
impeachment [ɪmˈpi:tʃmənt] *n US Law* proceso *m* de destitución, impeachment *m*
impeccable [ɪmˈpekəbəl] *adj* impecable
impeccably [ɪmˈpekəblɪ] *adv* impecablemente; **he was i. well behaved** tenía un comportamiento exquisito
impecunious [ɪmpɪˈkju:nɪəs] *adj Literary* menesteroso(a)
impedance [ɪmˈpi:dəns] *n Phys* impedancia *f*
impede [ɪmˈpi:d] *vt* dificultar
impediment [ɪmˈpedɪmənt] *n* **(a)** *(barrier)* impedimento *m* (**to** para) **(b)** **(speech) i.** defecto *m* del habla, trastorno *m* del lenguaje

impel [ɪm'pel] (*pt & pp* **impelled**) *vt* impulsar; **to feel impelled to do sth** sentirse *or* verse impulsado(a) a hacer algo

impending [ɪm'pendɪŋ] *adj* inminente

impenetrability [ɪmpenɪtrə'bɪlɪtɪ] *n* carácter *m* impenetrable, incomprensibilidad *f*

impenetrable [ɪm'penɪtrəbəl] *adj (defences, mystery)* impenetrable

impenitent [ɪm'penɪtənt] *adj* impenitente; **to be i. about sth** no arrepentirse de algo

imperative [ɪm'perətɪv]. **1** *n Gram* imperativo *m*

2 *adj* (**a**) *(need)* imperioso(a), acuciante; **it is i. that he should come** es imprescindible que venga (**b**) *(tone) & Gram* imperativo(a)

imperceptible [ɪmpə'septɪbəl] *adj* imperceptible

imperceptibly [ɪmpə'septɪblɪ] *adv* imperceptiblemente, de forma imperceptible

imperfect [ɪm'pɜ:fɪkt] **1** *n Gram* imperfecto *m*

2 *adj (not perfect) & Gram* imperfecto(a)

imperfection [ɪmpə'fekʃən] *n* imperfección *f*

imperfectly [ɪm'pɜ:fɪktlɪ] *adv* de un modo imperfecto

imperial [ɪm'pɪərɪəl] *adj* (**a**) *(of empire)* imperial (**b**) *(weights and measures)* británico(a), imperial *(que utiliza pesos y medidas anglosajones: la pulgada, la libra, el galón, etc)* ❑ ***i. gallon*** galón *m* británico *(= 4,546 litros)*

imperialism [ɪm'pɪərɪəlɪzəm] *n* imperialismo *m*

imperialist [ɪm'pɪərɪəlɪst] *n & adj* imperialista *mf*

imperialistic [ɪmpɪərɪə'lɪstɪk] *adj* imperialista

imperil [ɪm'perɪl] (*pt & pp* **imperilled**, *US* **imperiled**) *vt* poner en peligro

imperious [ɪm'pɪərɪəs] *adj* imperioso(a), autoritario(a)

imperiously [ɪm'pɪərɪəslɪ] *adv* imperiosamente

imperishable [ɪm'perɪʃəbəl] *adj* imperecedero(a)

impermanence [ɪm'pɜ:mənəns] *n* provisionalidad *f*, temporalidad *f*

impermanent [ɪm'pɜ:mənənt] *adj* provisional, pasajero(a)

impermeable [ɪm'pɜ:mɪəbəl] *adj* impermeable

impermissible [ɪmpə'mɪsəbəl] *adj* inadmisible

impersonal [ɪm'pɜ:sənəl] *adj* impersonal

impersonally [ɪm'pɜ:sənəlɪ] *adv* de forma impersonal

impersonate [ɪm'pɜ:səneɪt] *vt* (**a**) *(pretend to be)* hacerse pasar por (**b**) *(do impression of)* imitar, hacer una imitación de

impersonation [ɪmpɜ:sə'neɪʃən] *n* (**a**) *(illegal)* suplantación *f* de personalidad; **he was sent to prison for i. of a diplomat** fue encarcelado por hacerse pasar por un diplomático (**b**) *(impression)* imitación *f*

impersonator [ɪm'pɜ:səneɪtə(r)] *n* (**a**) *(impostor)* impostor(ora) *m,f* (**b**) *(impressionist)* imitador(ora) *m,f*

impertinence [ɪm'pɜ:tɪnəns] *n* impertinencia *f*

impertinent [ɪm'pɜ:tɪnənt] *adj* impertinente

impertinently [ɪm'pɜ:tɪnəntlɪ] *adv* de un modo impertinente, impertinentemente

imperturbable [ɪmpə'tɜ:bəbəl] *adj* imperturbable

imperturbably [ɪmpə'tɜ:bəblɪ] *adv* de un modo imperturbable

impervious [ɪm'pɜ:vɪəs] *adj* (**a**) *(to water)* impermeable (**b**) *(to threats, persuasion)* insensible; **she is i. to reason** es imposible que razone

impetigo [ɪmpɪ'taɪgəʊ] *n Med* impétigo *m*

impetuous [ɪm'petjʊəs] *adj* impetuoso(a)

impetuously [ɪm'petjʊəslɪ] *adv* impetuosamente, de manera impetuosa

impetuousness [ɪm'petjʊəsnɪs] *n* impetuosidad *f*

impetus ['ɪmpɪtəs] *n* ímpetu *m*, impulso *m*; **the news gave an added i. to the campaign** la noticia le proporcionó mayor ímpetu a la campaña

impiety [ɪm'paɪətɪ] *n* (**a**) *(lack of piety)* impiedad *f* (**b**) *(act)* acto *m* impío; *(remark)* frase *f* irreverente, blasfemia *f*

▸**impinge on** [ɪm'pɪndʒ] *vt insep* influir en, repercutir en

impious ['ɪmpɪəs] *adj* impío(a)

impiously ['ɪmpɪəslɪ] *adv* de un modo impío

impish ['ɪmpɪʃ] *adj* travieso(a)

impishly ['ɪmpɪʃlɪ] *adv* malévolamente, con picardía

implacable [ɪm'plækəbəl] *adj* implacable

implacably [ɪm'plækəblɪ] *adv* implacablemente

implant 1 *n* ['ɪmplɑ:nt] *Med* implante *m*; **breast/hair i.** implante mamario/capilar

2 *vt* [ɪm'plɑ:nt] (**a**) *Med* implantar (**b**) *(opinion, belief)* inculcar

implausibility [ɪmplɔ:zɪ'bɪlɪtɪ] *n* inverosimilitud *f*

implausible [ɪm'plɔ:zɪbəl] *adj* inverosímil, poco convincente

implausibly [ɪm'plɔ:zɪblɪ] *adv* de forma inverosímil

implement 1 *n* ['ɪmplɪmənt] utensilio *m*

2 *vt* ['ɪmplɪment] *(plan, agreement, proposal)* poner en práctica, llevar a cabo

implementation [ɪmplɪmen'teɪʃən] *n (of plan, agreement, proposal)* puesta *f* en práctica

implicate ['ɪmplɪkeɪt] *vt* implicar, involucrar; **they are all implicated in the crime** todos están implicados *or* involucrados en el delito

implication [ɪmplɪ'keɪʃən] *n (effect)* consecuencia *f*; *(inference)* insinuación *f*; **by i.** indirectamente, implícitamente

implicit [ɪm'plɪsɪt] *adj* implícito(a); **it was i. in his remarks** estaba implícito en sus comentarios; **i. faith** fe *f* inquebrantable

implicitly [ɪm'plɪsɪtlɪ] *adv* (**a**) *(by implication)* de manera implícita, implícitamente (**b**) *(believe, trust)* ciegamente, de manera inquebrantable

implied [ɪm'plaɪd] *adj* implícito(a)

implode [ɪm'pləʊd] *vi* implosionar; *Fig* destruirse

implore [ɪm'plɔ:(r)] *vt* implorar; **to i. sb to do sth** implorar a alguien que haga algo

imploring [ɪm'plɔ:rɪŋ] *adj* implorante

imploringly [ɪm'plɔ:rɪŋlɪ] *adv* con aire implorante, con aire de súplica; **to look at sb i.** mirar implorante a alguien

implosion [ɪm'pləʊʒən] *n Phys* implosión *f*

imply [ɪm'plaɪ] *vt* (**a**) *(insinuate)* insinuar; **what are you implying?** ¿qué insinúas? (**b**) *(involve)* implicar

impolite [ɪmpə'laɪt] *adj* maleducado(a)

impolitely [ɪmpə'laɪtlɪ] *adv* maleducadamente, con mala educación

impoliteness [ɪmpə'laɪtnɪs] *n* mala educación *f*

impolitic [ɪm'pɒlɪtɪk] *adj Formal* inoportuno(a), imprudente; **it would have been i. to invite both of them** hubiera sido una ligereza *or* una imprudencia invitarlos a ambos

imponderable [ɪm'pɒndərəbəl] **1** *n* (factor *m*) imponderable *m*

2 *adj* imponderable

import 1 *n* ['ɪmpɔ:t] (**a**) *(item, activity)* importación *f* ❑ ***i. duty*** derechos *mpl* de importación *or* de aduana (**b**) *Formal (importance)* significación *f*, importancia *f*

2 *vt* [ɪm'pɔ:t] *(goods) & Comptr* importar

importance [ɪm'pɔ:təns] *n* importancia *f*; **it is of no great i.** no tiene mucha importancia; **to attach i. to sth** dar importancia a algo; **to be full of one's own i.** darse aires, estar pagado(a) de sí mismo(a)

important [ɪm'pɔ:tənt] *adj* importante; **it's not i.** no tiene importancia; **it is i. to send regular reports** es importante enviar *or* que se envíen informes con regularidad

importantly [ɪm'pɔ:təntlɪ] *adv (speak)* dándose importancia; **but, more i...** pero, lo que es más importante...

importation [ɪmpɔ:'teɪʃən] *n (of goods)* importación *f*

importer [ɪm'pɔ:tə(r)] *n* importador(ora) *m,f*

import-export ['ɪmpɔ:t'ekspɔ:t] *n* **i. (trade)** importación *f* y exportación, comercio *m* exterior

importune [ɪmpɔ:'tju:n] *vt Formal* importunar

impose [ɪm'pəʊz] **1** *vt (silence, one's will, restrictions)* imponer (**on** a); **to i. a tax on sth** gravar algo con un impuesto; **to i. a fine on sb** poner *or* imponer a alguien una multa

2 *vi* molestar, resultar molesto(a); **I don't want to i., but...** no quisiera molestar, pero...

▸**impose on, impose upon** *vt insep (take advantage of, inconvenience)* abusar de

imposing [ɪm'pəʊzɪŋ] *adj* imponente

imposition [ɪmpə'zɪʃən] *n* (**a**) *(of tax, fine)* imposición *f* (**b**) *(unfair demand)* abuso *m*

impossibility [ɪmpɒsɪ'bɪlɪtɪ] *n* imposibilidad *f*; **it's a physical i.** es físicamente imposible

impossible [ɪm'pɒsɪbəl] **1** *n* **the i.** lo imposible; **to ask the i.** pedir lo imposible; **to attempt the i.** intentar lo imposible

2 *adj* imposible; **an i. position/situation** una posición/situación insostenible; **to make it i. for sb to do sth** imposibilitar a alguien hacer algo; **it's not i. that...** no es imposible que...; **it's i. to say when we'll finish** es imposible saber cuándo terminaremos; **you're i.!** ¡eres imposible!

impossibly [ɪm'pɒsɪblɪ] *adv* increíblemente; **he's i. stupid** es increíblemente estúpido; **to behave i.** portarse de forma insoportable

impostor, imposter [ɪm'pɒstə(r)] *n* impostor(ora) *m,f*

imposture [ɪm'pɒstʃə(r)] *n Formal* impostura *f*

impotence ['ɪmpətəns] *n* impotencia *f*

impotent ['ɪmpətənt] *adj* impotente

impound [ɪm'paʊnd] *vt Law* embargar; *(car)* trasladar al depósito municipal por infracción; **his car has been impounded** se le ha llevado el coche la grúa

impoverish [ɪm'pɒvərɪʃ] *vt* empobrecer

impoverished [ɪm'pɒvərɪʃd] *adj* empobrecido(a); **to be i.** estar empobrecido(a)

impoverishment [ɪm'pɒvərɪʃmənt] *n* empobrecimiento *m*

impracticability [ɪmpræktɪkə'bɪlɪtɪ] *n* inviabilidad *f*, imposibilidad *f* de realizarse

impracticable [ɪm'præktɪkəbəl] *adj* irrealizable, impracticable

impractical [ɪm'præktɪkəl] *adj (person, suggestion)* poco práctico(a)

impracticality [ɪmpræktɪ'kælɪtɪ] *n (of person)* falta *f* de pragmatismo; *(of suggestion)* carencia *f* de sentido práctico

imprecation [ɪmprɪ'keɪʃən] *n Formal* imprecación *f*

imprecise [ɪmprɪ'saɪs] *adj* impreciso(a)

imprecisely [ɪmprɪ'saɪslɪ] *adv* de forma imprecisa

imprecision [ɪmprɪ'sɪʒən] *n* imprecisión *f*

impregnable [ɪm'pregnəbəl] *adj* (**a**) *(fortress, defences)* inexpugnable (**b**) *(argument)* incontestable; **to have an i. lead** llevar una ventaja inalcanzable, ser el/la líder indiscutible

impregnate ['ɪmpregneɪt] *vt* (**a**) *(fertilize)* fecundar (**b**) *(soak)* impregnar (**with** de)

impresario [ɪmpre'sɑːrɪəʊ] (*pl* **impresarios**) *n* empresario(a) *m,f*, organizador(ora) *m,f* de espectáculos

impress [ɪm'pres] **1** *vt* (**a**) *(make an impression on)* impresionar; **she was impressed with** *or* **by it** aquello la impresionó; **to i. sb favourably/unfavourably** causar buena/mala impresión a alguien; **I'm not impressed** no me parece gran cosa (**b**) *(emphasize to sb)* **to i. sth on sb** recalcarle a alguien la importancia de algo (**c**) *(imprint)* **to i. sth on sth** imprimir algo en algo; **to i. sth on sb's mind** imprimir algo en la mente de alguien

2 *vi (make a favourable impression)* causar buena impresión; *(stronger)* impresionar; **he was eager to i.** tenía muchas ganas de dejar una buena impresión; **he was dressed to i.** se había vestido con la idea de impresionar

impression [ɪm'preʃən] *n* (**a**) *(effect)* impresión *f*; **to make a good/bad i.** dar buena/mala impresión; **to create a false i.** dar una impresión falsa; **to be under the i. that...** tener la impresión de que...; **to give the i. that...** dar la impresión de que... (**b**) *(imprint) (in wax, snow)* marca *f*, impresión *f* (**c**) *(of book)* impresión *f*, tirada *f* (**d**) *(imitation)* imitación *f*; **to do impressions** hacer imitaciones

impressionable [ɪm'preʃənəbəl] *adj (easily influenced)* influenciable; *(easily shocked)* impresionable; **an i. age** una edad en la que todo te influye

impressionism [ɪm'preʃənɪzəm] *n Art* impresionismo *m*

impressionist [ɪm'preʃənɪst] **1** *n* (**a**) *Art* impresionista *mf* (**b**) *(impersonator)* imitador(ora) *m,f*

2 *adj Art* impresionista

impressionistic [ɪmpreʃə'nɪstɪk] *adj* impresionista

impressive [ɪm'presɪv] *adj* impresionante; **the report was most i.** el informe era excepcional

impressively [ɪm'presɪvlɪ] *adv* de un modo impresionante; **I thought you dealt with that guy very i.** a mí me pareció que lidiaste con aquel tipo de forma admirable; **an i. big room** una habitación inmensa

imprest ['ɪmprest] *n Fin* crédito *m* oficial ❑ *Com* ***i. system*** sistema *m* de fondo fijo (de caja)

imprimatur [ɪmprɪ'meɪtə(r)] *n Formal (permission)* permiso *m*, autorización *f*

imprint 1 *n* ['ɪmprɪnt] (**a**) *(of seal)* marca *f*; *(of feet)* huella *f* (**b**) *(of publisher) (name and address)* pie *m* de imprenta; *(series name)* colección *f*

2 *vt* [ɪm'prɪnt] marcar, grabar (**on** en); **her words were imprinted on my memory** sus palabras se me quedaron grabadas en la memoria

imprison [ɪm'prɪzən] *vt* encarcelar

imprisonment [ɪm'prɪzənmənt] *n* encarcelamiento *m*

improbability [ɪmprɒbə'bɪlɪtɪ] *n* (**a**) *(unlikelihood)* improbabilidad *f* (**b**) *(strangeness)* inverosimilitud *f*

improbable [ɪm'prɒbəbəl] *adj* (**a**) *(unlikely)* improbable (**b**) *(strange, unusual)* inverosímil

improbably [ɪm'prɒbəblɪ] *adv* increíblemente; **i. enough, they turned out to be twin brothers** por inverosímil que parezca, resultó que eran hermanos gemelos

impromptu [ɪm'prɒmptjuː] **1** *adj (speech, party)* improvisado(a)

2 *adv (unexpectedly)* de improviso; *(ad lib)* improvisadamente

improper [ɪm'prɒpə(r)] *adj* (**a**) *(use, purpose)* impropio(a), incorrecto(a) ❑ *Law* ***i. practices*** actuaciones *fpl* irregulares (**b**) *(suggestion, behaviour)* indecoroso(a) (**c**) *Math* ***i. fraction*** fracción *f* impropia

improperly [ɪm'prɒpəlɪ] *adv* (**a**) *(incorrectly)* incorrectamente (**b**) *(inappropriately)* de manera impropia, indecorosamente

impropriety [ɪmprə'praɪətɪ] *n* (**a**) *(unlawfulness)* irregularidad *f* (**b**) *(inappropriateness)* impropiedad *f*, incorrección *f* (**c**) *(indecency)* falta *f* de decoro

improve [ɪm'pruːv] **1** *vt* mejorar; **to i. a property** hacer mejoras en un inmueble; **she was eager to i. her mind** estaba ansiosa por ampliar sus conocimientos

2 *vi* mejorar; **to i. with time** mejorar con el tiempo; **things are improving at work** las cosas van mejor *or* van mejorando en el trabajo

▸**improve on, improve upon** *vt insep* mejorar, superar; **to i. on an offer** superar *or* mejorar una oferta

improved [ɪm'pruːvd] *adj (system, design)* mejorado(a); **he is much i.** ha mejorado mucho

improvement [ɪm'pruːvmənt] *n (in situation, quality, behaviour)* mejora *f*; *(in health)* mejoría *f*; **to be an i. on** ser mejor que; **there's room for i.** se puede mejorar; **to make improvements (to)** *(home)* hacer reformas (en)

improvident [ɪm'prɒvɪdənt] *adj Formal* poco previsor(ora), imprudente

improvisation [ɪmprəvaɪ'zeɪʃən] *n* improvisación *f*

improvise ['ɪmprəvaɪz] *vt & vi* improvisar

imprudent [ɪm'pruːdənt] *adj Formal* imprudente; **an i. investment** una inversión desaconsejable

imprudently [ɪm'pruːdəntlɪ] *adv Formal* imprudentemente

impudence ['ɪmpjʊdəns] *n* desvergüenza *f*, insolencia *f*

impudent ['ɪmpjʊdənt] *adj* desvergonzado(a), insolente

impudently ['ɪmpjʊdəntlɪ] *adv* con insolencia, con descaro

impugn [ɪm'pjuːn] *vt Formal* poner en tela de juicio, cuestionar

impulse ['ɪmpʌls] *n* impulso *m*; **to do sth on i.** hacer algo guiado(a) por un impulso; **it was an i. buy** me dio por comprarlo, lo compré por un impulso ❑ ***i. buying*** compra *f* impulsiva

impulsive [ɪm'pʌlsɪv] *adj* impulsivo(a)

impulsively [ɪm'pʌlsɪvlɪ] *adv (to buy, act)* por un impulso; **he i. grabbed her and kissed her** la agarró y la beso de forma impulsiva

impulsiveness [ɪm'pʌlsɪvnɪs] *n* impulsividad *f*

impunity [ɪm'pju:nɪtɪ] *n* impunidad *f*; **with i.** impunemente

impure [ɪm'pjʊə(r)] *adj* impuro(a)

impurity [ɪm'pju:rɪtɪ] *n* impureza *f*

imputation [ɪmpjʊ'teɪʃən] *n Formal* imputación *f*

impute [ɪm'pju:t] *vt Formal* **to i. sth to sb** imputar *or* achacar algo a alguien

IN (*abbr* **Indiana**) Indiana

in¹ (*abbr* **inch** *or* **inches**) pulgada *f* (*= 2,54 cm*)

IN² [ɪn] **1** *prep* (**a**) *(with place)* en; **in Spain** en España; **to arrive in Spain** llegar a España; **somewhere in Argentina** en algún lugar de Argentina; **it was cold in the bar** dentro del bar *or* en el bar hacía frío; **those records in the corner are mine** los discos del rincón son míos; **I'd like the hat in the window** quiero el sombrero de la ventana; **get in the bath!** ¡a la bañera!; **to be deaf in one ear** estar sordo(a) de un oído; **she was shot in the chest** le dispararaton en el pecho; **in bed** en la cama; **in hospital** en el hospital; **in prison** en la cárcel; **in the rain** bajo la lluvia; **in the sun** al sol; **in here** aquí dentro; **in there** allí dentro

(**b**) *(forming part of)* **are you in this** *Br* **queue** *or US* **line?** ¿estás en esta cola?; **do you take milk in your tea?** ¿tomas el té con leche?; **I'm in a jazz band** toco en un grupo de jazz; **she's the best player in the team** es la mejor jugadora del equipo; **what do you look for in a manager?** ¿qué esperas de un buen jefe?; **in Graham, we have an excellent leader** con Graham tenemos un excelente líder

(**c**) *(with expressions of time)* en; **in 1927/April/spring** en 1927/abril/primavera; **in the eighties** en los ochenta; **he did it in three hours/record time** lo hizo en tres horas/en un tiempo récord; **he'll be here in three hours** llegará dentro de tres horas; **in the morning/afternoon** por la mañana/tarde; **at three o'clock in the afternoon** a las tres de la tarde; **it rained in the night** llovió por la noche; **for the first time in years** por primera vez en años *or* desde hace años; **I haven't seen her in years** hace años que no la veo

(**d**) *(expressing manner)* **in Spanish** en español; **to write in pen/pencil/ink** escribir con bolígrafo/a lápiz/a tinta; **in a loud/quiet voice** en voz alta/baja; **stand in a circle** formar un corro; **arranged in groups of six** distribuidos en grupos de seis; **a programme in three parts** un programa en *or* de *or* con tres partes; **this model comes in pink or blue** este modelo viene en rosa y en azul; **piano concerto in C major** concierto *m* de piano en do mayor; **covered in snow** cubierto(a) de nieve; **she was dressed in white** iba vestida de blanco; **in full colour** a todo color; **in horror/surprise** con horror/sorpresa; **she left in a hurry** se fue rápidamente; **to live in luxury** vivir a todo lujo; **to speak to sb in private/in secret** hablar con alguien en privado/en secreto; **in this way** de este modo, de esta manera

(**e**) *(expressing quantities, denominations, ratios)* **in twos** de dos en dos; **one in ten** uno de cada diez; **she has a one in ten chance of getting the disease** tiene un diez por ciento de posibilidades de atrapar *or Esp* coger la enfermedad; **2 metres in length/height** 2 metros de longitud/altura; **in small/large quantities** en pequeñas/grandes cantidades; **in dollars** en dólares; **he's in his forties** anda por los cuarenta; **the temperature was in the nineties** ≃ hacía (una temperatura de) treinta y tantos grados; **they are dying in (their) thousands** están muriendo a millares

(**f**) *(expressing state)* en; **in good condition** en buenas condiciones; **I'm not going for a walk in this rain** no pienso salir a dar un paseo con esta lluvia; **in danger** en peligro

(**g**) *(with gerund)* **he had no difficulty in doing it** no tuvo dificultad en hacerlo; **in taking this decision, we considered several factors** al tomar esta decisión, tuvimos en cuenta varios factores; **in saying this, I don't mean to imply that...** no quiero dar a entender con esto que...

(**h**) *(regarding)* **a rise/fall in inflation** una subida/bajada de la inflación; **a diet lacking in vitamins** una dieta pobre en vitaminas; **better in every sense** mejor en todos los sentidos; **in such cases** en esos casos

(**i**) *(wearing)* **the man in the suit** el hombre del traje; **you look lovely in pink** estás preciosa vestida de rosa; **the soldiers were in uniform** los soldados iban de uniforme

(**j**) *(as)* **in answer to** en respuesta a; **in return** a cambio

(**k**) *(with field of activity)* **to be in insurance/marketing** dedicarse a los seguros/al marketing; **a degree in biology** una licenciatura en biología

(**l**) **in all, in total** *adv* en total

(**m**) *(in phrases) Fam* **I didn't think she had it in her (to...)** no la creía capaz (de...); **there's not much in it** *(not much difference)* no hay mucha diferencia; **there's nothing in it for me** *(no advantage)* no tiene ninguna ventaja para mí

2 *adv* (**a**) *(inside)* dentro; **shall I bring the car in?** ¿meto el coche?; **come in!** ¡adelante!; **come in, the water's lovely!** ¡métete, el agua está estupenda!; **to go in** entrar

(**b**) *(at home, office)* **is your mother in?** ¿está tu madre (en casa)?; **will you be in (at the office) next week?** ¿estarás en la oficina la semana que viene?; **to have an evening in** pasar una tarde en casa; **to stay in** quedarse en casa, no salir

(**c**) *(arrived, returned)* **is the train in yet?** ¿ha llegado ya el tren?; **when's the flight due in?** ¿a qué hora está previsto que llegue el vuelo?; **applications should be in by next week** las solicitudes deberán llegar antes de la semana que viene; **we should get some more in next week** la semana que viene recibiremos más

(**d**) *(of tide)* **to be in** estar alto(a)

(**e**) *(inwards)* hacia dentro; **the photo was curling in at the edges** la foto tenía los bordes curvados hacia dentro

(**f**) *(fashionable)* **to be in** estar de moda; **mini-skirts are in** se llevan las minifaldas

(**g**) *Sport (within field of play)* **the ball was in!** ¡la bola entró!; **the umpire called the shot in** el juez de silla dijo que la bola había entrado

(**h**) *Sport (in baseball, cricket)* **he's been in for an hour** lleva bateando una hora; **the umpire gave him in** el árbitro decidió que no quedaba eliminado

(**i**) *(participating)* **are you in or not?** ¿te apuntas o no?

(**j**) **in that** *conj* en el sentido de que; **it's rather complicated in that...** es bastante complicado en el sentido de que...

(**k**) IDIOMS **she is in for a surprise** le espera una sorpresa; **we're in for some heavy showers** nos esperan unos buenos chaparrones; *Fam* **he's in for it** se va a enterar de lo que es bueno *or Esp* de lo que vale un peine; *Fam* **he's got it in for me** la *Esp* tiene tomada *or Méx* trae conmigo, *RP* se la agarró conmigo; **to be in on a plan** estar al corriente de un plan; *Fam* **to be in with sb** tener amistad *or Esp* mano con alguien; *Br Fam* **she's well in there** *Esp* ¡menudo chollo ha encontrado!, *Méx* ¡qué churro ha encontrado!, *RP* ¡qué curro que se encontró!

3 *adj* (**a**) *(fashionable)* **to be in** estar de moda; **it's the in place to go** es el lugar de moda; **the in crowd** la gente selecta; **roller-blading was the in thing last year** el patinaje en línea fue la moda del año pasado

(**b**) *(understood by the few)* **an in joke** un chiste privado

4 *n* **the ins and outs** los pormenores

inability [ɪnə'bɪlɪtɪ] *n* incapacidad *f* (**to do sth** para hacer algo)

in absentia [ɪnæb'sentɪə] *adv Formal* en su ausencia

inaccessibility [ɪnæksesɪ'bɪlɪtɪ] *n* inaccesibilidad *f*

inaccessible [ɪnæk'sesɪbəl] *adj* inaccesible

inaccuracy [ɪn'ækjʊrəsɪ] *n (of calculation, report, measurement)* inexactitud *f*, imprecisión *f*; *(of translation, portrayal)* falta *f* de fidelidad, inexactitud *f*; *(of firearm, shot)* imprecisión *f*; **the report was full of inaccuracies** el informe estaba lleno de imprecisiones

inaccurate [ɪn'ækjʊrət] *adj (calculation, report, measurement)* inexacto(a), impreciso(a); *(translation, portrayal)* poco fiel, inexacto(a); *(firearm, shot)* impreciso(a), poco certero(a)

inaccurately [ɪn'ækjʊrətlɪ] *adv (calculate, measure, report)* sin exactitud, sin precisión;

(translate, portray) de forma inexacta; *(shoot)* sin precisión, de forma poco certera

inaction [ɪn'ækʃən] *n* pasividad *f*, inactividad *f*

inactive [ɪn'æktɪv] *adj* inactivo(a)

inactivity [ɪnæk'tɪvɪtɪ] *n* inactividad *f*

inadequacy [ɪn'ædɪkwəsɪ] *n* (**a**) *(of explanation, measures)* insuficiencia *f* (**b**) *(of person)* incapacidad *f*

inadequate [ɪn'ædɪkwət] *adj* (**a**) *(insufficient)* insuficiente (**b**) *(not capable)* incapaz, inepto(a); **I feel i.** siento que no doy la talla; **to f. i. to the task** no verse capacitado(a) para la tarea

inadequately [ɪn'ædɪkwətlɪ] *adv* insuficientemente

inadmissible [ɪnəd'mɪsɪbəl] *adj Law (evidence)* inadmisible

inadvertent [ɪnəd'vɜːtənt] *adj* fortuito(a), inintencionado(a)

inadvertently [ɪnəd'vɜːtəntlɪ] *adv* sin querer

inadvisable [ɪnəd'vaɪzəbəl] *adj* poco aconsejable

inalienable [ɪn'eɪlɪənəbəl] *adj Formal* inalienable

inane [ɪ'neɪn] *adj* necio(a), estúpido(a)

inanely [ɪ'neɪnlɪ] *adv* **to grin i.** esbozar una sonrisa estúpida

inanimate [ɪn'ænɪmət] *adj* inanimado(a)

inanition [ɪnə'nɪʃən] *n Formal (lethargy)* letargo *m*

inanity [ɪ'nænɪtɪ] *n* necedad *f*, estupidez *f*

inapplicable [ɪn'æplɪkəbəl] *adj* inaplicable (**to** a); **delete where i.** táchese lo que no proceda

inapposite [ɪn'æpəzɪt] *adj Formal* inapropiado(a), inoportuno(a)

inappropriate [ɪnə'prəʊprɪət] *adj (behaviour, remark)* inadecuado(a), improcedente; *(dress)* inadecuado(a), impropio(a); *(present, choice)* inapropiado(a); *(time, moment)* inoportuno(a); **it would be i. for me to comment** no estaría bien que yo me pronunciara

inappropriately [ɪnə'prəʊprɪətlɪ] *adv* de modo inadecuado; **to be i. dressed** no ir vestido de un modo adecuado; **i. timed** inoportuno(a)

inapt [ɪn'æpt] *adj* inapropiado(a)

inaptly [ɪn'æptlɪ] *adv* inapropiadamente

inarticulate [ɪnɑː'tɪkjʊlɪt] *adj (sound)* inarticulado(a); **to be i.** *(of person)* expresarse mal; **she was i. with rage** estaba tan enfadada *or Am* enojada que no podía ni hablar

inarticulately [ɪnɑː'tɪkjʊlɪtlɪ] *adv (to mumble)* de forma ininteligible; *(to express oneself)* mal, con dificultad

inartistic [ɪnɑː'tɪstɪk] *adj (lacking artistic taste)* sin sensibilidad artística; *(lacking artistic talent)* sin talento artístico

inasmuch as [ɪnəz'mʌtʃəz] *conj Formal* por cuanto

inattention [ɪnə'tenʃən] *n* falta *f* de atención

inattentive [ɪnə'tentɪv] *adj* distraído(a); **to be i. to** no poner suficiente atención a *or* en

inattentiveness [ɪnə'tentɪvnɪs] *n* falta *f* de atención

inaudible [ɪn'ɔːdɪbəl] *adj* inaudible

inaudibly [ɪn'ɔːdɪblɪ] *adv* de forma inaudible

inaugural [ɪ'nɔːgjʊrəl] **1** *n US (speech)* discurso *m* inaugural; *(ceremony)* acto *m* inaugural; **the President's i.** *(speech)* el discurso de investidura del presidente; *(ceremony)* el acto de investidura del presidente, la toma de posesión del presidente

2 *adj* inaugural; *(ceremony)* de investidura

inaugurate [ɪ'nɔːgjʊreɪt] *vt (event, scheme)* inaugurar; **the President will be inaugurated in January** el presidente tomará posesión de su cargo en enero

inauguration [ɪnɔːgjʊ'reɪʃən] *n (of event, scheme)* inauguración *f*; *(of president)* toma *f* de posesión

inauspicious [ɪnɔːs'pɪʃəs] *adj (circumstances)* desafortunado(a); *(start, moment)* aciago(a)

inauspiciously [ɪnɔːs'pɪʃəslɪ] *adv* de forma poco propicia; **to start i.** tener un comienzo aciago

inauthentic [ɪnɔː'θentɪk] *adj* no auténtico(a), falso(a)

in-between [ɪnbɪ'twiːn] *adj* intermedio(a)

inborn ['ɪn'bɔːn] *adj* innato(a)

inbound ['ɪnbaʊnd] *adj* de llegada

inbred ['ɪn'bred] *adj* (**a**) *(animals, people)* endogámico(a) (**b**) *(innate)* innato(a)

inbreeding ['ɪnbriːdɪŋ] *n* endogamia *f*

in-built ['ɪn'bɪlt] *adj (tendency, weakness)* inherente; *(feature)* incorporado(a); **his height gives him an i. advantage** su altura le proporciona una ventaja de entrada

Inc [ɪŋk] *adj Com (abbr* **Incorporated***)* ≃ S.A.

Inca ['ɪŋkə] **1** *n* inca *mf*

2 *adj* incaico(a), inca

incalculable [ɪn'kælkjʊləbəl] *adj* incalculable

incalculably [ɪn'kælkjʊləblɪ] *adv* inmensamente

in camera [ɪn'kæmərə] *adv Law* a puerta cerrada

incandescent [ɪnkæn'desənt] *adj* incandescente; *Fig* **to be i. with rage** estar rojo(a) de ira ▫ ***i. lamp*** lámpara *f* de incandescencia

incantation [ɪnkæn'teɪʃən] *n* conjuro *m*

incapability [ɪnkeɪpə'bɪlɪtɪ] *n* incapacidad *f*

incapable [ɪn'keɪpəbəl] *adj* (**a**) *(not able)* incapaz (**of doing sth** de hacer algo); **she is i. of kindness/deceit** es incapaz de ser amable/engañar a nadie (**b**) *(helpless)* inepto(a), inútil

incapacitate [ɪnkə'pæsɪteɪt] *vt* incapacitar

incapacitated [ɪnkə'pæsɪteɪtɪd] *adj* **to be incapacitated** quedar incapacitado(a) *or* impedido(a)

incapacity [ɪnkə'pæsɪtɪ] *n* incapacidad *f*

in-car ['ɪnkɑː(r)] *adj* de automóvil; **an i. stereo** un autorradio

incarcerate [ɪn'kɑːsəreɪt] *vt Formal* encarcelar, recluir

incarceration [ɪnkɑːsə'reɪʃən] *n Formal* encarcelamiento *m*, reclusión *f*

incarnate [ɪn'kɑːneɪt] *adj* personificado(a); **beauty i.** la belleza personificada; **the devil i.** el diablo en persona

incarnation [ɪnkɑː'neɪʃən] *n* encarnación *f*

incautious [ɪn'kɔːʃəs] *adj* incauto(a)

incendiary [ɪn'sendɪərɪ] **1** *n (bomb)* bomba *f* incendiaria

2 *adj (bomb, device, remarks)* incendiario(a)

incense¹ ['ɪnsens] *n* incienso *m*

incense² [ɪn'sens] *vt (anger)* encolerizar, enfurecer

incensed [ɪn'senst] *adj* enfurecido(a); **to get** *or* **become i.** enfurecerse

incentive [ɪn'sentɪv] *n (stimulus, payment)* incentivo *m*; **to offer an i.** suponer un aliciente ▫ ***i. scheme*** plan *m* de incentivos

inception [ɪn'sepʃən] *n Formal* comienzo *m*, inicio *m*

incessant [ɪn'sesənt] *adj* incesante, continuo(a)

incessantly [ɪn'sesəntlɪ] *adv* incesantemente, sin parar

incest ['ɪnsest] *n* incesto *m*

incestuous [ɪn'sestjʊəs] *adj* (**a**) *(sexually)* incestuoso(a) (**b**) *Fig (environment, group)* endogámico(a)

inch [ɪntʃ] **1** *n* (**a**) *(measurement)* pulgada *f (= 2,54 cm)*; **i. by i.** palmo a palmo; **the car missed me by inches** el coche no me atropelló por cuestión de centímetros (**b**) IDIOMS **I know every i. of the town** me conozco la ciudad como la palma de la mano; **he's every i. the gentleman** es todo un caballero; **to be within an i. of doing sth** estar en un tris de hacer algo; **she won't give an i.** no cederá ni un ápice; **give her an i. and she'll take a mile** dale la mano y se tomará el brazo

2 *vt* **to i. one's way across/forward/up** ir cruzando/avanzando/subiendo poco a poco

▸**inch along, inch forward** *vi* avanzar poco a poco

inchoate [ɪn'kəʊeɪt] *adj Formal* incipiente

inchoative [ɪn'kəʊətɪv] *adj Gram* incoativo(a)

inchworm ['ɪntʃwɜːm] *n* oruga *f* geómetra

incidence ['ɪnsɪdəns] *n* incidencia *f* (**of** de)

incident ['ɪnsɪdənt] *n* incidente *m*

incidental [ɪnsɪ'dentəl] *adj* incidental, accesorio(a) ▫ ***i. expenses*** gastos *mpl* imprevistos; *Cin Th* ***i. music*** música *f* de acompañamiento

incidentally [ɪnsɪ'dentəlɪ] *adv* (**a**) *(by the way)* por cierto; **i., have you seen Mark?** por cierto, ¿has visto a Mark? (**b**) *(to mention, deal with)* de pasada

incinerate [ɪn'sɪnəreɪt] *vt* incinerar

incineration [ɪnsɪnə'reɪʃən] *n* incineración *f*

incinerator [ɪn'sɪnəreɪtə(r)] *n* incineradora *f*

incipient [ɪn'sɪpɪənt] *adj Formal* incipiente

incise [ɪn'saɪz] *vt* grabar, tallar

incision [ɪn'sɪʒən] *n* incisión *f*

incisive [ɪn'saɪsɪv] *adj (comment, analysis)* agudo(a), incisivo(a); *(mind)* sagaz, incisivo(a)

incisively [ɪn'saɪsɪvlɪ] *adv (comment)* con agudeza; *(think)* con sagacidad

incisor [ɪn'saɪzə(r)] *n* incisivo *m*

incite [ɪn'saɪt] *vt* incitar; **to i. sb to do sth** incitar a alguien a que haga algo

incitement [ɪn'saɪtmənt] *n* incitación *f*

incivility [ɪnsɪ'vɪlɪtɪ] *n Formal* descortesía *f*

incl (**a**) (*abbr* **including**) incl. (**b**) (*abbr* **inclusive**) incl.

inclement [ɪn'klemənt] *adj Formal (weather)* inclemente

inclination [ɪnklɪ'neɪʃən] *n (desire, angle)* inclinación *f*; **to have no i. to do sth** no sentir ninguna inclinación por *or* a hacer algo; **by i.** por naturaleza

incline 1 *n* ['ɪnklaɪn] *(slope)* cuesta *f*, pendiente *f*

2 *vt* [ɪn'klaɪn] (**a**) *(motivate, cause)* inclinar; **her remarks don't i. me to be sympathetic** sus comentarios, no me mueven a ser comprensivo (**b**) *(lean)* inclinar; **she inclined her head towards him** inclinó la cabeza hacia él (**c**) *(tend)* **to be inclined to do sth** tener tendencia *or* tender a hacer algo; **I'm inclined to agree with you** soy de tu misma opinión

3 *vi* (**a**) *(lean)* inclinarse (**b**) *(tend)* **to i. to** *or* **towards** inclinarse a; **to i. to the belief that...** inclinarse a pensar que...

inclined [ɪn'klaɪnd] *adj (sloping)* inclinado(a) ▫ ***i. plane*** plano *m* inclinado

inclose = enclose

inclosure = enclosure

include [ɪn'klu:d] *vt* incluir; *(in letter)* adjuntar; **my name was not included on the list** mi nombre no figuraba en la lista; **does that i. me?** ¿yo también?, ¿eso me incluye a mí también?; **the price does not i. accommodation** el alojamiento no está incluido en el precio; **everyone, myself included, was surprised** todos, incluido yo, nos sorprendimos

including [ɪn'klu:dɪŋ] *prep* contando, incluyendo; **not i.** sin contar, sin incluir; **$4.99 i. postage and packing** 4,99 dólares incluyendo gastos de envío

inclusion [ɪn'klu:ʒən] *n* inclusión *f*

inclusive [ɪn'klu:sɪv] *adj* **an i. price/sum** un precio/una cifra con todo incluido; **i. of** incluido(a), incluyendo; **i. of VAT** IVA incluido; **from the 4th to the 12th February i.** del 4 al 12 de febrero, ambos inclusive

incognito [ɪnkɒg'ni:təʊ] *adv* de incógnito

incoherence [ɪnkəʊ'hɪərəns] *n* incoherencia *f*

incoherent [ɪnkəʊ'hɪərənt] *adj* incoherente; **he was i. with rage** estaba tan furioso que le fallaban las palabras

incoherently [ɪnkəʊ'hɪərəntlɪ] *adv* incoherentemente

incombustible [ɪnkəm'bʌstɪbəl] *adj* incombustible

income ['ɪnkəm] *n (of person) (from work)* ingresos *mpl*; *(from shares, investment)* rendimientos *mpl*, réditos *mpl*; *(from property)* renta *f*; *(in accounts)* ingresos *mpl* ▫ ***incomes policy*** política *f* de rentas; *Br* ***i. support*** = ayuda gubernamental a personas con muy bajos ingresos o desempleadas pero sin derecho al subsidio de desempleo; ***i. tax*** impuesto *m* sobre la renta

incomer ['ɪnkʌmə(r)] *n Br* forastero(a) *m,f* recién llegado(a)

incoming ['ɪnkʌmɪŋ] *adj (government, president)* entrante; *(tide)* ascendente; **i. calls** llamadas *fpl or Am* llamados *mpl* de fuera; **i. flights** vuelos *mpl* de llegada; **i. mail** correo *m* recibido; **the i. missile** el misil que se aproximaba

incommensurable [ɪnkə'menʃərəbəl] *adj Formal* incompatible (**with** con)

incommensurate [ɪnkə'menʃərɪt] *adj Formal* desproporcionado(a) (**with** con relación a, en relación con)

incommodious [ɪnkə'məʊdɪəs] *adj Formal (uncomfortable)* incómodo(a)

incommunicado [ɪnkəmju:nɪ'kɑ:dəʊ] *adv* **to be held i.** estar incomunicado(a)

in-company ['ɪnkʌmpənɪ] *adj* ***i. training*** fomación *f* en el lugar de trabajo

incomparable [ɪn'kɒmpərəbəl] *adj* incomparable

incomparably [ɪn'kɒmpərəblɪ] *adv* incomparablemente, infinitamente

incompatibility [ɪnkəmpætɪ'bɪlɪtɪ] *n also Comptr* incompatibilidad *f*

incompatible [ɪnkəm'pætɪbəl] *adj also Comptr* incompatible (**with** con)

incompetence [ɪn'kɒmpɪtəns] *n* incompetencia *f*

incompetent [ɪn'kɒmpɪtənt] *adj* incompetente

incompetently [ɪn'kɒmpɪtəntlɪ] *adv* incompetentemente, de modo incompetente

incomplete [ɪnkəm'pli:t] *adj* incompleto(a)

incompletely [ɪnkəm'pli:tlɪ] *adv* de forma incompleta

incomprehensible [ɪnkɒmprɪ'hensɪbəl] *adj* incomprensible

incomprehensibly [ɪnkɒmprɪ'hensɪblɪ] *adv* incomprensiblemente

incomprehension [ɪnkɒmprɪ'henʃən] *n* incomprensión *f*

inconceivable [ɪnkən'si:vəbəl] *adj* inconcebible

inconceivably [ɪnkən'si:vəblɪ] *adv* inconcebiblemente

inconclusive [ɪnkən'klu:sɪv] *adj (evidence, investigation)* no concluyente; **the meeting was i.** la reunión no sirvió para aclarar las cosas

inconclusively [ɪnkən'klu:sɪvlɪ] *adv* sin una conclusión clara; **the meeting ended i.** la reunión terminó sin que se llegase a una conclusión clara

incongruity [ɪnkɒŋ'gru:ɪtɪ] *n* incongruencia *f*

incongruous [ɪn'kɒŋgrʊəs] *adj* incongruente

incongruously [ɪn'kɒŋgrʊəslɪ] *adv* de forma incongruente

inconsequential [ɪnkɒnsɪ'kwenʃəl] *adj* trivial, intrascendente

inconsiderable [ɪnkən'sɪdərəbəl] *adj* **it is not an i. sum of money** es una suma de dinero nada despreciable

inconsiderate [ɪnkən'sɪdərɪt] *adj* desconsiderado(a)

inconsiderately [ɪnkən'sɪdərɪtlɪ] *adv* desconsideradamente

inconsistency [ɪnkən'sɪstənsɪ] *n* (**a**) *(lack of logic, illogical statement)* incoherencia *f*, incongruencia *f* (**b**) *(uneven quality)* irregularidad *f*

inconsistent [ɪnkən'sɪstənt] *adj* (**a**) *(contradictory)* incoherente, incongruente; **his words are i. with his conduct** sus palabras no están en consonancia con sus actos (**b**) *(uneven)* irregular

inconsistently [ɪnkən'sɪstəntlɪ] *adv* (**a**) *(illogically)* sin coherencia, de forma incongruente (**b**) *(unevenly)* irregularmente, de forma irregular

inconsolable [ɪnkən'səʊləbəl] *adj* inconsolable, desconsolado(a)

inconsolably [ɪnkən'səʊləblɪ] *adv* desconsoladamente

inconspicuous [ɪnkən'spɪkjʊəs] *adj* discreto(a); **to be i.** pasar desapercibido(a)

inconspicuously [ɪnkən'spɪkjʊəslɪ] *adv* con discreción

inconstancy [ɪn'kɒnstənsɪ] *n Formal (of person)* inconstancia *f*, falta *f* de constancia; *(of event)* variabilidad *f*, irregularidad *f*

inconstant [ɪn'kɒnstənt] *adj Formal (person)* inconstante; *(event)* variable, irregular

incontestable [ɪnkən'testəbəl] *adj* incontestable, indiscutible

incontestably [ɪnkən'testəblɪ] *adv* indiscutiblemente, de manera incontestable

incontinence [ɪn'kɒntɪnəns] *n Med* incontinencia *f* ▫ ***i. pants*** pañales *mpl* (para adultos)

incontinent [ɪn'kɒntɪnənt] *adj Med* incontinente

incontrovertible [ɪnkɒntrə'vɜ:tɪbəl] *adj* incontrovertible, indiscutible

inconvenience [ɪnkən'vi:njəns] **1** *n (difficulty)* molestia *f*; *(problem, drawback)* inconveniente *m*; **we apologize for any i.** disculpen las molestias; **to be an i. to sb** suponer una molestia para alguien

2 *vt* causar molestias a; **please don't i. yourselves on my account!** ¡por mí no se molesten, se lo ruego!

inconvenient [ɪnkən'viːnjənt] *adj (time, request)* inoportuno(a); *(place)* mal situado(a); **I'm afraid four thirty would be i.** (me temo que) las cuatro y media no me viene bien *or* no es buena hora

inconveniently [ɪnkən'viːnjəntlɪ] *adv* inoportunamente; **the shop is i. situated** la tienda no está en buen sitio *or* no queda muy a mano

incorporate [ɪn'kɔːpəreɪt] *vt* (**a**) *(integrate)* incorporar (**into** a) (**b**) *(include)* incluir, comprender; **the report incorporates the latest research** el informe *or CAm, Méx* reporte abarca *or* comprende las más recientes investigaciones (**c**) *Com* **to i. a company** constituir (en sociedad) una empresa

incorporation [ɪnkɔːpə'reɪʃən] *n* (**a**) *(integration)* incorporación *f* (**b**) *Com* constitución *f* en sociedad anónima

incorporeal [ɪnkɔː'pɔːrɪəl] *adj Literary* incorpóreo(a)

incorrect [ɪnkə'rekt] *adj* (**a**) *(exact) (amount, figure)* inexacto(a); *(information, use, spelling)* incorrecto(a); **to prove i.** resultar no (ser) correcto(a), resultar ser incorrecto(a) (**b**) *(person, behaviour)* incorrecto(a), inapropiado(a)

incorrectly [ɪnkə'rektlɪ] *adv* (**a**) *(wrongly)* incorrectamente; **he was i. diagnosed with cancer** se equivocaron al diagnosticarle que tenía cáncer (**b**) *(improperly)* incorrectamente, inapropiadamente

incorrigible [ɪn'kɒrɪdʒɪbəl] *adj* incorregible

incorruptible [ɪnkə'rʌptɪbəl] *adj* incorruptible

increase 1 *n* ['ɪnkriːs] aumento *m* (**in** de); *(in price, temperature)* aumento *m*, subida *f* (**in** de); **to be on the i.** ir en aumento
2 *vt* [ɪn'kriːs] aumentar; *(price, temperature)* aumentar, subir; **to i. one's efforts** esforzarse más; **to i. one's speed** acelerar, aumentar la velocidad
3 *vi* aumentar; *(of price, temperature)* aumentar, subir; **to i. in price** subir de precio; **to i. in value** aumentar de valor

increasing [ɪn'kriːsɪŋ] *adj* creciente

increasingly [ɪn'kriːsɪŋlɪ] *adv* cada vez más; **it's i. difficult...** cada vez es más difícil...

incredible [ɪn'kredɪbəl] *adj* (**a**) *(unbelievable)* increíble (**b**) *Fam (excellent)* increíble, extraordinario(a)

incredibly [ɪn'kredɪblɪ] *adv* (**a**) *(unbelievably)* increíblemente; **i., no one was killed** aunque parezca increíble, no murió nadie (**b**) *Fam (very)* increíblemente; **i. good** increíblemente bueno(a)

incredulity [ɪnkrɪ'djuːlɪtɪ] *n* incredulidad *f*

incredulous [ɪn'kredjʊləs] *adj* incrédulo(a)

incredulously [ɪn'kredjʊləslɪ] *adv* con incredulidad

increment ['ɪnkrɪmənt] *n* incremento *m*

incremental [ɪnkrə'mentəl] *adj* progresivo(a) ▫ *Comptr* ***i. plotter*** plotter *m* incremental

incriminate [ɪn'krɪmɪneɪt] *vt* incriminar; **to i. sb in sth** incriminar a alguien en algo

incriminating [ɪn'krɪmɪneɪtɪŋ], **incriminatory** [ɪnkrɪmɪ'neɪtərɪ] *adj* incriminador(ora)

incubate ['ɪnkjʊbeɪt] *vt* incubar

incubation [ɪnkjʊ'beɪʃən] *n* incubación *f* ▫ *Med* ***i. period*** *(of disease)* período *m* de incubación

incubator ['ɪnkjʊbeɪtə(r)] *n (for eggs, babies)* incubadora *f*

inculcate ['ɪnkʌlkeɪt] *vt Formal* **to i. sth in sb, to i. sb with sth** inculcar algo en alguien

incumbent [ɪn'kʌmbənt] **1** *n* titular *mf*
2 *adj Formal* **to be i. on sb to do sth** incumbir *or* atañer a alguien hacer algo

incur [ɪn'kɜː(r)] (*pt & pp* **incurred**) *vt (blame, expense)* incurrir en; *(sb's anger)* provocar, incurrir en; *(debt)* contraer

incurable [ɪn'kjʊərəbəl] *adj* (**a**) *(disease)* incurable (**b**) *(optimist, romantic)* incorregible

incurably [ɪn'kjʊərəblɪ] *adv* (**a**) *(ill)* **to be i. ill** padecer una enfermedad incurable (**b**) *(optimistic, romantic)* **he's i. romantic/optimistic** es un romántico/optimista incorregible

incurious [ɪn'kjʊərɪəs] *adj* poco curioso(a)

incursion [ɪn'kɜːʃən] *n Formal* incursión *f* (**into** en)

indebted [ɪn'detɪd] *adj (financially)* endeudado(a); **to be i. to sb** *(financially)* estar endeudado(a) con alguien; *(for help, advice)* estar en deuda con alguien

indebtedness [ɪn'detɪdnɪs] *n (financial)* endeudamiento *m*; *(for help, advice)* deuda *f* (**to** con), agradecimiento *m* (**to** a)

indecency [ɪn'diːsənsɪ] *n* indecencia *f*

indecent [ɪn'diːsənt] *adj* (**a**) *(improper)* indecente ▫ *Law* ***i. assault*** abusos *mpl* deshonestos; *Law* ***i. exposure*** exhibicionismo *m* (**b**) *(unreasonable, excessive)* indecoroso(a); **to do sth with i. haste** apresurarse descaradamente a hacer algo

indecently [ɪn'diːsəntlɪ] *adv* indecentemente; **to be i. assaulted** ser víctima de abusos deshonestos; **to expose oneself i.** realizar exhibicionismo

indecipherable [ɪndɪ'saɪfərəbəl] *adj* indescifrable

indecision [ɪndɪ'sɪʒən] *n* indecisión *f*

indecisive [ɪndɪ'saɪsɪv] *adj* (**a**) *(person)* indeciso(a) (**b**) *(battle, election)* no concluyente

indecisively [ɪndɪ'saɪsɪvlɪ] *adv* (**a**) *(showing indecision)* con indecisión (**b**) *(inconclusively)* sin una conclusión clara

indecisiveness [ɪndɪ'saɪsɪvnɪs] *n* indecisión *f*, falta *f* de decisión

indecorous [ɪn'dekərəs] *adj Formal* indigno(a), indecoroso(a)

indecorum [ɪndɪ'kɔːrəm] *n* falta *f* de decoro

INDEED [ɪn'diːd] *adv* (**a**) *(for emphasis)* efectivamente, ciertamente; **this is i. the case** de hecho, es así; **she confessed that she had i. stolen the money** confesó que, efectivamente, había robado el dinero; **few, if i. any, remain** quedan pocos, si es que queda alguno; **this is a sad day i.** hoy es un día tristísimo; **that is praise i.** es un gran elogio; **(yes) i.!** ¡ciertamente!; **i. not!** ¡por supuesto que no!; **did you see the movie? — i. I did!** ¿viste la película? – ¡ya lo creo (que la vi)!; **you've been to Venice, haven't you? — i. I have!** has estado en Venecia, ¿verdad? – ¡ya lo creo!
(**b**) *(used with "very")* **very happy i.** contentísimo(a); **it was a very pleasant journey i.** fue un viaje muy agradable; **I am very glad i.** me alegro muchísimo; **thank you very much i.** muchísimas gracias
(**c**) *(what is more)* es más; **it is a serious problem, i. it could mean the end of the project** es un problema grave, de hecho podría suponer el fin del proyecto; **I think so, i. I am sure of it** creo que sí, es más, estoy seguro
(**d**) *(expressing ironic surprise)* **have you i.?** ¿ah, sí?, ¿no me digas?; **why would he do that? — why i.?** ¿por qué haría una cosa así? – ¡desde luego!

---

indefatigable [ɪndɪ'fætɪgəbəl] *adj Formal* infatigable, incansable

indefatigably [ɪndɪ'fætɪgəblɪ] *adv Formal* infatigablemente, incansablemente

indefensible [ɪndɪ'fensɪbəl] *adj* indefendible, injustificable

indefinable [ɪndɪ'faɪnəbəl] *adj* indefinible

indefinite [ɪn'defɪnɪt] *adj* (**a**) *(period of time, number)* indefinido(a) (**b**) *(ideas, promises)* indefinido(a), vago(a) (**c**) *Gram* indeterminado(a), indefinido(a) ▫ ***i. article*** artículo *m* indeterminado *or* indefinido

indefinitely [ɪn'defɪnɪtlɪ] *adv* indefinidamente

indelible [ɪn'delɪbəl] *adj (ink)* indeleble; *(marker)* de tinta indeleble; *Fig (impression)* indeleble, imborrable

indelibly [ɪn'delɪblɪ] *adv also Fig* de forma indeleble

indelicacy [ɪn'delɪkəsɪ] *n* falta *f* de delicadeza

indelicate [ɪn'delɪkət] *adj* poco delicado(a), indelicado(a)

indemnify [ɪn'demnɪfaɪ] *vt* **to i. sb for sth** *(compensate)* indemnizar a alguien por algo; **to i. sb against sth** *(give security)* asegurar a alguien contra algo

indemnity [ɪn'demnɪtɪ] *n (guarantee)* indemnidad *f*; *(money)* indemnización *f*

indent *Typ* **1** *n* ['ɪndent] sangrado *m*
2 *vt* [ɪn'dent] sangrar

indentation [ɪnden'teɪʃən] *n* (**a**) *(on edge)* muesca *f* (**b**) *(dent)* abolladura *f* (**c**) *Typ* sangrado *m*

indenture [ɪn'dentʃə(r)] **1** *n* contrato *m* de aprendizaje
2 *vt* contratar como aprendiz

independence [ɪndɪ'pendəns] *n* independencia *f* ▫ ***I. Day*** el Día de la Independencia

independent [ɪndɪ'pendənt] *adj* independiente; **to be i. of** ser independiente de; **to become i.** *(of person)* independizarse; *(of country)* conseguir la independencia, independizarse; **of i. means** con rentas propias ▫ *Gram* ***i. clause*** oración *f* independiente; *Br* ***i. school*** colegio *m* privado

independently [ɪndɪ'pendəntlɪ] *adv* (**a**) *(on one's own) (work, live)* independientemente (**b**) *(separately)* por separado; **she was warned by three people i.** la avisaron tres personas por separado, tres personas distintas la avisaron; **i. of other considerations...** al margen de otras consideraciones...

in-depth ['ɪn'depθ] *adj* a fondo, exhaustivo(a)

indescribable [ɪndɪs'kraɪbəbəl] *adj (pain, beauty)* indescriptible

indescribably [ɪndɪs'kraɪbəblɪ] *adv* indescriptiblemente; **he was i. handsome** con palabras no se puede describir lo guapo que era

indestructible [ɪndɪs'trʌktəbəl] *adj* indestructible

indeterminable [ɪndɪ'tɜ:mɪnəbəl] *adj (unmeasurable)* indeterminable

indeterminate [ɪndɪ'tɜ:mɪnət] *adj also Math* indeterminado(a)

index ['ɪndeks] **1** *n* (*pl* **indices** ['ɪndɪsi:z]) *(of book, in library, financial)* índice *m* ▫ ***i. finger*** (dedo *m*) índice *m*; ***i. number*** índice *m*

2 *vt* (**a**) *(book)* indizar (**b**) *Fin (wages)* indexar

indexation [ɪndek'seɪʃən] *n Fin* indexación *f*

index-linked ['ɪndeks'lɪŋkt] *adj Fin (wages, pension)* indexado(a)

India ['ɪndɪə] *n* (la) India ▫ ***I. rubber*** *(material)* caucho *m*; *(eraser)* goma *f* (de borrar)

Indian ['ɪndɪən] **1** *n* (**a**) *(native of India)* indio(a) *m,f*, hindú *mf* (**b**) *(Native American)* indio(a) *m,f*, *Am* indígena *mf* (**c**) *Br Fam (meal)* comida *f* india *or* hindú

2 *adj* (**a**) *(from India)* indio(a), hindú ▫ ***I. club*** maza *f*; ***I. elephant*** elefante *m* asiático; ***I. file*** fila *f* india; ***I. hemp*** cáñamo *m* índico; ***I. ink*** tinta *f* china; ***the I. Ocean*** el Océano Índico; ***I. rope-trick*** = truco atribuido a los indios de trepar por una soga suspendida en el aire; ***I. summer*** veranillo *m* de San Martín (**b**) *(Native American)* indio(a), *Am* indígena ▫ ***I. corn*** maíz *m*, *Andes, RP* choclo *m*

indicate ['ɪndɪkeɪt] **1** *vt* (**a**) *(point to)* indicar, señalar (**b**) *(show)* demostrar (**c**) *(state)* manifestar

2 *vi Br (of car-driver)* poner el intermitente

indication [ɪndɪ'keɪʃən] *n* indicación *f*; **she gave no i. of her feelings** no manifestó sus sentimientos; **there is every i. that he was speaking the truth** todo parece indicar que dijo la verdad; **all the indications are that...** todo indica que...

indicative [ɪn'dɪkətɪv] **1** *n Gram* indicativo *m*

2 *adj* indicativo(a) (**of** de) ▫ *Gram* ***i. mood*** modo *m* indicativo

indicator ['ɪndɪkeɪtə(r)] *n* (**a**) *(sign)* indicador *m*; **economic indicators** indicadores *mpl* económicos ▫ *Rail* ***i. board*** panel *m* de información (**b**) *Br Aut* intermitente *m*

indices ['ɪndɪsi:z] *pl of* **index**

indict [ɪn'daɪt] *vt Law* acusar (**for** de)

indictable [ɪn'daɪtəbəl] *adj Law* ***i. offence*** delito *m* procesable

indictment [ɪn'daɪtmənt] *n Law* acusación *f*; *Fig* **it is an i. of our society** pone en tela de juicio a nuestra sociedad

indie ['ɪndɪ] *adj Fam (music, movie)* independiente, indie

indifference [ɪn'dɪfərəns] *n* (**a**) *(lack of interest)* indiferencia *f* (**to** a); **it's a matter of complete i. to me** es un asunto que me trae sin cuidado (**b**) *(mediocrity)* mediocridad *f*

indifferent [ɪn'dɪfərənt] *adj* (**a**) *(not interested)* indiferente (**to** a) (**b**) *(mediocre)* mediocre, regular

indifferently [ɪn'dɪfərəntlɪ] *adv* (**a**) *(uninterestedly)* con indiferencia (**b**) *(mediocrely)* de forma mediocre

indigenous [ɪn'dɪdʒɪnəs] *adj* indígena (**to** de)

indigent ['ɪndɪdʒənt] *adj Formal* indigente

indigestible [ɪndɪ'dʒestɪbəl] *adj (food)* indigesto(a), indigerible; *Fig (writing)* intragable, indigesto(a)

indigestion [ɪndɪ'dʒestʃən] *n* indigestión *f*

indignant [ɪn'dɪgnənt] *adj* indignado(a); **to get i. about sth** indignarse por algo

indignantly [ɪn'dɪgnəntlɪ] *adv* indignadamente, con indignación

indignation [ɪndɪg'neɪʃən] *n* indignación *f*

indignity [ɪn'dɪgnɪtɪ] *n* indignidad *f*

indigo ['ɪndɪgəʊ] *n & adj* añil *m*

indirect [ɪndɪ'rekt] *adj* indirecto(a) ▫ *Com* ***i. costs*** costos *or Esp* costes *mpl* indirectos; ***i. lighting*** iluminación *f* indirecta; *Gram* ***i. object*** complemento *m or* objeto *m* indirecto; *Gram* ***i. question*** oración *f* interrogativa indirecta; *Gram* ***i. speech*** estilo *m* indirecto; *Fin* ***i. taxation*** impuestos *mpl* indirectos

indirectly [ɪndɪ'rektlɪ] *adv* indirectamente

indiscernible [ɪndɪ'sɜ:nɪbəl] *adj* indiscernible

indiscipline [ɪn'dɪsɪplɪn] *n* indisciplina *f*

indiscreet [ɪndɪs'kri:t] *adj* indiscreto(a)

indiscreetly [ɪndɪs'kri:tlɪ] *adv* con indiscreción

indiscretion [ɪndɪs'kreʃən] *n* indiscreción *f*

indiscriminate [ɪndɪs'krɪmɪnɪt] *adj* indiscriminado(a); **to be i. in one's praise** hacer elogios indiscriminadamente

indiscriminately [ɪndɪs'krɪmɪnɪtlɪ] *adv* indiscriminadamente

indispensable [ɪndɪs'pensəbəl] *adj* indispensable, imprescindible

indisposed [ɪndɪs'pəʊzd] *adj Formal (ill)* indispuesto(a); **to be i.** hallarse indispuesto(a)

indisposition [ɪndɪspə'zɪʃən] *n Formal (illness)* indisposición *f*

indisputable [ɪndɪs'pju:təbəl] *adj* indiscutible

indisputably [ɪndɪs'pju:təblɪ] *adv* indiscutiblemente

indissoluble [ɪndɪ'sɒljʊbəl] *adj Formal* indisoluble

indissolubly [ɪndɪ'sɒljʊblɪ] *adv Formal* indisolublemente

indistinct [ɪndɪs'tɪŋkt] *adj* indistinto(a), impreciso(a)

indistinctly [ɪndɪs'tɪŋktlɪ] *adv (to speak)* ininteligiblemente; *(to see, remember)* de forma imprecisa *or* confusa

indistinguishable [ɪndɪs'tɪŋgwɪʃəbəl] *adj* indistinguible (**from** de)

individual [ɪndɪ'vɪdjʊəl] **1** *n (person)* individuo *m*; **a bizarre i.** un individuo *or* tipo extrañísimo

2 *adj* (**a**) *(of or for one person, thing)* individual; **the i. hospitals are responsible for running their own affairs** cada hospital lleva sus propios asuntos ▫ *Sport* ***i. medley*** *(in swimming)* prueba *f* de estilos individual; ***i. time trial*** *(in cycling)* contrarreloj *f* individual (**b**) *(characteristic)* personal (**c**) *(single)* individual; **no i. person is responsible, but...** individualmente ninguna persona es responsable, pero...; **each i. incident** cada uno de los hechos

individualism [ɪndɪ'vɪdjʊəlɪzəm] *n* individualismo *m*

individualist [ɪndɪ'vɪdjʊəlɪst] *n* individualista *mf*

individuality [ɪndɪvɪdjʊ'ælɪtɪ] *n* individualidad *f*

individualize [ɪndɪ'vɪdjʊəlaɪz] *vt* individualizar

individually [ɪndɪ'vɪdjʊəlɪ] *adv (separately)* individualmente; **he spoke to us all i.** nos habló a todos uno por uno *or* por separado

indivisible [ɪndɪ'vɪzɪbəl] *adj* indivisible

Indochina [ɪndəʊ'tʃaɪnə] *n* Indochina

indoctrinate [ɪn'dɒktrɪneɪt] *vt* adoctrinar; **he indoctrinated his pupils with his prejudices** inculcó sus prejuicios a sus alumnos

indoctrination [ɪndɒktrɪ'neɪʃən] *n* adoctrinamiento *m*

Indo-European ['ɪndəʊjʊərə'pɪən] *adj* indoeuropeo(a)

indolence ['ɪndələns] *n Formal* indolencia *f*

indolent ['ɪndələnt] *adj Formal* indolente

indomitable [ɪnˈdɒmɪtəbəl] *adj Formal* indómito(a)

Indonesia [ɪndəˈniːzɪə] *n* Indonesia

Indonesian [ɪndəˈniːʒən] **1** *n* (**a**) *(person)* indonesio(a) *m,f* (**b**) *(language)* indonesio *m*
2 *adj* indonesio(a)

indoor [ˈɪndɔː(r)] *adj (plant, photography)* de interior ▫ ***i. athletics*** atletismo *m* en pista cubierta; ***i. (swimming) pool*** piscina *f or Méx* alberca *f or RP* pileta *f* cubierta

indoors [ɪnˈdɔːz] *adv* dentro (de casa); **to go i.** entrar en casa

indorse = **endorse**

indubitably [ɪnˈdjuːbɪtəblɪ] *adv Formal* indudablemente, sin (lugar a) duda

induce [ɪnˈdjuːs] *vt* (**a**) *(persuade)* inducir; **to i. sb to do sth** inducir a alguien a hacer algo (**b**) *(cause)* provocar; *Med* **to i. labour** provocar *or* inducir el parto

inducement [ɪnˈdjuːsmənt] *n (incentive)* aliciente *m*, incentivo *m*

induct [ɪnˈdʌkt] *vt* (**a**) *(to job, rank)* investir (**b**) *US Mil* reclutar

inductance [ɪnˈdʌktəns] *n Phys* inductancia *f*

induction [ɪnˈdʌkʃən] *n* (**a**) *(into new job, group)* iniciación *f* ▫ ***i. course*** cursillo *m* introductorio (**b**) *Phys Elec* inducción *f* ▫ ***i. coil*** bobina *f* de inducción; ***i. heating*** calefacción *f* por inducción; ***i. loop system*** = sistema de transmisión inductivo para audífonos; ***i. motor*** motor *m* de inducción (**c**) *(logical reasoning)* inducción *f* (**d**) *Med (of labour)* inducción *f* (**e**) *US Mil* incorporación *f* a filas

inductive [ɪnˈdʌktɪv] *adj (reasoning)* inductivo(a)

indulge [ɪnˈdʌldʒ] **1** *vt* consentir; **they indulged his every whim** le consentían todos los caprichos; **to i. oneself** darse un capricho *or* un gusto
2 *vi* **to i. in alcohol** darse a la bebida; **to i. in idle speculation** entregarse a especulaciones vanas

indulgence [ɪnˈdʌldʒəns] *n* (**a**) *(tolerance, generosity)* indulgencia *f* (**b**) *Rel* indulgencia *f* (**c**) *(pleasure)* **i. in alcohol/drugs** abuso *m* del alcohol/de las drogas; **he watched their antics with i.** observaba complacido sus travesuras; **I allow myself the occasional i.** de vez en cuando me permito algún capricho

indulgent [ɪnˈdʌldʒənt] *adj* indulgente (**to** con)

indulgently [ɪnˈdʌldʒəntlɪ] *adv* con indulgencia

industrial [ɪnˈdʌstrɪəl] *adj* industrial ▫ ***i. accident*** accidente *m* laboral; ***i. action*** huelga *f* (obrera); **to take i. action** declararse en huelga; ***i. archaeology*** arqueología *f* industrial; ***i. democracy*** democracia *f* económica *or* empresarial; ***i. design*** diseño *m* industrial; ***i. designer*** diseñador(ora) *m,f* industrial; ***i. diamond*** diamante *m* industrial; ***i. disease*** enfermedad *f* laboral; ***i. dispute*** conflicto *m* laboral; ***i. espionage*** espionaje *m* industrial; *Br* ***i. estate*** polígono *m* industrial; ***i. injury*** lesión *f* laboral; ***i. park*** polígono *m* industrial; ***i. relations*** relaciones *fpl* laborales; *Hist* ***the I. Revolution*** la Revolución Industrial; *Law* ***i. tribunal*** magistratura *f* de trabajo; ***i. unrest*** conflictividad *f* laboral; ***i. waste*** residuos *mpl* industriales

industrialism [ɪnˈdʌstrɪəlɪzəm] *n Econ* industrialismo *m*

industrialist [ɪnˈdʌstrɪəlɪst] *n* industrial *mf*

industrialization [ɪndʌstrɪəlaɪˈzeɪʃən] *n* industrialización *f*

industrialize [ɪnˈdʌstrɪəlaɪz] **1** *vt* industrializar
2 *vi* industrializarse

industrial-strength [ɪnˈdʌstrɪəlstreŋθ] *adj (glue, material)* de uso industrial; *Hum (coffee)* muy fuerte

industrious [ɪnˈdʌstrɪəs] *adj (pupil, worker)* aplicado(a), afanoso(a); *(research)* minucioso(a)

industriously [ɪnˈdʌstrɪəslɪ] *adv* afanosamente, con afán *or* ahínco

industriousness [ɪnˈdʌstrɪəsnɪs] *n* afán *m*, aplicación *f*

industry [ˈɪndʌstrɪ] *n* (**a**) *(economic)* industria *f*; **heavy/light i.** industria pesada/ligera; **aircraft/mining/shipping i.** industria aeronáutica/minera/naviera; **tourist i.** sector *m* turístico; **entertainment i.** industria *or* sector del espectáculo (**b**) *Formal (hard work)* aplicación *f*

inebriated [ɪnˈiːbrɪeɪtɪd] *adj Formal* ebrio(a); **to be i.** estar ebrio(a)

inebriation [ɪniːbrɪˈeɪʃən] *n Formal* ebriedad *f*, embriaguez *f*

inedible [ɪnˈedɪbəl] *adj* (**a**) *(not edible)* incomestible (**b**) *(unpalatable)* incomible

ineffable [ɪnˈefəbəl] *adj Formal* inefable, indescriptible

ineffective [ɪnɪˈfektɪv] *adj (measure, drug)* ineficaz; *(attempt)* inútil; *(teacher, chairman)* incompetente; **to render sth i.** inutilizar algo

ineffectual [ɪnɪˈfektjʊəl] *adj* (**a**) *(person)* inepto(a) (**b**) *(measure)* ineficaz

ineffectually [ɪnɪˈfektjʊəlɪ] *adv* de forma ineficaz

inefficacious [ɪnefɪˈkeɪʃəs] *adj Formal* ineficaz

inefficiency [ɪnɪˈfɪʃənsɪ] *n* ineficiencia *f*

inefficient [ɪnɪˈfɪʃənt] *adj* ineficiente

inefficiently [ɪnɪˈfɪʃəntlɪ] *adv* de forma ineficiente

inelastic [ɪnɪˈlæstɪk] *adj (material, principles)* rígido(a)

inelegant [ɪnˈelɪgənt] *adj* vulgar, poco elegante

inelegantly [ɪnˈelɪgəntlɪ] *adv* sin elegancia, con poca elegancia

ineligibility [ɪnelɪdʒəˈbɪlɪtɪ] *n* ausencia *f* del derecho (**for** a)

ineligible [ɪnˈelɪdʒɪbəl] *adj* **to be i. for sth** no tener derecho a algo

ineluctable [ɪnɪˈlʌktəbəl] *adj Literary* ineluctable, insoslayable

inept [ɪnˈept] *adj* inepto(a) (**at** para)

ineptitude [ɪnˈeptɪtjuːd] *n* ineptitud *f*

ineptly [ɪnˈeptlɪ] *adv* con bastante ineptitud

inequality [ɪnɪˈkwɒlɪtɪ] *n* desigualdad *f*

inequitable [ɪnˈekwɪtəbəl] *adj Formal* injusto(a), no equitativo(a)

inert [ɪˈnɜːt] *adj (motionless)* inmóvil ▫ *Chem* ***i. gas*** gas *m* noble *or* inerte

inertia [ɪˈnɜːʃɪə] *n* inercia *f*

inertia-reel [ɪnˈɜːʃəriːl] *adj Aut* ***i. seat belt*** cinturón *m* de seguridad autotensable *or* con retensor

inescapable [ɪnɪˈskeɪpəbəl] *adj (conclusion)* inevitable, ineludible; **it is an i. fact that…** no se puede ignorar que…

inessential [ɪnɪˈsenʃəl] *adj* prescindible

inestimable [ɪnˈestɪməbəl] *adj Formal* inestimable, inapreciable

inevitability [ɪnevɪtəˈbɪlɪtɪ] *n* inevitabilidad *f*

inevitable [ɪnˈevɪtəbəl] *adj* inevitable

inevitably [ɪnˈevɪtəblɪ] *adv* inevitablemente

inexact [ɪnɪgˈzækt] *adj* inexacto(a)

inexcusable [ɪnɪksˈkjuːzəbəl] *adj* inexcusable, injustificable

inexcusably [ɪnɪksˈkjuːzəblɪ] *adv* injustificablemente; **an i. violent attack** un ataque de una virulencia inexcusable *or* fuera de lugar; **quite i., I had left the papers at home** había olvidado los papeles en casa, lo cual era del todo imperdonable

inexhaustible [ɪnegˈzɔːstɪbəl] *adj* inagotable

inexorable [ɪnˈeksərəbəl] *adj* inexorable

inexorably [ɪnˈeksərəblɪ] *adv* inexorablemente

inexpensive [ɪnɪksˈpensɪv] *adj* económico(a), barato(a)

inexpensively [ɪnɪksˈpensɪvlɪ] *adv (to live)* con pocos gastos; *(to buy, sell)* a bajo precio; *(to eat)* barato

inexperience [ɪnɪksˈpɪərɪəns] *n* inexperiencia *f*

inexperienced [ɪnɪksˈpɪərɪənst] *adj* inexperto(a); **to the i. eye/ear** para el ojo/oído inexperto; **he's i. in handling staff** no tiene experiencia en cuestiones de personal

inexpert [ɪnˈekspɜːt] *adj* inexperto(a); **she made an i. attempt at baking a cake** hizo un torpe intento de elaborar una tarta

inexplicable [ɪnɪksˈplɪkəbəl] *adj* inexplicable

inexplicably [ɪnɪksˈplɪkəblɪ] *adv* inexplicablemente

inexpressible [ɪnɪksˈpresɪbəl] *adj* indescriptible, indecible

inexpressive [ɪnɪksˈpresɪv] *adj* inexpresivo(a)

in extremis [ɪneksˈtriːmɪs] *adv Formal* (**a**) *(in extreme situation)* en un caso extremo (**b**) *(about to die)* in extremis

inextricably [ɪneks'trɪkəblɪ] *adv* inseparablemente

infallibility [ɪnfælɪ'bɪlɪtɪ] *n* infalibilidad *f*

infallible [ɪn'fælɪbəl] *adj* infalible

infallibly [ɪn'fælɪblɪ] *adv (without mistakes)* de forma infalible, sin un sólo error; *(inevitably, as usual)* indefectiblemente

infamous ['ɪnfəməs] *adj* infame; **to be i. for sth** ser tristemente famoso(a) por algo

infamy ['ɪnfəmɪ] *n Formal* infamia *f*

infancy ['ɪnfənsɪ] *n (childhood)* infancia *f*; *Fig* **when medicine was still in its i.** cuando la medicina daba sus primeros pasos

infant ['ɪnfənt] *n (baby)* bebé *m*, *Andes* guagua *f*, *RP* nene *m*; *(small child)* niño(a) *m,f* pequeño(a) ❑ ***i. class*** clase *f* de párvulos; *Med* ***i. mortality*** mortalidad *f* infantil; ***i. school*** colegio *m* de párvulos, escuela *f* infantil

infanticide [ɪn'fæntɪsaɪd] *n* infanticidio *m*

infantile ['ɪnfəntaɪl] *adj* (**a**) *Pej (childish)* pueril, infantil (**b**) *Med* infantil

infantilism [ɪn'fæntɪlɪzəm] *n Psy* infantilismo *m*

infantry ['ɪnfəntrɪ] *n* infantería *f*

infantryman ['ɪnfəntrɪmən] *n* soldado *m* de infantería, infante *m*

infatuated [ɪn'fætjʊeɪtɪd] *adj* **to be i. with** estar prendado(a) *or* encaprichado(a) de

infatuation [ɪnfætjʊ'eɪʃən] *n* encaprichamiento *m* (amoroso)

infect [ɪn'fekt] *vt* (**a**) *(with disease)* infectar; **to become infected** *(of wound)* infectarse; **to i. sb with sth** contagiar algo a alguien (**b**) *Fig (with prejudice)* emponzoñar; **her enthusiasm infected us all** nos contagió a todos su entusiasmo

infection [ɪn'fekʃən] *n Med* infección *f*

infectious [ɪn'fekʃəs] *adj* (**a**) *(disease)* infeccioso(a) (**b**) *(laughter, enthusiasm)* contagioso(a)

infectiousness [ɪn'fekʃəslɪ] *adv* (**a**) *(of disease)* naturaleza *f* infecciosa (**b**) *(of laughter, enthusiasm)* contagiosidad *f*

infelicitous [ɪnfɪ'lɪsɪtəs] *adj Formal (comment)* desafortunado(a)

infer [ɪn'fɜ:(r)] (*pt & pp* **inferred**) *vt* (**a**) *(deduce)* inferir, deducir (**from** de) (**b**) *(considered incorrect) (imply)* insinuar; **what are you inferring?** ¿qué insinúas?

inferable = **inferrable**

inference ['ɪnfərəns] *n* inferencia *f*, deducción *f*; **by i.** por deducción

inferior [ɪn'fɪərɪə(r)] **1** *n* **to be sb's i.** ser inferior a alguien

2 *adj* (**a**) *(more junior)* inferior; **an i. officer** un (oficial) inferior (**b**) *(in quality)* inferior (**to** a)

inferiority [ɪnfɪərɪ'ɒrɪtɪ] *n* inferioridad *f* ❑ ***i. complex*** complejo *m* de inferioridad

infernal [ɪn'fɜ:nəl] *adj* (**a**) *(diabolical)* infernal, diabólico(a) (**b**) *Fam* **that i. little man!** ¡esa peste de hombre!

infernally [ɪn'fɜ:nəlɪ] *adv Fam* **I have i. noisy neighbours** tengo unos vecinos que arman un ruido infernal *or* de mil demonios; **she takes an i. long time getting ready to go out** el tiempo que tarda *or Am* demora en arreglarse para salir es como para desesperar al más pintado

inferno [ɪn'fɜ:nəʊ] (*pl* **infernos**) *n* (**a**) *(fire)* incendio *m* devastador *or* pavoroso; **the building was soon an i.** rápidamente se desató un pavoroso *or* devastador incendio en el edificio (**b**) *(hell)* infierno *m*

infe(r)rable [ɪn'fɜ:rəbəl] *adj* deducible (**from** de)

infertile [ɪn'fɜ:taɪl] *adj (land)* yermo(a); *(person)* estéril

infertility [ɪnfɜ:'tɪlɪtɪ] *n* esterilidad *f*

infest [ɪn'fest] *vt* infestar; **to be infested with** *or* **by sth** estar infestado(a) de algo

infestation [ɪnfes'teɪʃən] *n* plaga *f*

infidel ['ɪnfɪdel] *n Rel* infiel *mf*

infidelity [ɪnfɪ'delɪtɪ] *n* infidelidad *f*

infield ['ɪnfi:ld] *n US (in baseball)* diamante *m* (interior)

infielder ['ɪnfi:ldə(r)] *n US (in baseball)* jugador *m* (del diamante) interior

infighting ['ɪnfaɪtɪŋ] *n* lucha *f* interna

infiltrate ['ɪnfɪltreɪt] **1** *vt* infiltrar; **the organization had been infiltrated by spies** se habían infiltrado espías en la organización

2 *vi* infiltrarse

infiltration [ɪnfɪl'treɪʃən] *n* infiltración *f*

infiltrator ['ɪnfɪltreɪtə(r)] *n* infiltrado(a) *m,f*

infinite ['ɪnfɪnɪt] **1** *n* **the i.** el infinito

2 *adj* infinito(a); *Rel or Hum* **in his i. wisdom** en su infinita sabiduría

infinitely ['ɪnfɪnɪtlɪ] *adv* infinitamente

infinitesimal [ɪnfɪnɪ'tesɪməl] *adj* infinitesimal

infinitive [ɪn'fɪnɪtɪv] *n Gram* infinitivo *m*; **in the i.** en infinitivo

infinity [ɪn'fɪnɪtɪ] *n* infinito *m*

infirm [ɪn'fɜ:m] *adj* achacoso(a)

infirmary [ɪn'fɜ:mərɪ] *n* (**a**) *(hospital)* hospital *m*, clínica *f* (**b**) *(in school, prison)* enfermería *f*

infirmity [ɪn'fɜ:mɪtɪ] *n (weakness)* debilidad *f*; **the infirmities of old age** los achaques de la edad

infix ['ɪnfɪks] *n Ling* infijo *m*

in flagrante (delicto) [ɪnflə'græntɪ(dɪ'lɪktəʊ)] *adv* in fraganti, infraganti

inflame [ɪn'fleɪm] *vt* (**a**) *(desire, curiosity)* despertar; *(crowd)* enardecer (**b**) *(of wound)* **to become inflamed** inflamarse

inflammable [ɪn'flæməbəl] *adj (substance)* inflamable; *Fig (situation)* explosivo(a)

inflammation [ɪnflə'meɪʃən] *n* inflamación *f*

inflammatory [ɪn'flæmətrɪ] *adj (speech)* incendiario(a)

inflatable [ɪn'fleɪtəbəl] **1** *n (rubber dinghy)* barca *f* hinchable

2 *adj* hinchable

inflate [ɪn'fleɪt] **1** *vt* (**a**) *(tyre)* inflar, hinchar; *(sail)* hinchar (**b**) *(prices)* inflar

2 *vi* hincharse, inflarse

inflated [ɪn'fleɪtɪd] *adj* (**a**) *(balloon, tyre)* inflado(a), hinchado(a) (**b**) *(excessive) (prices, salary)* desorbitado(a); **she has an i. opinion of herself** se cree mejor de lo que es

inflation [ɪn'fleɪʃən] *n Econ* inflación *f*; **i.-proof pension** pensión *f* revisable de acuerdo con la inflación

inflationary [ɪn'fleɪʃənrɪ] *adj Econ* inflacionista

inflect [ɪn'flekt] **1** *vt (voice)* modular

2 *vi Gram (of verb)* conjugarse; *(of noun)* declinarse

inflection [ɪn'flekʃən] *n* (**a**) *(of word) (change)* flexión *f*; *(suffix)* desinencia *f*, terminación *f* (**b**) *(in voice)* inflexión *f*

inflexibility [ɪnfleksɪ'bɪlɪtɪ] *n* rigidez *f*, inflexibilidad *f*

inflexible [ɪn'fleksɪbəl] *adj (material, principles)* rígido(a), inflexible

inflexibly [ɪn'fleksɪblɪ] *adv* inflexiblemente, de manera inflexible

inflict [ɪn'flɪkt] *vt (suffering, punishment, defeat)* infligir (**on** a); **he was inflicting himself on us** teníamos que estar aguantando su presencia

in-flight ['ɪn'flaɪt] *adj* ***i. entertainment*** distracciones *fpl* ofrecidas durante el vuelo; ***i. meal*** comida *f* (servida) a bordo

inflow ['ɪnfləʊ] *n* afluencia *f*

influence ['ɪnflʊəns] **1** *n* influencia *f*; **to be a good/bad i. on sb** tener una buena/mala influencia en alguien; **to have i. over/with sb** tener influencia sobre/con alguien; **a man of i.** un hombre influyente; **under the i. (of drink)** bajo los efectos del alcohol

2 *vt* influir en, influenciar; **he is easily influenced** se deja influir fácilmente

influential [ɪnflʊ'enʃəl] *adj* influyente; **to be very i.** ser muy influyente, tener mucha influencia

influenza [ɪnflʊ'enzə] *n* gripe *f*, *Am* gripa *f*

influx ['ɪnflʌks] *n* afluencia *f* (masiva)

info ['ɪnfəʊ] *n Fam* información *f*

infoaddict ['ɪnfəʊædɪkt] *n Comptr* infoadicto(a) *m,f*

infobahn ['ɪnfəʊbɑ:n] *n* infopista *f*, Internet *f*

infold = **enfold**

infomercial ['ɪnfəʊmɜ:ʃəl] *n TV* publirreportaje *m*

inform [ɪn'fɔ:m] **1** *vt* (**a**) *(give information to)* informar (**of/about** de/sobre), *CAm, Méx* reportar (**of/about** de/sobre); **keep me informed of what is happening** manténme informado de lo que pase (**b**) *Formal (inspire)* impregnar, informar

2 *vi* **to i. on** *or* **against sb** delatar a alguien

informal [ɪn'fɔ:məl] *adj* (**a**) *(dress, manner)* informal (**b**) *(word, language)* familiar (**c**) *(meeting, talks)* extraoficial, informal

informality [ɪnfɔ:'mælɪtɪ] *n* informalidad *f*

informally [ɪnˈfɔːməlɪ] *adv* (**a**) *(to dress, behave)* informalmente, de manera informal (**b**) *(to hold talks, inform)* extraoficialmente

informant [ɪnˈfɔːmənt] *n* (**a**) *(for police)* confidente *mf* (**b**) *(for study)* informante *mf*

informatics [ɪnfəˈmætɪks] *n Comptr* informática *f*

information [ɪnfəˈmeɪʃən] *n* (**a**) *(news, facts)* información *f*; **a piece of i.** una información, un dato; **for your i.** para tu información ▫ ***i. bureau*** oficina *f* de información; ***i. desk*** mostrador *m* de información
(**b**) *Comptr* ***i. processing*** proceso *m* de datos; ***i. retrieval*** recuperación *f* de la información; ***i. science*** informática *f*; ***i. society*** sociedad *f* de la información; ***i. superhighway*** autopista *f* de la información; ***i. technology*** tecnologías *f* de la información; ***i. theory*** teoría *f* de la información

informative [ɪnˈfɔːmətɪv] *adj* informativo(a)

informed [ɪnˈfɔːmd] *adj (person)* informado(a); **an i. guess/decision** una conjetura/decisión bien fundada

informer [ɪnˈfɔːmə(r)] *n* confidente *mf*

infotainment [ɪnfəʊˈteɪnmənt] *n TV* programas *mpl* informativos de entretenimiento

infraction [ɪnˈfrækʃən] *n Formal* infracción *f*

infra dig [ˈɪnfrəˈdɪg] *adj Fam Old-fashioned Esp* cutre, *Méx* gacho(a), *RP* roñoso(a)

infrared [ˈɪnfrəˈred] *adj Phys* infrarrojo(a) ▫ ***i. photography*** fotografía *f* infrarroja

infrastructure [ˈɪnfrəstrʌktʃə(r)] *n* infraestructura *f*

infrequent [ɪnˈfriːkwənt] *adj* poco frecuente

infrequently [ɪnˈfriːkwəntlɪ] *adv* con poca frecuencia, raras veces

infringe [ɪnˈfrɪndʒ] *vt* (**a**) *(rule)* infringir (**b**) *(right)* violar, vulnerar

▸**infringe on** *vt insep* infringir

infringement [ɪnˈfrɪndʒmənt] *n* (**a**) *(of rule, law)* infracción *f* (**b**) *(of right)* violación *f*, vulneración *f*

infuriate [ɪnˈfjʊːrɪeɪt] *vt* exasperar, enfurecer

infuriating [ɪnˈfjʊːrɪeɪtɪŋ] *adj* exasperante

infuriatingly [ɪnˈfjʊːrɪeɪtɪŋlɪ] *adv* **she's an i. nice person** de tan buena persona que es resulta exasperante; **the movie was i. boring** la película era desesperantemente aburrida

infuse [ɪnˈfjuːz] **1** *vt* (**a**) *(instil)* infundir (**into** en); **to i. sb with sth** infundir algo a *or* en alguien (**b**) *(tea)* infundir
2 *vi* reposar *(una infusión)*

infusion [ɪnˈfjuːʒən] *n* (**a**) *(drink)* infusión *f* (**b**) *(of money, high spirits)* inyección *f* (**c**) *Med* infusión *f*

ingenious [ɪnˈdʒiːnɪəs] *adj* ingenioso(a); **she was i. at making economies** se le ocurrían muy buenas ideas para ahorrarse dinero

ingeniously [ɪnˈdʒiːnɪəslɪ] *adv* ingeniosamente

ingénue [ˈænʒeɪnuː] *n* joven *f* ingenua

ingenuity [ɪndʒɪˈnjuːɪtɪ] *n* ingenio *m*

ingenuous [ɪnˈdʒenjʊəs] *adj Formal* ingenuo(a)

ingenuously [ɪnˈdʒenjʊəslɪ] *adv* ingenuamente, con ingenuidad

ingenuousness [ɪnˈdʒenjʊəsnɪs] *n* ingenuidad *f*

ingest [ɪnˈdʒest] *vt Formal (food, liquid)* ingerir

inglenook [ˈɪŋgəlnʊk] *n* rincón *m* de la chimenea

inglorious [ɪnˈglɔːrɪəs] *adj Formal* deshonroso(a), vergonzoso(a)

ingot [ˈɪŋgət] *n* lingote *m*

ingrained [ɪnˈgreɪnd] *adj* (**a**) *(dirt)* incrustado(a) (**b**) *(prejudice, habit)* arraigado(a)

ingrate [ˈɪŋgreɪt] *n Formal* ingrato(a) *m,f*

ingratiate [ɪnˈgreɪʃɪeɪt] *vt* **to i. oneself (with sb)** congraciarse (con alguien)

ingratiating [ɪnˈgreɪʃɪeɪtɪŋ] *adj* obsequioso(a)

ingratiatingly [ɪnˈgreɪʃɪeɪtɪŋlɪ] *adv* de manera obsequiosa

ingratitude [ɪnˈgrætɪtjuːd] *n* ingratitud *f*

ingredient [ɪnˈgriːdɪənt] *n also Fig* ingrediente *m*; *Fig* **the missing i.** lo que falta

ingress [ˈɪŋgres] *n Formal* acceso *m*

ingrowing toenail [ˈɪngrəʊɪŋˈtəʊneɪl], **ingrown toenail** [ˈɪngrəʊnˈtəʊneɪl] *n Med* uña *f* encarnada

inhabit [ɪnˈhæbɪt] *vt* habitar

inhabitable [ɪnˈhæbɪtəbəl] *adj* habitable

Note that the Spanish word **inhabitable** is a false friend and is never a translation for the English word **inhabitable**. In Spanish **inhabitable** means "uninhabitable".

inhabitant [ɪnˈhæbɪtənt] *n* habitante *mf*

inhabited [ɪnˈhæbɪtɪd] *adj* habitado(a)

Note that the Spanish word **inhabitado** is a false friend and is never a translation for the English word **inhabited**. In Spanish **inhabitado** means "uninhabited".

inhalant [ɪnˈheɪlənt] *n* (sustancia *f*) inhalante *m*

inhalation [ɪnhəˈleɪʃən] *n* inhalación *f*

inhale [ɪnˈheɪl] **1** *vt (gas, fumes)* inhalar; *(cigarette smoke)* aspirar
2 *vi* inspirar; *(when smoking)* tragarse el humo

inhaler [ɪnˈheɪlə(r)] *n (for asthmatics)* inhalador *m*

inharmonious [ɪnhɑːˈməʊnɪəs] *adj Formal (colours)* poco armónico(a), sin armonía; *(sounds, music)* inarmónico(a)

inherent [ɪnˈherənt] *adj* inherente (**in** a)

inherently [ɪnˈherəntlɪ] *adv* intrínsecamente

inherit [ɪnˈherɪt] *vt* heredar (**from** de)

inheritance [ɪnˈherɪtəns] *n* herencia *f*; **cultural/artistic i.** patrimonio *m or* legado *m* cultural/artístico ▫ ***i. tax*** impuesto *m* sobre sucesiones

inheritor [ɪnˈherɪtə(r)] *n* heredero(a) *m,f*

inhibit [ɪnˈhɪbɪt] *vt* (**a**) *(feeling, person)* cohibir, inhibir; **to i. sb from doing sth** impedir a alguien hacer algo (**b**) *(progress, growth)* impedir, coartar; *(breathing)* inhibir

inhibited [ɪnˈhɪbɪtɪd] *adj* cohibido(a)

inhibiter, inhibitor [ɪnˈhɪbɪtə(r)] *n Chem* inhibidor *m*

inhibition [ɪnɪˈbɪʃən] *n* inhibición *f*; **to lose one's inhibitions** dejar de sentirse cohibido(a); **to have no inhibitions about doing sth** no sentir ninguna vergüenza *or CAm, Col, Ven* pena a la hora de hacer algo

inhibitory [ɪnˈhɪbɪtərɪ] *adj* inhibidor(ora)

inhospitable [ɪnhɒˈspɪtəbəl] *adj* (**a**) *(person)* inhospitalario(a) (**b**) *(town, climate)* inhóspito(a)

in-house [ˈɪnˈhaʊs] **1** *adj* ***i. staff*** personal *m* en plantilla; ***i. training*** formación *f* en el lugar de trabajo
2 *adv* **the work was done i.** el trabajo se hizo en la misma empresa

inhuman [ɪnˈhjuːmən] *adj* inhumano(a)

inhumane [ɪnhjuːˈmeɪn] *adj* inhumano(a)

inhumanely [ɪnhjuːˈmeɪnlɪ] *adv* de forma inhumana; **the hostages were treated i.** los rehenes recibieron un trato inhumano

inhumanity [ɪnhjuːˈmænɪtɪ] *n* falta *f* de humanidad

inimical [ɪˈnɪmɪkəl] *adj Formal* adverso(a) (**to** a)

inimitable [ɪˈnɪmɪtəbəl] *adj* inimitable

iniquitous [ɪˈnɪkwɪtəs] *adj Formal* inicuo(a)

iniquity [ɪˈnɪkwɪtɪ] *n Formal* iniquidad *f*

initial [ɪˈnɪʃəl] **1** *n* inicial *f*; **initials** iniciales *fpl*
2 *adj (payment, impression)* inicial
3 *vt* (*pt & pp* **initialled**, *US* **initialed**) *(document)* poner las iniciales en

initialization [ɪnɪʃəlaɪˈzeɪʃən] *n Comptr* inicialización *f*

initialize [ɪˈnɪʃəlaɪz] *vt Comptr* inicializar

initially [ɪˈnɪʃəlɪ] *adv* inicialmente; **an i. favourable response** una respuesta de entrada favorable

initiate [ɪˈnɪʃɪeɪt] *vt* (**a**) *Formal (begin)* iniciar; *Law* **to i. proceedings (against sb)** emprender una acción legal (contra alguien) (**b**) *(into secret society, gang)* iniciar (**into** en)

initiation [ɪnɪʃɪˈeɪʃən] *n* (**a**) *Formal (beginning)* iniciación *f* (**b**) *(into secret society, gang)* iniciación *f* (**into** en) ▫ ***i. ceremony*** ceremonia *f* iniciática *or* de iniciación; ***i. rites*** rito *m* iniciático

initiative [ɪˈnɪʃətɪv] *n* (**a**) *(of person)* iniciativa *f*; **to take/lose the i.** tomar/perder la iniciativa; **on one's own i.** por iniciativa propia; **she lacks i.** le falta iniciativa (**b**) *(scheme)* iniciativa *f*

initiator [ɪ'nɪʃɪeɪtə(r)] *n* (**a**) *(of scheme, process)* iniciador(ora) *m,f* (**b**) *Chem* iniciador *m*

inject [ɪn'dʒekt] *vt* (**a**) *(drug, money)* inyectar (**into** en); **to i. sb with a drug** inyectar un medicamento a alguien (**b**) *(quality)* infundir; **to i. sb with enthusiasm** infundir entusiasmo a alguien; **to i. new life into sth** infundir nueva vida a algo

injectable [ɪn'dʒektəbəl] *adj* inyectable

injection [ɪn'dʒekʃən] *n (of drug, money)* inyección *f*; **to give sb an i.** poner una inyección a alguien ▫ ***i. moulding*** moldeo *m* por inyección

injudicious [ɪndʒʊ'dɪʃəs] *adj Formal* imprudente, poco juicioso(a)

injunction [ɪn'dʒʌnkʃən] *n Law* requerimiento *m* judicial

injure ['ɪndʒə(r)] *vt* (**a**) *(person)* herir, lesionar; *(feelings)* herir; **to i. oneself** lesionarse; **to i. one's leg** lesionarse una pierna (**b**) *(reputation, interests)* dañar, perjudicar

injured ['ɪndʒəd] **1** *npl* **the i.** los heridos

2 *adj also Fig* herido(a); *(tone, voice)* resentido(a); *Law* **the i. party** la parte perjudicada

injurious [ɪn'dʒʊrɪəs] *adj Formal* perjudicial (**to** para)

injury ['ɪndʒərɪ] *n (open wound)* herida *f*; *(broken bone, damaged muscle)* lesión *f*; *(harm)* lesiones *fpl*; **to do oneself an i.** hacerse daño ▫ *Sport* ***i. time*** tiempo *m* de descuento

injustice [ɪn'dʒʌstɪs] *n* injusticia *f*; **you do her an i.** estás siendo injusto con ella

ink [ɪŋk] *n* tinta *f* ▫ ***i. pad*** tampón *m*

▸**ink in** *vt sep* pasar a tinta

inkblot ['ɪŋkblɒt] *n (on clothes, table)* mancha *f* de tinta; *(on paper)* borrón *m* de tinta ▫ ***i. test*** prueba *f or* test *m* de Rorschach

inkjet printer ['ɪŋkdʒet'prɪntə(r)] *n Comptr* impresora *f* de chorro de tinta

inkling ['ɪŋklɪŋ] *n* **to have an i. of sth** tener una ligera idea de algo; **she had no i. of what they were up to** no tenía ni idea de lo que estaban tramando

inkwell ['ɪŋkwel] *n* tintero *m*

inky ['ɪŋkɪ] *adj* (**a**) *(stained with ink)* manchado(a) de tinta (**b**) *(in colour)* **i. (black)** negro(a) (como el carbón)

inlaid [ɪn'leɪd] *adj (with wood)* taraceado(a); *(with jewels)* incrustado(a)

inland ['ɪnlænd] **1** *adj* interior, del interior ▫ *Br* ***the I. Revenue*** *Esp* ≃ la Agencia Tributaria, *Am* ≃ la Dirección General Impositiva

2 *adv (travel)* al interior; *(live)* en el interior

in-laws ['ɪnlɔ:z] *npl* familia *f* política

inlay 1 *n* ['ɪnleɪ] (**a**) *(in wood)* taracea *f*, incrustación *f*; *(in metal)* incrustación *f* (**b**) *(in dentistry)* empaste *m*, *Am* emplomadura *f*, *Chile* tapadura *f*, *Col* calza *f*

2 *vt* [ɪn'leɪ] (*pt & pp* **inlaid**) *(in wood)* taracear, hacer una taracea en (**with** con); *(in metal)* hacer incrustaciones en (**with** de)

inlet ['ɪnlet] *n* (**a**) *(of sea)* ensenada *f* (**b**) *(of pipe, machine)* entrada *f*

inline ['ɪnlaɪn] *adj Comptr* ***i. image*** imagen *f* integrada; ***i. skates*** patines *mpl* en línea

in loco parentis [ɪn'ləʊkəʊpə'rentɪs] *adv Formal* en nombre de los padres

inmate ['ɪnmeɪt] *n (in prison)* recluso(a) *m,f*; *(in mental hospital)* paciente *mf*

in memoriam ['ɪnme'mɔ:rɪæm] *adv* in memóriam

inmost = **innermost**

inn [ɪn] *n* mesón *m*, posada *f* ▫ *Law* ***I. of Court*** = cada una de las asociaciones privadas de abogados británicos

innards ['ɪnədz] *npl also Fig* tripas *fpl*

innate [ɪ'neɪt] *adj* innato(a)

innately [ɪ'neɪtlɪ] *adv* por naturaleza; **an i. kind person** una persona amable por naturaleza

inner ['ɪnə(r)] *adj* (**a**) *(chamber, lining)* interior ▫ ***i. city*** = área céntrica y degradada de una ciudad; *Anat* ***i. ear*** oído *m* interno; ***i. tube*** cámara *f* (de aire) (**b**) *(thought, feeling)* íntimo(a) ▫ ***i. circle*** *(of friends)* círculo *m* restringido *or* privado; **her i. circle of advisers** el círculo de sus asesores más allegados *or* de mayor confianza; ***the i. man/woman*** *(soul)* el espíritu del hombre/de la mujer; ***i. peace*** paz *f* interior; *Astron* ***i. planets*** planetas *mpl* interiores

innermost ['ɪnəməʊst], **inmost** ['ɪnməʊst] *adj* **i. part** parte *f* más interior; **i. thoughts** pensamientos *mpl* más íntimos

inning ['ɪnɪŋ] *n (in baseball)* turno *m* para batear, *Am* inning *m*

innings ['ɪnɪŋz] *n (in cricket)* turno *m* para batear; *Br Fig* **she had a good i.** *(a long life)* tuvo una vida larga y plena

innkeeper ['ɪnki:pə(r)] *n* mesonero(a) *m,f*, posadero(a) *m,f*

innocence ['ɪnəsəns] *n* inocencia *f*; **to protest one's i.** declararse inocente; **to prove one's i.** demostrar (uno) su inocencia

innocent ['ɪnəsənt] *adj (not guilty, naive)* inocente

innocently ['ɪnəsəntlɪ] *adv* inocentemente, con inocencia

innocuous [ɪ'nɒkjʊəs] *adj* inocuo(a)

innocuously [ɪ'nɒkjʊəslɪ] *adv* de forma inocua

innovate ['ɪnəveɪt] *vi* innovar

innovation [ɪnə'veɪʃən] *n* innovación *f*

innovative ['ɪnəveɪtɪv], **innovatory** ['ɪnəveɪtərɪ] *adj* innovador(ora)

innovator ['ɪnəveɪtə(r)] *n* innovador(ora) *m,f*

innuendo [ɪnjʊ'endəʊ] (*pl* **innuendos**) *n Pej (in remarks)* indirecta *f*, insinuación *f*; *(in jokes)* doble sentido *m*, juegos *mpl* de palabras *(sobre sexo)*

innumerable [ɪ'nju:mərəbəl] *adj* innumerable

innumeracy [ɪ'nju:mərəsɪ] *n* falta *f* de conocimientos de aritmética

innumerate [ɪ'nju:mərət] *adj* falto(a) de conocimientos de aritmética

inoculate [ɪ'nɒkjʊleɪt] *vt* inocular; **to i. sb with sth** inocularle algo a alguien; **to i. sb against sth** vacunar a alguien de algo

inoculation [ɪnɒkjʊ'leɪʃən] *n* vacunación *f*

inoffensive [ɪnə'fensɪv] *adj* inofensivo(a)

inoffensively [ɪnə'fensɪvlɪ] *adv* inofensivamente; **she was sitting there quite i., when...** estaba allí sentada sin hacerle daño a nadie, cuando...

inoperable [ɪn'ɒpərəbəl] *adj Med* **to be i.** no ser operable

inoperative [ɪn'ɒpərətɪv] *adj* (**a**) *(rule)* inoperante (**b**) **to be i.** *(of machine)* no funcionar

inopportune [ɪn'ɒpətju:n] *adj* inoportuno(a)

inordinate [ɪn'ɔ:dɪnət] *adj Formal* desmesurado(a)

inordinately [ɪn'ɔ:dɪnətlɪ] *adv Formal* desmesuradamente

inorganic [ɪnɔ:'gænɪk] *adj* inorgánico(a) ▫ *Chem* ***i. chemistry*** química *f* inorgánica; ***i. fertilizer*** abono *m* químico

in-patient ['ɪnpeɪʃənt] *n* paciente *mf* interno(a)

input ['ɪnpʊt] **1** *n* (**a**) *(contribution) (to project)* aportación *f*, aporte *m*; *(to manufacturing process)* (aportación *f* de) recursos *mpl* (**b**) *Elec* entrada *f* (**c**) *Comptr* input *m*, entrada *f* (de información) ▫ ***i. device*** periférico *m* de entrada

2 *vt Comptr* **to i. data** introducir datos

input/output system ['ɪnpʊt'aʊtpʊt 'sɪstəm] *adj Comptr* sistema *m* de entrada y salida

inquest ['ɪnkwest] *n* investigación *f* (**into** sobre); **to hold an i.** *Law (of coroner)* determinar las causas de la muerte; *(in politics, business)* investigar

inquire [ɪn'kwaɪə(r)] *vi* preguntar; **to i. as to** *or* **about...** informarse sobre...; **he inquired why I was there** me preguntó por qué estaba allí; **why, might I i., are you here?** ¿y tú qué haces aquí, si es que puede saberse?; **i. within** *(sign)* razón aquí

▸**inquire after** *vt insep* preguntar por

▸**inquire into** *vt insep* investigar, indagar

inquirer [ɪn'kwaɪərə(r)] *n* investigador(ora) *m,f*

inquiring [ɪn'kwaɪrɪŋ] *adj (mind)* inquisitivo(a); *(look)* de interrogación

inquiringly [ɪn'kwaɪrɪŋlɪ] *adv* de un modo inquisitivo

inquiry [ɪn'kwaɪrɪ] *n* (**a**) *(official investigation)* investigación *f* (oficial); **to hold an i. (into sth)** realizar una investigación (sobre algo) (**b**) *(request for information)* consulta *f*; **to make inquiries (about sth)** consultar *or* informarse (sobre algo) ▫ ***i. desk*** (mostrador *m* de) información *f*

inquisition [ɪnkwɪ'zɪʃən] *n (inquiry)* investigación *f*; *Hist* **the (Spanish) I.** la (Santa) Inquisición

inquisitive [ɪn'kwɪzɪtɪv] *adj (person)*

curioso(a); *(mind)* inquisitivo(a); *(look)* de curiosidad

inquisitively [ɪn'kwɪzɪtɪvlɪ] *adv* con curiosidad

inquisitiveness [ɪn'kwɪzɪtɪvnɪs] *n* curiosidad *f*

inquisitor [ɪn'kwɪzɪtə(r)] *n* **(a)** *Hist* inquisidor *m* **(b)** *(questioner)* interrogador(ora) *m,f*

inquisitorial [ɪnkwɪzɪ'tɔːrɪəl] *adj* inquisitorial

inquorate [ɪn'kwɔːrət] *adj Formal (meeting)* sin quórum

inroads ['ɪnrəʊdz] *npl* **I had to make i. into my savings** tuve que recurrir a mis propios ahorros; **to make i. into the market** penetrar en el mercado; **the Nationalists had made i. into the Socialist vote** los nacionalistas se habían hecho con parte del voto socialista

inrush ['ɪnrʌʃ] *n (of people)* aluvión *m*; *(of air)* ráfaga *f*

INS [aɪen'es] *n US* (*abbr* **Immigration and Naturalization Service**) = departamento estadounidense de inmigración y naturalización

ins. **(a)** (*abbr* **inches**) pulgadas *fpl* **(b)** (*abbr* **insurance**) seguro *m*

insane [ɪn'seɪn] *adj* **(a)** *(person)* demente, loco(a); **to be i.** *(of person)* estar loco(a); **to go i.** trastornarse, volverse loco(a); **to drive sb i.** volver loco(a) a alguien; **to be i. with grief/jealousy** enloquecer de dolor/celos **(b)** *(desire, scheme)* demencial, descabellado(a)

insanely [ɪn'seɪnlɪ] *adv* disparatadamente; **i. jealous** loco(a) de celos

insanitary [ɪn'sænɪtrɪ] *adj* antihigiénico(a)

insanity [ɪn'sænɪtɪ] *n* **(a)** *(of person)* demencia *f*, locura *f* **(b)** *(of desire, scheme)* demencialidad *f*, locura *f*

insatiable [ɪn'seɪʃəbəl] *adj* insaciable

insatiably [ɪn'seɪʃəblɪ] *adv* insaciablemente; **i. curious** de una curiosidad insaciable

inscribe [ɪn'skraɪb] *vt (write, engrave)* inscribir (**with** con)

inscription [ɪn'skrɪpʃən] *n* **(a)** *(on stone, coin)* inscripción *f* **(b)** *(in book)* dedicatoria *f*

inscrutability [ɪnskruːtə'bɪlɪtɪ] *n* impenetrabilidad *f*, inescrutabilidad *f*

inscrutable [ɪn'skruːtəbəl] *adj* inescrutable

insect ['ɪnsekt] *n* insecto *m* ▫ ***i. bite*** picadura *f* de insecto; ***i. repellent*** repelente *m* contra insectos

insecticide [ɪn'sektɪsaɪd] *n* insecticida *m*

insectivore [ɪn'sektɪvɔː(r)] *n* insectívoro *m*

insecure [ɪnsɪ'kjʊə(r)] *adj* **(a)** *(emotionally)* inseguro(a) **(b)** *(not safe)* poco seguro(a); **an i. position within the company** una posición inestable dentro de la empresa

insecurely [ɪnsɪ'kjʊəlɪ] *adv* **(a)** *(not confidently)* de forma insegura **(b)** *(not safely)* de forma poco segura; **i. tied/fastened** mal atado(a)/sujeto(a)

insecurity [ɪnsɪ'kjʊərɪtɪ] *n* inseguridad *f*

inseminate [ɪn'semɪneɪt] *vt* inseminar

insemination [ɪnsemɪ'neɪʃən] *n* inseminación *f*

insensible [ɪn'sensɪbəl] *adj* **(a)** *(unconscious)* inconsciente; **to be i.** estar inconsciente **(b)** *(unaware)* **to be i. of** *or* **to sth** no ser consciente de algo

insensitive [ɪn'sensɪtɪv] *adj* **(a)** *(emotionally)* insensible; **what an i. person!** ¡qué poca sensibilidad!, ¡qué falta de sensibilidad!; **that was an i. thing to say** qué poco tacto has tenido al decir eso **(b)** *(physically)* insensible; **my fingers/gums had been rendered i.** no sentía nada en los dedos/las encías

insensitively [ɪn'sensɪtɪvlɪ] *adv (tactlessly)* con muy poca sensibilidad

insensitivity [ɪnsensɪ'tɪvɪtɪ] *n (lack of tact)* insensibilidad *f*

inseparable [ɪn'sepərəbəl] *adj* inseparable (**from** de)

inseparably [ɪn'sepərəblɪ] *adv* inseparablemente

insert 1 *n* ['ɪnsɜːt] *(in magazine)* encarte *m* ▫ *Comptr* ***i. mode*** modo *m* de inserción

2 *vt* [ɪn'sɜːt] *(key, finger, coin)* introducir (**into** en); *(clause, advertisement)* insertar (**in** en)

insertion [ɪn'sɜːʃən] *n* inserción *f*

in-service ['ɪnsɜːvɪs] *adj* ***i. training*** formación *f* continua

inset ['ɪnset] **1** *n (in map, picture)* recuadro *m*

2 *vt* (*pt & pp* **inset**) insertar

inshore [ɪn'ʃɔː(r)] **1** *adj (navigation)* costero(a); *(fishing)* de bajura

2 *adv (to sail, blow)* hacia la costa

INSIDE 1 *n* ['ɪn'saɪd] **(a)** *(interior) (of house, vehicle, container)* interior *m*; **on/from the i.** en/desde el interior; **a chocolate which is hard on the outside, but soft on the i.** un bombón que es duro por fuera y blando por dentro; *Fig* **we need someone on the i.** necesitamos un infiltrado

(b) *(part facing towards one)* **the i. of one's wrist/leg** la parte interior de la muñeca/pierna; *Aut* **to overtake on the i.** *(in Britain)* adelantar por la izquierda; *(in Europe, USA)* adelantar por la derecha; **the athlete went past her on the i.** la atleta la adelantó por dentro *or* por el interior

(c) *Fam* **insides** *(internal organs)* tripas *fpl*

(d) inside out *adv* **his shirt is i. out** lleva la camisa del revés; *Fig* **to know sth i. out** saberse algo al dedillo; **she turned her T-shirt i. out** dio la vuelta a la camiseta *(de dentro a fuera)*; *Fig* **they turned the room i. out** pusieron la habitación patas arriba; *Fig* **this news has turned our plans i. out** esta noticia ha trastornado por completo nuestros planes

2 *adj* ['ɪnsaɪd] interior; **to have i. information/help** tener información/ayuda confidencial; *Fam* **it must have been an i. job** *(robbery, fraud)* debe de haber sido un trabajo realizado desde dentro; **to know the i. story** conocer la historia de cerca *or* de primera mano ▫ ***i. lane*** *Aut (in Britain)* carril *m* de la izquierda; *(in Europe, USA)* carril de la derecha; *Sport* calle *f* de dentro; ***i. left/right*** *(in soccer)* interior *m* izquierdo/derecho; *Br* ***i. leg*** *(measurement)* (medida *f* interior de la) pernera *f*; ***i. pocket*** bolsillo *m* interior

3 *adv* **(a)** *(to be, stay)* dentro; *(to look, run)* adentro; **come i.!** *(to guest)* ¡pasa!; *(to children playing outside)* ¡vamos para dentro!; **shall we go i.?** *(into house)* ¿entramos?, ¿pasamos dentro?; **they painted the house i. and out** pintaron la casa por dentro y por fuera

(b) *(within oneself)* **i. she was angry** por dentro estaba enfadada or *Am* enojada

(c) *Fam (in prison) Esp* en chirona, *Méx* en bote, *RP* en cana

(d) inside of *prep (be, stay)* dentro de; *(look, run)* adentro de; **i. of a week/an hour** en menos de una semana/hora

4 *prep* [ɪn'saɪd] **(a)** *(with position)* dentro de; **he ran i. the house** corrió al interior de la casa; *Fam* **get this whisky i. you and you'll feel better** métete este whisky en el cuerpo y te sentirás mejor

(b) *(with time)* **i. a week/an hour** en menos de una semana/hora; **his time was just i. the world record** su marca batió el récord mundial por muy poco

(c) *(with emotions)* **i. herself she was angry** por dentro estaba enfadada or *Am* enojada; **something i. me made me feel she was lying** algo me dijo que estaba mintiendo

insider [ɪn'saɪdə(r)] *n* = persona que cuenta con información confidencial ▫ *Fin* ***i. dealing*** *or* ***trading*** uso *m* de información privilegiada

insidious [ɪn'sɪdɪəs] *adj Formal* insidioso(a), larvado(a)

insidiously [ɪn'sɪdɪəslɪ] *adv Formal* de manera larvada

insight ['ɪnsaɪt] *n* **(a)** *(perspicacity)* perspicacia *f*, penetración *f* **(b)** *(understanding)* idea *f* (**into** de); *(revealing comment)* revelación *f*, aclaración *f* (**into** sobre); **to get an i. into sth** hacerse una idea de algo; **the article gives us an i. into the causes of the conflict** el artículo nos permite entender las causas del conflicto

insightful ['ɪnsaɪtfʊl] *adj* penetrante, revelador(ora)

insignia [ɪn'sɪgnɪə] *npl* insignias *fpl*

insignificance [ɪnsɪg'nɪfɪkəns] *n* insignificancia *f*; **my problems pale into i. beside yours** mis problemas son insignificantes comparados con los tuyos

insignificant [ɪnsɪg'nɪfɪkənt] *adj* insignificante

insincere [ɪnsɪn'sɪə(r)] *adj* falso(a), insincero(a)

insincerely [ɪnsɪn'sɪəlɪ] *adv* de un modo poco sincero

insincerity [ɪnsɪn'serɪtɪ] *n* falsedad *f*, insinceridad *f*

insinuate [ɪn'sɪnjʊeɪt] *vt (hint)* insinuar; **to i. oneself into sb's favour** ganarse arteramente el favor de alguien; **she managed to i. his name into the conversation at several points** logró introducir su nombre en varios momentos de la conversación

insinuation [ɪnsɪnjʊ'eɪʃən] *n* insinuación *f*

insipid [ɪn'sɪpɪd] *adj (food)* insípido(a), soso(a); *(character)* soso(a)

insipidness [ɪn'sɪpɪdnɪs] *n (of taste)* insipidez *f; (of person)* sosería *f*

insist [ɪn'sɪst] **1** *vt* **to i. that...** insistir en que...

2 *vi* insistir; **to i. on sth** *(demand)* exigir algo; *(emphasize)* insistir en algo; **to i. on doing sth** insistir en hacer algo; **if you i. on doing that, I'm leaving** como sigas haciendo eso, yo me marcho; **very well, if you i.** bueno, si insistes

insistence [ɪn'sɪstəns] *n* insistencia *f*; **at her i.** ante su insistencia

insistent [ɪn'sɪstənt] *adj (person, demand)* insistente; **to be i. about sth** insistir sobre *or* en algo

insistently [ɪn'sɪstəntlɪ] *adv* insistentemente, con insistencia

in situ [ɪn'sɪtju:] *adv Formal* en su lugar original, in situ

insofar as ['ɪnsəʊ'fɑ:rəz] *adv* en la medida en que

insole ['ɪnsəʊl] *n (of shoe)* plantilla *f*

insolence ['ɪnsələns] *n* insolencia *f*

insolent ['ɪnsələnt] *adj* insolente

insolently ['ɪnsələntlɪ] *adv* insolentemente, de un modo insolente

insoluble [ɪn'sɒljʊbəl] *adj* (**a**) *(substance)* insoluble, indisoluble (**b**) *(problem)* irresoluble

insolvency [ɪn'sɒlvənsɪ] *n Fin* insolvencia *f*

insolvent [ɪn'sɒlvənt] *adj Fin* insolvente

insomnia [ɪn'sɒmnɪə] *n* insomnio *m*

insomniac [ɪn'sɒmnɪæk] *n* insomne *mf*

insomuch as = **inasmuch as**

insouciance [ɪn'su:sɪəns] *n Formal* despreocupación *f*

inspect [ɪn'spekt] *vt (passport, luggage, picture)* examinar, inspeccionar; *(school, factory)* inspeccionar; *(troops)* pasar revista a

inspection [ɪn'spekʃən] *n (of passport, luggage, picture)* examen *m*, inspección *f; (of school, factory)* inspección *f; (of troops)* revista *f*; **on closer i.** tras un examen más detallado

inspector [ɪn'spektə(r)] *n (of schools, factories)* inspector(ora) *m,f; Br (on train, bus)* revisor(ora) *m,f; Br* (**police**) **i.** inspector(ora) de policía

inspectorate [ɪn'spektərət] *n* (departamento *m* de) inspección *f*

inspiration [ɪnspɪ'reɪʃən] *n* inspiración *f*; **to be an i. to sb** ser una fuente de inspiración para alguien; **to draw i. from sth** inspirarse en algo

inspirational [ɪnspɪ'reɪʃənəl] *adj* inspirador(ora)

inspire [ɪn'spaɪə(r)] *vt* inspirar; **the poem was inspired by a visit to Italy** el poema estaba inspirado en una visita a Italia; **to i. sb to do sth** inspirar a alguien para hacer algo; **what inspired you to choose that name?** ¿qué te inspiró para elegir ese nombre?; **to i. confidence in sb, to i. sb with confidence** inspirar confianza a alguien

inspired [ɪn'spaɪəd] *adj* inspirado(a); **it was an i. choice** fue una elección inspirada; **their performance was nothing short of i.** su actuación fue más que *or* muy inspirada

inspiring [ɪn'spaɪərɪŋ] *adj* estimulante

instability [ɪnstə'bɪlɪtɪ] *n* inestabilidad *f*

install, *US* **instal** [ɪn'stɔ:l] *vt also Comptr* instalar; **to i. sb in a post** colocar a alguien en un puesto; **to i. oneself in an armchair** instalarse en una butaca

installation [ɪnstə'leɪʃən] *n* instalación *f*

installer [ɪn'stɔ:lə(r)] *n Comptr* instalador *m*

instalment, *US* **installment** [ɪn'stɔ:lmənt] *n* (**a**) *(part payment)* plazo *m*; **to pay by instalments** pagar a plazos ▫ *US Com* ***i. plan*** compra *f* a plazos (**b**) *(of radio, TV programme)* episodio *m*; **to publish sth in instalments** publicar algo por entregas

instance ['ɪnstəns] *n (case)* caso *m; (example)* ejemplo *m*; **for i.** por ejemplo; **in this i.** en este caso; **in the first i.** en primer lugar

instant ['ɪnstənt] **1** *n (moment)* instante *m*; **do it this i.!** ¡hazlo ahora mismo!; **let me know the i. he gets here** avísame en cuanto llegue; **not an i. too soon** justo a tiempo; **in an i.** en un instante; **the i. I saw him** en cuanto lo vi; **for one i.** por un instante *o* momento

2 *adj* instantáneo(a); *(success)* instantáneo(a), inmediato(a); **I took an i. dislike to him** me cayó mal instantáneamente ▫ ***i. access*** *(to money)* acceso *m* inmediato; ***i. coffee*** café *m* instantáneo; *TV* ***i. replay*** repetición *f* (a cámara lenta); ***i. soup*** sopa *f* instantánea

instantaneous [ɪnstən'teɪnɪəs] *adj* instantáneo(a)

instantaneously [ɪnstən'teɪnɪəslɪ] *adv* instantáneamente, al instante

instantly ['ɪnstəntlɪ] *adv* al instante; **i. forgettable** muy fácil de olvidar; **i. recognizable** reconocible al instante

instate [ɪn'steɪt] *vt* instalar

INSTEAD [ɪn'sted] *adv* **she couldn't come so he came i.** como ella no podía venir, vino él en su lugar; **we haven't got any green ones, would you like a blue one i.?** no tenemos verdes, ¿quiere uno azul?; **I was going to buy the green one but I bought the blue one i.** iba a comprar el verde, pero al final compré el azul; **I decided against going to Spain. I., I spent the money on a motorbike** decidí que, en lugar de gastarme el dinero en ir a España, me compraría una moto; **I should have kept quiet, but i. I spoke up** en vez de callarme, que es lo que tendría que haber hecho, dije lo que pensaba; **i. of** en vez de, en lugar de; **he came i. of me** vino en mi lugar; **i. of doing sth** en lugar *or* vez de hacer algo

---

instep ['ɪnstep] *n* empeine *m*

instigate ['ɪnstɪgeɪt] *vt* (**a**) *(strike, unrest, violence)* instigar (**b**) *(inquiry, search, changes)* iniciar

instigation ['ɪnstɪgeɪʃən] *n (of strike, unrest, violence)* instigación *f*; **at sb's i.** a instancias de alguien

instigator ['ɪnstɪgeɪtə(r)] *n* (**a**) *(of strike, unrest, violence)* instigador(ora) *m,f* (**b**) *(of inquiry, search, changes)* iniciador(ora) *m,f*

instil, *US* **instill** [ɪn'stɪl] *(pt & pp* **instilled**) *vt* inculcar (**in** *or* **into** en)

instinct ['ɪnstɪŋkt] *n* instinto *m*; **to have an i. for sth** tener buen olfato para algo; **(all) my instincts told me to say no** el *or* mi instinto me decía que dijera que no; **he is by i. a rebel** es rebelde por instinto; **to work by i.** trabajar por instinto

instinctive [ɪn'stɪŋktɪv] *adj* instintivo(a)

instinctively [ɪn'stɪŋktɪvlɪ] *adv* instintivamente, por instinto

institute ['ɪnstɪtju:t] **1** *n* instituto *m*

2 *vt* (**a**) *(set up) (system, procedure)* instaurar (**b**) *(start) (search)* emprender; *Law (enquiry)* emprender; *Law* **to i. proceedings (against sb)** emprender una acción legal (contra alguien)

institution [ɪnstɪ'tju:ʃən] *n* (**a**) *(organization)* institución *f*; *Fig* **to become a national i.** *(of event, TV programme, person)* convertirse en una institución (nacional) (**b**) *(mental hospital)* (hospital *m*) psiquiátrico *m*; *(old people's home)* residencia *f* de ancianos, asilo *m*; *(children's home)* centro *m* de menores (**c**) *Formal (of system, procedure)* institución *f*, instauración *f* (**d**) *Formal (of search)* inicio *m*; *Law (of enquiry)* instrucción *f*; *Law* **the i. of proceedings (against sb)** la instrucción de un proceso (contra alguien)

institutional [ɪnstɪ'tju:ʃənəl] *adj* institucional

institutionalize [ɪnstɪ'tju:ʃənəlaɪz] *vt* (**a**) *(put in a mental hospital)* internar en un psiquiátrico; *(put in an old people's home)* interner en un asilo; **to become institutionalized** desarrollar una fuerte dependencia institucional *(de la vida carcelaria, hospitalaria, etc)* (**b**) *(turn into an institution)* institucionalizar

in-store ['ɪnstɔ:(r)] *adj* de la tienda, dentro de la tienda

instruct [ɪn'strʌkt] *vt* (**a**) *(teach)* instruir (**in** en) (**b**) *(command)* dar instrucciones a; **to i. sb to do sth** ordenar a alguien que haga algo; **I have been instructed to say nothing** se me ha ordenado no decir nada, tengo instrucciones de no decir nada (**c**) *(lawyer) (engage)* contratar los servicios de; *(inform)* dar instrucciones a

▸**instruct in** *vt sep* **to i. sb in sth** dar clases a alguien de algo; **she instructed everyone in how to use the machine** enseñó a todos a usar la máquina

instruction [ɪn'strʌkʃən] *n* (**a**) *(training)* instrucción *f*, adiestramiento *m*; **we received i. in using the machines** nos enseñaron cómo utilizar las máquinas (**b**) *(order)* instrucción *f* (**c**) *Comptr* instrucción *f* (**d**) **instructions** *(directions)* instrucciones *fpl*; **instructions for use** instrucciones de uso ❑ ***i. manual*** manual *m* de instrucciones

instructional [ɪn'strʌkʃənəl] *adj*. de instrucción, de adiestramiento

instructive [ɪn'strʌktɪv] *adj* instructivo(a)

instructor [ɪn'strʌktə(r)] *n* (**a**) *(teacher)* instructor(ora) *m,f*; **driving i.** profesor(ora) *m,f* de autoescuela; **ski i.** monitor(ora) *m,f* de esquí (**b**) *US (university lecturer)* profesor(ora) *m,f* de universidad

instrument ['ɪnstrʊmənt] *n Mus Med* instrumento *m* ❑ *Av* ***i. board*** *or* ***panel*** tablero *m* de mandos, panel *m* de instrumentos

instrumental [ɪnstrʊ'mentəl] **1** *n Mus* (pieza *f*) instrumental *m*

2 *adj* (**a**) fundamental; **she was i. in negotiating the agreement** desempeñó un papel fundamental en la negociación del acuerdo (**b**) *Mus* instrumental

instrumentalist [ɪnstrʊ'mentəlɪst] *n Mus* instrumentista *mf*

instrumentation [ɪnstrʊmen'teɪʃən] *n* (**a**) *Mus* instrumentación *f* (**b**) *Tech* instrumentos *mpl*

insubordinate [ɪnsə'bɔ:dɪnət] *adj* insubordinado(a)

insubordination [ɪnsəbɔ:dɪ'neɪʃən] *n* insubordinación *f*

insubstantial [ɪnsəb'stænʃəl] *adj (structure, argument)* endeble; *(meal)* poco sustancioso; *(book)* intrascendente, insustancial

insufferable [ɪn'sʌfrəbəl] *adj* insufrible, insoportable

insufferably [ɪn'sʌfrəblɪ] *adv* insoportablemente

insufficiency [ɪnsə'fɪʃənsɪ] *n Med* **cardiac/renal i.** insuficiencia *f* cardíaca/renal

insufficient [ɪnsə'fɪʃənt] *adj* insuficiente

insufficiently [ɪnsə'fɪʃəntlɪ] *adv* insuficientemente; **he was i. cautious** no fue lo suficientemente cauto

insular ['ɪnsjʊlə(r)] *adj (people, views)* provinciano(a)

insulate ['ɪnsjʊleɪt] *vt (wire, pipe)* aislar; *Fig* **insulated from the outside world** aislado(a) del mundo exterior

insulating tape ['ɪnsjʊleɪtɪŋ'teɪp] *n* cinta *f* aislante

insulation [ɪnsjʊ'leɪʃən] *n (against heat loss)* aislamiento *m* térmico; *(electrical)* aislamiento *m*

insulator ['ɪnsjʊleɪtə(r)] *n* (**a**) *(material)* aislante *m* (**b**) *(device)* aislador *m*

insulin ['ɪnsjʊlɪn] *n* insulina *f*

insult 1 *n* ['ɪnsʌlt] *(words, action)* insulto *m*; **to add i. to injury...** para colmo...

2 *vt* [ɪn'sʌlt] insultar

insulting [ɪn'sʌltɪŋ] *adj* insultante

insultingly [ɪn'sʌltɪŋlɪ] *adv* de un modo insultante

insuperable [ɪn'su:pərəbəl] *adj* insuperable, infranqueable

insupportable [ɪnsə'pɔ:təbəl] *adj Formal (intolerable)* insoportable

insurance [ɪn'ʃʊərəns] *n* seguro *m*; **to take out i.** hacerse un seguro, asegurarse ❑ ***i. broker*** agente *mf* (libre) de seguros; ***i. claim*** reclamación *f or Chile, Col, RP* reclamo *m* al seguro; ***i. company*** aseguradora *f*, compañía *f* de seguros; ***i. policy*** póliza *f* de seguros; ***i. premium*** prima *f* (del seguro); ***i. salesman/saleswoman*** agente *mf* de seguros

insure [ɪn'ʃʊə(r)] *vt* asegurar (**against** contra); **to i. one's life** hacerse un seguro de vida

insured [ɪn'ʃʊəd] *adj* asegurado(a); **to be i.** estar asegurado(a) ❑ *Fin* ***i. value*** valor *m* asegurado

insurer [ɪn'ʃʊərə(r)] *n* asegurador(ora) *m,f*

insurgent [ɪn'sɜ:dʒənt] *n & adj* insurgente *mf*

insurmountable [ɪnsə'maʊntəbəl] *adj Formal* insuperable, insalvable

insurrection [ɪnsə'rekʃən] *n* insurrección *f*

intact [ɪn'tækt] *adj* intacto(a); **to be i.** estar intacto(a); **to remain i.** permanecer intacto(a)

intake ['ɪnteɪk] *n* (**a**) *(of alcohol, calories)* ingestión *f*; **a sharp i. of breath** una brusca inspiración (**b**) *(of pupils, recruits)* remesa *f* (**c**) *(pipe, vent)* toma *f*

intangible [ɪn'tændʒɪbəl] *adj* intangible ❑ *Fin* ***i. assets*** bienes *mpl* inmateriales

integer ['ɪntɪdʒə(r)] *n Math* (número *m*) entero *m*

integral ['ɪntɪgrəl] *adj (essential)* esencial; **to be** *or* **form an i. part of sth** formar parte integrante de algo ❑ *Math* ***i. calculus*** cálculo *m* integral

integrate ['ɪntɪgreɪt] **1** *vt* integrar (**into** en)

2 *vi* integrarse

integrated ['ɪntɪgreɪtɪd] *adj* integrado(a) ❑ *Elec* ***i. circuit*** circuito *m* integrado; *Comptr* ***i. package*** paquete *m* integrado; ***i. software*** software *m* integrado

integration [ɪntɪ'greɪʃən] *n* integración *f*

integrity [ɪn'tegrɪtɪ] *n* integridad *f*

intellect ['ɪntɪlekt] *n* intelecto *m*

intellectual [ɪntɪ'lektjʊəl] *n & adj* intelectual *mf* ❑ *Law* ***i. property*** propiedad *f* intelectual

intellectualize [ɪntɪ'lektjʊəlaɪz] **1** *vt* intelectualizar, dar un tono intelectual a

2 *vi* filosofar

intellectually [ɪntɪ'lektjʊəlɪ] *adv* intelectualmente, desde el punto de vista intelectual

intelligence [ɪn'telɪdʒəns] *n* (**a**) *(faculty)* inteligencia *f* ❑ *Psy* ***i. quotient*** cociente *m* intelectual; ***i. test*** test *m* de inteligencia (**b**) *(information)* información *f* secreta ❑ ***i. officer*** agente *mf* de los servicios de inteligencia; ***i. service*** servicio *m* de inteligencia

intelligent [ɪn'telɪdʒənt] *adj* inteligente

intelligently [ɪn'telɪdʒəntlɪ] *adv* con inteligencia, inteligentemente

intelligentsia [ɪntelɪ'dʒensɪə] *n* **the i.** la intelectualidad

intelligibility [ɪntelɪdʒə'bɪlɪtɪ] *n* inteligibilidad *f*

intelligible [ɪn'telɪdʒɪbəl] *adj* inteligible

intelligibly [ɪn'telɪdʒɪblɪ] *adv* de manera inteligible

intemperate [ɪn'tempərət] *adj* (**a**) *(climate)* riguroso(a) (**b**) *(person, behaviour)* inmoderado(a)

intend [ɪn'tend] *vt* **to i. to do sth** tener la intención de hacer algo; **to i. sth for sb** *(plan to give to)* tener pensado dar algo a alguien; **those comments were intended for you** esos comentarios iban por ti *or* destinados a ti; **was that intended?** ¿ha sido a propósito?; **it was intended as a joke/a compliment** pretendía ser una broma/un cumplido; **I told her to do it, and I i. to be obeyed** le dije que lo hiciera, y vaya si lo hará; **I didn't i. her to see it yet** no quería que ella lo viera todavía; **a movie intended for children** una película para niños *or* dirigida a los niños

intended [ɪn'tendɪd] **1** *n Old-fashioned or Hum (future spouse)* prometido(a) *m,f*

2 *adj* (**a**) *(consequence, outcome)* deseado(a); **as i.** como estaba calculado (**b**) *(insult, mistake)* intencionado(a)

intense [ɪn'tens] *adj* (**a**) *(great, heavy)* intenso(a) (**b**) *(person)* muy serio(a); **he gets terribly i.** se toma las cosas muy a pecho

intensely [ɪn'tenslɪ] *adv* (**a**) *(highly, extremely)* enormemente (**b**) *(strongly, deeply)* intensamente

intensification [ɪntensɪfɪ'keɪʃən] *n* intensificación *f*

intensifier [ɪn'tensɪfaɪə(r)] *n Gram* intensivo *m*, intensificador *m*

intensify [ɪn'tensɪfaɪ] **1** *vt* intensificar

2 *vi* intensificarse

intensity [ɪn'tensɪtɪ] *n* intensidad *f*

intensive [ɪn'tensɪv] *adj* intensivo(a) ❑ *Med* ***i. care*** cuidados *mpl* intensivos, *Méx, RP* terapia *f* intensiva; *Med* ***i. care unit*** unidad *f* de cuidados intensivos *or* de vigilancia intensiva *or Méx, RP* de terapia intensiva; *Educ* ***i. course*** curso *m* intensivo; *Agr* ***i. farming*** cultivo *m* intensivo

intent [ɪn'tent] **1** *n* intención *f*; **to do sth with i.** hacer algo con premeditación; **to all intents and purposes** a todos los efectos

2 *adj (look, expression)* intenso(a), concentrado(a); **to be i. on doing sth** estar empeñado(a) en hacer algo

intention [ɪn'tenʃən] *n* intención *f*; **good/bad intentions** buenas/malas intenciones; *Old-fashioned & Hum* **my intentions are entirely honourable** tengo la mejor de las intenciones; **to have no i. of doing sth** no tener ninguna intención de hacer algo; **to have every i. of doing sth** tener toda la intención de hacer algo

intentional [ɪn'tenʃənəl] *adj* intencionado(a); **it wasn't i.** no fue adrede *or* a propósito

intentionally [ɪn'tenʃənəlɪ] *adv* adrede, a propósito

intently [ɪn'tentlɪ] *adv (to listen)* atentamente; *(to look at)* intensamente

inter [ɪn'tɜ:(r)] *(pt & pp* **interred***) vt Formal* inhumar, sepultar

interact [ɪntə'rækt] *vi (of people)* interrelacionarse (**with** con); *(of factors, events)* combinarse (**with** con); *Comptr* interactuar (**with** con)

interaction [ɪntə'rækʃən] *n* interacción *f*

interactive [ɪntə'ræktɪv] *adj* interactivo(a) ❑ *Comptr* ***i. CD*** CD *m* interactivo; *Comptr* ***i. video*** vídeo *m or Am* video *m* interactivo

inter alia [ɪntə'reɪlɪə] *adv Formal* entre otras cosas

interbreed [ɪntə'bri:d] *vi* cruzarse

intercede [ɪntə'si:d] *vi* interceder (**with/for** ante/por); **to i. on sb's behalf** interceder por alguien

intercept [ɪntə'sept] *vt* interceptar

interception [ɪntə'sepʃən] *n* intercepción *f*

interceptor [ɪntə'septə(r)] *n (aircraft)* interceptor *m*

intercession [ɪntə'seʃən] *n Formal* intercesión *f*

interchange 1 *n* ['ɪntətʃeɪndʒ] (**a**) *(exchange)* intercambio *m* (**b**) *(of roads)* enlace *m*, nudo *m* de carreteras

2 *vt* [ɪntə'tʃeɪndʒ] intercambiar

interchangeable [ɪntə'tʃeɪndʒəbəl] *adj* intercambiable

interchangeably [ɪntə'tʃeɪndʒəblɪ] *adv* de forma intercambiable, indistintamente

intercity ['ɪntə'sɪtɪ] *n & adj* intercity *m*

intercom ['ɪntəkɒm] *n* interfono *m*

intercommunication [ɪntəkəmju:nɪ'keɪʃən] *n* intercomunicación *f*

interconnect [ɪntəkə'nekt] **1** *vt* interconectar (**with** con)

2 *vi* relacionarse (entre sí), estar interrelacionado(a) (**with** con)

interconnection [ɪntəkə'nekʃən] *n* interconexión *f*

intercontinental [ɪntəkɒntɪ'nentəl] *adj* intercontinental ❑ *Mil* ***i. ballistic missile*** misil *m* balístico intercontinental

intercostal [ɪntə'kɒstəl] *adj Anat* intercostal ❑ ***i. muscle*** músculo *m* intercostal

intercourse ['ɪntəkɔ:s] *n* (**a**) *(sexual)* coito *m*, cópula *f*; **to have i. (with sb)** realizar el coito *or* el acto sexual (con alguien) (**b**) *Formal (dealings)* trato *m*; **social i.** relaciones *fpl* sociales

intercut [ɪntə'kʌt] *vt Cin* intercalar

interdenominational ['ɪntədɪnɒmɪ'neɪʃənəl] *adj* interconfesional, entre religiones

interdepartmental ['ɪntə'di:pɑ:t'mentəl] *adj* interdepartamental

interdependence ['ɪntədɪ'pendəns] *n* interdependencia *f*

interdependent ['ɪntədɪ'pendənt] *adj* interdependiente

interdict 1 *n* ['ɪntədɪkt] (**a**) *Law* interdicción *f*, prohibición *f* por orden judicial (**b**) *Rel* entredicho *m*

2 *vt* [ɪntə'dɪkt] (**a**) *Law* someter a interdicción a (**b**) *Rel* poner en entredicho a (**c**) *Mil* destruir

interdisciplinary ['ɪntədɪsə'plɪnərɪ] *adj* interdisciplinar

interest ['ɪntrest] **1** *n* (**a**) *(curiosity)* interés *m*; **of i.** de interés; **with i.** *(watch, say)* con interés, interesado(a); **to be of i./of no i. to sb** interesar/no interesar a alguien; **to have no i. in (doing) sth** no tener ningún interés en (hacer) algo *or* por (hacer) algo; **to lose i. (in sth)** perder el interés (por algo); **to show/express an i. (in sth)** mostrar/expresar interés (en *or* por algo); **to take an i. (in sth)** interesarse (por algo)

(**b**) *(hobby)* afición *f*; **to have outside interests** tener otras aficiones

(**c**) *(stake)* interés *m*; **to declare an i./one's interests** declararse parte interesada; **to have an i. in sth** *(in general)* tener interés en *or* por algo; *Fin* tener intereses *or* participación en algo ❑ ***i. group*** grupo *m* con intereses comunes

(**d**) *(benefit)* **to act in sb's interests** obrar en interés de alguien; **the public i.** el interés general *or* público; **it's in my i. to do it** hacerlo va en mi propio interés; **in the interests of...** en pro de...

(**e**) *(group)* **foreign interests** grupos *mpl* de poder extranjeros

(**f**) *Fin (on investment)* interés *m*; **to pay sb back with i.** devolver el dinero a alguien con intereses; *Fig (exact revenge)* vengarse con creces de alguien ❑ ***i. charges*** intereses *mpl* (devengados); ***i. rate*** tipo *m or Am* tasa *f* de interés

2 *vt* interesar; **it may i. you to know that...** tal vez te interese saber que...; **to i. sb in sth** interesar a alguien en algo

interested ['ɪntrestɪd] *adj* (**a**) *(look, audience)* interesado(a); **to be i. in sth** estar interesado(a) en algo, interesarse por algo; **I'd be i. to know what you think** me gustaría saber qué opinas (**b**) *(concerned)* interesado(a); **the i. party** la parte interesada

interest-free ['ɪntrest'fri:] *adj (loan)* sin intereses

interesting ['ɪntrestɪŋ] *adj* interesante

interestingly ['ɪntrestɪŋlɪ] *adv (speak)* de manera *or* forma interesante; **i., she said she couldn't remember anything** es interesante recalcar que ella dijo que no podía acordarse de nada; **i. enough** curiosamente

interface ['ɪntəfeɪs] **1** *n* (**a**) *Comptr* interface *m*, interfaz *f* (**b**) *(interaction)* interacción *f* (**with/between** con/entre)

2 *vi (interact)* relacionarse (**with** con)

interfere [ɪntə'fɪə(r)] *vi* (**a**) *(meddle)* interferir, entrometerse (**in/with** en); **he's always interfering** siempre está metiéndose donde no le importa; **don't i. with my papers** no enredes en mis papeles; **to i. with sth** *(hinder)* interferir en *or* afectar a algo (**b**) *Euph* **to i. with a child** *(sexually)* realizar abusos deshonestos a un menor

interference [ɪntə'fɪərəns] *n* (**a**) *(meddling)* intromisión *f* (**b**) *Rad TV* interferencia *f*

interfering [ɪntə'fɪərɪŋ] *adj* entrometido(a)

interferon [ɪntə'fɪərɒn] *n Biochem* interferón *m*

interim ['ɪntərɪm] **1** *n* **in the i.** entre tanto, en el ínterin

2 *adj (agreement, report)* provisional

interior [ɪn'tɪərɪə(r)] **1** *n* interior *m*

2 *adj* interior ❑ ***i. angle*** ángulo *m* interno; ***i. decoration*** interiorismo *m*; ***i. decorator*** interiorista *mf*; ***i. design*** interiorismo *m*; ***i. designer*** interiorista *mf*

interject [ɪntə'dʒekt] *vt* interponer

interjection [ɪntə'dʒekʃən] *n* interjección *f*

interlace [ɪntə'leɪs] *vt* (**a**) *(entwine)* entrelazar (**b**) *(mix, intersperse)* intercalar

interlaced [ɪntə'leɪst] *adj Comptr (monitor)* entrelazado(a)

interlard [ɪntə'lɑ:d] *vt Pej* entreverar *or* salpicar (**with** de)

interleave [ɪntə'li:v] *vt* (**a**) *(book)* intercalar, interfoliar (**b**) *Comptr* intercalar

interlining [ɪntə'laɪnɪŋ] *n (fabric)* entretela *f*

interlink ['ɪntəlɪŋk] *vt* enlazar

interlocking [ɪntə'lɒkɪŋ] *adj* interconectado(a)

interlocutor [ɪntəlɒ'kju:tə(r)] *n Formal* interlocutor(ora) *m,f*

interloper ['ɪntələʊpə(r)] *n* intruso(a) *m,f*

interlude ['ɪntəlu:d] *n* (**a**) *(period)* intervalo *m* (**b**) *(at cinema)* intermedio *m*, descanso *m*; *(in theatre)* entreacto *m*, intermedio *m*

intermarriage [ɪntə'mærɪdʒ] *n* matrimonio *m* mixto *(entre personas de distintas razas, religiones o comunidades)*

intermarry [ɪntə'mærɪ] *vi* casarse *(personas de diferente raza, religión o comunidad)*; **Catholics and Protestants rarely intermarried** católicos y protestantes raras veces se casaban entre sí

intermediary [ɪntə'mi:dɪərɪ] *n* intermediario(a) *m,f*, mediador(ora) *m,f*

intermediate [ɪntə'mi:dɪət] *adj* intermedio(a); **an i. course** un curso de nivel medio ❑ ***i. technology*** tecnología *f* de nivel medio

interment [ɪn'tɜ:mənt] *n Formal* sepelio *m*

interminable [ɪn'tɜ:mɪnəbəl] *adj* interminable

interminably [ɪn'tɜ:mɪnəblɪ] *adv* interminablemente; **his talk was i. long** su conferencia se hizo interminable

intermingle [ɪntə'mɪŋgəl] **1** *vt* mezclar

(**with** con)
2 *vi* mezclarse (**with** con)

intermission [ɪntəˈmɪʃən] *n (at cinema)* intermedio *m*, descanso *m*; *(in theatre)* entreacto *m*, intermedio *m*

intermittent [ɪntəˈmɪtənt] *adj* intermitente

intermittently [ɪntəˈmɪtəntlɪ] *adv* de forma intermitente, a intervalos; **she interrupted i.** cada cierto rato decía algo

intern 1 *n* [ˈɪntɜːn] *US (doctor)* médico(a) *m,f* interno(a) residente
2 *vt* [ɪnˈtɜːn] recluir

internal [ɪnˈtɜːnəl] *adj* interno(a) ▫ *Fin* ***i. audit*** auditoría *f* interna; *Tech* ***i. combustion engine*** motor *m* de combustión interna; *Comptr* ***i. command*** comando *m* interno; *US* ***the I. Revenue Service*** *Esp* ≃ la Agencia Tributaria, *Am* ≃ la Dirección General Impositiva

internalize [ɪnˈtɜːnəlaɪz] *vt* interiorizar

internally [ɪnˈtɜːnəlɪ] *adv* internamente; **not to be taken i.** *(on medicine container)* para uso externo

international [ɪntəˈnæʃənəl] **1** *adj* internacional ▫ ***I. Date Line*** línea *f* de cambio de fecha; ***an i. incident*** un incidente internacional; ***i. law*** derecho *m* internacional; *Fin* ***I. Monetary Fund*** Fondo *m* Monetario Internacional; ***I. Phonetic Alphabet*** Alfabeto *m* Fonético Internacional
2 *n* (**a**) *Sport (player)* (jugador(ora) *m,f*) internacional *mf*; *(match)* partido *m* internacional (**b**) *Pol* **the Second/Third I.** la segunda/tercera Internacional; **the Socialist I.** la Internacional Socialista

internationalism [ɪntəˈnæʃənəlɪzəm] *n* internacionalismo *m*

internationalist [ɪntəˈnæʃənəlɪst] *n & adj* internacionalista *mf*

internationalize [ɪntəˈnæʃənəlaɪz] *vt* internacionalizar; **to become internationalized** internacionalizarse

internationally [ɪntəˈnæʃənəlɪ] *adv* internacionalmente; **i. acclaimed** de fama internacional

internecine [ɪntəˈniːsaɪn] *adj Formal* intestino(a), interno(a)

internee [ɪntɜːˈniː] *n* recluso(a) *m,f*

Internet [ˈɪntənet] *n Comptr* **the I.** Internet ▫ ***I. access provider*** proveedor *m* de acceso a Internet; ***I. account*** cuenta *f* de Internet; ***I. address*** dirección *f* Internet; ***I. connection*** conexión *f* a Internet; ***I. number*** número *m* de Internet; ***I. phone*** teléfono *m* por Internet; ***I. protocol*** protocolo *m* de Internet; ***I. Relay Chat*** charla *f* interactiva por Internet; ***I. service provider*** proveedor *m* de servicios Internet

internist [ɪnˈtɜːnɪst] *n US Med* internista *mf*, especialista *mf* en medicina interna

internment [ɪnˈtɜːnmənt] *n* reclusión *f*

internship [ˈɪntɜːnʃɪp] *n US Med* = periodo de aprendizaje de los médicos recién graduados, *Esp* ≃ MIR *m*

interpersonal [ɪntəˈpɜːsənəl] *adj* interpersonal

interplanetary [ɪntəˈplænɪtrɪ] *adj Astron* interplanetario(a) ▫ ***i. travel*** viaje *m* interplanetario

interplay [ˈɪntəpleɪ] *n* interacción *f* (**of** de)

Interpol [ˈɪntəpɒl] *n* Interpol *f*

interpolate [ɪnˈtɜːpəleɪt] *vt* interpolar (**into** en)

interpolation [ɪntɜːpəˈleɪʃən] *n* (**a**) *Formal (in text, conversation)* interpolación *f* (**b**) *Math* interpolación *f*

interpose [ɪntəˈpəʊz] *vt* interponer (**between** entre)

interpret [ɪnˈtɜːprɪt] *vt & vi* interpretar

interpretation [ɪntɜːprɪˈteɪʃən] *n* interpretación *f*

interpretative [ɪnˈtɜːprɪtətɪv], **interpretive** [ɪnˈtɜːprɪtɪv] *adj* interpretativo(a)

interpreter [ɪnˈtɜːprɪtə(r)] *n also Comptr* intérprete *mf*

interracial [ɪntəˈreɪʃəl] *adj* interracial

Inter-Rail [ˈɪntəreɪl] **1** *n* Inter-Rail *m*, Inter-Raíl *m*
2 *vi* hacer Inter-Rail

interregnum [ɪntəˈregnəm] (*pl* **interregnums** *or* **interregna** [ɪntəˈregnə]) *n* interregno *m*

interrelated [ɪntərɪˈleɪtɪd] *adj* interrelacionado(a)

interrelation [ɪntərɪˈleɪʃən], **interrelationship** [ɪntərɪˈleɪʃənʃɪp] *n* interrelación *f*

interrogate [ɪnˈterəgeɪt] *vt* interrogar

interrogation [ɪnterəˈgeɪʃən] *n* interrogatorio *m* ▫ ***i. mark*** *or* ***point*** signo *m* de interrogación

interrogative [ɪnteˈrɒgətɪv] **1** *n Gram (voice)* forma *f* interrogativa; *(word)* interrogativo *m*
2 *adj (look, tone) & Gram* interrogativo(a)

interrogator [ɪnˈterəgeɪtə(r)] *n* interrogador(ora) *m,f*

interrupt [ɪntəˈrʌpt] *vt & vi* interrumpir

interrupter, interruptor [ɪntəˈrʌptə(r)] *n Elec* interruptor *m*

interruption [ɪntəˈrʌpʃən] *n* interrupción *f*

intersect [ɪntəˈsekt] **1** *vt (of line, street)* cruzar, atravesar
2 *vi* cruzarse

intersection [ɪntəˈsekʃən] *n* (**a**) *(of lines)* cruce *m*, intersección *f* (**b**) *US (of roads)* cruce *m*, intersección *f*

intersperse [ɪntəˈspɜːs] *vt* salpicar (**with** de); **to be interspersed with sth** estar salpicado(a) de algo

interstate [ɪntəˈsteɪt] *US* **1** *n* autopista *f* interestatal
2 *adj* entre estados

intertwine [ɪntəˈtwaɪn] *vt* entrelazar, entretejer (**with** con); **his fate seemed to be intertwined with hers** sus destinos parecían estar entrelazados

interval [ˈɪntəvəl] *n* (**a**) *(of time, space) & Mus* intervalo *m*; **at regular intervals** a intervalos regulares; **rainy weather with sunny intervals** tiempo lluvioso con intervalos soleados (**b**) *Br (at cinema)* intermedio *m*, descanso *m*; *(in theatre)* entreacto *m*, intermedio *m*

intervene [ɪntəˈviːn] *vi* (**a**) *(of person)* intervenir (**in** en) (**b**) *(of event)* sobrevenir

intervening [ɪntəˈviːnɪŋ] *adj (years, months)* mediante, transcurrido(a); *(miles)* intermedio(a); **in the i. period** en el ínterin

intervention [ɪntəˈvenʃən] *n* intervención *f*

interventionist [ɪntəˈvenʃənɪst] *adj* intervencionista

interview [ˈɪntəvjuː] **1** *n (for job, for newspaper, on TV)* entrevista *f*; *(with police)* interrogatorio *m*, toma *f* de declaración
2 *vt (for job, for newspaper, on TV)* entrevistar; *(of police)* interrogar, tomar declaración a

interviewee [ɪntəvjuːˈiː] *n* entrevistado(a) *m,f*

interviewer [ˈɪntəvjuːə(r)] *n* entrevistador(ora) *m,f*

interweave [ɪntəˈwiːv] (*pt* **interwove** [ɪntəˈwəʊv], *pp* **interwoven** [ɪntəˈwəʊvən]) *vt also Fig* entretejer

intestate [ɪnˈtesteɪt] *adv Law* **to die i.** morir intestado(a)

intestinal [ɪntesˈtaɪnəl] *adj* intestinal

intestine [ɪnˈtestaɪn] *n Anat* intestino *m*; **large/small i.** intestino grueso/delgado

intimacy [ˈɪntɪməsɪ] *n* (**a**) *(of relationship, atmosphere)* intimidad *f* (**b**) *Euph (sexual)* relaciones *fpl* (sexuales)

intimate [ˈɪntɪmət] **1** *n (close friend, associate)* íntimo(a) *m,f*, allegado(a) *m,f*
2 *adj* (**a**) *(friend, restaurant)* íntimo(a); **to be i. with sb** *(friendly)* ser amigo(a) íntimo(a) de alguien; **he revealed the i. details of their friendship** desveló los detalles más íntimos de su amistad (**b**) *Euph* **to be i. with sb** *(sexually)* tener relaciones (sexuales) con alguien (**c**) *(close, detailed)* profundo(a); **to have an i. knowledge of sth** conocer algo a fondo
3 *vt* [ˈɪntɪmeɪt] *Formal* dar a entender, sugerir

intimately [ɪnˈtɪmətlɪ] *adv* (**a**) *(in a friendly way)* íntimamente (**b**) *Euph* **to know sb i.** *(sexually)* haber tenido relaciones (sexuales) con alguien (**c**) *(closely)* a fondo; **to be i. acquainted with sth** conocer algo a fondo; **to be i. acquainted with sb** conocer bien a alguien, conocer a alguien en la intimidad; **to be i. involved in sth** estar metido(a) de lleno en algo

intimation [ɪntɪˈmeɪʃən] *n (clue, sign)* indicio *m*

intimidate [ɪnˈtɪmɪdeɪt] *vt* intimidar; **to i. sb into doing sth** intimidar a alguien para que haga algo

intimidating [ɪnˈtɪmɪdeɪtɪŋ] *adj (experience)* imponente, aterrador(ora); *(person)* avasallador(ora)

intimidation [ɪntɪmɪˈdeɪʃən] *n* intimidación *f*

INTO [ˈɪntʊ] *prep* (**a**) *(with motion, direction)* en; **to go i. a house** entrar en una casa; **she went out i. the garden** salió al jardín; **to get i. a car** subirse a *or* montarse en un

coche; **to get i. bed** meterse en la cama; **to get i. one's trousers** ponerse los pantalones; **she fell i. the water** cayó al agua; **the car crashed i. a tree** el coche chocó contra un árbol; **speak i. the microphone** habla frente al micrófono
(**b**) *(with change)* en; **to change i. sth** convertirse en algo; **to grow i. a man** hacerse un hombre; **to translate sth i. English** traducir algo al inglés; **to break sth i. pieces** romper algo en pedazos
(**c**) *(regarding)* de; **an inquiry i. the accident** una investigación del accidente
(**d**) *(with time)* **three days i. the term** a los tres días del comienzo del trimestre; **rain continued to fall well i. the summer** siguió lloviendo hasta bien entrado el verano; **I was reading late i. the night** estuve leyendo hasta bien entrada la noche
(**e**) *(with career)* **to go i. politics** meterse en política
(**f**) *(indicating result)* **to fool sb i. believing that...** hacer creer a alguien que...; **to talk sb i. doing sth** convencer a alguien de que haga algo
(**g**) *Math* **three i. six goes twice** seis entre tres cabe a dos; **three doesn't go i. five** cinco entre tres, no cabe
(**h**) *Fam (keen on)* **she's really i. folk music** le gusta *or Esp* va mucho la música folk; **I'm not i. Mexican food** no me gusta *or Esp* va mucho la comida mexicana; **they're really i. the idea of getting married** se les ve muy entusiasmados con la idea de casarse; **he's really i. my sister** le gusta un montón *or Esp* mogollón *or Méx* un chingo mi hermana

---

intolerable [ɪn'tɒlərəbəl] *adj (heat, conditions)* insoportable; *(price, behaviour)* intolerable

intolerably [ɪn'tɒlərəblɪ] *adv (to behave)* de un modo intolerable, muy mal; **unemployment figures are still i. high** las cifras de desempleo or *Am* desocupación siguen aún a unos niveles intolerables

intolerance [ɪn'tɒlərəns] *n* intolerancia *f*

intolerant [ɪn'tɒlərənt] *adj* intolerante (**of** con)

intolerantly [ɪn'tɒlərəntlɪ] *adv* con intolerancia

intonation [ɪntə'neɪʃən] *n* entonación *f*

intone [ɪn'təʊn] *vt* decir solemnemente

in toto [ɪn'təʊtəʊ] *adv* por completo, íntegramente

intoxicate [ɪn'tɒksɪkeɪt] *vt* (**a**) *(make drunk)* embriagar, emborrachar (**b**) *(excite)* embriagar, embargar

> Note that the Spanish verb **intoxicar** is a false friend and is never a translation for the English verb **to intoxicate**. In Spanish **intoxicar** means "to poison".

intoxicated [ɪn'tɒksɪkeɪtɪd] *adj* (**a**) *(drunk)* **to be i.** estar embriagado(a) *or* ebrio(a) (**b**) *(excited)* ebrio(a); **i. with power** ebrio de poder

> Note that the Spanish word **intoxicado** is a false friend and is never a translation for the English word **intoxicated**. In Spanish **intoxicado** means "poisoned".

intoxicating [ɪn'tɒksɪkeɪtɪŋ] *adj also Fig* embriagador(ora); **i. liquor** bebida *f* alcohólica

intoxication [ɪntɒksɪ'keɪʃən] *n* (**a**) *(drunkenness)* embriaguez *f*, ebriedad *f* (**b**) *(excitement)* embriaguez *f*

> Note that the Spanish word **intoxicación** is a false friend and is never a translation for the English word **intoxication**. In Spanish **intoxicación** means "poisoning"

intractable [ɪn'træktəbəl] *adj Formal* (**a**) *(person)* intratable (**b**) *(problem)* arduo(a)

intramural [ɪntrə'mjʊərəl] *adj (at school, college)* del propio centro, interno(a)

intramuscular [ɪntrə'mʌskjʊlə(r)] *adj Med* intramuscular

intranet ['ɪntrənet] *n Comptr* intranet *f*

intransigence [ɪn'trænzɪdʒəns] *n Formal* intransigencia *f*

intransigent [ɪn'trænzɪdʒənt] *adj Formal* intransigente

intransitive [ɪn'trænzɪtɪv] *adj Gram* intransitivo(a)

intrauterine device ['ɪntrə'ju:təraɪndɪ'vaɪs] *n Med* dispositivo *m* intrauterino, DIU *m*

intravenous ['ɪntrə'vi:nəs] *adj Med* ***i. drip*** gota a gota *m*; ***i. injection*** inyección *f* intravenosa

intravenously ['ɪntrə'vi:nəslɪ] *adv Med* por vía intravenosa

in-tray ['ɪntreɪ] *n* bandeja *f* de trabajos pendientes

intrepid [ɪn'trepɪd] *adj* intrépido(a)

intricacy ['ɪntrɪkəsɪ] *n* complejidad *f*, complicación *f*; **the intricacies of...** los entresijos de...

intricate ['ɪntrɪkət] *adj* intrincado(a), complicado(a)

intricately ['ɪntrɪkətlɪ] *adv* intrincadamente, con gran complejidad

intrigue 1 *n* ['ɪntri:g] intriga *f*
2 *vt* [ɪn'tri:g] *(interest)* intrigar; **I was intrigued to hear of your plan** tenía curiosidad por conocer tu plan, me intrigaba mucho tu plan
3 *vi (conspire)* intrigar, conspirar (**against** contra)

intriguing [ɪn'tri:gɪŋ] *adj* intrigante

intriguingly [ɪn'tri:gɪŋlɪ] *adv* curiosamente

intrinsic [ɪn'trɪnsɪk] *adj* intrínseco(a); **the object has little i. value** el objeto en sí (mismo) tiene poco valor

intrinsically [ɪn'trɪnsɪklɪ] *adv* intrínsecamente; **the story is not i. interesting** la historia en sí *or* de por sí tiene poco interés

intro ['ɪntrəʊ] *n Fam* (**a**) *(to song)* entrada *f* (**b**) *(to person)* presentación *f*

introduce [ɪntrə'dju:s] *vt* (**a**) *(person)* presentar; **to i. oneself** presentarse; **allow me to i. you to Mr Black** permítame presentarle al Sr. Black; **we haven't been introduced, have we?** creo que no nos han presentado, ¿no?; **to i. sb to sth** introducir *or* iniciar a alguien en algo
(**b**) *(reform, practice)* introducir; **this custom was introduced by missionaries** esta costumbre la trajeron los misioneros
(**c**) *(insert)* introducir; **to i. one thing into another** meter una cosa dentro de otra, introducir una cosa en otra

introduction [ɪntrə'dʌkʃən] *n* (**a**) *(to book, piece of music)* introducción *f*; **a short i. to linguistics** *(book title)* una breve introducción a la lingüística
(**b**) *(of person)* presentación *f*; **to make** *or* **do the introductions** hacer las presentaciones; **the next speaker needs no i.** nuestro siguiente invitado a la tribuna de oradores no necesita presentación
(**c**) *(to experience)* **that was my i. to life in Mexico** aquella fue mi primera experiencia de lo que era la vida en México
(**d**) *(insertion)* introducción *f*; **the i. of a new species** la introducción de una nueva especie

introductory [ɪntrə'dʌktərɪ] *adj* introductorio(a); **an i. course** un curso introductorio *or* de introducción; **i. remarks** comentarios preliminares □ *Com* ***i. offer/price*** oferta *f*/precio *m* de lanzamiento

introspection [ɪntrə'spekʃən] *n* introspección *f*

introspective [ɪntrə'spektɪv] *adj* introspectivo(a)

introversion [ɪntrə'vɜ:ʃən] *n Psy* introversión *f*

introvert ['ɪntrəvɜ:t] *n* introvertido(a) *m,f*

introverted [ɪntrə'vɜ:tɪd] *adj* introvertido(a)

intrude [ɪn'tru:d] *vi* (**a**) *(impose oneself)* **to i. on sb** molestar *or* importunar a alguien; **I hope I'm not intruding** espero no molestar (**b**) *(interfere)* **her work intrudes on her family life** el trabajo invade su vida familiar; **to i. on sb's privacy** perturbar *or* invadir la intimidad de alguien

intruder [ɪn'tru:də(r)] *n* intruso(a) *m,f*

intrusion [ɪn'tru:ʒən] *n* intromisión *f*; **pardon the i.** disculpen la molestia

intrusive [ɪn'tru:sɪv] *adj (person, question)* molesto(a), importuno(a)

intubate ['ɪntʃʊbeɪt] *vt Med* intubar, entubar

intuition [ɪntju:'ɪʃən] *n* intuición *f*

intuitive [ɪn'tju:ɪtɪv] *adj* intuitivo(a)

intuitively [ɪn'tju:ɪtɪvlɪ] *adv* de manera intuitiva, por intuición

Inuit ['ɪnʊɪt] *n & adj* inuit *mf*, esquimal *mf*

inundate ['ɪnʌndeɪt] *vt also Fig* inundar (**with** de)

inundation [ɪnʌn'deɪʃən] *n Formal (flood)* inundación *f*

▸**inure to** [ɪn'jʊə(r)] *vt Formal* inmunizar ante, habituar a

invade [ɪn'veɪd] **1** *vt* invadir; **to i. sb's privacy** perturbar *or* invadir la intimidad de alguien
2 *vi* invadir

invader [ɪn'veɪdə(r)] *n* invasor(ora) *m,f*

invalid[1] [ɪn'vælɪd] *adj (document, argument)* nulo(a); **to declare sth i.** declarar nulo(a) algo

invalid[2] ['ɪnvəlɪd] **1** *n (disabled person)* inválido(a) *m,f;* **I'm not an i.!** ¡no soy ningún inválido!
2 *vt* **to i. sb home** mandar a alguien a casa con un parte de baja

▸**invalid out** *vt sep* **to i. sb out** dar de baja a alguien por invalidez

invalidate [ɪn'vælɪdeɪt] *vt (theory)* invalidar; *(document, contract)* anular, invalidar

invalidity [ɪnvə'lɪdɪtɪ] *n (of person)* invalidez *f* ▫ *Br* ***i. benefit*** pensión *f* por invalidez transitoria

invaluable [ɪn'væljʊəbəl] *adj* inestimable, inapreciable; **to be i. for sth/to sb** ser de gran valor para algo/para alguien

invariable [ɪn'veərɪəbəl] *adj* invariable

invariably [ɪn'veərɪəblɪ] *adv* invariablemente

invariant [ɪn'veərɪənt] *adj Math* invariante

invasion [ɪn'veɪʒən] *n* invasión *f;* **it's an i. of my privacy** es una intromisión en mi vida privada ▫ ***i. force*** fuerzas *fpl* de invasión

invasive [ɪn'veɪsɪv] *adj Med (cancer)* con metástasis, invasivo(a) ▫ ***i. surgery*** cirugía *f* invasiva

invective [ɪn'vektɪv] *n* invectivas *fpl*

inveigh [ɪn'veɪ] *vi Formal* **to i. against** lanzar invectivas contra

inveigle [ɪn'veɪgəl] *vt* **to i. sb into doing sth** engatusar a alguien para que haga algo

invent [ɪn'vent] *vt* inventar; **she had invented the whole thing** se lo había inventado todo

invention [ɪn'venʃən] *n* (**a**) *(action)* invención *f; (thing invented)* invento *m,* invención *f* (**b**) *(lie)* invención *f* (**c**) *(creativity)* inventiva *f*

inventive [ɪn'ventɪv] *adj (creative)* inventivo(a), imaginativo(a); *(ingenious)* ingenioso(a)

inventiveness [ɪn'ventɪvnəs] *n* inventiva *f*

inventor [ɪn'ventə(r)] *n* inventor(ora) *m,f*

inventory ['ɪnvəntərɪ] *n* (**a**) *(list)* inventario *m* (**b**) *(stock)* existencias *fpl*

inverse 1 *n* ['ɪnvɜːs] **the i.** lo contrario
2 *adj* [ɪn'vɜːs] inverso(a); **in i. proportion to** inversamente proporcional a, en proporción inversa a

inversely [ɪn'vɜːslɪ] *adv* a la inversa, inversamente; **i. proportional** inversamente proporcional

inversion [ɪn'vɜːʃən] *n* (**a**) *(reversal)* inversión *f* (**b**) *Mus* inversión *f*

invert 1 *vt* [ɪn'vɜːt] invertir
2 *adj* ['ɪnvɜːt] *Biochem* ***i. sugar*** azúcar *m* invertido

invertebrate [ɪn'vɜːtɪbrɪt] **1** *n* invertebrado *m*
2 *adj* invertebrado(a)

inverted [ɪn'vɜːtɪd] *adj* invertido(a) ▫ ***i. commas*** comillas *fpl;* **in i. commas** entre comillas; ***i. snob*** = persona que finge rechazar la ostentación y el lujo y buscar lo más sencillo

invest [ɪn'vest] **1** *vt* (**a**) *(money, time)* invertir (**in** en); *Fig* **I've invested a lot in this relationship** yo he puesto mucho de mi parte en esta relación (**b**) *Formal (confer on)* **to i. sb with sth** investir a alguien con algo
2 *vi* invertir (**in** en)

investigate [ɪn'vestɪgeɪt] **1** *vt (crime)* investigar; *(complaint)* examinar, estudiar; **we must i. what happened to those supplies** hay que averiguar qué ha pasado con esos suministros
2 *vi (of police)* realizar una investigación; **what's that noise? – I'll just go and i.** ¿qué ha sido ese ruido? – iré a echar un vistazo

investigation [ɪnvestɪ'geɪʃən] *n* investigación *f*

investigative [ɪn'vestɪgətɪv] *adj* de investigación, investigador(ora) ▫ ***i. journalism*** periodismo *m* de investigación

investigator [ɪn'vestɪgeɪtə(r)] *n* investigador(ora) *m,f*

investigatory [ɪn'vestɪgeɪtərɪ] *adj* de investigación

investiture [ɪn'vestɪtʃə(r)] *n* investidura *f*

investment [ɪn'vestmənt] *n* (**a**) *Fin* inversión *f* ▫ ***i. account*** cuenta *f* de inversiones; ***i. analyst*** analista *mf* financiero(a) *or* de inversiones; ***i. bank*** banco *m* de inversiones; ***i. company*** sociedad *f* de inversión; ***i. income*** rendimientos *mpl (de una inversión);* ***i. trust*** sociedad *f or* fondo *m* de inversión (**b**) *Fig (in relationship)* inversión *f*

investor [ɪn'vestə(r)] *n* inversor(ora) *m,f*

inveterate [ɪn'vetərɪt] *adj (gambler, smoker, reader)* empedernido(a); *(liar)* redomado(a)

invidious [ɪn'vɪdɪəs] *adj (choice, comparison)* odioso(a); **to be in an i. position** estar en una posición ingrata

invigilate [ɪn'vɪdʒɪleɪt] *vt & vi Br* vigilar

invigilator [ɪn'vɪdʒɪleɪtə(r)] *n Br (in exam)* vigilante *mf*

invigorating [ɪn'vɪgəreɪt] *adj (bath, air)* tonificante; *(walk)* vigorizante

invincibility [ɪnvɪnsɪ'bɪlɪtɪ] *n* invencibilidad *f*

invincible [ɪn'vɪnsɪbəl] *adj (army, enemy)* invencible; **an i. argument** un argumento irrefutable

inviolable [ɪn'vaɪələbəl] *adj Formal* inviolable

inviolate [ɪn'vaɪələt] *adj Formal* inviolado(a)

invisibility [ɪnvɪzɪ'bɪlɪtɪ] *n* invisibilidad *f*

invisible [ɪn'vɪzɪbəl] *adj* invisible ▫ *Fin* ***i. assets*** activos *mpl* invisibles *or* intangibles; *Fin* ***i. earnings*** (ganancias *fpl*) invisibles *mpl; Comptr* ***i. file*** archivo *m* invisible; ***i. ink*** tinta *f* simpática *or* invisible; ***i. mending*** zurcido *m* invisible

invitation [ɪnvɪ'teɪʃən] *n* invitación *f;* **we have an open i.** *(to house)* estamos invitados a ir siempre que queramos; *Fig* **it's an open i. to burglars** es pedir a gritos que entren a robar en tu casa; **by i. (only)** sólo con invitación

invite 1 *vt* [ɪn'vaɪt] (**a**) *(guest)* invitar; **to i. sb in/up** invitar a alguien a entrar/subir; **to i. sb to dinner** invitar a cenar a alguien (**b**) *(request)* **to i. sb to do sth** invitar a alguien a que haga algo; **applications are invited for the post of...** se admiten candidaturas para el puesto de... (**c**) *(trouble, criticism)* buscarse, provocar
2 *n* ['ɪnvaɪt] *Fam* invitación *f*

inviting [ɪn'vaɪtɪŋ] *adj (offer, prospect)* atractivo(a); *(meal)* apetecible, apetitoso(a)

invitingly [ɪn'vaɪtɪŋlɪ] *adv* de forma incitante

in vitro fertilization [ɪn'viːtrəʊfɜːtɪlaɪ'zeɪʃən] *n* fertilización *f or* fecundación in vitro

invoice ['ɪnvɔɪs] *Com* **1** *n* factura *f;* **to make out an i.** extender *or* hacer una factura
2 *vt (goods)* facturar; *(person, company)* mandar la factura a

invoke [ɪn'vəʊk] *vt Formal* invocar

involuntary [ɪn'vɒləntərɪ] *adj* involuntario(a) ▫ *Anat* ***i. muscle*** músculo *m* liso

involve [ɪn'vəʊlv] *vt* (**a**) *(implicate, concern)* **to i. sb in sth** implicar *or* involucrar a alguien en algo; **to i. oneself in sth** meterse en algo, tomar parte activa en algo; **this doesn't i. you** esto no tiene nada que ver contigo; **the matter involves your family** el asunto afecta a tu familia (**b**) *(entail) (work, expense)* entrañar, implicar

involved [ɪn'vəʊlvd] *adj* (**a**) *(implicated)* **to be i. in sth** *(crime, affair)* estar implicado(a) *or* involucrado(a) en algo; **to be i. in an accident** verse envuelto(a) en un accidente; **to be i. in teaching/banking** dedicarse a la enseñanza/la banca; **I don't want to get i.** no quiero tener nada que ver (**b**) *(emotionally)* **to be/get i. with sb** tener una relación (sentimental) con alguien (**c**) *(engrossed)* **to get i. in a book/a movie** enfrascarse en un libro/una película (**d**) *(complicated)* complicado(a), embrollado(a)

involvement [ɪn'vɒlvmənt] *n* (**a**) *(participation)* participación *f* (**in** en); *(role)* relación *f* (**in** con) (**b**) *(commitment)* implicación *f,* compromiso *m* (**c**) *(relationship)* relación *f* sentimental

invulnerable [ɪn'vʌlnərəbəl] *adj* invulnerable

inward ['ɪnwəd] **1** *adj (thoughts)* interno(a), interior; *(motion)* hacia dentro ▫ *Econ* ***i. investment*** inversión *f* del exterior
2 *adv* = **inwards**

inward-looking [ɪnwəd'lʊkɪŋ] *adj (person)* introvertido(a); *(community)* cerrado(a)

inwardly ['ɪnwədlɪ] *adv* por dentro; **i. he knew that she was right** en su fuero interno sabía que ella tenía razón

inwards ['ɪnwədz] *adv* hacia dentro

in-your-face ['ɪnjɔ:'feɪs] *adj Fam (style)* descarado(a); *(movie, advert)* impactante, fuerte

I/O *Comptr* (*abbr* **input/output**) E/S, entrada/salida

IOC [aɪəʊ'si:] *n* (*abbr* **International Olympic Committee**) COI *m*, Comité *m* Olímpico Internacional

iodide ['aɪədaɪd] *n Chem* yoduro *m*

iodine ['aɪədi:n] *n Chem* yodo *m*

iodize ['aɪədaɪz] *vt Chem* yodar

IOM (*abbr* **Isle of Man**) isla de Man

ion ['aɪən] *n* ion *m* ❑ ***i. engine*** motor *m* iónico; *Chem* ***i. exchange*** cambio *m or* intercambio *m* iónico

Ionian [aɪ'əʊnɪən] *n* **the I. (Sea)** el mar Jónico

Ionic [aɪ'ɒnɪk] *adj Archit* jónico(a)

ionic [aɪ'ɒnɪk] *adj Phys & Chem* iónico(a) ❑ *Chem* ***i. bond*** enlace *m* iónico

ionization [aɪənaɪ'zeɪʃən] *n Phys & Chem* ionización *f*

ionize ['aɪənaɪz] *vt Phys & Chem* ionizar

ionizer ['aɪənaɪzə(r)] *n* ionizador *m*

ionosphere [aɪ'ɒnəsfɪə(r)] *n Met* ionosfera *f*

iota [aɪ'əʊtə] *n* ápice *m*; **not an i. of truth** ni un ápice de verdad

IOU [aɪəʊ'ju:] *n (= I owe you)* pagaré *m*

IOW (*abbr* **Isle of Wight**) isla de Wight

IP [aɪ'pi:] *n Comptr* (*abbr* **Internet Protocol**) ***IP address*** dirección *f* IP; ***IP number*** número *m* IP

IPA [aɪpi:'eɪ] *n Ling* (*abbr* **International Phonetic Alphabet**) AFI *m*, Alfabeto *m* Fonético Internacional

ipso facto ['ɪpsəʊ'fæktəʊ] *adv* por esto, por este mismo hecho

IQ [aɪ'kju:] *n Psy* (*abbr* **intelligence quotient**) cociente *m* intelectual ❑ ***IQ test*** prueba *f or* test *m* de inteligencia

IR [aɪ'ɑ:(r)] *n Br* (*abbr* **Inland Revenue**) *Esp* ≃ la Agencia Tributaria, *Am* ≃ la Dirección General Impositiva

IRA [aɪ'ɑ:'reɪ] *n* (*abbr* **Irish Republican Army**) IRA *m*, Ejército *m* Republicano Irlandés

Iran [ɪ'rɑ:n] *n* Irán

Iranian [ɪ'reɪnɪən] *n & adj* iraní *mf*

Iraq [ɪ'rɑ:k] *n* Iraq, Irak

Iraqi [ɪ'rɑ:kɪ] *n & adj* iraquí *mf*, irakí *mf*

irascibility [ɪræsɪ'bɪlɪtɪ] *n Formal* irascibilidad *f*

irascible [ɪ'ræsɪbəl] *adj Formal* irascible

irate [aɪ'reɪt] *adj* airado(a), furioso(a)

IRBM [aɪɑ:bi:'em] *n* (*abbr* **intermediate range ballistic missile**) misil *m* balístico de alcance intermedio

IRC [aɪɑ:'si:] *n Comptr* (*abbr* **Internet Relay Chat**) IRC *m*

ire ['aɪə(r)] *n Literary* ira *f*

Ireland ['aɪələnd] *n* Irlanda

iridescent [ɪrɪ'desənt] *adj* iridiscente, irisado(a)

iridium [ɪ'rɪdɪəm] *n Chem* iridio *m*

iridology [ɪrɪ'dɒlədʒɪ] *n* iridología *f*

iris ['aɪrɪs] *n* (**a**) *(of eye)* iris *m inv* (**b**) *(flower)* lirio *m*

Irish ['aɪrɪʃ] **1** *npl (people)* **the I.** los irlandeses

2 *n (language)* irlandés *m*

3 *adj* (**a**) irlandés(esa) ❑ ***I. coffee*** café *m* irlandés; ***the I. Republic*** la República Irlandesa; ***the I. Sea*** el Mar de Irlanda; ***I. setter*** setter *m* irlandés; ***I. stew*** guiso *m* de carne con *Esp* patatas *or Am* papas; ***I. wolfhound*** lebrel *m* irlandés (**b**) *Fam (nonsensical)* **that's a bit I.!** ¡qué tontería!

Irishman ['aɪrɪʃmən] *n* irlandés *m*

Irishwoman ['aɪrɪʃwʊmən] *n* irlandesa *f*

irk [ɜ:k] *vt* fastidiar, irritar; **I was irked by his attitude** me fastidiaba *or* irritaba su actitud

irksome ['ɜ:ksəm] *adj* molesto(a), irritante

iron ['aɪən] **1** *n* (**a**) *(metal)* hierro *m*; **made of i.** de hierro; **the i. and steel industry** la industria siderúrgica; *Fig* **a will of i.** una voluntad de hierro ❑ ***the I. Age*** la Edad del Hierro; ***the I. Curtain*** el telón de acero; *Med* ***i. lung*** pulmón *m* de acero; *Hist* ***i. maiden*** dama *f* de hierro, caja *f* de pinchos; ***i. ore*** mineral *m or* mena *f* de hierro; ***i. oxide*** óxido *m* de hierro; ***i. pyrites*** pirita *f*

(**b**) *(nutrient)* hierro *m* ❑ ***i. rations*** raciones *fpl* de campaña

(**c**) *(for clothes)* plancha *f*; *Fig* **to have several irons in the fire** estar *or* andar metido(a) en muchos asuntos

(**d**) *(golf)* hierro *m*; **a six i.** un hierro del seis

2 *adj* (**a**) *(made of iron)* de hierro

(**b**) *(strong, unyielding)* de hierro; **he has an i. constitution** está hecho un roble; **i. discipline** disciplina *f* férrea; **with an i. hand** *or* **fist** con mano dura o de hierro; **an i. resolve** una férrea determinación

3 *vt & vi (clothes)* planchar

▸**iron out** *vt sep* (**a**) *(crease)* planchar (**b**) *(problem, difficulty)* allanar, solventar

ironic(al) [aɪ'rɒnɪk(əl)] *adj* irónico(a)

ironically [aɪ'rɒnɪklɪ] *adv* (**a**) *(humorously)* iróni-camente; **I meant it i.** lo decía en el sentido irónico (**b**) *(paradoxically)* irónicamente, paradójicamente

ironing ['aɪənɪŋ] *n* planchado *m*; **to do the i.** planchar ❑ ***i. board*** tabla *f* de planchar

ironmaster ['aɪənmɑ:stə(r)] *n* herrero *m*

ironmonger ['aɪənmʌŋgə(r)] *n Br* ferretero(a) *m,f*; **i.'s (shop)** ferretería *f*

ironmongery ['aɪənmʌŋgərɪ] *n* artículos *mpl* de ferretería

iron-on ['aɪən'ɒn] *adj* para fijar con plancha

ironware ['aɪənweə(r)] *n* utensilios *mpl* de hierro

ironwork ['aɪənwɜ:k] *n* (**a**) *(articles)* herrajes *mpl* (**b**) **ironworks** *(where iron is smelted)* fundición *f*; *(where iron is made into goods)* herrería *f*, forja *f*

irony ['aɪrənɪ] *n* ironía *f*; **the i. is that...** lo paradójico del asunto es que...

irradiate [ɪ'reɪdɪeɪt] *vt also Med* someter a radiación, irradiar

irradiation [ɪreɪdɪ'eɪʃən] *n also Med* irradiación *f*, radiación *f*

irrational [ɪ'ræʃənəl] *adj* irracional ❑ *Math* ***i. number*** número *m* irracional

irrationality [ɪræʃə'nælɪtɪ] *n* irracionalidad *f*

irrationally [ɪ'ræʃənəlɪ] *adv* irracionalmente

irreconcilable [ɪrekən'saɪləbəl] *adj* irreconciliable

irrecoverable [ɪrɪ'kʌvərəbəl] *adj* irrecuperable

irredeemable [ɪrɪ'di:məbəl] *adj* (**a**) *(fault, situation)* irremediable; *(person)* incorregible (**b**) *Fin (share)* no amortizable

irredeemably [ɪrɪ'di:məblɪ] *adv* irremediablemente; **he is i. lazy** es un vago incorregible

irreducible [ɪrɪ'dju:sɪbəl] *adj* irreductible

irrefutable [ɪrɪ'fju:təbəl] *adj* irrefutable

irregular [ɪ'regjʊlə(r)] **1** *n (soldier)* irregular *m*, no regular *m*; **i. forces** fuerzas *fpl* irregulares *or* no regulares

2 *adj* (**a**) *(shape, surface)* irregular (**b**) *(in frequency)* irregular; **an i. event** un acontecimiento que ocurre de forma irregular (**c**) *(against rule)* irregular; **this is highly i.** esto va totalmente en contra de las normas ❑ *Gram* ***i. verb*** verbo *m* irregular

irregularity [ɪregjʊ'lærɪtɪ] *n* irregularidad *f*

irrelevance [ɪ'reləvəns], **irrelevancy** [ɪ'reləvənsɪ] *n* falta *f* de pertinencia; **whether he did it or not is really an i.** que lo hiciera o no realmente no viene al caso

irrelevant [ɪ'reləvənt] *adj* carente de pertinencia (**to** a); **an i. objection/remark** una objeción/un comentario que no viene al caso; **that's i.** eso no viene al caso

irreligious [ɪrɪ'lɪdʒəs] *adj* irreligioso(a), impío(a)

irremediable [ɪrɪ'mi:dɪəbəl] *adj Formal* irreparable, irremediable

irremediably [ɪrɪ'mi:dɪəblɪ] *adv Formal* irreparablemente, irremediablemente

irreparable [ɪ'repərəbəl] *adj* irreparable

irreparably [ɪ'repərəblɪ] *adv* de forma irreparable, irreparablemente

irreplaceable [ɪrɪ'pleɪsəbəl] *adj* irreemplazable

irrepressible [ɪrɪ'presɪbəl] *adj (urge)* irreprimible; *(optimism)* incontenible; **she is quite i.** no hay quien la pare

irreproachable [ɪrɪ'prəʊtʃəbəl] *adj* irreprochable, intachable

irresistible [ɪrɪ'zɪstɪbəl] *adj* irresistible

irresistibly [ɪrɪ'zɪstɪblɪ] *adv* irresistiblemente; **i. beautiful** de una belleza irresistible

irresolute [ɪ'rezəlu:t] *adj Formal* irresoluto(a)

irresolutely [ɪ'rezəlu:tlɪ] *adv* de manera indecisa, con indecisión

irrespective [ɪrɪ'spektɪv] **1** *adj* **i. of** independientemente de

2 *adv Fam* igualmente; **we'll help you i.** te ayudaremos igualmente

irresponsibility [ɪrɪspɒnsɪ'bɪlɪtɪ] *n* irresponsabilidad *f*, falta *f* de responsabilidad

irresponsible [ɪrɪ'spɒnsɪbəl] *adj* irresponsable

irresponsibly [ɪrɪ'spɒnsɪblɪ] *adv* irresponsablemente, de forma irresponsable

irretrievable [ɪrɪ'tri:vəbəl] *adj Formal (loss, money)* irrecuperable; *(mistake, situation, damage)* irreparable, irremediable

irretrievably [ɪrɪ'tri:vəblɪ] *adv Formal* irremediablemente, de forma irremediable

irreverence [ɪ'revərəns] *n* irreverencia *f*, falta *f* de respeto

irreverent [ɪ'revərənt] *adj* irreverente

irreverently [ɪ'revərəntlɪ] *adv* con falta de respeto, irrespetuosamente

irreversible [ɪrɪ'vɜ:sɪbəl] *adj (decision, process)* irreversible

irreversibly [ɪrɪ'vɜ:sɪblɪ] *adv* de manera irreversible, irreversiblemente

irrevocable [ɪ'revəkəbəl] *adj Formal* irrevocable

irrevocably [ɪ'revəkəblɪ] *adv Formal* de forma irrevocable, irrevocablemente

irrigate ['ɪrɪgeɪt] *vt* regar

irrigation [ɪrɪ'geɪʃən] *n* riego *m*, irrigación *f* ▫ ***i. canal*** *or* ***ditch*** acequia *f*

irritability [ɪrɪtə'bɪlɪtɪ] *n* irritabilidad *f*

irritable ['ɪrɪtəbəl] *adj (person, mood)* irritable; *(tone, response)* irritado(a); **to be i.** *(by nature)* ser irritable; *(by circumstances)* estar irritado(a); **to get i.** irritarse ▫ *Med* ***i. bowel syndrome*** colon *m* irritable

irritably ['ɪrɪtəblɪ] *adv* con irritación, irritadamente

irritant ['ɪrɪtənt] *n* (**a**) *(to eyes, skin)* agente *m* irritante (**b**) *(to person, government)* molestia *f*

irritate ['ɪrɪteɪt] *vt* (**a**) *(annoy)* irritar, fastidiar (**b**) *Med* irritar

irritating ['ɪrɪteɪtɪŋ] *adj* irritante, exasperante

irritatingly ['ɪrɪteɪtɪŋlɪ] *adv* de un modo irritante; **i. slow** de una lentitud exasperante

irritation [ɪrɪ'teɪʃən] *n* (**a**) *(annoyance)* irritación *f*; **I discovered, to my intense i., that...** me irritó profundamente descubrir que... (**b**) *Med* irritación *f*

irruption [ɪ'rʌpʃən] *n Formal* irrupción *f* (**into** en)

IRS [aɪɑ:'res] *n US* (*abbr* **Internal Revenue Service**) the I. *Esp* ~ la Agencia Tributaria, *Am* ≃ la Dirección General Impositiva

is [ɪz] *3rd person singular of* **be**

ISBN [aɪes:bi:'en] *n* (*abbr* **International Standard Book Number**) ISBN *m*

ISDN [aɪesdi:'en] *Comptr* (*abbr* **Integrated Services Delivery Network**) **1** *n* RDSI *f* ▫ ***I. line*** línea *f* RDSI

2 *vt* enviar por RDSI

Islam ['ɪzlɑ:m] *n* (el) Islam

Islamic [ɪz'læmɪk] *adj* islámico(a)

Islamicist [ɪz'læmɪsɪst] *n & adj* islamista *mf*

island ['aɪlənd] *n* (**a**) *(in sea, river)* isla *f*; **i. customs** costumbres isleñas *or* de la isla; **an i. nation** una isla-nación (**b**) *(in road)* isleta *f*

islander ['aɪləndə(r)] *n* isleño(a) *m,f*

island-hop ['aɪləndhɒp] *vi* ir de isla en isla

isle [aɪl] *n* isla *f* ▫ ***the I. of Man*** la isla de Man; ***the I. of Wight*** la isla de Wight

islet ['aɪlət] *n* islote *m*

isn't ['ɪzənt] = **is not**

ISO [aɪes'əʊ] *n* (*abbr* **International Standards Organization**) ISO *f*, Organización *f* Internacional de Normalización

isobar ['aɪsəʊbɑ:(r)] *n* isobara *f*

isogloss ['aɪsəʊglɒs] *n* isoglosa *f*

isolate ['aɪseleɪt] *vt* aislar (**from** de)

isolated ['aɪseleɪtɪd] *adj* aislado(a); **to be i. (from)** estar aislado (de)

isolation [aɪse'leɪʃən] *n* aislamiento *m*; **to deal with sth in i.** tratar algo aisladamente ▫ *Med* ***i. ward*** pabellón *m* de enfermedades infecciosas

isolationism [aɪsə'leɪʃənɪzəm] *n Pol* aislacionismo *m*

isolationist [aɪsə'leɪʃənɪst] *n & adj Pol* aislacionista *mf*

isomer ['aɪsəmə(r)] *n Chem & Phys* isómero *m*

isometric [aɪsə'metrɪk] *adj* isométrico(a)

isometrics [aɪsə'metrɪks] *n* isometría *f*

isosceles [aɪ'sɒsɪli:z] *adj* isósceles ▫ ***i. triangle*** triángulo *m* isósceles

isotherm ['aɪsəθɜ:m] *n* isoterma *f*

isotonic [aɪsə'tɒnɪk] *adj (drink)* isotónico(a)

isotope ['aɪsətəʊp] *n Phys* isótopo *m*

ISP [aɪes'pi:] *n Comptr* (*abbr* **Internet Service Provider**) PSI *m*, proveedor *m* de servicios Internet

I-spy ['aɪ'spaɪ] *n* veo-veo *m*

Israel ['ɪzreɪəl] *n* Israel

Israeli [ɪz'reɪlɪ] *n & adj* israelí *mf*

Israelite ['ɪzrəlaɪt] *n Hist* israelita *mf*

issue ['ɪʃu:] **1** *n* (**a**) *(topic)* tema *m*, cuestión *f*; **the issues of the day** los temas de actualidad; **that's not the i.** no se trata de eso; **to avoid the i.** evitar el tema; **to confuse the i.** complicar el asunto; **to make an i. of sth** hacer de algo un problema; **to take i. with sb** discrepar de alguien; **at i.** en cuestión

(**b**) *(result)* **to await the i.** esperar *or Esp* aguardar el resultado

(**c**) *(handing out)* entrega *f*, expedición *f*

(**d**) *(of banknotes, stamps)* emisión *f*; *Fin (of shares, bonds)* emisión *f*; *(of clothes, rations)* entrega *f*, reparto *m*

(**e**) *(of magazine)* número *m*

(**f**) *Formal (offspring)* descendencia *f*; *Law* **to die without i.** morir sin dejar descendencia

2 *vt* (**a**) *(give out) (banknote, stamp)* emitir, poner en circulación; *(permit, visa)* expedir, entregar; **to i. sb with sth** *(ticket, pass)* proporcionar algo a alguien; *(permit, visa)* expedir *or* entregar algo a alguien

(**b**) *(order, instructions)* dar; **to i. a statement** emitir un comunicado; *Law* **to i. a summons** enviar una citación judicial

3 *vi Formal (of blood)* manar (**from** de); *(of noise)* surgir (**from** de); *(of smoke)* brotar (**from** de)

▸**issue forth** *vi Literary* surgir

issuing ['ɪʃu:ɪŋ] *adj* emisor(ora) ▫ *Fin* ***i. house*** entidad *f* emisora de acciones en bolsa

Istanbul [ɪstæn'bʊl] *n* Estambul

isthmus ['ɪsməs] *n* istmo *m*

IT [aɪ'ti:] *n Comptr* (*abbr* **information technology**) tecnologías *fpl* de la información

---

IT [ɪt] *pron* (**a**) *(subject) (usually omitted in Spanish)* **it is red** es rojo(a); **it escaped** se escapó

(**b**) *(direct object)* lo *m*, la *f*; **I don't want it** no lo/la quiero; **I like it** me gusta; **I find it easier to use a credit card** me parece más sencillo usar una tarjeta de crédito; **give it to him** dáselo

(**c**) *(indirect object)* le; **give it something to eat** dale algo de comer

(**d**) *(prepositional object) (masculine)* él; *(feminine)* ella; *(referring to uncountable nouns)* ello; **from it** de él/ella/ello; **with it** con él/ella/ello; **I don't want to talk about it** no quiero hablar de ello; **is there any meat in it?** ¿tiene carne?; **a table with a bowl of fruit on it** una mesa con un frutero encima; **put some newspaper under it** pon papel de periódico debajo

(**e**) *(impersonal subject)* **it's Friday** es viernes; **it's raining** está lloviendo, llueve; **it's ten o'clock** son las diez (en punto); **it's cold today** hoy hace frío; **it's twenty miles to New York** de aquí a Nueva York hay veinte millas; **it says on the packet that...** en el paquete dice que...; **it should be remembered that...** hay que recordar que...; **it seems unlikely** no parece probable; **it is rumoured that...** se rumorea que..., corre el rumor de que...; **it's not that I don't like her** no es que no me guste

(**f**) *(as complement of verb* **to be***)* **who is it?** ¿quién es?; **it's me** soy yo; **who's that? — it's Jack** ¿quién es? — Jack; **it was she who told me** fue ella la que me lo dijo; **that's it for today** eso es todo por hoy

(**g**) *(referring to baby)* **is it a boy or a girl?** ¿es (un) niño o (una) niña?

(**h**) *(certain quality)* **you've either got it or you haven't** se tiene o no se tiene
(**i**) *Fam (in children's games)* **you're it!** ¡tú la llevas!
(**j**) *Fam (sexual intercourse)* **did you do it?** ¿lo hicisteis?
(**k**) **that's it!** *(expressing annoyance)* ¡se acabó!; *(after finishing sth)* ¡esto es todo! *(expressing approval)* ¡así!, ¡muy bien!

Italian [ɪ'tælɪən] **1** *n* (**a**) *(person)* italiano(a) *m,f* (**b**) *(language)* italiano *m*; **I. class/teacher** clase *f*/profesor(ora) *m,f* de italiano
2 *adj* italiano(a)

Italianate [ɪ'tælɪəneɪt] *adj* de estilo italiano, italianizante

italic [ɪ'tælɪk] **1** *n Typ* **italic(s)** cursiva *f*; **in italics** en cursiva
2 *adj* cursiva

italicize [ɪ'tælɪsaɪz] *vt* poner en cursiva

Italy ['ɪtəlɪ] *n* Italia

ITC [aɪti:'si:] *n* (*abbr* **Independent Television Commission**) = organismo regulador de las televisiones privadas británicas

itch [ɪtʃ] **1** *n* picor *m*; *Fig* **to have an i. to do sth** tener muchas ganas de hacer algo
2 *vi* picar; **my leg is itching** me pica la pierna; *Fig* **to be itching to do sth** tener muchas ganas de hacer algo; *Fig* **to be itching for trouble/a fight** estar deseando meterse en líos/buscar pelea

itchy ['ɪtʃɪ] *adj* (**a**) *(feeling irritation)* **I've got an i. hand, my hand's i.** me pica la mano; IDIOM **to have i. feet** tener muchas ganas de viajar (**b**) *(pullover, material)* que pica

it'd ['ɪtəd] = **it would, it had**

item ['aɪtəm] *n* (**a**) *(individual thing) (in collection)* artículo *m*; *(on list, agenda)* punto *m*; **an i. of clothing** una prenda de vestir; **personal items** objetos *mpl* personales (**b**) *Journ* noticia *f* (**c**) *Fam* **they're an i.** salen juntos

itemize ['aɪtəmaɪz] *vt* (**a**) *(contents)* hacer una lista de (**b**) *(bill)* detallar

iterative ['ɪtərətɪv] *adj Comptr* iterativo(a)

itinerant [ɪ'tɪnərənt] *adj* ambulante, itinerante

itinerary [aɪ'tɪnərərɪ] *n* itinerario *m*

it'll ['ɪtəl] = **it will**

ITN [aɪti:'en] *n Br* (*abbr* **Independent Television News**) = servicio de noticias del canal privado de televisión ITV

ITO [aɪti:'əʊ] *n* (*abbr* **International Trade Organization**) OIC *f*

it's [ɪts] = **it is, it has**

its [ɪts] *possessive adj (singular)* su; *(plural)* sus; **the lion returned to i. den** el león volvió a su guarida; **the bear hurt i. paw** el oso se hizo daño en la zarpa; **the plane lost one of i. engines** el avión perdió uno de los motores

itself [ɪt'self] *pron* (**a**) *(reflexive)* se; **the dog hurt i.** el perro se hizo daño; **the company has got i. into debt** la empresa se ha endeudado
(**b**) *(after preposition)* **by/in i.** por/en sí mismo(a); **the delay in i. isn't a problem, but...** el retraso *or Am* la demora en sí no supone un problema, pero...
(**c**) *(emphatic)* **this method is simplicity i.** este método es la sencillez misma; **she was politeness i.** era la educación personificada; **the town i. isn't very interesting** la ciudad en sí (misma) no es muy interesante

itsy-bitsy ['ɪtsɪ'bɪtsɪ], *US* **itty-bitty** ['ɪtɪ'bɪtɪ] *adj Fam* chiquitito(a), pequeñito(a)

ITU [aɪti:'ju:] *n* (*abbr* **International Telecommunication Union**) UIC *f*

ITV [aɪti:'vi:] *n* (*abbr* **Independent Television**) = canal privado de televisión británico

IUD [aɪju:'di:] *n Med* (*abbr* **intra-uterine device**) DIU *m*, dispositivo *m* intrauterino

IV [aɪ'vi:] *Med* (*abbr* **intravenous**) **1** *adj* intravenoso(a) ❑ ***IV drip*** gota a gota *m*
2 *n Fam (IV drip)* gota a gota *m*

I've [aɪv] = **I have**

IVF [aɪvi:'ef] *n Med* (*abbr* **in vitro fertilization**) fertilización *f* in vitro

ivory ['aɪvərɪ] *n (substance)* marfil *m*; *(colour)* color *m* marfil ❑ ***the I. Coast*** la Costa de Marfil; *Fig* ***i. tower*** torre *f* de marfil

ivy ['aɪvɪ] *n (plant)* hiedra *f* ❑ *US* ***I. League*** = grupo de ocho universidades de gran prestigio del nordeste de Estados Unidos

J

J, j [dʒeɪ] *n (letter)* J, j *f*

J *Elec (abbr* **Joule(s)**) J

jab [dʒæb] **1** *n* (**a**) *(with elbow)* codazo *m; (with finger)* movimiento *m* seco; *(in boxing)* golpe *m* corto (**b**) *Br Fam (injection)* inyección *f*, pinchazo *m*

2 *vt (pt & pp* **jabbed**) **he jabbed her in the leg with a pencil** le clavó un lápiz en la pierna; **to j. a finger at sb** señalar a alguien con el dedo

3 *vi* **he jabbed at me with a stick** me pinchó con un palo

jabber ['dʒæbə(r)] *vi Fam* parlotear

jacaranda [dʒækə'rændə] *n Bot* jacarandá *m*

Jack [dʒæk] *n Br Fam* **an "I'm all right, J." attitude** una actitud de "ande yo caliente…"; **before you could say J. Robinson** en menos que canta un gallo, antes de que puedas decir esta boca es mía; *Fam* **J. the Lad** chulito sinvergüenza *m*, *Esp* chulito *m*, *Esp* vacilón *m* ▫ ***J. Frost*** la escarcha, la helada; ***J. Russell (terrier)*** Jack Russell (terrier) *m*

jack [dʒæk] *n* (**a**) *(person)* **every man j. of them** todo quisque; **he is a j. of all trades** hace *or* sabe hacer un poco de todo; **to be a j. of all trades, and master of none** saber un poco de todo (y mucho de nada) (**b**) *(for car)* gato *m* (**c**) *(in cards)* jota *f*; *(in Spanish cards)* sota *f* (**d**) *Elec (plug)* clavija *f*; *(socket)* clavijero *m* (**e**) *(in bowls)* boliche *m* (**f**) ***j. rabbit*** *(North American hare)* liebre *f* americana (**g**) *very Fam* **j. shit** un carajo; **he knows j. shit about it** no tiene ni puta idea del tema

▸**jack in** *vt sep Br Fam (job)* dejar

▸**jack off** *Vulg* **1** *vt sep* **to j. sb off** hacer una paja a alguien

2 *vi* hacerse una paja

▸**jack up** *vt sep Fam (price, salaries)* subir

jackal ['dʒækəl] *n* chacal *m*

jackass ['dʒækæs] *n* (**a**) *(male donkey)* burro *m*, asno *m* (**b**) *Fam (person)* burro(a) *m,f*, animal *mf*

jackboot ['dʒækbu:t] *n* bota *f* militar; *Fig* **under the j. of a military dictatorship** bajo el yugo de una dictadura militar

jackdaw ['dʒækdɔ:] *n* grajilla *f*

jacket ['dʒækɪt] *n* (**a**) *(coat) (formal)* chaqueta *f*, americana *f*, *Am* saco *m*; *(casual)* cazadora *f*, *Chile, RP* campera *f*, *Méx* chamarra *f* ▫ ***j. potatoes*** *Esp* patatas *fpl or Am* papas *fpl* asadas *(con piel)* (**b**) *(of book)* sobrecubierta *f* (**c**) *(of boiler)* funda *f*

jackhammer ['dʒækhæmə(r)] *n* martillo *m* neumático

jack-in-the-box ['dʒækɪnðəbɒks] *n* caja *f* sorpresa

jackknife 1 ['dʒæknaɪf] *n* navaja *f*

2 *vi (of articulated lorry)* hacer la tijera, derrapar por el remolque

jack-o'-lantern ['dʒækə'læntən] *n US (Hallowe'en lantern)* = farolillo hecho con una calabaza hueca y una vela dentro

jackpot ['dʒækpɒt] *n (in lottery)* (premio *m*) gordo *m*; **he hit** *or* **won the j.** le tocó el gordo

jacksie, jacksy ['dʒæksɪ] *n Br Fam* (**a**) *(buttocks)* culo *m* (**b**) *(anus)* ojete *m*, ojo *m* del culo

Jacob ['dʒeɪkəb] *n (in Bible)* Jacob ▫ ***J.'s ladder*** *(plant)* valeriana *f* griega, polemonio *m*

Jacobean [dʒækə'bɪən] *adj* jacobino(a), = relativo al periodo del reinado de Jacobo I de Inglaterra (1603-1625)

Jacobite ['dʒækəbaɪt] *n & adj* jacobita *mf*

Jacuzzi® [dʒə'ku:zɪ] *n* jacuzzi® *m*

jade [dʒeɪd] **1** *n (stone)* jade *m*; *(colour)* verde *m* jade

2 *adj (colour)* verde jade

jaded ['dʒeɪdɪd] *adj (tired)* agotado(a); *(bored)* harto(a), hastiado(a)

Jaffa ['dʒæfə] *n* = variedad de naranja de forma ovalada y piel muy gruesa

jagged ['dʒægɪd] *adj (coastline)* accidentado(a); *(crest)* escarpado(a); *(blade)* dentado(a)

jaguar [*Br* 'dʒægjʊə(r), *US* 'dʒægwɑ:(r)] *n* jaguar *m*

jai alai [dʒaɪə'laɪ] *n US* pelota *f* vasca

jail [dʒeɪl] **1** *n* cárcel *f*; **to be in j.** estar en la cárcel; **to go to j.** ir a la cárcel

2 *vt* encarcelar

jailbird ['dʒeɪlbɜ:d] *n Fam* preso(a) *m,f* reincidente

jailbreak ['dʒeɪlbreɪk] *n* fuga *f*, evasión *f*

jailer ['dʒeɪlə(r)] *n (in prison)* carcelero(a) *m,f*; *(of hostages)* captor(ora) *m,f*

jailhouse ['dʒeɪlhaʊs] *n US* cárcel *f*

jailor = **jailer**

Jakarta [dʒə'kɑ:tə] *n* Yakarta

jalop(p)y [dʒə'lɒpɪ] *n Fam* cacharro *m*, cafetera *f*

jam¹ 1 [dʒæm] *n* (**a**) *(crowd) (of people)* muchedumbre *f*, multitud *f*; **traffic j.** atasco *m*, embotellamiento *m* (**b**) *Fam (difficult situation)* **to be in/get into a j.** estar/meterse en un aprieto (**c**) *(improvised performance)* **j. (session)** jam-session *f*, = sesión improvisada de jazz o rock

2 *vt (pt & pp* **jammed**) (**a**) *(pack tightly) (objects)* embutir (**into** en); *(container)* atestar (**with** de); **traffic jammed the streets** el tráfico colapsaba las calles (**b**) *(block) (radio broadcast, station)* provocar interferencias en; *(switchboard)* bloquear; **the drawer is jammed** el cajón se ha atascado; **he jammed the window open** atrancó la ventana para que se quedara abierta

3 *vi* (**a**) *(of drawer, machine)* atascarse; *(of gun)* encasquillarse; **people jammed into the hall** la gente abarrotaba la sala (**b**) *Mus* improvisar *(con un grupo)*

jam² *n* (**a**) *(fruit preserve)* mermelada *f* ▫ ***j. jar*** tarro *m* de mermelada; ***j. tart*** pastel *m or Chile, Col, RP* torta *f* de confitura (**b**) IDIOM **it's a case of j. tomorrow** no son más que vanas promesas

▸**jam on** *vt sep* **to j. on the brakes** frenar en seco

Jamaica [dʒə'meɪkə] *n* Jamaica

Jamaican [dʒə'meɪkən] *n & adj* jamaicano(a) *m,f*

jamb [dʒæm] *n* jamba *f*

jambalaya [dʒæmbə'laɪə] *n* = plato criollo a base de arroz, pollo o marisco, especias, etc.

jamboree [dʒæmbə'ri:] *n* (**a**) *(scouts' meeting)* encuentro *m* de boy-scouts (**b**) *Fam (celebration)* jolgorio *m*, fiesta *f*

jamming ['dʒæmɪŋ] *n Rad* interferencias *fpl*

jammy ['dʒæmɪ] *adj* (**a**) *(covered with jam)* cubierto(a) de mermelada (**b**) *Br Fam (lucky)* suertudo(a); **you j. thing!** ¡qué *Esp* potra *or Méx* chance *or RP* tarro tienes!

jam-packed ['dʒæm'pækd] *adj* **to be j. (with)** estar atestado(a) *or* abarrotado(a) (de)

Jan *(abbr* **January**) ene.

JANET ['dʒænɪt] *n Comptr (abbr* **Joint Academic Network**) = red informática británica que enlaza universidades, centros de investigación, etc., y que forma parte de Internet

jangle ['dʒæŋgəl] **1** *n (of keys, chain)* tintineo *m*

2 *vt (keys, chain)* hacer tintinear

3 *vi (of keys, chain)* tintinear; *Fig* **her voice made his nerves j.** su voz le ponía los nervios de punta

jangly ['dʒæŋglɪ] *adj (keys, chain)* tintineante

janitor [ˈdʒænɪtə(r)] *n US & Scot (caretaker)* conserje *m*, bedel *m*

January [ˈdʒænjʊərɪ] *n* enero *m*; *see also* **May**

JAP [dʒæp] *n US Fam (abbr* **Jewish American Princess**) niña *f* bien *or Esp* pija judía

Jap [dʒæp] *n Fam RP* ponja *mf*, = término ofensivo para referirse a los japoneses

Japan [dʒəˈpæn] *n* Japón

Japanese [dʒæpəˈniːz] **1** *n* (**a**) *(person)* japonés(esa) *m,f* (**b**) *(language)* japonés *m*; **J. class/teacher** clase *f*/profesor(ora) *m,f* de japonés

2 *npl* **the J.** los japoneses

3 *adj* japonés(esa)

jape [dʒeɪp] *n* broma *f*

japonica [dʒəˈpɒnɪkə] *n Bot* membrillo *m* japonés

jar¹ [dʒɑː(r)] **1** *n (jolt, shock)* sacudida *f*; **the news gave him a nasty j.** la noticia supuso una desagradable sorpresa para él

2 *vt (pt & pp* **jarred**) *(knock)* sacudir, golpear; *Fig (surprise)* alterar, sacudir

3 *vi (make unpleasant sound)* rechinar; **to j. on the ears** rechinar en los oídos; **to j. on the nerves** crispar los nervios; **to j. (with each other)** *(of colours)* desentonar; *(of ideas)* chocar (entre sí)

jar² *n* (**a**) *(container)* tarro *m* (**b**) *Br Fam (beer)* **to have a j.** tomarse una birra

jardinière [ʒɑːdɪˈnjeə(r)] *n* (**a**) *(ornamental plant pot)* jardinera *f* (**b**) *Culin (mixed vegetables)* jardinera *f*

jargon [ˈdʒɑːgən] *n Pej* jerga *f*

jarring [ˈdʒɑːrɪŋ] *adj (noise, voice)* estridente; *(blow)* contundente

jasmine [ˈdʒæzmɪn] *n (plant)* jazmín *m*

jasper [ˈdʒæspə(r)] *n (stone)* jaspe *m*

jaundice [ˈdʒɔːndɪs] *n Med* ictericia *f*

jaundiced [ˈdʒɔːndɪst] *adj (attitude, opinion)* resentido(a)

jaunt [dʒɔːnt] *n* excursión *f*

jauntiness [ˈdʒɔːntɪnɪs] *n* desenfado *m*

jaunty [ˈdʒɔːntɪ] *adj* desenfadado(a)

Java¹ [ˈdʒɑːvə] *n (island)* Java

Java²® *n Comptr* Java®

javelin [ˈdʒævlɪn] *n* jabalina *f*

jaw [dʒɔː] **1** *n* (**a**) *(of person, animal)* mandíbula *f*; **jaws** fauces *fpl*; **his j. dropped** se quedó boquiabierto; *Fig* **the jaws of death** las garras de la muerte (**b**) **jaws** *(of vice)* mordaza *f*

2 *Fam vi (chat)* charlar, *CAm, Méx* platicar

jawbone [ˈdʒɔːbəʊn] *n* maxilar *m* inferior

jawbreaker [ˈdʒɔːbreɪkə(r)] *n Fam (unpronounceable word, name)* trabalenguas *m inv*

jay [dʒeɪ] *n* arrendajo *m*

jaywalk [ˈdʒeɪwɔːk] *vi* cruzar la calle sin prudencia

jaywalker [ˈdʒeɪwɔːkə(r)] *n* peatón(ona) *m,f* imprudente

jaywalking [ˈdʒeɪwɔːkɪŋ] *n* imprudencia *f* peatonal

jazz [dʒæz] *n* jazz *m*; *Fam* **and all that j.** y otras cosas por el estilo, *Esp* y todo el rollo

▸**jazz up** *vt sep Fam (enliven)* animar

jazzy [ˈdʒæzɪ] *adj (tune)* jazzístico(a); *(clothes, pattern)* llamativo(a)

JCB® [dʒeɪsiːˈbiː] *n* pala *f* excavadora

JCR [dʒeɪsiːˈɑː(r)] *n Univ (abbr* **junior common room**) sala *f* de estudiantes

jealous [ˈdʒeləs] *adj* (**a**) *(envious)* envidioso(a); **to be j. of sb** tener envidia de alguien (**b**) *(possessive) (lover, husband)* celoso(a); **she is j. of her reputation** es celosa de su reputación, vela por su reputación

jealously [ˈdʒeləslɪ] *adv* (**a**) *(enviously)* con envidia (**b**) *(possessively)* celosamente; **a j. guarded secret** un secreto celosamente guardado

jealousy [ˈdʒeləsɪ] *n* (**a**) *(envy)* envidia *f* (**b**) *(possessiveness)* celos *mpl*

jeans [dʒiːnz] *npl* (pantalones *mpl*) vaqueros *mpl*, *Am* bluyín *m*, *Col* bluejeans *mpl*, *Méx* pantalones *mpl* de mezclilla; **a pair of j.** unos (pantalones) vaqueros

jeep [dʒiːp] *n* todoterreno *m*, jeep *m*

jeepers [ˈdʒiːpəz] *exclam US Fam* **j. (creepers)** ¡caramba!, *Esp* ¡jolín!

jeer [dʒɪə(r)] **1** *n (boo)* abucheo *m*; *(derision)* burla *f*

2 *vt (boo)* abuchear; *(mock)* burlarse de

3 *vi (boo)* abuchear (**at** a); *(mock)* burlarse (**at** de)

jeering [ˈdʒɪərɪŋ] **1** *n (booing)* abucheo *m*; *(mocking)* burlas *fpl*

2 *adj* burlón(ona)

jeez [dʒiːz] *exclam Fam* ¡caray!

Jehovah [dʒɪˈhəʊvə] *n* Jehová ▫ ***J.'s Witness*** testigo *mf* de Jehová

jejune [dʒəˈdʒuːn] *adj Formal* (**a**) *(dull, banal)* tedioso(a), vacuo(a) (**b**) *(naive)* pueril

jejunum [dʒəˈdʒuːnəm] *n Anat* yeyuno *m*

Jekyll and Hyde [ˈdʒekələnˈhaɪd] *adj* esquizoide

jell [dʒel] *vi* (**a**) *(of liquid)* aglutinarse (**b**) *Fig (of ideas, plans, team)* cuajar

jellied [ˈdʒelɪd] *adj Culin* en gelatina

jelly [ˈdʒelɪ] *n* (**a**) *Br (dessert)* gelatina *f*, jalea *f*; **to turn to j.** volverse de mantequilla (**b**) *(jam)* mermelada *f*, confitura *f* (**c**) *Br* ***j. baby*** *(sweet)* = gominola en forma de niño (**d**) *Fam (gelignite)* gelignita *f* (explosiva)

jellybean [ˈdʒelɪbiːn] *n* pastilla *f* de goma, gominola *f*

jellyfish [ˈdʒelɪfɪʃ] *n* medusa *f*

jemmy [ˈdʒemɪ] *n Br* palanqueta *f*

je ne sais quoi [ʒənəseɪˈkwɑː] *n* **to have a certain j.** tener un no sé qué

jeopardize [ˈdʒepədaɪz] *vt* poner en peligro

jeopardy [ˈdʒepədɪ] *n* **in j.** en peligro; **to put sth/sb in j.** poner en peligro algo/a alguien

jerk¹ [dʒɜːk] **1** *n* (**a**) *(sudden movement)* sacudida *f*; *(pull)* tirón *m*; **to give sth a j.** sacudir algo (**b**) *(in weightlifting)* envión *m*, segundo tiempo *m*

2 *vt* (**a**) *(move suddenly)* sacudir (**b**) *(pull) (once)* dar un tirón a; *(in order to move)* mover a tirones

3 *vi* **to j. forward** *(of car)* dar una sacudida hacia delante; *(of head)* caer hacia delante; **to j. to a halt** detenerse con una sacudida

jerk² *n Fam (person)* imbécil *mf*, majadero(a) *m,f*

▸**jerk around** *vt sep Fam* **to j. sb around** tomar a alguien *Esp* por el pito del sereno *or Méx* de botana, *RP* tomar para la joda a alguien

▸**jerk off** *Vulg* **1** *vt sep (masturbate)* **to j. sb off** hacer una paja a alguien

2 *vi* hacerse una paja

jerkily [ˈdʒɜːkɪlɪ] *adv* a trompicones

jerkin [ˈdʒɜːkɪn] *n (sleeveless jacket)* chaqueta *f* sin mangas

jerk-off [ˈdʒɜːkɒf] *n US Vulg (person)* cabrón(ona) *m,f*

jerky¹ [ˈdʒɜːkɪ] *adj (movement)* brusco(a)

jerky² *n US* tasajo *m*, cecina *f*

jerrican [ˈdʒerɪkæn] *n* bidón *m*

Jerry [ˈdʒerɪ] *n Br Fam* cabeza cuadrada *mf*, = término a veces ofensivo para referirse a los alemanes

jerry-built [ˈdʒerɪbɪlt] *adj* chapucero(a)

Jersey [ˈdʒɜːzɪ] *n (island)* Jersey; **J. (cow)** vaca *f* de Jersey

jersey [ˈdʒɜːzɪ] *(pl* **jerseys**) *n* (**a**) *(garment)* suéter *m*, *Esp* jersey *m*, *Col* saco *m*, *RP* pulóver *m* (**b**) *(in sport)* camiseta *f* (**c**) *(in cycling)* maillot *m*; **the green/yellow j.** el maillot verde/amarillo; **the polka-dot j.** el maillot de lunares (**d**) *(fabric)* tejido *m* de punto

Jerusalem [dʒəˈruːsələm] *n* Jerusalén ▫ ***J. artichoke*** aguaturma *f*, cotufa *f*

jest [dʒest] **1** *n* broma *f*; **in j.** en broma, de broma; **half in j.** medio en broma medio en serio

2 *vi* bromear

jester [ˈdʒestə(r)] *n* bufón *m*

jesting [ˈdʒestɪŋ] *adj (remark, tone)* de broma

Jesuit [ˈdʒezjʊɪt] *n* jesuita *m*

Jesuitical [dʒezjʊˈɪtɪkəl] *adj Pej (argument, reasoning)* retorcido(a), sibilino(a)

Jesus [ˈdʒiːzəs] *n* (**a**) *Rel* Jesús *m* ▫ ***J. Christ*** Jesucristo *m*; *Fam Pej* ***J. freak*** hippy *mf* cristiano(a); *Br Fam* ***J. sandals*** sandalias *fpl* (**b**) *Fam (in exclamations)* **J. (Christ)!** ¡Santo Dios!; **J. wept!** *Esp* ¡(la) leche!, *Col, RP* ¡miércoles!, *Méx* ¡híjole!

jet¹ [dʒet] **1** *n* (**a**) *(plane)* reactor *m*, avión *m* a reacción ▫ ***j. engine*** reactor *m*; ***j. fighter*** caza *m*; ***j. lag*** desfase *m* horario, jet lag *m*; ***j. propulsion*** propulsión *f* a reacción *or* a chorro; ***the j. set*** la jet (set); ***j. ski*** moto *f* náutica *or* acuática; ***j. stream*** corriente *f* en chorro (**b**) *(of liquid, steam)* chorro *m* (**c**) *(nozzle)* boquilla *f*

2 *vi (pt & pp* **jetted**) *Fam (travel by plane)* **to j. in/off** llegar/salir en avión

jet² **1** *n (stone)* azabache *m*

2 *adj* **j. (black)** (negro) azabache

jet-lagged [ˈdʒetlægd] *adj* afectado(a) por el desfase horario, con jet lag

jet-powered [dʒet'paʊəd], **jet-propelled** [dʒetprə'peld] *adj* a reacción

jetsam ['dʒetsəm] *n* restos *mpl* del naufragio *(sobre la arena)*

jet-setter ['dʒetsetə(r)] *n* miembro *m* de la jet (set)

jettison ['dʒetɪsən] *vt also Fig* tirar *or* echar *or Am* botar por la borda

jetty ['dʒetɪ] *n* **(a)** *(for boats)* malecón *m* **(b)** *(for boarding aircraft)* pasarela *f or* manga *f* telescópica

Jew [dʒu:] *n* judío(a) *m,f* ▫ ***J.'s harp*** birimbao *m*, guimbarda *f*

jewel ['dʒu:əl] *n (gem, piece of jewellery)* joya *f*, alhaja *f*; *(in watch)* rubí *m*; *Fig (person)* joya *f*; *Fig* **the j. in the crown** la joya de la corona

jeweller, *US* **jeweler** ['dʒu:ələ(r)] *n* joyero(a) *m,f*; **j.'s (shop)** joyería *f*

jewellery, *US* **jewelry** ['dʒu:əlrɪ] *n* joyas *fpl*, alhajas *fpl*; **a piece of j.** una joya *or* alhaja ▫ ***j. box*** joyero *m*

Jewess [dʒu:'es] *n Old-fashioned* judía *f*

Jewish ['dʒu:ɪʃ] *adj* judío(a)

Jewry ['dʒu:ərɪ] *n* los judíos; **British J.** la comunidad judía británica

Jezebel ['dʒezəbel] *n (in the Bible)* Jezabel; *(scheming woman)* mala pécora *f*

jib[1] [dʒɪb] *n* **(a)** *(sail)* foque *m*; IDIOM **I don't like the cut of his j.** me da muy mala espina, no me gusta nada la pinta que tiene **(b)** *(of crane)* aguilón *m*

jib[2] *(pt & pp* **jibbed)** *vi* **to j. at doing sth** resistirse a hacer algo

jibe [dʒaɪb] **1** *n* burla *f*
2 *vi* **to j. at sb** hacer burla de alguien

jiff [dʒɪf], **jiffy** ['dʒɪfɪ] *n Fam* **in a j.** en un segundo

Jiffy bag ['dʒɪfɪbæg] *n* sobre *m* acolchado

jig [dʒɪg] **1** *n (dance, music)* giga *f*, jiga *f*
2 *vi (pt & pp* **jigged)** *(dance)* bailar (a ritmo ligero)

jigger[1] ['dʒɪgə(r)] *n* **(a)** *(measure of alcohol)* dedal *m*, medida *f* de licor **(b)** *US Fam (thingummy)* chisme *m* **(c)** *(insect)* nigua *f*

jigger[2] *vt Fam (damage)* descuajeringar

jiggered ['dʒɪgəd] *adj Fam* **(a)** *(TV, microwave)* descuajeringado(a); *(back, knee) Esp* descoyuntado(a), *Am* reventado(a) **(b)** *(exhausted)* rendido(a), molido(a)

jiggery-pokery ['dʒɪgərɪ'pəʊkərɪ] *n Br Fam* tejemanejes *mpl*

jiggle ['dʒɪgəl] **1** *vt* menear
2 *vi* menearse

▸**jiggle about, jiggle around** *vt sep & vi* = **jiggle**

jigsaw ['dʒɪgsɔ:] *n* **(a)** *(saw)* sierra *f* de calar *or* de vaivén, caladora *f* **(b)** *(game)* **j. (puzzle)** rompecabezas *m inv*, puzzle *m*

jihad [dʒɪ'hæd] *n* guerra *f* santa, yihad *f* (islámica)

jilt [dʒɪlt] *vt* dejar plantado(a)

Jim Crow [dʒɪm'krəʊ] *n US Fam* **(a)** *(black person) RP* grone *m*, = término generalmente ofensivo para referirse a un negro **(b)** *(racist policies)* segregacionismo *m*, racismo *m* ▫ ***J. laws*** leyes *fpl* segregacionistas *or* racistas

jimjams ['dʒɪmdʒæmz] *npl Fam* **(a)** *(nervous excitement)* nerviosismo *m*, nervios *mpl*; **I've really got the j.** estoy hecho un manojo de nervios **(b)** *(pyjamas)* pijama *m*, *Am* piyama *m o f*

jingle ['dʒɪŋgəl] **1** *n* **(a)** *(of bells, keys)* tintineo *m* **(b)** *Rad & TV* melodía *f* (de un anuncio), sintonía *f*
2 *vt (bells, keys)* hacer tintinear
3 *vi* tintinear

jingo ['dʒɪŋgəʊ] *n Fam Old-fashioned* **by j.** ¡demontre!, ¡diablos!

jingoism ['dʒɪŋgəʊɪzəm] *n Pej* patrioterismo *m*

jingoistic ['dʒɪŋgəʊ'ɪstɪk] *adj Pej* patriotero(a)

jink [dʒɪŋk] **1** *n* amago *m*
2 *vi* amagar

jinx [dʒɪŋks] *Fam* **1** *n (spell, curse)* gafe *m*; **to put a j. on sth/sb** *Esp* gafar algo/a alguien, *Méx* echarle la sal a algo/a alguien, *RP* enyetar algo/a alguien
2 *vt* **to be jinxed** estar *Esp* gafado(a) *or Méx* salado, *RP* tener yeta

JIT [dʒɪt] *adj Ind* (*abbr* **just in time**) ***J. production*** producción *f* "justo a tiempo" *(con minimización de stocks)*

jitters ['dʒɪtəz] *npl Fam* **the j.** *(anxiety) Esp* canguelo *m*, *Méx* mello *m*, *RP* cuiqui *m*; **I got the j.** me entró *Esp* canguelo *or Méx* mello *or RP* cuiqui

jittery ['dʒɪtərɪ] *adj Fam (anxious)* histérico(a); **to be/get j.** estar/ponerse histérico

jiu-jitsu = **ju-jitsu**

jive [dʒaɪv] **1** *n (music, dance)* swing *m*
2 *vi (dance)* bailar el swing

Jnr (*abbr* **Junior**) **Nigel Molesworth, J.** Nigel Molesworth, hijo

Job [dʒəʊb] *n* Job; **J.'s comforter** = persona que intenta dar ánimos pero sólo consigue empeorar las cosas

---

JOB [dʒɒb] *n* **(a)** *(post)* (puesto *m* de) trabajo *m*, empleo *m*; **to change jobs** cambiar de trabajo; **to give up** *or* **leave one's j.** dejar el trabajo; **she's got a j. as a cleaner** trabaja de limpiadora; **I've lost my j.** he perdido mi trabajo; *Euph* **I'm between jobs at the moment** ahora mismo no estoy haciendo nada; **we learned on the j.** aprendimos con la práctica, aprendimos sobre el terreno; **he was accused of drinking on the j.** le acusaron de beber en horas de trabajo; **I've been on the j. for ten years** llevo *or Am* tengo diez años en el trabajo; *Br very Fam* **to be on the j.** *(having sex)* estar dale que te pego; **to be out of a j.** estar sin trabajo *or* empleo; *Br Fam* **it's more than my job's worth to let you in** me juego el puesto si te dejo entrar; *Br Fam* **jobs for the boys** amiguismo *m*, *Esp* enchufismo *m*, *Col, Méx, RP* palanca *f* ▫ *US* ***j. action*** huelga *f* de celo; ***j. creation*** creación *f* de empleo; ***j. cuts*** recortes *mpl* de personal, despidos *mpl*; ***j. description*** responsabilidades *fpl* del puesto; ***j. hunting:*** **to go j. hunting** buscar trabajo; ***j. losses*** despidos *mpl*; ***j. offer*** oferta *f* de empleo; ***j. opportunities*** ofertas *fpl* de empleo; ***j. satisfaction*** satisfacción *f* laboral; ***j. security*** seguridad *f* en el trabajo; ***j. seeker*** persona *f* en busca de empleo; *Br* ***j. seeker's allowance*** subsidio *m* de desempleo *or Am* desocupación; ***j. sharing*** el empleo compartido; ***j. title*** cargo *m*, nombre *m* del puesto

(b) *(piece of work, task, responsibility)* tarea *f*; **I have a few jobs around the house to do** tengo algunas cosas que hacer en la casa; **I have (been given) the j. of writing the report** me han encargado redactar el informe; **it's not my j. to tell you what to do** no creo que me corresponda a mí decirte lo que tienes que hacer; **it was quite a j.** *or* **I had a j. getting her to come** me costó mucho convencerla para que viniera; **a (good) j. well done** un trabajo bien hecho; **to do a good j.** hacerlo bien; **you've made a really good j. of this report** has hecho un informe excelente; **he made a good j. of cleaning the kitchen** dejó la cocina impecable; *US* **good j.!** *(well done)* ¡muy bien!, *Esp* ¡estupendo!, *Andes, Carib* ¡chévere!, *Méx* ¡padre!, *RP* ¡bárbaro!; *Fig Fam* **to do the j.** *(serve purpose)* servir, funcionar; *Fig* **to fall down on the j.** no cumplir; **he's (just) the man for the j.** es el hombre indicado ▫ *Com* ***j. lot*** lote *m* de saldos

(c) *Comptr* tarea *f*

(d) *Fam (referring to activity)* **to give sth a paint j.** pintar algo; darle una manita de pintura a algo; **it looks like it's going to be a crowbar j.** parece que vamos a tener que usar una palanqueta; *Fig* **to do a demolition j. on sb/sth** poner a alguien/algo de vuelta y media, *Méx* barrer *or RP* dar vuelta a alguien/algo

(e) *Fam (thing, object)* cacharro *m*, *Esp* chisme *m*, *CAm, Col, Ven* vaina *f*; **what do you call those little plastic jobs?** ¿como se llaman esos cacharros de plástico?

(f) *Fam (crime)* **to do** *or* **pull a j.** dar un golpe

(g) *Fam Hum (excrement)* mierda *f*, caca *f*; **to do a j.** cagar, *Méx* chingar

(h) IDIOMS *Br* **it's a good j. (that)...!** ¡menos mal que...!; **she never saw him when he was ill, and a good j. too.** nunca lo vio mientras estuvo enfermo, y menos mal; **that's just the j.!** ¡eso viene que ni pintado!; *Br* **to give sth up as a bad j.** dejar algo por imposible; **to make the best of a bad j.** poner al mal tiempo buena cara

---

jobber ['dʒɒbə(r)] *n (stockbroker)* corredor(ora) *m,f or* agente *mf* de bolsa

jobbing ['dʒɒbɪŋ] *adj Br (carpenter, electrician)* a destajo

Jobcentre ['dʒɒbsentə(r)] *n Br* oficina *f* de empleo

jobless ['dʒɒblɪs] **1** *npl* **the j.** los desempleados, los parados, *Am* los desocupados

2 *adj* parado(a), desempleado(a), *Am* desocupado(a)

job-share ['dʒɒbʃeə(r)] **1** *n* empleo *m* compartido

2 *vi* compartir un empleo

jobsworth ['dʒɒbzwɜ:θ] *n Fam* = persona que trabaja de cara al público y que rehúye a modificar las normas para facilitar las cosas

Jock [dʒɒk] *n Fam (Scottish person)* = término a veces ofensivo para referirse a los escoceses

jock [dʒɒk] *n US Fam (athlete)* deportista *m*

jockey ['dʒɒkɪ] **1** *n* (*pl* **jockeys**) jockey *m*, jinete *m*

2 *vi* **to j. for position** luchar por tomar posiciones

Jockey® shorts ['dʒɒkɪʃɔ:ts] *npl US* calzoncillos *mpl*, *Chile* fundillos *mpl*, *Col* pantaloncillos *mpl*, *Méx* calzones *mpl*, *Méx* chones *mpl*

jockstrap ['dʒɒkstræp] *n* suspensorio *m*

jocular ['dʒɒkjʊlə(r)] *adj* jocoso(a)

jocularity [dʒɒkjʊ'lærɪtɪ] *n* jocosidad *f*

jocularly ['dʒɒkjʊləlɪ] *adv* jocosamente, en tono jocoso

jodhpurs ['dʒɒdpəz] *npl* pantalones *mpl* de montar

Joe [dʒəʊ] *n US Fam* **he's an ordinary J.** es un tipo del montón; *Br* **J. Bloggs, J. Public,** *US* **J. Blow, J. Schmo** el ciudadano de a pie *or RP* común y silvestre

jog [dʒɒg] **1** *n* (**a**) *(push)* empujoncito *m*; **to give sb's memory a j.** refrescar la memoria de alguien (**b**) *(run)* trote *m*; **to break into a j.** echar a correr lentamente; **to go for a j.** ir a hacer footing *or* jogging, ir a correr

2 *vt* (*pt & pp* **jogged**) *(push)* empujar; **don't j. my arm!** ¡deja ya de darme en el brazo!; **to j. sb's memory** refrescar la memoria a alguien

3 *vi Sport* hacer footing *or* jogging, correr

▸**jog along** *vi (run)* correr lentamente; *Fig (in job)* seguir apalancado(a)

jogger ['dʒɒgə(r)] *n* corredor(ora) *m,f* de footing *or* jogging

jogging ['dʒɒgɪŋ] *n* footing *m*, jogging *m*; **to go j.** ir a hacer footing *or* jogging ▫ ***j. bottoms*** pantalones *mpl* de chándal

joggle ['dʒɒgəl] *vt* menear

jog-trot ['dʒɒgtrɒt] *n* paseo *m* a caballo (a medio trote)

Johannesburg [dʒəʊ'hænɪzbɜ:g] *n* Johan(n)esburgo

john [dʒɒn] *n US Fam* (**a**) **the j.** *(lavatory)* el váter (**b**) *(prostitute's client)* cliente *m*

John Bull ['dʒɒn'bʊl] *n* (**a**) *(Englishman)* el inglés de a pie (**b**) *(England)* = la personificación de Inglaterra

John Dory [dʒɒn'dɔ:rɪ] *n (fish)* gallo *m*, pez *m* de San Pedro

John Hancock [dʒɒn'hænkɒk] *n US Fam (signature)* firma *f*

johnny ['dʒɒnɪ] *n Br Fam* (**a**) *(condom)* goma *f*, condón *m* (**b**) *Old-fashioned (chap)* tipo *m*, *Esp* gachó *m*

johnny-come-lately [dʒɒnɪkʌm'leɪtlɪ] (*pl* **johnny-come-latelys**) *n Fam* novato(a) *m,f*, recién llegado(a) *m,f*

johnson ['dʒɒnsən] *n US Fam* pito *m*, cola *f*

joie de vivre [ʒwɑ:də'vi:vrə] *n* alegría *f* de vivir

join [dʒɔɪn] **1** *n* juntura *f*, unión *f*; *(in sewing)* costura *f*

2 *vt* (**a**) *(unite, connect)* unir; **to j. two things/places together** unir dos cosas/lugares; **to j. battle** entablar batalla; **to j. the dots** unir los puntos con una línea; **we joined forces with them** unimos nuestras fuerzas con ellos *or* a las de ellos

(**b**) *(become a member of) (club)* ingresar en; *(political party, union)* afiliarse a; *(army)* alistarse en; *(discussion, game)* unirse a; **to j. the queue** ponerse a la cola; **to j. the ranks of sth** incorporarse a las filas de algo; **to j. the ranks of the unemployed** pasar a engrosar las listas del paro; **may I j. you?** *(to sb at table)* ¿puedo sentarme contigo?; **to j. sb for a drink** tomarse una copa con alguien

(**c**) *(of river, road)* desembocar en; **where the path joins the road** donde el camino empalma con la carretera

3 *vi* (**a**) *(of pipes, roads, rivers)* juntarse, unirse

(**b**) *(enrol) (in club)* ingresar; *(in political party, union)* afiliarse

(**c**) **they joined with us in condemning the attack** suscribieron nuestra condena del ataque

▸**join in 1** *vt insep (game, discussion)* participar en

2 *vi* participar

▸**join up** *vi* (**a**) *Mil* alistarse (**b**) **to j. up with sb** unirse a alguien

joiner ['dʒɔɪnə(r)] *n* (**a**) *Br (carpenter)* carpintero(a) *m,f* (**b**) *Fam* **I'm not a great j.** no me va mucho unirme a grupos

joinery ['dʒɔɪnərɪ] *n* carpintería *f*

joining ['dʒɔɪnɪŋ] *n* ***j. fee*** tarifa *f* de alta

joint [dʒɔɪnt] **1** *n* (**a**) *Anat* articulación *f*; **out of j.** dislocado(a); IDIOM *Br* **to put sb's nose out of j.** *(upset)* desairar a alguien (**b**) *(in woodwork)* junta *f*, juntura *f* (**c**) *(of meat) (raw)* pieza *f*; *(roasted)* asado *m* (**d**) *Fam (nightclub, restaurant)* garito *m*, local *m* (**e**) *Fam (cannabis cigarette)* porro *m*, canuto *m* (**f**) *US Fam (prison) Esp* chirona *f*, *Andes, RP* cana *f*, *Méx* bote *m*; **in the j.** en *Esp* chirona *or Andes, RP* la cana *or Méx* el bote

2 *adj* conjunto(a) ▫ *Fin* ***j. account*** cuenta *f* indistinta *or* conjunta; ***a j. communiqué*** un comunicado conjunto; ***j. leader*** colíder *mf*; ***j. ownership*** copropiedad *f*; ***j. stock company*** sociedad *f* anónima; ***j. venture*** empresa *f* conjunta *or* común

3 *vt (chicken)* trinchar

jointly ['dʒɔɪntlɪ] *adv* conjuntamente

joist [dʒɔɪst] *n (beam)* viga *f*

jojoba [həʊ'həʊbə] *n* jojoba *f*, yoyoba *f*

joke [dʒəʊk] **1** *n* (**a**) *(funny remark)* broma *f*, chiste *m*; *(funny story)* chiste; *(prank, trick)* broma; **to tell** *or* **crack a j.** contar un chiste; **to make a j. about sth** hacer una broma *or* bromear sobre algo; **to make a j. of sth** pretender que algo era en broma; **to see the j.** verle la gracia (a la cosa); **to say/do sth for a j.** decir/hacer algo en *or* de broma; **to play a j. on sb** gastar una broma a alguien; **the j. was on him when he had to...** la broma le salió rana cuando tuvo que...; **she can't take a j.** no sabe aguantar una broma; **that's** *or* **it's no j.!** ¡no es cosa de broma!; **it's getting beyond a j.** esto ya pasa de castaño oscuro (**b**) *Fam* **to be a j.** *(of person)* ser un/una inútil, no valer *Esp* un duro *or Am* ni cinco; *(of thing)* ser de chiste

2 *vi* bromear; **to j. about sth** bromear acerca de algo; **to j. with sb** bromear con alguien; **I'm not joking** (hablo) en serio; **I was only joking** estaba de broma; **you're joking!, you must be joking!** *(expressing surprise)* ¡no hablarás en serio!; *(expressing refusal)* ¡ni hablar!; **joking apart...** bromas aparte..., fuera de broma...

joker ['dʒəʊkə(r)] *n* (**a**) *(clown)* bromista *mf*, gracioso(a) *m,f*; *(incompetent person)* inútil *mf* (**b**) *(in cards)* comodín *m*; *Fig* **the j. in the pack** la gran incógnita

jokey ['dʒəʊkɪ] *adj* jocoso(a)

jokily ['dʒəʊkɪlɪ] *adv* en tono de broma

jokiness ['dʒəʊkɪnɪs] *n* jocosidad *f*, humor *m*

jokingly ['dʒəʊkɪŋlɪ] *adv* en broma

jollification [dʒɒlɪfɪ'keɪʃən] *n* jolgorio *m*, jarana *f*; **jollifications** festejos *mpl*, fastos *mpl*

jollity ['dʒɒlɪtɪ] *n* regocijo *m*, alegría *f*

jolly ['dʒɒlɪ] **1** *adj (cheerful)* alegre; **the J. Roger** la bandera pirata

2 *adv Br Fam (very)* bien; **j. good!** *Esp* ¡estupendo!, *Andes, Carib* ¡chévere!, *Méx* ¡padre!, *RP* ¡bárbaro!; **it serves him j. well right!** ¡se lo tiene bien merecido!; **yes, I j. well DID do it!** sí, fui yo ¿qué pasa?

3 *vt* **to j. sb into doing sth** animar a alguien a hacer algo; **to j. sb along** animar a alguien

▸**jolly up** *vt sep* **to j. sb up** dar ánimos *or* animar a alguien

jolt [dʒəʊlt] **1** *n (shake)* sacudida *f*; *(shock, surprise)* susto *m*; **it gave me a bit of a j.** me dio un buen susto

2 *vt (shake)* sacudir; *(shock, surprise)* sacudir, alterar; **to j. sb into action** empujar a alguien a actuar; **to j. sb out of a depression** hacer salir a alguien de una depresión

3 *vi (shake)* dar sacudidas; **to j. along** *(of vehicle)* avanzar a tirones; **to j. to a stop** *(of vehicle)* pararse en seco

Jonah ['dʒəʊnə] *n (in the Bible)* Jonás; *(person bringing bad luck)* cenizo *m*, gafe *mf*

Jordan ['dʒɔ:dən] *n (country)* Jordania; **the (River) J.** el Jordán

Jordanian [dʒɔ:'deɪnɪən] *n & adj* jordano(a) *m,f*

josh [dʒɒʃ] *vt Fam (tease)* tomar el pelo a

joss stick ['dʒɒsstɪk] *n* pebete *m*, varilla *f* aromática

jostle ['dʒɒsəl] **1** *vt* empujar; **to j. sb out of the way** quitar *or Am* sacar a alguien de en medio a empujones

2 *vi (push)* empujarse; **to j. for position** *(in contest, job)* luchar por tomar posiciones

jot [dʒɒt] *n Fam* **not a j.** ni pizca; **he doesn't care a j.** le importa un comino; **there isn't a j. of truth in what you say** no hay ni un ápice de verdad en lo que dices

▸**jot down** *vt sep* apuntar, anotar

jotter ['dʒɒtə(r)] *n* libreta *f*

jottings ['dʒɒtɪŋz] *npl* anotaciones *fpl*

joule [dʒu:l] *n Phys* julio *m*

journal ['dʒɜ:nəl] *n* (**a**) *(publication)* revista *f (especializada)*, boletín *m* (**b**) *(diary)* diario *m*; **to keep a j.** llevar *or* escribir un diario

journalese [dʒɜ:nə'li:z] *n Fam Pej* jerga *f* periodística

journalism ['dʒɜ:nəlɪzəm] *n* periodismo *m*

journalist ['dʒɜ:nəlɪst] *n* periodista *mf*

journalistic [dʒɜ:nə'lɪstɪk] *adj* periodístico(a)

journey ['dʒɜ:nɪ] **1** *n* (*pl* **journeys**) viaje *m*; **a train/plane/boat j.** un viaje en tren/avión/barco; **to make a j.** hacer un viaje; **to set off** *or* **out on a j.** salir de viaje; **to go (away) on a j.** ir(se) de viaje; **to get to** *or* **reach the end of one's j.** llegar al final del viaje

2 *vi* viajar

journeyman ['dʒɜ:nɪmən] *n (qualified craftsman)* oficial *m*

journo ['dʒɜ:nəʊ] (*pl* **journos** *or* **journoes**) *n Br Fam* periodista *mf*

joust [dʒaʊst] *vi Hist* justar; *(compete)* pugnar, estar en liza

Jove [dʒəʊv] *n* Júpiter; *Br Fam Old-fashioned* **by J.!** ¡cáspita!

jovial ['dʒəʊvɪəl] *adj* jovial

joviality [dʒəʊvɪ'ælɪtɪ] *n* jovialidad *f*

jovially ['dʒəʊvɪəlɪ] *adv* jovialmente

jowl [dʒaʊl] *n (jaw)* mandíbula *f*; *(cheek)* carrillo *m*, mejilla *f*

jowly ['dʒaʊlɪ] *adj* con los carrillos fofos

joy [dʒɔɪ] *n* (**a**) *(happiness)* alegría *f*, gozo *m*; **to wish sb j.** desear a alguien lo mejor (**b**) *(pleasure)* placer *m*, maravilla *f*; **she's a j. to be with** su compañía es muy placentera; **he's a j. to work for** es una maravilla de jefe (**c**) *Br Fam (success)* **(did you have** *or* **get) any j.?** ¿hubo suerte?; **I didn't get** *or* **have any j.** no conseguí nada; **I had no j. finding a hotel** no conseguí encontrar un hotel

joyful ['dʒɔɪfʊl] *adj* alegre

joyfully ['dʒɔɪfəlɪ] *adv* alegremente

joyless ['dʒɔɪlɪs] *adj* triste

joyous ['dʒɔɪəs] *adj* jubiloso(a)

joyously ['dʒɔɪəslɪ] *adv* con júbilo

joypop ['dʒɔɪpɒp] *vi Fam* consumir drogas esporádicamente

joyride ['dʒɔɪraɪd] *n (in stolen car)* **to go for a j.** ir a dar una vuelta en un coche *or Am* carro *or Chile, RP* auto robado

joyrider ['dʒɔɪraɪdə(r)] *n* = persona que roba coches para darse una vuelta por diversión

joyriding ['dʒɔɪraɪdɪŋ] *n* = robo de coches para darse una vuelta por diversión

joystick ['dʒɔɪstɪk] *n* (**a**) *Av* palanca *f* de mando (**b**) *Comptr* joystick *m*

JP [dʒeɪ'pi:] *n Br Law* (*abbr* **justice of the peace**) juez *mf* de paz

JPEG ['dʒeɪpeg] *n Comptr* (*abbr of* **Joint Photographic Experts Group**) JPEG *m*

Jr (*abbr* **Junior**) **Nigel Molesworth, Jr** Nigel Molesworth, hijo

jubilant ['dʒu:bɪlənt] *adj (shouts, expression)* de júbilo; *(person, celebration)* jubiloso(a); **to be j. (at** *or* **about** *or* **over sth)** estar encantado(a) (con algo)

jubilation [dʒu:bɪ'leɪʃən] *n* júbilo *m*

jubilee ['dʒu:bɪli:] *n* aniversario *m*; **silver/golden j.** vigésimo quinto/quincuagésimo aniversario

Judaeo-, Judeo- [dʒu:'di:əʊ] *pref* judeo-

Judaic [dʒu:'deɪɪk] *adj* judaico(a)

Judaism ['dʒu:deɪɪzəm] *n* judaísmo *m*

Judas ['dʒu:dəs] *n (traitor)* judas *mf*

judder ['dʒʌdə(r)] *vi Br* dar sacudidas; **to j. to a halt** pararse en seco

judge [dʒʌdʒ] **1** *n Law* juez *mf*, jueza *f*; *(in competition)* jurado *m*, juez *m*; **to be a good/poor j. of sth** tener buen/mal ojo para (juzgar) algo; **I will be the j. of that** lo juzgaré por mí mismo

2 *vt* (**a**) *Law Sport (try, give decision about)* juzgar; **to j. a case** juzgar un caso (**b**) *(assess critically)* juzgar, calificar; **to j. sb by** *or* **on sth** juzgar a alquien por algo; **to j. sth/sb a success/failure** calificar algo/a alguien de éxito/fracaso; **to j. it necessary to do sth** juzgar necesario hacer algo (**c**) *(estimate)* estimar, calcular

3 *vi Law* juzgar; **to j. by appearances** juzgar por las apariencias; **as far as I can j.** en mi opinión; **j. for yourself** júzgalo tú mismo, juzga por ti mismo; **judging by...** a juzgar por...

judg(e)ment ['dʒʌdʒmənt] *n* (**a**) *(decision)* juicio *m*; *(of judge, in court)* fallo *m*; *Law* **to sit in j.** deliberar; *Law* **to pass j.** pronunciar *or* emitir el veredicto; *Fig* **to sit in** *or* **pass j. on sb** emitir juicios sobre alguien ❑ *Rel* ***J. Day*** el día del Juicio Final

(**b**) *(opinion)* juicio *m*, parecer *m*; **she gave her j. on the performance** dio su parecer acerca de la actuación; **to form a j.** formarse un juicio; **in my j.** a mi juicio

(**c**) *(discernment)* juicio *m*; **good j.** buen juicio; **to show poor j.** demostrar tener poco juicio; **to trust sb's j.** fiarse (del juicio) de alguien; **against my better j.** a pesar de no estar plenamente convencido

judg(e)mental [dʒʌdʒ'mentəl] *adj* **to be j.** hacer juicios a la ligera

judicial [dʒu:'dɪʃəl] *adj* judicial ❑ *Law* ***j. review*** *(of ruling)* = revisión de un dictamen judicial; *(of law)* = revisión de una ley ante su posible inconstitucionalidad

judicially [dʒu:'dɪʃəlɪ] *adv* judicialmente

judiciary [dʒu:'dɪʃɪərɪ] *n (judges)* judicatura *f*, magistratura *f*; *(branch of authority)* poder *m* judicial

judicious [dʒu:'dɪʃəs] *adj* juicioso(a)

judiciously [dʒu:'dɪʃəslɪ] *adv* juiciosamente

judiciousness [dʒu:'dɪʃəsnɪs] *n* buen juicio *m*

judo ['dʒu:dəʊ] *n* judo *m* ❑ ***j. expert*** judoka *mf*, yudoka *mf*

judoka [dʒu:'dəʊkə] *n* judoka *mf*, yudoka *mf*

jug [dʒʌg] *n* (**a**) *(for wine, water)* jarra *f* (**b**) *Fam (prison)* **in the j.** en la cárcel *or Esp* chirona *or Andes, RP* la cana *or Méx* el bote (**b**) *Fam* **jugs** *(breasts)* tetas *fpl*, *Esp* melones *mpl*, *Méx* chichís *fpl*, *RP* lolas *fpl*

jugful ['dʒʌgfʊl] *n* jarra *f* (llena)

juggernaut ['dʒʌgənɔ:t] *n Br* camión *m* grande, tráiler *m*

juggle ['dʒʌgəl] **1** *vt (balls, figures)* hacer malabarismos *or* juegos malabares con

2 *vi* hacer malabarismos, hacer juegos malabares; **to j. with sth** *(balls)* hacer malabarismos *or* juegos malabares con algo; *(figures, dates)* hacer malabarismos con algo, jugar con algo

juggler ['dʒʌglə(r)] *n* malabarista *mf*

juggling ['dʒʌglɪŋ] *n* juegos *mpl* malabares, malabarismo *m*

jugular ['dʒʌgjʊlə(r)] **1** *n* yugular *f*; *Fig* **to go for the j.** *(in argument)* entrar a degüello

2 *adj* yugular

juice [dʒu:s] *n* (**a**) *(of fruit)* *Esp* zumo *m*, *Am* jugo *m*; *(of meat)* jugo *m* ❑ ***j. extractor*** exprimidor *m* (**b**) *Fam (petrol)* gasolina *f*, *Esp* gasofa *f*; *(electricity)* electricidad *f*, corriente *f*

juiced [dʒu:st] *adj US Fam (drunk)* pedo, *Esp* mamado(a)

juicer ['dʒu:sə(r)] *n* exprimidor *m*

juicy ['dʒu:sɪ] *adj* (**a**) *(fruit, steak)* jugoso(a) (**b**) *Fam (gossip, pay rise)* jugoso(a), sabroso(a)

ju-jitsu, jiu-jitsu [dʒu:'dʒɪtsu:] *n* jiu-jitsu *m*

jukebox ['dʒu:kbɒks] *n* máquina *f* de discos

Jul (*abbr* **July**) jul.

julep ['dʒu:lɪp] *n* (**a**) *US (alcoholic drink)* julep *m*, julepe *m*; **(mint) j.** mint julep *m*, julepe *m* de menta (**b**) *(medicated drink)* julepe *m*

julienne [dʒu:lɪ'en] *Culin* **1** *n* sopa *f* juliana

2 *adj* juliano(a)

July [dʒu:'laɪ] *n* julio *m*; *see also* **May**

jumble ['dʒʌmbəl] **1** *n (of things, ideas, words)* revoltijo *m*, batiburrillo *m*; **in a j.** *(papers)* revueltos; *(ideas)* confusas ❑ *Br* ***j. sale*** rastrillo *m* benéfico

2 *vt (things, ideas, words)* revolver

▸**jumble up** *vt sep* **to j. things up** revolver las cosas, revolverlo todo

jumbo ['dʒʌmbəʊ] *adj* gigante; **j. sized** (de tamaño) gigante ❑ ***j. jet*** jumbo *m*

JUMP [dʒʌmp] **1** *n* (**a**) *(leap)* salto *m*; **parachute j.** salto *m* en paracaídas; *Fam Fig* **go take a j.!** ¡vete a freír espárragos!, *RP* ¡andá a freír churros!; *Fig* **to be one j.**

ahead ir (un paso) por delante; *Fam* **to get a j. on one's competitors** adelantar a la competencia ❑ ***j. ball*** *(in basketball)* salto *m* entre dos, lucha *f*; *Cin* ***j. cut*** corte *m* con discontinuidad; *Av* ***j. jet*** reactor *m* de despegue vertical; *Br Aut* ***j. leads*** pinzas *fpl or* cables *mpl* (de arranque) de batería; *US* ***j. rope*** comba; ***j. shot*** *(in basketball)* tiro *m* en suspensión; ***j. suit*** mono *m (de vestir)*
(**b**) *(in surprise)* sobresalto *m*; **I woke up with a j.** desperté sobresaltado
(**c**) *(rise)* salto *m* (**in** en)
(**d**) *(fence on racecourse)* obstáculo *m*; ❑ *Br* ***j. jockey*** jockey *m* de carreras de obstáculos
2 *vt* (**a**) *(hedge, ditch)* saltar; **she jumped seven metres** saltó (una distancia de) siete metros; **to j. the gun** *(in race)* hacer una salida en falso; *Fig* precipitarse; *US* **to j. rope** saltar a la comba
(**b**) *(miss out) (word, paragraph, page)* saltarse; **to j. bail** huir durante la libertad bajo fianza; **to j. the lights** *(in car)* saltarse un semáforo; **to j.** *Br* **the queue** *or US* **the line** colarse
(**c**) *(leave)* **to j. town** abandonar la ciudad; **to j. ship** desertar, abandonar el barco
(**d**) *(attack)* asaltar
(**e**) *(in board games)* adelantar
(**f**) *US (train, bus) (get on quickly)* montarse en; *(get on without paying)* colarse en
3 *vi* (**a**) *(leap) (of person, animal)* saltar, **they jumped across the stream** cruzaron el arroyo de un salto; **to j. (down) from a wall/tree** dejarse caer desde (lo alto de) un muro/árbol; **to j. from a train** tirarse de un tren; **he jumped into the pool** se tiró a la piscina; **she jumped out of the window** se tiró por la ventana; **he jumped up onto the table** se subió a la mesa de un salto; **to j. up and down** *(to keep warm etc)* pegar saltos; *(with excitement)* pegar brincos; *(be annoyed)* estar hecho(a) una furia; *Fig* **let's wait and see which way she jumps** esperemos a ver por dónde sale; *Fam* **to j. down sb's throat** ponerse hecho(a) una furia con alguien; **to j. for joy** saltar de alegría; *Fam* **go j. in the lake!** ¡vete a freír espárragos!, *RP* ¡andá a freír churros!; *Fig* **to j. in with both feet** lanzarse con los ojos cerrados; *Fig* **to j. out at sb** *(of mistake, surprising detail)* saltarle a alguien a la vista
(**b**) *(move quickly)* **she jumped from her seat** se levantó de un salto *or* brinco; **to j. out of bed** tirarse de la cama, levantarse (de la cama) de un salto; **to j. to one's feet** ponerse en pie de un salto; **we jumped up and started running** nos pusimos en pie de un brinco y salimos corriendo; *Fam Fig* **I wouldn't j. into bed with just anyone** yo no me metería en la cama con cualquiera; **to j. to conclusions** sacar conclusiones precipitadas; **to j. to sb's defence** saltar en defensa de alguien; **j. to it!** ¡manos a la obra!
(**c**) *(go directly)* **to j. from one subject to another** saltar de un tema a otro; **the movie then jumps to the present/ jumps back to his childhood** luego la película da un salto hasta el presente/da un salto atrás hasta su infancia
(**d**) *(rise rapidly) (of unemployment, prices)* dispararse, ascender rápidamente; **inflation has jumped from 5 to 10 percent** la inflación se ha disparado de un 5 a un 10 por ciento
(**e**) *(make sudden movement) (of person)* dar un salto, saltar; *(of TV picture, CD, record)* saltar; **you made me j.!** ¡qué susto me has dado!; **my heart jumped** me dio un vuelco el corazón; **we nearly jumped out of our skins** nos dimos un susto de muerte; *Fam* **to be jumping** *(of club, party)* estar a tope de marcha, *RP* estar de lo más
▸**jump at** *vt insep* **to j. at an offer/a chance** no dejar escapar una oferta/una oportunidad
▸**jump in 1** *vt insep* **j. in the back!** ¡móntate (en la parte de) atrás!
2 *vi* (**a**) *(get in car)* **j. in!** ¡monta!, ¡sube! (**b**) *(interrupt)* interrumpir (**c**) *(intervene)* intervenir
▸**jump into** *vt insep (taxi, car)* montar en
▸**jump on** *vt insep* (**a**) *(train, bus)* coger, tomar (**b**) *(attack)* asaltar (**c**) *Fam (reprimand)* **to j. on sb (for doing sth)** echarse encima de alguien (por haber hecho algo)

---

jumped-up ['dʒʌmp'tʌp] *adj Br Fam Pej* presuntuoso(a), con muchos humos
jumper ['dʒʌmpə(r)] *n* (**a**) *Br (sweater)* suéter *m*, *Esp* jersey *m*, *Col* saco *m*, *RP* pulóver *m* (**b**) *US (sleeveless dress)* pichi *m* (**c**) *Comptr* jumper *m*, puente *m* (**d**) *Fam (in basketball) (jump shot)* tiro *m* en suspensión
jumpiness ['dʒʌmpɪnɪs] *n* nerviosismo *m*
jumping-bean ['dʒʌmpɪŋbi:n] *n Esp* judía *f* saltarina, *Am* fríjol *m* brincador
jumping-jack ['dʒʌmpɪŋ'dʒæk] *n* (**a**) *(toy)* títere *m* (**b**) *(firework)* buscapiés *m inv*
jumping-off place ['dʒʌmpɪŋ'ɒf'pleɪs], **jumping-off point** ['dʒʌmpɪŋ'ɒf'pɒɪnt] *n* punto *m* de partida
jump-off ['dʒʌmpɒf] *n (in showjumping)* recorrido *m* de desempate
jump-start ['dʒʌmpstɑ:t] *vt (car)* arrancar utilizando pinzas de batería
jumpy ['dʒʌmpɪ] *adj* nervioso(a); **to be j.** estar nervioso(a)
Jun *(abbr* **June***)* jun.
junction ['dʒʌŋkʃən] *n (of roads, railway lines)* cruce *m*, nudo *m*; **j. 20** *(on motorway)* salida 20 ❑ *Elec* ***j. box*** caja *f* de empalmes
juncture ['dʒʌŋktʃə(r)] *n* coyuntura *f*; **at this j.** en esta coyuntura
June [dʒu:n] *n* junio *m*; *see also* **May**
jungle ['dʒʌŋgəl] *n (forest)* selva *f*, jungla *f*; *Fig* jungla *f* ❑ *Med* ***j. fever*** paludismo *m*; *Fam* ***j. juice*** alcohol *m* duro *or* fuerte
junior ['dʒu:njə(r)] **1** *adj* (**a**) *(in age)* **to be j. to sb** ser más joven que alguien; **Nigel Molesworth J.** Nigel Molesworth hijo ❑ *US* ***j. high (school)*** *(between 11 and 15)* escuela *f* secundaria; *Br* ***j. school*** *(between 7 and 11)* escuela *f* primaria (**b**) *(in rank)* de rango inferior; **to be j. to sb** tener un rango inferior al de alguien ❑ *Br Univ* ***j. common room*** sala *f* de estudiantes; *Br Parl* ***j. minister*** ≃ secretario(a) *m,f* de Estado; ***j. partner*** socio *m* menor *or* subalterno
2 *n* (**a**) *(in age)* **to be sb's j.** ser más joven que alguien; **he's three years my j.** es tres años menor que yo (**b**) *(in rank)* subalterno(a) *m,f* (**c**) *US Fam* **hi, j.!** ¡hola, hijo!
juniper ['dʒu:nɪpə(r)] *n* **j. (tree)** enebro *m* ❑ ***j. berry*** enebrina *f*, baya *f* de enebro
junk¹ [dʒʌŋk] **1** *n (unwanted objects)* trastos *mpl* ❑ *Fin* ***j. bond*** bono *m* basura; ***j. fax*** propaganda *f* por fax; *Pej* ***j. food*** comida *f* basura; ***j. mail*** propaganda *f* (postal); ***j. shop*** cacharrería *f*, baratillo *m*
2 *vt Fam (discard)* deshacerse de
junk² *n (boat)* junco *m*
junket ['dʒʌŋkɪt] *n* (**a**) *(food)* cuajada *f* (**b**) *Pej (trip)* viaje *m* pagado
junkie, junky ['dʒʌŋkɪ] *n Fam (drug addict in general)* drogadicto(a) *m,f*, *Esp* drogota *mf*; *(heroin addict)* yonqui *mf*; **a game-show j.** un adicto a los concursos; **a chocolate j.** un devorador de chocolate
junkyard ['dʒʌŋkjɑ:d] *n (for metal)* chatarrería *f*, depósito *m* de chatarra
junta ['dʒʌntə] *n Pej* junta *f* militar
Jupiter ['dʒu:pɪtə(r)] *n* Júpiter *m*
Jurassic [dʒʊ'ræsɪk] *Geol* **1** *n* **the J.** el jurásico
2 *adj (era)* jurásico(a)
jurisdiction [dʒʊərɪs'dɪkʃən] *n* jurisdicción *f*; **to have j. over** tener jurisdicción sobre; **within** *or* **under the j. of...** bajo la jurisdicción de...
jurisprudence [dʒʊərɪs'pru:dəns] *n* jurisprudencia *f*
jurist ['dʒʊərɪst] *n Formal (legal expert)* jurista *mf*
juror ['dʒʊərə(r)] *n Law* (miembro *m* del) jurado *m*
jury ['dʒʊərɪ] *n Law* jurado *m*; **to be** *or* **serve on the j.** ser miembro del jurado; **the j. is out** el jurado está deliberando; *Fig* **the j. is still out on the reforms** aún está por ver la conveniencia de las reformas ❑ ***j. box*** tribuna *f* del jurado; ***j. service*** *or* ***duty*:** **to do j. service** *or* **duty** formar parte de un jurado (popular)

JUST [dʒʌst] **1** *adj (fair)* justo(a); **it's only j. that...** es justo que...; **to have j. cause to do sth** estar plenamente justificado(a) para hacer algo; **he got his j. deserts** recibió su merecido; **her promotion is j. reward for her hard work** su ascenso es una justa recompensa por haber trabajado duro
2 *adv* (**a**) *(exactly)* justamente, justo; **that's j. what I told her** eso es exactamente *or* justo lo que le dije; **you look j. like your brother** eres idéntico a tu hermano; **that's j. the point!** ¡de eso se trata, precisamente!; **that's j. it!** *(said in agreement)* ¡justamente!, ¡exactamente!; **I can j. see her as a doctor** me la imagino perfectamente como médica; **I can j. smell the sea air!** ¡casi puedo oler el aire del mar!; **he told her to get lost j. like that** le dijo que se largara así sin más; **j. as I was leaving...** justo en el momento en que me iba...; **it's j. as good/difficult as...** es igual de bueno/difícil que...; **I've**

got j. as much as you tengo justo lo mismo que tú; **he's busy j. now** está ocupado en este (preciso) momento; *Br* **j. on ten o'clock** a las diez en punto justas; **this soufflé is j. right** este suflé está justo en su punto; **j. so** *(neat and tidy)* en orden, en su sitio *or* lugar; *Old-fashioned (said in agreement)* exacto, eso es; **j. then** justo entonces; **this liquidizer is j. the thing for making soups** esta batidora viene de maravilla para hacer sopas; **I can't tell you j. yet** todavía no te lo puedo decir; **that dress is j. you** ese traje te va de maravilla

(**b**) *(only)* sólo, solamente; **it costs j. £10** sólo cuesta 10 libras; **I'll j. have a sandwich, thanks** tomaré sólo un sándwich, gracias; **she's j. a baby** no es más que una niña; **I was j. wondering whether you could help** estaba pensando si podrías echar una mano; **I knew j. by looking at her that she was upset** sólo con mirarla supe que estaba mal; **could you move j. a little to the right?** ¿te podrías mover un poquito hacia la derecha?; **I'd love to help, it's j. that I'm too busy** me encantaría ayudar, pero es que estoy demasiado ocupado; **j. a minute** *or* **moment** *or* **second!** ¡un momento!; **j. for once** por una vez; **j. in case** por si acaso; **j. this once** sólo (por) esta vez

(**c**) *(simply)* **j. add water** simplemente añade agua; **j. ask if you need money** si necesitas dinero, no tienes más que pedirlo; **j. put it on the table** déjalo (ahí mismo) en la mesa; **we did it j. for fun** lo hicimos sólo por diversión *or* para divertirnos; **I wouldn't lend it to j. anybody** no se lo prestaría a cualquiera; **you'll j. have to put up with it** ¡pues te aguantas!; **don't j. sit there!** ¡no te quedes ahí sin hacer nada!; **it's j. not fair!** ¡es que no es justo!; **j. listen to this!** ¡escucha esto!; **it was j. wonderful/dreadful!** ¡fue sencillamente maravilloso/horroroso!; **he j. refuses to listen!** ¡es que se niega a escuchar!; **j. because you're older than me doesn't mean I have to do what you say** ¡no tengo que hacer lo que tú digas sólo porque seas mayor que yo!

(**d**) *(barely)* justo; **you could j. see the top of the mountain** se veía apenas la cumbre de la montaña; **j. before/after** justo antes/después; **j. over/under $50** poco más/menos de 50 dólares; *also Ind* **j. in time** justo a tiempo; **it's only j. big enough** tiene el tamaño justo; **we only j. got there on time** llegamos muy justos de tiempo; **it's j. enough to live on** llega justo para vivir; **they j. caught/missed the train** cogieron/perdieron el tren por los pelos; **they live j. round the corner** viven a la vuelta de la esquina

(**e**) *(recently)* **they have j. arrived** acaban de llegar; **I had j. arrived when...** acababa de llegar cuando...; **I was j. telling Jim about your accident** justamente le estaba contando a Jim lo de tu accidente; **I'm only j. beginning to come to terms with it** sólo ahora empiezo a aceptarlo; **j. last year** tan sólo el año pasado; **I saw him j. now** lo acabo de ver; **j. recently** hace muy poco, **j. yesterday** ayer mismo

(**f**) *(now)* **I'm j. coming** ¡ya voy!; **I was j. leaving, actually** ya me iba; **I'll j. finish my coffee, then we can go** me termino el café y nos vamos

(**g**) *(in exclamations)* **j. (you) try/wait!** ¡inténtalo/espera y verás!; **j. shut up, will you?** ¡cállate ya., ¿quieres?; **(that's) j. as well!** ¡menos mal!; **isn't that j. my luck!** ¡vaya mala suerte que tengo!; **j. imagine, never having to work again!** ¡imagínate no tener que trabajar nunca más!

(**h**) *Fam (for emphasis)* **it's rather cold in here — isn't it j.?** hace mucho frío aquí — ¿verdad que sí?

(**i**) *(expressing preference)* **I'd j. as soon you didn't tell her** preferiría que no se lo dijeras

(**j**) **just about** *adv (almost)* casi; **they're j. about the same** son casi iguales; **I can j. about manage** me las puedo arreglar más o menos; **to be j. about to do sth** estar a punto de hacer algo

---

justice [ˈdʒʌstɪs] *n* (**a**) *(power of law)* justicia *f*; **to bring sb to j.** llevar a alguien a los tribunales (**b**) *(fairness)* justicia *f*; **this photograph doesn't do him j.** esta fotografía no le hace justicia; **not to do oneself j.** no dar lo mejor de sí mismo(a) (**c**) *Law (judge)* juez *mf*, jueza *f* ▫ *Br* ***J. of the Peace*** juez *mf* de paz

justifiable [ˈdʒʌstɪfaɪəbəl] *adj* justificable ▫ *Law* ***j. homicide*** homicidio *m* justificado

justifiably [ˈdʒʌstɪfaɪəblɪ] *adv* justificadamente

justification [dʒʌstɪfɪˈkeɪʃən] *n* justificación *f*; **in j. of** para justificar; **there is no j. for such behaviour** ese comportamiento es injustificable *or* no tiene justificación; *Rel* **j. by faith** (dogma *m* de la) redención *f* por la fe

justified [ˈdʒʌstɪfaɪd] *adj Typ* justificado(a)

justify [ˈdʒʌstɪfaɪ] *vt* (**a**) *(explain)* justificar; **to be justified in doing sth** tener justificación para hacer algo; **to j. oneself** justificarse (**b**) *Typ* justificar

just-in-time [ˈdʒʌstɪntaɪm] *adj Com* ***j. production*** producción *f* "justo a tiempo" *(con minimización de stocks)*

justly [ˈdʒʌstlɪ] *adv (fairly, rightly)* justamente, con justicia; **j. famous** justamente *or* merecidamente famoso(a)

▸**jut out** [dʒʌt] (*pt & pp* **jutted**) **1** *vt sep (chin)* sacar

2 *vi (of balcony, rock)* sobresalir

jute [dʒuːt] *n (plant, fibre)* yute *m*

juvenile [ˈdʒuːvɪnaɪl] **1** *adj* (**a**) *(for young people)* juvenil ▫ *Law* ***j. court*** tribunal *m* (tutelar) de menores; ***j. delinquency*** delincuencia *f* juvenil; ***j. delinquent*** delincuente *mf* juvenil; ***j. offender*** delincuente *mf* juvenil (**b**) *Pej (childish)* infantil, pueril

2 *n Law* menor *mf*

juxtapose [dʒʌkstəˈpəʊz] *vt* yuxtaponer

juxtaposition [dʒʌkstəpəˈzɪʃən] *n* yuxtaposición *f*

K

K, k [keɪ] *n* (**a**) *(letter)* K, k *f* (**b**) *(thousand)* **he earns 30K** gana treinta mil (**c**) *Comptr* (*abbr* **kilobyte**) K *m*

Kabul ['kɑːbʊl] *n* Kabul

Kaffir ['kæfə(r)] *n Old-fashioned Fam* negraco(a) *m,f*, = término ofensivo para referirse a los negros

kaftan ['kæftæn] *n* caftán *m*

kagoule [kə'guːl] *n* chubasquero *m*

kale [keɪl] *n* col *f* rizada, *Chile, RP* repollo *m* rizado

kaleidoscope [kə'laɪdəskəʊp] *n* cal(e)idoscopio *m*

kaleidoscopic [kəlaɪdəs'kɒpɪk] *adj* cal(e)idoscópico(a)

kamikaze [kæmɪ'kɑːzɪ] *n & adj also Fig* kamikaze *mf*

kangaroo [kæŋgə'ruː] (*pl* **kangaroos**) *n* canguro *m* ❑ *Pej* ***k. court*** tribunal *m* irregular; *Zool* ***k. rat*** rata *f* canguro

kaolin(e) ['keɪəlɪn] *n* caolín *m*

kapok ['keɪpɒk] *n* capoc *m*

Kaposi's sarcoma [kə'pəʊziːzsɑː'kəʊmə] *n Med* sarcoma *m* de Kaposi

kaput [kə'pʊt] *adj Fam* **to be k.** estar cascado(a); **to go k.** *(of machine, car)* cascarse; *(of business, plan)* irse al garete

karabiner [kærə'biːnə(r)] *n (in mountaineering)* mosquetón *m*

karaoke [kærɪ'əʊkɪ] *n* karaoke *m* ❑ ***k. bar*** (bar *m* con) karaoke *m*; ***k. machine*** (aparato *m* de) karaoke *m*

karate [kə'rɑːtɪ] *n* karate *m* ❑ ***k. chop*** golpe *m* de kárate; ***k. expert*** karateka *mf*

karma ['kɑːmə] *n Rel* karma *m*; *Fam Fig* **good/bad k.** buenas/malas vibraciones *or Am* ondas, *Esp* buen/mal rollo

kart [kɑːt] *n* kart *m*

karting ['kɑːtɪŋ] *n Sport* carreras *fpl* de karts

karz(e)y, kazi ['kɑːzɪ] *n Br Fam* váter *m*, *Esp* meódromo *m*

kasbah ['kæzbɑː] *n* kasba(h) *f*

Kashmir [kæʃ'mɪə(r)] *n* Cachemira

Kashmiri [kæʃ'mɪərɪ] **1** *n* = habitante *or* nativo(a) de Cachemira
2 *adj* de Cachemira

Katmandu [kætmæn'duː] *n* Katmandú

katydid ['keɪtɪdɪd] *n US* chicharra *f*

kayak ['kaɪæk] *n* canoa *f*, kayak *m*

Kazak, Kazakh [kə'zæk] *n* kazaco(a) *m,f*, kazajo(a) *m,f*

Kazak(h)stan [kæzæk'stɑːn] *n* Kazajistán

kazi = **karz(e)y**

kazoo [kə'zuː] *n* chifla *f*, trompetilla *f*

Kb *n Comptr* (*abbr* **kilobyte**) Kb *m*

kbps [keɪbiːpiː'es] *Comptr* (*abbr* **kilobytes per second**) kbps

KC [keɪ'siː] *n Law* (*abbr* **King's Counsel**) = abogado británico de alto rango

kcal (*abbr* **kilocalorie**) kcal, kilocaloría *f*

kebab [kə'bæb] *n* brocheta *f*, pincho *m* moruno

ke(c)ks [keks] *npl Br Fam* pantalones *mpl*

kedgeree [kedʒə'riː] *n* = plato especiado de arroz, pescado y huevo duro

keel [kiːl] *n Naut* quilla *f*; **to keep things on an even k.** mantener las cosas en calma, hacer que las cosas sigan su curso normal

▸**keel over** *vi* (**a**) *(of boat)* volcar (**b**) *Fam (of person)* derrumbarse

keelhaul ['kiːlhɔːl] *vt* (**a**) *Naut* pasar por la quilla (**b**) *Fig (rebuke severely)* reprender

keen[1] [kiːn] *adj* (**a**) *(enthusiastic)* entusiasta; **to be k. to do sth** tener muchas ganas de hacer algo; **to be k. for sth to happen** tener muchas ganas de que ocurra algo; **she's k. on Mike** le gusta Mike; **he wasn't k. on the idea** no le entusiasmaba la idea; IDIOM *Fam* **to be as k. as mustard** *(enthusiastic)* estar entusiasmadísimo(a); **to take a k. interest in sth** mostrar gran interés por algo
(**b**) *(acute, perceptive) (mind)* penetrante; *(eyesight)* agudo(a); *(sense of smell)* fino(a); **to have a k. eye for detail** tener buen ojo para el detalle; **to have a k. awareness of sth** ser profundamente consciente de algo
(**c**) *(sharp, intense) (sorrow, regret)* profundo(a); **a k. appetite** un apetito voraz; **a k. blade** una hoja afilada; **k. competition** competencia *f* feroz; *Br Com* **k. prices** precios *mpl* competitivos; **a k. wind** un viento cortante

keen[2] [kiːn] *vi* penar

keening ['kiːnɪŋ] *n (wailing)* llanto *m* fúnebre, lamento *m* fúnebre

keenly ['kiːnlɪ] *adv (enthusiastically)* con entusiasmo; *(intensely)* profundamente; **a k. contested election** unas elecciones muy reñidas

keenness ['kiːnnɪs] *n* (**a**) *(eagerness)* entusiasmo *m* (**b**) *(of competition, rivalry)* ferocidad *f* (**c**) *(of vision, insight)* agudeza *f*

KEEP [kiːp] **1** *n* (**a**) *(maintenance)* **to earn one's k.** ganarse el sustento; **to pay for one's k.** pagarse la manutención
(**b**) *(of castle)* torre *f* del homenaje
(**c**) **for keeps** *adv Fam* para siempre

2 *vt* (*pt & pp* **kept** [kept]) (**a**) *(retain)* quedarse con, guardar; *(store)* guardar; **k. the change** quédese con el cambio; **you can k. it** te puedes quedar con él, te lo puedes quedar; **to k. sth for sb** guardar algo para alguien; **to k. sb's attention** mantener la atención de alguien; **to k. its colour** *(of garment)* no desteñir; **to k. one's job** conservar el trabajo; **she kept her sense of humour** no perdió el sentido del humor; **to k. its shape** *(of garment)* no deformarse
(**b**) *(maintain)* **to k. count of sth** llevar la cuenta de algo; **to k. a diary** llevar un diario; **to k. a note of sth** anotar algo; **to k. order** mantener el orden; **to k. a record of sth** registrar algo, llevar un registro de algo; **to k. a secret** guardar un secreto; **to k. good time** *(of timepiece)* ir a la hora, funcionar bien; *(of person)* ser puntual, no llegar nunca tarde; **to k. watch (over sth/sb)** vigilar (algo/a alguien)
(**c**) *(maintain in a certain condition)* mantener; **I think I'll k. this picture where it is** creo que dejaré este cuadro donde está; **they kept the prisoner in a tiny cell** tenían al prisionero en una celda diminuta; **to k. sb awake** mantener *or* tener despierto(a) a alguien; **to k. sth clean/secret** mantener algo limpio/en secreto; **this sandwich should k. you going until dinnertime** con este sándwich aguantarás hasta la cena; **it wasn't easy to k. the conversation going** costaba trabajo mantener viva la conversación; **to k. sb in order** tener a alguien controlado(a) *or* bajo control; **you k. her talking while I sneak out of the room** tú dale conversación mientras yo salgo subrepticiamente de la habitación; **to k. sb waiting** tener a alguien esperando; **we like to k. the house warm** nos gusta mantener la casa caliente
(**d**) *(look after) (animals, shop)* tener; *(mistress)* mantener; **I've got a family to k.** tengo una familia que mantener; **to k. oneself** mantenerse; *Sport* **to k. goal** defender la portería *or Am* arco
(**e**) *(detain)* entretener, parar; **what kept you?** ¿por qué llegas tan tarde?
(**f**) *(observe) (promise)* cumplir; *(appointment)* acudir a; *Formal (festival, holiday)* observar; **she kept her word** mantuvo su palabra;

to **k. late hours** trasnochar

3 *vi* (**a**) *(remain, stay)* mantenerse; **I'm keeping busy** hago unas cosas y otras; **to k. quiet** estar callado(a); **k. quiet!** ¡cállate!; **to k. still** estarse quieto(a); **k. still!** ¡estate quieto(a)!; **we kept warm by huddling up together** nos abrazábamos para darnos calor

(**b**) *(continue)* **to k. straight on** seguir todo recto; **to k. (to the) left/right** ir *or* circular por la izquierda/derecha; **to k. doing sth** *(continue doing)* seguir haciendo algo; **he kept getting into trouble** siempre se estaba metiendo en líos; **she keeps nagging me** no hace más que darme la lata; **the bunches of flowers just kept coming** no paraban de llegar ramos de flores; **I k. forgetting to call her** nunca me acuerdo de llamarla; **I wish you wouldn't k. saying that** me gustaría que no dijeras eso todo el tiempo

(**c**) *(referring to health)* **how are you keeping?** ¿qué tal estás?; **well I hope you're all keeping well** espero que todos estéis bien

(**d**) *(of food)* conservarse; *Fig* **it will k.** *(of problem)* puede esperar

(**e**) *Sport* **he kept very well** defendió muy bien su portería *or Am* arco

▸**keep at** *vt insep* **to k. at it** seguir adelante *or* con ello; **k. at him until he listens to you** insiste hasta que te haga caso

▸**keep away 1** *vt sep* **the fire kept the wolves away** el fuego mantenía alejados a los lobos; **to k. sb away from sth** mantener a alguien alejado(a) de algo; **k. that dog away from me!** ¡no me acerques ese perro!

2 *vi* mantenerse alejado(a) (**from** de)

▸**keep back 1** *vt sep* (**a**) *(crowd, tears)* contener (**b**) *(delay)* entretener; **he was kept back by his lack of qualifications** su falta de titulación le impidió progresar (**c**) *(hold in reserve) (wages, funds)* retener; **to k. sth back from sb** *(information)* ocultarle algo a alguien

2 *vi (not approach)* no acercarse (**from** a)

▸**keep down 1** *vt sep* (**a**) *(not raise)* **to k. one's voice down** hablar bajo, hablar en voz baja; **to k. one's head down** *(physically)* mantener la cabeza agachada; *Fig* esconder la cabeza; *Fam* **k. it down!** *(be quiet)* ¡baja la voz! (**b**) *(not vomit)* **I can't k. my food down** vomito todo lo que como (**c**) *(repress)* reprimir (**d**) *(prices, number, inflation)* mantener bajo(a); **I'm trying to k. my weight down** estoy tratando de no engordar

2 *vi (not stand up)* mantenerse cuerpo a tierra; **k. down!** ¡no te levantes!

▸**keep from 1** *vt sep* (**a**) *(prevent)* **to k. sb/sth from doing sth** impedir que alguien/algo haga algo; **I could hardly k. myself from laughing** casi no podía contener la risa; **to k. sb from their work** no dejar trabajar a alguien (**b**) *(protect)* **to k. sb from harm** proteger a alguien (**c**) *(hide)* **to k. sth from sb** ocultar algo a alguien

2 *vt insep (avoid)* **I couldn't k. from laughing** no podía contener la risa

▸**keep in** *vt sep (pupil)* castigar sin salir; **they decided to k. her in overnight** *(in hospital)* decidieron dejarla ingresada hasta el día siguiente

▸**keep in with** *vt insep Fam* **to k. in with sb** cultivar la amistad de alguien

▸**keep off 1** *vt sep* **k. your hands off that!** ¡no toques eso!; **k. your hands off me!** ¡no me toques!; **wear a hat to k. the sun off** ponte un sombrero para protegerte del sol; **it's best to k. her off the subject of politics** lo mejor es evitar que empiece a hablar de política

2 *vt insep* **k. off the grass!** *(sign)* prohibido pisar el césped; **I've been told to k. off alcohol** me han dicho que no beba alcohol; **to k. off a subject** evitar un tema

3 *vi (stay away) (of person)* mantenerse al margen; **the rain kept off** no llovió

▸**keep on 1** *vt sep (not take off)* dejarse puesto(a); *(not switch off)* dejar encendido(a) *or Am* prendido(a); *(continue to employ)* mantener en el puesto

2 *vi* continuar, seguir; **to k. on doing sth** *(continue doing)* seguir haciendo algo; **he kept on nagging me** no paraba de darme la lata; **she kept on getting into trouble** siempre se estaba metiendo en líos; *Fam* **to k. on about sth** dar la lata con algo

▸**keep on at** *vt insep Fam* **to k. on at sb (to do sth)** dar la lata a alguien (para que haga algo)

▸**keep out 1** *vt sep (wind, sun, rain)* proteger de; *(intruders, foreign imports)* impedir el paso a; *(shot)* parar; **he's in such good form, he's keeping me out of the team** está jugando tan bien que me ha quitado la titularidad

2 *vi (avoid, stay away from)* **to k. out of sth** no meterse en algo; **k. out of the water** no te metas en el agua; **to k. out of trouble** no meterse en líos; **to k. out of an argument** mantenerse al margen de una discusión; **k. out** *(sign)* prohibida la entrada, prohibido el paso

▸**keep to 1** *vt sep* (**a**) *(hold)* **to k. sb to a promise** hacer que alguien cumpla una promesa; **to k. delays/costs to a minimum** reducir al mínimo *or* minimizar los retrasos/costes (**b**) *(not reveal)* **to k. sth to oneself** no contar algo; **I k. myself to myself** yo voy a lo mío

2 *vt insep* (**a**) *(promise, agreement, schedule)* cumplir (**b**) *(not leave)* **k. to the path** no salirse del camino; **she kept to her room** no salió de su habitación; **to k. to the point** no divagar; **to k. to a subject** ceñirse a un tema

▸**keep together** *vt sep (family, country)* mantener unido(a)

▸**keep up 1** *vt sep* (**a**) *(custom)* mantener; **I want to k. my French up** quiero mantener mi (nivel de) francés; **I can't k. up this pace much longer** no puedo mantener este ritmo mucho tiempo; **to k. up the payments** llevar al día los pagos; **to k. up the pressure (on sb)** no dar tregua (a alguien); **to k. one's strength up** mantenerse fuerte; *Fig* **to k. one's spirits up** mantener los ánimos; **k. it up!, k. up the good work!** ¡sigue así!; **to k. up appearances** guardar las apariencias

(**b**) *(keep awake)* tener en vela; **I don't mean to k. you up past your bedtime** no quiero que te acuestes tarde por mí

(**c**) *(prices, interest rates, standards)* mantener

2 *vi* (**a**) *(of rain, snow)* continuar

(**b**) *(remain level, go at same speed)* no quedarse atrás; **to k. up with sb** seguir el ritmo de alguien; **we need to do this to k. up with the competition** tenemos que hacer esto para no ser menos que la competencia; *Fig* **to k. up with the latest developments** mantenerse informado(a) de los últimos acontecimientos; IDIOM **to k. up with the Joneses** no ser menos que el vecino; **to k. up with the times** adaptarse a los tiempos

---

keeper ['ki:pə(r)] *n* (**a**) *(in zoo, park)* guarda *mf*; *(in museum)* conservador(ora) *m,f* (**b**) *(gamekeeper)* guardabosque *m* (**c**) *Br Fam (goalkeeper)* portero *m*, guardameta *m*, *Am* arquero *m*

keep-fit ['ki:p'fɪt] *n Br* ***k. class*** clase *f* de mantenimiento, clase *f* de gimnasia; ***k. fanatic*** = persona obsesionada por mantenerse en forma

keeping ['ki:pɪŋ] *n* **to have sth/sb in one's k.** tener algo/a alguien bajo la custodia de uno; **in k. with...** de acuerdo con...; **out of k. with...** en desacuerdo con...

keepnet ['ki:pnet] *n (for fishing)* nasa *f*, buitrón *m*

keepsake ['ki:pseɪk] *n* recuerdo *m*

keg [keg] *n* barrica *f*, barrilete *m* ❑ ***k. beer*** cerveza *f* de barril

keks = **kecks**

kelp [kelp] *n* laminaria *f*, varec *m*

kelvin ['kelvɪn] *n* kelvin *m* ❑ ***K. scale*** escala *f* Kelvin

ken [ken] *n* **to be beyond sb's k.** estar fuera del alcance de alguien

kennel ['kenəl] *n* caseta *f* (del perro); **to put a dog into kennels** dejar a un perro en una residencia canina

Kenya ['kenjə, 'ki:njə] *n* Kenia

Kenyan ['kenjən] *n & adj* keniano(a) *m,f*, keniata *mf*

kept [kept] **1** *pt & pp of* **keep**

2 *adj* **to be a k. man** ser un mantenido, vivir a costa de la mujer; **to be a k. woman** ser una mantenida, vivir a costa del marido

keratin ['kerətɪn] *n Biochem* queratina *f*

kerb [kɜ:b] *n Br* bordillo *m* (de la acera), *Col, Perú* sardinel *m*, *Chile, RP* cordón *m* (de la vereda), *Méx* borde *m* (de la banqueta) ❑ ***k. weight*** *(of vehicle)* tara *f*

kerbcrawler ['kɜ:bkrɔ:lə(r)] *n Br* = persona que busca prostitutas conduciendo lentamente junto a la acera

kerbcrawling ['kɜbkrɔ:lɪŋ] *n Br* = conducir despacio en busca de prostitutas

kerbside ['kɜ:bsaɪd] *n Br* borde *m* de la acera *or Chile, RP* vereda *or Méx* banqueta

kerbstone ['kɜ:bstəʊn] *n Br* adoquín *m* (del bordillo)

kerchief ['kɜ:tʃi:f] *n Old-fashioned* pañuelo *m*

kerfuffle [kə'fʌfəl] *n Fam* lío *m*, *Esp* jaleo *m*

kerning ['kɜ:nɪŋ] *n Comptr* interletraje *m*

kernel ['kɜ:nəl] *n (of nut)* pepita *f*, fruto *m*; *(of grain)* grano *m*; *Fig (of problem)* núcleo *m*; **there's a k. of truth in the accusation** hay un elemento de verdad en la acusación

kerosene ['kerəsi:n] *n US* queroseno *m* ▫ ***k. lamp*** lámpara *f* de queroseno

kestrel ['kestrəl] *n* cernícalo *m*

ketch [ketʃ] *n (small boat)* queche *m*

ketchup ['ketʃəp] *n* **(tomato) k.** ketchup *m*, catchup *m*

ketone ['ki:təʊn] *n Chem* cetona *f*

kettle [ketəl] *n (for boiling water) (on stove)* tetera *f*; *(electric)* hervidor *m* (eléctrico); **I'll put the k. on** pondré el agua a hervir; IDIOM **that's a different k. of fish** eso es harina de otro costal

kettledrum ['ketəldrʌm] *n* timbal *m*

key [ki:] **1** *n* **(a)** *(of door)* llave *f*; *(of clock, mechanical toy)* cuerda *f* **(b)** *(of piano, typewriter)* tecla *f* **(c)** *(to problem, situation)* clave *f*, llave *f*; **the k. to happiness/success** la clave de la felicidad/del éxito **(d)** *(answers, guide) (of map)* clave *f*; *(to exercises)* respuestas *fpl* **(e)** *Mus* tono *m*; **major/minor k.** tono mayor/menor; **in the k. of C** en clave de do; **to be off k.** estar desafinado(a) ▫ *Mus* ***k. signature*** armadura *f* **(f)** *(in basketball)* **the k.** la zona, la botella

2 *adj (most important)* clave; **he's the k. man in the team** es el hombre clave del equipo ▫ *Br Educ* ***k. stage*** etapa *f* educativa

▸**key in** *vt sep Comptr* teclear

keyboard ['ki:bɔ:d] *n* **(a)** *(of piano, organ)* teclado *m*; *Mus* **keyboards** teclado *m*, teclados *mpl* ▫ ***k. player*** teclista *mf* **(b)** *(of computer)* teclado *m* ▫ ***k. layout*** disposición *f* del teclado; ***k. shortcut*** atajo *m* de teclado

keyboarder ['ki:bɔ:də(r)] *n* teclista *mf*

keyed up [ki:d'ʌp] *adj Fam (excited)* alterado(a), nervioso(a)

keyhole ['ki:həʊl] *n* (ojo *m* de la) cerradura *f* ▫ ***k. saw*** sierra *f* de calar; ***k. surgery*** cirugía *f* endoscópica

keynote ['ki:nəʊt] **1** *n* nota *f* dominante

2 *adj (speech, speaker)* principal

keypad ['ki:pæd] *n Comptr* teclado *m* numérico

keypunch ['ki:pʌntʃ] *n* perforadora *f*

keyring ['ki:rɪŋ] *n* llavero *m*

keystone ['ki:stəʊn] *n Archit* clave *f (de un arco)*; *Fig* piedra *f* angular

keystroke ['ki:strəʊk] *n Comptr* pulsación *f*

keyword ['ki:wɜ:d] *n* **(a)** *(informative word)* palabra *f* clave **(b)** *Comptr* palabra *f* clave

kg *(abbr* **kilogram***)* kg *m*

KGB [keɪdʒi:'bi:] *n Formerly* KGB *m*

khaki ['kɑ:kɪ] **1** *n* caqui *m*

2 *adj* caqui *inv*; **k. shorts** pantalones *mpl* cortos caqui

Khartoum [kɑ:'tu:m] *n* Jartum

Khmer [kmɜ:(r)] **1** *n* **(a)** *(person)* jemer *mf*; **the K. Rouge** los jemeres rojos **(b)** *(language)* jemer *m*

2 *adj* jemer

kHz *Elec (abbr* **kilohertz***)* kHz

kibble ['kɪbəl] *vt (cereal)* moler

kibbutz [kɪ'bʊts] *(pl* **kibbutzim** [kɪbʊt-si:m]*) n* kibutz *m*

kibitz ['kɪbɪts] *vi US Fam* meter la cuchara

kibosh, kybosh ['kaɪbɒʃ] *n Fam* **to put the k. on sth** echar algo abajo *or Esp* a pique

kick [kɪk] **1** *n* **(a)** *(with foot)* patada *f*, puntapié *m*; *(of horse)* coz *f*; **to give sth/sb a k.** dar una patada a algo/alguien; *Fam Fig* **she needs a k. up the backside** *or Vulg* **arse** necesita una buena patada en el trasero *or Vulg* culo; *Fig* **that was a k. in the teeth for him** le sentó como una patada en la boca; **to have a k.** *(of drink)* estar fuerte *(aunque entre bien)* ▫ *Sport* ***k. boxing*** kick boxing *m*

(b) *(of gun)* retroceso *m*

(c) *(thrill)* **to get a k. out of sth** disfrutar con algo; **to get a k. out of doing sth** disfrutar haciendo algo; **to do sth for kicks** hacer algo por gusto, regodearse haciendo algo

(d) *Fam (temporary interest)* **I'm on a fitness k.** me ha dado por mantenerme en forma

2 *vt* **(a)** *(once)* dar una patada a; *(several times)* dar patadas a; **to get kicked** *(once)* recibir una patada, *(several times)* recibir patadas; *Fig* **to k. a man when he's down** atacar a alguien cuando ya está derrotado; **I could have kicked myself** me hubiera dado de bofetadas, era para tirarme de los pelos

(b) IDIOMS *US Vulg* **to k. sb's ass** *(defeat)* dar un buen palizón a alguien; *US Vulg* **to k. ass** *(be bossy)* tratar a todo el mundo a patadas; *(be excellent)* ser *Esp* cojonudo(a) *or Andes, Perú* chévere *or Méx* padrísimo(a) *or RP* bárbaro(a); *Fam* **to k. the bucket** estirar la pata; *Fam* **to k. the habit** *(stop taking drugs)* dejar las drogas; **to k. sb upstairs** ascender a alguien para arrinconarlo

3 *vi* **(a)** *(once)* dar una patada; *(several times)* dar patadas; *(of animal)* dar coces

(b) *(of athlete)* apretar el ritmo; *(of swimmer)* mover las piernas

(c) *(of gun)* hacer el retroceso

(d) IDIOMS *Fam* **to k. against sth** *(rebel against)* patalear contra algo; *Fam* **to k. against the pricks** rebelarse; **to k. over the traces** desmandarse

▸**kick about, kick around 1** *vt insep (spend time in)* **to k. about** *or* **around the world/Africa** recorrer el mundo/África; **is my purse kicking about** *or* **around the kitchen somewhere?** ¿has visto mi monedero por la cocina?

2 *vt sep* **(a)** *(play with)* **to k. a ball about** *or* **around** pelotear, dar patadas a un balón; *Fam* **to k. an idea about** *or* **around** darle vueltas a una idea **(b)** *(mistreat)* **don't let them k. you about** *or* **around** no dejes que te traten a patadas

3 *vi Fam* estar *or* andar por ahí; **can you see my lighter kicking about** *or* **around?** ¿está *or* anda por ahí mi mechero?, ¿has visto mi mechero por ahí?; **I think I've got one kicking about somewhere** debo tener alguno por ahí

▸**kick down** *vt sep (door)* echar abajo *or* derribar a patadas

▸**kick in 1** *vt sep* **(a)** *(door)* abrir de una patada; *Fam* **to k. sb's head in** romperle la cabeza a alguien **(b)** *US Fam (contribute)* poner

2 *vi Fam (come into effect) (of clause)* ponerse en marcha, entrar en vigor; *(of drug)* hacer efecto

▸**kick off 1** *vt sep* **(a)** *(remove)* **to k. one's shoes off** quitarse *or Am* sacarse los zapatos a patadas; **he kicked me off his land** me echó a patadas de sus tierras **(b)** *(begin)* comenzar, empezar

2 *vi (in soccer, rugby)* hacer el saque inicial; *Fig (begin)* comenzar, empezar (**with** con)

▸**kick out 1** *vt sep Fam* **he was kicked out** *(of job, house)* lo echaron, le dieron la patada

2 *vi* **to k. out (at sb)** intentar dar una patada (a alguien)

▸**kick over** *vt insep* **to k. over the traces** desmandarse

▸**kick up** *vt insep Fam* **to k. up a fuss** montar *or* armar un alboroto; **to k. up a row** *or* **a racket** montar *or* armar una bronca

kickabout ['kɪkəbaʊt] *n Fam (soccer game)* peloteo *m*

kickback ['kɪkbæk] *n Fam (payment)* **he got a k. for doing it** le *Esp* untaron *or Andes, RP* coimearon *or CAm, Méx* dieron una mordida para que lo hiciera

kicker ['kɪkə(r)] *n Sport* pateador *m*

kicking [kɪkɪŋ] *adj Fam Esp* ¡guay (del Paraguay)!, *Andes, Perú* superchévere, *Méx* padrísimo(a), *RP* supergenial

kick-off ['kɪkɒf] *n (in soccer, rugby)* saque *m* inicial; IDIOM *Fam* **for a k.** *(to start with)* para empezar

kickstand ['kɪkstænd] *n (on bike, motorcycle)* soporte *m*

kick-start ['kɪkstɑ:t] *vt (motorbike, engine)* arrancar a patada *(con el pedal)*; *Fig (economy)* reactivar

kid [kɪd] **1** *n* **(a)** *Fam (child)* niño(a) *m,f*, *Esp* crío(a) *m,f*, *Arg* pibe(a) *m,f*, *CAm* chavalo(a) *m,f*, *Chile* cabro(a) *m,f*, *Col* chino(a) *m,f*, *Méx* chavo(a) *m,f*, *Urug* botija *mf*; **my k. brother** mi hermano pequeño; **it's k.'s stuff** *(easy, childish)* eso es cosa de niños **(b)** *(young goat)* cabrito *m*; *(skin)* cabritilla *f* ▫ ***k. gloves*** guantes *mpl* de cabritilla; IDIOM **to handle sb with k. gloves** tratar a alguien con mucho tacto; ***k. leather*** cabritilla *f*

2 *vt (pt & pp* **kidded***) Fam (fool)* vacilar, *Esp* quedarse con; **to k. oneself** engañarse; **I k. you not** no es broma, no te estoy tomando el pelo

3 *vi Fam* **to be kidding** estar bromeando; **no kidding!** ¿en serio?

▸**kid on** *vt sep Fam* vacilar, *Esp* quedarse con

kidder ['kɪdə(r)] *n Fam* bromista *mf*

kiddie, kiddy ['kɪdɪ] *n Fam* nene(a) *m,f*, *Esp* crío(a) *m,f*

kiddiewink, kiddywink ['kɪdɪwɪŋk] *n Fam* pequeñín(ina) *m,f*, chiquitín(ina) *m,f*

kidnap ['kɪdnæp] **1** *n* secuestro *m*, rapto *m*; **k. attempt** intento *m* de secuestro

2 *vt* (*pt & pp* **kidnapped**) secuestrar, raptar

kidnapper ['kɪdnæpə(r)] *n* secuestrador(ora) *m,f*, raptor(ora) *m,f*

kidnapping ['kɪdnæpɪŋ] *n* secuestro *m*, rapto *m*

kidney ['kɪdnɪ] (*pl* **kidneys**) *n* riñón *m* ❑ ***k. beans*** judías *fpl*, alubias *fpl*, *Am* frijoles *mpl*, *RP* porotos *mpl*; ***k. dish*** = bandeja metálica en forma de riñón; ***k. donor*** donante *mf* de riñón; ***k. machine*** riñón artificial, aparato *m* de diálisis; ***k. stone*** piedra *f* en el riñón, cálculo *m* renal

kidney-shaped ['kɪdnɪʃeɪpt] *adj* (en forma) de riñón

kidology [kɪ'dɒlədʒɪ] *n Fam* arte *m* de tomar el pelo

kidskin ['kɪdskɪn] *n* cabritilla *f*

kike [kaɪk] *n US Fam RP* ruso(a) *m,f*, = término ofensivo para referirse a los judíos

kill [kɪl] **1** *n (animals killed)* presas *fpl*, caza *f*; *Fig* **to be in at the k.** no perderse el desenlace

2 *vt* (**a**) *(person, animal)* matar; **twelve people were killed** resultaron muertas doce personas; **to k. oneself** matarse; *Fam Fig* **to k. oneself laughing** morirse de risa (**b**) *(pain)* acabar con; *(sound)* amortiguar; **the speech killed his chances of promotion** el discurso acabó con sus posibilidades de ascenso

(**c**) IDIOMS *Fam* **my feet/these shoes are killing me** los pies/estos zapatos me están matando; *Ironic* **don't k. yourself!** *(to sb not working very hard)* ¡cuidado, no te vayas a herniar!; *Fam* **this one'll k. you** *(of joke)* este es buenísimo; **to k. sb with kindness** pasarse de bueno(a) con alguien; **to k. two birds with one stone** matar dos pájaros de un tiro; *Journ* **to k. a story** = interrumpir la difusión de una noticia; **to k. time** matar el tiempo

3 *vi* matar; IDIOM **she was dressed to k.** iba imponente

▸**kill off** *vt sep* acabar con; **to k. off a character** *(in novel, TV series)* matar a un personaje

killer ['kɪlə(r)] *n* (**a**) *(murderer)* asesino(a) *m,f*; *Fig* **he lacks the k. instinct** *(of sportsman)* le falta garra para terminar con su contrincante ❑ ***k. whale*** orca *f* (**b**) *Fam (sth very difficult)* **those steps were a k.!** ¡esos escalones me han dejado muerto!; **the maths exam was a k.** el examen de matemáticas era matador (**c**) *Fam (sth very good)* **this one's a k.** *(joke)* este es buenísimo; **it has a k. plot** tiene un argumento de lo más *or* Esp la mar de interesante

killing ['kɪlɪŋ] **1** *n (of person)* asesinato *m*; *(of animals)* matanza *f*; *Fam* **to make a k.** *(financially)* forrarse de dinero

2 *adj* (**a**) *Fam (exhausting)* matador(ora) (**b**) *Fam (very amusing)* desternillante

killingly ['kɪlɪŋlɪ] *adv* **it was k. funny** era desternillante, era para morirse de risa

killjoy ['kɪldʒɔɪ] *n* aguafiestas *mf inv*

kiln [kɪln] *n* horno *m (para cerámica, ladrillos)*

kilo ['ki:ləʊ] (*pl* **kilos**) *n* kilo *m*

kilobyte ['kɪləbaɪt] *n Comptr* kilobyte *m*

kilocalorie ['kɪləkælərɪ] *n* kilocaloría *f*

kilogram(me) ['kɪləgræm] *n* kilogramo *m*

kilohertz ['kɪləhɜ:ts] *n* kilohercio *m*, kilohertz *m*

kilojoule ['kɪlədʒu:l] *n* kilojulio *m*

kilometre, *US* **kilometer** ['kɪləmi:tə(r), kɪ'lɒmɪtə(r)] *n* kilómetro *m*

kilometric [kɪlə'metrɪk] *adj* kilométrico(a)

kiloton ['kɪlətʌn] *n* kilotón *m*

kilovolt ['kɪləvəʊlt] *n* kilovoltio *m*

kilowatt ['kɪləwɒt] *n* kilovatio *m*

kilowatt-hour ['kɪləwɒt'aʊə(r)] *n* kilovatio-hora *m*; **1000 kilowatt-hours** 1000 kilovatios-hora

kilt [kɪlt] *n* falda *f* or *RP* pollera *f* escocesa

kilter ['kɪltə(r)] *n Fam* **out of k.** *(machine part)* descuajeringado(a), *Esp* escacharrado(a), *Méx* madreado(a); *(schedule)* manga por hombro; **to be out of k. with sth** estar desfasado(a) *or* andar desacompasado(a) en relación con algo

kimono [kɪ'məʊnəʊ] (*pl* **kimonos**) *n* quimono *m*, kimono *m*

kin [kɪn] *n Formal* parientes *mpl*, familiares *mpl*; **next of k.** parientes *mpl or* familiares *mpl* más cercanos(as); **are they k. with you?** ¿son parientes tuyos?

KIND[1] [kaɪnd] *n* (**a**) *(class, sort)* clase *f*, tipo *m*; **this k. of mistake is very common** este tipo de errores es muy común; **all kinds of...** toda clase *or* todo tipo de...; **in a k. of a way** en cierto sentido; **I never said anything of the k.!** ¡yo nunca dije nada parecido!; **nothing of the k.** nada por el estilo; **something of the k.** algo así; **well, it's coffee of a k., I suppose** bueno, es una especie de café; **the money was consolation of a k.** el dinero fue un pequeño consuelo; **we're two of a k.** estamos hechos de la misma pasta; **she's one of a k.** es única; **it's the only one of its k.** es único en su género; **I hate him and his k.** lo odio a él y a los de su calaña; **this is my k. of party!** ¡este es el estilo de fiestas que me gusta!; **he's that k. of person** es de esa clase de personas, él es así; **we don't have that k. of money** no tenemos ese dinero; **is this the k. of thing you're looking for?** ¿estás buscando algo así?; **what k. of a meal do you call this?** ¿a esto le llamas comida?; **what k. of a parent would abandon their child?** ¿qué clase de padre abandonaría a su hijo?; **I'm not the marrying k.** yo no soy de los que se casan; **she's not the k. to complain** no es de las que se quejan

(**b**) *Fam* **you look k. of tired** pareces como cansado; **I was k. of surprised to find you here** la verdad es que me sorprendió bastante encontrarte aquí; **she's k. of cute** es bastante mona; **I k. of expected this** me esperaba algo así, me lo temía; **I was k. of hoping you'd come with me** la verdad es que esperaba que vinieras conmigo; **do you like it? — k. of** ¿te gusta? – vaya *or* más o menos; **it was a k. of saucer-shaped thing** era una especie de objeto con forma de plato

(**c**) **in k.** *adj (payment)* en especie

(**d**) **in k.** *adv* **to pay sb in k.** pagar en especie; *Fig* **to answer/react in k.** responder con la misma moneda

kind[2] *adj* amable; **k. words** palabras *fpl* amables; **to be k. to sb** ser amable con alguien; **it's very k. of you (to help us)** es muy amable de tu parte (ayudarnos); *Formal* **would you be k. enough to** *or* **so k. as to...?** ¿le importaría...?; **k. to the skin** *(on detergent, soap package)* no irrita la piel; **by k. permission of...** con el consentimiento de...

kinda ['kaɪndə] *Fam* = **kind of**

kindergarten ['kɪndəgɑ:tən] *n* jardín *m* de infancia, guardería *f*

kind-hearted ['kaɪnd'hɑ:tɪd] *adj* bondadoso(a)

kindle ['kɪndəl] *vt (flame, fire)* encender, *Am* prender; *Fig (emotions)* despertar

kindliness ['kaɪndlɪnɪs] *n* amabilidad *f*

kindling ['kɪndlɪŋ] *n* leña *f* (menuda)

kindly ['kaɪndlɪ] **1** *adv* amablemente; *(nobly)* generosamente; **to speak k. of sb** hablar bien de alguien; *Formal* **(would you) k. be quiet!** ¿serías tan amable de callarte?; **she didn't take k. to being criticized** no se tomaba bien las críticas

2 *adj* amable

kindness ['kaɪndnɪs] *n* amabilidad *f*; **to show k. to sb** mostrarse amable con alguien; **to do sb a k.** hacer un favor a alguien; *Formal* **would you have the k. to...?** ¿tendría la bondad de...?; **she did it out of the k. of her heart** lo hizo desinteresadamente

kindred ['kɪndrɪd] *adj* por el estilo; **k. spirits** almas *fpl* gemelas

kinetic [kɪ'netɪk] *adj* cinético(a) ❑ ***k. art*** arte *m* cinético; *Phys* ***k. energy*** energía *f* cinética

kinfolk *US* = **kinsfolk**

king [kɪŋ] *n* (**a**) *(of country, in cards, chess)* rey *m*; *(in draughts)* dama *f*; **the three Kings** *(in the Bible)* los Reyes Magos; **the k. of the beasts** el rey de la selva; **the k. of the castle** el dueño y señor; **k. of the mountains** *(in cycling)* rey *m* de la montaña; **for k. and country** por la patria ❑ ***K. Charles spaniel*** King Charles spaniel *m*; ***k. cobra*** cobra *f* real; ***k. crab***

cacerola *f or* cangrejo *m* de las Molucas, límulo *m*; ***k. penguin*** pájaro *m* bobo, pingüino *m* real; ***k. prawn*** langostino *m*; ***a k.'s ransom*** un dineral
(**b**) *Br Law* ***K.'s Bench*** = división del tribunal supremo británico; ***K.'s Counsel*** = abogado británico de alto rango; ***K.'s evidence:*** **to turn K.'s evidence** = inculpar a un cómplice ante un tribunal a cambio de recibir un trato indulgente

kingdom ['kɪŋdəm] *n* (**a**) *(realm)* reino *m*; **the k. of Heaven** el Reino de los Cielos; **the animal/plant k.** el reino animal/vegetal (**b**) IDIOMS *Fam* **till k. come** hasta el día del Juicio Final; *Fam* **to send sb to k. come** mandar a alguien al otro mundo

kingfisher ['kɪŋfɪʃə(r)] *n* martín *m* pescador

kingly ['kɪŋlɪ] *adj* regio(a); **to behave in a k. manner** comportarse con modales dignos de un rey or con aire regio

kingmaker ['kɪŋmeɪkə(r)] *n* hombre *m* fuerte, persona *f* influyente

kingpin ['kɪŋpɪn] *n (of organization, company)* eje *m*

kingship ['kɪŋʃɪp] *n (state, dignity)* realeza *f*; *(office)* reinado *m*

king-size(d) ['kɪŋ'saɪz(d)] *adj* (de) tamaño gigante; *(bed)* extragrande; *(cigarette)* extralargo(a)

kink [kɪŋk] *n* (**a**) *(in wire, rope)* retorcimiento *m*; *(in hair)* rizo *m*, rulo *m* (**b**) *(in character)* manía *f*

kinky ['kɪŋkɪ] *adj* (**a**) *(hair)* rizado(a), *Chile, Col* crespo(a), *Méx* quebrado(a), *RP* enrulado(a) (**b**) *Fam (person)* aberrante, pervertido(a); *(erotic, pornographic)* erótico(a)

kinsfolk ['kɪnzfəʊk], *US* **kinfolk** ['kɪnfəʊk] *npl* parientes *mpl*

kinship ['kɪnʃɪp] *n (family relationship)* parentesco *m*; *(affinity)* afinidad *f* (**with** con)

kinsman ['kɪnzmən] *n Literary* pariente *m*

kinswoman ['kɪnzwʊmən] *n Literary* pariente *f*

kiosk ['ki:ɒsk] *n* quiosco *m*, kiosco *m*

kip [kɪp] *Br Fam* **1** *n (sleep)* sueño *m*; **to have a k.** echar un sueño; **to get some k.** dormir algo
2 *vi (pt & pp* **kipped**) *(sleep)* dormir

▸**kip down** *vi Br Fam* pasar la noche, (quedarse a) dormir

kipper ['kɪpə(r)] *n* arenque *m* ahumado

kir [kɪə(r)] *n* = bebida a base de vino blanco y casis

Kirg(h)izia [kɜ:'gi:zɪə], **Kirg(h)izstan** [kɜ:gɪz'stæn] *n* Kirguizistán

Kiribati [kɪrɪ'bætɪ] *n* Kiribati

kirk [kɜ:k] *n Scot* iglesia *f*; **the K.** la Iglesia de Escocia

kirsch [kɪəʃ] *n* kirsch *m*

kiss [kɪs] **1** *n* (**a**) *(with lips)* beso *m*; **to give sb a k.** dar un beso a alguien; **to give sb the k. of life** hacer el boca a boca a alguien; IDIOM **the news was the k. of death for the project** la noticia dio el golpe de gracia al proyecto ▫ ***k. curl*** caracolillo *m (en la frente o la mejilla)* (**b**) *(in snooker, pool)* quite *m*, roce *m*
2 *vt* (**a**) *(with lips)* besar; **to k. sb goodbye/goodnight** dar un beso de despedida/de buenas noches a alguien; **you can k. your chances of promotion goodbye** ya puedes despedirte de tu ascenso; *Vulg* **to k. sb's arse** lamer el culo a alguien; *Vulg* **k. my arse!** *Esp* ¡anda y que te den por culo!, *Méx* ¡vete a la chingada!, *RP* ¡ándate a la puta que te parió! (**b**) *(touch lightly)* rozar
3 *vi* besarse; **to k. and make up** reconciliarse; **to k. and tell** = tener un lío con un/una famoso(a) y luego contárselo a la prensa

▸**kiss off** *vt sep US Fam* **to k. sb off** *(get rid of)* mandar a alguien a paseo; *(employee)* poner de patitas en la calle

kissable ['kɪsəbəl] *adj* **he's so k.** dan unas ganas tremendas de besarlo; **k. lips** labios *mpl* tentadores

kiss-and-tell [kɪsən'tel] *adj (journalism)* del corazón; **k. stories/revelations** historias fpl/secretos *mpl* de alcoba

kisser ['kɪsə(r)] *n Fam (mouth)* morros *mpl*, boca *f*

kissing ['kɪsɪŋ] *n* besos *mpl*; **there was a lot of k. and cuddling going on** no paraban de besarse y acariciarse ▫ ***k. gate*** puerta *f* en (forma de) V

kiss-off [kɪsɒf] *n US Fam* **to give sb the k.** *(get rid of)* mandar a alguien a paseo; *(employee)* poner de patitas en la calle

kissogram ['kɪsəgræm] *n* = servicio en el que se contrata a una persona para que felicite a otra dándole un beso

kit [kɪt] *n* (**a**) *Mil (equipment)* equipo *m* (**b**) *(sports clothes)* equipo *m* (**c**) *Br Fam (clothes)* **to get one's k. off** quedarse en pelotas (**d**) *(for assembly)* kit *m*, modelo *m* para armar; **to make sth from a k.** montar algo; **in k. form** para montar

▸**kit out** *vt sep* equipar (**with** con)

kitbag ['kɪtbæg] *n* petate *m*

kitchen ['kɪtʃɪn] *n* cocina *f* ▫ ***k. cabinet*** *(cupboard)* armario m de cocina; *Pol Fam* camarilla *f* de asesores; ***k. garden*** huerto *m*; ***k. knife*** cuchillo *m* de cocina; ***k. roll*** (rollo *m* de) papel *m* de cocina; ***k. sink*** fregadero *m*, *Chile, Col, Méx* lavaplatos *m*, *RP* pileta *f*; IDIOM *Fam* **he took everything but the k. sink** se llevó hasta el colchón; ***k. unit*** módulo *m* de cocina

kitchenette [kɪtʃɪ'net] *n* pequeña cocina *f*

kitchen-sink drama ['kɪtʃɪn'sɪŋk 'dræmə] *n* obra *f* de realismo social

kitchenware ['kɪtʃɪnweə(r)] *n* menaje *m*

kite [kaɪt] *n* (**a**) *(toy)* cometa *f*; *CAm, Méx* papalote *m*, *Chile* volantín *m*, *Par* pandorga *f*, *RP* barrilete *m* ▫ *Br* ***K. mark*** = marchamo oficial de calidad (**b**) *(bird)* milano *m* (**c**) IDIOMS **to fly a k.** lanzar un globo sonda (para tantear el terreno); *Fam* **go fly a k.!** ¡vete a freír churros *or* espárragos!; *Fam* **to be as high as a k.** ir como una moto

kith [kɪθ] *n Literary* **k. and kin** parientes y amigos *mpl*

kitsch [kɪtʃ] **1** *n* kitsch *m*
2 *adj* kitsch *inv*

kitschy ['kɪtʃɪ] *adj* kitsch *inv*

kitten ['kɪtən] *n (young cat)* gatito(a) *m,f*; IDIOM **she had kittens** *(was shocked)* le dio un soponcio

kittenish ['kɪtənɪʃ] *adj (woman)* coqueta, juguetona

kittiwake ['kɪtɪweɪk] *n* gaviota *f* tridáctila

kitty ['kɪtɪ] *n* (**a**) *Fam (cat)* gatito(a) *m,f*, minino(a) *m,f* (**b**) *(for bills)* fondo *m or* caja *f* común; *(for drinks)* fondo; *(in cards)* posturas *fpl*, puesta *f*

kiwi ['ki:wi:] *n* (**a**) *(bird)* kiwi *m* (**b**) *Fam* **K.** *(New Zealander)* neozelandés(esa) *m,f* (**c**) *(fruit)* **k. (fruit)** kiwi *m*

KKK [keɪkeɪ'keɪ] *n* (*abbr* **Ku Klux Klan**) KKK *m*

Klansman ['klænzmən] *n* miembro *m* del Ku Klux Klan

klaxon ['klæksən] *n Aut* bocina *f*, claxon *m*

Kleenex ['kli:neks] *n* kleenex® *m inv*, pañuelo *m* de papel

kleptomania [kleptə'meɪnɪə] *n* cleptomanía *f*

kleptomaniac [kleptə'meɪnɪæk] *n* cleptómano(a) *m,f*

klutz [klʌts] *n US Fam (stupid person)* bobo(a) *m,f*, *Esp* chorra *mf*; *(clumsy person)* torpe, *Esp* patoso(a) *m,f*

km (*abbr* **kilometre**) km *m*

kmph, km/h (*abbr* **kilometres per hour**) km/h *mpl*

knack [næk] *n* habilidad *f*, maña *f*; **to have the k. of** *or* **a k. for doing sth** tener habilidad *or* darse maña para hacer algo; **to get the k. of sth** pillarle *or Esp* cogerle *or Am* agarrarle el truco *or* el tranquillo a algo

knacker ['nækə(r)] *Br* **1** *n* (**a**) matarife *m* de caballos; **k.'s yard** matadero *m* de caballos (**b**) *very Fam* **knackers** *(testicles)* pelotas *fpl*, huevos *mpl*
2 *vt Fam* (**a**) *(exhaust)* dejar hecho(a) polvo *or* reventado(a) (**b**) *(break, wear out)* hacer polvo

knackered ['nækəd] *adj Br Fam* **to be k.** *(tired)* estar hecho(a) polvo *or* reventado(a); *(broken, damaged)* estar hecho(a) polvo

knapsack ['næpsæk] *n* mochila *f*

knave [neɪv] *n* (**a**) *(in cards) (English pack)* jota *f*; *(Spanish pack)* sota *f* (**b**) *Literary (scoundrel)* villano *m*

knavish ['neɪvɪʃ] *adj* vil, bribón(ona)

knead [ni:d] *vt (dough)* amasar; *(muscles)* masajear, dar un masaje a

knee [ni:] **1** *n* rodilla *f*; **to be on one's knees** estar arrodillado(a) *or* de rodillas; **to go down on one's knees** arrodillarse, ponerse de rodillas; *Fig* **to bring sb to his knees** hacer que alguien hinque la rodilla *or* se arrodille; *Fig* **to bring the country to its knees** *(of strike, blockade)* doblegar al país, llevar al país a una situación catastrófica ▫ ***k. joint*** articulación *f* de la rodilla
2 *vt (hit with knee)* dar un rodillazo a

kneecap ['ni:kæp] **1** *n* rótula *f*

2 *vt* (*pt & pp* **kneecapped**) **to k. sb** = dispararle una bala en la rodilla a alguien como castigo

knee-deep ['ni:'di:p] *adj* **she was k. in water** le llegaba el agua por la rodilla; *Fig* **she was k. in work** estaba hasta el cuello de trabajo

knee-high ['ni:'haɪ] *adj* hasta (la altura de) la rodilla; IDIOM *Fam* **when I was k. to a grasshopper** cuando era canijo

kneejerk ['ni:dʒɜ:k] *adj (reaction, response)* reflejo(a)

kneel [ni:l] (*pt & pp* **knelt** [nelt]) *vi (go down on one's knees)* arrodillarse, ponerse de rodillas; *(be on one's knees)* estar de rodillas

▸**kneel down** *vi* arrodillarse, ponerse de rodillas

knee-length ['ni:leŋθ] *adj* hasta la rodilla

kneepad ['ni:pæd] *n* rodillera *f*

knees-up ['ni:zʌp] *n Br Fam* pachanga *f*, juerga *f*

knee-trembler ['ni:tremblə(r)] *n Br very Fam* polvo *m* de pie

knell [nel] *n Literary* tañido *m* fúnebre, toque *m* de difuntos; *Fig* **to toll the (death) k. for sb/sth** suponer el (principio del) fin para alguien/algo

knelt [nelt] *pt & pp of* **kneel**

knew [nju:] *pt of* **know**

knickerbocker glory ['nɪkəbɒkə-'glɔ:rɪ] *n* = copa de helado con fruta y *Esp* nata *or Am* crema

knickerbockers ['nɪkəbɒkəz], *US* **knickers** ['nɪkəz] *npl* bombachos *mpl*

knickers ['nɪkəz] **1** *npl* (**a**) *Br (underwear)* bragas *fpl*, braga *f*, *Chile, Col, Méx* calzones *mpl*, *Col* blúmers *mpl*, *Ecuad* follones *mpl*, *RP* bombacha *f*; IDIOM *Fam* **he got his k. in a twist** *(angry)* se salió de sus casillas; *(agitated)* se puso hecho un manojo de nervios (**b**) *US* = **knickerbockers**

2 *exclam Br* ¡bobadas!

knick-knack ['nɪknæk] *n Fam* chuchería *f*, baratija *f*

knife [naɪf] **1** *n* (*pl* **knives** [naɪvz]) (**a**) *(cutlery, weapon)* cuchillo *m*; *(penknife)* navaja *f* ▫ ***k. block*** taco *m or* tajo *m* portacuchillos; ***k. fight*** pelea *f* con navajas; *Elec* ***k. switch*** interruptor *m* de cuchilla; ***k. sharpener*** afilador *m* de cuchillos; ***k. wound*** puñalada *f*, cuchillada *f*

(**b**) IDIOMS **the knives are out for the Prime Minister** el primer ministro tiene los días contados; *Fam* **to go under the k.** *(have operation)* ser operado(a), pasar por (el) quirófano; **to go through sth like a k. through butter** penetrar algo con facilidad; **to have one's k. into sb** tenérsela jurada a alguien; **to stick the k. in** ensañarse

2 *vt (stab)* apuñalar, acuchillar

knife-edge ['naɪfedʒ] *n Fig* **he has been on a k. all day** *(nervous)* ha estado todo el día con los nervios de punta; *Fig* **the situation/the game is balanced on a k.** la situación/el partido pende de un hilo

knife-point ['naɪfpɔɪnt] *n* **to be robbed at k.** ser robado(a) a punta de cuchillo

knifing ['naɪfɪŋ] *n* apuñalamiento *m*, acuchillamiento *m*

knight [naɪt] **1** *n (person)* caballero *m*; *(in chess)* caballo *m*; *Fig* **k. in shining armour** salvador *m* ▫ *Literary* ***k. errant*** caballero *m* andante

2 *vt* ordenar caballero a

knighthood ['naɪthʊd] *n (title)* título *m* de caballero

knit [nɪt] (*pt & pp* **knitted** *or* **knit**) **1** *vt (sweater)* tejer; **to k. one's brows** fruncir el ceño

2 *vi* (**a**) *(with wool)* hacer punto (**b**) *(of broken bones)* soldarse

3 *adj* **closely k.** muy unido(a)

▸**knit together** *vi (of broken bones)* soldarse

knitted ['nɪtəd] *adj* de punto

knitting ['nɪtɪŋ] *n (item produced)* (labor *f* de) punto *m*, calceta *f*; **have you finished your k.?** ¿has terminado de hacer punto? ▫ ***k. machine*** tricotosa *f*; ***k. needle*** aguja *f* de punto

knitwear ['nɪtweə(r)] *n* prendas *fpl* de punto

knob [nɒb] **1** *n* (**a**) *(on banisters, door, drawer)* pomo *m*; *(on cane)* empuñadura *f*, puño *m*; IDIOM *Br Fam* **the same to you with knobs on!** y tú más, *Esp* me rebota (y en tu culo explota), *Méx* soy un espejo y me reflejo (**b**) *(on radio)* botón *m*, mando *m* (**c**) *(lump)* **a k. of butter** una nuez de mantequilla *or RP* manteca (**d**) *Br very Fam (penis)* verga *f*, pijo *m*

2 *vt Br very Fam (have sex with)* chingar *or Am* coger con

knobbly ['nɒblɪ] *adj* nudoso(a); **k. knees** rodillas *fpl* huesudas

knock [nɒk] **1** *n* (**a**) *(blow)* golpe *m*; **there was a k. at the door** se oyó un golpe en la puerta

(**b**) *(to sb's pride, chances)* revés *m*; **to take a k.** sufrir un serio revés

2 *vt* (**a**) *(hit)* golpear; **to k. sb to the ground** tumbar a alguien *(a golpes)*; **to k. sb unconscious** dejar a alguien inconsciente; IDIOM **to k. sb for six** dejar a alguien de piedra; **to k. one's head against sth** golpearse la cabeza contra algo; **to k. a hole in sth** abrir un agujero de un golpe en algo; **to k. holes in an argument** echar por tierra un argumento; **to k. some sense into sb** meter un poco de sentido común en la cabeza a alguien; IDIOM *Fig* **to k. sth/sb into shape** poner algo/a alguien a punto; IDIOM *Fam* **to k. sb sideways** dejar a alguien de piedra; IDIOM *Fam* **to k. spots off sb** darle cien o mil vueltas a alguien; IDIOM *Fam* **k. 'em dead** ¡valor y al toro!, ¡a por ellos!

(**b**) *Fam (criticize)* criticar; **don't k. it (till you've tried it)!** ¡no le hagas tantos ascos (si no lo has probado)!

(**c**) *(damage)* **his confidence had been knocked** su confianza había sufrido un serio revés

3 *vi* (**a**) *(hit)* dar golpes; **please k. before entering** por favor, llamar antes de entrar; **to k. at the door** llamar a la puerta (con los nudillos); **to k. against sth** chocar con *or* contra algo; **to k. on the window** dar golpes *or* golpear en la ventana; **his knees were knocking** le temblaban las rodillas (**b**) *(of engine)* golpetear

▸**knock about, knock around 1** *vt sep* (**a**) *(person)* maltratar, pegar; **the furniture has been badly knocked about** *or* **around** los muebles están muy maltratados (**b**) *Fam (idea, suggestion)* dar vueltas a

2 *vt insep Fam* **she knocked about** *or* **around Australia for a few years** se ha movido mucho por Australia durante unos cuantos años; **are my keys knocking about** *or* **around the kitchen somewhere?** ¿están *or* andan mis llaves por la cocina?, ¿has visto mis llaves por la cocina?

3 *vi Fam* **to k. about** *or* **around with sb** ir *or* andar con alguien; **they knocked about** *or* **around together at school** en la escuela iban juntos; **has anyone seen my keys knocking about** *or* **around?** ¿ha visto alguien mis llaves por ahí?

▸**knock back** *vt sep Fam* (**a**) *(swallow)* **to k. back a drink** atizarse una copa (**b**) *(idea, proposal)* rechazar; **to k. sb back** dar calabazas a alguien (**c**) *(cost)* costar; **that must have knocked you back a bit!** ¡eso te ha tenido que costar un ojo de la cara *or* un dineral! (**d**) *(shock)* **she was knocked back by the news** la noticia le impactó muchísimo

▸**knock down** *vt sep* (**a**) *(pedestrian)* atropellar; *(boxer)* derribar (**b**) *(building)* derribar (**c**) *(price)* rebajar; **I knocked her down to £30** conseguí que me lo dejara en 30 libras

▸**knock off 1** *vt sep* (**a**) *(cause to fall off)* tirar; **he was knocked off his bike by a car** un coche lo tiró de la bicicleta; *Fam* **to k. sb's head** *or* **block off** romperle la cabeza a alguien

(**b**) *Fam (deduct) (point, mark)* quitar, *Am* sacar; **I managed to get something knocked off the price** conseguí que me rebajaran algo el precio

(**c**) *very Fam (steal)* mangar; **to k. off a bank/a jeweller's** dar un golpe en un banco/una joyería

(**d**) *Fam (kill)* asesinar a, *Esp* cepillarse a (**e**) *Fam* **k. it off!** *(stop it)* ¡basta ya!

(**f**) *Fam (produce quickly) (letter, report, song)* despachar

2 *vi (finish work)* terminar de trabajar

▸**knock out** *vt sep* (**a**) *(make unconscious)* dejar sin sentido; *(in boxing match)* dejar fuera de combate; *Fam* **to k. sb's brains/teeth out** partirle la cabeza/la boca a alguien; *Fam Fig* **I was knocked out by the special effects** los efectos especiales me dejaron alucinado (**b**) *(eliminate from competition)* eliminar (**c**) *(power supply, enemy artillery)* inutilizar

▸**knock over** *vt sep (pedestrian)* atropellar; *(boxer)* derribar; *(container, table)* volcar

▸**knock together** *vt sep Fam (meal, report, speech)* improvisar, preparar a toda prisa *or Am* apuradamente

▸**knock up 1** *vt sep* (**a**) *(make hastily)*

improvisar (**b**) *very Fam (make pregnant)* dejar preñada a

2 *vi (in tennis)* pelotear

knockabout ['nɒkəbaʊt] **1** *n* astracanada *f*

2 *adj (comedy, comedian)* bullanguero(a)

knock-back ['nɒkbæk] *n Fam (refusal)* patada *f* en el trasero, negativa *f*

knockdown ['nɒkdaʊn] *adj Fam (argument)* contundente, *Esp* impepinable; **at a k. price** a un precio de risa

knocker ['nɒkə(r)] *n* (**a**) *(on door)* llamador *m*, aldaba *f* (**b**) *very Fam* **knockers** *(breasts) Esp* domingas *fpl*, *Méx* chichís *fpl*, *RP* lolas *fpl*

knock-for-knock agreement ['nɒkfənɒkə'gri:mənt] *n (in car insurance)* = acuerdo amistoso entre aseguradoras automovilísticas

knocking ['nɒkɪŋ] *n* (**a**) *(at door, window)* golpes *mpl* (**b**) *(of engine)* golpeteo *m* (**c**) *Br very Fam* ***k. shop*** prostíbulo *m*, burdel *m*

knock-kneed ['nɒk'ni:d] *adj* patizambo(a)

knock-on effect ['nɒkɒnɪ'fekt] *n* efecto *m* dominó

knockout ['nɒkaʊt] **1** *n* (**a**) *(in boxing)* K.O. *m*, fuera de combate *m*; *Fig (to chances)* golpe *m* de gracia (**b**) *Fam* **he's/she's a k.** *(attractive)* está imponente

2 *adj* (**a**) **k. blow** *(in boxing)* golpe *m* que pone fuera de combate; *Fig* **to deliver the k. blow** *(to chances)* asestar el golpe de gracia (**b**) *(in sport)* **a k. competition** una *Esp* competición *or Am* competencia por eliminatorias

knock-up ['nɒkʌp] *n (in tennis)* peloteo *m*

knoll [nɒl] *n* loma *f*, altozano *m*

knot [nɒt] **1** *n* (**a**) *(in rope, string)* nudo *m*; *(in ribbon)* lazo *m*, lazada *f*; **to tie/untie a k.** atar/desatar un nudo, hacer/deshacer un nudo; IDIOM *Fam* **to tie the k.** *(get married)* casarse; *Fam* **to tie oneself in knots** hacerse un lío enorme (**b**) *(in wood)* nudo *m* (**c**) *Naut (unit of speed)* nudo *m*; *Fam* **at a rate of knots** a toda máquina (**d**) *(group of people)* corro *m*

2 *vt* (*pt & pp* **knotted**) *(piece of string)* anudar, atar

knotgrass ['nɒtgrɑ:s] *n* centinodia *f*, correhuela *f*

knothole ['nɒthəʊl] *n* hueco *m* (de un nudo) en la madera

knotted ['nɒtɪd] *adj* (**a**) *(handkerchief, rope)* con nudos; *(hair)* enredado(a), enmarañado(a) (**b**) *Br very Fam* **get k.!** ¡vete al cuerno!, *Esp* ¡que te den!

knotty ['nɒtɪ] *adj Fam (problem)* espinoso(a)

KNOW [nəʊ] **1** *n Fam* **to be in the k.** estar enterado(a), *Esp* estar en el ajo

2 *vt* (*pt* **knew** [nju:], *pp* **known** [nəʊn]) (**a**) *(be acquainted with)* conocer; **to get to k. sb** conocer a alguien; **it took a while for me to get to k. them** me llevó tiempo conocerlos bien; **she had long hair when I first knew her** cuando la conocí tenía el pelo largo; **do you k. Miami?** ¿conoces Miami?; *Literary* **I have never known true love** nunca he conocido el verdadero amor; **I've never known anything like it** nunca he visto nada igual; **I've never known him to be shy** nunca le he visto comportarse con timidez; **she has been known to lose her temper** en alguna ocasión ha perdido los estribos; **the end of life as we k. it** el final de la vida tal y como la conocemos; **I k. her only as a colleague** sólo la conozco del trabajo; **I k. him better than to believe he'd say such a thing** lo conozco lo suficiente como para saber que él nunca diría una cosa así; **to k. sb by name/sight** conocer a alguien de nombre/vista; **I k. her for a hard worker** sé que es una buena trabajadora; **I k. him to say hello to** lo conozco de hola y adiós nada más; **knowing HIM...** conociéndolo...; **knowing my luck...** con la suerte que tengo...; **I had a call from you k. who** me llamó quien tú ya sabes

(**b**) *(have knowledge of)* saber; **to k. (that)...** saber que...; **to k. the answer** saber la respuesta; **to k. Spanish** saber español; **to k. a lot/very little about sth** saber mucho/muy poco de algo; **she knows what she is talking about** sabe de lo que está hablando; **he thinks he knows it all** *or* **everything** se cree que lo sabe todo; **she knows all there is to k. about the subject** lo sabe todo del tema; **to k. how to do sth** saber hacer algo; **this substance is known to cause cancer** se sabe que esta sustancia produce cáncer; **we k. her to be a Russian agent** sabemos que es una agente rusa; **I knew it, I could have told you he'd say that!** ¡lo sabía, sabía que diría eso!; **that's not true and you k. it** eso no es verdad y tú lo sabes (perfectamente); *Fam* **don't I k. it!** ¡dímelo a mí!, ¡a mí me lo vas a decir!; **I don't k. that that's a very good idea** no estoy seguro de que sea una buena idea; **before you k. where you are, the next thing you k.** en un abrir y cerrar de ojos, antes de que puedas decir esta boca es mía; **for all I k., he could be dead** por lo que sé, podría haber muerto; **to k. sth backwards** saberse algo al dedillo; **to k. sth for a fact** saber algo a ciencia cierta; **to k. one's own mind** tener las ideas claras; **she knows her place** sabe cuál es su sitio; *Fam* **to k. a thing or two** saber alguna que otra cosa, saber un rato; **I don't k. the first thing about genetics** no tengo ni la más mínima idea de genética; **he knows his way around the office** conoce bien la oficina; **you'll keep away from him if you k. what's good for you** si sabes lo que te conviene, aléjate de él; **he knows what's what** tiene la cabeza sobre los hombros, **heaven** *or* **God (only)** *or* **goodness knows!** ¡sabe Dios!; **I might have known I'd find you here!** ya sabía que te encontraría aquí; **there's no knowing how they'll react** no hay manera de saber cómo van a reaccionar; **what do they k., anyway?** ¡qué sabrán ellos!; *Fam Hum* **what do you k.?, waddaya k.?** ¡anda, mira!, ¡hombre, qué sorpresa!; *Fam* **(do) you k. Mike? he was in a car crash** ¿te acuerdas de Mike? Ha tenido un accidente de coche; *Fam* **(do) you k. what? I think he may be right** ¿sabes qué te digo? que puede que tenga razón; *Fam* **she's a bit slow, (you) k. what I mean?** es un poco corta, tu ya me entiendes...

(**c**) *(recognize, distinguish)* distinguir, reconocer; **I knew her by her walk** la distinguí *or* la reconocí por su forma de andar; **I'd k. her anywhere** la reconocería a la legua; **he knows a good business opportunity when he sees one** sabe reconocer un buen negocio (cuando lo tiene delante); *Fam* **she wouldn't k. a good wine if it hit her in the face** *or* **if she fell over one** no tiene ni la más remota idea de vino; **to k. right from wrong** distinguir lo bueno de lo malo; **my joy knows no bounds** mi alegría no tiene límites

3 *vi* (**a**) *(in general)* saber; **he's not very clever — I k.** no es muy inteligente – ya lo sé; **maybe Peter will k.** quizá Peter lo sepa; **what's her name? — I don't k.** ¿cómo se llama? – no (lo) sé; **it has been a hard week — I k.** *(expressing agreement)* ha sido una semana muy dura – ¡desde luego!; **I k., why don't we go to the cinema?** ya sé, ¿por qué no vamos al cine?; **I k., I k., I'm late again** ya lo sé, ya lo sé, otra vez llego tarde; *Fam* **I don't k., whatever is he going to do next?** de verdad, ¿qué se le ocurrirá ahora?; **she's not very friendly — oh, I don't k., I find her quite pleasant** no es muy simpática — no sé, a mí me parece muy agradable; **the insurance company didn't want to k.** la compañía de seguros se desentendió; **to k. about sth** saber de algo; **she had known about it all along** ella lo sabía desde el principio; **did you k. about Jerry?** ¿sabes lo de Jerry?; **I don't k. about you, but I'm going to bed** no sé tú (qué harás), pero yo me voy a la cama; **I k. all about hard work** ¡qué me vas a contar a mí de trabajo duro (que yo no sepa)!; **as** *or* **so far as I k.** que yo sepa; **how should I k.?** ¿cómo voy a saberlo yo?; **it's not easy, I should k.!** no es fácil, créeme; **if you must k., she's my sister** ya que insistes tanto, es mi hermana; **you never k.** nunca se sabe; **is this the killer? — I wouldn't k.** ¿es ése el asesino? – yo no sé nada; **to k. best** *or* **better** saber lo que hay que hacer; **he always thinks he knows best** *or* **better** siempre se cree que lo sabe todo; **you should k. better than that by now!** ¡a estas alturas ya podías saber que eso no se hace!; **she knew better than to ask again** como es lógico, no se le ocurrió volver a preguntar; **he doesn't k. whether he's coming or going** no sabe por dónde se anda, no sabe si va o viene; **I didn't k. whether to laugh or to cry** no sabía si reír o llorar

(**b**) *Fam* **you k. that old toilet which used to sit outside our house?** ¿te acuerdas *or Esp* sabes aquel viejo retrete que había a la puerta de casa?; **you shouldn't smoke so much, you k.** no deberías fumar tanto ¿sabes?; **I have been there before, you k.** yo he estado allí, ¿eh?; **it wasn't quite what I was expecting, you k.** en fin, no era lo que me esperaba; **I was walking along the street, you k., minding my own business,...** iba por la calle, o sea, a lo mío,...; **James, you k., my cousin...** James, sí hombre, mi primo...

▸**know of** *vt insep* saber de, conocer; **not that I k. of** que yo sepa, no; **to get to k. of sth** enterarse de algo

know-all ['nəʊɔ:l] *n Fam* sabihondo(a) *m,f*, sabelotodo *mf*

know-how ['nəʊhaʊ] *n Fam* conocimientos *mpl* prácticos; *Com* técnica *f*, conocimientos *mpl* técnicos

knowing ['nəʊɪŋ] **1** *n* **there's no k.** no hay manera de saber
2 *adj (look, smile)* cómplice, de complicidad

knowingly ['nəʊɪŋlɪ] *adv* (**a**) *(act)* a sabiendas (**b**) *(look, smile)* de forma cómplice, con complicidad

knowledge ['nɒlɪdʒ] *n* (**a**) *(awareness)* conocimiento *m*; **(not) to my k.** que yo sepa(, no); **to the best of my k.** por lo que yo sé; **I had no k. of it** no tenía conocimiento de ello; **to have full k. of sth** saber algo perfectamente; **it is common k. that...** todo el mundo sabe que..., de todos es sabido que...; *Formal* **it has come to our k. that...** ha llegado a nuestro conocimiento que...
(**b**) *(learning)* conocimientos *mpl*; **to have a k. of several languages** saber varios idiomas; **her k. is immense** tiene unos grandes conocimientos; PROV **k. is power** el poder llega por el conocimiento
(**c**) *Comptr* ***k. base*** base *f* de conocimientos

knowledge-based ['nɒlɪdʒbeɪst] *adj Comptr* ***k. system*** sistema *m* experto

knowledgeable ['nɒlɪdʒəbəl] *adj* entendido(a); **to be k. about sth** ser un (gran) entendido en algo

knowledgeably ['nɒlɪdʒəblɪ] *adv* con conocimiento, con erudición; **he speaks k. about music** habla de música con gran erudición

known [nəʊn] **1** *adj* conocido(a)
2 *pp of* **know**

knuckle ['nʌkəl] *n* (**a**) *(of finger)* nudillo *m*; *Fam Hum* **to give sb a k. sandwich** arrearle una castaña a alguien; IDIOM *Fam* **near the k.** *(of remark, joke)* rayano(a) en la vulgaridad, hiriente (**b**) *(of pork)* codillo *m*

▸**knuckle down** *vi Fam* **to k. down (to sth)** ponerse (a algo) en serio

▸**knuckle under** *vi Fam* pasar por el aro, rendirse

knucklebone ['nʌkəlbəʊn] *n* (**a**) *Anat* falange *f* (**b**) *Culin* hueso *m* de codillo

knuckle-duster ['nʌkəldʌstə(r)] *n* puño *m* americano

knucklehead ['nʌkəlhed] *n Fam* (pedazo *m* de) alcornoque *m*, cabeza *mf* de chorlito

KO ['keɪ'əʊ] *Fam* **1** *n* (*pl* **KO's** ['keɪ'əʊz]) *(in boxing)* K.O. *m*
2 *vt* (*pp & pt* **KO'd** ['keɪ'əʊd]) *(in boxing)* dejar fuera de combate, noquear

koala [kəʊ'ɑ:lə] *n* **k. (bear)** koala *m*

kohl [kəʊl] *n* kohl *m*

Komodo dragon [kə'məʊdəʊ'drægən] *n* dragón *m* de Komodo

kook [ku:k] *n US Fam* chiflado(a) *m,f*, *Esp* majara *mf*

kookaburra ['kʊkəbʌrə] *n* cucaburra *m* o *f*

kookie, kooky ['ku:kɪ] *adj US Fam* chiflado(a), *Esp* majara

kopek ['kəʊpek] *n (subdivision of rouble)* kopek *m*, copec *m*

Koran [kə'rɑ:n] *n* **the K.** el Corán

Koranic [kə'rænɪk] *adj* coránico(a)

Korea [kə'rɪə] *n* Corea; **North/South K.** Corea del Norte/del Sur

Korean [kə'rɪən] **1** *n* (**a**) *(person)* coreano(a) *m,f* (**b**) *(language)* coreano *m*
2 *adj* coreano(a); **the K. War** la guerra de Corea

korma ['kɔ:mə] *n Culin* = plato suave de la cocina india consistente en verduras o carne cocidas en su jugo y mezcladas con yogur

kosher ['kəʊʃə(r)] *adj* (**a**) *(in Judaism)* kosher, conforme a la ley judaica; **k. meat** carne *f* kosher (**b**) *Fam (legitimate)* legal

kowtow ['kaʊ'taʊ] *vi also Fig* **to k. to sb** inclinarse ante alguien

kph (*abbr* **kilometres per hour**) km/h

Kraut [kraʊt] *n Fam Esp* cabeza cuadrada *mf*, = término generalmente ofensivo para referirse a los alemanes

Kremlin ['kremlɪn] *n* **the K.** el Kremlin

krill [krɪl] (*pl* **krill**) *n* kril *m*

krona ['kreʊnə] *n* corona *f* (sueca)

krone ['kreʊnə] *n* corona *f* (danesa/noruega)

Krugerrand ['kru:gərænd] *n* krugerrand *m*, = moneda de oro sudafricana

krypton ['krɪptɒn] *n Chem* criptón *m*, kriptón *m*

KS (*abbr* **Kansas**) Kansas

Kt (**a**) (*abbr* **kiloton**) Kt, kilotón *m* (**b**) *Br* (*abbr* **knight**) caballero *m*

kudos ['kju:dɒs] *n* gloria *f*, renombre *m*

Ku Klux Klan [ku:klʌks'klæn] *n* Ku Klux Klan *m*

kumquat ['kʌmkwɒt] *n* naranjilla *f* china, kumquat *m*

kung fu [kʌŋ'fu:] *n* kung-fu *m*

Kurd [kɜ:d] *n & adj* kurdo(a) *m,f*

Kurdish ['kɜ:dɪʃ] **1** *n (language)* kurdo *m*
2 *adj* kurdo(a)

Kurdistan [kɜ:dɪ'stæn] *n* Kurdistán

Kuwait [kʊ'weɪt] *n* Kuwait

Kuwaiti [kʊ'weɪtɪ] *n & adj* kuwaití *mf*

kV (*abbr* **kilovolt**) kv, kilovoltio *m*

kvetch [kvetʃ] *vi US Fam (complain)* quejarse, dar la murga con quejas

kW (*abbr* **kilowatt**) kW

kWh (*abbr* **kilowatt-hour**) kWh

KY (*abbr* **Kentucky**) Kentucky

kybosh = **kibosh**

Kyoto [ki:'əʊtəʊ] *n* Kioto

L

L, l [el] *n* (**a**) *(letter)* L, l *f* (**b**) *Br Aut* **L-plate** placa *f* de la "L"

l (*abbr* **litre(s)**) l.

LA [el'eɪ] *n* (**a**) (*abbr* **Los Angeles**) Los Ángeles (**b**) (*abbr* **Louisiana**) Luisiana

la [lɑː] *n Mus* la *m*

Lab *Br Pol* (*abbr* **Labour**) laborista

lab [læb] *n Fam* (*abbr* **laboratory**) laboratorio *m* ▫ ***l. coat*** bata *f* blanca; ***l. technician*** técnico(a) *m,f* de laboratorio

label ['leɪbəl] **1** *n* (**a**) *also Fig* etiqueta *f* (**b**) *(of record company)* casa *f* discográfica, sello *m* discográfico

2 *vt* (*pt & pp* **labelled,** *US* **labeled**) *(parcel, bottle)* etiquetar; *(describe)* tildar de; **the bottle was labelled "poison"** la botella tenía una etiqueta que decía "veneno"; **to l. sb a liar** tildar a alguien de mentiroso(a)

labia ['leɪbɪə] *npl Anat* labios *mpl* (vulvares)

labial ['leɪbɪəl] *n & adj Ling* labial *f*

labiodental [leɪbɪəʊ'dentəl] *n & adj Ling* labiodental *f*

labor, labored *etc US* = **labour, laboured** *etc*

laboratory [lə'bɒrətrɪ] *n* laboratorio *m* ▫ ***l. assistant*** ayudante *mf* de laboratorio

Labor Day ['leɪbədeɪ] *n US* = día del trabajador en Estados Unidos, celebrado el primer lunes de septiembre

laborious [lə'bɔːrɪəs] *adj (work, explanation)* laborioso(a), arduo(a)

laboriously [lə'bɔːrɪəslɪ] *adv* laboriosamente, arduamente

labour, *US* **labor** ['leɪbə(r)] **1** *n* (**a**) *(work)* trabajo *m* ▫ ***l. camp*** campo *m* de trabajo

(**b**) *(workers)* mano *f* de obra, trabajadores *mpl* ▫ ***l. costs*** costos *mpl or Esp* costes *mpl* de mano de obra; ***l. dispute*** conflicto *m* laboral; *Br Formerly* ***l. exchange*** bolsa *f* de trabajo; ***l. force*** mano *f* de obra; ***l. market*** mercado *m* laboral *or* de trabajo; ***l. shortage*** escasez *f* de mano de obra

(**c**) *Br Pol* **L., the L. Party** el partido laborista

(**d**) *(task)* esfuerzo *m*, tarea *f*; **a l. of love** un trabajo hecho por amor al arte (**e**) *(childbirth)* parto *m*; **to be in l.** estar de parto ▫ ***l. pains*** dolores *mpl* del parto

2 *vt* **to l. a point** repetir lo mismo una y otra vez

3 *vi* (**a**) *(of person)* trabajar afanosamente (**at** *or* **over** en); **to l. in vain** trabajar en vano

(**b**) *(of engine)* funcionar con dificultad; **he laboured up the hill** subía la cuesta haciendo un gran esfuerzo; **to be labouring under a misapprehension/a delusion** tener un malentendido/una falsa ilusión

laboured, *US* **labored** ['leɪbəd] *adj (breathing)* fatigoso(a), trabajoso(a); *(style)* farragoso(a); *(joke)* pesado(a)

labourer, *US* **laborer** ['leɪbərə(r)] *n* obrero(a) *m,f*

labouring, *US* **laboring** ['leɪbərɪŋ] *adj* **he did a number of l. jobs** trabajó de obrero en varias ocasiones

labour-intensive, *US* **labor-intensive** ['leɪbərɪn'tensɪv] *adj* que absorbe mucha mano de obra

labour-saving, *US* **labor-saving** ['leɪbəseɪvɪŋ] *n* ***l. device*** aparato *m* que permite ahorrarse trabajo

labrador ['læbrədɔː(r)] *n (dog)* labrador *m*

laburnum [lə'bɜːnəm] *n* codeso *m*

labyrinth ['læbərɪnθ] *n* laberinto *m*

labyrinthine [læbə'rɪnθaɪn] *adj* laberíntico(a)

lace [leɪs] **1** *n* (**a**) *(cloth)* encaje *m*; **l. handkerchief** pañuelo *m* de encaje (**b**) *(of shoe)* cordón *m*

2 *vt* (**a**) *(shoes)* atar (los cordones de) (**b**) *(drink)* **to l. a drink** *(with alcohol)* echar un chorro de licor a una bebida; *(with drug)* echar un narcótico en una bebida; *(with poison)* adulterar una bebida; *Fig* **he laced his story with salacious details** aderezó el relato con detalles obscenos

▸**lace up 1** *vt sep* **to l. one's shoes up** atarse los zapatos

2 *vi (of shoes, corset)* atarse

lacerate ['læsəreɪt] *vt* lacerar

laceration [læsə'reɪʃən] *n* laceración *f*

lace-up ['leɪsʌp] **1** *n (shoe)* zapato *m* de cordones

2 *adj (shoe)* de cordones

lachrymal, lacrimal ['lækrɪməl] *adj Anat (gland)* lacrimal

lachrymose ['lækrɪməʊs] *adj Literary* lacrimoso(a)

lack [læk] **1** *n* falta *f*, carencia *f* (**of** de); **for l. of...** por falta de...; **not for l. of...** no por falta de...; **there was no l. of enthusiasm** había mucho entusiasmo; **it wasn't for l. of trying** y no es que no se intentase

2 *vt* carecer de; **he lacks confidence** carece de confianza

3 *vi* **time was lacking** faltaba tiempo; **she is lacking in confidence/experience** le falta confianza/experiencia; **they l. for nothing** no les falta (de) nada

lackadaisical [lækə'deɪzɪkəl] *adj* dejado(a)

lackey ['lækɪ] (*pl* **lackeys**) *n Pej* lacayo *m*

lacklustre, *US* **lackluster** ['læklʌstə(r)] *adj* deslucido(a)

laconic [lə'kɒnɪk] *adj* lacónico(a)

laconically [lə'kɒnɪklɪ] *adv* lacónicamente

lacquer ['lækə(r)] **1** *n* laca *f*

2 *vt* (**a**) *(furniture)* lacar, laquear (**b**) *(hair)* aplicar laca a

lacquered ['lækəd] *adj* (**a**) *(furniture)* lacado(a) (**b**) *(hair)* con laca

lacrimal = **lachrymal**

lacrosse [lə'krɒs] *n Sport* lacrosse *m*

lactate 1 *n* ['lækteɪt] *Biochem* lactato *m*

2 *vi* [læk'teɪt] *Physiol* segregar leche

lactation [læk'teɪʃən] *n Physiol* lactancia *f*

lactic acid ['læktɪk'æsɪd] *n* ácido *m* láctico

lactose ['læktəʊs] *n Biochem* lactosa *f*

lacuna [lə'kjuːnə] (*pl* **lacunae** [lə'kjuːniː] *or* **lacunas**) *n* laguna *f*

lacy ['leɪsɪ] *adj* de encaje

lad [læd] *n Fam (young man)* tipo, *Esp* tío *m*; *(boy)* chaval *m*, *Arg* pibe *m*, *CAm, Méx* chavo *m*; **the lads** *(friends)* los amiguetes, *Esp* los colegas, *Méx* los cuates; **come on, lads!** ¡vamos, *Esp* tíos *or Am* compadres!; **he's a bit of** *or* **quite a l.** es un *Esp* golfete *or Col, RP* indio *or Méx* gandalla; **he's one of the lads** es uno de los nuestros

ladder ['lædə(r)] **1** *n* (**a**) *(for clmbing)* escalera *f*; **the social l.** la escala social; *Fig* **to get one's foot on the l.** dar el primer paso; *Fig* **to reach the top of the l.** llegar a la cumbre (**b**) *(in stocking)* carrera *f*

2 *vt (stocking)* hacer una carrera en

3 *vi (of stocking)* hacerse una carrera

laddie ['lædɪ] *n Fam* muchacho *m*, *CAm, Méx* chavalo *m*

laddish ['lædɪʃ] *adj Br Fam Esp* golfete, *Col, RP* indio(a), *Méx* gandalla

laddishness ['lædɪʃnɪs] *n Br Fam* gamberrismo *m*, *Esp* macarradas *fpl*, *RP* salvajadas *fpl*

laden ['leɪdən] *adj* cargado(a) (**with** de)

la-di-da, lah-di-dah [lɑːdɪ'dɑː] *adj Fam Pej (accent, manner)* pijo(a), *Méx* fresa, *RP* fifí

ladies ['leɪdiːz] *n Br (lavatory)* servicio *m* de señoras, *Am* baño *m* de señoras, *Chile RP* toilette *f* de señoras

lading ['leɪdɪŋ] *n (cargo)* carga *f*

ladle ['leɪdəl] *n* cucharón *m*, cazo *m*

▸**ladle out** *vt sep (soup)* servir (con el cucharón); *Fig (sympathy, praise)* prodigar

lady ['leɪdɪ] *n* (**a**) *(woman)* señora *f*; *(in literature, of high status)* dama *f*; **a young l.** *(unmarried)* una señorita; *(married)* una (señora) joven; **an old l.** una señora mayor; **ladies and gentlemen!** ¡señoras y señores!; **he's a ladies' man** es un mujeriego ❑ ***ladies' fingers*** *(okra)* quingombó *m*, okra *f*; ***l. friend*** querida *f*, amiga *f*; ***the l. of the house*** la señora de la casa; ***l. of leisure*** mujer *f* ociosa; ***ladies' room*** servicio *m* de señoras, *Am* baño *m* de señoras, *Chile RP* toilette *f* de señoras
(**b**) *Rel* **Our L.** Nuestra Señora
(**c**) *(title)* **L. Browne** Lady Browne; **L. Luck** la diosa Fortuna; IDIOM *Fam* **she's acting like L. Muck** se porta como una señoritinga

ladybird ['leɪdɪbɜːd], *US* **ladybug** ['leɪdɪbʌg] *n* mariquita *f*

lady-in-waiting ['leɪdɪɪn'weɪtɪŋ] *n* dama *f* de honor

lady-killer ['leɪdɪkɪlə(r)] *n Fam* castigador *m*, casanova *m*

ladylike ['leɪdɪlaɪk] *adj* femenino(a), propio(a) de una señorita

ladyship ['leɪdɪʃɪp] *n* **her/your l.** su señoría

lag [læg] **1** *n* (**a**) *(gap)* intervalo *m*, lapso *m* (**b**) *very Fam (prisoner)* **old l.** presidiario *m*
2 *vt* (*pt & pp* **lagged**) *(pipes, boiler)* revestir con un aislante
3 *vi* **to l. (behind)** quedarse atrás

lager ['lɑːgə(r)] *n* cerveza *f (rubia)* ❑ *Br Fam* ***l. lout*** borracho *m* peligroso *or Esp* gamberro

laggard ['lægəd] *n* rezagado(a) *m,f*

lagging ['lægɪŋ] *n* *(on pipes, boiler)* revestimiento *m*

lagoon [lə'guːn] *n* laguna *f*

lah-di-dah = **la-di-da**

laid [leɪd] *pt & pp of* **lay**

laid-back [leɪd'bæk] *adj Fam* tranquilo(a), cachazudo(a)

lain [leɪn] *pp of* **lie²**

lair [leə(r)] *n* guarida *f*

laird [leəd] *n Scot* terrateniente *m*

laissez-faire [leseɪ'feə(r)] *adj* (**a**) *(in general)* permisivo(a) (**b**) *Econ* liberalista, no intervencionista

laity ['leɪɪtɪ] *n* **the l.** el sector laico, los seglares

lake [leɪk] *n* lago *m*; **the L. District, the Lakes** la Región de los Lagos *(en el noroeste de Inglaterra)* ❑ ***L. Geneva*** el Lago Leman

lakeside ['leɪksaɪd] *adj* a la orilla de un lago

La-la land ['lɑːlɑːlænd] *n US Fam* Los Ángeles

lam [læm] *US Fam* **1** *n (escape)* fuga *f*; **on the l.** en fuga, fugado(a)
2 *vt* (*pt & pp* **lammed**) *(thrash)* destrozar, *Esp* machacar

lamb [læm] *n* cordero *m*; *Rel* **L. (of God)** Cordero de Dios; **poor l.!** ¡pobrecillo!; **like lambs to the slaughter** como ovejas al matadero ❑ ***l. chop*** chuleta *f* de cordero; *Fam* ***l.'s tails*** candelillas *fpl or* amentos *mpl* del avellano

lambada [læm'bɑːdə] *n* lambada *f*

lambast [læm'bæst] *vt* vapulear

lambing ['læmɪŋ] *n* (tiempo *m* del) nacimiento *m* de los corderos

lambskin ['læmskɪn] *n* piel *f* de cordero

lambswool ['læmswʊl] **1** *n* lana *f* de cordero
2 *adj* de lana de cordero

lame [leɪm] **1** *adj* (**a**) *(person, animal)* cojo(a); **to be l.** *(permanently)* ser cojo(a); *(temporarily)* estar cojo(a); **to go l.** quedarse cojo(a) ❑ ***a l. duck*** *(business, organization)* un fracaso; *(person)* una nulidad; *US* **a l. duck president** un presidente saliente *(cuando ya ha sido elegido su sucesor)* (**b**) *(excuse, argument)* endeble, pobre
2 *vt* dejar cojo(a)

lamé ['lɑːmeɪ] *n* lamé *m*

lamebrain ['leɪmbreɪn] *n US Fam* idiota *mf*, *Esp* cenutrio(a) *m,f*

lamely ['leɪmlɪ] *adv (to apologize)* sin convicción

lameness ['leɪmnɪs] *n* cojera *f*

lament [lə'ment] **1** *n* (**a**) *(complaint)* lamento *m* (**b**) *Mus* canto *m* elegíaco, treno *m*
2 *vt* lamentar; **the late lamented Mr Jones** el llorado difunto Sr. Jones
3 *vi* lamentarse (**over** de)

lamentable [lə'məntəbəl] *adj* lamentable

lamentably [lə'məntəblɪ] *adj* lamentablemente

lamentation [læmən'teɪʃən] *n* lamentación *f*

laminate ['læmɪneɪt] **1** *n* laminado *m*
2 *vt* (**a**) *(glass)* laminar (**b**) *(paper, identity card)* plastificar

laminated ['læmɪneɪtɪd] *adj* (**a**) *(glass)* laminado(a); **the wood is l. with plastic** la madera está laminada en plástico (**b**) *(paper, identity card)* plastificado(a)

lamp [læmp] *n* lámpara *f*

lamplight ['læmplaɪt] *n* luz *f* de una lámpara

lamplighter ['læmplaɪtə(r)] *n Hist* farolero *m*

lampoon [læm'puːn] **1** *n* sátira *f*
2 *vt* satirizar

lamppost ['læmppəʊst] *n* farola *f*

lamprey ['læmprɪ] (*pl* **lampreys**) *n* lamprea *f*

lampshade ['læmpʃeɪd] *n* pantalla *f* (de lámpara)

lampstand ['læmpstænd] *n* pie *m* de lámpara

LAN [eleɪ'en] *n Comptr* (*abbr* **local area network**) red *f* de área local

lance [lɑːns] **1** *n (weapon)* lanza *f*
2 *vt Med* sajar, abrir con una lanceta

lance corporal ['lɑːns'kɔːpərəl] *n Mil* soldado *mf* de primera

lancer ['lɑːnsə(r)] *n (soldier)* lancero *m*

lancet ['lɑːnsɪt] *n (scalpel)* lanceta *f*

Lancs (*abbr* **Lancashire**) (condado *m* de) Lancashire

land [lænd] **1** *n* (**a**) *(in general)* tierra *f*; **by l.** por vía terrestre; **on l.** en tierra; **to live off the l.** vivir de la tierra ❑ *Mil* ***l. forces*** ejército *m* de tierra; ***l. reform*** reforma *f* agraria
(**b**) *(property)* tierras *fpl*, terrenos *mpl*; **get off my l.!** ¡fuera de mi propiedad! ❑ ***l. agent*** *(manager)* administrador(ora) *m,f* de fincas; *(seller)* agente *mf* inmobiliario(a); *US* ***l. bank*** banco *m* hipotecario
(**c**) *Literary (country)* tierra *f*; **he came from a distant l.** venía de una tierra lejana; **in a l. of milk and honey** en jauja; *Fam Hum* **he's still in the l. of the living** todavía está en el reino de los vivos; **in the l. of nod** en los brazos de Morfeo ❑ ***the l. of the Rising Sun*** la tierra del Sol Naciente
(**d**) *(countryside)* **to go back to the l.** volver a la vida rural
2 *vt* (**a**) *(passengers)* desembarcar; *(cargo)* descargar
(**b**) *(plane)* hacer aterrizar
(**c**) *(fish)* capturar
(**d**) *Fam (obtain)* agenciarse, conseguir
(**e**) *Fam (cause to end up)* **that will l. you in prison** eso hará que des con tus huesos en la cárcel; **to l. sb in it** poner a alguien en un serio aprieto, meter a alguien en un buen lío; **to l. oneself in it** meterse en un buen lío *or* una buena; **he was landed with the problem** le endosaron el problema
(**f**) *Fam (hit)* **I landed him one** le di *or Esp* aticé un buen tortazo
3 *vi* (**a**) *(of aircraft)* aterrizar, tomar tierra; *(arrive in boat)* desembarcar
(**b**) *(of gymnast, somebody falling)* caer; **to l. on one's feet** caer de pie; *Fig* **he always lands on his feet** las cosas siempre le salen bien; **if you l. on a red square** *(in board game)* si caes en una casilla roja; *Fig* **his letter landed on my desk** su carta apareció en mi mesa

▸**land up** *vi* ir a parar (**in** a)

▸**land with** *vt sep Fam* **he was landed with the problem/the children** le endosaron el problema/los niños

landed ['lændɪd] *adj* ***l. gentry*** aristocracia *f* terrateniente; ***the l. interest*** los intereses de los hacendados; ***l. proprietor*** terrateniente *mf*

landfall ['lændfɔːl] *n Naut* **to make l.** arribar a tierra

landfill site ['lændfɪl'saɪt] *n* vertedero *m* *(en el que se entierra la basura)*

landing ['lændɪŋ] *n* (**a**) *(of ship)* desembarco *m* ❑ ***l. card*** tarjeta *f* de inmigración; ***l. craft*** lancha *f* de desembarco; ***l. stage*** desembarcadero *m* (**b**) *(of plane)* aterrizaje *m* ❑ ***l. gear*** tren *m* de aterrizaje; ***l. lights*** luces *fpl* de aterrizaje; ***l. strip*** pista *f* de aterrizaje (**c**) *(of staircase)* descansillo *m*, rellano *m*

landing-field ['lændɪŋfiːld] *n Av* campo *m* de aterrizaje

landing-net ['lændɪŋnet] *n* salabardo *m*

landlady ['lændleɪdɪ] *n* (**a**) *(owner of rented accommodation)* casera *f*, dueña *f* (**b**) *(woman who runs boarding house, pub)* patrona *f*

landlocked ['lændlɒkt] *adj (country)* sin salida al mar, interior

landlord ['lændlɔːd] *n* (**a**) *(owner of rented accommodation)* casero *m*, dueño *m* (**b**) *(man who runs pub)* patrón *m* (**c**) *(landowner)* terrateniente *m*

landlubber ['lændlʌbə(r)] *n Old-fashioned or Hum* **to be a l.** ser de secano, ser un marinero de agua dulce

landmark ['lændmɑːk] *n (distinctive feature)* punto *m* de referencia, lugar *m* señero; *Fig (in history)* hito *m*; **l. decision** decisión *f* histórica; **l. judgement** juicio *m* histórico *or* decisivo

landmass ['lændmæs] *n* masa *f* terrestre

landmine ['lændmaɪn] *n* mina *f* terrestre

landowner ['lændəʊnə(r)] *n* terrateniente *mf*

landowning ['lændəʊnɪŋ] *adj* **the l. classes** la clase terrateniente

Landrover ['lændrəʊvə(r)] *n* Land Rover® *m*

landscape ['lændskeɪp] **1** *n* (**a**) *(land, painting)* paisaje *m* ❑ ***l. gardener*** paisajista *mf (jardinero)*; ***l. gardening*** jardinería *f* ornamental; ***l. painter*** paisajista *mf (pintor)* (**b**) *Comptr* **l. (orientation)** formato *m* apaisado

2 *vt* ajardinar

landslide ['lændslaɪd] *n* (**a**) *Geog* desprendimiento *m or* corrimiento *m* de tierras (**b**) *Pol* **to win by a l.** ganar por una mayoría abrumadora ❑ ***l. win*** *or* ***victory*** victoria *f* aplastante *or* abrumadora

landslip ['lændslɪp] *n* desprendimiento *m or* corrimiento *m* de tierras

landward ['lændwəd] *adj Naut* más cercano(a) a (la) tierra

landwards ['lændwədz] *adv Naut* hacia tierra

land-yacht ['lændjɒt] *n* velero *m* con ruedas

lane [leɪn] *n* (**a**) *(in country)* vereda *f*, camino *m*; *(in town)* callejón *m* (**b**) *(on road)* carril *m*; **traffic is reduced to two lanes** se ha limitado el tráfico a dos carriles (**c**) *(for runner, swimmer)* calle *f*

langoustine ['lɒŋgʊstiːn] *n* cigala *f*

language ['læŋgwɪdʒ] *n* (**a**) *(of a people)* idioma *m*, lengua *f*; *Fam Fig* **we don't talk the same l.** no hablamos el mismo idioma ❑ ***l. laboratory*** laboratorio *m* de idiomas; ***l. learning*** aprendizaje *m* de idiomas; ***l. teaching*** enseñanza *f* de idiomas (**b**) *(style of speech or writing)* lenguaje *m*; **you should have heard the l. they were using!** ¡tenías que haber oído el lenguaje que empleaban! (**c**) *Comptr* lenguaje *m*

languid ['læŋgwɪd] *adj* lánguido(a)

languidly ['læŋgwɪdlɪ] *adv* lánguidamente

languish ['læŋgwɪʃ] *vi* languidecer; **to l. in prison** pudrirse en la cárcel

languor ['læŋgə(r)] *n* languidez *f*

languorous ['læŋgərəs] *adj* lánguido(a)

lank [læŋk] *adj (hair)* lacio(a)

lanky ['læŋkɪ] *adj* larguirucho(a)

lanolin(e) ['lænəlɪn] *n* lanolina *f*

lantern ['læntən] *n* farol *m*; **l. jawed** demacrado(a)

lanyard ['lænjəd] *n* (**a**) *(cord worn round neck)* cordel *m* (**b**) *Naut* acollador *m*

Laos [laʊs] *n* Laos

Laotian ['laʊʃən] *n & adj* laosiano(a) *m,f*

lap¹ [læp] *n* (**a**) *(of person)* regazo *m*; **to sit on sb's l.** sentarse en el regazo de alguien ❑ ***l. belt*** cinturón *m* (de seguridad) abdominal (**b**) IDIOMS **it's in the l. of the gods** está en el aire; **he expects everything to fall into his l.** espera que todo le llueva del cielo; **to live in the l. of luxury** vivir a cuerpo de rey

lap² **1** *n (in race)* vuelta *f* ❑ ***l. of honour*** vuelta de honor

2 *vt (overtake)* doblar

lap³ *(pt & pp* **lapped**) **1** *vt* (**a**) *(of animal)* beber a lengüetadas (**b**) *(of waves)* lamer

2 *vi* (**a**) *(of animal)* beber a lengüetadas (**b**) **to l. against sth** *(of waves)* lamer algo

▸**lap up** *vt sep* (**a**) *(drink)* beberse a lengüetadas (**b**) *Fam (enjoy)* tragarse; **to l. it up** tragárselo *or* devorárselo todo

lap⁴ *n Cin* ***l. dissolve*** fundido *m* encadenado; *Constr* ***l. joint*** junta *f* de recubrimiento, junta a media madera

laparoscopy [læpə'rɒskəpɪ] *n Med* laparoscopia *f*

laparotomy [læpə'rɒtəmɪ] *n Med* laparotomía *f*

lapdog ['læpdɒg] *n* perrito *m* faldero

lapel [lə'pel] *n* solapa *f* ❑ ***l. badge*** insignia *f* de solapa

lapis lazuli ['læpɪs'læzjʊliː] *n Geol* lapislázuli *m*

Lapland ['læplænd] *n* Laponia

Laplander ['læplændə(r)] *n* lapón(ona) *m,f*

Lapp [læp] *n & adj* lapón(ona) *m,f*

lapse [læps] **1** *n* (**a**) *(of time)* lapso *m* (**b**) *(in behaviour)* desliz *m*; *(in standards)* bajón *m*; **a l. in concentration** un momento de distracción

2 *vi* (**a**) *(err)* tener un desliz; *(morally)* reincidir; **to l. into silence** sumirse en el silencio; **he soon lapsed back into his old ways** pronto volvió a las andadas (**b**) *(of permit, membership)* caducar, vencer

lapsed [læpst] *adj Rel* **a l. Catholic** un/una católico(a) no practicante

laptop ['læptɒp] *n Comptr* **l. (computer)** *Esp* ordenador *m or Am* computadora *f* portátil

lapwing ['læpwɪŋ] *n* avefría *f*

larceny ['lɑːsənɪ] *n Law* (delito *m* de) robo *m or* latrocinio *m*

larch [lɑːtʃ] *n* alerce *m*

lard [lɑːd] **1** *n (fat)* manteca *f* de cerdo *or* puerco *or Am* chancho, *RP* grasa *f*

2 *vt Fam Fig* **he larded his writings with quotations** sus escritos estaban recargados de citas

lard-arse ['lɑːdɑːs], *US* **lardass** ['lɑːrdæs] *n Vulg* gordinflas *mf inv*, *Esp* bola *f* de sebo

larder ['lɑːdə(r)] *n* despensa *f*

LARGE [lɑːdʒ] **1** *n* **to be at l.** andar suelto(a); **people/the public at l.** la gente/el público en general

2 *adj* (**a**) *(in size)* grande; **to grow** *or* **get larger** crecer; **to make sth larger** agrandar algo; **as l. as life** en persona; **larger than life** singular, que se sale de la norma ❑ ***l. intestine*** intestino *m* grueso

(**b**) *(extensive, significant)* **to a l. extent** en gran medida; **a l. part of my job involves...** gran parte de mi trabajo implica...

(**c**) **by and l.** *adv* en general

Note that the Spanish word **largo** is a false friend and is never a translation for the English word **large**. In Spanish **largo** means "long"

largely ['lɑːdʒlɪ] *adv (to a great extent)* en gran medida; *(mostly)* principalmente

Note that the Spanish word **largamente** is a false friend and is never a translation for the English word **largely**. In Spanish **largamente** means both "for a long time" and "easily"

large-scale ['lɑːdʒ'skeɪl] *adj* a gran escala

largesse [lɑː'ʒes] *n* magnanimidad *f*

largish ['lɑːdʒɪʃ] *adj* más bien grande

lariat ['lærɪət] *n US* lazo *m (para ganado)*

lark¹ [lɑːk] *n (bird)* alondra *f*; **to be up/rise with the l.** levantarse con el gallo

lark² *n (joke)* broma *f*; **to do sth for a l.** hacer algo por diversión; **what a l.!** ¡qué divertido!; *Fam* **I don't like this fancy dress l.** no me gusta este asunto *or Esp* rollo *or Carib, Col, Ecuad* esta vaina de la fiesta de disfraces

▸**lark about, lark around** *vi* trastear, jugar

larva ['lɑːvə] *(pl* **larvae** ['lɑːviː]) *n* larva *f*

laryngitis [lærɪn'dʒaɪtɪs] *n* laringitis *f inv*

larynx ['lærɪŋks] *n* laringe *f*

lasagne [lə'sænjə] *n* lasaña *f*

lascivious [lə'sɪvɪəs] *adj* lascivo(a)

laser ['leɪzə(r)] *n* láser *m* ❑ ***l. beam*** rayo *m* láser; ***l. disc*** láser disc *m*; *Comptr* ***l. printer*** impresora *f* láser; *Med* ***l. surgery*** cirugía *f* con láser

lash [læʃ] **1** *n* (**a**) *(eyelash)* pestaña *f* (**b**) *(blow with whip)* latigazo *m*

2 *vt* (**a**) *(with whip)* azotar; **to l. (against) sth** *(of rain, waves)* azotar algo (**b**) *(tie)* amarrar (**to** a) (**c**) *Fam (criticize)* emprenderla con, *Méx* viborear a, *RP* dejar por el piso a

3 *vi* **the rain** *or* **it was lashing down** caían chuzos *or RP* soretes de punta

▸**lash out** *vi* (**a**) **to l. out at sb** *(physically)* atacar *or* agredir a alguien; *(verbally)* arremeter contra alguien (**b**) *Fam (spend extravagantly)* tirar *or Am* botar la casa por la ventana

lashings ['læʃɪŋz] *npl Fam Old-fashioned (lots)* **l. of** un montón de

lass [læs] *n* chica *f*, muchacha *f*

lassitude ['læsɪtjuːd] *n Formal* lasitud *f*

lasso [læ'suː] **1** *n (pl* **lassos** *or* **lassoes**) lazo *m (para ganado)*

2 *vt* capturar con lazo

LAST[1] [lɑːst] **1** *n* **the l.** el último, *f* la última; **the l. but one** el/la penúltimo(a); **the l. but three** el/la cuarto(a) empezando por el final; **the night before l.** anteanoche; **the week before l.** hace dos semanas; **the time before l.** la penúltima vez; **that's the l. I saw of him** fue la última vez que lo vi; **that's the l. of the wine** es lo último que quedaba del vino; **the l. I heard, she was working as a waitress** lo último que sé es que estaba trabajando de camarera; **we'll never hear the l. of it** nos lo recordará eternamente; **you haven't heard the l. of this!** ¡esto no va a quedar así!; **I don't think we've heard the l. of him** creo que volveremos a oír hablar de él; **to leave sth until l.** dejar algo para el final; **redundancies were on a l. in first out basis** empezaron por despedir a los últimos que habían entrado en la empresa; **at (long) l.** por fin; **at the l.** justo antes de morir; **to** *or* **till the l.** hasta el fin

2 *adj* (**a**) *(final)* último(a); **this is your l. chance** es tu última oportunidad; **you are my l. hope** eres mi última esperanza; **he's always the l. one to arrive** siempre llega el último; **to reach the l. four/eight** *(in competition)* llegar a las semifinales/a los cuartos de final; **he's the l. person I'd ask to help me** es la última persona a la que pediría ayuda; **that's the l. thing I'd do in your position** eso es lo último que haría si estuviera en tu lugar; **the l. thing I wanted was to upset you** lo último que quería era disgustarte; **down to the l. penny/detail** hasta el último penique/detalle; **at the l. count there were ten left** la última vez que contamos quedaban diez; **he ate every l. one of them** se comió hasta el último; **to have the l. laugh** reír el/la último(a); IDIOM **to be on one's l. legs** estar en las últimas, estar para el arrastre; **this television is on its l. legs** este televisor está en las últimas *or* para el arrastre; **at the l. moment** *or* **minute** en el último momento *or* minuto; **to leave it to the l. moment** *or* **minute** dejarlo para el último momento *or* minuto; *Br* **l. orders, please!** ¡vayan pidiendo las últimas bebidas!; **as a l. resort** como último recurso; IDIOM **that was the l. straw** fue la gota que colmó el vaso; **l. thing (at night)** justo antes de acostarme/se/*etc*; **to have the l. word** tener la última palabra; **the l. word in comfort** el no va más en comodidad; **the l. word in fashion design** el último grito en moda ❑ *Rel* ***the L. Judgment*** el Juicio Final; ***l. name*** apellido *m*; ***l. post*** *(collection)* último correo *m*; *Mil* ***the l. post*** *(at funeral)* toque *m* de difuntos; *(at night)* toque de retreta; *Rel* ***l. rites*** extremaunción *f*; *Rel* ***the L. Supper*** la Última Cena; *Formal* ***l. will and testament*** testamento *m*, última voluntad *f*

(**b**) *(most recent)* último(a); **the l. time I saw him** la última vez que lo vi; **for the l. five minutes** (durante) los últimos cinco minutos; **l. January** en enero (del año) pasado; **l. Tuesday, on Tuesday l.** el martes pasado; **l. month** el mes pasado; **l. night** anoche; **l. week** la semana pasada

3 *adv* (**a**) *(in final place)* **I rang Jane l.** llamé a Jane en último lugar; **to come l.** llegar en último lugar; **to finish l.** terminar el último; *(in race)* llegar en último lugar; **l. but not least** por último, pero no por ello menos importante; **l. of all** por último

(**b**) *(most recently)* **when I l. saw him** la última vez que lo vi

last[2] *n (for shoe)* horma *f*

last[3] **1** *vt* durar; **it will l. me a lifetime** me durará toda la vida; **it has lasted him well** le ha durado bastante

2 *vi* durar; **it lasted for three weeks** duró tres semanas; **it's too good to l.** es demasiado bueno para que dure; **he won't l. long in that job** no durará mucho en ese trabajo; **she won't l. the night** no llegará a mañana

▸**last out 1** *vt sep* **to l. the year/the weekend out** llegar a fin de año/al fin de semana

2 *vi (of person)* aguantar, resistir; *(of supplies)* durar

last-ditch ['lɑːst'dɪtʃ] *adj* último(a), desesperado(a)

lasting ['lɑːstɪŋ] *adj* duradero(a)

lastly ['lɑːstlɪ] *adv* por último

last-minute [lɑːst'mɪnɪt] *adj* de última hora

lat *Geog (abbr* **latitude**) lat.

latch [lætʃ] *n* picaporte *m*, pestillo *m*; **to be on the l.** = tener sólo el pestillo echado, no la llave

▸**latch onto** *vt insep Fam* (**a**) *(attach oneself to)* **to l. onto sb** pegarse a alguien; *Fig* **to l. onto an idea** meterse una idea en la cabeza (**b**) *(understand)* **to l. onto sth** enterarse de algo

latchkey ['lætʃkiː] *(pl* **latchkeys**) *n* llave *f (de la puerta de entrada)* ❑ ***l. kid*** = niño que llega a casa antes que sus padres, que están trabajando

LATE [leɪt] **1** *adj* (**a**) *(not on time)* **to be l. (for sth)** llegar tarde (a algo); **the train is ten minutes l.** el tren tiene *or* lleva diez minutos de retraso *or Am* demora; **the train was ten minutes l.** el tren llegó diez minutos tarde, el tren llegó con diez minutos de retraso *or Am* demora; **the daffodils were l. this year** los narcisos salieron tarde este año; **Easter is l. this year** este año la Semana Santa cae muy tarde; **to be l. with the rent** retrasarse en el pago del alquiler; **to make sb l. for sth** hacer que alguien llegue tarde a algo; **to have a l. breakfast** desayunar tarde; **we apologize for the l. departure of this flight** les pedimos disculpas por el retraso *or Am* la demora en la salida de este vuelo; **some l. news has come in** acaba de llegar una noticia de última hora; **l. payment may result in a fine** el retraso *or Am* la demora en el pago se sancionará con una multa; **we had a l. start today** hoy hemos empezado tarde; **to be a l. developer** *or US* **bloomer** madurar tarde ❑ ***l. tackle*** *(in soccer)* entrada *f* a jugador que no lleva la pelota

(**b**) *(far on in time)* tarde; **it is getting l.** se está haciendo tarde; **in the l. afternoon** al final de la tarde; **in l. summer** al final del verano; **in l. March** a últimos de marzo; **to be in one's l. thirties** tener treinta y muchos años; **in the l. eighties** a finales de los ochenta; **they scored a l. goal** marcaron un gol hacia el final del partido; **the l. movie** la película de la noche; **it's l. shopping tonight** hoy las tiendas abren hasta tarde; **this work is typical of l. Rembrandt** esta obra es típica de la última época de Rembrandt; **why are you awake at this l. hour?** ¿qué haces despierto a estas horas?; **to keep l. hours** acostarse tarde; *Fig* **it's a bit l. in the day to...** ya es un poco tarde para...

(**c**) *(dead)* difunto(a); **my l. husband** mi difunto marido

(**d**) *(former)* **the l. leader of the party** el anterior líder del partido; *Formal* **Mr B. Hall, l. of Main Rd** el Sr. B. Hall, que antes residía en Main Rd

2 *adv* (**a**) *(not on time)* tarde; **to arrive l.** llegar tarde; **to arrive ten minutes l.** llegar diez minutos tarde; PROV **better l. than never** más vale tarde que nunca

(**b**) *(far on in time)* tarde; **he came home very l.** llegó a casa muy tarde; **to go to bed/get up l.** acostarse/levantarse tarde; **we left it a bit l.** tendríamos que haberlo hecho antes; **she married l.** se casó ya mayor; **we are open l.** abrimos hasta tarde; **to work l.** trabajar hasta tarde; **an appointment for l. tomorrow afternoon/l. next week** una cita para mañana al final de la tarde/el final de la semana que viene; **she left l. last night** se marchó anoche tarde; **l. at night** bien entrada la noche; **this l. in the day** *(at this stage)* a estas alturas; **l. into the night** hasta (altas horas de) la madrugada; **l. in the year** a finales de año; **l. in life** hacia el final de la vida

(**c**) *(recently)* **as l. as last week** incluso la semana pasada; **of l.** recientemente

latecomer ['leɪtkʌmə(r)] *n* rezagado(a) *m,f*

lately ['leɪtlɪ] *adv* recientemente, últimamente; **until l.** hasta hace poco

latency ['leɪtənsɪ] *n* (estado *m* de) latencia *f*

lateness ['leɪtnɪs] *n (of person, train)* retraso *m*, demora *f*; **the l. of the hour** lo avanzado de la hora

late-night ['leɪtnaɪt] *adj (in late evening)* nocturno(a); *(after midnight)* de madrugada ❑ ***l. opening*** = horario de apertura prolongado tras la hora normal de cierre; ***l. shopping*** = apertura prolongada de las tiendas tras la hora normal de cierre

latent ['leɪtənt] *adj (disease, tendency)* latente ▫ *Fis **l. heat*** calor *m* latente

later ['leɪtə(r)] **1** *adj* posterior; **I caught a l. train** tomé *or Esp* cogí otro tren más tarde; **his l. novels** sus novelas posteriores; **in l. life** en la madurez

2 *adv* **l. (on)** más tarde; **a few days l.** unos días más tarde; **it was only l. that I realized he had been right** sólo más tarde me di cuenta de que él tenía razón; **l. that day** ese mismo día con posterioridad; **no l. than tomorrow** mañana como muy tarde; **as we shall see l.** como veremos más adelante; *Fam* **see you l.!** ¡hasta luego!

lateral ['lætərəl] *adj* lateral ▫ ***l. thinking*** pensamiento *m* lateral, = capacidad para darse cuenta de aspectos no inmediatamente evidentes de los problemas

latest ['leɪtɪst] **1** *n* **at the l.** como muy tarde; **the l. I can stay is four o'clock** sólo puedo quedarme hasta las cuatro; **have you heard the l.?** ¿has oído las últimas noticias?

2 *adj* último(a); **her l. work** su última obra; **the l. news** las últimas noticias; **the l. edition** la última edición; **the l. fashions** la última moda

latex ['leɪteks] **1** *n* látex *m*

2 *adj* de látex

lath [lɑːθ] *n (strip of wood)* listón *m*

lathe [leɪð] *n* torno *m* ▫ ***l. operator*** tornero(a) *m,f* 1

lather ['læðə(r)] **1** *n* espuma *f*; *Fam* **to work oneself into a l.** ponerse histérico(a)

2 *vt* enjabonar; **to l. one's face** enjabonarse la cara

Latin ['lætɪn] **1** *n* **(a)** *(language)* latín *m* **(b)** *(person)* latino(a) *m,f*

2 *adj* latino(a) ▫ ***L. lover*** latin lover *m*, amante *m* latino

Latin America ['lætɪnə'merɪkə] *n* Latinoamérica *f*

Latin American ['lætɪnə'merɪkən] *n & adj* latinoamericano(a) *m,f*

Latinate ['lætɪneɪt] *adj (writing style)* con sabor latino; *(vocabulary)* latino(a), derivado(a) del latín

Latino [lə'tiːnəʊ] *n* latino(a) *m,f*

latish ['leɪtɪʃ] **1** *adj* tardío(a); **it is l.** es bastante tarde

2 *adv* bastante tarde, más bien tarde

latitude ['lætɪtjuːd] *n* **(a)** *Geog* latitud *f* **(b)** *(freedom)* libertad *f*

latitudinal [lætɪ'tjuːdɪnəl] *adj Geog* latitudinal, de latitud

latrine [lə'triːn] *n* letrina *f*

latter ['lætə(r)] **1** *adj* **(a)** *(of two)* último(a), segundo(a) **(b)** *(last)* último(a); **the l. half** *or* **part of June** la segunda mitad de junio; **the l. days of the empire** las postrimerías del imperio, los últimos días del imperio

2 *n (of two)* **the former..., the l....** aquél..., éste..., el primero..., el segundo...

latter-day ['lætə'deɪ] *adj* moderno(a), de hoy ▫ *Rel **the L. Saints*** los Mormones

latterly ['lætəlɪ] *adv* recientemente, últimamente

lattice ['lætɪs] *n* celosía *f* ▫ ***l. window*** vidriera *f* de celosía

latticework ['lætɪswɜːk] *n* celosía *f*, enrejado *m*

Latvia ['lætvɪə] *n* Letonia

Latvian ['lætvɪən] **1** *n* **(a)** *(person)* letón(ona) *m,f* **(b)** *(language)* letón *m*

2 *adj* letón(ona)

laud [lɔːd] *vt Formal or Literary* loar, alabar

laudable ['lɔːdəbəl] *adj* loable

laudably ['lɔːdəblɪ] *adv* de forma loable *or* plausible

laudanum ['lɔːdənəm] *n* láudano *m*

laugh [lɑːf] **1** *n* **(a)** *(sound, act)* risa *f*; **to have a l.** reírse; *Ironic* **that's a l.!** ¡no me hagas reír!; **to have the last l.** ser el último en reír; **the l. is on them** la broma les salió rana **(b)** *Fam (fun)* **to have a l.** divertirse; **to do sth for a l.** hacer algo para divertirse *or* por diversión; *Br* **he's a good l.** es muy divertido

2 *vi* reírse (**at** de); *Fam* **don't make me l.!** ¡no me hagas reír!; *Fam* **you've got to l.** es mejor reírse porque si no..., uno no sabe si reírse o llorar; *Fam* **he'll be laughing on the other side of his face when...** se llevará un buen chasco cuando...; IDIOM **to l. up one's sleeve** reírse por dentro; IDIOM *Fam* **to l. all the way to the bank** hacer el agosto; PROV **he who laughs last laughs longest** el que ríe el último ríe mejor

3 *vt* **you'll be laughed out of court** se te reirán en la cara; *Fam* **to l. one's head off, to l. oneself silly** partirse *or Esp* mondarse de risa

▸**laugh off** *vt sep (failure, insult)* tomarse a risa

laughable ['lɑːfəbəl] *adj (excuse, attempt)* ridículo(a), risible; *(sum)* irrisorio(a)

laughably ['lɑːfəblɪ] *adv* ridículamente; **it was a l. silly idea** era una idea de lo más ridículo

laughing ['lɑːfɪŋ] **1** *n* risa *f*

2 *adj (eyes)* risueño(a); **it's no l. matter** no es ninguna tontería ▫ ***l. gas*** gas *m* hilarante; ***l. hyena*** hiena *f* manchada; ***l. jackass*** cucaburra *f*; ***l. stock*** hazmerreír *m*

laughter ['lɑːftə(r)] *n* risa *f*

launch [lɔːntʃ] **1** *n* **(a)** *(boat)* lancha *f* **(b)** *(act of launching) (of ship)* botadura *f*; *(of rocket, product)* lanzamiento *m* ▫ ***l. pad*** plataforma *f* de lanzamiento; ***l. vehicle*** lanzador *m* espacial

2 *vt* **(a)** *(ship)* botar; *(rocket, product)* lanzar; *(business, enquiry)* emprender; **to l. sb on a career** *(of event)* marcar el inicio de la carrera de alguien; **to l. an attack on sb** lanzar un ataque contra alguien **(b)** *Comptr* lanzar

▸**launch into** *vt insep (attack, story)* emprender; *(complaint)* embarcarse en

launcher ['lɔːntʃə(r)] *n (for missiles)* lanzamisiles *m inv*; *(for rocket, spacecraft)* lanzador *m*, lanzacohetes *m inv*

launching pad ['lɔːntʃɪŋ'pæd] *n also Fig* plataforma *f* de lanzamiento

launder ['lɔːndə(r)] *vt* **(a)** *(clothes)* lavar (y planchar) **(b)** *(money)* blanquear

laundress ['lɔːndrɪs] *n* lavandera *f*

laund(e)rette [lɔːn'dret], *US* **laundromat** ['lɔːndrəmæt] *n* lavandería *f*

laundry ['lɔːndrɪ] *n* **(a)** *(dirty clothes)* ropa *f* sucia; *(clean clothes)* colada *f*; **to do the l.** hacer la colada ▫ ***l. basket*** cesto *m* de la ropa sucia **(b)** *(place)* lavandería *f*

laureate ['lɔːrɪət] *n* laureado(a) *m,f*, galardonado(a) *m,f*

laurel ['lɒrəl] *n* **(a)** *(tree)* laurel *m* ▫ ***l. wreath*** corona *f* de laurel **(b)** IDIOMS **to rest on one's laurels** dormirse en los laureles; **you'll have to look to your laurels** no te duermas en los laureles

lav [læv] *n Br Fam* retrete *m*, servicio *m*, *Am* baño *m*

lava ['lɑːvə] *n* lava *f*

lavatorial [lævə'tɔːrɪəl] *adj (humour)* escatológico(a)

lavatory ['lævətrɪ] *n (room)* cuarto *m* de baño, servicio *m*, *Am* baño *m (receptacle)* váter *m*, retrete *m*; **to go to the l.** ir al baño; **public l.** servicios *mpl or* aseos *mpl* públicos, *Am* baños *mpl* públicos ▫ ***l. humour*** chistes *mpl* escatológicos; ***l. paper*** papel *m* higiénico, *Chile* confort *m*

lavender ['lævɪndə(r)] **1** *n (shrub)* espliego *m*, lavanda *f* ▫ ***l. water*** agua *f* de lavanda

2 *adj (colour)* lila *inv*, violeta *inv*

lavish ['lævɪʃ] **1** *adj* **(a)** *(person)* generoso(a) (**with** con), pródigo(a) (**with** en); **he was l. with his praise** fue pródigo en halagos **(b)** *(expenditure, decor)* espléndido(a)

2 *vt* **to l. gifts/praise on sb** colmar de regalos/alabanzas a alguien

lavishly ['lævɪʃlɪ] *adv* espléndidamente

law [lɔː] *n* **(a)** *(rule)* ley *f*; **there's no l. against it** no hay ninguna ley que lo prohíba; **the laws of gravity** la ley de la gravedad; **she is a l. unto herself** hace lo que le viene en gana *or* lo que le da la gana; **there's one l. for the rich and another for the poor** hay una ley para el rico y otra para el pobre

(b) *(set of rules)* ley *f*; **it's the l.** es la ley; **to break the l.** quebrantar la ley; **to be above the l.** estar por encima de la ley; **you can't take the l. into your own hands** no te puedes tomar la justicia por tu mano ▫ ***the l. of averages*** las leyes de la estadística; *Br **l. centre*** servicio *m* público de asesoría jurídica; ***l. enforcement*** mantenimiento *m* de la ley y el orden; ***l. enforcement officer*** agente *mf* de policía; ***l. enforcement agency*** cuerpo *m* de seguridad del Estado; ***l. firm*** bufete *m* de abogados; ***the l. of the jungle*** la ley de la selva; *Br **L. Lord*** = miembro de la Cámara de los Lores que forma parte del Tribunal Supremo; ***the l. of nature*** las leyes de la naturaleza; ***l. and order*** el orden público; **the problem of l. and order** la inseguridad ciudadana

(c) *(system of justice, subject)* derecho *m*; **to practise l.** ejercer la abogacía; *Br* **to go to**

l. acudir a los tribunales
(**d**) *Fam* **the l.** *(police)* la poli; **I'll get the law on you!** ¡voy a llamar a la policía!

law-abiding ['lɔːəbaɪdɪŋ] *adj* respetuoso(a) con la ley

lawbreaker ['lɔːbreɪkə(r)] *n* delincuente *mf*

lawcourt ['lɔːkɔːt] *n* juzgado *m*

lawful ['lɔːfʊl] *adj (legal)* legal; *(rightful)* legítimo(a); *(not forbidden)* lícito(a)

lawfully ['lɔːfʊlɪ] *adv (legally)* legalmente

lawless ['lɔːlɪs] *adj* sin ley; **a l. mob** una muchedumbre anárquica

lawlessness ['lɔːlɪsnɪs] *n* anarquía *f*

lawmaker ['lɔːmeɪkə(r)] *n* legislador(ora) *m,f*

lawn [lɔːn] *n* césped *m* ▫ ***l. tennis*** tenis *m* en pista de hierba

lawnmower ['lɔːnməʊə(r)] *n* cortadora *f* de césped, cortacésped *m or f*

lawsuit ['lɔːs(j)uːt] *n* pleito *m*

lawyer ['lɔːjə(r)] *n* abogado(a) *m,f*

lax [læks] *adj (morals, discipline)* relajado(a), laxo(a); *(person)* negligente, poco riguroso(a); *(security, standards)* descuidado(a), poco riguroso(a)

laxative ['læksətɪv] **1** *n* laxante *m*
2 *adj* laxante

laxity ['læksɪtɪ], **laxness** ['læksnɪs] *n (of morals, discipline)* relajo *m*, laxitud *f*; *(of person)* negligencia *f* (**in doing sth** al hacer algo); *(of security, standards)* falta *f* de rigor

lay[1] [leɪ] *adj Rel* laico(a), lego(a) ▫ ***l. preacher*** predicador *m* laico

LAY[2] **1** *n very Fam* **he's a good l.** *Esp* folla genial, *Am* coge como los dioses; **she's an easy l.** es un polvo *or Méx* una vieja *or RP* una mina fácil
2 *vt* (*pt & pp* **laid** [leɪd]) (**a**) *(place)* dejar, poner; **to l. a book on the table** dejar un libro encima de la mesa; **he laid his hand on my shoulder** me puso la mano en el hombro; **she laid the baby in its cot** acostó al bebé *or Andes* a la guagua *or RP* al nene en la cuna; **to l. a newspaper flat on the table** extender un periódico en la mesa; **the blast laid the building flat** la explosión arrasó el edificio; **to l. sb flat** *(hit)* tumbar a alguien (de un golpe); **to l. eyes on sth/sb** ver algo/a alguien; **if you l. a finger on her...** como le pongas un solo dedo encima...; **to l. one's hands on sth** *(find)* dar con algo; **she reads everything she can l. her hands on** lee todo lo que cae en sus manos; **to have nowhere to l. one's head** no tener donde caerse muerto; *Formal* **to l. sb to rest** *(bury)* dar sepultura a alguien; **to l. sb's fears to rest** apaciguar los temores de alguien; **they finally laid (to rest) the ghost of their defeat ten years ago** por fin han superado el trauma de su derrota de hace diez años; **this decision lays bare her true intentions** esta decisión deja claro cuáles son sus verdaderas intenciones; **to l. the blame on sb** *or* **at sb's door** echar la culpa a alguien; **to l. a charge against sb** presentar un cargo contra alguien; **to l. claim to sth** reclamar algo; **to l. a curse on sb** echar una maldición a alguien; **to l. emphasis on sth** hacer hincapié en algo; **to l. the facts before sb** exponer los hechos a alguien; **to l. it on the line** *(express clearly)* dejar las cosas claras; **to l. one's job/reputation on the line** jugarse el puesto/la reputación; *Literary* **he laid his opponent low with a fierce blow** derribó a su adversario de un violento golpe; **the illness laid her low** la enfermedad la dejó fuera de combate; **to l. oneself open to criticism** exponerse a (las) críticas; **the bomb laid waste the area** *or* **laid the area to waste** la bomba asoló la zona
(**b**) *(foundations, carpet, mine, pipes)* colocar, poner; *(cable, trap)* tender; *(bricks)* poner; *Br* **to l. the table** poner la mesa; **to l. plans to do sth** hacer planes para hacer algo
(**c**) *(eggs)* poner
(**d**) *(bet) (money)* apostar (**on** a, por); **to l. a bet** hacer una apuesta; *Fig* **he'll never do it, I'll l. money** *or* **odds on it!** ¡apuesto a que no lo hace!
(**e**) *very Fam (have sex with) Esp* echar un polvo con, *Am* cogerse a, *Méx* chingarse a; **he went out hoping to get laid** salió en busca de rollo, *RP* salió de levante
3 *vi (of bird)* poner (huevos)
4 *pt of* **lie**[2]

▸**lay about** *vt insep Literary (attack)* acometer, asaltar;

▸**lay aside** *vt sep* (**a**) *(put aside)* **she laid aside her book** dejó a un lado el libro (**b**) *(money)* reservar, apartar; *(time)* reservar (**c**) *(prejudices, doubt)* dejar a un lado

▸**lay back** *vt sep Sport* **to l. the ball back** colocar la pelota hacia atrás

▸**lay before** *vt sep Formal* **to l. sth before sb** *(plan, proposal)* presentar algo a alguien

▸**lay by** *vt sep (money)* reservar, apartar

▸**lay down** *vt sep* (**a**) *(put down)* dejar; **to l. down one's arms** dejar *or* deponer las armas; **he laid down his life for his beliefs** dio su vida por sus creencias (**b**) *(principle, rule)* establecer; **it is laid down in the rules that...** el reglamento estipula que...; **she's always laying down the law** siempre está dando órdenes (**c**) *(wine)* guardar

▸**lay in** *vt sep (supplies, food)* abastecerse de

▸**lay into** *vt insep Fam (attack, criticize)* arremeter contra

▸**lay off 1** *vt sep (make redundant)* despedir *(por reducción de plantilla)*
2 *vt insep Fam (leave alone)* dejar; **to l. off drink** *or* **drinking** dejar la bebida
3 *vi Fam* **l. off!** ¡déjame en paz!

▸**lay on** *vt sep* (**a**) *(food, drink)* preparar; *(party, entertainment)* organizar, preparar; *(transport)* organizar; *Fam* **to l. it on (a bit thick** *or* **with a trowel)** *(exaggerate)* recargar las tintas (**b**) *US Fam (tell)* **to l. sth on sb** chivarse de alguien

▸**lay out** *vt sep* (**a**) *(arrange, display)* colocar, disponer; *(page, essay)* presentar; *(dead body)* amortajar; **we laid the map out on the floor** extendimos el mapa en el suelo (**b**) *(plan) (road)* trazar; *(town)* diseñar el trazado de (**c**) *(explain)* exponer (**d**) *Fam (spend)* gastarse (**e**) *Fam (knock unconscious)* tumbar, dejar K.O.

▸**lay over** *vi US* hacer una parada

▸**lay up** *vt sep* (**a**) *Fam* **I've been laid up with flu all week** he estado toda la semana en cama con gripe *or Am* gripa (**b**) *(store up) (supplies)* acumular; **you're laying up problems for yourself** estás acumulando problemas para el futuro

---

layabout ['leɪəbaʊt] *n Fam* holgazán(ana) *m,f*, *Esp* gandul(ula) *m,f*, *Méx* flojo(a), *RP* fiaca

lay-by ['leɪbaɪ] *n Br* área *f* de descanso

layer ['leɪə(r)] **1** *n (of paint, chocolate)* capa *f*; *(of rock)* estrato *m*
2 *vt* **to have one's hair layered** cortarse el pelo a capas

layered ['leɪəd] *adj (hair)* a capas

layering ['leɪərɪŋ] *n Comptr* disposición *m* en capas

layman ['leɪmən] *n* (**a**) *Rel* laico *m*, lego *m* (**b**) *(non-specialist)* profano *m*, lego *m*

lay-off ['leɪɒf] *n (of employee)* despido *m* *(por reducción de plantilla)*

layout ['leɪaʊt] *n (of town)* trazado *m*; *(of house, garden)* disposición *f*; *(of text)* composición *f*, *(of magazine, letter) & Comptr* diseño *m*, formato *m* ▫ ***l. application*** programa *m* de maquetación

layperson ['leɪpɜːsən] *n* (**a**) *Rel* laico(a) *m,f*, lego(a) *m,f* (**b**) *(non-specialist)* profano(a) *m,f*, lego(a) *m,f*

lay-up ['leɪʌp] *n (in basketball)* bandeja *f*

laywoman ['leɪwʊmən] *n* (**a**) *Rel* laica *f*, lega *f* (**b**) *(non-specialist)* profana *f*, lega *f*

laze [leɪz] *vi* **to l. (about/around)** holgazanear, gandulear

lazily ['leɪzɪlɪ] *adv* perezosamente

laziness ['leɪzɪnɪs] *n* pereza *f*

lazy ['leɪzɪ] *adj (person)* perezoso(a); *(afternoon)* ocioso(a)

lazybones ['leɪzɪbəʊnz] *n Fam* holgazán(ana) *m,f*

lb (*abbr* **pound**) libra *f* (*= 0,45 kg*)

lc (*abbr* **lower case**) c.b., caja *f* baja

LCD [elsiː'diː] *n Elec & Comptr* (*abbr* **liquid crystal display**) LCD, pantalla *f* de cristal líquido

LDC [eldiː'siː] *n Econ* (*abbr* **less-developed country**) país *m* menos desarrollado

LEA [eliː'eɪ] *n Br Pol* (*abbr* **Local Education Authority**) = organismo local encargado de la enseñanza, *Esp* ≃ consejería *f* de educación

leach [liːtʃ] **1** *vt Chem & Tech* lixiviar
2 *vi* filtrarse

lead[1] [led] *n* (**a**) *(metal)* plomo *m* ▫ ***l. poisoning*** saturnismo *m* (**b**) *(for pencil)* mina *f* ▫ ***l. pencil*** lápiz *m* (de mina) (**c**) IDIOMS **to go down like a l. balloon** fracasar estrepitosamente; *Fam* **they filled** *or* **pumped him full of l.** le llenaron (el cuerpo) de plomo; *Fam* **to swing the l.** escurrir el bulto

LEAD² [li:d] **1** *n* (**a**) *(advantage)* ventaja *f*; **to be in the l.** ir *or* estar a la cabeza *or* en cabeza; **to go into** *or* **take the l.** ponerse a la *or* en cabeza; **to have a two-point l. over sb** sacarle dos puntos a alguien; **to lose the l. (to sb)** perder la primera posición (a manos de alguien)
(**b**) *(example)* ejemplo *m*; **to follow sb's l.** seguir el ejemplo de alguien; **follow my l.** *(do as I do)* haz lo que yo; **to give sb a l.** dar un ejemplo a alguien; **to take the l.** *(initiative)* tomar la iniciativa; **to take one's l. from sb** seguir el ejemplo de alguien
(**c**) *(clue)* pista *f*
(**d**) *(in cardgame)* mano *f*; **it's your l.** tú eres mano, tú llevas la mano
(**e**) *Th & Cin (role)* papel *m* protagonista; *(actor, actress)* protagonista *mf*; **to play the l.** ser el/la protagonista ❑ ***on l. guitar*** a la guitarra solista; ***l. guitarist*** guitarra *mf* solista; ***l. singer*** solista *mf*
(**f**) *(newspaper article)* **l. (story)** artículo *m* de primera plana
(**g**) *(for dog)* correa *f*; **to let a dog off the l.** soltar al perro, quitarle *or Am* sacarle la correa al perro; **dogs must be kept on the l.** los perros deberán llevar correa
(**h**) *(cable)* cable *m*
(**i**) *Ind* ***l. time*** *(for production)* tiempo *m o* período *m* de producción; *(for delivery)* tiempo *m* de entrega
2 *vt (pt & pp* **led** [led]) (**a**) *(show the way to)* llevar, conducir; *Fig (witness)* hacer una pregunta capciosa a; **she led us through the forest** nos guió por el bosque; **she led us into the ambush** nos condujo a la emboscada; **he led his men into battle/to victory** dirigió a sus hombres a la batalla/hacia la victoria; *Rel* **l. us not into temptation** no nos dejes caer en la tentación; **to l. the way** mostrar el camino; *Fig* **our country leads the way in human rights** nuestro país está a la cabeza en la lucha por los derechos humanos; **to be easily led** dejarse influir con facilidad; **this leads me to the conclusion that...** esto me lleva a la conclusión de que...; **this leads me to my next point** esto me lleva a mi siguiente punto; **to l. the applause** iniciar el aplauso; **to l. the conversation around to a subject** llevar la conversación hacia un asunto; *Fig* **to l. sb astray** llevar a alguien por el mal camino; *Fam* **to l. sb a merry chase** *or* **dance** traer a alguien a mal traer; *Fam Fig* **to l. sb by the nose** tener dominado(a) a alguien
(**b**) *(cause)* **to l. sb to do sth** llevar a alguien a hacer algo; **that leads me to believe that...** eso me hace creer que...; **I was led to believe that the meal would be free** me dieron a entender que la comida sería gratis
(**c**) *(live)* **to l. a happy/sad life** tener *or* llevar una vida feliz/triste
(**d**) *(be in charge of) (team, attack, country, inquiry)* dirigir; *(discussion, debate)* moderar
(**e**) *(be ahead of)* **to l. sb by eight points** llevar a alguien ocho puntos de ventaja; **England are leading Italy by two goals to nil** Inglatera va ganando a Italia por dos goles a cero; **to l. the field** estar *or* ir a la cabeza; *Fig* **to l. the field in sth** estar a la cabeza *or* a la vanguardia en algo; **he led the race from start to finish** fue a la cabeza durante toda la carrera; **the Broncos l. the table** los Broncos van a la cabeza de la clasificación; **we l. the world in this field** somos los líderes mundiales en este campo
(**f**) *(be at front of) (procession)* encabezar; **this leads a long list of complaints** esta es la primera de una larga lista de quejas
(**g**) *(in cards)* abrir con
3 *vi* (**a**) *(of road)* conducir, llevar (**to** a); **the stairs led (up/down) to his study** las escaleras llevaban a su estudio; **the door led into a cellar** la puerta daba a una bodega; **the question led into a debate on divorce** la pregunta abrió un debate sobre el divorcio
(**b**) *(go ahead)* **you l. and I'll follow** tú vas delante y yo te sigo
(**c**) *(in competition, race)* ir en cabeza; **she leads by just ten seconds** lleva la delantera por tan sólo diez segundos
(**d**) *(in cardgame)* salir (**with** con)
(**e**) *(in dancing)* llevar
(**f**) *(in boxing)* **to l. with one's left/right** atacar con la izquierda/derecha
(**g**) *(of newspaper)* **the Herald Tribune leads with an article on education** el artículo de primera plana del Herald Tribune trata sobre educación
(**h**) *(show leadership)* **to l. by example** *or* **from the front** predicar con el ejemplo
▸**lead away** *vt sep* **to l. sb away** llevarse a alguien; **to l. the conversation away from a subject** llevar la conversación hacia otro tema
▸**lead off 1** *vt sep (discussion)* empezar
2 *vi* (**a**) *(road, corridor)* salir, bifurcarse (**from** de) (**b**) *(in discussion)* comenzar, empezar (**c**) *(in baseball)* ser el primer bateador
▸**lead on 1** *vt sep (deceive, seduce)* tomar el pelo a
2 *vi (go ahead)* **you l. on and I'll follow** tú vas delante y yo te sigo
▸**lead to** *vt insep (cause)* llevar a; **years of effort led to him finally solving the problem** tras años de trabajo finalmente solucionó el problema; **I didn't mean to kiss her, but one thing led to another** no tenía la intención de besarla, pero unas cosas llevaron a otras
▸**lead up to** *vt insep (subject, event)* llevar a, conducir a; *(of person)* ir a referirse a; **the period leading up to the war** el período previo *or* que precedió a la guerra; **what are you leading up to?** ¿a dónde quieres ir a parar (con todo esto)?; **she led up to her request by saying that...** introdujo su petición *or Am* pedido diciendo que...; **in the weeks leading up to the wedding** en las semanas previas a la boda

leaded ['ledɪd] *adj* ***l. window*** vidriera *f* (emplomada); ***l.*** *Br* ***petrol*** *or US* ***gasoline*** gasolina *f or RP* nafta *f* con plomo

leaden ['ledən] *adj (heavy)* pesado(a), plúmbeo(a); **a l. sky** un cielo plomizo

leader ['li:də(r)] *n* (**a**) *(of group, in race)* líder *mf*; **to be a born l.** ser un líder nato (**b**) *Br (in newspaper)* editorial *m* ❑ ***l. writer*** editorialista *mf* (**c**) *Br Parl* ***L. of the House of Commons*** = portavoz del gobierno en la Cámara de los Comunes; ***L. of the House of Lords*** = portavoz del gobierno en la Cámara de los Lores

leaderboard ['li:dəbɔ:d] *n (in golf)* tabla *f* de clasificación; *Fig* **to be top of the l.** ir en cabeza

leadership ['li:dəʃɪp] *n* (**a**) *(people in charge)* dirección *f* (**b**) *(position)* liderato *m*, liderazgo *m* ❑ ***l. contest/battle*** concurso *m*/batalla *f* por el liderato (**c**) *(quality)* capacidad *f* de liderazgo, dotes *fpl* de mando

lead-free ['led'fri:] *adj* sin plomo

lead-in ['li:dɪn] *n TV & Rad* presentación *f*

leading ['ledɪŋ] *n Typ* interlineado *m*

leading ['li:dɪŋ] *adj* (**a**) *(best, most important)* principal, destacado(a); **one of Europe's l. electronics firms** una de las principales empresas europeas de electrónica; **a l. authority in the field** una destacada autoridad en la materia ❑ ***l. lady*** *(in play)* primera actriz *f*; *(in movie)* protagonista *f*; ***l. light*** *(in politics, society)* figura *f* prominente; ***l. man*** *(in play)* primer actor *m*; *(in movie)* protagonista *m*; *Cin & Th* ***l. role*** papel *m* protagonista
(**b**) *(team, runner)* líder; **the l. group** *(in race)* el grupo de cabeza
(**c**) *Av* ***l. edge*** *(of propeller, wing)* borde *m* de ataque; *Fig* vanguardia *f*; **a l. edge company** una empresa de vanguardia
(**d**) *Journ* ***l. article*** editorial *m*
(**e**) ***l. question*** *(seeking to elicit answer)* pregunta *f* capciosa

lead-off ['li:dɒf] *n* comienzo *m*, principio *m*; **as a l.** para empezar, de aperitivo

lead-up ['li:dʌp] *n* periodo *m* previo (**to** a); **in the l. to** en el periodo previo a

leaf [li:f] (*pl* **leaves** [li:vz]) *n* (**a**) *(of plant, book)* hoja *f*; **to be in l.** tener hojas ❑ ***l. mould*** mantillo *m* de hojas (**b**) *(of book)* hoja *f*; IDIOM **to turn over a new l.** hacer borrón y cuenta nueva; IDIOM **to take a l. out of sb's book** seguir el ejemplo de alguien (**c**) *(of table)* hoja *f* abatible
▸**leaf through** *vt insep (book, magazine)* hojear

leaflet ['li:flɪt] **1** *n (small brochure)* folleto *m*; *(piece of paper)* octavilla *f*; *(political)* octavilla *f*, panfleto *m*
2 *vt* **to l. an area** repartir folletos en una zona

leafy ['li:fɪ] *adj (tree)* frondoso(a); **l. suburb** zona *f* residencial con arbolado

league [li:g] *n* (**a**) *Sport* liga *f*; **l. champions** campeón *m* de liga; **l. match** partido *m* de liga; *Fig* **to be in a different l.** estar a otro nivel ❑ ***l. table*** (tabla *f* de) clasificación *f* de la liga; *(of performance)* clasificación *f*, ranking *m* (**b**) *(alliance)* liga *f*; **to be in l. with sb** estar coaligado(a) con alguien ❑ *Hist* ***the L. of Nations*** la Sociedad de Naciones (**c**) *(measurement)* legua *f*

leak [li:k] **1** *n* (**a**) *(hole) (in bucket)* agujero *m; (in pipe)* fuga *f*, escape *m; (in roof)* gotera *f; (in ship)* vía *f* de agua; *Fam* **to take a l.** echar una meadita (**b**) *(escape) (of liquid, gas)* fuga *f*, escape *m; (of information)* filtración *f*

2 *vt* (**a**) *(liquid, gas)* tener una fuga *or* un escape de (**b**) *(information)* filtrar; **someone leaked the news to the press** alguien filtró la noticia a la prensa

3 *vi* (**a**) *(allow liquid through) (of pipe)* tener una fuga *or* un escape; *(of roof)* tener goteras; *(of shoe)* calar; *(of ship)* hacer agua; **this bucket's leaking** este cubo pierde (**b**) *(escape)* **to l. (out)** *(of liquid, gas)* salirse, escaparse; *(of information)* filtrarse

leakage ['li:kɪdʒ] *n* (**a**) *(of liquid, gas)* fuga *f*, escape *m* (**b**) *(of information)* filtración *f*

leaky ['li:kɪ] *adj (bucket)* con agujeros; *(pipe)* con fugas *or* escapes; *(roof)* con goteras; *(shoe)* que cala; *(ship)* que hace agua; *(tap)* que gotea

lean¹ [li:n] *adj* (**a**) *(person)* delgado(a); *(meat)* magro(a) (**b**) *(year)* de escasez; *(harvest)* escaso(a)

lean² *(pt & pp* **leant** [lent] *or* **leaned)** **1** *vt* **to l. sth against sth** apoyar algo contra algo

2 *vi* (**a**) *(of building, tree)* inclinarse (**b**) *(of person, object)* **to l. on/against sth** apoyarse en/contra algo; **the ladder was leaning against the wall** la escalera estaba apoyada en *or* contra la pared; *Fig* **to l. on sb** *(rely on)* apoyarse en alguien; *(pressurize)* presionar a alguien; **to l. out of the window** asomarse a la ventana

▸**lean back** *vi* reclinarse

▸**lean over 1** *vt insep* **he leaned over the fence** se asomó por encima de la valla

2 *vi* inclinarse; *Fig* **to l. over backwards (to do sth)** hacer lo imposible *or* todo lo posible (por hacer algo); **to l. over backwards for sb/to please sb** desvivirse por alguien

▸**lean towards** *vt insep (tend towards)* tender a, decantarse *or* inclinarse por; **I l. towards his point of view** me inclino por su punto de vista

lean-burn ['li:nbɜ:n] *adj (in engine)* de mezcla pobre

leaning ['li:nɪŋ] *n (tendency)* inclinación *f*, tendencia *f*; **to have artistic leanings** tener tendencias *or* inclinaciones artísticas

leanness ['li:nnɪs] *n (of person)* delgadez *f*

leant [lent] *pt & pp of* **lean**

lean-to ['li:ntu:] *n (shack)* cobertizo *m*

leap [li:p] **1** *n* salto *m*, brinco *m*; *Fig* **to take a l. in the dark** dar un salto al vacío; *Fig* **to advance by leaps and bounds** avanzar a pasos agigantados ▫ ***l. year*** año *m* bisiesto

2 *vt (pt & pp* **leapt** [lept] *or* **leaped)** saltar

3 *vi* saltar; **to l. over sth** saltar por encima de algo; **to l. to one's feet** ponerse en pie de un salto; **to l. at the chance** no dejar escapar la oportunidad; **to l. for joy** dar saltos de alegría; **she leapt on his mistake** se cebó de inmediato con él por su error

leapfrog ['li:pfrɒg] **1** *n* **to play l.** jugar a pídola

2 *vt (pt & pp* **leapfrogged)** saltar por encima de

3 *vi Fig* **to l. over** *(rivals)* pasar por encima de

leapt [lept] *pt & pp of* **leap**

learn [lɜ:n] *(pt & pp* **learnt** [lɜ:nt] *or* **learned) 1** *vt* (**a**) *(language, skill)* aprender; *Fig* **he has learnt his lesson** ha aprendido la lección (**b**) *(find out about)* enterarse de; **we are sorry to l. that...** sentimos mucho haber sabido que...

2 *vi* (**a**) *(acquire knowledge)* aprender; **to l. by** *or* **from one's mistakes** aprender de los errores; **will you never l.!** ¡nunca aprenderás! (**b**) *(find out)* enterarse; **to l. of** *or* **about sth** enterarse de algo

learned ['lɜ:nɪd] *adj* erudito(a); *Br Law* **my l. friend** mi colega

learner ['lɜ:nə(r)] *n (beginner)* principiante *mf; (student)* estudiante *mf*; **to be a quick l.** aprender deprisa; **to be a slow l.** ser lento(a) *(para aprender)* ▫ ***l. driver*** conductor(ora) *m,f* en prácticas; *US* ***l.'s permit*** = permiso de *Esp* conducir *or Am* manejar provisional que recibe un conductor en prácticas

learning ['lɜ:nɪŋ] *n* (**a**) *(process)* aprendizaje *m*; **to regard sth as a l. experience** considerar algo como una experiencia positiva ▫ ***l. curve*** curva *f* de aprendizaje; ***l. disabilities*** discapacidad *f* psíquica (**b**) *(knowledge)* conocimientos *mpl*; PROV **a little l. is a dangerous thing** qué malo es saber las cosas a medias

learnt [lɜ:nt] *pt & pp of* **learn**

lease [li:s] **1** *n Law* (contrato *m* de) arrendamiento *m*; IDIOM **to give sth/sb a new l. on** *or Br* **of life** insuflar nueva vida en algo/a alguien, dar a algo/alguien una nueva inyección de vida

2 *vt* arrendar (**from/to** de/a)

leaseback ['li:sbæk] *n* **(sale and) l.** retroarriendo *m*, retrocesión *f* en arriendo

leased line ['li:st'laɪn] *n Comptr (for Internet connection)* línea *f* arrendada

leasehold ['li:shəʊld] *n* arriendo *m* ▫ ***l. property*** propiedad *f* arrendada

leaseholder ['li:shəʊldə(r)] *n* arrendatario(a) *m,f*

leash [li:ʃ] *n (for dog)* correa *f*; *Fig* **to keep sb on a tight l.** atar corto a alguien

leasing ['li:sɪŋ] *n Com* leasing *m*, arrendamiento *m*

LEAST [li:st] **1** *n* (**a**) **the l.** lo menos; **this one costs the l.** este es el que cuesta menos; **it's the l. I can do** es lo menos que puedo hacer; **that's the l. of my worries** eso es lo que menos me preocupa; **not in the l.** en absoluto; **I wasn't in the l. surprised** no me sorprendió en lo más mínimo; **it doesn't matter in the l.** no tiene la menor importancia; **it was difficult, to say the l.** fue difícil, por no decir otra cosa peor; PROV **l. said, soonest mended** cuanto menos se diga, mejor

(**b**) **at l.** *adv* por lo menos, *Am* al menos; **at l. as old/expensive as...** por lo menos tan viejo/caro como...; **at the (very) l. they should pay your expenses** como mínimo deberían pagar tus gastos; **he's leaving, at l. that's what I've heard** se marcha, o al menos eso he oído

2 *adj (superlative of* **little)** *(smallest)* menor; **the l. thing annoys her** la menor cosa le molesta; **I have the l. time of everyone** yo soy el que menos tiempo tiene de todos; **she wasn't the l. bit interested** no le interesaba en lo más mínimo; **I don't have the l. idea** no tengo ni la más mínima idea

3 *adv* menos; **the l. interesting/difficult** el menos interesante/difícil; **he is the candidate who is l. likely to succeed** de todos los candidatos, él es el que tiene menos posibilidades de éxito; **when I was l. expecting it** cuando menos lo esperaba; **I like this one l. of all** éste es el que menos me gusta de todos; **nobody believed me, l. of all her** nadie me creyó y ella menos que nadie; **I am disappointed, not l. because I trusted you** estoy decepcionado, sobre todo porque confiaba en ti

---

least-cost ['li:st'kɒst] *n Com* costo *m or Esp* coste *m* mínimo

leather ['leðə(r)] **1** *n* piel *f*, cuero *m*; **leathers** *(of motorcyclist)* ropa *f* de cuero

2 *adj* de cuero ▫ ***l. goods*** marroquinería *f*, artículos *mpl* de cuero; ***l. jacket*** chaqueta *f or* cazadora *f or Méx* chamarra *f or RP* campera *f* de cuero

3 *vt Fam (beat)* cascar, *Esp* zurrar, *Méx* madrear

leather-back ['leðəbæk] *n (sea turtle)* tortuga *f* laúd

leather-bound ['leðəbaʊnd] *adj (book)* encuadernado(a) en piel

leatherette [leðə'ret] *n* skay *m*, cuero *m* sintético

leatherneck ['leðənek] *n US Fam* marine *mf*

leathery ['leðərɪ] *adj (face, skin)* curtido(a); *(meat)* correoso(a)

LEAVE [li:v] **1** *n* (**a**) *(permission)* permiso *m*; **to ask l. to do sth** pedir permiso para hacer algo; **to grant** *or* **give sb l. to do sth** conceder *or* dar permiso a alguien para hacer algo; **without so much as a by your l.** sin tan siquiera pedir permiso

(**b**) *(holiday)* permiso *m*; **to be on l.** estar de permiso; **paid/unpaid l.** baja *f* retribuida/no retribuida ▫ ***l. of absence*** permiso *m*

(**c**) *(farewell)* **to take one's l. (of sb)** despedirse (de alguien); **to take l. of one's senses** perder el juicio

2 *vt (pt & pp* **left** [left]) (**a**) *(depart from) (place)* irse de, marcharse de; *(room, house)* salir de; *(person, group)* dejar; *(plane, train)* bajar de; **he has left London** se ha ido de Londres; **the train left the station** el tren salió de la estación; **to l. the table** levantarse de la mesa; **the car left the road** el coche salió de la carretera; **I left work at five** salír de trabajar a las cinco; **I left him lying on the sofa** lo dejé tirado en el sofá; **his eyes never left her** sus ojos no se apartaban de ella; **I'll l. you to it, then** entonces, te lo dejo con ello; **I left them to their work** les dejé que siguieran trabajando

(**b**) *(abandon)* abandonar, dejar; *(company)* dejar; **he left his wife (for another woman)** dejó a su mujer (por otra mujer); **the number of people leaving the Catholic church is increasing** cada vez más gente abandona la fe católica; **they left her to die** la dejaron morir; **to l. home** irse de casa; **to l. one's job** dejar el trabajo; **to l. school** dejar el colegio; *Fam* **to l. go** *or* **hold of sth** soltar algo; **to l. sb in the lurch** dejar a alguien en la estacada; **to l. sb to sb's tender mercies** dejar a alguien a merced de alguien; **to be left to sb's tender mercies** quedar a merced de alguien

(**c**) *(put, deposit)* **to l. sth somewhere** *(deliberately)* dejar algo en algún sitio; *(by mistake)* dejarse algo en algún sitio; **to l. a message for sb** dejar un recado *or* mensaje para alguien; **I've left the kids with their uncle** he dejado a los niños con su tío; **take it or l. it** lo tomas o lo dejas

(**d**) *(allow to remain)* dejar; **to l. sb sth, to l. sth for sb** dejarle algo a alguien; **to l. the ball** *(in tennis)* dejar salir la pelota; **to l. the door open** dejar la puerta abierta; **his comments l. the door open for a future change of policy** sus comentarios dejan la puerta abierta a un futuro cambio de política; **l. the video alone!** ¡deja el vídeo tranquilo *or* en paz!; **l. me alone!, l. me be!** ¡déjame en paz!; **I think we should l. (it) well alone** creo que sería mejor no meterse *or* dejar las cosas como están; **to l. sth unfinished** dejar algo sin terminar; **l. the engine running** deja el motor encendido *or Am* prendido; **he left his audience wanting more** dejó al público con ganas de más; **let's l. it at that** vamos a dejarlo aquí; **to l. oneself open to criticism** exponerse a las críticas; **to l. sb to do sth** dejar a alguien hacer algo; **it leaves much** *or* **a lot to be desired** deja mucho que desear; *Fig* **his music leaves me cold** su música no me dice nada; **to l. sb to their own devices** dejar que alguien se las arregle solo; IDIOM **to l. sb standing** *(be much better than)* dar cien *or* mil vueltas a alguien

(**e**) *(with cause)* dejar; **the bullet left a scar on his cheek** la bala le dejó una cicatriz en la mejilla; **the bomb left six people dead** la bomba mató a seis personas; **this leaves me £5 better off** de esta forma salgo ganando 5 libras; *Fig* **her words left an unpleasant taste in my mouth** sus palabras me dejaron un mal sabor de boca

(**f**) *(bequeath)* **to l. sth to sb, to l. sb sth** legar *or* dejar algo a alguien; **he leaves a wife and three children** deja mujer y tres hijos

(**g**) *(delay, not do)* dejar; **let's l. that subject for later** dejemos ese asunto para más tarde; **to l. sth till last** dejar algo para el final; **we left it a bit late** deberíamos haberlo hecho antes

(**h**) *(with decisions)* **l. it to me** déjamelo a mí; **I'll l. (it to) you to decide** decide tú mismo; **to l. sth to chance** dejar algo al azar; **l. it with me** *(problem)* déjamelo a mí; **you l. me with no choice but to...** no me dejas otra alternativa que...

(**i**) *(not eat)* dejarse; **don't l. your vegetables!** ¡no te dejes las verduras!

(**j**) *Math* **three from seven leaves four** siete menos tres son cuatro; **that leaves me $100 for spending money** eso me deja 100 dólares para gastos

(**k**) **to be left** *(remain)* quedar; **how many are there left?** ¿cuántos quedan?; **have you got any wine left?** ¿te queda vino?; **I was left penniless** me quedé sin un céntimo; **we were left with a feeling of disappointment** nos quedamos decepcionados

3 *vi* (**a**) *(depart)* salir; *(go away)* irse, marcharse; **when are you leaving?** ¿cuándo te vas?

(**b**) *(in tennis)* **well left!** ¡bien dejada!

▸**leave aside** *vt sep* **leaving aside your salary, is their anything else you want to talk about?** aparte del sueldo, ¿hay alguna otra cosa de la que quieras hablar?

▸**leave behind** *vt sep* **to l. sth behind** *(deliberately)* dejar algo; *(by mistake)* dejarse algo; **to l. sb behind** dejar a alguien; **he left the other athletes far behind** dejó a los demás atletas muy atrás; **quick, or we'll get left behind!** ¡date prisa *or Am* apúrate o nos quedaremos atrás!; **I got left behind at school** siempre iba retrasada en el colegio; **we don't want to get left behind our competitors** tenemos que evitar que nuestros competidores nos adelanten; **I've left all those problems behind (me)** he superado esos problemas

▸**leave for** *vt insep (set off for)* salir hacia *or* para

▸**leave in** *vt sep (retain)* dejar

▸**leave off 1** *vt insep Fam* **to l. off doing sth** dejar de hacer algo; **to l. off work** dejar el trabajo

2 *vt sep* (**a**) *(omit)* **to l. sth/sb off a list** omitir algo/a alguien de una lista (**b**) *(not switch on)* **to l. the light/TV off** dejar la luz/la televisión apagada

3 *vi (stop)* **where did we l. off?** ¿dónde lo dejamos?; **the rain left off after lunch** dejó de llover después de la comida; **once the boss had gone, the party continued where it had left off** cuando el jefe se hubo marchado, la fiesta continuó donde la habíamos dejado

▸**leave on** *vt sep* **to l. the light/TV on** dejar la luz/televisión encendida or *Am* prendida

▸**leave out** *vt sep* (**a**) *(omit)* omitir; **to l. sb out of the team** dejar a alguien fuera del equipo

(**b**) *(not involve)* **to l. sb out of sth** dejar a alguien al margen de algo; **to feel left out** sentirse excluido(a)

(**c**) *(leave ready, available)* **I'll l. your dinner out on the table for you** te dejaré la cena encima de la mesa; **l. the disks out where I can see them** deja los disquetes donde pueda verlos

(**d**) *(not put away)* **we l. the car out on the street** dejamos el coche en la calle; **who left the milk out?** ¿quién ha dejado la leche fuera?

(**e**) *Br Fam* **l. it out!** *(stop it)* ¡vale ya!; *(expressing disbelief)* ¡anda ya!

▸**leave over** *vt sep* **to be left over** *(of food, money)* sobrar; **we have a couple of apples left over** nos quedan un par de manzanas; **ten divided by three is three and one left over** diez entre tres cabe a tres y sobra una

▸**leave up to** *vt sep (decision)* dejar en manos de alguien; **I'll l. it up to you to decide** decide tú mismo

---

leaven ['levən] *n Culin & Fig* fermento *m*

leaves [li:vz] *pl of* **leaf**

leave-taking ['li:vteɪkɪŋ] *n Literary* despedida *f*

leavings ['li:vɪŋz] *npl* sobras *fpl*, desperdicios *mpl*

Lebanese [lebə'ni:z] **1** *npl (people)* **the L.** los libaneses

2 *n & adj* libanés(esa) *m,f*

Lebanon ['lebənən] *n* el Líbano

lech [letʃ] *Fam* **1** *n (person)* cachondo(a), *Esp* salido(a) *m,f*, sátiro *m*; *(act)* calentura *f*

2 *vi* estar cachondo(a) *or Esp* salido(a) perdido(a) *or RP* caliente; **to l. after sb** ir detrás de *Esp* trajinarse *or Am* cogerse *or Méx* chingarse a alguien

lecher ['letʃə(r)] *n* sátiro *m*, obseso *m*

lecherous ['letʃərəs] *adj* lascivo(a), lujurioso(a)

lechery ['letʃərɪ] *n* lascivia *f*, lujuria *f*

lecithin ['lesɪθɪn] *n Biochem* lecitina *f*

lectern ['lektən] *n* atril *m*

lecture ['lektʃə(r)] **1** *n* (**a**) *(public speech)* conferencia *f* ❑ ***l. hall*** *or* ***theatre*** *or US* ***theater*** sala *f* de conferencias (**b**) *(university class)* clase *f* ❑ ***l. hall*** *or* ***theatre*** *or US* ***theater*** aula *f* (**c**) *Fam (reprimand)* sermón *m*; **to give sb a l.** echarle un sermón a alguien, sermonear a alguien

2 *vt Fam (reprimand)* echar un sermón a, sermonear

3 *vi* (**a**) *(give public lectures)* dar conferencias (**b**) *(at university)* dar clases

lecturer ['lektʃərə(r)] *n* (**a**) *(speaker)* conferenciante *mf*, *Am* conferencista *mf* (**b**) *Br Univ* profesor(ora) *m,f* de universidad

lectureship ['lektʃəʃɪp] *n Br Univ* plaza *f* de profesor(ora) de universidad

LED [eli:'di:] *n Elec (abbr* **light-emitting diode**) LED *m*, diodo *m* emisor de luz

led [led] *pt & pp of* **lead**

ledge [ledʒ] *n (on cliff)* saliente *m*; *(shelf)* repisa *f*; *(of window)* alféizar *m (exterior)*; *(on building)* cornisa *f*

ledger ['ledʒə(r)] *n* libro *m* mayor

lee [li:] *n* (**a**) *Naut* socaire *m* (**b**) *(shelter)* abrigo *m*; **in the l. of a hill** al abrigo de una colina

leech [li:tʃ] *n* (**a**) *(animal)* sanguijuela *f*; **to cling to sb like a l.** pegarse a alguien como una lapa (**b**) *Pej (parasitical person)* sanguijuela *f*, chupóptero(a) *m,f*

leek [li:k] *n* puerro *m*

leer ['lɪə(r)] **1** *n* mirada *f* impúdica *or* obscena
2 *vi* **to l. at sb** mirar impúdicamente a alguien

leery ['lɪərɪ] *adj Fam* listo(a), avispado(a); **to be l. of sb/sth** recelar de alguien/algo

lees [li:z] *npl (of wine)* madre *f*, heces *fpl*

leeward ['li:wəd] **1** *n* sotavento *m*
2 *adj* de sotavento ▫ ***the L. Islands*** las Islas de Sotavento

leeway ['li:weɪ] *n (freedom)* margen *m* de maniobra; **she was given plenty of l.** se le dio mucha libertad, se le dio mucho margen de maniobra

LEFT[1] [left] **1** *n* **(a)** *(position)* izquierda *f*; **she's second from the l. in the picture** es la segunda por la izquierda en la fotografía; **on** *or* **to the l. (of)** a la izquierda (de); **the one on the l.** el/la de la izquierda; **on my l.** a mi izquierda; **turn to the l.** girar *or* torcer a la izquierda; *US* **to make** *or* **take a l.** girar *or* torcer a la izquierda
(b) *Pol* **the l.** la izquierda
(c) *(in boxing)* **a l. to the jaw** un izquierdazo *or* zurdazo en la mandíbula
2 *adj* izquierdo(a); **to take a l. turn** girar *or* torcer a la izquierda; IDIOM **to have two l. feet** ser un pato mareado bailando ▫ ***l. field*** *(in baseball)* extracampo *m or* exterior *m* izquierdo; IDIOM *US* **to be out in l. field** estar totalmente equivocado(a); IDIOM *US* **the idea came out of l. field** la idea no venía a cuento; ***l. fielder*** *(in baseball)* exterior *m* izquierdo; ***l. hook*** *(in boxing)* gancho *m* izquierdo; *Pol* ***the l. wing*** la izquierda
3 *adv* a la izquierda; **take the first/second l.** métete por la primera/segunda a la izquierda; *Pol* **l. of centre** centroizquierda *m*; *Fig* **left, r. and centre** por todas partes

left[2] *pt & pp of* **leave**

left-field ['left'fi:ld] *adj US Fam (unexpected)* inesperado(a)

left-footer [left'fʊtə(r)] *n Br Fam (Roman Catholic)* católico(a) *m,f*

left-hand ['left'hænd] *adj* de la izquierda; **on the l. side** a la izquierda ▫ ***l. drive*** *(vehicle)* vehículo *m* con el volante a la izquierda

left-handed [left'hændɪd] **1** *adj (person)* zurdo(a); *(scissors, golf clubs)* para zurdos
2 *adv* con la izquierda *or* zurda

left-hander [left'hændə(r)] *n (person)* zurdo(a) *m,f*

leftist ['leftɪst] *Pol* **1** *n* izquierdista *mf*
2 *adj* izquierdista, de izquierdas

left luggage office ['left'lʌgɪdʒ'ɒfɪs] *n* consigna *f*

left-of-centre ['leftəv'sentə(r)] *adj Pol* de centroizquierda

leftover ['leftəʊvə(r)] **1** *npl* **leftovers** *(food)* sobras *fpl*
2 *adj (food, paint)* sobrante

left-wing ['leftwɪŋ] *adj Pol* izquierdista, de izquierdas

left-winger ['left'wɪŋə(r)] *n Pol* izquierdista *mf*

lefty ['leftɪ] *n Fam* **(a)** *Pol* izquierdoso(a) *m,f*, izquierdista *mf*, *RP* zurdo(a) *m,f* **(b)** *US (left-handed person)* zocato(a) *m,f*, zurdo(a) *m,f*

leg [leg] **1** *n* **(a)** *(of person)* pierna *f*; *(of animal, table, chair)* pata *f*; **she ran as fast as her legs could carry her** corrió tan deprisa como pudo
(b) *Culin (of lamb)* pierna *f*; *(of chicken)* muslo *m*
(c) *(of trousers)* pernera *f*
(d) *(stage) (of journey, race)* etapa *f*; *(of relay race)* relevo *m*
(e) IDIOMS **to pull sb's l.** tomar el pelo a alguien; **shake a l.!** ¡muévete!; **to show a l.** *(get up)* levantarse; **you don't have a l. to stand on** no tienes a qué agarrarte; **he was given a l. up** *(was helped)* le echaron una mano *or* un cable; *very Fam* **to get one's l. over** *(have sex)* echar un polvo, *Méx* echarse un caldito
2 *vt (pt & pp* **legged**) *Fam* **to l. it** *(hurry)* salir zumbando

legacy ['legəsɪ] *n* legado *m*; **to come into a l.** recibir una herencia; **this problem is a l. of the last government's neglect** este problema viene dado por *or* es herencia directa de la negligencia del anterior gobierno

legal ['li:gəl] *adj* legal; *(concerning the law)* legal, jurídico(a); **the l. profession** la profesión jurídica; **the procedure is entirely l.** el procedimiento es totalmente legal *or* legítimo; **to take l. action (against sb)** presentar una demanda (contra alguien); **to be l. and binding** ser válido(a) y de obligado cumplimiento ▫ ***l. advice*** asesoría *f* jurídica *or* legal; ***l. aid*** asistencia *f* jurídica de oficio; ***l. eagle*** *(successful lawyer)* un abogado estrella, = abogado de éxito, especialmente joven, brillante y dinámico; ***l. tender*** moneda *f* de curso legal

legalese [li:gə'li:z] *n Fam Pej* jerga *f* legal

legalistic [li:gə'lɪstɪk] *adj* legalista

legality [lɪ'gælɪtɪ] *n* legalidad *f*

legalization [li:gəlaɪ'zeɪʃən] *n* legalización *f*

legalize ['li:gəlaɪz] *vt* legalizar

legally ['li:gəlɪ] *adv* legalmente; **to be l. entitled to (do) sth** tener el derecho legal a (hacer) algo; **to be l. binding** obligar legalmente; **l., there is no reason why...** desde el punto de vista legal, no hay ninguna razón por la que...

legate ['legɪt] *n Rel* nuncio *m*

legatee [legə'ti:] *n Law* legatario(a) *m,f*

legation [lɪ'geɪʃən] *n (diplomatic mission)* legación *f*

legend ['ledʒənd] *n* **(a)** *(traditional story)* leyenda *f*; **to be a l. in one's own lifetime** ser una leyenda viva; *Fam Hum* **he's a l. in his own lunchtime** es muy conocido en su casa a la hora de comer **(b)** *(on map)* leyenda *f*, signos *mpl* convencionales

legendary ['ledʒəndərɪ] *adj* legendario(a)

legerdemain [ledʒədə'meɪn] *n (trickery)* tejemanejes *mpl*

leggings ['legɪŋz] *npl (of woman)* mallas *fpl*

leggy ['legɪ] *adj (person)* patilargo(a)

legibility [ledʒɪ'bɪlɪtɪ] *n also Comptr* legibilidad *f*

legible ['ledʒɪbəl] *adj also Comptr* legible

legibly ['ledʒɪblɪ] *adv* de forma legible

legion ['li:dʒən] **1** *n* legión *f*
2 *adj Formal* **such cases are l.** los casos así son innumerables *or* incontables

legionary ['li:dʒənərɪ] *n* legionario *m*

legionnaire [li:dʒə'neə(r)] *n* legionario *m* ▫ *Med* ***l.'s disease*** enfermedad *f* del legionario, legionel(l)a *f*

leg-iron ['legaɪən] *n (shackle)* grillete *m*

legislate ['ledʒɪsleɪt] *vi* legislar (**against** en contra de); **it is difficult to l. for every eventuality** es difícil que la legislación prevea todos los casos

legislation [ledʒɪs'leɪʃən] *n* legislación *f*; **the existing l. is inadequate** la actual legislación *or* la legislación en vigor resulta insuficiente

legislative ['ledʒɪslətɪv] *adj* legislativo(a)

legislator ['ledʒɪsleɪtə(r)] *n* legislador(ora) *m,f*

legislature ['ledʒɪslətjə(r)] *n* legislativo *m*, asamblea *f* legislativa

legit [lɪ'dʒɪt] *adj Fam* legal

legitimacy [lɪ'dʒɪtɪməsɪ] *n* legitimidad *f*

legitimate 1 *adj* [lɪ'dʒɪtɪmət] legítimo(a); **a l. cause for complaint** un motivo de queja legítimo *or* justificado; *Formal* **it would be l. to question her right to the property** cabe poner en tela de juicio la legitimidad de su derecho a la propiedad
2 *vt* [lɪ'dʒɪtɪmeɪt] legitimar

legitimately [lɪ'dʒɪtɪmətlɪ] *adv* legítimamente; **one may l. doubt this story** uno puede con todas las de la ley llegar a dudar de esta historia

legitimize [lɪ'dʒɪtɪmaɪz] *vt* legitimizar

legless ['leglɪs] *adj Br Fam (drunk)* pedo, *Col* caído(a), *Méx* cuete, *RP* en pedo

leg-pull ['legpʊl] *n Fam* tomadura *f* de pelo, vacile *m*

legroom ['legrʊm] *n* espacio *m* para las piernas

legume ['legju:m] *n Bot* legumbre *f*

legwarmers ['legwɔ:məz] *npl* calentadores *mpl*, calientapiernas *mpl*

legwork ['legwɜ:k] *n* trabajo *m* de campo

Leics (*abbr* **Leicestershire**) (condado *m* de) Leicester

leisure ['leʒə(r), *US* 'li:ʒər] *n* ocio *m*; **take these leaflets and read them at your l.** llévate estos folletos y tómate tu tiempo para leerlos; **a life of l.** una vida de ocio ▫ ***l. activities*** actividades *fpl* para el tiempo libre; ***l. centre*** centro *m* recreativo *or* de ocio;

the l. industry la industria del ocio; *l. wear* ropa *f* de sport

leisured ['leʒəd, *US* 'li:ʒəd] *adj* ocioso(a); **the l. classes** la gente ociosa, los que no necesitan trabajar

leisurely ['leʒəlɪ, *US* 'li:ʒərlɪ] *adj* pausado(a), tranquilo(a)

leitmotif, leitmotiv ['laɪtməʊti:f] *n (in novel, music)* leitmotiv *m*

lemming ['lemɪŋ] *n* lemming *m*; **they followed him like lemmings** le siguieron ciegamente

lemon ['lemən] **1** *n* (**a**) *(fruit)* limón *m*; *(colour)* amarillo *m* limón ▫ *l. cheese or Br l. curd* crema *f* de limón; *l. drop* caramelo *m* de limón; *l. grass* hierba *f* limonera; *l. meringue pie* tarta *f* de limón y merengue; *l. peel* piel *f* de limón; *l. sole* mendo *m* limón, = pescado similar al lenguado y al gallo; *Br l. squash* (refresco *m*) concentrado *m* de limón; *l. squeezer* exprimidor *m*, exprimelimones *m inv*; *l. tea* té *m* con limón; *l. tree* limonero *m*
(**b**) *Br Fam* **I felt like a real l.** me sentí como un verdadero merluzo
(**c**) *US Fam (worthless, useless thing or person)* desastre *m*, *Esp* patata *f*
2 *adj* **l. (coloured)** (color) amarillo limón

lemonade [lemə'neɪd] *n* (**a**) *(still)* limonada *f* (**b**) *Br (fizzy)* gaseosa *f*

lemony ['lemənɪ] *adj (taste)* a limón; *(sauce)* con sabor a limón; *(colour)* amarillo(a) limón

lempira [lem'pɪərə] *n (currency of Honduras)* lempira *f*

lemur ['li:mə(r)] *n* lémur *m*

lend [lend] (*pt & pp* **lent** [lent]) *vt* (**a**) *(money, book, pen)* **to l. sb sth, to l. sth to sb** prestar algo a alguien; **to l. sb a (helping) hand** echar una mano a alguien; **to l. an ear** *or* **one's ear to...** escuchar de buena gana a...; **to l. one's name to sth** prestar apoyo a algo (**b**) *(dignity, support, credibility)* proporcionar, prestar (**to** a); **to l. weight to a theory** dar peso a *or* reforzar una teoría; **her work doesn't l. itself to dramatization** su obra no se presta a la dramatización

lender ['lendə(r)] *n Fin* prestamista *mf*

lending ['lendɪŋ] *n Fin* préstamos *mpl*, créditos *mpl* ▫ *l. library* biblioteca *f* de préstamo; *Fin l. rate* tipo *m or Am* tasa *f* de interés de los préstamos *or* créditos

length [leŋθ] *n* (**a**) *(in space)* longitud *f*, largo *m*; **it's 4.50m in l.** tiene 4,5 m de longitud *or* de largo; **to wander the l. and breadth of the country** vagabundear a lo largo y ancho del país
(**b**) *(in time)* duración *f*; **at (great) l.** extensamente, dilatadamente; **at l., I realized that...** con el tiempo, me di cuenta de que...; **a great l. of time** un largo periodo de tiempo; **l. of service** antigüedad *f* en la empresa
(**c**) *(effort)* **to go to the l. of doing sth** llegar incluso a hacer algo; **to go to great lengths to do sth** tomarse muchas molestias para hacer algo; **he would go to any lengths (to do sth)** estaría dispuesto a cualquier cosa (con tal de hacer algo)
(**d**) *(piece) (of wood, string)* trozo *m*, pedazo *m*
(**e**) *(of swimming pool)* largo *m*; **to swim twenty lengths** hacerse veinte largos
(**f**) *(in horse racing)* cuerpo *m*; *(in rowing)* embarcación *m*

lengthen ['leŋθən] **1** *vt* alargar
2 *vi* alargarse

lengthily ['leŋθɪlɪ] *adv* extensamente, dilatadamente

lengthways ['leŋθweɪz], **lengthwise** ['leŋθwaɪz] *adv* a lo largo

lengthy ['leŋθɪ] *adj* largo(a), extenso(a)

lenience ['li:nɪəns], **leniency** ['li:nɪənsɪ] *n (of person)* indulgencia *f*, benevolencia *f*; *(of punishment)* poca severidad *f*

lenient ['li:nɪənt] *adj (person)* indulgente, benévolo(a) (**to** *or* **with** con); *(punishment)* poco severo(a)

leniently ['li:nɪəntlɪ] *adv* con indulgencia, benevolamente

Leningrad ['lenɪngræd] *n Formerly* Leningrado

Leninism ['lenɪnɪzəm] *n* leninismo *m*

Leninist ['lenɪnɪst] *n & adj* leninista *mf*

lens [lenz] *n* (**a**) *(of glasses)* cristal *m*, lente *f*, *Am* vidrio *m*; **(contact) lenses** lentes *fpl* de contacto, *Esp* lentillas *fpl*, *Méx* pupilentes *fpl* (**b**) *(of camera)* objetivo *m*, lente *f* ▫ *l. cap* tapa *f* del objetivo (**c**) *(of eye)* cristalino *m*

Lent [lent] *n Rel* Cuaresma *f*

lent [lent] *pt & pp of* **lend**

lentil ['lentɪl] *n* lenteja *f*

Leo ['li:əʊ] *n (sign of zodiac)* Leo *m*; **to be (a) L.** ser Leo

leopard ['lepəd] *n* leopardo *m*; PROV **a l. never changes its spots** la cabra siempre tira al monte

leopardess [lepə'des] *n* leopardo *m* hembra

leopard-skin ['lepədskɪn] *adj* de piel de leopardo

leotard ['li:ətɑ:d] *n* malla *f*

leper ['lepə(r)] *n* leproso(a) *m,f*; *Fig* **a moral** un indeseable; **a social l.** un paria ▫ *l. colony* leprosería *f*, lazareto *m*

lepidopterist [lepɪ'dɒptərɪst] *n* especialista *mf* en lepidópteros

leprechaun ['leprəkɔ:n] *n* duende *m (de las leyendas irlandesas)*

leprosy ['leprəsɪ] *n* lepra *f*

leprous ['leprəs] *adj* leproso(a)

lesbian ['lezbɪən] **1** *n* lesbiana *f*
2 *adj* lésbico(a), lesbiano(a)

lesbianism ['lezbɪənɪzəm] *n* lesbianismo *m*

lese-majesty [leɪz'mædʒəstɪ] *n (treason)* delito *m* de lesa majestad

lesion ['li:ʒən] *n Med* lesión *f*

Lesotho [lɪ'su:tu:] *n* Lesoto

-less [ləs] *suffix* **expressionless** inexpresivo; **shameless** desvergonzado; **trouserless** sin pantalones

LESS [les] **1** *adj (comparative of* **little***)* menos; **I drink l. beer these days** ahora bebo menos cerveza; **the distance is l. than we thought** la distancia es menor de lo que pensábamos
2 *prep* menos; **a year l. two days** un año menos dos días; **I've got £50, l. what I spent on the train ticket** tengo 50 libras, menos lo que me he gastado en el billete de tren
3 *pron* menos; **the more I get to know him, the l. I like him** cuanto más lo conozco, menos me gusta; **can I have l. of the soup?** ¿podría tomar un poco menos sopa?; **I see l. of her nowadays** la veo menos ahora; **it is l. of an issue these days** ahora es menos polémico; **I don't think any (the) l. of you** no pienso peor de ti; **despite what happened, I don't respect you any the l.** a pesar de lo que ocurrió, te sigo respetando tanto como antes; **in l. than an hour** en menos de una hora; **in l. than no time** instantáneamente; **I eat l. than before** como menos que antes; **the l. said about it the better** cuanto menos se hable de ello, mejor; **she was driving a Rolls, no l.** conducía nada menos que un Rolls; **who should I meet there but the Queen, no l.!** ¿qué te parece? ¡conocí nada menos que a la reina!; **I expected no l. from you** no esperaba menos de ti; **there were no l. than 10,000 people there** había por lo menos 10.000 personas; **no more, no l.** ni más ni menos; *Fam* **l. of that!** ¡basta ya!, *Méx* ¡ya párale!; *Fam* **I'll have l. of your lip!** no seas insolente
4 *adv* menos; **you should think l. and act more** deberías pensar menos y actuar más; **we go there l. often** vamos menos por allí; **l. and l.** cada vez menos; **it's l. than a week's work** es menos de una semana de trabajo; **you're being l. than generous** no estás siendo nada generoso; **it looked l. like a kitchen than a cupboard** parecía más un armario que una cocina; **they haven't got a fridge, much l. a freezer** no tienen nevera y mucho menos congelador; **nothing l. than** nada menos que; **still l., even l.** todavía menos

lessee [le'si:] *n Law (of land, premises)* arrendatario(a) *m,f*; *(of house, flat)* inquilino(a) *m,f*

lessen ['lesən] **1** *vt (pain)* aliviar; *(risk, danger)* reducir; *(impact)* amortiguar; *(damage, effect)* mitigar, paliar
2 *vi (of risk, danger, intensity)* disminuir, reducirse; *(of pain)* aliviarse

lesser ['lesə(r)] *adj* menor; **to a l. extent** *or* **degree** en menor medida; **a l. person** una persona de menor valía; **the l. of two evils** el mal menor

lesson ['lesən] *n* (**a**) *(in general)* clase *f*, lección *f*; **a geography l.** una clase de geografía; **to take lessons in sth** recibir clases de; *Fig* **he has learnt his l.** ha aprendido la lección; *Fig* **let that be a l. to you!** ¡que te sirva de lección!; *Fig* **to teach**

sb a l. dar una lección a alguien (**b**) *Rel* lectura *f*

lessor [le'sɔː(r)] *n Law* arrendador(ora) *m,f*

lest [lest] *conj Literary* para que no, por si; **l. we forget...** para que no olvidemos,...

let¹ [let] *n (in tennis)* servicio *m* nulo

let² **1** *n* (**a**) *(property)* **short/long l.** alquiler *m* por un periodo corto/largo (**b**) *Law* **without l. or hindrance** sin obstáculo o impedimento alguno

2 *vt* (*pt & pp* **let**) *(rent out)* alquilar, *Méx* rentar; **to l.** *(sign)* se alquila, *Méx* se renta

LET³ **1** *vt* (*pt & pp* **let**) (**a**) *(allow)* **to l. sb do sth** dejar a alguien hacer algo; **to l. sth happen** dejar que ocurra algo; **to l. one's beard grow** dejarse (crecer la) barba; **l. the engine cool down** deja que se enfríe el motor; **don't l. yourself be fooled** no te dejes engañar; no dejes que te engañen; **l. me help you with that box** deja que te ayude con esa caja; **l. me begin by saying how grateful I am** para comenzar, deseo decirles lo agradecido que estoy; **l. me explain what I mean** déjame que te explique (lo que quiero decir); **l. him say what he likes, I don't care** que diga lo que quiera, me da igual; **don't l. it be said I didn't try** que no se diga que no lo intenté; **don't l. it get to you** *or* **get you down** no dejes que eso pueda contigo; **to l. go of sth, to l. sth go** soltar algo; **to l. sb go** *(release)* soltar algo; **l. go, it hurts!** ¡suelta, que me duele!; **whatever you do, don't l. go** *(of rope, support)* hagas lo que hagas, no sueltes; **to l. go of one's inhibitions** desinhibirse; **it hurt terribly to l. her go** me dolió muchísimo perderla; **we have decided to l. the matter go** hemos decidido pasar por alto el asunto; **I'm afraid we'll have to l. you go** *(on making somebody redundant)* me temo que vamos a tener que prescindir de usted; **to l. oneself go** *(lose restraint)* soltarse el pelo; *(stop caring for one's appearance)* abandonarse; **I never l. a day go by without...** no dejo pasar un día sin...; **I l. him have my bike** le dejé mi bicicleta; **can you l. me have it back tomorrow?** ¿me lo puedes devolver mañana?; *Fam* **she really l. me have it when she found out** me hizo saber lo que es bueno cuando se enteró; **to l. sb know sth** avisar a alguien de algo; **she l. it be known that she was not happy** dejó claro que no era feliz; **to l. loose** *(person, animal)* soltar; **we l. the children loose on the food** dejamos que los niños se abalanzaran sobre la comida; **to l. sth pass** *or* **go** *(not criticize, comment on)* dejar pasar algo, pasar algo por alto; **l. me see** *(show me)* déjame ver; *(when answering)* veamos, a ver; **don't l. me see you here again!** ¡que no te vuelva a ver por aquí!; **I was nervous, but I tried not to l. it show** estaba nervioso, pero traté de que no se notara; **l. me think** ¿a ver...?, déjame pensar; **to l. sb be** *or* **alone** dejar a alguien en paz; **to l. things be** dejar las cosas como están; *Fig* **to l. it drop** dejarlo, olvidarse del tema; *Fam Fig* **to l. it all hang out** soltarse la melena *or Méx* greña; *Fig* **to l. it lie** olvidar el tema; *Fig* **to l. sth ride** no hacer nada por evitar algo; *Fig* **to l. things slide** tener las cosas abandonadas, dejar que las cosas degeneren; **he l. it slip that...** *(unintentionally)* se le escapó que...; *(intentionally)* dejó caer que...

(**b**) *(with suggestions, orders)* **let's go!** ¡vamos!; **let's hurry!** ¡deprisa!; **l. them wait!** ¡que esperen!; **let's dance!** vamos a bailar; **let's have the day off!** ¿por qué no nos tomamos el día libre?; **shall we go to the cinema? — oh yes, let's** *or* **do let's!** ¿vamos al cine? – ¡sí, sí, vamos!; **l. HER explain, it's nothing to do with me** que lo explique ella, yo no tengo nada que ver; **let's get this clear** vamos a dejar esto claro; **l. us move on to the next point** pasemos al siguiente punto; **let's see what we can do** a ver qué podemos hacer; **l. the dancing begin!** ¡que empiece el baile!; **let's not have an argument about it!** ¡no nos peleemos por eso!; **now, don't let's have any nonsense!** ¡bueno, y nada de tonterías!; **just l. him try!** ¡que lo intente(... y verá)!; *Formal* **l. he who disagrees speak now** quien no esté de acuerdo, que hable ahora; *Rel* **l. there be light** hágase la luz; *Rel* **l. us pray** oremos

(**c**) *(with hypotheses)* **l. us suppose that...** supongamos que...; *Math* **l. AB be equal to CD** sea AB igual a CD; **let's say (that) they do win** pongamos que ganan; **take any number, let's say seven** tomemos un número, por ejemplo el siete; **how did she react? — let's just say she wasn't delighted** ¿cómo reaccionó? – digamos que no se puso a dar saltos de alegría

(**d**) *(to express wish)* **please don't l. it be true!** ¡por favor, que no sea verdad!; **let's hope she's all right** esperameos que tenga razón

(**e**) **l. alone** *conj* mucho menos, menos aún; **I can't even speak French, l. alone Chinese** no hablo francés y chino, mucho menos

2 *vi* **to l. drop that...** dejar caer que...; **to l. fly** *or* **rip** *(lose temper)* ponerse hecho(a) una furia

▸**let by** *vt sep (allow to pass)* **to l. sb by** dejar pasar a alguien

▸**let down** *vt sep* (**a**) *(move downwards) (rope, package, person)* bajar; *Fig* **to l. sb down gently** darle la noticia a alguien suavemente; *Fig* **to l. one's hair down** soltarse el pelo

(**b**) *(hem, skirt, trousers)* bajar

(**c**) *(tyre)* deshinchar, desinflar

(**d**) *Fam (disappoint, fail)* **to l. sb down** fallar a alguien; **the car l. us down again** el coche nos dejó tirados otra vez; **Woods was l. down by his inexperience** a Woods lo perdió su falta de experiencia; **I feel l. down** siento que me has/han/*etc* fallado; *Br Fig* **don't l. the side down!** ¡no nos falles!, ¡no nos dejes tirados!

▸**let in** *vt sep (allow to enter)* dejar pasar *or* entrar; **l. me in!** ¡déjame entrar or entrar!; **I l. myself in** *(to house)* entré con mi llave; **to l. in the light** dejar que entre la luz; **my shoes are letting in water** me están calando los zapatos; **he l. in three goals** le metieron tres goles

▸**let in for** *vt sep Fam* **do you know what you are letting yourself in for?** ¿tienes idea de en qué te estás metiendo?

▸**let in on** *vt sep* **to l. sb in on a secret/plan** contar a alguien un secreto/plan

▸**let into** *vt sep* (**a**) *(allow to enter)* dejar entrar en; **I l. myself into the house** entré en la casa con mi llave (**b**) *Constr* **to l. a window into a wall** abrir *or* hacer una ventana en un muro (**c**) *(tell)* **I'll l. you into a secret** te contaré un secreto

▸**let off 1** *vt sep* (**a**) *(bomb, firework)* hacer explotar; *(gun)* disparar (**b**) *(emit) (gas)* emitir, despedir; *Fig* **to l. off steam** desfogarse (**c**) *(forgive)* perdonar; **they l. him off with a fine** sólo le pusieron una multa; **we were l. off lightly** salimos bien librados; *Fam* **sorry! — I'll l. you off** ¡perdón! – te perdono, no pasa nada (**d**) *(allow to leave)* **we were l. off school early** nos dejaron salir pronto del colegio (**e**) *(allow not to do)* **I've been l. off doing the cleaning** me he librado de hacer la limpieza; **she l. me off the £5** me perdonó las 5 libras

2 *vi Br Fam (fart)* tirarse un pedo, *Esp* peerse

▸**let on** *vi Fam* **to l. on about sth** contar algo, decir algo; **don't l. on that I was there** no digas que estuve allí; **he was more ill than he l. on** estaba más enfermo de lo que decía

▸**let out 1** *vt sep* (**a**) *(release)* dejar salir; **l. me out!** ¡déjame salir!; **he l. himself out of the back door** salió sin que nadie le acompañara por la puerta trasera; **to l. out the air from sth** desinflar *or* deshinchar algo; **to l. out a yell** soltar un grito (**b**) *(jacket, trousers)* agrandar

2 *vi US (finish)* terminar, acabar

▸**let through** *vt sep* (**a**) *(allow to pass) (person)* dejar pasar (**b**) *(overlook) (mistake)* **we can't afford to l. any mistakes through** no podemos permitir que se nos pase ni un error

▸**let up** *vi (weather)* amainar; **they l. up in the second half** en la segunda parte aflojaron; **once he's started he never lets up** una vez que empieza ya no se detiene

let-down ['letdaʊn] *n Fam* chasco *m*, desilusión *f*

lethal ['liːθəl] *adj* letal, mortal; *Fam* **that vodka's l.!** ¡ese vodka es fortísimo! ❑ ***l. dose*** dosis *f inv* letal; ***l. weapon*** arma *f* mortífera

lethargic [lɪ'θɑːdʒɪk] *adj (drowsy)* aletargado(a); *(inactive)* apático(a)

lethargy ['leθədʒɪ] *n (drowsiness)* sopor *m*, letargo *m*; *(inactivity)* apatía *f*

let-out ['letaʊt] *n Fam (from obligation)* salida *f*

letter ['letə(r)] *n* (**a**) *(written message)* carta *f* ❑ ***l. of acknowledgement*** carta de acuse de recibo; ***l. bomb*** carta bomba; ***l. box*** buzón *m*; *Com* ***l. of credit*** carta de crédito; *Com* ***l. of exchange*** letra *f* de cambio; ***l. of introduction*** carta de presentación; ***l. opener*** abrecartas *m inv*; *Law* ***letters patent***

(certificado *m* de) patente *f* (**b**) *(of alphabet)* letra *f*; **the l. of the law** la interpretación literal de la ley; **to obey to the l.** obedecer al pie de la letra (**c**) *Formal* **man of letters** hombre *m* de letras

lettered ['letəd] *adj (well-educated)* ilustrado(a), culto(a)

letterhead ['letəhed] *n* membrete *m*

lettering ['letərɪŋ] *n (characters)* letra *f*, caracteres *mpl*

letter-perfect [letə'pɜːfɪkt] *adj US* impecable

lettuce ['letɪs] *n* lechuga *f*

let-up ['letʌp] *n Fam* tregua *f*, descanso *m*; **they worked fifteen hours without a l.** trabajaron quince horas sin descanso

leucocyte ['luːkəsaɪt] *n Anat* leucocito *m*

leukaemia, *US* **leukemia** [luː'kiːmɪə] *n* leucemia *f*

Levant [lə'vænt] *n* **the L.** el Levante mediterráneo

Levantine [lə'væntaɪn] *adj* del Levante mediterráneo

levee ['levɪ] *n* (**a**) *US (embankment)* dique *m* (**b**) *(quay)* muelle *m*, embarcadero *m* (**c**) *Br Hist* audiencia *f* matinal

LEVEL ['levəl] **1** *n* (**a**) *(position, amount, standard)* nivel *m*; **at eye l.** a la altura de los ojos; **at ministerial/international l.** a nivel ministerial/internacional; **a decision taken at the highest l.** una decisión tomada en los más altos niveles; **on a personal l.** a nivel personal; **on a deeper l., the novel is about...** en un plano más profundo, la novela trata de...; **to be on a l. with** *(at same height as)* estar al mismo nivel *or* a la misma altura que; **this win is on a l. with their 1966 victory** este triunfo está a la altura de su victoria de 1966; *Fam* **to be on the l.** *(honest)* ser honrado(a); **to come down to sb's l.** ponerse al nivel de alguien; **you'll soon find your own l.** pronto encontrarás tu nivel; **to sink to sb's l.** rebajarse al nivel de alguien

(**b**) *(storey)* piso *m*; **l. 3** *(on sign)* tercero, 3°; **the whole building is on one l.** el edificio tiene un solo piso

(**c**) *US (spirit level)* nivel *m* de burbuja

(**d**) *Comptr* **levels of grey** niveles *mpl* de gris

2 *adj* (**a**) *(not sloping)* nivelado(a), liso(a), horizontal; **a l. spoonful** una cucharada rasa; *Fig* **a l. playing field** igualdad *f* de condiciones ▫ *Br Rail* ***l. crossing*** paso *m* a nivel

(**b**) *(equal)* **the scores are l.** van igualados *or* empatados; **are the two shelves completely l. (with each other)?** ¿están los dos estantes exactamente a la misma altura *or* al mismo nivel?; **l. with...** *(of position)* a la altura de...; **the two teams/athletes are now l. with each other** los dos equipos/atletas van igualados en este momento; **to draw l. with** *(in race)* alcanzar, ponerse a la altura de; *(in match)* conseguir el empate contra; *(in contest)* igualar a; **the two teams finished l.** los dos equipos terminaron igualados; **she did her l. best** hizo todo lo que estaba en su mano; **the two parties are l. pegging** los dos partidos están empatados ▫ ***l. par*** *(in golf)* par *m*

(**c**) *(voice, tone, gaze)* sereno(a); **to keep a l. head** mantener la cabeza fría

3 *vt* (*pt & pp* **levelled**, *US* **leveled**) (**a**) *(make flat)* nivelar; *(raze)* arrasar

(**b**) *(make equal)* **to l. the score** igualar el marcador

(**c**) *(aim)* **to l. a blow at sb** propinar *or* asestar un golpe a alguien; **to l. a gun at sb** apuntar a alguien con un arma, dirigir un arma contra alguien; **to l. accusations at sb** lanzar acusaciones contra alguien; **to l. criticism at sb** dirigir críticas a alguien

▸**level off, level out 1** *vt (make flat)* allanar

2 *vi (of ground)* nivelarse, allanarse; *(of prices, demand)* estabilizarse; *(of graph)* nivelarse, estabilizarse; *(of aeroplane)* enderezarse

▸**level with** *vt insep Fam* ser franco(a) con

level-headed ['levəl'hedɪd] *adj* ecuánime

leveller, *US* **leveler** ['levələ(r)] *n (equalizer)* nivelador(ora) *m,f*; **death is a great l.** la muerte nos hace a todos iguales

lever ['liːvə(r), *US* 'levə(r)] **1** *n* palanca *f*

2 *vt* **to l. a box open** abrir una caja haciendo palanca; *Fig* **to l. sb into a job** aupar a alguien a un puesto

leverage ['liːvərɪdʒ, *US* 'levərɪdʒ] *n Tech* apalancamiento *m*; *Fig* **to bring l. to bear on** *(pressurize)* ejercer presión sobre

leveraged buyout ['liːvərɪdʒd'baɪaʊt] *n Fin* compra *f* apalancada

leveret ['levərət] *n* lebrato *m*

leviathan [lə'vaɪəθən] *n (monster)* leviatán *m*; *Fig* coloso *m*, gigante *m*

levitate ['levɪteɪt] *vi* levitar

levitation [levɪ'teɪʃən] *n* levitación *f*

levity ['levɪtɪ] *n* frivolidad *f*

levy ['levɪ] **1** *n (tax)* impuesto *m*, tasa *f* (**on** sobre)

2 *vt (tax)* aplicar (**on** a); **to l. a tax on sth** gravar algo con un impuesto

lewd [luːd] *adj* procaz, obsceno(a)

lewdness ['luːdnɪs] *n* procacidad *f*, obscenidad *f*

lexical ['leksɪkəl] *adj* léxico(a)

lexicographer [leksɪ'kɒgrəfə(r)] *n* lexicógrafo(a) *m,f*

lexicographic(al) [leksɪkə'græfɪk(əl)] *adj* lexicográfico(a)

lexicography [leksɪ'kɒgrəfɪ] *n* lexicografía *f*

lexicon ['leksɪkən] *n* (**a**) *(dictionary)* lexicón *m* (**b**) *(vocabulary)* léxico *m*

lexis ['leksɪs] *n Ling* léxico *m*

lez [lez], **lezzy** ['lezɪ] *n very Fam Pej* tortillera *f*, *Esp* bollera *f*

liability [laɪə'bɪlɪtɪ] *n* (**a**) *Law (responsibility)* responsabilidad *f* (**for** de); **to accept l. for sth** hacerse responsable de algo; *Fin* **liabilities** pasivo *m*, deudas *fpl* (**b**) *(disadvantage)* estorbo *m*; **she's a real l.** no hace más que estorbar, no es más que un estorbo

liable ['laɪəbəl] *adj* (**a**) *Law (responsible)* responsable (**for** de); **to be held l. for sth** ser considerado responsable de algo (**b**) *(to tax, fine)* sujeto(a) (**to** a) (**c**) *(likely)* propenso(a) (**to** a); **it is l. to explode** puede que explote

liaise [liː'eɪz] *vi* **to l. with sb (about sth)** trabajar en cooperación con alguien (para algo)

liaison [lɪ'eɪzɒn] *n* (**a**) *(cooperation)* coordinación *f* ▫ *Mil* ***l. officer*** oficial *m* de enlace (**b**) *(love affair)* relación *f* (amorosa)

liana [lɪ'ɑːnə] *n* liana *f*

liar ['laɪə(r)] *n* mentiroso(a) *m,f*

Lib (*abbr* **Liberal**) liberal

lib [lɪb] *n Fam* liberación *f*; **gay/women's l.** la liberación gay/de la mujer

libber ['lɪbə(r)] *n Fam* partidario(a) *m,f* de la liberación; **gay/women's l.** partidario de la liberación gay/de la mujer

Lib-Dem [lɪb'dem] *n Br Pol* (*abbr* **Liberal Democrat**) demócrata *mf* liberal

libel ['laɪbəl] *Law* **1** *n* libelo *m* ▫ ***l. action*** juicio *m* por libelo; ***l. laws*** legislación *f* sobre el libelo

2 *vt* (*pt & pp* **libelled**, *US* **libeled**) calumniar

libellous, *US* **libelous** ['laɪbələs] *adj* calumnioso(a)

Liberal ['lɪbərəl] *Pol* **1** *n* liberal *mf*

2 *adj* liberal; *Br* **the L. Democrats** el partido demócrata liberal

liberal ['lɪbərəl] **1** *n (tolerant person)* liberal *mf*

2 *adj* (**a**) *(tolerant)* liberal ▫ ***l. education*** educación *f* liberal (**b**) *(generous)* desprendido(a), generoso(a) (**with** con); *(interpretation)* libre (**c**) *(abundant)* abundante, generoso(a)

liberalism ['lɪbərəlɪzəm] *n* liberalismo *m*

liberalization [lɪbərəlaɪ'zeɪʃən] *n* liberalización *f*

liberalize ['lɪbərəlaɪz] *vt* liberalizar

liberally ['lɪbərəlɪ] *adv* generosamente

liberate ['lɪbəreɪt] *vt* liberar

liberated ['lɪbəreɪtɪd] *adj* liberado(a); **a l. woman** una mujer liberada

liberation [lɪbə'reɪʃən] *n* liberación *f* ▫ ***l. movement*** movimiento *m* de liberación; ***l. theology*** teología *f* de la liberación

liberationist [lɪbə'reɪʃənɪst] *n* partidario(a) *m,f* de la liberación

liberator ['lɪbəreɪtə(r)] *n* libertador(ora) *m,f*, liberador(ora) *m,f*

Liberia [laɪ'bɪərɪə] *n* Liberia

Liberian [laɪ'bɪərɪən] *n & adj* liberiano(a) *m,f*

libertarian [lɪbə'teərɪən] *n & adj* libertario(a) *m,f*

libertine ['lɪbətiːn] *n Literary* libertino(a) *m,f*

liberty ['lɪbətɪ] *n* libertad *f*; **at l.** *(free)* en libertad; **to be at l. to do sth** tener libertad para hacer algo; **I'm not at l. to say** no puedo decirlo, no lo puedo revelar; **to take the l. of doing sth** tomarse la libertad de hacer algo; **to take liberties with** tomarse (excesivas) libertades con; **what a l.!** ¡qué cara más dura! ❑ ***L. Hall*** la casa de tócame Roque

libidinous [lɪˈbɪdɪnəs] *adj Formal (lustful)* libidinoso(a)

libido [lɪˈbiːdəʊ] (*pl* **libidos**) *n* libido *f*

Libra [ˈliːbrə] *n (sign of zodiac)* Libra *m*; **to be (a) L.** ser Libra

librarian [laɪˈbreərɪən] *n* bibliotecario(a) *m,f*

Note that the Spanish word **librero** is a false friend and is never a translation for the English word **librarian**. In Spanish **librero** means "bookseller"

librarianship [laɪˈbreərɪənʃɪp] *n (work)* trabajo *m* de bibliotecario(a); *(discipline)* biblioteconomía *f*

library [ˈlaɪbrərɪ] *n* biblioteca *f* ❑ ***l. book*** libro *m* de biblioteca; ***l. card*** carné *m* de biblioteca; ***l. edition*** edición *f* para bibliotecas; *TV* ***l. pictures*** imágenes *fpl* de archivo

Note that the Spanish word **librería** is a false friend and is never a translation for the English word **library**. In Spanish **librería** means "bookstore"

librettist [lɪˈbretɪst] *n Mus* libretista *mf*

libretto [lɪˈbretəʊ] (*pl* **librettos** *or* **libretti** [lɪˈbretiː]) *n Mus* libreto *m*

Libya [ˈlɪbɪə] *n* Libia

Libyan [ˈlɪbɪən] *n & adj* libio(a) *m,f*

lice [laɪs] *pl of* **louse**

licence, *US* **license** [ˈlaɪsəns] *n* **(a)** *(permit)* licencia *f*, permiso *m*; *Com* **under l.** bajo licencia, con autorización; **(***Br* **driving** *or US* **driver's) l.** carné *m or* permiso *m* de *Esp* conducir *or RP* conductor, licencia *f Carib* de conducir *or Méx* para conducir; **it's a l. to print money** es una ocasión para hacerse de oro ❑ *Br TV* ***l. fee*** = tarifa de la licencia de uso de la televisión; *Aut* ***l. number*** *(of car)* (número *m* de) matrícula *f*; *US Aut* **l. plate** (placa *f* de) matrícula *f*

(b) *(freedom)* licencia *f*

(c) *Formal (excessive freedom)* libertinaje *m*

(d) *Comptr* ***l. agreement*** acuerdo *m* de licencia

license [ˈlaɪsəns] **1** *n US* = **licence**

2 *vt Com* autorizar; **to be licensed to carry a gun** tener permiso *or* licencia de armas

licensed [ˈlaɪsənst] *adj Br* ***l. premises*** = establecimiento donde se pueden vender bebidas alcohólicas; *Br* ***l. restaurant*** = restaurante con licencia para vender bebidas alcohólicas

licensee [laɪsənˈsiː] *n (licence holder)* titular *mf* de una licencia; ; *Br (of pub)* = persona con licencia para vender bebidas alcohólicas

licensing [ˈlaɪsənsɪŋ] *n Br* ***l. hours*** = horario en el que está permitido servir bebidas alcohólicas; *Br* ***l. laws*** = legislación sobre la venta de bebidas alcohólicas

licentiate [laɪˈsenʃɪət] *n (certificate)* licenciatura *f*; *(certificate holder)* licenciado(a) *m,f*

licentious [laɪˈsenʃəs] *adj* licencioso(a)

lichen [ˈlaɪkən] *n* liquen *m*

licit [ˈlɪsɪt] *adj Formal (lawful)* lícito(a)

lick [lɪk] **1** *n* **(a)** *(with tongue)* lametazo *m*, lamedura *f*; IDIOM *Fam* **to give sth a l. and a promise** dar a algo un lavado muy por encima **(b) a l. of paint** una mano de pintura **(c)** *Fam (speed)* **at a great l.** a toda máquina *or Esp* pastilla

2 *vt* **(a)** *(with tongue)* lamer; *Fig* **to l. one's lips** *(in anticipation)* relamerse; *Fig* **to l. one's wounds** lamerse las heridas; *Fam* **to l. sb's boots** darle coba a alguien; *Vulg* **to l. sb's** *Br* **arse** *or US* **ass** lamerle *or RP* chuparle el culo a alguien; *Fam* **to l. sth/sb into shape** poner algo/a alguien a punto **(b)** *Fam (defeat)* hacer trizas a; **to get licked** llevarse una soberana paliza

licking [ˈlɪkɪŋ] *n Fam* **to get** *or* **take a l.** *(physically)* llevarse una buena zurra; *(in game, competition)* llevarse una soberana paliza

licorice *US* = **liquorice**

lid [lɪd] *n* **(a)** *(of pot, jar)* tapa *f* **(b)** *(of eye)* párpado *m* **(c)** IDIOMS **to blow** *or* **take the l. off sth** destapar algo, sacar algo a la luz; *Fam* **to blow** *or* **flip one's l.** *(get angry)* ponerse hecho(a) un basilisco, *Méx* ponerse como agua para chocolate, *RP* ponerse como loco; **to keep the l. on sth** mantener oculto algo; **to put the l. on sth** poner fin a algo

lie¹ [laɪ] **1** *n* mentira *f*; **to tell a l.** decir una mentira, mentir; *Fam* **I tell a l.** no, miento; **to give the l. to sth** desmentir algo ❑ ***l. detector*** detector *m* de mentiras

2 *vi* mentir; **to l. through one's teeth** mentir descaradamente

LIE² **1** *n* **(a)** *(in golf)* posición *f* de la pelota; **he's got a good/bad l.** la pelota está en una buena/mala posición

(b) *Fig* **the l. of the land** el estado de las cosas

2 *vi* (*pt* **lay** [leɪ], *pp* **lain** [leɪn]) **(a)** *(of person, animal)* *(be still)* estar tumbado(a) *or* acostado(a); *(get down)* tumbarse, acostarse; **to l. in bed** estar en la cama; **I've been lying in the sun** he estado tumbado al sol; **she was lying on her back/front** estaba tumbada boca arriba/abajo; **I lay awake all night** permanecí despierto toda la noche; **Jones lay dead before me** Jones yacía muerto delante de mí; **could you l. still a minute?** ¿puedes estarte quieto un minuto?; **here lies...** *(on gravestone)* aquí yace...; *Fig* **to l. low** permanecer en un segundo plano; **to l. in state** estar expuesto(a) en capilla ardiente; **to l. in wait for sb** permanecer *or* estar a la espera de alguien; *Fig* esperar a alguien

(b) *(of object)* estar; **the ball is lying in the middle of the fairway** la pelota está en mitad de la calle; **whose coat is that lying on the bed?** ¿de quién es el abrigo que está en la cama?; **papers lay all over her desk** había papeles esparcidos por toda la mesa; **a tree lay across our path** había un árbol atravesado en el camino; **a vast plain lay before us** ante nosotros se extendía una vasta llanura; **the village lies in a valley** el pueblo se encuentra en un valle; **several warships lay off the French coast** había varios buques de guerra frente a las costas francesas; **snow lay on the ground** había nieve en el suelo; **the building has lain empty for several years** el edificio ha permanecido vacío varios años; **the coffin lay open** el ataúd estaba abierto; **to l. in ruins** *(of building)* estar en ruinas; *(of career, hopes)* estar arruinado(a); **the obstacles that l. in our way** los impedimentos que obstaculizan nuestro camino

(c) *(of abstract thing)* estar, hallarse; **they know where their true interests l.** saben dónde se hallan sus verdaderos intereses; **a lot of work lies ahead of us** nos espera mucho trabajo; **a brilliant future lies before her** tiene ante sí un brillante futuro; **what lies behind this uncharacteristic generosity?** ¿qué hay detrás de esta inusual generosidad?; **my future lies elsewhere** mi futuro está en otra parte; **the guilt lies heavy on her** el sentimiento de culpabilidad la abruma; **to l. heavy on sb** ser un gran peso psicológico para alguien; **the cause of the problem lies in...** la causa del problema radica en...; **the difference lies in that...** la diferencia radica en que...; **the future lies in telematics** el futuro está en la telemática; **that lies outside my remit** eso queda fuera del ámbito de mi cometido

(d) *Br (in competition)* **they are currently lying second** *or* **in second position** en estos momentos se encuentran en segunda posición

(e) *(settle)* **the snow did not l.** la nieve no cuajó

▸**lie about, lie around** *vi (of person, thing)* estar tirado(a); **she had left her papers lying around** había dejado sus papeles tirados; **have you got any matches lying around?** ¿tienes cerillas por ahí?; **he spends all day lying around doing nothing** se pasa el día tirado sin hacer nada

▸**lie back** *vi* recostarse; **just l. back and enjoy yourself** relájate y disfruta

▸**lie down** *vi (get down)* echarse, acostarse; **she was lying down on the floor** estaba tumbada en el suelo; *Fig* **to l. down on the job** flojear (en el trabajo); *Fig* **I'm not going to take this lying down** no voy a quedarme de brazos cruzados ante esto

▸**lie in** *vi* quedarse en la cama hasta tarde

▸**lie to** *vi Naut* fondear

▸**lie up** *vi* **(a)** *(hide)* esconderse **(b)** *(stay in bed)* guardar cama

▸**lie with** *vt insep* **(a)** *(belong to)* **the responsibility lies with the author** la responsabilidad recae sobre el autor; **this decision lies with us** esta decisión nos corresponde tomarla a nosotros **(b)** *Literary (sleep with)* yacer con

Liechtenstein ['lɪktənstaɪn] *n* Liechtenstein

lie-down ['laɪ'daʊn] *n Br Fam* **to have a l.** echarse un rato

liege [li:dʒ] *n Hist* **l. (lord)** señor *m* feudal ❑ ***l. man*** vasallo *m*

lie-in ['laɪ'ɪn] *n Br Fam* **to have a l.** quedarse en la cama hasta tarde

lieu [lju:, lu:] *n Formal* **in l. of...** en lugar de...; **time in l.** tiempo a cambio

lieutenant [*Br* lef'tenənt, *US* lu:'tenənt] *n* (**a**) *Mil* teniente *m*; *Naut* teniente *m* de navío ❑ *Mil* ***l. colonel*** teniente *m* coronel; ***l. commander*** capitán *m* de corbeta; ***l. general*** general *m* de división (**b**) *US (police officer)* oficial *mf* de policía (**c**) *(deputy, assistant)* lugarteniente *mf*

LIFE [laɪf] (*pl* **lives** [laɪvz]) *n* (**a**) *(existence)* vida *f*; **l. is hard here** aquí la vida es dura; **animal l.** fauna *f*; **bird l.** aves *fpl*; **marine l.** fauna *f* y flora marinas; **plant l.** flora *f*; **a matter of l. and death** una cuestión de vida o muerte; **l. after death** la vida después de la muerte; **to bring sb back to l.** devolver la vida a alguien; **to escape with one's l.** salir con vida; **she is fighting for her l.** *(of patient)* está entre la vida y la muerte; **to give** *or* **lay down one's l. for sb/sth** dar la vida por alguien/algo; **to lose one's l.** perder la vida; **no lives were lost** no hubo que lamentar víctimas *or* ninguna muerte; **to risk one's l., to risk l. and limb** arriesgar la vida; **to scare** *or* **frighten the l. out of sb** dar a alguen un susto de muerte; **to take sb's l.** quitar la vida a alguien; **to take one's own l.** quitarse la vida; **to take one's l. in one's hands** jugarse la vida; **he held on to the rope for dear l.** se aferró a la cuerda con todas sus fuerzas; **run for your lives!** ¡sálvese quien pueda!; *Fam* **I couldn't for the l. of me remember** por más que lo intentaba, no conseguía recordar; **from l.** *(to draw, paint)* del natural; *Fam* **not on your l.!** ¡ni en broma!, ¡ni soñarlo!; **l. isn't a bowl of cherries, you know** la vida no es de color de rosa, sabes; **it's all part of life's rich tapestry** forma parte del variado retablo de la vida; PROV **l. begins at forty** la vida empieza a los cuarenta; PROV **l. is for living** la vida es para vivirla ❑ ***l. belt*** flotador *m*, salvavidas *m inv*; ***l. buoy*** flotador *m*; ***l. cycle*** ciclo *m* vital; ***l. force*** fuerza *f* vital; ***l. form*** forma *f* de vida; ***l. jacket*** chaleco *m* salvavidas; *US* ***l. preserver*** *(life belt)* cinturón *m* de seguridad; *(life jacket)* chaleco *m* salvavidas; ***l. raft*** lancha *f* salvavidas; ***l. sciences*** ciencias *fpl* naturales *or* biológicas; *US* ***l. vest*** chaleco *m* salvavidas

(**b**) *(period of existence)* vida *f*; **private/working l.** vida privada/laboral; **it changed my l.** me cambió la vida, cambió mi vida; **the song started l. as a ballad** la canción empezó siendo una balada; **in the next l.** *(Heaven)* en el Más Allá; **in a past l.** en una vida anterior; **he never finished his life's work** nunca terminó la obra de su vida; **she worked all her l.** trabajó toda su vida; **I've never eaten caviar in (all) my l.** no he comido caviar (nunca) en mi vida; **this commitment is for l.** se trata de un compromiso de por vida; **a job for l.** un trabajo para toda la vida; **you gave me the fright of my l.** me diste un susto de muerte; **she ran the race of her l.** hizo la mejor carrera de su vida; **he told me his l. story** me contó su vida; **to be given a l. sentence,** *Fam* **to get l.** ser condenado(a) a cadena perpetua ❑ *Fin* ***l. annuity*** renta *f* anual, anualidad *f* vitalicia; *Br* ***l. assurance*** seguro *m* de vida; ***l. expectancy*** esperanza *f* de vida; ***l. history*** vida; *Law* ***l. imprisonment*** cadena *f* perpetua; *Fin* ***l. insurance*** seguro *m* de vida; ***l. member*** socio(a) *m,f* vitalicio(a); *Br Pol* ***l. peer*** = miembro vitalicio de la Cámara de los Comunes; *Br Pol* ***l. peerage:*** **he was given a l. peerage** fue hecho miembro vitalicio de la Cámara de los Comunes; *Fin* ***l. pension*** pensión *f* vitalicia; ***l. savings*** ahorros *mpl* de toda la vida; ***l. span*** vida; ***l. subscription*** suscripción *f* vitalicia

(**c**) *(mode of existence)* vida *f*; **city/university l.** vida ciudadana/universitaria; **way of l.** modo *m* de vida; **my job is my l.** mi trabajo es mi vida; *Fam* **get a l.!** hazme el favor, ¿es que no tienes nada mejor que hacer?; **l. goes on** la vida sigue; IDIOM *Fam* **to live** *or* **lead the l. of Riley** vivir como un rajá; **to make a new l. for oneself, to start a new l.** construirse una nueva vida; **you're just trying to make l. difficult for me** estás intentando hacerme la vida imposible; **having a man sent off didn't make l. any easier for them** la expulsión de un jugador no les ayudó nada; **to make sb's l. hell** convertir la vida de alguien en un infierno; **he makes her l. a misery** le amarga la vida; **to make l. worth living** hacer que la vida merezca la pena; **to have seen l.** tener mucho mundo; **the man/the woman in your l.** el hombre/la mujer que hay en tu vida; **l. at the top isn't easy** cuando estás en la cumbre, la vida no es fácil; *Fam* **how's l.?** ¿qué tal te va?, ¿cómo va eso?, *CAm, Col, Méx* ¿quihubo?; *Fam* **how's l. treating you?** ¿cómo te va la vida?; *Fam* **such is l.!, that's l.!** ¡así es la vida!, ¡la vida es así!; *Fam* **this is the l.!** ¡esto es vida!; *Fam* **what a l.!** ¡qué vida esta!

(**d**) *(liveliness)* vida *f*; **to breathe new l. into** *(person, company)* dar nuevos bríos a; **to bring sth/sb to l.** *(make livelier)* animar algo/a alguien; **to come to l.** cobrar vida; *Fig* animarse; **the machine roared into l.** la máquina arrancó con un rugido; **the l. and soul of the party** el alma de la fiesta; **there's l. in the old dog yet** todavía le queda mucha cuerda

(**e**) *(of battery, machine)* vida *f*; *(of agreement)* vigencia *f*; **during the l. of this parliament** durante esta legislatura

(**f**) *(in game)* vida *f*; **if you get hit, you lose a l.** si te dan, pierdes una vida

(**g**) *(biography)* **a l. of Tolstoy** una biografía de Tolstói

lifeblood ['laɪfblʌd] *n (blood)* sangre *f*; *Fig (key part)* alma *f*

lifeboat ['laɪfbəʊt] *n (from coast)* lancha *f* de salvamento; *(on ship)* bote *m* salvavidas

lifebuoy ['laɪfbɔɪ] *n* salvavidas *m inv*, flotador *m*

life-giving ['laɪfgɪvɪŋ] *adj* salvador(ora)

lifeguard ['laɪfgɑ:d] *n* socorrista *mf*

lifeless ['laɪflɪs] *adj* sin vida

lifelessly ['laɪflɪslɪ] *adv* sin vida

lifelike ['laɪflaɪk] *adj* realista

lifeline ['laɪflaɪn] *n Fig* tabla *f* de salvamento; **to throw sb a l.** lanzar a alguien un salvavidas

lifelong ['laɪflɒŋ] *adj* de toda la vida

lifer ['laɪfə(r)] *n Fam (prisoner)* condenado(a) *m,f* a cadena perpetua

life-saver ['laɪfseɪvə(r)] *n Fam Fig* **to be a l.** *(provide relief)* salvar la vida

life-saving ['laɪfseɪvɪŋ] *adj* **a l. drug** un medicamento que salva muchas vidas; **he had a l. operation** la operación le salvó la vida

life-size(d) ['laɪfsaɪz(d)] *adj* (de) tamaño natural

lifestyle ['laɪfstaɪl] *n* estilo *m* de vida; **it's a l. choice** es una manera de elegir cómo se vive la vida

life-support ['laɪfsəpɔ:t] *n Med* ***l. machine*** *or* ***system*** equipo *m* de ventilación *or* respiración asistida

life-threatening ['laɪfθretnɪŋ] *adj Med* **l. condition** *or* **disease** enfermedad *f* mortífera *or* que puede ocasionar la muerte; **l. situation** situación *f* de peligro mortal

lifetime ['laɪftaɪm] *n* vida *f*; **in my l.** durante mi vida; **it's the chance** *or* **opportunity of a l.** es la oportunidad de mi/tu/su *etc* vida; **the holiday of a l.** las vacaciones de mi/tu/su *etc* vida; **the sort of thing that happens once in a l.** esa clase de cosas que sólo pasan una vez en la vida ❑ ***l. guarantee*** garantía *f* vitalicia *or* de por vida

LIFO ['laɪfəʊ] (*abbr* **last in first out**) el último en entrar es el primero en salir

LIFT [lɪft] **1** *n* (**a**) *Br (elevator)* ascensor *m* ❑ ***l. attendant*** ascensorista *mf*; ***l. shaft*** hueco *m* del ascensor

(**b**) *(car ride)* **to give sb a l.** llevar a alguien (en el coche), *CAm, Méx, Perú* dar aventón a alguien; **could you give me a l. to the station?** ¿puedes llevarme *or* acercarme a la estación?, *CAm, Méx, Perú* ¿puedes darme aventón hasta la estación?; **my l. couldn't make it today** hoy no me han podido traer *or CAm, Méx, Perú* dar aventón

(**c**) *Fam (boost)* **that really gave me a lift!** ¡eso me levantó muchísimo los ánimos!; **the song needs a l. towards the middle** esta canción necesita un poco de marcha *or* animación hacia la mitad

(**d**) *(act of raising)* **to give sth a l.** levantar algo

(**e**) *Av* sustentación *f*

2 *vt* (**a**) *(raise, move)* levantar; **to l. one's arm/eyes** levantar el brazo/los ojos; **to l.**

one's voice levantar la voz; **l. the table over here** levanta la mesa y tráela aquí; **can you l. the lid off?** ¿puedes levantar la tapa?; **he lifted the vase out of the box** sacó el jarrón de la caja; **she lifted the glass to her mouth** se llevó el vaso a la boca; **to have one's breasts lifted** hacerse una operación para reafirmar el pecho; **he won't l. a finger to help** no moverá un dedo para ayudar; **to l. sb's spirits** animar a alguien

(**b**) *(transport by plane)* aerotransportar

(**c**) *(increase) (exports, level)* subir, elevar

(**d**) *(remove) (restrictions, siege)* levantar

(**e**) *Fam (take, steal)* afanar, *Esp* birlar, *Méx* volar

(**f**) *Fam (copy)* copiar; **he's lifted this passage from a famous author/my book** ha copiado este pasaje de un escritor famoso/mi libro

(**g**) *Fam (arrest)* detener, *Esp* trincar

(**h**) *(vegetables)* recoger

3 *vi* (**a**) *(move upwards) (curtain, eyes)* subir, elevarse; **the balloon lifted into the sky** el globo se elevó en el cielo

(**b**) *(mist, fog)* disiparse; *(depression, bad mood)* desaparecer, disiparse

▸**lift down** *vt sep* bajar

▸**lift off** *vi (of rocket)* despegar

▸**lift up** *vt sep* levantar; **to l. sb up** *(after fall)* levantar a alguien; **to l. a child up** *(in one's arms)* coger a un niño en brazos

---

lift-off ['lɪftɒf] *n (of rocket)* despegue *m*, *Am* decolaje *m*; **we have l.!** ¡se ha efectuado el despegue *or Am* decolaje!

lig [lɪg] (*pt & pp* **ligged**) *vi Fam (lounge about)* holgazanear

ligament ['lɪgəmənt] *n* ligamento *m*

ligature ['lɪgətʃə(r)] *n Med, Mus & Typ* ligadura *f*

LIGHT[1] [laɪt] **1** *n* (**a**) *(illumination)* luz *f*; **artificial/electric l.** luz artificial/eléctrica; **he uses l. well in his paintings** tiene un buen dominio de la luz en sus cuadros; **to be in sb's l.** taparle la luz a alguien; **come into the l.** ponte a la luz; **to hold sth up to the l.** poner algo a contraluz; **by the l. of the moon** a la luz de la luna ▫ *Phot* ***l. meter*** fotómetro *m*; *Comptr* ***l. pen*** lápiz *m* óptico; *Phys* ***l. wave*** onda *f* lumínica; *Astron* ***l. year*** año *m* luz; *Fig* **they are l. years ahead of us** nos llevan años luz de ventaja; *Fig* **it seems like l. years ago** parece que fue hace milenios

(**b**) *(daylight)* luz; **the l. was fading fast** estaba oscureciendo rápidamente

(**c**) *(lamp)* luz *f*; **(traffic) lights** semáforo *m*; **a red/green l.** *(traffic light)* un semáforo en verde/rojo; **to put** *or* **turn off the l.** apagar la luz; **to put** *or* **turn on the l.** encender *or Am* prender la luz; **he shone a l. into the cellar** alumbró la bodega con una linterna; *Cin* **lights, camera, action!** ¡luces, cámaras, acción!; *Th* **the lights went down** se apagaron las luces; *Aut* **you've left your lights on** te has dejado las luces encendidas; IDIOM *Fam* **the lights are on but there's nobody home** tiene la cabeza vacía; *Fam* **it's lights out at ten o'clock** a las diez en punto se apagan las luces ▫ ***l. bulb*** bombilla *f*, *CAm, Méx, RP* foco *m*, *RP* lamparita *f*, *Andes, CAm* bombillo *m*; ***l. show*** *(at concert)* espectáculo *m* de luces; ***l. switch*** interruptor *m* de la luz

(**d**) *(fire)* **to set l. to sth** prender fuego a algo; **have you got a l.?** ¿tienes fuego?

(**e**) *(look, glint)* **she had a mischievous l. in her eyes** tenía un brillo travieso en los ojos

(**f**) *Old-fashioned* **lights** *(sheep's or pig's lungs)* bofe *m*

(**g**) IDIOMS **you are the l. of my life** eres la luz de mi vida; *Formal* **according to your own lights** según tu criterio; **to bring sth to l.** sacar algo a la luz; **to come to l.** salir a la luz; *Fam* **to go out like a l.** *(fall asleep)* quedarse planchado(a) *or Esp* traspuesto(a); **to see the l.** *(understand, be converted)* ver la luz; **to see the l. at the end of the tunnel** ver la luz al final del túnel; **these paintings never see the l. of day** estos cuadros nunca ven la luz del sol; **the project is unlikely to see the l. of day** probablemente su proyecto nunca llegue a ver la luz; **to see sth/sb in a new** *or* **different l.** ver algo/a alguien desde un punto de vista diferente; **to see sth in a positive** *or* **favourable l.** ver algo desde una óptica positiva *or* favorable; **to be seen in a good l.** ofrecer una buena imagen; **to show sb/sth in a bad l.** dar una mala imagen de alguien/algo; **to throw** *or* **shed** *or* **cast l. on sth** arrojar luz sobre algo; **things will look different in the cold** *or* **hard l. of day** verás las cosas distintas cuando lo pienses con calma; **in l. of…**, *Br* **in the l. of…** *(considering)* a la luz de…, en vista de…

2 *adj* (**a**) *(room)* luminoso(a); **it will soon be l.** pronto será de día; **it's getting l.** está amaneciendo, se está haciendo de día; **the evenings are getting lighter** ya hay mas claridad por las tardes

(**b**) *(hair, complexion, colour)* claro(a); **l. blue/brown** azul *m*/marrón *m* claro

3 *vt* (*pt & pp* **lit** [lɪt]) (**a**) *(fire)* prender, encender; *(cigarette)* encender

(**b**) *(room, street)* iluminar, alumbrar; **the guard lit our way with a torch** el guarda nos alumbró el camino con una linterna

4 *vi (catch fire)* encenderse, prenderse

▸**light up 1** *vt sep* (**a**) *(brighten) (house, room)* iluminar; **a smile lit up her face** una sonrisa le iluminó el rostro; **his performance lit up the evening** su actuación animó la velada (**b**) *(cigarette)* encender

2 *vi* (**a**) *(of sky, display)* iluminarse; **his eyes lit up** se le encendieron los ojos (**b**) *Fam (of smoker)* encender un cigarrillo

---

LIGHT[2] **1** *npl* **lights** *(low-tar cigarettes)* cigarrillos *mpl* light

2 *adj* (**a**) *(not heavy)* ligero(a); **he was several kilos too l.** **to be a heavyweight** le faltaban varios kilos para poder ser un peso pesado; **to be as l. as a feather** ser ligero(a) como una pluma; **to be l. on one's feet** tener los pies ligeros; *Fig* **to have l. fingers** ser amigo(a) de lo ajeno; **to have a l. touch** *(writer)* tener un estilo ágil ▫ *Av* ***l. aircraft*** avioneta *f*; *Mil* ***l. artillery*** artillería *f* ligera; ***l. heavyweight*** peso *m* semipesado; ***l. industry*** industria *f* ligera; *Mil* ***l. infantry*** infantería *f* ligera; ***l. middleweight*** peso *m* semiligero; ***l. railway*** tren *m* ligero

(**b**) *(not intense) (job, work, exercise)* ligero(a); *(rain)* fino(a); *(wind)* ligero(a), leve; *(tap, kiss)* leve; *(sound)* suave; *(traffic)* ligero(a); **a l. sentence** una sentencia benévola; **to be a l. drinker/smoker** fumar/beber moderadamente; **to be a l. sleeper** tener el sueño ligero

(**c**) *(food, drink) (not strong in flavour)* suave; *(easily digested, spongy)* ligero(a); *(low in alcohol)* sin alcohol, light; *(low-calorie)* light, bajo(a) en calorías; **to have a l. meal** tomar una comida ligera ▫ ***l. ale*** = cerveza sin burbujas, clara y suave; *US* ***l. cream*** *Esp* nata *f or Am* crema *f* líquida

(**d**) *(not serious)* alegre; *(music)* ligero(a); **with a l. heart** alegremente; **it is no l. matter** es un asunto serio; **on a lighter note** en un tono menos serio; **it provided a little l. relief** fue una nota de desenfado; **she made l. of her problems** no dio importancia a sus problemas; **they made l. of the fact that they had had a man sent off** no les afectó el hecho de que les expulsaran a un jugador; **they made l. work of the washing-up** lavaron los platos como si nada ▫ ***l. entertainment*** espectáculos *mpl* de entretenimiento; ***l. opera*** opereta *f*; ***l. reading*** lectura *f* ligera; ***l. verse*** poesía *f* ligera

(**e**) *Fam (lacking)* **the novel is l. on substance** a la novela le falta sustancia

3 *adv* **to travel l.** viajar ligero(a) de equipaje

▸**light on, light upon** (*pt & pp* **lighted**) *vt insep Literary (of bird)* posarse en; *(solution)* dar con; **his eyes lighted on the picture** su mirada se posó en el cuadro

---

light-emitting diode ['laɪtɪmɪtɪŋ'daɪəʊd] *n Elec* diodo *m* emisor de luz

lighten ['laɪtən] **1** *vt* (**a**) *(colour, hair)* aclarar (**b**) *(make less heavy)* aligerar; *Fig* **to l. sb's load** aligerar la carga de alguien, quitarle peso de encima a alguien (**c**) *(make more cheerful)* aligerar

2 *vi* (**a**) *(of sky)* aclararse (**b**) *(of mood, atmosphere)* distenderse

▸**lighten up** *vi Fam* animarse

lighter ['laɪtə(r)] *n (for cigarettes)* mechero *m*, encendedor *m* ▫ ***l. fluid*** gas *m* (licuado) para mecheros

lighter-than-air ['laɪtəðən'eə(r)] *adj (aircraft)* ultraligero(a)

light-fingered [laɪt'fɪŋgəd] *adj Fam* amigo(a) de lo ajeno

light-footed [laɪt'fʊtɪd] *adj (nimble)* ágil, ligero(a)

light-headed [laɪt'hedɪd] *adj* **to feel l.** *(dizzy)* estar mareado(a); *(with excitement)* estar exaltado(a)

light-hearted ['laɪt'hɑːtɪd] *adj* alegre

light-heartedly ['laɪt'hɑːtɪdlɪ] *adv* alegremente, con desenfado

lighthouse ['laɪthaʊs] *n* faro *m* ❑ ***l. keeper*** farero(a) *m,f*

lighting ['laɪtɪŋ] *n (act, system)* iluminación *f*; **street l.** alumbrado *m* público

lighting-up time ['laɪtɪŋ'ʌptaɪm] *n (for cars)* = hora de encender los faros

lightly ['laɪtlɪ] *adv* (**a**) *(not heavily)* ligeramente (**b**) *(not intensely) (to rest, touch, kiss)* levemente; *(armed, populated)* escasamente; **to sleep l.** tener el sueño ligero (**c**) *(not severely)* **to get off l.** salir bien parado(a) (**d**) *(not seriously)* a la ligera; **to speak l. of sth/sb** hablar a la ligera de algo/alguien; **it was not a decision she took l.** no tomó la decisión a la ligera

lightness ['laɪtnɪs] *n* (**a**) *(brightness)* claridad *f* (**b**) *(in weight)* ligereza *f*; **his l. of touch** su delicadeza

lightning ['laɪtnɪŋ] **1** *n (bolt)* rayo *m*; *(sheet)* relámpago *m*; **as quick as l.** como el rayo; **hit by l.** alcanzado por un rayo; PROV **l. never strikes twice** la misma desgracia no va a ocurrir dos veces ❑ ***l. conductor*** *or* ***rod*** pararrayos *m inv*

2 *adj* **with l. speed** como el rayo ❑ ***l. strike*** huelga *f* relámpago *or* sin previo aviso; ***l. visit*** visita *f* relámpago

light-sensitive ['laɪtsensɪtɪv] *adj* sensible a la luz

lightweight ['laɪtweɪt] **1** *n* (**a**) *(in boxing)* peso *m* ligero (**b**) *Pej* **an intellectual l.** un personaje de poca talla intelectual

2 *adj (garment)* ligero(a)

lignite ['lɪgnaɪt] *n Geol* lignito *m*

LIKE[1] [laɪk] **1** *n* **you're not comparing l. with l.** esas dos cosas no son comparables; **he and his l.** él y los de su clase; **it's not for the likes of me** no es para gente como yo; **music, painting and the l.** música, pintura y cosas así *or* y cosas por el estilo; **a wonderful dessert, the l. of which I haven't tasted since** un postre fabuloso, como no he vuelto a probar otro; **I've never seen the l. (of it)** nunca he visto nada parecido *or* nada igual; **we won't see her l. again** nunca habrá nadie como ella

2 *adj* (**a**) *(similar)* parecido(a), similar; **l. poles repel** los polos del mismo signo, se repelen; **they are of l. temperament** tienen un temperamento parecido; **they are as l. as two peas (in a pod)** son como dos gotas de agua

(**b**) *Old-fashioned (likely)* **to be l. to do sth** ser susceptible de hacer algo

3 *prep* (**a**) *(similar to)* como; **people l. you** la gente como tú; **to be l. sb/sth** ser como alguien/algo; **what's the weather l.?** ¿qué tiempo hace?; **what is he l.?** ¿cómo es (él)?; **you know what she's l.** ya sabes cómo es; **it was shaped l. a pear** tiene forma de pera; **to look l. sb/sth** parecerse a alguien/algo; **what does he look l.?** ¿qué aspecto tiene?; **to taste l. sth** saber a algo; **we don't have anything l. as many as that** no tenemos tantos, ni muchísimo menos; **it wasn't anything l.** *or* **it was nothing l. I expected** no fue en absoluto como me lo esperaba; **she is nothing l. as intelligent as you** no es ni mucho menos tan inteligente como tú; **there's nothing l. a nice cup of coffee** no hay nada como una buena taza de café; **there's nothing l. it!** ¡no hay nada igual!; **it costs something l. £10** cuesta unas 10 libras, cuesta algo así como 10 libras; **something l. that** algo así; **I've got one just l. it** ¡tengo uno igual!; **that's just l. him!** ¡es típico de él!; **they said tomorrow, but it'll be more l. Friday** dijeron mañana, pero será más bien el viernes; **that's more l. it** eso está mejor; **that's not l. him** no es su estilo; **it's not l. her to be so quiet** ¿por qué estará tan callada?; PROV **l. father, l. son** de tal palo tal astilla

(**b**) *(in the manner of)* como; **just l. anybody else** como todo el mundo; **l. so** así; **l. that** así; **l. this** así; **sorry to turn up all of a sudden l. this** perdón por presentarme así de pronto; *Fam* **don't be l. that** no seas así; **to run l. blazes** *or* **mad** correr como alma que lleva el diablo; *Fam* **to work l. crazy** trabajar como loco(a)

(**c**) *(such as)* como (por ejemplo); **take more exercise, l. jogging** haz más ejercicio, como (por ejemplo) correr

4 *adv* (**a**) *Fam* **there were l. three thousand people there** había como trescientas personas allí; **I was just walking down the street, l.** pues iba yo andando por la calle; **it was, l., really warm** hacía pero que mucho calor; **as l. as not, l. enough** casi seguro, seguramente

(**b**) *very Fam (in reported speech)* **I was l. "no way"** y yo: "ni hablar"; **so he was l. "in your dreams, pal!"** entonces él va y dice, "eso quisieras tú, *Esp* colega *or Am* compadre"

5 *conj Fam* **do it l. I said** hazlo como te dije; **it feels l. ages since I saw you** parece que hace siglos que no te veo; **he looked l. he'd seen a ghost** parecía que *or* como si hubiera visto una aparición; **it sounds l. she should see a doctor** por lo que me dices, debería ir al médico; **it's not l. he's ill or anything** no es que esté enfermo

LIKE[2] **1** *n* **likes** preferencias *fpl*; **likes and dislikes** preferencias y aversiones

2 *vt* (**a**) *(in general)* **she likes him/it** le gusta; **she likes them** le gustan; **she likes John** *(as friend)* le cae bien John; *(is attracted to)* le gusta John; **Dave likes cheese** a Dave le gusta el queso; **I l. my men intelligent** a mí me gustan los hombre inteligentes; **you'd l. it there** te gustaría (el sitio); **I don't l. him/it** no me gusta; **I don't l. them** no me gustan; **I don't think she likes me** creo que no le caigo bien; **they l. him/it** les gusta; **they l. each other** se gustan; **do you l. Italian food?** ¿te gusta la comida italiana?; **she likes reading** le gusta leer; **she is well liked** es muy querida (por todo el mundo); *Fam* **I l. it!** *(expressing satisfaction)* ¡qué bien *or* bueno!; **what I l. most about the book is...** lo que más me gusta del libro es que...; **I l. to leave before five** me gusta irme antes de las cinco; **we l. our staff to wear suits** preferimos que nuestro personal use traje; **he doesn't l. people to talk about it** no le gusta que la gente hable de ello; **I l. to think my father would have agreed** me gusta pensar que mi padre habría estado de acuerdo; **I l. to think of myself as quite an expert on the subject** me gusta pensar que soy un experto en el tema; **I didn't l. to mention it** no quise mencionarlo; **I don't l. to seem fussy, but...** no quiero parecer quisquilloso, pero...; **I'd l. to see you do any better!** ¡como si tú supieras hacerlo mejor!; **how do you l. your coffee?** ¿cómo tomas el café?; **how do you l. my dress?** ¿te gusta mi vestido?; *Fam Ironic* **how do you l. that!** ¡qué te parece!; *Fam Ironic* **I l. the way he thinks because I'm a woman I should do the cleaning** me encanta, piensa que como soy una mujer, tengo que hacer la limpieza; *Fam Ironic* **well, I l. that!** ¿qué te parece?, ¡tiene gracia la cosa!; **(whether you) l. it or not** te guste o no; *Fam* **(you can) l. it or lump it** lo tomas o lo dejas

(**b**) *(want)* querer; **what would you l.?** ¿qué quieres?, *Am* ¿qué se te antoja?; **I'd l. the soup** tomaré la sopa, quiero la sopa; **I'd l. a kilo of rice** póngame un kilo de arroz; **would you l. a cigarette?** ¿quieres un cigarrillo?; **would you l. me to help you?** ¿quieres que te ayude?; **I'd l. you to come with me** me gustaría que vinieras conmigo; **would you l. to give me a hand with this box?** me ayudas con esta caja, ¿por favor?; **I would** *or* **should very much l. to go** me encantaría ir; **I would** *or* **should l. to know whether...** me gustaría saber si...; **I would l. nothing better than...** nada me gustaría más que...; **will you pass? — I would** *or* **should l. to think so** ¿aprobarás? — creo que sí; **how would you l. a cup of tea?** ¿te apecece un té?; **how would you l. to have to stand in the rain for an hour?** ¿te gustaría que te hicieran esperar una hora bajo la lluvia?; **he thinks he can do anything he likes** se cree que puede hacer lo que quiera; **whatever/when you l.** lo que /cuando quieras

3 *vi* **as much/often/many as you l.** tanto/tan a menudo/tantos(as) como quieras; **you can't always do just as you l.!** ¡no puedes hacer siempre lo que te dé la gana!; **go, if you l.** si quieres, ve; **shall we get the bus? — if you l.** ¿tomamos el autobús? — si quieres *or* como quieras; **it is, if you l., a kind of poetry for the masses** es, si quieres, una poesía para el gran público

likeable ['laɪkəbəl] *adj* simpático(a)

likelihood ['laɪklɪhʊd] *n* probabilidad *f*; **in all l.** con toda probabilidad; **there is little l. of finding it** hay pocas probabilidades de encontrarlo; **the l. is that...** lo más probable es que...

likely ['laɪklɪ] **1** *adj* (**a**) *(probable)* probable; **a l. outcome** un resultado probable; **it's not very l.** no es muy probable; **it's more than l.** es más que probable; **it's l. to rain** lo más probable es que llueva; **she is l. to come** lo más probable es que venga; *Ironic* **a l. story!** ¡y yo me lo creo! (**b**) *(suitable)* apropiado(a), adecuado(a); **a l. candidate** un posible candidato; **I've looked in all the l. places** he mirado en todos los sitios donde podía estar

2 *adv* **very l.** muy probablemente; **as l. as not** casi seguro, seguramente; *Fam* **not l.!** ¡ni hablar!

like-minded [laɪk'maɪndɪd] *adj* de mentalidad similar

liken ['laɪkən] *vt* comparar (**to** a *or* con)

likeness ['laɪknɪs] *n* (**a**) *(similarity)* parecido *m*; **a close l.** un parecido muy marcado; **family l.** parecido familiar (**b**) *(portrait)* retrato *m*; **it's a good l.** guarda un gran parecido

likewise ['laɪkwaɪz] *adv (similarly)* también, asimismo; **to do l.** hacer lo mismo; **nice to meet you — l.** encantado de conocerte – lo mismo digo

liking ['laɪkɪŋ] *n* gusto *m*; **it's too sweet for my l.** es demasiado dulce para mi gusto; **is it to your l.?** ¿es de su agrado?; **to have a l. for sth** ser aficionado(a) a algo; **to take a l. to sth** aficionarse a algo; **to take a l. to sb** tomar *or Esp* coger simpatía a alguien

lilac ['laɪlək] **1** *n* (**a**) *(tree)* lilo *m*, lila *f*; *(flower)* lila *f* (**b**) *(colour)* lila *m*

2 *adj* lila

Lilo® ['laɪləʊ] (*pl* **Lilos**) *n* colchoneta *f* (inflable)

lilt [lɪlt] *n* modulación *f*, entonación *f*

lilting ['lɪltɪŋ] *adj* melodioso(a)

lily ['lɪlɪ] *n* lirio *m* ▫ ***l. pad*** hoja *f* de nenúfar; ***l. of the valley*** lirio de los valles

lily-livered ['lɪlɪlɪvəd] *adj* cobarde, pusilánime

lily-white [lɪlɪ'waɪt] *adj (colour)* blanco(a) como la nieve

Lima ['li:mə] *n* Lima

lima bean ['li:mə'bi:n] *n* judía *f* blanca (limeña)

limb [lɪm] *n* (**a**) *(of body)* miembro *m*; **to tear sb l. from l.** descuartizar a alguien (**b**) *(of tree)* rama *f* (**c**) IDIOMS **to be out on a l.** quedarse más solo(a) que la una; **to go out on a l. for sb** jugársela por alguien; **I'm going out on a l. here, but I think it was in 1928** no quisiera equivocarme, pero me parece que fue en 1928

limber ['lɪmbə(r)] *adj* flexible

▸**limber up** *vi* precalentar, hacer precalentamiento

limbic system ['lɪmbɪk'sɪstəm] *n Anat* sistema *m* límbico

limbo ['lɪmbəʊ] *n Rel* limbo *m*; IDIOM **to be in l.** *(of person)* estar perdido(a); *(of negotiations, project)* estar en el aire

lime¹ [laɪm] *n* (**a**) *(fruit)* lima *f*; *(tree)* lima *f*, limero *m* ▫ ***l. juice*** *Esp* zumo *m or Am* jugo *m* de lima; ***l. green*** verde *m* lima (**b**) *(linden tree)* tilo *m*

lime² *n Chem* cal *f*

limekiln ['laɪmkɪln] *n* calera *f*, horno *m* de cal

limelight ['laɪmlaɪt] *n also Fig* **to be in the l.** estar en el candelero

limerick ['lɪmərɪk] *n* = estrofa humorística de cinco versos

limestone ['laɪmstəʊn] *n* (roca *f*) caliza *f*

limey ['laɪmɪ] (*pl* **limeys**) *n US Fam (British person)* = término peyorativo para referirse a un británico

limit ['lɪmɪt] **1** *n* límite *m*; **within limits** dentro de un límite; **to be off limits** estar en una zona de acceso prohibido; **the limits of decency** los límites de la decencia; **to know no limits** no conocer límites; **to be stretched to the l.** *(of factory, company)* estar trabajando al límite (de las posibilidades); **he's/that's the l.!** ¡es el colmo!

2 *vt* limitar; **to l. oneself to sth** limitarse a algo

limitation [lɪmɪ'teɪʃən] *n* limitación *f*; **I know my limitations** conozco mis limitaciones

limited ['lɪmɪtəd] *adj* limitado(a); **to a l. extent** en cierta medida, hasta cierto punto ▫ *Com* ***l. company*** sociedad *f* (de responsabilidad) limitada; ***l. edition*** edición *f* limitada; *Law* ***l. liability*** responsabilidad *f* limitada

limitless ['lɪmɪtlɪs] *adj* ilimitado(a)

limo ['lɪməʊ] (*pl* **limos**) *n Fam* limusina *f*

limousine [lɪmə'zi:n] *n* limusina *f*

limp¹ [lɪmp] **1** *n* cojera *f*; **to have a l.** cojear

2 *vi* cojear

limp² *adj (handshake, body)* lánguido(a), flojo(a); *(lettuce)* mustio(a); **to go l.** relajarse

limpet ['lɪmpɪt] *n* lapa *f*; **to stick like a l.** pegarse como una lapa ▫ *Mil* ***l. mine*** mina *f* lapa, mina *f* magnética

limpid ['lɪmpɪd] *adj* límpido(a), cristalino(a)

limply ['lɪmplɪ] *adv (to hang, lie)* con aire mustio, sin fuerzas; *(weakly)* lánguidamente, débilmente

limp-wristed [lɪmp'rɪstɪdl] *adj Pej* amariposado(a), afeminado(a)

linchpin ['lɪntʃpɪn] *n Fig (of team, policy)* pieza *f* clave

Lincs [lɪŋks] (*abbr* **Lincolnshire**) (condado *m* de) Lincolnshire

linctus ['lɪŋktəs] *n* jarabe *m* para la tos

linden ['lɪndən] *n* **l. (tree)** tilo *m*

LINE¹ [laɪn] **1** *n* (**a**) *(mark, boundary)* línea *f*; *(on face)* arruga *f*; **the painting consisted of no more than a few lines** el cuadro consistía en unas cuantas rayas nada más; *US* **county/state l.** la frontera del condado/estado; **the ball didn't cross the l.** la pelota no cruzó la línea; **to cross the l.** *(in athletics, horseracing)* cruzar la (línea de) meta; *(equator)* cruzar el ecuador; **to draw a l. through sth** *(delete)* tachar algo; **there's a fine l. between self-confidence and arrogance** de la confianza en uno mismo y la arrogancia hay un paso; *Fig* **to be on the l.** *(of job, reputation)* correr peligro, estar en juego; **she's putting** *or* **laying her life/reputation on the l.** está poniendo su vida/reputación en juego ▫ ***l. drawing*** dibujo *m (sin sombreado)*; *Geog* ***l. of latitude*** paralelo *m*; *Geog* ***l. of longitude*** meridiano *m*

(**b**) *(row of people or things)* fila *f*; *US (queue)* fila *f*; **they arranged the chairs in a l.** colocaron las sillas en fila; **they were standing in a l.** estaban en fila; *US* **to stand in l.** *(queue)* hacer cola; **to fall into** *or* **in l.** *(of troops, children)* alinearse, ponerse en fila; *Fig* entrar en vereda; *Fig* **to keep sb in l.** tener a alguien controlado(a); *Fig* **you were out of l. saying that** te pasaste (de la raya) al decir eso; *Fig* **to get out of l.** *(be disobedient)* saltarse las normas; *Fig* **to step out of l.** pasarse de la raya ▫ *Com* ***l. management*** gestión *f* en línea; *Com* ***l. manager*** gerente *mf or* jefe(a) *m,f* de línea

(**c**) *Mil* línea *f*; **to go behind enemy lines** cruzar las líneas enemigas; *Fig* **a healthy diet is the first l. of defence against heart disease** una dieta sana es la primera medida contra las afecciones cardíacas

(**d**) *(of text)* línea *f*; *(of poem, song)* verso *m*; **there's this really funny l. in the movie when she says...** hay un momento muy divertido en la película, cuando ella dice...; **his character gets all the best lines** su personaje tiene los mejores diálogos; **he came out with some good lines** tuvo algunos buenos golpes; *Br Sch* **we were given a hundred lines** tuvimos que copiar cien veces una frase; *Th* **to learn one's lines** aprenderse el papel; *Th* **to forget one's lines** olvidarse del papel; *Fig* **to drop sb a l.** mandar unas letras *or* escribir a alguien; *Fig* **to feed or shoot sb a l.** contarle una historieta *or* un rollo a alguien; *Fam Fig* **don't give me the l. about being skint** no me vengas con (el cuento de) que estás sin blanca; *Fig* **to read between the lines** leer entre líneas

(**e**) *(rope, for washing)* cuerda *f*; *(for fishing)* sedal *m*; **to hang the washing on the l.** tener ropa tendida; **the lines are down** *(power cables)* se ha ido la luz

(**f**) *Sport* **defensive l.** *(in soccer, American football)* línea *f* de defensa; **forward l.** *(in soccer)* línea *f* de ataque; **offensive l.** *(in American football)* línea *f* de ataque ▫ ***l. back*** *(in American football)* line back *m*; ***l. call*** *(in tennis)* = decisión *f (respecto a si la bola ha entrado o no)*; ***l. drive*** *(in baseball)* línea *f*, linietazo *m*; ***l. judge*** *(in tennis)* juez *mf* de línea; ***l. of scrimmage*** *(in American football)* línea *f* de scrimmage

(**g**) *Tel* línea *f*; **it's a good/bad l.** te oigo bien/mal; **I'm afraid her l. is busy at the moment** lo siento, pero está comunicando en este momento; **the lines open in half an hour** las líneas entrarán en funcionamiento en media hora; **there's a Mr Jackson on the l. for you** el Sr. Jackson al teléfono para usted; *Fig* **I got**

my lines crossed se me cruzaron los cables ▫ ***l. rental*** alquiler *m* de la línea

(**h**) *Comptr* **to be off/on l.** estar desconectado(a)/conectado(a); *Fig* **the new installation comes on l. next week** la nueva instalación empieza a funcionar la semana que viene ▫ ***l. feed*** avance m de línea; ***lines per inch*** líneas *fpl* por pulgada; ***l. noise*** ruido *m* en la línea; ***l. printer*** impresora *f* de líneas; ***l. spacing*** interlineado *m*

(**i**) *Rail (track)* vía *f*; *(route)* línea *f*; *Fig* **all along the l.** *(from the beginning)* desde el principio; *Fig* **somewhere along the l.** en algún momento; *Fig* **we need to consider what could happen down the l.** tenemos que plantearnos lo que podría pasar en el futuro; *Fig* **he supports us right down the l.** nos apoya totalmente

(**j**) *(alignment)* ángulo *m* de tiro; **to be in l.** *(properly aligned)* estar alineados(as); **that's in l. with what I expected** esto se corresponde con lo que me esperaba; **our salaries are in l. with the rest of the sector** nuestros salarios son equivalentes a los del resto del sector; **our pay rise was in l. with inflation** nuestro aumento de sueldo era acorde con la inflación; **she is in l. for promotion** ella debería ser la siguente en obtener un ascenso; **he is in l. to become the first British author to win this prize** hay muchas posibilidades de que sea el primer autor británico en ganar este premio; *Fig* **to bring sth into l. with sth** armonizar algo con algo; **to be off l.** *(of shot)* ir desviado(a); **to be on l.** *(of shot)* ir bien dirigido(a); *Fig* **to be out of l. with sth** estar en desacuerdo con algo;

(**k**) *(direction)* línea *f*; **a community divided along ethnic lines** una comunidad dividida según criterios étnicos; **we think along similar/different lines** pensamos de manera parecida/diferente; **along the lines of...** similar a...; **she said something along the lines that...** dijo algo del estilo de que...; **on the same lines as** en la misma línea que; **to be on the right/wrong lines** estar en el buen/mal camino ▫ ***l. of argument*** hilo *m* argumental; ***l. of attack*** línea *or* plan *m* de ataque; *also Fig* ***l. of fire*** línea de fuego; ***l. of inquiry*** línea de investigación; ***l. of reasoning*** razonamiento *m*; ***l. of sight*** *or* ***vision*** mirada *f*

(**l**) *(policy)* línea *f*, política *f*; **the party l.** la línea del partido; **maybe we should try a different l.** tal vez deberíamos probar un enfoque distinto; **to take a hard** *or* **firm l. with sb** tener mano dura con alguien; **they take the l. that it is not their responsibility** adoptan la postura de decir que no es responsabilidad suya; **the l. of least resistance** el camino más corto *o* fácil

(**m**) *Mus (part)* **I like the guitar l.** me gusta la guitarra

(**n**) *(succession)* línea *f*; **male/female l.** línea paterna/materna; **this is the latest in a long l. of gaffes** esta es la última de una larga serie de meteduras de pata; **in (a) direct l.** por línea directa; **he is first in l. to the throne** es el primero en la línea de sucesión al trono; **Thomson is next in l. for this job** Thomson está el siguiente para ocupar este trabajo

(**o**) *(job, interest)* especialidad *f*; **what l. (of work) are you in?** ¿a qué te dedicas?; **you don't get many women in this l. of business** en este negocio no hay muchas mujeres; **killed in the l. of duty** muerto en el cumplimento de su deber; *Fig* **outdoor sports are more (in) my l.** a mí me van más los deportes al aire libre

(**p**) *Com (of goods)* línea *f*; **they do a very good l. in sofas** tienen una línea de sofás muy buena; *Fig* **she has a good l. in witty ripostes** tiene un buen repertorio de salidas ingeniosas

(**q**) *(company)* **shipping l.** líneas *fpl* marítimas

(**r**) *US* **l. of credit** línea *f* de crédito, descubierto *m* permitido

(**s**) *Fam (information)* **have we got a l. on him?** ¿sabemos algo sobre él?

(**t**) *very Fam (of cocaine)* raya *f*, *Am* línea *f*

(**u**) **lines** *(appearance, design)* línea *f*

2 *vt* (**a**) *(border)* bordear; **the crowd lined the street** la muchedumbre bordeaba la calle; **the river was lined with willows** había una hilera de sauces en cada orilla del río

(**b**) *(mark with lines)* **a face lined with worry** una cara llena de arrugas provocadas por la preocupación

▸**line up 1** *vt sep* (**a**) *(form into a line)* alinear, poner en fila; *Fam* **l. them up!** *(drinks)* ¡que sean varios! (**b**) *(align)* disponer en fila; **to l. up a shot** apuntar (**c**) *(prepare)* **have you got anyone lined up for the job?** ¿tienes algún candidato firme *or* a alguien pensado para el trabajo?; **have you got anything lined up for this evening?** ¿tienes algo pensado para esta noche?; **I've got a meeting lined up for Tuesday** el martes tengo una reunión; **we've lined up some very distinguished guests for you** les vamos a traer a unos invitados muy distinguidos

2 *vi* (**a**) *(form a line)* alinearse; **l. up, children!** ¡niños, poneos en fila!; **several senior politicians lined up behind him** *(supported him)* varios políticos importantes le dieron su apoyo (**b**) *(start match)* jugar; **to l. up against sb** *(in race)* enfrentarse a alguien

---

line² *vt* (**a**) *(provide with lining) (clothes, curtains, drawer)* forrar; **the bird lines its nest with feathers** el ave recubre el nido de plumas; **the nose is lined with mucus** el interior de la nariz está recubierto de mucosidad; IDIOM **to l. one's pockets** forrarse (**b**) *(cover)* **the walls were lined with books** había hileras de libros en las paredes

lineage ['lɪnɪdʒ] *n* linaje *m*

lineaments ['lɪnɪəmənts] *npl Literary* particularidades *fpl*

linear ['lɪnɪə(r)] *adj* lineal ▫ *Phys* ***l. accelerator*** acelerador *m* lineal; *Math* ***l. equation*** ecuación *f* lineal; *Comptr* ***l. programming*** programación *f* lineal

linebacker ['laɪnbækə(r)] *n (in American football)* apoyador(ora) *m,f*, linebacker *mf*

lined¹ [laɪnd] *adj* (**a**) *(paper)* de rayas, pautado(a) (**b**) *(face)* arrugado(a) (**c**) *(coat)* forrado(a) (**with** de)

linen ['lɪnɪn] *n* (**a**) *(fabric)* lino *m* (**b**) *(clothes)* ropa *f* blanca ▫ ***l. basket*** cesto *m* de la ropa sucia; ***l. cupboard*** armario *m* de la ropa blanca

line-out ['laɪnaʊt] *n (in rugby)* touche *f*, saque *m* de banda

liner ['laɪnə(r)] *n (ship)* transatlántico *m*

linesman ['laɪnzmən] *n* juez *m* de línea, linier *m*

line-up ['laɪnʌp] *n* (**a**) *(of team)* alineación *f*, *(of band)* formación *f* (**b**) *(of police suspects)* rueda *f* de reconocimento *or* identificación

ling [lɪŋ] *n (fish)* abadejo *m*

linger ['lɪŋgə(r)] *vi (of person)* entretenerse; *(of smell, custom)* persistir; **to l. behind** rezagarse; **to l. over doing sth** quedarse haciendo algo; **they lingered over their coffee** se entretuvieron un rato mientras tomaban el café

lingerie ['lɔːnʒərɪ] *n* lencería *f*, ropa *f* interior femenina

lingering ['lɪŋgərɪŋ] *adj (look, embrace, kiss)* prolongado(a); **l. fears** un resto de temor; **l. hopes** un asomo de esperanza, un poso de esperanza; **there are still some l. doubts** quedan aún algunas dudas que despejar, aún persiste un resto de duda

lingo ['lɪŋgəʊ] *n Fam* (**a**) *(language)* idioma *m* (**b**) *(jargon)* jerga *f*

lingua franca ['lɪŋgwə'fræŋkə] *n* lengua *f* *or* lingua *f* franca

linguist ['lɪŋgwɪst] *n* (**a**) *(specialist in linguistics)* lingüista *mf* (**b**) *(who speaks many languages)* políglota *mf*

linguistic [lɪŋ'gwɪstɪk] *adj* lingüístico(a)

linguistically [lɪŋ'gwɪstɪklɪ] *adv* desde el punto de vista lingüístico, lingüísticamente (hablando)

linguistics [lɪŋ'gwɪstɪks] *n* lingüística *f*

liniment ['lɪnɪmənt] *n* linimento *m*

lining ['laɪnɪŋ] *n (of clothes)* forro *m*; *(of brakes, stomach)* revestimiento *m*

link [lɪŋk] **1** *n* (**a**) *(of chain)* eslabón *m*; *Fig* **the weak l.** *(in argument, team)* el punto débil (**b**) *(connection)* conexión *f*, nexo *m* (**between/with** entre/con); *(between countries, people)* lazo *m*, vínculo *m* ▫ *TV & Rad* ***l. man*** locutor *m (que presenta reportajes o secciones de un programa)* (**c**) *(road, railway line)* enlace *m* (**d**) *Comptr* enlace *m*, vínculo *m* (**e**) *Sport* **links** campo *m* de golf (cerca del mar)

2 *vt (places)* enlazar, comunicar; *(facts, events, situations)* relacionar; *(computers, radio stations)* conectar; **she has been linked to** *or* **with the mafia** ha sido asociada con la mafia; **to l. hands** enlazar las manos

▸**link up 1** *vt Comptr* conectar

2 *vi (of roads, travellers)* encontrarse (**with** con)

linkage ['lɪŋkɪdʒ] *n* (**a**) *(connection)* conexión *f* (**b**) *Pol* vinculación *f* política

link-up ['lɪŋkʌp] *n* **(a)** *(connection, partnership)* asociación *f*, acuerdo *m* comercial **(b)** *Tel* conexión *f*; **a satellite l.** una conexión vía satélite **(c)** *(of spacecraft)* acoplamiento *m*

linnet ['lɪnɪt] *n* pardillo *m*

lino ['laɪnəʊ] *n Fam* linóleo *m*, sintasol® *m*

linocut ['laɪnəʊkʌt] *n (design)* grabado *m* sobre linóleo; *(print)* lámina *f* de linóleo

linoleum [lɪ'nəʊlɪəm] *n* linóleo *m*, sintasol® *m*

Linotype® ['laɪnəʊtaɪp] *n* linotipia *f*

linseed ['lɪnsi:d] *n* linaza *f* ❑ ***l. oil*** aceite *m* de linaza

lint [lɪnt] *n* **(a)** *(for wounds)* hilas *fpl* **(b)** *(fluff)* pelusa *f*

lintel ['lɪntəl] *n* dintel *m*

lion ['laɪən] *n* león *m*; **to feed** *or* **throw sb to the lions** echar a alguien a los leones; **the l.'s share** la mejor parte ❑ ***l. cub*** cachorro *m* de león; ***l. tamer*** domador(ora) *m,f* de leones

lioness ['laɪənes] *n* leona *f*

lion-hearted ['laɪənhɑ:tɪd] *adj* valeroso(a), valiente

lionize ['laɪənaɪz] *vt (treat as celebrity)* encumbrar

lip [lɪp] *n* **(a)** *(of mouth)* labio *m*; **the government is only paying l. service to fighting crime** el Gobierno dice luchar *or* defiende que lucha contra la delincuencia; **my lips are sealed** no diré ni mu *or* ni pio ❑ ***l. gloss*** brillo *m* de labios; ***l. salve*** cacao *m* **(b)** *(of cup, glass)* borde *m*; *(of jug)* pico *m* **(c)** *Fam (impudence)* **less of your l.!** ¡no seas impertinente!

lipid ['lɪpɪd] *n Biochem* lípido *m*

liposuction ['lɪpəʊsʌkʃən] *n* liposucción *f*

lippy ['lɪpɪ] *Fam* **1** *n (lipstick)* pintalabios *m inv*, *Esp* carmín *m*, *Méx* bilet *m*

2 *adj (cheeky)* fresco(a), *Esp* chulo(a)

lip-read ['lɪpri:d] *vi* leer los labios

lip-reader ['lɪpri:də(r)] *n* persona *f* que lee los labios

lip-smacking ['lɪpsmækɪŋ] *adj Fam* riquísimo(a)

lipstick ['lɪpstɪk] *n (substance)* carmín *m*, pintalabios *m inv*; *(stick)* lápiz *m or Esp* barra *f* de labios, *Chile, RP* lápiz *m* rouge, *Méx* bilet *m*

lip-sync(h) ['lɪpsɪŋk] *vi* hacer play-back

liquefied ['lɪkwɪfaɪd] *adj **l. natural gas*** gas *m* natural licuado; ***l. petroleum gas*** gas *m* licuado de petróleo

liquefy ['lɪkwɪfaɪ] **1** *vt* licuar

2 *vi* licuarse

liqueur [lɪ'kjʊə(r)] *n* licor *m* ❑ ***l. glass*** copa *f* de licor

liquid ['lɪkwɪd] **1** *n* líquido *m*

2 *adj* líquido(a) ❑ *Fin **l. assets*** activo *m* líquido *or* disponible; ***l. crystal display*** pantalla *f* de cristal líquido; *Fam Hum **l. lunch*** = bebida alcohólica tomada como almuerzo; ***l. oxygen*** aire *m* líquido; ***l. paper*** película *f* correctora; ***l. paraffin*** aceite *m* de parafina

liquidate ['lɪkwɪdeɪt] *vt* **(a)** *Fin* liquidar **(b)** *Euph (kill)* liquidar

liquidation [lɪkwɪ'deɪʃən] *n* **(a)** *Fin* liquidación *f*; **to go into l.** *(of company)* ir a la quiebra **(b)** *Euph (killing)* asesinato *m*, liquidación *f*

liquidator ['lɪkwɪdeɪtə(r)] *n Fin* liquidador(ora) *m,f*

liquidity [lɪ'kwɪdɪtɪ] *n Fin* liquidez *f* ❑ ***l. ratio*** coeficiente *m or* ratio *m or f* de liquidez

liquidize ['lɪkwɪdaɪz] *vt* licuar

liquidizer ['lɪkwɪdaɪzə(r)] *n Br* licuadora *f*

liquor ['lɪkə(r)] *n US* bebida *f* alcohólica, alcohol *m* ❑ ***l. store*** tienda *f* de bebidas alcohólicas

▸**liquor up** *vt sep US Fam* **to get liquored up** agarrarse una curda, *Méx* ponerse una peda

liquorice, *US* **licorice** ['lɪkərɪʃ] *n* regaliz *m*

lira ['lɪ:rə] *(pl* **lire** ['lɪ:rə]) *n* lira *f*

Lisbon ['lɪzbən] *n* Lisboa

lisp [lɪsp] **1** *n* ceceo *m*; **to have a l., to speak with a l.** cecear

2 *vi* cecear

lissom(e) ['lɪsəm] *adj Literary (shape, body, movement)* grácil

list¹ [lɪst] **1** *n* **(a)** *(of items)* lista *f*; **it's not high on my l. of priorities** no es mi principal prioridad ❑ ***l. price*** *(in catalogue)* precio *m* de catálogo **(b)** *Comptr **l. server*** servidor *m* de listas **(c)** IDIOMS **it's at the top of my l.** es lo primero que tengo en mente hacer; **to enter the lists (for/against sb)** entrar en liza (a favor de/en contra de alguien)

2 *vt (write down)* hacer una lista con *or* de; *(say out loud)* enumerar; **his phone number isn't listed in the directory** su número de teléfono no aparece *or* figura en la guía *or Am* en el directorio; **to l. names in alphabetical order** poner nombres en orden alfabético; **he listed his demands** enumeró sus exigencias

list² *Naut* **1** *n* escora *f*

2 *vi (of ship)* escorarse

listed ['lɪstɪd] *adj* incluido(a) en lista ❑ *Archit Br **l. building*** edificio *m* de interés histórico-artístico; *Com **l. company*** sociedad *f* con cotización en bolsa

listen ['lɪsən] **1** *n* **to have a l. to sth, to give sth a l.** escuchar algo

2 *vi* **(a)** *(give attention)* escuchar; **to l. to sth/sb** escuchar algo/a alguien; **she listened to the rain falling outside** escuchaba cómo caía la lluvia fuera; **l., I think this is a mistake** mira *or* escucha, me parece que esto es un malentendido **(b)** *(take notice)* **he wouldn't l.** no hizo (ningún) caso; **to l. to sb** hacer caso a alguien; **to l. to reason** atender a razones

▸**listen for** *vt insep* estar pendiente *or* a la escucha de

▸**listen in** *vi* escuchar; **to l. in on/to sth** escuchar algo

▸**listen out for = listen for**

▸**listen up** *vi US Fam* **l. up!** ¡escuchad!

listener ['lɪsnə(r)] *n* **(a) to be a good l.** saber escuchar **(b)** *(to radio programme)* oyente *mf*

listeria [lɪ'stɪərɪə] *n (illness)* listeriosis *f inv*; *(bacteria)* listeria *f*

listing ['lɪstɪŋ] *n (list)* listado *m*, lista *f*; **listings** *(in newspaper)* cartelera *f*; **listings magazine** = guía de espectáculos y actividades de ocio

listless ['lɪstlɪs] *adj (lacking energy)* desfallecido(a), desmayado(a); *(lacking enthusiasm)* desanimado(a), apático(a)

listlessness ['lɪstlɪsnɪs] *n (lack of energy)* desfallecimiento *m*, falta *f* de fuerzas; *(lack of enthusiasm)* desánimo *m*, apatía *f*

lit [lɪt] *pt & pp of* **light**

litany ['lɪtənɪ] *n (of complaints)* letanía *f*

lit crit [lɪt'krɪt] *n Fam* crítica *f* literaria

lite [laɪt] *adj (low-calorie)* light *inv*, bajo(a) en calorías

liter *US* = **litre**

literacy ['lɪtərəsɪ] *n* alfabetización *f* ❑ ***l. campaign*** campaña *f* de alfabetización; ***l. rate*** índice *m* de alfabetización

literal ['lɪtərəl] *adj* literal

literally ['lɪtərəlɪ] *adv* literalmente; **to take sth l.** tomar algo al pie de la letra; **it was l. this big!** ¡era sin exagerar así de grande!

literary ['lɪtərərɪ] *adj* literario(a) ❑ ***l. agent*** agente *mf or* representante *mf* literario(a); ***l. critic*** crítico(a) *m,f* literario(a); ***l. criticism*** crítica *f* literaria

literate ['lɪtərɪt] *adj (style)* culto(a); **to be l.** *(able to read and write)* saber leer y escribir

literati [lɪtə'rɑ:tɪ] *npl* literatos *mpl*, gente *f* de las letras

literature ['lɪtərɪtʃə(r)] *n* **(a)** *(fiction, poetry)* literatura *f* **(b)** *(of academic subject)* bibliografía *f* **(c)** *Com (leaflets)* folletos *mpl*, prospectos *mpl*

lithe [laɪð] *adj* ágil

lithium ['lɪθɪəm] *n Chem* litio *m*

lithograph ['lɪθəgræf] *n* litografía *f*

lithography [lɪ'θɒgrəfɪ] *n* litografía *f*

lithosphere ['lɪθəsfɪə(r)] *n Geol* litosfera *f*

Lithuania [lɪθjʊ'eɪnɪə] *n* Lituania

Lithuanian [lɪθjʊ'eɪnɪən] **1** *n* **(a)** *(person)* lituano(a) *m,f* **(b)** *(language)* lituano *m*

2 *adj* lituano(a)

litigant ['lɪtɪgənt] *n Law* litigante *mf*, pleiteante *mf*

litigate ['lɪtɪgeɪt] *vi Law* litigar, pleitear

litigation [lɪtɪ'geɪʃən] *n Law* litigio *m*, pleito *m*

litigious [lɪ'tɪdʒəs] *adj Formal* litigante, litigioso(a); **a l. person** una persona siempre metida en pleitos

litmus ['lɪtməs] *n **l. paper*** papel *m* de tornasol; *Fig **l. test*** prueba *f* definitiva

litre, *US* **liter** ['li:tə(r)] *n* litro *m*

litter ['lɪtə(r)] **1** *n* **(a)** *(rubbish)* basura *f* ❑ *Br **l. bin*** cubo *m* de basura; *Fam **l. lout*** = persona que arroja desperdicios en la vía pública **(b)** *(of animal)* camada *f* **(c)** *(for cat)* arena *f* absorbente ❑ ***l. tray*** cama *f or* bandeja *f* para la arena del gato

2 *vt* **to be littered with** estar sembrado(a) *or* cubierto(a) de; **clothes littered the room** la habitación estaba sembrada *or* cubierta de ropas

litterbug [ˈlɪtəbʌg] *n Fam* = persona que arroja desperdicios en la vía pública

LITTLE [ˈlɪtəl] **1** *n* poco *m*; **l. of the castle remains** quedan pocos restos del castillo; **there is l. to be gained from such a policy** una política así no va a beneficiarnos mucho; **to eat l. or nothing** apenas comer; **a l.** un poco; **a l. hot/slow** un poco caliente/lento(a); **a l. more** un poco más, algo más; **a l. over half the participants** algo más de la mitad de los participantes; **she ate as l. as possible** comió lo mínimo (indispensable); **for as l. as $50** por sólo 50 dólares; **every l. helps** todo cuenta aunque sea poco; **there's precious l. to be pleased about** hay muy pocos motivos para sentirse satisfecho; **he knows very l.** no sabe casi nada; **I see very l. of her** apenas la veo; **they took what l. we had, they took the l. that we had** se llevaron lo poco que teníamos; **l. by l.** poco a poco; **to be too l. too late** llegar mal y tarde

2 *adj* (**a**) *(small)* pequeño(a); **a l. girl** una niña pequeña; **a l. house** una casita; **a l. bit** un poco; **we still have a l. way to go** todavía nos queda un poco para llegar; **wait a l. while!** ¡espera un poco!; **a l. while ago** hace poco; **could I have a l. word with you?** ¿puedo hablar contigo un momento?; **you need to try just that l. bit harder** tienes que esforzarte un poquito más; **I've brought a l. something to say thanks** he traído una cosilla para darte las gracias; *Ironic* **they owe me the l. sum of £50,000** me deben la módica cantidad de 50.000 libras; *Fig* **how do you know? — a l. bird told me** ¿cómo lo sabes? – me lo dijo un pajarito ❑ ***l. finger*** (dedo *m*) meñique *m*; *Hum* ***l. green men*** marcianitos *mpl*; ***the l. people*** *(fairies)* las hadas; ***l. slam*** *(in bridge)* pequeño slam *m*; ***l. toe*** meñique *m* del pie

(**b**) *(young)* pequeño(a); **when I was l.** cuando era pequeño(a); **my l. brother/sister** mi hermano pequeño/hermana pequeña; **they have a l. boy/girl** tienen un hijo pequeño/una hija pequeña; **the l. ones** *(children)* los niños ❑ ***L. League*** *(in baseball)* = liga de béisbol infantil celebrada durante el verano y patrocinada por empresas

(**c**) *(for emphasis) Fam* **a l. old man/lady** un viejecito/una viejecita; **what a strange l. man!** ¡qué hombre tan raro!; **a lovely l. house** una casita preciosa; **the poor l. thing!** ¡pobrecillo!; **that child is a l. terror!** ese niño es un diablillo!; **it might take a l. while** puede que tarde un rato

(**d**) *(comparative* **less** *superlative* **least**) *(not much)* poco(a); **a l. money/luck** un poco de dinero/suerte; **we had too l. money** no teníamos suficiente dinero; **there is l. hope/doubt...** quedan pocas esperanzas/dudas...; **it makes l. sense** no tiene mucho sentido; **they have l. or no chance** no tienen apenas posibilidades; **l. wonder she was upset!** ¡no me extraña que estuviera disgustada!; **they took what l. *or* the l. money we had** se llevaron poco dinero que teníamos

3 *adv (comparative* **less** *superlative* **least**) poco; **l. known** poco conocido; **the theory is l. understood** pocos entienden realmente la teoría; **a l.** un poco; **I was more than a l.** *or* **not a l. annoyed** estaba bastante enfadado *or Am* enojado; **l. did we know that...** no nos imaginábamos que..., no teníamos ni idea de que...; **l. did I think that...** poco me podía imaginar que...; **you're l. better than they are** tú no eres mucho mejor que ellos; **l. more than an hour ago** hace poco más de una hora; **that's l. short of bribery** eso es poco menos que un soborno; **we let her in, l. though we wanted to** la dejamos entrar, aunque no por gusto; **to make l. of sth** no dar importancia a algo

littoral [ˈlɪtərəl] *n & adj Geog* litoral *m*

liturgical [lɪˈtɜːdʒɪkəl] *adj Rel* litúrgico(a)

liturgy [ˈlɪtədʒɪ] *n Rel* liturgia *f*

live[1] [laɪv] **1** *adj* (**a**) *(person, animal)* vivo(a); *Fam* **a real l. film star** un estrella de carne y hueso; **a l. issue** un tema candente (**b**) *(TV, radio broadcast)* en directo; **l. performance** actuación *f* en vivo (**c**) *(ammunition) (unused)* sin utilizar; *(not blank)* real (**d**) *Elec* ***l. wire*** cable *m* con corriente; *Fig* **she's a l. wire** rebosa energía

2 *adv (to broadcast, perform)* en directo

LIVE[2] [lɪv] **1** *vt* vivir; **to l. a happy/long life** vivir una vida feliz/larga; **to l. a life of depravity** llevar una vida depravada; **to l. a lie** vivir en la mentira; **to l. life to the full** vivir la vida al máximo; **I want to l. my own life** quiero vivir mi vida; **I lived every moment of the match** realmente viví cada minuto de ese partido; **to l. and breathe sth** vivir por y para algo

2 *vi* vivir; **they don't think she will l.** no creen que viva; **I've been given a year to l.** me han dado un año de vida; **the greatest pianist that ever lived** el mejor pianista de todos los tiempos; **to l. for a hundred years** vivir cien años; **we l. in fear of our lives** vivimos con el temor de morir; **to l. in the past** vivir en el pasado; **he lived to the age of ninety** vivió hasta los noventa años; **if I l. to be a hundred, I'll still never understand** aunque viva cien años, nunca lo entenderé; **I hope I will l. to see humankind set foot on Mars** espero llegar a ver la llegada del hombre a Marte; **you may l. to regret that decision** puede que al final te arrepientas de esa decisión; **as long as I l.** mientras viva; *Fam* **are you all right? — I'll l.** ¿estás bien? – sobreviviré; *Fam* **where does this saucepan l.?** ¿dónde va esta cacerola?; **Elvis lives!** ¡Elvis está vivo!; **I want to l. a little** quiero disfrutar un poco de la vida; **you haven't lived until you've been to San Francisco** si no has visto San Francisco no has visto nada; **l. and let l.** vive y deja vivir; **they all lived happily ever after** vivieron felices y comieron perdices; **you l. and learn** ¡vivir para ver!; **you only l. once** sólo se vive una vez; *Hum & Old-fashioned* **to l. in sin** vivir en pecado; **to l. like a king** *or* **lord** vivir a cuerpo de rey, vivir como un señor; *Fig Hum* **I've been living out of a suitcase for the past month** llevo un mes viviendo en hoteles; *Méx, Ven* tengo un mes de vivir en hoteles; *Fig Hum* **to live out of tins** *or* **cans** vivir a base de latas de conserva; *Fig* **to l. to fight another day** sobrevivir para volver a luchar; *Fig* **I lived to tell the tale** viví para contarlo

▸**live by** *vt insep* **she lives by her writing** vive de lo que escribe; **he lived by the sword and died by the sword** la espada lo acompañó durante su vida y finalmente le dio la muerte; **to l. by one's principles** ser un hombre/una mujer de principios; **she lived by her wits** vivió de su ingenio

▸**live down** *vt sep (mistake, one's past)* relegar al olvido, enterrar; **I'll never l. it down** nunca lograré que se olvide

▸**live for** *vt insep* **there's nothing left to l. for** no quedan razones para vivir; **to l. for one's work** vivir para el trabajo; **I l. for the day when...** vivo esperando el día en que...; **to l. for the day** *or* **moment** vivir el presente

▸**live in** *vi (of housekeeper)* ser *or* estar interno(a)

▸**live off** *vt insep (depend on)* vivir de; **to l. off the state** vivir del dinero del estado

▸**live on 1** *vt insep (depend on)* vivir de; **she lives on chocolate** no come más que chocolate; **I l. on $150 a week** vivo con 150 dólares a la semana; **it's not enough to l. on** no da para vivir

2 *vi (continue to live) (of person)* sobrevivir, vivir; *(of memory)* perdurar

▸**live out** *vt sep* **she lived out her life** *or* **days in poverty/sadness** acabó sus días sumida en la pobreza/la tristeza; **to l. out a fantasy** vivir *or* realizar una fantasía

▸**live through** *vt insep (survive)* sobrevivir a; *(experience)* pasar por

▸**live together** *vi (cohabit)* vivir juntos(as); **why can't we all l. together in peace?** ¿por qué no podemos vivir todos juntos en paz?

▸**live up** *vt sep Fam* **to l. it up** pasarlo bien, divertirse

▸**live up to** *vt insep (expectations)* responder a, estar a la altura de; **to fail to l. up to expectations** no estar a la altura de las expectativas; **he lives up to his principles** vive de acuerdo con sus principios

▸**live with** *vt insep* (**a**) *(cohabit with)* vivir con; **they l. with each other** viven juntos

(**b**) *(put up with)* **she has been living with this knowledge for some time** hace algún tiempo que lo sabe; **I can l. with that** eso no es problema; **he'll have to l. with this for the rest of his life** *(to suffer from the memory of)* tendrá que vivir con ese recuerdo durante el resto de su vida; **you'll just have to l. with it!** ¡tendrás que aceptarlo!

(**c**) *(match, keep up with)* **he couldn't l. with the pace** no pudo aguantar el ritmo;

Ivanisevic couldn't l. with Becker Ivanisevic era claramente inferior a Becker
(**d**) *(remain with)* **this memory will l. with us for a long time** guardaremos este recuerdo durante mucho tiempo
▸**live without** *vt insep* **you'll just have to learn to l. without it!** ¡tendrás que aprender a vivir sin ello!

---

liveable ['lɪvəbəl] *adj* (**a**) *(house)* habitable (**b**) *(life)* soportable; *Fam* **she is not l. with** no hay quien viva con ella

lived-in ['lɪvdɪn] *adj (home, room)* acogedor(ora), con un toque humano; **a l. face** un rostro curtido

live-in ['lɪvɪn] *adj (chauffeur, nanny)* interno(a); **she has a l. lover** su amante vive con ella

livelihood ['laɪvlɪhʊd] *n* sustento *m*; **to earn one's l.** ganarse la vida

liveliness ['laɪvlɪnɪs] *n (of person)* vivacidad *f*, viveza *f*; *(of place, debate)* animación *f*

livelong ['lɪvlɒŋ] *adj Literary (complete)* **the l. day** todo el santo día; **the l. night** toda la santa noche

lively ['laɪvlɪ] *adj (person, place, debate)* animado(a); *(interest)* vivo(a); **a l. mind** una mente despierta; *Fam* **to make things l. for sb** poner las cosas difíciles a alguien; **to take a l. interest in sth** estar vivamente interesado(a) por algo, interesarse vivamente por algo; *Fam* **look l.!** ¡vamos, muévete!
▸**liven up** ['laɪvən] **1** *vt sep* animar
2 *vi* animarse

liver ['lɪvə(r)] *n* hígado *m* ▫ ***l. fluke*** *(flatworm)* duela *f* del hígado; ***l. salts*** sal *f* de frutas; ***l. sausage*** embutido *m* de paté de hígado; ***l. spot*** *(on skin)* mancha *f* de vejez

liverish ['lɪvərɪʃ] *adj* (**a**) *Fam (unwell)* empachado(a), *RP* descompuesto(a) (**b**) *(irritable)* enojadizo(a)

Liverpool ['lɪvəpu:l] *n* Liverpool

Liverpudlian [lɪvə'pʌdlɪən] **1** *n* = natural *or* habitante de Liverpool
2 *adj* de Liverpool

liverwort ['lɪvəwɜ:t] *n* hepática *f*

liverwurst ['lɪvəwɜ:st] *n US* embutido *m* de paté de hígado

livery ['lɪvərɪ] *n* (**a**) *(of servant)* librea *f* (**b**) *(of company)* rasgos *mpl* distintivos (**c**) ***l. stable*** *(for keeping horses)* cuadra *f*, caballeriza *f*; *(for hiring horses)* picadero *m*

lives [laɪvz] *pl of* **life**

livestock ['laɪvstɒk] *n* ganado *m*

livid ['lɪvɪd] *adj* (**a**) *(angry)* **to be l. (with rage)** estar colérico(a) *or* enfurecido(a) (**b**) *(bluish-grey)* lívido(a), amoratado(a)

living ['lɪvɪŋ] **1** *n* (**a**) *(way of life)* vida *f*; **to be fond of good l.** ser aficionado a la buena vida ▫ ***l. conditions*** condiciones *fpl* de vida; ***l. expenses*** gastos *mpl (cotidianos)*; ***l. room*** sala *f* de estar, salón *m* (**b**) *(livelihood)* sustento *m*; **to earn one's l.** ganarse la vida; **what does he do for a l.?** ¿a qué se dedica?
2 *adj* vivo(a); **she is our finest l. artist** es nuestra mejor artista viva; **there is not a l. soul to be seen** no se ve ni un alma; **the best/worst within l. memory** lo mejor/peor que se recuerda; **he made my life a l. hell** convirtió mi vida en un infierno *or* una pesadilla; **to be l. proof of sth** ser la prueba palpable de algo; *Fam* **to scare the l. daylights out of sb** dar un susto de muerte a alguien; *Fam* **to beat the l. daylights out of sb** dar una buena paliza *or Esp* tunda a alguien ▫ ***l. wage*** salario *m* decente *or* digno; ***l. will*** testamento *m* en vida

lizard ['lɪzəd] *n (small)* lagartija *f*; *(large)* lagarto *m*

llama ['lɑ:mə] *n (animal)* llama *f*

LLB [elel'bi:] *n (abbr* **Bachelor of Laws**) *(qualification)* licenciatura *f* en derecho; *(person)* licenciado(a) *m,f* en derecho

LLD [elel'di:] *n (abbr* **Doctor of Laws**) *(qualification)* doctorado *m* en derecho; *(person)* doctorado(a) *m,f* en derecho

lo [ləʊ] *exclam Literary or Hum* **lo and behold...** hete aquí que...

loach ['ləʊtʃ] *n* lobo *m*, locha *f*

LOAD [ləʊd] **1** *n* (**a**) *(burden)* carga *f*; **I've got a heavy/light teaching l.** tengo muchas/pocas horas de clase; **to share/spread the l.** compartir/repartir el trabajo; **that's a l. off my mind!** ¡me quito *or Am* saco un peso de encima!; *US Fam* **to have a l. on** ir ciego(a), *Méx* ir hasta atrás, *RP* andar en pedo
(**b**) *(of washing)* **put another l. in the washing machine** pon otra lavadora; **half l.** media carga *f*
(**c**) *Elec* carga *f*
(**d**) *Fam (lot)* **a l. (of), loads (of)** un montón (de); **it's a l. of rubbish!** *(nonsense)* ¡no son más que tonterías!; *(very bad)* ¡es nefasto(a) *or* de pena!; **we've got loads of time/money** tenemos tiempo/dinero de sobra; **there was loads to drink** había un montón de bebida; **it's loads better** es muchísimo mejor; **get a l. of this!** ¡no te lo pierdas!, *Esp* ¡al loro con esto!
2 *vt* (**a**) *(vehicle, goods)* cargar; **to l. sth into/onto sth** cargar algo en algo
(**b**) *(gun)* cargar; **l. the film into the camera** introduzca el carrete en la cámara
(**c**) *Comptr* cargar; **to l. a program onto a computer** cargar un programa en un ordenador *or Am* computadora
(**d**) *(bias)* **to be loaded in favour of/against sb** favorecer/perjudicar a alguien
3 *vi* cargar
▸**load down** *vt sep* **to be loaded down with sth** *(shopping, bags)* estar cargado de algo; *(guilt, responsibility)* cargar con algo
▸**load up 1** *vt sep* cargar (**with** con)
2 *vi* cargar (**with** con)

---

load-bearing ['ləʊdbeərɪŋ] *adj (wall)* maestro(a)

loaded ['ləʊdɪd] *adj* (**a**) *(lorry, gun)* cargado(a); *(dice)* trucado(a); **to be l.** *(of gun)* estar cargado(a); **a l. question** una pregunta capciosa (**b**) *Fam (rich)* **to be l.** estar forrado(a) (**c**) *US Fam (drunk)* mamado(a), *Méx* hasta atrás; *(on drugs)* colocado(a), flipado(a), *RP* falopeado(a)

loader ['ləʊdə(r)] *n* (**a**) *(person)* cargador(ora) *m,f*, cebador(ora) *m,f* (**b**) *Comptr* cargador *m*

loading ['ləʊdɪŋ] *n (of lorry)* carga *f* ▫ ***l. bay*** zona *f* de carga y descarga

loadline ['ləʊdlaɪn] *n Naut* línea *f* de carga

loaf [ləʊf] *(pl* **loaves** [ləʊvz]) *n* pan *m*; **a l. of bread** *(in general)* un pan; *(brick-shaped)* un pan de molde, *Col* un pan tajado, *RP* un pan lactal; *(round and flat)* una hogaza de pan; IDIOM *Br* **use your l.!** ¡utiliza la mollera!; PROV **half a l. is better than no bread** a falta de pan, buenas son tortas
▸**loaf about, loaf around** *vi* haraganear, gandulear

loafer ['ləʊfə(r)] *n* (**a**) *(person)* haragán(ana) *m,f*, gandul(ula) *m,f* (**b**) *(shoe)* mocasín *m*

loam [ləʊm] *n* humus *m*, mantillo *m*

loan [ləʊn] **1** *n* préstamo *m*; **to give sb a l. of sth** prestar algo a alguien; *Fin* **to take out a l.** obtener un préstamo *or* crédito *or Méx* prestamiento ▫ *Fam* ***l. shark*** usurero(a) *m,f*
2 *vt* prestar

loanword ['ləʊnwɜ:d] *n Ling* préstamo *m* (lingüístico)

loath [ləʊθ] *adj* **to be l. to do sth** ser reacio(a) a hacer algo

loathe [ləʊð] *vt* odiar, detestar; **to l. doing sth** detestar hacer algo

loathing ['ləʊðɪŋ] *n* odio *m*, aborrecimiento *m*

loathsome ['ləʊðsəm] *adj (person, character, behaviour)* detestable, odioso(a)

loaves [ləʊvz] *pl of* **loaf**

lob [lɒb] **1** *n Sport* globo *m*, *(in tennis)* globo *m*, lob *m*
2 *vt (pt & pp* **lobbed**) (**a**) *Sport* hacer un globo a; *(in tennis)* hacer un globo *or* lob a (**b**) *(stone, grenade)* lanzar (en parábola)

lobby ['lɒbɪ] **1** *n* (**a**) *(of hotel)* vestíbulo *m* (**b**) *Pol (pressure group)* grupo *m* de presión, lobby *m*
2 *vt Pol* **to l. an MP** presionar a un diputado
3 *vi Pol* cabildear, presionar; **to l. for/against sth** hacer presión a favor de/en contra de algo

lobbying ['lɒbɪɪŋ] *n Pol* presiones *fpl* políticas

lobbyist ['lɒbɪɪst] *n Pol* miembro *m* de un lobby *or* grupo de presión

lobe [ləʊb] *n (of ear, brain)* lóbulo *m*

lobelia [ləʊ'bi:lɪə] *n* lobelia *f*

lobotomy [lə'bɒtəmɪ] *n* lobotomía *f*

lobster ['lɒbstə(r)] *n (with pincers)* bogavante *m*; **(spiny) l.** langosta *f*; IDIOM **he was as red as a l.** *(sunburnt)* estaba rojo como un cangrejo ▫ ***l. pot*** nasa *f*

local ['ləʊkəl] **1** *n* (**a**) *(person)* lugareño(a) *m,f*; **the locals** los lugareños, los paisanos (**b**) *Br Fam (pub)* bar *m* habitual
2 *adj* local ▫ ***l. anaesthetic*** anestesia *f* local; *Comptr* ***l. area network*** red *f* de área

local; *Br* **l. *authority*** gobierno *m* local; *Tel* **l. *call*** llamada *f or Am* llamado *m* local *or* urbana; **l. *colour*** *(in story)* color *m* local; **l. *derby*** *(match)* derby *m* local; *Br* **l. *education authority*** = organismo local encargado de la enseñanza, *Esp* ≃ consejería *f* de educación; **l. *government*** gobierno *m or* administración *f* municipal; **l. *newspaper*** periódico *m* local; **l. *radio*** emisora *f* local; **l. *time*** hora *f* local

locale [ləʊ'kɑ:l] *n* emplazamiento *m*, lugar *m*

locality [ləʊ'kælɪtɪ] *n* vecindad *f*, zona *f*

localization [ləʊkəlaɪ'zeɪʃən] *n Comptr* localización *f*

localize ['ləʊkəlaɪz] *vt (locate, restrict)* localizar

localized ['ləʊkəlaɪzd] *adj (restricted)* localizado(a); *Med* **a l. infection** una infección localizada

locally ['ləʊkəlɪ] *adv* localmente; **I live/work l.** vivo/trabajo cerca

locate [ləʊ'keɪt] **1** *vt* **(a)** *(find)* localizar **(b)** *(situate)* emplazar, ubicar

2 *vi (of company)* instalarse, ubicarse

location [ləʊ'keɪʃən] *n* **(a)** *(place)* emplazamiento *m*, ubicación *f* **(b)** *(act of finding)* localización *f* **(c)** *Cin* lugar *m* de filmación; **on l.** en exteriores

locative ['lɒkətɪv] *Gram* **1** *n* locativo *m*

2 *adj* locativo(a)

loc cit [lɒk'sɪt] *(abbr* **loco citato)** loc. cit.

loch [lɒχ, lɒk] *n Scot (lake)* lago *m*; *(sea loch)* ría *f*

loci ['ləʊsaɪ] *pl of* **locus**

lock¹ [lɒk] **1** *n* **(a)** *(on door)* cerradura *f*; **to be under l. and key** estar encerrado(a) bajo siete llaves; IDIOM **l., stock and barrel** *(in its entirety)* íntegramente **(b)** *(in wrestling)* llave *f*, inmovilización *f* **(c)** *(on canal)* esclusa *f* ▫ **l. *gate*** compuerta *f* **(d) l. (forward)** *(in rugby)* segunda línea *mf*

2 *vt* **(a)** *(door, padlock)* cerrar; **they were locked in each other's arms** estaban fundidos en un fuerte abrazo; IDIOM **to l. horns with sb** enzarzarse en una disputa con alguien **(b)** *Comptr* bloquear

3 *vi* **(a)** *(of door)* cerrarse **(b)** *(of car wheels)* bloquearse

▸**lock in** *vt sep* encerrar

▸**lock onto** *vt insep (of radar beam, missile)* captar, localizar

▸**lock out** *vt sep* dejar fuera; **I locked myself out (of my house)** me dejé las llaves dentro (de casa)

▸**lock up 1** *vt sep (person)* encerrar; *(valuables)* guardar bajo llave; *(house)* cerrar *or* dejar cerrado(a) (con llave)

2 *vi* cerrar (con llave)

lock² *n (of hair)* mechón *m*; **her golden locks** sus cabellos dorados

locker ['lɒkə(r)] *n (for luggage, in school)* taquilla *f* ▫ *US* **l. *room*** vestuarios *mpl*

locket ['lɒkɪt] *n* guardapelo *m*

lockjaw ['lɒkdʒɔ:] *n Old-fashioned* tétanos *m*

lockout ['lɒkaʊt] *n* cierre *m* patronal

locksmith ['lɒksmɪθ] *n* cerrajero *m*

lockup ['lɒkʌp] *n* **(a)** *Br (for storage)* garaje *m*, *Am* cochera *f* **(b)** *Fam (police cells)* calabozo *m*

loco ['ləʊkəʊ] *Fam* **1** *n* locomotora *f*

2 *adj US (mad)* pirado(a), *Chile, RP* rayado(a), *Méx* zafado(a)

locomotion [ləʊkə'məʊʃən] *n* locomoción *f*

locomotive [ləʊkə'məʊtɪv] **1** *n (train)* locomotora *f*

2 *adj* locomotor(ora)

locoweed ['ləʊkəʊwi:d] *n US* **(a)** *(plant)* astrágalo *m or* tragacanto *m* americano **(b)** *Fam (marijuana)* maría *f*, grifa *f*, *Méx* mota *f*

locum ['ləʊkəm] *n Br (doctor, vet)* suplente *mf*, sustituto(a) *m,f*

locus ['ləʊkəs] *(pl* **loci** ['ləʊsaɪ]) *n* **(a)** *Math* lugar *m* geométrico **(b)** *Biol* locus *m inv*

locust ['ləʊkəst] *n* langosta *f (insecto)* ▫ **l. *bean*** algarroba *f*; **l. *tree*** algarrobo *m*

locution [lə'kju:ʃən] *n Formal* locución *f*

lode [ləʊd] *n (of metallic ore)* veta *f*, filón *m*

lodestar ['ləʊdstɑ:(r)] *n* **(a)** *(Pole star)* estrella *f* polar **(b)** *(guide, example)* norte *m*

lodestone ['ləʊdstəʊn] *n (magnetite)* magnetita *f*, piedra *f* imán

lodge [lɒdʒ] **1** *n* **(a)** *(of porter)* garita *f*, portería *f*; *(of gatekeeper)* garita *f*, casa *f* del guarda **(b)** *(for hunters, skiers)* refugio *m* **(c)** *(hotel)* hotel *m* **(d)** *(of beaver)* madriguera *f* **(e)** *(of freemasons)* logia *f*

2 *vt* **(a)** *(accommodate)* hospedar, alojar **(b)** *Law* **to l. an appeal** presentar una apelación, apelar; **he lodged a complaint with the authorities** presentó una queja ante las autoridades **(c)** *(deposit for safekeeping)* **to l. sth with sb** depositar algo en manos de alguien

3 *vi* **(a)** *(live)* hospedarse, alojarse **(b)** *(become fixed)* alojarse; **the bullet had lodged in his lung** la bala se le había alojado en el pulmón; **the name had lodged in her memory** el nombre se le quedó grabado en la memoria

lodger ['lɒdʒə(r)] *n* huésped *mf*, huespeda *f*

lodging ['lɒdʒɪŋ] *n* alojamiento *m*; **to take up lodgings** instalarse ▫ **l. *house*** casa *f* de huéspedes

loft¹ [lɒft] *n* **(a)** *(attic)* buhardilla *f*, ático *m* **(b)** *US (warehouse apartment)* = almacén reformado y convertido en apartamento

loft² *vt (ball)* lanzar por lo alto

loftily ['lɒftɪlɪ] *adv (haughtily)* con arrogancia, con altanería

lofty ['lɒftɪ] *adj (aim, desire)* noble, elevado(a); **with l. disdain** con arrogante desdén

log [lɒg] **1** *n* **(a)** *(tree-trunk)* tronco *m*; *(firewood)* leño *m*; IDIOM **to sleep like a l.** dormir como un tronco ▫ **l. *cabin*** cabaña *f*; **l. *fire*** fuego *m* de leña **(b)** *(record)* registro *m*; *(of ship, traveller)* diario *m* de a bordo **(c)** *Comptr* **l. *file*** registro *m* de actividad

2 *vt (pt & pp* **logged)** *(record)* registrar

▸**log in** *vi Comptr* entrar

▸**log off** *vi Comptr* salir

▸**log on** = **log in**

▸**log out** = **log off**

loganberry ['ləʊgənberɪ] *n (plant)* frambueso *m* de Logan; *(berry)* frambuesa *f* de Logan

logarithm ['lɒgərɪðəm] *n Math* logaritmo *m*

logarithmic [lɒgə'rɪðmɪk] *adj Math* logarítmico(a) ▫ **l. *scale*** escala *f* logarítmica

logbook ['lɒgbʊk] *n Naut* cuaderno *m* de bitácora

loggerheads ['lɒgəhedz] *n Fam* **to be at l. with sb** estar peleado(a) *or Esp* andar a la greña con alguien

loggerhead turtle ['lɒgəhed'tɜ:təl] *n* tortuga *f* boba

loggia ['lɒdʒɪə] *n* logia *f*

logging ['lɒgɪŋ] *n (cutting trees)* tala *f* (de árboles)

logic ['lɒdʒɪk] *n* **(a)** *(in general)* lógica *f*; **the l. of his argument was impeccable** su argumento era de una lógica aplastante **(b)** *Comptr* **l. *board*** placa *f* lógica; **l. *card*** tarjeta *f* lógica; **l. *circuit*** circuito *m* lógico; **l. *operator*** operador *m* lógico

logical ['lɒdʒɪkəl] *adj* lógico(a)

logically ['lɒdʒɪklɪ] *adv* lógicamente; **l., there should be no problem** lo lógico es que no hubiera ningún problema

logician [lɒ'dʒɪʃən] *n* lógico(a) *m,f*

logistic(al) [lɒ'dʒɪstɪk(əl)] *adj* logístico(a)

logistics [lɒ'dʒɪstɪks] *npl* logística *f*

logjam ['lɒgdʒæm] *n (in negotiations)* punto *m* muerto

logo ['ləʊgəʊ] *(pl* **logos)** *n* logotipo *m*

logorrh(o)ea [lɒgə'rɪə] *n* **(a)** *Med* logorrea *f* **(b)** *Fam (verbal diarrhoea)* verborrea *f*

log-rolling ['lɒgrəʊlɪŋ] *n* **(a)** *(sport)* = deporte consistente en manejar troncos flotantes con los pies **(b)** *US Pol (exchange of favours)* comercio *m* de favores

loin [lɔɪn] *n* **(a)** *(of person)* **loins** pubis *m inv*, bajo vientre *m* **(b)** *(of meat)* lomo *m*

loincloth ['lɔɪnklɒθ] *n* taparrabos *m inv*

loiter ['lɔɪtə(r)] *vi (delay)* entretenerse; *(suspiciously)* merodear; *Law* **to l. (with intent)** merodear

loll [lɒl] *vi* **(a)** *(lounge)* repanti(n)garse, repanchi(n)garse **(b)** *(of tongue)* colgar

▸**loll about, loll around** *vi* holgazanear, haraganear

lollipop ['lɒlɪpɒp] *n* **(a)** *(disc)* piruleta *f*; *(ball) Esp* chupachups® *m inv*; *(disc, ball) Chi* chupete *m*, *Col* colombina *f*, *Méx* paleta *f*, *RP* chupetín *m*, *Ven* chupeta *f* **(b)** *Br Fam* **l. *man/lady*** = persona encargada de ayudar a cruzar la calle a los colegiales

lollop ['lɒləp] *vi Fam* **to l. along** avanzar con paso desgarbado

lolly ['lɒlɪ] *n Br Fam* **(a)** *(frozen)* **(ice) l.** polo *m* **(b)** *(lollipop) (disc)* piruleta *f*; *(ball) Esp* chupachups® *m inv*; *(disc, ball) Chi* chupete *m*, *Col* colombina *f*, *Méx* paleta *f*, *RP* chupetín *m*, *Ven* chupeta *f* **(c)** *(money) Esp* pasta *f*, *Am* plata *f*, *Méx* lana *f*

London ['lʌndən] **1** *n* Londres
2 *adj* londinense

Londoner ['lʌndənə(r)] *n* londinense *mf*

lone [ləʊn] *adj (solitary)* solitario(a) □ ***l. parent*** madre *f* soltera, padre *m* soltero; ***the L. Ranger*** el Llanero Solitario; *Fig* ***a l. wolf*** una persona solitaria

loneliness ['ləʊnlɪnɪs] *n* soledad *f*

lonely ['ləʊnlɪ] *adj* **(a)** *(person)* solo(a); **to feel very l.** sentirse muy solo(a) □ ***l. heart*** *(person)* corazón *m* solitario; ***l. hearts club*** club *m* de contactos; *Journ* ***l. hearts column*** sección *f* de contactos **(b)** *(place)* solitario(a)

loner ['ləʊnə(r)] *n* solitario(a) *m,f*

lonesome ['ləʊnsəm] **1** *n Fam* **to be on one's l.** estar solito
2 *adj US* solitario(a); **to be l.** *(of person)* estar solo(a)

LONG[1] [lɒŋ] **1** *n* **the l. and the short of it is that...** el caso es que...
2 *adj* **(a)** *(in size, distance)* largo(a); **she has l. hair** tiene el pelo largo; **how l. is the table?** ¿cuánto mide *or* tiene la mesa de largo?; **it's 4 metres l.** mide *or* tiene cuatro metros de largo; **how l. is the novel? — it's 500 pages l.** ¿cuántas páginas tiene la novela? — tiene 500 páginas; **the ball was l.** *(in tennis)* la bola fue demasiado larga; **the pass was l.** *(in soccer)* el pase fue demasiado largo; **we're a l. way from Dublin, it's a l. way to Dublin** estamos muy lejos de Dublín; **to go the l. way (round)** ir por el camino más largo; *also Fig* **we have a l. way to go** todavía queda mucho camino por recorrer; *Fig* **the best by a l. way** con mucho *or* de lejos el/la mejor; *Fig* **they have come a l. way** han progresado mucho; *Fig* **she'll go a l. way** llegará lejos; *Fig* **to go a l. way towards doing sth** contribuir mucho a hacer algo; *Fig* **a little of this detergent goes a l. way** este detergente cunde muchísimo; *Fig* **we go back a l. way** nos conocemos desde hace mucho tiempo; *Fam Fig* **to be l. in the tooth** estar entrado(a) en años; *Fam* **to be l. on charm/good ideas** estar lleno(a) de *or Esp* andar sobrado(a) de encanto/buenas ideas; *Fig* **a list as l. as your arm** una lista más larga que un día sin pan *or RP* que esperanza de pobre; **the l. arm of the law** el largo brazo de la ley; *Fig* **to have/pull a l. face** tener/poner cara triste; **the odds against that happening are pretty l.** hay muy pocas posibilidades de que ocurra eso; **it's a l. shot, but it's our only hope** es difícil que funcione, pero es nuestra única esperanza; **they are a l. shot for the title** no es muy probable que consigan el título; **not by a l. shot** *or* **chalk** ni muchísimo menos; **physics isn't my l. suit** la física no es mi fuerte □ ***l. ball*** *(in soccer)* un pase *m* largo; *Math* ***l. division*** división *f (de números de varias cifras)*; ***l. drink*** *(alcoholic)* combinado *m*; *(non-alcoholic)* refresco *m*; ***l. johns*** calzoncillos *mpl* largos; ***l. jump*** salto *m* de longitud, *Chile, Col* salto *m* largo, *RP* salto *m* en largo; ***l. jumper*** saltador(ora) *m,f* de longitud; ***l. odds*** *(in betting)* probabilidades *fpl* remotas; ***l. wave*** onda *f* larga
(b) *(in time)* largo(a); **how l. is the movie?** ¿cuánto dura la película?; **it's three hours l.** dura tres horas; **a l. time ago** hace mucho tiempo; **it's a l. time since I had a holiday** hace mucho tiempo que no tengo vacaciones; **it was a l. time before we were told of their decision** pasó mucho tiempo hasta que nos informaron de su decisión; **for a l. time** durante mucho tiempo; *Fam* **l. time, no see** dichosos los ojos; **it's been a l. day** ha sido un día muy largo; **it took us a l. half hour** tardamos *or Am* demoramos media hora larga; **the days are getting longer** se están alargando los días; **three days at the longest** tres días como mucho; **he took a l. draught of the beer** bebió un gran trago de cerveza; **it's a l. haul** *(journey)* hay un tirón *or* una buena tirada; **I got my degree, but it was a l. haul** me saqué la licenciatura, pero me costó lo mío; **this team is well-equipped for the l. haul** este equipo está bien dotado a largo plazo; **to work l. hours** trabajar muchas horas; **it looks like being a l. job** parece que el trabajo va a llevar mucho tiempo; **to take a l. look at sth** mirar algo largamente; **to have a l. memory** tener buena memoria; **it's a l. story** es una historia muy larga; **to take the l. view of sth** considerar algo a largo plazo; **at l. last** por fin; **in the l. term** *or* **run** a largo plazo, a la larga □ *Br Univ* ***l. vacation*** vacaciones *fpl* de verano; ***l. weekend*** fin de semana *m* largo, puente *m* (corto)
(c) *Ling* largo(a)
3 *adv* **(a)** *(for a long period)* durante mucho tiempo, mucho; **I didn't wait l.** no esperé mucho; **it won't take l.** no llevará mucho tiempo; **she won't be l.** no tardará *or Am* demorará mucho; **it won't be l. before things change** no pasará mucho tiempo antes de que cambien las cosas; **how l. have you known her?** ¿cuánto (tiempo) hace que la conoces?; **how l. have you lived here?** ¿desde cuándo vives aquí?, ¿cuánto (tiempo) hace que vives aquí?; **five minutes longer** cinco minutos más; **I've lived here longer than you** llevo *or Méx, Ven* tengo más tiempo que tú viviendo aquí, vivo aquí desde hace más tiempo que tú; **I could no longer hear him** ya no lo oía; **I couldn't wait any longer** no podía esperar más; **to think l. and hard (about sth)** reflexionar profundamente (sobre algo); **I have l. been convinced of it** llevo mucho tiempo convencido de ello; **we have l. suspected that this was the case** hace tiempo que sospechábamos que ése era el caso; **she is not l. for this world** no le queda mucho tiempo de vida; **l. live the King/Queen!** ¡viva el Rey/la Reina!; **l. may they continue to do so!** ¡que sigan así por mucho tiempo!; **take as l. as you need** tómate todo el tiempo que necesites; **it's been like that for as l. as I can remember** que yo recuerde, siempre ha sido así; **as l. as he is alive,...** mientras viva,...; **it could take as l. as a month** podría tardar *or Am* demorar hasta un mes; **as** *or* **so l. as** *(providing)* mientras, siempre que; **as** *or* **so l. as you don't tell anyone** siempre y cuando no se lo digas a nadie, siempre que no se lo digas a nadie; **before l.** pronto; **I won't stay for l.** no me voy a quedar mucho tiempo; **it's so l. since I had a holiday** no hace tanto tiempo que tuve vacaciones; *Fam* **so l.!** ¡hasta luego!; **l. ago** hace mucho (tiempo); **as l. ago as 1956** ya en 1956; **l. before/after** mucho antes/después; **l. before/after you were born** mucho antes/después de que nacieras; **I had l. since given up hope** ya había perdido la esperanza hacía tiempo
(b) *(for the duration of)* **all day/winter l.** todo el día/el invierno, el día/el invierno entero

long[2] *vi* **to l. to do sth** desear *or* anhelar hacer algo; **to l. for the day when...** desear que llegue el día en que...; **to l. for sth to happen** desear que ocurra algo; **a longed-for holiday** unas ansiadas vacaciones

long[3] *Geog (abbr* **longitude**) long.

longboat ['lɒŋbəʊt] *n Hist* chalupa *f*, lancha *f* de remos

longbow ['lɒŋbəʊ] *n* arco *m*

long-dated [lɒŋ'deɪtɪd] *adj Fin (securities)* a largo plazo

long-distance ['lɒŋ'dɪstəns] **1** *adj* **a l. (telephone) call** una conferencia □ *Br* ***l. lorry driver*** camionero(a) *m,f (que hace viajes largos)*; ***l. race*** carrera *f* de fondo; ***l. runner*** corredor(ora) *m,f* de fondo
2 *adv* **to telephone l.** poner una conferencia

long-drawn-out ['lɒŋdrɔːn'aʊt] *adj (argument, dispute)* interminable

longevity [lɒn'dʒevɪtɪ] *n Formal* longevidad *f*

long-faced [lɒŋ'feɪst] *adj* con cara larga

long-forgotten ['lɒŋfə'gɒtən] *adj* olvidado(a)

long-grain rice ['lɒŋgreɪn'raɪs] *n* arroz *m* de grano largo

long-hair ['lɒŋheə(r)] *n Fam* melenudo(a) *m,f*

longhaired ['lɒŋ'heəd] *adj* de pelo largo

longhand ['lɒŋhænd] *n* escritura *f* normal a mano; **in l.** escrito(a) a mano

long-haul flight ['lɒŋhɔːl'flaɪt] *n* vuelo *m* de larga distancia

longhorn ['lɒŋhɔːn] *n US* buey *m* colorado de Tejas

longing ['lɒŋɪŋ] *n (in general)* deseo *m*, anhelo *m* (**for** de); *(for home, family, old days)* añoranza *f* (**for** de)

longingly ['lɒŋɪŋlɪ] *adv* con deseo, anhelantemente

longish ['lɒŋɪʃ] *adj* más bien largo(a), bastante largo(a)

longitude ['lɒndʒɪtju:d] *n* longitud *f (coordenada)*

longitudinal [lɒndʒɪ'tju:dɪnəl] *adj* longitudinal

long-lasting [lɒŋ'lɑ:stɪŋ] *adj* duradero(a)

long-legged [lɒŋ'leg(ɪ)d] *adj (person)* de piernas largas; *(animal)* de patas largas

long-life ['lɒŋ'laɪf] *adj Br (battery, milk)* de larga duración

long-lived ['lɒŋ'lɪvd] *adj (person)* anciano(a); *(campaign, friendship)* perdurable

long-lost ['lɒŋ'lɒst] *adj* perdido(a) tiempo atrás; **his l. brother returned** regresó su hermano al que no veía desde hacía mucho tiempo

long-playing record ['lɒŋpleɪŋ'rekɔ:d] *n* LP *m*, elepé *m*

long-range ['lɒŋ'reɪndʒ] *adj* (**a**) *(missile, bomber)* de largo alcance (**b**) *(forecast)* a largo plazo

long-running ['lɒŋ'rʌnɪŋ] *adj* (**a**) *(play)* que lleva *or Méx, Ven* tiene mucho tiempo en cartelera; *(programme)* que lleva *or Méx, Ven* tiene mucho tiempo en antena (**b**) *(battle, dispute)* que viene de largo; *(agreement)* duradero(a)

longship ['lɒŋʃɪp] *n Hist* drak(k)ar *m*, barco *m* vikingo

longshoreman [lɒŋ'ʃɔ:mən] *n US* estibador *m*

long-sighted [lɒŋ'saɪtɪd] *adj* hipermétrope

long-sleeved [lɒŋ'sli:vd] *adj* de manga larga

long-standing [lɒŋ'stændɪŋ] *adj (arrangement, friendship, rivalry)* antiguo(a), viejo(a)

long-stay ['lɒŋsteɪ] *adj* (**a**) *(hospital, ward, patient)* de estancia prolongada (**b**) *(car park)* para estacionamiento prolongado

long-suffering ['lɒŋ'sʌfərɪŋ] *adj* sufrido(a)

long-term ['lɒŋtɜ:m] *adj* a largo plazo; **a l. commitment** un compromiso a largo plazo; **l. planning** planificación *f* a largo plazo; **the l. unemployed** los parados de larga duración

long-time ['lɒŋtaɪm] *adj* antiguo(a); **her l. boyfriend** su novio de toda la vida

longueur [lɒŋ'gɜ:(r)] *n Formal (period of tedium)* rato *m* tedioso

longways ['lɒŋweɪz], **longwise** ['lɒŋwaɪz] *adv* a lo largo

long-winded [lɒŋ'wɪndɪd] *adj* prolijo(a)

loo [lu:] (*pl* **loos**) *n Br Fam* baño *m*, váter *m* ▫ ***l. paper*** papel *m* higiénico *or* de baño, *Chile* confort *m*; ***l. roll*** rollo *m* de papel higiénico *or* de baño

loofah ['lu:fə] *n* esponja *f* vegetal

LOOK [lʊk] **1** *n* (**a**) *(act of looking)* **to have** *or* **take a l. at sth** mirar algo; **let me have a l.** déjame ver; **have a l. and see if the post has arrived yet** mira a ver si ya ha llegado el correo; **the doctor wants to have a l. at you** el médico te quiere examinar; **to have a l. round the town** (ir a) ver la ciudad; **can I have a l. round the garden?** ¿puedo echarle un vistazo al jardín?; **to have a l. through some magazines** ojear unas revistas; **we will be taking a l. at all aspects of our policy** examinaremos todos los aspectos de nuestra política; **I took one l. at it and decided not to buy it** un vistazo me bastó para decidir no comprarlo; **the castle is worth a l.** el castillo merece or *Am* amerita una visita; **the programme is a humorous l. at the Reagan years** el programa hace un recorrido en clave de humor de la época de Reagan

(**b**) *(glance)* mirada *f*; **to give a suspicious/an angry l.** mirar algo con recelo/enfado or *Am* enojo; **to give sb a surprised l.** mirar a alguien sorprendido(a); **we got some very odd looks** nos miraron con cara rara; **if looks could kill...** si las miradas mataran...

(**c**) *(search)* **to have a l. for sth** buscar algo

(**d**) *(appearance)* aspecto *m*; **she had a l. of disbelief on her face** tenía una expresión incrédula; **this sample has an unusual l. to it** esta muestra tiene un aspecto extraño; **they have gone for the 70s l.** se han decidido por el look de los 70; **what do you think of my new l.?** ¿qué te parece mi nuevo look?; **I like the l. of those cakes** ¡qué buena pinta tienen esos pasteles!; *Fig* **I don't like the l. of this at all** no me gusta nada el cariz *or* la pinta que tiene esto; *Fig* **I don't like the l. of him** me da mala espina; **I don't like the l. of those clouds** no me gusta la pinta de esas nubes; **by the l.** *or* **looks of it** por lo que parece

(**e**) *(personal appearance)* **(good) looks** atractivo *m*, guapura *f*; **looks don't matter** la belleza no es lo principal; **she has lost her looks** ha perdido su atractivo físico

2 *vt* (**a**) *(observe)* **I can never l. him in the eye** *or* **face again** nunca podré volver a mirarlo a la cara; **to l. sb up and down** mirar a alguien de arriba abajo; **l. what you've done!** ¡mira lo que has hecho!; **l. where you're going!** ¡mira por dónde vas!; **l. who's here!** ¡mira quién está aquí!; **l. who's talking!** ¡mira quién fue a hablar!; **to l. daggers at sb** fulminar a alguien con la mirada

(**b**) *(appear to be)* **he doesn't l. his age** no aparenta la edad que tiene; **I'm sixty — you don't l. it** tengo sesenta años — ¡pues no lo pareces! *or* ¡pues no los representas!; **to l. one's best (for sb)** estar lo más atractivo(a) posible (para alguien); **to l. the part** dar el pego, tener toda la pinta

3 *vi* (**a**) *(in general)* mirar, *Am* ver; **l., here she is!** ¡mira, aquí está!; **to l. at sth/sb** mirar algo/a alguien; **we looked at each other** nos miramos el uno al otro; **he's a famous athlete, though you'd never guess it to l. at him** es un atleta famoso, aunque al verlo uno nunca lo diría; *Fam* **he's not much to l. at** no es ninguna belleza; *Fam* **well, l. at that, she didn't even say thank you!** ¿qué te parece? ¡no dio ni las gracias!; **I'm just looking, thank you** *(in shop)* sólo estoy mirando; *Educ* **look. and say** = método de aprender a leer sin descomponer las palabras en letras individuales; **to l. on the bright side** mirar el lado bueno (de las cosas); *Fig* **to l. the other way** hacer la vista gorda; PROV **l. before you leap** hay que pensar las cosas dos veces (antes de hacerlas)

(**b**) *(face)* **to l. north/south** dar al norte/sur; **the castle looks across a valley** el castillo tiene vistas sobre un valle; **the dining-room looks (out) onto the garden** el comedor da al jardín

(**c**) *(search)* buscar; **we've looked everywhere** hemos buscado *or* mirado *or RP* nos hemos fijado por todas partes; **I haven't looked in the kitchen/under the table** no he buscado *or* mirado en la cocina/debajo de la mesa; **to l. for sth/sb** buscar algo/a alguien; **that's just what I was looking for!** ¡éso es precisamente lo que andaba buscando!; **what do you l. for in a man?** ¿qué buscas en un hombre?; **you're looking for trouble** estás buscándote un lío *or* problemas

(**d**) *(appear)* **you l. terrific!** ¡estás fantástico!; **you're looking well!** ¡qué buen aspecto tienes!; **those new curtains l. great** esas cortinas nuevas quedan estupendas; **how do I l. in this dress?** ¿qué tal me queda este vestido?; **that shirt looks nice on you** esa camisa te queda muy bien; **she looks pale** está pálida; **she looks about twenty** parece que tuviera veinte años; **what does she l. like?** ¿cómo es?, ¿qué aspecto tiene?; **to l. like sb** parecerse a alguien; **it looks like a rose** parece una rosa; **she looks like a nice person** parece simpática; **he was holding what looked like a knife** tenía en la mano lo que parecía un cuchillo

(**e**) *(seem)* parecer; **to l. old/ill** parecer viejo(a)/enfermo(a); **he made me l. stupid** me dejó en ridículo; **you don't l. yourself** no pareces tú; **things are looking good/bad** las cosas van bien/mal; **it would l. bad if you didn't come** quedaría mal que no fueras; **how is she? — it doesn't l. good** ¿cómo está? — la cosa no tiene buen aspecto; **l. lively** *or* **sharp!** ¡espabila!; **it looks like** *or* **as if** *or* **as though...** parece que...; **you l. as if** *or* **though you've slept badly** tienes aspecto de haber dormido mal; **will they win? — it looks like it** ¿ganarán? — eso parece; **they don't l. like winning** no parece que vayan a ganar; **it looks like rain** parece que va a llover; *Fig* **to l. like thunder** *(person)* tener cara de pocos amigos

(**f**) *(in exclamations)* **l., why don't we just forget about it?** mira, ¿por qué no lo olvidamos?; **l. here!** ¡mire usted!; **(now) l.!** ¡mira!

▸**look after** *vt insep (person, property, possessions)* cuidar; *(shop)* cuidar de, atender; *(customer, guest)* atender a; *(process, arrangements, finances)* hacerse cargo de; **I'm perfectly capable of looking after myself** soy perfectamente capaz de cuidar de mí mismo; *Fam* **l. after yourself!** ¡cuídate!, *Am* ¡qué estés bien!; **to l. after**

number one cuidarse de los propios intereses; **they l. after their own** cuidan de de los suyos
▸**look ahead** *vi (think of future)* pensar en el futuro
▸**look around 1** *vt insep* **we looked around a museum** visitamos un museo; **I looked around the cell for a way out** miré por toda la celda en busca de una salida; **l. around you, times have changed!** ¡espabila, que los tiempos han cambiado!
2 *vi* **she looked around to see if anyone was following** miró a su alrededor para ver si alguien la seguía; **I went into the centre of town to l. around** fui al centro a dar una vuelta; **when I l. around, all I see is suffering** cuando miro a mi alrededor, lo único que veo es sufrimiento; **we looked around for shelter** miramos a nuestro alrededor en busca de un refugio; **I've been looking around for something better** he estado buscando para ver si encontraba algo mejor
▸**look at** *vt insep* (**a**) *(examine)* examinar; **we've been looking at different solutions** hemos estado estudiando diversas soluciones; **could you l. at my printer?** ¿puedes echarle un vistazo a mi impresora? (**b**) *(view)* ver; **I don't l. at it that way** yo no lo veo de esa manera (**c**) *Fam (face)* **you're looking at a bill of $3,000** estamos hablando de una factura de 3.000 dólares
▸**look away** *vi* mirar hacia otro lado
▸**look back** *vi* (**a**) *(in space)* mirar atrás, volver la vista atrás (**b**) *(in time)* **looking back (on it), we could have done better** viéndolo en retrospectiva, podíamos haberlo hecho mejor; **don't l. back, think of the future** no mires atrás, piensa en el futuro; **he has never looked back since that day** desde ese día no ha hecho más que progresar; **to l. back on sth** recordar algo; **the programme looks back over eleven years of Thatcherism** el programa es una retrospectiva de once años de thatcherismo
▸**look down** *vi (from above)* mirar hacia abajo; *(lower one's eyes)* bajar la mirada *or* la vista
▸**look down on** *vt insep (despise)* desdeñar
▸**look forward to** *vt insep* **to l. forward to sth** *(party, event)* estar deseando que llegue algo; **I was looking forward to my holidays/a good breakfast** tenía muchas ganas de empezar las vacaciones/de un buen desayuno; **I'm really looking forward to this movie** creo que esta película va a ser muy buena; **I'm looking forward to our next meeting** confío en que nuestra próxima reunión será de sumo interés; **I'm sure we're all looking forward to a productive couple of days' work** seguro que vamos a disfrutar de dos días de fructífero trabajo; **we are looking forward to a further drop in unemployment** esperamos otra bajada de las cifras del desempleo *or Am* de la desocupación; **to l. forward to doing sth** estar deseando hacer algo, tener muchas ganas de hacer algo; **I l. forward to hearing from you** *(in letter)* quedo a la espera de recibir noticias suyas
▸**look in** *vi* **to l. in (on sb)** *(visit)* hacer una visita (a alguien); **I looked in at the office** pasé por la oficina
▸**look into** *vt insep (investigate)* investigar, examinar
▸**look on 1** *vt insep (consider)* considerar; **to l. on sth/sb as…** considerar algo/a alguien…; **I look on her as a friend** la considero una amiga
2 *vt sep* **to l. kindly on sth/sb** ver algo/a alguien con buenos ojos
3 *vi* quedarse mirando
▸**look out 1** *vt sep* **to l. sth out for sb** encontrar algo para *or* a alguien
2 *vi* (**a**) *(with eyes)* mirar; **to l. out of the window** mirar por la ventana (**b**) *(be careful)* tener cuidado; **l. out!** ¡cuidado!
▸**look out for** *vt insep* (**a**) *(look for)* buscar (**b**) *(be on guard for)* estar al tanto de (**c**) *(take care of)* cuidar de; **to l. out for oneself** preocuparse de uno(a) mismo(a)
▸**look over** *vt insep* mirar por encima, repasar
▸**look round** = **look around**
▸**look through** *vt* (**a**) *(window, telescope)* mirar por; *Fig* **she looked straight through me** miró hacia mí, pero no me vio (**b**) *(inspect)* examinar (**c**) *(glance through)* echar un vistazo a
▸**look to** *vt insep* (**a**) *(rely on)* **to l. to sb (for sth)** dirigirse a alguien (en busca de algo); **we are looking to you to help us** contamos con que nos ayudes (**b**) *(think about)* **we must l. to the future** debemos mirar hacia el futuro (**c**) *(aim to)* **to be looking to do sth** querer hacer algo, tener la intención de hacer algo
▸**look towards** *vt insep* **we are looking towards finishing the project by May** esperamos terminar el proyecto en mayo
▸**look up 1** *vt sep* (**a**) *(in dictionary, address book)* buscar (**b**) *(visit)* **to l. sb up** visitar a alguien
2 *vi* (**a**) *(from below)* mirar hacia arriba; *(raise one's eyes)* levantar la mirada *or* la vista (**b**) *(improve)* **things are looking up** las cosas están mejorando
▸**look upon 1** *vt insep* = **look on**
2 *vt sep* = **look on**
▸**look up to** *vt insep* admirar

lookalike ['lʊkəlaɪk] *n* doble *mf*

looker ['lʊkə(r)] *n Fam* **she's a real l.** es un bombón, es monísima; **she's not much of a l.** no es muy guapa *or Am* linda que digamos

look-in ['lʊkɪn] *n Fam (chance)* **he won't get a l.** no tendrá ninguna oportunidad

looking-glass ['lʊkɪŋglɑːs] *n Old-fashioned* espejo *m*

lookout ['lʊkaʊt] *n (person)* centinela *mf*, vigilante *mf*; **to keep a l. for sth/sb** estar alerta por si se ve algo/a alguien; **to be on the l. for sth/sb** estar buscando algo/a alguien; *Br Fam* **that's your l.!** ¡allá tú! ▫ ***l. post*** puesto *m* de vigilancia; ***l. tower*** atalaya *f*

look-see ['lʊksiː] *n Fam* **to have a l.** echar un vistazo

loom¹ [luːm] *n (for making cloth)* telar *m*

loom² *vi* cernerse, cernirse; **dangers l. ahead** los peligros nos acechan; **to l. large** cobrar relevancia; **these factors l. large in our calculations** estos factores tienen mucho peso en nuestros cálculos; **with the elections/exams looming large** con las elecciones/los exámenes a la vuelta de la esquina

loon [luːn] *n Fam* lunático(a) *m,f*, *Esp* chalado(a) *m,f*, *Méx* zafado(a)

loony ['luːnɪ] *Fam* **1** *n* lunático(a) *m,f*, *Esp* chalado(a) *m,f*, *Méx* zafado(a) ▫ ***l. bin*** loquero *m*, *Esp* frenopático *m*
2 *adj (person)* chalado(a), lunático(a); *(idea)* disparatado(a)

loop [luːp] **1** *n* (**a**) *(shape)* curva *f*; *(of rope)* lazo *m* (**b**) *Comptr* bucle, referencia *f* circular (**c**) *Elec* circuito *m* cerrado (**d**) *US Fam* **to be out of the l.** no estar al corriente
2 *vt (string)* enrollar; **to l. sth around sth** enrollar algo alrededor de algo; *Av* **to l. the loop** rizar el rizo

loophole ['luːphəʊl] *n (in law)* resquicio *m* legal

loopy ['luːpɪ] *adj Fam (person)* majareta, chiflado(a); *(idea)* disparatado(a); **to be l.** *(of person)* estar chiflado(a) *or Esp* majareta *or Méx* zafado(a)

LOOSE [luːs] **1** *n (freedom)* **to be on the l.** andar suelto(a)
2 *adj* (**a**) *(not firmly fixed) (tooth, connection)* suelto(a), flojo(a); *(skin)* colgante; **a dangerous animal is l. in the area** hay un animal peligroso suelto en la zona; **to break l.** soltarse; **to come l.** aflojarse; **we let the horse l. in the field** dejamos al caballo suelto en el campo; *Fam* **don't let him l. in the kitchen!** ¡no lo dejes suelto en la cocina!; **they let** *or* **set their dogs l. on us** nos soltaron *or* echaron a los perros; **they let** *or* **set the riot police l. on the crowd** soltaron a los antidisturbios entre la multitud; **they let** *or* **set us l. on the project** nos dieron rienda suelta para trabajar en el proyecto; **they let l. a volley of machine-gun fire** dispararon una ráfaga de ametralladora; **to let l. a torrent of abuse** soltar una sarta de improperios; **the screw had worked itself l.** el tornillo se había aflojado ▫ *Br* ***l. cover*** *(of cushion)* funda *f* de quita y pon; ***l. end:*** **to be at a l. end** no tener nada que hacer; *Fig* **to tie up the l. ends** *(in investigation)* atar cabos sueltos; ***l. head (prop)*** *(in rugby)* pilar *m* izquierdo
(**b**) *(not tight) (piece of clothing)* suelto(a), holgado(a); *(knot, weave)* suelto(a), flojo(a)
(**c**) *(not tightly packed) (sweets, olives)* suelto(a), a granel; *(soil, gravel)* suelto(a); **you look better with your hair l.** te queda mejor el pelo suelto ▫ ***l. change*** (dinero *m*) suelto *m*
(**d**) *(not close) (alliance, network)* informal
(**e**) *(not precise) (translation, interpretation)* poco exacto(a)
(**f**) *(uncontrolled)* **my bowels are l.** tengo

una descomposición intestinal; IDIOM **he's a l. cannon** es un descontrolado ▫ ***a l. cough*** una tos húmeda, una tos con flemas; ***l. talk*** indiscreciones *fpl*
(**g**) *(immoral) (morals, lifestyle)* disoluto(a) ▫ ***l. living*** vida *f* disoluta *or* disipada; ***a l. woman*** una mujer de vida alegre
(**h**) *US Fam (relaxed)* **to hang** *or* **stay l.** estar tranqui
3 *vt Literary* (**a**) *(arrow)* disparar; *(string of insults)* proferir
(**b**) *(animal)* soltar; *(prisoner)* liberar; **to l. one's grip on sth** soltar algo
4 *adv* **to buy sth l.** comprar algo a granel
▸**loose off** *vt (fire)* disparar

loose-fitting ['lu:s'fɪtɪŋ] *adj* suelto(a), holgado(a)

loose-leaf ['lu:sli:f] *adj* ***l. binder*** *or* ***folder*** cuaderno *m or* carpeta *f* de anillas

loose-limbed ['lu:s'lɪmd] *adj* suelto(a)

loosely ['lu:slɪ] *adv* (**a**) *(not firmly)* sin apretar; **l. attached** flojo(a); **l. packed** *(snow, earth)* suelto(a) (**b**) *(approximately)* sin demasiado rigor, vagamente; **l. speaking** hablando en términos generales; **l. translated** traducido(a) muy libremente

loosen ['lu:sən] **1** *vt (screw, knot, belt)* aflojar; *(restrictions)* suavizar; **to l. one's grip** soltar, aflojar la presión; **to l. sb's tongue** soltar la lengua a alguien
2 *vi* aflojarse
▸**loosen up** *vi (before exercise)* calentar; *(relax)* relajarse

looseness ['lu:snɪs] *n* (**a**) *(of nail, screw)* falta *f* de fijeza (**b**) *(of rope, knot)* flojedad *f*, *(of clothing)* holgura *f* (**c**) *(of translation)* imprecisión *f* (**d**) *(of morals, lifestyle)* relajo *m*, disipación *f*

loosening ['lu:sənɪŋ] *adj (of policy, rules)* flexibilización *f*

loot [lu:t] **1** *n* (**a**) *(booty)* botín *m* (**b**) *Fam (money) Esp* pasta *f*, *Am* plata *f*, *Méx* lana *f*
2 *vt* saquear

looter ['lu:tə(r)] *n* saqueador(ora) *m,f*

looting ['lu:tɪŋ] *n* saqueo *m*, pillaje *m*

▸**lop off** [lɒp] *vt sep* cortar; **he lopped the branches off the tree** podó las ramas del árbol; *Fig* **he lopped ten pages off the report** eliminó *or* cortó diez páginas del informe

lope [ləʊp] **1** *n (of person)* zancadas *fpl*; *(of animal)* trote *m*
2 *vi (of person)* caminar dando grandes zancadas; *(of animal)* trotar

lop-eared ['lɒpɪəd] *adj (animal)* de orejas gachas *or* caídas

lopsided ['lɒp'saɪdɪd] *adj* torcido(a); **a l. grin** una sonrisa torcida

loquacious [lɒ'kweɪʃəs] *adj Formal* locuaz

loquacity [lɒ'kwæsɪtɪ] *n Formal* locuacidad *f*

loquat ['ləʊkwɒt] *n (tree, berry)* níspero *m* del Japón

lord [lɔ:d] **1** *n* (**a**) *(aristocrat)* señor *m*, lord *m*; *Br* **the (House of) Lords** la cámara de los lores ▫ *Br* ***L. Chamberlain*** el lord chambelán, = primer chambelán de la casa real británica; *Br* ***L. Chancellor*** = presidente de la Cámara de los Lores y responsable de justicia en Inglaterra y Gales; *Br* ***L. Chief Justice*** = juez de alto rango que depende del "Lord Chancellor" y preside el tribunal supremo; ***the l. Mayor*** el alcalde *(en Londres y en algunos otros municipios)*
(**b**) *Rel* **the L.** el Señor; **Our L.** Nuestro Señor; *Fam* **good L.!** ¡Dios mío!; *Fam* **L. knows if...** sabe Dios si... ▫ ***the L.'s Prayer*** el padrenuestro
2 *vt* **to l. it over sb** tratar despóticamente a alguien

lordly ['lɔ:dlɪ] *adj* altanero(a)

lordship ['lɔ:dʃɪp] *n* **his/your l.** su señoría

lore [lɔ:(r)] *n* tradición *f*

lorgnette [lɔ:n'jet] *n* impertinentes *mpl*

lorry ['lɒrɪ] *n Br* camión *m*; *Fam Euph* **it fell off the back of a l.** *(was stolen)* es de trapicheo, *Méx* es chueco(a), *RP* es trucho(a) ▫ ***l. driver*** camionero(a) *m,f*

Los Angeles [lɒs'ændʒəli:z] *n* Los Ángeles

LOSE [lu:z] *(pt & pp* **lost** [lɒst]) **1** *vt* (**a**) *(mislay)* perder, extraviar; **to l. one's way** perderse; *Fig* **he lost his way in his later years** se fue por el mal camino hacia el final de su vida; *Fig* **she lost her way in the second set** en el segundo set empezó a fallar; **to be lost at sea** desaparecer *or* morir en el mar; **she had lost herself in a book/in her work** se quedó absorta en la lectura de un libro/en su trabajo; *Fam Fig* **you've lost me** *(I don't understand)* no te sigo
(**b**) *(no longer have)* perder; **she lost a leg** perdió una pierna; **she lost both parents/the baby** perdió a sus padres/el niño; **several paintings were lost in the fire** se perdieron varios cuadros en el incendio; **to l. one's balance** perder el equilibrio; **I lost everything** lo perdí todo; **he had lost interest in his work** había perdido el interés por su trabajo; **three people lost their lives in the accident** tres personas perdieron la vida en el accidente; **to l. one's sight** perder la vista; **to l. sight of sth/sb** perder algo/a alguien de vista; **I wouldn't l. any sleep over it** yo no perdería el sueño por eso; **to l. one's voice** quedarse afónico(a); **you have nothing to l.** no tienes nada que perder; **it loses something in translation** al traducirlo, pierde algo; *Fam* **to l. it** descontrolarse; *Fam* **I think I'm losing it** *(going mad)* creo que estoy perdiendo la cabeza; *Fam Hum* **to l. one's marbles** volverse chiflado(a) *or Esp* majara, *Chile, RP* rayarse, *Méx* zafarse; **to l. one's mind** perder la cabeza; *Fam* **he's lost the plot** no se entera de nada; *Fam* **to l. the place** empezar a chochear; *Fam* **to l. one's** *or* **the rag** salirse de sus casillas, *Fig* **to l. one's shirt (on sth)** perder hasta la camisa (en algo)
(**c**) *(allow to escape)* **to l. blood/heat** perder sangre/calor; **to l. height** *(of aircraft)* perder altura; **we are losing a lot of business to them** nos están quitando *or Am* sacando un montón de clientes
(**d**) *(not win) (match, argument)* perder
(**e**) *(cause not to win)* **that mistake lost him the match** ese error hizo que perdiera el partido
(**f**) *(get rid of)* **to l. one's inhibitions** desinhibirse; **to l. weight** adelgazar, perder peso; **we lost him in the crowd** le dimos esquinazo entre la multitud
(**g**) *(waste)* perder; **to l. an opportunity** dejar escapar *or* perder una oportunidad; **he lost no time in correcting me** no tardó *or Am* demoró ni un minuto en corregirme; **there's no time to l.** no hay tiempo que perder; **the joke/the irony was lost on him** no entendió el chiste/la ironía
(**h**) *(of clock, watch)* **my watch loses five minutes a day** mi reloj se atrasa cinco minutos al día
2 *vi* (**a**) *(in contest)* perder (**to** contra); **they lost two-nil to Chile** perdieron por dos a cero contra Chile
(**b**) *(have less)* **to l. in value** perder valor
(**c**) *(of clock, watch)* atrasar
▸**lose out** *vi* salir perdiendo (**to** en beneficio de); **to l. out on sth** salir perdiendo en algo

loser ['lu:zə(r)] *n* (**a**) *(in contest)* perdedor(ora) *m,f*; **to be a good/bad l.** ser buen/mal perdedor(ora) (**b**) *Fam (in life)* fracasado(a); **he's a (born) l.** es un fracasado

losing ['lu:zɪŋ] *adj* **to fight a l. battle** luchar por una causa perdida; **the l. side** los vencidos

loss [lɒs] *n* (**a**) *(in general)* pérdida *f*; **there was great l. of life** hubo muchas víctimas mortales; **to suffer heavy losses** *(casualties)* sufrir muchas bajas (mortales); *Euph* **we were sorry to hear of your l.** *(bereavement)* lamentamos mucho enterarnos de tan dolorosa pérdida; **it's no great l.** no es una gran pérdida; **it's your l.** tú te lo pierdes; **without l. of face** sin perder la dignidad; **to be at a l. to explain...** no saber cómo explicar...; **she's never at a l. for an answer** siempre sabe qué contestar
(**b**) *(financial)* **losses** pérdidas *fpl*; **to make a l.** tener pérdidas; **to sell at a l.** vender con pérdidas; **to cut one's losses** reducir pérdidas, *Fig* evitar problemas cortando por lo sano ▫ ***l. adjuster*** *(in insurance)* perito(a) *m,f* tasador(ora) de seguros; *Com* ***l. leader*** reclamo *m* de ventas

loss-making ['lɒsmeɪkɪŋ] *adj* con pérdidas

lost [lɒst] **1** *adj* (**a**) *(missing)* perdido(a); **to be l.** estar perdido(a); **to get l.** perderse; *Fam* **get l.!** ¡lárgate!, ¡vete a paseo!; *Fam* **she told him to get l.** lo mandó a paseo *or* a freír churros ▫ ***l. cause*** *(aim, ideal)* causa *f* perdida; *(person)* caso *m* perdido; *US* ***l. and found*** objetos *mpl* perdidos; ***l. generation*** *(soldiers)* = los caídos en la Primera Guerra Mundial; *(writers)* generación *f* perdida; ***l. property*** objetos *mpl* perdidos; ***l. property***

office oficina *f* de objetos perdidos
(**b**) *(wasted)* **to give sth/sb up for l.** dar algo/a alguien por perdido(a); **to make up for l. time** recuperar el tiempo perdido
(**c**) *(confused, disoriented)* perdido(a); **to seem** *or* **look l.** tener un aire de perdido(a), parecer perdido(a); **I'd be l. without my diary** yo sin mi agenda estaría perdido *or* no sabría qué hacer; **to be l. for words** no encontrar palabras, no saber qué decir
2 *pt & pp of* **lose**

LOT [lɒt] **1** *n* (**a**) *(large quantity)* **a l., lots** *(singular)* mucho(a); *(plural)* muchos(as); **a l. of, lots of** *(singular)* mucho(a); *(plural)* muchos(as); **he eats a l.** *or* **lots** come mucho; **I had several, but I've lost a l.** tenía varios, pero he perdido muchos de ellos; **a l.** *or* **lots has been written about her death** se ha escrito mucho sobre su muerte; **we had lots and lots to eat** comimos muchísimo; **there wasn't a l. we could do** no podíamos hacer gran cosa; **a l.** *or* **lots of people** mucha gente; **a l.** *or* **lots of questions** muchas preguntas; **a l. of my time is taken up with administration** gran parte del tiempo lo paso haciendo tareas de gestión; **I saw quite a l. of her in Paris** la vi mucho en París; **we had a l.** *or* **lots of fun** nos divertimos mucho; *Fam* **I've got the flu — there's a l. of it about** tengo la gripe *or Am* gripa — mucha gente la tiene; **you've got a l. of explaining to do** tienes muchas cosas que explicar; **do you like it? — not a l.** ¿te gusta? — no mucho; **I've got quite a l. of work/students** tengo bastante trabajo/bastantes alumnos; **I've had such a l. of luck/presents!** ¡he tenido tanta suerte/tantos regalos!; **what a l. of food!** ¡cuánta comida!; **what a l. of dresses you have!** ¡cuántos vestidos tienes!; **I have a l. on my mind** tengo muchas cosas en la cabeza; *Fig* **I've got a l. on my plate at the moment** tengo muchas cosas entre manos estos momentos
(**b**) *(destiny)* fortuna *f*, suerte *f*; **he was happy with his l.** estaba contento con su suerte
(**c**) *(chance)* **to choose sb by l.** elegir a alguien por sorteo; **to draw** *or* **cast lots for sth** echar algo a suertes; **to throw in one's l. with sb** compartir la suerte de alguien, unir (uno) su suerte a la de alguien
(**d**) *(group of things, batch)* lote *m*; **we'll finish this l. and then stop** terminamos este lote y paramos; **here's another l. of papers for you to sign** aquí tienes otro lote de papeles para firmar; **the (whole) l.** todo; **I bought the l.** lo compré todo; *Fam* **that's your l., I'm afraid** lo siento, pero esto es todo
(**e**) *Br Fam (group of people)* grupo *m*; **they're a hopeless l.** son unos inútiles; **that l. next door** los de al lado; **I'm fed up with the l. of you!** ¡me tenéis todos harto!; **listen, you l.!** ¡oíd, vosotros!; **are your l. coming too?** ¿vosotros venís también?
(**f**) *(piece of land)* terreno *m*; *(film studio)* plató *m*; *US (car park)* estacionamiento *m*, *Esp* aparcamiento *m*
(**g**) *(at auction)* lote *m*; **in lots** por lotes; **l. number 56** lote número 56
2 *adv* **a l., lots** mucho; **a l.** *or* **lots bigger** mucho más grande; **we go there a l. on holiday** vamos mucho allí de vacaciones; **thanks a l.** muchas gracias

loth = **loath**

lotion ['ləʊʃən] *n* loción *f*

lottery ['lɒtərɪ] *n* lotería *f*; *Fig* **it's a l.** es una lotería ▫ ***l. ticket*** billete *m or Am* boleto *m* de lotería

lotto ['lɒtəʊ] *n (game)* = juego parecido al bingo

lotus ['ləʊtəs] *n* loto *m* ▫ ***l. position*** posición *f* del loto

lotus-eater ['ləʊtəsi:tə(r)] *n (in Greek mythology)* lotófago(a) *m,f*; *Fig* persona *f* indolente

loud [laʊd] **1** *adj* (**a**) *(noise, bang, explosion)* fuerte; *(music, radio)* alto(a); *Pej (person)* escandaloso(a); **he has a l. voice** tiene una voz muy fuerte; **he spoke in a l. voice** habló en voz alta; **to be l. in one's praise/condemnation of sth** elogiar/condenar algo rotundamente (**b**) *(colour, clothes, decor)* chillón(ona)
2 *adv* alto; **to think out l.** pensar en alto; **louder!** ¡más alto!; **l. and clear** alto y claro; **to complain l. and long (about sth)** quejarse amargamente (de algo)

loudhailer [laʊd'heɪlə(r)] *n* megáfono *m*

loudly ['laʊdlɪ] *adv (to speak)* alto, en voz alta; *(to complain)* en voz alta; *(to shout)* muy fuerte

loud-mouth ['laʊdmaʊθ] *n Fam* **to be a l.** ser un(a) chismoso(a), *Esp* ser un(a) bocazas

loud-mouthed ['laʊdmaʊðd] *adj Fam* bocazas *(inv)*

loudness ['laʊdnɪs] *n* (**a**) *(of noise, bang, explosion)* fuerza *f*, intensidad *f*; *(of voice, music, radio)* volumen *m* (alto) (**b**) *(of colour, clothes, decor)* tono *m* chillón

loudspeaker [laʊd'spi:kə(r)] *n* altavoz *m*, *Am* altoparlante *m*, *Am* parlante *m*, *Méx* bocina *f*

lough [lɒχ, lɒk] *n Irish (lake)* lago *m*; *(sea lough)* ría *f*

lounge [laʊndʒ] **1** *n (in house, hotel)* salón *m*; *(in airport)* sala *f* (de espera) ▫ ***l. bar*** = en ciertos 'pubs' y hoteles, sala más cómoda que la del 'public bar'; *Fam* ***l. lizard*** = hombre que gusta de codearse con la alta sociedad, tal vez en busca de una mujer rica; *Br* ***l. suit*** traje *m* de calle
2 *vi* holgazanear, gandulear

▸**lounge about, lounge around** *vi* holgazanear, gandulear

lounger ['laʊndʒə(r)] *n (chair)* tumbona *f*

louse [laʊs] (*pl* **lice** [laɪs]) *n* (**a**) *(insect)* piojo *m* (**b**) *Fam (person)* sinvergüenza *mf*, rufián *m*

▸**louse up** *vt sep Fam* fastidiar, jorobar

lousily ['laʊzɪlɪ] *adv Fam Esp* fatal, *Am* pésimo

lousy ['laʊzɪ] *adj Fam* (**a**) *(very bad, unpleasant)* pésimo(a), horroroso(a); **to feel l.** sentirse *Esp* fatal *or Am* pésimo; **a l. trick** una jugarreta; **we had a l. time on holiday** lo pasamos *Esp* fatal *or Am* pésimo durante las vacaciones (**b**) **to be l. with** *(overrun with)* estar hasta los topes de; **they're l. with money** están forrados

lout [laʊt] *n* gamberro *m*

loutish ['laʊtɪʃ] *adj* gamberro(a), grosero(a)

louvre, *US* **louver** ['lu:və(r)] *n (on door, window)* lama *f*, listón *m*; *(on roof)* lumbrera *f*

louvred door ['lu:və'dɔ:(r)] *n* puerta *f* (tipo) persiana *or* de listones

lovable ['lʌvəbəl] *adj* adorable, encantador(ora); **a l. rogue** un pillo encantador

LOVE [lʌv] **1** *n* (**a**) *(between lovers or members of a family)* amor *m*; PROV **l. is blind** el amor es ciego; **to be in l. with sb** estar enamorado(a) de alguien; **they are in l. (with each other)** están enamorados; *Fam Pej* **he's in l. with himself** es un engreído; **to fall in l. with sb** enamorarse de alguien; **they fell in l. (with each other)** se enamoraron; **to make love with** *or* **to sb** *(have sex)* hacer el amor con *or* a alguien; *Old-fashioned* **to make l. to sb** *(court)* cortejar a alguien; **it was l. at first sight** fue un flechazo; **I wouldn't do it for l. or money** no lo haría por nada del mundo ▫ ***l. affair*** aventura *f* (amorosa); **the nation's l. affair with soap operas** la pasión del país por los culebrones; ***l. bite*** chupetón m, marca *f* (de un beso); *Euph* ***l. child*** hijo(a) *m,f* ilegítimo; *Fam* ***l. handles*** michelines *mpl*, *Méx* llantas *fpl*, *RP* rollos *mpl*; ***l. letter*** carta *f* de amor; ***l. life*** vida *f* amorosa; ***l. match*** matrimonio *m* por amor; ***l. nest*** nido *m* de amor; ***l. poem*** poema *m* de amor; ***l. potion*** filtro *m* de amor; ***l. scene*** escena *f* de amor; ***l. seat*** *(S-shaped)* tu-y-yó *m*; *US (small sofa)* sofá *m* de dos plazas; ***l. song*** canción *f* de amor; ***l. story*** historia *f* de amor; ***l. triangle*** triángulo *m* amoroso
(**b**) *(person)* amor *mf*; **the l. of my life** el amor de mi vida; **(my) l.** *(term of endearment)* mi amor; *Br Fam* **have you got the time, (my) l.?** ¿tienes hora, guapa *or Am* mamita?; *Fam* **you're a real l.** eres un encanto; *Fam* **be a l. and pass me the newspaper, pass me the newspaper, there's a l.** sé buen chico/buena chica y pásame el periódico
(**c**) *(affection)* cariño *m*; **l. of one's country** cariño por el propio país; **give my l. to your parents** saluda a tus padres de mi parte; **Bill sends his l.** Bill manda recuerdos; **with l...., l. (from)..., lots of l...., all my l....** *(at end of letter)* con cariño,...; *Fam* **for the l. of God** *or* **Mike** por el amor de Dios; **there's no** *or* **little l. lost between them** no se pueden ni ver
(**d**) *(liking, interest)* afición *f* (**of** *or* **for** a *or* por); **cricket is his one l. in life** su única pasión en la vida es el críquet; **to do sth for**

the l. of it hacer algo por gusto *or* afición

(**e**) *(in tennis)* **fifteen/thirty l.** quince/treinta nada; **he won by three sets to l.** ganó por tres sets a cero; **she won the game to l.** la ganó con un juego el blanco ❑ ***l. game*** juego *m* en blanco

2 *vt* (**a**) *(lover)* amar, querer; **I l. you** te quiero; **they l. each other** se quieren; *Fam Pej* **he really loves himself** realmente es un engreído; *Fig* **she loves me, she loves me not** me quiere, no me quiere; IDIOM **l. me, l. my dog** si me quieres a mí, tendrás que hacerlo con todas sus consecuencias

(**b**) *(family member)* querer; **I never felt loved as a child** de niño nunca me sentí querido; *Fam Hum* **I'm going to have to l. you and leave you** *(I must go)* lo siento, pero tengo que irme

(**c**) *(like very much)* **I l. Chinese food** me encanta la comida china; **I'd l. some coffee** un café me vendría de maravilla; **don't you just l. champagne!** ¿no te encanta el champán?; **they l. to go for walks, they l. going for walks** les encanta ir de paseo; **I'd l. to come** me encantaría ir; **I'd l. you to come** me encantarías que vinieras; **I l. it!** *(expressing amusement)* ¡qué bueno!; *also Ironic* **you're going to l. this...** esto te va a encantar...; **l. them or hate them, mobile phones are here to stay** te gusten o no, los teléfonos móviles no son una moda pasajera

3 *vi* amar, querer

lovebird ['lʌvbɜ:d] *n Fam* **a pair of lovebirds** un par de tortolitos

loved up ['lʌvd'ʌp] *adj Br Fam* con un subidón de éxtasis

love-hate [lʌv'heɪt] *adj* **a l. relationship** una relación de amor y odio

loveless ['lʌvlɪs] *adj* sin amor, carente de amor

lovely ['lʌvlɪ] *adj (weather, idea, smell) Esp* estupendo, *Andes, Carib* chévere, *Méx* padre, *RP* bárbaro(a); *(curtains, room, garden)* precioso(a), *Am* lindo(a); *(person)* encantador(ora); **it's been l. to see you!** ¡ha sido *Esp* estupendo, *Andes, Carib* chévere, *Méx* padre, *RP* bárbaro veros!; **what a l. dress!** ¡qué vestido más precioso *or Am* lindo!; **what a l. thing to say!** ¡qué cosa más preciosa has dicho!; **to have a l. time** pasárselo estupendamente; *Fam* **it's l. and warm** hace un tiempo fabuloso; **Clara's coming — oh l.!** viene Clara — *Esp* ¡estupendo!, *Andes, Carib* ¡chévere!, *Méx* ¡padre!, *RP* ¡bárbaro!

lovemaking ['lʌvmeɪkɪŋ] *n* relaciones *fpl* sexuales; **a night of passionate l.** una noche de pasión

lover ['lʌvə(r)] *n (of person)* amante *mf*; *(of nature, good food)* amante *mf*, aficionado(a) *mf*; *Fam* **she's gone out with l. boy** ha salido con su *Esp* noviete *or Am* noviecito

lovesick ['lʌvsɪk] *adj* con mal de amores, enfermo(a) de amor

lovey-dovey ['lʌvɪ'dʌvɪ] *adj Fam Pej* almibarado(a), acaramelado(a)

loving ['lʌvɪŋ] *adj* cariñoso(a), afectuoso(a); **your l. daughter, Jane** *(at end of letter)* un abrazo cariñoso de tu hija, Jane ❑ ***l. kindness*** cariño *m*, afecto *m*

loving-cup ['lʌvɪŋkʌp] *n* copa *f* de la amistad

lovingly ['lʌvɪŋlɪ] *adv (with affection)* con cariño, afectuosamente; *(with care, attention)* con mimo, con esmero

LOW[1] [ləʊ] **1** *n* (**a**) *Met (area of low pressure)* zona *f* de bajas presiones; *(lowest temperature)* mínima *f*

(**b**) *(minimum)* mínimo *m*; **to reach a new l.** *(of price, popularity)* alcanzar un nuevo mínimo; *(of country, reputation)* caer aún más bajo; **an all-time l.** un mínimo histórico; **that defeat marked an all-time l. for me** esa derrota fue mi peor momento; **there were more lows than highs** hubo más momentos malos que buenos

2 *adj* (**a**) *(not high)* bajo(a); **a l. bow** una reverencia profunda; **the sun is l. in the sky** el sol está bajo; **their fortunes are at a l. ebb** están pasando por un mal momento ❑ ***the L. Countries*** los Países Bajos; ***l. tide*** marea *f* baja; ***l. water mark*** señal *f* de la marea baja

(**b**) *(not loud, not intense)* bajo(a); **there was a l. murmur from the crowd** de la multitud emergió un sordo murmullo; **I had the radio on l.** tenía la radio baja; **to cook sth over a l. heat** cocinar algo a fuego lento; **l. lighting** iluminación *f* suave; **an area of l. pressure** un área de baja presión; *Aut* **to be on l. beam** llevar las luces de cruce puestas ❑ *Br* ***l. season*** temporada *f* baja

(**c**) *(small in size, quantity) (number, cost, temperature)* bajo(a); **it's a number in the l. thirties** son treinta y pocos; **prices are getting lower** los precios están bajando ❑ *Elec* ***l. frequency*** baja frecuencia *f*; *Aut* ***a l. gear*** una marcha corta; *Comptr* ***l. resolution*** baja resolución *f*

(**d**) *(bad) (quality, standard)* malo(a); **to have l. self-esteem** tener poca autoestima; **to have l. expectations** tener pocas expectativas; **to have a l. opinion of sb** tener mala opinión de alguien; **the l. point of her career** el peor momento de su carrera ❑ ***l. achiever*** = persona que rinde poco

(**e**) *(of lesser status, priority)* bajo(a); **of l. birth** de baja extracción ❑ ***l. comedy*** *(farcical)* comedia *f* grotesca

(**f**) *(in short supply)* **fuel is getting l.** nos estamos quedando sin combustible; **the battery is l.** quedan pocas pilas; **our stock of food is rather l.** nos queda bastante poca comida; **morale is l. amongst the troops** las tropas andan bajas de moral; **this cheese is l. in fat** este queso tiene un bajo contenido de materia grasa; **the evening was l. on excitement** no fue una velada muy interesante

(**g**) *(deep) (sound, note, voice)* bajo(a), grave

(**h**) *(depressed)* **to feel l.** estar un poco deprimido(a); **in l. spirits** desanimado(a)

(**i**) *(ignoble) Fig* **a l. blow** un golpe bajo; **that's a l. trick!** ¡eso es una mala pasada! ❑ ***l. life*** *(world)* hampa *f*

(**j**) *(low-cut) (dress)* escotado(a); **a l. neckline** un escote amplio

(**k**) *Rel* ***L. Church*** Baja Iglesia, = corriente del anglicanismo más alejada del catolicismo; ***L. Mass*** = misa celebrada sin música

3 *adv* (**a**) *(not high)* bajo; **l. to the left of the screen** en la parte inferior izquierda de la pantalla; **to bow l.** hacer una reverencia profunda; **the dress is cut l.** el vestido tiene un escote amplio; **to fly l.** volar bajo; *Fig* **how could anyone sink so l.?** ¿cómo se puede caer tan bajo?

(**b**) *(not loud)* **turn the music/the lights down l.** baja la música/las luces

(**c**) *(badly)* **the l. paid** los que perciben salarios bajos

(**d**) *(short)* **we're running l. on fuel/food** nos estamos quedando sin combustible/comida; **the battery is running l.** quedan pocas pilas

(**e**) *(deeply)* **I can't sing that l.** no puedo cantar (en un tono) tan bajo

(**f**) *(cheaply)* **to buy l.** comprar barato

low[2] *vi (of cattle)* mugir

low-alcohol [ləʊ'ælkəhɒl] *adj* bajo(a) en alcohol

low-born ['ləʊbɔ:n] *adj* de condición humilde

lowbrow ['ləʊbraʊ] *adj (tastes, interests)* vulgar, de las masas; *(novel, movie)* popularchero(a)

low-budget [ləʊ'bʌdʒɪt] *adj (movie, holiday)* de bajo presupuesto

low-cal ['ləʊ'kæl] *adj (drink)* bajo(a) en calorías

low-calorie ['ləʊ'kælərɪ] *adj* bajo(a) en calorías

low-cost ['ləʊ'kɒst] *adj (mortgage)* de bajo costo *or Esp* coste; *(flight)* económico(a)

low-cut ['ləʊ'kʌt] *adj (dress)* escotado(a)

low-down[1] ['ləʊdaʊn] *n Fam* **to give sb the l. on sth** explicar de pe a pa a alguien los pormenores de algo

low-down[2] *adj Fam* sucio(a), rastrero(a); **that was a l. trick to play!** ¡fue una jugarreta de lo más sucio!

lower[1] ['ləʊə(r)] *vt* (**a**) *(drop, let down)* bajar; *(flag, sail)* arriar; **to l. one's guard** bajar la guardia; **to l. oneself into sth** entrar en algo; **to l. oneself onto sth** bajar hasta algo

(**b**) *(reduce)* disminuir, reducir; **he lowered his voice** bajó la voz; **to l. the volume** bajar el volumen

(**c**) *(degrade, diminish)* rebajar, denigrar; **to l. oneself to do sth** rebajarse a hacer algo; **to l. morale** desmoralizar, minar la moral; **to l. the tone of the debate/of the evening** hacer caer el tono del debate/de la velada

lower[2] ['laʊə(r)] *vi Literary (of person)* mirar amenazadoramente; *(of sky)* estar tormentoso(a)

lower[3] ['ləʊə(r)] *adj* inferior ❑ ***the l. classes*** las clases bajas; *Mil* ***l. ranks*** soldados *mpl* rasos *or* de rango inferior; *Pol* ***l. house*** *or* ***chamber*** cámara baja

lower-case ['ləʊə'keɪs] *Typ* **1** *n* minúsculas *fpl*, *Spec* caja *f* baja

2 *adj* en minúsculas, *Spec* en caja baja

lower-class ['ləʊə'klɑ:s] *adj* de clase baja

lowest ['ləʊəst] **1** *n* **the l. of the low** lo más bajo

2 *adj Math* ***l. common denominator*** mínimo común denominador *m*; *Fig* **to reduce sth to the l. common denominator** hacer caer algo en la mayor vulgaridad; *Math* ***l. common multiple*** mínimo común múltiplo *m*

low-fat ['ləʊ'fæt] *adj (food, diet)* bajo(a) en grasas

low-flying ['ləʊ'flaɪɪŋ] *adj* que vuela bajo

low-grade ['ləʊ'greɪd] *adj (in quality)* de baja calidad

low-key ['ləʊ'ki:] *adj* discreto(a)

lowland ['ləʊlənd] *adj* de las tierras bajas

lowlands ['ləʊləndz] *npl* tierras *fpl* bajas; **the L.** *(of Scotland)* las Tierras Bajas de Escocia

low-level ['ləʊ'levəl] *adj* **(a)** *(discussion)* de bajo nivel **(b)** *(low-intensity)* ***l. radiation*** radiación *f* de baja intensidad **(c)** *Comptr* ***l. language*** lenguaje *m* de bajo nivel

low-life ['ləʊlaɪf] **1** *n Fam (bad person)* canalla *mf*; *(delinquent)* maleante *mf*

2 *adj* canalla

lowly ['ləʊlɪ] *adj* humilde

low-lying ['ləʊ'laɪɪŋ] *adj (area, mist)* bajo(a)

lowness ['ləʊnɪs] *n* **(a)** *(of height)* poca altura *f* **(b)** *(of mood)* desánimo *m*

low-pressure ['ləʊ'preʃə(r)] *adj Met* de bajas presiones

low-rise ['ləʊraɪz] *adj (housing)* bajo(a), de poca altura

low-spirited ['ləʊ'spɪrɪtɪd] *adj* desanimado(a)

low-tech ['ləʊ'tek] *adj* rudimentario(a), elemental

low-water mark [ləʊ'wɔ:təmɑ:k] *n* **(a)** *(level of low tide)* nivel *m* de la bajamar **(b)** *Fig (lowest point)* nivel *m* mínimo

lox [lɒks] *n Culin* salmón *m* ahumado

loyal ['lɔɪəl] *adj* leal, fiel (**to** a); **to be/stay l. to one's friends/principles** ser/permanecer (uno) fiel a sus amigos/principios

loyalist ['lɔɪəlɪst] *n* **(a)** *(to government, party)* leal *mf*, adicto(a) *m,f* **(b)** *Pol (in Northern Ireland)* lealista *mf* **(c)** *Hist (in Spanish Civil War)* republicano(a) *m,f*

loyally ['lɔɪəlɪ] *adv* lealmente, fielmente

loyalty ['lɔɪəltɪ] *n* lealtad *f*, fidelidad *f* (**to** a); **you'll have to decide where your loyalties lie** tienes que decidir con quién estás; **she had divided loyalties** sus lealtades estaban divididas ▫ ***l. card*** tarjeta *f or* carné *m* de cliente

lozenge ['lɒzɪndʒ] *n* **(a)** *(shape)* rombo *m* **(b)** *(cough sweet)* pastilla *f* para la tos

LP [el'pi:] *n (abbr* **long player***)* LP *m*, elepé *m*

LSD [eles'di:] *n (abbr* **lysergic acid diethylamide***)* LSD *m*

Lt *Mil (abbr* **Lieutenant***)* Tte.

lt *(abbr* **litres***)* l.

Ltd *Br Com (abbr* **limited***)* S.L.

lubricant ['lu:brɪkənt] *n* lubricante *m*

lubricate ['lu:brɪkeɪt] *vt* lubricar

lubrication [lu:brɪ'keɪʃən] *n* lubricación *f*

lubricious [lu:'brɪʃəs] *adj Literary* lúbrico(a)

lucerne [lu:'sɜ:n] *n Br Bot* alfalfa *f*

lucid ['lu:sɪd] *adj* lúcido(a)

lucidity [lu:'sɪdɪtɪ] *n* lucidez *f*

lucidly ['lu:sɪdlɪ] *adv* con lucidez

Lucifer ['lu:sɪfə(r)] *n* Lucifer

luck [lʌk] *n (chance)* suerte *f*; **(good) l.** (buena) suerte; **bad l.** mala suerte; **to bring sb good/bad l.** traer buena/mala suerte a alguien; **good l.!** ¡(buena) suerte!; **he couldn't believe his l.** no podía creerse la suerte que tenía; **some people have all the l.** hay quien nace con estrella; **to wish sb l.** desear suerte a alguien; **for l.** de propina; **to be in l.** estar de suerte; **to be out of l.** no tener suerte; **to be down on one's l.** no estar de suerte; **to try one's l.** probar suerte; **to push one's l.** tentar a la suerte; **don't push your l.!** *(said in annoyance)* ¡no me busques las cosquillas!; **just my l.!** ¡qué mala suerte!; **no such l.!** ¡ojalá!; **with l.** con un poco de suerte; **with any l. he'll still be there** con un poco de suerte, todavía estará allí; **more by l. than judgement** más por suerte que por otra cosa; **as l. would have it...** quiso la suerte que...; IDIOM **to have the l. of the devil** *or* **the Irish** tener una suerte loca; IDIOM **the l. of the draw** el azar

▸**luck out** *vi US Fam (get lucky)* tener mucha potra *or Méx* chance, *RP* tener mucho tarro

▸**luck upon** *vt insep US Fam (find by chance)* tropezarse con, toparse con

luckily ['lʌkɪlɪ] *adv* por suerte, afortunadamente

luckless ['lʌklɪs] *adj (person)* desafortunado(a), infortunado(a)

lucky ['lʌkɪ] *adj* **(a)** *(person)* afortunado(a); **to be l.** tener suerte; **to make a l. guess** adivinarlo por casualidad; *Fam* **(you) l. devil!, (you) l. beggar!** ¡qué suertudo!; **it's l. you came when you did** fue una suerte que llegaras en ese momento; **she's l. to be alive** tiene suerte de estar con vida; **that was l.** ¡qué suerte!; **to have a l. escape** escapar por los pelos; **to strike it l.** tener suerte; *Ironic* **you'll be l.!** ¡ni lo sueñes!, ¡no caerá esa breva!; **I should be so l.** ¡ojalá!, ¡no caerá esa breva!; **count yourself l. I didn't tell anyone** tienes suerte de que no se lo contara a nadie; **it's l. for you that...** tienes suerte de que...; **it's not my l. day** hoy no es mi día (de suerte) ▫ *Br* ***l. bag*** bolsa *f* de sorpresas; *Br* ***l. dip*** caja *f* de sorpresas

(b) *(bringing luck) (jumper, shirt)* de la suerte; **my l. number** mi número de la suerte; **you can thank your l. stars she didn't see you!** ¡da gracias al cielo por que no te viera! ▫ ***l. charm*** amuleto *m*

lucrative ['lu:krətɪv] *adj* lucrativo(a)

lucre ['lu:kə(r)] *n Pej or Hum (money)* vil metal *m*; **to do sth for filthy l.** hacer algo por el vil metal

Luddite ['lʌdaɪt] *n also Fig* ludita *mf*

ludicrous ['lu:dɪkrəs] *adj* ridículo(a)

ludicrously ['lu:dɪkrəslɪ] *adv* de forma ridícula; **l. cheap/expensive** increíblemente barato/caro

ludo ['lu:dəʊ] *n* parchís *m*

luff [lʌf] *vi (in sailing)* orzar

lug[1] [lʌg] *(pt & pp* **lugged***)* *vt Fam* arrastrar, cargar con

lug[2] *n* **(a)** *(projection)* asa *f*, agarradera *f* **(b)** *Br Fam (ear)* oreja *f*, *Esp* soplillo *m*

luge [lu:ʒ] *n Sport (toboggan, event)* luge *m*

luggage ['lʌgɪdʒ] *n* equipaje *m*; **a piece of l.** un bulto (de equipaje) ▫ ***l. label*** etiqueta *f* identificativa del equipaje; ***l. locker*** taquilla *f* (para equipaje); ***l. rack*** *(in train, bus)* portaequipajes *m inv*; *(on car)* baca *f*; *Br* ***l. van*** *(on train)* furgón *m* de equipajes

lughole ['lʌghəʊl] *n Br Fam* oreja *f*

lugubrious [lə'gu:brɪəs] *adj* lúgubre

lugubriously [lə'gu:brɪəslɪ] *adv* con aire lúgubre, lúgubremente

lugworm ['lʌgwɜ:m] *n* lombriz *f* de tierra

lukewarm ['lu:kwɔ:m] *adj (water, response)* tibio(a); **she was rather l. about my suggestion** recibió mi sugerencia con bastante tibieza

lull [lʌl] **1** *n (in conflict)* periodo *m* de calma, respiro *m*; *(in conversation)* pausa *f*; *Fig* **the l. before the storm** la calma que precede a la tormenta

2 *vt* **to l. sb to sleep** dormir a alguien; **to l. sb into a false sense of security** dar a alguien una falsa sensación de seguridad

lullaby ['lʌləbaɪ] *n* nana *f*, canción *f* de cuna

lumbago [lʌm'beɪgəʊ] *n* lumbago *m*

lumbar ['lʌmbə(r)] *adj Anat* lumbar ▫ *Med* ***l. puncture*** punción *f* lumbar

lumber ['lʌmbə(r)] **1** *n* **(a)** *(junk)* trastos *mpl* (viejos) ▫ ***l. room*** trastero *m* **(b)** *US (wood)* madera *f*, maderos *mpl*

2 *vt* **to l. sb with sth** hacerle a alguien cargar con algo; **I got lumbered with a huge bill** me hicieron pagar una factura enorme

3 *vi* **to l. about** *or* **around** caminar pesadamente

lumbering ['lʌmbərɪŋ] *adj (walk)* pesado(a)

lumberjack ['lʌmbədʒæk] *n* leñador(ora) *m,f*

lumberjacket ['lʌmbədʒækɪt] *n* zamarra *f* de leñador

luminary ['lu:mɪnərɪ] *n* figura *f*, lumbrera *f*

luminous ['lu:mɪnəs] *adj* luminoso(a); *(strip, road sign)* reflectante; *(colour, socks)* fluorescente, fosforito(a) ▫ *Phys* ***l. intensity*** intensidad *f* luminosa

lummox ['lʌməks] *n Fam* bruto(a) *m,f*, *Esp* patán *m*

lump [lʌmp] **1** *n* (**a**) *(piece) (of earth, sugar)* terrón *m*; *(of stone, coal)* trozo *m*; *(in sauce)* grumo *m* ▫ ***l. sugar*** azúcar *m* o *f* en terrones; *Fin* ***l. sum*** pago *m* único, suma *f* global (**b**) *(swelling) (on head)* chichón *m*; *(on breast)* bulto *m*; IDIOM **it brought a l. to my throat** *(made me sad)* me hizo sentir un nudo en la garganta (**c**) *Fam (person)* zoquete *m*, *Esp* tarugo *m*

2 *vt* (**a**) *(group)* **all such payments were lumped under "additional expenses"** todos esos pagos estaban agrupados bajo el epígrafe de "gastos adicionales"; **you shouldn't l. them together just because they're brothers** no deberías tratarlos de la misma manera sólo porque sean hermanos (**b**) *Fam (endure)* **you'll just have to (like it or) l. it!** ¡no te queda más remedio que aguantar!

lumpectomy [lʌm'pektəmɪ] *n Med* extirpación *f* de un tumor en el pecho

lumpenproletariat ['lʌmpənprəʊlɪ'teərɪæt] *n* lumpenproletariado *m*

lumpfish ['lʌmpfɪʃ] *n* ciclóptero *m*

lumpy ['lʌmpɪ] *adj (sauce)* grumoso(a), lleno(a) de grumos; *(mattress)* lleno(a) de bultos

lunacy ['lu:nəsɪ] *n* locura *f*, demencia *f*; *Fam* **it's sheer l.** ¡es demencial!

lunar ['lu:nə(r)] *adj* lunar ▫ ***l. eclipse*** eclipse *m* de luna; ***l. landing*** alunizaje *m*; ***l. module*** módulo *m* lunar; ***l. month*** mes *m* lunar

lunatic ['lu:nətɪk] **1** *n* loco(a) *m,f*, lunático(a) *m,f* ▫ ***l. asylum*** manicomio *m*

2 *adj (idea, behaviour)* demencial; **the l. fringe** el sector fanático *or* intransigente

lunch [lʌntʃ] **1** *n* comida *f*, almuerzo *m*; **to have l.** comer, almorzar; IDIOM *Fam* **to be out to l.** *(be crazy)* estar chiflado(a) *or Esp* chalado(a); IDIOM *Fam* **to lose one's l.** *(vomit)* devolver, *Esp* echar la papa ▫ *US* ***l. counter*** = en un bar o restaurante, mostrador donde se sirven comidas; ***l. hour*** hora *f* de comer; *US* ***l. pail*** tartera *f*, fiambrera *f*, *Méx, RP* vianda *f*

2 *vi* comer, almorzar

lunchbox ['lʌntʃbɒks] *n* (**a**) *(container)* tartera *f*, fiambrera *f*, *Méx, RP* vianda *f* (**b**) *Br Fam Hum* paquete *m*

luncheon ['lʌntʃən] *n Formal* almuerzo *m*, comida *f* ▫ ***l. meat*** fiambre *m* de lata; *Br* ***l. voucher*** vale *m* de comida

lunchtime ['lʌntʃtaɪm] *n* hora *f* de comer *or* del almuerzo; **a l. meeting** una reunión durante la hora de comer *or* del almuerzo

lung [lʌŋ] *n* pulmón *m*; **to shout at the top of one's lungs** gritar a pleno pulmón ▫ ***l. cancer*** cáncer *m* de pulmón

lunge [lʌndʒ] **1** *n* embestida *f*, acometida *f*; **to make a l. for sb/sth** embestir contra alguien/algo

2 *vi* **to l. at sb (with sth)** embestir contra alguien (con algo)

lupin ['lu:pɪn] *n* altramuz *m*

lupus ['lu:pəs] *n Med* lupus *m inv*

lurch [lɜ:tʃ] **1** *n (of ship, car)* bandazo *m*; **a l. to the right/left** *(of politician, party)* un giro brusco a la derecha/izquierda; *Fam* **to leave sb in the l.** dejar a alguien en la estacada

2 *vi (of ship, car)* dar bandazos; *(of person)* tambalearse; **to l. to the left/right** *(of politician, party)* dar un giro brusco a la izquierda/derecha

lurcher ['lɜ:tʃə(r)] *n Br (dog)* = perro de caza cruce de galgo y collie

lure ['lʊə(r)] **1** *n* (**a**) *(attraction)* atractivo *m*; **she was drawn by the l. of the big city** la sedujo el reclamo de la gran cuidad (**b**) *(for fishing)* cebo *m*

2 *vt (into trap, ambush)* atraer (**into** hasta); **nothing could l. her away from the computer** nada conseguía alejarla *Esp* del ordenador *or Am* de la computadora; **he was lured away by the higher salary** se marchó atraído por un mejor sueldo

lurgy ['lɜ:gɪ] *n Br Fam Hum* **to have the (dreaded) l.** caer malo(a), *Esp* ponerse chungo(a)

lurid ['lʊərɪd] *adj* (**a**) *(sensational)* provocador(ora); *(shocking)* espeluznante; **in l. detail** con macabra precisión (**b**) *(gaudy)* chillón(ona)

lurk [lɜ:k] *vi* estar al acecho; **a doubt still lurked in his mind** su mente todavía albergaba una duda

luscious ['lʌʃəs] *adj* (**a**) *(woman)* voluptuoso(a) (**b**) *(fruit)* jugoso(a)

lush[1] [lʌʃ] *adj* (**a**) *(vegetation, garden)* exuberante (**b**) *(luxurious)* lujoso(a)

lush[2] *n Fam (alcoholic)* borrachín(ina) *m,f*

lust [lʌst] *n (sexual)* lujuria *f*; *Fig (for power, knowledge)* sed *f*, ansia *f* (**for** de)

▸**lust after** *vt insep* **to l. after sb** beber los vientos por alguien; **to l. after sth** desvivirse por *or* ansiar algo

luster *US* = **lustre**

lustful ['lʌstfʊl] *adj* lujurioso(a)

lustily ['lʌstɪlɪ] *adv* con ganas, con fuerza

lustre, *US* **luster** ['lʌstə(r)] *n* lustre *m*

lustrous ['lʌstrəs] *adj* lustroso(a)

lusty ['lʌstɪ] *adj (person)* lozano(a), vigoroso(a); *(cry)* sonoro(a); *(singing)* vibrante

lute [lu:t] *n* laúd *m*

Lutheran ['lu:θərən] *n & adj* luterano(a) *m,f*

luvvie, luvvy [lʌvɪ] *n Br Fam* (**a**) *(term of endearment)* cielo *m*, corazón *m* (**b**) *Pej (actor)* = pedante del mundo de la farándula

Luxemb(o)urg ['lʌksəmbɜ:g] *n* Luxemburgo

Luxemb(o)urger ['lʌksəmbɜ:gə(r)] *n* luxemburgués(esa) *m,f*

luxuriance [lʌg'zjʊərɪəns] *n* exuberancia *f*

luxuriant [lʌg'zjʊərɪənt] *adj* exuberante

luxuriate [lʌg'zjʊərɪeɪt] *vi* deleitarse (**in** con)

luxurious [lʌg'zjʊərɪəs] *adj* lujoso(a); **a l. lifestyle** una vida de lujo

luxuriously [lʌg'zjʊərɪəslɪ] *adv (decorated, furnished)* lujosamente

luxury ['lʌkʃərɪ] **1** *n* lujo *m*; **a life of l.** una vida llena de lujos; **to live in (the lap of) l.** vivir a todo lujo *or* rodeado(a) de lujos; **it's a l. we can't afford** no nos podemos permitir ese lujo

2 *adj (car, apartment)* de lujo ▫ ***l. goods*** productos *mpl or* artículos *mpl* de lujo

LV [el'vi:] *n Br* (*abbr* **Luncheon Voucher**) vale *m* de comida

LW *Rad* (*abbr* **Long Wave**) LW, OL

lychee ['laɪtʃi:] *n* lichi *m*

lychgate ['lɪtʃgeɪt] *n* = zaguán de entrada al patio o camposanto de una iglesia

Lycra® ['laɪkrə] **1** *n* lycra® *f*, licra® *f*

2 *adj* de lycra®, de licra®

lye [laɪ] *n Chem* lejía *f*

lying ['laɪɪŋ] **1** *n* mentiras *fpl*

2 *adj* mentiroso(a), embustero(a)

lymph [lɪmf] *n Anat* linfa *f* ▫ ***l. node*** ganglio *m* linfático

lymphatic [lɪm'fætɪk] *adj Anat* linfático(a) ▫ ***l. system*** sistema *m* linfático

lymphocyte ['lɪmfəsaɪt] *n Anat* linfocito *m*

lymphoma [lɪm'fəʊmə] *n Med* linfoma *m*

lynch [lɪntʃ] *vt* linchar ▫ ***l. mob*** turba *f* con sed de linchamiento; *Fig* turbamulta *f*

lynching ['lɪntʃɪŋ] *n* linchamiento *m*

lynx [lɪŋks] *n* lince *m*

lynx-eyed ['lɪŋksaɪd] *adj (sharp-sighted)* con ojos *or* vista de lince

lyre ['laɪə(r)] *n (musical instrument)* lira *f*

lyric ['lɪrɪk] **1** *n* (**a**) *(poem)* poema *m* lírico (**b**) **lyrics** *(of song)* letra *f*

2 *adj* lírico(a)

lyrical ['lɪrɪkəl] *adj* lírico(a)

lyrically ['lɪrɪklɪ] *adv* con lirismo

lyricism ['lɪrɪsɪzəm] *n* lirismo *m*

lyricist ['lɪrɪsɪst] *n* letrista *mf*

M

M[1]**, m** [em] *n (letter)* M, m *f*

M[2] *Br Aut* (*abbr* **motorway**) A

m[3] (**a**) (*abbr* **metre(s)**) m (**b**) (*abbr* **mile(s)**) milla *f*

MA [em'eɪ] *n* (**a**) *Univ* (*abbr* **Master of Arts**) máster *m* (de Humanidades); **to have an MA in linguistics** tener un máster en Lingüística; **Frederick Watson, MA** Frederick Watson, licenciado con máster (en letras) (**b**) (*abbr* **Massachusetts**) Massachusetts

ma [mɑː] *n Fam* mamá *f*

ma'am [mɑːm] *n Old-fashioned* señora *f*

mac [mæk] *n Fam (raincoat)* impermeable *m*, gabardina *f*

macabre [mə'kɑːbə(r)] *adj* macabro(a)

macadam [mə'kædəm] *n US* macadam *m*, macadán *m*

macadamia [mækə'deɪmɪə] *n* ***m. nut*** nuez *f* de macadamia; ***m. tree*** árbol *m* de la macadamia

macaque [mə'kæk] *n* macaco *m*

macaroni [mækə'rəʊnɪ] *n* macarrones *mpl* ▫ ***m. cheese*** macarrones con queso

macaroon [mækə'ruːn] *n* mostachón *m*

macaw [mə'kɔː] *n* guacamayo *m*

Mace® [meɪs] *n* gas *m* lacrimógeno (*en spray*)

mace[1] [meɪs] *n (weapon, symbol of office)* maza *f*

mace[2] *n (spice)* macis *f inv*

Macedonia [mæsə'dəʊnɪə] *n* Macedonia

Macedonian [mæsə'dəʊnɪən] **1** *n* (**a**) *(person)* macedonio(a) *m,f* (**b**) *(language)* macedonio *m*

2 *adj* macedonio(a)

macerate ['mæsəreɪt] *vt Culin* macerar

Mach [mæk] *n Phys* **M. (number)** (número *m* de) Mach *m*

machete [mə'ʃetɪ] *n* machete *m*

Machiavellian [mækɪə'velɪən] *adj* maquiavélico(a)

machinations [mæʃɪ'neɪʃənz] *npl* maquinaciones *fpl*

machine [mə'ʃiːn] **1** *n* (**a**) *(device)* máquina *f*; *Fam Fig* **he's a m.!** ¡es (como) una máquina! ▫ ***m. gun*** *(with tripod)* ametralladora *f* (pesada); *(hand-held)* metralleta *f*; ***m. shop*** taller *m* de máquinas; ***m. tool*** máquina *f* herramienta (**b**) *(system)* **party/propaganda m.** aparato *m* del partido/propagandístico (**c**) *(computer) Esp* ordenador *m*, *Am* computadora *m* ▫ *Comptr* ***m. code*** código *m* máquina; *Comptr* ***m. language*** lenguaje *m* máquina

2 *vt* (**a**) *Ind* producir a máquina (**b**) *(with sewing machine)* coser a máquina

machine-gun [mə'ʃiːngʌn] (*pt & pp* **machine-gunned**) *vt* ametrallar

machine-gunner [mə'ʃiːngʌnə(r)] *n* = soldado que maneja una ametralladora pesada

machine-readable [mə'ʃiːn'riːdəbəl] *adj Comptr* legible para *Esp* el ordenador *or Am* la computadora

machinery [mə'ʃiːnərɪ] *n also Fig* maquinaria *f*

machine-washable [mə'ʃiːn'wɒʃəbəl] *adj* lavable a máquina

machinist [mə'ʃiːnɪst] *n (operator)* operario(a) *m,f*

machismo [mæ'tʃɪzməʊ] *n* machismo *m*

macho ['mætʃəʊ] *adj (remark, attitude)* muy de macho; **to be m.** *(of person)* (presumir de) ser muy macho

macintosh = **mackintosh**

mackerel ['mækrəl] *n* caballa *f* ▫ ***m. shark*** tintorera *f*; ***m. sky*** cielo *m* aborregado

mackintosh ['mækɪntɒʃ] *n* impermeable *m*, gabardina *f*

macramé [mə'krɑːmeɪ] *n* macramé *m*

macro ['mækrəʊ] (*pl* **macros**) *n Comptr* macro *m or f*

macrobiotic ['mækrəʊbaɪ'ɒtɪk] *adj* macrobiótico(a); **a m. diet** una dieta macrobiótica

macrobiotics ['mækrəʊbaɪ'ɒtɪks] *n* macrobiótica *f*

macrocosm ['mækrəʊkɒzəm] *n Astron* macrocosmos *m*

macroeconomic ['mækrəʊiːkə'nɒmɪk] *adj* macroeconómico(a)

macroeconomics ['mækrəʊiːkə'nɒmɪks] *n (subject)* macroeconomía *f*

macroinstruction ['mækreʊɪn'strʌkʃən] *n Comptr* macroinstrucción *f*

macromolecule ['mækrəʊ'mɒlɪkjuːl] *n Chem* macromolécula *f*

mad [mæd] *adj* (**a**) *(insane) (person)* loco(a); *(idea)* disparatado(a); *(dog)* rabioso(a); **to be m.** *(of person)* estar loco(a); **to go m.** volverse loco(a); IDIOM **as m. as a hatter** *or* **a March hare** más loco(a) que una cabra; **m. with fear** aterrorizado(a); **there was a m. rush for the door** la gente se precipitó como loca hacia la puerta; *Fam* **to run/shout/work like m.** correr/gritar/trabajar como (un/una) loco(a); **barking m.** como una regadera; ▫ *Fam* ***m. cow disease*** el mal *or* la enfermedad de las vacas locas

(**b**) *Fam (enthusiastic)* **to be m. about sth** estar loco(a) por algo

(**c**) *Fam (angry)* enfadado(a), *Am* enojado(a); **to be m. with** *or* **at sb** estar muy enfadado(a) *or Am* enojado(a) con alguien

Madagascan [mædə'gæskən] *n & adj* malgache *mf*

Madagascar [mædə'gæskə(r)] *n* Madagascar

madam ['mædəm] *n* (**a**) *(as form of address)* señora *f* (**b**) *Br Fam Hum (of child)* **she's a proper little m.** es una señoritinga; **we've had enough nonsense from you, m.!** ¡ya basta de tonterías, señorita! (**c**) *(of brothel)* madam *f*, madama *f*

madcap ['mædkæp] *adj (scheme, idea)* disparatado(a)

madden ['mædən] *vt* sacar de quicio, exasperar

maddening ['mædənɪŋ] *adj* irritante, exasperante

maddeningly ['mædənɪŋlɪ] *adv* exasperantemente; **the film was m. slow** la película era desesperantemente lenta

madder ['mædə(r)] *n* (**a**) *(plant)* rubia *f* (**b**) *(dye, colour)* rubia *f*

made [meɪd] *pt & pp of* **make**

Madeira [mə'dɪərə] *n* (**a**) *(island)* (la isla de) Madeira (**b**) *(wine)* (vino *m* de) Madeira ▫ ***M. cake*** bizcocho *m (compacto)*

made-to-measure ['meɪdtə'meʒə(r)] *adj* a medida

made-up [meɪ'dʌp] *adj* (**a**) *(story, excuse)* inventado(a) (**b**) *(lips)* pintado(a); *(face)* maquillado(a); **to be heavily m.** ir muy maquillado(a) (**c**) *Br Fam (delighted)* encantado(a), contentísimo(a) (**about** por)

madhouse ['mædhaʊs] *n Fam (lunatic asylum)* manicomio *m*, casa *f* de locos; *Fig* **this place is a m.!** ¡esto es una casa de locos!

madly ['mædlɪ] *adv* (**a**) *(insanely)* enloquecidamente (**b**) *(desperately) (rush, struggle)* como loco(a) (**c**) *Fam (extremely)* tremendamente; **m. in love** locamente enamorado(a)

madman ['mædmən] *n* loco *m*, demente *m*

madness ['mædnɪs] *n* locura *f*, demencia *f*; *Fam* **it's sheer m.!** ¡es una locura!

madras [mə'drɑːs] *n* = curry bastante picante; **chicken/lamb m.** curry de pollo/cordero bastante picante

Madrid [mə'drɪd] *n* Madrid

madrigal ['mædrɪgəl] *n Mus* madrigal *m*

madwoman ['mædwʊmən] *n* loca *f*, demente *f*

maelstrom ['meɪlstrəm] *n also Fig* torbellino *m*

maestro ['maɪstrəʊ] (*pl* **maestros**) *n* maestro *m*

MAFF [mæf] *n Br* (*abbr* **Ministry of Agriculture Fisheries and Food**) Ministerio *m* de Agricultura, Pesca y Alimentación

Mafia ['mæfiə] *n also Fig* mafia *f* ❑ ***M. boss*** capo *m* mafioso

Mafioso [mæfɪ'əʊsəʊ] (*pl* **Mafiosi** [mæfɪ'əʊsi:]) *n* mafioso *m*

mag [mæg] *n Fam* revista *f*

magazine [mægə'zi:n] *n* (**a**) *(publication)* revista *f* ❑ ***m. programme*** *(on radio, TV)* magazine *m*, programa *m* de variedades (**b**) *(for gun)* recámara *f* (**c**) *(ammunition store)* polvorín *m*

magenta [mə'dʒentə] *n & adj* magenta *m*

maggot ['mægət] *n* larva *f*, gusano *m*

Maghreb [mæ'greb] *n* **the M.** el Magreb

Maghrebi [mæ'grebɪ] *n & adj* magrebí *mf*

Magi ['meɪdʒaɪ] *npl* **the M.** los Reyes Magos

magic ['mædʒɪk] **1** *n* magia *f*; **as if by m.** como por arte de magia; **black/white m.** magia negra/blanca; **it has lost its m. (for me)** (para mí,) ha perdido el encanto

2 *adj* (**a**) mágico(a) ❑ ***m. bullet*** *(drug)* remedio *m* específico; ***m. carpet*** alfombra *f* voladora *or* mágica; ***m. eye*** *(security device)* célula *f* fotoeléctrica; *Tel* ojo *m* mágico; ***m. lantern*** linterna *f* mágica; ***m. mushroom*** psilocibe *m*, seta *f* alucinógena, *Chile, Méx, RP* hongo *m* alucinógeno; ***m. square*** cuadrado *m* mágico; ***m. wand*** varita *f* mágica (**b**) *Fam (excellent)* genial, *Esp* guay, *Andes, Perú* chévere, *Méx* padrísimo, *RP* bárbaro(a)

▸**magic away** (*pt & pp* **magicked**) *vt sep* hacer desaparecer

magical ['mædʒɪkəl] *adj* mágico(a)

magically ['mædʒɪklɪ] *adv* mágicamente, por arte de magia

magician [mə'dʒɪʃən] *n* mago(a) *m,f*

magisterial [mædʒɪs'tɪərɪəl] *adj (domineering)* autoritario(a); *(authoritative)* magistral

magistrate ['mædʒɪstreɪt] *n Br Law* juez *mf* de primera instancia ❑ ***magistrates' court*** juzgado *m* de primera instancia

magma ['mægmə] *n* magma *m*

magnanimity [mægnə'nɪmɪtɪ] *n* magnanimidad *f*

magnanimous [mæg'nænɪməs] *adj* magnánimo(a)

magnanimously [mæg'nænɪməslɪ] *adv* magnánimamente

magnate ['mægneɪt] *n* magnate *mf*

magnesia [mæg'ni:zɪə] *n (magnesium oxide)* magnesia *f*

magnesium [mæg'ni:zɪəm] *n Chem* magnesio *m*

magnet ['mægnɪt] *n* imán *m*; *Fig (for tourists, investors)* foco *m* de atracción

magnetic [mæg'netɪk] *adj* (**a**) *(force, pole)* magnético(a) ❑ ***m. compass*** brújula *f*; *Comptr* ***m. disk*** disco *m* magnético; ***m. field*** campo *m* magnético; ***m. mine*** mina *f* magnética; ***m. north*** norte *m* magnético; ***m. pole*** *(of magnet, Earth)* polo *m* magnético; *Med* ***m. resonance imaging*** resonancia *f* magnética; ***m. storm*** tormenta *f* magnética; ***m. stripe*** banda *f* magnética; ***m. tape*** cinta *f* magnética (**b**) *(personality)* cautivador(ora)

magnetism ['mægnɪtɪzəm] *n also Fig* magnetismo *m*

magnetite ['mægnətaɪt] *n* magnetita *f*

magnetize ['mægnətaɪz] *vt* magnetizar

magneto [mæg'ni:təʊ] *n* (*pl* **magnetos**) magneto *m*

magneto-optical [mæg'netəʊ'ɒptɪkəl] *adj Comptr* magneto-óptico(a)

magnificat [mæg'nɪfɪkæt] *n Rel & Mus* Magnificat *m*

magnification [mægnɪfɪ'keɪʃən] *n* ampliación *f*; **a lens with a m. of x 7** una lente de siete aumentos

magnificence [mæg'nɪfɪsəns] *n* magnificencia *f*

magnificent [mæg'nɪfɪsənt] *adj* magnífico(a)

magnificently [mæg'nɪfɪsəntlɪ] *adv* magníficamente

magnify ['mægnɪfaɪ] *vt* (**a**) *(of lens, telescope)* ampliar, aumentar (**b**) *(exaggerate)* magnificar, desorbitar

magnifying glass ['mægnɪfaɪɪŋ'glɑ:s] *n* lupa *f*

magnitude ['mægnɪtju:d] *n* magnitud *f*; **a problem of the first m.** un problema de primer orden

magnolia [mæg'nəʊlɪə] *n* (**a**) *(flower)* magnolia *f* (**b**) *(colour)* rosa *m* pálido, blanco *m* rosáceo

Magnox® **reactor** ['mægnɒksrɪ'æktə(r)] *n* reactor *m* Magnox®

magnum ['mægnəm] *n* = botella de vino o champán de 1,5 litros

magnum opus ['mægnəm'əʊpəs] *n* obra *f* maestra

magpie ['mægpaɪ] *n* urraca *f*; IDIOM **he's a bit of a m.** parece un trapero

Magyar ['mægjɑ:(r)] **1** *n* (**a**) *(person)* magiar *mf* (**b**) *(language)* magiar *m*

2 *adj* magiar

maharaja(h) [mɑ:hə'rɑ:dʒə] *n* marajá *m*

maharani [mɑ:hə'rɑ:ni:] *n* maharaní *f*

mah-jong(g) ['mɑ:'dʒɒŋ] *n* = tipo de dominó chino

mahogany [mə'hɒgənɪ] **1** *n* (**a**) *(wood)* caoba *f* (**b**) *(colour)* (color *m*) caoba *m*

2 *adj* de caoba

maid [meɪd] *n* (**a**) *(servant)* sirvienta *f* ❑ ***m. of honour*** dama *f* de honor (**b**) *Literary (girl)* doncella *f*

maiden ['meɪdən] **1** *n Literary (girl)* doncella *f*

2 *adj* (**a**) *(first) (flight)* inaugural ❑ *Parl* ***m. speech*** primer discurso *m* como parlamentario(a); ***m. voyage*** viaje *m* inaugural, primer trayecto *m* (**b**) *(unmarried)* ***m. aunt*** tía *f* soltera; ***m. name*** apellido *m* de soltera

maidenhair ['meɪdənheə(r)] *n (fern)* culantrillo *m* ❑ ***m. tree*** gingo *m*

maidenhead ['meɪdənhed] *n Old-fashioned or Literary* (**a**) *(hymen)* himen *m*, virgo *m* (**b**) *(virginity)* virginidad *f*

maidenhood ['meədənhʊd] *n* doncellez *f*

maidservant ['meɪdsɜ:vənt] *n* doncella *f*

mail[1] [meɪl] **1** *n* (**a**) *(postal system)* correo *m*; *(letters or parcels received)* correspondencia *f*; **it came in the m.** vino en el correo ❑ *US* ***m. drop*** *(letter)* buzón *m*; *(PO box)* apartado *m* de correos, *Am* casilla *f* postal, *Andes, RP* casilla *f* de correos, *Col* apartado *m* aéreo; *Com* ***m. order*** venta *f* por correo; ***m. train*** tren *m* correo; ***m. van*** furgoneta *f* del correo (**b**) *Comptr* ***m. forwarding*** opción *f* or posibilidad *f* de remitir correo; ***m. gateway*** pasarela *f* de correo; *Comptr* ***m. merge*** fusión *f* de correo; ***m. path*** = camino que ha seguido un correo electrónico

2 *vt* enviar *or* mandar (por correo)

mail[2] *n (armour)* malla *f*

mailbag ['meɪlbæg] *n* saca *f* de correos; **she gets a huge m.** *(of celebrity, politician)* recibe muchísimas cartas

mailbox ['meɪlbɒks] *n US* buzón *m* (de correos); *Comptr* buzón *m*

mailing ['meɪlɪŋ] *n (mailshot)* mailing *m* ❑ ***m. list*** lista *f* de direcciones *(para envío de publicidad)*; *Comptr* lista *f* de correo *or* de distribución

mailman ['meɪlmæn] *n US* cartero *m*

mailshot ['meɪlʃɒt] *n (leaflet)* carta *f* publicitaria; *(campaign)* mailing *m*

maim [meɪm] *vt* lisiar

main [meɪn] **1** *n* (**a**) *(pipe)* (tubería *f*) general *f*; *(cable)* cable *m* principal; **the mains** *(water, gas)* la (tubería) general; *(electricity)* la red eléctrica (**b**) **in the m.** *(generally)* en general

2 *adj* principal; **the m. thing is to…** lo principal es… ❑ *Gram* ***m. clause*** oración *f* principal; ***m. course*** plato *m* principal; *US Fam* ***m. drag*** calle *f* principal; ***m. entrance*** entrada *f* principal; ***m. line*** *Rail* línea *f* principal; *US Fam* ***m. man*** *Esp* colega *m*, *Am* compay *m*; *Comptr* ***m. memory*** memoria *f* principal; ***m. road*** carretera *f* general; *Fam* ***m. squeeze*** *(boyfriend, girlfriend)* novio(a) *m,f*; *Esp* chorbo(a) *m,f*; ***m. street*** calle *f* principal

mainbrace ['meɪnbreɪs] *n* braza *f (de la vela mayor)*; IDIOM *Naut or Hum* **to splice the m.** beber *or Am* tomar *(para celebrar algo)*

mainframe ['meɪnfreɪm] *n Comptr Esp* ordenador *m or Am* computadora *f* central

mainland ['meɪnlænd] *n* tierra *f* firme; **m. Europe** la Europa continental; **on the m.** en tierra firme; **he escaped from Mull to the Scottish m.** escapó de la isla de Mull hacia tierra firme escocesa

mainline ['meɪnlaɪn] *vi Fam (inject drugs)* picarse, *Esp* chutarse

mainly ['meɪnlɪ] *adv* principalmente; **the accident was caused m. by carelessness** la imprudencia fue la principal causa del accidente; **the passengers were m. Spanish** los pasajeros eran en su mayoría españoles; **we m. go out on Saturday evenings** los sábados por la noche solemos salir

mainmast ['meɪnmɑːst] *n* palo *m* mayor

mainsail ['meɪnseɪl] *n* vela *f* mayor

mainspring ['meɪnsprɪŋ] *n (of clock, watch)* muelle *m* real, resorte *m* principal; *Fig (of change, revolution)* móvil *m* principal

mainstay ['meɪnsteɪ] (*pl* **mainstays**) *n* (**a**) *(main support) (of economy, philosophy)* pilar *m* fundamental; **she was the m. of the family** ella era el pilar que sostenía a la familia (**b**) *Naut* estay *m*

mainstream ['meɪnstriːm] **1** *n* corriente *f* principal *or* dominante

2 *adj (politics, ideas, tastes)* convencional; *(movie, literature)* comercial

mainstreaming ['meɪnstriːmɪŋ] *n Educ* = introducción de niños con dificultades de aprendizaje en los colegios normales

maintain [meɪn'teɪn] *vt* (**a**) *(keep constant, sustain)* mantener (**b**) *(keep in good order)* mantener (**c**) *(argue, insist)* **to m. (that)...** mantener *or* sostener que...; **he maintained his innocence to the end** sostuvo que era inocente hasta el final

maintained [meɪn'teɪnd] *adj* (**a**) *Br (school)* subvencionado(a) (**b**) *(cared for)* mantenido(a)

maintenance ['meɪntənəns] *n* (**a**) *(of car, equipment, roads)* mantenimiento *m* ❑ ***m. costs*** costos *mpl or Esp* costes *mpl* de mantenimiento (**b**) *Law (alimony)* pensión *f* (alimenticia)

maisonette [meɪzə'net] *n* dúplex *m inv*

maître d' ['meɪtrə'diː] *n* maître *mf*

maize [meɪz] *n* maíz *m*, *Andes, RP* choclo *m*

Maj (**a**) *Mil* (*abbr* **Major**) comandante *m* (**b**) *Mus* (*abbr* **Major**) mayor

majestic [mə'dʒestɪk] *adj* majestuoso(a)

majestically [mə'dʒestɪklɪ] *adv* majestuosamente

majesty ['mædʒəstɪ] *n* majestuosidad *f*; **His/Her/Your M.** Su Majestad

major ['meɪdʒə(r)] **1** *n* (**a**) *Mil* comandante *m* ❑ ***m. general*** general *m* de división (**b**) *US Univ (subject)* especialidad *f*

2 *adj* (**a**) *(important)* importante, de primer orden; **of m. importance** de enorme importancia ❑ ***m. league*** *(in baseball)* = liga profesional de béisbol estadounidense; *Fig* **a m. league company** una de las grandes empresas del sector; ***m. planet*** planeta *m* mayor (**b**) *Mus* mayor; **m. seventh** séptima *f* mayor

3 *vi US Univ* **to m. in** *(subject)* especializarse en

Majorca [mə'jɔːkə] *n* Mallorca

Majorcan [mə'jɔːkən] *n & adj* mallorquín(ina) *m,f*

majorette [meɪdʒə'ret] *n* majorette *f*

majority [mə'dʒɒrɪtɪ] *n* (**a**) *(in vote)* mayoría *f*; **to be in a** *or* **the m.** ser mayoría ❑ ***m. decision*** decisión *f* por mayoría; *Fin* ***m. interest*** participación *f* mayoritaria; *Pol* ***m. rule*** gobierno *m* mayoritario; *Law* ***m. verdict*** veredicto *m* mayoritario; *Pol* ***m. vote*** votación *f* por mayoría (**b**) *Law (age)* mayoría *f* de edad

MAKE [meɪk] **1** *n* (**a**) *(brand)* marca *f*; **what m. is it?** ¿de qué marca es?

(**b**) IDIOM *Fam* **to be on the m.** *(financially)* buscar sólo el propio beneficio; *(sexually)* ir a ligar *or RP* de levante

2 *vt* (*pt & pp* **made** [meɪd]) (**a**) *(produce, prepare, perform)* hacer; *(manufacture)* hacer, fabricar; *(payment, transaction)* realizar, efectuar; *(speech)* pronunciar; *(decision)* tomar; *(mistake)* cometer; **I m. my own clothes** (me) hago mis propias ropas; **to m. the bed** hacer la cama; **we m. no charge for delivery** no cobramos por la entrega; **to m. a choice** elegir; **everybody m. a circle** todos, formad un círculo; **to m. progress** progresar; **to m. a promise** hacer una promesa; **to m. a record** grabar un disco; **m. room for your sister** hazle sitio a tu hermana; **to m. time to do sth** encontrar tiempo para hacer algo; **made from** *or* **out of** hecho con *or* de; **it's made of silver** es de plata; **made in Spain** fabricado(a) en España; *Fig* **that coat was made for you** ese abrigo está hecho a tu medida; **they were made for each other** estaban hechos el uno para el otro; *Fam* **I'll show them what I'm made of** les voy a demostrar quién soy yo; *Fam* **I'm not made of money!** ¡que no soy millonario *or* de oro!; **I'll m. a man of you yet!** ¡te he de convertir en un hombre!; **to m. something of oneself** convertirse en una persona de provecho

(**b**) *(earn) (money)* ganar; **to m. a loss** tener *or* sufrir pérdidas; **to m. a profit** obtener *or* sacar beneficios; **I made $100 on the deal** saqué 100 dólares (de beneficio) del trato; **to m. a living** ganarse la vida; **she has made a lot of enemies** se ha creado muchos enemigos; **she has made a lot of friends** ha hecho muchos amigos; **to m. a name for oneself** crearse *or* labrarse una reputación

(**c**) *(cause)* **to m. a difference** cambiar mucho las cosas (a mejor); **it doesn't m. any difference, it makes no difference** da lo mismo; **stop making a noise** deja de hacer ruido; **to m. a success of sth** tener éxito con algo; **to m. trouble** crear problemas; **it made his hair fall out** hizo que se le cayera el pelo; **it made me smile** me hizo sonreír; **he made her cry** la hizo llorar; **don't m. me laugh!** ¡no me hagas reír!; **what made her say that?** ¿qué le hizo decir eso?; **it makes me want to give up** me da ganas de dejarlo; **the photo makes me look older than I am** la foto me hace aparecer más viejo de lo que soy; **she made herself look foolish** quedó como una tonta

(**d**) *(cause to be)* hacer; **that made me angry** eso me enfadó *or Am* enojó; **to m. sb happy** hacer feliz a alguien; **to m. sb sad** entristecer a alguien; **to m. sb hungry** dar hambre a alguien; **it makes me nervous** me pone nervioso; **to m. sb tired** cansar a alguien; **she has been made captain** la han nombrado capitana; **to m. a fool of sb** poner a alguien en ridículo; **to m. a fool of oneself** hacer el ridículo; **quantum mechanics made easy** *(book title)* introducción básica a la mecánica cuántica; **his goal made the score two-nil** su gol puso el marcador en dos a cero; **you've made the house really nice** habéis dejado la casa bien bonita; **m. yourself comfortable** ponte cómodo; **to m. oneself heard** hacerse oír; **to m. oneself known to sb** ponerse en contacto con alguien; **do I m. myself understood?** ¿queda bien claro?; **to m. sb a present of sth** regalar algo a alguien; **m. mine a gin and tonic** para mí un gin-tonic

(**e**) *(cause to be successful)* **this book made her** este libro le dio la fama; **what really makes the film is the photography** lo que hace que la película sea tan buena es la fotografía; **to m. it (to the top)** *(be successful)* tener éxito, llegar a la cima; **to m. it big** triunfar; **you've got it made** lo tienes todo hecho; **this record will m. or break her career** este disco decidirá su carrera; **it made my day** me alegró el día

(**f**) *(compel)* **to m. sb do sth** hacer que alguien haga algo; **they made us wear suits, we were made to wear suits** nos obligaron a llevar traje

(**g**) *(estimate, calculate)* **what time do you m. it?** ¿qué hora tienes?; **what do you m. the answer?** ¿cuál crees que es la respuesta?; **I m. it $50 in total** calculo un total de 50 dólares; **£19, please — m. it £20** 19 libras, por favor – cóbrese 20

(**h**) *(amount to)* **two and two m. four** dos y dos son cuatro; **that makes $50 in total** y con eso el total son 50 dólares; **that makes five times she has called me this week!** ¡ésta es la quinta vez que me llama esta semana!; *Fam* **I'm exhausted — that makes two of us!** estoy agotado – ¡ya somos dos!

(**i**) *(reach)* **do you think we'll m. the five o'clock train?** ¿llegaremos al tren de las cinco?; **to m. the charts** *(of record)* llegar a las listas de éxitos; **to m. the cut** *(in golf)* meterse en el corte; **to m. a deadline** cumplir un plazo; **to m. the first team** *(be selected)* conseguir entrar en el primer equipo; **to m. the front page** *(of news)* aparecer en (la) portada; **we've made good time** hemos ido bien rápidos; **to m. it** *(arrive in time)* llegar (a tiempo); *(finish in time)* terminar a tiempo; **the doctors don't think he'll m. it** *(live)* los doctores no creen que vaya a vivir; **I don't know how I made it through the day** no sé cómo conseguí pasar el día

(**j**) *(manage to attend) (show, meeting)* llegar a; **I can m. two o'clock** puedo estar allí para las dos; **can you m. it next week?** ¿puedes venir la próxima semana?; **I can't m. it on Friday, I'm afraid** me temo que el viernes no podré ir

(**k**) *(become, be)* ser; **he'll m. a good doctor/singer** será un buen médico/ cantante; **this old shirt would m. a good duster** esta camisa vieja irá muy bien para quitar *or Am* sacar el polvo; **it will m. interesting reading** será interesante leerlo
(**l**) *(score) (in baseball, cricket)* hacer
(**m**) *(in golf)* **to m. a putt** embocar un putt
(**n**) *(in American football)* **he made 34 yards** avanzó 34 yardas
(**o**) *US very Fam (have sex with)* **to m. it with sb** hacérselo con alguien
3 *vi* (**a**) *(act)* **to m. as if** *or* **as though to do sth** hacer como si se fuera a hacer algo; *US Fam* **she makes like she's an expert** se las da de experta; **to m. believe (that)...** imaginarse que...
(**b**) *(succeed)* **it's m. or break** es la hora de la verdad
(**c**) **to m. sure** *or* **certain (of sth)** asegurarse (de algo); **to m. sure** *or* **certain (that)...** asegurarse de que...

▸**make after** *vt insep* **to m. after sb** *(chase)* salir en persecución de alguien

▸**make away with** *vt insep* (**a**) = **make off with** (**b**) *Old-fashioned (kill)* acabar con

▸**make do** *vi* arreglárselas (**with/ without** con/sin); **there's no olive oil left, so you'll have to m. do without** no queda aceite de oliva, tendréis que arregláros las sin él

▸**make for** *vt insep* (**a**) *(head towards)* dirigirse hacia (**b**) *(contribute to)* facilitar, contribuir a; **her presence made for an interesting evening** su presencia dio interés a la velada

▸**make into** *vt sep (convert)* **to m. sth/sb into sth** convertir algo/a alguien en algo

▸**make of** *vt sep* (**a**) *(have opinion about)* **what do you m. of the new boss?** ¿qué te parece el nuevo jefe?; **I don't know what to m. of that remark** no sé cómo interpretar ese comentario (**b**) *(get out of)* **I want to m. something of my life** quiero ser algo en la vida; **to m. the most of sth** aprovechar algo al máximo; **why don't we m. a day/evening of it?** ¿por qué no aprovechamos para pasar el día/la tarde? (**c**) *(give importance to)* **I think you're making too much of this problem** creo que estás exagerando este problema

▸**make off** *vi Fam (leave)* largarse

▸**make off with** *vt insep Fam (steal)* largarse con, llevarse

▸**make out 1** *vt insep Fam (claim)* **to m. out (that)...** decir *or* pretender que...; **it's not as bad as it's made out to be** no es tan malo como dicen
2 *vt sep* (**a**) *(write) (list)* elaborar, hacer; *(cheque)* extender (**to** a) (**b**) *Fam (claim)* **she made herself out to be an expert** se las daba de experta (**c**) *(understand, decipher)* entender; *(see)* distinguir; *(hear)* oír; **can you m. out what it says here?** ¿distingues lo que dice aquí?; **I just can't m. him out** no consigo entenderlo; **as far as I can m. out** por lo que entiendo (**d**) *(explain)* **to m. out a case for/against sth** exponer los argumentos a favor/en contra de algo
3 *vi* (**a**) *US (get on)* llevarse bien; **how did you m. out at the interview?** ¿cómo te fue en la entrevista? (**b**) *US Fam (sexually)* meterse mano, darse el lote

▸**make over** *vt sep* (**a**) *(transfer)* **she has made the estate over to her granddaughter** ha nombrado a su nieta heredera de sus propiedades (**b**) *US (convert)* **to m. sth over into sth** convertir algo en algo

▸**make to** *vt insep* **to m. to do sth** hacer como si se fuera a hacer algo

▸**make towards** *vt insep* dirigirse hacia

▸**make up 1** *vt sep* (**a**) *(story, song, excuses)* inventar
(**b**) *(deficit, loss)* enjugar, recuperar; **we should be able to m. up the hour we lost later** deberíamos poder recuperar más adelante la hora perdida
(**c**) *(complete) (team, amount)* completar; **my uncle is going to m. up the difference** mi tío va a pagar la diferencia; **I felt like I was only there to m. up the numbers** sentí que estaba ahí sólo para hacer cuentas
(**d**) *(form)* formar, componer; **the community is made up primarily of old people** la comunidad se compone principalmente de ancianos; **road accidents m. up 70 percent of the total** los accidentes de carretera representan *or* suponen un 70 por ciento del total; **a group made up of left-wing politicians** un grupo integrado por políticos de izquierdas
(**e**) *(put together) (list)* elaborar, hacer; *(parcel, bed)* hacer; *(prescription)* preparar; *(curtains, dress)* hacer
(**f**) *Typ* componer
(**g**) *(apply make-up to)* **to m. sb up (as sb)** maquillar a alguien (de alguien); **to m. oneself up** maquillarse
(**h**) *(resolve)* **to m. up one's mind** decidirse; **I've made up my mind never to return** he decidido no volver nunca
2 *vi (end quarrel)* reconciliarse (**with** con)

▸**make up for** *vt insep (losses)* compensar; **he bought me flowers to m. up for his behaviour** me compró flores para disculparse por su comportamiento; **to m. up for lost time** recuperar el tiempo perdido

▸**make up to 1** *vt insep Br Fam (ingratiate oneself with)* hacer la pelota a alguien
2 *vt sep (compensate)* **I'll m. it up to you later, I promise** te prometo que te recompensaré (por ello) más adelante

---

make-believe ['meɪkbɪli:v] **1** *n* **to live in a land of m.** vivir en un mundo de fantasías
2 *adj* ficticio(a)

make-do ['meɪkdu:] *adj* improvisado(a); **it was a case of m. and mend** hubo que improvisar

make-or-break ['meɪkə'breɪk] *adj* decisivo(a); **it's m. time** es el momento de la verdad

makeover ['meɪkəʊvə(r)] *n* renovación *f or* cambio *m* de imagen

maker ['meɪkə(r)] *n* (**a**) *(manufacturer)* fabricante *mf* (**b**) **to meet one's M.** *(to die)* entregar el alma a Dios

makeshift ['meɪkʃɪft] *adj* improvisado(a)

make-up ['meɪkʌp] *n* (**a**) *(cosmetics)* maquillaje *m* ▫ ***m. artist*** maquillador(ora) *m,f*; ***m. bag*** bolsa *f* del maquillaje; ***m. remover*** desmaquillador *m* (**b**) *(composition) (of team, group)* composición *f*; *(of person)* temperamento *m*, carácter *m*

makeweight ['meɪkweɪt] *n* relleno *m*; **as a m.** de relleno

making ['meɪkɪŋ] *n* (**a**) *(manufacture) (of goods)* fabricación *f*, manufactura *f*; **the film was three years in the m.** llevó tres años realizar la película; **this is history in the m.** se está haciendo historia (aquí y ahora); **a musician in the m.** un músico en ciernes; **the problem is of her own m.** el problema se lo ha buscado ella; **it will be the m. of her** será la llave de su éxito (**b**) *(potential)* **he has the makings of an actor** tiene madera de actor

malachite ['mæləkaɪt] *n* malaquita *f*

maladjusted [mælə'dʒʌstɪd] *adj* inadaptado(a)

maladministration [mælədmɪnɪ'streɪʃən] *n Formal* mala gestión *f*

maladroit [mælə'drɔɪt] *adj Formal* torpe, inepto(a)

malady ['mælədɪ] *n Formal* mal *m*

Malaga ['mæləgə] *n* Málaga

Malagasy ['mæləgæsɪ] **1** *n (language)* malgache *m*
2 *adj* malgache

malaise [mæ'leɪz] *n Formal* malestar *m*

malapropism ['mæləprɒpɪzəm] *n* gazapo *m*

malaria [mə'leərɪə] *n* malaria *f*

malarial [mə'leərɪəl] *adj* palúdico(a)

malark(e)y [mə'lɑ:kɪ] *n Fam* (**a**) *(ridiculous behaviour)* payasadas *fpl*, majaderías *fpl* (**b**) *(ridiculous explanation)* sandeces *fpl*, majaderías *fpl*

Malawi [mə'lɑ:wɪ] *n* Malaui

Malawian [mə'lɑ:wɪən] *n & adj* malaui *mf*

Malay [mə'leɪ] *n & adj* malayo(a) *m,f*

Malayan [mə'leɪən] **1** *n* (**a**) *(person)* malayo(a) *m,f* (**b**) *(language)* malayo *m*
2 *adj* malayo(a)

Malaysia [mə'leɪzɪə] *n* Malaisia

Malaysian [mə'leɪzɪən] *n & adj* malaisio(a) *m,f*

malcontent ['mælkəntent] *n Formal* insatisfecho(a) *m,f*

Maldives ['mɔ:ldi:vz] *npl* **the M.** las Maldivas

male [meɪl] **1** *n (person)* varón *m*, hombre *m*; *(animal)* macho *m*
2 *adj (person)* masculino(a); *(animal)* macho ▫ ***m. chauvinism*** machismo *m*; ***m. chauvinist*** machista *m*; *Fam* ***m. chauvinist pig*** cerdo *m* machista; ***m. connector*** conector *m* macho; ***m. fern*** helecho *m* macho; *Fam Hum* ***m. menopause*** meno-

pausia *f* masculina; ***m. model*** modelo *m*; ***m. nurse*** enfermero *m*

malefactor ['mælɪfæktə(r)] *n Literary* malhechor(ora) *m,f*

maleness ['meɪlnɪs] *n* masculinidad *f*

malevolence [mə'levələns] *n* malevolencia *f*

malevolent [mə'levələnt] *adj* malévolo(a)

malfeasance [mæl'fi:zəns] *n Law* infracción *f*

malformation [mælfɔ:'meɪʃən] *n* malformación *f*

malformed [mæl'fɔ:md] *adj (organ, baby)* con malformación, deforme

malfunction [mæl'fʌŋkʃən] **1** *n* mal funcionamiento *m*
2 *vi* averiarse

Mali ['mɑ:lɪ] *n* Mali

Malian ['mɑ:lɪən] *n & adj* malí *mf*, malense *mf*

malic acid ['mælɪk'æsɪd] *n* ácido *m* málico

malice ['mælɪs] *n* malicia *f*; **she bears you no m.** no te guarda rencor; *Law* **with m. aforethought** con premeditación y alevosía

malicious [mə'lɪʃəs] *adj* malicioso(a)

maliciously [mə'lɪʃəslɪ] *adv* maliciosamente

malign [mə'laɪn] **1** *adj* perjudicial, pernicioso(a)
2 *vt* difamar

malignancy [mə'lɪgnənsɪ] *n* (**a**) *Med (of tumour)* malignidad *f* (**b**) *(of person)* maldad *f*, perversidad *f*

malignant [mə'lɪgnənt] *adj (person, tumour)* maligno(a)

malinger [mə'lɪŋgə(r)] *vi* fingir una enfermedad (para no ir a trabajar)

malingerer [mə'lɪŋgərə(r)] *n* = persona que se finge enferma (para no ir a trabajar)

mall [mɔ:l] *n US* centro *m* comercial

mallard ['mælɑ:d] *n* ánade *m* real

malleable ['mælɪəbəl] *adj (person, metal)* maleable

mallet ['mælɪt] *n* mazo *m*

Mallorcan [mə'jɔ:kən] **1** *n* (**a**) *(person)* mallorquín(ina) *m,f* (**b**) *(language)* mallorquín *m*
2 *adj* mallorquín(ina)

mallow ['mæləʊ] *n (plant)* malva *f*

malnourished [mæl'nʌrɪʃt] *adj* desnutrido(a)

malnutrition [mælnju:'trɪʃən] *n* desnutrición *f*

malodorous [mæl'əʊdərəs] *adj Formal* (**a**) *(smelly)* hediondo(a) (**b**) *(conduct, scandal)* repugnante

malpractice [mæl'præktɪs] *n* negligencia *f* (profesional)

malt [mɔ:lt] *n* malta *f* ❑ ***m. extract*** extracto *m* de malta; ***m. vinegar*** vinagre *m* de malta; ***m. whisky*** whisky *m* de malta

Malta ['mɔ:ltə] *n* Malta

malted ['mɔ:ltɪd] *adj* malteado(a) ❑ ***m. milk*** leche *f* malteada

Maltese [mɔ:l'ti:z] **1** *n* (**a**) *(person)* maltés(esa) *m,f* (**b**) *(language)* maltés *m*
2 *npl (people)* **the M.** los malteses
3 *adj* maltés(esa) ❑ ***M. cross*** cruz *f* de Malta

Malthusian [mæl'θu:zɪən] *adj* maltusiano(a)

maltose ['mɔ:ltəʊs] *n Chem* maltosa *f*

maltreat [mæl'tri:t] *vt* maltratar

maltreatment [mæl'tri:tmənt] *n* maltrato *m*, malos tratos *mpl*

malty ['mɔ:ltɪ] *adj* a malta; **it tastes m., it has a m. taste** sabe a malta

mam [mæm] *n Br Fam* mamá *f*

mamba ['mæmbə] *n* mamba *f*

mamma[1] ['mæmə] *n US Fam* (**a**) *(mother)* mamá *f*, mami *f* (**b**) *(woman) Esp* tía *f*, *Am* mamita *f*

mamma[2] [mə'mɑ:] *n Br Old-fashioned (mother)* mamá *f*

mammal ['mæməl] *n* mamífero *m*

mammalian [mə'meɪlɪən] *adj* **m. characteristics** características propias de los mamíferos

mammary ['mæmərɪ] *adj Anat* mamario(a) ❑ ***m. glands*** mamas *fpl*, glándulas *fpl* mamarias

mammogram ['mæməgræm], **mammograph** ['mæməgrɑ:f] *n Med* mamografía *f*

mammography [mæ'mɒgrəfɪ] *n Med* mamografía *f*

Mammon ['mæmən] *n Literary* el vil metal

mammoth ['mæməθ] **1** *n (animal)* mamut *m*
2 *adj (huge)* gigantesco(a), enorme; *(task)* ingente

mammy ['mæmɪ] *n Fam* mamá *f*, mami *f*

MAN [mæn] **1** *n* (*pl* **men** [men]) (**a**) *(adult male)* hombre *m*; **a young m.** un joven; **I'm a busy/lucky m.** soy un hombre ocupado/afortunado; **he's an Oxford m.** *(from Oxford)* es de Oxford; *(who studied at Oxford University)* estudió en la Universidad de Oxford; **a family m.** un hombre de familia; **I'm not a betting m.** no soy amigo de las apuestas; **I'm a whisky m.** siempre bebo *or Am* tomo whisky; **he is very much the president's m.** es un incondicional del presidente; *Br Old-fashioned* **my (dear** *or* **good) m.!** mi querido amigo; **that's our m.!** *(the man we're looking for)* ¡ése es nuestro hombre!; *Fam* **if it's insurance you need, I'm your m.** si necesitas un seguro, soy la persona que buscas; **a m.'s shirt/bicycle** una camisa/bicicleta de hombre; **the men's 100 metres** los 100 metros masculinos; *Euph* **the men's room** el servicio *or Am* los baños de caballeros; **he's a m. child** es un inmaduro; **to be a m. for all seasons** ser un hombre de recursos; **a m. of God** *or* **the cloth** un clérigo; **a m. of letters** un literato, un hombre de letras; **a m. of many parts** un hombre versátil *or* polifacético; **a m. of the people** un hombre popular; **a m. of straw** *(weak person)* un pusilánime; *(front man)* un testaferro, un hombre de paja; **he's a m. of his word** es un hombre de palabra; **he's a m. of few words** es hombre de pocas palabras *or* parco en palabras; **a m. of the world** un hombre de mundo; *Fam* **the men in grey suits** los altos jerarcas, los grandes popes; **he's just the m. for the job** es el hombre indicado (para el trabajo); **the m. in the street** el hombre de la calle; **the m. of the moment** el protagonista del momento; *Fam Hum* **the men in white coats** los loqueros, *RP* los hombrecitos de blanco; **I worked there m. and boy** trabaje allí desde pequeño; **be a m. and tell her!** ¡sé hombre y díselo!; **to be m. enough to do sth** tener el valor suficiente para hacer algo; **he's a m.'s m.** le gustan las cosas de hombres; **to be one's own m.** ser dueño de sí mismo; IDIOM **are you a m. or a mouse?** ¡no seas gallina!; **the army will make a m. of him** el ejército lo hará un hombre; **this will separate the men from the boys** así se verá quién vale de verdad; **to talk to sb m. to m.** hablar con alguien de hombre a hombre; **he took it like a m.** lo aceptó como un hombre; PROV **a m.'s gotta do what a m.'s gotta do** no queda más remedio
(**b**) *(individual, person)* persona *f*, hombre *m*; **any m.** cualquiera; **few men** pocos, pocas personas; **they replied as one m.** respondieron como un solo hombre; **they were patriots to a m.** hasta el último de ellos era un patriota; **every m. has his price** todos tenemos un precio; **here it's every m. for himself** aquí es un sálvese quien pueda; *Fam* **every m. jack (of them)** todo quisque; **m.'s best friend** *(dog)* el mejor amigo del hombre; PROV **you can't keep a good m. down** el que vale, vale; PROV **one m.'s meat is another man's poison** sobre gustos no hay nada escrito
(**c**) *US Fam (in exclamations)* **m., am I tired!** ¡estoy que me caigo de cansancio!; **stop that, m.!** ¡déjalo ya, *Esp* tío *or Am* compadre!; **hey m., what are you doing?** oye, *Esp* tío *or Am* compadre, ¿qué haces?; **hey m., that's great!** ¡ostras *or RP* ché, qué bien!; **my m.!** *(greeting) Esp* ¡colega!, *Am* ¡compadre!; **oh m., that's terrible!** ¡jolín *or RP* ché, qué terrible!
(**d**) *(husband)* marido *m*; *Fam (boyfriend)* hombre *m*; **to live as m. and wife** vivir como marido y mujer; *Old-fashioned* **your young m.** tu galán; *Fam* **to have m. trouble** tener problemas de amores
(**e**) *(humanity)* el hombre; **prehistoric m.** el hombre prehistórico; **m.'s cruelty to m.** la crueldad del hombre hacia el prójimo; **one of the most toxic substances known to m.** una de las sustancias más tóxicas que se conocen; PROV **m. cannot live by bread alone** no sólo de pan vive el hombre
(**f**) *(employee) (in factory)* trabajador *m*; *(servant)* criado *m*; *(soldier)* hombre *m*; **an insurance m.** un vendedor de seguros;

our m. in Rome *(spy)* nuestro agente en Roma; *(diplomat)* nuestro representante en Roma; *(reporter)* nuestro corresponsal en Roma ❑ ***a M. Friday*** un chico para todo; ***m. management*** = gestión de las relaciones humanas en una empresa, equipo, etc.

(**g**) *Sport (player, mark)* hombre *m*; **to lose one's m.** desmarcarse ❑ ***m. of the match*** el jugador más destacado del partido

(**h**) *US very Fam* **the m., the M.** *(police)* la policía, *Esp* la pasma, *Andes* los pacos, *Col* los tombos, *Méx* los pitufos, *RP* la cana

(**i**) *US very Fam* **the m., the M.** *(drug dealer)* el camello, *RP* el dealer

(**j**) *US very Fam* **the m., the M.** *(white people)* el hombre blanco

(**k**) *(in chess)* pieza *f*; *(in draughts)* ficha *f*

2 *vt* (*pt & pp* **manned**) *(machine)* manejar; *(plane, boat)* tripular; *(phone, reception desk)* atender; **m. the lifeboats!** ¡todo el mundo a los botes salvavidas!; **a manned flight** un vuelo tripulado

---

man-about-town ['mænəbaʊt'taʊn] *n* urbanita *m* sofisticado

manacles ['mænəkəlz] *npl (for hands)* esposas *fpl*; *(for feet)* grilletes *mpl*

manage ['mænɪdʒ] **1** *vt* (**a**) *(company, hotel, project)* dirigir; *(the economy, resources)* gestionar, administrar; *(shop)* llevar (**b**) *(deal with) (situation)* manejar, tratar; **to m. to do sth** conseguir hacer algo; **to know how to m. sb** saber cómo tratar a alguien; **I can't m. three suitcases** no puedo con tres maletas *or Am* valijas; **£100 is the most that I can m.** no puedo dar más de 100 libras; **can you m. dinner on Thursday?** ¿puedes venir el jueves a cenar?

2 *vi (cope)* arreglárselas; **he'll never m. on his own** no lo podrá hacer él solo; **to m. on sth** *(amount of money, food)* vivir con algo; **to m. without sb/sth** arreglárselas sin alguien/algo

manageable ['mænɪdʒəbəl] *adj (object, hair)* manejable; *(level, proportions)* razonable; *(task)* realizable, factible

managed ['mænɪdʒd] *adj Fin* ***m. fund*** fondo *m* de inversión dirigido

management ['mænɪdʒmənt] *n* (**a**) *(activity) (of company, project)* dirección *f*, gestión *f*; *(of economy, resources)* gestión *f*, administración *f* ❑ *Fin* ***m. accountant*** contable *mf* de costos *or* gestión; *Fin* ***m. accounting*** contabilidad *f* de gestión; ***m. consultant*** consultor(ora) *m,f* en administración de empresas; ***m. studies*** estudios *mpl* de gestión empresarial *or* administración de empresas; ***m. style*** estilo *m* de dirección

(**b**) *(managers, employers)* **the m.** la dirección; **under new m.** *(sign)* nuevos propietarios; **m. and unions** la patronal y los sindicatos ❑ ***m. buyout*** = adquisición de una empresa por sus directivos; ***m. team*** equipo *m* de dirección

manager ['mænɪdʒə(r)] *n (of bank, company)* director *m*; *(of shop, bar)* encargado *m*; *(of boxer, singer)* representante *mf*, manager *mf*; *(of football team)* entrenador(ora) *m,f*

manageress [mænɪdʒə'res] *n (of bank, company)* directora *f*; *(of shop, bar)* encargada *f*

managerial [mænɪ'dʒɪərɪəl] *adj* de gestión, directivo(a) ❑ ***m. skills*** capacidad *f* de gestión; ***m. staff*** directivos *mpl*

managership ['mænɪdʒəʃɪp] *n (of soccer team)* dirección *f* técnica

managing director ['mænɪdʒɪŋdaɪ'rektə(r)] *n* director(ora) *m,f* gerente

man-at-arms ['mænət'ɑːmz] *n* hombre *m* armado

manatee ['mænətiː] *n* manatí *mf*

Manchester ['mæntʃestə(r)] *n* Manchester

Mancunian [mæŋ'kjuːnɪən] **1** *n* = natural o habitante de Manchester

2 *adj* de Manchester

Mandarin ['mændərɪn] *n (language)* **M. (Chinese)** mandarín *m*

mandarin ['mændərɪn] *n* (**a**) *Hist (Chinese official)* mandarín *m* ❑ ***m. collar*** cuello estilo *m* Mandarín (**b**) *(high civil servant)* alto burócrata *mf* (**c**) *(fruit)* mandarina *f*

mandate ['mændeɪt] **1** *n* mandato *m*; **to have a m. to do sth** tener autoridad para hacer algo; **to obtain/give a m.** obtener/conferir autoridad *or* permiso

2 *vt (authorize)* autorizar

mandatory ['mændətərɪ] *adj* obligatorio(a)

mandated ['mændeɪtɪd] *adj* ***m. territory*** territorio *m* bajo mandato

man-day ['mæn'deɪ] *n Econ* día-hombre *m*, día *m* de mano de obra

mandible ['mændɪbəl] *n* mandíbula *f*

mandolin(e) ['mændəlɪn] *n* mandolina *f*

mandrake ['mændreɪk] *n* mandrágora *f*

mandrill ['mændrɪl] *n* mandril *m*

mane [meɪn] *n (of lion)* melena *f*; *(of horse)* crines *fpl*

man-eater ['mæniːtə(r)] *n* (**a**) *(animal)* devorador(ora) *m,f* de hombres (**b**) *Fam (woman)* devoradora *f* de hombres

man-eating ['mæniːtɪŋ] *adj (tiger, lion)* devorador(ora) de hombres

maneuverable, maneuver *US* = **manoeuvrable, manoeuvre**

manfully ['mænfʊlɪ] *adv* con hombría

manganese [mæŋgə'niːz] *n Chem* manganeso *m*

mange [meɪndʒ] *n (animal disease)* sarna *f*

mangel-wurzel ['mæŋgəlwɜːzəl], *US* **mangel** ['mæŋgəl] *n* = tipo de remolacha

manger ['meɪndʒə(r)] *n* pesebre *m*

mangetout [mɒnʒ'tuː] *n* **m. (pea)** tirabeque *m*

mangle ['mæŋgəl] **1** *n (for clothes)* escurridor *m* de rodillos *(para ropa)*

2 *vt (body, text, truth)* mutilar

mangled ['mæŋgəld] *adj (car, body)* destrozado(a), magullado(a); *Fig (text, version)* tergiversado(a)

mango ['mæŋgəʊ] (*pl* **mangos** *or* **mangoes**) *n* mango *m*

mangosteen ['mæŋgəstiːn] *n (tree, fruit)* mangostán *m*

mangrove ['mæŋgrəʊv] *n* mangle *m* ❑ ***m. swamp*** manglar *m*

mangy ['meɪndʒɪ] *adj* (**a**) *(animal)* sarnoso(a) (**b**) *Fam (carpet, coat)* raído(a)

manhandle ['mænhændəl] *vt* **they manhandled him into the car** lo metieron en el coche *or Am* carro *or RP* auto a empujones; **they manhandled the piano down the stairs** acarrearon a duras penas el piano escaleras abajo

manhole ['mænhəʊl] *n* (boca *f* de) alcantarilla *f* ❑ ***m. cover*** tapa *f* de alcantarilla

manhood ['mænhʊd] *n* (**a**) *(maturity)* madurez *f*; **to reach m.** alcanzar la madurez (**b**) *(masculinity)* hombría *f*; **he proved his m.** demostró su hombría (**c**) *(men collectively)* **Scottish m.** los hombres escoceses

man-hour ['mænaʊə(r)] *n Econ* hora-hombre *f*

manhunt ['mænhʌnt] *n* persecución *f*

mania ['meɪnɪə] *n* (**a**) *Med* manía *f* (**b**) *(strong interest)* pasión *f* (**for** por); **to have a m. for doing sth** tener pasión por hacer algo

maniac ['meɪnɪæk] *n* maníaco(a) *m,f*; **to drive like a m.** *Esp* conducir *or Am* manejar como un loco

manic ['mænɪk] *adj (person)* histérico(a) ❑ ***m. depression*** psicosis *f* maníaco depresiva

manic-depressive ['mænɪkdɪ'presɪv] *n & adj Psy* maníaco(a) depresivo(a) *m,f*

manicure ['mænɪkjʊə(r)] **1** *n* manicura *f*

2 *vt* **to m. one's nails** hacerse la manicura

manicurist ['mænɪkjʊərɪst] *n* manicuro(a) *m,f*

manifest ['mænɪfest] **1** *n (of ship, aircraft)* manifiesto *m*

2 *adj* manifiesto(a), patente; **to make sth m.** poner algo de manifiesto ❑ *Hist* ***M. Destiny*** *(of United States)* destino *m* manifiesto

3 *vt* manifestar; **her insecurity manifests itself as arrogance** su inseguridad se manifiesta en forma de arrogancia

manifestation [mænɪfes'teɪʃən] *n* manifestación *f*

manifestly ['mænɪfestlɪ] *adv* manifiestamente

manifesto [mænɪ'festəʊ] (*pl* **manifestos** *or* **manifestoes**) *n Pol* manifiesto *m*

manifold ['mænɪfəʊld] **1** *n Tech* colector *m*

2 *adj (numerous)* múltiple

Manila [mə'nɪlə] *n* Manila

mani(l)la envelope [mə'nɪlə'envələʊp] *n* sobre *m* marrón de papel manila

manioc ['mænɪɒk] *n* mandioca *f*

manipulate [mə'nɪpjʊleɪt] *vt (controls, people, statistics)* manipular

manipulation [mənɪpjʊ'leɪʃən] *n (of controls, people, statistics)* manipulación *f*

manipulative [mə'nɪpjʊlətɪv] *adj Pej* manipulador(ora)

manipulator [mə'nɪpjʊleɪtə(r)] *n* manipulador(ora) *m,f*

mankind [mæn'kaɪnd] *n* la humanidad

manky [mæŋkɪ] *adj Br Fam* mugriento(a), *Esp* cochambroso(a)

manliness ['mænlɪnɪs] *n* hombría *f*, virilidad *f*

manly ['mænlɪ] *adj* viril, varonil; **he looks very m. in uniform** se ve muy varonil de uniforme

man-made ['mænmeɪd] *adj (fabric, product)* sintético(a), artificial; *(lake, beach)* artificial; **m. disaster** catástrofe *f* provocada por el hombre

manna ['mænə] *n* **m. from heaven** maná *m* caído del cielo

manned [mænd] *adj* tripulado(a)

mannequin ['mænɪkɪn] *n (person)* modelo *mf*, maniquí *mf*; *(dummy)* maniquí *m*

manner ['mænə(r)] *n* (**a**) *(way, method, style)* manera *f*, modo *m*; **in a m. of speaking** en cierto modo; **(as if) to the m. born** como si lo llevara haciendo toda su vida
(**b**) *(etiquette)* **(good) manners** buenos modales; **bad manners** malos modales; **it's bad manners to...** es de mala educación...; **he's got no manners** no tiene modales, es un maleducado
(**c**) *(type)* **all m. of** toda clase de; **by no m. of means, not by any m. of means** en absoluto
(**d**) *(attitude, behaviour)* actitud *f*; **I don't like his m.** no me gusta su actitud; **she's got a very unpleasant m.** es muy arisca

mannered ['mænəd] *adj* afectado(a), amanerado(a)

mannerism ['mænərɪzəm] *n* tic *m*, peculiaridad *f*

mannerly ['mænəlɪ] *adj* educado(a)

mannish ['mænɪʃ] *adj* varonil, masculino(a)

manoeuvrability, *US* **maneuverability** [mənu:vrə'bɪlɪtɪ] *n* maniobrabilidad *f*

manoeuvrable, *US* **maneuverable** [mə'nu:vrəbəl] *adj* manejable

manoeuvre, *US* **maneuver** [mə'nu:və(r)] **1** *n* (**a**) *(movement)* maniobra *f*; *Fig* **there wasn't much room for m.** no había mucho margen de maniobra (**b**) *(tactic)* maniobra *f* (**c**) *Mil* **to be on manoeuvres** estar de maniobras
2 *vt* **we manoeuvred the piano up the stairs** subimos el piano con cuidado por la escalera; **she manoeuvred the car into the space** maniobró para meter el coche *or Am* carro *or Chile, RP* auto en el hueco
3 *vi* maniobrar; *also Fig* **to m. for position** tratar de ponerse en una buena posición

manometer [mə'nɒmətə(r)] *n* manómetro *m*

manor ['mænə(r)] *n (estate)* señorío *m*; **m. (house)** casa *f* solariega

man-o'-war, man-of-war [mænə'wɔ:(r)] (*pl* **men-o'-war, men-of-war**) *n* (**a**) *(warship)* buque *m* de guerra (**b**) *(jellyfish)* **(Portuguese) m.** = tipo de medusa venenosa

manpower ['mænpaʊə(r)] *n* mano *f* de obra

manqué [mɒŋ'keɪ] *adj Formal* fallido(a), frustrado(a)

mansard ['mænsɑ:d] *n Archit* **m. (roof)** mansarda *f*

manse [mæns] *n Scot* casa *f* del vicario

manservant ['mænsɜ:vənt] (*pl* **menservants** ['mensɜ:vənts]) *n* criado *m*

mansion ['mænʃən] *n* mansión *f*

man-sized ['mænsaɪzd], *Br* **man-size** ['mænsaɪz] *adj* grande

manslaughter ['mænslɔ:tə(r)] *n Law* homicidio *m* (involuntario)

mantelpiece ['mæntəlpi:s] *n* repisa *f* (de la chimenea)

manta ['mæntə] *n* **m. (ray)** manta *f*

mantilla [mən'tɪlə] *n (scarf)* mantilla *f*

mantis ['mæntɪs] *n US* mantis *f inv* religiosa

mantle ['mæntəl] *n* (**a**) *(of lava, snow)* manto *m*, capa *f* (**b**) *(of gas lamp)* camisa *f*, manguito *m* incandescente (**c**) *(cloak)* capa *f*; *Fig* **to take on the m. of office** asumir las responsabilidades del puesto (**d**) *Geol* manto *m*

man-to-man [mæntʊ'mæn] **1** *adj* de hombre a hombre ▫ ***m. defence*** *(in basketball)* defensa *f* (al) hombre; ***m. marking*** *(in soccer)* marcaje *m* al hombre
2 *adv* de hombre a hombre; **to talk (to sb) m.** hablar con alguien de hombre a hombre

mantra ['mæntrə] *n* mantra *m*; *Fig* estribillo *m*

mantrap ['mæntræp] *n* trampa *f*

manual ['mænjʊəl] **1** *n (handbook)* manual *m*
2 *adj* manual

manually ['mænjʊəlɪ] *adv* a mano, manualmente

manufacture [mænjʊ'fæktʃə(r)] **1** *n* (**a**) *(act)* fabricación *f*, manufactura *f* (**b**) **manufactures** *(products)* productos *mpl* manufacturados
2 *vt (cars, clothes)* fabricar; *Fig (excuse)* inventarse; *(evidence)* sacarse de la manga; **to m. an opportunity to do sth** crear *or* generar la oportunidad para hacer algo

manufacturer [mænjʊ'fæktʃərə(r)] *n Ind* fabricante *mf*

manufacturing [mænjʊ'fæktʃərɪŋ] *n Ind* fabricación *f* ▫ ***m. base*** capacidad *f* de producción; ***m. capacity*** capacidad *f* de fabricación; ***m. industries*** industrias *fpl* manufactureras *or* de transformación

manure [mə'njʊə(r)] **1** *n* estiércol *m*, abono *m*
2 *vt* abonar, estercolar

manuscript ['mænjʊskrɪpt] *n* manuscrito *m*

Manx [mæŋks] *adj* de la Isla de Man ▫ ***M. cat*** gato *m* de la Isla de Man

MANY ['menɪ] **1** *adj (comparative* **more**, *superlative* **most**) muchos(as); **m. people** mucha gente; **m. times** muchas veces; **there weren't m. houses** no había muchas casas, había pocas casas; **one of the m. people to whom I am grateful** una de las muchas personas a quien estoy agradecido; **I have as m. books as you** tengo tantos libros como tú; **we have ten times/twice as m. points as them** tenemos diez veces más/el doble de puntos que ellos; **they scored three goals in as m. minutes** marcaron tres goles en tres minutos; **a good** *or* **great m. people agree** un buen número de gente está de acuerdo; **how m. times?** ¿cuántas veces?; **she asked how m. people had come** preguntó cuánta gente *or* cuántos había venido; **in m. ways** de muchas maneras; **I think he's stupid and I told him in so m. words** creo que es estúpido, y así se lo dije; **not in so m. words** no exactamente; **not m. people know that** poca gente sabe eso; **not that m. people came** no vino tanta gente; **so m.** tantos(as); **so m. people** tanta gente; **too m.** demasiados(as); **too m. people** demasiada gente; **we've spent m. a happy evening with them** hemos pasado muchas tardes agradables con ellos; **m.'s the time I've done that** lo he hecho muchas veces
2 *pron* muchos(as) *m,fpl*; **m. consider him the greatest poet ever** muchos consideran que es el mejor poeta de todos los tiempos; **one of the m. I have known** uno de los muchos que he conocido; **m. of us** muchos de nosotros; **I need as m. again** necesito la misma cantidad otra vez; **ten times as m.** diez veces esa cantidad; **twice as m.** el doble; **as m. as you like** todos los que quieras; **there were as m. as 500 people there** había hasta 500 personas allí; **I've read a good** *or* **great m. of his novels** he leído un buen número de sus novelas; **how m.?** ¿cuántos(as)?; **not (very** *or* **that) m.** no muchos(as); **so m.** tantos(as); **too m.** demasiados(as); **I've got one too m.** tengo uno de más; *Fam* **to have had one too m.** llevar una copa de más, haber bebido *or Am* tomado más de la cuenta
3 *npl* **the needs of the m. outweigh the needs of the few** el interés de la mayoría está por encima del de la minoría

many-coloured ['menɪ'kʌləd] *adj* multicolor

Mao jacket ['maʊ'dʒækɪt] *n* chaqueta *f* Mao

Maoism ['maʊɪzəm] *n* maoísmo *m*

Maoist ['maʊɪst] *n & adj* maoísta *mf*

Maori ['maʊrɪ] *n & adj* maorí *mf*

map [mæp] **1** *n* mapa *m*; *Fig* **this will put Stonybridge on the m.** esto dará a conocer a Stonybridge ▫ ***m. reference*** coordenadas *fpl*
2 *vt* (*pt & pp* **mapped**) *(region)* trazar un mapa de

▸**map out** *vt sep (route)* indicar en un mapa; *(plan, programme)* proyectar; **she had her**

career all mapped out tenía su carrera profesional planeada paso por paso

maple ['meɪpəl] *n (tree, wood)* arce *m* ❑ ***m. leaf*** hoja *f* de arce; ***m. syrup*** jarabe *m* de arce

mapmaking ['mæpmeɪkɪŋ] *n* cartografía *f*

map-reading ['mæpri:dɪŋ] *n* interpretación *f* de mapas

maquette [mæ'ket] *n Archit* maqueta *f*

maquis [mæ'ki:] *n (guerrilla)* maquis *m*, maqui *m*; **the M.** el Maquis *(francés)*

Mar *(abbr* **March***)* mar.

mar [mɑ:(r)] *(pt & pp* **marred***) vt* deslucir, empañar

marabou ['mærəbu:] *n* marabú *m*

maracas [mə'rækəz] *npl Mus* maracas *fpl*

maraschino cherry [mærə'ʃi:nəʊ-'tʃerɪ] *n* cereza *f* al marrasquino

marathon ['mærəθən] *n* maratón *m or f*; **a m. speech** un discurso maratoniano ❑ ***m. runner*** corredor(ora) *m,f* de maratón

maraud [mə'raʊd] *vi* merodear

marauder [mə'rɔ:də(r)] *n* merodeador(ora) *m,f*

marauding [mə'rɔ:dɪŋ] *adj (gangs, people)* merodeador(ora); **m. troops looted the town** la ciudad fue saqueada por tropas merodeadoras; **m. animals** animales *mpl* en busca de su presa

marble ['mɑ:bəl] *n* **(a)** *(stone)* mármol *m* **(b)** *(statue)* estatua *f* de mármol **(c)** *(glass ball)* canica *f*; **to play marbles** jugar a las canicas **(d)** IDIOM *Fam* **to lose one's marbles** *(go mad)* volverse chiflado(a) *or Esp* majara; **she still has all her marbles at ninety** a los noventa años tiene todas sus facultades intactas

marbled ['mɑ:bəld] *adj (paper)* jaspeado(a)

marbling ['mɑ:blɪŋ] *n* **(a)** *(on paper)* jaspeado *m*, veteado *m* **(b)** *(of fat in meat)* vetas *f*

March [mɑ:tʃ] *n* marzo *m*; *see also* **May**

march [mɑ:tʃ] **1** *n* **(a)** *(of soldiers, demonstrators)* marcha *f*; **on the m.** en marcha ❑ ***m. past*** desfile *m* **(b)** *Fig (of time, events)* transcurso *m*

2 *vt* hacer marchar; **he was marched off to prison** le llevaron (por la fuerza) a la cárcel

3 *vi* **(a)** *(of soldiers, demonstrators)* marchar; **to m. off** marcharse; **to m. by** *or* **past (sb/sth)** desfilar (ante alguien/algo) **(b)** *(walk purposefully)* marchar *or* caminar con paso decidido; **to m. up to sb** dirigirse hacia alguien con paso decidido

marcher ['mɑ:tʃə(r)] *n (demonstrator)* manifestante *mf*

marching orders ['mɑ:tʃɪŋ'ɔ:dəzs] *npl Fam* **to give sb his m.** dar boleto a alguien, *Esp* mandar a paseo a alguien; **when she found out he got his m.** cuando se enteró, lo mandó al diablo *or Esp* a paseo

marchioness [mɑ:ʃə'nes] *n* marquesa *f*

Mardi Gras ['mɑ:dɪgrɑ:] *n* martes *m* de Carnaval

mare [meə(r)] *n* **(a)** *(female horse)* yegua *f*; IDIOM **a m.'s nest** un espejismo, una quimera **(b)** *Br Fam (nightmare)* pesadilla *f*; **it was a complete m.!** ¡fue una pesadilla!

margarine [mɑ:dʒə'ri:n], *Fam* **marge** [mɑ:dʒ] *n* margarina *f*

margin ['mɑ:dʒɪn] *n also Com* margen *m*; **on the margin(s) of society** en la marginación; **to win by a narrow/an enormous m.** ganar por un estrecho/un amplio margen ❑ ***m. of error*** margen de error

marginal ['mɑ:dʒɪnəl] **1** *n Br Pol (constituency)* = circunscripción electoral con mayoría muy estrecha

2 *adj* **(a)** *(improvement, increase)* marginal **(b)** *(note)* al margen, marginal **(c)** *Br Pol (seat, constituency)* muy reñido(a) **(d)** *Fin* ***m. cost*** costo *m or Esp* coste *m* marginal

marginalia [mɑ:gɪ'neɪlɪə] *npl Lit* acotaciónes *fpl*

marginalize ['mɑ:dʒɪnəlaɪz] *vt* marginar

marginally ['mɑ:dʒɪnəlɪ] *adv* ligeramente

marguerite [mɑ:gə'ri:t] *n* margarita *f*

marigold ['mærɪgəʊld] *n* caléndula *f*

marihuana, marijuana [mærɪ'hwɑ:nə] *n* marihuana *f*

marina [mə'ri:nə] *n* puerto *m* deportivo

marinade [mærɪ'neɪd] *Culin* **1** *n* adobo *m*

2 *vi* = **marinate**

marinate ['mærɪneɪt] *vi Culin* adobar

marine [mə'ri:n] **1** *n (soldier)* marine *mf*; infante *mf* de marina; IDIOM *Fam* **(go) tell it to the marines!** ¡eso cuéntaselo a tu abuela! ❑ ***M. Corps*** cuerpo *m* de marines, infantería *f* de marina

2 *adj* marino(a) ❑ ***m. biologist*** biólogo(a) *m,f* marino(a); ***m. biology*** biología *f* marina; ***m. engineering*** ingeniería *f* naval; ***m. life*** fauna *f* y flora marinas

mariner ['mærɪnə(r)] *n Literary* marinero *m*

marionette [mærɪə'net] *n* marioneta *f*

marital ['mærɪtəl] *adj* marital ❑ ***m. bliss*** felicidad *f* conyugal; ***m. status*** estado *m* civil

maritime ['mærɪtaɪm] *adj* marítimo(a)

marjoram ['mɑ:dʒərəm] *n* mejorana *f*

mark[1] [mɑ:k] *n (German currency)* marco *m* (alemán)

MARK[2] **1** *n* **(a)** *(scratch, symbol)* marca *f*; *(stain)* mancha *f*; **a scratch m.** *(on car)* una raya; *(on skin)* un rasguño

(b) *(sign, proof)* signo *m*, señal *f*; **it was a m. of her confidence that…** fue un signo de su confianza el que…; **his composure under pressure is the m. of a true champion** su compostura ante la presión es característica de auténtico campeón; **as a m. of respect** en señal de respeto; **years of imprisonment had left their m. on him** había quedado marcado por años de reclusión; **to make one's m.** *(succeed)* dejar huella

(c) *(target)* **unemployment has passed the three million m.** el número de desempleados *or Am* desocupados ha rebasado la barrera de los tres millones; **to be close** *or* **near to the m.** no ir *or* andar nada descaminado(a), dar casi en el clavo; **her accusation was off** *or* **wide of the m.** su acusación estaba lejos de ser cierta; **he's not up to the m.** no está a la altura de las circunstancias; *Old-fashioned* **I don't feel up to the m.** no me encuentro del todo bien

(d) *(score)* nota *f*, calificación *f*; *(point)* punto *m*; **what m. did you get?** ¿qué sacaste?; **to get good** *or* **high marks** sacar buenas notas; **full marks** nota *f* máxima; **I give it full marks for an innovative design** le doy un diez por su diseño innovador; **I'd give them full marks for effort** hay que reconocer que se han esforzado al máximo; **no marks for guessing what she did next!** ¡ningún premio por adivinar lo que hizo a continuación!

(e) *(in race)* **on your marks! get set! go!** preparados, listos, ¡ya!; **the athletes returned to their marks** los atletas volvieron a sus puestos de salida; **to be quick/slow off the m.** *(in race)* salir rápidamente/lentamente; *Fig* reaccionar con rapidez/lentitud

(f) *(of machine)* **m. II/III** versión *f* II/III

(g) *(on cooker)* **cook at (gas) m. 4** cocínese con el mando en el 4

2 *vt* **(a)** *(scratch)* marcar; *(stain)* manchar **(b)** *(indicate)* marcar; **the envelope was marked "FAO Mr Black"** en el sobre ponía "a la atención de Mr Black"; **the teacher marked him present** el profesor anotó que estaba presente; **X marks the spot** una X señala el lugar; **this decision marks a change in policy** esta decisión marca un cambio de política; **to m. time** *(of musician)* marcar el compás; *(of soldier)* marchar sin moverse del sitio; *Fig (wait)* hacer tiempo

(c) *(commemorate)* marcar

(d) *(characterize)* marcar, caracterizar; **his comments were marked by their sarcasm** sus comentarios se caracterizaban por el sarcasmo

(e) *(homework, exam)* corregir, calificar; **to m. sth right/wrong** dar/no dar algo por bueno(a); **it's marked out of ten** está puntuado sobre diez

(f) *Sport Br (opponent)* marcar; **to m. one's ball** *(in golf)* marcar la situación de la bola

(g) *(pay attention to)* **m. my words** fíjate en lo que te digo

3 *vi* **(a)** *(get stained)* **this carpet marks easily** esta alfombra se mancha con facilidad

(b) *Old-fashioned (pay attention)* **I'm not trying to defend her, m. you** fíjate, no es que pretenda defenderla

▸**mark down** *vt sep* **(a)** *(make note of)* anotar, apuntar; **they had him marked down as a troublemaker** lo tenían fichado como alborotador **(b)** *(price)* rebajar; *(goods)* bajar de precio **(c)** *Sch* bajar la nota a

▸**mark off** *vt sep* **(a)** *(line, road)* delimitar **(b)** *(distinguish)* **what marks him off from other people is…** lo que le diferencia de otros es… **(c)** *(tick off)* poner una marca en

▸**mark out** *vt sep* (**a**) *(area)* marcar (**b**) *(identify, distinguish)* distinguir; **her composure marks her out as a future champion** su compostura permite pensar en ella como una futura campeona

▸**mark up** *vt sep* (**a**) *(price)* subir; *(goods)* subir de precio (**b**) *Sch* subir la nota a

mark-down ['mɑːkdaʊn] *n (price reduction)* rebaja *f*; reducción *f* (de precio)

marked [mɑːkt] *adj* (**a**) *(significant) (difference)* marcado(a); *(improvement)* notable (**b**) *(identified)* **to be a m. man** tener los días contados ❑ ***m. cards*** cartas *fpl* marcadas

markedly ['mɑːkɪdlɪ] *adv* notablemente, considerablemente

marker ['mɑːkə(r)] *n* (**a**) *(of essay, exam)* examinador(ora) *m,f*, corrector(ora) *m,f* de exámenes; **he's a hard m.** es muy severo al corregir (**b**) **m. (pen)** rotulador *m*, *Col* marcador *m*, *Méx* plumón *m* (**c**) *(indicator)* señal *f*; **he was putting down a m.** estaba poniendo de manifiesto cuáles eran sus intenciones (**d**) *Sport* marcador(a) *m,f*; **to lose one's m.** desmarcarse

market ['mɑːkɪt] **1** *n* (**a**) *(place)* mercado *m*, *RP* feria *f*, *CAm, Méx* tianguis *m* ❑ ***m. day*** día *m* de mercado; ***m. garden*** huerto *m*; *(larger)* huerta *f*; ***m. square*** (plaza *f* del) mercado *m*; ***m. town*** localidad *f* con mercado

(**b**) *(trading activity)* mercado *m*; **to be in the m. for sth** tener intenciones de comprar algo; **to put sth on the m.** sacar algo al mercado ❑ *Fin* ***m. analyst*** analista *mf* de mercados; *Econ* ***m. economy*** economía *f* de mercado; *Econ* ***m. forces*** fuerzas *fpl* del mercado; *Com* ***m. leader*** líder *mf* del mercado; *Econ* ***m. price*** precio *m* de mercado; *Com* ***m. research*** estudio *m or* investigación *f* de mercado; *Com* ***m. share*** cuota *f* de mercado; *Com* ***m. survey*** estudio *m* de mercados; ***m. value*** valor *m* de mercado

(**c**) *(stock market)* mercado *m* (de valores), bolsa *f*

2 *vt* comercializar

marketable ['mɑːkɪtəbəl] *adj* comercializable

marketing ['mɑːkɪtɪŋ] *n Com (study, theory)* marketing *m*, mercadotecnia *f*; *(promotion)* comercialización *f* ❑ ***m. campaign*** campaña *f* de marketing *or* de publicidad; ***m. department*** departamento *m* de marketing; ***m. manager*** director(ora) *m,f* comercial, director(ora) *m,f* de marketing; ***m. strategy*** estrategia *f* de marketing

market-led [mɑːkɪt'led] *adj Com* provocado(a) por el comportamiento del mercado

marketplace ['mɑːkətpleɪs] *n also Econ* mercado *m*

marking ['mɑːkɪŋ] *n* (**a**) **markings** *(on animal)* marcas *fpl*, manchas *fpl*; *(on plane)* distintivo *m* ❑ ***m. ink*** tinta *f* indeleble (**b**) *(of essay, exam)* corrección *f*; **I've got a lot of exam m. to do** tengo que corregir muchos exámenes (**c**) *Sport* marcaje *m*

markka ['mɑːkə] *n (Finnish currency)* marco *m* finlandés

marksman ['mɑːksmən] *n* tirador *m*

marksmanship ['mɑːksmənʃɪp] *n* puntería *f*

markswoman ['mɑːkswʊmən] *n* tiradora *f*

mark-up ['mɑːkʌp] *n (on price)* recargo *m*

marlin ['mɑːlɪn] *n* marlín *m*, pez *m* espada

marmalade ['mɑːməleɪd] *n* mermelada *f* (de naranja)

Marmite® ['mɑːmaɪt] *n* = crema para untar hecha de levadura y extractos vegetales

marmoset ['mɑːməzet] *n* tití *m*

marmot ['mɑːmət] *n* marmota *f*

maroon[1] [mə'ruːn] *n* (**a**) *(colour)* granate *m* (**b**) *(firework)* bengala *f* de auxilio *(en el mar)*

maroon[2] *vt (sailor)* abandonar; *Fig* **we were marooned by the floods** nos quedamos aislados *or* incomunicados por la inundación

marquee [mɑː'kiː] *n* (**a**) *Br (tent)* carpa *f* (**b**) *US (of building)* marquesina *f*

marquess ['mɑːkwəs] *n* marquesa *f*

marquetry ['mɑːkətrɪ] *n* marquetería *f*

marquis ['mɑːkwɪs] *n* marqués *m*

Marrakesh ['mærəkeʃ] *n* Marraquech

marriage ['mærɪdʒ] *n* (**a**) *(wedding)* boda *f*, *Andes, RP* matrimonio *m*; *(institution, period, relationship)* matrimonio *m*; **m. of convenience** matrimonio *m* de conveniencia; **uncle by m.** tío *m* político ❑ ***m. bureau*** agencia *f* matrimonial; ***m. certificate*** certificado *m or* partida *f* de matrimonio; ***m. guidance counsellor*** consejero(a) *m,f* matrimonial; ***m.*** *Br* ***licence*** *or US* ***license*** licencia *f* matrimonial; ***m. vows*** votos *mpl* matrimoniales (**b**) *(of ideas, organizations)* unión *f*; **a m. of minds** una perfecta sintonía

marriageable ['mærɪdʒəbəl] *adj* **a girl of m. age** una muchacha casadera

married ['mærɪd] *adj* casado(a); **a m. couple** un matrimonio; **to be m.** estar casado(a); **to get m.** casarse ❑ ***m. life*** vida *f* matrimonial; ***m. name*** apellido *m* de casada; *Mil* ***m. quarters*** = residencia para oficiales casados y sus familias

marrow ['mærəʊ] *n* (**a**) *(of bone)* médula *f*; **to be frozen to the m.** estar helado(a) hasta la médula *or* hasta los tuétanos (**b**) *(vegetable)* = especie de calabacín de gran tamaño

marrowbone ['mærəʊbəʊn] *n* hueso *m* de caña

marrowfat pea ['mærəʊfæt'piː] *n* = tipo de *Esp* guisante *or Am* arveja grande

marry ['mærɪ] **1** *vt* (**a**) *(get married to)* casarse con; *(of priest, parent)* casar; **will you m. me?** ¿quieres casarte conmigo?; **to m. into a wealthy family** casarse con un miembro de una familia adinerada; **to m. into money** casarse con alguien que tiene dinero; *Fig* **he's married to his job** es esclavo de su trabajo (**b**) *(combine)* casar, combinar; **a style which marries the traditional and the modern** un estilo que combina lo tradicional con lo moderno

2 *vi* casarse

▸**marry off** *vt sep* casar

marrying ['mærɪɪŋ] *adj* **he's not the m. kind** no es de los que se casan

Mars [mɑːz] *n (planet, god)* Marte *m*

Marseilles [mɑː'saɪ] *n* Marsella

marsh [mɑːʃ] *n* pantano *m*, ciénaga *m* ❑ ***m. gas*** gas *m* de los pantanos

marshal ['mɑːʃəl] **1** *n* (**a**) *(army officer)* mariscal *m* (**b**) *(at race, demonstration)* miembro *m* del servicio de orden

2 *vt* (*pt & pp* **marshalled**, *US* **marshaled**) *(people, troops)* dirigir; *(arguments, thoughts)* poner en orden

marshalling-yard ['mɑːʃəlɪŋjɑːd] *n Rail* estación *f* de clasificación

marshland ['mɑːʃlænd] *n* ciénaga *f*, zona *f* pantanosa

marshmallow [mɑːʃ'mæləʊ] *n* (**a**) *(food)* = dulce de consistencia esponjosa (**b**) *(plant)* malvavisco *m*

marshy ['mɑːʃɪ] *adj* pantanoso(a)

marsupial [mɑː'suːpɪəl] *n & adj* marsupial *m*

mart [mɑːt] *n US* tienda *f*, almacén *m*

marten ['mɑːtɪn] *n* marta *f*

martial ['mɑːʃəl] *adj* marcial ❑ ***m. arts*** artes *fpl* marciales; ***m. law:*** **to declare m. law** declarar la ley marcial

Martian ['mɑːʃən] *n & adj* marciano(a) *m,f*

martin ['mɑːtɪn] *n* avión *m*

martinet [mɑːtɪ'net] *n* tirano(a) *m,f*

martingale ['mɑːtɪngeɪl] *n* amarra *f*

Martini® [mɑː'tiːniː] *n (vermouth)* vermú *m*, martini *m*

martini [mɑː'tiːniː] *n (cocktail)* martini *m* seco

Martinmas ['mɑːtɪnməs] *n* (día *m* de) San Martín

martyr ['mɑːtə(r)] **1** *n* mártir *mf*; *Fig* **to be a m. to rheumatism** estar martirizado(a) por el reúma; *Fig* **to make a m. of oneself** hacerse el/la mártir

2 *vt* martirizar, hacer mártir

martyrdom ['mɑːtədəm] *n* martirio *m*

marvel ['mɑːvəl] **1** *n* maravilla *f*; **to work marvels** hacer maravillas; **if we survive this it'll be a m.** si salimos de ésta será un milagro; *Fam* **you're a m.!** ¡eres un genio!

2 *vi* (*pt & pp* **marvelled**, *US* **marveled**) maravillarse, asombrarse (**at** de)

marvellous, *US* **marvelous** ['mɑːvələs] *adj* maravilloso(a)

Marxism ['mɑːksɪzəm] *n* marxismo *m*

Marxist ['mɑːksɪst] *n & adj* marxista *mf*

Marxist-Leninist ['mɑːksɪst'lenɪnɪst] *adj* marxista-leninista

marzipan ['mɑːzɪpæn] *n* mazapán *m*

mascara [mæs'kɑːrə] *n* rímel *m*

> Note that the Spanish word **máscara** is a false friend and is never a translation for the English word **mascara**. In Spanish **máscara** means both "mask" and "front, pretence".

mascot ['mæskət] *n* mascota *f*

masculine ['mæskjʊlɪn] **1** *n Gram (género m)* masculino *m*

2 *adj* masculino(a)

masculinity [mæskjʊ'lɪnɪtɪ] *n* masculinidad *f*

mash [mæʃ] **1** *n* (**a**) *Fam (mashed potato)* puré *m* de *Esp* patatas *or Am* papas (**b**) *(for pigs, poultry)* frangollo *m*

2 *vt (squash, crush)* machacar; *(vegetables)* majar, hacer puré de; **to m. sth up** hacer puré algo

mashed potatoes [mæʃtpə'teɪtəʊz] *npl* puré *m* de *Esp* patatas *or Am* papas

mask [mɑːsk] **1** *n* máscara *f*, careta *f*; *Fig* **his m. had slipped** se le había caído la máscara

2 *vt (conceal)* enmascarar

masked [mɑːskt] *adj* enmascarado(a)

masking tape ['mɑːskɪŋteɪp] *n* cinta *f* adhesiva de pintor

masochism ['mæsəkɪzəm] *n* masoquismo *m*

masochist ['mæsəkɪst] *n* masoquista *mf*

masochistic [mæsə'kɪstɪk] *adj* masoquista

mason ['meɪsən] *n* (**a**) *(builder)* cantero(a) *m,f*, picapedrero(a) *m,f* (**b**) *(freemason)* masón *m*

Mason-Dixon Line ['meɪsən'dɪksənlaɪn] *n* **the M.** = línea divisoria entre los estados del norte y del sur de los Estados Unidos

masonic [mə'sɒnɪk] *adj* masón(ona)

masonry ['meɪsənrɪ] *n (stonework)* albañilería *f*, obra *f*; **she was hit by a piece of falling m.** le cayó encima un cascote que se había desprendido del edificio

masquerade [mæskə'reɪd] **1** *n* mascarada *f*

2 *vi* **to m. as** hacerse pasar por

Mass *(abbr* **Massachusetts**) Massachusetts

mass[1] [mæs] **1** *n* (**a**) *(large number)* sinnúmero *m*; *Fam* **I've got masses (of things) to do** tengo un montón de cosas que hacer; *Fam* **there's masses of room** hay muchísimo espacio; **in the m.** en (su) conjunto ▫ ***m. grave*** fosa *f* común; ***m. hysteria*** histeria *f* colectiva; ***m. market*** mercado *m* de masas; ***m. media*** medios *mpl* de comunicación (de masas); ***m. meeting*** mitin *m* multitudinario; ***m. murderer*** asesino(a) *m,f* múltiple; ***m. production*** fabricación *f* en serie; *Comptr* ***m. storage*** almacenamiento *m* masivo; ***m. unemployment*** desempleo *m* generalizado *or* masivo, *Am* desocupación *f* generalizada *or* masiva

(**b**) *(shapeless substance)* masa *f* ▫ *Gram* ***m. noun*** nombre *m* incontable (de sustancia)

(**c**) *Pol* **the masses** las masas

(**d**) *Phys* masa *f* ▫ ***m. number*** número *m* másico; ***m. spectrograph*** espectrógrafo *m* de masas; ***m. spectrometer*** espectrómetro *m* de masas

2 *vi (of troops, people)* congregarse, concentrarse; *(of clouds)* acumularse

▶**mass together 1** *vt sep* aglomerar

2 *vi* aglomerarse

mass[2] *n Rel* misa *f*

massacre ['mæsəkə(r)] **1** *n* masacre *f*; *Fam Fig* **it was a m.** *(in sport, election)* fue una auténtica paliza

2 *vt also Fig* masacrar; *Fam Fig* **they were massacred** *(in sport, election)* les dieron una buena paliza

massage ['mæsɑːʒ] **1** *n* masaje *m* ▫ ***m. parlour*** salón *m* de masajes; *Euph* sauna *f*

2 *vt (body, scalp)* dar un masaje a, masajear; *Fig* **to m. the figures** maquillar las cifras

masseur [mæ'sɜː(r)] *n* masajista *m*

masseuse [mæ'sɜːz] *n* masajista *f*

massif [mæ'siːf] *n Geol* macizo *m*

massive ['mæsɪv] *adj* enorme, inmenso(a); *(heart attack, stroke)* muy grave

massively ['mæsɪvlɪ] *adv* (**a**) *(bulkily)* **the mountain towered m. above the village** la enorme montaña se erguía sobre el pueblo; **m. built** enorme, inmenso(a) (**b**) *(extremely)* enormemente; **it was m. successful** obtuvo un éxito fabuloso; **m. over-rated** enormemente sobrevalorado

mass-market ['mæs'mɑːkət] *adj* de alto consumo

mass-produce ['mæsprə'djuːs] *vt Ind* fabricar en serie

mass-produced ['mæsprə'djuːst] *adj* producido(a) a gran escala

mast [mɑːst] *n* (**a**) *(of ship)* mástil *m*; *Old-fashioned* **before the m.** de marinero (**b**) *(of radio, TV transmitter)* torre *f*

mastectomy [mæs'tektəmɪ] *n Med* mastectomía *f*

master ['mɑːstə(r)] **1** *n* (**a**) *(of servants)* señor *m*; *(of ship)* patrón *m*; **the m. of the house** el señor de la casa; **to be one's own m.** ser dueño(a) de sí mismo(a); **to be m. of the situation** ser dueño(a) de la situación ▫ ***m. bedroom*** dormitorio *m or Am* cuarto *m or CAm, Col, Méx* recámara *f* principal; ***m. of ceremonies*** maestro *m* de ceremonias; ***m. plan*** plan *m* maestro; ***m. race*** raza *f* superior

(**b**) *(skilled person)* maestro(a) *m,f* ▫ ***m. builder/carpenter*** maestro albañil/carpintero; *Mus* ***m. class*** clase *f* magistral; ***m. of disguise*** maestro(a) *m,f* del disfraz

(**c**) *(original version)* **m. (copy)** original *m* ▫ *Comptr* ***m. disk*** disco *m* maestro; *Comptr* ***m. file*** archivo *m* maestro; ***m. key*** llave *f* maestra

(**d**) *Univ* **M. of Arts/Science** *(degree)* máster *m* en humanidades/ciencias; *(person)* licenciado(a) *m,f* con máster en humanidades/ciencias; **m.'s (degree)** máster *m*; **she has a m.'s (degree) in economics** tiene un máster en *or* de economía

(**e**) *(instructor)* **fencing/dancing m.** maestro *m* de esgrima/ de danza; **French/ geography m.** profesor *m* de francés/ geografía

(**f**) *Old-fashioned (young boy)* **M. David Thomas** señorito David Thomas

(**g**) *Art* **an old m.** *(painter, painting)* un clásico de la pintura antigua

(**h**) **the Masters** *(golf tournament)* el Masters

2 *vt (one's emotions, foreign language, violin)* dominar

masterful ['mɑːstəfʊl] *adj* autoritario(a)

masterly ['mɑːstəlɪ] *adj* magistral

mastermind ['mɑːstəmaɪnd] **1** *n* cerebro *m*

2 *vt (project, plot)* dirigir

masterpiece ['mɑːstəpiːs] *n* obra *f* maestra

masterstroke ['mɑːstəstrəʊk] *n* golpe *m* maestro

masterwork ['mɑːstəwɜːk] *n* obra *f* maestra

mastery ['mɑːstərɪ] *n (of territory, subject matter)* dominio *m*

masthead ['mɑːsthed] *n* (**a**) *Naut* tope *m* (**b**) *Journ* cabecera *f*

mastic ['mæstɪk] *n* (**a**) *(gum)* mástique *m* (**b**) *Constr (putty)* masilla *f*

masticate ['mæstɪkeɪt] *Formal* **1** *vt* masticar

2 *vi* masticar

mastiff ['mæstɪf] *n* mastín *m*

mastitis [mæs'taɪtɪs] *n Med* mastitis *f inv*

mastodon ['mæstədɒn] *n* mastodonte *m*

masturbate ['mæstəbeɪt] **1** *vt* masturbar

2 *vi* masturbarse

masturbation [mæstə'beɪʃən] *n* masturbación *f*

mat [mæt] **1** *n (on floor)* alfombrilla *f*; *(at door)* felpudo *m*; **(table) m.** salvamanteles *m inv*; **(drink) m.** posavasos *m inv*

2 *vi (pt & pp* **matted**) *(of hair, fibres)* enredarse

matador ['mætədɔː(r)] *n* matador *m*, diestro *m*

match[1] [mætʃ] *n* fósforo *m*, *Esp* cerilla *f*, *Am* cerillo *m*; **to put a m. to sth** prender fuego a algo *(con una cerilla)*

match[2] **1** *n* (**a**) *(in sport)* partido *m*; *(in boxing)* combate *m* ▫ ***m. point*** *(in tennis)* punto *m* de partido

(**b**) *(in design)* **they're a good m.** *(of clothes)* pegan, combinan bien

(**c**) *(in ability)* **to be a m. for sb/sth** estar a la altura de alguien/algo; **to be no m. for sb** no ser rival para alguien; **he had met his m.** había encontrado la horma de su zapato

(**d**) *(marriage)* **to make a good m.** casarse bien

2 *vt* (**a**) *(equal in quality, performance)* igualar, llegar a la altura de; **we can't m. their prices** no podemos igualar sus precios; **to be well matched** *(of teams, players)* estar muy igualados(as)

(**b**) *(pair up)* emparejar; **m. the names to the faces** poner nombres a las caras; **to be a well matched couple** hacer buena pareja

(**c**) *(as rival)* **to m. sb against sb** enfrentar a alguien con alguien; **m. your skill against the experts** mide tu habilidad con los expertos

(**d**) *(of colours, clothes)* pegar con, combinar con; *(of description, account)* coincidir con

(**e**) *(satisfy)* **we have the facilities to m. your needs** tenemos las instalaciones para satisfacer sus necesidades
3 *vi (of colours, clothes)* pegar, combinar; *(descriptions, stories)* coincidir; **a sofa with armchairs to m.** un sofá con sillones a juego
▸**match up 1** *vt sep (colours, clothes)* pegar, combinar
2 *vi (of clothes, colours)* pegar, combinar; *(of explanations)* coincidir; **to m. up to sb's expectations** estar a la altura de las expectativas de alguien
matchbox ['mætʃbɒks] *n* caja *f* de *Esp* cerillas *or Am* cerillos
match-fixing ['mætʃ'fɪksɪŋ] *n* **they were accused of m.** los acusaron de amañar partidos
matching ['mætʃɪŋ] *adj* a juego
matchless ['mætʃlɪs] *adj* sin par, sin igual
matchmaker ['mætʃmeɪkə(r)] *n (arranger of marriages)* casamentero(a) *m,f*
matchmaking ['mætʃmeɪkɪŋ] *n* alcahueteo *m*; **m. was her favourite hobby** le encantaba hacer de casamentera *or* alcahuetear
matchplay ['mætʃpleɪ] *n (in golf)* matchplay *m*, juego *m* por hoyos
matchstick ['mætʃstɪk] *n Esp* cerilla *f*, *Am* cerillo *m* ▫ ***m. man*** *or* ***figure*** monigote *m (dibujo hecho con palotes)*
matchwood ['mætʃwʊd] *n* **to reduce sth to m.** hacer astillas algo
mate[1] [meɪt] **1** *n* (**a**) *(male animal)* macho *m*; *(female animal)* hembra *f*; *(person)* pareja *f* (**b**) *Br Fam (friend) Esp* colega *mf*, *Am* compadre *m* (**c**) *Br Fam (form of address) Esp* colega *m*, *Esp* tío *m*, *Carib* chico(a) *m,f*, *Méx* mano(a) *m,f*, *RP* flaco(a) *m,f* (**d**) *(assistant)* aprendiz(iza) *m,f* (**e**) *(on ship)* oficial *mf*; **(first) m.** primer oficial *m*
2 *vt (animals)* aparear
3 *vi (of animals)* aparearse
mate[2] *(in chess)* **1** *n* jaque *m* mate
2 *vt* dar jaque mate a
material [mə'tɪərɪəl] **1** *n* (**a**) *(in general)* material *m*; **he isn't officer m.** no tiene madera de oficial (**b**) *(for book)* documentación *f*, material *m*; **reading m.** (material *m* de) lectura *f*, lecturas *fpl*; **she writes all her own m.** *(of singer, musician)* ella sola compone toda su música (**c**) *(cloth)* tejido *m*, tela *f* (**d**) *(equipment)* **building materials** material *m* de construcción; **cleaning materials** productos *mpl* de limpieza; **writing materials** objetos *mpl* de papelería *or* escritorio
2 *adj* (**a**) *(physical)* material (**b**) *(important)* sustancial, relevante; **the point is m. to my argument** es un punto pertinente para mi razonamiento
materialism [mə'tɪərɪəlɪzəm] *n* materialismo *m*
materialist [mə'tɪərɪəlɪst] **1** *n* (**a**) *(acquisitive person)* materialista *mf* (**b**) *Phil* materialista *mf*
2 *adj* (**a**) *(acquisitive)* materialista (**b**) *Phil* materialista
materialistic [mətɪərɪə'lɪstɪk] *adj* materialista
materialize [mə'tɪərɪəlaɪz] *vi* (**a**) *(of hope, something promised)* materializarse (**b**) *(of spirit)* aparecer
materially [mə'tɪərɪəlɪ] *adv* (**a**) *(in money, goods)* materialmente (**b**) *(appreciably)* sustancialmente
matériel [mətɪərɪ'el] *n Mil* pertrechos *mpl*
maternal [mə'tɜ:nəl] *adj* (**a**) *(feelings, instinct, love)* maternal (**b**) *(relative, genes)* materno(a)
maternity [mə'tɜ:nɪtɪ] *n* maternidad *f* ▫ ***m. dress*** vestido *m* premamá; ***m. hospital*** (hospital *m* de) maternidad *f*; ***m. leave*** baja *f* por maternidad; ***m. ward*** pabellón *m* de maternidad
matey ['meɪtɪ] *Br Fam* **1** *n* **how's it going, m.?** ¿qué tal, *Esp* colega *or Carib* chico *or Méx* mano *or RP* flaco?
2 *adj* **he's been very m. with the boss recently** se ha hecho muy amigo *or Esp* colega del jefe últimamente
math [mæθ] *n US* matemáticas *fpl* ▫ *Comptr* ***m. coprocessor*** coprocesador *m* matemático
mathematical [mæθə'mætɪkəl] *adj* matemático(a)
mathematically [mæθə'mætɪklɪ] *adv* matemáticamente
mathematician [mæθəmə'tɪʃən] *n* matemático(a) *m,f*
mathematics [mæθə'mætɪks] *n (subject)* matemáticas *fpl*; **the m. of the problem is quite complex** el problema entraña una complicada aritmética
maths [mæθs] *n* matemáticas *fpl*
matinée ['mætɪneɪ] *n (of play)* función *f* de tarde; *(of film)* sesión *f* de tarde, primera sesión *f*
mating ['meɪtɪŋ] *n* apareamiento *m* ▫ ***m. call*** llamada *f* nupcial; ***m. season*** época *f* de celo *or* apareamiento
matriarch ['meɪtrɪɑ:k] *n* matriarca *f*
matriarchal [meɪtrɪ'ɑ:kəl] *adj* matriarcal
matriarchy ['meɪtrɪɑ:kɪ] *n* matriarcado *m*
matrices ['meɪtrɪsi:z] *pl of* **matrix**
matricide ['mætrɪsaɪd] *n (crime)* matricidio *m*; *(person)* matricida *mf*
matriculate [mə'trɪkjʊleɪt] *vi (enrol)* matricularse
matriculation [mətrɪkjʊ'leɪʃən] *n (enrolment)* matrícula *f*
matrimonial [mætrɪ'məʊnɪəl] *adj* matrimonial
matrimony ['mætrɪmənɪ] *n* matrimonio *m*
matrix ['meɪtrɪks] *(pl* **matrixes** ['meɪtrɪksɪz], **matrices** ['meɪtrɪsi:z]) *n* matriz *f*
matron ['meɪtrən] *n* (**a**) *(in school)* = mujer a cargo de la enfermería; *(in hospital)* enfermera *f* jefe (**b**) *(married woman)* matrona *f* ▫ ***m. of honour*** dama *f* de honor
matronly ['meɪtrənlɪ] *adj* (**a**) *(sedate, dignified)* matronil (**b**) *Euph (figure)* corpulento(a), robusto(a)
matt [mæt] *adj (colour, finish)* mate
matted ['mætɪd] *adj (hair)* enredado(a), apelmazado(a)

MATTER ['mætə(r)] **1** *n* (**a**) *(substance)* materia *f*; **all m. is made of atoms** toda materia está compuesta de átomos; **printed m.** impresos *mpl*; **reading m.** lectura *f*; **the subject m.** el tema; **vegetable m.** materia *f* vegetal; **waste m.** residuos *mpl*
(**b**) *(affair, issue)* asunto *m*, cuestión *f*; **military/business matters** cuestiones *fpl* militares/de negocios; **that's a m. for the police** eso es asunto de la policía; **that's a m. for the boss (to decide)** le corresponde al jefe (decidir); **the m. in** *or US* **at hand** el asunto que nos concierne; **this is a m. of some concern to us** nos preocupa bastante este asunto; **a m. of life and death** una cuestión de vida o muerte; **that's a m. of opinion/taste** es una cuestión de opinión/gustos; **it's a m. of regret for me that...** siento mucho que...; **it's a m. of time** es cuestión de tiempo; **it's only a m. of time before he makes a mistake** no tardará *or Am* demorará mucho en cometer un error; **within** *or* **in a m. of hours** en cuestión de horas; **I consider the m. (to be) closed** considero cerrado el asunto; **that's a different** *or* **quite another m.** eso es otra cuestión; *Hum* **there's still the little m. of remuneration** y todavía queda el asuntillo de la remuneración; **it's no easy m.** no es asunto fácil; **it's no laughing m.** no es cosa de risa; **as a m. of course** automáticamente; **as a m. of fact, I've never met her** de hecho *or* en realidad, no la conozco; **I don't suppose you liked it — as a m. of fact, I did** supongo que no te gustó — pues mira por dónde, sí que me gustó; **as a m. of interest** por curiosidad, **we check them as a m. of policy** nuestra política es comprobarlos; **I refuse to go there as a m. of principle** me niego por principio a ir ahí; **as matters stand** tal como están las cosas; **I ought to be going and for that m. so should you** tendría que irme ya, y en realidad tú también; **he doesn't like it and nor do I for that m.** a él no le gusta y a mí de hecho tampoco; **that didn't help matters** no ayudó mucho; **to make matters worse** para colmo de males
(**c**) *(problem)* **what's the m.?** ¿qué pasa?; **what's the m. with you?** ¿qué (es lo que) te pasa?; **what's the m. with doing that?** ¿qué tiene de malo hacer eso?; **is anything** *or* **something the m.?** ¿ocurre *or* pasa algo?; **there's something the m.** hay algo que no va bien
(**d**) *(with "no")* **no m.!** ¡no importa!; **no m. how hard I push** por muy fuerte que empuje; **no m. how much it costs** cueste lo que cueste; **no m. what I do** haga lo que haga; **don't tell her, no m. what** por ninguna razón del mundo se lo digas; **no m. who/where** quien/donde sea; **no m. who I ask** pregunte a quien pregunte; **no m. where I look for it** por mucho que lo busque
2 *vi* importar (**to** a); **does it really m.?**

¿de verdad importa?; **nothing else matters** lo demás no importa; **what matters is to do your best** lo que importa es que lo hagas lo mejor que puedas; **what does it m. if…?** ¿qué importa si…?; **it doesn't m.** no importa; **it doesn't m. to me/her** no me/le importa; **it doesn't m. what you do, he always complains** hagas lo que hagas, siempre se queja

---

matter-of-fact ['mætərə'fækt] *adj (tone, voice)* pragmático(a); **he was very m. about it** se lo tomó como si tal cosa

matter-of-factly ['mætərəv'fæktlɪ] *adv* impasiblemente, fríamente

matting ['mætɪŋ] *n* estera *f*

mattress ['mætrɪs] *n* colchón *m*

mature [mə'tjʊə(r)] **1** *adj* (**a**) *(in age) (person)* maduro(a); *(animal)* adulto(a), plenamente desarrollado(a) ▫ *Br Univ* ***m. student*** ≃ estudiante *mf* mayor de veinticinco años (**b**) *(in attitude)* maduro(a); **on m. reflection** tras reflexionar cuidadosamente (**c**) *(wine)* de crianza; *(cheese)* curado(a)

2 *vt* madurar; *(wine)* criar

3 *vi* (**a**) *(in age) (of person)* madurar; *(of animal)* llegar a la madurez, desarrollarse (**b**) *(in attitude)* madurar (**c**) *(of wine)* envejecer, criarse (**d**) *Fin (of investment)* vencer

maturity [mə'tjʊərɪtɪ] *n* madurez *f Fin* vencimiento *m*

maudlin ['mɔːdlɪn] *adj* llorón(ona), lacrimoso(a); **to be m.** estar llorón(ona) *or* lacrimoso(a)

maul [mɔːl] **1** *n (in rugby)* maul *m*

2 *vt* **he was mauled by a tiger** fue gravemente herido por un tigre; *Fig* **the book was mauled by the critics** los críticos destrozaron el libro

maunder ['mɔːndə(r)] *vi* (**a**) *(in speech)* **to m. (on)** divagar (**b**) *(to idle about)* **to m. (about)** holgazanear

Mauritania [mɒrɪ'teɪnɪə] *n* Mauritania

Mauritanian [mɒrɪ'teɪnɪən] *n & adj* mauritano(a) *m,f*

Mauritian [mə'rɪʃən] *n & adj* mauriciano(a) *m,f*

Mauritius [mə'rɪʃəs] *n* (isla) Mauricio

mausoleum [mɔːsə'liːəm] *n* mausoleo *m*

mauve [məʊv] *n & adj* malva *m*

maverick ['mævərɪk] *n & adj* inconformista *mf*, disidente *mf*

maw [mɔː] *n Literary (of animal) & Fig* fauces *fpl*

mawkish ['mɔːkɪʃ] *adj Pej* empalagoso(a)

max [mæks] (*abbr* **maximum**) **1** *n* (**a**) máx. (**b**) *US Fam* **to the m.** *(totally)* a tope

2 *adv (at the most)* como máximo; **it'll take three days m.** tardará *or Am* demorará como máximo tres días

▸**max out** *vi US Fam* **to m. out on chocolate/booze** pasarse con el chocolate/la bebida

maxi ['mæksɪ] **1** *n* **m. (skirt)** maxifalda *f*, falda *f*, *RP* pollera *f* larga

2 *adj* (**a**) *(skirt, coat)* maxi, largo(a) (**b**) *(package)* grande

maxilla [mæk'sɪlə] *n Anat & Zool* (**a**) *(of mammal)* maxilar *m* (**b**) *(of insect)* mandíbula *f*

maxim ['mæksɪm] *n* máxima *f*

maxima ['mæksɪmə] *pl of* **maximum**

maximize ['mæksɪmaɪz] *vt* elevar al máximo, maximizar

maximum ['mæksɪməm] **1** *n* (*pl* **maxima** ['mæksɪmə]) máximo *m*; **to the m.** al máximo; **at the m.** como máximo

2 *adj* máximo(a); **to get the m. benefit (from)** sacar el máximo partido (de) ▫ ***m. speed*** velocidad *f* máxima

maxi-single ['mæksɪsɪŋgl] *n* maxi-single *m*

May [meɪ] *n* mayo *m*; **in M.** en mayo; **at the beginning/end of M.** a principios/finales de mayo; **during M.** en mayo; **in the middle of M.** a mediados de mayo; **each** *or* **every M.** todos los meses *or* cada mes de mayo; **last/next M.** el mayo pasado/próximo; **(on) the first/sixteenth of M.** el uno/dieciséis de mayo; **she was born on the 22 M. 1953** nació el 22 de mayo de 1953 ▫ ***M. beetle*** *or* ***bug*** melolonta *f*; ***M. Day*** el Primero *or* Uno de Mayo; ***M. queen*** reina *f* de las fiestas *(del primero de mayo)*; ***m. tree*** espino *m* (albar)

MAY [meɪ] *v aux*

> En las expresiones del apartado (**a**), puede utilizarse **might** sin que se altere apenas el significado.

(*3rd person singular* **may**, *pt* **might** [maɪt]) (**a**) *(expressing possibility)* poder; **he m. return at any moment** puede volver de un momento a otro; **I m. tell you and I m. not** puede que te lo diga o puede que no; **will you tell them? — I m. (do)** ¿se lo dirás? — puede (que sí); **it m. be better to ask permission first** sería mejor pedir permiso primero; **you m. prefer to catch an earlier flight** si quiere puede tomar un vuelo anterior; **he m. have lost it** puede que lo haya perdido; **the reason m. never be discovered** puede *or* es posible que nunca se descubra la razón; *Formal* **it m. be worth mentioning the fact that…** cabe destacar que…; **it m. be that…** podría ser que…; **it m. well prove useful** puede que sirva; **that m. well be the case, but…** puede que sea el caso, pero…; **you m. well ask!** ¡eso quisiera saber yo!; **we m. as well go** ya puestos, podíamos ir; **I m. as well tell you now, seeing as you'll find out soon anyway** no veo por qué no decírtelo ahora, de todas maneras te vas a enterar pronto; **shall we go? — we m. as well** ¿vamos? — bueno *or Esp* vale *or Arg* dale *or Méx* órale; **I m. as well be talking to myself!** ¡es como si hablara con la pared!; **come what m.** pase lo que pase

(**b**) *Formal (be able or allowed to)* poder; **m. I borrow your pencil?** ¿me presta su lápiz?; **m. I come in? — of course you m.** ¿se puede? *or* ¿puedo pasar? — por supuesto que puede; **m. I have your name?** ¿me podría decir su nombre?; **m. I ask you how much you earn?** ¿le importaría decirme cuánto gana?; **how m. I help you, madam?** ¿en qué puedo ayudarla, señora?; **you m. leave now** ya puede retirarse; **only customers m. use the car park** el estacionamiento *or Esp* aparcamiento *or Col* parqueadero es sólo para los clientes; **I need quiet so that I m. think** necesito silencio para poder concentrarme; **the equation m. be solved as follows** la ecuación se puede resolver de la siguiente manera; **I m. add that I would never do such a thing myself** y me gustaría añadir que yo no haría nunca nada así; **I'd like to say something, if I m.** me gustaría decir algo, si me lo permite/permiten; **if I m. say so** si me permite hacer una observación; **m. I?** *(when borrowing sth)* ¿me permite?

(**c**) *(expressing wishes, fears, purpose)* **m. she rest in peace** que en paz descanse; **m. the best man win!** ¡que gane el mejor!; **I fear you m. be right** me temo que tengas razón; **they work long hours so their children m. have a better future** trabajan mucho para que sus hijos tengan un futuro mejor

(**d**) *(conceding a fact)* **he m. be very rich, but I still don't like him** tendrá mucho dinero, pero sigue sin caerme bien; **you m. think this seems stupid, but…** te puede parecer estúpido, pero…; **whatever you m. say** digas lo que digas; **be that as it m., that's as m. be** en cualquier caso

---

Maya ['maɪə], **Mayan** ['maɪən] *n & adj* maya *mf*

maybe ['meɪbiː] *adv* quizá(s), tal vez; **m. she won't accept** quizá no acepte; **I may do it but then again, m. I won't** tal vez lo haga o tal vez no

Mayday ['meɪdeɪ] *n Av Naut (distress signal)* SOS *m*, señal *f* de socorro; **M.!** ¡SOS!

mayflower ['meɪflaʊə(r)] *n* flor *f* del espino

mayfly ['meɪflaɪ] *n* efímera *f*

mayhem ['meɪhem] *n* alboroto *m*

mayn't [meɪnt] = **may not**

mayo ['meɪəʊ] *n US Fam* mayonesa *f*, *Méx, RP* mayo *m*

mayonnaise [meɪə'neɪz] *n* mayonesa *f*

mayor ['meə(r)] *n* alcalde *m*

mayoral ['meɪərəl] *adj* del alcalde; **m. election** elecciones *fpl* a la alcaldía

mayoress ['meəres] *n* alcaldesa *f*

maypole ['meɪpəʊl] *n* mayo *m (poste)*

maze [meɪz] *n also Fig* laberinto *m*

MB *Comptr* (*abbr* **megabyte**) MB

MBA [embiː'eɪ] *n Univ* (*abbr* **Master of Business Administration**) máster *m* en administración de empresas

mbar (*abbr* **millibar(s)**) mbar

MBE [embiː'iː] *n* (*abbr* **Member of the**

Order of the British Empire) miembro *mf* de la Orden del Imperio Británico

MBO [embi:ˈəʊ] (*pl* **MBOs**) *n Com* (*abbr* **management buyout**) = adquisición de una empresa por sus directivos

MBps *Comptr* (*abbr* **megabytes per second**) MBps

Mbps *Comptr* (*abbr* **megabits per second**) Mbps

MBSc *n* (*abbr* **Master of Business Science**) máster *m* en empresariales

MC [emˈsi:] *n* (*abbr* **Master of Ceremonies**) maestro *m* de ceremonias

McCarthyism [məˈkɑ:θi:ɪzəm] *n* macartismo *m*

McCarthyite [məˈkɑ:θi:aɪt] *n & adj* macartista *mf*

McCoy [məˈkɔɪ] *n Fam* **this caviar is the real M.** este caviar es el auténtico

MCP [emsi:ˈpi:] *n* (*abbr* **male chauvinist pig**) *Fam* cerdo *m* machista

MD [emˈdi:] *n* (**a**) *Med* (*abbr* **Doctor of Medicine**) doctor(ora) *m,f* en medicina (**b**) *Com* (*abbr* **Managing Director**) director(ora) *m,f* gerente

Md (*abbr* **Maryland**) Maryland

MDF [emdi:ˈef] *n* (*abbr* **medium density fibreboard**) MDF *f*

MDS [emdi:ˈes] *n* (*abbr* **Master of Dental Surgery**) máster *m* en odontología

ME [emˈi:] *n* (**a**) *Med* (*abbr* **myalgic encephalomyelitis**) encefalomielitis *f inv* miálgica (**b**) (*abbr* **Maine**) Maine

me [*unstressed* mɪ, *stressed* mi:] *pron* (**a**) *(object)* me; **she hates me** me odia; **she forgave my brother but not ME** perdonó a mi hermano, pero no a mí; **she gave me the book** me dio el libro (**b**) *(after preposition)* mí; **with me** conmigo; **she's bigger/older than me** es más grande/mayor que yo (**c**) *(as complement of verb "to be")* yo; **it's me!** ¡soy yo! (**d**) *(in interjections)* **who, me?** ¿quién, yo?; **silly me!** ¡qué bobo soy!

mead [mi:d] *n* (**a**) *(drink)* aguamiel *f* (**b**) *Literary (meadow)* dehesa *f*

meadow [ˈmedəʊ] *n* prado *m*, pradera *f* ▫ ***m. pipit*** bisbita *f* común; ***m. saffron*** cólquico *m*

meadowsweet [ˈmedəʊswi:t] *n* reina *f* de los prados

meagre, *US* **meager** [ˈmi:gə(r)] *adj* exiguo(a), escaso(a)

meal¹ [mi:l] *n* comida *f*; **midday m.** comida *f*, almuerzo *m*; **evening m.** cena *f*; *Fig* **to make a m. of sth** *(make a fuss)* hacer de algo un mundo; *(take too long)* entretenerse un montón con algo ▫ ***a m. ticket*** una hermanita de la caridad

meal² *n (flour)* harina *f*

meals-on-wheels [ˈmi:lzɒnˈwi:lz] *n Br* = servicio social de comidas gratuitas a domicilio para los ancianos y enfermos

mealtime [ˈmi:ltaɪm] *n* hora *f* de comer

mealy [ˈmi:lɪ] *adj* harinoso(a)

mealy-mouthed [mi:lɪˈmaʊðd] *adj Pej* evasivo(a); **to be m.** andarse con rodeos

mean¹ [mi:n] **1** *n (average)* media *f*
2 *adj (average)* medio(a)

mean² *adj* (**a**) *(miserly)* tacaño(a)
(**b**) *(nasty)* malo(a), mezquino(a); **to be m. to sb** ser malo(a) con alguien; **that was a m. thing to do/say** hacer/decir eso estuvo fatal; **I feel m. not inviting him** he sido un odioso por no haberlo invitado; **she has a m. streak** a veces tiene muy mala uva; **a m. trick** una jugarreta
(**c**) *(poor)* **she's no m. photographer** es muy buena fotógrafa; **it was no m. feat** fue una gran proeza
(**d**) *Fam (good)* genial, *Esp* guay, *Andes, Carib* chévere, *RP* macanudo(a), *Méx* padre; **he plays a m. game of pool** juega al billar de vicio; **he makes a m. curry** hace un curry de chuparse los dedos

MEAN³ (*pt & pp* **meant** [ment]) **1** *vt* (**a**) *(signify) (of word, event)* significar, querer decir; *(person)* querer decir; **what does the word "tacky" m.?** ¿qué significa *or* qué quiere decir la palabra "tacky"?; **it doesn't m. anything** no quiere decir *or* no significa nada; **no means no** no es no; **what do you m. (by that)?** ¿qué quieres decir (con eso)?; **you know Tom? – you m. your sister's boyfriend?** ¿conoces a Tom? – ¿te refieres al novio de tu hermana?; **(do) you m. she won't even listen?** ¿quieres decir que ni siquiera te escucha?; **what do you m., you're not coming?** ¿qué dices, (que) no vas a venir?; **how do you m.?** ¿qué quieres decir?; **it's unusual, (do) you know what I m.?** es extraño, ¿sabes?; **it really annoys me – I know what you m.** me molesta mucho – te entiendo; **they're an item, if you know** *or* **see what I m.** tienen una relación sentimental, ya me entiendes; **he's not very nice – I see what you m.!** no es muy majo – ¡ya me doy cuenta!; **see what I m.? he never listens** ¿te das cuenta?, nunca escucha; **that's what I m., we need to be careful** precisamente, hay que tener cuidado; **this is Tim, I m. Tom** éste es Tim, digo Tom; **he was furious, and I m. really furious** estaba furioso, furioso pero de verdad; **I m., they could have said thank you!** ¡bien que podrían haber dado las gracias!
(**b**) *(speak sincerely)* hablar en serio; **I m. it** lo digo en serio; **you don't m. it!** ¡no lo dirás en serio!; **I m. what I say** hablo en serio
(**c**) *(be of importance)* significar (**to** para); **it means a lot to me** significa mucho para mí; **you m. everything to me** para mí lo eres todo; **the price means nothing to him** el precio no le preocupa; **the name doesn't m. anything to me** el nombre no me dice nada
(**d**) *(imply, involve)* significar, suponer; **this defeat means (that) he will not qualify** esta derrota supone su eliminación; **it would m. having to give up smoking** significaría tener que dejar de fumar
(**e**) *(intend)* **to m. to do sth** tener (la) intención de hacer algo; **I meant to tell her** tenía la intención de decírselo; **I didn't m. to upset you** no quería disgustarte; **I upset her without meaning to** la disgusté sin querer; **I've been meaning to phone you** quería llamarte; **I don't m. to seem ungrateful, but...** no quiero parecer desagradecido, pero...; **I m. to succeed** me he propuesto triunfar; **you were meant to call me first** se suponía que primero me tenías que telefonear; **you weren't meant to see that** no tenías que haberlo visto; **it was meant to be a secret** se suponía que era un secreto; **it's meant to be a good film** (se supone que) tiene que ser una buena película; **it wasn't meant to be funny** no lo he dicho para que te rías; **I suppose it was just meant to be** imagino que tenía que pasar; **we didn't m. you to find out** no queríamos que te enteraras; **she meant you to have this ring** quería que esta sortija fuera para ti; **they m. business** van en serio; **I'm sure they m. mischief** estoy seguro de que tienen malas intenciones; **I m. him no harm** no pretendo hacerle ningún daño; **she means well** hace las cosas con buena intención; **I didn't m. any harm by what I said** no pretendía herir con lo que dije; **it was meant as a joke/a compliment** pretendía ser una broma/un cumplido; **the book isn't meant for children** no es un libro para niños; **we were meant for each other** estábamos hechos el uno para el otro
2 *vi US* **to m. for sb to do sth** querer que alguien haga algo

meander [mɪˈændə(r)] **1** *n* meandro *m*
2 *vi* (**a**) *(of river, road)* serpentear (**b**) *(of person)* vagar, callejear

meanie, meany [ˈmi:nɪ] *n Fam* (**a**) *(selfish)* rata *mf*, *Méx* codo(a) *m,f*, *RP* roñoso(a) *m,f* (**b**) *(unpleasant)* malvado(a) *m,f*

meaning [ˈmi:nɪŋ] *n* significado *m*, sentido *m*; **to understand sb's m.** entender lo que alguien quiere decir; *Fam* **if you get my m.** sabes por dónde voy, ¿no?, sabes lo que quiero decir, ¿no?; **what's the m. of this?** *(expressing indignation)* ¿qué significa esto?; **the m. of life** el sentido de la vida

meaningful [ˈmi:nɪŋfʊl] *adj (change, improvement)* significativo(a); **a m. look/pause** una mirada/pausa cargada de significado; **to be m.** tener sentido; **it no longer seemed m. to her** ya no parecía tener sentido para ella

meaningless [ˈmi:nɪŋlɪs] *adj* sin sentido; **to be m.** no tener sentido

meanness [ˈmi:nnɪs] *n* (**a**) *(miserliness)* tacañería *f* (**b**) *(nastiness)* maldad *f* (**c**) *(squalidness)* sordidez *f*, miseria *f*

means [mi:nz] **1** *n (method)* medio *m*; **there is no m. of escape** no hay forma de escapar; **we have no m. of letting him know** no tenemos manera *or* forma de decírselo; **to use every possible m. to do**

sth utilizar cualquier medio para hacer algo; **a m. to an end** un medio para conseguir un (determinado) fin; **I obtained it by illegal m.** lo conseguí ilegalmente; **by m. of** mediante, por medio de; **by all m.** *(of course)* por supuesto; **it's not by any m. the best** no es el mejor de ninguna manera; **by no m.** de ningún modo, en absoluto; **by some m. or other** de un modo u otro ▫ ***m. of production*** medios *mpl* de producción; ***m. of transport*** medio *m* de transporte

2 *npl (income, wealth)* medios *mpl*; **a man of m.** un hombre acaudalado *or* de posibles; **I live beyond/within my m.** vivo por encima de/de acuerdo con mis posibilidades ▫ ***m. test*** *(for benefits)* estimación *f* de ingresos *(para la concesión de un subsidio)*

meant [ment] *pt & pp of* **mean**

meantime ['mi:ntaɪm], **meanwhile** ['mi:nwaɪl] **1** *n* **in the m.** mientras tanto

2 *adv* mientras tanto

measles ['mi:zəlz] *n* sarampión *m*

measly ['mi:zlɪ] *adj Fam* ridículo(a), irrisorio(a)

measurable ['meʒərəbəl] *adj* apreciable

measure ['meʒə(r)] **1** *n* **(a)** *(measurement, quantity)* medida *f*; **to get the m. of sb** tomar la medida a alguien; **for good m.** por añadidura; **for good m., he called me a liar** no contento con ello, me llamó mentiroso

(b) *(indication, means of estimating)* indicador *m*, índice *m*; **this was a m. of how serious the situation was** esto era una muestra *or* un indicador de la gravedad de la situación

(c) *(degree)* **a m. of** cierto grado de; **there was a m. of bravado in his words** había cierta fanfarronería en sus palabras; **beyond m.** increíblemente; **she has tried my patience beyond m.** ya ha acabado con mi paciencia; **in full m.** completamente; **this is in no small m. due to...** esto se debe en gran medida a...; **in some m.** en cierta medida, hasta cierto punto

(d) *(action, step)* medida *f*; **to take measures** tomar medidas

(e) *US Mus* compás *m*

2 *vt (distance, size)* medir; *(damage, impact)* evaluar; **what does the door m.?** ¿cuánto mide la puerta?; **the circle measures 50 cm in diameter** el círculo tiene 50 cm de diámetro; **the tailor measured him for the suit** el sastre le tomó medidas para el traje; **the losses were measured in millions** las pérdidas ascendieron a varios millones

3 *vi* medir

▸**measure off** *vt sep* **m. off 30 cm of string** extiende 30 cm de cuerda

▸**measure out** *vt sep* **m. out a kilo of flour** toma un kilo de harina

▸**measure up** *vi* dar la talla (**to** para)

▸**measure up to** *vt insep (expectations, standard)* estar a la altura de

measured ['meʒəd] *adj (movement, step)* medido(a), pausado(a); *(tone, response)* comedido(a), mesurado(a)

measurement ['meʒəmənt] *n (quantity, length)* medida *f*

measuring ['meʒərɪŋ] *n* ***m. jug*** recipiente *m* graduado; ***m. spoon*** cuchara *f* dosificadora; ***m. tape*** cinta *f* métrica

meat [mi:t] *n* **(a)** *(food)* carne *f*; **m. and two veg** = plato tradicional consistente en carne, *Esp* patatas *or Am* papas y alguna verdura; *Fig Hum* **she doesn't have much m. on her** tiene poca chicha ▫ ***m. hook*** garfio *m*; ***m. loaf*** = pastel de carne picada horneado en un molde; *Fam* ***m. market*** *(nightclub)* bar *m* de ligue *or RP* para el levante; ***m. pie*** = tipo de empanada de carne picada; ***m. slicer*** cortadora *f* de fiambres

(b) *Fig (substantial content)* miga *f*

(c) IDIOMS **it was m. and drink to them** *(it was easy for them)* fue pan comido para ellos, les resultó facilísimo; *(they enjoyed it)* era algo que les entusiasmaba; *US Fam* **this is the m. and potatoes issue** este es el tema fundamental; PROV **one man's m. is another man's poison** lo que es bueno para unos no tiene por qué serlo para todos

meatball ['mi:tbɔ:l] *n* albóndiga *f*

meatfly ['mi:tflaɪ] *n* mosca *f* de la carne, moscarda *f*

meathead ['mi:thed] *n US Fam* **he's a m.** es más bruto que un arado *or RP* que la miércoles

meatless ['mi:tlɪs] *adj* sin carne

meaty ['mi:tɪ] *adj* **(a)** *(taste, smell)* a carne **(b)** *(fleshy)* carnoso(a) **(c)** *Fig (book, film)* con mucha miga, sustancioso(a)

Mecca ['mekə] *n* La Meca; *Fig* meca *f*

mechanic [mɪ'kænɪk] *n* mecánico(a) *m,f*

mechanical [mɪ'kænɪkəl] *adj also Fig* mecánico(a) ▫ ***m. engineer*** ingeniero(a) *m,f* industrial; ***m. engineering*** ingeniería *f* industrial

mechanically [mɪ'kænɪklɪ] *adv* **(a)** *(by machine)* mecánicamente; **I'm not m. minded** no se me da bien la mecánica ▫ ***m. recovered meat*** carne *f* obtenida mediante separación mecánica **(b)** *(unthinkingly)* mecánicamente

mechanics [mɪ'kænɪks] **1** *n* **(a)** *(science)* mecánica *f* **(b)** *(working parts)* mecanismo *m*, mecánica *f*

2 *npl Fig* **the m. of the electoral system** la mecánica del sistema electoral

mechanism ['mekənɪzəm] *n* mecanismo *m*

mechanization [mekənaɪ'zeɪʃən] *n (of production, agriculture)* mecanización *f*

mechanize ['mekənaɪz] *vt* mecanizar

mechanized ['mekənaɪzd] *adj* ***m. industry*** industria *f* mecanizada; ***m. troops*** tropas *fpl* mecanizadas

MEd [e'med] *n Univ (abbr* **Master of Education**) *(title)* máster *m* en Pedagogía

medaillon *n (of beef, fish)* medallón *m*

medal ['medəl] *n* **(a)** medalla *f* **(b)** *(in golf)* medalplay *m*

medalist *US* = **medallist**

medallion [mɪ'dæljən] *n (jewellery)* medallón *m* ▫ *Br Fam* ***m. man*** = cuarentón con la camisa abierta y pecho velludo, con un medallón al cuello que trata de ligar con jovencitas

medallist, *US* **medalist** ['medəlɪst] *n* medallista *mf*, ganador(ora) *m,f* de medalla

meddle ['medəl] *vi* entrometerse (**in** en); **to m. with sth** enredar con algo

meddler ['medlə(r)] *n* entrometido(a) *m,f*

meddlesome ['medəlsəm] *adj* entrometido(a)

media ['mi:dɪə] *n* **(a)** *(TV, press)* medios *mpl* de comunicación ▫ ***m. baron*** *or* ***tycoon*** magnate *m* de la prensa; ***m. coverage*** cobertura *f* informativa; ***m. studies*** ciencias *fpl* de la información **(b)** *pl of* **medium**

mediaeval, mediaevalist = **medieval, medievalist**

medial ['mi:dɪəl] *adj Anat & Ling* medial

median ['mi:dɪən] **1** *n* **(a)** *Math* mediana *f* **(b)** *US Aut* **m. (strip)** mediana *f*

2 *adj Math* mediano(a)

mediate ['mi:dɪeɪt] *vi* mediar (**in/between** en/entre)

mediation [mi:dɪ'eɪʃən] *n* mediación *f*

mediator ['mi:dɪeɪtə(r)] *n* mediador(ora) *m,f*

medic ['medɪk] *n Fam* **(a)** *(doctor)* médico(a) *m,f* **(b)** *(student)* estudiante *mf* de medicina

Medicaid ['medɪkeɪd] *n (in US)* = seguro médico estatal para personas con renta baja

medical ['medɪkəl] **1** *n (physical examination)* reconocimiento *m or* examen *m* médico; **to pass/fail a m.** pasar/no pasar un reconocimiento médico

2 *adj (record, treatment, profession)* médico(a); *(book, student)* de medicina ▫ ***m. advice*** consejo *m* médico; ***m. certificate*** *(confirming state of health)* certificado *m* médico; *(excusing holder from work)* justificante *m* del médico; *Mil* ***m. corps*** cuerpo *m* médico; *US* ***m. examiner*** forense *mf*, médico(a) *m,f* forense; ***m. insurance*** seguro *m* médico *or* de enfermedad; ***M. Officer*** médico(a) *mf* militar; ***m. practitioner*** facultativo(a) *m,f*, médico(a) *m,f*

medically ['medɪklɪ] *adv* **m. interesting** interesante desde el punto de vista médico; **to be m. qualified** tener titulación médica; **they examined him m.** le hicieron un examen *or* chequeo médico

Medicare ['medɪkeə(r)] *n* **(a)** *(in US)* = seguro médico para ancianos y algunos discapacitados **(b)** *(in Australia)* = seguro médico estatal, ≃ *Esp* seguridad *f* social

medicated ['medɪkeɪtɪd] *adj* medicinal

medication [medɪ'keɪʃən] *n* medicamento *m*, medicina *f*; **to be on m.** tomar medicación

medicinal [me'dɪsɪnəl] *adj* medicinal; **for m. purposes** con fines medicinales

medicine ['medsɪn] *n* **(a)** *(science)* medicina *f*; **to practise m.** ejercer la medicina; **to study m.** estudiar medicina **(b)** *(drugs)* medicina *f*, medicamento *m*; IDIOM **to give sb a taste of his own m.** pagar a alguien con su misma moneda; IDIOM **to take one's m. like a man** apechugar sin rechistar ▫ ***m. ball*** balón *m* medicinal; ***m. cabinet*** *or* ***chest*** (armario *m* del) botiquín *m*; ***m. man*** *(traditional healer)* hechicero *m* (de la tribu), chamán *m*

medieval [medɪ'i:vəl] *adj* medieval

medievalist [medɪ'i:vəlɪst] *n (scholar)* medievalista *mf*

mediocre [mi:dɪ'əʊkə(r)] *adj* mediocre

mediocrity [mi:dɪ'ɒkrɪtɪ] *n* mediocridad *f*

meditate ['medɪteɪt] *vi* (**a**) *(spiritually)* meditar (**b**) *(reflect)* reflexionar, meditar (**on** sobre)

meditation [medɪ'teɪʃən] *n* (**a**) *(spiritual)* meditación *f* (**b**) *(reflection)* reflexión *f*

meditative ['medɪtətɪv] *adj (person, mood)* meditativo(a), meditabundo(a); *(film, piece of music)* reflexivo(a)

Mediterranean [medɪtə'reɪnɪən] **1** *n* the **M.** el Mediterráneo

2 *adj* mediterráneo(a); **the M. Sea** el (mar) Mediterráneo

medium ['mi:dɪəm] **1** *n* (**a**) (*pl* **media** ['mi:dɪə] *or* **mediums**) *(means of expression, communication)* medio *m*; **through the m. of the press** a través de la prensa; *Art* **mixed media** técnica *f* mixta (**b**) *(in spiritualism)* médium *mf*

2 *adj* medio(a); **of m. height** de estatura mediana; **in the m. term** a medio plazo; **m. dry** *(wine)* semiseco(a); *Culin* **m. rare** poco hecho(a) ▫ *Rad* ***m. wave*** onda *f* media

medium-range ['mi:dɪəm'reɪndʒ] *adj (missile)* de medio alcance; **m. (weather) forecast** previsión *f* meteorológica a medio plazo

medlar ['medlə(r)] *n (tree, fruit)* níspero *m*

medley ['medlɪ] (*pl* **medleys**) *n* (**a**) *(mixture)* mezcla *f* (**b**) *Mus* popurrí *m* (**c**) *(in swimming)* estilos *mpl*

medulla [me'dʌlə] *n Anat* **m. (oblongata)** bulbo *m* raquídeo

medusa [mə'dju:sə] *n* (**a**) *(jellyfish)* medusa *f* (**b**) *(mythical monster)* medusa *f*

meek [mi:k] *adj* manso(a), dócil; **to be m. and mild** ser manso(a) como un cordero

meekly [mi:klɪ] *adv* dócilmente

MEET [mi:t] (*pt & pp* **met** [met]) **1** *n (sports event)* encuentro *m*; *(in athletics)* reunión *f* atlética; *Br (fox hunt)* cacería *f* de zorros

2 *vt* (**a**) *(encounter) (by accident)* encontrar, encontrarse con; *(by arrangement)* encontrarse con, reunirse con; **m. me at six outside the station** nos vemos a las seis delante de la estación; **to m. sb in the street** encontrarse con alguien en la calle; **to arrange to m. sb** quedar con alguien; **to go to m. sb** ir a encontrarse con alguien; **to m. sb at the station** ir a buscar a alguien a la estación; **we're being met at the airport** nos vienen a buscar al aeropuerto; **to m. sb for lunch** quedar con alguien para comer

(**b**) *(become acquainted with)* conocer; **m. Mr Jones** le presento al señor Jones; **have you met my husband?** ¿conoces a mi marido?; **haven't I met you somewhere before?** ¿no nos hemos visto antes en alguna parte?; **pleased** *or* **nice to m. you,** *US* **nice meeting you** encantado de conocerte/conocerle

(**c**) *(in competition, battle)* enfrentarse a

(**d**) *(intercept, intersect)* unirse con, juntarse con; **where East meets West** donde se encuentran el Oriente y el Occidente; **his lips met hers** sus labios se fundieron en un beso; **his eyes met mine** nuestras miradas se encontraron; **I couldn't m. her eye** no me atrevía a mirarla a la cara

(**e**) *(satisfy) (demand, need, condition)* satisfacer; *(objection, criticism)* responder a; *(cost, expense)* cubrir; *(order)* servir, cumplir; *(obligations, target)* cumplir con; *(challenge)* estar a la altura de; **to m. a deadline** cumplir (con) un plazo

(**f**) *(encounter) (danger, difficulties)* encontrar, encontrarse con; **a remarkable sight met our eyes** nos topamos con una vista extraordinaria; **there's more to this than meets the eye** es más complicado de lo que parece; **to m. one's death** encontrar la muerte

3 *vi* (**a**) *(by accident)* encontrarse; *(by arrangement)* quedar, encontrarse (**with** con); **where shall we m.?** ¿dónde quedamos?; **shall we m. on Monday?** ¿quedamos el lunes?; **let's m. for lunch** quedemos para comer

(**b**) *(become acquainted)* conocerse; **I don't think we've met (before)** creo que no nos conocemos

(**c**) *(in competition, battle)* enfrentarse, encontrarse

(**d**) *(of society, assembly)* reunirse; **the club meets every Tuesday** el club se reúne todos los martes

(**e**) *(intersect) (of rivers, roads, continents)* encontrarse, unirse; **our eyes met** nuestras miradas se encontraron

(**f**) *(come into contact)* **their lips met** sus labios se encontraron; **the two trains met head on** los dos trenes chocaron de frente

▸**meet up** *vi* (**a**) *(by arrangement)* encontrarse, quedar (**with** con); **to m. up (with sb) for lunch** quedar (con alguien) para comer (**b**) *(intersect) (of rivers, roads)* encontrarse, unirse

▸**meet with** *vt insep (danger, difficulty)* encontrarse con; *(success)* tener; *(accident)* sufrir; **the plan met with failure** el plan resultó un fracaso *or* fracasó; **to m. with refusal/approval** ser recibido(a) con rechazo/aprobación; **his arrival was met with jeers by the crowd** la multitud lo recibió con abucheos

---

meeting ['mi:tɪŋ] *n* (**a**) *(encounter) (by chance)* encuentro *m*; *(prearranged)* cita *f*; *Fig* **there's a m. of minds between them on this subject** en este asunto están de acuerdo ▫ ***m. house*** *(for Quakers)* local *m* social; ***m. place*** lugar *m or* punto *m* de encuentro (**b**) *(of committee, delegates)* reunión *f*; **she's in a m.** está en una reunión; **to hold a m.** celebrar una reunión

mega ['megə] *Fam* **1** *adj (excellent)* genial, *Esp* guay, *Andes, Perú* chévere, *Méx* padrísimo, *RP* bárbaro(a); *(enormous)* gigantesco(a)

2 *adv (very)* **it's m. big** es supergigantesco(a)

mega- ['megə] *pref Fam* super-, ultra-; **m.-famous** superfamoso(a), ultrafamoso(a); **he's m.-rich** es súper-rico, está forrado; **m.-trendy** supermoderno(a), ultramoderno(a)

megabit ['megəbɪt] *n Comptr* megabit *m*

megabucks ['megəbʌks] *npl Fam* una millonada, *Esp* un pastón, *Méx* un chingo de dinero, *RP* una ponchada de pesos

megabyte ['megəbaɪt] *n Comptr* megabyte *m*, mega *m*

megahertz ['megəhɜ:ts] *n Elec* megahercio *m*

megalith ['megəlɪθ] *n* megalito *m*

megalomania [megələʊ'meɪnɪə] *n* megalomanía *f*

megalomaniac [megələʊ'meɪnɪæk] *n* megalómano(a) *m,f*

megaphone ['megəfəʊn] *n* megáfono *m*

megastar ['megəstɑ:(r)] *n Fam* superestrella *f*

megastore ['megəstɔ:(r)] *n* macrotienda *f*

megaton ['megətʌn] *n* megatón *m*

megawatt ['megəwɒt] *n Elec* megavatio *m*

melamine ['meləmi:n] *n* melamina *f*

melancholic [melən'kɒlɪk] *adj* melancólico(a)

melancholy ['melənkəlɪ] **1** *n* melancolía *f*

2 *adj* melancólico(a)

Melanesian [melən'i:ʒən] *n & adj* melanesio(a) *m,f*

melange [meɪ'lɑ:nʒ] *n* mezcolanza *f*

melanin ['melənɪn] *n Physiol* melanina *f*

melanoma [melə'nəʊmə] *n Med* melanoma *m*

melatonin [melə'təʊnɪn] *n Physiol* melatonina *f*

Melba toast ['melbə'təʊst] *n* pan *m* tostado, biscote *m*

meld [meld] **1** *n (mixture)* mezcla *f*, combinación *f*

2 *vt* fusionar

3 *vi* fusionarse

mêlée ['meleɪ] *n* (**a**) *(excited crowd)* turba *f*, enjambre *m* (**b**) *(fight)* riña *f*, tumulto *m*

mellifluous [me'lɪflʊəs] *adj Formal* melifluo(a)

mellow ['meləʊ] **1** *adj* (**a**) *(flavour)* delicado(a); *(wine)* añejo(a); *(voice, colour)* suave (**b**) *(person)* apacible, sosegado(a)

2 *vi* (**a**) *(of flavour)* ganar (con el tiempo); *(of wine)* añejarse; *(of voice, light)* suavizarse (**b**) *(of person)* serenarse, sosegarse

melodic [mɪ'lɒdɪk] *adj* melódico(a)

melodious [mɪ'ləʊdɪəs] *adj* melodioso(a)

melodrama ['melədrɑ:mə] *n* melodrama *m*

melodramatic [melədrə'mætɪk] *adj* melodramático(a)

melodramatically [melədrə'mætɪklɪ] *adv* melodramáticamente

melodramatics [melədrə'mætɪks] *npl* escenas *fpl*, teatro *m*

melody ['melədɪ] *n* melodía *f*

melon ['melən] *n* (**a**) *(honeydew)* melón *m* (**b**) *(watermelon)* sandía *f* (**c**) *very Fam* **melons** *(breasts)* melones *mpl*, *Méx* chichís *fpl*, *RP* lolas *fpl*

melt [melt] **1** *vt* (**a**) *(snow, chocolate, metal)* derretir, fundir (**b**) *(sb's resistance)* vencer; **her expression melted my heart** la expresión de su rostro me ablandó *or* desarmó

2 *vi* (**a**) *(of snow, chocolate, metal)* derretirse, fundirse; **it melts in the mouth** se funde en la boca; *Fig* **to m. into thin air** esfumarse (**b**) *(of sb's resistance)* disiparse; **his heart melted** se ablandó

▸**melt away** *vi* (**a**) *(of snow)* derretirse (**b**) *(disappear) (of crowd)* dispersarse, disgregarse; *(of objections, opposition)* disiparse, desvanecerse

▸**melt down** *vt sep (metal, scrap)* fundir

meltdown ['meltdaʊn] *n* (**a**) *Phys (process)* = fusión accidental del núcleo de un reactor; *(leak)* fuga *f* radiactiva (**b**) *(disaster)* **to go into m.** hundirse en el caos

melting ['meltɪŋ] *adj* (**a**) *(ice, snow)* **we walked through the m. snow** caminamos por la nieve a medio derretir ▫ ***m. point*** punto *m* de fusión; *Fig* ***m. pot*** crisol *m* (**b**) *(look)* **she gave him a m. look** lo desarmó con su mirada

member ['membə(r)] **1** *n* (**a**) *(of family, group)* miembro *m*; *(of club)* socio(a) *m,f*; *(of union, party)* afiliado(a) *m,f*, militante *mf*; *Br Pol* **M. of Parliament** diputado(a) *m,f* (**b**) *(limb, penis)* miembro *m*

2 *adj* **m. country/state** país *m*/estado *m* miembro

membership ['membəʃɪp] *n* (**a**) *(state of being a member) (of club)* calidad *f* de socio; *(of party, union)* afiliación *f*; **to renew one's m.** *(of club)* renovar el carné de socio; *(of party, union)* renovar la afiliación ▫ ***m. card*** carné *m* de socio/afiliado; ***m. fee*** cuota *f* de socio/afiliado (**b**) *(members) (of club)* socios *mpl*; *(of union, party)* afiliación *f*, afiliados(as) *m,fpl*; **a large/small m.** un elevado/escaso número de socios/afiliados

membrane ['membreɪn] *n* membrana *f*

memento [mɪ'mentəʊ] (*pl* **mementos** *or* **mementoes**) *n* recuerdo *m*

memo ['meməʊ] (*pl* **memos**) *n* memorándum *m*; *(within office)* nota *f* ▫ ***m. pad*** bloc *m* de notas

memoir ['memwɑ:(r)] *n* (**a**) *(biography)* biografía *f* **she's writing her memoirs** está escribiendo sus memorias (**b**) *(essay)* memoria *f*

memorabilia [memərə'bɪlɪə] *npl* **wartime m.** objetos *mpl* de la época de la guerra; **Elvis m.** recuerdos *mpl* de Elvis

memorable ['memərəbəl] *adj* memorable; **there was nothing m. about the film** la película no tenía nada especial

memorably ['memərəblɪ] *adv* **as Reagan so m. said** como dicen las memorables palabras de Reagan

memorandum [memə'rændəm] (*pl* **memorandums** *or* **memoranda** [memə'rændə]) *n* (**a**) *(business communication)* memorándum *m*; *(within office)* nota *f* (**b**) *Pol* memorándum *m* ▫ ***m. of agreement*** memoria *f* de un acuerdo

memorial [mɪ'mɔ:rɪəl] **1** *n (monument)* monumento *m* conmemorativo; **to serve as a m. for** conmemorar

2 *adj* conmemorativo(a) ▫ ***M. Day*** *(in US)* = día de los caídos en la guerra; ***m. service*** funeral *m*, misa *f* de difuntos

memorization [memərаɪ'zeɪʃən] *n* memorización *f*

memorize ['memərаɪz] *vt* memorizar

memory ['memərɪ] *n* (**a**) *(faculty)* memoria *f*; **to have a good/bad m.** tener buena/mala memoria; **if my m. serves me right** si la memoria no me engaña; **from m.** de memoria; **to commit sth to m.** memorizar algo; **there has been famine here within living m.** aquí todavía se recuerdan épocas de hambre; **a m. like a sieve** una memoria de mosquito; **the m. of an elephant** una memoria de elefante ▫ ***m. loss*** pérdida *f* de memoria

(**b**) *(thing remembered)* recuerdo *m*; **good/bad memories (of sth)** buenos/malos recuerdos (de algo); **my earliest memories** mis primeros recuerdos; **to have no m. of sth** no recordar algo; **to keep sb's m. alive** mantener vivo el recuerdo de alguien; **in m. of** en memoria de; **to take a trip** *or* **stroll down m. lane** volver al pasado, rememorar el pasado

(**c**) *Comptr* memoria *f* ▫ ***m. address*** dirección *f* de memoria; ***m. management*** gestión *f* de memoria; ***m. manager*** gestor *m* de memoria; ***m. mapping*** mapeado *m* de memoria; ***m. upgrade*** ampliación *f* de memoria

men [men] *pl of* **man**

menace ['menɪs] **1** *n* (**a**) *(threat)* amenaza *f*; **an air of m.** un aire amenazante (**b**) *(danger)* peligro *m*; *Fam* **that kid's a m.** este niño es un demonio

2 *vt* amenazar

menacing ['menəsɪŋ] *adj* amenazador(ora)

menacingly ['menəsɪŋlɪ] *adv* amenazadoramente

ménage à trois [me'nɑ:ʒɑ:'trwɑ:] *n* ménage à trois *m*

menagerie [mɪ'nædʒərɪ] *n* colección *f* de animales *(privada)*

mend [mend] **1** *n Fam* **she's on the m.** se está recuperando

2 *vt* (**a**) *(repair)* arreglar; *(garment)* coser, remendar (**b**) *(improve, correct)* **to m. one's manners** portarse *or* comportarse mejor; **to m. one's ways** corregirse

3 *vi (of broken bone)* soldarse

mendacious [men'deɪʃəs] *adj Formal* mendaz

mendacity [men'dæsɪtɪ] *n Formal* falsedad *f*, mendacidad *f*

mender ['mendə(r)] *n Br* **my shoes are at the m.'s** mis zapatos están en el zapatero

mendicant ['mendɪkənt] *n* (**a**) *(monk)* mendicante *m* (**b**) *Literary (beggar)* pordiosero(a) *m,f*, mendigo(a) *m,f*

mending ['mendɪŋ] *n (clothes being mended)* costura *f*; **I was doing some m.** estaba cosiendo

menfolk ['menfəʊk] *npl* **the m.** los hombres

menial ['mi:nɪəl] **1** *n Pej* lacayo(a) *m,f*

2 *adj* ingrato(a), penoso(a)

meningitis [menɪn'dʒaɪtɪs] *n* meningitis *f inv*

meniscus [mə'nɪskəs] *Phys & Anat n* menisco *m*

menopausal [menə'pɔ:zəl] *adj Med & Fam* menopáusico(a)

menopause ['menəpɔ:z] *n* menopausia *f*

menorah [mə'nɔ:rə] *n Rel* candelabro *m* de siete brazos, menorá *f*

menses ['mensi:z] *npl Physiol* menstruo *m*, menstruación *f*

Menshevik ['menʃəvɪk] *Hist* **1** *n* menchevique *mf*

2 *adj* menchevique

menstrual ['menstrʊəl] *adj* menstrual ▫ ***m. cycle*** ciclo *m* menstrual

menstruate ['menstrʊeɪt] *vi* tener la menstruación, menstruar

menstruation [menstrʊ'eɪʃən] *n* menstruación *f*

menswear ['menzweə(r)] *n* ropa *f* de caballero *or* hombre ▫ ***m. department*** departamento *m or* sección *f* de caballeros

mental ['mentəl] *adj* (**a**) *(state, age)* mental; **to make a m. note of sth/to do sth** tratar de acordarse de algo/de hacer algo; **to have a m. block about sth** tener un bloqueo mental con algo; **to have a m. breakdown** sufrir un ataque de enajenación mental ▫ *Psy* ***m. age*** edad *f* mental; ***m. arithmetic*** cálculo *m* mental; ***m. cruelty*** malos tratos *mpl* psicológicos; *Psy* ***m. deficiency*** deficiencia *f* mental; *Law* ***m. disorder*** trastorno *m* psicológico; ***m. health*** salud *f* mental; ***m. hospital*** hospital *m* psiquiátrico; ***m. illness*** enfermedad *f* mental; ***m. image*** imagen *f* mental; *Psy* ***m. retardation*** retraso *m* mental

(**b**) *Br Fam (mad)* pirado(a), *Esp* zumbado(a), *Chile, RP* rayado(a); **to be m.** estar como una chota *or* mal de la azotea; **to go m.** *(go mad)* volverse loco(a); *(lose one's temper)* subirse por las paredes, *Méx* ponerse como agua para chocolate, *RP* ponerse como loco(a)

mentality [men'tælɪtɪ] *n* mentalidad *f*

mentally ['mentəlɪ] *adv* mentalmente; **to be m. handicapped** tener una minusvalía psíquica; **to be m. ill** tener una enfermedad mental

menthol ['menθɒl] *n* mentol *m* ▫ ***m. cigarettes*** cigarrillos *mpl* mentolados

mentholated ['menθəleɪtɪd] *adj* mentolado(a)

mention ['menʃən] **1** *n* mención *f*; **to make m. of sth** hacer mención de algo; **at the m. of food, he looked up** al oír mencionar la comida, levantó los ojos

2 *vt* mencionar; **it was mentioned as a possibility** se mencionó como posibilidad; **she failed to m. all the help we gave her** no mencionó toda la ayuda que le proporcionamos; **to m. sth in passing** mencionar algo de pasada; **to m. sb in one's will** mencionar *or* incluir a alguien en el testamento; **not to m....** por no mencionar...; **now that you m. it** ahora que lo dices; **don't m. it!** ¡no hay de qué!

mentionable ['menʃənəbəl] *adj* **his name is no longer m. among them** su nombre es tabú entre ellos

mentor ['mentɔ:(r)] *n (adviser)* mentor(ora) *m,f*

mentoring ['mentərɪŋ] *n Com* = sistema por el cual un trabajador experimentado instruye y aconseja a otro u otros principiantes

menu ['menju:] *n* (**a**) *(list of dishes) (at restaurant)* carta *f*, menú *m*; *(for a particular meal)* menú *m* (**b**) *Comptr* menú *m* ▫ ***m. bar*** barra *f* de menús

menu-driven ['menju:drɪvən] *adj Comptr* a base de menús

meow [mjaʊ] **1** *vi* maullar

2 *interj* miau

MEP [emi:'pi:] *n Br Pol* (*abbr* **Member of the European Parliament**) eurodiputado(a) *m,f*

Merc [mɜ:k] *n Fam* Mercedes *m inv*

mercantile ['mɜ:kəntaɪl] *adj* mercantil ▫ ***m. marine*** marina *f* mercante

mercantilism [mə'kæntɪlɪzəm] *n Hist* mercantilismo *m*

mercenary ['mɜ:sɪnərɪ] **1** *n* mercenario(a) *m,f*

2 *adj* mercenario(a); **he's very m.** es un mercenario

mercerized ['mɜ:səraɪzd] *adj* mercerizado(a)

merchandise ['mɜ:tʃəndaɪz] **1** *n* mercancías *fpl*, géneros *mpl*

2 *vt* comercializar

merchandising ['mɜ:tʃəndaɪzɪŋ] *n Com* artículos *mpl* de promoción *or* promocionales

merchant ['mɜ:tʃənt] *n* (**a**) *(trader)* comerciante *m,f* ▫ ***m. bank*** banco *m* mercantil *or* de negocios; ***m. banker*** banquero(a) *(en un banco mercantil o de negocios)*; ***m. navy*** marina *f* mercante; ***m. seaman*** marino *m* mercante; ***m. ship*** buque *m or* barco *m* mercante (**b**) *Br Fam Pej* **gossip m.** chismoso(a) *m,f*, *Esp* cotilla *mf*, *Méx* hocicón(ona) *m,f*; **rip-off** *or* **con m.** *Esp* timador(ora) *m,f*, *Col, RP* cagador(ora) *m,f*, *Méx* trinquetero(a) *m,f*; **he's a speed m.** es como un rayo

merchantman ['mɜ:tʃəntmən] *n (ship)* buque *m or* barco *m* mercante

merciful ['mɜ:sɪfʊl] *adj* compasivo(a), clemente

mercifully ['mɜ:sɪfʊlɪ] *adv* (**a**) *(showing mercy)* con compasión (**b**) *(fortunately)* afortunadamente

merciless ['mɜ:sɪlɪs] *adj* despiadado(a)

mercilessly ['mɜ:sɪləslɪ] *adv* sin compasión, despiadadamente

mercurial [mɜ:'kjʊərɪəl] *adj* voluble, veleidoso(a)

mercuric [mɜ:'kjʊərɪk] *adj Chem* mercúrico(a)

Mercury ['mɜ:kjʊrɪ] *n (planet, god)* Mercurio *m*

mercury ['mɜ:kjʊrɪ] *n Chem* mercurio *m*

mercy ['mɜ:sɪ] *n* compasión *f*, clemencia *f*; **to have m. on sb** tener compasión *or* apiadarse de alguien; **to beg for m.** suplicar clemencia; **to be at the m. of** estar a merced de; **we should be thankful for small mercies** habría que dar gracias de que las cosas no vayan aún peor; *Fam* **it's a m. that she didn't find out** por suerte no se enteró ▫ ***m. killing*** eutanasia *f*; ***m. mission*** misión *f* humanitaria

mere [mɪə(r)] *adj* simple, mero(a); **a m. 10 percent of the candidates passed the test** tan sólo un 10 por ciento de los aspirantes superaron la prueba; **the m. mention/presence of...** la sola *or* mera mención/presencia de...; **there was the merest hint of irony in his voice** en su voz había un matiz casi imperceptible de ironía

merely ['mɪəlɪ] *adv* meramente, simplemente

meretricious [merə'trɪʃəs] *adj Formal* vacuo(a), frívolo(a)

merge [mɜ:dʒ] **1** *vt* (**a**) *(in general)* fundir (**b**) *(companies, organizations)* fusionar (**c**) *Comptr (files)* fusionar, unir

2 *vi* (**a**) *(in general)* fundirse **(into/with** con); **to m. into the background** perderse de vista (**b**) *(of companies, banks)* fusionarse

merger ['mɜ:dʒə(r)] *n Com* fusión *f*

meridian [mə'rɪdɪən] *n Geog Astron* meridiano *m*

meringue [mə'ræŋ] *n Culin* merengue *m*

merino [mə'ri:nəʊ] (*pl* **merinos**) *n* **m. (sheep)** oveja *f* merina

merit ['merɪt] **1** *n (advantage, worth)* mérito *m*; **the merits of peace** las ventajas de la paz; **to judge sth on its merits** juzgar algo por sus méritos; **there's no m. in that** eso no tiene ningún mérito; **in order of m.** según los méritos

2 *vt* merecer, *Am* ameritar; **we hardly m. a mention in the report** apenas nos mencionan en el informe *or CAm, Méx* reporte

meritocracy [merɪ'tɒkrəsɪ] *n* meritocracia *f*

meritorious [merɪ'tɔ:rɪəs] *adj Formal* meritorio(a)

merlin ['mɜ:lɪn] *n* esmerejón *m*

mermaid ['mɜ:meɪd] *n* sirena *f*

merrily ['merɪlɪ] *adv* alegremente

merriment ['merɪmənt] *n* diversión *f*; **it was the cause of much m. amongst her colleagues** causó la risa entre sus colegas

merry ['merɪ] *adj* (**a**) *(happy)* alegre; **to make m.** festejar; **M. Christmas!** ¡Feliz Navidad!; **the more the merrier** cuantos más, mejor (**b**) *Fam (slightly drunk)* alegre, *Esp* piripi

merry-go-round ['merɪgəʊraʊnd] *n* tiovivo *m*

merry-making ['merɪmeɪkɪŋ] *n* jolgorio *m*

mesa ['meɪsə] *n Geol* muela *f*

mescalin ['meskəlɪn] *n* mescalina *f*

mesh [meʃ] **1** *n (of net, sieve)* malla *f*, red *f*; **a fine m.** una malla fina

2 *vi* (**a**) *(of gears)* engranarse (**b**) *(of proposals)* estar de acuerdo; *(of ideas, characters)* encajar

▸**mesh with** *vt insep* encajar con

mesmeric [mes'merɪk] *adj (performance, voice, beauty)* cautivador(ora); *(influence, motion)* hipnotizante

mesmerize ['mezməraɪz] *vt (of performance, voice, beauty)* cautivar; **he was mesmerized by the pendulum's motion** se quedó hipnotizado mirando el péndulo

Mesoamerica [mi:səʊə'merɪkə] *n* Mesoamérica

Mesoamerican [mi:səʊə'merɪkən] **1** *n* mesoamericano(a) *m,f*

2 *adj* mesoamericano(a)

meson ['mi:zɒn] *n Phys* mesón *m*

mesosphere ['mesəʊsfɪə] *n (of atmosphere)* mesosfera *f*

Mesozoic [mesəʊ'zəʊɪk] **1** *n* **the M.** el mesozoico

2 *adj* mesozoico(a)

mess [mes] **1** *n* (**a**) *(disorder)* lío *m*, desorden *m*; **the kitchen's a m.** la cocina está toda revuelta; **my hair is a m.!** ¡tengo el pelo todo revuelto!; **his life is a m.** su vida es un desastre; **you look a m.!** ¡estás hecho un desastre!; **to be in a m.** *(of room)* estar todo(a) revuelto(a); *Fig (of person)* estar en un lío *or* aprieto; **to make a m.** *(make things untidy)* desordenar todo; *(make things dirty)* ensuciar todo; **to make a m. of sth** *(bungle)* hacer algo desastrosamente

(**b**) *(dirt)* porquería *f*; **the dog's done a m. on the carpet** el perro ha hecho caca en la alfombra

(**c**) *Mil* comedor *m* ▫ ***m. tin*** plato *m* de campaña *or* del rancho

(**d**) *US Fam (lot)* montón *m*; **a whole m. of things** un montón de cosas

2 *vi Fam* (**a**) *(interfere)* **to m. with sth** enredar con algo

(**b**) *Fam (provoke)* **to m. with sb** meterse con alguien

(**c**) *(of dog, cat)* hacer caca

▸**mess about, mess around** *Fam* **1** *vt sep (treat badly)* traer a mal traer

2 *vi* (**a**) *(fool about, waste time)* hacer el tonto; **they don't m. about** *or* **around, do they?** *(they're quick, direct)* ¡ésos no pierden el tiempo! (**b**) *(pass time)* **the children were messing about** *or* **around in the garden** los niños andaban *Esp* enredando *or Am* dando vueltas en el jardín (**c**) *(tinker)* **to m. about** *or* **around with sth** *Esp* enredar *or Am* dar vueltas con algo

▸**mess up** *vt sep Fam* (**a**) *(room)* desordenar (**b**) *(hair)* revolver (**c**) *(plan)* estropear

message ['mesɪdʒ] *n* mensaje *m*; **to leave a m. for sb** dejar un recado *or Am* mensaje a *or* para alguien; *Fam* **to get the m.** enterarse; **to stay on m.** *(of politician)* mantenerse dentro de la línea del partido; **m. received and understood** mensaje recibido

messenger ['mesɪndʒə(r)] *n* mensajero(a) *m,f* ▫ ***m. boy*** chico *m* de los recados

Messiah [mɪ'saɪə] *n Rel* Mesías *m inv*

messianic [mesɪ'ænɪk] *adj* mesiánico(a)

messily ['mesɪlɪ] *adv* (**a**) *(untidily, dirtily)* **to eat m.** ponerse perdido(a) comiendo (**b**) *(unpleasantly)* **to end m.** *(of relationship)* terminar mal

messiness ['mesɪnɪs] *n* (**a**) *(of room) (untidiness)* desorden *m*; *(dirtiness)* suciedad *f* (**b**) *(unpleasant complications)* complicaciones *fpl*

Messrs ['mesɜːz] *npl* (*abbr* **Messieurs**) Sres., señores *mpl*

mess-up ['mesʌp] *n Fam* lío *m*, desastre *m*

messy ['mesɪ] *adj* (**a**) *(dirty)* sucio(a); **to be m.** *(of place)* estar sucio(a); *(of person)* ser sucio(a) (**b**) *(untidy) (room)* desordenado(a); *(person)* desaliñado(a); *(hair)* revuelto(a); *(appearance)* desastroso(a); *(handwriting)* malo(a) (**c**) *(unpleasantly complex)* complicado(a); **to get m.** ponerse feo(a)

met [met] *pt & pp of* **meet**

metabolic [metə'bɒlɪk] *adj* metabólico(a)

metabolism [mɪ'tæbəlɪzəm] *n* metabolismo *m*

metabolize [me'tæbəlaɪz] *vt* metabolizar

metacarpal [metə'kɑːpəl] *n Anat* **m. (bone)** hueso *m* metacarpiano

metacarpus [metə'kɑːpəs] *n Anat* metacarpo *m*

metal ['metəl] **1** *n* (**a**) metal *m* ▫ ***m. detector*** detector *m* de metales; ***m. fatigue*** fatiga *f* del metal; ***m. polish*** abrillantador *m* de metales (**b**) *(road surfacing)* **(road) m.** grava *f*

2 *adj* metálico(a)

metalanguage ['metəlæŋgwɪdʒ] *n* metalenguaje *m*

metalled road ['metəld'rəʊd] *n* carretera *f* de grava

metallic [mɪ'tælɪk] *adj* (**a**) *Chem (element, compound)* metálico(a) (**b**) *(sound, voice, taste)* metálico(a); *(paint)* metalizado(a)

metallurgist [me'tælədʒɪst] *n* metalúrgico(a) *m,f*

metallurgy [me'tælədʒɪ] *n* metalurgia *f*

metalwork ['metəlwɜːk] *n* (**a**) *(craft)* trabajo *m* del metal, metalistería *f* (**b**) *(articles)* objetos *mpl* de metal

metalworker ['metəlwɜːke(r)] *n* trabajador(ora) *m,f* del metal

metamorphic [metə'mɔːfɪk] *adj Geol* metamórfico(a)

metamorphose [metə'mɔːfəʊz] *vi also Fig* metamorfosearse (**into** en)

metamorphosis [metə'mɔːfəsɪs] (*pl* **metamorphoses** [metə'mɔːfəsiːz]) *n* metamorfosis *f inv*

metaphor ['metəfə(r)] *n* metáfora *f*

metaphoric(al) [metə'fɒrɪk(əl)] *adj* metafórico(a)

metaphorically [metə'fɒrɪklɪ] *adv* metafóricamente; **m. speaking** metafóricamente hablando, hablando figuradamente

metaphysical [metə'fɪzɪkəl] *adj* metafísico(a) ▫ ***m. poetry*** poesía *f* metafísica

metaphysics [metə'fɪzɪks] *n* metafísica *f*

▸**mete out** [miːt] *vt sep (punishment)* imponer; *(justice)* aplicar (**to** a)

metastasize [me'tæstəsaɪz] *vi Med (cancerous tumour)* **the tumour metastasized** se produjo una metástasis a partir del tumor

metatarsal [metə'tɑːsəl] *n Anat* **m. (bone)** hueso *m* metatarsiano

metatarsus [metə'tɑːsəs] *n* metatarso *m*

meteor ['miːtɪə(r)] *n* meteoro *m*, bólido *m* ▫ *Astron* ***m. shower*** lluvia *f* de estrellas *or* de meteoritos

meteoric [miːtɪ'ɒrɪk] *adj* meteórico(a); *Fig* **a m. rise** un ascenso meteórico

meteorite ['miːtɪəraɪt] *n* meteorito *m*

meteorological [miːtɪərə'lɒdʒɪkəl] *adj* meteorológico(a)

meteorologist [miːtɪə'rɒlədʒɪst] *n* meteorólogo(a) *m,f*

meteorology [miːtɪə'rɒlədʒɪ] *n* meteorología *f*

meter ['miːtə(r)] *n* (**a**) *(device)* contador *m*; **(gas/electricity) m.** contador (del gas/de la electricidad); **(parking) m.** parquímetro *m* ▫ ***m. reading*** lectura *f* del contador (**b**) *US* = **metre**

methadone ['meθədəʊn] *n* metadona *f*

methane ['miːθeɪn] *n Chem* metano *m*

methanol ['meθənɒl] *n Chem* metanol *m*

method ['meθəd] *n* método *m*; **m. of payment** método *m* de pago; **there's m. in his madness** no está tan loco como parece ▫ *Th & Cin* ***m. acting*** interpretación *f* según el método de Stanislavski

methodical [mɪ'θɒdɪkəl] *adj* metódico(a)

methodically [mɪ'θɒdɪklɪ] *adv* metódicamente

Methodism ['meθədɪzəm] *n Rel* metodismo *m*

Methodist ['meθədɪst] *n Rel* metodista *mf*

methodological [meθədə'lɒdʒɪkəl] *adj* metodológico(a)

methodology [meθə'dɒlədʒɪ] *n* metodología *f*

methylated spirits ['meθɪleɪtɪd'spɪrɪts], *Fam* **meths** [meθs] *n Br* alcohol *m* desnaturalizado *(con metanol)*, alcohol *m* de quemar

meticulous [mɪ'tɪkjʊləs] *adj* meticuloso(a)

meticulously [mɪ'tɪkjʊləslɪ] *adv* meticulosamente

métier ['metɪeɪ] *n Literary* (**a**) *(profession)* oficio *m* (**b**) *(field of expertise)* terreno *m*

metonymy [mɪ'tɒnɪmɪ] *n Ling* metonimia *f*

metre[1], *US* **meter** ['miːtə(r)] *n (of poetry)* metro *m*

metre[2], *US* **meter** *n (measurement)* metro *m*

metric ['metrɪk] *adj (system)* métrico(a) ▫ ***m. system*** sistema *f* métrico; ***m. ton*** tonelada *f* métrica

metrical ['metrɪkəl] *adj (in poetry)* métrico(a)

metrication [metrɪ'keɪʃən] *n (of system)* conversión *f* al sistema métrico

metro ['metrəʊ] (*pl* **metros**) *n (underground railway)* metro *m*, *RP* subte *m*

metronome ['metrənəʊm] *n Mus* metrónomo *m*

metropolis [mɪ'trɒpəlɪs] *n* metrópolis *f inv*

metropolitan [metrə'pɒlɪtən] *adj* metropolitano(a); **the M. Police** la policía de Londres

mettle ['metəl] *n (courage)* coraje *m*; **you'll have to be on your m.** tendrás que dar el do de pecho; **she showed her m.** demostró de lo que era capaz; **to put sb on their m.** espolear a alguien

mew [mjuː] **1** *n* maullido *m*

2 *vi* maullar

mews [mjuːz] *n Br (backstreet)* = plazoleta o callejuela formada por antiguos establos convertidos en viviendas o garajes ▫ ***m. cottage*** = antiguo establo reconvertido en apartamento de lujo

Mexican ['meksɪkən] **1** *n* mejicano(a) *m,f*

2 *adj* mejicano(a), mexicano(a) ▫ ***M. wave*** *(in stadium)* ola *f* (mejicana)

Mexico ['meksɪkəʊ] *n* Méjico, México ▫ ***M. City*** Ciudad de Méjico *or* México

mezzanine ['metsəniːn] *n* **m. (floor)** entreplanta *f*

mezzo-soprano ['metsəʊsə'prɑːnəʊ] (*pl* **mezzo-sopranos**) *n Mus (singer)* mezzosoprano *f*; *(voice)* mezzo-soprano *m*

MF [em'ef] *Rad* (*abbr* **medium frequency**) frecuencia *f* media

mfrs (*abbr* **manufacturers**) fabricantes *mpl*

mg [em'dʒiː] *n* (*abbr* **milligram(s)**) mg

Mgr *Rel* (*abbr* **monsignor**) Mons.

MHR *n Austr & US* (*abbr* **Member of the House of Representatives**) congresista *mf*, *Am* congresal *mf*

MHz *Elec* (*abbr* **megahertz**) Mhz

MI (*abbr* **Michigan**) Michigan

mi [miː] *n Mus* mi *m*

MI5 [emaɪ'faɪv] *n* (*abbr* **Military Intelligence Section 5**) = servicio británico de espionaje interior

MI6 [emaɪ'sɪks] *n* (*abbr* **Military Intelligence Section 6**) = servicio británico de espionaje exterior

miaow [mɪ'aʊ] **1** *n* maullido *m*; **m.!** ¡miau!
2 *vi* maullar

miasma [mɪ'æzmə] *n Literary* (**a**) *(foul vapour)* miasma *m*, aire *m* mefítico (**b**) *(atmosphere)* estado *m* opresivo

mica ['maɪkə] *n* mica *f*

mice [maɪs] *pl of* **mouse**

Michaelmas ['mɪkəlməs] *n Rel* = festividad de San Miguel, el 29 de septiembre ❑ ***M. daisy*** áster *m*

Mick [mɪk] *n Fam* = término ofensivo para referirse a los irlandeses

mick [mɪk], **mickey** ['mɪkɪ] *n Br Fam* **to take the m. (out of sb)** tomar el pelo (a alguien); **to take the m. out of sth** burlarse de algo

Mickey Finn ['mɪkɪ'fɪn] (*pl* **Mickey Finns**) *n Fam* (**a**) *(drug)* droga *f* (en una bebida), *Méx, RP* poción *f* (**b**) *(drink)* bebedizo *m*

Mickey Mouse ['mɪkɪ'maʊs] *adj Fam Pej* de tres al cuarto, de pacotilla

micro ['maɪkrəʊ] (*pl* **micros**) *n Comptr* microordenador *m*

microbe ['maɪkrəʊb] *n* microbio *m*

microbial [maɪ'krəʊbɪəl] *adj* microbiano(a)

microbiology [maɪkrəʊbaɪ'ɒlədʒɪ] *n* microbiología *f*

microchip ['maɪkrəʊtʃɪp] *n Comptr* microchip *m*

microcircuit ['maɪkrəʊsɜːkɪt] *n Elec* microcircuito *m*

microclimate ['maɪkrəʊklaɪmət] *n Biol* microclima *m*

microcomputer ['maɪkrəʊkəm'pjuːtə(r)] *n Comptr* microordenador *m*

microcomputing ['maɪkrəʊkəm'pjuːtɪŋ] *n Comptr* microinformática *f*

microcosm ['maɪkrəʊkɒzəm] *n* microcosmos *m inv*

microdot ['maɪkrəʊdɒt] *n* *(photograph)* microfotografía *f*

microeconomics ['maɪkrəʊiːkə'nɒmɪks] *n* microeconomía *f*

microelectronics ['maɪkrəʊɪlek'trɒnɪks] *n* microelectrónica *f*

microfiche ['maɪkrəʊfiːʃ] *n* microficha *f*

microfilm ['maɪkrəʊfɪlm] **1** *n* microfilm *m*
2 *vt* microfilmar

microlight ['maɪkrəlaɪt] *n* *(light aircraft)* ultraligero *m*

micromesh ['maɪkrəʊmeʃ] *n* *(hosiery)* malla *f* extrafina

micrometer [maɪ'krɒmɪtə(r)] *n* micrómetro *m*

micronutrient ['maɪkrəʊ'njuːtrɪənt] *n Biol* oligoelemento *m*

microorganism ['maɪkrəʊ'ɔːrgənɪzəm] *n* microorganismo *m*

microphone ['maɪkrəfəʊn] *n* micrófono *m*

microprocessor ['maɪkrəʊ'prəʊsesə(r)] *n Comptr* microprocesador *m*

microscope ['maɪkrəskəʊp] *n* microscopio *m*

microscopic [maɪkrə'skɒpɪk] *adj* microscópico(a)

microsecond ['maɪkrəʊsekənd] *n* microsegundo *m*

microsurgery [maɪkrəʊ'sɜːdʒərɪ] *n* microcirugía *f*

microwave ['maɪkrəʊweɪv] **1** *n Phys* microonda *f*; **m. (oven)** microondas *m inv*
2 *vt* cocinar en el microondas

microwaveable ['maɪkrəʊ'weɪvəbəl] *adj* **it's m.** se puede cocinar en el microondas

micturate ['mɪktjʊreɪt] *vi Formal (urinate)* orinar

mid [mɪd] *adj* **in m. ocean** en medio del océano; **in m. June** a mediados de junio; **she stopped in m. sentence** se detuvo a mitad de la frase

midair [mɪd'eə(r)] **1** *n Fig* **to leave sth in m.** dejar algo en el aire
2 *adj (collision, explosion)* en pleno vuelo

Midas ['maɪdəs] *n* **to have the M. touch** = ser como el rey Midas, que todo lo que toca se convierte en oro

mid-Atlantic accent [mɪdət'læntɪk'æksent] *n* = acento a medio camino entre el británico y el americano

midbrain ['mɪdbreɪn] *n Anat* mesencéfalo *m*

midday [ˈmɪd'deɪ] *n* mediodía *m*; **at m.** a mediodía ❑ ***m. meal*** comida *f*, almuerzo *m*

midden ['mɪdən] *n* (**a**) *Old-fashioned (dung heap)* estercolero *m*; *(rubbish heap)* montón *m* de basura (**b**) *Fam (mess)* pocilga *f*

MIDDLE ['mɪdəl] **1** *n* (**a**) *(with position)* medio *m*; **he was driving right down the m. of the road** conducía *or Am* manejaba justo por el medio de la carretera; **I'm the one in the m.** soy el del medio; **in the m. of the room** en medio de la habitación; **in the m. of nowhere** en un lugar dejado de la mano de Dios; *Fig* **to split sth down the m.** dividir algo por la mitad
(**b**) *(inside)* **the m. of the ball is made of cork** el interior de la pelota es de corcho; **it's not cooked in the m.** está crudo en el medio
(**c**) *(with time)* mitad *f*; **he was in the m. of an important conversation** estaba en mitad de una importante conversación; **in the m. of the day** en mitad del día; **in the m. of the month** a mediados de mes; **in the m. of the night** en plena noche, en mitad de la noche; **in the m. of summer** a mitad de verano; **in the m. of the week** a mitad de semana; **to be in the m. of doing sth** estar ocupado(a) haciendo algo
(**d**) *(waist)* cintura *f*
2 *adj (in the middle)* del medio; **I'll have the m. one of the three** tomaré el del medio; **I was the m. child of three** fui el segundo de tres hermanos; **she is in her m. thirties** tiene unos treinta y cinco años; IDIOM **to steer a m. course** *(in politics, diplomacy)* tomar la vía intermedia; **in the m. distance** a media distancia ❑ ***m. age*** edad *f* madura, madurez *f*; *Hist* ***the M. Ages*** la Edad Media; ***M. America*** *Geog (in Central America)* Mesoamérica; *(in United States)* la llanura central; *Pol* la clase media estadounidense; *Mus* ***m. C*** do *m* central; ***the m. class(es)*** la clase media; *Anat* ***the m. ear*** el oído medio; ***the M. East*** Oriente *m* Medio; ***M. Eastern*** de Oriente Medio; *Pol* ***M. England*** la clase media inglesa; *Ling* ***M. English*** inglés *m* medio *(entre los años 1100 y 1540 aproximadamente)*; ***m. finger*** (dedo *m*) corazón *m*; *Fam* ***m. finger salute*** = gesto obsceno que consiste en mostrar el dorso del dedo medio apuntando hacia arriba; *Pol* ***the m. ground*** el centro; **the mediator was unable to find any m. ground between the two parties** el mediador no consiguió hallar ningún terreno común entre las dos partes; ***m. management*** mandos *mpl* intermedios; ***m. name*** segundo nombre *m*; *Fam* **"generosity" isn't exactly his m. name!** ¡no destaca precisamente por su generosidad!; ***m. school*** *(in Britain)* = escuela para niños de ocho a doce años; *(in US)* = escuela para niños de once a catorce años; ***the M. West*** el Medio Oeste *m* (de Estados Unidos)

middle-aged [mɪdəl'eɪdʒd] *adj* de mediana edad ❑ ***m. spread*** la curva de la felicidad

middlebrow ['mɪdəlbraʊ] *adj (tastes, interests)* del público medio; **a m. novelist** un(a) novelista para el público medio

middle-class [mɪdəl'klɑːs] *adj* de clase media

middle-distance ['mɪdəl'dɪstəns] *adj Sport (race)* de medio fondo ❑ ***m. runner*** mediofondista *mf*; ***m. running*** medio fondo *m*

middleman ['mɪdəlmæn] *n* intermediario *m*; **to cut out the m.** evitar a los intermediarios

middlemost ['mɪdəlməʊst], **midmost** ['mɪdməʊst] *adj (nearest the centre)* el/la más cercano(a) al centro

middle-of-the-road ['mɪdləvðə'rəʊd] *adj* (**a**) *(policy)* moderado(a) (**b**) *(music)* convencional

middle-sized ['mɪdəl'saɪzd] *adj* mediano(a)

middleweight ['mɪdəlweɪt] **1** *adj* del peso medio
2 *n* peso *m* medio

middling ['mɪdlɪŋ] *adj (performance, health)* regular; *(height, weight)* intermedio(a)

midfield [mɪd'fiːld] *n (in soccer)* media *f*, centro *m* del campo ❑ ***m. player*** centrocampista *mf*

midfielder [mɪd'fiːldə(r)] *n (in soccer)* centrocampista *mf*

midge [mɪdʒ] *n* mosquito *m (muy pequeño)*

midget ['mɪdʒɪt] **1** *n (small person)* enano(a) *m,f*
2 *adj* en miniatura

MIDI ['mɪdɪ] *Comptr (abbr* **musical instrument digital interface**) MIDI

midi system ['mɪdɪ'sɪstəm] *n (stereo)* minicadena *f*

midland ['mɪdlənd] *adj* (del) interior

Midlands ['mɪdləndz] *npl* **the M.** = la región central de Inglaterra

midlife crisis ['mɪdlaɪf'kraɪsɪs] *n* crisis *f inv* de los cuarenta

midmorning [mɪd'mɔ:nɪŋ] *n* media mañana *f* ▫ ***m. snack*** tentempié *m* a media mañana, *Col* onces *fpl*, *RP* colación *f*

midmost ['mɪdməʊst] = **middlemost**

midnight ['mɪdnaɪt] *n* medianoche *f*; IDIOM **to burn the m. oil** quedarse hasta muy tarde *(estudiando o trabajando)* ▫ ***m. sun*** sol *m* de medianoche

midpoint ['mɪdpɔɪnt] *n* ecuador *m*

midriff ['mɪdrɪf] *n* diafragma *m*; **the short T-shirt exposed her m.** la camiseta corta le dejaba la barriga al aire

midshipman ['mɪdʃɪpmən] *n* guardia *m* marina, guardiamarina *m*

midst [mɪdst] *n* **in the m. of** en medio de; **in our/their m.** entre nosotros/ellos

midstream [mɪd'stri:m] *n* **in m.** por el centro del río; *Fig (when speaking)* en mitad del discurso; **to interrupt sb in m.** interrumpir a alguien en plena conversación

midsummer ['mɪdsʌmə(r)] *n* pleno verano *m* ▫ ***M.'s Day*** el 24 de junio, San Juan; ***m. madness*** la locura del verano

midterm ['mɪd'tɜ:m] *adj* (**a**) *Pol Br* ***m. by-election*** = elecciones parciales a mitad de legislatura; *US* ***m. elections*** = elecciones a mitad del mandato presidencial (**b**) *Sch Univ* de mitad de trimestre ▫ ***m. break*** = vacaciones de mitad de trimestre

midway ['mɪdweɪ] **1** *adj* medio(a)
2 *adv* (**a**) *(in space)* a mitad de camino, a medio camino (**b**) *(in time)* hacia la mitad

midweek [mɪd'wi:k] *adv* a mediados de semana; **m. show/flight** representación *f*/vuelo *m* de mitad de semana

Mid-West ['mɪd'west] *n* Medio Oeste *m* (de Estados Unidos)

Mid-Western [mɪd'westən] *adj* del Medio Oeste (de Estados Unidos)

midwife ['mɪdwaɪf] *n* comadrona *f* ▫ ***m. toad*** sapo *m* partero

midwifery [mɪd'wɪfərɪ] *n* obstetricia *f*

midwinter ['mɪd'wɪntə(r)] *n* pleno invierno *m*

midyear ['mɪdjɪə(r)] **1** *n* (**a**) *(middle of year)* mediados *mpl* de año (**b**) *US (university exam)* **midyears** ≃ exámenes *mpl* parciales
2 *adj* de mediados de año, de mitad de año

mien [mi:n] *n Literary (appearance, manner)* semblante *m*

miffed [mɪft] *adj Fam (offended)* mosqueado(a)

might¹ [maɪt] *n (strength)* fuerza *f*, poder *m*; **with all his m.** *(to work, push)* con todas sus fuerzas; PROV **m. is right** quien tiene la fuerza tiene la razón; *Old-fashioned* **with m. and main** con todas sus/nuestras/*etc.* fuerzas

MIGHT² *v aux*

> En el inglés hablado, y en el escrito en estilo coloquial, la forma negativa **might not** se transforma en **mightn't**. La forma **might have** se transforma en **might've**. Cuando expresa posibilidad (ver (**a**)), puede utilizarse **may** sin que se altere apenas el significado.

(**a**) *(expressing possibility)* poder; **it m. be difficult** puede que sea *or* puede ser difícil; **I m. go if I feel like it** puede que vaya si tengo ganas; **it m. be better to ask permission first** sería mejor pedir permiso primero; **will you tell them? — I m. (do)** ¿se lo dirás? – puede (que sí); **he's the sort of person who m. do something like that** es el tipo de persona que haría algo así; **the reason m. never be discovered** puede *or* es posible que nunca se descubra la razón; **you m. want to read through this first** sería mejor que te leyeras esto primero; **I thought we m. go to the cinema** se me ha ocurrido que podríamos ir al cine; **you m. show a bit more respect!** ¡podrías ser más respetuoso!; **and who m. you be?** ¿y tú quién eres?; **it m. be that...** podría ser que...; **it m. well prove useful** puede que sirva; **that m. well be the case, but...** puede que sea el caso, pero...; **you m. well ask!** ¡eso quisiera saber yo!; **she's sorry now, as well she m. be** ahora lo siente, y bien que debería; **we m. as well go** ya puestos, podíamos ir; **shall we go? — we m. as well** ¿nos vamos? – bueno, *Esp* vale *or Arg* dale *or Méx* órale; **I m. as well tell you now, seeing as you'll find out soon anyway** no veo por qué no decírtelo ahora, de todas maneras te vas a enterar pronto; **I m. as well be talking to myself!** ¡es como si hablara con la pared!; **you m. have told me!** ¡me lo podrías haber dicho!, ¡habérmelo dicho!; **I m. have known that's what he'd say!** ¡debía haberme imaginado que diría algo así!
(**b**) *(as past form of* **may)** **I knew he m. be angry** ya sabía que se podía enfadar *or Am* enojar; **I was afraid she m. have killed him** tenía miedo de que (ella) lo hubiera matado; **he said he m. be late** dijo que quizá se retrasaría; **she asked if she m. have a word with me** preguntó si podía hablar conmigo
(**c**) *Formal (asking for permission)* **m. I have a word with you?, I wonder if I m. have a word with you?** ¿podría hablar un momento con usted?; **m. I ask you how much you earn?** ¿le importaría decirme cuánto gana?; **and what, m. I ask, do you think you're doing?** ¿y se puede saber qué te crees que estás haciendo?; **I'd like to say something, if I m.** me gustaría decir algo, si me lo permite/permiten
(**d**) *(expressing purpose)* **they work long hours so their children m. have a better future** trabajan mucho para que sus hijos tengan un futuro mejor
(**e**) *(with concessions)* **she m. not be the prettiest girl in the world, but...** no será la chica más bonita del mundo, pero...; **you m. think this seems stupid, but...** te puede parecer estúpido, pero... **whatever you m. say** digas lo que digas

might-have-been ['maɪthəvbi:n] *n Fam* (**a**) *(opportunity)* **the might-have-beens** las ocasiones *or Am* chances perdidas, lo que podría haber sido (**b**) *(person)* promesa *mf* fallida

mightily ['maɪtɪlɪ] *adv* (**a**) *(powerfully)* con fuerza (**b**) *Fam* cantidad de, muy; **to be m. relieved** quedarse aliviadísimo(a)

mightn't ['maɪtənt] = **might not**

might've ['maɪtəv] = **might have**

mighty ['maɪtɪ] **1** *adj* (**a**) *(powerful)* fuerte, poderoso(a) (**b**) *(large, imposing)* grandioso(a)
2 *adv US Fam* cantidad de, muy; **m. fine** genial, *Esp* guay

migraine ['mi:greɪn] *n* migraña *f*

migrant ['maɪgrənt] **1** *n* (**a**) *(person)* emigrante *m,f* (**b**) *(bird)* ave *f* migratoria
2 *adj* migratorio(a) ▫ ***m. worker*** trabajador(ora) *m,f* inmigrante

migrate [maɪ'greɪt] *vi* migrar, emigrar; **to m. towards the capital** emigrar a la capital

migration [maɪ'greɪʃən] *n* migración *f*, emigración *f*

migratory ['maɪgrətrɪ] *adj* migratorio(a)

mike [maɪk] *n Fam (microphone)* micro *m*

▶**mike up** *vt sep Fam* poner el micro a

mil [mɪl] *n Fam (millilitre)* mililitro *m*

milady [mɪ'leɪdɪ] *n Old-fashioned* señora *f*

Milan [mɪ'læn] *n* Milán

milch [mɪltʃ] *adj (cattle)* de leche ▫ *Fig* ***m. cow*** gallina *f* de los huevos de oro

mild [maɪld] **1** *adj* (**a**) *(person, remark)* apacible, afable (**b**) *(not severe, strong) (punishment, illness, criticism)* leve; *(displeasure, amusement)* ligero(a) ▫ ***m. steel*** acero *m* dulce (**c**) *(food)* suave ▫ *Br* ***m. ale*** = cerveza oscura con poco gas elaborada con poco lúpulo (**d**) *(climate)* benigno(a), suave
2 *n Br (beer)* = cerveza oscura con poco gas elaborada con poco lúpulo

mildew ['mɪldju:] *n* moho *m*; *(on plants)* mildiú *m*

mildly ['maɪldlɪ] *adv* (**a**) *(say)* con suavidad (**b**) *(moderately)* ligeramente; **to put it m.** por no decir algo peor

mildness ['maɪldnɪs] *n* (**a**) *(of person)* afabilidad *f* (**b**) *(of criticism)* comedimiento *m*; *(of punishment)* levedad *f* (**c**) *(of weather)* suavidad *f*

mile [maɪl] *n* (**a**) *(distance)* milla *f* (= 1,6 km); **miles per hour** millas por hora; **he lives miles away** vive a kilómetros de distancia (**b**) *Fam* IDIOMS **to be miles away** *(be daydreaming)* estar en Babia; **to see** *or* **spot**

sth a m. off ver algo a la legua; **miles better** muchísimo mejor; **it's miles more interesting** es muchísimo más interesante; **it was miles too easy** fue exageradamente fácil; **it sticks** *or* **stands out a m.** se ve a la legua

mileage ['maɪlɪdʒ] *n* (**a**) *(distance travelled)* ≃ kilómetros *mpl* (recorridos) ▫ ***m. allowance*** ≃ (dieta *f* de) kilometraje *m* (**b**) *(rate of fuel consumption)* consumo *m* (de millas por galón de combustible); IDIOM **to get a lot of m. out of sth** sacarle mucho partido a algo

milepost ['maɪlpəʊst] *n* mojón *m*

milestone ['maɪlstəʊn] *n* (**a**) *(on road)* mojón *m* (**b**) *Fig (in career, history)* hito *m*

milieu ['mi:ljɜ:] *n* entorno *m*, medio *m*

militancy ['mɪlɪtənsɪ] *n* militancia *f*

militant ['mɪlɪtənt] **1** *n* militante *mf*, activista *mf*

2 *adj* militante

militaria [mɪlɪ'teərɪə] *npl* parafernalia *f* militar

militarily ['mɪlɪtərɪlɪ] *adv* militarmente

militarism ['mɪlɪtərɪzəm] *n* militarismo *m*

militarist ['mɪlɪtərɪst] *n* militarista *mf*

militaristic [mɪlɪtə'rɪstɪk] *adj* militarista

militarize ['mɪlɪtəraɪz] *vt* militarizar

military ['mɪlɪtərɪ] **1** *n* **the m.** el ejército

2 *adj* militar; **to be buried with full m. honours** ser enterrado con todos los honores militares; **to plan sth with m. precision** planear algo con precisión milimétrica ▫ ***m. academy*** academia *f* militar; ***m. man*** militar *m*; ***m. police*** policía *f* militar; ***m. science*** arte *m o f* militar; ***m. service*** servicio *m* militar

militate ['mɪlɪteɪt] *vi (of fact, reason)* obrar (**against** en contra de)

militia [mɪ'lɪʃə] *n* milicia *f*

militiaman [mɪ'lɪʃəmæn] *n* miliciano *m*

milk [mɪlk] **1** *n* leche *f*; **the m. of human kindness** el don de la amabilidad; IDIOM **it was all m. and water** era muy insulso(a) ▫ ***m. bottle*** botella *f* de leche; ***m. chocolate*** chocolate *m* con leche; ***m. churn*** lechera *f*; ***m. float*** = furgoneta eléctrica para el reparto de leche; ***m. jug*** jarra *f* de leche; ***m. of magnesia*** magnesia *f*; ***m. pudding*** = postre a base de arroz, tapioca o sémola de trigo cocidos en leche; ***m. round*** = *(milk delivery)* ruta de reparto de leche; *Br Fam (recruitment drive)* = visita anual de representantes de empresas a universidades para reclutar jóvenes con talento; ***m. run*** *(regular flight)* vuelo *m* de rutina; ***m. shake*** batido *m*, *RP* licuado *m*; ***m. sugar*** lactosa *f*; ***m. tooth*** diente *m* de leche

2 *vt* (**a**) *(cow)* ordeñar (**b**) *Fam Fig* **to m. sb dry** *(exploit)* exprimir a alguien hasta la última gota; *Fig* **they milked the story for all it was worth** le sacaron todo el jugo posible a la noticia

milk-and-water ['mɪlkənd'wɔ:tə(r)] *adj* insulso(a)

milking ['mɪlkɪŋ] *n* ordeño *m* ▫ ***m. machine*** ordeñadora *f*; ***m. parlour*** *or* ***shed*** establo *m* de ordeñar

milkmaid ['mɪlkmeɪd] *n* lechera *f*

milkman ['mɪlkmən] *n* lechero *m*

milksop ['mɪlksɒp] *n (weak, effeminate man)* mariquita *m*

milky ['mɪlkɪ] *adj* (**a**) *(containing too much milk)* con demasiada leche; *(containing a lot of milk)* con mucha leche (**b**) *(colour)* lechoso(a) ▫ ***the M. Way*** la Vía Láctea

mill [mɪl] **1** *n* (**a**) *(grinder) (for flour)* molino *m*; *(for coffee, pepper)* molinillo *m*; IDIOM *Fam* **to put sb through the m.** hacérselas pasar negras *or Esp* moradas a alguien (**b**) *(textile factory)* fábrica *f or Am* planta *f* de tejidos

2 *vt* (**a**) *(grain)* moler (**b**) *(metal)* fresar

▸**mill about, mill around** *vi (of crowd)* pulular

millenarian [mɪlə'neərɪən] **1** *n* milenario(a) *m,f*

2 *adj* milenario(a)

millennium [mɪ'lenɪəm] *n* milenio *m* ▫ *Comptr* ***m. bug*** efecto *m* 2000

miller ['mɪlə(r)] *n* molinero(a) *m,f*

millet ['mɪlɪt] *n* mijo *m*

millibar ['mɪlɪbɑ:(r)] *n Met* milibar *m*

milligram(me) ['mɪlɪgræm] *n* miligramo *m*

millilitre, *US* **milliliter** ['mɪlɪli:tə(r)] *n* mililitro *m*

millimetre, *US* **millimeter** ['mɪlɪmi:tə(r)] *n* milímetro *m*

milliner ['mɪlɪnə(r)] *n* sombrerero(a) *m,f*

millinery ['mɪlɪnərɪ] *n* (**a**) *(hats)* sombreros *mpl (de mujer)* (**b**) *(craft)* fabricación *f* de sombreros de mujer

million ['mɪljən] *n* millón *m*; **two m. men** dos millones de hombres; *Fam* **I've told him a m. times** se lo he dicho millones de veces; **thanks a m.!** ¡un millón de gracias!; **she's one in a m.** es única; **to look/feel like a m. dollars** estar/sentirse divino(a)

millionaire [mɪljə'neə(r)] *n* millonario(a) *m,f*

millionairess [mɪljə'neərɪs] *n* millonaria *f*

millionth ['mɪljənθ] **1** *n* (**a**) *(fraction)* millonésimo *m* (**b**) *(in series)* millonésimo(a) *m,f*

2 *adj* millonésimo(a)

millipede ['mɪlɪpi:d] *n* milpiés *m inv*

millisecond ['mɪlɪsekənd] *n* milisegundo *m*, milésima *f* de segundo

millpond ['mɪlpɒnd] *n* IDIOM **as calm as a m.** *(of water)* como una balsa de aceite, totalmente en calma

millstone ['mɪlstəʊn] *n* muela *f*, rueda *f* de molino; IDIOM **it's (like) a m. round my neck** es una cruz que llevo encima

millstream ['mɪlstri:m] *n* = agua que mueve una rueda de molino

millwheel ['mɪlwi:l] *n* rueda *f* hidráulica

milometer [maɪ'lɒmɪtə(r)] *n (in car)* ≃ cuentakilómetros *m inv*

mime [maɪm] **1** *n (performance)* mimo *m*, pantomima *f* ▫ ***m. artist*** mimo *m*

2 *vt* representar con gestos

3 *vi* hacer mimo

mimeograph ['mɪmɪəgrɑ:f] **1** *n* multicopista *f*

2 *vt* sacar por multicopista

mimic ['mɪmɪk] **1** *n* imitador(ora) *m,f*

2 *vt (pt & pp* **mimicked**) imitar

mimicry ['mɪmɪkrɪ] *n* imitación *f*

mimosa [mɪ'məʊzə] (**mimosas** *or* **mimosae** [mɪ'məʊzi:]) *n* mimosa *f*

Min *Mus* (*abbr* **Minor**) menor

min (**a**) (*abbr* **minute(s)**) min., minuto *m* (**b**) (*abbr* **minimum**) mín.

minaret [mɪnə'ret] *n* alminar *m*, minarete *m*

mince [mɪns] **1** *n Br* carne *f* picada ▫ ***m. pie*** *(containing meat)* = especie de empanada de carne picada; *(containing fruit)* = pastel navideño *or Chile, Col, RP* torta navideña a base de fruta escarchada, frutos secos y especias

2 *vt (chop up)* picar; IDIOM **she doesn't m. her words** no tiene pelos en la lengua

3 *vi (walk)* caminar con afectación

mincemeat ['mɪnsmi:t] *n (meat)* carne *f* picada; *(fruit)* = relleno a base de fruta escarchada, frutos secos, especias, *Esp* zumo or *Am* jugo de limón y grasa animal; *Fam Fig* **to make m. of sb** hacer trizas *or Esp* picadillo *or RP* bolsa a alguien

mincer ['mɪnsə(r)] *n* picadora *f* (de carne)

mincing ['mɪnsɪŋ] *adj (walk, voice)* afectado(a)

MIND [maɪnd] **1** *n* (**a**) *(thoughts)* mente *f*; **I added it up in my m.** lo calculé mentalmente; **there is no doubt in my m. about it** no me queda la más mínima duda; **you can do it, it's all in the m.** todo es cosa de creérselo, la mente lo puede todo; **of course she doesn't hate you, it's all in your m.** claro que no te odia, son imaginaciones tuyas; **to be clear in one's m. about sth** tener algo clarísimo; **to see sth in one's m.'s eye** hacerse una imagen mental de algo; **it's a case of m. over matter** es un caso del poder de la mente; **her m. was on something else** tenía la cabeza en otro lado; **to bear** *or* **keep sth in m.** tener algo en cuenta; **to bring** *or* **call sth to m.** traer a la memoria algo; **say the first thing that comes into your m.** di lo primero que te venga a la cabeza *or* mente; **nothing comes** *or* **springs to m.** no se me ocurre nada; **I couldn't get it off** *or* **out of my m.** no podía quitármelo de la cabeza; **my m. went blank** me quedé en blanco; **it went completely** *or* **clean out of my m.** se me fue por completo de la cabeza; **to have sth on one's m.** tener algo en la cabeza; **do you have** *or* **is there something on your m.?** ¿te preocupa algo?; **it puts me in m. of…** me recuerda…; **to put sth/sb out of one's m.** olvidar algo/a alguien; **to put** *or* **set sb's m. at rest** tranquilizar a alguien; **to take sb's m. off sth** quitarle *or Am* sacarle a alguien algo de la cabeza, hacer que alguien olvide algo; **let us turn our minds to the question of funding** abordemos la cuestión de la financiación *or Am* del financiamiento ▫ ***m. game*** *(in* *psychiatry)* juego *m* psicológico; *Fig* **to play m. games with sb** hacer la guerra psicológica a alguien

(**b**) *(opinion)* **to my m.** en mi opinión; **to be of one** *or* **like m., to be of the same m.** ser de la misma opinión; **to change sb's m. (about sth)** hacer cambiar de opinión a alguien (acerca de algo); **to change one's m. (about sth)** cambiar de opinión (acerca de algo); IDIOM *Fam* **I gave him a piece of my m.** le canté las cuarenta; **to keep an open m. (about sth)** no formarse ideas preconcebidas (respecto a algo); **to speak one's m.** hablar sin rodeos

(**c**) *(will, wants, intention)* **nothing could be further from my m.** nada más lejos de mis intenciones; **to be in two minds (about sth)** estar indeciso(a) (acerca de algo); **to have a m. of one's own** ser capaz de pensar *or* decidir por sí mismo(a); **this printer has a m. of its own** esta impresora hace lo que le da la gana; **I've a good m. to do it** me estoy planteando seriamente *or* tengo en mente hacerlo; **I've half a m. to tell his parents** me entran ganas de decírselo a sus padres; **to have sth/sb in m.** estar pensando en algo/alguien; **it's not quite what I had in m.** no es precisamente lo que me había imaginado; **to have it in m. to do sth** tener en mente hacer algo; **I bought it with you in m.** lo compré pensando en ti; **she knows her own m.** sabe bien lo que quiere; **to make up one's m., to make one's m. up** decidirse; **I have made up my m. to accept the job** he decidido aceptar el trabajo; **I can't make up my m. who to invite** no consigo decidir a quién invitar; **to set one's m. on sth/on doing sth** meterse en la cabeza algo/hacer algo

(**d**) *(attention)* **your m. is not on the job** no estás concentrado en el trabajo; **my m. was wandering** mi mente divagaba; **to keep one's m. on sth** mantenerse concentrado(a) en algo; *US* **don't pay them any m.** no les hagas ningún caso; **I'm sure if you put** *or* **set your m. to it you could do it** estoy seguro de que podrías hacerlo si pusieses tus cinco sentidos (en ello)

(**e**) *(way of thinking)* mente *f*, mentalidad *f*; **to have the m. of a three-year-old** tener la mentalidad de un niño de tres años; **you've got a dirty/nasty m.!** ¡qué ideas más cochinas/desagradables tienes!; **to have a suspicious m.** tener una mente recelosa

(**f**) *(reason)* **to be/go out of one's m.** *(mad)* haber perdido/perder el juicio; **are you out of your m.?** ¿estás loco?; **to be out of one's m. with worry** estar preocupadísimo(a); *Fam* **to be bored out of one's m.** estar más aburrido(a) que una ostra; *Fam* **to be drunk/stoned out of one's m.** estar completamente borracho(a)/colocado(a); *Fam* **to be scared out of one's m.** estar muerto(a) de miedo; **no one in his right m....** nadie en su sano juicio...; **his m. is going** se le va la cabeza

(**g**) *(intelligence)* **to have a quick m.** tener una mente despierta; **I'm doing the course to improve my m.** hago el curso para ampliar mis conocimientos

(**h**) *(person)* mente *f*; **one of the finest minds of this century** una de las mentes más insignes de este siglo

2 *vt* (**a**) *(pay attention to)* **m. you don't fall!** ¡ten cuidado no te caigas *or* no te vayas a caer!; **m. you're not late!** ¡ten cuidado de no llegar tarde!; **m. you don't forget anything** ten cuidado de no olvidarte nada; **m. where you're going!** ¡cuida por dónde vas!; *Br Fam* **m. how you go!** ¡cuídate!; **m. your head!** ¡cuida con la cabeza!; **m. the step!** ¡cuidado con el escalón!; **m. your language!** ¡vaya lenguaje!, ¡no digas tacos!; **m. your manners!** ¡no seas maleducado!, ¡pórtate bien!; **you'll have to m. your p's and q's** tendrás que tener cuidado de no decir ninguna palabrota

(**b**) *(concern oneself with)* preocuparse de *or* por; **m. your own business!** ¡métete en tus asuntos!; **don't m. me, just carry on playing** como si no estuviera, tú sigue tocando; **never m. the distance/the money** no te preocupes por la distancia/el dinero; **n. mind her/what they say!** ¡no te preocupes por ella/por lo que digan!; **I don't even have enough money for a tie, never m. a suit!** no tengo dinero ni para una corbata, y para un traje aún menos; **m. you, I've always thought that...** la verdad es que yo siempre he pensado que...

(**c**) *(object to)* **I don't m. the cold** el frío no me importa *or* no me molesta; **do you like her? — I don't m. her** ¿te gusta? – no me disgusta; **he didn't m. that I hadn't phoned** no le importó que no le hubiera llamado; **what I m. is...** lo que me molesta es...; **I don't m. what you do as long as you don't tell her** no me importa lo que hagas con tal de que no se lo digas a ella; **do you m. me smoking?** ¿le importa *or* molesta que fume?; **if you don't m. my asking** si no te importa que te lo pregunte; **I don't m. telling you I was furious** te puedo decir que estaba furioso; **would you m. not doing that?** ¿te importaría no hacer eso?; **I wouldn't m. a cup of tea** me gustaría tomar una taza de té; **I wouldn't m. a holiday in the Bahamas** no estarían mal *or* no me importarían unas vacaciones en las Bahamas

(**d**) *(look after) (children, house, shop)* cuidar; **would you m. my suitcases for me?** ¿le importaría cuidarme las maletas *or Am* valijas?

3 *vi* (**a**) *(object)* **do you m.!** *(how dare you)* ¡te importa!; **do you m. if I smoke?** ¿le importa *or* molesta que fume?; **do you m. if I switch the radio on?** ¿te importa *or* molesta si enciendo la radio?; **I don't m.** no me importa; **which do you prefer? — I don't m.** ¿cuál prefieres? – me da igual; **I don't m. if I do** *(accepting sth offered)* ¿por qué no?; **I'm quite capable of doing it on my own, if you don't m.!** ¡soy perfectamente capaz de hacerlo yo solito, gracias!

(**b**) *(trouble oneself)* **it's broken — never m.!** está roto – ¡es igual *or* no importa!; **never m., we'll try again later** no te preocupes, lo volveremos a intentar más tarde; **never m. about that now** olvídate de eso ahora; *Fam* **never you m.!** *(it's none of your business)* ¡no es asunto tuyo!

▸**mind out** *vi Br* tener cuidado; **m. out!** ¡cuidado!

▸**mind out for** *vt insep Br* **m. out for that dog!** ¡cuidado con ese perro!

---

mind-bending ['maɪndbendɪŋ] *adj Fam* (**a**) *(drug)* alucinógeno(a) (**b**) *(experience, event, film)* alucinante

mind-boggling ['maɪndbɒglɪŋ], **mind-blowing** ['maɪndbləʊɪŋ] *adj Fam* alucinante

minded ['maɪndɪd] *adj* **if you were so m.** si te pusieras (a hacerlo); **he is commercially/mechanically m.** se le da muy bien el comercio/la mecánica; *Formal* **I'm not m. to do so** no siento la inclinación de hacerlo

minder ['maɪndə(r)] *n Fam* (**a**) *(bodyguard)* guardaespaldas *mf inv* (**b**) **(baby** *or* **child) m.** *Esp* canguro *mf*, *Méx* nana *f*, *Am* babysitter *f*

mindful ['maɪndfʊl] *adj* **to be m. of sth** ser consciente de algo

mindless ['maɪndlɪs] *adj* (**a**) *(destruction, violence)* gratuito(a), absurdo(a) (**b**) *(task, job)* mecánico(a)

mindlessly ['maɪndlɪslɪ] *adv (needlessly)* gratuitamente *(stupidly)* tontamente; *(absent-mindedly)* distraídamente

mind-numbing ['maɪndnʌmɪŋ] *adj Fam* embrutecedor(ora)

mind-numbingly ['maɪndnʌmɪŋlɪ] *adv Fam* **it was m. boring** fue desesperantemente aburrido(a)

mind-reader ['maɪndri:də(r)] *n* adivinador(ora) *m,f* del pensamiento; *Fam Hum* **I'm not a m.!** ¡no soy adivino!

mindset ['maɪndset] *n (fixed attitude)* mentalidad *f*

mine[1] [maɪn] **1** *n* (**a**) *(for coal, tin, diamonds)* mina *f*; *Fig* **a m. of information** una mina *or* un filón de información ❑ ***m. shaft*** pozo *m* de mina (**b**) *(bomb)* mina *f*; **to lay mines** colocar minas ❑ ***m. detector*** detector *m* de minas

2 *vt* (**a**) *(coal, gold)* extraer (**b**) *(place explosive mines in) (land)* minar; *(boat)* colocar minas en

3 *vi* **to m. for coal/gold** extraer carbón/oro

mine[2] *possessive pron* (**a**) *(singular)* el mío *m*, la mía *f*; *(plural)* los míos *mpl*, las mías *fpl*; **her house is big but m. is bigger** su casa es grande, pero la mía es mayor; **it wasn't his fault, it was MINE** no fue culpa suya sino mía; **m. is the work they admire most** mi obra es el que más admiran (**b**) *(used attributively) (singular)* mío(a); *(plural)* míos(as); **this book is m.** este libro es mío; **a friend of m.** un amigo mío

minefield ['maɪnfi:ld] *n* campo *m* de minas; *Fig (in law, politics)* campo *m* minado, polvorín *m*

minelayer ['maɪnleɪə(r)] *n (ship)* buque *m* minador

miner ['maɪnə(r)] *n* minero(a) *m,f*

mineral ['mɪnərəl] *n* mineral *m* ▫ ***m. deposits*** depósitos *mpl* minerales; ***m. oil*** aceite *m* mineral; ***m. rights*** derechos *mpl* de explotación; ***m. water*** agua *f* mineral

mineralogist [mɪnə'rɒlədʒɪst] *n* mineralogista *mf*

mineralogy [mɪnə'rɒlədʒɪ] *n* mineralogía *f*

minestrone [mɪnə'strəʊnɪ] *n* (sopa *f*) minestrone *f*

minesweeper ['maɪnswi:pə(r)] *n (ship)* dragaminas *m inv*

minge [mɪndʒ] *n Br Vulg* chocho *m*, *Méx* paloma *f*, *RP* concha *f*

mingle ['mɪŋgəl] **1** *vt* mezclar

2 *vi* (**a**) *(of things)* mezclarse (**b**) *(of person)* alternar; **to m. with the crowd** mezclarse con la multitud

mingy ['mɪndʒɪ] *adj Br Fam* (**a**) *(person)* roñica, agarrado(a) (**b**) *(sum, portion, amount)* miserable, roñoso(a)

Mini® ['mɪnɪ] *n (car)* mini® *m*

mini ['mɪnɪ] *n (miniskirt)* mini *f*, minifalda *f*

mini- ['mɪnɪ] *pref* mini-

miniature ['mɪnɪtʃə(r)] **1** *n (painting, copy, model)* miniatura *f*; *(bottle)* botella *f* en miniatura; **in m.** en miniatura

2 *adj* en miniatura

miniaturist ['mɪnɪtʃərɪst] *n* miniaturista *mf*

miniaturize ['mɪnɪtʃəraɪz] *vt* miniaturizar

minibreak ['mɪnɪbreɪk] *n* minivacaciones *fpl*

minibus ['mɪnɪbʌs] *n* microbús *m*

minicab ['mɪnɪkæb] *n Br* taxi *m (que sólo se puede pedir por teléfono)*

minicomputer ['mɪnɪkʌmpju:tə(r)] *n Comptr* miniordenador *m*, minicomputadora *f*

MiniDisc® ['mɪnɪdɪsk] *n Comptr* MiniDisc® *m*

minim [mɪnɪm] *n Mus* blanca *f*

minimal ['mɪnɪməl] *adj* mínimo(a) ▫ *Med* ***m. invasive therapy*** terapia *f* no invasiva

minimalism ['mɪnɪməlɪzəm] *n (in art, music, design)* minimalismo *m*

minimally ['mɪnɪməlɪ] *adv* mínimamente

minimize ['mɪnɪmaɪz] *vt* minimizar, reducir al mínimo

minimum ['mɪnɪməm] **1** *n* mínimo *m*; **with the m. of fuss** con el mínimo de complicaciones; **to keep/reduce sth to a m.** mantener/reducir algo al mínimo

2 *adj* mínimo(a) ▫ *Fin* ***m. lending rate*** tipo *m* activo mínimo de interés, *Am* tasa *f* activa mínima de interés; ***m. wage*** salario *m* mínimo (interprofesional)

mining ['maɪnɪŋ] *n* minería *f* ▫ ***m. area*** cuenca *f* minera; ***m. engineer*** ingeniero(a) *mf* de minas; ***the m. industry*** el sector minero

minion ['mɪnjən] *n Pej* lacayo *m*, subordinado(a) *m,f*

minipill ['mɪnɪpɪl] *n* = píldora anticonceptiva sin estrógenos

mini-series ['mɪnɪsɪəri:z] *n TV* miniserie *f*

miniskirt ['mɪnɪskɜ:t] *n* minifalda *f*

minister ['mɪnɪstə(r)] **1** *n* (**a**) *Pol* ministro(a) *m,f* ▫ *Br* ***M. of the Crown*** ministro(a) *m,f* de la corona; *Br* ***M. of Defence/Health*** ministro(a) de Defensa/Sanidad; *Br* ***M. of State*** Secretario(a) *m,f* de Estado; ***m. without portfolio*** ministro(a) *m,f* sin cartera (**b**) *Rel* ministro *m* de la Iglesia

2 *vi Formal* **to m. to sb** ocuparse de alguien; **to m. to sb's needs** atender las necesidades de alguien

ministerial [mɪnɪ'stɪərɪəl] *adj Pol* ministerial

ministrations [mɪnɪ'streɪʃənz] *npl Literary or Hum (help, service)* atenciones *fpl*, agasajos *mpl*

ministry ['mɪnɪstrɪ] *n* (**a**) *Pol* ministerio *m* ▫ *Br* ***the M. of Defence/Transport*** el Ministerio de Defensa/Transportes (**b**) *Rel* **to enter the m.** hacerse sacerdote

mink [mɪŋk] *n* visón *m* ▫ ***a m. coat*** un abrigo de visón

Minn (*abbr* **Minnesota**) Minnesota

minneola [mɪnɪ'əʊlə] *n (citrus fruit)* = cítrico parecido a una naranja, híbrido de pomelo y mandarina

minnow ['mɪnəʊ] *n* (**a**) *(fish)* alevín *m* (**b**) *Fig (team, company)* comparsa *mf*

minor ['maɪnə(r)] **1** *n Law* menor *mf* (de edad)

2 *adj* (**a**) *(lesser)* menor ▫ *Mus* ***m. key*** tono *m* menor; ***m. league*** *Sport* = liga profesional de béisbol estadounidense de menor importancia que la liga nacional; *Fig* **a m. league company** una empresa de segunda; *Astron* ***m. planet*** *(asteroid)* asteroide *m*; ***m. roads*** carreteras *fpl* secundarias (**b**) *(unimportant) (injury, illness)* leve; *(role, problem)* menor; *(detail, repair)* pequeño(a); **of m. importance** de poca importancia ▫ *Med* ***m. operation*** operación *f* sencilla

3 *vi US* **to m. in sth** tener algo como asignatura optativa

Minorca [mɪ'nɔ:kə] *n* Menorca

Minorcan [mɪ'nɔ:kən] *adj* menorquín(ina)

minority [maɪ'nɒrɪtɪ] *n* (**a**) *(of total number)* minoría *f*; **to be in a** *or* **the m.** ser minoría; **I was in a m. of one** fui el único ▫ ***m. government*** gobierno *m* minoritario; *Fin* ***m. interest*** participación *f* minoritaria; ***m. opinion*** opinión *f* de la minoría; ***m. party*** partido *m* minoritario (**b**) *Law (age)* minoría *f* de edad

minster ['mɪnstə(r)] *n (large church)* catedral *f*

minstrel ['mɪnstrəl] *n* juglar *m*

mint[1] [mɪnt] *n* (**a**) *(plant)* menta *f* ▫ ***m. julep*** = bebida a base de whisky con hielo, azúcar y hojas de menta; ***m. sauce*** salsa *f* de menta; ***m. tea*** *(herbal tea)* poleo *m* (**b**) *(sweet)* caramelo *m* de menta

mint[2] **1** *n* **the (Royal) M.** ≃ la Fábrica Nacional de Moneda y Timbre; *Fam* **to make a m.** montarse en el dólar, *Méx* llenarse de lana, *RP* llenarse de guita; **in m. condition** como nuevo(a)

2 *vt (coins)* acuñar

minty ['mɪntɪ] *adj (smell, taste)* de menta

minuet [mɪnjʊ'et] *n Mus* minué *m*, minueto *m*

minus ['maɪnəs] **1** *n* (**a**) *(sign)* (signo *m*) menos *m* (**b**) *(negative aspect)* desventaja *f*, punto *m* negativo

2 *adj (quantity, number)* negativo(a); *Sch* **B m.** notable *m* bajo; **the m. side** la parte negativa ▫ ***m. sign*** signo *m* menos

3 *prep* **ten m. eight leaves two** diez menos ocho igual a dos; **it's m. 12 degrees** hace 12 grados bajo cero; *Fam* **he managed to escape, but m. his luggage** consiguió escapar, pero sin el equipaje

minuscule ['mɪnəskju:l] *adj* minúsculo(a), diminuto(a)

minute[1] ['mɪnɪt] **1** *n* (**a**) *(of time)* minuto *m*; **it's ten minutes to three** son las tres menos diez; **it's ten minutes past three** son las tres y diez; **I won't be a m.** no tardo *or Am* demoro ni un minuto; **have you got a m.?** ¿tienes un minuto?; **just a m.** un momento; **wait a m.!** ¡espera un momento!; **it'll be ready in a m.** estará listo en un minuto *or* momento; **he'll be here any m. (now)** llegará en cualquier momento; **at the m.** en este momento; **go downstairs this m.!** ¡baja ahora mismo!; **the m. my back was turned, she...** en cuanto me di la vuelta, ella...; **I enjoyed/hated every m. of the film** la película me encantó/me pareció horrorosa de principio a fin; **I've just popped in for a m.** sólo me quedaré un momento; **not** *or* **never for one m.** ni por un momento *or* instante; **one m. he says he's sorry, the next he's doing it again!** en un momento dice que lo siente y al minuto siguiente lo está haciendo de nuevo; **until/at the last m.** hasta/en el último momento; **they arrived within minutes of us** llegaron pocos minutos después de nosotros; **I don't have a m. to call my own** no tengo (ni) un minuto libre; **there's not a** *or* **one m. to lose** no hay tiempo que perder ▫ ***m. hand*** *(of watch)* minutero *m*; ***m. steak*** filete *m* muy fino

(**b**) *Math* minuto *m*

(**c**) *(note)* nota *f*; **minutes** *(of meeting)* acta *f*, actas *fpl*; **to take the minutes** levantar las actas

2 *vt (make note of)* hacer constar en acta; **the meeting will be minuted** se levantará acta de la reunión

minute[2] [maɪ'nju:t] *adj* (**a**) *(small)* diminuto(a), minúsculo(a); *(increase, improvement)* mínimo(a) (**b**) *(detailed) (examination)* minucioso(a)

minutely [maɪ'nju:tlɪ] *adv (examine)* minuciosamente

Minuteman ['mɪnɪtmæn] *n US Hist (soldier)* = en la Guerra de Independencia, miliciano que estaba preparado a actuar en cualquier momento

minutiae [mɪ'nu:ʃɪaɪ] *npl Formal (small details)* pormenores *mpl*

minx [mɪŋks] *n Fam Hum* aprovechada *f*, fresca *f*

Miocene ['maɪəsi:n] *Geol* **1** *n* mioceno *m*
2 *adj (era)* mioceno(a)

mips *Comptr* (*abbr* **million instructions per second**) millón *m* de instrucciones por segundo

miracle ['mɪrəkəl] *n* milagro *m*; **to perform** *or* **work miracles** hacer milagros; **the m. of radio** el milagro de la radio; **by a** *or* **some m.** de milagro, milagrosamente; **it's a m. that…** es un milagro que… ▫ ***m. cure*** cura *f* milagrosa; ***m. play*** auto *m*; ***m. worker*** persona *f* que hace milagros

miraculous [mɪ'rækjʊləs] *adj* milagroso(a)

miraculously [mɪ'rækjʊləslɪ] *adv* milagrosamente

mirage ['mɪrɑ:ʒ] *n also Fig* espejismo *m*

MIRAS ['maɪræs] *n Br* (*abbr* **Mortgage Interest Relief at Source**) = desgravación fiscal de intereses por adqui-sición o reforma de vivienda habitual

mire [maɪə(r)] **1** *n* lodo *m*, fango *m*
2 *vt* **they were mired in the legal complexities** estaban atrapados en un atolladero de complejidades legales

mirror ['mɪrə(r)] **1** *n* espejo *m*; *Fig* **to hold a m. (up) to sth** dar un fiel reflejo de algo ▫ ***m. image*** *(exact copy)* reflejo *m* exacto; *(reversed image)* imagen *f* invertida; *Comptr* ***m. site*** servidor *m* espejo; ***m. writing*** escritura *f* invertida
2 *vt also Fig* reflejar

mirth [mɜ:θ] *n Formal* regocijo *m*

misadventure [mɪsəd'ventʃə(r)] *n* **(a)** *(misfortune)* desventura *f* **(b)** *Law* **death by m.** muerte *f* accidental

misaligned [mɪsə'laɪnd] *adj* desalineado(a)

misalliance [mɪsə'laɪəns] *n Formal (marriage)* matrimonio *m* desafortunado

misanthrope ['mɪzənθrəʊp] *n* misántropo(a) *m,f*

misanthropic [mɪzən'θrɒpɪk] *adj* misantrópico(a)

misanthropist [mɪ'zænθrəpɪst] *n* misántropo(a) *m,f*

misanthropy [mɪ'zænθrəpɪ] *n* misantropía *f*

misapply [mɪsə'plaɪ] *vt Formal* **(a)** *(law)* aplicar erróneamente **(b)** *(term)* utilizar erróneamente

misapprehension [mɪsæprɪ'henʃən] *n Formal* malentendido *m*, equívoco *m*; **to be (labouring) under a m.** albergar una falsa impresión

misappropriate [mɪsə'prəʊprɪeɪt] *vt Formal (for oneself)* apropiarse indebidamente de; *(for a wrong use)* malversar

misappropriation ['mɪsəprəʊprɪ'eɪʃən] *n Formal (for oneself)* apropiación *f* indebida; *(for a wrong use)* malversación *f* de fondos

misbegotten [mɪsbɪ'gɒtən] *adj* **(a)** *(plan, decision, idea)* desacertado(a), desafortunado(a) **(b)** *(person)* inútil

misbehave [mɪsbɪ'heɪv] *vi* portarse mal

misbehaviour, *US* **misbehavior** [mɪsbɪ'heɪvjə(r)] *n* mala conducta *f*, mal comportamiento *m*

misc (*abbr* **miscellaneous**) varios

miscalculate [mɪs'kælkjʊleɪt] *vt & vi* calcular mal

miscalculation [mɪskælkjʊ'leɪʃən] *n* error *m* de cálculo

miscarriage [mɪs'kærɪdʒ] *n* **(a)** *Med* aborto *m* (natural *or* espontáneo); **to have a m.** abortar de forma natural **(b)** *Law* ***m. of justice*** error *m* judicial

miscarry [mɪs'kærɪ] *vi* **(a)** *(of pregnant woman)* abortar de forma natural **(b)** *Fig (of plan)* fracasar

miscast [mɪs'kɑ:st] *vt* **to m. an actor** dar a un actor un papel poco apropiado

miscellaneous [mɪsə'leɪnɪəs] *adj* diverso(a)

miscellany [mɪ'selənɪ] *n* miscelánea *f*

mischance [mɪs'tʃɑ:ns] *n Formal* mala suerte *f*

mischief ['mɪstʃɪf] *n* **(a)** *(naughtiness)* travesura *f*; **to be full of m.** ser un/una travieso(a); **to get up to m.** hacer travesuras; **to keep sb out of m.** evitar que alguien haga de las suyas **(b)** *(trouble)* problemas *mpl*; **to make m. (for sb)** crear problemas (a alguien) **(c)** *Fam Hum (injury)* **to do oneself a m.** hacerse daño

mischievous ['mɪstʃɪvəs] *adj* **(a)** *(naughty)* travieso(a) **(b)** *(malicious)* malicioso(a)

mischievously ['mɪstʃɪvəslɪ] *adv* **(a)** *(naughtily)* **he smiled m.** sonrió con gesto travieso **(b)** *(maliciously)* maliciosamente

misconceived [mɪskən'si:vd] *adj* **(a)** *(mistaken)* erróneo(a), equivocado(a) **(b)** *(badly planned)* mal planteado(a)

misconception [mɪskən'sepʃən] *n* idea *f* equivocada *or* errónea; **it's a common m. that…** es un error muy común pensar que…

misconduct [mɪs'kɒndʌkt] *n Formal* **(a)** *(misbehaviour)* conducta *f* poco ética **(b)** *(poor management)* mala gestión *f*

misconstruction [mɪskən'strʌkʃən] *n Formal* mala interpretación *f*; **to be open to m.** ser susceptible de malas interpretaciones

misconstrue [mɪskən'stru:] *vt Formal* malinterpretar

miscreant ['mɪskrɪənt] *n Formal* malhechor(a) *m,f*

misdate [mɪs'deɪt] *vt (letter)* poner la fecha equivocada a

misdeed [mɪs'di:d] *n Formal* fechoría *f*

misdemeanour, *US* **misdemeanor** [mɪsdɪ'mi:nə(r)] *n Law* falta *f*

misdiagnose [mɪsdaɪəg'nəʊz] *vt Med* diagnosticar erróneamente

misdiagnosis [mɪsdaɪəg'nəʊsɪs] *n Med* diagnóstico *m* erróneo

misdial [mɪs'daɪəl] (*pt & pp* **misdialled**, *US* **misdialed**) **1** *vt* equivocarse al marcar
2 *vi* equivocarse al marcar

misdirect [mɪsdɪ'rekt] *vt* **(a)** *(person)* dar indicaciones equivocadas a **(b)** *(letter)* mandar a una dirección equivocada **(c)** *Law* **to m. the jury** dar instrucciones erróneas al jurado

misdirection [mɪsdɪ'rekʃən] *n* **(a)** *(of funds)* malversación *f* **(b)** *Law (of jury)* **his m. of the jury** el hecho de que diera instrucciones erróneas al jurado

miser ['maɪzə(r)] *n* avaro(a) *m,f*

miserable ['mɪzərəbəl] *adj* **(a)** *(unhappy)* triste, infeliz; **to be m.** estar triste, ser infeliz; **to make sb's life m.** amargar la vida a alguien **(b)** *(unpleasant)* lamentable; *(weather)* horroroso(a), malísimo(a) **(c)** *(wretched)* miserable; **I only got a m. £70** sólo me dieron 70 miserables libras

miserably ['mɪzərəblɪ] *adv* **(a)** *(unhappily)* tristemente **(b)** *(unpleasantly)* lamentablemente **(c)** *(wretchedly)* miserablemente

miserly ['maɪzəlɪ] *adj* avariento(a); **a m. amount** una cantidad miserable

misery ['mɪzərɪ] *n* **(a)** *(unhappiness)* tristeza *f*, infelicidad *f*; **to make sb's life a m.** amargar la vida a alguien; **to put an animal out of its m.** terminar con los sufrimientos de un animal; *Hum* **put him out of his m.!** *(by telling him sth)* ¡acaba de una vez con sus sufrimientos! **(b)** *Br Fam (person)* amargado(a) *m,f*

> Note that the Spanish word **miseria** is a false friend and is never a translation for the English word **misery**. In Spanish **miseria** means both "poverty" and "misfortune".

misery-guts ['mɪzərɪgʌts] *n Fam* amargado(a) *m,f*

misfield 1 *n* ['mɪsfi:ld] *(in baseball, cricket)* = fallo consistente en que a un jugador se le escape la pelota de las manos
2 *vi* [mɪs'fi:ld] *(in baseball, cricket)* **he misfielded** = se le escapó la pelota de las manos

misfire [mɪs'faɪə(r)] *vi* **(a)** *(of gun)* encasquillarse **(b)** *(of plan)* fallar

misfit ['mɪsfɪt] *n (person)* inadaptado(a) *m,f*

misfortune [mɪs'fɔ:tʃən] *n* desgracia *f*

misgiving [mɪs'gɪvɪŋ] *n Formal* recelo *m*, duda *f*; **to have misgivings (about sth)** tener recelos (sobre algo); **to have misgivings about doing sth** tener reparos en hacer algo

misgovern [mɪs'gʌvən] *vt* gobernar mal

misguided [mɪs'gaɪdɪd] *adj* **(a)** *(unwise) (person)* confundido(a), equivocado(a); *(advice, decision, attempt)* desacertado(a), desafortunado(a); **to be m.** *(of person)* estar confundido(a) *or* equivocado(a); *(of advice, decision, attempt)* ser desacertado(a) *or* desafortunado(a) **(b)** *(misdirected) (energy,* *belief, idealism)* mal encaminado(a); **to be m.** *(of energy, belief, idealism)* ir mal encaminado(a)

mishandle [mɪsˈhændəl] *vt* (**a**) *(device)* manejar mal (**b**) *(situation)* encauzar mal

mishap [ˈmɪshæp] *n* contratiempo *m*; **without m.** sin ningún contratiempo

mishear [mɪsˈhɪə(r)] (*pt & pp* **misheard** [mɪsˈhɜːd]) **1** *vt* entender mal; **I misheard your name as "Joan"** entendí que tu nombre era "Joan"

2 *vi* entender mal

mishit *Sport* **1** *n* [ˈmɪshɪt] error *m*; **that was a serious m.** le ha dado mal a la pelota

2 *vt* [mɪsˈhɪt] (*pt & pp* **mishit**) darle mal a la pelota; **he m. his drive** le salió mal el drive

mishmash [ˈmɪʃmæʃ] *n Fam* batiburrillo *m*, *Am* menjunge *m*

misinform [mɪsɪnˈfɔːm] *vt Formal* informar mal

misinformation [mɪsɪnfəˈmeɪʃən] *n* información *f* errónea

misinterpret [mɪsɪnˈtɜːprɪt] *vt* malinterpretar

misinterpretation [mɪsɪntɜːprɪˈteɪʃən] *n* interpretación *f* errónea; **his words are open to m.** sus palabras se prestan a una mala interpretación

misjudge [mɪsˈdʒʌdʒ] *vt* (**a**) *(distance)* calcular mal (**b**) *(person, situation)* juzgar mal

misjudg(e)ment [mɪsˈdʒʌdʒmənt] *n* error *m* de apreciación

miskey [mɪsˈkiː] *vt Comptr* escribir mal

mislay [mɪsˈleɪ] (*pt & pp* **mislaid** [mɪsˈleɪd]) *vt* extraviar, perder

mislead [mɪsˈliːd] (*pt & pp* **misled** [mɪsˈled]) *vt* engañar; **they misled him into thinking that...** le hicieron creer que...

misleading [mɪsˈliːdɪŋ] *adj* engañoso(a)

misleadingly [mɪsˈliːdɪŋlɪ] *adv* engañosamente

misled [mɪsˈled] *pt & pp of* **mislead**

mismanage [mɪsˈmænɪdʒ] *vt* administrar *or* gestionar mal

mismanagement [mɪsˈmænɪdʒmənt] *n* mala administración *f*, mala gestión *f*

mismatch **1** *n* [ˈmɪsmætʃ] falta *f* de correlación; **the contest was a complete m.** fue un enfrentamiento completamente desigual

2 *vt* [mɪsˈmætʃ] **I've always thought they were mismatched** siempre me pareció que no estaban hechos el uno para el otro

misnomer [mɪsˈnəʊmə(r)] *n* denominación *f* impropia

miso [ˈmiːsəʊ] *n Culin* miso *m*

misogynist [mɪˈsɒdʒɪnɪst] *n* misógino(a) *m,f*

misogynistic [mɪsɒdʒɪˈnɪstɪk] *adj* misógino(a)

misogyny [mɪˈsɒdʒɪnɪ] *n* misoginia *f*

misplace [mɪsˈpleɪs] *vt* (**a**) *(book, umbrella)* extraviar (**b**) *(trust, confidence)* depositar equivocadamente

misprint [ˈmɪsprɪnt] *n* errata *f* (de imprenta)

mispronounce [mɪsprəˈnaʊns] *vt* pronunciar mal

mispronunciation [mɪsprənʌnsɪˈeɪʃən] *n* pronunciación *f* incorrecta

misquotation [mɪskwəʊˈteɪʃən] *n* (**a**) *(accidental)* cita *f* errónea (**b**) *(deliberate)* tergiversación *f*

misquote [mɪsˈkwəʊt] *vt* (**a**) *(accidentally)* citar equivocadamente (**b**) *(deliberately) (person)* tergiversar las palabras de; *(words)* tergiversar

misread [mɪsˈriːd] (*pt & pp* **misread** [mɪsˈred]) *vt* (**a**) *(notice, timetable)* leer mal (**b**) *(misinterpret)* malinterpretar

misrepresent [mɪsreprɪˈzent] *vt (person)* tergiversar las palabras de; *(words, facts)* deformar, tergiversar

misrepresentation [mɪsreprɪzenˈteɪʃən] *n* deformación *f*, tergiversación *f*

misrule [mɪsˈruːl] *n* desgobierno *m*

Miss[1] (*abbr* **Mississippi**) Misisipí

Miss[2] [mɪs] *n* señorita *f*; **M. Jones** la señorita Jones ▫ ***M. World*** Miss Mundo

---

MISS [mɪs] **1** *n* fallo *m*, *Am* falla *f*; *Fam* **I think I'll give the cake/film a m.** creo que voy a pasar de tomar tarta/ver la película; PROV **he only lost by a second, but a m. is as good as a mile** perdió por un solo segundo, pero da lo mismo, un segundo o diez segundos, el caso es que perdió

2 *vt* (**a**) *(bus, train, chance)* perder; *(film, TV programme)* perderse; *(appointment)* faltar a; *(deadline)* no cumplir; **you've just missed him** se acaba de marchar; **to m. a class** perderse una clase; **you haven't missed much!** ¡no te has perdido mucho!; **don't m. it!** ¡no te lo pierdas!; **this film is not to be missed** esta película es imprescindible; **I wouldn't m. it for anything** *or* **the world** no me lo perdería por nada del mundo; **to m. the cut** *(in golf)* no meterse en el corte; **to m. school** faltar a clase; IDIOM **to m. the boat** perder el tren

(**b**) *(target)* no acertar en; *(shot, penalty)* fallar; *Fig* **her insults missed the mark** sus insultos no tuvieron ningún efecto

(**c**) *(not notice)* **I spotted a mistake that the others had missed** descubrí un error que los otros no habían visto; **you can't m. the house** la casa no tiene pérdida; **the boss doesn't m. much** *or* **a thing** al jefe no se le pasa *or* escapa nada; IDIOM **he doesn't m. a trick** no se le pasa una

(**d**) *(not hear, not understand) (question, remark)* no oír, perderse; *(joke)* no entender, *Esp* no coger; **to m. the point** no entender bien

(**e**) *(omit) (word, line)* saltarse; **you missed a comma here** te has saltado una coma aquí; **I've missed my period** no me ha venido el periodo *or* la regla

(**f**) *(avoid)* **the car just missed me** el coche *or Am* carro *or Chile, RP* auto no me atropelló por poco; **I only just missed a tree** esquivé un árbol por muy poco; **my team just missed promotion** a mi equipo se les ha escapado el ascenso de las manos; **I often m. lunch** a menudo no tomo nada para comer; **if we leave early we'll m. the rush hour** si salimos pronto evitaremos la hora punta; **she just missed being killed** por poco se mata

(**g**) *(feel lack of)* echar de menos, *Am* extrañar; **I m. you** te echo de menos, *Am* te extraño; **I m. being able to get up whenever I wanted to** echo en falta *or Am* extraño levantarme a la hora que quiero; **what I m. most about the States is...** lo que más echo en falta *or Am* extraño de los Estados Unidos es...; **she will be sadly missed** la echaremos muchísimo en falta, *Am* la extrañaremos muchísimo; **we didn't m. her until the next day** no la echamos en falta hasta el día siguiente

(**h**) *(lack)* **the table's missing one of its legs** a la mesa le falta una pata

3 *vi* (**a**) *(miss target)* **his penalty missed** falló el penalty; **he shot at me, but missed** me disparó, pero no me dio

(**b**) *(be absent)* **to be missing** faltar; **nothing is missing** no falta nada

(**c**) *Aut* fallar

▸**miss off** *vt sep* **she missed me off the list** no me incluyó en la lista

▸**miss out 1** *vt sep (omit)* pasar por alto, omitir; **have I missed anyone out?** ¿me he saltado a alguien?

2 *vi (not benefit)* **to m. out on sth** perderse algo; **she just missed out on a place in the finals** se perdió por muy poco un puesto en la fase final; **how come I always m. out?** ¿por qué salgo yo perdiendo siempre?

---

missal [ˈmɪsəl] *n Rel* misal *m*

missel thrush, mistle thrush [ˈmɪsəlθrʌʃ] *n* cagaaceite *m*

misshapen [mɪsˈʃeɪpən] *adj* deforme

missile [ˈmɪsaɪl, *US* ˈmɪsəl] *n* (**a**) *(rocket)* misil *m* ▫ ***m. launcher*** lanzamisiles *m inv* (**b**) *(object thrown)* proyectil *m*

missing [ˈmɪsɪŋ] *adj (lost)* perdido(a); *(absent)* ausente; **to be m.** *(of person, thing)* faltar; **a young child has gone m.** se ha perdido un niño pequeño; **my wallet's gone m.** no sé dónde está mi cartera; **find the m. word** encontrar la palabra que falta ▫ ***m. link*** eslabón *m* perdido; ***m. person*** desaparecido(a) *m,f*

mission [ˈmɪʃən] *n* (**a**) *(task)* misión *f*; **m. accomplished** misión cumplida ▫ *Com* ***m. statement*** declaración *f* de (la) misión, misión *f* (**b**) *(delegation)* delegación *f* (**c**) *Rel* misión *f* ▫ ***m. station*** misión *f*

missionary [ˈmɪʃənərɪ] *n Rel* misionero(a) *m,f* ▫ ***m. position*** *(sexual)* postura *f* del misionero

missive [ˈmɪsɪv] *n Formal* misiva *f*

misspell [ˈmɪsˈspel] (*pt & pp* **misspelt** [ˈmɪsˈspelt]) *vt* escribir incorrectamente

misspelling [ˈmɪsˈspelɪŋ] *n* falta *f* de ortografía **"accomodation" is a common m. of "accommodation"** escribir "accomodation" por "accommodation" es un error muy común

misspelt ['mɪs'spelt] *pt & pp of* **misspell**

misspent ['mɪs'spent] *adj* **a m. youth** una juventud malgastada *or* desaprovechada

missus, missis ['mɪsɪz] *n Br Fam (wife)* **the m.** la parienta, *Méx* la vieja, *RP* la doña

mist [mɪst] *n (fog)* neblina *f*; *(condensation)* vaho *m*; **sea m.** bruma *f*; *Fig* **the mists of time** la noche de los tiempos

▸**mist over** *vi (of mirror, eyes)* empañarse

▸**mist up** *vi (of mirror, glasses)* empañarse

mistakable, mistakeable [mɪs'teɪkəbəl] *adj* confundible (**for** por)

mistake [mɪs'teɪk] **1** *n* error *m*, equivocación *f*; **to make a m.** cometer un error; **make no m.** puedes estar seguro(a); **by m.** por error *or* equivocación; *Fam* **this is hard work and no m.!** no cabe duda de que es un trabajo duro

2 *vt* (*pt* **mistook** [mɪs'tʊk], *pp* **mistaken** [mɪs'teɪkən]) (**a**) *(misunderstand)* interpretar mal; **I mistook her intentions** interpreté mal sus intenciones (**b**) *(confuse)* confundir (**for** con); **I mistook him for someone else** lo confundí con otra persona; **there's no mistaking a voice like that!** ¡esa voz es inconfundible!

mistakeable = **mistakable**

mistaken [mɪs'teɪkən] *adj (belief, impression)* equivocado(a), erróneo(a); **to be m.** *(of person)* estar equivocado(a)

mistakenly [mɪs'teɪkənlɪ] *adv* erróneamente

Mister ['mɪstə(r)] *n* señor *m*; **M. Jones** el señor Jones

mistime [mɪs'taɪm] *vt* **to m. sth** hacer algo a destiempo

mistle thrush = **missel thrush**

mistletoe ['mɪsəltəʊ] *n* muérdago *m*

mistook [mɪs'tʊk] *pt of* **mistake**

mistranslate [mɪstræns'leɪt] *vt* traducir erróneamente

mistranslation [mɪstræns'leɪʃən] *n* error *m* de traducción, mala traducción *f*

mistreat [mɪs'tri:t] *vt* maltratar

mistreatment [mɪs'tri:tmənt] *n* maltrato *m*, malos tratos *mpl*

mistress ['mɪstrɪs] *n* (**a**) *(of servant, house)* señora *f*, ama *f* (**b**) *(woman teacher) (in primary school)* señorita *f*, maestra *f*; *(in secondary school)* profesora *f* (**c**) *(lover)* querida *f*, amante *f*

mistrial [mɪs'traɪəl] *n Law* juicio *m* nulo

mistrust [mɪs'trʌst] **1** *n* desconfianza *f*

2 *vt* desconfiar de

mistrustful [mɪs'trʌstfʊl] *adj* desconfiado(a); **to be m. of** desconfiar de

misty ['mɪstɪ] *adj* (**a**) *(place, weather)* neblinoso(a) (**b**) *(at sea or seaside)* brumoso(a) (**c**) *(form)* borroso(a)

misunderstand [mɪsʌndə'stænd] (*pt & pp* **misunderstood** [mɪsʌndə'stʊd]) *vt & vi* entender mal

misunderstanding [mɪsʌndə'stændɪŋ] *n* (**a**) *(misconception)* malentendido *m*, confusión *f*; **there's been a m. about the time** ha habido un malentendido con la hora (**b**) *(disagreement)* desacuerdo *m*, diferencias *fpl*

misunderstood [mɪsʌndə'stʊd] *pt & pp of* **misunderstand**

misuse 1 *n* [mɪs'ju:s] uso *m* indebido

2 *vt* [mɪs'ju:z] usar indebidamente

MIT [emaɪ'ti:] *n* (*abbr* **Massachusetts Institute of Technology**) MIT *m*

mite [maɪt] *n* (**a**) *(bug)* ácaro *m* (**b**) *Fam (child)* criatura *f*; **poor little m.!** ¡pobre criaturita! (**c**) *Fam (a little bit)* **it's a m. expensive** es un poquitín *or Esp* pelín caro

miter *US* = **mitre**

mitigate ['mɪtɪgeɪt] *vt Formal* (**a**) *(effect, suffering)* atenuar, mitigar; *(pain)* aliviar, mitigar (**b**) *Law* **mitigating circumstances** circunstancias *fpl* atenuantes

mitigation [mɪtɪ'geɪʃən] *n Formal* (**a**) *(of effect)* atenuación *f*; *(of pain)* alivio *m* (**b**) *Law* **in m.** como atenuante

mitre, *US* **miter** ['maɪtə(r)] **1** *n* (**a**) *Rel* mitra *f* (**b**) *(joint)* ***m. joint*** (ensambladura *f* a) inglete *m*

2 *vt (join)* unir *or* ensamblar a inglete

mitt [mɪt] *n* (**a**) *(mitten)* manopla *f*; *US* **(baseball) m.** guante *m* de béisbol (**b**) *Fam (hand)* **mitts** garras *fpl*, *Esp* zarpas *fpl*; **get your mitts off me!** ¡quítame las garras *or Esp* zarpas de encima!

mitten ['mɪtən] *n (glove)* manopla *f*; *(fingerless)* mitón *m*

mix [mɪks] **1** *n also Mus* mezcla *f*

2 *vt (combine)* mezclar; *(drink)* preparar; **you shouldn't m. your drinks** no deberías mezclar diferentes bebidas; **to m. business with pleasure** mezclar el placer con los negocios

3 *vi* (**a**) *(blend)* mezclarse; *(combine well)* compaginar bien (**b**) *(socially)* relacionarse (**with** con); **he doesn't m. much** no es muy sociable

▸**mix up** *vt sep* (**a**) *(ingredients)* mezclar (**b**) *(confuse) (one's papers)* revolver, desordenar; *(people, dates)* confundir; **I get mixed up about which is which** nunca sé cuál es cuál, siempre los confundo (**c**) *Fam (in situation, relationship)* **to be mixed up in sth** estar *or* andar metido(a) en algo; **to get mixed up with sb** liarse con alguien

▸**mix together** *vt sep* mezclar

mixed ['mɪkst] *adj* (**a**) *(assorted)* variado(a); *Fam* **it was a m. bag** había de todo, había cosas buenas y malas; **it was a m. blessing** tuvo su lado bueno y su lado malo ▫ ***m. economy*** economía *f* mixta; ***m. grill*** parrillada *f* mixta; ***m. marriage*** = matrimonio entre personas de distintas razas o religiones; ***m. metaphor*** chascarrillo *m (mezclando frases hechas)*; ***m. salad*** ensalada *f* mixta

(**b**) *(for both sexes)* mixto(a) ▫ ***m. doubles*** *(in tennis)* dobles *mpl* mixtos; ***m. school*** *(coeducational)* colegio *m* mixto

(**c**) *(ambivalent)* **reaction to the proposal was m.** la propuesta recibió reacciones disímiles *or* diversas; **to have m. feelings (about sth)** tener sentimientos contradictorios (respecto a algo)

mixed-ability ['mɪkstə'bɪlɪtɪ] *adj Br Sch* **a m. class** una clase con alumnos de distintos niveles de aptitud

mixed-up [mɪks'tʌp] *adj Fam (person)* desorientado(a), confuso(a)

mixer ['mɪksə(r)] *n* (**a**) *(machine for mixing) (for food)* batidora *f*; *(for cement)* hormigonera *f* (**b**) *(mixing desk)* mesa *f* de mezclas (**c**) *(in drink)* refresco *m (para mezcla alcohólica)* (**d**) *(person)* **to be a good m.** *(socially)* ser muy abierto(a) con la gente (**e**) *Br* ***m. tap*** (grifo *m or Chile, Col, Méx* llave *f or RP* canilla *f*) monomando *m*

mixing bowl ['mɪksɪŋ'bəʊl] *n* cuenco *m*, bol *m*

mixing desk ['mɪksɪŋdesk] *n* mesa *f* de mezclas

mixture ['mɪkstʃə(r)] *n* (**a**) *(of different things)* mezcla *f*; **he's a strange m.** tiene cualidades contradictorias (**b**) *(medicine)* jarabe *m*

mix-up ['mɪksʌp] *n* confusión *f*; **there was a m. over the dates** hubo una confusión con las fechas

mizzenmast ['mɪzənmɑ:st] *n Naut* palo *m* de mesana

Mk (*abbr* **mark**) **Mk II Jaguar** Jaguar II

mktg *Com* (*abbr* **marketing**) marketing *m*

ml (*abbr* **millilitre(s)**) ml

MLitt [em'lɪt] *n* (*abbr* **Master of Letters**) Máster *m* en Letras

MLR [emel'ɑ:(r)] *n Fin* (*abbr* **minimum lending rate**) tipo *m* activo mínimo de interés, *Am* tasa *f* activa mínima de interés

mm (*abbr* **millimetre(s)**) mm

MMC *n* (*abbr* **Monopolies and Mergers Commission**) = comisión británica antimonopolios

MN (*abbr* **Minnesota**) Minnesota

mnemonic [nɪ'mɒnɪk] *n* recurso *m* mnemotécnico

MO *n* (**a**) (*abbr* **medical officer**) médico(a) *mf* militar (**b**) (*abbr* **Missouri**) Misuri (**c**) (*abbr* **modus operandi**) modus operandi

mo [məʊ] *n Fam* segundo *m*; **half a mo!, just a mo!** ¡un segundito!

moan [məʊn] **1** *n* (**a**) *(sound)* gemido *m* (**b**) *(complaint)* queja *f*; **to have a m. (about sth)** quejarse (de algo)

2 *vi* (**a**) *(make sound)* gemir (**b**) *(complain)* quejarse (**about** de)

moaner ['məʊnə(r)] *n* quejica *mf*

moaning ['məʊnɪŋ] *n* quejidos *mpl* ▫ *Fam* ***m. minnie*** *Esp* quejica *mf*, *Am* quejoso(a) *m,f*

moat [məʊt] *n* foso *m*

mob [mɒb] **1** *n* (**a**) *(crowd)* turba *f*, horda *f* ▫ ***m. rule*** la ley de la calle (**b**) *Fam* **the M.** *(the Mafia)* la Mafia

2 *vt* (*pt & pp* **mobbed**) (**a**) *(crowd round)* **to be mobbed by fans** ser asediado(a) por una multitud de admiradores (**b**) *(crowd)*

the streets were mobbed las calles estaban abarrotadas

mobile ['məʊbaɪl] **1** *n* (**a**) *(hanging ornament)* móvil *m* (**b**) *Fam (mobile phone)* (teléfono *m*) móvil *m*

2 *adj* móvil; **socially m.** = que va ascendiendo en la escala social; *Fam* **are you m.?** *(have you got a car?)* ¿tienes coche *or Am* carro *or Chile, RP* auto? ▫ ***m. home*** *(caravan)* caravana *f*, *RP* casilla *f* rodante; *Br* ***m. library*** bibliobús *m*; ***m. phone*** teléfono *m* móvil

mobility [məʊ'bɪlɪtɪ] *n* movilidad *f*

mobilization [məʊbɪlaɪ'zeɪʃən] *n (of troops, support)* movilización *f*

mobilize ['məʊbɪlaɪz] *vt (troops, support)* movilizar

Möbius strip ['mɜ:bɪəs'strɪp] *n* banda *f* de Mobius

mobster ['mɒbstə(r)] *n US Fam* gángster *m*

moccasin ['mɒkəsɪn] *n (shoe, slipper)* mocasín *m*

mocha ['mɒkə] **1** *n* (**a**) *(type of coffee)* (café *m*) moca *f* (**b**) *(flavour)* moca *f*

2 *adj (coffee, flavour)* de moca

mock [mɒk] **1** *adj* fingido(a), simulado(a) ▫ ***m. battle*** simulacro *m* de batalla; *Br Sch* ***m. examination*** examen *m* de prueba

2 *vt (ridicule)* burlarse de; *Hum* **don't m. the afflicted!** ¡no te rías de los desgraciados!

mockers ['mɒkəz] *npl Br Fam* **to put** *or* **have the m. on** fastidiar, *Esp* jorobar

mockery ['mɒkərɪ] *n* (**a**) *(ridicule)* burlas *fpl* (**b**) *(travesty)* farsa *f*; **to make a m. of sth/sb** poner algo/a alguien en ridículo

mock-heroic ['mɒkhɪ'rəʊɪk] *adj (verse)* que satiriza la poesía épica

mocking ['mɒkɪŋ] *adj* burlón(ona)

mockingbird ['mɒkɪŋbɜ:d] *n* sinsonte *m*

mock-up ['mɒkʌp] *n* reproducción *f*, modelo *m (de tamaño natural)*

MOD [eməʊ'di:] *n Br (abbr* **Ministry of Defence**) Ministerio *m* de Defensa

mod [mɒd] *n Br Fam* mod *mf*

modal ['məʊdəl] **1** *n* verbo *m* modal

2 *adj* ***m. auxiliary*** auxiliar modal; ***m. verb*** verbo *m* modal

modality [məʊ'dælɪtɪ] *n* (**a**) *Mus* modo *m* musical (**b**) *Gram* modalidad *f*

mod cons ['mɒd'kɒnz] *npl Fam* **with all m.** con todas las comodidades

mode [məʊd] *n* (**a**) *(manner)* ***m. of behaviour*** forma *f* de comportarse; ***m. of life*** estilo *m* de vida; ***m. of transport*** medio *m* de transporte (**b**) *Comptr* modo *m*; **playback m.** función *f* play; *Fig* **to be in holiday m.** tener la cabeza en las vacaciones (**c**) *Math* moda *f*

model ['mɒdəl] **1** *n* (**a**) *(small version)* maqueta *f* ▫ ***m. aircraft*** maqueta de avión; ***m. kit*** kit *m* de montaje (**b**) *(example)* modelo *m*; **this is our latest m.** este es nuestro último modelo (**c**) *(paragon)* modelo *m*; **a m. of politeness** un modelo de cortesía; **to take sb as one's m.** tomar a alguien como modelo ▫ ***m. pupil*** alumno(a) *m,f* modélico(a) *or* modelo (**d**) *(person) (fashion model, for artist)* modelo *mf*

2 *vt (pt & pp* **modelled**, *US* **modeled**) (**a**) *(design)* **the palace was modelled on Versailles** el palacio estaba construido en el estilo de Versalles; **to m. oneself on sb** seguir el ejemplo de alguien (**b**) *Comptr* simular por *Esp* ordenador *or Am* computadora

3 *vi (of artist's model)* posar; *(of fashion model)* hacer *or* trabajar de modelo

modeller, *US* **modeler** ['mɒdələ(r)] *n (of model planes, boats)* maquetista *mf*

modelling, *US* **modeling** ['mɒdəlɪŋ] *n* (**a**) *(of model planes, boats)* **he's into m.** su hobby es hacer maquetas (**b**) *(in fashion show, for magazine)* trabajo *m* de modelo **have you considered m. as a career?** ¿has considerado la posibilidad de ser modelo? (**c**) *Comptr* modelado *m*

modem ['məʊdem] *n Comptr* módem *m*

moderate ['mɒdərɪt] **1** *n Pol* moderado(a) *m,f*

2 *adj* moderado(a); **to be a m. drinker** beber *or Am* tomar moderadamente

3 *vt* ['mɒdəreɪt] *(one's demands, zeal)* moderar

4 *vi Formal (at meeting)* moderar, hacer de moderador

moderately ['mɒdərɪtlɪ] *adv (eat, drink)* moderadamente, con moderación; *(reasonably)* medianamente, moderadamente

moderation [mɒdə'reɪʃən] *n* moderación *f*; **in m.** con moderación

moderator ['mɒdəreɪtə(r)] *n* (**a**) *(mediator)* mediador(ora) *m,f* (**b**) *Br Univ (in examination marking)* – persona encargada de comprobar que todos lo examinadores siguen los mismos criterios (**c**) *Phys (in nuclear reactors)* moderador *m*

modern ['mɒdən] *adj* moderno(a) ▫ ***m. languages*** lenguas *fpl* modernas; *Sport* ***m. pentathlon*** pentatlón *m* moderno

modernism ['mɒdənɪzəm] *n* modernismo *m*

modernist ['mɒdənɪst] *n & adj* modernista *mf*

modernity [mɒ'dɜ:nɪtɪ] *n* modernidad *f*

modernization [mɒdənaɪ'zeɪʃən] *n* modernización *f*

modernize ['mɒdənaɪz] **1** *vt* modernizar

2 *vi* modernizarse

modernizer ['mɒdənaɪzə(r)] *n* modernizador(ora) *m,f*

modest ['mɒdɪst] *adj* (**a**) *(not boastful)* modesto(a) (**b**) *(moderate) (requirement, increase)* modesto(a), moderado(a) (**c**) *(chaste)* recatado(a)

modestly ['mɒdɪstlɪ] *adv* (**a**) *(not boastfully)* modestamente (**b**) *(moderately)* moderadamente (**c**) *(chastely)* recatadamente

modesty ['mɒdɪstɪ] *n* (**a**) *(humility)* modestia *f*; **false m.** falsa modestia (**b**) *(moderation) (of requirement, increase)* modestia *f*, moderación *f* (**c**) *(chastity)* recato *m*

modicum ['mɒdɪkəm] *n Formal* **a m. of** un mínimo de

modification [mɒdɪfɪ'keɪʃən] *n* modificación *f*; **to make modifications to sth** modificar algo

modifier ['mɒdɪfaɪə(r)] *n* (**a**) *Gram* modificador *m* (**b**) *Comptr* ***m. key*** tecla *f* modificadora

modify ['mɒdɪfaɪ] *vt* modificar

modish ['məʊdɪʃ] *adj* moderno(a), a la moda

modular ['mɒdjʊlə(r)] *adj* por módulos ▫ *Elec* ***m. construction*** construcción *f* por módulos; *Educ* ***a m. course*** un curso por módulos

modulate ['mɒdjʊleɪt] **1** *vt (voice) & Elec* modular

2 *vi Mus* **to m. to** modular a

modulation [mɒdjʊ'leɪʃən] *n* modulación *f*

modulator ['mɒdjʊleɪtə(r)] *n (device)* modulador *m*

module ['mɒdju:l] *n* módulo *m*

modus operandi ['məʊdəsɒpə'rændaɪ] *n Formal* modus *m* operandi

modus vivendi ['məʊdəsvɪ'vendaɪ] *n Formal* modus *m* vivendi

mog [mɒg], **moggy** ['mɒgɪ] *n Br Fam* minino(a) *m,f*

mogul[1] ['məʊgəl] *n* (**a**) *Hist* Gran Mogol *m* (**b**) *(magnate)* magnate *m,f*

mogul[2] *n Sport* bache *m*; **moguls** *(event)* esquí *m* de baches

mohair ['məʊheə(r)] *n* mohair *m*; **m. sweater** suéter *m or Esp* jersey *m or Col* saco *m or RP* pulóver *m* de mohair

Mohammed [məʊ'hæmɪd] *n* Mahoma

mohican [məʊ'hi:kən] *n* (**a**) *(North American Indian)* **M.** mohicano(a) *m,f*; *Fig* **the last of the Mohicans** el último Mohicano, el último de Filipinas (**b**) *(hairstyle)* cresta *f*

moire [mwɑ:] *n Comptr, Phot & Typ* moiré *m*

moiré ['mwɑ:reɪ] **1** *n* aguas *fpl*

2 *adj* con aguas

moist [mɔɪst] *adj* húmedo(a)

moisten ['mɔɪsən] *vt* humedecer

moisture ['mɔɪstʃə(r)] *n* humedad *f*

moisturize ['mɔɪstʃəraɪz] *vt (skin)* hidratar

moisturizer ['mɔɪstʃəraɪzə(r)] *n* crema *f* hidratante

moke [məʊk] *n Fam* (**a**) *Br (donkey)* burro(a) *m,f*, jumento *m* (**b**) *Austr (horse)* jamelgo *m*

molar[1] ['məʊlə(r)] *n* muela *f*, molar *m*

molar[2] *adj Chem* molar ▫ ***m. weight*** peso *m* molar

molarity [mɒ'lærɪtɪ] *n Chem* molaridad *f*

molasses [mə'læsɪz] *n* melaza *f*

mold, molder *etc US* = **mould, moulder** *etc*

Moldavia [mɒl'deɪvɪə], **Moldova** [mɒl'dəʊvə] *n* Moldavia

Moldavian [mɒl'deɪvɪən], **Moldovan** [mɒl'dəʊvən] *n & adj* moldavo(a) *m,f*

mole¹ [məʊl] *n (birthmark)* lunar *m*

mole² *n (animal, spy)* topo *m*

mole³ *n Chem* mol *m*

molecular [mə'lekjʊlə(r)] *adj* molecular ▫ ***m. biology*** biología *f* molecular; ***m. weight*** peso *m* molecular

molecule ['mɒlɪkju:l] *n* molécula *f*

molehill ['məʊlhɪl] *n* topera *f*

moleskin ['məʊlskɪn] **1** *n* (**a**) *(fur)* piel *f* de topo (**b**) *(cotton fabric)* piel *f* de melocotón
2 *adj* de piel de melocotón

molest [mə'lest] *vt* (**a**) *(pester)* molestar, importunar (**b**) *(sexually)* abusar (sexualmente) de

moll [mɒl] *n Fam* **gangster's m.** amiguita *f* or *Arg* mina *f* or *Méx* vieja *f* de un gángster

mollify ['mɒlɪfaɪ] *vt* apaciguar

mollusc, *US* **mollusk** ['mɒləsk] *n* molusco *m*

mollycoddle ['mɒlɪkɒdəl] *vt Fam* mimar

Molotov cocktail ['mɒlətɒf'kɒkteɪl] *n* cóctel *m* molotov

molten ['məʊltən] *adj* fundido(a)

molybdenum [mə'lɪbdəmən] *n Chem* molibdeno *m*

mom [mɒm] *n US Fam* mamá *f*, mami *f*

MOMA ['məʊmə] *n* (*abbr* **Museum of Modern Art**) Museo *m* de Arte Moderno *(de Nueva York)*

moment ['məʊmənt] *n* (**a**) *(instant)* momento *m*; **a m. ago** hace un momento; **at any m.** en cualquier momento; **any m. now** en cualquier momento; **at the m.** *(right now)* en este momento; *(these days)* actualmente; **at the last m.** en el último momento; **for the m.** por el momento; **in a m.** enseguida; **just a m.** *(wait a minute)* un momento; **wait a m.!, one m.!** ¡espera un momento!; **I haven't a m. to spare** no tengo ni un minuto; **tell him the m. he arrives** díselo en cuanto llegue; **without a m.'s hesitation** sin dudarlo un momento; **not** *or* **never for one m.** ni por un momento *or* instante
(**b**) *(good parts, phases)* **he has his moments** tiene sus buenos golpes; **the book has its moments** el libro tiene sus (buenos) momentos
(**c**) *Formal (importance)* **of great/little m.** de mucha/poca importancia
(**d**) *Phys* **m. of force** momento *m* (de una fuerza)
(**e**) IDIOMS **to live for the m.** vivir el presente; **the man of the m.** el hombre del momento; **the m. of truth** la hora de la verdad

momentarily [məʊmən'terɪlɪ] *adv* (**a**) *(for a moment)* durante un momento *or* instante (**b**) *US (shortly)* en un momento *or* instante, en breve

momentary ['məʊməntərɪ] *adj* momentáneo(a)

momentous [məʊ'mentəs] *adj* muy importante, trascendental

momentum [məʊ'mentəm] *n Phys* momento *m* (lineal); **to gather/lose m.** *(of car, campaign)* cobrar/perder impulso

momma ['mɒmə] *n US Fam* (**a**) *(mother)* mamá *f*, mami *f* (**b**) *(woman) Esp* tía *f*, *Am* tipa *f*

mommy ['mɒmɪ] *n US Fam* mamá *f*, mami *f*

Mon (*abbr* **Monday**) lun.

Monaco ['mɒnəkəʊ] *n* Mónaco

monarch ['mɒnək] *n* monarca *mf*

monarchic(al) [mɒ'nɑ:kɪk(əl)] *adj* monárquico(a)

monarchism ['mɒnəkɪzəm] *n* monarquismo *m*

monarchist ['mɒnəkɪst] *n* monárquico(a) *m,f*

monarchy ['mɒnəkɪ] *n* monarquía *f*

monastery ['mɒnəstrɪ] *n* monasterio *m*

monastic [mə'næstɪk] *adj* monástico(a)

monasticism [mə'næstɪsɪzəm] *n* vida *f* monástica

Monday ['mʌndɪ] *n* lunes *m inv*; *see also* **Saturday**

mondo [mɒndəʊ] *adv US very Fam* **m. risky** peligroso del copón *or Méx* de la madre *or RP* del carajo

monetarism ['mʌnɪtərɪzəm] *n* monetarismo *m*

monetarist ['mʌnɪtərɪst] **1** *n* monetarista *mf*
2 *adj* monetarista ▫ ***m. theory*** monetarismo *m*

monetary ['mʌnɪtərɪ] *adj* monetario(a) ▫ ***m. policy*** política *f* monetaria; ***m. unit*** unidad *f* monetaria

money ['mʌnɪ] *n* dinero *m*; **to do sth for m.** hacer algo por dinero; **to make m.** *(of person)* ganar *or* hacer dinero; *(of business)* dar dinero; **to be worth a lot of m.** *(of thing)* valer mucho dinero; *(of person)* tener mucho dinero; **there's no m. in it** no es un buen negocio; IDIOM *Fam* **to be in the m.** haberse hecho con un montón de pasta, *Méx* haber hecho un chorro de lana, *RP* haber juntado un toco de guita; **to have m. to burn** estar montado(a) en el dólar; tener dinero a espuertas; **we really got our m.'s worth** desde luego, valía la pena pagar ese dinero; **I'm not made of m.** el dinero no crece en los árboles; IDIOM *Fam* **m. doesn't grow on trees!** el dinero no se encuentra así como así, *RP* ¡la plata no cae del cielo!; IDIOM *Fam* **it was m. for old rope** era dinero fácil; IDIOM **to put one's m. where one's mouth is** hacer con el dinero lo que tanto se promete; **the Government must put its m. where its mouth is** el Gobierno debe demostrar con hechos lo que mantiene; *Fam* **to spend m. like water** gastar dinero a *Esp* espuertas *or Am* a patadas; **for my m.** para mí, en mi opinión; **m. is no object** el dinero no es problema; **m. talks** el dinero es lo que cuenta; *Sport* **to finish out of/in the m.** = no terminar/terminar entre los ganadores de un premio en metálico; PROV **m. is the root of all evil** el dinero es la causa de todos los males ▫ ***m. back guarantee*** garantía *f* de devolución del dinero si el producto no es satisfactorio; ***m. belt*** = bolso plano en forma de cinturón para guardar el dinero; ***m. laundering*** blanqueo *m* de dinero; *Fin* ***m. market*** mercado *m* monetario; ***m. order*** transferencia *f*, giro *m*; ***m. spider*** = araña roja diminuta; *Econ* ***m. supply*** oferta *f or* masa *f* monetaria

moneybags ['mʌnɪbægz] *n Fam (person)* ricachón(ona) *m,f*; **lend us a fiver, m.** déjame 5 libras, tú que estás montado en el dólar

moneybox ['mʌnɪbɒks] *n* hucha *f*

moneychanger ['mʌnɪtʃeɪndʒə(r)] *n (person)* = empleado(a) de una oficina de cambio de divisas

moneyed, monied ['mʌnɪd] *adj* adinerado(a), pudiente

money-grubbing ['mʌnɪgrʌbɪŋ] *adj Fam* tacaño(a), rata

moneylender ['mʌnɪlendə(r)] *n* prestamista *mf*

moneymaker ['mʌnɪmeɪkə(r)] *n (business, product)* negocio *m* rentable

moneymaking ['mʌnɪmeɪkɪŋ] *adj* rentable, lucrativo(a)

money-spinner ['mʌnɪspɪnə(r)] *n Br Fam* **a real m.** mina *f* (de oro)

Mongol ['mɒŋgəl] *Hist* **1** *n* mongol(ola) *m,f*
2 *adj* mongol(ola); **the M. Hordes** las hordas mongolas

mongol ['mɒŋgəl] *n Old-fashioned (person with Down's syndrome)* mongólico(a) *m,f*

Mongolia [mɒŋ'gəʊlɪə] *n* Mongolia

Mongolian [mɒŋ'gəʊlɪən] *n & adj* mongol(ola) *m,f*

mongolism ['mɒŋgəlɪzəm] *n Old-fashioned (Down's syndrome)* mongolismo *m*

Mongoloid ['mɒŋgəlɔɪd] **1** *n* mongoloide *mf*
2 *adj* mongoloide

mongoose [mɒŋ'gu:s] *n* mangosta *f*

mongrel ['mʌŋgrəl] **1** *n (dog)* perro *m* cruzado
2 *adj (hybrid)* híbrido(a)

monied = **moneyed**

monies ['mʌnɪz] *npl Com Law* fondos *mpl*

moniker ['mɒnɪkə(r)] *n Fam* mote *m*, apodo *m*

monitor ['mɒnɪtə(r)] **1** *n* (**a**) *(supervisor)* supervisor(ora) *m,f* (**b**) *(screen) TV* pantalla *f*; *Comptr* monitor *m* (**c**) ***m. lizard*** varano *m*
2 *vt* controlar

monitoring ['mɒnɪtərɪŋ] *n* control *m*, *Am* monitoreo *m* ▫ ***m. service*** = agencia que controla sistemáticamente las emisiones de radio y televisión procedentes del extranjero

monk [mʌŋk] *n* monje *m*

monkey ['mʌŋkɪ] (*pl* **monkeys**) *n* (**a**) *(animal)* mono *m* ▫ ***m. nut*** *Esp* cacahuete *m*, *Am* maní *m*, *CAm, Méx* cacahuate *m*; ***m. puzzle tree*** araucaria *f*; *US* ***m. wrench*** llave *f* inglesa (**b**) *Fam (naughty child)* diablillo *m* (**c**) *Br Fam (£500)* = 500 libras (**d**) IDIOMS **to make a m. out of sb** tomarle el pelo a alguien; *Br very Fam* **I don't give a m.'s** me importa un pito, *Esp* me la trae floja; *US Fam* **to have a m. on one's back** ser yonqui, *RP* ser un(a) falopero(a) ▫ ***m. business*** bribonadas *fpl*; *Br* ***m. tricks*** *(mischief)* bromas *fpl*, travesuras *fpl*

▸**monkey about, monkey around** *vi Fam (fool around)* hacer el indio (**with** con)

monkfish ['mʌŋkfɪʃ] *n* rape *m*

mono ['mɒnəʊ] *n* **in m.** *(of sound recording)* en mono(aural)

monochromatic [mɒnəʊkrə'mætɪk] *adj (light)* monocromático(a)

monochrome ['mɒnəkrəʊm] *adj* (**a**) *Art & Comptr* monocromo(a), monocromático(a) (**b**) *Phot* en blanco y negro

monocle ['mɒnəkəl] *n* monóculo *m*

monoculture ['mɒnəʊkʌltʃə(r)] *n Agr* monocultivo *m*

monogamous [mɒ'nɒgəməs] *adj* monógamo(a)

monogamy [mɒ'nɒgəmɪ] *n* monogamia *f*

monoglot ['mɒnəglɒt] *n* = persona que habla un solo idioma

monogram ['mɒnəgræm] *n* monograma *m*

monograph ['mɒnəgræf] *n* monografía *f*

monolingual [mɒnəʊ'lɪŋgwəl] *adj* monolingüe

monolith ['mɒnəlɪθ] *n* monolito *m*

monolithic [mɒnə'lɪθɪk] *adj* monolítico(a)

monologue ['mɒnəlɒg] *n* monólogo *m*

monomania [mɒnəʊ'meɪnɪə] *n Psy* monomanía *f*

monomaniac [mɒnəʊ'meɪnɪæk] *n & adj* monomaniaco(a) *m,f*

mononucleosis [mɒnəʊnju:klɪ'əʊsɪs] *n Med* mononucleosis *f inv* infecciosa

monoplane ['mɒnəʊpleɪn] *n* monoplano *m*

monopolistic [mənɒpə'lɪstɪk] *adj* monopolístico(a)

monopolize [mə'nɒpəlaɪz] *vt* (**a**) *(market)* monopolizar (**b**) *(conversation, attention)* acaparar, monopolizar; **she monopolized him for the evening** lo acaparó *or* monopolizó toda la noche

Monopoly® [mə'nɒpəlɪ] *n Fam* ***M. money*** dinero *m* de juguete

monopoly [mə'nɒpəlɪ] *n also Fig* monopolio *m*; **to have a m. on sth** tener el monopolio *or* la exclusiva de algo

monorail ['mɒnəʊreɪl] *n* monorraíl *m*

monosaccharide [mɒnəʊ'sækəraɪd] *n Biochem* monosacárido *m*

mono-ski ['mɒnəʊski:] *n* monoesquí *m*

monosodium glutamate [mɒnə-səʊdɪəm'glu:təmeɪt] *n Culin* glutamato *m* monosódico

monospaced ['mɒnəʊspeɪst] *adj Comptr & Typ* monoespaciado(a)

monospacing [mɒnəʊ'speɪsɪŋ] *n Comptr & Typ* monoespaciado *m*

monosyllabic [mɒnəʊsɪ'læbɪk] *adj* (**a**) *(word)* monosílabo(a), monosilábico(a) (**b**) *(person, reply)* lacónico(a)

monosyllable [mɒnəʊ'sɪləbəl] *n* monosílabo *m*

monotheism ['mɒnəθɪɪzəm] *n* monoteísmo *m*

monotone ['mɒnətəʊn] *n* **to speak in a m.** hablar con voz monótona

monotonous [mə'nɒtənəs] *adj* monótono(a)

monotonously [mə'nɒtənəslɪ] *adv* monotonamente

monotony [mə'nɒtənɪ] *n* monotonía *f*

monounsaturated ['mɒnəʊʌn'sætjʊreɪtɪd] *adj* monoinsaturado(a)

monoxide [mə'nɒksaɪd] *n Chem* monóxido *m*

Monsignor [mɒn'si:njə(r)] *n* monseñor *m*

monsoon [mɒn'su:n] *n* monzón *m*

monster ['mɒnstə(r)] **1** *n* monstruo *m*

2 *adj Fam (enormous)* monstruoso(a)

monstrosity [mɒn'strɒsɪtɪ] *n* monstruosidad *f*

monstrous ['mɒnstrəs] *adj (repugnant, enormous)* monstruoso(a); **it is m. that...** es una monstruosidad que...

monstrously ['mɒnstrəslɪ] *adv* monstruosamente

mons veneris [mɒnz'venərɪs] *n Anat* monte *m* de Venus

montage ['mɒntɑ:ʒ] *n Cin & Phot* montaje *m*

Montezuma's revenge [mɒntə'zu:-məzrɪ'vendʒ] *n Fam Hum* diarrea *f*, *Esp* cagalera *f*, *Méx* chorro *m (sufrida por turistas especialmente en México)*

month [mʌnθ] *n* mes *m*; **in the m. of August** en el mes de agosto; **in the summer/winter months** en los meses de verano/invierno; **a m. ago** hace un mes; **a m. from now** en un mes, dentro de un mes; **a ten-m.-old baby** un bebé *or Andes* una guagua *or RP* un nene de diez meses; **once a m.** una vez al mes; **(to earn) $2,000 a m.** (ganar) 2.000 dólares al mes; IDIOM *Fam* **never in a m. of Sundays** ni aunque viva cien años

monthly ['mʌnθlɪ] **1** *n* (**a**) *(magazine)* revista *f* mensual (**b**) *Euph* **she's having her m.** *or* **monthlies** está con *or* tiene el mes

2 *adj* mensual ▫ ***m. instalment*** plazo *m* mensual; ***m. payment*** mensualidad *f*

3 *adv* mensualmente

Montreal [mɒntri:'ɔ:l] *n* Montreal

Montserrat [mɒntsə'ræt] *n* (la isla de) Monserrat

monument ['mɒnjʊmənt] *n* monumento *m*

monumental [mɒnjʊ'mentəl] *adj* (**a**) *(large, impressive)* monumental; **of m. significance** de enorme trascendencia; **m. ignorance** ignorancia *f* supina (**b**) *(sculpture, inscription)* monumental

moo [mu:] **1** *n (pl* **moos**) mugido *m*; **m.!** ¡mu!

2 *vi* mugir

mooch [mu:tʃ] *Fam* **1** *vt* **to m. sth off sb** gorronearle *or RP* garronearle algo a alguien

2 *vi* vagar, dar vueltas

▸**mooch about, mooch around** *Fam* **1** *vt insep* **to m. about** *or* **around the house** dar vueltas *or* vagar por la casa

2 *vi* vagar, dar vueltas

mood [mu:d] *n* (**a**) *(state of mind)* humor *m*; **the m. of the public/the electorate** el sentir del gran público/del electorado; **to be in a good/bad m.** estar de buen/mal humor; **she's in one of her moods** está otra vez de mal humor; **I'm not in the m. (for...)** no estoy de humor (para...); **he's in no m. for jokes** no está de humor para chistes (**b**) *Gram* modo *m*

moodily ['mu:dɪlɪ] *adv* malhumoradamente

moodiness ['mu:dɪnɪs] *n* (**a**) *(sulkiness)* mal humor (**b**) *(changeability)* volubilidad *f*, cambios *mpl* de humor

moody ['mu:dɪ] *adj* (**a**) *(sulky)* malhumorado(a); **to be m.** *(permanently)* tener mal humor; *(temporarily)* estar malhumorado(a) *or* de mal humor (**b**) *(changeable)* voluble, variable

moolah [mu:lə] *n Fam* pasta *f*, pelas *f*

moon [mu:n] **1** *n* (**a**) luna *f*; **the M.** la Luna ▫ ***m. landing*** alunizaje *m* (**b**) IDIOM *Fam* **to ask for the m.** pedir la luna; *Fam* **to promise sb the m.** prometer a alguien el oro y el moro; *Fam* **to be over the m.** estar encantado(a)

2 *vi Fam (expose one's buttocks)* enseñar el culo

▸**moon about, moon around** *vi* vagar, estar mirando a las musarañas

moonbeam ['mu:nbi:m] *n* rayo *m* de luna

moon-faced ['mu:nfeɪst] *adj* con la cara redonda

Moonie ['mu:nɪ] *n Rel Fam* = seguidor(ora) de la secta Moon

moonless ['mu:nlɪs] *adj* sin luna

moonlight ['mu:nlaɪt] **1** *n* luz *f* de la luna; **in the m., by m.** a la luz de la luna; *Br Fam* **to do a m. flit** escaparse de noche

2 *vi Fam* **he's moonlighting for another company** trabaja de escondidas para otra compañía

moonlighting ['mu:nlaɪtɪŋ] *n Fam* pluriempleo *m*

moonlit ['mu:nlɪt] *adj* iluminado(a) por la luna

moonscape ['mu:nskeɪp] *n* paisaje *m* lunar

moonshine ['mu:nʃaɪn] *n Fam* (**a**) *(nonsense)* sandeces *fpl* (**b**) *US (illegal alcohol)* = alcohol destilado ilegalmente

moonshot ['mu:nʃɒt] *n* lanzamiento *m* de un cohete lunar

moonstone ['mu:nstəʊn] *n Geol* labradorita *f*, piedra *f* de la luna

moonstruck ['mu:nstrʌk] *adj Fam* (**a**) *(dreamy, dazed)* alucinado(a) (**b**) *(mad)* loco(a), demente

Moor [mʊə(r)] *n* moro(a) *m,f*

moor[1] [mʊə(r)] *n (heath)* páramo *m*

moor² *vt (ship)* atracar

moorcock ['mɔːkɒk] *n (black grouse)* gallo *m* lira; *(red grouse)* lagópodo *m* escocés

moorhen ['mɔːhen] *n* **(a)** *(water bird)* polla *f* de agua **(b)** *(grouse) (black)* gallo *m* lira; *(red grouse)* lagópodo *m* escocés hembra

mooring ['mʊərɪŋ] *n* **(a)** *(place)* atracadero *m* ▫ ***m. ropes*** amarras *fpl* **(b)** *(ropes, chains)* **moorings** amarras *fpl*

Moorish ['mʊərɪʃ] *adj* moro(a)

moorland ['mʊələnd] *n* páramo *m*

moose [muːs] *(pl* **moose)** *n* alce *m*

moot [muːt] **1** *adj* **it's a m. point** es discutible

2 *vt (propose, suggest)* **it was mooted that...** se sugirió que...

mop [mɒp] **1** *n* **(a)** *(for floor)* fregona *f* **(b)** *Fam* **a m. of hair** una mata de pelo

2 *vt (pt & pp* **mopped) to m. the floor** fregar el suelo, pasarle la fregona al suelo; **to m. one's brow** enjugarse la frente

▸**mop up** *vt sep* **(a)** *(liquid)* limpiar, enjugar **(b)** *(enemy forces)* terminar con

mope [məʊp] *n Fam (bout of low spirits)* **to have a m.** estar (con la) depre

▸**mope about, mope around** *vi* andar como alma en pena

moped ['məʊped] *n* ciclomotor *m*

moppet ['mɒpɪt] *n Fam* chavalín(ina) *m,f*, peque *mf*

moquette [mɒ'ket] *n (fabric)* moqueta *f*

MOR *adj (abbr* **middle-of-the-road)** *(in music broadcasting)* convencional

moraine [mə'reɪn] *n Geol* morrena *f*

moral ['mɒrəl] **1** *n* **(a)** *(of story)* moraleja *f* **(b) morals** *(ethics)* moral *f*, moralidad *f*

2 *adj* moral; **to give sb m. support** dar apoyo moral a alguien; **he is lacking in m. fibre** carece de solidez *or* talla moral ▫ ***the m. high ground*** la superioridad moral; ***the m. majority*** la mayoría moral; ***m. philosophy*** filosofía *f* moral; ***m. standards*** valores *mpl* morales; ***m. victory*** victoria *f* moral

morale [mɒ'rɑːl] *n* moral *f*; **his m. is very low/high** tiene la moral muy baja/alta; **to be good/bad for m.** ser bueno/malo para la moral ▫ ***a m. booster*** una inyección de moral

moralist ['mɒrəlɪst] *n* moralista *mf*

moralistic [mɒrə'lɪstɪk] *adj* moralista

morality [mə'rælɪtɪ] *n* moralidad *f* ▫ *Hist* ***m. play*** = drama alegórico sobre un dilema moral

moralize ['mɒrəlaɪz] *vi* moralizar

morally ['mɒrəlɪ] *adv* moralmente; **m. right/wrong** moralmente aceptable/inaceptable

morass [mə'ræs] *n* **(a)** *(marsh)* pantano *m*, cenagal *m* **(b)** *Fig (of detail, despair)* marasmo *m*, laberinto *m*

moratorium [mɒrə'tɔːrɪəm] *n* moratoria *f* **(on** en)

moray ['mɒreɪ] *n* **m. (eel)** morena *f*

morbid ['mɔːbɪd] *adj* morboso(a)

morbidity [mɔː'bɪdɪtɪ] *n* **(a)** *(of mind, idea)* morbosidad *f* **(b)** *Med* morbilidad *f*

morbidly ['mɔːbɪdlɪ] *adv* morbosamente

mordant ['mɔːdənt] *adj Formal (sarcasm, wit)* mordaz

MORE [mɔː(r)] *(comparative of* **many, much) 1** *pron* más; **there's no m.** ya no hay *or* queda más; **I've got two m.** tengo dos más; **do you want (any** *or* **some) m.?** ¿quieres más?; **he knows m. than you (do)** él sabe más que tú; **I've got m. than you think** tengo más de lo/los que piensas; **there are m. of us than of them** nosotros somos más que ellos; **we should see m. of each other** deberíamos vernos más; **it's just m. of the same** es más de lo mismo; **she's m. of a communist than a socialist** es más comunista que socialista; **there's m. to the game than just hitting a ball** el juego es mucho más que simplemente darle a la bola; **he's little m. than a cleaner** no es más que un limpiador; **she is eating m. and m.** cada vez come más; **that's what I expect from you, no m., no less** esto es lo que espero de ti, ni más ni menos; **let us say no m. about it** el asunto queda olvidado; **it's no m. than an hour long** no dura más de una hora; **a pay rise is no m. than I deserve** la subida de sueldo me la tengo bien merecida; **five hundred people or m.** por lo menos quinientas personas; **the m. I hear about this, the less I like it** cuanto más sé del asunto, menos me gusta; **bring plenty, the m. the better** trae muchos, cuantos más, mejor; **the m. the merrier** cuántos más, mejor; **what m. can I say?** ¿qué más puedo decir?; **what is m.** lo que es más

2 *adj* más; **m. water/children** más agua/niños; **m. than a hundred people** más de cien personas; **I've read m. books than you** he leído más libros que tú; **one m. week** una semana más; **is there any m. bread?** ¿hay *or* queda más pan?; **I have no m. money** no me queda dinero; **to have some m. wine** tomar un poco más de vino; **there are two m. questions to go** quedan dos preguntas (más); **there are m. and m. accidents** cada vez hay más accidentes; **the m. matches you win, the m. points you get** cuantos más partidos ganas, más puntos recibes; *Br Fam* **m. fool you!** ¡peor para ti!

3 *adv* **(a)** *(to form comparative of adjective or adverb)* más; **m. interesting (than)** más interesante (que); **m. easily** más fácilmente; **she couldn't be m. wrong** no podía estar más equivocada; **their views are m. communist than socialist** sus ideas son más comunistas que socialistas; **it's m. than likely** es más que probable; **I would be m. than happy to help** estaría más que encantado en ayudar; **I was m. than a little annoyed to discover that...** me enfadó *or Am* enojó muchísimo descubrir que...; **he became m. and m. drunk** cada vez estaba más borracho; **this made things all the m. difficult** esto ponía las cosas aún más difíciles

(b) *(with verbs) (eat, exercise)* más; **I would think m. of her if...** tendría mejor opinión de ella si...; **I couldn't agree m.** estoy completamente de acuerdo; **I like her m. than I used to** me cae mejor que antes; **he was m. surprised than annoyed** más que molesto estaba sorprendido; **I'm m. than satisfied** estoy más que satisfecho; **that's m. like it!** ¡eso está mejor!; **m. or less** más o menos; **they m. or less accused me of lying!** ¡casi me acusaron de mentir!; **you've no m. been to Australia than I have** no has estado en Australia en tu vida; **(the) m.'s the pity** es una lástima

(c) *(in time)* **m. and m., people are choosing to work from home** cada vez hay más gente que elige trabajar desde su casa; **once m.** una vez más, otra vez; **twice m.** dos veces más; **he doesn't drink any m.** ha dejado la bebida; **do you drink? – not any m.** ¿bebes *or Am* tomas? – ya no; **shall we play some m.?** ¿jugamos un rato más?; **m. often than not** muchas veces; *Euph* **he is no m.** ha pasado a mejor vida

4 *exclam (at concert)* **m.!** ¡otra!

---

moreish, morish ['mɔːrɪʃ] *adj Fam (food)* tan rico(a) que siempre quieres más

morello [mə'reləʊ] *(pl* **morellos)** *n* **m. (cherry)** guinda *f*

moreover [mɔː'rəʊvə(r)] *adv* además, (lo que) es más

mores ['mɔːreɪz] *npl Formal* costumbres *fpl*

morgue [mɔːg] *n* depósito *m* de cadáveres; *Fig* **this place is like a m.** este sitio parece un entierro

MORI ['mɔːrɪ] *n (abbr* **Market and Opinion Research Institute)** = institución británica encargada de realizar sondeos de opinión ▫ ***M. poll*** sondeo *m* de opinión *(llevado a cabo por MORI)*

moribund ['mɒrɪbʌnd] *adj* agonizante, moribundo(a)

morish = **moreish**

Mormon ['mɔːmən] *n Rel* mormón(ona) *m,f*

morn [mɔːn] *n Literary* mañana *f*

mornay ['mɔːneɪ] *n Culin* **cod/egg m.** bacalao *m*/huevo *m* en salsa Mornay

morning ['mɔːnɪŋ] **1** *n* mañana *f*; **this m.** esta mañana; **tomorrow m.** mañana por la mañana; **yesterday m.** ayer por la mañana; **the next m., the m. after** la mañana siguiente; *Fam Hum* **the m. after (the night before)** la mañana de la resaca; **the m. before** la mañana anterior; **m., noon and night** (mañana,) día y noche; **(early) in the m.** por la mañana (temprano); **on Wednesday m.** el miércoles por la mañana; **good m.!** ¡buenos días!; *Fam* **m.!** ¡buenas! ▫ ***m. coat*** chaqué *m*; ***m. dress*** chaqué *m*; ***m. glory*** *(plant)* maravilla *f*; ***m. sickness*** náuseas *fpl* matutinas del embarazo; ***m. star*** lucero *m* del alba

2 *adj* matinal; **my m. walk** mi paseo matutino

morning-after pill ['mɔːnɪŋ'ɑːftəpɪl] *n* píldora *f* del día siguiente

mornings ['mɔːnɪŋz] *adv US* por las mañanas

Moroccan [mə'rɒkən] *n & adj* marroquí *mf*

Morocco [mə'rɒkəʊ] *n* Marruecos

moron ['mɔːrɒn] *n Fam* subnormal *mf*, *Am* zonzo(a) *m,f*

moronic [mə'rɒnɪk] *adj Fam (person)* subnormal, *Am* zonzo(a); *(expression, play, behaviour)* memo(a); **a m. comment** una memez

morose [mə'rəʊs] *adj* hosco(a), huraño(a)

Note that the Spanish word **moroso** is a false friend and is never a translation for the English word **morose**. In Spanish **moroso** means "defaulter, bad debtor".

morosely [mə'rəʊslɪ] *adv* malhumoradamente

morph [mɔːf] *Cin & Comptr* **1** *n* imagen *f* transformada por *Esp* ordenador *or Am* computadora

2 *vt* transformar *(con animación por ordenador o computadora)*

3 *vi* transformarse *(con animación por ordenador o computadora)* (**into** en)

morpheme ['mɔːfiːm] *n Ling* morfema *m*

morphine ['mɔːfiːn] *n* morfina *f*

morphing ['mɔːfɪŋ] *n Cin & Comptr* transformación *f (con animación por ordenador o computadora)*

morphology [mɔː'fɒlədʒɪ] *n Ling* morfología *f*

morris dancing ['mɒrɪs'dɑːnsɪŋ] *n* = baile tradicional inglés en el que varios personajes ataviados con cintas y cascabeles entrechocan unos palos

Morse [mɔːs] *n* **in M.** en (código) morse ▫ ***M. code*** código *m* morse

morsel ['mɔːsəl] *n* pedacito *m*

mortal ['mɔːtəl] **1** *n* mortal *mf*; *Ironic* **he doesn't speak to mere mortals like us!** ¡no habla con los simples mortales como nosotros!

2 *adj* mortal ▫ ***m. enemy*** enemigo *m* mortal; ***m. remains*** restos *mpl* mortales; ***m. sin*** pecado *m* mortal; ***m. wound*** herida *f* mortal

mortality [mɔː'tælɪtɪ] *n (of person, death rate)* mortalidad *f* ▫ ***m. rate*** tasa *f* de mortalidad

mortally ['mɔːtəlɪ] *adv* **m. wounded** herido(a) de muerte; **m. offended** ultrajado(a)

mortar ['mɔːtə(r)] *n* (**a**) *(in construction)* argamasa *f*, mortero *m* (**b**) *(for grinding)* **m. and pestle** almirez *m*, mortero *m* (**c**) *(missile)* mortero *m*

mortarboard ['mɔːtəbɔːd] *n* (**a**) *(in construction)* llana *f* (**b**) *(hat)* = sombrero en forma de cuadrado negro con una borla que cuelga, usado por los estudiantes en la ceremonia de graduación

mortgage ['mɔːgɪdʒ] **1** *n* hipoteca *f*; **to take out a m. (on sth)** obtener una hipoteca (para algo); **to pay off a m.** pagar una hipoteca ▫ ***m. payments*** plazos *mpl* de la hipoteca; ***m. rate*** tipo *m* (de interés) hipotecario, *Am* tasa *f* de interés hipotecaria; ***m. repayments*** plazos *mpl* de la hipoteca

2 *vt (property, one's future)* hipotecar

mortice = **mortise**

mortician [mɔː'tɪʃən] *n US (undertaker)* encargado(a) *m,f* de funeraria

mortification [mɔːtɪfɪ'keɪʃən] *n* (**a**) *Rel* mortificación *f* (**b**) *(embarrassment)* bochorno *m*

mortify ['mɔːtɪfaɪ] *vt* (**a**) *Rel* mortificar (**b**) *(embarrass)* **I was mortified** me sentí abochornado

mortise, mortice ['mɔːtɪs] *n (in carpentry)* muesca *f*, mortaja *f* ▫ ***m. lock*** cerradura *f* embutida *or* de pestillo

mortuary ['mɔːtjʊərɪ] *n* depósito *m* de cadáveres

mosaic [məʊ'zeɪɪk] *n* mosaico *m*

Moscow ['mɒskəʊ] *n* Moscú

Moses ['məʊzɪz] *n* Moisés ▫ ***M. basket*** moisés *m*, canastilla *f*

▸**mosey along** ['məʊzɪ] *vi Fam* ir dando un paseo

▸**mosey on down** *vi Fam* ir; **let's m. on down!** ¡vamos!, *Méx* ¡ándale!, *RP* ¡dale!

Moslem ['mɒzlem] *n & adj* musulmán(ana) *m,f*

mosque [mɒsk] *n* mezquita *f*

mosquito [məs'kiːtəʊ] (*pl* **mosquitoes**) *n* mosquito *m*, *Am* zancudo *m* ▫ ***m. bite*** picadura *f* de mosquito; ***m. net*** mosquitera *f*, mosquitero *m*

moss [mɒs] *n* musgo *m* ▫ ***m. green*** verde *m* musgo

mossy ['mɒsɪ] *adj* cubierto(a) de musgo

MOST [məʊst] *(superlative of* **many, much**) **1** *pron* **of the calls we receive, m. are complaints** la mayoría de las llamadas *or Am* llamados que recibimos son quejas; **he is more interesting than m.** es más interesante que la mayoría; **he earns the m.** él es el que más (dinero) gana; **she got the m., as usual** como de costumbre, se llevó la parte más grande; **what's the m. you've ever paid for a hotel room?** ¿qué es lo máximo que has pagado por una habitación de hotel?; **the m. we can hope for is a draw** como máximo podemos aspirar a un empate; **m. of my friends** la mayoría de *or* casi todos mis amigos; **m. of us/you** la mayoría de nosotros/vosotros; **m. of the time** la mayor parte del *or* casi todo el tiempo; **at m., at the (very) m.** como mucho; **to make the m. of an opportunity** aprovechar al máximo una oportunidad

2 *adj* (**a**) *(the majority of)* la mayoría de; **m. women** la mayoría de las mujeres; **m. whisky is made in Scotland** la mayor parte del whisky se hace en Scotland

(**b**) *(greatest amount of)* **he has (the) m. money** él es el que más dinero tiene; **how can we get (the) m. money?** ¿cómo podemos sacar el máximo dinero posible?; **to get the m. use out of sth** sacar el mayor partido a algo; **for the m. part, we get on** por lo general, nos llevamos bien; **the inhabitants are, for the m. part, Irish** los habitantes son, en su mayoría, irlandeses

3 *adv* (**a**) *(to form superlative of adjectives and adverbs)* el/la más; **the m. beautiful woman** la mujer más bella; **the m. interesting book** el libro más interesante; **these are the m. expensive** éstos son los más caros; **the player m. likely to win** el jugador que tiene más probabilidades de ganar; **it operates m. efficiently when...** funciona óptimamente cuando...; **the question we get asked m. often** la pregunta que nos hacen más a menudo ▫ *US Sport* ***m. valuable player*** jugador(ora) *m,f* más destacado(a), mejor jugador(ora) *m,f*

(**b**) *(with verbs)* **the one who works m. is...** el/la que trabaja más es...; **who do you like m.?** ¿quién te cae mejor?; **what I want m.** lo que más deseo; **that's what worries me (the) m.** eso es lo que más me preocupa; **I liked the last song m. of all** la última canción fue la que más me gustó; **m. of all, I would like to thank my mother** por encima de todo, me gustaría dar las gracias a mi madre

(**c**) *(very)* muy, sumamente; **m. unhappy** muy desgraciado(a); **I'll m. certainly let you know** con toda seguridad te lo diré; **can I have a slice of cake? – m. certainly** ¿puedo tomar un trozo de tarta? – por supuesto que sí; **we will m. probably fail** es muy probable que suspendamos; **m. unexpectedly** de manera totalmente inesperada

(**d**) *US Fam (almost)* casi; **I go there m. every day** voy ahí casi todos los días

most-favoured nation ['məʊst'feɪvəd'neɪʃən] *n Econ* nación *f* más favorecida ▫ ***m. status*** estatus *m* de nación más favorecida

mostly ['məʊstlɪ] *adv* (**a**) *(in the main)* principalmente, sobre todo (**b**) *(most often)* casi siempre

MOT [eməʊ'tiː] *n Br Aut* = inspección técnica anual de vehículos de más de tres años, *Esp* ≃ ITV *f*, *RP* ≃ VTV *f* ▫ ***M. certificate*** certificado *m* de haber pasado la inspección técnica anual, *Esp* ≃ ITV *f*, *RP* ≃ VTV *f*; ***M. test*** = inspección técnica anual de vehículos de más de tres años, *Esp* ≃ ITV *f*, *RP* ≃ VTV *f*

mote [məʊt] *n Literary* mota *f*

motel [məʊ'tel] *n* motel *m*

motet [məʊ'tet] *n Mus* motete *m*

moth [mɒθ] *n* polilla *f*

mothball ['mɒθbɔːl] *n* bola *f* de naftalina; *Fig* **to put a project in mothballs** aparcar un proyecto

moth-eaten ['mɒθiːtən] *adj* apolillado(a)

mother ['mʌðə(r)] **1** *n* (**a**) *(parent)* madre *f*; **m. of six** madre de seis hijos; *Pej* **a m.'s boy** un enmadrado, un niño de mamá; **at one's m.'s knee** de pequeño(a), de pequeñito(a); *Br* **shall I be m.?** ¿sirvo el te? ▫ ***m. country*** madre patria *f*; ***M.'s Day*** Día *m* de la Madre; ***M. Nature*** la madre naturaleza; *Rel* ***M. Superior*** madre superiora; ***m. tongue*** lengua *f* materna (**b**) *US very Fam* cabrón(ona) *m,f*

2 *vt* mimar

motherboard ['mʌðəbɔːd] *n Comptr* placa *f* madre

motherfucker ['mʌðəfʌkə(r)] *n Vulg* (**a**) *(person)* hijo(a) *m,f* de puta; **you m.!** ¡me cago en tu puta madre!, *Méx* ¡chinga tu madre!, *RP* ¡me cago en la puta que te parió! (**b**) *(thing)* **the m. won't start** este puto coche *or Am* carro *or Chile, RP* auto no arranca; **that was a m. of a meeting** fue una reunión jodidísima

motherfucking [mʌðəfʌkɪŋ] *adj Vulg* puto(a)

motherhood ['mʌðəhʊd] *n* maternidad *f*

mothering ['mʌðərɪŋ] *n* maternidad *f* ▫ *Br* ***M. Sunday*** el día de la madre

mother-in-law ['mʌðərɪnlɔː] *n* suegra *f*

motherland ['mʌðəlænd] *n* tierra *f* natal

motherly ['mʌðəlɪ] *adj* maternal

mother-of-pearl ['mʌðərəv'pɜːl] *n* nácar *m*

mother-to-be ['mʌðətə'biː] *n* futura madre *f*

mothproof ['mɒθpruːf] *adj (cloth)* resistente a las polillas

motif [məʊ'tiːf] *n* motivo *m*

motion ['məʊʃən] **1** *n* (**a**) *(movement)* movimiento *m*; **to be in m.** estar en movimiento; **to set sth in m.** poner algo en marcha *or* movimiento; IDIOM **to go through the motions** hacer las cosas mecánicamente; IDIOM **to go through the motions of doing sth** cumplir con el formulismo de hacer algo ▫ *US* ***m. picture*** película f; ***m. sickness*** mareo *m (del viajero)*

(**b**) *(in meeting, debate)* moción *f*; **to propose/second a m.** proponer/apoyar una moción; **the m. was carried** la moción fue aprobada

(**c**) *(of bowel) Formal* deposición *f*, evacuación *f*

2 *vt* **to m. sb to do sth** indicar a alguien (con un gesto) que haga algo

3 *vi* **to m. to sb to do sth** indicar a alguien (con un gesto) que haga algo

motionless ['məʊʃənlɪs] *adj* inmóvil; **to remain m.** permanecer inmóvil

motivate ['məʊtɪveɪt] *vt* motivar

motivated ['məʊtɪveɪtɪd] *adj* motivado(a)

motivation [məʊtɪ'veɪʃən] *n* motivación *f*

motivational [məʊtɪ'veɪʃənəl] *adj Psy* ***m. research*** estudio *m* de la psicología del consumidor

motive ['məʊtɪv] **1** *n* (**a**) *(reason)* motivo *m*, razón *f* (**b**) *Law* móvil *m*

2 *adj* ***m. force*** fuerza *f* motriz

motley ['mɒtlɪ] *adj* heterogéneo(a), abigarrado(a) ▫ *Pej* ***m. crew*** grupo *m* heterogéneo

motocross ['məʊtəkrɒs] *n* motocross *m*

motor ['məʊtə(r)] **1** *n (engine)* motor *m*; *Fam (car)* coche *m*, *Am* carro *m*, *Chile, RP* auto *m* ▫ ***m. industry*** sector *m* automovilístico; ***m. insurance*** seguro *m* de automóviles; ***m. racing*** carreras *fpl* de coches *or Am* carros *or Chile, RP* autos; ***m. show*** salón *m* del automóvil; ***the m. trade*** el sector de compraventa de automóviles; ***m. vehicle*** vehículo *m* de motor

2 *vi* viajar en coche or *Am* carro or *Chile, RP* auto; *Fam* **he was really motoring** *(going fast)* iba a toda mecha

3 *adj Physiol (function, nerve)* motor(ora) ▫ *Med* ***m. neurone disease*** enfermedad *f* de la motoneurona *or* neurona motora

motorbike ['məʊtəbaɪk] *n* moto *f*

motorboat ['məʊtəbəʊt] *n* (lancha *f*) motora *f*

motorcade ['məʊtəkeɪd] *n* desfile *m* de coches *or Am* carros *or Chile, RP* autos

motorcar ['məʊtəkɑː(r)] *n Br* automóvil *m*

motorcycle ['məʊtəsaɪkəl] *n* motocicleta *f*

motorcyclist ['məʊtəsaɪklɪst] *n* motociclista *mf*

motoring ['məʊtərɪŋ] *n* automovilismo *m*; **school of m.** autoescuela *f* ▫ *Br* ***m. offence*** infracción *f* de tráfico

motorist ['məʊtərɪst] *n* conductor(ora) *m,f*, automovilista *mf*

motorize ['məʊtəraɪz] *vt* motorizar

motorized ['məʊtəraɪzd] *adj Mil (troops, unit)* motorizado(a)

motor-mouth ['məʊtəmaʊθ] *n Fam (person)* charlatán(ana) *m,f*

motor-scooter ['məʊtəskuːtə(r)] *n* escúter *m*

motorway ['məʊtəweɪ] *n Br* autopista *f* ▫ ***m. pile-up*** colisión *f* múltiple en una autopista; ***m. services*** área *f* de servicios

Motown® ['məʊtaʊn] *n (pop music)* música *f* Motown

mottled ['mɒtəld] *adj* (**a**) *(complexion)* con manchas rojizas (**b**) *(coat, surface)* moteado(a)

motto ['mɒtəʊ] (*pl* **mottoes**) *n* lema *m*

mould¹, *US* **mold** [məʊld] *n (fungus)* moho *m*

mould², *US* **mold 1** *n (in art, cooking)* molde *m*; *Fig* **cast in the same m.** cortado(a) por el mismo patrón; *Fig* **a star in the John Wayne m.** un actor del estilo de John Wayne; IDIOM **to break the m.** romper moldes *or* el molde

2 *vt (plastic, person's character)* moldear

▸**mould into** *vt sep* **to m. sb into sth** modelar *or* educar a alguien para que se convierta en algo

moulder, *US* **molder** ['məʊldə(r)] *vi* desmoronarse

moulding, *US* **molding** ['məʊldɪŋ] *n Archit* moldura *f*

mouldy, *US* **moldy** ['məʊldɪ] *adj* mohoso(a)

moult [məʊlt] *vi (of animal)* mudar el pelo; *(of bird)* mudar el plumaje

mound [maʊnd] *n (hill)* colina *f*; *(of earth, sand, rubble)* montículo *m*; *(in baseball)* montículo *m*

mount¹ [maʊnt] *n Literary* monte *m* ▫ ***M. Everest*** el Everest; ***M. Sinai*** el Monte Sinaí

mount² 1 *n* (**a**) *(for painting, colour slide)* soporte *m* (**b**) *(horse)* montura *f*

2 *vt* (**a**) *(ascend) (stairs, ladder)* subir (**b**) *(get on) (bicycle, horse)* montar en, subirse a (**c**) *(photograph, gun)* montar (**d**) *(organize, carry out)* **to m. an exhibition** montar una exposición; **to m. an offensive** realizar una ofensiva; **to m. guard** montar guardia (**e**) *Comptr* montar

3 *vi* (**a**) *(get onto horse)* montar, montarse (**b**) *(increase)* aumentar, crecer

▸**mount up** *vi (of cost, debts)* aumentar, crecer

mountain ['maʊntɪn] *n* montaña *f*; *Fig* **a m. of work** una montaña de trabajo; **EC butter m.** toneladas *fpl* de excedentes comunitarios de mantequilla; IDIOM **to make a m. out of a molehill** hacer una montaña de un grano de arena; *Fig* **to move mountains** mover montañas ▫ ***m. ash*** serbal *m*; ***m. bike*** bicicleta *f* de montaña; ***m. climbing*** montañismo *m*, *Esp* alpinismo *m*, *Am* andinismo *m*; ***m. lion*** puma *m*; ***m. range*** cadena *f* montañosa, cordillera *f*; ***m. rescue team*** equipo *m* de rescate de montaña; *US* ***M. Standard Time*** = hora oficial en la zona de las Montañas Rocosas en los Estados Unidos

mountaineer [maʊntɪ'nɪə(r)] *n* montañero(a) *m,f*, *Esp* alpinista *mf*, *Am* andinista *mf*

mountaineering [maʊntɪ'nɪərɪŋ] *n* montañismo *m*, *Esp* alpinismo *m*, *Am* andinismo *m*

mountainous ['maʊntɪnəs] *adj* montañoso(a)

mountainside ['maʊntɪnsaɪd] *n* ladera *f*

mountebank ['maʊntɪbæŋk] *n Literary* charlatán(ana) *m,f*

mounted ['maʊntɪd] *adj* montado(a) ▫ ***m. police*** policía montada

Mountie, Mounty ['maʊntɪ] *n Fam (in Canada)* = agente de la policía montada del Canadá

mounting ['maʊntɪŋ] **1** *n (for engine, gun)* soporte *m*

2 *adj (cost, opposition)* creciente

Mounty = **Mountie**

mourn ['mɔːn] **1** *vt* llorar la muerte de

2 *vi* **to m. for sb** llorar la muerte de alguien

mourner ['mɔːnə(r)] *n* doliente *mf*

mournful ['mɔːnfʊl] *adj* fúnebre, lúgubre

mourning ['mɔːnɪŋ] *n* duelo *m*, luto *m*; **to be in m. (for sb)** guardar luto (por alguien); **to go into m.** ponerse de luto

mouse [maʊs] (*pl* **mice** [maɪs]) *n* (**a**) *also Comptr* ratón *m* ▫ *Comptr* ***m. button*** botón *m* del ratón; ***m. mat*** alfombrilla *f*; ***m. port*** puerto *m* del ratón (**b**) *(person)* **to be a m.** ser poquita cosa

mousepad ['maʊspæd] *n* alfombrilla *f*

mouser ['maʊsə(r)] *n (cat)* cazador(ora) *m,f* de ratones

mousetrap ['maʊstræp] *n* ratonera *f*

mousey = **mousy**

moussaka [muː'sɑːkə] *n* musaka *f*

mousse [muːs] *n* (**a**) *(dessert)* mousse *m or f* (**b**) *(for hair)* espuma *f*

moustache [mə'stæʃ], *US* **mustache** ['mʌstæʃ] *n* bigote *m*

mousy, mousey ['maʊsɪ] *adj* (**a**) *(hair)* parduzco(a) (**b**) *(person, manner)* apocado(a), tímido(a)

mouth 1 *n* [maʊθ] (**a**) *(of person, animal, tunnel)* boca *f*; **we have seven mouths to feed** tenemos siete bocas que alimentar; *Fam* **keep your m. shut about this** no digas ni mu *or Esp* ni pío de esto □ ***m. organ*** armónica *f*
(**b**) *(of river)* desembocadura *f*
(**c**) [IDIOMS] *Fam* **he's all m.** todo lo hace de boquilla *or Méx* de dientes para afuera *or RP* de boca para afuera; *Fam* **to have a big m.** ser un(a) *Esp* bocazas *or Am* chusmo(a); **to be down in the m.** estar deprimido(a) *or* tristón(ona); **to put words into sb's m.** poner palabras en boca de alguien; *Fam* **he's always shooting his m. off** es un *Esp* bocazas *or Am* chusmo(a); **me and my big m.!** ¡pero qué bocazas soy!
2 *vt* [maʊð] (**a**) *(silently)* decir moviendo sólo los labios
(**b**) *(without sincerity)* decir mecánicamente

▸**mouth off** [maʊð] *vi Fam* (**a**) *(brag)* fanfarronear, *Esp* tirarse el moco (**b**) **to m. off at sb** *(insult)* gritarle a alguien (**c**) *(complain)* **to m. off about sth** quejarse de algo

mouthful ['maʊθfʊl] *n* *(of food)* bocado *m*; *(of drink)* trago *m*; *Br Fam* **to give sb a m.** poner a alguien de vuelta y media; *Fam Fig* **that's quite a m.!** *(of long name, word)* ¡qué *or* Esp menudo trabalenguas!

mouthpiece ['maʊθpiːs] *n* (**a**) *(of musical instrument)* boquilla *f*; *(of telephone)* micrófono *m* (**b**) *(of government, political party)* portavoz *mf*

mouth-to-mouth ['maʊθtə'maʊθ] *adj* ***m. resuscitation*** (respiración *f*) boca a boca *m*; **to give sb m. resuscitation** hacer el boca a boca a alguien

mouthwash ['maʊθwɒʃ] *n* elixir *m* (bucal)

mouthwatering ['maʊθwɔːtərɪŋ] *adj* muy apetecible

movable, moveable ['muːvəbəl] *adj* móvil; *Rel* **a m. feast** fiesta *f* movible

MOVE [muːv] **1** *n* (**a**) *(motion)* movimiento *m*; **one m. and you're dead!** ¡un sólo movimiento y te mato!; **nobody make a m.!** ¡que nadie se mueve!; **to make a m. towards sb/sth** hacer amago de dirigirse hacia alguien/algo; *Fam* **if you like her, why don't you make a m. on her?** si te gusta, haz algo; **we must make a m.** *(leave)* debemos irnos; **on the m.** *(travelling)* de viaje; *(active, busy)* en marcha, en movimiento; *Fam* **get a m. on!** ¡date prisa!, *Am* ¡apúrate!; **to watch sb's every m.** vigilar a alguien muy de cerca
(**b**) *(action, step)* paso *m*; **that was a wise m.** ha sido una decisión muy acertada; **to make the first/next m.** dar el primer/el siguiente paso; **they are making a m. to take over the company** se están preparando *or Am* alistando para absorber la compañía
(**c**) *(from home)* mudanza *f*, traslado *m*; *(in job)* cambio *m*
(**d**) *(in board game)* movimiento *m*, jugada *f*; *(in sport)* jugada *f*; **(it's) your m.** te toca (jugar), tú mueves
2 *vt* (**a**) *(shift) (person, object, chesspiece)* mover; **m. your chair a bit closer** acerca la silla un poco; **we've moved the wardrobe into the other room** hemos movido el armario a la otra habitación; **could you m. your bag out of the way?** ¿puedes quitar *or Am* sacar tu bolsa de en medio?; **we shall not be moved!** ¡no nos moverán!; **to m. house** mudarse de casa; **to m. jobs** *(within company, sector)* cambiar de trabajo; *Fam* **m. yourself** *or* **it, we're going to be late!** ¡muévete, que vamos a llegar tarde!
(**b**) *(transfer) (employee)* trasladar; **he has been moved to a high-security prison** ha sido trasladado a una prisión de máxima seguridad
(**c**) *(postpone)* trasladar; **the meeting has been moved to next week** la reunión ha sido trasladada a la próxima semana
(**d**) *(influence)* **I won't be moved** no voy a cambiar de opinión; **what moved her to say such a thing?** ¿qué le habrá hecho decir algo así?; **I felt moved to protest** me sentí impulsado a protestar
(**e**) *(affect emotionally)* conmover; **to m. sb to anger** enfurecer a alguien; **to m. sb to tears** hacer saltar las lágrimas a alguien
(**f**) *(in debate) (resolution)* proponer; **I m. that…** propongo que…
(**g**) *Formal Med* **to m. one's bowels** hacer de vientre
(**h**) *Fam (sell)* vender
3 *vi* (**a**) *(change position)* moverse; *(progress, advance)* avanzar; **don't m.!** ¡no te muevas!; **I can't m.** *(I'm stuck)* ¡no puedo moverme!; **could you m., please?** ¿podría apartarse, por favor?; **it won't m. an inch** no se mueve ni a tiros, no hay quien lo mueva; **to m. closer** acercarse; **to m. into position** colocarse en posición; **to m. out of the way** apartarse de en medio; **it was so crowded, you could hardly m.** había tanta gente que no podías ni moverte; *Fig* **you couldn't m. for tourists** había una cantidad enorme de turistas; *Fam* **come on, m.!** ¡venga *or Méx* ándale *or RP* dale, muévete!; **let's get moving!** ¡en marcha!; **to get things moving** poner las cosas en marcha; **to m. with the times** adaptarse a los tiempos (que corren)
(**b**) *Fam (go fast)* correr; **this motorbike can really m.** esta moto corre lo suyo
(**c**) *(act)* moverse, actuar; **to m. to do sth** moverse *or* actuar para hacer algo; **they are moving to take over the company** se están preparando *or Am* alistando para absorber la compañía
(**d**) *(to new home, office)* mudarse; **to m. house** mudarse (de casa); **to m. to another job** cambiar de trabajo; **to m. to the country** irse a vivir al campo
(**e**) *(socialize)* moverse; **he moves in exalted circles** se mueve por círculos elevados
(**f**) *(change opinion)* **I'm not going to m. on that point** no voy a cambiar de opinión en ese punto; **they have moved to the right** se han desplazado a la derecha
(**g**) *(in games)* mover
(**h**) *(in debate)* **to m. for sth** proponer algo
(**i**) *Formal (of bowels)* **my bowels moved** hice de vientre
(**j**) *Fam (be sold)* venderse

▸**move about, move around 1** *vt sep (furniture)* mover; *(employee)* trasladar; **they're always moving the furniture around** siempre están cambiando los muebles de sitio; **I get moved about a lot in my job** me trasladan continuamente en mi trabajo
2 *vi* moverse; **I heard somebody moving about upstairs** oí a alguien trajinar arriba; **he moves around a lot** *(in job)* le trasladan continuamente en su trabajo

▸**move ahead** *vi* (**a**) *(take lead)* adelantarse; **to m. ahead of sb** adelantarse a alguien (**b**) *(advance, progress)* avanzar

▸**move along 1** *vt sep (crowd)* dispersar; **he was moved along by the police** la policía lo echó de allí
2 *vi (make room)* echarse a un lado, correrse; **m. along!** *(on bench)* ¡apártate!, ¡córrete!; *(to crowd)* ¡apártense!, ¡muévanse!

▸**move aside** *vi* (**a**) *(make room)* apartarse (**b**) *(stand down)* retirarse

▸**move away 1** *vt sep* apartar, retirar
2 *vi* *(from window, person)* apartarse, retirarse; *(from house)* mudarse; *(from area)* marcharse; *(of car, train, procession)* partir; **we are moving away from the point** nos estamos apartando del asunto

▸**move back 1** *vt sep* (**a**) *(further away)* hacer retroceder; *(to former position)* devolver a su sitio; **could you m. that chair back a bit?** ¿podrías echar la silla hacia atrás un poco? (**b**) *(postpone)* aplazar (**to** a, hasta)
2 *vi* *(retreat)* retirarse; *(to former position)* volver; **m. back!** ¡atrás!; **we're moving back to the States** regresamos *or* volvemos a los Estados Unidos

▸**move down** *vi (go to lower position)* bajar; **they have moved down to seventh place** han retrocedido al séptimo puesto

▸**move forward 1** *vt sep (meeting)* adelantar
2 *vi (of person, car)* avanzar

▸**move in** *vi* (**a**) *(take up residence)* instalarse, mudarse; **to m. in with sb** irse a vivir con alguien (**b**) *(intervene)* intervenir

▸**move in on** *vt insep (prepare to attack)* avanzar sobre

▸**move into** *vt insep* (**a**) *(house)* instalarse en (**b**) *(take over)* **to m. into second place/the lead** ponerse segundo/líder

▸**move off** *vi (of person)* marcharse, irse; *(of car, train, procession)* partir

▸**move on 1** *vt sep (crowd)* dispersar; **he was moved on by the police** la policía lo echó de allí

2 *vi* (**a**) *(of person, queue)* avanzar; **it's time we were moving on** es hora de marcharse; **time's moving on** no queda mucho tiempo; **things have moved on since then** las cosas han cambiado mucho desde entonces; **they have moved on to better** *or* **higher things** han pasado a ocuparse de cosas más importantes (**b**) *(change subject)* cambiar de tema; **to m. on to** pasar a (hablar de)

▸**move out** *vi (move house)* mudarse; **we have to m. out by Friday** tenemos que dejar la casa antes del viernes; **my boyfriend moved out last week** mi novio me dejó y se fue de casa la semana pasada

▸**move over** *vi (make room)* echarse a un lado, correrse; **m. over!** ¡apártate!, ¡córrete!; **she is moving over to make way for a younger leader** se está retirando para dejar el camino libre a un líder más joven; **to m. over to a new system** pasar a un nuevo sistema

▸**move towards** *vt insep (change over to)* **the party has moved towards the right** el partido se ha desplazado a la derecha; **more and more people are moving towards this view** más y más gente se está acercando a esta manera de pensar

▸**move up** *vi* (**a**) *(go to higher position)* subir; **they've moved up to third place** se han puesto terceros (**b**) *(make room)* echarse a un lado, correrse; **m. up!** ¡córrete!

moveable = **movable**

movement ['mu:vmənt] *n* (**a**) *(in general) also Mus* movimiento *m*; **free m. of people and goods** la libre circulación de personas y mercancías; **to watch sb's movements** seguir los movimientos de alguien; **the armour made m. very difficult** la armadura dificultaba el movimiento (**b**) *(organization, tendency)* movimiento *m*; **a political m.** un movimiento político (**c**) *(change, compromise)* movimiento *m*, cambio *m* (**d**) *Formal* **(bowel) m.** evacuación *f* (del vientre)

mover ['mu:və(r)] *n* (**a**) *(in debate)* ponente *mf*; **the movers and shakers** *(in politics)* los que mueven los hilos (**b**) **he's a beautiful m.** *(of dancer, soccer player)* se mueve con mucha elegancia

movie ['mu:vɪ] *n US* película *f*; **to go to the movies** ir al cine; **she's in the movies** es actriz de cine ▫ ***m. actor/actress*** actor *m*/actriz *f* de cine; ***m. camera*** cámara *f* cinematográfica *or* de cine; ***m. industry*** industria *f* cinematográfica *or* del cine; ***m. star*** estrella *f* de cine; ***m. theater*** cine *m*

moviegoer ['mu:vɪgəʊə(r)] *n US* asiduo(a) *m,f* al cine

moving ['mu:vɪŋ] *adj* (**a**) *(train, vehicle)* en movimiento ▫ ***m. part*** pieza *f* móvil; *Old-fashioned Cin* ***m. picture*** película *f*; *Old-fashioned* ***m. staircase*** escalera *f* mecánica; ***m. walkway*** pasillo *m* móvil *or* rodante (**b**) *(causing motion)* **the m. spirit** la fuerza impulsora (**c**) *(description, story)* conmovedor(ora)

movingly ['mu:vɪŋlɪ] *adv (speak, write)* conmovedoramente

mow [məʊ] *vt (pp* **mown** [məʊn]) (**a**) *(lawn)* cortar (**b**) *(hay)* segar

▸**mow down** *vt sep (slaughter)* segar la vida de

mower ['məʊə(r)] *n* cortacéspedes *m*, segadora *f*

mown [məʊn] *pp of* **mow**

Mozambican [məʊzæm'bi:kən] *n & adj* mozambiqueño(a) *m,f*

Mozambique [məʊzæm'bi:k] *n* Mozambique

mozzarella [mɒtsə'relə] *n* mozzarella *f*

MP [em'pi:] *n* (**a**) *Br Pol* (*abbr* **Member of Parliament**) diputado(a) *m,f* (**b**) *Mil* (*abbr* **Military Police(man)**) P.M.

MPEG *n Comptr* (*abbr* **Moving Pictures Expert Group**) MPEG *m*

mpg [empi:'dʒi:] *n Aut* (*abbr* **miles per gallon**) ≃ litros *mpl* a los cien, = consumo de un vehículo medido en millas por galón de combustible

mph [empi:'eɪtʃ] *n* (*abbr* **miles per hour**) millas *fpl* por hora

MPhil [em'fɪl] *n* (*abbr* **Master of Philosophy**) = curso de posgrado de dos años de duración, superior a un máster e inferior a un doctorado

Mr ['mɪstə(r)] *n* (*abbr* **Mister**) Sr., señor *m*; **Mr Jones** el Sr. Jones ▫ ***Mr Right*** *(ideal man)* hombre ideal

MRC [emɑ:'si:] *n* (*abbr* **Medical Research Council**) = organismo estatal británico que financia la investigación médica

MRI [emɑ:'raɪ] *n* (*abbr* **magnetic resonance imaging**) RM *f*

MRP [emɑ:'pi:] *n* (*abbr* **manufacturer's recommended price**) PVP *m* recomendado

Mrs ['mɪsɪz] *n* (*abbr* **Missus**) Sra., señora *f*; **M. Jones** la Sra. Jones

MS [em'es] *n* (**a**) (*abbr* **Mississippi**) Misisipi (**b**) (*abbr* **Master of Surgery**) Máster *m* en Cirugía (**c**) (*abbr* **multiple sclerosis**) esclerosis *f* múltiple (**d**) (*abbr* **manuscript**) ms., manuscrito *m*

Ms [mɪz] *n*

> **Ms** es el equivalente femenino de **Mr**, y se utiliza para dirigirse a una mujer sin precisar su estado civil.

Sra.; **Ms Jones** la Sra. Jones

ms (*abbr* **milliseconds**) ms

MSc [emes'si:] *n Univ* (*abbr* **Master of Science**) máster *m* en Ciencias; **to have an M. in chemistry** tener un máster en Química; **Fiona Watson, M.** Fiona Watson, licenciada con máster en Ciencias

MS-DOS® [emes'dɒs] *n Comptr* (*abbr* **Microsoft Disk Operating System**) MS-DOS® *m*

MSF [emes'ef] *n* (*abbr* **Manufacturing, Science and Finance Union**) = sindicato británico

MSG [emes'dʒi:] *n Culin* (*abbr* **monosodium glutamate**) glutamato *m* monosódico

Msgr *n* (*abbr* **Monsignor**) Mons.

MST [emes'ti:] *n* (*abbr* **Mountain Standard Time**) = hora oficial en la zona de las Montañas Rocosas en los Estados Unidos

MT (*abbr* **Montana**) Montana

Mt (*abbr* **Mount**) monte *m*

mth (*abbr* **month**) mes *m*

MTV [emti:'vi:] *n* (*abbr* **Music Television**) MTV *f*

MUCH [mʌtʃ] (*comparative* **more** [mɔ:(r)], *superlative* **most** [məʊst]) **1** *pron* mucho; **there is not m. left** no queda mucho; **it's not worth m.** no vale mucho, no tiene mucho valor; **m. has happened since you left** han pasado muchas cosas desde que te fuiste; **he's not m. to look at** no es precisamente guapo; **we haven't seen m. of her lately** no la hemos visto mucho últimamente; **I don't think m. of him** no lo tengo en gran estima; **m. of the building was unharmed** una buena parte del edificio no sufrió daños; **it didn't come as m. of a surprise** no fue ninguna sorpresa; **she isn't m. of a singer** no es gran cosa como cantante; **m. of the time** una buena parte del tiempo; **in the end it cost as m. again** al final costó el doble; **twice as m.** el doble; **five times as m.** cinco veces más; **I thought/expected as m.** era lo que pensaba/me esperaba; **I don't like her and I told her as m.** no me gusta, y así se lo dije; **eat as m. as you like** come todo lo que quieras; **as m. as possible** todo lo posible; **it may cost as m. as £500** puede que cueste hasta 500 libras; **that is as m. as I am prepared to reveal** eso es todo lo que estoy dispuesto a revelar; **it was as m. as we could do to stand upright** apenas podíamos mantenernos en pie; **how m.?** ¿cuánto?; **how m. is this dress?** ¿cuánto cuesta *or* vale este vestido?; **do you have any money? — not m.** ¿tienes dinero? — no mucho; **there's nothing m. to see there** no hay mucho *or* gran cosa que ver allí; **he has drunk so m. that…** ha bebido *or Am* tomado tanto que…; **he left without so m. as saying goodbye** se marchó sin siquiera decir adiós; **if you so m. as look at her, I'll make you pay for it** si te atreves aunque sólo sea a mirarla, me las pagarás; **so m. for her promises of help!** ¡y me había prometido su ayuda!; **I haven't got that m.** no tengo tanto; **this m.** así; **I'll say this m. for him, he's very polite** tengo que admitir que es muy amable; **I've got too m.** tengo demasiado; **the suspense was too m. for me** el suspense era tal que no pude aguantarme; **you can have too m. of a good thing** también de lo bueno se cansa uno; **she made m. of the fact that…** le dio mucha importancia al hecho de que…; **that's not saying m.** no es que sea gran cosa; *Fam* **that's a bit m.!** ¡eso es pasarse!

2 *adj*

> Normalmente, sólo se usa en estructuras negativas e interrogativas, salvo en lenguaje formal.

mucho(a); **m. work still needs to be done** aún queda mucho trabajo por hacer; **after m. thought** tras mucho reflexionar; **as m. time as you like** tanto tiempo como quieras, todo el tiempo que quieras; **twice as m. money** el doble de dinero; **he earns three times as m. money as I do** gana tres veces más que yo; **how m. money?** ¿cuánto dinero?; **however m. money you have** por mucho dinero que tengas; **there isn't (very) m. traffic** no hay mucho tráfico; **I don't get m. chance to travel** no tengo muchas oportunidades de viajar; **so m. time** tanto tiempo; **we haven't got that m. time** no tenemos tanto tiempo; **add about this m. salt** añade un tanto así de sal

3 *adv* mucho; **I don't like it m., I don't m. like it** no me gusta mucho; **m. better/worse** mucho mejor/peor; **m. easier/harder** mucho más fácil/duro; **I'm not m. good at physics** no se me da muy bien la física; **he is m. changed** ha cambiado mucho; **it is a m. debated issue** es un tema muy debatido; **I'd m. rather stay** yo ciertamente preferiría quedarme; **m. too good** demasiado bueno(a); **I've had m. too m. to drink** he bebido *or Am* tomado mucho más de la cuenta; **m. the best/largest** con mucho el mejor/más grande; **the two restaurants are m. the same** los dos restaurantes son muy parecidos; **m. to my astonishment** para mi estupefacción; **it was m. as I remembered it** era muy parecido a como lo recordaba; **m. as I like him, I don't really trust him** aunque me cae muy bien, no me fío de él; **m. as I'd like to, I can't go** por mucho que quiera, no puedo ir; **the result was m. as I expected** resultó más o menos como esperaba; **he can't even change a light bulb, m. less fix the radio!** ¡no sabe ni cambiar una bombilla, arreglar una radio ya ni pensarlo!; **I don't go there as m. as I used to** ya no voy tanto por ahí; **it is as m. an honour to me as a duty** para mí es tanto un honor como un deber; **how m. longer will you be?** ¿cuánto más vas a tardar *or Am* demorar?; **do you like it? — not m.** ¿te gusta? — no mucho; **don't shout so m.** no chilles tanto; **it's so m. better** es muchísimo mejor; **I'm not so m. upset as disappointed** estoy más decepcionado que enfadado *or Am* enojado; **so m. the better/worse** tanto mejor/peor; **so m. so that…** tanto es así que…; **I don't go there that m.** no voy mucho por ahí; **don't drink too m.** no bebas *or Am* tomes demasiado; **they charged me $10 too m.** me cobraron 10 dólares de más; **this is too m.!** ¡esto ya es el colmo!; **thank you very** *or* **so m.** muchas gracias; **I should very m. like to see them** me encantaría verlos

muchness ['mʌtʃnɪs] *n* IDIOM *Fam* **they're much of a m.** son prácticamente iguales

mucilage ['mju:sɪlɪdʒ] *n Bot* mucílago *m*

muck [mʌk] *n* **(a)** *(dirt)* mugre *f*, porquería *f*; PROV **where there's m. there's brass** será sucio y feo, pero hay dinero **(b)** *(manure)* estiércol *m* ▫ ***m. spreader*** = máquina para extender el estiércol **(c)** *Fam (bad food)* bazofia *f (worthless things)* basura *f*; **his book's a load of m.** su libro es una mierda **(d)** *Br Fam (mess)* **to make a m. of sth** hacer algo desastrosamente

▸**muck about, muck around** *Br Fam* **1** *vt sep (treat badly)* traer a maltraer

2 *vi* **(a)** *(fool about, waste time)* hacer el tonto **(b)** *(tinker)* **to m. about** *or* **around with sth** *Esp* enredar *or Am* dar vueltas con algo

▸**muck in** *vi Br Fam (help)* arrimar el hombro, *Méx, RP* dar una mano

▸**muck out** *vt sep (stables)* limpiar

▸**muck up** *vt sep Fam* **(a)** *(make dirty)* ensuciar **(b)** *(spoil)* echar a perder

mucker ['mʌkə(r)] *n Br Fam Esp* colega *mf*, *Am* compadre *mf*

muckheap ['mʌkhi:p] *n (dungheap)* estercolero *m*

muck-raker ['mʌkreikə(r)] *n Fam (journalist)* = periodista que anda a la busca de escándalos

muck-raking ['mʌkreɪkɪŋ] *n Fam (in journalism)* búsqueda *f* del escándalo

mucky ['mʌkɪ] *adj Br Fam* **(a)** *(filthy)* mugriento(a) ▫ ***m. pup*** *or* ***puppy*** cochino(a) *m,f* **(b)** *(pornographic)* porno *inv*

mucous ['mju:kəs] *adj* mucoso(a) ▫ *Anat* ***m. membrane*** mucosa *f*

mucus ['mju:kəs] *n* mocos *mpl*, mucosidad *f*

mud [mʌd] *n* barro *m*; *Fig* **to throw m. at sb** difamar *or* desacreditar a alguien; IDIOM *Br Fam Hum* **here's m. in your eye!** ¡a tu salud! ▫ ***m. flats*** marismas *fpl*; ***m. hut*** choza *f* de barro

mudbank ['mʌdbæŋk] *n* barrizal *m*, cenagal *m*

mudbath ['mʌdbɑ:θ] *n* **(a)** *(for animal)* baño *m* de cieno *or* barro **(b)** *(medicinal)* baño *m* de arcilla

muddle ['mʌdəl] **1** *n* lío *m*; **to be in a m.** *(of things, person)* estar hecho(a) un lío; **to get into a m.** *(of things)* liarse; *(of person)* hacerse un lío; **there was a m. over the dates** hubo un lío con las fechas

2 *vt* **(a)** *(put in disorder)* desordenar; *(mix up)* confundir **(b)** *(bewilder)* liar; **to get muddled** hacerse un lío

▸**muddle along** *vi* ir tirando

▸**muddle through** *vi* arreglárselas; **we'll m. through somehow** ya nos las arreglaremos

▸**muddle up** *vt sep* **(a)** *(put in disorder)* desordenar; *(mix up)* confundir **(b)** *(bewilder)* liar; **to get muddled up** hacerse un lío

muddled ['mʌdəld] *adj* confuso(a)

muddleheaded [mʌdəl'hedɪd] *adj Fam (person, decision)* atolondrado(a)

muddy ['mʌdɪ] **1** *adj (path)* embarrado(a), enfangado(a); *(water)* turbio(a); *(jacket, hands)* lleno(a) de barro; *(colour, complexion)* terroso(a)

2 *vt* manchar de barro; IDIOM **to m. the waters** enturbiar el asunto

mudflap ['mʌdflæp] *n* guardabarros *m inv*

mudflat ['mʌdflæt] *n* marisma *f*

mudguard ['mʌdgɑ:d] *n* guardabarros *m inv*

mudhopper ['mʌdhɒpə(r)] *n* = tipo de gobio

mudpack ['mʌdpæk] *n* mascarilla *f* de barro

mudpuppy ['mʌdpʌpɪ] *n* = tipo de salamandra norteamericana

mudskipper ['mʌdskɪpə(r)] *n* = tipo de gobio

mudslinging ['mʌdslɪŋɪŋ] *n Fam* **the debate degenerated into m.** el debate degeneró en meras descalificaciones

muesli ['mju:zlɪ] *n* muesli *m*

muezzin [mʊ'ezɪn] *n Rel* almuecín *m*

muff[1] [mʌf] *vt Br Fam (one's lines)* meter la pata en; *(catch)* fallar; *(chance, opportunity)* echar a perder; *(job, task)* hacer de pena

muff[2] *n (for hands)* manguito *m*

muff[3] *n Vulg (woman's genitals)* coño *m*, *Méx* paloma *f*, *RP* concha *f* ▫ ***m. diving*** lamida *f or* comida *f* de coño

muffin ['mʌfɪn] *n* **(a)** *Br (teacake)* tortita *f* **(b)** *US* ≃ magdalena *f*

muffle [mʌfəl] *vt* **(a)** *(deaden sound of)* amortiguar **(b)** *(cover)* **to m. oneself up** abrigarse bien

muffled ['mʌfəld] *adj (sound, footstep)* apagado(a)

muffler ['mʌflə(r)] *n* **(a)** *(scarf)* bufanda *f* **(b)** *US (of car)* silenciador *m*

mufti ['mʌftɪ] *n Fam* **in m.** *(of soldier)* de paisano

mug [mʌg] **1** *n* **(a)** *(cup)* taza *f* alta **(b)** *Fam (face)* jeta *f* ▫ ***m. shot*** foto *f* para ficha policial **(c)** *Br Fam (gullible person)* bobo(a) *m,f*, *Esp* primo(a) *m,f*, *Am* zonzo(a) *m,f*; **it's a m.'s game** eso es cosa de tontos

2 *vt* (*pt & pp* **mugged**) *(attack)* atracar

▸**mug up** *vi Br Fam (study)* **to m. up on sth** empollar algo

mugger ['mʌgə(r)] *n* atracador(ora) *m,f*

mugging ['mʌgɪŋ] *n* atraco *m*

muggins ['mʌgɪnz] *n Br Fam* **I suppose m. will have to do it!** supongo que tendrá que hacerlo un servidor *or* mi menda, como siempre; **m. (here) paid the bill as usual** el menda pagó la cuenta, como de costumbre

muggy ['mʌgɪ] *adj* bochornoso(a); **it's m.** hace mucho bochorno

mugwump ['mʌgwʌmp] *n US* = persona con opiniones políticas independientes

Muhammadan [mə'hæmɪdən] *Old-fashioned n & adj* mahometano(a) *m,f*

mujaheddin, mujahadeen [mu:dʒɪ-hæ'di:n] *n* muyahidín *m inv*
mulatto [mju:'lætəʊ] (*pl* **mulattos** *or* **mulattoes**) *n* mulato(a) *m,f*
mulberry ['mʌlbərɪ] *n* **(a)** *(fruit)* mora *f* **(b)** *(tree)* morera *f*
mulch [mʌltʃ] *n* = materia orgánica que se pone en el suelo alrededor de las plantas para proteger las raíces y retener la humedad
mule [mju:l] *n* **(a)** *(animal)* mulo(a) *m,f* **(b)** *Fam (stubborn person)* mula *f* **(c)** *Fam (drug smuggler)* correo *m*, *RP* mula *f* **(d)** *(shoe)* zueco *m*
muleteer [mju:lə'tɪə(r)] *n* mulero(a) *m,f*
mulish ['mju:lɪʃ] *adj* tozudo(a), terco(a)
▸**mull over** [mʌl] *vt sep (consider)* **to m. sth over** darle vueltas a algo
mullah ['mʊlə] *n* ulema *m*
mulled wine ['mʌld'waɪn] *n* = vino con azúcar y especias que se toma caliente
mullet ['mʌlɪt] *n* **grey m.** mújol *m*; **red m.** salmonete *m*
mulligatawny ['mʌlɪgətɔ:nɪ] *n* **m. (soup)** = sopa de carne al curry
mullion ['mʌljən] *n Archit* parteluz *m*
multi- ['mʌltɪ] *n* multi-
multi-access ['mʌltɪ'ækses] *adj Comptr* multiusuario *inv*, de acceso múltiple
multicellular ['mʌltɪ'seljʊlə(r)] *adj Biol* pluricelular
multicoloured, *US* **multicolored** ['mʌltɪ'kʌləd] *adj* multicolor
multicultural ['mʌltɪ'kʌltʃərəl] *adj* multicultural
multiculturalism ['mʌltɪ'kʌltʃərəlɪzəm] *n* multiculturalismo *m*
multidimensional ['mʌltɪdɪ'menʃənəl] *adj also Fig* multidimensional
multidirectional ['mʌltɪdɪ'rekʃənəl] *adj* multidireccional
multidisciplinary ['mʌltɪdɪsɪ'plɪnərɪ] *adj Educ* multidisciplinar
multifaceted ['mʌltɪ'fæsɪtɪd] *adj* múltiple, con múltiples facetas
multifarious [mʌltɪ'feərɪəs] *adj Formal* múltiple
multiform ['mʌltɪfɔ:m] *adj Formal* multiforme
multi-functional [mʌltɪ'fʌŋkʃənəl] *adj* multifuncional
multigrade ['mʌltɪgreɪd] *adj (oil)* multigrado
multigym ['mʌltɪdʒɪm] *n* = aparato para hacer varios ejercicios gimnásticos
multilateral [mʌltɪ'lætərəl] *adj* multilateral
multilateralism [mʌltɪ'lætərəlɪzəm] *n* multilateralismo *m*
multilingual [mʌltɪ'lɪŋgwəl] *adj* **(a)** *(person)* políglota(a) **(b)** *(dictionary, document)* multilingüe
multimedia [mʌltɪ'mi:dɪə] **1** *n* multimedia *f*
2 *adj* multimedia *inv*
multimillion [mʌltɪ'mɪljən] *adj* **a m. pound/dollar project** un proyecto multimillonario
multimillionaire ['mʌltɪ'mɪlɪəneə(r)] *n* multimillonario(a) *m,f*
multinational ['mʌltɪ'næʃənəl] **1** *n* multinacional *f*
2 *adj* multinacional ▫ ***m. corporation*** multinacional *f*
multiparous [mʌl'tɪpərəs] *adj Zool* multíparo(a)
multipartite [mʌltɪ'pɑ:taɪt] *adj Formal (multilateral)* multilateral
multiparty [mʌltɪ'pɑ:tɪ] *adj* **m. democracy/system** democracia *f*/sistema *m* pluripartidista
multiple ['mʌltɪpəl] **1** *n* **(a)** *Math* múltiplo *m* **(b)** *Com (chain store)* cadena *f* (de tiendas)
2 *adj* múltiple ▫ ***m. birth*** parto *m* múltiple; ***m. personality*** personalidad *f* múltiple; *Med* ***m. sclerosis*** esclerosis *f inv* múltiple; ***m. shop*** *or* ***store*** establecimiento *m (de una cadena de tiendas)*
multiple-choice ['mʌltɪpl'tʃɔɪs] *adj* **m. exam/question** examen *m*/pregunta *f* (de) tipo test
multiple-journey ['mʌltɪpəl'dʒɜ:nɪ] *adj* **m. ticket** billete *m or Am* boleto *m* de varios viajes
multiplex ['mʌltɪpleks] **1** *n* **(a)** *(cinema)* cine *m* multisalas *(en un centro comercial)* **(b)** *Tel* múltiplex *m*
2 *adj* **(a)** *(with several screens)* multisalas ▫ ***m. cinema*** cine *m* multisalas *(en un centro comercial)* **(b)** *Tel* múltiplex
multiplication [mʌltɪplɪ'keɪʃən] *n* multiplicación *f* ▫ ***m. sign*** signo *m* de multiplicar; ***m. table*** tabla *f* de multiplicar
multiplicity [mʌltɪ'plɪsɪtɪ] *n* multiplicidad *f*, diversidad *f*
multiplier ['mʌltɪplaɪə(r)] *n Math & Phys* multiplicador *m*
multiply ['mʌltɪplaɪ] **1** *vt* multiplicar (**by** por)
2 *vi (reproduce)* multiplicarse
multipurpose ['mʌltɪ'pɜ:pəs] *adj* multiuso
multiracial ['mʌltɪ'reɪʃəl] *adj* multirracial
multiscan ['mʌltɪ'skæn], **multiscanning** ['mʌltɪ'skænɪŋ] *n Comptr* multifrecuencia *f*
multiskilling ['mʌltɪ'skɪlɪŋ] *n Ind* polivalencia *f*
multi-stage ['mʌltɪsteɪdʒ] *adj* **(a)** *(process)* escalonado(a) **(b)** *Astron* ***m. rocket*** cohete *m* multietapa
multistorey, *US* **multistory** ['mʌltɪ'stɔ:rɪ] *adj* de varios pisos *or* plantas ▫ ***m. carpark*** estacionamiento *m or Esp* aparcamiento *m or Col* parqueadero *m* de varias plantas
multitasking ['mʌltɪ'tɑ:skɪŋ] *n* **(a)** *Comptr* multitarea *f* **(b)** *Ind* movilidad *f* funcional
multi-terminal ['mʌltɪ'tɜ:mɪnəl] *adj Comptr* multiterminal
multithreading ['mʌltɪ'θredɪŋ] *n Comptr* multiproceso *m*
multi-track ['mʌltɪ'træk] *adj* de pistas múltiples
multitude ['mʌltɪtju:d] *n (large number, crowd)* multitud *f*; **a m. of** multitud de; **to cover a m. of sins** esconder muchas cosas; **baggy clothes can cover** *or* **hide a m. of sins** la ropa holgada es una capa que todo lo tapa
multitudinous [mʌltɪ'tju:dɪnəs] *adj Fam* multitudinario(a)
multi-user ['mʌltɪ'ju:sə(r)] *adj Comptr* multiusuario ▫ ***m. system*** sistema *m* multiusuario
multivitamin ['mʌltɪ'vɪtəmɪn] *n* complejo *m* vitamínico
mum [mʌm] *Fam* **1** *n Br (mother)* mamá *f*; IDIOM **m.'s the word!** ¡de esto ni mu!
2 *adj* IDIOM **to keep m. (about sth)** no decir ni pío *or* ni mu (sobre algo)
mumble ['mʌmbəl] **1** *n* murmullo *m*
2 *vt & vi* murmurar, musitar
mumbo jumbo ['mʌmbəʊ'dʒʌmbəʊ] *n* **(a)** *(nonsense)* palabrería *f*, monsergas *fpl* **(b)** *(jargon)* jerigonza *f*, jerga *f*
mummified ['mʌmɪfaɪd] *adj* momificado(a)
mummify ['mʌmɪfaɪ] *vt* momificar
mummy[1] *n Br Fam (mother)* mamá *f* ▫ ***m.'s boy*** niño *m or RP* nene *m* de mamá
mummy[2] ['mʌmɪ] *n (embalmed body)* momia *f*
mumps [mʌmps] *n* paperas *fpl*
mumsy ['mʌmsɪ] *Br Fam* **1** *n* mami *f*
2 *adj (maternal)* maternaloide
munch [mʌntʃ] **1** *vt* ronzar, mascar; **she munched her way through the whole packet** se zampó toda la bolsa
2 *vi* ronzar, masticar ruidosamente
munchies ['mʌntʃɪz] *npl Fam* **(a)** *(snacks)* cosillas *fpl* de picar, *Méx* antojitos *mpl* **(b)** *(desire to eat)* **to have the m.** tener un poquillo de hambre *or Esp* gusa
mundane [mʌn'deɪn] *adj* prosaico(a)
mung bean ['mʌŋbi:n] *n* = tipo de judía *or Am* frijol germinado procedente de Asia
municipal [mju:'nɪsɪpəl] *adj* municipal
municipality [mju:nɪsɪ'pælɪtɪ] *n* municipio *m*
munificent [mju:'nɪfɪsənt] *adj Literary* munificiente, munífico(a)
munitions [mju:'nɪʃənz] *npl* municiones *fpl*, armamento *m*
mural ['mjʊərəl] *n* mural *m* ▫ ***m. painting*** (pintura *f*) mural *m*
muralist ['mjʊərəlɪst] *n* muralista *mf*
Murcian ['mɜ:sɪən] *n & adj* murciano(a) *m,f*
murder ['mɜ:də(r)] **1** *n (killing)* asesinato *m*; IDIOM **she gets away with m.** se le consiente cualquier cosa ▫ ***m. case*** causa *f* de *or* juicio *m* por asesinato; ***m. inquiry*** investigación *f* de un asesinato **(b)** *Fam Fig (difficult task, experience)* tortura *f*; **the traffic was m.** el tráfico estaba imposible; **finding a parking place on a Saturday is m.** buscar estacionamiento *or Esp* aparcamiento en sábado es una tortura;

standing all day is m. on your feet estar todo el día de pie *or Am* parado(a) es una tortura para los pies
2 *vt* (**a**) *(kill)* asesinar; *Fam Fig* **I'll m. you (for that)!** ¡te voy a matar!; IDIOM *Fam* **I could m. a beer/a pizza!** ¡me muero por una cerveza/una pizza! (**b**) *Fig (destroy) (song, tune)* destrozar (**c**) *Fam (defeat)* dar una paliza a

murderer ['mɜːdərə(r)] *n* asesino(a) *m,f*

murderess ['mɜːdərəs] *n* asesina *f*

murderous ['mɜːdərəs] *adj* (**a**) *(attack, hatred)* asesino(a) (**b**) *Fam (exhausting)* agotador(ora)

murky ['mɜːkɪ] *adj* (**a**) *(weather, sky)* oscuro(a), sombrío(a) (**b**) *(details, past)* tenebroso(a)

murmur ['mɜːmə(r)] **1** *n* murmullo *m*; **to do sth without a m.** hacer algo sin rechistar
2 *vi* murmurar

Murphy's law ['mɜːfɪz'lɔː] *n Fam* la ley de Murphy, = aquello de que si algo puede ir mal, ten por seguro que lo hará

muscat ['mʌskæt] *n* (**a**) **m. (wine)** moscatel *m* (**b**) **m. (grape)** uva *f* de moscatel

muscatel [mʌskə'tel] *n* moscatel *m*

muscle ['mʌsəl] *n* músculo *m*; **she didn't move a m.** no movió un solo músculo; *Fig* **political m.** pujanza *f* política

▸**muscle in** *vi* entrometerse (**on** en)

muscle-bound ['mʌsəlbaʊnd] *adj* exageradamente musculoso(a)

muscleman ['mʌsəlmæn] *n* forzudo *m*, hércules *m inv*

muscovado [mʌskə'vɑːdəʊ] *n* **m. (sugar)** = azúcar de caña no refinada

Muscovite ['mʌskəvaɪt] *n & adj* moscovita *mf*

muscular ['mʌskjʊlə(r)] *adj* (**a**) *(tissue)* muscular ▫ *Med* ***m. dystrophy*** distrofia *f* muscular (**b**) *(person)* musculoso(a)

musculature ['mʌskjʊlətʃə(r)] *n* musculatura *f*

Muse [mjuːz] *n* musa *f*

muse [mjuːz] *vi* reflexionar, cavilar (**on** *or* **about** sobre)

museum [mjuː'zɪəm] *n* museo *m* ▫ *also Hum* ***m. piece*** pieza *f* de museo

mush [mʌʃ] *n* (**a**) *(pulp)* pasta *f*, puré *m* (**b**) *Fig (sentimentality)* ñoñeces *fpl*, sensiblerías *fpl*

mushroom ['mʌʃrʊm] **1** *n Bot* hongo *m*, seta *f*; *Culin (wild mushroom)* seta *f*, *Chile, Méx, RP* hongo *m*; *(button mushroom)* champiñón *m* ▫ ***m. cloud*** hongo *m* atómico; ***m. omelette*** tortilla *f* de champiñones; ***m. soup*** crema *f* de champiñones
2 *vi (of costs, prices)* dispararse; *(of town)* expandirse, extenderse

mushy ['mʌʃɪ] *adj* (**a**) *(pulpy)* blando(a), pastoso(a) (**b**) *Fig (sentimental)* ñoño(a), sensiblero(a)

music ['mjuːzɪk] *n* música *f*; **to read m.** saber solfeo; **to set words to m.** poner música a la letra; *Fig* **those words were m. to her ears** esas palabras le sonaban a música celestial ▫ ***m. box*** caja *f* de música; *Br Old-fashioned* ***m. centre*** cadena *f* de música; ***m. hall*** *(entertainment)* music-hall *m*; *(building)* teatro *m* de variedades; ***m. library*** fonoteca *f*; ***m. stand*** atril *m*; ***m. stool*** = taburete o banqueta para un músico; ***m. teacher*** profesor(ora) *m,f* de música; *Psy* ***m. therapy*** musicoterapia *f*

musical ['mjuːzɪkəl] **1** *n (show, film)* musical *m*
2 *adj (tuneful)* musical; *(musically gifted)* con talento musical ▫ ***m. bumps*** = juego en el que los niños corren o bailan y el último en sentarse en el suelo cuando para la música, queda eliminado; ***m. chairs*** juego *m* de las sillas; *Fig* **to play m. chairs** andar constantemente cambiando de puesto; ***m. comedy*** comedia *f* musical; ***m. director*** director(ora) *m,f* musical; ***m. instrument*** instrumento *m* musical

musically ['mjuːzɪklɪ] *adv (sing)* armoniosamente; **m., the band is reminiscent of...** la música del grupo recuerda a...; **m. gifted** con talento para la música

musician [mjuː'zɪʃən] *n* músico(a) *m,f*

musicianship [mjuː'zɪʃənʃɪp] *n* habilidad *f* musical

musicologist [mjuːzɪ'kɒlədʒɪst] *n* musicólogo(a) *m,f*

musicology [mjuːzɪ'kɒlədʒɪ] *n* musicología *f*

musings ['mjuːzɪŋz] *npl* reflexiones *fpl*, cavilaciones *fpl*

musk [mʌsk] *n* almizcle *m* ▫ ***m. deer*** almizclero *m*; ***m. ox*** buey *m* almizclero; ***m. rose*** rosa *f* almizcleña

musket ['mʌskɪt] *n* mosquete *m*

musketeer [mʌskɪ'tɪə(r)] *n* mosquetero *m*

muskrat ['mʌskræt] *n* rata *f* almizclada

Muslim ['mʌzlɪm] **1** *n* musulmán(ana) *m,f*
2 *adj* musulmán(ana)

muslin ['mʌzlɪn] *n* muselina *f*

muso ['mjuːzəʊ] (*pl* **musos**) *n Fam* (**a**) *Br Pej* = músico al que le interesa demasiado la técnica (**b**) *Austr (musician)* músico(a) *m,f*; *(enthusiast)* fanático(a) *m,f* de la música

musquash ['mʌskwɒʃ] *n* = **muskrat**

muss [mʌs] *vt US Fam* **to m. (up)** *(hair)* revolver

mussel ['mʌsəl] *n* mejillón *m* ▫ ***m. bed*** vivero *m* de mejillones

---

MUST [mʌst] **1** *n Fam* (**a**) *(necessity)* **to be a m.** ser imprescindible
(**b**) *(thing not to be missed)* **this film's a m.** esta película hay que verla *or* no hay que perdérsela
2 *modal aux v* (**a**) *(expressing obligation)* tener que, deber; **you m. do it** tienes que hacerlo, debes hacerlo; **I m. lend you that book some time** tengo que dejarte ese libro un rato de éstos; **you m. be ready at four o'clock** tienes que estar listo a las cuatro; **you mustn't tell anyone** no se lo digas a nadie; **under no circumstances m. you tell her** en ningún caso se lo debes decir; **this plant m. be watered daily** esta planta hay que regarla todos los días; **this information mustn't be made public** no hay que hacer pública esta información; **it m. be remembered that...** debemos recordar que...; **m. you go? — yes, I m.** ¿seguro que tienes que ir? — sí, seguro; **I m. say** *or* **admit, I thought it was rather good** la verdad es que me pareció bastante bueno; **will you come with me? — if I m.** ¿vendrás conmigo? — si no queda más remedio; **take it if you m.** cógelo si tanta falta te hace; **if you m. listen to that music, at least do it with headphones on!** ¡si de verdad tienes que escuchar esa música, al menos ponte auriculares! **if you m. know** ya que insistes tanto; **m. you make such a racket?** ¿por qué tienes que armar tanto jaleo?
(**b**) *(suggesting, inviting)* tener que; **you m. come and visit us** tienes que venir a vernos; **you m. listen to this record** tienes que escuchar este disco; **we m. go out for a drink sometime** tenemos que quedar algún día para tomar algo
(**c**) *(expressing probability)* deber de; **you m. be hungry** debes de tener hambre; **it m. be interesting working there** debe de ser interesante trabajar allí; **I m. have made a mistake** debo de haberme equivocado; **there m. have been at least 10,000 people there** debía de haber al menos 10.000 personas allí; **they mustn't have realized** no se deben de haber dado cuenta; **you m. have heard of Oasis!** ¡has tenido que oír hablar de Oasis!; **you m. be joking!** ¡no lo dirás en serio!; **you m. be mad** *or* **crazy!** ¿estás loco o qué?

---

mustache *US* = **moustache**

mustachioed [mə'stɑːʃɪəʊd] *adj* con bigotes, bigotudo(a)

mustang ['mʌstæŋ] *n* mustango *m*

mustard ['mʌstəd] *n* mostaza *f*; IDIOM *US Fam* **she couldn't cut the m.** no consiguió dar la talla ▫ ***m. and cress*** berros *mpl* y semillas de mostaza; ***m. gas*** gas *m* mostaza

muster ['mʌstə(r)] **1** *n* IDIOM **it was good enough to pass m.** era pasable
2 *vt (gather)* reunir; **to m. one's strength/courage** hacer acopio de fuerzas/valor

▸**muster in** ['mʌstə(r)] *vt sep US Mil* alistar

▸**muster out** *vt sep US Mil* licenciar

▸**muster up** *vt sep (energy, enthusiasm)* reunir; **to m. up one's courage** armarse de valor

must-have ['mʌst'hæv] *Fam* **1** *n* artículo *m* imprescindible
2 *adj* imprescindible

mustiness [mʌstɪnɪs] *n (of room)* olor *m* a cerrado; *(of clothes)* olor *m* a humedad

musty ['mʌstɪ] *adj* **to have a m. smell** *(of room)* oler a cerrado; *(of clothes)* oler a humedad

mutability [mjuːtə'bɪlɪtɪ] *n Formal* mutabilidad *f*

mutant ['mju:tənt] *n & adj* mutante *mf*

mutate [mju:'teɪt] *vi Biol* mutarse transformarse (**into** en)

mutation [mju:'teɪʃən] *n Biol* mutación *f*

mutatis mutandis [mjʊ'tɑ:tɪsmjʊ'tændɪs] *adv Literary* mutatis mutandis

mute [mju:t] **1** *n* (**a**) *(person)* mudo(a) *m,f* (**b**) *Mus* sordina *f*

2 *adj (silent)* mudo(a) ▫ ***m. swan*** cisne *m* común

muted ['mju:tɪd] *adj (sound)* apagado(a); *(protest, criticism)* débil

mutilate ['mju:tɪleɪt] *vt* mutilar

mutilation [mju:tɪ'leɪʃən] *n* mutilación *f*

mutineer [mju:tɪ'nɪə(r)] *n* amotinado(a) *m,f*

mutinous ['mju:tɪnəs] *adj* (**a**) *(rebellious)* rebelde (**b**) *(taking part in mutiny)* amotinado(a)

mutiny ['mju:tɪnɪ] **1** *n* motín *m*

2 *vi* amotinarse

mutt [mʌt] *n Fam (dog)* chucho *m*, *RP* pichicho *m*

mutter ['mʌtə(r)] **1** *n* murmullo *m*

2 *vt & vi* murmurar

mutton ['mʌtən] *n (meat of sheep)* carnero *m*; IDIOM *Fam* **m. dressed as lamb** = una mujer ya carroza con pintas de jovencita

muttonchops ['mʌtəntʃɒps], **mutton-chop whiskers** ['mʌtəntʃɒp'wɪskəz] *npl* = patillas que cubren gran parte de la mejilla

muttonhead ['mʌtənhed] *n Fam* pedazo *m* de animal

mutual ['mju:tʃʊəl] *adj (reciprocal)* mutuo(a); *(shared)* común; **the feeling is m.** el sentimiento es mutuo; **by m. agreement** de mutuo acuerdo; **a m. friend** un amigo común ▫ *US Fin* ***m. fund*** fondo *m* de inversión mobiliaria; *Fin* ***m. insurance company*** mutua *f* de seguros

mutually ['mju:tʃʊəlɪ] *adv* mutuamente; **to be m. exclusive** excluirse mutuamente

Muzak® ['mju:zæk] *n* música *f* de supermercado

muzzle ['mʌzəl] **1** *n* (**a**) *(dog's snout)* hocico *m* (**b**) *(device for dog)* bozal *m* (**c**) *(of gun)* boca *f*

2 *vt* (**a**) *(dog)* poner un bozal a (**b**) *(person, press)* amordazar

muzzle-loader ['mʌzəl'ləʊdə(r)] *n* = arma que se carga por la boca

muzzy ['mʌzɪ] *adj* (**a**) *(visually)* borroso(a), desdibujado(a) (**b**) *(mentally)* confuso(a)

MVP [emvi:'pi:] *n US Sport* (*abbr* **most valuable player**) jugador(ora) *m,f* más destacado(a), mejor jugador(ora) *m,f*

MW (**a**) *Rad* (*abbr* **Medium Wave**) OM (**b**) *Elec* (*abbr* **Megawatts**) MW

MY [maɪ] *possessive adj* (**a**) *(singular)* mi; *(plural)* mis; **my dog** mi perro; **my parents** mis padres; **my name is Paul** me llamo Paul; **it wasn't MY idea!** ¡no fue idea mía!; **they were upset at my mentioning it** les sentó mal que lo mencionara; **that wasn't my understanding** yo no lo entendí así

(**b**) *(for parts of body, clothes) (translated by definite article)* **my eyes are blue** tengo los ojos azules; **I hit my head** me di un golpe en la cabeza; **I washed my face** me lavé la cara; **I put my hands in my pockets** me metí las manos en los bolsillos *or CAm, Méx, Perú* las bolsas

(**c**) *(in exclamations)* **(oh) my!** ¡madre mía!, ¡jesús!; **(oh) my God!** ¡Dios mío!

(**d**) *(in forms of address)* **my darling** querida; **my love** mi amor; **my dear fellow!** ¡mi querido amigo!; **my lady/lord** mi señora/señor

---

myalgic encephalomyelitis [maɪ'ældʒɪkensefələʊmaɪə'laɪtɪs] *n Med* encefalomielitis *f inv* miálgica

Myanmar [maɪæn'mɑ:(r)] *n (official name of Burma)* Myanmar

mycology [maɪ'kɒlədʒɪ] *n* micología *f*

mynah ['maɪnə] *n* **m. (bird)** miná *f*, = estornino hablador de la India

MYOB [emwaɪəʊ'bi:] *Fam* (*abbr* **mind your own business**) ¿a ti qué te importa?

myocardial [maɪəʊ'kɑ:dɪəl] *adj Med* de miocardio ▫ ***m. infarction*** infarto *m* de miocardio

myocardium [maɪəʊ'kɑ:dɪəm] *n Anat* miocardio *m*

myopia [maɪ'əʊpɪə] *n also Fig* miopía *f*

myopic [maɪ'ɒpɪk] *adj* miope; *Fig* corto(a) de miras

myriad ['mɪrɪəd] *adj Literary* **there are m. examples** hay una miríada *or* un sinnúmero de ejemplos

myrrh [mɜ:(r)] *n* mirra *f*

myrtle ['mɜ:təl] *n* mirto *m*, arrayán *m*

myself [maɪ'self] *pron* (**a**) *(reflexive)* me; **I hurt m.** me hice daño; **I feel m. again** vuelvo a sentirme el/la de siempre (**b**) *(emphatic)* yo mismo(a); **I told her m.** se lo dije yo mismo; **though I say so m.** aunque sea yo quien lo diga; **I'm not quite m. today** hoy no estoy muy allá (**c**) *(after preposition)* mí; **I bought it for m.** lo compré para mí; **I did it all by m.** lo hice todo yo solo; **I live by m.** vivo solo; **I realized I was talking to m.** me di cuenta de que estaba hablando solo; **"how unfair!" I thought to m.** "¡qué injusto!" pensé para mis adentros

mysterious [mɪs'tɪərɪəs] *adj* misterioso(a); **to be m. about sth** andarse con muchos misterios acerca de algo

mysteriously [mɪs'tɪərɪəslɪ] *adv* misteriosamente

mystery ['mɪstərɪ] **1** *n* misterio *m*; **it's a m. to me** es un misterio para mí ▫ *Lit* ***m. play*** auto *m* (sacramental); ***m. tour*** = excursión organizada con un destino sorpresa

2 *adj (guest, prize)* sorpresa *inv*; *(benefactor, witness)* anónimo(a), desconocido(a)

mystic ['mɪstɪk] *n* místico(a) *m,f*

mystical ['mɪstɪkəl] *adj* místico(a)

mysticism ['mɪstɪsɪzəm] *n* misticismo *m*

mystification [mɪstɪfɪ'keɪʃən] *n* (**a**) *(bewilderment)* estupefacción *f*, desconcierto *m* (**b**) *(deliberate confusion)* artimaña *f*, ardid *m*

mystify ['mɪstɪfaɪ] *vt* dejar estupefacto(a) *or* perplejo(a), desconcertar; **I was mystified** me quedé estupefacto

mystifying ['mɪstɪfaɪɪŋ] *adj* desconcertante

mystique [mɪs'ti:k] *n* aureola *f* de misterio

myth [mɪθ] *n* mito *m*

mythical ['mɪθɪkəl] *adj* mítico(a)

mythological [mɪθə'lɒdʒɪkəl] *adj* mitológico(a)

mythologize [mɪ'θɒlədʒaɪz] *vt* mitificar

mythology [mɪ'θɒlədʒɪ] *n* mitología *f*

myxomatosis [mɪksəmə'təʊsɪs] *n* mixomatosis *f inv*

N

N, n [en] *n* (**a**) *(letter)* N, n *f* (**b**) *(abbr* **north**) N

n/a (*abbr* **not applicable**) no corresponde

NAACP [eneɪeɪsiː'piː] *n* (*abbr* **National Association for the Advancement of Colored People**) = asociación estadounidense para la defensa de los derechos de la gente de color

NAAFI ['næfɪ] *n* (*abbr* **Navy, Army and Air Force Institutes**) (**a**) *(organization)* = servicio de tiendas y cantinas que abastecen a las fuerzas armadas británicas (**b**) *(shop, canteen)* = tienda/cantina que abastece a las fuerzas armadas británicas

naan, nan [nɑːn] *n* **n. (bread)** = clase de pan hindú en forma de hogaza aplanada

nab [næb] (*pt & pp* **nabbed**) *vt Fam* (**a**) *(catch, arrest)* pescar, *Esp* trincar (**b**) *(steal)* birlar, afanar

nabob ['neɪbɒb] *n* (**a**) *Hist* nabob *m* (**b**) *Fam (local worthy)* cacique *m*

nacelle [nə'sel] *n Av* barquilla *f*

nachos ['nætʃəʊz] *npl* nachos *mpl (con queso, salsa picante, etc.)*

nadir ['neɪdɪə(r)] *n Astron* nadir *m*; *Fig* **to reach a n.** *(of party, career)* tocar fondo

naff [næf] *adj Br Fam* (**a**) *(tasteless)* hortera, cutre; *(insensitive)* de mal gusto; **a n. remark** una bordería (**b**) *(for emphasis)* **n. all** nada de nada; **I've got n. all money** estoy sin un centavo *or Esp* sin blanca

▸**naff off** *vi Br Fam* **n. off!** ¡que te den!

NAFTA ['næftə] *n* (*abbr* **North American Free Trade Agreement**) NAFTA *f*, TLC *m*

nag¹ [næg] *n Fam (horse)* rocín *m*, jamelgo *m*

nag² **1** *n (person)* pesado(a) *m,f*, latoso(a) *m,f*

2 *vt* (*pt & pp* **nagged**) *(of person)* fastidiar, dar la lata a; *(of doubt)* asaltar; **to n. sb into doing sth** dar la lata a alguien para que haga algo

3 *vi* fastidiar, dar la lata; **to n. at sb to do sth** dar la lata a alguien para que haga algo; **her conscience was nagging at her to go to the police** tenía remordimientos de conciencia que le impulsaban a acudir a la policía

nagging ['nægɪŋ] **1** *n* regañinas *fpl*

2 *adj* persistente

NAHT [eneɪeɪtʃ'tiː] *n* (*abbr* **National Association of Head Teachers**) = asociación de directores de centros escolares de Inglaterra y Gales

nail [neɪl] **1** *n* (**a**) *(in carpentry)* clavo *m*; IDIOM **it was another n. in his coffin** era otro clavo más en su ataúd; IDIOM **to hit the n. on the head** dar en el clavo; IDIOM **to pay on the n.** pagar a tocateja; IDIOM **cash on the n.** dinero contante y sonante ▫ ***n. bomb*** = bomba de fabricación casera que contiene metralla y clavos; ***n. gun*** remachadora *f*, = aparato para clavar clavos

(**b**) *(of finger, toe)* uña *f* ▫ ***n. file*** lima *f* de uñas; ***n. polish*** laca *f or* esmalte *m* de uñas; ***n. scissors*** tijeras *fpl* de manicura; ***n. varnish*** laca *f or* esmalte *m* de uñas; ***n. varnish remover*** quitaesmaltes *m inv*

2 *vt* (**a**) *(in carpentry)* clavar; **he nailed the lid shut** fijó la tapa con clavos

(**b**) IDIOMS **he stood nailed to the spot** se quedó clavado; **to n. sb for a crime** emplumar *or* empapelar a alguien por un delito; **to n. a lie** desterrar una falsedad

▸**nail down** *vt sep* (**a**) *(fasten)* fijar con clavos (**b**) *Fam Fig (establish clearly)* **to n. sth down** aclarar algo; **to n. sb down to a date/a price** hacer que alguien se comprometa a dar una fecha concreta/un precio concreto

nail-biting ['neɪlbaɪtɪŋ] *adj Fam (contest, finish)* de infarto, emocionantísimo(a); **after a n. few hours, the hostages were released** después de varias horas de tensa espera liberaron a los rehenes

nailbrush ['neɪlbrʌʃ] *n* cepillo *m* de uñas

naive [naɪ'iːv] *adj* ingenuo(a) ▫ ***n. art*** arte *m* naif

naively [naɪ'iːvlɪ] *adv* ingenuamente

naivety [naɪ'iːvətɪ], **naiveté** [naɪiː'veɪ] *n* ingenuidad *f*

naked ['neɪkɪd] *adj* (**a**) *(unclothed)* desnudo(a); **to be n.** estar desnudo(a) (**b**) *(undisguised)* **n. aggression** agresión *f* abierta *or* alevosa; **n. ambition** ambición *f* manifiesta (**c**) *(unprotected, unaided)* **a n. flame** una llama (sin protección); **visible to the n. eye** visible a simple vista

nakedly ['neɪkədlɪ] *adv* abiertamente, manifiestamente; **n. ambitious** de una ambición manifiesta

nakedness ['neɪkədnɪs] *n* desnudez *f*

NALGO ['nælgəʊ] *n Formerly* (*abbr* **National and Local Government Officers' Association**) = sindicato británico de funcionarios

namby-pamby ['næmbɪ'pæmbɪ] *n & adj Fam* ñoño(a) *m,f*

NAME [neɪm] **1** *n* (**a**) *(of person, thing)* nombre *m*; **my n. is...** me llamo...; **what's your n.?** ¿cómo te llamas?; **what's the n. of that lake?** ¿cómo se llama ese lago?; **the n.'s Bond** me llamo Bond; **what n. shall I say?** *(on phone)* ¿de parte de quién?, ¿quién le llama?; **to go by** *or* **under the n. of** ser conocido(a) como; **to put one's n. down (for sth)** apuntarse (a algo); **to take sb's n.** *(note down)* anotar *or* tomar el nombre de alguien; *Sport (give booking)* mostrar una tarjeta amarilla a; **to mention/know sb by n.** mencionar/conocer a alguien por su nombre; **a man by the n. of Lewis** un hombre llamado Lewis; **in the n. of** en nombre de; **the account is in my husband's n.** la cuenta está a nombre de mi marido; **reserved in the n. of Fox** reservado a nombre de Fox; **in the n. of God** *or* **Heaven!, in God's** *or* **Heaven's n.!** ¡por el amor de Dios!; **what in God's** *or* **Heaven's n. are you doing?** pero por el amor de Dios, ¿qué haces?; **he was president in all but n.** él era el presidente de hecho; **in n. only** sólo de nombre; **she writes under a different n.** escribe bajo pseudónimo; **to call sb names** insultar a alguien; **he hasn't got a penny to his n.** no tiene ni un chavo *or Esp* duro; **to take sb's n. in vain** tomar el nombre de alguien en vano; **a n. to conjure with** *(respected person)* un personaje de (muchas) campanillas; *(colourful name)* un nombre rimbombante; **survival is the n. of the game** lo que cuenta es sobrevivir; IDIOM *Fam* **his n. is mud** tiene muy mala prensa; **what's in a n.?** ¿qué importa el nombre? ▫ ***n. day*** *(saint's day)* santo *m*; *Fin* día *m* de intercambio de nombres, día *m* de los boletos; ***n. part*** *(in film)* = personaje cuyo nombre da título a la película; ***n. tag*** chapa *f* (con el nombre)

(**b**) *(reputation)* nombre *m*, reputación *f*; **this kind of behaviour gives us a good/bad n.** este comportamiento nos da una buena/mala reputación; **she has a good/bad n.** tiene buena/mala fama; **to have a n. for prompt and efficient service** tener fama de ofrecer un servicio bueno y rápido; **he made his n. in the war** se hizo famoso en la guerra; **to make a n. for oneself (as)** hacerse un nombre (como) ▫ ***n. brand*** marca *f* conocida

(**c**) *(famous person)* **a big n. in the theatre** una figura del teatro

2 *vt* (**a**) *(give name to)* poner nombre a; **they**

named her Paula le pusieron *or* llamaron Paula; **they named the new state Zimbabwe** llamaron al nuevo estado Zimbabwe; **I n. this ship Britannia** bautizo a este barco Britannia; **a man named Gerald** un hombre llamado Gerald; **to n. sb after** *or US* **for sb** poner a alguien el nombre de alguien
(**b**) *(appoint)* nombrar; **she has been named as the new party leader** la han nombrado nueva líder del partido
(**c**) *(designate)* nombrar; **n. your price** di *or* pon un precio; **n. the place and I'll meet you there** tú di dónde, y nos veremos allí; **you n. it, we've got it** dígame qué busca, que seguro lo tenemos; **to n. the day** fijar la fecha de la boda *or Andes, RP* del matrimonio
(**d**) *(identify)* nombrar; **police have named the victim as...** la policía ha identificado a la víctima como...; **to n. but a few** por nombrar unos pocos; **to n. names** dar nombres concretos

---

name-calling ['neɪmkɔ:lɪŋ] *n* improperios *mpl*, insultos *mpl*

named [neɪmd] *adj* designado(a)

name-dropper ['neɪmdrɒpə(r)] *n Fam* **she's a terrible n.** se las da de conocer a muchos famosos

name-dropping ['neɪmdrɒpɪŋ] *n Fam* **there was a lot of n. in his speech** en el discurso se las daba de conocer a muchos famosos

nameless ['neɪmlɪs] *adj* (**a**) *(person)* anónimo(a); *Hum* **someone who shall remain n.** alguien que permanecerá en el anonimato (**b**) *(fear)* cerval

namely ['neɪmlɪ] *adv* a saber, es decir

nameplate ['neɪmpleɪt] *n* placa *f* con el nombre

namesake ['neɪmseɪk] *n* tocayo(a) *m,f*

nametape ['neɪmteɪp] *n* cinta *f* con el nombre

Namibia [nə'mɪbɪə] *n* Namibia

Namibian [nə'mɪbɪən] *n & adj* namibio(a) *m,f*

nan = **naan**

nana ['nɑ:nə] *n Fam* (**a**) *Br (banana)* plátano *m*, *RP* banana *f* (**b**) *Br Hum (idiot)* tonto(a) *m,f*, *Esp* panoli *mf* (**c**) *Austr (head)* coco *m*; **to be off one's n.** estar mal del coco

nancy ['nænsɪ] *n very Fam* **n. (boy)** *(homosexual)* mariquita *m*, marica *m*; *(effeminate man)* mariposón *m*

nanny ['nænɪ] *n* (**a**) *(nursemaid)* niñera *f* (**b**) ***n. goat*** cabra *f*

nano- ['nænəʊ] *pref* nano-

nanosecond ['nænəʊsekənd] *n Phys & Comptr* nanosegundo *m*

nap[1] [næp] **1** *n (sleep)* cabezada *f*, siesta *f*; **to take** *or* **have a n.** echar una cabezada *or* una siesta
2 *vi (pt & pp* **napped***)* echar una cabezada *or* una siesta; IDIOM **they were caught napping** los *Esp* cogieron *or Am* agarraron desprevenidos

nap[2] *n (of cloth)* pelusa *f*, lanilla *f*

nap[3] *n (in horse racing)* favorito *m*

napalm ['neɪpɑ:m] *n* napalm *m*

nape [neɪp] *n* **n. (of the neck)** nuca *f*

naphtha ['næfθə] *n* nafta *f*

naphthalene ['næfθəli:n] *n* naftalina *f*

napkin ['næpkɪn] *n* (**a**) **(table) n.** servilleta *f* ▫ ***n. ring*** servilletero *m (aro)* (**b**) *US (sanitary towel)* compresa *f*, *Am* toalla *f* higiénica

Naples ['neɪpəlz] *n* Nápoles

Napoleonic [nəpəʊlɪ'ɒnɪk] *adj* napoleónico(a); **the N. Wars** las guerras napoleónicas

nappy ['næpɪ] *n Br* pañal *m* ▫ ***n. rash*** escoceduras *fpl or* eritema *m* del pañal

narc [nɑ:k] *n US Fam* estupa *mf (agente de la brigada de estupefacientes)*

narcissi [nɑ:'sɪsaɪ] *pl of* **narcissus**

narcissism ['nɑ:sɪsɪzəm] *n Psy & Fig* narcisismo *m*

narcissistic [nɑ:sə'sɪstɪk] *adj* narcisista

narcissus [nɑ:'sɪsəs] *(pl* **narcissi** [nɑ:'sɪsaɪ]*)* *n* narciso *m*

narcolepsy ['nɑ:kəlepsɪ] *n Med* narcolepsia *f*

narcosis [nɑ:'kəʊsɪs] *n Med* narcosis *f inv*

narcoterrorism ['nɑ:kəʊterərɪzəm] *n* narcoterrorismo *m*

narcotic [nɑ:'kɒtɪk] **1** *n* narcótico *m*, estupefaciente *m*; *US* **narcotics agent** agente *mf* (de la brigada) de estupefacientes
2 *adj* narcótico(a), estupefaciente

nark [nɑ:k] *Br* **1** *n Fam* (**a**) *(informer)* soplón(ona) *m,f* (**b**) *(irritable person)* malaleche *mf*, *Esp* picajoso(a) *m,f*
2 *vt (annoy)* mosquear
3 *vi (inform)* **to n. on sb** delatar a alguien

▸**nark at** *vt insep Br Fam* dar la lata a

▸**nark off** *vt sep Br Fam* mosquear

narked [nɑ:kt] *adj Br Fam* mosqueado(a)

narky ['nɑ:kɪ] *adj Br Fam* **to be n.** *(by nature)* ser malaleche *or Esp* picajoso(a); *(temporarily)* estar de mala leche *or Esp* picajoso(a); **he's a n. git** es un susceptible

narrate [nə'reɪt] *vt* narrar

narration [nə'reɪʃən] *n* (**a**) *(story)* narración *f*, historia *f* (**b**) *(recounting)* narración *f* (**c**) *(of commentary)* comentario *m*, narración *f*

narrative ['nærətɪv] **1** *n (story)* narración *f*
2 *adj* narrativo(a)

narrator [nə'reɪtə(r)] *n* narrador(ora) *m,f*

narrow ['nærəʊ] **1** *adj* (**a**) *(not wide)* estrecho(a); **to grow** *or* **become n.** estrecharse, angostarse; **by a n. margin** *(to win, lose)* por un estrecho margen ▫ ***n. boat*** barcaza *f*; ***n. gauge*** vía *f* estrecha
(**b**) *(barely sufficient) (majority)* escaso(a); **to have a n. escape** *or* **squeak** librarse por los pelos
(**c**) *(restricted, intolerant)* **to have a n. mind** ser estrecho(a) de miras; **to take a n. view of sth** enfocar algo desde un punto de vista muy limitado; **in the narrowest sense** en el sentido mas estricto
2 *vt (road)* estrechar; **the Republicans have narrowed the gap between themselves and the Democrats** la intención de voto de los Republicanos se ha acercado a la de los Demócratas; **to n. one's eyes** *(in suspicion, anger)* entornar los ojos *or* la mirada
3 *vi (of road)* estrecharse

▸**narrow down** *vt sep (choice, possibilities)* limitar, reducir

narrowcast ['nærəʊkɑ:st] **1** *vt* retransmitir por cable
2 *vi* = hacer publicidad dirigida específicamente a un público determinado

narrow-gauge ['nærəʊgeɪdʒ] *adj* ***n. railway*** ferrocarril *m* de vía estrecha

narrowly ['nærəʊlɪ] *adv* (**a**) *(interpret)* estrictamente, al pie de la letra (**b**) *(only just)* por poco

narrow-minded [nærəʊ'maɪndɪd] *adj* estrecho(a) de miras

narwhal ['nɑ:wəl] *n* narval *m*

nary ['neərɪ] *adv Fam* **there was n. a word of warning** ni una palabra de advertencia; **n. a one** ni uno

NASA ['næsə] *n (abbr* **National Aeronautics and Space Administration***)* la NASA

nasal ['neɪzəl] *adj* nasal; **to have a n. voice** tener la voz nasal

nasalize ['neɪzəlaɪz] *vt Ling* nasalizar

nasally ['neɪzəlɪ] *adv* **she speaks rather n.** tiene una forma de hablar muy nasal

nascent ['neɪsənt] *adj Formal* naciente

nastily ['nɑ:stɪlɪ] *adv* (**a**) *(with malice)* con mala intención, desagradablemente (**b**) *(seriously)* **to fall n.** tener una mala caída

nastiness ['nɑ:stɪnɪs] *n (of person, remark)* mala intención *f*

nasturtium [nə'stɜ:ʃəm] *n* capuchina *f*

nasty ['nɑ:stɪ] *adj* (**a**) *(unpleasant) (taste, experience, shock)* desagradable; *(book, film, crime)* repugnante; **to have a n. feeling that...** tener la desagradable sensación de que...; *Fig* **to leave sb with a n. taste in the mouth** dejar a alguien con mal sabor de boca
(**b**) *(malicious) (person)* desagradable; *(remark)* malintencionado(a); **to be n. to sb** ser antipático(a) con alguien; **you've got a n. mind!** ¡qué mal pensado eres!; **hiding her clothes was a really n. thing to do** esconderle la ropa fue una broma demasiado pesada; IDIOM **he's a n. piece of work** es un elemento de cuidado
(**c**) *(serious, dangerous) (problem)* espinoso(a), peliagudo(a); **a n. accident** un accidente grave; **a n. cut** una herida muy fea; **a n. fall** una mala caída; **to turn n.** *(of situation, weather)* ponerse feo(a)

nat [næt] *n Br Fam* nacionalista *mf*

natch [nætʃ] *adv very Fam* ¡pues claro!, ¡ya te digo!

nation ['neɪʃən] *n* nación *f* ▫ ***n. state*** estado-nación *m*

national ['næʃənəl] **1** *n* (**a**) *(person)* ciudadano(a) *m,f*, súbdito(a) *m,f* (**b**) *(newspaper)* periódico *m* (de ámbito) nacional

2 *adj* nacional ▫ ***n. anthem*** himno *m* nacional; *US* ***n. bank*** banco *m* nacional, = banco regulado por la Reserva Federal; *Tel* ***n. call*** llamada *f or Am* llamado *m* nacional; ***n. costume*** traje *m* típico; *Br* ***N. Curriculum*** programa *m* de estudios oficial; ***the n. debt*** la deuda pública; ***the n. grid*** la red eléctrica nacional; *US* ***N. Guard*** Guardia *f* Nacional; ***N. Health Service*** = la sanidad pública británica; ***n. insurance*** seguridad *f* social; ***N. Lottery*** = lotería nacional británica, *Esp* ≃ lotería *f* primitiva, *RP* ≃ Quini 6 *f*; ***n. park*** parque *m* nacional; ***N. Savings Bank*** = caja de ahorros estatal británica; ***n. service*** *(in army)* servicio *m* militar; ***N. Socialism*** nacionalsocialismo *m*; ***National Trust*** = organismo británico encargado de la conservación de edificios y parajes de especial interés, *Esp* ≃ Patrimonio *m* Nacional

nationalism [ˈnæʃənəlɪzəm] *n* nacionalismo *m*

nationalist [ˈnæʃənəlɪst] *n & adj* nacionalista *mf*

nationalistic [næʃənəˈlɪstɪk] *adj* nacionalista

nationality [næʃəˈnælɪtɪ] *n* nacionalidad *f*

nationalization [næʃənəlaɪˈzeɪʃən] *n* nacionalización *f*

nationalize [ˈnæʃənəlaɪz] *vt* nacionalizar

nationally [ˈnæʃənəlɪ] *adv* en el ámbito nacional; **to be n. renowned** ser conocido(a) en todo el país

nationhood [ˈneɪʃənhʊd] *n* estatus *m inv* de nación; **a sense of n.** un sentimiento de patria

nationwide [ˈneɪʃənwaɪd] **1** *adj* de ámbito nacional
2 *adv* en todo el país; **to be broadcast n.** ser transmitido(a) a todo el país

native [ˈneɪtɪv] **1** *n* **(a)** *(of country, town)* natural *mf*, nativo(a) *m,f*; **I am a n. of Edinburgh** soy natural de Edimburgo; **the koala is a n. of Australia** el koala es originario de Australia; **she speaks English like a n.** su inglés es perfecto **(b)** *Old-fashioned (indigenous inhabitant)* nativo(a) *m,f*, indígena *mf*; *Hum* **the natives are getting restless** hay un ambiente de descontento
2 *adj* natal, nativo(a); **he returned to his n. London** regresó a su Londres natal; *Fam* **to go n.** integrarse (en el país) ▫ ***N. American*** indio(a) *m,f* americano(a); ***n. land*** tierra *f* natal; ***n. language*** lengua *f* materna; ***n. speaker*** hablante *mf* nativo(a); **I'm not a n. speaker of Spanish** mi lengua materna no es el español

native-born [ˈneɪtɪvbɔːn] *adj* de nacimiento, nativo(a)

Nativity [nəˈtɪvɪtɪ] *n Rel* **the N.** la Natividad ▫ ***N. play*** auto *m* navideño *or* de Navidad

Nato, NATO [ˈneɪtəʊ] *n* (*abbr* **North Atlantic Treaty Organization**) OTAN *f*

natter [ˈnætə(r)] *Br Fam* **1** *n* charla *f*, *CAm, Méx* plática *f*; **to have a n.** charlar, darle a la lengua, *CAm, Méx* platicar
2 *vi* charlar, darle a la lengua, *CAm, Méx* platicar

natterjack [ˈnætədʒæk] *n* **n. (toad)** sapo *m* corredor

natty [ˈnætɪ] *adj Fam (person, dress)* fino(a), elegante

natural [ˈnætʃərəl] **1** *n* **he's a n. as an actor** es un actor nato
2 *adj* **(a)** *(colour, taste)* natural; **death from n. causes** muerte *f* natural ▫ ***n. childbirth*** parto *m* natural; ***n. disaster*** catástrofe *f* natural; ***n. frequency*** *Phys & Elec* frecuencia *f* natural; ***n. gas*** gas *m* natural; ***n. history*** historia *f* natural; *Med* ***n. immunity*** inmunidad *f or* resistencia *f* natural; *Fig* **to have a n. immunity to sth** ser inmune a algo; ***n. language*** lenguaje *m* natural; ***n. mother*** madre *f* biológica; *Math* ***n. number*** número *m* natural; *Old-fashioned* ***n. philosophy*** filosofía *f* natural; ***n. resources*** recursos *mpl* naturales; ***n. sciences*** ciencias *fpl* naturales; ***n. selection*** selección *f* natural **(b)** *(normal, to be expected)* natural, lógico(a); **it's only n. that you should want to be here** es natural que quieras estar aquí; **one's** *or* **the n. reaction is to...** la reacción más normal es... ▫ *Ind* ***n. wastage*** amortización *f* de puestos de trabajo por jubilación
(c) *(unaffected)* natural, espontáneo(a)

natural-born [ˈnætʃərəlˈbɔːn] *adj* de nacimiento, nativo(a)

naturalism [ˈnætʃərəlɪzəm] *n* naturalismo *m*

naturalist [ˈnætʃərəlɪst] *n* naturalista *mf*

naturalistic [ˈnætʃərəlɪstɪk] *adj* naturalista

naturalization [nætʃərəlaɪˈzeɪʃən] *n* naturalización *f*

naturalize [ˈnætʃərəlaɪz] *vt* naturalizar, nacionalizar

naturally [ˈnætʃərəlɪ] *adv* **(a)** *(obviously, logically)* naturalmente **(b)** *(in one's nature)* por naturaleza; **to come n. to sb** ser innato(a) en alguien **(c)** *(unaffectedly)* con naturalidad

nature [ˈneɪtʃə(r)] *n* **(a)** *(the natural world)* naturaleza *f*; **back to n.** de vuelta a la naturaleza; **to let n. take its course** dejar que la naturaleza siga su curso; PROV **n. abhors a vacuum** = el "horror vacui" es algo natural ▫ ***n. lover*** amante *mf* de la naturaleza; ***n. reserve*** reserva *f* natural; ***n. study*** (estudio *m* de la) naturaleza *f*, ciencias *fpl* naturales; ***n. trail*** senda *f* natural, ruta *f* ecológica
(b) *(character) (of thing)* naturaleza *f*; *(of person)* naturaleza *f*, carácter *m*; **to have a jealous n.** tener un carácter celoso; **it's not in her n.** no es su carácter, no es propio de ella; **it's in the n. of things** las cosas son así; **to be shy by n.** ser tímido(a) por naturaleza
(c) *(sort)* género *m*, clase *f*; **problems of this n.** problemas de este género; *Formal* **what is the n. of your complaint?** ¿cuál es el motivo de su queja?

naturism [ˈneɪtʃərɪzəm] *n* naturismo *m*, nudismo *m*

naturist [ˈneɪtʃərɪst] *n* naturista *mf*

naturopathy [neɪtʃəˈrɒpəθɪ] *n* naturopatía *f*

naught [nɔːt] *n* **(a)** *Literary (nothing)* nada *f*; **his plans came to n.** sus planes (se) quedaron en nada **(b)** *US* = **nought**

naughtily [ˈnɔːtɪlɪ] *adv* **to behave n.** portarse mal

naughty [ˈnɔːtɪ] *adj* **(a)** *(child)* malo(a), travieso(a); **it was n. of you not to tell me** *(said to adult)* ¡mira que no decírmelo! **(b)** *(word, picture, magazine)* picante; **the n. nineties** *(1890s)* = el decenio de 1890, caracterizado por la vida alegre

Nauru [ˈnaʊruː] *n* Nauru

nausea [ˈnɔːzɪə] *n* náuseas *fpl*

nauseate [ˈnɔːzɪeɪt] *vt* dar *or* provocar náuseas a

nauseating [ˈnɔːzɪeɪtɪŋ] *adj* nauseabundo(a)

nauseous [ˈnɔːzɪəs, *US* ˈnɔːʃəs] *adj* nauseabundo(a); **to feel n.** sentir *or* tener náuseas

nautical [ˈnɔːtɪkəl] *adj* náutico(a) ▫ ***n. mile*** milla *f* marina *or* náutica

nautilus [ˈnɔːtɪləs] *n* nautilo *m*

NAV [enerˈviː] *n Fin* (*abbr* **net asset value**) valor *m* activo neto

naval [ˈneɪvəl] *adj* naval ▫ ***n. architecture*** arquitectura *f* naval; ***n. battle*** batalla *f* naval; ***n. officer*** oficial *mf* de marina

Navarre [nəˈvɑː] *n* Navarra

Navarrese [nævɑːˈriːz] *adj* navarro(a)

nave [neɪv] *n Archit* nave *f* central

navel [ˈneɪvəl] *n* ombligo *m* ▫ ***n. orange*** naranja *f* navelina

navel-gazing [ˈneɪvəlgeɪzɪŋ] *n* **to be guilty of n.** pecar de mirarse el ombligo

navigable [ˈnævɪgəbəl] *adj* navegable

navigate [ˈnævɪgeɪt] **1** *vt* **(a)** *(seas)* surcar, navegar por **(b)** *(ship)* gobernar, pilotar **(c)** *Comptr* **to n. the Net** navegar por Internet
2 *vi also Comptr* navegar; **I'll drive if you n.** *(in car)* yo conduzco *or Am* manejo si tú haces de copiloto

navigation [nævɪˈgeɪʃən] *n* navegación *f* ▫ ***n. lights*** luces *fpl* de navegación

navigational [nævɪˈgeɪʃənəl] *adj* ***n. equipment*** equipo *m* de navegación

navigator [ˈnævɪgeɪtə(r)] *n Naut* oficial *m* de derrota; *Av* piloto *m* navegante

navvy [ˈnævɪ] *n Br* peón *m*

navy [ˈneɪvɪ] *n* marina *f*, armada *f*; **n. (blue)** azul *m* marino ▫ *Br* ***N. List*** = lista de los oficiales del ejército; *US* ***n. yard*** astilleros *mpl* estatales

nay [neɪ] *exclam Old-fashioned or Literary* no; **I ask not for another month, n., not even a fortnight** no pido otro mes, ni tan siquiera otras dos semanas

Nazarene [ˈnæzəriːn] **1** *n* **the N.** el Nazareno
2 *adj* nazareno(a)

Nazi [ˈnɑːtsɪ] *n & adj* nazi *mf*

Nazism [ˈnɑːtsɪzəm] *n* nazismo *m*

NB [enˈbiː] (*abbr* **nota bene**) N.B.

NBA [enbi:'eɪ] *n* (**a**) *US* (*abbr* **National Basketball Association**) NBA *f* (**b**) *Br Formerly* (*abbr* **Net Book Agreement**) = acuerdo por el que la editorial fijaba el precio mínimo de los libros

NBC [enbi:'si:] *n* (**a**) *US* (*abbr* **National Broadcasting Company**) NBC *f* (**b**) *Mil* (*abbr* **nuclear biological and chemical**) ***N. suit*** = traje que protege contra armas nucleares, biológicas y químicas; ***N. weapons*** armas nucleares, biológicas y químicas

NC (*abbr* **North Carolina**) Carolina del Norte

NCCL [ensi:si:'el] *n* (*abbr* **National Council for Civil Liberties**) = asociación británica para la defensa de los derechos civiles

NCO [ensi:'əʊ] (*pl* **NCOs**) *n Mil* (*abbr* **non-commissioned officer**) suboficial *mf*

NCVQ [ensi:vi:'kju:] *n* (*abbr* **National Council for Vocational Qualifications**) = organismo británico que regula los títulos de formación profesional

ND, NDak (*abbr* **North Dakota**) Dakota del Norte

NE (**a**) (*abbr* **Nebraska**) Nebraska (**b**) (*abbr* **north east**) NE

Neanderthal [nɪ'ændətɑ:l] **1** *n* (**a**) *(prehistoric man)* hombre *m* de Neandert(h)al (**b**) *Fam Fig (coarse person)* troglodita *mf*

2 *adj* (**a**) *(remains, artefacts)* Neandert(h)al; **N. man** el hombre de Neandert(h)al (**b**) *Fam Fig (attitude, behaviour)* cavernícola

neap [ni:p] *n* **n. (tide)** marea *f* muerta

Neapolitan [ni:ə'pɒlɪtən] **1** *n* napolitano(a) *m,f*

2 *adj* napolitano(a) ▫ ***N. ice (cream)*** barra *f* de helado de chocolate, vainilla y fresa *or Chile, RP* frutilla

NEAR [nɪə(r)] **1** *adj* (**a**) *(close)* cercano(a), próximo(a); **the n. bank of the lake** la orilla más próxima del lago; **a n. relative** un pariente cercano; **he was in a state of n. despair** estaba al borde de la desesperación; **the nearest shop is 10 miles away** la tienda más cercana *or* próxima está a 10 millas; **use maple syrup or the nearest equivalent** utilice jarabe de arce o lo más parecido que pueda encontrar; **in the n. future** en un futuro próximo; **to the nearest metre** en número redondo de metros; **what is the total, to the nearest hundred?** ¿cuál es el total, redondeándolo hasta la centena más cercana?; **$30 or nearest offer** 30 dólares negociables; **it was a n. thing** poco faltó; **it will be a n. thing which of the two wins** no está nada claro cuál de los dos va a ganar; **this is the nearest thing we have to a conference room** esto es lo más parecido que tenemos a una sala de reuniones ▫ *US* ***n. beer*** cerveza *f* sin alcohol; ***the N. East*** (el) Oriente Próximo; ***n. miss*** *(in plane, car)* incidente *m* (sin colisión); *(in factory)* = caso en el que casi se produce un accidente; **we were involved in a n. miss** no chocamos por muy poco; **it was a n. miss** *(narrow failure)* falló por poco

(**b**) *Br Aut* izquierdo(a); **the n. front wheel** la rueda delantera izquierda

2 *adv* (**a**) *(close)* cerca; **to be n. (to)** estar cerca (de); **to come nearer** acercarse; **the time is getting nearer when...** se acerca el momento en el que...; **n. at hand** *(of thing)* a mano; *(of event)* cercano(a); **it's not exactly what I wanted, but it's n. enough** no es exactamente lo que quería, pero casi casi; **it'll cost you £50 or n. enough, it'll cost you £50 or as n. as makes no difference** te costará 50 libras o algo así; **they were** *or* **came n. to giving up** estuvieron a punto de abandonar; **n. to despair** próximo(a) a la desesperación; **n. to tears** a punto de (echarse a) llorar; **I came n. to insolvency** estuve a punto de declararme insolvente; *Fam* **as n. as dammit** casi, casi; **they came from n. and far** vinieron de todas partes; **the shot was nowhere n.** el disparo salió totalmente desviado; **she's nowhere n. finished** le falta mucho para terminar; **it's nowhere n. as good** no es ni mucho menos tan bueno; **we have nowhere n. enough time** no tenemos el tiempo suficiente ni mucho menos

(**b**) *(almost)* casi; **a n. total failure** un fracaso casi absoluto

3 *prep* cerca de; **n. Madrid/the town centre** cerca de Madrid/del centro; **her birthday is n. Christmas** su cumpleaños cae por Navidad; **we are n. the end of our holidays** se acerca el final de nuestras vacaciones; **don't come n. me** no te me acerques; **he came n. being run over** estuvo a punto de ser atropellado; **it's getting n. the time when...** se acerca el momento en el que...; **don't go n. the edge** no te acerques al precipicio; **don't let them n. my fax machine** no dejes que se acerquen a mi fax; **I'll let you know nearer the time** ya te lo haré saber cuando se acerque el momento; **the total was nearer $400** el total se acercó más a 400 dólares; **nobody comes anywhere n. her** *(in skill, performance)* nadie se le puede comparar; **they are no nearer a solution** no están más cerca de hallar una solución; **he's nowhere n. it!** *(with guess)* ¡no tiene ni idea!

4 *n* **my nearest and dearest** mis (parientes) más allegados

5 *vt* acercarse a, aproximarse a; **to be nearing completion** estar próximo(a) a finalizarse

6 *vi* acercarse, aproximarse

---

nearby 1 *adj* ['nɪəbaɪ] cercano(a)

2 *adv* [nɪə'baɪ] cerca

near-death experience ['nɪə'deθɪks-'pɪərɪəns] *n* = experiencia próxima a la muerte

nearly ['nɪəlɪ] *adv (almost)* casi; **we're n. there** *(finished)* ya casi hemos terminado; *(at destination)* ya casi hemos llegado; **he very n. died** estuvo a punto de morir; **we haven't got n. enough money/time** no tenemos dinero/tiempo suficiente ni de lejos; **it's not n. so beautiful as I remember** no es ni de lejos tan bonito como lo recuerdo

nearly-new ['nɪəlɪ'nju:] *adj (clothes)* casi como nuevo(a)

nearness ['nɪənɪs] *n* (**a**) *(physical)* cercanía *f* (**b**) *(emotional)* confianza (**to** con)

nearside ['nɪəsaɪd] *Br Aut* **1** *n* lado *m* del copiloto

2 *adj* del lado del copiloto

near-sighted [nɪə'saɪtɪd] *adj* corto(a) de vista, miope

neat [ni:t] *adj* (**a**) *(person) (in habits)* ordenado(a); *(in appearance)* aseado(a), pulcro(a)

(**b**) *(tidy) (room, house)* pulcro(a), ordenado(a); *(handwriting)* claro(a), nítido(a); **he's a n. worker** es un trabajador esmerado; **to keep things n. and tidy** tener las cosas ordenaditas; IDIOM **to be as n. as a new pin** *(of house, room)* estar como los chorros del oro; *(of person)* ir de punta en blanco

(**c**) *(skilful, well-formed) (solution)* certero(a), hábil; *(summary, explanation)* elegante

(**d**) *(whisky, vodka)* seco(a), solo(a)

(**e**) *US Fam (good)* genial, fenomenal; **that's a n. idea!** ¡qué buena idea!

neaten ['ni:tən] *vt (make smart, tidy)* **to n. sth (up)** arreglar algo; **to n. (up) the edges of sth** igualar los bordes de algo

neatly ['ni:tlɪ] *adv* (**a**) *(carefully)* cuidadosamente, con esmero (**b**) *(skilfully)* **she n. avoided the subject** eludió hábilmente el tema; **that was n. put** estuvo muy elegante

neatness ['ni:tnɪs] *n* (**a**) *(of appearance)* pulcritud *f* (**b**) *(tidiness) (of work)* esmero *m*; *(of handwriting)* nitidez *f*; *(of room, house)* pulcritud *f* (**c**) *(of solution)* acierto *m*, habilidad *f*

Nebr (*abbr* **Nebraska**) Nebraska

nebula ['nebjʊlə] *n Astron* nebulosa *f*

nebulous ['nebjʊləs] *adj (vague)* nebuloso(a)

NEC [eni:'si:] *n* (**a**) (*abbr* **National Executive Committee**) ejecutiva *f (de partido político)* (**b**) *Br* (*abbr* **National Exhibition Centre**) = palacio de congresos y exposiciones de Birmingham

necessarily [nesɪ'serəlɪ] *adv* necesariamente; **it's not n. the case** no tiene por qué ser necesariamente así; **this will n. lead to major disruption** esto va a provocar inevitablemente un trastorno importante

necessary ['nesɪsərɪ] **1** *n Fam* **the n.** *(thing, action required)* lo necesario; *(money)* el dinero

2 *adj* (**a**) *(indispensable)* necesario(a), preciso(a); **it is n. to remind them** hay que recordárselo; **it soon became n. to inform them** pronto fue necesario informarlos; **to do what is n.** hacer lo necesario; **if n.** si es preciso *or* necesario; **when(ever) n.** cuando sea necesario *or* preciso; **a n. evil** un mal necesario (**b**) *(inevitable)* inevitable, necesario(a)

necessitate [nɪˈsesɪteɪt] *vt Formal* hacer necesario(a), precisar

necessity [nɪˈsesɪtɪ] *n (need)* necesidad *f*; **of n.** por fuerza, necesariamente; **necessities** *(things needed)* necesidades *fpl*; **I see no n. for that** no veo la necesidad de eso; PROV **n. is the mother of invention** la necesidad aviva el ingenio

neck [nek] **1** *n* (**a**) *(of person, bottle)* cuello *m*; *(of animal)* pescuezo *m*; *(of guitar)* mástil *m*; *(of violin)* mango *m*; *(of land)* istmo *m*
(**b**) *Culin* **n. of lamb/beef** cuello *m or* cogote *m* de cordero/vaca
(**c**) *(of dress)* cuello *m*; **high n.** *(of dress)* cuello alto; **low n.** *(of dress)* escote *m*
(**d**) *Br Fam (cheek)* cara *f*, caradura *f*; **she's got some n.!** ¡qué cara más dura tiene!, ¡qué caradura!
(**e**) IDIOMS *Fam* **to risk one's n.** jugarse el pellejo; *Fam* **he got it in the n.** *(was severely punished)* se le cayó el pelo; *Fam* **he's in it up to his n.** está metido hasta el cuello; **to finish n. and n.** llegar igualados(as); *Fam* **to stick one's n. out** *(take risk)* arriesgarse; *Fam* **what are you doing in this n. of the woods?** ¿qué haces tú por estos andurriales *or RP* pagos?
2 *vi Fam (of couple)* morrear, *Am* manosearse

neckerchief [ˈnekətʃi:f] *n* pañuelo *m* (para el cuello)

necking [ˈnekɪŋ] *n Fam* morreo *m*, *Am* manoseo *m*

necklace [ˈneklɪs] *n* collar *m*

necklacing [ˈnekləsɪŋ] *n* = sistema para matar a alguien consistente en ponerle un neumático impregnado en gasolina alrededor del cuello y prenderle fuego, practicado en Sudáfrica durante el apartheid

necklet [ˈneklət] *n* gargantilla *f*

neckline [ˈneklaɪn] *n* escote *m*

necktie [ˈnektaɪ] *n* corbata *f*

necromancy [ˈnekrəʊmænsɪ] *n Formal* nigromancia *f*, necromancia *f*

necrophile [ˈnekrəfaɪl] **1** *n* necrófilo(a) *m,f*
2 *adj* necrófilo(a)

necrophilia [nekrəˈfɪlɪə] *n* necrofilia *f*

necropolis [nəˈkrɒpəlɪs] *n* necrópolis *f inv*

necrosis [nəˈkrəʊsɪs] *n Med* necrosis *f inv*

nectar [ˈnektə(r)] *n also Fig* néctar *m*

nectarine [ˈnektəri:n] *n* nectarina *f*

née [neɪ] *adj* de soltera; **Mrs Green, n. Bard** la Sra. Green, de soltera Bard

NEED [ni:d] **1** *n* (**a**) *(necessity)* necesidad *f* (**for** de); **to attend to sb's needs** atender las necesidades de alguien; **I don't think there's any n. to worry** no creo que debamos preocuparnos; **there's no n. for us all to go** no hace falta que vayamos todos; **there is no n. to…** no hace falta…; **there's no n. to be so aggressive!** ¡no hace falta que seas tan agresivo!; **as the n. arises** cuando es necesario; **if n. be, in case of n.** si fuera necesario; **I don't want to do it, but needs must** no quiero hacerlo, pero no hay más remedio; **to be in n. of sth** necesitar algo; **the roof is badly in n. of repair** el tejado necesita urgentemente una reparación; **to have no n. of sth** no necesitar algo; **in time of n.** en los momentos de necesidad; **their n. is greater than mine** ellos están más necesitados que yo
(**b**) *(poverty)* necesidad *f*; **to be in n.** estar necesitado(a); **children in n.** niños necesitados
2 *vt (of person)* necesitar; **to n. to do sth** tener que hacer algo; **I n. to ask the boss first** tengo que preguntárselo al jefe primero; **you only needed to ask** no tenías más que pedirlo; **you'll n. to take more money** te hará falta más dinero; **I didn't n. to be reminded of it** no hizo falta que nadie me lo recordara; **you don't n. to be a genius to realize that…** no hace falta ser un genio para darse cuenta que…; **one thing needs to be made clear** hay que dejar una cosa clara; **the bathroom needs cleaning** hay que limpiar el baño; **his hair needs cutting** le hace falta un corte de pelo; **I n. you to give me your opinion on this matter** necesito saber tu opinión sobre el tema; **will I be needed next week?** ¿haré falta la próxima semana?; **this soup needs a bit more pepper** a esta sopa le hace falta más pimienta; **this work needs a lot of patience** este trabajo requiere mucha paciencia; **I don't n. you telling me what to do!** ¡no necesito que me digas lo que tengo que hacer!; *Ironic* **that's all I n.!** ¡sólo me faltaba eso!; **money? who needs it?** ¿a quién le hace falta el dinero?
3 *modal aux v*

> Cuando se emplea como verbo modal sólo existe una forma, y los auxiliares **do/does** no se usan: **he need only worry about himself**; **need she go**?; **it needn't matter**.

you needn't worry, I'll be fine! no te preocupes, no me va a pasar nada; **you needn't wait** no hace falta que me esperes; **it needn't be too time-consuming** no tiene por qué llevar *or Am* demorar mucho tiempo; **you needn't have bothered** no tenías que haberte molestado; **it n. never have happened** no tenía que haber ocurrido; **what did she say? — n. you ask?** ¿qué dijo? — ¿qué iba a decir?; **I n. hardly say that he was most upset** no hace falta que diga que estaba muy disgustado; **n. I say more?** no hace falta decir más, ya se sabe

---

needful [ˈni:dfʊl] *n Fam* **to do the n.** hacer lo necesario

needle [ˈni:dəl] **1** *n* (**a**) *(for sewing, of compass, of pine-tree)* aguja *f*; IDIOM **it's like looking for a n. in a haystack** es como buscar una aguja en un pajar ▫ ***n. bank** or **exchange*** = lugar donde los drogadictos pueden cambiar agujas y jeringuillas usadas por otras nuevas (**b**) *Fam Fig* **to give sb the n.** *(annoy)* fastidiar a alguien ▫ *Fam* ***n. match*** *(in football)* partido *m* a muerte *or* con tintes revanchistas
2 *vt Fam* pinchar, picar

needlecord [ˈni:dəlkɔ:d] *n* pana *f* (fina); **a n. suit** un traje de pana (fina)

needlecraft [ˈni:dəlkrɑ:ft] *n* costura *f*

needlepoint [ˈni:dəlpɔɪnt] *n* bordado *m*

needless [ˈni:dlɪs] *adj* innecesario(a); **n. to say,…** ni que decir tiene que…, huelga decir que…

needlessly [ˈni:dlɪslɪ] *adv* innecesariamente

needlewoman [ˈni:dəlwʊmən] *n* costurera *f*

needlework [ˈni:dəlwɜ:k] *n* (**a**) *(sewing)* costura *f* (**b**) *(embroidery)* bordado *m*

need-to-know [ni:dtəˈnəʊ] *adj* **information is given on a n. basis** se proporciona la información sólo a las personas que se considere que la necesitan

needy [ˈni:dɪ] **1** *npl* **the n.** los necesitados
2 *adj (person)* necesitado(a); **to be n.** estar necesitado(a)

ne'er [neə(r)] *adv Literary* nunca, jamás

ne'er-do-well [ˈneədʊwel] **1** *n* inútil *mf*
2 *adj* inútil

nefarious [nɪˈfeərɪəs] *adj Formal* infame

negate [nɪˈgeɪt] *vt Formal (work, effect)* invalidar, anular

negation [nɪˈgeɪʃən] *n Formal* negación *f*

negative [ˈnegətɪv] **1** *n* (**a**) *Gram* negación *f*, forma *f* negativa; **to answer in the n.** dar una respuesta negativa (**b**) *Phot* negativo *m*
2 *adj* negativo(a); **the test was n.** el resultado de la prueba fue negativo, la prueba dio (un resultado) negativo; **don't be so n.!** ¡no seas tan negativo! ▫ *Fin* ***n. cash flow*** cash flow *m or* flujo *m* de caja negativo; *Fin* ***n. equity*** = depreciación del valor de mercado de una propiedad por debajo de su valor en hipoteca; ***n. feedback*** *(in circuit)* retroalimentación *f* negativa; *(critical response)* críticas *fpl*, mala respuesta *f*; ***n. pole*** polo *m* norte; ***n. sign*** *(minus)* signo *m* negativo

negatively [ˈnegətɪvlɪ] *adv* (**a**) *(respond, think)* negativamente (**b**) *Elec Phys* **n. charged** con carga negativa, cargado(a) negativamente

negativism [ˈnegətɪvɪzəm] *n* negatividad *f*

neglect [nɪˈglekt] **1** *n (of garden, person, machine)* abandono *m*, descuido *m*; *(of duty, responsibilities)* incumplimiento *m*; **from** *or* **through n.** por negligencia; **to fall into n.** quedar en estado de abandono
2 *vt* (**a**) *(not care for) (child, one's health)* descuidar, desatender; **to n. oneself** descuidarse (**b**) *(ignore) (duty, responsibilities)* incumplir; *(post)* abandonar; *(one's work)* tener abandonado(a); **to n. to do sth** dejar de hacer algo; **to n. to mention sth** no mencionar algo

neglectful [nɪˈglektfʊl] *adj* descuidado(a), negligente; **to be n. of sth/sb** descuidar *or* desatender algo/a alguien

negligée [ˈneglɪʒeɪ] *n* salto *m* de cama, negligé *m*

negligence ['neglɪdʒəns] *n* negligencia *f*

negligent ['neglɪdʒənt] *adj* negligente; **you have been n. in your duties** has actuado con negligencia en el cumplimento de tus las obligaciones

negligently ['neglɪdʒəntlɪ] *adv* negligentemente

negligible ['neglɪdʒɪbəl] *adj* insignificante

negotiable [nɪ'gəʊʃəbəl] *adj* (**a**) *(to be mutually agreed) (demand, salary)* negociable; **salary n.** *(in job advert)* sueldo *m* negociable; **not n.** *(demand)* no negociable, innegociable (**b**) *(passable) (obstacle)* franqueable; **the path is easily n. on foot** el camino se puede recorrer fácilmente a pie; **not n.** *(obstacle)* infranqueable; *(path)* intransitable (**c**) *Fin (exchangeable)* negociable ❑ ***n. securities*** valores *mpl* negociables

negotiate [nɪ'gəʊʃɪeɪt] **1** *vt* (**a**) *(price, treaty)* negociar (**with** con); **price to be negotiated** precio a convenir (**b**) *(obstacle)* salvar, franquear

2 *vi* negociar (**with** con)

negotiating [nɪ'gəʊʃɪeɪtɪŋ] *adj* negociador(ora); **to get back to the n. table** volver a la mesa de negociaciones

negotiation [nɪgəʊʃɪ'eɪʃən] *n* negociación *f*; **under n.** en proceso de negociación; **negotiations** negociaciones

negotiator [nɪ'gəʊʃɪeɪtə(r)] *n* negociador(ora) *m,f*

Negress ['ni:grɪs] *n Old-fashioned* negra *f*

Negro ['ni:grəʊ] *Old-fashioned* **1** *n* (*pl* **Negroes**) negro(a) *m,f*

2 *adj* negro(a) ❑ ***N. spiritual*** *(song)* espiritual *m* negro

Negroid ['ni:grɔɪd] *adj* negroide

neigh [neɪ] **1** *n* relincho *m*

2 *vi* relinchar

neighbour, *US* **neighbor** ['neɪbə(r)] *n (person)* vecino(a) *m,f*; *(country)* (país *m*) vecino; **to be a good n.** ser un buen vecino; *Rel* **love thy n. as thyself** ama a tu prójimo como a ti mismo

neighbourhood, *US* **neighborhood** ['neɪbəhʊd] *n* (**a**) *(district)* barrio *m*; *(people)* vecindario *m* ❑ *Br* ***n. watch*** vigilancia *f* vecinal (**b**) *(vicinity)* cercanías *fpl*; **to live in the (immediate) n. of** vivir en las cercanías de; **a figure in the n. of £2,000** una cantidad que ronda las 2.000 libras

neighbouring, *US* **neighboring** ['neɪbərɪŋ] *adj* vecino(a)

neighbourliness, *US* **neighborliness** ['neɪbəlɪnɪs] *n* buena vecindad *f*

neighbourly, *US* **neighborly** ['neɪbəlɪ] *adj (person)* amable (con los vecinos); **to be n.** ser buen(a) vecino(a)

neither ['naɪðə(r), 'ni:ðə(r)] **1** *adv* **n.... nor** ni... ni; **n. (the) one nor the other** ni uno ni otro; **it's n. one thing nor the other** ni una cosa ni (la) otra; **that's n. here nor there** eso no viene al caso

2 *conj* **n. do I** yo tampoco; **if you don't go, n. shall I** si tú no vas, yo tampoco; **the money wasn't available and n. were the facilities** no había ni dinero ni instalaciones

3 *adj* ninguno(a); **n. driver was injured** ninguno de los conductores resultó herido

4 *pron* ninguno(a); **which do you want? — n. (of them)** ¿cuál quieres? — ninguno; **n. of my brothers can come** no puede venir ninguno de mis hermanos

nelly ['nelɪ] *n Br Fam* **not on your n.!** ¡ni de broma!, *Esp* ¡ni hablar del peluquín!

nemesis ['neməsɪs] *n Literary* verdugo *m*

neo- ['ni:əʊ] *pref* neo-

neoclassical [ni:əʊ'klæsɪkəl] *adj* neoclásico(a)

neocolonialism ['ni:əʊkə'ləʊnɪəlɪzəm] *n* neocolonialismo *m*

neofascism ['ni:əʊ'fæʃɪzəm] *n* neofascismo *m*

neofascist [nɪəʊ'fæʃɪst] *n & adj* neofascista *mf*

Neo-impressionism ['ni:əʊɪm'preʃənɪzəm] *n Art* neoimpresionismo *m*

neoliberalism ['ni:əʊ'lɪbərəlɪzəm] *n Econ* neoliberalismo *m*

neolithic [ni:əʊ'lɪθɪk] *adj* neolítico(a)

neologism [nɪ'ɒlədʒɪzəm] *n* neologismo *m*

neon ['ni:ɒn] *n Chem* neón *m* ❑ ***n. light*** luz *f* de neón; ***n. sign*** letrero *m* or rótulo *m* de neón

neonatal ['ni:əʊ'neɪtəl] *adj* neonatal

neonate ['ni:əʊneɪt] *n Biol & Med* neonato *m*

Neo-Nazi ['ni:əʊ'nɑ:tsɪ] **1** *n* neonazi *mf*

2 *adj* neonazi

neophyte ['nɪəʊfaɪt] *n Rel & Fig* neófito(a) *m,f*

neorealism ['ni:əʊ'rɪəlɪzəm] *n Cin* neorrealismo *m*

Nepal [nɪ'pɔ:l] *n* Nepal

Nepalese [nepə'li:z], **Nepali** [ne'pɔ:lɪ] **1** *n* (**a**) *(person)* nepalés(esa) *m,f*, nepalí *mf* (**b**) *(language)* nepalés *m*, nepalí *m*

2 *adj* nepalés(esa), nepalí

nephew ['nefju:] *n* sobrino *m*

nephritis [nɪ'fraɪtɪs] *n Med* nefritis *f*

ne plus ultra [neɪplʌs'ʌltrə] *n* no va más *m*

nepotism ['nepətɪzəm] *n* nepotismo *m*

Neptune ['neptju:n] *n (planet, god)* Neptuno

nerd [nɜ:d] *n Fam* (**a**) *(boring person)* petardo(a) *m,f*, plasta *mf*, *Méx* sangrón(ona) *m,f*; **a computer n.** un tipo raro obsesionado con los *Esp* ordenadores *or Am* computadores (**b**) *(as insult)* bobo(a) *m,f*, memo(a) *m,f*

nerdy [nɜ:dɪ] *adj Fam* de petardo(a)

nerve [nɜ:v] **1** *n* (**a**) *Anat* nervio *m* ❑ ***n. cell*** neurona *f*; *Fig* ***n. centre*** *(of organization)* centro *m* neurálgico; ***n. fibre*** fibra *f* nerviosa; ***n. gas*** gas *m* nervioso; ***n. impulse*** impulso *m* nervioso

(**b**) *Fam* **nerves** *(anxiety)* nervios *mpl*; **an attack of nerves** un ataque de nervios; **she gets on my nerves!** ¡me saca de quicio!; **her nerves were in a terrible state** tenía los nervios destrozados

(**c**) *(courage)* sangre *f* fría; **to have nerves of steel** tener nervios de acero; **to keep/lose one's n.** mantener/perder la calma

(**d**) *Fam (cheek)* cara *f* dura, descaro *m*; **what a n.!** ¡qué cara más dura!, ¡qué caradura!; **you've got a n.!** ¡qué cara tienes!

2 *vt* **to n. oneself to do sth** templar los nervios para hacer algo

nerveless ['nɜ:vlɪs] *adj* (**a**) *(lacking strength)* débil, flojo(a) (**b**) *(fearless)* sereno(a), tranquilo(a)

nerve-(w)racking ['nɜ:vrækɪŋ] *adj* angustioso(a)

nervous ['nɜ:vəs] *adj* (**a**) *(apprehensive)* inquieto(a), nervioso(a); **to be n.** *(by nature)* ser nervioso(a); *(temporarily)* estar nervioso(a); **he was n. about (doing) it** le ponía nervioso (hacerlo) (**b**) *(of the nerve system)* ***n. breakdown*** crisis *f inv* nerviosa; ***n. complaint*** molestia *f* nerviosa; ***n. disorder*** dolencia *f* nerviosa; ***n. energy*** nervio *m*; ***n. exhaustion*** agotamiento *m* nervioso; ***n. system*** sistema *m* nervioso

nervously [nɜ:vəslɪ] *adv* nerviosamente

nervousness ['nɜ:vəsnɪs] *n (of speaker, performer)* nerviosismo *m*

nervy ['nɜ:vɪ] *adj Fam (tense)* nervioso(a); **to be n.** estar nervioso(a)

nest [nest] **1** *n (of bird, bandits)* nido *m*; *(of ants)* hormiguero *m*; *(of wasps)* avispero *m*; *Fig* **to fly the n.** dejar el nido, irse de casa; **n. of tables** mesas *fpl* nido ❑ *Fam* ***n. egg*** ahorrillos *mpl*

2 *vi* anidar

nesting ['nestɪŋ] *n* ***n. box*** caja *f* nido; ***n. site*** lugar *m* de anidación

nestle ['nesəl] **1** *vt (baby)* **she nestled the baby against her chest** abrazó al bebé or *Andes* a la guagua or *RP* al nene contra su pecho

2 *vi (of person)* acomodarse; **to n. up to sb** recostarse en alguien

nestling ['neslɪŋ] *n (young bird)* polluelo *m*

Net [net] *n Fam Comptr (Internet)* **the N.** la Red

net[1] [net] **1** *n* (**a**) *(material, for fishing)* red *f*; *Fig* **to slip through the n.** *(of mistake)* colarse; *(of criminal)* escaparse ❑ ***n. curtain*** visillo *m* (**b**) *(in tennis, badminton)* **to come to the n.** subir a la red ❑ ***n. cord*** cuerda *f* que sujeta la red; ***n. cord judge*** juez *mf* de red; ***n. game*** *or* ***play*** juego *m* cerca de la red

2 *vt* (*pt & pp* **netted**) (**a**) *(capture) (animals)* capturar, apresar; *(drugs)* incautarse de; *(donations)* recoger; *(reward)* embolsarse (**b**) *(goal)* marcar

3 *vi (score goal)* marcar

net[2] **1** *adj (weight, price, profit)* neto(a); **to be a n. exporter/importer** ser un exportador/importador neto; **the n. result is...** el resultado neto es...; **n. of tax** antes de impuestos ❑ *Fin* ***n. asset value*** valor activo neto; *Br Formerly* ***N. Book Agreement*** = acuerdo por el que la editorial fijaba el precio mínimo de los libros

2 *vt (pt & pp* **netted***) (earn)* **to n. £2,000** ganar 2.000 libras netas *or* limpias

netball ['netbɔ:l] *n* nétbol *m*, = deporte femenino parecido al baloncesto

nethead ['nethed] *n Fam Comptr* **to be a n.** estar pirado(a) por la Internet

nether ['neðə(r)] *adj Literary* bajo(a) ▫ ***n. regions*** *(of building, river)* parte *f* baja; *Hum (of person)* partes *fpl* pudendas; ***the n. world*** los infiernos

Netherlands ['neðələndz] *npl* **the N.** los Países Bajos

nethermost ['neðəməʊst] *adj Literary* inferior

netiquette ['netɪket] *n Comptr* netiqueta *f*

netizen ['netɪzen] *n Comptr* ciuredano(a) *m,f*

netting ['netɪŋ] *n* red *f*, malla *f*

nettle ['netəl] **1** *n (plant)* ortiga *f*
2 *vt (irritate)* irritar, fastidiar

nettle-rash ['netəlræʃ] *n* urticaria *f*

network ['netwɜ:k] **1** *n also Comptr* red *f*; *TV* cadena *f*; **road/rail/transport n.** red viaria/ferroviaria/de transportes ▫ *Comptr* ***n. computer*** *Esp* ordenador *m or Am* computadora *f* de red
2 *vi (establish contacts)* establecer contactos

networking ['netwɜ:kɪŋ] *n Com* establecimiento *m* de contactos profesionales

neural ['njʊərəl] *adj Anat* neural ▫ *Comptr* ***n. network*** red *f* neuronal

neuralgia [njʊ'rældʒə] *n Med* neuralgia *f*

neuritis [njʊ'raɪtɪs] *n Med* neuritis *f inv*

neurobiology ['njʊərəʊbaɪ'ɒlədʒɪ] *n* neurobiología *f*

neurolinguistic ['njʊərəʊlɪŋ'gwɪstɪk] *adj* neurolingüístico(a) ▫ ***n. programming*** programación *f* neurolingüística

neurolinguistics ['njʊərəʊlɪŋ'gwɪstɪks] *n* neurolingüística *f*

neurological [njʊərə'lɒdʒɪkəl] *adj Med* neurológico(a)

neurologist [njʊə'rɒlədʒɪst] *n Med* neurólogo(a) *m,f*

neurology [njʊə'rɒlədʒɪ] *n Med* neurología *f*

neuron ['njʊərɒn], **neurone** ['njʊərəʊn] *n Anat* neurona *f*

neuropathy [njʊə'rɒpəθɪ] *n Med* neuropatía *f*

neuropsychology ['njʊərəʊsaɪ'kɒlədʒɪ] *n* neuropsicología *f*

neurosis [njʊ'rəʊsɪs] *(pl* **neuroses** [njʊ'rəʊsi:z]*) n* neurosis *f inv*

neurosurgeon ['njʊərəʊ'sɜ:dʒən] *n* neurocirujano(a) *m,f*

neurosurgery [njʊərəʊ'sɜ:dʒərɪ] *n Med* neurocirugía *f*

neurotic [njʊ'rɒtɪk] **1** *n* neurótico(a) *m,f*
2 *adj* neurótico(a), paranoico(a); **to be/get n. about sth** estar/ponerse neurótico(a) *or* paranoico(a) por algo

neurotransmitter ['njʊərəʊtrænz'mɪtə(r)] *n Physiol* neurotransmisor *m*

neuter ['nju:tə(r)] **1** *n Gram* (género *m*) neutro *m*
2 *adj Gram* neutro(a)
3 *vt (animal)* castrar

neutral ['nju:trəl] **1** *n* **(a)** *(country)* nación *f* neutral; **to be a n.** ser neutral **(b)** *Aut* **in n.** en punto muerto
2 *adj* **(a)** *Pol* neutral **(b)** *Chem* neutro(a) **(c)** *(uncommitted)* neutro(a) **(d)** *(colour)* neutro(a); **n. shoe polish** crema *f* (de calzado) incolora

neutrality [nju:'trælɪtɪ] *n* neutralidad *f*

neutralize ['nju:trəlaɪz] *vt* neutralizar

neutrally ['nju:trəlɪ] *adv* **(a)** *(not taking sides)* de manera neutral **(b)** *(without emotion)* en tono neutro

neutrino [njʊ'tri:nəʊ] *(pl* **neutrinos***) n Phys* neutrino *m*

neutron ['nju:trɒn] *n Phys* neutrón *m* ▫ ***n. bomb*** bomba *f* de neutrones

---

NEVER ['nevə(r)] *adv* **(a)** *(at no time)* nunca; **I've n. been there** no he estado nunca ahí; **I've n. met him** no lo conozco de nada; **I'll n. trust them again** no confiaré en ellos nunca más; **I've n. been so angry** jamás había estado tan enfadado *or Am* enojado; **n. in all my life had I seen such a thing** en toda mi vida había visto algo así; **n. let them see that you're nervous** no les dejes saber en ningún momento que estás nervioso; *Fam* **do you know Joan Tomkins? — n. heard of her** ¿conoces a Joan Tomkins? — de nada *or Méx, RP* para nada; **the leader is under pressure as n. before** el líder está sufriendo más presiones que nunca; **n. again!** ¡nunca más!; *Formal* **n. before had I been so happy** nunca en mi vida había sido tan feliz; *Fam* **n. ever** nunca jamás; IDIOM **n. say die!** ¡ánimo!; **n. say n.** nunca digas nunca
(b) *(not)* **I n. expected this** jamás hubiera esperado esto; **I n. thought she'd carry out her threat** no podía imaginar que cumpliría su amenaza; **she n. said a word** no dijo ni una palabra; **I n. for a moment suspected them** no sospeché de ellos ni por un instante; *Fam* **he's n. eighteen!** ¡no puede tener dieciocho!; *Fam* **I asked her out — n.!** *or* **you n. did!** le pedí salir — ¡no fastidies *or Méx* híjole *or RP* no jodas!; **well I n. (did)!** ¡no me digas!; **that will n. do!** ¡eso es intolerable!; **he n. even** *or* **so much as congratulated me** ni siquiera me felicitó; **n. fear** no te preocupes; **n. once did they suggest I was doing anything wrong** en ningún momento se quejaron de que estuviera haciéndolo mal

---

never-ending ['nevər'endɪŋ] *adj* interminable

nevermore [nevə'mɔ:(r)] *adv Literary* nunca más

never-never [nevə'nevə(r)] *n* **(a)** *Br Fam* **to buy sth on the n.** comprar algo a plazos **(b)** ***N. land*** Jauja *f*

nevertheless [nevəðə'les] *adv (however)* no obstante, sin embargo; *(despite everything)* de todas maneras, a pesar de todo

---

NEW [nju:] **1** *adj* **(a)** *(not old, recent)* nuevo(a); **we need a n. dishwasher** nos hace falta otro lavavajillas *or* un lavavajillas nuevo; **to buy sth n.** comprar algo nuevo; **it costs $40 n.** nuevo, cuesta 40 dólares; **I feel like a n. person since the operation** me siento como nuevo desde la operación; **have you seen the n. baby?** ¿habéis visto al recién nacido?; **some call them the n. Beatles** algunos les llaman los nuevos Beatles; **I'm n. here** soy nuevo aquí; *Fam Fig* **the n. kid on the block** el nuevo; *Fam* **what's n.?** *(greeting)* ¿qué tal?, *CAm, Col, Méx* ¡qué hubo!; **what's n. in the world of fashion?** ¿cuáles son las novedades en el mundo de la moda?; *Ironic* **so what's n.?** ¿qué tiene de nuevo?; **that's nothing n.!** ¡no es ninguna novedad!; **this author is n. to me** no conocía a este autor; **she's n. to this work** es la primera vez que trabaja en esto; **to be n. to a town** ser nuevo(a) en *or* acabar de mudarse a una ciudad; IDIOM **to be like a n. pin** ser como los chorros del oro ▫ ***n. arrival*** *(person)* recién llegado(a) *m,f*; *Fig* ***n. blood*** savia *f* nueva; ***n. boy*** *Sch* novato *m*; **he's the n. boy in the cabinet** es el nuevo en el gabinete; *Fig* ***n. face*** cara *f* nueva; ***n. girl*** *Sch* novata *f*; **she's the n. girl in the office** es la nueva en la oficina; ***n. look*** nueva imagen *f*; ***n. man*** hombre *m* moderno *(que ayuda en casa, etc.)*; ***n. maths*** matemáticas *fpl* modernas; ***n. moon*** luna *f* nueva; *Br Old-fashioned* ***n. penny*** = nombre que se le dio al penique después de la conversión al sistema decimal; ***n. potatoes*** *Esp* patatas *fpl or Am* papas *fpl* nuevas; ***the n. rich*** los nuevos ricos; ***n. technology*** nueva *f* tecnología; ***n. town*** = ensanche de nueva planta creado para descongestionar un núcleo urbano
(b) *(in proper names)* ***N. Age*** = movimiento que gira en torno a las ciencias ocultas, medicinas alternativas, religiones orientales, etc.; ***N. Age music*** música *f* New Age; ***N. Amsterdam*** Nueva Amsterdam; ***N. Brunswick*** New Brunswick; ***N. Caledonia*** Nueva Caledonia; *Hist* ***the N. Deal*** el New Deal; ***N. Delhi*** Nueva Delhi; ***N. England*** Nueva Inglaterra; ***N. Guinea*** Nueva Guinea; ***N. Hampshire*** New Hampshire; *Formerly* ***the N. Hebrides*** las Nuevas Hébridas; ***N. Jersey*** Nueva Jersey; *Br Pol* ***N. Labour*** el Nuevo Laborismo; ***N. Mexico*** Nuevo México; ***N. Orleans*** Nueva Orleans; ***N. South Wales*** Nueva Gales del Sur; ***the N. Testament*** el Nuevo Testamento; ***the N. Wave*** *(in pop music, cinema)* la Nueva Ola; ***the N. World*** el Nuevo Mundo; ***N. Year*** año *m* nuevo; ***N. Year's Day*** día *m* de año nuevo; ***N. Year's Eve*** Nochevieja *f*; ***N. Year's resolutions*** = buenos propósitos para el año nuevo; ***N. York*** Nueva York; ***N. Yorker*** neoyorquino(a) *m,f*; ***N. Zealand*** Nueva Zelanda; ***N. Zealander*** neozelandés(esa) *m,f*, neocelandés(esa) *m,f*
2 *n* **the n.** lo nuevo

---

newbie ['nju:bɪ] *n Fam Pej Comptr* novato(a) *m,f (en un grupo de noticias)*

newborn ['nju:bɔ:n] *adj* recién nacido(a); **n. baby** recién nacido *m*

newcomer ['nju:kʌmə(r)] *n* recién llegado(a) *m,f* (**to** a)

newel ['nju:əl] *n* **n. (post)** soporte *m* de la barandilla

newfangled ['nju:fæŋgəld] *adj Pej* moderno(a); **I don't hold with those n. ideas** yo no comulgo con esas modernezes

new-found ['nju:faʊnd] *adj* nuevo(a), reciente

Newfoundland ['nju:fəndlænd] *n* (**a**) *(island)* Terranova (**b**) *(dog)* terranova *m*

new-laid ['nju:'leɪd] *adj* recién puesto(a)

new-look ['nju:'lʊk] *adj* nuevo(a), renovado(a)

newly ['nju:lɪ] *adv* recién ▫ *Econ* ***n. industrialized country*** país *m* de reciente industrialización

newlyweds ['nju:lɪwedz] *npl* recién casados *mpl*

newness ['nju:nɪs] *n (of design)* novedad *f*; **because of her n. to the job** por ser nueva en el trabajo

news [nju:z] *n* (**a**) *(information)* noticias *fpl*; *(TV programme)* telediario *m*, *Am* noticiero *m*; **a piece of n.** una noticia; **to be in the n.** ser noticia; **good/bad n.** buenas/malas noticias ▫ ***n. agency*** agencia *f* de noticias; ***n. bulletin*** boletín *m* de noticias; ***n. conference*** rueda *f* de prensa; *Rad & TV* ***n. desk*** *(programme)* programa *m* de noticias; ***n. item*** noticia *f*; ***n. vendor*** vendedor(ora) *m,f* de periódicos *or* diarios

(**b**) *Comptr* news *fpl*

(**c**) IDIOMS *Fam* **he's bad n.** es un tipo de cuidado, no te traerá más que problemas; *Fam* **that's n. to me!** ¡(pues) ahora me entero!; PROV **no n. is good n.** si no hay noticias, es que todo va bien

newsagent ['nju:zeɪdʒənt] *n Br* vendedor(ora) *m,f* de periódicos; **n.'s (shop)** = tienda que vende prensa así como tabaco, chucherías e incluso artículos de papelería

newscast ['nju:zkɑ:st] *n US* noticias *fpl*

newscaster ['nju:zkɑ:stə(r)] *n US* locutor(ora) *m,f or* presentador(ora) *m,f* de informativos

newsflash ['nju:zflæʃ] *n* noticia *f* de última hora *or* de alcance

newsgroup ['nju:zgru:p] *n Comptr* grupo *m* de noticias

newshound ['nju:zhaʊnd] *n Fam* gacetillero(a) *m,f*, reportero(a) *m,f*

newsletter ['nju:zletə(r)] *n* boletín *m* informativo

newspaper ['nju:zpeɪpə(r)] *n* periódico *m*; *(daily)* periódico, diario *m*; **wrapped in n.** envuelto(a) en papel de periódico ▫ ***n. cutting*** recorte *m* de periódico; ***n. report*** artículo *m* periodístico; ***n. stand*** quiosco *m* (de periódicos)

newspaperman ['nju:zpeɪpəmæn] *n* (**a**) *(reporter)* periodista *m*, hombre *m* de prensa (**b**) *(proprietor)* propietario *m* de un periódico, hombre *m* de prensa

newsprint ['nju:zprɪnt] *n* papel *m* de periódico

newsreader ['nju:zri:də(r)] *n* (**a**) *Rad TV* locutor(ora) *m,f or* presentador(ora) *m,f* de informativos (**b**) *Comptr* lector *m* de noticias

newsreel ['nju:zri:l] *n* noticiario *m* cinematográfico, ≃ nodo *m*

newsroom ['nju:zru:m] *n* (sala *f* de) redacción *f*

newsstand ['nju:zstænd] *n* quiosco *m*, puesto *m* de periódicos

newsworthy ['nju:zwɜ:ðɪ] *adj* de interés periodístico

newsy ['nju:zɪ] *adj Fam* lleno(a) de noticias

newt [nju:t] *n* tritón *m*

newton ['nju:tən] *n Phys* newton *m*

NEXT [nekst] **1** *adj* (**a**) *(in space)* siguiente; *(room, house, table)* de al lado; **n. door** (en la casa de) al lado; **I work n. door to her** trabajo en la habitación de al lado de la suya; *Fig* **the boy/girl n. door** un chico/una chica normal y corriente; *Br Fam* **n. door have got a new dog** los de al lado tienen un perro nuevo

(**b**) *(in time, order)* siguiente, próximo(a); **n. week** la próxima semana, la semana que viene; **n. month** el próximo mes, el mes que viene; **over the n. few months** durante los próximos meses, durante los meses que viene; **n. Friday, Friday n.** el próximo viernes, el viernes que viene; **the n. chapter/page** el capítulo/la página siguiente; **the first one was red, the n. one was blue** el primero era rojo, el siguiente azul; **the n. one goes at five o'clock** el próximo *or* siguiente sale a las cinco; **(the) n. time I see him** la próxima vez que lo vea; **n. time, be more careful** la próxima vez ten más cuidado; **at the n. available opportunity** en la próxima oportunidad que se presente; **it's the n. station** es la próxima estación; **the n. turning on the right** el primer desvío a la derecha; **your name is n. on the list** tu nombre es el siguiente de la lista; **I enjoy a good laugh as much as the n. person, but...** me encanta reírme como al que más, pero...; **the n. size up/down** la siguiente talla más grande/más pequeña; **some see him as the n. Elvis** algunos lo ven como el nuevo Elvis; **the n. thing I knew, I was in hospital** y justo después me despierto en el hospital; **who's n.?** ¿quién es el siguiente?, ¿a quién le toca?

2 *adv* (**a**) *(in space)* **to be n. to** estar al lado de; **n. to me** a mi lado; **I can't bear wool n. to my skin** no soporto el contacto de la lana (en la piel)

(**b**) *(in time, order)* después, luego; **what shall we do n.?** ¿qué hacemos ahora?; **what did you do n.?** ¿qué hiciste después *or* a continuación?; **whose turn is it n.?** ¿quién es el siguiente?, ¿a quién le toca?; **n., the news** a continuación, las noticias; **when shall we meet n.?** ¿cuándo nos volveremos a ver?; **when will you n. be in Texas?** ¿cuándo vas a volver por Texas?; **she'll be asking me to give up my job n.!** ¡ya sólo falta que me pida que deje el trabajo!; **n. to the seaside I like the mountains best** después de la playa, lo que más me gusta es la montaña; **n. to her, he's a novice** al lado suyo, es un novato; **if we can't do that, the n. best thing would be to...** si eso no se puede hacer, siempre podríamos...; **I've never been there, but I've seen a video, which is the n. best thing** nunca he estado allí, aunque he visto un vídeo *or Am* video, que es lo más parecido; **who is the n. oldest/youngest after Mark?** ¿quién es el más viejo/joven después de Mark?; **I got it for n. to nothing** lo compré por casi nada; **it's n. to impossible** es casi imposible; **in n. to no time** en un abrir y cerrar de ojos

3 *pron* **the n.** el/la siguiente; **(the) n. to arrive was Carol** la siguiente en llegar fue Carol; **in my job, one day is much like the n.** en mi trabajo, todos los días son iguales; **n. please!** ¡el siguiente, por favor!; **your train is the n. but one** tu tren no es el siguiente, sino el otro; **the week after n.** la semana siguiente, no, la próxima; **the year after n.** el año siguiente al que viene ▫ ***n. of kin*** parientes *mpl or* familiares *mpl* más cercanos; **I'm his n. of kin** soy su pariente *or* familiar más cercano

---

next-door ['neks'dɔ:(r)] *adj* de al lado ▫ ***n. neighbours*** los vecinos de al lado

nexus ['neksəs] *n Formal (series)* cadena *f*, serie *f*

NF [en'ef] *n* (**a**) (*abbr* **National Front**) Frente *m* Nacional, = partido fascista y racista británico (**b**) (*abbr* **Newfoundland**) Terranova

NFER [enefi:'a:(r)] *n* (*abbr* **National Foundation for Educational Research**) = fundación británica para la investigación en materia de educación

NFL [enef'el] *n* (*abbr* **National Football League**) = una de las dos ligas nacionales de fútbol americano

Nfld (*abbr* **Newfoundland**) Terranova

NFS (*abbr* **not for sale**) no está a la venta

NFT [enef'ti:] *n* (*abbr* **National Film Theatre**) = filmoteca nacional británica

NFU [enef'ju:] *n* (*abbr* **National Farmers' Union**) = sindicato británico de agricultores

NG *n US* (*abbr* **National Guard**) Guardia *f* Nacional

NGO [endʒi:'əʊ] (*pl* **NGOs**) *n* (*abbr* **non-governmental organization**) ONG *f*

NH (*abbr* **New Hampshire**) Nuevo Hampshire

NHL ['eneɪtʃel] *n* (*abbr* **National Hockey League**) = liga estadounidense de hockey sobre hielo

NHS [eneɪtʃ'es] *n* (*abbr* **National Health Service**) = la sanidad pública británica, *Esp* ≃ Insalud *m*

NI [en'aɪ] *n* (**a**) (*abbr* **Northern Ireland**) Irlanda del Norte (**b**) *Br* (*abbr* **National Insurance**) SS

niacin ['naɪəsɪn] *n* niacina *f*

nib [nɪb] *n (of pen)* plumilla *f*

nibble [ˈnɪbəl] **1** *n* (**a**) *(small bite)* **to have a n. at sth** dar un mordisquito a *or* mordisquear algo; **I've got a n.** *(of angler)* han picado (**b**) *Fam* **nibbles** *(snacks)* algo *m* de picar, *Méx* antojitos *mpl*

2 *vt* mordisquear

3 *vi* **she nibbled at her biscuit** mordisqueó la galleta

niblick [ˈnɪblɪk] *n* niblick *m*, hierro *m* 9

nibs [nɪbz] *n Fam Hum* **his n.** su alteza, su señoría

NIC *n Econ* (*abbr* **newly industrialized country**) país *m* de reciente industrialización

nicad [ˈnaɪkæd] *n* nicad *m*

Nicam [ˈnaɪkæm] *n TV* Nicam *m*

Nicaragua [nɪkəˈrægjʊə] *n* Nicaragua

Nicaraguan [nɪkəˈrægjʊən] *n & adj* nicaragüense *mf*

NICE [naɪs] *adj* (**a**) *(pleasant)* agradable; **shall we go to the beach? — yes, that would be n.** ¿vamos a la playa? — sí, estaría muy bien; **it's n. to see you again** me alegro de verte de nuevo; **n. meeting** *or* **to meet you!** encantado de conocerte; **it's n. that we don't have to get up too early** está muy bien no tener que levantarnos demasiado temprano; **to have a n. time** pasarlo bien; **we had a n. holiday** pasamos unas vacaciones muy agradables; **have a n. day!** ¡adiós, buenos días!, ¡que pase un buen día!; *Fam* **it's n. work if you can get it** es el chollo *or Méx* churro *or RP* curro del siglo; **to be** *or* **act as n. as pie** ser todo cumplidos; *Ironic* **that's a n. way to behave!** ¡bonita manera de comportarse!

(**b**) *(friendly)* simpático(a), *Esp* majo(a); *Méx* suave; **to be n. to sb** ser amable con alguien; **be n. to your sister!** ¡sé bueno(a) con tu hermana!; **it was n. of her to...** fue muy amable de su parte...; **how n. of you!** ¡qué detalle (por tu parte)!; **they were very n. about it** reaccionaron de manera muy comprensiva

(**c**) *(attractive)* bonito(a), lindo(a); **you look really n.** estás muy guapo; **that dress looks n. on you** ese vestido te queda muy bien; **those cakes look n.** esos pasteles tienen una pinta fantástica

(**d**) *(good)* bueno(a); **she's a n. person** es buena persona; **it's a n. part of town** es una parte buena de la ciudad; **this cheese is really n.** este queso está buenísimo; **that bread smells n.** ese pan huele bien; **n. shot!** ¡buen golpe!; *Ironic* **n. try!** ¡a mí no me engañas!; **n. work!** ¡bien hecho!; *Br Fam Ironic* **n. one!** ¡genial!, *Carib, Ecuad, Perú* ¡chévere!, *Méx* ¡padrísimo!, *RP* ¡bárbaro!

(**e**) *(well-mannered)* **it's not n. to pick your nose** es de mala educación meterse el dedo en la nariz; **n. girls don't do things like that** las niñas buenas no hacen esas cosas

(**f**) *(for emphasis)* **n. and easy** muy fácil; **take it n. and slowly** hazlo despacito y con calma; **I need a n. long rest** necesito un buen descanso; **a n. warm bath** un buen baño calentito

(**g**) *Formal (distinction, point)* sutil

nice-looking [ˈnaɪslʊkɪŋ] *adj* guapo(a)

nicely [ˈnaɪslɪ] *adv* (**a**) *(politely) (behave)* bien, correctamente; *(ask)* con educación (**b**) *(well)* bien; **to be coming along n.** ir bien; **to be doing n.** ir bien; **she has done very n. (for herself)** le han ido muy bien las cosas

nicety [ˈnaɪsɪtɪ] *n* detalle *m*, sutileza *f*

niche [niːʃ] *n Archit* hornacina *f*, nicho *m*; *Fig* **to find/create a n. for oneself** encontrar/hacerse un hueco; *Com* **n. (market)** nicho *m* (en el mercado)

nick [nɪk] **1** *n* (**a**) *(cut) (in wood)* muesca *f*; *(on face)* corte *m* (**b**) **in the n. of time** justo a tiempo (**c**) *Br Fam (condition)* **in good/bad n.** en buen/mal estado (**d**) *Br Fam (prison)* cárcel *f*, *Esp* trullo *m*, *Andes, RP* cana *f*, *Méx* bote *m*; *(police station)* comisaría *f*

2 *vt* (**a**) *(cut) (object)* hacer un corte *or* una muesca en; **to n. one's face** cortarse la cara (**b**) *Br Fam (arrest)* detener, *Esp* trincar; **he got nicked (for stealing)** lo detuvieron *or Esp* trincaron (por robar) (**c**) *Br Fam (steal)* mangar, afanar

nickel [ˈnɪkəl] *n* (**a**) *(metal)* níquel *m* ❑ ***n. silver*** alpaca *f* (**b**) *US (coin)* moneda *f* de cinco centavos

nickel-and-dime [ˈnɪkələnˈdaɪm] *adj US* menor, de tres al cuarto ❑ ***n. store*** *Esp* todo a cien *m*

nickelodeon [ˈɪkəlˈəʊdɪən] *n US* (**a**) *(pianola)* pianola *f* (**b**) *(early cinema)* cinematógrafo *m*

nickel-plated [ˈnɪkəlˈpleɪtɪd] *adj* niquelado(a)

nicker [ˈnɪkə(r)] *n Br very Fam* **a hundred n.** cien libras *(esterlinas)*

nick-nack [ˈnɪkˈnæk] *n Fam* cachivache *m*, *Esp* chisme *m*

nickname [ˈnɪkneɪm] **1** *n* apodo *m*, mote *m*

2 *vt* apodar; **he was nicknamed "Tank"** lo apodaron "Tank"

nicotine [ˈnɪkətiːn] *n* nicotina *f*

niece [niːs] *n* sobrina *f*

Nietzschean [niːˈtʃɪən] *adj* de Nietzsche

niff [nɪf] *Br Fam* **1** *n (bad smell)* tufo *m*, peste *f*

2 *vi (smell bad)* apestar, *Esp* atufar

nifty [ˈnɪftɪ] *adj Fam* (**a**) *(clever) (idea, device)* ingenioso(a) (**b**) *(agile) (person, footwork)* ágil

nigella [naɪˈdʒelə] *n* arañuela *f*

Niger [ˈnaɪdʒə(r)] *n* Níger

Nigeria [naɪˈdʒɪərɪə] *n* Nigeria

Nigerian [naɪˈdʒɪərɪən] *n & adj* nigeriano(a) *m,f*

niggardly [ˈnɪgədlɪ] *adj* mísero(a)

nigger [ˈnɪgə(r)] *n very Fam* = término generalmente ofensivo para referirse a un negro, *RP* grone *m*

niggle [ˈnɪgəl] **1** *n (misgiving)* duda *f*

2 *vt* incomodar, fastidiar; **there is still something that is niggling me** todavía hay algo que me provoca desazón

3 *vi (be overfussy)* **to n. about details** ser muy quisquilloso(a); **to n. (away) at sb** dar la tabarra a alguien

niggling [ˈnɪgəlɪŋ] *adj* (**a**) *(details)* de poca monta, insignificante (**b**) *(annoying) (pain)* molesto(a); *(doubt)* inquietante

nigh [naɪ] **1** *adj* cerca; **the end is n.!** ¡el fin está cerca!

2 *adv* (**a**) *Literary* cerca; **for n. on thirty years** durante cerca de treinta años (**b**) **well n. impossible** *(almost)* casi *or* prácticamente imposible

night [naɪt] **1** *n* noche *f*; **at n.** por la noche; **late at n.** bien entrada la noche; **all n.** toda la noche; **last n.** anoche; **tomorrow n.** mañana por la noche; **on Thursday n.** el jueves por la noche; **good n.!** ¡buenas noches!; *Fam* **n., n.!** ¡hasta mañana!; **a n. on the town** *or* **the tiles** una noche de marcha; **to have a bad n.** pasar una mala noche; **to have an early/late n.** acostarse temprano/tarde; **to have a n. out** salir por la noche; **to make a n. of it** salir toda la noche; **to turn n. into day** estar despierto(a) hasta las tantas ❑ *Fig* ***n. bird*** noctámbulo(a) *m,f*, trasnochador(ora) *m,f*; ***n. blindness*** ceguera *f* nocturna; ***n. light*** = luz que queda encendida toda la noche; *Fig* ***n. owl*** noctámbulo(a) *m,f*, trasnochador(ora) *m,f*; *Br* ***n. safe*** cajero *m* nocturno; ***n. school*** escuela *f* nocturna; ***n. shift*** turno *m* de noche; ***n. spot*** local *m* nocturno, discoteca *f* *US* ***n. stand*** *or* ***table*** mesita *f or* mesilla *f* de noche, *RP* mesa *f* de luz, *Méx* buró *m*

2 *adj (train, bus, flight, sky)* nocturno(a); **the n. air** el aire de la noche

3 *adv US* **nights** por las noches

nightcap [ˈnaɪtkæp] *n* (**a**) *(hat)* gorro *m* de dormir (**b**) *(drink)* copa *f* antes de acostarse

nightclass [ˈnaɪtklæs] *n* clase *f* nocturna

nightclothes [ˈnaɪtkləʊðz] *npl* pijama *m*, *Am* piyama *m o f*

nightclub [ˈnaɪtklʌb] *n* club *m* nocturno

nightclubbing [ˈnaɪtklʌbɪŋ] *n* **to go n.** ir de discotecas

nightdress [ˈnaɪtdres] *n* camisón *m*

nightfall [ˈnaɪtfɔːl] *n* anochecer *m*; **at n.** al anochecer

nightgown [ˈnaɪtgaʊn] *n* camisón *m*

nightie [ˈnaɪtɪ] *n Fam* camisón *m*

nightingale [ˈnaɪtɪŋgeɪl] *n* ruiseñor *m*

nightjar [ˈnaɪtdʒɑː(r)] *n (bird)* chotacabras *m inv*

nightlife [ˈnaɪtlaɪf] *n* vida *f* nocturna, ambiente *m* nocturno

nightlong [ˈnaɪtlɒŋ] *adj* **n. celebrations/vigil** fiesta *f*/vigilia *f* durante toda la noche

nightly [ˈnaɪtlɪ] **1** *adj* **his n. stroll** su paseo de cada noche; **twice n. flights** dos vuelos cada noche

2 *adv* todas las noches

nightmare [ˈnaɪtmeə(r)] *n also Fig* pesadilla *f*; **the traffic was a n.!** ¡el tráfico estaba imposible!

nightmarish ['naɪtmeərɪʃ] *adj* de pesadilla

nightshirt ['naɪtʃɜːt] *n* camisa *f* de dormir

nightstick ['naɪtstɪk] *n US* porra *f*

night-time ['naɪttaɪm] **1** *n* noche *f*; **at n.** por la noche, durante la noche

2 *adj* nocturno(a)

nightwatchman [naɪt'wɒtʃmən] *n* vigilante *m* nocturno

nihilism ['naɪlɪzəm] *n* nihilismo *m*

nihilist ['naɪlɪst] *n* nihilista *mf*

nihilistic [naɪ(h)ɪ'lɪstɪk] *adj* nihilista

Nikkei ['nɪkeɪ] *n Fin* **N. (index)** índice *m* Nikkei

nil [nɪl] *n* cero *m*; **to win two/three n.** ganar (por) dos/tres a cero

Nile [naɪl] *n* **the N.** el Nilo

nimble ['nɪmbəl] *adj* ágil; **to be n. on one's feet** ser ágil; **to have n. feet** *(of soccer player, boxer)* tener un buen juego de piernas

nimbly ['nɪmblɪ] *adv* con agilidad

nimbostratus [nɪmbəʊ'strɑːtəs] *n Met* nimbostrato *m*

NIMBY (*abbr* **not in my back yard**) *Fam* **1** *n* = persona a la que le parece bien que exista algo mientras no le afecte

2 *adj* **N. attitude** = la actitud típica de la persona a la que le parece bien que exista algo mientras no le afecte

nincompoop ['nɪŋkəmpuːp] *n Fam* bobo(a) *m,f*, *Esp* percebe *mf*

nine [naɪn] **1** *n* nueve *m*; **a n.-to-five job** un trabajo de oficina *(de nueve a cinco)*; IDIOM *Fam* **to be dressed up to the nines** ir de punta en blanco; **the front/back n.** *(in golf)* los primeros/últimos nueve hoyos

2 *adj* nueve; IDIOM **to have n. lives** tener siete vidas (como los gatos); *Fig* **n. times out of ten** la mayoría de las veces; **n. day** *or* **days' wonder** flor *f* de un día; *see also* **eight**

ninefold ['naɪnfəʊld] **1** *adj* **there's been a n. increase in sales** las ventas se han multiplicado por nueve

2 *adv* por nueve

nine-hole ['naɪnhəʊl] *adj* de nueve agujeros

ninepins ['naɪnpɪnz] *npl* **to go down** *or* **fall like n.** caer como chinches

nineteen [naɪn'tiːn] **1** *n* diecinueve *m*; IDIOM *Br Fam* **to talk n. to the dozen** hablar por los codos

2 *adj* diecinueve; *see also* **eight**

nineteenth [naɪn'tiːnθ] **1** *n* **(a)** *(fraction)* diecinueveavo *m*, diecinueveava parte *f* **(b)** *(in series)* decimonoveno(a) *m,f* **(c)** *(of month)* diecinueve *m*

2 *adj* decimonoveno(a); *Fam* **the n. hole** *(of golf course)* el bar; *see also* **eleventh**

nineties ['naɪntiːz] *npl* (años *mpl*) noventa *mpl*; *see also* **eighties**

ninetieth ['naɪntɪɪθ] *n & adj* nonagésimo(a) *m,f*

ninety ['naɪntɪ] **1** *n* noventa *m*

2 *adj* noventa; **n.-nine times out of a hundred** el noventa y nueve por ciento de las veces; *see also* **eighty**

ninja ['nɪndʒə] *n* guerrero *m* ninja

ninny ['nɪnɪ] *n Fam* tonto(a) *m,f*

ninth [naɪnθ] **1** *n* **(a)** *(fraction)* noveno *m*, novena parte *f* **(b)** *(in series)* noveno(a) *m,f* **(c)** *(of month)* nueve *m*

2 *adj* noveno(a); *see also* **eighth**

Nip [nɪp] *n Fam* = término ofensivo para referirse a los japoneses, *RP* ponja *mf*

nip [nɪp] **1** *n* **(a)** *(pinch)* pellizco *m*; *(with teeth)* bocado *m*, mordisquillo *m* **(b)** *(chill)* **there's a n. in the air** hace fresco **(c)** *Fam (of brandy, whisky)* copita *f*, *Esp* chupito *m* **(d)** *Fam* **he's had a n. and tuck done** *(cosmetic surgery)* se ha hecho la estética, *Méx, RP* se ha hecho cirugía; **it was n. and tuck right until the end** fueron muy igualados hasta el final

2 *vt* (*pt & pp* **nipped**) **(a)** *(pinch)* pellizcar; *(with teeth)* mordisquear; IDIOM *Fam* **to n. sth in the bud** cortar algo de raíz **(b)** *(of cold, frost)* helar

3 *vi (sting)* escocer

▸**nip off** *vi Br Fam* irse

▸**nip out** *vi Br Fam (go out)* salir (un momento); **I'll n. out and buy a paper** salgo un momento a comprar el periódico

▸**nip round** *vi Br Fam* salir, ir

nipper ['nɪpə(r)] *n Br Fam (child)* chavalín(ina) *m,f*, *CAm, Méx* chavalo(a) *m,f*, *RP* pibito(a) *m,f*

nipple ['nɪpəl] *n* **(a)** *(female)* pezón *m*; *(male)* tetilla *f* **(b)** *(on baby's bottle)* tetilla *f*, tetina *f*

nippy ['nɪpɪ] *adj Fam* **(a)** *(quick)* manejable **(b)** *(cold)* fresco(a); **it's a bit n. today** hoy hace un poco de fresco

NIREX ['naɪreks] *n Br* (*abbr* **Nuclear Industry Radioactive Waste Executive**) = organismo encargado del almacenamiento de residuos radiactivos

nirvana [nɜː'vɑːnə] *n Rel & Fam* nirvana *m*

Nisei ['niːseɪ] (*pl* **Nisei**) *n* = estadounidense o canadiense de origen japonés

Nissen hut® ['nɪsənhʌt] *n* = construcción semicilíndrica de chapa ondulada

nit [nɪt] *n* **(a)** *(insect)* piojo *m*; *(insect's egg)* liendre *f* **(b)** *Br Fam (person)* idiota *mf*, bobo(a) *m,f*

nit-picker ['nɪtpɪkə(r)] *n Fam* quisquilloso(a) *m,f*

nit-picking ['nɪtpɪkɪŋ] *Fam* **1** *n* critiqueo *m* por nimiedades, *Esp* puñetería *f*

2 *adj* quisquilloso(a)

nitrate ['naɪtreɪt] *n* nitrato *m*

nitre ['naɪtə(r)] *n Chem* nitro *m*

nitric ['naɪtrɪk] *adj* nítrico(a) ▫ ***n. acid*** ácido *m* nítrico; ***n. oxide*** óxido *m* nítrico

nitride ['naɪtraɪd] *n Chem* nitruro *m*

nitrite ['naɪtraɪt] *n Chem* nitrito *m*

nitrogen ['naɪtrədʒən] *n Chem* nitrógeno *m* ▫ ***n. cycle*** ciclo *m* del nitrógeno; ***n. dioxide*** dióxido *m* de nitrógeno

nitroglycerine ['naɪtrəʊ'glɪsəriːn] *n* nitroglicerina *f*

nitrous ['naɪtrəs] *adj* nitroso(a) ▫ ***n. oxide*** óxido *m* nitroso

nitty-gritty ['nɪtɪ'grɪtɪ] *n Fam* meollo *m*; **to get down to the n.** ir al grano, ir al meollo del asunto

nitwit ['nɪtwɪt] *n Fam* idiota *mf*, bobo(a) *m,f*

nix [nɪks] *US Fam* **1** *pron* nada (de nada)

2 *vt* **the boss nixed the idea** el jefe dijo que ni hablar

3 *exclam* ¡ni hablar!

NJ (*abbr* **New Jersey**) Nueva Jersey

NM (*abbr* **New Mexico**) Nuevo México

NMex (*abbr* **New Mexico**) Nuevo México

NNE (*abbr* **north-northeast**) NNE

NNW (*abbr* **north-northwest**) NNO

No, no (*abbr* **number**) no, núm.

NO [nəʊ] **1** *adv* **(a)** *(interjection)* no; **you're joking! — no, I'm not** ¡estás de broma! — no, no lo estoy; **to say no** decir que no; **she won't take no for an answer** no para hasta salirse con la suya

(b) *(not)* no; **he's no cleverer than her** no es más listo que ella; **the film is no good** la película no es nada buena; **it is no small achievement** no deja de tener mérito; **it is of no great interest** no interesa mucho; **no more/less than $100** no más/menos de 100 dólares; **$100, no more, no less** 100 dólares, ni más ni menos

2 *adj* **there is no bread** no hay pan; **a man with no qualifications** un hombre sin títulos; **no trees are to be found there** allí no se encuentra ningún árbol; **there's no hope of us winning** no hay posibilidad alguna de que ganemos; **it's no trouble** no es molestia; **he's no friend of mine** no es amigo mío; **I'm no expert** no soy ningún experto; **no two are the same** no hay dos iguales; **I am in no way surprised** no me sorprende en absoluto; **there's no denying it** no se puede negar; **there's no pleasing him** no hay forma de agradarle; **no dogs** *(sign)* perros no, no se admiten perros; **no smoking** *(sign)* prohibido fumar; *Fam* **no way!** ¡ni hablar!, *Esp* ¡de eso nada!, *Am* ¡para nada!

3 *n* (*pl* **noes**) **(a)** *(negative answer)* no *m*; **the answer was a clear no** la respuesta fue un claro no

(b) *Pol* **ayes and noes** votos a favor y en contra

---

no-account ['nəʊə'kaʊnt] *adj US* de tres al cuarto

Noah's ark ['nəʊə'zɑːk] *n* el arca de Noé

nob [nɒb] *n Br Fam (rich person)* noble *mf* ricachón(ona)

no-ball ['nəʊ'bɔːl] *n (in baseball, cricket)* lanzamiento *m* antirreglamentario

nobble ['nɒbəl] *vt Br Fam* **(a)** *(jury) (with money)* comprar; *(with threats)* amenazar **(b)** *(horse)* drogar **(c)** *(attract attention of)* pillar, *Am* agarrar

Nobel ['nəʊbel] *n* ***N. laureate*** Premio *mf*

Nobel; ***N. prize*** Premio *m* Nobel; ***N. prize winner*** premio *mf* Nobel

nobility [nəʊ'bɪlɪtɪ] *n* nobleza *f*

noble ['nəʊbəl] **1** *n* noble *mf*
2 *adj* (**a**) *(birth, person)* noble (**b**) *(sentiment, act)* noble, magnánimo(a) ▫ ***n. savage*** buen salvaje *m* (**c**) *(building, sight)* grandioso(a) (**d**) *Chem* **n. gas** gas *m* noble

nobleman ['nəʊbəlmən] *n* noble *m*

noble-minded [nəʊbəl'maɪndɪd] *adj* noble

noblesse oblige [nəʊ'blesə'bli:ʒ] *n* nobleza obliga

noblewoman ['nəʊbəlwʊmən] *n* noble *f*

nobly ['nəʊblɪ] *adv* generosamente, noblemente

NOBODY ['nəʊbədɪ] **1** *n* **he's/she's a n.** es un/una don nadie
2 *pron* nadie; **n. spoke to me** nadie me dirigió la palabra; **is there n. here who knows the answer?** ¿no hay nadie aquí que sepa la respuesta?; **it's n. you would know** es alguien a quien no conoces; **n. with any sense would do it** nadie que tuviera dos dedos de frente lo haría; **n. else** nadie más; **if you don't have money, you're n.** si no tienes dinero, no eres nadie; IDIOM **he is n.'s fool** no tiene un pelo de tonto

NOC [enəʊ'si:] *n* (*abbr* **National Olympic Committee**) Comité *m* Olímpico Nacional

no-claims ['nəʊ'kleɪmz] *n* ***n. bonus*** *or* ***discount*** descuento *m* por no siniestralidad

nocturnal [nɒk'tɜ:nəl] *adj* nocturno(a) ▫ ***n. emission*** *(wet dream)* polución *f* nocturna

nocturne ['nɒktɜ:n] *n Mus* nocturno *m*

nod [nɒd] **1** *n (greeting)* saludo *m (con la cabeza)*; *(in agreement)* señal *f* de asentimiento *(con la cabeza)*; **to give sb/sth the n.** dar el consentimiento a alguien/para algo; **on the n.** por aprobación general
2 *vt* (*pt & pp* **nodded**) **to n. one's head** *(in assent)* asentir con la cabeza; *(in greeting)* saludar con la cabeza; *(as signal)* hacer una señal con la cabeza; **to n. one's approval** dar la aprobación con una inclinación de cabeza
3 *vi* **to n. in agreement** asentir con la cabeza

▸**nod off** *vi Fam* quedarse dormido(a), dormirse

▸**nod through** *vt sep* aprobar sumariamente

nodding ['nɒdɪŋ] *adj* **to have a n. acquaintance with sth/sb** conocer un poco algo/a alguien; **to be on n. terms with sb** conocer a alguien lo suficiente como para saludarlo en la calle ▫ *US Fam* ***n. donkey*** *(oil-pump)* = tipo de bomba para extraer petróleo

noddy ['nɒdɪ] *adj Br* de tres al cuarto

node [nəʊd] *n* (**a**) *Bot* nódulo *m* (**b**) *Math Comptr* nodo *m* (**c**) *Med* nodo *m*, nódulo *m*

nodule ['nɒdju:l] *n* nódulo *m*

Noel [nəʊ'el] *n* Navidad *f*

no-fault ['nəʊ'fɔ:lt] *adj US Law* ***n. compensation*** seguro *m* a todo riesgo; ***n. divorce*** divorcio *m* de mutuo acuerdo

no-frills [nəʊ'frɪlz] *adj* sin florituras

noggin ['nɒgɪn] *n* (**a**) *Fam Old-fashioned (head)* coco *m* (**b**) *(measure)* chupito *m*

no-go ['nəʊ'gəʊ] **1** *adj* ***n. area*** zona *f* prohibida
2 *adv* **it's n., I'm afraid** me temo que nada

no-good ['nəʊgʊd] *adj US Fam* inútil

no-hoper [nəʊ'həʊpə(r)] *n Br Fam* inútil *mf*

nohow ['nəʊhaʊ] *adv US Fam* ¡ni hablar!

noise [nɔɪz] **1** *n also Comptr & Tel* ruido *m*; **to make a n.** *(individual sound)* hacer un ruido; *(racket)* hacer ruido; *Th* **noises off** se oyen sonidos desde fuera de escena; **to make noises about doing sth** andar *or* ir diciendo que uno va a hacer algo; **they're making all the right noises** todo indica que están de acuerdo; IDIOM **a big n.** un pez gordo ▫ ***n. pollution*** contaminación *f* acústica
2 *vt Formal* **rumours of his resignation are being noised abroad** corren rumores de que va a dimitir

noiseless ['nɔɪzlɪs] *adj* silencioso(a)

noiselessly ['nɔɪzlɪslɪ] *adv* silenciosamente

noisette [nwɑ:'zet] *Culin n* (**a**) *(of lamb)* = rollo de carne de cordero (**b**) *(sweet)* bombón *m* de avellana

noisily ['nɔɪzɪlɪ] *adv* ruidosamente

noisome ['nɔɪsəm] *adj Formal (unpleasant, offensive)* nocivo(a)

noisy ['nɔɪzɪ] *adj* ruidoso(a); **it's very n. in here** aquí hay mucho ruido

no-jump ['nəʊdʒʌmp] *n (in long jump, triple jump)* salto *m* nulo

nomad ['nəʊmæd] *n & adj* nómada *mf*

nomadic [nəʊ'mædɪk] *adj* nómada

no-man's land ['nəʊmænzlænd] *n also Fig* tierra *f* de nadie

nom de plume ['nɒmdə'plu:m] *n* seudónimo *m*, sobrenombre *m*

nomenclature [nəʊ'menklətʃə(r)] *n* nomenclatura *f*

nominal ['nɒmɪnəl] *adj* nominal; *(price, amount)* simbólico(a) ▫ *Fin* ***n. accounts*** cuentas *fpl* generales de gastos; *Fin* ***n. value*** valor *m* nominal

nominalization [nɒmɪnəlaɪ'zeɪʃən] *n Ling* nominalización *f*

nominally ['nɒmɪnəlɪ] *adv* nominalmente

nominate ['nɒmɪneɪt] *vt* (**a**) *(propose)* proponer; *(for award)* nominar (**b**) *(appoint)* nombrar

nomination [nɒmɪ'neɪʃən] *n* (**a**) *(proposal)* nominación *f* (**b**) *(appointment)* nombramiento *m*

nominative ['nɒmɪnətɪv] *Gram* **1** *n* nominativo *m*
2 *adj* nominativo(a)

nominee [nɒmɪ'ni:] *n* candidato(a) *m,f*

non- [nɒn] *pref* no

nonagenarian [nəʊnədʒə'neərɪən] *n* nonagenario(a) *m,f*

non-aggression pact [nɒnə'greʃən-'pækt] *n Pol* pacto *m* de no agresión

non-alcoholic [nɒnælkə'hɒlɪk] *adj* sin alcohol

nonaligned [nɒnə'laɪnd] *adj Pol* no alineado(a)

non-appearance [nɒnə'pɪərəns] *n (absence)* ausencia *f*; *Law* incomparecencia *f*

nonattendance [nɒnə'tendəns] *n* ausencia *f*

non-attributable ['nɒnə'trɪbjʊtəbəl] *adj (briefing, remark)* anónimo(a); **on a n. basis** anónimamente

non-belligerent ['nɒnbə'lɪdʒərənt] **1** *n (country)* país *m* no beligerante
2 *adj* no beligerante

nonce[1] ['nɒns] *n Literary or Hum* **for the n.** de momento, por el momento

nonce[2] *n Br very Fam* = término de argot carcelario para referirse a una persona que ha cometido un delito sexual

nonce-word ['nɒnswɜ:d] *n* término *m* facticio

nonchalance ['nɒnʃələns] *n* indiferencia *f*, despreocupación *f*

nonchalant ['nɒnʃələnt] *adj* indiferente, despreocupado(a)

nonchalantly [nɒnʃə'ləntlɪ] *adv* con indiferencia *or* despreocupación

noncombatant [nɒn'kɒmbətənt] *n & adj Mil* no combatiente *mf*

noncommissioned officer ['nɒnkəmɪʃənd'ɒfɪsə(r)] *n Mil* suboficial *mf*

noncommittal [nɒnkə'mɪtəl] *adj (answer)* evasivo(a); **to be n. (about)** responder con evasivas (acerca de)

non-compliance ['nɒnkəm'plaɪəns] *n Formal* incumplimiento *m* (**with** de)

non compos mentis ['nɒn'kɒmpəs-'mentɪs] *adj Law* perturbado(a) mental; *Hum* **to be n.** estar atontado(a)

non-conductor [nɒnkən'dʌktə(r)] *n Elec* aislante *m*

nonconformist [nɒnkən'fɔ:mɪst] **1** *n* (**a**) *(maverick)* inconformista *mf* (**b**) *Br Rel* **N.** = miembro de una iglesia protestante escindida de la anglicana
2 *adj* (**a**) *(maverick)* inconformista (**b**) *Br Rel* **N.** = relativo a una iglesia protestante escindida de la anglicana

non-contributory ['nɒnkən'trɪbjʊtərɪ] *adj (pension scheme)* no contributivo(a)

non-cooperation ['nɒnkəʊɒpə'reɪʃən] *n* falta *f* de cooperación

non-custodial ['nɒnkə'stəʊdɪəl] *adj Law* ***n. sentence*** pena *f* que no implica privación de libertad

non-dairy ['nɒndeərɪ] *adj* no lácteo(a)

non-denominational ['nɒndɪnɒmɪ-'neɪʃənəl] *adj* laico(a)

nondescript ['nɒndɪskrɪpt] *adj* anodino(a)

nondisclosure ['nɒndɪskləʊʒə(r)] *n Law (of evidence)* ocultación *f*

non-drip ['nɒn'drɪp] *adj (paint)* que no gotea

NONE [nʌn] **1** *pron (not any)* nada; *(not one)* ninguno(a); **there was n. left** no quedaba nada; **there were n. left** no quedaba ninguno; **of all her novels, n. is better than this one** de todas sus novelas, ninguna es mejor que ésta; **n. of you/them** ninguno de vosotros/ellos; **n. of this concerns me** nada de esto me concierne; **he had n. of his brother's charm** no tenía ni mucho menos el encanto de su hermano; **I tried to help, but they would have n. of it** intenté ayudar, pero no querían saber nada; **she had a lot of luck, whereas I had n. at all** *or* **whatsoever** tuvo mucha suerte, y yo ninguna en absoluto; *Formal* **n. but his most devoted followers believed him** sólo sus seguidores más fervientes le creyeron; **it was n. other than the President** no era otro que el propio Presidente

2 *adv* **his answer left me n. the wiser** su respuesta no me aclaró nada; **I feel n. the worse for the experience** me siento perfectamente a pesar de la experiencia; **he's lost a couple of kilos but he's n. the worse for it** le ha sentado muy bien perder un par de kilos; **it was n. too easy** no fue nada fácil; **she was n. too happy about the situation** la situación no le hacía ninguna gracia; **n. too soon** justo a tiempo

---

non-elective [nɒnɪ'lektɪv] *adj* no electivo(a)

nonentity [nɒ'nentɪtɪ] *n (person)* nulidad *f*

nonessential [nɒnɪ'senʃəl] **1** *n* **nonessentials** lo accesorio

2 *adj* accesorio(a), prescindible

nonetheless [nʌnðə'les] *adv (however)* no obstante, sin embargo; *(despite everything)* de todas maneras, a pesar de todo

non-event [nɒnɪ'vent] *n* chasco *m*; **the party turned out to be a bit of a n.** al final la fiesta no fue nada especial

nonexecutive director [nɒnɪg'zekjʊtɪvdaɪ'rektə(r)] *n Com* director(ora) *m,f* no ejecutivo(a)

nonexistent [nɒnɪg'zɪstənt] *adj* inexistente

non-fat ['nɒnfæt] *adj (food)* sin grasa

non-ferrous [nɒn'ferəs] *adj (metals)* distinto(a) del hierro y el acero

non-fiction [nɒn'fɪkʃən] *n* no ficción *f*

non-fictional [nɒn'fɪkʃənəl] *adj* **n. books** no ficción *f*

nonflammable [nɒn'flæməbəl] *adj* incombustible, ininflamable

non-interlaced ['nɒnɪntə'leɪst] *adj Comptr (monitor)* no entrelazado

non-intervention ['nɒnɪntə'venʃən] *n* no intervención *f*

non-invasive [nɒnɪn'veɪsɪv] *adj Med* no invasivo(a)

non-judg(e)mental [nɒndʒʌdʒ'mentəl] *adj* libre de prejuicios

non-juror [nɒn'dʒʊərə(r)] *n Law* = persona que se niega a jurar lealtad

non-linear [nɒn'lɪnɪə(r)] *adj Comptr (programming)* no lineal

non-negotiable [nɒnnɪ'gəʊʃɪəbəl] *adj* no negociable; **these conditions are n.** estas condiciones no son negociables

non-nuclear [nɒn'nju:klɪə(r)] *adj (war)* convencional; *(energy)* no nuclear; *(country)* sin armamento nuclear; **a n. defence policy** = una política de defensa que no incluye armas nucleares

no-no ['nəʊnəʊ] *n Fam* **asking him for more money is a definite n.** ni se te ocurra pedirle más dinero; **that's a n.** eso no se hace

no-nonsense [nəʊ'nɒnsəns] *adj (approach)* serio(a) y directo(a); *(implement, gadget)* práctico(a), funcional

non-participating ['nɒnpɑ:'tɪsɪpeɪtɪŋ] *adj* **(a)** *(not taking part)* **n. members** los socios que no participan **(b)** *Fin (shares)* sin derecho a participación

non-partisan [nɒn'pɑ:tɪzæn] *adj* imparcial

non-party ['nɒnpɑ:tɪ] *adj* independiente del partido

non-payment [nɒn'peɪmənt] *n* impago *m*

non-person ['nɒn'pɜ:sən] *n* **politically, she became a n.** políticamente hablando, dejó de existir

nonplussed [nɒn'plʌst] *adj* perplejo(a), anonadado(a)

non-profit(-making) [nɒn'prɒfɪt(meɪkɪŋ)] *adj* sin ánimo de lucro

non-proliferation ['nɒnprəlɪfə'reɪʃən] *n* no proliferación *f* ▫ ***n. treaty*** tratado *m* de no proliferación

non-racist [nɒn'reɪsɪst] *adj* no racista

non-renewable ['nɒnrɪ'nju:əbəl] *adj* **n. resource/energy** recurso *m*/energía *f* no renovable

nonresident [nɒn'rezɪdənt] *n (of country, hotel)* no residente *mf*

non-restrictive [nɒnrɪ'strɪktɪv] *adj Gram (clause)* no restrictivo(a)

non-returnable [nɒnrɪ'tɜ:nəbəl] *adj* no retornable

nonsense ['nɒnsəns] *n* tonterías *fpl*, disparates *mpl*; **n.!** ¡tonterías!; **I've had enough of your n.!** ¡ya estoy harto de tus tonterías!; **to talk (a lot of) n.** decir (muchos) disparates; **to make a n. of sth** echar por tierra algo ▫ ***n. verse*** poesía *f* absurda

nonsensical [nɒn'sensɪkəl] *adj* absurdo(a), disparatado(a)

non sequitur [nɒn'sekwɪtə(r)] *n* incongruencia *f*

non-sexist [nɒn'seksɪst] *adj* no sexista

non-skid ['nɒnskɪd], **non-slip** ['nɒnslɪp] *adj (surface)* antideslizante

non-smoker [nɒn'sməʊkə(r)] *n* no fumador(ora) *m,f*

non-smoking ['nɒnsməʊkɪŋ] *adj (area)* de no fumadores

non-specialist [nɒn'speʃəlɪst] **1** *n* profano(a) *m,f*

2 *adj* no especializado(a)

non-specific [nɒnspə'sɪfɪk] *adj* **(a)** *(not precise)* amplio(a) **(b)** *Med* ***n. urethritis*** uretritis *f inv* no gonocócica

non-standard [nɒn'stændəd] *adj* **(a)** *Ling* considerado(a) incorrecto(a) **(b)** *(product, size)* fuera de lo común

nonstarter [nɒn'stɑ:tə(r)] *n Fam* **the project's a n.** es un proyecto inviable

nonstick ['nɒn'stɪk] *adj* antiadherente

non-stop [nɒn'stɒp] **1** *adj (journey, flight)* directo(a), sin escalas

2 *adv (talk, work)* sin parar, ininterrumpidamente; *(fly)* directo

non-tariff barrier ['nɒn'tærɪf'bærɪə(r)] *n Econ* barrera *f* no arancelaria

nontransferable ['nɒntræns'fɜ:rəbəl] *adj* intransferible

non-U [nɒn'ju:] *adj Br Fam Old-fashioned* ordinario(a), con poca clase

non-union [nɒn'ju:nɪən] *adj* **(a)** *(worker, labour)* no sindicado(a) **(b)** *(firm, company)* = que no permite que sus trabajadores se afilien a ningún sindicato

nonverbal [nɒn'vɜ:bəl] *adj (communication)* no verbal

nonviolence [nɒn'vaɪələns] *n* no agresión *f*

nonviolent [nɒn'vaɪələnt] *adj* no violento(a)

non-voting [nɒn'vəʊtɪŋ] *adj also Fin* sin derecho a voto

non-white [nɒn'waɪt] **1** *n* = en Sudáfrica, durante el apartheid, persona de etnia diferente a la blanca

2 *adj* no blanco

noodles ['nu:dəlz] *npl* tallarines *mpl (chinos)*

nook [nʊk] *n* rincón *m*, recoveco *m*; **nooks and crannies** recovecos *mpl*

nooky, nookie ['nʊkɪ] *n Fam Hum* marcha *f* para el cuerpo, ñacañaca *m*; **to get one's n.** echar un polvete *or Méx* caldito

noon [nu:n] *n* mediodía *m*; **at n.** al mediodía

noonday ['nu:ndeɪ] *n* **the n. sun** el sol del mediodía

no one ['nəʊwʌn] = **nobody**

noose [nu:s] *n (loop)* nudo *m* corredizo; *(rope)* soga *f*; IDIOM **to put one's head in a n.** meterse en la boca del lobo

NOP [enəʊ'pi:] *n (abbr* **National Opinion Polls** *or* **Poll**) = institución británica encargada de realizar sondeos de opinión

nope [nəʊp] *adv Fam* no

noplace ['nəʊpleɪs] *US* = **nowhere**

nor [nɔ:(r)] *conj* ni; **neither... n.** ni... ni; **I can offer you neither money n. assistance** no te puedo ofrecer ni dinero ni ayuda; **he neither drinks n. smokes**

ni fuma ni bebe *or Am* toma; **n. do I** yo tampoco, ni yo

Nordic [ˈnɔːdɪk] *adj* nórdico(a) ❑ ***N. skiing*** esquí *m* nórdico; ***N. track*** *(exercise)* = esquí realizado en un aparato gimnástico estático

Norf *(abbr* **Norfolk**) Norfolk

Norfolk [ˈnɔːfək] *n* ***N. jacket*** = chaqueta suelta y plisada con cinturón y bolsillos

norm [nɔːm] *n* norma *f*; **social norms** costumbres *fpl* sociales; **to deviate from the n.** salirse de la norma; **to be a break from the n.** romper con la rutina

normal [ˈnɔːməl] **1** *n* **above/below n.** *(temperature, rate)* por encima/por debajo de lo normal; **things quickly got back to n. after the strike** las cosas volvieron pronto a la normalidad después de la huelga

2 *adj* normal; **it's n. to feel jealous** es normal sentir celos; **it's not n. for him to be so cheerful** no es normal que esté tan alegre ❑ ***n. distribution*** *(in statistics)* distribución *f* normal; ***n. school*** escuela *f* normal

normality [nɔːˈmælɪtɪ], *US* **normalcy** [ˈnɔːməlsɪ] *n* normalidad *f*

normalization [nɔːməlaɪˈzeɪʃən] *n* normalización *f*

normalize [ˈnɔːməlaɪz] **1** *vt* normalizar

2 *vi* normalizarse

normally [ˈnɔːməlɪ] *adv* normalmente

Norman [ˈnɔːmən] *n & adj* normando(a) *m,f*

Normandy [ˈnɔːməndɪ] *n* Normandía

normative [ˈnɔːmətɪv] *adj* normativo(a)

Norse [nɔːs] **1** *n* nórdico *m*

2 *adj* nórdico(a), escandinavo(a)

Norseman [ˈnɔːsmən] *n* vikingo *m*

north [nɔːθ] **1** *n* norte *m*; **to the n. (of)** al norte (de); **the N. of Spain** el norte de España; **the N.** el Norte

2 *adj* **(a)** *(direction, side)* norte; **n. London** el norte de Londres ❑ ***n. wind*** viento *m* del norte **(b)** *(in names)* ***N. Africa*** África del Norte; ***N. African*** norteafricano(a) *m,f*; ***N. America*** Norteamérica, América del Norte; ***N. American*** norteamericano(a); ***N. Carolina*** Carolina del Norte; ***N. Dakota*** Dakota del Norte; ***the N. Pole*** el Polo Norte; ***the N. Sea*** el Mar del Norte; ***N. Star*** estrella *f* Polar

3 *adv* al norte; **it's (3 miles) n. of here** está (a 3 millas) al norte de aquí; **to face n.** *(of person)* mirar hacia el norte; *(of room)* estar orientado(a) *or* mirar al norte; **to go n.** ir hacia el norte

Northants [nɔːˈθænts] *(abbr* **Northamptonshire**) Northamptonshire

northbound [ˈnɔːθbaʊnd] *adj (train, traffic)* en dirección norte; **the n. carriageway** el carril que va hacia el norte

northeast [nɔːˈθiːst] **1** *n* nordeste *m*, noreste *m*

2 *adj (side)* nordeste, noreste ❑ ***n. wind*** viento *m* del nordeste

3 *adv (go, move)* hacia el nordeste; *(be situated, face)* al nordeste

northeasterly [nɔːˈθiːstəlɪ] **1** *n (wind)* viento *m* del nordeste

2 *adj (direction)* nordeste ❑ ***n. wind*** viento *m* del nordeste

northeastern [nɔːθˈiːstən] *adj (region)* del nordeste

northerly [ˈnɔːðəlɪ] **1** *n (wind)* viento *m* del norte

2 *adj (direction)* norte; **the most n. point** el punto más septentrional ❑ ***n. wind*** viento *m* del norte

northern [ˈnɔːðən] *adj (region, accent)* del norte, norteño(a); **n. Spain** el norte de España ❑ ***n. hemisphere*** hemisferio *m* norte; ***n. lights*** aurora *f* boreal

northerner [ˈnɔːðənə(r)] *n* norteño(a) *m,f*

Northern Ireland [ˈnɔːðənˈaɪələnd] *n* Irlanda del Norte

Northern Irish [ˈnɔːðənˈaɪrɪʃ] *adj* norirlandés(esa)

northernmost [ˈnɔːðənməʊst] *adj* más septentrional, más al norte

north-facing [ˈnɔːθˈfeɪsɪŋ] *adj* orientado(a) al norte

North Korea [ˈnɔːθkəˈriːə] *n* Corea del Norte

North Korean [ˈnɔːθkəˈriːən] *n & adj* norcoreano(a) *m,f*

Northumb *(abbr* **Northumberland)** Northumberland

northward [ˈnɔːθwəd] *adj & adv* hacia el norte

northwards [ˈnɔːθwədz] *adv* hacia el norte

northwest [nɔːθˈwest] **1** *n* noroeste *m*

2 *adj (side)* noroeste ❑ ***n. wind*** viento *m* del noroeste

3 *adv (go, move)* hacia el noroeste; *(be situated, face)* al noroeste

northwesterly [nɔːθˈwestəlɪ] **1** *n (wind)* viento *m* del noroeste

2 *adj (direction)* noroeste ❑ ***n. wind*** viento *m* del noroeste

northwestern [nɔːθˈwestən] *adj (region)* del noroeste

Norway [ˈnɔːweɪ] *n* Noruega

Norwegian [nɔːˈwiːdʒən] **1** *n* **(a)** *(person)* noruego(a) *m,f* **(b)** *(language)* noruego *m*

2 *adj* noruego(a)

nose [nəʊz] *n* **(a)** *(of person)* nariz *f*; *(of animal)* hocico *m*; **her n. is bleeding** está sangrando por la nariz; **to blow one's n.** sonarse la nariz; **to hold one's n.** taparse la nariz; *Fam* **to have a n. job** *(cosmetic surgery)* operarse la nariz ❑ *Fam* ***n. candy*** *(cocaine)* coca *f*, nieve *f*; *Fam* ***n. rag*** pañuelo *m* de los mocos; ***n. ring*** *(on animal)* aro *m (en la nariz)*; *(on person)* pendiente *m or Am* arete *m* de la nariz

(b) *(of vehicle, plane, missile)* morro *m*; **the traffic was n. to tail** había caravana ❑ *Av* ***n. cone*** morro *m*; *Av* ***n. wheel*** rueda *f* delantera

(c) IDIOMS **it's right under your n.** lo tienes delante de las narices; **to have a n. for sth** tener olfato para algo; **to turn one's n. up at sth** hacerle ascos a algo; **to look down one's n. at sb** mirar a alguien por encima del hombro; **to get up sb's n.** poner negro(a) a alguien; **to keep one's n. clean** no meterse en líos; **to poke one's n. into other people's business** meter las narices en los asuntos de otros; **to put sb's n. out of joint** hacerle un feo a alguien; **she walked by with her n. in the air** pasó con gesto engreído; **they are leading them by the n.** les están manejando a su antojo; **she paid through the n. for it** le costó un ojo de la cara; **to cut off one's n. to spite one's face** tirar (uno) piedras contra su propio tejado; **to keep one's n. to the grindstone** dar el callo

▸**nose about, nose around** *vi Fam* curiosear

▸**nose out** *vt sep (track down)* dar con

nosebag [ˈnəʊzbæg] *n* morral *m*

noseband [ˈnəʊzbænd] *n* muserola *f*

nosebleed [ˈnəʊzbliːd] *n* **to have a n.** sangrar por la nariz

nose-dive [ˈnəʊzdaɪv] **1** *n (of plane)* picado *m*; *(of prices)* caída *f* en picado; **to take a n.** *(of plane)* hacer un picado; *(of prices)* caer en picado

2 *vi (of plane)* hacer un picado; *(of prices)* caer en picado

nosey, nosy [ˈnəʊzɪ] *adj Fam* entrometido(a) ❑ *Br* ***n. parker*** metomentodo *mf*

nosh [nɒʃ] *Br Fam* **1** *n (food)* manduca *f*, *Méx, RP* papa *f*, *RP* morfi *m*

2 *vi (eat)* mandućar, *Méx* echar papa, *RP* morfar

no-show [nəʊˈʃəʊ] *n* **(a)** *(for flight)* pasajero *m* (con reserva) no presentado **(b)** *(at theatre)* reserva *f* no cubierta

nosh-up [ˈnɒʃʌp] *n Br Fam* comilona *f*

nosily [ˈnəʊzɪlɪ] *adv* **he n. asked how much she earned** el muy entrometido le preguntó cuánto ganaba

nosiness [ˈnəʊzɪnɪs] *n* entrometimiento *m*

no-smoking [ˈnəʊˈsməʊkɪŋ] *adj (carriage, area)* de *or* para no fumadores

nostalgia [nɒsˈtældʒɪə] *n* nostalgia *f* **(for** de)

nostalgic [nɒsˈtældʒɪk] *adj* nostálgico(a)

nostalgically [nɒsˈtældʒɪklɪ] *adv* con nostalgia

nostril [ˈnɒstrɪl] *n* orificio *m* nasal, ventana *f* de la nariz

nosy = **nosey**

NOT [nɒt] *adv*

> En el inglés hablado, y en el escrito en estilo coloquial, **not** se contrae después de verbos modales y auxiliares.

no; **it's n. easy, it isn't easy** no es fácil; **it's n. unusual for this to happen** no es raro que ocurra esto; **n. me/him** yo/él no; **n. now/on Sundays** ahora/los domingos no; **I don't know** no sé; **it's terrible — no, it isn't!** es terrible – ¡no, no lo es!; **don't move!** ¡no te muevas!; **are you coming or n.?** ¿vienes o no?; **whether she likes it or n.** le guste o no; **I think/hope n.** creo/espero que no; **are you going? — I'd rather n.** ¿vas? – preferiría no ir; **she**

asked me n. to tell him me pidió que no se lo dijera; **you were wrong n. to tell him** hiciste mal en no decírselo; **you understand, don't you?** entiendes, ¿no?; **it's good, isn't it?** está bueno, ¿verdad? *or* ¿a qué sí?; **n. her again!** ¡ella otra vez!; **n. wishing to cause an argument, he said nothing** como no deseaba provocar una discusión, no dijo nada; **it happened n. 10 metres away from where we are standing** ocurrió ni a 10 metros de donde estamos; *Fam* **I really liked her... n.!** me gustó mucho... ¡qué va! *or RP* ¡pero no!; **you have one hour and n. a minute longer** tienes una hora, ni un minuto más; **n. at all** en absoluto; **it was n. at all funny** no tuvo nada de gracia; **thank you so much! — n. at all!** ¡muchísimas gracias! – ¡de nada! *or* ¡no hay de qué!; **n. always** no siempre; **n. any more** ya no; **n. even** ni siquiera; **n. one** *or* **a single person answered** ni una sola persona contestó; **n. only... but also...** no sólo... sino también...; **n. that I minded** no es que me importara; **we missed the train, n. that I minded much** perdimos el tren, aunque no es que me importara mucho; **we lost, n. that it matters** perdimos, ¡pero qué más da!; **n. yet** todavía no, aún no

notable ['nəʊtəbəl] **1** *n (person)* persona *f* distinguida

2 *adj* notable; **to be n. for sth** destacar por algo

notably ['nəʊtəblɪ] *adv* **(a)** *(especially)* en particular, en especial **(b)** *(noticeably)* notablemente; **his name was n. absent from the list** notoriamente, su nombre no aparecía en la lista

notarize ['nəʊtəraɪz] *vt US Law (document)* autenticar, legalizar

notary ['nəʊtərɪ] *n Law* **n. (public)** notario(a) *m,f, Am* escribano(a) *m,f*

notation [nəʊ'teɪʃən] *n* notación *f*

notch [nɒtʃ] **1** *n* **(a)** *(in stick)* muesca *f* **(b)** *(grade, level)* punto *m*, grado *m*; **she's a n. above the rest** está por encima de los demás

2 *vt (once)* hacer una muesca en; *(several times)* hacer muescas en

▸**notch up** *vt sep (victory, sale)* apuntarse

note [nəʊt] **1** *n* **(a)** *(short letter, at foot of page, record)* nota *f*; **(lecture) notes** apuntes *mpl* de clase; **to take** *or* **make a n. of sth** tomar nota de algo; **to take notes** *(of lecture, reading)* tomar notas; **to take n. of sb/sth** *(notice)* fijarse en alguien/algo **(b)** *(musical)* nota *f*; *Fig (of doubt, anger)* nota *f*, tono *m*; **on a lighter n.** pasando a cosas menos serias **(c)** *(banknote)* billete *m* **(d) of n.** *(outstanding)* excepcional, destacable; **nothing of n. happened** no ocurrió nada digno de mención

2 *vt (notice)* notar; *(mention)* señalar; *(error, mistake)* advertir; *(fact)* darse cuenta de; **please n. that...** tenga en cuenta que...

▸**note down** *vt sep* anotar, apuntar

notebook ['nəʊtbʊk] *n* **(a)** *(small)* libreta *f*; *(bigger)* cuaderno *m* **(b)** *Comptr Esp* ordenador *m or Am* computadora *f* portátil

noted ['nəʊtɪd] *adj* destacado(a); **to be n. for sth** destacar por algo

notelet ['nəʊtlɪt] *n* = papel de cartas decorado y doblado en cuatro

notepad ['nəʊtpæd] *n* bloc *m* de notas

notepaper ['nəʊtpeɪpə(r)] *n* papel *m* de carta

noteworthy ['nəʊtwɜːðɪ] *adj* digno(a) de mención

NOTHING ['nʌθɪŋ] **1** *pron* nada; **n. new/remarkable** nada nuevo/especial; **n. happened** no pasó nada; **I have n. to do** no tengo nada que hacer; **I've had n. to eat** no he comido nada; **it's n. to worry about** no es para preocuparse; **n. you can do will make up for it** hagas lo que hagas no podrás compensarme; **say n. about it** no digas nada (de esto); **are you all right? — yes, it's n.** ¿estás bien? – sí, no es nada; **thank you very much — it was n.** muchísimas gracias – de nada *or* no hay de qué; **£1,000 is n. to her** para ella 1.000 libras no son nada; **it's all or n. now** ahora es todo o nada; **there's n. clever about it** no tiene nada de inteligente; **to get angry/ worried for** *or* **about n.** enfadarse *or Am* enojarse/preocuparse por nada; **to do sth for n.** *(in vain)* hacer algo para nada; *(with no reason)* hacer algo porque sí; *(free of charge)* hacer algo gratis; **he has built up the firm from n.** ha construido la empresa partiendo de la nada; **you've caused me n. but trouble** no me has traído (nada) más que problemas; **buy n. but the best** compre sólo lo mejor; **n. else** nada más; **there is n. for it (but to...)** no hay más remedio (que...); **he was n. if not discreet** desde luego fue muy discreto; **there's n. in it** *(it's untrue)* es falso; **there's n. in it between the two models** los dos modelos se diferencian en muy poco; **there's n. like a nice steak!** ¡no hay nada como un buen filete!; **there is n. more to be said** no hay (nada) más que decir; **n. much** no mucho, poca cosa; **I said n. of the sort** yo no dije nada de eso; IDIOM *Fam* **there's n. to it** no tiene ningún misterio; **as a pianist he has n. on his brother** como pianista, no tiene ni punto de comparación con su hermano; **to have n. to do with sb/sth** no tener nada que ver con alguien/algo; **that's n. to do with you** no tiene nada que ver contigo; **I want n. to do with it** no quiero tener nada que ver con ello; **to make n. of sth** *(of an achievement, result)* no dar importancia a algo; *(of a regrettable occurrence or event)* quitar *or Am* sacar hierro a algo; **to say n. of...** por no hablar de...; **he thinks n. of spending $100 on drink** le parece normal gastarse 100 dólares en bebida; **think n. of it** *(response to thanks)* no hay de qué; *(response to apology)* olvídalo; *Fam* **can you lend me ten dollars? — n. doing** ¿me prestas diez dólares? – ¡ni soñando *or Esp* de eso nada *or Méx* ni un quinto!

2 *n* **(a)** *(zero)* cero *m*; **we won three n.** ganamos (por) tres a cero

(b) *(insignificant person)* cero *m* a la izquierda

(c) *(trifle)* **a hundred dollars? — a mere n.!** ¿cien dólares? – ¡una bagatela!; **to come to n.** quedar en nada

3 *adv* **she looks n. like her sister** no se parece en nada a su hermana; **it was n. like as difficult as they said** no era ni mucho menos tan difícil como decían; **your behaviour was n. less than** *or* **short of disgraceful** tu comportamiento fue de lo más vergonzoso; **it was n. more than a scratch** no fue más que un pequeño rasguño

NOTICE ['nəʊtɪs] **1** *n* **(a)** *(warning)* aviso *m*; **to give sb n. of sth** avisar a alguien de algo, notificar algo a alguien; **at a moment's n.** enseguida; **at short n.** en poco tiempo, con poca antelación; **until further n.** hasta nuevo aviso; **without (prior) n.** sin previo aviso; **to give** *or* **hand in one's n.** *(resign)* presentar la dimisión, despedirse; **to give sb their n.** *(make redundant)* despedir a alguien; **to give sb a month's n.** *(of redundancy)* comunicarle a alguien el despido con un mes de antelación; *(to move out)* darle a alguien un plazo de un mes para abandonar el inmueble; **you must give at least a month's n.** debes avisar con al menos un mes de antelación

(b) *(attention)* **to attract n.** llamar la atención; **to bring sth to sb's n.** llamar la atención de alguien sobre algo; **it has come to my n. that...** ha llegado a mi conocimiento que...; **the fact escaped everyone's n.** el hecho pasó inadvertido a todo el mundo; **to take n. of sb/sth** prestar atención a alguien/algo; **to take no n. (of), not to take any n. (of)** no hacer caso (de)

(c) *(sign)* cartel *m*

(d) *(announcement in newspaper)* anuncio *m*

(e) *Th* crítica *f*, reseña *f*

2 *vt (realize)* darse cuenta de; *(sense)* notar; *(observe)* fijarse en; **I noticed (that) he was uncomfortable** me di cuenta de que estaba incómodo; **have you noticed anything strange in her behaviour?** ¿has notado algo extraño en su comportamiento?; **I noticed a man yawning at the back** me fijé en un hombre al fondo que bostezaba; **did you n. her smiling?** ¿te diste cuenta de cómo sonreía?; **I noticed a gap in the fence** vi un hueco en la valla; **I n. you've dyed your hair** veo que te has teñido el pelo; **to do sth without being noticed** hacer algo sin que nadie se dé cuenta; **to be noticed, to get oneself noticed** llamar la atención

3 *vi* darse cuenta

noticeable ['nəʊtɪsəbəl] *adj (change, difference)* apreciable, notable; **barely n.** apenas perceptible; **it was very n. that...** se notaba claramente que...

noticeably ['nəʊtɪsəblɪ] *adv* claramente, notablemente; **have things improved? —**

not n. ¿han mejorado las cosas? – no de manera significativa

noticeboard ['nəʊtɪsbɔːd] *n* tablón *m* de anuncios

notifiable [nəʊtɪ'faɪəbəl] *adj (disease)* notificable

notification [nəʊtɪfɪ'keɪʃən] *n* notificación *f*; **to give sb n. of sth** notificar algo a alguien

notify ['nəʊtɪfaɪ] *vt* notificar; **to n. sb of sth** notificar algo a alguien; **the authorities have been notified** ya se ha informado *or CAm, Méx* reportado a la autoridad

notion ['nəʊʃən] *n* **(a)** *(idea, concept)* idea *f*, noción *f*; **to have no n. of sth** no tener noción de algo; **I have a n. that...** me parece que...; **to have a n. to do sth** tener el capricho de hacer algo **(b)** *US* **notions** *(sewing materials)* cosas *fpl* de costura

notional ['nəʊʃənəl] *adj (sum, fee)* hipotético(a)

notoriety [nəʊtə'raɪətɪ] *n* mala fama *f*

notorious [nəʊ'tɔːrɪəs] *adj Pej* famoso(a) *or* célebre *(por algo negativo)*; **he's a n. liar** es famoso por sus mentiras

Note that the Spanish word **notorio** is a false friend and is never a translation for the English word **notorious**. In Spanish **notorio** means both "obvious" and "widely known".

notoriously [nəʊ'tɔːrɪəslɪ] *adv* **it is n. difficult/bad** es de sobra conocido lo difícil/malo que es

no-trump(s) ['nəʊ'trʌmp(s)] *adv* sin triunfo

Notts [nɒts] *(abbr* **Nottinghamshire**) Nottinghamshire

notwithstanding [nɒtwɪθ'stændɪŋ] *Formal* **1** *prep* a pesar de, pese a
2 *adv* no obstante, sin embargo

nougat ['nuːgɑː] *n* = tipo de turrón de textura similar a un caramelo de tofe, con frutos secos y frutas confitadas

nought, *US* **naught** [nɔːt] *n* cero *m*; *Br* **noughts and crosses** *(game)* tres en raya *m*

noun [naʊn] *n Gram* sustantivo *m*, nombre *m*; **proper n.** nombre *m* propio ❑ ***n. phrase*** sintagma *m* nominal

nourish ['nʌrɪʃ] *vt* **(a)** *(person, animal)* nutrir, alimentar; **to be well nourished** estar bien alimentado(a) **(b)** *(feeling, hope)* abrigar, albergar

nourishing ['nʌrɪʃɪŋ] *adj* nutritivo(a)

nourishment ['nʌrɪʃmənt] *n* **(a)** *(food)* alimentos *mpl* **(b)** *(nourishing quality)* alimento *m*

nous [naʊs] *n Br Fam (common sense)* seso *m*

nouveau riche [nuːvəʊ'riːʃ] *Pej* **1** *n (pl* **nouveaux riches**) nuevo(a) rico(a) *m,f*
2 *adj* de nuevo rico

Nov *(abbr* **noviembre**) nov.

nova ['nəʊvə] *(pl* **novae** ['nəʊviː] *or* **novas**) *n Astron* nova *f*

Nova Scotia ['nəʊvə'skəʊʃə] *n* Nueva Escocia

novel ['nɒvəl] **1** *n* novela *f*
2 *adj (original)* novedoso(a), original

novelese [nɒvə'liːz] *n Pej* prosa *f* novelesca

novelette [nɒvə'let] *n Pej* novelucha *f*

novelettish ['nɒvəletɪʃ] *adj Pej* sentimentaloide

novelist ['nɒvəlɪst] *n* novelista *mf*

novella [nɒ'velə] *(pl* **novellas**) *n* novela *f* corta

novelty ['nɒvəltɪ] *n* **(a)** *(newness, new thing)* novedad *f*; **the n. will soon wear off** pronto dejará de ser una novedad; **it has a certain n. value** tiene un cierto atractivo por ser nuevo **(b)** *(cheap toy)* baratija *f*

November [nəʊ'vembə(r)] *n* noviembre *m*; *see also* **May**

novice ['nɒvɪs] *n* **(a)** *(beginner)* principiante *mf*, novato(a) *m,f* **(b)** *Rel* novicio(a) *m,f*

Novocaine® ['nəʊvəkeɪn] *n* novocaína® *f*

NOW [naʊ] **1** *adv* **(a)** *(at this moment)* ahora; *(these days)* hoy (en) día; **what shall we do n.?** ¿y ahora qué hacemos?; **n. is the time to...** ahora es el momento de...; **n.'s our chance** ésta es nuestra oportunidad *or* la nuestra; **n. you tell me!** ¡y me lo dices ahora!; **it's two years n. since his mother died** hace dos años que murió su madre; **he won't be long n.** no tardará *or Am* demorará mucho; **and n. for some music** y a continuación, un poco de música; **any day n.** cualquier día de estos; **any minute n.** en cualquier momento; **they should have finished before n.** ya deberían haber acabado; **between n. and next week** entre ahora y la próxima semana; **he ought to be here by n.** ya debería haber llegado; **if she can't do it by n., she never will** si todavía no lo sabe hacer, no lo hará nunca; **(every) n. and then** *or* **again** de vez en cuando; **that'll do for n.** ya basta por ahora *or* por el momento; **in three days from n.** de aquí a tres días; **from n. on, as of n.** a partir de ahora; **I'm busy just n.** ahora mismo estoy ocupado; **I saw her just n.** la acabo de ver; **right n.** ahora mismo; **up to** *or* **until n.** hasta ahora; *Fam* **it's n. or never** ahora o nunca
(b) *(referring to moment in past)* entonces; **n. it was time for them leave** entonces fue el momento de marcharse
(c) *(introducing statement, question)* **n., there are two ways of interpreting this** ahora bien, lo podemos interpretar de dos maneras; **n., let me see...** bueno, vamos a ver...; **n., if I were you...** escucha, si yo estuviera en tu lugar...; **n. that was a good idea** esa sí que ha sido una buena idea; **n. what have I said about using bad language?** ¿y qué es lo que te/os tengo dicho sobre las palabrotas?; **n. why would she say a thing like that?** ¿pero por qué iba a decir algo así?; **come on, n., or we'll be late** venga, date prisa *or Am* apúrate o llegaremos tarde; **be careful, n.!** ten mucho cuidado, ¡eh!; **well n.** *or* **n. then, what's happened here?** vamos a ver, ¿qué ha pasado?
(d) *(as reproof)* **come n.!** ¡venga, hombre/mujer!; **n., n., stop quarrelling!** ¡hala, hala! ¡basta de peleas!
(e) *(when comforting)* **n., n., there's no need to cry** venga, vamos, no llores
2 *conj* ahora que; **n. (that) I'm older I think differently** ahora que soy más viejo, ya no pienso igual; **n. (that) you mention it** ahora que lo dices

nowadays ['naʊədeɪz] *adv* hoy (en) día, actualmente

noway ['nəʊweɪ], **noways** ['nəʊweɪz] *adv Fam* de ninguna manera

NOWHERE ['nəʊweə(r)] **1** *n* **there was n. to stay** no había dónde alojarse; **they have n. to live** no tienen dónde vivir; **an ambulance appeared from n.** un ambulancia apareció de la nada; **he came from n. to win the race** remontó desde atrás y ganó la carrera
2 *adv* en/a ningún lugar, en/a ninguna parte; **where did you hide it? – n.** ¿dónde lo has escondido? – en ninguna parte; **where did they send you? – n.** ¿adónde te mandaron? – a ninguna parte; **he was n. to be found** no lo encontrábamos por ninguna parte; **they were n. to be seen** no los veíamos por ninguna parte; **n. does the report mention her name** en ninguna parte del informe *or CAm, Méx* reporte se menciona su nombre; **n. is this more evident than in his written work** donde más se pone en evidencia esto es en su obra escrita; **n. else** en/a ningún otro lugar; **it's n. near the mall** no queda nada cerca del centro comercial; **it's n. near good enough** está lejos de ser aceptable; **the rest were n.** *(in contest)* los demás quedaron muy por detrás; **qualifications alone will get you n.** sólo con los estudios no irás a ninguna parte; **I'm getting n. with this essay** no estoy avanzando nada con este trabajo; *Fam* **we're getting n. fast** estamos perdiendo el tiempo; **you will go n. until I tell you to** tú no te mueves de ahí hasta que no te lo diga; *Fig* **we're going n.** no vamos a ninguna parte

no-win ['nəʊ'wɪn] *adj* **a n. situation** callejón *m* sin salida

noxious ['nɒkʃəs] *adj Formal* nocivo(a), pernicioso(a)

nozzle ['nɒzəl] *n* boquilla *f*

NP [en'piː] **(a)** *(abbr* **new paragraph**) punto y aparte **(b)** *(abbr* **New Providence**) Nueva Providencia **(c)** *(abbr* **Notary Public**) notario *mf*, *Am* escribano(a) *m,f* **(d)** *Gram (abbr* **noun phrase**) SN

nr *(abbr* **near**) cerca de

NRA [enɑː'reɪ] *n* **(a)** *(abbr* **National Rifle Association**) = asociación estadounidense que se opone a cualquier restricción en el uso de armas de fuego **(b)** *(abbr* **National Rivers Authority**) = organismo británico que controla la contaminación de los ríos

NS [en'es] (*abbr* **Nova Scotia**) Nueva Escocia

NSC [enes'si:] *n US* (*abbr* **National Security Council**) Consejo *m* de Seguridad Nacional

NSPCC [enespi:si:'si:] *n Br* (*abbr* **National Society for the Prevention of Cruelty to Children**) = sociedad protectora de la infancia

NSW (*abbr* **New South Wales**) Nueva Gales del Sur

NT [en'ti:] (**a**) (*abbr* **National Trust**) = organismo estatal británico encargado de la conservación de edificios y parajes de especial interés, *Esp* ≃ Patrimonio *m* Nacional (**b**) (*abbr* **New Testament**) Nuevo Testamento (**c**) (*abbr* **Northern Territory**) Territorio *m* Septentrional

nth [enθ] *adj Fam* enésimo(a); **for the n. time** por enésima vez; **to the n. degree** al máximo, a tope

nuance ['nju:ɒns] *n* matiz *m*

nub [nʌb] *n* **the n. of the matter** *or* **issue** el quid de la cuestión

nubile ['nju:baɪl] *adj (attractive)* de buen ver

nuclear ['nju:klɪə(r)] *adj* nuclear; **to go n.** *(in war)* emplear armamento nuclear ❑ ***n. bunker*** refugio *m* antinuclear; ***n. disarmament*** desarme *m* nuclear; ***n. energy*** energía *f* nuclear; ***n. family*** familia *f* nuclear; ***n. fission*** fisión *f* nuclear; ***n. fuel*** combustible *m* nuclear; ***n. fusion*** fusión *f* nuclear; ***n. physics*** física *f* nuclear; ***n. power*** energía *f* nuclear *or* atómica; ***n. power station*** central *f* nuclear; ***n. reaction*** reacción *f* nuclear; ***n. reactor*** reactor *m* nuclear; ***n. war(fare)*** guerra *f* nuclear *or* atómica; ***n. warhead*** cabeza *f* nuclear; ***n. waste*** residuos *mpl* nucleares; ***n. weapon*** arma *f* nuclear *or* atómica; ***n. winter*** invierno *m* nuclear

nuclear-free zone ['nju:klɪəfri:'zəʊn] *n* zona *f* desnuclearizada

nuclear-powered ['nju:klɪə'paʊəd] *adj* nuclear ❑ ***n. submarine*** submarino *m* nuclear

nuclei ['nju:klɪaɪ] *pl of* **nucleus**

nucleic [nju:'kli:ɪk] *adj* nucleico(a) ❑ ***n. acid*** ácido *m* nucleico

nucleus ['nju:klɪəs] (*pl* **nuclei** ['nju:klɪaɪ]) *n also Fig* núcleo *m*

nuddy ['nʌdɪ] *n Br Fam* **in the n.** en pelotas *or* cueros, *Méx* encuerado(a)

nude [nju:d] **1** *n* desnudo *m*; **in the n.** desnudo(a)

2 *adj* desnudo(a); **to be n.** estar desnudo(a)

nudge [nʌdʒ] **1** *n* (**a**) *(push)* empujón *m* (**b**) *(with elbow)* codazo *m*; *Fam Hum* **n. n., wink wink** ya me entiendes

2 *vt* (**a**) *(push)* dar un empujón a (**b**) *(elbow)* dar un codazo a

nudie ['nju:dɪ] *Fam* **1** *n (film)* película *f* con desnudos

2 *adj (film)* con desnudos; *(bathing)* en pelotas, en cueros, *Méx* encuerado(a)

nudism ['nju:dɪzəm] *n (naturism)* nudismo *m*

nudist ['nju:dɪst] *n* nudista *mf* ❑ ***n. camp/colony*** campamento *m*/colonia *f* nudista

nudity ['nju:dɪtɪ] *n* desnudez *f*

nugget ['nʌgɪt] *n (of gold)* pepita *f*; *Fig* **a few useful nuggets of information** unas cuantas informaciones útiles

nuisance ['nju:səns] *n* (**a**) *(annoying thing)* pesadez *f*, molestia *f*; **what a n.!, that's a n.!** ¡qué contrariedad! ❑ ***n. call*** llamada *f* (telefónica) molesta, *Am* llamado *m* molesto (**b**) *(annoying person)* pesado(a) *m,f*; **to make a n. of oneself** dar la lata

NUJ [enju:'dʒeɪ] *n* (*abbr* **National Union of Journalists**) = sindicato británico de periodistas

nuke [nju:k] *Fam* **1** *n (weapon)* arma *f* nuclear

2 *vt* (**a**) *(attack with nuclear weapons)* atacar con armas nucleares (**b**) *(cook in microwave)* cocinar en el microondas (**c**) *(defeat)* dar una paliza a

null [nʌl] *adj* nulo(a); **n. and void** nulo y sin valor

nullify ['nʌlɪfaɪ] *vt* anular, invalidar

nullity ['nʌlɪtɪ] *n Law (invalidity)* nulidad *f*

NUM [enju:'em] *n* (*abbr* **National Union of Mineworkers**) = sindicato minero británico

numb [nʌm] **1** *adj* entumecido(a); **to be n.** estar entumecido(a); **to go n.** entumecerse; **n. with cold** entumecido(a) por el frío; **n. with fear** paralizado(a) por el miedo

2 *vt (of cold, grief)* entumecer; *(of terror)* paralizar

NUMBER ['nʌmbə(r)] **1** *n* (**a**) *(unit, amount)* número *m*; **I live at n. 40** vivo en el (número) 40; **the n. 5 (bus)** el (número) 5; **a large n. of** gran número de; **I have a small n. of queries** tengo unas pocas preguntas; **large numbers of people** grandes cantidades de gente; **what sort of numbers are you expecting?** ¿cuánta gente esperáis?; **a n. of reasons** varias razones; **there are any n. of explanations** hay varias explicaciones; *Literary* **deaths beyond** *or* **without n.** innumerables *or* incontables muertes; **their supporters were present in small/great numbers** un pequeño/gran número de sus partidarios hizo acto de presencia; **we are twenty in n.** somos veinte; **their opponents are few in n.** sus adversarios son pocos; **one of our n. was unable to continue** uno de los nuestros no pudo continuar; **(telephone) n.** número (de teléfono); **I'm good at numbers** se me dan bien los números *or* las cifras; IDIOM *Fam* **I've got your n.!** ¡te tengo fichado!; IDIOM *Fam* **his n.'s up** le ha llegado la hora; IDIOM *Fam* **to do a n. on sb** hacerle una jugada a alguien; *US* **numbers (game** *or* **racket)** lotería *f* ilegal ❑ ***n. one*** *(person, song)* número uno; **our n. one priority/film star** nuestra principal prioridad/estrella; *Fam* **to do a n. one** *(to urinate)* hacer pis; *Fam* **to look after n. one** cuidarse sólo de los propios intereses; *Br* ***N. Ten*** = la residencia oficial del primer ministro británico; *Br* **there was no comment from N. Ten** el primer ministro no efectuó ningún comentario; *Math* ***n. theory*** teoría *f* de números; ***n. two*** *(subordinate)* segundo *m* (de a bordo); *Fam* **to do a n. two** *(to defecate)* hacer de vientre, *RP* ir de vientre

(**b**) *Br (of car)* matrícula *f*

(**c**) *(song)* tema *m*, canción *f*

(**d**) *Br (of magazine)* número *m*

(**e**) *Fam (referring to dress, object)* **she was wearing a sexy little n.** llevaba un modelito bien sexy; **that car is a nice little n.** ¡vaya cochazo!, *Méx* ¡qué carro más padre!; *Fam* **she's got a nice little n. there** *(situation)* ha conseguido un buen chollo *or Méx* churro *or RP* curro

(**f**) *Gram* número *m*

2 *vt* (**a**) *(assign number to)* numerar; **the seats are numbered** los asientos están numerados; **his days are numbered** tiene los días contados

(**b**) *(count)* contar; **he numbers her among his friends** la cuenta entre sus amigos; **the society numbers several famous people among its members** la asociación cuenta con varios famosos entre sus miembros; **she is numbered among the greatest poets of her day** figura entre las grandes poetisas de su tiempo

(**c**) *(amount to)* **the dead numbered several thousand** había varios miles de muertos

---

number-crunching ['nʌmbəkrʌntʃɪŋ] *n Comptr* cálculos *mpl* matemáticos largos y complicados

numberless ['nʌmbəlɪs] *adj (countless)* innumerables

numberplate ['nʌmbəpleɪt] *n Br (on car)* (placa *f* de la) matrícula *f*

numbly ['nʌmlɪ] *adv (answer, stare)* sin poder reaccionar

numbness ['nʌmnɪs] *n* (**a**) *(of fingers)* entumecimiento *m* (**b**) *(from grief)* aturdimiento *m*; *(from fear)* parálisis *f inv*

numbskull ['nʌmskʌl] *n Fam* idiota *mf*, *Esp* majadero(a) *m,f*

numeracy ['nju:mərəsɪ] *n* conocimiento *m* de aritmética

numeral ['nju:mərəl] *n* número *m*

numerate ['nju:mərət] *adj* **to be n.** tener un conocimiento básico de aritmética

numerator ['nju:məreɪtə(r)] *n Math* numerador *m*

numeric [nju:'merɪk] *adj* numérico(a) ❑ *Comptr* ***n. keypad*** teclado *m* numérico

numerical [nju:'merɪkəl] *adj* numérico(a) ❑ ***n. analysis*** análisis *m* numérico; *Comptr* ***n. control*** control *m* numérico

numerically [nju:'merɪklɪ] *adv* en número, numéricamente; **n. superior** numéricamente superior

numerology [nju:mə'rɒlədʒɪ] *n* numerología *f*

numerous ['nju:mərəs] *adj* numeroso(a);

on n. occasions en numerosas ocasiones; **they are too n. to mention** son incontables *or* innumerables

numismatics [nju:mɪz'mætɪks], **numismatology** [nju:mɪzmə'tɒlədʒɪ] *n* numismática *f*

nun [nʌn] *n* monja *f*

nuncio ['nʌnsɪəʊ] (*pl* **nuncios**) *n* nuncio *m*

nunnery ['nʌnərɪ] *n* convento *m*

nuptial ['nʌpʃəl] **1** *npl* **nuptials** boda *f*, esponsales *mpl*

2 *adj* nupcial

nurse [nɜ:s] **1** *n* (**a**) *(medical)* enfermera *f*; **(male) n.** enfermero *m* (**b**) *(looking after children)* niñera *f*

2 *vt* (**a**) *(look after)* cuidar, atender; **she nursed him back to health** lo cuidó hasta que se restableció (**b**) *(suckle)* amamantar, dar de mamar a (**c**) *Fig (feeling, hope)* guardar, abrigar; **to n. a grievance** guardar rencor

nursemaid ['nɜ:smeɪd], **nurserymaid** ['nɜ:sərɪmeɪd] *n* niñera *f*

nursery ['nɜ:sərɪ] *n* (**a**) *(for children) (establishment)* guardería *f*; *(room in house)* cuarto *m* de los niños ❑ ***n. education*** educación *f* preescolar; *Br* ***n. nurse*** puericultora *f*; ***n. rhyme*** poema *m* or canción *f* infantil; ***n. school*** centro *m* de preescolar, parvulario *m*; ***n. slopes*** *(in skiing)* pistas *fpl* para principiantes (**b**) *(for plants)* vivero *m*, semillero *m*

nursery maid = **nursemaid**

nursing ['nɜ:sɪŋ] *n (profession)* enfermería *f*; *(care given by a nurse)* cuidados *mpl*, atención *f* sanitaria ❑ ***n. home*** *(where children are born)* maternidad *f*; *(for old people, war veterans)* residencia *f*; ***n. officer*** enfermera *f* *(que también realiza tareas administrativas)*; ***n. staff*** personal *m* sanitario

nurture ['nɜ:tʃə(r)] *vt* (**a**) *(children, plants)* nutrir, alimentar (**b**) *(plan, scheme)* alimentar

NUS [enju:'es] *n* (*abbr* **National Union of Students**) = sindicato nacional de estudiantes británico

NUT [enju:'ti:] *n* (*abbr* **National Union of Teachers**) = sindicato británico de profesores

nut [nʌt] *n* (**a**) *(food)* fruto *m* seco, nuez *f*; **nuts and raisins** frutos secos; IDIOM **a hard** *or* **tough n.** *(person)* un hueso (duro de roer); IDIOM **a tough** *or* **hard n. to crack** *(problem)* un hueso duro de roer

(**b**) *Fam (head)* coco *m*; **to be off one's n.** estar mal de la azotea; **to go off one's n.** *(go mad)* volverse loco(a) *or Esp* majareta; *(get angry)* ponerse furioso(a); *Br* **he'll do his n. when he finds out!** ¡se va a cabrear *or RP* poner como loco cuando se entere!

(**c**) *Fam (mad person)* chiflado(a) *m,f*, *Esp* chalado(a) *m,f*

(**d**) *Fam (enthusiast)* **a jazz/tennis n.** un loco del jazz/tenis

(**e**) *(for fastening bolt)* tuerca *f*; IDIOM **the nuts and bolts** los aspectos prácticos

(**f**) *very Fam* **nuts** *(testicles)* huevos *mpl*, *Méx* albóndigas *fpl*

nut-brown ['nʌtbraʊn] *adj* castaño(a)

nutcase ['nʌtkeɪs] *n Fam* chalado(a) *m,f*

nutcrackers ['nʌtkrækəz] *npl* cascanueces *m inv*; **a pair of n.** un cascanueces

nuthatch ['nʌthætʃ] *n (bird)* trepador *m* azul

nuthouse ['nʌthaʊs] *n Fam* manicomio *m*, *Esp* frenopático *m*, *RP* loquero *m*

nutmeg ['nʌtmeg] *n* nuez *f* moscada

nutrient ['nju:trɪənt] **1** *n* **nutrients** sustancias *fpl* nutritivas

2 *adj* nutritivo(a)

nutrition [nju:'trɪʃən] *n* nutrición *f*

nutritional [nju:'trɪʃənəl] *adj* nutritivo(a); **n. value** valor *m* nutritivo

nutritionist [nju:'trɪʃənɪst] *n* nutricionista *mf*

nutritious [nju:'trɪʃəs] *adj* nutritivo(a), alimenticio(a)

nuts [nʌts] *Fam* **1** *adj (mad)* chiflado(a), *Esp* majara; **to be n.** estar chiflado(a) *or Esp* majara; **to go n.** *(go mad)* volverse loco(a) *or Esp* majareta; *(get angry)* volverse furioso(a); **to drive sb n.** poner histérico(a) a alguien; **to be n. about** *(be very keen on)* estar loco(a) por

2 *exclam* **¡n.!** *(expressing irritation, annoyance)* ¡vaya!, *Col, RP* ¡miércoles!; **n. to that!** ¡de eso nada!

nutshell ['nʌtʃel] *n* cáscara *f* (de fruto seco); **in a n.** en una palabra

nutter ['nʌtə(r)] *n Br Fam (mad person)* chalado(a) *m,f*

nutty ['nʌtɪ] *adj* (**a**) *(in taste)* **to have a n. taste** saber a avellana/nuez/*etc.* (**b**) *Fam (mad)* chiflado(a), chalado(a); **to be n.** estar chiflado(a) *or* chalado(a); IDIOM *Hum* **to be as n. as a fruitcake** faltarle un tornillo, *Esp* estar como una regadera, *Méx* estar tumbado(a) del burro

nuzzle ['nʌzəl] **1** *vt* (**a**) *(of dog, cat)* acariciar con el morro *or* hocico (**b**) *(of person)* acurrucarse contra

2 *vi* **to n. against sb** *(of person)* acurrucarse contra

NV (*abbr* **Nevada**) Nevada

NVQ [envi:'kju:] *n* (*abbr* **National Vocational Qualification**) = en Inglaterra y Gales, título de formación profesional

NW (*abbr* **north west**) NO

NWT (*abbr* **Northwest Territories**) Territorios *mpl* del Noroeste

NY *n* (*abbr* **New York**) Nueva York

NYC *n* (*abbr* **New York City**) (ciudad *f* de) Nueva York

nylon ['naɪlɒn] *n (textile)* nylon *m*, nailon *m*; **n. shirt/scarf** camisa/pañuelo de seda nailon

nylons ['naɪlɒnz] *npl (stockings)* medias *fpl* de nylon; **a pair of n.** unas medias de nylon

nymph [nɪmf] *n* ninfa *f*

nympho ['nɪmfəʊ] (*pl* **nymphos**) *n Fam* ninfómana *f*

nymphomania [nɪmfəʊ'meɪnɪə] *n* ninfomanía *f*

nymphomaniac [nɪmfəʊ'meɪnɪæk] *n* ninfómana *f*

NZ (*abbr* **New Zealand**) Nueva Zelanda

O

O, o [əʊ] *n* **(a)** *(letter)* O, o *f* ❑ *Br Formerly Sch* ***O-level*** = examen o diploma de una asignatura, de orientación académica, que se realizaba normalmente a los dieciséis años **(b)** *(zero)* cero *m*

oaf [əʊf] *n* tarugo *m*, zopenco *m*

oafish [ˈəʊfɪʃ] *adj (clumsy, awkward)* torpe; *(loutish)* zafio(a), bruto(a)

oak [əʊk] *n* roble *m* ❑ ***o. apple*** agalla *f* de roble

oaken [ˈəʊkən] *adj Literary* de roble

oakum [ˈəʊkəm] *n (rope)* estopa *f*

OAP [əʊeɪˈpiː] *n Br* (*abbr* **old age pensioner**) pensionista *mf*, jubilado(a) *m,f*

oar [ɔː(r)] *n* remo *m*; *Fam* **to stick** *or US* **put one's o. in** meter las narices

oarsman [ˈɔːzmən] *n* remero *m*

oarsmanship [ˈɔːzmənʃɪp] *n* habilidad *f* como remero(a)

oarswoman [ˈɔːzwʊmən] *n* remera *f*

OAS [əʊeɪˈes] *n* (*abbr* **Organization of American States**) OEA *f*

oasis [əʊˈeɪsɪs] (*pl* **oases** [əʊˈeɪsiːz]) *n* oasis *m inv*; *Fig* **an o. of calm** un oasis de tranquilidad

oast-house [ˈəʊsthaʊs] *n* secadero *m*

oatcake [ˈəʊtkeɪk] *n* galleta *f* de avena

oath [əʊθ] *n* **(a)** *(pledge)* juramento *m*; **o. of allegiance** juramento de adhesión; **to take** *or* **swear an o.** prestar juramento, jurar; *Law* **on** *or* **under o.** bajo juramento **(b)** *(swearword)* juramento *m*, palabrota *f*

oatmeal [ˈəʊtmiːl] *n* harina *f* de avena

oats [əʊts] *npl* **(a)** *(plant)* avena *f* **(b)** *(food)* copos *mpl* de avena; IDIOM *Br very Fam* **to get one's o.** echar el polvo de costumbre, *Méx* echarse el caldito de costumbre

OAU [əʊeɪˈjuː] *n* (*abbr* **Organization of African Unity**) OUA *f*

ob. (*abbr* **obiit**) fallecido(a)

obduracy [ˈɒbdjʊrəsɪ] *n Formal* tozudez *f*, obstinación *f*

obdurate [ˈɒbdjʊrɪt] *adj Formal* obstinado(a)

OBE [əʊbiːˈiː] *n* (*abbr* **Officer of the Order of the British Empire**) = título de miembro de la Orden del Imperio Británico, otorgado por servicios a la comunidad

obedience [əˈbiːdɪəns] *n* obediencia *f*

obedient [əˈbiːdɪənt] *adj* obediente

obediently [əˈbiːdɪəntlɪ] *adv* obedientemente; **the dog sat down o.** el perro se sentó obediente

obeisance [əʊˈbeɪsəns] *n Formal* **(a)** *(respect)* muestras *fpl* de respeto; **to make o. (to sb)** mostrar respeto a alguien **(b)** *(bow)* reverencia *f*

obelisk [ˈɒbəlɪsk] *n* obelisco *m*

obese [əʊˈbiːs] *adj* obeso(a)

obesity [əʊˈbiːsɪtɪ] *n* obesidad *f*

obey [əˈbeɪ] **1** *vt (person, order)* obedecer; **to o. the law** obedecer las leyes; **he obeyed his instincts** obedeció a *or* siguió sus instintos

2 *vi* obedecer

obfuscation [ɒbfəˈskeɪʃən] *n Formal* oscurecimiento *m*

obituary [əˈbɪtjʊərɪ] *n* nota *f* necrológica, necrología *f* ❑ ***o. column*** sección *f* de necrológicas; ***o. notice*** nota necrológica

object 1 *n* [ˈɒbdʒɪkt] **(a)** *(thing)* objeto *m* **(b)** *(focus)* **he was the o. of their admiration** él era el objeto de su admiración; *Fig* **to give sb an o. lesson in sth** dar a alguien una lección magistral de algo ❑ ***o. lens*** *(of telescope)* lente *f* objetivo **(c)** *(purpose, aim)* objeto *m*, propósito *m*; **the o. of the exercise is to...** el ejercicio tiene por objeto... **(d)** *(obstacle)* **expense is no o.** el gasto no es ningún inconveniente **(e)** *Gram* **direct/indirect o.** complemento *m or* objeto *m* directo/indirecto **(f)** *Comptr* objeto *m*

2 *vt* [əbˈdʒekt] **to o. that...** objetar que...; **"that's unfair," she objected** "es injusto", objetó

3 *vi* oponerse (**to** a); **does anyone o.?** ¿alguna objeción?; **I o.!** ¡no estoy de acuerdo!; **I o. to doing that** me indigna tener que hacer eso; **I o. to that remark/being treated like this** me parece muy mal ese comentario/que me traten así

objection [əbˈdʒekʃən] **1** *n* objeción *f*, reparo *m*; **to raise objections** poner objeciones *or* reparos; **I see/have no o.** no veo/tengo ningún inconveniente

2 *exclam* **o.!** *(in court)* ¡protesto!

objectionable [əbˈdʒekʃənəbəl] *adj (behaviour)* reprobable; **he made himself thoroughly o.** se puso muy desagradable

objective [əbˈdʒektɪv] **1** *n (aim, goal)* objetivo *m*

2 *adj (impartial)* objetivo(a)

objectively [əbˈdʒektɪvlɪ] *adv* objetivamente

objectivity [ɒbdʒekˈtɪvɪtɪ] *n* objetividad *f*

objector [ɒbˈdʒektə(r)] *n* oponente *mf*, crítico(a) *m,f*

object-oriented [ˈɒbdʒɪktˈɔːrɪentəd] *adj Comptr* orientado(a) a objeto

objet [ˈɒbʒeɪ] *n* ***o. d'art*** obra *f* de arte; ***o. trouvé*** cosa *f* encontrada

obligated [ˈɒblɪgeɪtɪd] *adj* **to feel o. to do sth** sentirse obligado(a) a hacer algo

obligation [ɒblɪˈgeɪʃən] *n* obligación *f*; **there's no o. (to do sth)** no hay obligación alguna (de hacer algo); **I did it out of a sense of o.** lo hice porque sentí que debía hacerlo; **to be under an o. to sb** tener una obligación para con alguien; **to be under an o. to do sth** estar obligado(a) a hacer algo

obligatory [ɒˈblɪgətərɪ] *adj* obligatorio(a); *Ironic* **the o. ovation** la ovación de rigor

oblige [əˈblaɪdʒ] *vt* **(a)** *(compel)* obligar; **to be/feel obliged to do sth** estar/sentirse obligado(a) a hacer algo **(b)** *(do a favour for)* hacer un favor a **(c) to be obliged to sb** *(be grateful)* estarle agradecido(a) a alguien; **I would be obliged if you would...** te estaría muy agradecido si...; **much obliged** muy agradecido(a)

obliging [əˈblaɪdʒɪŋ] *adj* atento(a)

obligingly [əˈblaɪdʒɪŋlɪ] *adv* amablemente

oblique [əˈbliːk] *adj* **(a)** *(line, angle)* oblicuo(a) **(b)** *(reference, hint)* indirecto(a)

obliquely [əˈbliːklɪ] *adv* **(a)** *(angled)* oblicuamente **(b)** *(indirectly)* indirectamente

obliterate [əˈblɪtəreɪt] *vt* **(a)** *(erase)* borrar; *Fig (the past)* suprimir **(b)** *(destroy)* asolar, arrasar

oblivion [əˈblɪvɪən] *n* olvido *m*; **he drank himself into o.** bebió *or Am* tomó hasta olvidarlo todo; **to sink into o.** caer en el olvido

oblivious [əˈblɪvɪəs] *adj* inconsciente; **o. to the pain/to the risks** ajeno(a) al dolor/a los riesgos; **I was o. of** *or* **to what was going on** no era consciente de lo que estaba pasando

oblong [ˈɒblɒŋ] **1** *n* rectángulo *m*

2 *adj* rectangular

obloquy [ˈɒbləkwɪ] *n Formal* **(a)** *(abuse)* ultraje *m* **(b)** *(disgrace)* oprobio *m*

obnoxious [əbˈnɒkʃəs] *adj (person, action)* repugnante

obnoxiously [əbˈnɒkʃəslɪ] *adv* de manera repugnante

oboe [ˈəʊbəʊ] *n* oboe *m*

oboist [ˈəʊbəʊɪst] *n* oboe *mf*

obscene [əbˈsiːn] *adj* **(a)** *(indecent)* obsceno(a) (**b**) *Fig (profits, prices)* escandaloso(a)

obscenely [əb'si:nlɪ] *adv* obscenamente; **o. rich** escandalosamente rico(a)

obscenity [əb'senɪtɪ] *n* obscenidad *f*

obscure [əb'skjʊə(r)] **1** *adj (author, book, background)* oscuro(a); *(remark, argument)* oscuro(a), enigmático(a); *(feeling, sensation)* vago(a), oscuro(a)
2 *vt* (**a**) *(hide from view)* ocultar (**b**) *(make unclear)* oscurecer

obscurity [əb'skjʊərɪtɪ] *n* oscuridad *f*

obsequies ['ɒbsəkwɪz] *npl Formal* exequias *f*

obsequious [əb'si:kwɪəs] *adj* servil, rastrero(a)

obsequiously [əb'si:kwɪəslɪ] *adv* servilmente, rastreramente

observable [əb'zɜ:vəbəl] *adj* apreciable

observance [əb'zɜ:vəns] *n* (**a**) *(of law, custom)* observancia *f*, acatamiento *m* (**b**) **religious observances** prácticas *fpl* religiosas

observant [əb'zɜ:vənt] *adj* observador(ora)

observation [ɒbzə'veɪʃən] *n* (**a**) *(act of observing)* observación *f*; *(by police)* vigilancia *f*; *also Med* **to keep sb under o.** tener a alguien en *or* bajo observación; **to escape o.** pasar inadvertido(a) ▫ *Rail* ***o. car*** = vagón con grandes ventanales; *Mil* ***o. post*** puesto *m* de observación (**b**) *(remark)* observación *f*, comentario *m*; **to make an o.** hacer una observación *or* un comentario

observational [ɒbzə'veɪʃənəl] *adj (work, techniques)* de observación

observatory [əb'zɜ:vətərɪ] *n* observatorio *m*

observe [əb'zɜ:v] *vt* (**a**) *(watch)* observar (**b**) *(notice)* advertir (**c**) *(say)* **to o. that...** señalar *or* observar que... (**d**) *(law, customs)* observar, acatar; **to o. the Sabbath** guardar el descanso sabático

observer [əb'zɜ:və(r)] *n* observador(ora) *m,f*

obsess [əb'ses] **1** *vt* obsesionar; **to be obsessed with** *or* **by sb/sth** estar obsesionado(a) con *or* por alguien/algo
2 *vi (be obsessive)* estar obsesionado(a) (**about** por *or* con)

obsession [əb'seʃən] *n* obsesión *f*; **to develop an o. about sth/sb** obsesionarse con algo/alguien

obsessional [əb'seʃənəl] *adj* obsesivo(a); **to be o.** estar obsesionado(a) (**about** por *or* con); **to become o.** obsesionarse

obsessive [əb'sesɪv] *adj* obsesivo(a)

obsessive-compulsive disorder [əb'sesɪvkəm'pʌlsɪvdɪs'ɔ:də(r)] *n Psy* trastorno *m* obsesivo-compulsivo

obsessively [əb'sesɪvlɪ] *adv* obsesivamente

obsidian [ɒb'sɪdɪən] *n Geol* obsidiana *f*

obsolescence [ɒbsə'lesəns] *n* obsolescencia *f*; **built-in o.** = diseño de un producto de modo que quede obsoleto en poco tiempo

obsolescent [ɒbsə'lesənt] *adj* que se está quedando obsoleto(a)

obsolete ['ɒbsəli:t] *adj* obsoleto(a); **to become o.** quedar obsoleto(a)

obstacle ['ɒbstəkəl] *n* obstáculo *m*; **to put obstacles in sb's way** ponerle a alguien obstáculos en el camino; **to overcome an o.** superar un obstáculo ▫ *also Fig* ***o. course*** carrera *f* de obstáculos; ***o. race*** carrera *f* de obstáculos

obstetric(al) [ɒb'stetrɪk(əl)] *adj Med* obstétrico(a)

obstetrician [ɒbste'trɪʃən] *n Med* obstetra *mf*, tocólogo(a) *m,f*

obstetrics [ɒb'stetrɪks] *n Med* obstetricia *f*, tocología *f*

obstinacy ['ɒbstɪnəsɪ] *n* obstinación *f*, terquedad *f*

obstinate ['ɒbstɪnɪt] *adj (person)* obstinado(a), terco(a); *(resistance)* tenaz, obstinado(a); *(illness)* pertinaz; *(stain)* rebelde; **to be o. about sth** obstinarse en algo

obstinately ['ɒbstɪnɪtlɪ] *adv* obstinadamente

obstreperous [əb'strepərəs] *adj* alborotado(a); **to get o. (about sth)** alborotarse (por algo)

obstruct [əb'strʌkt] *vt* (**a**) *(block) (road, pipe)* obstruir, bloquear; *(view)* impedir (**b**) *(hinder)* obstaculizar, entorpecer; *(in football, rugby)* obstruir; *Parl* **to o. a bill** entorpecer la aprobación de un proyecto de ley; *Law* **to o. the course of justice** obstaculizar *or* entorpecer la acción de la justicia

obstruction [əb'strʌkʃən] *n* (**a**) *(action) & Sport* obstrucción *f* (**b**) *(blockage)* atasco *m*; **to cause an o.** *(on road)* provocar un atasco

obstructive [əb'strʌktɪv] *adj (behaviour, tactics)* obstruccionista; **to be o.** *(of person)* poner impedimentos

obtain [əb'teɪn] **1** *vt (information, money)* obtener, conseguir
2 *vi Formal (of practice, rule)* prevalecer

obtainable [əb'teɪnəbəl] *adj* **easily o.** fácilmente obtenible; **only o. on prescription** sólo disponible con receta médica

obtrusive [əb'tru:sɪv] *adj* (**a**) *(person)* entrometido(a); *(behaviour)* molesto(a) (**b**) *(smell)* penetrante

obtrusively [əb'tru:sɪvlɪ] *adv* **the background music was o. loud** la música de fondo estaba tan alta que molestaba

obtuse [əb'tju:s] *adj* (**a**) *Math* obtuso(a) (**b**) *(person, mind)* obtuso(a), duro(a) de mollera; **you're being deliberately o.** no estás queriendo entender

obverse ['ɒbvɜ:s] *n* (**a**) *(of medal)* anverso *m* (**b**) *Formal* **the o. is sometimes true** a veces se da el caso contrario

obviate ['ɒbvɪeɪt] *vt Formal (difficulty, danger)* evitar; **this would o. the need to...** esto evitaría la necesidad de...

obvious ['ɒbvɪəs] **1** *n* **to state the o.** constatar lo evidente
2 *adj* obvio(a), evidente; **it was the o. thing to do** hacer eso era lo más lógico; **they made their displeasure very o.** mostraron *or* manifestaron claramente su disgusto

obviously ['ɒbvɪəslɪ] *adv* (**a**) *(in an obvious way)* obviamente, evidentemente; **she o. likes you** está claro que le gustas (**b**) *(of course)* desde luego, por supuesto; **o. not** claro que no; **o. it hurt, but...** claro que me dolió, pero... (**c**) *(evidently)* **she's o. not coming** evidentemente, no va a venir; **it o. moved her** evidentemente, la conmovió

obviousness ['ɒbvɪəsnɪs] *n (of humour, ploy)* falta *f* de sutileza

OC [əʊ'si:] *n (abbr* **Officer Commanding**) oficial *mf* al mando

ocarina [ɒkə'ri:nə] *n* ocarina *f*

occasion [ə'keɪʒən] **1** *n* (**a**) *(time)* ocasión *f*; **on one o.** en una ocasión; **on several occasions** en varias ocasiones; **on o.** *(occasionally)* en ocasiones (**b**) *(event)* acontecimiento *m*; **on the o. of** con ocasión de; **a sense of o.** un ambiente de gala (**c**) *(opportunity)* ocasión *f*, oportunidad *f*; **on the first o.** a la primera oportunidad; **I'd like to take this o. to...** me gustaría aprovechar esta oportunidad para... (**d**) *Formal (cause)* motivo *m*; **to have o. to do sth** tener motivos para hacer algo; **o. for complaint** motivo de queja
2 *vt Formal (fear, surprise)* ocasionar, causar

occasional [ə'keɪʒənəl] *adj* ocasional, esporádico(a) ▫ ***o. showers*** chubascos *mpl* ocasionales; ***o. table*** mesita *f* auxiliar

occasionally [ə'keɪʒənəlɪ] *adv* ocasionalmente, de vez en cuando

Occident ['ɒksɪdənt] *n* **the O.** (el) Occidente

occidental [ɒksɪ'dentəl] *adj* occidental

occipital [ɒk'sɪpɪtəl] *adj Anat* occipital ▫ ***o. bone*** hueso *m* occipital; ***o. lobe*** lóbulo *m* occipital

occiput ['ɒksɪpʌt] *n Anat* occipucio *m*

occluded front [ə'klu:dɪd'frʌnt] *n Met* frente *m* ocluido

occult [ɒ'kʌlt] **1** *n* **the o.** lo oculto
2 *adj* oculto(a)

occupancy ['ɒkjʊpənsɪ] *n* **period of o.** *(of house)* período *m* de alquiler; *(of land)* período *m* de arrendamiento; *(of post)* (período *m* de) tenencia *f*

occupant ['ɒkjʊpənt] *n* (**a**) *(of house, car)* ocupante *mf* (**b**) *(of job)* titular *mf*

occupation [ɒkjʊ'peɪʃən] *n* (**a**) *(profession)* profesión *f*, ocupación *f* (**b**) *(pastime)* pasatiempo *m* (**c**) *(of house, land)* ocupación *f*; **under o.** *(by enemy)* ocupado(a)

occupational [ɒkjʊ'peɪʃənəl] *adj* profesional, laboral ▫ ***o. disease*** enfermedad *f* profesional; ***o. hazard*** gaje *m* del oficio; *Br* ***o. pension scheme*** plan *m* de pensiones de empleo *or* de empresa; ***o. psychology*** psicología *f* del trabajo; ***o. therapy*** terapia *f* ocupacional

occupied ['ɒkjʊpaɪd] *adj* (**a**) *(house)* ocupado(a) (**b**) *(busy)* ocupado(a), atareado(a); **to be o. with sth** estar ocupado(a) con algo; **to keep sb o.** tener ocupado(a) a alguien; **to keep oneself o.** mantenerse ocupado(a) (**c**) *(by army)* ocupado(a); **the O. Territories** los territorios ocupados

occupier ['ɒkjʊpaɪə(r)] *n Br (of house)* ocupante *mf*

occupy ['ɒkjʊpaɪ] *vt (house, sb's attention)* ocupar; **she occupies her time in studying** ocupa su tiempo estudiando, dedica su tiempo a estudiar; **the company occupies three floors** la empresa ocupa tres pisos; **the task occupied all her time** la tarea ocupaba todo su tiempo

occur [ə'kɜ:(r)] *(pt & pp* **occurred**) *vi* (**a**) *(of event)* suceder, ocurrir; *(opportunity)* darse, surgir; **his name occurs several times in the report** su nombre aparece varias veces en el informe *or CAm, Méx* reporte; **the condition occurs mainly among older people** la enfermedad se da principalmente en los ancianos (**b**) *(of idea)* **when did the idea o. to you?** ¿cuándo se te ocurrió esa idea?

occurrence [ə'kʌrəns] *n* (**a**) *(event)* suceso *m* (**b**) *Formal (incidence) (of disease)* incidencia *f*; **to be of frequent o.** ocurrir con frecuencia

ocean ['əʊʃən] *n* (**a**) *(sea)* océano *m* ▫ ***o. liner*** transatlántico *m* (**b**) *Fam* **oceans of** la mar de

ocean-going ['əʊʃəngəʊɪŋ] *adj (vessel)* marítimo(a)

Oceania [əʊʃɪ'eɪnɪə] *n* Oceanía

oceanic [əʊʃɪ'ænɪk] *adj* oceánico(a)

oceanographer [əʊʃə'nɒgrəfə(r)] *n* oceanógrafo(a) *m,f*

oceanography [əʊʃə'nɒgrəfɪ] *n* oceanografía *f*

ocelot ['ɒsəlɒt] *n* ocelote *m*

ochre, *US* **ocher** ['əʊkə(r)] *n & adj* ocre *m*

o'clock [ə'klɒk] *adv* **(it's) one o.** (es) la una; **(it's) two/three o.** (son) las dos/tres; **at four o.** a las cuatro; **after five o. de** a partir de las cinco; **before six o.** antes de las seis

OCR [əʊsi:'ɑ:(r)] *n Comptr* (**a**) *(abbr* **optical character reader**) lector *m* óptico de caracteres (**b**) *(abbr* **optical character recognition**) reconocimiento *m* óptico de caracteres

Oct *(abbr* **October**) oct.

octagon ['ɒktəgən] *n* octógono *m*, octágono *m*

octagonal [ɒk'tægənəl] *adj* octogonal, octagonal

octahedron [ɒktə'hi:drən] *n* octaedro *m*

octane ['ɒkteɪn] *n Chem* octano *m* ▫ ***o. number*** *or* ***rating*** octanaje *m*

octave ['ɒktɪv] *n Mus* octava *f*

October [ɒk'təʊbə(r)] *n* octubre *m*; *see also* **May**

octogenarian [ɒktədʒɪ'neərɪən] *n & adj* octogenario(a) *m,f*

octopus ['ɒktəpəs] *n* pulpo *m*

ocular ['ɒkjʊlə(r)] *adj Anat* ocular

oculist ['ɒkjʊlɪst] *n* oculista *mf*

OD [əʊ'di:] *(pt & pp* **OD'd, OD'ed**) *vi Fam* meterse una sobredosis; *Fig* **I think I've rather OD'd on pizza** creo que me he pasado con la pizza

ODA [əʊdi:'eɪ] *n (abbr* **Overseas Development Administration**) = organismo británico de ayuda al desarrollo en el tercer mundo

odd [ɒd] **1** *adj* (**a**) *(strange)* raro(a), extraño(a); **how o.!** ¡qué raro!, ¡qué extraño!

(**b**) *Math* impar ▫ ***o. number*** (número *m*) impar *m*

(**c**) *(not matching)* **an o. sock** un calcetín desparejado; **to be the o. one out** ser el/la único(a) diferente; **to be the o. man/woman out** *(different)* ser el/la único(a) diferente

(**d**) *(occasional)* ocasional; **I smoke the o. cigarette** me fumo un cigarrillo de cuando en cuando; **you've made the o. mistake** has cometido algún que otro error; **I only get the o. moment to myself** apenas tengo tiempo para mí ▫ ***o. jobs*** chapuzas *fpl*, trabajillos *mpl* (caseros)

2 *adv* **a hundred o. sheep** ciento y pico ovejas; **twenty o. pounds** veintitantas libras

oddball ['ɒdbɔ:l] *Fam* **1** *n* excéntrico(a) *m,f*, raro(a) *m,f*

2 *adj* excéntrico(a), raro(a)

oddity ['ɒdɪtɪ] *n* (**a**) *(strangeness)* rareza *f* (**b**) *(person)* bicho *m* raro; *(thing)* rareza *f*; **it's just one of his little oddities** no es más que otra de sus rarezas

odd-job man ['ɒd'dʒɒbmæn] *n* = hombre que hace arreglos ocasionales en la casa

oddly ['ɒdlɪ] *adv* extrañamente; **o. enough** aunque parezca raro

oddment ['ɒdmənt] *n* **oddments** restos *mpl*

oddness ['ɒdnɪs] *n (strangeness)* rareza *f*

odds [ɒdz] *npl* (**a**) *(probability)* probabilidades *fpl*; *(in betting)* apuestas *fpl*; **this horse has o. of seven to one** las apuestas para este caballo están en *or* son de siete a uno; **the o. are that...** lo más probable es que...; **the o. are against him** tiene pocas posibilidades; **the o. are in his favour** tiene muchas posibilidades; **to succeed against the o.** triunfar a pesar de las dificultades; *Br Fam* **to pay over the o. (for sth)** pagar más de lo que vale (por algo); *Fam* **it makes no o.** da igual

(**b**) **to be at o. with sb** *(disagree)* estar peleado(a) con alguien; **that's at o. with what I was told** eso no se corresponde con lo que me dijeron

(**c**) *Fam* **o. and ends,** *Br* **o. and sods** cosillas *fpl*

odds-on [ɒd'zɒn] *adj* (**a**) *(horse)* **o. favourite** favorito(a) *m,f* claro(a) *or* indiscutible (**b**) *Fam* **it's o. that...** es casi seguro que...

ode [əʊd] *n* oda *f*

odious ['əʊdɪəs] *adj* odioso(a), aborrecible

odium ['əʊdɪəm] *n* odio *m*, aborrecimiento *m*

odometer [əʊ'dɒmɪtə(r)] *n US (in car)* ≃ cuentakilómetros *m inv*

odorous ['əʊdərəs] *adj Formal* (**a**) *(fragrant)* aromático(a), fragante (**b**) *(malodorous)* apestoso(a), maloliente

odour, *US* **odor** ['əʊdə(r)] *n* (**a**) *(smell)* olor *m*; IDIOM **to be in good/bad o. with sb** estar a bien/mal con alguien (**b**) *(unpleasant smell)* mal olor *m*, tufo *m*

odourless, *US* **odorless** ['əʊdəlɪs] *adj* inodoro(a)

Odyssey ['ɒdɪsɪ] *n* odisea *f*

OE [əʊ'i:] *n (abbr* **Old English**) inglés *m* antiguo

OECD [əʊi:si:'di:] *n (abbr* **Organization for Economic Co-operation and Development**) OCDE *f*

oedema, *US* **edema** [ɪ'di:mə] *n Med* edema *m*

Oedipal ['i:dɪpəl] *adj Psy* edípico(a)

Oedipus complex ['i:dɪpəs'kɒmpleks] *n Psy* complejo *m* de Edipo

o'er ['əʊə(r)] *prep Literary* por

oesophagus, *US* **esophagus** [i:'sɒfəgəs] *(pl* **oesophagi,** *US* **esophagi** [i:'sɒfəgaɪ]) *n Anat* esófago *m*

oestrogen, *US* **estrogen** ['i:strədʒen] *n Biol Chem* estrógeno *m*

OF [ɒv] *unstressed* [əv] *prep* (**a**) *(indicating belonging)* de; **the husband of the Prime Minister** el marido de la primera ministra; **the back of the chair** el respaldo de la silla; **the poetry of Yeats** la poesía de Yeats; **the University of South Carolina** la Universidad de Carolina del Sur; **the King of Spain** el Rey de España; **now I've got a house of my own** ahora tengo casa propia; **a friend of mine** un amigo mío; **a habit of mine** una de mis manías; **those children of yours are a real nuisance** esos niños tuyos son un incordio

(**b**) *(indicating characteristic)* de; **the size of the house** el tamaño de la casa; **the aim of the measures** el objetivo de las medidas; **a man of many charms** un hombre con muchos encantos; **a matter of great concern** un asunto de gran interés; **a girl of ten** una niña de diez años; **at the age of ten** a los diez años

(**c**) *(indicating amount)* de; **a kilo of apples** un kilo de manzanas; **a drop of 20 percent** una bajada del 20 por ciento; **there were four of us** éramos cuatro; **the two of us** los dos, nosotros dos; **how much of it do you want?** ¿cuánto quiere?

(**d**) *(containing)* de; **a bag of potatoes** una bolsa de *Esp* patatas *or Am* papas; **a bottle of wine** una botella de vino; **a cry of pain** un grito de dolor

(**e**) *(made with)* de; **a table (made) of wood** una mesa de madera; **what is it made of?** ¿de qué está hecho?

(**f**) *(forming part of)* de; **the top of the mountain** la cumbre de la montaña; **the**

bottom of the garden el fondo del jardín; **part of the problem** parte del problema; **one of my uncles** uno de mis tíos; **journalist of the year** periodista del año

(**g**) *(indicating gap)* de; **within 10 metres of where we are standing** a no más de 10 metros de donde nos encontramos; **she came within a second of the record** se quedó a un segundo del récord

(**h**) *(with regard to)* de; **what do you know of this matter?** ¿qué sabes de este asunto?; **a map of London** un mapa de Londres; **south of Chicago** al sur de Chicago; **to dream of sth/sb** soñar con algo/alguien; **to speak of sb** hablar de alguien; **to think of sth/sb** pensar en algo/alguien; **to be proud/tired of** estar orgulloso(a)/cansado(a) de; **to be guilty/capable of** ser culpable/capaz de; **a fear of spiders** un miedo a las arañas; **the advantage of doing this** la ventaja de hacer esto

(**i**) *(indicating cause)* de; **she died of cholera** murió de cólera; **he told me of his own accord** me lo dijo de motu propio; **the results of this decision** los resultados de esta decisión

(**j**) *(commenting on behaviour)* **it was clever of her to do it** fue muy lista en hacerlo; **it was very kind of you** fue muy amable de tu parte

(**k**) *(in comparisons)* de; **the best of them all** el mejor de todos ellos; **we are the best of friends** somos muy buenos amigos; **of all my friends, I like her best** es la que más me gusta de todos mis amigos; **he of all people should know that...** él más que nadie debería saber que...

(**l**) *(indicating removal)* **to deprive sb of sth** privar a alguien de algo; **to get rid of sth** deshacerse de algo

(**m**) *(indicating date)* de; **the 4th of October** el 4 de octubre; **the night of the disaster** la noche del desastre

(**n**) *(during)* **of an evening** por la noche; **my coach of several years** mi entrenador durante varios años

(**o**) *US (indicating time)* **a quarter of one** la una menos cuarto

(**p**) *(indicating degree)* **it is more/less of a problem than we had expected** es un problema más/menos complicado de lo que esperábamos

ofay [əʊ'feɪ] *n US very Fam* = término ofensivo del argot de los negros para referirse a un blanco

OFF [ɒf] **1** *prep* (**a**) *(away from)* **keep o. the grass!** *(sign)* prohibido pisar el césped; **o. the coast** cerca de la costa; **10 miles o. the coast** a 10 millas de la costa; **o. the premises** fuera del establecimiento; **a street o. the main road** una calle que sale de la principal; **the kitchen is o. the living room** la cocina da al salón; **are we a long way o. finishing?** ¿nos queda mucho para acabar?; **to be o. course** haber perdido el rumbo; **the shot was o. target** el disparo no dio en el blanco

(**b**) *(indicating removal from)* de; **the handle has come o. the saucepan** se ha desprendido el mango de la cacerola; **they cut the branch o. the tree** cortaron la rama del árbol; **to fall/jump o. sth** caerse/saltar de algo; **get your hands o. me!** ¡quítame las manos de encima!; **he took the lid o. the box** destapó la caja; *Fam* **she took my pencil o. me** me quitó *or Am* sacó el lápiz

(**c**) *(out of)* de; **to get o. a train/bus** bajarse de un tren/autobús

(**d**) *(with prices)* **20 percent/$5 o. the price** una rebaja del 20 por ciento/de 5 dólares; **20 percent/$5 o. the dress** un 20 por ciento/5 dólares de descuento en el vestido

(**e**) *(absent from)* **to be o. work/school** faltar al trabajo/colegio; **Jane's o. work today** Jane no viene hoy a trabajar; **to take a day o. work** tomarse un día de vacaciones

(**f**) *(not liking, not taking)* **she's been o. her food lately** últimamente no está comiendo bien *or* está desganada; **I'm o. the medicine now** ya no estoy tomando la medicina

(**g**) *Fam (from)* **to buy/borrow sth o. sb** comprar/pedir prestado algo a alguien; **I got some useful advice o. him** me dio algunos consejos útiles

(**h**) *(using)* **to live o. sth** vivir de algo; **it runs o. petrol** funciona con gasolina *or RP* nafta

2 *adv* (**a**) *(away)* **5 miles o.** a 5 millas (de distancia); **the meeting is only two weeks o.** sólo quedan dos semanas para la reunión; **Washington/the meeting is a long way o.** todavía queda mucho para Washington/la reunión; **to run o.** echar a correr; **I must be o.** tengo que irme; **I'm o. to California** me voy a California; **o. you go!** ¡vamos!, ¡andando!

(**b**) *(indicating removal)* **the handle has come o.** se ha soltado el asa; **to cut sth o.** cortar algo; **to fall o.** caerse; **to jump o.** saltar; **he had his trousers o.** no llevaba pantalones; **to take o. one's coat** quitarse *or Am* sacarse el abrigo; **to take a player o.** sustituir a un jugador; **o. with his head!** ¡que le corten la cabeza!

(**c**) *(out)* **to get o.** bajarse

(**d**) *(indicating isolation)* **to close a street o.** cerrar una calle; **to cordon an area o.** acordonar un área

(**e**) *(not functioning)* **turn the light/TV o.** apaga la luz/televisión; **turn the water/gas/tap o.** cierra el agua/el gas/el grifo *or Chile, Col, Méx* la llave *or RP* la canilla

(**f**) *(with prices)* **20 percent/$5 o.** una rebaja del 20 por ciento/de 5 dólares

(**g**) *(away from work, school)* **take the day o.** tómate el día libre; **an afternoon o.** una tarde libre

(**h**) *(completely)* **to finish sth o.** acabar con algo; **to kill sth o.** acabar con algo

3 *adj* (**a**) *(not functioning)* *(light, TV)* apagado(a); *(water, electricity, gas)* desconectado(a); *(tap)* cerrado(a); *Comptr (menu option)* desactivado(a); **in the "o." position** en la posición de apagado; **o. and on, on and o.** *(intermittently)* intermitentemente

(**b**) *(cancelled)* **the wedding is o.** se ha cancelado la boda *or Andes, RP* el matrimonio; **the deal is o.** el acuerdo se ha roto; **the match is o.** han suspendido el partido; *Fam* **the soup is o.** no hay sopa; *Fam* **it's all o. between me and her** lo nuestro se ha acabado

(**c**) *(absent from work, school)* **to be o.** faltar; **Jane's o. today** Jane no viene hoy a trabajar/a clase

(**d**) *(food)* pasado(a); *(milk)* cortado(a); *(meat)* malo(a); **this cheese is o.** este queso se ha echado a perder

(**e**) *(unsuccessful)* **you were o. with your calculations** te equivocaste en tus cálculos; **to have an o. day** tener un mal día

(**f**) *(in tourism)* **the o. season** la temporada baja

(**g**) *(describing situation)* **to be well/badly o.** tener mucho/poco dinero; **how are you o. for money?** ¿qué tal vas de dinero?; **we're pretty well o. for furniture** tenemos bastantes muebles; **you'd be better o. staying where you are** será mejor *or* más vale que te quedes donde estás; **we're better/worse o. than before** estamos mejor/peor que antes

(**h**) *(unpleasant)* **that comment was a bit o.** ese comentario estaba de más; **that was a bit o. (of her)** eso estuvo un poco feo (por su parte)

4 *n Br (of race)* **the o.** la salida

offal ['ɒfəl] *n Culin* asaduras *fpl*

offbeat [ɒf'bi:t] *adj Fam (unconventional)* inusual, original

off-centre, *US* **off-center** [ɒf'sentə(r)] **1** *adj* (**a**) *(position)* descentrado(a) (**b**) *(eccentric)* excéntrico(a)

2 *adv* fuera del centro

off-chance ['ɒftʃɑ:ns] *n* **on the o.** por si acaso; **I asked her on the o. she might know something** le pregunté por si acaso sabía algo

off-colour, *US* **off-color** [ɒf'kʌlə(r)] *adj* (**a**) *Br (unwell)* indispuesto(a) (**b**) *(joke)* fuera de tono

offcut ['ɒfkʌt] *n (of wood)* recorte *m*; *(of cloth)* retal *m*; *(of carpet)* retazo *m*

off-duty ['ɒf'dju:tɪ] *adj (soldier)* de permiso; *(policeman)* fuera de servicio

offence, *US* **offense** [ə'fens] *n* (**a**) *Law* delito *m*, infracción *f*; **petty** *or* **minor o.** infracción *f* leve (**b**) *(annoyance, displeasure)* ofensa *f*; **to cause** *or* **give o.** ofender; **to take o. (at)** sentirse ofendido(a) (por), ofenderse (por); **no o. intended — none taken** no quería ofenderte – no te preocupes

offend [ə'fend] **1** *vt* ofender

2 *vi* (**a**) *Law* delinquir (**b**) *(cause offence)* **likely to o.** susceptible de ofender a alguien; **to o. against good taste** atentar contra el buen gusto

offended [ə'fendɪd] *adj (insulted)* ofendido(a); **he is easily o.** se ofende fácilmente, se ofende por nada; **to be** *or* **feel o.**

(at *or* **by sth)** ofenderse *or* sentirse ofendido(a) (por algo)

offender [ə'fendə(r)] *n Law* delincuente *mf*

offending [ə'fendɪŋ] *adj (causing a problem)* problemático(a)

offense *US* = **offence**

offensive [ə'fensɪv] **1** *n Mil & Fig* ofensiva *f*; **to take the o.** pasar a la ofensiva; **to be on the o.** estar en plena ofensiva

2 *adj (word, action, behaviour)* ofensivo(a); **to be o. to sb** mostrarse ofensivo(a) con alguien ▫ ***o. weapon*** arma *f* ofensiva

offensively [ə'fensɪvlɪ] *adv* **(a)** *(insultingly)* de manera insultante *or* ofensiva **(b)** *(on the attack)* ofensivamente

offer ['ɒfə(r)] **1** *n* oferta *f*; **the o. still stands** la oferta sigue en pie; **to make sb an o. (for sth)** hacer a alguien una oferta (por algo); **thanks for the o., but I can manage** gracias por tu ofrecimiento, pero puedo arreglármelas solo; **he turned down the o. of a free holiday** declinó *or* rechazó la oferta de unas vacaciones gratuitas; **on o.** *(reduced)* de oferta; *(available)* disponible; **under o.** *(of house)* apalabrado(a) ▫ ***o. of marriage*** proposición *f* de matrimonio

2 *vt* **(a)** *(proffer)* ofrecer (**for** por); **to o. sb sth, to o. sth to sb** ofrecer algo a alguien; **to o. to do sth** ofrecerse a hacer algo; **she offered to show him how to use the photocopier** le ofreció enseñarle a utilizar la fotocopiadora; *Law* **to o. a plea of guilty/innocent** declararse culpable/inocente

(b) *(provide)* ofrecer; **the job offers few prospects of promotion** el trabajo ofrece pocas perspectivas de ascender; **the area hasn't got much/has a lot to o.** el área tiene mucho/poco que ofrecer

3 *vi* **don't say I didn't o.** no digas que no te lo ofrecí; **it was kind of you to o.** muchas gracias por tu ofrecimiento

▸**offer up** *vt sep (prayers, sacrifice)* ofrecer

offering ['ɒfərɪŋ] *n* **(a)** *(gift, thing presented)* entrega *f* **(b)** *Rel* ofrenda *f*

offertory ['ɒfətərɪ] *n Rel (collection)* colecta *f*; *(hymn)* ofertorio *m*

offhand [ɒf'hænd] **1** *adj* frío(a); **to be o. (with sb)** mostrarse indiferente (con alguien)

2 *adv (immediately)* **I don't know o.** ahora mismo, no lo sé

office ['ɒfɪs] *n* **(a)** *(place) (premises)* oficina *f*; *(room)* despacho *m*, oficina; *(of lawyer)* despacho *m*, bufete *m*; *(of architect)* estudio *m*; *US (of doctor, dentist)* consulta *f*; **our office(s) in Lima, our Lima office(s)** nuestra sucursal de Lima; **the whole o. is talking about it** toda la oficina está hablando de eso ▫ ***o. block*** bloque *m* de oficinas; ***o. boy*** chico *m* de los recados; ***o. building*** bloque *m* de oficinas; ***o. girl*** chica *f* de los recados; ***o. hours*** horas *fpl or* horario *m* de oficina; ***o. work*** trabajo *m* de oficina; ***o. worker*** oficinista *mf*

(b) *Pol (position)* cargo *m*; **to hold o.** ocupar un cargo; **to take o.** tomar posesión de un cargo; **to be in o.** *(of political party)* estar en el poder; **to be out of o.** estar en la oposición

(c) *Formal* **I got the house through the good offices of Philip** conseguí la casa gracias a los buenos oficios de Philip

officebearer ['ɒfɪsbeərə(r)], **officeholder** ['ɒfɪshəʊldə(r)] *n* alto cargo *m*

officer ['ɒfɪsə(r)] *n* **(a)** *(army)* oficial *mf* **(b)** *(police)* agente *mf* **(c)** *(in local government, union)* delegado(a) *m,f*

official [ə'fɪʃəl] **1** *n* **(a)** *(in public sector)* funcionario(a) *m,f* **(b)** *(in trade union)* representante *mf*

2 *adj* oficial; **is that o.?** ¿es oficial? ▫ *Com* ***o. receiver*** síndico *m*; *Br* ***O. Secrets Act*** ≃ ley de secretos oficiales *or* de Estado

officialdom [ə'fɪʃəldəm] *n Pej (bureaucracy)* los funcionarios, la administración

officialese [əfɪʃə'li:z] *n Pej* jerga *f* administrativa

officially [ə'fɪʃəlɪ] *adv* oficialmente

officiate [ə'fɪʃɪeɪt] *vi Rel* celebrar (el oficio) (**at** en)

officious [ə'fɪʃəs] *adj* excesivamente celoso(a) *or* diligente

officiously [ə'fɪʃəslɪ] *adv* con excesiva diligencia

offing ['ɒfɪŋ] *n* **(to be) in the o.** (ser) inminente

off-key [ɒf'ki:] *Mus* **1** *adj* desafinado(a)

2 *adv* desafinadamente

off-licence ['ɒflaɪsəns] *n Br* tienda *f* de bebidas alcohólicas *or* de licores

off-limits [ɒf'lɪmɪts] *adj (area)* prohibido(a); *Fig* **the subject is o.** es un tema prohibido

off-line ['ɒflaɪn] *adj Comptr (processing)* fuera de línea; *(printer)* desconectado(a)

off-load [ɒf'ləʊd] *vt (surplus goods)* colocar; **to o. sth onto sb** colocarle algo a alguien; **to o. blame onto sb** descargar la culpa en alguien

off-peak [ɒf'pi:k] *adj (electricity, travel)* en horas valle; *(phone call)* en horas de tarifa reducida

offprint ['ɒfprɪnt] *n (article)* separata *f*

off-putting ['ɒfpʊtɪŋ] *adj Br* **(a)** *(unpleasant)* desagradable; **I find his manner rather o.** sus modales me resultan desagradables **(b)** *(distracting)* **I find that noise very o.** ese ruido me distrae mucho

off-road ['ɒfrəʊd] *adj (driving)* fuera de pista; **an o. vehicle** un (vehículo *m*) todoterreno *m*

off-sales ['ɒfseɪlz] *n Br* = venta de bebidas alcohólicas para llevar

off-season ['ɒfsi:zən] *adj (rate)* de temporada baja

offset ['ɒfset] **1** *n Typ (process)* offset *m* ▫ ***o. litho*** *or* ***lithography*** offset *m*

2 *vt (pt & pp* **offset***)* compensar

offshoot ['ɒfʃu:t] *n* **(a)** *(of tree)* vástago *m* **(b)** *(of family)* rama *f*; *(of political party, artistic movement)* ramificación *f*

offshore 1 *adv* [ɒf'ʃɔ:(r)] cerca de la costa

2 *adj* ['ɒfʃɔ:(r)] *(island)* cercano(a) a la costa ▫ *Fin* ***o. investment*** inversión *f* en un paraíso fiscal; ***o. oil rig*** plataforma *f* petrolífera *(en el mar)*

offside ['ɒfsaɪd] **1** *n Aut* lado *m* del conductor

2 *adj* **(a)** *Aut* del lado del conductor **(b)** [ɒf'saɪd] *(in soccer, rugby)* (en) fuera de juego ▫ ***o. trap*** *(in soccer)* trampa *f* del fuera de juego

off-site 1 *adj* ['ɒfsaɪt] de fuera, externo(a)

2 *adv* [ɒf'saɪt] externamente

offspring ['ɒfsprɪŋ] *npl* **(a)** *(young of an animal)* crías *fpl* **(b)** *(children)* hijos *mpl*, descendencia *f*

offstage [ɒf'steɪdʒ] *Th* **1** *adv* fuera del escenario

2 *adj* de fuera del escenario

off-stream ['ɒfstri:m] *adj (industrial plant)* **to go o.** dejar de funcionar; **to be o.** no estar en funcionamiento

off-the-cuff [ɒfðə'kʌf] **1** *adj (remark)* improvisado(a), espontáneo(a)

2 *adv* improvisadamente, espontáneamente

off-the-peg [ɒfðə'peg] *adj (suit)* de confección

off-the-record [ɒfðə'rekɔ:d] *adj* extraoficial, oficioso(a)

off-the-shoulder [ɒfðə'ʃəʊldə(r)] *adj (woman's dress)* que deja los hombros al descubierto

off-the-wall [ɒfðə'wɔ:l] *adj Fam* estrafalario(a)

off-white ['ɒf'waɪt] **1** *n* tono *m* blancuzco, blanco *m* marfil

2 *adj* blancuzco(a)

OFGAS ['ɒfgæs] *n* (*abbr* **Office of Gas Supply**) = organismo británico regulador del suministro de gas

OFLOT ['ɒflɒt] *n* (*abbr* **Office of the National Lottery**) = organismo británico que regula la lotería

OFSTED ['ɒfsted] *n* (*abbr* **Office for Standards in Education**) = organismo responsable de la supervisión del sistema educativo británico

OFT *n* (*abbr* **Office of Fair Trading**) = organismo británico que regula el comercio y la competencia

OFTEL ['ɒftel] *n* (*abbr* **Office of Telecommunications**) = organismo regulador de las telecomunicaciones en Gran Bretaña

often ['ɒfən, 'ɒftən] *adv* a menudo; **we don't go there as o. as we used to** no vamos tanto como antes; **I go there as o. as possible** voy siempre que puedo; **I o. wonder...** a menudo me pregunto...; **it's not o. you see that** éso no se ve a menudo; **twice as o. as before** el doble que antes; **how o.?** *(how many times)* ¿cuántas veces?; *(how frequently)* ¿cada cuánto tiempo?, ¿con qué frecuencia?; **all** *or* **only too o.** con demasiada frecuencia; **as o. as not** la mitad de las veces; **more o. than not**

muchas veces; **every so o.** de vez en cuando, cada cierto tiempo

OFWAT ['ɒfwɒt] *n Br* (*abbr* **Office of Water Services**) = organismo regulador del suministro de agua en Gran Bretaña

ogle ['əʊgəl] *vt* **to o. sb** comerse a alguien con los ojos

ogre ['əʊgə(r)] *n also Fig* ogro *m*

ogress ['əʊgrɪs] *n (frightening woman)* ogro *m*

ogreish ['əʊgərɪʃ] *adj (frightening)* **he's a bit o.** asusta un poco

OH (*abbr* **Ohio**) Ohio

oh [əʊ] *exclam (expressing surprise)* ¡oh!; **oh no!** ¡oh, no!; **oh no, not again!** ¡oh, no, otra vez no!

ohm [əʊm] *n Elec* ohmio *m*

ohmmeter ['əʊmmi:tə(r)] *n Elec* ohmímetro *m*

OHMS [əʊeɪtʃem'es] (*abbr* **On Her/His Majesty's Service**) = siglas que aparecen en documentos emitidos por el gobierno británico indicando su carácter oficial

oho [əʊ'həʊ] *exclam (expressing triumph, surprise)* ¡ajajá!

OHP [əʊeɪtʃ'pi:] *n* (*abbr* **overhead projector**) retroproyector *m*

oik [ɔɪk] *n Br Fam* tipo(a) *m,f* vulgar

oil [ɔɪl] **1** *n (for cooking, lubricating)* aceite *m*; *(petroleum)* petróleo *m*; IDIOM **to pour o. on troubled waters** calmar los ánimos ▫ ***o. cake*** *(for livestock)* torta *f* de aceite; ***o. colour*** pintura *f* al óleo; ***o. company*** compañía *f* petrolera; ***o. drum*** bidón *m* de petróleo; ***o. lamp*** lámpara *f* de aceite; ***o. paint*** pintura *f* al óleo; ***o. painting*** óleo *m*; IDIOM *Hum* **he's/she's no o. painting** no es ninguna belleza; *US Aut* ***o. pan*** cárter *m*; ***o. pipeline*** oleoducto *m*; ***o. platform*** plataforma *f* petrolífera; ***o. refinery*** refinería *f* de petróleo; ***o. rig*** plataforma *f* petrolífera; ***o. slick*** marea *f* negra; ***o. tanker*** petrolero *m*; ***o. well*** pozo *m* petrolífero *or* de petróleo; ***o. worker*** trabajador(ora) *m,f* del petróleo

2 *vt (machine)* engrasar, lubricar; *Fig* **to o. the wheels** allanar el terreno

oilcan ['ɔɪlkæn] *n (for applying oil)* aceitera *f*; *(large container)* lata *f* de aceite

oilcloth ['ɔɪlklɒθ] *n* hule *m*

oiled [ɔɪld] *adj* (**a**) *(machine)* engrasado(a) (**b**) *Fam* **(well) o.** *(drunk)* (bien) puesto(a) *or* mamado(a)

oiler ['ɔɪlə(r)] *n (tanker)* petrolero *m*

oilfield ['ɔɪlfi:ld] *n* yacimiento *m* petrolífero

oil-fired ['ɔɪlfaɪəd] *adj* ***o. central heating*** calefacción *f* central de petróleo

oilman ['ɔɪlmæn] *n* trabajador *m* del petróleo

oilseed ['ɔɪlsi:d] *n* semilla *f* oleaginosa ▫ ***o. rape*** colza *f*

oilskin ['ɔɪlskɪn] *n (fabric)* hule *m*; **oilskins** chubasquero *m*, impermeable *m*

oily ['ɔɪlɪ] *adj* (**a**) *(hands, rag)* grasiento(a); *(skin, hair)* graso(a); *(food)* grasiento(a), aceitoso(a) (**b**) *Pej (manner)* empalagoso(a)

oink [ɔɪŋk] *vi (of pig)* gruñir

ointment ['ɔɪntmənt] *n* ungüento *m*, pomada *f*

OK (*abbr* **Oklahoma**) Oklahoma

O.K., OKAY [əʊ'keɪ] **1** *exclam* (**a**) *(expressing agreement)* de acuerdo, *Esp* vale *or Arg* dale *or Méx* órale; **we'll meet you at the station, O.K.?** nos vemos en la estación, ¿de acuerdo? *or Esp* ¿vale?; **just calm down, O.K.?** cálmate, ¿quieres?; **O.K., O.K.! I'll do it now** ¡bueno, de acuerdo *or Esp* vale *or Arg* dale *or Méx* órale!, ya lo hago

(**b**) *(introducing statement)* **O.K., who wants to go first?** bueno *or* venga, ¿quién quiere ir primero?; **O.K., so he's not the cleverest person in the world** de acuerdo *or Esp* vale, no es la persona más inteligente del mundo

2 *adj* bien; **are you O.K.?** ¿estás bien?; **don't worry, I'll be O.K.** no te preocupes, me las arreglaré; **it was O.K., but nothing special** no estuvo mal, pero nada del otro mundo; **sorry! — that's O.K.** ¡lo siento! – no ha sido nada; **that's O.K. by** *or* **with me** (a mí) me parece bien; **is it O.K. by** *or* **with you if I wear shorts?** ¿te parece bien si llevo pantalón corto?; **it's O.K. for you to come in now** ya puedes entrar; **is it O.K. to wear shorts?** ¿está bien si voy con pantalón corto?; **no, it is NOT O.K.!** no, no está bien; *Fam* **she was O.K. about it** *(didn't react badly)* se lo tomó bastante bien; *Fam* **he's an O.K. sort of guy** es un tipo *Esp* legal *or Méx, RP* derecho; **are we O.K. for time/money?** ¿vamos bien de tiempo/dinero?

3 *adv* bien; **you did O.K.** hiciste bien

4 *n* **to get the O.K.** recibir el visto bueno; **to give (sb) the O.K.** dar permiso (a alguien)

5 *vt* (*pt & pp* **O.K.'d** *or* **okayed**) *Fam (proposal, plan)* dar el visto bueno a

okapi [əʊ'kɑ:pɪ] (*pl* **okapis** *or* **okapi**) *n* okapi *m*

okay = **O.K.**

okey-doke ['əʊkɪ'dəʊk], **okey-dokey** ['əʊkɪ'dəʊkɪ] *exclam Fam* de acuerdo, *Esp* vale *or Arg* dale *or Méx* órale

okra ['ɒkrə] *n* quingombó *m*, okra *f*

OLD [əʊld] **1** *n Literary* **in days of o.** antaño; **I know her of o.** la conozco desde hace tiempo

2 *npl* **the o.** los ancianos, las personas mayores

3 *adj* (**a**) *(not young, not new) (person)* anciano(a), viejo(a), *Am* grande; *(car, clothes, custom)* viejo(a); **an o. man** un anciano, un viejo; *Fam* **my o. man** *(husband)* mi *or* el pariente, *Méx* mi *or* el viejo, *RP* el don *or* el viejo; *(father)* mi *or* el viejo, *Méx* mi *or* el jefe; **an o. woman** una anciana, una vieja; *Fam* **my o. woman** *(wife)* mi *or* la parienta, *Méx* mi *or* la vieja, *RP* la dueña *or* la vieja; *(mother)* mi *or* la vieja, *Méx* mi *or* la jefa; *Fam* **John's such an o. woman, he's always moaning** John es un quejica *or RP* quejoso, siempre protestando; **o. people, o. folk(s)** los ancianos, las personas mayores; *Fam* **an o. boy** *(elderly man)* un viejecito, *RP* un viejito; *Fam* **an o. girl** *(elderly woman)* una viejecita, *RP* una viejita; *Fig* **to go over o. ground** volver sobre un asunto muy trillado; **to be an o. hand at sth** tener larga experiencia en algo; *Fam* **to be o. hat** estar muy visto(a), *Esp* estar más visto(a) que el tebeo; IDIOM **to be as o. as the hills** *or* **as Methuselah** *(of person)* ser más viejo(a) que Matusalén; *(of thing)* ser del año de Maricastaña *or* de la polca; *Fig* **he's one of the o. school** es de la vieja escuela; **it's the oldest trick in the book** es un truco muy viejo ▫ ***o. age*** la vejez; *Br* ***o. age pension*** pensión *f* de jubilación; *Br* ***o. age pensioner*** jubilado(a) *m,f*, pensionista *mf*; ***O. English sheepdog*** bobtail *m*; ***O. Glory*** *(US flag)* = la bandera estadounidense; ***an o. maid*** una vieja solterona; ***o. people's home*** residencia *f* de ancianos; ***the O. Testament*** el Antiguo Testamento; ***o. wives' tale*** cuento *m* de viejas; ***the O. World*** el Viejo Mundo

(**b**) *(referring to person's age)* **how o. are you?** ¿cuántos años tienes?; **to be five years o.** tener cinco años; **at six years o.** a los seis años (de edad); **a two-year-o. (child)** un niño de dos años; **my older sister** mi hermana mayor; **our oldest daughter** nuestra hija mayor; **when you're older** cuando seas mayor; **you're o. enough to do that yourself** ya eres mayorcito para hacerlo tú mismo; **you're o. enough to know better!** ¡a tu edad no deberías hacer cosas así!; **she's o. enough to be his mother** podría ser su madre; **I must be getting o.!** ¡me estoy haciendo mayor!; **to grow** *or* **get older** hacerse mayor

(**c**) *(former) (school, job, girlfriend)* antiguo(a); **I bought some new glasses to replace my o. ones** he comprado gafas nuevas para reemplazar a las viejas; **in the o. days** antes, antiguamente; **I feel like my o. self again** me siento como nuevo; **for o. times' sake** por los viejos tiempos ▫ ***o. boy*** *(of school)* antiguo alumno *m*; ***o. boy network*** = red de contactos entre antiguos compañeros de los colegios privados y universidades más selectos; ***an o. flame*** un antiguo amor; ***o. girl*** *(of school)* antigua alumna *f*; ***o. master*** *(painter, painting)* gran clásico *m* de la pintura; *Fig* ***o. school tie*** = ayuda mutua y enchufismo que se da entre los antiguos alumnos de una escuela privada

(**d**) *(long-standing)* **an o. friend (of mine)** un viejo amigo (mío); **o. habits die hard** es difícil abandonar las costumbres de toda la vida ▫ ***the o. guard*** la vieja guardia

(**e**) *(off) (of cheese)* echado(a) a perder; *(of bread)* rancio(a)

(**f**) *Ling* ***O. English*** inglés *m* antiguo

(**g**) *Fam (intensifier)* **any o. how** de cualquier manera; **any o. thing** cualquier cosa; **you'll feel better for a good o. cry** llora y ya verás cómo te sentirás mejor; **the same o. story** la misma historia de

siempre; **you o. cow!** ¡qué bruja eres!
(**h**) *Fam (affectionate)* **good o. Fred's made dinner for us!** ¡el bueno de Fred nos ha preparado la cena!; **poor o. Mary** la pobrecita Mary; *Old-fashioned* **o. fellow** *or* **boy** *or* **man** *(addressing sb)* muchacho ▫ *Fam* ***O. Nick*** *(the Devil)* Pedro Botero

olden ['əʊldən] *adj Old-fashioned* **the o. days** los viejos tiempos

olde-worlde ['əʊldɪ'wɜːldɪ] *adj Hum* de estilo antiguo

old-fashioned [əʊld'fæʃənd] *adj* (**a**) *(outdated)* anticuado(a); **to be o.** *(of person)* ser anticuado(a) (**b**) *(from former times)* tradicional, antiguo(a); **the o. way** a la antigua

oldie ['əʊldɪ] *n Fam* (**a**) *(song)* canción *f* antigua; *(film)* película *f* antigua (**b**) *(person)* viejo(a) *m,f*, vejete *m*

oldster ['əʊldstə(r)] *n Fam* vejestorio *m*

old-time ['əʊldtaɪm] *adj* antiguo(a)

old-timer [əʊld'taɪmə(r)] *n Fam* (**a**) *(experienced person)* veterano(a) *m,f* (**b**) *US (form of address)* abuelo(a) *m,f*

old-world ['əʊld'wɜːld] *adj (courtesy, charm)* del pasado, de antes

oleaginous [əʊlɪ'ædʒɪnəs] *adj* (**a**) *(substance)* oleaginoso(a) (**b**) *Pej (person)* demasiado obsequioso(a), servil

oleander [əʊlɪ'ændə(r)] *n* adelfa *f*

oleaster [əʊlɪ'æstə(r)] *n* acebuche *m*

olfactory [ɒl'fæktərɪ] *adj Anat* olfativo(a)

oligarchy ['ɒlɪgɑːkɪ] *n* oligarquía *f*

Oligocene ['ɒlɪgəʊsiːn] *Geol* **1** *n* oligoceno *m*
2 *adj (era)* oligoceno(a)

olive ['ɒlɪv] **1** *n* (**a**) *(fruit)* aceituna *f* ▫ ***o. oil*** aceite *m* de oliva (**b**) *(tree)* olivo *m*; IDIOM **to hold out the o. branch** hacer un gesto de paz ▫ ***o. grove*** olivar *m* (**c**) *(colour)* verde *m* oliva ▫ *US* ***o. drab*** = color gris verdoso de los uniformes militares
2 *adj (skin)* aceitunado(a); **o. (green)** verde oliva

Olympiad [ə'lɪmpɪæd] *n* Olimpiada *f*

Olympian [ə'lɪmpɪən] *adj also Fig* olímpico(a)

Olympic [ə'lɪmpɪk] **1** *npl* **the Olympics** las Olimpiadas, los Juegos Olímpicos
2 *adj* olímpico(a); **the O. Games** los Juegos Olímpicos

Olympic-size [ə'lɪmpɪksaɪz] *adj* **O. swimming pool** piscina *f or Méx* alberca *f or RP* pileta *f* olímpica

OM [əʊ'em] *n Br (abbr* **Order of Merit***)* Orden *f* del Mérito

Oman [əʊ'mɑːn] *n* Omán

Omani [əʊ'mɑːnɪ] *n & adj* omaní *mf*

ombudsman ['ɒmbʊdzmən] *n* defensor(ora) *m,f* del pueblo

omelette, *US* **omelet** ['ɒmlɪt] *n* tortilla *f*, *Am* tortilla *f* francesa; **ham/cheese o.** tortilla de jamón/queso; PROV **you can't make an o. without breaking eggs** todo lo bueno tiene un precio que alguien tiene que pagar

omen ['əʊmen] *n* presagio *m*, augurio *m*

ominous ['ɒmɪnəs] *adj* siniestro(a); **an o.-looking sky** un cielo amenazador; **an emergency meeting… that sounds o.** una reunión de emergencia… eso no presagia nada bueno

ominously ['ɒmɪnəslɪ] *adv* siniestramente, amenazadoramente; **o., he agreed with everything I said** la mala señal fue que estuvo de acuerdo con todo lo que yo dije

omission [əʊ'mɪʃən] *n* omisión *f*

omit [əʊ'mɪt] *(pt & pp* **omitted***) vt* omitir; **to o. to do sth** no hacer algo; **to o. to mention** no mencionar algo, omitir algo

omnibus ['ɒmnɪbəs] *n* (**a**) *(book)* recopilación *f*, antología *f* ▫ ***o. edition*** *or* ***volume*** recopilación *f*, antología *f* (**b**) *TV & Rad* ***o. edition*** *or* ***programme*** = todos los capítulos de la semana de una serie seguidos (**c**) *Old-fashioned (bus)* ómnibus *m inv*

omnidirectional [ɒmnɪdɪ'rekʃənəl] *adj Tel (antenna, microphone)* omnidireccional

omnipotence [ɒm'nɪpətəns] *n* omnipotencia *f*

omnipotent [ɒm'nɪpətənt] *adj* omnipotente

omnipresence [ɒmnɪ'prezəns] *n* omnipresencia *f*

omnipresent [ɒmnɪ'prezənt] *adj* omnipresente

omniscience [ɒm'nɪsɪəns] *n* omnisciencia *f*

omniscient [ɒm'nɪsɪənt] *adj* omnisciente

omnivore ['ɒmnɪvɔː(r)] *n* omnívoro(a) *m,f*

omnivorous [ɒm'nɪvərəs] *adj* (**a**) omnívoro(a) (**b**) *Fig (reader)* insaciable

ON [ɒn] **1** *prep* (**a**) *(indicating position)* en; **on the table** encima de *or* sobre la mesa, en la mesa; **on the second floor** en el segundo piso; **on the wall** en la pared; **on page 4** en la página 4; **on the right/left** a la derecha/izquierda; **a house on the river** una casa a la orilla del río; **on the coast** en la costa; **what's on the menu?** ¿qué hay en el menú?; **they are currently on ten points** en este momento tienen diez puntos; **to be on one's knees** estar arrodillado(a)
(**b**) *(indicating direction, target)* **to fall on sth** caerse encima de *or* sobre algo; **to get on a train/bus** subirse a un tren/autobús; **an attack on sb** un ataque contra alguien; **the effect on inflation** el efecto en la inflación; **a tax on alcohol** un impuesto sobre el alcohol; **the interest on a loan** el interés de un préstamo *or Méx* préstamiento; **to be on course** seguir el rumbo; **the shot was on target** el disparo dio en el blanco; **all eyes were on her** todas las miradas estaban puestas en ella
(**c**) *(indicating method)* **on bicycle** en bicicleta; **on foot** a pie; **on horseback** a caballo; **we went there on the train/bus** fuimos en tren/autobús; **I'll arrive on the six o'clock train** llegaré en el tren de las seis; **to play sth on the guitar** tocar algo a la guitarra; **to do sth on the computer** hacer algo en el *Esp* ordenador *or Am* la computadora; **on (the) television** en la televisión; **available on video/CD** disponible en vídeo *or Am* video/CD; **call us on this number** llámenos a este número
(**d**) *(indicating time)* **on the 15th** el día 15; **on Sunday** el domingo; **on Tuesdays** los martes; **on Christmas Day** el día de Navidad; **on that occasion** en aquella ocasión; **on the hour** *(every hour)* cada hora; **I met her on the way to the store** me la encontré camino de la tienda; **on completion of the test** una vez completada la prueba; **on our arrival** a nuestra llegada
(**e**) *(about)* sobre, acerca de; **a book on France** un libro sobre Francia; **now that we're on the subject** hablando del tema; **the police have nothing on them** la policía no les puede acusar de nada
(**f**) *(introducing a gerund)* **on completing the test** después de terminar la prueba; **on arriving, we went straight to the hotel** al llegar, fuimos directamente al hotel
(**g**) *(indicating use, support)* **to live on £200 a week** vivir con 200 libras a la semana; **people on low incomes** la gente con ingresos bajos; **she's on $50,000 a year** gana 50.000 dólares al año; **it runs on electricity** funciona con electricidad; **to spend/waste money on sth** gastar/derrochar dinero en algo; **they were acting on reliable information** actuaban siguiendo información fiable *or Am* confiable; **I'm on antibiotics** estoy tomando antibióticos; **to be on drugs** tomar drogas; *Fam* **what's he on?** ¿qué le pasa?; **the drinks are on me** las bebidas corren de mi cuenta
(**h**) *(forming part of) (list, agenda)* en; **to be on a committee** formar parte de un comité; **we have two women on our team** tenemos dos mujeres en nuestro equipo; **who's side are you on?** ¿de qué lado estás?
(**i**) *(indicating process)* **on holiday** de vacaciones; **on sale** en venta; **I'm going on a course** voy a un curso; **fraud is on the increase** el fraude está aumentando
(**j**) *(referring to clothing)* **that dress looks good on you** ese vestido te sienta bien; **I haven't got any money on me** no llevo nada de dinero encima
(**k**) *(compared to)* **unemployment is up/down on last year** el desempleo *or Am* la desocupación ha subido/bajado con respecto al año pasado
2 *adv* (**a**) *(functioning)* **turn the light/the TV on** enciende la luz/la tele; **turn the water/gas/tap on** abre el agua/el gas/el grifo
(**b**) *(as clothing)* **she had a red dress on** llevaba un vestido rojo; **to have nothing on** estar desnudo(a); **to put sth on** ponerse algo
(**c**) *(in time)* **earlier on** antes; **later on** más tarde; **from that day on** desde aquel día, a

partir de aquel día; **two weeks on from the fall, she still hasn't recovered** dos semanas después de la caída, todavía no se ha recuperado
(d) *(in distance)* **2 miles (further) on we came across a river** 2 millas después llegamos a un río; **you go on ahead, we'll follow** sigue adelante, nosotros vamos detrás
(e) *(indicating position)* **climb/get on!** ¡sube!; **put the lid on** pon la tapa; **tie it on firmly** átalo firmemente
(f) *(indicating continuation)* **to read/work on** seguir leyendo/trabajando; **he went on and on about it** no dejaba de hablar de ello; *Fam* **what are you on about?** ¿de qué estás hablando?, *Esp* ¿de qué vas?
(g) *(in phrases)* **I've been on at him to get it fixed** le he estado dando la lata para que lo arregle; *Fam* **to be on to sth** *(aware of)* estar enterado(a) de algo; *Fam* **the police are on to us** la policía nos sigue la pista
3 *adj* (a) *(functioning) (light, television, engine)* encendido(a), *Am* prendido(a); *(water, gas, tap)* abierto(a); **put the brakes on** frena; **in the "on" position** en posición de encendido *or Am* prendido; **on and off, off and on** *(intermittently)* intermitentemente
(b) *(taking place)* **what's on?** *(on TV)* ¿qué hay en la tele?; *(at cinema)* ¿qué película echan?; **is the meeting still on?** ¿sigue en pie lo de la reunión?; **when the war was on** en tiempos de la guerra; **I've got a lot on at the moment** *(am very busy)* ahora estoy muy ocupado; **I've got nothing on tomorrow** mañana estoy libre
(c) *(on duty, performing)* de servicio; **who's on this evening?** ¿quién está de servicio esta noche?; **I'm on in two minutes** entro en dos minutos
(d) *Fam (acceptable)* **it's not on** eso no está bien; **fancy a game of chess? — you're on!** ¿te apetece una partida de ajedrez? — ¡hecho!

ONC [əʊen'si:] *n* (*abbr* **Ordinary National Certificate**) = en Inglaterra y Gales, certificado de formación profesional

ONCE [wʌns] **1** *adv* (a) *(on one occasion)* una vez; **o. a week/a year** una vez a la semana/al año; **o. a fortnight** (una vez) cada dos semanas; **I've been there o. before** he estado allí una vez; **(every) o. in a while** de vez en cuando; **o. or twice** una o dos veces, un par de veces; **more than o.** más de una vez; **o. and for all** de una vez por todas; **o. more, o. again** otra vez, una vez más; **you've called me stupid o. too often** ya me has llamado estúpido demasiadas veces
(b) *(formerly)* una vez, en otro tiempo; **it's easier than it o. was** es más fácil de lo que solía serlo; **the o.-busy streets were now empty** las antaño ajetreadas calles estaban ahora vacías; **o. upon a time, there was a princess** érase una vez una princesa
(c) **at once** *adv (immediately)* inmediatamente, ahora mismo; *(at the same time)* al mismo tiempo, a la vez; **all at o.** *(suddenly)* de repente
(d) **for once** *adv* para variar; **I wish you'd pay attention for o.** podrías prestar atención, para variar
2 *pron* **I've only seen her the o.** sólo la he visto una vez; **go on, just this o.** venga, sólo una vez
3 *conj* una vez que; **o. you've finished** una vez que acabes; **o. he finishes, we can leave** cuando termine, nos podremos marchar; **o. he reached home, he immediately called the police** nada más llegar a casa, llamó a la policía

---

once-in-a-lifetime *adj* irrepetible, único(a); **a o. opportunity** una ocasión única, una ocasión que sólo se presenta una vez en la vida

once-over ['wʌnsəʊvə(r)] *n Fam* **to give sth the o.** dar a algo un repaso; **to give sb the o.** mirar a alguien de arriba a abajo

oncologist [ɒŋ'kɒlədʒɪst] *n* oncólogo(a) *m,f*

oncology [ɒŋ'kɒlədʒɪ] *n* oncología *f*

oncoming ['ɒnkʌmɪŋ] *adj (traffic)* en dirección contraria; **the o. car** el coche *or Am* carro *or Chile, RP* auto que viene de frente

OND [əʊen'di:] *n* (*abbr* **Ordinary National Diploma**) = en Inglaterra y Gales, certificado superior de formación profesional

---

ONE [wʌn] **1** *n* (a) *(number)* uno *m*; **a hundred and o.** ciento uno(a); **it is a fax, a phone and an answerphone all in o.** es fax, teléfono y contestador todo en uno; **they rose as o.** se levantaron a una; **we are as o. on this issue** en este tema estamos plenamente de acuerdo; **to be at o. with sb** *(agree)* estar plenamente de acuerdo con alguien; **to be at o. with oneself** *(calm)* estar en paz con uno mismo; **the guests arrived in ones and twos** poco a poco fueron llegando los invitados; *Fam* **to be/get o. up on sb** estar/quedar por encima de alguien
(b) *(drink)* **to have o. for the road** tomar la espuela *or* la última; **to have o. too many** *or Br Old-Fashioned* **o. over the eight** tomar una copa de más
(c) *Fam (blow)* **to sock sb o.** arrear una a alguien
(d) *Fam (joke)* **that's a good o.!** ¡qué bueno!; *Ironic* **did you know I won the lottery? — oh yeah, that's a good o.!** ¿sabías que he ganado la lotería? — ¡sí, y yo me lo creo!; **did you hear the o. about...?** ¿habéis oído el (chiste) del...?
(e) *Fam (question)* **that's a difficult o.!** ¡qué difícil!
(f) *very Fam* **to give sb o.** *(have sex)* tirarse a alguien
(g) *Br Fam (person)* **you are a o.!** ¡qué traviesillo *or* diablo eres!; **he's a right o., him!** ¡qué *or* menudo elemento!
(h) *Sport* **o. on o.** uno contra uno; **o. and o.** *(in basketball)* uno más uno
2 *pron* (a) *(identifying)* uno(a); **I've always wanted a yacht, but could never afford o.** siempre he querido un yate, pero nunca me lo he podido permitir; **could I have a different o.?** ¿me podría dar otro(a)?; **I don't like red ones** no me gustan los rojos; **there's only o. left** sólo queda uno; **this o.** éste(a); **that o.** ése(a), aquél(élla); **these ones** éstos(as); **those ones** ésos(as), aquéllos(as); **the o. I told you about** el/la que te dije; **the big o.** el/la grande; **the red o.** el/la rojo/a; **the ones with the long sleeves** los/las de manga larga; **the o. that got away** *(of fish, goal, prize)* el/la que se escapó; **they are the ones who are responsible** ellos son los responsables; **which o. do you want?** ¿cuál quieres?; **which ones do you want?** ¿cuáles quieres?; **any o. except that o.** cualquiera menos ése/ésa; **the last but o.** el/la penúltimo(a)
(b) *(indefinite)* uno(a) *m,f*; **I haven't got a pencil, have you got o.?** no tengo lápiz, ¿tienes tú (uno)?; **o. of us will have to do it** uno de nosotros tendrá que hacerlo; **he is o. of us** es uno de los nuestros; **she is o. of the family** es de la familia; **o. of my friends** uno de mis amigos; **o. of these days** un día de estos; **their reaction was o. of panic** su reacción fue de pánico; **any o. of us** cualquiera de nosotros; **it is just o. of those things** son cosas que pasan; **o. after another** *or* **the other** uno tras otro; **o. at a time** de uno en uno; **o. by o.** de uno en uno, uno por uno; **o. or other of them will have to go** nos tendremos que desprender de uno de los dos
(c) *(particular person)* **to act like o. possessed** actuar como un/una poseso(a); **I, for o., do not believe it** yo, por mi parte, no me lo creo; **I'm not o. to complain** yo no soy de los que se quejan, **she's a great o. for telling jokes** siempre está contando chistes; **he's not a great o. for parties** no le van mucho las fiestas; *Old-fashioned* **o. and all** todos; **they are o. and the same** son la misma cosa/persona
(d) *(impersonal) Formal* uno(a) *m,f*; **o. never knows** nunca se sabe; **if o. considers the long-term consequences** si tenemos en cuenta las consecuencias a largo plazo; **it is enough to make o. weep** basta para hacerle llorar a uno
3 *adj* (a) *(number)* un(a); **o. tea and two coffees** un té y dos cafés; **o. hundred** cien; **o. thousand** mil; **o. quarter** un cuarto; **chapter o.** capítulo *m* primero; **page o.** primera página *f*; **to be o. (year old)** tener un año; **they live at number o.** viven en el número uno; **o. o'clock** la una; **come at o.** ven a la una; **o. or two people** una o dos personas, algunas personas; **for o. thing,...** para empezar,...
(b) *(indefinite)* **we should go there o. summer** tendríamos que ir un verano; **early o. day** un día temprano por la mañana; **o. day next week** un día de la próxima semana; **o. day, we shall be free** algún día seremos libres; *Formal* **his boss is o. James Bould** su jefe es un tal James Bould
(c) *(single)* un(a) único(a), un(a) solo(a); **he**

did it with o. end in mind lo hizo con un solo propósito; **her o. worry** su única preocupación; **I only have the o. suit** sólo tengo un traje; **my o. and only suit** mi único traje; **the o. and only Sugar Ray Robinson!** ¡el inimitable Sugar Ray Robinson!; **they are o. and the same thing** son una *or* la misma cosa; **we'll manage o. way or another** nos las arreglaremos de una forma u otra; **they painted it all o. colour** lo pintaron de un solo color; *Fam* **it's all o. to me** me da igual; **as o. man** como un solo hombre
(**d**) *(only)* único(a); **he's the o. person I can rely on** es la única persona en la que puedo confiar
(**e**) *Fam (for emphasis)* **that's o. big problem you've got there** menudo problema tienes ahí

---

one-armed ['wʌnɑːmd] *adj* (**a**) *(person)* manco(a) (**b**) *Br Fam* ***o. bandit*** (máquina *f*) tragaperras *f inv*, *RP* tragamonedas *f inv*

one-eyed ['wʌnaɪd] *adj* tuerto(a)

one-horse ['wʌnhɔːrs] *adj Fig* **it's a o. race** sólo hay un ganador posible ▫ *Fam* ***o. town*** pueblo *m* de mala muerte

one-legged [wʌn'legɪd] *adj* cojo(a)

one-liner [wʌn'laɪnə(r)] *n Fam (joke)* golpe *m*

one-man ['wʌnmæn] *adj (job)* individual, de una sola persona ▫ ***o. band*** hombre *m* orquesta; ***o. show*** espectáculo *m* en solitario; *Fig* **this company/team is a o. show** el funcionamiento de esta empresa/de este equipo gira en torno a un solo hombre

one-night stand ['wʌnnaɪt'stænd] *n Fam* (**a**) *(of performer)* representación *f* única; *(of musician)* concierto *m* único (**b**) *(sexual encounter)* ligue *m or RP* levante *m* de una noche

one-off ['wʌnɒf] *n Br Fam* **it was a o.** *(mistake, success)* fue una excepción *or* un hecho aislado; **a o. job** un trabajo aislado

one-on-one *US* = **one-to-one**

one-parent family ['wʌnpeərənt'fæmɪlɪ] *n* familia *f* monoparental

one-party ['wʌn'pɑːtɪ] *adj (state, system)* unipartidista

one-piece swimsuit ['wʌnpiːs'swɪmsuːt] *n* bañador *m or RP* malla *f* de una pieza

onerous ['əʊnərəs] *adj* oneroso(a)

oneself [wʌn'self] *pron* (**a**) *(reflexive)* **to look after o.** cuidarse; **to trust o.** confiar en uno mismo; **to feel o. again** volver a sentirse el/la de siempre (**b**) *(emphatic)* uno(a) mismo(a), uno(a) solo(a); **to tell sb sth o.** decirle algo a alguien uno mismo (**c**) *(after preposition)* **to buy sth for o.** comprar algo para uno mismo; **to do sth all by o.** hacer algo uno solo; **to live by o.** vivir solo(a); **to talk to o.** hablar solo(a); **to see (sth) for o.** ver (algo) uno(a) mismo(a)

one-sided [wʌn'saɪdɪd] *adj* (**a**) *(unequal)* desnivelado(a), desigual (**b**) *(biased)* parcial

one-stop ['wʌnstɒp] *adj* ***o. shop*** *(service)* servicio *m* integral

one-time ['wʌntaɪm] *adj* antiguo(a); **her o. lover** su ex amante

one-to-one ['wʌntə'wʌn], *US* **one-on-one** ['wʌnən'wʌn] *adj (discussion)* cara a cara ▫ ***o. tuition*** clases *fpl* particulares

one-track ['wʌntræk] *adj* **to have a o. mind** *(be obsessed with one thing)* estar obsesionado(a) con una cosa, no pensar más que en una cosa; *(be obsessed with sex)* no pensar más que en el sexo

one-two [wʌn'tuː] *n* (**a**) *(in soccer, hockey)* pared *f*; **to play a o.** hacer la pared (**b**) *(in boxing)* izquierdazo *m* seguido de derechazo

one-upmanship [wʌn'ʌpmənʃɪp] *n Fam* **it was pure o.** todo era por quedar por encima de los demás

one-way ['wʌnweɪ] *adj* (**a**) *(ticket)* de ida (**b**) *(street, traffic)* de sentido único

one-woman ['wʌnwʊmən] *adj (job)* individual, de una sola persona ▫ ***o. show*** espectáculo *m* en solitario; *Fig* **this company/team is a o. show** el funcionamiento de esta empresa/de este equipo gira en torno a una sola mujer; ***a o. man*** un hombre fiel (a una sola mujer)

ongoing ['ɒngəʊɪŋ] *adj* en curso; **this is an o. situation** esta situación sigue pendiente

onion ['ʌnjən] *n* cebolla *f*; *Br Fam* IDIOM **she knows her onions** sabe lo que se trae entre manos ▫ ***o. dome*** cúpula *f* bizantina; ***o. rings*** aros *mpl* de cebolla; ***o. soup*** sopa *f* de cebolla

onionskin ['ʌnjənskɪn] *n* **o. (paper)** papel *m* cebolla

on-line ['ɒn'laɪn] *adj Comptr* en línea, on line; **to be o.** *(of person)* estar conectado(a) (a Internet); **to go o.** conectarse a Internet *(por primera vez)* ▫ ***o. gaming*** juegos *mpl* en línea; ***o. help*** ayuda *f* en línea; ***o. service*** servicio *m* en línea

onlooker ['ɒnlʊkə(r)] *n* curioso(a) *m,f*

ONLY ['əʊnlɪ] **1** *adj* único(a); **o. child** hijo(a) *m,f* único(a); **you are not the o. one** no eres el único; **the o. people left there** los únicos que quedan ahí; **the o. thing that worries me is...** lo único que me preocupa es...

2 *adv* solamente, sólo; **it's o. a suggestion** no es más que una sugerencia; **it's o. natural** es (más que) natural; **it's o. to be expected** no es de sorprender; **it's o. me** (sólo) soy yo; **I saw her o. yesterday** la vi ayer mismo; **they left o. a few minutes ago** se han marchado tan sólo hace unos minutos; **if you need help, you o. have to ask** si necesitas ayuda, no tienes más que pedirla; **I can o. assume they've got the wrong address** debo asumir que tienen la dirección equivocada; **I o. hope they don't find out** sólo espero que no lo descubran; **I o. wish you'd told me earlier** ¡ojalá me lo hubieras dicho antes!; **if you don't do it now, you'll o. have to do it later** si no lo haces ahora, lo tendrás que hacer después; **they travelled all that way, o. to be denied entry when they got there** viajaron hasta allí toda esa distancia para descubrir a la llegada que no les dejaban entrar; *Fam* **she's o. gone and told her father!** ¡se le ha ocurrido contárselo a su padre!; **I o. just managed it** por poco no lo consigo; **we had o. just enough money** teníamos el dinero justo; **we had o. just arrived when...** acabábamos de llegar cuando...; **I shall be o. too pleased to come** me encantará acudir; **that's o. too true!** ¡qué razón tienes!; **not o...., but also** no sólo..., sino también

3 *conj* sólo que, pero; **I would do it, o. I haven't the time** lo haría, sólo que no tengo tiempo; **have a go, o. be careful** inténtalo, pero con cuidado

---

o.n.o. [əʊen'əʊ] *adv Com (abbr* **or nearest offer**) **£300 o.** 300 libras negociables

on-off ['ɒn'ɒf] *adj* (**a**) *Elec* ***o. switch*** interruptor *m* (**b**) *(relationship)* intermitente

onomatopoeia [ɒnəmætə'piːə] *n* onomatopeya *f*

onomatopoeic [ɒnəmætə'piːɪk] *adj* onomatopéyico(a)

onrush ['ɒnrʌʃ] *n* (**a**) *(of emotions)* arrebato *m* (**b**) *(of people)* oleada *f*

onscreen [ɒn'skriːn] **1** *adj* (**a**) *(information, controls)* en pantalla (**b**) *TV* televisivo(a); *Cin* cinematográfico(a)

2 *adv (work) Esp* en el ordenador, *Am* en la computadora

onset ['ɒnset] *n* irrupción *f*; **the o. of a disease** el desencadenamiento *or* inicio de una enfermedad; **the o. of war** el estallido de la guerra

onshore 1 *adj* ['ɒnʃɔː(r)] en tierra firme; **o. wind** viento del mar

2 *adv* [ɒn'ʃɔː(r)] en tierra

onside [ɒn'saɪd] *adj (in soccer, rugby)* en posición correcta

on-site ['ɒn'saɪt] *adj & adv* in situ

onslaught ['ɒnslɔːt] *n* acometida *f*

on-stage [ɒn'steɪdʒ] **1** *adj* de escena

2 *adv* en escena

on-stream 1 *adj* ['ɒnstriːm] en funcionamiento

2 *adv* [ɒn'striːm] **to come o.** ponerse en funcionamiento

onto ['ɒntʊ, *unstressed* 'ɒntə] *prep* (**a**) *(on)* sobre, encima de; **to fall o. sth** caerse encima de algo; **to jump o. sth** saltar sobre algo (**b**) *(in contact with)* **to get o. sb** ponerse en contacto con alguien (**c**) *(on trail of)* **to be o. a good thing** habérselo montado bien; **I think the police are o. us** creo que la policía va *or* anda detrás de nosotros

onus ['əʊnəs] *n* responsabilidad *f*; **the o. is on the government to resolve the problem** la resolución del problema es incumbencia del Gobierno ▫ *Law* ***o. of proof*** peso *m* de la prueba, onus probandi *m*

onward ['ɒnwəd] **1** *adj (motion)* hacia delante

2 *adv* = **onwards**

onwards ['ɒnwədz] *adv* **from tomor-**

row o. a partir de mañana; **from this time o.** (de ahora) en adelante

onyx ['ɒnɪks] *n* ónice *m*

oodles ['u:dəlz] *npl Fam* **o. of time/money** una porrada *or Col* un jurgo *or Méx* un chorro *or RP* un toco de tiempo/dinero

oomph [ʊmf] *n Fam (energy)* gancho *m*, garra *f*

oops [u:ps] *exclam* (**a**) *(to child)* ¡aúpa! (**b**) *(after mistake)* ¡uy!, ¡oh!

oops-a-daisy ['u:psədeɪzɪ] *exclam Fam* ¡epa!

ooze [u:z] **1** *n* (**a**) *(mud)* fango *m* (**b**) *(flow)* flujo *m*

2 *vt (liquid)* rezumar; **to o. charm** rezumar encanto; **to o. confidence** rebosar confianza

3 *vi* salir, brotar; **blood oozed from the wound** la herida rezumaba sangre; **to o. with confidence** rebosar confianza

op [ɒp] *n Fam (medical operation)* operación *f*

opacity [əʊ'pæsɪtɪ] *n* (**a**) *(opaqueness)* opacidad *f* (**b**) *(of meaning)* opacidad *f*, complicación *f*

opal ['əʊpəl] *n* ópalo *m*

opalescent [əʊpə'lesənt] *adj* opalescente

opaque [əʊ'peɪk] *adj* (**a**) *(glass)* opaco(a) (**b**) *(difficult to understand)* oscuro(a), poco claro(a)

op art ['ɒp'ɑ:t], **optical art** ['ɒptɪkəl'ɑ:t] *n* op art *m*

op cit ['ɒp'sɪt] *(abbr* **opere citato**) op. cit.

OPEC ['əʊpek] *n (abbr* **Organization of Petroleum-Exporting Countries**) OPEP *f*

OPEN ['əʊpən] **1** *n* (**a**) **in the o.** *(outside)* al aire libre; *(not hidden)* a la vista; **to bring sth out into the o.** *(problem, disagreement)* sacar a relucir algo; **to come out into the o. about sth** desvelar algo

(**b**) *(sporting competition)* open *m*, abierto *m*; **the US/Australian O.** el Abierto USA/de Australia; **the French O.** Roland Garros

2 *adj* (**a**) *(in general)* abierto(a); *(curtains)* corrido(a), abierto(a); **to be o.** estar abierto(a); **o. from nine to five** abierto(a) de nueve a cinco; **o. to the public** abierto(a) al público; **o. to traffic** abierto(a) al tráfico; **o. all night** abierto(a) toda la noche *or* las 24 horas; **o. late** abierto(a) hasta tarde; **in the o. air** al aire libre; *Fig* **to welcome sb with o. arms** recibir a alguien con los brazos abiertos; *Law* **in o. court** en juicio público, en vista pública; *Sport* **to miss an o. goal** fallar un gol a puerta vacía; **to keep o. house** tener la puerta abierta ▫ ***o. carriage*** carruaje *m* descubierto; *Elec* ***o. circuit*** circuito *m* abierto; ***o. country*** campo *m* abierto; *Br* ***o. day*** jornada *f* de puertas abiertas; ***o. fire*** *or* ***fireplace*** chimenea *f*, hogar *m*; *US* ***o. house*** jornada *f* de puertas abiertas; ***o. invitation*** *(to guests)* invitación *f* permanente; *Fig (to thieves)* invitación *f* clara; *Econ* ***o. market*** mercado *m* libre; ***o. prison*** cárcel *f* de régimen abierto; ***o. relationship*** relación *f* abierta *or* liberal; ***o. sandwich*** = una rebanada de pan con algo de comer encima; ***o. sea*** mar *m* abierto; ***o. season*** *(for hunting)* temporada *f* (de caza); *Fig* **to declare o. season on sb/sth** abrir la veda de *or* contra alguien/algo; ***o. spaces*** *(parks)* zonas *fpl* verdes; ***o. ticket*** billete *m or Am* boleto *m* abierto; ***o. wound*** herida *f* abierta

(**b**) *(clear) (person, manner)* abierto(a); *(preference, dislike)* claro(a), manifiesto(a); *(conflict)* abierto(a); **to be o. about sth** ser muy claro(a) *or* sincero(a) con respecto a algo; **to be o. with sb** ser franco(a) con alguien; **o. government is one of our priorities** la transparencia en el gobierno es una de nuestras prioridades ▫ ***o. letter*** *(in newspaper)* carta *f* abierta; ***o. secret*** secreto *m* a voces

(**c**) *(undecided)* abierto(a); **the championship is still o.** el campeonato todavía sigue abierto; **we left the date o.** no fijamos una fecha definitiva; **let's leave the matter o.** dejemos el asunto ahí pendiente de momento; **to keep an o. mind (on sth)** mantenerse libre de prejuicios (acerca de algo); **it's an o. question whether...** no está claro si... ▫ *Law* ***o. verdict*** = fallo del jurado en el que no se especifica la causa de la muerte

(**d**) *(available, accessible)* **justice is o. to all** la justicia está al alcance de todos; **a career o. to very few** una profesión reservada a unos pocos; **membership is o. to people over eighteen** pueden hacerse socios los mayores de dieciocho años; **two possibilities are o. to us** tenemos dos opciones ▫ *Educ* ***o. learning*** educación *f* a distancia; ***O. University*** = universidad a distancia británica, *Esp* ≃ UNED *f*

(**e**) *(exposed, susceptible)* **o. to the elements** expuesto(a) a las inclemencias del tiempo; **to be o. to abuse** ser susceptible de abuso; **to be o. to doubt** *or* **question** ser dudoso(a) *or* cuestionable; **to be o. to offers** estar abierto(a) a todo tipo de ofertas; **to be o. to ridicule** exponerse a quedar en ridículo; **to be o. to suggestions** estar abierto(a) a sugerencias

(**f**) *(cheque)* abierto(a)

(**g**) *Ling* abierto(a)

3 *adv* **to cut sth o.** abrir algo de un corte; **the door flew o.** la puerta se abrió con violencia

4 *vt* (**a**) *(in general)* abrir; *(curtains)* correr; *(new museum, hospital)* inaugurar; **to o. a hole in sth** abrir *or* practicar un agujero en algo; *Fig* **to o. the door to sth** abrir la puerta a algo; *Fig* **to o. sb's eyes** abrir los ojos a alguien, hacer ver las cosas a alguien; **he opened his heart to her** se sinceró con ella; **I shouldn't have opened my mouth** no debía haber abierto la boca

(**b**) *(begin) (talk, investigation, match)* comenzar, empezar; *(negotiations, conversation)* entablar, iniciar; **to o. fire (on sb)** hacer *or* abrir fuego (sobre alguien); **to o. the scoring** abrir el marcador

5 *vi* (**a**) *(of door, window, flower)* abrirse; *(of shop, bank)* abrir; **to o. late** *(of shop)* abrir hasta tarde; **o. wide!** *(at dentist's)* ¡abre bien la boca!

(**b**) *(begin) (of talk, account, match)* comenzar, empezar; *(of meeting, negotiations)* abrirse, dar comienzo; *(of shares, currency)* abrir (**at** a); **the film opens next week** la película se estrena la semana que viene

▸**open onto** *vt insep* dar a; **the kitchen opens onto the garden** la cocina da al jardín

▸**open out 1** *vt sep (sheet of paper)* abrir, desdoblar

2 *vi* (**a**) *(of flower)* abrirse; *(of view, prospects)* abrirse, extenderse; *(of road, valley)* ensancharse, abrirse (**b**) *Br (speak frankly)* abrirse

▸**open up 1** *vt sep* (**a**) *(new shop, business)* abrir; *(new museum, hospital)* inaugurar (**b**) *(remove restrictions on) (economy)* abrir; **to o. up opportunities for** abrir las puertas a, presentar nuevas oportunidades para (**c**) *(establish) (lead, gap, advantage)* abrir (**d**) *Fam (operate on)* abrir

2 *vi* (**a**) *(of hole, crack)* abrirse (**b**) *(of shopkeeper, new shop)* abrir; *(of flower, new market)* abrirse; **this is the police, o. up!** ¡policía, abran la puerta! (**c**) *(speak frankly)* abrirse, sincerarse (**d**) *(become more exciting) (of game, match)* abrirse

---

open-air [əʊpə'neə(r)] *adj (restaurant, market)* al aire libre

open-and-shut case ['əʊpənən'ʃʌt'keɪs] *n* **an o.** un caso elemental *or* claro

opencast ['əʊpən'kɑ:st] *adj (mine)* a cielo abierto

open-door policy ['əʊpən'dɔ:pɒlɪsɪ] *n* política *f* permisiva *or* de puertas abiertas

open-ended ['əʊpən'endɪd] *adj* (**a**) *(contract)* indefinido(a) (**b**) *(question)* abierto(a) (**c**) *(discussion)* sin restricciones

opener ['əʊpənə(r)] *n* (**a**) *(for tins)* abrelatas *m inv*; *(for bottles)* abridor *m*, abrebotellas *m inv* (**b**) *(initial action, statement)* comienzo *m*, introducción *f*; **and that was just for openers** y eso fue sólo el principio (**c**) *(in cricket)* primer bateador *m*

open-eyed ['əʊpən'aɪd] *adj & adv* con los ojos muy abiertos

open-handed ['əʊpən'hændɪd] *adj (generous)* generoso(a), desprendido(a)

open-hearted ['əʊpən'hɑ:tɪd] *adj* franco(a), abierto(a)

open-heart surgery ['əʊpən'hɑ:t'sɜ:dʒərɪ] *n* cirugía *f* a corazón abierto

opening ['əʊpənɪŋ] **1** *n* (**a**) *(of play, new era)* principio *m*; *(of negotiations)* apertura *f*; *(of parliament)* sesión *f* inaugural (**b**) *(gap)* abertura *f*, agujero *m* (**c**) *(of cave, tunnel)* entrada *f* (**d**) *(opportunity)* oportunidad *f*; *(job)* puesto *m* vacante

2 *adj* ***o. batsman*** *(in cricket)* bateador *m* inicial; ***o. ceremony*** ceremonia *f* inaugural *or* de apertura; ***o. gambit*** *(in chess)* gambito *m* de salida; *(in conversation, negotiation)* táctica *f* inicial; ***o. hours*** horario *m* de apertura; ***o. speech*** *(in court case)* presentación *f* del caso; *Br* ***o. time*** *(of pub)* hora *f* de abrir

openly ['əʊpənlɪ] *adv* abiertamente; **to be**

o. contemptuous (of sb/sth) mostrar un claro desprecio (por alguien/algo)

open-minded [əʊpən'maɪndɪd] *adj* de mentalidad abierta

open-mouthed [əʊpən'maʊðd] *adj & adv* boquiabierto(a)

openness ['əʊpənnɪs] *n (frankness)* franqueza *f*

open-plan ['əʊpənplæn] *adj (office)* de planta abierta

open-skies ['əʊpən'skaɪz] *adj* **an o. policy** una política de cielos abiertos

open-toe(d) ['əʊpən'təʊ(d)] *adj* abierto(a), que deja los dedos al aire

open-top(ped) ['əʊpən'tɒp(t)] *adj (bus, carriage)* descubierto(a), sin techo

openwork ['əʊpənwɜːk] *n* calado *m*

opera ['ɒpərə] *n* ópera *f* ▫ ***o. glasses*** prismáticos *mpl*, gemelos *mpl (de teatro)*; ***o. hat*** sombrero *m* de copa plegable; ***o. house*** (teatro *m* de la) ópera *f*; ***o. singer*** cantante *mf* de ópera

operable ['ɒpərəbəl] *adj Med* operable

operate ['ɒpəreɪt] **1** *vt* (**a**) *(machine)* manejar, hacer funcionar; *(brakes)* accionar; **to be operated by electricity** funcionar con electricidad
(**b**) *(service)* proporcionar
2 *vi* (**a**) *(of machine)* funcionar
(**b**) *(of company)* actuar, operar; **we o. in most of the north of Scotland** desarrollamos nuestra actividad en la mayor parte del norte de Escocia; **the company operates out of Philadelphia** la empresa tiene su sede en Filadelfia; **this services operates only on Saturdays** este servicio sólo funciona los sábados
(**c**) *Formal (apply)* estar en vigor; **those restrictions continue to o.** estas restricciones siguen en vigor
(**d**) *Med* operar; **to o. on sb (for)** operar a alguien (de); **to be operated on** ser operado(a)

operatic [ɒpə'rætɪk] *adj* operístico(a)

operating ['ɒpəreɪtɪŋ] *adj* (**a**) *(of business)* ***o. costs*** costos *or Esp* costes *mpl* de explotación (**b**) *Comptr* ***o. system*** sistema *m* operativo (**c**) *Med US* ***o. room*** quirófano *m*; ***o. table*** mesa *f* de operaciones; *Br* ***o. theatre*** quirófano *m*

operation [ɒpə'reɪʃən] *n* (**a**) *(of machine)* funcionamiento *m*; **to be in o.** estar funcionando (**b**) *(of system, law)* **to be in o.** estar en vigor; **to come into o.** *(of law)* entrar en vigor (**c**) *(process)* tarea *f*, operación *f*; **a firm's operations** las operaciones *or* actividades de una empresa (**d**) *Med* operación *f*; **to have an o. (for sth)** operarse (de algo) (**e**) *Mil* operación *f*; **operations room** centro *m* de control

operational [ɒpə'reɪʃənəl] *adj* operativo(a); **it should be o. next year** debería entrar en funcionamiento el año que viene ▫ ***o. research*** = análisis de los procedimientos de producción y administración

operative ['ɒpərətɪv] **1** *n Formal (manual worker)* operario(a) *m,f*; *(spy)* agente *mf*
2 *adj (law, rule)* vigente; **to become o.** *(of law)* entrar en vigor; **the o. word** la palabra clave

operator ['ɒpəreɪtə(r)] *n* (**a**) *(of machine)* operario(a) *m,f* (**b**) *Tel* telefonista *mf*, operador(ora) *m,f* (**c**) *Fam* **he's a pretty smooth o.** *(with women)* se las lleva de calle; *(in business)* es un lince *or* un hacha para los negocios

operetta [ɒpə'retə] *n Mus* opereta *f*

ophthalmic [ɒf'θælmɪk] *adj Br* ***o. optician*** óptico(a) *m,f*

ophthalmologist [ɒfθæl'mɒlədʒɪst] *n* oftalmólogo(a) *m,f*

ophthalmology [ɒfθæl'mɒlədʒɪ] *n Med* oftalmología *f*

opiate ['əʊpɪet] *n Med* opiáceo *m*

opinion [ə'pɪnjən] *n* (**a**) *(individual)* opinión *f*; **in my o.** en mi opinión; **to be of the o. that...** ser de la opinión de que...; **to ask sb's o.** pedir la opinión de alguien; **to form an o. of sb/sth** formarse una opinión sobre alguien/algo; **to have a high/low o. of sb** tener (una) buena/mala opinión de alguien; **what is your o. of him?** ¿qué opinas de él? (**b**) *(collective)* **o. is divided on this issue** en este tema las opiniones están divididas ▫ ***o. poll*** *or* ***survey*** sondeo *m* de opinión, encuesta *f*

opinionated [ə'pɪnjəneɪtɪd] *adj* dogmático(a); **to be o.** creer a toda costa que uno lleva la razón

opium ['əʊpɪəm] *n* opio *m* ▫ ***o. addict*** adicto(a) *m,f* al opio; ***o. den*** fumadero *m* de opio; ***o. poppy*** adormidera *f*

Oporto [ɒ'pɔːtəʊ] *n* Oporto

opossum [ə'pɒsəm] *n* zarigüeya *f*

opp (*abbr* **opposite**) en la página opuesta

opponent [ə'pəʊnənt] *n* (**a**) *(in game, politics)* adversario(a) *m,f*, oponente *mf* (**b**) *(of policy, system)* opositor(ora) *m,f*

opportune ['ɒpətjuːn] *adj Formal* oportuno(a); **is this an o. moment?** ¿es éste un momento oportuno?

opportunism [ɒpə'tjuːnɪzəm] *n* oportunismo *m*

opportunist [ɒpə'tjuːnɪst] *n & adj* oportunista *mf*

opportunistic [ɒpətjʊ'nɪstɪk] *adj* oportunista; *Med* **o. infection** infección *f* oportunista

opportunity [ɒpə'tjuːnɪtɪ] *n* oportunidad *f*, ocasión *f*; **to have the o. of doing sth** *or* **to do sth** tener la oportunidad *or* ocasión de hacer algo; **at every o.** a la mínima oportunidad; **at the first** *or* **earliest o.** a la primera oportunidad; **if I get an o.** si tengo ocasión *or* oportunidad; **the o. of a lifetime** una oportunidad única en la vida; **a job with opportunities** un trabajo con buenas perspectivas ▫ *Econ* ***o. cost*** coste *m* de oportunidad

opposable [ə'pəʊzəbəl] *adj* **o. thumb** pulgar *m* oponible

oppose [ə'pəʊz] *vt* oponerse a; **to be opposed to sth** estar en contra de algo; **we should act now as opposed to waiting till later** deberíamos actuar ya en lugar de esperar más; **I'm referring to my real father as opposed to my stepfather** me refiero a mi verdadero padre y no a mi padrastro

opposing [ə'pəʊzɪŋ] *adj* opuesto(a), contrario(a)

opposite ['ɒpəzɪt] **1** *n* **the o. of** lo contrario de; **is she tall? — no, quite the o.** ¿es alta? – no, todo lo contrario; **opposites attract** los polos opuestos se atraen
2 *adj* (**a**) *(facing) (page, shore)* opuesto(a); **the o. side of the street** el otro lado de la calle (**b**) *(contrary) (opinion, effect)* contrario(a); **in the o. direction** en dirección contraria; **we live at o. ends of the country** vivimos cada uno en un extremo del país; **the o. sex** el sexo opuesto (**c**) *(equivalent)* **my o. number** mi homólogo(a)
3 *adv* enfrente; **the house o.** la casa de enfrente
4 *prep* enfrente de; **we sat o. each other** nos sentamos el uno enfrente del otro

opposition [ɒpə'zɪʃən] *n* (**a**) *(resistance)* oposición *f*; **to meet with o.** encontrar oposición (**b**) *(contrast)* **to act in o. to** actuar en contra de (**c**) *(opponents)* **the o.** *(in sport)* los contrincantes, los adversarios; *(in business)* la competencia; *Br Pol* **the O.** la oposición; *Pol* **to be in o.** estar en la oposición

oppress [ə'pres] *vt (treat cruelly)* oprimir

oppressed [ə'prest] **1** *npl* **the o.** los oprimidos
2 *adj (people, nation)* oprimido(a)

oppression [ə'preʃən] *n* (**a**) *(of a people)* opresión *f* (**b**) *(of the mind)* agobio *m*, desasosiego *m*

oppressive [ə'presɪv] *adj* (**a**) *(law, regime)* opresor(ora), opresivo(a) (**b**) *(atmosphere)* agobiante; *(heat)* sofocante

oppressively [ə'presɪvlɪ] *adv* (**a**) *(hot)* **it was o. hot** hacía un calor agobiante (**b**) *(govern)* opresivamente

oppressor [ə'presə(r)] *n* opresor(ora) *m,f*

opprobrium [ə'prəʊbrɪəm] *n Formal* oprobio *m*

opt [ɒpt] **1** *vt* **to o. to do sth** optar por hacer algo
2 *vi* **to o. for** optar por

▸**opt in** *vi Br* unirse (**to** a), decidir participar (**to** en)

▸**opt out** *vi* **they opted out of the project** decidieron no participar en el proyecto; *Br* **to o. out of local authority control** *(of school, hospital)* decidir no continuar bajo el control de las autoridades locales

optic ['ɒptɪk] *adj* óptico(a) ▫ ***o. nerve*** nervio *m* óptico

optical ['ɒptɪkəl] *adj* (**a**) *(of the eye, sight)* óptico(a) ▫ ***o. fibre*** *or US* ***fiber*** fibra *f* óptica; ***o. illusion*** ilusión *f* óptica (**b**) *Comptr* ***o. character reader*** lector *m* óptico de caracteres; ***o. character recognition*** reconocimiento *m* óptico de caracteres; ***o. disk*** disco *m* óptico; ***o. mouse*** ratón *m* óptico

optical art = **op art**

optician [ɒpˈtɪʃən] *n* óptico(a) *m,f*

optics [ˈɒptɪks] *n (subject)* óptica *f*

optimal [ˈɒptɪməl] *adj* óptimo(a)

optimism [ˈɒptɪmɪzəm] *n* optimismo *m*

optimist [ˈɒptɪmɪst] *n* optimista *mf*

optimistic [ɒptɪˈmɪstɪk] *adj* optimista

optimistically [ɒptɪˈmɪstɪklɪ] *adv* con optimismo

optimization [ɒptɪmaɪˈzeɪʃən] *n Comptr* optimización *f*

optimize [ˈɒptɪmaɪz] *vt* optimizar

optimum [ˈɒptɪməm] **1** *n* nivel *m* óptimo
2 *adj* óptimo(a)

option [ˈɒpʃən] *n* (**a**) *(choice)* opción *f*; **to have the o. of doing sth** tener la opción de hacer algo; **to have no o. (but to do sth)** no tener otra opción *or* alternativa (más que hacer algo); **a soft** *or* **easy o.** una opción cómoda *or* fácil; **to leave** *or* **keep one's options open** dejar abiertas varias opciones (**b**) *Fin* opción *f* (**c**) *Sch Univ* (asignatura *f*) optativa *f* (**d**) *Comptr* ***o. key*** tecla *f* de opción

optional [ˈɒpʃənəl] *adj* optativo(a) ❑ ***o. extras*** accesorios *mpl* opcionales; *Sch* ***o. subject*** asignatura *f* optativa

optometrist [ɒpˈtɒmətrɪst] *n US* optometrista *mf*

optometry [ɒpˈtɒmətrɪ] *n Med* optometría *f*

opt-out [ˈɒptaʊt] **1** *n* autoexclusión *f*
2 *adj* ***o. clause*** claúsula *f* de exclusión *or* de no participación

opulence [ˈɒpjʊləns] *n* opulencia *f*

opulent [ˈɒpjʊlənt] *adj* opulento(a)

opulently [ˈɒpjʊləntlɪ] *adv* con opulencia; **to live o.** vivir en la opulencia

opus [ˈəʊpəs] *n* opus *m*

OR (*abbr* **Oregon**) Oregón

OR² [ɔ:(r)] *unstressed* [ə(r)] *conj* (**a**) *(in general)* o; *(before "o" or "ho")* u; **an hour or so** alrededor de una hora; **in a minute or two** en un minuto o dos, en un par de minutos; **did she do it or not?** ¿lo hizo o no?; **do it or I'll tell the boss!** ¡hazlo o se lo digo al jefe!; **she must be better or she wouldn't be smiling** debe estar mejor, si no no sonreiría; **shut up! – or what?** ¡cállate! – si no, ¿qué?; **he was asleep... or was he?** estaba dormido... ¿o no lo estaba?; **snow or no snow, she was determined to go** con nieve o sin ella, estaba decidida a ir
(**b**) *(with negative)* ni; **she didn't write or phone** no escribió ni llamó; **without affecting (either) the quality or the price** sin afectar ni a la calidad ni al precio; **I didn't mean to offend you or anything** no quise ofenderte ni mucho menos

oracle [ˈɒrəkəl] *n* oráculo *m*

oracular [ɒˈrækjʊlə(r)] *adj Formal* auspicioso(a)

oral [ˈɔ:rəl] **1** *n (exam)* (examen *m*) oral *m*
2 *adj (tradition, history, skills)* oral; *(agreement)* verbal ❑ *Sch* ***o. examination*** examen *m* oral; ***o. history*** tradición *f* oral; *Med* ***o. rehydration therapy*** terapia *f* de rehidratación oral; ***o. sex*** sexo *m* oral

orally [ˈɔ:rəlɪ] *adv* oralmente; **to take medicine o.** tomar un medicamento por vía oral

orange [ˈɒrɪndʒ] **1** *n (fruit)* naranja *f*; *(colour)* naranja *m* ❑ ***o. blossom*** (flor *f* de) azahar *m*; ***o. grove*** naranjal *m*; ***o. juice*** *Esp* zumo *m or Am* jugo *m* de naranja; *Pol* ***O. Order*** Orden *f* de Orange; ***o. peel*** peladura *f* de naranja; ***o. pekoe*** = variedad de té de gran calidad; ***o. squash*** naranjada *f*; ***o. stick*** palito *m* de naranjo; ***o. tree*** naranjo *m*
2 *adj (colour)* naranja, anaranjado(a)

orangeade [ˈɒrəndʒeɪd] *n* naranjada *f*, refresco *m* de naranja

Orangeman [ˈɒrəndʒmən] *n Pol* orangista *m*

orang-outan(g) [əˈræŋəˈtæŋ] *n* orangután *m*

oration [ɔ:ˈreɪʃən] *n Formal* alocución *f*, discurso *m*

orator [ˈɒrətə(r)] *n* orador(ora) *m,f*

oratorical [ɒrəˈtɒrɪkəl] *adj* oratorio(a)

oratorio [ɒrəˈtɔ:rɪəʊ] (*pl* **oratorios**) *n Mus* oratorio *m*

oratory¹ [ˈɒrətərɪ] *n (art of speaking)* oratoria *f*

oratory² *n Rel (chapel)* oratorio *m*, capilla *f*

orb [ɔ:b] *n Literary* esfera *f*

orbit [ˈɔ:bɪt] **1** *n* (**a**) *(of planet)* órbita *f*; **in o.** en órbita; **to go into o.** entrar en órbita (**b**) *(scope)* órbita *f*, ámbito *m*
2 *vt* girar alrededor de
3 *vi* estar en órbita

orbital [ˈɔ:bɪtəl] **1** *n* (**a**) *Br (road)* carretera *f* de circunvalación (**b**) *Chem* orbital *m*
2 *adj* (**a**) *Astron* orbital (**b**) *Br (road)* de circunvalación

Orcadian [ɔ:ˈkeɪdɪən] **1** *n* = habitante o nativo de las islas Orcadas
2 *adj* = de las islas Orcadas

orchard [ˈɔ:tʃəd] *n* huerto *m* (de frutales); **(apple) o.** huerto de manzanos, manzanal *m*

orchestra [ˈɔ:kɪstrə] *n* orquesta *f* ❑ *Th* ***o. pit*** orquesta, foso *m*

orchestral [ɔ:ˈkestrəl] *adj* orquestal

orchestrate [ˈɔ:kɪstreɪt] *vt also Fig* orquestar

orchestration [ɔ:kəˈstreɪʃən] *n Mus & Fig* orquestación *f*

orchid [ˈɔ:kɪd] *n* orquídea *f*

ordain [ɔ:ˈdeɪn] *vt* (**a**) *Formal (decree)* decretar, disponer; **fate ordained that we should meet** el destino dispuso que nos encontráramos (**b**) *Rel (priest)* ordenar

ordeal [ɔ:ˈdi:l] *n* calvario *m*

ORDER [ˈɔ:də(r)] **1** *n* (**a**) *(instruction)* orden *f*; **be quiet, and that's an o.!** ¡cállate, es una orden!; **my orders are to remain here** tengo órdenes de quedarme aquí; **to give sb an o.** dar una orden a alguien; **attack when I give the o.** atacad cuando dé la orden; **to give orders that...** dar órdenes de que...; **to obey** *or* **follow orders** obedecer *or* cumplir órdenes; **I don't take orders from you/anyone** yo no acepto órdenes tuyas/de nadie; **by o. of, on the orders of** por orden de; **to be under orders (to do sth)** tener órdenes (de hacer algo); **orders are** *or Hum* **is orders** (las) órdenes son órdenes
(**b**) *Com* pedido *m*; **your o. will be ready in a minute** *(in restaurant)* su comida estará lista en un instante; **to place an o. (with sb)** hacer un pedido (a alguien); **can I take your o. now?** ¿ya han decidido lo que van a tomar?; **to have sth on o.** haber hecho un pedido de algo; **to make sth to o.** hacer algo por encargo ❑ ***o. book*** libro *m* de pedidos; ***o. form*** hoja *f* de pedido
(**c**) *Fin* orden *f*; giro *m*; **pay to the o. of J. Black** páguese a J. Black
(**d**) *Law* orden *f*
(**e**) *(sequence)* orden *m*; **in o.** en orden; **in the right/wrong o.** bien/mal ordenado(a); **in chronological o.** por orden cronológico; **in o. of age/size** por orden de edad/tamaño; **in o. of preference** por orden de preferencia; **out of o.** desordenado(a) ❑ *Parl* ***o. paper*** orden *m* del día; *Rel* ***o. of service*** orden *m* ritual *or* litúrgico
(**f**) *(tidiness)* orden *m*; **leave the room in good o.** deja la habitación bien limpia; *Fig* **to set one's own house in o.** poner (uno) orden en su vida
(**g**) *(system)* orden *m*; **this sort of thing seems to be the o. of the day** este tipo de cosas parecen estar al orden del día
(**h**) *(condition)* **in (good) working** *or* **running o.** en buen estado de funcionamiento; **your papers are in o.** tus papeles están en regla; **to be out of o.** estar averiado(a), estar estropeado(a); **out of o.** *(sign)* no funciona
(**i**) *(peace, in meeting)* **o.!** ¡silencio, por favor!; **to restore/keep o.** restablecer/mantener el orden; **to keep sb in o.** mantener a alguien bajo control; **radical measures are in o.** se imponen medidas radicales; **I think a celebration is in o.** creo que se impone celebrarlo; **to rule a question out of o.** declarar improcedente una pregunta; *Fam* **that's out of o.!** ¡eso no está bien!, *Esp* ¡eso no es de recibo!; *Fam* **you're out of o.!** *(in the wrong)* ¡eso no está nada bien!; **to call sb to o.** llamar a alguien al orden; **he called the meeting to o.** llamó al orden a los asistentes
(**j**) *(degree)* orden *m*; **in** *or* **of the o. of** del orden de; **of the highest o.** de primer orden ❑ ***o. of magnitude*** orden *f* de magnitud; **the cost is of the same o. of magnitude as last time** el costo es muy similar al de la última vez
(**k**) *Rel* orden *f*; **to take holy orders** ordenarse sacerdote
(**l**) *(official honour)* orden *f*; *Br* **the O. of the Garter** la Orden de la Jarretera
(**m**) *(social class)* **the higher/lower orders** las capas altas/bajas de la sociedad
(**n**) *Bot & Zool* orden *m*

(**o**) *(in phrases)* **in o. to do sth** para hacer algo; **in o. for us to succeed** para poder tener éxito; *Formal* **in o. that they understand** para que comprendan

2 *vt* (**a**) *(instruct)* **to o. sb to do sth** mandar *or* ordenar a alguien hacer algo; **he ordered an immediate attack** ordenó un ataque inmediato; **"come here," she ordered** "ven aquí", ordenó; **to o. that sb do sth** mandar *or* pedir que alguien haga algo; *Law* **he was ordered to pay costs** el juez le ordenó pagar las costas

(**b**) *Com* pedir, encargar (**from** de); *(in restaurant)* pedir; *(taxi)* pedir, llamar; **to o. sth for sb, to o. sb sth** pedir algo para alguien, pedir algo a alguien

(**c**) *(arrange)* ordenar, poner en orden; **to o. sth according to size/age** ordenar algo de acuerdo con el tamaño/la edad; **to o. one's thoughts** poner las ideas en orden

3 *vi (in restaurant)* pedir; **are you ready to o.?** ¿han decidido qué van a tomar?

▸**order about, order around** *vt sep* mangonear, no parar de dar órdenes a

▸**order in** *vt sep (supplies)* encargar; *(troops)* solicitar el envío de

▸**order off** *vt sep Sport* expulsar

▸**order out** *vt sep (tell to leave)* mandar salir

---

ordered ['ɔːdəd] *adj (organized)* ordenado(a)

orderly ['ɔːdəlɪ] **1** *n* (**a**) *(in hospital)* celador(ora) *m,f* (**b**) *Mil* ordenanza *mf*

2 *adj* (**a**) *(tidy, methodical)* ordenado(a); **an o. retreat** una retirada ordenada (**b**) *(well-behaved)* formal; **in an o. fashion** de forma ordenada

ordinal ['ɔːdɪnəl] **1** *n* ordinal *m*

2 *adj* ordinal ❑ ***o. number*** número *m* ordinal

ordinance ['ɔːdɪnəns] *n Formal (decree)* ordenanza *f*, decreto *m*

ordinarily ['ɔːdɪnərɪlɪ] *adv* normalmente

ordinary ['ɔːdɪnərɪ] **1** *n* **out of the o.** fuera de lo normal

2 *adj (normal)* normal; *(mediocre)* común, ordinario(a); **an o. Englishman** un inglés medio; **she was just an o. tourist** no era más que una simple turista; **this is no o. coffee machine** es una máquina de café fuera de lo común; **in the o. course of events** si las cosas siguen su curso normal ❑ *Univ* ***o. degree*** = titulación universitaria inferior a una licenciatura; *Br Formerly* ***O. level*** = examen que se realizaba al final de la escolarización secundaria obligatoria; *Br Naut* ***o. seaman*** marinero *m*; *Br Fin* ***o. share*** acción *f* ordinaria

ordination [ɔːdɪ'neɪʃən] *n Rel* ordenación *f*

ordnance ['ɔːdnəns] *n Mil (supplies)* pertrechos *mpl*; *(guns)* armamento *m* ❑ ***o. factory*** fábrica *f or Am* planta *f* de armamento; *Br* ***O. Survey*** = instituto británico de cartografía

Ordovician [ɔːdəʊ'vɪʃɪən] *Geol* **1** *n* ordovícico *m*

2 *adj (era)* ordovícico(a)

ordure ['ɔːdjʊə(r)] *n Literary* heces *fpl*, excremento *m*

ore [ɔː(r)] *n* mineral *m*; **iron/aluminium o.** mineral de hierro/aluminio

oregano [ɒrɪ'gɑːnəʊ, *US* ə'regənəʊ] *n* orégano *m*

organ ['ɔːgən] *n* (**a**) *Anat* órgano *m* ❑ ***o. donor*** donante *mf* de órganos; ***o. transplant*** transplante *m* de órganos (**b**) *(newspaper, journal)* órgano *m* (de difusión) (**c**) *Mus* órgano *m*

organ-grinder ['ɔːgəngraɪndə(r)] *n* organillero(a) *m,f*

organic [ɔː'gænɪk] *adj* (**a**) *(disease, function)* orgánico(a) (**b**) *Chem* ***o. chemistry*** química *f* orgánica; ***o. compound*** compuesto *m* orgánico (**c**) *(farming, fruit, vegetable)* biológico(a), ecológico(a) ❑ ***o. fertilizer*** fertilizante *m* orgánico

organically [ɔː'gænɪklɪ] *adv* (**a**) *(constitutionally)* **there's nothing o. wrong (with him)** físicamente está en perfecto estado (**b**) *(naturally)* orgánicamente (**c**) *(farm, grow)* orgánicamente, biológicamente

organism ['ɔːgənɪzəm] *n* organismo *m*

organist ['ɔːgənɪst] *n* organista *mf*

organization [ɔːgənaɪ'zeɪʃən] *n* organización *f*; **we need some o. around here** necesitamos un poco de organización

organizational [ɔːgənaɪ'zeɪʃənəl] *adj* organizativo(a) ❑ *Com* ***o. structure*** organigrama *m*

organize ['ɔːgənaɪz] **1** *vt* (**a**) *(arrange)* organizar; **they organized accommodation for me** se encargaron de buscarme alojamiento (**b**) *(combine, unite)* **to o. people into groups** organizar a gente en grupos (**c**) *(manage)* **I've learnt to o. my time better** he aprendido a organizar mejor mi tiempo

2 *vi (of workers)* organizarse; *(form union)* constituirse en sindicato

organized ['ɔːgənaɪzd] *adj* organizado(a) ❑ ***o. crime*** crimen *m* organizado

organizer ['ɔːgənaɪzə(r)] *n* (**a**) *(person)* organizador(ora) *m,f* (**b**) *(diary)* agenda *f*

organza [ɔː'gænzə] *n* organza *f*

orgasm ['ɔːgæzəm] *n* orgasmo *m*; **to have an o.** tener un orgasmo

orgasmic [ɔːgæzmɪk] *adj Fam (food, smell, taste)* orgásmico(a)

orgiastic [ɔːdʒɪ'æstɪk] *adj* orgiástico(a)

orgy ['ɔːdʒɪ] *n* orgía *f*; *Fig* **an o. of violence** una masacre

oriel ['ɔːrɪəl] *n Archit* **o. (window)** mirador *m*

orient ['ɔːrɪənt] **1** *n* **the O.** (el) Oriente

2 *vt* = **orientate**

oriental [ɔːrɪ'entəl] **1** *n Old-fashioned (person)* **an O.** un(a) oriental

2 *adj* oriental

Orientalist [ɔːrɪ'entəlɪst] *n* orientalista *mf*

orientate ['ɔːrɪənteɪt] *vt* orientar; **to o. oneself** orientarse

orientation [ɔːrɪən'teɪʃən] *n* orientación *f* ❑ ***o. course*** curso *m* orientativo

oriented ['ɔːrɪəntɪd] *adj* orientado(a) (**towards** hacia)

orienteering [ɒrɪən'tɪərɪŋ] *n* orientación *f (deporte de aventura)*

orifice ['ɒrɪfɪs] *n* orificio *m*

origami [ɒrɪ'gɑːmɪ] *n* papiroflexia *f*, origami *m*

origin ['ɒrɪdʒɪn] *n* origen *m*; **country of o.** país *m* de origen; **of Greek o.** de origen griego; **of humble/peasant origins** de origen humilde/campesino

original [ə'rɪdʒɪnəl] **1** *n* (**a**) *(painting, document)* original *m*; **to read Tolstoy in the o.** leer a Tolstói en el idioma original (**b**) *(person)* **she's a real o.!** ¡es un tanto extravagante!

2 *adj (first, innovative)* original ❑ *Rel* ***o. sin*** pecado *m* original

originality [ərɪdʒɪ'nælɪtɪ] *n* originalidad *f*

originally [ə'rɪdʒɪnəlɪ] *adv* (**a**) *(initially)* originariamente, en un principio; **where do you come from o.?** ¿cuál es tu lugar de origen? (**b**) *(in an innovative way)* originalmente, de forma original

originate [ə'rɪdʒɪneɪt] **1** *vt* crear, promover

2 *vi* originarse; **to o. from** *(of person)* proceder de; **to o. in** *(of river)* nacer en; *(of custom)* proceder *or* surgir de; *(of flight)* proceder de

originator [ə'rɪdʒɪneɪtə(r)] *n (of theory, technique)* inventor(ora) *m,f*; *(of rumour, trend)* iniciador(ora) *m,f*

oriole ['ɒrɪəʊl] *n* (**a**) *(Old World)* oropéndola *f* (**b**) *(New World)* cazadora *f*

Orion [ə'raɪən] *n* Orión *m*

Orkney ['ɔːknɪ] *n* **the O. Islands, the Orkneys** las (Islas) Orcadas

Orlon® ['ɔːlɒn] *n* = tejido acrílico antiarrugas

ornament 1 *n* ['ɔːnəmənt] adorno *m*

2 *vt* ['ɔːnəment] *(room)* decorar; *(style)* adornar

ornamental [ɔːnə'mentəl] *adj* ornamental, decorativo(a); **purely o.** meramente decorativo(a)

ornamentation [ɔːnəmen'teɪʃən] *n* ornamentación *f*

ornate [ɔː'neɪt] *adj (building, surroundings)* ornamentado(a); *(style)* recargado(a)

ornately [ɔː'neɪtlɪ] *adv* **o. decorated** muy ornamentado(a)

ornery ['ɔːnərɪ] *adj US Fam* gruñón(ona), cascarrabias

ornithologist [ɔːnɪ'θɒlədʒɪst] *n* ornitólogo(a) *m,f*

ornithology [ɔːnɪ'θɒlədʒɪ] *n* ornitología *f*

orphan ['ɔːfən] **1** *n* (**a**) huérfano(a) *m,f*; **to be left an o.** quedar huérfano(a) (**b**) *Typ* huérfano *m*

2 *adj* **an o. child** un niño huérfano

3 *vt* **to be orphaned** quedar huérfano(a)

orphanage ['ɔːfənɪdʒ] *n* orfanato *m*

orthodontics [ɔːθə'dɒntɪks] *n* ortodoncia *f*

orthodontist [ɔːθə'dɒntɪst] *n* ortodontista *mf*

orthodox [ˈɔːθədɒks] *adj* ortodoxo(a) ▫ *O. Church* Iglesia *f* Ortodoxa

orthodoxy [ˈɔːθədɒksɪ] *n* ortodoxia *f*

orthography [ɔːˈθɒgrəfɪ] *n* ortografía *f*

orthopaedic, *US* **orthopedic** [ɔːθəˈpiːdɪk] *adj Med* ortopédico(a)

orthopaedics, *US* **orthopedics** [ɔːθəˈpiːdɪks] *n Med* ortopedia *f*

orthoptics [ɔːˈθɒptɪks] *n* gimnasia *f* ocular

Orwellian [ɔːˈwelɪən] *adj* orwelliano(a)

oryx [ˈɒrɪks] *n* oryx *m*

OS [ˈəʊˈes] *n* (a) (*abbr* **Ordnance Survey**) = servicio cartográfico nacional británico (b) *Comptr* (*abbr* **Operating System**) sistema *m* operativo

Oscar [ˈɒskə(r)] *n* Óscar *m*

oscillate [ˈɒsɪleɪt] *vi* oscilar; **he oscillated between hope and despair** pasaba de la esperanza a la desesperación

oscillating [ˈɒsɪleɪtɪŋ] *adj Elec* oscilante

oscillator [ˈɒsɪleɪtə(r)] *n Elec* oscilador *m*

oscilloscope [əˈsɪləskəʊp] *n Phys* osciloscopio *m*

osier [ˈəʊzɪə(r)] *n* (a) *(tree)* mimbrera *f* (b) *(branch)* mimbre *m*

Oslo [ˈɒzləʊ] *n* Oslo

osmium [ˈɒzmɪəm] *n Chem* osmio *m*

osmosis [ɒzˈməʊsɪs] *n also Fig* ósmosis *f inv*, osmosis *f inv*

osprey [ˈɒspreɪ] (*pl* **ospreys**) *n* águila *f* pescadora

ossify [ˈɒsɪfaɪ] *vi* (a) *Anat* osificarse (b) *Fig (of person, system)* anquilosarse

ostensible [ɒsˈtensɪbəl] *adj* aparente

> Note that the Spanish word **ostensible** is a false friend and is never a translation for the English word **ostensible**. In Spanish **ostensible** means "evident, clear".

ostensibly [ɒˈstensɪblɪ] *adv* aparentemente

ostentation [ɒstenˈteɪʃən] *n* ostentación *f*

ostentatious [ɒstenˈteɪʃəs] *adj* ostentoso(a)

ostentatiously [ɒstenˈteɪʃəslɪ] *adv* ostentosamente

osteoarthritis [ɒstɪəʊɑːˈθraɪtɪs], **osteoarthrosis** [ˈɒstɪəʊɑːˈθrəʊsɪs] *n Med* osteoartritis *f inv*, artritis *f inv* ósea

osteopath [ˈɒstɪəpæθ] *n Med* osteópata *mf*

osteopathy [ɒstɪˈɒpəθɪ] *n Med* osteopatía *f*

osteoplasty [ˈɒstɪəplæstɪ] *n Med* osteoplastia *f*

osteoporosis [ˈɒstɪəʊpəˈrəʊsɪs] *n Med* osteoporosis *f*

Ostpolitik [ˈɒstpɒlɪˈtiːk] *n Pol* ostpolitik *f*

ostracism [ˈɒstrəsɪzəm] *n* ostracismo *m*

ostracize [ˈɒstrəsaɪz] *vt* aislar, condenar al ostracismo

ostrich [ˈɒstrɪtʃ] *n* avestruz *m*

ostrich-like [ˈɒstrɪtʃlaɪk] *Fig* **1** *adj* **to be o. about sth** adoptar la estrategia del avestruz en lo referente a algo

2 *adv* escondiendo la cabeza (como el avestruz)

Ostrogoth [ˈɒstrəgɒθ] *n* ostrogodo(a) *m,f*

OT *n* (a) (*abbr* **Old Testament**) Antiguo Testamento *m* (b) (*abbr* **occupational therapy**) terapia *f* ocupacional (c) (*abbr* **overtime**) horas *fpl* extra

OTC [əʊtiːˈsiː] *n* (*abbr* **Officers' Training Corps**) = unidad de adiestramiento de futuros oficiales del ejército británico provenientes de la universidad

---

OTHER [ˈʌðə(r)] **1** *adj* otro(a); **the o. one** el otro/la otra; **bring some o. ones** trae otros; **the o. day** el otro día; **the o. four** los otros cuatro; **o. people seem to like it** parece que a otros les gusta; **o. people's property** propiedad ajena; **at all o. times** a cualquier otra hora; **any o. book but that one** cualquier otro libro menos ése; **are there any o. things you need doing?** ¿necesitas que te hagan alguna otra cosa?; **they didn't give us any o. details** no nos dieron más *or* mayores detalles; **the o. day** el otro día; **the o. week** hace unas semanas; **every o. day/week** cada dos días/semanas; **I work every o. day** trabajo un día sí, un día no; **you have no o. option** no te queda otra alternativa; **there's one o. thing I'd like to ask** hay una cosa más que querría preguntar; **some o. time** en otro momento; **somebody o. than me should do it** debería hacerlo alguien que no sea yo

2 *pron* **the o.** el otro/la otra; **the others** los otros/las otras; **some laughed, others wept** unos reían y otros lloraban; **you clean this one and I'll clean the others** tú limpia éste, yo limpiaré los otros *or* demás; **do we have any others?** ¿tenemos algún otro?, ¿tenemos alguno más?; **three died and one o. was injured** tres murieron y uno resultó herido; **one after the o.** uno tras otro; **one or o. of us will be there** alguno de nosotros estará allí; **somehow or o.** de la manera que sea, sea como sea; **somehow or o., we arrived on time** no sé como lo hicimos, pero llegamos a tiempo; **someone or o.** no sé quién, alguien; **some woman or o.** no sé qué mujer, una mujer; **something or o.** no sé qué, algo; **somewhere or o.** en algún sitio

3 *adv* **the colour's a bit odd, o. than that, it's perfect** el color es un poco raro, pero, por lo demás, resulta perfecto; **candidates o. than those on the list** los candidatos que no aparezcan en la lista; **anywhere o. than there** en cualquier otro sitio menos ése; **nobody o. than you can do it** sólo tú puedes hacerlo; **she never speaks of him o. than admiringly** siempre habla de él con admiración

---

otherness [ˈʌðənɪs] *n Literary* diferencia *f*

otherwise [ˈʌðəwaɪz] **1** *adv* (a) *(differently)* de otra manera; **he could not do o.** no pudo hacer otra cosa; **it could hardly be o.** no podía ser de otra manera; **to think o.** pensar de otra manera; **to be o. engaged** tener otros asuntos que resolver; **except where o. stated** excepto donde se indique lo contrario (b) *(apart from that)* por lo demás; **o., things are fine** por lo demás *or* aparte de eso, las cosas van bien

2 *conj* si no, de lo contrario

other-worldly [ʌðəˈwɜːldlɪ] *adj (person)* místico(a); *(religion, experience)* sobrenatural

OTT [əʊtiːˈtiː] *adj Br Fam* (*abbr* **over the top**) exagerado(a); **to be O.** pasarse un *Esp* pelín *or Méx* tantito *or RP* chiquitín

Ottawa [ˈɒtəwə] *n* Ottawa

otter [ˈɒtə(r)] *n* nutria *f*

Ottoman [ˈɒtəmən] *n & adj Hist* otomano(a) *m,f*; **the O. Empire** el Imperio Otomano

ottoman [ˈɒtəmən] *n (piece of furniture)* canapé *m*, otomana *f*

OU [əʊˈjuː] *n Br* (*abbr* **Open University**) = universidad a distancia británica, *Esp* ≃ UNED *f*

ouch [aʊtʃ] *exclam (expressing pain)* ¡ay!

OUGHT [ɔːt] *v aux*

> En el inglés hablado, y en el escrito en estilo coloquial, la forma negativa **ought not** se transforma en **oughtn't**.

(a) *(expressing obligation, desirability)* deber, tener que; **you o. to tell her** tienes que *or* debes decírselo; **I o. to be going — yes, I suppose you o. (to)** tendría que irme ya – sí, me imagino; **he o. to be ashamed of himself** debería darle vergüenza *or Am* pena; **you oughtn't to worry so much** no deberías preocuparte tanto; **I thought I o. to let you know about it** me pareció que deberías saberlo; **he had drunk more than he o. to** había bebido *or Am* tomado más de la cuenta; **this o. to have been done before** esto se tenía que haber hecho antes; **they o. not to have waited** no tenían que haber esperado

(b) *(expressing probability)* **they o. to be in Paris by now** a estas horas tendrían que estar ya en París; **they o. to win** deberían ganar; **you o. to be able to get £150 for the painting** deberías conseguir al menos 150 libras por el cuadro; **this o. to be interesting** esto promete ser interesante; **there o. not to be any trouble getting hold of one** no deberíamos tener problemas para conseguir uno

---

oughtn't [ˈɔːtənt] = **ought not**

Ouija board [ˈwiːdʒəbɔːd] *n* (tablero *m* de) ouija *f*

ounce [aʊns] *n* (a) *(unit of weight)* onza *f* (= *28,4 g*) (b) IDIOMS **if you had an o. of sense** si tuvieras dos dedos de frente; **she hasn't an o. of decency** no tiene ni un ápice de decencia

OUR ['aʊə(r)] *possessive adj* (**a**) *(singular)* nuestro(a); *(plural)* nuestros(as); **o. dog** nuestro perro; **o. parents** nuestros padres; **o. names are Mary and Seamus** nos llamamos Mary y Seamus; **we went to o. house, not theirs** fuimos a nuestra casa, y no a la de ellos; **it wasn't OUR idea!** ¡no fue idea nuestra!; **they were upset at o. mentioning it** les sentó muy mal que lo mencionáramos; **o. understanding was that we would share the cost** entendimos que el costo *or Esp* coste sería compartido
(**b**) *(for parts of body, clothes) (translated by definite article)* **o. eyes are the same colour** tenemos los ojos del mismo color; **we both hit o. heads** los dos nos golpeamos en la cabeza; **we washed o. faces** nos lavamos la cara; **we put o. hands in o. pockets** nos metimos las manos en los bolsillos *or CAm, Méx, Perú* las bolsas; **someone stole o. clothes** nos robaron la ropa
(**c**) *Br Fam (referring to member of family)* **o. Hilda** nuestra Hilda

ours ['aʊəz] *possessive pron* (**a**) *(singular)* el nuestro *m*, la nuestra *f*; *(plural)* los nuestros *mpl*, las nuestras *fpl*; **their house is big but o. is bigger** su casa es grande, pero la nuestra es mayor; **it wasn't their fault, it was OURS** no fue culpa suya sino nuestra; **o. is the work they admire most** el trabajo que más admiran es el nuestro (**b**) *(used attributively) (singular)* nuestro *m*, nuestra *f*; *(plural)* nuestros *mpl*, nuestras *fpl*; **this book is o.** este libro es nuestro; **a friend of o.** un amigo nuestro

ourselves [aʊə'selvz] *pron* (**a**) *(reflexive)* nos; **we both hurt o.** los dos nos hicimos daño; **we soon felt o. again** en breve volvimos a sentirnos los de siempre
(**b**) *(emphatic)* nosotros mismos *or* solos *mpl*, nosotras mismas *or* solas *fpl*; **we told them o.** se lo dijimos nosotros mismos; **we o. do not believe it** nosotros mismos no nos lo creemos
(**c**) *(after preposition)* nosotros *mpl*, nosotras *fpl*; **we shouldn't talk about o.** no deberíamos hablar sobre nosotros; **we did it all by o.** lo hicimos nosotros solos; **we shared the money among o.** nos repartimos el dinero; **we were all by o.** estábamos nosotros solos

oust [aʊst] *vt* desbancar; **to o. sb from his post** destituir a alguien, separar a alguien de su cargo

ouster ['aʊstə(r)] *n (expulsion, removal)* expulsión *f*

OUT [aʊt] **1** *adv* (**a**) *(outside, not in, not at home)* fuera; **he's o.** está fuera; **I was only o. for a minute** sólo salí un momento; **she's waiting o. in the lobby** está esperando ahí fuera en el vestíbulo; **I saw them when I was o. doing the shopping** les vi cuando estaba haciendo la compra; **I haven't had an evening o. for ages** hace siglos que no salgo por la noche; **o. here** aquí fuera; **it's cold o. (there)** hace frío (ahí) fuera; **it's good to see you o. and about again** *(after illness)* me alegro de verte rondar por ahí de nuevo; **to get o. and about** salir de casa, salir por ahí; **get o.!** ¡fuera!, ¡vete!; **to go o.** salir; **to stay o. late** salir hasta muy tarde; **he stuck his head o.** sacó la cabeza
(**b**) *(of tide)* **the tide is o.** la marea está baja; **the tide is going o.** la marea está bajando
(**c**) *(far away)* **I spent a year o. in China** pasé un año en China; **o. at sea** en alta mar
(**d**) *(indicating removal)* **he took o. a gun** sacó una pistola; **the dentist pulled my tooth o.** el dentista me sacó un diente
(**e**) *(indicating distribution)* **to hand sth o.** repartir algo
(**f**) *(not concealed)* **to come o.** *(of sun, flowers)* salir; *(of secret)* descubrirse; *(of homosexual)* declararse homosexual; *Fam* **come on, o. with it!** ¡vamos, larga *or* cuéntamelo!
(**g**) *(published)* **to bring sth o.** sacar algo; **to come o.** salir
(**h**) *(extinguished)* **turn the light o.** apaga la luz; **the fire went o.** el fuego se extinguió
(**i**) *(eliminated)* **to go o. (of a competition)** quedar eliminado (de una *Esp* competición *or Am* competencia)
(**j**) *(unconscious, asleep) Fam* **I was** *or* **went o. like a light** caí redondo en la cama
(**k**) *(not working)* **to come o. (on strike)** declararse en huelga
(**l**) *Sport (not in field of play)* **o.!** *(in tennis)* ¡out!; **the umpire called the shot o.** el juez de silla dijo que la bola había salido
(**m**) *Sport (in baseball, cricket)* **to be o.** quedar eliminado(a); **the umpire gave him o.** el árbitro decidió que quedaba eliminado
(**n**) *Law* **the jury is o.** el jurado está deliberando
(**o**) *(loudly)* **to laugh o. loud** reírse a carcajadas
(**p**) **out of** *prep (outside)* **to be o. of the country** estar fuera del país; **to get o. of bed** levantarse; **to go o. of the office** salir de la oficina; **to throw sth o. of the window** tirar *or Am* botar algo por la ventana; **to look o. of the window** mirar por la ventana
(**q**) **out of** *prep (away from)* **keep o. of direct sunlight** manténgase a resguardo de los rayos del sol; **to get sb o. of trouble** sacar a alguien de líos; **to stay o. of trouble** no meterse en líos; **o. of danger** fuera de peligro; **o. of reach** fuera del alcance; **it's o. of sight now** ha desaparecido de la vista; *US Fam* **I'm o. of here!** ¡me largo!, *Esp* ¡me las piro!, *Méx, RP* ¡me rajo!
(**r**) **out of** *prep (indicating removal)* de; **to take sth o. of sth** sacar algo de algo
(**s**) **out of** *prep (lacking)* **I'm o. of cash/ideas** me he quedado sin dinero/ideas; **the supermarket was o. of bread** no quedaba pan en el supermercado; **we're o. of time** no nos queda tiempo
(**t**) **out of** *prep (from)* de; **to get sth o. of sth/sb** sacar algo de algo/a alguien; **we got a lot of enjoyment o. of it** nos divirtió muchísimo; **I copied it o. of a book** lo copié de un libro; **he built a hut o. of sticks** construyó una choza con palos; **it's made o. of plastic** está hecho de plástico; **she paid for it o. of her own money** lo pagó de *or* con su dinero
(**u**) **out of** *prep (in proportions)* de; **three days o. of four** tres días de cada cuatro; **twenty o. of twenty** *(mark)* veinte sobre *or* de veinte
(**v**) **out of** *prep (indicating reason)* por; **o. of friendship/curiosity** por amistad/ curiosidad
(**w**) **out of** *prep (in phrases) Fam* **he's o. of it** *(dazed)* está atontado; *(drunk)* lleva un pedo que no se tiene; **to feel o. of it** *(excluded)* no sentirse integrado(a)
2 *adj* (**a**) *(extinguished) (fire, light)* apagado(a)
(**b**) *(not concealed)* **the sun is o.** ha salido el sol, hace sol; **the tulips are o. early this year** los tulipanes han salido *or* florecido muy pronto este año; **the secret is o.** se ha desvelado el secreto; *Fam* **he's o,** *(openly gay)* es homosexual declarado
(**c**) *(available)* **her new book will be o. next week** la semana que viene sale su nuevo libro; **their new record is o. now** ya ha salido su nuevo disco
(**d**) *(not in fashion)* **flares are o.** no se llevan los pantalones de campana; **existentialism is o.** el existencialismo ha pasado de moda
(**e**) *(eliminated)* **to be o. (of a competition)** estar eliminado (de una competición *or Am* competencia); **the Conservatives are o. (of power)** los conservadores ya no están en el poder
(**f**) *(not working)* **to be o. (on strike)** estar en huelga
(**g**) *Sport (injured)* **he was o. for six months with a knee injury** estuvo seis meses sin poder jugar por una lesión en la rodilla
(**h**) *(unconscious, asleep)* **to be o. cold** *(unconscious)* estar inconsciente; *Fam* **to be o. for the count** *(asleep)* estar *Esp* roque *or Am* planchado(a)
(**i**) *(incorrect)* equivocado(a); **I was £50 o.** me equivocaba en 50 libras; **the calculations were o.** los cálculos no eran correctos
(**j**) *(unacceptable)* **going to the beach is o.** ir a la playa es imposible; **smoking at work is o.** no se permite fumar en el trabajo
(**k**) *(finished)* **before the week is o.** antes de que termine la semana
(**l**) *(indicating intention)* **to be o. for money/a good time** ir en búsqueda *or Esp* busca de dinero/diversión; **to be o. to do sth** pretender hacer algo; *Fam* **to be o. to get sb** ir a por alguien, ir detrás de alguien
3 *prep Fam (through)* **to look o. the window** mirar por la ventana
4 *vt Fam (homosexual)* revelar la homosexualidad de
5 *n Fam (excuse)* excusa *f*

out-and-out [aʊtə'naʊt] *adj (villain, reactionary)* consumado(a), redomado(a); *(success, failure)* rotundo(a), absoluto(a)

outback ['aʊtbæk] *n* **the o.** el interior despoblado de Australia

outbid [aʊt'bɪd] *(pt & pp* **outbid***) vt* **to o. sb** sobresar la puja de alguien

outboard ['aʊtbɔːd] **1** *n (motor)* fueraborda *m*
2 *adj* ***o. motor*** motor (de) fueraborda

outbound ['aʊtbaʊnd] *adj (flight)* de ida; *(passengers)* en viaje de ida

outbreak ['aʊtbreɪk] *n (of hostilities)* ruptura *f*; *(of epidemic, violence)* brote *m*; *(of war, conflict)* estallido *m*

outbuilding ['aʊtbɪldɪŋ] *n* dependencia *f*

outburst ['aʊtbɜːst] *n* arrebato *m*, arranque *m*

outcast ['aʊtkɑːst] *n* paria *mf*, marginado(a) *m,f*

outclass [aʊt'klɑːs] *vt* superar (ampliamente)

outcome ['aʊtkʌm] *n* resultado *m*

outcrop ['aʊtkrɒp] *n (of rock)* afloramiento *m*

outcry ['aʊtkraɪ] *n (protest)* protesta *f*; **to raise an o. (against)** protestar (en contra de)

outdated [aʊt'deɪtɪd] *adj* anticuado(a)

outdid [əʊt'dɪd] *pt of* **outdo**

outdistance [aʊt'dɪstəns] *vt* dejar atrás

outdo [aʊt'duː] *(pt* **outdid** [aʊt'dɪd], *pp* **outdone** [aʊt'dʌn]) *vt (person)* superar, sobrepasar; **not to be outdone,...** para no ser menos,...

outdoor ['aʊtdɔː(r)] *adj* al aire libre; **she's an o. person** le gusta salir al aire libre; **the o. life** la vida al aire libre ▫ ***o. swimming pool*** piscina *f or Méx* alberca *f or RP* pileta *f* descubierta

outdoors [aʊt'dɔːz] **1** *n* **the great o.** la naturaleza, el campo
2 *adv* fuera; **the wedding will be held o.** la boda *or Andes, RP* el matrimonio se celebrará al aire libre; **to sleep o.** dormir al raso

outer ['aʊtə(r)] *adj* exterior ▫ ***o. door*** puerta exterior; ***o. ear*** oído *m* externo; ***o. London*** la periferia londinense; ***O. Mongolia*** Mongolia Exterior; ***o. planets*** planetas *fpl* exteriores; ***o. space*** el espacio exterior

outermost ['aʊtəməʊst] *adj (layer)* exterior

outfall ['aʊtfɔːl] *n* desembocadura *f*

outfield ['aʊtfiːld] *n (in baseball) (area)* extracampo *m*, jardín *m*; *(players)* exteriores *mpl*

outfit ['aʊtfɪt] *n* (**a**) *(clothes)* traje *m* (**b**) *Fam (organization, team)* equipo *m*

outfitter ['aʊtfɪtə(r)] *n* sastre *m*; **gentleman's o.** *(shop)* sastrería *f*, tienda *f* de confecciones de caballeros

outflank [aʊt'flæŋk] *vt* (**a**) *Mil* sorprender por la espalda (**b**) *Fig (outmanoeuvre)* superar; **they outflanked their opponents on the right** *(of political party)* se hicieron todavía más de derechas que sus oponentes

outflow ['aʊtfləʊ] *n (of liquid, currency)* salida *f*, fuga *f*

outfox [aʊt'fɒks] *vt* ser más astuto(a) que, burlar

outgoing [aʊt'gəʊɪŋ] *adj* (**a**) *(departing)* saliente (**b**) *(sociable)* abierto(a), extrovertido(a)

outgoings ['aʊtgəʊɪŋz] *npl Fin* gastos *mpl*

outgrow [aʊt'grəʊ] *(pt* **outgrew** [aʊt'gruː], *pp* **outgrown** [aʊt'grəʊn]) *vt (toys)* hacerse demasiado mayor para; **he's outgrown the shirt** se le ha quedado pequeña la camisa; **he should have outgrown that habit by now** ya no tiene edad para esas cosas; **to have outgrown one's friends** tener ya poco en común *or* poco que ver con los amigos

outgrowth ['aʊtgrəʊθ] *n (on tree)* excrecencia *f*, verruga *f*; *Fig (development)* ramificación *f*

outgun [aʊt'gʌn] *vt* superar en armamento; **we were outgunned** nos superaban en armamento

outhouse ['aʊthaʊs] *n* (**a**) *(building)* dependencia *f* (**b**) *US (outside toilet)* retrete *m* exterior

outing ['aʊtɪŋ] *n* (**a**) *(excursion)* excursión *f* (**b**) *Fam (of homosexual)* = hecho de revelar la homosexualidad de alguien, generalmente un personaje célebre

outlandish [aʊt'lændɪʃ] *adj* estrafalario(a), extravagante

outlast [aʊt'lɑːst] *vt (person)* sobrevivir a; *(thing)* durar más que

outlaw ['aʊtlɔː] **1** *n* proscrito(a) *m,f*
2 *vt (custom)* prohibir; *(person)* proscribir

outlay ['aʊtleɪ] *(pl* **outlays**) *n (expense)* desembolso *m*

outlet ['aʊtlet] *n* (**a**) *(for water)* desagüe *m*; *(for steam)* salida *f* (**b**) *(for talents, energy)* válvula *f* de escape (**c**) *(shop)* punto *m* de venta

outline ['aʊtlaɪn] **1** *n* (**a**) *(shape)* silueta *f*, contorno *m*; *(drawing)* esbozo *m*, bosquejo *m* (**b**) *(summary) (of play, novel)* resumen *m*; *(of plan, policy)* líneas *fpl* maestras; **a rough o.** *(of plan, proposal)* un esbozo, una idea aproximada; **in o.** a grandes rasgos (**c**) *Comptr* ***o. font*** fuente *f* de impresora *or* escalable
2 *vt* (**a**) *(shape)* perfilar (**b**) *(summarize) (plot of novel)* resumir; *(plan, policy)* exponer a grandes rasgos

outlive [aʊt'lɪv] *vt* sobrevivir a; **to have outlived its usefulness** *(of machine, theory)* haber dejado de ser útil *or* de servir

outlook ['aʊtlʊk] *n* (**a**) *(prospect)* perspectiva *f*; *(of weather)* previsión *f*; **the o. is gloomy** *(for economy)* las previsiones son muy malas (**b**) *(attitude)* punto *m* de vista, visión *f*; **o. on life** visión de la vida

outlying ['aʊtlaɪɪŋ] *adj* periférico(a)

outmanoeuvre, *US* **outmaneuver** [aʊtmə'nuːvə(r)] *vt Mil & Fig* superar a base de estrategia

outmoded [aʊt'məʊdɪd] *adj* anticuado(a)

outnumber ['aʊt'nʌmbə(r)] *vt (the enemy)* superar en número; **we were outnumbered** eran más que nosotros

out-of-body experience ['aʊtəv'bɒdɪk'spɪərɪəns] *n* experiencia *f* extracorporal

out-of-doors ['aʊtəv'dɔːz] *adv* fuera; **to sleep o.** dormir al raso

out-of-pocket expenses ['aʊtəv'pɒkɪtɪk'spensɪz] *npl* gastos *mpl* extras

out-of-the-way ['aʊtəvðə'weɪ] *adj* (**a**) *(remote)* apartado(a), remoto(a) (**b**) *(unusual)* fuera de lo común

outpatient ['aʊtpeɪʃənt] *n* paciente *mf* externo(a) *or* ambulatorio ▫ ***outpatient(s') clinic*** *or* ***department*** clínica *f* ambulatoria

outplacement ['aʊtpleɪsmənt] *n Com* recolocación *f*, = asesoramiento dirigido a facilitar la recolocación de empleados, generalmente subvencionado por la empresa que los despide

outpost ['aʊtpəʊst] *n Mil* enclave *m*; *Fig* **the last o. of civilization** el último baluarte de la civilización

outpouring ['aʊtpɔːrɪŋ] *n* **outpourings of grief** manifestaciones *fpl* exuberantes de dolor, lamentos *mpl*

output ['aʊtpʊt] **1** *n* (**a**) *(goods produced, author's work)* producción *f* (**b**) *(of data, information)* información *f* producida ▫ *Comptr* ***o. device*** periférico *m* de salida (**c**) *(of generator)* potencia *f* (de salida)
2 *vt (pt & pp* **output**) producir

outrage ['aʊtreɪdʒ] **1** *n* (**a**) *(act)* ultraje *m*; **it's an o.!** ¡es un escándalo! (**b**) *(indignation)* indignación *f*
2 *vt (make indignant)* indignar, ultrajar; **I am outraged** estoy indignado

outrageous [aʊt'reɪdʒəs] *adj* (**a**) *(cruelty)* atroz; *(price, behaviour)* escandaloso(a); *(claim, suggestion)* indignante, escandaloso(a) (**b**) *(clothes, haircut)* estrambótico(a), estrafalario(a)

outrageously [aʊt'reɪdʒəslɪ] *adv* (**a**) *(cruel)* espantosamente, terriblemente; *(behave)* escandalosamente; **to be o. expensive** tener un precio de escándalo (**b**) *(dress)* estrambóticamente

outrageousness [aʊt'reɪdʒəsnɪs] *n* (**a**) **the o. of her conduct** lo escandaloso de su comportamiento; **the o. of the proposal** lo indignante de la propuesta (**b**) *(of clothes, haircut)* **the o. of his appearance** su aspecto estrambótico

outran [əʊt'æn] *pt of* **outrun**

outrank [aʊt'ræŋk] *vt* superar en rango a, estar por encima de

outré [uː'treɪ] *adj Literary* estrambótico(a), estrafalario(a)

outreach worker ['aʊtriːtʃ'wɜːkə(r)] *n* = trabajador social que presta asistencia a personas que pudiendo necesitarla no la solicitan

outrider ['aʊtraɪdə(r)] *n* escolta *m*

outrigger ['aʊtrɪgə(r)] *n* (**a**) *(on boat)*

balancín *m*, batanga *f* (**b**) *(boat)* barca *f* con batanga

outright 1 *adv* [aʊt'raɪt] (**a**) *(completely) (ban, win)* completamente; **to buy sth o.** comprar algo (con) dinero en mano; **he was killed o.** murió en el acto (**b**) *(bluntly)* **I told him o. what I thought of him** le dije claramente lo que pensaba de él; **to refuse o.** negarse rotundamente

2 *adj* ['aʊtraɪt] total, absoluto(a); **an o. failure** un fracaso total, un rotundo fracaso; **the o. winner** el campeón absoluto

outrun [aʊt'rʌn] (*pt* **outran** [aʊt'ræn], *pp* **outrun**) *vt (run faster than)* correr más rápido que

outsell [aʊt'sel] (*pt & pp* **outsold** [aʊt'səʊld] *vt* superar en ventas

outset ['aʊtset] *n* principio *m*; **at the o.** al principio; **from the o.** desde el principio

outshine [aʊt'ʃaɪn] (*pt & pp* **outshone** [aʊt'ʃɒn]) *vt (surpass)* eclipsar

OUTSIDE ['aʊtsaɪd, aʊt'saɪd] **1** *n (of book, building)* exterior *m*; **from the o.** desde fuera; **on the o.** *(externally)* por fuera; *Aut* **to overtake on the o.** *(in Britain)* adelantar por la derecha; *(in Europe, USA)* adelantar por la izquierda; **he overtook his rival on the o.** *(in race)* adelantó a su rival por fuera *or* por el exterior; **people on the o. do not understand** la gente de fuera no entiende; **at the o.** *(of estimate)* a lo sumo

2 *adj* (**a**) *(influence, world, toilet)* exterior; *(help, interest)* de fuera, del exterior; **we need an o. opinion** necesitamos la opinión de alguien de fuera; **the o. limit** el máximo, el tope ▫ *Rad & TV* · ***o. broadcast*** emisión *f* desde fuera del estudio; *Tel* ***o. call*** llamada *f or Am* llamado *m* (al exterior); ***o. half*** *(in rugby)* medio *m* apertura; ***o. lane*** *Aut (in Britain)* carril *m* de la derecha; *(in Europe, USA)* carril *m* de la izquierda; *Sport* calle *f* de fuera; ***o. left*** *(in soccer)* extremo *m* izquierdo; *Tel* ***o. line*** línea *f* exterior; ***o. right*** *(in soccer)* extremo *m* derecho

(**b**) *(slight)* **there's an o. chance** existe una posibilidad remota

3 *adv* (**a**) *(out)* fuera; **to go/look o.** salir/mirar afuera; **from o.** desde fuera

(**b**) *(within oneself)* **o., she appeared calm** por fuera estaba tranquila

(**c**) *Fam (out of prison)* fuera de la cárcel *or Esp* de chirona *or Méx* del bote *or RP* de la cana

(**d**) **outside of** *prep (be, stay)* fuera de; *(look, run)* afuera de

4 *prep* (**a**) *(physically)* fuera de; **once we were o. the door** cuando ya habíamos cruzado la puerta; **I'll meet you o. the cinema** nos vemos a la entrada del cine; **the village is just o. Liverpool** el pueblo está justo en las afueras de Liverpool; **I live 10 miles o. Detroit** vivo a 10 millas de Detroit; **don't tell anybody o. this room** no se lo cuentes a nadie que no esté en esta habitación

(**b**) *(with time)* **o. office hours** fuera de horas de oficina; **his time was just o. the world record** su marca no batió el récord mundial por muy poco

(**c**) *(apart from)* aparte de; **o. (of) a few friends** aparte de unos pocos amigos

outsider [aʊt'saɪdə(r)] *n* (**a**) *(socially)* extraño(a) *m,f* (**b**) *(in election, race, competition)* **he's an o.** no figura entre los favoritos

outsize(d) ['aʊtsaɪz(d)] *adj* (**a**) *(clothes)* de talla especial (**b**) *(appetite, ego)* desmedido(a)

outskirts ['aʊtskɜ:ts] *npl (of city)* afueras *fpl*

outsold [aʊt'səʊld] *pt & pp of* **outsell**

outsmart [aʊt'smɑ:t] *vt* superar en astucia, burlar

outsource ['aʊtsɔ:s] *vt Com* (**a**) *(contract out)* externalizar, subcontratar (**b**) *(buy in)* obtener por subcontratación

outsourcing ['aʊtsɔ:sɪŋ] *n Com* externalización *f*, subcontratación *f*, *Am* tercerización *f*

outspend [aʊt'spend] (*pt & pp* **outspent** [aʊt'spent] *vt* gastar más que

outspoken [aʊt'spəʊkən] *adj* abierto(a), directo(a)

outspokenness [aʊt'spəʊkənnɪs] *n* franqueza *f*

outspread [aʊt'spred] *adj (arms, legs, wings)* extendido(a); **with arms o.** con los brazos extendidos

outstanding [aʊt'stændɪŋ] *adj* (**a**) *(remarkable) (feature, incident)* notable, destacado(a); *(person)* excepcional (**b**) *(unresolved, unpaid)* pendiente

outstandingly [aʊt'stændɪŋlɪ] *adv* extraordinariamente

outstare [aʊt'steə(r)] *vt* hacer bajar la mirada a

outstay [aʊt'steɪ] *vt* **to o. one's welcome** abusar de la hospitalidad, quedarse más tiempo del apropiado

outstretched ['aʊtstretʃt] *adj* extendido(a), estirado(a); **with o. arms** con los brazos extendidos

outstrip [aʊt'strɪp] (*pt & pp* **outstripped**) *vt* superar, aventajar

outtake ['aʊtteɪk] *n Cin & TV* = escena o secuencia que se elimina de la versión montada de una película o vídeo

out-tray ['aʊttreɪ] (*pl* **out-trays**) *n* bandeja *f* de trabajos terminados

outvote [aʊt'vəʊt] *vt* ganar en una votación; **the Republicans were outvoted** los republicanos perdieron la votación; **we want to go to the beach, so you're outvoted** nosotros queremos ir a la playa, así que somos mayoría y te ganamos

outward ['aʊtwəd] **1** *adj* (**a**) *(journey, flight)* de ida; **to be o. bound** *(of plane, train)* hacer el viaje de ida (**b**) *(external)* externo(a)

2 *adv* = **outwards**

outwardly ['aʊtwədlɪ] *adv* aparentemente, en apariencia; **o. calm** aparentemente tranquilo

outwards ['aʊtwədz] *adv* hacia fuera

outwear [aʊt'weə(r)] (*pt* **outwore** [aʊt'wɔ:(r)], *pp* **outworn** [aʊt'wɔ:n]) *vt* **it has outworn its usefulness** ha dejado de ser útil

outweigh [aʊt'weɪ] *vt (be more important than)* tener más peso que

outwore [aʊt'wɔ:(r)], *pt of* **outwear**

outwit [aʊt'wɪt] (*pt & pp* **outwitted**) *vt* ser más astuto(a) que, burlar

outwork ['aʊtwɜ:k] *n* (**a**) *Com (work at home)* trabajo *m* en *or* desde casa (**b**) *(fortification)* fortificación *f* exterior

outworker ['aʊtwɜ:kə(r)] *n Com* trabajador(ora) *m,f* a domicilio *or* externo(a)

outworn [aʊt'wɔ:n] *adj (theories, ideas)* anticuado(a)

ouzo ['u:zəʊ] (*pl* **ouzos**) *n* ouzo *m*

ova ['əʊvə] *pl of* **ovum**

oval ['əʊvəl] **1** *n* óvalo *m*

2 *adj* oval, ovalado(a) ▫ *US* ***the O. Office*** el despacho oval

ovarian [əʊ'veərɪən] *adj Anat* ovárico(a) ▫ ***o. cancer*** cáncer *m* de ovario

ovary ['əʊvərɪ] *n Anat* ovario *m*

ovation [əʊ'veɪʃən] *n* ovación *f*; **the audience gave her a standing o.** el público puesto en pie le dedicó una calurosa ovación

oven ['ʌvən] *n* horno *m*; **it's like an o. in here!** ¡esto es un horno!; **electric/gas o.** horno eléctrico/de gas ▫ ***o. gloves*** manoplas *fpl* de cocina

oven-proof ['ʌvənpru:f] *adj* refractario(a)

oven-ready ['ʌvənredɪ] *adj (chicken)* listo(a) para hornear

ovenware ['ʌvənweə(r)] *n* accesorios *mpl* para el horno

OVER ['əʊvə(r)] **1** *n (in cricket)* = serie de seis lanzamientos realizados por el mismo jugador

2 *prep* (**a**) *(above, on top of)* sobre, encima de; **a sign o. the door** un cartel en la puerta; **to put a blanket o. sb** cubrir a alguien con una manta; **he hung his coat o. the back of a chair** colgó su abrigo en el respaldo de la silla; **I'll do it o. the sink** lo haré en el lavabo *or Am* lavamanos; **to pour sth o. sb** verter algo sobre alguien; **the dress won't go o. my head** este vestido no me entra por la cabeza; **to trip o. sth** tropezar con algo; **I couldn't hear her o. the noise** no podía oírla por el ruido; **all o. Spain** por toda España; **all o. the world** por todo el mundo; IDIOM *Fam* **to be all o. sb** *(over-attentive)* estar encima de alguien (todo el tiempo), colmar de atenciones a alguien; **directly o. our heads** justo encima de nosotros; IDIOM **the lecture was way o. my head** no me enteré de nada de la conferencia; *Fam Fig* **o. the top** *(excessive)* exagerado(a)

(**b**) *(across)* **to go o. the road** cruzar la calle; **she jumped o. the fence** saltó la valla; **to throw sth o. the wall** tirar *or* lanzar algo por encima de la tapia; **to read**

o. sb's shoulder leer por encima del hombro de alguien; **the bridge o. the river** el puente sobre el río; **a view o. the valley** una vista panorámica del valle

(**c**) *(on the other side of)* **o. the border** al otro lado de la frontera; **o. the page** en el reverso de la página; **to live o. the road** vivir al otro lado de la calle

(**d**) *(down from)* **to fall o. a cliff** caer por un acantilado

(**e**) *(via)* **o. the phone/PA system** por teléfono/megafonía

(**f**) *(about)* **to fight o. sth** pelear por algo; **to laugh o. sth** reírse de algo; **we had trouble o. the tickets** tuvimos problemas con las entradas *or Am* los boletos; **to take a lot of time o. sth** entretenerse mucho con algo

(**g**) *(with regard to)* **to have control/influence o. sb/sth** tener control/in fluencia sobre alguien/algo; **to have an advantage o. sb/sth** tener una ventaja sobre alguien/algo; **a win o. our nearest rivals** una victoria sobre nuestros rivales más cercanos

(**h**) *(in excess of)* más de; **he's o. fifty** tiene más de cincuenta años; **children o. (the age of) five** los niños mayores de cinco años; **he's two o. par** *(in golf)* está dos sobre par; **the o.-sixties** los mayores de sesenta años; **we are** *or* **have gone o. the limit** nos hemos pasado del límite; **we value reliability o. price** valoramos la fiabilidad más que el precio; **o. and above** además de, más allá de

(**i**) *(during)* durante; **o. Christmas/the weekend** durante la Navidad/el fin de semana; **to discuss sth o. lunch/a drink** hablar de algo durante la comida/tomando una copa; **o. the last three years** (durante) los tres últimos años; **o. time/the years** con el tiempo/los años

(**j**) *(recovered from)* **I'm o. the flu/the disappointment** ya se me ha pasado la gripe or *Am* gripa/la desilusión; **I'm still not o. her** *(ex-girlfriend)* no consigo olvidarla

(**k**) *Math (divided by)* por

3 *adv* (**a**) *(across)* **o. here/there** aquí/allí; **to cross o.** *(the street)* cruzar; **he led me o. to the window** me llevó hasta la ventana; **he leaned o.** se inclinó; **pass that book o.** pásame *or* acércame ese libro; **I asked him o. (to my house)** lo invité a mi casa; **they live o. in France** viven en Francia; **o. to our correspondent in Nairobi** pasamos a nuestro corresponsal en Nairobi

(**b**) *(down)* **to bend o.** agacharse; **to fall o.** caerse; **to push sth o.** tirar algo

(**c**) *(indicating change of position)* **to turn sth o.** dar la vuelta a algo; **let's swap my table and your table o.** cambiemos tu mesa por la mía; **to change o. to a new system** cambiar a un nuevo sistema

(**d**) *(everywhere)* **the marks had been painted o.** las marcas habían sido cubiertas con pintura; **it was stained all o.** tenía manchas por todas partes; **I'm aching all o.** me duele todo el cuerpo; **that's her all o.** *(typical of her)* es típico de ella; **famous the world o.** famoso(a) en el mundo entero

(**e**) *(indicating repetition)* **three times o.** tres veces; **I had to do it o.** tuve que volver a hacerlo; **o. and o. (again)** una y otra vez; **all o. again** otra vez desde el principio

(**f**) *(in excess)* **children of five and o.** niños mayores de cinco años; **scores of eight and o.** puntuaciones de ocho para arriba; **he's two o.** *(in golf)* está dos sobre par; **there was £5 (left) o.** sobraron *or* quedaron 5 libras; *Fam* **I wasn't o. happy about it** no estaba demasiado contento

(**g**) *(on radio)* **o. (and out)** cambio (y corto)

4 *adj (finished)* **it is (all) o.** (todo) ha terminado; **when all this is o.** cuando todo esto haya pasado; **the danger is o.** ha pasado el peligro; **to get sth o. (and done) with** terminar algo (de una vez por todas)

---

overabundant [əʊvərə'bʌndənt] *adj* superabundante

overachiever ['əʊvərə'ʃiːvə(r)] *n* = persona que rinde más de lo normal

overact [əʊvə'rækt] *vi* sobreactuar

overactive [əʊvər'æktɪv] *adj* hiperactivo(a)

overall ['əʊvərɔːl] **1** *adj* total, global; **the o. winner** *(in sport)* el ganador en la clasificación general; **this model was the o. winner** *(in product comparison)* en general, este modelo resultó ser el ganador

2 *adv* en general; **England came third o.** Inglaterra quedó tercera en la clasificación general

overalls ['əʊvərɔːlz] *npl* mono *m* (de trabajo), *Am* overol *m*

overanxious [əʊvər'æŋkʃəs] *adj* excesivamente preocupado(a)

overarching [əʊvərɑːtʃɪŋ] *adj* global

overate [əʊvə'ret] *pt of* **overeat**

overarm ['əʊvərɑːm] **1** *adj (ball)* = lanzado con el brazo en alto

2 *adv* **to throw a ball o.** lanzar una bola soltándola con el brazo en alto

overawe [əʊvə'rɔː] *vt* intimidar, cohibir; **to be overawed by sb/sth** quedarse anonadado(a) por alguien/algo

overbalance [əʊvə'bæləns] *vi* perder el equilibrio

overbearing [əʊvə'beərɪŋ] *adj* imperioso(a), despótico(a)

overblown [əʊvə'bləʊn] *adj* exagerado(a)

overboard ['əʊvəbɔːd] *adv* por la borda; **to fall o.** caer por la borda, caer al agua; **man o.!** ¡hombre al agua!; IDIOM **to go o. (about)** entusiasmarse mucho (con)

overbook ['əʊvə'bʊk] *vt (flight, holiday)* = aceptar un número de reservas mayor que el de plazas disponibles; **they've overbooked this flight** este vuelo tiene overbooking

overbooking [əʊvə'bʊkɪŋ] *n* overbooking *m*, = venta de más plazas de las disponibles

overburden [əʊvə'bɜːdən] *vt (donkey)* sobrecargar; **to o. sb with work** agobiar a alguien de trabajo

overcame [əʊvə'keɪm] *pt of* **overcome**

overcapacity ['əʊvəkə'pæsɪtɪ] *n Ind* capacidad *f* excesiva de producción

overcast ['əʊvəkɑːst] *adj (sky, day)* nublado(a); **to be o.** estar nublado(a)

overcautious [əʊvə'kɔːʃəs] *adj* demasiado cauteloso(a)

overcharge [əʊvə'tʃɑːdʒ] **1** *vt* (**a**) *(for goods, services)* **to o. sb (for sth)** cobrar de más a alguien (por algo); **he overcharged me (by) £5** me cobró cinco libras de más

(**b**) *Elec (battery)* sobrecargar

2 *vi* **to o. (for sth)** cobrar de más (por algo)

overcoat ['əʊvəkəʊt] *n* abrigo *m*

overcome [əʊvə'kʌm] (*pt* **overcame** [əʊvə'keɪm], *pp* **overcome**) *vt* (**a**) *(defeat) (an opponent, one's fears)* vencer; *(problem, obstacle)* superar (**b**) *(overwhelm)* **I was o. by grief** el dolor me abrumaba; **I was quite o.** estaba totalmente abrumado, me embargaba la emoción

overcompensate [əʊvə'kɒmpenseɪt] *vi* **to o. for sth** compensar algo en exceso

overconfident [əʊvə'kɒnfɪdənt] *adj* demasiado confiado(a)

overcook [əʊvə'kʊk] *vt* cocinar demasiado, pasar mucho

overcrowded [əʊvə'kraʊdəd] *adj (slum, prison)* abarrotado(a), masificado(a); *(room)* atestado(a); *(area, region)* superpoblado(a); **the problem of o. classrooms** el problema de la masificación de las aulas

overcrowding [əʊvə'kraʊdɪŋ] *n (of slums, prisons)* hacinamiento *m*; *(of classrooms)* masificación *f*; *(of city, region)* superpoblación *f*

overdeveloped [əʊvədɪ'veləpt] *adj* (**a**) *(physique)* hiperdesarrollado(a) (**b**) *Phot* sobrerrevelado(a)

overdo [əʊvə'duː] (*pt* **overdid** [əʊvə'dɪd], *pp* **overdone** [əʊvə'dʌn]) *vt* (**a**) *(exaggerate)* exagerar; **to o. it** *(work too hard)* trabajar demasiado (**b**) *(do or have too much of)* pasarse con; **to o. the salt/the make-up** pasarse con la sal/el maquillaje

overdone ['əʊvədʌn] *adj (food)* demasiado hecho(a), pasado(a)

overdose ['əʊvədəʊs] **1** *n* sobredosis *f inv*

2 *vi (drugs)* tomar una sobredosis (**on** de); *Fig* **to o. on chocolate** darse un atracón de chocolate

overdraft ['əʊvədrɑːft] *n Fin (amount borrowed)* saldo *m* negativo *or* deudor; **to arrange an o.** acordar un (límite de) descubierto

overdrawn [əʊvə'drɔːn] *adj Fin (account)* en descubierto; **to be £100 o.** tener un descubierto de 100 libras

overdressed ['əʊvədrest] *adj* demasiado trajeado(a)

overdrive ['əʊvədraɪv] *n Fig* **to go into o.** entregarse a una actividad frenética

overdue [əʊvə'dju:] *adj* **to be o.** *(of person, train)* retrasarse, venir con retraso *or Am* demora; *(of bill)* estar sin pagar; *(of library book)* haber rebasado el plazo de préstamo *or Méx* prestamiento; **this measure is long o.** esta medida debía haberse adoptado hace tiempo

overeat [əʊvə'ri:t] *(pt* **overate** [əʊvə'ret], *pp* **overeaten** [əʊvə'ri:tən]) *vi* comer demasiado

overelaborate ['əʊverɪ'læbərət] *adj* recargado(a), historiado(a)

overemphasize [əʊvər'emfəsaɪz] *vt* hacer excesivo hincapié en, recalcar en exceso

overenthusiastic [əʊvərɪnθju:zɪ'æstɪk] *adj* excesivamente entusiasta

overestimate 1 *n* [əʊvə'restɪmət] **an o. of the time necessary** un cálculo que sobreestima el tiempo necesario

2 *vt* [əʊvə'restɪmeɪt] sobreestimar

overexcited [əʊvərɪk'saɪtɪd] *adj* sobreexcitado(a)

overexpose [əʊvərɪks'pəʊz] *vt Phot* sobreexponer

overexposure ['əʊvərɪk'spəʊʒə(r)] *n* **(a)** *(of film)* sobreexposición *f* **(b)** *(of issue, public figure)* **to suffer from o.** = aparecer demasiado en los medios de comunicación

overextended [əʊvərɪk'stendɪd] *adj Fin* insolvente, con alto grado de pasivo

overfish [əʊvə'fɪʃ] **1** *vt* sobreexplotar los recursos pesqueros de

2 *vi* sobreexplotar los recursos pesqueros

overfishing [əʊvə'fɪʃɪŋ] *n* sobrepesca *f*

overflow 1 *n* ['əʊvəfləʊ] **(a)** *(of population)* exceso *m* de población **(b)** *(outlet)* **o. (pipe)** rebosadero *m*, desagüe *m* **(c)** *Comptr* desbordamiento *m*

2 *vi* [əʊvə'fləʊ] *(of river)* desbordarse; *(of liquid, cup)* rebosar; **to o. with joy** estar rebosante de felicidad

overfull [əʊvə'fʊl] *adj* repleto(a), saturado(a)

overgrown [əʊvə'grəʊn] *adj* **o. with weeds** *(garden)* invadido(a) por las malas hierbas; **he's like an o. schoolboy** es como un niño grande

overhang 1 *n* ['əʊvəhæŋ] *(of roof)* alero *m*, voladizo *m*; *(on mountain)* saliente *m*

2 *vt* [əʊvə'hæŋ] *(pt & pp* **overhung** [əʊvə'hʌŋ]) *(of balcony, rocks)* colgar sobre

overhaul 1 *n* ['əʊvəhɔ:l] *(of machine, policy)* revisión *f*

2 *vt* [əʊvə'hɔ:l] **(a)** *(machine, policy)* revisar **(b)** *(overtake)* adelantar

overhead ['əʊvəhed] **1** *adj (cable)* aéreo(a) ❑ ***o. projector*** retroproyector *m*, proyector *m* de transparencias

2 *adv* [əʊvə'hed] (por) arriba; **a plane flew o.** un avión sobrevoló nuestras cabezas

3 *n US Com* = **overheads**

overheads ['əʊvəhedz] *npl Br Com* gastos *mpl* generales

overhear [əʊvə'hɪə(r)] *(pt & pp* **overheard** [əʊvə'hɜ:d]) *vt* oír *or* escuchar casualmente; **I couldn't help overhearing what you were saying** no pude evitar oír lo que decías

overhung [əʊvə'hʌŋ] *pt & pp of* **overhang**

overheat [əʊvə'hi:t] *vi (of engine, economy)* recalentarse

overheated [əʊvə'hi:tɪd] *adj* **(a)** *(engine, economy)* recalentado(a) **(b)** *(argument, person)* acalorado(a), agitado(a)

overindulge [əʊvərɪn'dʌldʒ] **1** *vt (child)* consentir; **to o. oneself** *(drink, eat to excess)* atiborrarse, empacharse

2 *vi* atiborrarse, empacharse

overjoyed [əʊvə'dʒɔɪd] *adj* contentísimo(a); **to be o. at** *or* **about sth** estar contentísimo(a) con algo; **he was o. to hear that they were coming** le encantó saber que venían

overkill ['əʊvəkɪl] *n* **there's a danger of o.** se corre el peligro de caer en el exceso; **media o.** cobertura *f* informativa exagerada

overladen [əʊvə'leɪdən] *adj* sobrecargado(a)

overland 1 *adv* [əʊvə'lænd] por tierra

2 *adj* ['əʊvəlænd] terrestre

overlap 1 *n* ['əʊvəlæp] **(a)** *(of planks, tiles)* superposición *f*, solapamiento *m* **(b)** *(between two areas of work, knowledge)* coincidencia *f*

2 *vi* [əʊvə'læp] *(pt & pp* **overlapped**) **(a)** *(of planks, tiles)* superponerse *or* solaparse (**with** con) **(b)** *(of categories, theories)* tener puntos en común (**with** con) **(c)** *(of periods of time)* coincidir (**with** con)

overlay 1 *n* ['əʊvəleɪ] **(a)** *(cover)* capa *f*, revestimiento *m* **(b)** *Fig (tinge)* nota *f*

2 *vt* [əʊvə'leɪ] **(a)** *(cover)* recubrir, revestir (**with** de) **(b)** *Fig (tinge)* teñir (**with** de)

overleaf [əʊvə'li:f] *adv* al dorso; **see o.** véase al dorso

overload 1 *n* ['əʊvələʊd] *Elec* sobrecarga *f*

2 *vt* [əʊvə'ləʊd] *(machine, person)* sobrecargar

overlong [əʊvə'lɒŋ] *adj* demasiado largo(a)

overlook [əʊvə'lʊk] *vt* **(a)** *(look out over)* dar a; **the town is overlooked by the castle** el castillo domina la ciudad **(b)** *(fail to notice)* pasar por alto, no darse cuenta de **(c)** *(disregard)* pasar por alto, no tener en cuenta

overly ['əʊvəlɪ] *adv* excesivamente, demasiado; **not o.** no excesivamente, no demasiado

overmanning [əʊvə'mænɪŋ] *n Ind* exceso *m* de empleados

overmatch *US Sport* **1** *n* ['əʊvəmætʃ] **(a)** *(superior opponent)* contrincante *mf* superior **(b)** *(unequal contest)* encuentro *m* desigual

2 *vt* [əʊvə'mætʃ] **(a)** *(be more than a match for)* ser superior a **(b)** *(match with superior opponent)* enfrentar a un(a) contrincante superior

overmuch [əʊvə'mʌtʃ] *adv* en exceso

overnice [əʊvə'naɪs] *adj* **he wasn't o. about the means he used** no tenía problema en usar cualquier medio

overnight 1 *adv* [əʊvə'naɪt] **(a)** *(during the night)* durante la noche; **to stay o.** quedarse a pasar la noche **(b)** *(suddenly)* de la noche a la mañana, de un día para otro

2 *adj* ['əʊvənaɪt] **(a)** *(for one night)* de una noche ❑ ***o. bag*** bolso *m or* bolsa *f* de viaje; ***o. case*** maletín *m* de fin de semana; ***o. flight*** vuelo *m* nocturno; ***o. stay*** estancia *f* de una noche; ***o. train*** tren *m* nocturno **(b)** *(sudden)* repentino(a)

overoptimistic [əʊvərɒptɪ'mɪstɪk] *adj* demasiado optimista

overpaid [əʊvə'peɪd] *adj* **to be o.** ganar demasiado (dinero), estar demasiado bien pagado(a)

overpass ['əʊvəpɑ:s] *n* paso *m* elevado

overpayment [əʊvə'peɪmənt] *n (of taxes, employee)* pago *m* excesivo

overplay [əʊvə'pleɪ] *vt (exaggerate)* exagerar; **to o. one's hand** pasarse

overpopulation [əʊvəpɒpjʊ'leɪʃən] *n* superpoblación *f*

overpower [əʊvə'paʊə(r)] *vt (physically)* poder con; *(heat, smell)* aturdir; **I was overpowered by grief** el dolor me abrumaba

overpowering [əʊvə'paʊərɪŋ] *adj (emotion, heat)* tremendo(a), desmesurado(a); *(smell, taste)* fortísimo(a), intensísimo(a); *(desire)* irrefrenable, irreprimible

overpriced [əʊvə'praɪst] *adj* excesivamente caro(a)

overproduction [əʊvəprə'dʌkʃən] *n Econ* superproducción *f*

overqualified [əʊvə'kwɒlɪfaɪd] *adj* **to be o. (for a job)** tener más títulos de los necesarios (para un trabajo)

overran [əʊvə'ræn] *pt of* **overrun**

overrate [əʊvə'reɪt] *vt* sobrevalorar

overrated [əʊvə'reɪtɪd] *adj* sobrevalorado(a)

overreach [əʊvə'ri:tʃ] *vt* **to o. oneself** extralimitarse

overreact [əʊvərɪ'ækt] *vi* reaccionar exageradamente

overreaction [əʊvərɪ'ækʃən] *n* reacción *f* exagerada *or* excesiva

override [əʊvə'raɪd] *(pt* **overrode** [əʊvə'rəʊd], *pp* **overridden** [əʊvə'rɪdən]) *vt* **(a)** *(objections, wishes, regulations)* hacer caso omiso de **(b)** *(take precedence over)* anteponerse a **(c)** *Tech (controls)* anular

overriding [əʊvə'raɪdɪŋ] *adj* primordial

overrode [əʊvə'rəʊd] *pt of* **override**

overrule [əʊvə'ru:l] *vt* **(a)** *(opinion)* desautorizar; **she was overruled by her boss** su jefe la desautorizó **(b)** *Law (decision)* anular, invalidar; *(objection)* denegar

overrun 1 *n Com* ['əʊvərʌn] **(cost) o.** costos *mpl or Esp* costes *mpl* superiores a los previstos

2 *vt* [əʊvə'rʌn] *(pt* **overran** [əʊvə'ræn], *pp* **overrun**) **(a)** *(country)* invadir; **the house was o. with mice** los ratones habían invadido la casa **(b)** *(allotted time)* rebasar, excederse de; **to o. a budget** salirse del presupuesto

3 *vi (exceed allotted time)* alargarse más de la cuenta, rebasar el tiempo previsto

oversaw [əʊvəˈsɔː] *pt of* **oversee**

overseas 1 *adj* [ˈəʊvəsiːz] *(visitor)* extranjero(a); *(trade, debt)* exterior ❑ ***o. possessions*** territorios *mpl* de ultramar
2 *adv* [əʊvəˈsiːz] fuera del país

oversee [əʊvəˈsiː] (*pt* **oversaw** [əʊvəˈsɔː], *pp* **overseen** [əʊvəˈsiːn]) *vt* supervisar

overseer [ˈəʊvəsɪə(r)] *n Old-fashioned* supervisor(ora) *m,f*

oversell [əʊvəˈsel] (*pt & pp* **oversold** [əʊvəˈsəʊld]) *vt* (**a**) *(sell more than can be supplied)* **the concert had been oversold** vendieron entradas *or Am* boletos para el concierto por encima de la capacidad de la sala (**b**) *(overpromote)* exagerar las ventajas de

oversensitive [əʊvəˈsensɪtɪv] *adj* susceptible

oversexed [əʊvəˈsekst] *adj* libidinoso(a), lujurioso(a)

overshadow [əʊvəˈʃædəʊ] *vt* (**a**) *(person, success)* eclipsar (**b**) *(occasion)* deslucir

overshoe [ˈəʊvəʃuː] *n US* chanclo *m*

overshoot [əʊvəˈʃuːt] (*pt & pp* **overshot** [əʊvəˈʃɒt]) *vt (platform, turning, target)* pasar (de largo); **to o. the runway** salirse de la pista

oversight [ˈəʊvəsaɪt] *n* descuido *m*, omisión *f*; **through** *or* **by an o.** por descuido

oversimplification [əʊvəsɪmplɪfɪˈkeɪʃən] *n* simplificación *f* excesiva

oversimplify [əʊvəˈsɪmplɪfaɪ] *vt* simplificar en exceso

oversize(d) [ˈəʊvəsaɪz(d)] *adj* enorme

oversleep [əʊvəˈsliːp] (*pt & pp* **overslept** [əʊvəˈslept]) *vi* quedarse dormido(a)

oversold [əʊvəˈsəʊld] *pt & pp of* **oversell**

overspend [əʊvəˈspend] (*pt & pp* **overspent** [əʊvəˈspent]) **1** *vt* **to o. one's budget** salirse del presupuesto
2 *vi* gastar de más; **to o. by £100** gastar cien libras de más

overspill [ˈəʊvəspɪl] *n (of population)* exceso *m* de población

overstaffing [əʊvəˈstɑːfɪŋ] *n* exceso *m* de personal

overstate [əʊvəˈsteɪt] *vt* exagerar

overstatement [əʊvəˈsteɪtmənt] *n* exageración *f*

overstay [əʊvəˈsteɪ] *vt* **to o. one's welcome** abusar de la hospitalidad, quedarse más tiempo del apropiado

oversteer [əʊvəˈstɪə(r)] *vi (of car)* girar demasiado

overstep [əʊvəˈstep] (*pt & pp* **overstepped**) *vt* traspasar, saltarse; *Fig* **to o. the mark** *(exceed one's powers)* pasarse de la raya

overstrung [əʊvəˈstrʌŋ] *adj (person)* tenso(a)

oversubscribed [əʊvəsəbˈskraɪbd] *adj Fin* **the share offer was (five times) o.** la demanda superó (en cinco veces) la oferta de venta de acciones

overt [əʊˈvɜːt] *adj* ostensible, manifiesto(a); **do you have to be so o. about it?** ¿tienes que mostrarlo tan a las claras?

overtake [əʊvəˈteɪk] (*pt* **overtook** [əʊvəˈtʊk], *pp* **overtaken** [əʊvəˈteɪkən]) **1** *vt (car)* adelantar; *(competitor in race)* rebasar; **they had been overtaken by events** se habían visto superados por los acontecimientos
2 *vi (in car)* adelantar

overtax [əʊvəˈtæks] *vt* (**a**) *(overstrain)* exigir demasiado de (**b**) *(tax excessively)* cobrar más impuestos de los debidos

over-the-counter [ˈəʊvəðəˈkaʊntə(r)] **1** *adj (medicine)* sin receta
2 *adv* sin receta

overthrow 1 *n* [ˈəʊvəθrəʊ] derrocamiento *m*
2 *vt* [əʊvəˈθrəʊ] (*pt* **overthrew** [əʊvəˈθruː], *pp* **overthrown** [əʊvəˈθrəʊn]) derrocar

overtime [ˈəʊvətaɪm] **1** *n* (**a**) *Ind* horas *fpl* extraordinarias *or* extras (**b**) *(in basketball)* prórroga *f*; *(in American football)* prórroga *f (en la cual gana el equipo que marca primero)*
2 *adv* (**a**) *Ind* **to work o.** hacer horas extras (**b**) *Fig* **your imagination is working o.** se te está disparando la imaginación

overtly [əʊˈvɜːtlɪ] *adv* abiertamente, claramente

overtone [ˈəʊvətəʊn] *n (of sadness, bitterness)* tinte *m*, matiz *m*

overtook [əʊvəˈtʊk] *pt of* **overtake**

overture [ˈəʊvətjʊə(r)] *n* (**a**) *Mus* obertura *f* (**b**) *(proposal)* **to make overtures to sb** hacer proposiciones a *or* tener contactos con alguien

overturn [əʊvəˈtɜːn] **1** *vt* (**a**) *(table, boat)* volcar (**b**) *(government)* derribar (**c**) *(legal decision)* rechazar
2 *vi (of boat, car)* volcar

overuse 1 *n* [əʊvəˈjuːs] uso *m* excesivo, abuso *m*
2 *vt* [əʊvəˈjuːz] abusar de

overvalue [əʊvəˈvæljuː] *vt Com* sobrevalorar; *(person's abilities)* sobreestimar

overview [ˈəʊvəvjuː] *n* visión *f* general

overweening [əʊvəˈwiːnɪŋ] *adj* arrogante

overweight [əʊvəˈweɪt] *adj* **to be o.** tener exceso de peso; **to be 10 kilos o.** tener 10 kilos de más

overwhelm [əʊvəˈwelm] *vt* (**a**) *(defeat) (enemy, opponent)* arrollar (**b**) *(with emotion)* **to be overwhelmed with joy** no caber en sí de alegría; **overwhelmed by grief/with work** abrumado(a) por la pena/por el trabajo

overwhelming [əʊvəˈwelmɪŋ] *adj* (**a**) *(massive) (defeat, majority)* aplastante (**b**) *(irresistible) (need, desire)* acuciante; *(pressure)* abrumador(ora)

overwhelmingly [əʊvəˈwelmɪŋlɪ] *adv* **to vote o. in favour of sth** aprobar algo por mayoría aplastante

overwind [əʊvəˈwaɪnd] *vt* dar demasiada cuerda a

overwork [əʊvəˈwɜːk] **1** *n* exceso *m* de trabajo
2 *vt (person)* hacer trabajar en exceso
3 *vi* trabajar en exceso

overwrite *Comptr* **1** *n* [ˈəʊvəraɪt] ***o. mode*** función *f* de "sobreescribir"
2 *vt* [əʊvəˈraɪt] sobreescribir

overwrought [əʊvəˈrɔːt] *adj* (**a**) *(person)* muy alterado(a), muy nervioso(a); **to get o. (about sth)** alterarse mucho (por algo) (**b**) *(style)* recargado(a)

oviduct [ˈɒvɪdʌkt] *n Anat & Zool* oviducto *m*

oviparous [əʊˈvɪpərəs] *adj Zool* ovíparo(a)

ovulate [ˈɒvjʊleɪt] *vi Biol* ovular

ovulation [ɒvjʊˈleɪʃən] *n Biol* ovulación *f*

ovum [ˈəʊvəm] (*pl* **ova** [ˈəʊvə]) *n Biol* óvulo *m*

ow [aʊ] *exclam* ¡ay!

owe [əʊ] *vt* deber; **how much do I o. (you) for the food?** ¿qué *or* cuánto te debo por la comida?; **to o. sb sth, to o. sth to sb** deber algo a alguien; **to o. sb an apology** deber disculpas a alguien; **to o. it to oneself to do sth** deber hacer algo, tener merecido hacer algo, *Am* ameritar hacer algo; **I o. my life to you** te debo la vida; **he owes it all to his parents** se lo debe todo a sus padres; **her work owes much to Faulkner** su obra debe mucho a Faulkner

owing [ˈəʊɪŋ] *adj* (**a**) *(due)* **the money o. to me** el dinero que se me adeuda (**b**) **o. to** *(because of)* debido a

owl [aʊl] *n* **(short-eared) o.** búho *m*, *CAm, Méx* tecolote *m*; **(barn) o.** lechuza *f*

owlish [ˈaʊlɪʃ] *adj* de aspecto académico *or* estudioso

OWN [əʊn] **1** *adj* propio(a); **her o. money** su propio dinero; **I saw it with my o. eyes** lo vi con mis propios ojos; **I do my o. accounts** llevo mi propia contabilidad; **you'll have to clean your o. room** tendrás que limpiarte tú la habitación; **I can make my o. mind up** puedo decidirme por mí mismo; **it's his o. fault** la culpa es toda suya; **my o. opinion is…** personalmente opino que…; **I'm my o. man** soy dueño de mí mismo; **in one's o. right** por derecho propio; **do it in your o. time** hazlo en tu tiempo libre; **do it your o. way, then!** ¡hazlo como prefieras! ❑ ***o. goal*** *(in soccer)* gol *m* en propia meta *or* puerta, autogol *m*; *Fig* **to score an o. goal** meter la pata
2 *pron* (**a**) *(of possession)* **my o.** *(singular)* el/la mío(a); *(plural)* los/las míos(as); **your o.** *(singular)* el/la tuyo(a); *(plural)* los/las tuyos(as); **his/her/its o.** *(singular)* el/la suyo(a); *(plural)* los/las suyos(as); **our o.** *(singular)* el/la nuestro(a); *(plural)* los/las nuestros(as); **their o.** *(singular)* el/la suyo(a); *(plural)* los/las suyos(as); **it's my o.** es mío(a); **I have money of my o.** tengo dinero propio; **a child of his o.** un

hijo suyo; **she has a copy of her o.** tiene un ejemplar para ella; **I have enough problems of my o.** ya tengo yo suficientes problemas; **for reasons of his o.** por razones privadas; **he made that expression/part his o.** hizo suya esa expresión/suyo ese papel
(**b**) IDIOMS **to do sth (all) on one's o.** *(without company)* hacer algo solo(a); *(on one's own initiative)* hacer algo por cuenta propia; **I am (all) on my o.** estoy solo; **you're on your o.!** *(I won't support you)* ¡conmigo no cuentes!; **he has come into his o. since being promoted** desde que lo ascendieron ha demostrado su verdadera valía *or* sus verdaderas posibilidades; **to get one's o. back (on sb)** vengarse (de alguien), tomarse la revancha (contra alguien); **she managed to hold her o.** consiguió defenderse; **he looks after his o.** cuida de los suyos
3 *vt* (**a**) *(property)* poseer; **who owns this land?** ¿de quién es esta tierra?, ¿quién es el propietario de esta tierra?; **I o. two bicycles** tengo dos bicicletas; **do you o. your house or is it rented?** ¿la casa es tuya o la alquilas *or Am* rentas?; **to be owned by sb** pertenecer a alguien; **he behaves as if he owned** *or* **acts like he owns the place** se comporta como si fuera el dueño
(**b**) *(admit) Old-fashioned* **to o. (that)...** reconocer que...

▸**own to** *vt insep Old-fashioned* reconocer

▸**own up** *vi (confess)* **to o. up (to sth)** confesar (algo)

own-brand ['əʊn'brænd] *adj Com* del establecimiento; **o. producto** producto *m* de marca blanca

owner ['əʊnə(r)] *n* dueño(a) *m,f*, propietario(a) *m,f*; **cars parked here at owners' risk** *(sign)* estacionamiento *or Esp* aparcamiento permitido bajo responsabilidad del propietario

owner-occupier ['əʊnər'ɒkjʊpaɪə(r)] *n Br* propietario(a) *m,f* de la vivienda que habita

ownership ['əʊnəʃɪp] *n* propiedad *f*; **under new o.** *(sign)* nuevos propietarios; **to be in private/public o.** ser de propiedad privada/pública

own-label ['əʊn'leɪbəl] *adj Com* del establecimiento; **o. producto** producto *m* de marca blanca

ox [ɒks] (*pl* **oxen** ['ɒksən]) *n* buey *m*

oxblood ['ɒksblʌd] **1** *n (colour)* granate *m*, color *m* vino
2 *adj* granate, color vino

oxbow ['ɒksbəʊ] *n Geog* **o. (lake)** = lago formado al quedar un meandro aislado del río

Oxbridge ['ɒksbrɪdʒ] *n* = las universidades de Oxford y Cambridge

oxen ['ɒksən] *pl of* **ox**

OXFAM ['ɒksfæm] *n Br* OXFAM, = organización caritativa benéfica de ayuda al desarrollo; **O. shop** = tienda que vende objetos de segunda mano con fines benéficos

Oxford ['ɒksfəd] *n* (**a**) *US* **O. (shoe)** zapato *m* de cordones (**b**) ***O. bags*** *(trousers)* pantalones *mpl* de pernera ancha

oxidant ['ɒksɪdənt] *n* (**a**) *Chem* oxidante *m* (**b**) *(in fuel)* oxidante *m*

oxidation [ɒksɪ'deɪʃən] *n Chem* oxidación *f*

oxide ['ɒksaɪd] *n Chem* óxido *m*

oxidize ['ɒksɪdaɪz] *Chem* **1** *vt* oxidar
2 *vi* oxidarse

oxidizing agent ['ɒksɪdaɪzɪŋ'eɪdʒənt] *n Chem* agente *m* oxidante

Oxon. ['ɒksɒn] *n* (**a**) (*abbr* **Oxfordshire**) Oxfordshire (**b**) (*abbr* **Oxford**) *(in degree titles)* = abreviatura que indica que un título fue obtenido en la universidad de Oxford

oxtail ['ɒksteɪl] *n* rabo *m* de buey

oxyacetylene ['ɒksɪə'setɪli:n] *n Chem* oxiacetileno *m* ▫ ***o. torch*** soplete *m* (oxiacetilénico)

oxygen ['ɒksɪdʒən] *n Chem* oxígeno *m* ▫ ***o. bottle*** *or* ***cylinder*** bombona *f* de oxígeno; ***o. mask*** mascarilla *f* de oxígeno; *Med* ***o. tent*** tienda *f* de oxígeno

oxygenation [ɒksɪdʒə'neɪʃən] *n Chem & Physiol* oxigenación *f*

oxymoron [ɒksɪ'mɔ:rɒn] *n* oxímoron *m*, = figura del lenguaje consistente en yuxtaponer dos palabras aparentemente contradictorias

oyster ['ɔɪstə(r)] *n* ostra *f*; IDIOM **the world is your o.** el mundo es tuyo, te vas a comer el mundo ▫ ***o. bed*** criadero *m* de ostras; ***o. mushroom*** seta *f or Chile, Méx, RP* hongo *m* de cardo

oystercatcher ['ɔɪstəkætʃə(r)] *n (bird)* ostrero *m*

Oz [ɒz] *n Fam* Australia

oz (*abbr* **ounce(s)**) onza(s) *f(pl)*

ozone ['əʊzəʊn] *n Chem* ozono *m* ▫ ***o. depletion*** degradación *f* de la capa de ozono; ***o. layer*** capa *f* de ozono

ozone-friendly ['əʊzəʊn'frendlɪ] *adj* no perjudicial para la capa de ozono

P

P, p [piː] *n (letter)* P, p *f*; IDIOM *Fam* **to mind one's P's and Q's** comportarse (con educación)

p [piː] *n Br* (**a**) (*abbr* **penny**) penique *m* (**b**) (*abbr* **pence**) peniques *mpl*

PA [piːˈeɪ] *n* (**a**) (*abbr* **public address**) megafonía *f*; **a message came over the PA (system)** dieron un mensaje por megafonía (**b**) *Com* (*abbr* **personal assistant**) secretario(a) *m,f* personal (**c**) (*abbr* **Pennsylvania**) Pensilvania

pa [pɑː] *n Fam (dad)* papá *m*

p.a. (*abbr* **per annum**) anual, al año

PAC [piːeɪˈsiː] *n US Pol* (*abbr* **Political Action Committee**) = grupo de presión estadounidense para el apoyo de causas políticas

pace [peɪs] **1** *n* (**a**) *(step)* paso *m*; IDIOM **to put sb through his paces** poner a alguien a prueba; IDIOM **he showed his paces** demostró lo que es capaz de hacer (**b**) *also Fig (speed)* ritmo *m*, paso *m*; **at a slow p.** lentamente; **at a fast p.** rápidamente; **to force the p.** forzar el ritmo; **to keep p. with sb** seguirle el ritmo a alguien; **to set the p.** marcar el paso, imponer el ritmo; **to stay** *or* **take the p.** aguantar *or* seguir el ritmo

2 *vt* (**a**) *(room, street)* caminar por (**b**) *(regulate speed of)* regular el ritmo de; **to p. oneself** controlar el ritmo

3 *vi* caminar; **to p. up and down** caminar de un lado a otro

▸**pace about** *vi* caminar de un lado a otro

▸**pace out** *vt sep* medir a pasos

pacemaker [ˈpeɪsmeɪkə(r)] *n* (**a**) *Sport* liebre *f* (**b**) *(for heart)* marcapasos *m inv*

pacesetter [ˈpeɪssetə(r)] *n* (**a**) *(in race)* liebre *f* (**b**) *Fig (in competitive field)* líder *mf*

pac(e)y [ˈpeɪsɪ] *adj* rápido(a)

pachyderm [ˈpækɪdɜːm] *n* paquidermo *m*

Pacific [pəˈsɪfɪk] *adj* **the P. (Ocean)** el (océano) Pacífico □ ***the P. Rim*** = los países que bordean el Pacífico, sobre todo los asiáticos; *US* ***P. Standard Time*** = hora oficial de la costa del Pacífico en Estados Unidos

pacification [pæsɪfɪˈkeɪʃən] *n* (**a**) *(calming)* apaciguamiento *m* (**b**) *(of country)* pacificación *f*

pacifier [ˈpæsɪfaɪə(r)] *n US (for baby)* chupete *m*

pacifism [ˈpæsɪfɪzəm] *n* pacifismo *m*

pacifist [ˈpæsɪfɪst] *n & adj* pacifista *mf*

pacify [ˈpæsɪfaɪ] *vt* (**a**) *(person)* apaciguar (**b**) *(country)* pacificar

pack [pæk] **1** *n* (**a**) *(rucksack)* mochila *f* □ ***p. animal*** bestia *f* de carga; ***p. rat*** = especie de rata norteamericana
(**b**) *(small box) (of cigarettes)* paquete *m*
(**c**) *(of playing cards)* baraja *f*
(**d**) *(group) (of thieves, photographers)* pandilla *f*; *(of runners, cyclists)* pelotón *m*; *(of wolves)* manada *f*; **a p. of lies** una sarta de mentiras □ ***p. ice*** = masa de hielo a la deriva
(**e**) *(in rugby)* delanteros *mpl*
(**f**) *(in snooker)* = grupo de bolas rojas agrupadas en forma de triángulo

2 *vt* (**a**) *(put into box)* empaquetar; *(items for sale)* envasar; *(in cotton wool, newspaper)* envolver; **did you p. my toothbrush?** ¿metiste mi cepillo de dientes (en la maleta)?
(**b**) *(cram) (earth into hole)* meter; *(passengers into bus, train)* apiñar; IDIOM **we were packed in like sardines** estábamos como sardinas en lata; **the book is packed with helpful information** el libro está repleto de información útil
(**c**) *(fill) (hole, box)* llenar (**with** de); **to p. one's suitcase** hacer la maleta *or Am* valija; *Fig* **to p. one's bags** *(leave)* hacer las maletas *or Am* valijas
(**d**) **to p. a punch** *(of fighter, drink)* pegar duro
(**e**) *Fam* **to p. a gun** llevar una pistola

3 *vi* (**a**) *(prepare luggage)* hacer el equipaje; IDIOM *Fam* **to send sb packing** *(send away)* mandar a alguien a freír churros *or Esp* a paseo
(**b**) *(cram)* **to p. into a room** apiñarse en una habitación

▸**pack in** *Fam* **1** *vt sep* (**a**) *(give up) (job, course)* dejar; **p. it in!** *(stop complaining)* ¡deja de protestar *or* de dar la murga! (**b**) *(attract)* **to p. the crowds in** atraer a las masas

2 *vi (of car, computer)* estropearse, *Esp* escacharrarse, *Méx* desconchinflarse, *RP* hacerse bolsa

▸**pack off** *vt sep Fam (send)* mandar

▸**pack out** *vt sep* abarrotar

▸**pack up 1** *vt sep (belongings)* recoger

2 *vi* (**a**) *(before moving house)* embalar, preparar la mudanza; *(finish work)* dejarlo, parar de trabajar (**b**) *Fam (break down)* estropearse, *Esp* escacharrarse, *Méx* desconchinflarse, *RP* hacerse bolsa

package [ˈpækɪdʒ] **1** *n* (**a**) *(parcel)* paquete *m* (**b**) *(pay deal, contract)* paquete *m* □ *Com* ***p. deal*** acuerdo *m* global; ***p. holiday*** *or* ***tour*** paquete *m* turístico, viaje *m* organizado (**c**) *Comptr* paquete *m*

2 *vt (goods)* envasar; *Fig* **to p. sb** *(pop star, politician)* vender a alguien

packaging [ˈpækɪdʒɪŋ] *n* (**a**) *(for transport, freight)* embalaje *m* (**b**) *(of product)* envasado *m*

packed [ˈpækt] *adj* (**a**) *(crowded)* abarrotado(a) (**b**) *(wrapped)* ***p. lunch*** comida *f* preparada de casa *(para excursión, trabajo, colegio)*

packer [ˈpækə(r)] *n* empaquetador(ora) *m,f*, embalador(ora) *m,f*

packet [ˈpækɪt] *n* (**a**) *(of tea, cereal, cigarettes)* paquete *m*; *(of nuts, sweets)* bolsa *f* □ ***p. soup*** sopa *f* de sobre (**b**) *Fam (lot of money)* **to make** *or* **earn a p.** ganar una millonada *or Méx* un chorro de lana *or RP* una ponchada de guita; **that'll cost a p.** costará un riñón (**c**) *Naut* ***p. boat*** paquebote *m* (**d**) *Comptr* paquete *m* □ ***p. switching*** conmutación *f* de paquetes (**e**) *Fam (man's genitals) Esp* paquete *m*, *Méx* cosa *f*, *RP* bulto *m*

packhorse [ˈpækhɔːs] *n* caballo *m* de carga

packing [ˈpækɪŋ] *n* (**a**) *(packing material)* embalaje *m* □ ***p. case*** cajón *m* (**b**) *(for trip)* **to do one's p.** hacer el equipaje

pact [pækt] *n* pacto *m*; **to make a p. with sb** hacer un pacto con alguien

pacy = **pacey**

pad [pæd] **1** *n* (**a**) *(for protection, of dog's feet)* almohadilla *f*; *(of cotton wool)* tampón *m* (**b**) *(for helicopters)* plataforma *f* (**c**) *(of paper)* **(writing) p.** bloc *m* (**d**) *Fam (home)* choza *f*, *Esp* queli *f*

2 *vt* (*pt & pp* **padded**) *(stuff)* acolchar, almohadillar (**with** con)

3 *vi* **to p. about** caminar con suavidad

▸**pad out** *vt sep (speech, essay)* rellenar

padded [ˈpædɪd] *adj (door, wall)* acolchado(a), almohadillado(a); *(jacket, material)* acolchado(a); *(shoulders of jacket)* con hombreras □ ***p. cell*** celda *f* acolchada

padding [ˈpædɪŋ] *n* (**a**) *(material)* relleno *m*; *(of cotton)* guata *f* (**b**) *Fig (in speech, essay)* paja *f*, relleno *m*

paddle [ˈpædəl] **1** *n* (**a**) *(for canoe)* canalete *m*, remo *m*; *(of paddle boat)* pala *f* □ ***p. boat*** *or* ***steamer*** barco *m* (de vapor) de ruedas; ***p. wheel*** rueda *f* de paletas (**b**) *(walk in water)* **to go for a p.** dar un paseo por el agua *or* la orilla

2 *vt (canoe)* remar en; IDIOM **to p. one's own canoe** arreglárselas solo(a)

3 *vi* (**a**) *(in canoe)* remar (**b**) *(of duck)* nadar (**c**) *(walk in water)* dar un paseo chapoteanado por el agua *or* la orilla

paddling pool ['pædlɪŋ'pu:l] *n* (**a**) *(inflatable)* piscina *f or Méx* alberca *f or RP* pileta *f* hinchable (**b**) *(in park)* piscina *f or Méx* alberca *f or RP* pileta *f* para niños

paddock ['pædək] *n* (**a**) *(field)* cercado *m*, potrero *m* (**b**) *(at racecourse)* paddock *m* (**c**) *(at motor-racing circuit)* paddock *m*

Paddy ['pædɪ] *n Fam* = término a veces ofensivo para referirse a los irlandeses

paddy ['pædɪ] *n* **p. (field)** arrozal *m*

padlock ['pædlɒk] **1** *n* candado *m*
2 *vt* cerrar con candado

padre ['pɑ:dreɪ] *n Fam (military chaplain)* capellán *m*

padsaw ['pædsɔ:] *n* sierra *f* para cortar ángulos *(con el mango desmontable)*

paean, *US* **pean** ['pi:ən] *n Literary* panegírico *m*; **the movie received a p. of praise from the critics** la película recibió una lluvia de elogios *or* alabanzas de la crítica

paederast, *US* **pederast** ['pedəræst] *n Formal* pederasta *m*

paediatric, *US* **pediatric** [pi:dɪ'ætrɪk] *adj Med* pediátrico(a)

paediatrician, *US* **pediatrician** [pi:dɪə'trɪʃən] *n Med* pediatra *mf*

paediatrics, *US* **pediatrics** [pi:dɪ'ætrɪks] *n Med* pediatría *f*

paedophile, *US* **pedophile** ['pi:dəfaɪl] *n* pedófilo(a) *m,f*

paedophilia, *US* **pedophilia** [pi:də'fɪlɪə] *n* pederastia *f*

pagan ['peɪgən] *n & adj* pagano(a) *m,f*

paganism ['peɪgənɪzəm] *n* paganismo *m*

page[1] [peɪdʒ] *n* página *f*; **on p. 6** en la página 6; *Fig* **a glorious p. in our history** una página gloriosa de nuestra historia ▫ *Comptr* ***p. layout*** maquetación *f*

▸**page down** *vi Comptr* desplazarse hacia abajo hasta la página siguiente

▸**page up** *vi Comptr* desplazarse hacia arriba hasta la página anterior

page[2] **1** *n (servant, at wedding)* paje *m*
2 *vt (call) (by loudspeaker)* avisar por megafonía; *(by electronic device)* llamar por el busca *or* buscapersonas *or Méx* localizador *or RP* radiomensaje

pageant ['pædʒənt] *n (procession)* desfile *m*, procesión *f*; *(of historical events)* representación *f* de escenas históricas

pageantry ['pædʒəntrɪ] *n* pompa *f*, esplendor *m*

pageboy ['peɪdʒbɔɪ] *n (servant, at wedding)* paje *m*; **p. (haircut)** corte *m* estilo paje

pager ['peɪdʒə(r)] *n* busca *m*, buscapersonas *m inv*, *Méx* localizador *m*, *RP* radiomensaje *m*

page-three girl [peɪdʒ'θri:gɜ:l] *n Fam* = modelo que ha aparecido posando medio desnuda en alguno de los periódicos sensacionalistas británicos

page-turner ['peɪdʒtɜ:nə(r)] *n Fam* libro *m* absorbente

paginate ['pædʒɪneɪt] *vt Comptr* paginar

pagination [pædʒɪ'neɪʃən] *n Comptr* paginación *f*

pagoda [pə'gəʊdə] *n* pagoda *f*

pah [pɑ:] *exclam* **b.!** ¡bah!

paid [peɪd] **1** *adj* (**a**) *(person, work)* remunerado(a); **p. holidays** vacaciones *fpl* pagadas (**b**) IDIOM *Fam* **to put p. to sb's chances/hopes** truncar las posibilidades/esperanzas de alguien
2 *pt & pp of* **pay**

paid-up ['peɪdʌp] *adj (member)* con las cuentas al día

pail [peɪl] *n (bucket)* cubo *m*

pain [peɪn] **1** *n* (**a**) *(physical)* dolor *m*; *(mental)* sufrimiento *m*, pena *f*; **to cause sb p.** *(physical)* dolerle a alguien; *(mental)* afligir *or* hacer sufrir a alguien; **to be in p.** estar sufriendo; **I have a p. in my leg** me duele una pierna; **the p. barrier** el umbral del dolor
(**b**) *(trouble)* **to take pains to do sth, to be at great pains to do sth** tomarse muchas molestias para hacer algo; **for my pains** por mi esfuerzo
(**c**) *Formal* **on p. of death** so pena de muerte
(**d**) IDIOMS *Fam* **he's a p. (in the neck)** es un plomazo *or Esp* pelmazo *or Méx* sangrón; *Vulg* **it's a p. in the arse** es un coñazo *or Méx* una chingadera *or RP* un embole; *Fam* **cooking can be a p.** a veces resulta un plomazo *or Esp* una lata cocinar
2 *vt* afligir, apenar; **it pains me to say it, but…** me duele decirlo, pero…

pained [peɪnd] *adj (look, expression)* afligido(a), de pena

painful ['peɪnfʊl] *adj (physically, mentally)* doloroso(a); *(part of body)* dolorido(a); **is it p. here?** ¿te duele aquí?; **it's p. to watch them** resulta penoso mirarlos; **the p. truth** la dura realidad

painfully ['peɪnfʊlɪ] *adv* (**a**) *(to walk, move)* con dolor; **she fell p.** tuvo una caída dolorosa (**b**) *Fig (obvious, clear)* tremendamente; **p. slowly** exasperantemente lento

painkiller ['peɪnkɪlə(r)] *n* analgésico *m*

painless ['peɪnlɪs] *adj* (**a**) *(not painful)* indoloro(a) (**b**) *Fig (easy)* fácil, muy llevadero(a)

painstaking ['peɪnzteɪkɪŋ] *adj (person, research)* meticuloso(a), concienzudo(a); *(care)* esmerado(a)

painstakingly ['peɪnzteɪkɪŋlɪ] *adv* meticulosamente, minuciosamente

paint [peɪnt] **1** *n* pintura *f*; **wet p.** *(sign)* recién pintado; IDIOM *Hum* **it's as interesting as watching p. dry** es más aburrido que ver crecer la hierba ▫ ***p. gun*** pistola *f (para pintar)*; *Comptr* ***p. program*** programa *m* de dibujo; ***p. remover*** *or* ***stripper*** decapante *m*
2 *vt* (**a**) *(picture, person, room)* pintar; *Fam* **to p. one's face** *(put on make-up)* pintarse; **to p. one's nails** pintarse las uñas (**b**) IDIOMS **to p. a favourable picture (of)** dar una visión favorable (de); **to p. a black picture of sth/sb** pintar algo/a alguien muy negro; **to p. the town red** irse de juerga **to p. oneself into a corner** ponerse en una situación comprometida
3 *vi* pintar

paintball ['peɪntbɔ:l] *n* = juego bélico en el que los participantes se disparan pintura con pistolas de aire comprimido

paintbox ['peɪntbɒks] *n* caja *f* de acuarelas

paintbrush ['peɪntbrʌʃ] *n (of artist)* pincel *m*; *(of decorator)* brocha *f*

painted lady ['peɪntɪd'leɪdɪ] *n (butterfly)* vanesa *f* de la alcachofa

painter ['peɪntə(r)] *n (artist)* pintor(ora) *m,f*; *(decorator)* pintor(ora) *m,f* (de brocha gorda)

painting ['peɪntɪŋ] *n* (**a**) *(picture)* cuadro *m*, pintura *f* (**b**) *(activity)* pintura *f*; **p. and decorating** pintura y decoración

paintwork ['peɪntwɜ:k] *n (of car, room)* pintura *f*

pair [peə(r)] **1** *n* (**a**) *(set of two) (of shoes, gloves)* par *m*; *(of people, cards)* pareja *f*; **in pairs** *(of objects, people)* de dos en dos, por parejas; **I've only got one p. of hands** sólo tengo dos manos; *Br Fam* **shut up, the p. of you!** vosotros dos, ¡callaos! (**b**) *(single item)* **a p. of glasses** unas gafas; **a p. of scissors** unas tijeras; **a p. of trousers** unos pantalones
2 *vt (people, animals)* emparejar (**with** con)

▸**pair off 1** *vt sep (people)* emparejar
2 *vi (of people)* emparejarse

▸**pair up** *vi* hacer pareja, emparejarse (**with** con)

paisley ['peɪzlɪ] *adj Tex* de cachemir ▫ ***p. pattern*** estampado *m* de cachemira

pajamas *US* = **pyjamas**

Paki ['pækɪ] *n Br very Fam (person)* = término generalmente ofensivo para referirse a los ciudadanos de origen pakistaní, indio o bangladeshí; **P. shop, Paki's** = tienda de alimentación perteneciente a un ciudadano de origen pakistaní, indio o bangladeshí

Paki-bashing ['pækɪ'bæʃɪŋ] *n Br very Fam* = ataques físicos o verbales contra ciudadanos de origen pakistaní, indio o bangladeshí

Pakistan [pɑ:kɪ'stɑ:n] *n* Paquistán

Pakistani [pɑ:kɪ'stɑ:nɪ] *n & adj* paquistaní *mf*

pakora [pə'kɔ:rə] *n* = bola de verduras rebozada en harina que se sirve con salsa picante, típica de la comida india

PAL [pæl] *n TV* (*abbr* **phase alternation line**) (sistema *m*) PAL *m*

pal [pæl] *n Fam* amiguete(a) *m,f*, *Esp* colega *mf*; **look here, p.!** ¡mira, *Esp* tío *or Am* compadre!; **thanks, p.** gracias, *Esp* tío *or Am* compadre

▸**pal up with** *vt insep Fam* hacerse amigo *or* colega de

palace ['pælɪs] *n* palacio *m* ▫ *also Fig* ***p. coup*** *or* ***revolution*** golpe *m or* revolución *f* de palacio

Palaeocene, *US* **Paleocene** ['pælɪəsi:n] *Geol* **1** *n* **the P.** el paleoceno
2 *adj* paleoceno(a)

palaeography, *US* **paleography** ['pælɪ'ɒgrəfɪ] *n* paleografía *f*

palaeolithic, *US* **paleolithic** [pælɪə'lɪθɪk] *adj* paleolítico(a)

palaeontology, *US* **paleontology** [peɪlɪɒn'tɒlədʒɪ] *n* paleontología *f*

Palaeozoic, *US* **Paleozoic** [pælɪə'zəʊɪk] *Geol* **1** *n* **the P.** el paleozoico
2 *adj* paleozoico(a)

palatable ['pælətəbəl] *adj* **(a)** *(food)* apetitoso(a) **(b)** *Fig (suggestion)* aceptable

palatal ['pælətəl] *adj* **(a)** *Anat* del paladar **(b)** *Ling* palatal

palate ['pælɪt] *n (in mouth)* paladar *m*

palatial [pə'leɪʃəl] *adj* suntuoso(a), señorial

palaver [pə'lɑ:və(r)] *n Br Fam (fuss)* lío *m*, *Esp* follón *m*; **what a p.!** ¡vaya lío *or Esp* follón!

pale¹ [peɪl] **1** *adj (skin)* pálido(a); *(colour)* claro(a); IDIOM **to be as p. as death** estar blanco(a) como el papel *or* la leche; **to turn p. (with fright)** palidecer (de miedo); *Fig* **a p. imitation of sth** un pálido remedo de algo ▫ *Br* ***p. ale*** = cerveza del tipo "bitter" pero más rubia
2 *vi (of person)* palidecer; **to p. into insignificance** *(of issue)* reducirse hasta la insignificancia

pale² *n (of fence)* estaca *f*; IDIOM **to be/go beyond the p.** pasarse de la raya

paleface ['peɪlfeɪs] *n* rostro *m* pálido

paleness ['peɪlnɪs] *n* palidez *f*

paleography, paleolithic *etc US* = **palaeography, palaeolithic** *etc*

Palestine ['pælɪstaɪn] *n* Palestina

Palestinian [pælɪ'stɪnɪən] *n & adj* palestino(a) *m,f*

palette ['pælɪt] *n Art & Comptr* paleta *f* ▫ ***p. knife*** espátula *f*

palimony ['pælɪmənɪ] *n Fam* pensión *f* alimenticia *(entre parejas de hecho)*

paling ['peɪlɪŋ] *n (for fence)* cerca *f*, estacada *f*

palisade [pælɪ'seɪd] *n (fence)* empalizada *f*

pall¹ [pɔ:l] *n* **(a)** *(coffin)* féretro *m* **(b)** *(over coffin)* paño *m* mortuorio **(c)** *(of smoke)* cortina *f*, manto *m*

pall² *vi (become uninteresting)* desvanecerse

palladium [pə'leɪdɪəm] *n Chem* paladio *m*

pallbearer ['pɔ:lbeərə(r)] *n* portador(ora) *m,f* del féretro

pallet ['pælɪt] *n* **(a)** *(bed)* jergón *m* **(b)** *Ind (wooden platform)* palet *m*, palé *m*

palliate ['pælɪeɪt] *vt Formal* paliar

palliative ['pælɪətɪv] *n & adj* paliativo(a) *m*

pallid ['pælɪd] *adj* pálido(a)

pallor ['pælə(r)] *n* lividez *f*

pally ['pælɪ] *adj Fam* **to be p. with sb** comportarse amistosamente con alguien; **they're very p. all of a sudden** se han hecho muy amigos de repente

palm¹ [pɑ:m] *n* **p. (tree)** palmera *f*; **p. (leaf)** palma *f* ▫ ***p. oil*** aceite de palma; ***p. sugar*** panela *f*; ***P. Sunday*** Domingo *m* de Ramos

palm² *n (of hand)* palma *f*; IDIOM **to have sb in the p. of one's hand** tener a alguien en el bolsillo

▸**palm off** *vt sep* **to p. sth off on(to) sb** endilgar algo a alguien; **they tried to p. me off with a cheap imitation** intentaron colocarme una imitación barata; **he keeps palming me off with excuses** siempre se deshace de mí con excusas

palmist ['pɑ:mɪst] *n* quiromántico(a) *m,f*

palmistry ['pɑ:mɪstrɪ] *n* quiromancia *f*

palmitic acid [pæl'mɪtɪk'æsɪd] *n Chem* ácido *m* palmítico

palmtop ['pɑ:mtɒp] *n Comptr* palmtop *m*, asistente *m* personal

palmy ['pɑ:mɪ] *adj* próspero(a)

palomino [pælə'mi:nəʊ] *n (horse)* = caballo alazán de crin y cola blancas

palooka [pə'lu:kə] *n US Fam* **(a)** *(clumsy person)* torpe *m* **(b)** *(stupid person)* imbécil *m* **(c)** *(boxer)* mal boxeador *m*

palpable ['pælpəbəl] *adj* palpable

palpably ['pælpəblɪ] *adv* evidentemente; **p. obvious** muy evidente

palpate [pæl'peɪt] *vt Med* explorar

palpitate ['pælpɪteɪt] *vi (of heart)* palpitar; *Fig* **to p. with fear/excitement** estar estremecido(a) de miedo/emoción

palpitations [pælpɪ'teɪʃənz] *npl* palpitaciones *fpl*

palsy¹ ['pɔ:lzɪ] *n Formerly* parálisis *f inv*

palsy² ['pælzɪ] *adj Fam* **to be/get p. with sb** ser íntimo de alguien/intimar con alguien

paltry ['pɔ:ltrɪ] *adj* miserable

pampas ['pæmpəz] *npl* **the p.** la pampa, las pampas; **the P.** *(in Argentina)* la Pampa ▫ ***p. grass*** cortadera *f*

pamper ['pæmpə(r)] *vt (person)* mimar, consentir; **to p. oneself** darse lujos

pamphlet ['pæmflɪt] *n (informative)* folleto *m*; *(controversial)* panfleto *m*

pan¹ [pæn] **1** *n* **(a)** *(for cooking)* cacerola *f*, cazuela *f*; *(frying pan)* sartén *f* **(b)** *(of scales)* platillo *m* **(c)** *Br (of lavatory)* taza *f*; IDIOM *Fam* **to go down the p.** echarse a perder, irse al carajo *or Esp* al garete
2 *vi* (*pt & pp* **panned**) **to p. for gold** extraer oro *(con cedazo)*

pan² (*pt & pp* **panned**) *vt Fam (criticize)* vapulear, *Esp* poner por los suelos

pan³ (*pt & pp* **panned**) *vi Cin* **to p. left/right** rodar un plano moviendo la cámara hacia la izquierda/derecha

▸**pan out** *vi Fam (turn out)* salir; **let's see how things p. out** a ver cómo salen las cosas

panacea [pænə'sɪə] *n* panacea *f*

panache [pə'næʃ] *n* gracia *f*, garbo *m*

Pan-African [pæn'æfrɪkən] *adj* panafricano(a)

Panama ['pænəmɑ:] *n* Panamá ▫ ***the P. Canal*** el canal de Panamá; ***P. hat*** sombrero *m* panamá *m*

Panamanian [pænə'meɪnɪən] *n & adj* panameño(a) *m,f*

Pan-American [pænə'merɪkən] *adj* panamericano(a)

pan-Arab [pæn'ærəb] *adj* panárabe

panatella [pænə'telə] *n* panatela *m*, = tipo de cigarro largo y delgado

pancake ['pænkeɪk] *n* crepe *f*, torta *f* ▫ ***P. Day*** Martes *m inv* de Carnaval; ***p. landing*** = aterrizaje forzoso sobre el fuselaje del avión sin utilizar el tren de aterrizaje; ***p. make-up*** maquillaje *m* facial *(que se humedece antes de aplicar)*; ***P. Tuesday*** Martes *m inv* de Carnaval

pancreas ['pæŋkrɪəs] *n* páncreas *m inv*

panda ['pændə] *n* **(a)** *(bear)* (oso *m*) panda *m* **(b)** *Br* ***p. car*** coche *m* patrulla

pandemic [pæn'demɪk] *n Med* pandemia *f*

pandemonium [pændɪ'məʊnɪəm] *n* **there was p., p. broke out** se armó un auténtico pandemónium; **to cause p.** sembrar el caos

pander ['pændə(r)] *vi* **to p. to sb** complacer a alguien; **to p. to sb's views** someterse a la opinión de alguien

Pandora's box [pæn'dɔ:rəz'bɒks] *n* la caja de Pandora; IDIOM **to open P.** abrir la caja de Pandora, destapar la caja de los truenos

pane [peɪn] *n* **p. (of glass)** hoja *f* de vidrio *or Esp* cristal

panegyric [pænə'dʒɪrɪk] *n Formal* panegírico *m*

panel ['pænəl] *n* **(a)** *(on wall, of door)* panel *m* ▫ ***p. beater*** *(in car industry)* chapista *mf*; ***p. pin*** espiga *f (clavo)* **(b)** *(of switches, lights)* panel *m*, tablero *m* **(c)** *(at interview, of experts)* panel *m*, equipo *m* ▫ ***p. discussion*** debate *m*, mesa *f* redonda

panelling, *US* **paneling** ['pænəlɪŋ] *n (on wall)* paneles *mpl*

panellist, *US* **panelist** ['pænəlɪst] *n (on radio, TV programme)* participante *mf (en un debate)*

pang [pæŋ] *n (of hunger, jealousy)* punzada *f*; **pangs of conscience** remordimientos de conciencia

panhandle ['pænhændəl] *US* **1** *n (of state)* = península de forma estrecha y alargada unida a un territorio de mayor tamaño
2 *vi Fam (beg)* mendigar

panic ['pænɪk] **1** *n* pánico *m*; **she phoned me up in a p.** me llamó toda histérica; **there's no need to get into a p. (over it)** no hace falta que te pongas tan nervioso (por ello); **the crowd was thrown into a p.** cundió el pánico entre la multitud; *Fam* **it was p. stations** cundió el pánico ▫ ***p. attack*** ataque *m* de pánico; ***p. button*** botón *m* de alarma; *Fin* ***p. buying/selling*** compra *f*/venta *f* provocada por el pánico
2 *vt* (*pt & pp* **panicked**) infundir pánico a; **we were panicked into selling our shares** vendimos nuestras acciones provocados por el pánico
3 *vi* aterrorizarse; **she suddenly panic-**

ked le entró el pánico de repente; **don't p.!** ¡que no cunda el pánico!

panicky ['pænɪkɪ] *adj Fam (reaction)* de pánico; **she got p.** le entró el pánico

panic-stricken ['pænɪkstrɪkən] *adj* aterrorizado(a); **to be p.** estar aterrorizado(a)

pannier ['pænɪə(r)] *n (on animal, bicycle)* alforja *f*

panoply ['pænəplɪ] *n* **there's a whole p. of options** hay toda una serie de opciones

panorama [pænə'rɑːmə] *n* panorama *m*

panoramic [pænə'ræmɪk] *adj* panorámico(a) □ ***p. view*** vista *f* panorámica

panpipes ['pænpaɪps] *npl Mus* zampoña *f*, flauta *f* de Pan

pansy ['pænzɪ] *n* (**a**) *(flower)* pensamiento *m* (**b**) *Fam Pej (effeminate man)* mariposón *m*, mariquita *m*

pant [pænt] *vi* jadear; **to p. for breath** resollar *(intentando recobrar el aliento)*

pantechnicon [pæn'teknɪkən] *n Br Old-fashioned* camión *m* de mudanzas (de gran tamaño)

pantheism ['pænθiːɪzəm] *n* panteísmo *m*

pantheist ['pænθiːɪst] *n* panteísta *f*

pantheon ['pænθɪən] *n also Fig* panteón *m*

panther ['pænθə(r)] *n* pantera *f*

panties ['pæntɪz] *npl Fam* braga *f*, bragas *fpl*, *Chile, Col, Méx* calzones *mpl*, *Ecuad* follones *mpl*, *RP* bombacha *f*

> Note that the Spanish word **panty** is a false friend and is never a translation for the English word **panties**. In Spanish **panty** means "tights".

pantihose = **pantyhose**

pantomime ['pæntəmaɪm], *Fam* **panto** ['pæntəʊ] *n* = obra de teatro musical para niños típica del Reino Unido basada en un cuento de hadas y representada en Navidad

pantry ['pæntrɪ] *n* despensa *f*

pants [pænts] *npl* (**a**) *Br (men's underwear)* calzoncillos *mpl*, *Chile* fundillos *mpl*, *Col* pantaloncillos *mpl*, *Méx* calzones *mpl*, *Méx* chones *mpl*; *(women's underwear)* braga *f*, bragas *fpl*, *Chile, Col, Méx* calzones *mpl*, *Ecuad* follones *mpl*, *RP* bombacha *f*; IDIOM *Fam* **to scare the p. off sb** hacer que a alguien le entre el *Esp* canguelo *or Méx* mello *or RP* cuiqui
(**b**) *US (trousers)* pantalones *mpl*; IDIOM *Fam* **she's the one who wears the p.** ella es la que lleva los pantalones en casa; IDIOM *Fam* **he was caught with his p. down** lo agarraron con las manos en la masa, *Esp* lo pillaron en bragas □ ***p. suit*** traje *m* pantalón

panty ['pæntɪ] *n* ***p. girdle*** faja *f* pantalón, pantifaja *f*, ***p. liner*** protege-slip *m*

pantyhose, pantihose ['pæntɪhəʊz] *n US* medias *fpl*, pantis *mpl*

Pap [pæp] *n US Med* ***P. test*** *or* ***smear*** citología *f*

pap [pæp] *n Fam Pej (nonsense)* bobadas *fpl*

papa *n* (**a**) [pə'pɑː] *Br Old-fashioned* papá *m* (**b**) ['pɑːpə] *US* papá *m*, papi *m*

papacy ['peɪpəsɪ] *n* papado *m*

papal ['peɪpəl] *adj* papal □ ***p. bull*** bula *f* papal

paparazzi [pæpə'rætsiː] *n* paparazzi *mpl*

papaya [pə'paɪə], **papaw** ['pɔːpɔː] *n* (**a**) *(fruit)* papaya *f* (**b**) *(tree)* papayo *m*

paper ['peɪpə(r)] **1** *n* (**a**) *(material)* papel *m*; **a piece of p.** un papel; **I want to see it written down on p.** quiero verlo escrito; *Fig* **on p.** *(in theory)* sobre el papel □ ***p. aeroplane*** avión *m* de papel; ***p. bag*** bolsa *f* de papel; IDIOM *Fam* **he couldn't fight** *or* **punch his way out of a p. bag** es un debilucho; ***p. cup*** vaso *m* de papel; ***p. fastener*** clip *m*, sujetapapeles *m inv*; *Comptr* ***p. feed*** sistema *m* de alimentación de papel; ***p. hanger*** empapelador(ora) *m,f*; ***p. mill*** fábrica *f or Am* planta *f* de papel, papelera *f*; ***p. money*** papel *m* moneda; *Fin* ***p. profits*** ganancias *fpl* teóricas sobre el papel; *Pol* ***p. tiger*** tigre *m* de papel; ***p. towel*** toallita *f* de papel; *Comptr* ***p. tray*** bandeja *f* del papel
(**b**) *(newspaper)* periódico *m*; **p. boy/girl** repartidor *m*/repartidora *f* de periódicos; **to do a p. round** hacer el reparto de periódicos a domicilio; *Br* **p. shop** ≃ quiosco *m* de periódicos
(**c**) **papers** *(documents)* papeles *mpl*, documentación *f*
(**d**) *(examination)* examen *m*
(**e**) *(scholarly study, report)* estudio *m*, trabajo *m*; **to read** *or* **give a p.** leer *or* presentar una ponencia
2 *vt (wall, room)* empapelar

▸**paper over** *vt sep* IDIOM **to p. over the cracks** poner parches

paperback ['peɪpəbæk] *n* libro *m or* edición *f* en rústica

paperclip ['peɪpəklɪp] *n* clip *m*

paperknife ['peɪpənaɪf] *n* abrecartas *m inv*

paperweight ['peɪpəweɪt] *n* pisapapeles *m inv*

paperwork ['peɪpəwɜːk] *n* papeleo *m*

papery ['peɪpərɪ] *adj* apergaminado(a)

papier-mâché ['pæpjeɪ'mæʃeɪ] *n* cartón *m* piedra

papist ['peɪpɪst] *n & adj Fam Pej* papista *mf*

pappy ['pæpɪ] *n US Fam* papi *m*, papá *m*

paprika ['pæprɪkə, pə'priːkə] *n* pimentón *m*, paprika *f*

Papuan ['pæpjʊən] *n & adj* papú *mf*, papúa *mf*

Papua New Guinea ['pæpjʊənjuː'gɪnɪ] *n* Papúa Nueva Guinea

papyrus [pə'paɪrəs] *n* papiro *m*

par [pɑː(r)] **1** *n* (**a**) *(equality)* **to be on a p. with** estar al mismo nivel que; **the two systems are on a p.** los dos sistemas están al mismo nivel (**b**) *(in golf)* par *m*; **a p.-three (hole)** un (hoyo de) par tres; **to break p.** romper el par; *Fig* **to feel below p.** no encontrarse muy allá; IDIOM **that's about p. for the course** es lo que cabe esperar (**c**) *Fin* **above p.** sobre la par; **below p.** bajo par □ *Fin* ***p. value*** valor *m* nominal
2 *vt (in golf)* **to p. a hole** hacer par en un hoyo

para ['pærə] *n Fam* (**a**) *(paragraph)* párrafo *m* (**b**) *Br (paratrooper)* paraca *m*

parable ['pærəbəl] *n* parábola *f*

parabola [pə'ræbələ] *n* parábola *f*

parabolic [pærə'bɒlɪk] *adj* parabólico(a) □ ***p. dish*** (antena *f*) parabólica *f*

paracetamol [pærə'siːtəmɒl] *n* paracetamol *m*

parachute ['pærəʃuːt] **1** *n* paracaídas *m inv* □ ***p. jump*** salto *m* en paracaídas
2 *vt (person, supplies)* lanzar en paracaídas
3 *vi* saltar en paracaídas

parachuting ['pærəʃuːtɪŋ] *n* paracaidismo *m*; **to go p.** hacer paracaidismo

parachutist ['pærəʃuːtɪst] *n* paracaidista *mf*

parade [pə'reɪd] **1** *n* (**a**) *(procession)* desfile *m*; **on p.** *(of troops)* pasando revista □ ***p. ground*** plaza *f* de armas (**b**) *(row)* **a p. of shops** una hilera de tiendas
2 *vt* (**a**) *(troops)* hacer desfilar (**b**) *(riches, knowledge)* ostentar
3 *vi* (**a**) *(of troops)* desfilar (**b**) *(strut)* **to p. about** *or* **around** andar pavoneándose

paradigm ['pærədaɪm] *n* paradigma *m*

paradise ['pærədaɪs] *n* paraíso *m*

paradox ['pærədɒks] *n* paradoja *f*

paradoxical [pærə'dɒksɪkəl] *adj* paradójico(a)

paraffin ['pærəfɪn] *n* queroseno *m* □ ***p. heater*** estufa *f* de petróleo; ***p. lamp*** lámpara *f* de queroseno; ***p. oil*** aceite *m* de parafina; ***p. wax*** parafina *f*

paragliding ['pærəglaɪdɪŋ] *n* parapente *m*

paragon ['pærəgən] *n* dechado *m*; **a p. of virtue** un dechado de virtudes

paragraph ['pærəgrɑːf] *n* párrafo *m* □ *Comptr* ***p. formatting*** formateo *m* de párrafos; *Comptr* ***p. mark*** marca *f* de párrafo, calderón *m*

Paraguay ['pærəgwaɪ] *n* Paraguay

Paraguayan [pærə'gwaɪən] *n & adj* paraguayo(a) *m,f*

parakeet ['pærəkiːt] *n* periquito *m*

parallax ['pærəlæks] *n Phys & Astron* paralaje *m*

parallel ['pærəlel] **1** *n* (**a**) *Math* (línea *f*) paralela *f*; *Fig* **in p.** *(at the same time)* paralelamente (**b**) *Geog* paralelo *m* (**c**) *(analogy)* paralelismo *m*; **to draw a p. between two things** establecer un paralelismo entre dos cosas; **without p.** sin parangón
2 *adj* paralelo(a); **to be** *or* **run p. to sth** ser *or* ir paralelo a algo □ ***p. bars*** barras *fpl* paralelas; *Elec* ***p. circuits*** circuitos *mpl* en paralelo; ***p. lines*** líneas *fpl* paralelas; *Comptr* ***p. port*** puerto *m* paralelo; *Comptr* ***p. processing*** procesado *m* en paralelo; ***p. ruler*** regla *f* para trazar rectas paralelas; ***p. turn*** *(in skiing)* giro *m* en paralelo
3 *vt (be similar to)* asemajarse a

parallelogram [pærə'leləgræm] *n* paralelogramo *m*

Paralympic [pærə'lɪmpɪk] **1** *n* **the Paralympics** los parolímpicos
2 *adj* parolímpico(a)

paralyse, *US* **paralyze** [ˈpærəlaɪz] *vt* paralizar; **to be paralysed by fear** estar paralizado(a) por el miedo

paralysis [pəˈræləsɪs] *n* parálisis *f inv*

paralytic [pærəˈlɪtɪk] *adj* (**a**) *Med* paralítico(a) (**b**) *Br Fam (very drunk)* **to be p.** estar mamado(a) *or Esp* como una cuba *or Méx* hasta atrás

paralyze *US* = **paralyse**

paramedic [pærəˈmedɪk] *n* auxiliar *mf* sanitario(a)

parameter [pəˈræmɪtə(r)] *n* parámetro *m* ▫ *Comptr* ***p. RAM*** RAM *f* de parámetros

paramilitary [pærəˈmɪlɪtrɪ] *n & adj* paramilitar *mf*

paramount [ˈpærəmaʊnt] *adj* primordial, vital; **it is of p. importance** es de capital *or* suma importancia

paramour [ˈpærəmɔː(r)] *n Literary* amante *mf*

paranoia [pærəˈnɔɪə] *n* paranoia *f*

paranoid [ˈpærənɔɪd], **paranoiac** [pærəˈnɔɪæk] *adj* paranoico(a) (**about** por *or* con)

paranormal [pærəˈnɔːməl] **1** *n* **the p.** lo paranormal

2 *adj* paranormal

parapet [ˈpærəpet] *n* parapeto *m*

paraphernalia [pærəfəˈneɪlɪə] *npl* parafernalia *f*

paraphrase [ˈpærəfreɪz] **1** *n* paráfrasis *f inv*

2 *vt* parafrasear

paraplegic [pærəˈpliːdʒɪk] *n & adj* parapléjico(a) *m,f*

parapsychology [pɑrəsaɪˈkɒlədʒɪ] *n* parapsicología *f*

Paraquat® [ˈpærəkwɒt] *n* = potente herbicida

parascending [ˈpærəsendɪŋ] *n* parapente *m (a remolque de lancha motora)*

parasite [ˈpærəsaɪt] *n also Fig* parásito *m*

parasitic(al) [pærəˈsɪtɪk(əl)] *adj also Fig* parásito(a)

parasitology [pærəsaɪˈtɒlədʒɪ] *n* parasitología *f*

parasol [ˈpærəsɒl] *n* sombrilla *f*

paratrooper [ˈpærətruːpə(r)] *n* (soldado *m*) paracaidista *m*

paratroops [ˈpærətruːps] *npl* (tropas *fpl*) paracaidistas *mpl*

paratyphoid [pærəˈtaɪfɔɪd] *n* paratifoidea *f*

parboil [ˈpɑːbɔɪl] *vt* cocer a medias, sancochar

parcel [ˈpɑːsəl] *n* (**a**) *(package)* paquete *m* ▫ ***p. bomb*** paquete *m* bomba; ***p. post*** (servicio *m* de) paquete *m* postal *or Andes, RP* encomienda *f* (**b**) *(of land)* parcela *f*

▸**parcel out** *vt sep (pt & pp* **parcelled,** *US* **parceled)** (**a**) *(land)* parcelar (**b**) *(money)* dividir en lotes

▸**parcel up** *vt sep (wrap up)* embalar, empaquetar

parch [pɑːtʃ] *vt (dry up)* resecar

parched [pɑːtʃt] *adj* (**a**) *(very dry)* reseco(a) (**b**) *Fam (very thirsty)* **I'm p.!** ¡me muero de sed!

Parcheesi® [pɑːˈtʃiːzɪ] *n US* parchís *m*

parchment [ˈpɑːtʃmənt] *n* pergamino *m*

pardon [ˈpɑːdən] **1** *n* (**a**) *(forgiveness)* perdón *m*; **(I beg your) p.?** *(what did you say?)* ¿cómo dice?; **I beg your p.!** *(in apology)* ¡discúlpeme!; **this dish is revolting! — I beg your p., I made it myself!** este plato está asqueroso — ¡pero cómo te atreves, lo he hecho yo! (**b**) *Law* indulto *m*

2 *vt* (**a**) *(action, person)* perdonar, excusar; **p. me?** *(what did you say?)* ¿cómo dice?; **p. me!** *(in apology)* ¡discúlpeme!; **this dish is revolting! — p. me, I made it myself!** este plato está asqueroso — ¡pero cómo te atreves, lo he hecho yo! (**b**) *Law* indultar

pardonable [ˈpɑːdənəbəl] *adj (mistake, behaviour)* perdonable, excusable

pare [peə(r)] *vt* (**a**) *(vegetable)* pelar (**b**) *(nails)* cortar (**c**) *(expenses)* recortar

▸**pare down** *vt sep (expenses)* recortar

parent [ˈpeərənt] *n* (**a**) *(father)* padre *m*; *(mother)* madre *f*; **parents** padres *mpl* ▫ ***p.-teacher association*** = asociación de padres de alumnos y profesores, *Esp* ≃ APA *f* (**b**) *(source)* ***p. company*** empresa *f* matriz

> Note that the Spanish word **pariente** is a false friend and is never a translation for the English word **parent**. In Spanish **pariente** means "relation, relative".

parentage [ˈpeərəntɪdʒ] *n* origen *m*, ascendencia *f*

parental [pəˈrentəl] *adj* de los padres

parenthesis [pəˈrenθəsɪs] (*pl* **parentheses** [pəˈrenθəsiːz]) *n* paréntesis *m inv*; **in parentheses** entre paréntesis

parenthood [ˈpeərənthʊd] *n (fatherhood)* paternidad *f*; *(motherhood)* maternidad *f*; **the joys of p.** las satisfacciones que trae tener hijos

parenting [ˈpeərəntɪŋ] *n* **a book on good p.** un libro sobre cómo ser buenos padres; **to learn p. skills** aprender a ser buenos padres

par excellence [pɑːˈreksəlɒns] *adv* por excelencia

pariah [pəˈraɪə] *n* paria *mf*

parietal [pəˈraɪətəl] *adj Anat* parietal ▫ ***p. bone*** parietal *m*

Paris [ˈpærɪs] *n* París

parish [ˈpærɪʃ] *n* parroquia *f*, feligresía *f* ▫ ***p. church*** parroquia, iglesia *f* parroquial; ***p. clerk*** sacristán *m*; ***p. council*** concejo *m*; ***p. priest*** (cura *m*) párroco *m*; ***p. register*** registro *m* parroquial

parishioner [pəˈrɪʃənə(r)] *n* feligrés(esa) *m,f*, parroquiano(a) *m,f*

Parisian [pəˈrɪzɪən, *US* pəˈriːʒən] *n & adj* parisino(a) *m,f*, parisiense *mf*

parity [ˈpærɪtɪ] *n* (**a**) *(equality)* igualdad *f*; *(of salaries)* equiparación *f*; **to achieve p. with** *(of pay, output)* equipararse a (**b**) *Fin* paridad *f* ▫ ***p. of exchange*** paridad *f* de cambio (**c**) *Comptr* paridad *f*

park [pɑːk] **1** *n* (**a**) *(green area)* parque *m* ▫ ***p. bench*** banco *m* público; ***p. keeper*** guarda *mf* del parque (**b**) *Br Fam Sport* **the p.** *(pitch)* el campo, *Andes, RP* la cancha

2 *vt* estacionar, *Esp* aparcar; *Fam* **to p. oneself in front of the TV** *Esp* apoltronarse *or Am* echarse enfrente de la televisión

3 *vi* estacionar, *Esp* aparcar, *Méx* estacionarse, *Col* parquearse

parka [ˈpɑːkə] *n* parka *f*

park-and-ride [ˈpɑːkənˈraɪd] *n* = sistema de estacionamientos en la periferia de una ciudad conectados con el centro por transporte público

parking [ˈpɑːkɪŋ] *n* estacionamiento *m*, *Esp* aparcamiento *m*, *Col* parqueadero *m*; **no p.** *(sign)* prohibido estacionar *or Esp* aparcar, estacionamiento prohibido ▫ ***p. attendant*** vigilante *mf* de estacionamiento *or Esp* aparcamiento; ***p. bay*** área *f* de estacionamiento *or Esp* aparcamiento *(señalizada)*; ***p. lights*** *(on car)* luces *fpl* de estacionamiento; *US* ***p. lot*** *Esp* aparcamiento *m*, *RP* playa *f* de estacionamiento, *Col* parqueadero *m*; ***p. meter*** parquímetro *m*; ***p. space*** estacionamiento *m*, *Esp* aparcamiento *m*, sitio *m or* hueco *m* para estacionar; ***p. ticket*** multa *f* de estacionamiento

Parkinson's disease [ˈpɑːkɪnsənzdɪˈziːz] *n* (síndrome *m* de) Parkinson *m*

parkland [ˈpɑːklænd] *n* zonas *fpl* verdes, parque *m*

parkway [ˈpɑːkweɪ] *n US* = carretera o avenida con árboles a los lados y en el medio

parky [ˈpɑːkɪ] *adj Br Fam* **it's a bit p.** hace un poco de fresquito

parlance [ˈpɑːləns] *n Formal* **in scientific/political p.** en la jerga científica/política; **in common p.** en el habla común

parley [ˈpɑːlɪ] *vi* parlamentar (**with** con)

parliament [ˈpɑːləmənt] *n* (**a**) *(law-making body)* parlamento *m* (**b**) *(period between elections)* legislatura *f*

parliamentarian [pɑːləmenˈteərɪən] *n* parlamentario(a) *m,f*

parliamentary [pɑːləˈmentərɪ] *adj*. parlamentario(a) ▫ ***p. democracy*** democracia *f* parlamentaria; *Br* ***P. privilege*** inmunidad *f* parlamentaria

parlour, *US* **parlor** [ˈpɑːlə(r)] *n* (**a**) *Old-fashioned (in house)* salón *m* ▫ ***p. game*** juego *m* de salón (**b**) *(shop)* **beauty p.** salón *m* de belleza; **ice-cream p.** heladería *f*

parlous [ˈpɑːləs] *adj Formal or Hum* **to be in a p. state** estar en un estado precario

Parmesan [pɑːmɪˈzæn] *n* **P. (cheese)** (queso *m*) parmesano *m*

parochial [pəˈrəʊkɪəl] *adj* (**a**) *Rel* parroquial (**b**) *Pej (narrow-minded)* provinciano(a), corto(a) de miras

parochialism [pəˈrəʊkɪəlɪzəm] *n Pej (of mentality)* provincialismo *m*, estrechez *f* de miras

parodist [ˈpærədɪst] *n* parodista *mf*

parody [ˈpærədɪ] **1** *n* parodia *f* (**of** de)

2 *vt* parodiar

parole [pəˈrəʊl] *Law* **1** *n* libertad *f* bajo palabra; **to be (out) on p.** estar en libertad bajo palabra ❑ ***p. officer*** = asistente social que supervisa a un preso en libertad bajo palabra y ante quien se presenta periódicamente

2 *vt* poner en libertad bajo palabra

paroxysm ['pærəksɪzəm] *n (of anger, guilt, jealousy)* arrebato *m*, ataque *m*; **to be in paroxysms of laughter** tener un ataque de risa

parquet ['pɑːkeɪ] *n* parqué *m*; **p. (floor)** (suelo *m* de) parqué

parricide ['pærɪsaɪd] *n* (**a**) *(crime)* parricidio *m* (**b**) *(person)* parricida *mf*

parrot ['pærət] **1** *n* loro *m*

2 *vt* repetir como un loro

parrot-fashion ['pærətfæʃən] *adv (to repeat, learn)* como un loro

parry ['pærɪ] *vt* (**a**) *(blow)* parar, desviar (**b**) *(question)* esquivar, eludir

parse [pɑːz] *vt* (**a**) *Gram (word)* analizar gramaticalmente (**b**) *Comptr & Ling (sentence)* analizar sintácticamente

parsec ['pɑːsek] *n Astron* pársec *m*

parser ['pɑːzə(r)] *n Comptr* analizador *m* sintáctico

parsimonious [pɑːsɪ'məʊnɪəs] *adj Formal (mean)* mezquino(a)

parsley ['pɑːslɪ] *n* perejil *m*

parsnip ['pɑːsnɪp] *n* pastinaca *f*, chirivía *f*

parson ['pɑːsən] *n* párroco *m (protestante)* ❑ *Fam **p.'s nose*** rabadilla *f*

parsonage ['pɑːsənɪdʒ] *n* casa *f* parroquial

PART [pɑːt] **1** *n* (**a**) *(portion, element)* parte *f*; *(of machine)* pieza *f*; **the parts of the body** las partes del cuerpo; **the front p. of the aircraft** la parte delantera del avión; **(spare) parts** recambios *mpl*, piezas *fpl* de recambio, *Am* refacciones *fpl*; **p. two** *(of TV, radio series)* segunda parte; **one p. rum to four parts water** una parte de ron por cada cuatro de agua; **p. of me still isn't sure** en parte todavía no estoy seguro; **in that p. of the world** en esa parte del mundo; **in these parts** por aquí; **good in parts** bueno(a) a ratos; **there will be rain in parts** lloverá en algunas partes; **the difficult p. is remembering** lo difícil es acordarse; **the worst p. was when she started laughing** lo peor fue cuando empezó a reírse; **for the best** *or* **better p. of five years** durante casi cinco años; **the greater p. of the population** la mayor parte de la población; **to be** *or* **form p. of sth** ser *or* formar parte de algo; **it's all p. of growing up** forma parte del proceso de crecimiento; **it is p. and parcel of...** es parte integrante de...; **for the most p., we get on** por lo general, nos llevamos bien; **the visitors are, for the most p., Irish** los visitantes son, en su mayoría, irlandeses; **in p.** en parte; **in (a) large p.** en gran parte; IDIOM **to be like p. of the furniture** ser (como) parte del mobiliario ❑ ***p. of speech*** categoría *f* gramatical

(**b**) *(role)* papel *m*; *Mus* parte *f*; *Th* **to play a p.** interpretar un papel; **to have** *or* **play a large p. in sth** tener un papel importante en algo; **we wish to play our full p. in the process** queremos participar plenamente en el proceso; **it played no p. in our decision** no influyó para nada en nuestra decisión; **he was jailed for his p. in the crime** fue encarcelado por su participación en el crimen; **to take p. (in sth)** participar *or* tomar parte (en algo); **to take sth in good p.** tomarse algo a bien; **I want no p. of** *or* **in it** no quiero tener nada que ver con eso; **you really look the p. of the executive!** ¡vas hecho todo un ejecutivo!

(**c**) *(side)* **to take sb's p.** tomar partido por *or* ponerse de parte de alguien; **for my p.** por mi parte; **on the p. of...** por parte de...; **it was a mistake on our p.** fue un error por nuestra parte

(**d**) *US (in hair)* raya *f*

2 *adj* **in p. exchange/payment** como parte del pago ❑ ***p. owner*** copropietario(a) *m,f*

3 *adv* **she's p. Spanish** es medio española; **it's p. silk, p. cotton** es de seda y algodón; **the test is p. practical and p. theoretical** la prueba consta de una parte práctica y otra teórica

4 *vt (fighters, lovers)* separar; *(curtains)* abrir, descorrer; **he was parted from his wife during the war** la guerra lo separó de su mujer; **to p. company** separarse; **to p. one's hair** hacerse raya (en el pelo)

5 *vi (separate)* separarse; **to p. (as) friends** quedar como amigos; **we parted on bad terms** acabamos mal; **to p. with sth** desprenderse de algo

---

partake [pɑː'teɪk] (*pt* **partook** [pɑː'tʊk], *pp* **partaken** [pɑː'teɪkən]) *vi Formal* (**a**) *(drink)* **to p. of** tomar, ingerir (**b**) *(have quality)* **to p. of** participar de

partial ['pɑːʃəl] *adj* (**a**) *(incomplete)* parcial ❑ *Astron **p. eclipse*** eclipse *m* parcial (**b**) *(biased)* parcial (**c**) *(fond)* **I'm quite p. to the odd glass of wine** no le hago ascos a un vaso de vino

partiality [pɑːʃɪ'ælɪtɪ] *n* (**a**) *(bias)* parcialidad *f* (**b**) *(fondness)* afición (**for** a)

partially ['pɑːʃəlɪ] *adv* (**a**) *(in part)* parcialmente (**b**) *(with bias)* parcialmente, con parcialidad

participant [pɑː'tɪsɪpənt] *n & adj* participante *mf*

participate [pɑː'tɪsɪpeɪt] *vi* participar (**in** en)

participation [pɑːtɪsɪ'peɪʃən] *n* participación *f* (**in** en)

participatory [pɑːtɪsɪ'peɪtərɪ] *adj* participativo(a)

participle ['pɑːtɪsɪpəl] *n Gram* participio *m*; **past p.** participio pasado *or* pasivo; **present p.** participio de presente *or* activo

particle ['pɑːtɪkəl] *n* partícula *f* ❑ *Phys **p. accelerator*** acelerador *m* de partículas; ***p. physics*** física *f* de partículas

particoloured, *US* **particolored** ['pɑːtɪkʌləd] *adj* de varios colores

particular [pə'tɪkjʊlə(r)] **1** *n* (**a**) *(detail)* detalle *m*, pormenor *m*; **alike in every p.** iguales en todos los aspectos; **to go into particulars** entrar en detalles; **to take down sb's particulars** tomar los datos de alguien

(**b**) **in particular** *adv (specifically)* en particular; **I didn't notice anything in p.** no noté nada de particular; **what did you do? — nothing in p.** ¿qué hiciste? — nada en particular

2 *adj* (**a**) *(specific)* específico(a); **which p. person did you have in mind?** ¿en quién pensabas en concreto?; **I haven't read that p. novel** no he leído esa novela concreta; **for no p. reason** por ninguna razón en particular *or* en especial

(**b**) *(special)* especial; **he is a p. friend of mine** es un amigo mío muy querido; **to take p. care over sth** tener especial cuidado con algo

(**c**) *(exacting)* exigente; **to be p. about sth** ser exigente con algo; **I'm not p.** me da lo mismo

particularly [pə'tɪkjʊləlɪ] *adv (especially)* particularmente, especialmente; **not p.** no especialmente; **it's cold here, p. at night** aquí hace frío, sobre todo por la noche

parting ['pɑːtɪŋ] *n* (**a**) *(leave-taking)* despedida *f*, partida *f*; **they had come to the p. of the ways** había llegado la hora de despedirse *or* el momento de la despedida ❑ ***p. shot*** = comentario hiriente a modo de despedida; ***p. words*** palabras *fpl* de despedida (**b**) *Br (in hair)* raya *f*

partisan ['pɑːtɪzæn] **1** *n* (**a**) *(during 2nd World War)* partisano(a) *m,f* (**b**) *(supporter)* partidario(a) *m,f* (**of** de)

2 *adj (biased)* parcial

partition [pɑː'tɪʃən] **1** *n* (**a**) *(in room)* tabique *m* ❑ ***p. wall*** tabique *m* (**b**) *Comptr* partición *f*

2 *vt* (**a**) *(country)* dividir (**b**) *Comptr (hard disk)* crear particiones en

▸**partition off** *vt sep (room)* dividir con un tabique *or* con tabiques

partly ['pɑːtlɪ] *adv* en parte, parcialmente; **that's only p. true** sólo es verdad en parte

partner ['pɑːtnə(r)] **1** *n* (**a**) *(in company, project)* socio(a) *m,f* (**b**) *(in sports, for activity)* compañero(a) *m,f*; *(in dancing)* pareja *f* ❑ ***p. in crime*** cómplice *mf* (**c**) *(in couple)* compañero(a) *m,f*, pareja *f*

2 *vt (in games, in dancing)* hacer pareja con

partnership ['pɑːtnəʃɪp] *n* (**a**) *(co-operation)* **a p. between business and government** una colaboración entre la empresa y el gobierno; **the famous striking p.** la famosa pareja goleadora; **to work in p. with sb** trabajar conjuntamente *or* colaborar con alguien (**b**) *(firm)* sociedad *f* colectiva *(en la que los socios comparten pérdidas y beneficios)*; **to enter** *or* **go into p. (with sb)** formar sociedad *or* asociarse (con alguien) (**c**) *Law* **to offer sb a p. in the firm** ofrecer a alguien la posición de socio en el bufete

part-owner [pɑːt'əʊnə(r)] *n* copropietario(a) *m,f*

partridge ['pɑːtrɪdʒ] *n* perdiz *f*

part-time [pɑːˈtaɪm] *adj & adv* a tiempo parcial

part-timer [pɑːˈtaɪmə(r)] *n* trabajador(ora) *m,f* a tiempo parcial

partway [ˈpɑːtweɪ] *adv* **I'm p. through it** *(task)* ya llevo hecha una parte; *(book)* ya he leído parte; **this will go p. towards covering the costs** esto sufragará parte de los gastos

partwork [ˈpɑːtwɜːk] *n* obra *f* en fascículos

party [ˈpɑːtɪ] **1** *n* (**a**) *(political)* partido *m*; **a p. member, a member of the p.** un miembro del partido; **to follow** *or* **toe the p. line** seguir la línea del partido ▫ ***p. man*** hombre *m* de partido; *Br* ***p. political broadcast*** espacio *m* electoral *(no sólo antes de las elecciones)*; ***p. politics*** la política partidista, el partidismo
(**b**) *(celebration)* fiesta *f*; **to have** *or* **throw a p.** dar *or* celebrar una fiesta; *Fig* **the p.'s over** se acabó la fiesta; *Fam* **he's a p. animal** le gustan *or Esp* van las fiestas ▫ ***p. piece*** numerito *m* habitual *(para entretener a la gente)*; *Fam* ***p. pooper*** aguafiestas *mf inv*
(**c**) *(group)* grupo *m* ▫ *Tel* ***p. line*** línea *f* compartida, party-line *f*; ***p. wall*** *(in house)* pared *f* medianera
(**d**) *(participant)* & *Law* parte *f*; **the p. concerned** la parte interesada; **I would never be p. to such a thing** nunca tomaría parte en algo semejante
2 *vi Fam (celebrate)* estar de fiesta; **I was out partying last night** anoche estuve de marcha

party-size [ˈpɑːtɪsaɪz] *adj (package)* de gran tamaño

PASS [pɑːs] **1** *n* (**a**) *(permit)* pase *m*; **rail/bus p.** abono *m* de tren/autobús
(**b**) *(in examination)* **to obtain** *or* **get a p.** aprobar ▫ ***p. mark*** nota *f* mínima para aprobar; ***p. rate*** porcentaje *m* de aprobados
(**c**) *(in football, basketball, rugby)* pase *m*
(**d**) *(in tennis)* passing-shot *m*
(**e**) *(fly-by)* **the aircraft made two low passes over the village** el avión pasó dos veces sobre el pueblo a baja altura
(**f**) *(through mountains)* puerto *m*, paso *m*
(**g**) *(revision)* **I found several mistakes on the first p.** encontré varios errores en la primera lectura
(**h**) *Fam* **to make a p. at sb** tirar los tejos a alguien
(**i**) *(difficult situation)* **how did things come to such a p.?** ¿cómo se ha podido llegar a tan extrema situación?
2 *vt* (**a**) *(go past) (person, place)* pasar junto a; *(frontier, limit)* pasar; *(car, runner)* pasar, adelantar; *(unintentionally)* pasarse, saltarse; **I often p. him in the street** me cruzo con él a menudo en la calle; **I think we've passed their street already** creo que ya nos hemos pasado su calle; **this yoghurt has passed its sell-by date** este yogur ya ha caducado
(**b**) *(exam, candidate, bill)* aprobar; **to p. sb fit (for)** declarar a alguien apto (para); **to p. sth as fit (for)** declarar algo válido (para)
(**c**) *(give)* & *Sport* pasar; **to p. sb sth, to p. sth to sb** pasarle algo a alguien; **p. me the salt, please** ¿me pasas la sal?; **p. the photocopies along** circula las fotocopias
(**d**) *(spend) (time)* pasar; **we passed our time reading** pasamos el tiempo leyendo; **it passes the time** sirve para matar el tiempo; **to p. the time of day with sb** charlar *or CAm, Méx* platicar un rato con alguien
(**e**) *(move)* **p. the rope through the hole** pasa la cuerda por el agujero; **she passed a hand through her hair** se pasó la mano por los cabellos; **he passed his hand over the deck of cards** pasó la mano por la baraja
(**f**) *Formal (make)* **to p. comment on sth** hacer comentarios sobre algo; *Law* **to p. judgement on sb** juzgar a alguien; *Law* **to p. sentence** dictar sentencia
(**g**) *Formal (excrete)* **to p. blood** defecar heces con sangre; **to p. water** orinar; **to p. wind** ventosear, expulsar ventosidades
3 *vi* (**a**) *(go past)* pasar; *(overtake)* adelantar, pasar; **to let sb p., to allow sb to p.** dejar pasar a alguien; **I was just passing** pasaba por aquí; **to p. from one person to another** pasar de una persona a otra; **the plane is passing over Paris** el avión está sobrevolando París; **to p. unobserved** pasar desapercibido(a)
(**b**) *(go)* pasar; **she passed through the door/along the corridor** pasó por la puerta/el pasillo; **the rope passes through this hole** la cuerda pasa por este agujero; **a look of panic passed across her face** una expresión de pánico recorrió su cara; **a glance passed between them** se intercambiaron una mirada
(**c**) *(of time)* pasar, transcurrir
(**d**) *(go away, end)* pasar; **don't worry, the pain will soon p.** no te preocupes, el dolor se te pasará
(**e**) *(in exam)* aprobar
(**f**) *Sport* pasar
(**g**) *(change)* **to p. from one state to another** pasar de un estado a otro; **control of the company has passed to the receivers** el control de la compañía ha pasado a manos de los liquidadores
(**h**) *(fail to answer, take turn)* **p.!** *(when answering question, in cards)* ¡paso!; **he passed on four questions** no contestó cuatro preguntas; *Fam* **I think I'll p. on the potatoes** creo que no voy a *Esp* tomar patatas *or Am* comer papas
(**i**) *Literary (take place)* **it came to p. that…** aconteció que…

▸**pass among** *vt insep (crowd)* pasear entre

▸**pass around** *vt sep (food, documents)* pasar

▸**pass as** *vt insep* pasar por

▸**pass away** *vi Euph* fallecer

▸**pass by 1** *vt insep (go past)* pasar delante de
2 *vt sep* **I feel that life is passing me by** siento que la vida se me está escurriendo de las manos
3 *vi (of procession, countryside, time)* pasar

▸**pass down** *vt sep (knowledge, tradition)* pasar, transmitir

▸**pass for** *vt insep* pasar por

▸**pass off 1** *vt sep* **to p. sth off as sth** hacer pasar algo por algo; **to p. oneself off as** hacerse pasar por; **he tried to p. it off as a joke** intentó hacer ver que había sido una broma
2 *vi* **everything passed off well** todo fue bien

▸**pass on 1** *vt sep (object)* pasar, hacer circular; *(news, information, tradition)* pasar, transmitir; *(genes)* transmitir; **he passed the disease on to me** me contagió la enfermedad; **the savings will be passed on to our customers** todo el ahorro revertirá en nuestros clientes; **please p. on my thanks to them** por favor, dales las gracias de mi parte
2 *vi* (**a**) *(move on)* **to p. on to the next topic** pasar al siguiente tema (**b**) *Euph (die)* fallecer

▸**pass out 1** *vt sep (hand out)* repartir
2 *vi* (**a**) *(faint)* desvanecerse, desmayarse (**b**) *(of military cadet)* graduarse

▸**pass over 1** *vt insep (ignore) (remark, detail)* pasar por alto
2 *vt sep* **to p. sb over (for promotion)** olvidar a alguien (para el ascenso)

▸**pass round** *vt sep* = **pass around**

▸**pass through 1** *vt insep (city, area, crisis)* pasar por
2 *vi* **I was just passing through** pasaba por aquí

▸**pass up** *vt sep (opportunity)* dejar pasar

passable [ˈpɑːsəbəl] *adj* (**a**) *(adequate)* pasable, aceptable (**b**) *(road, bridge)* practicable, transitable

passably [ˈpɑːsəblɪ] *adv (adequately)* aceptablemente

passage [ˈpæsɪdʒ] *n* (**a**) *(journey)* viaje *m*, travesía *f*; **to work one's p.** *(on ship)* = costearse el pasaje trabajando durante la travesía (**b**) *(course)* **the p. of time** el paso *or* transcurso del tiempo (**c**) *(corridor)* corredor *m*, pasillo *m*; *(alley)* pasaje *m*, callejón *m* (**d**) *(from book, piece of music)* pasaje *m*

passageway [ˈpæsɪdʒweɪ] *n (corridor)* corredor *m*, pasillo *m*; *(alley)* pasaje *m*, callejón *m*

passbook [ˈpɑːsbʊk] *n (bank book)* cartilla *f or* libreta *f* de banco

passé [pæˈseɪ] *adj* pasado(a) de moda

passenger [ˈpæsəndʒə(r)] *n* pasajero(a) *m,f* ▫ ***p. seat*** asiento *m* del copiloto

passer-by [pɑːsəˈbaɪ] *n* viandante *mf*

passim [ˈpæsɪm] *adv* pássim

passing [ˈpɑːsɪŋ] **1** *n* (**a**) *(going past)* paso *m*; **in p.** de pasada ▫ ***p. place*** *(on road)* apartadero *m* (**b**) *(of time)* paso *m*, transcurso *m* (**c**) *Euph (death)* fallecimiento *m*
2 *adj* (**a**) *(car)* que pasa (**b**) *(casual, chance) (remark)* de pasada; **to have a p. acquaintance with sb** conocer ligeramente a alguien; **to bear a p. resemblance to sb** parecerse ligeramente a alguien (**c**) *(whim, fancy)* pasajero(a) (**d**) ***p. shot*** *(in tennis)* passing-shot *m*

passion ['pæʃən] *n* (**a**) *(emotion, desire)* pasión *f*; **to have a p. for sth** sentir pasión por algo; *Law* **crime of p.** crimen *m* pasional ▫ ***p. flower*** pasionaria *f*; ***p. fruit*** granadilla *f*, fruta *f* de la pasión (**b**) *(anger, vehemence)* ira *f*; **in a fit of p.** *(anger)* en un arrebato de ira; **she hates him with a p.** lo odia con toda su alma (**c**) *Rel* **the P. (of Christ)** la Pasión (de Cristo) ▫ ***P. play*** (representación *f* de la) Pasión *f*; ***P. Sunday*** Domingo *m* de Pascua

passionate ['pæʃənɪt] *adj* (**a**) *(lover, embrace)* apasionado(a) (**b**) *(speech, advocate)* vehemente, apasionado(a); **she's p. about fossils** es una apasionada de los fósiles; **he's p. in his commitment to peace** está vehementemente comprometido con la paz

passionately ['pæʃənɪtlɪ] *adv* (**a**) *(to love, kiss)* apasionadamente (**b**) *(to believe)* vehementemente; **she feels p. about capital punishment** la pena de muerte es un tema que le importa mucho; **to speak p. about sth** hablar con pasión sobre algo

passive ['pæsɪv] **1** *n Gram* (voz *f*) pasiva *f*
2 *adj* pasivo(a) ▫ ***p. resistance*** resistencia *f* pasiva; ***p. smoking*** el fumar pasivamente; *Gram* ***p. voice*** voz *f* pasiva

passively ['pæsɪvlɪ] *adv* pasivamente

passiveness ['pæsɪvnɪs], **passivity** [pæ'sɪvɪtɪ] *n* pasividad *f*

passkey ['pɑːskiː] (*pl* **passkeys**) *n* llave *f* maestra

Passover ['pɑːsəʊvə(r)] *n Rel* Pascua *f* judía

passport ['pɑːspɔːt] *n* pasaporte *m*; *Fig* **a degree is no longer a p. to a good job** un título universitario ya no garantiza un buen trabajo ▫ ***p. control*** control *m* de pasaportes; ***p. photo(graph)*** fotografía *f* de tamaño pasaporte

password ['pɑːswɜːd] *n Mil & Comptr* contraseña *f*

PAST [pɑːst] **1** *n* pasado *m*; **in the p.** en el pasado; *Gram* en pasado; **to live in the p.** vivir en el pasado; **that's all in the p. now** ya ha quedado todo olvidado; **it is a thing of the p.** es (una) cosa del pasado; **he's a man with a p.** es un hombre con un pasado oscuro; **let's put the p. behind us** olvidemos el pasado
2 *adj* (**a**) *(former) (life, centuries)* pasado(a); **his p. misdemeanours** sus faltas del pasado; **a p. champion** un antiguo *or* ex campeón; **from p. experience** por experiencia; **those days are p.** esos días han pasado; **in times p.** en otros tiempos, en tiempos pasados; **to be a p. master at sth** ser un/una maestro(a) consumado(a) en algo
(**b**) *(most recent)* último(a); **the p. week** la última semana; **the p. twenty years** los últimos veinte años
(**c**) *Gram* **p. participle** participio *m* pasado *or* pasivo; **p. perfect** pasado *m* pluscuamperfecto; **the p. tense** el pasado
3 *prep* (**a**) *(beyond)* **a little/a mile p. the bridge** poco después/una milla después del puente; **to walk p. the house** pasar por delante de la casa; **he walked p. me without saying hello** pasó a mi lado sin saludarme; **once they were p. the checkpoint** una vez que habían pasado *or* superado el control; **she stared p. me at the mountains** miraba las montañas que había detrás de mí; **the yoghurt is p. its sell-by date** el yogur ya ha caducado; **I'm p. the age when those things interest me** ya he superado la edad en que esas cosas me interesaban; **I'm p. caring** ya me trae sin cuidado; IDIOM *Fam* **to be p. it** estar para el arrastre; IDIOM *Fam* **I wouldn't put it p. her** ella es muy capaz (de hacerlo)
(**b**) *(with time)* **it is p. four (o'clock)** son más de las cuatro; **it's p. my bedtime** ya debería estar acostado(a); **half p. four** las cuatro y media; **a quarter p. four** las cuatro y cuarto; **twenty p. four** las cuatro y veinte
4 *adv* **to walk** *or* **go p.** pasar (caminando); **three buses went p. without stopping** pasaron tres autobuses sin detenerse; **several weeks went p.** pasaron varias semanas; **to run p.** pasar corriendo; **I have to be there by half p.** tengo que estar allí a la media *or* a y media

---

pasta ['pæstə] *n* pasta *f* ▫ ***p. sauce*** salsa *f* para pasta

paste [peɪst] **1** *n* (**a**) *(smooth substance)* pasta *f*, crema *f* (**b**) *Br (sandwich spread)* **fish/meat p.** = paté barato de pescado/carne (**c**) *(glue) (for paper)* pegamento *m*; *(for wallpaper)* engrudo *m*, cola *f*
2 *vt* (**a**) *(glue)* pegar (**b**) *Comptr* pegar (**into/onto** en)

pasteboard ['peɪstbɔːd] *n* cartón *m*

pastel ['pæstəl] **1** *n* (**a**) *(crayon)* pastel *m* (**b**) *(picture)* dibujo *m* al pastel
2 *adj* pastel

paste-up ['peɪstʌp] *n Typ* maqueta *f*

pasteurize ['pɑːstjəraɪz] *vt* pasteurizar; **pasteurized milk** leche *f* pasteurizada

pastiche [pæ'stiːʃ] *n* pastiche *m*

pastille ['pæstɪl] *n* pastilla *f*

pastime ['pɑːstaɪm] *n* pasatiempo *m*, afición *f*

pasting ['peɪstɪŋ] *n Fam (beating)* paliza *f*, *Esp* tunda *f*; **to give sb a p.** dar una paliza a alguien; **we** *Br* **got** *or US* **took a p.** *(beaten up)* nos dieron una paliza; *(defeated)* nos dieron una paliza *or Esp* un repaso

pastor ['pɑːstə(r)] *n Rel* pastor *m*

pastoral ['pɑːstərəl] *adj* (**a**) *(rural)* pastoril, pastoral (**b**) *(work, activities)* pastoral ▫ ***p. care*** tutoría y orientación *f* individual

pastrami [pə'strɑːmɪ] *n* pastrami *m*, = embutido de ternera ahumado

pastry ['peɪstrɪ] *n* (**a**) *(dough)* masa *f* (**b**) *(cake)* pastel *m*; *Chile, Col, RP* torta *f* ▫ ***p. cook*** pastelero(a) *m,f*

pasture ['pɑːstʃə(r)] *n* (**a**) *(for animals)* pasto *m* (**b**) IDIOMS **to put sb out to p.** jubilar a alguien; **to move on to pastures new** ir en búsqueda *or Esp* busca de nuevos horizontes

pasty[1] ['pæstɪ] *n Culin* empanadilla *f*

pasty[2] ['peɪstɪ] *adj (face, complexion)* pálido(a), descolorido(a)

pasty-faced ['peɪstɪ'feɪst] *adj* pálido(a)

pat [pæt] **1** *n* (**a**) *(touch)* palmadita *f*; *Fig* **to give sb a p. on the back** dar a alguien unas palmaditas en la espalda (**b**) *(of butter)* porción *f*
2 *adj (answer, explanation)* fácil, rápido(a)
3 *adv* **to know** *or* **have sth off p.** saber algo de memoria; **his answer came p.** respondió sin vacilar
4 *vt* (*pt & pp* **patted**) *(tap)* **to p. sb on the head** dar palmaditas a alguien en la cabeza; *Fig* **to p. sb on the back** dar a alguien unas palmaditas en la espalda

Patagonia [pætə'gəʊnɪə] *n* la Patagonia

patch [pætʃ] **1** *n* (**a**) *(of cloth)* remiendo *m*; *(on elbow)* codera *f*; **(eye) p.** parche *m* (en el ojo); IDIOM *Fam* **his last novel isn't a p. on the others** su última novela no le llega ni a la suela de los zapatos a las anteriores
(**b**) *(of colour, light, oil)* mancha *f*; *(of fog)* zona *f*; **a p. of blue sky** un claro; IDIOM *Fam* **to be going through a bad p.** estar pasando por un bache
(**c**) *(of land)* parcela *f*, terreno *m*
(**d**) *(of prostitute, salesperson)* zona *f*; *Fam* **keep off my p.!** ¡fuera de mi territorio!
(**e**) *Comptr (for game, software)* parche *m*
2 *vt* (**a**) *(hole, garment)* remendar, poner un parche en
(**b**) *Tel* **to p. sb through (to)** conectar a alguien (con)

▶**patch up** *vt sep Fam* (**a**) *(mend)* remendar; *(wounded person)* hacer una cura *or Méx, RP* curación de urgencia a (**b**) *(marriage, friendship)* arreglar; **we've patched things up** *(after quarrel)* hemos hecho las paces

patch-up ['pætʃʌp] *n Fam* arreglo *m* provisional

patchwork ['pætʃwɜːk] *n* (**a**) *(in sewing)* labor *f* de retazo, patchwork *m* ▫ ***p. quilt*** edredón *m* de retazos *or* de patchwork
(**b**) *(of fields, ideas, policies)* mosaico *m*

patchy ['pætʃɪ] *adj (novel, economic recovery)* desigual; *(rain)* irregular

pate [peɪt] *n Old-fashioned or Hum* testa *f*

pâté ['pæteɪ] *n* paté *m*

patella [pə'telə] (*pl* **patellae** [pə'teliː] *or* **patellas**) *n Anat* rótula *f*

patent ['peɪtənt] **1** *n* patente *f*; **to take out a p. on sth** patentar algo; *Com* **p. applied for, p. pending** patente solicitada, en espera de patente ▫ ***p. agent*** agente *mf* de patentes; ***p. holder*** titular *mf* de una patente; ***P. Office*** Registro *m* de la Propiedad Industrial, *Esp* ≃ Oficina *f* de Patentes y Marcas
2 *adj* (**a**) *(patented)* patentado(a) ▫ ***p. leather*** charol *m*; ***p. medicine*** específico *m*, especialidad *f* farmacéutica (**b**) *(evident)* patente, evidente
3 *vt* patentar

patentee [peɪtən'tiː] *n* poseedor(ora) *m,f* de una patente

patently ['peɪtəntlɪ] *adv* evidentemente, patentemente; **p. obvious** muy evidente

paterfamilias ['peɪtəfə'mɪlɪæs] (*pl* **patresfamilias** ['peɪtreɪsfə'mɪlɪæs]) *n Formal* páter *m inv* familias

paternal [pə'tɜ:nəl] *adj (feelings)* paternal; *(duty, responsibilities)* paterno(a)

paternalism [pə'tɜ:nəlɪzəm] *n (of government, management)* paternalismo *m*

paternalistic [pətɜ:nə'lɪstɪk], **paternalist** [pə'tɜ:nəlɪst] *adj* paternalista

paternally [pə'tɜ:nəlɪ] *adv* paternalmente

paternity [pə'tɜ:nɪtɪ] *n* paternidad *f* ▫ ***p. leave*** baja *f* por paternidad; *Law* ***p. suit*** juicio *m* para determinar la paternidad

path [pɑ:θ] *n* (**a**) *(track)* camino *m*, sendero *m* (**b**) *(route) (of rocket, planet, bird)* trayectoria *f*; *(of inquiry, to success)* vía *f*, camino *m*; **he killed everyone in his p.** mató a todo el que encontró a su paso; *Fig* **I don't think we want to go down that p.** no creo que debamos hacer eso; **their paths had crossed before** sus caminos ya se habían cruzado antes (**c**) *Comptr* camino *m*, localización *f*

pathetic [pə'θetɪk] *adj* (**a**) *(feeble)* penoso(a) (**b**) *(touching)* patético(a), conmovedor(ora)

pathetically [pə'θetɪklɪ] *adv* (**a**) *(feebly)* penosamente, lastimosamente; **p. bad** penoso(a) (**b**) *(touchingly)* patéticamente, conmovedoramente

pathfinder ['pɑ:θfaɪndə(r)] *n (explorer)* explorador(ora) *m,f*

pathname ['pɑ:θneɪm] *n Comptr* camino *m*, localización *f*

pathogen ['pæθədʒən] *n Med* patógeno *m*

pathological [pæθə'lɒdʒɪkəl] *adj* patológico(a); **p. liar** mentiroso(a) patológico(a)

pathologically [pæθə'lɒdʒɪklɪ] *adv* patológicamente; **he's p. jealous** tiene celos patológicos

pathologist [pə'θɒlədʒɪst] *n (forensic scientist)* forense *mf*, médico(a) *m,f* forense

pathology [pə'θɒlədʒɪ] *n* patología *f*

pathos ['peɪθɒs] *n* patetismo *m*

pathway ['pɑ:θweɪ] *n* camino *m*

patience ['peɪʃəns] *n* (**a**) *(quality)* paciencia *f*; **to try** *or* **tax sb's p.** poner a prueba la paciencia de alguien; **to exhaust sb's p.** acabar con *or* agotar la paciencia de alguien; **to lose one's p. (with sb)** perder la paciencia (con alguien); **I've no p. with him** me exaspera; PROV **p. is a virtue** con paciencia se gana el cielo (**b**) *Br (card game)* solitario *m*; **to play p.** hacer un solitario

patient ['peɪʃənt] **1** *n* paciente *mf*

2 *adj* paciente; **to be p. with sb** ser paciente con alguien, tener paciencia con alguien

patiently ['peɪʃəntlɪ] *adv* pacientemente

patina ['pætɪnə] *n* (**a**) *(on bronze, copper, wood)* pátina *f* (**b**) *Fig (veneer)* pátina *f*

patio ['pætɪəʊ] (*pl* **patios**) *n* (**a**) *(paved area)* = área pavimentada contigua a una casa, utilizada para el esparcimiento o para comer al aire libre (**b**) *(inner courtyard)* patio *m*

patois ['pætwɑ:] *n (dialect)* dialecto *m*

patriarch ['peɪtrɪɑ:k] *n* patriarca *m*

patriarchal [peɪtrɪ'ɑ:kəl] *adj* patriarcal

patriarchy ['peɪtrɪɑ:kɪ] *n* patriarcado *m*

patrician [pə'trɪʃən] **1** *n* patricio *m*

2 *adj* (**a**) *(upper-class)* patricio(a) (**b**) *(haughty)* altanero(a)

patricide ['pætrɪsaɪd] *n* (**a**) *(crime)* parricidio *m* (**b**) *(person)* parricida *mf*

patrimony ['pætrɪmənɪ] *n Formal* patrimonio *m*

patriot ['pætrɪət, 'peɪtrɪət] *n* patriota *mf*

patriotic [pætrɪ'ɒtɪk, peɪtrɪ'ɒtɪk] *adj* patriótico(a)

patriotism ['pætrɪətɪzəm, 'peɪtrɪətɪzəm] *n* patriotismo *m*

patrol [pə'trəʊl] **1** *n* patrulla *f*; **to be on p.** patrullar ▫ ***p. boat*** patrullero *m*, patrullera *f*; ***p. car*** coche *m* patrulla

2 *vt* (*pt & pp* **patrolled**) *(area, border)* patrullar

3 *vi* patrullar; **to p. up and down** ir y venir

patrolman [pə'trəʊlmæn] *n US* patrullero(a) *m*, policía *m*

patrolwoman [pə'trəʊlwʊmən] *n US* patrullera *f*, policía *f*

patron ['peɪtrən] *n* (**a**) *(of artist)* mecenas *mf inv*; *(of charity)* patrocinador(ora) *m,f* ▫ ***p. saint*** patrón(ona) *m,f*, santo(a) *m,f* patrón(ona) (**b**) *Formal (of shop)* cliente(a) *m,f*

patronage ['pætrənɪdʒ] *n* (**a**) *(of arts)* mecenazgo *m*; *(of charity)* patrocinio *m*; **under the p. of...** bajo *or* con el patrocinio de... (**b**) *Pej* clientelismo *m*; **political p.** clientelismo político

patronize ['pætrənaɪz] *vt* (**a**) *(treat condescendingly)* tratar con condescendencia *or* paternalismo (**b**) *Formal (shop, restaurant)* frecuentar (**c**) *(exhibition, play)* patrocinar

patronizing ['pætrənaɪzɪŋ] *adj* condescendiente, paternalista

patsy ['pætsɪ] *n US Fam* pringado(a) *m,f*

patter[1] ['pætə(r)] **1** *n* (**a**) *(of footsteps)* correteo *m*; *Hum* **are we going to be hearing the p. of tiny feet?** ¿estás pensando ser mamá? (**b**) *(of rain)* repiqueteo *m*

2 *vi (of rain)* repiquetear, tamborilear; **he pattered along the corridor** pasó correteando por el pasillo

patter[2] *n Fam (talk)* labia *f*

pattern ['pætən] **1** *n* (**a**) *(design)* dibujo *m*; *(on dress, cloth)* estampado *m*, dibujo *m* ▫ ***p. book*** muestrario *m* (**b**) *(of events)* evolución *f*; *(of behaviour)* pauta *f*; **the evening followed the usual p.** la noche transcurrió como de costumbre (**c**) *(in sewing, knitting)* patrón *m* ▫ *Ind* ***p. maker*** fabricante *m* de modelos (**d**) *(norm)* pauta *f*, norma *f*; **to set a p.** marcar la pauta; **a p. was beginning to emerge** comenzaba a aflorar un modelo de comportamiento

2 *vt (model)* **to p. sth on sth** imitar algo tomando algo como modelo

patterned ['pætənd] *adj* estampado(a)

patty ['pætɪ] *n* (**a**) *US (burger)* hamburguesa *f* (**b**) *(meat pie)* empanadilla *f* de carne

paucity ['pɔ:sɪtɪ] *n Formal* penuria *f*

paunch [pɔ:ntʃ] *n* barriga *f*, panza *f*, *Chile* guata *f*; **to have a p.** tener barriga

pauper ['pɔ:pə(r)] *n* indigente *mf* ▫ ***p.'s grave*** fosa *f* común

pause [pɔ:z] **1** *n (in music, conversation)* pausa *f*; *(rest)* pausa *f*, descanso *m*; **to give sb p. (for thought)** dar que pensar a alguien ▫ ***p. button*** botón *m* de pausa

2 *vi (when working)* parar, descansar; *(when speaking)* hacer una pausa; **to p. for breath** hacer una pausa *or* detenerse para tomar aliento

pave [peɪv] *vt (road)* pavimentar; IDIOM **they thought the streets were paved with gold** creían que ataban a los perros con longanizas; IDIOM **to p. the way for sb/sth** preparar el terreno para alguien/algo

pavement ['peɪvmənt] *n* (**a**) *Br (beside road)* acera *f*, *Chile, RP* vereda *f*, *CAm, Méx* banqueta *f* ▫ ***p. artist*** = dibujante que pinta con tiza sobre la acera; ***p. cafe*** café *m* con terraza (**b**) *US (roadway)* calzada *f*

pavilion [pə'vɪlɪən] *n* (**a**) *(building, tent)* pabellón *m* (**b**) *(at cricket ground)* = edificio adyacente a un campo de críquet en el que se encuentran los vestuarios y el bar

paving ['peɪvɪŋ] *n (surface)* pavimento *m* ▫ ***p. stone*** losa *f*

pavlova [pæv'ləʊvə] *n Culin* = pastel de *Esp* nata *or Am* crema de leche, merengue y fruta

paw [pɔ:] **1** *n (of cat, lion, bear)* garra *f*, pata *f*; *(of dog)* pata *f*; *Fam* **paws off!** ¡no se toca!

2 *vt* (**a**) *(of animal)* tocar con la pata; **to p. the ground** piafar (**b**) *(of person)* **to p. sb** manosear *or* sobar a alguien

3 *vi* **to p. at sth** dar zarpazos a algo; **to p. at sb** manosear *or* sobar a alguien

pawl [pɔ:l] *n Tech* trinquete *m*

pawn[1] [pɔ:n] **1** *n* **to put sth in p.** empeñar algo ▫ ***p. ticket*** resguardo *m* de la casa de empeños

2 *vt* empeñar

pawn[2] *n (chesspiece)* peón *m*; *Fig* títere *m*

pawnbroker ['pɔ:nbrəʊkə(r)] *n* prestamista *mf (de casa de empeños)*

pawnshop ['pɔ:nʃɒp] *n* casa *f* de empeños

pawpaw = **papaya**

PAY [peɪ] **1** *n* sueldo *m*, paga *f*; **the p.'s good/bad** el sueldo es bueno/malo; **to be in sb's p.** estar a sueldo de alguien ▫ *Br* ***p. bed*** = en un hospital público, cama de pago reservada a un paciente con seguro privado; ***p. cheque*** cheque *m* del sueldo; ***p. claim*** reclamación *f* salarial; *Br* ***p. packet***, *US* ***p. envelope*** sobre *m* de la paga; *Fig Br* **the boss takes home a large p. packet** el jefe tiene un salario muy grande; ***p. phone*** teléfono *m* de monedas; ***p. rise*** aumento *m* de sueldo; ***p.***

slip nómina *f (documento)*; ***p. talks*** negociación *f* salarial; ***p. TV*** televisión *f* de pago

2 *vt (pt & pp* **paid** [peɪd]) (**a**) *(person, money, bill)* pagar; **to p. sb sth** pagarle algo a alguien; **to p. sb for sth** pagarle a alguien por algo; **I paid £5 for it** me costó 5 libras; **to p. sb to do sth** pagar a alguien para que haga algo; **to be well/badly paid** estar bien/mal pagado(a); **we get paid monthly** cobramos mensualmente; **to p. cash** pagar en efectivo; **the account pays interest** la cuenta da intereses; **interest is paid quarterly** los intereses se abonan trimestralmente; **to p. money into sb's account** ingresar dinero en la cuenta de alguien; **I wouldn't do it if you paid me** no lo haría ni aunque me pagaras; **he insisted on paying his own way** se empeñó en pagarlo de su propio dinero *or* costeárselo él mismo; IDIOM *Fam* **you pays your money and you takes your choice** es a gusto del consumidor

(**b**) *(give)* **to p. attention** prestar atención; **to p. sb a compliment** hacerle un cumplido a alguien; *Old-fashioned* **to p. court to sb** cortejar a alguien; **to p. homage to sb** rendir homenaje a alguien; **she paid her respects to the President** presentó sus respetos al presidente; **to p. sb a visit** hacer una visita a alguien

(**c**) *(profit)* **it will p. you to do it** te conviene hacerlo

3 *vi* (**a**) *(give payment)* pagar; **who's paying?** ¿quién paga?; **they p. well** pagan bien; **the job pays well** el trabajo está bien pagado; **to p. by cheque** pagar con un cheque; **to p. for sth** pagar algo; **my parents paid for me to go to Florida** mis padres me pagaron el viaje a Florida; **the printer soon paid for itself** la impresora se rentabilizó rápidamente; IDIOM **to p. through the nose** pagar un riñón

(**b**) *(be profitable)* **the business didn't p.** el negocio no fue rentable; **Brazil made their superiority p.** Brasil se valió de su superioridad; **it pays to be honest** conviene ser honrado; **it doesn't p. to tell lies** no compensa decir mentiras

(**c**) *(suffer)* **you'll p. for this!** ¡ésta me la pagas!, ¡me las pagarás!; **he paid (dearly) for his mistake** pagó (caro) su error

▸**pay back** *vt sep (person)* devolver el dinero a; *(money)* devolver; *(loan)* amortizar; *Fig* **to p. sth back with interest** devolver *or* pagar algo con creces; **I'll p. you back for this!** *(take revenge on)* ¡me las pagarás por esto!

▸**pay in** *vt sep (cheque, money)* ingresar

▸**pay off 1** *vt sep* (**a**) *(debt)* saldar, liquidar; *(mortgage)* amortizar, redimir (**b**) *(worker)* hacer el finiquito a; *Fam* **to p. sb off** *(bribe)* sobornar a alguien, *Esp* untar a alguien, *Méx* dar una mordida a alguien, *RP* coimear a alguien

2 *vi (of efforts)* dar fruto; *(of risk)* valer la pena

▸**pay out 1** *vt sep* (**a**) *(money)* gastar (**b**) *(pt* **payed**) *(rope)* soltar poco a poco

2 *vi* pagar

▸**pay over** *vt sep* pagar

▸**pay up** *vi* pagar

payable ['peɪəbəl] *adj* pagadero(a); **to make a cheque p. to sb** extender un cheque a favor de alguien

pay-and-display ['peɪəndɪs'pleɪ] *adj Br* **p. car park** estacionamiento *m or Esp* aparcamiento *m* de pago *(en el que hay que colocar el justificante de pago en la ventanilla)*

pay-as-you-earn ['peɪəzjʊ'ɜ:n] *n* retención *f* en nómina del impuesto sobre la renta

pay-as-you-view ['peɪəzjʊ'vju:] **1** *n* pago *m* por visión

2 *adj* **p. channel** canal *m* de pago por visión

payday ['peɪdeɪ] *n* día *m* de pago

pay-dirt ['peɪdɜ:t] *n US also Fig* **to hit** *or* **strike p.** hallar un filón

PAYE [pi:eɪwaɪ'i:] *n Br (abbr* **pay-as-you-earn**) retención *f* en nómina del impuesto sobre la renta

payee [peɪ'i:] *n* beneficiario(a) *m,f*

paying ['peɪɪŋ] *adj* **p. guest** huésped *mf* de pago

payload ['peɪləʊd] *n (of vehicle, spacecraft)* carga *f* útil; *(of missile)* carga *f* explosiva

paymaster ['peɪmɑ:stə(r)] *n* oficial *m* pagador; **the terrorists' p.** la mano negra que financia a los terroristas

payment ['peɪmənt] *n* (**a**) *(act of paying)* pago *m*; **to give/receive sth in p. (for sth)** dar/recibir algo en pago (por algo); **to stop p. on a cheque** revocar un cheque; **on p. of £100** previo pago de 100 libras; **p. by instalments** pago a plazos; **p. in full** liquidación *f* (**b**) *(amount paid)* pago *m*; **to make a p.** efectuar un pago

payoff ['peɪɒf] *n Fam* (**a**) *(bribe)* soborno *m*, *Méx* mordida *f*, *RP* coima *f* (**b**) *(reward)* compensación *f*

payola [peɪ'əʊlə] *n US Fam* = soborno, especialmente a un presentador radiofónico para que promocione un disco determinado

pay-per-view ['peɪpə'vju:] **1** *n* pago *m* por visión

2 *adj* **p. channel** canal *m* de pago por visión

payroll ['peɪrəʊl] *n Com* (**a**) *(list)* plantilla *f*, nómina *f (de empleados)*; **to be on the p.** estar en plantilla *or* nómina (**b**) *(wages)* nómina *f*, salario *m*

PC ['pi:'si:] **1** *n* (**a**) *Br (abbr* **Police Constable**) agente *mf* de policía (**b**) *(abbr* **personal computer**) PC *m*

2 *adj (abbr* **politically correct**) políticamente correcto(a)

pc *(abbr* **postcard**) (tarjeta *f*) postal *f*

PCI [pi:si:'aɪ] *n Comptr (abbr* **peripheral component interconnect**) PCI

pcm *(abbr* **per calendar month**) por mes

PCMCIA [pi:si:'emsi:aɪ'eɪ] *n Comptr (abbr* **Personal Computer Memory Card International Association**) PCMCIA

pd (**a**) *(abbr* **paid**) pagado(a) (**b**) *Phys (abbr* **potential difference**) diferencia *f* de potencial

PDA [pi:di:'eɪ] *n Comptr (abbr* **personal digital assistant**) PDA *m*

PDF [pi:di:'ef] *n Comptr (abbr* **portable document format**) PDF

PDQ [pi:di:'kju:] *adv Fam (abbr.* **Pretty Damn Quick**) por la vía rápida, rapidito

PE ['pi:'i:] *n Sch (abbr* **physical education**) educación *f* física

pea [pi:] *n Esp* guisante *m*, *Am* arveja *f*, *Carib, Méx* chícharo *m*; IDIOM **like two peas in a pod** como dos gotas de agua ▫ ***p. jacket*** chaquetón *m* marinero; ***p. soup*** = sopa espesa hecha con *Esp* guisantes *or Am* arvejas secas *or Carib, Méx* chícharos secos

peace [pi:s] *n* (**a**) *(calm, absence of war)* paz *f*; **at p.** en paz; **to hold one's p.** guardar silencio; **to make (one's) p. with sb** hacer las paces con alguien; **p. and quiet** paz y tranquilidad; **for the sake of p. and quiet** para tener la fiesta en paz; **p. of mind** tranquilidad *f* de espíritu, sosiego ▫ ***p. campaigner*** pacifista *mf*; ***P. Corps*** = organización gubernamental estadounidense de ayuda al desarrollo con cooperantes sobre el terreno; ***p. dividend*** = dinero sobrante como resultado de la reducción del gasto militar en época de paz; ***p. movement*** movimiento *m* pacifista; ***p. negotiations*** negociaciones *fpl* de paz; ***p. offering*** oferta *f* de paz; ***p. pipe*** *(of Native American)* pipa *f* de la paz; ***the p. sign*** *(made with fingers)* el signo de la paz *(la 'v' formada con los dedos)*; ***p. studies*** estudios *mpl* sobre la paz; ***p. symbol*** símbolo *m* de la paz; ***p. talks*** conversaciones *fpl* de paz; ***p. treaty*** tratado *m* de paz

(**b**) *Law* **to keep/disturb the p.** mantener/alterar el orden (público)

peaceable ['pi:səbəl] *adj* pacífico(a)

peaceably ['pi:səblɪ] *adv* de forma pacífica

peaceful ['pi:sfʊl] *adj* (**a**) *(calm)* tranquilo(a), sosegado(a) (**b**) *(non-violent)* pacífico(a)

peacefully ['pi:sfʊlɪ] *adv* (**a**) *(calmly)* tranquilamente (**b**) *(without violence)* pacíficamente

peacekeeper ['pi:ski:pə(r)] *n* (**a**) *(soldier)* soldado *m* de las fuerzas de pacificación (**b**) *(country, organization)* fuerza *f* de pacificación

peacekeeping ['pi:ski:pɪŋ] *n* mantenimiento *m* de la paz, pacificación *f* ▫ ***p. forces*** fuerzas *fpl* de pacificación *or* interposición; ***UN p. troops*** fuerzas *fpl* de pacificación de la ONU, cascos *mpl* azules

peace-loving ['pi:slʌvɪŋ] *adj* amante de la paz

peacemaker ['pi:smeɪkə(r)] *n* pacificador(ora) *m,f*, conciliador(ora) *m,f*

peacetime ['pi:staɪm] *n* tiempo *m* de paz

peach [pi:tʃ] *n* (**a**) *(fruit)* melocotón *m*, *Am* durazno *m*; *(tree)* melocotonero *m*, *Am* duraznero *m* ▫ ***p. brandy*** licor *m* de melocotón *or Am* durazno; ***p. melba*** copa *f*

Melba, = postre a base de melocotón *or Am* durazno, helado de vainilla y jarabe de frambuesa; ***p. tree*** melocotonero *m, Am* duraznero *m* (**b**) *(colour)* melocotón *m, Am* durazno *m* (**c**) *Fam (something very good)* **she's a p.** es un bombón; **that goal was a p.** fue un golazo

peachy ['pi:tʃɪ] *adj US Fam (excellent)* estupendo(a), *Carib, Ecuad, Perú* chévere, *Méx* padre, *RP* bárbaro(a); **everything's p.!** todo va de perlas *or* de maravilla

peacock ['pi:kɒk] *n* pavo *m* real

peacock-blue ['pi:kɒk'blu:] *adj* azul eléctrico

peafowl ['pi:faʊl] *n* pavo(a) *m,f* real

pea-green ['pi:'gri:n] *adj* verde claro

peahen ['pi:hen] *n* pava *f* real

peak [pi:k] **1** *n* (**a**) *(summit of mountain)* cima *f*, cumbre *f*; *(mountain)* pico *m* (**b**) *(of price, inflation, success)* punto *m* máximo, (máximo) apogeo *m* (**c**) *(of cap)* visera *f*
2 *adj* **in p. condition** en condiciones óptimas ▫ ***p. hour*** *(of traffic)* hora *f* punta; *(of electricity, gas)* hora *f* de mayor consumo; *(of TV watching)* hora *f* de mayor audiencia; ***p. load*** *(of electricity)* carga *f* máxima, pico *m* de carga; ***p. period*** horas *fpl* punta; ***p. season*** temporada *f* alta
3 *vi* alcanzar el punto máximo

peaked cap ['pi:kt'kæp] *n* gorra *f* con visera

peaky ['pi:kɪ] *adj Br Fam Esp* pachucho(a), *Am* flojo(a)

peal [pi:l] **1** *n (of bells)* repique *m*; **p. of thunder** trueno *m*; **peals of laughter** risotadas *fpl*, carcajadas *fpl*
2 *vi (of bells)* repicar

▸**peal out** *vi (of bells)* repicar

pean = *US* **paean**

peanut ['pi:nʌt] *n* (**a**) *(nut) Esp* cacahuete *m, Am* maní *m, CAm, Méx* cacahuate *m* ▫ ***p. butter*** mantequilla *f or* crema *f* de *Esp* cacahuete *or Am* maní *or CAm, Méx* cacahuate; ***p. oil*** aceite *m* de *Esp* cacahuete *or Am* maní *CAm, Méx* cacahuate (**b**) *Fam Fig* **peanuts** *(small sum of money)* calderilla *f*

peapod ['pi:pɒd] *n* vaina *f* de guisante *or Am* arveja *or Méx* chícharo

pear [peə(r)] *n (fruit)* pera *f*; *(tree)* peral *m* ▫ ***p. drop*** *(boiled sweet)* caramelo *m* de pera; *(shape)* forma *f* de pera; ***p. tree*** peral *m*

pearl [pɜ:l] *n* (**a**) *(jewel)* perla *f* ▫ ***p. barley*** cebada *f* perlada; ***p. button*** botón *m* nacarado; ***p. diver*** pescador(ora) *m,f* de perlas; ***p. necklace*** collar *m* de perlas; ***p. oyster*** ostra *f* perlífera, madreperla *f* (**b**) IDIOMS **pearls of wisdom** perlas de sabiduría; **it was like casting pearls before swine** era como echar margaritas a los cerdos

pearl-grey, *US* **pearl-gray** ['pɜ:l'greɪ] **1** *n* gris *m* perla
2 *adj* gris perla

pearlized ['pɜ:laɪzd] *adj* nacarado(a)

pearly ['pɜ:lɪ] *adj* perlado(a) ▫ ***the P. Gates*** las puertas del cielo

pear-shaped ['peəʃeɪpt] *adj* (**a**) *(figure)* en forma de pera (**b**) IDIOM *Br Fam* **to go p.** irse *Esp* a paseo *or Col, Méx* al piso *or RP* en banda

peasant ['pezənt] *n* (**a**) *(country person)* campesino(a) *m,f* (**b**) *Pej (uncultured person)* cateto(a) *m,f*, paleto(a) *m,f*

peasantry ['pezəntrɪ] *n* campesinado *m*

peashooter ['pi:ʃu:tə(r)] *n* cerbatana *f*

pea-souper [pi:'su:pə(r)] *n Br Old-fashioned (fog)* niebla *f* espesa y amarillenta

peat [pi:t] *n* turba *f* ▫ ***p. bog*** turbera *f*; ***p. moss*** musgo *m* de pantano

peaty ['pi:tɪ] *adj (soil)* rico(a) en turba; *(smell, taste)* a turba; *(whisky)* con sabor a turba

pebble ['pebəl] *n* guijarro *m* ▫ ***p. beach*** playa *f* pedregosa

pebbledash ['pebəldæʃ] *n Br* enguijarrado *m (mampostería)*

pebbly ['peblɪ], **pebbled** ['pebəld] *adj* pedregoso(a)

pecan [*Br* 'pi:kən, *US* pɪ'kæn] *n* pacana *f* ▫ ***p. pie*** tarta *f* de pacana; ***p. tree*** pacana *f*

peccadillo [pekə'dɪləʊ] (*pl* **peccadillos** or **peccadilloes**) *n* desliz *m*

peccary ['pekərɪ] *n* pecarí *m*

peck [pek] **1** *n* (**a**) *(of bird)* picotazo *m* (**b**) *Fam (kiss)* besito *m*; **to give sb a p. on the cheek** dar un besito a alguien en la mejilla
2 *vt* (**a**) *(of bird)* picotear; **to p. at sth** picotear algo (**b**) *Fam (kiss)* **to p. sb on the cheek** dar un besito a alguien en la mejilla

pecker ['pekə(r)] *n Fam* (**a**) *Br (spirits)* **keep your p. up!** ¡ánimo! (**b**) *US (penis)* pito *m*, cola *f*

pecking order ['pekɪŋ'ɔ:də(r)] *n (of people)* jerarquía *f*

peckish ['pekɪʃ] *adj Fam* **to be p.** tener un poco de hambre *or Esp* gusa

pecs [peks] *npl Fam (pectoral muscles)* pectorales *mpl*

pectin ['pektɪn] *n Chem* pectina *f*

pectoral ['pektərəl] *Anat* **1** *npl* **pectorals** pectorales *mpl*
2 *adj* pectoral ▫ ***p. fin*** aleta *f* pectoral; ***p. muscle*** músculo *m* pectoral

peculiar [pɪ'kju:lɪə(r)] *adj* (**a**) *(strange)* raro(a); **how p.!** ¡qué raro!; **she is a little p.** es un poco rara; **to feel p.** *(unwell)* sentirse mal (**b**) *(particular)* **p. to** característico(a) *or* peculiar de; **this species is p. to Spain** es una especie autóctona de España

peculiarity [pɪkju:lɪ'ærɪtɪ] *n* (**a**) *(strangeness)* rareza *f* (**b**) *(unusual characteristic)* peculiaridad *f*

peculiarly [pɪ'kju:lɪəlɪ] *adv* (**a**) *(strangely)* extrañamente (**b**) *(especially)* particularmente

pecuniary [pɪ'kju:nɪərɪ] *adj Formal* pecuniario(a)

pedagogic(al) [pedə'gɒdʒɪk(əl)] *adj* pedagógico(a)

pedagogue ['pedəgɒg] *n Formal or Old-fashioned* pedagogo(a) *m,f*

pedagogy ['pedəgɒdʒɪ] *n* pedagogía *f*

pedal ['pedəl] **1** *n* pedal *m* ▫ ***p. bin*** cubo *m* (de basura) con pedal
2 *vt* (*pt & pp* **pedalled**, *US* **pedaled**) **to p. a bicycle** dar pedales a la bicicleta
3 *vi* pedalear

pedalo ['pedələʊ] (*pl* **pedalos**) *n* patín *m*, hidropatín *m*

pedant ['pedənt] *n* puntilloso(a) *m,f*, = persona excesivamente preocupada por los detalles

> Note that the Spanish word **pedante** is a false friend and is never a translation for the English word **pedant**. In Spanish **pedante** means "pretentious person".

pedantic [pɪ'dæntɪk] *adj* puntilloso(a), = excesivamente preocupado por los detalles

> Note that the Spanish word **pedante** is a false friend and is never a translation for the English word **pedantic**. In Spanish **pedante** means "pretentious".

pedantry ['pedəntrɪ] *n* escrupulosidad *f*, meticulosidad *f* exagerada

peddle ['pedəl] *vt* (**a**) *(goods)* vender de puerta en puerta (**b**) *(ideas, theories)* propagar (**c**) *(illegally)* **to p. drugs** traficar con drogas

peddler ['pedlə(r)] *n* (**a**) *(of goods)* vendedor(ora) *m,f* ambulante, mercachifle *mf* (**b**) *(of ideas, theories)* propagador(ora) *m,f* (**c**) *(of drugs)* pequeño(a) traficante *mf*

pederast = **paederast**

pedestal ['pedɪstəl] *n* pedestal *m*; IDIOM **to put sb on a p.** poner a alguien en un pedestal

pedestrian [pɪ'destrɪən] **1** *n* peatón(ona) *m,f* ▫ ***p. crossing*** paso *m* de peatones; ***p. precinct*** zona *f* peatonal
2 *adj (unimaginative)* prosaico(a), pedestre

pedestrianize [pɪ'destrɪənaɪz] *vt* **to p. a road** hacer peatonal una calle

pediatric, pediatrician *etc US* = **paediatric, paediatrician** *etc*

pedicure ['pedɪkjʊə(r)] *n* pedicura *f*; **to have a p.** hacerse la pedicura

pedigree ['pedɪgri:] **1** *n (of dog) & Fig* pedigrí *m*; *(ancestry)* linaje *m*; *Fig* **his p. as a democrat is open to question** su pedigrí democrático es discutible
2 *adj (dog)* con pedigrí

pediment ['pedɪmənt] *n Archit* frontón *m*

pedlar ['pedlə(r)] *n Br* vendedor(ora) *m,f* ambulante, mercachifle *mf*

pedometer [pɪ'dɒmɪtə(r)] *n* podómetro *m*, cuentapasos *m inv*

pedophile, pedophilia *US* = **paedophile, paedophilia**

pee [pi:] *Fam* **1** *n* pis *m*; **to have a p.** hacer pis, *Esp* mear
2 *vi* hacer pis, *Esp* mear

peek [pi:k] **1** *n* vistazo *m*, ojeada *f*; **to take** *or* **have a p. (at sth)** echar un vistazo *or* una ojeada (a algo)
2 *vi* echar un vistazo *or* una ojeada (**at** a)

peekaboo ['pi:kəbu:] *exclam* ¡cucú!

peel [pi:l] **1** *n (on fruit, vegetable)* piel *f*; *(after peeling)* monda *f*, peladura *f*
2 *vt (fruit, vegetable)* pelar; IDIOM **to keep one's eyes peeled** tener los ojos bien abiertos
3 *vi (of paint)* levantarse; *(of sunburnt skin, person)* pelarse
▸**peel off 1** *vt sep* (**a**) *(skin of fruit, vegetable)* pelar; *(label, film)* despegar (**b**) *(one's clothes)* quitarse, despojarse de, *Am* sacarse
2 *vi (of paint)* levantarse; *(of sunburnt skin)* pelarse

peeler ['pi:lə(r)] *n* pelapatatas *m inv*

peelings ['pi:lɪŋz] *npl (of potato, carrot)* mondas *fpl*, peladuras *fpl*

peep¹ [pi:p] **1** *n (furtive glance)* vistazo *m*, ojeada *f*; **to have** *or* **take a p. (at sth)** echar un vistazo *or* una ojeada (a algo)
2 *vi* echar una ojeada (**at** a); **to p. through the keyhole** mirar *or* espiar por el ojo de la cerradura; **to p. out from behind sth** asomar por detrás de algo

peep² *n (sound)* pitido *m*; *Fam* **I don't want to hear another p. out of you** no quiero volver a oírte decir ni pío

peepers ['pi:pəz] *npl Fam (eyes)* ojos *mpl*

peephole ['pi:phəʊl] *n* mirilla *f*

Peeping Tom ['pi:pɪŋ'tɒm] *n Fam* mirón(ona) *m,f*

peepshow ['pi:pʃəʊ] *n* (**a**) *(device)* mundonuevo *m* (**b**) *(live entertainment)* peepshow *m*

peer¹ [pɪə(r)] *n* (**a**) *(equal)* igual *m*; *Formal* **without p.** sin igual, sin par; **he started smoking because of p. pressure** empezó a fumar por influencia de la gente de su entorno; **his p. group** (la gente de) su entorno (**b**) *Br (noble)* par *m* ❑ ***p. of the realm*** = miembro de la nobleza con derecho a sentarse en la Cámara de los Lores

peer² *vi* **to p. at sth/sb** mirar con esfuerzo algo/a alguien; **to p. over a wall** atisbar por encima de un muro; **to p. out** asomarse

peerage ['pɪərɪdʒ] *n Br (rank)* título *m* de par; **the p.** *(peers)* los pares

peeress [pɪə'res] *n* paresa *f*

peerless ['pɪəlɪs] *adj Literary* sin igual, sin par

peeve [pi:v] *vt Fam* fastidiar; **to be peeved about sth** estar fastidiado(a) *or* molesto(a) por algo

peevish ['pi:vɪʃ] *adj* irritable, malhumorado(a)

peewit ['pi:wɪt] *n* avefría *f*

peg [peg] **1** *n* (**a**) *(pin for fastening)* clavija *f*; **(clothes) p.** pinza *f*; **(tent) p.** clavija *f*, estaquilla *f*; IDIOM **to take sb down a p. (or two)** bajarle a alguien los humos ❑ ***p. board*** *(for keeping score)* = marcador formado por un tablero en el que se insertan clavijas; *Fam* ***p. leg*** *(wooden leg)* pata *f* de palo (**b**) *(for coat, hat)* colgador *m*; **to buy clothes off the p.** comprar ropa prêt-à-porter
2 *vt* (*pt & pp* **pegged**) (**a**) *(fasten)* **to p. sth in place** fijar algo con clavijas; **to p. the washing on the line** tender la ropa (con pinzas) (**b**) *(prices)* fijar; **to p. sth to the rate of inflation** ajustar algo al índice de inflación
▸**peg away at** *vt insep Fam* **to p. away at sth** *Esp* currar *or Méx, Perú, Ven* chambear *or RP* laburar sin parar en algo
▸**peg out** *vi Fam (die)* estirar la pata, *Méx* petatearse

PEI (*abbr* **Prince Edward Island**) Isla *f* Príncipe Eduardo

pejorative [pɪ'dʒɒrətɪv] *adj* peyorativo(a)

Pekinese [pi:kɪ'ni:z] *n* (perro *m*) pequinés *m*

Peking [pi:'kɪŋ] *n* Pekín

pelican ['pelɪkən] *n* (**a**) *(bird)* pelícano *m* (**b**) *Br* **p. crossing** = paso de peatones con semáforo accionado mediante botón

pellagra [pə'lægrə] *n Med* pelagra *f*

pellet ['pelɪt] *n* (**a**) *(of paper, bread, clay)* bolita *f* (**b**) *(for gun)* perdigón *m* (**c**) *(from animal) (regurgitated food)* bola *f*; *(excrement)* excremento *m (en forma de bola)*

pell-mell ['pel'mel] *adv* desordenadamente, en tropel

pelmet ['pelmɪt] *n* (**a**) *(of wood)* galería *f (para cortinas)* (**b**) *(of cloth)* cenefa *f*

pelota [pə'lɒtə] *n* cesta *f* punta ❑ ***p. player*** pelotari *mf*

peloton ['pelətɒn] *n (in cycling)* pelotón *m*

pelt¹ [pelt] *n (animal skin)* piel *f*, pellejo *m*

pelt² **1** *n* **at full p.** a toda velocidad
2 *vt* **to p. sb with stones** lanzar a alguien una lluvia de piedras, apedrear a alguien
3 *vi* (**a**) *Fam (rain)* **it was pelting down** diluviaba, *Esp* caían chuzos de punta (**b**) *(go fast)* ir disparado(a); **he came pelting along the corridor** venía disparado por el pasillo

pelvic ['pelvɪk] *adj* pélvico(a) ❑ *Zool* ***p. fin*** aleta *f* pélvica; *Anat* ***p. girdle*** anillo *m* pélvico; *Med* ***p. inflammatory disease*** enfermedad *f* inflamatoria pélvica

pelvis ['pelvɪs] *n* pelvis *f inv*

pen¹ [pen] **1** *n (for writing)* pluma *f* (estilográfica); *(ballpoint)* bolígrafo *m*, *Chile* lápiz *m* (de pasta), *Col, Ecuad, Ven* esferográfica *f*, *Méx* pluma *f*, *RP* birome *m*; **to put p. to paper** ponerse a escribir ❑ ***p. friend*** *or* ***pal*** amigo(a) *m,f* por correspondencia; ***p. light*** linterna *f* (en forma de bolígrafo); ***p. name*** seudónimo *m*; *Pej* ***p. pusher*** *(clerk)* chupatintas *m inv*
2 *vt* (*pt & pp* **penned**) escribir

pen² *n (for sheep)* redil *m*; *(for cattle)* corral *m*
▸**pen in** *vt sep (animals, people)* encerrar

pen³ *n US Fam (prison) Esp* trullo *m*, *Andes, Col, RP* cana *f*, *Méx* bote *m*

penal ['pi:nəl] *adj* penal ❑ ***p. code*** código *m* penal; ***p. colony*** colonia *f* penitenciaria; ***p. servitude*** trabajos *mpl* forzados

penalize ['pi:nəlaɪz] *vt* penalizar; **to p. sb for doing sth** penalizar a alguien por hacer algo

penalty ['penəltɪ] *n* (**a**) *(punishment) (fine)* sanción *f*; *(for serious crime)* pena *f*, castigo *m*; **to impose a p. on sb** imponer un castigo a alguien; **on** *or* **under p. of death** so pena de muerte; **to pay the p.** pagar las consecuencias ❑ *Com* ***p. clause*** cláusula *f* de penalización
(**b**) *Sport (in soccer, hockey)* penalti *m*, penalty *m*, *Am* penal *m*; *(loss of time, points)* penalización *f*; **to win on penalties** ganar en los penaltis ❑ ***p. area*** área *f* de castigo; ***p. box*** *(in soccer)* área *f* de castigo; ***p. corner*** *(in field hockey)* penalti *m or Am* penal *m* córner; ***p. kick*** (lanzamiento *m* de) penalti *m or Am* penal *m*; ***p. shootout*** lanzamiento *m or* tanda *f* de penaltis *or Am* penales; ***p. shot*** *(in ice hockey)* (lanzamiento *m* de) penalti *m or Am* penal *m*; ***p. spot*** *(in soccer)* punto *m* de penalti *or Am* penal; ***p. stroke*** *(in golf)* golpe *m* de penalización; *(in field hockey)* (lanzamiento *m* de) penalti *m or Am* penal *m*

penance ['penəns] *n Rel & Fig* penitencia *f*; **to do p. (for sth)** hacer penitencia (por algo)

pence [pens] *pl of* **penny**

penchant ['pɒŋʃɒŋ] *n Formal* inclinación *f*, propensión *f*; **to have a p. for (doing) sth** tener propensión a (hacer) algo

pencil ['pensəl] **1** *n* lápiz *m* ❑ ***p. case*** plumier *m*; ***p. drawing*** dibujo *m* a lápiz; ***p. lead*** grafito *m* (para lápices); ***p. sharpener*** sacapuntas *m inv*
2 *vt* (*pt & pp* **pencilled**, *US* **penciled**) *(draw)* dibujar a lápiz; *(write)* redactar *(con lápiz)*
▸**pencil in** *vt sep (provisionally decide)* apuntar provisionalmente

pendant ['pendənt] *n* colgante *m*

pending ['pendɪŋ] **1** *adj (unresolved)* pendiente; **to be p.** estar pendiente
2 *prep* a la espera de; **p. the outcome** a la espera del resultado

pendulum ['pendjʊləm] *n* péndulo *m*

penetrate ['penɪtreɪt] **1** *vt* (**a**) *(pierce) (object, body, wall)* penetrar (**b**) *(gain entrance to) (area, market)* penetrar en, adentrarse en (**c**) *(covertly) (enemy, rival group)* infiltrarse en
2 *vi* penetrar

penetrating ['penɪtreɪtɪŋ] *adj* (**a**) *(sound, voice, cold)* penetrante (**b**) *(mind, insight)* perspicaz, penetrante

penetration [penɪ'treɪʃən] *n* (**a**) *(entry)* penetración *f* (**b**) *(of mind)* perspicacia *f*, penetración *f*

penguin ['peŋgwɪn] *n* pingüino *m*

penicillin [penɪ'sɪlɪn] *n* penicilina *f*

peninsula [pɪ'nɪnsjʊlə] *n* península *f*

peninsular [pə'nɪnsjʊlə(r)] *adj* peninsular ❑ ***p. Spanish*** español *m* peninsular; *Hist* **the *P. War*** la Guerra de la Independencia (española)

penis ['pi:nɪs] (*pl* **penises** ['pi:nɪsɪz]) *n* pene *m* ❑ *Psy* ***p. envy*** envidia *f* del pene

penitence ['penɪtəns] *n* arrepentimiento *m*

penitent ['penɪtənt] **1** *n* penitente *mf*
2 *adj* arrepentido(a)

penitentiary [penɪ'tenʃərɪ] *n US* prisión *f*, cárcel *f*

penknife ['pennaɪf] *n* navaja *f*, cortaplumas *m inv*

penmanship ['penmənʃɪp] *n* caligrafía *f*

pennant ['penənt] *n* (**a**) *(small flag)* banderín *m* (**b**) *Naut* grímpola *f* (**c**) *US Sport* **to win the p.** ganar el título

penniless ['penɪlɪs] *adj* **to be p.** estar sin un centavo *or Esp* duro

pennon ['penən] *n* (**a**) *(flag)* pendón *m* (**b**) *Naut* grímpola *f*

Pennsylvania [pensɪl'veɪnɪə] *n* Pensilvania

penny ['penɪ] *n* (**a**) *Br (coin) (pl* **pence** [pens]) penique *m*; **a ten/fifty pence piece** una moneda de diez/cincuenta peniques; **it was worth every p.** valía (realmente) la pena *(el precio pagado)*; **it didn't cost them a p.** no les costó ni un centavo *or Esp* duro ▫ *Fam* ***p. dreadful*** *(cheap novel)* novela *f* barata, novelucha *f*; ***p. farthing*** velocípedo *m*; ***p. pinching*** tacañería *f*; ***p. whistle*** flautín *m*
(**b**) *US (cent)* centavo *m*
(**c**) IDIOMS **they haven't a p. to their name** no tienen ni una perra gorda *or Esp* ni un duro; **I don't have two pennies to rub together** estoy sin blanca, *Esp* estoy sin un duro; **pennies from heaven** dinero llovido del cielo; **in for a p., in for a pound** de perdidos al río; **she didn't get the joke at first, but then the p. dropped** al principio no entendió el chiste, pero más tarde cayó; **they're ten a p.** los hay a patadas; **a p. for your thoughts** dime en qué estás pensando; **he keeps turning up like a bad p.** no hay forma de perderlo de vista *or* de quitárselo de encima; PROV **take care of the pennies and the pounds will take care of themselves** si tienes cuidado con los gastos ordinarios, ya verás cómo ahorras; PROV **p. wise, pound foolish** de nada sirve ahorrar en las pequeñas cosas si luego se derrocha en las grandes

penny-pinching ['penɪpɪntʃɪŋ] *adj (person)* agarrado(a), tacaño(a); *(ways, habits)* mezquino(a)

pennyroyal [penɪ'rɔɪəl] *n (medicinal plant)* poleo *m*

pennywort ['penɪwɜ:t] *n* = planta de la familia de las crasuláceas de hojas redondas

pennyworth ['penəθ] *n Old-fashioned* penique *m*; IDIOM *Fam* **she put in her (two) p.** aportó su opinión

pension ['penʃən] *n* pensión *f*; **to be on a p.** cobrar una pensión ▫ ***p. fund*** fondo *m* de pensiones; ***p. scheme*** plan *m* de jubilación *or* de pensiones

▸**pension off** *vt sep* jubilar

pensionable ['penʃənəbəl] *adj* **of p. age** en edad de jubilación

pensioner ['penʃənə(r)] *n* pensionista *mf*

pensive ['pensɪv] *adj* pensativo(a); **to be p.** *or* **in a p. mood** estar pensativo(a)

pensively ['pensɪvlɪ] *adv* pensativamente

pentagon ['pentəgən] *n* (**a**) *(shape)* pentágono *m* (**b**) **the P.** *(building, Ministry of Defense)* el Pentágono

pentagonal [pen'tægənəl] *adj* pentagonal

pentagram ['pentəgræm] *n* estrella *f* de cinco puntas

pentahedron [pentə'hi:drən] *(pl* **pentahedrons** *or* **pentahedra** [pentə'hi:drə]) *n Geom* pentaedro *m*

pentameter [pen'tæmɪtə(r)] *n* pentámetro *m*

pentathlon [pen'tæθlən] *n* pentatlón *m*

Pentecost ['pentɪkɒst] *n Rel* Pentecostés *m*

Pentecostal [pentɪ'kɒstəl] *adj Rel* pentecostal

penthouse ['penthaʊs] *n* ático *m* ▫ ***p. suite*** suite *m* en el ático

Pentium® ['pentɪəm] *n Comptr* Pentium® *m*

pent-up [pen'tʌp] *adj* contenido(a)

penultimate [pe'nʌltɪmɪt] *adj* penúltimo(a)

penurious [pə'njʊərɪəs] *adj Formal* (**a**) *(poor)* indigente (**b**) *(stingy)* mezquino(a), tacaño(a)

penury ['penjʊrɪ] *n Formal* miseria *f*, penuria *f*

peon ['pi:ən] *n (in Latin America)* peón *m* agrícola, bracero *m*

peony ['pi:ənɪ] *n* peonía *f*

PEOPLE ['pi:pəl] **1** *npl* (**a**) *(plural of* **person**) *(as group)* gente *f*; *(as individuals)* personas *fpl*; **many p. think that...** mucha gente piensa que..., muchos piensan que...; **most p.** la mayoría de la gente; **other p.** otras personas; **disabled p.** los discapacitados; **old p.** las personas mayores; **young p.** los jóvenes; **there were five p. in the room** había cinco personas en la habitación; **the p. next door** la gente *or* los de al lado; **he's one of those p. who...** es una de esas personas que...; **p. often mistake me for my brother** a menudo me confunden con mi hermano; **what will p. think?** ¿qué pensará la gente?; **p. say that...** se dice que...; **I'm surprised that you, of all p., should say such a thing** me sorprende que precisamente tú digas algo así; **who should appear but Jim, of all p.!** ¡quién apareció sino el mismísimo Jim?; **I don't know, some p.!** ¡es que hay cada uno(a) por ahí!; *Fam* **right, p., let's get started!** venga gentes, ¡en marcha!
(**b**) *(citizens)* pueblo *m*, ciudadanía *f*; **the common p.** la gente corriente *or* común; **a man of the p.** un hombre del pueblo; **to go to the p.** *(call elections)* convocar elecciones ▫ *Pol* ***p.'s democracy*** democracia *f* popular; *Pol* ***p.'s front*** frente *m* popular; ***p. power*** poder *m* popular; ***p.'s republic*** república *f* popular
(**c**) *Fam (family)* **my/his p.** mi/su gente
2 *n (nation)* pueblo *m*; **the Scottish p.** el pueblo escocés
3 *vt* poblar; **to be peopled by** *or* **with** estar poblado(a) de

---

PEP [pep] *n Br Fin (abbr* **personal equity plan**) = plan personal de inversión en valores de renta variable fiscalmente incentivado por el Gobierno

pep [pep] *n Fam* ánimo *m*, energía *f*; **she gave us a p. talk** nos dirigió unas palabras de ánimo ▫ ***p. pill*** estimulante *m*

▸**pep up** *(pt & pp* **pepped**) *vt sep Fam* (**a**) *(person, event)* animar (**b**) *(dish)* alegrar

pe(p)peroni [pepə'rəʊnɪ] *n* pepperoni *m*, = especie de chorizo picante

pepper ['pepə(r)] **1** *n* (**a**) *(spice)* pimienta *f*; **black/white p.** pimienta negra/blanca ▫ ***p. mill*** molinillo *m* de pimienta; ***p. pot*** pimentero *m* (**b**) *(vegetable)* pimiento *m*, *Méx* chile *m*, *RP* ají *m*, *Col, Ven* pimentón *m*
2 *vt* (**a**) *(in cooking)* sazonar con pimienta (**b**) *(sprinkle)* **they peppered their conversation with obscenities** salpicaron la conversación de obscenidades; **to p. sth with bullets** acribillar a balazos algo

pepper-and-salt ['pepərənd'sɔ:lt] *adj (flecked)* moteado(a) y entrecano(a)

pepperbox ['pepəbɒks] *n US* pimentero *m*

peppercorn ['pepəkɔ:n] *n* grano *m* de pimienta ▫ *Br* ***p. rent*** alquiler *m or* arrendamiento *m* (por un precio) simbólico

peppermint ['pepəmɪnt] *n* (**a**) *(plant)* hierbabuena *f* (**b**) *(flavour)* menta *f* (**c**) *(sweet)* caramelo *m* de menta ▫ ***p. cream*** bombón *m* relleno de menta

peppery ['pepərɪ] *adj* (**a**) *(spicy)* **to be too p.** tener demasiada pimienta (**b**) *(irritable)* picajoso(a), irascible

peptic ['peptɪk] *adj Med* péptico(a) ▫ ***p. ulcer*** úlcera *f* péptica

peptide ['peptaɪd] *n Biochem* péptido *m*

per [pɜ:(r)] *prep* (**a**) *(in rates)* por; **p. day** al día, por día; **100 km p. hour** 100 kms por hora; **p. annum** al año, por año; **p. capita** per cápita (**b**) *Formal (according to)* **as p. your instructions** según sus instrucciones; **as p. usual** como de costumbre

perceivable [pə'si:vəbəl] *adj (noticeable)* apreciable, perceptible

perceive [pə'si:v] *vt* (**a**) *(notice) (sound, light, smell)* percibir; *(difference)* apreciar, distinguir (**b**) *(understand) (truth, importance)* apreciar, entender (**c**) *(view)* **to p. sth/sb as...** ver *or* juzgar algo/a alguien como...

per cent, percent [pə'sent] **1** *n* porcentaje *m*, tanto *m* por ciento; **forty p. of women** el cuarenta por ciento de las mujeres; **a ten p. increase** un aumento del diez por ciento; IDIOM **everyone's giving one hundred p.** *(working as hard as possible)* todo el mundo está dando todo lo que tiene
2 *adv* por ciento

percentage [pə'sentɪdʒ] *n* porcentaje *m*, tanto *m* por ciento; **to express sth as a p.** expresar algo en forma de porcentaje; **to receive a p. on all sales** percibir un tanto por ciento de todas las ventas; IDIOM *US Fam* **there's no p. in it** no vale la pena ▫ ***p. increase*** incremento *m* porcentual; ***p. sign*** signo *m* porcentual

percentile [pə'sentaɪl] *n (in statistics)* percentil *m*

perceptible [pəˈseptɪbəl] *adj* perceptible

perceptibly [pəˈseptɪblɪ] *adv* sensiblemente

perception [pəˈsepʃən] *n* (**a**) *(with senses)* percepción *f* (**b**) *(of difference, importance, facts)* apreciación *f* (**c**) *(discernment)* perspicacia *f*

perceptive [pəˈseptɪv] *adj* atinado(a), perspicaz

perceptively [pəˈseptɪvlɪ] *adv* atinadamente, perspicazmente

perch¹ [pɜːtʃ] **1** *n* (**a**) *(for bird)* percha *f* (**b**) *Fam (seat, position)* atalaya *f*; IDIOM *Fam* **to knock sb off his p.** bajarle los humos a alguien

2 *vt* **she perched herself on the edge of the table** se sentó en el borde de la mesa

3 *vi (of bird)* posarse; **he perched on the edge of the table** *(of person)* se sentó en el borde de la mesa

perch² *n (fish)* perca *f*

perchance [pəˈtʃɑːns] *adv Old-fashioned (possibly)* acaso, por alguna casualidad

percolate [ˈpɜːkəleɪt] **1** *vt (coffee)* hacer *(con cafetera)*; **percolated coffee** café *m* de cafetera

2 *vi* filtrarse; *Fig* **the news gradually percolated through the organization** la noticia se difundió *or* propagó gradualmente por la organización

percolator [ˈpɜːkəleɪtə(r)] *n* cafetera *f* (de filtro)

percussion [pəˈkʌʃən] *n Mus* percusión *f* ❑ ***p. cap*** cápsula *f* fulminante; ***p. instruments*** instrumentos *mpl* de percusión

percussionist [pəˈkʌʃənɪst] *n Mus* percusionista *mf*

perdition [pəˈdɪʃən] *n Literary (damnation)* perdición *f*

peregrine falcon [ˈperɪgrɪnˈfɔːlkən] *n* halcón *m* peregrino

peremptory [pəˈremptərɪ] *adj (person, manner, voice)* imperioso(a); *(command)* perentorio(a)

perennial [pəˈrenɪəl] **1** *n Bot* planta *f* perenne

2 *adj* (**a**) *(plant)* (de hoja) perenne (**b**) *(problems, beauty)* eterno(a)

perfect 1 *adj* [ˈpɜːfɪkt] (**a**) *(excellent, flawless)* perfecto(a); **no one's p.** nadie es perfecto; **Tuesday would be p.** el martes me vendría muy bien; *Mus* **to have p. pitch** tener una entonación perfecta ❑ *Math* ***p. number*** número *m* perfecto

(**b**) *(complete)* **it makes p. sense** es del todo razonable; **he's a p. stranger to me** no lo conozco de nada; **he's a p. fool** es un perfecto idiota; **he's a p. gentleman** es un perfecto caballero

(**c**) *Gram* perfecto(a); **future p.** futuro *m* perfecto; **past p.** pretérito *m* pluscuamperfecto

2 *vt* [pəˈfekt] perfeccionar

perfection [pəˈfekʃən] *n* perfección *f*; **to p.** *(cooking, task)* a la perfección

perfectionist [pəˈfekʃənɪst] *n* perfeccionista *mf*

perfectly [ˈpɜːfɪktlɪ] *adv* (**a**) *(faultlessly)* perfectamente (**b**) *(absolutely)* **it's p. all right** no pasa absolutamente nada; **it's p. clear to me that...** tengo clarísimo que...; **it's p. idiotic** es completamente estúpido; **it's p. obvious** resulta totalmente evidente; **she's p. right** tiene toda la razón; **you know p. well I can't go** sabes perfectamente que no puedo ir

perfidious [pəˈfɪdɪəs] *adj Literary* pérfido(a)

perfidy [ˈpɜːfɪdɪ] *n Literary* perfidia *f*

perforate [ˈpɜːfəreɪt] *vt* perforar

perforated [ˈpɜːfəreɪtɪd] *adj* perforado(a) ❑ ***p. line*** línea *f* perforada; *Med* ***p. ulcer*** úlcera *f* perforada

perforation [pɜːfəˈreɪʃən] *n (hole, on stamp)* perforación *f*

perforce [pəˈfɔːs] *adv Old-fashioned or Literary* forzosamente, por fuerza

perform [pəˈfɔːm] **1** *vt* (**a**) *(carry out) (task, miracle, operation, service)* realizar, efectuar; *(function, one's duty)* cumplir (**b**) *(play)* representar; *(role, piece of music)* interpretar

2 *vi* (**a**) *(of actor)* actuar; *(of singer)* interpretar, cantar (**b**) *(of machine, car)* funcionar, comportarse; *(of shares)* comportarse; *(of sports team, athlete)* rendir

performance [pəˈfɔːməns] *n* (**a**) *(of task)* realización *f*, ejecución *f*; *(of duty)* cumplimiento *m* ❑ ***p. appraisal*** evaluación *f* del rendimiento; ***p. art*** = expresión artística en la que se combinan diferentes disciplinas como teatro, música, escultura o fotografía

(**b**) *(of actor, sportsperson, team)* actuación *f*; *(of pupil, economy, shares)* comportamiento *m*; *(of machine, car)* prestaciones *fpl*, rendimiento *m*

(**c**) *(of play)* representación *f*; *(of musical piece)* interpretación *f*

(**d**) *Fam (fuss)* **to make a p. (about sth)** armar un escándalo *or Esp* montar una escena (por algo)

performer [pəˈfɔːmə(r)] *n (actor, musician)* intérprete *mf*; **she's a very capable p.** es muy capaz; **the new coupé is a useful p. around town** el nuevo cupé se comporta muy bien en ciudad; **our shares are amongst the top performers** nuestras acciones están entre las de mayor rentabilidad

performing [pəˈfɔːmɪŋ] *adj (dog, seal)* amaestrado(a) ❑ ***p. arts*** artes *fpl* interpretativas

perfume 1 *n* [ˈpɜːfjuːm] *(of flowers)* aroma *m*, fragancia *f*; *(for person)* perfume *m* ❑ ***p. counter*** sección *f* de perfumería

2 *vt* [pəˈfjuːm] perfumar

perfumed [ˈpɜːfjuːmd] *adj* perfumado(a)

perfumery [pəˈfjuːmərɪ] *n* perfumería *f*

perfunctorily [pəˈfʌŋktərɪlɪ] *adv (to glance, to smile)* rutinariamente, superficialmente; *(to examine)* superficialmente

perfunctory [pəˈfʌŋktərɪ] *adj (glance, smile)* rutinario(a), superficial; *(letter, instructions, examination)* somero(a)

PERHAPS [pəˈhæps] *adv* (**a**) *(maybe)* quizá, quizás, tal vez; **p. so/not** quizá sí/no; **p. she'll come** quizá venga

(**b**) *(about)* aproximadamente; **there were p. 500 people there** había aproximadamente *or* como 500 personas

(**c**) *Formal (in polite requests, suggestions)* **p. you'd like a slice of cake?** ¿le apetece *or Col, Méx, Ven* le provoca *or Méx* se le antoja un trozo de tarta?, ¿querría un trozo de tarta?; **I thought p. you might like to have dinner with us** ¿le gustaría quedarse a cenar con nosotros?; **p. you could try that bit again** ¿por qué no intentas esa parte otra vez?

pericardium [perɪˈkɑːdɪəm] (*pl* **pericardia** [perɪˈkɑːdɪə]) *n Anat* pericardio *m*

peril [ˈperɪl] *n* peligro *m*, riesgo *m*; **in p. of her life** a riesgo de (perder) su vida; **at your p.** por tu cuenta y riesgo

perilous [ˈperɪləs] *adj* peligroso(a)

perilously [ˈperɪləslɪ] *adv* peligrosamente; **we came p. close to a collision** estuvimos en un tris de chocar

perimeter [pəˈrɪmɪtə(r)] *n* perímetro *m* ❑ ***p. fence*** valla *f* exterior

perinatal [perɪˈneɪtəl] *adj Med* perinatal

perineum [perɪˈniːəm] *n Anat* perineo *m*, periné *m*

period [ˈpɪərɪəd] *n* (**a**) *(stretch of time)* período *m*, periodo *m*; **for a p. of three months** durante un período de tres meses; **within the agreed p.** dentro del plazo acordado; **sunny periods** intervalos *mpl* de sol

(**b**) *Sch* clase *f*; **a French p.** una clase de francés

(**c**) *(menstruation)* periodo *m*, regla *f*; **to have one's p.** tener el periodo *or* la regla ❑ ***p. pains*** dolores *mpl* menstruales

(**d**) *(historical age)* época *f*, período *m* ❑ *TV* ***p. drama*** drama *m* (televisivo) de época; ***p. dress*** traje *m* de época; ***p. features*** *(in house)* detalles *mpl* de época; ***p. furniture*** muebles *mpl* de época; ***p. piece*** pieza *f* de época

(**e**) *US (full stop)* punto *m*; **I'm not going, p.** no voy, y punto

(**f**) *(of basketball, ice hockey match)* tiempo *m*

periodic [pɪərɪˈɒdɪk] *adj* periódico(a) ❑ *Math* ***p. function*** función *f* periódica; *Chem* ***p. table*** tabla *f* periódica

periodical [pɪərɪˈɒdɪkəl] *n* publicación *f* periódica, boletín *m*

Note that the Spanish word **periódico** is a false friend and is never a translation for the English word **periodical**. In Spanish **periódico** means "newspaper".

periodically [pɪərɪˈɒdɪklɪ] *adv* periódicamente

periodontics [perɪəˈdɒntɪks] *n* periodontología *f*

peripatetic [perɪpəˈtetɪk] *adj* (**a**) *(itinerant)* ambulante, itinerante (**b**) *(teacher)* que trabaja en varios centros

peripheral [pəˈrɪfərəl] **1** *n Comptr* periférico *m*

2 *adj (area, vision)* periférico(a); *(issue, importance)* secundario(a) ▫ *Comptr* ***p. device*** (dispositivo *m*) periférico *m*

periphery [pəˈrɪfərɪ] *n* periferia *f*

periphrastic [perɪˈfræstɪk] *adj* perifrástico(a)

periscope [ˈperɪskəʊp] *n* periscopio *m*

perish [ˈperɪʃ] *vi* (**a**) *(of person)* perecer; **p. the thought!** ¡Dios no lo quiera! (**b**) *(of rubber, leather)* estropearse

perishable [ˈperɪʃəbəl] **1** *npl* **perishables** productos *mpl* perecederos

2 *adj* perecedero(a)

perisher [ˈperɪʃə(r)] *n Br Fam (mischievous child)* bribón(ona) *m,f*, diablillo(a)

perishing [ˈperɪʃɪŋ] *adj Fam (very cold)* **it's p.** ¡hace un frío que pela!

peristalsis [perɪˈstælsɪs] *n Physiol* peristaltismo *m*

peritoneum [perɪtəˈni:əm] *n Anat* peritoneo *m*

peritonitis [perɪtəˈnaɪtɪs] *n Med* peritonitis *f inv*

periwinkle [ˈperɪwɪŋkəl] *n* (**a**) *Bot* vinca *f*, vincapervinca *f* (**b**) *Zool* bígaro *m*

perjure [ˈpɜ:dʒə(r)] *vt Law* **to p. oneself** perjurar

perjury [ˈpɜ:dʒərɪ] *n Law* perjurio *m*; **to commit p.** cometer perjurio

perk [pɜ:k] *n Br Fam* ventaja *f*

▸**perk up** *Fam* **1** *vt sep* animar, levantar el ánimo a

2 *vi* animarse

perkily [ˈpɜ:kɪlɪ] *adv Fam* animadamente

perky [ˈpɜ:kɪ] *adj Fam* animado(a); **to be p.** estar animado(a)

perm [pɜ:m] **1** *n (hairdo)* permanente *f*; **to have a p.** llevar una permanente

2 *vt* **to have one's hair permed** hacerse la permanente

permafrost [ˈpɜ:məfrɒst] *n Geol* permafrost *m*

permanence [ˈpɜ:mənəns] *n* permanencia *f*

permanent [ˈpɜ:mənənt] *adj* permanente; *(employee, job)* fijo(a) ▫ ***p. address*** domicilio *m* fijo, residencia *f* habitual; *Comptr* ***p. storage*** almacenamiento *m* permanente; ***p. wave*** *(hairdo)* permanente *f*

permanently [ˈpɜ:mənəntlɪ] *adv* (**a**) *(constantly)* constantemente (**b**) *(indefinitely)* para siempre

permanganate [pəˈmæŋgəneɪt] *n Chem* permanganato *m*

permeable [ˈpɜ:mɪəbəl] *adj* permeable

permeate [ˈpɜ:mɪeɪt] **1** *vt* impregnar

2 *vi* **to p. through sth** *(of liquid)* filtrarse a través de algo; *(of fear, suspicion)* extenderse por algo

Permian [ˈpɜ:mɪən] *Geol* **1** *n* **the P.** el pérmico

2 *adj* pérmico(a)

permissible [pəˈmɪsɪbəl] *adj* admisible, permisible

permission [pəˈmɪʃən] *n* permiso *m*; **to ask for p. to do sth** pedir permiso para hacer algo; **to give sb p. to do sth** dar a alguien permiso para hacer algo; **with your p.** con (su) permiso

permissive [pəˈmɪsɪv] *adj* permisivo(a)

permissiveness [pəˈmɪsɪvnɪs] *n* permisividad *f*

permit 1 *n* [ˈpɜ:mɪt] *(for fishing, imports, exports)* licencia *f*; *(for parking, work, residence)* permiso *m*; **p. holders only** *(sign)* estacionamiento reservado

2 *vt* [pəˈmɪt] (*pt & pp* **permitted**) (**a**) *(allow)* permitir; **to p. sb to do sth** permitir a alguien hacer algo; **smoking is not permitted** no se permite fumar (**b**) *Formal* **to p. of sth** *(give scope for)* permitir algo

3 *vi* **weather permitting** si el tiempo lo permite; **if time permits** si hay tiempo; **if our budget permits** si el presupuesto lo permite

permitted [pəˈmɪtɪd] *adj* permitido(a)

permutation [pɜ:mjʊˈteɪʃən] *n* permutación *f*

pernicious [pəˈnɪʃəs] *adj* pernicioso(a) ▫ *Med* ***p. anaemia*** anemia *f* perniciosa

pernickety [pəˈnɪkɪtɪ] *adj Fam* (**a**) *(person)* quisquilloso(a) (**b**) *(task)* engorroso(a)

peroration [perəˈreɪʃən] *n Formal (summing up)* peroración *f*

peroxide [pəˈrɒksaɪd] *n Chem* peróxido *m* ▫ ***p. blonde*** *(woman)* rubia *f* oxigenada *or Esp* de bote

perpendicular [pɜ:pənˈdɪkjʊlə(r)] *n & adj* perpendicular *f* (**to** a)

perpetrate [ˈpɜ:pɪtreɪt] *vt Formal (crime, deception)* perpetrar

perpetrator [ˈpɜ:pɪtreɪtə(r)] *n Formal* autor(ora) *m,f*

perpetually [pəˈpetjʊəlɪ] *adv* (**a**) *(eternally)* perpetuamente (**b**) *(constantly)* continuamente, constantemente

perpetuate [pəˈpetjʊeɪt] *vt Formal* perpetuar

perpetuation [pəpetjʊˈeɪʃən] *n Formal* perpetuación *f*

perpetuity [pɜ:pɪˈtju:ɪtɪ] *n Formal* **in p.** a perpetuidad

perplex [pəˈpleks] *vt* dejar perplejo(a)

perplexed [pəˈplekst] *adj* perplejo(a)

perplexing [pəˈpleksɪŋ] *adj* desconcertante

perplexity [pəˈpleksɪtɪ] *n* perplejidad *f*, desconcierto *m*

perquisite [ˈpɜ:kwɪzɪt] *n Formal* ventaja *f* extra

per se [ˈpɜ:ˈseɪ] *adv* en sí, per se

persecute [ˈpɜ:sɪkju:t] *vt* (**a**) *(for political, religious reasons)* perseguir; **she was persecuted for her beliefs** fue perseguida por sus creencias (**b**) *(harass)* acosar, atormentar

persecution [pɜ:sɪˈkju:ʃən] *n* persecución *f* ▫ *Psy* ***p. complex*** manía *f* persecutoria

persecutor [ˈpɜ:sɪkju:tə(r)] *n* perseguidor(ora) *m,f*

perseverance [pɜ:sɪˈvɪərəns] *n* perseverancia *f*

persevere [pɜ:sɪˈvɪə(r)] *vi* perseverar (**with** en); **I persevered until it worked** no desistí hasta que funcionó; **to p. in doing sth** seguir haciendo algo con perseverancia

Persia [ˈpɜ:ʒə] *n Formerly* Persia

Persian [ˈpɜ:ʒən] **1** *n* (**a**) *(person)* persa *mf* (**b**) *(language)* persa *m*

2 *adj* persa ▫ ***P. carpet*** alfombra *f* persa; ***P. cat*** gato *m* persa; ***the P. Gulf*** el Golfo Pérsico

persimmon [pəˈsɪmən] *n* caqui *m (fruta)*

persist [pəˈsɪst] *vi* (**a**) *(of person)* persistir, perseverar; **to p. in doing sth** empeñarse en hacer algo; **to p. in one's belief that…** empeñarse en creer que…; **to p. in one's efforts (to do sth)** no cejar en el empeño (de hacer algo) (**b**) *(of fog, pain, belief, rumours)* persistir

persistence [pəˈsɪstəns] *n* (**a**) *(of person)* empeño *m*, persistencia *f* (**b**) *(of pain, belief, rumours)* persistencia *f*

persistent [pəˈsɪstənt] *adj* (**a**) *(person)* persistente, insistente; **his p. refusal to cooperate** su reiterada falta de cooperación ▫ ***p. offender*** delincuente *mf* habitual, reincidente *mf* (**b**) *(rain, pain)* persistente, pertinaz; *(doubts, rumours)* persistente ▫ *Med* ***p. vegetative state*** estado *m* vegetativo permanente

persistently [pəˈsɪstəntlɪ] *adv (constantly)* constantemente; *(repeatedly)* repetidamente

person [ˈpɜ:sən] (*pl* **people** [ˈpi:pəl], *Formal* **persons**) *n* (**a**) *(individual)* persona *f*; **in p.** en persona; **he's a very unpleasant p.** es un tipo muy desagradable; **she's nice enough as a p., but…** como persona es bastante agradable, pero…; **I'm not the p. to ask… try Mr Green** yo no soy la persona adecuada, pregúntale al Sr. Green; **the Royal Family, in the p. of Queen Elizabeth** la Familia Real, encarnada por (la figura de) la reina Isabel; *Law* **by a p. or persons unknown** por uno o varios desconocidos

(**b**) *(body)* **to have sth on one's p.** llevar algo encima

(**c**) *Gram* persona *f*; **the first/second/third p. singular** la primera/segunda/tercera persona del singular; **in the first/second/third p.** en primera/segunda/tercera persona

persona [pəˈsəʊnə] (*pl* **personas** *or* **personae** [pəˈsəʊni:]) *n* **her public p.** su imagen pública; **he adopts the p. of a war veteran** adopta el personaje de un veterano de guerra; **to be p. non grata** ser persona non grata

personable [ˈpɜ:sənəbəl] *adj* agradable

personage [ˈpɜ:sənɪdʒ] *n* personaje *m*

personal [ˈpɜ:sənəl] *adj* personal; **to make a p. appearance** hacer acto de presencia; **for p. reasons** por motivos personales; **don't be p., don't make p. remarks** no hagas comentarios de índole personal; **it's nothing p. but…** no es nada personal, pero…; **she's a p. friend**

of the president es amiga personal del presidente ❑ ***p. ad*** *(in newspaper, magazine)* anuncio *m* personal (por palabras); ***p. assistant*** secretario(a) *m,f* personal; ***p. best*** *(in sport)* plusmarca *f* (personal), récord *m* personal; ***p. column*** *(in newspaper, magazine)* sección *f* de anuncios personales *or* de contactos; *Comptr* ***p. computer*** *Esp* ordenador *m or Am* computadora *f* personal; ***p. effects*** efectos *mpl* personales; *Br Fin* ***p. equity plan*** = plan personal de inversión en valores de renta variable fiscalmente incentivado por el Gobierno; ***p. foul*** *(in basketball)* (falta *f*) personal *f*; ***p. growth*** desarrollo *m* personal; ***p. hygiene*** aseo *m* personal; ***p. identification number*** número *m* secreto, PIN *m*; ***p. loan*** préstamo *m or* crédito *m or Méx* prestamiento *m* personal; ***p. organizer*** agenda *f*; *Gram* ***p. pronoun*** pronombre *m* personal; *Law* ***p. property*** bienes *mpl* muebles; ***p. stereo*** walkman® *m*

personality [pɜːsəˈnælɪtɪ] *n* personalidad *f* ❑ ***p. cult*** culto *m* a la personalidad; *Psy* ***p. disorder*** trastorno *m* de la personalidad

personalize [ˈpɜːsənəlaɪz] *vt* (**a**) *(object, luggage, software)* personalizar; **personalized numberplate** = matrícula en la que el usuario ha utilizado o una combinación determinada de letras o una tipografía y color diferente al de las matrículas normales (**b**) *(argument, idea)* personalizar

personally [ˈpɜːsənəlɪ] *adv* (**a**) *(relating to self)* **don't take it p.** no te lo tomes como algo personal; **I will hold you p. responsible if she gets hurt** si se hace daño te pediré cuentas a ti personalmente (**b**) *(in person) (visit, talk to, know)* en persona; **I'll see to it p.** me encargaré personalmente de ello (**c**) *(in my opinion)* personalmente; **p., I think…** personalmente, creo…

personification [pɜsɒnɪfɪˈkeɪʃən] *n* personificación *f*; **to be the p. of meanness** ser la tacañería personificada

personify [pəˈsɒnɪfaɪ] *vt* personificar

personnel [pɜːsəˈnel] *n* personal *m*; **p. (department)** departamento *m* de personal ❑ ***p. manager*** director(ora) *m,f or* jefe(a) *m,f* de personal

perspective [pəˈspektɪv] *n* perspectiva *f*; **to see things in p.** ver las cosas con perspectiva; **to put sth into p.** poner algo con perspectiva; **to get sth out of p.** sacar algo de quicio

Perspex [ˈpɜːspeks] *n* perspex® *m*, plexiglás® *m*

perspicacious [pɜːspɪˈkeɪʃəs] *adj Formal* perspicaz

perspicacity [pɜːspɪˈkæsɪtɪ] *n Formal* perspicacia *f*

perspicuity [pɜːspɪˈkjuːɪtɪ] *n Formal* perspicuidad *f*

perspicuous [pəˈspɪkjʊəs] *adj Formal* perspicuo(a)

perspiration [pɜːspɪˈreɪʃən] *n* transpiración *f*, sudor *m*

perspire [pəˈspaɪə(r)] *vi* transpirar, sudar

persuade [pəˈsweɪd] *vt* persuadir, convencer; **he's easily persuaded** se le persuade *or* convence muy fácilmente; **he would not be persuaded** no se convencía; **to p. sb to do sth** persuadir *or* convencer a alguien para que haga algo; **to p. sb not to do sth** disuadir a alguien de que haga algo; **to p. sb of sth** persuadir *or* convencer a alguien de algo; **I'm not persuaded that he's right** no estoy convencido de que tenga razón

persuasion [pəˈsweɪʒən] *n* (**a**) *(act, ability)* persuasión *f*; **powers of p.** poder *m* de persuasión (**b**) *(beliefs)* convicciones *fpl*; **they're not of our p.** no comparten nuestras creencias

persuasive [pəˈsweɪzɪv] *adj (person, argument)* persuasivo(a)

persuasively [pəˈsweɪzɪvlɪ] *adv* persuasivamente

pert [pɜːt] *adj* (**a**) *(cheeky)* pizpireta (**b**) *(nose, breasts, bottom)* respingón(ona)

pertain [pəˈteɪn] *vi Formal* **to p. to** *(be relevant to)* concernir a; *(belong to)* pertenecer a

pertinacity [pɜːtɪˈnæsɪtɪ] *n Formal* pertinacia *f*

pertinent [ˈpɜːtɪnənt] *adj Formal* pertinente; **to be p. to** concernir a

perturb [pəˈtɜːb] *vt* inquietar, desconcertar

perturbed [pəˈtɜːbd] *adj* inquieto(a), desconcertado(a)

Peru [pəˈruː] *n* Perú

perusal [pəˈruːzəl] *n Formal* lectura *f*

peruse [pəˈruːz] *vt* (**a**) *(read carefully)* leer con detenimiento (**b**) *(read quickly)* ojear

Peruvian [pəˈruːvɪən] *n & adj* peruano(a) *m,f*

perv [pɜːv] *n Br Fam* pervertido(a) *m,f* (sexual)

pervade [pəˈveɪd] *vt* impregnar

pervasive [pəˈveɪsɪv] *adj (smell)* penetrante; *(influence)* poderoso(a)

perverse [pəˈvɜːs] *adj* (**a**) *(contrary, wilful)* **he's just being p.** simplemente está llevando la contraria; **she takes a p. delight in causing harm to others** siente un placer malsano haciendo daño a otros (**b**) *(sexually deviant)* pervertido(a)

perversely [pəˈvɜːslɪ] *adv* (**a**) *(paradoxically)* **p. enough, I quite enjoyed it** paradójicamente *or* aunque parezca extraño, me gustó (**b**) *(contrarily)* **she p. refused me the money** se negó a prestarme el dinero por llevarme la contraria

perversion [pəˈvɜːʃən] *n* (**a**) *(sexual)* perversión *f* (**b**) *(distortion) (of the truth)* deformación *f*, tergiversación *f*; *(of justice)* distorsión *f*, corrupción *f*; *Law* **p. of the course of justice** obstaculización *f* del curso de la justicia

perversity [pəˈvɜːsɪtɪ] *n* **he refused to let me do it out of p.** se negó a dejarme hacerlo por pura mala idea

pervert 1 *n* [ˈpɜːvɜːt] **(sexual) p.** pervertido(a) *m,f* (sexual)

2 *vt* [pəˈvɜːt] (**a**) *(corrupt)* pervertir (**b**) *(distort)* tergiversar; *Law* **to p. the course of justice** obstaculizar el curso de la justicia

peseta [pəˈseɪtə] *n* peseta *f*

pesky [ˈpeskɪ] *adj US Fam* plomo(a), *Esp* latoso(a), *Méx* sangrón(ona), *RP* hinchón(ona)

peso [ˈpeɪseʊ] (*pl* **pesos**) *n* peso *m*

pessary [ˈpesərɪ] *n Med* pesario *m*

pessimism [ˈpesɪmɪzəm] *n* pesimismo *m*

pessimist [ˈpesɪmɪst] *n* pesimista *mf*

pessimistic [pesɪˈmɪstɪk] *adj* pesimista

pessimistically [pesɪˈmɪstɪklɪ] *adv* con pesimismo

pest [pest] *n* (**a**) *(vermin, insects)* plaga *f* ❑ ***p. control*** métodos *mpl* para combatir las plagas (**b**) *Fam (nuisance)* plomazo *m*, *Esp* latazo *m*

pester [ˈpestə(r)] *vt* incordiar; **to p. sb to do sth** incordiar a alguien para que haga algo; **she pestered me into helping them** consiguió que les ayudara a base de darme la lata

pesticide [ˈpestɪsaɪd] *n* pesticida *m*

pestilence [ˈpestɪləns] *n Literary* pestilencia *f*, peste *f*

pestilential [pestɪˈlenʃəl] *adj Fam (annoying)* cargante

pestle [ˈpesəl] *n* mano *f* del mortero

pesto [ˈpestəʊ] *n* pesto *m*

PET [pet] *(abbr* **positron emission tomography**) ***P. scan*** PET *m*

pet [pet] **1** *n* (**a**) *(animal)* animal *m* doméstico *or* de compañía ❑ ***p. food*** comida *f* para animales domésticos; ***p. shop*** pajarería *f* (**b**) *(favourite)* **mother's/teacher's p.** preferido(a) *m,f* de mamá/del profesor; **my p.!** ¡mi tesoro!; **my p. hate** lo que más odio ❑ ***p. name*** *(diminutive)* apelativo *m or* nombre *m* cariñoso; ***p. subject*** tema *m* favorito

2 *vt* (*pt & pp* **petted**) *(stroke, pat) (person, dog)* acariciar

3 *vi Fam (sexually) Esp* darse *or* pegarse el lote, *Am* manosearse, *RP* franelearse

petal [ˈpetəl] *n* pétalo *m*

petard [pəˈtɑːd] *n* IDIOM **he was hoist with** *or* **by his own p.** le salió el tiro por la culata

Pete [piːt] *n* IDIOM *Fam* **for P.'s sake** ¡por Dios!, ¡por el amor de Dios!

peter [piːtə(r)] *n US Fam (penis)* cola *f*, pija *f*

▸**peter out** *vi (of path, stream)* extinguirse, desaparecer; *(of funds, supplies)* ir agotándose; *(of conversation)* ir decayendo; *(of enthusiasm)* ir decayendo *or* declinando

Peter Pan [ˈpiːtə(r)ˈpæn] *n Fig* Peter Pan *m*, niño *m* grande ❑ ***P. Pan collar*** = cuello de camisa plano y con los bordes redondeados

petit bourgeois [ˈpetɪˈbʊəʒwɑː] *n & adj* pequeñoburgués(esa) *m,f*

petite [pəˈtiːt] *adj* menudo(a)

petition [pəˈtɪʃən] **1** *n* (**a**) *(request, document)* petición *f*, súplica *f*, *Am* pedido *m*; *(list of names)* lista *f* de firmas recogidas

(**b**) *Law* **p. for a divorce** demanda *f* de divorcio
2 *vt (court, sovereign)* presentar una petición *or Am* un pedido a
3 *vi* **to p. for sth** solicitar algo; *Law* **to p. for divorce** presentar una demanda de divorcio
petitioner [pə'tɪʃənə(r)] *n* peticionario(a) *m,f*
petits pois ['petɪ'pwɑ:] *npl* guisantes finos *mpl, Am* arvejas *fpl* finas, *Méx* chicharitos *mpl*
petrel ['petrəl] *n* petrel *m*
Petri dish ['petrɪdɪʃ] *n Biol* placa *f* de Petri
petrify ['petrɪfaɪ] *vt* (**a**) *Geol* petrificar (**b**) *(with fear)* petrificar, paralizar
petrochemical ['petrəʊ'kemɪkəl] **1** *npl* **petrochemicals** productos *mpl* petroquímicos
2 *adj* petroquímico(a)
petrocurrency ['petrəʊkʌrənsɪ] *n Fin* petrodivisa *f*
petrodollar ['petrəʊdɒlə(r)] *n Fin* petrodólar *m*
petrol ['petrəl] *n Br* gasolina *f, RP* nafta *f* ▫ ***p. bomb*** bomba *f* incendiaria, cóctel *m* Molotov; ***p. can/engine*** lata *f*/motor *m* de gasolina *or RP* nafta *f*; ***p. pump*** surtidor *m* de gasolina *or RP* nafta *f*; ***p. station*** gasolinera *f*, estación *f* de servicio, *Andes* grifo *m*; ***p. tank*** depósito *m* de la gasolina *or RP* de la nafta *or* del combustible

Note that the Spanish word **petróleo** is a false friend and is never a translation for the English word **petrol**. In Spanish **petróleo** means "oil, petroleum".

petroleum [pə'trəʊlɪəm] *n* petróleo *m* ▫ ***p. jelly*** vaselina *f*
petticoat ['petɪkəʊt] *n* (**a**) *(from waist down)* enaguas *fpl* (**b**) *(full-length)* combinación *f*
pettifogging ['petɪfɒgɪŋ] *adj* puntilloso(a)
pettiness ['petɪnɪs] *n* (**a**) *(unimportance)* insignificancia *f* (**b**) *(small-mindedness)* mezquindad *f*
petting ['petɪŋ] *n Fam Esp* magreo *m, Am* manoseo *m, RP* franeleo *m*
pettish ['petɪʃ] *adj* irritable, malhumorado(a)
petty ['petɪ] *adj* (**a**) *(unimportant)* insignificante ▫ ***p. bourgeois*** pequeñoburgués(esa); ***p. cash*** caja *f* para gastos menores; ***p. crime*** delitos *mpl* menores; *Naut* ***p. officer*** suboficial *mf* de marina (**b**) *(small-minded)* mezquino(a)
petulance ['petjʊləns] *n* **a fit of p.** una rabieta
petulant ['petjʊlənt] *adj (person)* caprichoso(a); **with a p. gesture** con un gesto de niño caprichoso

Note that the Spanish word **petulante** is a false friend and is never a translation for the English word **petulant**. In Spanish **petulante** means "opinionated, arrogant".

petunia [pɪ'tju:nɪə] *n* petunia *f*
pew [pju:] *n* banco *m (en iglesia)*; *Fam Hum* **take a p.!** ¡siéntate!
pewter ['pju:tə(r)] *n* peltre *m*
PG [pi:'dʒi:] *n Br Cin (abbr* **parental guidance**) = para menores de 15 años acompañados
PGA [pi:dʒi:'eɪ] *n (abbr* **Professional Golfers' Association**) PGA *f*
PGCE [pi:dʒi:si:'i:] *n Br Educ (abbr* **postgraduate certificate of education**) = diploma para licenciados que capacita para ejercer en la enseñanza pública, *Esp* ≃ C.A.P. *m*
pH [pi:'eɪtʃ] *n Chem* pH *m*
phagocyte ['fægəsaɪt] *n Biol* fagocito *m*
phalanx ['fælæŋks] *n* (**a**) *Mil Hist* falange *f* (**b**) *(of officials, journalists)* pelotón *m* (**c**) *Anat (pl* **phalanges** [fæ'lændʒi:z]) falange *f*
phalarope ['fælərəʊp] *n* falaropo *m*
phallic ['fælɪk] *adj* fálico(a) ▫ ***p. symbol*** símbolo *m* fálico
phallocentric [fæləʊ'sentrɪk] *adj* falocéntrico(a)
phallus ['fæləs] *n* falo *m*
phantasmagoric(al) ['fæntæzmə'gɒrɪk(əl)] *adj* fantasmagórico(a)
phantom ['fæntəm] *n* fantasma *m* ▫ *Med* ***p. limb*** miembro *m* fantasma; ***p. pregnancy*** embarazo *m* psicológico
Pharaoh ['feərəʊ] *n* faraón *m*
Pharisee ['færɪsi:] *n* (**a**) *Rel* fariseo(a) *m,f* (**b**) *(hypocrite)* fariseo(a) *m,f*
pharmaceutical [fɑ:mə'sju:tɪkəl] **1** *npl* **pharmaceuticals** productos *mpl* farmacéuticos
2 *adj* farmacéutico(a)
pharmacist ['fɑ:məsɪst] *n* farmacéutico(a) *m,f*
pharmacologist [fɑ:mə'kɒlədʒɪst] *n* farmacólogo(a) *m,f*
pharmacology [fɑ:mə'kɒlədʒɪ] *n* farmacología *f*
pharmacy ['fɑ:məsɪ] *n* farmacia *f*
pharyngitis [færɪn'dʒaɪtɪs] *n Med* faringitis *f inv*
pharynx ['færɪnks] *n* faringe *f*
phase [feɪz] *n* (**a**) *(stage)* fase *f*, etapa *f*; **it's just a p. (he's going through)** ya se le pasará (**b**) *(coordination)* **in p. (with)** sincronizado(a) (con); **out of p. (with)** desfasado(a) (con respecto a)
▸**phase in** *vt sep* introducir gradualmente *or* escalonadamente
▸**phase out** *vt sep* eliminar gradualmente *or* escalonadamente
phased [feɪzd] *adj (in stages)* gradual, escalonado(a)
PhD [pi:eɪtʃ'di:] *n Univ (abbr* **Doctor of Philosophy**) *(person)* doctor(ora) *m,f*; *(degree)* doctorado *m*
pheasant ['fezənt] *n* faisán *m*
phenol ['fi:nɒl] *n* fenol *m*
phenomenal [fɪ'nɒmɪnəl] *adj* extraordinario(a)
phenomenally [fɪ'nɒmɪnəlɪ] *adv* extraordinariamente
phenomenology [fɪnɒmɪ'nɒlədʒɪ] *n Phil* fenomenología *f*
phenomenon [fɪ'nɒmɪnən] *(pl* **phenomena** [fɪ'nɒmɪnə]) *n* fenómeno *m*
phenotype ['fi:nətaɪp] *n* fenotipo *m*
pheromone ['ferəməʊn] *n* feromona *f*
phew [fju:] *exclam* ¡uf!
phi [faɪ] *n (Greek letter)* fi *f*
phial ['faɪəl] *n* ampolla *f*, vial *m*
Phi Beta Kappa ['faɪbi:tə'kæpə] *n* = sociedad estadounidense a la que entran a formar parte universitarios que se han distinguido en sus estudios
Philadelphian [fɪlə'delfɪən] **1** *n* = habitante o nativo de Filadelfia
2 *adj* de Filadelfia
philanderer [fɪ'lændərə(r)] *n Pej* mujeriego *m*
philandering [fɪ'lændərɪŋ] *Pej* **1** *n* líos *mpl* amorosos
2 *adj* mujeriego(a)
philanthropic [fɪlən'θrɒpɪk] *adj* filantrópico(a)
philanthropist [fɪ'lænθrəpɪst] *n* filántropo(a) *m,f*
philanthropy [fɪ'lænθrəpɪ] *n* filantropía *f*
philately [fɪ'lætəlɪ] *n* filatelia *f*
philharmonic [fɪlə'mɒnɪk] *Mus* **1** *n* filarmónica *f*
2 *adj* filarmónico(a)
Philippines ['fɪlɪpi:nz] *npl* **the P.** las Filipinas
philistine ['fɪlɪstaɪn] **1** *n* (**a**) *(uncultured person)* inculto(a) *m,f*, ignorante *mf* (**b**) *Hist* **the Philistines** los filisteos
2 *adj* inculto(a), ignorante
philistinism ['fɪlɪstɪnɪzəm] *n* incultura *f*, ignorancia *f*
Phillips ['fɪlɪps] *n* ***P. screw***® tornillo *m* de cabeza en cruz; ***P. screwdriver***® *Esp* destornillador *m or Am* desatornillador *m* de cruz
philologist [fɪ'lɒlədʒɪst] *n* filólogo(a) *m,f*
philology [fɪ'lɒlədʒɪ] *n* filología *f*
philosopher [fɪ'lɒsəfə(r)] *n* filósofo(a) *m,f* ▫ ***p.'s stone*** piedra *f* filosofal
philosophic(al) [fɪlə'sɒfɪk(əl)] *adj (person, attitude)* filosófico(a); **to be p. about sth** tomarse algo con filosofía
philosophically [fɪlə'sɒfɪklɪ] *adv* (**a**) *(argue)* filosóficamente (**b**) *(calmly, dispassionately)* con filosofía
philosophize [fɪ'lɒsəfaɪz] *vi* filosofar
philosophy [fɪ'lɒsəfɪ] *n* filosofía *f*; *Fam* **my p. is...** mi filosofía es...
phlebitis [flə'baɪtɪs] *n Med* flebitis *f inv*
phlegm [flem] *n* (**a**) *(mucus)* flema *f* (**b**) *(composure)* flema *f*
phlegmatic [fleg'mætɪk] *adj* flemático(a)
phlox [flɒks] *n Bot* polemonio *m*
phobia ['fəʊbɪə] *n* fobia *f*; **I have a p. about spiders/heights** le tengo fobia a las arañas/alturas

phobic ['fəʊbɪk] *adj* **she's a bit p. about spiders** le tiene fobia a las arañas

Phoenician [fə'ni:ʃən] **1** *n* (**a**) *(person)* fenicio(a) *m,f* (**b**) *(language)* fenicio *m*
2 *adj* fenicio(a)

phoenix ['fi:nɪks] *n* fénix *m inv*; IDIOM **to rise like a p. (from the ashes)** renacer de las propias cenizas como el ave fénix

phone [fəʊn] **1** *n* teléfono *m*; **to be on the p.** *(talking)* estar al teléfono; *(have a telephone)* tener teléfono; **to give sb a p.** llamar a alguien (por teléfono), *Am* hablar a alguien (por teléfono); **to get sb on the p.** contactar con alguien por teléfono; **to get on the p. to sb** llamar a alguien por teléfono, *Am* hablar a alguien (por teléfono); **to discuss sth on** *or* **over the p.** discutir algo por teléfono ▫ ***p. bill*** factura *f* del teléfono; ***p. book*** guía *f* telefónica *or* de teléfonos, *Am* directorio *m* de teléfonos; ***p. booth/box*** cabina *f* telefónica; ***p. call*** llamada *f* telefónica, *Am* llamado *m*; ***p. number*** número *m* de teléfono
2 *vt* **to p. sb** telefonear a alguien, llamar a alguien (por teléfono), *Am* hablar a alguien (por teléfono); **to p. home** llamar a casa (por teléfono)
3 *vi* telefonear, llamar (por teléfono)

▸**phone around** *vi* hacer algunas llamadas *or Am* llamados

▸**phone in** *vi* (**a**) *(to radio programme)* llamar (**b**) *(to work)* llamar; **I phoned in sick** llamé al trabajo para decir que estaba enfermo

▸**phone up** *vt sep* llamar

phonecard ['fəʊnkɑ:d] *n* tarjeta *f* telefónica

phone-in ['fəʊnɪn] *n Rad & TV* **p. (programme)** = programa con llamadas *or Am* llamados de los televidentes/oyentes

phoneme ['fəʊni:m] *n* fonema *m*

phonemic [fə'ni:mɪk] *adj* fonémico(a)

phonemics [fə'ni:mɪks] *n* fonemática *f*

phonetic [fə'netɪk] *adj* fonético(a) ▫ ***p. alphabet*** alfabeto *m* fonético

phonetically [fə'netɪklɪ] *adv* fonéticamente

phonetician [fəʊnə'tɪʃən] *n* fonetista *mf*

phonetics [fə'netɪks] *n* fonética *f*

phoney, *US* **phony** ['fəʊnɪ] *Fam* **1** *n* (*pl* **phoneys,** *US* **phonies**) *(person)* falso(a) *m,f*, farsante *mf*
2 *adj* falso(a)

phonics ['fɒnɪks] *npl Educ* = método de aprender a leer a través de la asociación de las letras con su fonética

phonograph ['fəʊnəgrɑ:f] *n* (**a**) *US Old-fashioned* gramófono *m* (**b**) *(early form of gramophone)* fonógrafo *m*

phonology [fə'nɒlədʒɪ] *n* fonología *f*

phony *US* = **phoney**

phooey ['fu:ɪ] *exclam Fam* **p.!** ¡bah!, *Esp* ¡qué va!

phosphate ['fɒsfeɪt] *n* fosfato *m*

phosphorescent [fɒsfə'resənt] *adj* fosforescente

phosphoric [fɒs'fɒrɪk] *adj* fosfórico(a) ▫ ***p. acid*** ácido *m* fosfórico

phosphorous ['fɒsfərəs] *adj* fosforoso(a)

phosphorus ['fɒsfərəs] *n* fósforo *m*

photo ['fəʊtəʊ] (*pl* **photos**) *n* foto *f* ▫ ***p. album*** álbum *m* de fotos; ***p. call*** = sesión fotográfica con la prensa; ***p. finish*** *(in race)* foto-finish *f*, fotofinis *f*; ***p. opportunity*** = ocasión de aparecer fotografiado dando una buena imagen; *Comptr* ***p. realism*** fotorrealismo *m*; ***p. retouching*** retocado *m* fotográfico

photocell ['fəʊtəʊsel] *n* célula *f* fotoeléctrica

photochemical [fəʊtəʊ'kemɪkəl] *adj* fotoquímico(a)

photocomposition [fəʊtəʊkɒmpə'zɪʃən] *n Typ* fotocomposición *f*

photocopier ['fəʊtəkɒpɪə(r)] *n* fotocopiadora *f*

photocopy ['fəʊtəkɒpɪ] **1** *n* fotocopia *f*
2 *vt* fotocopiar

photoelectric [fəʊtəʊɪ'lektrɪk] *adj* fotoeléctrico(a) ▫ ***p. cell*** célula *f* fotoeléctrica

photoengraving ['fəʊtəʊɪn'greɪvɪŋ] *n* fotograbado *m*

Photofit® ['fəʊtəʊfɪt] *n* retrato *m* robot *(elaborado con fotografías)*

photogenic [fəʊtə'dʒenɪk] *adj* fotogénico(a)

photograph ['fəʊtəgrɑ:f] **1** *n* fotografía *f*; **to take sb's p.** sacarle una fotografía a alguien ▫ ***p. album*** álbum *m* de fotografías
2 *vt* fotografiar

photographer [fə'tɒgrəfə(r)] *n* fotógrafo(a) *m,f*

photographic [fəʊtə'græfɪk] *adj* fotográfico(a); **to have a p. memory** tener memoria fotográfica

photographically [fəʊtə'græfɪklɪ] *adv* fotográficamente

photography [fə'tɒgrəfɪ] *n* fotografía *f*; **a p. course/magazine** un curso/una revista de fotografía

photojournalism ['fəʊtəʊ'dʒɜ:nəlɪzəm] *n* periodismo *m* gráfico

photolithography [fəʊtəʊlɪ'θɒgrəfɪ] *n* fotolitografía *f*

photomontage ['fəʊtəʊmɒn'tɑ:ʒ] *n* fotomontaje *m*

photon ['fəʊtɒn] *n Phys* fotón *m*

photosensitive ['fəʊtəʊ'sensɪtɪv] *adj* fotosensible

photosetter ['fəʊtəʊsetə(r)] *n* filmadora *f*

Photostat® ['fəʊtəstæt] *n* (fotocopia *f* de) fotostato *m*

photosynthesis [fəʊtəʊ'sɪnθɪsɪs] *n Bot* fotosíntesis *f inv*

photosynthesize [fəʊtəʊ'sɪnθɪsaɪz] *vt Bot* fotosintetizar

phototypesetter [fəʊtəʊ'taɪpsetə(r)] *n Typ* (**a**) *(machine)* fotocomponedora *f* (**b**) *(person)* fotocomponedor(a) *m,f*

photovoltaic ['fəʊtəʊvɒl'teɪɪk] *adj* fotovoltaico(a) ▫ ***p. cell*** célula *f* fotovoltaica

phrasal verb ['freɪzəl'vɜ:b] *n Gram* verbo *m* con partícula *(preposición o adverbio)*

phrase [freɪz] **1** *n* frase *f* ▫ ***p. book*** manual *m or* guía *f* de conversación
2 *vt* (**a**) *(express, word)* expresar (**b**) *Mus* frasear

phraseology [freɪzɪ'ɒlədʒɪ] *n* fraseología *f*

phreaker ['fri:kə(r)] *n Comptr & Tel* = persona que manipula las líneas telefónicas para obtener llamadas *or Am* llamados gratis

phreaking ['fri:kɪŋ] *n Comptr & Tel* **(phone) p.** = manipulación de las líneas telefónicas para obtener llamadas *or Am* llamados gratis

phrenology [frə'nɒlədʒɪ] *n* frenología *f*

phut [fʌt] *adv Br Fam* **to go p.** *(of machine)* estropearse *Esp* escacharrarse, *Am* joderse; *(of plans)* irse al *Esp* garete *or Col, Méx* piso *or RP* diablo

phylloxera [fɪ'lɒksərə] *n* filoxera *f*

phylum ['faɪləm] *n Biol & Zool* filum *m*, tipo *m*

physical ['fɪzɪkəl] **1** *n (examination)* chequeo *m*, examen *m or* reconocimiento *m* médico
2 *adj* físico(a); **to be a p. impossibility** ser una imposibilidad física *or* material ▫ ***p. chemistry*** química *f* física; ***p. education*** educación *f* física; ***p. exercise*** ejercicios *mpl* físicos; ***p. fitness*** buena forma *f* física; ***p. geography*** geografía *f* física; *Br Fam* ***p. jerks*** gimnasia *f*, ejercicios *mpl* físicos; ***p. sciences*** ciencias *fpl* físicas; ***p. training*** ejercicios *mpl* físicos

physicality [fɪzɪ'kælɪtɪ] *n* **the p. of this sport** el carácter físico de este deporte

physically ['fɪzɪklɪ] *adv* físicamente; **p. fit** en buena forma física; **p. handicapped** discapacitado(a) físico(a)

physician [fɪ'zɪʃən] *n Formal* médico(a) *m,f*

physicist ['fɪzɪsɪst] *n* físico(a) *m,f*

physics ['fɪzɪks] *n* física *f*

physio ['fɪzɪəʊ] *n Fam* (**a**) *(treatment)* fisioterapia *f* (**b**) *(person)* fisio *mf*, fisioterapeuta *mf*

physiognomy [fɪzɪ'ɒnəmɪ] *n Formal* fis(i)onomía *f*

physiological [fɪzɪə'lɒdʒɪkəl] *adj* fisiológico(a)

physiologist [fɪzɪ'ɒlədʒɪst] *n* fisiólogo(a) *m,f*

physiology [fɪzɪ'ɒlədʒɪ] *n* fisiología *f*

physiotherapist [fɪzɪəʊ'θerəpɪst] *n* fisioterapeuta *mf*

physiotherapy [fɪzɪəʊ'θerəpɪ] *n* fisioterapia *f*

physique [fɪ'zi:k] *n* físico *m*

pi [paɪ] *n Math* pi *m*

pianist ['pɪənɪst] *n* pianista *mf*

piano [pɪ'ænəʊ] (*pl* **pianos**) *n* piano *m* ▫ ***p. accordion*** acordeón *m*; ***p. concerto*** concierto *m* para piano y orquesta; ***p. stool***

escabel *m*, taburete *m* de piano; ***p. tuner*** afinador(ora) *m,f* de pianos

pianoforte [pɪ'ænəʊ'fɔ:teɪ] *n Formal* pianoforte *m*

Pianola® [pɪən'əʊlə] *n* pianola *m*

pic [pɪk] *n Fam* foto *f*

pica ['paɪkə] *n Comptr & Typ* pica *f*

picaresque [pi:kə'resk] *adj Lit* picaresco(a)

picayune [pɪkə'ju:n] *adj US Fam* insignificante

piccalilli [pɪkə'lɪlɪ] *n* = salsa agridulce a base de trocitos de verdura y mostaza

piccaninny ['pɪkənɪnɪ] *n Pej* (**a**) *US (black child)* = término ofensivo para referirse a un niño negro (**b**) *Austr (aboriginal child)* = término ofensivo para referirse a un niño aborigen

piccy ['pɪkɪ] *n Fam* foto *f*

piccolo ['pɪkələʊ] (*pl* **piccolos**) *n* flautín *m*, piccolo *m*

PICK [pɪk] **1** *n* (**a**) *(tool)* pico *m*
(**b**) *US (plectrum)* púa *f*
(**c**) *(choice)* **we had first p.** nos dejaron elegir los primeros; **we had our p. of seats** pudimos elegir nuestros asientos; **take your p.** escoge a tu gusto
(**d**) *(best)* **the p. of the bunch** el/la mejor de todos(as)
2 *vt* (**a**) *(choose)* escoger, elegir; *(team)* seleccionar; **to p. sb for a team** seleccionar a alguien para un equipo; **to p. a fight with sb** buscar pelea con alguien; **she picked her way through the crowd** pasó por entre la multitud con cuidado; **he picked his way across the minefield** cruzó el campo de minas con extremo cuidado; **it's not easy to p. a winner** no es fácil pronosticar un ganador
(**b**) *(remove) (flowers, fruit)* recoger, *Esp* coger; **p. your own strawberries** *(sign)* = cartel al borde de la carretera que identifica un campo al que la gente puede ir a recoger sus propias fresas pagando; **to p. a spot/a scab** arrancarse un grano/una costra; *Fig* **to p. sb's pocket** robar algo del bolsillo de alguien
(**c**) *(open)* **to p. a lock** forzar una cerradura
(**d**) *(clean)* **to p. one's nose** meterse el dedo en *or* hurgarse la nariz; **to p. one's teeth** escarbarse los dientes; **the dog picked the bone clean** el perro dejó el hueso limpio; IDIOM **to p. sb's brains** aprovechar los conocimientos de alguien
(**e**) *(make)* **she picked a hole in her sweater** se hizo un punto en el suéter (tirando); IDIOM **to p. holes in sth** *(in argument, theory)* sacar fallos *or Am* fallas a algo
(**f**) *Mus* **to p. a guitar** puntear
3 *vi* **we can't afford to p. and choose** no podemos permitirnos elegir

▸**pick at** *vt insep* (**a**) *(scab, spot)* rascarse (**b**) *(eat without enthusiasm)* **she picked at her food** picoteó su comida con desgana

▸**pick off** *vt sep* (**a**) *(remove)* **I picked my briefcase off the chair** recogí mi maletín de la silla; **he picked the hairs off his trousers** quitó *or Am* sacó los pelos de sus pantalones uno a uno (**b**) *(of gunman, sniper)* ir abatiendo (uno por uno)

▸**pick on** *vt insep* (**a**) *(bully)* meterse con; **I got picked on at school** se metían conmigo en el colegio; **p. on somebody your own size!** ¡no seas abusón! (**b**) *(choose)* elegir

▸**pick out** *vt sep* (**a**) *(remove)* quitar, *Am* sacar; **she picked the splinter out of her finger** se arrancó la astilla del dedo
(**b**) *(select)* elegir, escoger; **he picked out the centre forward with his pass** metió un pase preciso al delantero centro
(**c**) *(recognize)* reconocer
(**d**) *(identify)* **he picked out three key moments that had turned the course of the election** resaltó tres momentos clave que habían decidido la elección; **they picked him out as a future leader** lo identificaron como futuro líder; **the headlights picked out a figure** las luces largas cayeron sobre una figura
(**e**) *(write)* **her name was picked out in gold** su nombre estaba escrito en letras de oro
(**f**) *(a tune)* sacar

▸**pick over** *vt insep (select best from)* seleccionar (lo mejor de)

▸**pick up 1** *vt sep* (**a**) *(lift up)* recoger, *Esp* coger; **see if you can p. up this box** a ver si puedes levantar esta caja; **to p. up the phone** descolgar el teléfono; **if you need my help, just p. up the phone** si necesitas mi ayuda, llámame; **p. up a leaflet at our new store** recoja un folleto en nuestra nueva tienda; **she picked the puppy up by the scruff of the neck** levantó al cachorro por el cogote; **to p. oneself up** *(after fall)* levantarse; *(after defeat)* recuperarse; *also Fig* **to p. up the bill** *or* **tab** pagar la cuenta; IDIOM **to p. up the pieces** empezar de nuevo *(tras un fracaso)*; **to p. up the threads of a discussion** retomar el hilo de un discusión
(**b**) *(collect)* recoger; *(arrest)* detener; **I'll p. you up at eight** pasaré a buscarte a las ocho; **to p. up survivors** rescatar supervivientes
(**c**) *(learn) (language, skill)* aprender; *(habit)* adquirir, *Esp* coger
(**d**) *(obtain) (bargain, votes, information)* conseguir; *(medal, points)* ganar; *(disease, virus)* contraer; **I picked this radio up for £10** conseguí esta radio por 10 libras; **to p. up speed** cobrar *or* ganar velocidad
(**e**) *(radio station)* sintonizar; *(message, signal)* captar, recibir
(**f**) *(notice)* percatarse de
(**g**) *(discussion)* reanudar; *(theme, point)* retomar
(**h**) *(make better)* **that will p. you up** eso te reconfortará
(**i**) *Fam* **to p. sb up** *(find sexual partner)* ligarse *or RP* levantar a alguien
2 *vi* (**a**) *(improve)* mejorar; **business is picking up** el negocio se va animando; **his spirits** *or* **he picked up when he heard the news** se animó al oír las noticias
(**b**) *(increase) (of wind)* aumentar; *(of speed, tempo)* incrementarse; *(of prices)* subir
(**c**) *(continue)* **let's p. up where we left off** vamos a seguir por donde estábamos

▸**pick up on 1** *vt insep* (**a**) *(continue to discuss)* retomar (**b**) *(notice)* darse cuenta de
2 *vt sep Br (correct)* **to p. sb up on sth** corregir algo a alguien

pickaxe, *US* **pickax** ['pɪkæks] *n* pico *m*

picker ['pɪkə(r)] *n (of fruit, tea)* recolector(ora) *m,f*

picket ['pɪkɪt] **1** *n* (**a**) *(in strike, of guards)* piquete *m* ▫ ***p. line*** piquete *m* (**b**) *(stake)* estaca *f* ▫ ***p. fence*** cerca *f*, estacada *f*
2 *vt (during strike)* hacer piquetes en
3 *vi* hacer piquetes

pickings ['pɪkɪŋz] *npl* (**a**) *(booty)* botín *m*; **rich p.** pingües beneficios *mpl* (**b**) *(leftovers)* restos *mpl*

pickle ['pɪkəl] **1** *n* (**a**) *Br (sauce)* = salsa agridulce a base de trocitos de fruta y verduras (**b**) **pickles** *(vegetables in vinegar)* variantes *mpl*, encurtidos *mpl* (**c**) *Fam (difficult situation)* **to be in a bit of a p.** estar metido(a) en un buen lío
2 *vt* encurtir

pickled ['pɪkəld] *adj* (**a**) *(food)* **p. cabbage** col *f* en vinagre; **p. herrings** arenques *mpl* en escabeche (**b**) *Fam (drunk)* trompa, mamado(a)

picklock ['pɪklɒk] *n* (**a**) *(person)* ladrón(ona) *m,f* de ganzúa (**b**) *(tool)* ganzúa *f*

pick-me-up ['pɪkmɪʌp] *n Fam* reconstituyente *m*, tónico *m*

pick-'n'-mix ['pɪkən'mɪks] *Br* **1** *n (sweets, cheese)* = surtido seleccionado por el cliente
2 *adj* surtido(a); *Fig* **a p. approach** un enfoque arbitrario

pickpocket ['pɪkpɒkɪt] *n* carterista *mf*

pick-up ['pɪkʌp] *n* (**a**) *Br* **p. (arm)** *(on record player)* brazo *m* del tocadisco (**b**) *(in transport)* **p. (truck)** camioneta *f* ▫ ***p. point*** *(for goods, passengers)* lugar *m* de recogida (**c**) *Fam (improvement)* recuperación *f* (**d**) *Fam (sexual partner)* ligue *m*, *RP* levante *m*

picky ['pɪkɪ] *adj Fam* exigente, escrupuloso(a)

picnic ['pɪknɪk] **1** *n* picnic *m*, comida *f* campestre; **to go on a p.** ir de picnic; IDIOM *Fam* **it's no p.** no es moco de pavo, se las trae ▫ ***p. basket*** *or* ***hamper*** cesta *f* de merienda
2 *vi* (*pt & pp* **picnicked**) ir de picnic

picnicker ['pɪknɪkə(r)] *n* excursionista *mf*

Pict [pɪkt] *n Hist* picto(a) *m,f*

pictogram ['pɪktəgræm] *n* pictograma *m*

pictorial [pɪk'tɔ:rɪəl] **1** *n (magazine)* revista *f* ilustrada
2 *adj* gráfico(a), ilustrado(a)

picture ['pɪktʃə(r)] **1** *n* (**a**) *(painting)* cuadro *m*, pintura *f*; *(drawing)* dibujo *m*; *(in book)* ilustración *f*; *(photograph)* fotografía *f*; *(on TV, in mind)* imagen *f* ▫ ***p. book*** libro *m* ilustrado; ***p. frame*** marco *m*; ***p. gallery***

pinacoteca *f*; ***p. library*** archivo *m* fotográfico; ***p. postcard*** postal *f*; ***p. rail*** moldura *f* para colgar cuadros; ***p. researcher*** = persona encargada de buscar fotografías para anuncios publicitarios, publicaciones, etc.; ***p. restorer*** restaurador(ora) *m,f* de cuadros; ***p. window*** ventanal *m*
(**b**) *(impression, overview)* **the political/economic p.** el panorama político/económico; *Fig* **this book gives a totally different p. of medieval life** este libro presenta una imagen completamente diferente de la vida medieval
(**c**) *Fam (movie)* película *f*; *Br* **to go to the pictures** ir al cine
(**d**) IDIOMS **he's the p. of health** es la viva imagen de la salud; **his face was a p.** puso una cara digna de verse; **are you still seeing Jim? — no, he's out of the p. now** ¿sigues saliendo con Jim? – no, ya es historia; **to put sb in the p.** poner a alguien al tanto *or* en situación; *Fam* **I get the p.** ya veo, ya entiendo
2 *vt* (**a**) *(imagine)* imaginarse; **I can't p. him as a teacher** no me lo imagino (trabajando) de profesor
(**b**) *(represent, portray)* retratar; **the headmaster, pictured here on the left...** el director, que aparece aquí a la izquierda...

picturesque [pɪktʃə'resk] *adj* pintoresco(a)

piddle ['pɪdəl] *Fam* **1** *n* **to have a p.** hacer pis
2 *vi* hacer pis

▸**piddle about, piddle around** *vi Fam* perder el tiempo

piddling ['pɪdlɪŋ] *adj Fam* insignificante; **she sold it for a p. twenty dollars** lo vendió por veinte míseros dólares

pidgin ['pɪdʒɪn] *n* lengua *f* híbrida, (lengua *f*) pidgin *m* ▫ ***p. English*** = mezcla de inglés con un idioma local

pie [paɪ] *n (of meat, fish)* empanada *f*, pastel *m*, *Chile, Col, RP* torta *f*; *(of fruit)* tarta *f*; IDIOM *Fam* **p. in the sky** castillos *mpl* en el aire ▫ ***p. chart*** *or* ***diagram*** gráfico *m* circular *or* de sectores

piebald ['paɪbɔːld] **1** *n (horse)* picazo *m*
2 *adj* picazo(a)

PIECE [piːs] *n* (**a**) *(of paper, meat, cake)* trozo *m*, pedazo *m*; **a p. of advice** un consejo; **a p. of carelessness** un descuido; **a p. of clothing** una prenda (de vestir); **this barometer is a delicate p. of equipment** este barómetro es un instrumento delicado; **a p. of evidence** una evidencia; **a p. of fruit** una fruta; **a p. of furniture** un mueble; **a p. of information** una información; **a p. of jewellery** una joya; **a p. of land** un terreno; **that was a p. of (good) luck!** ¡fue (una) suerte!; **a p. of legislation** una ley; **a p. of luggage** un bulto (de equipaje); **a p. of news** una noticia; **what an amazing p. of skill!** ¡qué habilidad!; **a p. of software** un software; **a p. of toast** una tostada; **a p. of work** un trabajo; **this novel is a fascinating p. of writing** esta novela es una obra fascinante; **a four-p. band** una formación con cuatro instrumentos; **a 24-p. canteen of cutlery** una cubertería de 24 piezas; **they took the radio apart p. by p.** desmontaron la radio pieza a pieza; **the vase arrived (all) in one p.** el jarrón llegó intacto; **to be still in one p.** *(person)* estar sano(a) y salvo(a); **to be in pieces** *(broken)* estar destrozado(a); *(unassembled)* estar desmontado(a); **to break sth into pieces** romper algo en pedazos; **they are all of a p.** están cortados por el mismo patrón; **to come** *or* **fall to pieces** caerse a pedazos; *Fig* **that jumper is falling to pieces!** ese suéter *or Esp* jersey *or Col* saco *or RP* pulóver se cae a pedazos; IDIOM **to go to pieces** *(of person)* derrumbarse; **to take sth to pieces** desmontar algo; **to tear sth to pieces** hacer trizas algo; *Fig* **to tear** *or* **pull sth/sb to pieces** *(criticize)* hacer trizas algo/a alguien; IDIOM **to want a p. of the action** querer un pedazo del pastel; IDIOM **it was a p. of cake** *(very easy)* estaba facilísimo; IDIOM *very Fam* **it was a p. of of piss** *(very easy)* era pan comido, *Esp* estaba tirado *or* chupado; IDIOM **to give sb a p. of one's mind** cantar las cuarenta a alguien; **he said his p.** dijo lo que pensaba ▫ ***p. rate*** *(pay)* tarifa *f* a destajo
(**b**) *(in games, of jigsaw puzzle)* pieza *f*; *(in dominoes, draughts)* ficha *f*
(**c**) *(coin)* **five/fifty pence p.** moneda *f* de cinco/cincuenta peniques; *Formerly* **pieces of eight** ocho reales
(**d**) *(work of art)* pieza *f*
(**e**) *(newspaper article)* artículo *m*; *(television report)* información *f*; *(music)* pieza *f*
(**f**) *(of artillery)* pieza *f*; *Fam (gun)* pipa *f*

▸**piece together** *vt sep (parts)* montar; *(broken object)* recomponer; *(facts)* reconstruir; *(evidence)* componer

---

pièce de résistance [pɪ'esdərə'zɪstɔːns] *n* plato *m* fuerte

piecemeal ['piːsmiːl] **1** *adj* deslavazado(a), poco sistemático(a)
2 *adv* deslavazadamente, desordenadamente

piecework ['piːswɜːk] *n Ind* (trabajo *m* a) destajo *m*

piecrust ['paɪkrʌst] *n* = masa o pasta que recubre un pastel

pied [paɪd] *adj* de varios colores, moteado(a); **the P. Piper (of Hamelin)** el flautista de Hamelín

pie-eyed ['paɪ'aɪd] *adj Fam* trompa, mamado(a); **to get p.** agarrar una curda, *Méx* ponerse una buena peda

pier [pɪə(r)] *n* (**a**) *(landing stage)* muelle *m*, embarcadero *m* (**b**) *(with seaside amusements)* malecón *m* (**c**) *(of bridge)* pilar *m*

pierce [pɪəs] *vt* perforar; **the lights were unable to p. the fog** las luces no conseguían atravesar la niebla; **to p. a hole in sth** hacer un agujero en algo; **to have one's ears pierced** hacerse agujeros en las orejas; **to have one's navel pierced** hacerse un piercing en el ombligo, hacerse un agujero en el ombligo *(para ponerse un pendiente)*

piercing ['pɪəsɪŋ] *adj (voice, sound, look)* penetrante; *(wind)* cortante

piety ['paɪətɪ] *n* piedad *f*

piffle ['pɪfəl] *n Fam* tonterías *fpl*, bobadas *fpl*

piffling ['pɪflɪŋ] *adj Fam* ridículo(a)

pig [pɪg] **1** *n* (**a**) *(animal)* cerdo *m*, puerco *m*, *Am* chancho *m*
(**b**) *Fam (greedy person)* comilón(ona) *m,f*, glotón(ona) *m,f*, *Am* chancho(a) *m,f*; *(unpleasant person)* cerdo(a) *m,f*, asqueroso(a) *m,f*, *Am* chancho(a) *m,f*
(**c**) *very Fam (policeman) Esp* madero *m*, *Andes* paco *m*, *Col* tombo *m*, *Méx* tamarindo *m*, *RP* cana *m*
(**d**) *Ind* ***p. iron*** arrabio *m*, hierro *m* en lingotes
(**e**) IDIOMS *Fam* **to buy a p. in a poke** recibir gato por liebre; **to make a p. of oneself** ponerse las botas de comida; *Fam* **to make a p.'s ear of sth** hacer un *Esp* desaguisado *or Méx* desmadre *or RP* despelote con algo; *Fam* **a p. of a job** una auténtica faena; **pigs might fly!** ¡que te crees tú eso!, *Esp* ¡y yo soy la reina de los mares!, *Méx* ¡y yo soy el presidente de la República!, *RP* ¡y yo soy Gardel!
2 *vt (pt & pp* **pigged**) *Fam* **to p. oneself** ponerse las botas (comiendo)

▸**pig out** *vi Fam* ponerse las botas (comiendo)

pigeon ['pɪdʒɪn] *n* paloma *f* ▫ ***p. loft*** palomar *m*; ***p. post*** correo *m* por paloma mensajera

pigeon-breasted ['pɪdʒən'brestɪd], **pigeon-chested** ['pɪdʒən'tʃestɪd] *adj* = con el pecho estrecho y salido

pigeonhole ['pɪdʒɪnhəʊl] **1** *n* casillero *m*, casilla *f*
2 *vt* encasillar

pigeon-toed ['pɪdʒən'təʊd] *adj* con las puntas de los pies para dentro

piggery ['pɪgərɪ] *n* (**a**) *(pig farm)* granja *f* porcina (**b**) *Fam (dirty, untidy place)* pocilga *f*, *Méx* mugrero *m*, *RP* chiquero *m* (**c**) *Fam (greed)* glotonería *f*

piggish ['pɪgɪʃ] *adj Fam* (**a**) *(dirty, untidy)* cochino(a), cerdo(a), *Am* chancho(a) (**b**) *(greedy)* glotón(ona)

piggy ['pɪgɪ] *Fam* **1** *n* cerdito(a) *m,f*, *Am* chanchito(a) *m,f* ▫ ***p. bank*** = hucha en forma de cerdito
2 *adj* **p. eyes** ojillos *mpl* de cerdo

piggyback ['pɪgɪbæk] *n* **to give sb a p.** llevar a alguien a cuestas

piggy-in-the-middle = **pig-in-the-middle**

pigheaded ['pɪg'hedɪd] *adj* tozudo(a), testarudo(a)

pigheadedness ['pɪg'hedɪdnɪs] *n* tozudez *f*, testarudez *f*

pig(gy)-in-the-middle ['pɪg(ɪ)ɪnðə'mɪdəl] *n* IDIOM **to feel like p.** sentirse como el tercero en discordia

piglet ['pɪglɪt] *n* cochinillo *m*, cerdito *m*

pigment ['pɪgmənt] *n* pigmento *m*

pigmentation [pɪgmən'teɪʃən] *n* pigmentación *f*

pigmy ['pɪgmɪ] *n* pigmeo(a) *m,f*

pigskin ['pɪgskɪn] **1** *n* (**a**) *(material)* piel *m* de cerdo *or* puerco *or Am* chancho (**b**) *US Fam (football)* balón *m* (de fútbol americano)
2 *adj* de piel de cerdo *or* puerco *or Am* chancho

pigsty ['pɪgstaɪ] *n also Fig* pocilga *f*

pigswill ['pɪgswɪl] *n* bazofia *f*

pigtail ['pɪgteɪl] *n (plaited)* trenza *f*; *(loose)* coleta *f*

pike[1] [paɪk] *n (weapon)* pica *f*

pike[2] *n (fish)* lucio *m*

pilaff ['piːlæf] *n* = plato de arroz especiado

pilaster [pɪ'læstə(r)] *n Archit* pilastra *f*

pilau [pɪ'laʊ] *n* = plato de arroz especiado ▫ ***p. rice*** = arroz de colores especiado servido como acompañamiento

pilchard ['pɪltʃəd] *n* sardina *f*

pile [paɪl] **1** *n* (**a**) *(heap)* pila *f*, montón *m*; **to put in(to) a p., to make a p. of** apilar; *Fam Fig* **to be at the top/bottom of the p.** estar en lo más alto/bajo de la escala
(**b**) *Fam (lots)* **to have piles of** *or* **a p. of work to do** tener un montón de trabajo que hacer
(**c**) *Fam (fortune)* **she made her p. in property** se forró *or Méx* se llenó de lana *or RP* se llenó de guita con el negocio inmobiliario
(**d**) *(of carpet)* pelo *m*
(**e**) *Phys* **(atomic) p.** pila *f* atómica
(**f**) *Formal or Hum (building)* mansión *f*
(**g**) *(column, pillar)* pilar *m*
2 *vt* amontonar, apilar; **they piled food onto my plate** me llenaron el plato de comida; IDIOM *Fam* **to p. it on thick** cargar las tintas
3 *vi Fam* **to p. into a car** meterse atropelladamente en un coche *or Am* carro *or Chile, RP* auto; **to p. in/out** meterse/salir atropelladamente

▸**pile off** *vi Fam* salir atropelladamente

▸**pile on** *vt sep* **to p. on the pressure** aumentar la presión al máximo

▸**pile up 1** *vt sep* (**a**) *(objects)* apilar, amontonar (**b**) *(debts)* acumular, amontonar
2 *vi* (**a**) *(of dirty clothes, work)* amontonarse, apilarse (**b**) *(of debts)* acumularse, amontonarse

pile-driver ['paɪldraɪvə(r)] *n (machine)* martinete *m*

piles [paɪlz] *npl (haemorrhoids)* almorranas *fpl*

pile-up ['paɪlʌp] *n (of cars)* choque *m* masivo

pilfer ['pɪlfə(r)] *vt & vi* hurtar, sisar

pilferage ['pɪlfərɪdʒ] *n* hurto *m*

pilgrim ['pɪlgrɪm] *n* peregrino(a) *m,f*; **the P. Fathers** = el primer grupo de puritanos ingleses que llegó a América a bordo del Mayflower

pilgrimage ['pɪlgrɪmɪdʒ] *n* peregrinación *f*, peregrinaje *m*; **to go on a p., to make a p.** hacer una peregrinación

pill [pɪl] *n* (**a**) *(medicine)* pastilla *f*, píldora *f* (**b**) *(contraceptive)* **the p.** la píldora; **to be on the p.** tomar la píldora

pillage ['pɪlɪdʒ] **1** *n* pillaje *m*, saqueo *m*
2 *vt & vi* saquear

pillar ['pɪlə(r)] *n* (**a**) *(of building)* pilar *m*; IDIOM **from p. to post** de la Ceca a la Meca; **to be a p. of strength** ser como una roca ▫ *Br* ***p. box*** buzón *m* (de correos) (**b**) *(of fire)* columna *f* (**c**) *(respected member)* **a p. of society/the Church** uno de los pilares de la sociedad/la Iglesia

pillar-box red ['pɪləbɒks'red] *n Br* rojo *m* vivo

pillbox ['pɪlbɒks] *n* (**a**) *(for pills)* cajita *f* para pastillas (**b**) *Mil* fortín *m* (**c**) *(hat)* **p. (hat)** sombrero *m* sin alas

pillion ['pɪljən] **1** *n* **p. (seat)** asiento *m* trasero
2 *adv* **to ride p.** ir de paquete

pillock ['pɪlək] *n Br very Fam Esp* gilipollas *mf inv, Am* pendejo(a) *m,f*

pillory ['pɪlərɪ] **1** *n* picota *f*
2 *vt (ridicule)* poner en la picota

pillow ['pɪləʊ] *n* almohada *f* ▫ ***p. talk*** secretos *mpl or* conversaciones *fpl* de alcoba

pillowcase ['pɪləʊkeɪs], **pillowslip** ['pɪləʊslɪp] *n* funda *f* de almohada

pill-popper ['pɪlpɒpə(r)] *n Fam* = consumidor habitual de pastillas sedantes o estimulantes

pilot ['paɪlət] **1** *n* (**a**) *(of plane, ship)* piloto *mf* ▫ *Br* ***p. officer*** alférez *m* (**b**) *(experimental) TV* **p. (programme)** programa *m* piloto ▫ ***p. scheme/study*** proyecto *m*/estudio *m* piloto (**c**) *(fish)* ***p. fish*** pez *m* piloto (**d**) *(in oven, heater)* **p. (light)** piloto *m*
2 *vt (plane, ship)* pilotar

pilotless ['paɪlətlɪs] *adj (automatic)* sin piloto

pimento [pɪ'mentəʊ] *n* (**a**) *(allspice)* pimienta *f* inglesa (**b**) *(sweet pepper)* pimiento *m* morrón, *Méx* chile *m*, *RP* ají *m*, *Col, Ven* pimentón *m*

pi-meson ['paɪ'miːzɒn] *n Phys* mesón *m* pi

pimiento [pɪ'mjentəʊ] *n (sweet pepper)* pimiento *m* morrón, *Méx* chile *m*, *RP* ají *m*, *Col,Ven* pimentón *m*

pimp [pɪmp] *n* proxeneta *m*, *Esp* chulo *m*

pimpernel ['pɪmpənel] *n* pimpinela *f*

pimple ['pɪmpəl] *n* grano *m*

pimply ['pɪmplɪ] *adj* lleno(a) de granos

PIN [pɪn] *n (abbr* **personal identification number**) **P. (number)** PIN *m*

pin [pɪn] **1** *n* (**a**) *(for sewing)* alfiler *m*; IDIOM **you could have heard a p. drop** se oía el vuelo de una mosca; *Fam* **pins and needles** hormigueo *m*; **(safety) p.** *(for fastening clothes)* imperdible *m*, *Am* alfiler *m* de gancho, *CAm, Méx* seguro *m* ▫ ***p. money*** dinero *m* extra
(**b**) *(bolt)* clavija *f*; **(firing) p.** percutor *m*
(**c**) *Med* clavo *m*
(**d**) *Br Elec (of wall plug)* clavija *f*; *Comptr (on cable)* pin *m*; **two/three p. plug** enchufe *m* de dos/tres clavijas
(**e**) *(of grenade)* seguro *m*
(**f**) *Fam* **pins** *(legs)* piernas *fpl*
(**g**) *(in golf)* **the p.** el banderín; **the p. position** la posición del banderín
(**h**) *(in bowling)* bolo *m*
2 *vt (pt & pp* **pinned**) (**a**) *(fasten) (with pin)* clavar; **to p. the blame on sb** cargar la culpa a alguien; **he pinned his hopes on them** puso *or* cifró sus esperanzas en ellos
(**b**) *(hold still)* sujetar, atrapar; **to p. sb against** *or* **to a wall** atrapar a alguien contra una pared

▸**pin back** *vt sep Br Fam* **to p. one's ears back** *(listen carefully)* prestar atención

▸**pin down** *vt sep* (**a**) *(trap)* atrapar, sujetar (**b**) *(identify)* identificar (**c**) *(force to be definite)* **we tried to p. him down to a date** intentamos que se comprometiera a dar una fecha

▸**pin up** *vt sep* (**a**) *(notice)* clavar (**b**) *(hair)* recoger; *(hem)* prender con alfileres

pinafore ['pɪnəfɔː(r)] *n (apron)* delantal *m* ▫ ***p. dress*** pichi *m*

pinball ['pɪnbɔːl] *n* **to play p.** jugar a la máquina *or* al flíper ▫ ***p. machine*** máquina *f* de bolas, flíper *m*

pince-nez ['pæns'neɪ] *npl* quevedos *mpl*

pincer ['pɪnsə(r)] *n* (**a**) *(of crab, insect)* pinza *f* (**b**) *Mil* **p. movement** movimiento *m* de tenaza

pincers ['pɪnsəz] *npl (tool)* tenazas *fpl*

pinch [pɪntʃ] **1** *n* (**a**) *(action)* pellizco *m*; **to give sb a p.** dar un pellizco a alguien (**b**) *(small amount)* pizca *f*, pellizco *m* (**c**) IDIOMS **to feel the p.** pasar estrecheces; **at a p.** haciendo un esfuerzo; **to take sth with a p. of salt** no tomarse algo muy en serio, no dar demasiado crédito a algo
2 *vt* (**a**) *(nip)* pellizcar; **these shoes p. my feet** estos zapatos me aprietan (**b**) *Fam (steal)* afanar, *Esp* levantar
3 *vi (of shoes)* apretar

pinched ['pɪnʃt] *adj (features)* demacrado(a)

pinch-hit ['pɪntʃ'hɪt] *vi US* (**a**) *(in baseball)* = sustituir a un bateador en un momento decisivo del partido (**b**) *Fig (substitute)* **to p. for sb** sustituir a alguien *(en una emergencia)*

pincushion ['pɪnkʊʃən] *n* acerico *m*, alfiletero *m*

pine[1] [paɪn] *n (tree, wood)* pino *m* ▫ ***p. cone*** piña *f*; ***p. forest*** pinar *m*; ***p. kernel*** piñón *m*; ***p. marten*** marta *f*; ***p. needle*** aguja *f* de pino; ***p. nut*** piñón *m*; ***p. tree*** pino *m*

pine[2] *vi* **to p. for sth/sb** echar de menos *or* añorar algo/a alguien, *Am* extrañar algo/a alguien

▸**pine away** *vi* consumirse de pena

pineal gland ['pɪnɪəl'glænd] *adj Anat* glándula *f* pineal

pineapple ['paɪnæpəl] *n* piña *f*, *RP* ananá *m*

pinewood ['paɪnwʊd] *n (wood)* madera *f* de pino

PING [pɪŋ] *n Comptr (abbr* **Packet Internet groper**) PING *m*

ping [pɪŋ] **1** *n* sonido *m* metálico
2 *vi* sonar

pinger ['pɪŋə(r)] *n (timer)* reloj *m* alarma *(utilizado en la cocina)*

ping-pong ['pɪŋpɒŋ] *n* pimpón *m,* ping-pong *m*

pinhead ['pɪnhed] *n Fam (stupid person)* estúpido(a) *m,f, Esp* majadero(a) *m,f*

pinion ['pɪnjən] **1** *n (cogwheel)* piñón *m*
2 *vt (restrain)* inmovilizar, sujetar; **to p. sb to the ground** inmovilizar a alguien en el suelo

pink [pɪŋk] **1** *n* **(a)** (color *m*) rosa *m;* IDIOM *Fam* **to be in the p.** *(be well)* estar como una rosa **(b)** *(flower)* clavel *m*
2 *adj* rosa; **to turn p.** sonrojarse; IDIOM *Fam Hum* **he was seeing p. elephants** estaba tan borracho que veía alucinaciones; *US* ***p. dollar*** = el poder adquisitivo de los homosexuales: ***p. gin*** pink gin *m,* ginebra *f* con angostura; *Br* ***p. pound*** = el poder adquisitivo de los homosexuales

pinkeye ['pɪŋkaɪ] *n US* conjuntivitis *f inv*

pinkie ['pɪŋkɪ] *n US & Scot* (dedo *m*) meñique *m*

pinking shears ['pɪŋkɪŋ'ʃɪəz] *npl* tijeras *fpl* dentadas

pinko ['pɪŋkəʊ] *Fam Pej* **1** *n* socialista *mf* de pacotilla *or Esp* descafeinado
2 *adj* socialista de pacotilla *or Esp* descafeinado(a)

pinnacle ['pɪnəkəl] *n (of mountain, fame, career)* cima *f,* cumbre *f*

pinny ['pɪnɪ] *n Br Fam* delantal *m*

pinpoint ['pɪnpɔɪnt] *vt* señalar, precisar

pinprick ['pɪnprɪk] *n* pinchazo *m*

pinstripe ['pɪnstraɪp] *adj* de milrayas ▫ ***p. suit*** (traje *m*) milrayas *m inv*

pint [paɪnt] *n* **(a)** *(measurement)* pinta *f (UK=0,57 litros; US = 0,47 litros)* **(b)** *Br* **a p. (of beer)** una pinta (de cerveza); **I'm going for a p.** voy a tomarme una cerveza

pinta ['paɪntə] *n Br Fam* pinta *f* de leche

pinto ['pɪntəʊ] **1** *n* caballo *m* pinto
2 *adj* pinto(a) ▫ ***p. bean*** alubia *f or* judía *f* pinta

pint-size(d) ['paɪntsaɪz(d)] *adj Fam* diminuto(a), *Esp* pequeñajo(a)

pin-up ['pɪnʌp] *n Fam* **(a)** *(poster)* = póster de actriz, actor, cantante o modelo atractivo **(b)** *(person)* = actriz, actor, cantante o modelo considerado atractivo

pinwheel ['pɪnwi:l] *n* **(a)** *US (toy windmill)* molinillo *m* **(b)** *(firework)* girándula *f*

pion ['paɪɒn] *n Phys* pión *m*

pioneer [paɪə'nɪə(r)] **1** *n also Fig* pionero(a) *m,f*
2 *vt* iniciar, promover

pioneering [paɪə'nɪərɪŋ] *adj* pionero(a)

pious ['paɪəs] *adj (religious)* pío(a), piadoso(a); *Pej (sanctimonious)* mojigato(a); **a p. hope** una vana ilusión

piously ['paɪəslɪ] *adv* piadosamente

pip [pɪp] **1** *n* **(a)** *(of fruit)* pepita *f* **(b)** *(on playing card, dice)* punto *m* **(c)** *Br (on uniform)* estrella *f* **(d)** *Br (sound)* **the pips** *(on radio)* las señales horarias; *(on public telephone)* la señal *or* los tonos de fin de llamada *or Am* llamado **(e)** IDIOM *Br Fam* **it/he gives me the p.!** ¡me pone enfermo!
2 *vt (pt & pp* **pipped***) Br Fam (beat)* superar; **he was pipped at the post** lo superaron en el último momento

pipe [paɪp] **1** *n* **(a)** *(tube)* tubería *f* **(b)** *(musical instrument)* flauta *f;* **the pipes** *(bagpipes)* la gaita ▫ ***p. band*** grupo *m* de gaiteros **(c)** *(for smoking)* pipa *f;* **to smoke a p.** *(as habit)* fumar en pipa; *(on one occasion)* fumarse una pipa; IDIOM *Fam* **put that in your p. and smoke it!** *Esp* ¡toma del frasco, Carrasco!, *Am* ¡tómate esa! ▫ ***p. cleaner*** limpiapipas *m inv;* ***p. dream*** sueño *m* imposible; ***p. of peace*** pipa *f* de la paz; ***p. rack*** = mueble para poner las pipas
2 *vt (water, oil)* conducir mediante tuberías; *Fam* **piped music** hilo *m* musical

▸**pipe down** *vi Fam* cerrar el pico, callarse

▸**pipe up** *vi* **"I want to go too!" he piped up** "yo también quiero ir", saltó

pipeclay ['paɪpkleɪ] *n* greda *f*

pipeline ['paɪplaɪn] *n* tubería *f,* conducto *m;* **oil p.** oleoducto *m;* IDIOM **there are several projects in the p.** hay en preparación varios proyectos

piper ['paɪpə(r)] *n (bagpipe player)* gaitero(a) *m,f;* PROV **he who pays the p. calls the tune** el que paga, manda

pipette [pɪ'pet] *n* pipeta *f*

piping ['paɪpɪŋ] **1** *n* **(a)** *(pipes)* tuberías *fpl,* tubos *mpl* **(b)** *(sound of bagpipes)* (sonido *m* de) gaitas *fpl* **(c)** *(on uniform)* ribetes *mpl*
2 *adj (sound)* agudo(a); **a p. voice** una voz de pito
3 *adv* **p. hot** caliente, calentito(a)

pipistrelle [pɪpɪ'strel] *n* murciélago *m* enano

pipit ['pɪpɪt] *n* bisbita *f*

pippin ['pɪpɪn] *n* = manzana parecida a la reineta

pipsqueak ['pɪpskwi:k] *n Fam* pelagatos *mf inv*

piquancy ['pi:kənsɪ] *n* **(a)** *(of taste)* sabor *m* picante, fuerza *f* **(b)** *(intriguing nature)* **the p. of the situation** la gracia *or* lo sabroso de la situación

piquant ['pi:kənt] *adj* **(a)** *(tasty, spicy)* picante, fuerte **(b)** *(intriguing)* sabroso(a)

pique [pi:k] **1** *n* rabia *f;* **in a fit of p.** en una rabieta
2 *vt* **(a)** *(irritate)* molestar **(b)** *(arouse, intrigue)* despertar; **their curiosity was piqued by his remarks** sus comentarios les despertaron la curiosidad

piracy ['paɪrəsɪ] *n also Com* piratería *f*

piranha [pɪ'rɑ:nə] *n* piraña *f*

pirate ['paɪrət] **1** *n* pirata *mf* ▫ ***p. edition*** edición *f* pirata; ***p. radio*** radio *f* pirata
2 *vt* piratear

pirated ['paɪrətɪd] *adj* pirateado(a)

piratical [paɪ'rætɪkəl] *adj Fig* **to be p.** *(of person)* comportarse como un pirata

pirouette [pɪrʊ'et] **1** *n* pirueta *f*
2 *vi* hacer piruetas

Pisa ['pi:zə] *n* Pisa

Pisces ['paɪsi:z] *n (sign of zodiac)* Piscis *m inv;* **to be (a) P.** ser Piscis

piss [pɪs] *very Fam* **1** *n* **(a)** *(urine)* meada *f;* **to have a p.** mear, echar una meada; **to go on the p.** salir de copas; IDIOM *Br* **to take the p. out of sb/sth** burlarse *or Esp* cachondearse de alguien/algo; IDIOM *Br* **are you taking the p.?** ¿me estás tomando el pelo?, *Esp* ¿te estás quedando conmigo? ▫ *Br* ***p. artist*** *(useless person)* puto(a) inútil *m,f; (drunk) Esp* borrachuzo(a) *m,f, Am* borrachón(ona) *m,f* **(b)** *(worthless thing)* **the movie/book was p.** la película/el libro era una mierda
2 *vt* **to p. oneself, to p. one's pants** mearse encima, mearse en los pantalones; *Fig* **to p. oneself laughing** mearse de risa
3 *vi* mear; IDIOM **we're pissing into the wind** esto es una pérdida de tiempo *Esp* que te cagas *or Méx* de la madre *or RP* de cagarse; **it's pissing with rain** está lloviendo *Esp* que te cagas *or Méx* duro, *RP* caen soretes de punta
4 *adv* **it was p. poor** era una mierda; **p. easy** mamado(a), chupado(a)

▸**piss about, piss around** *vi very Fam (behave foolishly)* hacer el *Esp* gilipollas *or Am* pendejo; *(waste time)* tocarse los huevos

▸**piss down** *vi very Fam* **it's pissing down (with rain)** está lloviendo *Esp* que te cagas *or Méx* duro, *RP* caen soretes de punta

▸**piss off** *very Fam* **1** *vt sep (annoy)* joder, *Esp* cabrear, *Méx* fregar; **to be pissed off (with)** estar cabreado(a), *Méx* estar enchilado(a) (con)
2 *vi (go away)* largarse; **p. off!** ¡vete a la mierda *or* al carajo *or Méx* a la chingada!

pissed [pɪst] *adj very Fam* **(a)** *Br (drunk)* pedo, *Esp* ciego(a), *Col* caído(a), *Méx* ahogado(a), *RP* en pedo; **to be p.** estar pedo; **to get p.** agarrarse un pedo *or Col* una perra, *Méx* traer un cuete; IDIOM **to be as p. as a fart** *or* **newt** *Esp* llevar una mierda como un piano, *Méx* traer un cuete de nevero, *RP* tener una curda de caerse **(b)** *US (angry)* cabreado(a)

pisser ['pɪsə(r)] *n very Fam* **(a)** *(annoying situation)* **what a p.!** *Esp* ¡qué putada!, *Col, RP* ¡qué cagada!, *Méx* ¡es una chingadera! **(b)** *US (good thing)* **to be a p.** ser genial *or Esp* cojonudo(a) *or Méx* chingón(ona) **(c)** *US (annoying person)* borde *mf, Méx* sangrón(ona) *m,f, RP* pesado(a) *m,f* **(d)** *(toilet)* meadero *m, Esp* meódromo *m*

pisshead ['pɪshed] *n very Fam* **(a)** *Br (drunkard) Esp* borrachuzo(a) *m,f, Am* borrachón(ona) *m,f* **(b)** *US (unpleasant person) Esp* capullo(a) *m,f, Am* pendejo(a) *m,f*

piss-take ['pɪsteɪk] *n very Fam* vacilada *f, RP* joda *f;* **this is a p., isn't it?** me estás vacilando *or RP* jodiendo, ¿no?; **the movie is a p. of...** la película se cachondea *or Esp* se recochinea *or RP* se caga de risa de...

piss-up ['pɪsʌp] *n very Fam* **to have a p.** *Esp* ponerse ciegos a privar, *Col* agarrarse una perra, *Méx* ponerse una buena peda, *RP* ponerse requete en pedo; IDIOM *Hum* **he couldn't organize a p. in a brewery** *Esp* es un inútil de tomo y lomo, *Col* es nulo(a), *Méx* es un desmadre, *RP* es más inútil que la mierda

pistachio [pɪ'stæʃɪəʊ] (*pl* **pistachios**) *n* (**a**) *(nut)* pistacho *m* (**b**) *(tree)* alfóncigo *m*, pistachero *m*

piste [pi:st] *n (ski slope)* pista *f*

pistil ['pɪstɪl] *n Bot* pistilo *m*

pistol ['pɪstəl] *n (gun)* pistola *f* ▫ ***p. grip*** *(on camera)* empuñadura *f*, asidero *m*; ***p. shot*** disparo *m* (de pistola), pistoletazo *m*

pistol-whip ['pɪstəl'wɪp] *vt* golpear con una pistola a

piston ['pɪstən] *n* émbolo *m*, pistón *m* ▫ ***p. ring*** anillo *m* de émbolo *or* pistón; ***p. rod*** barra *f or* biela *f* del pistón

pit[1] [pɪt] *n* (**a**) *(hole in ground)* hoyo *m*; **the news hit him in the p. of his stomach** la noticia le dolió en lo más profundo
(**b**) *(coal mine)* mina *f* ▫ ***p. bull (terrier)*** pitbull terrier *m*; ***p. pony*** = tipo de poni que antiguamente hacía de animal de carga en las minas británicas
(**c**) *US Fam* **it's/he's the pits!** ¡es de ponerse a llorar!, *Esp* ¡es penoso!
(**d**) *Th* foso *m* (de la orquesta)
(**e**) **the pits** *(in motor racing)* los boxes ▫ ***p. stop*** *(in motor race)* parada *f* en boxes; *US (in journey)* parada *f*
(**f**) *(indentation) (on metal, glass)* marca *f*; *(on skin)* picadura *f* ▫ ***p. viper*** crótalo *m*
(**g**) *Fam (untidy place)* selva *f*
(**h**) *Br Fam (bed)* sobre *m*, cama *f*

pit[2] **1** *n (of cherry)* hueso *m*, pipo *m*, *RP* carozo *m*; *US (of peach, plum)* hueso *m*, *RP* carozo *m*
2 *vt (cherry)* deshuesar

pit[3] (*pt & pp* **pitted**) *vt* **to p. sb against sb** enfrentar a alguien con alguien; **to p. oneself against sb** enfrentarse con alguien; **she pitted her wits against them** midió su ingenio con el de ellos

pit-a-pat ['pɪtə'pæt] **1** *n (of rain)* tamborileo *m*, repiqueteo *m*; *(of feet, heart)* golpeteo *m*
2 *adv* **to go p.** *(of rain)* repiquetear; *(of feet, heart)* golpetear

pitch[1] [pɪtʃ] *n (tar)* brea *f*

pitch[2] **1** *n* (**a**) *Br (for market stall)* puesto *m*
(**b**) *(for sport)* campo *m*
(**c**) *Mus (of note)* tono *m*; *Fig* **to reach such a p. that...** llegar a tal punto que... ▫ ***p. pipes*** diapasón *m*
(**d**) *(talk)* **(sales) p.** charla *f* para vender
(**e**) *(slope) (of roof, ceiling)* pendiente *f*
(**f**) *(in baseball)* lanzamiento *m*
(**g**) *(in golf)* golpe *m* corto y bombeado ▫ ***p. and putt*** = campo de golf de pequeño tamaño a cuyos hoyos se puede llegar en un solo golpe
2 *vt* (**a**) *(throw)* lanzar; *(in baseball)* lanzar, pichear
(**b**) *(in golf)* **to p. the ball onto the green** poner la pelota en el green con un golpe corto
(**c**) *(aim)* **our new model is pitched to appeal to executives** nuestro nuevo modelo está diseñado para atraer a ejecutivos; **he pitched the talk at the right level** le imprimió a la charla *or CAm, Méx* plática el tono *or* nivel apropiado
(**d**) *(set up) (tent, camp)* montar
3 *vi* (**a**) *(of ship, plane)* cabecear, tambalearse
(**b**) *(in baseball)* lanzar la pelota, pichear
(**c**) *(land) (of ball)* caer
(**d**) *(in golf)* **to p. out of the rough** sacar la pelota del rough con un golpe corto

▸**pitch in** *vi* colaborar, echar una mano

▸**pitch into** *vt insep* meterse con, arremeter contra

pitch-black ['pɪtʃ'blæk] *adj* oscuro(a) como boca de lobo

pitched [pɪtʃt] *adj* (**a**) *(sloping)* en pendiente (**b**) *(all-out)* **p. battle** batalla *f* campal

pitcher[1] ['pɪtʃə(r)] *n (jug)* jarra *f*; *(large and made of clay)* cántaro *m*; PROV **little pitchers have big ears** los niños entienden más de lo que parece

pitcher[2] *n US (in baseball)* pícher *mf*, lanzador(ora) *m,f* ▫ ***p.'s plate*** plataforma *f* de lanzamiento

pitchfork ['pɪtʃfɔ:k] *n* horca *f*

pitching wedge ['pɪtʃɪŋwedʒ] *n (golf club)* wedge *m* para rough

pitchpine ['pɪtʃpaɪn] *n* pino *m* de tea

piteous ['pɪtɪəs] *adj Formal* penoso(a), patético(a)

pitfall ['pɪtfɔ:l] *n (danger)* peligro *m*, riesgo *m*

pith [pɪθ] *n* (**a**) *(of orange)* piel *f* blanca (**b**) *(of argument, idea)* meollo *m* (**c**) ***p. helmet*** *(for tropics)* salacot *m*

pithead ['pɪthed] *n* bocamina *f*

pithiness ['pɪθɪnɪs] *n* carácter *m* apropiado y conciso

pithy ['pɪθɪ] *adj (style, story)* apropiado(a) y conciso(a)

pitiable ['pɪtɪəbəl] *adj* lamentable

pitiful ['pɪtɪfʊl] *adj* (**a**) *(arousing pity)* lastimoso(a) (**b**) *(deplorable)* lamentable, deplorable

pitifully ['pɪtɪfʊlɪ] *adv* (**a**) *(arousing pity)* lastimosamente (**b**) *(deplorably)* deplorablemente, lamentablemente

pitiless ['pɪtɪlɪs] *adj* despiadado(a)

piton ['pi:tɒn] *n* pitón *m*

pitta bread ['pɪtəbred] *n* pan *m* (de) pitta, = pan hindú sin levadura

pittance ['pɪtəns] *n* miseria *f*

pitted ['pɪtɪd] *adj* (**a**) *(skin, metal)* picado(a) (**b**) *(olives)* sin hueso

pitter-patter ['pɪtə'pætə(r)] = **pit-a-pat**

pituitary gland [pɪ'tju:ɪtərɪ'glænd] *n Anat* hipófisis *f inv*, glándula *f* pituitaria

pity ['pɪtɪ] **1** *n* (**a**) *(compassion)* piedad *f*, compasión *f*; **to take** *or* **have p. (on sb)** apiadarse *or* compadecerse (de alguien); **to show no p.** no mostrar compasión; **for p.'s sake!** ¡por el amor de Dios! (**b**) *(misfortune)* **it's a p. that...** es una lástima *or* una pena que...; **what a p.!** ¡qué pena!, ¡qué lástima!; **more's the p.** por desgracia
2 *vt* compadecer

pitying ['pɪtɪɪŋ] *adj* compasivo(a)

pityingly ['pɪtɪɪŋlɪ] *adv* compasivamente, con compasión

pivot ['pɪvət] **1** *n* (**a**) *(of turning mechanism)* eje *m*, pivote *m* (**b**) *(key person)* eje *m*
2 *vi* (**a**) *(of turning mechanism)* pivotar (**on** sobre) (**b**) *(of plan, plot)* girar (**on** *or* **around** en torno a)

pivotal ['pɪvətəl] *adj* crucial

pixel ['pɪksəl] *n Comptr* píxel *m*

pixie ['pɪksɪ] *n* duende *m*

pixi(l)lated ['pɪksɪleɪtɪd] *adj US Fam (drunk)* pedo, *Esp* ciego(a)

pizza ['pi:tsə] *n* pizza *f* ▫ *Pej Fam* ***p. face*** cara de paella, granudo(a); ***p. parlour*** pizzería *f*

piz(z)azz [pɪ'zæz] *n Fam* vitalidad *f*, energía *f*

pizzeria [pi:tsə'rɪə] *n* pizzería *f*

pizzicato [pɪtsɪ'kɑ:təʊ] *Mus* **1** *adj* pizzicato
2 *adv* **this passage is played p.** este pasaje es un pizzicato

Pk (*abbr* **Park**) parque *m*

pkt (*abbr* **packet**) paquete *m*

Pl (*abbr* **Place**) C/

placard ['plækɑ:d] *n* pancarta *f*

placate [plə'keɪt] *vt* aplacar

placatory [plə'keɪtərɪ] *adj* apaciguador(a)

PLACE [pleɪs] **1** *n* (**a**) *(location)* lugar *m*, sitio *m*; **to move from one p. to another** ir de un lugar a otro; **a good p. to meet people** un buen sitio para conocer (a) gente; **I'm looking for a p. to live** estoy buscando casa; **can you recommend a p. to eat?** ¿me puedes recomendar un restaurante?; **this is no p. for you** este no es lugar para ti; **this isn't the p. to discuss the matter** este no es el lugar más indicado para hablar del tema; IDIOM **there's a time and a p. for everything** cada cosa a su tiempo; **I can't be in two places at once!** ¡no puedo estar en dos sitios a la vez!; **she has worked all over the p.** ha trabajado en mil sitios; **the paint went all over the p.** la pintura se esparció por todas partes; *Fig* **his explanation was all over the p.** su explicación fue muy liosa; *Fam* **my hair is all over the p.** llevo el pelo hecho un desastre; *Fam* **at the interview he was all over the p.** en la entrevista no dio pie con bola *or* una a derechas; **the path is muddy in places** el camino tiene algunos tramos embarrados; **the movie was funny in places** la película tenía trozos divertidos; IDIOM **a p. in the sun** una posición privilegiada; IDIOM *Fam* **to go places** *(be successful)* llegar lejos; PROV **there's no p. like home** no hay nada como estar en casa ▫ ***p. of birth/death*** lugar *m* de nacimiento/defunción; ***p. of interest*** lugar *m* de interés; ***p. kick*** *(in rugby)* puntapié *m* colocado; ***p. name*** topónimo *m*; ***p. of residence/work*** lugar *m* de residencia/trabajo; ***p. of worship*** templo *m*
(**b**) *(in street names)* calle *f*
(**c**) *(position) (of person)* puesto *m*; *(of thing)*

sitio *m; (at university, on course)* plaza *f;* **to find a p. for sb** *(job)* encontrar colocación a alguien; **to keep one's p. (in the team)** mantener el puesto (en el equipo); **you have a special p. in my heart** ocupas un lugar muy especial en mi corazón; **such people have no p. in our party** en nuestro partido no hay sitio para gente así; **it is not my p. to comment** no me corresponde a mí hacer comentarios; **make sure that everything is in p.** asegúrate de que todo está en su sitio; **to hold sth in p.** sujetar algo; **the arrangements are all in p.** los preparativos están finalizados; **in p. of** *(instead of)* en lugar de; **I went in his p.** fui en su lugar; **I don't know what I'd do in her p.** no sé lo que haría en su lugar; **put yourself in my p.** ponte en mi lugar; *also Fig* **out of p.** *(person, remark)* fuera de lugar; **he had lost his p.** *(in book)* había perdido la página por la que iba; [IDIOM] **to put sb in their p.** poner a alguien en su sitio; **to take p.** tener lugar; **to take the p. of sb/sth** ocupar el puesto de alguien/algo; **nobody can take her p.** es irreemplazable; **she took her p. at the head of the organization** ocupó su lugar al frente de la organización

(**d**) *(home)* casa *f; (business premises)* oficina *f; (restaurant)* restaurante *m;* **a little p. in the country** una casita en el campo; **your p. or mine?** ¿en tu casa o en la mía?

(**e**) *(seat)* sitio *m,* asiento *m;* **to keep** *or* **save sb's p. in a** *Br* **queue** *or US* **line** guardarle a alguien el sitio en una cola; **to set** *or* **lay an extra p. at table** poner un cubierto *or* servicio más en la mesa; **he showed us to our places** nos llevó a nuestros asientos; **please take your places** tomen asiento, por favor; **to change places with sb** cambiarle el sitio a alguien; *Fig* cambiarse por alguien ❑ ***p. card*** tarjeta *f* con el nombre *(en banquete, recepción);* ***p. mat*** mantel *m* individual; ***p. setting*** cubierto *m*

(**f**) *(in competition)* puesto *m,* lugar *m;* **to get** *or* **take second/third p.** *(in race)* llegar en segundo/tercer lugar; **her job always takes second p. to her family** su trabajo siempre ocupa un segundo plano con respecto a su familia; **in first/second p.** en primer/segundo lugar; **in the first/second p....** *(giving list)* en primer/segundo lugar...; **I don't know why they gave him the job in the first p.** no sé cómo se les ocurrió darle el trabajo

(**g**) *Math* **to three decimal places** con tres (cifras) decimales

2 *vt* (**a**) *(put)* colocar, poner; **to p. an advertisement in a newspaper** poner un anuncio en un periódico; **to p. a bet (on sth)** hacer una apuesta (por algo); **to p. a contract with sb** conceder un contrato a alguien; **to p. sb in a difficult position** poner a alguien en un compromiso; **to p. emphasis on sth** poner énfasis en algo; **to p. importance on sth** conceder importancia a algo; **to p. an order (with sb)** hacer un pedido (a alguien); **we p. your safety above** *or* **before all else** para nosotros su seguridad es lo primero; **to p. sb under pressure** presionar a alguien

(**b**) *(position)* **the house is well placed** la casa está bien situada; **to be well placed to do sth** estar en una buena posición para hacer algo

(**c**) *(find a job for)* colocar

(**d**) *(classify)* situar, colocar; **he was placed third** se clasificó en tercer lugar; **the Broncos are currently placed second** los Broncos van actualmente en segundo lugar; **to be placed** *(in horseracing)* llegar colocado(a)

(**e**) *(identify)* **I know his face but I can't p. him** conozco su cara, pero no sé de qué

3 *vi (in horseracing)* llegar colocado(a)

placebo [plə'si:bəʊ] (*pl* **placebos**) *n also Fig* placebo *m* ❑ ***p. effect*** efecto *m* placebo

placement ['pleɪsmənt] *n* (**a**) *(putting)* colocación *f* (**b**) *(for trainee, student)* colocación *f* en prácticas

placenta [plə'sentə] *n* placenta *f*

placid ['plæsɪd] *adj* plácido(a)

placidly ['plæsɪdlɪ] *adv* plácidamente

plagiarism ['pleɪdʒərɪzəm] *n* plagio *m*

plagiarist ['pleɪdʒərɪst] *n* plagiario(a) *m,f*

plagiarize ['pleɪdʒəraɪz] *vt* plagiar; **to p. sth from sb** plagiar algo de alguien

plague [pleɪg] **1** *n* (**a**) *(disease)* peste *f;* [IDIOM] **to avoid sb like the p.** huir de alguien como de la peste (**b**) *(of insects, frogs)* plaga *f*

2 *vt* (**a**) *(of person)* molestar, fastidiar; **to p. sb with questions** asediar a alguien a *or* con preguntas (**b**) *(annoy)* **this problem has been plaguing him for some time** este problema lleva fastidiándole un buen tiempo; **the project was plagued with technical difficulties** el proyecto estaba plagado de dificultades técnicas

plaice [pleɪs] *n (fish)* solla *f,* platija *f*

plaid [plæd] *n (fabric)* tela *f* escocesa

plain [pleɪn] **1** *n* llanura *f*

2 *adj* (**a**) *(clear, unambiguous)* claro(a); **a p. answer** una respuesta directa *or* clara; **in p. English** en lenguaje llano; **I'll be quite p. with you** voy a ser claro con usted; **to make sth p. to sb** dejar claro algo a alguien; **to make oneself p.** explicarse, hablar claro; [IDIOM] *Fam* **it's as p. as the nose on your face** *or* **as a pikestaff** está más claro que el agua ❑ ***p. language*** lenguaje llano; ***p. speaking*** franqueza *f;* ***the p. truth*** la verdad pura y simple

(**b**) *(simple, unadorned) (style, garment, food)* sencillo(a); *Fam* **that's just p. foolishness** es pura tontería; **one p., one purl** *(in knitting)* uno del derecho, uno del revés; **in p. clothes** *(policeman)* de paisano; [IDIOM] **it was p. sailing** fue pan comido

(**c**) *(without added ingredients)* ***p. chocolate*** chocolate *m* amargo; ***p. flour*** harina *f* sin levadura; ***p. omelette*** tortilla *f* (a la) francesa

(**d**) *(not beautiful)* feo(a) ❑ *Fam* ***a p. Jane*** un patito feo

plainchant ['pleɪntʃɑ:nt] *n Mus* canto *m* llano

plain-clothed ['pleɪnkləʊðd], **plain-clothes** ['pleɪnkləʊz] *adj (police)* de paisano

plainly ['pleɪnlɪ] *adv* (**a**) *(in a clear manner)* claramente; **to speak p.** hablar con franqueza (**b**) *(simply) (live, dress)* con sencillez (**c**) *(obviously)* claramente; **p., that won't be possible now** está claro que eso ya no va a ser posible

plainness ['pleɪnnɪs] *n* (**a**) *(of style, expression, food)* sencillez *f* (**b**) *(of looks)* falta *f* de atractivo

plainsong ['pleɪnsɒŋ] *n Mus* canto *m* llano

plain-spoken [pleɪn'spəʊkən] *adj* franco(a), directo(a)

plaintiff ['pleɪntɪf] *n Law* demandante *mf*

plaintive ['pleɪntɪv] *adj* lastimero(a)

plaintively ['pleɪntɪvlɪ] *adv* lastimosamente

plait [plæt] **1** *n* trenza *f*

2 *vt* trenzar

plaited ['plætɪd] *adj (hair)* trenzado(a); ***p. loaf*** pan *m* en forma de trenza

plan [plæn] **1** *n* (**a**) *(proposal, intention)* plan *m;* **a change of p.** un cambio de planes; **everything went according to p.** todo fue según lo previsto; **the best p. would be to...** lo mejor sería...; **what are your plans for the summer?** ¿qué planes tienes para el verano?; **to have other plans** tener otras cosas que hacer; **to make a p.** hacer un plan; **to make plans** hacer planes ❑ ***p. of action*** plan *m* de acción (**b**) *(of building, town)* plano *m* (**c**) *(of essay, novel)* esquema *m*

2 *vt* (*pt & pp* **planned**) (**a**) *(arrange)* planear; **to p. to do sth** planear hacer algo; **it all went as planned** todo fue según lo previsto (**b**) *(design) (building)* proyectar; *(economy)* planificar

3 *vi* hacer planes; **to p. for the future** hacer planes para el futuro

▸**plan on** *vt insep* planear; **I'm not planning on doing anything tonight** no tengo nada planeado para esta noche; **don't p. on it** no cuentes con ello; **I'm planning on it** cuento con ello

▸**plan out** *vt sep* planificar

planar ['pleɪnə(r)] *adj Geom* del plano

plane[1] [pleɪn] *n (surface, level)* plano *m;* **she's on a different p. (from the rest of us)** está a un nivel superior (al nuestro) ❑ *Geom* ***p. angle*** ángulo *m* plano *or* rectilíneo

plane[2] *n (aeroplane)* avión *m;* **by p.** en avión; **on the p.** en el avión ❑ ***p. crash*** accidente *m* de aviación; ***p. ticket*** billete *m or Am* boleto *m* de avión

plane[3] **1** *n (tool)* cepillo *m*

2 *vt* cepillar

▸**plane down** *vt sep* aplanar *(con cepillo)*

▸**plane off** *vt sep* alisar *(con cepillo)*

plane[4] *n* **p. (tree)** plátano *m*

planet ['plænɪt] *n* planeta *m; Fam* **he's on a different p.** está tocado del ala

planetarium [plænɪ'teərɪəm] *n* planetario *m*

planetary ['plænɪtərɪ] *adj* planetario(a)

plank [plæŋk] *n* (**a**) *(of wood)* tablón *m*; **to walk the p.** = caminar por un tablón colocado sobre la borda hasta caer al mar (**b**) *(central element)* punto *m* principal

plankton ['plæŋktən] *n* plancton *m*

planned [plænd] *adj* (**a**) *(intended)* planeado(a) (**b**) *Econ* **p. economy** economía *f* planificada

planner ['plænə(r)] *n* (**a**) *(of project, scheme)* encargado(a) *m,f* de la planificación (**b**) *(town planner)* urbanista *mf*

planning ['plænɪŋ] *n* (**a**) *(of project, scheme)* planificación *f*; **it's still at the p. stage** aún está en fase de estudio (**b**) *(town planning)* urbanismo *m* ❑ *Br* ***p. permission*** licencia *f* de obras

plant [plɑːnt] **1** *n* (**a**) *(living thing)* planta *f* ❑ ***p. life*** flora *f*; ***p. pot*** maceta *f*, tiesto *m* (**b**) *Ind (equipment)* maquinaria *f*; *(factory)* fábrica *f*, planta *f* ❑ ***p. hire*** alquiler *m* de equipo; ***p. maintenance*** mantenimiento *m* de la planta (**c**) *(person) (in audience)* compinche *m*; *(undercover agent)* topo *m* (**d**) *Fam (false evidence)* **the drugs found in his house were a p.** habían colocado las drogas en su casa para incriminarle

2 *vt* (**a**) *(tree, flower)* plantar; *(crops, field)* sembrar (**with** con); **to p. an idea in sb's mind** inculcar una idea a alguien (**b**) *(place) (bomb)* colocar; *Fam* **the police planted the evidence (on him)** la policía colocó (en él) las pruebas que lo incriminaban

▸**plant out** *vt sep* trasplantar

plantain ['plæntɪn] *n* (**a**) *(wild plant)* llantén *m* (**b**) *(similar to banana) (fruit)* plátano *m*, *RP* banana *f*; *(tree)* platanero *m*

plantation [plæn'teɪʃən] *n* plantación *f*

planter ['plɑːntə(r)] *n* (**a**) *(person)* plantador(ora) *m,f* (**b**) *(machine)* sembradora *f*

plaque [plæk] *n* (**a**) *(bronze, marble)* placa *f* (**b**) *(on teeth)* placa *f* dental, placa *f* bacteriana

plasma ['plæzmə] *n* plasma *m*

plaster ['plɑːstə(r)] **1** *n* (**a**) *(on wall, ceiling)* yeso *m*, enlucido *m* (**b**) *(for plaster casts)* **to put a leg in p.** escayolar una pierna ❑ ***p. cast*** escayola *f*; ***p. of Paris*** escayola *f*; *Fig* ***p. saint*** mojigato(a) *m,f* (**c**) *Br* **(sticking) p.** tirita *f*

2 *vt* (**a**) *(wall)* enyesar, enlucir (**b**) *(cover)* cubrir (**with** de); **plastered with mud** embarrado(a) *or* cubierto(a) de barro; **his name was plastered over the front pages** su nombre aparecía en los titulares *or Méx, RP* encabezados de todas las portadas

plasterboard ['plɑːstəbɔːd] *n* pladur® *m*

plastered ['plæstəd] *adj Fam (drunk)* trompa; **to be p.** estar trompa

plasterer ['plɑːstərə(r)] *n* enlucidor(ora) *m,f*, enyesador(ora) *m,f*

plastering ['plɑːstərɪŋ] *n* enlucido *m*, enyesado *m*

plasterwork ['plɑːstəwɜːk] *n* enlucido *m*, enyesado *m*

plastic ['plæstɪk] **1** *n* (**a**) *(material)* plástico *m* (**b**) *Fam (credit cards)* plástico *m*; **do you take p.?** ¿se puede pagar con plástico?

2 *adj (cup, bag)* de plástico ❑ ***p. arts*** artes *fpl* plásticas; ***p. bag*** bolsa *f* de plástico; ***p. bullet*** bala *f* de plástico; ***p. explosive*** (explosivo *m*) plástico *m*; ***p. surgeon*** cirujano(a) *m,f* plástico(a); ***p. surgery*** cirugía *f* plástica

Plasticine® ['plæstɪsiːn] *n* plastilina® *f*

plate [pleɪt] **1** *n* (**a**) *(for food)* plato *m*; *(for church offering)* platillo *m*; IDIOM *Fam* **she's got a lot on her p.** tiene un montón de cosas entre manos; IDIOM *Fam* **to hand sth to sb on a p.** poner algo en bandeja a alguien ❑ ***p. rack*** escurreplatos *m inv*

(**b**) *(sheet of metal, glass, plastic)* placa *f* ❑ ***p. glass*** vidrio *m* para cristaleras

(**c**) *(coating)* **gold p.** oro *m* chapado; **silver p.** plata *f* chapada

(**d**) *(denture)* dentadura *f* postiza

(**e**) *Geol* placa *f* ❑ ***p. tectonics*** tectónica *f* de placas

(**f**) *(in baseball) (for batter)* base *f* meta

(**g**) *Typ* plancha *f*

2 *vt (with gold)* dorar; *(with silver)* platear

plateau ['plætəʊ] *n Geog* meseta *f*; *Fig* **to reach a p.** *(of career, economy)* estabilizarse

plateful ['pleɪtfʊl] *n* plato *m*

platelet ['pleɪtlət] *n Biol* plaqueta *f*

platen ['plætən] *n* (**a**) *(of typewriter)* rodillo *m* (**b**) *(of printing press)* platina *f* (**c**) *(of machine tool)* mesa *f*, placa *f* gruesa

platform ['plætfɔːm] *n* (**a**) *(raised flat surface)* plataforma *f*; **(oil) p.** plataforma *f* petrolífera ❑ ***p. shoes/soles*** zapatos *mpl*/suelas *fpl* de plataforma (**b**) *(at train station)* andén *m*; *(track)* vía *f*; **the train at p. 4** el tren en la vía 4 (**c**) *(at meeting)* tribuna *f*; *Fig (place to express one's views)* plataforma *f* (**d**) *(political programme)* programa *m* (**e**) *Comptr* plataforma *f* ❑ ***p. game*** juego *m* por niveles

platform-independent ['plætfɔːmɪndɪ'pendənt] *adj Comptr* que funciona en cualquier plataforma

platinum ['plætɪnəm] *n* (**a**) *(metal)* platino *m* (**b**) *Mus* **to go p.** *(of album) (in Britain)* vender más de 300.000 copias; *(in US)* vender más de 1.000.000 copias ❑ ***p. disc*** disco *m* de platino (**c**) *(colour)* **p. blond hair** pelo *m* rubio platino ❑ ***p. blonde*** rubia *f* platino

platitude ['plætɪtjuːd] *n* tópico *m*, trivialidad *f*

platonic [plə'tɒnɪk] *adj* platónico(a)

platoon [plə'tuːn] *n Mil* pelotón *m*

platter ['plætə(r)] *n* (**a**) *(serving plate)* fuente *f* (**b**) *(on menu)* **salad/seafood p.** fuente *f* de ensalada/marisco (**c**) *US Fam* plástico *m*, disco *m*

platypus ['plætɪpəs] *n* ornitorrinco *m*

plaudits ['plɔːdɪts] *npl Formal* aplausos *mpl*, alabanzas *fpl*

plausibility [plɔːzɪ'bɪlɪtɪ] *n* plausibilidad *f*

plausible ['plɔːzəbəl] *adj (excuse, argument)* plausible

plausibly ['plɔːzɪblɪ] *adv* plausiblemente

PLAY [pleɪ] **1** *n* (**a**) *(drama)* obra *f* (de teatro)

(**b**) *(recreation)* juego *m*; **we don't get much time for p.** no nos queda mucho tiempo para jugar; **at p.** jugando; IDIOM **to make great p. of sth** sacarle mucho jugo a algo ❑ ***p. on words*** juego de palabras

(**c**) *(in sport) (move)* juego *m*, jugada *f*; **p. began at one o'clock** el juego comenzó a la una; **that was great p. by France** ha sido una gran jugada de Francia; **a set p.** una jugada preparada; **an offensive p.** *(in American football)* una jugada ofensiva; **in p.** en juego; **out of p.** fuera del campo; IDIOM **to come** *or* **be brought into p.** entrar en juego; IDIOM **to make a p. for sth** tratar de conseguir algo

(**d**) *Tech* juego *m*

2 *vt* (**a**) *(match)* jugar; *(sport, game)* jugar a; *(opponent)* jugar contra; **to p. tennis/chess** jugar al tenis/ajedrez; **to p. sb at sth** jugar contra alguien a algo; **to p. centre forward** jugar de delantero centro; **to p. a card** jugar una carta; IDIOM **p. your cards right and you could get promoted** si juegas bien tus cartas, puedes conseguir un ascenso; **to p. a shot** *(in snooker, pool)* dar un golpe, hacer un tiro; **he decided not to p. Sanders** decidió no sacar a Sanders; **fifteen points plays twenty** quince a veinte; **to p. the ball back to the keeper/into the box** retrasar la pelota al portero *or Am* arquero/al área; **to p. ball (with sb)** *(co-operate)* cooperar (con alguien); *Fig* **he knew that if he got married he'd have to stop playing the field** sabía que si se casaba tendría que dejar de acostarse con quien quisiera

(**b**) *(of children) (game)* jugar; **to p. doctors and nurses** jugar a médicos y enfermeras; IDIOM **to p. the game** jugar limpio; IDIOM **stop playing games!** ¡basta ya de juegos!; **to p. a joke** *or* **a trick on sb** gastarle una broma a alguien; IDIOM **my eyes must be playing tricks on me** debo estar viendo visiones

(**c**) *(in play, movie)* interpretar; **to p. Macbeth** interpretar a Macbeth; **to p. it cool** aparentar calma; **to p. it straight** jugar limpio; *Fig* **to p. the fool** hacer el tonto; *Fig* **to p. God** hacer de Dios; *Fig* **to p. an important part (in sth)** desempeñar un papel importante (en algo); *Fig* **to p. no part in sth** *(of person)* no tomar parte en algo; *(of thing, feeling)* no tener nada que ver con algo

(**d**) *(musical instrument, piece)* tocar; *(record, CD, tape)* poner; **this station plays mainly rock** esta emisora pone sobre todo rock

(**e**) *(speculate on)* **to p. the Stock Exchange** jugar a la bolsa

3 *vi* (**a**) *(of children)* jugar; *(of animals)* retozar; **to p. with sth** *(pen, hair)* juguetear con algo; *(one's food)* enredar con algo; **to p. with an idea** darle vueltas a una idea; **we have $500/two days to p. with** tenemos 500 dólares/dos días a nuestra disposición; IDIOM **to p. with fire** jugar con fuego; *Euph* **to p. with oneself** *(masturbate)* tocarse

(**b**) *(of sportsperson)* jugar; **to p. fair/dirty** jugar limpio/sucio; **he plays at quarterback** juega de quarterback; **to p. against sb** jugar contra alguien; **she plays for the Jets** juega en los Jets; **to p. for money** jugar por *or* con dinero; IDIOM **to p. for time** intentar ganar tiempo; IDIOM **to p. into sb's hands** hacerle el juego a alguien, facilitarle las cosas a alguien; *Fig* **to p. safe** ir a lo seguro, no arriesgarse

(**c**) *(of musical instrument)* sonar; *(of musician)* tocar

(**d**) *(of actor)* actuar; *(of pop group)* tocar; *(of movie)* exhibirse; *(of play)* representarse; **the show played to a full house** el espectáculo se representó en una sala abarrotada; **to p. dead** hacerse el muerto; IDIOM **to p. hard to get** hacerse de rogar

(**e**) *(move) (of sunlight)* reverberar (**on** *or* **over** en *or* sobre); **a smile played across** *or* **on his lips** en sus labios se dibujó una sonrisa

▸**play about, play around** *vi (mess about)* juguetear, jugar; **stop playing about** *or* **around!** ¡deja de enredar!; **to p. around with an idea/a possibility** dar vueltas a una idea/una posibilidad; *Fam* **he's been playing around with another woman** ha tenido un lío con otra mujer

▸**play along** *vi* seguir la corriente (**with** a)

▸**play at** *vt insep* (**a**) *(of children)* **to p. at doctors and nurses** jugar a médicos y enfermeras; *Fam Fig* **what's she playing at?** ¿a qué juega? (**b**) *(dabble at)* **he's only playing at being a poet** sólo juega a ser poeta

▸**play back** *vt sep* **to p. back a recording** reproducir una grabación

▸**play down** *vt sep* restar importancia a

▸**play off 1** *vt sep* **she played her two enemies off against each other** enfrentó a sus dos enemigos entre sí

2 *vi Sport* **the two teams will p. off for third place** los dos equipos disputarán un partido por el tercer puesto

▸**play on 1** *vt insep (exploit) (feelings, fears)* aprovecharse de

2 *vi (continue to play) (of musician)* seguir tocando; *(of sportsperson)* seguir jugando

▸**play out** *vt sep* (**a**) *(act out) (one's fantasies)* hacer real; **the drama being played out before them** el drama que se desarrolla ante sus ojos (**b**) *(use up)* **Finland played out the last ten minutes** Finlandia dejó pasar el tiempo durante los últimos diez minutos; **to be (all) played out** estar agotado(a) *or* exhausto(a)

▸**play up 1** *vt sep (exaggerate)* exagerar

2 *vi Br Fam (of car, child, injury)* dar guerra; *Pej* **to p. up to sb** adular a alguien

---

playable ['pleɪəbəl] *adj* (**a**) *(pitch, surface)* en condiciones para jugar; *(golfball)* en condiciones de ser golpeada (**b**) *(game)* **a very p. computer game** un juego de *Esp* ordenador *or Am* computadora que se disfruta jugando

play-act ['pleɪækt] *vi (pretend, act frivolously)* hacer teatro

play-acting ['pleɪæktɪŋ] *n* teatro *m*, cuento *m*

playback ['pleɪbæk] *n* reproducción *f*

playbill ['pleɪbɪl] *n Th* cartel *m or Am* afiche *m* anunciador

playboy ['pleɪbɔɪ] *n* vividor *m*, playboy *m*

player ['pleɪə(r)] *n* (**a**) *(sportsperson)* jugador(ora) *m,f* (**b**) *(musician)* intérprete *mf* (**c**) *(actor)* actor *m*, actriz *f*, intérprete *mf* (**d**) *Fig (influential person, company)* principal protagonista *mf*

playfellow ['pleɪfeləʊ] *n* compañero(a) *m,f* de juego

playful ['pleɪfʊl] *adj* (**a**) *(person, animal, mood)* juguetón(ona) (**b**) *(remark, suggestion)* de *or* en broma

playfully ['pleɪfʊlɪ] *adv* (**a**) *(to smile, push)* juguetonamente (**b**) *(to remark, suggest)* en broma

playground ['pleɪgraʊnd] *n* (**a**) *(at school)* patio *m* de recreo (**b**) *(in park)* zona *f* de juegos

playgroup ['pleɪgru:p] *n* escuela *f* infantil, guardería *f*

playhouse ['pleɪhaʊs] *n* (**a**) *(theatre)* teatro *m* (**b**) *(for children)* = casita de juguete del tamaño de un niño

playing ['pleɪɪŋ] *n* ***p. card*** carta *f*, naipe *m*; ***p. field*** campo *m* de juego

playlist ['pleɪlɪst] *n Rad* = lista predeterminada de canciones que se emite en un programa de radio

playmaker ['pleɪmeɪkə(r)] *n Sport* creador *m* de juego

playmate ['pleɪmeɪt] *n* compañero(a) *m,f* de juegos

play-off ['pleɪɒf] *n Sport* (**a**) *(single game)* (partido *m* de) desempate *m* (**b**) *(series of games)* play-off *m*

playpen ['pleɪpen] *n* parque *m*, corral *m*

playroom ['pleɪru:m] *n* cuarto *m* de juegos

playschool ['pleɪsku:l] *n* escuela *f* infantil, guardería *f*

plaything ['pleɪθɪŋ] *n* juguete *m*

playtime ['pleɪtaɪm] *n (at school)* recreo *m*

playwright ['pleɪraɪt] *n* dramaturgo(a) *m,f*, autor(ora) *m,f* teatral

plaza ['plɑ:zə] *n US (shopping centre)* centro *m* comercial

PLC, plc [pi:el'si:] *n Br Com (abbr* **public limited company**) ≃ S.A.

plea [pli:] *n* (**a**) *(appeal)* petición *f*, súplica *f*, *Am* pedido *m*; **to make a p. for sth** suplicar algo (**b**) *(excuse)* excusa *f*; **on the p. that...** alegando que... (**c**) *Law* declaración *f*; **to enter a p. of guilty/not guilty** declararse culpable/inocente ▫ *US* ***p. bargaining*** = negociación extrajudicial entre el abogado y el fiscal por la que el acusado acepta su culpabilidad en cierto grado a cambio de no ser juzgado por un delito más grave

plead [pli:d] (*US pt & pp* **pled**) **1** *vt* (**a**) *Law* **to p. sb's case** *(of lawyer)* defender a alguien; **to p. insanity** alegar enajenamiento de las facultades mentales (**b**) *(give as excuse)* **to p. ignorance** alegar desconocimiento

2 *vi* (**a**) *(appeal, beg)* **to p. with sb (to do sth)** implorar a alguien (que haga algo); **he pleaded with them for more time** les imploró que le concedieran más tiempo (**b**) *Law* **to p. guilty/not guilty** declararse culpable/inocente

pleading ['pli:dɪŋ] **1** *n Law* **pleadings** alegatos *mpl*, alegaciones *fpl*

2 *adj* suplicante

pleasant ['plezənt] *adj (remark, place, weather)* agradable; *(person)* agradable, simpático(a); *(surprise)* grato(a), agradable

pleasantly ['plezəntlɪ] *adv (to smile, behave)* con simpatía; **to be p. surprised** estar gratamente sorprendido(a)

pleasantry ['plezəntrɪ] *n* (**a**) *(joke)* broma *f* (**b**) *(polite remarks)* **to exchange pleasantries** intercambiar cumplidos

---

PLEASE [pli:z] **1** *adv* por favor; **p. don't cry** no llores, por favor; **p. don't interrupt!** ¡no interrumpas!; **p. sit down** tome asiento, por favor; **p. tell me...** dime...; **will you p. be quiet!** ¡os queréis callar de una vez!; **p., Miss, I know!** ¿señorita?, ¡yo lo sé!; **may I? — p. do** ¿puedo? – por favor *or* no faltaba más; **(yes,) p.!** ¡sí!

2 *vt (give pleasure to)* complacer, agradar; **you can't p. everybody** no se puede complacer a todo el mundo; **to be easy/hard to p.** ser fácil/difícil de complacer; **p. God!** ¡ojalá!; **we pleased ourselves** hicimos lo que nos dio la gana; **p. yourself!** ¡como quieras!

3 *vi* (**a**) *(like)* **he does as he pleases** hace lo que quiere; **do as you p.** haz lo que quieras; **in she walked, as cool as you p.** entró como quien no quiere la cosa; **this way, if you p.** por aquí, por favor; **and then, if you p., he blamed me for it!** ¡y luego, por si fuera poco, me echó la culpa a mí!

(**b**) *(give pleasure)* agradar, complacer; **we aim to p.** nuestro objetivo es su satisfacción; **to be eager to p.** estar ansioso(a) por agradar

---

pleased [pli:zd] *adj (happy)* contento(a); **to be p. (at** *or* **about sth)** estar contento(a) (por algo); **to be p. with sth/sb** *(satisfied)* estar satisfecho(a) *or* contento(a) con algo/alguien; **to be p. to do sth** alegrarse de hacer algo; **to be p. for sb** alegrarse por alguien; IDIOM **he was as p. as Punch** estaba encantado de la vida; **he's very p. with himself** está muy satisfecho *or* pagado de sí mismo; **p. to meet you** encantado(a) (de conocerle); **I'm p. to say that...** tengo el gusto de comunicarles que...

pleasing ['pli:zɪŋ] *adj* agradable, grato(a)

pleasurable ['pleʒərəbəl] *adj* agradable, grato(a)

pleasure ['pleʒə(r)] *n* (**a**) *(enjoyment, contentment)* placer *m*; **the pleasures of**

camping los placeres del cámping; **it's one of my few pleasures** es uno de mis pocos placeres: **it gave me great p.** fue un auténtico placer para mí; **to take p. in (doing) sth** disfrutar (haciendo) algo ▫ ***p. boat*** barco *m* de recreo; ***p. trip*** viaje *m* de placer
(**b**) *(in expressions)* **with p.** con (mucho) gusto; **(it's) my pleasure!** *(replying to thanks)* ¡no hay de qué!; *Formal* **I am delighted to have had the p.** estoy encantado de haber tenido el gusto; *Formal* **I have p. in informing you that...** tengo el gusto de *or* me complace informarles de que...; **it gives me great p. to introduce...** tengo el placer de presentar...
(**c**) *(will)* voluntad *f*; **at sb's p.** según disponga alguien; *Br Law* **to be detained at** *or* **during Her Majesty's p.** ser encarcelado(a) a discreción del Estado

pleat [pli:t] *n (in sewing)* pliegue *m*

pleated ['pli:tɪd] *adj (skirt)* plisado(a)

pleb [pleb] *n Br Fam Pej* ordinario(a) *m,f*; **the plebs** la gentuza

plebeian [plə'bi:ən] *n & adj* plebeyo(a) *m,f*

plebiscite ['plebɪsɪt] *n* plebiscito *m*

plectrum ['plektrəm] *n Mus* púa *f*, plectro *m*

pled [pled] *US pt & pp of* **plead**

pledge [pledʒ] **1** *n* (**a**) *(promise)* promesa *f*; **to fulfil** *or* **keep a p.** cumplir *or* mantener una promesa; **to make a p.** hacer una promesa; IDIOM **to take** *or* **sign the p.** jurar no beber *or Am* tomar alcohol (**b**) *(token)* prenda *f*
2 *vt (promise)* prometer; **to p. oneself to do sth** comprometerse a hacer algo; **to p. one's allegiance to the king** jurar fidelidad al rey; **to p. money** *(in radio, television appeal)* prometer hacer un donativo (de dinero)

Pleistocene ['plaɪstəsi:n] *Geol* **1** *n* **the P.** el pleistoceno
2 *adj* pleistoceno(a)

plenary ['pli:nərɪ] **1** *n (at conference)* sesión *f* plenaria
2 *adj* plenario(a) ▫ ***p. assembly*** asamblea *f* plenaria; *Rel* ***p. indulgence*** indulgencia *f* plenaria; ***p. powers*** plenos poderes *mpl*; ***p. session*** sesión *f* plenaria

plenipotentiary [plenɪpə'tenʃərɪ] **1** *n* embajador(ora) *m,f* plenipotenciario(a)
2 *adj* plenipotenciario(a)

plenitude ['plenɪtju:d] *n Literary (abundance)* profusión *f*

plenteous ['plentjəs] *adj Literary* copioso(a), abundante

plentiful ['plentɪfʊl] *adj* abundante

plentifully ['plentɪfʊlɪ] *adv* copiosamente, abundantemente

plenty ['plentɪ] **1** *n* abundancia *f*; **land of p.** tierra *f* de la abundancia
2 *pron* **p. of time/money** mucho tiempo/dinero; **p. of food** mucha comida; **p. of books** muchos libros; **that's p.** es (más que) suficiente; **we need hot water, and p. of it!** necesitamos agua caliente, ¡y mucha *or* en cantidad!
3 *adv Fam* **it's p. big enough** es grande más que de sobra; **this beer's great! — there's p. more where that came from** ¡esta cerveza está genial! — pues tenemos mucha más

plenum ['pli:nəm] *n (meeting)* sesión *f* plenaria

plethora ['pleθərə] *n Formal* plétora *f*

pleurisy ['plʊərɪsɪ] *n* pleuresía *f*

Plexiglas® ['pleksɪglɑ:s] *n US* plexiglás® *m*

plexus ['pleksəs] *n Anat* plexo *m*

pliable ['plaɪəbəl], **pliant** ['plaɪənt] *adj* (**a**) *(material)* flexible (**b**) *(person)* acomodaticio(a)

pliers ['plaɪəz] *npl* alicates *mpl*; **a pair of p.** unos alicates

plight[1] [plaɪt] *n* situación *f* grave *or* difícil

plight[2] *vt Old-fashioned or Formal* **to p. one's troth to sb** dar palabra de matrimonio a alguien

Plimsoll ['plɪmsəʊl] *n Naut* ***P. line*** *or* ***mark*** línea *f* de máxima carga

plimsolls ['plɪmsəlz] *npl Br* playeras *fpl*

plinth [plɪnθ] *n* pedestal *m*

Pliocene ['plaɪəsi:n] *Geol* **1** *n* **the P.** el plioceno
2 *adj* plioceno(a)

PLO [pi:el'əʊ] *n (abbr* **Palestine Liberation Organization**) OLP *f*

plod [plɒd] (*pt & pp* **plodded**) *vi* (**a**) *(walk)* caminar con paso lento; **to p. on** seguir caminando *(con lentitud o esfuerzo)* (**b**) *(work)* **to p. (away)** trabajar pacientemente

plodder ['plɒdə(r)] *n* = persona mediocre pero voluntariosa en el trabajo

plonk[1] [plɒŋk] **1** *n (sound)* golpe *m* (seco), ruido *m* (sordo)
2 *vt Fam* **to p. sth down** dejar *or* poner algo de golpe; **to p. oneself down in an armchair** dejarse caer (de golpe) en una butaca

plonk[2] *n Br Fam (cheap wine)* vino *m* peleón *or RP* cualunque

plonker ['plɒŋkə(r)] *n Br very Fam* (**a**) *(idiot) Esp* gilipollas *mf inv*, *Am* pendejo(a) *m,f* (**b**) *(penis)* pija *f*, verga *f*

plop [plɒp] **1** *n* glu(p) *m*, = sonido de algo al hundirse en un líquido
2 *vi* (*pt & pp* **plopped**) caer haciendo glup

plosive ['pləʊsɪv] *Ling* **1** *n* oclusiva *f*
2 *adj* oclusivo(a)

plot [plɒt] **1** *n* (**a**) *(conspiracy)* trama *f*, complot *m* (**b**) *(of play, novel)* trama *f*, argumento *m*; IDIOM **the p. thickens** el asunto se complica (**c**) *(land)* terreno *m*; **(vegetable) p.** huerta *f*, huerto *m*
2 *vt* (*pt & pp* **plotted**) (**a**) *(plan)* tramar, planear; **to p. to do sth** tramar *or* planear hacer algo; **to p. sb's downfall** tramar *or* planear la caída de alguien (**b**) *(play, novel)* trazar el argumento de (**c**) *(draw) (curve)* trazar; *(progress, development)* representar; **to p. a course** planear *or* trazar una ruta (en el mapa)
3 *vi (conspire)* confabularse, conspirar (**against** contra)

plotter ['plɒtə(r)] *n* (**a**) *(conspirator)* conspirador(ora) *m,f* (**b**) *Comptr* plóter *m*, plotter *m*

plough, *US* **plow** [plaʊ] **1** *n* (**a**) *(tool)* arado *m* (**b**) *(constellation)* **the P.** la Osa Mayor
2 *vt (field, furrow)* arar, labrar; *Fig* **to p. profits back into a company** reinvertir beneficios en una empresa
3 *vi* arar, labrar; **to p. through sth** *(work, reading)* tomarse el trabajo de hacer algo; *Fig* **to p. into sth** *(of vehicle)* estrellarse contra algo

▸**plough on** *vi* esforzarse en seguir adelante (**with** con)

▸**plough up** *vt sep (field)* roturar; **the park had been ploughed up by vehicles** los vehículos dejaron el parque lleno de surcos

ploughman, *US* **plowman** ['plaʊmən] *n* labrador *m* ▫ *Br* ***p.'s lunch*** = almuerzo a base de pan, queso, ensalada y encurtidos

ploughshare, *US* **plowshare** ['plaʊʃeə(r)] *n* ancla *f* de arado

plover ['plʌvə(r)] *n* chorlito *m*

plow, plowman *etc US* = **plough, ploughman** *etc*

ploy [plɔɪ] *n* estratagema *f*

pluck [plʌk] **1** *n (courage)* coraje *m*, valor *m*
2 *vt (hair, feathers, flower)* arrancar; *(chicken)* desplumar; **to p. one's eyebrows** depilarse las cejas; **they were plucked from danger by a helicopter** un helicóptero les sacó del peligro; **to p. a guitar** puntear (a la guitarra)
3 *vi* **to p. at sb's sleeve** tirar a alguien de la manga

▸**pluck out** *vt sep (feathers, eyes)* arrancar; **he was plucked out of obscurity** salió del anonimato

▸**pluck up** *vt sep* **I plucked up my courage** me armé de valor; **to p. up the courage to do sth** armarse de valor para hacer algo

pluckily ['plʌkɪlɪ] *adv* valientemente

plucky ['plʌkɪ] *adj* valiente

plug [plʌg] **1** *n* (**a**) *(for sink)* tapón *m* (**b**) *(electrical)* enchufe *m*; *Aut* **(spark) p.** bujía *f*; IDIOM *Fam* **to pull the p. on sth** acabar con algo (**c**) *(of tobacco)* rollo *m* (de tabaco de mascar) (**d**) *Fam (publicity)* publicidad *f*; **to give sth a p.** hacer publicidad de *or* promocionar algo
2 *vt* (*pt & pp* **plugged**) (**a**) *(block)* tapar, taponar; **to p. a leak** tapar una fuga (**b**) *Fam (promote)* hacer publicidad de, promocionar (**c**) *US Fam (shoot)* disparar (**d**) *Comptr* **p. and play** conectar y funcionar, enchufar y usar

▸**plug away** *vi Fam* trabajar con tesón (**at** en)

▸**plug in** *vt sep* enchufar

▸**plug up** *vt sep* taponar

plughole ['plʌghəʊl] *n* desagüe *m*; IDIOM *Fam* **to go down the p.** echarse a perder

plug-in ['plʌgɪn] *n Comptr* plug-in *m*, dispositivo *m* opcional

plug-ugly ['plʌg'ʌglɪ] *adj Fam* coco

plum [plʌm] **1** *n (fruit)* ciruela *f*; IDIOM *Br* **to have a p. in one's mouth** hablar engoladamente, = tener acento de clase alta ❑ ***p. pudding*** = pudin con pasas y otras frutas típico de Navidad; ***p. tree*** ciruelo *m*
2 *adj* (**a**) *(colour)* morado(a) (**b**) *Fam (very good)* **a p. job** un *Esp* chollo *or Méx* churro (de trabajo), *RP* un laburazo

plumage ['plu:mɪdʒ] *n* plumaje *m*

plumb [plʌm] **1** *n* **p. (line)** plomada *f*; **out of p.** torcido(a)
2 *adv* (**a**) *(exactly)* de lleno, directamente; **p. in the centre** en todo *or* justo en el centro (**b**) *US Fam* **he's p. crazy** está completamente loco
3 *vt (sea)* sondar; *Fig* **to p. the depths of** abismarse *or* sumergirse en las profundidades de

▸**plumb in** *vt sep Br* **to p. in a washing machine** instalar una lavadora *or RP* un lavarropas (en la red de agua)

plumber ['plʌmə(r)] *n* fontanero(a) *m,f*, *Am* plomero(a)

plumbing ['plʌmɪŋ] *n* (**a**) *(job)* fontanería *f*, *Am* plomería *f* (**b**) *(system)* cañerías *fpl*

plume [plu:m] **1** *n* (**a**) *(single feather)* pluma *f*; *(on hat)* penacho *m* (**b**) *(of smoke)* nube *f*, penacho *m*
2 *vt* **to p. oneself on sth** congratularse de algo, enorgullecerse de algo

plummet ['plʌmɪt] *vi also Fig* desplomarse, caer en picado

plummy ['plʌmɪ] *adj Fam (voice, accent)* engolado(a) *(propio de la clase alta británica)*

plump [plʌmp] **1** *adj (person)* rechoncho(a); *(peach, turkey)* gordo(a)
2 *vt* **to p. oneself into an armchair** dejarse caer en una butaca

▸**plump down** *vt sep* dejar *or* poner de golpe; **she plumped herself down on the sofa** se dejó caer en el sofá

▸**plump for** *vt insep Fam (choose)* decidirse por

▸**plump up** *vt sep (cushion, pillow)* ahuecar

plumpness ['plʌmpnɪs] *n (of person)* rechonchez *f*; *(of peach, turkey)* gordura *f*

plunder ['plʌndə(r)] **1** *n* (**a**) *(action)* saqueo *m*, pillaje *m* (**b**) *(loot)* botín *m*
2 *vt (place)* saquear, expoliar; *(object)* robar

plunge [plʌndʒ] **1** *n* (**a**) *(dive)* zambullida *f*; IDIOM *Fam* **to take the p.** *(take major step)* lanzarse; *(get married)* dar el paso (decisivo) (**b**) *(of share values, prices)* desplome *m*; *(of temperature)* descenso *m* brusco
2 *vt* sumergir (**into** en); **to p. a knife into sb's back** hundir a alguien un cuchillo en la espalda; **to p. sb into despair** sumir a alguien en la desesperación
3 *vi* (**a**) *(dive)* zambullirse (**into** en); **she plunged to her death** murió tras caer al vacío (**b**) *(of share values, prices)* desplomarse; *(of temperature)* descender bruscamente

▸**plunge in** *vi* meterse de cabeza, lanzarse

plunger ['plʌndʒə(r)] *n* (**a**) *(of syringe)* émbolo *m* (**b**) *(for clearing sink)* desatascador *m*

plunging ['plʌndʒɪŋ] *adj (prices)* en picado; **p. neckline** escote *m* pronunciado

plunk [plʌŋk] *vi* **he was plunking away at the piano** estaba aporreando el piano

▸**plunk down** *vt sep* **he plunked himself down on the sofa** se dejó caer en el sofá

pluperfect ['plu:'pɜ:fɪkt] *n Gram* pluscuamperfecto *m*

plural ['plʊərəl] **1** *n Gram* plural *m*; **in the p.** en plural
2 *adj* (**a**) *Gram* plural (**b**) *Pol* ***p. society*** sociedad *f* plural

pluralism ['plʊərəlɪzəm] *n* pluralismo *m*

pluralistic [plʊərə'lɪstɪk] *adj (society)* plural; *(views)* pluralista

plurality [plʊə'rælɪtɪ] *n* (**a**) *(variety)* pluralidad *f* (**b**) *US* **a p. of** la mayoría de

pluralize ['plʊərəlaɪz] *vt Gram* poner en plural

plus [plʌs] **1** *n (pl* **plusses** ['plʌsɪz]) (**a**) *(sign)* signo *m* más (**b**) *(advantage)* ventaja *f*
2 *adj* **on the p. side, the bicycle is light** esta bicicleta tiene la ventaja de ser ligera; **fifteen p.** de quince para arriba, más de quince; **I got a C p.** saqué un aprobado alto ❑ ***p. fours*** *(trousers)* (pantalones *mpl*) bombachos *mpl*; ***p. sign*** signo *m* más
3 *prep* más; **seven p. nine** siete más nueve; **two floors p. an attic** dos pisos y una buhardilla

plush [plʌʃ] **1** *n Tex* felpa *f*
2 *adj Fam* lujoso(a), *Esp* muy puesto(a)

Pluto ['plu:təʊ] *n (planet, god)* Plutón

plutocracy [plu:'tɒkrəsɪ] *n* plutocracia *f*

plutocrat ['plu:təkræt] *n* (**a**) *Pol* plutócrata *mf* (**b**) *Pej (wealthy person)* ricachón(ona) *m,f*

plutonium [plu:'təʊnɪəm] *n Chem* plutonio *m*

ply¹ [plaɪ] *n* **three-p.** *(wood, paper handkerchief)* de tres capas

ply² **1** *vt* (**a**) *(exercise)* **to p. one's trade** ejercer su oficio (**b**) *(supply in excess)* **to p. sb with questions** acribillar a alguien a preguntas; **to p. sb with drink** ofrecer bebida insistentemente a alguien
2 *vi (of ferry, plane)* **to p. between** cubrir la ruta entre

plywood ['plaɪwʊd] *n* contrachapado *m*

PM [pi:'em] *n (abbr* **Prime Minister**) primer(era) ministro(a) *m,f*

p.m. [pi:'em] *adv (abbr* **post meridiem**) p.m.; **6 p.m.** las 6 de la tarde

PMS [pi:em'es] *n (abbr* **premenstrual syndrome**) síndrome *m* premenstrual

PMT [pi:em'ti:] *n (abbr* **premenstrual tension**) tensión *f* premenstrual

pneumatic [nju:'mætɪk] *adj* neumático(a) ❑ ***p. drill*** martillo *m* neumático; ***p. tyre*** neumático *m*

pneumoconiosis [nju:məkəʊnɪ'əʊsɪs] *n Med* neumoconiosis *f inv*

pneumonia [nju:'məʊnɪə] *n* pulmonía *f*, neumonía *f*

PO [pi:'əʊ] *n* (**a**) *(abbr* **Post Office**) oficina *f* de correos ❑ ***PO Box*** apartado *m* de correos, *Am* casilla *f* postal, *Andes, RP* casilla *f* de correos, *Col* apartado *m* aéreo (**b**) *Br (abbr* **postal order**) giro *m* postal

poach¹ [pəʊtʃ] *vt Culin (eggs)* escalfar; *(fish)* cocer; **poached eggs** huevos *mpl* escalfados

poach² **1** *vt* (**a**) *(catch illegally)* **to p. fish/game** pescar/cazar furtivamente (**b**) *(employee)* robar
2 *vi* **you're poaching on my territory** te estás metiendo en mi territorio

poacher ['pəʊtʃə(r)] *n (of game)* cazador *m* furtivo; *(of fish)* pescador *m* furtivo

poaching ['pəʊtʃɪŋ] *n* (**a**) *(cooking)* escalfado *m* (**b**) *(illegal hunting)* caza *f* furtiva; *(illegal fishing)* pesca *f* furtiva

pocket ['pɒkɪt] **1** *n* (**a**) *(in trousers, jacket)* bolsillo *m*, *CAm, Méx, Perú* bolsa *f*; **to go through sb's pockets** buscar en los bolsillos de alguien; IDIOM **to be in each other's pockets** no separarse ni para ir al baño; IDIOM **to have sb in one's p.** tener a alguien metido en el bolsillo ❑ ***p. calculator*** calculadora *f* de bolsillo; ***p. money*** *(for buying things)* dinero *m* para gastos; *(given by parents)* paga *f*, propina *f*
(**b**) *(referring to financial means)* **prices to suit every p.** precios para todos los bolsillos; **I paid for the presents out of my own p.** pagué los regalos de mi propio bolsillo; **to be in p.** tener dinero en el bolsillo; **to be out of p.** haber perdido dinero; IDIOM **to line one's pockets** llenarse los bolsillos, forrarse
(**c**) *(in snooker, pool)* agujero *m*, tronera *f*
(**d**) *(of air, gas)* bolsa *f*; *(of resistance, rebellion)* foco *m*
2 *vt* (**a**) *(put in pocket)* meter en el bolsillo (**b**) *Fam (steal)* afanar, *Esp* embolsarse

pocketbook ['pɒkɪtbʊk] *n US* (**a**) *(wallet)* cartera *f* (**b**) *(handbag) Esp* bolso *m*, *Chile, Col, RP* cartera *f*, *Méx* bolsa *f*

pocketful ['pɒkɪtfʊl] *n* **he had a p. of coins** tenía el bolsillo lleno de monedas

pocketknife ['pɒkɪtnaɪf] *n* navaja *f*, cortaplumas *m inv*

pockmarked ['pɒkmɑ:kt] *adj* (**a**) *(face)* picado(a) (de viruelas) (**b**) *(surface)* acribillado(a)

pod [pɒd] *n (of plant)* vaina *f*

podgy ['pɒdʒɪ] *adj Br* gordinflón(ona)

podiatrist [pə'daɪətrɪst] *n US* podólogo(a) *m,f*

podiatry [pə'daɪətrɪ] *n US* podología *f*

podium ['pəʊdɪəm] *n* podio *m*

poem ['pəʊɪm] *n* poema *m*

poet ['pəʊɪt] *n (male)* poeta *m*; *(female)* poetisa *f*, poeta *f* ❑ ***p. laureate*** = en el Reino Unido, poeta de la corte encargado de escribir poemas para ocasiones oficiales

poetess [pəʊɪ'tes] *n Old-fashioned* poetisa *f*

poetic [pəʊ'etɪk] *adj* poético(a); **it was p. justice that she should be replaced by someone she herself had sacked** fue una ironía del destino que la reemplazaran por alguien a quien ella había despedido anteriormente ❑ ***p. licence*** licencia *f* poética

poetical [pəʊ'etɪkəl] *adj* poético(a)

poetry ['pəʊɪtrɪ] *n* poesía *f*; **p. in motion** poesía en movimiento ▫ ***p. reading*** recital *m* de poesía

po-faced ['pəʊfeɪst] *adj Fam* (**a**) *(person)* **she was wearing a p. expression** tenía cara de pocos amigos (**b**) *(reaction, attitude)* demasiado(a) serio(a)

pogo ['pəʊgəʊ] **1** *n* ***p. stick*** = palo provisto de un muelle para dar saltos

2 *vi (dance)* = bailar dando saltos y cabezazos imaginarios

pogrom ['pɒgrɒm] *n* pogromo *m*

poignancy ['pɔɪnjənsɪ] *n* patetismo *m*

poignant ['pɔɪnjənt] *adj* conmovedor(ora)

poignantly ['pɔɪnjəntlɪ] *adv* de modo conmovedor

poinsettia [pɔɪn'setɪə] *n* poinsettia *f*, flor *f* de Pascua

POINT [pɔɪnt] **1** *n* (**a**) *(in space)* punto *m* ▫ ***p. of contact*** punto de contacto; *Com* ***p. of sale*** punto de venta

(**b**) *(stage, moment)* instante *m*, momento *m*; **at one p. everything went dark** en un momento determinado se oscureció todo; **at some p.** en algún momento; **at this p. in time** en este preciso instante; **at that** *or* **this p. the phone rang** en ese instante sonó el teléfono; **to be on the p. of doing sth** estar a punto de hacer algo; **to drive sb to the p. of despair** llevar a alguien hasta la desesperación; **outspoken to the p. of rudeness** franco(a) hasta lindar con la grosería; **up to a p.** hasta cierto punto; **when it comes to the p....** a la hora de la verdad...; **I/it got to the p. where I didn't know what I was doing** llegó un momento en el que ya no sabía lo que estaba haciendo; **we've reached a p. of no return** ya no nos podemos echar atrás

(**c**) *(in argument, discussion)* punto *m*; **she has** *or* **she's got a p.** no le falta razón; **he made several interesting points** hizo varias observaciones *or* puntualizaciones muy interesantes; **you've made your p.!** ¡ya nos hemos enterado!; **this proves my p.** esto prueba lo que digo; **I can see her p.** no le falta razón; **I take your p.** estoy de acuerdo con lo que dices; **p. taken!** ¡de acuerdo!, ¡tienes razón!; **that's ridiculous! – my p. exactly** ¡es ridículo! – precisamente lo que decía yo; **they don't arrive till eight – that's a p.** no llegan hasta las ocho – es verdad; **in p. of fact** en realidad; **not to put too fine a p. on it...** hablando en plata... ▫ ***a p. of grammar*** una cuestión gramatical; ***p. of honour*** cuestión *f* de honor; ***p. of order*** cuestión *f* de procedimiento *or* de forma; ***p. of principle*** cuestión *f* de principio; ***p. of reference*** punto *m* de referencia; ***p. of view*** punto *m* de vista

(**d**) *(most important thing)* **the p. is,...** la cuestión es que...; **won't she be surprised? – that's the whole p.** ¿no se sorprenderá? – de eso se trata; **that's not the p.** no es esa la cuestión; **that's beside the p.** eso no viene al caso; **her remarks were very much to the p.** sus comentarios fueron muy pertinentes *or* venían al caso; **where is he, and more to the p., who is he?** ¿dónde está y, lo que es más importante, quién es?; **to come** *or* **get to the p.** ir al grano; **I didn't get the p. of the joke** no entendí el chiste; **to keep** *or* **stick to the p.** no divagar, no salirse del tema; **to make a p. of doing sth** preocuparse de *or* procurar hacer algo

(**e**) *(aspect, characteristic)* aspecto *m*; **it has its good points** tiene sus cosas buenas

(**f**) *(purpose)* **there is no** *or* **little p. (in) waiting any longer** no vale la pena seguir esperando; **I can't see the p. in continuing** no veo para qué vamos a continuar; **what's the p.?** ¿para qué?; **what's the p. of** *or* **in doing that?** ¿qué se consigue haciendo eso?

(**g**) *(in game, exam)* punto *m*; *(on stock market)* entero *m*, punto *m*; **to win on points** ganar por puntos

(**h**) *(mark, dot)* punto *m*; **a p. of light** un punto de luz

(**i**) *Math* **(decimal) p.** coma *f* (decimal); **three p. five** tres coma cinco

(**j**) *(on compass)* punto *m*

(**k**) *(of needle, pencil, sword)* punta *f*; **to end in a p.** acabar en punta

(**l**) *(of land)* punta *f*, cabo *m*

(**m**) *Typ* punto *m*

(**n**) *(electric socket)* toma *f* de corriente

(**o**) *Aut* **points** platinos *mpl*

(**p**) **to be on point(s) duty** *(of policeman)* estar dirigiendo el tráfico con los brazos

(**q**) *Rail* **points** agujas *fpl*

2 *vt* (**a**) *(aim)* dirigir; **to p. a gun at sb** apuntar con un arma a alguien; **to p. one's finger at sb** señalar a alguien con el dedo; IDIOM **to p. the finger at sb** *(accuse)* señalar a alguien (con el dedo); **he pointed us in the direction of his office** nos indicó la dirección de su oficina; *Fam* **just p. me in the right direction** *(show how to do)* basta con que me digas cómo hacerlo más o menos; **to p. the way** indicar el camino; *Fig* indicar el rumbo a seguir

(**b**) *Constr* rellenar las juntas de

3 *vi* **to p. north/left** señalar al norte/a la izquierda; **make sure your fingers are pointing down** asegúrate de que tus dedos señalan hacia abajo; **it's rude to p.** es de mala educación señalar con el dedo; **to p. at sth/sb** *(with finger)* señalar algo/a alguien; **the telescopes were all pointing in the same direction** todos los telescopios estaban enfocados en la misma dirección; **the hour hand is pointing to ten** la manecilla horaria indica las diez; **to be pointing towards sth** estar mirando hacia algo, estar en dirección a algo; **he pointed to this issue as the key to their success** señaló esta cuestión como la clave de su éxito; **this points to the fact that...** esto nos lleva al hecho de que...; **everything points to a Labour victory** todo indica una victoria laborista; **all the evidence points to suicide** todas las pruebas sugieren que se trata de un suicidio

▸**point out** *vt sep (error)* hacer notar, indicar; *(fact)* recalcar; *(dangers, risks)* señalar; **to p. sth/sb out (to sb)** *(with finger)* señalar algo/a alguien (a alguien); **to p. out to sb the advantages of sth** mostrar a alguien las ventajas de algo; **I pointed out that there was a serious flaw in the plan** advertí que había un grave fallo *or Am* una grave falla en el plan; **might I p. out that...?** ¿puedo hacer notar que...?

▸**point up** *vt sep (highlight)* subrayar

point-blank ['pɔɪnt'blæŋk] **1** *adj (refusal, denial)* rotundo(a), tajante; **at p. range** a bocajarro, a quemarropa

2 *adv (fire)* a bocajarro, a quemarropa; **he asked me p. whether...** me preguntó de sopetón si...; **to deny sth p.** negar algo en redondo; **to refuse p.** negarse en redondo *or* de plano

pointed ['pɔɪntɪd] *adj* (**a**) *(sharp)* puntiagudo(a) (**b**) *(remark)* intencionado(a)

pointedly ['pɔɪntɪdlɪ] *adv* intencionadamente, con intención; **"well I certainly won't be late," she said p.** "yo por lo menos no llegaré tarde", dijo lanzando una indirecta

pointer ['pɔɪntə(r)] *n* (**a**) *(indicator)* indicador *m*; *(stick)* puntero *m* (**b**) *Fam (advice)* indicación *f* (**c**) *(dog)* perro *m* de muestra, pointer *m* (**d**) *Comptr* puntero *m*

pointillism ['pɔɪntɪlɪzəm] *n Art* puntillismo *m*

pointless ['pɔɪntlɪs] *adj* sin sentido; **to be p.** no tener sentido

point-to-point ['pɔɪnttə'pɔɪnt] *n Br* = carrera de caballos por el campo señalizada con banderines

poise [pɔɪz] *n* (**a**) *(physical)* equilibrio *m* (**b**) *(composure)* compostura *f*, aplomo *m*

poised [pɔɪzd] *adj* (**a**) *(composed)* sereno(a) (**b**) *(ready)* **to be p. to do sth** estar preparado(a) para hacer algo (**c**) *(balanced)* **to be p. on the brink of sth** estar al borde de algo

poison ['pɔɪzən] **1** *n* veneno *m*; IDIOM *Fam Hum* **what's your p.?** ¿qué tomas? ▫ ***p. gas*** gas *m* tóxico; ***p. ivy*** zumaque *m* venenoso; ***p. pen letter*** anónimo *m* malicioso; *Fam Com* ***p. pill*** *(action)* = actuación defensiva contra una OPA hostil; *(clause in contract)* = cláusula para prevenir una OPA hostil

2 *vt* (**a**) *(person, food) (intentionally)* envenenar; *(accidentally)* intoxicar; **to p. sb's mind (against sb)** enemistar *or* encizañar a alguien (con alguien) (**b**) *(pollute)* contaminar

poisoned ['pɔɪzənd] *adj* envenenado(a) ▫ ***p. chalice*** caramelo *m* muy amargo, = algo que parece una pera en dulce pero no lo es

poisoning ['pɔɪzənɪŋ] *n* (**a**) *(of person, food) (intentional)* envenenamiento *m*; *(accidental)* intoxicación *f*; **to die of p.** *(intentional)* morir envenenado(a); *(accidental)* morir por intoxicación (**b**) *(pollution)* contaminación *f*

poisonous ['pɔɪzənəs] *adj* (**a**) *(toxic) (snake, plant, mushroom)* venenoso(a); *(chemical, fumes)* tóxico(a) (**b**) *(vicious) (remark, atmosphere)* envenenado(a), emponzoñado(a); *(rumour, doctrine)* nocivo(a), dañino(a)

poke [pəʊk] **1** *n* (**a**) *(jab)* golpe *m (con la punta de un objeto)*; **she gave him a p. with her umbrella** le dio con la punta del paraguas (**b**) *very Fam (sexual intercourse)* **to have a p.** echar un polvo *or Esp* casquete, *Méx* echarse un caldito

2 *vt* (**a**) *(jab)* **to p. sb with one's finger/a stick** dar a alguien con la punta del dedo/de un palo; **to p. sb in the ribs** *(with elbow)* dar a alguien un codazo en las costillas; **to p. a hole in sth** hacer un agujero en algo; **to p. the fire** atizar el fuego; **to p. fun at sb/sth** reírse de alguien/algo (**b**) *(insert)* **to p. one's head round a door** asomar la cabeza por una puerta; IDIOM **to p. one's nose into other people's business** meter las narices en asuntos ajenos (**c**) *very Fam (have sex with)* tirarse a, *Am* cogerse a, *Méx* chingarse a

3 *vi* **to p. at sth (with one's finger/a stick)** dar un golpe a algo (con la punta del dedo/de un palo)

▸**poke about, poke around** *vi (search)* rebuscar; *(be nosy)* fisgonear, fisgar

▸**poke out 1** *vt sep* **to p. one's head out (of) the window** asomar la cabeza por la ventana; **to p. one's tongue out** sacar la lengua; **be careful! you nearly poked my eye out!** ¡ten cuidado! ¡casi me sacas un ojo!

2 *vi (protrude)* asomar, sobresalir

poker[1] ['pəʊkə(r)] *n (for fire)* atizador *m*

poker[2] *n (card game)* póquer *m*

poker-faced ['pəʊkəfeɪst] *adj* con cara de póquer

pokerwork ['pəʊkəwɜ:k] *n* pirograbado *m*

poky ['pəʊkɪ] *adj Fam* **a p. room** un cuchitril, un cuartucho

Polack ['pəʊlæk] *n US Fam* = término generalmente ofensivo para referirse a los polacos

Poland ['pəʊlənd] *n* Polonia

polar ['pəʊlə(r)] *adj* (**a**) *Geog* polar ▫ ***p. bear*** oso *m* polar *or* blanco (**b**) *Math* ***p. coordinates*** coordenadas *fpl* polares

polarity [pə'lærɪtɪ] *n* polaridad *f*

polarization [pəʊləraɪ'zeɪʃən] *n* polarización *f*

polarize ['pəʊləraɪz] **1** *vt* polarizar

2 *vi* polarizarse

polarizing ['pəʊləraɪzɪŋ] *adj Phot* **p. filter** filtro *m* polarizador

Polaroid® ['pəʊlərɔɪd] *n* (**a**) *(camera)* polaroid® *f* (**b**) *(photo)* foto *f* instantánea

polder ['pəʊldə(r)] *n* pólder *m*

Pole [pəʊl] *n* polaco(a) *m,f*

pole[1] [pəʊl] *n* (**a**) *(for supporting)* poste *m*; *(for jumping, punting)* pértiga *f*; *(for flag, tent)* mástil *m*; IDIOM *Fam* **to drive sb up the p.** hacer que alguien se suba por las paredes ▫ ***p. vault*** (salto *m* con) pértiga *f*; ***p. vaulter*** saltador(ora) *m,f* con pértiga, pertiguista *mf* (**b**) *(in motor racing)* pole-position *f*, = puesto en la primera línea de salida; **to be on p.** estar en la pole-position; **to be in p. position** *(in motor racing)* estar en la pole-position; *Fig* estar en una posición excelente

pole[2] *n* (**a**) *(of planet)* polo *m*; **North/South P.** Polo Norte/Sur; IDIOM **to be poles apart** estar en polos opuestos ▫ ***P. Star*** estrella *f* polar (**b**) *(of magnet)* polo *m*

poleaxe, *US* **poleax** ['pəʊlæks] *vt (physically)* noquear, tumbar de un golpe; *(emotionally)* dejar anonadado(a)

polecat ['pəʊlkæt] *n* (**a**) *(like weasel)* turón *m* (**b**) *US (skunk)* mofeta *f*

polemic [pə'lemɪk] *n* (**a**) *(controversy)* polémica *f* (**b**) *(speech, article)* diatriba *f*

polemic(al) [pə'lemɪk(əl)] *adj* polémico(a)

polenta [pəʊ'lentə] *n* polenta *f*

police [pə'li:s] **1** *npl* **the p.** la policía; **200 p.** 200 policías; **to be in p. custody** estar bajo custodia policial ▫ ***p. car*** coche *m* de policía; *Br* ***p. constable*** (agente *mf* de) policía *mf*; *US* ***p. department*** jefatura *f* de policía; ***p. dog*** perro *m* policía; ***p. escort*** escolta *f* policial; ***p. force*** policía *f*, cuerpo *m* de policía; ***p. officer*** (agente *mf* de) policía *mf*; ***p. record*** antecedentes *mpl* policiales; ***p. state*** estado *m* policial; ***p. station*** comisaría *f* de policía

2 *vt* (**a**) *(keep secure)* vigilar, custodiar; **the streets are not properly policed these days** no hay suficientes policías en la calle hoy en día (**b**) *(supervise)* vigilar, supervisar

policeman [pə'li:smən] *n* policía *m*

policewoman [pə'li:swʊmən] *n* (mujer *f*) policía *f*

policy ['pɒlɪsɪ] *n* (**a**) *(of government, personal)* política *f*; **foreign p.** política exterior; **it's a matter of p.** es una cuestión de política; **it's a good/bad p.** es/no es conveniente ▫ ***p. maker*** responsable *m* político; ***p. statement*** declaración *f* de principios; ***p. unit*** = grupo de funcionarios encargados de ofrecer información y análisis a los responsables políticos (**b**) *Fin* **(insurance) p.** póliza *f* (de seguros) ▫ ***p. holder*** asegurado(a) *m,f*

polio ['pəʊlɪəʊ] *n* poliomielitis *f inv*, polio *f* ▫ ***p. vaccine*** vacuna *f* de la poliomielitis *or* de la polio

poliomyelitis ['pəʊlɪəʊmaɪə'laɪtɪs] *n Med* poliomielitis *f inv*

Polish ['pəʊlɪʃ] **1** *n (language)* polaco *m*

2 *adj* polaco(a)

polish ['pɒlɪʃ] **1** *n* (**a**) *(finish, shine)* brillo *m*; **to give sth a p.** dar *or* sacar brillo a algo (**b**) *(for shoes)* betún *m*, crema *f* (para calzado); *(for furniture, floors)* cera *f*; *(for metal)* abrillantador *m*; *(for nails)* esmalte *m*, laca *f* (**c**) *(refinement)* acabado *m*, refinamiento *m*; **his performance lacks p.** le hace falta refinar su actuación

2 *vt* (**a**) *(wood, metal, stone)* pulir; *(shoes)* dar brillo a, limpiar; *(floor)* encerar (**b**) *(improve)* pulir, perfeccionar

▸**polish off** *vt sep Fam (food)* zamparse; *(drink)* cepillarse, *Esp* pimplarse, *RP* mandarse; *(work, opponent)* acabar con, *Esp* cepillarse

▸**polish up** *vt sep* (**a**) *(shine)* sacar brillo a (**b**) *Fig (skill, language)* pulir, perfeccionar

polished ['pɒlɪʃt] *adj* (**a**) *(shiny) (wood, metal, stone)* pulido(a); *(shoes)* brillante, limpio(a); *(floor)* encerado(a) (**b**) *(refined) (manners)* refinado(a); *(style)* acabado(a), pulido(a)

Politburo ['pɒlɪtbjʊərəʊ] *n (of communist state)* Politburó *m*

polite [pə'laɪt] *adj* (**a**) *(well-mannered)* educado(a), cortés; **to be p. to sb** ser amable *or* educado(a) con alguien; **he's only being p., he's only saying that to be p.** lo dice por educación; **it's not p. to...** no es de buena educación... (**b**) *(refined)* **in p. society** entre gente educada

politely [pə'laɪtlɪ] *adv* educadamente, cortésmente

politeness [pə'laɪtnɪs] *n* educación *f*, cortesía *f*; **to do sth out of p.** hacer algo por cortesía

politic ['pɒlɪtɪk] *adj Formal* prudente

political [pə'lɪtɪkəl] *adj* político(a); **he isn't very p.** no le va mucho la política ▫ ***p. asylum*** asilo *m* político; ***p. correctness*** corrección *f* política; ***p. prisoner*** preso(a) *m,f* político(a); ***p. science*** ciencias *fpl* políticas, politología *f*

politically [pə'lɪtɪklɪ] *adv* políticamente; **p. correct** políticamente correcto(a); **p. motivated** por motivos políticos

politician [pɒlɪ'tɪʃən] *n* político(a) *m,f*

politicization [pəlɪtɪsaɪ'zeɪʃən] *n* politización *f*

politicize [pə'lɪtɪsaɪz] *vt* politizar

politicking ['pɒlɪtɪkɪŋ] *n Pej* politiqueo *m*

politico [pə'lɪtɪkəʊ] *n* (*pl* **politicos** *or* **politicoes**) *n Fam Pej* politicastro(a) *m,f*

politics ['pɒlɪtɪks] **1** *n* política *f*; **to go into p.** meterse en política

2 *npl* (**a**) *(views)* ideas *fpl* políticas (**b**) *(scheming)* politiqueo *m*; **office p.** intrigas *fpl* de oficina

polka ['pɒlkə] *n* polca *f*

polka dot ['pɒlkədɒt] *n* lunar *m*; **a p. tie** una corbata de lunares

poll [pəʊl] **1** *n* (**a**) *(voting)* votación *f*; **to go to the polls** acudir a las urnas ▫ *Br* ***p. tax*** = impuesto directo, individual y de tarifa única (**b**) *(survey)* **(opinion) p.** sondeo *m or* encuesta *f* (de opinión)

2 *vt* (**a**) *(votes)* obtener (**b**) *(people)* sondear

pollard ['pɒləd] *vt (tree)* desmochar

pollen ['pɒlən] *n* polen *m* ▫ ***p. count*** concentración *f* de polen en el aire

pollinate ['pɒlɪneɪt] *vt* polinizar

polling ['pəʊlɪŋ] *n* votación *f* ▫ ***p. booth*** cabina *f* electoral; ***p. day*** jornada *f* electoral; ***p. station*** colegio *m* electoral

pollster ['pəʊlstə(r)] *n* encuestador(ora) *m,f*

pollutant [pə'lu:tənt] *n* (sustancia *f*) contaminante *m*

pollute [pə'lu:t] *vt* contaminar

polluter [pə'lu:tə(r)] *n (company)* empresa *f* contaminante; *(industry)* industria *f* contaminante

pollution [pə'lu:ʃən] *n* contaminación *f*

Pollyanna [pɒlɪ'ænə] *n US* persona *f* ingenuamente optimista

polo ['pəʊləʊ] *n (sport)* polo *m* ❑ *Br* ***p. neck (sweater)*** suéter *m or Esp* jersey *m or Col* saco *m or RP* pulóver *m* de cuello alto *or* de cisne; ***p. shirt*** polo *m, Méx* playera *f, RP* chomba *f*

polonium [pə'ləʊnɪəm] *n Chem* polonio *m*

poltergeist ['pɒltəgaɪst] *n* espíritu *m or* fuerza *f* paranormal, poltergeist *m*

poltroon [pɒl'tru:n] *n Old-fashioned* cobarde *mf*

poly ['pɒlɪ] *n Br Fam (polytechnic)* (escuela *f*) politécnica *f*

polyamide [pɒlɪ'æmaɪd] *n Chem* poliamida *f*

polyanthus [pɒlɪ'ænθəs] (*pl* **polyanthuses**) *n* = variedad híbrida de prímula

poly bag ['pɒlɪ'bæg] *n Br Fam* bolsa *f* de plástico

polychrome ['pɒlɪkrəʊm] *adj Art (multicoloured)* polícromo(a), policromo(a)

polyester ['pɒlɪestə(r)] *n* poliéster *m*

polyethylene [pɒlɪ'eθəli:n] *n US* polietileno *m*

polygamous [pə'lɪgəməs] *adj* polígamo(a)

polygamy [pə'lɪgəmɪ] *n* poligamia *f*

polyglot ['pɒlɪglɒt] *n & adj* polígloto(a) *m,f*

polygon ['pɒlɪgən] *n* polígono *m*

polygraph ['pɒlɪgrɑ:f] *n (lie detector)* detector *m* de mentiras

polyhedron [pɒlɪ'hi:drən] (*pl* **polyhedrons** *or* **polyhedra** [pɒlɪ'hi:drə]) *n Geom* poliedro *m*

polymath ['pɒlɪmæθ] *n* erudito(a) *m,f*

polymer ['pɒlɪmə(r)] *n Chem* polímero *m*

polymerize ['pɒlɪməraɪz] *vt Chem* polimerizar

Polynesia [pɒlɪ'ni:zɪə] *n* Polinesia

Polynesian [pɒlɪ'ni:zɪən] *n & adj* polinesio(a) *m,f*

polynomial [pɒlɪ'nəʊmɪəl] *Math* **1** *n* polinomio *m*
2 *adj* polinómico(a)

polyp ['pɒlɪp] *n Med* pólipo *m*

polyphonic [pɒlɪ'fɒnɪk] *adj Mus* polifónico(a)

polypropylene [pɒlɪ'prəʊpəli:n], **polypropene** [pɒlɪ'prəʊpi:n] *n Chem* polipropileno *m*

polysaccharide [pɒlɪ'sækəraɪd] *n Biochem* polisacárido *m*

polystyrene [pɒlɪ'staɪri:n] *n* poliestireno *m*

polysyllabic [pɒlɪsɪ'læbɪk] *adj* polisílabo(a)

polysyllable ['pɒlɪsɪləbəl] *n* polisílabo *m*

polytechnic [pɒlɪ'teknɪk] *n Br* (escuela *f*) politécnica *f*

polytheism ['pɒlɪθi:ɪzəm] *n* politeísmo *m*

polythene ['pɒlɪθi:n] *n Br* polietileno *m* ❑ ***p. bag*** bolsa *f* de plástico

polyunsaturated [pɒlɪʌn'sætjʊreɪtɪd] *adj* poliinsaturado(a)

polyurethane [pɒlɪ'jʊərɪθeɪn] *n* poliuretano *m*

polyvalent [pɒlɪ'veɪlənt] *adj Chem* polivalente

polyvinyl chloride ['pɒlɪvaɪnəl'klɔ:raɪd] *n Chem* cloruro *m* de polivinilo

pom = **pommie**

pomander [pə'mændə(r)] *n* bola *f* perfumada

pomegranate ['pɒmɪgrænɪt] *n (fruit)* granada *f*; **p. (tree)** granado *m*

pommel ['pɒməl] *n* (**a**) *(on saddle)* perilla *f* (**b**) *(on sword)* pomo *m* (**c**) ***p. horse*** *(in gymnastics)* caballo *m* con arcos

pommie, pommy ['pɒmɪ] *n Austr Fam* = término a veces ofensivo para referirse a los ingleses

pomp [pɒmp] *n* pompa *f*, boato *m*; **p. and circumstance** pompa y circunstancia

pompom ['pɒmpɒm], **pompon** ['pɒmpɒn] *n (on hat)* pompón *m*

pomposity [pɒm'pɒsɪtɪ] *n* pretenciosidad *f*, pedantería *f*

pompous ['pɒmpəs] *adj (person)* pretencioso(a), pedante; *(language, remark)* altisonante, grandilocuente; *(style, speech)* pomposo(a), altisonante

ponce [pɒns] *n Br Fam* (**a**) *(effeminate man)* maricón *m*, marica *m* (**b**) *(pimp)* chulo *m, RP* cafiolo *m*

▸**ponce about, ponce around** *vi Fam* (**a**) *(waste time)* perder el tiempo (**b**) *(of effeminate man)* hacer el mariquita

poncho ['pɒntʃəʊ] (*pl* **ponchos**) *n* poncho *m*

pond [pɒnd] *n* estanque *m*; *Fam* **the P.** *(the Atlantic)* el charco

ponder ['pɒndə(r)] **1** *vt* considerar
2 *vi* **to p. over** *or* **on sth** reflexionar sobre algo

ponderous ['pɒndərəs] *adj (person, movement)* pesado(a), cansino(a); *(progress)* ralentizado(a), muy lento(a); *(piece of writing)* cargante, pesado(a)

pondskater ['pɒndskeɪtə(r)] *n* zapatero *m*

pong [pɒŋ] *Br Fam* **1** *n (unpleasant smell)* mal olor *m*; *(stink)* tufo *m*, peste *f*
2 *vi (smell unpleasant)* oler mal; *(stink)* apestar, *Esp* atufar

pongy ['pɒŋɪ] *adj Br Fam (unpleasant)* que huele mal; *(stinking)* apestoso(a)

pontiff ['pɒntɪf] *n* pontífice *m*

pontificate[1] [pɒn'tɪfɪkət] *n Rel* pontificado *m*

pontificate[2] [pɒn'tɪfɪkeɪt] *vi* pontificar (**about** sobre)

pontoon[1] [pɒn'tu:n] *n (float)* pontón *m* ❑ ***p. bridge*** puente *m* de pontones

pontoon[2] *n Br (card game)* veintiuna *f*

pony ['pəʊnɪ] *n* poni *m*; **to go p. trekking** hacer recorridos en poni

ponytail ['pəʊnɪteɪl] *n (hairstyle)* coleta *f*

poo [pu:] (*pl* **poos**) *Br* **1** *n Fam* caca *f*; **to do** *or* **have a p.** hacer caca
2 *vi* hacer(se) caca

pooch [pu:tʃ] *n Fam* chucho *m*

poodle ['pu:dəl] *n* caniche *m*

poof [pʊf], **poofter** ['pʊftə(r)] *n Br Fam* maricón *m*, marica *m*

poofy ['pʊfɪ] *adj Br Fam Pej* amariconado(a)

pooh[1] [pu:] *exclam (at a smell)* ¡puaj!; *(scornful)* ¡bah!

pooh[2] = **poo**

pooh-pooh ['pu:'pu:] *vt* **to p. a suggestion** despreciar una sugerencia

pool[1] [pu:l] *n* (**a**) *(pond)* charca *f*; **(swimming) p.** piscina *f, Méx* alberca *f, RP* pileta *f* (**b**) *(puddle, of blood)* charco *m*

pool[2] **1** *n (group)* conjunto *m*; *(of money)* fondo *m* común; **car p.** parque *m* móvil, flota *f* de automóviles
2 *vt (ideas, resources)* poner en común

pool[3] *n (game)* billar *m* americano ❑ ***p. table*** mesa *f* de billar americano

pools [pu:lz] *npl Br* **the p.** las quinielas; **to do the (football) p.** jugar a las quinielas (de fútbol)

poop[1] [pu:p] *n Naut* toldilla *f* ❑ ***p. deck*** toldilla *f*

poop[2] *n Fam (faeces)* cacas *fpl*

pooped [pu:pt] *adj Fam* hecho(a) migas *or* polvo

poop-scoop ['pu:p'sku:p], **pooper-scooper** ['pu:pə'sku:pə(r)] *n Fam* = instrumento para recoger los excrementos caninos de zonas públicas

POOR [pʊə(r)] **1** *npl* **the p.** los pobres
2 *adj* (**a**) *(not rich)* pobre; **to be p. in sth** *(lacking)* carecer de algo; **a p. man/woman** un/una pobre; **the abacus is the p. man's calculator** el ábaco es la calculadora de los pobres; IDIOM **to be as p. as a church mouse** ser más pobre que las ratas ❑ ***p. box*** cepillo *m*; *Hist* ***p. law*** ley *f* de asistencia a los pobres; *Fig* ***p. relation*** pariente *m* pobre; ***p. White*** = persona pobre de raza blanca
(**b**) *(inferior)* malo(a), pobre; *(chances, reward)* escaso(a); *(soil)* pobre; **the light is p.** hay poca luz; **to have p. eyesight** tener mal la vista; **to have a p. memory** tener mala memoria; *Sch* **p.** *(mark)* ≃ insuficiente; **to have a p. understanding of the basic principles** no comprender bien los principios básicos; **to be p. at physics** no ser bueno(a) en física; **I'm a p. tennis player** soy bastante malo jugando al tenis, se me da bastante mal el tenis; **to be a p. sailor** marearse siempre en los barcos; **to be a p. loser** ser un/una mal perdedor(ora); **to be in p. health** estar mal de salud; **in p. taste** de mal gusto; **her family comes a p. second to her job** su trabajo es mucho más importante que su familia
(**c**) *(expressing pity)* pobre; **p. creature** *or*

thing! ¡pobrecito(a)!; **p. (old) Tim!** ¡pobre Tim!; **p. you!** ¡pobrecito(a)!

poorhouse ['pɔːhaʊs] *n Hist* asilo *m* para pobres; **you'll have us in the p. if you carry on like this!** ¡como sigas así vamos a acabar en la ruina!

poorly ['pʊəlɪ] **1** *adv* mal; **p. dressed** mal vestido(a); **to be p. off** ser pobre; **the city is p. off for cinemas** la ciudad no tiene muchos cines

2 *adj Fam* enfermo(a); **to be p.** estar enfermo

POP *Comptr* (*abbr* **post office protocol**) POP

pop. (*abbr* **population**) población *f*

pop[1] [pɒp] **1** *n (music)* (música *f*) pop *m*

2 *adj* ***p. art*** arte *m* pop; ***p. group*** grupo *m* (de música) pop; ***p. music*** música *f* pop; ***p. singer*** cantante *mf* pop; ***p. song*** canción *f* pop

pop[2] *n US (father)* papá *m*

pop[3] **1** *n* (**a**) *(sound)* pequeño estallido *m* (**b**) *Fam (fizzy drink)* gaseosa *f*

2 *vt* (*pt & pp* **popped**) (**a**) *(burst)* hacer explotar

(**b**) *Fam (put quickly)* **to p. sth into a drawer** poner *or* echar algo en un cajón; **to p. one's head out of the window** asomar la cabeza por la ventana; IDIOM *Br Fam Hum* **to p. one's clogs** estirar la pata, irse al otro barrio; **he decided to p. the question** decidió pedirle que se casara con él; **to p. pills** consumir pastillas constantemente

(**c**) *Fam (shoot)* acabar con, *Esp* cargarse a *(con arma de fuego)*

3 *vi* (**a**) *(burst)* estallar, explotar; *(of cork)* saltar; **my ears popped** se me destaponaron los oídos

(**b**) *Fam (go quickly)* **we popped over to France for the weekend** el fin de semana hicimos una escapada a Francia

▸**pop in** *vi Fam* pasarse un momento *(por casa de alguien)*

▸**pop off** *vi Fam (die)* estirar la pata, *Esp* irse al otro barrio, *Méx* patatearse

▸**pop out** *vi Fam (go out)* salir

▸**pop up** *vi Fam* aparecer

popcorn ['pɒpkɔːn] *n* palomitas *fpl* de maíz, *RP* pochoclo *m*

pope [pəʊp] *n* papa *m* ▫ ***p.'s nose*** rabadilla *f*

popemobile ['pəʊpməbiːl] *n* papamóvil *m*

popery ['pəʊpərɪ] *n Pej* papismo *m*

pop-eyed ['pɒpaɪd] *adj Fam* de ojos saltones

popgun ['pɒpgʌn] *n* pistola *f* de juguete *(con corchos)*

popish ['pəʊpɪʃ] *adj Pej* papista

poplar ['pɒplə(r)] *n* álamo *m*

poplin ['pɒplɪn] *n (cloth)* popelina *f*, popelín *m*

poppadom, poppadum ['pɒpədəm] *n* = crepe fina, frita o a la parrilla, que se sirve con platos de la comida india

popper ['pɒpə(r)] *n Fam* (**a**) *Br (fastener)* automático *m*, corchete *m* (**b**) *(drug)* **poppers** = cápsula de nitrato de amilo

poppet ['pɒpɪt] *n Br Fam* **she's a p.** es una ricura; **my p.!** ¡mi tesoro!, ¡mi vida!

poppy ['pɒpɪ] *n* amapola *f* ▫ *Br* ***P. Day*** = día de homenaje a los caídos durante el cual la gente lleva una amapola de papel en la solapa; ***p. seed*** semilla *f* de amapola

poppycock ['pɒpɪkɒk] *n Fam Old-fashioned (nonsense) Esp* majaderías *fpl*, *Am* zonceras *fpl*

pop socks ['pɒpsɒks] *npl* medias *fpl* de nylon *(que cubren hasta la rodilla)*

populace ['pɒpjʊləs] *n Formal* **the p.** el pueblo

popular ['pɒpjʊlə(r)] *adj* (**a**) *(well-liked)* popular; **you won't make yourself very p. doing that** no va a sentar nada bien que hagas eso; **she is p. with her colleagues** cae bien a sus compañeros

(**b**) *(chosen by many) (excuse, answer, reason)* frecuente; *(choice, product)* popular

(**c**) *(non-intellectual, non-specialist) (newspapers, TV programmes)* de masas ▫ ***p. science*** divulgación *f* científica

(**d**) *(general)* **by p. demand** a petición *or Am* pedido popular *or* del público; **contrary to p. belief** en contra de lo que comúnmente se cree

(**e**) *Hist & Pol* ***p. front*** frente *m* popular

popularity [pɒpjʊ'lærɪtɪ] *n* popularidad *f* ▫ ***p. rating*** índice *m* de popularidad

popularization [pɒpjʊləraɪ'zeɪʃən] *n* popularización *f*

popularize ['pɒpjʊləraɪz] *vt* (**a**) *(make popular)* popularizar (**b**) *(make easy to understand)* divulgar

popularly ['pɒpjʊləlɪ] *adv* comúnmente, popularmente; **it is p. believed that...** casi todo el mundo cree que...

populate ['pɒpjʊleɪt] *vt* poblar; **sparsely populated** *(region)* poco poblado(a)

population [pɒpjʊ'leɪʃən] *n* población *f* ▫ ***p. explosion*** explosión *f* demográfica; ***p. figures*** cifras *fpl* de población; ***p. growth*** crecimiento *m* de la población

populism ['pɒpjʊlɪzəm] *n* populismo *m*

populist ['pɒpjʊlɪst] *n & adj* populista *mf*

populous ['pɒpjʊləs] *adj* populoso(a)

pop-up ['pɒpʌp] *adj* (**a**) *(book)* desplegable (**b**) *(toaster)* automático(a) (**c**) *Comptr (menu)* desplegable

porbeagle ['pɔːbiːgəl] *n* marrajo *m* de Cornualles

porcelain ['pɔːsəlɪn] *n* porcelana *f* ▫ ***p. ware*** porcelana *f*

porch [pɔːtʃ] *n* (**a**) *Br (entrance)* zaguán *m* (**b**) *US (veranda)* porche *m*

porcupine ['pɔːkjʊpaɪn] *n* puerco *m* espín

pore [pɔːr] *n* poro *m*

▸**pore over** *vt insep* leer atentamente, estudiar con detenimiento

pork [pɔːk] *n* (carne *f* de) cerdo *m or* puerco *m or Am* chancho *m* ▫ ***p. chop*** chuleta *f* de cerdo; ***p. pie*** empanada *f* de carne de cerdo *or* puerco

porker ['pɔːkə(r)] *n* (**a**) *(pig)* cerdo *m* cebón (**b**) *Fam (person)* gordinflón(ona) *m,f*

porky ['pɔːkɪ] *Fam* **1** *n Br* **p. (pie)** *(lie)* mentira *f*, *Esp* trola *f*, *Col* carreta *f*, *Méx* chisme *m*, *RP* bolazo *m*; **to tell porkies** decir mentiras, *Esp* meter trolas, *Am* contar cuentos, *RP* bolacear

2 *adj (fat)* rechoncho(a)

porn [pɔːn] *n Fam* porno *m*

porno ['pɔːnəʊ] *adj Fam* porno

pornographer [pɔː'nɒgrəfə(r)] *n* pornógrafo(a) *m,f*

pornographic [pɔːnə'græfɪk] *adj* pornográfico(a)

pornography [pɔː'nɒgrəfɪ] *n* pornografía *f*

porous ['pɔːrəs] *adj* poroso(a)

porpoise ['pɔːpəs] *n* marsopa *f*

porridge ['pɒrɪdʒ] *n* gachas *fpl* de avena ▫ ***p. oats*** copos *mpl* de avena

port[1] [pɔːt] *n* (**a**) *(harbour, town)* puerto *m*; **in p.** en puerto; PROV **any p. in a storm** en casos extremos, se olvidan los remilgos ▫ ***p. of call*** escala *f*; *Fig* parada *f*; ***p. of entry*** puerto *m* de entrada (**b**) *(in proper names)* ***P. Moresby*** Port Moresby; ***P. of Spain*** Puerto España

port[2] *n Naut (left-hand side)* babor *m*

port[3] *n (drink)* (vino *m* de) oporto *m*

port[4] *n Comptr* puerto *m*

portability [pɔːtə'bɪlɪtɪ] *n* (**a**) *(transportability)* transportabilidad *f* (**b**) *Comptr (of program)* portabilidad *f* (**c**) *(of mortgage, pension)* portabilidad *f*, transferibilidad *f*

portable ['pɔːtəbəl] *adj* (**a**) *(easy to transport)* portátil (**b**) *(mortgage, pension)* portátil, transferible

portage ['pɔːtɪdʒ] *n Com (transport, cost)* porte *m*

Portakabin® ['pɔːtəkæbɪn] *n* caseta *f* prefabricada, barracón *m*

portal ['pɔːtəl] **1** *n* (**a**) *Formal (entrance)* pórtico *m* (**b**) *Comptr (Web page)* portal *m*

2 *adj Anat* ***p. vein*** (vena *f*) porta *f*

Port-au-Prince ['pɔːtəʊ'præns] *n* Puerto Príncipe

portcullis [pɔːt'kʌlɪs] *n* rastrillo *m (reja)*

portend [pɔː'tend] *vt Formal* augurar

portent ['pɔːtent] *n Formal (omen)* augurio *m*

portentous [pɔː'tentəs] *adj Formal* (**a**) *(words, dream)* premonitorio(a); **a p. decision** una decisión que trajo/traerá importantes consecuencias (**b**) *(pompously solemn)* solemne, pomposo(a)

porter ['pɔːtə(r)] *n* (**a**) *(at station)* mozo *m* de equipaje (**b**) *(at hotel)* portero(a) *m,f*, conserje *mf* (**c**) *(in hospital)* celador(ora) *m,f*

porterhouse steak ['pɔːtəhaʊs'steɪk] *n* filete *m or RP* bife *m* de ternera de primera

portfolio [pɔːt'fəʊlɪəʊ] (*pl* **portfolios**) *n* (**a**) *(for documents, drawings)* cartera *f* (**b**) *(of person's work)* carpeta *f* (**c**) *Fin (of shares)* cartera *f* (de valores) (**d**) *Pol* cartera *f*; **the Defence/Health p.** la cartera de Defensa/Sanidad

porthole ['pɔ:thəʊl] *n Naut* portilla *f*, ojo *m* de buey

portico ['pɔ:tɪkəʊ] (*pl* **porticos** *or* **porticoes**) *n Archit* pórtico *m*

portion ['pɔ:ʃən] *n* (**a**) *(share)* parte *f*, porción *f* (**b**) *(of food)* ración *f*, porción *f*

▸**portion out** *vt sep* repartir

portly ['pɔ:tlɪ] *adj* corpulento(a)

portmanteau [pɔ:t'mæntəʊ] (*pl* **portmanteaus** *or* **portmanteaux** [pɔ:t'mæntəʊz]) *n Old-fashioned* portamanteo *m* ▫ ***p. word*** = término compuesto por la fusión de dos palabras

portrait ['pɔ:treɪt] *n* (**a**) *also Fig* retrato *m*; **he had his p. painted** le pintaron su retrato ▫ ***p. gallery*** galería *f* de retratos; ***p. painter*** retratista *mf* (**b**) *Comptr* **p. (orientation)** formato *m* vertical *or* de retrato

portraiture ['pɔ:trɪtʃə(r)] *n* retrato *m*

portray [pɔ:'treɪ] *vt* (**a**) *(of painting, writer, book)* retratar, describir (**b**) *(of actor)* interpretar (el papel de)

portrayal [pɔ:'treɪəl] *n* (**a**) *(description)* descripción *f*, representación *f* (**b**) *(by actor)* interpretación *f*

Portugal ['pɔ:tjʊgəl] *n* Portugal

Portuguese [pɔ:tjʊ'gi:z] **1** *n* (**a**) (*pl* **Portuguese**) *(person)* portugués(esa) *m,f* (**b**) *(language)* portugués *m*

2 *adj* portugués(esa) ▫ ***P. man-of-war*** *(jellyfish)* = tipo de medusa venenosa

POS [pi:əʊ'es] *n Com* (*abbr* **point of sale**) punto *m* de venta

pose [pəʊz] **1** *n* (**a**) *(position)* postura *f*, posición *f*; **to strike a p.** adoptar una postura (**b**) *Pej (affectation)* pose *f*; **it's just a p.** no es más que una pose

2 *vt (present) (problem, question)* plantear; *(danger, threat)* suponer

3 *vi* (**a**) *(for portrait)* posar (**b**) *Pej (behave affectedly)* tomar *or* hacer poses (**c**) *(pretend to be)* **to p. as** hacerse pasar por

poser ['pəʊzə(r)] *n Fam* (**a**) *Br Pej (affected person)* presumido(a) *m,f* (**b**) *(difficult question)* rompecabezas *m inv*

poseur [pəʊ'zɜ:(r)] *n Br Pej (affected person)* presumido(a) *m,f*

posh [pɒʃ] *Br Fam* **1** *adj (person, accent)* pijo(a), *RP* cogotudo(a); *(restaurant, area, clothes)* elegante

2 *adv* **to talk p.** hablar con acento pijo *or Méx* como una fresa

posit ['pɒzɪt] *vt Formal (assume, suggest)* postular

position [pə'zɪʃən] **1** *n* (**a**) *(physical posture)* posición *f*; **in a horizontal/vertical p.** en posición horizontal/vertical; **in the on/off p.** *(of switch, lever)* (en la posición de) encendido *or Am* prendido/apagado

(**b**) *(opinion)* postura *f*, posición *f*

(**c**) *(place)* posición *f*, lugar *m*; *(of player, actor, soldier)* posición *f*; **in p.** en su sitio; **out of p.** fuera de su sitio

(**d**) *(situation)* posición *f*, situación *f*; **to be in a strong p.** estar en una buena posición; **put yourself in my p.** ponte en mi lugar *or* situación; **to be in a p. to do sth** estar en condiciones de hacer algo; **to be in no p. to do sth** no estar en condiciones de hacer algo

(**e**) *Formal (job)* puesto *m*, empleo *m*; **a p. of responsibility** un puesto de responsabilidad

2 *vt (place) (object)* colocar, situar; *(troops)* apostar; **to p. oneself** colocarse, situarse; **to be well/poorly positioned to do sth** estar en una buena/mala posición para hacer algo

positioning [pə'zɪʃənɪŋ] *n Com* posicionamiento *m*

positive ['pɒzɪtɪv] *adj* (**a**) *(answer)* afirmativo(a); *(evidence, proof)* concluyente; *Med* **the test was p.** la prueba ha dado positivo; **on the p. side** como aspecto positivo

(**b**) *(constructive) (person, philosophy)* positivo(a) ▫ *Br* ***p. discrimination*** discriminación *f* positiva; ***p. feedback*** *(in circuit)* retroalimentación *f* positiva; *Fig (constructive response)* reacciones *fpl* positivas; ***p. thinking*** actitud *f* positiva; *Br* ***p. vetting*** *(security check)* = investigación completa a la que es sometido un aspirante a un cargo público relacionado con la seguridad nacional

(**c**) *(certain)* (completamente) seguro(a); **to be p. about sth** estar completamente seguro de algo

(**d**) *(for emphasis)* **it's a p. disgrace** es una verdadera desgracia

(**e**) *Math & Elec* positivo(a)

positively ['pɒzɪtɪvlɪ] *adv* (**a**) *(to answer)* afirmativamente; *(to think, react)* positivamente; **it has yet to be p. identified** todavía no se ha hecho una identificación definitiva (**b**) *(for emphasis)* verdaderamente, realmente; *Fam* **p. not** de ninguna manera (**c**) *Elec Phys* **p. charged** con carga positiva, cargado(a) positivamente

positivism ['pɒzɪtɪvɪzəm] *n Phil* positivismo *m*

positron ['pɒzɪtrɒn] *n Phys* positrón *m*

posse ['pɒsɪ] *n* (**a**) *(to catch criminal)* partida *f or* cuadrilla *f* (de persecución) (**b**) *(group)* banda *f*, cuadrilla *f*

possess [pə'zes] *vt* (**a**) *(property, quality, faculty)* poseer; *Formal* **to be possessed of** *(quality)* poseer (**b**) *(dominate, overcome)* **what possessed you to do that?** ¿qué te impulsó a hacer eso?

possessed [pə'zest] *adj* (**a**) *(dominated, overcome)* **p. by fear/rage** embargado(a) por el miedo/la rabia (**b**) *(demonically)* **to be p. (by demons)** estar poseído (por demonios); **like one p.** como un poseso

possession [pə'zeʃən] *n* (**a**) *(thing possessed)* posesión *f*; **foreign** *or* **overseas possessions** *(colonies)* posesiones coloniales (**b**) *(ownership)* posesión *f*; **how did this come into your p.?** ¿cómo te hiciste con esto?; **to gain** *or* **acquire p. of sth** adquirir algo; **in full p. of his senses** *or* **faculties** en plena posesión de sus facultades (mentales); PROV **p. is nine tenths** *or* **points of the law** = en caso de duda, el que tiene algo en su poder es su dueño (**c**) *Sport* posesión *f* de la pelota

possessive [pə'zesɪv] **1** *n Gram* posesivo *m*

2 *adj (parent, lover) & Gram* posesivo(a); **to be p. of** *or* **about sb/sth** ser posesivo(a) con alguien/algo

possessor [pə'zesə(r)] *n* poseedor(ora) *m,f*

possibility [pɒsɪ'bɪlɪtɪ] *n* posibilidad *f*; **to be within/outside the bounds of p.** entrar/no entrar dentro de lo posible; **one p. would be to...** una posibilidad sería...; **that is a distinct p.** es una posibilidad real; **there's a p. that we might be delayed** es posible que nos retrasemos; **is there any p. that you could help me?** ¿le importaría ayudarme?; **to allow for all possibilities** prepararse para cualquier eventualidad; **this house has possibilities** esta casa tiene potencial

possible ['pɒsɪbəl] **1** *n (for job)* candidato(a) *m,f* posible

2 *adj* posible; **it is p. that he will come** es posible que venga; **would it be p. for you to...?** ¿te importaría...?; **the best/worst p. result** el mejor/peor resultado posible; **to make sth p.** hacer posible algo; **as little as p.** lo menos posible; **as much as p.** cuanto sea posible; **I want you to try, as much as p., to behave** quiero que, en la medida de lo posible, intentes portarte bien; **I visit her as often as p.** la visito siempre que puedo; **as soon as p.** cuanto antes; **if (at all) p.** si es posible; **whenever/wherever p.** cuando/donde sea posible; **anything's p.** todo es posible

possibly ['pɒsɪblɪ] *adv* (**a**) *(perhaps)* posiblemente; **will you go? – p.** ¿irás? – puede *or* quizá; **p. not** puede que no (**b**) *(for emphasis)* **I can't p. do it** me resulta de todo punto imposible hacerlo; **I'll do all I p. can** haré todo lo que esté en mi mano; **how could you p. do such a thing?** ¿cómo se te ocurrió hacer semejante cosa?; **that can't p. be true!** ¡es imposible que sea verdad!; **could you p. help me?** ¿te importaría ayudarme?

possum ['pɒsəm] *n* (**a**) *US (opossum)* zarigüeya *f*; IDIOM *Fam* **to play p.** *(pretend to be asleep)* hacerse el dormido/la dormida; *(pretend to know nothing)* hacerse el sueco/la sueca (**b**) *Austr (marsupial)* falangero *m*

post¹ [pəʊst] **1** *n* (**a**) *(wooden stake)* poste *m* (**b**) *(job)* puesto *m*; **to take up a p.** ocupar un puesto (**c**) *(military position, station)* puesto *m*; **to be/die at one's p.** estar/morir al pie del cañón

2 *vt Mil (assign)* destinar

post² *vt (affix)* poner, pegar; **p. no bills** *(sign)* prohibido fijar carteles

post³ *Br* **1** *n (mail)* correo *m*; **by p.** por correo; **the first p.** el correo de (primera hora de) la mañana; **was there any p. (for me)?** ¿había alguna carta (para mí)?; **to miss the p.** llegar tarde para la recogida del correo; **it's in the p.** ha sido enviado por correo ▫ ***p. office*** oficina *f* de correos; ***the P. Office*** *(service)* Correos *m inv*

2 *vt* (**a**) *(letter)* enviar *or* mandar (por

correo) (**b**) *Fam (inform)* **I'll keep you posted** te mantendré informado(a)

postage ['pəʊstɪdʒ] *n* franqueo *m* ▫ ***p. and packing*** gastos *mpl* de envío; ***p. stamp*** sello *m* (de correos), *Am* estampilla *f*

postal ['pəʊstəl] *adj* postal ▫ *Br* ***p. code*** código *m* postal; *Br* ***p. order*** giro *m* postal; ***p. vote*** voto *m* por correo

postbag ['pəʊstbæg] *n Br* (**a**) *(bag)* saca *f* de correos (**b**) *(letters)* correspondencia *f*, cartas *fpl*

postbox ['pəʊstbɒks] *n Br* buzón *m* (de correos)

postbus ['pəʊstbʌs] *n Br* = furgoneta utilizada para repartir el correo y transportar viajeros, especialmente en áreas rurales

postcard ['pəʊstkɑːd] *n* (tarjeta *f*) postal *f*

postcode ['pəʊstkəʊd] *n Br* código *m* postal

postdate ['pəʊst'deɪt] *vt* (**a**) *(cheque)* extender con fecha posterior (**b**) *(happen after)* **this event postdates the tragedy by several years** este acontecimiento tuvo lugar varios años después de la tragedia

poster ['pəʊstə(r)] *n (for advertising)* cartel *m*, póster *m*, *Am* afiche *m*; *(of painting, pop group)* póster *m* ▫ ***p. art*** arte *m* del cartel *or* póster *or Am* afiche; ***p. colour*** *or* ***paint*** témpera *f*

poste restante ['pəʊstre'stɒnt] *n Br* lista *f* de correos

posterior [pɒs'tɪərɪə(r)] *n Hum (buttocks)* trasero *m*, posaderas *fpl*

posterity [pɒs'terɪtɪ] *n* posteridad *f*

posterization [pəʊstəraɪ'zeɪʃən] *n Comptr* posterización *f*

post-free ['pəʊst'friː], *US* **post-paid** ['pəʊst'peɪd] **1** *adj* con el franqueo pagado
2 *adv* libre de gastos de envío

postgraduate ['pəʊst'grædjʊɪt] **1** *n* estudiante *mf* de posgrado
2 *adj* de posgrado ▫ ***p. studies*** estudios *mpl* de posgrado

posthaste ['pəʊst'heɪst] *adv* a toda prisa

posthumous ['pɒstjʊməs] *adj* póstumo(a)

posthumously ['pɒstjʊməslɪ] *adv* póstumamente

post-industrial ['pəʊstɪn'dʌstrɪəl] *adj* postindustrial ▫ ***p. society*** sociedad *f* postindustrial

posting ['pəʊstɪŋ] *n* destino *m*

Post-it® ['pəʊstɪt] *n* **P. (note)** post-it® *m*

postman ['pəʊstmən] *n Br* cartero *m* ▫ ***p.'s knock*** = juego infantil en el que un niño hace de cartero que entrega una carta y a cambio recibe un beso

postmark ['pəʊstmɑːk] *n* matasellos *m inv*

postmaster ['pəʊstmɑːstə(r)] *n* (**a**) *(in post office)* funcionario *m* de correos (**b**) *Br Pol* ***P. General*** ≃ Director(ora) *m,f* General de Correos (**c**) *Comptr* postmaster *m*, jefe *m* de correos

postmistress ['pəʊstmɪstrɪs] *n* funcionaria *f* de correos

postmodern [pəʊst'mɒdən] *adj* posmoderno(a)

postmodernism [pəʊst'mɒdənɪzəm] *n* posmodernismo *m*

postmodernist [pəʊst'mɒdənɪst] *n & adj* posmoderno(a) *m,f*

postmortem [pəʊst'mɔːtəm] *n also Fig* autopsia *f* ▫ ***p. examination*** autopsia *f*

postnatal ['pəʊst'neɪtəl] *adj Med* posparto, puerperal ▫ ***p. depression*** depresión *f* puerperal *or* posparto

post-operative ['pəʊst'ɒpərətɪv] *adj Med* pos(t)operatorio(a)

post-paid *US* = **post-free**

postpartum ['pəʊst'pɑːtəm] *n Med* posparto *m*

postpone [pəs'pəʊn] *vt* aplazar, posponer

postponement [pəs'pəʊnmənt] *n* aplazamiento *m*

post-production ['pəʊstprə'dʌkʃən] *n Cin* postproducción *f*

PostScript® ['pəʊstskrɪpt] *n Comptr* PostScript® *m* ▫ ***P. font*** fuente *f* PostScript®

postscript ['pəʊstskrɪpt] *n* posdata *f*

post-traumatic stress disorder ['pəʊsttrɔː'mætɪk'stresdɪs'ɔːdə(r)] *n Med* síndrome *m* de estrés postraumático

postulant ['pɒstjʊlənt] *n Rel* postulante *mf*

postulate ['pɒstjʊleɪt] **1** *n* postulado *m*
2 *vt* ['pɒstjʊleɪt] postular

postural ['pɒstʃərəl] *adj* de la postura

posture ['pɒstʃə(r)] **1** *n* postura *f*; **to have good/bad p.** tener (una) buena/mala postura
2 *vi* tomar *or* hacer poses

postviral syndrome ['pəʊst'vaɪrəl-'sɪndrəʊm] *n Med* síndrome *m* posviral *or* posvírico

postwar ['pəʊst'wɔː(r)] *adj* de posguerra; **the p. period** la posguerra

posy ['pəʊzɪ] *n* ramillete *m*, ramo *m*

pot [pɒt] **1** *n* (**a**) *(container)* bote *m*
(**b**) *(for plant)* **(plant) p.** maceta *f*, tiesto *m* ▫ ***p. plant*** planta *f* de interior
(**c**) *(for cooking)* cacerola *f*, olla *f*; **pots and pans** cazos *mpl* y ollas ▫ ***p. roast*** estofado *m or Andes, Méx* ahogado *m* de carne
(**d**) *(for tea)* tetera *f*; *(for coffee)* cafetera *f*; **I'd like a p. of tea** quiero una tetera
(**e**) *(in gambling)* bote *m*
(**f**) *(in snooker, pool)* billa *f*
(**g**) *Fam (marijuana)* maría *f*
(**h**) IDIOMS *Fam* **pots of money** montones de dinero; *Fam* **to go to p.** irse al diablo *or Esp* al garete; *very Fam* **he hasn't got a p. to piss in** no tiene ni un maldito centavo *or Esp* un puto duro *or Méx* ni un quinto *or RP* un mango partido al medio; **that's the p. calling the kettle black** mira quién fue a hablar; PROV **a watched p. never boils** el que espera desespera
2 *vt (pt & pp* **potted**) (**a**) *(butter, meat)* envasar
(**b**) *(plant)* plantar (en tiesto)
(**c**) *(in snooker, pool)* meter

potash ['pɒtæʃ] *n* potasa *f*

potassium [pə'tæsɪəm] *n* potasio *m*

potato [pə'teɪtəʊ] (*pl* **potatoes**) *n Esp* patata *f*, *Am* papa *f* ▫ *Br* ***p. crisps***, *US* ***p. chips*** *Esp* patatas *or Am* papas fritas *(de bolsa)*; ***p. peeler*** *Esp* pelapatatas *m inv*, *Am* pelapapas *m inv*; ***p. salad*** ensalada *f* de *Esp* patatas *or Am* papas

potbellied ['pɒtbelɪd] *adj* (**a**) *(from overeating)* barrigón(ona) (**b**) *(from malnourishment)* con el vientre hinchado

potbelly ['pɒtbelɪ] *n (stomach)* barriga *f*, panza *f*, *Chile* guata *f*

potboiler ['pɒtbɔɪlə(r)] *n Pej (book)* producto *m* puramente comercial

potency ['pəʊtənsɪ] *n* (**a**) *(sexual)* potencia *f* (**b**) *(of charm, message)* fuerza *f* (**c**) *(of drink, drug)* fuerza *f*

potent ['pəʊtənt] *adj* (**a**) *(sexually)* potente (**b**) *(charm, message)* fuerte (**c**) *(drink, drug)* fuerte

potentate ['pəʊtənteɪt] *n* soberano *m* absoluto

potential [pə'tenʃəl] **1** *n* (**a**) *(promise)* potencial *m*; **to have p.** tener potencial; **she failed to fulfil her p.** no llegó a explotar todo su potencial; **p. for good/evil** potencial de hacer el bien/el mal (**b**) *Elec* potencial *m*
2 *adj* (**a**) *(possible)* potencial (**b**) *Elec* ***p. difference*** diferencia *f* de potencial; *Phys* ***p. energy*** energía *f* potencial

potentially [pə'tenʃəlɪ] *adv* en potencia

potentiometer [pətenʃɪ'ɒmɪtə(r)] *n Elec* potenciómetro *m*

pothead ['pɒthed] *n Fam* porrero(a) *m,f*, *Esp* porreta *mf*

pothole ['pɒthəʊl] *n* (**a**) *(cave)* cueva *f* (**b**) *(in road)* bache *m*

potholer ['pɒthəʊlə(r)] *n* espeleólogo(a) *m,f*

potholing ['pɒthəʊlɪŋ] *n* espeleología *f*; **to go p.** hacer espeleología

potion ['pəʊʃən] *n* poción *f*

potluck ['pɒt'lʌk] *n Fam* **to take p.** aceptar lo que haya

potpourri ['pəʊpʊ'riː] *n (of flowers, music)* popurrí *m*

pot-shot ['pɒtʃɒt] *n* **to take a p. at sth/sb** pegarle un tiro a algo/a alguien a la buena de Dios

potted ['pɒtɪd] *adj* (**a**) *(food)* en conserva (**b**) *(plant)* en maceta *or* tiesto (**c**) *(condensed)* **a p. version** una versión condensada

potter¹ ['pɒtə(r)] *n* alfarero(a) *m,f*, ceramista *mf* ▫ ***p.'s wheel*** torno *m* (de alfarero)

potter² *vi Br* **to p. about** *or* **around** entretenerse

pottery ['pɒtərɪ] *n* (**a**) *(art, place)* alfarería *f* (**b**) *(objects)* cerámica *f*, alfarería *f*

potting-shed ['pɒtɪŋʃed] *n* cobertizo *m* *(en el jardín)*

potty¹ ['pɒtɪ] *n Fam* orinal *m* ▫ ***p. training***

= proceso de enseñar a un niño a usar el orinal

potty² *adj Br Fam (mad)* pirado(a), *Esp* chalado(a), *Col* corrido(a), *Méx* zafado(a); **to be p.** estar pirado(a); **to go p.** pirarse, *Esp* volverse majareta; **to be p. about sb/sth** estar loco(a) por alguien/algo

potty-train ['pɒtɪtreɪn] *vt* enseñar a utilizar el orinal a

potty-trained ['pɒtɪtreɪnd] *adj* **he/she is p.** ya no necesita pañales

pouch [paʊtʃ] *n* (**a**) *(for money)* saquito *m; (for tobacco)* petaca *f; (for ammunition)* cebador *m* (**b**) *(of marsupial)* marsupio *m*

pouf(fe) [pu:f] *n* puf *m*

poulterer ['pəʊltərə(r)] *n* pollero(a) *m,f*

poultice ['pəʊltɪs] *n* cataplasma *f*

poultry ['pəʊltrɪ] *n* (**a**) *(birds)* aves *fpl* de corral ▫ ***p. farm*** granja *f* avícola; ***p. farmer*** avicultor(ora) *m,f* (**b**) *(meat)* carne *f* de ave *or* pollería

pounce [paʊns] *vi (attack)* abalanzarse (**on** sobre)

▸**pounce on** *vt insep* **he was quick to p. on the defender's mistake** se aprovechó rápidamente del error del defensor

pound¹ [paʊnd] *n* (**a**) *(unit of weight)* libra *f (= 0,454 kg)*; IDIOM **he's determined to get** *or* **have his p. of flesh** está decidido a conseguir a toda costa lo que es suyo (**b**) *(British currency)* libra *f* (esterlina) ▫ ***p. coin*** moneda *f* de una libra; ***p. sign*** símbolo *m* de la libra; ***p. sterling*** libra *f* esterlina

pound² *n* (**a**) *(for dogs)* perrera *f* (**b**) *(for cars)* depósito *m* de coches

pound³ **1** *vt (crush)* machacar; *(with artillery)* bombardear incesantemente; **to p. sth to pieces** destrozar algo a golpes

2 *vi (of drum)* redoblar; *(of heart)* palpitar; *(of waves)* golpear (**on** *or* **against** en *or* contra); **to p. at** *or* **on sth** aporrear algo; **my head is pounding** tengo la cabeza a punto de estallar; **he heard their feet pounding above** escuchó el retumbar de sus pasos en el apartamento *or Esp* piso de arriba

pounding ['paʊndɪŋ] *n* (**a**) *(beating)* **to give sb a p.** dar una buena tunda a alguien; **the city centre took a p. from the enemy artillery** el centro de la ciudad fue bombardeado ferozmente por la artillería enemiga; **the play took a real p. from the critics** la obra fue masacrada por la critica (**b**) *(sound) (of heart)* palpitaciones *fpl*; *(of waves, fist)* golpes *mpl*

pour [pɔ:(r)] **1** *vt* verter (**into** en); **to p. sb a drink/some tea** servir una bebida/té a alguien; **to p. money into a project** invertir un dineral en un proyecto

2 *vi* (**a**) *(of liquid)* brotar, fluir (**from** *or* **out of** de); **it's pouring (with rain)** llueve a cántaros; **sweat was pouring off him** le chorreaba el sudor (**b**) *(of people)* salir en masa (**from** *or* **out of** de); **tourists were pouring into the palace** oleadas de turistas entraban al palacio

▸**pour down** *vi (of rain)* llover a cántaros

▸**pour in** **1** *vt sep (liquid)* verter

2 *vi (of liquid)* entrar a raudales; *(of people, letters)* llegar a raudales

▸**pour out** **1** *vt sep* (**a**) *(liquid)* sacar; *(drink)* servir (**b**) *(anger, grief)* desahogar; **he poured out his heart to me** se desahogó conmigo

2 *vi* (**a**) *(of liquid)* salirse (**b**) *(of people)* salir a raudales

pouring ['pɔ:rɪŋ] *adj (rain)* torrencial

pout [paʊt] **1** *n (of annoyance)* mohín *m; (seductive)* mueca *f* seductora (con los labios)

2 *vi (in annoyance)* hacer un mohín, ponerse de morros; *(seductively)* fruncir los labios con aire seductor

poverty ['pɒvətɪ] *n* pobreza *f*; *Fig (of ideas)* escasez *f*, pobreza *f*; **to live in p.** vivir en la pobreza ▫ ***p. line*** umbral *m* de pobreza; ***p. trap*** = situación del que gana menos trabajando que en el paro, porque sus ingresos superan por poco el nivel mínimo a partir del cual hay que pagar impuestos

poverty-stricken ['pɒvətɪstrɪkən] *adj* empobrecido(a), depauperado(a)

POW [pi:əʊ'dʌbəlju:] *n (abbr* **prisoner of war**) prisionero(a) *m,f* de guerra ▫ ***P. camp*** campo *m* de prisioneros de guerra

powder ['paʊdə(r)] **1** *n* (**a**) *(dust, fine grains)* polvo *m; (gunpowder)* pólvora *f*; IDIOM **to keep one's p. dry** mantenerse a la espera ▫ ***p. blue*** azul *m* pastel; ***p. keg*** barril *m* de pólvora; *Fig* polvorín *m* (**b**) *(cosmetic)* **(face) p.** polvos *mpl* ▫ ***p. puff*** borla *f*; ***p. room*** *(toilet)* servicios *mpl* de señoras (**c**) **p. (snow)** nieve *f* en polvo

2 *vt* **to p. sth with sugar** espolvorear azúcar sobre algo; **to p. one's face** empolvarse la cara; *Euph* **to p. one's nose** ir al tocador

powder-blue ['paʊdə'blu:] *adj* azul pastel

powdered ['paʊdəd] *adj (milk)* en polvo

powdery ['paʊdərɪ] *adj* (**a**) *(substance)* arenoso(a), como polvo (**b**) *(snow)* en polvo

POWER ['paʊə(r)] **1** *n* (**a**) *(authority, control)* poder *m* (**over** sobre); **to be in/out of p.** estar/no estar en el poder; **to come to p.** subir al poder; **to fall from p.** perder el poder; **to seize** *or* **take p.** tomar el poder; **to be in sb's p.** estar en poder de alguien; **he had them in his p.** los tenía en su poder; **to have p. of life and death over sb** tener poder para decidir sobre la vida de alguien ▫ ***p. base*** bastión *f* de popularidad; ***p. block*** grupo *m* de poder; ***p. broker*** persona *f* con mucha influencia política; ***p. dressing*** = estilo de vestir utilizado por mujeres ejecutivas y que transmite profesionalidad y seguridad; ***p. games*** maniobras *fpl* por el poder; ***p. lunch*** almuerzo *m* de trabajo; ***p. play*** *(in ice hockey)* situación *f* de superioridad numérica; ***p. politics*** política *f* de fuerza; ***p. struggle*** lucha *f* por el poder; *Comptr* ***p. user*** usuario(a) *m,f* experto(a); ***p. vacuum*** vacío *m* de poder

(**b**) *(official right)* poder *m*; **the government has granted us new powers** el gobierno nos ha concedido nuevas competencias; **the council has the p. to grant licences** el ayuntamiento tiene la competencia para conceder permisos; **he has the p. to fire employees from their job** tiene la autoridad de despedir a empleados; **it is not in** *or* **within my p. to do it** no está dentro de mis atribuciones hacerlo ▫ *Law* ***p. of attorney*** poder *m* (notarial)

(**c**) *(capacity)* capacidad *f*, facultad *f*; **the p. of speech** la facultad del habla; **powers of concentration** capacidad de concentración; **powers of persuasion** poder de persuasión; **to have the p. to do sth** tener la facultad de hacer algo; **it is beyond my p.** no está en mi mano; **she did everything in her p. to help** hizo todo lo que estuvo en su mano para ayudar; **it is within her p. to win the match** ganar el partido está dentro de sus posibilidades; **to be at the height** *or* **peak of one's powers** estar en plenas facultades

(**d**) *(physical strength)* fuerza *f*; IDIOM *Fam* **more p. to your elbow!** ¡bien hecho!

(**e**) *(powerful person)* autoridad *f*; *(powerful group, nation)* potencia *f*; **the great powers** las grandes potencias; IDIOM **the powers that be** las autoridades; *Literary* **the powers of darkness** las fuerzas del mal; IDIOM **the p. behind the throne** el/la que maneja los hilos

(**f**) *(electricity)* electricidad *f*; *(energy)* energía *f*; **the engine requires a lot of p.** el motor consume mucha energía; **p. is provided by batteries** funciona con pilas; **to turn the p. on/off** dar/cortar la corriente; **wind p.** energía eólica; **the ship completed the journey under its own p.** el barco completó el viaje impulsado por sus motores ▫ *Aut* ***p. brakes*** servofreno *m*; ***p. cut*** apagón *m*; ***p. dive*** *(of aeroplane)* descenso *m* en picado *(con el motor al máximo)*; ***p. drill*** taladro *m* mecánico; ***p. failure*** corte *m* de corriente *or* del fluido eléctrico; ***p. lines*** cables *mpl* del tendido eléctrico; ***p. pack*** unidad *f* de alimentación; ***p. plant*** central *f* eléctrica ***p. point*** toma *f* de corriente; ***p. station*** central *f* eléctrica; *Aut* ***p. steering*** dirección *f* asistida, servodirección *f*; ***p. supply*** *(for city, building)* suministro *m* eléctrico; *(for machine)* fuente *f* de alimentación; ***p. supply unit*** alimentador *m* de corriente; ***p. switch*** interruptor *m* de corriente; ***p. tool*** herramienta *f* eléctrica

(**g**) *Math* potencia *f*; **three to the p. of ten** tres elevado a diez

(**h**) *Fam (a lot)* **that'll do you a p. of good** eso te sentará estupendamente *or* de maravilla

2 *vt (provide with power)* propulsar; **a plane powered by two engines** un avión propulsado por dos motores; **the vehicle is powered by a diesel engine** el vehículo tiene un motor diesel

3 *vi (move powerfully)* **the athlete powered ahead of her rivals** la atleta se escapó de sus rivales de un tirón

▸**power down** *Comptr* **1** *vt sep* apagar

2 *vi* apagarse

▸**power up** *Comptr* **1** *vt sep* encender, *Am* prender
2 *vi* encenderse, *Am* prenderse

---

power-assisted steering ['paʊər-əsɪstɪd'stɪərɪŋ] *n Aut* dirección *f* asistida, servodirección *f*

powerboat ['paʊəbəʊt] *n* motonave *f (de gran cilindrada)*; ***p. racing*** carreras *fpl* de motoras, motonáutica *f*

powerful ['paʊəfʊl] *adj (country, politician)* poderoso(a); *(muscles, engine, voice)* potente; *(drug, smell)* fuerte; *(speech, image)* conmovedor(ora); *(argument, incentive)* poderoso(a), convincente

powerfully ['paʊəfʊlɪ] *adv* (**a**) *(with great strength)* con fuerza; **a p. built man** un hombre muy fornido (**b**) *(to argue)* convincentemente; *(to speak)* de forma conmovedora

powerhouse ['paʊəhaʊs] *n* **the economic p. of Germany** el motor de la economía alemana

powerless ['paʊəlɪs] *adj* impotente; **to be p. to react** no tener capacidad para reaccionar, no ser capaz de reaccionar

powerlessness ['paʊəlɪsnɪs] *n* impotencia *f*

power-sharing ['paʊəʃeərɪŋ] *n Pol* reparto *m* del poder

powwow ['paʊwaʊ] *n (of Native Americans)* asamblea *f*; *Fam (meeting, discussion)* reunión *f*

pox [pɒks] *n Fam* **the p.** *(syphilis)* la sífilis

poxy ['pɒksɪ] *adj Br Fam* **all I got for Christmas was a p. box of chocolates** todo lo que me regalaron para Navidad fue una puñetera *or Méx* pinche *or RP* mísera caja de bombones; **you can keep your p. flowers!** ¡te puedes meter las flores donde te quepan!

p & p [piːən'piː] *n Br (abbr* **postage and packing**) gastos *mpl* de envío

pp (**a**) *(abbr* **pages**) págs. (**b**) *Mus (abbr* **pianissimo**) pp. (**c**) *Br Com (on behalf of)* p.p.

ppm *(abbr* **parts per million**) p.p.m.

PPP [piːpiː'piː] *n Comptr (abbr* **point-to-point protocol**) PPP *m*

PR [piː'ɑː(r)] *n* (**a**) *(abbr* **public relations**) relaciones *fpl* públicas (**b**) *Pol (abbr* **proportional representation**) representación *f* proporcional

practicability [præktɪkə'bɪlɪtɪ] *n (feasibility)* viabilidad *f*

practicable ['præktɪkəbəl] *adj* factible, viable

practical ['præktɪkəl] **1** *n (lesson)* (clase *f*) práctica *f*; *(exam)* examen *m* práctico
2 *adj* (**a**) *(mind, solution)* práctico(a); **he's very p.** es muy práctico; **for all p. purposes** a efectos prácticos ▫ ***p. joke*** broma *f* (pesada); **to play a p. joke on sb** gastar una broma a alguien (**b**) *(virtual)* **it's a p. certainty** es prácticamente seguro

practicality [præktɪ'kælɪtɪ] *n* (**a**) *(of suggestion, plan)* viabilidad *f* (**b**) **practicalities** *(practical issues)* aspectos *mpl* prácticos

practically ['præktɪklɪ] *adv* (**a**) *(all but)* prácticamente (**b**) *(to think, plan)* de manera práctica

practice ['præktɪs] **1** *n* (**a**) *(exercise, training)* práctica *f*; *(in sport)* entrenamiento *m*; **to be out of p.** estar desentrenado(a); PROV **p. makes perfect** se aprende a base de práctica ▫ ***p. match*** partido *m* de entrenamiento
(**b**) *(practical conditions)* práctica *f*; **in p.** en la práctica; **to put an idea into p.** poner en práctica una idea
(**c**) *(of profession)* ejercicio *m*, práctica *f*; **medical p.** *(place)* consulta *f* médica, consultorio *m* médico; *(group of doctors)* = grupo de médicos que comparten un consultorio; **legal p.** *(place, legal firm)* bufete *m* de abogados
(**d**) *(custom)* práctica *f*; **to make a p. of doing sth** tomar por costumbre hacer algo; **it's the usual p.** es el procedimiento habitual; **to be good/bad p.** ser una buena/mala costumbre
2 *vt & vi US* = **practise**

practiced, practicing *US* = **practised, practising**

practise, *US* **practice** ['præktɪs] **1** *vt* (**a**) *(musical instrument, language)* practicar; **to p. one's serve** practicar el servicio (**b**) *(medicine, law)* ejercer (**c**) *(religion, custom)* practicar; IDIOM **to p. what one preaches** predicar con el ejemplo
2 *vi* (**a**) *(of musician)* practicar; *(of sportsperson)* entrenar (**b**) *(of doctor, lawyer)* ejercer (**as** de *or* como)

practised, *US* **practiced** ['præktɪst] *adj* experto(a) (**at** en); **a p. liar** un mentiroso consumado

practising, *US* **practicing** ['præktɪsɪŋ] *adj* (**a**) *(doctor, lawyer)* en ejercicio, en activo (**b**) *(Christian)* practicante

practitioner [præk'tɪʃənə(r)] *n* **(medical) p.** facultativo(a) *m,f*, médico(a) *m,f*

pragmatic [præg'mætɪk] *adj* pragmático(a)

pragmatics [præg'mætɪks] *n Ling* pragmática *f*

pragmatism ['prægmətɪzəm] *n* pragmatismo *m*

pragmatist ['prægmətɪst] *n* pragmático(a) *m,f*

Prague [prɑːg] *n* Praga

prairie ['preərɪ] *n* pradera *f* ▫ ***p. dog*** perro *m* de las praderas; *US* ***p. schooner*** = carromato típico de los colonos del oeste americano

praise [preɪz] **1** *n* elogios *mpl*, alabanzas *fpl*; **to be full of p. for sb/sth** no tener más que elogios *or* alabanzas para alguien/algo; **in p. of** en alabanza de; **to sing the praises of** prodigar alabanzas a; **I have nothing but p. for him** no tengo más que elogios para él; **p. be!** ¡alabado sea Dios!
2 *vt* elogiar, alabar; **to p. God** alabar a Dios; **to p. sb to the skies** poner a alguien por las nubes

praiseworthy ['preɪzwɜːðɪ] *adj* encomiable, digno(a) de elogio

praline ['prɑːliːn] *n* praliné *m*

pram [præm] *n Br* cochecito *m* de niño

prance [prɑːns] *vi* (**a**) *(of horse)* encabritarse (**b**) *(of person)* dar brincos, brincar; **to p. in/out** entrar/salir dando brincos; **to p. around** *or* **about** dar brincos *or* brincar de un lado a otro

prang [præŋ] *Br Fam* **1** *n* **to have a p.** *Esp* darse un leñazo con el coche, *Méx* darse un madrazo con el carro, *RP* hacerse bolsa con el auto
2 *vt* **I pranged my car** *Esp* me di un leñazo con el coche, *Méx* me di un madrazo con el carro, *RP* me hice bolsa con el auto

prank [præŋk] *n* broma *f* (pesada), jugarreta *f*; **to play a p. on sb** gastarle una broma a alguien

prankster ['præŋkstə(r)] *n* bromista *mf*

prat [præt] *n Br Fam Esp* soplagaitas *mf inv*, *Am* pendejo(a) *m,f*

▸**prat about, prat around** *vi Fam* (**a**) *(act foolishly) Esp* hacer el gilipollas, *Am* hacerse el pendejo (**b**) *(waste time) Esp* tocarse las pelotas, *Am* huevear

prate [preɪt] *vi Formal* perorar (**about** sobre)

pratfall ['prætfɔːl] *n US Fam* (**a**) *(fall)* tropezón *m*, batacazo *m* (**b**) *(failure)* revés *m*, trompazo *m*

prattle ['prætəl] **1** *n* parloteo *m*
2 *vi* parlotear (**about** de *or* acerca de); **to p. on about sth** parlotear de *or* acerca de algo

prawn [prɔːn] *n* gamba *f* ▫ ***p. cocktail*** cóctel *m* de gambas; ***p. cracker*** corteza *f* de gambas, = especie de corteza ligera y crujiente con sabor a marisco

pray [preɪ] **1** *vi* rezar, orar; **to p. to God** rezar a Dios; **to p. for sb/sth** rezar por alguien/algo; *Fig* **to p. for good weather/rain** rezar para que haga buen tiempo/llueva
2 *vt Formal* (**a**) *(ask)* **I p. God I am mistaken** a Dios ruego estar equivocado (**b**) *(in imperatives)* **p. come in** entre, por favor; **and why, p., was that?** ¿y por qué, si se puede saber?

prayer [preə(r)] *n* oración *f*; **to say one's prayers** rezar (las oraciones); **to say a p.** rezar una oración; **her prayers had been answered** sus súplicas habían sido atendidas; IDIOM *Fam* **he doesn't have a p.** *(has no chance)* no tiene ninguna posibilidad, no tiene nada que hacer ▫ ***p. beads*** rosario *m*; ***p. book*** devocionario *m*; ***p. mat*** = esterilla que utilizan los musulmanes para el rezo; ***p. meeting*** = reunión de creyentes, generalmente protestantes, para rezar en grupo; *Rel* ***p. wheel*** rodillo *m* de oraciones *(utilizado por los budistas del Tíbet para rezar)*

praying mantis ['preɪɪŋ'mæntɪs] *n* mantis *f inv* religiosa

preach [priːtʃ] **1** *vt* predicar
2 *vi* (**a**) *(give sermon)* predicar; IDIOM **you're preaching to the converted**

estás evangelizando en un convento (**b**) *Pej (give advice)* sermonear

preacher ['priːtʃə(r)] *n* (**a**) *(sermon giver)* predicador(ora) *m,f* (**b**) *US (clergyman)* pastor(ora) *m,f*

preamble ['priːæmbəl] *n Formal* preámbulo *m*

prearrange [priːə'reɪndʒ] *vt* organizar *or* acordar de antemano

prearranged [priːə'reɪndʒd] *adj* organizado(a) *or* acordado(a) de antemano

Precambrian [priː'kæmbrɪən] *Geol* **1** *n* **the P.** el precámbrico

2 *adj* precámbrico(a)

precarious [prɪ'keərɪəs] *adj* precario(a)

precariously [prɪ'keərɪəslɪ] *adv* precariamente; **p. balanced** *(object, situation)* en equilibrio precario

precariousness [prɪ'keərɪəsnɪs] *n* precariedad *f*

precast [priː'kɑːst] *adj (concrete)* prefabricado(a)

precaution [prɪ'kɔːʃən] *n* precaución *f*; **to take precautions** tomar precauciones; *Euph (use contraceptive)* usar anticonceptivos; **as a p.** como (medida de) precaución

precautionary [prɪ'kɔːʃənərɪ] *adj* preventivo(a)

precede [prɪ'siːd] *vt (in time, space, importance)* preceder a; **in the weeks preceding her departure** durante las semanas previas a su partida

precedence ['presɪdəns] *n* prioridad *f*, precedencia *f*; **in order of p.** por orden de precedencia; **to take p. over** tener prioridad sobre

precedent ['presɪdənt] *n* precedente *m*; **to create** *or* **set a p.** sentar (un) precedente; **without p.** sin precedentes

preceding [prɪ'siːdɪŋ] *adj* precedente, anterior

precept ['priːsept] *n Formal* precepto *m*

precinct ['priːsɪŋkt] *n* (**a**) *Br (area)* **(shopping) p.** zona *f* comercial; **within the precincts of** dentro de los límites de (**b**) *US (administrative, police division)* distrito *m*

precious ['preʃəs] **1** *n (term of endearment)* **my p.!** ¡mi cielo!

2 *adj* (**a**) *(valuable)* precioso(a), valioso(a); *(secret, possession)* preciado(a); **this photo is very p. to me** esta foto tiene mucho valor para mí; *Ironic* **you and your p. books!** ¡tú y tus dichosos libros! □ ***p. metal*** metal *m* precioso; ***p. stone*** piedra *f* preciosa (**b**) *Pej (affected)* afectado(a)

3 *adv Fam (for emphasis)* **p. little** poquísimo(a); **p. few** poquísimos(as)

precipice ['presɪpɪs] *n* precipicio *m*

precipitate 1 *n* [prɪ'sɪpɪtɪt] *Chem* precipitado *m*

2 *adj Formal (hasty)* precipitado(a); **to be p.** precipitarse

3 *vt* [prɪ'sɪpɪteɪt] *(hasten)* precipitar

precipitately [prɪ'sɪpɪtɪtlɪ] *adv* precipitadamente

precipitation [prɪsɪpɪ'teɪʃən] *n Met* precipitaciones *fpl*; **annual p.** pluviosidad *f* anual

precipitous [prɪ'sɪpɪtəs] *adj* (**a**) *(steep)* empinado(a), escarpado(a) (**b**) *Formal (hasty)* precipitado(a); **to be p.** precipitarse

précis ['preɪsiː] (*pl* **précis** ['preɪsiːz]) **1** *n* resumen *m*

2 *vt* resumir

precise [prɪ'saɪs] *adj* (**a**) *(exact)* preciso(a); **to be p.** para ser exactos; **at the p. moment when…** en el preciso momento en que… (**b**) *(meticulous)* meticuloso(a)

precisely [prɪ'saɪslɪ] *adv* precisamente; **at six (o'clock) p.** a las seis en punto; **p.!** ¡exactamente!; **what, p., do you mean?** ¿qué quieres decir exactamente?

precision [prɪ'sɪʒən] *n* precisión *f* □ *Mil* ***p. bombing*** bombardeo *m* de precisión; ***p. engineering*** ingeniería *f* de precisión; ***p. instrument*** instrumento *m* de precisión

preclude [prɪ'kluːd] *vt Formal* excluir; **to p. sb from doing sth, to p. sb's doing sth** impedir a alguien hacer algo

precocious [prɪ'kəʊʃəs] *adj* precoz

precociousness [prɪ'kəʊʃəsnɪs], **precocity** [prɪ'kɒsɪtɪ] *n* precocidad *f*

precognition [priːkɒg'nɪʃən] *n* precognición *f*

pre-Columbian ['priːkə'lʌmbɪən] *adj* precolombino(a)

preconceived [priːkən'siːvd] *adj (idea)* preconcebido(a)

preconception [priːkən'sepʃən] *n* idea *f* preconcebida; *(prejudice)* prejuicio *m*

precondition [priːkən'dɪʃən] *n* condición *f* previa

precooked [priː'kʊkt] *adj* precocinado(a)

precursor [prɪ'kɜːsə(r)] *n Formal* precursor(ora) *m,f* (**to** *or* **of** de)

predate [priː'deɪt] *vt* (**a**) *(precede)* preceder a, anteceder a (**b**) *(put earlier date on)* antedatar

predator ['predətə(r)] *n (animal)* predador(ora) *m,f*, depredador(ora) *m,f*; *(person)* aprovechado(a) *m,f*, buitre *mf*

predatory ['predətərɪ] *adj (animal)* predador(ora), depredador(ora); *(person)* aprovechado(a)

predecease [priːdɪ'siːs] *vt Law* premorir

predecessor ['priːdɪsesə(r)] *n* predecesor(ora) *m,f*

predestination [priːdestɪ'neɪʃən] *n* predestinación *f*

predestine [priː'destɪn] *vt* predestinar; **to be predestined to do sth** estar predestinado(a) a hacer algo

predetermine [priːdɪ'tɜːmɪn] *vt* predeterminar

predicament [prɪ'dɪkəmənt] *n* (**a**) *(unpleasant situation)* aprieto *m*, apuro *m*; **to be in an awkward p.** estar en un brete (**b**) *(difficult choice)* dilema *m*, conflicto *m*

predicate 1 *n* ['predɪkət] *Gram* predicado *m*

2 *vt* ['predɪkeɪt] *Formal* **to be predicated on sth** fundarse *or* basarse en algo

predict [prɪ'dɪkt] *vt* predecir, pronosticar

predictability [prɪdɪktə'bɪlɪtɪ] *n* predicibilidad *f*

predictable [prɪ'dɪktəbəl] *adj* (**a**) *(foreseeable)* predecible, previsible (**b**) *(unoriginal)* poco original; *Fam* **you're so p.!** ¡siempre estás con lo mismo!

predictably [prɪ'dɪktəblɪ] *adv* previsiblemente; **p., he arrived an hour late** como era de prever, llegó con una hora de retraso *or Am* demora

prediction [prɪ'dɪkʃən] *n* predicción *f*, pronóstico *m*

predigested [priːdaɪ'dʒestɪd] *adj (information)* simplificado(a)

predilection [predɪ'lekʃən] *n Formal (liking)* predilección *f* (**for** por)

predispose [priːdɪs'pəʊz] *vt* predisponer; **I was not predisposed to believe her** no estaba predispuesto a creerla

predisposition [priːdɪspə'zɪʃən] *n* predisposición *f* (**to** *or* **towards** a)

predominance [prɪ'dɒmɪnəns] *n* predominio *m*

predominant [prɪ'dɒmɪnənt] *adj* predominante

predominantly [prɪ'dɒmɪnəntlɪ] *adv* predominantemente

predominate [prɪ'dɒmɪneɪt] *vi* predominar

pre-eclampsia [priːɪ'klæmpsɪə] *n Med* preeclampsia *f*

pre-eminence [priː'emɪnəns] *n* preeminencia *f*

pre-eminent [priː'emɪnənt] *adj* preeminente

pre-eminently [priː'emɪnəntlɪ] *adv (mainly)* sobre todo, por encima de todo

pre-empt [priː'empt] *vt* adelantarse a; **he was pre-empted by a rival** se le adelantó uno de sus rivales

pre-emptive [priː'emptɪv] *adj Fin* ***p. bid*** licitación *f or* oferta *f* preferente; *Comptr* ***p. multitasking*** multitarea *f* preferencial; *Mil* ***p. strike*** ataque *m* preventivo

preen [priːn] **1** *vt* (**a**) *(of bird)* **to p. itself** atusarse las plumas (**b**) *(of person)* **to p. oneself** acicalarse; *Fig* **to p. oneself on sth** enorgullecerse *or* congratularse de algo

2 *vi* (**a**) *(of bird)* atusarse las plumas (**b**) *(of person)* mostrar satisfacción

pre-established [priːɪs'tæblɪʃt] *adj* preestablecido(a)

pre-exist [priːɪg'zɪst] *vt* preexistir

pre-existent [priːɪg'zɪstənt], **pre-existing** [priːɪg'zɪstɪŋ] *adj* preexistente

prefab ['priːfæb] *n Fam (house)* casa *f* prefabricada

prefabricated [priː'fæbrɪkeɪtɪd] *adj* prefabricado(a)

preface ['prefɪs] **1** *n (of book)* prefacio *m*, prólogo *m*; *(to speech)* preámbulo *m*

2 *vt* **she prefaced her speech with an anecdote** abrió su discurso con una anécdota

prefatory ['prefətərɪ] *adj Formal* introductorio(a)

prefect ['pri:fekt] *n Sch* monitor(ora) *m,f*

prefecture ['pri:fektʃə(r)] *n (administrative district)* prefectura *f*

prefer [prɪ'fɜ:(r)] (*pt & pp* **preferred**) *vt* (**a**) *(favour)* preferir; **I p. wine to beer** prefiero el vino a la cerveza; **I p. her to her sister** me cae mejor ella que su hermana; **I would p. to stay at home** preferiría quedarme en casa; **he'd p. you not to come** preferiría que no vinieras; **we'd p. it if you weren't there** preferiríamos que no estuvieras allí (**b**) *Law* **to p. charges** presentar cargos

preferable ['prefərəbəl] *adj* preferible

preferably ['prefərəblɪ] *adv* preferiblemente

preference ['prefərəns] *n* (**a**) *(greater liking)* preferencia *f*; **I have no p.** me da lo mismo (**b**) *(precedence)* **to give sb/sth p., to give p. to sb/sth** dar preferencia a alguien/algo; **in p. to...** antes que..., en lugar de...; **in order of p.** por orden de preferencia (**c**) *Comptr* **preferences** preferencias *fpl* (**b**) *Fin* ***p. shares*** acciones *fpl* preferentes *or* privilegiadas

preferential [prefə'renʃəl] *adj* preferente; **to give sb p. treatment** dar tratamiento preferencial a alguien ▫ ***p. voting*** = sistema electoral en el que los votantes eligen candidatos por orden de preferencia

preferment [prɪ'fɜ:mənt] *n* ascenso *m*

preferred [prɪ'fɜ:d] *adj* preferido(a)

prefigure [pri:'fɪgə(r)] *vt* prefigurar

prefix ['pri:fɪks] **1** *n* prefijo *m*

2 *vt* **she prefixed her speech with some explanatory remarks** antes de comenzar su discurso hizo unas aclaraciones

pre-flight ['pri:flaɪt] *adj* previo(a) al vuelo

pre-formatted [pri:'fɔ:mætɪd] *adj Comptr* preformateado(a)

preggers ['pregəz] *adj Br Fam* **to be p.** estar con bombo

pregnancy ['pregnənsɪ] *n* embarazo *m* ▫ ***p. test*** prueba *f* de embarazo

pregnant ['pregnənt] *adj* (**a**) *(woman)* embarazada; *(animal)* preñada; **to be p.** *(of woman)* estar embarazada; *(of animal)* estar preñada; **she's three months p.** está (embarazada) de tres meses (**b**) *Literary* **to be p. with** *(situation, remark)* estar preñado(a) *or* cargado(a) de; **a p. silence** un silencio significativo

preheat ['pri:'hi:t] *vt* precalentar

prehensile [pri:'hensaɪl] *adj* prensil

prehistoric ['pri:hɪs'tɒrɪk] *adj* prehistórico(a)

prehistory [pri:'hɪstərɪ] *n* prehistoria *f*

prejudge [pri:'dʒʌdʒ] *vt* prejuzgar

prejudice ['predʒʊdɪs] **1** *n* (**a**) *(bias)* prejuicio *m* (**b**) *Law* **without p. to** sin perjuicio *or* menoscabo de

2 *vt* (**a**) *(bias)* predisponer (**against/in favour of** en contra de/a favor de) (**b**) *(harm)* perjudicar

prejudiced ['predʒʊdɪst] *adj* con prejuicios; **to be p.** tener prejuicios; **to be p. against/in favour of** estar predispuesto(a) en contra de/a favor de

prejudicial [predʒʊ'dɪʃəl] *adj* perjudicial (**to** para)

prelate ['prelət] *n Rel* prelado *m*

preliminary [prɪ'lɪmɪnərɪ] **1** *n* preludio *m*; **preliminaries** *(to investigation, meeting, of competition)* preliminares *mpl*; **let's dispense with the preliminaries** saltémonos las introducciones

2 *adj* preliminar

prelims ['pri:lɪmz] *npl Br Univ* exámenes *mpl* preliminares

prelude ['prelju:d] *n* preludio *m* (**to** de *or* a)

premarital [pri:'mærɪtəl] *adj* prematrimonial

premature ['premətjʊə(r)] *adj* prematuro(a); *Fam* **you're being a bit p.!** ¡te estás adelantando un poco! ▫ ***p. ejaculation*** eyaculación *f* precoz

prematurely ['premətjʊəlɪ] *adv* prematuramente

premed ['pri:med] *Fam* **1** *n* (**a**) *Educ (student)* = estudiante que se prepara para el ingreso en la Facultad de Medicina; *(studies)* = estudios de preparación para la carrera de Medicina (**b**) *Med (medication)* premedicación *f*

2 *adj (studies)* preparatorio(a) para el ingreso en la Facultad de Medicina

premedical [pri:'medɪkəl] *adj (studies)* preparatorio(a) para el ingreso en la Facultad de Medicina

premedication ['pri:medɪ'keɪʃən] *n Med* premedicación *f*

premeditated [pri:'medɪteɪtɪd] *adj* premeditado(a)

premeditation ['pri:medɪ'teɪʃən] *n* premeditación *f*

premenstrual [pri:'menstrʊəl] *adj Med* ***p. syndrome*** síndrome *m* premenstrual; ***p. tension*** tensión *f* premenstrual

premier ['premɪə(r)] **1** *n (prime minister)* jefe(a) *m,f* del Gobierno, primer(era) ministro(a) *m,f*

2 *adj* (**a**) *(leading)* primero(a) (**b**) *Br* ***the P. League*** *(top soccer division)* la (Liga de) Primera División

premiere ['premɪeə(r)] *n (of play, movie)* estreno *m*

premiership ['premɪəʃɪp] *n* (**a**) *Pol* mandato *m (del Primer Ministro)* (**b**) *Br* **the P.** *(top soccer division)* la (Liga de) Primera División

premise ['premɪs] **1** *n (of argument, theory)* premisa *f*

2 *vt* **to be premised on...** partir del supuesto *or* de la premisa de que...

premises ['premɪsɪz] *npl (of factory)* instalaciones *fpl*; *(of shop)* local *m*, locales *mpl*; *(of office)* oficina *f*; **business p.** locales comerciales; **on/off the p.** dentro/fuera del establecimiento; **to see sb off the p.** sacar a alguien del establecimiento

premium ['pri:mɪəm] *n* (**a**) *Fin (for insurance)* prima *f*; *(additional sum)* recargo *m*; **to sell sth at a p.** vender algo por encima de su valor ▫ ***p. bond*** = bono numerado emitido por el Gobierno británico, cuyo comprador entra en un sorteo mensual de premios en metálico otorgados informáticamente al azar (**b**) IDIOMS **to be at a p.** *(be scarce)* estar muy cotizado(a); **to put a p. on sth** conceder una importancia especial a algo

premonition [pri:mə'nɪʃən] *n* presentimiento *m*, premonición *f*; **I had a p. of my death** tuve el presentimiento de que iba a morir; **to have a p. that...** tener el presentimiento de que...

prenatal [pri:'neɪtəl] *adj* prenatal

preoccupation [pri:ɒkjʊ'peɪʃən] *n* preocupación *f* (**with** por); **our main p. is safety** para nosotros la seguridad es lo primero

preoccupied [pri:'ɒkjʊpaɪd] *adj* (**a**) *(worried)* preocupado(a); **to be p. with** *or* **by sth** estar preocupado(a) por algo (**b**) *(lost in thought)* ensimismado(a)

preoccupy [pri:'ɒkjʊpaɪ] *vt* preocupar

preordain [pri:ɔ:'deɪn] *vt* predestinar

prep [prep] *n Br Fam (schoolwork)* deberes *mpl* ▫ ***p. school*** = colegio privado para alumnos de entre 7 y 13 años

prepackaged [pri:'pækɪdʒd],

prepacked [pri:'pækt] *adj* empaquetado(a)

prepaid [pri:'peɪd] *adj (envelope)* franqueado(a), con franqueo pagado

preparation [prepə'reɪʃən] *n* (**a**) *(act of preparing)* preparación *f*; **in p. for sth** en preparación para algo (**b**) *(for event)* **preparations** preparativos *mpl* (**b**) *(medicine)* preparado *m*

preparatory [prɪ'pærətərɪ] *adj* preparatorio(a); *Formal* **p. to (doing) sth** antes de (hacer) algo ▫ ***p. school*** *Br* = colegio privado para alumnos de entre 7 y 13 años; *US* = escuela privada de enseñanza secundaria y preparación para estudios superiores

prepare [prɪ'peə(r)] **1** *vt* preparar; **to p. oneself for sth** prepararse *or Am* alistarse para algo

2 *vi* prepararse, *Am* alistarse (**for** para); **to p. to do sth** prepararse *or Am* alistarse para hacer algo

prepared [prɪ'peəd] *adj* (**a**) *(willing)* **to be p. to do sth** estar dispuesto(a) a hacer algo (**b**) *(ready)* **to be p. for sth** estar preparado(a) para algo; **be p. for a surprise** prepárate para recibir una sorpresa (**c**) *(made in advance)* **a p. statement** una declaración preparada (de antemano)

prepayment [pri:'peɪmənt] *n* pago *m* (por) adelantado

preponderance [prɪ'pɒndərəns] *n Formal* preponderancia *f*, predominio *m*

preponderantly [prɪ'pɒndərəntlɪ] *adv Formal* preponderantemente

preposition [prepə'zɪʃən] *n* preposición *f*

prepositional [prepə'zɪʃənəl] *adj* preposicional

prepossessing ['pri:pə'zesɪŋ] *adj* atractivo(a), agradable

preposterous [prɪ'pɒstərəs] *adj Formal* absurdo(a), ridículo(a)

preppy ['prepɪ] *adj US Fam* pijo(a), *Méx* fresa, *RP* repaquete(a)

prepress ['pri:'pres] *n Comptr* preimpresión *f*

preproduction [pri:prə'dʌkʃən] *n Cin* preproducción *f*

preprogrammed ['pri:'prəʊgræmd] *adj Comptr* preprogramado(a)

prepuce ['pri:pju:s] *n Anat* prepucio *m*

prequel ['pri:kwəl] *n Cin* = película que desarrolla la historia de otra contando acontecimientos ocurridos antes del comienzo de esta segunda

prerecorded ['pri:rɪ'kɔ:dɪd] *adj* pregrabado(a)

prerequisite ['pri:'rekwɪzɪt] *n* requisito *m* previo (**of/for** para)

prerogative [prɪ'rɒgətɪv] *n* prerrogativa *f*; **that's your p.** estás en tu derecho

presage ['presɪdʒ] *Literary* **1** *n* presagio *m*
2 *vt* presagiar

Presbyterian [prezbɪ'tɪərɪən] *n & adj* presbiteriano(a) *m,f*

presbytery ['prezbɪt(ə)rɪ] *n* presbiterio *m*

preschool ['pri:'sku:l] *adj* preescolar ▫ ***p. education*** educación *f* preescolar

prescience ['presɪəns] *n Formal* presciencia *f*

prescient ['presɪənt] *adj Formal* profético(a)

prescribe [prɪ'skraɪb] *vt* (**a**) *(medicine)* recetar (**b**) *(punishment, solution)* prescribir; **in the prescribed manner** de la forma prescrita; **prescribed reading** lectura *f* obligatoria

prescription [prɪ'skrɪpʃən] *n* receta *f*; **available only on p.** sólo con receta médica ▫ ***p. charge*** precio *m* de un medicamento con receta

prescriptive [prɪ'skrɪptɪv] *adj* (**a**) *(authoritative)* preceptivo(a) (**b**) *Gram* normativo(a)

presence ['prezəns] *n* (**a**) *(attendance)* presencia *f*; **in the p. of** en presencia de; **she made her p. felt** hizo sentir su presencia; **p. of mind** presencia de ánimo (**b**) *(impressiveness)* **to have p.** tener mucha presencia

present[1] ['prezənt] **1** *n* **the p.** el presente; *Gram* **in the p.** en presente; **at p.** *(now)* en estos momentos; *(these days)* actualmente; **for the p.** de momento, por el momento; **up to the p.** hasta la fecha, hasta ahora
2 *adj* (**a**) *(in attendance)* presente; **to be p.** estar presente; **to be p. at sth** estar presente en *or* presenciar algo; **no women were p.** no había mujeres; **this chemical is not p. in the atmosphere** este compuesto químico no se encuentra *or* se halla en la atmósfera; **those p.** los presentes
(**b**) *(current)* actual; **the p. day** el día de hoy; **at the p. time** *or* **moment** en estos momentos; **in the p. case** en este caso
(**c**) *Gram* **the p. tense** el (tiempo) presente; **p. participle** participio *m* de presente *or* activo; **p. perfect** pretérito *m* perfecto

present[2] **1** *n* ['prezənt] *(gift)* regalo *m*; **to give sb a p.** regalar algo a alguien; **to make sb a p. of sth** regalar algo a alguien; **birthday/Christmas p.** regalo de cumpleaños/Navidad
2 *vt* [prɪ'zent] (**a**) *(introduce, put forward)* presentar; *Formal (apologies, compliments)* presentar; **he's trying to p. himself in a different light** está intentado cambiar su imagen; *Formal* **you will p. yourself in my office at five o'clock** se presentará en mi oficina a las cinco; **if the opportunity presents itself** si se presenta la ocasión
(**b**) *(confront)* **to p. sb with a challenge** ser un desafío para alguien; **I'd never been presented with a problem like this before** nunca se me había presentado un problema como éste
(**c**) *(give)* entregar; **to p. sth to sb, to p. sb with sth** *(gift)* regalar algo a alguien; *(award, certificate)* otorgar *or* entregar algo a alguien
(**d**) *(be, constitute)* **this presents an ideal opportunity** esto es *or* constituye una oportunidad ideal
(**e**) *(play, production)* **Columbia Pictures presents...** Columbia Pictures presenta...
(**f**) *Mil* **p. arms!** ¡presenten armas!
3 *vi Med* **the patient presented with flu symptoms** el paciente presentaba síntomas de gripe

presentable [prɪ'zentəbəl] *adj* presentable; **to make oneself p.** ponerse presentable

presentation [prezən'teɪʃən] *n* (**a**) *(of gift, award)* entrega *f*; **to make a p. to sb** *(give present)* hacer (entrega de) un obsequio a alguien; *(give award)* otorgar *or* entregar un premio a alguien
(**b**) *(formal talk)* **to give a p.** hacer una exposición, dar una charla *(con la ayuda de gráficos, diapositivas, etc)*
(**c**) **on p. of** *(passport, coupon)* con la presentación de, presentando
(**d**) *(manner of presenting)* presentación *f*
▫ *Comptr* ***p. graphics*** gráficos *mpl* para presentaciones; *Comptr* ***p. graphics program*** programa *m* de presentaciones

present-day ['prezənt'deɪ] *adj* actual, de hoy en día

presenter [prɪ'zentə(r)] *n (on radio, TV)* presentador(ora) *m,f*

presentiment [prɪ'zentɪmənt] *n Formal* premonición *f*, presentimiento *m*

presently ['prezəntlɪ] *adv* (**a**) *(soon)* pronto; *(soon afterwards)* poco después; **I'll be with you p.** estaré con usted dentro de poco (**b**) *US (now)* actualmente

preservation [prezə'veɪʃən] *n* (**a**) *(maintenance)* conservación *f*, mantenimiento *m* (**b**) *(protection) (of species, building)* conservación *f*, protección *f* ▫ *Br* ***p. order*** orden *f* de conservación *(de un monumento o edificio de valor histórico-artístico)*

preservative [prɪ'zɜ:vətɪv] *n* conservante *m*

preserve [prɪ'zɜ:v] **1** *n* (**a**) *(jam)* confitura *f*, mermelada *f* (**b**) *(in hunting)* coto *m* de caza (**c**) *(area of dominance)* territorio *m*; **engineering is no longer a male p.** la ingeniería ya no es un reducto masculino
2 *vt* (**a**) *(maintain)* conservar, mantener (**b**) *(leather, wood)* conservar (**c**) *(fruit)* confitar, poner en conserva (**d**) *(protect)* conservar, proteger (**from** de); **saints p. us!** ¡que Dios nos proteja *or* ampare!

preset ['pri:'set] *vt* programar

preshrunk ['pri:'ʃrʌŋk] *adj* lavado(a) previamente

preside [prɪ'zaɪd] *vi* presidir; **to p. over a meeting** presidir una reunión; **he presided over the decline of the empire** él estuvo al mando durante el declive del imperio

presidency ['prezɪdənsɪ] *n* presidencia *f*

president ['prezɪdənt] *n (of country, company)* presidente(a) *m,f* ▫ ***P.s Day*** = fiesta estadounidense anual que celebra los nacimientos de Washington y Lincoln

presidential [prezɪ'denʃəl] *adj* presidencial

presiding officer [prɪ'zaɪdɪŋ'ɒfɪsə(r)] *n Br (at polling station)* presidente(a) *m,f* de mesa

PRESS [pres] **1** *n* (**a**) *(act of pushing)* **give it a p.** aprieta, apriétalo; **at the p. of a button...** al pulsar un botón... ▫ *Hist* ***p. gang*** = grupo de marineros que se encargaba de reclutar por la fuerza a gente para la Armada; ***p. stud*** automático *m*, corchete *m*
(**b**) *(newspapers)* **the p.** la prensa; **to get** *or* **have a good/bad p.** tener buena/mala prensa ▫ ***p. agency*** agencia *f* de noticias; ***p. agent*** agente *mf* de prensa; ***p. baron*** magnate *mf* de la prensa; ***p. box*** tribuna *f* de prensa *or* periodistas; ***p. conference*** rueda *f or* conferencia *f* de prensa; ***the p. corps*** los periodistas; ***p. coverage*** cobertura *f* periodística; ***p. cutting*** recorte *m* de prensa; ***p. gallery*** tribuna *f* de prensa; ***p. office*** oficina *f* de prensa; ***p. officer*** jefe(a) *m,f* de prensa; ***p. photographer*** fotógrafo(a) *m,f* de prensa; ***p. release*** comunicado *m or* nota *f* de prensa; ***p. reporter*** reportero(a) *m,f*; ***p. secretary*** secretario(a) *m,f* de prensa
(**c**) *(machine)* prensa *f*; **(printing) p.** imprenta *f*; **to go to p.** *(of newspaper)* entrar en prensa
(**d**) *(publishing house)* editorial *f*
(**e**) *(in basketball)* presión *f*; **full court p.** presión *f* a toda la cancha
2 *vt* (**a**) *(push) (button, switch)* apretar; *(into clay, cement)* presionar (**into** sobre); **they pressed their faces against the window** apretaron sus caras contra la ventana; **she pressed herself against the wall** se echó *or* se arrimó contra la pared; **to p. sth down** apretar algo hacia abajo; **he pressed the note into my hand** me puso el billete en la mano; **to p. sth shut** cerrar algo apretando

(**b**) *(squeeze)* apretar; *(juice, lemon)* exprimir; *(grapes, olives, flowers)* prensar; **he pressed her arm** le apretó el brazo; **she pressed the book to her chest** apretó el libro contra el pecho; IDIOM *Hum* **to p. the flesh** *(of politician)* darse un baño de multitudes
(**c**) *(iron)* planchar
(**d**) *(record, CD)* estampar, prensar
(**e**) *(pressurize)* presionar; **to p. sb to do sth** presionar a alguien para que haga algo; **the interviewer pressed her on the issue** el entrevistador insistió en el tema; **to be (hard) pressed for time/money** estar apurado(a) de tiempo/dinero; **you'll be be hard pressed to do that** te resultará muy difícil hacer eso
(**f**) *(force)* **to p. sth on sb** obligar a alguien a aceptar algo; **to p. one's attentions on sb** prodigar excesivas atenciones a alguien; **he pressed home his advantage** sacó el máximo partido a su ventaja; **I've had to p. my old bike into service, because the new one's broken** he tenido que rescatar mi vieja bici, porque la nueva está estropeada
(**g**) *(insist on)* **he pressed his case for the reforms** defendió vigorosamente sus argumentos a favor de las reformas; **I've decided not to p. charges** a pesar de todo, he decidido no presentar cargos; **I don't want to p. the point, but...** no quiero insistir más, pero...
3 *vi (push)* empujar; *(of crowd)* apelotonarse (**against** contra); **to p. down on sth** apretar algo; **p. twice, then wait** aprieta dos veces, y espera
▸**press ahead** = **press on**
▸**press for** *vt insep (demand)* exigir
▸**press on** *vi* seguir adelante (**with** con)

press-gang ['presgæŋ] *vt* **to p. sb into doing sth** forzar a alguien a hacer algo
pressie ['prezɪ] *n Br Fam* regalito *m*
pressing ['presɪŋ] *adj* (**a**) *(urgent)* apremiante (**b**) *(insistent)* insistente
pressman ['presmən] *n Br* periodista *m*
press-up ['presʌp] *n Br (exercise)* fondo *m*, flexión *f* (de brazos); **to do press-ups** hacer fondos
pressure ['preʃə(r)] **1** *n* (**a**) *(physical)* presión *f*; **to put p. on sth** aplicar presión sobre algo ▫ ***p. cooker*** olla *f* a presión; ***p. gauge*** manómetro *m*; *Med* ***p. point*** punto *m* de presión; ***p. sore*** úlcera *f* de decúbito
(**b**) *Met* **area of high/low p.** área de altas/bajas presiones
(**c**) *(persuasive, oppressive force)* presión *f*; **to be under p. (to do sth)** estar presionado(a) (para hacer algo); **to put p. on sb (to do sth)** presionar a alguien (para que haga algo) ▫ ***p. group*** grupo *m* de presión
(**d**) *(stress)* **the pressures of running a large company** la presión *or* tensión que supone dirigir una gran compañía; **I'm under a lot of p. at work at the moment** estoy muy presionado en el trabajo en estos momentos; **he's obviously feeling the p.** es evidente que la presión a la que está sometido se está dejando notar
2 *vt* **to p. sb to do sth** presionar a alguien para que haga algo
pressurize ['preʃəraɪz] *vt* (**a**) *Tech (container)* presurizar (**b**) *(person)* **to p. sb (into doing sth)** presionar a alguien (para que haga algo)
pressurized ['preʃəraɪzd] *adj Tech (liquid, gas)* presurizado(a) ▫ ***p. cabin*** *(in aeroplane)* cabina *f* presurizada; ***p. water reactor*** reactor *m* de agua presurizada
prestidigitation [prestɪdɪdʒɪ'teɪʃən] *n* prestidigitación *f*
prestige [pres'ti:ʒ] *n* prestigio *m*
prestigious [pres'tɪdʒəs] *adj* prestigioso(a)
pre-stressed ['pri:'strest] *adj (concrete)* pretensado(a)
presumably [prɪ'zju:məblɪ] *adv* presumiblemente, según cabe suponer; **p. she'll come** cabe suponer que vendrá
presume [prɪ'zju:m] **1** *vt* (**a**) *(suppose)* suponer; **I p. so** supongo (que sí); **Mr Dobson, I p.?** si no me equivoco usted debe ser el Sr. Dobson (**b**) *(be so bold)* **to p. to do sth** tomarse la libertad de hacer algo
2 *vi (be cheeky)* **I don't want to p., but...** no querría parecer demasiado atrevido, pero...; **I don't want to p. on you** no quiero abusar de su generosidad
presumed [prɪ'zju:md] *adj* **20 people are missing, p. dead** han desaparecido 20 personas, por cuyas vidas se teme; **everyone is p. innocent until proven guilty** todo el mundo es inocente hasta que no se demuestre lo contrario
presumption [prɪ'zʌmpʃən] *n* (**a**) *(assumption)* suposición *f*, supuesto *m*; *Law* **p. of innocence** presunción *f* de inocencia (**b**) *(arrogance)* presunción *f*, osadía *f*
presumptive [prɪ'zʌmptɪv] *adj (heir)* presunto(a)
presumptuous [prɪ'zʌmptjʊəs] *adj* impertinente

Note that the Spanish word **presuntuoso** is a false friend and is never a translation for the English word **presumptuous**. In Spanish **presuntuoso** means "conceited".

presumptuousness [prɪ'zʌmptjʊəsnɪs] *n* impertinencia *f*

Note that the Spanish word **presuntuosidad** is a false friend and is never a translation for the English word **presumptuousness**. In Spanish **presuntuosidad** means "conceit".

presuppose [pri:sə'pəʊz] *vt* presuponer
presupposition [pri:sʌpə'zɪʃən] *n* supuesto *m*, suposición *f*
pre-tax ['prɪ'tæks] *adj* antes de impuestos, bruto(a) ▫ ***p. profits*** beneficios *mpl* antes de impuestos *or* brutos
pre-teen ['pri:'ti:n] *n US* preadolescente *mf*
pretence, *US* **pretense** [prɪ'tens] *n* fingimiento *m*; **he says... but it's all (a) p.** dice que... pero es pura fachada; **to make a p. of doing sth** aparentar hacer algo; **he made no p. of his scepticism** no trató de ocultar su escepticismo; **under the p. of doing sth** con *or* bajo el pretexto de hacer algo
pretend [prɪ'tend] **1** *vt* (**a**) *(feign)* fingir, simular; **to p. to be ill** fingir que se está enfermo(a); **to p. to do sth** fingir hacer algo (**b**) *(act as if)* **they pretended (that) nothing had happened** hicieron como si no hubiera pasado nada; **we'll p. it never happened, shall we?** como si no hubiera ocurrido, ¿de acuerdo? (**c**) *(claim)* pretender; **I don't p. to be an expert on the matter...** no pretendo ser un experto en el tema...
2 *vi (put on an act)* fingir
3 *adj Fam* de mentira; **p. money** dinero *m* de mentira; **a p. slap** un amago de bofetada
pretender [prɪ'tendə(r)] *n (to throne)* pretendiente *mf*
pretense *US* = **pretence**
pretension [prɪ'tenʃən] *n* pretensión *f*
pretentious [prɪ'tenʃəs] *adj* pretencioso(a)
pretentiousness [prɪ'tenʃəsnəs] *n* pretenciosidad *f*
preterite ['pretərɪt] *n Gram* **the p.** el pretérito
preterm ['pri:'tɜ:m] *Med* **1** *adj* prematuro(a)
2 *adv* prematuramente
preternatural [pri:tə'nætʃərəl] *adj Formal (uncanny)* sobrenatural
pretext ['pri:tekst] *n* pretexto *m*; **under** *or* **on the p. of doing sth** con el pretexto de hacer algo
Pretoria [prɪ'tɔ:rɪə] *n* Pretoria
prettify ['prɪtɪfaɪ] *vt* embellecer
prettily ['prɪtɪlɪ] *adv (decorated, arranged)* de forma bonita *or* linda; **she smiled p.** lanzó una bonita *or* linda sonrisa
prettiness ['prɪtɪnɪs] *n* belleza *f*
pretty ['prɪtɪ] **1** *adj* (**a**) *(person, thing, smile)* bonito(a), lindo(a) (**b**) IDIOMS *Fam* **I'm not just a p. face, you know!** ¡soy algo más que una cara bonita *or* linda! *Old-fashioned* **things have come to a p. pass when...** mal van las cosas cuando...; **it's not a p. sight** es un espectáculo lamentable; **to cost a p. penny** costar un buen pellizco *or* pico; **to be as p. as a picture** ser precioso(a) *or* lindísimo(a)
2 *adv (fairly)* bastante; *Fam* **p. much** *or* **well** *or* **nearly** casi casi, prácticamente; **they're p. much the same** son poco más o menos lo mismo
pretzel ['pretzəl] *n* palito *m* salado *(alargado o en forma de 8)*
prevail [prɪ'veɪl] *vi* (**a**) *(be successful)* prevalecer (**over** *or* **against** sobre); **let us hope that justice prevails** esperemos que se imponga la justicia (**b**) *(persuade)* **to p. upon sb to do sth** convencer a alguien

para que haga algo (**c**) *(predominate)* predominar; **in the conditions which now prevail** en las circunstancias actuales

prevailing [prɪ'veɪlɪŋ] *adj (dominant)* predominante; **p. wind** viento *m* dominante *or* predominante

prevalence ['prevələns] *n* predominio *m*

prevalent ['prevələnt] *adj* frecuente, corriente

prevaricate [prɪ'værɪkeɪt] *vi* dar rodeos, andar con evasivas

prevarication [prɪværɪ'keɪʃən] *n* rodeos *mpl*, evasivas *fpl*

prevent [prɪ'vent] *vt* evitar, impedir; **to p. sb from doing sth** evitar *or* impedir que alguien haga algo; **to p. sth from happening** evitar *or* impedir que pase algo

preventable [prɪ'ventəbəl] *adj* evitable

preventative = **preventive**

prevention [prɪ'venʃən] *n* prevención *f*; PROV **p. is better than cure** más vale prevenir que curar

preventive [prɪ'ventɪv], **preventative** [prɪ'ventətɪv] *adj* ***p. detention*** detención *f* preventiva *or* cautelar; ***p. medicine*** medicina *f* preventiva; ***p. measures*** medidas *fpl* preventivas

preview ['pri:vju:] **1** *n* (**a**) *(of play, movie)* preestreno *m* (**b**) *(of TV programme)* avance *m* (**c**) *(of new product)* presentación *f*

2 *vt* **the movie was previewed** hubo un preestreno de la película

previous ['pri:vɪəs] **1** *adj (experience, appointment)* previo(a); *(attempt, page)* anterior; **on p. occasions** en ocasiones anteriores *or* previas; **my p. house** mi última casa; **the p. day/owner** el día/dueño anterior ▫ *Law **p. convictions*** antecedentes *mpl* penales

2 *adv* **p. to** con anterioridad a

previously ['pri:vɪəslɪ] *adv* anteriormente; **three days p.** tres días antes

prewar ['pri:'wɔ:(r)] *adj* de preguerra

prey [preɪ] *n* presa *f*; *Fig* **to be a p. to** ser presa (fácil) para *or* de; **to fall p. to** caer *or* ser víctima de

▸**prey on, prey upon** *vt insep* (**a**) *(of animal)* alimentarse de (**b**) *(of opportunist)* aprovecharse de, cebarse en; **something is preying on his mind** está atormentado por algo

prezzie ['prezɪ] *n Br Fam* regalito *m*

PRICE [praɪs] **1** *n* (**a**) *(amount charged)* precio *m*; *(of shares)* cotización *f*; **what p. is it?** ¿cuánto vale?, ¿qué precio tiene?; **it's the same p. as the other make, but has more features** cuesta lo mismo que el de la otra marca, pero tiene más opciones; **prices start at £200** desde 200 libras; **tickets vary in p.** hay entradas *or Am* boletos de diferentes precios; **to rise/fall in p.** subir/bajar de precio; **we can get it for you, but at** *or* **for a p.** te lo podemos conseguir, pero te saldrá caro; **they managed to win, but at a p.** consiguieron ganar, pero a un precio muy alto; **at any p.** a toda costa; **not at any p.** por nada del mundo; **they won, but at what p.?** ganaron, ¿pero a qué precio?; **I paid $50 for it and it was cheap at the p.** me costó 50 dólares, estaba tirado; *Fig* **everyone has his p.** todos tenemos un precio; *Fig* **to pay the p. (for sth)** pagar el precio (de algo); *Fig* **he paid a heavy p. for his mistake** pagó un precio muy caro por su error; *Fig* **it's too high a p. (to pay)** es un precio demasiado alto *or* caro; *Fig* **it's a small p. to pay for our freedom** supone poco a cambio de nuestra libertad; *Fig* **you cannot put a p. on human life** la vida humana no tiene precio; *Fig* **to put** *or* **set a p. on sb's head** poner precio a la cabeza de alguien; *Fam* **what p. a Conservative victory now?** ¿quién da un centavo por una victoria conservadora?; *Fam* **what p. patriotism now?** ¿de qué ha servido tanto patriotismo? ▫ ***p. controls*** controles *mpl* de precios; ***p. cut*** reducción *f* de precios; ***p. freeze*** congelación *f* de precios; ***p. increase*** subida *f* de precios; ***p. index*** índice *m* de precios; ***p. list*** lista *f* de precios; ***p. range*** escala *f* de precios; **that's outside my p. range** eso no está a mi alcance; ***p. tag*** etiqueta *f* del precio; *Fig* **the player has a p. tag of over $5 million** el jugador se cotiza por más de 5 millones de dólares; ***p. war*** guerra *f* de precios

(**b**) *(in betting)* apuestas *fpl*; **what p. can you give me on Red Rocket?** ¿cómo están las apuestas con respecto a Red Rocket?

2 *vt* (**a**) *(decide cost of)* poner precio a; *(shares)* valorar; **the product is competitively priced** el producto tiene un precio competitivo; **we need to p. our products more aggressively** tenemos que poner precios más agresivos a nuestros productos; **the toy is priced at £10** el precio del juguete es de 10 libras; **to p. sb out of the market** sacar a alguien del mercado bajando los precios; **to p. oneself out of the market** perder mercado por pedir precios demasiado elevados

(**b**) *(put price tag on)* ponerle el precio a

(**c**) *(compare prices of)* comparar los precios de

price-cutting ['praɪs'kʌtɪŋ] *n Com* reducción *f* de precios

price-fixing ['praɪs'fɪksɪŋ] *n Com* fijación *f* de precios

priceless ['praɪslɪs] *adj* (**a**) *(invaluable)* de valor incalculable (**b**) *Fam (funny)* graciosísimo(a)

pricey ['praɪsɪ] *adj Fam* carillo(a)

prick [prɪk] **1** *n* (**a**) *(of needle)* pinchazo *m*; **pricks of conscience** remordimientos *mpl* de conciencia (**b**) *Vulg (penis)* polla *f*, picha *f* (**c**) *Vulg (person)* gilipollas *mf inv*

2 *vt (make holes in)* pinchar; **to p. a hole in sth** hacer un agujero en algo; **it pricked my conscience** me remordió la conciencia; **to p. one's finger** pincharse el dedo; *Fam* **to p. the bubble** deshacer el encanto

▸**prick up** *vt sep* **to p. up one's ears** *(of dog)* aguzar las orejas; *(of person)* aguzar el oído *or* los oídos

prickle ['prɪkəl] **1** *n* (**a**) *(of hedgehog)* púa *f*; *(of plant)* espina *f*, pincho *m* (**b**) *(sensation)* hormigueo *m*

2 *vi (of skin)* hormiguear

prickly ['prɪklɪ] *adj* (**a**) *(animal)* cubierto(a) de púas; *(plant)* espinoso(a); *(fabric, pullover)* que pica ▫ ***p. pear*** *(cactus)* chumbera *f*; *(fruit)* higo *m* chumbo (**b**) *Fig (person)* susceptible, irritable (**c**) *(sensation)* hormigueante ▫ ***p. heat*** = erupción cutánea producida por el calor

pricktease(r) ['prɪkti:z(ə(r))] *n Vulg* calientapollas *f inv*

pride [praɪd] **1** *n* (**a**) *(satisfaction)* orgullo *m*; *(self-esteem)* amor *m* propio; *Pej (vanity)* soberbia *f*, orgullo *m*; **to take p. in sth** enorgullecerse de algo; PROV **p. comes** *or* **goes before a fall** a muchos les pierde el orgullo (**b**) *(person, thing)* **he is the p. of the family** es el orgullo de la familia; **the p. of my collection** la joya de mi colección; **she's his p. and joy** ella es su mayor orgullo; **to have** *or* **take p. of place** ocupar el lugar preferente (**c**) *(of lions)* manada *f*

2 *vt* **to p. oneself on sth** enorgullecerse de algo

priest [pri:st] *n* sacerdote *m*

priestess [pri:s'tes] *n* sacerdotisa *f*

priesthood ['pri:sthʊd] *n* (**a**) *(office)* sacerdocio *m*; **to enter the p.** ordenarse sacerdote (**b**) *(body)* **the p.** el clero

priestly ['pri:stlɪ] *adj* sacerdotal

prig [prɪg] *n* puritano(a) *m,f*, mojigato(a) *m,f*

priggish ['prɪgɪʃ] *adj* puritano(a), mojigato(a)

prim [prɪm] *adj* (**a**) *(prudish)* **p. (and proper)** remilgado(a) (**b**) *(neat, precise)* muy cuidado(a)

prima ballerina ['pri:məbælə'ri:nə] *n* primera bailarina *f*

primacy ['praɪməsɪ] *n Formal* primacía *f*

prima donna [pri:mə'dɒnə] *n* (**a**) *(in opera)* prima *f* (**b**) *(difficult person)* **to behave like a p.** actuar como un divo

prima facie ['praɪmə'feɪʃi:] **1** *adj Law* **p. case** caso *m* prima facie

2 *adv* a primera vista

primal ['praɪməl] *adj* (**a**) *(original)* primario(a) ▫ ***p. scream*** llanto *m* del recién nacido (**b**) *(fundamental)* primordial

primarily [praɪ'merɪlɪ] *adv* principalmente

primary ['praɪmərɪ] **1** *n (in US election)* elecciones *fpl* primarias

2 *adj* (**a**) *(main)* principal ▫ ***p. colours*** colores *mpl* primarios; *Ling **p. stress*** acento *m* primario (**b**) *(initial)* ***p. education*** enseñanza *f* primaria; ***p. school*** escuela *f* primaria

primate ['praɪmeɪt] *n* (**a**) *(animal)* primate *m* (**b**) *Rel* primado *m*

prime [praɪm] **1** *n (best time)* **the p. of life** la flor de la vida; **she was in her p.** estaba en sus mejores años; **she is past her p.** su mejor momento ha pasado; **to be cut off in one's p.** *(die prematurely)* morir en la flor de la vida *or* edad; *Hum* **I don't want to cut**

you off in your p., but your time is up no querría interrumpirte el discurso, pero se te ha acabado el tiempo

2 *adj* **(a)** *(principal)* principal, primordial; *(importance)* capital ▫ *Econ* ***p. cost*** costo *m or Esp* coste *m* básico de producción, precio *m* de costo; *Econ* ***p. (lending) rate*** tipo *m* preferencial *or* básico, *Am* tasa *f* preferencial *or* básica; ***p. minister*** primer(era) ministro(a) *m,f*; ***p. mover*** alma *f* máter, promotor(ora) *m,f*; *Math* ***p. number*** número *m* primo; ***p. time*** *(on TV)* franja *f* (horaria) de máxima audiencia **(b)** *(excellent)* óptimo(a), excelente; **a p. example (of)** un ejemplo palmario (de) ▫ ***p. quality*** calidad *f* suprema

3 *vt* **(a)** *(prepare) (engine, pump)* cebar; *(surface)* imprimar **(b)** *(provide with information)* **to p. sb for sth** preparar *or* instruir a alguien para algo

primer[1] ['praɪmə(r)] *n* **(a)** *(paint)* tapaporos *m inv* **(b)** *(for explosive)* cebo *m*

primer[2] *n (textbook)* texto *m* elemental

primeval [praɪ'mi:vəl] *adj* primigenio(a), primitivo(a) ▫ ***p. forests*** bosques *mpl* vírgenes

primitive ['prɪmɪtɪv] **1** *n (artist)* primitivista *mf*

2 *adj* primitivo(a)

primitivism ['prɪmɪtɪvɪzəm] *n Art* primitivismo *m*

primly ['prɪmlɪ] *adv* con remilgo

primogeniture [praɪməʊ'dʒenɪtʃə(r)] *n* primogenitura *f*

primordial [praɪ'mɔ:dɪəl] *adj* primigenio(a), primitivo(a) ▫ ***p. soup*** sustancia *f* primigenia

primp [prɪmp] **1** *vt* **to p. oneself** acicalarse

2 *vi* acicalarse

primrose ['prɪmrəʊz] *n (plant)* primavera *f* ▫ ***p. yellow*** amarillo *m* claro

primula ['prɪmjʊlə] *n* prímula *f*

primus (stove) ['praɪməs('stəʊv)] *n* infiernillo *m*, camping-gas *m inv*

prince [prɪns] *n* príncipe *m* ▫ ***P. Charming*** príncipe *m* azul; ***p. consort*** príncipe *m* consorte; ***P. of Darkness*** *(Satan)* príncipe *m* de las tinieblas; ***P. of Peace*** *(Messiah)* Príncipe *m* de la paz; ***p. regent*** príncipe *m* regente; ***the P. of Wales*** el Príncipe de Gales

princely ['prɪnslɪ] *adj (splendid)* magnífico(a); *also Ironic* **a p. sum** una bonita suma

princess ['prɪnses] *n* princesa *f* ▫ *Br* ***the P. Royal*** = hija mayor del monarca

principal ['prɪnsɪpəl] **1** *n* **(a)** *(of school)* director(ora) *m,f*; *(of university)* rector(ora) *m,f* **(b)** *Th* primera figura *f* **(c)** *Fin (sum)* principal *m*

2 *adj* principal ▫ *Br* ***p. boy*** *(in pantomime)* = papel de joven héroe representado por una actriz; *Gram* ***p. clause*** oración *f* principal

principality [prɪnsɪ'pælɪtɪ] *n* principado *m*; **the P.** *(Wales)* Gales

principally ['prɪnsɪplɪ] *adv* principalmente

principle ['prɪnsɪpəl] *n* principio *m*; **in p.** en principio; **on p.** por principios; **a matter** *or* **question of p.** una cuestión de principios; **a person of p.** una persona de principios; **it's the p. of the thing that matters to me** lo que me importa es el principio; **it's against my principles (to do sth)** va en contra de mis principios (hacer algo)

principled ['prɪnsɪpəld] *adj (person, behaviour)* ejemplar, de grandes principios

print [prɪnt] **1** *n* **(a)** *(of fingers, feet)* huella *f* **(b)** *(printed matter)* **in p.** impreso(a); **out of p., no longer in p.** agotado(a); **to appear in p.** aparecer impreso(a); **to get into p.** *(novel)* ser publicado(a) ▫ ***p. run*** *(of books, newspapers)* tirada *f*
(c) *(printed characters)* caracteres *mpl*; *Fig* **the small p.** *(in contract)* la letra pequeña
(d) *(engraving)* grabado *m*; *(photographic copy)* copia *f*
(e) *(textile)* estampado *m*
(f) *Comptr* ***p. buffer*** buffer *m* de impresión; ***p. merge*** fusión *f* de códigos; ***p. preview*** presentación *f* preliminar

2 *vt* **(a)** *(book)* imprimir; *(newspaper)* publicar; **the image had printed itself on her memory** se le quedó la imagen grabada en la memoria
(b) *(write clearly)* escribir claramente *(con las letras separadas)*
(c) *(in photography)* **to p. a negative** sacar copias de un negativo
(d) *Comptr* **to p. to disk** copiar a disco

3 *vi (write clearly)* escribir con claridad

▸**print off** *vt sep* imprimir

▸**print out** *vt sep* imprimir

printable ['prɪntəbəl] *adj (fit to print)* publicable

printed ['prɪntɪd] *adj* impreso(a) ▫ *Elec* ***p. circuit*** circuito *m* impreso; *Elec* ***p. circuit board*** placa *f* de circuito impreso; ***p. matter*** impresos *mpl*

printer ['prɪntə(r)] *n* **(a)** *(person)* impresor(ora) *m,f* **(b)** *(machine)* impresora *f* ▫ *Comptr* ***p. driver*** controlador *m* de impresora

printing ['prɪntɪŋ] *n* **(a)** *(process, action)* impresión *f*; **first/second p.** primera/segunda impresión ▫ ***p. error*** errata *f* (de imprenta); ***p. press*** imprenta *f* **(b)** *(industry)* imprenta *f*, artes *fpl* gráficas

printout ['prɪntaʊt] *n Comptr* listado *m*, copia *f* en papel

prior[1] ['praɪə(r)] **1** *adj* previo(a); **to have a p. engagement** tener un compromiso previo; **to have p. knowledge of sth** tener conocimiento previo de algo

2 *adv* **p. to** con anterioridad a

prior[2] *n Rel* prior *m*

prioress [praɪə'res] *n Rel* priora *f*

prioritize [praɪ'ɒrɪtaɪz] *vt* dar prioridad a

priority [praɪ'ɒrɪtɪ] *n* **(a)** *(precedence)* prioridad *f*; **to have** *or* **take p. (over sb/sth)** tener prioridad (sobre alguien/algo); **in order of p.** por orden de prioridad **(b)** *(important aim)* **our main p. is safety** para nosotros la seguridad es lo primero; **we need to get our priorities right** tenemos que establecer un orden de prioridades; **you should get your priorities right!** ¡tienes que darte cuenta de lo que es verdaderamente importante!

priory ['praɪərɪ] *n Rel* priorato *m*

prise, *US* **prize** [praɪz], *US* **pry** [praɪ] *vt* **to p. sth off** arrancar algo; **to p. sth open** forzar algo; **to p. sth out of sb** *(secret, truth)* arrancarle algo a alguien

prism ['prɪzəm] *n* prisma *m*

prismatic [prɪz'mætɪk] *adj (binoculars)* prismático(a) ▫ ***p. compass*** brújula *f* de reflexión *or* prima

prison ['prɪzən] *n* cárcel *f*, prisión *f*; **he went to p., he was sent to p.** lo encarcelaron ▫ ***p. camp*** campo *m* de prisioneros; ***p. cell*** celda *f*; ***p. governor*** director(ora) *m,f* de una prisión; ***p. officer*** funcionario(a) *m,f* de prisiones; ***p. sentence*** pena *f* de reclusión

prisoner ['prɪzənə(r)] *n (in jail)* recluso(a) *m,f*; *(captive)* prisionero(a) *m,f*; **to hold/take sb p.** tener/hacer prisionero(a) a alguien; IDIOM **to take no prisoners** no andarse con chiquitas ▫ *Pol* ***p. of conscience*** preso(a) *m,f* de conciencia; ***p. of war*** prisionero(a) *m,f* de guerra

prissy ['prɪsɪ] *adj Fam* remilgado(a)

pristine ['prɪsti:n] *adj* prístino(a), inmaculado(a); **in p. condition** en estado impecable *or* inmaculado

privacy ['prɪvəsɪ, 'praɪvəsɪ] *n* intimidad *f*; **in the p. of one's own home** en la intimidad del hogar ▫ ***p. law*** *(against press intrusion)* ley *f* de protección de la intimidad

private ['praɪvɪt] **1** *n* **(a) in p.** *(not public)* en privado **(b)** *(soldier)* soldado *m* raso

2 *adj* **(a)** *(personal)* privado(a), personal; *(on envelope)* personal; **in a p. capacity** a título personal ▫ ***p. life*** vida *f* privada; *Parl* ***p. member's bill*** = proyecto de ley propuesto de forma independiente por un diputado
(b) *(secret)* privado(a); **p. and confidential** privado y confidencial; **can we go somewhere p.?** ¿podemos ir a un lugar donde estemos a solas?
(c) *(for personal use)* particular ▫ ***a p. house*** una casa particular; ***p. income*** rentas *fpl*; ***p. lessons*** clases *fpl* particulares; *Tel* ***p. line*** línea *f* privada; ***p. means*** rentas *fpl*; ***p. office*** oficina *f* particular; ***p. secretary*** secretario(a) *m,f* personal
(d) *(not state-run)* privado(a); *Br* **to go p.** *(for health care)* acudir a la sanidad privada ▫ ***p. company*** empresa *f* privada *(que no cotiza en bolsa)*; ***p. detective*** detective *mf* privado(a); ***p. education*** enseñanza *f* privada; ***p. enterprise*** la empresa *or* iniciativa privada; *Fam* ***p. eye*** sabueso(a) *m,f*; ***p. investigator*** investigador(ora) *m,f* privado(a); ***p. practice:*** **to be in p. practice** *(of doctor)* ejercer la medicina privada; ***p. school*** colegio *m* privado; *Econ* ***p. sector*** sector *m* privado
(e) *(not for the public)* particular, privado(a); **a p. party** una fiesta particular *or* privada ▫ ***p. property*** propiedad *f* privada; ***p. road*** carretera *f* particular; ***p. view*** *or* ***viewing*** *(of exhibition)* visita *f* privada *(antes de la inauguración)*

privateer [praɪvɪ'tɪə(r)] *n Hist* (**a**) *(ship)* corsario *m* (**b**) *(commander)* corsario *m*

privately ['praɪvɪtlɪ] *adv (in private)* en privado; **she was p. educated** fue a un colegio privado; **p. owned** en manos privadas

private parts ['praɪvɪt'pɑːts], **privates** ['praɪvɪts] *npl Fam Euph* partes *fpl* pudendas *or* íntimas

privation [praɪ'veɪʃən] *n Formal* privación *f*

privatization [praɪvɪtaɪ'zeɪʃən] *n* privatización *f*

privatize ['praɪvɪtaɪz] *vt* privatizar

privet ['prɪvɪt] *n* alheña *f* ▫ ***p. hedge*** seto *m* de alheñas

privilege ['prɪvɪlɪdʒ] **1** *n* privilegio *m*; **it is my p. to introduce to you…** tengo el privilegio de presentarles a…

2 *vt* **to be privileged to do sth** tener el privilegio de hacer algo

privileged ['prɪvɪlɪdʒd] *adj* privilegiado(a)

privy ['prɪvɪ] **1** *n Old-fashioned (toilet)* retrete *m*, excusado *m*

2 *adj* (**a**) *Formal* **to be p. to sth** estar enterado(a) de algo (**b**) *Br Pol* ***the P. Council*** el consejo privado del monarca, = grupo formado principalmente por ministros y antiguos ministros del gabinete que asesora al monarca

prize[1] [praɪz] **1** *n (award)* premio *m*; **to win first p.** ganar el primer premio; IDIOM **(there are) no prizes for guessing who did it** es evidente quién lo hizo ▫ ***p. day*** día *m* de la entrega de premios *(en colegio)*; ***p. draw*** rifa *f*; ***p. money*** (dinero *m* del) premio; **he won p. money of £60,000** ganó un premio en metálico de 60.000 libras

2 *adj (that has won an award) (bull, entry)* premiado(a); **it's my p. possession** es mi posesión más preciada; *Fam* **he's a p. fool** no es más idiota porque no se entrena, *Esp* es un idiota de campeonato

3 *vt (value)* apreciar

prize[2] *US* = **prise**

prizefight ['praɪzfaɪt] *n* combate *m* profesional de boxeo

prizefighter ['praɪzfaɪtə(r)] *n* boxeador *m* profesional

prizegiving ['praɪzgɪvɪŋ] *n (at school)* entrega *f* de premios

prizewinner ['praɪzwɪnə(r)] *n* premiado(a) *m,f*

prizewinning ['praɪzwɪnɪŋ] *adj* premiado(a)

pro[1] [prəʊ] (*pl* **pros**) *Fam* **1** *n* (**a**) *(professional)* profesional *mf*, *Méx* profesionista *mf* (**b**) *(prostitute)* profesional *mf*

2 *adj US* profesional; **p. football** fútbol *m* americano profesional

pro[2] **1** *n* (*pl* **pros**) **the pros and cons** los pros y los contras

2 *prep* **to be p. sth** estar a favor de algo

proactive [prəʊ'æktɪv] *adj* **to be p.** tomar la iniciativa

pro-am ['prəʊ'æm] *n Sport* = torneo informal en el que se enfrentan profesionales y aficionados

probability [prɒbə'bɪlɪtɪ] *n* probabilidad *f*; **in all p.** con toda probabilidad ▫ *Math* ***p. theory*** probabilidad *f*

probable ['prɒbəbəl] *adj* probable

probably ['prɒbəblɪ] *adv* probablemente

probate ['prəʊbeɪt] *n Law* validación *f* de un testamento, certificado *m* de testamentaría

probation [prə'beɪʃən] *n* (**a**) *Law* libertad *f* condicional; **on p.** *Law* en libertad condicional ▫ ***p. officer*** = asistente social que ayuda y supervisa a un preso en libertad condicional (**b**) *(in job)* período *m* de prueba; **on p.** a prueba

probationary [prə'beɪʃənərɪ] *adj* de prueba

probationer [prə'beɪʃənə(r)] *n (in job)* trabajador(ora) *m,f* en período de prueba

probe [prəʊb] **1** *n* (**a**) *(instrument)* sonda *f* (**b**) **(space) p.** sonda espacial (**c**) *Fam (enquiry)* investigación *f*

2 *vt* (**a**) *Med* sondar; *(feel)* tantear (**b**) *(investigate)* investigar

3 *vi* **to p. into** *(past, private life)* escarbar en

probity ['prəʊbɪtɪ] *n Formal* probidad *f*

problem ['prɒbləm] *n* problema *m*; **he's a p.** es problemático; **what's the p.?** ¿qué (te) pasa?, ¿cuál es el problema?; **what's your p.?** ¿qué pasa contigo?; *Fam* **no p.!** ¡claro (que sí)! ▫ ***p. area*** *(in town)* zona *f* problemática; *(in project)* asunto *m* problemático; ***p. child*** niño(a) *m,f* problemático(a) *or* difícil; ***p. page*** consultorio *m* sentimental

problematic(al) [prɒblɪ'mætɪk(əl)] *adj* problemático(a)

proboscis [prə'bɒsɪs] (*pl* **proboscises** [prə'bɒsɪsiːz] *or* **proboscides** [prə'bɒsɪdiːz]) *n Zool* trompa *f*

probs [prɒbz] *npl Fam* **no probs** *(of course)* cómo no, faltaría más; *(not at all)* no hay de qué

procedural [prə'siːdʒərəl] *adj* de procedimiento

procedure [prə'siːdʒə(r)] *n* procedimiento *m*; **applying for a grant is a simple p.** la solicitud de una beca es un trámite sencillo; **the normal p. is to…** lo que se hace normalmente es…

proceed [prə'siːd] **1** *vt* **to p. to do sth** proceder a hacer algo, ponerse a hacer algo

2 *vi* (**a**) *(go on)* proseguir; *Comptr (in dialog box)* continuar; **to p. with sth** seguir adelante con algo; **to p. with caution** proceder con cautela; **how should I p.?** ¿qué debo hacer a continuación? (**b**) *(result)* **to p. from** proceder de (**c**) *Formal (move)* avanzar; **I was proceeding along the street…** caminaba por la calle…; **please p. to the nearest exit** les rogamos se dirijan a la salida más próxima

▸**proceed against** *vt insep Law* **to p. against sb** procesar *or* demandar a alguien

proceedings [prə'siːdɪŋz] *npl* (**a**) *(events)* acto *m*; **p. were coming to a close** el acto llegaba a su fin (**b**) *Law* proceso *m*, pleito *m*; **to start p. against sb** entablar un pleito contra alguien

proceeds ['prəʊsiːdz] *npl* recaudación *f*; **I was able to retire on the p.** las ganancias me permitieron retirarme

process[1] ['prəʊses] **1** *n* proceso *m*; **by a p. of elimination** por eliminación; **he failed, and lost all his money in the p.** al fracasar, perdió todo su dinero; **to be in the p. of doing sth** estar haciendo algo ▫ *Comptr & Typ* ***p. colors*** cuatricromía *f*

2 *vt* (**a**) *(raw material, waste, information)* procesar (**b**) *(request, application)* tramitar (**c**) *(film)* revelar (**d**) **processed food** alimentos *mpl* manipulados *or* procesados

process[2] [prə'ses] *vi Formal (walk in procession)* desfilar

processing ['prəʊsesɪŋ] *n* (**a**) *(of raw material, waste, information)* procesamiento *m* (**b**) *(of request)* tramitación *f* (**c**) *(of photographs)* revelado *m* (**d**) *Comptr* ***p. language*** lenguaje *m* de programación; ***p. speed*** velocidad *f* de proceso

procession [prə'seʃən] *n* procesión *f*; **in p.** en fila

processor ['prəʊsesə(r)] *n* (**a**) *(in kitchen)* **(food) p.** robot *m* (de cocina) (**b**) *Comptr* procesador *m*

pro-choice ['prəʊ'tʃɔɪs] *adj* = en favor del derecho de la mujer a decidir en materia de aborto

proclaim [prə'kleɪm] *vt* (**a**) *(one's innocence, guilt)* proclamar (**b**) *(declare)* proclamar, declarar; **to p. a state of emergency** declarar el estado de emergencia

proclamation [prɒklə'meɪʃən] *n* proclamación *f*

proclivity [prə'klɪvɪtɪ] *n Formal* propensión *f*, proclividad *f* (**for** a)

procrastinate [prəʊ'kræstɪneɪt] *vi Formal* andarse con dilaciones, retrasar las cosas

procrastination [prəʊkræstɪ'neɪʃən] *n Formal* dilaciones *fpl*, demora *f*

procreate ['prəʊkrɪeɪt] *vi* reproducirse, procrear

procreation [prəʊkrɪ'eɪʃən] *n* procreación *f*

proctor ['prɒktə(r)] *n* (**a**) *Br (disciplinary officer)* = en una universidad, persona encargada de velar por la disciplina (**b**) *US (invigilator)* vigilante *mf (en examen)*

procurator ['prɒkjʊreɪtə(r)] *n Law* procurador *m* ▫ *Scot* ***p. fiscal*** fiscal *mf* (del Estado)

procure [prə'kjʊə(r)] *vt* (**a**) *Formal (obtain)* obtener, conseguir; **to p. sth for sb** procurarle algo a alguien; **to p. sth for oneself** hacerse con algo (**b**) *(for sex)* **he was convicted of procuring women for immoral purposes** fue condenado por proxenetismo

procurement [prə'kjʊəmənt] *n Formal* obtención *f*

prod [prɒd] **1** *n* (**a**) *(poke)* **to give sb/sth a p.** dar un empujón a alguien/algo (**b**) *(encouragement)* **he needs a p.** necesita que lo espoleen (**c**) *(for cattle)* picana *f*

2 *vt* (*pt & pp* **prodded**) (**a**) *(poke)* empujar

(**b**) *(encourage)* **to p. sb into doing sth** espolear a alguien para que haga algo

prodigal [ˈprɒdɪgəl] *adj* pródigo(a); **to be p. with sth** ser pródigo(a) con algo ▫ ***p. son*** hijo *m* pródigo

prodigious [prəˈdɪdʒəs] *adj* prodigioso(a)

prodigiously [prəˈdɪdʒəslɪ] *adv* prodigiosamente

prodigy [ˈprɒdɪdʒɪ] *n* prodigio *m*

produce 1 *n* [ˈprɒdjuːs] *(food)* productos *mpl* del campo; **agricultural/dairy p.** productos *mpl* agrícolas/lácteos; **p. of Spain** producto de España

2 *vt* [prəˈdjuːs] (**a**) *(create) (food, goods)* producir; *(effect, reaction)* producir, provocar (**b**) *(get out) (ticket, passport)* presentar, mostrar; *(documents)* presentar; *(gun, rabbit)* sacar; **she produced a £10 note** sacó un billete de 10 libras (**c**) *(play)* montar; *(movie, radio, TV programme)* producir

producer [prəˈdjuːsə(r)] *n* (**a**) *(of crops, goods)* productor(ora) *m,f* (**b**) *(of movie, play, radio or TV programme)* productor(ora) *m,f*

product [ˈprɒdʌkt] *n* producto *m* ▫ *Com* ***p. development*** desarrollo *m* del producto; ***p. placement*** = práctica por la que empresas pagan a las productoras para que sus productos aparezcan en sus películas o programas

production [prəˈdʌkʃən] *n* (**a**) *Ind (manufacture)* producción *f*; **to go into p.** empezar a fabricarse; **it went out of p. years ago** hace años que dejó de fabricarse ▫ ***p. costs*** costos *or Esp* costes *mpl* de producción; ***p. line*** cadena *f* de producción; ***p. manager*** jefe(a) *m,f* de producción; ***p. process*** proceso *m* de producción; ***p. target*** objetivo *m* de producción

(**b**) *(of document, ticket)* presentación *f*; **on p. of one's passport** al presentar el pasaporte

(**c**) *(play)* montaje *m*; *(movie, radio or TV programme)* producción *f*

productive [prəˈdʌktɪv] *adj* productivo(a)

productively [prəˈdʌktɪvlɪ] *adv* de manera productiva *or* provechosa

productivity [prɒdʌkˈtɪvɪtɪ] *n Ind* productividad *f* ▫ ***p. agreement*** acuerdo *m* sobre productividad; ***p. bonus*** plus *m* de productividad; ***p. drive*** campaña *f* de productividad

Prof *(abbr* **Professor***) Br* catedrático(a) *m,f*

profane [prəˈfeɪn] **1** *adj* (**a**) *(language)* blasfemo(a) (**b**) *Rel (secular)* profano(a)

2 *vt* profanar

profanity [prəˈfænɪtɪ] *n* (**a**) *(oath)* blasfemia *f* (**b**) *(blasphemous nature)* grosería *f*

profess [prəˈfes] *vt* (**a**) *(declare)* manifestar (**b**) *(claim)* proclamar; **he professes to be a socialist** se dice socialista; **I don't p. to be an expert, but...** no pretendo ser un experto, pero... (**c**) *Rel (faith)* profesar

professed [prəˈfest] *adj* (**a**) *(self-declared)* declarado(a) (**b**) *(pretended)* supuesto(a), pretendido(a)

profession [prəˈfeʃən] *n* (**a**) *(occupation)* profesión *f*; **by p.** de profesión; **the teaching p.** el profesorado; **the oldest p. (in the world)** el oficio más viejo del mundo (**b**) *Formal (declaration)* manifestación *f*

professional [prəˈfeʃənəl] **1** *n* profesional *mf*, *Méx* profesionista *mf*

2 *adj* (**a**) *(not amateur)* profesional; **to turn** *or* **go p.** *(of sportsperson)* hacerse profesional *or Méx* profesionista ▫ ***p. foul*** falta *f* técnica (**b**) *(competent, qualified)* profesional; **they made a very p. job of the repair** hicieron la reparación excelente; **to take p. advice on sth** pedir asesoramiento sobre algo a un profesional *or Méx* profesionista ▫ ***p. misconduct*** violación *f* de la ética profesional (**c**) *(soldier)* de carrera; *(army)* profesional

professionalism [prəˈfeʃənəlɪzəm] *n* (**a**) *(professional approach)* profesionalidad *f* (**b**) *(in sports)* profesionalismo *m*

professionally [prəˈfeʃənəlɪ] *adv* (**a**) *(referring to job)* **she acts/sings p.** es actriz/cantante profesional; **he plays tennis p.** juega al tenis como profesional (**b**) *(competently)* de forma *or* manera profesional (**c**) *(by professional)* **to get a job done p.** encargar un trabajo a un profesional *or Méx* profesionista

professor [prəˈfesə(r)] *n Univ* (**a**) *Br* catedrático(a) *m,f* (**b**) *US* profesor(ora) *m,f*

professorial [prɒfəˈsɔːrɪəl] *adj* profesoral

professorship [prəˈfesəʃɪp] *n Br* cátedra *f*

proffer [ˈprɒfə(r)] *vt Formal (advice)* brindar; *(opinion)* ofrecer, dar; *(thanks)* dar; *(hand, object)* tender

proficiency [prəˈfɪʃənsɪ] *n* competencia *f* (**in** *or* **at** en), aptitud *f* (**in** *or* **at** para)

proficient [prəˈfɪʃənt] *adj* competente (**in** *or* **at** en)

proficiently [prəˈfɪʃəntlɪ] *adv* competentemente

profile [ˈprəʊfaɪl] **1** *n* (**a**) *(side view, outline)* perfil *m*; **in p.** de perfil (**b**) *(public image)* **to have a high p.** estar en el candelero; **to keep a low p.** mantenerse en un segundo plano; **to raise the p. of an organization** potenciar la imagen de una organización (**c**) *(description)* retrato *m*

2 *vt (describe)* retratar

profit [ˈprɒfɪt] **1** *n* (**a**) *(of company, on deal)* beneficio *m*; **at a p.** *(to sell, operate)* con beneficios; **to make a p.** obtener *or* sacar beneficios ▫ *Fin* ***p. and loss account*** cuenta *f* de pérdidas y ganancias; ***p. margin*** margen *m* de beneficios (**b**) *(advantage)* provecho *m*

2 *vi* **to p. by** *or* **from** sacar provecho de

profitability [prɒfɪtəˈbɪlɪtɪ] *n* rentabilidad *f*

profitable [ˈprɒfɪtəbəl] *adj* (**a**) *(company, deal)* rentable (**b**) *(experience)* provechoso(a)

profitably [ˈprɒfɪtəblɪ] *adv* (**a**) *(trade, operate)* con beneficios (**b**) *(use one's time)* provechosamente

profiteer [prɒfɪˈtɪə(r)] *Pej* **1** *n* especulador(ora) *m,f*

2 *vi* especular

profiteering [prɒfɪˈtɪərɪŋ] *n Pej* especulación *f*

profiterole [prəˈfɪtərəʊl] *n* profiterol *m*

profit-making [ˈprɒfɪtmeɪkɪŋ] *adj (profitable)* lucrativo(a)

profit-sharing [ˈprɒfɪtˈʃeərɪŋ] *n Com* participación *f* en los beneficios

profligacy [ˈprɒflɪgəsɪ] *n Formal (wastefulness)* **his p. shocked us** su manera de derrochar dinero nos escandalizó

profligate [ˈprɒflɪgət] *adj Formal (wasteful)* derrochador(ora)

pro forma invoice [ˈprəʊˈfɔːməˈɪnvɔɪs] *n* factura *f* pro forma *or* proforma

profound [prəˈfaʊnd] *adj* profundo(a)

profoundly [prəˈfaʊndlɪ] *adv* profundamente; **he's p. deaf** tiene sordera total

profundity [prəˈfʌndɪtɪ] *n* profundidad *f*

profuse [prəˈfjuːs] *adj* profuso(a); **he offered p. apologies/thanks** se prodigó en disculpas/agradecimientos

profusely [prəˈfjuːslɪ] *adv* (**a**) *(apologize, thank)* cumplidamente (**b**) *(sweat, bleed)* profusamente

profusion [prəˈfjuːʒən] *n* profusión *f*

progeny [ˈprɒdʒɪnɪ] *n Formal* progenie *f*, prole *f*

progesterone [prəʊˈdʒestərəʊn] *n Biochem* progesterona *f*

prognosis [prɒgˈnəʊsɪs] (*pl* **prognoses** [prɒgˈnəʊsiːz]) *n Med & Fig* pronóstico *m*

prognostication [prɒgnɒstɪˈkeɪʃən] *n Formal* pronóstico *m*

program¹ [ˈprəʊgræm] *Comptr* **1** *n* programa *m*

2 *vt & vi* (*pt & pp* **programmed**) programar

program² *US* = **programme**

programmable [prəʊˈgræməbəl] *adj* programable ▫ ***p. calculator*** calculadora *f* programable

programme, *US* **program** [ˈprəʊgræm] **1** *n* (**a**) *(on TV)* programa *m* (**b**) *(of washing machine)* programa *m* (**c**) *(of political party)* programa *m* (**d**) *(for play)* programa *m* ▫ ***p. seller*** vendedor(ora) *m,f* de programas (**e**) *(schedule of events)* programa *m*; **what's the p. for today?** ¿qué programa tenemos para hoy? ▫ ***p. of study*** programa *m* de trabajo *(de estudiante)*

2 *vt* (**a**) *(computer, robot)* programar; **to p. sth to do sth** programar algo para que haga algo (**b**) *(event)* programar

programmed [ˈprəʊgræmd] *n Educ* ***p. instruction*** *or* ***learning*** enseñanza *f* programada

programmer [ˈprəʊgræmə(r)] *n Comptr* programador(ora) *m,f*

programming [ˈprəʊgræmɪŋ] *n Comptr & TV* programación *f* ▫ *Comptr* ***p. language*** lenguaje *m* de programación

progress 1 *n* [ˈprəʊgres] (**a**) *(improvement)* progreso *m*; **to make p. (in sth)** hacer progresos (en algo) (**b**) *(devel-*

opment) progreso *m*; **road works are in p. between exits 11 and 12** el tramo entre la salida 11 y la 12 está en obras; **the meeting is already in p.** la reunión ya ha comenzado; **meeting in p.** *(on sign)* reunión: no molestar; **a p. report on the project** un informe *or CAm, Méx* reporte sobre la marcha del proyecto (**c**) *(movement)* avance *m*; **I followed the ship's p. down the river** seguía el avance del barco río abajo

2 *vi* [prə'gres] (**a**) *(improve)* progresar; **the patient is progressing satisfactorily** el paciente evoluciona satisfactoriamente (**b**) *(advance)* avanzar; **she's progressing in her studies** está avanzando en sus estudios

progression [prə'greʃən] *n* evolución *f*, progresión *f*; **a natural/logical p. (from)** un paso natural/lógico (de *or* desde)

progressive [prə'gresɪv] **1** *n* progresista *mf*

2 *adj* (**a**) *(increasing)* progresivo(a) ▫ ***p. disease*** enfermedad *f* degenerativa (**b**) *(forward-looking)* progresista

progressively [prə'gresɪvlɪ] *adv* progresivamente

prohibit [prə'hɪbɪt] *vt (forbid)* prohibir; **to p. sb from doing sth** prohibir a alguien que haga algo; **smoking prohibited** *(sign)* prohibido fumar; **it is prohibited by law** lo prohíbe la ley

prohibition [prəʊɪ'bɪʃən] *n* (**a**) *(ban)* prohibición *f* (**b**) *Hist* **P.** la Ley Seca

prohibitive [prə'hɪbɪtɪv] *adj (cost)* prohibitivo(a)

prohibitively [prə'hɪbɪtɪvlɪ] *adv* **p. expensive** de precio prohibitivo

project 1 *n* ['prɒdʒekt] (**a**) *(undertaking, plan)* proyecto *m* ▫ *Com* ***p. manager*** jefe(a) *m,f* de proyecto (**b**) *(at school, university)* trabajo *m* (**c**) *US (housing)* = urbanización con viviendas de protección oficial

2 *vt* [prə'dʒekt] (**a**) *(movie, image)* proyectar; *Psy* **to p. sth onto sth/sb** proyectar algo en algo/alguien (**b**) *(plan, predict)* proyectar, planear; **inflation is projected to fall** se prevé que baje la inflación; **projected income** ingresos previstos (**c**) *(propel)* proyectar; **to p. one's voice** proyectar la voz (**d**) *(convey) (image)* proyectar

3 *vi (protrude)* sobresalir, proyectarse

projectile [prə'dʒektaɪl] *n* proyectil *m*

projection [prə'dʒekʃən] *n* (**a**) *(of movie, in mapmaking, psychological)* proyección *f* ▫ *Cin* ***p. room*** sala *f* de proyección (**b**) *(prediction)* estimación *f*, pronóstico *m* (**c**) *(protruding part)* proyección *f*, saliente *m*

projectionist [prə'dʒekʃənɪst] *n* proyeccionista *mf*

projector [prə'dʒektə(r)] *n* proyector *m*

prolapse ['prəʊlæps] *n Med* prolapso *m*

prolapsed [prəʊ'læpst] *adj Med* **a p. uterus** un prolapso de útero

prole [prəʊl] *n Fam* proletario(a) *m,f*

proletarian [prəʊlɪ'teərɪən] *n & adj* proletario(a) *m,f*

proletariat [prəʊlɪ'teərɪət] *n* proletariado *m*

pro-life [prəʊ'laɪf] *adj* pro vida, antiabortista

proliferate [prə'lɪfəreɪt] *vi* proliferar

proliferation [prəlɪfə'reɪʃən] *n* proliferación *f*

prolific [prə'lɪfɪk] *adj* prolífico(a)

prolix ['prəʊlɪks] *adj Formal* prolijo(a)

prolixity [prəʊ'lɪksɪtɪ] *n Formal* prolijidad *f*

prologue ['prəʊlɒg] *n* (**a**) *(introduction)* prólogo *m* (**to** de) (**b**) *(in cycling)* prólogo *m*

prolong [prə'lɒŋ] *vt* prolongar

prolongation [prəʊlɒŋ'geɪʃən] *n (of life, time)* prolongación *f*

prom [prɒm] *n Fam* (**a**) *Br (at seaside)* paseo *m* marítimo (**b**) *Br (concert)* = concierto sinfónico en el que parte del público está de pie (**c**) *US (school dance)* baile *m* de fin de curso

promenade ['prɒmənɑːd] **1** *n* (**a**) *Br (at seaside)* paseo *m* marítimo (**b**) *Br* ***p. concert*** = concierto sinfónico en el que parte del público está de pie (**c**) **p. deck** *(on ship)* cubierta *f* de paseo (**d**) *US (school dance)* baile *m* de fin de curso

2 *vi* pasear

prominence ['prɒmɪnəns] *n* (**a**) *(of land, physical feature)* prominencia *f* (**b**) *(of issue, person)* relevancia *f*, importancia *f*; **to give sth p.** destacar algo; **to come to p.** empezar a descollar *or* sobresalir; **to occupy a position of some p.** ocupar un puesto de cierto relieve

prominent ['prɒmɪnənt] *adj* (**a**) *(projecting)* prominente (**b**) *(conspicuous)* visible, destacado(a); *(important)* renombrado(a), prominente; **she was p. in the world of the arts** era una figura prominente en el mundo de las artes

prominently ['prɒmɪnəntlɪ] *adv* visiblemente; **to figure p. in sth** tener un papel relevante *or* destacar en algo

promiscuity [prɒmɪs'kjuːɪtɪ], **promiscuousness** [prə'mɪskjʊəsnɪs] *n* promiscuidad *f*

promiscuous [prə'mɪskjʊəs] *adj* promiscuo(a)

promise ['prɒmɪs] **1** *n* (**a**) *(pledge)* promesa *f*; **to make a p.** hacer la promesa; **to keep/break one's p.** mantener/romper la promesa; **I'll try, but I can't make (you) any promises** lo intentaré, pero no te prometo nada; **...and that's a p.!** ¡...se lo garantizamos!; *Fam* **promises, promises!** sí, sí, ¡promesas! (**b**) *(potential)* buenas perspectivas *fpl*; **to show p.** ser prometedor(ora); **she never fulfilled her early p.** nunca llegó tan lejos como parecía prometer

2 *vt* (**a**) *(pledge)* prometer; **to p. to do sth** prometer hacer algo; **to p. sth to sb, to p. sb sth** prometerle algo a alguien; **I'll try, but I can't p. (you) anything** lo intentaré, pero no te prometo nada; **it won't be easy, I can p. you** no será fácil, te lo puedo asegurar; **he promised me he'd do it** me prometió que lo haría; **I've been promising myself a holiday for months** hace meses que llevo prometiéndome unas vacaciones (**b**) *(be potentially)* prometer; **it promises to be hot** promete hacer calor

3 *vi* **but he promised!** ¡lo prometió!; **(do you) p.? – yes, I p.** ¿lo prometes? – sí, lo prometo; **they came early, as promised** llegaron pronto, tal y como habían prometido

promised land ['prɒmɪst'lænd] *n* (**a**) *Rel* **the P.** la Tierra Prometida (**b**) *(ideal world)* meca *f*

promising ['prɒmɪsɪŋ] *adj* prometedor(ora)

promisingly ['prɒmɪsɪŋlɪ] *adv* de manera prometedora

promissory note ['prɒmɪsərɪ'nəʊt] *n Fin* pagaré *m*

promo ['prəʊməʊ] *n Fam (short video)* vídeo *m or Am* video *m* promocional

promontory ['prɒməntərɪ] *n* promontorio *m*

promote [prə'məʊt] *vt* (**a**) *(raise in rank)* ascender; **to be promoted** *(of officer, employee)* ser ascendido(a); *Br (of sports team)* ascender, subir (**b**) *(encourage, stimulate)* fomentar, promover; **to p. sb's interests** favorecer los intereses de alguien (**c**) *Com* promocionar; *(boxing match, show)* organizar

promoter [prə'məʊtə(r)] *n (of theory, cause, boxing match)* promotor(ora) *m,f*; *(of show)* organizador(ora) *m,f*

promotion [prə'məʊʃən] *n* (**a**) *(of employee, officer, soccer team)* ascenso *m* (**b**) *(encouragement, stimulus)* fomento *m* (**c**) *(of product, plan)* promoción *f*

promotional [prə'məʊʃənəl] *adj (literature, campaign)* promocional

prompt [prɒmpt] **1** *n* (**a**) *(for actor)* **to give an actor a p.** dar el pie a un actor (**b**) *Comptr (short phrase)* mensaje *m* (al usuario); **return to the C:\ p.** volver a C:\

2 *adj* (**a**) *(swift)* rápido(a); **to be p. in doing sth** *or* **to do sth** hacer algo con prontitud ▫ ***p. payment*** pronto pago *m* (**b**) *(punctual)* puntual

3 *adv* **at three o'clock p.** a las tres en punto

4 *vt* (**a**) *(cause)* provocar, suscitar; **to p. sb to do sth** provocar que alguien haga algo, impulsar a alguien a hacer algo (**b**) *(actor)* apuntar (**c**) *(encourage) (interviewee)* ayudar a seguir

prompter ['prɒmptə(r)] *n Th* apuntador(ora) *m,f*

promptly ['prɒmptlɪ] *adv* (**a**) *(rapidly)* sin demora (**b**) *(punctually)* con puntualidad (**c**) *(immediately)* inmediatamente

promptness ['prɒmptnɪs] *n* (**a**) *(speed)* rapidez *f* (**b**) *(punctuality)* puntualidad *f*

promulgate ['prɒməlgeɪt] *vt Formal (new law)* promulgar

prone [prəʊn] *adj* (**a**) *(inclined)* **to be p. to (sth)** ser propenso(a) a (hacer) algo (**b**) *(lying face down)* boca abajo; **in a p. position** boca abajo

prong [prɒŋ] *n (of fork)* diente *m*

pronged [prɒŋgd] *adj* (**a**) **three-p.** *(fork)* con tres dientes (**b**) **two-p.** *(attack)* desde dos flancos

pronghorn ['prɒŋhɔ:n] *n US* antílope *m* americano

pronoun ['prəʊnaʊn] *n Gram* pronombre *m*

pronounce [prə'naʊns] **1** *vt* (**a**) *(word)* pronunciar; **this letter is not pronounced** esta letra no se pronuncia (**b**) *Formal (declare) (opinion)* manifestar; **to p. that…** manifestar que…; **to p. oneself for/against sth** pronunciarse a favor de/en contra de algo; **he was pronounced dead/innocent** fue declarado muerto/inocente; *Law* **to p. sentence** dictar sentencia

2 *vi* **to p. on** pronunciarse sobre; **to p. for/against sb** emitir un dictamen a favor de/en contra de alguien

pronounced [prə'naʊnst] *adj* pronunciado(a), acusado(a)

pronouncement [prə'naʊnsmənt] *n Formal* declaración *f*, manifestación *f*

pronto ['prɒntəʊ] *adv Fam* enseguida, ya

pronunciation [prənʌnsɪ'eɪʃən] *n* pronunciación *f*

proof [pru:f] **1** *n* (**a**) *(evidence)* prueba *f*; **to give p. of sth** probar algo; **to put sth to the p.** poner algo a prueba; PROV **the p. of the pudding is in the eating** el movimiento se demuestra caminando *or Esp* andando ▫ ***p. of identity*** documento *m* de identidad; ***p. positive*** prueba *f* concluyente; ***p. of purchase*** tíquet *m or* justificante *m* de compra (**b**) *Typ* prueba *f* (**c**) *(of alcohol)* **40 degrees p.** de 40 grados

2 *adj (resistant)* **to be p. against sth** ser resistente a algo

3 *vt (against weather)* impermeabilizar

proofread ['pru:fri:d] *vt Typ* corregir pruebas de

proofreader ['pru:fri:də(r)] *n Typ* corrector(ora) *m,f* de pruebas

prop [prɒp] **1** *n* (**a**) *(physical support)* puntal *m*; *(emotional support)* apoyo *m*, sostén *m* (**b**) *(in theatre)* accesorio *m*; **props** atrezo *m* (**c**) *(in rugby)* **p. (forward)** pilar *m*

2 *vt (pt & pp* **propped**) apoyar (**against** contra)

▸**prop up** *vt sep* (**a**) *(building, tunnel)* apuntalar; **to p. sth up against sth** apoyar algo contra *or* en algo (**b**) *(economy, regime)* apoyar

propaganda [prɒpə'gændə] *n* propaganda *f*; **a p. campaign** una campaña propagandística

propagandist [prɒpə'gændɪst] *n* propagandista *mf*

propagandize [prɒpə'gændaɪz] *vi* hacer propaganda (**for** *or* **in favour of** a favor de)

propagate ['prɒpəgeɪt] **1** *vt (plant, theory)* propagar

2 *vi (of plant)* propagarse

propagation [prɒpə'geɪʃən] *n* propagación *f*

propane ['prəʊpeɪn] *n Chem* propano *m*

propel [prə'pel] *(pt & pp* **propelled**) *vt* propulsar; **to p. sth/sb along** propulsar algo/a alguien; **propelled by ambition** impulsado(a) por la ambición

propellant, propellent [prə'pelənt] *n* (**a**) *(for rocket)* propulsante *m*, combustible *m* (**b**) *(for aerosol)* propelente *m*

propeller [prə'pelə(r)] *n* hélice *f*

propelling pencil [prə'pelɪŋ'pensəl] *n* portaminas *m inv*

propensity [prə'pensɪtɪ] *n Formal* tendencia *f*; propensión *f*; **to have a p. to do sth/for sth** tener tendencia *or* propensión a hacer algo/a algo

PROPER ['prɒpə(r)] **1** *adj* (**a**) *(real)* verdadero(a); **he isn't a p. doctor** no es médico de verdad; **to get oneself a p. job** conseguir un trabajo serio; **I need a p. holiday** necesito unas vacaciones de verdad; **a p. meal** una comida en condiciones; **to get a p. night's sleep** dormir bien toda la noche; **we're still not in New York p.** todavía no estamos en Nueva York propiamente dicha ▫ *Math* ***p. fraction*** fracción *f* propia; *Gram* ***p. name*** *or* ***noun*** nombre *m* propio

(**b**) *(appropriate) (time, place)* adecuado(a), apropiado(a); *(correct)* correcto(a); **I like everything to be in its p. place** me gusta que todo esté en su sitio; **we will give this matter the p. consideration** daremos a este asunto la atención debida

(**c**) *(polite, socially acceptable)* correcto(a); **it's not p. for young ladies to speak like that** no está bien que las jóvenes hablen así; **it's only p. that they should pay you compensation** es normal que te paguen una indemnización

(**d**) *(characteristic)* **p. to** propio(a) de

(**e**) *Br Fam (for emphasis)* **we're in a p. mess** estamos en un buen lío; **he's a p. fool** es un idiota de tomo y lomo; **she's a p. little madam** es una auténtica señoritinga

2 *adv Br Fam* (**a**) *Hum (correctly)* **to talk p.** hablar como Dios manda

(**b**) *(completely)* **you've ruined it good and p.** *Esp* la has hecho buena, *Méx* metiste las cuatro, *RP* la metiste con todo

properly ['prɒpəlɪ] *adv* (**a**) *(correctly)* correctamente, bien; **do it p. this time!** ¡esta vez hazlo bien *or* como Dios manda!; **he quite p. refused** se negó con toda razón; **she's not a nurse, p. speaking** hablando en propiedad, no es una enfermera (**b**) *(appropriately, suitably)* apropiadamente (**c**) *(politely, socially acceptably)* correctamente

property ['prɒpətɪ] *n* (**a**) *(possessions)* propiedad *f*; **it's my p.** es mío, me pertenece; **you shouldn't steal other people's p.** no deberías robar la propiedad ajena (**b**) *(land)* propiedad *f*; *(house)* inmueble *m* ▫ ***p. developer*** promotor(ora) *m,f* inmobiliario(a); ***p. market*** mercado *m* inmobiliario; ***p. tax*** impuesto *m* sobre la propiedad inmobiliaria (**c**) *(quality)* propiedad *f* (**d**) *Th* ***p. man*** encargado *m* de atrezo; ***p. mistress*** encargada *f* de atrezo

prophecy ['prɒfɪsɪ] *n* profecía *f*

prophesy ['prɒfɪsaɪ] *vt & vi* profetizar

prophet ['prɒfɪt] *n* profeta *m*; **a p. of doom** un(a) agorero(a)

prophetess ['prɒfɪtes] *n* profetisa *f*

prophetic [prə'fetɪk] *adj* profético(a)

prophetically [prə'fetɪklɪ] *adv* proféticamente

prophylactic [prɒfɪ'læktɪk] *Med* **1** *n Formal* (**a**) *(drug)* profiláctico *m* (**b**) *(condom)* preservativo *m*, profiláctico *m*

2 *adj* profiláctico(a)

propitiate [prə'pɪʃɪeɪt] *vt Formal* propiciar

propitious [prə'pɪʃəs] *adj Formal* propicio(a)

proponent [prə'pəʊnənt] *n* partidario(a) *m,f*, defensor(ora) *m,f*

proportion [prə'pɔ:ʃən] **1** *n* (**a**) *(relationship)* proporción *f*; **in p.** proporcionado(a); **out of p.** desproporcionado(a); **in p. to…** en proporción a…; **the payment is out of all p. to the work involved** lo que se paga no es proporcional al trabajo que supone; **to lose all sense of p.** perder el sentido de la medida; **to get sth out of p.** exagerar algo (**b**) *(part, amount)* proporción *f*, parte *f* (**c**) **proportions** *(dimensions)* proporciones *fpl*

2 *vt* **well proportioned** proporcionado(a)

proportional [prə'pɔ:ʃənəl] *adj* (**a**) *(in proportion)* proporcional (**to** a) (**b**) *Pol* ***p. representation*** representación *f* proporcional (**c**) *Comptr* ***p. spacing*** espaciado *m* proporcional, monoespaciado *m*

proportionally [prə'pɔ:ʃənəlɪ] *adv* proporcionalmente

proportionate [prə'pɔ:ʃənɪt] *adj Formal* proporcional (**to** a)

proportionately [prə'pɔ:ʃənɪtlɪ] *adv* en proporción

proposal [prə'pəʊzəl] *n* (**a**) *(offer)* propuesta *f*; **p. (of marriage)** propuesta *or* proposición *f* de matrimonio (**b**) *(plan)* proyecto *m*

propose [prə'pəʊz] **1** *vt* proponer; **to p. to do sth, to p. doing sth** *(suggest)* proponer hacer algo; *(intend)* proponerse hacer algo; **what do you p. to do about this?** ¿y tú qué propones hacer (al respecto)?; **to p. sb for** *or* **as sth** *(post, job)* proponer a alguien para *or* como algo; **to p. a motion/an amendment** *(in debate)* proponer una moción/una enmienda; **to p. a toast** proponer un brindis

2 *vi* **he proposed to her** le pidió que se casara con él

proposed [prə'pəʊzd] *adj* propuesto(a)

proposition [prɒpə'zɪʃən] **1** *n* (**a**) *(offer)* propuesta *f*; *Fam* **it's not a paying p.** no es rentable (**b**) *(in logic, argument)* proposición *f*

2 *vt* hacer proposiciones a

propound [prə'paʊnd] *vt Formal* exponer

proprietary [prə'praɪətərɪ] *adj* (**a**) *(air, attitude)* de propietario(a) (**b**) *Com (brand)* registrado(a) ▫ ***p. name*** nombre *m* comercial; ***p. rights*** derechos *mpl* de propiedad

proprietor [prəˈpraɪətə(r)] *n* propietario(a) *m,f*

proprietorial [prəpraɪəˈtɔːrɪəl] *adj (air, attitude)* de propietario(a)

propriety [prəˈpraɪətɪ] *n* (**a**) *(decorum)* decoro *m* (**b**) **the proprieties** *(etiquette)* las convenciones

propulsion [prəˈpʌlʃən] *n* propulsión *f*

pro rata [ˈprəʊˈrɑːtə] **1** *adj* prorrateado(a)
2 *adv* de forma prorrateada

prosaic [prəʊˈzeɪɪk] *adj* prosaico(a)

proscenium [prəˈsiːnɪəm] *n Th* **p. (arch)** proscenio *m*

proscribe [prəˈskraɪb] *vt* proscribir, excluir

prose [prəʊz] *n* (**a**) *(not poetry)* prosa *f* ▫ ***p. poem*** poema *m* en prosa; ***p. style*** estilo *m* prosístico (**b**) *(translation in exam)* (prueba *f* de) traducción *f* inversa

prosecute [ˈprɒsɪkjuːt] **1** *vt* (**a**) *Law (case, prisoner)* procesar; **trespassers will be prosecuted** *(sign)* prohibido el paso (bajo sanción) (**b**) *Formal (continue)* proseguir con
2 *vi Law* (**a**) *(of lawyer)* ejercer de acusación (**b**) *(of plaintiff)* **I've decided not to p.** he decidido no abrir un procedimiento judicial

prosecution [prɒsɪˈkjuːʃən] *n* (**a**) *Law (proceedings)* proceso *m*, juicio *m*; **to bring a p. (against sb)** interponer una demanda (contra alguien), iniciar una acción judicial (contra alguien) (**b**) *Law (accusing side)* **the p.** la acusación; **p. witness, witness for the p.** testigo de cargo (**c**) *Formal (of enquiry, war)* prosecución *f*

prosecutor [ˈprɒsɪkjuːtə(r)] *n Law* fiscal *mf*; **public p.** fiscal *mf* (del Estado)

proselytize [ˈprɒsəlɪtaɪz] *vt Rel & Fig* hacer proselitismo

prosody [ˈprɒsədɪ] *n Lit* prosodia *f*

prospect 1 *n* [ˈprɒspekt] (**a**) *(expectation, thought)* perspectiva *f* (**b**) *(chance, likelihood)* posibilidad *f*; **there is very little p. of it** es muy poco probable; **there is no p. of agreement** no hay posibilidad *or* perspectivas de acuerdo; **future prospects** perspectivas *fpl* de futuro; **a job with prospects** un trabajo con buenas perspectivas (de futuro) (**c**) *(promising person)* promesa *f* (**d**) *Formal (view)* vista *f*, panorámica *f*
2 *vi* [prəˈspekt] **to p. for gold** hacer prospecciones en búsqueda *or Esp* busca de oro

prospective [prəˈspektɪv] *adj* (**a**) *(future)* futuro(a) (**b**) *(potential)* posible, potencial

prospector [prəˈspektə(r)] *n* **oil/gold p.** buscador(ora) *m,f* de petróleo/oro

prospectus [prəˈspektəs] *n* (**a**) *(for university, company)* folleto *m* informativo, prospecto *m* (**b**) *Fin (for share issue)* folleto *m or* prospecto *m* de emisión

prosper [ˈprɒspə(r)] *vi* prosperar

prosperity [prɒsˈperɪtɪ] *n* prosperidad *f*

prosperous [ˈprɒspərəs] *adj* próspero(a)

prosperously [ˈprɒspərəslɪ] *adv* prósperamente

prostate [ˈprɒsteɪt] *n Anat* **p. (gland)** próstata *f*

prosthesis [prɒsˈθiːsɪs] (*pl* **prostheses** [prɒsˈθiːsiːz]) *n* prótesis *f inv*

prosthetic [prɒsˈθetɪk] *adj* artificial ▫ ***p. limb*** prótesis *f*

prostitute [ˈprɒstɪtjuːt] **1** *n* prostituta *f*; **male p.** prostituto *m*
2 *vt also Fig* **to p. oneself** prostituirse

prostitution [prɒstɪˈtjuːʃən] *n* prostitución *f*

prostrate 1 *adj* [ˈprɒstreɪt] (**a**) *(lying down)* postrado(a), tendido(a) boca abajo (**b**) *(overcome)* **p. with grief** postrado(a) por el dolor
2 *vt* [prəˈstreɪt] **to p. oneself (before)** postrarse (ante)

protagonist [prəˈtægənɪst] *n* (**a**) *(main character)* protagonista *mf* (**b**) *(of idea, theory)* abanderado(a) *m,f*, promotor(ora) *m,f*

protean [ˈprəʊtɪən] *adj Literary* proteico(a)

protect [prəˈtekt] *vt* proteger (**from** *or* **against** de *or* contra)

▸**protect against** *vt insep* proteger contra

protection [prəˈtekʃən] *n* protección *f* (**from** *or* **against** contra) ▫ ***p. money*** extorsión *f or* impuesto *m (a cambio de protección)*; ***p. racket*** red *f* de extorsión

protectionism [prəˈtekʃənɪzəm] *n Econ* proteccionismo *m*

protectionist [prəˈtekʃənɪst] *n Econ* proteccionista *mf*

protective [prəˈtektɪv] *adj* protector(ora); **to be p. (towards** *or* **of sb)** tener una actitud protectora (hacia alguien) ▫ ***p. custody*** detención *f* cautelar *(para protección del detenido)*

protector [prəˈtektə(r)] *n* (**a**) *(device)* protector *m* (**b**) *(person)* protector(ora) *m,f*

protectorate [prəˈtektərət] *n* protectorado *m*

protégé(e) [ˈprɒtəʒeɪ] *n* protegido(a) *m,f*

protein [ˈprəʊtiːn] *n* proteína *f*

protest 1 *n* [ˈprəʊtest] (**a**) *(objection)* protesta *f*; **to make a p.** protestar; **to do sth under p.** hacer algo de mal grado; **she resigned in p.** dimitió en señal de protesta; **without p.** sin protestar ▫ ***p. song*** canción *f* protesta; ***p. vote*** voto *m* de castigo (**b**) *(demonstration)* protesta *f*
2 *vt* [prəˈtest] (**a**) *US (protest against)* protestar en contra de (**b**) *(one's innocence, love)* declarar, manifestar; **to p. that...** declarar *or* manifestar que...
3 *vi* protestar (**about/against** por/en contra de); **to p. to sb** presentar una protesta ante alguien

Protestant [ˈprɒtɪstənt] *n & adj* protestante *mf*

Protestantism [ˈprɒtɪstəntɪzəm] *n* protestantismo *m*

protestation [prɒtesˈteɪʃən] *n Formal* proclamación *f*

protester [prəˈtestə(r)] *n* manifestante *mf*

protocol [ˈprəʊtəkɒl] *n also Comptr* protocolo *m*

proton [ˈprəʊtɒn] *n Phys* protón *m*

protoplasm [ˈprəʊtəplæzəm] *n Biol* protoplasma *m*

prototype [ˈprəʊtətaɪp] *n* prototipo *m*

protozoan [prəʊtəˈzəʊən] *n Zool* protozoo *m*

protracted [prəˈtræktɪd] *adj* prolongado(a)

protractor [prəˈtræktə(r)] *n* transportador *m*

protrude [prəˈtruːd] *vi* sobresalir (**from** de)

protruding [prəˈtruːdɪŋ] *adj* (**a**) *(ledge)* saliente (**b**) *(jaw, teeth)* prominente

protrusion [prəˈtruːʒən] *n Formal (lump)* protuberancia *f*

protuberance [prəˈtjuːbərəns] *n Formal* protuberancia *f*

protuberant [prəˈtjuːbərənt] *adj Formal* protuberante

proud [praʊd] **1** *adj* (**a**) *(in general)* orgulloso(a); **to be p. of (having done) sth** estar orgulloso(a) de (haber hecho) algo; **to be p. to do sth** estar orgulloso(a) de hacer algo; **a p. moment** un momento de gran satisfacción (**b**) *(arrogant)* orgulloso(a), soberbio(a); IDIOM **to be as p. as a peacock** estar orgullosísimo(a) (**c**) *(noble)* orgulloso(a), digno(a) (**d**) *(protruding)* **to be** *or* **stand p. of sth** sobresalir por encima de algo
2 *adv* **you've done us p.** lo has hecho muy bien; **to do oneself p.** hacerlo muy bien

proudly [ˈpraʊdlɪ] *adv* (**a**) *(with satisfaction)* orgullosamente, con orgullo (**b**) *(arrogantly)* con soberbia

prove [pruːv] (*pp* **proven** [ˈpruːvən, ˈprəʊvən] *or* **proved**) **1** *vt* (**a**) *(demonstrate)* demostrar, probar; **to p. sb wrong/guilty** demostrar que alguien está equivocado(a)/es culpable; **that proves my point** eso prueba lo que digo; **she wanted a chance to p. herself** quería una oportunidad para demostrar su valía (**b**) *(test)* probar (**c**) *US Law (will)* homologar, hacer público
2 *vi (turn out)* resultar; **to p. (to be) correct** resultar (ser) correcto(a)

proven [ˈpruːvən, ˈprəʊvən] *adj* probado(a), comprobado(a)

provenance [ˈprɒvənəns] *n Formal* procedencia *f*, origen *m*

proverb [ˈprɒvɜːb] *n* refrán *m*, proverbio *m*

proverbial [prəˈvɜːbɪəl] *adj* proverbial

provide [prəˈvaɪd] *vt* (**a**) *(supply)* suministrar, proporcionar; *(service, support)* prestar, proporcionar; **food will be provided** se proporcionará comida; **this provides an ideal opportunity to...** ésta es *or* constituye una oportunidad ideal para...; **to p. sb with sth** suministrar *or* proporcionar algo a alguien (**b**) *Formal (stipulate)* establecer

▸**provide against** *vt insep (danger, possibility)* prepararse *or Am* alistarse para

▸**provide for** *vt insep* (**a**) *(support)* mantener (**b**) *(make provisions for)* **I think we've provided for every eventuality** creo que hemos tomado medidas para hacer frente a cualquier eventualidad; **he left his family well provided for** dejó a su familia el futuro asegurado (**c**) *Formal (allow for) (of law, clause)* prever

provided [prəˈvaɪdɪd] *conj* **p. (that)** siempre que, a condición de que

providence [ˈprɒvɪdəns] *n* providencia *f*

providential [prɒvɪˈdenʃəl] *adj Formal* providencial

provider [prəˈvaɪdə(r)] *n* proveedor(ora) *m,f*

providing [prəˈvaɪdɪŋ] *conj* **p. (that)** siempre que, a condición de que

province [ˈprɒvɪns] *n* (**a**) *(of country)* provincia *f*; **in the provinces** en provincias (**b**) *(domain)* terreno *m*, campo *m* de acción

provincial [prəˈvɪnʃəl] *adj* (**a**) *(of a province)* provincial (**b**) *(not of the capital)* provinciano(a) (**c**) *Pej (parochial)* provinciano(a)

proving-ground [ˈpruːvɪŋˈgraʊnd] *n* campo *m* de pruebas

provision [prəˈvɪʒən] **1** *n* (**a**) **provisions** *(supplies)* provisiones *fpl* (**b**) *(supplying) (of money, water)* suministro *m*, abastecimiento *m*; *(of services)* prestación *f* (**c**) *(allowance)* **to make p. for sth** prever algo, tener en cuenta algo; **the law makes no p. for a case of this kind** la ley no contempla un caso de este tipo (**d**) *(in treaty, contract)* estipulación *f*, disposición *f*
2 *vt Formal (supply)* abastecer

provisional [prəˈvɪʒənəl] *adj* provisional ▫ *Br* ***p. driving licence*** = permiso *m* de conducir provisional que recibe un conductor en prácticas; ***the P. IRA*** el IRA provisional

provisionally [prəˈvɪʒənəlɪ] *adv* provisionalmente

proviso [prəˈvaɪzəʊ] (*pl* **provisos**, *US* **provisoes**) *n* condición *f*; **with the p. that...** a condición de que...

provocation [prɒvəˈkeɪʃən] *n* provocación *f*; **at the slightest p.** a la menor provocación; **without p.** sin mediar provocación

provocative [prəˈvɒkətɪv] *adj* (**a**) *(troublemaking, polemical)* provocador(ora) (**b**) *(sexually)* provocativo(a)

provocatively [prəˈvɒkətɪvlɪ] *adv* (**a**) *(provokingly)* provocadoramente (**b**) *(enticingly)* provocativamente

provoke [prəˈvəʊk] *vt* (**a**) *(try to make angry)* provocar; **he's easily provoked** se enfada *or Am* enoja por nada, salta por nada; **to p. sb to anger** provocar la ira de alguien; **to p. sb into doing sth** empujar a alguien a hacer algo (**b**) *(give rise to) (criticism)* provocar; *(interest, debate)* despertar, suscitar

provoking [prəˈvəʊkɪŋ] *adj (irritating)* irritante, enojoso(a)

provost [ˈprɒvəst] *n Br Univ (head of college)* decano(a) *m,f*

prow [praʊ] *n (of ship)* proa *f*

prowess [ˈpraʊɪs] *n (skill)* proezas *fpl*

prowl [praʊl] **1** *n* **to be on the p.** *(of person, animal)* merodear; **to be on the p. for sth** ir a la caza de algo
2 *vt (streets, area)* merodear por
3 *vi* merodear

prowler [ˈpraʊle(r)] *n* merodeador(ora) *m,f*

proximity [prɒkˈsɪmɪtɪ] *n* cercanía *f*, proximidad *f*; **in close p. to** muy cerca de

proxy [ˈprɒksɪ] *n* (**a**) *(person)* apoderado(a) *m,f* (**b**) *(power)* poder *m*; **to vote by p.** votar por poderes (**c**) *Comptr* proxy *m*, servidor *m* caché ▫ ***p. server*** servidor *m* proxy

prude [pruːd] *n* mojigato(a) *m,f*

prudence [ˈpruːdəns] *n* prudencia *f*

prudent [ˈpruːdənt] *adj* prudente

prudently [ˈpruːdəntlɪ] *adv* prudentemente

prudish [ˈpruːdɪʃ] *adj* mojigato(a), pacato(a)

prudishness [ˈpruːdɪʃnɪs], **prudery** [ˈpruːdərɪ] *n* mojigatería *f*

prune¹ [pruːn] *n (fruit)* ciruela *f* pasa

prune² *vt* (**a**) *(bush, tree)* podar (**b**) *(article, budget)* recortar

prurience [ˈprʊərɪəns] *n Formal* lascivia *f*

prurient [ˈprʊərɪənt] *adj Formal* procaz, lascivo(a)

prurigo [prʊəˈraɪgəʊ] *n Med* prurigo *m*

pruritus [prʊəˈraɪtəs] *n Med* prurito *m*

Prussia [ˈprʌʃə] *n* Prusia

Prussian [ˈprʌʃən] *n & adj* prusiano(a) *m,f* ▫ ***P. blue*** azul *m* de Prusia

prussic acid [ˈprʌsɪkˈæsɪd] *n Chem* ácido *m* prúsico

pry¹ [praɪ] *vi* entrometerse, husmear; **to p. into sth** entrometerse en algo

pry² *US* = **prise**

prying [ˈpraɪɪŋ] *adj* entrometido(a); **p. eyes** ojos fisgones

PS [piːˈes] *n* (*abbr* **postscript**) P.D.

psalm [sɑːm] *n* salmo *m*

PSBR [piːesbiːˈɑː(r)] *n Br Econ* (*abbr* **public sector borrowing requirement**) necesidades *fpl* de endeudamiento del sector público

pseud [sjuːd] *n Br Fam* pretencioso(a) *m,f*

pseudo- [ˈsjuːdəʊ] *pref* seudo-, pseudo-

pseudointellectual [ˈsjuːdəʊɪntəˈlektjʊəl] *n & adj* pseudointelectual *mf*

pseudonym [ˈsjuːdənɪm] *n* seudónimo *m*

psi (*abbr* **pounds per square inch**) libras por pulgada cuadrada

psittacosis [sɪtəˈkəʊsɪs] *n Med* psitacosis *f inv*

psoriasis [səˈraɪəsɪs] *n* soriasis *f*

PST [piːesˈtiː] *n US* (*abbr* **Pacific Standard Time**) = hora oficial de la costa del Pacífico en Estados Unidos

PSV [piːesˈviː] *n Br* (*abbr* **public service vehicle**) vehículo *m* público

psyche [ˈsaɪkɪ] *n* psique *f*, psiquis *f inv*

psych(e) [saɪk] *vt Fam* **to p. (out)** *(unnerve)* poner nervioso(a) a

▸**psych(e) up** *vt sep Fam* **to p. sb up** mentalizar a alguien; **to p. oneself up (for sth)** mentalizarse (para algo)

psychedelic [saɪkəˈdelɪk] *adj* psicodélico(a)

psychiatric [saɪkɪˈætrɪk] *adj* psiquiátrico(a)

psychiatrist [saɪˈkaɪətrɪst] *n* psiquiatra *mf*

psychiatry [saɪˈkaɪətrɪ] *n* psiquiatría *f*

psychic [ˈsaɪkɪk] **1** *n* médium *mf inv*
2 *adj (phenomena, experiences)* paranormal, extrasensorial; *(person)* vidente; **to have p. powers** tener poderes paranormales; *Fam* **I'm not p.!** ¡no soy un adivino!

psycho [ˈsaɪkəʊ] (*pl* **psychos**) *n Fam (crazy person)* psicópata *mf*

psychoactive [ˈsaɪkəʊˈæktɪv] *adj* psicotrópico(a)

psychoanalysis [ˈsaɪkəʊəˈnælɪsɪs] *n* psicoanálisis *m inv*

psychoanalyst [ˈsaɪkəʊˈænəlɪst] *n* psicoanalista *mf*

psychoanalytic(al) [ˈsaɪkəʊænəˈlɪtɪk(əl)] *adj* psicoanalítico(a)

psychoanalyze [ˈsaɪkəʊˈænəlaɪz] *vt* psicoanalizar

psychobabble [ˈsaɪkəʊbæbəl] *n Fam* frases *fpl* vacías pseudopsicológicas

psychodrama [ˈsaɪkəʊdrɑːmə] *n Psy* psicodrama *m*

psycholinguistics [ˈsaɪkəʊlɪŋˈgwɪstɪks] *n* psicolingüística *f*

psychological [ˈsaɪkəˈlɒdʒɪkəl] *adj* psicológico(a) ▫ ***p. warfare*** guerra *f* psicológica

psychologist [saɪˈkɒlədʒɪst] *n* psicólogo(a) *m,f*

psychology [saɪˈkɒlədʒɪ] *n* psicología *f*

psychometric [ˈsaɪkəˈmetrɪk] *adj* **p. test** prueba *f* psicométrica

psychopath [ˈsaɪkəʊpæθ] *n* psicópata *mf*

psychopathic [ˈsaɪkəʊˈpæθɪk] *adj* psicopático(a)

psychopathology [ˈsaɪkəʊpəˈθɒlədʒɪ] *n* psicopatología *f*

psychosexual [ˈsaɪkəʊˈsekʃʊəl] *adj* psicosexual

psychosis [saɪˈkəʊsɪs] (*pl* **psychoses** [saɪˈkəʊsiːz]) *n* psicosis *f inv*

psychosomatic [ˈsaɪkəʊsəˈmætɪk] *adj* psicosomático(a)

psychotherapist [ˈsaɪkəʊˈθerəpɪst] *n* psicoterapeuta *mf*

psychotherapy [ˈsaɪkəʊˈθerəpɪ] *n* psicoterapia *f*

psychotic [saɪˈkɒtɪk] *n & adj* psicótico(a) *m,f*

PT [piːˈtiː] *n* (*abbr* **physical training**) educación *f* física

PTA [pi:ti:ˈeɪ] *n Sch* (*abbr* **Parent-Teacher Association**) = asociación de padres de alumnos y profesores, ≃ APA *f*

ptarmigan [ˈtɑ:mɪgən] *n* perdiz *f* nival

Pte *Mil* (*abbr* **private**) soldado *m* raso

pterodactyl [terəˈdæktɪl] *n* pterodáctilo *m*

PTO [pi:ti:ˈəʊ] (*abbr* **please turn over**) sigue

pub [pʌb] *n Br* = típico bar de las Islas Británicas donde a veces se sirve comida además de bebidas alcohólicas

pub-crawl [ˈpʌbkrɔ:l] *n Br Fam* **to go on a p.** ir de copas

puberty [ˈpju:bətɪ] *n* pubertad *f*

pubes [pju:bz] *npl* (**a**) *(area)* pubis *m inv* (**b**) *Fam (hair)* vello *m* púbico

pubescent [pju:ˈbesənt] *adj* pubescente

pubic [ˈpju:bɪk] *adj* púbico(a), pubiano(a) ▫ ***p. hair*** vello *m* púbico *or* pubiano

pubis [ˈpju:bɪs] *n Anat* pubis *m inv*

public [ˈpʌblɪk] **1** *n* **the (general) p.** el público en general, el gran público; **in p.** en público

2 *adj* (**a**) *(of, for people in general)* público(a); **in the p. interest** en favor del interés general; IDIOM **to be in the p. eye** estar expuesto(a) a la opinión pública ▫ ***p. address system*** (sistema *m* de) megafonía *f*; *Br* ***p. bar*** = en ciertos "pubs" y hoteles, bar de decoración más sencilla que la del "lounge bar"; ***p. call box*** cabina *f* telefónica; *Br* ***p. convenience*** servicios *mpl or* aseos *mpl* públicos; ***p. enemy*** enemigo(a) *m,f* público(a); ***the p. gallery*** *(in Parliament)* la tribuna de invitados *or* del público; ***p. holiday*** día *m* festivo; *Br* ***p. house*** típico bar de las Islas Británicas donde a veces se sirve comido además de bebidas alcohólicas; ***p. image*** imagen *f* pública; *Br* ***p. lending right*** = derechos que recibe un autor cada vez que una obra suya es prestada en una biblioteca pública; ***p. library*** biblioteca *f* pública; *Fam* ***p. nuisance*** *(annoying person)* pesado(a) *m,f*, *Esp* petardo(a) *m,f*; ***p. opinion*** opinión *f* pública; ***p. relations*** relaciones *fpl* públicas; ***p. school*** *Br* colegio *m* privado; *US* colegio *m* público; ***p. transport*** transporte *m* público; *Com* ***p. utility*** (empresa *f* de) servicio *m* público

(**b**) *(of the state)* público(a); **at p. expense** con dinero público ▫ *Com* ***p. enterprise*** empresa *f* pública; ***p. health inspector*** inspector(ora) *m,f* de sanidad; ***p. international law*** derecho *m* internacional público; *Law* ***p. prosecutor*** fiscal *mf* (del Estado); ***the p. purse*** el erario *or* tesoro público; ***p. sector*** sector *m* público; ***p. servant*** funcionario(a) *m,f*; ***p. services*** servicios *mpl* públicos; ***p. spending*** gasto *m* público; ***p. works*** obras *fpl* públicas

(**c**) *(not secret, restricted)* público(a); **to go p. with sth** *(reveal information)* revelar públicamente algo; **to make sth p.** hacer público algo; **to make a p. appearance** hacer *or* efectuar una aparición pública ▫ *also Comptr* ***p. domain*** dominio *m* público; **to be in the p. domain** ser del dominio público; *Comptr* ***p. domain software*** software *m* de dominio público

(**d**) *Com* **to go p.** *(of company)* pasar a cotizar en Bolsa ▫ ***p. (limited) company*** sociedad *f* anónima

publican [ˈpʌblɪkən] *n Br* = dueño/encargado de un "pub"

publication [pʌblɪˈkeɪʃən] *n* publicación *f*

publicity [pʌbˈlɪsɪtɪ] *n* publicidad *f* ▫ ***p. campaign*** campaña *f* publicitaria *or* de publicidad; ***p. stunt*** artimaña *f* publicitaria

publicize [ˈpʌblɪsaɪz] *vt* dar publicidad a; **a much publicized dispute** un enfrentamiento muy aireado por los medios de comunicación

publicly [ˈpʌblɪklɪ] *adv* (**a**) *(in public)* públicamente; **it is not yet p. available** no está todavía al acceso del público (**b**) *(by the State)* **p. owned** de titularidad pública

public-spirited [ˈpʌblɪkˈspɪrɪtɪd] *adj* cívico(a)

publish [ˈpʌblɪʃ] **1** *vt* (**a**) *(book, newspaper)* publicar (**b**) *(announce publicly)* proclamar a los cuatro vientos

2 *vi* publicar

publisher [ˈpʌblɪʃə(r)] *n (person)* editor(ora) *m,f*; *(company)* editorial *f*

publishing [ˈpʌblɪʃɪŋ] *n* industria *f* editorial ▫ ***p. company*** *or* ***house*** editorial *f*

puce [pju:s] *adj* morado oscuro

puck [pʌk] *n (in ice hockey)* disco *m*, puck *m*

pucker [ˈpʌkə(r)] **1** *vt* **to p. one's lips** fruncir los labios

2 *vi (of face)* arrugarse; *(of lips)* fruncirse

pud [pʊd] *n Br Fam* (**a**) *(dessert)* postre *m*; **what's for p.?** ¿qué hay de postre? (**b**) *(dish) (sweet)* budín *m*, pudín *m*; *(savoury)* pastel *m*, *Chile, Col, RP* torta *f*

pudding [ˈpʊdɪŋ] *n* (**a**) *(dessert)* postre *m*; **what's for p.?** ¿qué hay de postre? (**b**) *(dish) (sweet)* budín *m*, pudín *m*; *(savoury)* pastel *m*, *Chile, Col, RP* torta *f* ▫ ***p. basin*** *or* ***bowl*** bol *m*; ***p. basin haircut*** corte *m* de pelo estilo tazón (**c**) IDIOM *Br Fam Hum* **to be in the p. club** estar con bombo

puddle [ˈpʌdəl] *n* charco *m*

pudenda [pju:ˈdendə] *npl Formal* partes *fpl* pudendas

pudgy [ˈpʌdʒɪ] *adj* rechoncho(a), regordete(a)

puerile [ˈpjʊəraɪl] *adj Pej* pueril

Puerto Rican [ˈpweətəʊˈri:kən] *n & adj* portorriqueño(a) *m,f*, puertorriqueño(a) *m,f*

Puerto Rico [ˈpweətəʊˈri:kəʊ] *n* Puerto Rico

puff [pʌf] **1** *n* (**a**) *(of breath)* bocanada *f*; *Fam* **to be out of p.** resoplar, estar sin aliento (**b**) *(of air)* soplo *m*; *(of smoke)* nube *f* (**c**) *(of cigarette)* calada *f*, chupada *f* (**d**) *Culin* ***p. pastry*** hojaldre *m* (**e**) *Zool* ***p. adder*** = especie de víbora silbadora africana

2 *vt* **to p. smoke into sb's face** echar una bocanada de humo a la cara de alguien

3 *vi (of person)* resoplar, jadear; **to p. along** *(of steam engine)* avanzar echando humo; **to p. on a cigarette** dar caladas *or* chupadas a un cigarrillo

►**puff out** *vt sep (cheeks, chest)* inflar, hinchar

►**puff up** *vt sep (cheeks)* inflar, hinchar; **he was puffed up with pride** no cabía en sí de orgullo

puffball [ˈpʌfbɔ:l] *n (fungus)* bejín *m*, pedo *m* de lobo

puffed-up [ˈpʌftˈʌp] *adj* (**a**) *(inflated, swollen)* hinchado(a) (**b**) *(arrogant)* engreído(a)

puffin [ˈpʌfɪn] *n* frailecillo *m*

puffiness [ˈpʌfɪnɪs] *n* hinchazón *f*

puffy [ˈpʌfɪ] *adj* hinchado(a)

pug [pʌg] *n (dog)* dogo *m*

pugilist [ˈpju:dʒɪlɪst] *n Formal* púgil *m*

pugnacious [pʌgˈneɪʃəs] *adj* combativo(a)

pugnacity [pʌgˈnæsɪtɪ] *n* combatividad *f*

pug-nosed [ˈpʌgˈnəʊzd] *adj* chato(a)

puke [pju:k] *Fam* **1** *n* papa *f*, *Esp* vomitona *f*

2 *vt* devolver

3 *vi* echar la papa, devolver

pukka [ˈpʌkə] *adj Br Fam* (**a**) *(posh)* de clase alta (**b**) *(genuine, proper)* como Dios manda (**c**) *(excellent)* de primera

PULL [pʊl] **1** *n* (**a**) *(act of pulling)* tirón *m*; *(of water current)* fuerza *f*; **to give sth a p.** dar un tirón a algo

(**b**) *(on curtains, blinds)* cordón *m*, cuerda *f*

(**c**) *(drink)* **to take a p. at a bottle** echar un trago de una botella

(**d**) *(on cigarette, pipe)* chupada *f*, *Esp* calada *f*

(**e**) *Fam (influence)* influencia *f*; **to have a lot of p.** ser muy influyente

(**f**) *Fam (attraction)* tirón *m*

(**g**) *Fam (sexually)* **to be on the p.** estar de ligue *or RP* de levante

2 *vt* (**a**) *(tug)* tirar de; *(drag)* arrastrar; *(trigger)* apretar; **they pulled the box across the floor** arrastraron la caja por el suelo; **to p. sth/sb away from sth** apartar algo/a alguien de algo; **they pulled him free of the wreckage** lo sacaron de entre los restos del accidente; **p. the table nearer the door** acerca la mesa a la puerta; **to p. sth open/shut** abrir/cerrar algo de un tirón

(**b**) *(attract)* atraer; **to p. the crowds** atraer a las masas

(**c**) *(extract) (tooth, cork)* sacar; **she pulled a book off the shelf** tomó *or Esp* cogió un libro de la estantería; **to p. a pint** tirar *or* servir una cerveza (de barril); **to p. a gun on sb** sacar un arma y apuntar a alguien

(**d**) *(injure)* **to p. a muscle** sufrir un tirón en un músculo

(**e**) *Fam (sexually)* ligarse a, *RP* levantarse a

(**f**) IDIOMS *Fam* **to p. a bank job** atracar un banco; **to p. a face** hacer una mueca; *Fam* **to p. sb's leg** tomarle el pelo a alguien; *Fam* **to p. the plug on sth** acabar con algo; **he didn't p. his punches** no tuvo pelos en la lengua, se despachó a gusto; **she pulled rank on him** le recordó quién mandaba (allí); **to p. strings** mover hilos; *Fam* **talking to her is like pulling teeth** hay que sacarle las cosas con sacacorchos; **she's not pulling her weight** no arrima el hombro (como los demás); *Fam* **to p. a fast one on sb** hacer una jugarreta *or* engañar a alguien; *Fam* **p. the other one (it's got bells on)!** ¡no me vengas con ésas!, *Esp* ¡a otro perro con ese hueso!, *Méx* ¡no mames!

3 *vi* **(a)** *(tug)* tirar (**at** *or* **on** de); **P.** *(sign)* tirar **(b)** *(move)* **to p. clear of sth** dejar algo atrás; **to p. to the right/left** desviarse hacia la derecha/izquierda; **to p. to a halt** *or* **stop** ir parándose *or* deteniéndose **(c)** *Fam (sexually)* ligar, *RP* transar

▸**pull about** *vt sep (handle roughly)* zarandear, maltratar

▸**pull ahead** *vi (in race, election)* tomar la delantera, ponerse en cabeza; **he pulled ahead of his opponents** se adelantó a sus adversarios

▸**pull apart** *vt sep* **(a)** *(separate)* separar **(b)** *also Fig (tear to pieces)* hacer trizas

▸**pull at** *vt insep (cigarette, pipe)* dar una chupada *or Esp* calada a

▸**pull away** *vi (from station)* alejarse; *(from kerb, embrace)* apartarse; **he pulled away from the rest of the field** se fue escapando del resto de participantes

▸**pull back 1** *vt sep (curtains)* descorrer

2 *vi (of person)* echarse atrás; *(of troops)* retirarse; *Fig* **to p. back from doing sth** echarse atrás a la hora de hacer algo

▸**pull down** *vt sep* **(a)** *(blinds)* bajar; *Comptr (menu)* desplegar; **p. down your trousers** bájate los pantalones **(b)** *(demolish)* demoler, derribar **(c)** *US Fam (earn)* sacar

▸**pull in 1** *vt sep* **(a)** *(rope, fishing line)* recoger; **to p. sb in for questioning** detener a alguien para interrogarlo **(b)** *Fam (money)* sacar **(c)** *(attract)* atraer

2 *vi* **(a)** *(of car)* pararse a un lado; *(of train, bus)* llegar

▸**pull into** *vt insep (of train)* llegar a; **we pulled into an empty parking space** estacionamos *or Esp* aparcamos en un espacio libre

▸**pull off** *vt sep* **(a)** *(remove)* quitar, *Am* sacar; **she pulled the covers off the bed** quitó *or Am* sacó la cubierta de la cama; **she pulled off her T-shirt** se quitó *or Am* sacó la camiseta **(b)** *Fam (succeed in doing)* conseguir; **he pulled it off** lo consiguió

▸**pull on 1** *vt insep (cigarette, pipe)* dar una chupada *or Esp* calada a

2 *vt sep (clothes)* **she pulled on her T-shirt** se puso la camiseta

▸**pull out 1** *vt sep (remove)* sacar; *(tooth)* sacar, arrancar; *(drawer)* abrir; *(troops)* retirar; **she pulled herself out of the pool** salió de la piscina *or Méx* alberca *or RP* pileta impulsándose con los brazos; IDIOM **they pulled a surprise victory out of the bag** *or* **hat** se sacaron de la manga una sorprendente victoria

2 *vi* **(a)** *(of train)* salir; **a car pulled out in front of us** un coche se metió justo delante de nosotros; **he pulled out into the stream of traffic** se incorporó al tráfico; *Fig* **we're pulling out of the recession** estamos superando la recesión **(b)** *(of race, agreement)* retirarse (**of** de); **British troops are pulling out of the region** las tropas británicas se están retirando de la región

▸**pull over 1** *vt sep (driver)* **the police pulled me over** me paró la policía

2 *vi (of driver)* parar en el arcén *or Méx* acotamiento *or RP* banquina

▸**pull through 1** *vt insep (recover from) (illness)* recuperarse de; *(crisis)* superar

2 *vt sep (help to recover)* **my friends pulled me through (the divorce)** mis amigos me ayudaron a recuperarme (del divorcio)

3 *vi (recover) (from illness)* recuperarse; *(from crisis)* salir adelante

▸**pull together 1** *vt sep (facts, ideas)* reunir; **to p. oneself together** serenarse; **p. yourself together!** ¡cálmate!

2 *vi* juntar esfuerzos

▸**pull up 1** *vt sep* **(a)** *(chair)* acercar; **he pulled his trousers up** se subió los pantalones; **he pulled himself up the rope** subió por la cuerda; IDIOM **to p. one's socks up** espabilar; *Fig* **to p. sb up (short)** parar a alguien en seco **(b)** *(weeds)* arrancar, quitar, *Am* sacar; *(floorboards)* levantar, quitar, *Am* sacar **(c)** *Fam (criticize)* regañar, reñir, *Am* rezongar (**over** *or* **on** por)

2 *vi* **(a)** *(stop) (of car)* parar; *(of athlete, horse)* abandonar **(b)** *(draw level)* **a police car pulled up alongside them** un coche de policía se puso a su altura

pull-down menu ['pʊldaʊn'menju:] *n Comptr* menú *m* desplegable

pullet ['pʊlɪt] *n* polla *f*, gallina *f* joven

pulley ['pʊlɪ] (*pl* **pulleys**) *n* polea *f*

pulling power ['pʊlɪŋ'paʊə(r)] *n Fam* gancho *m*

Pullman ['pʊlmən] *n Rail* ***P. (car)*** coche *m* pullman

pull-out ['pʊlaʊt] *n (in newspaper, magazine)* suplemento *m*

pullover ['pʊləʊvə(r)] *n* suéter *m*, *Esp* jersey *m*, *Col* saco *m*, *RP* pulóver *m*

pulmonary ['pʌlmənərɪ] *adj Anat* pulmonar □ ***p. artery/vein*** arteria *f*/vena *f* pulmonar

pulp [pʌlp] **1** *n* **(a)** *(of fruit)* pulpa *f*, carne *f* **(b)** *(mush)* **to reduce sth to (a) p.** reducir algo a (una) pasta; *Fam* **to beat sb to a p.** hacer picadillo *or* papilla a alguien **(c)** *(cheap fiction)* **p. (fiction)** literatura *f* barata *or* de baja estofa, novelas *fpl* de tiros

2 *vt* **(a)** *(fruit)* extraer la pulpa de **(b)** *(books)* hacer pasta de papel con

pulpit ['pʊlpɪt] *n* púlpito *m*

pulsar ['pʌlsɑ:(r)] *n Astron* púlsar *m*

pulsate [pʌl'seɪt] *vi* **(a)** *(throb)* palpitar; **pulsating rhythms** ritmos palpitantes **(b)** *(of light)* brillar intermitentemente

pulse[1] [pʌls] *n* **(a)** *(of blood)* pulso *m*; **to feel** *or* **take sb's p.** tomar el pulso a alguien; IDIOM **to have one's finger on the p.** estar al corriente de lo que pasa **(b)** *(of light, sound)* impulso *m*

pulse[2] *n (pea, bean, lentil)* legumbre *f*

pulverize ['pʌlvəraɪz] *vt* pulverizar; *Fam Fig* **to p. sb** *(beat up, defeat heavily)* dar una paliza a alguien

puma ['pju:mə] *n* puma *m*

pumice ['pʌmɪs] *n* **p. (stone)** piedra *f* pómez

pummel ['pʌməl] (*pt & pp* **pummelled**, *US* **pummeled**) *vt* aporrear

pump[1] [pʌmp] *n* **(a)** *(flat shoe)* zapato *m* de salón **(b)** *(ballet shoe)* zapatilla *f* de ballet **(c)** *Br (plimsoll)* playera *f*

pump[2] **1** *n (machine)* bomba *f*; *(at petrol station)* surtidor *m*

2 *vt* **(a)** *(transfer)* bombear; **to p. water into sth** introducir agua en algo bombeando; **to p. water out of sth** sacar agua de algo bombeando; **to p. sb's stomach** hacer un lavado de estómago a alguien; *Fig* **to p. money into sth** inyectar una gran cantidad de dinero en algo; *Fig* **to p. bullets into sth/sb** acribillar a balazos algo/a alguien **(b)** IDIOMS *Fam* **to p. sb for information** sonsacar a alguien; **to p. sb's hand** dar un enérgico apretón de manos a alguien; *Fam* **to p. iron** *(do weightlifting)* hacer pesas

3 *vi (of heart, machine)* bombear

▸**pump out** *vt sep (music, information)* emitir

▸**pump up** *vt sep* **(a)** *(tyre)* inflar **(b)** *Fam (volume)* subir

pumpernickel ['pʌmpənɪkəl] *n* pan *m* integral de centeno

pumpkin ['pʌmpkɪn] *n* calabaza *f*, *Bol, Chile, RP* zapallo *m*, *Col, Ven* ahuyama *f*

pun [pʌn] *n* juego *m* de palabras

punch[1] [pʌntʃ] **1** *n (tool)* punzón *m*; **(ticket) p.** canceladora *f* de billetes □ *Comptr* ***p. card*** tarjeta *f* perforada

2 *vt (metal)* perforar; *(ticket)* picar

▸**punch in** *vi US (at work)* fichar *or Am* marcar tarjeta (a la entrada)

▸**punch out** *vi US (at work)* fichar *or Am* marcar tarjeta (a la salida)

punch[2] **1** *n* **(a)** *(blow)* puñetazo *m*; IDIOM **he didn't pull his punches** no tuvo pelos en la lengua, se despachó a gusto **(b)** *(energy)* garra *f* □ ***p. line*** *(of joke)* final *m* del chiste *m*, golpe *m*; **he had forgotten the p. line** había olvidado cómo acababa el chiste

2 *vt (hit)* dar *or* pegar un puñetazo a; **to p. sb in the face/on the nose** pegarle a alguien un puñetazo en la cara/en la nariz

punch[3] *n (drink)* ponche *m* □ ***p. bowl*** ponchera *f*

Punch and Judy show ['pʌntʃən'dʒu:dɪ'ʃəʊ] *n* = espectáculo de títeres de la cachiporra representado en una feria o junto al mar

punchbag ['pʌntʃbæg] *n* saco *m* (de boxeo); *Fig* chivo *m* expiatorio

punchball ['pʌntʃbɔ:l] *n* punching-ball *m*

punch-drunk ['pʌntʃdrʌŋk] *adj (dazed)* aturdido(a); *(boxer)* sonado(a)

punch-up ['pʌntʃʌp] *n Fam* pelea *f*

punchy ['pʌntʃɪ] *adj Fam* con garra

punctilious [pʌŋk'tɪlɪəs] *adj* puntilloso(a)

punctual ['pʌŋktjʊəl] *adj* puntual

punctuality [pʌŋktjʊ'ælɪtɪ] *n* puntualidad *f*

punctually ['pʌŋktjʊəlɪ] *adv* puntualmente

punctuate ['pʌŋktjʊeɪt] *vt (sentence, writing)* puntuar; *Fig* **her speech was punctuated with applause** su discurso se vio interrumpido en ocasiones por aplausos

punctuation [pʌŋktjʊ'eɪʃən] *n* puntuación *f* ▫ ***p. mark*** signo *m* de puntuación

puncture ['pʌŋktʃə(r)] **1** *n* (**a**) *(in tyre)* pinchazo *m, Guat, Méx* ponchadura *f*; **to have a p.** tener un pinchazo *or Guat, Méx* una ponchadura (**b**) *(in skin)* punción *f* (**c**) *(in metal)* perforación *f*

2 *vt* (**a**) *(tyre)* pinchar, *Guat, Méx* ponchar (**b**) *(metal, lung)* perforar (**c**) *(blister, abscess)* punzar (**d**) *(deflate)* **to p. sb's ego** bajarle los humos a alguien

pundit ['pʌndɪt] *n* experto(a) *m,f*

pungency ['pʌndʒənsɪ] *n* (**a**) *(of smell)* fuerza *f* (**b**) *(of wit)* mordacidad *f*

pungent ['pʌndʒənt] *adj* (**a**) *(smell, taste)* acre (**b**) *(style, wit)* mordaz

punish ['pʌnɪʃ] *vt* castigar; **to p. sb for doing sth** castigar a alguien por hacer algo

punishable ['pʌnɪʃəbəl] *adj* punible; **this offence is p. by death** este delito es castigado con la pena de muerte

punishing ['pʌnɪʃɪŋ] *adj (test, schedule)* penoso(a), exigente; *(climb, pace)* agotador(ora)

punishment ['pʌnɪʃmənt] *n* (**a**) *(for crime)* castigo *m*; **to make the p. fit the crime** hacer que el castigo guarde proporción con el delito (**b**) *(harsh treatment)* **to take a lot of p.** *(of boxer)* recibir muchos golpes; *(of clothing, furniture)* aguantar mucho trote; **the city took heavy p. from the enemy artillery** la artillería enemiga castigó duramente la ciudad

punitive ['pju:nɪtɪv] *adj (military expedition)* de castigo, punitivo(a); *(rate of taxation, interest)* punitivo(a), gravoso(a)

Punjab [pʌn'dʒɑ:b] *n* **the P.** el Punyab

Punjabi [pʌn'dʒɑ:bɪ] **1** *n* (**a**) *(person)* punyabí *mf* (**b**) *(language)* punyabí *m*

2 *adj* punyabí

punk [pʌŋk] **1** *n* (**a**) *(person)* **p. (rocker)** punk *mf*, punki *mf* (**b**) *(music)* **p. (rock)** (música *f*) punk *m* (**c**) *US Fam (contemptible person)* desgraciado(a) *m,f*

2 *adj (haircut)* punk

punnet ['pʌnɪt] *n* cestita *f (para fresas, bayas, etc)*

punt¹ [pʌnt] **1** *n* batea *f (impulsada con pértiga)*

2 *vi* **to go punting** pasear en batea por un río

punt² *n (Irish currency)* libra *f* irlandesa

punt³ *n (in American football, rugby)* patada *f* larga de volea ▫ ***p. return*** *(in American football)* = carrera de un jugador del equipo contrario tras capturar un "punt"

punter ['pʌntə(r)] *n Br Fam* (**a**) *(gambler)* apostante *mf* (**b**) *(customer)* cliente *mf*; **the punters** *(the public)* el personal, el público; *(regulars in bar)* los parroquianos

puny ['pju:nɪ] *adj* (**a**) *(person)* enclenque (**b**) *(attempt)* lamentable, penoso

pup [pʌp] *n* (**a**) *(of dog)* cachorro *m*; IDIOM *Fam* **to sell sb a p.** darle a alguien gato por liebre (**b**) *(of seal)* cría *f* (**c**) *Br Fam (youth)* mocoso(a) *m,f*

pupa ['pju:pə] *(pl* **pupae** ['pju:pi:] *or* **pupas**) *n Zool* pupa *f*

pupil¹ ['pju:pəl] *n (student)* alumno(a) *m,f*

pupil² *n (of eye)* pupila *f*

puppet ['pʌpɪt] *n also Fig* títere *m*, marioneta *f* ▫ ***p. government*** gobierno *m* títere; ***p. show*** (espectáculo *m* de) guiñol *m*

puppeteer [pʌpɪ'tɪə(r)] *n* titiritero(a) *m,f*, marionetista *mf*

puppetry ['pʌpɪtrɪ] *n* arte *m* del titiritero *or* marionetista

puppy ['pʌpɪ] *n* (**a**) *(young dog)* cachorro *m* (**b**) *Br Fam (youth)* mocoso(a) *m,f* ▫ *Br* ***p. fat*** obesidad *f* infantil; ***p. love*** amor *m* de adolescente

purchase ['pɜ:tʃɪs] *Formal* **1** *n* (**a**) *(action, thing bought)* adquisición *f*, compra *f* ▫ ***p. price*** precio *m* de compra; ***p. tax*** impuesto *m* sobre la compra (**b**) *(grip)* **to get a p. on sth** agarrarse *or* asirse a algo

2 *vt* adquirir, comprar

purchaser ['pɜ:tʃəsə(r)] *n* comprador(ora) *m,f*

purchasing ['pɜ:tʃəsɪŋ] *n* ***p. manager*** jefe(a) *m,f* de compras; ***p. power*** poder *m* adquisitivo

purdah ['pɜ:də] *n* = en algunos países musulmanes, práctica de mantener a las mujeres alejadas del contacto con los hombres; *Fig* **to go into p.** *(of politician)* recluirse

pure [pjʊə(r)] *adj* puro(a); IDIOM **to be p. as the driven snow** ser puro(a) y virginal; **it's the truth, p. and simple** es la verdad, pura y dura ▫ ***p. mathematics*** matemáticas *fpl* puras; ***p. silk*** pura seda *f*; ***p. wool*** pura lana *f* virgen

purebred ['pjʊəbred] *adj (dog)* de raza; *(horse)* purasangre

purée ['pjʊəreɪ] **1** *n* puré *m*

2 *vt* hacer puré

purely ['pjʊəlɪ] *adv* puramente; **p. by chance** por pura casualidad; **p. and simply** simple y llanamente

purgative ['pɜ:gətɪv] *n & adj* purgante *m*

purgatory ['pɜ:gətərɪ] *n Rel* purgatorio *m*

purge [pɜ:dʒ] **1** *n* purga *f*

2 *vt* purgar

purification [pjʊərɪfɪ'keɪʃən] *n* purificación *f*; *(of water)* depuración *f*

purifier ['pjʊərɪfaɪə(r)] *n (of water)* depurador *m*; *(of air)* purificador *m*

purify ['pjʊərɪfaɪ] *vt* purificar; *(water)* depurar

purist ['pjʊərɪst] *n* purista *mf*

puritan ['pjʊərɪtən] *n* puritano(a) *m,f*

puritanical [pjʊərɪ'tænɪkəl] *adj* puritano(a)

puritanism ['pjʊərɪtənɪzəm] *n* puritanismo *m*

purity ['pjʊərɪtɪ] *n* pureza *f*

purl [pɜ:l] **1** *n* punto *m* del revés

2 *vi* hacer punto del revés

purloin [pɜ:'lɔɪn] *vt Formal* sustraer

purple ['pɜ:pəl] **1** *n* morado *m*

2 *adj* morado(a); **to turn** *or* **go p.** *(with embarrassment, anger)* enrojecer ▫ *Mil* ***P. Heart*** = en Estados Unidos, medalla concedida a los heridos en combate; *Fam* ***p. heart*** *(amphetamine)* anfeta *f*; ***a p. patch*** *(of prose)* un trozo sobreelaborado; **to go through a p. patch** *(be lucky)* estar en racha; ***p. prose*** prosa *f* recargada

purport *Formal* **1** *n* ['pɜ:pɔ:t] sentido *m*, significado *m*

2 *vt* [pə'pɔ:t] **to p. to be sth** pretender ser algo

purpose ['pɜ:pəs] *n* (**a**) *(object, aim)* propósito *m*, objeto *m*; **on p.** adrede, a propósito; **to be to no p.** ser en vano; **what is the p. of your visit?** ¿cuál es el objeto de su visita?; **they have a real sense of p.** saben lo que quieren (conseguir) (**b**) *(use)* finalidad *f*; **to serve a p.** tener una utilidad *or* finalidad; **to serve no p.** no servir para nada; **to serve sb's purpose(s)** ser útil a los propósitos de alguien; **it's ideal for our purposes** nos viene perfectamente; **for all practical purposes** a efectos prácticos; **for the purposes of** a efectos de

purpose-built ['pɜ:pəs'bɪlt] *adj* construido(a) al efecto

purposeful ['pɜ:pəsfʊl] *adj* decidido(a)

purposefully ['pɜ:pəsfʊlɪ] *adv (determinedly)* resueltamente

purposely ['pɜ:pəslɪ] *adv* adrede, a propósito

purr [pɜ:(r)] **1** *n* (**a**) *(of cat)* ronroneo *m* (**b**) *(of machine)* rumor *m*, zumbido *m*

2 *vi (of cat)* ronronear

purse [pɜ:s] **1** *n* (**a**) *Br (wallet)* monedero *m*; **the public p.** el erario público; IDIOM **to hold the p. strings** llevar las riendas del gasto (**b**) *US (handbag)* bolso *m*, *Chile, Col, RP* cartera *f*, *Méx* bolsa *f* (**c**) *(prize money for boxing contest)* premio *m*

2 *vt* **to p. one's lips** fruncir los labios

purser ['pɜ:sə(r)] *n Naut* sobrecargo *m*

pursuance [pə'sju:əns] *n Formal* **he was injured in p. of his duty** resultó herido durante el cumplimiento de su deber

pursue [pə'sju:] *vt* (**a**) *(chase) (person, animal)* perseguir (**b**) *(search for) (pleasure, knowledge, happiness)* buscar (**c**) *(continue with) (studies, enquiry)* proseguir, continuar; *(course of action)* seguir (**d**) *(profession)* ejercer

pursuer [pə'sju:ə(r)] *n* perseguidor(ora) *m,f*

pursuit [pə'sju:t] *n* (**a**) *(of person, animal)* persecución *f*; *(of pleasure, knowledge, happiness)* búsqueda *f*, *Esp* busca *f*; **to be in p. of** ir en búsqueda *or Esp* busca de; **he came with two policemen in hot p.** venía con dos policías pisándole los talones (**b**) *(activity)* ocupación *f*; **(leisure) pur-**

suits aficiones *fpl* (**c**) *Sport (in cycling, winter sports)* persecución *f*; **individual/team p.** persecución *f* individual/por equipos

purulent ['pjʊərələnt] *adj Med* purulento(a)

purveyor [pə'veɪə(r)] *n Formal* proveedor(ora) *m,f*

purview ['pɜːvjuː] *n Formal* alcance *m*, ámbito *m*; **to be within the p. of** estar dentro del alcance *or* ámbito de

pus [pʌs] *n* pus *m*

PUSH [pʊʃ] **1** *n* (**a**) *(act of pushing)* empujón *m*; **at the p. of a button** con sólo apretar un botón; **to give sth/sb a p.** dar un empujón a algo/alguien; **we need to give him a little p.** *(encouragement)* tenemos que darle un empujoncito; IDIOM *Br Fam* **to give sb the p.** *(employee)* poner a alguien de patitas en la calle; *(lover)* dejar a alguien; IDIOM *Fam* **when** *or* **if p. comes to shove..., if it comes to the p....** como último recurso...; **shall I give you a p. start?** ¿quieres que te ayude a arrancar empujando? ▫ *Comptr* ***p. technology*** tecnología *f* informativa por suscripción

(**b**) *(campaign)* campaña *f*; *Mil* ofensiva *f*; **sales p.** campaña *f* de ventas; **to give a product a p.** promocionar un producto; **we are making a p. into the European market** estamos apostando fuerte por el mercado europeo; **to make a p. for sth** tratar de conseguir algo

(**c**) *Fam (struggle)* **it'll be a p. for us to finish by Friday** nos vendrá muy justo para acabar el viernes, *Am* va a haber que apurarse para terminar el viernes; **at a p.** apurando mucho

2 *vt* (**a**) *(shove)* empujar; *(button)* apretar, pulsar; **they pushed the box across the floor** empujaron la caja por el suelo; **p. the rod into the hole** insertar presionando la barra en el agujero; **she pushed me into the water** me empujó al agua; **p. the table nearer the door** empuja la mesa hacia la puerta; **we pushed the car off the road** apartamos el coche de la carretera empujando; **to p. the door open/shut** *or* **to** abrir/cerrar la puerta empujándola; **to p. sb out of the way** apartar a alguien de un empujón; **to p. one's way through the crowd** abrirse paso a empujones entre la gente; *Fig* **to p. sth to the back of one's mind** tratar de no pensar en algo

(**b**) *(strain, tax)* **he pushed himself to the limit of his endurance** se esforzó hasta el límite de su resistencia; **don't p. yourself too hard** no te pases en el esfuerzo; *Ironic* cuidado no te vayas a cansar; **our Spanish lecturer always pushed us hard** nuestro profesor de español siempre nos apretaba mucho; *Fam* **a great democrat? that's pushing it a bit!** ¿un gran demócrata? ¡eso es pasarse un pelín!; **to p. one's luck, to p. it** tentar a la suerte; **don't p. your luck!, don't p. it!** *(said in annoyance)* ¡no me busques las cosquillas!; **to be pushed (for time)** estar apurado(a) de tiempo; **we'll be pushed** *or* **pushing it to finish by Friday** nos vendrá muy justo para acabar el viernes

(**c**) *(pressurize, force)* **to p. sb to do sth** empujar a alguien a hacer algo; **to p. sb into doing sth** forzar a alguien a hacer algo; **they've been pushing the government for more funds** han estado presionando al gobierno para conseguir más fondos; **to p. prices up/down** hacer subir/bajar los precios; **when pushed, she admitted accepting the money** cuando la presionaron, admitió haber aceptado el dinero

(**d**) *(promote) (goods)* promocionar; *(theory)* defender

(**e**) *Fam (drugs)* pasar, trapichear con

(**f**) *Fam (be approaching)* **he's pushing sixty** ronda los sesenta; **we were pushing 100 km/h** íbamos a casi 100 km/h

3 *vi* (**a**) *(shove)* empujar; **to p. at sth** empujar algo; IDIOM **she's pushing at an open door** lo tiene medio hecho; **P.** *(sign)* empujar

(**b**) *(move forward)* avanzar (a empujones); **the troops are pushing southwards** las tropas avanzan hacia el sur; **she pushed in front of me** se me coló; **he pushed past me** me adelantó a empujones; **we pushed through the crowd** nos abrimos paso a empujones entre la multitud

▸**push about** *vt sep Fam (bully)* abusar de

▸**push ahead** *vi* seguir adelante (**with** con)

▸**push along** *vi Fam (leave)* largarse, pirarse

▸**push around** *vt sep* = **push about**

▸**push aside** *vt sep* apartar (de un empujón); *Fig (reject)* dejar a un lado; **we can't just p. these issues aside** no podemos dejar a un lado estos temas

▸**push away** *vt sep* apartar

▸**push back** *vt sep (frontiers, boundaries)* ampliar

▸**push for** *vt insep (demand)* reclamar; **we are pushing for the proposed bypass to be abandoned** estamos haciendo campaña para que sea abandonado el proyecto de circunvalación

▸**push forward 1** *vt sep* (**a**) *(frontiers, boundaries)* ampliar (**b**) *(promote)* **to p. oneself forward** hacerse valer

2 *vi* empujar hacia delante

▸**push in** *vi (in queue)* colarse

▸**push off** *vi* (**a**) *(of swimmer, in boat)* impulsarse (**b**) *Fam (leave)* largarse; **p. off!** ¡lárgate!, ¡fuera!

▸**push on** *vi (continue)* seguir, continuar; **to p. on with sth** seguir adelante con algo

▸**push over** *vt sep* derribar; **a big boy pushed me over at school** un niño mayor me tiró al suelo en el colegio

▸**push through** *vt sep (reform, law, deal)* hacer aprobar *(con urgencia)*

▸**push up** *vi (flowers, weeds)* brotar

---

push-bike ['pʊʃbaɪk] *n Fam* bici *f*, bicicleta *f*

push-button ['pʊʃbʌtən] *adj* de teclas, de botones

pushchair ['pʊʃtʃeə(r)] *n (for baby)* silla *f* or sillita *f* de paseo

pusher ['pʊʃə(r)] *n Fam* **(drug) p.** *Esp* camello *m*, *Am* dealer *m*

pushover ['pʊʃəʊvə(r)] *n Fam* **it's a p.** es pan comido; **I'm a p.** no sé decir que no

push-start ['pʊʃstɑːt] **1** *n (to car)* **we'll have to give it a p.** tendremos que arrancar(lo) empujando

2 *vt* arrancar empujando

push-up ['pʊʃʌp] *n US* fondo *m*, flexión *f* (de brazos)

pushy ['pʊʃɪ] *adj Fam* avasallador(ora)

pusillanimous [pjuːsɪ'lænɪməs] *adj Formal* pusilánime

puss [pʊs] *n Fam (cat)* gatito *m*, minino *m*

pussy ['pʊsɪ] *n* (**a**) *Fam* **p. (cat)** gatito *m*, minino *m* ▫ ***p. willow*** sauce *m* blanco (**b**) *Vulg (woman's genitals) Esp* conejo *m*, *Col* cuca *f*, *Méx* paloma *f*, *RP* concha *f*, *Ven* cuchara *f*; **he hasn't had any p. for months** hace meses que no moja el churro *or Méx* que no se chinga a nadie (**c**) *Fam (weak, cowardly man)* mariquita *m*

pussyfoot ['pʊsɪfʊt] *vi Fam* **to p. around** *or* **about** andarse con rodeos

pustule ['pʌstjuːl] *n* pústula *f*

PUT [pʊt] *(pt & pp* **put**) **1** *vt* (**a**) *(place)* poner; *(carefully)* colocar; **p. your coat in the bedroom** pon tu abrigo en el dormitorio *or Am* el cuarto *or CAm, Col, Méx* la recámara; **p. the knife to the right of the fork** coloca el cuchillo a la derecha del tenedor; **to p. one's arms around sth/sb** rodear algo/a alguien con los brazos; **to p. sth in/into sth** meter algo en algo; **to p. money into an account** ingresar dinero en una cuenta; **he p. his hands over his eyes** se cubrió los ojos con las manos; **she p. her head round the door** asomó la cabeza por la puerta; **p. your arm through the hole** mete el brazo por el agujero; **p. those tables closer together** junta más esas mesas; **we p. the chairs (up) against the wall** arrimamos las sillas a la pared; **we'll p. them on the bus** les acompañaremos al autobús; **to p. a man on the Moon** llevar un hombre a la Luna; **to p. the ball out of play** sacar la pelota fuera del campo; **to p. the ball in the back of the net** marcar; **to p. a limit on sth** poner un límite a algo; *Fam* **p. it there!** *(shake hands)* ¡choca esos cinco!, ¡chócala!; *Fig* **to p. oneself into sb's hands** ponerse en manos de alguien; *Fig* **p. yourself in my position** *or* **place** ponte en mi lugar; *Fam Fig* **I didn't know where to p. myself** no sabía dónde meterme

(**b**) *(cause to be)* **to p. sb's health at risk** poner la salud de alguien en peligro; **to p. sb in charge** poner a alguien al mando; **to p. sb in a difficult position** poner a alguien en una posición difícil; **to p. sb in a good mood** poner a alguien de buen humor; **a small error p. the final figure out by over a million** un pequeño error hizo que la cifra final estuviera equivocada

por más de un millón; **to p. sb under pressure** presionar a alguien
(**c**) *(attribute)* **he p. his faith in them/it** puso su fe en ellos/ello; **to p. a tax on sth** poner un impuesto sobre algo; **he p. a value of $40,000 on it** le atribuyó un valor de 40.000 dólares; **we can't p. a figure on the final cost** no sabemos cuál será exactamente el costo *or Esp* coste final; **it's putting a strain on our relationship** está creando tensiones en nuestra relación; **I know the name, but I can't p. a face to it** conozco el nombre, pero no consigo recordar su cara
(**d**) *(present, suggest)* **I'll p. it to the boss and see what he says** se lo propondré al jefe, y a ver qué le parece; **to p. a proposal to sb/before a committee** presentar una propuesta a alguien/ante un comité; **to p. a question to sb** hacer una pregunta a alguien; **I p. it to you that...** *(in court case)* ¿no es cierto que...?
(**e**) *(devote)* **I've p. a lot of effort into this piece of work** me he esforzado mucho con este trabajo; **to p. a lot of money into sth** invertir mucho dinero en algo; **I've p. a lot of thought into this proposal** he reflexionado sobre esta propuesta muy detenidamente; **to p. a lot of work into sth** trabajar intensamente en algo; **we've p. a lot into this project** hemos dedicado un gran esfuerzo a este proyecto
(**f**) *(bet)* **to p. money on a horse** apostar a un caballo; *Fig* **I wouldn't p. money on it!** ¡yo no me apostaría nada!
(**g**) *(write)* poner; **p. it in your diary** escríbelo *or* ponlo en tu agenda; **she p. her name to the document** firmó el documento
(**h**) *(express)* **to p. sth well/badly** expresar algo bien/mal; **how shall I p. it?** ¿cómo lo diría?; **if you p. it like that, I can hardly say no** si me lo planteas así, no puedo decir que no; **I couldn't have p. it better myself** nadie lo hubiera dicho mejor; **to p. it bluntly** hablando claro; **to p. it mildly** por no decir otra cosa; **to p. it another way...** por decirlo de otra manera...; **let me p. it this way, he's not exactly intelligent** no es precisamente inteligente que digamos; **to p. sth into words** expresar algo con palabras; **as Proudhon p. it, property is theft** como dijo Proudhon, la propiedad es un robo
(**i**) *(estimate, consider)* calcular (**at** en); **I would p. her age at forty** yo diría que tiene unos cuarenta años; **I'd p. him among the five best sprinters of all time** yo lo incluiría entre los cinco mejores esprinters de todos los tiempos; **she always puts her children first** para ella sus niños son lo primero
(**j**) *Sport* **to p. the shot** lanzar peso
2 *vi* **to p. to sea** zarpar

▸**put about 1** *vt sep* (**a**) *(rumour)* difundir; **to p. it about that...** difundir el rumor de que... (**b**) *Br Fam* **he puts it about, he puts himself about** *(has several sexual partners)* es un pendón *or Méx* cascolino *or RP* picaflor
2 *vi (of ship)* cambiar de rumbo

▸**put across** *vt sep (message, idea)* transmitir, hacer llegar; **to p. oneself across well/badly** hacerse entender bien/mal

▸**put aside** *vt sep* (**a**) *(reserve)* apartar; **I p. an hour aside each day for reading** dejo una hora diaria para la lectura; **we'll p. it aside for you** *(in shop)* se lo dejamos apartado (**b**) *(save) (money)* ahorrar (**c**) *(problem, differences, fact)* dejar a un lado

▸**put away** *vt sep* (**a**) *(tidy away)* ordenar, recoger; **p. your money/wallet away** guarda tu dinero/cartera (**b**) *(save) (money)* ahorrar (**c**) *Fam (imprison)* encerrar (**d**) *Fam (eat, drink)* tragarse; **he can really p. it away!** ¡cómo traga! (**e**) *Fam (score) (penalty)* convertir

▸**put back** *vt sep* (**a**) *(replace)* devolver a su sitio (**b**) *(postpone)* aplazar, posponer; *(clock)* retrasar, atrasar; *(schedule)* retrasar; IDIOM **that puts the clock back ten years** esto nos devuelve a la misma situación de hace diez años

▸**put behind** *vt sep* **I've p. my disappointment behind me** he superado mi decepción

▸**put by** *vt sep (save)* ahorrar

▸**put down 1** *vt sep* (**a**) *(set down)* dejar; *(phone, receiver)* colgar; **she p. the child down and he ran off** puso al niño en el suelo y se marchó corriendo; **she p. the phone down on me** me colgó; **I couldn't p. the book down** no me podía despegar del libro
(**b**) *(put to bed) (baby)* acostar
(**c**) *(reduce) (prices, interest rates)* bajar
(**d**) *(revolt, opposition)* reprimir, ahogar
(**e**) *(write)* poner por escrito; **to p. sth down in writing** poner algo por escrito; **to p. sb** *or* **sb's name down for sth** apuntar a alguien a algo; **to p. one's name** *or* **oneself down for sth** apuntarse a *or* inscribirse en algo; **p. me down for $5** apúntame 5 dólares, apunta que yo pago 5 dólares; IDIOM **they've p. me down as a troublemaker** me han catalogado como alborotador
(**f**) *(pay) (deposit)* dejar
(**g**) *(attribute)* **to p. sth down to sth** achacar *or* atribuir algo a algo; **we'll just have to p. it down to experience** por lo menos nos queda la experiencia
(**h**) *(animal)* sacrificar; **to have a cat/dog p. down** sacrificar a un gato/perro
(**i**) *(criticize)* **to p. sb down** dejar a alguien en mal lugar; **to p. oneself down** menospreciarse
2 *vi (of aircraft)* aterrizar

▸**put forward** *vt sep* (**a**) *(plan, theory, candidate)* proponer; *(proposal)* presentar; *(suggestion)* hacer; **to p. oneself forward as a candidate** presentarse como candidato (**b**) *(clock, time of meeting)* adelantar

▸**put in 1** *vt sep* (**a**) *(install)* poner, instalar (**b**) *(present) (claim, protest)* presentar; **to p. in a request for sth** solicitar algo; **to p. in a (good) word for sb** decir algo en favor de alguien (**c**) *(devote) (time, work)* invertir, dedicar (**on** en); **I've been putting in a lot of overtime** he hecho muchas horas extras (**d**) *(include)* incluir en; **should we p. this word in?** ¿incluimos esta palabra? (**e**) *(add, expand)* añadir
2 *vi (of ship)* atracar, hacer escala (**at** en)

▸**put in for** *vt insep (apply for) (exam)* apuntarse a; *(job, pay rise)* solicitar

▸**put off** *vt sep* (**a**) *(postpone)* aplazar, posponer; **to p. off cleaning the bathroom** dejar la limpieza del baño para más tarde
(**b**) *(make wait)* tener esperando; **can we p. her off until tomorrow?** ¿podemos hacer que espere hasta mañana?; **it's no good trying to p. me off with excuses** conmigo las excusas no funcionan
(**c**) *(cause to dislike)* desagradar, resultar desagradable a; **that meal p. me off seafood** después de aquella comida dejó de gustarme el marisco
(**d**) *(distract)* distraer; **to p. sb off their work** distraer a alguien de su trabajo; IDIOM **to p. sb off their stride** *or* **stroke** cortar el ritmo *or* desconcentrar a alguien
(**e**) *(discourage)* **to p. sb off doing sth** quitarle *or Am* sacarle a alguien las ganas de hacer algo; **we were p. off by the price** el precio nos desanimó; **my parents' example p. me off marriage** el ejemplo de mis padres me ha quitado *or Am* sacado las ganas de casarme; **don't be p. off by the dish's appearance** no dejes que el aspecto del plato te quite las ganas
(**f**) *(drop off)* dejar

▸**put on** *vt sep* (**a**) *(clothes)* ponerse; **he p. his trousers on** se puso el pantalón; **to p. on one's make-up** ponerse el maquillaje, maquillarse
(**b**) *(light, TV, heating)* encender, *Am* prender; *(music, videotape)* poner; *(brakes)* echar; **to p. the kettle on** poner el agua a hervir *(en el hervidor de agua)*; **p. the carrots on** empieza a cocinar las zanahorias
(**c**) *(add)* **to p. 5 pence on the price of a bottle of wine** subir 5 peniques el precio de una botella de vino; **to p. on weight** engordar; **to p. years on sb** hacer más viejo(a) *or* mayor a alguien
(**d**) *(play, show)* representar, hacer; *(meal)* preparar; *(bus, transport)* organizar
(**e**) *(feign)* **he's not really hurt, he's just putting it on** no está lesionado, está fingiendo; **to p. on an accent** poner *or* simular un acento; **p. on an act** fingir
(**f**) *US Fam (tease)* **you're putting me on!** ¡me estás tomando el pelo *or* vacilando!

▸**put onto** *vt sep (inform about)* **to p. sb onto sth/sb** dirigir a alguien a algo/alguien

▸**put out 1** *vt sep* (**a**) *(fire, light, cigarette)* apagar
(**b**) *(place outside) (washing, rubbish, cat)* sacar; **we p. some food out for the birds** sacamos algo de comida para los pájaros; *Fig* **to p. sth out of one's mind** quitarse *or Am* sacarse algo de la cabeza
(**c**) *(extend)* **to p. out one's hand** tender la mano; **to p. one's tongue out** sacar la lengua
(**d**) *(arrange for use)* dejar preparado(a); **he p. out his clothes for the next day** preparó su ropa para el día siguiente

(**e**) *(report, statement, warning)* emitir
(**f**) *(subcontract)* subcontratar
(**g**) *(eliminate) (from competition)* eliminar (**of** de)
(**h**) *(in baseball)* eliminar
(**i**) *(make unconscious)* dormir
(**j**) *(annoy)* **to be p. out** estar disgustado(a)
(**k**) *(inconvenience)* molestar; **to p. oneself out (for sb)** molestarse (por alguien)
(**l**) *(dislocate)* **to p. one's shoulder/knee out** dislocarse el hombro/la rodilla
2 *vi* (**a**) *(of ship)* hacerse a la mar, zarpar
(**b**) *US very Fam (have sex willingly)* acostarse, meterse en la cama (**for** con)

▸**put over** *vt sep* (**a**) = **put across** (**b**) IDIOM *Fam* **to p. one over on sb** pegársela a alguien

▸**put through** *vt sep* (**a**) *(on phone)* **to p. sb through to sb** poner *or* pasar a alguien con alguien (**b**) *(subject to)* **to p. sb through sth** someter a alguien a algo; **he has p. her through hell** le ha hecho pasar las de Caín (**c**) *(pay for)* **to p. sb through school** pagarle a alguien el colegio

▸**put to** *vt sep* **we don't wish to p. you to any trouble** no deseamos importunarte; **to p. sth to a vote** someter algo a voto; **we p. them to work sweeping the floor** les pusimos a trabajar barriendo el suelo

▸**put together** *vt sep* (**a**) *(assemble) (machine, furniture)* montar; *(file, report, meal, team)* confeccionar; *(plan, strategy)* elaborar, preparar; **you'll never p. that vase back together again** no conseguirás recomponer ese jarrón (**b**) *(combine) (colours, ingredients)* mezclar; **she's more intelligent than the rest of them p. together** ella es más lista que todos los demás juntos

▸**put towards** *vt sep* **here's some money for you to p. towards a new bike** aquí tienes algo de dinero para la nueva bici

▸**put up 1** *vt sep* (**a**) *(erect) (ladder)* situar; *(tent)* montar; *(building, barricade, fence)* levantar, construir; *(statue)* erigir, poner
(**b**) *(affix) (painting, notice, curtains)* colocar, poner
(**c**) *(raise) (umbrella)* abrir; *(hood)* poner; **he p. his collar up** se subió el cuello; **to p. up one's hand** levantar la mano; **to p. one's hair up** recogerse el pelo
(**d**) *(increase) (prices, interest rates)* subir, aumentar
(**e**) *(provide accommodation for)* alojar; **could you p. me up for the night?** ¿podría dormir en vuestra casa esta noche?
(**f**) *(provide) (money)* aportar; *(candidate)* presentar; **to p. a child up for adoption** ofrecer un niño en adopción; **to p. sth up for sale** poner algo a la venta; **to p. up a fight** *or* **struggle** ofrecer resistencia
2 *vi (stay)* alojarse

▸**put upon** *vt insep* **to feel p. upon** sentirse utilizado(a)

▸**put up to** *vt sep* **to p. sb up to doing sth** animar a alguien a hacer algo

▸**put up with** *vt insep* aguantar, soportar

---

putative ['pju:tətɪv] *adj Formal* presunto(a), supuesto(a); *Law (father)* putativo(a)

put-down ['pʊtdaʊn] *n Fam* pulla *f*, corte *m*

put-on ['pʊtɒn] **1** *n Fam* **is that one of your put-ons?** ¿me estás tomando el pelo *or Esp* vacilando?
2 *adj* fingido(a), simulado(a)

putrefaction [pju:trɪ'fækʃən] *n* putrefacción *f*

putrefy ['pju:trɪfaɪ] *vi* pudrirse

putrescent [pju:'tresənt] *adj* putrefacto(a), pútrido(a)

putrid ['pju:trɪd] *adj* (**a**) *(rotting)* putrefacto(a), pútrido(a) (**b**) *Fam (very bad)* pésimo(a), *Esp* infumable

putsch [pʊtʃ] *n* pronunciamiento *m* (militar)

putt [pʌt] **1** *n (in golf)* putt *m*, golpe *m* corto *(con el putter)*; **to hole** *or* **sink a p.** embocar un putt
2 *vi (in golf)* golpear en corto *(con el putter)*

puttee ['pʌti:] *n* polaina *f*

putter ['pʌtə(r)] *n (golf club)* putter *m*

putting ['pʌtɪŋ] *n* golpes *mpl* con el putt ▫ ***p. green*** *(on golf course)* = terreno para practicar el putt; *Br (for entertainment)* = área de césped de pequeñas dimensiones abierta al público para jugar al golf con un putter

putty ['pʌtɪ] *n* masilla *f*; IDIOM **he's p. in her hands** hace lo que quiere con él

put-up job ['pʊtʌp'dʒɒb] *n Fam* pufo *m*, apaño *m*

put-upon ['pʊtəpɒn] *adj* utilizado(a); **to feel p.** sentirse utilizado(a)

puzzle ['pʌzl] **1** *n* (**a**) *(game)* rompecabezas *m inv*; *(mental)* acertijo *m* ▫ ***p. book*** libro *m* de pasatiempos (**b**) *(mystery)* enigma *m*
2 *vt (person)* desconcertar, dejar perplejo(a)

▸**puzzle out** *vt sep* desentrañar

▸**puzzle over** *vt insep* dar vueltas a

puzzled ['pʌzəld] *adj* perplejo(a), desconcertado(a); **to look p.** tener cara de perplejidad *or* desconcierto

puzzlement ['pʌzəlmənt] *n* perplejidad *f*, desconcierto *m*

puzzler ['pʌzlə(r)] *n* (**a**) *(person)* = persona aficionada a los rompecabezas, crucigramas, etc. (**b**) *(mystery, problem)* enigma *m*, misterio *m*

puzzling ['pʌzlɪŋ] *adj* desconcertante

PVC [pi:vi:'si:] *n* (*abbr* **polyvinyl chloride**) PVC *m*

PVS [pi:vi:'es] *n Med* (*abbr* **permanent vegetative state**) estado *m* vegetativo profundo

pw *adv* (*abbr* **per week**) a la semana, por semana

PWA *n* (*abbr* **person with AIDS**) enfermo(a) *m,f* de SIDA

pygmy ['pɪgmɪ] *n* pigmeo(a) *m,f*

pyjamas, *US* **pajamas** [pə'dʒɑ:məz] *npl* pijama *m*, *Am* piyama *m or f*; **a pair of p.** un pijama *or Am* piyama

pylon ['paɪlɒn] *n* torre *f* (de alta tensión)

pyramid ['pɪrəmɪd] *n* pirámide *f* ▫ ***p. selling*** venta *f* piramidal

pyramidal [pɪ'ræmɪdəl] *adj* piramidal

pyre ['paɪə(r)] *n* pira *f*

Pyrenean [pɪrə'nɪən] *adj* pirenaico(a)

Pyrenees [pɪrə'ni:z] *npl* **the P.** los Pirineos

Pyrex® ['paɪreks] *n* pyrex® *m* ▫ ***P. dish*** fuente *f* de pyrex®

pyrites [paɪ'raɪti:z] *n Geol* pirita *f*; **iron p.** pirita *f* amarilla *or* de hierro

pyromania [paɪrə'meɪnɪə] *n* piromanía *f*

pyromaniac [paɪrə'meɪnɪæk] *n* pirómano(a) *m,f*

pyrotechnics [paɪrə'teknɪks] **1** *n (science)* pirotecnia *f*
2 *npl (fireworks display)* fuegos *mpl* artificiales; *Fig (in speech, writing)* malabarismos *mpl*, virguerías *fpl*

python ['paɪθən] *n* (serpiente *f*) pitón *m or f*

Pyrrhic ['pɪrɪk] *n* ***P. victory*** victoria *f* pírrica

Pythagoras [paɪ'θægərəs] *n* Pitágoras ▫ ***P.'s theorem*** teorema *m* de Pitágoras

Q

Q, q [kju:] *n (letter)* Q, q *f*

Qatar [kæ'tɑ:(r)] *n* Qatar

Qatari [kæ'tɑ:rɪ] **1** *n* = habitante o nativo de Qatar
2 *adj* de Qatar

QC [kju:'si:] *n Br Law* (*abbr* **Queen's Counsel**) = título honorífico que la Reina concede a algunos abogados eminentes

QED [kju:i:'di:] (*abbr* **quod erat demonstrandum**) QED

QM [kju:'em] *n Mil* (*abbr* **quarter-master**) oficial *m* de intendencia

qr (*abbr* **quarter**) cuarto *m*

qt (**a**) (*abbr* **quart**) cuarto *m* de galón *(UK = 1,136 litros; US = 0,946 litros)* (**b**) (*abbr* **quantity**) cantidad *f*

q.t. [kju:'ti:] *n Fam* **to do sth on the q.t.** hacer algo a escondidas *or Esp* a la chita callando

qty *Com* (*abbr* **quantity**) cantidad *f*

Qu. (*abbr* **Quebec**) Quebec

quack¹ [kwæk] **1** *n (of duck)* graznido *m*
2 *vi (of duck)* graznar

quack² *n Pej or Hum (doctor)* matasanos *m inv*

quad [kwɒd] *n Fam* (**a**) *(of school, college)* patio *m* (**b**) *(child)* cuatrillizo(a) *m,f* (**c**) ***q. bike*** moto *f* de rally *(con tres ruedas gruesas)*

quadrangle ['kwɒdræŋgəl] *n* (**a**) *(shape)* cuadrilátero *m*, cuadrángulo *m* (**b**) *(of school, college)* patio *m*

quadrangular [kwɒ'dræŋgjʊlə(r)] *adj* cuadrangular

quadrant ['kwɒdrənt] *n* cuadrante *m*

quadraphonic [kwɒdrə'fɒnɪk] *adj* cuadrafónico(a)

quadratic equation [kwɒ'drætɪkɪ'kweɪʒən] *n Math* ecuación *f* de segundo grado

quadriceps ['kwɒdrɪseps] *n Anat* cuádriceps *m inv*

quadrilateral [kwɒdrɪ'lætərəl] **1** *n* cuadrilátero *m*
2 *adj* cuadrilátero(a)

quadriplegic [kwɒdrɪ'pli:dʒɪk] *n & adj* tetrapléjico(a) *m,f*

quadruped ['kwɒdrʊped] *n* cuadrúpedo *m*

quadruple [kwɒ'dru:pəl] **1** *adj* cuádruple, cuádruplo(a) ▫ *Mus* ***q. time*** compás *m* de cuatro por cuatro
2 *vt* cuadruplicar
3 *vi* cuadruplicarse

quadruplet ['kwɒdrʊplɪt] *n* cuatrillizo(a) *m,f*

quaff [kwɒf] *vt Literary* trasegar, ingerir a grandes tragos

quagmire ['kwægmaɪə(r)] *n* (**a**) *(bog)* barrizal *m*, lodazal *m* (**b**) *(difficult situation)* atolladero *m*

quail¹ [kweɪl] (*pl* **quail**) *n (bird)* codorniz *f*

quail² *vi (of person)* amedrentarse, amilanarse (**at** *or* **before** ante)

quaint [kweɪnt] *adj* (**a**) *(picturesque)* pintoresco(a) (**b**) *(old-fashioned)* anticuado(a) y singular (**c**) *(odd)* singular, extraño(a)

quaintly ['kweɪntlɪ] *adv* (**a**) *(in a picturesque way)* pintorescamente (**b**) *(in an old-fashioned way)* de forma anticuada y singular (**c**) *(oddly)* singularmente, extrañamente

quake [kweɪk] **1** *n Fam (earthquake)* terremoto *m*
2 *vi* temblar, estremecerse; **to q. in one's boots** temblar de miedo

Quaker ['kweɪkə(r)] *n Rel* cuáquero(a) *m,f*

qualification [kwɒlɪfɪ'keɪʃən] *n* (**a**) *(diploma)* título *m*; *(skill)* aptitud *f*, capacidad *f* (**b**) *(completion of studies)* **after q.** después de obtener el título (**c**) *(modification)* condición *f*, reserva *f* (**d**) *(for competition)* clasificación *f*

qualified ['kwɒlɪfaɪd] *adj* (**a**) *(having diploma)* titulado(a); *(competent)* capaz, capacitado(a); **to be q. to do sth** *(have diploma)* tener el título exigido para hacer algo; *(be competent)* estar capacitado(a) para hacer algo (**b**) *(modified)* limitado(a), parcial

qualifier ['kwɒlɪfaɪə(r)] *n* (**a**) *(person, team)* clasificado(a) *m,f*; *(match)* partido *m* de clasificación, eliminatoria *f* (**b**) *Gram* calificador *m*, modificador *m*

qualify ['kwɒlɪfaɪ] **1** *vt* (**a**) *(make competent)* **to q. sb to do sth** capacitar a alguien para hacer algo (**b**) *(modify)* matizar (**c**) *Gram* modificar
2 *vi* (**a**) *(in competition)* clasificarse (**b**) *(complete studies)* **to q. as a doctor** obtener el título de médico(a) (**c**) *(be eligible)* **to q. for sth** tener derecho a algo

qualifying ['kwɒlɪfaɪɪŋ] *adj* (**a**) *(round, match)* eliminatorio(a) (**b**) *(exam)* de ingreso

qualitative ['kwɒlɪtətɪv] *adj* cualitativo(a) ▫ ***q. analysis*** análisis *m* cualitativo

qualitatively ['kwɒlɪtətɪvlɪ] *adv* cualitativamente

quality ['kwɒlɪtɪ] *n* **1** (**a**) *(excellence, standard)* calidad *f*; **of good/poor q.** de buena/mala calidad; **q. of life** calidad de vida ▫ *Ind* ***q. circle*** círculo *m* de calidad; ***q. control*** control *m* de calidad; *Ind* ***q. controller*** responsable *mf* del control de calidad; (**b**) *(characteristic, feature)* cualidad *f*
2 *adj (product)* de calidad ▫ *Br* ***q. newspapers*** prensa *f* no sensacionalista; ***q. time*** = tiempo que uno reserva para disfrutar de la pareja, la familia, los amigos, etc., y alejarse de las preocupaciones laborales y domésticas

qualm [kwɑ:m] *n* escrúpulo *m*, reparo *m*; **to have no qualms about doing sth** no tener ningún escrúpulo *or* reparo en hacer algo

quandary ['kwɒndərɪ] *n* dilema *m*; **to be in a q. (about sth)** estar en un dilema (acerca de algo)

quango ['kwæŋgəʊ] (*pl* **quangos**) *n Br Pol* (*abbr* **quasi-autonomous non-governmental organization**) = organismo público semiindependiente

quantifiable [kwɒntɪ'faɪəbəl] *adj* cuantificable

quantification [kwɒntɪfɪ'keɪʃən] *n* cuantificación *f*

quantifier ['kwɒntɪfaɪə(r)] *n Math* cuantificador *m*

quantify ['kwɒntɪfaɪ] *vt* cuantificar

quantitative ['kwɒntɪtətɪv] *adj* cuantitativo(a) ▫ ***q. analysis*** análisis *m* cuantitativo

quantitatively ['kwɒntɪtətɪvlɪ] *adv* cuantitativamente

quantity ['kwɒntɪtɪ] *n* cantidad *f* ▫ ***q. surveyor*** estimador(ora) *m,f*, medidor(ora) *m,f (en obra)*

quantum ['kwɒntəm] *n Phys* cuanto *m* ▫ ***q. physics*** física *f* cuántica *Fig* ***q. leap*** paso *m* de gigante; ***q. mechanics*** mecánica *f* cuántica; ***q. theory*** teoría *f* cuántica

quarantine ['kwɒrənti:n] **1** *n* cuarentena *f*; **to be in q.** estar en cuarentena
2 *vt* poner en cuarentena

quark [kwɑ:k] *n Phys* quark *m*

quarrel ['kwɒrəl] **1** *n* (**a**) *(argument)* pelea *f*, discusión *f*; **to have a q.** pelearse; **to pick a q. with sb** buscar pelea con alguien (**b**) *(disagreement)* discrepancia *f*, desacuerdo *m*; **I have no q. with you** no tengo nada en contra tuyo
2 *vi* (*pt & pp* **quarrelled**, *US* **quarreled**) (**a**) *(argue)* pelearse, discutir (**with** con) (**b**) *(disagree)* **to q. with sth** discrepar de algo

quarrelling, *US* **quarreling** ['kwɒrəlɪŋ] *n* peleas *fpl*, discusiones *fpl*

quarrelsome ['kwɒrəlsəm] *adj* peleón(ona)

quarry[1] ['kwɒrɪ] *n (prey) & Fig* presa *f*

quarry[2] **1** *n (for stone)* cantera *f*
2 *vt (hill)* excavar; *(stone)* extraer

quarryman ['kwɒrɪmæn] *n* cantero *m*

quart [kwɔ:t] *n (liquid measurement)* cuarto *m* de galón *(UK = 1,136 litros; US = 0,946 litros)*; PROV **you can't get** *or* **put a q. into a pint pot** lo que no puede ser, no puede ser, y además es imposible

quarter ['kwɔ:tə(r)] **1** *n* (**a**) *(fraction, of orange, of moon)* cuarto *m*; **he ate a q. of the cake** se comió una *or* la cuarta parte del pastel; **a q. of a century** un cuarto de siglo; **a q. of an hour** un cuarto de hora; **a q. (of a) pound** un cuarto de libra *(= 113,5 grs)*; **three quarters** tres cuartos; **three quarters of all women** las tres cuartas partes de las mujeres; **three and a q. (litres)** tres (litros) y cuarto; **the bottle was still a q. full** quedaba aún un cuarto de botella
(**b**) *(in telling time)* **it's/at a q. to** *or US* **of six** son/a las seis menos cuarto; **it's a q. to** son menos cuarto; **it's/at a q.** *Br* **past** *or US* **after six** son/a las seis y cuarto; **it's a q. past** son y cuarto
(**c**) *(three-month period)* trimestre *m*
(**d**) *(area of city)* barrio *m*
(**e**) *(group)* **in some quarters** en algunos círculos; **help came from an unexpected q.** la ayuda llegó por el lado que menos se esperaba
(**f**) *Mil* **quarters** *(lodgings)* alojamiento *m*; **officer quarters** residencia *f* de oficiales
(**g**) *(mercy)* **to give no q.** no dar cuartel
(**h**) *US (coin)* cuarto *m* de dólar
(**i**) *Sport (in basketball, ice hockey)* cuarto *m*
2 *vt* (**a**) *(divide into four)* dividir en cuatro partes
(**b**) *Mil (troops)* acantonar, alojar

quarterback ['kwɔ:təbæk] *n US* quarterback *m (en fútbol americano, jugador que dirige el ataque)*

quarterdeck ['kwɔ:tədek] *n (of ship)* alcázar *m*, cubierta *f* de popa

quarterfinal ['kwɔ:tə'faɪnəl] *n (match)* enfrentamiento *m* de cuartos de final; **the quarterfinals** los cuartos de final

quarterfinalist ['kwɔ:tə'faɪnəlɪst] *n* cuartofinalista *mf*

quarterlight ['kwɔ:təlaɪt] *n Aut (window)* ventanilla *f* triangular

quarterly ['kwɔ:təlɪ] **1** *n* publicación *f* trimestral
2 *adj* trimestral
3 *adv* trimestralmente

quartermaster ['kwɔ:təmɑ:stə(r)] *n Mil* oficial *m* de intendencia

quarterpounder ['kwɔ:tə'paʊndə(r)] *n* = hamburguesa que pesa aproximadamente un cuarto de libra

quartet [kwɔ:'tet] *n* cuarteto *m*

quarto ['kwɔ:təʊ] (*pl* **quartos**) *n* pliego *m* en cuarto

quartz [kwɔ:ts] *n* cuarzo *m* ▫ ***q. clock*** reloj *m* de cuarzo; ***q. crystal*** cristal *m* de cuarzo; ***q. watch*** reloj *m* de cuarzo

quasar ['kweɪzɑ:(r)] *n Astron* cuásar *m*, quasar *m*

quash [kwɒʃ] *vt* (**a**) *(revolt)* sofocar; *(objection)* acallar (**b**) *Law (sentence)* revocar, anular

quasi- ['kweɪzaɪ] *pref* cuasi-

Quaternary [kwɒ'tɜ:nərɪ] *Geol* **1** *n* **the Q.** el cuaternario
2 *adj* cuaternario(a)

quatrain ['kwɒtreɪn] *n Lit* cuarteto *m*

quaver ['kweɪvə(r)] **1** *n* (**a**) *Mus* corchea *f* (**b**) *(in voice)* temblor *m*
2 *vi (of voice)* temblar

quavering, ['kweɪvərɪŋ], **quavery** ['kweɪvərɪ] *adj* temblante, trémulo(a)

quay [ki:] *n* muelle *m*

quayside ['ki:saɪd] *n* muelles *mpl*

queasiness ['kwi:zɪnɪs] *n* mareo *m*

queasy ['kwi:zɪ] *adj* **to feel q.** estar mareado(a), tener mal cuerpo

Quebec [kwɪ'bek] *n* (provincia *f* de) Quebec ▫ ***Q. City*** Quebec (capital)

Quebecker [kwɪ'bekə(r)] *n* = natural o habitante de Quebec

queen [kwi:n] **1** *n* (**a**) *(of country)* reina *f*; *(in cards, chess)* dama *f*, reina *f* ▫ ***q. bee*** abeja *f* reina; IDIOM **she's q. bee** es la que corta el bacalao *or* dirige el cotarro; ***the Q.'s English*** el inglés estándar; ***the Q. Mother*** *or Fam* ***Mum*** la reina madre; *Br Parl* ***the Q.'s Speech*** = discurso inaugural preparado por el gobierno que pronuncia la reina en su apertura anual del parlamento y en el que se indica el programa político del año
(**b**) *Br Law* ***Q.'s Counsel*** = abogado británico de alto rango; ***Q.'s evidence:*** **to turn Q.'s evidence** = inculpar a un cómplice ante un tribunal a cambio de recibir un trato indulgente
(**c**) *Fam Pej (homosexual)* marica *m*, maricón *m*
2 *vt* **to q. it over sb** ser una marimandona con alguien

queenly ['kwi:nlɪ] *adj (grace, bearing)* de reina

queen-size(d) ['kwi:nsaɪz(d)] *adj (bed)* grande

queer ['kwɪə(r)] **1** *n Fam Pej (male homosexual)* marica *m*, maricón *m*
2 *adj* (**a**) *(strange)* raro(a), extraño(a); IDIOM *Br Fam* **to be in q. street** estar con la soga *or Esp* el agua al cuello (**b**) *(suspicious)* raro(a), sospechoso(a) (**c**) *Fam (unwell)* **to feel q.** encontrarse mal; **to come over** *or* **to be taken q.** ponerse malo(a) (**d**) *Fam Pej (homosexual)* marica, maricón(ona)
3 *vt Fam* **to q. sb's pitch** aguarle la fiesta a alguien

queer-bashing ['kwɪə'bæʃɪŋ] *n Br Fam* = ataques físicos o verbales contra homosexuales

quell [kwel] *vt (revolt)* sofocar; *(doubt, worry, passion)* apagar

quench [kwentʃ] *vt (thirst, fire)* apagar

querulous ['kwerʊləs] *adj* lastimero(a), quejumbroso(a)

querulously ['kwerʊləslɪ] *adv* lastimeramente, quejumbrosamente

query ['kwɪərɪ] **1** *n* duda *f*, pregunta *f*; *(on phone line, to expert, at information desk)* consulta *f*; **to raise a q. about sth** *(call into question)* poner en duda algo
2 *vt (question) (invoice)* reclamar contra; *(decision)* cuestionar; **to q. if** *or* **whether...** poner en duda si...

querying ['kwɪərɪɪŋ] *adj* dubitativo(a)

quest [kwest] *Literary* **1** *n* búsqueda *f* (**for** de); **to go** *or* **be in q. of sth** ir en búsqueda *or Esp* busca de algo
2 *vi* **to q. after** *or* **for sth** ir en búsqueda *or Esp* busca de algo, buscar algo

QUESTION ['kwestʃən] **1** *n* (**a**) *(interrogation)* pregunta *f*; **to ask (sb) a q.** hacer una pregunta (a alguien); **we'll send you a refund, no questions asked** le reembolsaremos, sin ningún compromiso; **how will we pay for it? – good q.!** ¿cómo lo vamos a pagar? – ¡buena pregunta!; **the q. is/remains, can we trust them?** la cuestión es/sigue siendo, ¿podemos confiar en ellos?; **to carry out orders without q.** ejecutar órdenes sin preguntar ▫ ***q. mark*** signo *m* de interrogación; *Fig* **there is a q. mark against her reliability** su fiabilidad está en duda; *Fig* **a q. mark hangs over the future of the project** el futuro del proyecto está en el aire; *Br* ***q. master*** *(in quiz game)* presentador(ora) *m,f (de un concurso)*; *Br Parl* ***q. time*** = sesión de control parlamentario en la que los ministros responden a las preguntas de los diputados
(**b**) *(doubt)* duda *f*; **there is no q. about it** no cabe duda (al respecto); **there is no q. that...** no cabe duda alguna (de) que...; **to call sth into q.** poner algo en duda; **beyond q.** *(irrefutably)* fuera de (toda) duda; *(undoubtedly)* sin duda; **her commitment is in q.** su compromiso está en duda; **to be open to q.** ser cuestionable; **without q.** *(undoubtedly)* sin duda
(**c**) *(matter)* cuestión *f*; **the Irish q.** el problema irlandés; **it is a q. of keeping your concentration** se trata de mantener la concentración; **it's only a q. of time** sólo es cuestión de tiempo; **the matter/person in q.** el asunto/individuo en cuestión
(**d**) *(possibility)* **there is no q. of our agreeing to that** en ningún caso vamos a estar conformes con eso; **that's out of the q.!** ¡de eso ni hablar!
2 *vt* (**a**) *(ask questions to)* preguntar; *(for inquiry)* interrogar; *(for survey)* encuestar; **she was questioned on her views** *(in interview)* le pidieron su opinión
(**b**) *(cast doubt on)* cuestionar, poner en duda; **I would q. the wisdom of that course of action** yo pondría en duda la oportunidad de esa táctica

questionable ['kwestʃənəbəl] *adj* cuestionable, dudoso(a)

questioner ['kwestʃənə(r)] *n* interrogador(ora) *m,f*

questioning ['kwestʃənɪŋ] **1** *n (interrogation)* interrogatorio *m*; **he was held for q. by the police** la policía lo detuvo para interrogarlo
2 *adj (look, mind)* inquisitivo(a)

questionnaire [kwestʃə'neə(r)] *n* cuestionario *m*

queue [kju:] **1** *n* (**a**) *Br (line)* cola *f*; **to form a q.** hacer cola; **to jump the q.** colarse (**b**) *Comptr* cola *f*
2 *vi Br* hacer cola; **we had to q. for tickets** tuvimos que hacer cola para comprar *Esp* las entradas *or Am* los boletos

queue-jump ['kju:dʒʌmp] *vi Br* colarse, saltarse la cola

queue-jumping ['kju:dʒʌmpɪŋ] *n Br* **q. is considered impolite** el colarse *or* saltarse la cola es considerado una falta de educación

quibble ['kwɪbəl] **1** *n* pega *f* insignificante, pequeñez *f*
2 *vi* poner pegas (**about** *or* **over** a); **let's not q.** no vamos a discutir por una tontería

quiche [ki:ʃ] *n* quiche *m or f* ▫ ***q. lorraine*** quiche *m or f* de tocino *or Esp* beicon y queso

QUICK [kwɪk] **1** *n* **to bite one's nails to the q.** morderse las uñas hasta hacerse daño; IDIOM **to cut sb to the q.** herir a alguien en lo más profundo
2 *adj* (**a**) *(rapid)* rápido(a); **to have a q. bath** darse un baño rápido; **to have a q. drink** tomarse algo rápidamente; **can I have a q. word with you?** ¿podríamos hablar un momento?; **to be a q. learner** aprender rápidamente; **there is little prospect of a q. solution** es improbable que se halle una pronta solución; **to have a q. temper** tener mal genio; **q. thinking** rapidez *f* mental; **that was q.!** ¡qué rápido!; **q., the train's about to leave!** ¡corre *or* rápido, que el tren va a salir!; **be q.!** ¡date prisa!, *Am* ¡apúrate!; **...and be q. about it** ...y rapidito; **three buses went by in q. succession** tres autobuses pasaron rápidamente uno detrás del otro; **to be q. to do sth** no tardar *or Am* demorar en hacer algo; **to be q. to criticize** apresurarse a criticar; **to be q. off the mark** *(to act)* no perder el tiempo; *(to understand)* ser muy espabilado(a); **the solution is just a q. fix** la solución es un arreglo rápido; *Mil* **q. march!** ¡paso ligero!; *Fam* **to have a q. one** *(drink)* tomar una copa rápida; *(sex)* echar uno rápido
(**b**) *(clever) (person)* listo(a), despierto(a); *(mind)* despierto(a)
3 *adv Fam (to run, talk, think)* rápido; IDIOM **as q. as a flash** en un suspiro, *Esp* como una exhalación

quick-change artist [kwɪk'tʃeɪndʒɑ:tɪst] *n Th* transformista *mf*; *Fig* chaquetero(a) *m,f*

quicken ['kwɪkən] **1** *vt* (**a**) *(make faster)* acelerar; **to q. one's pace** apretar *or* acelerar el paso (**b**) *(imagination)* estimular; *(interest)* despertar
2 *vi* (**a**) *(of pace)* acelerarse; **his pulse quickened** se le aceleró el pulso (**b**) *(of imagination)* estimularse; *(of interest)* despertarse

quickening ['kwɪkənɪŋ] **1** *n Literary (of baby)* primeros movimientos *mpl*
2 *adj* cada vez más acelerado(a)

quickfire ['kwɪkfaɪə(r)] *adj* rápido(a)

quick-freeze ['kwɪk'fri:z] *vt* congelar rápidamente

quickie ['kwɪkɪ] *Fam* **1** *n* **to have a q.** *(drink)* tomar una copa rápida; *(sex)* echar uno rápido
2 *adj* **q. divorce** divorcio *m* por la vía rápida

quicklime ['kwɪklaɪm] *n* cal *f* viva

quickly ['kwɪklɪ] *adv* rápidamente, rápido, deprisa; **I q. realized that...** enseguida me di cuenta de que...

quickness ['kwɪknɪs] *n* (**a**) *(speed)* rapidez *f* (**b**) *(of mind)* agudeza *f*

quick-release ['kwɪkrə'li:s] *adj (wheel, mechanism)* abre-fácil

quicksand ['kwɪksænd] *n* arenas *fpl* movedizas

quicksilver ['kwɪksɪlvə(r)] *n Old-fashioned (mercury)* azogue *m*

quickstep ['kwɪkstep] *n* = baile de salón de pasos rápidos

quick-tempered ['kwɪk'tempəd] *adj* irascible, enfadadizo(a); **to be q.** tener mal genio

quick-witted ['kwɪk'wɪtɪd] *adj (intelligent)* agudo(a)

quick-wittedness ['kwɪk'wɪtədnɪs] *n (intelligence)* agudeza *f*

quid [kwɪd] (*pl* **quid**) *n Br Fam (pound)* libra *f*; IDIOM *Fam* **to be quids in** *(financially)* salir ganando; *(be lucky)* estar de suerte

quid pro quo ['kwɪdprəʊ'kwəʊ] *n* compensación *f*

quiescent [kwɪ'esənt] *adj Formal* inactivo(a), pasivo(a)

QUIET ['kwaɪət] **1** *n (silence)* silencio *m*; *(peacefulness)* tranquilidad *f*; **the q. of the countryside** la paz del campo; **q. please!** ¡silencio, por favor!; IDIOM *Fam* **to do sth on the q.** hacer algo a escondidas *or Esp* a la chita callando
2 *adj* (**a**) *(not loud) (music)* tranquilo(a); *(voice)* bajo(a); *(engine, machine)* silencioso(a); **it was very q. in the church** no se oía ni un ruido en la iglesia; **be q.!** ¡cállate!; **please be as q. as possible** procura no hacer ruido, por favor; **you're very q. today!** ¡estás muy callado hoy!; **she was a q. child** fue una niña muy callada; **they went q.** se callaron; **to keep q.** *(make no noise)* no hacer ruido; *(say nothing)* estar callado(a), callarse; **to keep q. about sth** guardar silencio *or* no decir nada sobre algo; **to keep sb q.** hacer callar a alguien; **to keep sth q.** mantener algo en secreto; IDIOM **as q. as a mouse** *(person)* callado(a) como un muerto
(**b**) *(discreet)* discreto(a); *(confidence, determination)* contenido(a); **to have a q. laugh at sb/sth** reírse para sus adentros de alguien/algo; **I'm going to have to have a q. word with him about his behaviour** voy a tener que discutir con él en privado su comportamiento
(**c**) *(peaceful) (village, evening)* tranquilo(a); **a q. wedding** una boda íntima *or* discreta; **anything for a q. life** lo que sea con tal de que me dejen en paz
(**d**) *(business, market)* inactivo(a), poco animado(a)

▸**quiet down** = **quieten down**

quieten ['kwaɪətən] *vt* tranquilizar

▸**quieten down** **1** *vt sep (make silent)* hacer callar; *(make calm)* tranquilizar, calmar
2 *vi (become silent)* callarse; *(become calm)* tranquilizarse, calmarse

quietly ['kwaɪətlɪ] *adv* (**a**) *(silently)* silenciosamente, sin hacer ruido (**b**) *(discreetly)* discretamente; **to be q. determined** estar interiormente resuelto(a); **to be q. confident** estar íntimamente convencido(a)

quietness ['kwaɪətnɪs] *n (of place)* silencio *m*, calma *f*; *(of person, manner)* tranquilidad *f*

quiff [kwɪf] *n Br (of hair)* tupé *m*

quill [kwɪl] *n* (**a**) *(feather, pen)* pluma *f* ▫ ***q. pen*** pluma *f* (**b**) *(of porcupine)* púa *f*

quilt [kwɪlt] *n* edredón *m*

quilted ['kwɪltɪd] *adj (jacket, toilet paper)* acolchado(a)

quilting ['kwɪltɪŋ] *n* (**a**) *(material)* acolchado *m* (**b**) *(activity)* acolchado *m* ▫ *US* ***q. bee*** *or* ***party*** = reunión de amigas en una casa para coser un edredón

quin [kwɪn] *n Fam* quintillizo(a) *m,f*

quince [kwɪns] *n* membrillo *m* ▫ ***q. jelly*** dulce *m* de membrillo

quincentenary ['kwɪnsen'ti:nərɪ], *US* **quincentennial** ['kwɪnsen'tenɪəl] *n* quinto centenario *m*

quinine ['kwɪni:n] *n* quinina *f*

quinsy ['kwɪnzɪ] *n Med* angina *f*

quintessence [kwɪn'tesəns] *n Formal* quintaesencia *f*

quintessential [kwɪntɪ'senʃəl] *adj Formal* arquetípico(a), prototípico(a); **he's the q. Englishman** es el inglés por antonomasia, es la quintaesencia de lo inglés

quintet [kwɪn'tet] *n* quinteto *m*

quintuple [kwɪn'tu:pəl] **1** *adj* quíntuple
2 *vt* quintuplicar
3 *vi* quintuplicarse

quintuplet [kwɪn'tju:plɪt] *n* quintillizo(a) *m,f*

quip [kwɪp] **1** *n* broma *f*, chiste *m*
2 *vi* (*pt & pp* **quipped**) bromear

quire ['kwaɪə(r)] *n* mano *m* (de papel)

quirk [kw3:k] *n* (**a**) *(of character)* manía *f* (**b**) *(of fate, nature)* capricho *m*; **by a q. of fate** por un capricho del destino

quirky ['kw3:kɪ] *adj* peculiar

quisling ['kwɪzlɪŋ] *n* traidor(ora) *m,f*

quit [kwɪt] **1** *vt* (*pt & pp* **quit** *or* **quitted**) (**a**) *(leave) (person, place)* abandonar, dejar; **to q. one's job** dejar el trabajo (**b**) *(stop)* **to q. doing sth** dejar de hacer algo; *Fam* **q. it!** ¡déjalo ya! (**c**) *Comptr (application)* salir de
2 *vi* (**a**) *(give up)* abandonar; **I q.!** ¡me rindo! (**b**) *(resign)* dimitir; **I q.!** ¡me retiro! (**c**) *Comptr* salir
3 *adj* **to be q. of** librarse *or* deshacerse de

QUITE [kwaɪt] *adv* (**a**) *(entirely)* completamente, totalmente; **I q. agree** estoy completamente *or* totalmente de acuerdo; **I q. understand** lo entiendo perfectamente; **I can q. confidently say that...** puedo decir con toda confianza que...; **I'd be q. happy to lend a hand** me encantaría ayudar; **to be q. honest...**, **q. honestly...** para ser sincero(a)...; **q. the opposite** todo lo contrario; **you know q. well what I mean!** ¡sabes muy bien lo que quiero decir!; **that's not q. true** no es del todo cierto; **I'm not q. ready/sure** no estoy del todo listo/seguro; **it's not q. what I wanted** no es exactamente lo que yo quería; **it wasn't q. as easy as last time** no fue todo lo fácil que fue la última vez; **I can't q. see what you mean** no alcanzo a ver qué quieres decir; **I didn't q. know how to react** no supe muy bien cómo reaccionar; **there's nothing q. like a hot bath** no hay nada como un baño caliente; **q. (so)!** ¡efectivamente!; **that's q. all right** *(it doesn't matter)* no importa; *(you're welcome)* no hay de qué; **q. apart from the fact that...** sin mencionar el hecho de que...; **q. enough** más que suficiente; **that's q. enough of that!** ¡ya es más que suficiente!; **she was sacked, and q. rightly too!** la echaron, ¡y con razón!
(**b**) *(fairly)* bastante; **q. recently** hace muy poco; **she's q. a good singer** es una cantante bastante buena; **I q. like him** me gusta bastante; **q. a few** *or* **a lot of problems** bastantes problemas; **q. a lot of wine** bastante vino; **for q. a while** durante mucho tiempo; **we travelled q. some distance before finding help** tuvimos que recorrer una gran distancia hasta que encontramos ayuda
(**c**) *(for emphasis)* **it was q. a surprise** fue toda una sorpresa; **it's been q. a** *or* **some day!** ¡menudo día!; **that movie is q. something** ¡menuda película!; **it was q. the best pizza I have ever had** ha sido la pizza más deliciosa que he comido nunca

quits [kwɪts] *adj* **to be q. (with sb)** estar en paz (con alguien); **let's call it q.** vamos a dejarlo así

quitter ['kwɪtə(r)] *n Fam* **I'm no q.!** ¡no soy de los que abandonan!

quiver¹ ['kwɪvə(r)] *n (for arrows)* carcaj *m*, aljaba *f*

quiver² **1** *n (tremble)* estremecimiento *m*
2 *vi (tremble)* estremecerse (**with** de)

quivering ['kwɪvərɪŋ] *adj* tembloroso(a), trémulo(a)

qui vive ['kiː'viːv] *n* **to be on the q.** estar alerta *or* ojo avizor

quixotic [kwɪk'sɒtɪk] *adj* quijotesco(a)

quiz [kwɪz] **1** *n* (*pl* **quizzes**) (**a**) *(competition, game)* concurso *m*; **q. (show)** programa *m* concurso (**b**) *US (test)* examen *m*, control *m*
2 *vt* (*pt & pp* **quizzed**) interrogar (**about** sobre)

quizmaster ['kwɪzmɑːstə(r)] *n* presentador(ora) *m,f* (de un concurso)

quizzical ['kwɪzɪkəl] *adj (look, air)* dubitativo(a)

quizzically ['kwɪzɪklɪ] *adv* con aire dubitativo

quoit [kwɔɪt] *n* herrón *m*, aro *m*; **quoits** *(game)* juego *m* de los aros

Quonset hut® ['kwɒnsɪt'hʌt] *n US* = construcción semicilíndrica de chapa ondulada

quorate ['kwɔːreɪt] *adj* **are we q.?** ¿hay quórum?

quorum ['kwɔːrəm] *n* quórum *m inv*

quota ['kwəʊtə] *n (share)* cupo *m*, cuota *f*

quotable ['kwəʊtəbəl] *adj (remark, writer, book)* que se presta a ser citado

quotation [kwəʊ'teɪʃən] *n* (**a**) *(from author)* cita *f* ▫ ***q. marks*** comillas *fpl* (**b**) *Com (for work)* presupuesto *m*

quote [kwəʊt] **1** *n Fam* (**a**) *(from author)* cita *f*; **in quotes** *(in quotation marks)* entre comillas (**b**) *Com (for work)* presupuesto *m*
2 *vt* (**a**) *(author, passage)* citar; **he was quoted as saying that...** se le atribuye haber dicho que...; **don't q. me on that** *(I'm not sure)* no estoy seguro; *(don't say I've said it)* no digas que he dicho eso; **in reply please q. this number** en su contestación por favor indique este número; **q. unquote** entre comillas; **and I q....** y cito textualmente... (**b**) *Com (price)* dar un presupuesto de; **he quoted me a price of £100** me dio un presupuesto de 100 libras, fijó un precio de 100 libras; *Fin* **quoted company** empresa *f* cotizada en Bolsa

quotidian [kwəʊ'tɪdɪən] *adj Formal (commonplace)* cotidiano(a)

quotient ['kwəʊʃənt] *n Math* cociente *m*

q.v. [kjuː'viː] *Formal* (*abbr* **quod vide**) véase

qwerty ['kwɜːtɪ] *adj (keyboard)* qwerty

R

R, r [ɑː(r)] *n (letter)* R, r *f*; *Fam* **the three R's** = lectura, escritura y aritmética

R *US* (**a**) *Pol* (*abbr* **Republican**) republicano(a) (**b**) *Cin* (*abbr* **restricted**) no recomendado(a) para menores

RA [ɑː'reɪ] *n* (*abbr* **Royal Academician**) = miembro de la academia británica de las artes

rabbi ['ræbaɪ] *n Rel* rabino *m*

rabbinical [rə'bɪnɪkəl] *adj* rabínico(a)

rabbit ['ræbɪt] *n* conejo *m* ❑ *Fam* ***r. food*** = término despectivo para referirse a la ensalada y verdura; ***r. hole*** madriguera *f*; ***r. hutch*** conejera *f*; ***r. punch*** colleja *f*, golpe *m* en la nuca; ***r. warren*** red *f* de madrigueras; *Fig* laberinto *m*

▸**rabbit on** *vi Fam* parlotear, *Esp* cascar

rabble ['ræbəl] *n* multitud *f* ❑ ***r. rouser*** agitador(ora) *m,f* (de masas)

rabble-rousing ['ræbəl'raʊzɪŋ] *adj* agitador(ora)

rabid ['ræbɪd] *adj* (**a**) *(animal)* rabioso(a) (**b**) *(person, emotion)* furibundo(a)

rabidly ['ræbɪdlɪ] *adv* **he's r. nationalistic** es un nacionalista furibundo

rabies ['reɪbiːz] *n* rabia *f*

RAC [ɑːreɪ'siː] *n* (*abbr* **Royal Automobile Club**) = organización británica de ayuda al automovilista, *Esp* ≃ RACE *m*, *Arg* ≃ ACA *m*

raccoon [rə'kuːn] *n* mapache *m*

race¹ [reɪs] **1** *n* (**a**) *(contest)* carrera *f*; **the hundred metres r.** los cien metros lisos; IDIOM **a r. against time** *or* **the clock** una carrera contra reloj; *Fig* **the r. is on (to)** ha comenzado la carrera (para) (**b**) **the races** *(horseraces)* las carreras; **a r. meeting** concurso *m* de carreras de caballos

2 *vt* (**a**) *(athlete)* correr con *or* contra; **I'll r. you home!** ¡te echo una carrera hasta casa! (**b**) *(horse)* hacer correr (en carreras)

3 *vi* (**a**) *(of athlete, horse)* correr, competir (**b**) *(move quickly)* correr; **to r. in/out** entrar/salir corriendo; **to r. down the street** correr calle abajo; **to r. by** *(of time)* pasar volando (**c**) *(of engine)* acelerarse; *(of pulse, heart)* palpitar aceleradamente

▸**race about, race around** *vi* dar vueltas de un lado a otro

race² *n (of people, animals)* raza *f*; **the human r.** la raza humana ❑ ***r. hatred*** odio *m* racial; ***r. relations*** relaciones *fpl* interraciales; ***r. riot*** disturbio *m* racial

racecard ['reɪskɑːd] *n* programa *m* de carreras

racecourse ['reɪskɔːs] *n* hipódromo *m*

racegoer ['reɪsgəʊə(r)] *n* aficionado(a) *m,f* a las carreras (de caballos)

racehorse ['reɪshɔːs] *n* caballo *m* de carreras

racer ['reɪsə(r)] *n* (**a**) *(person)* corredor(ora) *m,f* (**b**) *(bicycle)* bicicleta *f* de carreras

racetrack ['reɪstræk] *n* (**a**) *(for athletes)* pista *f*; *(for cars)* circuito *m* (**b**) *US (for horses)* hipódromo *m*

racial ['reɪʃəl] *adj* racial ❑ ***r. discrimination*** discriminación *f* racial

racialism ['reɪʃəlɪzəm] *n Br* racismo *m*

racialist ['reɪʃəlɪst] *n & adj Br* racista *mf*

racially ['reɪʃəlɪ] *adv* racialmente; **r. prejudiced** con prejuicios raciales

racing ['reɪsɪŋ] **1** *n* carreras *fpl*

2 *adj* ***r. bicycle*** bicicleta *f* de carreras; ***r. car*** coche *m or Am* carro *m or Chile, RP* auto *m* de carreras

racism ['reɪsɪzəm] *n* racismo *m*

racist ['reɪsɪst] *n & adj* racista *mf*

rack [ræk] **1** *n* (**a**) *(for display, storage) (for bottles)* botellero *m*; *(for plates)* escurreplatos *m inv*; *(for magazines)* revistero *m*; *(for goods in shop)* expositor *m*; *(for luggage)* portaequipajes *m inv* (**b**) *Tech* **r. and pinion** engranaje *m* de piñón y cremallera (**c**) *(for torture)* potro *m*; *Fig* **to be on the r.** estar contra las cuerdas (**d**) IDIOM **to go to r. and ruin** venirse abajo

2 *vt (torment)* torturar, atormentar; **to be racked with pain** estar atormentado(a) por el dolor; **to r. one's brains** devanarse los sesos

▸**rack up** *vt insep* acumular

racket¹ ['rækɪt] *n* (**a**) *(for tennis)* raqueta *f* (**b**) **rackets** *(game)* = juego parecido al squash que disputan dos o cuatro jugadores y que se juega en una pista de mayores dimensiones

racket² *n* (**a**) *Fam (noise)* estruendo *m*, *Esp* jaleo *m*; **to make a r.** armar alboroto *or Esp* jaleo (**b**) *(criminal activity)* negocio *m* mafioso; **drug r.** red *f* de tráfico de drogas

racketeer [rækɪ'tɪə(r)] *n* mafioso(a) *m,f*, persona *f* envuelta en negocios sucios

racketeering [rækɪ'tɪərɪŋ] *n* negocios *mpl* mafiosos

rack-rent ['rækrent] *vt* alquilar *or Méx* rentar a precios abusivos

raconteur [rækɒn'tɜː(r)] *n* **he's a skilful r.** tiene una gran habilidad para contar anécdotas

racquet ['rækɪt] *n (for tennis)* raqueta *f*

racquetball ['rækətbɔːl] *n US* = especie de frontenis

racy ['reɪsɪ] *adj* (**a**) *(risqué)* atrevido(a) (**b**) *(lively)* vívido(a)

rad [ræd] *n Phys* rad *m*

RADA ['rɑːdə] *n* (*abbr* **Royal Academy of Dramatic Art**) = academia británica de arte dramático

radar ['reɪdɑː(r)] *n* radar *m* ❑ ***r. beacon*** baliza *f* de radar; ***r. operator*** operador(ora) *m,f* de radar; ***r. screen*** pantalla *f* de radar; ***r. trap*** = control *m* de velocidad por radar

radial ['reɪdɪəl] **1** *n (tyre)* neumático *m or Col, Méx* llanta *f or Arg* goma *f* (de cubierta) radial

2 *adj* radial ❑ ***r. engine*** motor *m* radial *or* en estrella

radian ['reɪdɪən] *n Geom* radián *m*

radiance ['reɪdɪəns] *n (of light)* resplandor *m*; *(of person, smile)* esplendor *m*

radiant ['reɪdɪənt] *adj (light, person, smile)* radiante, resplandeciente; **to be r. (with)** *(of person, smile)* estar radiante (de) ❑ ***r. energy*** energía *f* radiante; ***r. heat*** calor *m* radiante

radiate ['reɪdɪeɪt] **1** *vt (heat, light)* irradiar; *Fig (happiness, enthusiasm)* irradiar; *(health)* rebosar

2 *vi* irradiar (**from** de *or* desde)

radiation [reɪdɪ'eɪʃən] *n* radiación *f* ❑ ***r. sickness*** síndrome *m* producido por la radiación

radiator ['reɪdɪeɪtə(r)] *n (heater, in car engine)* radiador *m*

radical ['rædɪkəl] *n & adj* radical *mf*

radicalism ['rædɪkəlɪzəm] *n* radicalismo *m*

radicalize ['rædɪkəlaɪz] *vt* radicalizar

radically ['rædɪklɪ] *adv* radicalmente

radicchio [ræ'diːkɪəʊ] *n* achicoria *f* morada *(para ensaladas)*

radio ['reɪdɪəʊ] **1** *n* (*pl* **radios**) radio *f* ❑ ***r. astronomy*** radioastronomía *f*; ***r. beacon*** radiofaro *m*, radiobaliza *f*; *Comptr* ***r. button*** botón *m* de tipo radio; ***r. cassette (recorder or player)*** radiocasete *m*; ***r. frequency*** radiofrecuencia *f*; ***r. microphone*** micrófono *m* inalámbrico; ***r. station*** emisora *f* de radio; ***r. telescope*** radiotelescopio *m*; ***r. wave*** onda *f* de radio

2 *vt (information)* transmitir por radio; *(person)* comunicar por radio con

3 *vi* **to r. for help** pedir ayuda por radio

radioactive ['reɪdɪəʊ'æktɪv] *adj* radiactivo(a) ❑ ***r. waste*** residuos *mpl* radiactivos

radioactivity ['reɪdɪəʊæk'tɪvɪtɪ] *n* radiactividad *f*

radiocarbon ['reɪdɪəʊ'kɑ:bən] *n* radiocarbono *m* ▫ ***r. dating*** datación *f* por carbono 14

radio-controlled ['reɪdɪəʊkən'trəʊld] *adj* teledirigido(a)

radiogram ['reɪdɪəʊgræm] *n* (**a**) *Br Old-fashioned* radiogramola *f* (**b**) = **radiograph**

radiograph ['reɪdɪəʊgrɑ:f] *n* radiografía *f*

radiographer [reɪdɪ'ɒgrəfə(r)] *n* técnico(a) *m,f* especialista en rayos X

radiography [reɪdɪ'ɒgrəfɪ] *n* radiografía *f*

radioisotope ['reɪdɪəʊ'aɪsətəʊp] *n* radioisótopo *m*

radiologist [reɪdɪ'ɒlədʒɪst] *n* radiólogo(a) *m,f*

radiology [reɪdɪ'ɒlədʒɪ] *n* radiología *f*

radio-pager ['reɪdɪəʊ'peɪdʒə(r)] *n* busca *m*, buscapersonas *m inv*, *Méx* localizador *m*, *RP* radiomensaje *m*

radiosensitive ['reɪdɪəʊ'sensɪtɪv] *adj* radiosensible

radiotelephone ['reɪdɪəʊ'teləfəʊn] *n* radioteléfono *m*

radiotherapy ['reɪdɪəʊ'θerəpɪ] *n* radioterapia *f*

radish ['rædɪʃ] *n* rábano *m*

radium ['reɪdɪəm] *n Chem* radio *m*

radius ['reɪdɪəs] (*pl* **radii** ['reɪdɪaɪ]) *n* radio *m*; **within a r. of** en un radio de

radon ['reɪdɒn] *n Chem* radón *m*

RAF [ɑ:reɪ'ef] *n* (*abbr* **Royal Air Force**) RAF *f*

raffia ['ræfɪə] *n* rafia *f*

raffish ['ræfɪʃ] *adj* pícaro(a)

raffle ['ræfəl] **1** *n* rifa *f* ▫ ***r. ticket*** boleto *m* de rifa

2 *vt* rifar; **to r. sth off** rifar algo

raft [rɑ:ft] *n* (**a**) *(vessel)* balsa *f* (**b**) *Fam* montón *m*

rafter ['rɑ:ftə(r)] *n* viga *f* (de tejado)

rafting ['rɑ:ftɪŋ] *n* rafting *m*; **to go r.** hacer rafting

rag[1] [ræg] *n* (**a**) *(piece of cloth)* trapo *m*; **rags** *(clothes)* harapos *mpl*; **to go from rags to riches** salir de la miseria y pasar a la riqueza; IDIOM *Fam* **to lose one's r.** perder los estribos ▫ ***r. doll*** muñeca *f* de trapo; *Fam* ***the r. trade*** la industria de la moda (**b**) *Fam Pej (newspaper)* periodicucho *m*

rag[2] *Br* **1** *n Old-fashioned (prank)* broma *f* ▫ *Univ* ***r. week*** = semana en que los estudiantes colectan dinero para obras de caridad

2 *vt* (*pt & pp* **ragged**) *Old-fashioned (tease)* pitorrearse de

ragamuffin ['rægəmʌfɪn] *n* golfillo(a) *m,f*, pilluelo(a) *m,f*

rag-and-bone man ['rægən'bəʊnmæn] *n* trapero(a) *m,f*

ragbag ['rægbæg] *n* batiburrillo *m*

rage [reɪdʒ] **1** *n* (**a**) *(fury)* cólera *f*, ira *f*; **to be in a r.** estar hecho(a) una furia (**b**) *Fam (fashion)* **to be all the r.** *(of music, style)* hacer furor

2 *vi* (**a**) *(be furious)* **to r. about sth** despotricar contra algo; **to r. against** *or* **at sb/sth** encolerizarse con alguien/algo (**b**) *(of sea)* embravecerse, encresparse; *(of epidemic, war, fire)* recrudecerse

ragga ['rægə] *n Mus* ragga *m*

ragged ['rægɪd] *adj (clothes)* raído(a); *(edge)* irregular; *(person)* andrajoso(a); IDIOM *Fam* **she had run herself r.** se había quedado molida

raging ['reɪdʒɪŋ] *adj* (**a**) *(person)* furioso(a); **to be in a r. temper** estar hecho(a) una furia (**b**) *(sea)* embravecido(a), encrespado(a); *(fire)* pavoroso(a); *(fever, thirst, headache)* atroz

raglan ['ræglən] *adj (sleeve, coat)* ranglan

ragout [ræ'gu:] *n* ragout *m*

ragtag ['rægtæg] *adj* desordenado(a) y variopinto(a)

ragworm ['rægwɜ:m] *n* = gusano utilizado como cebo

ragwort ['rægwɜ:t] *n* hierba *f* cana

raid [reɪd] **1** *n* (**a**) *(by robbers)* atraco *m* (**b**) *(by army)* incursión *f* (**c**) *(by police)* redada *f*

2 *vt* (**a**) *(of robbers)* atracar, asaltar; *Fig* **to r. the fridge** saquear la nevera *or RP* heladera *or Méx* refrigerador (**b**) *(of army)* hacer una incursión en (**c**) *(of police)* hacer una redada en

raider ['reɪdə(r)] *n (criminal)* atracador(ora) *m,f*

rail[1] [reɪl] *n* (**a**) *(of stairway, balcony)* pasamanos *m inv*, barandilla *f* (**b**) *(train system)* ferrocarril *m*, tren *m*; *(track)* riel *m*, carril *m*; **by r.** en tren; IDIOM **to go off the rails** *(of person, economy)* desencaminarse, perder el norte ▫ ***r. bridge*** puente *m* ferroviario; ***r. network*** red *f* ferroviaria; ***r. strike*** huelga *f* ferroviaria *or* de trenes; ***r. travel*** los viajes en tren (**c**) **the rails** *(in horse racing)* la valla interior; **to be coming up on the rails** *(of racehorse)* avanzar por el interior; *Fig* acercarse rápidamente

▸**rail in, rail off** *vt sep* cercar

rail[2] *vi* **to r. at** *or* **against sth** protestar airadamente contra algo

railcar ['reɪlkɑ:(r)] *n* (**a**) *(self-propelled)* automotor *m* (**b**) *US (carriage)* vagón *m*

railcard ['reɪlkɑ:d] *n Br* = tarjeta para obtener billetes de tren con descuento

railhead ['reɪlhed] *n* (**a**) *(terminus)* final *m* de trayecto (**b**) *(of railway being built)* cabeza *f* de línea

railings ['reɪlɪŋz] *npl* verja *f*

railroad ['reɪlrəʊd] **1** *n US (system)* (red *f* de) ferrocarril *m*; *(track)* vía *f* férrea

2 *vt Fam* **to r. sb into doing sth** avasallar a alguien para que haga algo; **to r. a bill through Parliament** utilizar el rodillo parlamentario para que se apruebe un proyecto de ley

railway ['reɪlweɪ] *n Br (system)* (red *f* de) ferrocarril *m*; *(track)* vía *f* férrea ▫ ***r. carriage*** vagón *m* (de tren); ***r. crossing*** paso *m* a nivel; ***r. line*** *(track)* vía *f* (férrea); *(route)* línea *f* de tren; ***r. network*** *or* ***system*** red *f* ferroviaria; ***r. station*** estación *f* de trenes *or* de ferrocarril

railwayman ['reɪlweɪmən] *n* ferroviario *m*

raiment ['reɪmənt] *n Literary* vestimenta *f*, atuendo *m*

rain [reɪn] **1** *n* lluvia *f*; **in the r.** bajo la lluvia; **it looks like r.** parece que va a llover; **the rains** las lluvias; **come r. or shine** *(whatever the weather)* llueva o truene; *(whatever the circumstances)* sea como sea, pase lo que pase ▫ *US* ***r. check*** *(at sporting event)* = *Esp* entrada *or Am* boleto para asistir más tarde a un encuentro suspendido por la lluvia; *Fam* **to take a r. check** dejarlo *or* pensárselo para más adelante; ***r. cloud*** nube *f* de lluvia, nubarrón *m*; ***r. dance*** danza *f* de la lluvia

2 *vt* **to r. blows/gifts on sb** hacer llover los golpes/los regalos sobre alguien

3 *vi* llover; **it's raining** está lloviendo; IDIOM *Br Fam* **it's raining cats and dogs** está lloviendo a cántaros *or* a mares; PROV **it never rains but it pours** las desgracias nunca vienen solas

rainbow ['reɪnbəʊ] *n* arco *m* iris ▫ ***r. coalition*** = coalición de partidos minoritarios; ***r. trout*** trucha *f* arco iris

rainbow-coloured ['reɪnbəʊ'kʌləd] *adj* con los colores del arco iris

raincoat ['reɪnkəʊt] *n* impermeable *m*

raindrop ['reɪndrɒp] *n* gota *f* de lluvia

rainfall ['reɪnfɔ:l] *n* pluviosidad *f*

rainforest ['reɪnfɒrɪst] *n* selva *f* tropical

rain-gauge ['reɪn'geɪdʒ] *n* pluviómetro *m*

rain-maker ['reɪnmeɪkə(r)] *n* (**a**) *(in tribal society)* = persona que afirma poder traer la lluvia (**b**) *Fam Com* empleado(a) *m,f* altamente productivo(a)

rainproof ['reɪnpru:f] *adj* impermeable

rainstick ['reɪnstɪk] *n* palo *m* de lluvia

rainstorm ['reɪnstɔ:m] *n* aguacero *m*

rainwater ['reɪnwɔ:tə(r)] *n* agua *f* de lluvia

rainy ['reɪnɪ] *adj* lluvioso(a); **the r. season** la estación de las lluvias; IDIOM **to save sth for a r. day** guardar algo para cuando haga falta

raise [reɪz] **1** *n US (pay increase)* aumento *m* (de sueldo)

2 *vt* (**a**) *(lift)* levantar; *(flag)* izar; *(blind, theatre curtain)* levantar, subir; **to r. one's hand** *(to volunteer, ask question)* levantar la mano; **to r. one's glass to one's lips** llevarse el vaso a los labios; *also Fig* **to r. one's hat to sb** quitarse *or Am* sacarse el sombrero ante alguien; IDIOM **the audience raised the roof** *(in theatre)* el teatro (literalmente) se vino abajo

(**b**) *(increase) (price, standard)* aumentar, elevar; *(awareness)* aumentar; **to r. one's voice** alzar *or* levantar la voz; **I don't want to r. your hopes** no quisiera darte falsas esperanzas; **to r. sb's spirits** levantar el ánimo de alguien; IDIOM **to r. the stakes** forzar la situación; *Fig* **to r. the temperature of a dispute** caldear un conflicto

(**c**) *(bring up) (problem, subject)* plantear; **to r. sth with sb** plantear algo a alguien, sacar a colación algo ante alguien

(**d**) *(smile, laugh)* provocar; *(fears, doubts)* levantar, sembrar; **to r. the alarm** dar la voz de alarma; IDIOM **to r. hell** *or* **Cain** poner el grito en el cielo
(**e**) *(money, funds)* reunir, recaudar
(**f**) *(children, cattle)* criar; *(crops)* cultivar; **I was raised in the countryside** me crié en el campo
(**g**) *(blockade, embargo)* levantar
(**h**) *(statue)* erigir
(**i**) *(resurrect)* **to r. the dead** resucitar a los muertos
(**j**) *(in cards)* subir

raisin ['reɪzən] *n* (uva *f*) pasa *f*

raison d'être ['reɪzɒn'detrə] *n* razón *f* de ser

Raj [rɑːʒ] *n Hist* **the (British) R.** el imperio británico en la India

rake [reɪk] **1** *n* (**a**) *(garden tool)* rastrillo *m*; IDIOM **to be as thin as a r.** estar en los huesos (**b**) *Old-fashioned (dissolute man)* crápula *m*, calavera *m*
2 *vt (leaves, soil)* rastrillar; **to r. one's memory** escarbar en la memoria
▸**rake about, rake around** *vi (search)* **to r. about** *or* **around for sth** rebuscar algo
▸**rake in** *vt sep Fam (money)* amasar; **she's raking it in!** ¡se está forrando!, *Méx* ¡se está llenando de lana!
▸**rake off** *vt sep Fam (money)* llevarse
▸**rake over** *vt sep (subject, the past)* remover
▸**rake up** *vt sep (leaves, grass cuttings)* rastrillar; IDIOM **to r. up sb's past** sacar a relucir el pasado de alguien

rake-off ['reɪkɒf] *n Fam* tajada *f*, comisión *f*

rakish ['reɪkɪʃ] *adj* (**a**) *(dissolute)* licencioso(a), disoluto(a) (**b**) *(charm, smile)* desenvuelto(a); **to wear one's hat at a r. angle** llevar el sombrero ladeado con un aire de desenfado

rally ['rælɪ] **1** *n* (**a**) *(protest gathering)* concentración *f* (de protesta) (**b**) *(in tennis, badminton)* intercambio *m* de golpes, peloteo *m* (**c**) *(car race)* rally *m* ▫ ***r. driver*** piloto *m* de rallys
2 *vt (troops)* reagrupar; *(support)* reunir, recabar; **to r. sb's spirits** elevar el ánimo a alguien
3 *vi (recover)* recuperarse; **to r. to sb's defence** salir en defensa de alguien
▸**rally round 1** *vt insep* agruparse en torno a
2 *vi* agruparse

rallycross ['rælɪkrɒs] *n Sport* autocross *m inv*

rallying ['rælɪɪŋ] **1** *n Sport* carreras *fpl* de rallies
2 *adj* ***r. cry*** consigna *f*, grito *m* de guerra; ***r. point*** punto *m* de encuentro

RAM [ræm] *n Comptr (abbr* **random access memory**) (memoria *f*) RAM *f* ▫ ***R. cache*** RAM *f* caché; ***R. disk*** disco *m* RAM

ram [ræm] **1** *n* (**a**) *(animal)* carnero *m* (**b**) *(implement)* **(battering) r.** ariete *m*
2 *vt (pt & pp* **rammed**) (**a**) *(crash into)* embestir; *(of ship)* abordar (**b**) *(force into place)* embutir, insertar con fuerza; IDIOM *Fam* **she's always ramming her views down my throat** siempre está tratando de inculcarme a la fuerza sus ideas

Ramadan [ræmədæn] *n Rel* ramadán *m*

ramble ['ræmbəl] **1** *n (walk)* excursión *f*, caminata *f*
2 *vi* (**a**) *(walk)* caminar, pasear (**b**) *(digress)* divagar
▸**ramble on** *vi* divagar constantemente; **to r. on about sth** divagar sobre algo

rambler ['ræmblə(r)] *n (walker)* excursionista *mf*, senderista *mf*

rambling ['ræmblɪŋ] **1** *n* (**a**) *(walking)* **to go r.** ir de excursión, hacer senderismo (**b**) **ramblings** *(words)* divagaciones *fpl*, digresiones *fpl*
2 *adj* (**a**) *(letter, speech)* inconexo(a) (**b**) *(house)* laberíntico(a) (**c**) ***r. rose*** *(plant)* rosal *m* trepador

rambunctious [ræm'bʌŋkʃəs] *adj Fam* bullicioso(a)

RAMC [ɑːreɪem'siː] *n (abbr* **Royal Army Medical Corps**) = cuerpo médico del ejército de tierra británico

ramification [ræmɪfɪ'keɪʃən] *n* ramificación *f*

ramjet ['ræmdʒet] *n* estatorreactor *m*

ramp [ræmp] *n* (**a**) *(to ease access)* rampa *f* (**b**) *(to plane)* escalerilla *f* (**c**) *US (to join freeway)* carril *m* de incorporación *or* aceleración; *(to exit freeway)* carril *m* de salida *or* deceleración (**d**) *Br (on road)* resalto *m (de moderación de velocidad)*

rampage 1 *n* ['ræmpeɪdʒ] **to go on the r.** ir arrasando con todo
2 *vi* [ræm'peɪdʒ] **to r. about** ir en desbandada

rampant ['ræmpənt] *adj (corruption, disease)* incontrolado(a); *(growth)* incontrolado(a), desenfrenado(a); *(inflation)* galopante

rampart ['ræmpɑːt] *n* muralla *f*

ram-raiding ['ræm'reɪdɪŋ] *n* = robo en una tienda embistiendo contra el escaparate *Am* la vidriera con un vehículo

ramrod ['ræmrɒd] *n (for rifle)* baqueta *f*; *Fig* **r. straight** con la espalda recta

ramshackle ['ræmʃækəl] *adj* destartalado(a)

ran [ræn] *pt of* **run**

ranch [rɑːntʃ] *n* rancho *m* ▫ *US* ***r. dressing*** = aderezo para ensalada con leche y mayonesa; ***r. hand*** peón(ona) *m,f*, jornalero(a) *m,f*

rancher ['rɑːntʃə(r)] *n* ranchero(a) *m,f*

rancid ['rænsɪd] *adj* rancio(a); **to go r.** ponerse rancio(a)

rancorous ['ræŋkərəs] *adj (debate, dispute)* agrio(a)

rancour, *US* **rancor** ['ræŋkə(r)] *n* acritud *f*, resentimiento *m*

rand [rænd] *n* rand *m*

random ['rændəm] **1** *n* **at r.** al azar
2 *adj (choice, sample)* al azar ▫ *Comptr* ***r. access memory*** memoria *f* de acceso aleatorio; ***r. sampling*** muestreo *m* aleatorio; *Math* ***r. variable*** variable *f* aleatoria

randomized ['rændəmaɪzd] *adj (sample, number)* aleatorio(a)

randomly ['rændəmlɪ] *adv* al azar

randy ['rændɪ] *adj Fam* cachondo(a), *Esp* calentorro(a), *RP* caliente; **to feel r.** estar cachondo(a) *or Esp* calentorro(a) *or RP* caliente

rang [ræŋ] *pt of* **ring^2**

range [reɪndʒ] **1** *n* (**a**) *(reach) (of weapon, telescope, hearing)* alcance *m*; *(of ship, plane)* autonomía *f*; **out of r.** fuera del alcance; *Fig* **it's out of our (price) r.** se sale de lo que podemos gastar; **within r.** al alcance
(**b**) *(variety) (of prices, colours, products)* gama *f*
(**c**) *(extent, scope) (of instrument, voice)* registro *m*; *(of knowledge)* amplitud *f*; *(of research)* ámbito *m*
(**d**) *(of hills, mountains)* cordillera *f*
(**e**) *(practice area)* **(shooting) r.** campo *m* de tiro
(**f**) *(cooker)* fogón *m*, cocina *f or Col, Méx, Ven* estufa *f* de carbón
2 *vt* (**a**) *(arrange in row) (troops, books)* alinear; **to r. oneself with/against sb** alinearse con/en contra de alguien
(**b**) *(travel)* recorrer
3 *vi* (**a**) *(extend)* **ages ranging from ten to ninety** edades comprendidas entre los diez y los noventa años; **during the summer temperatures r. from 21 to 30 degrees** durante el verano las temperaturas oscilan entre los 21 y los 30 grados
(**b**) **to r. over** *(include)* abarcar, comprender

rangefinder ['reɪndʒfaɪndə(r)] *n* telémetro *m*

ranger ['reɪndʒə(r)] *n* (**a**) *(in forest)* guardabosques *mf inv* (**b**) *US Mil* comando *m*

Rangoon [ræn'guːn] *n* Rangún

rangy ['reɪndʒɪ] *adj (person)* patilargo(a)

rank^1 [ræŋk] **1** *n* (**a**) *(status)* rango *m*; *Fig* **she pulled r. on him** le recordó quién mandaba (allí) (**b**) *(row)* fila *f*; *Mil* **the ranks** la tropa; **to rise from the ranks** ascender de soldado a oficial; **the ranks of the unemployed** las filas del paro; IDIOM **to break ranks (with)** desmarcarse (de); IDIOM **to close ranks** cerrar filas (**c**) *Br* **(taxi) r.** parada *f* de taxis
2 *vt* clasificar (**among** entre *or* dentro de); **to r. sth/sb as** catalogar algo/a alguien como
3 *vi* figurar (**among** entre *or* dentro de); **that ranks as one of the best movies I've seen** es una de las mejores películas que he visto; **to r. above/below sb** tener un rango superior/inferior al de alguien; **this ranks as a major disaster** esto constituye un desastre de primer orden

rank^2 *adj* (**a**) *(foul-smelling)* pestilente (**b**) *(absolute)* total; **she's a r. outsider** no es más que una comparsa, no tiene muchas posibilidades

rank-and-file ['ræŋkən'faɪl] *n* **the r.** *(in army)* la tropa; *(of political party, union)* las bases

ranking [ˈræŋkɪŋ] **1** *n (classification)* clasificación *f*

2 *adj US (senior)* de mayor rango

rankle [ˈræŋkəl] *vi* doler, escocer; **to r. with sb** dolerle *or* escocerle a alguien

ransack [ˈrænsæk] *vt (house, desk)* revolver, poner patas arriba; *(shop, town)* saquear

ransom [ˈrænsəm] **1** *n* rescate *m*; **to hold sb to r.** pedir un rescate por alguien; *Fig* **to be held to r. by sb** estar a merced de alguien ▫ ***r. demand*** petición *f or Am* pedido *m* de rescate; ***r. note*** nota *f* pidiendo el rescate

2 *vt* rescatar, pagar el rescate de

rant [rænt] *vi Fam* despotricar (**about/at** acerca de/contra); **to r. and rave (about sth/at sb)** poner el grito en el cielo (por algo/ante alguien)

rap [ræp] *n* **1** (**a**) *(sharp blow)* golpe *m*; IDIOM **to give sb a r. over the knuckles** echar un rapapolvo *or Méx* un buen regaño *or RP* un buen reto a alguien (**b**) *Fam (blame, punishment)* **to take the r. for sth** pagar el pato por algo ▫ *US* ***r. sheet*** ficha *f* con los antecedentes penales (**c**) *(music)* rap *m*

2 *vt* (*pt & pp* **rapped**) *(strike)* dar un golpe a; IDIOM **to r. sb's knuckles, to r. sb over the knuckles** echar un rapapolvo *or Méx* un buen regaño *or RP* un buen reto a alguien

3 *vi US (chat)* charlar, *CAm, Méx* platicar

rapacious [rəˈpeɪʃəs] *adj (person)* rapaz; *(appetite)* voraz

rapaciousness [rəˈpeɪʃəsnɪs], **rapacity** [rəˈpæsɪtɪ] *n (of person)* rapacidad *f*; *(of appetite)* voracidad *f*

rape¹ [reɪp] **1** *n (crime)* violación *f*; *Fig (of countryside, environment)* destrucción *f*

2 *vt (persona)* violar; *Fig (countryside, environment)* destruir

rape² *n (crop)* colza *f*

rapeseed [ˈreɪpsiːd] *n* semilla *f* de colza ▫ ***r. oil*** aceite *m* de colza

rapid [ˈræpɪd] *adj* rápido(a) ▫ *Physiol* ***r. eye movement*** movimientos *mpl* oculares rápidos; ***r. fire*** tiro *m* rápido; ***r. reaction force*** fuerza *f* de intervención rápida

rapidity [rəˈpɪdɪtɪ] *n* rapidez *f*, celeridad *f*

rapidly [ˈræpɪdlɪ] *adv* rápidamente

rapids [ˈræpɪdz] *npl (in river)* rápidos *mpl*

rapier [ˈreɪpɪə(r)] *n* estoque *m*; **r. wit** ingenio *m* vivaz

rapist [ˈreɪpɪst] *n* violador *m*

rapper [ˈræpə(r)] *n (singer)* rapero(a) *m,f*

rapport [ræˈpɔː(r)] *n* buena relación *f*; **to have a good r. (with sb)** entenderse *or* llevarse muy bien (con alguien)

rapprochement [ræˈprɒʃmɒŋ] *n Formal* acercamiento *m*

rapscallion [ræpˈskælɪən] *n Old-fashioned* pillastre *mf*, bribón(ona) *m,f*

rapt [ræpt] *adj (attention, look)* extasiado(a); **to be r. in contemplation** estar absorto(a) en la contemplación

rapture [ˈræptʃə(r)] *n* gozo *m*; **to be in raptures** estar encantado(a); **to go into raptures over** estar embelesado(a) con

rapturous [ˈræptʃərəs] *adj (cries, applause)* arrebatado(a); *(reception, welcome)* clamoroso(a)

rare [reə(r)] *adj* (**a**) *(uncommon)* raro(a); **to have a r. gift (for sth)** tener un don especial (para algo) (**b**) *(infrequent)* raro(a) (**c**) *(steak)* muy poco hecho(a)

rarebit [ˈreəbɪt] *n* **(Welsh) r.** tostada *f* de queso fundido

rarefied [ˈreərɪfaɪd] *adj* (**a**) *(air, gas)* rarificado(a), enrarecido(a) (**b**) *(atmosphere, ideas)* exclusivista, encopetado(a)

rarely [ˈreəlɪ] *adv* raras veces, raramente

raring [ˈreərɪŋ] *adj* **to be r. to do sth** estar deseando hacer algo; **to be r. to go** estar deseando empezar

rarity [ˈreərɪtɪ] *n* rareza *f*; **to be/become a r.** ser/convertirse en una rareza *or* un caso especial ▫ ***r. value*** rareza *f*

rascal [ˈrɑːskəl] *n* (**a**) *(child)* pillo(a) *m,f* (**b**) *Old-fashioned or Hum (scoundrel)* bribón(ona) *m,f*

rash¹ [ræʃ] *n* (**a**) *(on skin)* erupción *f*, sarpullido *m* (**b**) *(of complaints, letters)* alud *f*, avalancha *f*

rash² *adj (person)* impulsivo(a); *(action, remark)* imprudente

rasher [ˈræʃə(r)] *n Br* **r. (of bacon)** loncha *f* de tocino *or Esp* beicon

rashly [ˈræʃlɪ] *adv* impulsivamente, precipitadamente

rashness [ˈræʃnɪs] *n* precipitación *f*, impetuosidad *f*

rasp [rɑːsp] **1** *n* (**a**) *(tool)* lima *f* gruesa, escofina *f* (**b**) *(sound)* chirrido *m*

2 *vt (say hoarsely)* bufar, carraspear

raspberry [ˈrɑːzbərɪ] *n* (**a**) *(fruit)* frambuesa *f*; *(plant)* frambueso *m* ▫ ***r. jam*** mermelada *f* de frambuesa (**b**) *Fam (noise)* **to blow a r. at sb** hacerle una pedorreta a alguien

rasping [ˈrɑːspɪŋ] *adj* áspero(a)

Rastafarian [ræstəˈfeərɪən], *Fam* **Rasta** [ˈræstə] *n & adj* rastafari *mf*

raster [ˈræstə(r)] *n Comptr* trama *f*

rasterize [ˈræstəraɪz] *vt Comptr* rasterizar

rat [ræt] **1** *n* (**a**) *(animal)* rata *f* ▫ ***r. poison*** matarratas *m inv*, raticida *m*; ***r. trap*** ratonera *f*, trampa *f* para ratas (**b**) *Fam (scoundrel)* miserable *mf*, canalla *mf* (**c**) IDIOMS **I smell a r.** aquí hay gato encerrado; **to get out of the r. race** huir de la lucha frenética por escalar peldaños en la sociedad; **it's like rats leaving a sinking ship in this company** todo el mundo está abandonando esta empresa antes de que se vaya a pique

2 *vi* (*pt & pp* **ratted**) *Fam (inform)* cantar; **to r. on sb** delatar a alguien

ratatouille [rætəˈtuːiː] *n* pisto *m*

ratbag [ˈrætbæg] *n Br Fam* miserable *mf*, canalla *mf*

ratchet [ˈrætʃɪt] *n* trinquete *m*; **r. (wheel)** rueda *f* de trinquete

ratchet up *vt sep (increase)* hacer subir, incrementar

rate [reɪt] **1** *n* (**a**) *(of inflation, crime, divorce, unemployment)* índice *m*, tasa *f*; *(of interest)* tipo *m*, *Am* tasa *f* ▫ *Fin* ***r. of exchange*** (tipo *m or Am* tasa *f* de) cambio *m*; *Fin* ***r. of return*** tasa *f* de rentabilidad

(**b**) *(speed)* ritmo *m*; **at this r.** a este paso; **at any r.** *(anyway)* en cualquier caso; *(at least)* por lo menos; IDIOM **at a r. of knots** a toda velocidad

(**c**) *(price, charge)* tarifa *f*

(**d**) *Br Formerly* **rates** *(local tax)* (impuesto *m* de) contribución *f* urbana

2 *vt* (**a**) *(classify)* clasificar (**among** entre *or* dentro de); **to r. sth/sb as** catalogar algo/a alguien como; **to r. sb/sth highly** tener una buena opinión de alguien/algo; **to r. sth/sb on a scale of one to ten** valorar algo/a alguien en una escala del uno al diez

(**b**) *(deserve)* merecer; **to r. a mention** ser digno(a) de mención

(**c**) *Fam (regard as good)* valorar mucho; **I don't really r. their chances** no les doy muchas posibilidades

3 *vi (be regarded, ranked)* **he rates among the top ten of all time** está entre los diez mejores de todos los tiempos; **this rates as one of my favourite ever movies** es una de mis películas favoritas de todos los tiempos

rateable value [ˈreɪtəbəlˈvæljuː] *n Br Formerly* ≃ valor *m* catastral

ratepayer [ˈreɪtpeɪə(r)] *n Br Formerly* contribuyente *mf (de impuestos municipales)*

ratfink [ˈrætfɪŋk] *n US Fam* miserable *mf*, canalla *mf*

RATHER [ˈrɑːðə(r)] *adv* (**a**) *(preferably)* **I'd r. stay** preferiría *or* prefiero quedarme; **I'd r. not go** preferiría *or* prefiero no ir; **I'd r. you didn't mention it** preferiría que no lo mencionaras; **are you coming for a walk? — I'd r. not** ¿vienes a dar un paseo? — no, gracias; **I'd r. die than ask her a favour** antes morirme que pedirle un favor; **r. you than me!** ¡no quisiera estar en tu lugar!

(**b**) *(quite)* bastante; *(very)* muy; **it's r. difficult** es bastante difícil; **this soup is r. good** esta sopa está muy buena *or* buenísima; **I r. liked it** me gustó mucho; **I r. doubt it** lo dudo mucho; **she r. cheekily asked me my age** la descarada me preguntó la edad; **I had r. a lot to drink** bebí *or Am* tomé más de la cuenta; **that was r. an unfair question** fue una pregunta bastante injusta; **it's r. a pity they couldn't come** es una auténtica pena que no pudieran venir; **it's r. too warm for me** hace demasiado calor para mi gusto; **did you like it? — r.!** ¿te gustó? — ¡ya lo creo!

(**c**) *(more exactly)* más bien; **he seemed tired or, r., bored** parecía cansado o, más bien, aburrido; **I'd say it's blue r. than green** yo diría que es más azul que verde

(**d**) *(instead of)* **r. than him** en vez *or* lugar de él; **r. than staying** en vez *or* lugar de quedarse; **it proved to be a male r. than**

a female resultó ser un macho y no una hembra

ratification [rætɪfɪ'keɪʃən] *n* ratificación *f*

ratify ['rætɪfaɪ] *vt* ratificar

rating ['reɪtɪŋ] *n* (**a**) *(classification)* puesto *m*, clasificación *f*; *(of movie)* clasificación *f* (**b**) **the ratings** *(for TV, radio)* los índices de audiencia (**c**) *Br (ordinary seaman)* marinero *m*

ratio ['reɪʃɪəʊ] *(pl* **ratios***)* *n* proporción *f*; **in a r. of four to one** en una proporción de cuatro a uno

ration ['ræʃən, *US* 'reɪʃən] **1** *n* ración *f*; **rations** *(supplies)* (raciones *fpl* de) víveres *mpl* ▫ ***r. book*** cartilla *f* de racionamiento
2 *vt* racionar; **to r. something out** racionar algo; **he rationed them to three a day** les redujo la ración a tres al día

rational ['ræʃənəl] *adj* (**a**) *(capable of reason)* racional (**b**) *(sensible)* racional (**c**) *(sane)* lúcido(a)

rationale [ræʃə'nɑ:l] *n* lógica *f*, razones *fpl*

rationalism ['ræʃənəlɪzəm] *n* racionalismo *m*

rationalist ['ræʃənəlɪst] *n* racionalista *mf*

rationality [ræʃə'nælɪtɪ] *n* racionalidad *f*

rationalization [ræʃənəlaɪ'zeɪʃən] *n* racionalización *f*

rationalize ['ræʃənəlaɪz] *vt* racionalizar

rationally ['ræʃənəlɪ] *adv* (**a**) *(sensibly)* racionalmente (**b**) *(sanely)* lúcidamente

rationing ['ræʃənɪŋ] *n* racionamiento *m*

rattan [rə'tæn] *n (material)* rota *f*

rattle ['rætəl] **1** *n* (**a**) *(for baby)* sonajero *m* (**b**) *(noise) (of train)* traqueteo *m*; *(of gunfire)* tableteo *m*; *(of chains)* crujido *m*; *(of glass, coins, keys)* tintineo *m*; *(of door, window)* golpeteo *m*
2 *vt* (**a**) *(chains, keys)* hacer entrechocar; *(door, window)* sacudir (**b**) *Fam (make nervous)* **to be rattled by sth** quedar desconcertado(a) por algo
3 *vi (of chains)* crujir; *(of glass, coins, keys)* tintinear; *(of door, window)* golpetear; **there was something rattling about** *or* **around inside the box** algo hacía ruido en el interior de la caja

▶**rattle off** *vt sep Fam (say quickly)* soltar de un tirón; *(write quickly)* garabatear

▶**rattle on** *vi Fam* cascar, parlotear

▶**rattle through** *vt insep Fam (work, book)* despachar, terminar rápidamente

rattler ['rætlə(r)] *n US Fam* serpiente *f* de cascabel

rattlesnake ['rætəlsneɪk] *n* serpiente *f* de cascabel

rattling ['rætlɪŋ] **1** *n (noise) (of train)* traqueteo *m*; *(of gunfire)* tableteo *m*; *(of chains)* crujido *m*; *(of glass, coins, keys)* tintineo *m*; *(of door, window)* golpeteo *m*
2 *adj Fam Old-fashioned (as intensifier)* **a r. good read** un libro muy entretenido

ratty ['rætɪ] *adj Br Fam (annoyed)* mosqueado(a); *(irritable)* susceptible, *Esp* picajoso(a)

raucous ['rɔ:kəs] *adj (voice, laughter, cry)* estridente; *(crowd)* ruidoso(a)

raucously ['rɔ:kəslɪ] *adv* estridentemente

raunchy ['rɔ:ntʃɪ] *adj Fam (lyrics, movie, novel)* picante, caliente; *(dress, dance)* atrevido(a), provocativo(a)

ravage ['rævɪdʒ] **1** *npl* **ravages** estragos *mpl*
2 *vt (countryside, city)* arrasar, asolar; **his face was ravaged by illness** la enfermedad había hecho estragos en su cara

rave [reɪv] **1** *n (party)* macrofiesta *f* (tecno)
2 *adj* **r. notice** *or* **review** *(for play)* crítica *f* entusiasta
3 *vi* (**a**) *(deliriously)* desvariar (**b**) *(enthuse)* **to r. about sb/sth** deshacerse en elogios sobre alguien/algo

ravel ['rævəl] *(pt & pp* **ravelled**, *US* **raveled***)* *vt* (**a**) *(entangle)* enredar, enmarañar (**b**) **to r. sth out** *(untangle)* desenredar, desenmarañar

raven ['reɪvən] **1** *n (bird)* cuervo *m*
2 *adj (colour)* azabache

ravenous ['rævənəs] *adj (animal, person)* hambriento(a) *m,f*; **to be r.** tener un hambre canina

raver ['reɪvə(r)] *n Br Fam* (**a**) *(who goes to lots of parties)* juerguista *mf*, *Am* parrandero(a) *m,f* (**b**) *(who goes to raves) Esp* aficionado(a) *m,f* al bakalao, *Am* raver *mf*

rave-up ['reɪvʌp] *n Br Fam* farra *f*, juerga *f*, *Am* pachanga *f*

ravine [rə'vi:n] *n* barranco *m*

raving ['reɪvɪŋ] *adj* (**a**) *(delirious)* **to be r. mad** estar como una cabra; **a r. lunatic** un loco de atar (**b**) *(success)* clamoroso(a); *(beauty)* arrebatador(ora)

ravioli [rævɪ'əʊlɪ] *npl* raviolis *mpl*

ravish ['rævɪʃ] *vt* (**a**) *Literary (delight)* deslumbrar, cautivar (**b**) *Old-fashioned (rape)* forzar, violar

ravishing ['rævɪʃɪŋ] *adj* deslumbrante, cautivador(ora); **she's a r. beauty** es de una belleza deslumbrante

ravishingly ['rævɪʃɪŋlɪ] *adv* **r. beautiful** de una belleza deslumbrante

raw [rɔ:] **1** *adj* (**a**) *(uncooked)* crudo(a); **to be r.** *(of meat, vegetables)* estar crudo(a) (**b**) *(unprocessed) (silk)* crudo(a); *(sugar)* sin refinar; *(statistics)* en bruto ▫ ***r. materials*** materias *fpl* primas (**c**) *(inexperienced)* **r. recruit** recluta *m* novato (**d**) *(skin)* enrojecido(a) e irritado(a); IDIOM **to get a r. deal** ser tratado(a) injustamente; IDIOM **to touch a r. nerve** tocar la fibra sensible (**e**) *(weather, wind)* crudo(a)
2 *n* **in the r.** *(not treated, toned down)* en toda su crudeza; *(naked)* desnudo(a); IDIOM **to touch sb on the r.** tocar la fibra sensible de alguien

rawhide ['rɔ:haɪd] **1** *n* cuero *m* crudo *or* sin curtir
2 *adj* de cuero crudo *or* sin curtir

ray[1] [reɪ] *n* (**a**) *(of light, sun)* rayo *m*; **a r. of hope** un rayo de esperanza; **she's a r. of sunshine** irradia alegría (**b**) *Mus* re *m*

ray[2] *n (fish)* raya *f*

ray-gun ['reɪgʌn] *n* pistola *f* de rayos

rayon ['reɪɒn] *n (fabric)* rayón *m*

raze [reɪz] *vt* arrasar; **to r. sth to the ground** arrasar totalmente algo

razor ['reɪzə(r)] *n (cutthroat)* navaja *f* barbera, navaja *f* de afeitar; *(electric)* maquinilla *f* de afeitar, maquinilla *f* eléctrica; *(safety, disposable)* maquinilla *f* (de afeitar); IDIOM **to be on a r.'s edge** pender de un hilo ▫ ***r. blade*** cuchilla *f or RP* hoja *f* de afeitar; ***r. wire*** = alambre con trozos afilados de metal, parecido al alambre de púas

razorbill ['reɪzəbɪl] *n* alca *f* común

razor-sharp ['reɪzə'ʃɑ:p] *adj* (**a**) *(knife)* muy afilado(a) (**b**) *Fig (intelligence)* agudo(a); *(wit)* afilado(a)

razor-shell ['reɪzəʃel] *n* navaja *f (molusco)*

razzle ['ræzəl] *n Fam* **to go (out) on the r.** irse de parranda

razzle-dazzle ['ræzəl'dæzəl], **razzmatazz** ['ræzmətæz] *n Fam* parafernalia *f*

R & B [ɑ:rən'bi:] *n (abbr* **rhythm and blues***)* rhythm and blues *m*

RBI [ɑ:bi:'aɪ] *n (abbr* **runs batted in***)* = carreras obtenidas por sus compañeros mientras un jugador batea

RC [ɑ:'si:] *n & adj (abbr* **Roman Catholic***)* católico(a) *m,f* romano(a)

RCAF [ɑ:si:eɪ'ef] *n (abbr* **Royal Canadian Air Force***)* fuerzas *fpl* aéreas canadienses

RCMP [ɑ:si:em'pi:] *n (abbr* **Royal Canadian Mounted Police***)* Policía *f* Montada del Canadá

RCP [ɑ:si:'pi:] *n (abbr* **Royal College of Physicians***)* = colegio profesional de los médicos británicos

RCS [ɑ:si:'es] *n (abbr* **Royal College of Surgeons***)* = colegio profesional de los cirujanos británicos

R & D [ɑ:rən'di:] *n Com (abbr* **research and development***)* I+D

Rd *(abbr* **Road***)* C/

RDA [ɑ:di:'eɪ] *n (abbr* **recommended daily allowance***)* cantidad *f* diaria recomendada

RE [ɑ:r'i:] *n Br (abbr* **Religious Education***)* (asignatura *f* de) religión *f*

re[1] [ri:] *prep* con referencia a; **re your letter...** con referencia a *or* en relación con su carta...; **re: 1999 sales figures** REF: cifras de ventas de 1999

re[2] [reɪ] *n Mus* re *m*

REACH [ri:tʃ] **1** *n* (**a**) *(accessibility)* alcance *m*; **beyond the r. of** fuera del alcance de; **out of r.** fuera del alcance, inalcanzable; **the title is now out of** *or* **beyond his r.** el título ha quedado fuera de su alcance; **within r.** al alcance; **within arm's r.** al alcance de la mano; **within easy r. of the shops** a poca distancia de las tiendas; **we came within r. of victory** estuvimos a punto de ganar
(**b**) *(of boxer)* alcance *m*
(**c**) *(area)* **the upper/lower reaches of a river** el curso alto/bajo de un río; **the**

further reaches of the empire los últimos confines del imperio; **the outer reaches of the galaxy** los confines de la galaxia

2 *vt* **(a)** *(manage to touch)* alcanzar; **her hair reached her waist** el pelo le llegaba a la cintura

(b) *(arrive at) (destination, final, conclusion, decision)* llegar a; *(agreement, stage, level)* alcanzar, llegar a; **the news didn't r. him** no le llegó la noticia; **answers must r. us by next Friday** las respuestas deben llegarnos no más tarde del próximo viernes; **I've reached the point where I no longer care** he llegado a un punto en el que ya no me importa nada

(c) *(contact) (by phone)* contactar con; **to r. a wider audience** llegar a un público más amplio

(d) *(pass)* alcanzar; **r. me down that vase** bájame ese jarrón

3 *vi* **(a)** *(of person)* **would you change the light bulb? I can't r.** ¿puedes cambiar la bombilla?, yo no llego; **she reached across and took the money** alargó la mano y agarró *or Esp* cogió el dinero; **r. down and touch your toes** agáchate y tócate la punta de los pies; **he reached into the bag** metió la mano en la bolsa; **r. up as high as you can** estírate todo lo que puedas

(b) *(of forest, property)* extenderse; **the noise/his voice reached them** oían el ruido/su voz; **the water reached up to** *or* **as far as my waist** el agua me llegaba a la cintura

▸**reach for** *vt insep* (tratar de) alcanzar; **he reached for his wallet** fue a sacar su cartera; IDIOM **to r. for the sky** *or* **the stars** apuntar a lo más alto

▸**reach out 1** *vt sep* **she reached a hand out** extendió la mano

2 *vi* **(a)** *(try to grasp)* **r. out with your arms** extiende los brazos; **to r. out for sth** extender el brazo para agarrar *or Esp* coger algo **(b)** *(try to communicate)* **to r. out to sb** intentar echar un cable a alguien; **to r. out to sb for help** dirigirse a alguien buscando ayuda

---

reachable ['ri:tʃəbəl] *adj (place, person)* accesible

reach-me-downs ['ri:tʃmɪdaʊnz] *npl Br Fam* **he wore his brother's r.** llevaba ropa heredada de su hermano

react [rɪ'ækt] *vi* reaccionar (**against/to** contra/ante); **to r. with sth** *(of chemical)* reaccionar con algo

reaction [rɪ'ækʃən] *n* reacción *f* ▫ ***r. time*** tiempo *m* de reacción

reactionary [rɪ'ækʃənərɪ] *n & adj* reaccionario(a) *m,f*

reactivate [rɪ'æktɪveɪt] *vt* reactivar

reactive [rɪ'æktɪv] *adj* reactivo(a)

reactor [rɪ'æktə(r)] *n* reactor *m*

READ [ri:d] **1** *n* **to give sth a r. through** leer algo; **to have a quiet r. (of sth)** leer (algo) tranquilamente; **this book's a good r.** este libro se lee muy bien *or* es muy entretenido

2 *vt (pt & pp* **read** [red]) **(a)** *(book, letter, electricity meter)* leer; **this magazine is widely r.** esta revista la leen muchas personas; **to r. Italian** leer en italiano; **to r. music** leer música; **I can't r. her writing** no entiendo su letra; IDIOM **to take sth as r.** dar por hecho *or* por sentado algo

(b) *(say aloud) (letter, poem)* leer (en voz alta)

(c) *(of dial, thermometer)* marcar; **the sign reads "No Entry"** el letrero dice "prohibida la entrada"

(d) *(interpret)* interpretar; **it can be r. in two ways** tiene una doble lectura; **in paragraph two, r. "fit" for "fat"** en el párrafo segundo, donde dice "fit" debe decir "fat"; **the defender r. the pass and intercepted it** el defensor se anticipó al pase y lo interceptó; **to r. the future** adivinar el futuro; **to r. sb's lips** leer los labios a alguien; **to r. sb's mind** *or* **thoughts** adivinar los pensamientos a alguien; **to r. sb's palm** leer la mano a alguien; IDIOM **she can r. me like a book** me conoce muy bien; IDIOM *Br* **to r. the runes** leer el futuro

(e) *(understand)* **do you r. me?** *(on radio)* ¿me recibes?; *Fam Fig* ¿está claro?

(f) *(correct) (proofs)* corregir

(g) *Br Univ (study)* estudiar

(h) *Comptr* leer; **this computer only reads double-density disks** este *Esp* ordenador *or Am* esta computadora sólo lee discos de doble densidad

3 *vi* **(a)** *(of person)* leer; **I r. about it in the paper** lo leí en el periódico; **to r. aloud** leer en alto *or* en voz alta; **she r. to him from a book** le leyó de un libro; *Fig* **to r. between the lines** leer entre líneas

(b) *(of text, notice)* decir; **to r. well/badly** estar bien/mal escrito(a); **the statement reads as follows...** la declaración dice *or* reza lo siguiente ...

▸**read into** *vt sep* **I wouldn't r. too much into his comments** yo no le daría demasiada importancia a sus comentarios

▸**read off** *vt sep* **(a)** *(read out loud)* leer (en voz alta) **(b)** *(from table, instrument)* leer

▸**read out** *vt sep (read out loud)* leer (en voz alta)

▸**read over, read through** *vt sep* leer

▸**read up on** *vt insep* empaparse de, leer mucho sobre

---

readability [ri:də'bɪlɪtɪ] *n* **(a)** *(of writer, style)* amenidad *f* **(b)** *(of handwriting)* legibilidad *f* **(c)** *Comptr* legibilidad *f*

readable ['ri:dəbəl] *adj* **(a)** *(book)* ameno(a) **(b)** *(handwriting)* legible

readdress [ri:ə'dres] *vt Comptr* redireccionar

reader ['ri:də(r)] *n* **(a)** *(person)* lector(ora) *m,f*; **I'm not much of a r.** no me gusta mucho la lectura **(b)** *(reading book)* libro *m* de lectura **(c)** *(anthology)* antología *f* **(d)** *Br Univ* = profesor entre el rango de catedrático y el de profesor titular **(e)** *Comptr* lector *m*

readership ['ri:dəʃɪp] *n* **(a)** *(of publication)* lectores *mpl*; **this magazine has a large r.** esta revista tiene muchos lectores **(b)** *Br Univ* = cargo entre el rango de catedrático y el de profesor titular

readily ['redɪlɪ] *adv* **(a)** *(willingly)* de buena gana, de buen grado **(b)** *(easily)* fácilmente

readiness ['redɪnɪs] *n* **(a)** *(willingness)* disposición *f* **(b)** *(preparedness)* **in r. for** en preparación para, a la espera de

reading ['ri:dɪŋ] *n* **(a)** *(action, pastime)* lectura *f*; **I have a r. knowledge of Italian** entiendo el italiano escrito; **his memoirs should make interesting r.** sus memorias sin duda serán muy interesantes; **a person of wide r.** una persona leída ▫ ***r. ability*** capacidad *f* de leer; ***r. age*** nivel *m* de lectura; ***r. book*** libro de lectura; ***r. desk*** mesa *f* para leer; ***r. glasses*** gafas *fpl* para leer; ***r. lamp*** lámpara *f* para leer; ***r. list*** lista *f* de lecturas; ***r. material*** (material *m* de) lectura *f*, lecturas *fpl*; ***r. matter*** lectura *f*; ***r. room*** *(in library)* sala *f* de lectura

(b) *(measurement)* lectura *f*; **to take a r. from the gas meter** leer el contador del gas

(c) *(interpretation)* interpretación *f*, lectura *f*; **what's your r. of the situation?** ¿cómo interpretas la situación?

readjust [ri:ə'dʒʌst] **1** *vt* reajustar

2 *vi* adaptarse de nuevo (**to** a)

readjustment [ri:ə'dʒʌstmənt] *n* reajuste *m*

readme file ['ri:dmi:'faɪl] *n Comptr* (documento *m*) léeme

readmit [ri:əd'mɪt] *vt* readmitir (**to** en)

read-only memory ['ri:d'əʊnlɪ'memərɪ] *n Comptr* memoria *f* sólo de lectura

read-out ['ri:daʊt] *n Comptr* visualización *f*

readvertise [ri:'ædvətaɪz] *vt* **to r. a post** volver a anunciar una oferta de empleo

read-write ['ri:d'raɪt] *n Comptr* ***r. head*** cabeza *f* lectora/grabadora; ***r. memory*** memoria *f* de lectura/escritura

ready ['redɪ] **1** *n* **(a) at the r.** *(prepared)* a mano **(b)** *Br Fam* **readies** *(cash)* dinero *m* contante y sonante

2 *adj* **(a)** *(prepared)* listo(a), preparado(a) (**for** para); **to be r. (to do sth)** estar listo(a) *or* preparado(a) (para hacer algo); **to be r. and waiting** estar ya preparado(a); **we were r. to give up** estuvimos a punto de darnos por vencidos; **to get (oneself) r.** *(prepared)* prepararse *or Am* alistarse; *(smarten up)* arreglarse; **to get the children r.** arreglar a los niños; **to get sth r.** preparar algo; **r. when you are** cuando quieras; **r.!, steady!, go!** preparados, listos, ¡ya!

(b) *(willing)* dispuesto(a); **to be r. to do sth** estar dispuesto(a) a hacer algo

(c) *(available)* **I don't have one r. to hand** no tengo ninguno a mano ▫ ***r. cash*** dinero *m* en efectivo; *Fam* ***r. money*** dinero *m* contante; ***r. reckoner*** baremo *m*

(d) *(quick)* rápido(a); **to have a r. wit** ser muy despierto(a)

3 *vt (prepare)* preparar; **to r. oneself for**

action prepararse *or Am* alistarse para la acción

ready-made ['redɪ'meɪd] *adj* **r. food** platos *mpl* precocinados; **a r. phrase** una frase hecha

ready-to-wear ['redɪtə'weə(r)] *adj* de confección

reaffirm [riːə'fɜːm] *vt* reafirmar

reafforestation ['riːəfɒrɪ'steɪʃən] *n Br* reforestación *f*, repoblación *f* forestal

reagent [riː'eɪdʒənt] *n Chem* reactivo *m*

REAL [rɪəl] **1** *adj* (**a**) *(genuine) (danger, fear, effort)* real; *(gold, leather)* auténtico(a); **r. flowers** flores *fpl* naturales; **the r. reason** el verdadero motivo; **a r. friend** un amigo de verdad; **she never showed them her r. self** nunca les reveló su auténtica personalidad; **he has shown r. determination** ha mostrado verdadera determinación; **our first r. opportunity** nuestra primera oportunidad real; **the pizzas you get here are nothing like the r. thing** las pizzas de aquí no se parecen en nada a las auténticas; **this time it's the r. thing** esta vez va de verdad; *Hum* **r. men don't drink shandy** los hombres de pelo en pecho no beben *or Am* toman cerveza con gaseosa; **for r.** de verdad; IDIOM *Fam Pej* **is he for r.?** ¿qué le pasa a éste?, *Esp* ¿de qué va éste? ❑ ***r. ale*** = cerveza de malta de elaboración tradicional y con presión natural; *Math* ***r. number*** número *m* real; *Sport* ***r. tennis*** = versión primitiva del tenis que se juega en una pista con paredes

(**b**) *(actual)* real; **the r. problem is how to make it profitable** el problema central es cómo hacer que sea rentable; **the r. world** el mundo real; **in r. life** en la vida real; *Econ* **in r. terms** en términos reales; **what does that mean in r. terms?** ¿qué significado tiene a efectos prácticos? ❑ ***r. estate***, *US* ***r. property*** bienes *mpl* inmuebles; *US* ***r. estate agent*** agente *mf* inmobiliario(a)

(**c**) *Comptr* ***r. time*** tiempo *m* real; ***r. time chat*** charla *f* en tiempo real; ***r. time clock*** reloj *m* de tiempo real

(**d**) *(for emphasis)* auténtico(a); *very Fam* **a r. bastard** un auténtico cabrón; **a r. disaster** un perfecto desastre; **a r. idiot** un tonto de remate; **you've been a r. help** nos has ayudado mucho; **a r. gem of a novel** es una auténtica joya de novela

(**e**) *Fam (realistic)* **get r.!** *Esp* ¡espabila!, *Méx* ¡despabílate!, *RP* ¡despertate!

2 *adv US Fam (very)* muy; **it's r. good** es superbueno(a); **you were r. lucky** tuviste muchísima suerte

realign [riːə'laɪn] *vt* (**a**) *(wheels)* realinear (**b**) *(party, policy)* volver a alinear

realism ['rɪəlɪzəm] *n* realismo *m*

realist ['rɪəlɪst] *n* realista *mf*

realistic [rɪə'lɪstɪk] *adj* realista; **let's be r. about this** seamos realistas acerca de esto

realistically [rɪə'lɪstɪklɪ] *adv* (**a**) *(sensibly, practically)* **r. (speaking)** para ser realistas, siendo realistas (**b**) *(like life)* con realismo, de manera realista

reality [rɪ'ælɪtɪ] *n* realidad *f*; **in r.** en realidad

realizable ['rɪəlaɪzəbəl] *adj* (**a**) *(achievable)* realizable, alcanzable (**b**) *Fin (assets)* realizable

realization [rɪəlaɪ'zeɪʃən] *n* **this r. frightened her** al darse cuenta se asustó; **the r. of what he meant was slow in coming** tardó *or Am* demoró en darse cuenta de lo que quería decir

realize ['rɪəlaɪz] *vt* (**a**) *(become aware of)* darse cuenta de; **I r. he's busy, but...** ya sé que está ocupado, pero... (**b**) *(ambition, dream)* realizar, hacer realidad; **she's finally realized her full potential** por fin ha alcanzado su potencial pleno; **our fears were realized** nuestros temores se vieron confirmados (**c**) *Fin (profit)* obtener, sacar; *(asset)* realizar, liquidar

real-life ['rɪəllaɪf] *adj* de la vida real; **his r. wife** su mujer en la vida real

REALLY ['rɪəlɪ] *adv* (**a**) *(truly)* de verdad; **did they r. fire her?** ¿de verdad que la despidieron?; **r.?** ¿de verdad?, ¿en serio?; **you don't r. expect me to believe you, do you?** no esperarás que te vaya a creer, ¿no?

(**b**) *(very)* realmente, verdaderamente; **r. good** buenísimo(a); **is it good? — not r.** ¿es bueno? — la verdad es que no

(**c**) *(actually)* **she's r. my sister** en realidad es mi hermana; **it was quite good, r.** estaba muy bueno, de verdad; **this is r. not all that bad** esto no está pero que nada mal

(**d**) *(in exclamations)* **oh, r., don't be so childish!** ¡por favor, no seas tan infantil!; **well r., that's no way to behave!** ¡desde luego no es manera de comportarse!

realm [relm] *n* (**a**) *(kingdom)* reino *m* (**b**) *(field)* ámbito *m*, dominio *m*; **within/beyond the realms of possibility** dentro de/fuera de lo posible

realpolitik [reɪælpɒlɪ'tɪk] *n Pol* realpolitik *f*

realtor ['rɪəltə(r)] *n US* agente *mf* inmobiliario(a)

realty ['rɪəltɪ] *n US* bienes *mpl* inmuebles

ream [riːm] *n (of paper)* resma *f*; *Fig* **reams of** toneladas *fpl* de

reanimate [riː'ænɪmeɪt] *vt* reanimar

reap [riːp] *vt* (**a**) *(harvest)* recolectar, cosechar; IDIOM **to r. what one has sown** recoger lo que se ha sembrado (**b**) *(obtain)* **to r. the benefits (of)** cosechar los beneficios (de)

reaper ['riːpə(r)] *n (machine)* cosechadora *f*

reappear [riːə'pɪə(r)] *vi* reaparecer

reappearance [riːə'pɪərəns] *n* reaparición *f*

reapply [riːə'plaɪ] *vi (for job)* volver a presentar solicitud *or* presentarse

reappraisal [riːə'preɪzəl] *n* revaluación *f*

reappraise [riːə'preɪz] *vt* reconsiderar

rear[1] [rɪə(r)] *n* (**a**) *(back part)* parte *f* trasera; *(of military column)* retaguardia *f*; **at the r. of** *(inside)* al fondo de; *(behind)* detrás de; **in the r.** detrás, en la parte de atrás; **to bring up the r.** *(in race)* ser el farolillo rojo ❑ ***r. admiral*** contralmirante *m*; ***r. entrance*** puerta *f* trasera; ***r. legs*** *(of animal)* patas *fpl* traseras; ***r. lights*** *(of car)* luces *fpl* traseras; ***r. window*** *(of car)* luneta *f*, ventana *f* trasera (**b**) *Fam (buttocks)* trasero *m*

rear[2] *vt* (**a**) *(child, livestock)* criar (**b**) *(one's head)* levantar; **fascism has reared its ugly head** el fascismo ha levantado su repugnante cabeza

▸**rear up** *vi (of horse)* encabritarse

rear-end ['rɪərend] *n Fam* trasero *m*

rearguard ['rɪəgɑːd] *n Mil* retaguardia *f*; IDIOM **to fight a r. action** emprender un último intento a la desesperada

rearm [riː'ɑːm] **1** *vt* rearmar

2 *vi* rearmarse

rearmament [riː'ɑːməmənt] *n* rearme *m*

rearmost ['rɪəməʊst] *adj* último(a)

rearrange [riːə'reɪndʒ] *vt* (**a**) *(books, furniture)* reordenar (**b**) *(appointment)* cambiar

rear-view mirror ['rɪəvjuː'mɪrə(r)] *n* (espejo *m*) retrovisor *m*

rearward ['rɪəwʊd] **1** *adj* posterior, de atrás

2 *adv* hacia atrás

rearwards ['rɪəwʊdz] *adv* hacia atrás

rear-wheel drive ['rɪəwiːl'draɪv] *n* tracción *f* trasera

REASON ['riːzən] **1** *n* (**a**) *(cause, motive)* razón *f*, motivo *m* (**for** de); **that's no r. for giving up!** ¡eso no es motivo para darse por vencido!; **she gave no r. for her absence** no explicó su ausencia; **the r. (that) I'm telling you** la razón por la que te lo cuento; **the r. why they lost** la razón por la que perdieron; **I don't know the r. why** no sé por qué; **I did it for a r.** lo hice por algo; **for reasons of health** por razones de salud; *Ironic* **for reasons best known to himself** por razones que a mí se me escapan; **for no good r.** sin ninguna razón; **for no particular r.** sin *or* por ningún motivo en especial; **for one r. or another** por un motivo u otro; **give me one good r. why I should!** ¿y por qué razón debería hacerlo?; **I have r. to believe that...** tengo motivos para pensar que...; **I have (good** *or* **every) r. to trust him** tengo (buenos) motivos para confiar en él; **we've no r. not to believe her** no tenemos motivos para no creerla; **why did you do it? — I have my reasons** ¿por qué lo hiciste? — tengo mis razones; **all the more r. to tell him now** razón de más para decírselo; *Formal* **by r. of** en virtud de; *Fam* **why did you say that? — no r.** ¿por qué dijiste eso? — por decir; **with (good) r.** con razón

(**b**) *(sanity, common sense)* razón *f*; **to listen to** *or* **see r.** atender a razones; **to lose one's r.** perder la razón; **it stands to r.** es lógico *or* evidente; **within r.** dentro de lo razonable

2 *vt* **to r. that...** *(argue)* argumentar que...; *(deduce)* deducir que...
3 *vi* razonar (**about** sobre); **to r. with sb** razonar con alguien; **there's no reasoning with her** es imposible razonar con ella; IDIOM **ours is not to r. why** *(we have no influence)* nuestra opinión no cuenta; *(we are not interested)* ¿a nosotros qué más nos da?

▸**reason out** *vt sep (puzzle, problem)* resolver; **let's try to r. out why...** intentemos encontrar una explicación de por qué...

reasonable ['ri:zənəbəl] *adj* (**a**) *(fair, sensible)* razonable; **be r.!** ¡sé razonable! (**b**) *(moderate)* razonable; **he has a r. chance (of doing it)** tiene bastantes posibilidades (de hacerlo) (**c**) *(inexpensive)* razonable; **that restaurant is very r.** ese restaurante está muy bien de precio (**d**) *(acceptable)* aceptable, razonable; **the weather/meal was r.** el tiempo/la comida fue aceptable

reasonably ['ri:zənəblɪ] *adv* (**a**) *(to behave, act)* razonablemente (**b**) *(quite, fairly)* bastante, razonablemente

reasoned ['ri:zənd] *adj (argument, discussion)* razonado(a)

reasoning ['ri:zənɪŋ] *n (thinking)* razonamiento *m*

reassemble [ri:ə'sembəl] **1** *vt* (**a**) *(people)* reagrupar (**b**) *(machine)* volver a montar
2 *vi (of people)* reagruparse

reassess [ri:ə'ses] *vt* (**a**) *(policy, situation)* replantearse (**b**) *Fin (tax)* revisar; *(property)* volver a tasar

reassurance [ri:ə'ʃʊərəns] *n* (**a**) *(comfort)* consuelo *m* (**b**) *(guarantee)* garantía *f*; **my reassurances failed to allay their fears** mis intentos de calmar sus temores no surtieron efecto

reassure [ri:ə'ʃʊə(r)] *vt* confortar, tranquilizar; **to feel reassured** sentirse más tranquilo(a); **he reassured them that he would be there** les aseguró que estaría allí

reassuring [ri:ə'ʃʊərɪŋ] *adj* tranquilizador(ora), confortante; **it's r. to know he's with them** tranquiliza *or* conforta saber que está con ellos

reassuringly [ri:ə'ʃʊərɪŋlɪ] *adv* de modo tranquilizador; **a r. solid keyboard** un teclado bien sólido

reawaken [ri:ə'weɪkən] **1** *vt* volver a despertar
2 *vi (of person)* volver a despertarse

rebate[1] ['ri:beɪt] *n* (**a**) *(refund)* devolución *f*, reembolso *m* (**b**) *(discount)* bonificación *f*

rebate[2] *n (groove, step)* rebaje *m*

rebel 1 *n* ['rebəl] rebelde *mf* ▫ ***r. leader*** cabecilla *mf* rebelde *or* de la rebelión
2 *vi* [rɪ'bel] (*pt & pp* **rebelled**) rebelarse (**against** contra)

rebellion [rɪ'beljən] *n* rebelión *f*

rebellious [rɪ'beljəs] *adj* rebelde

rebelliousness [rɪ'beljəsnɪs] *n* rebeldía *f*

rebirth ['ri:'bɜ:θ] *n (renewal)* resurgimiento *m*

reboot [ri:'bu:t] *vt & vi Comptr* reinicializar

reborn [ri:'bɔ:n] *adj* **to be r.** renacer

rebound 1 *n* ['ri:baʊnd] *(of ball)* rebote *m*; **defensive/offensive r.** *(in basketball)* rebote defensivo/ofensivo; IDIOM **she married him on the r.** se casó con él cuando todavía estaba recuperándose de una decepción amorosa
2 *vi* [rɪ'baʊnd] (**a**) *(of ball)* rebotar (**b**) *Fig* **to r. on sb** *(of joke, lie)* volverse en contra de alguien

rebuff [rɪ'bʌf] **1** *n (slight)* desaire *m*, desplante *m*; *(rejection)* rechazo *m*; **to meet with a r.** *(of person, suggestion)* ser rechazado(a)
2 *vt (slight)* desairar; *(reject)* rechazar

rebuild [ri:'bɪld] (*pt & pp* **rebuilt** [ri:'bɪlt]) *vt* reconstruir

rebuke [rɪ'bju:k] **1** *n* reprensión *f*, reprimenda *f*
2 *vt* reprender (**for** por)

rebut [rɪ'bʌt] (*pt & pp* **rebutted**) *vt* refutar

rebuttal [rɪ'bʌtəl] *n* refutación *f*

recalcitrant [rɪ'kælsɪtrənt] *adj* recalcitrante

recall 1 *n* ['ri:kɔ:l] (**a**) *(memory)* memoria *f*; **lost beyond r.** perdido(a) irremisiblemente (**b**) *(of goods)* retirada *f* del mercado; *(of ambassador, troops)* retirada *f* (**c**) *Br Pol (of parliament)* convocatoria *f* extraordinaria (fuera del período de sesiones)
2 *vt* [rɪ'kɔ:l] (**a**) *(remember)* recordar; **to r. doing sth** recordar haber hecho algo (**b**) *(defective goods)* retirar del mercado; *(of troops, ambassador)* retirar; *(library book)* reclamar (**c**) *Br Pol* **to r. Parliament** convocar un pleno extraordinario del Parlamento (fuera del período de sesiones) (**d**) *Sport (player)* volver a llamar

recant [rɪ'kænt] **1** *vt (opinion)* retractarse de
2 *vi* (**a**) *(change opinion)* retractarse (**b**) *Rel* abjurar

recap ['ri:kæp] **1** *n (summary)* recapitulación *f*, resumen *m*
2 *vt* (*pt & pp* **recapped**) recapitular, resumir
3 *vi* **to r.,...** para recapitular *or* resumir,...

recapitulate [ri:kə'pɪtjʊleɪt] *vt & vi Formal (summarize)* recapitular

recapitulation [ri:kəpɪtjʊ'leɪʃən] *n Formal (summary)* recapitulación *f*

recapture [ri:'kæptʃə(r)] **1** *n (of criminal)* nueva captura *f*, segunda detención *f*; *(of town, territory)* reconquista *f*; **he escaped r. for nearly a year** no lo volvieron a capturar hasta pasado casi un año
2 *vt* (**a**) *(criminal)* volver a detener; *(town, territory)* reconquistar (**b**) *(memory, atmosphere)* recuperar; *(one's youth)* revivir

recce ['rekɪ] *n Br Mil Fam* reconocimiento *m*

recede [rɪ'si:d] *vi (of tide, coastline)* retroceder; **to r. into the past** perderse en el pasado

receding [rɪ'si:dɪŋ] *adj* **to have a r. chin** tener la barbilla hundida; **to have a r. hairline** tener entradas

receipt [rɪ'si:t] *n* (**a**) *(act of receiving)* recibo *m*; **to be in r. of sth** haber recibido algo; **on r. of** a la recepción de (**b**) *(proof of payment)* recibo *m* (**c**) **receipts** *(at box office)* recaudación *f*

receivable [rɪ'si:vəbəl] *adj Com* a *or* por cobrar

receive [rɪ'si:v] **1** *vt* (**a**) *(be given, get)* recibir; *(salary, damages)* cobrar; *(injuries)* sufrir; **he received a sentence of 5 years** le cayó *or* le impusieron una sentencia de cinco años; **he received a fine** le pusieron una multa; **I never received payment** no me pagaron; **to r. stolen goods** receptar bienes robados
(**b**) *(radio or television signal)* recibir; **do you r. me?** ¿me recibes?
(**c**) *(react to)* recibir; **it was well/badly received** *(of movie, proposal)* fue bien/mal acogido(a)
(**d**) *Formal (guests)* recibir; **to r. sb into the Church** recibir a alguien en el seno de la Iglesia
2 *vi* (**a**) PROV **it is better to give than to r.** más vale dar que recibir
(**b**) *(in tennis)* restar
(**c**) *Formal (have guests)* recibir

received [rɪ'si:vd] *adj (idea, opinion)* común, aceptado(a) ▫ ***R. Pronunciation*** pronunciación *f* estándar *(del inglés)*; ***the r. wisdom*** la creencia popular

receiver [rɪ'si:və(r)] *n* (**a**) *(of stolen goods)* perista *mf*; *Jur* receptador(ora) *m,f* (**b**) *(of telephone)* auricular *m*; **to pick up the r.** descolgar el teléfono; **to replace the r.** colgar el teléfono (**c**) *(radio set)* receptor *m* (**d**) *Fin* **to call in the receivers** declararse en quiebra, poner la empresa en manos de la administración judicial (**e**) *(in tennis)* jugador(ora) *m,f* al resto; *(in American football)* receptor *m*, receiver *m*

receivership [rɪ'si:vəʃɪp] *n Fin* **to go into r.** declararse en quiebra

receiving [rɪ'si:vɪŋ] **1** *n (of stolen goods)* receptación *f*
2 *adj* IDIOM *Fam* **to be on the r. end (of sth)** ser la víctima (de algo)

recent ['ri:sənt] *adj* reciente; **in r. months** en los últimos meses; **in r. times** recientemente; **her most r. novel** su última *or* su más reciente novela

recently ['ri:səntlɪ] *adv* recientemente, hace poco; **as r. as yesterday** ayer sin ir más lejos; **until quite r.** hasta hace muy poco; **not r.** últimamente no

receptacle [rɪ'septəkəl] *n Formal* receptáculo *m*

reception [rɪ'sepʃən] *n* (**a**) *(welcome) (of guests, new members)* recibimiento *m*; *(of announcement, new movie)* recibimiento *m*, acogida *f*; **to get a warm r.** ser acogido(a) calurosamente; **to get a cool** *or* **frosty r.** ser acogido(a) con frialdad ▫ *Br* ***r. centre*** centro *m* de acogida; *Br* ***r. class*** primer curso *m* de primaria; *Med* ***r. order*** *(in mental hospital)* = orden de ingresar a un paciente en un hospital psiquiátrico; ***r.***

room *(in house)* sala *f* de estar, salón *m*
(**b**) *(party)* recepción *f*; **(wedding) r.** banquete *m* de boda *or Andes, RP* matrimonio ❑ ***r. room*** *(in hotel)* sala *f* de recepciones
(**c**) *(in hotel)* **r. (desk)** recepción *f*
(**d**) *(of radio, TV programme)* recepción *f*

receptionist [rɪ'sepʃənɪst] *n* recepcionista *mf*

receptive [rɪ'septɪv] *adj* receptivo(a); **he's not very r. to suggestions** no es muy abierto a las sugerencias

receptor [rɪ'septə(r)] *n Physiol* receptor *m*

recess ['ri:ses] *n* (**a**) *(of Parliament)* período *m* vacacional; *(in trial)* descanso *m*; **Parliament is in r.** el parlamento ha suspendido sus sesiones (**b**) *(in wall)* hueco *m*; *Fig (of mind, past)* recoveco *m* (**c**) *US Sch (between classes)* recreo *m*

recessed ['ri:sest] *adj (door, window)* empotrado(a)

recession [rɪ'seʃən] *n Econ* recesión *f*

recessional [rɪ'seʃənəl] **1** *n (hymn)* = himno que se canta al retirarse el celebrante
2 *adj Econ* recesivo(a)

recessive [rɪ'sesɪv] *adj Biol (gene)* recesivo(a)

recharge [ri:'tʃɑ:dʒ] *vt (battery)* recargar; *Fig* **to r. one's batteries** recargar las baterías

rechargeable [ri:'tʃɑ:dʒəbəl] *adj* recargable

recherché [rə'ʃeəʃeɪ] *adj Formal* rebuscado(a)

recidivism [rɪ'sɪdɪvɪzəm] *n Law* reincidencia *f*

recidivist [rɪ'sɪdɪvɪst] *n Law* reincidente *mf*

recipe ['resɪpɪ] *n also Fig* receta *f*; **a r. for paella, a paella r.** una receta para preparar *or* cocinar paella; **a r. for disaster/success** la receta para el desastre/el éxito ❑ ***r. book*** recetario *m* (de cocina)

recipient [rɪ'sɪpɪənt] *n (of gift, letter)* destinatario(a) *m,f*; *(of cheque, award, honour)* receptor(ora) *m,f*

> Note that the Spanish word **recipiente** is a false friend and is never a translation for the English word **recipient**. In Spanish **recipiente** means "container".

reciprocal [rɪ'sɪprəkəl] *adj* recíproco(a)

reciprocate [rɪ'sɪprəkeɪt] **1** *vt* corresponder a
2 *vi* corresponder (**with** con)

reciprocating [rɪ'sɪprəkeɪtɪŋ] *n Tech* ***r. engine*** motor *m* alternativo

recital [rɪ'saɪtəl] *n* (**a**) *(of poetry, music)* recital *m* (**b**) *(of facts)* perorata *f*

recitation [resɪ'teɪʃən] *n (of poem)* recitación *f*

recitative [resɪtə'ti:v] *n Mus* recitativo *m*

recite [rɪ'saɪt] **1** *vt* (**a**) *(poem)* recitar (**b**) *(complaints, details)* enumerar
2 *vi* recitar

reckless ['reklɪs] *adj (decision, behaviour)* imprudente; *(driving)* temerario(a) ❑ ***r. driver*** conductor(ora) *m,f* temerario(a)

recklessly ['reklɪslɪ] *adv (to decide, behave)* imprudentemente; *(to drive)* de modo temerario

recklessness ['reklɪsnɪs] *n (of decision, behaviour)* imprudencia *f*; *(of driving)* temeridad *f*

reckon ['rekən] **1** *vt* (**a**) *(consider)* considerar; **he is reckoned to be...** está considerado como... (**b**) *(calculate)* calcular; **I r. it will take two hours** calculo que llevará dos horas (**c**) *Fam (think)* **to r. (that)** creer que; **what do you r.?** ¿qué opinas?, ¿qué te parece?
2 *vi* calcular

▸**reckon on** *vt insep* contar con; **you should r. on there being about thirty people there** debes contar con que habrá más o menos treinta personas

▸**reckon up** *vt sep (figures, cost)* calcular; **to r. up a bill** calcular el importe de una factura

▸**reckon with** *vt insep* contar con; **she's someone to be reckoned with** es una mujer de armas tomar

▸**reckon without** *vt insep* **to r. without sth/sb** no contar con algo/alguien

reckoning ['rekənɪŋ] *n* (**a**) *(calculation)* cálculo *m*; **by my r.** según mis cálculos (**b**) *(settling of debts, scores)* ajuste *m* de cuentas (**c**) IDIOM **to come into the r.** contar

reclaim [rɪ'kleɪm] *vt* (**a**) *(lost property, expenses)* reclamar (**b**) *(waste materials)* recuperar; **to r. land from the sea** ganar terreno al mar

reclamation [reklə'meɪʃən] *n (of waste materials)* recuperación *f*; **land r. project** proyecto *m* para ganar terreno al mar

recline [rɪ'klaɪn] *vi* reclinarse

recliner [rɪ'klaɪnə(r)] *n (chair)* silla *f* reclinable

reclining [rɪ'klaɪnɪŋ] *adj* **in a r. position** reclinado(a) ❑ ***r. seat*** asiento *m* reclinable

recluse [rɪ'klu:s] *n* solitario(a) *m,f*

reclusive [rɪ'klu:sɪv] *adj* solitario(a), retraído(a)

recognition [rekəg'nɪʃən] *n* (**a**) *(identification)* reconocimiento *m*; **to have changed beyond** *or* **out of all r.** estar irreconocible (**b**) *(acknowledgement)* reconocimiento *m*; **in r. of** en reconocimiento a

recognizable [rekəg'naɪzəbəl] *adj* reconocible (**as** como)

recognizably [rekəg'naɪzəblɪ] *adv* claramente

recognizance [rɪ'kɒgnɪzəns] *n Law* fianza *f*

recognize ['rekəgnaɪz] *vt* (**a**) *(identify)* reconocer (**b**) *(acknowledge)* reconocer; **I r. (that) I may have been mistaken** reconozco que me he podido confundir

recognized ['rekəgnaɪzd] *adj (government)* legítimo(a); *(method)* reconocido(a); *(qualification)* homologado(a); **to be a r. authority (on sth)** ser una autoridad reconocida (en algo)

recoil 1 *n* ['ri:kɔɪl] *(of gun)* retroceso *m*
2 *vi* [rɪ'kɔɪl] *(of gun, person)* retroceder; **to r. from sth** retroceder ante algo; **to r. in terror/horror** retroceder aterrorizado(a)/horrorizado(a)

recollect [rekə'lekt] **1** *vt* (**a**) *(remember)* recordar (**b**) *(recover)* **to r. oneself** recobrar la compostura
2 *vi* recordar; **as far as I can r.** que yo recuerde

recollection [rekə'lekʃən] *n* recuerdo *m*; **I have no r. of having said that** no recuerdo haber dicho eso; **to the best of my r.** en lo que alcanzo a recordar

recombinant [ri:'kɒmbɪnənt] *adj Biol* ***r. DNA*** ADN *m* preparado en laboratorio

recommend [rekə'mend] *vt* (**a**) *(praise, commend)* recomendar; **to r. sth to sb** recomendar algo a alguien; **the proposal has a lot to r. it** la propuesta presenta muchas ventajas; **recommended reading** lectura recomendada (**b**) *(advise)* recomendar, aconsejar; **to r. sb to do sth** recomendar a alguien hacer algo; **it is not to be recommended** no es nada recomendable; *Com* **recommended retail price** precio *m* de venta al público recomendado

recommendation [rekəmen'deɪʃən] *n* recomendación *f*; **on my/her r.** recomendado(a) por mí/por ella

recompense ['rekəmpens] **1** *n* recompensa *f*; **in r. for** como recompensa por
2 *vt* recompensar (**for** por)

reconcile ['rekənsaɪl] *vt* (**a**) *(people)* reconciliar; **to be reconciled with sb** reconciliarse con alguien; **to be reconciled to sth** estar resignado(a) a algo (**b**) *(facts, differences, opinions)* conciliar

reconciliation [rekənsɪlɪ'eɪʃən] *n* (**a**) *(of people)* reconciliación *f* (**b**) *(of differences, opinions)* conciliación *f*

recondite ['rekəndaɪt] *adj Formal (information, knowledge)* abstruso(a)

reconditioned ['ri:kən'dɪʃənd] *adj (TV, washing machine)* reparado(a)

reconnaissance [rɪ'kɒnɪsəns] *n Mil* reconocimiento *m* ❑ ***r. flight*** vuelo *m* de reconocimiento

reconnoitre, *US* **reconnoiter** [rekə'nɔɪtə(r)] *vt Mil* reconocer

reconquer ['ri:'kɒŋkə(r)] *vt* reconquistar

reconquest ['ri:'kɒŋkwest] *n* reconquista *f*

reconsider ['ri:kən'sɪdə(r)] **1** *vt* reconsiderar
2 *vi* recapacitar

reconsideration ['ri:kənsɪdə'reɪʃən] *n* reconsideración *f*

reconstitute ['ri:'kɒnstɪtju:t] *vt* (**a**) *(organization, committee)* reconstituir (**b**) *(dried food)* rehidratar

reconstruct ['ri:kən'strʌkt] *vt* (**a**) *(building, part of body, economy)* reconstruir (**b**) *(events, crime)* reconstruir

Reconstruction ['ri:kən'strʌkʃən] *n Hist* = período entre 1865 y 1877, posterior a la Guerra Civil estadounidense, durante el cual los estados sudistas se incorporaron a la Unión

reconstruction ['ri:kən'strʌkʃən] *n* (**a**) *(of building, part of body, economy)* reconstrucción *f* (**b**) *(of events, crime)* reconstrucción *f*

reconstructive ['ri:kən'strʌktɪv] *adj Med* ***r. surgery*** cirugía *f* reconstructiva

record ['rekɔ:d] **1** *n* (**a**) *(account)* registro *m*; **according to our records...** de acuerdo con nuestros datos...; **to keep a r. of sth** anotar algo; **to put sth on r.** dejar constancia (escrita) de algo; **the coldest winter on r.** el invierno más frío del que se tiene constancia; **to be on r. as saying that...** haber declarado públicamente que...; **off the r.** *(say)* confidencialmente; **(just) for the r.** para que conste; **for your records** para su información; **to put** *or* **set the r. straight** poner las cosas en claro *or* en su sitio ▫ ***r. office*** (oficina *f* del) registro *m*
(**b**) *(personal history)* historial *m*; *(of criminal)* antecedentes *mpl* (penales); **they have a r. of breaking their promises** no es la primera vez que rompen una promesa
(**c**) *(past results) (of team, athlete)* resultados *mpl*; **the government's r. on unemployment** la actuación del gobierno en la lucha contra el desempleo; **to have a good/bad safety r.** tener un buen/mal historial en materia de seguridad; **academic r.** expediente *m* académico
(**d**) *(musical)* disco *m*; **to make a r.** grabar un disco ▫ ***r. company*** compañía *f* discográfica; ***r. player*** tocadiscos *m inv*
(**e**) *(best performance)* récord *m*; **to set a r.** establecer un récord; **to hold the r.** tener el récord; **to break** *or* **beat the r.** batir el récord ▫ ***r. breaker*** *(man)* plusmarquista *m*, recordman *m*; *(woman)* plusmarquista *f*
(**f**) *Comptr* registro *m*
2 *adj* **in r. time** en tiempo récord; **unemployment is at a r. high/low** el desempleo *or Am* la desocupación ha alcanzado un máximo/mínimo histórico
3 *vt* [rɪ'kɔ:d] (**a**) *(on video, cassette)* grabar (**b**) *(write down)* anotar; **Napoleon's reply is not recorded** la respuesta de Napoleón no está documentada; **throughout recorded history** a lo largo de la historia documentada
4 *vi (of machine)* grabar

record-breaking ['rekɔ:d'breɪkɪŋ] *adj* récord; **to have r. sales** batir todos los récords de ventas

recorded delivery [rɪ'kɔ:dɪddɪ'lɪvərɪ] *n Br* correo *m* certificado

recorder [rɪ'kɔ:də(r)] *n* (**a**) *(machine)* **(tape) r.** grabadora *f*, magnetófono *m* (**b**) *(musical instrument)* flauta *f* dulce, flauta *f* de pico

record-holder ['rekɔ:d'həʊldə(r)] *n (man)* plusmarquista *m*, recordman *m*; *(woman)* plusmarquista *f*

recording [rɪ'kɔ:dɪŋ] *n (on tape)* grabación *f* ▫ *Comptr* ***r. head*** cabeza *f* magnética grabadora; ***r. studio*** estudio *m* de grabación

re-count ['ri:kaʊnt] *n (in election)* segundo recuento *m*

recount [rɪ'kaʊnt] *vt (relate)* relatar

recoup [rɪ'ku:p] *vt (energies, investment, costs)* recuperar; *(losses)* resarcirse de

recourse [rɪ'kɔ:s] *n* recurso *m*; **to have r. to** recurrir a; **without r. to** sin recurrir a

re-cover ['ri:'kʌvə(r)] *vt (sofa, book)* recubrir

recover [rɪ'kʌvə(r)] **1** *vt also Comptr* recuperar; **to r. one's calm** recuperar la calma
2 *vi (from illness, setback)* recuperarse

recoverable [rɪ'kʌvərəbəl] *adj* recuperable

recovery [rɪ'kʌvərɪ] *n* (**a**) *(of lost object)* recuperación *f* ▫ ***r. vehicle*** (vehículo *m*) grúa *f* (**b**) *(from illness, of economy)* recuperación *f*; **to make a r.** recuperarse

re-create ['ri:krɪ'eɪt] *vt* recrear

recreation [rekrɪ'eɪʃən] *n (leisure)* ocio *m*, esparcimiento *m*; *Sch (break)* recreo *m*; **to do sth for r.** hacer algo como pasatiempo ▫ ***r. ground*** campo *m* (de recreo); ***r. room*** sala *f* de recreo

recreational [rekrɪ'eɪʃənəl] *adj* recreativo(a) ▫ ***r. drug*** = droga de consumo esporádico y por diversión; *US & Can* ***r. vehicle*** autocaravana *f*, casa *f or* coche *m* caravana

recrimination [rɪkrɪmɪ'neɪʃən] *n* recriminación *f*, reproche *m*

recruit [rɪ'kru:t] **1** *n* (**a**) *(soldier)* recluta *mf* (**b**) *(new employee, member)* nuevo miembro *m*
2 *vt* (**a**) *(soldier)* reclutar (**b**) *(employee)* contratar; *(member)* enrolar, reclutar

recruiting [rɪ'kru:tɪŋ] *n* reclutamiento *m* ▫ ***r. sergeant*** sargento *m* encargado del reclutamiento

recruitment [rɪ'kru:tmənt] *n* (**a**) *(of soldier)* reclutamiento *m* ▫ ***r. campaign*** campaña *f* de reclutamiento (**b**) *(of employee)* contratación *f*; *(of new member)* enrolamiento *m*, reclutamiento *m* ▫ ***r. agency*** agencia *f* de contratación; ***r. campaign*** *or* ***drive*** *(of organization, party)* campaña *f* de reclutamiento

rectal ['rektəl] *adj Med* rectal

rectangle ['rektæŋgəl] *n* rectángulo *m*

rectangular [rek'tæŋgjʊlə(r)] *adj* rectangular

rectify ['rektɪfaɪ] *vt* rectificar

rectilinear [rektɪ'lɪnɪə(r)], **rectilineal** [rektɪ'lɪnɪəl] *adj* rectilíneo(a)

rectitude ['rektɪtju:d] *n Formal* rectitud *f*, integridad *f*

recto ['rektəʊ] *n Typ* recto *m*

rector ['rektə(r)] *n* (**a**) *Rel* párroco *m* (**b**) *Scot Univ* rector(ora) *m,f* (**c**) *Scot (headmaster)* director(ora) *m,f*

rectory ['rektərɪ] *n Rel* rectoría *f*

rectum ['rektəm] *n Anat* recto *m*

recumbent [rɪ'kʌmbənt] *adj Formal* yacente

recuperate [rɪ'ku:pəreɪt] **1** *vt (one's strength, money)* recuperar
2 *vi (of person)* recuperarse

recuperation [rɪku:pə'reɪʃən] *n* recuperación *f*

recur [rɪ'kɜ:(r)] (*pt & pp* **recurred**) *vi (of event, problem)* repetirse; *(of illness)* reaparecer

recurrence [rɪ'kʌrəns] *n (of event, problem)* repetición *f*; *(of illness)* reaparición *f*

recurrent [rɪ'kʌrənt] *adj* recurrente

recurring [rɪ'kɜ:rɪŋ] *adj* (**a**) *(problem)* recurrente, reiterativo(a); **a r. nightmare** una pesadilla recurrente (**b**) *Math* **six point six r.** seis coma seis período *or* periódico (puro)

recursive [rɪ'kɜ:sɪv] *adj Math & Ling* recursivo(a)

recyclable [ri:'saɪkləbəl] *adj* reciclable

recycle [ri:'saɪkəl] *vt* reciclar; **recycled paper/glass** papel *m*/vidrio *m* reciclado ▫ *Comptr* ***r. bin*** papelera *f*

recycling [ri:'saɪklɪŋ] *n* reciclaje *m*, reciclado *m* ▫ ***r. plant*** planta *f* de reciclaje

red [red] **1** *n* (**a**) *(colour)* rojo *m*; IDIOM *Fam* **to see r.** *(become angry)* ponerse hecho(a) una furia; **to be in the r.** *(be in debt)* estar en números rojos
(**b**) *Fam (communist)* rojo(a) *m,f*
2 *adj* (**a**) *colour* rojo(a); **to have r. hair** ser pelirrojo(a); **to turn** *or* **go r.** *(of sky)* ponerse rojo; *(of person)* ponerse colorado(a); IDIOM **to be as r. as a beetroot** estar más rojo que un tomate *or Méx* jitomate; IDIOM **to roll out the r. carpet for sb** recibir a alguien con todos los honores; IDIOM *US Fam* **I don't have a r. cent** estoy sin un centavo *or Esp* sin blanca; IDIOM **mentioning her name to him was like a r. rag to a bull** la sola mención de su nombre le ponía hecho una furia ▫ ***r. admiral*** *(butterfly)* vanesa *f* atalanta; ***r. alert*** alerta *f* roja; ***r. blood cell*** glóbulo *m* rojo; ***r. cabbage*** lombarda *f*; ***r. card*** tarjeta *f* roja; **to be shown the r. card** ser expulsado(a) del campo; *Physiol* ***r. corpuscle*** glóbulo *m* rojo, hematíe *m*; ***the R. Crescent*** la Media Luna Roja; ***the R. Cross*** la Cruz Roja; ***r. deer*** ciervo *m*; *Astron* ***r. dwarf*** enana *f* roja; ***R. Ensign*** = pabellón de la marina mercante británica; ***r. flag*** *(danger signal)* bandera *f* roja; ***r. fox*** zorro *m* rojo; *Astron* ***r. giant*** estrella *f* gigante; *Fig* ***r. herring*** *(distraction)* señuelo *m* *(para desviar la atención)*; *(misleading clue)* pista *f* falsa; *Old-fashioned* ***R. Indian*** (indio(a) *m,f*) piel roja *mf*; ***r. lead*** minio *m*; ***r. light*** *(road signal)* semáforo *m* (en) rojo; **to go through a r. light** saltarse un semáforo en rojo; ***r.-light district*** barrio *m* chino; ***r. meat*** carne *f* roja; ***r. mullet*** salmonete *m*; ***r. pepper*** pimiento *m* rojo; ***(Little) R. Riding Hood*** Caperucita *f* Roja; ***the R. Sea*** el Mar Rojo; ***r. squirrel*** ardilla *f* roja; ***r. tape*** burocracia *f*, papeleo *m* (burocrático); ***r. wine*** vino *m* tinto (**b**) *Fam (Communist)* rojo(a) ▫ *Formerly* ***the R. Army*** el Ejército Rojo; ***r. China*** la China comunista

red-blooded ['red'blʌdɪd] *adj* **a r. male** un macho de pelo en pecho

redbreast ['redbrest] *n* petirrojo *m*

redbrick ['redbrɪk] *adj (building)* de ladrillo rojo; **r. university** = por oposición a Oxford y Cambridge, universidad construida en alguna gran urbe británica, aparte de Londres, a finales del XIX o principios del XX

red-cap ['redkæp] *n* (**a**) *Br Mil* policía *m* militar (**b**) *US Rail (porter)* maletero *m*, mozo *m* de equipajes

redcoat ['redkəʊt] *n* (**a**) *Hist (British soldier)* casaca *m* roja (**b**) *Br (in holiday camp)* animador(ora) *m,f*

redcurrant ['redkʌrənt] *n* grosella *f* (roja)

redden ['redən] **1** *vt* enrojecer

2 *vi (of sky)* ponerse rojo(a); *(of person)* ponerse colorado(a)

reddish ['redɪʃ] *adj (light, colour)* rojizo(a)

redecorate [ri:'dekəreɪt] **1** *vt (repaint)* pintar de nuevo; *(repaper)* empapelar de nuevo

2 *vi (repaint)* pintar de nuevo la casa/habitación/*etc*; *(repaper)* empapelar de nuevo la casa/habitación/*etc*.

redeem [rɪ'di:m] *vt* (**a**) *(pawned item)* desempeñar; *(promise)* cumplir; *(gift token, coupon)* canjear; **to r. a mortgage** amortizar una hipoteca (**b**) *(sinner)* redimir; *Fig* **he redeemed himself by scoring the equalizer** subsanó su error al marcar el gol del empate

Redeemer [rɪ'di:mə(r)] *n Rel* **the R.** el Redentor

redeeming [rɪ'di:mɪŋ] *adj* **he has no r. features** no se salva por ningún lado, no tiene nada que lo salve

redemption [rɪ'dempʃən] *n Rel* redención *f*; *also Fig* **to be beyond** *or* **past r.** no tener salvación

redemptive [rɪ'demptɪv] *adj Formal* redentor(ora)

redeploy [ri:dɪ'plɔɪ] *vt (troops, resources)* redistribuir, reorganizar

redeployment [ri:dɪ'plɔɪmənt] *n* redistribución *f*, reorganización *f*

redesign [ri:dɪ'zaɪn] **1** *n* rediseño *m*

2 *vt* rediseñar

redevelop [ri:dɪ'veləp] *vt (land, area)* reconvertir

redevelopment [ri:dɪ'veləpmənt] *n (of land, area)* reconversión *f*

red-eye ['redaɪ] *n* (**a**) *Phot* ojos *mpl* rojos (**b**) *US Fam (whisky)* whisky *m* de poca calidad (**c**) *US Fam (overnight flight)* vuelo *m* nocturno

red-faced ['red'feɪst] *adj (naturally)* sonrosado(a); *(with anger)* sulfurado(a); *(with embarrassment)* ruborizado(a)

red-handed ['red'hændɪd] *adv* IDIOM **he was caught r.** lo *Esp* cogieron *or Am* agarraron con las manos en la masa

redhead ['redhed] *n* pelirrojo(a) *m,f*

redheaded [red'hedɪd] *adj* pelirrojo(a)

red-hot ['red'hɒt] *adj* (**a**) *(very hot)* al rojo vivo, candente (**b**) *Fam* **to be r. (on sth)** *(very good)* ser un genio para algo, *Esp, Méx* ser un hacha (en algo) ▫ ***r. news*** noticias *fpl* de candente actualidad; ***r. poker*** *(plant)* = tipo de liliácea

redirect [ri:dɪ'rekt, ri:daɪ'rekt] *vt (letter)* reexpedir; *(plane, traffic)* desviar; **to r. one's energies (towards sth)** reorientar los esfuerzos (hacia algo)

rediscover [ri:dɪs'kʌvə(r)] *vt* redescubrir

redistribute [ri:'dɪstrɪbju:t] *vt* redistribuir

redistribution [ri:dɪstrɪ'bju:ʃən] *n* redistribución *f*

red-letter day ['red'letədeɪ] *n* jornada *f* memorable

redneck ['rednek] *n US Pej* = sureño racista y reaccionario, de baja extracción social; **a r. politician** un(a) político(a) racista y reaccionario(a)

redo [ri:'du:] (*pt* **redid** [ri:'dɪd], *pp* **redone** [ri:'dʌn]) *vt* rehacer

redolent ['redələnt] *adj Literary* **to be r. of** *(smell of)* oler a; *(be suggestive of)* tener reminiscencias de

redouble [ri:'dʌbəl] *vt* redoblar; **to r. one's efforts** redoblar los esfuerzos

redoubt [rɪ'daʊt] *n Mil (fortification)* reducto *m*

redoubtable [rɪ'daʊtəbəl] *adj (opponent)* formidable

redox ['ri:dɒks] *n Chem* ***r. reaction*** reacción *f* rédox

redraft [ri:'drɑ:ft] *vt* redactar de nuevo, reescribir

redraw [ri:'drɔ:] *vt (boundary, border)* volver a dibujar; *Comptr* redibujar

redress [rɪ'dres] **1** *n (of grievance)* reparación *f*; **to seek r.** exigir reparación

2 *vt (injustice, grievance)* reparar; **to r. the balance** reestablecer el equilibrio

redshank ['redʃæŋk] *n* archibebe *m* común

redskin ['redskɪn] *n Old-fashioned* piel roja *mf*

redstart ['redstɑ:t] *n* colirrojo *m* real

reduce [rɪ'dju:s] *vt* (**a**) *(make smaller, lower)* reducir; *(price, product)* rebajar; *Culin* **to r. a sauce** reducir una salsa; **to r. speed** reducir la velocidad

(**b**) *(bring to a certain state)* **to r. sth to ashes/dust** reducir algo a cenizas/polvo; **to r. sb to silence** reducir a alguien al silencio; **his words reduced her to tears** sus palabras le hicieron llorar; **to be reduced to doing sth** no tener más remedio que hacer algo

(**c**) *(simplify)* **to r. sth to the simplest terms** reducir algo a los términos más sencillos

reduced [rɪ'dju:st] *adj (smaller)* reducido(a); **on a r. scale** a escala reducida; **at r. prices** a precios reducidos; **a r. service** *(because of strike, emergency)* un servicio reducido; *Formal* **to live in r. circumstances** haber venido a menos

reductio ad absurdum [rɪ'dʌktɪəʊædəb'sɜ:dəm] *n* reducción *f* al absurdo

reduction [rɪ'dʌkʃən] *n (in number, size)* reducción *f*; *(of price, product)* rebaja *f*

reductive [rɪ'dʌktɪv] *adj* reductor(ora)

redundancy [rɪ'dʌndənsɪ] *n* (**a**) *Br (dismissal)* despido *m (por reducción de plantilla)* ▫ ***r. notice*** notificación *f* de despido; ***r. pay*** indemnización *f* por despido (**b**) *(superfluousness)* redundancia *f*

redundant [rɪ'dʌndənt] *adj* (**a**) *Br Ind* **to make sb r.** despedir a alguien; **to be made r.** ser despedido(a) (**b**) *(superfluous)* superfluo(a), innecesario(a); *(words, information)* redundante

redwing ['redwɪŋ] *n* zorzal *m* alirrojo

redwood ['redwʊd] *n* secuoya *f*, secoya *f*

reed [ri:d] *n* (**a**) *(plant)* caña *f* (**b**) *Mus (of instrument)* lengüeta *f* ▫ ***r. instrument*** instrumento *m* de lengüeta (**c**) ***r. warbler*** carricero *m* común

re-educate [ri:'edjʊkeɪt] *vt* reeducar

reedy ['ri:dɪ] *adj (sound, voice)* agudo(a), chillón(ona)

reef[1] [ri:f] *n* arrecife *m*

reef[2] *n* ***r. knot*** nudo *m* de envergue *or* de rizos

reefer ['ri:fə(r)] *n* (**a**) *(clothing)* **r. (jacket)** chaquetón *m* (**b**) *Old-fashioned Fam (cannabis cigarette)* porro *m*

reek [ri:k] **1** *n* peste *f*, tufo *m*

2 *vi also Fig* apestar (**of** a)

reel [ri:l] **1** *n* (**a**) *(for fishing line)* carrete *m*; *(of cinema film)* rollo *m*; *Br (for thread)* carrete *m* (**b**) *(dance)* = baile escocés o irlandés de ritmo muy vivo

2 *vi* (**a**) *(sway)* tambalearse; **my head is reeling** me da vueltas la cabeza (**b**) *(recoil)* **to r. (back)** retroceder; **they were still reeling from the shock** todavía no se habían recuperado del impacto

▸**reel in** *vt sep (fishing line, fish)* sacar (enrollando el carrete)

▸**reel off** *vt sep (names, statistics)* soltar de un tirón

re-elect ['ri:ɪ'lekt] *vt* reelegir

re-election ['ri:ɪ'lekʃən] *n* reelección *f*

re-emerge ['ri:ɪ'mɜ:dʒ] *vi (from water, room)* reaparecer, salir; **he has re-emerged as a major contender** ha reaparecido como un candidato de primera fila

re-enact ['ri:ɪ'nækt] *vt (crime, battle)* reconstruir

re-enter ['ri:'entə(r)] **1** *vt (room, country)* volver a entrar en; **to r. the job market** reinsertarse en el *or* reincorporarse al mercado de trabajo

2 *vi* volver a entrar; **to r. for an examination** volver a examinarse

re-entry [ri:'entrɪ] *n Astron* reingreso *m*

re-establish ['ri:ɪ'stæblɪʃ] *vt* restablecer

re-examine ['ri:ɪg'zæmɪn] *vt* reexaminar

ref [ref] *n* (**a**) *(abbr* **reference***)* **r. number** nº ref., número *m* de referencia (**b**) *Fam (referee)* árbitro *m*

refectory [rɪ'fektərɪ] *n* (**a**) *(at university, school)* comedor *m* (**b**) *(in monastery)* refectorio *m*

refer [rɪ'fɜ:(r)] (*pt & pp* **referred**) *vt* remitir; **to r. a matter to sb** remitir un asunto a alguien; **to r. a patient to a**

specialist enviar a un paciente al especialista ▫ *Med* ***referred pain*** dolor *m* referido

▸**refer to** *vt insep* (**a**) *(consult)* consultar (**b**) *(allude to, mention)* referirse a; **who are you referring to?** ¿a quién te estás refiriendo?; **referred to as...** conocido(a) como...; **he never refers to the matter** nunca hace referencia al asunto (**c**) *(apply to)* referirse a, aplicarse a

referee [refəˈriː] **1** *n* (**a**) *(in sport)* árbitro *m* (**b**) *Br (for job)* **please give the names of two referees** por favor dé los nombres de dos personas que puedan proporcionar referencias suyas

2 *vt & vi* arbitrar

reference [ˈrefərəns] *n* (**a**) *(consultation)* consulta *f*; *(source)* referencia *f*; **for r. only** *(book)* para consulta en sala; **to keep sth for future r.** guardar algo para su posterior consulta ▫ ***r. book*** libro *m* de consulta; ***r. library*** biblioteca *f* de consulta; ***r. number*** número *m* de referencia; ***r. point, point of r.*** punto *m* de referencia; ***r. work*** obra *f* de consulta (**b**) *(allusion)* referencia *f*, alusión *f*; **with r. to...** con referencia a... (**c**) *Br (from employer)* informe *m*, referencia *f*

referendum [refəˈrendəm] *n* referéndum *m*; **to hold a r.** celebrar un referéndum

referral [rɪˈfɜːrəl] *n Med* **ask for a r. to a specialist** pide que te manden al especialista

refill 1 *n* [ˈriːfɪl] (**a**) *(for notebook, pen)* recambio *m* (**b**) *(of drink)* **would you like a r.?** ¿quieres otra copa?

2 *vt* [riːˈfɪl] (**a**) *(glass)* volver a llenar (**b**) *(lighter, pen)* recargar

refillable [riːˈfɪləbəl] *adj* recargable

refine [rɪˈfaɪn] *vt* (**a**) *(sugar, petroleum)* refinar (**b**) *(technique, machine)* perfeccionar

refined [rɪˈfaɪnd] *adj* (**a**) *(sugar, petroleum)* refinado(a) (**b**) *(person, taste)* refinado(a), sofisticado(a)

refinement [rɪˈfaɪnmənt] *n* (**a**) *(of manners, taste, person)* refinamiento *m* (**b**) *(of technique)* sofisticación *f* (**c**) *(improvement)* **to make refinements to sth** perfeccionar algo

refinery [rɪˈfaɪnərɪ] *n* refinería *f*

refit 1 *n* [ˈriːfɪt] *(of ship)* reparación *f*

2 *vt* [riːˈfɪt] *(pt & pp* **refitted**) *(ship)* reparar

reflate [riːˈfleɪt] *vt Econ* reflacionar

reflation [riːˈfleɪʃən] *n Econ* reflación *f*

reflationary [riːˈfleɪʃənərɪ] *adj Econ* reflacionario(a)

reflect [rɪˈflekt] **1** *vt* (**a**) *(image, light)* reflejar; **to be reflected** reflejarse (**b**) *(attitude, mood)* reflejar; **this lack of direction is reflected in the sales figures** la falta de dirección se refleja en las cifras de ventas (**c**) *(think)* **to r. that...** considerar que...

2 *vi* (**a**) *(think)* reflexionar (**on** sobre) (**b**) **to r. well/badly on sb** dejar en buen/mal lugar a alguien

reflecting [rɪˈflektɪŋ] *adj Astron* ***r. telescope*** telescopio *m* reflector

reflection [rɪˈflekʃən] *n* (**a**) *(reflected image)* reflejo *m* (**b**) *(representation)* **an accurate r. of the situation** un fiel reflejo de la situación (**c**) *(negative indication)* **the termination of the project is no r. on your own performance** la cancelación del proyecto no significa que tú no lo hayas hecho bien; **this case is a poor r. on today's youth** este caso no dice mucho de la juventud actual (**d**) *(thought)* reflexión *f*; **on r.** después de pensarlo

reflective [rɪˈflektɪv] *adj* (**a**) *(surface)* reflectante (**b**) *(person, mood)* reflexivo(a)

reflector [rɪˈflektə(r)] *n (on bicycle, vehicle)* reflectante *m*, catadióptrico *m*

reflex [ˈriːfleks] **1** *n* reflejo *m*

2 *adj* reflejo(a) ▫ ***r. action*** acto *m* reflejo; ***r. camera*** (cámara *f*) réflex *f inv*

reflexive [rɪˈfleksɪv] *adj Gram* reflexivo(a) ▫ ***r. verb*** verbo *m* reflexivo

reflexology [ˈriːfleksˈɒlədʒɪ] *n* reflexología *f*

refloat [riːˈfləʊt] *vt (ship)* reflotar, sacar a flote

reflux [ˈriːflʌks] *n Chem* reflujo *m*

reforestation [riːfɒrɪˈsteɪʃən] *n* reforestación *f*, repoblación *f* forestal

re-form [ˈriːˈfɔːm] *vi (of organization, pop group)* volver a unirse

reform [rɪˈfɔːm] **1** *n* reforma *f* ▫ *Br Formerly* ***r. school*** reformatorio *m*

2 *vt (improve)* reformar; **he's a reformed character** se ha reformado completamente

3 *vi* reformarse

reformat [ˈriːˈfɔːmæt] *(pt & pp* **reformatted**) *vt Comptr (disk)* volver a formatear

reformation [refəˈmeɪʃən] *n* (**a**) *(in character, habits)* reforma *f* (**b**) *Hist* **the R.** la Reforma

reformatory [rɪˈfɔːmətərɪ] *n* reformatorio *m*

reformer [rɪˈfɔːmə(r)] *n* reformador(ora) *m,f*

reformist [rɪˈfɔːmɪst] *n & adj* reformista *mf*

reformulate [riːˈfɔːmjʊleɪt] *vt* volver a formular

refract [rɪˈfrækt] **1** *vt (light)* refractar

2 *vi* refractarse

refracting [rɪˈfræktɪŋ] *adj Astron* ***r. telescope*** telescopio *m* de refracción

refraction [rɪˈfrækʃən] *n Phys* refracción *f*

refractory [rɪˈfræktərɪ] *adj* (**a**) *Formal (person)* obstinado(a), rebelde; *(animal)* desobediente (**b**) *Med (disease)* intratable (**c**) *Tech (material)* refractario(a)

refrain [rɪˈfreɪn] **1** *n (musical)* estribillo *m*; *Fig (repeated comment)* cantinela *f*

2 *vi* abstenerse (**from** de); **to r. from comment** abstenerse de hacer comentarios; **please r. from talking/smoking** *(sign)* se ruega guardar silencio/no fumar

> Note that the Spanish word **refrán** is a false friend and is never a translation for the English word **refrain**. In Spanish **refrán** means "proverb, saying".

re-freeze [ˈriːˈfriːz] *vt* volver a congelar

refresh [rɪˈfreʃ] *vt* (**a**) *(freshen, revive)* refrescar; **to r. oneself** refrescarse; **to r. one's memory** refrescar la memoria; **to r. sb's glass** *(top up)* llenarle el vaso a alguien (**b**) *Comptr* refrescar ▫ ***r. rate*** velocidad *f* de refresco

refresher [rɪˈfreʃə(r)] *n* (**a**) *(drink)* refresco *m* (**b**) *Educ* ***r. course*** cursillo *m* de reciclaje

refreshing [rɪˈfreʃɪŋ] *adj (breeze, drink)* refrescante; *(honesty, simplicity)* alentador(ora), reconfortante; **it makes a r. change to hear a politician being honest** qué alegría ver a un político honrado para variar

refreshingly [rɪˈfreʃɪŋlɪ] *adv* **he's r. honest** da gusto su honradez

refreshment [rɪˈfreʃmənt] *n* **refreshments** *(food and drink)* refrigerio *m*; **refreshments will be served** se servirá un refrigerio

refrigerant [rɪˈfrɪdʒərənt] *n Tech* refrigerante *m*

refrigerate [rɪˈfrɪdʒəreɪt] *vt* refrigerar, conservar en (el) frigorífico

refrigeration [rɪfrɪdʒəˈreɪʃən] *n* **keep under r.** manténgase en el frigorífico

refrigerator [rɪˈfrɪdʒəreɪtə(r)] *n (domestic)* nevera *f*, *RP* heladera *f*, *Méx* refrigerador *m*; *(industrial)* cámara *f* frigorífica *m*

refuel [riːˈfjʊəl] **1** *vt (ship, aircraft)* repostar combustible a

2 *vi (of ship, aircraft)* repostar ▫ ***refuelling stop*** escala *f* técnica *or* de repostaje

refuge [ˈrefjuːdʒ] *n (from danger, weather)* refugio *m*; **to seek r.** buscar refugio; **to take r.** refugiarse; **(women's) r.** centro *m* de acogida (para mujeres maltratadas)

refugee [refjuːˈdʒiː] *n* refugiado(a) *m,f* ▫ ***r. camp*** campo *m* de refugiados; ***r. status*** condición *f or* estatuto *m* de refugiado

refund 1 *n* [ˈriːfʌnd] reintegro *m*, reembolso *m*; **no refunds will be given** no se admiten devoluciones

2 *vt* [riːˈfʌnd] reembolsar

refundable [riːˈfʌndəbəl] *adj* reembolsable

refurbish [riːˈfɜːbɪʃ] *vt (room, restaurant)* remodelar, renovar

refurbishment [rɪˈfɜːbɪʃmənt] *n* remodelación *f*, renovación *f*

refusal [rɪˈfjuːzəl] *n* negativa *f*; **to give a flat r.** negarse rotundamente; **to meet with a r.** ser rechazado(a); **that's its third r.** *(of horse)* ha rehusado por tercera vez; IDIOM **to have first r. (on sth)** tener opción de compra (sobre algo)

refuse[1] [ˈrefjuːs] *n (rubbish)* basura *f* ▫ ***r. collection*** recogida *f* de basuras; ***r. collector*** basurero(a) *m,f*; ***r. disposal*** eliminación *f* de basuras; ***r. dump*** vertedero *m* (de basuras)

refuse² [rɪ'fju:z] **1** *vt (invitation, offer, request)* rechazar; **to r. to do sth** negarse a hacer algo; **to r. sb sth** denegar algo a alguien; **we were refused permission to leave** no nos dieron permiso para salir; **the offer was too good to r.** la oferta era demasiado buena como para rechazarla
2 *vi (of person)* negarse; *(of horse)* rehusar

refute [rɪ'fju:t] *vt* **(a)** *(argument, theory)* refutar **(b)** *(allegation)* desmentir, negar

regain [rɪ'geɪn] *vt* **(a)** *(get back)* recuperar; **to r. consciousness** recobrar *or* recuperar el conocimiento; **to r. the lead** *(in contest)* volver a ponerse en cabeza **(b)** *Formal (reach again) (shore, seat)* volver a alcanzar

regal ['ri:gəl] *adj* regio(a)

regale [rɪ'geɪl] *vt* divertir, entretener (**with** con)

regalia [rɪ'geɪlɪə] *npl* galas *fpl*; **in full r.** con toda la parafernalia

regally ['ri:gəlɪ] *adv* con majestuosidad, de modo majestuoso

regard [rɪ'gɑ:d] **1** *n Formal* **(a)** *(admiration)* admiración *f*, estima *f*; **to hold sb in high/low r.** tener mucha/poca estima a alguien
(b) *(consideration)* consideración *f*; **out of r. for** por consideración hacia; **without r. to** *(safety, rules)* sin (ninguna) consideración por; *(gender, race)* independientemente de; **he has no r. for my feelings** no le importa nada lo que siento; **don't pay any r. to what she says** no hagas caso de lo que diga
(c) *(connection)* **in this r.** en este sentido; **in all regards** en todos los sentidos *or* aspectos; **with r. to** en cuanto a, con respecto a
(d) regards *(good wishes)* saludos *mpl*, *CAm, Col, Ecuad* saludes *fpl*; **give her my regards** salúdala de mi parte; **she sends (them) her regards** les manda recuerdos
2 *vt* **(a)** *(admire, respect)* **I r. him highly** tengo un alto concepto de él; **they are highly regarded** están muy bien considerados
(b) *(consider)* **to r. sth/sb as...** considerar algo/a alguien...; **to r. sth/sb with suspicion** tener recelo de algo/alguien; **to r. sth with horror** contemplar algo con terror; **she is regarded with respect** le tienen respeto
(c) *(concern)* concernir; **as regards...** en cuanto a..., con respecto a...

regarding [rɪ'gɑ:dɪŋ] *prep* en cuanto a, con respecto a

regardless [rɪ'gɑ:dlɪs] *adv* **(a)** *(despite everything)* a pesar de todo **(b) r. of** *(without considering)* sin tener en cuenta; **r. of the expense** cueste lo que cueste

regatta [rɪ'gætə] *n* regata *f*

regency ['ri:dʒənsɪ] *n* regencia *f*

regenerate [ri:'dʒenəreɪt] **1** *vt* regenerar
2 *vi* regenerarse

regeneration [ri:dʒenə'reɪʃən] *n* regeneración *f*

regent ['ri:dʒənt] *n* regente *mf*

reggae ['regeɪ] *n Mus* reggae *m*

regime [reɪ'ʒi:m] *n* régimen *m*

regimen ['redʒɪmən] *n* régimen *m*

regiment ['redʒɪmənt] **1** *n (in army)* regimiento *m*
2 *vt* someter a severa disciplina

regimental [redʒɪ'mentəl] *adj (band, flag)* de regimiento

regimentation [redʒɪmen'teɪʃən] *n* severa disciplina *f*

regimented ['redʒɪmentɪd] *adj (strict)* disciplinado(a)

region ['ri:dʒən] *n* región *f*; **in the regions** en las provincias; **in the r. of** *(approximately)* alrededor de, del orden de

regional ['ri:dʒənəl] *adj* regional

regionalism ['ri:dʒənəlɪzəm] *n* regionalismo *m*

register ['redʒɪstə(r)] **1** *n* **(a)** *(record)* registro *m*; *Sch* **to take the r.** pasar lista; **r. of births, marriages and deaths** registro *m* civil; **r. of voters** censo *m* electoral; **(cash) r.** caja *f* registradora ▫ *Br* ***r. office*** registro *m* civil **(b)** *Mus* registro *m* **(c)** *Ling* registro *m*
2 *vt* **(a)** *(record) (member)* inscribir; *(student)* matricular; *(birth, marriage, death)* registrar; *(complaint, protest)* presentar **(b)** *(show) (temperature, speed)* registrar; *(astonishment, displeasure)* denotar, mostrar **(c)** *(realize) (fact, problem)* darse cuenta de, enterarse de **(d)** *(achieve) (progress)* realizar
3 *vi* **(a)** *(for course)* matricularse; *(at hotel)* inscribirse, registrarse; *(of voter)* inscribirse (en el censo) **(b)** *Fam (of fact)* **it didn't r. (with him)** no se enteró

registered ['redʒɪstə:d] *adj Br* ***R. General Nurse*** = enfermero(a) cualificado(a) con una titulación de tres años; *Br* ***r. letter*** carta *f* certificada; *Br Com* ***r. office*** domicilio *m* social; ***r.*** *Br* ***post*** *or US* ***mail*** correo *m* certificado; ***r. trademark*** marca *f* registrada; *Comptr* ***r. user*** usuario(a) *m,f* registrado(a)

registrar ['redʒɪstrɑ:(r)] *n* **(a)** *(record keeper)* registrador(ora) *m,f* **(b)** *Univ* secretario(a) *m,f* **(c)** *Br (in hospital)* doctor(ora) *m,f*, médico(a) *m,f*

registration [redʒɪ'streɪʃən] *n* **(a)** *(of student)* matriculación *f*; *(of voter)* inscripción *f* (en el censo); *(of birth, death, marriage)* registro *m* ▫ *Aut* ***r. number*** (número *m* de) matrícula *f* **(b)** *Comptr* ***r. card*** tarjeta *f* de registro; ***r. number*** número *m* de registro

registry ['redʒɪstrɪ] *n* registro *m* ▫ *Br* ***r. office*** registro *m* civil

regress [rɪ'gres] *vi* involucionar, sufrir una regresión

regression [rɪ'greʃən] *n* regresión *f*

regressive [rɪ'gresɪv] *adj* regresivo(a)

regret [rɪ'gret] **1** *n* **(a)** *(remorse, sadness)* **I have no regrets** no me arrepiento de nada; **my biggest r. is that...** lo que más lamento es que...; **there was a note of r. in her voice** había un tono de remordimiento en su voz; **it is with great r. that I have to inform you that...** me da mucho pesar tener que informarle de que...; **much to my r....** muy a mi pesar...
(b) *(apology)* **she sent her regrets** mandó sus disculpas *or* excusas
2 *vt* (*pt & pp* **regretted**) **(a)** *(error, decision)* sentir, lamentar; **to r. doing** *or* **having done sth** arrepentirse de *or* lamentar haber hecho algo; **you won't r. it** no te arrepentirás
(b) *Formal (in official apologies)* **the management regrets any inconvenience caused** la dirección lamenta las molestias causadas; **I r. to (have to) inform you that...** siento (tener que) comunicarte que...

regretful [rɪ'gretfʊl] *adj (remorseful)* arrepentido(a); *(sad)* apesadumbrado(a), pesaroso(a)

regretfully [rɪ'gretfʊlɪ] *adv* **I r. have to decline** lamento tener que decir que no

regrettable [rɪ'gretəbəl] *adj* lamentable

regrettably [rɪ'gretəblɪ] *adv (unfortunately)* lamentablemente

regroup [ri:'gru:p] **1** *vt* reagrupar
2 *vi* reagruparse

regt (*abbr* **regiment**) regto.

regular ['regjʊlə(r)] **1** *n* **(a)** *(in bar, restaurant)* habitual *mf*, parroquiano(a) *m,f*
(b) *(soldier)* regular *m*
(c) *US (petrol)* súper *f*
2 *adj* **(a)** *(features, pulse)* regular; **to be r.** ser regular; **it keeps you r.** *(not constipated)* evita el estreñimiento; **to have a r. income** tener ingresos regulares; **on a r. basis** con regularidad, regularmente; **at r. intervals** a intervalos regulares; IDIOM **as r. as clockwork** como un reloj, con una regularidad cronométrica
(b) *(normal, habitual)* habitual; *(in size)* normal, mediano(a); *US Fam* **a r. guy** *Esp* un tío legal, *Am* un tipo derecho
(c) *(army, soldier)* profesional
(d) *Fam (for emphasis)* verdadero(a), auténtico(a)
(e) *Gram (verb)* regular

regularity [regjʊ'lærɪtɪ] *n* regularidad *f*

regularize ['regjʊləraɪz] *vt* regularizar

regularly ['regjʊləlɪ] *adv* regularmente

regulate ['regjʊleɪt] *vt* regular

regulation [regjʊ'leɪʃən] **1** *n* **(a)** *(action)* regulación *f* **(b)** *(rule)* regla *f*, norma *f*; **regulations** reglamento *m*, normas *fpl*
2 *adj (size, dress)* reglamentario(a)

regulator ['regjʊleɪtə(r)] *n* **(a)** *(device)* regulador *m* **(b)** *(regulatory body)* organismo *m* regulador

regulatory [regjʊ'leɪtərɪ] *adj* regulador(ora)

regulo ['regjʊləʊ] *n Br* **cook at** *or* **on r. 4** cocínese con el mando en el 4

regurgitate [rɪ'gɜ:dʒɪteɪt] *vt* regurgitar

rehab ['ri:hæb] *n Fam* rehabilitación *f* ▫ ***r. centre*** centro *m* de rehabilitación

rehabilitate [ri:hə'bɪlɪteɪt] *vt* rehabilitar

rehabilitation [ri:həbɪlɪ'teɪʃən] *n* rehabilitación *f* ▫ ***r. centre*** centro *m* de rehabilitación

rehash 1 *n* ['ri:hæʃ] refrito *m*
2 *vt* [ri:'hæʃ] hacer un refrito con

rehearsal [rɪ'hɜ:səl] *n* ensayo *m*

rehearse [rɪ'hɜ:s] *vt & vi* ensayar

reheat ['ri:'hi:t] *vt* recalentar

rehouse ['ri:'haʊz] *vt* realojar

rehydration [ri:haɪ'dreɪʃən] *n Phys* rehidratación *f*

reign [reɪn] **1** *n* reinado *m*
2 *vi* reinar

reigning ['reɪnɪŋ] *adj* **(a)** *(monarch)* reinante **(b)** *(champion)* actual

reimburse [ri:ɪm'bɜ:s] *vt* reembolsar; **to r. sb for sth** reembolsar algo a alguien

reimbursement [ri:ɪm'bɜ:smənt] *n* reembolso *m*

rein [reɪn] *n* rienda *f*; IDIOM **to give sb free r. to do sth** dar carta blanca a alguien para hacer algo; IDIOM **to give free r. to one's imagination** dar rienda suelta a la imaginación; IDIOM **to keep a tight r. on sth** llevar algo muy controlado; IDIOM **to keep a tight r. on sb** atar corto a alguien

▸**rein back** *vt sep* detener, frenar

▸**rein in** *vt sep* frenar

reincarnate [ri:ɪn'kɑ:neɪt] *vt* **to be reincarnated (as)** reencarnarse (en)

reincarnation [ri:ɪnkɑ:'neɪʃən] *n* reencarnación *f*

reindeer ['reɪndɪə(r)] *n* reno *m*

reinforce [ri:ɪn'fɔ:s] *vt* **(a)** *(wall, structure)* reforzar ▫ ***reinforced concrete*** hormigón *m or Am* concreto *m* armado **(b)** *(army)* reforzar **(c)** *(emphasize)* reafirmar

reinforcement [ri:ɪn'fɔ:smənt] *n* refuerzo *m*; *Mil* **reinforcements** refuerzos *mpl*

reinsert [ri:ɪn'sɜ:t] *vt* volver a introducir

reinstate [ri:ɪn'steɪt] *vt* **(a)** *(person in job)* restituir (en el puesto) **(b)** *(clause)* reincorporar; *(law, practice)* reinstaurar

reinstatement [ri:ɪn'steɪtmənt] *n* **(a)** *(of person in job)* reincorporación *f*, rehabilitación *f* **(b)** *(of clause, law, practice)* reinstauración *f*

reinsurance [ri:ɪn'ʃʊərəns] *n* reaseguro *m*

reinsure [ri:ɪn'ʃʊə(r)] *vt* reasegurar

reintegration [ri:ɪntə'greɪʃən] *n* reintegración *f*

reintroduce [ri:ɪntrə'dju:s] *vt* reintroducir

reinvent [ri:ɪn'vent] *vt* IDIOM **to r. the wheel** reinventar la rueda, = perder el tiempo haciendo algo que ya está hecho

reinvest [ri:ɪn'vest] *vt* reinvertir

reissue [ri:'ɪʃu:] **1** *n* **(a)** *(of book, record)* reedición *f* **(b)** *(of bank note, stamp)* nueva emisión *f*
2 *vt* **(a)** *(book, record)* reeditar **(b)** *(bank note, stamp)* emitir de nuevo

reiterate [ri:'ɪtəreɪt] *vt Formal* reiterar

reiteration [ri:ɪtə'reɪʃən] *n Formal* reiteración *f*

reject 1 *n* ['ri:dʒekt] **(a)** *(object)* artículo *m* con tara *or* defectuoso **(b)** *Fam Pej (person)* desecho *m*
2 *vt* [rɪ'dʒekt] rechazar; **to feel rejected** sentirse rechazado(a)

rejection [rɪ'dʒekʃən] *n* rechazo *m*; **to meet with r.** ser rechazado(a) ▫ ***r. letter*** *(from publisher, employer)* carta *f* con respuesta negativa

rejig [ri:'dʒɪg] *vt (alter)* modificar

rejoice [rɪ'dʒɔɪs] *vi* alegrarse

▸**rejoice in** *vt insep* **(a)** *(good fortune)* alegrarse con, regocijarse con **(b)** *Hum (have)* **she rejoices in the name of...** tiene el divertido nombre de...

rejoicing [rɪ'dʒɔɪsɪŋ] *n* regocijo *m*, alegría *f*

rejoin [ri:'dʒɔɪn] *vt* **(a)** *(join again) (party, firm)* reincorporarse a; *(road)* volver a unirse a **(b)** *(meet again)* reunirse con **(c)** *(retort)* replicar

rejoinder [rɪ'dʒɔɪndə(r)] *n* réplica *f*

rejuvenate [rɪ'dʒu:vɪneɪt] *vt* rejuvenecer

rejuvenation [rɪdʒu:vɪ'neɪʃən] *n* rejuvenecimiento *m*

rekindle [ri:'kɪndəl] *vt (fire, enthusiasm, hope)* reavivar

relapse *Med* **1** *n* ['ri:læps] recaída *f*
2 *vi* [rɪ'læps] recaer, sufrir una recaída; **to r. into unconsciousness/a coma** volver a perder el conocimiento/a entrar en coma; *Fig* **they relapsed into silence** volvieron a callarse

relate [rɪ'leɪt] **1** *vt* **(a)** *(narrate)* relatar, narrar **(b)** *(connect) (two facts, ideas)* relacionar
2 *vi* **(a) to r. to sth** *(be relevant to)* estar relacionado(a) con algo **(b) to r. to sth** *(understand)* comprender *or* entender algo; **she doesn't r. to other children very well** no se entiende mucho con los demás niños; **we can all r. to that** todos nos podemos identificar con eso

related [rɪ'leɪtɪd] *adj* **(a)** *(of same family)* **are they r.?** ¿están emparentados(as)?; **to be r. to sb** ser pariente de alguien; **to be r. by marriage** ser pariente político **(b)** *(linked)* relacionado(a)

relation [rɪ'leɪʃən] *n* **(a)** *(relative)* pariente *mf* **(b)** *(connection)* relación *f*; **to bear no r. to** no guardar relación con; **in r. to salary** en relación con el *or* con relación al sueldo **(c) relations** *(diplomatic, personal links)* relaciones *fpl*; **to break off/re-establish relations with** romper/restablecer relaciones con; **to have friendly relations with** tener relaciones de amistad con

relational [rɪ'leɪʃənəl] *adj Comptr* ***r. database*** base *f* de datos relacional

relationship [rɪ'leɪʃənʃɪp] *n* **(a)** *(between people, countries)* relación *f*; **to have a good/bad r. with sb** llevarse bien/mal con alguien **(b)** *(connection)* relación *f* **(c)** *(kinship)* parentesco *m*

relative ['relətɪv] **1** *n (person)* pariente *mf*
2 *adj (comparative)* relativo(a); **r. to** con relación a ▫ *Gram* ***r. clause*** oración *f* relativa; ***r. majority*** mayoría *f* relativa

relatively ['relətɪvlɪ] *adv* relativamente

relativism ['relətɪvɪzəm] *n Phil* relativismo *m*

relativity [relə'tɪvɪtɪ] *n Phys* relatividad *f*

relaunch [ri:'lɔ:ntʃ] **1** *n* relanzamiento *m*
2 *vt* relanzar

relax [rɪ'læks] **1** *vt (person, muscles, discipline)* relajar; **to r. one's grip** dejar de apretar
2 *vi (of person, muscles, discipline)* relajarse; **r.!** *(calm down)* ¡tranquilízate!

relaxant [rɪ'læksənt] *n* relajante *m*

relaxation [ri:læk'seɪʃən] *n (of person, muscles, discipline)* relajación *f*; **a form of r.** una forma de relajarse ▫ ***r. therapy*** terapia *f* de relajación

relaxed [rɪ'lækst] *adj (atmosphere, person)* relajado(a); **he was very r. about changing the date** no le importó nada cambiar la fecha

relaxing [rɪ'læksɪŋ] *adj* relajante

relay 1 *n* ['ri:leɪ] *(of workers)* relevo *m*, turno *m*; **to work in relays** trabajar por turnos; **r. (race)** carrera *f* de relevos ▫ *Rad & TV* ***r. station*** repetidor *m*
2 *vt* [rɪ'leɪ] **(a)** *Rad TV* retransmitir **(b)** *(information)* pasar

release [rɪ'li:s] **1** *n* **(a)** *(of prisoner)* liberación *f*; *(of gas)* emisión *f*; *(from care, worry)* alivio *m* **(b)** *(of book, record)* publicación *f*; *(of movie)* estreno *m*; *(of software)* versión *f*; **new releases** *(records)* novedades *fpl* (discográficas); **to be on general r.** *(of movie)* estar en cartel
2 *vt* **(a)** *(prisoner)* liberar, soltar; *(gas, fumes)* desprender, emitir; *(balloon, bomb)* soltar; *(brake)* soltar; *(funds)* desbloquear; **to r. sb from an obligation** liberar a alguien de una obligación; **to r. sb's hand** soltar la mano a alguien **(b)** *(book, record)* publicar; *(movie)* estrenar; *(news, information)* hacer público(a); **to be released** *(of software)* salir a la venta; *(of movie)* estrenarse

relegate ['relɪgeɪt] *vt* **(a)** *(consign)* relegar **(b)** *Br Sport* **United were relegated** el United bajó de categoría *or* descendió

relegation [relɪ'geɪʃən] *n* **(a)** *(of person, issue)* relegación *f* **(b)** *Br Sport (of team)* descenso *m*

relent [rɪ'lent] *vi (of storm, wind)* amainar; *(of person)* ceder, ablandarse

relentless [rɪ'lentlɪs] *adj* implacable

relentlessly [rɪ'lentlɪslɪ] *adv* implacablemente

relevance ['reləvəns] *n* pertinencia *f*; **to have no r. to sth** no tener nada que ver con algo

relevant ['reləvənt] *adj* pertinente; **that's not r.** eso no viene al caso; **the r. chapters** los capítulos correspondientes; **the r. facts** los hechos que vienen al caso; **the r. authorities** la autoridad competente; **her ideas are still r. today** sus ideas siguen teniendo vigencia

> Note that the Spanish word **relevante** is a false friend and is never a translation for the English word **relevant**. In Spanish **relevante** means "outstanding, important".

reliability [rɪlaɪə'bɪlɪtɪ] *n* fiabilidad *f*

reliable [rɪˈlaɪəbəl] *adj (person, machine)* fiable, *Am* confiable; *(information)* fidedigno(a), fiable, *Am* confiable; **from a r. source** de fuentes fidedignas

reliably [rɪˈlaɪəblɪ] *adv* **to be r. informed that…** saber de buena fuente que…

reliance [rɪˈlaɪəns] *n* (**a**) *(dependence)* dependencia *f* (**on** de) (**b**) *(trust)* confianza *f* (**on** en)

reliant [rɪˈlaɪənt] *adj* **to be r. on** depender de

relic [ˈrelɪk] *n Rel & Fig* reliquia *f*

relief [rɪˈliːf] *n* (**a**) *(alleviation)* alivio *m*; **it offers r. from pain** alivia el dolor; **to bring r. to sb** aliviar a alguien; **it came as a r.** fue un alivio; **to provide some light r.** *(humour)* poner la nota cómica; **that's a r.!** ¡qué alivio!; **much to my r.** para alivio mío; **it was a r. to know they were safe** fue un alivio saber que estaban a salvo
(**b**) *(help)* ayuda *f*, auxilio *m* ▫ ***r. agency*** organización *f* de ayuda humanitaria *(que trabaja sobre el terreno)*; ***r. fund*** fondo *m* de ayuda
(**c**) *(replacement)* relevo *m*
(**d**) *(of besieged city, troops)* liberación *f*
(**e**) *Art* relieve *m*; **in r.** en relieve; *Fig* **to throw sth into r.** poner algo de relieve ▫ ***r. map*** mapa *m* de relieve

relieve [rɪˈliːv] *vt* (**a**) *(alleviate) (pain, anxiety, problem)* aliviar; *(tension, boredom)* atenuar, mitigar; **to feel relieved** sentirse aliviado(a)
(**b**) *(replace)* relevar
(**c**) *(liberate) (besieged city, troops)* liberar
(**d**) *(take away) Formal* **can I r. you of your suitcase?** ¿quiere que le lleve la maleta?; *Formal* **he was relieved of his post** *or* **duties** fue apartado de su puesto; *Hum* **somebody relieved me of my wallet** alguien me afanó la cartera
(**e**) *Euph* **he relieved himself** hizo sus necesidades

relieved [rɪˈliːvd] *adj (sigh, laugh)* de alivio

religion [rɪˈlɪdʒən] *n* religión *f*; **it's against my r.** va contra mis principios religiosos

religious [rɪˈlɪdʒəs] *adj* religioso(a) ▫ ***r. education*** *(subject)* (asignatura *f* de) religión *f*; ***r. order*** orden *f* religiosa

religiously [rɪˈlɪdʒəslɪ] *adv also Fig* religiosamente

relinquish [rɪˈlɪŋkwɪʃ] *vt (claim, responsibility, rights)* renunciar a; **to r. the throne to sb** ceder el trono a alguien; **to r. one's hold** *or* **grip on sth** *(let go)* soltar algo; **she refused to r. her hold** *or* **grip on the party** se negó a abandonar su control sobre el partido

relish [ˈrelɪʃ] **1** *n* (**a**) *(pleasure)* deleite *m*, goce *m*; **to do sth with r.** hacer algo con gran deleite (**b**) *(pickle)* salsa *f* condimentada
2 *vt* gozar con, deleitarse en; **I didn't r. the idea** no me entusiasmaba la idea

relive [riːˈlɪv] *vt* revivir

reload [riːˈləʊd] **1** *vt (gun, camera)* volver a cargar
2 *vi* volver a cargar el arma, recargar

relocate [riːləʊˈkeɪt] **1** *vt* (**a**) *(move)* trasladar (**b**) *(find)* encontrar
2 *vi* mudarse, trasladarse (**to** a)

relocation [riːləʊˈkeɪʃən] *n* traslado *m*

reluctance [rɪˈlʌktəns] *n* resistencia *f*, reticencia *f*; **to do sth with r.** hacer algo a regañadientes

reluctant [rɪˈlʌktənt] *adj* reacio(a), reticente; **to be r. to do sth** ser reacio(a) a hacer algo

reluctantly [rɪˈlʌktəntlɪ] *adv* de mala gana

▸**rely on, rely upon** [rɪˈlaɪ] *vt insep* (**a**) *(count on)* contar con; **I'm relying on you to do it** cuento con que vas a hacerlo; **you can r. on them to get things wrong** puedes estar seguro de que lo harán mal; **she can't be relied on** no se puede contar con ella (**b**) *(be dependent on)* depender de

REM [ɑːriːˈem] *n (abbr* **rapid eye movement**) (fase *f*) REM *m* ▫ ***R. sleep*** sueño *m* REM *or* paradójico

remain [rɪˈmeɪn] *vi* (**a**) *(stay behind)* quedarse; **she remained at her desk** se quedó en su mesa (**b**) *(be left)* quedar; **it remains to be seen** queda *or* está por ver; **the fact remains that…** el hecho es que… (**c**) *(continue to be)* seguir siendo; **to r. seated** quedarse sentado(a); **I r. unconvinced** sigo sin convencerme; **the result remains in doubt** todavía no se sabe cuál va a ser el resultado; **to r. silent** permanecer callado(a); **to r. faithful to** permanecer fiel a; *Formal* **I r., yours faithfully…** le saluda muy atentamente…

remainder [rɪˈmeɪndə(r)] *n* resto *m*

remaindered [rɪˈmeɪndəd] *adj* **r. books** libros *mpl* de saldo

remaining [rɪˈmeɪnɪŋ] *adj* restante

remains [rɪˈmeɪnz] *npl (of meal)* sobras *fpl*, restos *mpl*; *(of civilization, fortune)* restos *mpl*; *(of old building)* ruinas *fpl*; *(of person)* restos *mpl* (mortales); **human r.** restos *mpl* humanos

remake [ˈriːmeɪk] *n (of movie)* nueva versión *f*

remand [rɪˈmɑːnd] **1** *n Law* **to be on r.** *(in custody)* estar en prisión preventiva; **to be out on r.** estar en libertad bajo fianza ▫ *Br* ***r. centre*** centro *m* de preventivos; ***r. home*** = centro de reclusión para delincuentes juveniles a la espera de juicio; ***r. prisoner*** preso(a) *m,f* preventivo(a)
2 *vt Law* **to r. sb in custody** poner a alguien en prisión preventiva

remark [rɪˈmɑːk] **1** *n (comment)* comentario *m*; **to make** *or* **pass a r.** hacer un comentario; *Formal* **worthy of r.** digno(a) de destacar
2 *vt* comentar, observar; **to r. (up)on sth** comentar *or* observar algo

remarkable [rɪˈmɑːkəbəl] *adj (impressive)* extraordinario(a), excepcional; *(surprising)* insólito(a), sorprendente

remarkably [rɪˈmɑːkəblɪ] *adv (impressively)* extraordinariamente, excepcionalmente; *(surprisingly)* insólitamente, sorprendentemente

remarry [riːˈmærɪ] *vi* volver a casarse

rematch [ˈriːmætʃ] *n Sport* revancha *f*

remedial [rɪˈmiːdɪəl] *adj* correctivo(a) ▫ ***r. education*** educación *f* especial; ***r. teacher*** profesor(ora) *m,f* de educación especial

remedy [ˈremɪdɪ] **1** *n* remedio *m*; **it's past r.** ya no tiene remedio
2 *vt* poner remedio a, remediar

REMEMBER [rɪˈmembə(r)] **1** *vt* (**a**) *(recall)* recordar, acordarse de; **to r. (that)…** recordar que…; **to r. doing sth** recordar haber hecho algo; **I r. them saying something about a party** me acuerdo de que *or* recuerdo que mencionaron una fiesta; **to r. to do sth** acordarse de hacer algo; **r. to lock the door** no te olvides de cerrar la puerta; **a night to r.** una noche inolvidable; **I r. her as an awkward teenager** la recuerdo como una adolescente difícil; **he will be remembered for his good humour** se le recordará por su buen humor
(**b**) *(give greetings from)* **r. me to your father** dale recuerdos a tu padre de mi parte
(**c**) *(give gift)* **they remembered me on my birthday** me dieron un regalo por mi cumpleaños; **she remembered me in her will** me dejó algo en su testamento
(**d**) *(commemorate)* recordar
2 *vi* recordar, acordarse; **who's Mary? – Mary, you r., my brother's wife** ¿quién es Mary? – Mary, sí, hombre, la mujer de mi hermano; **as far as I r.** según recuerdo, por lo que yo recuerdo; **it has been like that for as long as I can r.** desde que lo conozco siempre ha sido así; **if I r. correctly** si mal no recuerdo

---

remembrance [rɪˈmembrəns] *n Formal (memory)* recuerdo *m*; **in r. of** en recuerdo *or* conmemoración de ▫ *Br* ***R. Day*** *or* ***Sunday*** día *m* de homenaje a los caídos *(en las guerras mundiales)*

remind [rɪˈmaɪnd] *vt* recordar (**of** a); **could you r. me about my appointment?** ¿me podrías recordar la cita?; **she reminds me of my sister** me recuerda a mi hermana; **they reminded him of the rules** le recordaron las normas; **to r. sb to do sth** recordar a alguien que haga algo; **that reminds me… did you get the cheese?** a propósito *or* ahora que recuerdo… ¿has comprado el queso?

reminder [rɪˈmaɪndə(r)] *n* aviso *m*; **it serves as a useful r.** sirve de recordatorio; **his bad leg was a constant r. of the accident** su pierna mala le recordaba constantemente el accidente

reminisce [remɪˈnɪs] *vi* **to r. about sth** rememorar algo

reminiscence [remɪˈnɪsəns] *n* rememoración *f*, remembranza *f*

reminiscent [remɪˈnɪsənt] *adj* **to be r. of** evocar, tener reminiscencias de

remiss [rɪˈmɪs] *adj Formal* negligente, descuidado(a); **it was very r. of him** fue muy descuidado por su parte

remission [rɪ'mɪʃən] *n* **(a)** *Law* reducción *f* de la pena **(b)** *(of disease)* **to be in r.** haber remitido

remit 1 *n* ['ri:mɪt] cometido *m*; **that goes beyond/comes within our r.** eso está fuera de/dentro de nuestro ámbito de actuación
2 *vt* [rɪ'mɪt] *(pt & pp* **remitted) (a)** *(payment)* remitir, girar **(b)** *Law (cancel)* perdonar, condonar **(c)** *Law (transfer)* **to r. a case to a lower court** remitir un caso a un tribunal inferior

remittance [rɪ'mɪtəns] *n Fin* giro *m*, envío *m* de dinero

remix *Mus* **1** *n* ['ri:mɪks] remezcla *f*
2 *vt* [ri:'mɪks] volver a mezclar

remnant ['remnənt] *n* **(a)** *(of banquet, building)* resto *m* **(b)** *(of civilization, dignity)* vestigio *m* **(c)** *(of cloth)* retal *m*

remonstrate ['remənstreɪt] *vi Formal* quejarse, protestar; **to r. with sb** tratar de hacer entrar en razón a alguien; **she remonstrated with him over his decision** trató de convencerle de que cambiara su decisión

remorse [rɪ'mɔ:s] *n* remordimientos *mpl*; **without r.** sin remordimientos; **to feel r.** tener remordimientos; **to show no r.** no mostrar remordimientos

remorseful [rɪ'mɔ:sfʊl] *adj* lleno(a) de remordimientos; **to be r.** tener remordimientos

remorseless [rɪ'mɔ:slɪs] *adj* **(a)** *(merciless)* despiadado(a) **(b)** *(relentless)* implacable

remorselessly [rɪ'mɔ:slɪslɪ] *adv* **(a)** *(mercilessly)* despiadadamente **(b)** *(relentlessly)* implacablemente

remote [rɪ'məʊt] **1** *n (for TV)* control *m* remoto
2 *adj* **(a)** *(far-off)* remoto(a), lejano(a) ▫ *Comptr* ***r. access*** acceso *m* remoto; ***r. control*** telemando *m*, mando *m* a distancia **(b)** *(aloof)* distante **(c)** *(slight) (chance, possibility)* remoto(a); **I haven't the remotest idea** no tengo ni la más remota idea

remote-controlled [rɪ'məʊtkən'trəʊld] *adj* teledirigido(a)

remotely [rɪ'məʊtlɪ] *adv* **(a)** *(distantly)* remotamente, lejanamente **(b)** *(slightly)* remotamente; **not r.** ni remotamente, ni de lejos

remoteness [rɪ'məʊtnɪs] *n* **(a)** *(of object, place)* lejanía *f* **(b)** *(of person)* distanciamiento *m*

remould ['ri:məʊld] *n Aut* neumático *m* recauchutado, *Col, Méx* llanta *f or Arg* goma *f* recauchutada

removable [rɪ'mu:vəbəl] *adj (hood, handle)* de quita y pon; **this stain is r.** esta mancha se va ▫ *Comptr* ***r. hard disk*** disco *m* duro extraíble *or* removible

removal [rɪ'mu:vəl] *n* **(a)** *(of control, doubt, threat, stain)* eliminación *f* **(b)** *(of politician, official)* destitución *f* **(c)** *(moving house)* mudanza *f* ▫ ***r. van*** camión *m* de mudanzas

remove [rɪ'mu:v] **1** *n Formal* **they're at one r. from an agreement** están a un paso de alcanzar un acuerdo
2 *vt* **(a)** *(take away) (thing)* quitar, retirar, *Am* sacar; *(doubt)* despejar; *(control, threat)* eliminar; *(tumour)* extirpar; *(stain)* quitar, *Am* sacar; *Comptr (file)* eliminar **(b)** *(person) (politician, official)* destituir; **to r. a child from school** no llevar más a un niño al colegio **(c)** *(take off) (bandage, covering, tyre)* quitar, *Am* sacar; **to r. one's coat** quitarse *or Am* sacarse el abrigo

removed [rɪ'mu:vd] *adj* **to be far r. from sth** estar muy lejos de algo; **first cousin once/twice r.** primo(a) *m,f* segundo(a)/tercero(a)

remover [rɪ'mu:və(r)] *n* **(a)** *(liquid)* **paint r.** decapante *m*; **nail varnish r.** quitaesmaltes *m inv* **(b)** **(furniture) removers** *(people)* empleados *mpl* de mudanzas; *(firm)* (empresa *f* de) mudanzas *fpl*

remunerate [rɪ'mju:nəreɪt] *vt Formal* remunerar, retribuir

remuneration [rɪmju:nə'reɪʃən] *n Formal* remuneración *f*, retribución *f*

remunerative [rɪ'mju:nərətɪv] *adj Formal* remunerado(a)

renaissance [rɪ'neɪsəns] *n* **(a)** *(renewal of interest)* renacimiento *m* **(b)** *Hist* **the R.** el Renacimiento

renal ['ri:nəl] *adj Anat* renal

rename [ri:'neɪm] *vt* cambiar el nombre a

rend [rend] *(pt & pp* **rent** [rent]) *vt Literary (tear)* desgarrar; **the country was rent by civil war** el país quedó destrozado por la guerra civil; **their cries rent the air** sus llantos desgarraron el aire

render ['rendə(r)] *vt* **(a)** *Formal (give)* **to r. homage to sb** rendir homenaje a alguien; **for services rendered** por los servicios prestados **(b)** *(cause to be)* dejar; **to r. sth useless** inutilizar algo; **to r. sth harmless** hacer que algo resulte inofensivo; **the news rendered her speechless** la noticia la dejó sin habla **(c)** *(translate)* traducir; **to r. sth into French** traducir algo al francés **(d)** *Comptr (image)* renderizar

▸**render down** *vt sep (fat)* derretir

▸**render up** *vt sep (yield)* entregar

renderer ['rendərə(r)] *n (of carcasses)* transformador(ora) *m,f*

rendering ['rendərɪŋ] *n* **(a)** *(performance)* interpretación *f* **(b)** *(coat of plaster)* enlucido *m* **(c)** *(of carcasses)* transformación *f* **(d)** *Comptr (of image)* renderizado *m*

rendezvous ['rɒndɪvu:] **1** *n (pl* **rendezvous** ['rɒndɪvu:z]) *(meeting)* cita *f*; *(meeting place)* lugar *m* de encuentro
2 *vi* encontrarse, reunirse (**with** con)

rendition [ren'dɪʃən] *n* versión *f*

renegade ['renɪgeɪd] *n* renegado(a) *m,f*

renege [rɪ'neɪg] *vi Formal* **to r. on a promise** incumplir una promesa

renegotiate [ri:nɪ'gəʊʃɪeɪt] *vt* renegociar

renew [rɪ'nju:] *vt* **(a)** *(passport, membership)* renovar **(b)** *(attempts, calls, attacks)* renovar, reanudar **(c)** *(relations, friendship)* reanudar **(d)** *(brakes, tyres)* reponer

renewable [rɪ'nju:əbəl] *adj* renovable ▫ ***r. energy source*** fuente *f* de energía renovable; ***r. resource*** recurso *m* renovable

renewal [rɪ'nju:əl] *n* **(a)** *(of passport, membership)* renovación *f* **(b)** *(of attempts, calls, attacks)* reanudación *f* **(c)** *(spiritual, moral)* renovación *f*

renewed [rɪ'nju:d] *adj (vigour, interest, enthusiasm)* renovado(a); **there have been r. calls for his resignation** se ha vuelto a pedir su dimisión

rennet ['renɪt] *n Culin* cuajo *m*

renounce [rɪ'naʊns] *vt* renunciar a

renovate ['renəveɪt] *vt (house)* renovar, refomar; *(painting, monument)* restaurar

renovation [renə'veɪʃən] *n (of house)* reformas *fpl*, renovación *f*; *(of painting, monument)* restauración *f*

renown [rɪ'naʊn] *n* fama *f*, renombre *m*

renowned [rɪ'naʊnd] *adj* célebre, renombrado(a)

rent[1] [rent] **1** *n (on flat, house)* alquiler *m*, renta *f*; **for r.** en alquiler; **how much r. do you pay?** ¿cuánto pagas de alquiler?; **for r.** *(sign)* se alquila ▫ ***r. book*** = libro que registra la fecha y el pago del alquiler por un inquilino; *Br Fam* ***r. boy*** *(male prostitute)* puto *m*, *Esp* chapero *m*
2 *vt (house, video, car)* alquilar, *Méx* rentar

▸**rent out** *vt sep* alquilar

rent[2] *pt & pp of* **rend**

rental ['rentəl] *n* alquiler *m* ▫ ***r. car*** coche *m* de alquiler

rented ['rentɪd] *adj* de alquiler; **we live in r. accommodation** vivimos en una casa de alquiler

rent-free ['rent'fri:] **1** *adj* exento(a) del pago de alquiler
2 *adv* sin pagar alquiler

renunciation [rɪnʌnsɪ'eɪʃən] *n (of claim, title)* renuncia *f*; *(of religion)* abjuración *f*; *(of belief, behaviour)* rechazo *m*

reopen [ri:'əʊpən] **1** *vt (frontier, investigation)* reabrir; *(talks)* reanudar; IDIOM **to r. old wounds** abrir viejas heridas
2 *vi (of shop, theatre)* volver a abrir; **school reopens on the 21st of August** las clases se reanudan el 21 de agosto

reorder [ri:'ɔ:də(r)] *vt Com* pedir de nuevo

reorganization [ri:ɔ:gənaɪ'zeɪʃən] *n* reorganización *f*

reorganize [ri:'ɔ:gənaɪz] *vt* reorganizar

rep [rep] *n Fam* **(a)** *(salesman)* representante *mf*, comercial *mf* **(b)** *Th* teatro *m* de repertorio ▫ ***r. company*** compañía *f* de repertorio

repaint [ri:'peɪnt] *vt* repintar

repair [rɪ'peə(r)] **1** *n (of watch, car, machine)* reparación *f*; *(of shoes, clothes)* arreglo *m*; **to be beyond r.** no poderse arreglar; **to be in good/bad r.** estar en buen/mal estado; **to be under r.** estar en reparación; **to do a r. job on sth** hacer un arreglo a algo; **repairs done while you wait** *(sign)* reparaciones en el acto ▫ ***r. shop*** taller *m*
2 *vt (watch, car, machine)* reparar; *(shoes,*

clothes, road) arreglar
3 *vi Formal* **to r. to** retirarse a

repairman [rɪ'peəmæn] *n* técnico *m*

reparation [repə'reɪʃən] *n* (**a**) *Formal (compensation)* compensación *f*, reparación *f*; **to make r. for sth** compensar por algo (**b**) *(after war)* **reparations** indemnizaciones *fpl* (de guerra)

repartee [repɑː'tiː] *n* pulso *m* verbal a base de agudezas

repast [rɪ'pɑːst] *n Literary* colación *f*, comida *f*

repatriate [riː'pætrɪeɪt] *vt* repatriar

repatriation [riːpætrɪ'eɪʃən] *n* repatriación *f*

repay [riː'peɪ] (*pt & pp* **repaid** [riː'peɪd]) *vt* (**a**) *(debt)* pagar, saldar; *(money)* devolver; *(loan)* amortizar; *(person)* pagar (**b**) *(person for kindness, help)* recompensar; *(kindness, loyalty)* pagar

repayable [riː'peɪəbəl] *adj (loan)* pagadero(a), a devolver (**over** en)

repayment [riː'peɪmənt] *n* (**a**) *(of debt, person)* pago *m*; *(of money)* devolución *f*; *(of loan)* amortización *f* ▫ ***r. plan*** plan *m* de amortización (**b**) *(of favour)* devolución *f*

repeal [rɪ'piːl] **1** *n (of law, regulation)* revocación *f*
2 *vt (law, regulation)* derogar, abrogar

repeat [rɪ'piːt] **1** *n (of event)* repetición *f*; *(of TV programme)* repetición *f*, reposición *f*; **we've received a r. order for this product** nos han vuelto a mandar un pedido del mismo producto ▫ ***r. prescription*** = receta que permite obtener un medicamento regularmente sin tener que volver al médico
2 *vt* repetir; **to r. oneself** repetirse; **don't r. this, but…** no se lo cuentes a nadie, pero…
3 *vi (of food)* repetir; **the garlic repeated on me** el ajo me repetía

repeatable [rɪ'piːtəbəl] *adj* **what he said is not r.** lo que dijo no se puede repetir

repeated [rɪ'piːtɪd] *adj* repetido(a)

repeatedly [rɪ'piːtɪdlɪ] *adv* repetidas veces, repetidamente

repeater [rɪ'piːtə(r)] *n (gun)* fusil *m* de repetición

repel [rɪ'pel] (*pt & pp* **repelled**) *vt* (**a**) *(throw back)* repeler, rechazar (**b**) *(disgust)* repeler, repugnar

repellent [rɪ'pelənt] **1** *n (for insects)* repelente *m* (antiinsectos)
2 *adj* repelente

repent [rɪ'pent] **1** *vt* arrepentirse de
2 *vi* arrepentirse (**of** de)

repentance [rɪ'pentəns] *n* arrepentimiento *m*

repentant [rɪ'pentənt] *adj* arrepentido(a); **to be r.** estar arrepentido(a)

repercussion [riːpə'kʌʃən] *n* repercusión *f*

repertoire ['repətwɑː(r)] *n also Fig* repertorio *m*

repertory ['repətərɪ] *n Th* ***r. company*** compañía *f* de repertorio; ***r. theatre*** teatro *m* de repertorio

repetition [repɪ'tɪʃən] *n* repetición *f*

repetitious [repɪ'tɪʃəs] *adj* repetitivo(a)

repetitive [rɪ'petɪtɪv] *adj (style, job)* repetitivo(a) ▫ ***r. strain injury*** lesión *f* por esfuerzo *or* movimiento repetitivo

rephrase [riː'freɪz] *vt* reformular, expresar de forma diferente

replace [rɪ'pleɪs] *vt* (**a**) *(put back)* volver a poner, devolver; **to r. the receiver** colgar (el teléfono) (**b**) *(substitute for)* sustituir, reemplazar (**with** *or* **by** por); *(tyre, broken part)* (re)cambiar

replaceable [rɪ'pleɪsəbəl] *adj* reemplazable, sustituible

replacement [rɪ'pleɪsmənt] *n* (**a**) *(act of putting back)* devolución *f* (**b**) *(act of substituting)* sustitución *f*; *(of tyre, broken part)* (re)cambio *m* ▫ *Fin* ***r. cost*** costo *m or Esp* coste *m* de sustitución; ***r. parts*** piezas *fpl* de recambio; ***r. value*** valor *m* de reposición (**c**) *(thing replaced)* **they sent me a r.** me enviaron otro *or* uno nuevo (**d**) *(for person)* sustituto(a) *m,f*

replay 1 *n* ['riːpleɪ] *(of game)* repetición *f* (del partido); **(action) r.** *(on TV)* repetición *f* (de la jugada)
2 *vt* [riː'pleɪ] *(game)* jugar de nuevo

replant [riː'plɑːnt] *vt* replantar

replenish [riː'plenɪʃ] *vt (cup, tank)* rellenar; **to r. one's supplies** surtirse de provisiones

replete [rɪ'pliːt] *adj Formal* repleto(a) (**with** de)

replica ['replɪkə] *n* réplica *f*

replicate ['replɪkeɪt] *vt* reproducir

reply [rɪ'plaɪ] **1** *n* respuesta *f*, contestación *f*; **in r.** en *or* como respuesta; **there was no r.** *(to telephone)* no contestaban, no había nadie
2 *vi* responder, contestar; **to r. to a letter** contestar a una carta

repo ['riːpəʊ] *n US Fam (of property)* ejecución *f* de una hipoteca por parte de un banco

repoint [riː'pɔɪnt] *vt Constr* reapuntalar

report [rɪ'pɔːt] **1** *n* (**a**) *(account)* informe *m*, *CAm, Méx* reporte *m* (**on** sobre); **there are reports that…** según algúnas informaciones…; **according to the latest reports…** de acuerdo con las últimas informaciones…; **financial r.** informe *m* financiero ▫ *Parl* ***r. stage*** = en el parlamento británico, momento en el que un proyecto de ley enmendado por un comité vuelve a la Cámara antes de su tercera y última lectura
(**b**) *(in newspaper, on radio, television) (short)* información *f*; *(long)* reportaje *m*; **according to a r. in the Times…** de acuerdo con una información aparecida en "The Times"…; **weather r.** información *f* meteorológica
(**c**) *Sch Br* boletín *m* de evaluación ▫ *US* ***r. card*** boletín *m* de evaluación
(**d**) *(sound)* estallido *m*, explosión *f*
2 *vt* (**a**) *(news, fact)* informar de; *(profits, losses, discovery)* anunciar, *CAm, Méx* reportar de; *(accident, theft, crime)* dar parte de; **there is nothing to r.** no hay novedades; **the incident was reported in the local press** la prensa local informó del incidente; **it is reported that the Prime Minister is about to resign, the Prime Minister is reported to be about to resign** se ha informado *or CAm, Méx* reportado de la inminente dimisión del primer ministro; **to r. sth to sb** informar a alguien de algo; **she reported her findings to him** le informó de *or* le dio a conocer sus hallazgos; **to r. sb missing** denunciar la desaparición de alguien
(**b**) *(complain about)* denunciar; **to r. sb to the police** denunciar a alguien a la policía
3 *vi* (**a**) *(present oneself)* presentarse (**to** en); **to r. for duty** *(arrive at work)* presentarse para trabajar; **he reported sick** comunicó que estaba enfermo
(**b**) *(give account)* informar (**on** sobre); **she reported to her boss** informó a su jefe
(**c**) *(of journalist)* informar, *CAm, Méx* reportar (**on/from** sobre/desde)
(**d**) *Com (be accountable)* **to r. to sb** estar bajo las órdenes de alguien

▸**report back** *vi* (**a**) *(give account)* presentar un informe *or CAm, Méx* reporte (**to** a) (**b**) *(return)* volver (**to** a)

reportage [repɔː'tɑːʒ] *n Journ* reportaje *m*

reported speech [rɪ'pɔːtɪd'spiːtʃ] *n Gram* el estilo indirecto

reportedly [rɪ'pɔːtɪdlɪ] *adv* según se dice; **he is r. resident in Paris** según se dice, reside en París

reporter [rɪ'pɔːtə(r)] *n* reportero(a) *m,f*

reporting [rɪ'pɔːtɪŋ] *n* cobertura *f* (informativa)

repose [rɪ'pəʊz] *Formal* **1** *n* reposo *m*; **in r.** en reposo
2 *vi* reposar

repository [rɪ'pɒzɪtərɪ] *n (for books, furniture)* depósito *m*; *(of knowledge)* arsenal *m*, depositario(a) *m,f*

repossess [riːpə'zes] *vt* **our house has been repossessed** el banco ha ejecutado la hipoteca de nuestra casa

repossession [riːpə'zeʃən] *n (of property)* ejecución *f* de una hipoteca por parte de un banco ▫ ***r. order*** orden *f* de ejecución de una hipoteca

repot [riː'pɒt] *vt (plant)* cambiar de maceta, trasplantar

reprehensible [reprɪ'hensɪbəl] *adj* censurable, recriminable

represent [reprɪ'zent] *vt* (**a**) *(depict, symbolize)* representar (**b**) *(describe)* presentar, describir (**c**) *(be representative for)* **to r. a company** representar a una empresa (**d**) *(be, constitute)* **this represents a great improvement** esto representa una gran mejora

representation [reprɪzen'teɪʃən] *n* (**a**) *(of facts, in parliament)* representación *f* (**b**) *Formal* **to make representations (to sb)** presentar una protesta (ante alguien)

representational [reprɪzen'teɪʃənəl] *adj Art* figurativo(a)

representative [reprɪ'zentətɪv] **1** *n* representante *mf*
2 *adj* representativo(a) (**of** de)

repress [rɪ'pres] *vt* reprimir

repressed [rɪ'prest] *adj* **to be r.** estar reprimido(a)

repression [rɪ'preʃən] *n* represión *f*

repressive [rɪ'presɪv] *adj* represivo(a)

reprieve [rɪ'pri:v] **1** *n Law* indulto *m*; **to win a r.** *(of project, company)* salvarse de momento
2 *vt Law* indultar; *(project, company)* salvar de momento

reprimand ['reprɪmɑ:nd] **1** *n* reprimenda *f*
2 *vt* reprender

reprint 1 *n* ['ri:prɪnt] reimpresión *f*
2 *vt* [ri:'prɪnt] reimprimir

reprisal [rɪ'praɪzəl] *n* represalia *f*; **to take reprisals** tomar represalias; **in r. for** en represalia por

reprise [rɪ'pri:z] *n Mus* repetición *f*

repro ['ri:prəʊ] *n* reproducción *f*

reproach [rɪ'prəʊtʃ] **1** *n* reproche *m*; **beyond** *or* **above r.** irreprochable, intachable
2 *vt* hacer reproches a; **to r. sb for (doing) sth** reprochar (el haber hecho) algo a alguien; **to r. oneself for sth** reprocharse algo

reproachful [rɪ'prəʊtʃfʊl] *adj (tone, look)* de reproche

reproachfully [rɪ'prəʊtʃfʊlɪ] *adv* de manera reprobatoria

reprobate ['reprəbeɪt] *n Formal* granujilla *mf*, tunante *mf*

reprocess [ri:'prəʊses] *vt* reprocesar, volver a tratar

reprocessing [ri:'prəʊsesɪŋ] *n* reprocesado *m* ▫ ***r. plant*** planta *f* de reprocesado

reproduce [ri:prə'dju:s] **1** *vt* reproducir
2 *vi* reproducirse

reproduction [ri:prə'dʌkʃən] *n* reproducción *f* ▫ ***r. furniture*** reproducciones *fpl* de muebles antiguos

reproductive [ri:prə'dʌktɪv] *adj Biol* reproductor(ora) ▫ ***r. organs*** órganos *mpl* reproductores

reprographics [rɪprə'græfɪks] *n* reprografía *f*

reproof [rɪ'pru:f] *n Formal* reprobación *f*, desaprobación *f*

reprove [rɪ'pru:v] *vt Formal* recriminar, reprobar

reproving [rɪ'pru:vɪŋ] *adj Formal* de reprobación, reprobatorio(a)

reprovingly [rɪ'pru:vɪŋlɪ] *adv* de manera reprobatoria

reptile ['reptaɪl] *n* reptil *m*

reptilian ['reptɪlɪən] *adj also Fig* de reptil

republic [rɪ'pʌblɪk] *n* república *f* ▫ ***the R. of Ireland*** la República de Irlanda; ***the R. of South Africa*** la República de Sudáfrica

Republican [rɪ'pʌblɪkən] *US Pol* **1** *adj* republicano(a)
2 *n* **the Republicans** *(party)* los republicanos, el partido republicano

republican [rɪ'pʌblɪkən] *n & adj* republicano(a) *m,f*

republicanism [rɪ'pʌblɪkənɪzəm] *n* republicanismo *m*

repudiate [rɪ'pju:dɪeɪt] *vt Formal (offer)* rechazar; *(rumour, remark)* desmentir; *(agreement)* denunciar; *(debt)* negarse a reconocer; *(spouse, friend)* repudiar

repudiation [rɪpju:dɪ'eɪʃən] *n (of offer)* rechazo *m*; *(of rumour, remark)* desmentido *m*; *(of agreement)* denuncia *f*; *(of debt)* negativa *f* a reconocer; *(of spouse, friend)* repudio *m*

repugnance [rɪ'pʌgnəns] *n* repugnancia *f*

repugnant [rɪ'pʌgnənt] *adj* repugnante

repulse [rɪ'pʌls] *vt (army, attack)* rechazar; **I am repulsed by your heartlessness** me repulsa tu crueldad

repulsion [rɪ'pʌlʃən] *n* **(a)** *(disgust)* repulsión *f* **(b)** *Phys* repulsión *f*

repulsive [rɪ'pʌlsɪv] *adj* repulsivo(a)

reputable ['repjʊtəbəl] *adj* reputado(a), acreditado(a)

reputation [repjʊ'teɪʃən] *n (of person, shop)* reputación *f*; **to have a good/bad r.** tener buena/mala reputación *or* fama; **to have a r. for frankness** tener fama de franco(a); **they lived up to their r.** hicieron honor a su reputación

repute [rɪ'pju:t] **1** *n Formal* reputación *f*, fama *f*; **of r.** de prestigio; **to be held in high r.** estar muy bien considerado(a)
2 *vt* **to be reputed to be wealthy/a genius** tener fama de rico/de ser un genio; **the reputed author of the work** el supuesto autor de la obra

reputedly [rɪ'pju:tɪdlɪ] *adv* según parece, según se dice

request [rɪ'kwest] **1** *n* petición *f*, solicitud *f*, *Am* pedido *m*; **to make a r. (for sth)** hacer una petición *or Am* un pedido (de algo); **available on r.** disponible mediante solicitud; **by popular r.** a petición *or Am* pedido del público ▫ ***r. stop*** *(for bus)* parada *f* discrecional
2 *vt* pedir, solicitar; **to r. sb to do sth** pedir *or* solicitar a alguien que haga algo; **passengers are requested not to smoke** se ruega a los señores pasajeros se abstengan de fumar; **as requested** como se solicitaba

requiem ['rekwɪəm] *n* **(a)** *Rel* **r. (mass)** misa *f* de difuntos **(b)** *Mus* réquiem *m*

require [rɪ'kwaɪə(r)] *vt* **(a)** *(need)* necesitar; **it requires considerable skill (to)** se necesita *or* requiere una habilidad considerable (para); **if required** si es necesario; **when required** cuando sea necesario **(b)** *(demand)* requerir; **we r. complete cooperation** requerimos cooperación plena; **to r. sb to do sth** requerir a alguien que haga algo; **to r. sth of sb** requerir *or* pedir algo a alguien; **you are required to wear a seat belt** es obligatorio llevar puesto el cinturón de seguridad

required [rɪ'kwaɪəd] *adj (necessary, compulsory)* necesario(a) ▫ ***r. reading*** lectura *f* obligatoria

requirement [rɪ'kwaɪəmənt] *n* requisito *m*

requisite ['rekwɪzɪt] *Formal* **1** *n* **(a)** *(prerequisite)* requisito *m* **(b) requisites** *(objects)* accesorios *mpl*, artículos *mpl*
2 *adj* necesario(a), requerido(a); **without the r. care** sin el debido cuidado

requisition [rekwɪ'zɪʃən] *vt (supplies)* requisar

re-read ['ri:'ri:d] *vt* releer

reroute [ri:'ru:t] *vt* desviar

rerun 1 ['ri:rʌn] *n* **(a)** *(of race)* repetición *f* **(b)** *(on TV)* reposición *f* **(c)** *(of situation, conflict)* repetición *f*
2 [ri:'rʌn] *vt* **(a)** *(race)* repetir **(b)** *(TV programme)* reponer **(c)** *Comptr* volver a ejecutar

resale ['ri:'seɪl] *n* reventa *f*; **not for r.** prohibida la venta ▫ *Com* ***r. price maintenance*** = sistema de fijación de precios mínimos por parte de los fabricantes

reschedule [ri:'ʃedju:l] *vt* **(a)** *(meeting, flight)* volver a programar **(b)** *(debt)* renegociar

rescind [rɪ'sɪnd] *vt Law (law)* derogar; *(contract)* rescindir

rescore [ri:'skɔ:(r)] *vt Mus* reescribir

rescue ['reskju:] **1** *n* rescate *m*; **to come/go to sb's r.** acudir al rescate de alguien ▫ ***r. services*** servicios *mpl* de salvamento
2 *vt* rescatar; **to r. sb from sth** rescatar a alguien de algo; **to r. sb from financial ruin** salvar a alguien de la ruina

rescuer ['reskju:ə(r)] *n* salvador(ora) *m,f*

research [rɪ'sɜ:tʃ] **1** *n* investigación *f*; **r. has shown that...** las investigaciones han demostrado que...; **to do r. into sth** investigar algo ▫ ***r. assistant*** ayudante *mf* de investigación; ***r. and development*** investigación y desarrollo; ***r. laboratory*** laboratorio *m* de investigación; ***r. student*** = estudiante de posgrado que se dedica a la investigación
2 *vt* investigar; **a well researched book** un libro muy bien documentado
3 *vi* investigar; **to r. into sth** investigar algo

researcher [rɪ'sɜ:tʃə(r)] *n* investigador(ora) *m,f*

resell [ri:'sel] *vt* revender, volver a vender

resemblance [rɪ'zembləns] *n* parecido *m*, similitud *f*; **to bear a r. to sb/sth** guardar parecido con alguien/algo

resemble [rɪ'zembəl] *vt* parecerse a

resent [rɪ'zent] *vt* sentirse molesto(a) por; **I r. his interference** me parece mal que se entrometa; **I r. being treated like an idiot** me molesta que me traten como a un imbécil; **I r. that!** ¡eso no me parece nada bien!; **they obviously resented my presence** evidentemente, les molestaba mi presencia

resentful [rɪ'zentfʊl] *adj (look, silence)* lleno de resentimiento; **to be** *or* **feel r. of sb/sth** sentirse molesto(a) con alguien/por algo

resentment [rɪ'zentmənt] *n* resentimiento *m*; **to feel r. towards sb** sentirse molesto(a) con alguien

reservation [rezə'veɪʃən] *n* (**a**) *(booking)* reserva, *Am* reservación *f*; **to make a r.** hacer una reserva ▫ ***r. desk*** mostrador *m* de reservas (**b**) *(doubt)* reserva *f*; **without r.** sin reservas (**c**) *(for native Americans)* reserva *f* india

reserve [rɪ'zɜ:v] **1** *n* (**a**) *(supply)* reserva *f*; **to keep sth in r.** reservar algo, tener algo en reserva; **he drew on his reserves** echó mano de sus reservas (**b**) *Sport* reserva *mf*; *Mil* **the reserves** la reserva (**c**) *(for birds, game)* reserva *f*; **game r.** coto *m* de caza; **nature r.** reserva *f* natural (**d**) *(reticence)* reserva *f*; **without r.** sin reservas (**e**) *Fin* ***r. bank*** = uno de los doce bancos que forman la Reserva Federal estadounidense; ***r. currency*** divisa *f* de reserva; ***r. price*** precio *m* mínimo *or* de salida

2 *vt (book, keep)* reservar; **to r. the right to do sth** reservarse el derecho a hacer algo; **to r. one's strength** ahorrar *or* reservar fuerzas; **to r. judgement (on sth)** reservarse la opinión (sobre algo)

reserved [rɪ'zɜ:vd] *adj* reservado(a)

reservist [rɪ'zɜ:vɪst] *n Mil* reservista *mf*

reservoir ['rezəvwa:(r)] *n* (**a**) *(lake)* embalse *m*, pantano *m* (**b**) *(of strength, courage)* reserva *f*, cúmulo *m*

reset [ri:'set] *(pt & pp* **reset**) *vt* (**a**) *(watch)* ajustar; *(counter)* poner a cero ▫ *Comptr* ***r. button*** *or* ***switch*** botón *m* para reinicializar (**b**) *Med (bone)* volver a colocar en su sitio

resettle [ri:'setəl] *vt (refugees)* reasentar

reshape [ri:'ʃeɪp] *vt (plans, future)* rehacer, reorganizar; *(party, industry)* reestructurar, remodelar

reshuffle ['ri:ʃʌfəl] *n Pol* **(Cabinet) r.** reajuste *m or* remodelación *f* del Gabinete (ministerial)

reside [rɪ'zaɪd] *vi* (**a**) *(of person)* residir (**b**) *(of power, quality)* **to r. in** *or* **with** residir en, radicar en

residence ['rezɪdəns] *n* (**a**) *(stay)* estancia *f*; **she took up r. in London** fijó su residencia en Londres; **place of r.** lugar *m* de residencia ▫ ***r. permit*** permiso *m* de residencia (**b**) *Formal (home)* residencia *f* (**c**) *Br Univ* **(hall of) r.** colegio *m* mayor

residency ['rezɪdənsɪ] *n US Med (period)* = periodo de especialización después de los cinco años de residencia

resident ['rezɪdənt] **1** *n* (**a**) *(of country, street)* residente *mf*; *(of hotel)* residente *mf*, huésped *mf* ▫ ***residents' association*** asociación *f* de vecinos (**b**) *US Med* = médico que ha cumplido la residencia y prosigue con su especialización

2 *adj* (**a**) *(living)* residente; **to be r. in Seattle** residir en Seattle (**b**) *Comptr* residente ▫ *Comptr* ***r. font*** fuente *f* residente

residential [rezɪ'denʃəl] *adj* residencial ▫ ***r. area*** zona *f* residencial

residual [rɪ'zɪdjʊəl] *adj* residual

residue ['rezɪdju:] *n* (**a**) *(remainder)* resto *m*, residuo *m* (**b**) *Chem* residuo *m*

resign [rɪ'zaɪn] **1** *vt (job, position)* dimitir de, renunciar a; **to r. oneself to (doing) sth** resignarse a (hacer) algo

2 *vi* dimitir (**from** de)

resignation [rezɪg'neɪʃən] *n* (**a**) *(from job)* dimisión *f*; **to hand in one's r.** presentar la dimisión (**b**) *(attitude)* resignación *f*

resigned [rɪ'zaɪnd] *adj* resignado(a); **to be r. to sth** estar resignado(a) a algo

resilience [rɪ'zɪlɪəns] *n* (**a**) *(of material, metal)* elasticidad *f* (**b**) *(of person)* capacidad *f* de recuperación

resilient [rɪ'zɪlɪənt] *adj* (**a**) *(material, metal)* elástico(a) (**b**) *(person, economy)* **to be r.** tener capacidad de recuperación

resin ['rezɪn] *n* resina *f*

resist [rɪ'zɪst] **1** *vt* resistir; **it's hard to r. his charm** es difícil resistirse a su encanto; *Law* **to r. arrest** resistirse a la autoridad; **I couldn't r. telling him** no pude resistir la tentación de decírselo; **I can't r. chocolates** los bombones me resultan irresistibles

2 *vi* resistir

resistance [rɪ'zɪstəns] *n* (**a**) *(opposition)* resistencia *f*; **to put up** *or* **offer r.** oponer *or* ofrecer resistencia; **to meet with no r.** no encontrar resistencia; IDIOM **to take the line of least r.** tomar el camino más fácil (**b**) *Hist & Pol* resistencia *f*; **the R.** la Resistencia ▫ ***r. fighter*** miembro *m* de la resistencia (**c**) *Elec* resistencia *f*

resistant [rɪ'zɪstənt] *adj* **to be r. to sth** *(change, suggestion)* mostrarse remiso(a) a aceptar algo, mostrar resistencia a algo; *(disease)* ser resistente a algo

resistor [rɪ'zɪstə(r)] *n Elec* resistencia *f* (componente)

resit 1 *n* ['ri:sɪt] repesca *f*

2 *vt* [ri:'sɪt] *(pt & pp* **resat** [ri:'sæt]) *(exam, driving test)* presentarse de nuevo a

resolute ['rezəlu:t] *adj* resuelto(a), decidido(a)

resolutely ['rezəlu:tlɪ] *adv* con resolución, resueltamente

resolution [rezə'lu:ʃən] *n* (**a**) *(decision) (of individual)* determinación *f*; *(of committee)* resolución *f* (**b**) *(firmness)* resolución *f*, decisión *f* (**c**) *(solution)* resolución *f*, solución *f* (**d**) *Comptr* resolución *f*

resolvable [rɪ'zɒlvəbəl] *adj* solube

resolve [rɪ'zɒlv] **1** *n* determinación *f*; **to make a firm r. to do sth** resolver firmemente hacer algo

2 *vt* (**a**) *(decide)* **to r. to do sth** resolver hacer algo (**b**) *(solve)* resolver, solucionar

3 *vi* **to r. on/against doing sth** tomar la resolución de hacer/no hacer algo

resolved [rɪ'zɒlvd] *adj* resuelto(a) (**to** a)

resonance ['rezənəns] *n also Fig* resonancia *f*

resonant ['rezənənt] *adj* resonante

resonate ['rezəneɪt] *vi* resonar

resonator ['rezəneɪtə(r)] *n* resonador *m*

resort [rɪ'zɔ:t] **1** *n* (**a**) *(recourse)* recurso *m*; **to have r. to sth** recurrir a algo; **as a last r.** como último recurso (**b**) *(holiday place)* centro *m* turístico, lugar *m* de vacaciones; **a ski r.** una estación de esquí

2 *vi* **to r. to** recurrir a

resound [rɪ'zaʊnd] *vi (of voice)* resonar, retumbar; **the stadium resounded with applause** los aplausos resonaban en el estadio, el estadio resonaba con aplausos

resounding [rɪ'zaʊndɪŋ] *adj* (**a**) *(crash)* estruendoso(a); *(applause)* sonoro(a), clamoroso(a) (**b**) *(success, failure)* clamoroso(a), sonado(a)

resource [rɪ'zɔ:s] **1** *n* recurso *m*; **to be left to one's own resources** tener que arreglárselas solo(a) ▫ ***r. management*** gestión *f* de recursos

2 *vt (project)* financiar

resourceful [rɪ'zɔ:sfʊl] *adj* ingenioso(a), lleno(a) de recursos

resourcefulness [rɪ'zɔ:sfʊlnɪs] *n* recursos *mpl*, inventiva *f*

respect [rɪ'spekt] **1** *n* (**a**) *(admiration, consideration)* respeto *m*; **to have r. for sth/sb** respetar algo/a alguien; **out of r. for...** por respeto hacia...; **to treat mountains with r.** respetar la montaña; **with all due r...** con el debido respeto...; **to pay one's last respects** decir el último adiós (**b**) *(aspect)* sentido *m*, aspecto *m*; **in some/certain respects** en algunos/ciertos aspectos; **in all respects, in every r.** en todos los sentidos; **with r. to, in r. of** con respecto a

2 *vt* respetar; **to r. sb's wishes** respetar los deseos de alguien

respectability [rɪspektə'bɪlɪtɪ] *n* respetabilidad *f*

respectable [rɪ'spektəbəl] *adj* (**a**) *(honourable, decent)* respetable (**b**) *(fairly large)* considerable, respetable; *(fairly good)* decente

respectably [rɪ'spektəblɪ] *adv* (**a**) *(in a respectable manner)* respetablemente (**b**) *(fairly well)* decentemente, pasablemente

respected [rɪ'spektɪd] *adj* respetado(a)

respecter [rɪ'spektə(r)] *n* IDIOM **death is no r. of persons** la muerte no hace distinciones

respectful [rɪ'spektfʊl] *adj* respetuoso(a)

respectfully [rɪ'spektfʊlɪ] *adv* respetuosamente

respecting [rɪ'spektɪŋ] *prep Formal* con respecto a, en cuanto a

respective [rɪ'spektɪv] *adj* respectivo(a)

respectively [rɪ'spektɪvlɪ] *adv* respectivamente

respiration [respɪ'reɪʃən] *n* respiración *f*

respirator ['respɪreɪtə(r)] *n Med* respirador *m*

respiratory [rɪ'spɪrɪtərɪ] *adj Anat* respiratorio(a) ▫ ***r. tract*** vías *fpl* respiratorias

respire [rɪ'spaɪə(r)] *Biol* **1** *vt (air)* respirar

2 *vi (of plant, animal)* respirar

respite ['respaɪt] *n* respiro *m*, tregua *f*; **to work without r.** trabajar sin tregua; **they gave her no r.** no le concedieron un momento de respiro, no le dieron cuartel

resplendent [rɪ'splendənt] *adj* resplandeciente; **to be r.** estar resplandeciente

respond [rɪ'spɒnd] *vi* responder (**to** a); *Med* **to r. to treatment** responder al tratamiento

respondent [rɪ'spɒndənt] *n* (**a**) *Law* demandado(a) *m,f* (**b**) *(to questionnaire)* encuestado(a) *m,f*

response [rɪ'spɒns] *n* respuesta *f*; **in r. to** en respuesta a ❑ ***r. time*** *(of emergency services)* tiempo *m* de reacción; *Comptr* tiempo *m* de respuesta

responsibility [rɪspɒnsɪ'bɪlɪtɪ] *n* (**a**) *(answerability)* responsabilidad *f* (**for** de); **to take** *or* **accept (full) r. for sth** asumir (toda) la responsabilidad de algo; **to claim r. for sth** *(bombing, assassination)* reivindicar algo (**b**) *(duty)* responsabilidad *f*; **answering the phone is his r., not mine** contestar el teléfono le corresponde a él, no a mí

responsible [rɪ'spɒnsɪbəl] *adj* (**a**) *(trustworthy, sensible)* responsable (**b**) *(answerable, accountable)* responsable (**to** ante); **to be r. for** ser responsable de; **I can't be r. for what happens** no me hago responsable de lo que pueda pasar; **to hold sb r.** considerar a alguien responsable (**c**) *(with responsibility)* **a r. job** *or* **post** un puesto de responsabilidad

responsibly [rɪ'spɒnsɪblɪ] *adv* de manera responsable

responsive [rɪ'spɒnsɪv] *adj* **to be r.** *(to criticism, praise, idea, suggestion)* ser receptivo(a), responder bien; *(willing to participate)* demostrar interés; **to be r. to treatment** responder (bien) al tratamiento

respray 1 *n* ['ri:spreɪ] *(of car)* **it needs a r.** necesita que lo vuelvan a pintar *(con pistola)*

2 *vt* [ri:'spreɪ] *(car)* volver a pintar *(con pistola)*

REST[1] [rest] **1** *n* (**a**) *(repose)* descanso *m*; **to have** *or* **take a r.** descansar, tomarse un descanso; **I need a good night's r. tonight** necesito dormir bien esta noche; **I need a r. from work** necesito descansar del trabajo; **to be at r.** *(not moving)* estar en reposo; *Euph (dead)* descansar en paz; **to put** *or* **set sb's mind at r.** tranquilizar a alguien; **to come to r.** detenerse; *Formal* **to lay sb to r.** *(bury)* dar sepultura a alguien; **to put** *or* **lay sth to r.** *(rumour, speculation)* acabar con algo; *Fam* **give it a r., will you!** ¿quieres parar de una vez? ❑ *US* ***r. area*** área *f* de descanso; ***r. cure*** cura *f* de descanso; ***r. home*** residencia *f* de ancianos; *US* ***r. room*** servicios *mpl*, aseo *m*; *US* ***r. stop*** área *f* de descanso

(**b**) *(support)* soporte *m*, apoyo *m*; *(in snooker)* = utensilio para reposar el taco de billar en los tiros largos

(**c**) *Mus (pause)* silencio *m*

2 *vt* (**a**) *(cause to repose)* descansar; **to r. one's eyes/legs** descansar los ojos/las piernas; **the manager is resting the captain for this game** el entrenador no va a sacar al capitán en este partido para que descanse; *Law* **I r. my case** la defensa no tiene nada más que alegar *or* da por concluidos sus alegatos; *Fig (that proves my point)* ¿qué decía yo?; **God r. his soul!** ¡Dios lo tenga en su gloria!

(**b**) *(lean)* apoyar (**on/against** en/contra); **she rested her elbows on the table** puso los codos en la mesa

3 *vi* (**a**) *(relax)* descansar; **I won't r. until...** no descansaré hasta...

(**b**) *(lean)* **the spade was resting against the wall** la pala estaba apoyada contra la pared; **her elbows were resting on the table** sus codos descansaban sobre la mesa

(**c**) *(remain)* **there the matter rests** así ha quedado la cosa; **we have decided to let the matter r.** hemos decidido pasar por encima el tema; **I won't let it r. at that** esto no va a quedar así; **r. assured (that)** puedes estar seguro(a) (de que); **you can r. easy** puedes estar tranquilo(a)

(**d**) *Formal (be buried)* descansar; **r. in peace** *(on gravestone)* descanse en paz; **Mr Lamont, may he r. in peace** el Señor Lamont, que en paz descanse

▸**rest on 1** *vt insep* (**a**) *(of structure, argument, belief)* descansar en *or* sobre, apoyarse en *or* sobre; *(of success, future)* depender de (**b**) *(of gaze)* posarse sobre

2 *vt sep (argument, theory)* apoyar en, basar en; *(one's hopes, confidence)* depositar en

▸**rest with** *vt insep (of decision, responsibility)* corresponder a; *(of hopes, prospects)* recaer en

---

rest[2] *n* **the r.** *(remainder)* el resto; *(others)* el resto, los demás; **the r. of us/them** los demás; **what are you going to do for the r. of the day?** ¿qué vas a hacer en lo que queda de día?; **(as) for the r.** *(otherwise)* por lo demás; *Fam* **and all the r. of it** y todo lo demás, y todo eso; **the r. is history** el resto es (ya) historia

restart [ri:'stæt] **1** *vt* (**a**) *(activity)* reanudar, empezar de nuevo; *(engine)* (volver a) poner en marcha (**b**) *Comptr* reiniciar

2 *vi* (**a**) *(activity)* reanudarse, empezar de nuevo; *(engine)* (volver a) arrancar (**b**) *Comptr* reiniciarse

restate [ri:'steɪt] *vt (position)* reafirmar; *(problem)* reformular, replantear

restaurant ['restrɒnt] *n* restaurante *m* ❑ ***r. car*** *(in train)* coche *m or* vagón *m* restaurante

restaurateur [restərə'tɜ:(r)] *n* restaurador(ora) *m,f*

restful ['restfʊl] *adj* tranquilo(a), reposado(a)

resting-place ['restɪŋpleɪs] *n* **her final** *or* **last r.** su última morada

restitution [restɪ'tju:ʃən] *n* (**a**) *Formal (compensation)* restitución *f*; **to make r. to sb for sth** restituir a alguien algo (**b**) *Law* restitución *f*, devolución *f*

restive ['restɪv] *adj* inquieto(a), nervioso(a)

restless ['restlɪs] *adj (fidgety)* inquieto(a), agitado(a); *(dissatisfied)* descontento(a); **I've had a r. night** he pasado una noche agitada

restlessly ['restlɪslɪ] *adv* nerviosamente

restock [ri:'stɒk] *vt* (**a**) *(shop, shelf)* reabastecer, reaprovisionar (**b**) *(lake)* repoblar

restoration [restə'reɪʃən] *n* (**a**) *(of building, furniture, monarchy)* restauración *f* (**b**) *(of communications, peace, law and order)* restablecimiento *m* (**c**) *(of lost property, fortune)* restitución *f*

restorative [rɪ'stɔ:rətɪv] *adj* reconstituyente

restore [rɪ'stɔ:(r)] *vt* (**a**) *(building, furniture)* restaurar (**b**) *(monarchy)* restaurar; *(communications, peace, law and order)* restablecer; *(confidence)* devolver (**c**) *(property, fortune)* restituir; **to r. sb to health/strength** devolver la salud/la fuerza a alguien

restorer [rɪ'stɔ:rə(r)] *n (of painting, building)* restaurador(ora) *m,f*

restrain [rɪ'streɪn] *vt (person, crowd, dog, one's curiosity)* contener; *(passions, anger)* reprimir, dominar; **to r. sb from doing sth** impedir a alguien que haga algo; **to r. oneself** contenerse, controlarse

restrained [rɪ'streɪnd] *adj (person)* comedido(a); *(response, emotion)* contenido(a)

restraint [rɪ'streɪnt] *n* (**a**) *(moderation)* dominio *m* de sí mismo(a), comedimiento *m*; **to urge r.** pedir moderación (**b**) *(restriction)* restricción *f*, limitación *f*; **without r.** sin restricciones

restrict [rɪ'strɪkt] *vt (person, access, movement)* restringir, limitar; *(freedom)* coartar, restringir; **to r. sth/sb to sth** limitar algo/alguien a algo; **to r. oneself to...** limitarse a...

restricted [rɪ'strɪktɪd] *adj* (**a**) *(access, opportunities)* restringido(a), limitado(a) ❑ ***r. area*** zona *f* de acceso restringido; ***r. document*** documento *m* confidencial (**b**) *US (movie)* no recomendado(a) para menores

restriction [rɪ'strɪkʃən] *n* restricción *f*, limitación *f*; **to place restrictions on sth** poner trabas a algo; **without r.** sin restricciones

restrictive [rɪ'strɪktɪv] *adj* restrictivo(a) ❑ *Ind* ***r. practices*** prácticas *fpl* restrictivas

restructure [ri:'strʌktʃə(r)] *vt* reestructurar

restructuring [ri:'strʌktʃərɪŋ] *n Ind* reestructuración *f*, reconversión

result [rɪ'zʌlt] **1** *n* resultado *m*; **as a r. (of...)** como consecuencia *or* resultado (de...); **the r. is that...** el caso es que...; **with the r. that...** y como resultado...; **to yield** *or* **show results** dar resultado; **to get results** obtener resultados; *Br Sport* **to get/need a r.** obtener/necesitar un buen resultado

2 *vi* resultar; **to r. from** resultar de; **to r. in sth** tener algo como resultado

resultant [rɪ'zʌltənt] *adj* resultante

resume [rɪ'zju:m] **1** *vt (relations, work)* reanudar; **he resumes his post on Monday** volverá a su puesto el lunes

2 *vi* continuar

Note that the Spanish word **resumir** is a false friend and is never a translation for the English word **resume**. In Spanish **resumir** means "to summarize, to sum up".

résumé ['rezjʊmeɪ] *n* **(a)** *(summary)* resumen *m* **(b)** *US (curriculum vitae)* currículum (vitae) *m*

resumption [rɪ'zʌmpʃən] *n* reanudación *f*

resurface [riː'sɜːfɪs] **1** *vt (road)* rehacer el firme de

2 *vi* **(a)** *(of submarine)* volver a la superficie **(b)** *(of person, rumour)* reaparecer

resurgence [rɪ'sɜːdʒəns] *n* resurgimiento *m*

resurgent [rɪ'sɜːdʒənt] *adj* renaciente, resurgente

resurrect [rezə'rekt] *vt (the dead, fashion, argument)* resucitar

resurrection [rezə'rekʃən] *n (of conflict, accusation)* reavivamiento *m*; *Rel* **the R.** la Resurrección

resuscitate [rɪ'sʌsɪteɪt] *vt* **(a)** *(person)* reanimar, hacer revivir **(b)** *(scheme, career)* resucitar

resuscitation [rɪsʌsɪ'teɪʃən] *n* resucitación *f*

retail ['riːteɪl] **1** *n Com (selling, trade)* venta *f* al por menor, *Am* menoreo *m* ▫ ***r. outlet*** punto *m* de venta; *Br* ***r. park*** = complejo comercial formado por diferentes tiendas y almacenes grandes; ***r. price*** precio *m* de venta (al público); *Econ* ***r. price index*** índice *m* de precios al consumo; ***the r. trade*** los minoristas

2 *vt* **(a)** *(goods)* vender al por menor **(b)** *(gossip)* contar

3 *vi* **it retails at** *or* **for $995** su precio de venta al público es 995 dólares

retailer ['riːteɪlə(r)] *n Com* minorista *mf*

retain [rɪ'teɪn] *vt* **(a)** *(keep)* conservar; *(heat)* retener **(b)** *(hold in place)* sujetar **(c)** *(remember)* retener **(d)** *(lawyer, consultant)* contratar

retainer [rɪ'teɪnə(r)] *n* **(a)** *(fee)* anticipo *m* **(b)** *(servant)* criado(a) *m,f* (de toda la vida)

retaining wall [rɪ'teɪnɪŋ'wɔːl] *n* muro *m* de contención

retake 1 *n* ['riːteɪk] **(a)** *(of exam)* repesca *f* **(b)** *Cin (of scene)* nueva toma *f*; **to do a r.** repetir una toma

2 *vt* [riː'teɪk] **(a)** *(exam)* volver a presentarse a **(b)** *(fortress)* volver a tomar, recuperar **(c)** *Cin (scene)* volver a rodar

retaliate [rɪ'tælɪeɪt] *vi* responder; **we will r. if attacked** si nos atacan tomaremos represalias

retaliation [rɪtælɪ'eɪʃən] *n* represalias *fpl*; **in r. (for sth)** como represalia (por algo)

retaliatory [rɪ'tælɪətərɪ] *adj* como *or* en represalia

retard 1 *n* ['riːtɑːd] *US Fam* retrasado(a) *m,f*

2 *vt* [rɪ'tɑːd] *(delay)* retrasar

retarded [rɪ'tɑːdɪd] *adj* **to be (mentally) r.** ser retrasado(a) mental

retch [retʃ] *vi* tener arcadas

retd (*abbr* **retired**) retirado(a)

retention [rɪ'tenʃən] *n* **(a)** *(of custom, practice)* conservación *f*, preservación *f* **(b)** *(of fact, impression)* retención *f*

retentive [rɪ'tentɪv] *adj (memory, person)* retentivo(a)

rethink 1 *n* ['riːθɪŋk] **to have a r. (about sth)** hacerse un replanteamiento (de algo)

2 *vt* [riː'θɪŋk] (*pt & pp* **rethought** [riː'θɔːt]) replantear(se)

reticence ['retɪsəns] *n* reticencia *f*

reticent ['retɪsənt] *adj* reservado(a) **(about** sobre)

Note that the Spanish word **reticente** is a false friend and is never a translation for the English word **reticent**. In Spanish **reticente** means "reluctant".

retina ['retɪnə] *n Anat* retina *f*

retinue ['retɪnjuː] *n* comitiva *f*, séquito *m*

retire [rɪ'taɪə(r)] **1** *vt* jubilar

2 *vi* **(a)** *(of employee)* jubilarse; **they retired to the south of France** se jubilaron y se fueron a vivir al sur de Francia **(b)** *(withdraw)* retirarse **(c)** *Formal (to bed)* retirarse (a descansar)

retired [rɪ'taɪəd] *adj (from job)* jubilado(a); *(from military)* retirado(a); **to be r.** *(from job)* estar jubilado(a)

retirement [rɪ'taɪəmənt] *n (act)* jubilación *f*; *(period)* retiro *m*; **to take early r.** tomar la jubilación anticipada; **he came out of r.** salió de su retiro; **(of) r. age** (en) edad *f* de jubilación ▫ ***r. home*** residencia *f* de ancianos; ***r. pension*** pensión *f* de jubilación

retiring [rɪ'taɪərɪŋ] *adj* **(a)** *(reserved)* retraído(a), reservado(a) **(b)** *(official)* saliente *(por jubilación)*

retort [rɪ'tɔːt] **1** *n (answer)* réplica *f*

2 *vt & vi* replicar

retouch [riː'tʌtʃ] *vt (photograph, painting)* retocar

retrace [riː'treɪs] *vt* **they retraced their steps** volvieron sobre sus pasos

retract [rɪ'trækt] **1** *vt* **(a)** *(statement, offer)* retractarse de **(b)** *(claws)* retraer; *(undercarriage)* replegar

2 *vi* **(a)** *(of person)* retractarse **(b)** *(of claws)* retraerse; *(of undercarriage)* replegarse

retractable [rɪ'træktəbəl] *adj (antenna, tip of instrument)* retráctil; *(undercarriage)* replegable

retraction [rɪ'trækʃən] *n (of statement, offer)* retractación *f*

retrain [riː'treɪn] **1** *vt (employee)* reciclar

2 *vi (of employee)* reciclarse **(as** como)

retraining [riː'treɪnɪŋ] *n* reciclaje *m* profesional

retread ['riːtred] *n Aut* neumático *m* recauchutado, *Col, Méx* llanta *f or Arg* goma *f* recauchutada

retreat [rɪ'triːt] **1** *n* **(a)** *(withdrawal)* retirada *f*; **nationalism is in r.** el nacionalismo está retrocediendo; *Mil* **to beat a r.** batirse en retirada; IDIOM **she beat a hasty r.** salió zumbando **(b)** *(place)* retiro *m*, refugio *m* **(c)** *Rel* retiro *m*

2 *vi* retirarse

retrench [rɪ'trentʃ] *vi Formal (financially)* reducir gastos

retrenchment [rɪ'trentʃmənt] *n Formal* reducción *f* de gastos

retrial ['riː'traɪəl] *n Law* nuevo juicio *m*

retribution [retrɪ'bjuːʃən] *n* represalias *fpl*; **in r. (for)** en represalia (por)

Note that the Spanish word **retribución** is a false friend and is never a translation for the English word **retribution**. In Spanish **retribución** means "payment, reward".

retrievable [rɪ'triːvəbəl] *adj* **(a)** *(data)* recuperable **(b)** *(situation)* remediable

retrieval [rɪ'triːvəl] *n* **(a)** *(of object)* recuperación *f* **(b)** *(salvation)* **the situation is beyond r.** la situación es irremediable **(c)** *Comptr (of data)* recuperación *f*

retrieve [rɪ'triːv] *vt* **(a)** *(object)* recuperar **(b)** *(situation)* salvar **(c)** *Comptr (data)* recuperar

retriever [rɪ'triːvə(r)] *n (dog)* perro *m* cobrador

retro ['retrəʊ] *adj* retro

retroactive [retrəʊ'æktɪv] *adj Formal* retroactivo(a)

retroactively [retrəʊ'æktɪvlɪ] *adv Formal* retroactivamente

retrograde ['retrəgreɪd] *adj (movement, step)* retrógrado(a)

retrogressive [retrə'gresɪv] *adj Formal* retrógrado(a)

retrospect ['retrəspekt] *n* **in r.** en retrospectiva

retrospective [retrə'spektɪv] **1** *n (exhibition)* retrospectiva *f*

2 *adj* retrospectivo(a)

retrospectively [retrə'spektɪvlɪ] *adv* retrospectivamente

retrovirus ['retrəʊvaɪrəs] *n Med* retrovirus *m inv*

RETURN [rɪ'tɜːn] **1** *n* **(a)** *(coming or going back) (of person, peace, season)* vuelta *f*, regreso *m*; **on my r.** a mi vuelta *or* regreso; **by r. of post** a vuelta de correo ▫ ***r. journey*** viaje *m* de vuelta; ***r. match*** partido *m* de vuelta

(b) *Br (for train, plane)* **r. (ticket)** billete *m or Am* boleto *m* de ida y vuelta

(c) *(giving back) (of goods)* devolución *f*; **returns** *(goods taken back, theatre tickets)* devoluciones *fpl*

(d) *(in tennis)* **r. (of serve)** resto *m*

(e) *(exchange)* **in r. (for)** a cambio (de)

(f) *Fin (profit)* rendimiento *m*; **r. on investment** rendimiento de las inversiones; **to bring a good r.** proporcionar buenos dividendos

(g) *Comptr* **r. (key)** (tecla *f* de) retorno *m*

(h) *(greeting)* **many happy returns of**

the day! ¡felicidades!, ¡feliz cumpleaños!
(**i**) *(in election)* **returns** resultados *mpl*
2 *vt* (**a**) *(give or send back)* devolver; **to r. sth to its place** devolver algo a su sitio; **r. to sender** *(on letter)* devolver al remitente; **to r. service** *(in tennis)* restar, devolver el servicio
(**b**) *(do in exchange)* **to r. a call** devolver una llamada *or Am* llamado; **to r. a compliment/favour** devolver un cumplido/favor; **he ordered them to r. fire** les ordenó abrir fuego en respuesta a los disparos; **to r. sb's love** corresponder al amor de alguien; **he returned my visit** me devolvió la visita
(**c**) *Law* **to r. a verdict of guilty/not guilty** pronunciar un veredicto de culpable/inocente
(**d**) *Br (elect)* elegir (**as** como)
(**e**) *Com & Fin (profit)* rendir, proporcionar; *(interest)* devengar
3 *vi* (**a**) *(come or go back)* volver, regresar; **to r. home** volver a casa; **to r. to work** volver al trabajo; **let's r. to the subject** volvamos al tema; **the situation has returned to normal** la situación ha vuelto a la normalidad
(**b**) *(start again)* volver; **the tumour has returned** el tumor ha vuelto a desarrollarse
(**c**) *(in tennis)* restar

---

returnable [rɪ'tɜ:nəbəl] *adj (bottle)* retornable; **sale items are not r.** no se admite la devolución de artículos rebajados

returning officer [rɪ'tɜ:nɪŋ'ɒfɪsə(r)] *n Br Pol* = funcionario encargado de organizar las elecciones al Parlamento en su circunscripción electoral y que anuncia oficialmente los resultados de éstas

reunification [ri:ju:nɪfɪ'keɪʃən] *n* reunificación *f*

reunify [ri:'ju:nɪfaɪ] *vt* reunificar

reunion [ri:'ju:nɪən] *n* reunión *f*

reunite [ri:jʊ'naɪt] **1** *vt* reunir; **to be reunited (with sb)** reencontrarse *or* volver a reunirse (con alguien)
2 *vi* reunirse

reusable [ri:'ju:zəbəl] *adj* reutilizable

reuse [ri:'ju:z] *vt* volver a utilizar, reutilizar

Rev *n Rel (abbr* **Reverend***)* **R. Gray** el reverendo Gray

rev [rev] *Aut* **1** *n* ***r. counter*** cuentarrevoluciones *m inv*
2 *vt (pt & pp* **revved***)* **to r. the engine** revolucionar *or* acelerar el motor
3 *vi* acelerarse

revaluation [ri:væljʊ'eɪʃən] *n* (**a**) *(of currency)* revalorización *f* (**b**) *(of property)* revaluación *f*

revalue [ri:'vælju:] *vt* (**a**) *(currency)* revalorizar (**b**) *(property)* revaluar

revamp [ri:'væmp] *Fam* **1** *n* renovación *f*
2 *vt* renovar

reveal [rɪ'vi:l] *vt* revelar; **it has been revealed that...** se ha dado a conocer que...; **all will be revealed in the concluding episode** todo se desvelará en el episodio final

revealing [rɪ'vi:lɪŋ] *adj (sign, comment)* revelador(ora); *(dress)* insinuante

reveille [rɪ'vælɪ] *n Mil* (toque *m* de) diana *f*

revel ['revəl] *(pt & pp* **revelled**, *US* **reveled***)* *vi* estar de juerga; **to r. in sth** deleitarse con algo

revelation [revə'leɪʃən] *n* revelación *f*; **(the Book of) Revelations** el Apocalipsis

reveller ['revələ(r)] *n* juerguista *mf*

revelry ['revəlrɪ] *n* jolgorio *m*

revenge [rɪ'vendʒ] **1** *n* venganza *f*; **to take r. (on sb)** vengarse (de alguien); **to do sth out of r.** hacer algo por venganza; **to do sth in r. (for sth)** hacer algo como venganza (por algo); PROV **r. is sweet** la venganza es un placer de dioses
2 *vt* **to be revenged** vengarse; **to r. oneself on sb** vengarse de alguien

revenue ['revənju:] *n Fin* ingresos *mpl*

reverberate [rɪ'vɜ:bəreɪt] *vi* (**a**) *(of sound)* reverberar; **the stadium reverberated with applause** el estadio resonaba con los aplausos (**b**) *(of news, rumour)* repercutir

reverberation [rɪvɜ:bə'reɪʃən] *n* (**a**) *(of sound)* reverberación *f* (**b**) *(of news, rumour)* repercusión *f*

revere [rɪ'vɪə(r)] *vt* reverenciar, venerar

reverence ['revərəns] *n* reverencia *f*, veneración *f*; **Your R.** Su Reverencia

Reverend ['revərənd] *n Rel* reverendo *m*; **Right R.** Reverendísimo ❑ ***R. Mother*** Reverenda Madre *f*

reverent ['revərənt] *adj* reverente

reverential [revə'renʃəl] *adj* reverente

reverently ['revərəntlɪ] *adv* con reverencia

reverie ['revərɪ] *n* ensoñación *f*

reversal [rɪ'vɜ:səl] *n* (**a**) *(of opinion, policy, roles)* inversión *f* (**b**) *Law (of decision)* revocación *f* (**c**) *(setback)* **to suffer a r.** sufrir un revés

reverse [rɪ'vɜ:s] **1** *n* (**a**) *(opposite)* **the r.** lo contrario; **quite the r.!** ¡todo lo contrario!; **in r.** al revés
(**b**) *(other side) (of coin)* reverso *m*; *(of fabric)* revés *m*; *(of sheet of paper)* dorso *m*
(**c**) *(defeat, misfortune)* revés *m*
(**d**) *Aut (gear)* marcha *f* atrás; **he put the car into r.** puso *or* metió la marcha atrás
2 *adj* contrario(a), inverso(a); **in r. order** en orden inverso; **the r. side** *(of fabric)* el revés; *(of sheet of paper)* el dorso ❑ *Br* ***r.-charge call*** llamada *f or Am* llamado *m* a cobro revertido; *Ind* ***r. engineering*** = práctica de desmontar un producto de la competencia para ver cómo está diseñado; *Aut* ***r. gear*** marcha *f* atrás; *Comptr* ***r. video*** vídeo *m or Am* video *m* inverso
3 *vt* (**a**) *(order, situation, trend)* invertir; **the roles are reversed** se han invertido los papeles; *Br* **to r. the charges** *(for phone call)* llamar a cobro revertido
(**b**) *Aut* **she reversed the car into the road** salió a la carretera marcha atrás
4 *vi (of car, driver)* dar marcha atrás

reversible [rɪ'vɜ:səbəl] *adj* (**a**) *(jacket)* reversible (**b**) *(decree, decision)* revocable; *(surgery)* reversible; **the decision is not r.** la decisión es irrevocable ❑ *Chem* ***r. reaction*** reacción *f* reversible

reversing light [rɪ'vɜ:sɪŋlaɪt] *n* luz *f* de marcha atrás

reversion [rɪ'vɜ:ʃən] *n* (**a**) *(to former state, habit)* vuelta *f* (**b**) *Law* reversión *f*

revert [rɪ'vɜ:t] *vi* (**a**) *(return)* volver; **he soon reverted to type** pronto volvió a su antiguo ser (**b**) *Law (of property)* revertir

review [rɪ'vju:] **1** *n* (**a**) *(of policy, situation)* revisión *f*; **the case is coming up for r.** el caso va a ser revisado; **to be under r.** estar siendo revisado(a) ❑ ***r. body*** comisión *m* de estudio (**b**) *(survey)* repaso *m* (**c**) *(of book, play, movie)* crítica *f*, reseña *f* ❑ ***r. copy*** ejemplar *f* para la prensa (**d**) *Mil* revista *f*
2 *vt* (**a**) *(policy, situation)* revisar; *(progress)* analizar, examinar (**b**) *(book, play, movie)* hacer una crítica de, reseñar (**c**) *Mil (troops)* pasar revista a (**d**) *US (revise)* repasar

reviewer [rɪ'vju:ə(r)] *n (of book, play, movie)* crítico(a) *m,f*

revile [rɪ'vaɪl] *vt Formal* denigrar, vilipendiar

revise [rɪ'vaɪz] **1** *vt* (**a**) *(text, law)* revisar; **to r. one's opinion of sb** cambiar de opinión sobre alguien (**b**) *Br (for exam) (subject, notes)* repasar
2 *vi Br (for exam)* repasar (**for** para)

revision [rɪ'vɪʒən] *n* (**a**) *Br (for exam)* repaso *m*; **to do some r.** repasar (**b**) *(of text)* revisión *f* (**c**) *(correction)* corrección *f*

revisionism [rɪ'vɪʒənɪzəm] *n Pol* revisionismo *m*

revisionist [rɪ'vɪʒənɪst] *n & adj Pol* revisionista *mf*

revisit [ri:'vɪzɪt] *vt* volver a visitar

revitalize [ri:'vaɪtəlaɪz] *vt* reanimar, revitalizar

revival [rɪ'vaɪvəl] *n* (**a**) *(of person)* reanimación *f* (**b**) *(of industry)* reactivación *f*; *(of hope, interest)* recuperación *f* (**c**) *(of custom, fashion)* resurgimiento *m* (**d**) *(of play)* reposición *f*, nuevo montaje *m*

revivalist [rɪ'vaɪvəlɪst] *n & adj Rel* evangelista *mf*

revive [rɪ'vaɪv] **1** *vt* (**a**) *(person)* reanimar (**b**) *(industry)* reactivar (**c**) *(hopes, interest)* resucitar (**d**) *(custom, fashion)* hacer resurgir
2 *vi* (**a**) *(of person)* reanimarse (**b**) *(of industry)* reactivarse (**c**) *(of hopes, interest)* renacer (**d**) *(of custom, fashion)* revivir

revivify [ri:'vɪvɪfaɪ] *vt Formal* revivificar

revocation [revə'keɪʃən] *n Formal* revocación *f*

revoke [rɪ'vəʊk] *vt (law)* derogar; *(decision, privilege)* revocar

revolt [rɪ'vəʊlt] **1** *n* rebelión *f*; **to be in r.** rebelarse
2 *vt (disgust)* repugnar; **to be revolted by sth** sentir asco por algo
3 *vi (rebel)* rebelarse (**against** contra)

revolting [rɪ'vəʊltɪŋ] *adj (disgusting)* repugnante

revolution [revə'lu:ʃən] *n* (**a**) *(radical change)* revolución *f* (**b**) *(turn)* vuelta *f*, giro *m*

revolutionary [revəˈluːʃənərɪ] *n & adj* revolucionario(a) *m,f*

revolutionize [revəˈluːʃənaɪz] *vt* revolucionar

revolve [rɪˈvɒlv] *vi* girar (**around** en torno a)

revolver [rɪˈvɒlvə(r)] *n* revólver *m*

revolving [rɪˈvɒlvɪŋ] *adj* giratorio(a) ▫ ***r. door*** puerta *f* giratoria

revue [rɪˈvjuː] *n Th* revista *f*

revulsion [rɪˈvʌlʃən] *n* repugnancia *f*

reward [rɪˈwɔːd] **1** *n* recompensa *f*; **as a r.** como recompensa
2 *vt* recompensar (**with** con)

rewarding [rɪˈwɔːdɪŋ] *adj* gratificante

rewind [riːˈwaɪnd] (*pt & pp* **rewound** [riːˈwaʊnd]) *vt (tape, film)* rebobinar ▫ ***r. button*** botón *m* de rebobinado

rewire [riːˈwaɪə(r)] *vt (house)* renovar la instalación eléctrica de

reword [riːˈwɜːd] *vt* reformular, expresar de otra manera

rework [riːˈwɜːk] *vt (idea, text)* rehacer, reelaborar

reworking [riːˈwɜːkɪŋ] *n (of idea, text)* adaptación *f*

rewritable [riːˈraɪtəbəl] *adj Comptr (media)* regrabable

rewrite [riːˈraɪt] **1** *n Cin (of script)* nueva versión *f*
2 *vt* (*pt* **rewrote** [riːˈrəʊt], *pp* **rewritten** [riːˈrɪtən]) reescribir; **to r. history** reinterpretar la historia

Reykjavik [ˈrekjəvɪk] *n* Reikiavik

RFC [ɑːrefˈsiː] *n* (*abbr* **Rugby Football Club**) club *m* de rugby

RFU [ɑːrefˈjuː] *n* (*abbr* **Rugby Football Union**) = federación inglesa de "rugby union"

RGB [ɑːdʒiːˈbiː] *adj Comptr* (*abbr* **red, green and blue**) RGB; **an R. display** un monitor RGB

RGN [ɑːdʒiːˈen] *n Br* (*abbr* **Registered General Nurse**) = enfermero(a) cualificado(a) con una titulación de tres años

Rh [ɑːrˈeɪtʃ] *n* (*abbr* **Rhesus**) Rh *m* ▫ ***R. factor*** factor *m* Rh

rhapsodic(al) [ræpˈsɒdɪk(əl)] *adj (prose, description)* enardecido(a)

rhapsodize [ˈræpsədaɪz] *vi* deshacerse en elogios (**over** *or* **about** sobre)

rhapsody [ˈræpsədɪ] *n* (**a**) *Mus* rapsodia *f* (**b**) **to go into rhapsodies over sth** *(enthuse about)* deshacerse en elogios sobre algo

rheostat [ˈriːəʊstæt] *n* reóstato *m*

rhesus [ˈriːsəs] *n* (**a**) *Med* ***r. factor*** factor *m* Rh; ***r. negative/positive*** Rh *m* negativo/positivo (**b**) *(animal)* ***r. monkey*** mono *m* rhesus, macaco *m* (de la India)

rhetoric [ˈretərɪk] *n also Fig* retórica *f*

rhetorical [rɪˈtɒrɪkəl] *adj* retórico(a) ▫ ***r. question*** pregunta *f* retórica

rheumatic [ruːˈmætɪk] *adj Med* reumático(a) ▫ ***r. fever*** fiebre *f* reumática

rheumaticky [ruːˈmætɪkɪ] *adj Fam* reumático(a)

rheumatism [ˈruːmətɪzəm] *n* reumatismo *m*, reúma *m*

rheumatoid arthritis [ˈruːmətɔɪdˈɑːθraɪtɪs] *n Med* artritis *f inv* reumatoide

rheumatology [ruːməˈtɒlədʒɪ] *n* reumatología *f*

rheumy [ˈruːmɪ] *adj (eyes)* legañoso(a)

Rhine [raɪn] *n* **the R.** el Rin

rhinestone [ˈraɪnstəʊn] *n* diamante *m* de imitación

rhino [ˈraɪnəʊ] (*pl* **rhinos**) *n Fam* rinoceronte *m*

rhinoceros [raɪˈnɒsərəs] *n* rinoceronte *m*

rhinoplasty [ˈraɪnəʊplæstɪ] *n* rinoplastia *f*

rhizome [ˈraɪzəʊm] *n Bot* rizoma *m*

Rhodes [rəʊdz] *n* Rodas

rhodium [ˈrəʊdɪəm] *n* rodio *m*

rhododendron [rəʊdəˈdendrən] *n* rododendro *m*

rhomboid [ˈrɒmbɔɪd] *n* romboide *m*

rhomb(us) [ˈrɒmb(əs)] *n* rombo *m*

Rhone [rəʊn] *n* **the R.** el Ródano

rhubarb [ˈruːbɑːb] *n* (**a**) *(plant)* ruibarbo *m* ▫ ***r. jam*** confitura *f* de ruibarbo (**b**) *Br* **r., r.** *(simulating conversation)* bla, bla, bla

rhyme [raɪm] **1** *n (verse, poem)* rima *f*; **to find a r. for sth** buscar una palabra que rime con algo; **to speak in r.** hablar en verso; IDIOM **without r. or reason** sin venir a cuento ▫ ***r. scheme*** rima *f*
2 *vi* rimar (**with** con)

rhyming [ˈraɪmɪŋ] *adj Lit* ***r. couplet*** pareado *m (en rima)*; ***r. slang*** = argot originario del este de Londres en el que se sustituye la palabra que se quiere decir por una expresión cuyo último término rima con la palabra en cuestión

rhythm [ˈrɪðəm] *n* ritmo *m* ▫ ***r. and blues*** rhythm and blues *m*; ***r. method*** *(of contraception)* método *m* (de) Ogino; ***r. section*** sección *f* rítmica

rhythmic(al) [ˈrɪðmɪk(əl)] *adj* rítmico(a)

RI (*abbr* **Rhode Island**) Rhode Island

rial [riːˈɑːl] *n* rial *m*

rib [rɪb] **1** *n* (**a**) *(of person, animal)* costilla *f*; **to poke** *or* **dig sb in the ribs** dar a alguien un codazo en las costillas (**b**) *(of umbrella)* varilla *f* (**c**) *Archit* nervio *m*
2 *vt* (*pt & pp* **ribbed**) *Fam (tease)* tomar el pelo a

RIBA [ɑːraɪbiːˈeɪ] *n* (*abbr* **Royal Institute of British Architects**) = colegio profesional de los arquitectos británicos

ribald [ˈrɪbəld, ˈraɪbəld] *adj (joke, song)* procaz

ribaldry [ˈrɪbəldrɪ] *n* picardía *f*

ribbed [rɪbd] *adj (pullover)* acanalado(a); *(condom)* estriado(a)

ribbing [ˈrɪbɪŋ] *n* (**a**) *(on pullover)* cordoncillos *mpl* (**b**) *Fam (teasing)* tomadura *f* de pelo

ribbon [ˈrɪbən] *n* (**a**) *(for hair, typewriter)* cinta *f*; *(of land)* franja *f*, faja *f*; **his clothes had been cut** *or* **torn to ribbons** su ropa estaba hecha jirones ▫ ***r. development*** = desarrollo urbano a ambos lados de una carretera; ***r. microphone*** micrófono *m* de cinta (**b**) *Compt* cinta *f*

ribcage [ˈrɪbkeɪdʒ] *n* caja *f* torácica

riboflavin(e) [ˈraɪbəʊˈfleɪvɪn] *n* riboflavina *f*

ribonucleic acid [ˈraɪbəʊnjʊˈkleɪɪk ˈæsɪd] *n* acid *m* ribonucleico

rib-tickling [ˈrɪbtɪklɪŋ] *adj Fam* desternillante

rice [raɪs] *n* arroz *m* ▫ ***r. bowl*** *(bowl)* cuenco *m* de arroz; *(region)* zona *f* arrocera; ***r. field*** *or* ***paddy*** arrozal *m*; ***r. paper*** papel *m* de arroz; ***r. pudding*** arroz con leche

ricer [ˈraɪsə(r)] *n US* pasapuré *m*

rich [rɪtʃ] **1** *n* (**a**) *(wealthy people)* **the r.** los ricos (**b**) *(wealth)* **riches** riquezas *fpl*
2 *adj* (**a**) *(person, country)* rico(a); *(furnishings, decor)* suntuoso(a), opulento(a); **to become** *o* **get r.** hacerse rico
(**b**) *(soil)* fértil; *(harvest, supply)* abundante; **to be r. in…** ser rico en…; *Fig* **a r. seam** un filón abundante
(**c**) *(culture, traditions)* rico(a)
(**d**) *(food)* **avoid r. foods** evita alimentos con alto contenido graso; **this dessert is very r.** este postre llena mucho
(**e**) *(colour, smell)* intenso(a)
(**f**) *(voice, tone)* sonoro(a)
(**g**) *Fam (cheeky)* **that's a bit r. (coming from you)!** ¡mira quién habla *or Esp* quién fue a hablar!

richly [ˈrɪtʃlɪ] *adv* (**a**) *(furnished, ornamented)* lujosamente (**b**) *(fully)* **r. deserved** merecidísimo(a); **he was r. rewarded** le pagaron muy generosamente

richness [ˈrɪtʃnɪs] *n* (**a**) *(of person, country)* riqueza *f*; *(of furnishings, decor)* suntuosidad *f*, opulencia *f* (**b**) *(of soil)* fertilidad *f*; *(of harvest, supply)* abundancia *f* (**c**) *(of culture, traditions)* riqueza *f* (**d**) *(of colour, smell)* intensidad *f* (**e**) *(of voice, tone)* sonoridad *f*

Richter Scale [ˈrɪktəˈskeɪl] *n* escala *f* de Richter

rick¹ [rɪk] *n (of hay, straw)* almiar *m*

rick² *vt* **to r. one's neck** torcerse el cuello; **to r. one's back** hacerse daño en la espalda

rickets [ˈrɪkɪts] *npl Med* raquitismo *m*

rickety [ˈrɪkɪtɪ] *adj Fam (furniture, staircase)* desvencijado(a); *(alliance, alibi)* precario(a)

rickshaw [ˈrɪkʃɔː] *n* = calesa oriental tirada por una persona o por una bicicleta o motocicleta

ricochet [ˈrɪkəʃeɪ] **1** *n* bala *f* rebotada
2 *vi* (*pt* **ricochetted** [ˈrɪkəʃeɪd]) rebotar (**off** de)

ricotta [rɪˈkɒtə] *n* **r. (cheese)** (queso *m*) ricotta *m*, = queso blanco italiano de vaca u oveja

rid [rɪd] (*pt & pp* **rid**) *vt* **to r. sb of sth** librar a alguien de algo; **to r. oneself of sth, to get r. of sth** deshacerse de algo; **to be r. of sth/sb** estar libre de algo/alguien; **you're well r. of him** estás mejor sin él

riddance [ˈrɪdəns] *n Fam* **he's gone, and good r. (to bad rubbish)!** se ha ido, ¡y ya iba siendo hora!

ridden ['rɪdən] *pp of* **ride**

riddle ['rɪdəl] **1** *n* (**a**) *(puzzle)* acertijo *m*, adivinanza *f* (**b**) *(mystery)* enigma *m*; **to talk** *or* **speak in riddles** hablar en clave

2 *vt* **to r. sb with bullets** acribillar a alguien a balazos; **riddled with mistakes** plagado(a) de errores

RIDE [raɪd] **1** *n* (**a**) *(on bicycle, in car, on horse)* paseo *m*; **to give sb a r.** *(in car)* llevar a alguien (en coche), *CAm, Méx, Perú* dar aventón a alguien; **he gave the child a r. on his back** llevó al niño a hombros; **to go for a r.** ir a dar una vuelta (en coche/en bicicleta/a caballo); **can I have a r. on your horse/bike?** ¿me dejas dar una vuelta en tu caballo/moto?; **she was very tired after the bus r. from Puebla** estaba muy cansada después del viaje en autobús desde Puebla; **it's a ten minutes bus r. to work** se tarda *or Am* demora diez minutos en llegar al trabajo en autobús; **it's only a short r. away (in the car)** está a poca distancia (en coche)

(**b**) *(attraction at funfair)* atracción *f*

(**c**) *Vulg (sex)* polvo *m*, *Esp* casquete *m*, *Méx* caldito *m*; **she's a good r.** *(sexual partner) Esp* folla *or Am* coge *or Méx* chinga genial

(**d**) IDIOMS **I just went along for the r.** me apunté por hacer algo; **she was given a rough r.** *(by interviewer, critics)* se las hicieron pasar moradas; **to take sb for a r.** engañar a alguien como a un chino, tomar a alguien el pelo

2 *vt* (*pt* **rode** [rəʊd], *pp* **ridden** ['rɪdən]) (**a**) *(horse, vehicle)* **to r. a horse/a bicycle** montar a caballo/en bicicleta; **he was riding a black horse** montaba un caballo negro; **he let me r. his bike** me dejó montar en su bici; **she rode her bike into town** fue a la ciudad en bici; **we rode twenty miles today** *(on horse)* hoy hemos cabalgado veinte millas; *(on bike)* hoy hemos recorrido veinte millas; *US* **to r. the bus/train** viajar en autobús/tren; **to r. a good race** *(of jockey)* hacer una buena carrera; **he has ridden ninety winners this season** *(of jockey)* ha ganado noventa carreras esta temporada; **the winner was ridden by Willie Carson** Willie Carson montaba al ganador; **we watched the surfers riding the waves** vimos cómo los surfistas se mantenían sobre la cresta de la ola

(**b**) *Vulg (have sex with)* tirarse a, *Esp* follarse a, *Am* cogerse a, *Méx* chingarse a

3 *vi* (**a**) *(on horse, in vehicle)* **can you r.?** *(on horse, bicycle)* ¿sabes montar?; **to r. on a horse/bicycle** montar a caballo/en bicicleta; **I rode into town** fui a la ciudad en bicicleta/a caballo; **we rode there in a taxi** fuimos allí en taxi; **we rode home on the bus** volvimos a casa en autobús; **they rode past us** *(on horseback)* cabalgaron delante de nosotros; *(on bicycle)* pasaron delante de nosotros

(**b**) *US (in elevator)* **to r. down** bajar; **to r. up** subir

(**c**) IDIOMS **to be riding for a fall** ir camino del desastre; **they are riding high** atraviesan un buen momento; **he is riding on a wave of popularity** se halla en la cresta de la ola; **to let sth r.** dejar pasar algo

▸**ride down** *vt sep* (**a**) *(trample)* atropellar (**b**) *(catch up with)* cazar

▸**ride off** *vi (on horse, bicycle)* marcharse

▸**ride on** *vt insep (depend on)* depender de; **I have several thousand pounds riding on that horse** tengo varios miles de libras apostadas en ese caballo; **there's a lot riding on this match** en este partido hay mucho en juego

▸**ride out** *vt sep (problem, crisis)* soportar, aguantar; **to r. out the storm** capear el temporal

▸**ride up** *vi (of clothing)* subirse

rider ['raɪdə(r)] *n* (**a**) *(on horse) (man)* jinete *m*; *(woman)* amazona *f*; *(on bicycle)* ciclista *mf*; *(on motorbike)* motorista *mf* (**b**) *(to document, treaty)* cláusula *f* adicional

ridge [rɪdʒ] *n* (**a**) *(of mountain)* cresta *f* (**b**) *(of roof)* caballete *m*, cumbrera *f* (**c**) *(on surface)* rugosidad *f* (**d**) *Met* **r. of high pressure** zona *f* de altas presiones

ridged [rɪdʒd] *adj* rugoso(a)

ridgepole ['rɪdʒpəʊl] *n (of roof)* cumbrera *f*; *(of tent)* barra *f* superior

ridge-tile ['rɪdʒtaɪl] *n* cobija *f*, teja *f* de caballete

ridgeway ['rɪdʒweɪ] *n Br* = camino por la cresta de una montaña

ridicule ['rɪdɪkju:l] **1** *n* burlas *fpl*, mofa *f*; **to hold sth/sb up to r.** burlarse *or* mofarse de algo/de alguien; **to be an object of r.** ser el centro de las burlas

2 *vt* burlarse de, mofarse de

ridiculous [rɪ'dɪkjʊləs] *adj* ridículo(a); **to make sb look r.** poner en ridículo *or* ridiculizar a alguien; **to make oneself r.** hacer el ridículo

ridiculously [rɪ'dɪkjʊləslɪ] *adv* **to behave/dress r.** comportarse/vestir de forma ridícula; **it was r. slow/cheap** fue ridículo lo lento/barato que era

riding ['raɪdɪŋ] *n* equitación *f*, monta *f*; **to go r.** ir a montar (a caballo) ▫ ***r. boots*** botas *fpl* de montar; ***r. crop*** fusta *f*; ***r. school*** escuela *f* hípica *or* de equitación; ***r. whip*** fusta *f*

rife [raɪf] *adj* **to be r.** reinar, imperar; **the text is r. with errors** el texto está plagado de errores

riff [rɪf] *n Mus* riff *m*, = breve pasaje que se repite varias veces

riffle ['rɪfəl] *vt* pasar rápidamente

▸**riffle through** *vt insep* pasar rápidamente

riffraff ['rɪfræf] *n* gentuza *f*

rifle[1] ['raɪfəl] *n* rifle *m*, fusil *m* ▫ ***r. range*** campo *m* de tiro; ***r. shot*** disparo *m* de rifle

rifle[2] *vt (house, office)* revolver *(en busca de algo)*; *(pockets, drawer)* rebuscar en

▸**rifle through** *vt insep* rebuscar en

rifleman ['raɪfəlmən] *n* fusilero *m*

rift [rɪft] *n* (**a**) *(in earth, rock)* grieta *f*, brecha *f* (**b**) *(in relationship)* desavenencia *f*; *(in political party)* escisión *f*

rig [rɪg] **1** *n* (**a**) *(of ship)* aparejo *m* (**b**) **(oil) r.** *(on land)* torre *f* de perforación (petrolífera); *(at sea)* plataforma *f* petrolífera (**c**) *Fam (outfit)* vestimenta *f* (**d**) *US Fam (truck)* camión *m*

2 *vt* (*pt & pp* **rigged**) (**a**) *(ship)* aparejar (**b**) *Fam (election, boxing match, race)* amañar

▸**rig out** *vt sep Fam* **to be rigged out in...** llevar una vestimenta de...

▸**rig up** *vt sep* improvisar, apañar

Riga ['ri:gə] *n* Riga

rigging ['rɪgɪŋ] *n Naut* jarcias *fpl*, cordaje *m*

RIGHT [raɪt] **1** *n* (**a**) *(morality)* el bien; **to know r. from wrong** distinguir lo que está bien de lo que está mal; **to be in the r.** tener razón; **I don't wish to discuss the rights and wrongs of the decision** no quiero discutir la conveniencia de la decisión; **to put** *or* **set things to rights** poner las cosas en orden

(**b**) *(entitlement)* derecho *m*; **the r. to vote** el derecho al voto; **women's rights** los derechos de la mujer; **what gives you the r. to tell me what to do?** ¿con qué derecho me dices lo que tengo que hacer?; **to have the r. to do sth** tener derecho a hacer algo; **you have a r. to your opinion, but...** puedes opinar lo que quieras, pero...; **you have every r. to be angry** tienes todo el derecho del mundo a estar enfadado *or Am* enojado; **you have no r. to demand this of us** no tienes derecho a pedirnos esto; **to be within one's rights to do sth** tener todo el derecho a hacer algo; **it is mine as of r.** *or* **by r.** es mío por derecho propio; **by r. of her position as chairwoman** en su condición de presidenta; **by rights, I should have first choice** en justicia, debería ser yo el primero en elegir; **to be famous in one's own r.** ser famoso(a) por méritos propios *or* por derecho propio ▫ ***r. of way*** *(on land)* derecho de paso; *(on road)* prioridad *f*

(**c**) **rights** *(of book)* derechos (**of** *or* **to** de)

(**d**) *(right-hand side)* derecha *f*; **she's second from the r.** es la segunda por la derecha; **on** *or* **to the r. (of)** a la derecha (de); **on my r.** a mi derecha; **the one on the r.** el de la derecha; **turn to the r.** gira a la derecha; **to make** *or* **take a r.** girar a la derecha

(**e**) *Pol* **the r.** la derecha

(**f**) *(in boxing)* **a r. to the jaw** un derechazo en la mandíbula

(**g**) *Fin* ***rights issue*** emisión *m* con derechos de suscripción preferente

2 *adj* (**a**) *(correct)* correcto(a); **you take sugar, don't you? — yes, that's r.** con azúcar, ¿no? – sí; **I'm going to get promoted — is that r.?** me van a ascender – ¿ah, sí?; **that was the r. thing to do** eso es lo que había que hacer; **am I going in the r. direction?** ¿voy por la dirección correcta?; **are you sure that's the r. time?** ¿seguro que es ésa la hora?; **my watch is r.** mi reloj va bien; **put your**

sweater on the r. way round ponte el suéter del derecho; **this soup is just r.** esta sopa está perfecta; **to be r.** *(of person)* tener razón; **you were r. about them, they turned out to be dishonest** tenías razón, resultaron ser poco honrados; **it was r. of you** *or* **you were r. not to say anything** hiciste bien en no decir nada; **you're r. to be angry** tienes derecho a estar enfadado *or Am* enojado; **am I r. in thinking that...?** ¿me equivoco al pensar que...?; **r. you are!** ¡de acuerdo!; *Fam* **too r.!** ¡ya lo creo!; **r., I see what you mean** ya, entiendo lo que quieres decir; **you do want to come, r.?** quieres venir, ¿verdad?; **I'll ring you tomorrow, r.?** te llamaré mañana, ¿de acuerdo *or Esp* vale *or Arg* dale *or Méx* órale?; *Fam* **this man comes in, r., and gets out a gun** entra un tío, ¿sabes? *or Esp* ¿vale?, y saca una pistola; **I can't seem to get anything r.** parece que no hago nada bien; **you got the answer/sum r.** has acertado en la respuesta/suma; IDIOM **to be on the r. lines** ir bien encaminado(a); **to put sb r. (on sth)** sacar a alguien de su error (sobre algo) ▫ ***r. side*** *(of material)* cara *f* anterior *or* de arriba; IDIOM **to stay on the r. side of sb** seguir a buenas con alguien; IDIOM **to stay on the r. side of the law** no meterse en problemas con la justicia

(**b**) *(morally good)* **it's not r.** no está bien; **it is only r. (and proper) that...** es de justicia que...; **to do the r. thing** hacer lo (que es) debido

(**c**) *(appropriate) (place, time, action)* apropiado(a); **those curtains are just r. for the bedroom** esas cortinas son perfectas para el dormitorio; **we are r. for each other** estamos hechos el uno para el otro; **to wait for the r. moment** esperar el momento oportuno; **the r. person for the job** la persona indicada para el trabajo; **to know the r. people** tener buenos contactos; **to be in the r. place at the r. time** estar en el lugar y en el momento adecuados

(**d**) *(well, in good order)* **I'm not feeling quite r.** no me siento muy bien; **something isn't r. with the engine** a este motor le pasa algo; **no one in their r. mind...** nadie en su sano juicio...; **you'll be (as) r. as rain in a couple of days** en un par de días te volverás a encontrar de maravilla; **we'll have** *or* **put you r. in no time** *(make you better)* esto te lo curamos en seguida; **to put sth/things r.** arreglar algo/las cosas; **he's not quite r. in the head** no está muy bien de la cabeza

(**e**) *Fam (as intensifier)* **I felt a r. fool** me sentí como un tonto de remate *or RP* como el rey de los tontos; **he's a r. clever so-and-so** ¡qué listo está hecho el tipo *or Esp* tío!; **the place was in a r. mess** el lugar estaba todo patas arriba; **she's a r. one!** ¡mira que es tonta!

(**f**) *(right-hand)* derecho(a); **on the r. side** a la derecha; **to take a r. turn** girar a la derecha; IDIOM **I would have given my r. arm to be there** habría dado lo que fuera por estar allí ▫ ***r. field*** *(in baseball)* extracampo *m or* exterior *m* derecho; ***r. fielder*** *(in baseball)* exterior *m* derecha; ***r. hand*** mano *f* derecha; ***r. hook*** *(in boxing)* gancho *m* de derecha; *Sport* ***r. wing*** *(place)* banda *f* derecha; *(player) (in rugby)* ala *m* derecho; *Pol* ***the r. wing*** la derecha

(**g**) *Math* ***r. angle*** ángulo *m* recto; **the two lines are at r. angles (to each other)** las dos líneas forman un ángulo recto

(**h**) *Zool* ***r. whale*** ballena *f* franca *or* vasca

3 *adv* (**a**) *(straight)* directamente; **he drove r. into the wall** chocó de frente *or* directamente contra la pared; **they walked r. past us** pasaron justo delante de nosotros

(**b**) *(immediately)* **r. after/before we had arrived** justo antes/después de que llegaramos; **r. away** en seguida, inmediatamente, *CAm, Méx* ahorita, *RP* al tiro; **I'll be r. back** vuelvo en seguida; **r. now** ahora mismo; *Fam* **let me say r. off that...** dejadme decir de entrada que...; **r. then** justo entonces

(**c**) *(completely)* **it tore her arm r. off** le arrancó el brazo de cuajo; **he turned r. round** se dio media vuelta; **the bullet went r. through his arm** la bala le atravesó el brazo de parte a parte; **to go r. up to sb** acercarse justo hasta donde está alguien; **fill the glass r. up to the top** llena al vaso hasta el borde; **r. at the top/back** arriba/detrás del todo; *Fig* **to be r. behind sb** *(support)* apoyar plenamente a alguien; **we're r. out of beer** nos hemos quedado sin nada de cerveza

(**d**) *(exactly)* **r. here/there** aquí/ahí mismo; **r. behind/in the middle** justo detrás/en medio; **to have sb r. where one wants them** tener a alguien en sus manos; *Fam* **r. on!** *(excellent!) Esp* ¡qué guay!, *Andes, Carib* ¡qué chévere!, *Col* ¡qué tenaz!, *Méx* ¡qué padre!, *RP* ¡qué bárbaro!

(**e**) *(correctly) (answer, guess)* correctamente, bien; **I can never do anything r.** nunca me sale nada bien; **it doesn't look quite r.** hay algo que no está del todo bien; **to understand/remember r.** entender/recordar bien

(**f**) *(well)* **I'm sure it'll all come r. for you** estoy seguro de que todo te saldrá bien; **to do r. by sb** portarse bien con alguien; **things have/haven't gone r. for us** las cosas nos han/no nos han ido bien; **to see sb r.** asegurar el futuro de alguien; **it was a mistake, r. enough** fue un error, ciertamente

(**g**) *(look, turn)* a la derecha; **take the first/second r.** gira por la primera/la segunda a la derecha; **a r. of centre party** un partido de centro derecha; IDIOM **r., left and centre** por todas partes

(**h**) *Br Fam (for emphasis)* **I was r. angry** estaba superenfadado; **it's a r. cold day** hoy hace un frío que pela

(**i**) *(in titles)* **the R. Honourable Edward Heath, M.P.** el señor diputado Edward Heath *(tratamiento formal aplicado a los parlamentarios británicos)*; **the R. Reverend George Carey** el Reverendísimo George Carey

4 *vt* (**a**) *(put upright) (boat, car)* enderezar, poner derecho(a); **the boat righted itself** el barco se enderezó

(**b**) *(redress) (situation)* corregir, rectificar; **to r. a wrong** terminar con una injusticia

5 *exclam* (**a**) *(expressing agreement)* **you go first — r.!** tú primero — ¡de acuerdo *or Esp* vale *or Arg* dale *or Méx* órale!

(**b**) *(to attract attention, when ready to begin)* **r., let's start!** ¡venga, comencemos!

---

right-angled ['raɪtæŋgəld] *adj (triangle)* rectángulo(a); *(corner, bend)* en ángulo recto

righteous ['raɪtʃəs] *adj* (**a**) *(person)* virtuoso(a) (**b**) *(indignation)* santurrón(ona)

righteousness ['raɪtʃəsnɪs] *n* honradez *f*, rectitud *f*

rightful ['raɪtfʊl] *adj* legítimo(a)

rightfully ['raɪtfʊlɪ] *adv* **it is r. mine** me pertenece por legítimo derecho; **...and r. so** ...y con razón

right-hand ['raɪthænd] *adj* **on the r. side** a la derecha; IDIOM **to be sb's r. man** ser la mano derecha de alguien ▫ *Aut* ***r. drive*** *(vehicle)* vehículo *m* con el volante a la derecha

right-handed ['raɪt'hændɪd] **1** *adj* diestro(a)

2 *adv* con la mano derecha

right-hander ['raɪt'hændə(r)] *n (person)* diestro(a) *m,f*

rightist ['raɪtɪst] *n & adj* derechista *mf*

rightly ['raɪtlɪ] *adv* (**a**) *(exactly)* correctamente; **I don't r. know why...** no sé muy bien por qué... (**b**) *(justly)* **r. or wrongly** para bien o para mal; **...and r. so** ...y con razón; **he was r. angry** se enfadó *or Am* enojó y con razón

right-minded ['raɪt'maɪndɪd], **right-thinking** ['raɪt'θɪŋkɪŋ] *adj* **any r. person would have done the same** cualquier persona de bien hubiera hecho lo mismo

right-of-centre ['raɪtəv'sentə(r)] *adj Pol* de centro derecha

right-oh, righto ['raɪtəʊ] *exclam Fam* ¡vale!, *Arg* ¡dale!, *Méx* ¡órale!

right-on ['raɪt'ɒn] *adj Fam* (**a**) *(socially aware)* progre (**b**) *(fashionable)* de moda

rightward ['raɪtwəd] **1** *adj* derechista

2 *adv* hacia la derecha

rightwards ['raɪtwədz] *adv* = **rightward**

right-wing ['raɪt'wɪŋ] *adj Pol* derechista, de derechas

right-winger ['raɪt'wɪŋə(r)] *n Pol* derechista *mf*

rigid ['rɪdʒɪd] *adj* (**a**) *(structure, material)* rígido(a); *Br Fam* **to be bored r.** aburrirse como una ostra (**b**) *(approach, mentality)* rígido(a), inflexible; *(discipline)* estricto(a); *(timetable, schedule)* inflexible; **she's very r. in her ideas** es de ideas muy rígidas

rigidity [rɪ'dʒɪdɪtɪ] *n* (**a**) *(of structure, material)* rigidez *f* (**b**) *(of approach, mentality)* rígidez *f*, inflexibilidad *f*

rigidly ['rɪdʒɪdlɪ] *adv* (**a**) *(stiffly, erectly)* rígidamente (**b**) *(uncompromisingly)* inflexiblemente

rigmarole ['rɪgmərəʊl] *n Fam* (**a**) *(process)* engorro *m*, *Esp* latazo *m* (**b**) *(speech)* rollo *m*, galimatías *m inv*

rigor *US* = **rigour**

rigor mortis ['rɪgə'mɔːtɪs] *n Med* rigidez *f* cadavérica, rigor *m* mortis

rigorous ['rɪgərəs] *adj* riguroso(a)

rigorously ['rɪgərəslɪ] *adv* rigurosamente

rigour, *US* **rigor** ['rɪgə(r)] *n* rigor *m*

rig-out ['rɪgaʊt] *n Br Fam (outfit)* vestimenta *f*

rile [raɪl] *vt Fam (annoy)* fastidiar, irritar, *Am* enojar

Riley ['raɪlɪ] *n* IDIOM *Fam* **to lead** *or* **live the life of R.** vivir como un rey *or Esp* como un rajá

rim [rɪm] *n (of cup, bowl)* borde *m*; *(of wheel)* llanta *f*; *(of spectacles)* montura *f (sin incluir las patillas)*

rime [raɪm] *n (frost)* escarcha *f*

rimless ['rɪmlɪs] *adj (spectacles)* sin montura *(pero con patillas)*

rind [raɪnd] *n (of fruit)* cáscara *f*; *(of cheese, bacon)* corteza *f*

ring[1] [rɪŋ] **1** *n* (**a**) *(for finger)* anillo *m*; *(with gem)* sortija *f*; *(plain metal band)* aro *m*; *(for can of drink, bird, curtains)* anilla *f*; *(surrounding planet)* anillo *m*; **the rings** *(in gymnastics)* las anillas ▫ ***r. binder*** archivador *m or* carpeta *f* de anillas, *RP* bibliorato *m*; ***r. finger*** (dedo *m*) anular *m*
(**b**) *(circular arrangement) (of people, chairs)* corro *m*, círculo *m* ▫ ***r. circuit*** circuito *m* anular *or* de anillo; *Comptr* ***r. network*** red *f* en anillo
(**c**) *(circular shape) (stain)* cerco *m*; **onion rings** aros *mpl* de cebolla; **to have rings under one's eyes** tener ojeras; IDIOM **to run rings round sb** darle mil vueltas a alguien ▫ *Br* ***r. road*** carretera *f* de circunvalación
(**d**) *(on stove)* fuego *m*, quemador *m*
(**e**) *(for boxing, wrestling)* cuadrilátero *m*, ring *m*
(**f**) *(at circus)* pista *f*
(**g**) *(of spies, criminals)* red *f*
2 *vt* (**a**) *(surround)* rodear (**b**) *(draw circle around)* poner un círculo alrededor de

ring[2] **1** *n* (**a**) *(sound) (of doorbell, phone, bike)* timbrazo *m*; *(of small bell)* tintineo *m*; **there was a r. at the door** sonó el timbre de la puerta
(**b**) *(distinctive sound)* **to have a r. of truth** ser verosímil; **the name has a familiar r. to it** el nombre me suena; **his name has a sinister r. to it** su nombre suena siniestro
(**c**) *Fam (phone call)* **to give sb a r.** dar un telefonazo *or RP* tubazo a alguien
2 *vt (pt* **rang** [ræŋ], *pp* **rung** [rʌŋ]) (**a**) *(bell, alarm)* hacer sonar; IDIOM **that rings a bell** *(sounds familiar)* eso me suena; IDIOM **to r. the changes** cambiar las cosas
(**b**) *(on phone)* llamar (por teléfono) a, telefonear a, *RP* hablar a
3 *vi* (**a**) *(of bell, telephone)* sonar; **to r. at the door** llamar al timbre de la puerta
(**b**) *(on phone)* llamar (por teléfono), telefonear, *RP* hablar; **to r. for a doctor** llamar a un doctor; **to r. for help** llamar para pedir ayuda
(**c**) *(resonate) (of street, room)* resonar; **my ears were ringing** me zumbaban los oídos; **to r. hollow** *(of promise, boast)* ser poco convincente; *Fig* **to r. true/false** tener pinta de ser verdad/mentira

▸**ring back** *vt sep (on phone)* llamar más tarde

▸**ring off** *vi (on phone)* colgar

▸**ring out** *vi (of voice, shout)* resonar

▸**ring up** *vt sep* (**a**) *(on phone)* llamar (por teléfono) a, telefonear a, *RP* hablar a (**b**) *(on cash register)* teclear; **the concert rang up a profit of...** el concierto recaudó unos beneficios de...

ringbolt ['rɪŋbəʊlt] *n* cáncamo *m* de argolla

ringdove ['rɪŋdʌv] *n* paloma *f* torcaz

ringer ['rɪŋə(r)] *n* **to be a dead r. for sb** ser el vivo retrato de alguien

ring-fence ['rɪŋ'fens] **1** *n (round field)* cerca *f (que rodea una propiedad)*
2 *vt Fin* proteger

ringing ['rɪŋɪŋ] **1** *n (in ears)* zumbido *m*
2 *adj* (**a**) *(noise)* resonante, sonoro(a) (**b**) *(wholehearted)* incondicional, sin reservas

ringleader ['rɪŋliːdə(r)] *n* cabecilla *mf*

ringlet ['rɪŋlɪt] *n* tirabuzón *m*

ringmaster ['rɪŋmɑːstə(r)] *n* director *m* de circo

ring-pull ['rɪŋpʊl] *n* anilla *f (de lata)* ▫ ***r. can*** lata *f* de anilla

ringside ['rɪŋsaɪd] *n* **a r. seat** *(in boxing)* un asiento de primera fila; *(close view)* una visión muy cercana

ringworm ['rɪŋwɜːm] *n* tiña *f*

rink [rɪŋk] *n* (**a**) *(for ice-skating)* pista *f* de patinaje *or* de hielo; *(for roller-skating)* pista *f* de patinaje (**b**) *(in bowling green)* calle *f* (**c**) *(bowls, curling team)* equipo *m (que juega en una calle)*

rinky-dink ['rɪŋkɪdɪŋk] *adj US Fam* (**a**) *(cheap and nasty)* cutre, *Méx* naco(a), *RP* groncho(a) (**b**) *(small-time)* de poca importancia *or Esp* monta

rinse [rɪns] **1** *n* (**a**) *(clean, wash)* aclarado *m*; **to give sth a r.** aclarar algo (**b**) *(hair tint)* reflejos *mpl*
2 *vt (clothes, dishes)* aclarar; **to r. one's hands** enjuagarse las manos

▸**rinse down** *vt sep Fam* **he rinsed the meal down with a glass of wine** regó la comida con un vaso de vino

▸**rinse out** *vt sep (cup)* enjuagar; *(clothes)* aclarar; **to r. out one's mouth** enjuagarse la boca

Rio (de Janeiro) ['riːəʊ(dɪdʒə'neəreʊ)] *n* Río de Janeiro

riot ['raɪət] **1** *n* (**a**) *(uprising)* disturbio *m* ▫ ***r. gear*** equipo *m or* material *m* antidisturbios; ***r. police*** policía *f* antidisturbios
(**b**) *(profusion)* **a r. of colour** una explosión de colores
(**c**) *Fam (amusing person, thing)* **he's a complete r.** es divertidísimo, *Esp* es una juerga total; **the party was a r.** la fiesta fue divertidísima *or Esp* una juerga total
(**d**) IDIOMS **the children ran r. while their parents were away** los niños se desmandaron cuando no estaban sus padres; **her imagination was running r.** su imaginación se había desbocado; *Fam* **to read sb the r. act** poner los puntos sobre las íes a alguien, *Esp* leerle la cartilla a alguien
2 *vi (of prisoners)* amotinarse; **in order to prevent the crowd from rioting** para evitar que estallaran disturbios

rioter ['raɪətə(r)] *n* alborotador(ora) *m,f*

rioting ['raɪətɪŋ] *n* disturbios *mpl*

riotous ['raɪətəs] *adj* (**a**) *(behaviour)* descontrolado(a) ▫ *Law* ***r. assembly*** alteración *f* del orden público (**b**) *Fam (party, occasion, living)* desenfrenado(a); **a r. success** un éxito arrasador

riotously ['raɪətəslɪ] *adv* **r. funny** de morirse de risa

RIP [ɑːraɪ'piː] *(abbr* **Rest In Peace**) R.I.P., Q.E.P.D.

rip [rɪp] **1** *n (in cloth, paper)* desgarrón *m*, rasgadura *f*
2 *vt (pt & pp* **ripped**) *(cloth, paper)* rasgar; **to r. sth to pieces** *(cloth, paper)* hacer jirones algo; *(performance, argument)* hacer añicos algo
3 *vi* (**a**) *(of cloth, paper)* rasgarse (**b**) *Fam* **to let r.** *(while driving)* pisar a fondo; *(in performance)* darlo todo, entregarse; *(fart)* echarse un pedo, *Esp* pederse; **to let r. (at sb)** *(shout)* echar una bronca (a alguien)

▸**rip apart** *vt sep* destrozar

▸**rip off** *vt sep* (**a**) *(tear)* arrancar; **he ripped off his shirt** se desembarazó de su camisa (**b**) *Fam (swindle) (person)* clavar, *Esp* timar; **that sketch was ripped off from another comedian** ese sketch está copiado de otro humorista

▸**rip open** *vt sep* abrir de un tirón

▸**rip out** *vt sep* arrancar

▸**rip up** *vt sep* hacer pedazos

ripcord ['rɪpkɔːd] *n* cable *m* de apertura manual

ripe [raɪp] *adj* (**a**) *(fruit)* maduro(a); *(cheese)* curado(a); **to be r.** *(of fruit)* estar maduro(a); **to live to a r. old age** vivir hasta una edad avanzada (**b**) *(ready)* **this area is r. for development** esta zona está en condiciones ideales *or* idóneas para ser urbanizada; **the time is r. for...** es el momento ideal *or* idóneo para... (**c**) *Fam (language, humour)* subido(a) de tono, atrevido(a)

ripen ['raɪpən] **1** *vt* hacer madurar
2 *vi* madurar

ripeness ['raɪpnɪs] *n* (**a**) *(of fruit)* madurez *f* (**b**) *Fam (of language)* atrevimiento *m*

rip-off ['rɪpɒf] *n Fam* timo *m*, *Col, RP* cagada *f*; **what a r.!** ¡menudo robo!

riposte [rɪ'pɒst] *n (reply)* réplica *f*

ripper ['rɪpə(r)] *n (murderer)* destripador(ora) *m,f*

ripping ['rɪpɪŋ] *adj Old-fashioned* **we had a r. (good) time** lo pasamos bomba; *Fam* **a r. yarn** una historia muy entretenida

ripple [rɪpəl] **1** *n* (**a**) *(on water)* onda *f*, ondulación *f* (**b**) *(of excitement)* asomo *m*; *(of applause)* murmullo *m* ▫ *Fig* ***r. effect*** reacción *f* en cadena (**c**) *(ice-cream)* = helado de

vainilla con vetas de jarabe de frambuesa o de otros sabores
2 *vi (of water)* ondular; *(of laughter, applause)* extenderse

rip-roaring ['rɪprɔːrɪŋ] *adj Fam* (**a**) *(success)* apoteósico(a) (**b**) *(story)* lleno(a) de acción

ripsaw ['rɪpsɔː] *n* sierra *f* de cortar al hilo *or* de hender

ripsnorter ['rɪpsnɔːtə(r)] *n Fam* **a r. of a movie** una película apasionante

riptide ['rɪptaɪd] *n* corriente *f* turbulenta

RISC [rɪsk] *n Comptr* (*abbr* **reduced instruction set computer**) ***R. processor*** procesador *m* RISC

rise [raɪz] **1** *n* (**a**) *(in price, temperature, pressure)* aumento *m or* subida *f* (**in** de); **(pay) r.** aumento (de sueldo); **to be on the r.** ir en aumento
(**b**) *(of leader, party)* ascenso *m*; **her r. to power** su ascenso *or* acceso al poder; **the r. and fall** *(of empire, politician)* el ascenso y la caída, el esplendor y la decadencia
(**c**) *(of phenomenon, practice)* ascenso *m*; **to give r. to sth** dar pie a algo
(**d**) *Fam* **to take** *or* **get a r. out of sb** conseguir mosquear a alguien
(**e**) *(in ground)* subida *f*, cuesta *f*
2 *vi* (*pt* **rose** [rəʊz], *pp* **risen** ['rɪzən]) (**a**) *(get up)* levantarse; **to r. early/late** levantarse temprano/tarde; **they rose from their seats** se levantaron de sus asientos; **to r. to one's feet** ponerse de pie, levantarse, *Am* pararse; **to r. from the dead** *or* **grave** resucitar de entre los muertos; *Fam* **r. and shine!** ¡arriba!
(**b**) *(move upwards) (of smoke, balloon)* ascender, subir; *Th (of curtain)* subir; *(of sun, moon)* salir; *(of road, ground, waters)* subir, elevarse; *Fig (in society)* ascender; **a murmur rose from the crowd** un murmullo se elevó entre la multitud; **to r. in sb's esteem** ganarse la estima de alguien; **to r. to the challenge** *or* **occasion** estar a la altura de las circunstancias; **to r. to fame** alcanzar la fama; **to r. to power** ascender *or* acceder al poder
(**c**) *(increase) (of temperature, price)* aumentar, subir; *(of standards, hope)* aumentar; *(of wind)* arreciar; *(of voice)* elevarse, subir; *(of dough)* fermentar, subir; **my spirits rose** se me levantó el ánimo
(**d**) *(revolt)* levantarse (**against** contra); **to r. in arms** levantarse en armas; **to r. in protest (against sth)** alzarse en protesta (contra algo)
(**e**) *(react angrily)* **to r. to a remark** responder a una provocación
(**f**) *(have source) (of river)* nacer

▸**rise above** *vt insep* (**a**) *(be higher than)* levantarse por encima de (**b**) *(be heard over)* **a cry rose above the sound of the waves** se oyó un grito entre el sonido del oleaje (**c**) *(problem, criticism)* remontar, superar; **he rose above his limitations** superó sus limitaciones; **she didn't let him annoy her, she just rose above it** no dejó que la molestara, estuvo por encima de ello

▸**rise up** *vi* (**a**) *(move upwards) (of smoke, balloon)* ascender, subir; *(of road, ground, waters)* subir, elevarse; *(in society)* ascender (**b**) *(revolt)* levantarse (**against** contra); **to r. up in arms** levantarse en armas; **to r. up in protest (against sth)** alzarse en protesta (contra algo)

risen ['rɪzən] *pp of* **rise**

riser ['raɪzə(r)] *n* (**a**) *(person)* **an early r.** un(a) madrugador(ora); **a late r.** un(a) dormilón(ona) (**b**) *(of stairs)* contrahuella *f* (**c**) *(for water, gas)* tubo *m* de subida

risible ['rɪzɪbəl] *adj Formal* risible

rising ['raɪzɪŋ] **1** *n (revolt)* revuelta *f*, levantamiento *m*
2 *adj* (**a**) *(sun)* naciente; *(prices, temperature)* en aumento, ascendente ▫ *Br* ***r. damp*** humedad *f (que asciende por las paredes)* (**b**) *(artist, politician)* en alza ▫ *Fig* ***r. star*** valor *m* en alza, estrella *f* en ciernes

risk [rɪsk] **1** *n* (**a**) *(danger)* riesgo *m*, peligro *m*; **it's too big a r.** es un riesgo demasiado grande; **at r.** en peligro; **at great r. to himself** con gran peligro para su integridad física; **at the r. of...** a riesgo de...; **to run the r. of...** correr el riesgo de...; **to take risks** arriesgarse, correr riesgos; **you do so at your own r.** lo haces bajo tu propia responsabilidad ▫ ***r. assessment*** evaluación *f* de riesgos; *Fin* ***r. capital*** capital *m* (de) riesgo; *Med* ***r. factor*** factor *m* riesgo; ***r. management*** gestión *f* de riesgos
(**b**) *(source of danger)* peligro *m*; **it's a health r.** es un peligro para la salud
2 *vt* (**a**) *(endanger) (future, money)* arriesgar; *(health)* poner en peligro; **to r. one's neck** jugarse el cuello
(**b**) *(run risk of)* **we can't r. it** no podemos correr ese riesgo; **to r. defeat** correr el riesgo de *or* arriesgarse a ser derrotado(a)

riskiness ['rɪskɪnɪs] *n* riesgo *m*, peligro *m*

risky ['rɪskɪ] *adj* arriesgado(a)

risotto [rɪ'zɒtəʊ] (*pl* **risottos**) *n* risotto *m*

risqué [rɪs'keɪ] *adj (humour)* atrevido(a), subido(a) de tono

rissole ['rɪsəʊl] *n* = pequeña masa frita, generalmente redonda, de carne o verduras

rite [raɪt] *n* (**a**) *Rel* rito *m*; **the last rites** la extremaunción (**b**) *(ceremony)* ***r. of passage*** trámite *m* iniciático en la vida

ritual ['rɪtjʊəl] **1** *n* ritual *m*
2 *adj* ritual

ritualistic [rɪtjʊə'lɪstɪk] *adj (following a pattern)* ritual; *Rel* ritualista

ritually ['rɪtjʊəlɪ] *adv* de modo ritual

ritzy ['rɪtsɪ] *adj Fam* lujoso(a)

rival ['raɪvəl] **1** *n & adj* rival *mf*
2 *vt* (*pt & pp* **rivalled**, *US* **rivaled**) rivalizar con; **the scenery rivals the Grand Canyon** el paisaje no tiene nada que envidiar al Gran Cañón

rivalry ['raɪvəlrɪ] *n* rivalidad *f*

river ['rɪvə(r)] *n* río *m*; **a r. of blood** un río de sangre ▫ ***r. basin*** cuenca *f* fluvial; ***r. traffic*** tráfico *m* fluvial

riverbank ['rɪvəbæŋk] *n* orilla *f or* margen *m* del río

riverbed ['rɪvəbed] *n* lecho *m* (del río)

riverside ['rɪvəsaɪd] *n* ribera *f*, orilla *f* (del río); **r. villa** mansión *f* a la orilla del río

rivet ['rɪvɪt] **1** *n* remache *m*
2 *vt* (**a**) *(fasten)* remachar (**b**) *Fig (fascinate)* **to be absolutely riveted** estar completamente fascinado(a); **to be riveted to the spot** quedarse clavado(a)

riveter ['rɪvɪtə(r)] *n* (**a**) *(person)* remachador(ora) *m,f* (**b**) *(machine)* remachadora *f*

riveting ['rɪvɪtɪŋ] *adj (fascinating)* fascinante

Riviera [rɪviː'eərə] *n* **the R.** la Riviera

rivulet ['rɪvjʊlət] *n* (**a**) *(small river)* arroyuelo *m* (**b**) *(of blood, sweat)* hilo *m*

RM [ɑːr'em] (*abbr* **Royal Marines**) = la infantería de marina británica

RMT [ɑːrem'tiː] *n* (*abbr* **National Union of Rail, Maritime and Transport Workers**) = sindicato británico de trabajadores del sector de transportes

RN [ɑːr'en] (*abbr* **Royal Navy**) armada *f* británica

RNA [ɑːren'eɪ] *n Biol* (*abbr* **ribonucleic acid**) ARN *m*

RNIB [ɑːrenaɪ'biː] *n* (*abbr* **Royal National Institute for the Blind**) = asociación británica de ayuda a los ciegos, *Esp* ≃ ONCE *f*

RNLI [ɑːrenel'aɪ] *n* (*abbr* **Royal National Lifeboat Institution**) = organización británica de voluntarios para operaciones marítimas de salvamento

roach [rəʊtʃ] *n* (**a**) *(fish)* rubio *m*, rutilo *m* (**b**) *US Fam (cockroach)* cucaracha *f* (**c**) *Fam (for cannabis cigarette)* colilla *f* de porro

road [rəʊd] *n* (**a**) *(in general)* carretera *f*; *(in town)* calle *f*; *(path, track)* camino *m*; **they live across** *or* **over the r.** viven al otro lado de la calle, viven enfrente; **by r.** por carretera; **to be off the r.** *(of vehicle)* estar averiado(a); **down** *or* **up the r.** un poco más lejos, por *or* en la misma calle; **a few years down the r.** dentro de unos años; **after three hours on the r.** después de tres horas en la carretera *or* de camino; **to be on the r.** *(of salesman)* estar de viaje (de ventas); *(of pop group)* estar de gira; *also Fig* **somewhere along the r.** en algún punto *or* momento; IDIOM *Fam* **let's have one for the r.** vamos a tomar la última *or* la espuela; PROV **all roads lead to Rome** todos los caminos llevan a Roma; PROV **the r. to hell is paved with good intentions** con la intención no basta ▫ ***r. accident*** accidente *m* de carretera; ***r. atlas*** guía *f* de carreteras; ***r. bridge*** puente *m (de carretera)*; ***r. conditions*** estado *m* de las carreteras; *Br* ***r. fund licence*** pegatina *f* del impuesto de circulación; *Fam* ***r. hog*** conductor(ora) *m,f* temerario(a), loco(a) *m,f* del volante; ***r. map*** mapa *m* de carreteras; ***r. movie*** = película en la que los protagonistas emprenden un viaje largo por carretera; ***r. race*** *(in cycling)* carrera *f* de fondo en carretera; ***r. racing*** *(in cycling)* ciclismo *m* en ruta; ***r. rage*** violencia *f* en carretera *or* al volante; ***r. repairs*** obras *fpl*; ***r. roller*** apisonadora *f*; ***r. safety*** seguridad *f* en carretera; *r.* ***sense*** buen instinto *m* en la carretera; *r.* ***show*** = programa, torneo, exhibición, etc. itinerantes; *r.* ***sign*** señal *f* de tráfico; *r.* ***tax*** impuesto *m* de circulación; *r.* ***test*** prueba *f* en carretera; *r.* ***transport*** transporte *m* por carretera; *r.* ***works*** obras *fpl*

(**b**) *(way, route)* **to be on the r. to recovery** estar en vías de recuperación; **to be on the right r.** ir por (el) buen camino; **to come to the end of the r.** *(of relationship)* acabar; *Fam* **get out of my r.** *or* **the r.** quítate de en medio

roadblock ['rəʊdblɒk] *n* control *m* de carretera

roadholding ['rəʊdhəʊldɪŋ] *n Aut* agarre *m*, adherencia *f*

roadhouse ['rəʊdhaʊs] *n Old-fashioned* = taberna o bar al lado de la carretera

roadie ['rəʊdɪ] *n Fam* roadie *m*, = persona encargada del montaje del escenario y el equipo musical de un grupo en gira

roadrunner ['rəʊdrʌnə(r)] *n* correcaminos *m inv*

roadside ['rəʊdsaɪd] *n* borde *m* de la carretera; **r. bar/hotel** bar *m*/hotel *m* de carretera

road-test ['rəʊdtest] *vt (car)* probar en carretera

roadway ['rəʊdweɪ] *n* calzada *f*

roadworthiness ['rəʊdwɜːðɪnɪs] *n* = condición de estar en condiciones de circular; **certificate of r.** = certificado de estar en condiciones de circular

roadworthy ['rəʊdwɜːðɪ] *adj (vehicle)* en condiciones de circular

roam [rəʊm] **1** *vt (streets, the world)* vagar por, recorrer

2 *vi* **to r. (about** *or* **around)** vagar

roan [rəʊn] **1** *n* caballo *m* ruano

2 *adj* ruano(a)

roar [rɔː(r)] **1** *n (of person)* grito *m*, rugido *m*; *(of animal, sea, wind, crowd)* rugido *m*; *(of traffic, engine)* estruendo *m*

2 *vi* (**a**) *(make loud noise) (of lion)* rugir; *(of person)* vociferar, rugir; **to r. with laughter** reírse a carcajadas (**b**) *(move loudly)* **to r. past** pasar con gran estruendo

roaring ['rɔːrɪŋ] *adj* **a r. fire** un fuego muy vivo; **the shop was doing a r. trade** el negocio iba viento en popa; **it was a r. success** fue un éxito clamoroso ▫ *Hist* ***the R. Twenties*** los locos años 20; ***the R. Forties*** = zona marítima de fuertes vientos entre las latitudes 40 y 50

roast [rəʊst] **1** *n (piece of meat)* asado *m*

2 *adj* asado(a)

3 *vt* (**a**) *(meat)* asar; *(nuts, coffee)* tostar (**b**) *Fam (criticize)* desollar

roaster ['rəʊstə(r)] *n* (**a**) *(dish)* fuente *f* para asar (**b**) *(bird)* pieza *f* para asar

roasting ['rəʊstɪŋ] *Fam* **1** *n* **to give sb a r.** *(tell off)* echar una bronca *or Esp* un broncazo a alguien; *(criticize)* poner a parir a alguien, *Méx* viborear a alguien, *RP* dejar por el piso a alguien

2 *adj* **r.(-hot)** abrasador(ora), achicharrante; **it's r. in here** aquí te achicharras ▫ *r.* ***tin*** bandeja *f* de asar

rob [rɒb] *(pt & pp* **robbed**) *vt (person, bank)* atracar; *(house)* robar; **to r. sb of sth** robar algo a alguien; IDIOM **to r. Peter to pay Paul** desnudar a un santo para vestir a otro

robber ['rɒbə(r)] *n (of bank, shop)* atracador(ora) *m,f*; *(of house)* ladrón(ona) *m,f*

robbery ['rɒbərɪ] *n (of bank, shop)* atraco *m*; *(of house)* robo *m*

robe [rəʊb] *n* (**a**) *(ceremonial) (of priest)* sotana *f*; *(of judge)* toga *f* (**b**) *US (dressing gown)* bata *f*, batín *m*

robin ['rɒbɪn] *n* **r. (redbreast)** petirrojo *m*

robot ['rəʊbɒt] *n* robot *m*

robotic [rəʊ'bɒtɪk] *adj* de robot

robotics [rəʊ'bɒtɪks] *n* robótica *f*

robot-like ['rəʊbɒtlaɪk] *adj* de robot

robust [rəʊ'bʌst] *adj* (**a**) *(person)* robusto(a) (**b**) *(material, suitcase)* resistente (**c**) *(defence, speech)* enérgico(a)

robustly [rəʊ'bʌstlɪ] *adv* (**a**) *(built, constructed)* robustamente (**b**) *(to defend)* enérgicamente

rock [rɒk] **1** *n* (**a**) *(substance, large stone)* roca *f*; **the R. (of Gibraltar)** el Peñón (de Gibraltar); **to be r. solid** *(support, morale)* ser inquebrantable; IDIOM **to be on the rocks** *(of marriage, company)* estar al borde del naufragio; **on the rocks** *(whisky)* con hielo; **to reach** *or* **hit r. bottom** tocar fondo; IDIOM **to be between a r. and a hard place** estar entre la espada y la pared ▫ *Br* ***r. bun*** *or* ***cake*** = bizcocho duro por el exterior con frutos secos; *r.* ***climbing*** escalada *f* (en roca); *r.* ***crystal*** cristal *f* de roca; *r.* ***face*** pared *f* (de roca); *r.* ***garden*** jardín *m* de rocalla; *r.* ***plant*** = planta alpina que crece en la roca; *r.* ***pool*** charca *f* (en las rocas de la playa); *r.* ***salmon*** lija *f*, pintarroja *f*; *r.* ***salt*** sal *f* gema; *r.* ***wool*** lana *f* mineral

(**b**) *Fam (diamond)* pedrusco *m*, diamante *m*

(**c**) *Br (sweet)* = caramelo de menta en forma de barra que se vende sobre todo en localidades costeras y lleva dentro el nombre del lugar impreso

(**d**) *(rocking motion)* **to give sth a r.** mecer algo

(**e**) *(music)* rock *m* ▫ *r.* ***concert*** concierto *m* de rock; *r.* ***group*** grupo *m* de rock; *r.* ***music*** música *f* rock; *r.* ***and roll*** rock and roll *m*; *r.* ***singer*** cantante *mf* de rock

(**f**) *Fam (cocaine)* perico *m*; *(crack)* crack *m*

(**g**) *very Fam* **rocks** *(testicles)* huevos *mpl*; IDIOM **to get one's rocks off** *(have sex)* follar; *(enjoy oneself)* pasarlo dabuti

2 *vt (boat, chair)* mecer, balancear; *(building) (of earthquake, explosion)* sacudir; **to r. a baby to sleep** mecer a un niño hasta que se quede dormido; IDIOM **to r. the boat** *(create problems)* complicar el asunto; **the country was rocked by these revelations** estas revelaciones conmocionaron al país

3 *vi (sway)* balancearse; *(building)* estremecerse; **to r. (backwards and forwards) in one's chair** mecerse en la silla; **to r. with laughter** reírse a carcajadas; *Fam* **the party was really rocking** la fiesta estaba supermovida

rockabilly ['rɒkəbɪlɪ] *n* rockabilly *m*

rock-bottom ['rɒkbɒtəm] *adj (price)* mínimo(a)

rocker ['rɒkə(r)] *n* (**a**) *(chair)* mecedora *f*; IDIOM *Fam* **she's off her r.** le falta un tornillo; IDIOM *Fam* **to go off one's r.** *(go mad)* volverse loco(a) *or Esp* majara; *(lose one's temper)* ponerse hecho(a) una furia (**b**) *Elec* ***r. switch*** conmutador *m* basculante (**c**) *(musician, fan)* roquero(a) *m,f*

rockery ['rɒkərɪ] *n (in garden)* jardín *m* de rocalla

rocket[1] ['rɒkɪt] **1** *n* cohete *m*; IDIOM **to give sb a r.** *(reprimand)* echar una bronca a alguien; IDIOM **it isn't r. science** no se trata de descubrir América; IDIOM **she's no r. scientist** no es una lumbrera ▫ *r.* ***engine*** motor *m* de cohete *or* de reacción; *r.* ***launcher*** lanzacohetes *m inv*; *r.* ***motor*** motor *m* de cohete *or* de reacción; *r.* ***range*** campo *m* de tiro para cohetes

2 *vi (of prices)* dispararse; **to r. to fame** hacerse famoso de la noche a la mañana

rocket[2] *n (salad plant)* oruga *f*, roqueta *f*

rockfall ['rɒkfɔːl] *n* desprendimiento *m* (de piedras)

rock-hard ['rɒk'hɑːd] *adj* duro(a) como una piedra

rock-hopper ['rɒkhɒpə(r)] *n* **r. (penguin)** pingüino *m* de penacho amarillo

Rockies ['rɒkɪz] *npl* **the R.** las Rocosas

rockily ['rɒkɪlɪ] *adv* de manera inestable *or* poco firme

rocking ['rɒkɪŋ] *adj* ***r. chair*** mecedora *f*; ***r. horse*** caballo *m* de balancín

rock-solid ['rɒk'sɒlɪd] *adj (support)* sólido(a) como una piedra

rock-steady ['rɒk'stedɪ] *adj (hand)* firme

rocky ['rɒkɪ] *adj* (**a**) *(path, soil)* pedregoso(a) ▫ ***the R. Mountains*** las Montañas Rocosas (**b**) *Fig (marriage, relationship, economy)* inestable

rococo [rə'kəʊkəʊ] *n & adj* rococó *m*

rod [rɒd] *n (wooden)* vara *f*; *(metal)* barra *f*; *(for fishing)* caña *f* (de pescar); IDIOM **to rule with a r. of iron** gobernar con mano de hierro; IDIOM **to make a r. for one's own back** cavarse la propia tumba

rode [rəʊd] *pt of* **ride**

rodent ['rəʊdənt] *n* roedor *m*

rodeo ['rəʊdɪəʊ] *n* rodeo *m*

roe[1] [rəʊ] *n* **r. (deer)** corzo *m*

roe[2] *n (of fish)* huevas *fpl*

roebuck ['rəʊbʌk] *n* corzo *m* (macho)

roger[1] ['rɒdʒə(r)] *exclam* **r.!** *(in radio message)* ¡recibido!

roger[2] *vt Br very Fam* tirarse a, *Am* cogerse a, *Méx* chingarse a

rogue [rəʊg] *n (dishonest)* granuja *mf*, bribón(ona) *m,f*; *(mischievous)* truhán(ana) *m,f*, pícaro(a) *m,f*; *Fam* **a rogues' gallery** *(police photographs of known criminals)* un archivo de delincuentes fichados ▫ *r.* ***elephant*** elefante *m* solitario

roguery [ˈrəʊgərɪ] *n* granujadas *fpl*

roguish [ˈrəʊgɪʃ] *adj (smile, look)* pícaro(a), picarón(ona)

ROK *n* (*abbr* **Republic of Korea**) República *f* de Corea

role [rəʊl] *n Cin, Th & Fig* papel *m*; *Fig* **to play an important r.** desempeñar un papel importante ▫ ***r. model*** ejemplo *m*, modelo *m* a seguir; ***r. reversal*** cambio *m* de papeles

role-play [ˈrəʊlpleɪ] **1** *n* juego *m* de roles, role-play *m*

2 *vt* representar con juego de roles *or* role-play

role-playing [ˈrəʊlpleɪɪŋ] *n (in training, therapy)* juego *m* de roles, role-play *m* ▫ ***r. game*** juego *m* de rol

roll [rəʊl] **1** *n* **(a)** *(of paper, cloth, film)* rollo *m*; *(of fat)* michelín *m*; *(of banknotes)* fajo *m*

(b) *(bread)* panecillo *m*, *Méx* bolillo *m*; **ham/cheese r.** *Esp* bocadillo *m or Am* sándwich *m* de jamón/queso

(c) *(noise) (of drum)* redoble *m*; *(of thunder)* retumbo *m*

(d) *(movement) (of ship)* balanceo *m*

(e) *(list)* lista *f*; **to take a r. call** pasar lista ▫ *Mil* ***r. of honour*** = lista de los caídos en la guerra

(f) IDIOMS *Fam* **to be on a r.** llevar una buena racha; *Fam* **to have a r. in the hay** echar un polvo *or Esp* casquete *or Méx* caldito

2 *vt* **(a)** *(ball)* hacer rodar; **to r. sth along the ground** hacer rodar algo por el suelo

(b) *(flatten) (road, lawn)* apisonar; *(metal)* laminar

(c) *(form into a ball, cylinder) (cigarette)* liar; **the animal rolled itself into a ball** el animal se hizo una bola *or* se enroscó; *Fig* **a brother, friend and teacher, (all) rolled into one** un hermano, amigo y profesor, todo en uno

(d) *(pronounce strongly)* **to r. one's r's** marcar las erres al hablar

(e) **to r. one's eyes** *(in mock despair)* poner los ojos en blanco

(f) *US Fam (rob)* desplumar

3 *vi* **(a)** *(of ball)* rodar; *(of ship)* balancearse; *(of cine camera)* rodar; **to r. by** *or* **past** pasar

(b) *(of thunder)* retumbar

(c) IDIOMS **heads will r.** van a rodar cabezas; *Fam* **to be rolling in money** *o* **in it** nadar en la abundancia, *Esp* estar montado(a) en el dólar

▸**roll back** *vt sep* **to r. back the enemy** hacer retroceder al enemigo; **to r. back the years** retrotraerse en el tiempo

▸**roll in** *vi* **(a)** *(pour in)* llover **(b)** *(arrive)* aparecer, llegar

▸**roll on** *vi (of time, weeks)* pasar; IDIOM *Fam* **r. on Friday/Christmas!** ¡que llegue el viernes/la Navidad!

▸**roll out** *vt sep (map, carpet)* desenrollar; *(pastry)* extender (con el rodillo)

▸**roll over 1** *vt sep* **(a)** *(overturn)* dar la vuelta **(b)** *Fam (defeat)* barrer

2 *vi (several times)* dar vueltas; *(once) (of person)* darse la vuelta; *(of car)* dar una vuelta (de campana)

▸**roll up 1** *vt sep (map)* enrollar; *(trousers)* remangar, arremangar; *(blind, car window)* subir; **to r. sth up in paper** envolver algo con papel; **to r. up one's sleeves** remangarse *or* arremangarse la camisa; *Fig* poner toda la carne en el asador

2 *vi Fam (arrive)* llegar; *Old-fashioned* **r. up!, r. up!** ¡vengan todos!, ¡pasen y vean!

roll-bar [ˈrəʊlbɑː(r)] *n* barra *f* antivuelco

rolled [rəʊld] *adj* **r. gold** metal *m* laminado en oro; **r. oats** copos *mpl* de avena

rolled-up [ˈrəʊldʌp] *adj (sleeves, trousers)* remangado(a), arremangado(a); *(umbrella)* cerrado(a); *(newspaper)* enrollado(a)

roller [ˈrəʊlə(r)] *n (for paint, garden, in machine)* rodillo *m*; *(for hair)* rulo *m*, *Chile* tubo *m*, *RP* rulero *m* ▫ ***r. blades*** patines *mpl* en línea; ***r. blind*** persiana (de tela) en rollable; ***r. skates*** patines *mpl* (de ruedas); ***r. towel*** toalla *f* de rodillo

roller-bearing [ˈrəʊləˈbeərɪŋ] *n* cojinete *m* de rodillos

roller-blading [ˈrəʊləbleɪdɪŋ] *n* patinaje *m (con patines en línea)*; **to go r.** patinar *(con patines en línea)*

rollercoaster [ˈrəʊləkəʊstə(r)] *n* montaña *f* rusa; *Fig* **it's been a r. (of a) year for the economy** ha sido un año lleno de altibajos en la economía

roller-skate [ˈrəʊləskeɪt] *vi* patinar (sobre ruedas)

roller-skating [ˈrəʊləskeɪtɪŋ] *n* patinaje *m (sobre ruedas)*; **to go r.** ir a patinar (sobre ruedas)

rollicking [ˈrɒlɪkɪŋ] *Br Fam* **1** *n* **to give sb a r.** echar una bronca a alguien

2 *adj* **a r. (good) read** un libro muy entretenido

rolling [ˈrəʊlɪŋ] *adj (hills, fields)* ondulado(a); *(sea, waves)* ondulante; *(thunder)* retumbante; PROV **a r. stone gathers no moss** piedra movediza nunca moho cobija ▫ ***r. mill*** *(for steel)* laminadora *f*; ***r. pin*** rodillo *m* (de cocina); *Rail* ***r. stock*** material *m* móvil *or* rodante

rollmop [ˈrəʊlmɒp] *n* **r. (herring)** filete *m* de arenque en escabeche

rollneck [ˈrəʊlnek] *adj (sweater)* de cuello vuelto, de cuello de cisne

roll-on [ˈrəʊlɒn] *adj* **r. (deodorant)** desodorante *m* de bola

roll-on roll-off ferry [rəʊlˈɒnrəʊlˈɒfˈferɪ] *n* transbordador *m*, ferry *m* (con trasbordo horizontal)

roll-over [ˈrəʊləʊvə(r)] *n (in UK national lottery)* bote *m* acumulado; **r. week** = semana en la que hay bote acumulado

roll-top desk [ˈrəʊltɒpˈdesk] *n* buró *m*

roll-up [ˈrəʊlʌp] *n Br Fam (cigarette)* pitillo *m* (liado a mano)

roly-poly [ˈrəʊlɪˈpəʊlɪ] *adj Fam (plump)* rechoncho(a) ▫ ***r. pudding*** = dulce compuesto de mermelada y masa pastelera enrolladas

ROM [rɒm] *n Comptr* (*abbr* **read only memory**) (memoria *f*) ROM *f*

Roman [ˈrəʊmən] **1** *n* romano(a) *m,f*

2 *adj* romano(a) ▫ ***R. alphabet*** alfabeto *m* latino; ***R. candle*** = tipo de fuego artificial; *Rel* ***R. Catholic*** católico(a) *m,f* (romano(a)); ***R. Catholic Church*** Iglesia *f* católica (romana); ***R. Catholicism*** catolicismo *m*; ***R. Empire*** Imperio *m* romano; ***R. nose*** nariz *f* aguileña; ***R. numerals*** números *mpl* romanos

roman [ˈrəʊmən] *n Typ* (caracteres *mpl* en) redonda *f*

romance [ˈrəʊmæns, rəˈmæns] *n* **(a)** *(book)* novela *f* rosa; *(movie)* película *f* romántica *or* de amor **(b)** *(love affair)* romance *m*, aventura *f* (amorosa) **(c)** *(charm)* encanto *m* **(d)** *Ling* ***R. languages*** lenguas *fpl* romance *or* románticas

Romanesque [rəʊməˈnesk] **1** *n* románico *m*

2 *adj* románico(a)

Romania [rəˈmeɪnɪə] *n* Rumanía

Romanian [rəˈmeɪnɪən] **1** *n* **(a)** *(person)* rumano(a) *m,f* **(b)** *(language)* rumano *m*

2 *adj* rumano(a)

Romansch [rəˈmænʃ] *n* romanche *m*

romantic [rəˈmæntɪk] *n & adj* romántico(a) *m,f*

romantically [rəˈmæntɪklɪ] *adv* de manera romántica; **to be r. involved with sb** tener un romance con alguien

romanticism [rəˈmæntɪsɪzəm] *n (of person, in art)* romanticismo *m*

romanticize [rəˈmæntɪsaɪz] *vt (idea, incident)* idealizar; **to r. war** rodear la guerra de un halo romántico

Romany [ˈrəʊmənɪ] **1** *n* **(a)** *(person)* romaní *mf*, gitano(a) *m,f* **(b)** *(language)* romaní *m*; *(in Spain)* caló *m*

2 *adj* romaní, gitano(a)

Rome [rəʊm] *n* Roma; PROV **R. wasn't built in a day** Zamora no se ganó en una hora; PROV **when in R., (do as the Romans do)** (allá) donde fueres haz lo que vieres

Romeo [ˈrəʊmɪəʊ] *n* donjuán *m*, casanova *m*

romp [rɒmp] **1** *n* **to have a r.** juguetear; **the play is an enjoyable r.** la obra es un divertimiento agradable

2 *vi* **to r. (about** *or* **around)** juguetear; **to r. through an examination** sacar un examen con toda facilidad

romper [ˈrɒmpə(r)] *n* **r. suit, rompers** pelele *m*

rondo [ˈrɒndəʊ] *n Mus* rondó *m*

roo [ruː] *n Austr Fam* canguro *m* ▫ ***r. bars*** = barras protectoras de metal para casos de choque con animales

roof [ruːf] **1** *n (of building)* tejado *m*; *(of car, tunnel, cave)* techo *m*; **to have a r. over one's head** tener un techo *or* sitio donde dormir; **to live under one** *or* **the same r.** vivir bajo el mismo techo; IDIOM *Fam* **to go through the r.** *(of inflation, prices)* ponerse por las nubes; IDIOM **to go through** *or* **hit the r.** *(of person)* subirse por las paredes; **the r. of the mouth** el paladar, el cielo de la boca ▫ ***r. garden*** azotea *f* con jardín *or*

ajardinada; *Aut* ***r. rack*** baca *f*
2 *vt* techar, cubrir

roofer ['ru:fə(r)] *n* techador *m*

roofing ['ru:fɪŋ] *n* ***r. material*** *(for making roofs)* techumbre *f*; *(for covering roofs)* revestimiento *m* de tejados

rooftop ['ru:ftɒp] *n* tejado *m*; IDIOM **to shout sth from the rooftops** proclamar algo a los cuatro vientos

rook [rʊk] *n* **(a)** *(bird)* grajo *m* **(b)** *(in chess)* torre *f*

rookery ['rʊkərɪ] *n* colonia *f* de grajos

rookie ['rʊkɪ] *n US Fam* novato(a) *m,f*

ROOM [ru:m] *n* **(a)** *(in house)* habitación *f*, cuarto *m*; *(in hotel)* habitación *f*; *(bedroom)* dormitorio *m*, *Am* cuarto, *CAm, Col, Méx* recámara; *(large, public)* sala *f*; **double/single r.** habitación doble/individual; **the r. went silent** se hizo el silencio en la habitación ❑ ***r. and board*** pensión *f* completa; ***r. number*** número *m* de habitación; ***r. service*** servicio *m* de habitaciones; ***r. temperature*** temperatura *f* ambiente
(b) *(space)* espacio *m*, sitio *m*; **there's no r.** no hay sitio; **is there r. for one more?** ¿cabe uno más?; **to make r. (for sb)** hacer sitio (para *or* a alguien); **we must leave him r. to develop his own interests** debemos dejarle que persiga libremente sus intereses; **we have no r. for people like him in our organization** en esta organización no cabe gente como él; **there's no r. for doubt** no hay lugar a dudas; **there is r. for improvement** se puede mejorar; **we have no r. for manoeuvre** no tenemos capacidad *or* margen de maniobra; IDIOM *Fam* **there isn't enough r. to swing a cat in here** aquí no cabe ni un alfiler

▸**room with** *vt insep US* compartir alojamiento con

---

roomed [ru:md] *adj* **two/three/four-r.** de dos/tres/cuatro habitaciones

roomful ['ru:mfʊl] *n* habitación *f* llena, cuarto *m* lleno

roominess ['ru:mɪnɪs] *n* espaciosidad *f*

rooming house ['ru:mɪŋhaʊs] *n US* casa *f* de huéspedes, pensión *f*

roommate ['ru:mmeɪt] *n* compañero(a) *m,f* de habitación

roomy ['ru:mɪ] *adj* espacioso(a)

roost [ru:st] **1** *n* percha *f*, palo *m*; IDIOM **to rule the r.** manejar el cotarro
2 *vi* estar posado(a) *(para dormir)*; IDIOM **his actions have come home to r.** ahora está sufriendo las consecuencias de sus actos

rooster ['ru:stə(r)] *n* gallo *m*

root [ru:t] **1** *n* **(a)** *(of plant, tooth, word)* raíz *f*; **to pull sth up by the roots** arrancar algo de raíz; **to take r.** *(of plant, idea)* arraigar; IDIOM **they destroyed the party r. and branch** destrozaron el partido por completo; *also Fig* **to put down roots** echar raíces ❑ *US* ***r. beer*** = bebida gaseosa sin alcohol elaborada con extractos de plantas; ***r. canal surgery*** *or* ***work*** intervención *f* en el conducto de la raíz; ***r. crops*** tubérculos *mpl* (comestibles); ***roots music*** música *f* con raíces; ***r. vegetables*** tubérculos *mpl*
(b) *(origin)* raíz *f*; **the conflict has its roots in the past** el conflicto hunde sus raíces en el pasado; **to get back to one's roots** volver a las raíces; **the r. cause of sth** la verdadera causa de algo; **to get to the r. of sth** llegar a la raíz de algo
(c) *Comptr* ***r. directory*** directorio *m* raíz
2 *vt* **it is rooted in...** tiene sus raíces en...; **to be rooted to the spot** quedarse de una pieza
3 *vi* **(a) to r. about** *or* **around (for sth)** *(search)* rebuscar (algo)
(b) *US* **to r. for sb** *(support)* apoyar a alguien

▸**root out** *vt sep (racism, crime)* cortar de raíz

▸**root up** *vt sep* arrancar de raíz

rootless ['ru:tlɪs] *adj* desarraigado(a)

rootsy ['ru:tsɪ] *adj Fam* folkie, folk

rope [rəʊp] **1** *n* **(a)** *(thick, for hanging)* soga *f*; *(thinner)* cuerda *f*; *Naut* cabo *m*, maroma *f*; *(of pearls)* sarta *f* ❑ ***r. ladder*** escalera *f* de cuerda **(b)** IDIOMS **to be on the ropes** estar contra las cuerdas; **to know the ropes** saber de qué va el asunto; **to learn the ropes** ponerse al tanto *(con un trabajo)*; **to show sb the ropes** poner a alguien al tanto; **to give sb plenty of r.** dar gran libertad de movimientos a alguien; **give them enough r. and they'll hang themselves** déjalos hacer, ya verás cómo se cavan su propia tumba
2 *vt (fasten)* atar (**to** a); **they roped themselves together** *(for climbing)* se encordaron

▸**rope in** *vt sep Fam* **to r. sb in (to doing sth)** liar a alguien (para hacer algo)

▸**rope off** *vt sep* acordonar

rop(e)y ['rəʊpɪ] *adj Fam* **(a)** *(unreliable)* flojo(a) **(b)** *(ill) Esp* pachucho(a), *Am* flojo(a)

ro-ro ferry ['rəʊrəʊ'ferɪ] *n* transbordador *m*, ferry *m* (con trasbordo horizontal)

Rorschach test ['rɔ:ʃæk'test] *n* prueba *f* *or* test *m* de Rorschach

rosary ['rəʊzərɪ] *n Rel* rosario *m*; **to say one's r.** rezar el rosario

rose [rəʊz] **1** *n* **(a)** *(flower)* rosa *f* ❑ ***r. bed*** macizo *m* de rosas; ***r. bush*** rosal *m*; ***r. garden*** rosaleda *f*, jardín *m* de rosas, *Chile, Méx, RP* rosedal *m*; ***r. grower*** cultivador(ora) *m,f* de rosas; *Archit* ***r. window*** rosetón *m* **(b)** *(on watering can, shower)* alcachofa *f* **(c)** IDIOMS **life is not a bed of roses** la vida no es un lecho *or* camino de rosas; **to come up roses** salir a pedir de boca; **that holiday put the roses back in his cheeks** esas vacaciones le han devuelto el buen color
2 *adj (colour)* rosa
3 *pt of* **rise**

rosé ['rəʊzeɪ] *n (wine)* rosado *m*

rosebud ['rəʊzbʌd] *n* capullo *m* de rosa

rose-coloured ['rəʊzkʌləd], **rose-tinted** ['rəʊztɪntɪd] *adj* rosado(a), color de rosa; IDIOM **to see things through r. glasses** *or* **spectacles** ver las cosas de color de rosa

rosehip ['rəʊzhɪp] *n* escaramujo *m*

rosemary ['rəʊzmərɪ] *n* romero *m*

rosette [rəʊ'zet] *n (badge of party, team)* escarapela *f*

rose-water ['rəʊzwɔ:tə(r)] *n* agua *f* de rosas

rosewood ['rəʊzwʊd] *n* palo *m* de rosa

Rosh Hashana(h) ['rɒʃhə'ʃɑ:nə] *n* = el Año Nuevo judío

rosin ['rɒzɪn] *n* colofonia *f*, colofonía *f*

RoSPA ['rɒspə] *n* (*abbr* **Royal Society for the Prevention of Accidents**) = organización británica para la prevención de accidentes

roster ['rɒstə(r)] *n* lista *f*

rostrum ['rɒstrəm] *n* estrado *m*

rosy ['rəʊzɪ] *adj (pink)* rosa, rosado(a); *(cheeks, complexion)* sonrosado(a); *Fig (future)* (de) color de rosa

rot [rɒt] **1** *n* **(a)** *(in house, wood)* podredumbre *f*; IDIOM **the r. has set in** el mal ha empezado a arraigar; IDIOM **to stop the r.** impedir que la situación siga degenerando **(b)** *Br Fam (nonsense)* sandeces *fpl*, *Am* pendejadas *fpl*; **don't talk r.!** ¡no digas sandeces *or Am* pendejadas!
2 *vt* (*pt & pp* **rotted**) pudrir
3 *vi* pudrirse; **to r. in prison** pudrirse en la cárcel

rota ['rəʊtə] *n* horario *m* con los turnos

Rotarian [rəʊ'teərɪən] **1** *n* rotario(a) *m,f*
2 *adj* rotario(a)

rotary ['rəʊtərɪ] **1** *n US (roundabout)* rotonda *f*
2 *adj (movement)* rotatorio(a), giratorio(a) ❑ ***R. Club*** Club *m* de Rotarios, Rotary Club *m*; ***r. engine*** motor *m* rotativo; ***r. pump*** bomba *f* rotatoria

rotate [rəʊ'teɪt] **1** *vt* **(a)** *(turn)* hacer girar **(b)** *(alternate) (duties, crops)* alternar
2 *vi* **(a)** *(turn)* girar **(b)** *(in job)* turnarse, rotar

rotation [rəʊ'teɪʃən] *n* **(a)** *(circular movement)* rotación *f* **(b)** *(in job)* rotación *f*, alternancia *f*; **by** *or* **in r.** por turno (rotatorio)

Rotavator® ['rəʊtəveɪtə(r)] *n* arado *m* rotativo

rote [rəʊt] *n* **to learn sth by r.** aprender algo de memoria *or* de corrido ❑ ***r. learning*** aprendizaje *m* memorístico

rotgut ['rɒtgʌt] *n Fam (drink)* matarratas *m inv*

rotisserie [rəʊ'tɪsərɪ] *n (spit)* asador *m*

rotor ['rəʊtə(r)] *n* rotor *m*

rotten ['rɒtən] *adj* **(a)** *(wood, egg, fruit)* podrido(a); **to be r.** estar podrido; IDIOM **he's a r. apple** *or* **the r. apple in the barrel** es una manzana podrida
(b) *Fam (bad, of poor quality)* malísimo(a); **he's a r. cook** cocina *Esp* de pena *or Am* pésimo; **we had a r. time** lo pasamos *Esp* de pena *or Am* pésimo; **I feel r.** *(ill)* me siento *Esp* fatal *or Am* pésimo; **I feel r.**

about what happened *(sorry)* siento en el alma lo que pasó; **what r. luck!** ¡qué mala pata!

(**c**) *Fam (unkind)* **that was a r. thing to do/say!** ¡eso fue una canallada!; **to be r. to sb** comportarse como un canalla con alguien; **a r. trick** una canallada

rotter ['rɒtə(r)] *n Br Fam Old-fashioned* miserable *mf*, rufián *m*

Rottweiler ['rɒtwaɪlə(r)] *n* rotweiller *m*

rotund [rəʊ'tʌnd] *adj (plump)* orondo(a), rollizo(a)

rotunda [rə'tʌndə] *n* rotonda *f*

rouble, *US* **ruble** ['ru:bəl] *n (Russian currency)* rublo *m*

roué ['ru:eɪ] *n* crápula *m*, calavera *m*

rouge [ru:ʒ] *n* colorete *m*

ROUGH [rʌf] **1** *n* (**a**) *(in golf)* rough *m*

(**b**) *Fam Old-fashioned (hooligan)* matón *m*

(**c**) *(difficulty)* IDIOM **to take the r. with the smooth** estar a las duras y a las maduras

(**d**) **in rough** *adv (in preliminary form)* en borrador

2 *adj* (**a**) *(surface, skin, cloth)* áspero(a); *(terrain)* accidentado(a); IDIOM *Br Old-fashioned* **to give sb the r. side of one's tongue** echar una buena reprimenda a alguien

(**b**) *(unrefined) (manners, speech)* tosco(a); **a r. shelter** un refugio improvisado; IDIOM **she is a r. diamond** *o US* **a diamond in the r.** vale mucho, aunque no tenga muchos modales ▫ *Fam* ***r. trade*** *(violent)* = joven prostituto homosexual de tendencias violentas; *(working-class)* homosexual *m* proletario

(**c**) *(violent, not gentle) (of person)* bruto(a); *(of game)* duro(a); *(of weather)* borrascoso(a); **to receive r. treatment** ser maltratado(a); **it's a r. area** es una zona peligrosa; **a r. crossing** *or* **passage** una travesía muy movida; **r. sea(s)** mar *f* brava, mar *m* embravecido

(**d**) *(harsh) (voice)* ronco(a); *(wine)* peleón(ona); *(alcoholic spirits)* de garrafa; **the engine sounds r.** el motor hace un ruido ronco

(**e**) *(difficult, tough)* **it was r. on her** fue muy duro para ella; **I'm going through a r. patch** estoy pasando un bache malo; **to give sb a r. time** *or* **ride** *(treat harshly)* hacérselas pasar canutas a alguien; *(criticize)* poner como un trapo a alguien; **we've had a r. time of it recently** lo hemos pasado muy mal últimamente ▫ ***r. justice*** justicia *f* sumaria; ***r. luck*** mala suerte *f*

(**f**) *(approximate) (calculation, estimate)* aproximado(a); **r. draft** borrador *m*; **at a r. guess** a ojo; **these indicators serve as a r. guide to the state of the economy** estos indicadores nos dan una idea aproximada de la situación económica; **I've got a r. idea of what he wants** tengo una vaga idea de *or* sé más o menos lo que quiere; **r. sketch** bosquejo *m* ▫ ***r. paper*** papel *m* (de) borrador

(**g**) *Fam (ill)* **to feel r.** sentirse mal; **to look r.** tener mal aspecto

3 *adv* **to play r.** jugar duro; *Fam* **to sleep r.** dormir a la intemperie *or Esp* al raso

4 *vt Fam* **we had to r. it** nos las arreglamos *or Esp* apañamos como pudimos

▸**rough in** *vt sep* bosquejar, esbozar

▸**rough out** *vt sep (drawing)* bosquejar, esbozar; *(ideas, plan)* esbozar

▸**rough up** *vt sep Fam* **to r. sb up** dar a alguien una paliza

roughage ['rʌfɪdʒ] *n* fibra *f*

rough-and-ready ['rʌfən'redɪ] *adj* rudimentario(a); *(person)* basto(a), tosco(a)

rough-and-tumble ['rʌfən'tʌmbəl] *n* riña *f*, rifirrafe *m*; **the r. of politics** la brega de la política

roughcast ['rʌfkɑ:st] *n* mortero *m* grueso

roughen ['rʌfən] *vt* poner áspero(a)

rough-hewn ['rʌf'hju:n] *adj (stone)* labrado(a) toscamente; *(facial features)* tosco(a)

roughhouse ['rʌfhaʊs] *n Fam* bronca *f*, trifulca *f*

roughly ['rʌflɪ] *adv* (**a**) *(violently)* brutalmente; **to treat sb r.** tratar a alguien con brutalidad (**b**) *(crudely)* groseramente (**c**) *(approximately)* aproximadamente; **r. (speaking)** aproximadamente

roughneck ['rʌfnek] *n Fam* (**a**) *(tough)* matón *m*, duro *m* (**b**) *(oil worker)* = trabajador en una explotación petrolífera

roughness ['rʌfnɪs] *n* (**a**) *(of surface, skin)* aspereza *f* (**b**) *(of sea)* embravecimiento *m*, agitación *f* (**c**) *(violent behaviour)* brutalidad *f*

roughshod ['rʌfʃɒd] *adv* IDIOM **to ride r. over sth** pisotear algo

rough-spoken ['rʌf'spəʊkən] *adj* malhablado(a)

rough-stuff ['rʌfstʌf] *n Fam* comportamiento *m* violento

roulette [ru:'let] *n (game)* ruleta *f* ▫ ***r. table*** mesa *f* de ruleta; ***r. wheel*** ruleta *f*

ROUND [raʊnd] **1** *n* (**a**) *(stage of tournament)* vuelta *f*, ronda *f* (eliminatoria); *(in boxing)* asalto *m*, round *m*; *(of golf)* recorrido *m* (del campo); **the first r. of the elections** la primera vuelta de las elecciones; **to have a r. of 65** *(in golf)* hacer un recorrido en 65 golpes; **shall we play a r. of golf?** ¿jugamos un partido de golf?

(**b**) *(of bread)* **a r. of sandwiches** un sándwich *(cortado en dos o en cuatro)*; **a r. of toast** una tostada

(**c**) *(of talks, visits, drinks)* ronda *f*; *(in cards)* mano *f*; **it's my r.** me toca pagar esta ronda; **her life is one long r. of parties** su vida es una sucesión de fiestas; **a r. of applause** una ovación; **a r. of applause for our special guest!** ¡un aplauso para nuestro invitado especial!

(**d**) *(of doctor)* **to do one's rounds** *(visit patients at home)* hacer las visitas (a los pacientes); *(in hospital)* hacer la ronda de visitas en sala; **to do one's r.** *(of milkman, paper boy)* hacer el reparto; **I did the rounds of the local museums** hice un recorrido por los museos locales; IDIOM **one of the rumours doing the rounds** uno de los rumores que corren; **the daily r.** *(of tasks)* las tareas cotidianas

(**e**) *(circular shape)* rodaja *f*

(**f**) *Mil (bullet)* bala *f*

(**g**) *Mus* canon *m*

2 *adj* (**a**) *(in shape)* redondo(a); *(cheeks)* redondeado(a); **their eyes were r. with excitement** tenían los ojos como platos; **to have r. shoulders** tener las espaldas cargadas ▫ ***r. robin*** *(letter)* escrito (colectivo) *m* de protesta; *(competition)* liguilla *f*, torneo *m (de todos contra todos)*; *Hist* ***the R. Table*** la Mesa Redonda; ***r. table (conference)*** mesa *f* redonda; ***r. trip*** viaje *m* de ida y vuelta

(**b**) *(number)* redondo(a); **a r. dozen** una docena justa; **in r. figures** en números redondos

3 *adv* (**a**) *(surrounding)* alrededor; **there were trees all r.** había árboles por todos lados; **all (the) year r.** durante todo el año; **all r., it was a good result** en conjunto, fue un buen resultado

(**b**) *(indicating position, order)* **to change** *or* **move the furniture r.** cambiar los muebles de sitio; **to be the wrong/right way r.** *(of sweater)* estar del revés/del derecho; **to do sth the right/wrong way r.** hacer algo al bien/revés; **the other way r.** al revés

(**c**) *(indicating circular motion)* **to go r. (and r.)** dar vueltas; **to look r.** mirar alrededor; **to turn r.** darse la vuelta; **it was easier the second time r.** fue más fácil la segunda vez

(**d**) *(to all parts)* **to look r.** mirar por todas partes; **to travel/walk r.** viajar/caminar por ahí

(**e**) *(to several people)* **to pass sth r.** pasar algo

(**f**) *(to sb's house)* **come r. some time** pásate por casa un día de éstos; **to go r. to sb's house** ir a casa de alguien; **to invite sb r.** invitar a alguien a casa

(**g**) *(in circumference)* **it's 5 metres r.** tiene 5 metros de circunferencia

(**h**) *(approximately)* **r. about** alrededor de, aproximadamente; **r. (about) midday** a eso del mediodía; **it cost somewhere r. £30** costó algo así como 30 libras

4 *prep* (**a**) *(surrounding)* alrededor de; **r. the table** en torno a la mesa; **they tied the rope r. me** ataron la cuerda a mi alrededor; **I measure 65 cm r. the waist** mido 65 cm de cintura; **there are trees all r. the lake** el lago está rodeado de árboles

(**b**) *(indicating position)* **the garden is r. the back** el jardín está en la parte de atrás; **it's just r. the corner** está a la vuelta de la esquina; **r. here** por aquí

(**c**) *(indicating circular motion)* alrededor de; **to go r. an obstacle** rodear un obstáculo; **the Earth goes r. the Sun** la Tierra gira alrededor del Sol; **to go r. the corner** doblar la esquina; **to sail r. the world** circunnavegar el mundo; **we drove r. and r. the lake** dimos una y otra vuelta al lago; **I can't find a way r. the problem** no encuentro una solución al problema

(**d**) *(to all parts of)* **to look/walk r. the**

room mirar/caminar por toda la habitación; **to travel r. the world/Europe** viajar por todo el mundo/por Europa

(**e**) *Fam (to)* **come r. our house some time** pásate por nuestra casa un rato de éstos; **to go r. sb's house/the pub** ir a casa de alguien/al pub

5 *vt* (**a**) *(make round)* redondear

(**b**) *(move round) (obstacle)* rodear; *(corner)* doblar

▸**round down** *vt sep (figures)* redondear a la baja; **he rounded it down to $500** lo dejó en 500 dólares

▸**round off 1** *vt sep* (**a**) *(corners, edges)* redondear (**b**) *(conclude)* rematar, concluir (**c**) *(number)* redondear

2 *vi (conclude)* rematar, concluir

▸**round on** *vt insep* (**a**) *(attack)* atacar (**b**) *(criticize)* revolverse contra

▸**round out** *vt sep (make complete)* completar

▸**round up** *vt sep* (**a**) *(cattle)* recoger; *(children)* reunir; *(criminals, suspects)* detener (**b**) *(figures)* redondear al alza; **I'll r. it up to $500** lo dejamos en 500 dólares

---

roundabout ['raʊndəbaʊt] **1** *Br n* (**a**) *(at fairground)* tiovivo *m* (**b**) *(for cars)* rotonda *f*

2 *adj (approach, route)* indirecto(a); **to lead up to a question in a r. way** preguntar algo después de un largo preámbulo

rounded ['raʊndɪd] *adj* (**a**) *(in shape)* redondeado(a) (**b**) *Fig (personality)* redondo(a)

rounders ['raʊndəz] *n* = juego similar al béisbol

Roundhead ['raʊndhed] *n Hist* cabeza *mf* redonda, = seguidor de Oliver Cromwell en la guerra civil inglesa del siglo XVII

roundly ['raʊndlɪ] *adv (to praise, condemn)* con rotundidad

round-shouldered ['raʊnd'ʃəʊldəd] *adj* cargado(a) de espaldas

round-the-clock ['raʊndðə'klɒk] **1** *adj* continuo(a), 24 horas al día

2 *adv* (durante) las 24 horas del días

round-trip ['raʊnd'trɪp] *adj US (ticket)* de ida y vuelta

round-up ['raʊndʌp] *n* (**a**) *(of criminals)* redada *f* (**b**) *(on TV, radio)* resumen *m*

roundworm ['raʊndwɜːm] *n* lombriz *f* intestinal

rouse [raʊz] *vt (from sleep)* despertar; *(make more active)* incitar; **to r. oneself (to do sth)** animarse (a hacer algo); **to r. sb to action** empujar a alguien a la acción; **to r. sb to anger** encolerizar a alguien

rousing ['raʊzɪŋ] *adj (music, speech)* estimulante; *(welcome, send-off, cheers)* entusiasta

rout [raʊt] **1** *n (defeat)* derrota *f* aplastante; *(flight)* huída *f* despavorida

2 *vt* arrollar, aplastar

▸**rout out** *vt sep* **they routed out their enemies** buscaron a sus enemigos hasta sacarlos de su escondite

route [ruːt] **1** *n* (**a**) *(of traveller)* ruta *f*, itinerario *m*; *(of plane, ship)* ruta *f*; *(of parade)* itinerario *m*; *(to failure, success)* vía *f* (**to** hacia); **bus r.** línea *f* de autobús (**b**) *US (main road)* carretera *f* principal

2 *vt* hacer pasar, dirigir; **the train was routed through Birmingham** hicieron pasar el tren por Birmingham

router ['ruːtə(r)] *n Comptr* router *m*, direccionador *m*

routine [ruː'tiːn] **1** *n* (**a**) *(habit)* rutina *f*; **the daily r.** la rutina diaria (**b**) *(of performer, comedian)* número *m*; IDIOM *Fam* **don't give me that r.** no me vengas con ese cuento (**c**) *Comptr* rutina *f*

2 *adj* (**a**) *(normal)* habitual; **r. enquiries** investigación *f* rutinaria (**b**) *(dull)* rutinario(a), monótono(a)

routinely [ruː'tiːnlɪ] *adv* habitualmente

rove [rəʊv] **1** *vt* vagar por

2 *vi* vagar; **his eyes roved around the room** sus ojos recorrieron la habitación

roving ['rəʊvɪŋ] *adj* **r. reporter** periodista *mf* ambulante; IDIOM *Fam Pej* **to have a r. eye** ser un ligón/una ligona

row[1] [rəʊ] *n* hilera *f*; *(of seats)* fila *f*; **in a r.** en hilera, en fila; **two Sundays in a r.** dos domingos seguidos; **in the front r.** *(of seats)* en primera fila ▫ *US* ***r. house*** casa *f* adosada

row[2] [rəʊ] **1** *n (in boat)* paseo *m* en barca; **to go for a r.** darse un paseo en barca

2 *vt* **to r. a boat** llevar una barca remando; **he rowed us across the river** nos llevó al otro lado del río en barca

3 *vi* remar

row[3] [raʊ] **1** *n* (**a**) *(noise)* jaleo *m*, alboroto *m*; *(protest)* escándalo *m* (**b**) *(quarrel)* bronca *f*, trifulca *f*; **to have a r. (with sb)** tener una bronca (con alguien)

2 *vi* discutir

rowan ['raʊən] *n* serbal *m*

rowboat ['rəʊbəʊt] *n US* bote *m or* barca *f* de remos

rowdy ['raʊdɪ] **1** *n* alborotador(ora) *m,f*

2 *adj (noisy)* ruidoso(a); *(disorderly)* alborotador(ora)

rower ['rəʊə(r)] *n* remero(a) *m,f*

rowing ['rəʊɪŋ] *n* remo *m* ▫ ***r. boat*** bote *m or* barca *f* de remos; ***r. machine*** banco *m* de remo

rowlock ['rɒlək] *n* escálamo *m*, tolete *m*

royal ['rɔɪəl] **1** *n Fam* **the Royals** la Familia Real

2 *adj* real; *(splendid)* magnífico(a); **His/Her R. Highness** Su Alteza Real ▫ *Br Parl* ***r. assent*** = sanción real de una ley, tras ser aprobada ésta por el parlamento; ***r. blue*** azul *m* real *(intenso y más claro que el marino)*; ***R. Commission*** = comisión de investigación nombrada por la corona a petición *or Am* pedido del parlamento; ***the R. Family*** la Familia Real; ***r. flush*** *(in cards)* escalera *f* real; ***r. icing*** = glaseado duro y blanco de azúcar en polvo y clara de huevo; ***r. jelly*** jalea *f* real; ***r. prerogative*** prerrogativa *f* real; ***r. standard*** = estandarte con el escudo de armas de la corona; ***r. tennis*** = versión primitiva del tenis que se juega en una pista con paredes; ***r. warrant*** = autorización oficial a un pequeño comerciante para suministrar productos a la casa real

royalist ['rɔɪəlɪst] *n & adj* monárquico(a) *m,f*

royally ['rɔɪəlɪ] *adv (to entertain, welcome)* con magnificencia

royalty ['rɔɪəltɪ] *n* (**a**) *(rank, class)* realeza *f* (**b**) **royalties** *(for author, singer)* derechos *mpl* de autor

rozzer ['rɒzə(r)] *n Br Fam* madero *m*, *Col* tombo *m*, *Méx* tamarindo *m*, *RP* cana *m*

RP [ɑː'piː] *n Ling (abbr* **received pronunciation**) pronunciación *f* estándar *(del inglés británico)*

RPI [ɑːpiː'aɪ] *n Econ (abbr* **retail price index**) IPC *m*, Índice *m* de Precios al Consumo

RPM [ɑːpiː'em] *n Econ (abbr* **resale price maintenance**) mantenimiento *m or* fijación *f* del precio de venta al público

rpm [ɑːpiː'em] *n Aut (abbr* **revolutions per minute**) rpm

R & R ['ɑːrən'ɑː(r)] *n Mil (abbr* **rest and recreation**) permiso *m*

RRP *Com (abbr* **recommended retail price**) P.V.P. *m* recomendado

RS [ɑːr'es] *n (abbr* **Royal Society**) = academia británica de las ciencias

RSA [ɑːres'eɪ] *n* (**a**) *(abbr* **Republic of South Africa**) República *f* de Sudáfrica (**b**) *(abbr* **Royal Society of Arts**) = sociedad británica para el fomento de las artes y el comercio

RSC [ɑːres'siː] *n (abbr* **Royal Shakespeare Company**) = prestigiosa compañía británica de teatro que se especializa en la representación de obras de Shakespeare

RSI [ɑːres'aɪ] *n (abbr* **repetitive strain injury**) lesión *f* por esfuerzo *or* movimiento repetitivo

RSPB [ɑːrespiː'biː] *n Br (abbr* **Royal Society for the Protection of Birds**) = sociedad protectora de las aves, *Esp* ≃ SEO *f*

RSPCA [ɑːrespiːsiː'eɪ] *n Br (abbr* **Royal Society for the Prevention of Cruelty to Animals**) ≃ Sociedad Protectora de Animales

RSV [ɑːres'viː] *n (abbr* **Revised Standard Version**) = versión norteamericana de la Biblia elaborada entre 1946-52

RSVP [ɑːresviː'piː] *(abbr* **répondez s'il vous plaît**) *(on invitation)* se ruega contestación

RTE [ɑːtiː'iː] *n (abbr* **Radio Telefis Eirann**) = radiotelevisión de la República de Irlanda

RTF [ɑːtiː'ef] *Comptr (abbr* **rich text format**) RTF

Rt Hon *Parl (abbr* **Right Honourable**) = tratamiento que se da a los diputados en el Parlamento británico, ≃ su señoría

Rt Rev *(abbr* **Right Reverend**) Reverendísimo

rub [rʌb] **1** *n* (**a**) *(polish)* **to give sth a r.**

frotar algo (**b**) IDIOM **there's the r.!** ¡ahí está el problema!; IDIOM **to get the r. of the green** tener el santo de cara

2 *vt* (*pt & pp* **rubbed**) (**a**) *(hands, surface)* frotar; **to r. one's hands together** frotarse las manos (**b**) IDIOMS **to r. shoulders with** codearse con; *Fam* **to r. sb up the wrong way** caer mal a alguien; *Fam* **to r. sb's nose in it** pasárselo *or* restregárselo a alguien por las narices

3 *vi (of straps, shoes)* rozar (**against** contra)

▸**rub along** *vi Fam* (**a**) *(manage)* defenderse, *Esp* apañarse (**b**) *(get on)* llevarse bien (**with** con)

▸**rub down** *vt sep (horse)* almohazar; *(person)* secar frotando; *(wall)* lijar

▸**rub in** *vt sep* aplicar frotando; IDIOM *Fam* **there's no need to r. it in!** ¡no tienes por qué restregármelo por las narices!

▸**rub off 1** *vt sep (dirt, stains)* limpiar, eliminar *(frotando)*; *(writing)* borrar

2 *vi* borrarse; *Fig* **to r. off on sb** *(of manners, enthusiasm)* influir en *or* contagiarse a alguien

▸**rub on** *vt sep* aplicar frotando

▸**rub out** *vt sep* (**a**) *(erase)* borrar (**b**) *Fam (murder)* acabar con, *Esp* cepillarse a

rubber[1] ['rʌbə(r)] *n* (**a**) *(substance) (finished product)* goma *f*, *Am* hule *m*; *(raw material)* caucho *m* ▫ ***r. ball*** pelota *f* de goma; ***r. band*** goma (elástica); ***r. bullet*** bala *f* de goma; ***r. cement*** = adhesivo hecho con goma disuelta; *Fam* ***r. cheque*** cheque *m* sin fondos; ***r. dinghy*** lancha *f* neumática; ***r. gloves*** guantes *mpl* de goma; *Old-fashioned Euph* ***r. goods*** gomas *fpl* higiénicas, condones *mpl*; ***r. plant*** ficus *m inv*; ***r. ring*** *(swimming aid)* flotador *m* (aro); ***r. stamp*** tampón *m* de goma; ***r. tree*** (árbol *m* del) caucho *m*

(**b**) *Br (eraser)* goma *f* (de borrar); *(for blackboards)* borrador *m*

(**c**) *Fam (condom)* goma *f*, *Méx* impermeable *m*, *RP* forro *m*

rubber[2] *n (in bridge, whist, tennis)* = partido al mejor de tres o cinco mangas

rubberneck ['rʌbənek] *Fam* **1** *n* (**a**) *(at scene of accident)* curioso(a) *m,f* (**b**) *(tourist)* turista *mf* en visita guiada

2 *vi* (**a**) *(at scene of accident)* curiosear (**b**) *(of tourist)* ir en una visita guiada

rubber-stamp ['rʌbə'stæmp] *vt Fig (approve)* dar el visto bueno a

rubbery ['rʌbərɪ] *adj (meat)* correoso(a); **it feels r.** parece de goma (al tacto)

rubbing ['rʌbɪŋ] *n (image)* = dibujo o impresión que se obtiene al frotar con carbón, ceras, etc. un papel que cubre una superficie labrada

rubbish ['rʌbɪʃ] **1** *n* (**a**) *(refuse, junk)* basura *f*; IDIOM **to throw sth/sb on the r. heap** desahuciar algo/a alguien ▫ ***r. bin*** cubo *m* de la basura; ***r. collection*** recogida *f* de basuras; ***r. dump*** vertedero *m* (de basura) (**b**) *(nonsense)* tonterías *fpl*, bobadas *fpl*; **to talk r.** decir tonterías; **that book is a load of r.** ese libro es una porquería *or* una basura

2 *adj Fam (worthless)* **that was a r. film/meal** fue una basura de película/cena

3 *vt Br Fam (book, plan)* poner por los suelos

4 *exclam Fam (expressing disagreement)* ¡qué tontería!

rubbishy ['rʌbɪʃɪ] *adj Fam* de pésima calidad, *Esp* cutre

rubble ['rʌbəl] *n* escombros *mpl*

rub-down ['rʌbdaʊn] *n* fricción *f*, friega *f*

rube [ru:b] *n US Fam* palurdo(a) *m,f*, *Esp* paleto(a) *m,f*, *Col, Méx* indio(a) *m,f*, *RP* pajuerano(a) *m,f*

Rube Goldberg ['ru:b'gəʊldbɜ:g] *adj US* complicadísimo(a)

rubella [ru:'belə] *n Med* rubeola *f*

rubeola [ru:'bi:ələ] *n Med* sarampión *m*

Rubicon ['ru:bɪkɒn] *n* IDIOM **to cross the R.** cruzar el Rubicón

rubicund ['ru:bɪkʌnd] *adj Literary* rubicundo(a)

ruble *US* = **rouble**

rubric ['ru:brɪk] *n (set of instructions)* directrices *fpl*, normas *fpl*

ruby ['ru:bɪ] **1** *n* rubí *m* ▫ ***r. wedding*** cuadragésimo aniversario *m* de boda *or Andes, RP* matrimonio

2 *adj (colour)* rojo(a) intenso(a) *or* rubí

RUC [ɑ:ju:'si:] *n (abbr* **Royal Ulster Constabulary**) = la policía de Irlanda del Norte

ruched [ru:ʃt] *adj* fruncido(a)

ruck[1] [rʌk] *n (in rugby)* melé *f* espontánea; *Fam* **there was a bit of a r. after the match** hubo una trifulca después del partido

ruck[2] *n (in cloth)* arruga *f*

▸**ruck up** *vi (of sheet, dress)* arrugarse

rucksack ['rʌksæk] *n* macuto *m*, mochila *f*

ruckus ['rʌkəs] *n Fam* trifulca *f*, jaleo *m*

ructions ['rʌkʃənz] *npl Fam* bronca *f*, jaleo *m*; **there'll be r.** se va a armar la gorda

rudder ['rʌdə(r)] *n (on boat, plane)* timón *m*

rudderless ['rʌdəlɪs] *adj (boat, government)* sin timón

ruddy ['rʌdɪ] *adj* (**a**) *(complexion)* rubicundo(a); *(sky)* rojizo(a), arrebolado(a) (**b**) *Br Old-fashioned Fam (damned)* condenado(a); **the r. fool!** ¡el/la muy estúpido(a)!

rude [ru:d] *adj* (**a**) *(impolite)* maleducado(a); *(obscene)* grosero(a); **he was very r. about my new dress** hizo unos comentarios muy descorteses acerca de mi nuevo vestido; **to be r. to sb** *(impolite)* faltar al respeto a alguien; *(obscene)* ser grosero(a) con alguien; **it's r. to pick your nose** meterse el dedo en la nariz es de mala educación

(**b**) *(indecent)* de mal gusto, ordinario(a); **a r. joke** un chiste verde

(**c**) *(primitive)* tosco(a)

(**d**) *(unpleasant) (shock, surprise)* duro(a); **to receive a r. awakening** llevarse una desagradable sorpresa

(**e**) *(vigorous)* **to be in r. health** estar rebosante de salud

rudely ['ru:dlɪ] *adv* (**a**) *(impolitely)* maleducadamente; *(obscenely)* groseramente (**b**) *(primitively)* toscamente (**c**) *(abruptly)* bruscamente, violentamente

rudeness ['ru:dnɪs] *n* (**a**) *(impoliteness)* mala educación *f*; *(obscenity)* grosería *f* (**b**) *(indecency) (of joke, story)* ordinariez *f*, mal gusto *m*

rudery ['ru:dərɪ] *n Fam* groserías *fpl*

rudimentary [ru:dɪ'mentərɪ] *adj* rudimentario(a)

rudiments ['ru:dɪmənts] *npl* rudimentos *mpl*, fundamentos *mpl*

rue [ru:] *vt Formal* lamentar

rueful ['ru:fʊl] *adj* arrepentido(a) y apesadumbrado(a)

ruefully ['ru:fəlɪ] *adv* con arrepentimiento y pesar

ruff [rʌf] *n (on costume)* golilla *f*

ruffian ['rʌfɪən] *n Old-fashioned* rufián *m*

ruffle ['rʌfəl] *vt (disturb) (water surface)* rizar; *(hair)* despeinar; IDIOM **to r. sb's feathers** hacer enfadar *or Am* enojar a alguien; **to r. sb's composure** hacer perder la calma a alguien

ruffled ['rʌfəld] *adj* **the decision caused a few r. feathers** la decisión molestó a unos cuantos

rug [rʌg] *n* (**a**) *(carpet)* alfombra *f*; IDIOM **to pull the r. from under sb's feet** dejar a alguien en la estacada ▫ *Fam* ***r. rat*** renacuajo(a) *m,f* (**b**) *(blanket)* manta *f* (**c**) *Fam (hairpiece)* peluquín *m*

rugby ['rʌgbɪ] *n* rugby *m* ▫ ***r. football*** rugby *m*; ***r. league*** = modalidad de rugby con trece jugadores; ***r. tackle*** placaje *m*; ***r. union*** rugby *m (de quince jugadores)*

rugby-tackle ['rʌgbɪ'tækəl] *vt* **to r. sb** hacer un placaje a alguien, atrapar a alguien por las piernas

rugged ['rʌgɪd] *adj* (**a**) *(ground, country)* irregular, accidentado(a); **r. features** rasgos *mpl* recios (**b**) *(manner)* rudo(a), tosco(a)

ruggedly ['rʌgɪdlɪ] *adv* **r. handsome** de tosca belleza

rugger ['rʌgə(r)] *n Fam (rugby)* rugby *m*

ruin ['ru:ɪn] **1** *n* ruina *f*; **to fall into ruin(s)** quedar en ruinas; **to lie in ruins** *(of building)* quedar en ruinas; *(of plans, career)* quedar arruinado(a); **it will be the r. of him** será su ruina; **r. is staring us in the face** estamos a punto de perderlo todo

2 *vt (party, dress, surprise)* arruinar, estropear; *(health, career, plans, life)* arruinar, destruir; **to r. one's health/eyesight** arruinarse la salud/la vista; **we're ruined** estamos arruinados; **the meal is ruined** se ha echado a perder la comida; **tourism has ruined the town** el turismo ha echado a perder la ciudad

ruination [ru:ɪ'neɪʃən] *n* ruina *f*; **it will be the r. of us** será nuestra ruina

ruined ['ru:ɪnd] *adj (building)* en ruinas

ruinous ['ru:ɪnəs] *adj (expense)* ruinoso(a); **in a r. condition** en un estado ruinoso

ruinously ['ru:ɪnəslɪ] *adv* **r. expensive** extraordinariamente caro

rule [ru:l] **1** *n* (**a**) *(principle, regulation)* regla *f*, norma *f*; **rules and regulations** normativa *f*, reglamento *m*; **it's against the rules** va contra las normas; **to make it a r. to do sth** tener por costumbre *or* norma hacer algo; *Ind* **to work to r.** hacer huelga de celo; **as a r.** por norma, por regla general; **as a r. of thumb** por regla general ▫ ***r. book*** reglamento *m*
(**b**) *(government)* gobierno *m*; **under British r.** bajo dominio *or* gobierno británico; **the r. of law** el imperio de la ley
(**c**) *(for measuring)* regla *f*
2 *vt* (**a**) *(govern) (country, people)* gobernar; *(emotions, instincts)* controlar; **don't let him r. your life** no le dejes que gobierne *or* controle tu vida
(**b**) *(decide, decree)* decretar, determinar
(**c**) *(paper)* rayar; **ruled paper** papel *m* rayado *or* pautado
3 *vi* (**a**) *(of monarch)* reinar
(**b**) *(of judge)* decidir, fallar; **to r. in favour of/against sb** fallar a favor de/en contra de alguien

▸**rule off** *vt sep* marcar con una regla

▸**rule out** *vt sep* descartar, excluir

ruler ['ru:lə(r)] *n* (**a**) *(of country)* gobernante *mf* (**b**) *(for measuring)* regla *f*

ruling ['ru:lɪŋ] **1** *n (of judge, umpire)* fallo *m*, decisión *f*
2 *adj (passion, consideration)* predominante, primordial; *(party)* gobernante, en el poder; **the r. classes** las clases dirigentes

rum[1] [rʌm] *n (drink)* ron *m* ▫ ***r. baba*** (bizcocho *m*) borracho *m* de ron

rum[2] *adj Fam (strange)* raro(a)

Rumania = **Romania**

Rumanian = **Romanian**

rumba ['rʌmbə] *n* rumba *f*

rumble ['rʌmbəl] **1** *n* (**a**) *(noise) (of thunder, gunfire)* rugido *m*, retumbo *m*; *(of cart)* fragor *m*, estrépito *m*; *(of stomach)* gruñido *m*; **rumbles of discontent** murmullos *mpl* de insatisfacción ▫ ***r. strip*** banda *f* sonora *(en carretera)* (**b**) *US Fam (fight)* riña *f* callejera
2 *vt Br Fam (see through)* descubrir (el juego a), *Esp* pillar; **we've been rumbled** nos han *Esp* pillado *or Esp* cogido *or Am* agarrado
3 *vi* (**a**) *(of thunder)* retumbar; *(of stomach)* gruñir; **the dispute rumbled on** el conflicto se prolongó; **to r. past** pasar rugiendo (**b**) *US Fam (fight)* pelearse

rumbling ['rʌmblɪŋ] *n* **there were rumblings of discontent among the workers** los trabajadores comenzaban a mostrar su descontento

rumbustious [rʌm'bʌstjəs] *adj Fam* bullicioso(a)

ruminant ['ru:mɪnənt] *n Zool* rumiante *m*

ruminate ['ru:mɪneɪt] *vi Formal* **to r. about** *or* **on sth** meditar acerca de algo, rumiar algo

ruminative ['ru:mɪnətɪv] *adj* pensativo(a), meditabundo(a)

rummage ['rʌmɪdʒ] *vi* **he rummaged through my suitcase** rebuscó en *or* revolvió mi maleta *or Am* valija; **to r. about** hurgar, rebuscar ▫ *US* ***r. sale*** *(in store)* = venta de productos discontinuados o sin salida en un almacén; *(for charity)* rastrillo *m* benéfico

rummy ['rʌmɪ] *n (card game)* = juego de cartas en el que cada jugador debe conseguir grupos de tres o más cartas

rumour, *US* **rumor** ['ru:mə(r)] **1** *n* rumor *m*; **r. has it that...** según los rumores,...; **there's a r. going round that...** corren rumores de que...
2 *vt* **it is rumoured that...** se rumorea que...; **he is rumoured to be ill** se rumorea que está enfermo

rump [rʌmp] *n* (**a**) *(of animal)* cuartos *mpl* traseros ▫ ***r. steak*** filete *m* de lomo (**b**) *Fam (of person)* trasero *m* (**c**) *(of political party, assembly)* resto *m (tras escisión)*

rumple ['rʌmpəl] *vt (crease)* arrugar; *(hair)* despeinar

rumpus ['rʌmpəs] *n Fam (noise) Esp* follón *m*, *Esp* jaleo *m*, *Am* bronca *f*; **to kick up** *or* **cause a r.** armar *Esp* un jaleo *or Esp* un follón *or Am* una bronca ▫ *US* ***r. room*** cuarto *m* de juegos

rumpy-pumpy ['rʌmpɪ'pʌmpɪ] *n Br Fam Hum* ñacañaca *m*; **to have a bit of r.** hacer ñacañaca

RUN [rʌn] **1** *n* (**a**) *(act of running)* carrera *f*; **to go for a r.** ir a correr; *Sport* **to make a r.** pegarse una carrera; *Fam* **to make a r. for it** salir corriendo *or* por piernas; **at a r.** corriendo; **to be on the r.** *(of prisoner, suspect)* estar fugado(a) *or* en fuga; IDIOM **we've got them on the r.** los tenemos contra las cuerdas; IDIOM **to give sb the r. of the house** poner la casa a disposición de alguien; IDIOM **to give sb a r. for their money** hacer sudar (la camiseta) a alguien; **she has been an international for ten years, so she's had a good r. for her money** ha sido internacional durante diez años, no se puede quejar
(**b**) *(journey) (to bomb, to get supplies)* misión *f*; *(for pleasure)* vuelta *f*; **to go for a r.** ir a dar una vuelta (en coche)
(**c**) *Com (of book)* tirada *f*; *(of product)* partida *f*, tanda *f*
(**d**) *(sequence, series)* serie *f*; *(in cards)* escalera *f*; **the play had a six-month r.** la obra estuvo en cartel seis meses; **a r. of good/bad luck** una racha de buena/mala suerte; **a r. of six straight wins** una serie *or* racha de seis victorias consecutivas; **in the long r.** a la larga, a largo plazo; **in the short r.** a corto plazo
(**e**) *(pattern, tendency)* **to score against the r. of play** marcar cuando el otro equipo domina el partido; **the general** *or* **usual r. of sth** la típica clase de algo; **in the ordinary r. of events** *or* **things** en condiciones normales
(**f**) *Fin (on bank, stock exchange)* retirada *f* masiva de fondos; **a r. on the dollar** una fuerte presión sobre el dólar, una venta apresurada de dólares; **there has been a r. on hosepipes because of the hot weather** ha habido una gran demanda de mangueras debido al calor
(**g**) *Comptr* ***r. time*** tiempo *m* de ejecución
(**h**) *(in baseball, cricket)* carrera *f*
(**i**) *(in stocking)* carrera *f*
(**j**) *(on skiing, bobsleigh course)* pista *f*; *(individual descent)* descenso *m*
(**k**) *(for chickens, rabbits)* corral *m*
(**l**) *Mus* carrerilla *f*
2 *vt* (*pt* **ran** [ræn], *pp* **run**) (**a**) *(distance)* correr, recorrer; **to r. a race** *(compete in)* correr (en) una carrera; **to r. a good/bad race** hacer una buena/mala carrera; **the race will be r. tomorrow** la carrera se disputará mañana; **we are running three horses in the next race** tenemos tres caballos en la próxima carrera; **to r. an errand** hacer un recado; IDIOM **she'd r. a mile if I asked her out** si le pidiera salir saldría escopeteada *or* por piernas; **to allow things to r. their course** dejar que las cosas sigan su curso; **to r. sb close** quedarse a un paso de vencer a alguien; IDIOM *Fam* **we were r. off our feet** no tuvimos ni un momento de descanso
(**b**) *(drive)* **to r. sb to the airport** llevar a alguien al aeropuerto, *CAm, Méx, Perú* dar aventón a alguien hasta el aeropuerto
(**c**) *(smuggle) (drugs, arms)* pasar de contrabando
(**d**) *(operate) (machine, engine)* hacer funcionar; *(tape, video)* poner; *(test, experiment)* hacer, efectuar; *Comptr (program)* ejecutar; **this car is expensive to r.** este coche consume mucho; **I can't afford to r. two cars** no puedo permitirme mantener dos coches; **they are running extra buses today** hoy han puesto *or* sacado autobuses adicionales
(**e**) *(manage) (business, hotel)* dirigir, llevar; *(country)* gobernar; *(course, seminar)* organizar; **the postal service is r. by the state** el correo es un servicio estatal; **the hotel is very well r.** el servicio en este hotel es muy bueno; **stop trying to r. my life for me!** ¡deja de dirigir mi vida!; IDIOM **who's running the show?** ¿quién está a cargo de esto?
(**f**) *(pass) (cables, pipes)* hacer pasar; **I ran my finger down the list** pasé el dedo por la lista; **to r. one's fingers over sth** acariciar algo; **he ran his fingers through his hair** se pasó los dedos entre los cabellos; **she ran her eye over the page** echó una ojeada a la página
(**g**) *(water)* dejar correr; **to r. a bath** preparar un baño; **r. some water over that cut** deja correr agua por ese corte
(**h**) *(suffer from)* **to r. a fever** *or* **temperature** tener fiebre; **to r. a deficit** tener déficit
(**i**) *(article, story) (in newspaper)* publicar; **the ten o'clock news ran a story about child pornography** el telediario *or Am* noticiero de las diez mostró un reportaje sobre pornografía infantil
3 *vi* (**a**) *(of person)* correr; **to r. about** *or* **around** correr de acá para allá; **I'll just r. across** *or* **over** *or* **round to the shop** voy en un momento a la tienda; **to r. after sb** correr detrás de alguien; *Fam* **he's always running after women** siempre va detrás de las tías *or Méx* de las faldas *or RP* de las

polleras; **r. and fetch your sister** corre y trae a tu hermana; **he ran at her with a knife** corrió hacia ella con un cuchillo; **we ran back to the house** volvimos corriendo a la casa; **to r. down/up the street** bajar/subir la calle corriendo; **to r. for help** correr en búsqueda *or Esp* busca de ayuda; **we had to r. for the bus** tuvimos que correr para alcanzar *or Esp* coger el autobús; **to r. in/out** entrar/salir corriendo; **to r. up to sb** correr hacia alguien; IDIOM **to r. like the wind** correr como una flecha *or* una bala; IDIOM **to be running scared** haber perdido los papeles; **don't come running to me when it all goes wrong!** ¡no me vengas corriendo cuando las cosas vayan mal!; PROV **it's no good trying to r. before you can walk** de nada vale empezar la casa por el tejado

(**b**) *(flee)* escapar corriendo; **r. for it!, r. for your lives!** ¡huye!, ¡corre!

(**c**) *(compete) (of athlete)* correr; *(of horse)* salir, correr; **I've decided to r. against her for the presidency** he decidido disputarle la presidencia; **to r. for Parliament/president** presentarse a las elecciones parlamentarias/presidenciales

(**d**) *(flow)* correr; **to leave the tap running** dejar el grifo *or Chile, Col, Méx* la llave *or RP* la canilla abierta; **my eyes were running** me lloraban los ojos; **my nose is running** me moquea la nariz, tengo mocos; **a trickle of blood ran down his leg** un hilo de sangre bajaba por su pierna; **the river runs into a lake** el río desemboca en un lago; **my back was running with sweat** me corría el sudor por la espalda; **my blood ran cold** se me heló la sangre en las venas

(**e**) *(pass) (of road, railway)* ir; **the line runs along the coast** la línea de tren discurre paralela a la costa; **a fence runs around the garden** una cerca rodea el jardín; **we keep this part well oiled so it runs backwards and forwards smoothly** mantenemos esta pieza bien lubricada para que se mueva sin problemas; **a murmur ran through the crowd** se extendió un murmullo entre la multitud; **a shiver ran through her** sintió un escalofrío; **that song keeps running through my head** no se me va esa canción de la cabeza; **this theme runs through all of her novels** este tema está presente en todas sus novelas

(**f**) *(last, extend) (of contract, lease)* durar; *(of play)* estar en cartel; **the controversy looks set to r. and r.** parece que la polémica va a durar bastante tiempo; **it runs in the family** es cosa de familia

(**g**) *(of bus, train)* circular; **a bus runs into town every half hour** hay un autobús al centro cada media hora; **to be running late** *(of bus, person)* ir con retraso, *Am* ir demorado(a); **the trains are running on time** los trenes circulan puntuales

(**h**) *(operate) (of machine)* funcionar (**on** con); **the engine's running** el motor está en marcha; **we left the program running** dejamos el programa en marcha; **to r. off the mains** funcionar conectado(a) a la red; **the software won't r. on this machine** el programa no funciona en este *Esp* ordenador *or Am* esta computadora; **things are running smoothly/according to plan** las cosas marchan bien/tal y como estaba planeado

(**i**) *(become)* **the river had r. dry** el río se había secado; **feelings** *or* **tempers are running high** los ánimos están revueltos; **supplies are running low** se están agotando las reservas; **he was running short of time** se le estaba acabando el tiempo

(**j**) *(be)* **the poem runs as follows** el poema dice así; **unemployment is running at 10 percent** el desempleo *or Am* la desocupación está en el 10 por ciento; **their hatred of each other runs deep** se odian profundamente

(**k**) *(of colour, dye)* desteñir; *(of paint, make-up)* correrse

(**l**) *(get damaged)* **my stocking has r.** me he hecho una carrera en la media

▸**run across** *vt insep (meet by chance)* encontrarse con

▸**run along** *vi* **r. along, now, children** ¡ya podéis marchar, niños!

▸**run away** *vi (of person)* echar a correr, salir corriendo; **to r. away from sb/sth** escaparse *or* huir de alguien/algo; **to r. away from home** escaparse de casa; *Fig* **to r. away from the facts** no querer ver los hechos; *Fig* **don't r. away with the idea that...** no vayas a pensar que...

▸**run away with** *vt insep* (**a**) *(win easily)* ganar fácilmente (**b**) *(take over)* **don't let your imagination r. away with you** no te dejes llevar por la imaginación (**c**) *(steal)* llevarse

▸**run by** *vt sep* **to r. an idea by sb** proponer una idea a alguien; **could you r. that by me one more time?** ¿me lo podrías repetir otra vez?

▸**run down 1** *vt sep* (**a**) *(in car)* atropellar (**b**) *(find)* localizar, encontrar (**c**) *(criticize)* menospreciar, criticar (**d**) *(reduce) (production, stocks)* reducir, disminuir; *(industry, factory)* desmantelar

2 *vi (of battery)* agotarse; *(of clock)* pararse

▸**run in** *vt sep* (**a**) *Fam (arrest)* detener (**b**) *(engine)* rodar (**c**) *(in rugby) (try)* marcar

▸**run into** *vt insep* (**a**) *(collide with)* chocar con *or* contra (**b**) *(meet by chance)* encontrarse con (**c**) *(get into) (difficulties)* tropezar con; **to r. into debt** endeudarse (**d**) *(merge with) (of colours, memories)* mezclarse con (**e**) *(amount to)* ascender a

▸**run off 1** *vt sep (print)* tirar; *(photocopy)* sacar; *(write quickly)* escribir rápidamente

2 *vi* echar a correr, salir corriendo; **to r. off with the cash** escapar con el dinero; **to r. off with sb** escaparse con alguien

▸**run on 1** *vt Typ* componer continuamente, unir líneas

2 *vi (of meeting)* continuar; *Fam (talk a lot)* hablar sin parar

▸**run out** *vi* (**a**) *(of lease, contract)* vencer, cumplirse; *(of passport, licence)* caducar (**b**) *(of money, supplies)* agotarse; **do you have any disks? — no, we've r. out** ¿tienes algún disquete? – no, se nos han acabado; **to r. out of sth** quedarse sin algo; **we've r. out of time** se nos ha acabado el tiempo; **I'm running out of patience** estoy perdiendo la paciencia; IDIOM **to r. out of steam** *(of person)* quedarse sin fuerzas; *(of project)* perder empuje

▸**run out on** *vt insep* abandonar

▸**run over 1** *vt sep (in car)* atropellar

2 *vt insep (rehearse, check)* ensayar, repasar; *(repeat)* repasar; **he ran the idea over in his mind** le dio vueltas a la idea en la cabeza

3 *vi (of speech, TV programme)* durar demasiado; **we've already r. over by half an hour** ya nos hemos excedido media hora

▸**run through 1** *vt insep* (**a**) *(rehearse, check)* ensayar, repasar; *(repeat)* repasar (**b**) *(spend quickly)* despilfarrar

2 *vt sep Literary (with sword)* atravesar

▸**run to** *vt insep* (**a**) *(be able to afford)* poder permitirse; **I'm afraid we don't r. to that kind of thing** me temo que el dinero no nos da para algo así (**b**) *(amount to)* ascender a

▸**run up** *vt sep* (**a**) *(debts)* acumular; **she ran up a huge bill at the jeweller's** gastó una enorme cantidad de dinero en la joyería (**b**) *(flag)* izar (**c**) *(clothes)* hacerse, coser

▸**run up against** *vt insep (opposition, problems)* tropezar con

---

runabout ['rʌnəbaʊt] *n Fam* coche *m or Am* carro *m or Chile, RP* auto *m* pequeño

run-around ['rʌnəraʊnd] *n Fam* **to give sb the r.** enredar a alguien

runaway ['rʌnəweɪ] **1** *n* fugitivo(a) *m,f*

2 *adj* (**a**) *(prisoner, slave)* fugitivo(a) (**b**) *(out of control) (train, lorry)* incontrolado(a); *(inflation)* galopante (**c**) *(victory, success)* apabullante

run-down [rʌn'daʊn] *adj* (**a**) *(building)* en malas condiciones; *(part of town)* en decadencia (**b**) *(person)* **to be r.** estar débil

rundown ['rʌndaʊn] *n (summary)* resumen *m*, informe *m*, *CAm, Méx* reporte *m*; **to give sb a r. (on sth)** poner a alguien al tanto (de algo)

rune [ruːn] *n* runa *f*

rung [rʌŋ] **1** *n (of ladder)* peldaño *m*, escalón *m*; *Fig* **the bottom r.** *(in organization)* el escalón más bajo

2 *pp of* **ring**[2]

run-in ['rʌnɪn] *n* (**a**) *Fam (argument)* **to have a r. with sb** tener una pelea *or* una riña con alguien (**b**) *(of race, championship)* recta *f* final

runnel ['rʌnəl] *n* arroyuelo *m*

runner ['rʌnə(r)] *n* (**a**) *(athlete)* corredor(ora) *m,f*; *(messenger)* mensajero(a) *m,f*, recadero(a) *m,f* (**b**) *Br* ***r. bean*** *Esp* judía *f* verde, *Chile* poroto *m* verde, *Col* habichuela *f*, *Méx* ejote *m*, *RP* chaucha *f* (**c**) *(on sleigh)* patín *m* (**d**) *(carpet)* alfombra *f* estrecha (para escaleras) (**e**) *Br Fam* **to do a r.** salir corriendo *or Esp* por piernas

runner-up [rʌnər'ʌp] (*pl* **runners-up**) *n* subcampeón(ona) *m,f*

running ['rʌnɪŋ] **1** *n* (**a**) *(activity)* **I don't like r.** no me gusta correr; **to go r.** ir a correr ❑ ***r. back*** *(in American football)* running back *m*; ***r. shoe*** zapatilla *f* deportiva; ***r. track*** pista *f* (de atletismo) (**b**) *(competition, race)* **to be out of/in the r.** no tener/tener posibilidades de ganar; **to make all the r.** *(in contest)* ocupar el primer puesto desde el principio ❑ *US Pol* ***r. mate*** candidato(a) *m,f* a la vicepresidencia (**c**) *(operation) (of machine, car)* funcionamiento *m* ❑ ***r. costs*** costos *mpl or Esp* costes *mpl* de mantenimiento (**d**) *(management) (of hotel, restaurant)* dirección *f*, gestión *f*

2 *adj (battle, feud)* continuo(a), constante; IDIOM *Br Fam* **he told them to take a r. jump** los mandó a freír espárragos ❑ ***r. commentary*** comentario *m* en directo; ***r. head*** *(in book)* título *m* de página; ***r. repairs*** arreglos *mpl* (momentáneos); ***r. sore*** llaga *f* supurante; ***r. total*** total *m* actualizado; ***r. water*** agua *f* corriente

running-board ['rʌnɪŋbɔ:d] *n Aut* estribo *m*

runny ['rʌnɪ] *adj* (**a**) *(sauce, custard)* demasiado líquido(a); *(honey)* fluido(a) (**b**) *(nose)* **to have a r. nose** tener mocos, moquear

run-off ['rʌnɒf] *n* desempate *m*

run-of-the-mill ['rʌnəvðə'mɪl] *adj* corriente y moliente

runs [rʌnz] *npl Fam* **the r.** *(diarrhoea)* cagalera *f*, *RP* cagadera *f*; **he got the r.** le entró cagalera *or RP* cagadera

runt [rʌnt] *n* (**a**) *(of litter)* cachorro *m* más pequeño (**b**) *(weak person)* enano(a) *m,f*, pigmeo(a) *m,f*

run-through ['rʌnθru:] *n* ensayo *m*

run-time ['rʌntaɪm] *n* período *m or* tiempo *m* de ejecución ❑ *Comptr* ***r. error*** error *m* de período de ejecución; ***r. version*** versión *f* run-time, = versión limitada de un programa de apoyo que acompaña a una aplicación

run-up ['rʌnʌp] *n* (**a**) *(before jump)* carrerilla *f* (**b**) *(before event)* período *m* previo (**to** a)

runway ['rʌnweɪ] *n (for takeoff)* pista *f* de despegue *or Am* decolaje; *(for landing)* pista *f* de aterrizaje; *(in long jump, pole valut)* pista *f* de aceleración

rupee [ru:'pi:] *n (Indian currency)* rupia *f*

rupture ['rʌptʃə(r)] **1** *n* (**a**) *(breaking)* ruptura *f* (**b**) *Med* hernia *f*

2 *vt* (**a**) *(relations, container)* romper (**b**) *Med* **to r. oneself** herniarse

3 *vi (of container, pipeline)* romperse

rural ['rʊərəl] *adj* rural

ruse [ru:z] *n* artimaña *f*, ardid *m*

rush[1] [rʌʃ] *n (plant)* **rushes** juncos *mpl* ❑ ***r. matting*** estera *f* de junco

rush[2] **1** *n* (**a**) *(hurry)* prisa *f*, *Am* apuro *m*; **I lost it in the r.** con las prisas *or Am* el apuro lo perdí; **there was a r. to get things finished** había prisa *or Am* apuro por terminar las cosas; **to be in a r.** tener prisa, *Am* estar apurado(a); **there's no r.** no hay prisa *or Am* apuro; **to make a r. for sth** apresurarse a alcanzar algo; **to make a r. at sb** abalanzarse hacia alguien ❑ ***r. hour*** hora *f* punta; ***r. job*** chapuza *f*

(**b**) *(surge) (of air)* ráfaga *f*; *(of water)* chorro *m*; *(of requests)* ola *f*

(**c**) *(demand)* demanda *f*; **there's been a r. on sugar** ha habido una fuerte demanda de azúcar

(**d**) *Cin* **rushes** primeras pruebas *fpl*

(**e**) *(after taking drugs)* subidón *m*; **I got a real r. from that coffee** ese café me ha puesto a cien; IDIOM **a r. of blood to the head** un arrebato (de locura)

2 *vt* (**a**) *(hurry) (task)* realizar a toda prisa *or* apresuradamente; *(person)* apresurar; **don't r. me!** ¡no me metas prisa!, *Am* ¡no me apures!; **to r. sb into doing sth** meter prisa *or Am* apurar a alguien para que haga algo; **to be rushed off one's feet** no tener un momento de descanso

(**b**) *(transport quickly)* llevar apresuradamente; **she was rushed to hospital** la llevaron al hospital a toda prisa

(**c**) *(attack)* arremeter contra

3 *vi (move fast)* precipitarse; *(hurry)* apresurarse, precipitarse, *Am* apurarse; **I must r.** (me voy que) tengo mucha prisa *or Am* estoy muy apurado(a); **the blood rushed to his cheeks** se le subieron los colores; **she rushed into marriage** se casó demasiado apresuradamente

▸**rush about, rush around** *vi* trajinar (de acá para allá)

▸**rush in** *vi (enter)* entrar apresuradamente *or* a toda prisa

▸**rush off** *vi (flee)* irse corriendo

▸**rush out 1** *vt sep (book)* sacar apresuradamente *or* a toda prisa

2 *vi (exit)* salir apresuradamente

▸**rush through 1** *vt sep* **to r. a bill/decision through** aprobar un proyecto de ley/tomar una decisión apresuradamente *or* a toda prisa

2 *vt insep (book, meal, work)* despachar con rapidez

rusk [rʌsk] *n* = galleta dura y crujiente para niños que comienzan a masticar

russet ['rʌsɪt] **1** *n (colour)* castaño *m* rojizo

2 *adj* rojizo(a)

Russia ['rʌʃə] *n* Rusia

Russian ['rʌʃən] **1** *n* (**a**) *(person)* ruso(a) *m,f* (**b**) *(language)* ruso *m*; **R. class/teacher** clase *f*/profesor(ora) *m,f* de ruso

2 *adj* ruso(a) ❑ ***R. doll*** muñeca *f* rusa; ***the R. Federation*** la Federación Rusa; ***R. roulette*** ruleta *f* rusa; ***R. salad*** ensaladilla *f* rusa

Russki ['rʌskɪ] *n Fam* = término a veces ofensivo para referirse a los rusos

rust [rʌst] **1** *n* óxido *m*, herrumbre *f* ❑ ***r. belt*** = región del noreste de Estados Unidos con una alta concentración de industria pesada en declive

2 *adj (colour)* color teja *inv*

3 *vi* oxidarse

rustbucket ['rʌstbʌkɪt] *n Fam (car)* chatarra *f* ambulante, *Méx* arnero *m*

rustic ['rʌstɪk] **1** *n* campesino(a) *m,f*, pueblerino(a) *m,f*

2 *adj* rústico(a)

rusting ['rʌstɪŋ] *adj* oxidado(a)

rustle[1] ['rʌsəl] **1** *n (of leaves)* susurro *m*; *(of paper)* crujido *m*; *(of clothing)* roce *m*

2 *vt (leaves)* hacer susurrar; *(paper)* hacer crujir

3 *vi (of leaves)* susurrar; *(of paper)* crujir; **her dress rustled** su vestido produjo un ruido al rozarse

rustle[2] *vt (cattle)* robar

▸**rustle up** *vt sep Fam (meal, snack)* improvisar, *Esp* apañar; **to r. up support** reunir apoyo

rustler ['rʌslə(r)] *n (cattle thief)* cuatrero(a) *m,f*, ladrón(ona) *m,f* de ganado

rustling ['rʌslɪŋ] *n* (**a**) *(of cattle)* robo *m* (**b**) = **rustle**

rustproof ['rʌstpru:f] *adj* inoxidable

rusty ['rʌstɪ] *adj* (**a**) *(metal)* oxidado(a); *Fig* **my French is a bit r.** hace mucho que no practico mi francés (**b**) *(colour)* color teja *inv*

rut[1] [rʌt] *n (in road)* rodada *f*; IDIOM **to be in a r.** *(routine)* estar apalancado(a) *or* estancado(a); IDIOM **to get into a r.** apalancarse, apoltronarse

rut[2] **1** *n (of stag)* celo *m*, berrea *f*

2 *vi* (*pt & pp* **rutted**) *(of stag)* estar en celo

rutabaga [ru:tə'beɪgə] *n* nabo *m* sueco

ruthenium [ru:'θi:nɪəm] *n (Chem)* rutenio *m*

ruthless ['ru:θlɪs] *adj* despiadado(a); **with r. efficiency** con rigurosa eficacia

ruthlessly ['ru:θlɪslɪ] *adv* despiadadamente; **r. efficient** con rigurosa eficacia

ruthlessness ['ru:θlɪsnɪs] *n* crueldad *f*

rutting ['rʌtɪŋ] *n* ***r. season*** época *f* de celo

RV [ɑ:'vi:] *n US* (*abbr* **recreational vehicle**) autocaravana *f*, casa *f or* coche *m* caravana

Rwanda [rə'wændə] *n* Ruanda

Rwandan [rə'wændən] *n & adj* ruandés(esa) *m,f*

Ryder Cup ['raɪdə'kʌp] *n* **the R.** *(in golf)* la Ryder Cup

rye [raɪ] *n* centeno *m*; **r. (whiskey)** whisky *m* de centeno ❑ ***r. bread*** pan *m* de centeno

S

S, s [es] *n* **(a)** *(letter)* S, s *f* **(b)** *(abbr* **south***)* S
SA *(abbr* **South Africa***)* Sudáfrica
Sabbath ['sæbəθ] *n (Jewish)* Sabbat *m*, sábado *m* judío; *(Christian)* domingo *m*; **(witches') S.** aquelarre *m* ▫ ***S. day observance*** cumplimiento *m* del descanso sabático/dominical
sabbatical [sə'bætɪkəl] *Univ* **1** *n* **to be on s.** estar en excedencia
2 *adj* ***s. year/term*** año *m*/trimestre *m* sabático *or* de excedencia
saber *US* = **sabre**
sable ['seɪbəl] **1** *n (animal)* marta *f* cebellina; **s. coat** abrigo *m* de marta
2 *adj Literary (black)* prieto(a), negro(a)
sabotage ['sæbətɑ:ʒ] **1** *n* sabotaje *m*
2 *vt* sabotear
saboteur [sæbə'tɜ:(r)] *n* saboteador(ora) *m,f*
sabre, *US* **saber** ['seɪbə(r)] *n* sable *m*
sabre-rattling, *US* **saber-rattling** ['seɪbərætlɪŋ] *n Fig* demostración *f* amenazante de poderío militar
sac [sæk] *n Biol* bolsa *f*, saco *m*
saccharide ['sækəraɪd] *n Chem* sacárido *m*
saccharin ['sækərɪn] *n* sacarina *f*
saccharine ['sækərɪn] *adj Pej (smile, movie)* empalagoso(a)
sachet ['sæʃeɪ] *n* sobrecito *m*
sack[1] [sæk] **1** *n* **(a)** *(bag)* saco *m* **(b)** *Fam (bed)* **to hit the s.** *(go to bed)* meterse en el sobre, *Esp* irse a la piltra; **to be good in the s.** montárselo bien en la cama, *Am* coger como los dioses **(c)** *Br Fam (dismissal)* **to give sb the s.** echar *or* despedir a alguien; **he got the s.** lo echaron *or* despidieron
2 *vt Br Fam (dismiss from job)* echar, despedir
sack[2] **1** *n (plundering)* saqueo *m*
2 *vt (town)* saquear
sack[3] **1** *n (in American football)* = placaje al quarterback para evitar que dé un pase
2 *vt (in American football)* = placar al quarterback para evitar que dé un pase
sackcloth ['sækklɒθ] *n* arpillera *f*, tela *f* de saco; IDIOM **to be wearing s. and ashes** entonar el mea culpa
sackful ['sækfʊl] *n* saco *m* (lleno *or* entero)
sacking ['sækɪŋ] *n* **(a)** *(textile)* arpillera *f*, tela *f* de saco **(b)** *Fam (dismissal)* despido *m*
sacra ['seɪkrə] *pl of* **sacrum**
sacrament ['sækrəmənt] *n Rel* sacramento *m*; **to take** *or* **receive the sacraments** tomar *or* recibir los sacramentos
sacred ['seɪkrɪd] *adj (place, book)* sagrado(a); *(duty, vow)* solemne; **s. to the memory of...** consagrado(a) a la memoria de...; **is nothing s.?** ¿es que ya no se respeta nada?; IDIOM **to be a s. cow** ser sacrosanto(a)
sacrifice ['sækrɪfaɪs] **1** *n* **(a)** *(act, offering)* sacrificio *m*; **to make sacrifices** sacrificarse, hacer sacrificios **(b)** *(in baseball)* sacrificio *m*
2 *vt* sacrificar; **to s. oneself** sacrificarse
sacrificial [sækrɪ'fɪʃəl] *adj* de sacrificio ▫ ***s. bunt*** *(in baseball)* batazo *m* de sacrificio; *Fig* ***s. lamb*** *or* ***victim*** chivo *m* expiatorio
sacrilege ['sækrɪlɪdʒ] *n also Fig* sacrilegio *m*
sacrilegious [sækrɪ'lɪdʒəs] *adj also Fig* sacrílego(a)
sacristan ['sækrɪstən] *n Rel* sacristán *m*
sacristy ['sækrɪstɪ] *n* sacristía *f*
sacrosanct ['sækrəʊsæŋkt] *adj* sacrosanto(a)
sacrum ['seɪkrəm] *(pl* **sacra***) n Anat* sacro *m*
SAD [sæd] *n Med (abbr* **Seasonal Affective Disorder***)* trastorno *m* afectivo estacional
sad [sæd] *adj* **(a)** *(unhappy, depressing)* triste; **to feel s.** sentirse *or* estar triste; **to become s.** entristecerse; **to make sb s.** entristecer a alguien; **a s. reflection on modern society** una reflexión desesperanzada sobre la sociedad moderna; **sadder but wiser** con la lección bien aprendida **(b)** *Fam Pej (pathetic)* lamentable, penoso(a); *US* **s. sack** mamarracho(a) *m,f*
sadden ['sædən] *vt* entristecer
saddle ['sædəl] **1** *n (on horse)* silla *f* (de montar); *(on bicycle)* sillín *m*; **in the s.** a caballo; IDIOM **to be in the s.** *(be in charge)* llevar las riendas; **to be s. sore** tener rozaduras de montar a caballo ▫ ***s. soap*** = jabón aceitoso que se emplea para conservar el cuero
2 *vt (horse)* ensillar; *Fam Fig* **to s. sb with sth** encajar *or Esp, Méx* encasquetar algo a alguien
▸**saddle up** *vt sep & vi* ensillar
saddlebag ['sædəlbæg] *n (for horse)* alforja *f*; *(for bicycle)* cartera *f*
saddlecloth ['sædəlklɒθ] *n* sudadero *m*
saddler ['sædlə(r)] *n* guarnicionero(a) *m,f*, talabartero(a) *m,f*
sadism ['seɪdɪzəm] *n* sadismo *m*
sadist ['seɪdɪst] *n* sádico(a) *m,f*
sadistic [sə'dɪstɪk] *adj* sádico(a)
sadistically [sə'dɪstɪklɪ] *adv* con sadismo, de manera sádica
sadly ['sædlɪ] *adv (reply, smile)* tristemente; **you're s. mistaken** estás muy equivocado(a); **he is s. missed** lo echamos mucho de menos, *Am* lo extrañamos mucho; **s., this is so** así es, por desgracia; **s., no one has come forward to claim the child** desgraciadamente *or* por desgracia, nadie ha salido reclamando al niño
sadness ['sædnɪs] *n* tristeza *f*
sadomasochism ['seɪdəʊ'mæsəkɪzəm] *n* sadomasoquismo *m*
sadomasochist ['seɪdəʊ'mæsəkɪst] *n* sadomasoquista *mf*
sadomasochistic ['seɪdəʊmæsə'kɪstɪk] *adj* sadomasoquista
SAE [eseɪ'i:] *n Br (abbr* **stamped addressed envelope***)* sobre *m* franqueado con la dirección del remitente
safari [sə'fɑ:rɪ] *n* safari *m*; **on s.** de safari ▫ ***s. jacket*** sahariana *f*; ***s. park*** safari *m* park; ***s. suit*** traje *m* de safari
safe [seɪf] **1** *n (for money)* caja *f* fuerte
2 *adj (house, activity)* seguro(a); *(choice, topic of conversation)* prudente; **to keep sth s.** guardar algo en lugar seguro; **s. from sth** a salvo de algo; **it is s. to say that...** se puede decir sin temor a equivocarse que...; **is it s. to swim here?** ¿se puede nadar (sin peligro) aquí?; **it's a pretty s. assumption** *or* **bet that...** es prácticamente seguro que...; **at a s. distance** a una distancia prudencial; **in s. hands** en buenas manos; **to wish sb a s. journey** desear a alguien un feliz viaje *or* un viaje sin percances; **s. and sound** sano(a) y salvo(a); IDIOM **as s. as houses** completamente seguro; **to be on the s. side** para mayor seguridad, para ir sobre seguro; PROV **better s. than sorry** más vale prevenir (que curar) ▫ ***s. haven*** refugio *m* seguro; ***s. house*** piso *m* franco; ***s. period*** *(to avoid conception)* días *mpl* seguros, días *mpl* no fértiles; ***s. seat*** *(in parliament)* escaño *m* seguro; ***s. sex*** sexo *m* seguro *or* sin riesgo
3 *adv* **to play (it) s.** ser precavido(a)
safe-breaker ['seɪf'breɪkə(r)], **safe-cracker** ['seɪf'krækə(r)] *n* ladrón(ona) *m,f* de cajas fuertes
safe-conduct ['seɪf'kɒndʌkt] *n* salvoconducto *m*
safe-deposit ['seɪfdɪ'pɒzɪt] *n* cámara *f* acorazada ▫ ***s. box*** caja *f* de seguridad

safeguard ['seɪfgɑ:d] **1** *n* salvaguardia *f*, garantía *f*
2 *vt (sb's interests, rights)* salvaguardar
3 *vi* **to s. against sth** salvaguardarse *or* protegerse de algo

safe-keeping ['seɪf'ki:pɪŋ] *n* **in s.** bajo custodia; **he gave it to her for s.** se lo dio para que lo guardara en lugar seguro

safely ['seɪflɪ] *adv* **(a)** *(without risk)* sin riesgos; **once we're s. home** cuando estemos tranquilos en casa; **once I'm s. on the other side...** una vez que esté sano y salvo al otro lado...; **drive s.!** ¡conduce *or Am* maneja con cuidado!; **to arrive s.** llegar sano(a) y salvo(a) **(b)** *(with certainty)* con certeza; **I can s. say that...** puedo decir sin temor a equivocarme que...

safety ['seɪftɪ] *n* **(a)** *(security)* seguridad *f*; **for s.'s sake** para mayor seguridad; **she's very s. conscious** tiene muy en cuenta la seguridad; PROV **there's s. in numbers** en compañía está uno más seguro ▫ ***s. belt*** cinturón *m* de seguridad; ***s. catch*** *(on gun)* seguro *m*; *Th* ***s. curtain*** telón *m* de seguridad; *Tech* ***s. factor*** factor *m* de seguridad; ***s. glass*** vidrio *m* de seguridad; ***s. matches*** fósforos *mpl or Esp* cerillas *fpl or Am* cerillos *mpl* de seguridad; ***s. measures*** medidas *fpl* de seguridad; ***s. net*** *(in circus)* red *f* (de seguridad); *Fig* red *f* asistencial (del Estado); *Fig* **to fall through the s. net** quedar excluido(a) de la red asistencial; ***s. pin*** imperdible *m*, *Am* alfiler *m* de gancho, *CAm, Méx* seguro *m*; ***s. razor*** maquinilla *f* de afeitar; ***s. shot*** *(in snooker)* tiro *m* defensivo, = tiro cuya intención no es colar una bola en la tronera sino dejar una posición complicada al contrincante; *also Fig* ***s. valve*** válvula *f* de escape
(b) *(in American football)* safety *m*

saffron ['sæfrən] **1** *n* azafrán *m*
2 *adj* (de color) azafrán

sag [sæg] *(pt & pp* **sagged**) *vi* **(a)** *(of roof, bridge)* hundirse, ceder; *(of flesh, rope)* colgar; **the bed sags in the middle** la cama se hunde en medio **(b)** *(of confidence, support)* decaer

saga ['sɑ:gə] *n (story)* saga *f*; *Fig* **a s. of corruption** una historia interminable de corrupción

sagacious [sə'geɪʃəs] *adj Formal* sagaz

sagacity [sə'gæsɪtɪ] *n Formal* sagacidad *f*

sage¹ [seɪdʒ] **1** *n (wise man)* sabio *m*
2 *adj (person, conduct)* sabio(a)

sage² *n (herb)* salvia *f*

sagely ['seɪdʒlɪ] *adj* con sabiduría, sabiamente

saggy ['sægɪ] *adj (mattress)* hundido(a); *(bottom)* flácido(a), fofo(a); *(breasts)* caído(a)

Sagittarius [sædʒɪ'teərɪəs] *n (sign of zodiac)* Sagitario *m*; **to be (a) S.** ser Sagitario

sago ['seɪgəʊ] *n* (fécula *f* de) sagú *m*

Sahara [sə'hɑ:rə] *n* **the S. (Desert)** el (desierto del) Sahara

said [sed] *pt & pp of* **say**

sail [seɪl] **1** *n* **(a)** *(on boat)* vela *f*; **to set s. (for)** zarpar (con rumbo a); **to go for a s.** hacer una excursión en velero; *Naut* **to be under s.** ir a toda vela
(b) *(of windmill)* aspa *f*
2 *vt* **(a)** *(boat)* gobernar
(b) *(the Pacific, the Atlantic, the world)* navegar por
3 *vi* **(a)** *(of ship, person)* navegar; *(start voyage)* zarpar; **the clouds sailed by** las nubes avanzaban suavemente; IDIOM **to s. close to the wind** adentrarse en terreno peligroso
(b) *(glide)* **she sailed into the room** entró en la habitación con un aire de elegancia; **his book sailed out of the window** su libro salió volando por la ventana; *Fam* **to s. through an examination** pasar un examen con mucha facilidad *or Esp* con la gorra *or RP* de taquito

sailboard ['seɪlbɔ:d] *n* tabla *f* de windsurf

sailboarding ['seɪlbɔ:dɪŋ] *n* windsurf *m*

sailboat ['seɪlbəʊt] *n US* velero *m*

sailcloth ['seɪlklɒθ] *n* lona *f*

sailing ['seɪlɪŋ] *n (activity)* (navegación *f* a) vela *f*; *(departure)* salida *f*; **to go s.** ir a navegar ▫ *Br* ***s. boat/ship*** (barco *m*) velero *m*

sailor ['seɪlə(r)] *n* marinero *m*; **to be a good/bad s.** soportar bien/mal los viajes por mar ▫ ***s. suit*** traje *m* de marinero *(de niño)*

saint [seɪnt] *n* santo(a) *m,f*; **All Saints' (Day)** día *m* de Todos los Santos; **she's an absolute s.** es una santa; **I'm no s.** no soy ningún santo ▫ ***S. Bernard*** *(dog)* San Bernardo *m*; ***s.'s day*** onomástica *f*, santo *m*; *Med* ***S. Vitus's dance*** baile *m* de San Vito

sainthood ['seɪnthʊd] *n* santidad *f*

saintlike ['seɪntlaɪk] *adj* de santo(a)

saintly ['seɪntlɪ] *adj* santo(a)

sake¹ [seɪk] *n* **for the s. of sb, for sb's s.** por (el bien de) alguien; **I didn't do it for your s.** no lo hice por ti; **I did it for my own s.** lo hice por mi propio bien; **for God's** *or* **goodness'** *or* **heaven's s.** por (el amor de) Dios; **for the s. of peace** para que haya paz; **for old times' s.** por los viejos tiempos; **this is talking for talking's s.** es hablar por hablar; **for the s. of argument...** como hipótesis...

sake² ['sɑ:kɪ] *n (drink)* sake *m*

sal [sæl] *n Chem* sal *f* ▫ ***s. ammoniac*** sal *f* amónica

salacious [sə'leɪʃəs] *adj* salaz

salaciousness [sə'leɪʃəsnɪs] *n* salacidad *f*, lascivia *f*

salad ['sæləd] *n* ensalada *f* ▫ ***s. bowl*** ensaladera *f*; *Br* ***s. cream*** = especie de mayonesa un poco dulce para ensaladas; ***s. days*** tiempos *mpl* mozos; ***s. dressing*** aderezo *m or Esp* aliño *m* para la ensalada

salamander ['sæləmændə(r)] *n* salamandra *f*

salami [sə'lɑ:mɪ] *n* salami *m*, *Am* salame *m*

salami-slice [sə'lɑ:mɪslaɪs] *vt Fig* recortar gradualmente

salaried ['sælərɪd] *adj* asalariado(a)

salary ['sælərɪ] *n* salario *m*, sueldo *m*; ***s. cut/review*** reducción *f*/revisión *f* salarial ▫ ***s. earner*** asalariado(a) *m,f*; ***s. grade*** nivel *m or* grado *m* salarial; ***s. scale*** escala *f* salarial

sale [seɪl] *n* **(a)** *(action of selling)* venta *f*; **to make a s.** realizar una venta, vender algo; **for s.** *(available)* en venta; *(sign)* se vende; **to put sth up for s.** poner algo en venta; **on s.** a la venta; **to go on s.** salir *or* ponerse a la venta; **s. of work** mercadillo *m* benéfico (de artesanía); **s. or return** venta *f* en depósito ▫ *Br* ***sales assistant*** dependiente(a) *m,f*; ***sales department*** departamento *m* de ventas; ***sales drive*** promoción *f* de ventas; ***sales force*** personal *m* de ventas; ***sales manager*** jefe(a) *m,f* de ventas; ***sales pitch*** estrategia *f* de ventas; ***sales representative*** *or Fam* ***Rep*** (representante *mf*) comercial *mf*
(b) *(turnover)* **sales** ventas *fpl* ▫ ***sales forecast*** previsión *f* de ventas; ***sales target*** objetivo *m* de ventas; ***sales tax*** impuesto *m* de venta
(c) *(auction)* subasta *f*; **book s.** mercadillo *m* de libros
(d) *(with reduced prices)* rebajas *fpl*; **the sales** las rebajas; **there's a s. on at Woolworths** están de rebajas en Woolworths ▫ ***s. price*** precio *m* rebajado

saleable ['seɪləbəl] *adj* vendible

saleroom ['seɪlru:m], *US* **salesroom** ['seɪlzru:m] *n (for auctions)* sala *f* de subastas

salesclerk ['seɪlzklɜ:k] *n US* dependiente(a) *m,f*, vendedor(ora) *m,f*

salesgirl ['seɪlzgɜ:l] *n* dependienta *f*

salesman ['seɪlzmən] *n (for company)* comercial *m*, vendedor *m*; *(in shop)* dependiente *m*, vendedor *m*

salesmanship ['seɪlzmənʃɪp] *n* habilidad *f* para vender

salesperson ['seɪlzpɜ:sən] *n (for company)* comercial *mf*, vendedor(ora) *m,f*; *(in shop)* dependiente(a) *m,f*, vendedor(ora) *m,f*

salesroom *US* = **saleroom**

saleswoman ['seɪlzwʊmən] *n (for company)* comercial *f*, vendedora *f*; *(in shop)* dependienta *f*, vendedora *f*

salient ['seɪlɪənt] *adj (feature, fault)* relevante, sobresaliente; **s. points** puntos *mpl* más sobresalientes

saline ['seɪlaɪn] *adj* salino(a) ▫ *Med* ***s. drip*** gota a gota *m* de suero (fisiológico); ***s. solution*** solución *f* salina

saliva [sə'laɪvə] *n* saliva *f*

salivate ['sælɪveɪt] *vi* salivar, segregar saliva; *Fig* **he was salivating over the prospect of meeting her** se le hacía la boca agua pensando en que iba a verla

sallow ['sæləʊ] *adj (complexion)* amarillento(a), demacrado(a)

▸**sally forth** ['sælɪ] *vi Literary* partir con determinación

salmon ['sæmən] *(pl* **salmon**) *n* salmón *m*; **s. (pink)** color *m* salmón ▫ ***s. ladder*** salmonera *f (rampa)*; ***s. trout*** trucha *f* asalmonada

salmonella [sælmə'nelə] *n (bacteria)* salmonella *f*; *(illness)* salmonelosis *f inv*

salon ['sælɒn] *n* **(beauty) s.** salón *m* de

belleza; **(hairdressing) s.** (salón *m* de) peluquería *f*

saloon [sə'lu:n] *n* **(a)** *(room)* sala *f*, salón *m*; *US (bar)* bar *m*; *Br* **s. (bar)** = en ciertos "pubs" y hoteles, bar más caro y elegante que el resto **(b)** *Br* **s. (car)** turismo *m*

salopettes [sælə'pets] *npl* mono *m or* pantalones *mpl* de esquí

salsa ['sælsə] *n* **(a)** *(music, dance)* salsa *f* **(b)** *(food)* salsa *f* picante *or* brava

SALT [sɔ:lt] *n* (*abbr* **Strategic Arms Limitation Talks**) SALT *fpl*

salt [sɔ:lt] **1** *n* **(a)** *(substance)* sal *f*; **(bath) salts** sales *fpl* de baño ❑ ***s. flat*** salina *f*; ***s. lake*** lago *m* salado; ***s. lick*** *(place)* salegar *m*; ***s. marsh*** marisma *f*, tierra *f* salobreña; ***s. mine*** mina *f* de sal, salina *f*; ***s. pan*** salina *f*
(b) *Fam (sailor)* **an old s.** un lobo de mar
(c) *Chem* sal *f*
(d) IDIOMS **to take a story with a pinch** *or* **grain of s.** no creerse del todo una historia; **no journalist worth his s....** ningún periodista que se precie...; **to rub s. in sb's wounds** removerle la herida a alguien; **the s. of the earth** la sal de la tierra
2 *adj (taste)* salado(a); *(air)* salobre ❑ ***s. beef*** salazón *f* de ternera; ***s. cod*** bacalao *m* (salado); ***s. water*** agua *f* salada
3 *vt (food)* salar; *(roads)* esparcir sal en
▸**salt away** *vt sep (money)* ahorrar *or* guardar en secreto

saltcellar ['sɔ:ltselə(r)] *n* salero *m*

salted ['sɔ:ltɪd] *adj (preserved)* en salazón; *(flavoured)* salado(a), con sal

salt-free ['sɔ:lt'fri:] *adj* sin sal

saltiness ['sɔ:ltɪnɪs] *n* sabor *m* salado

saltpetre, *US* **saltpeter** [sɔ:lt'pi:tə(r)] *n* salitre *m*

saltwater ['sɔ:ltwɔ:tə(r)] *adj* ***s. fish*** pez *m* de agua salada; ***s. lake*** lago *m* de agua salada

saltworks ['sɔ:ltwɜ:ks] *n* salinas *fpl*, refinería *f* de sal

salty ['sɔ:ltɪ] *adj* salado(a)

salubrious [sə'lu:brɪəs] *adj Formal (hygienic)* salubre; *(respectable)* acomodado(a), respetable

salutary ['sæljʊtərɪ] *adj* saludable; **to have a s. effect on sb** tener un efecto saludable sobre alguien

salutation [sæljʊ'teɪʃən] *n Formal (greeting)* salutación *f*, saludo *m*; *(in letter)* encabezamiento *m*

salute [sə'lu:t] **1** *n* **(a)** *(with hand)* saludo *m*; **to take the s.** pasar revista a las tropas (en desfile) **(b)** *(with guns)* **a ten gun s.** una salva de diez cañonazos **(c)** *(tribute)* homenaje *m* **(to** a**)**
2 *vt* **(a)** *(with hand)* saludar **(b)** *(pay tribute to) (person)* homenajear; *(achievements)* rendir homenaje a
3 *vi* saludar

Salvadoran [sælvə'dɔ:rən], **Salvadorean** [sælvə'dɔ:rɪən] *n & adj* salvadoreño(a) *m,f*

salvage ['sælvɪdʒ] **1** *n* **(a)** *(of ship)* rescate *m*, salvamento *m*; *(of waste material)* recuperación *f* ❑ ***s. operation*** operación *f* de rescate *or* salvamento; ***s. vessel*** buque *m* de salvamento **(b)** *(objects salvaged)* material *m* rescatado
2 *vt also Fig* salvar, rescatar

salvageable ['sælvɪdʒəbəl] *adj* recuperable; *Fig* salvable

salvation [sæl'veɪʃən] *n* salvación *f* ❑ ***S. Army*** Ejército *m* de Salvación

salve [sælv] *vt* **to s. one's conscience** descargar la conciencia

salver ['sælvə(r)] *n (tray)* bandeja *f*, fuente *f*

salvo ['sælvəʊ] (*pl* **salvos** *or* **salvoes**) *n also Fig* salva *f*

SAM [sæm] *n* (*abbr* **surface-to-air missile**) SAM *m*

Samaritan [sə'mærɪtən] *n* **the Good S.** el Buen Samaritano; **the Samaritans** los Samaritanos, *Esp* ≃ el Teléfono de la Esperanza

samba ['sæmbə] *n (music, dance)* samba *f*

SAME [seɪm] **1** *adj* **the s. man** el mismo hombre; **the s. woman** la misma mujer; **the s. children** los mismos niños; **the s. one** el mismo, *f* la misma; **are they the s. people who robbed you?** ¿son los (mismos) que te robaron?; **would you do the s. thing for me?** ¿harías lo mismo por mí?; **she's the s. old Susan** es la Susan de siempre; **at the s. time** *(simultaneously)* al mismo tiempo; *(nevertheless)* sin embargo; **in the s. way** *(likewise)* del mismo modo, de igual forma; **the** *or* **that very s. day** el *or* ese mismo día; **it all amounts** *or* **comes to the s. thing** todo viene a ser lo mismo; **I feel the s. way about it** yo pienso lo mismo; **to go the s. way** ir por el mismo camino; *Fam* **s. difference!** ¡igual da!
2 *pron* **the s.** lo mismo; **I would have done the s.** yo hubiera hecho lo mismo; **how do you feel? — the s.** ¿cómo te encuentras? — igual; **it's the s. everywhere** es igual en todas partes; **he's the s. as ever** es el mismo de siempre; **the house isn't the s. without her** la casa no es la misma sin ella; **things will never be the s. again** las cosas no volverán a ser igual *or* lo mismo; **to think/taste the s.** pensar/saber igual; **they say we look the s.** dicen que nos parecemos; *Formal* **construction of one oak table and delivery of s.** construcción de una mesa de roble y entrega de la misma; **you men are all the s.!** ¡vosotros los hombres sois todos iguales!; **it's all the s. to me** me da igual *or* lo mismo; **if it's all the s. to you** si no te importa; **all the s.** *(nevertheless)* de todas maneras; **we are hoping for more of the s.** esperamos más de lo mismo; **the two are much the s.** se parecen bastante; **they are one and the s.** *(thing)* son una sola cosa; *(person)* son la misma persona; *Fam* **(the) s. again?** *(in pub)* ¿(otra de) lo mismo?; *Fam* **s. here!** *(I agree)* estoy de acuerdo; *(I did the same thing)* yo también; *Fam* **(the) s. to you!** ¡lo mismo digo!; **are you Mr Jackson? — yes, the very s.** ¿usted es Mr Jackson? — el mismísimo
3 *adv Fam (alike)* igual; **both words are spelt the s.** las dos palabras se escriben igual; **I need affection, s. as anybody else** necesito cariño, como todo el mundo; **s. as ever** como siempre

---

sameness ['seɪmnɪs] *n* uniformidad *f*

same-sex ['seɪm'seks] *adj* homosexual

samey ['seɪmɪ] *adj Fam* monótono(a); **their songs are a bit s.** sus canciones suenan todas muy parecidas

samizdat ['sæmɪzdæt] *n* publicación *f* clandestina

Samoa [sə'məʊə] *n* Samoa

Samoan [sə'məʊən] **1** *n* **(a)** *(person)* samoano(a) *m,f* **(b)** *(language)* samoano *m*
2 *adj* samoano(a)

samosa [sə'məʊsə] *n* samosa *f*, = empanadilla de carne o verduras de la cocina india

samovar ['sæməvɑ:(r)] *n* samovar *m*

sampan ['sæmpæn] *n* sampán *m*

sample ['sɑ:mpəl] **1** *n* muestra *f*; *Med* **to take a s.** tomar una muestra
2 *vt* **(a)** *(public opinion)* sondear; *(food, experience)* probar **(b)** *Mus* samplear

sampler ['sɑ:mplə(r)] *n* **(a)** *(selection of samples)* muestra *f*, selección *f* **(b)** *(embroidery)* dechado *m* **(c)** *Mus* sampler *m*, mezclador *m*

sampling ['sɑ:mplɪŋ] *n Mus* sampleado *m*

sanatorium [sænə'tɔ:rɪəm], *US* **sanitarium** [sænɪ'teərɪəm] (*pl* **sanatoriums** *or* **sanatoria** [sænə'tɔ:rɪə], *US* **sanitariums** *or* **sanitaria** [sænɪ'teərɪə]) *n* sanatorio *m*

sanctify ['sæŋ(k)tɪfaɪ] *vt* santificar

sanctimonious [sæŋ(k)tɪ'məʊnɪəs] *adj* mojigato(a)

sanction ['sæŋ(k)ʃən] **1** *n* **(a)** *(penalty)* sanción *f*; **(economic) sanctions** sanciones *fpl* económicas **(b)** *Formal (consent)* sanción *f*
2 *vt Formal (authorize)* sancionar, autorizar

sanctity ['sæŋ(k)tɪtɪ] *n (of life)* carácter *m* sagrado; *(of home)* santidad *f*

sanctuary ['sæŋ(k)tjʊərɪ] *n Rel* santuario *m*; *(for fugitive, refugee)* asilo *m*, refugio *m*; *(for birds, wildlife)* santuario *m*; **to seek s.** buscar refugio; **to take s.** refugiarse

sanctum ['sæŋktəm] (*pl* **sancta** ['sæŋktə] *or* **sanctums**) *n* lugar *m* sagrado, sagrario *m*; **inner s.** sanctasanctórum *m*

sand [sænd] **1** *n* arena *f*; **the sands** *(beach)* la playa ❑ ***s. dune*** duna *f*; ***s. eel*** lanzón *m*; ***s. martin*** avión *m* zapador *(ave)*; ***s. trap*** *(in golf)* búnker *m*; ***s. wedge*** *(in golf)* wedge *m* para arena; ***s. yacht*** triciclo *m* a vela
2 *vt* **(a)** *(smooth with sandpaper)* lijar **(b)** *(cover with sand)* enarenar

sandal ['sændəl] *n* sandalia *f*, *Andes, CAm* ojota *f*, *Méx* guarache *m*

sandbag ['sændbæg] *n* saco *m* terrero

sandalwood ['sændəlwʊd] *n* *(tree)* sándalo *m*; *(wood)* (madera *f* de) sándalo *m*

sandbank ['sændbæŋk] *n* banco *m* de arena

sandbar ['sændbɑ:(r)] *n (of river)* bajío *m*, barra *f*

sandblast ['sændblɑ:st] *vt* limpiar con chorro de arena

sandbox ['sændbɒks] *n US* recinto *m* de arena

sandboy ['sændbɔɪ] *n* IDIOM *Br* **as happy as a s.** como un niño con zapatos nuevos

sandcastle ['sændkɑ:səl] *n* castillo *m* de arena

sander ['sændə(r)] *n (device)* acuchillador(ora) *m,f* de suelos

sandfly ['sændflaɪ] *n* jején *m*

sandhopper ['sændhɒpə(r)] *n* pulga *f* de mar

sandman ['sændmæn] *n* **the s.** *(in folklore)* = personaje de cuento que hace dormir a los niños

sandpaper ['sændpeɪpə(r)] **1** *n* (papel *m* de) lija *f*

2 *vt* lijar

sandpiper ['sændpaɪpə(r)] *n* andarríos *m inv* chico

sandpit ['sændpɪt] *n (for children)* recinto *m* de arena

sandshoe ['sændʃu:] *n* playera *f*

sandstone ['sændstəʊn] *n* arenisca *f*

sandstorm ['sændstɔ:m] *n* tormenta *f* de arena

sandwich ['sændwɪtʃ] **1** *n (with sliced bread)* sándwich *m*; *(with French bread) Esp* bocadillo *m*, *Am* sándwich *m*, *Chile, RP* sándwiche *m*, *Col* sanduche *m*, *Méx* torta *f*; IDIOM *Br Fam Hum* **to be one s.** *or* **a few sandwiches short of a picnic** estar mal de la azotea, *Esp* tener algún tornillo de menos ▫ ***s. board*** cartelón *m (de hombre anuncio)*; ***s. box*** fiambrera *f*, tartera *f*, *Am* vianda *f*; *Educ* ***s. course*** curso *m* teórico-práctico; ***s. filling*** relleno *m*

2 *vt* intercalar; **to be sandwiched (between)** estar encajonado(a) (entre)

sandy ['sændɪ] *adj* **(a)** *(earth, beach)* arenoso(a) **(b)** *(hair)* rubio(a) rojizo(a)

sane [seɪn] *adj (not mad)* cuerdo(a); *(sensible)* juicioso(a)

San Franciscan ['sænfrən'sɪskən] **1** *n* = habitante *or* nativo de San Francisco

2 *adj* de San Francisco

San Francisco ['sænfrən'sɪskeʊ] *n* San Francisco

sang [sæŋ] *pt of* **sing**

sangfroid ['sɒŋ'frwɑ:] *n* sangre *f* fría

sanguine ['sæŋgwɪn] *adj Formal (optimistic)* optimista

sanitarium *US* = **sanatorium**

sanitary ['sænɪtərɪ] *adj (clean)* higiénico(a); *(relating to hygiene)* sanitario(a) ▫ ***s. engineering*** ingeniería *f* civil de salud pública *or* de saneamiento; ***s. inspector*** inspector(ora) *m,f* de sanidad; *US* ***s. napkin***, *Br* ***s. towel*** compresa *f*, *Am* toalla *f* higiénica

sanitation [sænɪ'teɪʃən] *n* saneamiento *m*, instalaciones *fpl* sanitarias

sanitize ['sænɪtaɪz] *vt (document, biography)* mutilar, meter la tijera a; **a sanitized account of events** un relato de los hechos demasiado aséptico

sanity ['sænɪtɪ] *n* cordura *f*; **to keep one's s.** no perder el juicio *or* la razón, mantener la cordura

> Note that the Spanish word **sanidad** is a false friend and is never a translation for the English word **sanity**. In Spanish **sanidad** means "health".

sank [sæŋk] *pt of* **sink**

San Marino ['sænmə'ri:nəʊ] *n* San Marino

Sanskrit ['sænskrɪt] *n* sánscrito *m*

Santa (Claus) ['sæntə('klɔ:z)] *n* Papá *m* Noel

Santiago [sæntɪ'ɑ:geʊ] *n* Santiago de Chile

Sao Tomé and Principe ['saʊtə'meɪən'prɪnsɪpeɪ] *n* Santo Tomé y Príncipe

sap[1] [sæp] *n (of plant)* savia *f*

sap[2] *n Fam (gullible person)* papanatas *mf inv*, *Esp* pardillo(a) *m,f*

sap[3] *(pt & pp* **sapped**) *vt (undermine) & Fig* minar, debilitar

sapling ['sæplɪŋ] *n* pimpollo *m*, árbol *m* joven

sapper ['sæpə(r)] *n Mil* zapador(ora) *m,f*

sapphire ['sæfaɪə(r)] *n (precious stone)* zafiro *m*; *(colour)* azul *m* zafiro

Saragossa [særə'gɒsə] *n* Zaragoza

Sarajevo [særə'jeɪveʊ] *n* Sarajevo

sarcasm ['sɑ:kæzəm] *n* sarcasmo *m*

sarcastic [sɑ:'kæstɪk] *adj* sarcástico(a)

sarcastically [sɑ:'kæstɪklɪ] *adv* sarcásticamente

sarcoma [sɑ:'kəʊmə] *(pl* **sarcomas** *or* **sarcomata** [sɑ:'kəʊmətə]) *n Med* sarcoma *m*

sarcophagus [sɑ:'kɒfəgəs] *(pl* **sarcophagi** [sɑ:'kɒfəgaɪ]) *n* sarcófago *m*

sardine [sɑ:'di:n] *n* sardina *f*; IDIOM **packed in like sardines** como sardinas en lata

Sardinia [sɑ:'dɪnɪə] *n* Cerdeña

Sardinian [sɑ:'dɪnɪən] *n & adj* sardo(a) *m,f*

sardonic [sɑ:'dɒnɪk] *adj* sardónico(a)

Sargasso Sea [sɑ:'gæsəʊ'si:] *n* **the S.** el mar de los Sargazos

sarge [sɑ:dʒ] *n Fam* sargento *mf*

sari ['sɑ:rɪ] *n* sari *m*

sarky ['sɑ:kɪ] *adj Br Fam* socarrón(ona), sarcástico(a)

sarnie ['sɑ:nɪ] *n Br Fam (with sliced bread)* sándwich *m*; *(with French bread) Esp* bocata *m*, *Am* sándwich *m*

sarong [sə'rɒŋ] *n* sarong *m*, pareo *m*

sarsaparilla [sɑ:spə'rɪlə] *n* zarzaparrilla *f*

sartorial [sɑ:'tɔ:rɪəl] *adj Formal* del vestir; **s. elegance** elegancia *f* en el vestir

SAS [eseɪ'es] *n (abbr* **Special Air Service**) = comando de operaciones especiales del ejército británico, *Esp* ≃ GEO *m*

SASE [eseɪes'i:] *n US (abbr* **self-addressed stamped envelope**) sobre *m* franqueado con la dirección del remitente

sash [sæʃ] *n (on dress)* faja *f*, fajín *m* ▫ ***s. cord*** cordón *m* (de las ventanas de guillotina); ***s. window*** ventana *f* de guillotina

sashay ['sæʃeɪ] *vi Fam* caminar pavoneándose

Sask *(abbr* **Saskatchewan**) Saskatchewan

sass [sæs] *US Fam* **1** *n* frescura *f*, impertinencia *f*

2 *vt* venir con impertinencias a

sassafras ['sæsəfræs] *n* sasafrás *m*

Sassenach ['sæsənæk] *n Scot* = término generalmente peyorativo para referirse a un inglés

sassy ['sæsɪ] *adj US Fam* **(a)** *(cheeky)* fresco(a), impertinente **(b)** *(in style)* que da la nota, muy llamativo(a); **that's one s. pair of shoes** con esos zapatos sí que va uno dando la nota

SAT [sæt] **(a)** *Br (abbr* **standard assessment task**) = tarea de la que se examina a un alumno para determinar si ha alcanzado el nivel de conocimientos correspondiente a su edad **(b)** *US (abbr* **scholastic aptitude test**) = examen que realizan al final de la enseñanza secundaria los alumnos que quieren ir a la universidad

Sat *(abbr* **Saturday**) sáb.

sat [sæt] *pt & pp of* **sit**

Satan ['seɪtən] *n* Satanás *m*, Satán *m*

satanic [sə'tænɪk] *adj* satánico(a)

Satanism ['seɪtənɪzəm] *n* satanismo *m*

satchel ['sætʃəl] *n* cartera *f (de colegial)*

sate [seɪt] *vt Formal* saciar; **to be sated (with sth)** estar saciado(a) (de algo)

satellite ['sætəlaɪt] *n* **(a)** *(planet, device)* satélite *m* ▫ ***s. broadcasting*** emisión *f* vía satélite; ***s. dish*** (antena *f*) parabólica *f*; ***s. television*** televisión *f* por *or* vía satélite **(b)** *(dependency)* **s. (state)** estado *m* satélite; **s. (town)** ciudad *f* satélite

satiate ['seɪʃɪeɪt] *vt Formal* saciar; **to be satiated (with sth)** estar saciado(a) (de algo)

satin ['sætɪn] *n (cloth)* satén *m*, raso *m*; **s. pyjamas/sheets** pijama *m or Am* piyama *m or f*/sábanas *fpl* de raso ▫ ***s. finish*** *(of paper, paint)* (acabado *m*) satinado *m*

satire ['sætaɪə(r)] *n* sátira *f* (**on** de)

satirical [sə'tɪrɪkəl] *adj* satírico(a)

satirist ['sætɪrɪst] *n* escritor(ora) *m,f* de sátiras

satirize ['sætɪraɪz] *vt* satirizar

satisfaction [sætɪs'fækʃən] *n (of person)* satisfacción *f* (**with** con); *(of condition)* cumplimiento *m*; **it gives me great s. to know that...** me satisface enormemente saber que...; *Old-fashioned* **to demand s.** exigir una satisfacción

satisfactorily [sætɪs'fæktrɪlɪ] *adv* satisfactoriamente

satisfactory [sætɪs'fæktərɪ] *adj (result, standard, condition)* satisfactorio(a); *Sch* **I got "s." for my work** saqué un aprobado en el trabajo

satisfied ['sætɪsfaɪd] *adj* satisfecho(a); **to be s. (with)** estar satisfecho (con); **I am s. that he is telling the truth** estoy convencido de que dice la verdad; **I'm s. of his sincerity** estoy plenamente seguro de su sinceridad

satisfy ['sætɪsfaɪ] *vt (person, curiosity)* satisfacer; *(condition)* satisfacer, cumplir; **to s. the examiners** aprobar el examen; **she failed to s. me that she was up to the job** no logró convencerme de que podía realizar el trabajo

satisfying ['sætɪsfaɪɪŋ] *adj (job)* gratificante; *(result)* satisfactorio(a); *(meal)* sustancioso(a), que llena

satisfyingly ['sætɪsfaɪɪŋlɪ] *adv* satisfactoriamente

satsuma [sæt'su:mə] *n (fruit)* satsuma *f*

saturate ['sætʃəreɪt] *vt* **(a)** *(soak)* empapar (**with** de *or* en); *Fam (person) Esp* calar hasta los huesos, *Am* hacer sopa **(b)** *(fill)* saturar (**with** de); **to s. the market** saturar el mercado **(c)** *Chem* saturar

saturated ['sætʃəreɪtɪd] *adj* **(a)** *(soaked)* empapado(a) (**with** de *or* en); *Fam (person) Esp* calado(a) hasta los huesos, *Am* hecho(a) sopa **(b)** *(filled)* saturado(a) (**with** de) **(c)** *Chem* ***s. fats*** grasas *fpl* saturadas; ***s. solution*** disolución *f* saturada

saturation [sætʃə'reɪʃən] *n* **(a)** *(soaking)* empapamiento *m* **(b)** *(of market)* saturación *f*; **to reach s. point** llegar al punto de saturación ❑ *Mil* ***s. bombing*** bombardeo *m* intensivo; *Journ* ***s. coverage*** cobertura *f* informativa exhaustiva **(c)** *Chem* saturación *f*

Saturday ['sætədɪ] *n* sábado *m*; **this S.** este sábado; **on S.** el sábado; **on S. morning/night** el sábado por la mañana/por la noche; **on S. afternoon/evening** el sábado por la tarde/por la noche; **on Saturdays** los sábados; **every S.** todos los sábados; **every other S.** cada dos sábados, un sábado sí y otro no; **last S.** el sábado pasado; **the S. before last** hace dos sábados; **next S.** el sábado que viene; **the S. after next, a week on S., S. week** dentro de dos sábados, del sábado en ocho días; **the following S.** el sábado siguiente; **S.'s paper** el periódico del sábado; **the S. movie** la película del sábado

Saturn ['sætɜ:n] *n (planet, god)* Saturno *m*

saturnine ['sætənaɪn] *adj (gloomy)* taciturno(a)

satyr ['sætə(r)] *n (in Greek mythology)* sátiro *m*

sauce [sɔ:s] *n* **(a)** *(for food)* salsa *f*; **tomato/cheese s.** salsa de tomate *or Méx* jitomate/de queso; PROV **what's s. for the goose is s. for the gander** lo que es bueno para uno lo es también para el otro ❑ ***s. boat*** salsera *f* **(b)** *Fam (impudence)* descaro *m* **(c)** *Fam (alcohol)* bebida *f*, *Esp* priva *f*, *Méx* chupe *m*, *RP* chupi *m*

sauced [sɔ:st] *adj Fam (drunk)* mamado(a), *Esp* cocido(a)

saucepan ['sɔ:spən] *n* cazo *m*

saucer ['sɔ:sə(r)] *n* platillo *m*

sauciness ['sɔ:sɪnɪs] *n (impertinence)* descaro *m*, cara *f* dura; *(provocativeness)* picardía *f*

saucy ['sɔ:sɪ] *adj Fam (impertinent)* descarado(a); *(risqué)* picante, subido(a) de tono

Saudi ['saʊdɪ] **1** *n* **(a)** *(person)* saudí *mf* **(b)** *Fam (country)* Arabia Saudí
2 *adj* saudí

Saudi Arabia ['saʊdɪə'reɪbɪə] *n* Arabia Saudí

Saudi Arabian ['saʊdɪə'reɪbɪən] *n & adj* saudí *mf*

sauerkraut ['saʊəkraʊt] *n* chucrut *m*

sauna ['sɔ:nə] *n* sauna *f*

saunter ['sɔ:ntə(r)] **1** *n* paseo *m* (con aire desenfadado)
2 *vi* **to s. (along)** pasear (con aire desenfadado)

sausage ['sɒsɪdʒ] *n* salchicha *f*; *(cured)* = chorizo, salchichón u otro tipo de embutidos; IDIOM *Br Fam* **not a s.** *(nothing)* nada de nada; *Br Hum* **you silly s.!** ¡mira que eres tontorrón(ona)! ❑ *Fam* ***s. dog*** perro *m* salchicha; ***s. meat*** carne *f* picada *(utilizada para rellenar salchichas)*; *Br* ***s. roll*** salchicha *f* envuelta en hojaldre

sauté ['səʊteɪ] *Culin* **1** *adj* salteado(a)
2 *vt* saltear

savable ['seɪvəbəl] *adj* salvable, recuperable

savage ['sævɪdʒ] **1** *n Old-fashioned* salvaje *mf*
2 *adj (animal, person)* salvaje; *(attack, blow, cut)* salvaje, feroz; *(criticism)* virulento(a)
3 *vt (attack physically)* atacar salvajemente; *Fig (criticize)* criticar con saña *or* virulencia

savagely ['sævɪdʒlɪ] *adv (beat, attack)* salvajemente; *(criticize)* con virulencia

savagery ['sævɪdʒərɪ] *n* brutalidad *f*, salvajismo *m*

savanna(h) [sə'vænə] *n* sabana *f*

save¹ [seɪv] *prep Formal (except)* salvo, a excepción de

save² **1** *vt* **(a)** *(rescue) (person, marriage, job)* salvar (**from** de); **to s. sb's life** salvarle la vida a alguien; IDIOM *Fam* **she can't sing to s. her life** no tiene ni idea de cantar; *Fam* **to s. one's (own) neck** *or* **skin** salvar el pellejo; **to s. a shot** parar un disparo; **to s. the situation** *or* **day** salvar la situación; **to s. one's soul** salvar el alma; **God save the King/the Queen!** ¡Dios salve al Rey/a la Reina!
(b) *(help to avoid)* **it saved me a lot of trouble** me ahorró muchos problemas; **to s. sb from falling** evitar que alguien se caiga; **this will s. us having to do it again** esto nos evitará *or* ahorrará tener que hacerlo de nuevo
(c) *Sport* **to s. a shot** parar un disparo
(d) *(keep for future)* guardar; *(money)* ahorrar; *Comptr* guardar; *(on screen)* archivar, guardar; **to s. oneself for sth** reservarse para algo; **I am saving my strength** estoy ahorrando fuerzas; *Fam* **s. your breath!** ¡no te esfuerces!, ¡ahórrate las palabras!; *Fam* **s. the sympathy!** ¡puedes ahorrarte tu compasión!, ¡no necesito que me compadezcan!
(e) *(not waste) (time, money, space, work)* ahorrar; **I saved £10 by buying it there** me ahorré 10 libras por comprarlo ahí
2 *vi* **(a)** *(not waste money)* ahorrar; **to s. for sth** ahorrar para algo; **s. on heating costs by insulating your house** aísle su casa y ahorre en calefacción
(b) *(of goalkeeper)* realizar una parada (**from** a tiro de)
3 *n (of goalkeeper)* parada *f*; **to make a s.** hacer una parada

▸**save up** *vt sep & vi* ahorrar (**for** para)

saver ['seɪvə(r)] *n Fin* ahorrador(ora) *m,f*

saving ['seɪvɪŋ] **1** *n* **(a)** *(economy)* ahorro *m*; **to make savings** ahorrar, economizar **(b)** *Fin* **savings** ahorros *mpl*; **she lived off her savings** vivía de sus ahorros; **I spent my life savings on a trip to Hawaii** gasté los ahorros de toda una vida en un viaje a Hawai ❑ ***savings account*** cuenta *f* de ahorros; ***savings bank*** caja *f* de ahorros; *US* ***savings and loan association*** ≃ caja *f* de ahorros
2 *adj* **her s. grace** lo único que le salva

saviour, *US* **savior** ['seɪvjə(r)] *n* salvador(ora) *m,f*; *Rel* **the S.** el Salvador

savoir-faire ['sævwɑ:'feə(r)] *n* el saber hacer, el saber estar

savour, *US* **savor** ['seɪvə(r)] **1** *n* sabor *m*
2 *vt* saborear
3 *vi* **to s. of** oler a

savoury, *US* **savory** ['seɪvərɪ] **1** *adj* **(a)** *(food) (appetizing)* sabroso(a); *(not sweet)* salado(a) **(b)** *(conduct)* **not very s.** no muy edificante
2 *n* **savouries** salados *mpl*

savvy ['sævɪ] *n Fam (common sense)* seso *m*, sentido *m* común; *(know-how)* conocimentos *mpl*

saw¹ [sɔ:] *pt of* **see**

saw² **1** *n (tool)* sierra *f*; *(with one handle)* serrucho *m*
2 *vt* (*pp* **sawn** [sɔ:n] *or* **sawed**) serrar, cortar

▸**saw off** *vt sep* serrar, cortar

▸**saw up** *vt sep* serrar *or* cortar en trozos

saw³ *n (saying)* dicho *m*

sawbones ['sɔ:bəʊnz] *n Fam Pej* matasanos *mf inv*

sawdust ['sɔ:dʌst] *n* serrín *m*

sawhorse ['sɔ:hɔ:s] *n* borriquete *m*, borriqueta *f*

sawmill ['sɔ:mɪl] *n* aserradero *m*, serrería *f*

sawn [sɔ:n] *pp of* **saw**

sawn-off shotgun ['sɔ:nɒf'ʃɒtgʌn] *n* escopeta *f* de cañones recortados, recortada *f*

sax [sæks] *n Fam (saxophone)* saxo *m*

Saxon ['sæksən] **1** *n* **(a)** *(person)* sajón(ona) *m,f* **(b)** *(language)* sajón *m*
2 *adj* sajón(ona)

Saxony ['sæksənɪ] *n* Sajonia

saxophone ['sæksəfəʊn] *n* saxofón *m* ❑ ***s. player*** saxofonista *mf*

saxophonist [sæk'sɒfənɪst] *n* saxofonista *mf*

SAY [seɪ] **1** *n* **he wasn't allowed to have his s.** no le dejaron expresar su opinión; **I had no s. in the matter** no tuve ni voz ni voto en el asunto

2 *vt* (*pt & pp* **said** [sed]) (**a**) *(of person)* decir; **to s. sth to sb** decir algo a alguien; **to s. sth to oneself** decirse algo; **"good morning", she said** "buenos días", dijo; **he said (that) you were here** dijo que estabas aquí; **to s. mass** decir misa; **to s. a prayer** rezar una oración; **that's a strange thing to s.** qué cosa más extraña dice/dices/*etc*; **he didn't s. a word** no dijo nada; **to s. goodbye (to sb)** despedirse (de alguien); **to s. hello (to sb)** saludar (a alguien); **because I s. so!** ¡porque lo digo yo!; **this salad's rather good, though I s. so myself** modestia aparte, esta ensalada está bien buena; **she said no/yes** dijo que sí/que no; **to s. no/yes to an offer** rechazar/aceptar una oferta; **I wouldn't s. no to a cup of tea** me tomaría un té; *Fam* **what would you s. to a drink?** ¿te gustaría tomar algo?, ¿te apetece *or Col, Méx, Ven* te provoca *or Méx* se te antoja tomar algo?; *Fam* **what do you s. we go for a drink?** ¿qué tal si vamos a tomar algo?; *Fam* **we could go there together, what do you s.?** ¿y qué tal si vamos juntos?; **I s. we don't tell them** yo voto que no se lo digamos; **what can I s.?** ¿qué quieres que diga?; **s. what you like, you can't beat a Mercedes** yo lo tengo muy claro, no hay nada mejor que un Mercedes; **who shall I s. is calling?** ¿quién le llama?, ¿de parte de quién?; **you can't do that? — says who?** no puedes hacer eso — ¿quién lo dice?; **I can't s. I like her** no puedo decir que me guste; **don't s. you've forgotten already!** ¡no me digas que ya te has olvidado!; **it was very good, I must s.** tengo que confesar que estuvo muy bien; **it wasn't, shall I** *or* **we s., totally unintentional** no fue, cómo te lo diría, sin querer; *Fam* **that wasn't very clever of me — you said it!** no tenía que haber hecho eso — ¡tú lo has dicho!; **that says it all!** eso lo dice todo; **to s. sth about sb/sth** decir algo de alguien/algo; **it says a lot about her that...** dice mucho de ella que...; **to s. sth again** repetir algo; **you can s. that again!** ¡y que lo digas!; **I'd never s. a word against her** nunca hablaría mal de ella; **there's a lot to be said for...** hay mucho que decir a favor de...; **it says a lot for/doesn't s. much for their courage that...** dice/no dice mucho de su valor que...; **you're honest, I'll s. that for you** eres honrado, eso sí *or* eso hay que reconocerlo; **what have you got to s. for yourself?** ¿qué tienes que decir a tu favor?; **he didn't have a lot to s. for himself** no tenía nada interesante que decir; **he said to be there by nine** dijo que estuviéramos allí a las nueve; **need I s. more?** está claro ¿no?; **s. no more** no me digas más; **having said that,...** dicho esto,...; **it would be unwise, not to s. dangerous** sería imprudente, por no decir peligroso; **that's not to s. I'm against the idea** lo que no quiere decir que esté en contra de la idea; **when all is said and done** a fin de cuentas, al fin y al cabo

(**b**) *(of text, sign)* decir, poner; *(of law, rules, newspaper)* decir; *(of meter)* marcar; **my watch says four o'clock** mi reloj marca las cuatro

(**c**) *(allege)* **they s. (that)..., it is said (that)...** dicen que..., se dice que...; **he is said to be a good tennis player** dicen que es un buen tenista; **so they s.** eso dicen; **some might s. she's too young** puede que algunos piensen que es demasiado joven

(**d**) *(tell)* **it is difficult to s. when/where/which...** es difícil decir cuándo/dónde/cuál...; **there's no saying what might happen if they find out** como se enteren se va a armar una buena; **who's to s. she's hasn't got one already?** ¿cómo sabemos que no tiene uno ya?

(**e**) *(think)* decir; **I s. (that) they'll lose** yo digo que perderán

(**f**) *(decide)* **it's (not) for him to s.** (no) le corresponde a él decidir

(**g**) *(in hypothetical statements)* **(let's) s. I believe you...** supongamos que te creo...; **if I had, (let's) s., £100,000** si yo tuviera, digamos, 100.000 libras; **countries such as Germany, s., or France** países como Alemania, por poner un caso *or* ejemplo, o Francia

3 *vi* **I'm not saying** no te lo digo; **when will he be back? — he didn't s.** ¿cuándo volverá? — no lo dijo; **which is best? — I couldn't s.** ¿cuál es el mejor? — no te sabría decir; **as they s., as people s.** como se dice, como dice la gente; **I s.!** *(expressing surprise)* ¡caramba!; *Old-fashioned (to attract attention)* ¡oiga!; **I'll s.!** ¡ya lo creo!; **that is to s.** esto es; **who can s.?** ¿quién sabe?; *Fam* **you don't s.!** ¡no me digas!

4 *exclam US* **s., why don't we go for a drink?** ¡eh!, ¿por qué no vamos a tomar algo?; **s., thanks!** ¡gracias, hombre/mujer!

saying ['seɪɪŋ] *n* dicho *m*; **as the s. goes** como dice el refrán

say-so ['seɪsəʊ] *n* visto *m* bueno, aprobación *f*; **on my s.** con mi visto bueno *or* aprobación

SC (*abbr* **South Carolina**) Carolina del Sur

scab [skæb] *n* (**a**) *(on skin)* costra *f*, postilla *f* (**b**) *Fam (strikebreaker)* esquirol *m*, *Am* rompehuelgas *mf inv*, *RP* carnero *m*

scabbard ['skæbəd] *n* vaina *f*

scabby ['skæbɪ] *adj* (**a**) *(skin)* lleno(a) de costras (**b**) *Br Fam (worthless)* asqueroso(a)

scabies ['skeɪbi:z] *n* sarna *f*

scabrous ['skeɪbrəs] *adj Formal* (**a**) *(skin)* áspero(a) (**b**) *(humour)* escabroso(a)

scads [skædz] *npl US Fam* un montón, *Esp* una porrada

scaffold ['skæfəld] *n (outside building)* andamio *m*; *(for execution)* patíbulo *m*

scaffolder ['skæfəldə(r)] *n* montador(ora) *m,f* de andamios

scaffolding ['skæfəldɪŋ] *n* andamiaje *m*

scalable ['skeɪləbəl] *adj Comptr* **s. font** fuente *f* escalable

scalar ['skeɪlə(r)] *adj Math* escalar

scalawag *US* = **scallywag**

scald [skɔ:ld] **1** *n* escaldadura *f*

2 *vt* escaldar

scalding ['skɔ:ldɪŋ] *adj* **to be s. (hot)** estar ardiendo, escaldar

scale[1] [skeɪl] **1** *n* (**a**) *(on fish, reptile)* escama *f* (**b**) *(in pipes, kettle)* incrustación *f* (de cal)

2 *vt* (**a**) *(fish)* escamar, descamar (**b**) *(teeth)* limpiar, quitar *or Am* sacar el sarro a; *(boiler, pipe)* desincrustar

scale[2] *n* (**a**) *(of instrument, pay rates)* escala *f*; **on a s. of one to ten** en una escala de uno a diez (**b**) *(of problem, changes)* escala *f*, magnitud *f*; *(of map, drawing)* escala *f*; **on a large/small s.** a gran/pequeña escala; **to s.** a escala ▫ ***s. model*** modelo *m* a escala; maqueta *f* (**c**) *Mus* escala *f* (**d**) **scales** *(for weighing)* balanza *f*; **a pair** *or* **set of (kitchen) scales** una balanza (de cocina); **(bathroom) scales** báscula *f* (de baño)

▸**scale down** *vt sep (demands, expectations)* reducir; *(search)* reducir la intensidad de

▸**scale up** *vt sep (prices, demands)* aumentar

scale[3] *vt (climb)* escalar

scalene ['skeɪli:n] *adj Geom* escaleno(a)

scallion ['skæliən] *n* cebolleta *f*

scallop ['skæləp, 'skɒləp] *n* (**a**) *(shellfish)* vieira *f* (**b**) *(in sewing)* festón *m*

scalloped ['skɒləpt] *adj (fabric)* festoneado(a)

scallywag ['skælɪwæg], *US* **scalawag** ['skæləwæg] *n Fam* granuja *mf*, sinvergüenza *mf*

scalp [skælp] **1** *n (skin of head)* cuero *m* cabelludo; *(as war trophy)* cabellera *f*

2 *vt (in war)* cortar la cabellera a

scalpel ['skælpəl] *n Med* bisturí *m*

scalper ['skælpə(r)] *n US* reventa *mf*

scaly ['skeɪlɪ] *adj (fish)* con escamas; *(skin)* escamoso(a)

scam [skæm] *n Fam* chanchullo *m*, *Esp* pufo *m*

scamp [skæmp] *n (rascal)* granuja *mf*

scamper ['skæmpə(r)] *vi* ir dando brincos

▸**scamper away, scamper off** *vi* salir dando brincos

scampi ['skæmpɪ] *n* gambas *fpl* rebozadas

scan [skæn] **1** *vt* (*pt & pp* **scanned**) (**a**) *(examine closely) (face, crowd)* escrutar, escudriñar; *(the horizon)* otear, escudriñar (**b**) *(read quickly)* echar una ojeada a (**c**) *Med* hacer un escáner a (**d**) *(glance at) (newspaper, list)* ojear (**e**) *Comptr* escanear

2 *n* (**a**) *Med* escáner *m* (**b**) *Comptr* escaneo *m*

scandal ['skændəl] *n* (**a**) *(outrage)* escándalo *m*; **sex/financial/political s.** escándalo sexual/financiero/político; **it's a s.!** ¡es un escándalo!; **to create** *or* **cause a s.** provocar *or* ocasionar un escándalo (**b**) *(gossip)* chismorreo *m*, *Esp* cotilleo *m*

scandalize ['skændəlaɪz] *vt* escandalizar

scandalmonger ['skændəlmʌŋgə(r)] *n* murmurador(ora) *m,f*

scandalous ['skændələs] *adj* escandaloso(a)

scandalously ['skændələslı] *adv* escandalosamente

Scandinavia [skændı'neıvıə] *n* Escandinavia

Scandinavian [skændı'neıvıən] *n & adj* escandinavo(a) *m,f*

scandium ['skændıəm] *n Chem* escandio *m*

scanner ['skænə(r)] *n Comptr & Med* escáner *m*

scansion ['skænʃən] *n Lit* escansión *f*

scant [skænt] *adj* escaso(a)

scantily ['skæntılı] *adv* apenas; **clad s.** *or* **dressed** ligero(a) de ropa

scanty ['skæntı] *adj (dress)* exiguo(a); *(information)* escaso(a)

scapegoat ['skeıpgəʊt] *n* chivo *m* expiatorio

scapula ['skæpjʊlə] (*pl* **scapulae** ['skæpjʊli:] *or* **scapulas**) *n Anat* escápula *f*, omóplato *m*, omoplato *m*

scar [skɑ:(r)] **1** *n* cicatriz *f*; *Fig (emotional)* cicatriz *f*, huella *f*; *Fig* **he will carry the scars of this defeat for years to come** esta derrota le marcará durante años ▫ ***s. tissue*** tejido *m* cicatrizal

2 *vt* (*pt & pp* **scarred**) dejar cicatrices en; *also Fig* **to be scarred for life** quedar marcado(a) de por vida

3 *vi (of wound)* cicatrizar

scarab ['skærəb] *n* **s. (beetle)** escarabajo *m*

scarce [skeəs] *adj* escaso(a); IDIOM *Fam* **to make oneself s.** esfumarse, poner (los) pies en polvorosa

scarcely ['skeəslı] *adv* apenas; **she could s. speak** apenas podía hablar; **s. ever/any/anyone** casi nunca/ninguno/nadie; **it is s. likely that…** es muy improbable que…; **s. had I begun to speak when…** apenas había empezado a hablar cuando…, no había hecho más que empezar a hablar cuando…

scarcity ['skeəsıtı], **scarceness** ['skeəsnıs] *n* escasez *f*

scare ['skeə(r)] **1** *n (fright)* susto *m*; *(widespread alarm)* alarma *f*; **a safety/pollution s.** una alarma (social) por razones de seguridad/contaminación; **we had a bit of a s.** nos dimos *or* pegamos un buen susto; **you gave me an awful s.** me has dado un susto tremendo ▫ ***s. story*** historia *f* alarmista

2 *vt* asustar; *Fam* **to s. the life** *or* **the living daylights out of sb** pegarle un susto de muerte a alguien; *Vulg* **to s. sb shitless** pegarle un susto acojonante a alguien

3 *vi* asustarse; **I don't s. easily** no me asusto fácilmente

▸**scare away, scare off** *vt sep* ahuyentar

scarecrow ['skeəkrəʊ] *n* espantapájaros *m inv*

scared [skeəd] *adj* asustado(a); **to be s.** estar asustado(a); **to be s. of** tener miedo de; **to be s. to do sth** tener miedo de hacer algo; **to be s. stiff, to be s. to death** estar muerto(a) de miedo

scaredy cat ['skeədıkæt] *n Br Fam* gallina *mf*, *Esp* miedica *mf*

scaremonger ['skeəmʌŋgə(r)] *n* alarmista *mf*

scaremongering ['skeəmʌŋgərıŋ] *n* alarmismo *m*

scarf [skɑ:f] (*pl* **scarves** [skɑ:vz]) *n (woollen)* bufanda *f*; *(of silk, for head)* pañuelo *m*

scarify ['skærıfaı] *vt Med & Agr* escarificar

scarily ['skeərılı] *adv (unnervingly)* estremecedoramente

scarlet ['skɑ:lıt] **1** *n* (color *m*) escarlata *m*

2 *adj* escarlata; **to go** *or* **turn s.** *(with anger, embarrassment)* ponerse colorado(a) ▫ ***s. fever*** escarlatina *f*; *Old-fashioned* ***s. woman*** mujer *f* pública

scarp [skɑ:p] *n* escarpadura *f*, escarpa *f*

scarper ['skɑ:pə(r)] *vi Br Fam* abrirse, darse el piro, *Am* rajarse

scary ['skeərı] *adj Fam (noise, situation)* aterrador(ora), espantoso(a); *(movie, book)* de miedo, de terror; *(coincidence)* estremecedor(ora), espeluznante

scat [skæt] *exclam Fam* ¡lárgate!, *Esp* ¡largo!

scathing ['skeıðıŋ] *adj (remark, sarcasm)* mordaz, cáustico(a); **she was s. about the security arrangements** criticó con mordacidad las medidas de seguridad

scathingly ['skeıðıŋlı] *adv (remark, speak)* con mordacidad

scatological [skætə'lɒdʒıkəl] *adj* escatológico(a)

scatter ['skætə(r)] **1** *vt (clouds, demonstrators)* dispersar; *(corn, seed)* esparcir; **to s. crumbs/papers all over the place** dejar todo lleno *or* sembrado de migas/papeles; **my family are scattered all round the country** tengo a la familia dispersa *or* desperdigada *or* repartida por todo el país ▫ ***s. cushion*** cojín *m*; *Math* ***s. diagram*** diagrama *m* de dispersión; ***s. gun*** escopeta *f*

2 *vi (of crowd)* dispersarse

scatterbrain ['skætəbreın] *n Fam* atolondrado(a) *m,f*, despistado(a) *m,f*

scatterbrained ['skætəbreınd] *adj Fam* atolondrado(a), despistado(a)

scatty ['skætı] *adj Br Fam* atolondrado(a), despistado(a)

scavenge ['skævındʒ] **1** *vt* rebuscar (entre los desperdicios)

2 *vi* **to s. for sth** rebuscar algo entre los desperdicios; **to s. in the dustbins** rebuscar en los cubos de basura

scavenger ['skævındʒə(r)] *n (animal)* (animal *m*) carroñero *m*

scenario [sı'nɑ:rıəʊ] (*pl* **scenarios**) *n* (**a**) *(of movie)* argumento *m* (**b**) *(situation)* situación *f* hipotética; **a likely s. is…** puede muy bien ocurrir que…

> Note that the Spanish word **escenario** is a false friend and is never a translation for the English word **scenario**. In Spanish **escenario** means both "stage" and "setting".

scene [si:n] *n* (**a**) *Th & Cin* escena *f*; **Act 4, S. 2** acto cuarto, escena segunda; *also Fig* **a touching/terrifying s.** una escena conmovedora/aterradora; **a s. of devastation** una escena de destrucción; **I can picture the s.** me puedo imaginar la escena; IDIOM **behind the scenes** entre bastidores; **to set the s.** describir la escena ▫ *Th* ***s. shifter*** tramoyista *mf*

(**b**) *(of event)* escenario *m*; **a change of s. would do him good** un cambio de aires le vendría bien; **to arrive** *or* **come on the s.** aparecer (en escena); **the s. of the crime/accident** el escenario *or* lugar del crimen/accidente

(**c**) *(fuss)* **to make a s.** montar un número, hacer una escena

(**d**) *(world)* **the music s.** la movida musical; **the political/sporting s.** el panorama político/deportivo; *Fam* **it's not my s.** no me gusta *or Esp* va mucho; **the s.** *(gay milieu)* el ambiente (gay)

scenery ['si:nərı] *n* (**a**) *(in play)* decorado *m* (**b**) *(landscape)* paisaje *m*; *Fam* **you need a change of s.** necesitas un cambio de aires

> Note that the Spanish word **escenario** is a false friend and is never a translation for the English word **scenery**. In Spanish **escenario** means both "stage" and "setting".

scenic ['si:nık] *adj (picturesque)* pintoresco(a) ▫ ***s. railway*** *(train)* tren *m* turístico; ***s. route*** ruta *f* turística

scent [sent] **1** *n* (**a**) *(smell)* aroma *m*, olor *m* (**b**) *(perfume)* perfume *m* (**c**) *(in hunting)* rastro *m*; **to pick up the s.** detectar el rastro; **to be on the s. of** seguir el rastro de; **to lose the s.** perder el rastro; **he threw his pursuers off the s.** despistó a sus perseguidores

2 *vt* (**a**) *(smell)* olfatear, localizar el rastro de; *Fig* **to s. danger** olerse *or* barruntar el peligro; *Fig* **to s. victory** intuir una victoria (**b**) *(perfume)* perfumar

scented ['sentıd] *adj (fragrant)* perfumado(a)

sceptic, *US* **skeptic** ['skeptık] *n* escéptico(a) *m,f*

sceptical, *US* **skeptical** ['skeptıkəl] *adj* escéptico(a)

sceptically, *US* **skeptically** ['skeptıklı] *adv* escépticamente, con escepticismo

scepticism, *US* **skepticism** ['skeptısızəm] *n* escepticismo *m*

sceptre ['septə(r)] *n* cetro *m*

schedule [ʃedju:l, *US* 'skedju:l] **1** *n* (**a**) *(plan)* programa *m*, plan *m*; **on s.** *(train, bus)* de acuerdo con el horario previsto; **behind/ahead of s.** detrás de/por delante de lo programado *or* previsto; **everything went according to s.** todo fue según las previsiones; **I work to a very**

tight s. tengo que cumplir unos plazos muy estrictos (**b**) *Com (list of prices)* lista *f or* catálogo *m* de precios (**c**) *US (timetable)* horario *m*

2 *vt* programar; **a meeting has been scheduled for 4.00 pm** se ha programado *or* fijado una reunión para las 4 de la tarde; **we're scheduled to arrive at 21.45** está previsto que lleguemos a las 21:45

scheduled ['ʃedju:ld, *US* 'skedju:ld] *adj (services)* programado(a); **at the s. time** a la hora prevista ❑ ***s. flight*** vuelo *m* regular

schematic [skɪ'mætɪk] *adj* esquemático(a)

scheme [ski:m] **1** *n* (**a**) *(arrangement, system)* sistema *m*, método *m*; **in the (greater) s. of things** desde una perspectiva general, en un plano global (**b**) *(plan)* plan *m*, proyecto *m*; *(plot)* intriga *f*

2 *vi* intrigar

schemer ['ski:mə(r)] *n* intrigante *mf*

scheming ['ski:mɪŋ] **1** *n* intrigas *fpl*

2 *adj* intrigante

schilling ['ʃɪlɪŋ] *n (Austrian currency)* chelín *m* (austriaco)

schism ['s(k)ɪzəm] *n* cisma *m*

schist [ʃɪst] *n Geol* esquisto *m*

schizo ['skɪtsəʊ] *n & adj Fam* esquizo *mf*

schizoid ['skɪtsɔɪd] *n & adj* esquizoide *mf*

schizophrenia [skɪtsə'fri:nɪə] *n* esquizofrenia *f*

schizophrenic [skɪtsə'frenɪk] *n & adj* esquizofrénico(a) *m,f*

schlemiel [ʃlə'mi:l] *n US Fam* pelagatos *mf inv*, desgraciado(a) *m,f*

schlep [ʃlep] *Fam* **1** *n (journey)* caminata *f*

2 *vt (carry)* acarrear

3 *vi (walk)* **to s. home** pegarse una caminata hasta casa; **I had to s. to the corner store** arrastré mis huesos hasta la tienda de la esquina

schlock [ʃlɒk] *n US Fam (worthless things)* porquerías *fpl*

schlong [ʃlɒŋ] *n US very Fam* verga *f*, *Esp* cimbel *m*

schmaltz [ʃmɔ:lts] *n Fam* ñoñería *f*, sensiblería *f*

schmaltzy ['ʃmɔ:ltsɪ] *adj Fam* sensiblero(a), *Esp* ñoño(a)

schmooze [ʃmu:z] *vi Fam* chismorrear, *Esp* cotillear, *Am* chismear

schmuck [ʃmʌk] *n US Fam* bobo(a) *m,f*

schnap(p)s [ʃnæps] *n* = tipo de aguardiente alemán

schnitzel ['ʃnɪtsəl] *n* filete *f* de ternera

schnozzle ['ʃnɒzəl] *n US Fam* napia *f*, napias *fpl*

scholar ['skɒlə(r)] *n* (**a**) *(learned person)* erudito(a) *m,f* (**b**) *(award holder)* becario(a) *m,f*

scholarly ['skɒləlɪ] *adj* erudito(a)

scholarship ['skɒləʃɪp] *n* (**a**) *(learning)* erudición *f* (**b**) *Educ (grant)* beca *f*

scholastic [skə'læstɪk] *adj Formal* académico(a)

school[1] [sku:l] **1** *n* (**a**) *(for children) (up to 14)* colegio *m*, escuela *f*; *(from 14 to 18)* instituto *m*; *(of dance, languages etc) (private)* escuela *f*, academia *f*; **to go to s.** ir al colegio; **what did you do at s. today?** ¿qué habéis hecho hoy en clase?; **I went to** *or* **was at s. with him** fuimos juntos al colegio; **there is no s. tomorrow** mañana no hay colegio *or* clase; **when does s. start?** ¿cuándo empiezan las clases?; **what are you doing after s.?** ¿qué vas a hacer después de clase?; **of s. age** en edad escolar; IDIOM **the s. of hard knocks** la escuela de la vida; **the s. of life** la escuela de la vida ❑ ***s. of art, art s.*** escuela de arte; *Br* ***s. board*** consejo *m* escolar; ***s. book*** libro *m* de texto (escolar); ***s. bus*** autobús *m* escolar; ***s. day*** *(hours in school)* jornada *f* escolar; **on school days** en días de colegio; ***s. friend*** amigo(a) *m,f* del colegio; ***s. leaver*** = alumno que ha finalizado sus estudios; ***s. uniform*** uniforme *m* escolar; ***s. year*** año *m* escolar *or* académico

(**b**) *US (college, university)* universidad *f*

(**c**) *(university department)* facultad *f*; **the Business S.** la Facultad de Empresariales

(**d**) *(of artists, thinkers)* escuela *f*; **s. of thought** corriente *or* escuela de pensamiento; IDIOM **he's one of the old s.** es de la vieja escuela

2 *vt (educate)* educar; *(train) (child, mind)* instruir, adiestrar; **to s. sb in sth** instruir a alguien en algo

school[2] *n (of fish)* banco *m*

schoolboy ['sku:lbɔɪ] *n* colegial *m*; **as every s. knows** como es de todos sabido

schoolchild ['sku:ltʃaɪld] *n* colegial(ala) *m,f*

schoolfellow ['sku:lfeləʊ] *n* compañero(a) *m,f* de colegio

schoolgirl ['sku:lgɜ:l] *n* colegiala *f*

schoolhouse ['sku:lhaʊs] *n* colegio *m*, escuela *f*

schooling ['sku:lɪŋ] *n* enseñanza *f or* educación *f* escolar

schoolmarm ['sku:lmɑ:m] *n Fam* maestra *f*

schoolmaster ['sku:lmɑ:stə(r)] *n Formal (primary)* maestro *m*; *(secondary)* profesor *m*

schoolmate ['sku:lmeɪt] *n* compañero(a) *m,f* de colegio

schoolmistress ['sku:lmɪstrɪs] *n Formal (primary)* maestra *f*; *(secondary)* profesora *f*

schoolroom ['sku:lru:m] *n* aula *f*, clase *f*

schoolteacher ['sku:lti:tʃə(r)] *n (primary)* maestro(a) *m,f*; *(secondary)* profesor(ora) *m,f*

schoolteaching ['sku:lti:tʃɪŋ] *n* enseñanza *f*

schoolwork ['sku:lwɜ:k] *n* trabajo *m* escolar

schooner ['sku:nə(r)] *n* (**a**) *(ship)* goleta *f* (**b**) *(glass)* catavino *m*, copa *f* (de jerez)

schuss [ʃʊs] **1** *n (in skiing)* descenso *m* en línea recta

2 *vi (in skiing)* descender en línea recta

schwa [ʃwɑ:] *n Ling* schwa *f*, = sonido vocálico central átono

sciatic [saɪ'ætɪk] *adj Anat* ciático(a) ❑ ***s. nerve*** nervio *m* ciático

sciatica [saɪ'ætɪkə] *n Med* ciática *f*

science ['saɪəns] *n* ciencia *f* ❑ ***s. class*** clase *f* de ciencias; ***s. fiction*** ciencia *f* ficción; ***s. park*** parque *m* tecnológico universitario; ***s. teacher*** profesor(ora) *m,f* de ciencias

scientific [saɪən'tɪfɪk] *adj* científico(a)

scientifically [saɪən'tɪfɪklɪ] *adv* científicamente; **to be s. minded** tener inclinaciones científicas

scientist ['saɪəntɪst] *n* científico(a) *m,f*

Scientology [saɪən'tɒlədʒɪ] *n* cienciología *f*

sci-fi ['saɪfaɪ] *Fam* **1** *n* ciencia *f* ficción

2 *adj* de ciencia ficción

Scilly ['sɪlɪ] *n* **the S. Isles, the Scillies** las Islas Scilly *or* Sorlingas

scimitar ['sɪmɪtə(r)] *n* cimitarra *f*

scintilla [sɪn'tɪlə] *n Formal* atisbo *m*; **there is not a s. of proof that...** no existe el menor atisbo de prueba de que...

scintillating ['sɪntɪleɪtɪŋ] *adj (conversation)* chispeante; *(performance)* brillante

scion ['saɪən] *n* (**a**) *Bot* púa *f*, esqueje *m* (**b**) *Formal (offspring)* vástago *m*, descendiente *mf*

scissors ['sɪzəz] *npl* tijeras *fpl*; **a pair of s.** unas tijeras ❑ ***s. kick*** *(in soccer) (overhead)* tijereta *f*, chilena *f*

sclerosis [sklə'rəʊsɪs] *n Med* esclerosis *f inv*

scoff [skɒf] **1** *vt Br Fam (eat)* zamparse

2 *vi (mock)* burlarse, mofarse (**at** de)

scold [skəʊld] *vt* reñir, regañar

scolding ['skəʊldɪŋ] *n* regañina *f*; **to give sb a s.** regañar a alguien, echar una regañina a alguien

sconce [skɒns] *n (for candlestick)* candelabro *m* de pared; *(for electric light)* aplique *m*

scone [skɒn, skəʊn] *n* = bollo pequeño, redondo y bastante seco, a veces con pasas

scoop [sku:p] **1** *n* (**a**) *(utensil) (for flour, mashed potato)* paleta *f*; *(for ice cream)* pinzas *fpl* de cuchara; *(for sugar)* cucharilla *f* plana (**b**) *(portion) (of ice cream)* bola *f*; *(of mashed potato)* paletada *f* (**c**) *Journ* primicia *f*

2 *vt* (**a**) *Journ* **to s. a story** obtener una primicia (**b**) *(win)* cosechar, llevarse

▸**scoop out** *vt sep (with hands)* sacar con las manos; *(with spoon)* sacar con cuchara

▸**scoop up** *vt sep (with hands)* recoger ahuecando las manos; *(with spoon)* tomar una cucharada de; **he scooped up the papers in his arms** recogió los papeles entre sus brazos

scoopful ['sku:pfʊl] *n (of ice cream)* bola *f*; *(of mashed potato)* paletada *f*

scoot [sku:t] *vi Fam* **to s. (off** *or* **away)** salir disparado(a)

scooter ['sku:tə(r)] *n (for child)* patinete *m*; **(motor) s.** escúter *m*, Vespa® *f*

scope [skəʊp] *n* (**a**) *(extent)* ámbito *m*, alcance *m* (**b**) *(opportunity)* margen *m*, posibilidades *fpl*; **there's s. for**

improvement hay margen para mejorar, se puede mejorar; **to give s. for...** *(interpretation, explanation)* permitir (la posibilidad de)...; **to give free s. to one's imagination** dar rienda suelta a la imaginación

scorch [skɔːtʃ] **1** *n* **s. (mark)** (marca *f* de) quemadura *f*
2 *vt* chamuscar

scorched [skɔːtʃt] *adj* chamuscado(a) ▫ ***s. earth policy*** *(of retreating army)* política *f* de tierra quemada

scorcher ['skɔːtʃə(r)] *n Fam (hot day)* día *m* (de calor) abrasador

scorching ['skɔːtʃɪŋ] *adj* abrasador(ora); **it's s. hot** hace un calor abrasador

score [skɔː(r)] **1** *n* (**a**) *(total) (in sport)* resultado *m*; *(in quiz)* puntuación *f*; **there was still no s.** no se había movido el marcador; **what's the s.?** *(in game)* ¿cómo van?; *Fam Fig (what's the situation)* ¿qué pasa?; **to keep the s.** llevar el tanteo; IDIOM *Fam* **to know the s.** conocer el percal
(**b**) *(line)* arañazo *m*
(**c**) *(quarrel)* **to have a s. to settle with sb** tener una cuenta que saldar con alguien
(**d**) *(reason, grounds)* **don't worry on that s.** no te preocupes en ese aspecto; **on that s. alone** sólo por eso
(**e**) *Mus* partitura *f*; *(for movie)* banda *f* sonora original
(**f**) *Old-fashioned (twenty)* **a s.** una veintena; *Fam* **scores** *(a lot)* montones *mpl*
2 *vt* (**a**) *(in sport) (goal)* marcar; *(point, run)* anotar; *Fig (success, victory)* apuntarse; **to s. a basket** *(in basketball)* encestar; **to s. a hit** *(hit target)* hacer blanco; *Fig (of person, movie)* acertar; *Fig* **to s. points off sb** *(in debate)* anotarse puntos a costa de alguien
(**b**) *(cut line in)* marcar con una raya *or* estría; **she scored her name on a tree** grabó su nombre en un árbol
(**c**) *Fam (buy)* **to s. drugs** conseguir *or Esp* pillar droga
3 *vi* (**a**) *(get a goal, point, try)* marcar; *(get a basket)* encestar
(**b**) *(keep the score)* llevar el tanteo
(**c**) *(have the advantage)* **her proposal scores on cost** el punto fuerte de su propuesta son los costos; **that's where their plan scores over ours** en eso su plan se lleva la palma sobre el nuestro
(**d**) *Fam (have sex)* echar un polvo *or Méx* caldito, *Esp* mojar; *(buy drugs)* conseguir *or Esp* pillar droga

▸**score off** *vt sep (delete)* tachar

▸**score out** *vt sep (delete)* tachar

scoreboard ['skɔːbɔːd] *n* marcador *m*

scorecard ['skɔːkɑːd] *n* tarjeta *f* de puntuación

scorer ['skɔːrə(r)] *n* (**a**) *(player) (in soccer, hockey)* goleador(ora) *m,f*; *(in basketball, American football, rugby)* anotador(ora) *m,f* (**b**) *(score keeper)* encargado(a) *m,f* del marcador

scorn [skɔːn] **1** *n* desprecio *m*, desdén *m*; **to pour s. on sth/sb** hablar de algo/alguien con desdén
2 *vt* despreciar, desdeñar; **to s. to do sth** no dignarse a hacer algo

scornful ['skɔːnfʊl] *adj* despreciativo(a), desdeñoso(a); **to be s. of sth** despreciar *or* desdeñar algo

scornfully ['skɔːnfʊlɪ] *adv* con desdén, con aire despreciativo

Scorpio ['skɔːpɪəʊ] *n (sign of zodiac)* Escorpio *m*, Escorpión *m*; **to be (a) S.** ser Escorpio *or* Escorpión

scorpion ['skɔːpɪən] *n* escorpión *m*, alacrán *m*

Scot [skɒt] *n* escocés(esa) *m,f*

Scotch [skɒtʃ] **1** *n (whisky)* whisky *m* escocés
2 *adj* ***S. broth*** = caldo típico escocés; ***S. egg*** = bola de fiambre frita y rebozada con un huevo duro en el centro; *US* ***S. tape***® celo *m*; ***S. terrier*** terrier *m* escocés; ***S. whisky*** whisky *m* escocés

scotch [skɒtʃ] *vt (rumour)* desmentir

scot-free ['skɒt'friː] *adj Fam* **to get off s.** quedar impune

Scotland ['skɒtlənd] *n* Escocia

Scots [skɒts] **1** *n (dialect)* (dialecto *m*) escocés *m*
2 *adj* escocés(esa) ▫ ***S. pine*** pino *m* albar

Scotsman ['skɒtsmən] *n* escocés *m*

Scotswoman ['skɒtswʊmən] *n* escocesa *f*

Scottie dog ['skɒtɪ'dɒg] *n Fam* terrier *m* escocés

Scottish ['skɒtɪʃ] *adj* escocés(esa) ▫ ***S. terrier*** terrier *m* escocés

scoundrel ['skaʊndrəl] *n* (**a**) *(wicked person)* bellaco(a) *m,f*, canalla *mf* (**b**) *Fam (rascal)* sinvergüenzón(ona) *m,f*, granujilla *mf*

scour ['skaʊə(r)] *vt* (**a**) *(pot, surface)* restregar (**b**) *(search) (area)* peinar; *(house)* registrar, rebuscar en

scourer ['skaʊərə(r)] *n* estropajo *m*

scourge [skɜːdʒ] *n* azote *m*

scouring pad ['skaʊərɪŋpæd] *n* estropajo *m*

Scouse [skaʊs] *Fam* **1** *n (dialect)* dialecto *m* de Liverpool;
2 *adj* de Liverpool

Scouser ['skaʊsə(r)] *n Fam* = natural o habitante de Liverpool

scout [skaʊt] **1** *n* (**a**) *Mil (person)* explorador(ora) *m,f*; **(boy) s.** boy-scout *m*, escultista *m*; **(talent) s.** cazatalentos *mf inv*; *Sport* ojeador(a) *m,f* (**b**) *(action)* **to have a s. around (for sth)** buscar (algo)
2 *vi* **to s. ahead** reconocer el terreno; **to s. around (for sth)** buscar (algo); **to s. for talent** ir a la caza de talentos

scoutmaster ['skaʊtmɑːstə(r)] *n* jefe *m* de exploradores *or* boy-scouts

scowl [skaʊl] **1** *n* ceño *m* fruncido
2 *vi* fruncir el ceño (**at** a)

scrabble ['skræbəl] *vi* **to s. about** *or* **around for sth** buscar algo a tientas

scrag [skræg] *n* **s. (end)** pescuezo *m*

scraggy ['skrægɪ] *adj* raquítico(a), esquelético(a)

scram [skræm] (*pt & pp* **scrammed**) *vi Fam* largarse, pirarse; **s.!** ¡lárgate!, *Esp* ¡largo!

scramble ['skræmbəl] **1** *n (rush)* desbandada *f*; *(struggle)* lucha *f* (**for** por); **there was a mad s. for seats** se desató una lucha frenética por conseguir un asiento; **it was a short s. to the top** para alcanzar la cumbre había que trepar un poco
2 *vt* (**a**) *(cook)* **to s. some eggs** hacer unos huevos revueltos (**b**) *Tel (signal)* codificar
3 *vi* **to s. for sth** luchar por algo; **to s. up a hill** trepar por una colina.

scrambled eggs ['skræmbəld'egz] *npl* huevos *mpl* revueltos

scrambler ['skræmblə(r)] *n Tel* distorsionador *m* (de frecuencias), scrambler *m*

scrambling ['skræmblɪŋ] *n* (**a**) *(sport)* motocross *m* (**b**) *(in rock climbing)* ascenso *m* trepando

scrap[1] [skræp] **1** *n* (**a**) *(of material, paper)* trozo *m*; *(of information)* fragmento *m*; **to tear sth into scraps** hacer trizas algo; **scraps** *(of food)* sobras *fpl*; **a s. of evidence** un indicio; **there isn't a s. of truth in what she says** no hay ni rastro de verdad en lo que dice; **he hasn't done a s. of work all day** *Esp* no ha dado (ni) golpe en todo el día, *Am* no movió un dedo en todo el día ▫ ***s. paper*** papel *m* usado (**b**) *(metal)* **s. (metal)** chatarra *f*; **to sell sth for s.** vender algo para chatarra ▫ ***s. merchant*** *or* ***dealer*** chatarrero(a) *m,f*
2 *vt* (*pt & pp* **scrapped**) *(car)* mandar a la chatarra; *(submarine, missile)* desmantelar; *(project)* descartar, abandonar

scrap[2] *Fam* **1** *n (fight)* bronca *f*, pelea *f*; **to have a s., to get into a s.** pelearse
2 *vi* (*pt & pp* **scrapped**) *(fight)* pelearse

scrapbook ['skræpbʊk] *n* (**a**) *(for cuttings)* álbum *m* de recortes (**b**) *Comptr* apuntador *m*

scrape [skreɪp] **1** *n* (**a**) *(action)* rascada *f*; *(mark)* arañazo *m*; *(on skin)* arañazo *m*, rasguño *m*; *(sound)* chirrido *m*; **to give sth a s.** rascar algo (**b**) *(adventure)* aventura *f*, lío *m*; *Fam* **to get into a s.** meterse en un lío *or Esp* fregado
2 *vt* (**a**) *(scratch) (side of car)* rayar, arañar; *(dirt, wallpaper)* rascar, arrancar; *(vegetables)* raspar; **to s. one's knee** arañarse *or* rasguñarse la rodilla; **to s. one's shoes** restregar los zapatos; **to s. one's plate clean** rebañar el plato; IDIOM **to s. the bottom of the barrel** tener que recurrir a lo peor (**b**) *(barely obtain)* **I just s. a living** me gano la vida como puedo; **to s. a pass** *(in exam)* aprobar por los pelos
3 *vi* (**a**) *(make sound)* chirriar; **she was scraping away on her fiddle** rascaba el violín con un sonido chirriante (**b**) *(barely manage)* **to s. home** *(in contest)* ganar a duras penas; **to s. into college** entrar en la universidad por los pelos

▸**scrape off** *vt sep* rascar, raspar

▸**scrape through 1** *vt insep (exam)* aprobar por los pelos

2 *vi* pasar por los pelos

▸**scrape together** *vt sep (money, resources)* reunir a duras penas

scraper ['skreɪpə(r)] *n (tool)* rasqueta *f*

scrapheap ['skræphi:p] *n* montón *m* de chatarra; IDIOM **to be on the s.** *(person)* estar excluido(a) del mundo laboral; *(idea)* quedar descartado(a)

scrapie ['skreɪpɪ] *n* escrapie *m*

scrappy ['skræpɪ] *adj (knowledge, performance)* deslavazado(a)

scrapyard ['skræpjɑ:d] *n* desgüace *m*, cementerio *m* de automóviles

scratch [skrætʃ] **1** *n* (**a**) *(on skin, furniture)* arañazo *m*, rasguño *m*; *(on glass, record)* raya *f*; **it's just a s.** no es más que un rasguño *or* arañazo; **he came out of it without a s.** salió sin un rasguño

(**b**) *(action)* **to give one's nose a s.** rascarse la nariz

(**c**) *Fam* IDIOMS **to start from s.** partir de cero; **to be** *or* **come up to s.** dar la talla; **to bring sth/sb up to s.** poner algo/a alguien a punto

2 *adj* (**a**) *(meal, team)* improvisado(a), de circunstancias

(**b**) *(for notes) US* ***s. pad*** bloc *m* de notas; ***s. paper*** papel *m* usado

3 *vt* (**a**) *(skin, furniture)* arañar; *(glass, record)* rayar; **to s. oneself** rascarse; **to s. one's nose** rascarse la nariz; **he scratched his name on the card** garabateó su nombre en la tarjeta; IDIOM **you s. my back and I'll s. yours** hoy por ti y mañana por mí; IDIOM **we've only scratched the surface of the problem** no hemos hecho más que empezar a tratar el problema

(**b**) *(remove)* **to s. sb's name from a list** quitar *or Am* sacar a alguien de una lista

4 *vi* (**a**) *(oneself)* rascarse; *(of thorns)* picar; *(of new clothes)* rascar, raspar; **the dog was scratching at the door** el perro estaba arañando la puerta

(**b**) *(withdraw from competition)* retirarse

▸**scratch out** *vt sep (number, name)* tachar; **to s. sb's eyes out** arrancarle a alguien los ojos

scratchcard ['skrætʃkɑ:d] *n* = tarjeta de lotería que lleva una película opaca que hay que rascar para descubrir el posible premio

scratchy ['skrætʃɪ] *adj (garment, towel)* áspero(a); *(record)* con muchos arañazos

scrawl [skrɔ:l] **1** *n* garabatos *mpl*

2 *vt* garabatear

3 *vi* hacer garabatos

scrawly ['skrɔ:lɪ] *adj* garabateado(a)

scrawny ['skrɔ:nɪ] *adj* esquelético(a), raquítico(a)

scream [skri:m] **1** *n* (**a**) *(of person)* grito *m*, chillido *m*; **to let out a s.** soltar un grito; **screams of laughter** carcajadas *fpl* (**b**) *Fam (good fun)* **it was a s.** fue para morirse de risa *or Esp* para mondarse; **he's a s.** es la monda

2 *vt* gritar; **to s. abuse** lanzar improperios *or* insultos; **the headlines screamed "guilty"** los titulares *or Méx, RP* encabezados clamaban "culpable"

3 *vi* gritar, chillar; **the jets screamed overhead** los reactores pasaron con estruendo; **to s. in pain** gritar de dolor; **to s. with laughter** reírse a carcajadas; **to s. past** *(of car, train)* armar estruendo al pasar

screaming ['skri:mɪŋ] **1** *n* gritos *mpl*, chillidos *mpl*

2 *adj* **a s. baby** un niño berreando

screamingly ['skri:mɪŋlɪ] *adv Fam* **s. funny** *Esp* para mondarse de risa, *Am* chistosísimo(a)

scree [skri:] *n* pedruscos *mpl*

screech [skri:tʃ] **1** *n (of bird, person)* chillido *m*; *(of brakes)* chirrido *m*; **a s. of laughter** una carcajada ▫ ***s. owl*** lechuza *f*

2 *vt* chillar; **to s. an order** dar una orden con un chillido

3 *vi (of bird, person)* chillar; *(of brakes)* chirriar, rechinar; **the car screeched to a halt** el coche se detuvo chirriando

screeds [skri:dz] *npl* **he has written s. on this subject** ha escrito páginas y páginas sobre la materia

screen [skri:n] **1** *n* (**a**) *(barrier)* mampara *f*; *(folding)* biombo *m* ▫ ***s. printing*** serigrafía *f*, serigrafiado *m* (**b**) *(of TV, cinema, computer)* pantalla *f*; **the big/small s.** la gran/pequeña pantalla ▫ ***s. actor/actress*** actor *m*/actriz *f* de cine; *Comptr* ***s. dump*** pantallazo *m*, captura *f* de pantalla; *Comptr* ***s. font*** fuente *f* de pantalla; *Comptr* ***s. shot*** pantallazo *m*, captura *f* de pantalla; *Cin* ***s. test*** prueba *f* (de cámara)

2 *vt* (**a**) *(protect)* proteger; **to s. sth from view** ocultar algo a la vista (**b**) *(show) (movie)* proyectar; *(TV programme)* emitir (**c**) *(check) (staff, applicants)* examinar, controlar; *(samples)* comprobar (**for** en busca de); *(information)* filtrar

▸**screen off** *vt sep* separar (con mampara) (**from** de)

▸**screen out** *vt sep* descartar, eliminar

screening ['skri:nɪŋ] *n* (**a**) *(of movie)* proyección *f*; *(of TV programme)* emisión *f*; **first s.** estreno *m* (**b**) *(of staff, applicants)* examen *m*, control *m*; *(of samples)* comprobación *f*

screenplay ['skri:npleɪ] *n Cin* guión *m*

screensaver ['skri:nseɪvə(r)] *n Comptr* salvapantallas *m inv*

screenwriter ['skri:nraɪtə(r)] *n Cin* guionista *mf*

screw [skru:] **1** *n* (**a**) *(for fixing)* tornillo *m*; IDIOM *Fam* **she's got a s. loose** le falta un tornillo; IDIOM *Fam* **to put the screws on sb** apretar las clavijas a alguien ▫ ***s. top*** *(of bottle, jar)* tapón *m* de rosca (**b**) *(propeller)* hélice *f* (**c**) *Fam (prison officer)* carcelero *m*, *Esp* boqueras *m inv* (**d**) *Vulg (sexual intercourse)* polvo *m*, *Méx* caldito *m*; **to have a s.** echar un polvo, *Méx* echarse un caldito (**e**) *Br Fam (salary)* sueldo *m*

2 *vt* (**a**) *(fix)* atornillar (**on** *or* **onto** a); **to s. one's face into a smile** sonreír forzadamente (**b**) *Vulg (have sex with)* tirarse, *Am* coger, *Méx* chingar; **go and s. yourself!** ¡vete a tomar por culo!, *Méx* ¡vete a la chingada!; **s. you!** ¡que te den por culo!, *Méx* ¡vete a la chingada! (**c**) *Fam (cheat)* timar, tangar; **to s. money out of sb** desplumar a alguien, *Esp, RP* sacarle la guita a alguien; *Fam* **they'll s. you for every penny you've got** van a sacarte hasta el último centavo

3 *vi Vulg (have sex)* joder, *Esp* follar, *Am* coger, *Méx* chingar

▸**screw around 1** *vt sep Fam* **to s. sb around** *(treat badly)* tratar a alguien a patadas; *(waste time of)* traer a alguien al retortero

2 *vi Vulg Esp* follar a diestro y siniestro, *Am* coger a más no poder, *Méx* chingar un chingo

▸**screw on 1** *vt sep (with screw)* atornillar; *(lid, top)* enroscar; IDIOM *Fam* **he's got his head screwed on** tiene la cabeza en su sitio

2 *vi (of lid, top)* enroscarse

▸**screw up 1** *vt sep* (**a**) *(make small)* **to s. up a piece of paper** arrugar un trozo de papel; **to s. up one's face** contraer *or* arrugar la cara; **to s. up one's courage** armarse de valor (**b**) *Fam (spoil)* jorobar; **his parents really screwed him up** sus padres lo dejaron bien tarado

2 *vi Fam (fail)* **don't s. up this time** no la cagues esta vez

screwball ['skru:bɔ:l] *US Fam* **1** *n* cabeza *mf* loca, *RP* tiro *m* al aire

2 *adj* chiflado(a) ▫ ***s. comedy*** comedia *f* disparatada

screwdriver ['skru:draɪvə(r)] *n Am* desatornillador *m*, *Esp* destornillador *m*

screwed [skru:d] *adj Fam (in trouble)* en un buen lío

screwed-up ['skru:d'ʌp] *adj Fam* trastornado(a), hecho(a) polvo

screw-top ['skru:tɒp] *adj* (con tapón) de rosca

screw-up ['skru:ʌp] *n Fam (mess, failure)* metedura *f or Am* metida *f* de pata, cagada *f*

screwy ['skru:ɪ] *adj US Fam (person)* rarísimo(a); *(idea)* descabellado(a)

scribble ['skrɪbəl] **1** *n* garabatos *mpl*; **I can't read this s.** no entiendo estos garabatos

2 *vt* **to s. sth (down)** garabatear algo

3 *vi* hacer garabatos

scribe [skraɪb] *n* escribano(a) *m,f*, amanuense *mf*

scrimmage ['skrɪmɪdʒ] *n* (**a**) *(fight)* tumulto *m*, alboroto *m* (**b**) *(in American football)* scrimmage *m*; **line of s.** línea *f* de scrimmage

scrimp [skrɪmp] *vi* **to s. (and save)** economizar, hacer economías

script [skrɪpt] *n* (**a**) *(for play, movie)* guión *m*; *(in exam)* ejercicio *m* (escrito), examen *m* (**b**) *(handwriting)* caligrafía *f*, letra *f*; *(alphabet)* alfabeto *m* (**c**) *Comptr* script *m*

scriptural ['skrɪptʃərəl] *adj* bíblico(a)

Scripture ['skrɪptʃə(r)] *n* **(Holy) S., the Scriptures** la Sagrada Escritura

scriptwriter ['skrɪptraɪtə(r)] *n TV & Cin* guionista *mf*

scrofula ['skrɒfjʊlə] *n Med* escrófula *f*

scroll [skrəʊl] **1** *n* (**a**) *(of paper, parchment)* rollo *m* (**b**) *Archit* voluta *f* (**c**) *Comptr* ***s. arrow*** flecha *f* de desplazamiento; ***s. bar*** barra *f* de desplazamiento

2 *vi Comptr* desplazarse por la pantalla *(de arriba a abajo o de un lado a otro)*

▸**scroll down** *vi Comptr* bajar

▸**scroll up** *vi Comptr* subir

Scrooge [skru:dʒ] *n Fam* tacaño(a) *m,f*, roñoso(a) *m,f*

scrotum ['skrəʊtəm] *n* escroto *m*

scrounge [skraʊndʒ] *Fam* **1** *n* **to be on the s.** gorronear

2 *vt* **to s. sth from** *or* **off sb** gorronearle algo a alguien

3 *vi* **to s. off sb** vivir a costa de alguien, *Esp* vivir de alguien por la gorra

scrounger ['skraʊndʒə(r)] *n Fam* gorrón(ona) *m,f*

scrounging ['skraʊndʒɪŋ] *n Fam* gorronería *f*

scrub [skrʌb] **1** *n* (**a**) *(bushes)* maleza *f*, matorral *m* (**b**) *(wash)* **to give sth a (good) s.** fregar (bien) algo (**c**) *(for skin)* limpiador *m* cutáneo, leche *f or* crema *f* limpiadora

2 *vt* (*pt & pp* **scrubbed**) (**a**) *(floor, pots)* fregar; **to s. one's hands** lavarse bien las manos (**b**) *Fam (cancel)* borrar

▸**scrub up** *vi Med* lavarse bien las manos

scrubber ['skrʌbə(r)] *n* (**a**) *(for dishes)* estropajo *m* (**b**) *Br very Fam (woman)* fulana *f*, *Esp* putón *m* (verbenero)

scrubbing brush ['skrʌbɪŋ'brʌʃ] *n* cepillo *m* de fregar

scrubland ['skrʌblænd] *n* monte *m* bajo, matorral *m*

scruff [skrʌf] *n* (**a**) *(of neck)* **the s. of the neck** el cogote (**b**) *Fam (unkempt person)* andrajoso(a) *m,f*, zarrapastroso(a) *m,f*

scruffily ['skrʌfɪlɪ] *adv* **to be s. dressed** vestir andrajosamente *or* con desaliño

scruffy ['skrʌfɪ] *adj (person)* desaliñado(a), zarrapastroso(a); *(clothes)* andrajoso(a)

scrum [skrʌm] *n (in rugby)* melé *f*; *Fig* **there was a s. at the door** hubo apretujones en la puerta ▫ ***s. half*** medio melé *m*

▸**scrum down** *vi* hacer una melé

scrummage ['skrʌmɪdʒ] *n (in rugby)* melé *f*

scrummy ['skrʌmɪ] *adj Br Fam (food)* riquísimo(a), para chuparse los dedos; **he's so s.!** ¡está buenísimo *or Méx* padrísimo!, *Esp* ¡está para parar un tren!

scrumptious ['skrʌm(p)ʃəs] *adj Fam (food)* riquísimo(a), de chuparse los dedos

scrunch [skrʌn(t)ʃ] **1** *vt (paper)* estrujar; *(can)* aplastar

2 *vi (make sound)* crujir

scrunchie ['skrʌntʃɪ] *n (for hair)* coletero *m*

scruple ['skru:pəl] **1** *n* escrúpulo *m*; **to have no scruples (about doing sth)** no tener escrúpulos (en hacer algo)

2 *vi* **not to s. to do sth** no tener escrúpulos en hacer algo

scrupulous ['skru:pjʊləs] *adj* escrupuloso(a)

scrupulously ['skru:pjʊləslɪ] *adv* escrupulosamente

scrutineer [skru:tɪ'nɪə(r)] *n Pol* escrutador(ora) *m,f*

scrutinize ['skru:tɪnaɪz] *vt (document, votes)* escrutar

scrutiny ['skru:tɪnɪ] *n (of document, votes)* escrutinio *m*; **to come under s.** ser cuidadosamente examinado(a)

SCSI ['skʌzɪ] *adj Comptr* (*abbr* **small computer system interface**) SCSI ▫ ***S. address*** dirección *f* SCSI; ***S. chain*** cadena *f* SCSI

scuba ['sku:bə] *n* ***s. diver*** submarinista *mf* buceador(ora) *m,f (con botellas de oxígeno)*; ***s. diving*** buceo *m*, submarinismo *m*; **to go s. diving** hacer submarinismo

scud [skʌd] *vi* deslizarse rápidamente; **the clouds scudded across the sky** las nubes se deslizaban vertiginosamente por el cielo

scuff [skʌf] **1** *n* ***s. mark*** rozadura *f*, rasguño *m*

2 *vt* rozar

scuffle ['skʌfəl] **1** *n* riña *f*, reyerta *f*

2 *vi* reñir, pelear

scull [skʌl] **1** *n Sport (oar)* scull *m*, espadilla *f*

2 *vi* remar con scull *or* espadilla

scullery ['skʌlərɪ] *n Br* fregadero *m*, trascocina *f*

sculpt [skʌlpt] *vt & vi* esculpir

sculptor ['skʌlptə(r)] *n* escultor(ora) *m,f*

sculptress ['skʌlptrɪs] *n* escultora *f*

sculptural ['skʌlptʃərəl] *adj* escultórico(a)

sculpture ['skʌlptʃə(r)] **1** *n* escultura *f*

2 *vt* esculpir

sculptured ['skʌlptʃəd] *adj (statue, model)* esculpido(a); *(hair)* bien moldeado(a); *(features)* torneado(a)

scum [skʌm] *n* (**a**) *(layer of dirt)* capa *f* de suciedad; *(froth)* espuma *f* (**b**) *Fam (worthless people)* escoria *f*; **the s. of the earth** la escoria de la sociedad (**c**) *US Vulg (semen)* leche *f*, *Esp* lefa *f*

scumbag [skʌmbæg] *n very Fam (person)* cerdo(a) *m,f*, *Esp* mamón(ona) *m,f*

scummy ['skʌmɪ] *adj Fam (dirty, worthless)* asqueroso(a)

scupper ['skʌpə(r)] *vt (ship, project)* hundir

scurf [skɜ:f] *n (dandruff)* caspa *f*

scurrilous ['skʌrɪləs] *adj* ultrajante, denigrante

scurry ['skʌrɪ] *vi (dash)* corretear apresuradamente

▸**scurry away, scurry off** *vi* escabullirse

scurvy ['skɜ:vɪ] *n Med* escorbuto *m*

scuttle[1] ['skʌtəl] **1** *n* **(coal) s.** cajón *m* para el carbón

2 *vt (ship)* barrenar, taladrar; *(plan)* hundir

scuttle[2] *vi (run)* corretear

▸**scuttle away, scuttle off** *vi* escabullirse

scuzzy ['skʌzɪ] *adj US Fam* asqueroso(a), *Esp* guarrísimo(a)

scythe [saɪð] **1** *n* guadaña *f*

2 *vt* segar

SD, S Dak (*abbr* **South Dakota**) Dakota del Sur

SDLP [esdi:el'pi:] *n Br* (*abbr* **Social Democratic and Labour Party**) = partido norirlandés que propugna la reintegración en la República de Irlanda por medios pacíficos

SDP [esdi:'pi:] *n Br Formerly* (*abbr* **Social Democratic Party**) = partido creado en 1981 a raíz de la escisión de una rama moderada del partido laborista y posteriormente fundido con el Partido Liberal

SDRAM [es'di:ræm] *n Comptr* (*abbr* **synchronous dynamic random access memory**) (memoria *f*) SDRAM *f*

SE *n* (*abbr* **south east**) SE

sea [si:] *n* mar *m or f (note that the feminine is used in literary language, by people such as fishermen with a close connection with the sea, and in some idiomatic expressions)*; **by the s.** junto al mar; **to go by s.** ir en barco; **to go to s.** *(become a sailor)* enrolarse de marinero; **to put to s.** zarpar, hacerse a la mar; **to be at s.** estar en la mar; **we've been at s. for two weeks** llevamos dos semanas navegando; *Fig* **a s. of people** un mar de gente; **heavy** *or* **rough seas** mar *f* gruesa; **on the high seas, out at s.** en alta mar; **to find** *or* **get one's s. legs** acostumbrarse al mar *(no marearse)*; IDIOM **to be all at s.** estar totalmente perdido(a), no saber uno por dónde anda ▫ ***s. air*** aire *m* del mar; ***s. anemone*** anémona *f* de mar; ***s. battle*** batalla *f* naval; ***s. bed*** fondo *m* del mar, lecho *m* marino; ***s. bird*** ave *f* marina; ***s. breeze*** brisa *f* marina; ***s. change*** *(radical change)* cambio *m* profundo *or* radical; ***s. cow*** manatí *m*, vaca *f* marina; *Fam* ***s. dog*** lobo *m* de mar; *Naut* ***s. lane*** ruta *f* marítima; ***s. level*** nivel *m* del mar; ***s. lion*** león *m* marino; ***s. monster*** monstruo *m* marino; ***s. otter*** nutria *f* de mar; ***s. power*** *(country)* potencia *f* naval; ***s. salt*** sal *f* marina; ***s. trout*** trucha *f* de mar; ***s. urchin*** erizo *m* de mar; ***s. voyage*** travesía *f*, viaje *m* por mar; ***s. wall*** malecón *m*

seaboard ['si:bɔ:d] *n* litoral *m*, costa *f*

seaborne ['si:bɔ:n] *adj* marítimo(a)

seafarer ['si:feərə(r)] *n* marino(a) *m,f*, marinero(a) *m,f*

seafaring ['si:feərɪŋ] *adj* marinero(a)

seafood ['si:fu:d] *n* marisco *m*, *Am* mariscos *mpl*

seafront ['si:frʌnt] *n* paseo *m* marítimo

seagoing ['si:gəʊɪŋ] *adj* marítimo(a)

seagull ['si:gʌl] *n* gaviota *f*

seahorse ['si:hɔ:s] *n* hipocampo *m*, caballito *m* de mar

seal[1] [si:l] *n (animal)* foca *f*

seal[2] **1** *n* (**a**) *(stamp)* sello *m*; **to give one's s. of approval to sth** dar el visto bueno a algo; **to set the s. on sth** *(alliance, friendship, defeat)* sellar algo; *(fate)*

determinar algo (**b**) *(on machine, pipes, connection)* junta *f*; *(on bottle, box, letter)* precinto *m*
2 *vt* (**a**) *(with official seal)* sellar (**b**) *(close) (envelope, frontier)* precintar, cerrar; *(jar, joint)* precintar, cerrar herméticamente; *(door)* condenar; *(house)* precintar; *(wood)* sellar con tapaporos; **my lips are sealed** soy una tumba (**c**) *(fate)* determinar; *(result, victory)* sentenciar

▸**seal in** *vt sep* encerrar

▸**seal off** *vt sep* impedir el paso a

▸**seal up** *vt sep (house, container)* precintar; *(hole)* rellenar, tapar; *(envelope)* cerrar

sealant ['si:lənt] *n* sellador *m* (de junturas)

sealing wax ['si:lɪŋ'wæks] *n* lacre *m*

sealskin ['si:lskɪn] *n* piel *f* de foca; **s. coat/hat** abrigo *m*/gorro *m* de (piel de) foca

seam [si:m] *n* (**a**) *(of garment)* costura *f*; *(in metalwork)* unión *f*, juntura *f*; **to be coming apart at the seams** *(of clothing)* estar descosiéndose; *Fig (of plan, organization)* estar desmoronándose (**b**) *(of coal)* filón *m*, veta *f*

seaman ['si:mən] *n Naut* marino *m*

seamanship ['si:mənʃɪp] *n Naut (of person)* habilidad *f* para la navegación

seamless ['si:mlɪs] *adj* sin costura; *Fig* perfecto(a), fluido(a)

seamlessly ['si:mlɪslɪ] *adv* sin solución de continuidad

seamstress ['si:mstrɪs] *n* costurera *f*

seamy ['si:mɪ] *adj* sórdido(a)

seance ['seɪɒns] *n* sesión *f* de espiritismo

seaplane ['si:pleɪn] *n* hidroavión *m*

seaport ['si:pɔ:t] *n* puerto *m* de mar

sear [sɪə(r)] *vt (skin)* quemar, abrasar; *(meat, fish)* brasear (a fuego vivo); *Fig* **the image was seared on his memory** la imagen le quedó grabada a fuego en la memoria

search [sɜ:tʃ] **1** *n* búsqueda *f* (**for** de); **to be in s. of** ir en búsqueda *or Esp* busca de; **to make a s. of** rastrear; *Comptr* **to do a s.** hacer una búsqueda ❑ *Comptr* ***s. engine*** *(for Web)* motor *m or* página *f* de búsqueda; ***s. party*** equipo *m* de búsqueda; *Law* ***s. warrant*** orden *f* de registro
2 *vt (person, place, bags)* registrar (**for** en búsqueda de); *Comptr* **to s. for a file in a directory** buscar un archivo en un directorio; IDIOM *Fam* **s. me!** ¡ni idea!, ¡yo qué sé!
3 *vi* buscar; **to s. after** *or* **for sth** buscar algo; *Comptr* **s. and replace** buscar y reemplazar

▸**search out** *vt sep* encontrar, descubrir

searching ['sɜ:tʃɪŋ] *adj (question)* penetrante; *(gaze)* escrutador(ora)

searchlight ['sɜ:tʃlaɪt] *n* reflector *m*

searing ['sɪərɪŋ] *adj (pain)* punzante; *(heat)* abrasador(ora); *(criticism, indictment)* incisivo(a)

seascape ['si:skeɪp] *n Art* marina *f*

seashell ['si:ʃel] *n* concha *f* (marina)

seashore ['si:ʃɔ:(r)] *n* orilla *f* del mar; **on the s.** a la orilla del mar, junto al mar

seasick ['si:sɪk] *adj* **to be s.** estar mareado(a); **to get s.** marearse

seasickness ['si:sɪknɪs] *n* mareo *m (en barco)*

seaside ['si:saɪd] *n* playa *f*; **at the s.** en la playa; **s. town** pueblo *m* costero *or* de la costa; **s. holiday** vacaciones *fpl* en el mar ❑ ***s. resort*** centro *m* turístico costero

season[1] ['si:zən] *n (period of year)* estación *f*; *(for sport, plants, activity)* temporada *f*; *(of movies)* ciclo *m*; **S.'s Greetings** Felices Fiestas; **in s.** *(of food)* en temporada; **out of s.** *(of food)* fuera de temporada; **the high s.** *(for tourism)* la temporada alta ❑ ***s. ticket*** abono *m*; ***s. ticket holder*** titular *mf* de un abono, abonado(a) *m,f*

season[2] *vt* (**a**) *(food)* condimentar, sazonar; *(with salt and pepper)* salpimentar (**b**) *(wood)* curar

seasonable ['si:zənəbəl] *adj* (**a**) *(appropriate to season)* **s. weather** tiempo *m* propio de la época (**b**) *(help, advice)* oportuno(a)

seasonal ['si:zənəl] *adj (changes)* estacional; *(work, crop)* de temporada ❑ *Med* ***s. affective disorder*** trastorno *m* afectivo estacional; ***s. worker*** temporero(a) *m,f*, trabajador(ora) *m,f* temporero(a)

seasonally ['si:zənəlɪ] *adv* **s. adjusted** desestacionalizado(a), con ajuste estacional

seasoned ['si:zənd] *adj* (**a**) *(food)* condimentado(a), sazonado(a) (**b**) *(wood)* curado(a) (**c**) *(person)* experimentado(a); **a s. soldier** un soldado veterano

seasoning ['si:zənɪŋ] *n Culin* condimento *m*

seat [si:t] **1** *n* (**a**) *(chair) (on bus, train, plane)* asiento *m*; *(in theatre, cinema)* butaca *f*; *(in stadium)* localidad *f*, asiento *m*; **to have** *or* **take a s.** tomar asiento, sentarse ❑ ***s. belt*** cinturón *m* de seguridad
(**b**) *(part) (of chair, toilet)* asiento *m*; *(of trousers)* parte *f* del trasero
(**c**) *(in Parliament)* escaño *m*
(**d**) *(centre) (of government)* sede *f*; **a s. of learning** un centro de enseñanza; **country s.** *(of aristocrat)* casa *f* de campo
2 *vt* (**a**) *(cause to sit)* sentar; **to remain seated** permanecer sentado(a); *Formal* **please be seated** por favor, tome asiento
(**b**) *(accommodate)* **the bus seats thirty** el autobús tiene capacidad *or* cabida para treinta pasajeros sentados; **this table seats twelve** en esta mesa caben doce personas

seating ['si:tɪŋ] *n (seats)* asientos *mpl*; **s. capacity** *(of cinema, stadium)* aforo *m (de personas sentadas)*; *(on bus, plane)* número *m* de plazas (sentadas)

SEATO ['si:təʊ] *n (abbr* **Southeast Asia Treaty Organization***)* OTASE *f*

seaward(s) ['si:wəd(z)] *adv* hacia el mar

seaway ['si:weɪ] *n* ruta *f* marítima

seaweed ['si:wi:d] *n* algas *fpl* marinas; **a piece of s.** un alga

seaworthiness ['si:wɜ:ðɪnɪs] *n* condiciones *fpl* para la navegación

seaworthy ['si:wɜ:ðɪ] *adj (ship)* en condiciones de navegar

sebaceous [sɪ'beɪʃəs] *adj Biol* sebáceo(a) ❑ *Anat* ***s. gland*** glándula *f* sebácea

sec 1 *(abbr* **seconds***)* s.
2 *n* [sek] *Fam (moment)* **just a s.!** ¡un momentín!

secant ['si:kənt] *n Geom* secante *f*

secateurs [sekə'tɜ:z] *npl* podadera *f*, tijeras *fpl* de podar

secede [sɪ'si:d] *vi* escindirse, separarse (**from** de)

secession [sɪ'seʃən] *n* secesión *f*, escisión *f*

seclude [sɪ'klu:d] *vt* retirar, apartar; **to s. oneself (from)** aislarse (de)

secluded [sɪ'klu:dɪd] *adj* apartado(a), retirado(a)

seclusion [sɪ'klu:ʒən] *n* retiro *m*; **to live in s.** vivir recluido(a)

second[1] ['sekənd] *n* (**a**) *(of time)* segundo *m*; **I won't be a s.** no tardo *or Am* demoro nada; **just a s.** un momento, un segundo ❑ ***s. hand*** *(of clock)* segundero *m* (**b**) *Math* segundo *m*

SECOND[2] **1** *n* (**a**) *(in series)* segundo(a) *m,f*; **she was s.** quedó (en) segunda (posición) ❑ ***s. in command*** segundo de a bordo
(**b**) *(of month)* **the s. of May** el dos de mayo; **we're leaving on the s.** nos marchamos el (día) dos
(**c**) *Com* **seconds** *(defective goods)* artículos *mpl* defectuosos
(**d**) *Sport* **seconds** *(second team)* segundo equipo *m*
(**e**) *(in duel)* padrino *m*; *(in boxing)* ayudante *m* del preparador; **seconds out, round three!** ¡segundos fuera, tercer asalto!
(**f**) *Br Univ* **to get an upper s.** *(in degree)* = licenciarse con la segunda nota más alta en la escala de calificaciones; **to get a lower s.** *(in degree)* = licenciarse con una nota media
(**g**) *(second gear)* segunda *f*; **in s.** en segunda
(**h**) *Fam (at meal)* **anyone for seconds?** ¿alguien quiere repetir?
2 *adj* segundo(a); **the 2nd century** *(written)* el siglo II; *(spoken)* el siglo dos *or* segundo; **twenty-s.** vigésimo segundo(a), vigésimosegundo(a); **would you like a s. helping?** ¿quieres repetir?; **the s. largest city in the world** la segunda ciudad más grande del mundo; **this is your s. offence** es la segunda vez que cometes un delito; **I don't want to have to tell you a s. time** no me gustaría tener que decírtelo otra vez; **a s. Picasso** un nuevo Picasso; **every s. child** uno de cada dos niños; **to be s. to none** no tener rival; **s. only to...** sólo superado(a) por...; **on s. thoughts** pensándolo bien; **to have s. thoughts (about sth)** tener alguna duda (sobre algo); **to do sth without a s. thought** hacer algo sin pensárselo dos veces; IDIOM **to play s. fiddle to sb** hacer de comparsa de alguien; **lying is s. nature to her** las mentiras le salen automáticamente, mentir es algo natural en ella; *Fig* **to take s. place**

(to sb) quedar por debajo (de alguien); IDIOM **she got her s. wind** le entraron energías renovadas, se recuperó ❑ ***s. ballot*** segunda *f* votación; ***s. base*** *(in baseball) (place)* segunda base *f*; *(player)* segunda base *m*; ***s. chance*** segunda oportunidad *f*; *Euph* ***s. childhood*** senilidad *f*; ***s. class*** *(on train)* segunda *f* (clase *f*); *(for mail)* = en el Reino Unido, tarifa postal de segunda clase, más barata y lenta que la primera; *Rel* ***the S. Coming*** el Segundo Advenimiento; ***s. cousin*** primo(a) *m,f* segundo(a); ***s. eleven*** *(in soccer, cricket)* segundo equipo *m*; ***s. floor*** *Br* segundo piso *m*; *US* primer piso *m*; *Aut* ***s. gear*** segunda *f* (marcha *f*); *Sport* ***s. half*** segunda parte *f*, ***s. home*** segunda vivienda *f*; ***s. language*** segunda lengua *f*; *US Mil* ***s. lieutenant*** alférez *mf*; ***s. name*** apellido *m*; ***s. opinion*** segunda opinión *f*; *Gram* ***s. person*** segunda persona *f*; **in the s. person** en segunda persona *f*; ***s. sight*** clarividencia *f*; *Sport* ***s. team*** segundo equipo *m*; ***s. violin*** segundo violín *m*; ***the S. World War*** la Segunda Guerra Mundial; ***s. year*** *(at school, university)* segundo curso *m*; *(pupil, student)* estudiante *mf* de segundo curso

3 *adv* **to come s.** *(in race, contest)* quedar segundo(a); **his job comes s. to his family** su familia le importa más que su trabajo; **you go s.!** ¡tú segundo!; **first, I don't want to and s., I can't** en primer lugar, no quiero, y en segundo (lugar), no puedo

second[3] *vt (motion, speaker)* secundar

second[4] [sɪ'kɒnd] *vt (officer, employee)* trasladar temporalmente; **to be seconded** ser trasladado(a)

secondary ['sekəndərɪ] *adj* secundario(a); **to be s. to sth** ser menos importante que algo ❑ *Educ* ***s. education*** enseñanza *f* secundaria; *Br* **s. picketing** = piquete que actúa contra una compañía que sigue trabajando con la compañía cuyos trabajadores están en huelga; *Educ* ***s. school*** instituto *m (de enseñanza secundaria)*

second-best ['sekənd'best] **1** *n* segunda opción *f*; **to be content with s.** conformarse con una segunda opción

2 *adv* **to come off s.** caer derrotado(a)

second-class ['sekənd'klɑ:s] **1** *adj Br (ticket, carriage)* de segunda (clase); *Br Univ* **to get an upper s. degree** = licenciarse con la segunda nota más alta en la escala de calificaciones; **to get a lower s. degree** = licenciarse con una nota media ❑ ***s. citizen*** ciudadano(a) *m,f* de segunda (clase); ***s. mail*** = en el Reino Unido, servicio postal de segunda clase, más barato y lento que la primera clase; ***s. stamp*** = en el Reino Unido, sello *or Am* estampilla correspondiente a la tarifa postal de segunda clase

2 *adv* **to travel s.** viajar en segunda; **to send a letter s.** enviar una carta utilizando la tarifa postal de segunda clase

second-degree ['sekənddɪ'gri:] *adj* **(a)** *Med (burns)* de segundo grado **(b)** *US Law (murder)* en segundo grado, sin premeditación

seconder ['sekəndə(r)] *n* **the s. of a motion** la persona que secunda una moción

second-guess ['sekənd'ges] *vt* predecir, anticiparse a

second-hand ['sekənd'hænd] **1** *adj (car, clothes)* de segunda mano; *(news)* de segunda mano

2 *adv (buy)* de segunda mano; **to hear news s.** enterarse de una noticia a través de terceros

secondly ['sekəndlɪ] *adv* en segundo lugar

secondment [sɪ'kɒndmənt] *n* **to be on s.** estar trasladado(a) temporalmente; *(in civil service, government department)* estar en comisión de servicios

second-rate ['sekənd'reɪt] *adj* de segunda (categoría)

second-string ['sekənd'strɪŋ] *adj* suplente, reserva

secrecy ['si:krɪsɪ] *n* confidencialidad *f*; **in s.** en secreto; **to swear sb to s.** hacer jurar a alguien que guardará el secreto

secret ['si:krɪt] **1** *n* secreto *m*; **to do sth in s.** hacer algo en secreto; **I make no s. of it** no pretendo que sea un secreto; **to let sb into a s.** revelar *or* contar un secreto a alguien

2 *adj* secreto(a); **to keep sth s. from sb** ocultar algo a alguien ❑ ***s. agent*** agente *mf* secreto(a); ***s. police*** policía *f* secreta; ***the S. Service*** los servicios secretos; *also Fig* ***s. weapon*** arma *f* secreta

secretarial [sekrə'teərɪəl] *adj (work)* administrativo(a) ❑ ***s. college*** escuela *f* de secretariado; ***s. course*** curso *m* de secretariado

secretariat [sekrə'teərɪət] *n Pol* secretaría *f*

secretary ['sekrətərɪ] *n* **(a)** *(in office)* secretario(a) *m,f* **(b)** *Pol* ministro(a) *m,f* ❑ *US* ***S. of State*** secretario(a) *m,f* de Estado; *Br* ***the S. of State for Employment/Transport*** el ministro de Trabajo/Transportes

secretary-general ['sekrətərɪ'dʒenərəl] *n Pol* secretario(a) *m,f* general

secrete [sɪ'kri:t] *vt* **(a)** *(discharge)* secretar, segregar **(b)** *(hide)* ocultar

secretion [sɪ'kri:ʃən] *n* secreción *f*

secretive ['si:krɪtɪv] *adj* reservado(a); **to be s. about sth** ser reservado(a) respecto a algo

secretively ['si:krɪtɪvlɪ] *adv (behave)* muy en secreto

secretly ['si:krɪtlɪ] *adv* en secreto

sect [sekt] *n* secta *f*

sectarian [sek'teərɪən] *adj* sectario(a)

sectarianism [sek'teərɪənɪzəm] *n* sectarismo *m*

section ['sekʃən] **1** *n* **(a)** *(part)* sección *f*; *(of road)* tramo *m*; *Mus* **the brass/string s.** la sección de metal/cuerda; **all sections of society** todos los sectores de la sociedad **(b)** *(department)* sección *f* **(c)** *Geom & Med* sección *f*

2 *vt* **(a)** *(cut)* seccionar **(b)** *Br (place in psychiatric hospital)* internar en un psiquiátrico

▸**section off** *vt sep (of police)* acordonar

sectional ['sekʃənəl] *adj* **(a)** *(interests)* particular; *(rivalries)* entre facciones **(b)** *Geom* **a s. drawing** una sección, un corte

sector ['sektə(r)] *n also Comptr* sector *m*; **public/private s.** sector público/privado

secular ['sekjʊlə(r)] *adj (history, art)* secular; *(music)* profano(a); *(education)* laico(a)

secure [sɪ'kjʊə(r)] **1** *adj* **(a)** *(free from anxiety)* seguro(a); **s. in the knowledge that...** con la conciencia tranquila sabiendo que... **(b)** *(investment, place, foothold)* seguro(a); *(foundations)* firme, seguro(a); **to make sth s.** asegurar algo ❑ *Br* ***s. unit*** *(for offenders)* = en una cárcel o centro de detención, unidad dotada de medidas de seguridad especiales

2 *vt* **(a)** *(make safe) (region)* proteger; *(future)* asegurar **(b)** *(fasten) (load)* asegurar, afianzar; *(door, window)* cerrar bien **(c)** *(obtain) (support, promise, loan)* conseguir

securely [sɪ'kjʊəlɪ] *adv* **(a)** *(safely)* a buen recaudo **(b)** *(firmly)* firmemente; **the door was s. fastened** la puerta estaba firmemente cerrada

security [sɪ'kjʊərɪtɪ] *n* **(a)** *(stability, safety)* seguridad *f* ❑ ***s. blanket*** = objeto que proporciona sensación de seguridad a un niño; ***S. Council*** Consejo *m* de Seguridad; ***s. forces*** fuerzas *fpl* de seguridad; ***s. guard*** guarda *mf* jurado(a); ***s. officer*** agente *mf* de seguridad; ***s. risk*** peligro *m* para la seguridad del Estado *(persona)* **(b)** *Fin (for loan)* garantía *f*, aval *m* **(c)** *Fin* **securities** valores *mpl*

sedan [sɪ'dæn] *n* **(a)** *US Aut* turismo *m* **(b)** *Hist* ***s. chair*** silla *f* de manos

sedate [sɪ'deɪt] **1** *adj* sosegado(a), sereno(a)

2 *vt* sedar

sedately [sɪ'deɪtlɪ] *adv* sosegadamente

sedation [sɪ'deɪʃən] *n* **under s.** sedado(a)

sedative ['sedətɪv] *n* sedante *m*

sedentary ['sedəntrɪ] *adj* sedentario(a)

sedge [sedʒ] *n Bot* juncia *f*

sediment ['sedɪmənt] *n* **(a)** *(of wine)* poso *m* **(b)** *Geol* sedimento *m*

sedimentary [sedɪ'mentərɪ] *adj Geol* sedimentario(a)

sedition [sɪ'dɪʃən] *n* sedición *f*

seditious [sɪ'dɪʃəs] *adj* sedicioso(a)

seduce [sɪ'dju:s] *vt (sexually)* seducir; *Fig* **to s. sb into doing sth** inducir a alguien a hacer algo; **he was seduced by the large salary** lo que lo sedujo *or* atrajo fue el altísimo sueldo

seducer [sɪ'dju:sə(r)] *n* seductor(ora) *m,f*

seduction [sɪ'dʌkʃən] *n* seducción *f*

seductive [sɪ'dʌktɪv] *adj* seductor(ora); **a s. offer** una oferta tentadora

seductively [sɪ'dʌktɪvlɪ] *adv* seductoramente

seductress [sɪ'dʌktrɪs] *n* seductora *f*

see[1] [si:] *n Rel* sede *f* (episcopal)

SEE[2] (*pt* **saw** [sɔ:], *pp* **seen** [si:n]) **1** *vt* **(a)** *(with eyes, perceive)* ver; **to s. sb do** *or* **doing sth** ver a alguien hacer algo; **I saw the train leave at six thirty** vi salir el tren a las seis y media; **did you s. that programme last night?** ¿viste anoche ese programa?; **you were seen near the scene of the crime** te vieron cerca del escenario del crimen; **I don't want to be seen in her company** no quiero que me vean en compañía suya; **there wasn't a single tree to be seen** no se veía ni un solo árbol; **children should be seen and not heard** los niños tienen que estarse callados; **we don't want to be seen to be giving in to their demands** no queremos que parezca que cedemos a sus demandas; **now s. what you've done!** ¡mira lo que has hecho!; **I s. you've got a new motorbike** ya he visto que tienes una moto nueva; **to s. the sights** hacer turismo; **s. page 50** ver *or* véase pág. 50; *Fam* **you ain't seen nothing yet!** ¡y esto no es nada!; **to be seeing things** *(hallucinate)* ver visiones; **it has to be seen to be believed** hay que verlo para creerlo; **I could s. it coming** lo veía *or* se veía venir; *Fam* **he must have seen you coming** *(he tricked you)* te debe haber visto la cara, *Esp* te ha debido camelar; **he's a very straightforward person, what you s. is what you get** es una persona muy directa, no engaña; **when will we s. an end to this conflict?** ¿cuándo veremos el final de este conflicto?; **to s. the future** ver el futuro; IDIOM **to s. sense** *or* **reason** atender a razones; **I can't s. any** *or* **the sense in continuing this discussion** creo que no tiene sentido continuar esta discusión; **I can't s. a way out of this problem** no le veo solución a este problema; **could you s. your way (clear) to lending me the money?** ¿crees que podrías prestarme el dinero?

(b) *(understand)* ver, entender; **I don't s. the joke** no le veo la gracia; **I s. what you mean** ya veo lo que quieres decir; **I don't s. the need for…** no veo qué necesidad hay de…; **I don't s. the point** no creo que tenga sentido; **they think it's great, but I don't s. it, myself** dicen que es genial, pero no acabo de ver por qué; **I don't s. why not** no veo por qué no; **now I can s. her for what she really is** ahora veo lo que realmente es

(c) *(consider, interpret)* ver; **as I s. it** tal como lo veo yo; **this is how I s. it** yo lo veo así; **we don't s. them as a threat** no los consideramos una amenaza; **I don't s. myself as clever** no me considero inteligente; **his behaviour must be seen against a background of abuse** hay que ver su comportamiento en el contexto de los abusos que ha sufrido

(d) *(envisage, imagine)* creer, imaginarse; **what do you s. happening next?** ¿qué crees que ocurrirá a continuación?; **I can't s. them/myself accepting this** no creo que vayan/vaya a aceptar esto; **I can't s. you as a boxer** no te imagino como *or* de boxeador

(e) *(find out)* **go and s. who's at the door** ve a ver quién está llamando; **I'll s. how it goes** ya veré cómo me va; **I'll s. what I can do** veré qué puedo hacer; **let's s. what happens if…** veamos qué ocurre si…; **it remains to be seen whether…** está por ver si…

(f) *(like)* **I don't know what you s. in her** no sé qué ves en ella

(g) *(make sure)* **I shall s. (to it) that he comes** me encargaré de que venga; **s. (to it) that you don't miss the train!** ¡asegúrate de no perder el tren!; *Fam* **he'll s. you (all) right** él te echará una mano

(h) *(meet) (person)* ver; *(doctor, solicitor)* ver, visitar; **I'm seeing Bill tomorrow** mañana voy a ver a Bill; **to s. sb about sth** ver a alguien para hablar de algo; **they've been seeing a lot of each other lately** se han visto mucho últimamente; **s. you (later)!, I'll be seeing you!** ¡hasta luego!; **s. you soon!** ¡hasta pronto!; **s. you tomorrow!** ¡hasta mañana!

(i) *(have relationship with)* salir con

(j) *(escort, accompany)* acompañar; **to s. sb home/to the door** acompañar a alguien a casa/a la puerta

(k) *(witness)* **1945 saw the end of the war** la guerra finalizó en 1945; **these years saw many changes** estos años fueron testigos de muchos cambios; **I've seen it all before** estoy curado de espanto

(l) *(in cards)* ver; **I'll s. you** las veo

2 *vi* **(a)** *(with eyes)* ver; **to s. in the dark** ver en la oscuridad; **as far as the eye can s.** hasta donde alcanza la vista; **s., I told you!** ¡ves, ya te lo dije!; **s. for yourself** míralo tú mismo; **you can s. for yourself how easy it is** ya verás tú mismo qué fácil es; **so I s.** ya lo veo; **we shall s.** ya veremos

(b) *(understand)* entender, ver; **as far as I can s.** a mi entender; **ah, I s.!** ¡ah, ya veo!; **I won't be able to come — I s.** no podré venir – ya veo; **I'm diabetic, you s.** soy diabético, ¿sabes?

(c) *(examine, consider)* **let me s., let's s.** veamos, vamos a ver; **can we go to the beach? – we'll s.** ¿podemos ir a la playa? – ya veremos

(d) *(find out)* **I'll go and s.** voy a ver; **I'll s. if anyone knows** voy a ver si alguien lo sabe; **I'll get my own back, you'll s.!** ¡ya me desquitaré, ya verás!

▸**see about** *vt insep* **(a)** *(deal with)* encargarse *or* ocuparse de **(b)** *(consider)* ver, pensar; *Fam* **we'll (soon) s. about that!** ¡eso está por ver!

▸**see around 1** *vt insep (have a look around)* recorrer, ver

2 *vt sep* **I haven't been introduced to her, but I've seen her around** no me la han presentado, aunque la he visto por ahí; *Fam* **(I'll) s. you around!** ¡nos vemos!

▸**see in** *vt sep (escort inside)* acompañar adentro; **to s. the New Year in** recibir el Año Nuevo

▸**see off** *vt sep* **(a)** *(say goodbye to)* despedir **(b)** *(chase away)* ahuyentar; *(in fight)* deshacerse de **(c)** *(defeat)* derrotar; *(challenge, threat)* superar

▸**see out** *vt sep* **(a)** *(escort to door)* acompañar a la puerta; **I'll s. myself out** ya conozco el camino (de salida), gracias **(b)** *(survive)* aguantar; **it is unlikely that they will s. the year out** es muy poco probable que aguanten todo el año

▸**see over** *vt insep (view)* visitar, examinar

▸**see through 1** *vt sep* **(a)** *(project)* **to s. sth through** participar hasta el final **(b)** *(help)* **to s. sb through sth** ayudar a alguien a pasar algo

2 *vt insep (not be deceived by) (person)* ver las intenciones de; **I can s. through your lies** tus mentiras no me engañan

▸**see to** *vt insep (deal with)* ocuparse de; *(customer)* atender a; **to get sth seen to** hacer que alguien se ocupe de algo; **you should get that leg seen to** deberías ir a que te vieran la pierna; **I'll s. to it that you're not disturbed** me aseguraré *or* encargaré de que nadie te moleste

seed [si:d] **1** *n* **(a)** *(for sowing)* semilla *f*; *(of fruit)* pepita *f*; **the price of s.** el precio de las semillas; **to go** *or* **run to s.** *(of plant)* granar; IDIOM **to sow (the) seeds of discord/doubt** sembrar la discordia/la duda ▫ ***s. corn*** simiente *f* de trigo; *Fig* inversión *f* de futuro; ***s. merchant*** vendedor *m* de semillas; ***s. money*** capital *m* inicial; ***s. pearl*** aljófar *m*; ***s. pod*** vaina *f*; ***s. potatoes*** *Esp* patatas *fpl or Am* papas *fpl* de siembra

(b) *Literary (semen)* semilla *f*, semen *m* **(c)** *Sport (in tournament)* cabeza *mf* de serie

2 *vt* **(a)** *(remove seeds from)* despepitar

(b) *Sport (in tournament)* **seeded players/teams** jugadores *mpl*/equipos *mpl* seleccionados como cabezas de serie; **he's seeded 5** es el cabeza de serie número 5

3 *vi (of plant)* dar semilla, granar

seedbed ['si:dbed] *n* semillero *m*

seedcake ['si:dkeɪk] *n* tarta *f* de carvis

seedless ['si:dlɪs] *adj* sin pepitas

seedling ['si:dlɪŋ] *n* plantón *m*

seedy ['si:dɪ] *adj* **(a)** *(shabby) (person, appearance, hotel)* miserable, cutre **(b)** *Fam (unwell)* **to feel s.** estar malo(a) *or Esp* pachucho(a) *or Col* maluco(a)

seeing ['si:ɪŋ] **1** *n* IDIOM **s. is believing** ver para creer

2 *conj Fam* **s. that** *or* **as** *or* **how…** en vista de que…, ya que…; **s. it's so simple, why don't you do it yourself?** ya que es tan sencillo, ¿por qué no lo haces tú mismo?

seeing-eye dog ['si:ɪŋaɪ'dɒg] *n US* perro *m* lazarillo

seeing-to ['si:ɪŋtu:] *n Br Fam* **to give sb a good s.** *(beat up)* dar una buena paliza *or Esp* tunda a alguien; *(have sex with)* acostarse con alguien, *Esp* cepillarse a alguien

seek [si:k] (*pt & pp* **sought** [sɔ:t]) *vt* **(a)** *(look for) (thing lost, job)* buscar; *(friendship, promotion)* tratar de conseguir; **to s. one's fortune** buscar fortuna **(b)** *(request)* **to s. sth from sb** pedir algo a alguien; **to s. sb's help/advice** pedir ayuda/consejo a alguien **(c)** *(try)* **to s. to do sth** procurar hacer algo **(d)** *Comptr* ***s. time*** tiempo *m* de búsqueda

▸**seek out** *vt sep (person)* ir en búsqueda *or Esp* busca de

SEEM [si:m] *vi* parecer; **to s. (to be) tired** parecer cansado(a); **she seemed tired to me** me pareció que estaba cansada; **do what seems best** haz lo que te parezca mejor; **it doesn't s. right** no me parece bien; **he seemed like** *or* **as if he no longer cared** parecía que no le preocupara ya nada; **it seemed like a dream** parecía un sueño; **it seems like yesterday that...** parece que fue ayer cuando...; **I s. to have dropped your vase** creo que he tirado tu jarrón; **I s. to remember that...** creo recordar que...; **I s. to have been chosen to do it** parece que me han elegido a mí para hacerlo; **I can't s. to get it right** no consigo que me salga bien; **I know how this must s., but...** ya sé lo que te va a parecer, pero...; **funny as it may s....** aunque parezca extraño...; **he is not all he seems** no es lo que parece; **it seems (that** *or* **as if)..., it would s. (that** *or* **as if)...** parece que...; **it seems likely that...** parece probable que...; **it seems to me that...** me parece que...; **it seems** *or* **would s. so/not** parece que sí/no; **she's resigning, or so it seems** va a dimitir, o eso parece; **there seems** *or* **would s. to be a problem** tengo la impresión de que hay un problema; **what seems to be the problem?** dígame, ¿cuál es el problema?

seeming ['si:mɪŋ] *adj* aparente

seemingly ['si:mɪŋlɪ] *adv* aparentemente

seemly ['si:mlɪ] *adj Formal* correcto(a), apropiado(a)

seen [si:n] *pp of* **see**

seep [si:p] *vi* **to s. into sth** filtrarse en algo

seepage ['si:pɪdʒ] *n* filtración *f*

seer [sɪə(r)] *n Literary* adivino(a) *m,f*, profeta *m*

seersucker ['sɪəsʌkə(r)] *n* sirsaca *f*

seesaw ['si:sɔ:] **1** *n* balancín *m (columpio)*
2 *vi Fig (of prices, mood)* fluctuar

seethe [si:ð] *vi* (**a**) *(of liquid)* borbotar (**b**) *(of person)* **to s. (with anger)** estar a punto de estallar (de cólera)

seething ['si:ðɪŋ] *adj (angry)* furioso(a), colérico(a); **to be s. (with anger)** estar a punto de estallar (de cólera)

see-through ['si:θru:] *adj* transparente

segment 1 *n* ['segmənt] *(of circle, worm)* segmento *m*; *(of orange)* gajo *m*; *(of society, economy, organization)* sector *m*, parcela *f*
2 *vt* [seg'ment] segmentar

segmentation [segmen'teɪʃən] *n Econ* segmentación *f*

segregate ['segrɪgeɪt] *vt* segregar (**from** de)

segregation [segrɪ'geɪʃən] *n* segregación *f*

segue ['segweɪ] **1** *n Mus* enlace *m* (**into** con); *Fig* engarce *m* (**into** con)
2 *vi* **to s. into sth** *Mus* enlazar con algo; *Fig* engarzar con algo

Seine [seɪn] *n* **the S.** el Sena

seismic ['saɪzmɪk] *adj* sísmico(a)

seismograph ['saɪzməgræf] *n* sismógrafo *m*

seismology [saɪz'mɒlədʒɪ] *n* sismología *f*

seize [si:z] *vt* (**a**) *(grab)* agarrar, *Esp* coger; **to s. hold of sth** agarrar algo; **to s. the opportunity of doing sth** aprovechar la oportunidad de hacer algo; **I was seized with the desire to go to Mexico** me entraron unas ganas tremendas de ir a México (**b**) *(take for oneself) (city, territory, power)* tomar; *Law (drugs, stolen goods)* incautarse de

▸**seize on, seize upon** *vt insep* aprovecharse de

▸**seize up** *vi (of engine, machine)* atascarse; *(of back, knees)* agarrotarse

seizure ['si:ʒə(r)] *n* (**a**) *(of land, city, power)* toma *f*; *Law (of property, goods)* incautación *f*; **a large drugs s.** la incautación de un enorme alijo de drogas (**b**) *Med* ataque *m*

seldom ['seldəm] *adv* rara vez, raras veces; *Formal* **s. have I been so worried** rara vez he estado tan preocupado

select [sɪ'lekt] **1** *adj* selecto(a); **a s. few** unos cuantos escogidos ▫ *Br Parl* ***s. committee*** comisión *f* parlamentaria
2 *vt* seleccionar

selected [sɪ'lektɪd] *adj* seleccionado(a); **s. works** obras *fpl* escogidas

selection [sɪ'lekʃən] *n* (**a**) *(act of choosing)* selección *f*; **to make a s.** realizar una selección (**b**) *(range)* gama *f* (**c**) *(thing chosen)* elección *f*

selective [sɪ'lektɪv] *adj* selectivo(a); **to be s. (about sth)** ser selectivo (con algo)

selectively [sɪ'lektɪvlɪ] *adv* con un criterio selectivo

selector [sɪ'lektə(r)] *n (of team)* miembro *m* del comité seleccionador

selenium [sɪ'li:nɪəm] *n Chem* selenio *m*

self [self] (*pl* **selves** [selvz]) *n* (**a**) *(personality)* **he's quite his old s. again** ha vuelto a ser él mismo; **she is a shadow of her former s.** no es ni sombra de lo que era; **she was her usual cheerful s.** se mostró alegre como siempre (**b**) *Psy* **the s.** el yo, el ser

self-abnegation ['selfæbnə'geɪʃən] *n* abnegación *f*

self-absorbed ['selfəb'zɔ:bd] *adj* ensimismado(a)

self-abuse ['selfə'bju:s] *n Pej (masturbation)* masturbación *f*

self-addressed envelope ['selfə'drest'envələʊp] *n* sobre *m* dirigido a uno mismo

self-aggrandizement ['selfə'grændɪzmənt] *n Formal* exaltación *f* de sí mismo(a)

self-appointed ['selfə'pɔɪntɪd] *adj* autodesignado(a), autoproclamado(a)

self-assurance ['selfə'ʃʊərəns] *n* seguridad *f* de sí mismo(a), confianza *f* en sí mismo(a)

self-assured ['selfə'ʃʊəd] *adj* seguro(a) de sí mismo(a); **to be s.** estar seguro de sí mismo

self-catering ['self'keɪtərɪŋ] *adj (holiday, accommodation)* sin servicio de comidas

self-censorship ['self'sensəʃɪp] *n* autocensura *f*

self-centred, *US* **self-centered** ['self'sentəd] *adj* egoísta

self-coloured, *US* **self-colored** ['self'kʌləd] *adj (of one colour)* de un solo color

self-command ['selfkə'mɑ:nd] *n* autocontrol *m*, dominio *m* de sí mismo(a)

self-confessed ['selfkən'fest] *adj* confeso(a)

self-confidence ['self'kɒnfɪdəns] *n* confianza *f* en sí mismo(a)

self-confident ['self'kɒnfɪdənt] *adj* lleno(a) de confianza en sí mismo(a)

self-confidently ['self'kɒnfɪdəntlɪ] *adv* con gran confianza *or* seguridad

self-conscious ['self'kɒnʃəs] *adj* cohibido(a) (**about** por)

self-contained ['selfkən'teɪnd] *adj (person, apartment)* independiente

self-contradiction ['selfkɒntrə'dɪkʃən] *n* contrasentido *m*, contradicción *f*

self-contradictory ['selfkɒntrə'dɪktərɪ] *adj* contradictorio(a)

self-control ['selfkən'trəʊl] *n* autocontrol *m*

self-critical ['self'krɪtɪkəl] *adj* autocrítico(a)

self-criticism ['self'krɪtɪsɪzəm] *n* autocrítica *f*

self-deception ['selfdɪ'sepʃən] *n* autoengaño *m*

self-defeating ['selfdɪ'fi:tɪŋ] *adj* contraproducente

self-defence, *US* **self-defense** ['selfdɪ'fens] *n (judo, karate etc)* defensa *f* personal; *(non-violent action)* autodefensa *f*; **in s.** en defensa propia, en legítima defensa

self-denial ['selfdɪ'naɪəl] *n* abnegación *f*

self-destruct ['selfdɪ'strʌkt] *vi* autodestruirse

self-destruction ['selfdɪ'strʌkʃən] *n* autodestrucción *f*

self-destructive ['selfdɪs'trʌktɪv] *adj* autodestructivo(a)

self-determination ['selfdɪtɜ:mɪ'neɪʃən] *n* autodeterminación *f*

self-discipline ['self'dɪsɪplɪn] *n* autodisciplina *f*

self-doubt ['self'daʊt] *n* falta *f* de confianza (en uno mismo)

self-drive ['self'draɪv] *adj* sin conductor

self-effacing ['selfɪ'feɪsɪŋ] *adj* modesto(a), humilde

self-employed ['selfɪm'plɔɪd] *adj* autónomo(a)

self-employment ['selfɪm'plɔɪmənt] *n* autoempleo *m*, trabajo *m* por cuenta propia

self-esteem ['selfɪ'sti:m] *n* **to have high/low s.** tener mucho/poco amor propio, tener mucha/poca autoestima

self-evident ['self'evɪdənt] *adj* evidente, obvio(a)

self-explanatory ['selfɪk'splænɪtərɪ] *adj*

to be s. estar muy claro(a), hablar por sí mismo(a)

self-expression ['selfɪk'spreʃən] *n* autoexpresión *f*

self-fulfilling ['selffʊl'fɪlɪŋ] *adj (prophecy, prediction)* determinante

self-fulfilment, *US* **self-fulfillment** ['selffʊl'fɪlmənt] *n* realización *f* personal

self-governing ['self'gʌvənɪŋ] *adj* autónomo(a)

self-government ['self'gʌvəmənt] *n* autogobierno *m*, autonomía *f*

self-help ['self'help] *n* autoayuda *f* ❑ ***s. book*** manual *m* de autoayuda; ***s. group*** grupo *m* de apoyo

self-image ['self'ɪmɪdʒ] *n* imagen *f* de sí mismo(a)

self-importance ['selfɪm'pɔ:təns] *n* engreimiento *m*, presunción *f*

self-important ['selfɪm'pɔ:tənt] *adj* engreído(a), presuntuoso(a)

self-imposed ['selfɪm'pəʊzd] *adj (prohibition, restriction)* autoimpuesto(a); *(exile, silence)* voluntario(a)

self-induced ['selfɪn'dju:st] *adj (hysteria, illness)* provocado(a) por uno mismo

self-indulgence ['selfɪn'dʌldʒəns] *n* autocomplacencia *f*

self-indulgent ['selfɪn'dʌldʒənt] *adj* autocomplaciente

self-inflicted ['selfɪn'flɪktɪd] *adj* autoinfligido(a)

self-interest ['self'ɪntrest] *n* interés *m* propio

selfish ['selfɪʃ] *adj* egoísta

selfishly ['selfɪʃlɪ] *adv* egoístamente, con egoísmo

selfishness ['selfɪʃnɪs] *n* egoísmo *m*

self-justification ['selfdʒʌstɪfɪ'keɪʃən] *n* autojustificación *f*

self-knowledge ['self'nɒlɪdʒ] *n* conocimiento *m* de sí mismo(a)

selfless ['selflɪs] *adj* desinteresado(a), desprendido(a)

selflessly ['selflɪslɪ] *adv* desinteresadamente, de manera desinteresada

selflessness ['selflɪsnɪs] *n* desinterés *m*, generosidad *f*

self-made man ['selfmeɪd'mæn] *n* hombre *m* hecho a sí mismo

self-opinionated ['selfə'pɪnjəneɪtɪd] *adj* **to be s.** querer llevar la razón siempre

self-pity ['self'pɪtɪ] *n* autocompasión *f*

self-portrait ['self'pɔ:treɪt] *n* autorretrato *m*

self-possessed ['selfpə'zest] *adj* sereno(a), dueño(a) de sí mismo(a)

self-preservation ['selfprezə'veɪʃən] *n* propia conservación *f*; **instinct for s.** instinto *m* de conservación

self-proclaimed ['selfprə'kleɪmd] *adj* autoproclamado(a)

self-propelled ['selfprə'peld] *adj* autopropulsado(a)

self-raising flour ['selfreɪzɪŋ'flaʊə(r)], *US* **self-rising flour** ['selfraɪzɪŋ'flaʊə(r)] *n* harina *f* con levadura

self-regard ['selfrɪ'gɑ:d] *n* autoestima *f*

self-reliance ['selfrɪ'laɪəns] *n* autosuficiencia *f*

self-reliant ['selfrɪ'laɪənt] *adj* autosuficiente

self-respect ['selfrɪ'spekt] *n* amor *m* propio, dignidad *f*

self-respecting ['selfrɪ'spektɪŋ] *adj* con dignidad; **no s. person would ever...** nadie con un mínimo de dignidad...; **as any s. baseball fan knows...** como todo aficionado al béisbol que se precie sabe...

self-restraint ['selfrɪs'treɪnt] *n* autodominio *m*, autocontrol *m*

self-righteous ['self'raɪtʃəs] *adj* santurrón(ona)

self-rising flour *US* = **self-raising flour**

self-sacrifice ['self'sækrɪfaɪs] *n* abnegación *f*

selfsame ['selfseɪm] *adj* mismísimo(a)

self-satisfaction ['selfsætɪs'fækʃən] *n* autocomplacencia *f*, aires *fpl* de suficiencia

self-satisfied ['self'sætɪsfaɪd] *adj* satisfecho(a) *or* pagado(a) de sí mismo(a); **to be s.** estar satisfecho(a) *or* pagado(a) de sí mismo(a)

self-sealing ['self'si:lɪŋ] *adj (envelope)* autoadhesivo(a)

self-seeking ['self'si:kɪŋ] *adj* egoísta, interesado(a)

self-service ['self'sɜ:vɪs] **1** *n* autoservicio *m*

2 *adj* de autoservicio

self-serving ['self'sɜ:vɪŋ] *adj* egoísta, interesado(a)

self-starter ['self'stɑ:tə(r)] *n (person)* persona *f* con iniciativa

self-styled ['self'staɪld] *adj (president, king)* autoproclamado(a); *(philosopher, expert)* pretendido(a), sedicente

self-sufficiency ['selfsə'fɪʃənsɪ] *n* autosuficiencia *f*

self-sufficient ['selfsə'fɪʃənt] *adj* autosuficiente

self-supporting ['selfsə'pɔ:tɪŋ] *adj* económicamente independiente

self-taught ['self'tɔ:t] *adj* autodidacto(a)

self-winding ['self'waɪndɪŋ] *adj (watch)* de cuerda automática

sell [sel] (*pt & pp* **sold** [səʊld]) **1** *vt* (**a**) *(goods, property)* vender (**for** por); **to s. sb sth, to s. sth to sb** vender algo a alguien; **to s. sth at a loss/a profit** vender algo con pérdida/ganancia; **scandal sells newspapers** las noticias escandalosas venden bien; **s. by 05.12.99.** *(on food packaging)* fecha límite de venta: 05.12.99; **sold** *(sign)* vendido(a)

(**b**) IDIOMS **to s. oneself** venderse; **to s. sb an idea** vender una idea a alguien; **to s. sb down the river** traicionar *or* vender a alguien; *Fam* **to be sold on sth** estar convencido(a) de que algo es una buena idea; **to s. sb short** *(cheat)* no conseguirle a alguien el mejor trato posible; **to s. oneself short** infravalorarse, subestimarse

2 *vi (of person)* vender; *(of product)* venderse (**for** a); IDIOM **to s. like hot cakes** venderse como rosquillas

▸**sell off** *vt sep (property, stock)* liquidar; *(shares)* vender; *(industry)* privatizar

▸**sell on** *vt sep* revender

▸**sell out 1** *vt sep* (**a**) **the concert is sold out** *(no tickets remain)* no quedan entradas *or Am* boletos para el concierto; **sold out** *(sign)* agotadas las localidades, no hay localidades *or* entradus *or Am* boletos (**b**) *(betray)* vender, traicionar

2 *vi* (**a**) *(sell all tickets)* **they have sold out of tickets** se han agotado las entradas *or Am* los boletos; **the concert has sold out** no quedan entradas *or Am* boletos para el concierto (**b**) *(betray beliefs)* venderse (**c**) *(sell business)* liquidar el negocio

▸**sell up** *vi (sell home, business)* venderlo todo

sell-by date ['selbaɪ'deɪt] *n Com* fecha *f* límite de venta

seller ['selə(r)] *n* vendedor(ora) *m,f* ❑ *Econ* ***sellers' market*** mercado *m* de vendedores

selling ['selɪŋ] *n* venta *f* ❑ ***s. point*** ventaja *f* *(de un producto)*; ***s. price*** precio *m* de venta

sell-off ['selɒf] *n (of state-owned company)* privatización *f*

Sellotape® ['seləteɪp] *Br* **1** *n* celo *m*, *CAm, Méx* durex® *m*

2 *vt* pegar con celo *or CAm, Mex* durex®

sellout ['selaʊt] *n* (**a**) *(play, concert)* lleno *m* (**b**) *(betrayal)* traición *f*

sell-through ['sel'θru:] *n Com* venta *f* (al por menor)

semantic [sɪ'mæntɪk] *adj* semántico(a)

semantics [sɪ'mæntɪks] *n* semántica *f*; *Fig* **let's not worry about s.** dejemos a un lado los matices

semaphore ['seməfɔ:(r)] *n* código *m* alfabético de banderas

semblance ['sembləns] *n* apariencia *f*; **the s. of a smile** un atisbo *or* asomo de sonrisa; **to maintain some s. of dignity** mantener cierto asomo de dignidad

semen ['si:men] *n* semen *m*

semester [sɪ'mestə(r)] *n Univ* semestre *m*

semi ['semɪ] *n Fam* (**a**) *Br* (*abbr* **semi-detached house**) chalet *m* pareado *or* semiadosado (**b**) *US* (*abbr* **semitrailer**) semirremolque *m*

semiautomatic ['semɪɔ:tə'mætɪk] *adj* semiautomático(a)

semibreve ['semɪbri:v] *n Mus* redonda *f*

semicircle ['semɪsɜ:kəl] *n* semicírculo *m*

semicircular [semɪ'sɜ:kjʊlə(r)] *adj* semicircular ❑ *Anat* ***s. canal*** conducto *m* semicircular

semicolon [semɪ'kəʊlən] *n* punto *m* y coma

semiconductor ['semɪkən'dʌktə(r)] *n Elec* semiconductor *m*

semiconscious [semɪ'kɒnʃəs] *adj* semiconsciente

semi-detached ['semɪdɪ'tætʃt] **1** *n (house)* chalet *m* pareado *or* semiadosado **2** *adj* pareado(a), semiadosado(a)

semifinal [semɪ'faɪnəl] *n* semifinal *f*

semifinalist [semɪ'faɪnəlɪst] *n* semifinalista *mf*

seminal ['semɪnəl] *adj (very important)* trascendental, fundamental

seminar ['semɪnɑ:(r)] *n* seminario *m*

seminary ['semɪnərɪ] *n* seminario *m*

semiotics [semɪ'ɒtɪks] *n* semiótica *f*

semi-permeable ['semɪ'pɜ:mɪəbəl] *adj* ***s. membrane*** membrana *f* semipermeable

semi-precious ['semɪ'preʃəs] *adj* ***s. stone*** piedra *f* fina *or* semipreciosa

semi-professional ['semɪprə'feʃənəl] *adj Sport* semiprofesional

semiquaver ['semɪkweɪvə(r)] *n Br Mus* semicorchea *f*

semi-rough ['semɪ'rʌf] *n (in golf)* semi-rough *m*

semi-skilled ['semɪ'skɪld] *adj* semicualificado(a)

semi-skimmed [semɪskɪmd] *adj (milk)* semidescremado(a), *Esp* semidesnatado(a)

Semite ['si:maɪt] *n* semita *mf*

Semitic [sɪ'mɪtɪk] *adj* semita, semítico(a)

semitone ['semɪtəʊn] *n Br Mus* semitono *m*

semitrailer ['semɪtreɪlə(r)] *n US* semirremolque *m*

semitropical ['semɪ'trɒpɪkəl] *adj* subtropical

semivowel ['semɪvaʊəl] *n* semivocal *f*

semolina [semə'li:nə] *n* sémola *f*

senate ['senɪt] *n* **the S.** el Senado

senator ['senətə(r)] *n* senador(ora) *m,f*

senatorial [senə'tɔ:rɪəl] *adj* senatorial, de senador

SEND [send] *(pt & pp* **sent** [sent]) **1** *vt* (**a**) *(letter, message, person)* mandar, enviar; *(transmission, signal)* enviar; **to s. sb sth, to s. sth to sb** enviar algo a alguien; **s. her my love** dale un abrazo de mi parte; **to s. sb for sth** enviar a alguien a por algo; **to s. sb on an errand/a course** mandar a alguien a (hacer) un recado/un curso; **to s. sb home** enviar a alguien a casa; **to s. sb to prison** enviar a alguien a prisión; **to s. word to sb (that...)** avisar *or* informar a alguien (de que...)
(**b**) *(expressing cause)* **to s. sth/sb flying** mandar *or* lanzar algo/a alguien por los aires; **the explosion sent us running for cover** la explosión nos obligó a correr a ponernos a cubierto; **it sends me crazy** me vuelve loco; **the news sent share prices down/up** la noticia hizo subir/bajar el precio de las acciones; **it sent a shiver down my spine** me produjo *or* dio escalofríos; **that sent him into fits of laughter** aquello le provocó un ataque de risa; **to s. sb to sleep** hacer que alguien se duerma
2 *vi (send message)* **she sent to say she'd be late** avisó diciendo que llegaría tarde

▸**send away 1** *vt sep* **to s. sb away** mandar *or* decir a alguien que se marche
2 *vi* **to s. away for sth** pedir algo por correo

▸**send back** *vt sep (purchase, order of food)* devolver

▸**send down** *vt sep Br* (**a**) *Univ (expel)* expulsar (**b**) *Fam (send to prison)* encarcelar, *Esp* enchironar, *Andes, Col, RP* mandar en cana, *Méx* mandar al bote

▸**send for** *vt insep* (**a**) *(help, supplies)* mandar traer; *(doctor)* llamar; **I was sent for by the boss** el jefe mandó que me llamaran (**b**) *(request by post)* pedir, encargar

▸**send in** *vt sep* (**a**) *(application, troops, supplies)* enviar (**b**) *(tell to enter)* hacer entrar *or* pasar

▸**send off 1** *vt sep* (**a**) *(letter, order, person)* mandar, enviar (**b**) *Sport* expulsar
2 *vi* **to s. off (to sb) for sth** pedir algo (a alguien) por correo

▸**send on** *vt sep* (**a**) *(forward) (mail)* remitir, reexpedir; **we had our belongings sent on ahead** enviamos nuestras pertenencias a nuestro destino antes de partir (**b**) *(pass on after use)* enviar (**c**) *Sport (substitute)* sacar

▸**send out 1** *vt sep* (**a**) *(letters, invitations)* mandar, enviar; *(radio signals)* emitir; *(shoots)* echar; *(search party)* enviar (**b**) *(tell to leave room)* echar, expulsar
2 *vi* **to s. out for sth** pedir que traigan algo

▸**send up** *vt sep* (**a**) *(upstairs)* **s. him up** hágalo subir; **I had a pizza sent up to my room** pedí que me subieran una pizza a la habitación (**b**) *(emit) (smoke)* enviar, emitir (**c**) *Br Fam (parody)* parodiar, remedar

sender ['sendə(r)] *n* remitente *mf*

sending-off ['sendɪŋ'ɒf] *n Sport* expulsión *f*

send-off ['send'ɒf] *n Fam* despedida *f*

send-up ['sendʌp] *n Br Fam* parodia *f*, *Esp* remedo *m*

Senegal [senɪ'gɔ:l] *n* Senegal

Senegalese [senɪgə'li:z] *n & adj* senegalés(esa) *m,f*

senile ['si:naɪl] *adj* senil ❑ *Med* ***s. dementia*** demencia *f* senil

senility [sɪ'nɪlɪtɪ] *n* senilidad *f*

senior ['si:njə(r)] **1** *n* (**a**) **to be sb's s.** *(in age)* ser mayor que alguien; *(in rank)* ser el superior de alguien; **she is three years his s.** ella es tres años mayor que él (**b**) *(student)* estudiante *mf* de último curso
2 *adj* (**a**) *(in age)* mayor; **Thomas Smith, S.** Thomas Smith, padre ❑ ***s. citizen*** persona *f* de la tercera edad (**b**) *(in rank, position)* superior ❑ *US* ***s. high school*** colegio *m or Esp* instituto *m* de enseñanza secundaria *(16-18 años)*; ***s. officer*** oficial *m* superior; ***s. partner*** *(in company)* socio *m* principal; *Br* ***s. school*** colegio *m or Esp* instituto *m* de enseñanza secundaria

seniority [si:nɪ'ɒrɪtɪ] *n (in age, length of service)* antigüedad *f*; *(in rank)* rango *m*, categoría *f*

sensation [sen'seɪʃən] *n* (**a**) *(feeling)* sensación *f*; **burning s.** quemazón *f* (**b**) *(excitement)* **to be a s.** ser todo un éxito; **to cause a s.** causar sensación

sensational [sen'seɪʃənəl] *adj* (**a**) *(exaggerated)* tremendista, sensacionalista (**b**) *Fam (excellent)* extraordinario(a), sensacional

sensationalism [sen'seɪʃənəlɪzəm] *n* sensacionalismo *m*

sensationalist [sen'seɪʃənəlɪst] *adj* sensacionalista

sensationalize [sen'seɪʃənəlaɪz] *vt* dar una visión sensacionalista de

sensationally [sen'seɪʃənəlɪ] *adv* (**a**) *(exaggeratedly)* con sensacionalismo (**b**) *(causing excitement)* **s., the champion was defeated** para asombro de todos, el campeón perdió (**c**) *Fam (excellently)* de maravilla, *Esp* estupendamente; **s. successful** de tremendo éxito

sense [sens] **1** *n* (**a**) *(faculty)* sentido *m*; **s. of smell/hearing** sentido del olfato/oído; **to lose all s. of time** perder la noción del tiempo; **business s.** vista *f* para los negocios; **dress s.** gusto *m* en el vestir; **to bring sb to their senses** *(cause to see reason)* hacer entrar en razón a alguien; **to come to one's senses** *(recover consciousness)* recobrar el conocimiento *or* sentido; *(see reason)* entrar en razón ❑ ***s. of direction*** sentido *m* de la orientación; *Fig* **to lose one's sense of direction** perder el rumbo; ***s. of duty*** sentido *m* del deber; ***s. of humour*** sentido *m* del humor
(**b**) *(feeling)* sensación *f*; **a s. of achievement** la sensación de haber logrado algo; **a s. of occasion** la sensación de gran acontecimiento
(**c**) *(rationality, common sense)* sensatez *f*, buen juicio *m*; **good s.** buen juicio; **there's no s. in staying** no tiene sentido quedarse; **what's** *or* **where's the s. in that?** ¿qué sentido tiene?; **are you out of your senses?** ¿has perdido el juicio?; **to have the s. to do sth** ser lo suficientemente sensato(a) como para hacer algo; **to make (no) s.** (no) tener sentido; **she wasn't making any s.** lo que decía no tenía ningún sentido; **he talked a lot of s.** estaba cargado de razón
(**d**) *(meaning)* sentido *m*; **to make s. of sth** entender algo; **in a s.** en cierto sentido; **in no s.** de ninguna de las maneras, en modo alguno; **in the s. that...** en el sentido de que...; **in the strictest s. of the word** en el más puro sentido de la palabra
2 *vt (perceive) (of person)* notar, percibir; *(of machine)* detectar; **to s. that...** tener la sensación de que...

senseless ['senslɪs] *adj* (**a**) *(unconscious)* inconsciente (**b**) *(pointless)* absurdo(a)

senselessly ['senslɪslɪ] *adv (pointlessly)* de forma absurda, sin sentido

sensibilities [sensɪ'bɪlɪtɪz] *npl* sensibilidad *f*; **to offend sb's s.** herir la sensibilidad de alguien

sensible ['sensɪbəl] *adj* (**a**) *(rational) (person, decision)* sensato(a); **the s. thing to do** lo sensato, lo que tiene sentido (hacer) (**b**) *(practical) (clothes, shoes)* práctico(a) (**c**)

Formal (aware) **to be s. of sth** ser consciente de algo

Note that the Spanish word **sensible** is a false friend and is never a translation for the English word **sensible**. In Spanish **sensible** means both "sensitive" and "perceptible, significant".

sensibly ['sensɪblɪ] *adv (rationally)* sensatamente

sensitive ['sensɪtɪv] *adj* **(a)** *(emotionally)* sensible (**to** a); *(tactful)* delicado(a), cuidadoso(a); *(touchy)* susceptible; **he's very s. about his hair** le molesta mucho que le hablen del pelo, es muy susceptible con el tema de su pelo **(b)** *(physically)* sensible; **to be s. to sth** ser sensible a algo **(c)** *(issue)* delicado(a), polémico(a); *(information, document)* confidencial

sensitively ['sensɪtɪvlɪ] *adv (tactfully)* con cuidado, con tacto

sensitivity [sensɪ'tɪvɪtɪ] *n* **(a)** *(emotional)* sensibilidad *f*; *(touchiness)* susceptibilidad *f* **(b)** *(physical)* sensibilidad *f* **(c)** *(of issue)* carácter *m* polémico; *(of information, document)* confidencialidad *f*

sensitize ['sensɪtaɪz] *vt* sensibilizar (**to** acerca de *or* ante)

sensor ['sensə(r)] *n* sensor *m*

sensory ['sensərɪ] *adj* sensorial ▫ ***s. organs*** órganos *mpl* sensoriales

sensual ['sensjʊəl] *adj* sensual

sensuality [sensjʊ'ælɪtɪ] *n* sensualidad *f*

sensually ['sensjʊəlɪ] *adv* sensualmente

sensuous ['sensjʊəs] *adj* sensual

sent [sent] *pt & pp of* **send**

sentence ['sentəns] **1** *n* **(a)** *Gram* oración *f*, frase *f* **(b)** *Law* sentencia *f*; **to pass s. (on)** dictar sentencia (contra); **she was given a two-year s. for fraud** la condenaron a dos años (de cárcel) por estafa
2 *vt Law* sentenciar (**to** a); **he was sentenced to three years imprisonment** lo condenaron a tres años de cárcel

sententious [sen'tenʃəs] *adj Formal* sentencioso(a)

sentient ['sentɪənt] *adj* sensitivo(a), sensible

sentiment ['sentɪmənt] *n* **(a)** *(opinion)* parecer *m*; **public s.** el sentir popular **(b)** *(sentimentality)* sentimentalismo *m*

sentimental [sentɪ'mentəl] *adj* sentimental

sentimentality [sentɪmen'tælɪtɪ] *n* sentimentalismo *m*

sentimentally [sentɪ'mentəlɪ] *adv* sentimentalmente; **to be s. attached to sb/sth** tener una relación sentimental con alguien/tener cariño a algo

sentinel ['sentɪnel] *n Literary (sentry)* centinela *m*; *Fig* guardián(ana) *m,f*

sentry ['sentrɪ] *n Mil* centinela *m*; **to be on s. duty** estar de guardia ▫ ***s. box*** garita *f*

Seoul [səʊl] *n* Seúl

Sep (*abbr* **September**) sep.

sepal ['sepəl] *n Bot* sépalo *m*

separable ['sepərəbəl] *adj* separable

separate 1 *adj* ['sepərət] **(a)** *(parts, box, room)* separado(a); **fish and meat should be kept s.** hay que guardar la carne y el pescado por separado; **to lead s. lives** vivir separados(as); *also Fig* **they went their s. ways** siguieron cada uno su camino **(b)** *(different) (occasion, attempt)* distinto(a); *(organization)* independiente; **the two issues are quite s.** son dos cuestiones bien distintas
2 *vt* ['sepəreɪt] **(a)** *(take, keep apart)* separar (**from** de) **(b)** *(distinguish)* distinguir (**from** de)
3 *vi* separarse (**from** de)

▶**separate out** *vt sep (individuals, elements)* separar; *(reasons)* distinguir

▶**separate up** *vt sep* dividir

separated ['sepəreɪtɪd] *adj* separado(a); **he is s. from his wife** está separado de su mujer

separately ['sepərətlɪ] *adv* por separado; **to live s.** vivir separados(as)

separation [sepə'reɪʃən] *n* separación *f*

separatism ['sepərətɪzəm] *n Pol* separatismo *m*

separatist ['sepərətɪst] *n Pol* separatista *mf*

separator ['sepəreɪtə(r)] *n* separador *m*

sepia ['si:pɪə] *n (colour)* (color *m*) sepia *m*; **s. photograph** fotografía *f* en color sepia

sepsis ['sepsɪs] *n Med* sepsis *f inv*

Sept (*abbr* **September**) sep.

September [sep'tembə(r)] *n* septiembre *m*; *see also* **May**

septet [sep'tet] *n Mus* septeto *m*

septic ['septɪk] *adj* séptico(a); **to become s.** infectarse ▫ ***s. tank*** fosa *f* séptica

septicaemia, *US* **septicemia** [septɪ'si:mɪə] *n Med* septicemia *f*

septuagenarian [septʊədʒə'neərɪən] *n & adj* septuagenario(a) *m,f*

septum ['septəm] *n Anat* septo *m*, septum *m*

septuplet ['septjʊplet] *n (baby)* septillizo(a) *m,f*

sepulchral [sə'pʌlkrəl] *adj Literary* sepulcral

sepulchre, *US* **sepulcher** ['sepəlkə(r)] *n Literary* sepulcro *m*

sequel ['si:kwəl] *n* **(a)** *(book, movie)* continuación *f* (**to** de) **(b)** *(following event)* secuela *f*

sequence ['si:kwəns] *n* **(a)** *(order)* sucesión *f*, secuencia *f*; **in s.** en sucesión *or* orden; **out of s.** desordenado(a) **(b)** *(of numbers, events)* serie *f*; *(in movie)* secuencia *f*

sequencer ['si:kwənsə(r)] *n Mus* secuenciador *m*

sequential [sɪ'kwenʃəl] *adj* secuencial

sequentially [sɪ'kwenʃəlɪ] *adv* secuencialmente

sequestrate ['si:kwəstreɪt] *vt Law* embargar

sequestration [si:kwə'streɪʃən] *n Law* embargo *m*

sequin ['si:kwɪn] *n* lentejuela *f*

sequined ['si:kwɪnd] *adj* de lentejuelas

sequoia [sɪ'kwɔɪə] *n* sec(u)oya *f*

Serb(ian) ['sɜ:b(ɪən)] *n & adj* serbio(a) *m,f*

Serbia ['sɜ:bɪə] *n* Serbia

Serbo-Croat ['sɜ:bəʊ'krəʊæt] *n (language)* serbocroata *m*

serenade [serə'neɪd] **1** *n* serenata *f*
2 *vt* dar una serenata a

serendipity [serən'dɪpɪtɪ] *n* = don para realizar hallazgos afortunados

serene [sə'ri:n] *adj* sereno(a)

serenely [sə'ri:nlɪ] *adv* con serenidad

serenity [sə'renɪtɪ] *n* serenidad *f*

serf [sɜ:f] *n Hist* siervo(a) *m,f* (de la gleba)

serfdom ['sɜ:fdəm] *n Hist* servidumbre *f*

serge [sɜ:dʒ] *n* sarga *f*

sergeant ['sɑ:dʒənt] *n* **(a)** *Mil* sargento *mf* **(b)** *(in police)* ≃ oficial *mf* de policía

sergeant-major ['sɑ:dʒənt'meɪdʒə(r)] *n Mil* sargento *mf* primero

serial ['sɪərɪəl] **1** *n (in magazine)* novela *f* por entregas, folletín *m*; *(on TV)* serial *m*
2 *adj* **(a)** *(in series)* en serie ▫ ***s. killer*** asesino(a) *m,f* en serie; ***s. number*** número *m* de serie **(b)** *Comptr* ***s. cable*** cable *m* de serie; ***s. device*** periférico *m* en serie; ***s. port*** puerto *m* (en) serie

serialization [sɪərɪəlaɪ'zeɪʃən] *n (in newspaper, magazine)* publicación *f* por entregas; *(on TV)* serialización *f*, adaptación *f* al formato de serie

serialize ['sɪərɪəlaɪz] *vt (in newspaper, magazine)* publicar por entregas; *(on TV)* emitir en forma de serie

series ['sɪəri:z] *n* **(a)** *(on TV)* serie *f*; *(on radio)* serial *m*; *(of books)* colección *f*, serie *f* **(b)** *(sequence)* serie *f*; **to make a s. of mistakes** cometer toda una serie de errores **(c)** *(in baseball, rugby, cricket)* serie *f* (de encuentros) **(d)** *Elec* **connected in s.** conectado(a) en serie

serif ['serɪf] *n Typ* serif *m*

serious ['sɪərɪəs] *adj* **(a)** *(in earnest) (person, newspaper)* serio(a); **to be s. about doing sth** estar decidido(a) a hacer algo; **to be s. about sb** *(of boyfriend, girlfriend)* ir en serio con alguien; **are you s.?** ¿lo dices en serio?; **you can't be s.!** ¡estás de broma!, ¿no lo dirás en serio?; **it wasn't a s. suggestion** no lo decía en serio **(b)** *(grave) (situation, problem, injury)* serio(a), grave **(c)** *Fam (for emphasis)* **s. money** cantidad de dinero; **we did some s. drinking last night** anoche bebimos de lo lindo *or Esp* a base de bien

seriously ['sɪərɪəslɪ] *adv* **(a)** *(in earnest)* seriamente, en serio; **to take sth/sb s.** tomar algo/a alguien en serio; **to take oneself too s.** tomarse demasiado en serio; **you don't s. think I did it on purpose, do you?** no pensarás de verdad que lo hice adrede, ¿no? **(b)** *(gravely)* seriamente, gravemente; **s. ill** seriamente *or* gravemente enfermo(a) **(c)** *Fam (very)* cantidad de; **he was s. drunk** estaba borracho a más no poder

seriousness ['sɪərɪəsnɪs] *n* (**a**) *(sincerity)* seriedad *f*; **in all s.** con toda seriedad, de lo más serio(a) (**b**) *(gravity)* seriedad *f*, gravedad *f*

sermon ['sɜːmən] *n also Fig* sermón *m*

sermonize ['sɜːmənaɪz] *vi* soltar un sermón, sermonear

seropositive ['sɪərəʊ'pɒzɪtɪv] *adj Med* seropositivo(a)

serpent ['sɜːpənt] *n Literary* sierpe *f*, serpiente *f*

serpentine ['sɜːpəntaɪn] *adj Literary* serpenteante, serpentino(a)

SERPS [sɜːps] *n Br Fin* (*abbr* **State Earnings Related Pension Scheme**) = sistema público de pensiones contributivas

serrated [sə'reɪtɪd] *adj* dentado(a)

serried ['serɪd] *adj Literary* **s. ranks** filas *fpl* cerradas

serum ['sɪərəm] *n Med* suero *m*

servant ['sɜːvənt] *n* *(in household)* criado(a) *m,f*, sirviente(a) *m,f*; *(of leader, country)* servidor(ora) *m,f*

SERVE [sɜːv] **1** *n* *(in tennis)* servicio *m*, saque *m*; **(it's) your s.!** ¡tú sacas!; **to break s.** romper el servicio; **to hold one's s.** mantener el servicio; **first/second s.** primer/segundo servicio

2 *vt* (**a**) *(be faithful to) (master, cause)* servir, estar al servicio de; *(one's country)* servir a; IDIOM **to s. two masters** nadar entre dos aguas; **to s. one's own interests** actuar en interés propio

(**b**) *(be useful to)* servir; **it serves me as an office** me sirve de oficina; **what function does it s.?** ¿qué función tiene?; **it would s. your interests not to say anything** te convendría no decir nada; **it doesn't s. my purpose(s)** no me sirve; **it serves no useful purpose** no sirve para nada; **it has served me well** me ha hecho un buen servicio; **if my memory serves me right** si mal no recuerdo; IDIOM **it serves her right!** ¡se lo merece!, ¡lo tiene bien merecido!

(**c**) *(complete) (prison sentence, term of office)* cumplir; *(apprenticeship)* realizar, hacer

(**d**) *(customer)* atender; **are you being served?** *(in shop)* ¿le están atendiendo?; *(in pub)* ¿te sirven?

(**e**) *(meal, drink)* servir; **to s. lunch/dinner** servir el almuerzo/la cena; **breakfast is served in the restaurant** el desayuno se sirve en el restaurante; *Formal & Hum* **dinner is served!** ¡la cena está en la mesa!; **the buffet car serves a selection of sandwiches** en el vagón restaurante se sirve una selección de *Esp* bocadillos *or Am* sandwiches; **serves four** *(on packet, in recipe)* contiene cuatro raciones

(**f**) *(provide for)* **the power station will s. an area of 500 square miles** la central abastecerá de *or* suministrará electricidad a un área de 500 millas cuadradas; **the city is served by two airports** la ciudad cuenta con dos aeropuertos

(**g**) *Law* **to s. notice on sb that...** comunicar oficialmente a alguien que...; **to s. sb with a summons, to s. a summons on sb** citar a alguien

(**h**) *(in tennis) (ace)* servir; *(double fault)* hacer

3 *vi* (**a**) *(carry out duty)* servir (**as** como); **he served in the army/in Bosnia** sirvió en el ejército/en Bosnia; **to s. in a government/on a committee** ser miembro de un gobierno/una comisión; **I served under him during the war** serví bajo sus órdenes durante la guerra

(**b**) *(be used)* **to s. as...** servir de...; **to s. as an example** servir de ejemplo; **that serves to explain her behaviour** eso explica su comportamiento

(**c**) *(in shop)* atender, despachar

(**d**) *(with food, drink)* servir; **s. chilled** *(on wine)* sírvase bien frío

(**e**) *(in tennis)* servir, sacar; **Hingis to s.!** ¡al servicio, Hingis!; **to s. for the match** servir para ganar (el partido)

▶**serve out** *vt sep* (**a**) *(sentence, notice)* cumplir (**b**) *(food)* servir (**c**) *(in tennis)* **she broke her opponent and served out the match** rompió el servicio de su rival y conservó el suyo para ganar el partido

▶**serve up** *vt sep (food)* servir; *Fig* ofrecer

server ['sɜːvə(r)] *n* (**a**) *(in tennis, badminton, squash)* jugador(ora) *m,f* al servicio (**b**) *(tray)* bandeja *f* (**c**) *Comptr* servidor *m*

SERVICE ['sɜːvɪs] **1** *n* (**a**) *(work) (with army, firm)* servicio *m*; **to be at sb's s.** estar al servicio de alguien; **Dan Berry, at your s.** Dan Berry, a su disposición; *Formal* **to do sb a s.** hacer un favor a alguien; **he offered his services** ofreció sus servicios

(**b**) *(use)* **this suitcase has given me good s.** esta maleta me ha durado mucho tiempo; **to be in s.** *(of ship, plane, machine)* estar en funcionamiento; **to be out of s.** *(of machine)* estar fuera de servicio; *Formal* **to be of s. to sb** serle a alguien de utilidad

(**c**) *(in shop, restaurant)* servicio *m*; **when are we going to get some s. round here?** ¿nos atienden o no?; **s. is included** el servicio está incluido; **s. not included** servicio no incluido ❑ ***s. charge*** (tarifa *f* por) servicio *m*

(**d**) *(provided by business, organization)* servicio *m*; **we offer a photocopying s.** ofrecemos un servicio de copistería; **a bus s. will operate between Newcastle and Durham** un autobús funcionará entre Newcastle y Durham ❑ ***s. entrance*** entrada *f* de servicio; ***s. industry*** industria *f* de servicios; *Br* ***s. lift*** montacargas *m inv*; ***s. road*** vía *f* de servicio; ***s. sector*** sector *m* servicios

(**e**) *Comptr* ***s. bureau*** servicio *m* de filmación; ***s. provider*** proveedor *m* de servicios

(**f**) *(system)* **postal/air/train s.** servicios *mpl* postales/aéreos/de ferrocarril

(**g**) *(maintenance)* revisión *f* ❑ ***s. area,*** *Br* ***services*** *(on motorway)* área *f* de servicio; ***s. station*** estación *f* de servicio

(**h**) *Rel* oficio *m*, servicio *m*

(**i**) *(set)* **tea/dinner s.** servicio *m* de té/de mesa

(**j**) *(in tennis, badminton, squash)* servicio *m*, saque *m*; **first/second s.** primer/segundo servicio; **he lost three s. games in a row** perdió el servicio tres veces consecutivas ❑ ***s. box*** *(in squash)* cuadro *m* de saque; ***s. fault*** falta *f* de saque; ***s. line*** línea *f* de saque *or* servicio

(**k**) *Old-fashioned (of servant)* **to be in s.** estar de sirviente(a); **to go into s.** entrar a servir

(**l**) *Mil* **the services** las fuerzas armadas

2 *vt* (**a**) *(car, computer, TV)* revisar

(**b**) *Fin (loan, debt)* amortizar los intereses de

serviceable ['sɜːvɪsəbəl] *adj* (**a**) *(in working order)* en buen uso (**b**) *(useful)* útil, práctico(a)

serviceman ['sɜːvɪsmən] *n Mil* militar *m*

servicewoman ['sɜːvɪswʊmən] *n Mil* militar *f*

serviette [sɜːvɪ'et] *n Br* servilleta *f*

servile ['sɜːvaɪl] *adj* servil

serving ['sɜːvɪŋ] *n* *(portion)* ración *f* ❑ ***s. hatch*** ventanilla *f* (de cocina); ***s. spoon*** cuchara *f* de servir, cucharón *m*

servitude ['sɜːvɪtjuːd] *n* esclavitud *f*

servo ['sɜːvəʊ] **1** *n* (*pl* **servos**) *Fam (servomechanism)* servomecanismo *m*

2 *adj Aut* ***s. brake*** servofreno *m*

sesame[1] ['sesəmɪ] *n* *(plant)* ajonjolí *m*, sésamo *m* ❑ ***s. oil*** aceite *m* de sésamo *or* de ajonjolí; ***s. seeds*** (semillas *fpl* de) sésamo *m*

sesame[2] *exclam* **open s.!** ¡ábrete, Sésamo!

session ['seʃən] *n* (**a**) *(period of activity)* sesión *f*; **a discussion s.** una sesión de debate; *Fam* **a drinking s.** una juerga, una borrachera (**b**) *(meeting)* reunión *f*; **to be in s.** estar reunido(a) (**c**) *Sch & Univ (term)* trimestre *m*; *(year)* curso *m*

SET[1] [set] **1** *n* (**a**) *(of keys, boxes, chess pieces, pans)* juego *m*; *(of problems, rules, symptoms) & Math* conjunto *m*; *(of stamps, picture cards, books)* serie *f*, colección *f*; **a chemistry s.** un juego de química; **a train s.** un tren eléctrico de juguete *(con vías, etc.)*; **s. of teeth** dentadura *f*

(**b**) *(of people)* grupo *m*, círculo *m*

(**c**) *Sch* **top/bottom s.** = grupo de los alumnos más/menos aventajados en cada asignatura a los que se enseña por separado

(**d**) *(TV, radio)* aparato *m*, receptor *m*; **television s.** televisor *m*, (aparato *m* de) televisión *f*

(**e**) *Th & TV (scenery)* decorado *m*; *Cin* plató *m*; *TV & Cin* **on s.** en el plató

(**f**) *(in tennis)* set *m*, manga *f* ❑ ***s. point*** punto *m* de set

(**g**) *Mus (performance)* **they played a thirty-minute s.** tocaron durante treinta minutos

(**h**) *(in hairdressing)* **shampoo and s.** lavar y marcar

(**i**) *(posture)* **the s. of sb's shoulders** la postura de los hombros

(**j**) *Math* ***s. square*** *(with angles of 45, 45 and*

90°) escuadra f; (with angles of 30, 60 and 90°) cartabón *m*

2 *adj* (**a**) *(fixed) (ideas, price)* fijo(a); **we have to finish by a s. time** tenemos que acabar a una hora determinada; **to be s. in one's ways** tener hábitos fijos ▫ ***s. lunch*** menú *m* (del día); ***s. phrase** or **expression*** frase *f* hecha; ***s. piece** (in play, movie)* = escena clásica e impactante; *(in sport)* jugada *f* ensayada (a balón parado); *Sch* ***s. text*** lectura *f* obligatoria

(**b**) *(ready)* **to be (all) s. for sth/to do sth** estar preparado(a) para algo/para hacer algo; **she is s. to become the first woman president** va *or* lleva camino de convertirse en la primera presidenta; **the good weather is s. to continue** va a continuar el buen tiempo; **to get s. to do sth** prepararse *or Am* alistarse para hacer algo

(**c**) *(determined)* **to be (dead) s. against sth** oponerse totalmente a algo; **to be (dead) s. on doing sth** estar empeñado(a) en hacer algo

3 *vt (pt & pp* **set**) (**a**) *(place)* colocar; **to s. a trap (for sb)** tender una trampa (a alguien)

(**b**) *(situate)* **the house is set in a picturesque valley** la casa se encuentra *or* está situada en un valle pintoresco; **the movie is set in New Orleans/against a background of the war** la película transcurre *or* se desarrolla en Nueva Orleans/durante la guerra; **to s. sth to music** poner música a algo

(**c**) *(fix) (date, limit, price, target, standards)* fijar (**at/for** a/para); *(task)* dar, asignar; *(problem)* poner, plantear; *(exam)* poner; *(record)* establecer; *(trend)* imponer; *(precedent)* sentar; **to s. sb a challenge** desafiar a alguien; *Sch* **to s. an essay** mandar (hacer) un trabajo; **to s. an example (to sb)** dar ejemplo (a alguien); **to s. a value on sth** poner precio *or* asignar un valor a algo; **her face was set in determination** su rostro estaba lleno de determinación; **to s. one's jaw** apretar la mandíbula

(**d**) *(adjust, prepare) (watch, clock)* poner en hora; *(controls, dial)* poner (**to** en); *(stage)* preparar; **s. the alarm clock for 8 a.m.** pon el despertador a las ocho; **the alarm is set for 2.30** la alarma está puesta para las 2.30; **to s. the table** poner la mesa

(**e**) *(cause to start)* **to s. sb on the road to recovery** hacer que alguien comience a recuperarse; **they set us to work on the project immediately** nos pusieron a trabajar en el proyecto inmediatamente; **her performance set people talking** su actuación dio que hablar (a la gente); **that set me thinking** eso me hizo pensar

(**f**) *(cause to be)* **to s. sth alight** *or* **on fire** prender fuego a algo; **to s. sb free** dejar libre *or* poner en libertad a alguien; **to s. sth right** *(mistake)* enmendar algo

(**g**) *(jewel)* engastar; **a brooch set with emeralds** un broche con esmeraldas engastadas *or* incrustadas

(**h**) *Med (bone, fracture)* recomponer

(**i**) *(in hairdressing)* **to have one's hair set** marcarse el pelo

(**j**) *Typ* componer

4 *vi* (**a**) *(of sun, moon)* ponerse; **we saw the sun setting** vimos la puesta de sol

(**b**) *(become firm) (of jelly)* cuajar; *(of concrete)* endurecerse; *(of broken bone)* soldarse

(**c**) *(begin)* **to s. to work** comenzar a trabajar

▸**set about** *vt insep* (**a**) *(task, job)* emprender; *(problem, situation)* abordar; **to s. about doing sth** empezar a hacer algo (**b**) *(attack)* atacar

▸**set against** *vt sep* (**a**) *(cause to oppose)* **to s. sb against sb** enemistar a alguien con alguien; **she has set herself against it** se opone rotundamente a ello (**b**) *(compare)* **to s. sth against sth** comparar algo con algo (**c**) *(deduct)* **to s. expenses against tax** deducir gastos de los impuestos

▸**set apart** *vt sep* distinguir (**from** de)

▸**set aside** *vt sep* (**a**) *(leave) (task, matter, differences)* dejar a un lado (**b**) *(save) (money)* ahorrar; *(time)* reservar (**c**) *(overturn) (decision, conviction)* anular

▸**set back** *vt sep* (**a**) *(withdraw)* **the house is set back from the road** la casa está apartada de la carretera (**b**) *(delay)* retrasar (**c**) *(hinder)* **the defeat set back their chances of victory** la derrota disminuyó sus oportunidades de ganar; **the scandal has set back the modernization of the party by several years** el escándalo ha retrasado la modernización del partido varios años (**d**) *Fam (cost)* **that suit must have set you back (a bit)** ese traje te debe haber costado un ojo de la cara; **how much did that television s. you back?** ¿por cuánto te salió ese televisor?

▸**set down** *vt sep* (**a**) *(put down) (object)* dejar; *(passenger)* dejar (bajar) (**b**) *(land) (plane)* aterrizar (**c**) *(stipulate)* **the rules are set down in this document** las normas están recogidas en este documento; **to s. sth down in writing** poner algo por escrito

▸**set forth 1** *vt sep Formal (explain)* exponer

2 *vi Literary (depart)* partir, ponerse en camino

▸**set in** *vi (of fog, winter)* instalarse; *(of night)* caer; *(of mood, infection)* arraigar

▸**set off 1** *vt sep* (**a**) *(alarm)* activar; *(bomb)* hacer explotar; *(argument, chain of events)* desencadenar; **don't s. him off on that subject** no le saques ese tema que no parará de hablar (**b**) *(enhance) (colour, feature)* realzar

2 *vi (depart)* salir (**for** hacia)

▸**set on** *vt sep (cause to attack)* **I'll set my dog on you!** ¡te soltaré a mi perro!

▸**set out 1** *vt sep (arrange)* disponer; *(ideas, details)* exponer

2 *vi* (**a**) *(depart)* salir (**for** hacia) (**b**) *(begin) (in job, task)* empezar, comenzar (**c**) *(intend)* **to s. out to do sth** pretender hacer algo

▸**set to** *vi* (**a**) *(start working)* empezar *or* ponerse a trabajar (**b**) *Fam (start arguing)* meterse *or Esp* enzarzarse en una pelea

▸**set up 1** *vt sep* (**a**) *(erect) (statue)* erigir; *(tent, barrier)* montar

(**b**) *(arrange, organize) (meeting, group)* organizar; *(system, company)* establecer; *(fund)* crear; **to s. up camp** *(pitch tents)* poner el campamento; *Fam Fig (take up residence) Esp* poner la tienda, *Am* instalarse; **to s. up house** *or* **home** instalarse; **to s. up shop** montar un negocio; **she set herself up as a consultant** se estableció como asesora; **that meal should s. you up for the journey!** ¡esa comida te preparará para el viaje!; **they are set up for life** tienen el porvenir asegurado

(**c**) *(prepare) (game, equipment)* preparar

(**d**) *(cause)* provocar

(**e**) *Fam (frame)* **I've been set up!** ¡me han tendido una trampa!

2 *vi* (**a**) *(establish oneself)* establecerse (**as** de *or* como); **to s. up in business** montar un negocio

(**b**) *(prepare equipment)* prepararse, *Am* alistarse

▸**set upon** *vt insep (attack)* atacar

---

set² *n (of badger)* tejonera *f*

set-aside ['setəsaɪd] *n Agr* retirada *f or* abandono *m* de tierras *(por la UE)*

setback ['setbæk] *n* contratiempo *m*, revés *m*

settee [se'tiː] *n* sofá *m*

setter¹ ['setə(r)] *n (dog)* setter *m*

setter² *n (of test, quiz, crossword)* autor *m*

setting ['setɪŋ] **1** *n* (**a**) *(of story, festival)* escenario *m*, marco *m* (**b**) *(of sun)* puesta *f* (de sol) (**c**) *(on machine)* posición *f*; **highest s.** máximo *m*; **lowest s.** mínimo *m* (**d**) *(of jewel)* engarce *m*, engaste *m* (**e**) ***s. lotion*** *(for hair)* fijador *m*

2 *adj (sun, star)* poniente

settle ['setəl] **1** *vt* (**a**) *(put in place)* colocar, poner; **she had settled herself in an armchair** se había instalado cómodamente en un sillón; **to s. the children for the night** acostar a los niños

(**b**) *(nerves)* calmar; **I took something to s. my stomach** tomé algo que me asentara el estómago

(**c**) *(decide) (day, venue)* fijar; **it has been settled that…** se ha acordado que…; **that's settled, then!** ¡entonces, ya está (decidido)!; **that settles it!** ¡no se hable más!

(**d**) *(problem, dispute, differences)* resolver; **she settled her affairs** resolvió sus asuntos; *Law* **to s. a matter out of court** llegar a un acuerdo extrajudicial

(**e**) *(pay) (account, debt)* liquidar, saldar; *(claim)* satisfacer

(**f**) *(colonize)* colonizar

2 *vi* (**a**) *(of bird, insect, dust)* posarse (**on** en *or* sobre); *(of snow)* cuajar; *(of liquid, beer)* reposar; **to s. into an armchair** instalarse en un sillón;

(**b**) *(go to live) (of person, family)* asentarse (**in** en)

(**c**) *(calm down) (of crowd, situation)* apaciguarse, tranquilizarse

(**d**) *(reach agreement)* llegar a un acuerdo; *Law* **to s. (out of court)** llegar a un acuerdo extrajudicial

(**e**) *(pay up)* saldar cuentas, ajustar cuentas;

to s. with sb saldar *or* ajustar cuentas con alguien

▸**settle back** *vi* acomodarse, arrellanarse

▸**settle down 1** *vt sep* (**a**) *(make comfortable)* acomodar (**b**) *(make calm)* calmar, tranquilizar

2 *vi* (**a**) *(make oneself comfortable)* acomodarse, instalarse; **to s. down to work** concentrarse en el trabajo (**b**) *(become established)* establecerse (**c**) *(adopt regular life)* sentar la cabeza (**d**) *(calm down) (of situation, excitement, person)* tranquilizarse, calmarse

▸**settle for** *vt insep (accept)* conformarse con

▸**settle in** *vi (in new job, school)* adaptarse, aclimatarse; *(in new house)* instalarse

▸**settle into** *vt insep (new job, school)* adaptarse or aclimatarse a; *(new house)* instalarse en

▸**settle on** *vt insep (decide on, choose)* decidirse por

▸**settle up** *vi (pay bill, debt)* pagar; **to s. up with sb** saldar *or* ajustar cuentas con alguien

settled ['setəld] *adj (stable)* estable

settlement ['setəlmənt] *n* (**a**) *(agreement)* acuerdo *m*; **to reach a s.** llegar a un acuerdo (**b**) *(of problem, dispute)* resolución *f*; *Com (of account, debt)* liquidación *f* (**c**) *(town, village) (recently built)* asentamiento *m*; *(in isolated area)* poblado *m*

settler ['setlə(r)] *n* colono *m*

set-to ['set'tu:] *(pl* **set-tos**) *n Fam (argument, fight)* pelea *f*, trifulca *f*

setup ['setʌp] *n* (**a**) *Fam (organization, arrangement)* sistema *m*, montaje *m* (**b**) *Fam (trap, trick)* montaje *m*, trampa *f* (**c**) *Comptr* ***s. charge*** cuota *f* de conexión; ***s. program*** programa *f* de configuración

seven ['sevən] **1** *n* siete *m*; **sevens** *(in rugby)* rugby *m* a siete

2 *adj* siete; *Rel* **the s. deadly sins** los siete pecados capitales; *Literary* **to sail the s. seas** surcar los siete mares; *see also* **eight**

sevenfold ['sevənfəʊld] **1** *adj* septuplicado(a), séptuplo(a)

2 *adv* por siete, siete veces

seven-inch ['sevənɪntʃ] *n* **s. (single)** single *m or* sencillo *m (de vinilo)*

seventeen [sevən'ti:n] *n & adj* diecisiete *m*; *see also* **eight**

seventeenth [sevən'ti:nθ] **1** *n* (**a**) *(fraction)* diecisieteavo *m*, decimoséptima parte *f* (**b**) *(in series)* decimoséptimo(a) *m,f* (**c**) *(of month)* diecisiete *m*

2 *adj* decimoséptimo(a); *see also* **eleventh**

seventh ['sevənθ] **1** *n* (**a**) *(fraction)* séptimo *m*, séptima parte *f* (**b**) *(in series)* séptimo(a) *m,f* (**c**) *(of month)* siete *m*

2 *adj* séptimo(a); IDIOM **to be in s. heaven** estar en el séptimo cielo; *see also* **eighth**

seventies ['sevəntiːz] *npl* (años *mpl*) setenta *mpl*; *see also* **eighties**

seventieth ['sevəntɪɪθ] *n & adj* septuagésimo(a) *m,f*

seventy ['sevəntɪ] *n & adj* setenta *m*; *see also* **eighty**

seventy-eight ['sevəntɪ'eɪt] *n (record)* disco *m* de 78 r.p.m.

sever ['sevə(r)] *vt also Fig* cortar

several ['sevərəl] **1** *adj* varios(as)

2 *pron* varios(as) *m,fpl*; **s. of us/them** varios de nosotros/ellos

severally ['sevrəlɪ] *adv Formal* por separado, individualmente

severance ['sevərəns] *n* ruptura *f* ▫ *Ind* ***s. pay*** indemnización *f* por despido

severe [sɪ'vɪə(r)] *adj* (**a**) *(harsh) (person, punishment, criticism)* severo(a) (**b**) *(pain, storm, pressure, depression)* fuerte, intenso(a); *(illness, handicap, problem)* grave; *(weather)* severo(a); *(winter)* duro(a), severo(a) (**c**) *(austere) (style, architecture)* sobrio(a), austero(a)

severely [sə'vɪəlɪ] *adv* (**a**) *(harshly)* con severidad (**b**) *(injured, ill, handicapped)* gravemente; *(damaged, limited, reduced)* seriamente; **his patience was s. tested** su paciencia sufrió una dura prueba (**c**) *(austerely)* con sobriedad, con austeridad

severity [sɪ'verɪtɪ] *n* (**a**) *(harshness) (of person, punishment, criticism)* severidad *f* (**b**) *(of pain, storm, pressure, depression)* intensidad *f*; *(of illness, handicap, problem)* gravedad *f*; *(of weather)* severidad *f*; *(of winter)* dureza *f*, severidad *f* (**c**) *(austerity) (of style, architecture)* sobriedad *f*, austeridad *f*

Seville [se'vɪl] *n* Sevilla ▫ ***S. orange*** naranja *f* amarga

sew [səʊ] *(pp* **sewn** [səʊn]) *vt & vi* coser

▸**sew up** *vt sep (hole)* zurcir, coser; *(wound)* coser, suturar; IDIOM *Fam* ***it's all sewn up*** está todo arreglado

sewage ['su:ɪdʒ] *n* aguas *fpl* residuales ▫ ***s. disposal*** depuración *f* de aguas residuales; ***s. farm*** depuradora *f*; ***s. system*** alcantarillado *m*; ***s. works*** depuradora *f*

sewer ['su:ə(r)] *n (pipe)* alcantarilla *f*, cloaca *f*; **main s.** colector *m*

sewerage ['su:ərɪdʒ] *n (system)* alcantarillado *m*, cloacas *fpl*

sewing ['səʊɪŋ] *n* (**a**) *(activity)* costura *f*; **to do some s.** coser un rato ▫ ***s. basket*** costurero *m*, cesta *f* de la costura; ***s. machine*** máquina *f* de coser (**b**) *(items)* labor *m*, costura *f*

sewn [səʊn] *pp of* **sew**

sex [seks] **1** *n* (**a**) *(intercourse)* sexo *m*; **to have s.** tener relaciones sexuales; **to have s. with sb** hacer el amor con alguien, acostarse con alguien ▫ ***s. aid*** artículo *m* erótico; ***s. appeal*** atractivo *m* sexual; ***s. attack*** agresión *f* sexual; ***s. drive*** impulso *m or* deseo *m or* apetito *m* sexual; ***s. education*** educación *f* sexual; ***s. life*** vida *f* sexual; ***s. maniac*** obseso(a) *m,f* (sexual); ***s. offender*** autor(ora) *m,f* de un delito sexual; ***s. scandal*** escándalo *m* sexual; ***s. shop*** sex shop *f*; ***s. symbol*** símbolo *m* sexual, sex symbol *mf*

(**b**) *(gender)* sexo *m*; **the war between the sexes** la guerra de (los) sexos ▫ ***s. change*** cambio *m* de sexo; ***s. discrimination*** discriminación *f* sexual

2 *vt (animal)* asignar un sexo a

sexagenarian [seksədʒɪ'neərɪən] *n & adj* sexagenario(a) *m,f*

sexed [sekst] *adj* **to be highly s.** tener un gran apetito sexual *or* una libido muy fuerte

sexily ['seksɪlɪ] *adv* de forma sexy, muy sensualmente

sexiness ['seksɪnɪs] *n* atractivo *m* sexual, sensualidad *f*

sexism ['seksɪzəm] *n* sexismo *m*

sexist ['seksɪst] *n & adj* sexista *mf*

sexologist [sek'sɒlədʒɪst] *n* sexólogo(a) *m,f*

sexpot ['sekspɒt] *n Fam* tipo(a) *m,f* muy sexy

sex-starved ['sekssta:vd] *adj Fam* hambriento(a) de sexo, con ganas de sexo

sextant ['sekstənt] *n Naut* sextante *m*

sextet [seks'tet] *n Mus* sexteto *m*

sexton ['sekstən] *n Rel* sacristán *m*

sextuplet ['sekstjʊplət] *n (baby)* sextillizo(a) *m,f*

sexual ['seksjʊəl] *adj* (**a**) *(relating to intercourse, desire)* sexual ▫ ***s. abuse*** abusos *mpl* deshonestos, abuso *m* sexual; ***the s. act*** el acto sexual; ***s. harassment*** acoso *m* sexual; ***s. intercourse*** relaciones *fpl* sexuales, el acto sexual; ***s. orientation*** orientación *f* sexual; ***s. reproduction*** reproducción *f* sexual; ***s. relationship*** relación *f* sexual (**b**) *(relating to gender)* sexual ▫ ***s. discrimination*** discriminación *f* sexual; ***s. equality*** igualdad *f* de sexos

sexuality [seksjʊ'ælɪtɪ] *n* sexualidad *f*

sexually ['seksjʊəlɪ] *adv* sexualmente; **s. abused** víctima de abusos deshonestos; **to be s. active** tener relaciones sexuales ▫ ***s. transmitted disease*** enfermedad *f* de transmisión sexual

sexy ['seksɪ] *adj* sexy; *Fam Fig (car, idea, object)* muy atractivo(a)

Seychelles [seɪ'ʃelz] *npl* **the S.** las (islas) Seychelles

SF [es'ef] *(abbr* **science fiction**) ciencia *f* ficción

SGML [esdʒi:em'el] *n Comptr (abbr* **Standard Generalized Markup Language**) SGML *m*

Sgt *Mil (abbr* **Sergeant**) sargento *mf*

sh [ʃ] *exclam* ¡chsss!, ¡shis(t)!

shabbily ['ʃæbɪlɪ] *adv* (**a**) *(furnished)* cochambrosamente; *(dressed)* desaliñadamente, desastradamente (**b**) *(behave)* ruinmente, con mezquindad; **he was treated very s.** lo trataron fatal

shabbiness ['ʃæbɪnɪs] *n* (**a**) *(of appearance)* desaliño *m*; *(of furniture)* aspecto *m* cochambroso (**b**) *(of conduct, treatment)* ruindad *f*, mezquindad *f*

shabby ['ʃæbɪ] *adj* (**a**) *(clothing)* raído(a), desgastado(a); *(appearance)* desaliñado(a), desastrado(a); *(furniture, house)* cochambroso(a) (**b**) *(conduct, behaviour)* ruin, mezquino(a); **s. trick** mala jugada *f or* pasada *f*

shack [ʃæk] *n* choza *f*

▸**shack up** *vi Fam* **to s. up with sb** arrejuntarse *or* vivir arrejuntado(a) con alguien

shackle [ˈʃækəl] **1** *n* **shackles** grilletes *mpl*
2 *vt (prisoner)* poner grilletes a; *Fig (constrain)* atar, constreñir; **to be shackled by convention** ser prisionero(a) de los convencionalismos

shade [ʃeɪd] **1** *n* **(a)** *(shadow)* sombra *f*; **in the s.** a la sombra; IDIOM **to put sb in the s.** hacer sombra *or* eclipsar a alguien; **shades of 1968...** *(reminders)* esto recuerda a 1968...
(b) *(lampshade)* pantalla *f* (de lámpara); *(eyeshade)* sombra *f* de ojos
(c) *(nuance) (of colour)* tono *m*, tonalidad *f*; *(of opinion)* matiz *m*; *Comptr* sombreado *m*
(d) **a s.** *(slightly)* un poquito, una pizca; **a s. better/longer** ligeramente mejor/más largo(a)
(e) *Literary (ghost)* espíritu *m*, fantasma *m*
(f) *Fam* **shades** *(sunglasses)* gafas *fpl or Am* anteojos *mpl* de sol
2 *vt* **(a)** *(protect from sun)* dar sombra a, proteger del sol
(b) *(drawing)* sombrear
(c) *(win narrowly)* ganar por escaso margen

▸**shade in** *vt sep (part of drawing)* sombrear

shaded [ˈʃeɪdɪd] *adj* sombreado(a)

shading [ˈʃeɪdɪŋ] *n (on drawing, map)* sombreado *m*

shadow [ˈʃædəʊ] **1** *n also Fig* sombra *f*; **to cast a s.** proyectar una sombra; *Fig* **the news cast a s. over the occasion** la noticia vino a ensombrecer el acto; **without a s. of (a) doubt** sin sombra de duda; **to have shadows under one's eyes** tener ojeras ❑ ***s. puppet*** sombra *f* chinesca
2 *adj Br Pol* ***S. Cabinet*** gabinete *m* en la sombra, = el grupo de políticos de la oposición que formaría el gobierno en caso de que su partido estuviera en el poder; ***S. Minister*** = político de la oposición encargado de un área especifica y que probablemente sería ministro de esa área en caso de que su partido formara gobierno
3 *vt (follow)* seguir

shadow-boxing [ˈʃædəʊbɒksɪŋ] *n* **to do s.** boxear (uno) con su sombra

shadowy [ˈʃædəʊɪ] *adj (vague)* vago(a), impreciso(a); *(dark)* oscuro(a), sombrío(a); **a s. form** una figura en la oscuridad; *Fig* **a s. figure** una oscura *or* misteriosa figura

shady [ˈʃeɪdɪ] *adj* **(a)** *(garden, lane)* sombreado(a), umbrío(a) **(b)** *Fam (suspicious) (person)* sospechoso(a), siniestro(a); *(transaction)* turbio(a), oscuro(a)

shaft [ʃɑːft] **1** *n* **(a)** *(of spear)* asta *f*, vara *f*; *(of golf club)* vara *f*, barra *f*; *(of tool)* mango *m*; *(of light)* rayo *m* **(b)** *(of mine)* pozo *m*; *(for elevator)* hueco *m* **(c)** *(in engine, machine)* eje *m*
2 *vt* **(a)** *Br Vulg (have sex with)* tirarse, *Esp* follarse, *Am* cogerse, *Méx* chingar **(b)** *Fam (cheat) Esp* timar, *Am* joder; **to get shafted** salir mal parado(a)

shag[1] [ʃæg] *n (tobacco)* picadura *f*

shag[2] *n (bird)* cormorán *m* moñudo

shag[3] *Br* **1** *n* **(a)** *Vulg (sexual intercourse)* **to have a s.** echar un polvo, *Méx* echarse un caldito **(b)** *very Fam (boring task) Esp* coñazo *m*, *Col* jartera *f*, *Méx, Ven* aguaje *m*, *RP* plomazo *m*
2 *vt Vulg (pt & pp* **shagged***) (have sexual intercourse with)* echar un polvo a, *Méx* echar un caldito a
3 *vi Vulg (have sexual intercourse)* echar un polvo, *Méx* echarse un caldito

shagged (out) [ˈʃægd(ˈaʊt)] *adj Br very Fam* reventado(a), hecho(a) polvo *or Méx* camotes

shaggy [ˈʃægɪ] *adj (hairy)* peludo(a), *Esp* lanoso(a) ❑ *Fam* ***s. dog story*** chiste *m* interminable *(con final flojo)*

shah [ʃɑː] *n* sha *m*

shake [ʃeɪk] **1** *n* **(a)** *(action)* sacudida *f*; **a s. of the head** *(to say no)* un movimiento negativo de la cabeza; *(with resignation)* un gesto de resignación con la cabeza; *Fam* **he got the shakes** le entró el tembleque; **with a s. in his voice** con la voz temblorosa; IDIOM *Fam* **in two shakes** en un abrir y cerrar de ojos; IDIOM *Fam* **to be no great shakes** no ser gran cosa
(b) *(drink)* **(milk) s.** batido *m*
2 *vt (pt* **shook** [ʃʊk], *pp* **shaken** [ˈʃeɪkən]) **(a)** *(person, duster)* sacudir; *(branch, box, bottle)* agitar; *(building)* sacudir, hacer temblar; *(dice)* menear, agitar; **she shook the crumbs off her clothes** se sacudió las migas de la ropa; **to s. one's head** *(to say no)* negar con la cabeza; *(in disbelief)* hacer un gesto de incredulidad con la cabeza; **to s. one's fist at sb** amenazar a alguien con el puño; **to s. hands with sb** estrechar *or* dar la mano a alguien; **to s. hands on a deal** sellar un trato con un apretón de manos; *Fam* **s. a leg!** *(hurry up)* ¡muévete!, ¡date prisa!, *Am* ¡apúrate!
(b) *(shock emotionally)* conmocionar; *Fig* **to s. sb's faith** quebrantar la fe de alguien
3 *vi* **(a)** *(of person, building, voice)* temblar; **to s. with fear/rage** temblar de miedo/rabia; IDIOM **to be shaking like a leaf** temblar como un flan
(b) *Fam (shake hands)* **to s. on it** cerrar el trato con un apretón de manos

▸**shake down** *vt sep US Fam* **(a)** *(search)* registrar **(b)** *(extort money from)* sacar dinero a

▸**shake off** *vt sep (illness, depression)* salir de, quitarse *or Am* sacarse de encima; *(pursuer)* librarse de

▸**shake up** *vt sep* **(a)** *(upset)* trastornar **(b)** *(reorganize) (system)* reorganizar

shakedown [ˈʃeɪkdaʊn] *n US Fam (extortion)* chantaje *m*

shaken [ˈʃeɪkən] *pp of* **shake**

shake-out [ˈʃeɪkaʊt] *n Fam* reestructuración *f*

shaker [ˈʃeɪkə(r)] *n (for salt)* salero *m*; *(for pepper)* pimentero *m*; *(for sugar)* azucarero *m*; *(for cocktails)* coctelera *f*; *(for dice)* cubilete *m*

Shakespearian [ʃeɪksˈpɪərɪən] *adj* shakespeariano(a)

shake-up [ˈʃeɪkʌp] *n Fam (reorganization)* reorganización *f*

shakily [ˈʃeɪkɪlɪ] *adv (walk, write, speak)* temblorosamente

shaky [ˈʃeɪkɪ] *adj* **(a)** *(table, ladder)* inestable, inseguro(a); *(handwriting, voice)* tembloroso(a) **(b)** *(health, position)* débil, precario(a); *(government)* inestable, débil; *(team, defence)* flojo(a); **I'm feeling a bit s.** no estoy muy allá; **to get off to a s. start** comenzar con mal pie, tener un comienzo flojo; **his English is s.** habla un inglés precario

shale [ʃeɪl] *n (rock)* esquisto *m*

SHALL *[stressed* ʃæl, *unstressed* ʃəl] *modal aux v*

> En el inglés hablado, y en el escrito en estilo coloquial, el verbo **shall** se contrae de manera que **I/you/he** *etc* **shall** se transforman en **I'll/you'll/he'll** *etc.* La forma negativa **shall not** se transforma en **shan't**.

(a) *(with first person) (expressing intentions, promises, predictions)* **I s. be there if I can** si puedo, estaré allí; **I shan't say this more than once** esto no lo voy a repetir; **we s. take note of your comments** tendremos en cuenta sus comentarios; **you s. have your wish** tendrás lo que deseas; **I want to meet her — you s.** quiero conocerla — lo harás; **I s. look forward to seeing you again** estoy deseando volver a verle; **as we s. see** como veremos
(b) *Formal (with 2nd and 3rd person) (expressing determination)* **you s. pay for this!** ¡me las pagarás *or* vas a pagar!; **we s. overcome!** ¡venceremos!; **we s. not be moved!** ¡no nos moverán!; **they s. not pass** ¡no pasarán!
(c) *(in suggestions, offers)* **s. I open the window?** ¿abro la ventana?; **s. I make some coffee?** ¿preparo café?; **I'll put it here, s. I?** lo pongo aquí, ¿te parece?; **let's go, s. we?** vámonos, ¿os parece?
(d) *(indicating rule)* **all members s. be entitled to vote** todos los socios tendrán derecho al voto; **the term "company property" s. be understood to include...** se entiende que el término "propiedad de la empresa" comprende...

---

shallot [ʃəˈlɒt] *n* chalota *f*

shallow [ˈʃæləʊ] **1** *n* **shallows** bajío *m*
2 *adj* **(a)** *(water)* poco profundo(a); *(dish)* llano(a) **(b)** *(person, mind)* superficial, poco profundo(a)

sham [ʃæm] **1** *n (trial, election)* farsa *f*; *(person)* farsante *mf*
2 *adj (illness, emotion)* fingido(a)
3 *vt (pt & pp* **shammed***) (feign)* fingir, simular
4 *vi* fingir

shaman [ˈʃeɪmən] *n* chamán *m*

shamble [ˈʃæmbəl] *vi* **to s. along** caminar arrastrando los pies

shambles [ˈʃæmbəlz] *n (disorder)* desastre *m*, desorden *m*; **this place is a s.!** ¡esto es un desorden!; *Fam* **what a s.!** ¡qué desastre!

shambling [ˈʃæmblɪŋ] *adj* desgarbado(a)

shambolic [ʃæm'bɒlɪk] *adj Fam* desastroso(a)

shame [ʃeɪm] **1** *n* (**a**) *(disgrace, guilt)* vergüenza *f*, *Am* pena *f*; **to my s.** para mi vergüenza; **she hung her head in s.** bajó *or* agachó la cabeza avergonzada *or Am* apenada; **to have no s.** no tener vergüenza; **s. on you!** ¡debería darte vergüenza!; **to put sb to s.** dejar a alguien en mal lugar; **to bring s. on sb** traer la deshonra a alguien, deshonrar a alguien (**b**) *(pity)* pena *f*; **it's a s. Matt can't be here** qué pena que *or* es una pena que Matt no pueda estar aquí; **it would be a s. to miss it** sería una pena perdérselo; **what a s.!** ¡qué pena!
2 *vt* (**a**) *(cause to feel ashamed)* avergonzar, *Am* apenar; **to s. sb into doing sth** avergonzar a alguien para que haga algo (**b**) *(bring shame on)* deshonrar, dejar en mal lugar

shamefaced ['ʃeɪm'feɪst] *adj* avergonzado(a), *Am* apenado(a)

shameful ['ʃeɪmfʊl] *adj* vergonzoso(a)

shamefully ['ʃeɪmfəlɪ] *adv* vergonzosamente

shameless ['ʃeɪmlɪs] *adj* desvergonzado(a); **he/she is s. about doing it** no le da ninguna vergüenza *or Am* pena hacerlo

shamelessly ['ʃeɪmlɪslɪ] *adv* con desvergüenza, con descaro

shammy ['ʃæmɪ] *n* **s. (leather)** gamuza *f*

shampoo [ʃæm'pu:] **1** *n* champú *m*
2 *vt (carpet)* limpiar con champú; **to s. one's hair** lavarse el pelo con champú

shamrock ['ʃæmrɒk] *n* trébol *m*

shandy ['ʃændɪ] *n Br* cerveza *f* con gaseosa, *Esp* clara *f*

shank [ʃæŋk] *n* (**a**) *(of person)* espinilla *f*; *(of horse)* caña *f*; *(of lamb, beef)* pierna *f* (deshuesada) (**b**) *Tech (of chisel, drill bit)* pala *f*; *(of screw, bolt)* vástago *m*, caña *f*; *(of key)* tija *f*

Shanks's pony ['ʃæŋksɪz'pəʊnɪ], *US* **Shanks's mare** ['ʃæŋksɪz'meə(r)] *n Fam* **to go by S.** ir a pata, *Esp* ir en el coche de San Fernando (un poquito a pie y otro poquito andando)

shan't [ʃɑ:nt] = **shall not**

shanty[1] ['ʃæntɪ] *n (hut)* chabola *f* ▫ ***s. town*** barrio *m* de chabolas, *Am* barriada *f*, *Chile* callampa *f*, *Carib* ranchería *f*, *Andes* pueblo *m* joven

shanty[2] *n (song)* saloma *f* (marinera)

shape [ʃeɪp] **1** *n* (**a**) *(form)* forma *f*; **in the s. of a T** en forma de T; **what s. is it?** ¿qué forma tiene?; **to be the same s. as...** tener la misma forma que...; **to take s.** *(of plan)* tomar forma; **they won't accept change in any s. or form** no aceptarán absolutamente ningún tipo de cambio; *Fig* **in the s. of...** en forma de...; **it's the s. of things to come** es lo que nos espera; **they come in all shapes and sizes** los hay de todo los tipos y tamaños
(**b**) *(condition)* **to be in good/bad s.** *(of person)* estar/no estar en forma; *(of company, economy)* estar en buenas/malas condiciones; **to get into/keep in s.** *(of person)* ponerse/mantenerse en forma; **to be out of s.** no estar en forma
2 *vt* (**a**) *(clay)* modelar, moldear; *(wood)* tallar; **to be shaped like sth** tener forma de algo
(**b**) *Fig (character, attitude)* moldear, modelar; *(events)* dar forma a

▸**shape up** *vi* (**a**) **how is she shaping up in her new job?** ¿qué tal se está adaptando a su nuevo trabajo?; **he is shaping up well** va haciendo progresos (**b**) *(improve oneself)* enmendarse; *(get fit)* recuperar la forma

shapeless ['ʃeɪplɪs] *adj* informe

shapely ['ʃeɪplɪ] *adj (legs, figure)* esbelto(a), torneado(a); **she's very s.** tiene muy buen tipo

shard [ʃɑ:d] *n (of pottery)* fragmento *m*; *(of glass)* esquirla *f*

share [ʃeə(r)] **1** *n* (**a**) *(portion)* parte *f* (**in** de); *(of market)* cuota *f*; **in equal shares** en *or* a partes iguales; **to have a s. in sth** participar en algo; **he doesn't do his s.** no hace lo que le corresponde; **you've had your fair s. of problems/luck** has tenido bastantes problemas/bastante suerte (**b**) *Fin* acción *f* ▫ ***s. capital*** capital *m* social; ***s. certificate*** título *m* de acción; ***s. index*** índice *m* bursátil, índice *m* de cotización; ***s. option*** opción *f* sobre acciones; ***s. price*** cotización *f* en bolsa
2 *vt* compartir; **we s. the same name** nos llamamos igual, somos tocayos; **we s. a passion for opera** nos une la pasión por la ópera; **to s. a joke** contar un chiste
3 *vi* compartir; **to s. in sth** participar de algo; **s. and s. alike!** ¡hay que compartir las cosas!

▸**share out** *vt sep* repartir

sharecropper ['ʃeəkrɒpə(r)] *n* aparcero(a) *m,f*

shared [ʃeəd] *adj* compartido(a), común

shareholder ['ʃeəhəʊldə(r)] *n Fin* accionista *mf*

shareholding ['ʃeəhəʊldɪŋ] *n Fin* participación *f* accionarial

share-out ['ʃeəraʊt] *n* reparto *m*

shareware ['ʃeəweə(r)] *n Comptr* shareware *m*, = programa de dominio público por el que hay que pagar tras un periodo de prueba

shark [ʃɑ:k] *n* (**a**) *(fish)* tiburón *m* (**b**) *(ruthless person)* buitre *mf*

sharkskin ['ʃɑ:kskɪn] *n (leather)* piel *f* de tiburón

sharon fruit ['ʃærən'fru:t] *n* caqui *m*

sharp [ʃɑ:p] **1** *n Mus* sostenido *m*
2 *adj* (**a**) *(knife, point, features)* afilado(a); *(needle, pencil)* puntiagudo(a); **to be s.** *(of knife)* estar afilado; IDIOM **to be at the s. end of sth** tener que enfrentarse cara a cara con algo
(**b**) *(angle, bend)* cerrado(a); *(rise, fall)* pronunciado(a)
(**c**) *(outline, focus, photograph)* nítido(a); *(contrast)* acusado(a), fuerte
(**d**) *(person)* agudo(a), despierto(a); *(eyesight, hearing)* agudo(a); **that was a pretty s. move** fue una decisión muy astuta; **s. practice** tejemanejes *mpl*, triquiñuelas *fpl*
(**e**) *(harsh) (retort, words, person)* mordaz, seco(a); **a s. tongue** una lengua afilada *or* viperina
(**f**) *(taste, sauce)* ácido(a); *(sound, pain)* agudo(a); *(wind, frost)* cortante, intenso(a)
(**g**) *(fashionable) (suit)* fino(a), elegante; **to be a s. dresser** ser muy fino(a) vistiendo
(**h**) *Mus* sostenido(a); **C s.** do *m* sostenido
3 *adv* (**a**) *(punctually)* en punto; **at four o'clock s.** a las cuatro en punto
(**b**) *(immediately)* **to turn s. left/right** girar repentinamente a la izquierda/derecha
(**c**) IDIOMS *Fam* **look s.!** ¡espabila!, ¡despabílate!; **to pull up s.** detenerse en seco

sharpen ['ʃɑ:pən] *vt* (**a**) *(knife, tool)* afilar; *(pencil)* sacar punta a (**b**) *(pain, desire)* agudizar; **to s. one's wits** agudizar el ingenio

▸**sharpen up 1** *vt sep* pulir
2 *vi* mejorar

sharpener ['ʃɑ:pnə(r)] *n (for knife)* afilador *m*; *(for pencil)* sacapuntas *m inv*, afilalápices *m inv*

sharp-eyed ['ʃɑ:paɪd] *adj* observador(ora)

sharpish ['ʃɑ:pɪʃ] *adv Br Fam* rápido, por la vía rápida

sharply ['ʃɑ:plɪ] *adv* (**a**) *(contrast)* acusadamente; **to bring sth s. into focus** enfocar algo nítidamente (**b**) *(rise, fall)* pronunciadamente; *(brake)* en seco (**c**) *(harshly)* secamente

sharpness ['ʃɑ:pnɪs] *n* (**a**) *(of knife)* agudeza *f* (**b**) *(of contours, photograph)* nitidez *f*; *(of mind, hearing, sight)* agudeza *f* (**c**) *(of voice, words)* mordacidad *f* (**d**) *(of pain)* agudeza *f*; *(of wind)* intensidad *f*

sharpshooter ['ʃɑ:pʃu:tə(r)] *n* tirador(ora) *m,f* de élite

sharp-sighted ['ʃɑ:p'saɪtɪd] *adj* observador(ora)

sharp-tongued ['ʃɑ:p'tʌŋd] *adj* mordaz

sharp-witted ['ʃɑ:p'wɪtɪd] *adj* agudo(a)

shat [ʃæt] *pt & pp of* **shit**

shatter ['ʃætə(r)] **1** *vt* (**a**) *(glass, bone)* hacer añicos (**b**) *(hopes)* echar por tierra; *(silence)* romper; *(health, nerves)* destrozar
2 *vi (of glass, windscreen)* hacerse añicos

shattered ['ʃætəd] *adj Fam* **to be s.** *(stunned)* quedarse destrozado(a); *(exhausted)* estar rendido(a), *Méx* estar camotes

shattering ['ʃætərɪŋ] *adj* (**a**) *(blow, defeat, news)* demoledor(ora), devastador(ora) (**b**) *Fam (exhausting)* agotador(ora), matador(ora)

shatterproof ['ʃætəpru:f] *adj* inastillable

shave [ʃeɪv] **1** *n* afeitado *m*; **to have a s.** afeitarse; IDIOM **that was a close s.!** ¡ha faltado un pelo!
2 *vt* (**a**) *(face, legs)* afeitar; **to s. one's face** afeitarse; **to s. one's legs** afeitarse las piernas (**b**) *(wood)* cepillar (**c**) *(of bullet, ball)* rozar, pasar rozando
3 *vi* afeitarse

▸**shave off** *vt sep* (**a**) *(hair)* afeitar; **he shaved his beard off** se afeitó la barba (**b**) *(deduct)* recortar

shaven [ˈʃeɪvən] *adj* afeitado(a)

shaver [ˈʃeɪvə(r)] *n* maquinilla *f* (de afeitar) eléctrica

shaving [ˈʃeɪvɪŋ] *n* (**a**) *(for removing hair)* ***s. brush*** brocha *f* de afeitar; ***s. cream*** crema *f* de afeitar; ***s. foam*** espuma *f* de afeitar (**b**) *(piece of wood, metal)* viruta *f*

shawl [ʃɔːl] *n* chal *m*, *Am* rebozo *m*

SHE [ʃiː] **1** *pron* ella *(usually omitted in Spanish, except for contrast)*; **she's Scottish** es escocesa; **SHE hasn't got it!** ¡ella no lo tiene!; **she's quite old for a cat** para ser una gata es bastante mayor; **she's a beautiful ship** es un barco precioso; **s. likes red wine** le gusta el vino tinto; **who's s.?** *(pointing at sb)* ¿quién es ésa?

2 *n* **it's a s.** *(of animal)* es hembra

---

sheaf [ʃiːf] (*pl* **sheaves** [ʃiːvz]) *n (of wheat)* gavilla *f*; *(of papers)* manojo *m*

shear [ʃɪə(r)] (*pp* **shorn** [ʃɔːn] *or* **sheared**) **1** *vt (sheep)* esquilar; *Fig* **to be shorn of sth** verse despojado(a) de algo

2 *vi (cut)* **to s. through sth** atravesar *or* cortar algo

▸**shear off** *vi* romperse, quebrarse

shears [ˈʃɪəz] *npl (for garden)* tijeras *fpl* de podar *(grandes)*

sheath [ʃiːθ] *n* (**a**) *(for cable, knife)* funda *f* ▫ ***s. knife*** cuchillo *m* de monte (**b**) *(contraceptive)* condón *m*

sheathe [ʃiːð] *vt* (**a**) *(sword)* envainar (**b**) *(wires, cables)* recubrir, revestir (**in** de)

shebang [ʃəˈbæŋ] *n Fam* **the whole s.** todo, *Esp* toda la pesca

she'd [ʃiːd] = **she had, she would**

shed[1] [ʃed] *n (in garden)* cobertizo *m*; *(in factory)* nave *f*

shed[2] (*pt & pp* **shed**) *vt (leaves)* perder; *(tears, blood)* derramar; *(workers)* despedir; **to s. light on sth** arrojar luz sobre algo; **to s. its skin** *(of snake)* mudar la piel; **to s. weight** perder peso; **a lorry has shed its load on the motorway** un camión ha perdido su carga por la autopista

sheen [ʃiːn] *n* lustre *m*, brillo *m*

sheep [ʃiːp] (*pl* **sheep**) *n* (**a**) *(animal)* oveja *f* ▫ ***s. farming*** ganadería *f* ovina (**b**) IDIOMS **they followed her like s.** la seguían como borregos; **I may as well be hung for a s. as a lamb** de perdidos al río; **to separate the s. from the goats** separar las churras de las merinas; **to make s.'s eyes at sb** mirar a alguien amorosamente

sheep-dip [ˈʃiːpdɪp] *n (liquid)* desinfectante *m* para ovejas

sheepdog [ˈʃiːpdɒg] *n* perro *m* pastor

sheepfold [ˈʃiːpfəʊld] *n* redil *m*

sheepish [ˈʃiːpɪʃ] *adj* avergonzado(a), azarado(a)

sheepskin [ˈʃiːpskɪn] *n* piel *f* de oveja ▫ ***s. jacket*** zamarra *f*

sheer [ʃɪə(r)] *adj* (**a**) *(pure, total)* puro(a), verdadero(a); **it's s. madness** es una verdadera locura; **I was impressed by the s. size of the building** la sola magnitud del edificio me dejó impresionado (**b**) *(steep)* empinado(a), escarpado(a) (**c**) *(stockings, fabric)* fino(a), transparente

▸**sheer away, sheer off** *vi* desviarse

sheet [ʃiːt] *n* (**a**) *(on bed)* sábana *f* (**b**) *(of paper)* hoja *f* ▫ ***s. music*** partituras *fpl* sueltas (**c**) *(of glass)* hoja *f*; *(of ice)* capa *f*; *(of metal)* lámina *f*; *(of flame)* cortina *f* ▫ ***s. lightning*** relámpagos *mpl* (difusos); ***s. metal*** chapa *f* (de metal) (**d**) *Naut* escota *f*

sheetfeed [ˈʃiːtfiːd] *n Comptr* alimentador *m* de hojas sueltas

sheeting [ˈʃiːtɪŋ] *n* láminas *fpl*, chapas *fpl*

sheik(h) [ʃeɪk] *n* jeque *m*

shekel [ˈʃekəl] *n* shekel *m*

shelf [ʃelf] (*pl* **shelves** [ʃelvz]) *n* (**a**) *(in cupboard, bookcase)* estante *m*, balda *f*; **(set of) shelves** estantería *f*; IDIOM **to be left on the s.** quedarse para vestir santos ▫ *Com* ***s. life*** *(of goods)* vida *f* útil, vida *f* en estantería *or* expositor (**b**) *(on cliff, rock face)* plataforma *f*, saliente *m*

she'll [ʃiːl] = **she will, she shall**

shell [ʃel] **1** *n* (**a**) *(of snail, oyster, on beach)* concha *f*; *(of lobster, crab, tortoise)* caparazón *m*; *(of egg, nut)* cáscara *f*; IDIOM **she soon came out of her s.** rápidamente salió de su concha *or* caparazón ▫ ***s. suit*** chándal *m* de nylon (**b**) *(of building)* esqueleto *m*, armazón *m or f* (**c**) *(bomb)* proyectil *m* (**d**) *Comptr* shell *m*

2 *vt* (**a**) *(nuts, eggs)* pelar; *(peas)* desgranar (**b**) *(bombard)* atacar con fuego de artillería

▸**shell out** *Fam* **1** *vt sep (money)* poner, *Esp* apoquinar

2 *vi* poner, *Esp* apoquinar; **to s. out for sth** pagar algo

shellac [ʃeˈlæk] **1** *n* **s. (varnish)** laca *f*

2 *vt* (*pt & pp* **shellacked**) *US Fam (defeat)* dar una paliza a

shellacking [ʃəˈlækɪŋ] *n US Fam (defeat)* paliza *f*; **to give sb a s.** dar una paliza a alguien

shellfire [ˈʃelfaɪə(r)] *n* fuego *m* de artillería

shellfish [ˈʃelfɪʃ] *n (crustacean)* crustáceo *m*; *(mollusc)* molusco *m*; *(food)* marisco *m*

shelling [ˈʃelɪŋ] *n* ataque *m* de artillería

shell-shock [ˈʃelʃɒk] *n* neurosis *f inv* de guerra

shell-shocked [ˈʃelʃɒkt] *adj (soldier)* que sufre neurosis de guerra; *Fig* **to feel s.** sentirse traumatizado(a)

shelter [ˈʃeltə(r)] **1** *n (place, protection)* refugio *m*; **to take s.** refugiarse; **to give sb s.** dar refugio *or* cobijo a alguien

2 *vt* resguardar, refugiar (**from** de)

3 *vi* resguardarse, refugiarse (**from** de)

sheltered [ˈʃeltəd] *adj* resguardado(a); **he had a s. childhood** fue un niño muy protegido ▫ *Br* ***s. housing*** = hogares con atención especial para ancianos

shelve [ʃelv] *vt (postpone)* aparcar, posponer

shelves *pl of* **shelf**

shelving [ˈʃelvɪŋ] *n* estanterías *fpl*

shenanigans [ʃɪˈnænɪgənz] *npl Fam* (**a**) *(pranks)* travesuras *fpl* (**b**) *(underhand behaviour)* chanchullos *mpl*, tejemanejes *mpl*

shepherd [ˈʃepəd] **1** *n* pastor *m* ▫ ***s.'s pie*** = pastel de carne picada y puré de *Esp* patatas *or Am* papas

2 *vt (sheep)* pastorear; *Fig (people)* dirigir *(en grupo)*

shepherdess [ʃepəˈdes] *n* pastora *f*

sherbet [ˈʃɜːbət] *n* (**a**) *Br (powder)* = dulce consistente en polvos efervescentes (**b**) *US (sorbet)* sorbete *m*

sheriff [ˈʃerɪf] *n* (**a**) *(in US)* sheriff *m* (**b**) *Law Br* = representante de la Corona; *Scot* ≃ juez *mf* de primera instancia

sherry [ˈʃerɪ] *n* (vino *m* de) jerez *m*

she's [ʃiːz] = **she is, she has**

Shetland [ˈʃetlənd] *n* **the S. Islands, the Shetlands** las Islas Shetland ▫ ***S. pony*** pony *m* de Shetland

shiatsu [ʃiːˈætsuː] *n* shiatsu *m*

shield [ʃiːld] **1** *n* (**a**) *(of knight)* escudo *m* (**b**) *(police badge, trophy)* placa *f* (**c**) *(protective device)* placa *f* protectora; *Fig* protección *f*

2 *vt (protect)* proteger (**from** de); **to s. one's eyes** protegerse los ojos

shift [ʃɪft] **1** *n* (**a**) *(change)* cambio *m*; **a s. in meaning** un cambio de significado; **a s. to the right/left** *(in politics)* un desplazamiento hacia la derecha/izquierda ▫ ***s. key*** *(on typewriter, computer)* tecla *f* de mayúsculas (**b**) *Ind* turno *m*; **to work (in) shifts** trabajar por turnos (**c**) *(clothing)* **s. (dress)** vestido *m* recto

2 *vt* (**a**) *(move)* mover; *(stain)* eliminar; **to s. the blame onto sb** echar la culpa a alguien; *Fam* **s. yourself!** *(move)* ¡apártate!, ¡quita *or Am* saca de en medio!; *(hurry up)* ¡date prisa!, *Esp* ¡aligera!, *Am* ¡apúrate! (**b**) *Fam (sell)* vender

3 *vi* (**a**) *(move)* moverse; *(change)* cambiar; *Fam (move quickly)* ir a toda máquina *or Esp* mecha (**b**) **to s. for oneself** *(cope)* arreglárselas *or Esp* apañárselas solo(a) (**c**) *US (change gear)* cambiar de marcha

▸**shift up** *vi Br* correrse, hacerse a un lado

shiftless [ˈʃɪftlɪs] *adj* holgazán(ana)

shiftwork [ˈʃɪftwɜːk] *n Ind* trabajo *m* por turnos

shifty [ˈʃɪftɪ] *adj (person)* sospechoso(a); *(look)* furtivo(a)

Shiite [ˈʃiːaɪt] *n & adj* chiíta *mf*

shilling [ˈʃɪlɪŋ] *n* chelín *m*

shilly-shally [ˈʃɪlɪʃælɪ] *vi* titubear

shim [ʃɪm] *n* calce *m*, cuña *f*

shimmer [ˈʃɪmə(r)] **1** *n* brillo *m* trémulo

2 *vi* rielar

shimmering [ˈʃɪmərɪŋ] *adj* con brillo trémulo

shin [ʃɪn] *n* espinilla *f* ▫ ***s. guard*** *or* ***pad*** espinillera *f*

▸**shin up** (*pt & pp* **shinned**) *vt insep (climb)* trepar por

shinbone [ˈʃɪnbəʊn] *n* espinilla *f*

shindig [ˈʃɪndɪg] *n Fam (celebration)* fiestón *m*, *RP* fiestichola *f*

shindy [ˈʃɪndɪ] *n Fam (din) Esp* jaleo *m*, *Esp* follón *m*, *Am* lío *m*; **to kick up a s.** armar un *Esp* jaleo *or Am* lío

shine [ʃaɪn] **1** *n* brillo *m*, lustre *m*; **to give one's shoes a s.** sacar brillo a los zapatos; IDIOM **to take the s. off sth** empañar *or* deslucir algo; IDIOM *Fam* **to take a s. to sb** tomar cariño a alguien

2 *vt* (*pt & pp* **shone** [ʃɒn]) (**a**) *(light)* **to s. a torch on sth** enfocar una linterna hacia algo; **to s. a light on sth** alumbrar algo (**b**) (*pt & pp* **shined** [ʃaɪnd]) *(polish)* sacar brillo a

3 *vi* (**a**) *(glow)* brillar; **her face shone with joy** estaba resplandeciente de alegría (**b**) *(do well)* destacar (**at** en)

shiner [ˈʃaɪnə(r)] *n Fam (black eye)* ojo *m* morado *or Esp* a la virulé

shingle [ˈʃɪŋgəl] *n* (**a**) *(wooden tile)* teja *f* de madera (**b**) *(pebbles)* guijarros *mpl*

shingles [ˈʃɪŋgəlz] *n (disease)* herpes *m inv* (zoster); **to have s.** tener un herpes (zoster)

shining [ˈʃaɪnɪŋ] *adj* brillante, reluciente; *Fig* **a s. example (of)** un ejemplo señero *or* brillante (de)

Shinto [ˈʃɪntəʊ] *n* sintoísmo *m*

shiny [ˈʃaɪnɪ] *adj* brillante, reluciente

ship [ʃɪp] **1** *n* (**a**) *(vessel)* barco *m*, buque *m*; **to go by s.** ir en barco; **on (board) s.** a bordo (de la embarcación) (**b**) IDIOMS **when my s. comes in** cuando me haga rico(a); **like ships that pass in the night** como aves de paso, como extraños

2 *vt* (*pt & pp* **shipped**) *(transport by sea, rail)* fletar, transportar; *(send by sea)* enviar por barco, *(take on board)* cargar

▸**ship off** *vt sep Fam* mandar

shipboard [ˈʃɪpbɔːd] *n Naut* **on s.** a bordo

shipbuilder [ˈʃɪpbɪldə(r)] *n* constructor *m* naval *or* de buques

shipbuilding [ˈʃɪpbɪldɪŋ] *n* construcción *f* naval; **the s. industry** la industria naval

shipload [ˈʃɪpləʊd] *n* cargamento *m*, carga *f*; *Fig* **by the s.** a montones

shipmate [ˈʃɪpmeɪt] *n Naut* compañero *m* de tripulación

shipment [ˈʃɪpmənt] *n* flete *m*, cargamento *m*

shipowner [ˈʃɪpəʊnə(r)] *n* armador(ora) *m,f*, naviero(a) *m,f*

shipping [ˈʃɪpɪŋ] *n* (**a**) *(ships)* navíos *mpl*, buques *mpl* ▫ ***s. agent*** *(person)* agente *mf* marítimo(a), consignatario(a) *m,f*; *(company)* compañía *f* naviera; ***s. company*** compañía *f* naviera; ***s. lane*** ruta *f* de navegación (**b**) *(of goods)* flete *m*, envío *m* ▫ ***s. documents*** documentos *mpl* de embarque

shipshape [ˈʃɪpʃeɪp] *adj* ordenado(a), en perfecto orden

shipwreck [ˈʃɪprek] **1** *n* naufragio *m*

2 *vt* **to be shipwrecked** naufragar

shipwrecked [ˈʃɪprekt] *adj* náufrago(a)

shipwright [ˈʃɪpraɪt] *n Naut* carpintero *m* de ribera

shipyard [ˈʃɪpjɑːd] *n* astillero *m*

shire [ˈʃaɪə(r)] *n* condado *m*; **the s. counties, the Shires** los condados del centro de Inglaterra ▫ ***s. horse*** (caballo *m*) percherón *m*

shirk [ʃɜːk] **1** *vt (obligation, task)* eludir

2 *vi (avoid work)* gandulear

shirker [ˈʃɜːkə(r)] *n Fam* vago(a) *m,f*, *Esp* gandul(ula) *m,f*, *Méx* flojo(a) *m,f*, *RP* vagoneta *mf*

shirt [ʃɜːt] *n* (**a**) *(item of clothing)* camisa *f* (**b**) IDIOMS *Fam* **keep your s. on!** ¡no te sulfures!; **I wouldn't bet** *or* **put my s. on it** no pondría la mano en el fuego; **to have the s. off sb's back** quitarle *or Am* sacarle a alguien hasta la camisa; **to lose one's s.** perder hasta la camisa

shirtcollar [ˈʃɜːtkɒlə(r)] *n* cuello *m* de (la) camisa

shirtfront [ˈʃɜːtfrʌnt] *n* pechera *f*

shirt-lifter [ˈʃɜːtlɪftə(r)] *n Br Fam Pej* maricón *m*

shirtmaker [ˈʃɜːtmeɪkə(r)] *n* camisero(a) *m,f*

shirtsleeves [ˈʃɜːtsliːvz] *npl* **to be in s.** estar en mangas de camisa

shirt-tail [ˈʃɜːtteɪl] *n* faldón *m* de la camisa

shirty [ˈʃɜːtɪ] *adj Br Fam* **to be s.** estar mosqueado(a) *or Esp* de mala uva; **to get s. (with sb)** mosquearse (con alguien)

shish kebab [ˈʃɪʃkəˈbæb] *n* kebab *m*, pincho *m* moruno

shit [ʃɪt] *Vulg* **1** *n* (**a**) *(excrement)* mierda *f*; *(mess)* porquería *f*, mierda *f*; **to** *Br* **have** *or US* **take a s.** cagar; **to have the shits** tener cagalera *or RP* cagadera, *Méx* estar suelto

(**b**) *(nonsense) Esp* gilipolleces *fpl*, *Am* pendejadas *fpl*, *RP* pelotudeces *fpl*; **he's full of s.** no dice más que *Esp* gilipolleces *or Am* pendejadas; **to talk s.** decir *Esp* gilipolleces *or Am* pendejadas; **no s.?** ¡no jodas!, ¿en serio?

(**c**) *(worthless, unpleasant things)* mierda *f*, porquería *f*; **to be a load of s.** ser una mierda

(**d**) *(nasty person)* cabrón(ona) *m,f*, hijo(a) *m,f* de puta

(**e**) *(cannabis)* chocolate *m*, *Esp* mierda *f*

(**f**) IDIOMS **he's in the s.** está jodidísimo, *Esp* tiene un marrón que te cagas; **he doesn't give a s.** le importa un huevo; **I can't see s.** no veo una mierda *or Esp* un pijo; **to beat** *or* **kick the s. out of sb** inflar a alguien a hostias; **to scare the s. out of sb** acojonar a alguien, *Esp* hacer que alguien se jiñe (de miedo), *Méx* sacar un pedo a alguien, *RP* hacer que alguien se cague hasta las patas; **when the s. hits the fan** cuando la cosa se pone fea *or Esp* chunga; **to get one's s. together** ponerse las pilas; **to be up s. creek** ir muy mal *or Esp* de puto culo; **tough s.!** ¡te jodes!, *Esp* ¡jódete y baila!; **s. happens** hay que joderse y aguantarse

2 *adj (bad)* de mierda; **to feel s.** *(ill, guilty)* sentirse de puta pena *or Méx* de la chingada *or RP* para la mierda; **I had a really s. time** lo pasé de puta pena *or Méx* de la chingada *or RP* para la mierda

3 *vt* (*pt & pp* **shitted** *or* **shat** [ʃæt]) **to s. oneself** *(defecate)* cagarse (encima); *(be scared)* cagarse *or Esp* jiñarse de miedo

4 *vi* (**a**) *(defecate)* cagar

(**b**) **to s. on sb** *(treat badly)* joder a alguien

5 *exclam* **s.!** ¡mierda!, *RP* ¡la puta!

shit-faced [ˈʃɪtfeɪst] *adj Vulg (drunk)* mamado(a), *Esp* bolinga, *Méx* ahogado(a); *(on drugs)* colocado(a), *Esp* pedo, *Col* trabado, *RP* falopeado(a)

shit-for-brains [ˈʃɪtfəbreɪnz] *n Vulg Esp* gilipollas *mf inv*, *Am* pendejo(a) *m,f*

shithead [ˈʃɪthed] *n Vulg* hijo(a) *m,f* de puta, cabrón(ona) *m,f*, *Méx* hijo(a) *m,f* de la chingada

shit-hot *m,f* [ˈʃɪthɒt] *adj Vulg* cojonudo(a), acojonante, *Méx* chingón(ona)

shitless [ˈʃɪtlɪs] *adj Vulg* **to scare sb s.** acojonar a alguien; **to be scared s.** estar acojonado(a), estar cagado(a) de miedo; **he's scared s. of her brother** su hermano lo acojona

shit-scared [ˈʃɪtˈskeəd] *adj Vulg* cagado(a) (de miedo)

shit-stirrer [ˈʃɪtstɜːrə(r)] *n Vulg* camorrero(a) *m,f*, *Esp* follonero(a) *m,f*, *Méx* buscarriñas *mf inv*

shitty [ˈʃɪtɪ] *adj Vulg (weather, job)* asqueroso(a), *Esp* chungo(a), *RP* chotísimo(a); *(behaviour, remark)* muy cabrón(ona); **that was a s. thing to do/say** eso que hizo/dijo fue una cabronada *or* putada; **to feel s.** sentirse de puta pena *or Méx* de la chingada *or RP* para la mierda

shiver [ˈʃɪvə(r)] **1** *n (of cold, fear)* escalofrío *m*; **to give sb the shivers** poner los pelos de punta a alguien; **it sent shivers down my spine** me produjo *or* dio escalofríos

2 *vi (with cold)* tiritar (**with** de); *(with fear)* temblar (**with** de)

shoal [ʃəʊl] *n* (**a**) *(of fish)* banco *m* (**b**) *(of people)* manada *f* (**c**) *(sandbank)* banco *m* de arena

shock¹ [ʃɒk] *n* **a s. of hair** una mata de pelo, una pelambrera

shock² **1** *n* (**a**) *(impact)* sacudida *f*; *(of earthquake)* temblor *m* ▫ ***s. absorber*** amortiguador *m*; ***s. tactics*** *(in campaign)* tácticas *fpl* sensacionalistas; *Mil* ***s. troops*** tropas *fpl* de choque; ***s. wave*** onda *f* expansiva; **the news sent s. waves through the scientific community** la noticia sacudió a la comunidad científica

(**b**) *(surprise)* susto *m*; *(emotional blow)* conmoción *f*; **a s. to the system** un palo enorme (para el cuerpo); **I got** *or* **it gave me a real s. when…** me quedé de piedra cuando…; **to be in s.** estar conmocionado(a); **to be in for a s.** ir a llevarse una tremenda sorpresa; **to come as a s.** suponer una sorpresa

(**c**) *(electric)* calambrazo *m*, descarga *f* (eléctrica) ▫ ***s. therapy*** *or* ***treatment*** terapia *f* de electrochoque

(**d**) *Med* shock *m*; **to be in s.** estar en estado de shock; **to go into s.** sufrir un shock

2 *vt* (**a**) *(surprise, startle)* dejar boquiabierto(a), dar un susto a; **to s. sb into doing sth** amedrentar a alguien para que haga algo (**b**) *(scandalize)* escandalizar; **he's easily shocked** se escandaliza por nada

shocked [ʃɒkt] *adj* (**a**) *(startled)* conmocionado(a), impactado(a) (**b**) *(scandalized)* escandalizado(a)

shocker ['ʃɒkə(r)] *n (news, event) (surprising)* bombazo *m*, escándalo *m*; *(very bad)* desastre *m*

shocking ['ʃɒkɪŋ] *adj* (**a**) *(scandalous)* escandaloso(a); **s. pink** rosa *m* chillón (**b**) *(very bad) (weather)* de perros; *(pain)* insoportable

shockingly ['ʃɒkɪŋlɪ] *adv* escandalosamente

shockproof ['ʃɒkpru:f] *adj (watch)* antichoque

shod [ʃɒd] *pt & pp of* **shoe**

shoddily ['ʃɒdɪlɪ] *adv* (**a**) *(manufacture)* chapuceramente (**b**) *(behave, treat sb)* de un modo pésimo

shoddy ['ʃɒdɪ] *adj* (**a**) *(goods)* de pacotilla; *(workmanship)* chapucero(a) (**b**) *(conduct, treatment)* pésimo(a)

shoe [ʃu:] **1** *n* zapato *m*; *(horseshoe)* herradura *f*; **a pair of shoes** unos zapatos, un par de zapatos; IDIOM **I wouldn't like to be in his shoes** no me gustaría estar en su pellejo; IDIOM **put yourself in my shoes** ponte en mi lugar ▫ ***s. polish*** betún *m*, crema *f* (para calzado); ***s. shop*** zapatería *f*; ***s. tree*** horma *f*

2 *vt (pt & pp* **shod** [ʃɒd]) *(horse)* herrar

shoebrush ['ʃu:brʌʃ] *n* cepillo *m (para zapatos)*

shoehorn ['ʃu:hɔ:n] *n* calzador *m*

shoelace ['ʃu:leɪs] *n* cordón *m* (de zapato); **to tie one's shoelaces** atarse (los cordones de) los zapatos

shoemaker ['ʃu:meɪkə(r)] *n* zapatero(a) *m,f*

shoeshine ['ʃu:ʃaɪn] *n US (person)* limpiabotas *mf inv*

shoestring ['ʃu:strɪŋ] *n* (**a**) IDIOM *Fam* **on a s.** *(cheaply)* con cuatro perras, sin mucha *Am* plata *or Méx* lana, *RP* con dos mangos (**b**) *US* cordón *m* (de zapato)

shone [ʃɒn] *pt & pp of* **shine**

shoo [ʃu:] *exclam* **s.!** ¡fuera!

▸**shoo away, shoo off** *vt sep* espantar

shook [ʃʊk] *pt of* **shake**

shoot [ʃu:t] **1** *n* (**a**) *(of plant)* retoño *m*, vástago *m*

(**b**) *(hunting party)* cacería *f*

(**c**) *(for photos)* sesión *f* fotográfica; *(for movie)* rodaje *m*

2 *(pt & pp* **shot** [ʃɒt]) *vt* (**a**) *(fire) (bullet)* disparar; *(arrow)* lanzar, tirar; **to s. a glance at sb** lanzar una mirada a alguien

(**b**) **to s. sb** *(wound)* disparar a alguien; *(kill)* matar de un tiro a alguien; *(execute)* fusilar a alguien; **she was shot in the back, they shot her in the back** la dispararon por la espalda; **to s. rabbits/birds** cazar conejos/aves; **to s. oneself** pegarse un tiro; IDIOM **to s. oneself in the foot** tirar (uno) piedras contra su propio tejado; IDIOM *Fam* **to s. one's mouth off** dar la nota *or Esp* el cante

(**c**) *(movie, TV programme)* rodar

(**d**) *(pass rapidly)* **to s. the rapids** salvar *or* atravesar los rápidos; **to s. the lights** *(in car)* saltarse el semáforo

(**e**) *(play)* **to s. dice/pool** jugar a los dados/al billar americano

(**f**) *US Fam* **to s. the breeze** *or* **the bull** *(chat)* estar de cháchara *or Esp* palique *or Méx* plática

(**g**) *(in golf)* **to s. 70** hacer el recorrido en 70 golpes

3 *vi* (**a**) *(with gun)* disparar (**at** a); **to s. to kill** disparar a matar; **stop or I'll s.!** ¡alto o disparo!

(**b**) *(in soccer)* tirar, chutar

(**c**) *(move rapidly)* ir a escape, ir como una exhalación; **he shot into/out of the house** entró en/salió de la casa como una exhalación; **the pain shot up his left side** le daban punzadas de dolor en el costado izquierdo; **the record shot straight to number three** el disco salió catapultado hasta el número tres de las listas

(**d**) *Fam* **can I ask you now? — s.!** ¿puedo preguntar ahora? — ¡desembucha! *or Esp* ¡dispara! *or RP* ¡largá!

4 *exclam US Fam* ¡miércoles!, *Esp* ¡mecachis!, *Méx* ¡chin!

▸**shoot down** *vt sep* (**a**) *(person)* abatir (a tiros) (**b**) *(plane, pilot)* derribar (**c**) *(argument)* echar por tierra

▸**shoot off** *vi (leave quickly)* salir a escape

▸**shoot out** *vi* (**a**) *(emerge quickly)* aparecer de pronto (**b**) **to s. it out with sb** *(of gunman)* emprenderla a tiros con alguien; *(in argument, debate)* resolverlo a tiros con alguien

▸**shoot through 1** *vt sep* **to be shot through with irony/humour** estar salpicado(a) de ironía/humor

2 *vi Br Fam* largarse corriendo

▸**shoot up 1** *vt sep Fam (drugs)* chutarse, pincharse

2 *vi* (**a**) *(of plants, children)* crecer con rapidez; *(of buildings)* levantarse con rapidez (**b**) *(of rocket)* elevarse a gran velocidad; *(of prices)* dispararse (**c**) *Fam (inject drugs)* chutarse, pincharse

shoot-'em-up ['ʃu:təmʌp] *n (computer game)* = videojuego violento en el que se dispara al enemigo

shooter ['ʃu:tə(r)] *n Fam (gun)* pistola *f*, *Esp* pipa *f*, *Méx* fusca *f*, *RP* fierro *m*

shooting ['ʃu:tɪŋ] **1** *n* (**a**) *(gunfire)* tiroteo *m*; *(incident)* ataque *m* con disparos; *(killing)* asesinato *m* (con arma de fuego) ▫ *Fam* ***s. iron*** arma *f* de fuego (**b**) *(sport) (at targets)* tiro *m* al blanco; *(at birds, animals)* caza *f* ▫ ***s. gallery*** barraca *f* de tiro al blanco; ***s. range*** campo *m* de tiro; ***s. stick*** bastón *m* asiento (**c**) *(of movie, TV programme)* rodaje *m*

2 *adj* ***s. guard*** *(in basketball)* escolta *mf*; ***s. star*** estrella *f* fugaz

shooting-match ['ʃu:tɪŋmætʃ] *n Fam* **the whole s.** todo, *Esp* toda la pesca

shoot-out ['ʃu:taʊt] *n* (**a**) *(gunfight)* tiroteo *m* (**b**) *(in soccer)* **penalty s.** lanzamiento *m or* tanda *f* de penaltis *or Am* penales

shop [ʃɒp] **1** *n* (**a**) *(for goods)* tienda *f* ▫ ***s. assistant*** dependiente(a) *m,f*; ***s. window*** escaparate *m*, *Am* vidriera *f*, *Chile, Col, Méx* vitrina *f* (**b**) *Fam* **to do a s.** *(do shopping)* hacer la compra (**c**) *(workshop)* taller *m*; *Fig* **the s. floor** los trabajadores ▫ ***s. steward*** delegado(a) *m,f or Esp* enlace *mf* sindical (**d**) *US Sch* taller *m* de manualidades (**e**) *Fam* IDIOMS **to talk s.** hablar del trabajo *or Esp* del curro *or Méx* de la chamba *or RP* del laburo; **to set up s. (as)** montar un negocio (de); **to be all over the s.** ser un caos total

2 *vt (pt & pp* **shopped**) *Br Fam (betray)* chivarse de, *Col* sapear a, *Méx* soplar a, *RP* mandar al frente a

3 *vi* comprar, hacer compra(s); **to s. around** comparar precios (en diferentes establecimientos); **to go shopping** ir de compras; **to s.** *or* **go shopping for sth** ir a comprar algo

shopaholic [ʃɒpə'hɒlɪk] *n Fam* consumista *mf*

shopgirl ['ʃɒpgɜ:l] *n* dependienta *f*

shopkeeper ['ʃɒpki:pə(r)] *n* tendero(a) *m,f*

shoplift ['ʃɒplɪft] *vt & vi* robar en las tiendas

shoplifter ['ʃɒplɪftə(r)] *n* ratero(a) *m,f (en comercios)*

shoplifting ['ʃɒplɪftɪŋ] *n* hurtos *mpl (en comercios)*

shopper ['ʃɒpə(r)] *n* comprador(ora) *m,f*

shopping ['ʃɒpɪŋ] *n (activity)* compra *f*; *(purchases)* compras *fpl*; **to do the s.** hacer la compra ▫ ***s. bag*** bolsa *f* de la compra; ***s. basket*** cesta *f* de la compra; ***s. centre*** centro *m* comercial; ***s. list*** lista *f* de la compra; *US* ***s. mall*** centro *m* comercial; ***s. precinct*** área *f* comercial; ***s. trolley*** carrito *m* (de la compra)

shop-soiled ['ʃɒpsɔɪld] *adj* deteriorado(a)

shopwalker ['ʃɒpwɔ:kə(r)] *n Br* jefe(a) *m,f* de planta

shop-worn ['ʃɒpwɔ:n] *adj* (**a**) *US (goods)* deteriorado(a) (**b**) *(cliché)* trillado(a), manido(a)

shore [ʃɔ:(r)] *n (of sea, lake)* orilla *f*; **on the s. of a lake** a la orilla de un lago; **on s.** en tierra; **to go on s.** *(from ship)* bajar a tierra

▸**shore up** *vt sep also Fig* apuntalar

shoreline ['ʃɔ:laɪn] *n* orilla *f*

shorn [ʃɔ:n] *pp of* **shear**

SHORT [ʃɔ:t] **1** *n* (**a**) *(short movie)* corto *m*, cortometraje *m*

(**b**) *Br (drink)* chupito *m*

(**c**) *(short circuit)* cortocircuito *m*

2 *adj* (**a**) *(in length)* corto(a); *(person)* bajo(a), *Méx* chaparro(a), *RP* petiso(a); **it's a s. distance away** está a poca distancia; **it's a s. walk away** está a poca distancia a pie; **Bill is s. for William** Bill es el diminutivo de William; **they call me Bill for s.** me llaman Bill para abreviar; **he's s. of the green** *(in golf)* se ha quedado a poca distancia del green; **to be 10 feet s. of the**

target quedarse a 10 pies del blanco; **to have a s. temper** *or* **fuse** tener el genio muy vivo; IDIOM *Fam* **to have sb by the s. and curlies** tener a alguien en un puño *or* bien agarrado(a); IDIOM **to draw** *or* **get the s. straw** cargar con el muerto; **a s. back and sides, please** bien corto de atrás y de los lados ❑ ***s. corner*** *(in hockey)* penalty *m* córner; ***s. story*** cuento *m*; *Rad* ***s. wave*** onda *f* corta

(**b**) *(in time)* corto(a), breve; **the s. answer is "no"** en pocas palabras, la respuesta es "no"; **for a few s. days** durante unos pocos días; **the days are getting shorter** los días se están haciendo más cortos; **s. and sweet** conciso(a) y al grano; **s. sharp shock** castigo ejemplar; **a s. time** *or* **while ago** hace muy poco; **at s. notice** en poco tiempo, con poca antelación; **in s.** en resumen, en pocas palabras; **in the s. term** a corto plazo; *Br* **to be on s. time** trabajar con jornada reducida; **to make s. work of sb/sth** dar buena cuenta de alguien/algo

(**c**) *(abrupt)* seco(a); **to be s. with sb** ser seco con alguien

(**d**) *(insufficient, lacking)* escaso(a); **time/money is s.** hay poco tiempo/dinero; **the change was 50 pence s.** faltaban 50 peniques en la vuelta *or Am* el vuelto; **we're 50 pence s.** nos faltan 50 peniques; *Br Fam* **I'm a bit s. today** *(lacking money)* hoy estoy *or* ando escaso de dinero; **to be in s. supply** *(of money, water)* escasear; **to be s. of** estar *or* andar escaso de; **to be s. of breath** estar sin aliento; **it's little** *or* **not far s. of...** *(almost)* le falta poco para ser...; **it was little s. of miraculous that she survived** fue poco menos que un milagro que sobreviviera; **he's not far s. of forty** está *or* anda cerca de los cuarenta, tiene cerca de cuarenta años; **it's nothing s. of disgraceful!** ¡es absolutamente indignante!; **their team is s. on pace** su equipo carece de velocidad

3 *adv* (**a**) *(suddenly)* **to bring** *or* **pull sb up s.** dejar paralizado(a) a alguien; **to stop s.** pararse en seco

(**b**) *(in length, duration)* **to cut sth/sb s.** *(interrupt)* interrumpir algo/a alguien; **they stopped s. of...** no llegaron a...

(**c**) *(without)* **to go s.** pasar privaciones; **to go s. of sth** pasar sin algo

(**d**) *(expressing insufficiency)* **to fall s.** quedarse corto(a); **to fall s. of** *(target, standard, expectations)* no alcanzar; **we are running s. of coffee** se nos está terminando el café; **time is running s.** se nos está acabando el tiempo; **I was taken** *or* **caught s.** me entraron muchas ganas de ir al cuarto de baño

(**e**) **s. of** *prep* **s. of sacking her, there's little we can do** salvo que la despidamos, no podemos hacer mucho más

4 *vt Fam (short-circuit)* provocar un cortocircuito en

5 *vi Fam (short-circuit)* tener un cortocircuito

shortage [ˈʃɔːtɪdʒ] *n* escasez *f*, carestía *f*; **petrol/food s.** escasez de gasolina *or RP* nafta/alimentos; **he has no s. of ideas** no le faltan ideas

shortarse [ˈʃɔːtɑːs] *n Br very Fam* retaco *m*, *Méx* chaparrito(a) *m,f*, *RP* retacón(ona) *m,f*

shortbread [ˈʃɔːtbred], **shortcake** [ˈʃɔːtkeɪk] *n* = especie de galleta elaborada con mantequilla, ≃ mantecada *f*

short-change [ˈʃɔːtˈ(t)ʃeɪndʒ] *vt* (**a**) *(in shop)* devolver de menos a (**b**) *(cheat)* timar, estafar

short-circuit [ˈʃɔːtˈsɜːkɪt] **1** *n* cortocircuito *m*

2 *vt* (**a**) *(electrical)* producir un cortocircuito en (**b**) *Fig (bypass)* saltarse

3 *vi* tener un cortocircuito

shortcoming [ˈʃɔːtkʌmɪŋ] *n* defecto *m*

shortcut [ˈʃɔːtkʌt] *n also Fig* atajo *m*

short-dated [ˈʃɔːtˈdeɪtɪd] *adj Fin* a corto plazo

shorten [ˈʃɔːtən] **1** *vt* (**a**) *(skirt, text)* acortar (**b**) *(visit, task)* abreviar; **to s. one's journey** acortar el viaje

2 *vi* acortarse

shortening [ˈʃɔːtnɪŋ] *n Culin* = grasa vegetal o animal utilizada en las masas de pastelería

shortfall [ˈʃɔːtfɔːl] *n* déficit *m*

shorthaired [ˈʃɔːtheəd] *adj* de pelo corto

shorthand [ˈʃɔːthænd] *n* taquigrafía *f*; **to take s.** taquigrafiar; *Fig* **it's s. for...** es una forma breve de referirse a... ❑ ***s. typist*** taquimecanógrafo(a) *m,f*

short-handed [ʃɔːtˈhændɪd] *adj* falto(a) de personal

short-haul [ˈʃɔːthɔːl] *adj (flight)* de corto recorrido

shortlist [ˈʃɔːtlɪst] **1** *n* lista *f* de candidatos seleccionados

2 *vt* **to be shortlisted (for sth)** estar seleccionado(a) como candidato(a) (para algo)

short-lived [ˈʃɔːtˈlɪvd] *adj (success, rejoicing)* efímero(a)

shortly [ˈʃɔːtlɪ] *adv* (**a**) *(soon)* en seguida, pronto; **s. after(wards)** poco después (**b**) *(abruptly)* secamente, bruscamente

shortness [ˈʃɔːtnɪs] *n* (**a**) *(in length)* escasa *f* longitud; *(in time)* brevedad *f* (**b**) *(lack)* **s. of breath** falta *f* de aliento (**c**) *(of manner)* sequedad *f*

short-range [ˈʃɔːtreɪndʒ] *adj (missile)* de corto alcance

shorts [ʃɔːts] *npl (short trousers)* pantalones *mpl* cortos

short-sighted [ˈʃɔːtˈsaɪtɪd] *adj* miope, corto(a) de vista; *Fig (attitude, policy)* corto(a) de miras

short-sightedness [ˈʃɔːtˈsaɪtɪdnɪs] *n* miopía *f*; *Fig* estrechez *f* de miras

short-sleeved [ˈʃɔːtˈsliːvd] *adj* de manga corta

short-staffed [ˈʃɔːtˈstɑːft] *adj* escaso(a) de personal

shortstop [ˈʃɔːtstɒp] *n US (in baseball)* shortstop *m*, = jugador que intenta interceptar bolas entre la segunda y tercera base

short-tempered [ˈʃɔːtˈtempəd] *adj* **to be s.** tener mal genio

short-term [ˈʃɔːttɜːm] *adj (solution, loan)* a corto plazo ❑ ***s. contract*** contrato *m* temporal

short-winded [ˈʃɔːtˈwɪndɪd] *adj* corto(a) de resuello, con pocos pulmones

shorty [ˈʃɔːtɪ] *n Fam* retaco(a) *m,f*, *Esp* canijo(a) *m,f*, *Méx* chaparrito(a) *m,f*, *RP* retacón(ona) *m,f*

shot [ʃɒt] **1** *n* (**a**) *(act of firing, sound)* tiro *m*, disparo *m*; **to fire a s.** disparar; IDIOM **like a s.** *(without hesitation)* al instante; IDIOM **my answer was a s. in the dark** respondí al azar *or* a ciegas; IDIOM **to call the shots** dirigir el cotarro

(**b**) *(marksman)* **he is a good/bad s.** es un buen/mal tirador

(**c**) *(in sports) (in soccer)* tiro *m*, chut(e) *m*; *(in basketball)* tiro *m*, lanzamiento *m*; *(in golf)* golpe *m*; **2 shots ahead/behind** dos golpes por encima/debajo ❑ ***s. put*** lanzamiento *m* de peso

(**d**) *(photograph)* foto *f*; *(of movie, TV programme)* toma *f*; **in/out of s.** en/fuera de pantalla

(**e**) *Fam (injection)* inyección *f*; **to get one's shots** *(before holiday)* ponerse las vacunas; IDIOM **a s. in the arm** una inyección de vida

(**f**) *(attempt)* intento *m*, intentona *f*; **to have a s. at (doing) sth** intentar (hacer) algo; **I'll give it a s.** probaré, lo intentaré

(**g**) *(drink)* chupito *m*, dedal *m*

2 *pt & pp of* **shoot**

3 *adj* (**a**) *Fam (rid)* **to be s. of sth/sb** haberse quitado *or Am* sacado algo/a alguien de encima

(**b**) *(fabric)* **s. silk** seda *f* tornasolada

(**c**) *Fam US (worn out)* agotado(a), rendido(a)

shotgun [ˈʃɒtɡʌn] *n (weapon)* escopeta *f*; *Fam* **to have a s. wedding** casarse por haber metido la pata, *Esp* casarse de penalty, *RP* casarse de apuro

SHOULD [ʃʊd] *modal aux v*

> La forma negativa **should not** se transforma en **shouldn't**.

(**a**) *(expressing obligations, recommendations, instructions)* **you s. do it at once** deberías hacerlo inmediatamente; **you shouldn't laugh at him** no deberías reírte de él; **you s. have come earlier** deberías haber venido antes; **he shouldn't have told them** no debería habérselo dicho; **you s. read the instructions carefully** lea detenidamente las instrucciones; **s. I open the window?** ¿abro la ventana?; **shall I tell her? — I (don't) think you s.** ¿se lo digo? — creo que (no) deberías; **don't do that! — why shouldn't I?** no hagas eso — ¿y por qué no?; **I'm very embarrassed — and so you s. be!** estoy muy avergonzado *or Am* apenado — ¡deberías estarlo!; **everything is as it s. be** todo va como debería; **you s. have seen the expression on his face!** ¡tendrías que haber visto la cara que puso!;

a present?, oh you shouldn't have! ¿un regalo? ¡no tenías que haberte molestado!
(**b**) *(expressing probability)* **the weather s. improve from now on** a partir de ahora, el tiempo debería mejorar; **the movie s. be good** la película promete ser buena; **she s. have arrived by this time** a estas horas ya debe de haber llegado; **can I come? — I s. think so** ¿puedo ir? – no veo por qué no; **I s. know!** ¡me lo dices a mí!
(**c**) *(in exclamations, in rhetorical questions)* **why s. you suspect me?** ¿por qué habrías de sospechar de mí?; **who s. I meet but Martin!** y ¿a quién me encontré? ¡a Martin!; **how s. I know?** ¡y cómo quieres que lo sepa?; **I s. hope so!** ¡eso espero!; **I didn't go in — I s. think not!** no entré – ¡faltaría más!; **he apologized — I s. think so, too!** se disculpó – ¡es lo mínimo que podía hacer!; **I s. be so lucky!** ¡ojalá!
(**d**) *(in subordinate clauses)* **he ordered that they s. be released** ordenó que los liberaran; **she insisted that he s. wear his hair short** insistió en que llevase el pelo corto; **it's funny (that) you s. say that** tiene gracia que digas eso
(**e**) *(in conditional clauses)* **if he s. come** *or Formal* **s. he come, let me know** si viene, avísame; **if you s. have any difficulty, phone this number** si tuviera algún problema, llame a este número
(**f**) *(expressing opinions, preferences)* **I s. like a drink** me apetecería tomar algo; **we s. want to know if there was anything seriously wrong** si algo va muy mal, nos gustaría saberlo; **we s. have told you earlier if we'd known** te lo habríamos dicho antes si lo hubiéramos sabido; **I s. demand compensation (if I were you)** yo (en tu lugar) pediría una indemnización; **I shouldn't worry** yo no me preocuparía; **I s. imagine he was rather angry!** ¡me imagino que estaría bastante enfadado *or Am* enojado!; **I s. have thought you'd have realized that by now** pensaba que a estas alturas ya te habrías dado cuenta de eso; **I shouldn't be surprised if...** no me sorprendería que...

shoulder ['ʃəʊldə(r)] **1** *n* (**a**) *(of person)* hombro *m*; **s. to s.** hombro con hombro; *Fig* **the responsibility fell on her shoulders** sobre ella recayó la responsabilidad; *Fig* **a weight had been lifted from his shoulders** le habían quitado *or Am* sacado un peso de encima ❑ ***s. bag*** bolsa *f* de bandolera; ***s. blade*** omóplato *m*; ***s. charge*** *(in ice hockey, rugby)* carga *f*; ***s. pad*** hombrera *f*; ***s. strap*** *(of garment)* tirante *m*, *Chile, RP* bretel *m*; *(of bag)* correa *f*
(**b**) *(of meat)* paletilla *f*
(**c**) IDIOMS **to be looking over one's s.** estar inquieto(a); **to cry on sb's s.** tomar a alguien de paño de lágrimas; **to put one's s. to the wheel** arrimar el hombro; **to rub shoulders with sb** codearse con alguien; **(to give it to sb) straight from the s.** (decírselo a alguien) sin rodeos
2 *vt* (**a**) *(push)* **to s. one's way through a crowd** abrirse paso a empujones entre la multitud; **to s. sb aside** apartar a alguien de un empujón (del hombro)
(**b**) *(put on shoulder)* echarse al hombro; *Fig (responsibility, blame)* asumir; **to s. arms** echar las armas al hombro

shouldn't ['ʃʊdnt] = **should not**

shout [ʃaʊt] **1** *n* (**a**) *(cry)* grito *m*; **shouts of laughter** carcajadas *fpl*; **give me a s. when you're leaving** dame una voz antes de irte, avísame cuando te vayas (**b**) *Fam (chance)* **to be in with a s.** tener todas las de ganar (**c**) *Br Fam (turn to buy round of drinks)* **it's my s.** ésta la pago yo
2 *vt* gritar; **to s. sth at sb** gritarle algo a alguien
3 *vi* gritar; **to s. at sb** gritar a alguien; **to s. for help** gritar pidiendo ayuda; *Fig* **to have something to s. about** tener algo que celebrar

▸**shout down** *vt sep* **to s. sb down** impedir con gritos que alguien hable

▸**shout out 1** *vt sep* gritar, decir a gritos
2 *vi* gritar, pegar gritos

shouting ['ʃaʊtɪŋ] *n* griterío *m*, gritos *mpl*; **the debate ended up as a s. match** el debate acabó a grito pelado

shove [ʃʌv] **1** *n* empujón *m*; **to give sth/sb a s.** dar un empujón a algo/alguien
2 *vt* empujar; **to s. sth in/out** meter/sacar algo a empujones; **to s. sb out of the way** apartar a alguien a empujones; IDIOM *very Fam* **you can s. it!** ¡métetelo donde te quepa!
3 *vi* empujar; **to s. past/through** pasar/meterse a empujones; **stop shoving!** ¡deja *or* para ya de empujar!

▸**shove around** *vt sep Fam (bully)* abusar de

▸**shove off** *vi* (**a**) *Fam (leave)* largarse; **s. off!** ¡lárgate!, *Esp* ¡largo! (**b**) *(in boat)* alejarse de la orilla

▸**shove up** *vi Fam (make room)* correrse, hacerse a un lado

shovel ['ʃʌvəl] **1** *n* pala *f*
2 *vt* (*pt & pp* **shovelled**, *US* **shoveled**) echar a paladas; **to s. snow off the path** quitar *or Am* sacar la nieve del camino a paladas *or* con la pala; *Fam* **to s. food into one's mouth** atiborrarse de comida

shovelful ['ʃʌvəlfʊl] *n* palada *f*

SHOW [ʃəʊ] **1** *n* (**a**) *(exhibition)* exposición *f*; **to be on s.** exhibirse, estar expuesto(a); **to put sth on s.** exponer algo ❑ ***s. flat*** apartamento *m or Esp* piso *or Am* departamento piloto; ***s. house*** *f* piloto; ***s. jumper*** jinete *m*/amazona *f* de pruebas de saltos; ***s. jumping*** prueba *f* de saltos (de equitación)
(**b**) *(concert, play)* espectáculo *m*; *(on TV, radio)* programa *m*; *Fam Old-fashioned* **good s.!** *(well done)* ¡bien hecho!; **they put on a good s.** *(did their best)* hicieron un buen papel; IDIOM **to run the s.** dirigir el cotarro; *Fam* **it was a real s. stopper** fue una auténtica sensación; IDIOM **the s. must go on** ¡tenemos que continuar a pesar de todo!; IDIOM *Fam* **let's get this s. on the road!** ¡en marcha!, ¡vamos allá! ❑ ***s. business*** el mundo del espectáculo; ***s. girl*** corista *f*
(**c**) *(act of showing)* demostración *f*; **a s. of unity** una demostración de unidad; **s. of hands** votación *f* a mano alzada
(**d**) *(pretence)* **it's all s.** es pura fachada; **to do sth for s.** hacer algo por alardear; **all those flashing lights are just for s.** todas esas lucecitas están de decoración; **they made** *or* **put on a s. of being interested** hicieron un gran esfuerzo por parecer interesados ❑ *Pej* ***s. trial*** juicio *m* ejemplarizante
2 *vt* (*pp* **shown** [ʃəʊn]) (**a**) *(display)* mostrar, enseñar; *(picture)* exponer, exhibir; *(courage, talent, knowledge)* mostrar, demostrar; **to s. sb sth, to s. sth to sb** enseñar *or* mostrar algo a alguien; **the photo shows them leaving the hotel** en la foto están saliendo del hotel; **he has shown some improvement** ha mejorado algo; **to s. a profit/a loss** registrar *or* arrojar beneficios/pérdidas; **you're showing your age** estás hecho un carcamal; IDIOM **to s. one's cards** *or* **one's hand** mostrar las verdaderas intenciones; **he won't s. his face here again** no volverá a dejarse ver por aquí; **this is all we've got to s. for our hard work** esto es todo lo que tenemos después de tanto trabajo duro; **they had nothing to s. for all their work** trabajaron mucho para nada; **to s. oneself** dejarse ver
(**b**) *(indicate)* mostrar; *(time, temperature)* indicar, señalar; **to s. sb the way** mostrar a alguien el camino; **the worst affected areas are shown in red** las áreas más afectadas aparecen en rojo
(**c**) *(reveal)* **his expression showed his embarrassment** su rostro revelaba su vergüenza *or Am* pena; **this carpet shows the dirt** el polvo se nota mucho en esta alfombra
(**d**) *(prove, demonstrate)* mostrar, demostrar; **this shows him to be a liar** esto demuestra lo mentiroso que es; **to s. oneself to be...** demostrar ser...; **it just goes to s. that..., it just shows that...** eso viene a demostrar que...
(**e**) *(teach)* enseñar; **to s. sb how to do sth** enseñar a alguien a hacer algo; **I'll s. you, just you wait!** ¡tú espera, que te vas a enterar!; *Fam* **that'll s. them!** ¡eso les enseñará!
(**f**) *(movie)* proyectar; *(TV programme)* emitir, poner; **they are showing a Clint Eastwood movie tonight** esta noche ponen *or* echan una película de Clint Eastwood
(**g**) *(escort, lead)* **to s. sb to the door** acompañar a alguien a la puerta; **to s. sb to their room** llevar a alguien a su habitación
(**h**) *(enter in competition) (dog, cat)* presentar en *Esp* competición *or Am* competencia
3 *vi* (**a**) *(be visible)* notarse; **he didn't let his confusion s.** no dejó que se notara su confusión; **I've never done this before — it shows** nunca había hecho esto antes – ya se nota
(**b**) *(of movie)* **what's showing this week?** ¿qué ponen *or* echan esta semana?; **now showing at the Odeon** *(on poster)* en

pantalla en el cine Odeon (**c**) *Fam (arrive)* aparecer

▸**show around** *vt sep* = **show round**

▸**show in** *vt sep (escort in)* acompañar hasta dentro; **s. him in** hágale entrar *or* pasar

▸**show off 1** *vt sep* (**a**) *(show proudly)* **he was showing off his new motorbike** iba enseñando su moto a todo el mundo con orgullo (**b**) *(complement)* realzar

2 *vi* alardear, fanfarronear

▸**show out** *vt sep (escort out)* acompañar hasta la puerta; **I'll s. myself out** no hace falta que me acompañe a la puerta

▸**show over** *vt sep* guiar por

▸**show round** *vt sep* **let me s. you round** déjame que te enseñe el lugar/la casa; **to s. sb round the town/house** enseñarle la ciudad/la casa a alguien

▸**show through** *vi also Fig* transparentarse

▸**show up 1** *vt sep* (**a**) *(reveal)* descubrir, poner al descubierto (**b**) *(embarrass)* poner en evidencia (**c**) *(escort upstairs)* acompañar hasta arriba; **s. him up** hágale subir

2 *vi* (**a**) *(stand out)* notarse; **the marks s. up under infra-red light** la luz infrarroja revela las marcas (**b**) *Fam (arrive)* aparecer, presentarse

show-and-tell ['ʃəʊən'tel] *n US* = ejercicio escolar en que un alumno lleva a la clase un objeto de su elección y habla sobre él

showbiz ['ʃəʊbɪz] *n Fam* el mundo del espectáculo

showcase ['ʃəʊkeɪs] **1** *n (for displaying objects)* vitrina *f*; *Fig (for talents, work)* escaparate *m*

2 *vt* exhibir, servir de escaparate a

showdown ['ʃəʊdaʊn] *n* enfrentamiento *m* (cara a cara)

shower ['ʃaʊə(r)] **1** *n* (**a**) *(of rain)* chubasco *m*, chaparrón *m*; *(of stones, insults)* lluvia *f* (**b**) *(for washing)* ducha *f*, *Am* regadera *f*; **to have** *or* **take a s.** ducharse, darse una ducha ◻ ***s. cap*** gorro *m* de baño; ***s. curtain*** cortinas *fpl* de ducha; ***s. gel*** gel *m* de baño; ***s. head*** alcachofa *f* (de ducha) (**c**) *Br Fam (group)* **what a s.!** ¡qué pandilla!, *Esp* ¡menuda cuadrilla!; **you lazy s.!** ¡(h)atajo de vagos!

2 *vt* **to s. sb with sth, to s. sth on sb** *(liquid, sparks)* regar a alguien de algo; *(gifts, praise)* colmar a alguien de algo

3 *vi* (**a**) *(pour)* llover, caer (**b**) *(take a shower)* ducharse

showery ['ʃaʊərɪ] *adj* lluvioso(a)

showing ['ʃəʊɪŋ] *n* (**a**) *(exhibition)* exposición *f*, muestra *f* (**b**) *(of movie)* pase *m*, proyección *f* (**c**) *(performance)* **on this s...** a juzgar por esto...

showman ['ʃəʊmən] *n* *(entertaining person)* hombre *m* espectáculo

showmanship ['ʃəʊmənʃɪp] *n* espectacularidad *f*

shown [ʃəʊn] *pp of* **show**

show-off ['ʃəʊɒf] *n Fam* fanfarrón(ona) *m,f*, *Esp* fantasma *mf*

showpiece ['ʃəʊpi:s] *n* pieza *f* principal *(de una colección)*

showroom ['ʃəʊru:m] *n* sala *f* de exposición

showy ['ʃəʊɪ] *adj* llamativo(a)

shrank [ʃræŋk] *pt of* **shrink**

shrapnel ['ʃræpnəl] *n* metralla *f*

shred [ʃred] **1** *n* jirón *m*; **in shreds** hecho(a) jirones; *also Fig* **to tear sth to shreds** hacer trizas algo; *Fig* **there isn't a s. of evidence** no hay ni rastro de pruebas

2 *vt* (*pt & pp* **shredded**) (**a**) *(documents)* hacer tiras, triturar (**b**) *(food)* cortar en tiras

shredder ['ʃredə(r)] *n (for paper)* trituradora *f* de documentos

shrew [ʃru:] *n* (**a**) *(animal)* musaraña *f* (**b**) *(nagging woman)* bruja *f*

shrewd [ʃru:d] *adj (person)* astuto(a); *(decision)* inteligente, astuto(a)

shrewdly ['ʃru:dlɪ] *adv* astutamente

shrewdness ['ʃru:dnɪs] *n (of person)* astucia *f*; *(of decision)* inteligencia *f*, astucia *f*

shrewish ['ʃru:ɪʃ] *adj* cascarrabias, regañón(ona)

shriek [ʃri:k] **1** *n* alarido *m*, chillido *m*; **shrieks of laughter** carcajadas *fpl*; **to give a s.** soltar un alarido *or* chillido

2 *vt* chillar

3 *vi* chillar; **to s. with laughter** reírse a carcajadas

shrift [ʃrɪft] *n* **to give sb short s.** prestar escasa atención a alguien; **to get short shrift (from sb)** recibir escasa atención (de alguien)

shrike [ʃraɪk] *n* alcaudón *m*

shrill [ʃrɪl] *adj (voice, tone)* estridente, agudo(a); *(criticism)* vociferante, estridente

shrilly ['ʃrɪlɪ] *adv* con estridencia, estridentemente

shrimp [ʃrɪmp] *n* (**a**) *Br* camarón *m*, quisquilla *f* (**b**) *US (prawn)* gamba *f* (**c**) *Fam (small person)* retaco *m*, *Esp* renacuajo(a) *m,f*, *Méx* chaparrito(a) *m,f*, *RP* retacón(ona) *m,f*

shrine [ʃraɪn] *n (tomb)* sepulcro *m*; *(place) & Fig* santuario *m* (**to** en honor a)

shrink [ʃrɪŋk] **1** *n Fam (psychiatrist)* psiquiatra *mf*

2 *vt* (*pt* **shrank** [ʃræŋk], *pp* **shrunk** [ʃrʌŋk]) encoger

3 *vi* (**a**) *(in size) (of fabric)* encoger(se); *(of wood)* contraerse; *(of income, budget)* reducirse, disminuir; *(of economy)* contraerse; *(of numbers, amount)* decrecer (**b**) *(move back)* **to s. from sth** retroceder ante algo; **to s. back in horror** retroceder horrorizado(a); **to s. from doing sth** no atreverse a hacer algo

shrinkage ['ʃrɪŋkɪdʒ] *n* (**a**) *(of material)* encogimiento *m* (**b**) *(in sales, profits)* reducción *f*

shrinking ['ʃrɪŋkɪŋ] *adj Fam* **he's no s. violet** no es de los que se apocan

shrink-wrap ['ʃrɪŋk'ræp] **1** *n* envoltura *f* de plástico (de polietileno) adherente

2 *vt* envolver con plástico (de polietileno) adherente

shrink-wrapped ['ʃrɪŋk'ræpt] *adj* empaquetado(a) con plástico (de polietileno) adherente

shrivel ['ʃrɪvəl] (*pt & pp* **shrivelled**, *US* **shriveled**) **1** *vt* marchitar

2 *vi* marchitarse

▸**shrivel up** *vi* marchitarse

shroud [ʃraʊd] **1** *n* (**a**) *(for body)* mortaja *f*, sudario *m* (**b**) *(of mystery)* halo *m*; *(of darkness)* manto *m* (**c**) *Naut* obenquillo *m*

2 *vt Fig* envolver; **to be shrouded in sth** estar envuelto(a) en algo

Shrove Tuesday ['ʃrəʊv'tju:zdɪ] *n* Martes *m inv* de Carnaval

shrub [ʃrʌb] *n* arbusto *m*

shrubbery ['ʃrʌbərɪ] *n* maleza *f*, arbustos *mpl*

shrug [ʃrʌg] **1** *n* encogimiento *m* de hombros; **to give a s.** encogerse de hombros

2 *vt* (*pt & pp* **shrugged**) **to s. one's shoulders** encogerse de hombros

3 *vi* **to s.** encogerse de hombros

▸**shrug off** *vt sep* quitar *or* restar importancia a

shrunk [ʃrʌŋk] *pp of* **shrink**

shrunken ['ʃrʌŋkən] *adj* encogido(a)

shuck [ʃʌk] *vt US (corn)* descascarillar; *(peas)* pelar; *(oysters)* abrir, desbullar

shucks [ʃʌks] *exclam US* ¡vaya por Dios!, ¡caramba!

shudder ['ʃʌdə(r)] **1** *n (of person)* estremecimiento *m*; **to give a s.** estremecerse; *Fam* **it gives me the shudders** me pone los pelos de punta; **it sent a s. through me** hizo que me estremeciera, hizo que me diera un escalofrío

2 *vi (of person) (with fear, pleasure)* estremecerse (**with** de); *(with cold)* tiritar (**with** de); *(with pain)* tener escalofríos (**with** por); *(of vehicle)* dar una sacudida; **I s. to think what...** tiemblo *or* me dan escalofríos sólo de pensar qué...

shuffle ['ʃʌfəl] **1** *n* (**a**) *(of feet)* **to walk with a s.** caminar arrastrando los pies (**b**) *(of cards)* **to give the cards a s.** barajar *or* mezclar las cartas (**c**) *(of Cabinet)* remodelación *f*

2 *vt (papers)* revolver; *(cards)* barajar

3 *vi* (**a**) *(when walking)* arrastrar los pies; **to s. out/in** salir/entrar arrastrando los pies; **to s. from one foot to the other** mover nerviosamente los pies de un lado a otro (**b**) *(shuffle cards)* barajar

▸**shuffle off** *vi* alejarse arrastrando los pies

shufty, shufti ['ʃʊftɪ] *n Br Fam* **to have** *or* **take a s. (at)** echar un vistazo (a)

shun [ʃʌn] (*pt & pp* **shunned**) *vt* rehuir, evitar

shunt [ʃʌnt] **1** *n* (**a**) *Elec* derivación *f* (**b**) *Fam (in motor racing)* colisión *f*, *Esp* enganchada *f*

2 *vt (train, carriages)* cambiar de vía; *Fam Fig* **we were shunted into another room** nos hicieron pasar a otra habitación

shush [ʃʊʃ] **1** *vt* hacer callar

2 *exclam* **s.!** ¡sssh!

SHUT [ʃʌt] **1** *adj* cerrado(a); **to be s.** estar cerrado; **the door banged s.** la puerta se cerró de un portazo; **she slammed the door s.** cerró la puerta de un portazo
2 *vt* (*pt & pp* **shut**) cerrar; **to s. the door on sb** *or* **in sb's face** dar a alguien con la puerta en las narices; **s. your eyes** cierra los ojos; **to s. one's finger in the door** pillarse un dedo con la puerta; *Fam* **s. your mouth** *or* **face** *or* **gob!, s. it!** ¡cierra el pico!
3 *vi (of door)* cerrarse; *(of shop)* cerrar

▸**shut away** *vt sep* encerrar; **to s. oneself away** encerrarse

▸**shut down 1** *vt sep* **(a)** *(close) (shop, factory)* cerrar (por completo); *(production)* suspender **(b)** *(switch off) (engine, machine)* apagar **(c)** *Sport (prevent from playing well)* marcar de cerca
2 *vi (of shop, factory)* cerrar (por completo)

▸**shut in** *vt sep (confine)* encerrar; **he shut himself in in his room** se encerró en su habitación

▸**shut off 1** *vt sep* **(a)** *(electricity, water, funds, flow of arms)* cortar; *(engine, machine)* apagar **(b)** *(road, exit)* cortar **(c)** *(isolate)* aislar; **to s. oneself off (from)** aislarse (de)
2 *vi (engine, machine)* apagarse

▸**shut out** *vt sep* **(a)** *(exclude) (person)* excluir; *(light, view)* tapar; *(memory, thought)* bloquear; **I couldn't s. out the noise** no conseguía hacer que el ruido no me distrajera; **she keeps shutting me out and won't let me help** se cierra sin dejar que la ayude **(b)** *(keep outside)* dejar fuera; **we had to s. the children out of the kitchen** tuvimos que cerrar la puerta de la cocina para que no entraran los niños; **to s. oneself out** quedarse fuera sin llaves **(c)** *(prevent from scoring)* dejar a cero

▸**shut up 1** *vt sep* **(a)** *(confine)* encerrar **(b)** *(close)* cerrar; **to s. up shop** cerrar el negocio **(c)** *Fam (silence)* hacer callar; **that s. him up!** ¡eso le hizo callarse!
2 *vi* **(a)** *Fam (be quiet)* callarse; **s. up!** ¡cállate!; **I wish you'd s. up about your holiday!** ¡deja de dar la lata con tus vacaciones! **(b)** *(close shop)* cerrar

shutdown [ˈʃʌtdaʊn] *n* **(a)** *(of factory)* cierre *m* **(b)** *Comptr* apagado *m*

shut-eye [ˈʃʌtaɪ] *n Fam* **to get some s.** echar una sueñecito *or* una cabezadita

shut-in [ˈʃʌtɪn] *n US* = discapacitado o enfermo confinado en su casa

shut-off [ˈʃʌtɒf] *n (device)* válvula *f* de cierre; *Elec* interruptor *m*

shutout [ˈʃʌtaʊt] *n Sport* **he has had 6 shutouts in the last 10 games** ha conseguido mantener su portería imbatida en 6 de los últimos 10 partidos

shutter [ˈʃʌtə(r)] *n* **(a)** *(on window)* contraventana *f*; *(of shop)* persiana *f*; **to put up the shutters** *(of shop)* cerrar **(b)** *(of camera)* obturador *m* ▫ ***s. speed*** tiempo *m* de exposición

shuttle [ˈʃʌtəl] **1** *n* **(a)** *(of loom)* lanzadera *f* **(b)** *(train, bus)* servicio *m* regular de conexión *(entre dos puntos)*; *(plane)* avión *m* (de puente aéreo); *(space vehicle)* transbordador *m or* lanzadera *f* espacial ▫ ***s. diplomacy*** mediación *f* internacional; ***s. service*** *(of planes)* puente *m* aéreo; *(of trains, buses)* servicio *m* de conexión *(entre dos puntos)* **(c)** *(in badminton)* volante *m*
2 *vt* **to s. sb back and forth** trasladar a alguien de acá para allá
3 *vi* **to s. between A and B** ir y venir entre A y B

shuttlecock [ˈʃʌtəlkɒk] *n* volante *m*

shy [ʃaɪ] **1** *adj* **(a)** *(timid)* tímido(a); **to be s. of sb** tener miedo de alguien; **to be s. of doing sth** mostrarse remiso(a) a hacer algo; **they're not s. of letting you know how they feel** no tienen ningún reparo en decir lo que sienten **(b)** *US Fam (lacking)* escaso(a), corto(a) (**of** de); **we're still a few dollars s. of the cost** aún nos faltan unos dólares para cubrir el costo
2 *vi (of horse)* asustarse (**at** de)

▸**shy away** *vi* **to s. away from doing sth** no atreverse a hacer algo; **to s. away from sth** eludir algo

shyly [ˈʃaɪlɪ] *adv* tímidamente, con timidez

shyness [ˈʃaɪnɪs] *n* timidez *f*

shyster [ˈʃaɪstə(r)] *n Fam* sinvergüenza *mf*; **s. (lawyer)** *Esp* picapleitos *mf inv*, *Am* abogado(a) *m,f* buscapleitos

SI [esˈaɪ] (*abbr* **Système International d'unités**) SI *m* ▫ ***S. unit*** unidad *f* del SI

Siamese [saɪəˈmiːz] **1** *n* (*pl* **Siamese**) *(cat)* (gato *m*) siamés *m*
2 *adj* siamés(esa) ▫ ***S. cat*** gato *m* siamés; ***S. twins*** hermanos(as) *m,fpl* siameses(esas)

Siberia [saɪˈbɪərɪə] *n* Siberia

Siberian [saɪˈbɪərɪən] *n & adj* siberiano(a) *m,f*

sibilant [ˈsɪbɪlənt] *n & adj* sibilante *f*

sibling [ˈsɪblɪŋ] *n (brother)* hermano *m*; *(sister)* hermana *f* ▫ ***s. rivalry*** rivalidad *f* entre hermanos

sic [sɪk] *adv* sic

Sicilian [sɪˈsɪlɪən] *n & adj* siciliano(a) *m,f*

Sicily [ˈsɪsɪlɪ] *n* Sicilia

sick [sɪk] **1** *n Fam (vomit)* vómito *m*, *Esp* devuelto *m*
2 *npl* **the s.** los enfermos
3 *adj* **(a)** *(ill)* enfermo(a); **to be s.** *(be ill)* estar enfermo; *(vomit)* vomitar, devolver; **to feel s.** sentirse mal; **to make oneself s.** *(deliberately)* provocarse el vómito; **you're going to make yourself s.!** ¡te vas a empachar!; IDIOM **I was s. as a dog** *(was ill)* me puse muy malo; *(vomited)* vomité muchísimo; *Fig* **it makes me s.!** ¡me pone enfermo(a)!; *Fig* **to be worried s.** estar muerto(a) de preocupación ▫ ***s. bay*** enfermería *f*; ***s. building syndrome*** = trastorno que se suele dar entre oficinistas que trabajan en edificios con mala ventilación; ***s. leave*** baja *f* por enfermedad; ***s. note*** certificado *m* de baja (por enfermedad); ***s. pay*** paga *f* por enfermedad
(b) *(fed up)* **to be s. of sb/sth** estar harto(a) de alguien/algo; **to grow s. of sth** hartarse de algo; **to be s. and tired of sb/sth, to be s. to death of sb/sth** estar hasta la coronilla de alguien/algo
(c) *(unhappy, disappointed)* **to feel s. about sth** sentir mucha angustia por algo; **to be/feel s. at heart** estar/sentirse destrozado(a); IDIOM *Br Fam* **to be (as) s. as a parrot** haberse llevado un chasco tremendo
(d) *(disgusted, horrified)* **she felt s. (to her stomach)** se le revolvía el estómago
(e) *(cruel) (humour, joke)* morboso(a), macabro(a); *(person)* retorcido(a); **to have a s. mind** tener una mente retorcida, ser retorcido

▸**sick up** *vt sep Br Fam (vomit)* devolver, vomitar

sickbag [ˈsɪkbæg] *n* bolsa *f* para el mareo

sickbed [ˈsɪkbed] *n* lecho *m* de convaleciente

sicken [ˈsɪkən] **1** *vt* **(a)** *(make ill)* (hacer) enfermar **(b)** *(disgust)* poner enfermo(a)
2 *vi* **(a)** *(become ill)* ponerse enfermo(a), enfermar; *Br* **to be sickening for something** estar empezando a ponerse enfermo **(b)** *(grow tired of, become disgusted with)* **to s. of sth** hartarse de algo

sickening [ˈsɪknɪŋ] *adj* **(a)** *(disgusting)* repugnante; **a s. thud/crash** un golpe/estruendo horripilante **(b)** *Fam (annoying)* irritante, exasperante

sickeningly [ˈsɪknɪŋlɪ] *adv* asquerosamente; **s., she won all the prizes** qué asco, ganó todos los premios

sickie [ˈsɪkɪ] *n Br & Austr Fam* **to take** *or* **throw a s.** llamar al trabajo fingiendo que está uno enfermo

sickle [ˈsɪkəl] *n* hoz *f*

sickle-cell anaemia [ˈsɪkəlseləˈniːmɪə] *n* anemia *f* de célula falciforme

sickly [ˈsɪklɪ] *adj* **(a)** *(person, complexion)* enfermizo(a); *(plant)* marchito(a); *(colour, light)* pálido(a), desvaído(a); *(smile)* falso(a) **(b)** *(taste, sentiment)* empalagoso(a); **s. sweet** empalagoso(a), dulzarrón(ona)

sickness [ˈsɪknɪs] *n* **(a)** *(illness)* enfermedad *f* ▫ ***s. benefit*** subsidio *m* por enfermedad **(b)** *(nausea)* mareo *m*

sicko [ˈsɪkəʊ] *n Fam* chiflado(a) *m,f*, psicópata *mf*

sickroom [ˈsɪkruːm] *n* habitación *f* del enfermo

SIDE [saɪd] **1** *n* **(a)** *(of person)* costado *m*; *(of animal)* ijada *f*; **a s. of pork** medio cerdo *or* puerco *or Am* chancho; **at** *or* **by sb's s.** al lado de alguien; **the dog never left her s.** el perro nunca se apartó de ella; **she was lying on her s.** estaba acostada de lado; **s. by s.** uno al lado del otro; **to live/work s. by s.** vivir/trabajar juntos(as)
(b) *(part) (of house, box, triangle, square)* lado *m*; *(of river)* orilla *f*, margen *m or f*; *(of road)* borde *m*, margen *m or f*; *(of mountain)* ladera *f*; **on the south s. (of the city)** en la parte sur (de la ciudad); **they live on the other s. of the country/world** viven en el otro lado del país/del mundo; *Sport* **his shot hit the s. netting** su disparo dio en la parte de fuera de la red ▫ ***s. door/entrance*** puerta *f*/

entrada *f* lateral; ***s. view*** vista *f* lateral; ***s. whiskers*** patillas *fpl*

(**c**) *(of record, sheet of paper, piece of material, coin)* cara *f*; **on the other s. of the page** en la otra cara *or* carilla de la hoja; **I've written ten sides** he escrito diez caras *or* carillas; IDIOM **the other s. of the coin** la otra cara de la moneda

(**d**) *(adjacent area)* lado *m*; **the left-hand s.** la izquierda; **the right-hand s.** la derecha; **at** *or* **by the s. of** al lado de; **on this/that s. (of)** a este/ese lado (de); **on the other s. (of sth)** al otro lado (de algo); **on all sides, on every s.** por todos (los) lados; **on both sides, on either s.** a ambos lados; **to stand on** *or* **to one s.** mantenerse al margen; **from all sides, from every s.** desde todas partes; **to move from s. to s.** moverse de un lado a otro ▫ ***s. dish*** plato *m* de acompañamiento *or* guarnición; ***s. order*** ración *f (como acompañamiento)*; ***s. plate*** platito *m* para el pan; ***s. salad*** ensalada *f* de acompañamiento *or* guarnición

(**e**) *(of situation, argument, personality)* lado *m*, aspecto *m*; **he showed us his nasty s.** nos enseñó su lado desagradable; **I kept my s. of the bargain** yo cumplí mi parte del trato; **to hear** *or* **look at both sides of the question** considerar las dos caras de una situación; **let's hear her s. of the story** escuchemos su versión de la historia; **to look on the bright/gloomy s. (of things)** mirar el lado positivo/negativo (de las cosas); **on the positive s....** como aspecto positivo...

(**f**) *(in game)* equipo *m*; *(in dispute)* parte *f*, bando *m*; **to be on sb's s.** *(defending)* estar de parte de alguien; *(in game)* estar en el equipo de alguien; **he's on our s.** está de nuestro lado; **whose s. are you on, anyway?** ¿y tú, de parte de quién estás?; **we need to get them on our s.** necesitamos ponerlos de nuestro lado; **we have time/youth on our s.** el tiempo/la juventud está de nuestra parte *or* lado; **to change sides** cambiar de bando; **to take sb's s.** ponerse del lado *or* de parte de alguien; **to take sides** tomar partido; *also Fig* **he let the s. down** dejó en mal lugar a los suyos

(**g**) *Br TV* lado *m*

(**h**) *(secondary part)* ***s. effects*** efectos *mpl* secundarios; ***s. issue*** cuestión *f* secundaria; ***s. road*** carretera *f* secundaria; ***s. street*** bocacalle *f*

(**i**) *(in pool, snooker) (spin)* = efecto que se consigue golpeando un lado de la bola

(**j**) IDIOMS **on his mother's s.** *(of family)* por línea materna; **it's a bit on the expensive/long s.** es un poco caro/largo; **he does a bit of gardening on the s.** hace algunos trabajos extras de jardinería; **I make a bit of money on the s. by baby-sitting** me saco un dinero extra cuidando niños; *Fam* **to have a bit on the s.** tener un lío (amoroso); **to be on the right/wrong s. of forty** no llegar a/pasar de los cuarenta; **don't get on the wrong s. of the law** no te metas en líos con la justicia; **to get on the right s. of sb** caer en gracia a alguien, complacer a alguien; **to get on the wrong s. of sb** ganarse la antipatía de alguien, ponerse a mal con alguien; **to keep** *or* **stay on the right s. of sb** no llevarle la contraria a alguien; **to put sth to one s.** *(money)* apartar algo; *(matter, differences)* dejar algo a un lado; **to take sb to one s.** llevar a alguien aparte; **this s. of Christmas** antes de las Navidades; **they do the best paella this s. of Spain** preparan la mejor paella que se puede comer fuera de España; **this s. of the grave** en vida

2 *vi* **to s. with/against sb** ponerse del lado de/en contra de alguien

---

sidearm [ˈsaɪdɑːm] *n* = arma blanca o de fuego que se puede transportar colgada del cinturón o del hombro

sideboard [ˈsaɪdbɔːd] *n* aparador *m*

sideboards [ˈsaɪdbɔːdz], **sideburns** [ˈsaɪdbɜːnz] *npl* patillas *fpl*

sidecar [ˈsaɪdkɑː(r)] *n* sidecar *m*

sidekick [ˈsaɪdkɪk] *n Fam* compinche *mf*

sidelight [ˈsaɪdlaɪt] *n Aut* luz *f* de posición

sideline [ˈsaɪdlaɪn] **1** *n* (**a**) *(of football, rugby pitch)* línea *f* de banda; IDIOM **to sit on the sidelines** quedarse al margen (**b**) *Com (business)* negocio *m* subsidiario; *(job)* segundo empleo *m*

2 *vt (player)* mandar al banquillo

sidelong [ˈsaɪdlɒŋ] *adj (glance)* de reojo, de soslayo

side-on [ˈsaɪdˈɒn] *adv* de lado

side-saddle [ˈsaɪdsædəl] **1** *n* jamugas *fpl*, silla *f* de amazona

2 *adv* **to ride s.** montar a mujeriegas

sideshow [ˈsaɪdʃəʊ] *n* (**a**) *(at fair)* barraca *f* (de feria) (**b**) *(less important activity)* cuestión *f* menor *or* secundaria

sidespin [ˈsaɪdspɪn] *n* efecto *m* (lateral)

side-splitting [ˈsaɪdsplɪtɪŋ] *adj Fam* desternillante, divertidísimo(a)

sidestep [ˈsaɪdstep] **1** *n* regate *m*, quiebro *m*

2 *vt (pt & pp* **sidestepped**) *(tackle)* esquivar, evitar; *(player)* regatear; *(question)* soslayar, eludir

3 *vi* (**a**) *(in boxing)* esquivar (**b**) *(in dancing)* dar un paso a un lado

sideswipe [ˈsaɪdswaɪp] *n* **to take a s. at sb/sth** meterse de pasada con alguien/algo

sidetrack [ˈsaɪdtræk] *vt* desviar; *Fig* **we got sidetracked** nos distrajimos

sidewalk [ˈsaɪdwɔːk] *n US* acera *f*, *Chile, RP* vereda *f*, *CAm, Méx* banqueta *f*

sidewall [ˈsaɪdwɔːl] *n (of tyre)* flanco *m* (del neumático)

sidewards [ˈsaɪdwədz] *adv* de lado

sideways [ˈsaɪdweɪz] **1** *adj (look)* de reojo; *(movement)* lateral

2 *adv* de lado

sideways-on [ˈsaɪdweɪzˈɒn] *adv* de lado

sidewinder [ˈsaɪdwaɪndə(r)] *n US Fam (rattlesnake)* serpiente *f* de cascabel cornuda, crótalo *m* cornudo

siding [ˈsaɪdɪŋ] *n (on railway)* apartadero *m*; *(connected at only one end to main track)* vía *f* muerta

sidle [ˈsaɪdəl] *vi* **to s. in/out** entrar/salir sigilosamente; **to s. up to sb** acercarse tímidamente a alguien

SIDS [sɪdz] *n (abbr* **sudden infant death syndrome**) muerte *f* súbita infantil

siege [siːdʒ] *n* asedio *m*, sitio *m*; **to lay s. to a town** sitiar una ciudad; **under s.** sitiado(a) ▫ ***s. mentality*** manía *f* persecutoria

Sierra Leone [siːˈerəliːˈəʊn] *n* Sierra Leona

siesta [sɪˈestə] *n* siesta *f*; **to have** *or* **take a s.** echarse una siesta

sieve [sɪv] **1** *n (with coarse mesh)* criba *f*, cedazo *m*; *(with fine mesh)* tamiz *m*; *(in kitchen)* colador *m*; IDIOM *Fam* **to have a memory** *or* **mind like a s.** tener una memoria pésima *or* de mosquito

2 *vt (with coarse mesh)* cribar, cerner; *(with fine mesh)* tamizar; *(in kitchen)* colar

sift [sɪft] **1** *vt* (**a**) *(flour, sugar)* tamizar (**b**) *(evidence)* examinar a fondo

2 *vi Fig* **to s. through sth** examinar algo concienzudamente

sigh [saɪ] **1** *n* suspiro *m*; **to heave a s.** dar *or* exhalar un suspiro, suspirar

2 *vi* (**a**) *(of person)* suspirar; **to s. with** *or* **in relief** suspirar aliviado(a), dar un suspiro de alivio (**b**) *(of wind)* susurrar

sight [saɪt] **1** *n* (**a**) *(faculty)* vista *f*; **to lose one's s.** perder la vista

(**b**) *(act of seeing)* **to catch s. of sth/sb** ver algo/a alguien; **to lose s. of sth/sb** perder de vista algo/a alguien; **I hate the s. of him** no lo puedo ni ver; **I can't stand the s. of blood** no soporto ver la sangre; *Fam* **to be sick of the s. of sb/sth** estar hasta las narices *or Méx* manitas de alguien/algo; **to shoot sb on s.** disparar contra alguien en cuanto se lo ve; **to know sb by s.** conocer a alguien de vista; **to buy sth s. unseen** comprar algo a ciegas

(**c**) *(range of vision)* **to come into s.** aparecer; **to be within s. (of)** *(able to see)* estar a la vista (de); *Fig (of victory, the end)* estar a un paso (de); *also Fig* **to keep sth/sb in s.** no perder de vista algo/a alguien; **to put sth out of s.** esconder algo; **to keep out of s.** no dejarse ver; **(get) out of my s.!** ¡fuera de mi vista!; PROV **out of s., out of mind** ojos que no ven, corazón que no siente

(**d**) *(of instrument)* visor *m*; *(of gun)* mira *f*; *Fig* **to have sth/sb in one's sights** tener algo/a alguien en el punto de mira; *Fig* **to have** *or* **set one's sights on sth/sb** tener las miras puestas en algo/alguien

(**e**) *(spectacle)* espectáculo *m*; **a familiar/rare s.** algo habitual/singular; IDIOM *Fam* **you're/it's a s. for sore eyes!** ¡dichosos los ojos que te/lo ven!; *Fam* **you look a s.!** *(mess)* ¡mira cómo te has puesto!; *(ridiculous)* ¡qué facha *or* pinta que tienes!; **the sights** *(of city)* los lugares de interé

(**f**) *Fam (for emphasis)* **a (damn) s. longer/harder** muchísimo más largo/duro

2 *vt (see)* avistar, ver

sighted ['saɪtɪd] **1** *npl* **the s.** las personas sin discapacidades visuales
2 *adj (person)* sin discapacidades visuales

sighting ['saɪtɪŋ] *n* **several sightings have been reported** ha sido visto(a) en varias ocasiones

sightless ['saɪtlɪs] *adj* ciego(a)

sight-read ['saɪtri:d] *(pt & pp* **sight-read** ['saɪtred]) *vt & vi* repentizar

sightseeing ['saɪtsi:ɪŋ] *n* visitas *fpl* turísticas; **to go s.** hacer turismo ❑ ***s. tour*** visita *f* guiada por los lugares de interés

sightseer ['saɪtsi:ə(r)] *n* turista *mf*

sign [saɪn] **1** *n* **(a)** *(gesture)* seña *f*; **to make a s. to sb** hacer una seña a alguien; **to make the s. of the cross** santiguarse ❑ ***s. language*** lenguaje *m* por señas
(b) *(indication)* indicio *m*, señal *f*; **it's a sure s. that...** es un indicio inequívoco de que...; **a good/bad s.** una buena/mala señal; **a s. of the times** un signo de los tiempos que corren; **there's no s. of an improvement** no hay indicios de mejoría; **there is no s. of him/it** no hay ni rastro de él/ello; **he gave no s. of having heard** no dio muestras de haberlo oído; **all the signs are that...** todo parece indicar que...; **the equipment showed signs of having been used** el equipo tenía aspecto de haber sido utilizado
(c) *(notice)* cartel *m*; *(of pub, shop)* letrero *m*, rótulo *m*; *(on road)* señal *f* (de tráfico); **follow the signs for baggage reclaim** sigue las indicaciones para la zona de recogida de equipaje
(d) *(symbol)* signo *m*; **plus/minus s.** signo más/menos; **what s. are you?** *(of zodiac)* ¿de qué signo eres? ❑ ***s. of the zodiac*** signo *m* del zodíaco
2 *vt* **(a)** *(write signature on)* firmar; **to s. one's name** firmar; **I s. myself Jo Davies** firmo como Jo Davies
(b) *(in sign language)* indicar (con señas)
(c) *(in sport)* fichar; *(of record company)* fichar, contratar
3 *vi* **(a)** *(write signature)* firmar
(b) *(in sport)* fichar (**for** por); *(to record company)* fichar (**to** por), firmar contrato (**to** con)
(c) *(make gesture)* **she signed for** *or* **to him to come over** le hizo señas para que se acercara
(d) *(use sign language)* utilizar el lenguaje por señas

▸**sign away** *vt sep (rights)* ceder (por escrito)

▸**sign for** *vt insep (delivery, equipment)* firmar el acuse de recibo de

▸**sign in 1** *vt sep (guest)* meter en el registro
2 *vi (in factory)* fichar, *Am* marcar tarjeta; *(in hotel)* registrarse

▸**sign off** *vi* **(a)** *(of radio, TV presenter)* despedir la emisión **(b)** *(close letter)* despedirse, terminar

▸**sign on** *vi Br Fam (for unemployment benefit) (initially)* apuntarse al paro; *(regularly)* sellar la cartilla del paro

▸**sign out 1** *vt sep* **to s. sth out** *(book, equipment)* registrar *or* consignar el préstamo de algo
2 *vi* firmar a la salida

▸**sign up 1** *vt sep (in sport)* fichar; *(of record company)* fichar, contratar
2 *vi* **(a)** *(register)* apuntarse (**for** a) **(b)** *(of soldier)* alistarse

signal ['sɪgnəl] **1** *n* señal *f*; IDIOM **to send the wrong signals** dar una impresión equivocada ❑ *Rail* ***s. box*** sala *f* de agujas, puesto *m* de señales; ***s. flare*** bengala *f*; ***s. rocket*** cohete *m* de señales
2 *vt (pt & pp* **signalled**, *US* **signaled) (a)** *(send message to)* indicar (mediante señales) a; **to s. sb to do sth** hacerle una señal a alguien de *or* para que haga algo **(b)** *(be sign of)* señalar, indicar; **this announcement signals a major change in policy** este anuncio marca *or* indica un importante cambio de política
3 *vi* **s. to me if you need help** hazme una seña si necesitas ayuda; **she signalled for the bill** pidió la cuenta con una seña *or* haciendo señas; *Aut* **he didn't s. before he turned** no dio la indicación de que iba a torcer; **to s. to sb to do sth** hacerle una señal a alguien de *or* para que haga algo

signally ['sɪgnəlɪ] *adv* notablemente; **they s. failed to do this** fracasaron estrepitosamente en su intento de hacer esto

signalman ['sɪgnəlmən] *n Rail* guardavía *m*

signatory ['sɪgnətərɪ] *n* signatario(a) *m,f*

signature ['sɪgnətʃə(r)] *n* firma *f* ❑ ***s. tune*** *(of radio, TV programme)* sintonía *f*

signboard ['saɪnbɔ:d] *n* letrero *m*

signet ring ['sɪgnɪt'rɪŋ] *n* sello *m (sortija)*

significance [sɪg'nɪfɪkəns] *n* **(a)** *(importance)* importancia *f*; **of no/of great s.** de ninguna/de gran importancia **(b)** *(meaning)* significado *m*

significant [sɪg'nɪfɪkənt] *adj* **(a)** *(important)* considerable, importante; *Math* **...to two s. digits** *or* **figures** ...redondeándolo a dos decimales ❑ ***s. other*** media naranja *f* **(b)** *(meaningful)* significativo(a)

significantly [sɪg'nɪfɪkəntlɪ] *adv* **(a)** *(appreciably)* sensiblemente **(b)** *(meaningfully)* significativamente; **s., no one mentioned it** es significativo que nadie lo mencionara

signify ['sɪgnɪfaɪ] *vt* **(a)** *(indicate)* señalar; *(constitute)* suponer, representar **(b)** *(mean)* significar

signpost ['saɪnpəʊst] **1** *n also Fig* señal *f*, indicación *f*
2 *vt* señalizar; *Fig* señalar

Sikh [si:k] *n & adj* sij *mf*

Sikhism ['si:kɪzəm] *n* sijismo *m*, religión *f* sij

silage ['saɪlɪdʒ] *n* forraje *m*

silence ['saɪləns] **1** *n* silencio *m*; **to listen/watch in s.** escuchar/observar en silencio; **to call for s.** pedir silencio; **s.!** ¡silencio!; PROV **s. is golden** en boca cerrada no entran moscas
2 *vt* hacer callar; **to s. one's critics** silenciar *or* acallar a los críticos

silencer ['saɪlənsə(r)] *n (on car, gun)* silenciador *m*

silent ['saɪlənt] *adj* **(a)** *(person, place)* silencioso(a); **to be s.** *(not talk)* estar callado(a); **she's rather s.** *(by nature)* es muy callada; **to fall s.** quedarse en silencio; **to remain** *or* **keep s.** permanecer callado(a) ❑ ***s. film*** película *f* muda; ***the s. majority*** la mayoría silenciosa; ***s. partner*** socio(a) *m,f* capitalista; ***s. protest*** protesta *f* silenciosa **(b)** *(not pronounced) (letter)* mudo(a)

silently ['saɪləntlɪ] *adv* **(a)** *(not speaking)* en silencio **(b)** *(without noise)* sin hacer ruido, silenciosamente

silhouette [sɪlu:'et] **1** *n* silueta *f*
2 *vt* **she was silhouetted against the light** la luz dibujaba su silueta, su silueta se recortaba al trasluz

silica ['sɪlɪkə] *n* sílice *f* ❑ ***s. gel*** gel *m* de sílice

silicate ['sɪlɪkeɪt] *n* silicato *m*

silicon ['sɪlɪkən] *n* silicio *m* ❑ ***s. chip*** chip *m* de silicio

silicone ['sɪlɪkəʊn] *n* silicona *f*

silk [sɪlk] *n* **(a)** *(material)* seda *f*; PROV **you can't make a s. purse out of a sow's ear** no se puede pedir peras al olmo, aunque la mona se vista de seda, mona se queda ❑ ***s. screen printing*** serigrafía *f* **(b) silks** *(of jockey)* colores *mpl (de una cuadra)* **(c)** *Br Law (barrister)* abogado(a) *m,f* de alto rango

silken ['sɪlkən] *adj Literary (material)* de seda; *(skin, hair)* sedoso(a); *(voice)* aterciopelado(a)

silkworm ['sɪlkwɜ:m] *n* gusano *m* de (la) seda

silky ['sɪlkɪ] *adj* sedoso(a); *(voice)* meloso(a)

sill [sɪl] *n (of window)* alféizar *m*

silliness ['sɪlɪnɪs] *n* tontería *f*, estupidez *f*; **stop this s.!** ¡ya basta de tonterías!

silly ['sɪlɪ] **1** *adj* tonto(a), estúpido(a); **now you're just being s.!** te estás comportando estúpidamente; **the s. thing is that...** lo más ridículo es que...; **to make sb look s.** poner a alguien en ridículo; **to say/do something s.** decir/hacer una tontería; **to laugh/worry oneself s.** morirse de la risa/de preocupación; **to knock sb s.** dejar a alguien atontado de un mamporro ❑ ***the s. season*** = periodo estival en el que los periódicos suplen la ausencia de noticias de índole política con información más o menos banal
2 *n Fam* tonto(a) *m,f*

silly-billy ['sɪlɪ'bɪlɪ] *n Fam* tonto(a) *m,f*

silo ['saɪləʊ] (*pl* **silos**) *n* silo *m*

silt [sɪlt] *n* limo *m*, sedimentos *mpl* fluviales

▸**silt up** *vi* encenagarse

silver ['sɪlvə(r)] **1** *n* **(a)** *(metal)* plata *f*; **s. (medal)** medalla *f* de plata; PROV **every cloud has a s. lining** no hay mal que por bien no venga ❑ *Br* ***s. paper*** papel *m* de plata; ***s. plate*** *(coating)* baño *m* de plata; *(articles)* objetos *mpl* plateadas; ***the s. screen*** la pantalla grande

(**b**) *Br (coins)* monedas *fpl* plateadas *(de entre 5 y 50 peniques)*
(**c**) *(silverware)* (objetos *mpl* de) plata *f*
2 *adj* (**a**) *(made of silver)* de plata ❑ ***s. service*** servicio *m* de guante blanco
(**b**) *(in colour)* **s.(-coloured)** plateado(a); **s. haired** con el pelo blanco ❑ ***s. birch*** abedul *m* blanco; ***s. fox*** zorro *m* plateado
(**c**) *(twenty-fifth anniversary)* **s. jubilee** vigésimo quinto aniversario *m*; **s. wedding** bodas *fpl* de plata

silverfish ['sɪlvəfɪʃ] *n (insect)* lepisma *f*

silver-plated [sɪlvə'pleɪtɪd] *adj* con baño de plata

silverside ['sɪlvəsaɪd] *n Br* babilla *f*

silversmith ['sɪlvəsmɪθ] *n* platero(a) *m,f*

silverware ['sɪlvəweə(r)] *n* (objetos *mpl* de) plata *f*

silverwork ['sɪlvəwɜ:k] *n* (trabajo *m* de) platería *f*

silvery ['sɪlvərɪ] *adj* (**a**) *(colour)* plateado(a) (**b**) *(sound)* argentino(a)

similar ['sɪmɪlə(r)] *adj* parecido(a), similar (**to** a); **to be s. to sth/sb** ser parecido(a) *or* parecerse a algo/alguien; **s. in appearance/size (to)** de parecido aspecto/tamaño(a)

similarity [sɪmɪ'lærɪtɪ] *n* parecido *m*, similitud *f* (**to** a)

similarly ['sɪmɪləlɪ] *adv* (**a**) *(in the same way)* igual, de la misma manera; *(to the same extent)* igualmente; **we found ourselves s. puzzled** todos nos quedamos igual de perplejos (**b**) *(likewise)* igualmente, del mismo modo

simile ['sɪmɪlɪ] *n* símil *m*

SIMM [sɪm] *n Comptr* (*abbr* **single in-line memory module**) SIMM *m*

simmer ['sɪmə(r)] **1** *n* **at a s.** a fuego lento
2 *vt* cocer a fuego lento
3 *vi* cocerse a fuego lento; *Fig (of revolt, discontent)* fraguarse; **she was simmering with rage** estaba a punto de explotar

▸**simmer down** *vi* calmarse, tranquilizarse

simper ['sɪmpə(r)] **1** *n* sonrisa *f* boba
2 *vi* sonreír con afectación

simple ['sɪmpəl] *adj* (**a**) *(uncomplicated)* sencillo(a); **it's a s. question of telling the truth** se trata simplemente de decir la verdad; **keep it s.** *(explanation, meal, design)* que sea sencillo(a), no te compliques la vida; **it's as s. as that** es así de sencillo; **it's s. to use** es muy fácil de usar, es de fácil manejo; **in s. terms** sencillamente; **at its simplest...** básicamente..., esencialmente...; **the s. truth** la pura verdad; PROV **s. things amuse s. minds** todos los tontos se ríen de las mismas tonterías
(**b**) *(naive)* inocente, cándido(a); **he's a bit s.** es un poco simplón
(**c**) *(unsophisticated)* sencillo(a); **s. country folk** gente sencilla del campo
(**d**) *(not compound) Math* ***s. fraction*** fracción *f* ordinaria; *Med* ***s. fracture*** fractura *f* simple; *Fin* ***s. interest*** interés *m* simple

simple-minded ['sɪmpəl'maɪndɪd] *adj* *(person)* simplón(ona); *(ideas, belief)* ingenuo(a)

simpleton ['sɪmpəltən] *n* simple *mf*, papanatas *mf inv*

simplicity [sɪm'plɪsɪtɪ] *n* sencillez *f*; **it's s. itself** es de lo más sencillo

simplification [sɪmplɪfɪ'keɪʃən] *n* simplificación *f*

simplified ['sɪmplɪfaɪd] *adj* simplificado(a)

simplify ['sɪmplɪfaɪ] *vt* simplificar

simplistic [sɪm'plɪstɪk] *adj* simplista

simply ['sɪmplɪ] *adv* (**a**) *(in simple manner)* con sencillez; **to express oneself s.** expresarse de forma sencilla *or* simple
(**b**) *(absolutely)* sencillamente; **I s. adore pizzas!** ¡las pizzas es que me encantan de verdad!; **I s. HAVE to see him!** ¡sencillamente tengo que verlo!; **you s. must go and see it!** lo que tienes que hacer es ir a verlo y ya está
(**c**) *(just)* sólo; **it's s. a question of time** sólo es una cuestión de tiempo; **she s. had to snap her fingers and...** sólo con chasquear los dedos...; **we s. can't go on like this** así es imposible seguir

simulate ['sɪmjʊleɪt] *vt* simular

simulated ['sɪmjʊleɪtɪd] *adj* (**a**) *(leather, marble)* de imitación (**b**) *(surprise, anger)* fingido(a), simulado(a)

simulation [sɪmjʊ'leɪʃən] *n* simulación *f*

simulator ['sɪmjʊleɪtə(r)] *n* simulador *m*

simultaneous [sɪməl'teɪnɪəs] *adj* simultáneo(a) ❑ ***s. broadcast*** retransmisión *f* simultánea; ***s. translation*** traducción *f* simultánea

simultaneously [sɪməl'teɪnɪəslɪ] *adv* simultáneamente

sin [sɪn] **1** *n* pecado *m*; *Old-fashioned or Hum* **to be living in s.** vivir en pecado; *Fam* **it would be a s. to...** sería un pecado...; *Hum* **for my sins** para mi desgracia ❑ ***s. bin*** *(in hockey, rugby league)* banquillo *m* de expulsados
2 *vi* (*pt & pp* **sinned**) pecar

since [sɪns] **1** *prep* desde; **s. his death** desde su muerte; **s. June/1993** desde junio/1993; **s. then** desde entonces; **s. when have you been in charge?** ¿desde cuándo mandas tú aquí?;
2 *adv* desde entonces; **I have s. changed my mind** de entonces a ahora he cambiado de opinión; **long s.** hace mucho
3 *conj* (**a**) *(in time)* desde que; **it's a long time s. I saw her** ha pasado mucho tiempo desde que la vi (**b**) *(because)* ya que

sincere [sɪn'sɪə(r)] *adj* sincero(a)

sincerely [sɪn'sɪəlɪ] *adv* sinceramente; **I'm s. sorry** lo siento en el alma; **I s. hope so!** ¡así lo espero!; **Yours s.** *(ending letter)* Atentamente

sincerity [sɪn'serɪtɪ] *n* sinceridad *f*; **in all s.** con toda sinceridad

sine [saɪn] *n Math* seno *m* ❑ ***s. wave*** onda *f* pura *or* sinusoidal

sinecure ['saɪnɪkjʊə(r)] *n* sinecura *f*

sine qua non ['sɪnɪkwɑ:'nɒn] *n Formal* condición *f* sine qua non

sinew ['sɪnju:] *n* tendón *m*

sinewy ['sɪnju:ɪ] *adj (person, muscles)* fibroso(a); *(hands)* nervudo(a)

sinful ['sɪnfʊl] *adj (person)* pecador(ora); *(act, life)* pecaminoso(a); *(waste)* escandaloso(a)

sing [sɪŋ] (*pt* **sang** [sæŋ], *pp* **sung** [sʌŋ]) **1** *vt* *(song)* cantar; **to s. sb to sleep** arrullar a alguien
2 *vi (of person, bird)* cantar; *(of kettle)* pitar; *Literary* **to s. of** trovar, cantar

▸**sing along** *vi* cantar a coro (**with** con)

▸**sing out** *vi (sing loudly)* cantar en voz alta

singalong ['sɪŋəlɒŋ] *n* canto *m* a coro, coros *mpl*

Singapore [sɪŋə'pɔ:(r)] *n* Singapur

Singaporean [sɪŋə'pɔ:rɪən] *n & adj* singapurense *mf*

singe [sɪndʒ] *vt* chamuscar

singer ['sɪŋə(r)] *n* cantante *mf* ❑ ***s. songwriter*** cantautor(ora) *m,f*

Singhalese = Sinhalese

singing ['sɪŋɪŋ] *n* canto *m*; **his s. is awful** canta fatal; **to have a fine s. voice** tener buena voz; **s. lessons** clases *fpl* de canto

single ['sɪŋgəl] **1** *n* (**a**) *(record)* sencillo *m*, single *m*
(**b**) *(ticket)* billete *m or Am* boleto *m* sencillo *or* de ida
(**c**) *(hotel room)* habitación *f* sencilla *or* individual
(**d**) *(one run in baseball, cricket)* carrera *f*
(**e**) *Sport* **singles** (modalidad *f* de) individuales *mpl*
(**f**) **singles** *(unattached people)* gente *f* sin pareja ❑ ***singles bar*** *or* ***club*** bar *m* de encuentros
2 *adj* (**a**) *(just one)* único(a), solo(a); **every s. day** todos los días; **not a s. one** ni uno solo; **I haven't seen a s. soul** no he visto ni un alma; **don't say a s. word** no digas ni una (sola) palabra ❑ ***s. combat*** combate *m* individual; *Fin* ***s. currency*** moneda *f* única; *Econ* **s. (European) market** mercado *m* único (europeo)
(**b**) *(not double)* **in s. figures** por debajo de diez; **in s. file** en fila india ❑ ***s. bed*** cama *f* individual; ***s. cream*** *Esp* nata *f or Am* crema *f* de leche líquida; ***s. room*** habitación *f* sencilla *or* individual; ***s. room supplement*** suplemento *m* por habitación sencilla *or* individual
(**c**) *(not married)* soltero(a) ❑ ***s. mother*** madre *f* soltera; ***s. parent*** padre *m*/madre *f* soltero(a); ***s. parent family*** familia *f* monoparental

▸**single out** *vt sep* señalar, distinguir; **to s. sb out for blame/criticism** culpar/criticar a alguien en particular; **she was singled out for special praise** fue distinguida con una mención especial

single-breasted ['sɪŋgəl'brestɪd] *adj (jacket, suit)* recto(a), no cruzado(a)

single-decker ['sɪŋgəl'dekə(r)] *n (bus)* autobús *m* de un piso

single-figure ['sɪŋgəl'fɪgə(r)] *adj* de una cifra

single-handed ['sɪŋgəl'hændɪd] *adj & adv* en solitario, sin ayuda

single-handedly ['sɪŋgəl'hændɪdlɪ] *adv* = **single-handed**

single-minded ['sɪŋgəl'maɪndɪd] *adj* resuelto(a), determinado(a)

single-mindedly ['sɪŋgəl'maɪndɪdlɪ] *adv* con determinación, con empeño

single-sex school ['sɪŋgəl'seks'sku:l] *n (for girls)* colegio *m* para niñas; *(for boys)* colegio *m* para niños

singlet ['sɪŋglɪt] *n Br* camiseta *f* (de tirantes *or Am* breteles)

singleton ['sɪŋgəltən] *n (in bridge)* semifallo *m*

single-track railway ['sɪŋgəl'træk-'reɪlweɪ] *n* vía *f* única

singly ['sɪŋglɪ] *adv* individualmente, uno(a) por uno(a)

singsong ['sɪŋsɒŋ] **1** *n* **(a)** *(voice, tone)* **he spoke in a s.** habló con voz cantarina **(b)** *Fam (singing session)* **to have a s.** reunirse para cantar
2 *adj (voice, tone)* cantarín(ina)

singular ['sɪŋgjələ(r)] **1** *n Gram* singular *m*; **in the s.** en singular
2 *adj* **(a)** *Gram* singular **(b)** *Formal (remarkable)* singular, excepcional

singularity [sɪŋgjə'lærɪtɪ] *n Formal* **(a)** *(strangeness)* singularidad *f* **(b)** *(characterisitic)* particularidad *f*, singularidad *f*

singularly ['sɪŋgjələlɪ] *adv* singularmente, excepcionalmente

Sinhalese [sɪnhə'li:z] **1** *n* **(a)** *(person)* cingalés(esa) *m,f* **(b)** *(language)* cingalés *m*
2 *adj* cingalés(esa)

sinister ['sɪnɪstə(r)] *adj* siniestro(a)

sink¹ [sɪŋk] *n* **(a)** *(in kitchen)* fregadero *m* ❑ ***s. unit*** módulo *m or* mueble *m* fregadero **(b)** *(in bathroom)* lavabo *m*, *Am* lavamanos m inv

sink² (*pt* **sank** [sæŋk], *pp* **sunk** [sʌŋk]) **1** *vt* **(a)** *(ship)* hundir; **to be sunk in thought** estar abstraído(a); *Fig* **they sank their differences** dejaron a un lado *or* enterraron sus diferencias
(b) *(well)* cavar; *(shaft)* excavar
(c) *(plunge)* **to s. one's teeth into sth** hundir *or* hincar los dientes en algo; **to s. money into a project** invertir mucho dinero en un proyecto
(d) *(cause to fail)* hundir, hacer fracasar; *Fam* **to be sunk** *(in trouble)* estar perdido(a)
(e) *Fam (drink)* **to s. a pint** *Esp* pimplarse *or Am* tomarse una pinta (de cerveza)
(f) *(in golf, snooker) (ball)* colar, meter
2 *vi* **(a)** *(in water, mud)* hundirse; IDIOM **to s. like a stone** hundirse con rapidez; IDIOM **he's sinking fast** se está yendo por momentos; IDIOM **to be left to s. or swim** estar (uno) abandonado a su suerte; *also Fig* **to s. without trace** hundirse *or* desaparecer sin dejar rastro
(b) *(fall, drop) (of water, currencies, level)* descender; **to s. to the ground** ir cayendo al suelo; **to s. to one's knees** hincarse de rodillas; **to s. into an armchair** hundirse en un sillón; **her heart sank** se le cayó el alma a los pies; **his spirits sank** se desanimó; **to s. into despair** sumirse en la desesperación; **to s. into oblivion** sumirse en el olvido; **to s. into sb's memory** quedar grabado(a) en la memoria de alguien; **to s. into a deep sleep** sumirse en un sueño profundo
(c) *(morally)* **he has sunk in my estimation** ha perdido gran parte de mi estima; **how could you s. so low?** ¿cómo pudiste caer tan bajo?

▸**sink in** *vi (of liquid)* penetrar, calar; *(of information)* calar; *Fig* **it hasn't sunk in yet** todavía no lo he *or* lo tengo asumido

sinking ['sɪŋkɪŋ] **1** *n* **(a)** *(of ship)* hundimiento *m* **(b)** *Fin* ***s. fund*** fondo *m* de amortización
2 *adj* **with a s. heart** con creciente desánimo; **to get that s. feeling** empezar a preocuparse

sinner ['sɪnə(r)] *n* pecador(ora) *m,f*

Sino- ['saɪnəʊ] *pref* chino-

sinuous ['sɪnjʊəs] *adj* sinuoso(a)

sinus ['saɪnəs] *n* seno *m* (nasal) ❑ ***s. infection*** sinusitis *f inv*

sinusitis [saɪnə'saɪtɪs] *n* sinusitis *f inv*

Sioux [su:] *n* sioux *mf inv*

sip [sɪp] **1** *n* sorbo *m*; **to take a s. (of sth)** dar un sorbo (a algo)
2 *vt* (*pt & pp* **sipped**) sorber, beber a sorbos
3 *vi* **she sipped at her drink** bebió un sorbo

siphon ['saɪfən] **1** *n* sifón *m*
2 *vt* bombear **(into** a)

▸**siphon off** *vt sep* **(a)** *(liquid)* sacar a sifón **(b)** *(money, supplies)* desviar

sir [sɜ:(r)] *n* **(a)** *(form of address)* señor *m*; *(to teacher)* profesor *m*; **yes, s.!** *(to military officer)* ¡sí, mi teniente/capitán/coronel/*etc*!; *Fam* ¡sí, señor!, ¡lo que usted diga *or* mande!; **Dear S.** *(in letter)* Estimado señor, Muy señor mío; **Dear Sirs** Estimados señores, Muy señores míos **(b)** *(title)* **S. Cedric** sir Cedric *(título nobiliario masculino)*

sire ['saɪə(r)] **1** *n* **(a)** *(of animal)* padre *m* **(b)** *Old-fashioned (address to sovereign)* señor *m*, majestad *m*
2 *vt* engendrar

siren ['saɪrən] *n* **(a)** *(alarm)* sirena *f* **(b)** *(in mythology)* sirena *f*

Sirius ['sɪrɪəs] *n* Sirio

sirloin ['sɜ:lɔɪn] *n* **s. (steak)** solomillo *m*

sirocco [sɪ'rɒkəʊ] *n* siroco *m*

sis [sɪs] *n Fam* hermana *f*, *RP* her *f*

sisal ['saɪzəl] *n (plant)* pita *f*; *(material)* sisal *m* ❑ ***s. grass*** pita *f*

sissy ['sɪsɪ] *n Fam (weak male)* blandengue *m*, llorica *m*; *(effeminate male)* mariquita *m*

sister ['sɪstə(r)] *n* **(a)** *(sibling)* hermana *f* ❑ ***s. company*** empresa *f* asociada; ***s. ship*** buque *m* gemelo **(b)** *(nun)* hermana *f*; **S. Teresa** sor Teresa, la hermana Teresa **(c)** *(nurse)* enfermera *f* jefe **(d)** *US Fam (fellow black woman)* hermana *f* (negra)

sisterhood ['sɪstəhʊd] *n* **(a)** *(community of nuns)* hermandad *f*, congregación *f* **(b)** *(solidarity)* hermandad *f* (entre mujeres)

sister-in-law ['sɪstərɪn'lɔ:] (*pl* **sisters-in-law**) *n* cuñada *f*

sisterly ['sɪstəlɪ] *adj* de hermana

SIT [sɪt] (*pt & pp* **sat** [sæt]) **1** *vt* **(a) to s. a child on one's knee** sentar a un niño en el regazo
(b) *Br (exam)* presentarse a
2 *vi* **(a)** *(of person) (be seated)* estar sentado(a); *(sit down)* sentarse; **s.!** *(to dog)* ¡siéntate!; **are you sitting comfortably?** ¿estáis sentados cómodamente?; **s. still!** ¡quédate ahí sentado(a) y no te muevas!; **he was sitting at his desk** estaba sentado en su mesa; **there was a bird sitting on the wall** había un pájaro posado en el muro; **don't just s. there!** ¡no te quedes ahí (sentado) sin hacer nada!; IDIOM **to s. on one's hands** quedarse de brazos cruzados; IDIOM *Fam* **to be sitting pretty** estar en una situación ventajosa; **s. tight and wait till I get back** no te muevas y espera a que vuelva; **we've been advised to s. tight for the time being** nos han recomendado que por el momento no hagamos nada
(b) *(of assembly, court)* reunirse; **the committee is currently sitting** la comisión está reunida en estos momentos
(c) *Pol* **to s. in parliament** ser diputado(a); **to s. for Finchley** ser diputado(a) por Finchley, representar a Finchley
(d) *(of object)* **to be sitting on the radiator** estar encima del radiador; **I found the book sitting on the shelf** encontré el libro en la estantería; **the house sits on top of a hill** la casa se encuentra en lo alto de una colina
(e) *(as artist's model)* posar **(for** para)
(f) *(baby-sit)* cuidar a los niños, *Esp* hacer de canguro
(g) *(of hen)* **the hen is sitting (on its eggs)** la gallina está empollando (los huevos)
(h) *(be suited)* **the jacket sits very well on you** la chaqueta *or Am* el saco te sienta muy bien; **my comments didn't s. well with them** mis comentarios no les cayeron *or* sentaron muy bien

▸**sit about, sit around** *vi (be lazy)* gandulear, holgazanear; **I've been sitting about** *or* **around waiting for ages** llevo *or Méx, Ven* tengo una eternidad esperando aquí sentado

▸**sit back** *vi* **(a)** *(lean back)* **to s. back in one's chair** recostarse en la silla **(b)** *(relax)* relajarse, ponerse cómodo; *(not intervene)* quedarse de brazos cruzados

▸**sit by** *vi* quedarse de brazos cruzados

▸**sit down 1** *vt sep* **to s. sb down** sentar a alguien; *Fam* **s. yourself down!** ¡siéntate!
2 *vi* sentarse; **to be sitting down** estar sentado(a); **we need to s. down together and find a compromise** tenemos que sentarnos y llegar a un acuerdo

▸**sit in** *vi* **(a)** *(at meeting)* estar presente **(on** en) *(como observador)* **(b)** *(protest)* hacer una sentada

▸**sit in for** *vt insep* reemplazar a
▸**sit on** *vt insep* (**a**) *(be member of) (committee, jury)* formar parte de (**b**) *(not deal with)* no tocar; **we have decided to s. on the results for a while** hemos decidido no revelar por ahora los resultados (**c**) *Sport* **they mustn't s. on their one-goal lead** ahora que ganan por un gol, no deben dormirse en los laureles (**d**) *Fam (repress)* hacer la vida imposible a (**e**) *Fam (of food)* **that meal is sitting on my stomach** tengo el estómago pesado con esa comida
▸**sit out 1** *vt sep* (**a**) *(not participate in)* saltarse (**b**) *(put up with)* aguantar hasta el final
2 *vi (in garden)* sentarse fuera
▸**sit through** *vt insep* aguantar
▸**sit up 1** *vt sep (help to sitting position)* incorporar
2 *vi* (**a**) *(straighten one's back)* sentarse derecho(a); *(from lying position)* incorporarse; *Fig* **to make sb s. up (and take notice)** hacer reaccionar a alguien (**b**) *(not go to bed)* **to s. up (late)** quedarse levantado(a) hasta tarde

sitar ['sɪtɑ:(r)] *n Mus* sitar *m*
sitcom ['sɪtkɒm] *n TV* telecomedia *f* (de situación)
sit-down ['sɪtdaʊn] *adj* (**a**) *(meal)* a la mesa (**b**) *(strike)* de brazos caídos
site [saɪt] **1** *n* (**a**) *(position)* lugar *m*; *(archaeological)* yacimiento *m*; *(of monument, building, complex)* emplazamiento *m*; **on the s. of** en el emplazamiento de (**b**) *(of construction)* **(building) s.** obra *f* (**c**) *Comptr* sitio *m*
2 *vt* emplazar, ubicar; **to be sited** estar situado(a)
sit-in ['sɪtɪn] *n (protest)* sentada *f*; *(strike)* encierro *m*
sitter ['sɪtə(r)] *n* (**a**) *(babysitter) Esp* canguro *mf*, *Am* babysitter *mf* (**b**) *Art (model)* modelo *mf* (**c**) *Sport (easy chance)* ocasión *f* fácil
sitting ['sɪtɪŋ] **1** *n (of committee, for portrait)* sesión *f*; *(for meal)* turno *m*; **at one s.** de una sentada ▫ ***s. room*** *(in house)* salón *m*, sala *f* de estar
2 *adj* (**a**) *(seated)* sentado(a); IDIOM *Fam* **to be a s. duck** *or* **target** ser un blanco fácil (**b**) *(current) Parl* **the s. member** el/la actual representante ▫ ***s. tenant*** inquilino(a) *m,f* titular *or* legal
situate ['sɪtjʊeɪt] *vt* situar, ubicar
situated ['sɪtjʊeɪtɪd] *adj* situado(a)
situation [sɪtjʊ'eɪʃən] *n* (**a**) *(circumstances)* situación *f* ▫ ***s. comedy*** *(on TV)* telecomedia *f* (de situación) (**b**) *(job)* colocación *f*; **situations vacant/wanted** *(in newspaper)* ofertas *fpl*/demandas *fpl* de empleo (**c**) *(location)* situación *f*, ubicación *f*
sit-up ['sɪtʌp] *n* **to do sit-ups** hacer abdominales
six [sɪks] **1** *n* (**a**) *(number)* seis *m* (**b**) IDIOMS *Fam* **it's s. of one and half a dozen of the other** viene a ser lo mismo; *Fam* **at sixes and sevens** hecho(a) un lío; **to give sb s. of the best** propinar a alguien seis buenos azotes; *Fam* **to knock sb for s.** hacer polvo *or* picadillo a alguien
2 *adj* seis; *see also* **eight**
six-figure ['sɪks'fɪgə(r)] *adj* **a s. sum** una cantidad (de dinero) de seis cifras
sixfold ['sɪksfəʊld] **1** *adj* sextuplicado(a), séxtuplo(a)
2 *adv* por seis, seis veces
six-pack ['sɪkspæk] *n* (**a**) *(beer)* paquete *m or* pack *m* de seis cervezas (**b**) *Fam (stomach muscles) (of man)* abdominales *mpl*
sixpence ['sɪkspəns] *n Br Formerly* moneda *f* de seis peniques; **it can turn on a s.** *(of car)* da la vuelta en una baldosa, tiene un ángulo de giro muy pequeño
six-shooter ['sɪksʃu:tə(r)] *n* revólver *m (de seis disparos)*
sixteen [sɪks'ti:n] *n & adj* dieciséis *m*; *see also* **eight**
sixteenth [sɪks'ti:nθ] **1** *n* (**a**) *(fraction)* dieciseisavo *m*, decimosexta parte *f* (**b**) *(in series)* decimosexto(a) *m,f* (**c**) *(of month)* dieciséis *m*
2 *adj* decimosexto(a); *see also* **eleventh**
sixth [sɪksθ] **1** *n* (**a**) *(fraction)* sexto *m*, sexta parte *f* (**b**) *(in series)* sexto(a) *m,f* (**c**) *(of month)* seis *m*
2 *adj* sexto(a); *Br Sch* **the s. form** = últimos dos cursos del bachillerato británico previos a los estudios superiores ▫ *Br Sch* ***s. former*** = estudiante de los dos últimos cursos del bachillerato británico; ***s. sense*** sexto sentido *m*; *see also* **eighth**
sixthly ['sɪkθlɪ] *adv* en sexto lugar
sixties ['sɪksti:z] *npl* (años *mpl*) sesenta *mpl*; *see also* **eighties**
sixtieth ['sɪkstɪɪθ] *n & adj* sexagésimo(a) *m,f*
sixty ['sɪkstɪ] *n & adj* sesenta *m*; *see also* **eighty**
sixty-four thousand dollar question ['sɪkstɪfɔ:'θaʊzənddɒlə'kwestʃən] *n Fam* pregunta *f* del millón (de dólares)
size [saɪz] *n* (**a**) *(of person)* talla *f*, tamaño *m*; *(of place, object)* tamaño *m*; *(of problem, undertaking)* envergadura *f*, dimensiones *fpl*; **this box is half/twice the s. of the other one** esta caja mide la mitad/el doble de la otra; *Fam* **that's about the s. of it** así están las cosas
(**b**) *(of clothes)* talla *f*; *(of shoes)* número *m*; **what s. do you take?, what s. are you?** *(of clothes)* ¿qué talla usas *or* gastas?; *(of shoes)* ¿qué número calzas?; **s. 10 shoes** ≃ zapatos del número 44; **to try sth (on) for s.** probarse algo para ver qué tal queda de talla
(**c**) *(glue)* apresto *m*
▸**size up** *vt sep (situation)* calibrar; *(person)* juzgar
sizeable ['saɪzəbəl] *adj* considerable
sizzle ['sɪzəl] **1** *n* crepitación *f*
2 *vi* crepitar
skate[1] [skeɪt] *n (fish)* raya *f*
skate[2] **1** *n (with blade, rollers)* patín *m*; IDIOM *Fam* **to get** *or* **put one's skates on** *(hurry)* ponerse las pilas, aligerar
2 *vi* patinar; *Fig* **to s. round sth** evitar algo
▸**skate over** *vt insep (deal with superficially)* tocar muy por encima
skateboard ['skeɪtbɔ:d] *n* monopatín *m*
skateboarding ['skeɪtbɔ:dɪŋ] *n* patinaje *m* en monopatín
skater ['skeɪtə(r)] *n* patinador(ora) *m,f*
skating ['skeɪtɪŋ] *n* patinaje *m* ▫ ***s. rink*** pista *f* de patinaje
skedaddle [skɪ'dædəl] *vi Fam* esfumarse, *Esp* darse el piro
skein [skeɪn] *n* madeja *f*
skeletal ['skelɪtəl] *adj* esquelético(a)
skeleton ['skelɪtən] *n (of person)* esqueleto *m*; *(of building)* esqueleto *m*, estructura *f*; IDIOM **a s. in the cupboard** *or* **closet** un secreto vergonzante ▫ ***s. crew*** tripulación *f* mínima; ***s. key*** llave *f* maestra; ***s. staff*** personal *m* mínimo
skeptic, skeptical *etc US* = **sceptic, sceptical** *etc*
sketch [sketʃ] **1** *n* (**a**) *(drawing, description)* esbozo *m*, bosquejo *m* ▫ ***s. map*** esquema *m*, croquis *m inv*; ***s. pad*** bloc *m* de dibujo (**b**) *(on stage, TV)* episodio *m*, sketch *m*
2 *vt also Fig* esbozar
▸**sketch in** *vt sep also Fig* esbozar
▸**sketch out** *vt sep (plan)* hacer un esquema de
sketchbook ['sketʃbʊk] *n* cuaderno *m* de dibujo
sketchily ['sketʃɪlɪ] *adv* someramente, superficialmente
sketchy ['sketʃɪ] *adj (knowledge)* somero(a), básico(a); *(account, treatment)* esquemático(a), superficial; *(details, information)* incompleto(a), fragmentario(a)
skew [skju:] **1** *n* **on the s.** ladeado(a), torcido(a)
2 *vt (distort)* distorsionar
skewbald ['skju:bɔ:ld] *adj* pío(a)
skewed [skju:d] *adj (distorted)* sesgado(a)
skewer ['skju:ə(r)] **1** *n* brocheta *f*
2 *vt* ensartar, espetar
skew-whiff ['skju:'wɪf] *Br Fam* **1** *adj* torcido(a)
2 *adv* de lado
ski [ski:] **1** *n* esquí *m*; **a pair of skis** unos esquís ▫ ***s. boots*** botas *fpl* de esquí; *US Fam* ***s. bum*** fanático(a) *m,f* del esquí; ***s. instructor*** monitor(ora) *m,f* de esquí; ***s. jump*** salto *m* de esquí; ***s. jumper*** saltador(ora) *m,f* de esquí; ***s. lift*** remonte *m*; ***s. mask*** pasamontañas *m inv*; ***s. pants*** pantalones *mpl* de esquí; ***s. pole*** bastón *m* de esquí; ***s. resort*** estación *f* de esquí; ***s. run*** *or* ***slope*** pista *f* de esquí; ***s. stick*** bastón *m* de esquí; ***s. suit*** traje *m* de esquí
2 *vi (pt & pp* **skied**) esquiar
skid [skɪd] **1** *n* (**a**) *(of car)* patinazo *m*; **to go into a s.** patinar ▫ *Br Fam* ***s. lid*** casco *m* de moto; *Br* ***s. pan*** pista *f* de (prácticas de) derrapaje (**b**) *(on plane, helicopter)* patín *m* (**c**) IDIOMS *Fam* **to put the skids under** buscarle la ruina a alguien; *Fam* **to be on the skids** estar yéndose a pique; *US Fam* **to be on s. row** pordiosear, vivir en la indigencia

2 *vi* (*pt & pp* **skidded**) patinar; **to s. off the road** salirse de la carretera patinando

skidmark ['skɪdmɑːk] *n (on road)* marca *f* de neumáticos

skidoo [skɪ'duː] *n* motoesquí *m or f*

skier ['skiːə(r)] *n* esquiador(ora) *m,f*

skiff [skɪf] *n* esquife *m*

skiing ['skiːɪŋ] *n* esquí *m*; **to go s.** ir a esquiar ▫ ***s. holiday*** vacaciones *fpl* de esquí; ***s. instructor*** monitor(ora) *m,f* de esquí

ski-jumping ['skiːdʒʌmpɪŋ] *n* saltos *mpl* de esquí

skilful, *US* **skillful** ['skɪlfʊl] *adj* hábil, habilidoso(a)

skilfully, *US* **skillfully** ['skɪlfʊlɪ] *adv* hábilmente

skill [skɪl] *n* (**a**) *(ability)* destreza *f*, habilidad *f*; *(talent)* talento *m*, aptitud *f*; **a display of s.** un despliegue *or* una demostración de habilidad; **to improve sb's language/communication skills** mejorar las aptitudes lingüísticas/para la communicación de alguien (**b**) *(technique)* técnica *f*, capacidad *f*; **there's a (special) s. to it** requiere (cierta) técnica

skilled [skɪld] *adj (person)* experto(a), capacitado(a); *(work)* especializado(a); **she's s. in resolving such problems** se le da muy bien resolver ese tipo de problemas ▫ ***s. worker*** trabajador(ora) *m,f* cualificado(a)

skillet ['skɪlɪt] *n* (**a**) *US (frying-pan)* sartén *f* (**b**) *Br (long-handled pot)* cazo *m*, cacerola *f*

skillful, skillfully *US* = **skilful, skilfully**

skim [skɪm] (*pt & pp* **skimmed**) **1** *vt* (**a**) *(milk)* quitar *or Am* sacarle la nata *or Am* crema a; *(soup)* espumar (**b**) *(surface)* rozar apenas; *Fig* **we've only skimmed the surface** *(of topic)* sólo hemos abordado el asunto muy por encima; **to s. stones (on water)** hacer cabrillas *or* la rana (en el agua) (**c**) *(text)* ojear, echar una ojeada a

2 *vi* **to s. along** *or* **over the ground** pasar rozando el suelo

▸**skim off** *vt sep (fat, cream)* retirar; *Fig (money)* quedarse con

▸**skim through** *vt insep (novel, document)* echar una ojeada a

skimmed milk ['skɪmd'mɪlk], *US* **skim milk** ['skɪm'mɪlk] *n* leche *f* desnatada *or* descremada

skimp [skɪmp] **1** *vt* escatimar

2 *vi* **to s. on sth** escatimar algo

skimpy ['skɪmpɪ] *adj* (**a**) *(meal)* exiguo(a), escaso(a) (**b**) *(clothes)* exiguo(a)

skin [skɪn] **1** *n* (**a**) *(of person, animal, fruit)* piel *f*; *(on milk, sauce)* nata *f*; **she has beautiful s.** tiene una piel muy bonita, tiene un cutis muy bonito ▫ ***s. cancer*** cáncer *m* de piel; ***s. complaint*** afección *f* cutánea; ***s. cream*** crema *f* para la piel; ***s. disease*** enfermedad *f* cutánea; ***s. diver*** buceador(ora) *m,f (en bañador)*; ***s. diving*** buceo *m (en bañador)*; *US Fam* ***s. flick*** *(porn film)* película *f* porno; *Med* ***s. graft*** injerto *m* de piel; *Fam* ***s. mag*** revista *f* porno; ***s. test*** cutirreacción *f*, dermorreacción *f*

(**b**) *Fam (skinhead)* cabeza *mf* rapada

(**c**) *Br Fam (cigarette paper)* papel *m* de fumar

(**d**) *US Fam* **gimme some s.!** ¡chócala!

(**e**) IDIOMS **to be all s. and bone** estar en los huesos; *Fam* **I nearly jumped out of my s.** casi me muero del susto; *Fam* **it's no s. off my nose** me *Esp* trae *or Am* tiene sin cuidado *or* al fresco; **by the s. of one's teeth** por los pelos; **to save one's (own) s.** salvar el pellejo; *Fam* **to get under sb's s.** *(irritate)* terminar por hartar a alguien; *(captivate)* enamorar a alguien

2 *vt* (*pt & pp* **skinned**) (**a**) *(animal)* despellejar, desollar; *(tomato)* pelar; PROV **there's more than one way to s. a cat** hay muchas maneras de hacer las cosas

(**b**) *(graze)* **to s. one's knees** arañarse las rodillas

▸**skin up** *vi Br Fam Esp* liarse *or Am* armarse un porro

skincare ['skɪnkeə(r)] *n* cuidado *m* de la piel

skin-deep ['skɪn'diːp] *adj* superficial

skinflint ['skɪnflɪnt] *n Fam* rata *mf*, roñoso(a) *m,f*

skinful ['skɪnfʊl] *n* IDIOM *Fam* **to have had a s.** estar borracho(a) como una cuba, *Méx* estar ahogado(a), *RP* estar ramado(a)

skinhead ['skɪnhed] *n* cabeza *mf* rapada, rapado(a) *m,f*

skinny ['skɪnɪ] *adj* flaco(a)

skinny-dipping ['skɪnɪdɪpɪŋ] *n Fam* baño *m* en cueros; **to go s.** ir a nadar en cueros

skint [skɪnt] *adj Br Fam* **to be s.** estar sin un centavo, *Esp* estar pelado(a)

skintight ['skɪntaɪt] *adj* muy ajustado(a)

skip¹ [skɪp] **1** *n* brinco *m*

2 *vt* (*pt & pp* **skipped**) *(meal, page, stage)* saltarse; **his heart skipped a beat** le dio un vuelco el corazón; *Fam* **s. it!** ¡olvídalo!

3 *vi* (**a**) *(of lambs, children)* brincar (**b**) *(with rope)* saltar a la comba

▸**skip over** *vt insep* saltarse, pasar por alto

skip² *n Br (for rubbish)* contenedor *m*

skipjack ['skɪpdʒæk] *n* **s. (tuna)** bonito *m* de altura, listado *m*

skipper ['skɪpə(r)] **1** *n* (**a**) *(of ship)* patrón(ona) *m,f*, capitán(ana) *m,f* (**b**) *(of team)* capitán(ana) *m,f*

2 *vt Fam* capitanear

skipping ['skɪpɪŋ] *n* (saltos *mpl* a la) comba *f* ▫ ***s. rope*** comba *f*

skirmish ['skɜːmɪʃ] **1** *n Mil* escaramuza *f*; *Fig* refriega *f*, trifulca *f*

2 *vi* pelear, luchar

skirt [skɜːt] **1** *n* falda *f*, *RP* pollera *f*

2 *vt (village, hill)* bordear, rodear; **to s. round a problem** soslayar un problema

skirting ['skɜːtɪŋ] *n Br* **s. (board)** zócalo *m*, rodapié *m*

skit [skɪt] *n* parodia *f*

skittish ['skɪtɪʃ] *adj (person)* locuelo(a), juguetón(ona)

skittle ['skɪtəl] *n* bolo *m*; **to have a game of skittles** echar una partida de bolos, jugar a los bolos

skive [skaɪv] *Br Fam* **1** *n (easy job)* trabajo *m* fácil, *Esp* chollo *m*, *Col* camello *m* fácil, *Méx* chamba *f* fácil, *RP* laburo *m* fácil

2 *vi (avoid work)* escaquearse

▸**skive off** *vi Br Fam (off school)* hacer novillos, *Col* capar colegio, *Méx* irse de pinta, *RP* hacerse la rata; *(off work)* escaquearse

skiver ['skaɪvə(r)] *n Br Fam* holgazán(ana) *m,f*, *Esp* gandul(ula) *m,f*, *Méx* flojo(a) *m,f*

skivvy ['skɪvɪ] *n Br Pej* fregona *f*, criada *f*

skua ['skjuːə] *n* págalo *m*

skulduggery, *US* **skullduggery** [skʌl'dʌgərɪ] *n* tejemanejes *mpl*

skulk [skʌlk] *vi* (**a**) *(hide)* esconderse (**b**) *(move furtively)* merodear

skull [skʌl] *n* cráneo *m*; **the s. and crossbones** la calavera y las tibias; *Fam* **to be out of one's s.** estar como una cabra

skullcap ['skʌlkæp] *n* casquete *m*; *(of priest)* solideo *m*

skullduggery *US* = **skulduggery**

skunk [skʌŋk] *n* (**a**) *(animal)* mofeta *f* (**b**) *Fam Pej (person)* miserable *mf*, *Esp* perro *m*

sky [skaɪ] *n* cielo *m*; *Fam* **to praise sb to the skies** poner a alguien por las nubes; IDIOM *Fam* **the s.'s the limit** podemos conseguir cualquier cosa que nos propongamos

sky-blue ['skaɪ'bluː] *adj* azul celeste

skydiver ['skaɪdaɪvə(r)] *n* = persona que practica la caída libre (en paracaídas)

skydiving ['skaɪdaɪvɪŋ] *n* caída *f* libre (en paracaídas)

sky-high ['skaɪ'haɪ] **1** *adj (prices, costs)* astronómico(a), desorbitado(a)

2 *adv* **to blow sth s.** hacer saltar algo por los aires; **to send sth s.** *(price, costs)* hacer que algo se dispare, poner algo por las nubes

skyjack ['skaɪdʒæk] *vt* secuestrar (en pleno vuelo)

skylark ['skaɪlɑːk] *n* alondra *f*

skylight ['skaɪlaɪt] *n* claraboya *f*

skyline ['skaɪlaɪn] *n (horizon)* horizonte *m*; *(of city)* silueta *f*, contorno *m*

skyrocket ['skaɪrɒkɪt] **1** *n (firework)* cohete *m*

2 *vi Fam (of prices)* dispararse, *Esp* ponerse *or Am* irse por las nubes

skyscraper ['skaɪskreɪpə(r)] *n* rascacielos *m inv*

skyward ['skaɪwəd] **1** *adj* hacia el cielo

2 *adv* = **skywards**

skywards ['skaɪwədz] *adv* hacia el cielo

slab [slæb] *n* (**a**) *(of stone, concrete)* losa *f*; *(of cake, meat)* trozo *m* (grueso); *(of chocolate)* tableta *f* (**b**) *(in mortuary)* mesa *f* de amortajamiento

slack [slæk] **1** *n* **to take up the s.** *(in rope)* tensar la cuerda; IDIOM **I'm fed up with having to take up your s.** estoy harto de tener que encargarme de tu trabajo

2 *adj* (**a**) *(not tight)* flojo(a); **to be s.** estar flojo(a); **trade is s.** el negocio está flojo; **s. periods** períodos *mpl* de poca actividad (**b**) *(careless)* dejado(a)

3 *vi Fam* vaguear

▸**slack off** *vi (diminish)* aflojar

slacken ['slækən] **1** *vt (pace, rope)* aflojar
2 *vi (of person)* flojear; *(of rope)* destensarse; *(of speed)* reducirse, disminuir; *(of storm, wind)* amainar, aflojar; *(of energy, enthusiasm)* atenuarse, disminuir

▸**slacken off** *vi (diminish)* aflojar

slacker ['slækə(r)] *n Fam* vago(a) *m,f, Esp* gandul(ula) *m,f, Méx* flojo(a) *m,f*

slackness ['slæknɪs] *n* (**a**) *(negligence, laziness)* dejadez *f* (**b**) *(of rope)* distensión *f* (**c**) *(of business)* atonía *f*, inactividad *f*

slacks [slæks] *npl (trousers)* pantalones *mpl*

slag [slæg] *Br* **1** *n* (**a**) *(from coal mine)* escoria *f* ▫ ***s. heap*** escorial *m* (**b**) *very Fam Pej (woman)* fulana *f*, *Esp* cualquiera *f*, *Méx* vieja *f*, *RP* reventadita *f*
2 *vt very Fam* (**a**) *(criticize)* criticar, *Esp* poner a caldo *or* como un trapo, *Méx* viborear (**b**) *(make fun of)* burlarse *or Esp* cachondearse de

▸**slag off** *vt sep Br very Fam (criticize)* criticar, *Esp* poner a caldo *or* como un trapo, *Méx* viborear

slain [sleɪn] **1** *npl* **the s.** las bajas, los fallecidos
2 *pp of* **slay**

slake [sleɪk] *vt Literary* **to s. one's thirst** apagar *or* calmar la sed

slalom ['slɑ:ləm] *n* eslalon *m*

slam [slæm] **1** *n (of door)* portazo *m*
2 *vt (pt & pp* **slammed**) (**a**) *(door, lid, drawer)* cerrar de un golpe; **to s. the door in sb's face** dar con la puerta en las narices a alguien; **to s. sth down** dejar caer *or* estampar algo de un golpe (**b**) *Fam (criticize)* criticar, *Esp* poner verde, *Méx* viborear, *RP* verdulear
3 *vi (of door)* cerrarse de golpe, dar un portazo; **to s. on the brakes** pisar el freno de golpe

slam-dunk ['slæm'dʌŋk] *n (in basketball)* mate *m*

slammer ['slæmə(r)] *n Fam* cárcel *m*, *Esp* chirona *f*, *Andes, Col, RP* cana *f*, *Méx* bote *m*

slander ['slɑ:ndə(r)] **1** *n* difamación *f*
2 *vt* difamar

slanderous ['slɑ:ndərəs] *adj* difamatorio(a)

slang [slæŋ] **1** *n* argot *m*
2 *vt Fam (insult)* criticar, *Esp* poner verde, *Méx* viborear, *RP* verdulear; *Br* **slanging match** rifirrafe *m*, intercambio *m* de insultos

slangy ['slæŋɪ] *adj Fam* jergal, del argot

slant [slɑ:nt] **1** *n* (**a**) *(slope)* inclinación *f* (**b**) *(emphasis, bias)* sesgo *m*, orientación *f*; **she put a favourable s. on the information** le dio un cariz *or* sesgo favorable a la información
2 *vt* (**a**) *(set at angle)* inclinar (**b**) *(bias)* enfocar subjetivamente
3 *vi (slope)* estar inclinado(a)

slanted ['slɑ:ntɪd] *adj* (**a**) *(sloped)* inclinado(a) (**b**) *(emphasised, biased)* sesgado(a), subjetivo(a)

slanting ['slɑ:ntɪŋ] *adj* inclinado(a)

slantwise ['slɑ:ntwaɪz], **slantways** ['slɑ:ntweɪz] **1** *adj* inclinado(a)
2 *adv* de forma inclinada

slap [slæp] **1** *n (with hand)* bofetada *f*, cachete *m*; *also Fig* **a s. in the face** una bofetada; **a s. on the back** una palmadita en la espalda; IDIOM **a s. on the wrist** *(reprimand)* un tirón de orejas; *Old-fashioned Fam* **(a bit of) s. and tickle** un revolcón
2 *adv Fam* **s. (bang) in the middle** justo en el medio
3 *vt (pt & pp* **slapped**) dar una palmada en; **to s. sb's face, to s. sb in the face** abofetear a alguien; **to s. sb on the back** dar a alguien una palmada en la espalda; **to s. sb's wrist** pegar a alguien en la mano *or* muñeca; IDIOM **to s. sb down** hacer callar a alguien; **to s. some paint on sth** dar una mano de pintura a algo

slap-bang ['slæp'bæŋ] *adv Fam* (**a**) *(precisely)* justo (**b**) *(forcefully)* **he drove s. into the tree** se pegó un tortazo *or Esp* castañazo tremendo contra el árbol

slapdash ['slæpdæʃ] *adj* chapucero(a)

slap-happy ['slæp'hæpɪ] *adj Fam* alegre, despreocupado(a)

slapper ['slæpə(r)] *n Br very Fam* (**a**) *(promiscuous woman)* fulana *f*, *Esp* pendón *m*, *Col* aviona *f*, *Méx* piruja *f*, *RP* reventada *f* (**b**) *Pej (woman)* piba *f*, *Esp* tía *f*, *Méx* vieja *f*, *RP* mimita *f*

slapstick ['slæpstɪk] *n* **s. (comedy)** = comedia visual facilona

slap-up ['slæpʌp] *adj Br Fam* ***s. meal*** comilona *f*, banquete *m*

slash [slæʃ] **1** *n* (**a**) *(cut)* tajo *m*, corte *m*; *Agr* **s. and burn** = en zonas tropicales, tala y quema de bosque o maleza para su posterior cultivo (**b**) *Typ* barra *f* (**c**) *Br very Fam* **to have/go for a s.** echar/ir a echar una meada
2 *vt* (**a**) *(cut)* cortar; **to s. one's wrists** cortarse las venas (**b**) *(reduce)* recortar fuertemente; **prices slashed** *(sign)* precios por los suelos

slasher ['slæʃə(r)] *n* ***s. movie*** *or* ***film*** película *f* de casquería

slat [slæt] *n* listón *m*, tablilla *f*

slate [sleɪt] **1** *n* (**a**) *(stone)* pizarra *f*; **(writing) s.** pizarra ▫ ***s. grey*** gris *m* pizarra; ***s. quarry*** pizarral *m* (**b**) IDIOMS *Fam* **put it on the s.** anótalo en mi cuenta; **to wipe the s. clean** hacer borrón y cuenta nueva
2 *vt Fam (criticize)* vapulear, *Esp* poner por los suelos, *Méx* viborear, *RP* dejar por el piso

slatted ['slætɪd] *adj* de lamas, de listones

slaughter ['slɔ:tə(r)] **1** *n* (**a**) *(of animals)* sacrificio *m* (**b**) *(of people)* matanza *f*
2 *vt* (**a**) *(animals)* sacrificar (**b**) *(people)* matar (**c**) *Fam (defeat heavily)* dar una paliza a, *Esp* machacar

slaughtered ['slɔ:təd] *adj Br Fam (drunk)* mamado(a), *Esp* como una cuba, *Col* caído(a) de la perra, *Méx* ahogado(a)

slaughterhouse ['slɔ:təhaʊs] *n* matadero *m*

Slav [slɑ:v] *n* eslavo(a) *m,f*

slave [sleɪv] **1** *n* esclavo(a) *m,f*; **a s. to fashion** un esclavo de la moda ▫ *Fam Fig* ***s. driver*** negrero(a) *m,f*, tirano(a) *m,f*; ***s. labour*** trabajo *m* de esclavos; ***s. trade*** comercio *m or* trata *f* de esclavos
2 *vi* trabajar como un negro; **I've been slaving over a hot stove all day!** ¡me he pasado el día bregando en la cocina!

slaver ['slævə(r)] *vi* babear; **he slavered over the blonde who had just walked in** se le caía la baba mirando a la rubia que acababa de entrar

slavery ['sleɪvərɪ] *n* esclavitud *f*

Slavic ['slɑ:vɪk] *adj* eslavo(a)

slavish ['sleɪvɪʃ] *adj* servil

slavishly ['sleɪvɪʃlɪ] *adv* de un modo servil, servilmente; **to copy sth s.** copiar algo punto por punto

Slavonic [slə'vɒnɪk] *adj* eslavo(a)

slay [sleɪ] *(pt* **slew** [slu:], *pp* **slain** [sleɪn]) *vt* (**a**) *Literary (kill)* quitar la vida a, matar (**b**) *Fam (amuse)* **you s. me!** ¡me parto de risa contigo!

sleaze [sli:z] *n Fam* corrupción *f*; **the s. factor** *Esp* las corruptelas, *Am* los chanchullos

sleazebag ['sli:zbæg], **sleazeball** ['sli:zbɔ:l] *n very Fam* sinvergüenza *mf*, *Esp* pájaro(a) *m,f* (de cuenta)

sleaziness ['sli:zɪnɪs] *n Fam (of politics, politician)* corrupción *f*, *Esp* corruptelas *fpl*; *(of place)* sordidez *f*, *Esp* cutrez *f*

sleazy ['sli:zɪ] *adj Fam (place, bar, hotel) Esp* cutre, *Col* corroncho(a), *Méx* gacho(a), *RP* groncho(a); *(government, politician)* corrupto(a); *(affair, reputation)* escandaloso(a) y sórdido(a)

sledge [sledʒ], *US* **sled** [sled] **1** *n* trineo *m*
2 *vi* montar en trineo

sledgehammer ['sledʒhæmə(r)] **1** *n* mazo *m*, maza *f*; IDIOM **to use a s. to crack a nut** matar moscas a cañonazos
2 *adj* **s. blow** mazazo *m*

sledging ['sledʒɪŋ] *n* paseo *m* en trineo; **to go s.** montar en trineo

sleek [sli:k] *adj* (**a**) *(hair, fur)* liso(a) y brillante; *(outline, contour)* elegante (**b**) *(manner)* bien plantado(a)

▸**sleek down** *vt sep* **to s. down one's hair** alisarse el pelo

sleep [sli:p] **1** *n* (**a**) *(rest)* sueño *m*; **I only got a couple of hours' s.** sólo he dormido un par de horas; **I couldn't get to s.** no conseguía dormirme; **to go to s.** dormirse; **he soon went back to s.** pronto volvió a dormirse; **my foot has gone to s.** se me ha dormido el pie; **did you have a good (night's) s.?** ¿dormiste bien?; **to put sb to s.** *(anaesthetize)* dormir a alguien; **to put an animal to s.** *(kill)* sacrificar a un animal *(para evitar que sufra)*; **to send sb to s.** *(bore)* dar sueño *or* aburrir a alguien; IDIOM **I'm not losing any s. over it** no me quita el sueño; **to walk/talk in one's s.** caminar/hablar en sueños; **I could do it in my s.!** ¡lo podría hacer con los ojos cerrados!
(**b**) *(in eye)* legañas *fpl*
2 *vi (pt & pp* **slept** [slept]) dormir; **s. well!** ¡que duermas bien!, ¡que descanses!; **s. tight!** que duermas bien, que sueñes con

los angelitos; **I'll s. on it** lo consultaré con la almohada; **to s. rough** dormir a la intemperie; IDIOM **to s. like a log** dormir como un tronco

3 *vt* **the cottage sleeps four** el chalé puede albergar a cuatro personas; **I haven't slept a wink all night** no he pegado ojo en toda la noche

▸**sleep around** *vi Fam* acostarse con unos y con otros

▸**sleep in** *vi* quedarse durmiendo hasta tarde

▸**sleep off** *vt sep* **to s. off a hangover** dormir la mona

▸**sleep through** *vt insep* **I slept through the alarm** no oí el despertador; **I slept through the whole concert** me quedé dormido durante todo el concierto

▸**sleep together** *vi* acostarse juntos

▸**sleep with** *vt insep (have sex with)* acostarse con

sleeper ['sli:pə(r)] *n* (**a**) *(person)* **to be a light/heavy s.** tener el sueño ligero/profundo (**b**) *Rail (train)* tren *m* de literas (**c**) *Br (on railway track)* traviesa *f*

sleepily ['sli:pılı] *adv* soñolientamente

sleepiness ['sli:pınıs] *n* somnolencia *f*

sleeping ['sli:pıŋ] **1** *n* ***s. arrangements*** distribución *f* de (las) camas; ***s. bag*** saco *m* de dormir, *Col, Méx* sleeping *m* (bag), *RP* bolsa *f* de dormir; ***s. car*** *(on train)* coche *m* cama; ***s. pill*** somnífero *m*, pastilla *f* para dormir; ***s. sickness*** enfermedad *f* del sueño

2 *adj* dormido(a); IDIOM **to let s. dogs lie** no enturbiar las aguas ▫ ***s. partner*** *(in company)* socio *m* capitalista *or* comanditario; *Br* ***s. policeman*** *(in road)* resalto *m (de moderación de velocidad)*, *Arg* despertador *m*, *Méx* tope *m*

sleepless ['sli:plıs] *adj* **to have a s. night** pasar una noche en blanco

sleeplessness ['sli:plısnıs] *n* insomnio *m*

sleepwalk ['sli:pwɔ:k] *vi* caminar dormido(a) *or* sonámbulo(a)

sleepwalker ['sli:pwɔ:kə(r)] *n* sonámbulo(a) *m,f*

sleepwalking ['sli:pwɔ:kıŋ] *n* sonambulismo *m*

sleepy ['sli:pı] *adj* adormilado(a), somnoliento(a); **a s. little village** un tranquilo pueblecito; **to be** *or* **feel s.** tener sueño

sleepyhead ['sli:pıhed] *n Fam* dormilón(ona) *m,f*

sleet [sli:t] **1** *n* aguanieve *f*

2 *vi* **it's sleeting** está cayendo aguanieve

sleety ['sli:tı] *adj* **s. rain** aguanieve *f*

sleeve [sli:v] *n* (**a**) *(of shirt, jacket, pipe)* manga *f*; IDIOM **he's still got something up his s.** aún le queda algo escondido en la manga (**b**) *(of record)* funda *f*

sleeveless ['sli:vlıs] *adj* sin mangas

sleeving ['sli:vıŋ] *n Elec* manga *f*

sleigh [sleı] *n* trineo *m* ▫ ***s. bell*** campanilla *f* de trineo; ***s. ride*** paseo *m* en trineo

sleight [slaıt] *n* **s. of hand** trucos *mpl*, juegos *mpl* de manos; *Fig* **by s. of hand** con tejemanejes, por arte de birlibirloque

slender ['slendə(r)] *adj* (**a**) *(slim) (person, waist, figure)* esbelto(a) (**b**) *(slight) (hope)* remoto(a); *(income, majority)* escaso(a); **of s. means** de pocos recursos

slept [slept] *pt & pp of* **sleep**

sleuth [slu:θ] *n Fam* sabueso *m*, detective *mf*

slew [slu:] *pt of* **slay**

slice [slaıs] **1** *n* (**a**) *(piece) (of bread)* rebanada *f*; *(of cheese, ham)* loncha *f*; *(of beef)* tajada *f*; *(of salami, cucumber)* rodaja *f*; *(of cake)* trozo *m*, porción *f*; *Fig* **a s. of the cake** un pedazo *or* una porción del pastel *or Am* de la torta (**b**) *(share)* **a s. of the profits** una parte de los beneficios; **to get a s. of the action** tomar parte (**c**) *(of ball) (in golf)* slice *m*; *(in tennis)* (bola *f*) cortada *f*

2 *vt* (**a**) *(bread)* partir (en rebanadas); *(cheese, ham)* partir (en lonchas); *(beef)* partir; *(salami, cucumber)* partir (en rodajas); *(cake)* trocear, dividir; **to s. sth in two** *or* **in half** dividir algo en dos *or* por la mitad; **to s. the top off sth** recortar algo, quitar *or Am* sacar la punta a algo (**b**) **to s. the ball** *(in golf)* golpear la bola de slice; *(in tennis)* dar un golpe cortado a la pelota

▸**slice off** *vt sep* cortar

▸**slice through** *vt insep* atravesar, cortar

▸**slice up** *vt sep* repartir, dividir

sliced bread ['slaıst'bred] *n* pan *m* de molde *or RP* pan *m* lactal en rebanadas; IDIOM *Fam* **it's the best thing since s.** es lo mejor del mundo

slicer ['slaısə(r)] *n* máquina *f* de cortar fiambre

slick [slık] **1** *n* **(oil) s.** marea *f* negra

2 *adj* (**a**) *(campaign)* hábil; *(performance, production)* perfecto(a) (**b**) *Pej (salesman)* **to be s.** tener mucha labia (**c**) *(surface, tyre)* resbaladizo(a)

▸**slick back, slick down** *vt sep* **to s. one's hair back** *or* **down** alisarse el pelo

slickly ['slıklı] *adv (marketed, organized)* hábilmente

slickness ['slıknıs] *n (of campaign)* habilidad *f*

slid [slıd] *pt & pp of* **slide**

slide [slaıd] **1** *n* (**a**) *(fall) (of land)* desprendimiento *m*, deslizamiento *m*; *(in prices, popularity)* caída *f*, desplome *m* (**in** de); **this began his s. into despair/disgrace** esto marcó el comienzo de su caída en la desesperación/en desgracia ▫ *Math* ***s. rule*** regla *f* de cálculo

(**b**) *(in playground)* tobogán *m*

(**c**) *(photographic)* diapositiva *f*; *(for microscope)* portaobjetos *m inv* ▫ ***s. projector*** proyector *m* de diapositivas

(**d**) *Br (for hair)* pasador *m*

2 *vt (pt & pp* **slid** [slıd]) pasar, deslizar; **she slid the note under the door** deslizó la nota por debajo de la puerta; **to s. the lid off** quitar *or Am* sacar la tapa corriéndola *or* deslizándola

3 *vi* (**a**) *(slip)* resbalar; **the door slid open** la puerta se abrió deslizándose; **to s. down a rope** deslizarse por una cuerda; **he slid into depression** se sumió en la depresión; **the drawer slides out easily** el cajón sale (deslizándose) con facilidad; IDIOM **to let things s.** dejar que las cosas vayan a peor (**b**) *(move quietly)* deslizarse

sliding ['slaıdıŋ] *adj* corredero(a) ▫ ***s. door*** puerta *f* corredera; ***s. scale*** escala *f* móvil

slight [slaıt] **1** *n (affront)* desaire *m*

2 *adj* (**a**) *(small, unimportant)* ligero(a), pequeño(a); **he has a s. stutter/limp** tartamudea/cojea un poco; **there's a s. problem** hay un pequeño problema; **not the slightest danger/interest** ni el más mínimo peligro/interés; **not in the slightest** en lo más mínimo (**b**) *(person)* menudo(a)

3 *vt* desairar

slightly ['slaıtlı] *adv* (**a**) *(to a small degree)* ligeramente, un poco; **I knew him s.** lo conocía muy poco (**b**) *(lightly)* **s. built** menudo(a)

slily = **slyly**

slim [slım] **1** *adj (person)* delgado(a); *(book)* fino(a), delgado(a); *(chance, hope)* pequeño(a); *(majority)* escaso(a)

2 *vt & vi (pt & pp* **slimmed**) adelgazar

▸**slim down 1** *vt sep Fig (budget)* reducir, recortar; *(company)* reducir plantilla en

2 *vi (of person)* adelgazar, perder peso; *Fig (of company)* reducir plantilla

slime [slaım] *n* (**a**) *(mud)* lodo *m*, cieno *m* (**b**) *(of snail, slug)* baba *f*

slimebag ['slaımbæg], **slimeball** ['slaımbɔ:l] *n Fam* baboso *m*

sliminess ['slaımınıs] *n* (**a**) *(of frog, snail)* viscosidad *f* (**b**) *Fam (of person)* empalago *m*, zalamería *f*

slimmer ['slımə(r)] *n* = persona que está a régimen

slimming ['slımıŋ] *n* adelgazamiento *m*; **s. can be bad for you** adelgazar puede ser perjudicial ▫ ***s. diet*** régimen *m* de adelgazamiento; ***s. product*** producto *m* para adelgazar

slimness ['slımnıs] *n* delgadez *f*

slimy ['slaımı] *adj* (**a**) *(frog, snail)* viscoso(a) (**b**) *(person)* pegajoso(a), empalagoso(a)

sling [slıŋ] **1** *n* (**a**) *(for injured arm)* cabestrillo *m* (**b**) *(weapon)* honda *f*

2 *vt (pt & pp* **slung** [slʌŋ]) (**a**) *(throw)* lanzar, arrojar; **to s. sth over one's shoulder** echarse algo a la espalda; IDIOM *Br Fam* **s. your hook!** ¡piérdete!, ¡lárgate! (**b**) *(suspend)* colgar (**from** de)

▸**sling out** *vt sep Fam (throw away)* tirar, *Am* botar; *(person)* echar

slingback ['slıŋbæk] *n* **s. (shoe)** zapato *m* de talón abierto

slingshot ['slıŋʃɒt] *n US* tirachinas *m inv*

slink [slıŋk] *(pt & pp* **slunk** [slʌŋk]) *vi* **to s. off** *or* **away** marcharse subrepticiamente

slinky ['slıŋkı] *adj* **a s. dress** un vestido que marca las curvas

slip [slıp] **1** *n* (**a**) *(fall) (of person)* resbalón *m* (**b**) *(in prices, standards)* descenso *m*

(**c**) *(of land)* corrimiento *m*, deslizamiento *m*

(**d**) *(error)* desliz *m*; **to make a s.** tener un

desliz; **s. of the pen** lapsus *m inv* (calami); **s. of the tongue** lapsus *m inv* (linguae)
(**e**) *(form)* hoja *f*; **s. (of paper)** papeleta *f*
(**f**) *(slightly-built person)* **a s. of a girl** una chavalina; **a s. of a lad** un chavalín
(**g**) *Br Aut* ***s. road*** *(to join motorway)* carril *m* de incorporación *or* aceleración; *(to exit motorway)* carril *m* de salida *or* deceleración
(**h**) *(undergarment)* combinación *f*
(**i**) *(cover)* **(pillow) s.** funda *f* (de almohada)
(**j**) **to give sb the s.** *(escape)* dar esquinazo a alguien
2 *vt* (*pt & pp* **slipped**) (**a**) *(leave)* **the dog slipped its leash** el perro se soltó de la correa; **the ship slipped its moorings** el barco se soltó del amarre; **his name has slipped my mind** se me ha ido su nombre de la cabeza
(**b**) *(put)* deslizar; **he slipped on/off his shoes** se puso/se quitó los zapatos; **she slipped the note into my hand** me pasó la nota con sigilo, me puso con sigilo la nota en la mano; **he slipped his hand into hers** juntó su mano con la de ella; **to s. sth into the conversation** deslizar algo en la conversación
(**c**) *(pass)* **to s. sb sth, to s. sth to sb** pasar algo a alguien
(**d**) *(dislocate)* **to have slipped a disc** tener una vértebra dislocada, tener una hernia discal ❑ ***slipped disc*** hernia *f* discal
3 *vi* (**a**) *(slide)* resbalar; **his foot slipped** le resbaló un pie; **she slipped down the slope** *(unintentionally)* se resbaló por la pendiente; *(intentionally)* se deslizó por la pendiente; *also Fig* **to s. from sb's hands** *or* **grasp** escapársele de las manos a alguien; *Fig* **to s. through sb's fingers** escapársele de las manos a alguien; **to s. into a depression** *(of person)* sumirse en una depresión; **to s. into recession** entrar en recesión; **to let one's guard s.** bajar la guardia; **to let one's concentration s.** desconcentrarse
(**b**) *(move quickly)* **to s. into** *(bed)* meterse en; *(room)* colarse en; *(clothes, shoes)* ponerse; **to s. out of** *(bed)* salir de; *(room)* salir apresuradamente de; *(clothes)* quitarse, *Am* sacarse
(**c**) *(make mistake)* tener un desliz, cometer un error
(**d**) *(get worse) (standards, profits)* ir a peor, empeorar; **they have slipped to bottom place** han bajado al último puesto; **to let things s.** dejar que las cosas vayan a peor; **you're slipping** estás fallando
(**e**) *(escape)* **she let s. a few swear words** se le escaparon unas cuantas palabrotas; **he let it s. that he would be resigning** se le escapó que iba a dimitir

▸**slip away** *vi (leave)* desaparecer, desvanecerse; *(of chances)* esfumarse

▸**slip by** *vi (of time, years)* pasar

▸**slip in 1** *vt sep* deslizar, meter
2 *vi (enter discreetly)* colarse

▸**slip off 1** *vt sep (garment)* quitarse, *Am* sacarse
2 *vi (leave)* marcharse

▸**slip on** *vt sep (garment)* ponerse

▸**slip out** *vi* (**a**) *(escape)* escaparse (**of** de); **the glass slipped out of my hand** el vaso se me escurrió *or* escapó de las manos; **it must have slipped out of my pocket** se me ha debido de caer del bolsillo; **it just slipped out** *(of remark)* se me escapó (**b**) *(leave quietly, quickly)* escabullirse; **to s. out to the shop** salir un momento a la tienda

▸**slip through 1** *vt insep (gap, security control)* colarse por; *Fig* **to s. through the net** colarse, escaparse
2 *vi (of mistake, saboteur)* colarse

▸**slip up** *vi (make mistake)* tener un desliz, cometer un error

slipcase ['slɪpkeɪs] *n (for book)* estuche *m*

slipknot ['slɪpnɒt] *n* nudo *m* corredizo

slip-on ['slɪpɒn] **1** *n Fam* **slip-ons** zapatos *mpl* sin cordones
2 *adj* ***s. shoes*** zapatos *mpl* sin cordones

slippage ['slɪpɪdʒ] *n* (**a**) *(in value)* desplome *m*, bajón *m* (**b**) *(in standards)* empeoramiento *m*, caída *f* (**c**) *(of land)* corrimiento *m*

slipper ['slɪpə(r)] *n* zapatilla *f*

slippery ['slɪpərɪ] *adj* (**a**) *(surface, object)* resbaladizo(a), escurridizo(a) (**b**) *(person)* tramposo(a); IDIOM **to be on a s. slope** caer cuesta abajo; *Pej* **a s. customer** un pájaro de cuenta, una buena pieza

slippy ['slɪpɪ] *adj (surface, object)* resbaladizo(a), escurridizo(a)

slipshod ['slɪpʃɒd] *adj* chapucero(a)

slipstream ['slɪpstri:m] *n* estela *f*

slip-up ['slɪpʌp] *n* (pequeño) error *m*, desliz *m*

slipway ['slɪpweɪ] *n Naut* grada *f*

slit [slɪt] **1** *n* (**a**) *(below door)* rendija *f* (**b**) *(of dress, in paper)* corte *m*, raja *f*; **to make a s. in sth** hacer un corte a *or* en algo, rajar algo
2 *adj* **s. skirt** falda *f or RP* pollera *f* abierta *or* con raja
3 *vt* (*pt & pp* **slit**) abrir, cortar; **the skirt is s. up the side** la falda *or RP* pollera lleva una raja al costado *or* va abierta por el costado; **to s. sth open** abrir algo rajándolo; **to s. sb's throat** degollar a alguien

slither ['slɪðə(r)] *vi* deslizarse

sliver ['slɪvə(r)] *n (of ham, cheese)* lonchita *f*; *(of glass)* esquirla *f*

Sloane (Ranger) ['sləʊn('reɪndʒə(r))] *n Br Fam* niño(a) *m,f* bien, pijo(a) *m,f*

slob [slɒb] *n Fam (untidy person)* guarro(a) *m,f*; *(lazy person)* dejado(a) *m,f*, tirado(a) *m,f*

▸**slob about, slob around** *vi Fam* holgazanear, *Esp* gandulear, *Méx* andar de flojo, *RP* hacer fiaca

slobber ['slɒbə(r)] *vi* babear; *Fam* **to s. over sth/sb** echar babas en algo/a alguien; *Fig* babear con algo/alguien

sloe [sləʊ] *n (fruit)* endrina *f* ❑ ***s. gin*** licor *m* de endrinas, ≃ pacharán *m*

slog [slɒg] *Fam* **1** *n* **it was a bit of a s.** fue un aburrimiento *or Esp* tostonazo (de trabajo); **it's a long s.** *(walk)* hay un buen trecho *or Esp* una buena tirada
2 *vi* (*pt & pp* **slogged**) (**a**) *(work hard)* trabajar como un/una negro(a), *Esp* dar el callo; **to s. away (at sth)** trabajar como una bestia (en algo) (**b**) *(move with effort)* **to s. through snow/mud** caminar penosamente *or* trabajosamente por la nieve/el barro

slogan ['sləʊgən] *n (political, advertising)* eslogan *m*; *(of demonstrators)* consigna *f*

sloganeering [sləʊgə'nɪərɪŋ] *n Pej* abuso *m* de eslóganes retóricos

sloop [slu:p] *n (ship)* balandro *m*

slop [slɒp] **1** *n* (**a**) *(pig food)* desperdicios *mpl* (para los cerdos *or* puercos); *Pej (bad food)* bazofia *f* (**b**) *Fam (sentimentality)* cursilerías *fpl*
2 *vt* (*pt & pp* **slopped**) derramar
3 *vi* derramarse; **to s. about** estar *or* andar (por ahí) tirado(a)

▸**slop out** *vi Br (of prisoner)* vaciar el orinal

slope [sləʊp] **1** *n* cuesta *f*, pendiente *f*
2 *vi* caer, inclinarse; **to s. backwards/forwards** *(of handwriting)* inclinarse hacia atrás/delante; **to s. up/down** *(of path)* ascender/descender

▸**slope off** *vi Br Fam* escabullirse

sloping ['sləʊpɪŋ] *adj* (**a**) *(roof, ground)* en cuesta, inclinado(a) (**b**) *(handwriting)* inclinado(a) (**c**) *(shoulders)* caído(a)

sloppily ['slɒpɪlɪ] *adv (work)* chapuceramente; *(dress)* descuidadamente

sloppiness ['slɒpɪnɪs] *n (of work)* dejadez *f*, falta *f* de cuidado

sloppy ['slɒpɪ] *adj* (**a**) *(careless)* descuidado(a) (**b**) *Fam (sentimental)* almibarado(a), empalagoso(a)

slosh [slɒʃ] *vi (of liquid)* chapotear; **to s. about** *or* **around (in)** agitarse (en)

sloshed [slɒʃt] *adj Fam* mamado(a), pedo

slot [slɒt] **1** *n* (**a**) *(in box, machine, computer)* ranura *f* ❑ ***s. machine*** *(for vending)* máquina *f* expendedora; *(for gambling)* (máquina *f*) tragaperras *f inv* (**b**) *(in schedule, list)* hueco *m*
2 *vt* (*pt & pp* **slotted**) *(part)* introducir (**into** en)

▸**slot in 1** *vt sep* (**a**) *(part)* introducir (**b**) *(into schedule)* hacer un hueco a
2 *vi (of part, into team)* encajar

sloth [sləʊθ] *n* (**a**) *(laziness)* pereza *f* (**b**) *(animal)* perezoso *m*

slothful ['sləʊθfʊl] *adj* perezoso(a) *m,f*

slouch [slaʊtʃ] **1** *n* (**a**) *(stoop)* **to have a s.** ser de hombros caídos; **to walk with a s.** caminar encorvado(a) (**b**) *Fam* **he's no s. when it comes to cooking** es un hacha en la cocina
2 *vi* (**a**) *(when standing)* encorvarse; **don't s.!** ¡ponte derecho! (**b**) *(on chair)* repantigarse (**c**) *(when moving)* **he slouched out of the room** salió de la habitación caminando encorvado

slough [slʌf] *vt* (**a**) *(of reptile)* **to s. (off) its skin** mudar de piel *or* de camisa (**b**) *Fig (responsibility)* librarse de

Slovak ['sləʊvæk] **1** *n* (**a**) *(person)* eslovaco(a) *m,f* (**b**) *(language)* eslovaco *m*
2 *adj* eslovaco(a)

Slovakia [sləʊ'vækɪə] *n* Eslovaquia

Slovakian [sləʊ'vækɪən] *n & adj* eslovaco(a) *m,f*

Slovene ['sləʊvi:n] **1** *n* (**a**) *(person)* esloveno(a) *m,f* (**b**) *(language)* esloveno *m*
2 *adj* esloveno(a)

Slovenia [sləʊ'vi:nɪə] *n* Eslovenia

Slovenian [sləʊ'vi:nɪən] = **Slovene**

slovenly ['slʌvənlɪ] *adj (untidy)* desastrado(a); *(careless)* descuidado(a)

SLOW [sləʊ] **1** *adj* (**a**) *(not fast)* lento(a); **to be s. to do sth** tardar *or Am* demorar en hacer algo; **business is s.** el negocio está flojo; **my watch is s.** mi reloj va atrasado; **my watch is ten minutes s.** mi reloj lleva diez minutos de retraso *or Am* demora; **to be s. off the mark** *(to start)* tardar *or Am* demorar en arrancar; *(to understand)* ser un poco torpe; *Culin* **in a s. oven** a horno moderado; **we're making s. progress** avanzamos muy poco; **it's s. work** lleva *or* demora mucho tiempo; **she's a s. worker/swimmer** trabaja/nada despacio ❑ *US Fam* ***s. burn:* to do a s. burn** mosquearse, *Esp* agarrar un mosqueo; ***s. handclap*** = palmas lentas de desaprobación; *Aut* ***s. lane*** carril *m* lento; *Cin & TV* **(in) s. motion** (a) cámara lenta; ***s. train*** tren *m* lento
(**b**) *(stupid)* corto(a) *or* lento(a) de entendederas
(**c**) *Sport (green, court, surface)* lento(a)
2 *adv* despacio, lentamente; **to go s.** *(of workers)* hacer huelga de celo
3 *vt (car)* reducir la velocidad de; *(progress, growth, pace)* ralentizar; **the alcohol slowed her reactions** el alcohol redujo su capacidad de reacción
4 *vi (reduce speed)* aminorar la velocidad; **traffic has slowed to a crawl** el tráfico casi se ha paralizado; **to s. to a halt** ir aminorando la velocidad hasta detenerse; **growth has slowed** el crecimiento se ha ralentizado; **the number of complaints has slowed to a trickle** las quejas llegan ahora con cuentagotas

▸**slow down, slow up 1** *vt sep* (**a**) *(reduce speed of) (car)* reducir la velocidad de; **the heart attack has slowed me down a bit** el infarto me ha hecho tomarme las cosas con más calma (**b**) *(delay)* retrasar
2 *vi (reduce speed)* aminorar la velocidad; **s. down** *or* **up, I can't keep up (with you)/understand you!** ¡más despacio, (que) no puedo seguirte/no te entiendo!; **he has slowed down since the heart attack** se ha tomado las cosas con más calma desde el infarto

slowcoach ['sləʊkəʊtʃ] *n Br Fam* parsimonioso(a) *m,f*, tortuga *f*

slowly ['sləʊlɪ] *adv* despacio, lentamente; **s. but surely** lento, pero seguro

slowness ['sləʊnɪs] *n* lentitud *f*

slowpoke ['sləʊpəʊk] *US* = **slowcoach**

slow-witted ['sləʊ'wɪtɪd] *adj* torpe, obtuso(a)

slow-worm ['sləʊwɜ:m] *n* lución *m*

SLR [esel'ɑ:(r)] *n Phot (abbr* **single-lens reflex**) cámara *f* réflex (monoobjetivo)

sludge [slʌdʒ] *n* (**a**) *(mud)* fango *m*, lodo *m* (**b**) *(sewage)* aguas *fpl* residuales

slug [slʌg] **1** *n* (**a**) *(mollusc)* babosa *f* (**b**) *Fam (bullet)* bala *f* (**c**) *Fam (of drink)* trago *m*
2 *vt (pt & pp* **slugged**) *Fam (hit)* dar un tortazo *or Esp* castañazo a; **to s. it out** enfrentarse con violencia

sluggish ['slʌgɪʃ] *adj (person)* indolente, aplatanado(a); *(business, market)* inactivo(a), flojo(a); **at a s. pace** con paso cansino

sluggishly ['slʌgɪʃlɪ] *adv* cansinamente, despacio

sluice [slu:s] **1** *n* (**a**) *(channel)* canal *m* (**b**) *(sluicegate)* esclusa *f*, compuerta *f*
2 *vt* **to s. sth down** *or* **out** enjuagar algo

sluicegate ['slu:sgeɪt] *n* esclusa *f*, compuerta *f*

slum [slʌm] **1** *n (district)* barrio *m* bajo; *(on outskirts)* arrabal *m*, suburbio *m*; *(house)* tugurio *m* ❑ ***s. clearance*** erradicación *f* del chabolismo *or Méx* las ciudades perdidas *or RP* las villas miserias; ***s. landlord*** casero *m* que alquila *or Am* renta tugurios
2 *vt (pt & pp* **slummed**) **to s. it** *(affect poverty)* ir de pobre, llevar vida de pobre

slumber ['slʌmbə(r)] **1** *n* (**a**) *Literary* sueño *m* (**b**) *US* ***s. party*** = fiesta de adolescentes que se quedan a dormir en casa de quien la organiza
2 *vi Literary* dormir

slum-dweller ['slʌmdwelə(r)] *n* habitante *mf* de los barrios bajos

slump [slʌmp] **1** *n* (**a**) *(in prices, sales)* desplome *m*, caída *f* (**b**) *(economic depression)* crisis *f inv*, recesión *f*
2 *vi* (**a**) *(of person)* caer, desplomarse (**b**) *(of economy)* hundirse (**c**) *(of prices)* desplomarse

slung [slʌŋ] *pt & pp of* **sling**

slunk [slʌŋk] *pt & pp of* **slink**

slur [slɜ:(r)] **1** *n* (**a**) *(insult)* agravio *m*, injuria *f*; **to cast a s. on sb's reputation** manchar la reputación de alguien (**b**) *(in speech)* **there was a s. in her voice** hablaba arrastrando las palabras
2 *vt (pt & pp* **slurred**) pronunciar con dificultad

slurp [slɜ:p] **1** *n* sorbo *m (ruidoso)*
2 *vt & vi* sorber *(ruidosamente)*

slurred [slɜ:d] *adj* indistinto(a)

slurry ['slʌrɪ] *n (liquid manure)* estiércol *m* líquido

slush [slʌʃ] *n* (**a**) *(snow)* nieve *f* sucia *(medio derretida)* (**b**) *Fam Pol* ***s. fund*** fondos *mpl* para corrupción *or Esp* corruptelas (**c**) *Fam (sentimentality)* sensiblería *f*

slushy ['slʌʃɪ] *adj* (**a**) *(snow)* sucio(a) (**b**) *(movie, book)* sensiblero(a), sentimentaloide

slut [slʌt] *n Fam* (**a**) *(promiscuous woman)* puta *f* (**b**) *(untidy, dirty woman)* marrana *f*, guarra *f*

sluttish ['slʌtɪʃ] *adj (slovenly)* desastrado(a)

sly [slaɪ] **1** *n* **on the s.** subrepticiamente, a hurtadillas
2 *adj* (**a**) *(cunning)* astuto(a), artero(a) (**b**) *(dishonest)* desaprensivo(a) (**c**) *(mischievous)* malicioso(a)

slyly, slily ['slaɪlɪ] *adv* (**a**) *(cunningly)* astutamente (**b**) *(nastily)* de manera desaprensiva (**c**) *(mischievously)* maliciosamente

slyness ['slaɪnɪs] *n* (**a**) *(cunning)* astucia *f* (**b**) *(nastiness)* desaprensión *f* (**c**) *(mischief)* malicia *f*, picardía *f*

S & M ['esən'em] *n (abbr* **sado-masochism**) SM *m*, sado *m*

smack [smæk] **1** *n* (**a**) *(blow) (on bottom)* azote *m*; *(in face)* bofetada *f*; *(sound)* chasquido *m*; **a s. in the face** una bofetada (**b**) *Fam (kiss)* besote *m*, besazo *m* (**c**) *Fam (heroin)* caballo *m*
2 *adv Fam* **to bump s. into a tree** chocar de lleno con un árbol
3 *vt* (**a**) *(hit) (on bottom)* dar un azote a; *(in face)* dar una bofetada a (**b**) **to s. one's lips** *(in anticipation)* relamerse

▸**smack of** *vt insep (suggest)* oler a

smacker ['smækə(r)] *n Fam* (**a**) *(big kiss)* besote *m*, besazo *m* (**b**) **fifty smackers** *(pounds)* cincuenta libras *fpl*; *(dollars)* cincuenta dólares *mpl*

SMALL [smɔ:l] **1** *n* (**a**) *(part of body)* **the s. of the back** la región lumbar, los riñones (**b**) *Fam* **smalls** *(underwear)* ropa *f* interior
2 *adj* (**a**) *(not large)* pequeño(a), *Am* chico(a); **these trousers are too s. for me** estos pantalones me vienen pequeños; **to have a s. appetite** tener poco apetito; **only a very s. number of people make it** sólo un número muy reducido de gente lo consigue; **she's a conservative with a s. "c"** es de ideas conservadoras, no del Partido Conservador, sino tradicionalistas en el sentido más amplio de la palabra; **to make sth smaller** empequeñecer algo; *Br Euph* **the smallest room** escusado *m*, excusado *m*; **it's a s. world!** ¡el mundo es un pañuelo!; PROV **s. is beautiful** la belleza está en las cosas pequeñas ❑ *Journ* ***s. ads*** anuncios *mpl* breves *or* por palabras; ***s. arms*** armas *fpl* cortas; ***s. business*** pequeña empresa *f*; ***s. businessman*** pequeño empresario *m*; *Typ* ***s. caps*** versalita *f*; ***the s. hours*** la madrugada; ***s. intestine*** intestino *m* delgado; ***s. letters*** (letras *fpl*) minúsculas *fpl*; ***the s. print*** la letra pequeña; ***the s. screen*** la pequeña pantalla
(**b**) *(not important)* pequeño(a); **it made me feel s.** hizo que me sintiera muy poca cosa *or* me avergonzara de mí mismo; **they tried to make me look s.** querían hacerme parecer insignificante; **it was s. comfort that...** de poco consuelo sirvió que...; **(it's) s. wonder that...** no es de extrañar que...; **it's no s. achievement** es un logro nada despreciable; **in a s. way** a pequeña escala; **I like to help, in my own s. way** me gusta ayudar, aunque sea modestamente; IDIOM *Fam* **it's s. beer** *or US* **potatoes** es una *Esp* nadería *or Am* zoncera, es cosa de niños ❑ ***s. change*** cambio *m*, suelto *m*, *Am* vuelto *m*; ***s. claims court*** = juzgado en el que se tramitan demandas de poca cuantía; *Fam* ***s. fry***

gente *f* de poca monta; ***s. talk*** charla *f or CAm, Méx* plática insustancial; **to make s. talk** conversar sobre temas triviales

3 *adv (write)* con letra pequeña; **to chop sth up s.** cortar algo en trozos pequeños; **to start s.** comenzar con poco; **to think s.** plantearse las cosas a pequeña escala

smallholder ['smɔːlhəʊldə(r)] *n Br* minifundista *mf*

smallholding ['smɔːlhəʊldɪŋ] *n Br* minifundio *m*

small-minded [smɔːl'maɪndɪd] *adj* mezquino(a)

small-mindedness [smɔːl'maɪndɪdnɪs] *n* mezquindad *f*

smallness ['smɔːlnɪs] *n* pequeñez *f*, pequeño tamaño *m*

smallpox ['smɔːlpɒks] *n* viruela *f*

small-scale ['smɔːl'skeɪl] *adj* a pequeña escala

small-time ['smɔːl'taɪm] *adj Fam* de poca monta

smarm [smɑːm] *Pej* **1** *n* zalamería *f*

2 *vt* **to s. one's way into sth** conseguir algo a base de zalamerías *or* de dar coba

smarmy ['smɑːmɪ] *adj Pej* zalamero(a)

smart [smɑːt] **1** *adj* (**a**) *(clever)* inteligente; *(sharp)* agudo(a), listo(a); **don't try to get s. with me** no te hagas el listo (conmigo) ❑ *Fam* ***s. alec(k)*** sabelotodo *mf*, *Esp* listillo(a) *m,f*, *Méx, RP* vivo(a) *m,f*; ***s. bomb*** bomba *f* teledirigida; ***s. card*** tarjeta *f* inteligente; *Typ* ***s. quotes*** comillas *fpl* tipográficas

(**b**) *(elegant)* elegante; **the s. set** la gente guapa; **to be a s. dresser** vestir elegantemente

(**c**) *(quick)* rápido(a); *(hit, blow)* seco(a); **look s. (about it)!** ¡date prisa!, *Am* ¡apúrate!

(**d**) *Fam (excellent)* genial, *Esp* molón(ona), *Andes, Carib* chévere, *Col* tenaz, *Méx* padrísimo(a); *(pretty)* mono(a)

2 *vi (sting) (of wound, graze)* escocer; *(of person)* resentirse, dolerse

►**smarten up** ['smɑːtən] **1** *vt sep (place)* arreglar; **to s. oneself up** acicalarse

2 *vi (behave more cleverly)* espabilarse

smartarse ['smɑːtɑːs], *US* **smartass** ['smɑːtæs] *n very Fam* sabelotodo *mf* de mierda

smartly ['smɑːtlɪ] *adv* (**a**) *(cleverly)* con inteligencia (**b**) *(elegantly)* elegantemente (**c**) *(quickly)* rápidamente, con rapidez; *(sharply)* secamente

smartness ['smɑːtnɪs] *n* (**a**) *(cleverness)* inteligencia *f* (**b**) *(elegance)* elegancia *f*

smarty-pants ['smɑːtɪpænts] (*pl* **smarty-pants**) *n Fam* sabelotodo *mf*, *Esp* listillo(a) *m,f*, *Méx, RP* vivo(a)

smash [smæʃ] **1** *n* (**a**) *(blow)* golpe *m*, batacazo *m*; *(noise)* estruendo *m*

(**b**) *(collision)* choque *m*

(**c**) *(in tennis)* mate *m*, smash *m*

(**d**) *Fam* **s. (hit)** *(record, movie)* exitazo *m*

2 *vt* (**a**) *(break)* **to s. sth (to pieces)** hacer algo pedazos *or* añicos; **to s. sth against sth** destrozar algo contra algo; **to s. sth open** abrir algo de un golpetazo; **to s. down a door** derribar una puerta; **to s. a window in** hacer añicos *or* romper una ventana; *Fam* **to s. sb's face in** partirle la cara a alguien

(**b**) *(hit)* **she smashed her fist into his face** le estampó un puñetazo en la cara

(**c**) *(ruin) (hopes, chances, resistance)* acabar con; **to s. a drugs ring** desarticular una red de narcotraficantes; **she smashed the world record** pulverizó el récord mundial

3 *vi* (**a**) *(collide)* **to s. into sth** empotrarse en algo, chocar contra algo

(**b**) *(shatter)* **to s. (into pieces)** estallar (en mil pedazos)

►**smash up** *vt sep* destrozar

smash-and-grab raid ['smæʃən'græb-'reɪd] *n* = rotura de un escaparate para robar artículos expuestos en él

smashed ['smæʃt] *adj Fam (drunk)* mamado(a), pedo; *(on drugs)* colocado(a), *Esp* flipado(a), *Col* trabado, *RP* falopeado(a)

smashing ['smæʃɪŋ] *adj* (**a**) *(blow)* violento(a), potente (**b**) *Br Fam (excellent)* genial, *Andes, Carib* chévere, *Méx* padre, *RP* bárbaro(a); **we had a s. time** nos lo pasamos genial

smattering ['smætərɪŋ] *n* nociones *fpl*

smear [smɪə(r)] **1** *n* (**a**) *(stain)* mancha *f* ❑ *Med* ***s. test*** citología *f* (**b**) *(slander)* calumnia *f* ❑ ***s. campaign*** campaña *f* de difamación; ***s. tactics*** tácticas *fpl* difamatorias

2 *vt* (**a**) *(stain)* embadurnar, untar; **he smeared it with grease, he smeared grease over it** lo untó *or* embadurnó de grasa (**b**) *(smudge)* emborronar (**c**) *(slander)* difamar, calumniar

smell [smel] **1** *n* (**a**) *(odour)* olor *m* (**of** a); **there's a bad s.** huele mal (**b**) *Fam (sniff)* **to have a s. of sth** oler algo (**c**) *(sense)* olfato *m*

2 *vt* (*pt & pp* **smelled** *or* **smelt** [smelt]) oler; *Fig (danger)* oler, presentir; **I can s. burning** huele a quemado; IDIOM **I s. a rat** aquí hay gato encerrado

3 *vi* oler; *(stink)* apestar; **he smells** apesta, huele mal; **her breath smells** le huele el aliento, tiene mal aliento; **his feet s.** le huelen los pies; **to s. of** *or* **like sth** oler a algo; **to s. nice/horrible** oler bien/fatal

►**smell out** *vt sep* (**a**) *(investigate)* olfatear, olerse (**b**) *(of dog) (hunt out)* olfatear (el rastro de)

smelling-salts ['smelɪŋ'sɔːlts] *npl* sales *fpl* aromáticas

smelly ['smelɪ] *adj* que huele mal, apestoso(a); **to be s.** oler mal, apestar

smelt[1] [smelt] *vt (ore)* fundir

smelt[2] *pt & pp of* **smell**

smidgen ['smɪdʒən] *n Fam* pizca *f*

smile [smaɪl] **1** *n* sonrisa *f*; **to give sb a s.** sonreírle a alguien; **she was all smiles** estaba muy contenta; **to take** *or* **wipe the s. off sb's face** borrarle la sonrisa a alguien

2 *vt (approval, agreement)* mostrar con una sonrisa

3 *vi* sonreír; **to s. at sb** sonreírle a alguien; **fortune smiled on them** les sonrió la fortuna; **s.!** *(for photograph)* sonría, por favor

smiley ['smaɪlɪ] (*pl* **smileys**) *n Comptr Fam* emoticón *m*

smiling ['smaɪlɪŋ] *adj* sonriente

smirk [smɜːk] **1** *n* sonrisa *f* complacida *(despreciativa)*

2 *vi* sonreír con satisfacción *(despreciativa)*

smite [smaɪt] (*pt* **smote** [sməʊt], *pp* **smitten** ['smɪtən]) *vt* (**a**) *Literary (strike)* golpear (**b**) *(affect severely)* **they were smitten with cholera** estaban aquejados de cólera; **they were smitten with terror/remorse** les asaltó el pánico/el remordimiento

smith [smɪθ] *n* herrero *m*

smithereens [smɪðə'riːnz] *npl* **to smash/blow sth to s.** hacer algo añicos

smithy ['smɪðɪ] *n (forge)* fragua *f*

smitten ['smɪtən] **1** *adj* (**a**) *(in love)* enamorado(a) (**with** de), colado(a) (**with** por) (**b**) *(keen)* **he was quite s. with the idea** le seducía la idea

2 *pp of* **smite**

smock [smɒk] *n (of artist, farmer)* blusón *m*

smog [smɒg] *n* niebla *f* tóxica, hongo *m* de contaminación

smoke [sməʊk] **1** *n* (**a**) *(from fire)* humo *m*; *Fig* **to go up in s.** esfumarse, desvanecerse; PROV **there's no s. without fire** cuando el río suena, agua lleva ❑ ***s. alarm*** detector *m* de humos; ***s. bomb*** bomba *f* de humo; ***s. detector*** detector *m* de humo; *also Fig* ***s. screen*** cortina *f* de humo; ***s. signals*** señales *fpl* de humo (**b**) *(cigarette)* cigarrillo *m*; **to have a s.** fumarse un cigarrillo (**c**) *Br* **the (Big) S.** *(London)* Londres

2 *vt* (**a**) *(cigarette)* fumar; **to s. a pipe** fumar en pipa (**b**) *(meat, fish)* ahumar

3 *vi* (**a**) *(of person)* fumar (**b**) *(of chimney, oil)* echar humo

►**smoke out** *vt sep* (**a**) *(insects)* ahuyentar con humo (**b**) *Fig (rebels)* sacar de su escondite

smoked [sməʊkt] *adj* ahumado(a) ❑ ***s. glass*** vidrio *m or Esp* cristal *m* ahumado

smokehouse ['sməʊkhaʊs] *n* ahumadero *m*

smokeless ['sməʊklɪs] *adj* ***s. fuel*** combustible *m* que no produce humos; ***s. zone*** = zona con restricción del uso de combustibles que producen humo

smoker ['sməʊkə(r)] *n* fumador(ora) *m,f*; **to be a heavy s.** ser un/una fumador(ora) empedernido(a) ❑ ***s.'s cough*** tos *f* de fumador

smokestack ['sməʊkstæk] *n (of factory, ship, steam train)* chimenea *f*

smoking ['sməʊkɪŋ] *n* **s. can damage your health** el tabaco perjudica seriamente la salud; **no s.** *(sign)* prohibido fumar ❑ ***s. compartment*** compartimento *m* de fumadores; ***s. jacket*** batín *m*; ***s. room*** salón *m* de fumar

smoky ['sməʊkɪ] *adj* (**a**) *(atmosphere, room)* lleno(a) de humo (**b**) *(fire, lamp)* humeante (**c**) *(surface, taste)* ahumado(a)

smolder, smoldering *US* = **smoulder, smouldering**

smooch [smu:tʃ] *vi Fam* besuquearse

smooth [smu:ð] **1** *adj* (**a**) *(not rough) (paper, skin)* liso(a), suave; *(road, surface)* llano(a), liso(a); *(sea)* en calma; *(sauce)* homogéneo(a); *(wine, whisky)* suave; *(style)* fluido(a); *(flight, crossing)* tranquilo(a), cómodo(a); **a s. shave** un afeitado suave; IDIOM **to be as s. as silk** ser suave como el terciopelo (**b**) *(person, manner)* meloso(a); **he's a s. talker** tiene el don de la palabra; **to be a s. operator** ser un águila, saber cómo llevarse el gato al agua (**c**) *(without problems)* sin contratiempos

2 *vt* alisar; **to s. the way for sb/sth** allanarle el camino a alguien/algo; **to s. sth away** eliminar algo

▸**smooth back** *vt sep* **to s. back one's hair** alisarse el pelo hacia atrás

▸**smooth down** *vt sep* alisar

▸**smooth out** *vt sep* (**a**) *(map, sheets, crease)* estirar, alisar (**b**) *(difficulty)* allanar, resolver

▸**smooth over** *vt sep* **to s. over difficulties** mitigar las dificultades; **to s. things over** dulcificar las cosas

smoothie, smoothy ['smu:ðɪ] *n Fam Pej* zalamero(a) *m,f*

smoothly ['smu:ðlɪ] *adv* **to go s.** transcurrir sin contratiempos

smoothness ['smu:ðnɪs] *n (of paper, skin, wine, whisky)* suavidad *f*; *(of road, surface)* lisura *f*; *(of sauce)* homogeneidad *f*

smooth-talk ['smu:ðtɔ:k] **1** *n* labia *f*

2 *vt* **to s. sb (into doing sth)** convencer con palabras bonitas a alguien (para que haga algo)

smooth-talking ['smu:ð'tɔ:kɪŋ], **smooth-tongued** ['smu:ð'tʌŋd] *adj* con mucha labia

smoothy = **smoothie**

smote [sməʊt] *pt of* **smite**

smother ['smʌðə(r)] *vt* (**a**) *(person)* ahogar, asfixiar; *(fire)* ahogar; *(cry, yawn)* contener, ahogar; **to s. sb with kisses** colmar a alguien de besos (**b**) *(cover)* **to s. sth in sth** cubrir algo de algo

smoulder, *US* **smolder** ['sməʊldə(r)] *vi (of fire)* arder con rescoldo; *Fig* **to s. with anger/passion** arder de ira/pasión

smouldering, *US* **smoldering** ['sməʊldərɪŋ] *adj (fire)* humeante, con rescoldo; *(anger, passion)* ardiente, encendido(a)

smudge [smʌdʒ] **1** *n* mancha *f*; *(of ink)* borrón *m*

2 *vt (ink, paper)* emborronar; *(lipstick)* correr; *(drawing)* difuminar

3 *vi (of ink, lipstick)* correrse

smudgy ['smʌdʒɪ] *adj (writing)* borroso(a); *(makeup, lipstick)* corrido(a); *(photo)* movido(a)

smug [smʌg] *adj (person)* engreído(a), petulante; **a s. grin/expression** una sonrisa/expresión llena de petulancia

smuggle ['smʌgəl] *vt (arms, drugs)* pasar de contrabando; **to s. sth into/out of the country** introducir/sacar algo del país de contrabando; **to s. sb in/out** meter/sacar a alguien clandestinamente

smuggler ['smʌglə(r)] *n* contrabandista *mf*

smuggling ['smʌglɪŋ] *n* contrabando *m*

smugly ['smʌglɪ] *adv* con petulancia, con aires de suficiencia

smugness ['smʌgnɪs] *n* engreimiento *m*, petulancia *f*

smut [smʌt] *n* (**a**) *(soot)* hollín *m*, carbonilla *f* (**b**) *(obscenity)* cochinadas *fpl*

smutty ['smʌtɪ] *adj* (**a**) *(dirty)* tiznado(a) (**b**) *(obscene)* verde, cochino(a)

snack [snæk] **1** *n* tentempié *m*, piscolabis *m inv*, *Am* botana *f*, *RP* onces *fpl* ▫ ***s. bar*** cafetería *f*

2 *vi* **to s. (on sth)** tomarse un tentempié *or* piscolabis (de algo)

snag [snæg] **1** *n (problem)* problema *m*, inconveniente *m*

2 *vt (pt & pp* **snagged**) **to s. one's dress on sth** engancharse el vestido en *or* con algo

snail [sneɪl] *n* caracol *m*; IDIOM **at a s.'s pace** a paso de tortuga ▫ *Fam Hum* ***s. mail*** correo *m* caracol, correo *m* tradicional

snake [sneɪk] **1** *n (big)* serpiente *f*; *(small)* culebra *f*; IDIOM **a s. in the grass** un judas; **snakes and ladders** ≃ juego *m* de la oca ▫ ***s. charmer*** encantador(ora) *m,f* de serpientes

2 *vi (of road, river)* serpentear

snakebite ['sneɪkbaɪt] *n* (**a**) *(of snake)* mordedura *f* de serpiente (**b**) *(drink)* = cerveza rubia con sidra

snakeskin ['sneɪkskɪn] *n* piel *f* de serpiente

snap [snæp] **1** *n* (**a**) *(bite)* mordisco *m* al aire

(**b**) *(sound)* chasquido *m*

(**c**) *(of weather)* **cold s.** ola *f* de frío

(**d**) *Fam (photograph)* foto *f*

(**e**) *(card game)* = juego de naipes en el que se ganan cartas al decir "snap" primero cuando aparecen dos cartas iguales; *Fam (in identical situation)* **I'm going to Paris — s.!** me voy a París — ¿de veras? *or Esp* ¡anda!, ¡yo también!

2 *adj (judgement, decision)* en el acto, súbito; **to call a s. election** = adelantar las elecciones para aprovechar una circunstancia favorable; **s. shot** *(in hockey, soccer)* disparo *m* sin pensar

3 *vt (pt & pp* **snapped**) (**a**) *(break)* romper, partir; **to s. sth in two** partir algo en dos

(**b**) *(make noise with)* **to s. one's fingers** chasquear los dedos

(**c**) *(say sharply)* espetar

(**d**) *Fam (take photograph of)* fotografiar

4 *vi* (**a**) *(break cleanly)* romperse, partirse; *(break noisily)* quebrarse, romperse (con un chasquido)

(**b**) *(bite)* **the dog snapped at him** el perro intentó morderle; **to s. shut** *(of jaws, lid)* cerrarse de golpe

(**c**) *(speak abruptly)* **to s. at sb** hablar en mal tono a alguien

(**d**) IDIOMS **to s. out of it** *(of depression, apathy)* recuperar el ánimo; **s. out of it!** *(of sulk)* ¡alegra esa cara!, ¡anímate, hombre!; **my patience snapped, I just snapped** perdí los estribos

▸**snap off 1** *vt sep* (**a**) *(break)* partir, arrancar (**b**) *Fam* **to s. sb's head off** *(speak sharply to)* soltarle un bufido a alguien, gruñir a alguien

2 *vi* partirse, desprenderse

▸**snap up** *vt sep* (**a**) *(seize in jaws)* agarrar, morder (**b**) *Fam (buy, take quickly)* atrapar, *Esp* pillar, *Esp* hacerse con

snapdragon ['snæpdrægən] *n* (boca *f* de) dragón *m (planta)*

snap-fastener ['snæpfæsnə(r)] *n* automático *m*, corchete *m*

snapper ['snæpə(r)] *n* cubera *f*

snappy ['snæpɪ] *adj* (**a**) *(style, prose)* chispeante; *(slogan)* agudo(a), ingenioso(a) (**b**) *Fam* **make it s.!** *(be quick)* ¡rapidito! (**c**) *Fam (stylish)* **to be a s. dresser** vestirse muy bien

snapshot ['snæpʃɒt] *n Fam (photograph)* foto *f*

snare [sneə(r)] **1** *n* (**a**) *(trap) & Fig* trampa *f* (**b**) **s. (drum)** *(in military band)* tambor *m*; *(in rock music)* caja *f*

2 *vt (animal)* cazar *(con trampa)*; *Fig* **the police snared the criminals** la policía atrapó a los delincuentes *(tendiéndoles una trampa)*

snarl [snɑ:l] **1** *n (of dog)* gruñido *m*; *(of lion, person)* rugido *m*

2 *vi (of dog)* gruñir; *(of lion)* rugir; **to s. at sb** *(of person)* gruñirle a alguien

▸**snarl up** *vi Fam* atascarse

snarl-up ['snɑ:lʌp] *n Fam (of traffic)* atasco *m*, embotellamiento *m*; *(in system)* lío *m*, jaleo *m*

snatch [snætʃ] **1** *n* (**a**) *(of music, conversation)* retazo *m*; **to sleep in snatches** dormir a ratos (**b**) *(in weightlifting)* arrancada *f* (**c**) *Vulg (woman's genitals) Esp* coño *m*, *Col* cuca *f*, *Méx* paloma *f*, *RP* concha *f*, *Ven* cuchara *f*

2 *vt* (**a**) *(grab)* **to s. sth (from sb)** arrebatar algo (a alguien); **to s. something to eat** comer algo apresuradamente; **to s. some sleep** aprovechar para dormir un poco (**b**) *(wallet, handbag)* robar (con tirón); *(person)* secuestrar

3 *vi* **to s. at sth** intentar agarrar *or Esp* coger algo

▸**snatch away** *vt sep* arrebatar

snazzy ['snæzɪ] *adj Fam* vistoso(a), *Esp* chulo(a)

sneak [sni:k] **1** *n Fam (telltale)* chivato(a) *m,f*, *Méx* hocicón(ona) *m,f*, *RP* buchón(ona) *m,f*

2 *adj* **to get a s. preview of sth** tener un anticipo en exclusiva de algo

2 *vt (pt & pp* **sneaked,** *US* **snuck** [snʌk]) **to s. sth past sb** pasar algo por delante de alguien sin que se dé cuenta; **to s. sb in/out** introducir/sacar a alguien a hurtadillas; **to s. a glance at sb** mirar furtivamente a alguien; **she sneaked her boyfriend into her bedroom** coló a su novio en su dormitorio *or Am* cuarto

3 *vi* (**a**) *Fam (tell tales)* chivarse, *Am*

chismosear (**b**) *(move furtively)* deslizarse; **to s. past sb** colarse sin ser visto(a) por alguien; **to s. in/out** entrar/salir a hurtadillas

▸**sneak away, sneak off** *vi* escaparse, escabullirse

▸**sneak up** *vi* **to s. up (on sb)** *(of attacker)* acercarse sigilosamente (a alguien); *(of age, deadline)* echarse encima (a alguien)

sneaker ['sni:kə(r)] *n US (running shoe)* playera *f*, zapatilla *f* de deporte

sneakily ['sni:kılı] *adv Fam* ladinamente, con picardía

sneaking ['sni:kıŋ] *adj* **to have a s. admiration/respect for** sentir una secreta admiración/un secreto respeto por; **I had a s. suspicion that he was guilty all along** todo el tiempo tuve la sospecha de que era culpable

sneaky ['sni:kı] *adj Fam* ladino(a), artero(a)

sneer [snıə(r)] **1** *n (expression)* mueca *f* desdeñosa
2 *vt* decir con desprecio
3 *vi* **to s. at sb/sth** burlarse de alguien/algo

sneering ['snıərıŋ] **1** *n* burlas *fpl*
2 *adj* burlón(ona)

sneeze [sni:z] **1** *n* estornudo *m*
2 *vi* estornudar; IDIOM *Fam* **it's not to be sneezed at** no es moco de pavo

snicker ['snıkə(r)] *US* **1** *n* risilla *f* burlona
2 *vi* burlarse, reírse

snide [snaıd] *adj* malicioso(a)

snidely ['snaıdlı] *adv* maliciosamente

sniff [snıf] **1** *n* **to take a s. at sth** olfatear algo; **with a s. of disgust** con un aire disgustado
2 *vt* (**a**) *(smell)* oler, olfatear; *(detect)* olfatear, detectar (**b**) *(inhale) (air)* aspirar; *(cocaine, glue)* esnifar
3 *vi (inhale)* inspirar; *(disdainfully)* hacer un gesto de desprecio; IDIOM *Fam* **it's not to be sniffed at** no es moco de pavo

▸**sniff out** *vt sep (of dog)* encontrar olfateando; *Fig (of investigator)* descubrir, dar con

sniffer dog ['snıfədɒg] *n* = perro policía entrenado para detectar drogas o explosivos

sniffily ['snıfılı] *adv Fam (disdainfully)* con desdén *or* desprecio

sniffle ['snıfəl] **1** *n Fam (slight cold)* **to have the sniffles** tener un ligero resfriado
2 *vi* (**a**) *(sniff repeatedly)* sorber (**b**) *(cry quietly)* gimotear

sniffy ['snıfı] *adj Fam (disdainful)* desdeñoso(a); **to be s. about sth** tratar algo con desprecio

snifter ['snıftə(r)] *n Fam Old-fashioned (drink)* trago *m*, copita *f*

snigger ['snıgə(r)] **1** *n* risilla *f* burlona
2 *vi* reírse burlonamente

sniggering ['snıgərıŋ] *n* risilla *f* burlona

snip [snıp] **1** *n* (**a**) *(cut, sound)* tijeretazo *m* (**b**) *Br Fam (bargain) Esp* chollo *m*, *Am* regalo *m*
2 *vt (pt & pp* **snipped***)* cortar

▸**snip off** *vt sep* cortar

snipe[1] [snaıp] *(pl* **snipe***) n (bird)* agachadiza *f*

snipe[2] *vi (shoot)* disparar *(desde un escondite)*; **to s. at sb** disparar a alguien; *Fig (criticize)* criticar a alguien

sniper ['snaıpə(r)] *n (rifleman)* francotirador(ora) *m,f*

sniping ['snaıpıŋ] *n (criticism)* critiqueo *m*

snippet ['snıpıt] *n (of information, conversation)* retazo *m*; **a s. of news** un fragmento de una noticia

snitch [snıtʃ] *Fam* **1** *n* (**a**) *(informer)* chivato(a) *m,f*, *Méx* hocicón(ona) *m,f*, *RP* buchón(ona) *m,f* (**b**) *(nose)* napias *fpl*
2 *vi* **to s. on sb** chivarse de alguien

snivel ['snıvəl] *(pt & pp* **snivelled,** *US* **sniveled***) vi* lloriquear, gimotear

snivelling, *US* **sniveling** ['snıvəlıŋ] *adj* llorica

snob [snɒb] *n* presuntuoso(a) *m,f*

snobbery ['snɒbərı] *n* presuntuosidad *f*

snobbish ['snɒbıʃ] *adj* presuntuoso(a)

snobby ['snɒbı] *adj Fam* pedante, presuntuoso(a)

snog [snɒg] *Br Fam* **1** *n* **to have a s.** morrear
2 *vt* besuquear
3 *vi (pt & pp* **snogged***)* morrear

snood [snu:d] *n (for outdoor wear)* braga *f*

snook [snu:k] *n* IDIOM **to cock a s. at sb** hacer burla a alguien con la mano

snooker ['snu:kə(r)] **1** *n (game)* snooker *m*, billar *m* inglés
2 *vt* **to s. sb** *(in game)* = dejarle la bola blanca al rival en una posición que impide golpear directamente a la bola; *Fig* acorralar a alguien

snoop [snu:p] *Fam* **1** *n* (**a**) *(person)* fisgón(ona) *m,f* (**b**) *(look)* **to have a s. (around)** fisgonear, *Esp* fisgar
2 *vi* fisgonear, *Esp* fisgar

snooper ['snu:pə(r)] *n Fam* fisgón(ona) *m,f*

snooty ['snu:tı] *adj Fam* presuntuoso(a)

snooze [snu:z] *Fam* **1** *n Esp* siestecilla *f*, *Am* siestita *f*; **to have a s.** echarse una *Esp* siestecilla *or Am* siestita ▫ ***s. button*** *(on alarm clock)* = botón para la función de dormitar
2 *vi* echarse una *Esp* siestecilla *or Am* siestita

snore [snɔ:(r)] **1** *n* ronquido *m*
2 *vi* roncar

snoring ['snɔ:rıŋ] *n* ronquidos *mpl*

snorkel ['snɔ:kəl] **1** *n* snorkel *m*, tubo *m* para buceo
2 *vi (pt & pp* **snorkelled,** *US* **snorkeled***)* bucear con tubo *or* snorkel

snorkelling ['snɔ:kəlıŋ] *n* buceo *m* con tubo, snorkel *m*; **to go s.** bucear con tubo *or* snorkel

snort [snɔ:t] **1** *n* (**a**) *(of person, horse)* bufido *m*, resoplido *m* (**b**) *Fam (of drug)* esnifada *f*
2 *vt* (**a**) *(in derision)* **"he wants more money?" he snorted** "¿que quiere más dinero?" bufó él (**b**) *Fam (drugs)* esnifar
3 *vi (of person, horse)* resoplar, bufar; **to s. with laughter** soltar una carcajada *or* risotada; **to s. in derision** bufar sarcástico(a)

snot [snɒt] *n Fam* mocos *mpl*

snotrag ['snɒtræg] *n Br Fam* moquero *m*, *RP* sacamocos *m inv*

snotty ['snɒtı] *adj Fam* (**a**) *(nose)* con mocos (**b**) *(arrogant)* creído(a), petulante

snout [snaʊt] *n* (**a**) *(of animal)* hocico *m*, morro *m* (**b**) *Fam (of person)* napias *fpl*

snow [snəʊ] **1** *n* (**a**) nieve *f* ▫ ***s. blindness*** deslumbramiento *m* por la nieve; *US Fam* ***s. bunny*** = mujer joven que se dedica a zascandilear y flirtear en las estaciones de esquí; ***s. bunting*** escribano *m* nival; ***s. chain*** cadena *f* para la nieve; ***s. goose*** ganso *m* de las nieves; ***s. leopard*** onza *f*, guepardo *m*; ***s. line*** límite *m* de las nieves perpetuas (**b**) *Fam (cocaine)* nieve *f*, *Col* perica *f*, *RP* blanca *f*
2 *vi* nevar; **it's snowing** está nevando

▸**snow in** *vt sep* **to be snowed in** estar aislado(a) por la nieve

▸**snow under** *vt sep* **to be snowed under** *(with work)* estar desbordado(a); *(with invitations, offers)* no dar abasto

snowball ['snəʊbɔ:l] **1** *n* bola *f* de nieve; **s. fight** guerra *f* de bolas de nieve; IDIOM *Fam* **she hasn't a s.'s chance (in hell)** lo tiene muy crudo ▫ ***s. effect*** efecto *m* (de la) bola de nieve
2 *vi (of problems)* multiplicarse; *(of cost)* crecer vertiginosamente

snowblower ['snəʊbləʊə(r)] *n* (máquina *f*) quitanieves *f inv*

snowboard ['snəʊbɔ:d] *n* snowboard *m*

snowboarding ['snəʊbɔ:dıŋ] *n* snowboard *m*; **to go s.** hacer snowboard

snowbound ['snəʊbaʊnd] *adj* aislado(a) a causa de la nieve

snowcapped ['snəʊkæpt] *adj* cubierto(a) de nieve

snowdrift ['snəʊdrıft] *n* nevero *m*, ventisquero *m*

snowdrop ['snəʊdrɒp] *n (flower)* campanilla *f* de invierno

snowfall ['snəʊfɔ:l] *n* nevada *f*

snowfield ['snəʊfi:ld] *n* campo *m* nevado *or* de nieve

snowflake ['snəʊfleık] *n* copo *m* de nieve

snowman ['snəʊmæn] *n* muñeco *m* de nieve

snowmobile ['snəʊməbi:l] *n* motonieve *f*, moto *f* de nieve

snowplough, *US* **snowplow** ['snəʊplaʊ] *n* (**a**) *(vehicle)* quitanieves *f inv* (**b**) *(in skiing)* cuña *f*

snowshoe ['snəʊʃu:] *n* raqueta *f (de nieve)*

snowstorm ['snəʊstɔ:m] *n* ventisca *f*, tormenta *f* de nieve

snowsuit ['snəʊsu:t] *n* traje *m* de esquí

Snow White ['snəʊ'waıt] *n* Blancanieves; **S. and the Seven Dwarfs** Blancanieves y los siete enanitos

snow-white ['snəʊ'waıt] *adj* blanquísimo(a), blanco(a) como la nieve

snowy ['snəʊɪ] *adj (landscape, field)* nevado(a); *(weather, day)* nevoso(a), de nieve ❑ ***s. owl*** búho *m* nival

SNP [esen'pi:] *n (abbr* **Scottish National Party**) Partido *m* Nacionalista Escocés

Snr (*abbr* **Senior**) **Ivan Fox S.** Ivan Fox padre

snub [snʌb] **1** *n* desaire *m*

2 *adj* ***s. nose*** nariz *f* respingona y chata

2 *vt* (*pt & pp* **snubbed**) *(person)* desairar; *(offer)* desdeñar, despreciar

snub-nosed ['snʌb'nəʊzd] *adj* (**a**) *(person)* de nariz respingona y chata (**b**) *(revolver)* corto(a)

snuck [snʌk] *US pt & pp of* **sneak**

snuff [snʌf] **1** *n* (**a**) *(substance)* rapé *m* (**b**) *Fam* ***s. movie*** snuff movie *f*, = película que contiene escenas de torturas y asesinatos reales

2 *vt* (**a**) *(candle)* apagar (**b**) *Br Fam* **to s. it** *(die)* estirar la pata

▸**snuff out** *vt sep* (**a**) *(candle)* apagar (**b**) *(life, opposition)* truncar, cercenar

snuffbox ['snʌfbɒks] *n* tabaquera *f*, caja *f* para el rapé

snuffle ['snʌfəl] **1** *n (sniff)* resoplido *m*

2 *vi (sniff)* sorber

snug [snʌg] *adj* (**a**) *(cosy)* **I'm nice and s. by the fire** estoy muy a gusto delante de la chimenea; **this bed's very s.** se está muy a gusto en esta cama (**b**) *(tight-fitting)* ajustado(a), ceñido(a); **there should be a s. fit between the two pieces** las dos piezas deben quedar bien encajadas *or* ajustadas

▸**snuggle up** ['snʌgəl] *vi* **to s. up to** *or* **against sb** acurrucarse contra alguien

snugly ['snʌglɪ] *adv (comfortably)* a gusto, confortablemente; **to fit s.** quedar ajustado(a)

SO (*abbr* **standing order**) domiciliación *f* (bancaria)

---

so [səʊ] **1** *adv* (**a**) *(to such an extent)* tan; **it isn't so (very) old** no es tan viejo; **I was so hungry (that) I had three helpings** tenía tantísima hambre que me serví tres veces; **what's so clever about that?** ¿qué tiene de ingenioso?; *Literary* **I have never seen so beautiful a place** nunca he visto un sitio tan bello; **don't fret so!** ¡no te preocupes tanto!; *Literary* **I love her so!** ¡la amo tanto!; **he's not so clever as she is** él no es tan listo como ella; **it is so uncommon as to be irrelevant** es tan inusual que llega a ser intranscendente; **would you be so kind as to...?** ¿sería tan amable de...?; **so few opportunities** tan pocas oportunidades; **so many children** tantos niños; **so much money** tanto dinero; **there's only so much you can do** más no se puede hacer; **it was difficult - so much so that...** ha sido difícil - tanto (es así) que...; **she wasn't so much rude as indifferent** más que grosera fue indiferente; **it was fun, more so than we had expected** fue divertido, mucho más de lo que esperábamos; **we were all delighted and none more so than Sarah** estábamos encantados, y Sarah la que más; **a little girl so high** una niña así de alta

(**b**) *(intensive)* **it's so easy** es facilísimo, es muy fácil; **we enjoyed ourselves so much!** ¡nos hemos divertido muchísimo!; **I was so disappointed** me llevé una decepción enorme; **we're so pleased you could come!** ¡qué bien que hayas podido venir!

(**c**) *(expressing agreement)* **you're late - so I am!** llegas tarde - ¡pues sí!; **that's a Ferrari! - so it is!** ¡mira, un Ferrari! - ¡anda, es verdad!; **I'm very embarrassed — so you should be!** estoy muy avergonzado *or Am* apenado — ¡deberías estarlo!

(**d**) *(referring to statement already mentioned)* **I hope/think/suppose so** espero/creo/supongo que sí, eso espero/creo/supongo; **I don't think so** no creo, me parece que no; **if you don't like it, say so** si no te gusta, dilo; **I told you so** te lo dije; **so I believe** eso creo; **or so I've heard** o eso he oído; **I'm not very organized — so I see!** no me organizo muy bien — ¡ya lo veo!; **so be it!** ¡así sea!; **is that so?** ¿ah, sí?, ¿de verdad?; **it is no longer so** ya no es así; *Fam* **you can't do it — I can so!** ¡no puedes hacerlo — ¡ya lo creo que sí!; **if so,...** si es así,...; **she entered the room, and in so doing...** entró en la habitación, y al hacerlo...; **why** *or* **how so?** ¿y por qué?

(**e**) *(also)* **so am I** yo también; **so do we** nosotros también; **I love cheese — so do I** me encanta el queso — a mí también; **so can they** ellos también (pueden); **so is my brother** mi hermano también; **you seem annoyed — so would you be if you'd had to wait as long as me!** pareces molesto — ¿no lo estarías tú si hubieras tenido que esperar tanto como yo?; **just as the city has changed, so too have its problems** de la misma manera en que ha cambiado la ciudad, también han cambiado sus problemos

(**f**) *(in this way)* así; **do it (like) so** hazlo así; **the tables have been so arranged as to...** las mesas han sido dispuestas de manera que...; **and so on, and so forth** y cosas así, etcétera

2 *conj* (**a**) *(because of this)* así que; **she has a bad temper, so be careful** tiene mal genio, así que ten cuidado; **he wasn't there, so I came back again** como no estaba, me volví; **it was dark, so (that) I couldn't see** estaba oscuro, por lo que no podía ver; *Fam* **so there!** *Esp* ¡que lo sepas!, *Am* ¡para que sepas!

(**b**) *(introducing remark)* **so that's what it is!** ¡así que es eso!; **so you're not coming?** entonces ¿no vienes?; **so what do we do now?** y ahora ¿qué hacemos?; **so what did you think of the movie, then?** ¿y qué te pareció la película?; **so, anyway, I opened the door...** en todo caso, abrí la puerta,...; **so, to go back to what I was saying earlier,...** bueno, volviendo a lo que estaba diciendo...; **so, here we are** pues nada, aquí estamos; **so (what)?** ¿y (qué)?; **so what if she is twenty years younger than me?** ¿y qué pasa si tiene veinte años menos que yo?

(**c**) **so as to** *conj* para; **we hurried so as not to be late** nos dimos prisa *or Am* apuramos para no llegar tarde

(**d**) **so (that)** *conj* para que; **she sat down so (that) I could see better** se sentó para que yo viera mejor; **we hurried so (that) we wouldn't be late** nos dimos prisa *or Am* apuramos para no llegar tarde

3 *adj* **he likes the house to be just so** le gusta que la casa esté ordenada y limpia

---

soak [səʊk] **1** *n* (**a**) *(in liquid)* **to give sth a s.** poner algo a *or* en remojo (**b**) *Fam (drunkard)* esponja *f*, borrachín(ina) *m,f*

2 *vt* (**a**) *(leave in water)* poner en remojo (**b**) *(make very wet)* empapar (**with** en *or* de)

2 *vi (of food, clothes)* estar en remojo; **to leave sth to s.** dejar algo en remojo

▸**soak in 1** *vt sep (atmosphere)* empaparse de, impregnarse de

2 *vi* absorberse, empapar

▸**soak up** *vt sep (liquid)* absorber; *(atmosphere)* empaparse de, impregnarse de; *Fig* **to s. up the sun** tostarse al sol

soaked [səʊkt] *adj* empapado(a); **to be s.** estar empapado(a); **s. to the skin** calado(a) hasta los huesos

soaking ['səʊkɪŋ] **1** *adj* calado(a), empapado(a)

2 *adv* **s. wet** calado(a), empapado(a)

so-and-so ['səʊənsəʊ] (*pl* **so-and-sos**) *n Fam* (**a**) *(unspecified person)* fulanito(a) *m,f*; **Mr S.** don fulanito de tal (**b**) *(unpleasant person)* hijo(a) *m,f* de mala madre

soap [səʊp] **1** *n* (**a**) *(for washing)* jabón *m*; **a bar of s.** una pastilla de jabón ❑ ***s. powder*** detergente *m* en polvo (**b**) *TV* ***s. opera*** telenovela *f*, culebrón *m*

2 *vt* enjabonar

soapbox ['səʊpbɒks] *n* tribuna *f* improvisada

soapdish ['səʊpdɪʃ] *n* jabonera *f*

soapflakes ['səʊpfleɪks] *npl* jabón *m* en escamas

soapstone ['səʊpstəʊn] *n* esteatita *f*

soapsuds ['səʊpsʌdz] *npl* espuma *f* (de jabón)

soapy ['səʊpɪ] *adj* (**a**) *(water)* jabonoso(a) (**b**) *(hands, face)* enjabonado(a) (**c**) *(taste, smell)* a jabón

soar [sɔ:(r)] *vi* (**a**) *(of bird, plane)* remontarse, remontar el vuelo (**b**) *(of hopes)* crecer; *(of prices)* desorbitarse, dispararse; *(of temperature)* elevarse, subir vertiginosamente (**c**) *(of building)* elevarse, alzarse

soaring ['sɔ:rɪŋ] *adj* (**a**) *(hopes)* creciente (**b**) *(prices)* desorbitado(a); *(temperature)* muy elevado(a)

s.o.b. [esəʊ'bi:] *n US very Fam (abbr* **son of a bitch**) *(person)* hijo(a) *m,f* de puta *or Méx* de la chingada; *(thing)* cabrón(ona) *m,f*

sob [sɒb] **1** *n* sollozo *m* ❑ *Fam* ***s. story*** dramón *m*

2 *vi* (*pt & pp* **sobbed**) sollozar; **to s. oneself to sleep** sollozar hasta quedarse dormido(a)

sobbing ['sɒbɪŋ] *n* sollozos *mpl*, llanto *m*

sober ['səʊbə(r)] *adj* (**a**) *(not drunk)* sobrio(a), sereno(a) (**b**) *(sensible)* serio(a) (**c**) *(in colour, design)* sobrio(a)

▸**sober up 1** *vt sep* quitar *or Am* sacar la borrachera a

2 *vi* **by the next day he had sobered up** al día siguiente ya se le había pasado la borrachera

sobering ['səʊbərɪŋ] *adj* **it's a s. thought** da mucho que pensar

soberly ['səʊbəlɪ] *adv* con sobriedad

sobriety [səʊ'braɪətɪ] *n* (**a**) *(not being drunk)* sobriedad *f* (**b**) *(seriousness)* seriedad *f*

sobriquet ['səʊbrɪkeɪ] *n Literary* sobrenombre *m*

Soc (*abbr* **society**) asociación *f*

so-called ['səʊ'kɔːld] *adj* (**a**) *(generally known as)* (así) llamado(a) (**b**) *(wrongly known)* mal llamado(a)

soccer ['sɒkə(r)] *n* fútbol *m* ❑ ***s. match*** partido *m* de fútbol

sociable ['səʊʃəbəl] *adj* sociable

social ['səʊʃəl] **1** *adj* social ❑ ***s. anthropology*** antropología *f* social; *Pol* ***S. Chapter*** capítulo *m* social *(de los acuerdos de Maastricht)*; ***s. class*** clase *f* social; ***s. climber*** arribista *mf*; ***s. compact*** *or* ***contract*** contrato *m* social; *Pol* ***s. democracy*** socialdemocracia *f*; *Pol* ***s. democrat*** socialdemócrata *mf*; ***s. engineering*** = intento de cambiar la sociedad a través de medidas políticas; ***s. insurance*** seguro *m* social; ***s. life*** vida *f* social; ***s. mobility*** movilidad *f* social; ***s. outcast*** marginado(a) *m,f*; ***s. partners*** agentes *mpl or* interlocutores *mpl* sociales; ***s. sciences*** ciencias *fpl* sociales; ***s. secretary*** secretario(a) *m,f* de actividades sociales; ***s. security*** seguridad *f* social; ***the s. services*** los servicios sociales; ***s. studies*** (ciencias *fpl*) sociales *fpl*; ***s. work*** asistencia *f or* trabajo *m* social; ***s. worker*** asistente *mf or* trabajador(ora) *m, f* social

2 *n (party)* reunión *f*, fiesta *f*

socialism ['səʊʃəlɪzəm] *n* socialismo *m*

socialist ['səʊʃəlɪst] *n & adj* socialista *mf*

socialite ['səʊʃəlaɪt] *n* personaje *m* de la vida mundana

socialize ['səʊʃəlaɪz] *vi* alternar; **to s. with sb** tener trato *or* alternar con alguien

socially ['səʊʃəlɪ] *adv* (**a**) *(of society)* socialmente; **it's not s. acceptable** desde el punto de vista social *or* de la sociedad, es inaceptable (**b**) *(outside work)* **we don't see each other s.** no tenemos relación fuera del trabajo

society [sə'saɪətɪ] *n* (**a**) *(in general)* sociedad *f*; **(high) s.** la alta sociedad (**b**) *(club)* asociación *f*, sociedad *f* ❑ *Rel* ***S. of Friends*** *(Quakers)* cuáqueros *mpl*

sociocultural ['səʊsɪəʊ'kʌltʃərəl] *adj* sociocultural

socioeconomic ['səʊsɪəʊiːkə'nɒmɪk] *adj* socioeconómico(a)

sociolinguistics ['səʊsɪəʊlɪŋ'gwɪstɪks] *n* sociolingüística *f*

sociological [səʊsɪə'lɒdʒɪkəl] *adj* sociológico(a)

sociologist [səʊsɪ'ɒlədʒɪst] *n* sociólogo(a) *m,f*

sociology [səʊsɪ'ɒlədʒɪ] *n* sociología *f*

sociopath ['səʊsɪəʊpæθ] *n* (**a**) *Psy* = persona con un comportamiento antisocial patológico (**b**) *(psychopath)* psicópata *mf*

sociopolitical [səʊsɪəʊpə'lɪtɪkəl] *adj* sociopolítico(a)

sock [sɒk] **1** *n* (**a**) *(garment)* calcetín *m*; IDIOM *Br Fam* **to pull one's socks up** esforzarse más, aplicarse; IDIOM *Br Fam* **put a s. in it!** ¡cierra el pico! (**b**) *Fam (blow)* puñetazo *m* (**c**) *(of horse)* cuartilla *f*

2 *vt Fam (hit)* **he socked him on the jaw** le arreó *or* estampó un puñetazo en la mandíbula; IDIOM **s. it to them!** ¡a por ellos!, ¡valor y al toro!

socket ['sɒkɪt] *n* (**a**) *(of eye)* cuenca *f* (**b**) *(of limb joint)* cavidad *f*, *Spec* glena *f* (**c**) *(for plug)* enchufe *m (toma de corriente)*; *(for light bulb)* casquillo *m* (**d**) *Comptr* zócalo *m*

sod[1] [sɒd] *n (of earth)* tepe *m*

sod[2] *Br very Fam* **1** *n* (**a**) *(person)* mamón(ona) *m,f*, *Méx* mamila *mf*, *RP* choto(a) *m,f*; **poor s.!** ¡pobre diablo!; *Br* **S.'s law** la ley de Murphy (**b**) *(thing)* plomazo *m*, *Esp* jodienda *f*, *Esp* coñazo *m*; **it's a s. of a job** es un trabajo de lo más jodido *or Esp* de lo más coñazo; **I got s. all from them** no me dieron ni la hora; **you've done s. all today** no has dado golpe en todo el día

2 *vt* (*pt & pp* **sodded**) **s. it!** ¡joder!, *Méx* ¡chin!, *RP* ¡la puta!; **s. you!** ¡vete a la mierda!; **s. the party, I'm tired** a la mierda la fiesta, yo estoy cansado

▸**sod off** *vi Br very Fam* abrirse, pirarse; **s. off!** ¡vete a tomar por saco!, *Méx* ¡vete a la chingada!, *RP* ¡andate a la mierda!

soda ['səʊdə] *n* (**a**) *(mixer)* **s. (water)** (agua *f* de) seltz *m*, soda *f*; **scotch and s.** whisky *m* (escocés) con soda ❑ ***s. siphon*** sifón *m* (**b**) *US (fizzy drink)* refresco *m (gaseoso)* ❑ ***s. fountain*** *(in shop)* puesto *m* de helados y refrescos; *(siphon)* sifón *m* (**c**) *Culin* ***s. bread*** = pan hecho con levadura química (**d**) *Chem* sosa *f*

sodden ['sɒdən] *adj* empapado(a); **to be s.** estar empapado(a)

sodding ['sɒdɪŋ] *Br very Fam* **1** *adj* puto(a), *Esp* puñetero(a), *Méx* pinche

2 *adv (for emphasis)* puñeteramente; **you can s. well do it yourself!** ¡que te den morcilla y lo haces tú solo!, *Méx* ¡pues come cuacha, lo haces tú solo!

sodium ['səʊdɪəm] *n Chem* sodio *m* ❑ ***s. bicarbonate*** bicarbonato *m* sódico *or* de sodio; ***s. chloride*** cloruro *m* de sodio

sodomite ['sɒdəmaɪt] *n* sodomita *mf*

sodomize ['sɒdəmaɪz] *vt* sodomizar

sodomy ['sɒdəmɪ] *n* sodomía *f*

sofa ['səʊfə] *n* sofá *m* ❑ ***s. bed*** sofá-cama *m*

Sofia ['səʊfɪə] *n* Sofía

soft [sɒft] *adj* (**a**) *(in texture) (ground, rock, cheese)* blando(a); *(pillow, carpet, fabric)* suave; **to become** *or* **go s.** ablandarse ❑ ***s. centre*** *(of chocolate)* relleno *m* blando; *Br* ***s. fruit*** bayas *fpl (fresas, moras, arándanos, etc)*; *Br* ***s. furnishings***, *US* ***s. goods*** = artículos y materiales de decoración del tipo cortinas, cojines, alfombras, etc; ***s. lens*** lentes *fpl or Esp* lentillas *fpl or Méx* pupilentes *fpl* blandas; *Anat* ***s. palate*** velo *m* del paladar; *Anat* ***s. tissue*** tejido *m* blando; ***s. top*** *(car) Esp* (coche *m*) descapotable, *Am* (carro *m*) convertible; ***s. toy*** peluche *m (muñeco)*

(**b**) *(not harsh, not strong) (voice, rain, colour)* suave ❑ ***s. currency*** divisa *f* débil; ***s. drinks*** refrescos *mpl*; ***s. drugs*** drogas *fpl* blandas; *Phot* ***s. focus: in s. focus*** ligeramente velado(a) *or* difuminado(a); *Fin* ***s. loan*** crédito *m* blando; ***s. pedal*** *(on piano)* pedal *m* suave; *Fam* ***s. porn*** porno *m* blando *or Méx* ligero *or RP* liviano; *Com* ***s. sell*** venta *f* no agresiva

(**c**) *(not strict)* blando(a); **you're too s. on him** eres demasiado blando con él; **you've gone s.!** ¡te has vuelto un blando!; *Fam* **to be s. on sb** *(in love with)* estar colado(a) *or Méx* hasta las manitas por alguien, *RP* estar remetido(a) con alguien; **to have a s. heart** ser muy blando(a); **to take a s. line (on sth/with sb)** ser transigente (con algo/con alguien); **to have a s. spot for sb** tener *or* sentir debilidad por alguien

(**d**) *Fam (stupid)* tonto(a); **to be s. in the head** ser un(a) tontorrón(ona) *or* bobalicón(ona)

(**e**) *(easy) (job, life)* fácil; *Fam* **to be a s. touch** ser un poco *Esp* primo(a) *or Am* bobito(a) ❑ ***s. landing*** *(of aircraft)* aterrizaje *m* suave; *(of economy)* salida *f* fácil; ***s. option*** opción *f* fácil

(**f**) *(water)* blando(a)

(**g**) *Comptr* ***s. copy*** copia *f* en formato electrónico; ***s. hyphen*** guión *m* corto, guión de final de renglón; ***s. return*** retorno *m* automático

(**h**) *(in horseracing) (ground)* blando(a)

softback ['sɒftbæk] *n* libro *m* de tapa blanda *or* en rústica

softball ['sɒftbɔːl] *n* = juego parecido al béisbol jugado en un campo más pequeño y con una pelota más blanda

soft-boiled ['sɒftbɔɪld] *adj (egg)* pasado(a) por agua

soft-centred ['sɒft'sentəd] *adj* (**a**) *(chocolate)* con relleno blando (**b**) *(person)* bondadoso(a), de buen corazón

soft-core ['sɒftkɔː(r)] *adj (pornography)* blando(a)

soften ['sɒfən] **1** *vt* (**a**) *(wax, butter, leather)* ablandar, reblandecer; *(light, contrast, skin)* suavizar (**b**) *(make gentler)* **to s. the blow** amortiguar el golpe (**c**) *(water)* ablandar, de(s)calcificar

2 *vi* (**a**) *(of wax, butter)* ablandarse (**b**) *(become less severe, firm) (of person)* ceder, ablandarse; *(of opinions, resolve, stance)* suavizarse

▸**soften up** *vt sep Fam* (**a**) *(before attack)* debilitar (**b**) *(before request)* ablandar

softener ['sɒfnə(r)] *n (for fabric)* suavizante *m*; *(for water)* de(s)calcificador *m*

soft-headed ['sɒft'hedɪd] *adj Fam* tontorrón(ona), bobalicón(ona)
softhearted ['sɒft'hɑːtɪd] *adj* bondadoso(a), de buen corazón
softly ['sɒftlɪ] *adv* (**a**) *(talk)* suavemente (**b**) *(walk)* con suavidad (**c**) *(gently)* **to be s. lit** tener una iluminación tenue *or* suave
softly-softly ['sɒftlɪ'sɒftlɪ] *adj Fam (approach, attitude)* cauteloso(a)
softness ['sɒftnɪs] *n* (**a**) *(of ground)* blandura *f* (**b**) *(of skin, voice, fabric)* suavidad *f* (**c**) *(leniency)* debilidad *f*, indulgencia *f*
soft-pedal ['sɒft'pedəl] *(pt & pp* **soft-pedalled,** *US* **soft-pedaled**) *vt (minimize)* restar importancia a
soft-soap ['sɒft'səʊp] *vt Fam* dar coba a
soft-spoken ['sɒft'spəʊkən] *adj* de voz suave
software ['sɒftweə(r)] *n Comptr* software *m*, soporte *m* lógico ❑ ***s. developer*** desarrollador(a) *m,f* de software; ***s. engineer*** ingeniero(a) *m,f* de programas; ***s. package*** paquete *m* de software
softwood ['sɒftwʊd] *n* madera *f* blanda *or* de conífera
softy ['sɒftɪ] *n Fam* (**a**) *(gentle person)* buenazo(a) *m,f* (**b**) *(coward)* gallina *mf*
soggy ['sɒgɪ] *adj* empapado(a); **to be s.** estar empapado(a)
soh [səʊ] *n Mus* sol *m*
soi-disant ['swɑːdiː'zɒŋ] *adj* autoproclamado(a)
soil [sɔɪl] **1** *n (earth)* tierra *f*; **the s.** el suelo, el terreno; **on British s.** en suelo británico ❑ ***s. science*** edafología *f*
2 *vt (clothes, sheet)* manchar, ensuciar; *Fig* **to s. one's hands** mancharse las manos
soirée [swɑː'reɪ] *n* velada *f*, fiesta *f* nocturna
sojourn ['sɒdʒən] *n Literary* estancia *f*
solace ['sɒləs] *n Literary* consuelo *m*
solar ['səʊlə(r)] *adj (system, energy)* solar ❑ ***s. battery*** batería *f* solar; ***s. cell*** pila *f* solar; ***s. eclipse*** eclipse *m* de sol; ***s. energy*** energía *f* solar; *Astron* ***s. flare*** fulguración *f* (cromosférica); ***s. panel*** panel *m* solar; *Anat* ***s. plexus*** plexo *m* solar; ***s. system*** sistema *m* solar; *Astron* ***s. wind*** viento *m* solar
solarium [sə'leərɪəm] *(pl* **solariums** *or* **solaria** [sə'leərɪə]) *n* (**a**) *(sun terrace)* solárium *m* (**b**) *(sunbed)* cama *f* de rayos UVA
sold [səʊld] *pt & pp of* **sell**
solder ['səʊldə(r)] **1** *n* soldadura *f*
2 *vt* soldar
soldering iron ['səʊldərɪŋ'aɪən] *n* soldador *m*
soldier ['səʊldʒə(r)] **1** *n* soldado *m*; **an old s.** un veterano, un excombatiente; **s. of fortune** mercenario(a) *m,f*
2 *vi* servir como soldado
▸**soldier on** *vi* seguir adelante pese a todo
soldierly ['səʊldʒəlɪ] *adv* marcial, castrense
sole¹ [səʊl] **1** *n* (**a**) *(of foot)* planta *f* (**b**) *(of shoe)* suela *f*
2 *vt (shoe)* poner suelas a
sole² *n (fish)* lenguado *m*
sole³ *adj (only)* único(a) ❑ *Com* ***s. agent*** agente *mf* en exclusiva
solecism ['sɒlɪsɪzəm] *n* (**a**) *Gram* solecismo *m* (**b**) *Formal (blunder)* incorrección *f*
solely ['səʊllɪ] *adv* únicamente
solemn ['sɒləm] *adj* solemne; **she looked very s.** parecía muy seria, tenía cierto aire de gravedad
solemnity [sə'lemnɪtɪ] *n* solemnidad *f*
solemnize ['sɒləmnaɪz] *vt Formal (marriage)* celebrar
solemnly ['sɒləmlɪ] *adv* (**a**) *(gravely)* con aire de gravedad, con seriedad (**b**) *(formally)* solemnemente
solenoid ['sɒlənɔɪd] *n Phys* solenoide *m*
sol-fa [sɒl'fɑː] *n Mus* solfa *f*
solfeggio [sɒl'fedʒɪəʊ] *(pl* **solfeggi** [sɒl'fedʒiː] *or* **solfeggios**) *n Mus* solfeo *m*
solicit [sə'lɪsɪt] **1** *vt Formal (request)* solicitar
2 *vi (of prostitute)* abordar clientes; *(of beggar)* pedir limosna, mendigar
soliciting [sə'lɪsɪtɪŋ] *n (by prostitutes)* ejercicio *m* de la prostitución en las calles
solicitor [sə'lɪsɪtə(r)] *n Br* = abogado que hace las veces de notario para contratos de compraventa y testamentos o que actúa de procurador en los juzgados ❑ *Br* ***S. General*** Fiscal *m* General del Estado
solicitous [sə'lɪsɪtəs] *adj Formal* solícito(a) (**for/about** con)
solicitude [sə'lɪsɪtjuːd] *n Formal (concern)* solicitud *f*
solid ['sɒlɪd] **1** *n* (**a**) *(object)* sólido *m* (**b**) **solids** *(food)* alimentos *mpl* sólidos
2 *adj* (**a**) *(not liquid)* sólido(a); **it's frozen s.** está totalmente congelado ❑ ***s. food*** alimentos *mpl* sólidos; ***s. fuel*** combustible *m* sólido; ***s. waste*** *(rubbish)* residuos *mpl* sólidos; *(excrement)* heces *fpl* fecales
(**b**) *(not hollow)* macizo(a); **s. gold** oro *m* macizo; **s. rock** roca *f* sólida; **s. silver** plata *f* maciza
(**c**) *(continuous)* seguido(a); *(line)* ininterrumpido(a); **for a s. week** durante una semana entera
(**d**) *(reliable) (support)* fuerte, sólido(a); *(evidence, proof)* sólido(a), consistente; *(reputation)* sólido(a), firme; **he's a s. worker** es un trabajador de fiar
(**e**) *(unanimous)* **to be s. for/against sth** estar unánimemente a favor de/en contra de algo
3 *adv* **ten hours s.** diez horas seguidas; **the hall was packed s.** la sala estaba atestada de gente; **we are booked s. for the next month** estamos completos hasta final del mes que viene
solidarity [sɒlɪ'dærɪtɪ] *n* solidaridad *f* (**with** con)
solidify [sə'lɪdɪfaɪ] *vi* solidificarse
solidity [sə'lɪdɪtɪ] *n* solidez *f*
solidly ['sɒlɪdlɪ] *adv* (**a**) *(firmly, robustly)* sólidamente; **s. built** *(structure)* de construcción *or* edificación sólida; *(person)* de complexión fuerte, robusto(a) (**b**) *(without interruption)* sin interrupción (**c**) *(vote)* unánimemente
solid-state ['sɒlɪd'steɪt] *adj Elec* de estado sólido, de componentes sólidos
soliloquy [sə'lɪləkwɪ] *n* soliloquio *m*
solipsism ['sɒlɪpsɪzəm] *n Phil* solipsismo *m*
solitaire [sɒlɪ'teə(r)] *n* (**a**) *(diamond)* solitario *m* (**b**) *(game)* solitario *m*; **to play s.** hacer un solitario
solitary ['sɒlɪtərɪ] *adj* (**a**) *(alone, lonely)* solitario(a) ❑ ***s. confinement*** aislamiento *m*, incomunicación *f*; **to be in s. confinement** estar incomunicado(a) (**b**) *(single)* único(a); **we found not a s. instance of this** no encontramos un solo caso de esto
solitude ['sɒlɪtjuːd] *n* soledad *f*
solo ['səʊləʊ] **1** *n (pl* **solos**) *(musical)* solo *m*
2 *adj (performance)* en solitario ❑ ***s. flight*** vuelo *m* en solitario; ***s. guitar/voice*** guitarra *f*/voz *f* solista
3 *adv* en solitario; **to go s.** *(of musician)* iniciar una carrera en solitario; *(of business partner)* montar el propio negocio
soloist ['səʊləʊɪst] *n* solista *mf*
Solomon ['sɒləmən] *n* Salomón ❑ ***the S. Islands*** las Islas Salomón
solstice ['sɒlstɪs] *n* solsticio *m*
soluble ['sɒljʊbəl] *adj* (**a**) *(problem)* soluble (**b**) *(solid)* soluble
solution [sə'luːʃən] *n* (**a**) *(to problem, crime, puzzle)* solución *f* (**to** a) (**b**) *(liquid)* solución *f*
solvable ['sɒlvəbəl] *adj* solucionable, soluble
solve [sɒlv] *vt (problem, mystery)* solucionar, resolver; *(crime)* resolver, esclarecer; *(puzzle, equation)* resolver, sacar
solvency ['sɒlvənsɪ] *n* solvencia *f*
solvent ['sɒlvənt] **1** *n* disolvente *m* ❑ ***s. abuse*** inhalación *f* de disolventes *(pegamento y otros)*
2 *adj (financially)* solvente
Som *(abbr* **Somerset**) (condado *m* de) Somerset
Somali [sə'mɑːlɪ] *n & adj* somalí *mf*
Somalia [sə'mɑːlɪə] *n* Somalia
sombre, *US* **somber** ['sɒmbə(r)] *adj* (**a**) *(colour)* oscuro(a) (**b**) *(person, mood)* sombrío(a)
sombrely, *US* **somberly** ['sɒmbəlɪ] *adv* (**a**) *(dress)* con tonos oscuros (**b**) *(speak)* en tono sombrío
sombrero [sɒm'breərəʊ] *n* sombrero *m* mexicano

SOME [sʌm] **1** *pron* (**a**) *(people)* algunos(as), unos(as); **s. believe that…** hay quien cree que…; **s. of my friends** algunos amigos míos; **they went off, s. one way, s. another** unos se fueron en una dirección y otros en otra
(**b**) *(a certain number)* unos(as), algunos(as); *(a certain quantity)* algo; **s. are more**

difficult than others unos son más difíciles que otros; **there is s. left** queda algo; **there are s. left** quedan algunos; **give me s.** *(a few)* dame unos(as) cuantos(as); *(a bit)* dame un poco; **if you want cake, just take s.** si quieres tarta, sírvete; **would you like coffee? — no thanks, I've already had s.** ¿quieres café? — no, gracias, ya he tomado; **I've made tea, would you like s.?** he preparado té, ¿quieres?; **have s. of this cheese/these grapes** prueba este queso/estas uvas; **s. of the time** parte del tiempo; **it will probably cost about $1,000 — and then s.** probablemente costará cerca de 1.000 dólares – algo más será

2 *adj* (**a**) *(certain quantity or number of)* **there are s. apples in the kitchen** hay manzanas en la cocina; *(a few)* hay algunas *or* unas pocas manzanas en la cocina; **to drink s. water** beber agua; **I ate s. fruit** comí fruta; **can I have s. money?** ¿me das algo de dinero?; **would you like s. wine?** ¿quieres vino?; *(a bit)* ¿quieres un poco de vino?; **I've got s. good news for you** tengo buenas noticias para ti; **could you give me s. idea of when it will be ready?** ¿me podrías dar una idea de cuándo estará listo?; **I felt s. uneasiness** sentí un cierto malestar; **I hope this goes s. way towards making up for it** espero que esto te compense de alguna manera; **I've still got s. more cards to write** todavía me quedan cartas por escribir; **in s. ways** en cierto modo; **to s. extent** hasta cierto punto

(**b**) *(as opposed to other)* **s. people say...** hay quien dice...; **s. mornings I don't feel like getting up** algunas mañanas no me apetece levantarme

(**c**) *(considerable)* **s. distance away** bastante lejos; **s. miles away** a bastantes millas; **it will be s. time before we know the results** pasará un tiempo antes de que sepamos los resultados; **we waited for s. time** esperamos durante un buen rato; **for s. time I've been worried about him** llevo bastante tiempo preocupado par él; **s. years previously** unos años antes; **we discussed the matter at s. length** discutimos el asunto durante mucho tiempo

(**d**) *(unspecified)* algún(una); **he'll come s. day** algún día vendrá; **s. fool left the door open** algún idiota dejó la puerta abierta; **at s. time in the future** en algún momento futuro; **s. day or other** algún día de éstos; **for s. reason or other** por una razón u otra, por alguna razón; **in s. book or other** en no sé qué libro, en algún libro

(**e**) *Fam (for emphasis)* **that was s. storm/meal!** ¡qué *or Esp* menuda tormenta/comida!; **it would be s. achievement** sería todo un logro; *Ironic* **s. friend you are!** ¡vaya amigo estás hecho!; *Ironic* **s. hope** *or* **chance!** ¡ni lo sueñes!

3 *adv* (**a**) *(approximately)* unos(as); **s. fifteen minutes** unos quince minutos

(**b**) *US (slightly)* algo, un poco; **shall I turn it up s.?** ¿lo subo algo *or* un poco?

(**c**) *Fam (quickly)* **this car can really go s.** este coche corre a toda velocidad *or Esp* que se las pela

---

SOMEBODY ['sʌmbədɪ], **someone** ['sʌmwʌn] **1** *n* **she thinks she's s.** se cree alguien; **I want to be s.** quiero ser alguien

2 *pron* alguien; **s. told me that...** me dijeron que...; **he's s. you can trust** se puede confiar en él; **surely s. must know the answer** alguien tiene que saber la respuesta; **is this s.'s umbrella?** ¿es de alguien este paraguas?; **we need an electrician or s.** necesitamos un electricista o alguien así

---

somehow ['sʌmhaʊ] *adv* (**a**) *(in some way or other)* de alguna manera; **we'll get the money s. (or other)** de un modo u otro conseguiremos el dinero (**b**) *(for some reason or other)* por alguna razón; **s. I knew this would happen** no me preguntes cómo, pero sabía que esto iba a pasar

someone ['sʌmwʌn] = **somebody**

someplace ['sʌmpleɪs] *US* = **somewhere**

somersault ['sʌməsɔːlt] **1** *n (of person)* salto *m* mortal

2 *vi (of person)* dar un salto mortal/saltos mortales; *(of car)* dar una vuelta de campana/vueltas de campana

---

SOMETHING ['sʌmθɪŋ] **1** *n* (**a**) *(present)* **I've brought you a little s.** te he traído una cosilla

(**b**) *(food, drink)* **would you like a little s. (to eat/drink)?** ¿te gustaría tomar algo (de comer/beber)?

(**c**) *(important person)* **he thinks he's s.** se cree alguien (importante)

2 *pron* (**a**) *(in general)* algo; **is s. wrong?** ¿pasa algo?; **s. to drink/to read** algo de beber/para leer; **s. to live for** una razón para vivir; **it's hardly s. to be proud of** no es como para estar muy orgulloso; **we'll think of s.** ya se nos ocurrirá algo; **she has s. to do with what happened** está relacionada con lo que ocurrió; **it has s. to do with his mother** tiene que ver con su madre; **they said s. about a party** comentaron algo de una fiesta; **there's s. strange about him** tiene algo raro; **there's s. about him I don't like** hay algo en él que no me gusta; **s. tells me she'll be there** algo me dice que estará allí; **at least he apologized — that's s.!** al menos pidió disculpas – ¡eso ya es algo!; **that was quite s.!** ¡fue impresionante!; **that singer has really got s.!** ¡ese cantante es genial!; **I think you've got s. there** *(you have a point)* razón no te falta; **there's s. in what you say** tienes algo de razón; **it turned out there was s. in her story after all** al final había algo de verdad en su historia; **there's s. in that idea** esa idea no deja de estar mal; **he's s. in publishing** tiene un puesto importante en el mundo editorial; **she's eighty s.** tiene ochenta y tantos años; **in this life you don't get s. for nothing** en esta vida no te van a regalar nada; *Fam* **he's got s. going with the secretary** *(relationship)* hay algo entre la secretaria y él; **in the year eleven hundred and s.** en el año mil ciento y algo; **she's got a cold or s.** tiene un resfriado o algo así; **they've got a Mercedes, or s. like that** tienen un Mercedes, o algo así

(**b**) *(certain degree)* **it's s. like a guinea pig** es algo así como un conejillo de Indias; **s. like** *or* **around half of all men...** algo así como la mitad de todos los hombres...; **s. over/under 200** algo por encima/por debajo de 200; **there's been s. of an improvement** se ha producido una cierta mejora; **I'm s. of an expert on the subject** soy todo un experto en el tema; **it came as s. of a shock (to me)** me sorprendió bastante

3 *adv Fam (intensifying)* **it hurt s. awful** dolía horrores *or Méx* un chorro, *Esp* dolía (una) cosa mala; *Br Fam* **he fancies her s. rotten** le va cosa mala, *Col* le provoca harto, *Méx* le provoca un chorro, *RP* le gusta cualquier cantidad

---

sometime ['sʌmtaɪm] **1** *adv* algún día, alguna vez; **give me a ring s.** llámame algún día *or* alguna vez; **see you s.** ya nos veremos; **s. last/next week** un día de la semana pasada/próxima; **s. before Christmas** en algún momento antes de Navidad; **s. before the end of the year** antes de que acabe el año; **s. in April** (cualquier día) en abril; **s. soon** un día de estos; **s. around the year 2025** allá por el año 2025; **s. or other** tarde o temprano

2 *adj Formal (former)* antiguo(a)

sometimes ['sʌmtaɪmz] *adv* a veces

somewhat ['sʌmwɒt] *adv* un poco, un tanto

SOMEWHERE ['sʌmweə(r)], *US* **someplace** ['sʌmpleɪs] *adv* (**a**) *(in some place)* en algún sitio, en alguna parte; *(to some place)* a algún sitio, a alguna parte; **it must be s. else** debe de estar en otra parte; **why don't you go s. else?** ¿por qué no te vas a otro sitio?; **we must have made a mistake s.** hemos debido cometer un error en alguna parte; **is there s. quiet where we can talk?** ¿hay algún lugar tranquilo en el que podamos hablar?; **I'm looking for s. to eat/live** busco un sitio donde comer/vivir; **s. in Spain** en (algún lugar de) España; **s. north of Chicago** (en algún lugar) al norte de Chicago; **shall we go to Paris or s.?** ¿vamos a París o algún sitio así?; IDIOM **now we're getting s.!** ¡ya parece que las cosas marchan!

(**b**) *(approximately)* **he is s. around fifty** tiene unos cincuenta años; **s. around four o'clock** a eso de las cuatro; **s. between 50 and 100 people** entre 50 y 100 personas; **it costs s. in the region of £500** cuesta alrededor de 500 libras

---

somnambulism [sɒm'næmbjʊlɪzəm] *n Formal* sonambulismo *m*

somnolent ['sɒmnələnt] *adj Formal* somnoliento(a)

son [sʌn] *n* (**a**) *(male offspring)* hijo *m*; **youngest/eldest s.** hijo *m* menor/mayor (**b**) *US very Fam* **s. of a bitch** *(person)* hijo *m* de puta, hijoputa *m*, *Méx* hijo *m* de la chingada; *(thing)* cabrón(ona) *m,f*, *Col, RP* puto(a) *m,f*, *Méx* mugre *mf*; *Fam* **s. of a gun** sinvergüenza *m*, granuja *m*

sonar ['səʊnɑː(r)] *n* sonar *m*

sonata [sə'nɑːtə] *n* sonata *f*

song [sɒŋ] *n* (**a**) canción *f*; **to burst** *or* **break into s.** ponerse a cantar ❑ ***s. book*** libro *m* de canciones; ***s. cycle*** ciclo *m* de canciones; ***s. thrush*** zorzal *m* común (**b**) IDIOMS **to buy sth for a s.** comprar algo a precio de saldo; **it's going for a s.** se vende a precio de saldo; **to make a s. and dance (about sth)** montar un número (a cuenta de algo)

songbird ['sɒŋbɜːd] *n* pájaro *m* cantor

songwriter ['sɒŋraɪtə(r)] *n* compositor(ora) *m,f*; *(of lyrics only)* letrista *mf*

sonic ['sɒnɪk] *adj (of sound)* del sonido; *(of speed of sound)* sónico(a) ❑ *Av* ***s. boom*** estampido *m* sónico

son-in-law ['sʌnɪnlɔː] *n* (*pl* **sons-in-law**) yerno *m*

sonnet ['sɒnɪt] *n* soneto *m*

sonny ['sʌnɪ] *n Fam* hijo *m*, pequeño *m*

sonorous ['sɒnərəs] *adj* sonoro(a)

SOON [suːn] *adv* (**a**) *(within a short time)* pronto; **we will s. be moving house** nos mudaremos dentro de poco; **it will s. be Friday** pronto será viernes; **I s. realized my mistake** enseguida me di cuenta de mi error; **see you s.!** ¡hasta pronto!; **s. after(wards)** poco después; **s. after four** poco después de las cuatro; **s. after arriving** al poco de llegar; **I couldn't get home s. enough** no veía la hora de llegar a casa; **you'll find out s. enough** lo sabrás muy pronto; **as s. as he arrived, we started work** en cuanto llegó nos pusimos a trabajar; **as s. as you're better** en que te pongas bueno; **no sooner had she left than the phone rang** en cuanto se fue *or* nada más marcharse sonó el teléfono; IDIOM **no sooner said than done** dicho y hecho

(**b**) *(early)* pronto; **how s. can you get here?** ¿cuánto tardarás *or Am* demorarás en llegar?; **how s. will it be ready?** ¿cuándo estará listo?; **how s. can I start?** ¿cuándo podría comenzar?; **must you leave so s.?** ¿tienes que irte tan pronto?; **it's too s. to tell** aún no se puede saber; **none too s., not a moment too s.** en buena hora; **sooner than we expected** antes de lo que esperábamos; **sooner or later** tarde o temprano; **the sooner the better** cuanto antes mejor; **the sooner we start, the sooner we will finish** cuanto antes comencemos, antes acabaremos; **as s. as you can** tan pronto como puedas; **as s. as possible** lo antes posible

(**c**) *(expressing preference)* **I would just as s. stay** preferiría quedarme; **I would sooner do it alone** preferiría hacerlo yo solo; **I'd as s. leave as put up with that sort of treatment** antes marcharme que aguantar ese tipo de trato

soot [sʊt] *n* hollín *m*

soothe [suːð] *vt* (**a**) *(pain, burn)* aliviar, calmar (**b**) *(person, anger)* calmar

soothing ['suːðɪŋ] *adj* (**a**) *(pain-relieving)* calmante (**b**) *(relaxing)* relajante, sedante

soothingly ['suːðɪŋlɪ] *adv (relaxingly)* de forma relajante; **she spoke s. to him** le habló con dulzura

soothsayer ['suːθseɪə(r)] *n* adivino(a) *m,f*

sooty ['sʊtɪ] *adj* (**a**) *(covered in soot)* tiznado(a) (**b**) *(black)* negro(a)

sop [sɒp] *n (concession)* pequeña concesión *f* (**to** a); **she's only doing it as a s. to her conscience** sólo lo hace para que no le remuerda la conciencia

sophism ['sɒfɪzəm] *n* sofismo *m*

sophisticate [sə'fɪstɪkət] *n Formal* sofisticado(a) *m,f*

sophisticated [sə'fɪstɪkeɪtɪd] *adj* (**a**) *(person, taste)* sofisticado(a) (**b**) *(machine, system)* avanzado(a)

sophistication [səfɪstɪ'keɪʃən] *n* sofisticación *f*

sophistry ['sɒfɪstrɪ] *n Formal* sofismas *mpl*, sofistería *f*

sophomore ['sɒfəmɔː(r)] *n US Univ* = estudiante de segundo curso

soporific [sɒpə'rɪfɪk] *adj Formal* soporífero(a)

sopping ['sɒpɪŋ] *adj* **to be s. (wet)** estar empapado(a)

soppy ['sɒpɪ] *adj Fam* sensiblero(a), *Esp* ñoño(a)

soprano [sə'prɑːnəʊ] (*pl* **sopranos** *or* **soprani** [sə'prɑːniː]) *n (singer)* soprano *mf* ❑ ***s. voice*** (voz *f* de) soprano *m*

sorbet ['sɔːbeɪ] *n* sorbete *m*

sorcerer ['sɔːsərə(r)] *n* brujo *m*, hechicero *m*

sorceress ['sɔːsərɪs] *n* bruja *f*, hechicera *f*

sorcery ['sɔːsərɪ] *n* brujería *f*, hechicería *f*

sordid ['sɔːdɪd] *adj* (**a**) *(base)* sórdido(a), despreciable; **spare me the s. details!** ¡ahórrate los detalles más escabrosos! (**b**) *(squalid)* sórdido(a)

sore [sɔː(r)] **1** *n (wound)* llaga *f*, úlcera *f*

2 *adj* (**a**) *(painful)* dolorido(a); **his feet were s.** tenía los pies doloridos; **to have a s. throat** tener dolor de garganta; **I've got a s. leg/back** me duele la pierna/la espalda (**b**) *Fam (annoyed)* enfadado(a) (**about** por), molesto(a) (**about** por), *Am* enojado(a) (**about** por); IDIOM **it's a s. point (with him)** es un tema delicado (para él)

sorehead ['sɔːhed] *n US Fam* cascarrabias *mf inv*

sorely ['sɔːlɪ] *adv (greatly)* enormemente; **she will be s. missed** se la echará muchísimo de menos, *Am* se la extrañará muchísimo; **to be s. in need of sth** necesitar algo desesperadamente; **s. tempted** enormemente tentado(a); **to be s. troubled** estar hondamente preocupado(a)

soreness ['sɔːnɪs] *n* dolor *m*

sorghum ['sɔːgəm] *n* sorgo *m*

sorority [sə'rɒrɪtɪ] *n US Univ* = asociación femenina de estudiantes que suele funcionar como club social

sorrel ['sɒrəl] **1** *n* (**a**) *(plant)* acedera *f* (**b**) *(colour)* pardo *m* rojizo, color *m* alazán

2 *adj* alazán(ana)

sorrow ['sɒrəʊ] **1** *n* pena *f* (**at** *or* **for** *or* **over** por); **to my great s.** con gran pesar mío

2 *vi Formal* sentir pena, penar (**at** *or* **for** *or* **over** por)

sorrowful ['sɒrəfʊl] *adj* afligido(a), apenado(a)

sorrowfully ['sɒrəflɪ] *adv* apenadamente, con tristeza

SORRY ['sɒrɪ] *adj* (**a**) *(regretful, disappointed)* **to be s. about sth** lamentar *or* sentir algo; **I'm s. about your father** siento lo de tu padre; **(I'm) s. (that) I couldn't come** siento no haber podido venir; **she's s. (that) she did it** siente mucho haberlo hecho; **I'm s. (that) I accepted, now** ahora me arrepiento de haber aceptado; *Fam* **you'll be s.!** ¡te arrepentirás!; **you'll be s. (that) you didn't try harder** ¡te arrepentirás de no haberte esforzado más!; **(I'm) s. if I seem ungrateful, but...** no querría parecer desagradecido(a), pero...; **s. to keep you waiting** siento haberle hecho esperar; **we'll be s. to see you go** sentiremos que te vayas; **I'm s. to hear (that)...** lamento saber que...; **I'm s. to say (that) you've failed** siento tener que decirte que has suspendido; **most of the applicants will not, I'm s. to say, be offered a job** desafortunadamente, la mayoría de los candidatos no conseguirá un trabajo; **I'm s.** *(regretful)* lo lamento, lo siento; *(apology)* lo siento; **I'm s., but you're totally wrong** perdona, pero te equivocas por completo; **s.!** *(apology)* ¡perdón!; **s.?** *(what?)* ¿perdón?, ¿cómo dice(s)?; **s., that room is private!** ¡disculpe, esa habitación es privada!; **s., but could I ask you not to smoke?** disculpe, ¿le importaría no fumar?; **he's called Tim, s., Tom** se llama Tim, perdón, Tom; **s. about the mess!** ¡ya perdonarás el desorden!; **s. about that!** ¡lo siento!; **to say s. (to sb)** pedir perdón (a alguien); **say you are s. for being so rude** pide perdón por haber sido tan grosero

(**b**) *(sympathetic)* **to feel s. for sb** sentir pena *or* lástima por alguien; **he felt s. for himself** se compadecía de sí mismo; **stop feeling s. for yourself!** ¡deja de compadecerte!

(**c**) *(pathetic)* lamentable, penoso(a); **to be a s. sight** ofrecer un espectáculo lamentable *or* penoso; **to be in a s. state** estar en un estado lamentable *or* penoso

SORT [sɔːt] **1** *n* (**a**) *(kind)* clase *f*, tipo *m*; **what's your favourite s. of chocolate?** ¿cuál es tu tipo de chocolate favorito?;

what s. of tree is that? ¿qué clase de árbol es éste?; **what s. of price were you thinking of?** ¿en qué franja de precios estabas pensando?; **what s. of time do you call this?** ¿qué horas piensas que son éstas?; **it was a s. of olive green** era una especie de verde oliva; **all sorts of** todo tipo de; *Fam* **they are in all sorts of trouble** tienen muchísimos problemas; **that s. of thing** ese tipo de cosas; **she's that s. of person** ella es así; **problems of one s. or another** problemas de un tipo o de otro; **something of the s.** algo por el estilo; **did you leave this window open? — I did nothing of the s.!** ¿has dejado la ventana abierta? – ¡qué va!; **you will do nothing of the s.!** ¡ni se te ocurra hacer algo así!; **he's so arrogant! — he's nothing of the s.!** ¡es tan arrogante! – ¡qué va a ser arrogante!; **coffee of a s.** *or* **of sorts** café, por llamarlo de alguna forma; **he's a writer of sorts** se le podría llamar escritor; **to be** *or* **feel out of sorts** no encontrarse muy allá

(**b**) *(person)* persona *f*; **she's a good s.** es buena gente; **she's not the s. to give in easily** no es de las que se rinden fácilmente; **we don't want your s. here** no queremos gente como tú por aquí; **he's not really my s.** la verdad es que no es mi tipo; *Fam Pej* **you get all sorts in that bar** en ese bar te encuentras todo tipo de gentuza; **it takes all sorts (to make a world)** de todo tiene que haber

(**c**) *(to organize)* **to have a s. through sth** revisar algo ▫ *Br* ***s. code*** *(of bank)* número *m* de sucursal

(**d**) **sort of** *adv Fam (a little)* un poco; *(in a way)* en cierto modo; **this is s. of embarrassing** esto es un poco embarazoso; **I s. of expected it** en cierto modo ya me lo esperaba; **I s. of forgot** me he debido olvidar; **I was s. of hoping you'd invite me too** estaba como esperando que me invitaras a mí también; **do you like it? — s. of** ¿te gusta? – bueno, más o menos; **it was s. of like a big, bright sphere** era una especie de esfera grande y brillante

2 *vt* (**a**) *(classify)* ordenar, clasificar; *Comptr* ordenar; **I sorted the books into two piles** puse *or* dividí los libros en dos montones

(**b**) *Fam (fix)* **we should get the TV sorted** tenemos que arreglar la tele; **we'll get you sorted, don't worry** no te preocupes, que nos encargamos de todo

(**c**) *Fam (solve) (problem)* arreglar

▸**sort out** *vt sep* (**a**) *(organize)* ordenar; **she sorted out the clothes she wanted to keep** separó la ropa que no quería tirar *or Am* botar; *Fam* **I should be able to s. a room out for you** seguro que te encuentro una habitación; **you need to s. yourself out** necesitas reorganizar tu vida *or* aclararte las ideas

(**b**) *(problem)* arreglar; **it took us ages to s. out who owed what** nos llevó una eternidad determinar quién debía qué; **things will s. themselves out, don't worry** todo se arreglará, no te preocupes

(**c**) *Fam* **to s. sb out** *(punish)* poner a alguien en su sitio; *(beat up)* darle una paliza *or Esp* un repaso a alguien

▸**sort through** *vt insep* revisar

sorted ['sɔ:tɪd] *Br Fam* **1** *adj* (**a**) **to be s. for sth** *(have enough)* estar repleto(a) de algo, *Esp* andar sobrado(a) *or* bien surtido(a) de algo (**b**) *(psychologically)* listo(a)

2 *exclam* ¡listo!, ¡arreglado!

sorter ['sɔ:tə(r)] *n (in post office)* clasificador(ora) *m,f*

sortie ['sɔ:tɪ] *n Mil & Fig* incursión *f*

sorting ['sɔ:tɪŋ] *n* selección *f*, clasificación *f* ▫ ***s. office*** oficina *f* de clasificación de correo

SOS [esəʊ'es] *n* S.O.S. *m*

so-so ['səʊ'səʊ] *Fam* **1** *adj* regular; **it was only s.** fue regularcillo

2 *adv* así así, regular

sotto voce ['sɒtəʊ'vəʊtʃɪ] *adv* sotto voce, en voz baja, *Am* despacio

soufflé ['su:fleɪ] *n* suflé *m*; **cheese s.** suflé de queso

sough [saʊ] *n Literary* susurro *m*, murmullo *m*

sought [sɔ:t] *pt & pp of* **seek**

sought-after ['sɔ:tɑ:ftə(r)] *adj* solicitado(a); **a much s. award** un premio muy codiciado

souk [su:k] *n* zoco *m*

soul [səʊl] *n* (**a**) *(spirit)* alma *f*; **to sell one's s.** venderse, vender el alma; IDIOM **she's the s. of discretion** es la discreción en persona; IDIOM **it lacks s.** le falta gancho *or* garra; **All Souls' Day** el día de (los) difuntos (**b**) *(person)* alma *f*; **not a s.** ni un alma; **I didn't tell a s.** no se lo dije a nadie; **he's a good s.** es (una) buena persona; **poor s.!** ¡pobrecillo! (**c**) *Mus* **s. (music)** soul *m* (**d**) *US* ***s. brother*** hermano *m* (negro); ***s. food*** = comida tradicional de los negros del sur de Estados Unidos; ***s. sister*** hermana *f* (negra)

soul-destroying ['səʊldɪstrɔɪɪŋ] *adj* desmoralizador(ora)

soulful ['səʊlfʊl] *adj* emotivo(a), conmovedor(ora)

soulfully ['səʊlfʊlɪ] *adv* conmovedoramente

soulless ['səʊllɪs] *adj (person)* inhumano(a), desalmado(a); *(place)* impersonal

soulmate ['səʊlmeɪt] *n* alma *f* gemela

soul-searching ['səʊlsɜ:tʃɪŋ] *n* examen *m* de conciencia, reflexión *f*

SOUND[1] [saʊnd] **1** *n* (**a**) *(in general)* sonido *m*; *(individual noise)* ruido *m*; **not a s. could be heard** no se oía nada; **we could hear the s. of cannons/voices in the distance** se oía el ruido de cañones/se oían voces a lo lejos; **we danced to the s. of the music** bailamos al son de la música; **don't make a s.** no hagas ni un ruido; **to turn the s. up/down** *(on TV, radio)* subir/bajar el volumen; **he likes the s. of his own voice** le gusta escucharse a sí mismo; *Fig* **I don't like the s. of it** no me gusta nada como suena; **he's angry, by** *or* **from the s. of it** parece que está enfadado *or Am* enojado ▫ ***s. archives*** fonoteca *f*; ***s. barrier*** barrera *f* del sonido; ***s. bite*** frase *f* lapidaria *(en medios de comunicación)*; *Comptr* ***s. card*** tarjeta *f* de sonido; ***s. check*** prueba *f* de sonido; ***s. effects*** efectos *mpl* sonoros *or* de sonido; ***s. engineer*** ingeniero(a) *m,f* de sonido; ***s. system*** equipo *m* de sonido; ***s. wave*** onda *f* sonora

(**b**) *Geog (inlet)* brazo *m* de mar; *(channel)* estrecho *m*

2 *vt* (**a**) *(trumpet)* tocar; *Aut* **to s. one's horn** tocar el claxon *or* la bocina; **to s. the alarm** *(set off device)* hacer sonar la alarma; *Fig* dar la voz de alarma; *Fig* **to s. the retreat** batirse en retirada

(**b**) *(express)* **to s. a note of caution** llamar a la cautela; **to s. a warning** lanzar una advertencia

(**c**) *(pronounce)* pronunciar; **the "h" is not sounded** la "h" no se pronuncia

(**d**) *(measure depth of)* sondar, sondear

(**e**) *Med (chest)* auscultar

3 *vi* (**a**) *(make sound) (of trumpet, bell, alarm)* sonar

(**b**) *(seem)* parecer; **you s. as if** *or* **though you could use a holiday** parece que no te irían mal unas vacaciones; **it sounds to me as if** *or* **though they're telling the truth** me parece que dicen la verdad; **that sounds like trouble!** eso suena a que puede haber problemas; **that sounds like a good idea** eso me parece muy buena idea; **from what people say, he sounds (like) a nice guy** por lo que dice la gente, parece un tipo majo; **how does that s. to you?** *(referring to suggestion)* ¿a ti qué te parece?

(**c**) *(seem from voice, noise made)* sonar; **she sounds French** suena francesa; **it sounds like Mozart** suena a *or* parece Mozart; **he sounded pleased** sonaba contento; **you s. as if** *or* **though you've got a cold** suenas como si estuvieras resfriado

▸**sound off** *vi Fam* despotricar (**about** de)

▸**sound out** *vt sep* **to s. sb out (about sth)** sondear *or* tantear a alguien (acerca de algo)

sound[2] **1** *adj* (**a**) *(healthy)* sano(a); *(solid)* sólido(a); *(in good condition)* en buen estado; **he is of s. mind** tiene pleno uso de sus facultades mentales; IDIOM **to be s. as a bell** *(healthy)* estar más sano(a) que una pera

(**b**) *(argument, reasoning)* sólido(a); *(judgement)* sensato(a); **a s. piece of advice** un consejo sensato; **it makes good s. sense** parece de lo más razonable

(**c**) *(reliable) (investment, business)* seguro(a), sólido(a); *(person)* competente

(**d**) *(acceptable)* aceptable; **environmentally s.** respetuoso(a) con el medio ambiente

(**e**) *(sleep)* profundo(a); **to be a s. sleeper** tener el sueño profundo

2 *adv* **to be s. asleep** estar profundamente dormido(a)

sound-box ['saʊndbɒks] *n (of stringed instrument)* caja *f* de resonancia

sounding board ['saʊndɪŋ'bɔ:d] *n (on pulpit, stage)* tornavoz *m*; *Fig* **I used John as**

a s. puse a prueba mis ideas contándoselas a John

soundings ['saʊndɪŋz] *npl Fig* **to take s.** tantear *or* sondear el terreno

soundly ['saʊndlɪ] *adv* (**a**) *(solidly)* sólidamente (**b**) *(logically)* razonablemente (**c**) *(thoroughly)* **to sleep s.** dormir profundamente; **to thrash sb s.** dar a alguien una buena paliza

soundness ['saʊndnɪs] *n* (**a**) *(healthiness)* buena *f* salud; *(solidity)* solidez *f*; *(good condition)* buen estado *m* (**b**) *(of argument, reasoning)* solidez *f* (**c**) *(reliability)* solidez *f*

soundproof ['saʊndpru:f] **1** *adj* insonorizado(a)

2 *vt* insonorizar

soundtrack ['saʊndtræk] *n* banda *f* sonora

soup [su:p] *n* sopa *f*; IDIOM *Fam* **to be in the s.** estar en un aprieto ▫ ***s. kitchen*** comedor *m* popular; ***s. ladle*** cucharón *m*; ***s. plate*** plato *m* hondo *or* sopero; ***s. spoon*** cuchara *f* sopera

▸**soup up** *vt sep Fam (engine)* trucar

sour ['saʊə(r)] **1** *adj* (**a**) *(fruit, wine)* ácido(a), agrio(a); IDIOM **it's (a case of) s. grapes** es cuestión de despecho (**b**) *(milk)* agrio(a), cortado(a); **to turn s.** *(of milk)* cortarse, agriarse; *Fig (of situation, relationship)* agriarse, echarse a perder ▫ ***s. cream*** *Esp* nata *f or Am* crema *f* de leche agria (**c**) *(person)* agrio(a), áspero(a)

2 *vt* (**a**) *(milk)* cortar, agriar (**b**) *(atmosphere, relationship)* agriar, echar a perder

3 *vi* (**a**) *(of milk)* cortarse, agriarse (**b**) *(of atmosphere, relationship)* agriarse, echarse a perder

source [sɔ:s] *n* (**a**) *(of river)* nacimiento *m* (**b**) *(origin) (of light)* fuente *f*; *(of infection, discontent)* foco *m*; **to trace the s. of sth** buscar el origen de algo; **he's a constant s. of amusement** es una fuente continua de entretenimiento (**c**) *(of information)* fuente *f*; **reliable/official sources** fuentes fidedignas/oficiales; **a s. close to the government** fuentes cercanas al gobierno (**d**) *(text)* **the s. of the play** la fuente de la obra ▫ ***s. material*** documentación *f* (**e**) *Comptr* ***s. code*** código *m* fuente

sourdough ['saʊədəʊ] *n, US* masa *f* fermentada

sourly ['saʊəlɪ] *adv* con acritud, agriamente

sourness ['saʊənɪs] *n* (**a**) *(of fruit, wine)* acidez *f* (**b**) *(of person, remark)* acritud *f*, amargura *f*

sourpuss ['saʊəpʊs] *n Fam* amargado(a) *m,f*

souse [saʊs] *vt* empapar

soused [saʊst] *adj* (**a**) *(pickled)* **s. herrings** arenques *mpl* en vinagre (**b**) *Fam (drunk)* mamado(a), borracho(a) como una cuba

south [saʊθ] **1** *n* sur *m*; **to the s. (of)** al sur (de); **the S. of Spain** el sur de España; **the S.** el Sur

2 *adj* (**a**) *(direction, side)* (del) sur; **S. London** el sur de Londres ▫ ***s. wind*** viento *m* del sur (**b**) *(in names)* ***S. Africa*** Sudáfrica; ***S. African*** sudafricano(a) *m,f*; ***S. America*** Sudamérica, América del Sur; ***S. American*** sudamericano(a) *m,f*; ***S. Carolina*** Carolina del Sur; ***the S. China Sea*** el mar de China (meridional); ***S. Dakota*** Dakota del Sur; ***S. Korea*** Corea del Sur; ***S. Korean*** surcoreano(a) *m,f*; ***the S. Pole*** el Polo Sur; ***the S. Seas*** los mares del Sur

3 *adv* hacia el sur, en dirección sur; **it's (3 miles) s. of here** está (a 3 millas) al sur de aquí; **to face s.** *(of person)* mirar hacia el sur; *(of room)* estar orientado(a) *or* mirar al sur; **to go s.** ir hacia el sur

southbound ['saʊθbaʊnd] *adj (train, traffic)* en dirección sur; **the s. carriageway** la calzada en dirección sur

southeast [saʊθ'i:st] **1** *n* sudeste *m*, sureste *m*

2 *adj (side)* sudeste; *(wind)* del sudeste ▫ ***S. Asia*** el sudeste asiático

3 *adv* al sudeste, en dirección sudeste

southeasterly [saʊθ'i:stəlɪ] **1** *n (wind)* viento *m* del sudeste

2 *adj (direction)* sudeste ▫ ***s. wind*** viento *m* del sudeste

southeastern [saʊθ'i:stən] *adj (region)* del sudeste

southerly ['sʌðəlɪ] **1** *n (wind)* viento *m* del sur

2 *adj (direction)* sur; *(wind)* del sur; **the most s. point** el punto más meridional

southern ['sʌðən] *adj (region, accent)* del sur, meridional; **s. Spain/Europe** el sur de España/Europa, la España/Europa meridional ▫ *Astron* ***the S. Cross*** la Cruz del Sur; ***the s. hemisphere*** el hemisferio sur; ***the s. lights*** la aurora austral

southerner ['sʌðənə(r)] *n* sureño(a) *m,f*

southernmost ['sʌðənməʊst] *adj* más al sur, más meridional

south-facing ['saʊθ'feɪsɪŋ] *adj* orientado(a) al sur

southpaw ['saʊθpɔ:] *n Fam* zurdo(a) *m,f*, *Esp* zocato(a) *m,f*

southward ['saʊθwəd] *adj & adv* hacia el sur

southwards ['saʊθwədz] *adv* hacia el sur

southwest [saʊθ'west] **1** *n* sudoeste *m*, suroeste *m*

2 *adj (side)* sudoeste; *(wind)* del sudoeste

3 *adv* hacia el sudoeste, en dirección sudoeste

southwesterly [saʊθ'westəlɪ] **1** *n (wind)* (viento *m* del) sudoeste *m*

2 *adj (direction)* sudoeste; *(wind)* del sudoeste

3 *adv* hacia el sudoeste

southwestern [saʊθ'westən] *adj (region)* del sudoeste

souvenir [su:və'nɪə(r)] *n also Fig* recuerdo *m*

sou'wester [saʊ'westə(r)] *n (hat)* sueste *m*

sovereign ['sɒvrɪn] **1** *n* (**a**) *(monarch)* soberano(a) *m,f* (**b**) *(coin)* soberano *m*

2 *adj* soberano(a) ▫ ***s. state*** estado *m* soberano

sovereignty ['sɒvrɪntɪ] *n* soberanía *f*

Soviet ['səʊvɪet] *Formerly* **1** *n* (**a**) *(person)* soviético(a) *m,f*; **the Soviets** los soviéticos (**b**) *(body)* soviet *m*

2 *adj* soviético(a); **the S. Union** la Unión Soviética

sow¹ [səʊ] *(pt* **sowed** [səʊd], *pp* **sown** [səʊn] *or* **sowed**) *vt (seeds) & Fig* sembrar; **to s. a field with wheat** sembrar trigo en un campo; *Fig* **to s. doubt in sb's mind** sembrar la duda en la mente de alguien; IDIOM **to s. one's wild oats** darse la gran vida de joven

sow² [saʊ] *n (female pig)* cerda *f*, puerca *f*, *Am* chancha *f*

sown [səʊn] *pp of* **sow¹**

sox [sɒks] *npl US Fam* calcetines *mpl*, *RP* zoquetes *mpl*

soya ['sɔɪə], **soy** [sɔɪ] *n* soja *f* ▫ ***s. bean*** semilla *f* de soja; ***s. milk*** leche *f* de soja; ***s. sauce*** (salsa *f* de) soja *f*

sozzled ['sɒzəld] *adj Fam (drunk)* mamado(a), *Esp* bolinga; **to be s.** estar mamado(a) *or Esp* bolinga; **to get s.** agarrarse un pedo *or Esp* una bolinga

SP [es'pi:] *n (abbr* **starting price**) *(in horse racing)* precio *m* de las apuestas a la salida

spa [spɑ:] *n* balneario *m*

SPACE [speɪs] **1** *n* (**a**) *(room)* espacio *m*, sitio *m*; **the town has a lot of open s.** la ciudad tiene muchos espacios abiertos; **the house has plenty of storage s.** la casa tiene mucho espacio *or* sitio para guardar cosas; **to make s. for sth/sb** hacer sitio para algo/alguien; **to take up a lot of s.** ocupar mucho espacio *or* sitio; *Fig* **I need you to give me more s.** necesito que me des más tiempo para mí

(**b**) *(individual place)* sitio *m*; *(on printed form)* espacio *m* (en blanco); **leave a s. between the lines** deja un espacio entre las líneas; **a parking s.** un sitio para estacionar *or Esp* aparcar; **wide open spaces** grandes extensiones *fpl*; **she cleared a s. on her desk** hizo un sitio en su mesa; **watch this s. for more details** les seguiremos informando ▫ ***s. bar*** *(on keyboard)* barra *f* espaciadora; ***s. heater*** radiador *m*

(**c**) *(area all around)* espacio *m*; **s. and time** espacio y tiempo; **to stare into s.** mirar al vacío

(**d**) *(gap)* hueco *m*

(**e**) *(period of time)* espacio *m*, intervalo *m*; **a short s. of time** un breve espacio de tiempo; **in the s. of a year** en el espacio de un año

(**f**) *(outer space)* espacio *m*; **in s.** en el espacio ▫ ***the s. age*** la era espacial; *Fam* ***s. cadet:* he's a bit of a s. cadet** está un poco colgado, está *or* anda siempre como alucinado; ***s. capsule*** cápsula *f* espacial; ***s. exploration*** exploración *f* espacial *or* del espacio; ***s. flight*** *(travel)* viajes *mpl* espaciales *or* por el espacio; *(journey)* un viaje espacial; ***S. Invaders®*** marcianitos *mpl*; ***s. probe*** sonda *f* espacial; ***the s. race*** la carrera espacial; ***s. rocket*** cohete *m* espacial; ***s. shuttle*** transbordador *m* espacial; ***s. sickness*** enfermedad *f* del espacio; ***s. station*** estación *f* espacial; ***s. suit*** traje *m* espacial; ***s. travel*** viajes *mpl* espaciales; ***s. walk*** paseo *m* espacial

2 *vt* espaciar

▸**space out 1** *vt sep* **(a)** *(arrange with gaps)* espaciar, separar; **the seminars are spaced out over several weeks** los seminarios se celebrarán a lo largo de varias semanas **(b)** *very Fam (stupefy)* **to be spaced out** estar atontado(a)

2 *vi (move apart)* apartarse

---

space-age ['speɪseɪdʒ] *adj* de la era espacial

spacecraft ['speɪskrɑːft] *n* nave *f* espacial, astronave *f*

spacelab ['speɪslæb] *n* laboratorio *m* espacial

spaceman ['speɪsmæn] *n* astronauta *m*

spaceship ['speɪsʃɪp] *n* nave *f* espacial

space-time ['speɪs'taɪm] *n* espacio-tiempo *m* ▫ ***s. continuum*** espacio-tiempo *m*

spacewoman ['speɪswʊmən] *n* astronauta *f*

spacing ['speɪsɪŋ] *n* espacio *m*; *Typ* **double s.** doble espacio

spacious ['speɪʃəs] *adj* espacioso(a)

spaciousness ['speɪʃəsnɪs] *n* espaciosidad *f*

spade [speɪd] *n* **(a)** *(tool)* pala *f*; IDIOM **to call a s. a s.** llamar a las cosas por su nombre, llamar al pan pan y al vino vino **(b)** *(in cards)* **spades** picas *fpl*; IDIOM *Fam* **to have sth in spades** tener algo en cantidades industriales *or Esp* a porrillo

spadeful ['speɪdfʊl] *n* palada *f*

spadework ['speɪdwɜːk] *n* trabajo *m* previo *or* preliminar

spaghetti [spə'getɪ] *n* espaguetis *mpl* ▫ ***s. bolognese*** espaguetis a la boloñesa; ***s. western*** spaghetti western *m*

Spain [speɪn] *n* España

Spam® [spæm] *n* = fiambre de cerdo en conserva

spam [spæm] *Comptr* **1** *n* correo *m* basura

2 *vt* enviar correo basura a

3 *vi* enviar correo basura

spammer ['spæmə(r)] *n Comptr* = persona que envía correo basura

span¹ [spæn] **1** *n* **(a)** *(of hand)* palmo *m*; *(of wing)* envergadura *f* **(b)** *(of arch)* luz *f*, vano *m*; *(of bridge)* arcada *f*, ojo *m* **(c)** *(of time)* período *m*, lapso *m* **(d)** *(of knowledge, interests)* repertorio *m*, gama *f*

2 *vt* (*pt & pp* **spanned**) **(a)** *(of bridge)* atravesar, cruzar **(b)** *(of life, knowledge)* abarcar; **his career spanned half a century** su carrera abarcó medio siglo

span² *pt of* **spin**

Spandex ['spændeks] *n* fibra *f* de poliuretano

spangled ['spæŋgəld] *adj* de lentejuelas

Spanglish ['spæŋglɪʃ] *n* spanglish *m*

Spaniard ['spænɪəd] *n* español(ola) *m,f*

spaniel ['spænjəl] *n* spaniel *m*

Spanish ['spænɪʃ] **1** *npl (people)* **the S.** los españoles

2 *n (language)* español *m*, castellano *m*; **S. class/teacher** clase *f*/profesor(ora) *m,f* de español

3 *adj* español(ola) ▫ ***the S. Armada*** la Armada Invencible; ***the S. Civil War*** la guerra civil española; ***S. guitar*** guitarra *f* española; ***the S. Inquisition*** la (Santa) Inquisición; ***S. omelette*** tortilla *f* española *or* de *Esp* patatas *or Am* papas; ***S. onion*** cebolla *f* española

spank [spæŋk] **1** *n* **to give sb a s.** darle un azote a alguien

2 *vt* dar unos azotes a, azotar

spanking ['spæŋkɪŋ] **1** *n* azotaina *f*, zurra *f*; **to give sb a s.** dar a alguien una azotaina

2 *adv Fam* **s. new** flamante; **they had a s. good time** se lo pasaron bomba *or* en grande

spanner ['spænə(r)] *n Br* llave *f* plana *(herramienta)*; IDIOM **to throw a s. in the works** fastidiar el asunto

spar¹ [spɑː(r)] *n (on ship)* palo *m*, verga *f*

spar² (*pt & pp* **sparred**) *vi* **to s. with sb** *(in boxing)* entrenar con alguien como sparring; *(argue)* discutir en tono cordial con alguien

---

SPARE ['speə(r)] **1** *n* **(a)** *(spare part)* (pieza *f* de) recambio *m or* repuesto *m*; *(tyre)* rueda *f* de repuesto *or RP* de auxilio, *Méx* llanta *f* de refacción

(b) *(in bowling)* semipleno *m*

2 *adj* **(a)** *(available)* de más; *(surplus)* sobrante; **do you have a s. pencil?** ¿tienes un lápiz de sobra?; **a s. moment** un rato libre; **I always take a s. pair of socks with me** siempre llevo un par de calcetines de más; **we've got plenty of s. sheets** tenemos muchos juegos de sábanas de sobra; **is this seat s.?** ¿está libre este asiento?; **to be going s.** sobrar ▫ ***s. key*** llave *f* extra *or* adicional; ***s. parts*** recambios *m or* repuestos *m*, piezas *fpl* de recambio *or* repuesto; ***s. ribs*** costillas *fpl* de cerdo *or* puerco *or Am* chancho; ***s. room*** habitación *f* de invitados; ***s. time*** tiempo *m* libre; ***s. tyre*** rueda *f* de repuesto *or RP* de auxilio, *Méx* llanta *f* de refacción; *Br Fam Fig (around waist)* michelines *mpl*, *Méx* llantas *fpl*, *RP* rollos *mpl*; ***s. wheel*** rueda *f* de repuesto *or RP* de auxilio, *Méx* llanta *f* de refacción

(b) *(frugal) (meal, style, room)* sobrio(a), sencillo(a)

(c) *Literary (tall and lean) (person, build)* enjuto(a)

(d) *Br Fam (angry)* **to go s.** subirse por las paredes, *Méx* ponerse como agua para chocolate, *RP* ponerse verde

3 *vt* **(a)** *(go without)* **can you s. the time?** ¿tienes tiempo?; **thank you for sparing the time to talk to me** gracias por sacar tiempo para hablar conmigo; **could you s. me some milk?** ¿puedes dejarme un poco de leche?; **can you s. me some change, please?** ¿me podría dar algo, por favor?; **I'm afraid we can't s. you next week** me temo que no podemos prescindir de ti la próxima semana; **to s. a thought for sb** acordarse de alguien; **have you got any paper to s.?** ¿no te sobrará algo de papel?; **to have no time to s.** no tener ni un minuto libre, no poder entretenerse; **they arrived with five minutes to s.** llegaron cinco minutos antes; **they won with plenty to s.** ganaron sin despeinarse; PROV **s. the rod and spoil the child** hay que recurrir al castigo para lograr resultados

(b) *(in negative constructions)* **to s. no expense/effort** no reparar en gastos/ esfuerzos

(c) *(save)* **to s. sb the trouble of doing sth** ahorrar a alguien las molestias de hacer algo; **at least we were spared that indignity** al menos nos libramos de esa indignidad; **s. me the details!** ¡ahórrame los detalles!; *Br* **to s. sb's blushes** ahorrarle el bochorno a alguien

(d) *(show mercy towards)* **we begged him to s. us** le pedimos que se apiadara de nosotros; **nobody was spared** no perdonaron a nadie; **not one of the buildings was spared by the storm** ningún edificio se libró de la tormenta; **to s. sb's life** perdonarle la vida a alguien; **to s. sb's feelings** ahorrar sufrimientos a alguien

---

spare-part surgery ['speə'pɑːt'sɜːdʒərɪ] *n* cirugía *f* de transplantes

sparing ['speərɪŋ] *adj* parco(a) **(with** en); **to be s. with the salt** no derrochar la sal; **to be s. with praise** no prodigarse mucho en elogios, ser parco en elogios

sparingly ['speərɪŋlɪ] *adv* con moderación, parcamente

spark [spɑːk] **1** *n* **(a)** *(electrical, from fire)* chispa *f*; *Fig* **sparks flew** salían chispas; **he hasn't a s. of imagination** no tiene ni gota *or* chispa de imaginación **(b)** *Aut* ***s. plug*** bujía *f*

2 *vi* echar chispas

▸**spark off** *vt sep* desencadenar

sparking plug ['spɑːkɪŋplʌg] *n Aut* bujía *f*

sparkle ['spɑːkəl] **1** *n* **(a)** *(of light, eyes, diamond)* destello *m* **(b)** *(of person)* chispa *f*; **the s. had gone out of their marriage** su matrimonio ya no tenía ninguna chispa

2 *vi* **(a)** *(of light, eyes, diamond)* destellar **(b)** *(of person, conversation)* brillar, ser chispeante

sparkler ['spɑːklə(r)] *n* **(a)** *(firework)* bengala *f* **(b)** *Fam (diamond)* diamante *m*

sparkling ['spɑːklɪŋ] *adj* **(a)** *(light, eyes, diamond)* centelleante, brillante **(b)** *(conversation)* chispeante **(c)** *(effervescent)* ***s. wine*** vino *m* espumoso

sparring partner ['spɑːrɪŋ'pɑːtnə(r)] *n (in boxing)* sparring *m*; *Fig* contertulio(a) *m,f*

sparrow ['spærəʊ] *n* gorrión *m*

sparrowhawk ['spærəʊhɔːk] *n* gavilán *m*

sparse [spɑːs] *adj (population)* disperso(a); *(information)* somero(a), escaso(a); *(hair)* ralo(a)

sparsely ['spɑːslɪ] *adv (populated)* poco, dispersamente; *(covered)* escasamente, someramente; **s. furnished** poco amueblado(a)

Spartan ['spɑ:tən] *n & adj also Fig* espartano(a) *m,f*

spasm ['spæzəm] *n* (**a**) *Med* espasmo *m* (**b**) *Fig (of coughing, jealousy)* acceso *m*; *(of activity)* arranque *m*

spasmodic [spæz'mɒdɪk] *adj* (**a**) *(irregular)* intermitente, con altibajos (**b**) *Med* espasmódico(a)

spasmodically [spæz'mɒdɪklɪ] *adv (irregularly)* intermitentemente

spastic ['spæstɪk] *n* (**a**) *Med* enfermo(a) *m,f* de parálisis cerebral (**b**) *very Fam (idiot)* subnormal *m,f*, inútil *mf*

spat[1] [spæt] *n* (**a**) *Fam (quarrel)* rifirrafe *m*, bronca *f* (**b**) *(worn over shoe)* polaina *f*

spat[2] *pt & pp of* **spit**[2]

spate [speɪt] *n (of letters, crimes)* oleada *f*; **to be in full s.** *(of river)* estar *or* bajar muy crecido; *Fig (of speaker)* estar en plena arenga

spatial ['speɪʃəl] *adj* espacial ▫ ***s. awareness*** percepción *f* espacial, conciencia *f* del espacio

spatter ['spætə(r)] **1** *vt* salpicar (**with** de)
2 *vi* salpicar

spatula ['spætjʊlə] *n* espátula *f*

spawn [spɔ:n] **1** *n (of frog, fish)* hueva *f*
2 *vt (give rise to)* generar
3 *vi (of fish)* desovar

spawning-ground ['spɔ:nɪŋ'graʊnd] *n* (**a**) *Zool* zona *f* de desove (**b**) *(for ideas, gossip)* caldo *m* de cultivo

spay [speɪ] *vt* esterilizar

spaz [spæz] *n very Fam* subnormal *mf*

SPCA [espi:si:'eɪ] *n US (abbr* **Society for the Prevention of Cruelty to Animals**) ≃ Sociedad Protectora de Animales

SPEAK [spi:k] **1** *vt (pt* **spoke** [spəʊk], *pp* **spoken** ['spəʊkən]) (**a**) *(utter)* pronunciar; **she always speaks her mind** siempre dice lo que piensa; **to s. the truth** decir la verdad; **nobody spoke a word** nadie dijo nada
(**b**) *(language)* hablar; **to s. Spanish** hablar español; **Spanish spoken** *(sign)* se habla español
2 *vi* (**a**) *(talk)* hablar, *Am* conversar, *Méx* platicar; **to s. to** *or* **with sb (about)** hablar *or Am* conversar *or Méx* platicar con alguien (de); **I'll s. to him about it** *(tell off)* hablaré con él al respecto; **s. to me!** ¡háblame!; **I'm not speaking to him** no me hablo con él; **they're not speaking (to each other)** no se hablan; **I know her to s. to** la conozco lo bastante como para hablar con ella; **s. when you're spoken to** habla solamente cuando te dirijan la palabra; **to s. too soon** hablar antes de tiempo; **legally/morally speaking** (hablando) en términos legales/morales; **so to s.** por así decirlo
(**b**) *(on phone)* **could I s. to Melissa?** ¿podría hablar con Melissa?; **we spoke (on the phone) yesterday** hablamos (por teléfono) ayer; **who's speaking?** ¿de parte de quién?; **Mr Curry? — yes, speaking** ¿el señor Curry? — sí, soy yo *or* al aparato
(**c**) *(give a speech)* dar una charla; **to s. for/against a motion** hablar a favor de/en contra de una moción; **she spoke for over an hour** habló durante más de una hora; **he spoke on the subject of...** el tema de su charla fue...
3 *n Pej* **computer/advertising s.** jerga *f* informática/publicitaria

▸**speak for** *vt insep* (**a**) *(talk on behalf of)* hablar en nombre de; **I'm quite capable of speaking for myself!** ¡que sé hablar!; **s. for yourself!** ¡no pluralices!; **the facts s. for themselves** los hechos hablan por sí solos *or* mismos (**b**) *(claim)* **the remaining places have all been spoken for** los sitios que quedan ya han sido adjudicados; **I'm spoken for** *(I have a boyfriend/girlfriend)* estoy ocupado(a)

▸**speak of** *vt insep* (**a**) *(talk about)* hablar de; **speaking of holidays...** hablando de vacaciones...; **speaking of which...** hablando de lo cual...; **we haven't got any savings to s. of** no tenemos ningunos ahorros dignos de mención; **there was no snow to s. of** apenas había nieve; **it's not much** *or* **nothing to s. of** no es nada del otro mundo (**b**) *(indicate)* **her performance speaks of a great future** su actuación anuncia un gran futuro

▸**speak out** *vi* hablar abiertamente (**against** en contra de)

▸**speak up** *vi* (**a**) *(talk louder)* hablar más alto, levantar la voz (**b**) *(express opinion)* hablar; **to s. up for sb** hablar en favor de alguien

speakeasy ['spi:ki:zɪ] *n* = bar clandestino durante la ley seca

speaker ['spi:kə(r)] *n* (**a**) *(person) (in conversation, on radio)* interlocutor(ora) *m,f*; *(at meeting)* orador(ora) *m,f*; *(at conference)* conferenciante *mf*, orador(ora) *m,f*, *Am* conferencista *mf*; **she's a good s.** es (una) buena oradora (**b**) *(of language)* hablante *mf* (**c**) *Parl* **the S.** el/la presidente(a) de la Cámara de los Comunes (**d**) *(loudspeaker)* altavoz *m*, *Am* altoparlante *m*, *Am* parlante *m*, *Méx* bocina *f*

speaking ['spi:kɪŋ] *adj (doll, robot)* parlante; *Th Cin* **a s. part** un papel con diálogo; **to be on s. terms** *(after a quarrel)* haber hecho las paces; **we're barely on s. terms** apenas nos dirigimos la palabra ▫ ***s. clock*** información *f* horaria

spear ['spɪə(r)] **1** *n (for thrusting)* lanza *f*; *(for throwing)* jabalina *f*
2 *vt (food)* pinchar

spearhead ['spɪəhed] **1** *n also Fig* punta *f* de lanza
2 *vt (attack, campaign)* encabezar

spearmint ['spɪəmɪnt] *n* (**a**) *(plant)* hierbabuena *f* (**b**) *(flavour)* menta *f*

spec [spek] *n Fam* **to do sth on s.** hacer algo por si acaso

speccy ['spekɪ] *Br Fam n* cuatro ojos *mf inv*, *Esp* gafotas *mf inv*, *RP* anteojudo(a) *m,f*

special ['speʃəl] **1** *n* (**a**) *(on menu)* plato *m* del día
(**b**) *(TV programme)* (programa *m*) especial *m*
(**c**) *(train)* tren *m* especial
2 *adj* especial; **we have no s. plans** no tenemos ningún plan en especial; **we didn't do anything s.** *(on holiday, at weekend)* no hicimos nada especial *or* nada de particular; **you're very s. to me** tienes un lugar muy especial en mi corazón; **she thinks she's something s.** se cree muy importante *or* especial; **what's so s. about the 9th of November?** ¿qué tiene de especial el 9 de noviembre?; **it's nothing s.** no es nada del otro mundo; **on s. occasions** en ocasiones especiales ▫ ***s. agent*** agente *mf* especial; *Br* ***S. Branch*** = servicio policial de seguridad del Estado; ***s. constable*** policía *mf* de reserva; ***s. delivery*** envío *m* urgente, *Esp* ≃ postal exprés *m*; ***s. education*** educación *f* especial; ***s. educational needs*** necesidades *fpl* educativas especiales; *Cin* ***s. effects*** efectos *mpl* especiales; ***s. interest group*** grupo *m* con intereses especiales; ***s. licence*** = licencia que permite el matrimonio sin correr las amonestaciones; ***s. needs*** necesidades *fpl* especiales; ***s. offer*** oferta *f* especial; *Law* ***s. pleading*** alegatos *mpl* especiosos; *Pol* ***s. powers*** competencias *fpl* extraordinarias; ***s. school*** escuela *f* para alumnos con necesidades especiales; ***s. stage*** *(in rallying)* etapa *f* especial; ***s. teams*** *(in American football)* = equipos de jugadores especializados en determinadas jugadas

specialism ['speʃəlɪzəm] *n (subject)* especialidad *f*

specialist ['speʃəlɪst] **1** *n* especialista *mf*; *Med* **heart s.** cardiólogo(a) *m,f*; *Med* **cancer s.** oncólogo(a) *m,f*
2 *adj (knowledge)* especializado(a) ▫ ***s. subject*** especialidad *f*

speciality [speʃɪ'ælɪtɪ], *US* **specialty** ['speʃəltɪ] *n* especialidad *f*; **a s. of the region** una especialidad típica de la región

specialization [speʃəlaɪ'zeɪʃən] *n (process)* especialización *f*; *(subject)* especialidad *f*

specialize ['speʃəlaɪz] *vi* especializarse (**in** en)

specialized ['speʃəlaɪzd] *adj* especializado(a)

specially ['speʃəlɪ] *adv (in particular)* especialmente; **it isn't s. interesting/entertaining** no es especialmente interesante/divertido; **she had a dress s. made** le hicieron un vestido para la ocasión

specialty *US* = **speciality**

specie ['spi:ʃɪ] *n Fin (coins)* monedas *fpl*; **in s.** con *or* en monedas

species ['spi:ʃi:z] (*pl* **species**) *n* especie *f*

specific [spɪ'sɪfɪk] **1** *npl* **specifics** detalles *mpl*
2 *adj* (**a**) *(particular) (case, task, sequence)* específico(a); **for no s. reason** sin ningún motivo en particular; **to be s. to** ser específico(a) *or* propio(a) de ▫ *Phys* ***s. gravity*** peso *m* específico (**b**) *(explicit) (command, instructions)* preciso(a),

concreto(a); **to be s.,...** para ser más precisos,...; **to be s. about sth** ser claro(a) respecto a algo; **could you be more s.?** ¿podrías especificar *or* concretar más?

specifically [spɪˈsɪfɪklɪ] *adv* (**a**) *(expressly)* específicamente; **I s. asked for a window seat** especifiqué que quería un asiento de ventanilla (**b**) *(precisely)* precisamente, concretamente

specification [spesɪfɪˈkeɪʃən] *n* especificación *f*; **specifications** *(of machine)* especificaciones *fpl or* características *fpl* técnicas

specify [ˈspesɪfaɪ] *vt* especificar; **as specified** *(in rules, agreement)* de acuerdo con lo estipulado

specimen [ˈspesɪmɪn] *n (of mineral, handwriting, blood)* muestra *f*; *Fam* **he's an odd s.** es un bicho raro; *Fam* **he's a fine s.!** ¡es un buen ejemplar! ❑ ***s. copy*** ejemplar *m* de muestra

specious [ˈspiːʃəs] *adj Formal* especioso(a), engañoso(a)

speck [spek] *n (of dust, dirt)* mota *f*; *(of paint, ink)* gotita *f*; **a s. on the horizon** un punto en el horizonte

speckled [ˈspekəld] *adj* moteado(a)

specs [speks] *npl Fam* (**a**) *(spectacles)* gafas *fpl*; **a pair of s.** unas gafas (**b**) *Comptr* especificaciones *fpl*

spectacle [ˈspektəkəl] *n* (**a**) *(show, sight)* espectáculo *m*; **to make a s. of oneself** dar el espectáculo, dar el número (**b**) **spectacles** *(glasses)* gafas *fpl*, *Am* lentes *fpl*, *Am* anteojos *mpl;* **a pair of spectacles** unas gafas ❑ ***s. case*** *(hard)* estuche *m* de gafas; *(soft)* funda *f* de gafas

spectacular [spekˈtækjʊlə(r)] **1** *n Th* espectáculo *m* grandioso

2 *adj* espectacular

spectacularly [spekˈtækjʊləlɪ] *adj* espectacularmente, de forma espectacular; **to fail s.** fracasar estrepitosamente; **the movie was s. bad** la película era tremendamente mala

spectate [spekˈteɪt] *vi* ser espectador(ora)

spectator [spekˈteɪtə(r)] *n* espectador(ora) *m,f*; **the spectators** el público, los espectadores ❑ ***s. sport*** deporte *m* de masas

specter *US* = **spectre**

spectral [ˈspektrəl] *adj* espectral

spectre, *US* **specter** [ˈspektə(r)] *n* espectro *m*

spectrogram [ˈspektrəgræm] *n* espectrograma *m*

spectrometer [spekˈtrɒmɪtə(r)] *n* espectrómetro *m*

spectrum [ˈspektrəm] (*pl* **spectra** [ˈspektrə]) *n also Fig* espectro *m*; **the whole s. of political views** todo el espectro *or* abanico de ideas políticas

speculate [ˈspekjʊleɪt] *vi* especular (**about** sobre)

speculation [spekjʊˈleɪʃən] *n* especulación *f*

speculative [ˈspekjʊlətɪv] *adj* especulativo(a)

speculatively [ˈspekjʊlətɪvlɪ] *adv* de forma especulativa, haciendo especulaciones

speculator [ˈspekjʊleɪtə(r)] *n Fin* especulador(ora) *m,f*

speculum [ˈspekjʊləm] (*pl* **specula** [ˈspekjʊlə]) *n Med* espéculo *m*

sped [sped] *pt & pp of* **speed**

speech [spiːtʃ] *n* (**a**) *(faculty)* habla *f* ❑ ***s. defect*** *or* ***impediment*** defecto *m* del habla *or* de dicción; *Comptr* ***s. recognition*** reconocimiento *m* de voz; ***s. therapist*** logopeda *mf*; ***s. therapy*** logopedia *f* (**b**) *(language)* habla *f*, lenguaje *m* (**c**) *(of politician, at conference)* discurso *m*; *Th* parlamento *m*; **to give** *or* **make a s.** dar *or* pronunciar un discurso ❑ *Br Sch* ***s. day*** ceremonia *f* de fin de curso (**d**) *Gram* **part of s.** categoría *f* gramatical; **direct/ indirect s.** estilo *m* directo/indirecto

speechify [ˈspiːtʃɪfaɪ] *vi Fam* soltar un rollo, perorar

speechless [ˈspiːtʃlɪs] *adj* sin habla; **to be left s.** quedarse sin habla

speechwriter [ˈspiːtʃraɪtə(r)] *n* redactor(ora) *m,f* de discursos

speed [spiːd] **1** *n* (**a**) *(rate of movement)* velocidad *f*; *(quickness)* rapidez *f*; **the s. of light/of sound** la velocidad de la luz/del sonido; **what s. was he going at** *or* **doing?** ¿a qué velocidad iba?, ¿qué velocidad llevaba?; **at s.** a gran velocidad; **to gather** *or* **pick up s.** ganar *or* cobrar velocidad; **to lose s.** perder velocidad; IDIOM *Fam* **to be up to s. on sth** estar al tanto *or* corriente de algo ❑ ***s. bump*** resalto *m (de moderación de velocidad)*, *Arg* despertador *m*, *Méx* tope *m*; ***s. camera*** cámara *f* de control de velocidad; *Fam* ***s. cop*** policía *mf* de tráfico *or RP* caminera *(en carretera)*; ***s. limit*** límite *m* de velocidad; *Fam* ***s. merchant*** infractor(ora) *m,f* del límite de velocidad; ***s. skating*** patinaje *m* de velocidad; ***s. trap*** control *m* de velocidad por radar

(**b**) *(gear)* marcha *f*, velocidad *f*; **a five-s. gearbox** una caja de cambios de cinco marchas

(**c**) *Fam (drug)* anfetas *fpl*, speed *m*

2 *vi* (*pt & pp* **sped** [sped] *or* **speeded**) (**a**) *(go fast)* avanzar rápidamente; *(hurry)* precipitarse; **to s. along** ir muy rápido; **to s. away** marcharse rápidamente; **to s. past/by** pasar a toda velocidad

(**b**) *Aut (exceed speed limit)* sobrepasar el límite de velocidad; **I was caught speeding** *Esp* me cogieron conduciendo demasiado deprisa, *Am* me agarraron manejando demasiado deprisa

(**c**) *Fam (on drugs)* **to be speeding** estar *or* ir puesto(a) de speed

▸**speed off** *vi* salir disparado(a)

▸**speed up 1** *vt sep (process)* acelerar; *(person)* apresurar

2 *vi (of car)* acelerar; *(of process)* acelerarse; *(of person)* apresurarse, *Am* apurarse

speedboat [ˈspiːdbəʊt] *n* motora *f*, planeadora *f*

speedily [ˈspiːdɪlɪ] *adv* rápidamente

speeding [ˈspiːdɪŋ] *n Aut* **I was stopped for s.** me pararon por exceso de velocidad

speedometer [spiːˈdɒmɪtə(r)] *n Aut* velocímetro *m*

speedway [ˈspiːdweɪ] *n* carreras *fpl* de motos

speedy [ˈspiːdɪ] *adj* rápido(a); **to wish sb a s. recovery** desearle a alguien una pronta recuperación

speleology [spiːlɪˈɒlədʒɪ] *n* espeleología *f*

spell[1] [spel] *n* hechizo *m*, encantamiento *m*; **to cast a s. over sb** hechizar *or* encantar a alguien; *Fig* **to break the s.** romper la magia del momento; *Fig* **to be under a s.** estar hechizado(a); *Fig* **to be under sb's s.** estar cautivado(a) *or* fascinado(a) (por alguien)

spell[2] *n* (**a**) *(period)* período *m*, temporada *f*; **a good/bad s.** una buena/mala racha (**b**) *(of weather)* periodo *m*, intervalo *m*; **a cold s.** una ola de frío; **sunny spells** intervalos *mpl* soleados (**c**) *(turn)* turno *m*; **she offered to do a s. at the wheel** se ofreció para *Esp* conducir *or Am* manejar un rato

spell[3] (*pt & pp* **spelt** [spelt] *or* **spelled**) **1** *vt* (**a**) *(write correctly)* deletrear; **how do you s. it?** ¿cómo se escribe? (**b**) *(signify)* suponer; **to s. disaster** suponer un desastre

2 *vi* escribir sin faltas; **he can't s.** tiene muchas faltas de ortografía

▸**spell out** *vt sep* (**a**) *(word)* deletrear (**b**) *(explain explicitly)* explicar claramente; **do I have to s. it out for you?** ¿cómo te lo tengo que decir?

spellbinding [ˈspelbaɪndɪŋ] *adj* cautivador(ora), fascinante

spellbound [ˈspelbaʊnd] *adj* hechizado(a)

spell-check [ˈspeltʃek] *Comptr* **1** *n* **to do a s. on a text** pasar el corrector ortográfico a un texto

2 *vt* corregir *or* revisar la ortografía de

spell-checker [ˈspeltʃekə(r)] *n Comptr* corrector *m* ortográfico

speller [ˈspelə(r)] *n US (book)* manual *m* de ortografía

spelling [ˈspelɪŋ] *n* ortografía *f*; **to be good/bad at s.** tener buena/mala ortografía ❑ ***s. mistake*** falta *f* de ortografía; *Comptr* ***s. checker*** corrector *m* ortográfico

spelt [spelt] *pt & pp of* **spell**[3]

spelunking [speˈlʌŋkɪŋ] *n* espeleología *f*

spend [spend] (*pt & pp* **spent** [spent]) *vt* (**a**) *(money)* gastar (**on** en) (**b**) *(time)* pasar; **to s. time on sth** dedicar tiempo a algo; **to s. time doing sth** pasar tiempo haciendo algo; **she spent several years in Canada** pasó varios años en Canadá (**c**) *(exhaust)* agotar; **the storm had spent its force** la tormenta había amainado (**d**) IDIOMS *Euph* **to s. a penny** *(go to lavatory)* hacer sus necesidades; **to s. the night with sb** pasar la noche con alguien

spender ['spendə(r)] *n* **to be a high/low s.** gastar mucho/poco

spending ['spendɪŋ] *n* gasto *m*; **s. on health** el gasto sanitario; **cuts in s.** recortes *mpl* presupuestarios; **consumer s.** el gasto *or* consumo privado; **public s.** el gasto público; **to go on a s. spree** salir a gastar a lo loco ❑ ***s. money*** dinero *m* para gastos; ***s. power*** poder *m* adquisitivo

spendthrift ['spendθrɪft] *n* despilfarrador(ora) *m,f*, manirroto(a) *m,f*

spent [spent] **1** *adj* **(a)** *(fuel, ammunition)* usado(a) **(b)** *(exhausted)* agotado(a); **to be a s. force** ser una fuerza devaluada
2 *pt & pp of* **spend**

sperm [spɜ:m] *n* **(a)** *(semen)* esperma *m*, semen *m*; *(spermatozoon)* espermatozoide *m* ❑ ***s. bank*** banco *m* de semen; ***s. count*** recuento *m* espermático *or* de espermatozoides; ***s. donor*** donante *m* de semen **(b)** *Zool* ***s. whale*** cachalote *m*

spermatozoon [spɜ:mətə'zəʊɒn] (*pl* **spermatozoa** [spɜ:mətə'zəʊə]) *n Biol* espermatozoide *m*, espermatozoo *m*

spermicidal [spɜ:mɪ'saɪdəl] *adj* espermicida

spermicide ['spɜ:mɪsaɪd] *n* espermicida *m*

spew [spju:] **1** *vt* **(a)** *(of chimney, volcano)* arrojar **(b)** *Fam (vomit)* devolver, vomitar; **to s. one's guts up** echar *or* devolver hasta la primera papilla
2 *vi Fam* devolver, vomitar

sphere [sfɪə(r)] *n also Fig* esfera *f*; **that's outside my s.** eso está fuera de mi ámbito; **s. of influence** ámbito *m* de influencia

spherical ['sferɪkəl] *adj* esférico(a)

sphincter ['sfɪŋktə(r)] *n Anat* esfínter *m*

sphinx [sfɪŋks] *n* esfinge *f*

spic, spick [spɪk] *n US very Fam* = término ofensivo para referirse a un latino

spice [spaɪs] **1** *n* **(a)** *(seasoning)* especia *f* ❑ ***s. rack*** especiero *m* **(b)** *(interest, excitement)* chispa *f*; **to add s. to a story** darle *or* añadirle salsa a una historia
2 *vt (food)* sazonar, especiar

▸**spice up** *vt sep (make more exciting)* dar chispa a

spick[1] [spɪk] *adj* **s. and span** como los chorros del oro, impecable

spick[2] = **spic**

spicy ['spaɪsɪ] *adj* **(a)** *(food) (seasoned with spices)* especiado(a), sazonado(a); *(hot)* picante **(b)** *(story, gossip)* jugoso(a), picante

spider ['spaɪdə(r)] *n* araña *f* ❑ ***s. crab*** centollo *m*, centolla *f*; ***s. monkey*** mono *m* araña; ***s. plant*** cinta *f*; *Br* ***s.'s*** *or US* ***s. web*** tela *f* de araña, telaraña *f*;

spidery ['spaɪdərɪ] *adj* **s. handwriting** letra *f* de trazos largos y finos

spiel [spi:l] *n Fam* rollo *m*

spiffing ['spɪfɪŋ] *adj Br Fam Old-fashioned* fenomenal

spigot ['spɪgət] *n* **(a)** *(plug)* espita *f* **(b)** *(tap)* grifo *m*, *Chile, Col, Méx* llave *f*, *RP* canilla *f*

spike [spaɪk] **1** *n* **(a)** *(point)* pincho *m* **(b)** **spikes** *(running shoes)* zapatillas *fpl* de clavos
2 *vt* **to s. sb's guns** *(spoil plans)* chafarle los planes a alguien; **to s. sb's drink** añadir licor a la bebida de alguien

spiky ['spaɪkɪ] *adj* espinoso(a); *(hair)* de punta

spill [spɪl] **1** *vt* (*pt & pp* **spilt** [spɪlt] *or* **spilled**) *(liquid, salt)* derramar; IDIOM *Fam* **to s. the beans** *Esp* descubrir el pastel, *Am* destapar la olla
2 *vi* **(a)** *(of liquid)* derramarse **(b)** *(of audience, crowd)* **to s. (out) onto the street** invadir la calle
3 *n* **(a)** *(of liquid)* derrame *m* **(b)** *(fall)* **to take a s.** tener una caída **(c)** *(of wood)* astilla *f*; *(of paper)* rollito *m* de papel

▸**spill over** *vi (of liquid)* rebosar; *Fig (of conflict)* extenderse (**into** a)

spillage ['spɪlɪdʒ] *n* derrame *m*

spilt [spɪlt] *pt & pp of* **spill**

spin [spɪn] **1** *n* **(a)** *(turning movement)* giro *m*; **to go into a s.** *(of car)* empezar a dar vueltas; *(of plane)* entrar en barrena; IDIOM **to go into a (flat) s.** ponerse hecho(a) un flan
(b) *(in washing machine)* centrifugado *m*
(c) *(short drive)* **to go for a s.** *(in car)* ir a dar una vuelta
(d) *(on ball)* efecto *m*; **to put s. on a ball** dar efecto a una pelota
(e) *Pol (on news story)* sesgo *m*; **to put the right s. on a story** dar el sesgo adecuado a una noticia ❑ ***s. doctor*** asesor(ora) *m,f* político(a) *(para dar buena prensa a un partido o político)*
2 *vt* (*pt* **span** [spæn], *pp* **spun** [spʌn]) **(a)** *(wool, cotton)* hilar
(b) *(web)* tejer
(c) *(wheel, top)* (hacer) girar; **to s. a coin** echar a cara o cruz *or Chile, Col* cara o sello *or Méx* águila o sol *or RP* cara o seca
(d) *(spin-dry)* centrifugar
3 *vi (of wheel, spinning top, dancer)* dar vueltas, girar; **my head's spinning** me da vueltas la cabeza; **the room's spinning** todo me da vueltas

▸**spin out** *vt sep (speech, debate)* alargar; *(money)* estirar

▸**spin round** *vi* girarse, darse la vuelta

spina bifida ['spaɪnə'bɪfɪdə] *n Med* espina *f* bífida

spinach ['spɪnɪtʃ] *n* espinacas *fpl*

spinal ['spaɪnəl] *adj Anat* espinal ❑ ***s. column*** columna *f* vertebral; ***s. cord*** médula *f* espinal; ***s. injury*** lesión *f* de columna; *US Med* ***s. tap*** punción *f* lumbar

spindle ['spɪndəl] *n* **(a)** *Tex* huso *m* **(b)** *Tech* eje *m*

spindly ['spɪndlɪ] *adj* larguirucho(a)

spin-dry ['spɪn'draɪ] *vt* centrifugar

spin-dryer ['spɪn'draɪə(r)] *n* centrifugadora *f*

spine [spaɪn] *n* **(a)** *(backbone)* columna *f* vertebral **(b)** *(of book)* lomo *m* **(c)** *(spike) (of plant, fish)* espina *f*

spine-chilling ['spaɪntʃɪlɪŋ] *adj* escalofriante, espeluznante

spineless ['spaɪnlɪs] *adj (weak)* pusilánime, débil

spinet [spɪ'net] *n* espineta *f*

spinnaker ['spɪnəkə(r)] *n* spinnaker *m*

spinner ['spɪnə(r)] *n* **(a)** *(spin-dryer)* centrifugadora *f* **(b)** *(in angling)* cucharilla *f*

spinney ['spɪnɪ] (*pl* **spinneys**) *n* bosquecillo *m*, boscaje *m*

spinning ['spɪnɪŋ] *n (of wool, cotton)* hilado *m* ❑ ***s. top*** peonza *f*; ***s. wheel*** rueca *f*

spin-off ['spɪnɒf] *n* **(a)** *(by-product)* (producto *m*) derivado *m*, subproducto *m* **(b)** *(TV programme)* secuela *f* televisiva

spinster ['spɪnstə(r)] *n* solterona *f*

spiny ['spaɪnɪ] *adj* espinoso(a) ❑ ***s. anteater*** equidna *m*; ***s. lobster*** langosta *f*

spiral ['spaɪrəl] **1** *n* espiral *f* ❑ ***s. notebook*** cuaderno *m* de espiral; ***s. staircase*** escalera *f* de caracol
2 *vi* (*pt & pp* **spiralled,** *US* **spiraled**) *(of smoke)* ascender en espiral; *(of prices)* subir vertiginosamente

spire ['spaɪə(r)] *n (of church)* aguja *f*

spirit ['spɪrɪt] *n* **(a)** *(ghost, person)* espíritu *m*; **the Holy S.** el Espíritu Santo
(b) *(mood, attitude)* espíritu *m*; **that was not the s. of the agreement** ese no era el espíritu del acuerdo; **she entered into the s. of the occasion** se puso a tono con la ocasión, participó del acontecimiento; *Fam* **that's the s.!** ¡eso es!
(c) *(courage)* valor *m*, coraje *m*; *(energy)* brío *m*; **to show s.** mostrar valor *or* coraje; **to break sb's s.** desmoralizar a alguien; **to be in good/poor spirits** tener la moral alta/baja; **to say sth with s.** decir algo con arrestos
(d) **spirits** *(drinks)* licores *mpl*; *(pure alcohol)* alcohol *m* ❑ ***s. lamp*** lámpara *f* de alcohol
(e) ***s. level*** *(instrument)* nivel *m* de burbuja

▸**spirit away, spirit off** *vt sep* hacer desaparecer

spirited ['spɪrɪtɪd] *adj (person)* valeroso(a), con arrestos; *(defence, reply)* enérgico(a)

spiritual ['spɪrɪtjʊəl] **1** *n Mus* **(negro) s.** espiritual *m* negro
2 *adj Rel* espiritual; **France is my s. home** Francia es mi patria espiritual

spiritualism ['spɪrɪtjʊəlɪzəm] *n* espiritismo *m*

spiritualist ['spɪrɪtjʊəlɪst] *n & adj* espiritista *mf*

spirituality [spɪrɪtjʊ'ælɪtɪ] *n* espiritualidad *f*

spiritually ['spɪrɪtjʊəlɪ] *adv* espiritualmente

spit[1] [spɪt] *n* **(a)** *(for cooking)* espetón *m*, asador *m* **(b)** *(of land)* lengua *f*

spit[2] **1** *n (saliva)* saliva *f*; *Fam* **s. and polish** limpieza *f*, pulcritud *f*
2 (*pt & pp* **spat** [spæt], *US* **spit**) *vt* escupir; **to s. curses at sb** proferir maldiciones contra alguien
3 *vi* **(a)** *(of person, cat)* escupir; *(of hot fat)* saltar **(b)** *(rain)* **it's spitting (with rain)** está chispeando

▸**spit out** *vt sep* escupir; *Fam* **s. it out!** *(say what you want to)* ¡suéltalo!

spit-and-sawdust ['spɪtən'sɔːdʌst] *adj (pub, bar)* de andar por casa, sin grandes lujos

spite [spaɪt] **1** *n* **(a)** *(malice)* rencor *m*; **out of s.** por rencor **(b) in s. of...** *(despite)* a pesar de...; **to do sth in s. of oneself** hacer algo sin querer
2 *vt* fastidiar

spiteful ['spaɪtfʊl] *adj* rencoroso(a)

spitting ['spɪtɪŋ] *n* **no s.** *(on sign)* prohibido escupir; IDIOM *Fam Hum* **to be in** *or* **within s. distance (of)** estar a un paso (de); IDIOM *Fam* **he's the s. image of his father** es el vivo retrato de su padre

spittle ['spɪtəl] *n* saliva *f*, baba *f*

spittoon [spɪ'tuːn] *n* escupidera *f*

spiv [spɪv] *n Br Fam (flashy person)* **he's a s.** tiene pinta de gánster

splash [splæʃ] **1** *n* **(a)** *(of liquid)* salpicadura *f*; **there was a loud s.** se oyó un fuerte ruido de algo cayendo al agua; **to fall into the water with a s.** caer al agua salpicando; IDIOM *Fam* **to make a s.** causar sensación **(b)** *(of colour)* mancha *f* **(c)** *(small amount)* chorrito *m*
2 *vt* salpicar; **to s. water on** *or* **over sth/sb** salpicar de agua algo/a alguien; **a photo was splashed across the front page** publicaron una gran foto en la portada
3 *vi* **(a)** *(of water, waves)* salpicar **(b)** *(of person)* chapotear

▸**splash about, splash around** *vi* chapotear

▸**splash down** *vi (of spacecraft)* amerizar

▸**splash out** *Fam* **1** *vt insep* gastarse (**on** en)
2 *vi* gastarse un dineral (**on** en); **I'm really going to s. out this Christmas** estas Navidades voy a tirar la casa por la ventana

splashdown ['splæʃdaʊn] *n* amerizaje *m*

splat [splæt] **1** *n* ruido *m* sordo
2 *adv* **to go s. into the wall** hacer "plaf" contra la pared

splatter ['splætə(r)] **1** *n* salpicadura *f*
2 *vt* **to s. sb with mud** salpicar a alguien de barro

splay [spleɪ] *vt* extender

▸**splay out** *vi* **(a)** *(of feet)* separarse **(b)** *(of pipe)* ensancharse

splay-footed ['spleɪ'fʊtɪd] *adj* con los pies hacia fuera

spleen [spliːn] *n* **(a)** *Anat* bazo *m* **(b)** *Formal (anger)* rabia *f*, ira *f*; **she vented her s. on him** descargó toda su rabia sobre él

splendid ['splendɪd] *adj* espléndido(a); **that's s.!** ¡espléndido!, ¡estupendo!

splendidly ['splendɪdlɪ] *adv* espléndidamente

splendour, *US* **splendor** ['splendə(r)] *n* esplendor *m*; **to live in s.** vivir con gran esplendor

splenetic [splɪ'netɪk] *adj* atrabiliario(a), malhumorado(a)

splice [splaɪs] *vt* **(a)** *(rope, tape, movie)* empalmar **(b)** *Fam* **to get spliced** *(marry)* casarse

spliff [splɪf] *n Fam* porro *m*, canuto *m*

splint [splɪnt] *n (for broken limb)* tablilla *f*; **in splints** entablillado(a)

splinter ['splɪntə(r)] **1** *n (of wood, bone)* astilla *f*; *(of glass)* esquirla *f* ▫ *Pol* ***s. group*** grupo *m* disidente
2 *vt* astillar
3 *vi* **(a)** *(of wood, bone, glass)* astillarse **(b)** *(of political party)* escindirse

split [splɪt] **1** *n* **(a)** *(in wood)* grieta *f*; *(tear in garment)* raja *f*
(b) *(in group)* escisión *f*
(c) *(in gymnastics)* **to do the splits** abrirse totalmente de piernas
2 *adj* partido(a) ▫ ***s. decision*** *(in boxing)* decisión *f* no unánime; ***s. ends*** *(in hair)* puntas *fpl* abiertas; *Gram* ***s. infinitive*** = intercalación de un adverbio o locución adverbial entre el "to" y la forma verbal; ***s. peas*** guisantes *m or Méx* chícharos *mpl* secos partidos, *Am* arvejas *fpl* secas partidas; ***s. personality*** doble personalidad *f*; *Tech* ***s. pin*** chaveta *f*; ***s. screen*** pantalla *f* partida; ***s. second:*** **in a s. second** en una fracción de segundo; *Ind* ***s. shift*** turno *m* partido; ***s. time*** *(in athletics, motor racing, cycling)* tiempo *m* parcial *or* intermedio
3 *vt (pt & pp* **split***)* **(a)** *(make break in) (wood, cloth)* rajar, dividir; **to s. one's head open** hacerse una brecha en la cabeza; *Fam* **to s. one's sides laughing** partirse *or Esp* troncharse de risa; IDIOM **to s. hairs** buscarle tres pies al gato
(b) *(divide) (amount of money, group)* dividir; **to s. the vote** dividir el voto; **to s. the difference** dejarlo en la mitad
4 *vi* **(a)** *(of wood, cloth)* rajarse; *Fam* **my head's splitting** me va a estallar la cabeza
(b) *(of political party)* escindirse; *(of band)* separarse
(c) *Fam (leave)* abrirse, pirarse, *Méx, RP* rajarse

▸**split away, split off** *vi* escindirse (**from** de)

▸**split on** *vt insep Br Fam* **to s. on sb (to sb)** delatar a alguien (a alguien), chivarse de alguien (a alguien)

▸**split up 1** *vt sep* **(a)** *(money, work)* dividir **(b)** *(people fighting)* separar
2 *vi (of couple, band)* separarse

split-level ['splɪt'levəl] *adj* de dos niveles

split-second ['splɪt'sekənd] *adj (decision)* instantáneo(a); *(timing)* al milímetro

splitting ['splɪtɪŋ] *adj (headache)* atroz

split-up ['splɪtʌp] *n (of couple, partnership)* ruptura *f*; *(of band)* separación *f*

splodge [splɒdʒ] *n Fam (stain)* manchurrón *m*, manchón *m*

splurge [splɜːdʒ] *Fam* **1** *n* derroche *m*
2 *vt* derrochar

splutter ['splʌtə(r)] **1** *n* farfulleo *m*
2 *vt* farfullar
3 *vi* **(a)** *(of person)* farfullar **(b)** *(of engine, candle)* chisporrotear

spoil [spɔɪl] **1** *vt (pt & pp* **spoilt** [spɔɪlt] *or* **spoiled***)* **(a)** *(ruin)* estropear; **don't s. it for everyone else** no le agües la fiesta a los demás, no se lo estropees a los demás; **to s. sb's fun** aguarle la fiesta a alguien; **to s. sb's appetite** quitarle *or Am* sacarle las ganas de comer a alguien; **to s. the view** afear *or* estropear la vista; *Pol* **spoilt ballot** papeleta *f* nula, *Chile, Méx* voto *m* nulo, *RP* boleta *f* nula **(b)** *(indulge) (person)* mimar, consentir; **a spoilt child** un niño/una niña mimado(a); **to be spoilt for choice** tener mucho donde elegir
2 *vi* **(a)** *(of fruit, fish)* estropearse **(b)** IDIOM **to be spoiling for a fight** tener ganas de pelea

spoiler ['spɔɪlə(r)] *n (on car)* spoiler *m*, alerón *m*; *(on plane)* aerofreno *m*

spoils [spɔɪlz] *npl (of war, crime)* botín *m*; **to claim one's share of the s.** reclamar una parte del botín

spoilsport ['spɔɪlspɔːt] *n Fam* aguafiestas *mf inv*

spoilt [spɔɪlt] *pt & pp of* **spoil**

spoke[1] [spəʊk] *n (of wheel)* radio *m*; IDIOM *Br* **to put a s. in sb's wheel** poner trabas a alguien

spoke[2] *pt of* **speak**

spoken ['spəʊkən] *pp of* **speak**

spokeshave ['spəʊkʃeɪv] *n* raedera *f*

spokesman ['spəʊksmən] *n* portavoz *m*

spokesperson ['spəʊkspɜːsən] *n* portavoz *mf*

spokeswoman ['spəʊkswʊmən] *n* portavoz *f*

spondee ['spɒndiː] *n Lit* espondeo *m*

spondulicks [spɒn'duːlɪks] *npl Fam Esp* pasta *f*, *Am* plata *f*, *Méx* lana *f*

sponge [spʌndʒ] **1** *n* **(a)** *(for bath) & Zool* esponja *f*; IDIOM **to throw in the s.** tirar la toalla ▫ ***s. bag*** bolsa *f* de aseo; ***s. bath*** = lavado que se practica a un paciente postrado en cama **(b)** *(cake)* **s. (cake)** bizcocho *m* ▫ ***s. finger*** galleta *f* de bizcocho, soletilla *f*; ***s. pudding*** budín *m* de bizcocho (al baño María)
2 *vt* **(a)** *(wash)* limpiar *(con una esponja)* **(b)** *Fam (scrounge)* **to s. sth off** *or* **from sb** gorronearle algo a alguien
3 *vi Fam (scrounge)* vivir de gorra, *RP* vivir de arriba

▸**sponge down** *vt sep (wash)* lavar *(con una esponja)*

▸**sponge off** *vt insep Fam (scrounge from)* vivir a costa de

sponger ['spʌndʒə(r)] *n Fam* gorrón(ona) *m,f*, *RP* garronero(a) *m,f*

spongy ['spʌndʒɪ] *adj* esponjoso(a)

sponsor ['spɒnsə(r)] **1** *n* **(a)** *(of team, exhibition, TV programme)* patrocinador(ora) *m,f* **(b)** *(of student, club member) (man)* padrino *m*; *(woman)* madrina *f* **(c)** *(of proposed law, bill)* ponente *mf*
2 *vt* **(a)** *(team, exhibition)* patrocinar, financiar **(b)** *(student)* subvencionar; *(club member)* apadrinar **(c)** *(proposed law, bill)* presentar, proponer

sponsored ['spɒnsəd] *adj (team, TV programme, exhibition)* patrocinado(a); *(research, student)* subvencionado(a); *Br* **s. walk/run** = recorrido a pie/corriendo con el fin de recaudar fondos

sponsorship ['spɒnsəʃɪp] *n* (**a**) *(of athlete, team, festival)* patrocinio *m*, financiación *f*, *Am* financiamiento *m* ❑ ***s. deal*** *(of athlete, team)* contrato *m* con un patrocinador (**b**) *(of candidate)* apoyo *m* (**of** a) (**c**) *(of proposed law, bill)* respaldo *m*

spontaneity [spɒntə'neɪɪtɪ] *n* espontaneidad *f*

spontaneous [spɒn'teɪnɪəs] *adj* espontáneo(a) ❑ *Med* ***s. abortion*** aborto *m* espontáneo *or* natural; ***s. combustion*** combustión *f* espontánea

spoof [spu:f] *n Fam* (**a**) *(parody)* parodia *f*, burla *f* (**b**) *(hoax)* broma *f*

spook [spu:k] **1** *n* (**a**) *Fam (ghost)* fantasma *m* (**b**) *US (spy)* espía *mf* (**c**) *US very Fam (black person)* = término ofensivo para referirse a un negro

2 *vt* poner los pelos de punta a

spooky ['spu:kɪ] *adj Fam* espeluznante, escalofriante

spool [spu:l] *n (of film, thread)* carrete *m*

spooler ['spu:lə(r)] *n Comptr* spooler *m* de impresión

spoon [spu:n] **1** *n* (**a**) *(utensil)* cuchara *f* (**b**) *(spoonful)* cucharada *f*

2 *vt* **to s. sauce onto sth** rociar salsa sobre algo con una cuchara; **he spooned the soup into the child's mouth** dio la sopa al niño con una cuchara

spoonbill ['spu:nbɪl] *n* espátula *f (ave)*

spoonerism ['spu:nərɪzəm] *n* = trastocamiento involuntario de las iniciales de dos palabras contiguas que produce un efecto cómico

spoon-feed ['spu:nfi:d] (*pt & pp* **spoonfed** ['spu:nfed]) *vt Fig* dar las cosas hechas *or* masticadas a

spoonful ['spu:nfʊl] *n* cucharada *f*

sporadic [spə'rædɪk] *adj* esporádico(a)

sporadically [spə'rædɪklɪ] *n* esporádicamente

spore [spɔ:(r)] *n (of fungus)* espora *f*

sporran ['spɒrən] *n* = taleguilla de piel que cuelga por delante de la falda en el traje típico escocés

sport [spɔ:t] **1** *n* (**a**) *(activity)* deporte *m*; **to be good at s.** *or* **sports** ser buen(a) deportista (**b**) *Fam (person)* **to be a (good) s.** *Esp* ser un(a) tío(a) grande, *Am* ser buena gente; **to be a bad s.** *(bad loser)* ser mal perdedor, *Esp* tener mal perder

2 *vt (wear)* lucir, llevar

sporting ['spɔ:tɪŋ] *adj* (**a**) *(related to sport)* deportivo(a) (**b**) *(fair)* deportivo(a); **to give sb a s. chance** dar una oportunidad seria a alguien

sports [spɔ:ts] *adj* deportivo(a) ❑ ***s. car*** coche *m or Am* carro *m or Chile, RP* auto *m* deportivo; ***s. centre*** polideportivo *m*; *Sch* ***s. day*** día *m* dedicado a competiciones *or Am* competencias deportivas; ***s. ground*** campo *m* de deportes; *Br* ***s. jacket*** chaqueta *f or Am* saco *m* de sport; *Journ* ***s. page*** página *f* de deportes; ***s. reporter*** periodista *mf* deportivo(a); ***s. shop*** tienda *f* de deportes

sportsman ['spɔ:tsmən] *n* deportista *m*

sportsmanlike ['spɔ:tsmənlaɪk] *adj* deportivo(a)

sportsmanship ['spɔ:tsmənʃɪp] *n* deportividad *f*

sportsperson ['spɔ:tspɜ:sən] *n* deportista *mf*

sportswear ['spɔ:tsweə(r)] *n* (**a**) *(for playing sport)* ropa *f* deportiva (**b**) *(for casual wear)* ropa *f* de sport

sportswoman ['spɔ:tswʊmən] *n* deportista *f*

sporty ['spɔ:tɪ] *adj* (**a**) *(person)* deportista, aficionado(a) al deporte (**b**) *(clothes)* deportivo(a) (**c**) *(car)* deportivo(a)

spot [spɒt] **1** *n* (**a**) *(place)* lugar *m*, sitio *m*; IDIOM *Fam* **to be in a (tight) s.** estar en un aprieto; IDIOM *Fam* **to put sb on the s.** poner a alguien en un aprieto; **to decide on the s.** decidirlo en el acto; **she bought it on the s.** lo compró allí mismo; IDIOM **that hit the s.** ¡qué bien me ha sentado! ❑ *Fam* ***s. cash*** dinero *m* al contado, dinero *m* contante y sonante; ***s. check*** inspección *f* al azar; *Fin* ***s. price*** precio *m* al contado

(**b**) *(stain)* mancha *f*

(**c**) *(pimple)* grano *m*; **he came out in spots** le salieron granos, le salió un sarpullido

(**d**) *(on shirt, tie, leopard)* lunar *m*

(**e**) *Br Fam (small amount) (of rain, wine)* gota *f*; **a s. of lunch** algo de comer; **a s. of bother** una problemilla

(**f**) *Th (spotlight)* foco *m*

(**g**) *TV Rad (in schedule)* espacio *m*

(**h**) **s. kick** *(in soccer)* (lanzamiento *m* de) penalty *m*

(**i**) *Comptr* ***s. colour*** color *m* plano

2 *vt* (*pt & pp* **spotted**) (**a**) *(stain, mark)* salpicar

(**b**) *(notice) (person, object, mistake)* localizar, ver; **can you s. the difference?** ¿te das cuenta *or* ves dónde está la diferencia?; **to s. sb doing sth** ver a alguien hacer algo; **well spotted!** ¡buena observación!

spotless ['spɒtlɪs] *adj also Fig* inmaculado(a)

spotlessly ['spɒtlɪslɪ] *adv* inmaculadamente

spotlight ['spɒtlaɪt] *n (in theatre)* foco *m*, reflector *m*; *(in house)* foco *m*; *Fig* **to be in the s.** estar en el candelero; *Fig* **to turn the s. on sth** centrar la atención en algo

spot-on ['spɒt'ɒn] *adj Fam* exacto(a), clavado(a)

spotted ['spɒtɪd] *adj (tie, dress)* de lunares

spotter ['spɒtə(r)] *n Mil* observador(ora) *m,f* ❑ ***s. plane*** avión *m* de reconocimiento

spotty ['spɒtɪ] *adj (pimply)* con acné

spot-weld ['spɒtweld] *vt* soldar por puntos

spouse [spaʊs] *n* cónyuge *mf*

spout [spaʊt] **1** *n* (**a**) *(of teapot, kettle)* pitorro *m* (**b**) *(pipe) (of fountain)* caño *m*; IDIOM *Fam* **to be up the s.** *(of plans, finances)* haberse ido al *Esp* garete *or Am* carajo; *(pregnant)* estar con bombo (**c**) *(jet of liquid)* chorro *m*

2 *vt* (**a**) *(liquid)* chorrear (**b**) *Fam (speech, nonsense)* soltar

3 *vi* (**a**) *(of liquid)* chorrear (**b**) *Fam (of person)* largar, enrollarse

sprain [spreɪn] **1** *n (injury)* torcedura *f*, esguince *m*

2 *vt* **to s. one's ankle/wrist** torcerse el tobillo/la muñeca

sprained [spreɪnd] *adj (ankle, wrist)* torcido(a)

sprang [spræŋ] *pt of* **spring**

sprat [spræt] *n (fish)* espadín *m*

sprawl [sprɔ:l] *vi* (**a**) *(of person)* despatarrarse (**b**) *(of town)* extenderse

sprawling ['sprɔ:lɪŋ] *adj* (**a**) *(person)* despatarrado(a) (**b**) *(town)* desperdigado(a)

spray[1] [spreɪ] *n (of flowers)* ramo *m*

spray[2] **1** *n* (**a**) *(liquid)* rociada *f*; *(from sea)* rocío *m* del mar, roción *m*

(**b**) *(act of spraying)* rociada *f*; **to give sth a s.** *(flowers, crops)* rociar algo; *(room)* rociar algo con ambientador

(**c**) *(device)* aerosol *m*, spray *m*; *(for perfume)* atomizador *m* ❑ ***s. can*** aerosol *m*, spray *m*; ***s. gun*** *(for paint)* pistola *f* (pulverizadora)

2 *vt* (**a**) *(liquid, room, crops)* rociar (**with** de); **he sprayed the deodorant under his arms** se echó desodorante en las axilas

(**b**) *(with bullets)* **he sprayed the room with bullets** acribilló la habitación a balazos

3 *vi (of liquid)* salpicar; **the water sprayed onto the floor** el agua salpicó por el suelo; **the oil sprayed over them** el aceite les salpicó

spray-paint ['spreɪ'peɪnt] **1** *n* pintura *f* en aerosol

2 *vt (with spray can)* pintar con aerosol; *(with spray gun)* pintar a pistola

spread [spred] **1** *n* (**a**) *(of wings, sails)* envergadura *f*

(**b**) *(of products, ages, opinions)* gama *f*; *(of opinions)* variedad *f*; *(of investments)* abanico *m*

(**c**) *(of disease, fire)* propagación *f*; *(of doctrine)* difusión *f*

(**d**) *Fam (big meal)* banquete *m*, comilona *f*

(**e**) *(in newspaper)* **a full-page s.** una plana entera; **a two-page s.** una página doble

(**f**) *(paste)* **cheese s.** queso *m* para untar; **chocolate s.** crema *f* de cacao

(**g**) *US (ranch)* rancho *m*

2 *vt* (*pt & pp* **spread**) (**a**) *(extend) (map, newspaper, wings)* desplegar, extender; **she s. a tablecloth on the table** extendió un mantel sobre la mesa; **to s. one's arms/legs** extender los brazos/las piernas; IDIOM **to s. one's wings** emprender el vuelo

(**b**) *(distribute) (sand, straw)* extender, esparcir; *(disease)* propagar; *(news, doctrine, gossip)* difundir; *(terror, panic)* sembrar; **the votes were evenly spread** los votos se distribuyeron uniformemente; **we'll s. the work across the different departments** repartiremos el trabajo entre los diferentes departamentos; **to s. payments over several months** distribuir los pagos a lo largo de varios meses; **to s. the load** repartir el trabajo; IDIOM *Br Fam* **to s. it** *or* **oneself around** *(be sexually promiscuous)* acostarse con unos y con

otros; **to s. the word** correr la voz
(**c**) *(apply) (butter, ointment)* untar; *(glue, paint)* extender; **s. the bread with butter** untar el pan con mantequilla; **to s. a surface with sth** untar algo en una superficie; IDIOM **to s. oneself too thinly** intentar abarcar demasiado
3 *vi* (**a**) *(extend) (of forest, oil slick, stain)* extenderse; *(of disease, fire)* propagarse; *(of news, doctrine, gossip)* difundirse; *(of terror, panic)* cundir; **a smile spread across his face** una sonrisa recorrió su cara; **the infection has spread to her lungs** la infección se ha extendido a los pulmones; **the custom spread to the rest of Europe** la costumbre se extendió por el resto de Europa
(**b**) *(of butter)* extenderse
▸**spread out 1** *vt sep (map, newspaper)* desplegar, extender
2 *vi* (**a**) *(of person) (on floor, bed)* estirarse (**b**) *(of search party)* desplegarse (**c**) *(of city, oil slick)* extenderse

spread-eagled ['spred'i:gəld] *adj* abierto(a) de piernas y brazos

spreadsheet ['spredʃi:t] *n Comptr* hoja *f* de cálculo

spree [spri:] *n Fam* **to go on a s.** *(go drinking)* ir de juerga *or* parranda; **to go on a shopping/spending s.** salir a comprar/gastar a lo loco; **a killing s.** una carnicería, una matanza

sprig [sprɪg] *n* ramita *f*

sprightly ['spraɪtlɪ] *adj* vivaz, vivaracho(a)

spring [sprɪŋ] **1** *n* (**a**) *(of water)* manantial *m*
(**b**) *(season)* primavera *f*; **in (the) s.** en primavera; *Fam* **he's no s. chicken** ya no es ningún niño *or Esp* mozo; IDIOM **s. is in the air** la primavera la sangre altera ▫ ***s. onion*** cebolleta *f*; ***s. roll*** rollo *m or* rollito *m* de primavera; ***s. tide*** marea *f* viva *(de primavera)*
(**c**) *(leap)* brinco *m*, salto *m*
(**d**) *(elasticity)* elasticidad *f*; **he walked with a s. in his step** caminaba con paso alegre
(**e**) *(metal coil)* muelle *m*; *(in watch)* resorte *m*; *(in car)* ballesta *f* ▫ ***s. balance*** dinamómetro *m*; ***s. mattress*** colchón *m* de muelles
2 *vt* (*pt* **sprang** [spræŋ], *pp* **sprung** [sprʌŋ]) (**a**) *(reveal unexpectedly)* **to s. sth on sb** soltarle algo a alguien
(**b**) *(develop)* **to s. a leak** *(of container)* empezar a tener una fuga; *(of boat)* empezar a hacer agua
(**c**) *Fam (free)* **to s. sb out of jail** ayudar a alguien a escapar de la cárcel
3 *vi* (**a**) *(jump)* brincar, saltar; **to s. at sb** *(of dog, attacker)* abalanzarse sobre alguien; **to s. to attention** ponerse firme; **to s. to one's feet** levantarse de un brinco; **to s. into action** entrar inmediatamente en acción; **to s. to sb's defence** lanzarse a la defensa de alguien; **the lid sprang open** la tapa se abrió de pronto; **to s. to mind** venir(se) a la cabeza
(**b**) *(originate, come into being)* **to s. from** provenir de, proceder de; **to s. into existence** aparecer de pronto; *Fam* **where did you s. from?** ¿de dónde has salido?
▸**spring back** *vi* volver a su sitio (de golpe)
▸**spring up** *vi* (**a**) *(jump to one's feet)* levantarse de un brinco (**b**) *(appear suddenly)* brotar, surgir (de la noche a la mañana)

springboard ['sprɪŋbɔ:d] *n also Fig* trampolín *m*

springbok ['sprɪŋbɒk] *n* springbok *m*

spring-clean ['sprɪŋ'kli:n] **1** *n* limpieza *f* a fondo
2 *vt (house)* limpiar a fondo

spring-cleaning ['sprɪŋ'kli:nɪŋ] *n* limpieza *f* a fondo; **to do the s.** hacer una limpieza a fondo

springer spaniel ['sprɪŋə'spænjəl] *n* springer spaniel *m*

springtime ['sprɪŋtaɪm] *n* primavera *f*

springy ['sprɪŋɪ] *adj (material)* elástico(a); *(ground, mattress)* mullido(a)

sprinkle ['sprɪŋkəl] *vt* (**a**) *(with liquid)* rociar (**with** con) (**b**) *(with salt, flour)* espolvorear (**with** con); **to s. sth over sth** espolvorear algo por encima de algo

sprinkler ['sprɪŋklə(r)] *n* (**a**) *(for lawns)* aspersor *m* (**b**) *(to extinguish fires)* rociador *m* contra incendios ▫ ***s. system*** sistema *m* de rociadores contra incendios

sprinkling ['sprɪŋklɪŋ] *n* pizca *f*, poco *m*; **there was a s. of new faces** había unas cuantas caras nuevas

sprint [sprɪnt] **1** *n* (**a**) *(fast run)* carrera *f*; **to make a s. for sth** echar una carrera hasta algo (**b**) *(running race)* carrera *f* de velocidad
2 *vi (run fast)* correr a toda velocidad; **to s. off** salir corriendo a toda velocidad

sprinter ['sprɪntə(r)] *n (athlete, cyclist)* velocista *mf*, esprínter *mf*

sprite [spraɪt] *n (in folklore)* duendecillo(a) *m,f*

spritzer ['sprɪtsə(r)] *n* vino *m* blanco con soda

sprocket ['sprɒkɪt] *n* diente *m* (de engranaje); **s. (wheel)** rueda *f* dentada; **s. holes** *(in film)* perforación *f* lateral

sprog [sprɒg] *n Br Fam (child)* niño(a) *m,f*, *Esp* crío(a) *m,f*

sprout [spraʊt] **1** *n* (**a**) *(of plant)* brote *m* (**b**) *(vegetable)* **(Brussels) sprouts** coles *fpl or Chile, RP* repollitos *mpl* de Bruselas
2 *vt* (**a**) *(leaves)* echar (**b**) *Fam (grow)* **to s. a moustache/a beard** dejarse crecer el bigote/la barba; **he's starting to s. a beard** *(for first time)* le está saliendo barba
3 *vi (of leaves, hair)* brotar
▸**sprout up** *vi (of plant, child)* crecer rápidamente; *(of new buildings, businesses)* surgir (de la noche a la mañana)

spruce[1] [spru:s] *n (tree)* picea *f*

spruce[2] *adj (tidy)* pulcro(a); *(smart)* elegante
▸**spruce up** *vt sep (room)* adecentar; **to s. oneself up** arreglarse, acicalarse

sprung [sprʌŋ] **1** *adj* de muelles
2 *pp of* **spring**

spry [spraɪ] *adj* vivaz, vivaracho(a)

SPUC [spʌk] *(abbr* **Society for the Protection of the Unborn Child***)* = asociación británica antiabortista

spud [spʌd] *n Br Fam (potato) Esp* patata *f*, *Am* papa *f*

spun [spʌn] **1** *adj* ***s. silk*** hilado *m* de seda; ***s. sugar*** caramelo *m* hilado
2 *pp of* **spin**

spunk [spʌŋk] *n* (**a**) *Fam (courage)* agallas *fpl*, *Esp* arrestos *mpl* (**b**) *Br Vulg (semen)* leche *f*, *Esp* lefa *f*

spunky ['spʌŋkɪ] *adj Fam (brave)* valiente, con agallas

spur [spɜ:(r)] **1** *n* (**a**) *(for riding)* espuela *f*; *Fig (stimulus)* acicate *m*, incentivo *m*; IDIOM **he won his spurs** demostró su valía; **on the s. of the moment** sin pararse a pensar (**b**) *(of land, rock)* estribación *f*
2 *vt* (*pt & pp* **spurred**) *(horse)* espolear; *Fig* **to s. sb on (to do sth)** espolear a alguien (para que haga algo); *Fig* **to s. sb into action** hacer que alguien pase a la acción

spurious ['spjʊərɪəs] *adj* falso(a), espurio(a)

spurn [spɜ:n] *vt* desdeñar

spurned [spɜ:nd] *adj* desdeñado(a)

spurt [spɜ:t] **1** *n* (**a**) *(of liquid)* chorro *m* (**b**) *(of action, energy)* arranque *m*; *(of speed)* arrancada *f*; **to put on a s.** acelerar
2 *vt* lanzar chorros de
3 *vi (of liquid)* chorrear

sputter ['spʌtə(r)] *vi (of fire, flame, candle)* crepitar

sputum ['spju:təm] *n Med* expectoración *f*, esputo *m*

spy [spaɪ] **1** *n* espía *mf* ▫ ***s. plane*** avión *m* espía *or* de espionaje; ***s. ring*** red *f* de espionaje; ***s. satellite*** satélite *m* espía *or* de espionaje; ***s. story*** historia *f* de espías *or* de espionaje
2 *vt (notice)* ver; **she had spied a flaw in his reasoning** había captado un error en su razonamiento
3 *vi* espiar; **to s. on sb** espiar a alguien
▸**spy out** *vt sep* **to s. out the land** reconocer el terreno

spyglass ['spaɪglɑ:s] *n* catalejo *m*

spyhole ['spaɪhəʊl] *n* mirilla *f*

Sq *(abbr* **Square***)* Pl.

sq *Math (abbr* **square***)* cuadrado(a)

sq. ft. *(abbr* **square foot** *or* **feet***)* pie(s) *m(pl)* cuadrado(s)

SQL [eskju:'el] *n Comptr (abbr* **structured query language***)* SQL *m*

squabble ['skwɒbəl] **1** *n* riña *f*, pelea *f*
2 *vi* reñir, pelear (**over** *or* **about** por)

squabbling ['skwɒblɪŋ] *n* riñas *fpl*, peleas *fpl*

squad [skwɒd] *n* (**a**) *(of workmen)* brigada *f*, cuadrilla *f* (**b**) *(of athletes, players)* plantilla *f*; **the first-team s.** el primer equipo (**c**) *(of soldiers)* escuadra *f* (**d**) *(of police force)* brigada *f* ▫ ***s. car*** coche *m* patrulla

squaddie ['skwɒdɪ] *n Br Fam* soldado *m* raso

squadron ['skwɒdrən] *n Mil* (**a**) *(of planes)* escuadrón *m* ▫ ***s. leader*** comandante *mf* de aviación (**b**) *(of ships)* escuadra *f*

squalid ['skwɒlɪd] *adj* (**a**) *(dirty)* mugriento(a), inmundo(a) (**b**) *(sordid)* sórdido(a)

squall [skwɔ:l] **1** *n* (**a**) *(of wind)* turbión *m*, ventarrón *m* (**b**) *(cry)* berrido *m*
2 *vi (cry)* berrear

squally ['skwɔ:lɪ] *adj* borrascoso(a), ventoso(a)

squalor ['skwɒlə(r)] *n* (**a**) *(dirtiness)* inmundicia *f* (**b**) *(sordidness)* sordidez *f*

squander ['skwɒndə(r)] *vt (money, time, talents)* despilfarrar, malgastar; *(opportunity)* desperdiciar

square [skweə(r)] **1** *n* (**a**) *(shape)* cuadrado *m*; *(on chessboard)* casilla *f*; *(on map)* recuadro *m*; IDIOM **to be back at** *or* **to s. one** haber vuelto al punto de partida
(**b**) *Math (of number)* cuadrado *m*
(**c**) *(of town, village)* plaza *f*; *(smaller)* plazoleta *f*
(**d**) *Fam (unfashionable person)* carca *mf*
2 *adj* (**a**) *(in shape)* cuadrado(a) ▫ ***s. bracket*** corchete *m*; ***s. dance*** baile *m* de figuras *or* en cuadrilla; ***the S. Mile*** = el barrio financiero y bursátil de Londres; ***s. sail*** vela *f* cuadra
(**b**) *(right-angled)* ***s. corner*** esquina *f* en ángulo recto
(**c**) *Math (metre, centimetre)* cuadrado(a) ▫ ***s. root*** raíz *f* cuadrada
(**d**) *Fam (unfashionable)* carca
(**e**) IDIOMS **to be s. with sb** *(honest)* ser claro(a) con alguien; **we're s.** *(having settled debt)* estamos en paz; **she felt like a s. peg in a round hole** se sentía fuera de lugar; **a s. deal** un trato justo; **a s. meal** una buena comida
3 *adv* directamente; **she hit him s. on the jaw** le dio de lleno en la mandíbula; **to look sb s. in the eye** mirar a alguien fijamente a los ojos
4 *vt* (**a**) *(make square)* cuadrar; **squared paper** papel *m* cuadriculado
(**b**) *Math (number)* elevar al cuadrado
(**c**) *(settle)* **to s. accounts with sb** arreglar cuentas con alguien; **how do you s. it with your convictions?** ¿cómo lo haces encajar con tus convicciones?
5 *vi (agree)* cuadrar, concordar

▸**square up** *vi* (**a**) *(settle debts)* hacer *or* saldar cuentas (**with** con) (**b**) *(of fighters)* ponerse en guardia; *Fig* **to s. up to a problem/an opponent** hacer frente a un problema/un adversario

square-bashing ['skweə'bæʃɪŋ] *n Fam* instrucción *f* en el patio de armas

square-eyed ['skweəraɪd] *adj Fam Hum* teleadicto(a), con los ojos cuadrados de ver tanta tele

squarely ['skweəlɪ] *adv* (**a**) *(directly)* directamente; **to look sb s. in the eye** mirar a alguien fijamente a los ojos (**b**) *(honestly)* con franqueza

square-rigged ['skweə'rɪgd] *adj* con aparejo de cruz

squash[1] [skwɒʃ] **1** *n* (**a**) *(crush)* apretones *mpl*; **it was a s., but everyone got into the taxi** nos tuvimos que apretar, pero entramos todos en el taxi (**b**) *(drink)* **orange/lemon s.** (bebida *f* a base de) concentrado *m* de naranja/limón (**c**) *(sport)* squash *m* ▫ ***s. court*** pista *f or* cancha *f* de squash
2 *vt* (**a**) *(crush)* aplastar (**b**) *(objection, opposition)* acallar; **I felt utterly squashed by her contemptuous dismissal** me dejó totalmente chafado con aquel rechazo desdeñoso
3 *vi* **to s. into a room/a taxi** apretujarse en una habitación/un taxi

▸**squash up** *vi* apretujarse, apretarse

squash[2] *n US (vegetable)* calabacera *f*, cucurbitácea *f*

squashy ['skwɒʃɪ] *adj (ground, fruit)* blando(a)

squat [skwɒt] **1** *n* (**a**) *Br (illegally occupied dwelling)* casa *f* ocupada *(ilegalmente)* (**b**) ***s. thrust*** *(exercise)* flexión *f or* estiramiento *m* en cuclillas
2 *adj (person)* chaparro(a), achaparrado(a); *(object, building)* muy bajo(a)
3 *vi (pt & pp* **squatted**) (**a**) *(crouch down)* agacharse, ponerse de cuclillas (**b**) *(exercise)* *(occupy dwelling illegally)* ocupar una vivienda ilegalmente

▸**squat down** *vi* agacharse, ponerse de cuclillas

squatter ['skwɒtə(r)] *n* ocupante *mf* ilegal

squaw [skwɔ:] *n* = mujer india norteamericana

squawk [skwɔ:k] **1** *n (of bird)* graznido *m*
2 *vi* (**a**) *(of bird)* graznar (**b**) *Fam (of person, baby)* chillar

squeak [skwi:k] **1** *n (of animal, person)* chillido *m*; *(of door, hinges)* chirrido *m*; *Fam* **I don't want to hear another s. out of you** no quiero oírte decir ni pío
2 *vt* chillar
3 *vi (of animal, person)* chillar; *(of door, wheel)* chirriar, rechinar; *(of shoes)* crujir

▸**squeak through** *vi Fig* pasar por los pelos

squeaky ['skwi:kɪ] *adj (voice)* chillón(ona); *(door, wheel)* chirriante; *(shoes)* que crujen; **s. clean** *(person, image)* impoluto(a)

squeal [skwi:l] **1** *n* chillido *m*; **squeals of laughter** grandes carcajadas *fpl*
2 *vt* chillar
3 *vi* (**a**) *(in pain, joy)* chillar; *Fam* **to s. about sth** *(complain)* quejarse de algo (**b**) *Fam (inform)* **to s. (on sb)** dar el soplo (sobre alguien), *Col* sapear (a alguien), *Méx* soplar (a alguien), *RP* botonear (a alguien)

squeamish ['skwi:mɪʃ] *adj* aprensivo(a), escrupuloso(a); **to be s. about sth** ser (muy) aprensivo(a) con algo; **I'm very s. about blood** la sangre me da mucha aprensión

squeamishness ['skwi:mɪʃnɪs] *n* aprensión *f*, escrúpulos *mpl*

squeegee ['skwi:dʒi:] *n* escobilla *f* de goma

squeeze [skwi:z] **1** *n* (**a**) *(pressure)* apretón *m*, apretujón *m*; **to give sth a s.** apretar algo, dar un apretón a algo; **to give sb a s.** *(hug)* dar un achuchón a alguien; *Fam* **we all got in but it was a tight s.** cupimos *or* entramos todos, pero tuvimos que apretujarnos bastante (**b**) *Fam* **to put the s. on sb** *(pressurize)* apretarle las tuercas a alguien (**c**) *(restriction)* reducción *f*; **credit/profits s.** reducción del crédito/de los beneficios (**d**) *(small amount)* **a. s. of lemon** un chorrito de limón
2 *vt* (**a**) *(in general)* apretar; *(sponge)* estrujar; *(lemon)* exprimir; **to s. sb's hand** estrechar la mano de alguien; **to s. sth into a box** meter algo en una caja apretando; **I think we can just s. you in** creo que te podemos hacer un hueco; **to s. money out of sb** sacarle dinero a alguien (**b**) *Fig (put pressure on)* presionar
3 *vi* **to s. into a place** meterse a duras penas en un sitio; **to s. through a gap** lograr colarse *or* deslizarse por un hueco; **s. up a bit!** ¡apretaos *or* correos un poco más!

▸**squeeze out** *vt sep* (**a**) *(juice)* exprimir (**b**) *(exclude)* excluir

squeeze-box ['skwi:zbɒks] *n Fam* acordeón *m*

squelch [skweltʃ] **1** *n* chapoteo *m*
2 *vi* chapotear; **to s. through the mud** atravesar el lodo chapoteando

squib [skwɪb] *n (firework)* petardo *m*; IDIOM **the party was a damp s.** la fiesta resultó decepcionante

squid [skwɪd] (*pl* **squid**) *n (animal)* calamar *m*; *(as food)* calamares *mpl*

squidgy ['skwɪdʒɪ] *adj* blando(a) y húmedo(a)

squiffy [skwɪfɪ] *adj Br Old-fashioned Fam* alegre, *Esp* piripi

squiggle ['skwɪgəl] *n* garabato *m*

squiggly ['skwɪglɪ] *adj* ondulante, serpenteante

squillion ['skwɪljən] *n Br Fam Hum* tropecientos(as) mil *mpl,fpl*, *Méx* chorrocientos(as) mil *mpl,fpl*, *RP* chiquicientos(as) mil *mpl,fpl*

squint [skwɪnt] **1** *n* (**a**) *(eye defect)* **to have a s.** tener estrabismo, ser estrábico(a) (**b**) *Br (quick look)* ojeada *f*, vistazo *m*; **to have a s. at sth** echar una ojeada a algo
2 *vi* (**a**) *(have an eye defect)* tener estrabismo (**b**) *(narrow one's eyes)* entrecerrar *or* entornar los ojos; **to s. at sth/sb** *(look sideways)* mirar algo/a alguien de reojo

squire ['skwaɪə(r)] *n* (**a**) *(landowner)* terrateniente *m* (**b**) *Hist* escudero *m*

squirm [skwɜ:m] *vi* (**a**) *(wriggle)* retorcerse; **to s. out of doing sth** escabullirse *or* escaquearse de hacer algo; **don't try to s. out of it!** ¡no te escaquees ahora!, ¡no escurras el bulto ahora! (**b**) *(with embarrassment)* ruborizarse, avergonzarse, *Am* apenarse

squirrel ['skwɪrəl] *n* ardilla *f*

▸**squirrel away** (*pt & pp* **squirrelled**)

vt sep acumular, ir poniendo a buen recaudo

squirt [skwɜ:t] **1** *n* (**a**) *(of liquid)* chorro *m* (**b**) *Fam (insignificant person)* mequetrefe *mf*
2 *vt (liquid)* lanzar un chorro de; **to s. sb with sth** echar un chorro de algo a alguien
3 *vi (of liquid)* chorrear

squishy ['skwɪʃɪ] *adj (ground)* empapado(a); *(fruit, mess)* blando(a) y húmedo(a); *(sound)* de chapoteo

Sr *(abbr* **Senior**) **Thomas Smith, Sr** Thomas Smith, padre

Sri Lanka [sri:'læŋkə] *n* Sri Lanka

Sri Lankan [sri:'læŋkən] *n & adj* ceilandés(esa) *m,f*

SSE *(abbr* **south-southeast**) SSE

SSM *(abbr* **surface-to-surface missile**) misil *m* superficie-superficie *or* tierra-tierra

SSW *(abbr* **south-southwest**) SSO

St (**a**) *(abbr* **Street**) c/ (**b**) *(abbr* **Saint**) S.; **St Kitts and Nieve** *(island group)* San Cristóbal y Nevis; **St Lucia** *(island)* Santa Lucía; **St Petersburg** San Petersburgo; **St Vincent and the Grenadines** *(island group)* San Vicente y las Granadinas

stab [stæb] **1** *n* (**a**) *(with knife)* cuchillada *f*, puñalada *f*; *Fig (of pain, envy)* punzada *f* (**b**) *(attempt) Fam* **to have a s. at (doing) sth** intentar (hacer) algo; **a s. in the dark** una respuesta al azar *or* a(l) voleo
2 *vt (pt & pp* **stabbed**) *(with knife)* acuchillar, apuñalar; *(food)* pinchar, ensartar; **he stabbed his fork into the sausage** pinchó la salchicha con el tenedor; **to s. sb to death** matar a alguien a puñaladas; **to s. sb in the back** darle a alguien una puñalada por la espalda; **to s. one's finger at sth** señalar algo con el dedo

stabbing ['stæbɪŋ] **1** *n (attack)* apuñalamiento *m*
2 *adj (pain)* punzante

stability [stə'bɪlɪtɪ] *n* estabilidad *f*

stabilization [steɪbɪlaɪ'zeɪʃən] *n* estabilización *f*

stabilize ['steɪbɪlaɪz] **1** *vt* estabilizar
2 *vi* estabilizarse

stabilizer ['steɪbɪlaɪzə(r)] *n* (**a**) *(on bicycle)* estabiciclo *m*, estabilizador *m (para bicicleta infantil)* (**b**) *(in processed food)* estabilizante *m*, estabilizador *m*

stable¹ ['steɪbəl] **1** *n (for horses)* cuadra *f*, establo *m*; *Fig (of sports people, actors)* equipo *m*; IDIOM **to lock the s. door after the horse has bolted** tomar medidas demasiado tarde ▫ ***s. lad*** mozo *m* de cuadra
2 *vt (keep in stable)* guardar en cuadra

stable² *adj* (**a**) *(person)* equilibrado(a); *(marriage, job)* estable (**b**) *(object, structure)* fijo(a), seguro(a) (**c**) *(medical condition)* estacionario(a)

staccato [stə'kɑ:təʊ] *adj (music)* en staccato; *(voice)* entrecortado(a)

stack [stæk] **1** *n* (**a**) *(of wood, plates)* pila *f*, montón *m*; *(of hay)* almiar *m*; *Fam* **stacks of time/money** un montón de tiempo/dinero (**b**) *(chimney)* chimenea *f (parte que sobresale)* (**c**) *(hi-fi system)* equipo *m* de música (**d**) *(in library)* **the stack(s)** = los estantes en los que se guardan los libros y a los que no tiene acceso el público (**e**) *Comptr* pila *f*
2 *vt* (**a**) *(wood, plates)* apilar; **the shelves were stacked with cans of film** en los estantes se apilaban las latas de películas (**b**) *(deck of cards)* colocar *(haciendo trampa)*; **the odds were stacked against them** tenían todo en contra de ellos

▸**stack up 1** *vt sep* apilar
2 *vi (chairs, boxes)* apilarse; *Fig* **the evidence was stacking up against him** se iban amontonando pruebas contra él

stacker ['stækə(r)] *n (in supermarket)* repositor(ora) *m,f*

stadium ['steɪdɪəm] *n* estadio *m* ▫ ***s. rock*** rock *m* para grandes estadios

staff [stɑ:f] **1** *n* (**a**) *(stick)* bastón *m*; *(of shepherd)* cayado *m*; **the s. of life** *(bread)* el pan nuestro de cada día (**b**) *(personnel)* personal *m*, plantilla *f*; **teaching/nursing s.** personal docente/de enfermería ▫ *Mil* ***s. college*** academia *f or* escuela *f* militar superior; *Mil* ***s. corps*** cuerpo *m* de oficiales; ***s. meeting*** reunión *f* del personal; *Med* ***s. nurse*** enfermero(a) *m,f*; *Sch* ***s. room*** sala *f* de profesores; *Br Mil* ***s. sergeant*** sargento *mf* primero (**c**) *Mus (pl* **staves** [steɪvz]) pentagrama *m*
2 *vt* proveer de personal; **the office is staffed by volunteers** la oficina se nutre de personal voluntario; **the desk is staffed at all times** el mostrador está atendido en todo momento

staffer ['stæfə(r)] *n Fam* empleado(a) *m,f*

Staffs *(abbr* **Staffordshire**) (condado *m* de) Staffordshire

stag [stæg] *n (animal)* ciervo *m* ▫ ***s. beetle*** ciervo *m* volante; ***s. night*** *or* ***party*** despedida *f* de soltero

stage [steɪdʒ] **1** *n* (**a**) *(platform) (in theatre)* escenario *m*; *(more generally)* estrado *m*; **to come/go on s.** subir al escenario, salir a escena; **to go on the s.** *(become actor)* hacerse actor *m*/actriz *f*; *Th* **to exit/enter s. left/right** salir de/entrar en escena por la izquierda/derecha; *Fig* **on the world s.** en el plano internacional; IDIOM **to set the s. for sth** preparar el terreno para algo; IDIOM **the s. is set (for)** se dan todas las condiciones (para) ▫ ***s. adaptation*** adaptación *f* para la escena, adaptación teatral; ***s. designer*** escenógrafo(a) *m,f*; ***s. directions*** acotaciones *fpl*; ***s. door*** entrada *f* de artistas; ***s. fright*** miedo *m* escénico; ***s. manager*** director(ora) *m,f* de escena, regidor(ora) *m,f*; ***s. name*** nombre *m* artístico; *Th* ***s. setting*** decorado *m*; ***s. whisper*** aparte *m*
(**b**) *(phase)* etapa *f*, fase *f*; **at an early s.** en un primer momento, en una primera fase; **at a later s.** más adelante; **at some s.** en algún momento; **at this s. in...** en esta fase de...; **by that s.** por entonces; **I'd reached the s. where I didn't care any more** había llegado a tal punto que ya nada me importaba; **to do sth in stages** hacer algo por etapas
(**c**) *(stagecoach)* diligencia *f*
(**d**) *(in cycling)* etapa *f* ▫ ***s. race*** carrera *f* por etapas
2 *vt* (**a**) *(play)* llevar a escena, representar (**b**) *(demonstration, invasion)* llevar a cabo; *(falsify)* fingir

stagecoach ['steɪdʒkəʊtʃ] *n* diligencia *f*

stagecraft ['steɪdʒkrɑ:ft] *n Th* arte *m* escénico

stagehand ['steɪdʒhænd] *n Th* tramoyista *mf*, sacasillas *mf inv*

stage-manage ['steɪdʒ'mænɪdʒ] *vt Th* dirigir; *Fig (event, demonstration)* orquestar

stage-struck ['steɪdʒstrʌk] *adj Th* **to be s.** estar enamorado(a) de las tablas

stagflation [stæg'fleɪʃən] *n Econ* estanflación *f*

stagger ['stægə(r)] **1** *vt* (**a**) *(astound)* dejar anonadado(a) (**b**) *(work, holidays)* escalonar
2 *vi (stumble)* tambalearse; **to s. along** ir tambaleándose; **to s. to one's feet** levantarse tambaleándose

staggering ['stægərɪŋ] *adj* asombroso(a)

staging ['steɪdʒɪŋ] *n* (**a**) *Th* montaje *m*, puesta *f* en escena (**b**) ***s. post*** *(on journey, route)* escala *f*

stagnant ['stægnənt] *adj also Fig* estancado(a)

stagnate [stæg'neɪt] *vi also Fig* estancarse

stagnation [stæg'neɪʃən] *n also Fig* estancamiento *m*

staid [steɪd] *adj* formal, estirado(a)

stain [steɪn] **1** *n* (**a**) *(mark)* mancha *f*; *Fig* **a s. on one's character** una mancha *or* un estigma en el carácter de uno ▫ ***s. remover*** quitamanchas *m inv* (**b**) *(dye)* tinte *m*
2 *vt* (**a**) *(mark)* manchar (**b**) *(dye)* teñir
3 *vi (of liquid)* dejar mancha, manchar

stained-glass ['steɪnd'glɑ:s] *n* vidrio *m* de colores ▫ ***s. window*** vidriera *f*

stainless steel ['steɪnlɪs'sti:l] *n* acero *m* inoxidable

stair ['steə(r)] *n* (**a**) *(single step)* escalón *m*, peldaño *m* (**b**) *(flight)* **stair(s)** escalera(s) *f(pl)*

staircase ['steəkeɪs] *n* escalera *f*

stairway ['steəweɪ] *n* escalera *f*

stairwell ['steɪwel] *n* hueco *m* de la escalera

stake [steɪk] **1** *n* (**a**) *(piece of wood, metal)* estaca *f*; *(for plant)* guía *f*, rodrigón *m*; **to be burned at the s.** morir quemado(a) en la hoguera (**b**) *(bet)* apuesta *f*; **the stakes are high** hay mucho en juego; **to be at s.** estar en juego; **there's a lot at s.** me juego/te juegas/*etc* mucho (**c**) *(share)* **to have a s. in sth** *(interest)* tener intereses en algo; *(shareholding)* tener una participación (accionarial) en algo
2 *vt* (**a**) *(bet) (money)* apostar (**on** a); *Fig (one's reputation, job)* jugarse (**on** en); **I'd s. my life on it** pondría la mano en el fuego por ello (**b**) *(register)* **to s. a claim (to sth)** reivindicar el derecho (a algo)

▸**stake out** *vt insep (home, suspect)* tener vigilado(a)

stakeholder ['steɪkhəʊldə(r)] *n* **the stakeholders in a project** las personas con interés en un proyecto. ▫ ***s. society*** sociedad *f* cooperativa *or* participativa

stakeout ['steɪkaʊt] *n* vigilancia *f*; **to be on s.** montar vigilancia

stalactite ['stæləktaɪt] *n* estalactita *f*

stalagmite ['stæləgmaɪt] *n* estalagmita *f*

stale [steɪl] *adj* (**a**) *(bread)* pasado(a), rancio(a); *(beer)* pasado(a), sin fuerza; *(air)* viciado(a); *(smell)* rancio(a) (**b**) *(ideas, jokes)* manido(a); *(social life, relationship)* anquilosado(a); **to get s.** *(of person)* anquilosarse

stalemate ['steɪlmeɪt] *n (in chess, negotiations)* tablas *fpl*; **to reach a s.** llegar a un punto muerto

Stalinism ['stɑ:lɪnɪzəm] *n* estalinismo *m*

Stalinist ['stɑ:lɪnɪst] *n & adj* estalinista *mf*

stalk[1] [stɔ:k] **1** *vt (track)* seguir con sigilo; *(obsessively)* acechar

2 *vi (walk angrily)* **she stalked out of the room** salió enfadada *or Am* enojada de la habitación; **to s. off** marcharse airadamente

stalk[2] *n (of plant, flower)* tallo *m*; *(of fruit)* rabo *m*

stalker ['stɔ:kə(r)] *n* = persona que sigue o vigila obsesivamente a otra

stalking ['stɔ:kɪŋ] *n (of person)* acecho *m*, = seguimiento o vigilancia obsesiva de una persona

stalking-horse ['stɔ:kɪŋ'hɔ:s] *n (in political contest)* candidato(a) *m,f* de paja

stall [stɔ:l] **1** *n* (**a**) *(in stable)* casilla *f* (**b**) *(in market)* puesto *m* (**c**) *Br Cin & Th* **the stalls** el patio de butacas

2 *vt* (**a**) *(car, engine)* calar; *Fig (campaign, talks)* paralizar, estancar; **the negotiations have been stalled for weeks** las negociaciones llevan semanas paralizadas *or* estancadas (**b**) *(hold off)* retener

3 *vi* (**a**) *(of car)* calarse, pararse; *Fig (of campaign, negotiations)* estancarse, quedarse estancado(a) (**b**) *(delay)* **to s. (for time)** intentar ganar tiempo

stallholder ['stɔ:lhəʊldə(r)] *n* dueño(a) *m,f* de un puesto, *Am* puestero(a) *m,f*

stallion ['stæljən] *n* (caballo *m*) semental *m*

stalwart ['stɔ:lwət] **1** *n* incondicional *mf*

2 *adj* enérgico(a)

stamen ['steɪmən] *n Bot* estambre *m*

stamina ['stæmɪnə] *n* resistencia *f*, aguante *m*

stammer ['stæmə(r)] **1** *n* tartamudeo *m*; **to speak with a s.** tartamudear

2 *vt* balbucir

3 *vi* tartamudear

▸**stammer out** *vt sep* balbucir, farfullar

stammerer ['stæmərə(r)] *n* tartamudo(a) *m,f*

stamp [stæmp] **1** *n* (**a**) *(on letter)* sello *m*, *Am* estampilla *f*, *CAm, Méx* timbre *m* ▫ ***s. album*** álbum *m* de sellos; ***s. collecting*** filatelia *f*; ***s. collector*** coleccionista *mf* de sellos; ***s. hinge*** fijasellos *m inv*; ***s. machine*** máquina *f* expendedora de sellos (**b**) *(mark)* sello *m*; *(device)* tampón *m*; *Fig* **s. of approval** aprobación *f*, beneplácito *m*; *Fig* **to bear the s. of genius** tener el sello *or* la marca inconfundible del genio (**c**) *(on legal documents)* póliza *f*, timbre *m* ▫ *Fin* ***s. Br duty*** *or US* ***tax*** póliza *f* del Estado

2 *vt* (**a**) *(letter)* **a stamped addressed envelope** un sobre franqueado y con el domicilio (**b**) *(put mark on)* estampar; *(passport)* sellar (**c**) *(hit on ground)* **to s. one's foot** patear

3 *vi* **to s. upstairs** subir ruidosamente las escaleras; **he stamped off in a rage** se marchó enfadado *or Am* enojado

▸**stamp on** *vt insep* pisotear, pisar; *Fig (dissent, opponents)* aplastar

▸**stamp out** *vt sep (fire)* apagar *(con los pies)*; *(resistance, dissent)* acabar *or* terminar con

stampede [stæm'pi:d] **1** *n* estampida *f*, desbandada *f*; **there was a s. for the door** hubo una desbandada hacia la puerta

2 *vt* lanzar en estampida

3 *vi* salir de estampida

stamping-ground ['stæmpɪŋgraʊnd] *n Fam* lugar *m* predilecto

stance [stæns] *n* (**a**) *(physical position)* postura *f* (**b**) *(view)* postura *f*; **they have changed their s. on abortion** han cambiado su postura con respecto al aborto

stanchion ['stænʃən] *n* puntal *m*; *(of soccer goal)* palo *m* trasero

STAND [stænd] **1** *n* (**a**) *(view)* postura *f* (**on** sobre); **to take a s.** adoptar una postura

(**b**) *(of lamp)* soporte *m*; *(for books, postcards)* expositor *m*; *(for sheet music)* atril *m*; *(for coats)* perchero *m*

(**c**) *(stall) (in open air)* puesto *m*, tenderete *m*; *(at exhibition)* stand *m*, puesto *m*; **newspaper s.** quiosco *m* (de periódicos)

(**d**) *(at stadium)* **stand(s)** graderío *m*, gradas *fpl*

(**e**) *US (witness box)* estrado *m*; **to take the s.** subir al estrado

(**f**) *(taxi rank)* parada *f* de taxis

(**g**) *(battle, resistance)* **they made their last s. on the bridge** presentaron batalla por última vez en el puente; **to make a s.** resistir al enemigo

2 *vt* (*pt & pp* **stood** [stʊd]) (**a**) *(place)* colocar; **he stood the ladder against the wall** apoyó la escalera contra la pared; *Fig* **this discovery stands previous theories on their head** este descubrimiento invalida por completo las teorías previas

(**b**) *(endure)* soportar, aguantar; **he can't s. her** no la soporta *or* aguanta; **built to s. rough treatment/high temperatures** construido para soportar un trato duro/altas temperaturas; **I can't s. people calling me that** no soporto *or* aguanto que me llamen eso; **to s. comparison with** poder compararse con; **the allegation does not s. closer examination** la acusación no se sostiene ante un análisis detallado; **to s. one's ground** mantenerse firme

(**c**) *(pay for)* **to s. sb a drink** invitar a alguien a una copa

(**d**) *(have)* **to s. a chance (of doing sth)** tener posibilidades (de hacer algo); **he doesn't s. a chance!** ¡no tiene ninguna posibilidad!

(**e**) *Law* **to s. trial** ser procesado(a)

3 *vi* (**a**) *(of person) (get up)* ponerse de pie, levantarse, *Am* pararse; *(be upright)* estar de pie *or Am* parado(a); *(remain upright)* quedarse de pie *or Am* parado(a); **I could hardly s.** casi no me tenía en pie; **we had to s. the whole way** tuvimos que ir de pie *or Am* parados todo el trayecto; **we couldn't see anything from where we were standing** desde donde estábamos no se veía nada; *Fig* **it sounds like a good idea from where I'm standing** desde mi perspectiva parece una buena idea; **don't just s. there!** ¡no te quedes ahí parado(a)!; **we stood there shivering** estábamos ahí de pie *or Am* parados tiritando; **we stood and watched the plane take off** nos quedamos ahí de pie *or Am* parados y vimos despegar el avión; **they were standing against the wall** estaban de pie *or Am* parados contra la pared; **he was standing at the door** estaba junto a la puerta; **s. in a line!** ¡pónganse en fila!; **to s. in sb's way** *(obstruct)* estorbar a alguien; *(try to stop)* ponerse delante de alguien; **a picture of them standing on the beach** una foto de ellos ahí de pie *or Am* parados en la playa; **I can reach it if I s. on a chair** lo alcanzo si me subo a una silla; **he stood on my foot** me pisó; **to s. still** *(of person)* quedarse quieto(a); *(of time)* detenerse; **we cannot afford to s. still whilst our competitors catch us up** no podemos cruzarnos de brazos mientras nuestros competidores nos ganan terreno; **he stands two metres tall** mide dos metros; **s. and deliver!** ¡la bolsa o la vida!; *Fig* **the government will s. or fall by the success of its policies** el futuro del gobierno dependerá del éxito o fracaso de sus políticas; **to s. on one's hands** hacer el pino *(sin apoyar la cabeza en el suelo)*; **to s. on one's head** hacer el pino *(apoyando la cabeza en el suelo)*; IDIOM **I could do it standing on my head!** ¡lo podría hacer con los ojos vendados!; **I had to s. on my toes to see** me tuve que poner de puntillas para poder ver; IDIOM **the boss didn't s. on his dignity and helped us move the filing cabinets** el hecho de que fuera el jefe no impidió que nos ayudara a mover los archivadores; IDIOM **to s. on one's own two feet** ser autosuficiente, valerse (uno) por sí mismo; IDIOM **we're standing right behind you** estamos de tu lado; **to s. fast** *or* **firm** mantenerse firme

(**b**) *(be situated) (of building)* estar situado(a) *or* ubicado(a); *(of object)* estar colocado(a); **there's a taxi standing outside the entrance** hay un taxi esperando a la entrada; **the house stands on a hill** la casa se encuentra en una colina; **a vase stood on the table** había un jarrón en la mesa; **the train now standing at platform 11** el tren estacionado en la vía 11; *US* **no standing** *(sign)* = prohibido detenerse

(**c**) *(remain upright) (of building, tree)* **not a**

single tree was left standing no quedó en pie ni un árbol

(**d**) *(be in situation)* **as things s.** tal y como están las cosas; **to know how things s.** saber cómo están las cosas; **I don't know where I s.** no sé a qué atenerme; **you always know where you s. with him** él siempre deja las cosas claras; **inflation/the debt stands at…** la inflación/la deuda asciende a *or* se sitúa en…; **the Mavericks are currently standing third in the table** los Mavericks están clasificados actualmente en tercera posición; **to s. accused of sth** ser acusado(a) de algo; **I s. corrected** corrijo lo dicho; **the house is standing empty** la casa está vacía; **the machine has been standing idle** la máquina ha estado inactiva; **we s. united** estamos unidos(as); **they s. very high in our esteem** los tenemos en gran estima; **you s. in danger of getting killed** corres el peligro de que te maten; **to s. in need of…** tener necesidad de…; **you s. to lose/gain $5,000** puedes perder/ganar 5.000 dólares; **it stands to reason that…** se cae por su propio peso que…

(**e**) *(remain motionless) (of liquid, mixture)* reposar

(**f**) *(contest elections)* **to s. for Parliament/the presidency** presentarse (como candidato) a las elecciones parlamentarias/a la presidencia; **to s. against sb (in an election)** enfrentarse a alguien (en unas elecciones)

(**g**) *(be valid)* seguir en pie; **the offer still stands** la oferta sigue en pie

(**h**) *(have opinion)* **where do you s. on this issue?** ¿cuál es tu postura ante este tema?

▸**stand about, stand around** *vi* **we were standing about** *or* **around chatting** estábamos ahí de pie *or Am* parados charlando *or CAm, Méx* platicando

▸**stand apart from** *vt sep (be different to)* **what makes our candidate s. apart from the rest** lo que diferencia *or* distingue a nuestro candidato del resto

▸**stand aside** *vi (move aside)* hacerse a un lado; *(withdraw opposition)* retirarse

▸**stand back** *vi* (**a**) *(move away)* alejarse (**from** de); **s. back!** ¡atrás! (**b**) *(in order to reflect)* distanciarse

▸**stand by 1** *vt insep* (**a**) *(friend)* apoyar (**b**) *(promise, prediction)* mantener

2 *vi* (**a**) *(be ready)* estar preparado(a) (**for** para); **s. by for takeoff!** ¡preparados para el despegue *or Am* decolaje! (**b**) *(not get involved)* mantenerse al margen; *(do nothing)* quedarse sin hacer nada

▸**stand down** *vi (retire)* retirarse

▸**stand for** *vt insep* (**a**) *(mean)* significar, querer decir; *(represent)* representar (**b**) *(tolerate)* aguantar, soportar

▸**stand in for** *vt insep* sustituir a

▸**stand out** *vi* (**a**) *(be prominent)* destacar; **she stood out from the other candidates** destacaba del resto de los candidatos; *Fam* **it stands out a mile!** ¡se nota *or* se ve a la legua! (**b**) *(show opposition)* **to s. out against sth** oponerse a algo

▸**stand over** *vt insep* **there's no need for you to s. over me while I do it** no hace falta que estés ahí (de pie *or Am* parado(a)) vigilándome mientras lo hago

▸**stand together** *vi (agree)* estar de acuerdo (**on** en)

▸**stand up 1** *vt sep Fam* **to s. sb up** *(on date)* dar plantón a alguien

2 *vi* (**a**) *(get up)* levantarse, ponerse de pie, *Am* pararse; *(be upright)* estar de pie; *(remain upright)* quedarse de pie *or Am* parado(a); *Fig* **to s. up and be counted** *(express opinion)* hacerse oír

(**b**) *(stick up)* **his hair stands up** tiene el pelo de punta

(**c**) *(of argument, theory)* sostenerse; **the allegation does not s. up to closer examination** la acusación no resiste un análisis detallado; **his confession will never s. up in court** su confesión no serviría como prueba en un juicio; **they stood up well under intense pressure** aguantaron bien bajo la intensa presión

▸**stand up for** *vt insep* defender; **to s. up for oneself** defenderse

▸**stand up to** *vt insep (not be intimidated by)* hacer frente a

---

stand-alone ['stændələʊn] *adj Comptr* independiente, autónomo(a)

standard ['stændəd] **1** *n* (**a**) *(for weight, measurement)* norma *f*; *(to judge performance, success)* criterio *m*, patrón *m*; *Fin* **gold/dollar s.** patrón *m* oro/dólar; **it was a success by any standards** fue un éxito de todas todas, fue a todas luces un éxito

(**b**) *(required level)* nivel *m*; **to be up to/below s.** estar al nivel/por debajo del nivel exigido; **to have high/low standards** *(at work)* ser muy/poco exigente; *(morally)* tener muchos/pocos principios; **s. of living** nivel *m* de vida

(**c**) *(flag)* estandarte *m* ❑ *also Fig* ***s. bearer*** abanderado(a) *m,f*

2 *adj* (**a**) *(length, width, measure)* estándar; **it's the s. work on the subject** es la obra de referencia clásica sobre el tema ❑ ***S. English*** inglés *m* normativo; *Rail* ***s. gauge*** (ancho *m* de) vía *f* normal; *Scot Educ* ***S. grade*** = examen de grado medio tras el cuarto curso de enseñanza secundaria; ***s. size*** tamaño *m* estándar *or* normal

(**b**) *(usual)* habitual; **headrests are fitted as s.** los reposacabezas vienen con el equipamiento de serie; **it is s. practice** es la práctica habitual; **we got the s. response** nos dieron la respuesta habitual en estos casos ❑ *Br* ***s. class*** *(on train)* clase *f* normal

(**c**) *(in statistics)* ***s. deviation*** desviación *f* típica *or* estándar; ***s. error*** error *m* típico

(**d**) *Comptr* ***s. memory*** memoria *f* estándar

standardization [stændədaɪ'zeɪʃən] *n* normalización *f*, estandarización *f*

standardize ['stændədaɪz] *vt* normalizar, estandarizar

standard lamp ['stændədlæmp] *n* lámpara *f* de pie

stand-by ['stændbaɪ] *n* (**a**) *(money, fuel, food)* reserva *f*; **to have sth as a s.** tener algo de reserva; **to be on s.** *(of troops, emergency services)* estar en alerta (**b**) *(for air travel)* **to be on s.** estar en lista de espera ❑ ***s. passenger*** pasajero(a) *m,f* en lista de espera; ***s. ticket*** billete *m or Am* boleto *m* de lista de espera

stand-in ['stændɪn] *n* suplente *mf*, sustituto(a) *m,f*

standing ['stændɪŋ] **1** *n* (**a**) *(position, status)* posición *f*, reputación *f*; **in good s. (with)** con reputación (entre)

(**b**) *(duration)* **friends of long s.** amigos de hace mucho tiempo; **an agreement of long s.** un acuerdo que viene de lejos

2 *adj* (**a**) *(upright)* vertical, derecho(a); **there was s. room only** *(on train, bus, in room)* no quedaban asientos ❑ ***s. count*** *(in boxing)* = cuenta realizada a un púgil que ya se ha levantado; ***s. ovation*** ovación *f* cerrada (del público puesto) en pie; ***s. stone*** menhir *m*

(**b**) *(permanent)* permanente; **you have a s. invitation** estás invitado a venir cuando quieras; **it's a s. joke in the office** es una de las bromas de siempre en la oficina ❑ ***s. army*** ejército *m* permanente; ***s. committee*** comisión *f* permanente; *Fin* ***s. order*** domiciliación *f* (bancaria)

stand-off ['stændɒf] *n* punto *m* muerto ❑ ***s. half*** *(in rugby)* medio *m* de apertura

stand-offish ['stænd'ɒfɪʃ] *adj Fam* distante

standpipe ['stændpaɪp] *n* = surtidor provisional de agua instalado en la calle

standpoint ['stændpɔɪnt] *n* punto *m* de vista

standstill ['stændstɪl] *n* **to be at a s.** estar detenido(a); **to come to a s.** pararse, detenerse; **to bring sth to a s.** paralizar algo

stand-up ['stændʌp] **1** *n (comedy)* = humorismo que consiste en salir solo al escenario con un micrófono y contar chistes

2 *adj* (**a**) *(comedian)* de micrófono, = que basa su actuación en contar chistes al público solo desde el escenario (**b**) *(passionate)* **a s. argument** una violenta discusión; **a s. fight** una batalla campal, una pelea salvaje (**c**) *US (decent, honest)* decente

stank [stæŋk] *pt of* **stink**

Stanley knife® ['stænlɪnaɪf] *n* cúter *m*

stanza ['stænzə] *n* estrofa *f*

staphylococcus ['stæfɪlə'kɒkəs] *n Biol* estafilococo *m*

staple[1] ['steɪpəl] **1** *n* grapa *f*, *Chile* corchete *m*, *Col* gancho *m*, *RP* ganchito *m* ❑ ***s. gun*** grapadora *f* industrial

2 *vt* grapar, *Chile* corchetear, *Méx* engrapar, *RP* abrochar; **to s. sth together** grapar algo

staple[2] **1** *n (basic food)* alimento *m* básico; *Fig* **such stories are a s. of the tabloid press** esas historias son el pan de cada día en la prensa amarilla

2 *adj (food)* básico(a), de primera necesidad; *(diet)* básico(a)

stapler ['steɪplə(r)] *n* grapadora *f, Chile* corchetera *f, RP* abrochadora *f*

star [stɑ:(r)] **1** *n* (**a**) *(heavenly body, shape)* estrella *f*; **to reach for the stars** *(aspire)* apuntar al cielo; **to see stars** *(after blow to head)* ver las estrellas ▫ ***s. anise*** anís *m* estrellado; ***the Stars and Stripes*** la bandera estadounidense; ***s. system*** *(in space)* galaxia *f*, sistema *m* estelar; ***S. Wars*** la Guerra de las Galaxias
(**b**) *(actor, singer, sportsperson)* estrella *f*; **movie** *or* **film s.** estrella de cine ▫ ***s. billing*** rango *m* de estrella; ***s. player*** estrella *f or* figura *f* del equipo; ***s. quality*** madera *f or* hechuras *fpl* de estrella; ***s. system*** *(in Hollywood)* star-system *m*, promoción *f* de estrellas de cine; ***s. turn*** atracción *f* principal, actuación *f* estelar
(**c**) *Fam* **stars** *(horoscope)* horóscopo *m*; **it's (written) in the stars** lo dicen las estrellas ▫ ***s. sign*** signo *m* del zodiaco
(**d**) *(as indicator of quality)* estrella *f*; **a five-s. hotel** un hotel de cinco estrellas; *Br* **four-s. petrol** gasolina *f or RP* nafta súper
(**e**) *(symbol)* estrella *f*
2 *vt* (*pt & pp* **starred**) *(of movie)* estar protagonizado(a) por
3 *vi* **to s. in a movie** protagonizar una película

starboard ['stɑ:bəd] **1** *n Naut* estribor *m*
2 *adj* de estribor

starch [stɑ:tʃ] **1** *n* (**a**) *(for shirts)* almidón *m* (**b**) *(in food)* fécula *f*
2 *vt (shirt)* almidonar

starchy ['stɑ:tʃɪ] *adj* (**a**) *(food)* feculento(a) (**b**) *Fam (person, manner)* estirado(a), rígido(a)

star-crossed ['stɑ:krɒst] *adj* malhadado(a), infortunado(a)

stardom ['stɑ:dəm] *n* estrellato *m*; **to achieve s.** alcanzar el estrellato

stardust ['stɑ:dʌst] *n* quimeras *fpl*, ilusiones *fpl*; **to have s. in one's eyes** hacerse grandes ilusiones

stare [steə(r)] **1** *n* mirada *f* fija
2 *vt* **the answer was staring me in the face** tenía la solución delante de las narices; **ruin was staring us in the face** nos enfrentábamos a la ruina
3 *vi* **to s. (at sth/sb)** mirar fijamente (algo/a alguien); **to s. into the distance** mirar al vacío; **what are you staring at?** *(as challenge)* ¿y tú qué miras?; **it's rude to s.** es de mala educación quedarse mirando (con descaro)

▸**stare out, stare down** *vt sep* hacer bajar la vista a

starfish ['stɑ:fɪʃ] *n* estrella *f* de mar

starfruit ['stɑ:fru:t] *n* carambola *f (fruto)*

stargazer ['stɑ:geɪzə(r)] *n* (**a**) *(astronomer)* astrónomo(a) *m,f* (**b**) *(astrologer)* astrólogo(a) *m,f*

staring ['steərɪŋ] *adj* **he had s. eyes** tenía la mirada fija

stark [stɑ:k] **1** *adj* (**a**) *(light, colours)* frío(a); *(landscape)* desolado(a) (**b**) *(truth, facts)* crudo(a); *(contrast, warning, reminder)* claro(a), inequívoco(a); *(choice)* obvio(a)
2 *adv* **s. naked** completamente desnudo(a); **s. raving** *or* **staring mad** completamente loco(a)

starkers ['stɑ:kəz] *adj Br Fam* en pelotas, en cueros, *Chile* pilucho(a)

starkly ['stɑ:klɪ] *adv* claramente, inequívocamente

starkness ['stɑ:knɪs] *n* (**a**) *(of landscape)* desolación *f* (**b**) *(of contrast)* claridad *f*

starless ['stɑ:lɪs] *adj* sin estrellas

starlet ['stɑ:lɪt] *n (young actress)* actriz *f* incipiente

starlight ['stɑ:laɪt] *n* luz *f* de las estrellas

starling ['stɑ:lɪŋ] *n* estornino *m*

starlit ['stɑ:lɪt] *adj* iluminado(a) por las estrellas

starry ['stɑ:rɪ] *adj* estrellado(a)

starry-eyed ['stɑ:rɪ'aɪd] *adj (idealistic, naive)* cándido(a), idealista; *(lovers)* embelesado(a), embobado(a)

Star-Spangled Banner ['stɑ:spæŋgəld 'bænə(r)] *n* **the S.** *(anthem)* el himno estadounidense; *(flag)* la bandera estadounidense

star-studded ['stɑ:stʌdɪd] *adj* **a s. cast** un reparto estelar, un reparto plagado de estrellas

START [stɑ:t] **1** *n* (**a**) *(beginning)* principio *m*, comienzo *m*; *(starting place, of race)* salida *f*; **our team had a good/bad s.** nuestro equipo tuvo un buen/mal comienzo; **at the s.** al principio; **at the s. of the month** a principios de mes; **for a s.** para empezar; **from the s.** desde el principio; **from s. to finish** de principio a fin; **the evening got off to a good/bad s.** la noche empezó bien/mal; **he lent her £500 to give her a s.** le prestó 500 libras para ayudarla a empezar; **to give sb a good s. in life** dar a alguien una buena base para el futuro; **to give sb a 60 metre(s)/ten minute(s) s.** dar a alguien una ventaja de 60 metros/diez minutos; **she has made a promising s. in her new job** ha tenido un comienzo prometedor en su nuevo trabajo; **we want to make an early s.** *(to journey)* queremos salir pronto; **to make a s. on sth** empezar con algo ▫ ***s. hut*** *(in skiing)* caseta *f* de salida
(**b**) *(sudden movement)* sobresalto *m*; **to wake with a s.** despertarse sobresaltado(a); **I gave a s.** me sobresalté; **to give sb a s.** *(frighten)* sobresaltar a alguien, dar un susto a alguien
2 *vt* (**a**) *(begin)* empezar, comenzar; *(conversation, talks)* entablar, iniciar; **to s. school** empezar el colegio; **to s. work** *(work for first time)* empezar *or* comenzar a trabajar; *(begin working day)* empezar *or* comenzar *or* entrar a trabajar; **the restaurant started life as a café** el restaurante empezó *or* comenzó como cafetería; **to s. a family** empezar a tener hijos; **to s. doing sth, to s. to do sth** empezar *or* comenzar a hacer algo; **it's just started raining** acaba de ponerse a *or* empezar a llover; **they've started shouting again** han vuelto a ponerse a gritar; **to get started** empezar, comenzar; **here's $10 to get you started** aquí tienes 10 dólares para que vayas comenzando
(**b**) *(cause to begin) (campaign, war)* empezar, comenzar; *(club, fund)* crear, formar; *(fashion)* comenzar; *(rumour)* poner en circulación; *(fire, avalanche)* provocar, ocasionar; *(a business)* montar; **to s. a fight (with sb)** empezar *or* comenzar una pelea (con alguien); **his comment started me thinking** su comentario me hizo ponerme a pensar; *Fam* **you started it!** ¡has empezado tú!
(**c**) *(cause to work) (machine, engine, car)* arrancar, poner en marcha
(**d**) *(give signal to begin) (race)* dar la salida a
3 *vi* (**a**) *(begin)* empezar, comenzar; **please s.!** *(begin eating)* ¡comenzad a comer, por favor!; **she had started as a doctor** había comenzado trabajando como médica; **to s. at the beginning** empezar por el principio; **prices s. at** *or* **from £20** *(in advert)* precios desde 20 libras; **to s. by doing sth** comenzar haciendo algo; **you have 60 seconds starting from now** tienes 60 segundos empezando a contar desde ya; **to s. with** *(in the first place)* para empezar; *(at the beginning)* al comienzo *or* principio; **what would you like to s. (with)?** *(in restaurant)* ¿qué tomarán para empezar?; **now don't YOU s.!** ¡no empieces (otra vez)!, ¡no empecemos (otra vez)!
(**b**) *(make sudden movement)* sobresaltarse (**at** con); **I started from my seat** me levanté de mi asiento sobresaltado; **to s. out of one's sleep** despertarse sobresaltado(a)
(**c**) *(begin journey)* salir, partir; *Fig* **we're back where we started** hemos vuelto al punto de partida
(**d**) *(of car, engine)* arrancar

▸**start back** *vi (begin to return)* **we'd better s. back soon** sería mejor que vayamos volviendo

▸**start off 1** *vt sep (argument, debate)* suscitar, provocar; **to s. sb off** *(in business)* dar un primer empujón a alguien; *(on a subject)* dar cuerda a alguien; **what started them off laughing?** ¿qué les hizo ponerse a reír?
2 *vi (begin)* empezar, comenzar; *(on journey)* salir; **we started off down the road** nos pusimos en camino; **to s. off by doing sth** comenzar haciendo algo

▸**start on 1** *vt insep (begin)* empezar
2 *vt sep* **they've started me on a special diet** me han puesto una dieta especial
3 *vi Fam (complain)* **my mother started on at me about not cleaning my room** mi madre empezó a darme la lata *or Col, Méx* dar lata por no haber limpiado mi habitación

▸**start out** *vi* (**a**) *(begin)* empezar; **she started out as a secretary** empezó de secretaria (**b**) *(on journey)* salir, partir

▸**start over** *vi US* volver a empezar

▸**start up 1** *vt sep (car, machine)* arrancar, poner en marcha; *(computer)* arrancar; *(club, fund)* crear, formar; *(business)* montar, poner

2 *vi (begin)* empezar, comenzar; *(of engine)* arrancar, ponerse en marcha; *(of computer)* arrancar; **to s. up in business** poner *or* montar un negocio

starter ['stɑːtə(r)] *n* (**a**) *Sport (competitor)* competidor(ora) *m,f*; *(official)* juez *mf* de salida (**b**) **to be a late s.** *(of child)* llevar retraso *or Am* demora (en el aprendizaje); **to be a slow s.** tardar *or Am* demorar en ponerse en marcha (**c**) *(device)* **s. (motor)** motor *m* de arranque (**d**) *(in meal)* entrada *f*, primer plato *m*; **for starters** *(in meal)* de primero; *Fig (for a start)* para empezar

starting ['stɑːtɪŋ] *n* (**a**) *(beginning)* ***s. point*** *or* ***place*** punto *m* de partida; ***s. salary*** salario *m or* sueldo *m* inicial (**b**) *Sport* ***s. block*** *(in athletics)* tacos *mpl or* puesto *m* de salida; *(in swimming)* podio *m* de salida; ***s. gate*** *(in horseracing)* puerta *f* de los cajones de salida; ***s. line*** línea *f* de salida; ***s. pistol*** pistola *f* para dar la salida; ***s. price*** *(in betting)* precio *m* de las apuestas a la salida

startle ['stɑːtəl] *vt* sobresaltar

startled ['stɑːtəld] *adj (look, cry)* de sobresalto; **to look/seem s.** parecer sobresaltado(a)

startling ['stɑːtlɪŋ] *adj (noise)* que sobresalta; *(news, event)* sorprendente

start-up ['stɑːtʌp] *n* (**a**) *Com* puesta *f* en marcha ▫ ***s. costs*** gastos *mpl* de puesta en marcha (**b**) *Comptr* arranque *m*

starvation [stɑː'veɪʃən] *n* inanición *f*; **to die of s.** morir de inanición ▫ ***s. diet*** dieta *f* miserable; ***s. wages*** salario *m* mísero

starve [stɑːv] **1** *vt* privar de alimentos; **to s. sb to death** matar a alguien de inanición; *Fig* **to be starved of sth** estar privado(a) de algo; **to s. sb into surrender** hacer rendirse a alguien por el hambre

2 *vi (lack food)* pasar mucha hambre; **to s. (to death)** morir de inanición

starving ['stɑːvɪŋ] *adj* famélico(a), hambriento(a); *Fam* **I'm s.** me muero de hambre

stash [stæʃ] *Fam* **1** *n* (**a**) *(hidden supply)* reserva *f*; *(of drugs)* alijo *m*, cargamento *m* (**b**) *(hiding place)* escondrijo *m*

2 *vt (hide)* **to s. sth (away)** poner algo a buen recaudo

stasis ['steɪsɪs] *n Formal (total inactivity)* estasis *f*

STATE [steɪt] **1** *n* (**a**) *(condition, situation)* estado *m*; **look at the s. of this room!** ¡qué desastre de habitación!; *Fam* **my hair's (in) a s.!** ¡tengo el pelo hecho un revoltijo *or Esp* follón!; **s. of affairs** situación *f*, estado *m* de cosas; **a s. of emergency** un estado de emergencia; **s. of health** estado *m* de salud; **s. of mind** estado *m* anímico; **s. of play** *(situation)* situación *f*; **to be in a good/poor s. of repair** estar en buen/mal estado; **in a s. of shock** en estado de shock; **the country is in a s. of terror** el país vive aterrorizado; **I am not in a fit s. to travel** no estoy en condiciones de viajar; **to be in a good/terrible s.** estar en buen estado/en un estado terrible; *Fam* **she was in a real s.** *(upset)* estaba hecha un manojo de nervios; *Fam* **I got into a s. about my exams** los exámenes me pusieron nerviosísimo ▫ ***the S. of the Union address*** el discurso sobre el estado de la Unión

(**b**) *(country, administrative region)* estado *m*; *Fam* **the States** *(the USA)* (los) Estados Unidos

(**c**) *(ceremony)* pompa *f*, boato *m*; **to lie in s.** *(before funeral)* yacer en la capilla ardiente; **to travel in s.** viajar con mucho ceremonial ▫ ***s. funeral*** funeral *m* de estado; ***s. occasion*** ceremonia *f* de gala; ***the s. opening of Parliament*** = apertura anual del parlamento británico presidida por la reina; ***s. visit*** viaje *m* oficial *or* de Estado

2 *adj* (**a**) *(of country)* estatal, del estado ▫ *Pol* ***S. Department*** Departamento de Estado estadounidense, = Ministerio *m* de Asuntos Exteriores estadounidense; ***s. education*** enseñanza *f* pública; ***s. school*** colegio *m* estatal *or* público; ***s. secret*** secreto *m* de Estado; ***s. sector*** sector *m* público

(**b**) *(of administrative region)* estatal, del estado ▫ *US* ***s. attorney*** fiscal *mf* de distrito; *US* ***s. control*** control *m* estatal; *US* ***S.'s evidence:* to turn S.'s evidence** = inculpar a un cómplice ante un tribunal a cambio de recibir un trato indulgente; *US* ***s. line*** frontera *f* interestatal; *US* ***s. trooper*** policía *m* estatal

3 *vt (declare)* declarar; *(one's name and address)* indicar; *(reasons, demands, objections)* exponer; **s. the nature of the problem** indique la naturaleza del problema; **s. why you are applying for the post** exponga por qué solicita el puesto; **to s. (that)...** declarar que...; **it states in paragraph six that...** en el párrafo seis se dice que...; **to s. the obvious** decir una obviedad; **as stated earlier/above** como se hizo constar antes/más arriba

stated ['steɪtɪd] *adj (intentions)* expreso(a); *(purpose, amount)* indicado(a); *(date, price)* fijado(a)

statehood ['steɪthʊd] *n* condición *f* de estado

stateless ['steɪtlɪs] *adj* apátrida

stately ['steɪtlɪ] *adj* imponente, majestuoso(a) ▫ ***s. home*** casa *f* solariega

statement ['steɪtmənt] *n* (**a**) *(of opinion)* declaración *f*; **a s. of the facts** una exposición de los hechos; **to make a s.** *(of spokesperson)* hacer una declaración; *(of witness)* prestar declaración; *Fig (of lifestyle, behaviour)* decir algo de sí mismo(a) (**b**) *(from bank)* extracto *m* (bancario)

state-of-the-art ['steɪtəvðɪ'ɑːt] *adj* de vanguardia ▫ ***s. technology*** tecnología *f* punta

state-owned ['steɪt'əʊnd] *adj* público(a), estatal

stateroom ['steɪtruːm] *n* (**a**) *(on ship)* camarote *m* de lujo (**b**) *(in palace)* salón *m* principal

state-run ['steɪt'rʌn] *adj* estatal

Stateside ['steɪtsaɪd] *adv Fam* en Estados Unidos, en América; **to go S.** ir a Estados Unidos *or* América

statesman ['steɪtsmən] *n* estadista *m*, hombre *m* de Estado

statesmanlike ['steɪtsmənlaɪk] *adj (behaviour, speech)* digno(a) de un gran hombre de Estado; **he's not very s.** le falta la gravedad propia de un hombre de Estado

statesmanship ['steɪtsmənʃɪp] *n* arte *m* de gobernar

statesperson ['steɪtspɜːsən] *n* estadista *mf*

stateswoman ['steɪtswʊmən] *n* estadista *f*

static ['stætɪk] **1** *n* (**a**) *(electricity)* electricidad *f* estática (**b**) *(on radio, TV)* interferencias *fpl*

2 *adj* estático(a); **prices have remained s.** los precios no se han alterado, los precios han permanecido inalterables ▫ ***s. electricity*** electricidad *f* estática

station ['steɪʃən] **1** *n* (**a**) *(for trains, buses)* estación *f* ▫ ***s. master*** jefe *m* de estación; *US* ***s. wagon*** *(car)* ranchera *f* (**b**) *(post)* puesto *m*; **(police) s.** comisaría *f* (de policía); **(radio) s.** emisora *f* (de radio); **(television) s.** canal *m* (de televisión) ▫ *US* ***s. house*** *(of police)* comisaría *f*; *(of fire department)* parque *m or* cuartel *m* de bomberos (**c**) *(social condition)* posición *f*; **to have ideas above one's s.** tener demasiadas aspiraciones (**d**) *Rel* **the Stations of the Cross** el vía crucis

2 *vt (person)* colocar; *(soldier, troops)* apostar; **to s. oneself** apostarse

stationary ['steɪʃənərɪ] *adj (not moving)* inmóvil; *(vehicle)* parado(a); **to remain s.** permanecer inmóvil

stationer ['steɪʃənə(r)] *n* **s.'s (shop)** papelería *f*

stationery ['steɪʃənərɪ] *n* (**a**) *(writing materials)* artículos *mpl* de papelería (**b**) *(writing paper)* papel *m* de carta

statistic [stə'tɪstɪk] *n* estadística *f*, dato *m* estadístico; **statistics** *(facts)* estadísticas *fpl*; *(science)* estadística *f*

statistical [stə'tɪstɪkəl] *adj* estadístico(a)

statistically [stə'tɪstɪklɪ] *adv* estadísticamente

statistician [stætɪs'tɪʃən] *n* estadístico(a) *m,f*

stats [stæts] *n Fam* estadísticas *fpl*

statuary ['stætʃʊərɪ] *n (statues)* estatuas *fpl*

statue ['stætjuː] *n* estatua *f*

statuesque [stætjʊ'esk] *adj* escultural

statuette [stætjʊ'et] *n* estatuilla *f*

stature ['stætjə(r)] *n* (**a**) *(physical build)* estatura *f* (**b**) *(reputation)* talla *f*, estatura *f*; **he has increased in s. since his death** su reputación se ha incrementado desde su muerte

status ['steɪtəs] *n* (**a**) *(in society, profession)* categoría *f*, posición *f* (**b**) *(prestige)* categoría *f*, prestigio *m* ▫ ***s. symbol*** señal *f* de prestigio (**c**) *Law* estado *m*; **it has no legal/official s.** carece de validez legal/oficial (**d**) *(current state)* situación *f* ▫ ***s. report*** informe *m* de la situación (**e**) *Comptr* ***s. bar*** *or* ***line*** línea *f* de estado

status quo ['steɪtəs'kwəʊ] *n* statu quo *m*

statute ['stætju:t] *n* estatuto *m*; **by s.** por ley ▫ ***s. book*** legislación *f*, código *m* de leyes; **to reach the s. book** convertirse en ley; ***s. law*** derecho *m* escrito; *Law* ***s. of limitations*** (estatuto *m* de) prescripción *f* legal; ***s. mile*** milla *f* terrestre

statutory ['stætjʊtərɪ] *adj* legal, reglamentario(a) ▫ ***s. duty*** obligación *f* legal; ***s. holidays*** días *mpl* festivos oficiales; *US Law* ***s. rape*** relaciones sexuales con un/una menor

staunch[1] [stɔ:ntʃ] *adj (resolute)* fiel, leal

staunch[2] *vt (blood)* cortar; *(wound)* restañar

staunchly ['stɔ:ntʃlɪ] *adv* firmemente, fielmente

stave [steɪv] *n* (**a**) *(of barrel)* duela *f* (**b**) *Mus* pentagrama *m*

▸**stave in** (*pt & pp* **staved** *or* **stove** [stəʊv]) *vt sep* romper, quebrar

▸**stave off** *vt sep (problem, disaster)* aplazar, retrasar; **to s. off one's hunger** espantar el hambre

staves *Mus pl of* **staff 1 (c)**

STAY [steɪ] **1** *n* (**a**) *(visit)* estancia *f*, *Am* estadía *f*; **we hope you enjoyed your s.** esperamos que hayáis disfrutado de vuestra estancia *or Am* estadía
(**b**) *Law* ***s. of execution*** aplazamiento *m* de sentencia
(**c**) *(for mast)* estay *m*
(**d**) **stays** *(corset)* corsé *m*
2 *vt* (**a**) *(endure)* **to s. the course** *or* **distance** aguantar hasta el final
(**b**) *Literary (stop)* detener
3 *vi* (**a**) *(remain in place)* quedarse; **s. where you are!** ¡no te muevas de donde estás!; **s.!** *(to dog)* ¡quieto!; **she stayed late at work** se quedó en el trabajo hasta tarde; **I can't s. long** no puedo quedarme mucho tiempo; **to s. for** *or* **to dinner** quedarse a cenar; **it looks like mobile phones are h. to stay** parece que los teléfonos móviles no son una moda pasajera
(**b**) *(remain in state)* permanecer, quedarse; *Fam* **to s. put** no moverse; **to s. still** quedarse quieto(a), permanecer inmóvil; **s. still!** ¡no te muevas!; **the picture won't s. straight** el cuadro no se quiere quedar derecho; **to s. awake** permanecer despierto(a); *Fam* **s. cool!** ¡tranqui!; **to s. fit** mantenerse en forma; **I hope we can s. friends** ojalá sigamos siendo amigos; **we s. open all night** estamos abiertos toda la noche; **it will s. sunny all day** el sol seguirá brillando todo el día; **s. tuned!** ¡siga con nosotros!; **we have stayed within our budget** nos hemos ajustado al presupuesto
(**c**) *(reside temporarily)* quedarse; **we have some friends coming to s.** unos amigos van a venir a quedarse con nosotros; **to s. overnight** *or* **the night** quedarse a pasar la noche *or* por la noche; **I'm staying at a hotel** estoy (alojado) en un hotel; **to s. with sb** estar (alojado) en casa de alguien; **I usually s. with my sister over New Year** normalmente paso el Año Nuevo en casa de mi hermana
(**d**) *Scot (live)* vivir

▸**stay ahead** *vi* mantenerse por delante

▸**stay away** *vi* **s. away from the fire!** ¡no te acerques al fuego!; **I'd s. away from him if I were you** yo de ti no me acercaría a él; **s. away from my wife!** ¡no te acerques a mi mujer!; **spectators stayed away from the match** los espectadores dieron la espalda al partido

▸**stay behind** *vi* quedarse

▸**stay in** *vi (of person)* quedarse en casa

▸**stay on** *vi (remain longer)* quedarse

▸**stay out** *vi* (**a**) *(stay outside)* quedarse *or* permanecer fuera; **to s. out all night** estar fuera toda la noche (**b**) *(of strikers)* permanecer en huelga (**c**) *(not interfere)* **to s. out of sth** mantenerse al margen de algo; **to s. out of trouble** no meterse en líos; **s. out of this!** ¡no te metas en esto!

▸**stay over** *vi* pasar la noche

▸**stay up** *vi (not go to bed)* quedarse levantado(a)

stay-at-home ['steɪəthəʊm] *n Br Fam* persona *f* casera *or* hogareña

stayer ['steɪə(r)] *n Fam* persona *f* con tesón

staying power ['steɪŋ'paʊə(r)] *n* resistencia *f*

STD [esti:'di:] (**a**) *Med* (*abbr* **sexually transmitted disease**) enfermedad *f* de transmisión sexual (**b**) *Br* (*abbr* **subscriber trunk dialling**) = línea directa de larga distancia sin necesidad de operadora ▫ ***S. code*** prefijo *m*, indicativo *m*

stead [sted] *n* **it will stand you in good s.** te será de gran utilidad; **in sb's s.** en lugar de alguien

steadfast ['stedfɑ:st] *adj* firme; **to be s. in adversity** mantenerse incólume ante las adversidades

steadfastly ['stedfɑ:stlɪ] *adv (support, refuse)* con firmeza; *(opposed)* rotundamente

Steadicam® ['stedɪkæm] *n Cin* steadycam *f*

steadily ['stedɪlɪ] *adv (change, grow)* constantemente; *(work)* a buen ritmo; *(walk)* con paso firme; *(look)* fijamente; *(breathe)* con regularidad

steady ['stedɪ] **1** *adj* (**a**) *(stable)* firme, estable; **try to keep the camera s.** intenta que no se mueva la cámara; **in a s. voice** con voz tranquila; **to be s. on one's feet** caminar *or Esp* andar con paso firme; **to have a s. hand** tener buen pulso; IDIOM **to be s. as a rock** ser firme como una roca
(**b**) *(regular) (rate, growth, pace)* constante; *(progress)* continuo(a); *(income)* regular; *(pulse)* constante, regular; **s. girlfriend/boyfriend** novia *f*/novio *m* estable; **to have a s. job** tener un trabajo fijo; **to drive at a s. 50 mph** ir a una velocidad constante de 50 mph
2 *adv* **they are going s.** son novios formales; **s.!** ¡tranquilo!; *Fam* **s. (on)!** ¡calma!
3 *vt* estabilizar, afianzar; **to s. oneself** *(physically)* afianzarse; *(mentally)* reunir fuerzas; **to s. one's nerves** tranquilizarse

steak [steɪk] *n (beef)* filete *m*, bistec *m*, *RP* bife *m*; *(of fish)* filete *m* ▫ ***s. and kidney pie*** empanada *f* de ternera y riñones; ***s. and kidney pudding*** pastel *m or Chile, Col, RP* torta *f* de ternera y riñones; ***s. knife*** cuchillo *m* de carne; ***s. tartare*** steak tartare *m*, bistec *m* tártaro *or* a la tártara

steakhouse ['steɪkhaʊs] *n* parrilla *f*, churrasquería *f*

steal [sti:l] **1** *vt* (*pt* **stole** [stəʊl], *pp* **stolen** ['stəʊlən]) (**a**) robar; **to s. sth from sb** robar algo a alguien (**b**) IDIOMS **to s. a glance at sb** dirigir una mirada furtiva a alguien; **to s. a march on sb** ganar por la mano a alguien; **to s. the show** acaparar toda la atención; **to s. sb's thunder** arrebatarle todo el protagonismo a alguien
2 *vi* (**a**) *(rob)* robar (**b**) *(move quietly)* **to s. away/in/out** alejarse/entrar/salir furtivamente; **to s. over sb** *(tiredness, feeling)* invadir a alguien; **to s. up on sb** acercarse furtivamente a alguien; **middle age steals up on you** cuando te quieres dar cuenta, eres una persona de mediana edad
3 *n* (**a**) *Fam* **to be a s.** *(very cheap)* ser baratísimo(a), *Esp* estar tirado(a) de precio (**b**) *Sport (in basketball)* recuperación *f*

stealth [stelθ] *n* sigilo *m*; **to do sth by s.** hacer algo sigilosamente *or* con sigilo ▫ ***s. bomber*** avión *m or* bombardero *m* invisible

stealthily ['stelθɪlɪ] *adv* subrepticiamente, furtivamente

stealthy ['stelθɪ] *adj* subrepticio(a), furtivo(a)

steam [sti:m] **1** *n* (**a**) *(vapour)* vapor *m*; *(on window, mirror)* vaho *m* ▫ ***s. bath*** baño *m* de vapor; ***s. engine*** máquina *f* de vapor; ***s. iron*** plancha *f* de vapor; ***s. shovel*** excavadora *f*
(**b**) IDIOMS **to run out of s.** *(lose momentum)* perder fuelle; **to let off s.** desfogarse; **she did it under her own s.** lo hizo por sus propios medios
2 *vt Culin* cocinar al vapor; **to s. open an envelope** abrir un sobre exponiéndolo al vapor
3 *vi* (**a**) *(give off steam)* despedir vapor (**b**) *(travel under steam power)* moverse echando vapor

▸**steam up 1** *vt sep* **to get all steamed up (about sth)** *(of person)* acalorarse (con algo)
2 *vi (of window, glasses)* empañarse

steamboat ['sti:mbəʊt] *n* barco *m* de vapor

steamed [sti:md] *adj* al vapor

steamer ['sti:mə(r)] *n* (**a**) *(ship)* barco *m* de vapor (**b**) *Culin (pot)* olla *f* para cocinar al vapor

steaming [sti:mɪŋ] **1** *n Culin* cocción *f* al vapor
2 *adj* (**a**) *(very hot)* humeante (**b**) *Br Fam (drunk)* borrachísimo(a), cocido(a)

steamroller ['sti:mrəʊlə(r)] **1** *n Constr* apisonadora *f*
2 *vt* **to s. sb into doing sth** forzar a alguien a hacer algo

steamship ['sti:mʃɪp] *n* barco *m* de vapor

steamy ['sti:mɪ] *adj* (**a**) *(room)* lleno(a) de vapor (**b**) *Fam (novel, movie)* erótico(a)

steed [sti:d] *n Literary* corcel *m*

steel [sti:l] **1** *n* acero *m*; **nerves of s.** nervios *mpl* de acero; **the s. industry** la industria del acero ❑ ***s. band*** *(musical)* = grupo de percusión caribeño que utiliza bidones de metal; ***s. blue*** azul *m* acero; ***s. grey*** gris *m* acero; ***s. mill*** fundición *f* de acero; ***s. wool*** estropajo *m* de acero
2 *adj (made of steel)* de acero
3 *vt* **to s. oneself to do sth** armarse de valor para hacer algo; **to s. oneself against sth** armarse de valor para enfrentarse con algo

steelworker ['sti:lwɜ:kə(r)] *n* trabajador(ora) *m,f* del acero

steelworks ['sti:lwɜ:ks] *n* acería *f*

steely ['sti:lɪ] *adj (glint)* acerado(a); *(glare)* duro(a); *(determination)* férreo(a), inflexible

steelyard ['sti:ljɑ:d] *n* romana *f*

steep¹ [sti:p] *adj* (**a**) *(path, hill, climb)* empinado(a); *(rise, fall)* pronunciado(a) (**b**) *Fam (expensive)* abusivo(a)

steep² **1** *vt (clothes)* dejar en remojo; *(food)* macerar; **to be steeped in history** rezumar historia
2 *vi (of clothes)* estar en remojo

steepen ['sti:pɪn] *vi (path)* empinarse

steeple ['sti:pəl] *n (of church)* torre *f*

steeplechase ['sti:pəltʃeɪs] *n Sport* carrera *f* de obstáculos

steeplejack ['sti:pəldʒæk] *n* = persona que arregla torres y chimeneas

steeply ['sti:plɪ] *adv (rise)* pronunciadamente; **s. banked** con pronunciados *or* abruptos terraplenes; **prices rose s.** los precios subieron vertiginosamente

steer¹ [stɪə(r)] **1** *vt* (**a**) *(car) Esp* conducir, *Am* manejar; *(ship)* gobernar (**b**) *(guide)* **to s. sb out of trouble** sacar a alguien de un aprieto; **he steered us towards a more expensive model** trató de vendernos un modelo más caro; **she steered the conversation away from such sensitive subjects** llevó la conversación a terrenos menos espinosos
2 *vi (of person) Esp* conducir, *Am* manejar; *(of ship, car)* manejarse; **to s. for sth** llevar rumbo a algo; **to s. clear of sth/sb** evitar algo/a alguien

steer² *n (bull)* buey *m*

steerage ['stɪərɪdʒ] *n* tercera clase *f*

steering ['stɪərɪŋ] *n (mechanism)* dirección *f* ❑ *Aut* ***s. column*** columna *f* de dirección; *Pol* ***s. committee*** comisión *f* directiva; *Aut* ***s. wheel*** volante *m*, *Andes* timón *m*

stellar ['stelə(r)] *adj also Fig* estelar

St Elmo's fire [sənt'elməʊz'faɪə(r)] *n* fuego *m* de san Telmo

stem [stem] **1** *n* (**a**) *(of plant)* tallo *m* ❑ ***s. ginger*** trozos *mpl* cristalizados de jengibre (**b**) *(of glass)* pie *m*; *(of tobacco pipe)* tubo *m* (**c**) *(of word)* raíz *f*
2 *vt (pt & pp* **stemmed**) *(halt)* contener
3 *vi* **to s. from** derivarse de

stench [stentʃ] *n* pestilencia *f*

stencil ['stensəl] **1** *n* (**a**) *Art* plantilla *f* (**b**) *(for typing)* cliché *m*, clisé *m*
2 *vt (pt & pp* **stencilled**, *US* **stenciled**) estarcir

Sten gun ['stengʌn] *n* metralleta *f* ligera

stenographer [stə'nɒgrəfə(r)] *n US* taquígrafo(a) *m,f*

stenography [stə'nɒgrəfɪ] *n* taquigrafía *f*

stentorian [sten'tɔ:rɪən] *adj Literary (voice)* estentóreo(a)

STEP [step] **1** *n* (**a**) *(movement, sound)* paso *m*; **to take a s.** dar un paso; **at** *or* **with every s.** a cada paso; **every s. of the way** en todo momento; **s. by s., one s. at a time** paso a paso; **to keep (in) s.** *(in dance)* seguir el ritmo; **to march in s.** llevar el paso; **I fell into s. with the rest of the troop** me puse al ritmo del resto de la tropa; **he was walking out of s. with the others** no llevaba el paso de los otros; **the government is in/out of s. with public opinion** el gobierno está al tanto/desconectado de la opinión pública; *also Fig* **to watch one's s.** andarse con ciudado; *Fig* **a s. backwards/forwards** un paso atrás/adelante; **to stay one s. ahead of the competition** mantenerse por delante de la competencia; IDIOM **one s. forward, two steps back** un paso adelante y dos para atrás, como los cangrejos
(**b**) *Literary (gait)* **with weary s.** con paso cansino
(**c**) *(action, measure)* medida *f*; **to take steps (to do sth)** tomar medidas (para hacer algo); **the next s. is to…** el siguiente paso es…; **a s. in the right direction** un paso en la dirección correcta
(**d**) *(of staircase)* escalón *m*, peldaño *m*; *(of stepladder)* peldaño *m*; *(on outside of building)* escalón *m*; **(flight of) steps** (tramo *m* de) escalera *f*; *Br* **steps** *(stepladder)* escalera *f* de tijera; **we were standing on the front steps** estábamos en las escaleras de delante; **mind the s.** cuidado con el escalón; *Fig* **the new job is a s. up for me** el nuevo trabajo me supone un ascenso
(**e**) *(exercise)* **s. (aerobics)** step *m*, aerobic *m* con escalón ❑ ***s. class*** clase *f* de step
(**f**) *US Mus* tono *m*
2 *vi (pt & pp* **stepped**) *(take a step)* dar un paso; *(walk)* caminar; **s. this way** pasa por aquí; **I stepped down from the ladder** bajé de la escalera; **I stepped in a puddle** pisé un charco; **I stepped into the boat** subí al barco; **she stepped into the room** entró en la habitación; **to s. on sb's foot** pisarle un pie a alguien; IDIOM *Fam* **to s. on it** *(hurry up)*. aligerar, darse prisa, *Am* apurarse; *(of driver)* pisar a fondo; **we stepped out into the street** salimos a la calle; **he stepped through the door** entró por la puerta; **I stepped up onto the stage** subí al escenario

▸**step aside** *vi (move aside)* hacerse a un lado; *(resign)* dimitir

▸**step back** *vi* (**a**) *(move away)* alejarse (**from** de); **s. back!** ¡atrás! (**b**) *(in order to reflect)* **to s. back from a situation** dar un paso atrás para considerar una situación objetivamente

▸**step down** **1** *vt sep (production, efforts)* reducir
2 *vi (resign)* dimitir

▸**step forward** *vi (volunteer)* presentarse, ofrecerse

▸**step in** *vi (intervene)* intervenir

▸**step into** *vt insep (role)* asumir; **to s. into sb's shoes** tomar el relevo de alguien

▸**step out** *vi* (**a**) *Old-fashioned (court)* salir (**with** con) (**b**) *(walk quickly)* apretar el paso

▸**step up** *vt sep (production, efforts, pressure)* aumentar; *(pace)* aumentar, acelerar

stepbrother ['stepbrʌðə(r)] *n* hermanastro *m*

stepchild ['steptʃaɪld] *n* hijastro(a) *m,f*

stepdaughter ['stepdɔ:tə(r)] *n* hijastra *f*

stepfather ['stepfɑ:ðə(r)] *n* padrastro *m*

stepladder ['steplædə(r)] *n* escalera *f* de tijera

stepmother ['stepmʌðə(r)] *n* madrastra *f*

step-parent ['steppeərənt] *n (man)* padrastro *m*; *(woman)* madrastra *f*; **step-parents** padrastros *mpl*

steppe [step] *n* estepa *f*

stepping-stone ['stepɪŋ'stəʊn] *n* (piedra *f*) pasadera *f*; *Fig* **a s. to success** un trampolín hacia el éxito

stepsister ['stepsɪstə(r)] *n* hermanastra *f*

stepson ['stepsʌn] *n* hijastro *m*

stereo ['sterɪəʊ] **1** *n (pl* **stereos**) *(equipment)* equipo *m* de música; *(sound)* estéreo *m*, sonido *m* estereofónico; **in s.** en estéreo
2 *adj* estéreo, estereofónico(a)

stereogram ['sterɪəgræm] *n Br Old-fashioned* equipo *m* estereofónico

stereophonic [sterɪə'fɒnɪk] *adj* estereofónico(a)

stereoscopic [sterɪə'skɒpɪk] *adj (vision)* estereoscópico(a)

stereotype ['sterɪətaɪp] **1** *n* estereotipo *m*
2 *vt* estereotipar

stereotyped ['sterɪətaɪpt] *adj* estereotipado(a)

stereotypical [sterɪə'tɪpɪkəl] *adj* estereotipado(a); **a s. reaction** una reacción típica

sterile ['steraɪl] *adj also Fig* estéril

sterility [stə'rɪlɪtɪ] *n* esterilidad *f*

sterilization [sterɪlaɪ'zeɪʃən] *n* esterilización *f*

sterilize ['sterɪlaɪz] *vt* esterilizar

sterilizer ['sterɪlaɪzə(r)] *n* esterilizador *m*

sterling ['stɜ:lɪŋ] **1** *n (British currency)* libra *f* esterlina
2 *adj* (**a**) *(silver)* de ley (**b**) *(effort, quality)* admirable, excelente; **to do s. service (as)** dar un magnífico resultado (como)

stern¹ [stɜ:n] *adj (person, look)* severo(a); **we are made of sterner stuff** somos duros de pelar

stern² *n Naut* popa *f*

sternly ['stɜ:nlɪ] *adv* con severidad

sternum ['stɜ:nəm] *n Anat* esternón *m*

steroid ['sterɔɪd] *n* esteroide *m*

stertorous ['stɜ:tərəs] *adj Formal (breathing)* estertóreo(a)

stethoscope ['steθəskəʊp] *n Med* fonendoscopio *m*, estetoscopio *m*

stetson ['stetsən] *n* **s. (hat)** sombrero *m* de vaquero

stevedore ['sti:vədɔ:(r)] *n* estibador *m*

stew [stju:] **1** *n Culin* guiso *m*; IDIOM *Fam* **to be in a s.** estar hecho(a) un manojo de nervios

2 *vt (meat)* guisar, cocer; *(fruit)* cocer para compota

3 *vi (of meat)* guisarse, cocer; IDIOM *Fam* **to let sb s. (in his own juice)** dejar a alguien que sufra

steward ['stju:əd] *n* (**a**) *(on estate)* administrador *m* (**b**) *(on plane)* auxiliar *m* de vuelo; *(on ship)* camarero *m* (**c**) *(in athletics)* juez *mf* (**d**) *(at concert, demonstration, in motor racing)* auxiliar *mf* de la organización

stewardess [stju:ə'des] *n (on plane)* auxiliar *f* de vuelo, azafata *f*, *Am* aeromoza *f*; *(on ship)* camarera *f*

stewardship ['stju:ədʃɪp] *n Formal* administración *f*, gerencia *f*

stewed [stju:d] *adj* **this tea is s.** este té ha reposado demasiado; *Fam* **s. (to the gills)** borracho(a) como una cuba, *Col* caído(a), *Méx* ahogado(a), *RP* remamado(a) ▫ ***s. beef*** carne *f* de vaca; ***s. fruit*** compota *f*

stewing steak ['stju:wɪŋ'steɪk] *n* carne *f* de vaca para guisar

stick[1] [stɪk] *n* (**a**) *(of wood)* palo *m*; *(for walking)* bastón *m*; *(of chewing gum, glue, deodorant)* barra *f*; *(of dynamite)* cartucho *m*; *(for hockey)* stick *m*; *(of celery, rhubarb)* tallo *m*, rama *f*; **a s. of chalk** una tiza, un trozo de tiza; **a few sticks of furniture** unos cuantos muebles; IDIOM *Fam* **to get hold of the wrong end of the s.** coger el rábano por las hojas; PROV **sticks and stones may break my bones (but names will never hurt me)** a palabras necias oídos sordos ▫ ***s. insect*** insecto *m* palo; *US Aut* ***s. shift*** *(system)* palanca *f* de cambio manual; *(vehicle)* vehículo *f* con cambio manual

(**b**) *Fam* **the sticks** el campo; **he lives out in the sticks** vive perdido en medio del monte

(**c**) *Br Fam (criticism)* **to give sb s. for sth** poner verde a alguien por algo; **to take a lot of s.** llevarse muchos palos *or* críticas

(**d**) *Br Fam (teasing)* **to give sb s. about sth** vacilar a alguien a cuenta de algo, burlarse de alguien por algo

(**e**) IDIOM *Br Fam* **to be up the s.** *(pregnant)* estar con bombo, estar preñada

STICK[2] *(pt & pp* **stuck** [stʌk]) **1** *vt* (**a**) *(insert)* **to s. sth in(to) sth** clavar algo en algo; **he stuck a skewer through the meat** atravesó la carne con un pincho

(**b**) *Fam (put)* poner; **I'll just s. it in my suitcase** lo meto en la maleta; **s. your things over there** pon tus bártulos por ahí; **they stuck another £100 on the price** subieron el precio otras 100 libras; **s. it on my bill** póngalo en mi cuenta; IDIOM *Fam* **you can s. your job!** ¡métete el trabajo por donde te quepa!; IDIOM *Fam* **she told me where I could s. it, she told me to s. it where the sun don't shine** me dijo que me lo metiera por donde me cupiera

(**c**) *(attach with glue)* pegar (**on** a); **make sure you s. the edges down** asegúrate de que pegas bien los bordes; **I stuck the photo in my album** pegué la foto en mi álbum

(**d**) *Fam (endure)* aguantar, soportar; **I can't s. him** no lo trago

2 *vi* (**a**) *(adhere)* pegarse (**to** a); **my T-shirt was sticking to my back** tenía la camiseta *or Chile* polera *or RP* remera pegada a la espalda; *Fig* **they couldn't make the charges s.** no consiguieron que los cargos contra ella se mantuvieran; *Fig* **the name stuck** el nombre tuvo éxito, se quedó con el nombre

(**b**) *(become jammed)* atascarse; **his words stuck in my mind** sus palabras se me quedaron grabadas en la memoria; IDIOM **it sticks in my throat** se me atraganta

(**c**) *(be inserted)* **there's something sticking into my toe** tengo algo que se me está clavando en el dedo del pie

(**d**) *(in cards)* plantarse

▸**stick around** *vi Fam* quedarse

▸**stick at** *vt insep (persevere with)* perseverar en; *Fam* **to s. at nothing** no reparar en nada

▸**stick by** *vt insep (friend)* apoyar; *(promise, statement)* mantener

▸**stick on** *vt sep Fam (clothes)* ponerse

▸**stick out 1** *vt sep* (**a**) *(cause to protrude)* sacar; **she stuck her head out of the window** sacó su cabeza por la ventana; **he stuck a leg out and tripped me up** extendió una pierna y me puso la zancadilla; **she stuck her tongue out at me** me sacó la lengua; *Fam* **to s. one's neck out** arriesgar el pellejo (**b**) *Fam (endure)* **to s. it out** aguantar

2 *vi* (**a**) *(protrude)* sobresalir; **his legs were sticking out from under the table** sus piernas sobresalían por debajo de la mesa; **my teeth/ears s. out** tengo los dientes salidos/las orejas salidas (**b**) *Fam (be noticeable)* verse a la legua, *Esp* cantar; IDIOM **it sticks out a mile** se ve a la legua; IDIOM **it sticks out like a sore thumb** se ve a la legua, *Esp* canta un montón

▸**stick out for** *vt insep* insistir en conseguir

▸**stick to** *vt insep* (**a**) *(stay close to) (person)* seguir, pegarse a; *(path, road)* seguir (**b**) *(restrict oneself to) (rules, budget)* atenerse a; **I'll s. to wine, thanks** seguiré con el vino, gracias; **to s. to the basics** centrarse en lo esencial; **to s. to the facts** atenerse a los hechos; **to s. to the point** no salirse del tema (**c**) *(not abandon) (beliefs, story, promise, decision)* ser fiel a; **to s. to one's guns** mantenerse en sus trece; **she stuck to her principles** fue fiel a sus principios

▸**stick together 1** *vt sep* pegar

2 *vi* (**a**) *(with glue)* pegarse (**b**) *(of friends) (stay close to each other)* mantenerse unidos(as); *(support each other)* apoyarse

▸**stick up 1** *vt sep* (**a**) *(sign, poster)* pegar; *Fam* **s. 'em up!** ¡manos arriba! (**b**) *Fam (rob)* atracar

2 *vi (point upwards) (of building, shoots)* sobresalir; **her hair sticks up** tiene el pelo de punta

▸**stick up for** *vt insep (person, rights)* defender; **to s. up for oneself** defenderse

▸**stick with** *vt insep* (**a**) *(not give up)* seguir con (**b**) *(remain with) (person)* seguir con; **his words have stuck with me ever since** sus palabras se me quedaron grabadas desde entonces

---

sticker ['stɪkə(r)] *n* (**a**) *(with information, price)* etiqueta *f* (**b**) *(with slogan, picture)* pegatina *f*

stickiness ['stɪkɪnɪs] *n (of material)* pegajosidad *f*; *(of weather)* bochorno *m*

sticking-plaster ['stɪkɪŋ'plɑ:stə(r)] *n Br (to cover wound) Esp* tirita® *f*, *Am* curita *m or f*; *(to keep bandage in place)* esparadrapo *m*

sticking-point ['stɪkɪŋ'pɔɪnt] *n* escollo *m*

stick-in-the-mud ['stɪkɪnðəmʌd] *n Fam* carroza *mf*

stickleback ['stɪkəlbæk] *n* espinoso *m* (de agua dulce)

stickler ['stɪklə(r)] *n* **to be a s. for sth** ser un/una maniático(a) de algo

stick-on ['stɪkɒn] *adj* adhesivo(a)

stick-up ['stɪkʌp] *n Fam (robbery)* atraco *m* (a mano armada)

sticky ['stɪkɪ] *adj* (**a**) *(substance)* pegajoso(a); *(climate, weather)* bochornoso(a); *(label)* adhesivo(a); IDIOM *Fam* **to have s. fingers** *(steal things)* tener la mano muy larga ▫ ***s. tape*** cinta *f* adhesiva (**b**) *Fam (awkward)* problemático(a); **to come to a s. end** tener un final sangriento; **to be in a s. situation** una situación delicada, un buen brete; IDIOM *Br* **to be on a s. wicket** estar en un atolladero

stiff [stɪf] **1** *adj* (**a**) *(rigid)* tieso(a), rígido(a); *(paste)* consistente; *(egg whites)* espeso(a); IDIOM **as s. as a board** tieso(a) como un palo; IDIOM **to keep a s. upper lip** mantenerse incólume

(**b**) *(joint)* agarrotado(a), anquilosado(a); **to be s.** *(of person)* tener agujetas; **to have a s. neck** tener tortícolis

(**c**) *(handle, hinge, drawer)* duro(a)

(**d**) *(severe) (fine, competition, prison sentence)* duro(a); *(exam, test)* difícil; *(breeze, drink)* fuerte; **to encounter s. resistance** enfrentarse a una fuerte oposición, encontrar gran resistencia

(**e**) *(formal) (person, manner)* rígido(a), estirado(a); *(bow)* rígido(a); *(smile)* forzado(a)

2 *adv* **to be bored/scared/frozen s.** estar muerto(a) de aburrimiento/miedo/frío

3 *n Fam (corpse)* fiambre *m*, cadáver *m*

stiffen ['stɪfən] **1** *vt* (**a**) *(fabric, paper)*

apestar, endurecer; *(paste)* espesar **(b)** *(resolve, resistance)* reforzar
2 *vi* **(a)** *(of limb, joint, person)* agarrotarse; *(of paste, egg whites)* espesar **(b)** *(become stronger)* *(of opposition)* endurecerse; *(of breeze)* hacerse más fuerte

stiffener ['stɪfənə(r)] *n (in shirt collar)* varilla *f*

stiffening ['stɪfənɪŋ] **1** *n (in garment)* entretela *f*
2 *adj (resistance, opposition)* creciente

stiffly ['stɪflɪ] *adv* **(a)** *(move)* con rigidez; **he rose s. from his chair** se levantó todo tieso de la silla **(b)** *(bow)* con rigidez; *(answer, greet)* forzadamente

stiffness ['stɪfnɪs] *n* **(a)** *(of material)* rigidez *f* **(b)** *(of muscles)* agarrotamiento *m*; *(of joints)* anquilosamiento *m* **(c)** *(of manner)* rigidez *f* **(d)** *(of fine, punishment)* dureza *f*

stiffy [stɪfɪ] *n Br Vulg* **to have a s.** tenerla dura, estar empalmado

stifle ['staɪfəl] *vt* **(a)** *(person)* ahogar, asfixiar **(b)** *(cries, yawn)* ahogar, reprimir; *(flames)* sofocar, apagar **(c)** *(rebellion)* sofocar; **all this bureaucracy stifles innovation** tanta burocracia ahoga cualquier tipo de innovación

stifling ['staɪflɪŋ] *adj* sofocante, asfixiante

stigma ['stɪgmə] *n (disgrace)* estigma *m*, deshonra *f*

stigmata [stɪg'mɑːtə] *npl (of saint)* estigmas *mpl*

stigmatize ['stɪgmətaɪz] *vt* estigmatizar

stile [staɪl] *n (in fence, hedge)* escalones *mpl*

stiletto [stɪ'letəʊ] *(pl* **stilettos)** *n* **(a)** *(dagger)* estilete *m* **(b)** *(shoe)* zapato *m* de tacón *or Am* taco de aguja ▫ ***s. heels*** tacones *mpl or Am* tacos *mpl* de aguja

still[1] [stɪl] **1** *n* **(a)** *(calm)* **in the s. of the night** en el silencio de la noche **(b)** *Cin* fotograma *m*
2 *adj* **(a)** *(motionless)* quieto(a); *(calm)* sereno(a); *(silent)* silencioso(a); *(air, day)* sin viento; PROV **s. waters run deep** tras una fachada silenciosa se ocultan fuertes emociones ▫ *Art* ***s. life*** naturaleza *f* muerta **(b)** *(uncarbonated) (orange juice)* natural; *(mineral water)* sin gas
3 *adv* **to be/sit/stand s.** estar quieto(a); **keep s.!** ¡no te muevas!
4 *vt Formal (person)* calmar, tranquilizar; **to s. sb's fears** ahuyentar los temores de alguien

---

STILL[2] *adv* **(a)** *(up to given point in time)* todavía, aún, *Am* siempre; **I s. have $50** aún me quedan 50 dólares; **it is s. to be decided whether...** está por decidir si...; **I s. think/say that...** sigo creyendo/diciendo que...
(b) *(even)* aún, incluso, todavía; **s. more/better** aún *or* incluso *or* todavía más/mejor; **better s., we could watch a movie** mejor aún *or* incluso *or* todavía, podríamos ver una película; **she could be injured or, worse s., dead** podría estar herida o, peor aún *or* incluso *or* todavía, muerta
(c) *(nonetheless)* de todas formas, aún así; **she's s. your mother, despite everything** sigue siendo tu madre, a pesar de todo; **are you s. coming to the party?** ¿sigues pensando *or Am* siempre piensas venir a la fiesta?; **I missed the train, s., never mind** perdí el tren, en fin, no importa

---

still[3] *n (distilling equipment)* alambique *m*

stillbirth ['stɪlbɜːθ] *n* nacimiento *m* de un niño muerto

stillborn ['stɪlbɔːn] *adj* **the child was s.** el niño nació muerto; *Fig* **the project was s.** el proyecto estaba condenado a fracasar

stillness ['stɪlnɪs] *n* calma *f*, quietud *f*

stilt [stɪlt] *n* **(a)** *(for walking)* zanco *m* **(b)** *(for building)* poste *m*, pilote *m*

stilted ['stɪltɪd] *adj (style, manner)* forzado(a); *(language)* artificioso(a), rebuscado(a); *(delivery)* afectado(a)

Stilton ['stɪltən] *n* **S. (cheese)** queso *m* Stilton

stimulant ['stɪmjʊlənt] *n* estimulante *m*

stimulate ['stɪmjʊleɪt] *vt* **(a)** *(person, mind, appetite)* estimular **(b)** *(enthusiasm, interest)* suscitar

stimulating ['stɪmjʊleɪtɪŋ] *adj* estimulante

stimulation [stɪmjʊ'leɪʃən] *n* **(a)** *(action)* estimulación *f* **(b)** *(result)* estímulo *m*

stimulus ['stɪmjʊləs] *(pl* **stimuli** ['stɪmjʊlaɪ]) *n* estímulo *m*

sting [stɪŋ] **1** *n* **(a)** *(of bee, scorpion) (organ)* aguijón *m*; *(wound)* picadura *f* **(b)** *(sensation)* escozor *m* **(c)** *Fam (swindle) Esp* timo *m*, *Am* chanchullo *m*; *(robbery)* golpe *m* **(d)** IDIOMS **to have a s. in the tail** *(of story)* tener un final sorpresa muy fuerte; **to take the s. out of sth** hacer algo menos traumático(a)
2 *vt (pt & pp* **stung** [stʌŋ]) **(a)** *(of bee, scorpion)* picar; *(of nettle)* pinchar **(b)** *(of remark)* herir; IDIOM **to s. sb into action** espolear a alguien para que pase a la acción **(c)** *Fam (swindle)* timar; **they stung him for £10** le clavaron 10 libras
3 *vi* **(a)** *(of bee, nettle)* picar **(b)** *(of eyes, skin)* escocer **(c)** *(of antiseptic)* escocer

stinginess ['stɪndʒɪnɪs] *n Fam (of person, budget)* tacañería *f*, *Esp* racanería *f*; *(of portions)* miseria *f*

stinging ['stɪŋɪŋ] *adj* **(a)** *(pain)* punzante ▫ ***s. nettle*** ortiga *f* **(b)** *(remark, criticism)* hiriente, despiadado(a)

stingray ['stɪŋreɪ] *n* pastinaca *f*

stingy ['stɪndʒɪ] *adj (person)* tacaño(a), rácano(a); *(portion)* mísero(a), raquítico(a); **to be s. with food/praise** ser tacaño(a) con la comida/los elogios

stink [stɪŋk] **1** *n* **(a)** *(smell)* peste *f*, hedor *m* ▫ ***s. bomb*** bomba *f* fétida **(b)** *Fam (scandal, fuss)* **there was a terrible s. about it** se armó un fenomenal escándalo con eso; **to kick up a s. (about sth)** montar un escándalo (por algo)
2 *vi (pt* **stank** [stæŋk] *or* **stunk** [stʌŋk], *pp* **stunk**) **(a)** *(smell bad)* apestar (**of** a); **to s. to the heavens** apestar, oler a rayos **(b)** *Fam (be very bad)* **this movie stinks!** ¡esta película no vale un pimiento *or Am* nada!; **to s. of corruption** *Esp* apestar *or Am* oler a corrupción

▸**stink out, stink up** *vt sep* apestar, dejar mal olor en

stinker ['stɪŋkə(r)] *n Fam* **(a)** *(unpleasant person)* mamón(ona) *m,f*, *Méx* mamila *mf*, *RP* choto(a) *m,f* **(b)** *(unpleasant thing)* hueso *m*; **to be a real s.** *(of question, exam)* ser muy *Esp* chungo(a) *or Am* feo(a); **to have a s. of a cold** tener un resfriado de mil demonios *or Esp* de (tres pares de) narices

stinking ['stɪŋkɪŋ] **1** *adj* **(a)** *(smelly)* apestoso(a) **(b)** *Fam (very bad, disgusting)* asqueroso(a); **a s. cold** un resfriado espantoso; **I'm going to leave this s. town!** ¡me voy de esta asquerosa ciudad!
2 *adv Fam* **to be s. rich** estar podrido(a) de dinero, *Méx* tener un chorro de lana

stinky ['stɪŋkɪ] *adj Fam (smelly)* apestoso(a)

stint [stɪnt] **1** *n (period)* período *m*; **to take a s. at the wheel** tomar el relevo al volante; **he had a two-year s. in the army** sirvió por un período de dos años en el ejército
2 *vt* escatimar; **to s. oneself** privarse de algunas cosas *(en beneficio de otras personas)*
3 *vi* **to s. on sth** escatimar algo

stipend ['staɪpend] *n Rel & Univ* estipendio *m*

stipendiary [staɪ'pendɪərɪ] *adj* estipendiario(a), estipendial ▫ ***s. magistrate*** magistrado(a) *m,f* estipendiario(a)

stipple ['stɪpəl] *vt* puntear, motear

stipulate ['stɪpjʊleɪt] *vt Formal* estipular

stipulation [stɪpjʊ'leɪʃən] *n Formal* estipulación *f*

stir [stɜː(r)] **1** *n* **(a)** *(action)* **to give sth a s.** remover *or* revolver algo **(b)** *(excitement)* **to cause a s.** causar (un gran) revuelo **(c)** *Fam (prison) Esp* trena *f*
2 *vt (pt & pp* **stirred**) **(a)** *(liquid, mixture)* remover, revolver **(b)** *(move) (leaves)* agitar; *Fam* **s. yourself!** ¡muévete! **(c)** *Fig (person)* conmover, emocionar; *(emotion)* provocar; *(curiosity, sympathy)* despertar; **to s. sb to do sth** mover a alguien a hacer algo **(d)** *Fam* **she's just stirring it!** *(making trouble)* ¡está venga a meter cizaña!
3 *vi* **(a)** *(move)* moverse; **to s. from sth** salir de algo **(b)** *Fam (make trouble)* meter cizaña *or RP* púa

▸**stir up** *vt sep* **(a)** *(dust, leaves)* levantar **(b)** *(incite) (rebellion, dissent, anger)* provocar; *(workers, crowd)* agitar; **to s. things up** soliviantar los ánimos

stir-crazy ['stɜːkreɪzɪ] *adj Fam* chiflado(a), pirado(a)

stir-fry ['stɜːfraɪ] *Culin* **1** *n* = salteado de (carne y) verduras típico de la cocina china
2 *vt* saltear, rehogar a fuego vivo

stirrer ['stɜːrə(r)] *n Fam (trouble-maker)* cizañero(a) *m,f*, *RP* metepúas *mf inv*

stirring ['stɜːrɪŋ] **1** *n* **the first stirrings of...** los primeros indicios de...
2 *adj (speech, movie)* emotivo(a), emocionante

stirrup ['stɪrəp] *n* **(a)** *(on saddle)* estribo *m* ▫ ***s. iron*** estribo *m*; ***s. leather*** correa *f* del estribo (**b**) *Anat* **s. (bone)** *(in ear)* estribo *m* (**c**) ***s. pump*** *(for water)* bomba *f* de mano

stitch [stɪtʃ] **1** *n* (**a**) *(in sewing)* puntada *f*; *(in knitting)* punto *m*; *Fam* **she didn't have a s. on** estaba en cueros *or* en pelotas; PROV **a s. in time saves nine** una puntada a tiempo ahorra ciento (**b**) *(sharp pain)* **to have a s.** tener flato; **I got a s. and I had to stop** me dio *or* entró flato y tuve que parar (**c**) *Fam* **we were in stitches** *(laughing)* nos partíamos (de risa) (**d**) *Med* punto *m* (de sutura)

2 *vt* (**a**) *(clothing)* coser (**b**) *Med* suturar, coser

▸**stitch up** *vt sep Fam (falsely incriminate)* **they stitched him up** hicieron un montaje para que cargara con el muerto

stitching ['stɪtʃɪŋ] *n* cosido *m*

stoat [stəʊt] *n* armiño *m*

stock [stɒk] **1** *n* (**a**) *(supply)* reservas *fpl*; *Com* existencias *fpl*; **the red ones are out of s.** los rojos están agotados; **the red ones are in s.** nos quedan rojos en almacén; *Fig* **to take s.** hacer balance ▫ *Com* ***s. control*** control *m* de existencias; *Com* ***s. list*** inventario *m*

(**b**) *(livestock)* ganado *m* ▫ ***s. breeder*** *or* ***farmer*** ganadero(a) *m,f*

(**c**) *Fin (share)* valor *m*; *(total share value)* (capital *m* en) acciones *fpl*; **stocks and shares** valores *mpl*; *Fig* **her s. is going up/down** está ganando/perdiendo crédito ▫ ***s. exchange*** bolsa *f* (de valores); ***s. market*** mercado *m* de valores

(**d**) *(descent)* ascendencia *f*, origen *m*; **she's of German s.** es de origen alemán

(**e**) *(of rifle)* culata *f*

(**f**) **stocks** *(for punishment)* picota *f*

(**g**) *(in cooking)* caldo *m* ▫ ***s. cube*** pastilla *f or* cubito *m* de caldo (concentrado); ***s. pot*** olla *f*

(**h**) *(Sport)* ***s. car*** stock-car *m*, = automóvil adaptado para carreras en pista de tierra con muchos choques; ***s. car racing*** carreras *fpl* de stock-cars

(**i**) *US Th (repertory)* repertorio *m*; **s. company** compañía *f* de repertorio

2 *adj (argument, excuse)* tópico(a) ▫ ***s. phrase*** tópico *m*, cliché *m*; *Cin* ***s. footage*** imágenes *fpl* de archivo

3 *vt* (**a**) *(have in stock) (goods)* tener (existencias de)

(**b**) *(supply) (shop)* surtir, abastecer (**with** de); **the shop is well stocked** la tienda está bien surtida

(**c**) *(lake) (with fish)* repoblar

▸**stock up** *vi* aprovisionarse (**with** *or* **on** de)

stockade [stɒ'keɪd] *n* empalizada *f*

stockbroker ['stɒkbrəʊkə(r)] *n Fin* corredor(ora) *m,f* de bolsa

stockholder ['stɒkhəʊldə(r)] *n Fin* accionista *mf*

Stockholm ['stɒkhəʊm] *n* Estocolmo

stockily ['stɒkɪlɪ] *adv* **s. built** bajo(a) y robusto(a)

stocking ['stɒkɪŋ] *n* media *f*; **stockings and suspenders** medias y liguero ▫ *Br* ***s. filler*** regalito *m* de Navidad; ***s. mask*** máscara *f* de media; ***s. stitch*** punto *m* de media

stockinged ['stɒkɪŋd] *adj* **in one's s. feet** sin zapatos, descalzo(a)

stock-in-trade ['stɒkɪn'treɪd] *n* especialidad *f*

stockist ['stɒkɪst] *n Com* distribuidor(ora) *m,f*

stockjobber ['stɒkdʒɒbə(r)] *n Fin* (**a**) *Br Formerly* agente *mf* (libre) de Bolsa (**b**) *US Pej* corredor(ora) *m,f* de Bolsa

stockpile ['stɒkpaɪl] **1** *n* reservas *fpl*

2 *vt* acumular, hacer acopio de

stockroom ['stɒkru:m] *n* almacén *m*

stock-still ['stɒk'stɪl] *adv* **to stand s.** quedarse inmóvil

stocktaking ['stɒkteɪkɪŋ] *n Com* inventario *m* (de existencias); *Fig* **a s. exercise** un balance provisional

stocky ['stɒkɪ] *adj* bajo(a) y robusto(a)

stockyard ['stɒkjɑ:d] *n* corral *m* (de ganado)

stodge [stɒdʒ] *n Fam (food)* mazacote *m*

stodgy ['stɒdʒɪ] *adj Fam (food, book, person)* pesado(a)

stoic ['stəʊɪk] *n* estoico(a) *m,f*

stoical ['stəʊɪkəl] *adj* estoico(a)

stoically ['stəʊɪklɪ] *adv* estoicamente

stoicism ['stəʊɪsɪzəm] *n* estoicismo *m*

stoke [stəʊk] *vt (add fuel to)* alimentar

▸**stoke up** *vt sep (fire)* avivar

stoker ['stəʊkə(r)] *n* fogonero(a) *m,f*

STOL [stɒl] *n Av (abbr* **short take-off and landing***)* despegue *m or Am* decolaje *m* y aterrizaje rápido *or* en corto

stole[1] [stəʊl] *n (garment)* estola *f*

stole[2] *pt of* **steal**

stolen ['stəʊlən] **1** *adj (car, property)* robado(a)

2 *pp of* **steal**

stolid ['stɒlɪd] *adj* imperturbable

stomach ['stʌmək] **1** *n* (**a**) *(internal organ)* estómago *m*; **on an empty s.** con el estómago vacío; **it turns my s.** me revuelve el estómago; IDIOM **to have no s. for sth** no tener estómago para algo; **to have (a) s. ache** tener dolor de estómago ▫ *Med* ***s. pains*** dolores *mpl* en el estómago; ***s. pump*** sonda *f* gástrica; ***s. upset*** molestias *fpl* estomacales, trastorno *m* gástrico (**b**) *(belly)* vientre *m*, tripa *f*, barriga *f*; **to lie on one's s.** estar tendido(a) boca abajo; **to punch sb in the s.** dar un puñetazo en la tripa a alguien

2 *vt Fig (tolerate)* soportar

stomp [stɒmp] *vi* dar fuertes pisadas; **to s. about** ir *or* andar por ahí dando fuertes pisotones; **to s. in/out** entrar/salir airadamente

stone [stəʊn] **1** *n* (**a**) *(material, piece of rock)* piedra *f*; *(on grave)* lápida *f*; IDIOM **to leave no s. unturned** no dejar piedra por mover; IDIOM **a s.'s throw from here** a un tiro de piedra (de aquí) ▫ ***the S. Age*** la Edad de Piedra; ***s. circle*** crómlech *m*, crónlech *m*; ***s. pine*** pino *m* piñonero (**b**) *(of fruit)* hueso *m*, *RP* carozo *m* (**c**) *(British unit of weight)* = unidad de peso equivalente a 6,35 kg

2 *adj* de piedra

3 *vt* (**a**) *(fruit)* deshuesar (**b**) *(person)* apedrear; **he was stoned to death** murió lapidado; *Old-fashioned* **s. me!** ¡caramba!; *Fam* **s. the crows!** ¡jolines!, *Méx* ¡ándale!, *RP* ¡mirá vos!

stone-age ['stəʊneɪdʒ] *adj* de la Edad de Piedra

stone-cold ['stəʊn'kəʊld] **1** *adj* helado(a)

2 *adv* **to be s. sober** estar totalmente sobrio, no haber tomado nada (de alcohol)

stone-cutter ['stəʊnkʌtə(r)] *n (person)* cantero(a) *m,f*, picapedrero(a) *m,f*

stoned [stəʊnd] *adj Fam (on drugs)* colocado(a); **to be s.** estar colocado(a)

stone-dead ['stəʊn'ded] *adj Fam* **to be s.** estar tieso(a) *or* seco(a); **to kill sb s.** dejar a alguien tieso(a) *or* seco(a)

stone-deaf ['stəʊn'def] *adj Fam* sordo(a) como una tapia; **to be s.** estar sordo(a) como una tapia

stoneground ['stəʊngraʊnd] *adj (flour)* molido(a) artesanalmente

stonemason ['stəʊnmeɪsən] *n* cantero(a) *m,f (que labra la piedra)*

stonewall ['stəʊnwɔ:l] *vi* (**a**) *(in game)* jugar a la defensiva (**b**) *(in inquiry)* entorpecer, andarse con evasivas

stoneware ['stəʊnweə(r)] *n* (cerámica *f* de) gres *m*

stonewashed ['stəʊnwɒʃt] *adj (denim)* lavado(a) a la piedra

stonework ['stəʊnwɜ:k] *n* obra *f* de cantería

stonily ['stəʊnɪlɪ] *adv* con frialdad, insensiblemente

stonking ['stɒŋkɪŋ] *adv Fam* **s. big** gigantesco(a); **we had a s. good time** lo pasamos en grande, lo pasamos bomba *or Esp* teta

stony ['stəʊnɪ] *adj* (**a**) *(ground, beach)* pedregoso(a) (**b**) *(look, silence)* glacial; *Fam* **to be s. broke** estar sin un centavo *or Esp* duro

stony-faced ['stəʊnɪ'feɪst] *adj* impertérrito(a), impasible

stony-hearted ['stəʊnɪ'hɑ:tɪd] *adj* insensible

stood [stʊd] *pt & pp of* **stand**

stooge [stu:dʒ] *n Fam* (**a**) *(comedian's fall-guy)* comparsa *mf* (**b**) *(minion)* títere *m*, secuaz *mf*

stook [stʊk] *n* gavillas *fpl*, garbera *f*

stool [stu:l] *n* (**a**) *(seat)* banqueta *f*; *(with short legs)* taburete *m*; IDIOM **to fall between two stools** quedarse nadando entre dos aguas ▫ *Fam* ***s. pigeon*** *(informer)* soplón(ona) *m,f* (**b**) *Med (faeces)* heces *fpl*

stoop[1] [stu:p] **1** *n* **to have a s.** ser cargado(a) de espaldas; **to walk with a s.** caminar encorvado(a)

2 *vi (bend down)* agacharse, agachar el cuerpo; *Fig* **to s. to (doing) sth** rebajarse a (hacer) algo; **I never thought they'd s. so low (as to...)** nunca pensé que caerían tan bajo (como para...)

stoop² *n US (verandah)* porche *m*

stooped ['stu:pt] *adj* encorvado(a)

STOP [stɒp] **1** *n* (**a**) *(halt)* parada *f*; **she brought the vehicle to a s.** detuvo el vehículo; **to come to a s.** detenerse; **to put a s. to sth** poner fin a algo ▫ *Aut* ***s. sign*** (señal *f* de) stop *m*

(**b**) *(pause) (in work, journey)* parada *f*; *(of plane)* escala *f*; **to make a s.** parar, detenerse; **ten minutes' s.** una parada de diez minutos

(**c**) *(stopping place) (of bus, train)* parada *f*

(**d**) *Sport (save)* parada *f*

(**e**) *(full stop)* punto *m*; *(in telegram)* stop *m*

(**f**) *Mus (on organ)* registro *m*; IDIOM **to pull out all the stops** tocar todos los registros

2 *vt (pt & pp* **stopped**) (**a**) *(halt) (person, vehicle, machine)* parar, detener; *(taxi)* parar; *(conversation)* interrumpir; *(spread, advance, bleeding)* detener; *(corruption, abuse)* poner fin a; *(cheque)* bloquear; *(wages, aid, funding)* suspender; *(standing order, subscription)* cancelar; *(fire)* extinguir; **the referee stopped the fight** el árbitro detuvo la pelea; **he stopped his opponent after two rounds** noqueó a su contrincante en dos asaltos

(**b**) *(cease)* parar; **I s. work at five** acabo de trabajar a las cinco; **we stopped what we were doing** dejamos lo que estábamos haciendo; **s. it** *or* **that!** ¡basta ya!, ¡vale ya!; **to s. doing sth** dejar de hacer algo; **to s. smoking/drinking** dejar de fumar/de beber *or Am* tomar; **she couldn't s. crying** no podía dejar de llorar

(**c**) *(prevent)* impedir; **to s. sb (from) doing sth** impedir que alguien haga algo; **taking these tablets stops me (from) getting seasick** estas pastillas evitan que me maree; **the only thing that stopped me (from) hitting him was...** la única razón por la que no le pegué fue...; **there's nothing to s. you (from) asking** nada te impide preguntar; **I couldn't s. myself** no podía parar; **nothing can s. us now** nada nos detendrá

(**d**) *(fill in) (hole, gap)* taponar, tapar; **to s. one's ears** taparse las orejas

(**e**) *Sport (save)* parar

3 *vi* (**a**) *(halt) (of moving person, vehicle)* parar(se), detenerse; *(of watch)* pararse; *(of heart)* pararse, dejar de latir; **s., who goes there?** ¡alto!, ¿quién va ahí?; **this train stops at all stations to Durham** este tren va Durham y para en todas las estaciones; *Fig* **we never stopped to think what might happen** nunca nos paramos a pensar lo que podría pasar; **s., thief!** ¡al ladrón!

(**b**) *(cease) (of speaker, worker)* parar; *(of road)* acabarse, terminar; *(of music, shouting)* terminar, cesar; **the rain has stopped** ha dejado de llover; **the pain has stopped** ya no me duele; **our responsibility stops there** nuestra responsabilidad llega hasta ahí; **he doesn't know when to s.** *(when drinking)* no sabe decir basta; **this has got to s.** esto tiene que acabarse; **she did not s. at that** no se contentó con eso; **he'll s. at nothing** no se detendrá ante nada; **to s. short** *or* **dead** pararse en seco

(**c**) *(stay)* quedarse; **we can't s.** no podemos quedarnos

▸**stop by 1** *vt insep (visit briefly)* pasarse por

2 *vi (visit briefly)* pasarse; **I'll s. by at your place tomorrow** me pasaré mañana por tu casa

▸**stop in** *vi* (**a**) *(visit briefly)* pasarse (**at** por) (**b**) *Br (stay in)* quedarse en casa

▸**stop off** *vi (stay briefly)* parar, hacer una parada; **could you s. off at the baker's for me?** ¿podrías hacerme el favor de pasarte por el panadero?

▸**stop out** *vi Br (stay out)* quedarse *or* permanecer fuera; **to s. out all night** estar fuera toda la noche

▸**stop over** *vi* (**a**) *Av* hacer escala (**b**) *Br (spend the night)* pasar la noche

▸**stop round** *vi* pasarse

▸**stop up 1** *vt sep (hole)* taponar, tapar; *(sink, pipe)* atascar

2 *vi Br (stay up)* quedarse levantado(a)

stopcock ['stɒpkɒk] *n* llave *f* de paso

stopgap ['stɒpgæp] *n (thing)* recambio *m*, repuesto *m (provisional)*; *(person)* sustituto(a) *m,f (temporal)* ▫ ***s. measure*** medida *f* provisional

stop-go ['stɒp'gəʊ] *adj Econ* = que propugna la toma de medidas para el enfriamiento o calentamiento de la economía según los indicadores de inflación, desempleo, etc.

stoplight ['stɒplaɪt] *n US Aut* semáforo *m*

stop-out ['stɒpaʊt] *n Br Hum Fam* **dirty s.** crápula *mf*, calavera *mf*

stopover ['stɒpəʊvə(r)] *n Av* escala *f*

stoppage ['stɒpɪdʒ] *n* (**a**) *(of flow, traffic)* retención *f*, detención *f*; *(of work)* interrupción *f*; *(as protest)* paro *m* ▫ *Sport* ***s. time*** tiempo *m* de descuento (**b**) *Fin (deduction)* retención *f*

stopper ['stɒpə(r)] *n* tapón *m*

stop-press ['stɒppres] *Journ* **1** *n* noticias *fpl* de última hora

2 *adj* **s. news** noticias *fpl* de última hora

stopwatch ['stɒpwɒtʃ] *n* cronómetro *m*

storage ['stɔ:rɪdʒ] *n* almacenamiento *m*, almacenaje *m*; **in s.** en almacén; **to put sth into s.** almacenar algo ▫ *Elec* ***s. battery*** acumulador *m*; *Comptr* ***s. capacity*** capacidad *f* de almacenamiento; ***s. charges*** gastos *mpl* de almacenaje; *Comptr* ***s. device*** dispositivo *m* de almacenamiento; ***s. heater*** acumulador *m* de calor; *Comptr* ***s. media*** sistemas *mpl* de almacenamiento; ***s. space*** sitio *m or* espacio *m* para guardar cosas; ***s. tank*** depósito *m*

store [stɔ:(r)] **1** *n* (**a**) *(supply) (of goods)* reserva *f*, provisión *f*; *Fig (of knowledge)* caudal *m*, cúmulo *m*; **stores** *(supplies)* reservas *fpl*

(**b**) *(warehouse)* almacén *m*

(**c**) *US (shop)* tienda *f*

(**d**) *(large shop)* **(department) s.** grandes almacenes *mpl*, *Am* grandes tiendas *fpl* ▫ ***s. card*** tarjeta *f* de compra (a crédito); ***s. detective*** vigilante *m* de paisano *(de establecimiento comercial)*

(**e**) IDIOMS **to hold** *or* **keep sth in s.** tener algo guardado(a) *or* reservado(a); **I have a surprise in s. for her** le tengo reservada *or* guardada una sorpresa; **who knows what's in s. for us?** ¿quién sabe lo que nos espera *or Esp* aguarda?; **to set** *or* **lay great s. by sth** dar mucha importancia a algo

2 *vt (put in storage)* almacenar; *(electricity, heat)* acumular; *(keep)* guardar; **s. in a cool place** consérvese en lugar fresco; **to s. sth away** guardar algo

▸**store up** *vt sep* acumular

storefront ['stɔ:frʌnt] *n US* fachada *f* de tienda

storehouse ['stɔ:haʊs] *n* almacén *m*

storekeeper ['stɔ:ki:pə(r)] *n US* tendero(a) *m,f*

storeman ['stɔ:mən] *n* almacenista *mf*, almacenero(a) *m,f*

storeroom ['stɔ:ru:m] *n (in office, factory)* almacén *m*; *(at home)* trastero *m*

storey, *US* **story** ['stɔ:rɪ] *(pl* **storeys,** *US* **stories**) *n* piso *m*, planta *f*; **a four-s. building** un edificio de cuatro plantas

stork [stɔ:k] *n* cigüeña *f*

storm [stɔ:m] **1** *n* (**a**) *(bad weather)* tormenta *f*; IDIOM **a s. in a teacup** una tormenta en un vaso de agua ▫ ***s. clouds*** nubes *fpl* de tormenta; ***s. door*** doble puerta *f*, contrapuerta *f*; ***s. lantern*** farol *m*; ***s. warning*** aviso *m* de tormenta; ***s. window*** contraventana *f* (**b**) *(scandal)* tormenta *f*; *(of insults, protest)* aluvión *m* (**c**) *Mil (frontal attack)* **to take a town/a fortress by s.** tomar una ciudad/una fortaleza por asalto; *Fig* **he took the audience by s.** tuvo un éxito arrasador entre el público ▫ ***s. troops*** tropas *fpl* de asalto

2 *vt* (**a**) *(town, fortress)* asaltar; *(house)* invadir (**b**) *(shout angrily)* **"get out!" he stormed** "¡fuera!" vociferó

3 *vi (of person)* enfurecerse; **to s. at sb** echar la bronca a alguien; **to s. in/out** salir/entrar airadamente

stormbound ['stɔ:mbaʊnd] *adj* detenido(a) por la tormenta

storming ['stɔ:mɪŋ] **1** *n (attack, capture)* asalto *m*

2 *adj Fam (performance, speech)* arrollador(ora)

stormtrooper ['stɔ:mtru:pə(r)] *n* soldado *m* (de las tropas) de asalto

stormy ['stɔ:mɪ] *adj also Fig* tormentoso(a) ▫ ***s. petrel*** *(seabird)* petrel *m*, ave *m* de las tempestades

story¹ ['stɔ:rɪ] *n* (**a**) *(account) (fictional)* cuento *m*; *(factual)* historia *f*; **the book/movie tells the s. of** el libro/la película narra la historia de; **to tell stories** *(lie)* contar cuentos

(**b**) *(plot) (of novel, play)* argumento *m*

(**c**) *(in newspaper)* artículo *m*

(**d**) IDIOMS **that is quite another s.** eso ya es otra cosa; **it's the same old s.** es la historia de siempre; *Fam* **it's the s. of my** life! ¡siempre me pasa lo mismo!; **it's a long s.** es muy largo de contar; **to cut a long s. short,...** para resumir,...; **end of s.** y no hay más que hablar; **that's my s. and I'm sticking to it** así pasó y así lo cuento; **the s. goes that...** se dice *or* cuenta que...

story² *US* = **storey**

storybook ['stɔ:rɪbʊk] *n* libro *m* de cuentos; **a s. ending** un final de cuento

storyline ['stɔ:rɪlaɪn] *n (of book, play, movie)* argumento *m*

storyteller ['stɔ:rɪtelə(r)] *n* narrador(ora) *m,f*

stoup [stu:p] *n* pila *f* de agua bendita

stout [staʊt] **1** *n (beer)* cerveza *f* negra
2 *adj* (**a**) *(fat) (person)* rechoncho(a) (**b**) *(solid) (door, shoes)* resistente (**c**) *(brave) (person, resistance)* valeroso(a)

stouthearted ['staʊt'hɑ:tɪd] *adj Literary* denodado(a), valeroso(a)

stoutly ['staʊtlɪ] *adv* (**a**) *(resist)* denodadamente (**b**) *(maintain)* a toda costa

stoutness ['staʊtnɪs] *n (of person, figure)* rechonchez *f*

stove¹ [stəʊv] *n* (**a**) *(for cooking)* cocina *f*, *Col, Méx, Ven* estufa *f* (**b**) *(for heating)* estufa *f*

stove² *pt & pp of* **stave**

stovepipe ['stəʊvpaɪp] *n* (**a**) *(on stove)* tubo *m* de estufa (**b**) *Fam* **s. (hat)** chistera *f*

stow [stəʊ] *vt (put away)* guardar; *Naut* estibar
▸**stow away** *vi (on ship)* ir *or* viajar de polizón

stowage ['stəʊɪdʒ] *n* (**a**) *(of goods)* almacenamiento *m* (**b**) *(space)* sitio *m or* espacio *m* para guardar cosas

stowaway ['stəʊəweɪ] *n* polizón *m*

straddle ['strædəl] *vt* (**a**) *(horse, wall)* sentarse a horcajadas en (**b**) *(combine)* **his career has straddled the worlds of politics and the stage** su carrera se ha desarrollado a caballo entre la política y el teatro

strafe [streɪf] *vt Mil* ametrallar desde el aire

straggle ['strægəl] *vi* (**a**) *(lag behind)* rezagarse (**b**) *(spread untidily)* desparramarse; **the houses s. along the river** las casas están diseminadas a lo largo del río

straggler ['stræglə(r)] *n* rezagado(a) *m,f*

straggly ['strægli] *adj (hair)* desordenado(a)

STRAIGHT [streɪt] **1** *n* (**a**) *(moral rectitude)* **to keep to the s. and narrow** seguir por el buen camino
(**b**) *(in sport)* recta *f*
(**c**) *Fam (heterosexual)* heterosexual *mf*
2 *adj* (**a**) *(not curved) (line, back, skirt)* recto(a); *(hair)* liso(a); **in a s. line** en línea recta; IDIOM **s. as a ramrod** tieso(a) como una vela *or* palo; **to keep a s. face** contener la sonrisa
(**b**) *(level, not sloping) (picture, tie)* derecho(a)
(**c**) *(tidy) (room)* arreglado(a), en orden; **to put one's hair s.** arreglarse el pelo
(**d**) *(clear)* **let me get this s.** a ver si te entiendo; **next time, get your facts s. before you start criticizing** la próxima vez procura informarte bien antes de criticar; **to put** *or* **set things s.** aclarar las cosas; **to put** *or* **set sb s.** aclararle las cosas a alguien
(**e**) *(simple) (choice, swap)* simple; **it's a s. fight between Mitchell and Davies** es una lucha entre dos, Mitchell y Davies
(**f**) *(basic, plain)* ordinario(a)
(**g**) *(undiluted)* solo(a); **to drink s. vodkas** beber vodka a palo seco
(**h**) *(consecutive)* consecutivo(a); **three s. wins** tres victorias consecutivas; **to win in s. sets** ganar sin ceder un solo set; **I got s. A's in my exams** saqué sobresaliente en todos mis exámenes ▫ ***s. flush*** *(in cards)* escalera *f* de color
(**i**) *(honest) (person, answer)* franco(a); **to be s. with sb** ser franco(a) con alguien; IDIOM **to be as s. as an arrow** *or* **a die** actuar sin dobleces
(**j**) *(conventional)* convencional ▫ ***s. man*** *(in comedy act)* = en una pareja, el cómico con el papel serio
(**k**) *Fam (heterosexual)* heterosexual
(**l**) *Fam (of addict)* **I'm s. now** *(not on drugs)* ya no me drogo; *(I don't drink)* ya no bebo *or Am* tomo
(**m**) *Fam (not owing money)* **are we s. now?** ¿estamos en paz?
3 *adv* (**a**) *(in straight line)* recto, en línea recta; **sit up s.!** ¡siéntate derecho!; **I can't walk s.** no puedo caminar recto *or* en línea recta; **it's s. ahead, it's s. in front of us** está justo delante de nosotros; **to look s. ahead** mirar hacia adelante; **go s. on** sigue todo recto *or* derecho; **he was coming s. towards me** venía derecho hacia mí; IDIOM **to go s.** *(of criminal)* reformarse
(**b**) *(level)* recto(a); **have I hung the picture s.?** ¿he colgado el cuadro recto?
(**c**) *(clearly)* **to see/think s.** ver/pensar con claridad
(**d**) *(honestly)* **tell me s. (out)** cuéntamelo sin rodeos; *Fam* **s. up** en serio
(**e**) *(immediately)* inmediatamente, en seguida; **s. after(wards)** inmediatamente después; **s. away** *or* **off** inmediatamente; **to get s. down to business** ponerse a trabajar inmediatamente *or* en seguida
(**f**) *(directly)* directamente; **to cut s. through sth** atravesar algo; **I'll come s. back** vuelvo en seguida; **come s. home** ven directamente a casa; **she walked s. past me** pasó por delante de mí sin detenerse; **to come** *or* **get s. to the point** ir directamente al grano; **to come s. out with sth** decir algo sin rodeos; IDIOM **s. from the shoulder** sin ambages
(**g**) *(continuously)* **for 24 hours s.** durante 24 horas ininterrumpidas

straightaway ['streɪtəweɪ] *adv* inmediatamente, *Méx* ahorita, *Andes, RP* al tiro

straightedge ['streɪtedʒ] *n (ruler)* regla *f*

straighten ['streɪtən] *vt (bent nail, rod)* enderezar; *(picture, tie)* poner derecho(a); **to s. one's back** enderezar la espalda
▸**straighten out** *vt sep* (**a**) *(leg, arm)* estirar; *(bent object)* enderezar (**b**) *(problem)* resolver; *(one's affairs)* poner en orden
▸**straighten up** *vi* ponerse derecho(a)

straight-faced ['streɪt'feɪst] *adj* con la cara seria

straightforward [streɪt'fɔ:wəd] *adj* (**a**) *(honest)* franco(a) (**b**) *(simple)* sencillo(a)

straightforwardly [streɪt'fɔ:wədlɪ] *adv* (**a**) *(honestly)* con franqueza, claramente (**b**) *(simply)* de forma sencilla, con sencillez

straight-to-video ['streɪttə'vɪdɪəʊ] *adv Cin* **it went s.** fue comercializado directamente en *Esp* vídeo *or Am* video

strain¹ [streɪn] **1** *n* (**a**) *(on beam, rope) (from pressure, pushing)* presión *f*; *(from tension, pulling)* tensión *f*; *(on economy)* tensión *f*; *(on friendship)* tirantez *f*; *(of muscle)* distensión *f*; *(of ankle)* torcedura *f*; **to put a s. on** *(economy, friendship)* crear tensiones en (**b**) *(mental stress)* agobio *m*; **to be under a lot of s.** estar muy agobiado(a)
2 *vt* (**a**) *(put strain on) (beam, rope)* tensar; *(economy, friendship)* crear tensiones en; *Ironic* **don't s. yourself!** ¡ten cuidado, no te vayas a herniar *or* quebrar!; **to s. a muscle** distenderse un músculo; **to s. one's ankle** torcerse el tobillo; **to s. one's back** hacerse daño en la espalda; **to s. one's ears** aguzar el oído (**b**) *Culin (liquid)* colar; *(vegetables)* escurrir; **to s. sth off** colar algo
3 *vi* **to s. at a rope/door** tirar de una cuerda/puerta; *Fig* **to be straining at the leash (to do sth)** estar impaciente (por hacer algo)

strain² *n (variety) (of virus)* cepa *f*; *(of plant)* variedad *f*; **a s. of madness** *(streak)* un toque de locura; **in the same s.** en la misma línea

strained [streɪnd] *adj* (**a**) *(muscle)* distendido(a) (**b**) *(tense, forced) (atmosphere, conversation, relations)* tenso(a), tirante; *(humour)* forzado(a)

strainer ['streɪnə(r)] *n* colador *m*

strait [streɪt] *n* estrecho *m*; **the Straits of Gibraltar** el estrecho de Gibraltar; **to be in dire** *or* **desperate straits** *(in serious difficulty)* estar en serios aprietos

straitened ['streɪtənd] *adj Formal* **to be in s. circumstances** pasar calamidades *or* estrecheces

straitjacket ['streɪtdʒækɪt] *n* camisa *f* de fuerza

straitlaced ['streɪt'leɪst] *adj* mojigato(a)

strand¹ [strænd] *vt (ship)* varar; **to be stranded** quedar varado(a); **we were stranded at Laguardia for 15 hours** nos quedamos atrapados en Laguardia durante 15 horas

strand² *n* (**a**) *(of rope)* cabo *m*; *(of cotton)* hebra *f*; *(of hair)* pequeño mechón *m* (**b**) *(of plot)* hilo *m* (argumental) (**c**) *Literary (beach)* playa *f*

strange [streɪndʒ] *adj* (**a**) *(odd) (person, behaviour)* raro(a), extraño(a); **it felt s. to be back in Canada** se hacía raro estar de nuevo en Canadá; **it's s. he hasn't phoned** es raro que no haya llamado, me extraña que no haya llamado; **the**

strangest thing happened to me today hoy me ha pasado una cosa extrañísima; **s. as it may seem,...** por extraño que parezca,..., aunque parezca mentira,... (**b**) *(unfamiliar) (person, place)* desconocido(a), extraño(a)

strangely ['streɪndʒlɪ] *adv (behave, dress)* de modo extraño; **s. familiar** extrañamente familiar; **s. enough,...** aunque parezca raro *or* extraño,...

strangeness ['streɪndʒnɪs] *n* (**a**) *(oddness)* rareza *f* (**b**) *(unfamiliarity)* lo desconocido

stranger ['streɪndʒə(r)] *n (unknown person)* desconocido(a) *m,f*, extraño(a) *m,f*; *(person from other place)* forastero(a) *m,f*; **she is no s. to controversy** la polémica no le es ajena, la polémica le acompaña; *Fam* **hello s.!** ¡dichosos los ojos!

strangle ['stræŋgəl] *vt (person, economy)* estrangular; **he should have been strangled at birth** mejor que no hubiera nacido, maldita sea la hora en que nació

strangled ['stræŋgəld] *adj (voice, cry)* ahogado(a)

stranglehold ['stræŋgəlhəʊld] *n* llave *f* al cuello; **to have sb in a s.** tener a alguien inmovilizado(a) con una llave al cuello; *Fig* **to have a s. on sb/sth** tener un control absoluto sobre alguien/algo

strangler ['stræŋglə(r)] *n* estrangulador(ora) *m,f*

strangulated ['stræŋgjʊleɪtɪd] *adj (cry)* ahogado(a) ▫ *Med* ***s. hernia*** hernia *f* estrangulada

strangulation [stræŋgjʊ'leɪʃən] *n* estrangulamiento *m*

strap [stræp] **1** *n (of watch, bag)* correa *f*; *(of shoe)* tira *f*; *(on dress, bra)* tirante *m*, *Am* bretel *m*

2 *vt* (*pt & pp* **strapped**) **to s. sth to sth** sujetar algo con correas a algo

▸**strap in** *vt sep* **to s. oneself in** abrocharse *or* ponerse el cinturón (de seguridad); **he strapped the child in** le abrochó *or* puso el cinturón (de seguridad) al niño

▸**strap up** *vt sep (wound)* vendar

strap-hanger ['stræphæŋə(r)] *n Fam* usuario(a) *m,f* del transporte público

strapless ['stræplɪs] *adj (dress, bra)* sin tirantes *or Am* breteles

strap-on ['stræpɒn] *adj* con correaje

strapped [stræpt] *adj Fam* **to be s. (for cash)** estar sin un centavo, *Esp* estar pelado(a)

strapping ['stræpɪŋ] *adj* fornido(a)

Strasbourg ['stræzbɜ:g] *n* Estrasburgo

strata *pl of* **stratum**

stratagem ['strætədʒəm] *n* estratagema *f*

strategic [strə'ti:dʒɪk] *adj* estratégico(a)

strategically [strə'ti:dʒɪklɪ] *adv* estratégicamente

strategist ['strætədʒɪst] *n* estratega *mf*

strategy ['strætədʒɪ] *n* estrategia *f*

stratification [strætɪfɪ'keɪʃən] *n* estratificación *f*

stratified ['strætɪfaɪd] *adj* (**a**) *Geol (rock)* estratificado(a) (**b**) *(society)* estamental, estratificado(a)

stratify ['strætɪfaɪ] *vt* estratificar

stratocumulus [strætəʊ'kju:mjʊləs] (*pl* **stratocumuli** [strætəʊ'kju:mjʊlaɪ]) *n Met* estratocúmulo *m*

stratosphere ['strætəsfɪə(r)] *n* estratosfera *f*

stratum ['strɑ:təm] (*pl* **strata** ['strɑ:tə]) *n (of rock)* estrato *m*; *(of society)* estamento *m*, estrato *m*

stratus ['streɪtəs] (*pl* **strati** ['streɪtaɪ]) *n Met* estrato *m*

straw [strɔ:] *n* (**a**) *(dry stalks)* paja *f* ▫ ***s. hat*** sombrero *m* de paja; *Fig* ***s. man*** hombre *m* de paja; ***s. poll*** sondeo *m* informal (**b**) *(for drinking)* pajita *f*, *Méx* popote *m* (**c**) IDIOMS **to clutch** *or* **grasp at straws** agarrarse a un clavo ardiendo; **that's the last s.** (eso) es la gota que colma el vaso; **the s. that broke the camel's back** la gota que colmó el vaso

strawberry ['strɔ:bərɪ] *n* fresa *f*, *Chile, RP* frutilla *f*; **s. jam** mermelada *f* de fresa *or Chile, RP* frutilla ▫ ***s. blonde*** rubio(a) *m,f* bermejo(a); ***s. mark*** antojo *m* (en la piel)

straw-coloured ['strɔ:kʌləd] *adj* pajizo(a)

stray [streɪ] **1** *n (dog)* perro *m* callejero; *(cat)* gato *m* callejero

2 *adj* (**a**) *(dog, cat)* callejero(a) (**b**) *(bullet)* perdido(a) (**c**) *(hair)* suelto(a)

3 *vi* (**a**) *(move)* desviarse; **to s. onto sb's property** meterse sin querer en la propiedad de alguien; **to s. from** *(of person)* desviarse de; *(of animal)* descarriarse de (**b**) *(change topic)* **to s. from the point** divagar

streak [stri:k] **1** *n* (**a**) *(stripe)* raya *f*, lista *f*; *(in hair)* mecha *f*; **a s. of lightning** un rayo (**b**) *(run)* **a s. of luck** una racha de suerte; **winning/losing s.** racha de ganar/de perder (**c**) *(character trait)* vena *f*; **to have a cruel s.** tener un vena de crueldad

2 *vt* **streaked with dirt** manchado(a) *(con tiras o chorros de suciedad)*; **streaked with tears** cubierto(a) de lágrimas; **his hair is streaked with silver** tiene mechones grises; **to have one's hair streaked** hacerse mechas en el pelo

3 *vi* (**a**) *(move quickly)* **to s. off** salir disparado(a); **to s. past** pasar a toda velocidad (**b**) *Fam (run naked)* interrumpir desnudo en un espectáculo público

streaker ['stri:kə(r)] *n Fam* = espontáneo que aparece corriendo desnudo en un espectáculo público

streaky ['stri:kɪ] *adj (surface, pattern)* veteado(a) ▫ ***s. bacon*** tocino *m or Esp* bacon *m* entreverado

stream [stri:m] **1** *n* (**a**) *(brook)* arroyo *m*, riachuelo *m*

(**b**) *(of light, blood, water)* chorro *m*; *(of tears, insults)* torrente *m*; *(of people)* oleada *f*; *(of thoughts, ideas)* corriente *f*; **to come on s.** *(of industrial plant)* entrar en funcionamiento ▫ ***s. of consciousness*** *Lit* monólogo *m* interior; *Psy* flujo *m* de la consciencia

(**c**) *Br Sch* = cada una de las divisiones del alumnado en grupos por niveles de aptitud

2 *vt* (**a**) *(spurt)* chorrear

(**b**) *Br Sch* **to s. pupils** dividir en grupos a los alumnos según su capacidad

3 *vi* (**a**) *(of liquid, light, people)* **the water streamed out** el agua salía a chorros; **blood streamed from his wounds** le chorreaba *or* manaba la sangre de las heridas; **people streamed into the stadium** la gente entraba en masa al estadio; **the light streamed in through the window** la luz entraba a raudales por la ventana; **his eyes were streaming** le lloraban los ojos; **the walls were streaming with water** las paredes estaban chorreando de agua, las paredes chorreaban agua; **tears streamed down her cheeks** le resbalaban las lágrimas por las mejillas

(**b**) *(of hair, banner)* ondear

streamer ['stri:mə(r)] *n* serpentina *f*

streaming ['stri:mɪŋ] **1** *n Br Sch* = sistema de división del alumnado en grupos por niveles de aptitud

2 *adj* **to have a s. cold** tener un fuerte resfriado

streamline ['stri:mlaɪn] *vt* (**a**) *(vehicle)* hacer más aerodinámico(a) (**b**) *(system, department)* racionalizar

streamlined ['stri:mlaɪnd] *adj* (**a**) *(vehicle)* aerodinámico(a) (**b**) *(system, department)* racionalizado(a)

street [stri:t] *n* (**a**) *(road)* calle *f*; **it's on Main S.** está en la calle Main Street; **on the s.** en la calle; **at s. level** (al) nivel *m* de la calle ▫ ***s. fighting*** peleas *fpl* callejeras; ***s. map*** plano *m* de calles; *(book)* callejero *m*; ***s. market*** mercado *m* en la calle; ***s. sweeper*** barrendero(a) *m,f*; ***s. theatre*** teatro *m* callejero; ***s. value*** *(of drugs)* valor *m* en la calle

(**b**) IDIOMS *Fam* **to be on the s.** *or* **streets** *(of homeless person)* estar en la calle, no tener un techo; *(of prostitute)* hacer la calle; **to walk the streets** *(of prostitute)* hacer la calle; **the man in the s.** el hombre de la calle; *Fam* **to be streets ahead of sb/sth** dar mil vueltas a alguien/a algo; *Fam* **that's right up my s.** eso es lo que me va; *Fam* **to have s. credibility** *or* **cred** tener buena imagen entre la gente

streetcar ['stri:tkɑ:(r)] *n US* tranvía *m*

streetlamp ['stri:tlæmp], **streetlight** ['stri:tlaɪt] *n* farola *f*

streetwalker ['stri:twɔ:kə(r)] *n Old-fashioned* prostituta *f*

streetwise ['stri:twaɪz] *adj* espabilado(a)

strength [streŋθ] *n* (**a**) *(power) (of person)* fuerza *f*; *(of currency)* fortaleza *f*; *(of emotion, light, sound)* intensidad *f*; *(of alcohol)* graduación *f*; IDIOM **to go from s. to s.** ir cada vez mejor; **on the s. of...** atendiendo a...; **give me s.!** ¡Señor, dame fuerzas! (**b**) *(resistance, durability) (of nail, rope)* resistencia *f* (**c**) *(full number)* **to be at full s.** *(of department, regiment)* tener el cupo completo; **to be under s.** *(of department, regiment)* estar por debajo del cupo; **in s.** en gran número (**d**) *(strong point)* punto *m* fuerte

strengthen ['streŋθən] **1** *vt (wall, building)* reforzar; *(muscles)* fortalecer; *(friendship)* consolidar; *(determination)* reafirmar; *(position)* reforzar, afianzar

2 *vi (of friendship)* consolidarse; *(of determination)* reafirmarse; *(of currency)* fortalecerse

strenuous ['strenjʊəs] *adj* (**a**) *(activity, lifestyle)* agotador(ora); *(effort)* denodado(a) (**b**) *(opposition)* enérgico(a); *(denial)* tajante

strenuously ['strenjʊəslɪ] *adv* (**a**) *(campaign)* enérgicamente (**b**) *(resist)* denodadamente; *(deny)* tajantemente

strep throat ['strep'θrəʊt] *n US Fam* inflamación *f* de garganta

streptococcus [streptə'kɒkəs] (*pl* **streptococci** [streptə'kɒkaɪ]) *n* estreptococo *m*

streptomycin [streptə'maɪsɪn] *n* estreptomicina *f*

stress [stres] **1** *n* (**a**) *(tension) (physical)* presión *f*; *(mental)* estrés *m*; **to be under a lot of s.** estar sometido(a) a mucho estrés; **a s. factor** un factor de estrés (**b**) *(emphasis)* énfasis *m*; **to put** *or* **lay s. on sth** hacer hincapié en algo (**c**) *Ling* acento *m*

2 *vt* (**a**) *(emphasize)* subrayar, hacer hincapié en (**b**) *Ling* acentuar; **it's stressed on the second syllable** lleva acento en la segunda sílaba

▸**stress out** *vt sep Fam* **to s. sb out** estresar *or* agobiar a alguien

stressed [strest] *adj* (**a**) *(person)* estresado(a) (**b**) *Ling* acentuado(a)

stressed-out ['strest'aʊt] *adj Fam* agobiado(a), estresado(a)

stressful ['stresfʊl] *adj* estresante

STRETCH [stretʃ] **1** *n* (**a**) *(of body)* **to have a s.** estirarse; *Fig* **by no s. of the imagination** de ningún modo ❑ ***s. marks*** estrías *fpl*

(**b**) *(of material)* elasticidad *f* ❑ ***s. fabric*** tejido *m* elástico; *Fam* **s. limo** limusina *f* ampliada

(**c**) *(of water, land)* extensión *f*; *(of road, river, coast)* tramo *m*, trecho *m*; *(of countryside)* trozo *m*; *(of text)* fragmento *m*; *(of time, silence)* período *m*; **the final s.** *(in race)* la recta final; **for ten hours at a s.** durante diez horas seguidas

(**d**) *(capacity)* **to be at full s.** *(of factory)* estar a pleno rendimiento; *(of player, team)* emplearse a fondo

(**e**) *Fam (term of imprisonment)* temporada *f*; **he did a five-year s.** pasó cinco años a la sombra

2 *vt* (**a**) *(extend) (elastic, belt)* estirar; *(arm, hand)* estirar, extender; *(lead, advantage)* aumentar; **we stretched the banner across the road** desplegamos la pancarta a lo ancho de la carretera; **to s. one's legs** estirar las piernas; **to s. oneself** estirarse; **we are stretching the limits of what is possible** estamos apurando los límites de lo posible; **to s. a point** *(make exception)* hacer una excepción; **it's stretching a point to call him an accountant** llamarle contable es pasarse un poco; **to s. the rules** ser flexible en la interpretación de las reglas; **to s. it** *or* **the truth** apurar *or* forzar las cosas

(**b**) *(pull, strain) (muscle)* **I've stretched my calf muscle** me he estirado un gemelo

(**c**) *(put demands on) (person)* exigir mucho a; *(resources)* mermar mucho; *(sb's patience)* abusar de; **we're fully stretched at the moment** en este momento estamos trabajando al límite (de nuestras posibilidades); **his schoolwork never really stretched him** el trabajo escolar nunca le obligó a esforzarse; **I didn't have to s. myself** no tuve que esforzarme demasiado; **our budget is stretched to the limit** nuestro presupuesto está estirado al máximo; **the police are stretched too thin at the moment** en estos momentos la policía tiene recursos insuficientes

(**d**) *(make last) (income, supplies)* estirar

3 *vi* (**a**) *(of rope, elastic)* estirarse; *(of clothing)* estirarse, dar de sí; **my T-shirt stretched in the wash** mi camiseta se estiró al lavarla

(**b**) *(of person)* estirarse; *(when warming up)* hacer estiramientos

(**c**) *(of road, time)* extenderse; **the desert stretches for several hundred miles** el desierto se extiende por varios cientos de millas; **her unbeaten run stretches back to January** su racha triunfal se remonta a enero

(**d**) *(of resources, budget)* dar de sí (**to** para); *Fam* **could you s. to $20?** ¿podrías subir hasta 20 dólares?

▸**stretch out 1** *vt sep* (**a**) *(extend)* **to s. out one's arm** estirar el brazo; **to s. out one's hand** tender la mano (**b**) *(resources, budget)* estirar; *(payments)* extenderse

2 *vi* (**a**) *(of person)* tenderse (**b**) *(of road, time)* extenderse

stretcher ['stretʃə(r)] *n* camilla *f* ❑ ***s. bearer*** camillero(a) *m,f*; ***s. case*** herido(a) *m,f*/enfermo(a) *m,f* trasladado(a) en camilla

▸**stretcher off** *vt sep Sport* **to s. sb off** sacar a alguien en camilla *(del terreno de juego)*

stretchy ['stretʃɪ] *adj* elástico(a)

strew [stru:] (*pp* **strewed** *or* **strewn** [stru:n]) *vt (objects)* dispersar (**over** *or* **around** por); *(surface)* cubrir (**with** de)

strewth [stru:θ] *exclam Austr, Br Fam* ¡por Dios!, ¡madre mía!

stricken ['strɪkən] *adj* (**a**) *(with grief, guilt)* afligido(a) (**with** por); *(with illness, by disaster)* gravemente afectado(a) (**with/by** por) (**b**) *(damaged) (ship, convoy)* dañado(a) (**c**) *(sad, grieving)* **to look s.** parecer muy desolado(a)

strict [strɪkt] *adj* (**a**) *(person, instruction, discipline)* estricto(a); **s. morals** moral *f* estricta; **a s. Moslem** un musulmán ortodoxo (**b**) *(meaning, minimum)* estricto(a); **in strictest confidence** en el más riguroso secreto

strictly ['strɪktlɪ] *adv* (**a**) *(severely)* estrictamente; **s. forbidden** terminantemente prohibido(a) (**b**) *(exactly)* rigurosamente; **s. speaking** en un sentido estricto; **not s. true** no del todo *or* rigurosamente cierto; **s. between you and me** exclusivamente entre tú y yo

strictness ['strɪktnɪs] *n* (**a**) *(of discipline, rules)* rigor *m* (**b**) *(of criteria, definition)* rigurosidad *f*

stricture ['strɪktʃə(r)] *n (criticism)* invectiva *f* (**on** contra), censura *f* (**on** a)

stride [straɪd] **1** *n* (**a**) *(step)* zancada *f*; **in a single s.** de una zancada (**b**) IDIOMS **to make great strides** progresar a pasos agigantados; **to take sth in one's s.** asumir algo bien; **to get into one's s.** agarrar *or Esp* coger el ritmo

2 *vi* (*pt* **strode** [strəʊd], *pp* **stridden** ['strɪdən]) **to s. in/out/off** entrar/salir/alejarse a grandes zancadas

strident ['straɪdənt] *adj* estridente

stridently ['straɪdəntlɪ] *adv* con estridencia

strife [straɪf] *n* conflictos *mpl*

STRIKE [straɪk] **1** *n* (**a**) *Ind* huelga *f*; **teachers'/miners' s.** huelga de profesores/de mineros; **to be on s.** estar en huelga; **to go on s.** declararse en huelga ❑ ***s. ballot*** = voto para decidir si se va a la huelga; ***s. fund*** caja *f* de resistencia; ***s. pay*** subsidio *m* de huelga

(**b**) *(discovery) (of ore, oil)* descubrimiento *m*

(**c**) *Mil* ataque *m* ❑ *Mil* ***s. force*** fuerza *f* de combate

(**d**) *Sport (shot)* golpe *m*

(**e**) *(in baseball)* strike *m*

(**f**) *(in bowling)* pleno *m*, strike *m*

2 *vt* (*pt & pp* **struck** [strʌk]) (**a**) *(hit)* golpear; *(ball)* golpear; **to s. sb in the face** golpear a alguien en la cara; **to s. sb a blow** pegar un golpe a alguien; *Fig* **to s. a blow for freedom** romper una lanza a favor de la libertad; **to s. a shot** disparar

(**b**) *(collide with)* chocar contra; *(of missile, bomb)* dar en, alcanzar; *(of bullet)* alcanzar; *(of light)* caer sobre; **her head struck the floor** su cabeza chocó contra el suelo; **he was struck by a car** lo atropelló un coche *or Am* carro *or Chile, RP* auto; **the tree was struck by lightning** el árbol fue alcanzado por un rayo

(**c**) *(a match)* encender, *Am* prender

(**d**) *(mint) (coin, medal)* acuñar

(**e**) *(make sound)* **the clock struck ten/the hour** el reloj dio las diez/la hora; IDIOM **to s. the right note** *(of speech, remark)* calar hondo; IDIOM **to s. the wrong note** *(of speech, remark)* dar una nota discordante

(**f**) *(impress, surprise)* chocar, sorprender; **I was struck by her voice** lo que me chocó mucho fue su voz; **I was struck by his calm** me llamó la atención su calma; *Fam* **I wasn't very struck with her boyfriend** su novio no me hizo demasiada gracia

(**g**) *(occur to)* **it strikes me that...** se me ocurre que...; **I was struck by the thought that...** se me ocurrió que...

(**h**) *(seem to)* parecer; **it doesn't s. me as being very difficult** no me parece muy difícil; **he strikes me as a reasonable person** me da la impresión de que es una persona razonable; **how does their**

reaction s. you? ¿qué te parece su reacción?

(**i**) *(discover) (gold, oil)* descubrir; *Fig* **to s. gold** *(find source of wealth)* descubrir una mina; *(win gold medal)* conquistar el oro; *Fam* **to s. it lucky** tener un golpe de suerte; *Fam* **to s. it rich** hacerse rico(a)

(**j**) *(cause to be)* **he was struck dead by a heart attack** murió de un ataque cardíaco; **to be struck dumb** quedarse mudo(a), no poder articular palabra; **to s. terror into sb** aterrorizar a alguien

(**k**) *(affect) (of disaster, earthquake, disease)* sacudir

(**l**) *(reach)* **to s. a balance** encontrar un equilibrio; **to s. a bargain** *or* **deal** hacer un trato

(**m**) *(adopt) (pose, attitude)* adoptar

(**n**) *(delete)* tachar (**from** de)

(**o**) *(take down)* **to s. camp** levantar el campamento

3 *vi* (**a**) *(attack) (of enemy, criminal)* atacar; *(of earthquake)* sobrevenir; *(of lightning)* caer; **disaster struck** sobrevino un desastre; *Fig* **to s. at the heart of sth** atacar directamente a algo; **to s. home** *(of missile, blow)* dar en el blanco; *(of comment, message)* dar en la diana; IDIOM **s. while the iron is hot** aprovecha ahora que estás a tiempo

(**b**) *Sport (score)* marcar

(**c**) *(of clock)* dar las horas; **midnight struck** dieron las doce de la medianoche

(**d**) *(go on strike)* hacer huelga, declararse en huelga; *(be on strike)* estar en huelga; **to s. against/for sth** estar en huelga contra/por algo

(**e**) *(collide)* **to s. against sth** golpear contra algo

▸**strike back** *vi* (**a**) *(retaliate)* devolver el ataque (**b**) *Sport (score in response)* **they struck back within minutes of conceding a goal** respondieron marcando a los pocos minutos de encajar un gol

▸**strike down** *vt sep* (**a**) *(of disease)* abatir, abatirse sobre; *(of lightning, bullet)* alcanzar; **she was struck down by cancer** *(killed)* un cáncer acabó con ella (**b**) *US Law* revocar

▸**strike off** *vt sep (doctor, lawyer)* inhabilitar; **to s. sb off a list** tachar a alguien de una lista

▸**strike on** *vt insep (idea, plan)* dar con

▸**strike out 1** *vt sep* (**a**) *(delete)* tachar (**b**) *(in baseball)* eliminar a *(por cometer tres strikes)*, *Am* ponchar

2 *vi* (**a**) *(hit out)* **to s. out at sb** arremeter contra alguien; **he struck out in all directions** arremetió en todas direcciones (**b**) *(leave)* partir (**for** hacia); *(start swimming)* ponerse a nadar (**for** hacia); **to s. out in a new direction** tomar un nuevo rumbo; **to s. out on one's own** independizarse (**c**) *(in baseball)* quedar eliminado(a) *(por cometer tres strikes)*, *Am* poncharse (**d**) *US Fam (fail)* estrellarse

▸**strike up 1** *vt insep (song)* arrancar con; *(friendship, conversation)* trabar, iniciar

2 *vi (of band, orchestra)* empezar a tocar

▸**strike upon** *vt insep* = **strike on**

strikebound ['straɪkbaʊnd] *adj* paralizado(a) por una huelga

strikebreaker ['straɪkbreɪkə(r)] *n* esquirol *mf*

striker ['straɪkə(r)] *n* (**a**) *(striking worker)* huelguista *mf* (**b**) *(in soccer)* delantero *m*

striking ['straɪkɪŋ] *adj* (**a**) *(noticeable, surprising)* chocante, sorprendente; *(impressive)* deslumbrante; **it bears a s. resemblance to...** guarda un parecido increíble *or* asombroso con...; **the s. thing about this is...** lo chocante del asunto es...; **she's very s.** es una mujer (de una belleza) fuera de lo común (**b**) *(worker)* en huelga (**c**) **within s. distance** al alcance de la mano

string [strɪŋ] **1** *n* (**a**) *(substance)* cuerda *f*; **a (piece of) s.** una cuerda

(**b**) *(of tennis racket, bow)* cuerda *f*; *(of puppet)* hilo *m*; IDIOM **to have more than one s. to one's bow** tener varios recursos; IDIOM **with no strings attached** sin compromiso; IDIOM **to pull strings** mover hilos ▫ ***s. bag*** bolsa *f* de red; ***s. bean*** *Esp* judía *f* verde, *Chile* poroto *m* verde, *Col* habichuela *f*, *Méx* ejote *m*, *RP* chaucha *f*; *US* ***s. tie*** lazo *m*; *Br* ***s. vest*** camiseta *f* interior de rejilla

(**c**) *Mus (of violin)* cuerda *f*; **the strings** la sección de cuerda, las cuerdas ▫ ***s. quartet*** cuarteto *m* de cuerda

(**d**) *(row, series) (of onions)* ristra *f*; *(of pearls, beads)* sarta *f*; *(of islands)* rosario *m*; *(of words, shops, defeats)* serie *f*; *(of insults)* retahíla *f*, sarta *f*

(**e**) *Comptr (of characters)* cadena *f*

2 *vt* (*pp & pt* **strung** [strʌŋ]) (**a**) *(violin, tennis racket, bow)* encordar

(**b**) *(pearls, beads)* ensartar

(**c**) *(hang)* **they strung him from a lamppost** lo colgaron de una farola

▸**string along** *vt sep Fam* dar falsas esperanzas a

▸**string out** *vt sep (extend)* prolongar, alargar; **the houses are strung out along the roadside** las casas se extienden alineadas a lo largo de la carretera

▸**string together** *vt sep Fam* **he can't s. two words together** *(in foreign language)* no sabe ni jota, no puede hilar dos palabras

▸**string up** *vt sep Fam (criminal)* ahorcar

stringed [strɪŋd] *adj (instrument)* de cuerda

stringency ['strɪndʒənsɪ] *n* rigor *m*, severidad *f*

stringent ['strɪndʒənt] *adj* riguroso(a), estricto(a); **in today's s. economic climate** en el actual clima de austeridad económica

stringer ['strɪŋə(r)] *n* (**a**) *(beam)* riostra *f* (**b**) *Journ* coresponsal *mf* local *or* de zona

stringy ['strɪŋɪ] *adj* (**a**) *(meat)* fibroso(a); *(vegetable)* con muchas hebras (**b**) *(hair)* lacio(a)

strip[1] [strɪp] *n* (**a**) *(of cloth, paper, metal)* tira *f*; *(of land)* franja *f*; IDIOM *Fam* **to tear sb off a s.** echar un rapapolvo a alguien, *Méx* repelar a alguien, *RP* pegar un levante a alguien ▫ ***s. cartoon*** tira *f* cómica; ***s. light*** fluorescente *m*; ***s. lighting*** iluminación *f* con fluorescentes; ***s. mining*** explotación *f* minera a cielo abierto (**b**) *Br (of sports team)* indumentaria *f*

strip[2] **1** *n* **to do a s.** *(undress)* hacer un striptease ▫ ***s. club,*** *Fam* ***s. joint*** club *m* de striptease; ***s. poker*** strip póquer *m*; ***s. show*** (espectáculo *m* de) striptease *m*

2 *vt* (*pt & pp* **stripped**) (**a**) *(remove clothes from) (person)* desnudar; *(bed)* deshacer (**b**) *(paint, wallpaper)* rascar, quitar, *Am* sacar (**c**) *(deprive)* **to s. sb of sth** *(rank, honour)* despojar a alguien de algo

3 *vi* (**a**) *(undress)* desnudarse (**b**) *(do striptease)* hacer striptease

▸**strip down** *vt sep (car engine)* desmontar

▸**strip off 1** *vt sep* (**a**) *(clothes)* quitar, *Am* sacar (**b**) *(paint, wallpaper)* rascar, quitar, *Am* sacar

2 *vi (undress)* desnudarse, desvestirse

stripe [straɪp] *n* (**a**) *(on cloth, animal's coat)* raya *f*, lista *f* (**b**) *(indicating rank)* galón *m*

striped [straɪpt] *adj* a rayas

stripling ['strɪplɪŋ] *n* mozalbete *m*

stripped-down ['strɪpt'daʊn] *adj* desmontado(a); **a s. version** una versión simplificada *or* básica

stripper ['strɪpə(r)] *n (striptease artist)* artista *mf* de striptease

strip-search ['strɪp'sɜːtʃ] **1** *n* registro *m* integral

2 *vt* **to s. sb** someter a alguien a un registro integral

striptease ['strɪptiːz] *n* striptease *m*

stripy ['straɪpɪ] *adj* a *or* de rayas

strive [straɪv] (*pt* **strove** [strəʊv], *pp* **striven** ['strɪvən]) *vi* esforzarse; **to s. to do sth** esforzarse por hacer algo; **to s. for** *or* **after sth** luchar por algo; **to s. against sth** luchar contra algo

strobe [strəʊb] *n* estroboscopio *m* ▫ ***s. lighting*** luces *fpl* estroboscópicas

stroboscope ['strəʊbəskəʊp] *n* estroboscopio *m*

strode [strəʊd] *pt of* **stride**

stroganoff, stroganov ['strɒgənɒf] *n* **(beef) s.** ternera *f* strogonoff

stroke [strəʊk] **1** *n* (**a**) *(blow, tennis shot)* golpe *m*; *(in rowing)* palada *f*; *(movement in swimming)* brazada *f*; *(swimming style)* estilo *m*; **on the s. of nine** al dar las nueve ▫ ***s. index*** *(in golf)* índice *m* de golpes

(**b**) *(of brush) Art* una pincelada; *(of decorator)* un brochazo

(**c**) *(caress)* caricia *f*; **to give sth/sb a s.** acariciar algo/a alguien

(**d**) *Sport (oarsman)* cabo *mf*

(**e**) *Med* derrame *m* cerebral, apoplejía *f*

(**f**) IDIOMS **a s. of genius** una genialidad; **a s. of luck** un golpe de suerte; **she hasn't done a s. of work** no ha dado ni golpe; **to put sb off their s.** desconcentrar a alguien; **at a s.** de un golpe

2 *vt (caress)* acariciar

strokeplay ['strəʊkpleɪ] *n (in golf)* stroke play *m*, juego *m* por golpes

stroll [strəʊl] **1** *n* paseo *m*; **to go for a s.** ir a dar un paseo

2 *vi* caminar

stroller ['strəʊlə(r)] *n US* silla *f or* sillita *f* de paseo

STRONG [strɒŋ] **1** *adj* (**a**) *(physically or mentally powerful)* fuerte; *(friendship)* sólido(a), estrecho(a); *(links)* estrecho(a)
(**b**) *(healthy) (person, heart)* sano(a), fuerte; **she has a s. constitution** es de constitución fuerte; **I feel much stronger now** ahora me siento mucho más fuerte
(**c**) *(intense) (colour, light)* intenso(a); *(smell, drink, taste, medicine)* fuerte; *(glasses, lens, magnet)* potente; *(emotions, desire)* intenso(a); *(belief, support)* firme; *(protest, measures, language, impact, temptation)* fuerte; **I feel a s. sense of responsibility towards her** me siento muy responsable por lo que le pueda pasar
(**d**) *(forceful) (wind, current, personality)* fuerte; *(opinions)* firme; **he expressed himself in the strongest terms** utilizó términos tajantes *or* contundentes
(**e**) *(durable) (rope, cloth, shoes)* fuerte, resistente; *(nerves)* de acero
(**f**) *(pronounced) (nose, chin)* pronunciado(a); *(resemblance, accent, tendency)* marcado(a), fuerte; **there is a s. possibility that he will resign** es muy probable que dimita; **there is a s. element of truth in what you say** hay mucho de verdad en lo que dices
(**g**) *(convincing) (evidence, argument, reasons)* convincente
(**h**) *(good) (team, currency, economy)* fuerte; *(eyesight, memory)* muy bueno(a); **several s. candidates applied** se presentaron varios candidatos muy bien preparados; **he's a s. swimmer** es un buen nadador; **she's s. at physics** se le da muy bien la física; **they are in a s. position (to win the league)** están en una posición muy favorable (para ganar la liga) ❑ ***s. point*** *or* ***suit*** (punto *m*) fuerte *m*
(**i**) *(referring to number)* **the group is thirty s.** el grupo cuenta con treinta miembros
(**j**) *Ling (verb)* irregular
2 *adv* **to be still going s.** *(of person)* estar todavía en forma; *(of company, institution)* seguir funcionando muy bien; **my car's still going s.** mi coche sigue funcionando de maravilla; *Fam* **to come on s. to sb** *(sexually)* pasarse de la raya con alguien
3 *npl* **the s.** los fuertes

strongarm ['strɒŋɑ:m] **1** *adj* **s. tactics** mano *f* dura
2 *vt* **to s. sb into doing sth** obligar por la fuerza a alguien a hacer algo

strong-box ['strɒŋbɒks] *n* caja *f* fuerte

stronghold ['strɒŋhəʊld] *n (fortress)* fortaleza *f*; *Fig (of political party, religion)* baluarte *m*, bastión *m*

strongly ['strɒŋlɪ] *adv* (**a**) *(robustly)* fuertemente; **s. built** sólidamente construido(a)
(**b**) *(forcefully) (oppose, endorse)* rotundamente, fuertemente; **a s. worded letter** una carta escrita en un tono fuerte; **I s. advise you to reconsider** le ruego encarecidamente que recapacite; **to argue s. for** apoyar sin reservas; **to argue s. against** oponerse totalmente a
(**c**) *(deeply) (believe)* firmemente; **he feels very s. about it** (es un tema que) le preocupa mucho
(**d**) *(intensely)* **he smelled s. of drink** despedía un fuerte aliento a alcohol; **it's s. reminiscent of his earlier work** recuerda mucho a sus primeras obras

strongman ['strɒŋmæn] *n* (**a**) *(in circus)* forzudo *m* (**b**) *(dictator)* dictador *m*

strong-minded ['strɒŋ'maɪndɪd] *adj* decidido(a), resuelto(a)

strongroom ['strɒŋru:m] *n* cámara *f* acorazada

strong-willed ['strɒŋ'wɪld] *adj* tenaz, tozudo(a)

strontium ['strɒntɪəm] *n Chem* estroncio *m*

strop [strɒp] *n* (**a**) *(leather strap)* asentador *m* (**b**) *Br Fam (bad temper)* **to be in a s.** estar de mal humor *or Esp* de mal café

stroppy ['strɒpɪ] *adj Br Fam* **to be s.** *(by nature)* tener mal genio *or Esp* mal café; *(in a mood)* estar de mal humor *or Esp* de mal café

strove [strəʊv] *pt of* **strive**

struck [strʌk] *pt & pp of* **strike**

structural ['strʌktʃərəl] *adj* estructural ❑ ***s. damage*** daños *mpl* estructurales; ***s. funds*** *(of European Union)* fondos *mpl* estructurales; ***s. survey*** peritaje *m or* tasación *f* de estructuras

structuralism ['strʌktʃərəlɪzəm] *n* estructuralismo *m*

structuralist ['strʌktʃərəlɪst] *n & adj* estructuralista *mf*

structurally ['strʌktʃərəlɪ] *adv* estructuralmente; **there's nothing wrong with the house s.** no hay ningún problema con la estructura de la casa

structure ['strʌktʃə(r)] **1** *n* (**a**) *(in general)* estructura *f* (**b**) *(building, monument)* construcción *f*
2 *vt* estructurar, articular

strudel ['stru:dəl] *n* strudel *m*, = rollo de hojaldre relleno de pasas y fruta y espolvoreado con canela

struggle ['strʌgəl] **1** *n (effort)* lucha *f* (**for** por); *(physical fight)* forcejeo *m*; **life is a s.** la vida es una lucha constante; **it was a s. to get there on time** nos costó mucho llegar allí a tiempo; **without a s.** sin oponer resistencia; **to put up a s.** ofrecer resistencia
2 *vi* (**a**) *(try hard)* luchar (**for** por); **to s. to do sth** luchar por hacer algo (**b**) *(move with effort)* **to s. free** forcejear hasta lograr liberarse; **they struggled through the gap** pasaron por la abertura no sin esfuerzo (**c**) *(fight physically)* forcejear (**with** con) (**d**) *(have difficulty)* **to be struggling** *(of person, company)* estar pasándolo muy mal; **he was struggling to finish the assignment** le estaba costando mucho terminar la tarea

struggling ['strʌglɪŋ] *adj (in difficulty)* en apuros

strum [strʌm] *(pt & pp* **strummed**) *vt (guitar)* rasguear; **to s. a tune** rasguear una melodía (a la guitarra)

strumpet ['strʌmpɪt] *n Old-fashioned & Hum* cualquiera *f*, mujer *f* de vida alegre

strung [strʌŋ] *pt & pp of* **string**

strung-out ['strʌŋ'aʊt] *adj Fam* (**a**) *(addicted)* enganchado(a) (**on** a) (**b**) *(tense)* tenso(a), agobiado(a)

strung-up ['strʌŋ'ʌp] *adj Fam (tense)* tenso(a), agobiado(a)

strut[1] [strʌt] *n* (**a**) *(for frame)* riostra *f* (**b**) *Av* montante *m*

strut[2] *(pt & pp* **strutted**) **1** *vt* IDIOM *Fam* **to s. one's stuff** *(of dancer, model)* menearse con sensualidad
2 *vi* pavonearse; **he struts about as if he owns the place** se pasea de aquí para allá todo ufano como si fuera el rey del mambo; **to s. in/out** entrar/salir pavoneándose

strychnine ['strɪkni:n] *n* estricnina *f*

stub [stʌb] **1** *n* (**a**) *(of pencil)* punta *f* final; *(of cigarette)* colilla *f* (**b**) *(of cheque)* matriz *f*
2 *vt (pt & pp* **stubbed**) **to s. one's toe (on** *or* **against sth)** darse un golpe en el dedo gordo (contra algo)
▶**stub out** *vt sep (cigarette)* apagar, aplastar

stubble ['stʌbəl] *n* (**a**) *(in field)* rastrojo *m* (**b**) *(on face)* barba *f* incipiente

stubbly ['stʌblɪ] *adj (beard)* de unos días; *(chin)* con pelillos

stubborn ['stʌbən] *adj* (**a**) *(person)* testarudo(a), terco(a); *(determination, resistance)* obstinado(a), pertinaz; IDIOM **as s. as a mule** terco(a) como una mula (**b**) *(stain, infection)* pertinaz

stubbornly ['stʌbənlɪ] *adv (obstinately)* testarudamente, tercamente; **she was s. determined to finish** se obstinaba *or* se empeñaba en terminar

stubbornness ['stʌbənnɪs] *n (of person)* testarudez *f*; *(of determination, resistance)* obstinación *f*

stubby ['stʌbɪ] *adj* regordete(a)

stucco ['stʌkəʊ] *n* estuco *m*

stuck [stʌk] **1** *adj* (**a**) *(jammed, immobile)* atascado(a); **to get s.** atascarse; **to be s. at home** estar metido(a) en casa sin poder salir; **to be s. in traffic** estar atrapado(a) en un atasco
(**b**) *Fam (without)* **to be s. for sth** estar a dos velas de algo; **to be s. for cash** *Esp* estar sin blanca, *Am* andar sin plata; **to be s. for something to say/do** no saber qué decir/hacer
(**c**) IDIOMS *Fam* **to be s. with sb/sth** tener que cargar con alguien/algo; *Fam* **to get s. into sb** *(physically) Esp* emprenderla a golpes con alguien, *Am* empezar a los golpes con alguien; *(verbally)* arremeter contra alguien; *Fam* **to get s. into sth** ponerse en serio con algo, *Esp* liarse con algo; *Fam* **get s. in!** ¡a trabajar!, *Esp* ¡al tajo!
2 *pt & pp of* **stick**[2]

stuck-up ['stʌk'ʌp] *adj Fam* creído(a), engreído(a)

stud[1] [stʌd] *n* (**a**) *(fastener)* automático *m*, corchete *m*; *(for decoration)* tachón *m* (**b**) *(on* *soccer, rugby boots)* taco *m* (**c**) *(earring)* pendiente *m, Am* arete *m*

stud² *n* (**a**) *(farm)* cuadra *f; (stallion)* semental *m* (**b**) *Fam (man)* semental *m* (**c**) *(card game)* ***s. poker*** póquer *m* descubierto

studded ['stʌdɪd] *adj (jacket, belt)* tachonado(a); **to be s. with** estar tachonado(a) con *or* de

student ['stju:dənt] *n (at university)* estudiante *mf; (at school)* alumno(a) *m,f,* estudiante *mf;* **law/medical s.** estudiante de derecho/medicina; **a s. of human nature** un estudioso de la naturaleza humana ▫ ***s. card*** carné *m* de estudiante; ***s. life*** la vida estudiantil; ***s. nurse*** estudiante *mf* de enfermería; ***s. teacher*** profesor(ora) *m,f* en prácticas; ***students' union*** *(association)* = en una universidad, asociación que organiza actividades, asesora y representa a los estudiantes; *(place)* = edificio para los estudiantes que cuenta con bares, discoteca, servicios y oficinas

studenty ['stju:dəntɪ] *adj Fam (area, bar)* de estudiantes, estudiantil

studied ['stʌdi:d] *adj (manner, attitude)* estudiado(a)

studio ['stju:dɪəʊ] *(pl* **studios**) *n* (**a**) *(of TV, movie company)* estudio *m,* plató *m* ▫ ***TV s. audience*** público *m* en estudio (**b**) *(of artist, photographer)* estudio *m* (**c**) *(flat, apartment)* **s. (apartment** *or Br* **flat)** (apartamento *m*) estudio *m*

studious ['stju:dɪəs] *adj* (**a**) *(diligent)* estudioso(a) (**b**) *(deliberate)* deliberado(a), cuidadoso(a)

studiously ['stju:dɪəslɪ] *adv* (**a**) *(diligently)* afanosamente, diligentemente (**b**) *(deliberately)* deliberadamente, cuidadosamente

study ['stʌdɪ] **1** *n* (**a**) *(investigation)* estudio *m,* investigación *f; (written report)* estudio *m,* informe *m, CAm, Méx* reporte *m;* **to make a s. of sth** realizar un estudio sobre algo; **business studies** (ciencias *fpl*) empresariales *fpl;* **peace studies** estudios *mpl* sobre la paz ▫ ***s. group*** grupo *m* de estudio; ***s. tour*** viaje *m* de estudio (**b**) *(by artist)* estudio *m* (**c**) *(room)* (cuarto *m* de) estudio *m*

2 *vt* estudiar; **the problem hasn't been studied very much** el problema no se ha estudiado en detalle

3 *vi* estudiar; **to s. for an exam** prepararse un examen, estudiar para un examen; **to s. to be a lawyer** estudiar para abogado; **she studied under Messiaen** estudió con Messiaen

STUFF [stʌf] **1** *n* (**a**) *Fam (substance)* cosa *f; (objects, possessions)* cosas *fpl;* **what's this s.?** ¿qué es esto?; **what's that black s. on your trousers?** ¿qué es eso negro que tienes en los pantalones?; **I've got a lot of s. to do tonight** tengo que hacer un montón de cosas esta noche; **he reads all that intellectual s.** se dedica a leer todas esas cosas de intelectuales; **marriage and all that s.** el matrimonio y todo ese rollo; **caviar? I hate the s.** ¿caviar?, me da asco; **this wine is good s.** este vino es del bueno; **she writes good s.** escribe bien; **good s.!** ¡genial!, *Andes, Carib* ¡chévere!, *Méx* ¡padrísimo!, *RP* ¡bárbaro!; **he knows his s.** conoce bien el tema; IDIOM **that's the s.!** ¡sí señor!, ¡eso es!; **s. and nonsense!** ¡déjate de lloriqueos!

(**b**) *Formal (topic, matter)* **this is the very s. of politics** en esto consiste la política; **his ability to take his drink was the s. of legend** su capacidad para beber *or Am* tomar era legendaria

(**c**) *Old-fashioned (cloth)* tejido *m*

(**d**) *Fam (drugs)* material *m, Esp* mandanga *f, RP* merca *f*

2 *vt* (**a**) *(fill) & Culin* rellenar (**with** con); *(cushion)* forrar, rellenar (**with** con); *(pockets)* llenar (**with** de); *(dead animal)* disecar; **to s. sth into sth** meter algo dentro de algo; **a suitcase stuffed with clothes** una maleta *or Am* valija hasta arriba de ropa; *Fam* **to s. oneself** *or* **one's face** atiborrarse, *Esp* ponerse las botas

(**b**) *Fam (defeat heavily)* dar una paliza *or Esp* un repaso a

(**c**) *Br Fam (expressing anger)* **s. him/them!** ¡que le/les den!; **s. it, we can do it tomorrow** ¡a tomar por saco, lo haremos mañana!; **you can s. your money!** ¡te puedes meter tu dinero por donde te quepa!; **get stuffed!** ¡que te den!

---

stuffed [stʌft] *adj* (**a**) *(pepper, mushroom)* relleno(a) (**b**) *(toy)* de peluche (**c**) *(animal)* disecado(a) (**d**) *Fam (full)* **I'm s.!** ¡estoy llenísimo(a)!, ¡no me cabe más! (**e**) *Fam Fig* ***s. shirt*** *(pompous person)* petulante *mf,* estirado(a) *m,f*

stuffiness ['stʌfɪnɪs] *n* (**a**) *(of room)* ambiente *m* cargado (**b**) *Fam (of person)* carácter *m* retrógrado

stuffing ['stʌfɪŋ] *n* (**a**) *(for furniture)* relleno *m;* IDIOM *Fam* **to knock the s. out of sb** *Esp* dejar la moral por los suelos a alguien, *Am* dejar los ánimos por el piso (**b**) *(for chicken)* relleno *m*

stuffy ['stʌfɪ] *adj* (**a**) *(room)* cargado(a) (**b**) *Fam (person)* retrógrado(a), anticuado(a) (**c**) *Fam (nose)* taponado(a), congestionado(a)

stultifying ['stʌltɪfaɪɪŋ] *adj Formal* tedioso(a)

stumble ['stʌmbəl] **1** *n* tropezón *m*

2 *vi* (**a**) *(when walking)* tropezar, toparse; **to s. into sth/sb** tropezar *or* toparse con algo/alguien; **to s. along** ir tropezando, ir a trompicones (**b**) *(when speaking)* trastabillar (**over** con)

▸**stumble across, stumble (up)on** *vt insep (find)* tropezar con, toparse con

stumbling-block ['stʌmblɪŋblɒk] *n* escollo *m*

stump [stʌmp] **1** *n* (**a**) *(of tree)* tocón *m; (of arm, leg)* muñón *m* (**b**) *(in cricket)* estaca *f* (**c**) *Fam* **to be on the s.** *(of politician)* estar de campaña electoral

2 *vt* (**a**) *(baffle)* dejar perplejo(a); **to be stumped for an answer** no saber qué contestar (**b**) *(move heavily)* **to s. off** marcharse dando grandes pisotones; **to s. in/out** entrar/salir airadamente

▸**stump up** *Br Fam* **1** *vt insep* **to s. up the money** poner dinero, *Esp* apoquinar

2 *vi (pay)* poner dinero, *Esp* apoquinar

stumpy ['stʌmpɪ] *adj* rechoncho(a)

stun [stʌn] *(pt & pp* **stunned**) *vt (make unconscious)* dejar sin sentido; *Fig (shock)* dejar de piedra ▫ ***s. gun*** pistola *f* inmovilizadora

stung [stʌŋ] *pt & pp of* **sting**

stunk [stʌŋk] *pp of* **stink**

stunner ['stʌnə(r)] *n Fam (person)* bombón *m*

stunning ['stʌnɪŋ] *adj* (**a**) *(blow)* contundente (**b**) *(performance)* soberbio(a); *(woman, outfit)* imponente

stunningly ['stʌnɪŋlɪ] *adv* **a s. good-looking man/beautiful woman** un hombre/una mujer imponente

stunt¹ [stʌnt] *vt (person, growth)* atrofiar

stunt² *n* (**a**) *(in movie)* escena *f* peligrosa ▫ ***s. man*** especialista *m,* doble *m;* ***s. woman*** especialista *f,* doble *f* (**b**) *(trick)* truco *m; (for publicity)* truco *m* publicitario; *Fam* **to pull a s. (on sb)** gastar una broma pesada (a alguien)

stunted ['stʌntɪd] *adj (person)* raquítico(a); *(growth)* truncado(a); *(plant)* esmirriado(a)

stupefaction [stju:pɪ'fækʃən] *n* estupefacción *f*

stupefy ['stju:pɪfaɪ] *vt* (**a**) *(of alcohol, drugs, news)* aturdir, ofuscar (**b**) *(of behaviour)* dejar perplejo(a)

stupefying ['stju:pɪfaɪɪŋ] *adj* (**a**) *(boring)* embotante (**b**) *(amazing)* asombroso(a)

stupendous [stju:'pendəs] *adj* extraordinario(a), impresionante

stupid ['stju:pɪd] *adj* (**a**) *(person, suggestion)* estúpido(a), idiota; **don't be s.!** ¡no seas estúpido!; **how s. of me!** ¡qué tonto soy!; **it was s. of me to forget** fue una estupidez que se me olvidara; **what a s. thing to do!** ¡menuda estupidez!; **to make sb feel/look s.** dejar en ridículo a alguien, hacer que alguien se sienta/parezca un imbécil (**b**) *Fam (expressing irritation)* dichoso(a), condenado(a); **take your s. book!** ¡toma tu dichoso *or* maldito libro!

stupidity [stju:'pɪdɪtɪ] *n* estupidez *f,* imbecilidad *f*

stupidly ['stju:pɪdlɪ] *adv* tontamente

stupor ['stju:pə(r)] *n* aturdimiento *m*

sturdily ['stɜ:dɪlɪ] *adv* **to be s. built** *(of person)* ser robusto(a) *or* fornido(a); *(of furniture)* ser resistente *or* sólido(a)

sturdiness ['stɜ:dɪnɪs] *n* (**a**) *(of person)* robustez *f; (of object)* resistencia *f,* solidez *f* (**b**) *(of opposition, resistance)* firmeza *f,* solidez *f*

sturdy ['stɜ:dɪ] *adj* (**a**) *(person)* robusto(a), fornido(a); *(object)* resistente, sólido(a) (**b**) *(opposition, resistance)* firme, sólido(a)

sturgeon ['stɜ:dʒən] *n* esturión *m*

stutter ['stʌtə(r)] **1** *n* tartamudeo *m;* **to have** *or* **speak with a s.** tartamudear

2 *vi* tartamudear

stuttering ['stʌtərɪŋ] *n* tartamudeo *m*

STV [esti:'vi:] *(abbr* **single transferable**

vote) voto *m* personal transferible (por listas)

St Valentine's Day [seɪnt'væləntaɪnzdeɪ] *n* día *m* de San Valentín, día *m* de los enamorados

sty¹ [staɪ] *n (pigsty) & Fig* pocilga *f*

sty², stye [staɪ] *n (eye infection)* orzuelo *m*

style [staɪl] **1** *n* **(a)** *(manner, design)* estilo *m*; **in the s. of Rubens** al estilo *or* a la manera de Rubens; **I like your s.** me gusta tu estilo; **it's not his s.** *(of clothes)* no le pega; *(of action)* no es propio de él **(b)** *(sophistication)* estilo *m*; **she has s.** tiene estilo; **to live/travel in s.** vivir/viajar con lujo **(c)** *(fashion)* moda *f*; **to be in s.** estar de moda; **to go out of s.** pasarse de moda; **to come back into s.** volver a estar de moda **(d)** *Comptr* estilo *m* ❑ ***s. sheet*** hoja *f* de estilos

2 *vt* **(a)** *(design)* diseñar; *(hair)* peinar **(b)** *Formal (name)* denominar; **...as it is now styled** como se le llama *or* denomina ahora

styling ['staɪlɪŋ] *n* diseño *m* ❑ ***s. brush*** rizador *m*; ***s. gel*** gel *m* moldeador; ***s. mousse*** espuma *f* (moldeadora)

stylish ['staɪlɪʃ] *adj* elegante

stylishly ['staɪlɪʃlɪ] *adv* elegantemente, con estilo

stylist ['staɪlɪst] *n* **(a)** *(hairdresser)* peluquero(a) *m,f*, estilista *mf* **(b)** *(writer)* estilista *mf*

stylistic [staɪ'lɪstɪk] *adj* estilístico(a)

stylistically [staɪ'lɪstɪklɪ] *adv* desde el punto de vista estilístico

stylistics [staɪ'lɪstɪks] *n Ling* estilística *f*

stylized ['staɪlaɪzd] *adj* convencional, estereotipado(a)

stylus ['staɪləs] *n* **(a)** *(for engraving)* estilo *m*, punzón *m* **(b)** *(on record player)* aguja *f*

stymie ['staɪmɪ] *vt* **(a)** *(in golf)* obstaculizar **(b)** *Fam (obstruct)* bloquear; **their refusal to help stymied our efforts** su negativa a cooperar truncó *or* frustró todos nuestros esfuerzos

styptic ['stɪptɪk] **1** *n* astringente *m*

2 *adj* astringente ❑ ***s. pencil*** barrita *f* astringente

suave [swɑ:v] *adj* fino(a), cortés; *Pej* zalamero(a), lisonjero(a)

Note that the Spanish word **suave** is a false friend and is never a translation for the English word **suave**. In Spanish **suave** means both "soft" and "smooth".

sub [sʌb] *Fam* **1** *n* **(a)** *(to newspaper, magazine)* suscripción *f*; *(to club)* cuota *f* **(b)** *(substitute)* suplente *mf* **(c)** *(submarine)* submarino *m* **(d)** *Journ* redactor(ora) *m,f* **(e)** *Fam (small loan)* préstamo *m or Méx* prestamiento *m* pequeño; *(advance payment)* anticipo *m* **(f)** *US (sandwich) Esp* flauta *f*, = *Esp* bocadillo *or Am* sándwich hecho con una barra de pan larga y estrecha

2 *vt (pt & pp* **subbed)** **(a)** *Journ* corregir **(b)** *Fam (lend)* prestar; **can you s. me a fiver?** ¿me prestas un billete de cinco?

3 *vi (substitute)* **to s. for sb** reemplazar *or* sustituir a alguien

subaltern ['sʌbəltən] *n Br Mil* (oficial *m*) subalterno *m (por debajo de capitán)*

subaqua [sʌb'ækwə] *adj* de submarinismo

subaquatic [sʌbə'kwætɪk] *adj* subacuático(a)

subatomic [sʌbə'tɒmɪk] *adj* subatómico(a) ❑ *Phys* ***s. particle*** partícula *f* subatómica

subcommittee ['sʌbkəmɪtɪ] *n* subcomité *m*

subconscious [sʌb'kɒnʃəs] *n & adj* subconsciente *m*

subconsciously [sʌb'kɒnʃəslɪ] *adv* inconscientemente, subconscientemente

subcontinent [sʌb'kɒntɪnənt] *n* subcontinente *m*; **the (Indian) S.** el subcontinente asiático *or* indio

subcontract ['sʌbkən'trækt] *Com vt* subcontratar

subcontractor ['sʌbkən'træktə(r)] *n Com* subcontratista *mf*

subculture ['sʌbkʌltʃə(r)] *n* subcultura *f*

subcutaneous [sʌbkjʊ'teɪnɪəs] *adj* subcutáneo(a)

subdirectory ['sʌbdɪrektərɪ] *n Comptr* subdirectorio *m*

subdivide ['sʌbdɪ'vaɪd] *vt* subdividir

subdivision ['sʌbdɪvɪʒən] *n* subdivisión *f*

subdue [səb'dju:] *vt* **(a)** *(enemy)* someter, subyugar; *(resistance)* doblegar **(b)** *(emotions)* dominar, controlar

subdued [səb'dju:d] *adj (person, voice, tone)* apagado(a); *(light, sound)* tenue

subedit ['sʌb'edɪt] *vt Journ* corregir

subeditor ['sʌb'edɪtə(r)] *n Journ* redactor(ora) *m,f*

subgroup ['sʌbgru:p] *n* subgrupo *m*

subheading ['sʌbhedɪŋ] *n* subtítulo *m*

subhuman ['sʌb'hju:mən] **1** *n* bestia *mf*

2 *adj* infrahumano(a)

subject ['sʌbdʒɪkt] **1** *n* **(a)** *(topic) (of conversation, book, picture)* tema *m*; **it was the s. of much debate** fue objeto de un intenso debate; **while we are on the s.,...** ya que hablamos del tema,...; **to change the s.** cambiar de tema; **to keep off** *or* **avoid the s.** no tocar el tema, eludir hablar del asunto ❑ ***s. catalogue*** *(of books)* catálogo *m* temático *or* por materias; ***s. heading*** *(in catalogue, index)* epígrafe *m*; ***s. matter*** *(of letter, book)* tema *m*, asunto *m*

(b) *(at school, university)* asignatura *f*, materia *f*

(c) *Gram* sujeto *m*

(d) *(of monarch)* súbdito(a) *m,f*

2 *adj* **(a)** *(state, country)* sometido(a)

(b) *(prone)* **to be s. to illness/jealousy/depression** ser propenso(a) a las enfermedades/los celos/la depresión; **to be s. to delay/a fine of £50** estar sujeto(a) a retrasos *or Am* demoras/una multa de 50 libras

(c) s. to *(dependent on)* sujeto(a) a

3 *vt* [səb'dʒekt] **(a)** *(subjugate) (people, nation)* someter, subyugar

(b) *(force to undergo)* **to s. sb to sth** someter a alguien a algo

subjection [səb'dʒekʃən] *n (subjugation)* sometimiento *m*

subjective [səb'dʒektɪv] *adj* subjetivo(a)

subjectively [səb'dʒektɪvlɪ] *adv* subjetivamente

subjectivity [sʌbdʒek'tɪvɪtɪ] *n* subjetividad *f*

sub judice ['sʌb'dʒu:dɪsɪ] *adj Law* sub iudice, sub júdice

subjugate ['sʌbdʒʊgeɪt] *vt (people, nation)* someter, subyugar

subjugation [sʌbdʒʊ'geɪʃən] *n (of people, nation)* sometimiento *m*, subyugación *f*

subjunctive [səb'dʒʌŋktɪv] *Gram* **1** *n* subjuntivo *m*

2 *adj* subjuntivo(a)

sublease ['sʌb'li:s] *vt* realquilar, subarrendar

sublet ['sʌb'let] *(pt & pp* **sublet)** *vt* realquilar, subarrendar

sublieutenant ['sʌblef'tenənt] *n* alférez *mf* de navío

sublimate ['sʌblɪmeɪt] *vt (of desire)* sublimar

sublimation [sʌblɪ'meɪʃən] *n (of desire)* sublimación *f*

sublime [sə'blaɪm] **1** *n* **from the s. to the ridiculous** de lo sublime a lo ridículo

2 *adj* **(a)** *(beauty)* sublime **(b)** *Ironic (ignorance)* supino(a), sumo(a)

subliminal [səb'lɪmɪnəl] *adj Psy* subliminal ❑ ***s. advertising*** publicidad *f* subliminal

submachine gun ['sʌbmə'ʃi:ngʌn] *n* metralleta *f*

submarine [sʌbmə'ri:n] *n* **(a)** *(vessel)* submarino *m* **(b)** *US* ***s. sandwich*** *Esp* flauta *f*, = *Esp* bocadillo *or Am* sándwich hecho con una barra de pan larga y estrecha

submariner [səb'mærɪnə(r)] *n* tripulante *mf* de submarino, submarinista *mf*

submerge [səb'mɜ:dʒ] **1** *vt* **(a)** *(immerse)* sumergir; *Fig* **to s. oneself in one's work** encerrarse en el trabajo **(b)** *(flood, cover)* inundar

2 *vi (of submarine, diver)* sumergirse

submersible [səb'mɜ:sɪbəl] *n* sumergible *m*

submersion [səb'mɜ:ʃən] *n* inmersión *f*

submission [səb'mɪʃən] *n* **(a)** *(to person's will, authority)* sumisión *f*; **to starve sb into s.** someter a alguien dejándole sin comer; **to beat sb into s.** someter a alguien a golpes **(b)** *(of documents)* entrega *f* **(c)** *(report)* ponencia *f*

submissive [səb'mɪsɪv] *adj* sumiso(a)

submissively [səb'mɪsɪvlɪ] *adv* de forma sumisa

submit [səb'mɪt] **1** *vt* presentar; **to s. sth for approval/inspection** presentar algo para su aprobación/inspección

2 *vi (to person, authority)* someterse (**to** a); **they refused to s.** se negaban a rendirse

subnet ['sʌbnet] *n Comptr* subred *f*

subnormal ['sʌb'nɔ:məl] *adj* subnormal

subordinate [sə'bɔ:dɪnət] **1** *n* subordinado(a) *m,f*

2 *adj (rank, role)* secundario(a), inferior; **to be s. to sb** estar subordinado(a) a alguien ❑ *Gram* ***s. clause*** oración *f* subordinada

3 *vt* [sə'bɔ:dɪneɪt] subordinar; **we must s. speed to safety** la velocidad debe estar subordinada a la seguridad, debemos anteponer la seguridad a la velocidad

suborn [sə'bɔ:n] *vt Formal* sobornar

subplot ['sʌbplɒt] *n* trama *f* secundaria

subpoena [sə'pi:nə] *Law* **1** *n* citación *f*

2 *vt* citar

subroutine ['sʌbru:ti:n] *n Comptr* subrutina *f*

subscribe [səb'skraɪb] *vi* (**a**) **to s. to** *(newspaper, magazine)* suscribirse a; *(to charity)* dar donativos a; *(to telephone, Internet service)* abonarse a (**b**) **to s. to** *(opinion, theory)* suscribir

subscriber [səb'skraɪbə(r)] *n (to newspaper, magazine)* suscriptor(ora) *m,f*; *(to telephone)* abonado(a) *m,f*; *(to Internet service)* usuario(a) *m,f*, cliente *mf*; *(to charity)* donador(ora) *m,f*

subscript ['səbskrɪpt] *n Typ* subíndice *m*; **s. "a"** "a" escrita como subíndice

subscription [səb'skrɪpʃən] *n (to newspaper, magazine)* suscripción *f*; *(to club)* cuota *f*; *(to charity)* donativo *m*

subsection ['sʌbsekʃən] *n (of document)* apartado *m*

subsequent ['sʌbsɪkwənt] *adj* posterior

subsequently ['sʌbsɪkwəntlɪ] *adv* posteriormente

subservience [sʌb'sɜ:vɪəns] *n* servilismo *m* (**to** hacia)

subservient [sʌb'sɜ:vɪənt] *adj* servil (**to** hacia)

subset ['sʌbset] *n* subconjunto *m*

subside [səb'saɪd] *vi* (**a**) *(of ground, building)* hundirse (**b**) *(of water)* bajar (de nivel); *(of blister, bump)* bajar, deshincharse (**c**) *(of storm)* amainar; *(of excitement, fever)* calmarse (**d**) *(of person)* **I subsided into the nearest armchair** me dejé caer en el primer sillón que vi; **we subsided into helpless laughter** nos revolcábamos por el suelo de la risa sin poder remediarlo

subsidence [səb'saɪdəns] *n* (**a**) *(of ground, building)* hundimiento *m* (**b**) *(of water)* bajada *f*

subsidiarity [səbsɪdɪ'ærɪtɪ] *n* subsidiariedad *f*

subsidiary [səb'sɪdɪərɪ] **1** *n (company)* filial *f*

2 *adj* secundario(a)

subsidize ['sʌbsɪdaɪz] *vt* subvencionar

subsidy ['sʌbsɪdɪ] *n* subvención *f*

subsist [səb'sɪst] *vi (survive)* subsistir; **to s. on** subsistir a base de

subsistence [səb'sɪstəns] *n* subsistencia *f* ❑ *Com* ***s. allowance*** dietas *fpl*; ***s. farming*** agricultura *f* de subsistencia; ***s. level*** nivel *m* mínimo de subsistencia; ***s. wage*** salario *m* exiguo

subsoil ['sʌbsɔɪl] *n Geol* subsuelo *m*

subsonic ['sʌb'sɒnɪk] *adj* subsónico(a)

subspecies ['sʌbspi:ʃi:z] *n* subespecie *f*

substance ['sʌbstəns] *n* (**a**) *(matter)* sustancia *f* (**b**) *(essential element) (of article, argument)* esencia *f*; **I agree in s.** esencialmente, estoy de acuerdo (**c**) *(solidity, worth)* consistencia *f*; **the accusations lack s.** las acusaciones son inconsistentes; **there is little of s. in the book** el libro no tiene mucha enjundia *or* sustancia

substandard ['sʌb'stændəd] *adj* deficiente

substantial [səb'stænʃəl] *adj* (**a**) *(significant) (progress, difference)* sustancial, significativo(a); *(reason, evidence)* de peso; **a s. number of...** una cantidad considerable de... (**b**) *(meal)* abundante; *(structure)* sólido(a); *(book)* enjundioso(a); **I need something s. to eat** necesito tomar algo sustancioso (**c**) *(sum of money, profit)* sustancioso(a), considerable

substantially [səb'stænʃəlɪ] *adv* (**a**) *(considerably) (better, worse)* significativamente, considerablemente (**b**) *(for the most part)* esencialmente; **the accusations are s. true** las acusaciones son en esencia *or* en su mayor parte verdaderas (**c**) *(solidly)* firmemente

substantiate [səb'stænʃɪeɪt] *vt (statement, claim)* probar

substantive [səb'stæntɪv] **1** *n Gram* sustantivo *m*

2 *adj (measures, issue)* significativo(a)

substation ['sʌbsteɪʃən] *n Elec* subestación *f*

substitute ['sʌbstɪtju:t] **1** *n* (**a**) *(thing)* sustituto *m*; *(person)* sustituto(a) *m,f*; **coffee/milk s.** sucedáneo *m* de café/leche; **there's no s. for the real thing** como lo auténtico no hay nada, nada puede reemplazar a lo auténtico; **accept no s.** rechace imitaciones (**b**) *Sport* suplente *mf*

2 *vt* (**a**) *(thing)* sustituir, reemplazar (**for** por) (**b**) *(Sport)* sustituir, cambiar

3 *vi* **to s. for sb** sustituir *or* reemplazar a alguien

substitution [sʌbstɪ'tju:ʃən] *n* (**a**) *(of one thing for another)* sustitución *f*; **the s. of the old system by a new one** la sustitución del viejo sistema por uno nuevo (**b**) *Sport* sustitución *f*, cambio *m*

substrate ['sʌbstreɪt] *n* sustrato *m*

substratum ['sʌb'strɑ:təm] *(pl* **substrata** ['sʌb'strɑ:tə]*) n Geol* sustrato *m*

subsume [səb'sju:m] *vt Formal* englobar, incluir (**under** en *or* bajo)

subtenant ['sʌbtenənt] *n* realquilado(a) *m,f*

subterfuge ['sʌbtəfju:dʒ] *n (trickery)* subterfugios *mpl*; **to achieve sth by s.** lograr algo mediante subterfugios

subterranean [sʌbtə'reɪnɪən] *adj* subterráneo(a)

subtext ['sʌbtekst] *n* trasfondo *m*, sobreentendido *m*

subtitle ['sʌbtaɪtəl] **1** *n* subtítulo *m*

2 *vt* subtitular

subtle ['sʌtəl] *adj* (**a**) *(delicate, gentle)* sutil; **a s. flavour** un delicado sabor (**b**) *(not obvious)* sutil, fino(a) (**c**) *(indirect, tactful)* sutil, discreto(a) (**d**) *(ingenious)* sutil, perspicaz

subtlety ['sʌtəltɪ] *n* (**a**) *(delicacy, gentleness)* sutileza *f*; **the s. of the flavour** la delicadeza del sabor (**b**) *(lack of obviousness)* sutileza *f*, sutilidad *f* (**c**) *(indirectness, tact)* sutilidad *f*, discreción *f* (**d**) *(ingenuity)* sutileza *f*, perspicacia *f*; **to lack s.** *(of person)* carecer de sutileza *or* perspicacia; *(of book, movie)* carecer de sutileza

subtly ['sʌtlɪ] *adv* (**a**) *(delicately, gently)* sutilmente (**b**) *(not obviously)* sutilmente; **they are s. different** hay una sutil diferencia entre ellos (**c**) *(indirectly, tactfully)* sutilmente, discretamente (**d**) *(ingeniously)* con sutileza, con perspicacia

subtotal ['sʌbtəʊtəl] *n* subtotal *m*

subtract [səb'trækt] *vt* restar, sustraer; **to s. five from ten** restarle a diez cinco, restarle cinco a diez

subtraction [səb'trækʃən] *n* resta *f*, sustracción *f*

subtropical ['sʌb'trɒpɪkəl] *adj* subtropical

suburb ['sʌbɜ:b] *n* = zona residencial en la periferia de una ciudad; **the suburbs** las zonas residenciales de la periferia

> Note that the Spanish word **suburbio** is a false friend and is never a translation for the English word **suburb**. In Spanish **suburbio** means "poor suburb".

suburban [sə'bɜ:bən] *adj* (**a**) *(area)* periférico(a) ❑ ***s. train*** tren *m* de cercanías (**b**) *(attitudes, life)* aburguesado(a)

suburbanite [sə'bɜ:bənaɪt] *n* habitante *mf* de barrio residencial (periférico)

suburbia [sə'bɜ:bɪə] *n* zonas *fpl* residenciales de la periferia

subvention [səb'venʃən] *n Fin* subvención *f*

subversion [səb'vɜ:ʃən] *n* subversión *f*

subversive [səb'vɜ:sɪv] *n & adj* subversivo(a) *m,f*

subvert [səb'vɜ:t] *vt (established order)* subvertir; *(government)* minar

subway ['sʌbweɪ] *n* (**a**) *Br (underpass)* paso *m* subterráneo (**b**) *US (underground railway)* metro *m*, *RP* subte *m* ❑ ***s. train*** tren *m* de metro; ***s. station*** estación *f* de metro

subzero ['sʌbzɪərəʊ] *adj* bajo cero; **s. temperatures** temperaturas *fpl* bajo cero

succeed [sək'si:d] **1** *vt (follow)* suceder a

2 *vi* (**a**) *(be successful) (of person)* tener éxito; *(of plan)* tener éxito, funcionar; *(in life)* triunfar; **to s. in doing sth** conseguir *or* lograr hacer algo; **he succeeded in annoying everyone** consiguió *or* logró enojar a todo el mundo (**b**) *(of monarch)* **to s. to the throne** suceder al *or* en el trono

succeeding [sək'si:dɪŋ] *adj (following)* siguiente

success [sək'ses] *n* éxito *m*; **did you have any s. in finding him?** ¿conseguiste *or* lograste encontrarlo?; **to be a s.** *(of plan, product)* ser un éxito; *(of person)* tener éxito; **to make a s. of sth** tener éxito con algo; **to meet with s.** tener éxito; **without s.** sin éxito; **the school has a high s. rate at getting pupils through exams** la escuela posee un alto índice *or* porcentaje de aprobados; **s. story** éxito *m*

successful [sək'sesfʊl] *adj (person)* con éxito; *(attempt, negotiations)* fructífero(a); *(project, movie, novel)* exitoso(a); **one of the most s. British authors** uno de los autores británicos de más éxito; **s. applicants** los candidatos elegidos; **to be s.** *(of person, project)* tener éxito; **to be s. in doing sth** conseguir *or* lograr hacer algo

successfully [sək'sesfəlɪ] *adv* con éxito

succession [sək'seʃən] *n* (**a**) *(sequence, series)* sucesión *f*; **a s. of disasters** una serie de desastres; **for two years in s.** dos años consecutivos; **in quick s.** inmediatamente uno tras otro (**b**) *(to throne)* sucesión *f*

successive [sək'sesɪv] *adj* sucesivo(a)

successively [sək'sesɪvlɪ] *adv* sucesivamente

successor [sək'sesə(r)] *n* sucesor(ora) *m,f*

succinct [sək'sɪŋkt] *adj* sucinto(a), escueto(a)

succinctly [sək'sɪŋktlɪ] *adv* de forma sucinta, escuetamente

succotash ['sʌkətæʃ] *n* = plato de la cocina india de Norteamérica consistente en maíz y alubias con pimientos o cerdo

succour, *US* **succor** ['sʌkə(r)] *Formal* **1** *n* socorro *m*, auxilio *m*; **to give s. to sb** socorrer *or* auxiliar a alguien

2 *vt* socorrer, auxiliar

succulent ['sʌkjʊlənt] **1** *n Bot* planta *f* carnosa *or* suculenta

2 *adj (juicy)* suculento(a)

succumb [sə'kʌm] *vi* sucumbir (**to** a)

SUCH [sʌtʃ] **1** *pron* **if s. were the case** en tal caso; **s. is the role of men in the nineties** tal es el papel del hombre de los noventa; **s. is life!** ¡así es la vida!; **and s.** y otros(as) por el estilo; **philosophy as s. is not taught in our schools** la filosofía, como tal (asignatura), no se enseña en nuestros colegios; **the text as s. is fine but...** el texto en sí está bien pero...; **I wasn't scared as s.** asustado, lo que se dice asustado, no estaba; **she is a criminal and should be dealt with as s.** es una criminal y se la debería tratar como tal

2 *adj* tal; **s. a man** un hombre así, semejante hombre; **s. ignorance** tamaña *or* semejante ignorancia; **how can you tell s. lies?** ¿cómo puedes mentir de esa manera?; **in s. situations** en situaciones así; **in s. detail** en tal detalle; *Formal* **we took with us s. possessions as we were able to rescue** nos llevamos tantas cuantas posesiones pudimos rescatar; **how will they cope with s. a setback as this?** ¿cómo se las arreglarán ante este revés?; **did you ever see s. a thing!** ¿has visto alguna vez algo parecido *or* semejante?; **do you have s. a thing as a screwdriver?** ¿no tendrás un destornillador?; **we can't afford s. things (as caviar)** no podemos permitirnos cosas tales (como el caviar); **he called me an idiot, or some s. thing** me llamó idiota, o algo por el estilo; **their problems are s. that...** sus problemas son tales *or* de tal calibre que...; **the lion, the tiger and other s. animals** el león, el tigre, y otros animales similares; **animals s. as the lion or the tiger** animales (tales) como el león y el tigre; **there are several alternatives — s. as?** hay varias alternativas — ¿como cuáles?; **there's the church, s. as it is** ahí está la iglesia, que *or* aunque no es gran cosa; **there is no s. thing** eso no existe; **there's no s. thing as a unicorn** el unicornio no existe; **he will do no s. thing!** ¡no lo hará!; **I said no s. thing** yo no dije tal cosa *or* nada de eso; **in s. a way that...** de tal forma que, de forma tal que...; **on s. and s. a day** tal día; *Formal* **until s. time as may be convenient** en tanto resulte conveniente

3 *adv* tan; **I had never seen s. a big house** nunca había visto una casa tan grande; **you're s. an idiot!** ¡mira que eres idiota!; **I had never heard s. good music** nunca había escuchado una música tan buena; **it was s. a long time ago** pasó hace tanto tiempo; **it's s. a long way away** está tan lejos; **we had s. a good time!** ¡nos lo pasamos tan bien!; **they have s. a lot of money!** ¡tienen tantísimo dinero!

---

such-and-such ['sʌtʃənsʌtʃ] **1** *pron* tal y tal

2 *adj* tal (y tal); **you'll be told to turn up on s. a day at s. a time** te dirán que vengas tal día a tal hora

suchlike ['sʌtʃlaɪk] *Fam* **1** *pron* **and s.** y similares

2 *adj* similar, por el estilo

suck [sʌk] **1** *vt (lollipop)* chupar; *(liquid)* succionar; *(mother's milk)* mamar; *(air)* aspirar; *(blood)* succionar, chupar; **to s. one's thumb** chuparse el dedo

2 *vi* (**a**) *(to draw in air, liquid)* **to s. on** *or* **at** *(straw, pipe)* chupar; *(tube)* aspirar por; *(breast)* succionar (**b**) *US very Fam* **that movie/idea sucks!** ¡esa película/idea es una caca!

3 *n* chupada *f*; **to have a s. at sth** chupar algo; **to give s. to** *(baby)* dar de mamar a

▸**suck in** *vt sep* (**a**) *(gas)* aspirar; *(liquid)* succionar; *Fig* **to get sucked into sth** *(situation)* caer en algo (**b**) *(one's cheeks, stomach)* encoger

▸**suck up 1** *vt sep (liquid)* succionar; *(dust)* aspirar

2 *vi Fam* **to s. up to sb** hacer la pelota *or Col* pasar el cepillo *or Méx* lambisconear *or RP* chuparle las medias a alguien

sucker ['sʌkə(r)] *n* (**a**) *(of octopus)* ventosa *f*; *(of plant)* chupón *m*, vástago *m* (**b**) *Fam (gullible person)* pringado(a) *m,f*, primo(a) *m,f*; **he's a s. for blondes** las rubias le chiflan

suckle ['sʌkəl] **1** *vt (child, young)* amamantar

2 *vi (of baby, animal)* mamar

suckling ['sʌklɪŋ] **1** *n (animal)* cría *f* de leche

2 *adj* **s. pig** lechón *m*

sucrose ['su:krəʊs] *n* sacarosa *f*

suction ['sʌkʃən] *n* succión *f* ▫ ***s. pump*** bomba *f* aspirante *or* de succión

Sudan [su:'dɑ:n] *n* Sudán

Sudanese [su:də'ni:z] *n & adj* sudanés(esa) *m,f*

sudden ['sʌdən] *adj* repentino(a), súbito(a); **don't make any s. moves** no hagas ningún movimiento brusco; **there's nothing s. about this decision** esta decisión no tiene nada de precipitado; **all of a s.** de repente; **it was all very s.** fue todo muy precipitado ▫ *Fig* ***s. death*** *(in match, contest)* muerte *f* súbita; *Med* ***s. infant death syndrome*** muerte *f* súbita (infantil)

suddenly ['sʌdənlɪ] *adv* de repente, de pronto

suddenness ['sʌdənnɪs] *n* **the s. of her death/decision** lo repentino de su muerte/decisión

suds [sʌdz] *npl (of soap)* espuma *f* (de jabón)

sue [su:] **1** *vt Law* demandar (**for** por)

2 *vi* (**a**) *Law* **to s. for divorce** solicitar el divorcio (**b**) *(request)* **to s. for peace** pedir la paz

suede [sweɪd] *n* ante *m*

suet ['su:ɪt] *n* sebo *m*, unto *m*

Suez ['su:ez] *n* **the S. Canal** el Canal de Suez

Suff (*abbr* **Suffolk**) (condado *m* de) Suffolk

suffer ['sʌfə(r)] **1** *vt* (**a**) *(loss, defeat, consequences)* sufrir; *(pain, sorrow)* sufrir, padecer (**b**) *(tolerate)* aguantar, soportar; **she doesn't s. fools gladly** no les da ningún cuartel a los tontos (**c**) *Formal (allow)* **he wouldn't s. them to touch him** no les permitía tocarlo

2 *vi* (**a**) *(experience pain, punishment)* sufrir (**for** por); **someone is going to s. for this!** ¡alguien va a pagar muy caro por esto! (**b**) *(from illness)* sufrir (**from** de) (**c**) *(deteriorate)* resentirse; **your health/work will s.** se resentirá tu salud/trabajo (**d**) *(be disadvantaged)* **this film suffers by comparison with his earlier work** esta película no llega a la altura de sus anteriores trabajos

sufferance ['sʌfərəns] *n* **to admit sb on s.** tolerar la presencia de alguien

sufferer ['sʌfərə(r)] *n* enfermo(a) *m,f*; **a cancer s.** un enfermo de cáncer

suffering ['sʌfərɪŋ] *n* sufrimiento *m*

suffice [sə'faɪs] *Formal* **1** *vt* **that should s. us** con eso nos bastará

2 *vi* bastar, ser suficiente; **s. (it) to say that...** baste decir que...

sufficiency [sə'fɪʃənsɪ] *n Formal* cantidad *f* suficiente

sufficient [sə'fɪʃənt] *adj* suficiente; **to be**

s. bastar, ser suficiente; **this will be quite s. for my purposes** con esto tengo más que suficiente, con esto tengo de sobra; **$5 should be s.** debería bastar con 5 dólares

sufficiently [sə'fɪʃəntlɪ] *adv* suficientemente, bastante; **to be s. big** ser (lo) suficientemente *or* lo bastante grande

suffix ['sʌfɪks] *n Gram* sufijo *m*

suffocate ['sʌfəkeɪt] **1** *vt* asfixiar; *Fig* sofocar
2 *vi* asfixiarse

suffocating ['sʌfəkeɪtɪŋ] *adj also Fig* asfixiante

suffocation [sʌfə'keɪʃən] *n* asfixia *f*

suffrage ['sʌfrɪdʒ] *n Pol* sufragio *m*, derecho *m* de voto; **universal/women's s.** sufragio *m* universal/femenino

suffragette [sʌfrə'dʒet] *n Hist* sufragista *f*

suffuse [sə'fju:z] *vt Literary* **suffused with light** bañado(a) de luz; **the clouds were suffused with a rosy glow** las nubes estaban teñidas de un fulgor rosáceo

sugar ['ʃʊgə(r)] **1** *n* **(a)** *(food)* azúcar *m or f*; **two sugars, please** dos (cucharaditas) de azúcar, por favor ▫ ***s. almond*** peladilla *f*; ***s. beet*** remolacha *f* (azucarera), *Méx* betabel *m* (azucarero); ***s. bowl*** azucarero *m*; ***s. candy*** azúcar *m* cande *or* candi; ***s. cane*** caña *f* de azúcar; ***s. cube*** terrón *m* de azúcar, azucarillo *m*; *Fam* ***s. daddy*** = hombre maduro que tiene una joven mantenida; ***s. loaf*** pan *m* de azúcar; ***s. lump*** terrón *m* de azúcar, azucarillo *m*; ***s. plantation*** plantación *f* de azúcar; ***s. refinery*** azucarera *f*, refinería *f* de azúcar; ***s. (snap) pea*** = variedad de tirabeque *m*; ***s. soap*** jabón *m* decapante; ***s. tongs*** pinzas *fpl* para el azúcar
(b) *Fam (term of address)* cielo *m*, cariño *m*.
2 *vt (coffee, tea)* echar azúcar a; IDIOM **to s. the pill** dorar la píldora
3 *exclam Br Fam Euph* ¡miércoles!

sugar-coated ['ʃʊgə'kəʊtɪd] *adj (pills, sweets)* azucarado(a)

sugared ['ʃʊgəd] *adj Fig* almibarado(a) ▫ ***s. almonds*** peladillas *fpl*

sugar-free ['ʃʊgə'fri:] *adj* sin azúcar

sugary ['ʃʊgərɪ] *adj* **(a)** *(containing sugar)* azucarado(a) **(b)** *Fig (smile, tone)* almibarado(a)

suggest [sə'dʒest] *vt* **(a)** *(propose)* sugerir; **to s. (that)...** sugerir que...; **I s. (that) we discuss it tomorrow** sugiero que lo discutamos mañana; **what do you s. we do about it?** ¿qué sugieres *or* propones que hagamos al respecto?; **I suggested going for a pizza** propuse que nos comiéramos una pizza; **can you s. someone for the job?** ¿se te ocurre a alguien para el puesto?; **no easy solution suggests itself** no surge ninguna solución fácil
(b) *(insinuate, imply)* sugerir, denotar; **are you suggesting (that) I lied to you?** ¿insinúas que te mentí?; **the music suggests a sense of elation** la música sugiere *or* comunica una sensación de euforia
(c) *(indicate)* **her expression suggested a lack of interest** su expresión denotaba falta de interés; **these marks s. you haven't been trying** estas notas dan a entender *or* indican que no te has esforzado

suggestible [sə'dʒestɪbəl] *adj* sugestionable

suggestion [sə'dʒestʃən] *n* **(a)** *(proposal)* sugerencia *f*; **to make a s.** hacer una sugerencia; **to be open to suggestions** estar abierto(a) a sugerencias; **have you any suggestions about how to help him?** ¿se os ocurre cómo podemos ayudarle?; **at your s.** a sugerencia tuya, a instancias tuyas; **suggestions box** buzón *m* de sugerencias
(b) *(insinuation, hint)* insinuación *f*
(c) *(indication)* **there is no s. that he might be guilty** no hay indicios de que pueda ser culpable; **she has just a s. of a foreign accent** tiene un ligerísimo acento extranjero; **there's just the faintest s. of garlic** hay un levísimo saborcillo a ajo

suggestive [sə'dʒestɪv] *adj* **(a)** *(reminiscent, thought-provoking)* sugerente; **to be s. of sth** sugerir algo **(b)** *(erotic)* insinuante

> Note that the Spanish word **sugestivo** is a false friend and is never a translation for the English word **suggestive**. In Spanish **sugestivo** means "attractive".

suggestively [sə'dʒestɪvlɪ] *adv* de forma insinuante

suicidal [su:ɪ'saɪdəl] *adj also Fig* suicida; **to be s.** *(of person)* ser un/una suicida potencial; *(of action, policy)* ser un suicidio *or* una locura, ser suicida potencial; **to feel s.** tener ganas de suicidarse; **a s. policy/idea** una política/idea suicida

suicide ['su:ɪsaɪd] *n (act, person)* suicidio *m*; **to commit s.** suicidarse ▫ ***s. bombing*** atentado *m* suicida con bomba; ***s. mission*** misión *f* suicida; ***s. note*** = nota que deja un suicida; ***s. pact*** = pacto para cometer un suicidio colectivo

suit [su:t] **1** *n* **(a)** *(clothing)* traje *m*, *Andes, RP* terno *m*; **s. of armour** armadura *f*
(b) *(in cards)* palo *m*; IDIOM **to follow s.** seguir el ejemplo; IDIOM **politeness is not his strong s.** la amabilidad no es su fuerte
(c) *Law* pleito *m*, demanda *f*
2 *vt* **(a)** *(of clothes, colours)* sentar bien a; **blue/this hat suits you** el azul/este sombrero te sienta bien
(b) *(of arrangement, time, job)* convenir a, venir bien a; **to be suited to** *or* **for sth** *(purpose, job)* ser indicado(a) para algo; **they are well suited (to each other)** están hechos el uno para el otro; **would next Friday s. you?** ¿le viene bien el viernes próximo?; **that doesn't s. me at all** eso no me viene nada bien, eso me viene fatal; *Fam* **that suits me down to the ground** (eso) me viene a pedir de boca; **tomorrow would s. me best** mañana es cuando mejor me viene; **s. yourself** haz lo que quieras
(c) *(adapt)* **to s. sth to sth** adecuar algo a algo

suitability [su:tə'bɪlɪtɪ] *n* **(a)** *(convenience) (of arrangement)* conveniencia *f* **(b)** *(appropriacy) (of comment, dress)* conveniencia *f*

suitable ['su:təbəl] *adj* **(a)** *(convenient)* conveniente; **would Friday be s.?** ¿le viene bien el viernes? **(b)** *(appropriate)* adecuado(a), apropiado(a); **the movie is not s. for children** la película no es apta para menores

suitably ['su:təblɪ] *adv (behave, dress)* adecuadamente; **she was s. impressed** estaba impresionada como correspondía

suitcase ['su:tkeɪs] *n* maleta *f*, *Am* valija *f*

suite [swi:t] *n* **(a)** *(of rooms)* suite *f* **(b)** *(of furniture)* **(three-piece) s.** tresillo *m*, conjunto *m* de sofá y (dos) sillones **(c)** *Mus* suite *f* **(d)** *Comptr (of software)* paquete *m* integrado

suited ['su:tɪd] *adj (wearing a suit)* con traje

suitor ['su:tə(r)] *n* **(a)** *(admirer)* pretendiente *m* **(b)** *Law* demandante *mf*

sulfate, sulfide *US* = **sulphate, sulphide**

sulfur, sulfuric *US* = **sulphur, sulphuric**

sulk [sʌlk] **1** *n* **to be in a s.**, *Fam* **to have the sulks** estar enfurruñado(a)
2 *vi* enfurruñarse

sulkily ['sʌlkɪlɪ] *adv* malhumoradamente

sulky ['sʌlkɪ] *adj* enfurruñado(a)

sullen ['sʌlən] *adj* huraño(a), hosco(a)

sullenly ['sʌlənlɪ] *adv* hoscamente

sullenness ['sʌlənnɪs] *n* hosquedad *f*

sully ['sʌlɪ] *vt Literary (reputation)* manchar; *Fig* **to s. one's hands (with sth)** mancharse las manos (con algo)

sulphate, *US* **sulfate** ['sʌlfeɪt] *n Chem* sulfato *m*

sulphide, *US* **sulfide** ['sʌlfaɪd] *n Chem* sulfuro *m*

sulphur, *US* **sulfur** ['sʌlfə(r)] *n Chem* azufre *m* ▫ ***s. dioxide*** dióxido *m* de azufre

sulphuric, *US* **sulfuric** [sʌl'fjʊərɪk] *adj Chem* sulfúrico(a) ▫ ***s. acid*** ácido *m* sulfúrico

sultan ['sʌltən] *n* sultán *m*

sultana [sʌl'tɑ:nə] *n* pasa *f (de color marrón claro y sin pepitas)*

sultanate ['sʌltəneɪt] *n* sultanato *m*

sultry ['sʌltrɪ] *adj* **(a)** *(heat, weather)* bochornoso(a), sofocante **(b)** *(look, smile)* sensual

sum [sʌm] *n* **(a)** *(amount of money, mathematical problem)* suma *f*; **to do sums** hacer cuentas **(b)** *(total)* suma *f*, total *m*; **in s.** en suma; **the s. of my efforts** el resultado *or* la suma de mis esfuerzos; **s. total** (suma) total *m*

▸**sum up** *(pt & pp* **summed) 1** *vt sep* **(a)** *(summarize)* resumir **(b)** *(assess quickly)* evaluar
2 *vi (summarize)* resumir; *(in debate, trial)* recapitular

sumac(h) ['su:mæk] *n Bot* zumaque *m*

Sumerian [sʊ'mɪərɪən] **1** *n* **(a)** *(person)* sumerio(a) *m,f* **(b)** *(language)* sumerio(a) *m*
2 *adj* sumerio(a)

summarily ['sʌmərɪlɪ] *adv* sumariamente

summarize ['sʌməraɪz] **1** *vt* resumir
2 *vi* resumir; **to s., then...** resumiendo,..., en resumen,...

summary ['sʌmərɪ] **1** *n* resumen *m*; *TV & Rad* **news s.** resumen *m* de noticias
2 *adj (brief)* sumario(a) ▫ ***s. dismissal*** despido *m* inmediato; *Law* ***s. offence*** falta *f*

summation [sʌ'meɪʃən] *n* **(a)** *Law (summing-up)* conclusiones *fpl* **(b)** *Formal (gathering together)* suma *f*; *(greatest achievement)* resultado *m*

summer ['sʌmə(r)] **1** *n* verano *m*; **in (the) s.** en verano; **we spend our summers there** veraneamos allí ▫ ***s. camp*** colonia *f* de verano; ***s. holidays*** vacaciones *fpl* de verano; ***s. job*** trabajo *m* de verano; *Br* ***s. pudding*** budín *m or* pudin *m* de frutas; *Br* ***s. school*** escuela *f* de verano; ***s. season*** temporada *f* de verano, estación *f* veraniega; ***s. solstice*** solsticio *m* de verano
2 *vi* veranear

summerhouse ['sʌməhaʊs] *n (in garden)* glorieta *f*, cenador *m*

summertime ['sʌmətaɪm] *n* verano *m*; **in (the) s.** en verano

summery ['sʌmərɪ] *adj* veraniego(a)

summing-up ['sʌmɪŋ'ʌp] *n Law* recapitulación *f*, conclusiones *fpl*

summit ['sʌmɪt] *n* **(a)** *(of mountain, career, power)* cima *f*, cumbre *f* **(b)** *(meeting)* cumbre *f*; **to hold a s.** celebrar una (reunión en la) cumbre ▫ ***s. conference*** (conferencia *f* en la) cumbre *f*

summon ['sʌmən] *vt* **(a)** *(police, doctor)* llamar; *(help)* pedir; *(meeting)* convocar **(b)** *Law (witness)* citar

▸**summon up** *vt sep (courage)* armarse de; *(support)* reunir; **to s. up one's strength** hacer acopio de fuerzas

summons ['sʌmənz] **1** *n (pl* **summonses** ['sʌmənzɪz]) citación *f*
2 *vt Law* citar

sumo ['su:məʊ] *n* sumo *m* ▫ ***s. wrestler*** luchador *m* de sumo; ***s. wrestling*** sumo *m*

sump [sʌmp] *n* **(a)** *Aut* cárter *m* **(b)** *(cesspool)* pozo *m* negro

sumptuous ['sʌm(p)tjʊəs] *adj* suntuoso(a)

sumptuously ['sʌm(p)tjʊəslɪ] *adv* suntuosamente

Sun *(abbr* **Sunday**) dom.

sun [sʌn] **1** *n* sol *m*; **in the s.** al sol; **you've caught the s.** te ha dado el sol; **don't stay out in the s. too long** no estéis mucho tiempo al sol; **the s. is in my eyes** me da el sol en los ojos; **everything under the s.** todo lo habido y por haber; IDIOM **there's nothing new under the s.** no queda nada por descubrir ▫ ***s. cream*** crema *f* solar; ***s. dress*** vestido *m* (corto) de tirantes *or Am* breteles; ***s. lamp*** lámpara *f* de rayos UVA; ***s. lotion*** loción *f* bronceadora; ***s.*** *Br* ***lounge*** *or US* ***parlour*** solárium *m*; *Aut* ***s. shield*** *or* ***visor*** parasol *m*
2 *vt (pt & pp* **sunned**) **to s. oneself** tomar el sol

sunbaked ['sʌnbeɪkt] *adj* abrasado(a), agostado(a)

sunbathe ['sʌnbeɪð] *vi* tomar el sol

sunbathing ['sʌnbeɪðɪŋ] *n* baños *mpl* de sol; **to do some s.** tomar el sol

sunbeam ['sʌnbi:m] *n* rayo *m* de sol

sunbed ['sʌnbed] *n* cama *f* de rayos UVA

Sunbelt ['sʌnbelt] *n* **the S.** = los estados del sur y suroeste de Estados Unidos

sunblind ['sʌnblaɪnd] *n Br* toldo *m*

sunblock ['sʌnblɒk] *n* pantalla *f* solar, crema *f* solar de protección total

sunburn ['sʌnbɜ:n] *n* quemadura *f* (de sol)

sunburnt ['sʌnbɜ:nt], **sunburned** ['sʌnbɜ:nd] *adj* quemado(a) (por el sol)

sunburst ['sʌnbɜ:st] *n* **(a)** *(through cloud)* rayo *m* de sol **(b)** *(design)* motivo *m* en forma de sol

sundae ['sʌndeɪ] *n* = copa de helado con fruta y nueces

Sunday ['sʌndeɪ] *n* domingo *m* ▫ ***S. best*** traje *m* de los domingos; *Pej* ***S. driver*** (conductor(ora) *m,f*) dominguero(a) *m,f*; ***S. opening*** apertura *f* de las tiendas en domingo; ***S. paper*** periódico *m* dominical *or* del domingo; *Rel* ***S. school*** catequesis *f inv* dominical; *see also* **Saturday**

sundeck ['sʌndek] *n (on ship)* cubierta *f* superior

sunder ['sʌndə(r)] *vt Literary* desgajar

sundial ['sʌndaɪəl] *n* reloj *m* de sol

sundown ['sʌndaʊn] *n* puesta *f* de sol, atardecer *m*; **at s.** al atardecer

sundowner ['sʌndaʊnə(r)] *n* **(a)** *Br Fam (drink)* = bebida alcohólica tomada con la puesta de sol **(b)** *Austr (tramp)* vagabundo(a) *m,f*

sun-drenched ['sʌndrenʃt] *adj* bañado(a) de sol

sun-dried ['sʌndraɪd] *adj* secado(a) al sol ▫ ***s. tomatoes*** tomates *mpl or Méx* jitomates *mpl* secos

sundry ['sʌndrɪ] **1** *n* **(a) all and s.** *(everyone)* propios y extraños **(b)** *Com* **sundries** *(items)* artículos *mpl* varios; *(costs)* gastos *mpl* diversos
2 *adj* diversos(as)

sunfish ['sʌnfɪʃ] *n* pez *m* luna

sunflower ['sʌnflaʊə(r)] *n* girasol *m* ▫ ***s. oil*** aceite *m* de girasol; ***s. seeds*** *(as snack)* pipas *fpl* (de girasol)

sung [sʌŋ] *pp of* **sing**

sunglasses ['sʌnglɑ:sɪz] *npl* gafas *fpl or Am* anteojos *mpl* de sol

sunhat ['sʌnhæt] *n* pamela *f*

sunk [sʌŋk] *pp of* **sink²**

sunken ['sʌŋkən] *adj* **(a)** *(in water) (ship, treasure)* hundido(a); *(rock)* sumergido(a) **(b)** *(in hollow) (eyes, cheeks)* hundido(a) ▫ ***s. garden*** jardín *m* a un nivel más bajo

sun-kissed ['sʌnkɪst] *adj (beach)* bañado(a) por el sol

sunlight ['sʌnlaɪt] *n* (luz *f* del) sol *m*; **in the s.** al sol

sunlit ['sʌnlɪt] *adj* soleado(a)

sun-lounger ['sʌnlaʊndʒə(r)] *n Br* tumbona *f*

Sunni ['sʊnɪ] *n* sunnita *mf*

sunnily ['sʌnɪlɪ] *adv (remark, smile)* radiantemente

sunny ['sʌnɪ] *adj* **(a)** *(day, place)* soleado(a); **it's s.** hace sol; **s. side** *(of street)* lado *m* donde da el sol; *Fig* lado *m* bueno (de las cosas); **s. side up** *(eggs)* frito(a) sólo por debajo de la yema **(b)** *Fig (face, personality)* radiante

sunray lamp ['sʌnreɪ'læmp] *n* lámpara *f* de rayos UVA

sunrise ['sʌnraɪz] *n* amanecer *m*; **at s.** al amanecer ▫ *Econ* ***s. industry*** industria *f* de tecnología punta

sunroof ['sʌnru:f] *n Aut* techo *m* solar

sunscreen ['sʌnskri:n] *n* pantalla *f* solar, crema *f* solar de protección total

sunset ['sʌnset] *n* puesta *f* de sol, atardecer *m*; **at s.** al atardecer

sunshade ['sʌnʃeɪd] *n* **(a)** *(for table)* sombrilla *f* **(b)** *(over shop window)* toldo *m*

sunshine ['sʌnʃaɪn] *n* **(a)** *(sunlight)* sol *m*; **five hours' s.** cinco horas de sol **(b)** *Br Fam (term of address)* querido(a) *m,f*, nene(a) *m,f*; **watch it, s.!** ¡cuidado, nene *or* chico!

sunspot ['sʌnspɒt] *n* **(a)** *Astron* mancha *f* solar **(b)** *Fam (holiday resort)* lugar *m* (costero) de veraneo

sunstroke ['sʌnstrəʊk] *n Med* insolación *f*

suntan ['sʌntæn] *n* bronceado *m* ▫ ***s. lotion*** loción *f* bronceadora

sun-tanned ['sʌntænd] *adj* bronceado(a)

suntrap ['sʌntræp] *n* solana *f*, solanera *f* *(lugar)*

sun-up ['sʌnʌp] *n US* amanecer *m*

sup [sʌp] *(pt & pp* **supped**) *vt* beber a sorbos

super ['su:pə(r)] **1** *n* **(a)** *(petrol)* (gasolina *f or RP* nafta *f*) súper *f* **(b)** *US (of apartment building)* portero(a) *m,f*
2 *adj* **(a)** *Fam (excellent)* genial, formidable, *Andes, Carib* chévere, *Méx* padre, *RP* bárbaro(a); **we had a s. time** lo pasamos bomba *or* en grande; **that's s., thanks** *Esp* estupendo *or Andes, Carib* chévere *or RP* bárbaro(a), gracias, *Méx* qué padre, gracias; **it was s. of them to help** fue todo un detalle *or Esp* un detallazo por su parte que echaran una mano **(b) s. Giant** *or* **G** *(in skiing)* súper gigante *m*

superabundance [su:pərə'bʌndəns] *n* superabundancia *f*

superabundant [su:pərə'bʌndənt] *adj* superabundante

superannuated [su:pər'ænjʊeɪtɪd] *adj* **(a)** *(job, post)* con plan de jubilación incluido **(b)** *(decrepit)* destartalado(a)

superannuation [su:pərænjʊ'eɪʃən] *n Fin* pensión *f* (de jubilación) ▫ ***s. scheme*** plan *m* de jubilación

superb [su:'pɜ:b] *adj* excelente

superbly [su:'pɜ:blɪ] *adv* de maravilla; **they did s. well in their exams** los exámenes les salieron de maravilla; **a s.**

made movie una película magníficamente realizada

supercharged ['su:pətʃɑ:dʒd] *adj (engine)* sobrealimentado(a)

supercharger ['su:pətʃɑ:dʒə(r)] *n (in car, plane)* sobrealimentador *m*

supercilious [su:pə'sɪlɪəs] *adj* arrogante, altanero(a)

superciliously [su:pə'sɪlɪəslɪ] *adv* con arrogancia *or* altanería

supercomputer ['su:pəkəmpju:tə(r)] *n Comptr Esp* superordenador *m*, *Am* supercomputador *m*

superconductive [su:pəkʌn'dʌktɪv] *adj Phys* superconductor(ora)

superconductor ['su:pəkəndʌktə(r)] *n Phys* superconductor *m*

supercool ['su:pə'ku:l] *vt Phys (liquid)* sobreenfriar, someter a subfusión

super-duper ['su:pə'du:pə(r)] *adj Fam* genial, *Esp* superguay, *Andes, Carib* cheverísimo(a), *Méx* padrísimo(a), *RP* regenial

superego ['su:pəri:gəʊ] (*pl* **superegos**) *n Psy* superyó *m*, superego *m*

superficial [su:pə'fɪʃəl] *adj* superficial; **it bears a s. resemblance to...** se parece un poco a...

superficiality [su:pəfɪʃɪ'ælɪtɪ] *n* superficialidad *f*

superficially [su:pə'fɪʃəlɪ] *adv* superficialmente

superfluous [su:'pɜ:flʊəs] *adj* superfluo(a)

superglue ['su:pəglu:] *n* pegamento *m* rápido

supergrass ['su:pəgrɑ:s] *n Br Fam* supersoplón(ona) *m,f*, *Méx* hocicón(ona) *m,f*, *RP* buchón(ona) *m,f*

supergroup ['su:pəgru:p] *n* supergrupo *m*

superheavyweight [su:pə'hevɪweɪt] **1** *adj (in boxing)* del peso superpesado

2 *nmf (in boxing)* peso *m* superpesado

superhero ['su:pəhɪərəʊ] *n* superhéroe *m*

superhighway ['su:pə'haɪweɪ] *n* (**a**) *US (motorway)* autopista *f* (**b**) *Comptr* **information s.** autopista *f* de la información

superhuman [su:pə'hju:mən] *adj* sobrehumano(a)

superimpose [su:pərɪm'pəʊz] *vt* superponer (**on** a)

superintend [su:pərɪn'tend] *vt* supervisar

superintendent [su:pərɪn'tendənt] *n* (**a**) *(supervisor)* supervisor(ora) *m,f*, director(ora) *m,f* (**b**) *(police officer)* inspector(ora) *m,f* jefe (**c**) *US (of apartment building)* portero(a) *m,f*

superior [su:'pɪərɪə(r)] **1** *n (senior)* superior *m*; **to be sb's s.** ser el superior de alguien

2 *adj* (**a**) *(more senior)* superior; **his s. officer** su (oficial) superior (**b**) *(better)* superior; **s. in numbers/quality** superior en número/calidad; **of s. quality** de primera (calidad), de calidad superior; **it's far s. (to)** es muy superior (a) (**c**) *(arrogant)* arrogante; **a s. smile** una sonrisa (con aires) de superioridad

superiority [su:pɪərɪ'ɒrɪtɪ] *n* superioridad *f* ▫ ***s. complex*** complejo *m* de superioridad

superlative [su:'pɜ:lətɪv] **1** *n Gram* superlativo *m*

2 *adj* (**a**) *(excellent)* excelente (**b**) *Gram* superlativo(a)

superlatively [su:'pɜ:lətɪvlɪ] *adv* extremadamente, extraordinariamente

superman ['su:pəmæn] *n* superhombre *m*

supermarket ['su:pəmɑ:kɪt] *n* supermercado *m*

supermodel ['su:pəmɒdəl] *n* supermodelo *f*, top model *f*

supernatural [su:pə'nætʃərəl] **1** *n* **the s.** lo sobrenatural

2 *adj* sobrenatural

supernova [su:pə'nəʊvə] *n Astron* supernova *f*

superpower ['su:pəpaʊə(r)] *n* superpotencia *f*

superscript ['su:pəskrɪpt] *n Typ* superíndice *m*; **s. "a"** "a" escrita como superíndice

supersede [su:pə'si:d] *vt* sustituir

supersonic [su:pə'sɒnɪk] *adj Av* supersónico(a)

superstar ['su:pəstɑ:(r)] *n* superestrella *f*

superstardom ['su:pəstɑ:dəm] *n* superestrellato *m*

superstition [su:pə'stɪʃən] *n* superstición *f*

superstitious [su:pə'stɪʃəs] *adj* supersticioso(a) (**about** con)

superstore ['su:pəstɔ:(r)] *n Com* hipermercado *m*, gran superficie *f*

superstructure ['su:pəstrʌktʃə(r)] *n* superestructura *f*

supertanker ['su:pətæŋkə(r)] *n Naut* superpetrolero *m*

supertax ['su:pətæks] *n* impuesto *m* adicional

supertitle = **surtitle**

supervise ['su:pəvaɪz] *vt* (**a**) *(children)* vigilar (**b**) *(work, workers)* supervisar (**c**) *(research student)* dirigir

supervision [su:pə'vɪʒən] *n* (**a**) *(of children)* vigilancia *f* (**b**) *(of work, workers)* supervisión *f* (**c**) *(of research student)* dirección *f*

supervisor ['su:pəvaɪzə(r)] *n* (**a**) *(of work, workers)* supervisor(ora) *m,f* (**b**) *(of research student)* director(ora) *m,f*

supervisory [su:pə'vaɪzərɪ] *adj* de supervisión; **in a s. capacity** en calidad de supervisor(ora)

superwoman ['su:pəwʊmən] *n Fam* supermujer *f*

supine ['su:paɪn] *Formal* **1** *adj* (**a**) *(on one's back)* tumbado(a) de espaldas (**b**) *(passive)* pasivo(a)

2 *adv* **to lie s.** yacer de espaldas

supper ['sʌpə(r)] *n* (**a**) *(evening meal)* cena *f*; **to have s.** cenar; **we had fish for s.** cenamos pescado (**b**) *(snack before going to bed)* = refrigerio que se toma antes de ir a la cama

suppertime ['sʌpətaɪm] *n* la hora *f* de cenar

supplant [sə'plɑ:nt] *vt* desbancar; **she supplanted her rival** arrebató el puesto a su rival

supple ['sʌpəl] *adj (person, limbs)* ágil; *(leather)* flexible; *(mind)* flexible

supplement ['sʌplɪmənt] **1** *n* (**a**) *(addition)* complemento *m* (**b**) *(extra charge)* suplemento *m* (**c**) *(of newspaper, book)* suplemento *m*

2 *vt* ['sʌplɪment] complementar

supplementary [sʌplɪ'mentərɪ] *adj* complementario(a), suplementario(a) ▫ *Formerly Br* ***s. benefit*** = subsidio estatal dado a personas con bajos ingresos, sustituido en 1988 por el "income support"

suppleness ['sʌpəlnɪs] *n (of person, limbs)* agilidad *f*; *(of mind)* flexibilidad *f*

suppliant ['sʌplɪənt], **supplicant** ['sʌplɪkənt] *n & adj Literary* suplicante *mf*

supplication [sʌplɪ'keɪʃən] *n Formal* súplica *f*

supplier [sə'plaɪə(r)] *n* proveedor *m*

supply [sə'plaɪ] **1** *n* (**a**) *(provision)* abastecimiento *m*, suministro *m*; *Econ* **s. and demand** la oferta y la demanda ▫ *Mil* ***s. lines*** líneas *fpl* de abastecimiento; *Naut* ***s. ship*** buque *m* nodriza; *Br Sch* ***s. teacher*** profesor(ora) *m,f* suplente *or* interino(a) (**b**) *(stocks)* reservas *fpl*; *(of food)* provisiones *fpl*; **a week's/month's s. (of sth)** reservas *fpl* (de algo) para una semana/un mes; **he has an endless s. of funny stories** es una fuente inagotable de historias divertidas; **water is in short s.** escasea el agua

2 *vt* **to s. sb with sth, to s. sth to sb** suministrar algo a alguien; **she supplied us with vital information** nos proporcionó información de vital importancia; **to s. sb's needs** satisfacer las necesidades de alguien

supply-side [sə'plaɪsaɪd] *adj Econ* de la oferta

support [sə'pɔ:t] **1** *n* (**a**) *(backing)* apoyo *m*, respaldo *m*; **he looked towards me for s.** me miró buscando apoyo; **there is no s. for this measure** esta medida carece de apoyo, nadie apoya *or* respalda esta medida; **there is growing s. for this policy** esta política recibe cada vez mayor apoyo *or* respaldo; **to give** *or* **provide s. to sth/sb** apoyar *or* respaldar algo/a alguien; **to speak in s. of sth** hablar en defensa de algo ▫ ***s. group*** grupo *m* de apoyo; *Mus* (grupo *m*) telonero *m*

(**b**) *(person, thing supporting)* soporte *m*

(**c**) *(financial)* ayuda *f*; **in s. of...** a beneficio de...; **my son is my only means of s.** mi hijo es mi único sostén económico

2 *vt* (**a**) *(hold up)* sostener, soportar; **I supported him with my arm** lo sujeté con mi brazo; **to s. the weight of sth** aguantar *or* resistir el peso de algo

(**b**) *(encourage, aid)* apoyar; **his wife has supported him through all his difficulties** su esposa le ha estado apoyando mientras atravesaba dificultades
(**c**) *Sport* **to s. a team** ser seguidor(ora) de un equipo; **which team do you s.?** ¿de qué equipo eres?
(**d**) *(financially) (family)* mantener; *(company, project)* financiar; **to s. oneself** ganarse la vida, mantenerse
(**e**) *(theory, claim)* respaldar, corroborar
(**f**) *Comptr* soportar

supporter [sə'pɔ:tə(r)] *n* (**a**) *(of opinion, party)* partidario(a) *m,f* (**b**) *(of team)* seguidor(ora) *m,f*

supporting [sə'pɔ:tɪŋ] *adj Cin* **s. actor/actress** actor *m* secundario/actriz *f* secundaria *or* de reparto ❑ ***s. act*** *or* ***band*** teloneros *mpl*; *Cin & Th* ***s. cast*** actores *mpl* secundarios *or* de reparto; *Cin* ***s. programme*** pase *m* previo

supportive [sə'pɔ:tɪv] *adj* **he was s. (of)** apoyó mucho (a), fue muy comprensivo (con)

supportively [sə'pɔ:tɪvlɪ] *adv* en señal de apoyo

SUPPOSE [sə'pəʊz] *vt* (**a**) *(assume)* suponer; **I s. so** supongo (que sí); **I s. not, I don't s. so** supongo que no; **I s. you won't be coming** supongo que no vendrás; **I s. you think that's clever** supongo que te parece inteligente; **it was easier than I had supposed** fue más fácil de lo había supuesto; **let us s. that...** supongamos que...; **s.** *or* **supposing he came back** supongamos *or* suponiendo que volviera; **I'm worried about granny, s.** *or* **supposing she falls over?** me preocupa la abuelita, imagina que se cae; **s.** *or* **supposing they find out?** ¿y qué pasa si se enteran?; **s. we change the subject?** ¿qué te parece si cambiamos de tema?; **s.** *or* **supposing you say please?** ¿y qué tal si lo pides por favor?; **I don't s. you'd consider sharing it?** ¿no te importaría compartirlo?; **I don't s. you could help me?** ¿no te importaría ayudarme?, ¿no me podrías ayudar?
(**b**) *(think)* creer; **you don't s. she could be angry with me, do you?** ¿no estará enfadada *or Am* enojada conmigo, ¿verdad?; **when do you s. they'll arrive?** ¿cuándo crees que llegarán?; **who do you s. I saw?** ¿a que no te imaginas a quién vi?; **what sort of way to behave do you s. this is?** ¿pero qué manera de comportarte te has creído que es ésta?
(**c**) *Formal (require)* suponer; **a plan of this nature would s. a major investment** un plan de este género supondría una inversión de primer orden

supposed [sə'pəʊzd] *adj* (**a**) *(expressing duty)* **to be s. to do sth** tener que hacer algo; **you were s. to wash the dishes** tenías que fregar los platos; **you're not s. to smoke in here** aquí dentro no se puede fumar
(**b**) *(meant, intended)* **there's s. to be a meeting today** se supone que hoy hay reunión; **it's s. to be a house** se supone que es una casa; **this wasn't s. to happen** esto no estaba previsto que ocurriera; **what's that s. to mean?** ¿qué quieres decir con eso?; **am I s. to understand all that?** ¿se supone que tengo que entender todo eso?
(**c**) *(reputed)* **the film's s. to be very good** se supone que es una película muy buena; **it's s. to be good for you** dicen que es bueno para la salud
(**d**) *(alleged)* supuesto(a); **the s. advantages** las supuestas ventajas

supposedly [sə'pəʊzɪdlɪ] *adv* supuestamente

supposing [sə'pəʊzɪŋ] *conj* **s. he came back** supongamos *or* suponiendo que volviera; **s. you're wrong, what then?** ¿y si no tienes razón, qué?; **just s., (for the sake of argument)...** pongamos por caso que..., digamos, es un suponer, que...; **...always s. he arrives in time** ...siempre y cuando llegue a la hora

supposition [sʌpə'zɪʃən] *n* suposición *f*; **the s. is that...** se supone que...; **it's pure s.** no son más que suposiciones; **on the s. that...** dando por supuesto que...

suppository [sə'pɒzɪtrɪ] *n Med* supositorio *m*

suppress [sə'pres] *vt* (**a**) *(revolt)* reprimir, sofocar; *(newspaper)* prohibir (**b**) *(fact, evidence)* ocultar (**c**) *(feelings, emotions, smile)* reprimir; *(cough)* ahogar

suppressant [sə'presənt] *n* inhibidor *m*

suppressed [sə'prest] *adj (emotion)* reprimido(a)

suppression [sə'preʃən] *n* (**a**) *(of revolt)* represión *f*; *(of newspaper)* prohibición *f* (**b**) *(of fact, evidence)* ocultación *f* (**c**) *(of feelings, emotions)* represión *f*

suppressor [sə'presə(r)] *n Elec* supresor *m*

suppurate ['sʌpjʊreɪt] *vi Med* supurar

supra- ['su:prə] *pref* supra-

supranational ['su:prə'næʃənəl] *adj* supranacional

supremacist [sə'preməsɪst] *n* = persona que cree en la supremacía racial, sexual, etc., de un grupo; **white s.** racista *mf* blanco(a)

supremacy [sə'preməsɪ] *n* supremacía *f*

supreme [su:'pri:m] *adj* supremo(a); **her s. ambition was to...** su mayor ambición era...; IDIOM **to make the s. sacrifice** dar *or* entregar la vida; **to reign s.** *(of person)* no tener rival; *(of justice, ideology)* imperar ❑ ***Mil S. Commander*** comandante *m* en jefe; *US Law* ***S. Court*** Tribunal *m* Supremo; ***S. Soviet*** soviet *m* supremo

supremely [su:'pri:mlɪ] *adv* sumamente

supremo [su:'pri:məʊ] (*pl* **supremos**) *n Fam* mandamás *mf*, *Esp* jefazo(a) *m,f*

surcharge ['sɜ:tʃɑ:dʒ] **1** *n* recargo *m*
2 *vt* cobrar con recargo a

surd [sɜ:d] *n Math* número *m* irracional

SURE [ʃʊə(r)] **1** *adj* (**a**) *(certain, convinced)* seguro(a); **to be s. of** *or* **about sth** estar seguro(a) de algo; **is there anything you're not s. of** *or* **about?** ¿hay algo que no te quede claro?; **are you s. of** *or* **about your facts?** ¿estás seguro de que tienes la información correcta?; **I won't have any more, thanks — are you s.?** no quiero más, gracias – ¿estás seguro?; **I'm s. (that) I didn't tell them** estoy seguro de que no se lo dije; **I'm not s. how to tell you this** no sé cómo decirte esto; **I'm not s. whether** *or* **if I'll be able to come** no estoy seguro de que pueda venir; **I feel s. (that) it's the right decision** estoy convencido de que es la decisión adecuada; **for s.** *(for certain)* con (toda) seguridad; *US (expressing agreement)* claro que sí; **they won't be happy, that's for s.** no les va a gustar, de eso puedes estar seguro; **one thing's for s., he won't call you stupid again** al menos puedes estar seguro de que no te volverá a llamar estúpido; **to be s.** *(undoubtedly)* sin duda alguna
(**b**) *(confident)* seguro(a); **I'm not very s. about him** no sé muy bien qué pensar de él; **you can be s. of Tony** puedes confiar en Tony; **we cannot be s. of arriving on time** no podemos garantizar que lleguemos puntuales; **she is very s. of herself** está muy segura de sí misma; **what makes you so s. (that) I'll accept it?** ¿qué te hace estar tan seguro de que voy a aceptarlo?
(**c**) *(guaranteed, infallible)* **it's a s. sign of old age** es un signo claro de la vejez; **it's a s. way of getting noticed** es una manera muy efectiva de atraer la atención; **they are s. of a place in the final** se han asegurado un lugar en la final; **she's s. to win** ganará sin duda; **you are s. to find something to your taste** seguro que encontrarás algo que te guste; **be s. to tell us how you get on** no te olvides de contarnos qué tal te va; **to make s. of sth** asegurarse de algo; **to make s. (that)...** asegurarse de que...; *Fam* **s. thing!** ¡desde luego!; *Fam* **to be a s. thing** ser una apuesta segura
(**d**) *(secure, firm)* **to have a s. hold** estar agarrado(a) firmemente; **to have a s. touch** tener un pulso firme; **to have a s. understanding of sth** tener sólidos conocimientos de algo
2 *adv* (**a**) *US Fam (certainly)* **it s. is cold** qué frío que hace; **are you tired? — I s. am** ¿estás cansado? – ya lo creo *or* y tanto; **it s. seems so** ya lo creo; **I s. don't want to have to do that again!** ¡por nada del mundo querría hacer eso de nuevo!; **s., it seems like a good idea now, but...** vale, ahora parece una buena idea, pero...; **I s. as hell won't let her do that again!** ¡te juro por Dios que no se lo volveré a dejar hacer!
(**b**) *(yes)* claro; **do you like it? — s. I do** ¿te gusta? – pues sí; *Ironic* **I think I can win — oh, s.!** creo que puedo ganar – ¡seguro que sí!
(**c**) *US Fam (it's a pleasure)* **thanks — s.** gracias – de nada
(**d**) **sure enough** *adv* **s. enough he was there** efectivamente estaba allí

sure-fire ['ʃɔːfaɪə(r)] *adj (success)* asegurado(a); *(winner)* seguro(a)

surefooted ['ʃʊə'fʊtɪd] *adj* **to be s.** moverse con paso seguro

surely ['ʃʊəlɪ] *adv* (**a**) *(expressing doubt, disbelief)* **s. it's more complex than that?** tiene que ser más complicado que eso; **s. you don't believe that!** ¡no me digas que te crees eso!; **s. not!** ¡no me digas! (**b**) *(certainly)* seguramente, sin duda; **they will s. win** sin duda van a ganar; *Fam* **can I have one? — s.!** ¿me das uno? – ¡pues claro!; *US Fam* **are you interested? — I s. am!** ¿te interesa? – ¡claro que sí! (**c**) *(in a sure manner)* **slowly but s.** lento pero seguro

surety ['ʃʊərətɪ] *n Law (money)* fianza *f*, garantía *f*; **to stand s. (for sb)** ser fiador(ora) *m,f or* garante *mf* (de alguien)

surf [sɜːf] **1** *n* oleaje *m*

2 *vt Comptr* **to s. the Net** navegar por Internet

3 *vi Sport* hacer surf

surface ['sɜːfɪs] **1** *n* (**a**) *(exterior, face)* superficie *f*; *Fig* **on the s.** a primera vista ❑ ***by s. mail*** por correo terrestre; *Gram* ***s. structure*** estructura *f* superficial; *Phys* ***s. tension*** tensión *f* superficial; ***s. water*** aguas *fpl* superficiales (**b**) *(area)* área *f*, superficie *f*

2 *vt (road)* pavimentar, revestir

3 *vi* (**a**) *(of submarine, whale)* salir a la superficie (**b**) *(of emotion)* surgir, aparecer (**c**) *(of person) (appear, reappear)* surgir, aparecer; *Fam (get out of bed)* levantarse

surface-to-air missile ['sɜːfɪstə'eə-'mɪsaɪl] *n Mil* misil *m* superficie-aire *or* tierra-aire

surface-to-surface missile ['sɜːfɪs-tə'sɜːfɪs'mɪsaɪl] *n Mil* misil *m* superficie-superficie *or* tierra-tierra

surfactant [sɜː'fæktənt] *n Chem* agente *m* tensioactivo *or* de superficie

surfboard ['sɜːfbɔːd] *n* tabla *f* de surf

surfeit ['sɜːfɪt] *n* exceso *m* (**of** de)

surfer ['sɜːfə(r)] *n* surfista *mf*

surfing ['sɜːfɪŋ] *n* surf *m*

surge [sɜːdʒ] **1** *n (of electricity)* sobrecarga *f* (temporal); *(of enthusiasm, support)* oleada *f*; **a s. in demand** un incremento repentino de la demanda

2 *vi* (**a**) *(increase suddenly) (of electricity)* experimentar una sobrecarga (temporal); *(of demand)* incrementarse repentinamente (**b**) *(rise suddenly) (of sea)* encresparse; **anger surged (up) inside her** empezó a hervir de rabia (**c**) *(move forward) (of crowd)* abalanzarse; **to s. past/through sth** pasar en tropel por delante de/a través de algo; **to s. into the lead** *(of runner, competitor)* avanzar con fuerza hasta la primera posición; **to s. forward** *(of crowd)* avanzar en tropel

surgeon ['sɜːdʒən] *n* cirujano(a) *m,f* ❑ ***S. General*** *(in USA)* director(ora) *m,f* general de sanidad pública; ***s.'s mask*** mascarilla *f* (quirúrgica)

surgery ['sɜːdʒərɪ] *n* (**a**) *(operation)* cirugía *f*; **to perform s. on sb** realizar una operación a alguien; **to undergo s.** ser intervenido(a) quirúrgicamente (**b**) *Br (of doctor) (premises)* consultorio *m*, consulta *f*; *(consultation time)* consulta *f*; **the doctor holds his s. in the afternoons** el doctor pasa consulta por las tardes

surgical ['sɜːdʒɪkəl] *adj* (**a**) *(medical)* quirúrgico(a) ❑ ***s. appliance*** aparato *m* ortopédico; ***s. collar*** collarín *m*; ***s. instruments*** instrumental *m* quirúrgico; ***s. spirit*** alcohol *m* desinfectante (**b**) *Fig (precise)* **with s. precision** con una precisión milimétrica ❑ *Mil* ***s. strike*** ataque *m* controlado *(de objetivos específicos)*

surgically ['sɜːdʒɪklɪ] *adv* quirúrgicamente

Surinam [sʊərɪ'næm] *n* Surinam

surliness ['sɜːlɪnɪs] *n* hosquedad *f*

surly ['sɜːlɪ] *adj* hosco(a), arisco(a)

surmise [sɜː'maɪz] *vt Formal* presumir, figurarse

surmount [sɜː'maʊnt] *vt (obstacle, difficulty)* vencer, superar

surmountable [sɜː'maʊntəbəl] *adj* superable

surname ['sɜːneɪm] *n* apellido *m*

surpass [sɜː'pɑːs] *vt (rival)* aventajar, sobrepasar; *(expectation, record)* superar; **you've really surpassed yourself this time!** *(doing well)* ¡esta vez te has superado a ti misma!; *Ironic (doing badly)* ¡esta vez sí que la has hecho buena!

surplice ['sɜːplɪs] *n Rel* sobrepelliz *f*

surplus ['sɜːpləs] **1** *n Econ (of goods)* excedente *m*; *(of trade, budget)* superávit *m inv*

2 *adj (items)* excedente; **to be s. to requirements** sobrar ❑ ***s. stock*** excedentes *mpl*; ***s. value*** plusvalía *f*

surprise [sə'praɪz] **1** *n* sorpresa *f*; **to take sb by s.** *Esp* coger *or Am* agarrar a alguien por sorpresa; **to give sb a s.** dar una sorpresa a alguien; **to come as a s. (to sb)** ser *or* suponer una sorpresa (para alguien); **what a s.!** ¡qué sorpresa!; **it was no s.** no fue ninguna sorpresa; **to my great s., much to my s.** para mi sorpresa; *Ironic* **s. s.!** mira por dónde, sorpresa sorpresa

2 *adj (attack)* (por) sorpresa; *(defeat)* sorpresivo(a) ❑ ***s. party*** fiesta *f* sorpresa

3 *vt* (**a**) *(astonish)* sorprender; **you seem surprised** pareces sorprendida; **I was pleasantly surprised** me sorprendió gratamente; **I'm not surprised that...** no me extraña que...; **I'm surprised at you!** ¡me sorprendes!, ¡me dejas sorprendido! (**b**) *(catch unawares) Esp* coger *or Am* agarrar por sorpresa

surprising [sə'praɪzɪŋ] *adj* sorprendente; **it's not s. (that)** no es de extrañar (que)

surprisingly [sə'praɪzɪŋlɪ] *adv* sorprendentemente; **it's s. easily to make this mistake** es sorprendente lo fácil que resulta cometer este error; **s., he was the first to finish** sorprendentemente, fue el primero en acabar; **s. enough** sorprendentemente; **not s.** como era de esperar

surreal [sə'riːəl], **surrealistic** [səriə'lɪs-tɪk] *adj* surrealista

surrealism [sə'riːəlɪzəm] *n Art* surrealismo *m*

surrealist [sə'riːəlɪst] *n & adj Art* surrealista *mf*

surrender [sə'rendə(r)] **1** *n (of army)* rendición *f*; *(of weapons, documents)* entrega *f*; **no s.!** ¡no nos rendiremos! ❑ *Fin* ***s. value*** valor *m* de rescate

2 *vt (fortress, town)* rendir, entregar; *(weapons, documents)* entregar; *(right, possessions)* renunciar a; *(advantage)* perder; **to s. control of sth** entregar el control de algo; **to s. oneself to sth** sucumbir a algo

3 *vi* rendirse

surreptitious [sʌrəp'tɪʃəs] *adj* subrepticio(a), clandestino(a)

surreptitiously [sʌrəp'tɪʃəslɪ] *adv* subrepticiamente, clandestinamente

surrogacy ['sʌrəgəsɪ] *n Med* alquiler *m* de úteros

surrogate ['sʌrəgət] *n* sustituto(a) *m,f* ❑ ***s. mother*** madre *f* de alquiler

surround [sə'raʊnd] **1** *n* marco *m* ❑ ***s. sound*** sonido *m* envolvente

2 *vt* rodear; **surrounded by...** rodeado(a) de *or* por...

surrounding [sə'raʊndɪŋ] *adj* circundante

surroundings [sə'raʊndɪŋz] *npl* entorno *m*; **the s. of the village/school** los alrededores de la aldea/escuela; **he was brought up in beautiful s.** se crió en medio de hermosos parajes

surtax ['sɜːtæks] *Fin* **1** *n* impuesto *m* adicional

2 *vt* aplicar un impuesto adicional a

surtitle ['sʌrtaɪtəl], **supertitle** ['suːpə-taɪtəl] *n Th* sobretítulo *m (en ópera)*

surveillance [sɜː'veɪləns] *n* vigilancia *f*; **under s.** bajo vigilancia

survey 1 *n* ['sɜːveɪ] (*pl* **surveys**) (**a**) *(of subject, situation)* estudio *m*; *(of opinions)* encuesta *f*; **according to a recent s.,...** según una encuesta reciente,... (**b**) *(of building)* tasación *f*, peritaje *m*; *(of land)* estudio *m* topográfico

2 *vt* [sə'veɪ] (**a**) *(topic, subject)* estudiar (**b**) *(building)* tasar, peritar; *(land)* medir (**c**) *Literary (look at)* contemplar

surveying [sə'veɪɪŋ] *n (of building)* tasación *f*, peritaje *m*; *(of land)* agrimensura *f*

surveyor [sə'veɪə(r)] *n (of building)* tasador(ora) *m,f or* perito(a) *m,f* de la propiedad; *(of land)* agrimensor(ora) *m,f*

survival [sə'vaɪvəl] *n* (**a**) *(continued existence)* supervivencia *f*; *also Fig* **the s. of the fittest** la supervivencia del más apto ❑ ***s. kit*** equipo *m* de supervivencia (**b**) *(relic)* vestigio *m*

survive [sə'vaɪv] **1** *vt* sobrevivir a; **few buildings survived the earthquake intact** pocos edificios quedaron intactos tras el terremoto; **she is survived by her husband and two sons** deja un marido y dos hijos, le sobreviven un marido y dos hijos

2 *vi* (**a**) *(continue in existence)* sobrevivir; **the custom survives to this day** la costumbre ha perdurado *or* se ha mantenido hasta hoy (**b**) *(manage)* sobrevivir; **my pay is barely enough to s. on** mi sueldo apenas llega para sobrevivir; **I survived on (a diet of) rice** sobrevivía *or* me mantenía a base de arroz

surviving [sə'vaɪvɪŋ] *adj* superviviente; **her only s. relative** su único pariente vivo; **one of the few s. examples of his work** uno de los pocos ejemplos que sobreviven de su obra

survivor [sə'vaɪvə(r)] *n* superviviente *mf*; *Fam* **he's a real s.** siempre sale adelante, *Esp* es absolutamente incombustible

susceptibility [səseptɪ'bɪlɪtɪ] *n (to criticism, pressure, noise)* sensibilidad *f* (**to** a); *(to illness, infection)* propensión *f* (**to** a)

susceptible [sə'septɪbəl] *adj (to criticism, pressure, noise)* sensible (**to** a); *(to illness, infection)* propenso(a) (**to** a); **he's not s. to flattery** con él la adulación no funciona

sushi ['su:ʃɪ] *n* sushi *m*

suspect ['sʌspekt] **1** *n* sospechoso(a) *m,f*

2 *adj* sospechoso(a)

3 *vt* [sə'spekt] (**a**) *(person)* sospechar de; **to s. sb of having done sth** sospechar que alguien ha hecho algo (**b**) *(have intuition of) (motives)* recelar de; **to s. the truth** sospechar (cuál es la verdad) (**c**) *(consider likely)* **arson is suspected** se sospecha que el incendio pudo ser provocado; **I s. you're right** sospecho que tienes razón; **I suspected as much!** ¡ya me lo imaginaba!; **(it's) just as I suspected!** ¡(es) justo lo que yo pensaba!

suspected [sə'spektɪd] *adj* supuesto(a); **a s. murderer** un presunto asesino

suspend [sə'spend] *vt* (**a**) *(hang)* suspender, colgar (**from** de) (**b**) *(service, employee)* suspender; **he was suspended from school** lo expulsaron temporalmente del colegio (**c**) *(discontinue)* aplazar, suspender (**d**) *(defer)* **to s. judgement (until)** aplazar *or* posponer el veredicto (hasta)

suspended [sə'spendɪd] *adj (service, employee)* suspendido(a); *Law* **to give sb a s. sentence** conceder a alguien una suspensión condicional de la pena ▫ ***s. animation*** muerte *f* aparente

suspender [sə'spendə(r)] *n* (**a**) *Br (for stocking, sock)* liga *f* ▫ ***s. belt*** liguero *m* (**b**) *US* **suspenders** *(for trousers)* tirantes *mpl*, *Am* breteles *mpl*

suspense [sə'spens] *n (uncertainty)* incertidumbre *f*; *(in movie) Esp* suspense *m*, *Am* suspenso *m*; **to keep sb in s.** tener a alguien en suspenso

suspenseful [sə'spensfʊl] *adj (uncertain)* de incertidumbre; *(movie)* lleno(a) de suspense

suspension [sə'spenʃən] *n* (**a**) *(of car)* suspensión *f* (**b**) *(hanging)* suspensión *f* ▫ ***s. bridge*** puente *m* colgante (**c**) *(of service, employee)* suspensión *f*; *(from school)* expulsión *f* (temporal) (**d**) *(discontinuance)* aplazamiento *m*, suspensión *f* (**e**) *(liquid, gas)* suspensión *f*; **in s.** en suspensión

suspicion [sə'spɪʃən] *n* (**a**) *(belief of guilt)* sospecha *f*; **to be under s.** estar bajo sospecha; **to be above s.** estar libre de sospecha; **I have my suspicions about him** tengo mis sospechas sobre él; **to arouse s.** despertar sospechas (**b**) *(small amount)* asomo *m*

suspicious [sə'spɪʃəs] *adj* (**a**) *(arousing suspicion) (fact, behaviour, circumstances)* sospechoso(a) (**b**) *(having suspicions) (person, mind)* receloso(a) (**of** *or* **about** de); **his behaviour made me s.** su comportamiento me hizo sospechar

suspiciously [sə'spɪʃəslɪ] *adv* (**a**) *(behave)* sospechosamente; **s. similar** sospechosamente similares (**b**) *(watch, ask)* recelosamente, con suspicacia

suss [sʌs] *Br Fam* **1** *n* **to arrest sb on s.** detener a alguien bajo sospecha

2 *vt* (**a**) *(suspect, sense)* olerse (**b**) *(understand)* **to have (got) sb sussed** tener calado(a) a alguien; **to have (got) sth sussed** *Esp* haber cogido el truco *or* el tranquillo a algo, *Am* haber agarrado la onda a algo

▸**suss out** *vt sep Br Fam (person)* calar; *(system) Esp* coger *or Am* agarrar el truco a; **I haven't sussed out how it works yet** todavía no me he enterado *or Esp* coscado de cómo funciona

sussed [sʌst] *adj Br Fam (astute)* listo(a); **he's pretty s.** es la mar de listo, se las sabe todas

sustain [sə'steɪn] *vt* (**a**) *(weight, growth, life)* sostener; **to s. (one's) interest in sth** mantener el interés por algo (**b**) *(loss, attack)* sufrir (**c**) *Law* **objection sustained** se admite la protesta

sustainable [sə'steɪnəbl] *adj* sostenible ▫ ***s. development*** desarrollo *m* sostenible

sustained [sə'steɪnd] *adj* continuo(a); **s. applause** aplauso *m* prolongado

sustenance ['sʌstɪnəns] *n* sustento *m*; **means of s.** medio *m* de vida

suture ['su:tʃə(r)] *n Med* sutura *f*

svelte [svelt] *adj* esbelto(a)

Svengali [sveŋ'gɑ:lɪ] *n* = persona que ejerce un poderoso influjo o dominio sobre otra

SVGA [esvi:dʒi:'eɪ] *Comptr* (*abbr* **super video graphics array**) SVGA

SW *n* (**a**) (*abbr* **south west**) SO (**b**) *Rad* (*abbr* **Short Wave**) SW, OC

swab [swɒb] **1** *n Med* (**a**) *(cotton wool)* torunda *f* (**b**) *(sample)* muestra *f (en torunda)*

2 *vt* (*pt & pp* **swabbed**) (**a**) *(wound)* limpiar (**b**) *(floor)* fregar

swaddle ['swɒdəl] *vt* envolver (**in** en *or* con)

swag [swæg] *n Fam (of thief)* botín *m*

swagger ['swægə(r)] **1** *n* pavoneo *m* ▫ ***s. stick*** bastón *m* de mando

2 *vi (strut)* pavonearse; **to s. in/out** entrar/salir pavoneándose

Swahili [swə'hi:lɪ] *n & adj* suahili *m*

swain [sweɪn] *n* (**a**) *Literary (peasant youth)* mozo *m* (**b**) *Hum (suitor)* pretendiente *m*

swallow[1] ['swɒləʊ] **1** *n (of drink)* trago *m*; *(of food)* bocado *m*

2 *vt* (**a**) *(food, drink)* tragar, tragarse; **to s. sth whole** tragar algo sin masticar; *Fig* **to s. one's pride** tragarse el orgullo (**b**) *Fam (believe)* tragarse

3 *vi* tragar; **to s. hard** *(when nervous, afraid)* tragar saliva

▸**swallow up** *vt sep Fig (company, country)* absorber

swallow[2] *n (bird)* golondrina *f*; PROV **one s. doesn't make a summer** una golondrina no hace verano ▫ ***s. dive*** salto *m* del ángel

swallowtail ['swɔ:ləʊteɪl] *n* (**a**) *(butterfly)* macaón *m* (**b**) *(coat)* levita *f*

swam [swæm] *pt of* **swim**

swamp [swɒmp] **1** *n* pantano *m* ▫ ***s. fever*** *(malaria)* paludismo *m*, malaria *f*

2 *vt* (**a**) *(flood)* anegar, inundar; **the boat was swamped by the waves** *(sank)* las olas se tragaron al barco (**b**) *(overwhelm)* **to be swamped with work** estar desbordado(a) de trabajo; **we were swamped by applications/offers of help** nos llovían las solicitudes/los ofrecimientos de ayuda

swampy ['swɔ:mpɪ] *adj* pantanoso(a)

swan [swɒn] **1** *n* cisne *m* ▫ *Fig* ***s. song*** canto *m* de cisne

2 *vi* (*pt & pp* **swanned**) *Fam* **to s. in/out** entrar/salir despreocupadamente

▸**swan about, swan around** *vi Fam* pasearse (por ahí) a la buena de Dios

swank [swæŋk] *Fam* **1** *n* (**a**) *(ostentation)* fanfarronería *f* (**b**) *(ostentatious person)* fanfarrón(ona) *m,f*, figurón *m*

2 *vi* fanfarronear

swanky ['swæŋkɪ] *adj Fam* (**a**) *(person) (boastful)* fanfarrón(ona); *(posh)* pijo(a) (**b**) *(restaurant, hotel)* fastuoso(a), pomposo(a)

swap [swɒp] **1** *n* trueque *m*, intercambio *m*; **to do a s.** hacer un trueque

2 *vt* (*pt & pp* **swapped**) **to s. sth for sth** cambiar algo por algo; **to s. places with sb** *(change seat)* cambiarse de sitio con alguien; *Fig* intercambiar papeles con alguien; **to s. insults/ideas** intercambiar insultos/ideas

3 *vi* hacer un intercambio

SWAPO ['swɑ:pəʊ] (*abbr* **South West Africa People's Organization**) SWAPO *m*

swarm [swɔ:m] **1** *n* (**a**) *(of bees)* enjambre *m* (**b**) *(of people)* nube *f*, enjambre *m*

2 *vi* (**a**) *(of bees)* volar en enjambre (**b**) *(of people)* apelotonarse, ir en masa; **Oxford was swarming with tourists** Oxford era un hervidero de turistas; **the place was swarming with flies** el sitio estaba plagado de moscas; **they swarmed up the ramp** subieron la rampa en tropel

swarthy ['swɔ:ðɪ] *adj* moreno(a), atezado(a)

swashbuckling ['swɒʃbʌklɪŋ] *adj (hero)* intrépido(a); *(movie, story)* de espadachines

swastika ['swɒstɪkə] *n* esvástica *f*, cruz *f* gamada

swat [swɒt] (*pt & pp* **swatted**) **1** *vt* aplastar
2 *vi* **to s. at sth (with sth)** tratar de darle a algo (con algo)

swatch [swɔːtʃ] *n (sample)* muestra *f*; *(book of samples)* muestrario *m*

swathe [sweɪð] **1** *n* faja *f*, banda *f*; *Fig* **the cannons had cut great swathes through the troops** los cañones hicieron estragos en las tropas
2 *vt* **to s. sth in bandages** vendar algo, envolver algo en vendajes

sway [sweɪ] **1** *n* (**a**) *(movement)* vaivén *m*, balanceo *m* (**b**) *(control, power)* dominio *m*; **he was under her s.** estaba bajo la férula *or* el yugo de ella; **to hold s. over** ejercer dominio sobre
2 *vt (influence, persuade)* hacer cambiar (de opinión)
3 *vi* balancearse; **to s. from side to side** balancearse de un lado a otro; **opinion was swaying towards the Liberals** la opinión pública se iba decantando por los liberales

Swazi ['swɑːzɪ] **1** *n* (**a**) *(person)* suazi *mf* (**b**) *(language)* suazi *m*
2 *adj* suazi

Swaziland ['swɑːzɪlænd] *n* Suazilandia

swear [sweə(r)] (*pt* **swore** [swɔː(r)], *pp* **sworn** [swɔːn]) **1** *vt (vow)* jurar; **I could have sworn I'd seen him somewhere before** hubiera jurado que ya lo había visto antes en alguna parte; **to s. to do sth** jurar hacer algo; *Law* **to s. an oath** prestar juramento; **to s. sb to secrecy** hacer prometer a alguien que guardará el secreto
2 *vi* (**a**) *(use swearwords)* jurar, decir palabrotas; **to s. at sb** insultar a alguien (**b**) *(solemnly assert)* **to s. to sth** jurar algo; **to s. blind that...** jurar por lo más sagrado que...

▸**swear by** *vt insep (have confidence in)* confiar en

▸**swear in** *vt sep Law (jury, witness)* tomar juramento a

swearing ['sweərɪŋ] *n* palabrotas *fpl*; **s. is rude** decir palabrotas es de mala educación; **there's too much s. in the book** hay demasiadas palabrotas en el libro, el libro posee un lenguaje demasiado vulgar

swearword ['sweəwɜːd] *n* palabrota *f*, taco *m*

sweat [swet] **1** *n (perspiration)* sudor *m*; *Fig* **to be in a s. about sth** apurarse por algo; *Fam* **no s.!** ¡no hay problema!; **by the s. of one's brow** con el sudor de la frente ▫ ***s. gland*** glándula *f* sudorípara; ***s. pants*** pantalón *m* de deporte *or* de chándal
2 *vt* sudar; IDIOM *Fam* **to s. buckets** sudar a chorros *or* la gota gorda; IDIOM **to s. blood** sudar tinta
3 *vi* (**a**) *(perspire)* sudar; IDIOM *Fam* **to s. like a pig** sudar como un cerdo (**b**) *Fam Fig (worry)* sufrir, angustiarse; **I'm going to make him s.** voy a dejarle que sufra

▸**sweat off** *vt insep* adelgazar sudando

▸**sweat out** *vt sep* (**a**) *(cold, fever)* sudar (**b**) *(wait uncomfortably)* **they'll have to s. it out until the rescuers arrive** tendrán que aguantar hasta que llegue el equipo de rescate

sweatband ['swetbænd] *n (on head)* banda *f (para la frente)*; *(on wrist)* muñequera *f*

sweater ['swetə(r)] *n* suéter *m*, *Esp* jersey *m*, *Col* saco *m*, *RP* pulóver *m*

sweatshirt ['swetʃɜːt] *n* sudadera *f*, *Chile, Col, RP* buzo *m*

sweatshop ['swetʃɒp] *n* = fábrica donde se explota al trabajador

sweatsuit ['swetsuːt] *n US* chándal *m*, *RP* buzo *m*

sweaty ['swetɪ] *adj (person, face)* sudoroso(a); *(clothes)* sudado(a); **to be s.** estar sudoroso(a); **s. smell** olor *m* a sudor

Swede [swiːd] *n (person)* sueco(a) *m,f*

swede [swiːd] *n (vegetable)* colinabo *m*

Sweden ['swiːdən] *n* Suecia

Swedish ['swiːdɪʃ] **1** *npl (people)* **the S.** los suecos
2 *n (language)* sueco *m*
3 *adj* sueco(a)

sweep [swiːp] **1** *n* (**a**) *(action)* barrido *m*, *Am* barrida *f*; **to give the floor a s.** barrer el suelo; *Fig* **at one s.** de una pasada; *Fig* **the police made a s. of the area** la policía peinó la zona
(**b**) *(movement)* **with a s. of the arm** moviendo el brazo extendido
(**c**) *(extent) (of land, knowledge)* extensión *f*; *(of road, river)* curva *f*; **the vast s. of the work** el enorme alcance de la obra
(**d**) *Fam (chimney sweep)* deshollinador(ora) *m,f*
2 *vt* (*pt & pp* **swept** [swept]) (**a**) *(floor, street)* barrer; *(chimney)* deshollinar; **she swept the leaves into a corner** fue barriendo las hojas hacia un rincón; **he swept the crumbs off the table** despejó la mesa de migas con la mano; IDIOM **to s. sth under the carpet** soterrar algo
(**b**) *(move through, over)* **the storms which are sweeping the country** las tormentas que asolan el país; **the latest craze to s. the country** la última moda que está haciendo furor en todo el país; IDIOM **to s. the board** *(in competition)* arrasar
(**c**) *(carry away)* **a wave swept him overboard** lo arrastró una ola y cayó al mar; **they were swept out to sea** se los llevó el mar; IDIOM **he swept her off her feet** se enamoró perdidamente de él
3 *vi* (**a**) *(with broom)* barrer
(**b**) *(move rapidly)* **to s. in/out** entrar/salir con gallardía; **to s. through sth** atravesar a toda velocidad algo; **the fire swept through the upper floors** el fuego se propagó por los pisos superiores; **to s. to power** subir al poder de forma arrasadora
(**c**) *(curve)* describir una curva

▸**sweep aside** *vt sep (opposition)* barrer; *(criticism)* hacer caso omiso de

▸**sweep away** *vt sep (remove)* barrer

▸**sweep up 1** *vt sep (dust, leaves)* barrer
2 *vi (clean up)* limpiar

sweeper ['swiːpə(r)] *n* (**a**) *(for cleaning) (carpet)* **s.** cepillo *m* mecánico (**b**) *(in soccer)* líbero *m*

sweeping ['swiːpɪŋ] *adj (gesture)* amplio(a); *(statement)* (demasiado) generalizador(ora); *(change)* radical

sweepstake ['swiːpsteɪk] *n* porra *f* *(juego)*

sweet [swiːt] **1** *n Br* (**a**) *(confectionery)* dulce *m*, caramelo *m* ▫ ***s. shop*** confitería *f* (**b**) *(dessert)* postre *m*
2 *adj* (**a**) *(taste, wine)* dulce; *(smell)* fragante; *(sound)* suave, dulce; **to taste s.** saber dulce; IDIOM **as s. as honey** dulce como la miel; IDIOM **the s. smell of success** las mieles del éxito; **to have a s. tooth** ser goloso(a) ▫ ***s. brier*** eglantina *f*; ***s. chestnut*** castaño *m*; *Fam* ***s. fanny adams s. FA*** nada de nada, *Esp* nasti de plasti; *Bot* ***s. pea*** guisante *m or Am* arveja *f or Méx* chícharo *m* de olor; ***s. pepper*** pimiento *m* morrón, *RP* ají *m*; ***s. potato*** batata, *Esp* boniato *m*, *Am* camote *m*; ***s. spot*** *(on golf club, tennis racket)* punto *m* ideal (de contacto); *Bot* ***s. william*** minutisa *f*
(**b**) *(charming)* rico(a), mono(a); **that's very s. of you** eres muy amable; **to whisper s. nothings to sb** susurrar palabras de amor a alguien

sweet-and-sour ['swiːtən'saʊə(r)] *adj* agridulce

sweetbreads ['swiːtbredz] *npl* mollejas *fpl*

sweetcorn ['swiːtkɔːn] *n* maíz *m*, *Andes, RP* choclo *m*

sweeten ['swiːtən] *vt (food)* endulzar; *Fig* **to s. sb's temper** aplacar el mal humor de alguien

▸**sweeten up** *vt sep* ablandar

sweetener ['swiːtnə(r)] *n* (**a**) *(in food)* edulcorante *m* (**b**) *Fam (bribe)* propina *f*

sweetheart ['swiːthɑːt] *n* (**a**) *Old-fashioned (girlfriend, boyfriend)* novio(a) *m,f* ▫ *Ind* ***s. agreement*** *or* ***contract*** *or* ***deal*** *(between union and management)* = acuerdo interesado entre patronal y sindicatos que puede no ser del todo favorable para los trabajadores (**b**) *(form of address)* corazón *m*, cariño *m*

sweetie ['swiːtɪ] *n Fam* (**a**) *Br (confectionery)* golosina *f* (**b**) *(darling)* cariño *m*; **he's such a s.** es un encanto

sweetie-pie ['swiːtɪ'paɪ] *n Fam (term of address)* cariño *m*

sweetly ['swiːtlɪ] *adv (sing, smile)* con dulzura

sweetmeat ['swiːtmiːt] *n Old-fashioned* dulce *m*

sweetness ['swiːtnɪs] *n* dulzura *f*, dulzor *m*; IDIOM **to be all s. and light** estar de lo más amable

sweet-talk ['swiːt'tɔːk] *vt Fam* **to s. sb into doing sth** convencer a alguien con halagos de que haga algo

sweet-tempered ['swiːt'tempəd] *adj* apacible

sweet-toothed ['swiːt'tuːθt] *adj* goloso(a)

swell [swel] **1** *vt* (*pp* **swollen** ['swəʊlən] *or*

swelled) *(numbers, crowd)* aumentar
2 *vi (of part of body)* hincharse; *(of number, crowd)* aumentar, crecer; *(of river)* tener una crecida; **the applause/music swelled to a crescendo** la ovación/la música fue subiendo in *or* en crescendo; **to s. with pride** henchirse de orgullo
3 *n (of sea)* mar *m* de fondo
4 *adj US Fam (excellent)* genial, *Carib, Ecuad, Perú* chévere, *Méx* padre, *RP* bárbaro(a)
▸**swell up** *vi (of part of body)* hincharse
swelling ['swelɪŋ] *n* hinchazón *f*
swelter ['sweltə(r)] *vi* sofocarse (de calor), achicharrarse
sweltering ['sweltərɪŋ] *adj* asfixiante, sofocante
swept [swept] *pt & pp of* **sweep**
sweptback ['sweptbæk] *adj* (**a**) *(hair)* peinado(a) hacia atrás (**b**) *Av (wing)* en flecha
sweptwing ['sweptwɪŋ] *adj Av* de alas en flecha
swerve [swɜːv] **1** *n (of car)* giro *m or* desplazamiento *m* brusco; *(of player)* regate *m*
2 *vt (car)* girar bruscamente
3 *vi (of car, driver)* desplazarse bruscamente; *(of player)* regatear; *(of ball)* ir con efecto
swift [swɪft] **1** *n (bird)* vencejo *m*
2 *adj (runner, horse)* veloz, rápido(a); *(reaction, reply)* rápido(a), pronto(a); **she was s. to reply** respondía rápidamente
swift-footed ['swɪft'fʊtɪd] *adj* rápido(a)
swiftly ['swɪftlɪ] *adv (move)* velozmente, rápidamente; *(react)* con rapidez, con prontitud
swiftness ['swɪftnɪs] *n (of movement, reply)* rapidez *f*
swig [swɪg] *Fam* **1** *n* trago *m*; **he took a s. from the bottle** dio un trago de la botella
2 *vt (pt & pp* **swigged**) *Esp* pimplar, *Am* tomar
swill [swɪl] **1** *n (food) (for pigs)* sobras *fpl* para los cerdos *or* puercos *or Am* chanchos; *Pej (for people)* bazofia *f*, *Esp* bodrio *m*
2 *vt Fam (drink) Esp* tragar, *Am* tomar
▸**swill about, swill around** *vi (of liquid)* agitarse
▸**swill out** *vt sep (rinse)* enjuagar, aclarar
swim [swɪm] **1** *n* baño *m*; **to go for** *or* **have a s.** ir a nadar, ir a darse un baño; IDIOM *Fam* **to be in/out of the s. (of things)** estar/no estar al día ▫ ***s. bladder*** vejiga *f* natatoria
2 *vt (pt* **swam** [swæm], *pp* **swum** [swʌm]) nadar; **to s. the breaststroke** nadar a braza; **to s. the Channel** atravesar el Canal de la Mancha a nado
3 *vi* (**a**) *(in water)* nadar; **to go swimming** ir a nadar; **to s. across a river** atravesar un río a nado; **to s. for the shore** nadar hacia la costa; IDIOM **to s. with the tide** seguir la corriente (**b**) *(be soaked, flooded)* **the floor was swimming with water** el suelo estaba anegado *or* inundado de agua; **the sausages were swimming in grease** las salchichas nadaban en grasa (**c**) *(be dizzy)* **my head is swimming** me da vueltas la cabeza
swimmer ['swɪmə(r)] *n* nadador(ora) *m,f*
swimming ['swɪmɪŋ] *n* natación *f* ▫ ***s. costume*** bañador *m*, traje *m* de baño, *RP* malla *f*; ***s. gala*** concurso *m* de natación; ***s. hat*** gorro *m* de baño; ***s. lesson*** clase *f* de natación; ***s. pool*** piscina *f*, *Méx* alberca *f*, *RP* pileta *f*; ***s. trunks*** bañador *m* (de hombre), *RP* malla *f*
swimming-bath(s) ['swɪmɪŋbɑːθ(s)] *n(pl) Br* piscina *f or Méx* alberca *f or RP* pileta *f* cubierta
swimmingly ['swɪmɪŋlɪ] *adv Fam* como la seda
swimsuit ['swɪmsuːt] *n* bañador *m*, traje *m* de baño, *RP* malla *f*
swindle ['swɪndəl] **1** *n* timo *m*, estafa *f*
2 *vt* timar, estafar; **to s. sb out of sth** estafarle algo a alguien
swindler ['swɪndlə(r)] *n* timador(ora) *m,f*, estafador(ora) *m,f*
swine [swaɪn] *(pl* **swine**) *n* (**a**) *(pig)* cerdo *m*, puerco *m*, *Am* chancho *m* ▫ ***s. fever*** peste *f* porcina (**b**) *Fam (unpleasant person)* cerdo(a) *m,f*, canalla *mf*; **he's a lazy s.!** ¡es un vago asqueroso!
swineherd ['swaɪnhɜːd] *n Old-fashioned* porquero(a) *m,f*
swing [swɪŋ] **1** *n* (**a**) *(movement) (of rope, chain)* vaivén *m*, balanceo *m*; *(of pendulum)* oscilación *f*; *(in golf)* swing *m*; IDIOM **to be in full s.** ir a toda marcha; IDIOM *Fam* **everything went with a s.** todo fue sobre ruedas; IDIOM *Fam* **to get into the s. of things** agarrar *or Esp* coger el ritmo ▫ ***s. bridge*** puente *m* giratorio; ***s. door*** puerta *f* pendular *or* basculante
(**b**) *Fam (attempted punch)* **to take a s. at sb** intentar darle un golpe a alguien
(**c**) *(change) (in opinion, in mood)* cambio *m* repentino (**in** de); **a s. to the left/against the government** un giro a la izquierda/en contra del gobierno
(**d**) *(in playground)* columpio *m*; IDIOM *Fam* **it's swings and roundabouts** lo que se pierde aquí, se gana allá
2 *vt (pt & pp* **swung** [swʌŋ]) *(one's arms, racquet, axe)* balancear; **to s. one's hips** menear las caderas; **to s. sth/sb onto one's shoulder** echarse algo/a alguien al hombro; **he swung the suitcase onto the bed** echó la maleta *or Am* valija encima de la cama; *Fam* **to s. a deal** cerrar un trato; *Fam* **to s. it so that...** *(arrange things)* arreglar las cosas para que...; **to s. the vote** alterar el sentido del voto
3 *vi* (**a**) *(move to and fro)* balancearse; *(on playground swing)* columpiarse; **to s. open/shut** *(of door)* abrirse/cerrarse; **to s. into action** entrar en acción; *Fam* **he should s. for this** *(be hanged)* deberían colgarlo por esto; IDIOM *Fam* **the party was really swinging** la fiesta estaba muy animada
(**b**) *(change direction)* girar, torcer; **to s. round** dar media vuelta; **to swing to the left/right** *(of electorate, public opinion)* virar a la izquierda/derecha
(**c**) *Fam (exchange sexual partners)* cambiar de pareja
(**d**) *Fam* **to s. both ways** *(be bisexual)* ser bisexual
(**e**) *Fam* **to s. for** *or* **at sb** *(hit out at)* tratar de pegar a alguien
swingboat ['swɪŋbəʊt] *n* góndola *f*, = columpio de feria en forma de barca
swingeing ['swɪndʒɪŋ] *adj Br* drástico(a)
swinger ['swɪŋə(r)] *n Fam* (**a**) *(sociable person) Esp* marchoso(a) *m,f*, *Am* parrandero(a) *m,f* (**b**) *(who swaps sexual partners)* = persona que participa en intercambios de pareja
swinging ['swɪŋɪŋ] *adj Fam Esp* marchoso(a), *Am* parrandero(a) ▫ ***the s. sixties*** los locos *or* febriles años sesenta
swingometer [swɪŋ'ɒmɪtə(r)] *n Br* = mecanismo con una rueda y una aguja para mostrar la oscilación de votos y escaños en unas elecciones
swing-wing ['swɪŋ'wɪŋ] *adj Av* de geometría variable
swipe [swaɪp] **1** *n (with fist, stick)* **to take a s. at sb** dirigir un golpe a alguien; *Fig* **the programme takes a s. at the rich and famous** el programa dirige sus ataques contra los ricos y famosos ▫ ***s. card*** tarjeta *f* con banda magnética
2 *vt* (**a**) *Fam (steal)* afanar, *Esp* birlar, *Méx* bajar (**b**) *(card)* pasar
3 *vi* **to s. at sth/sb** intentar dar un golpe a algo/alguien
swirl [swɜːl] **1** *n (of cream)* rizo *m*; *(of smoke)* voluta *f*; *(of leaves, dust)* remolino *m*
2 *vt* revolver
3 *vi* arremolinarse
swish [swɪʃ] **1** *n (sound) (of cane, whip)* silbido *m*; *(of dress, silk)* frufrú *m*, (sonido *m* del) roce *m*
2 *adj Fam (elegant, smart)* distinguido(a), refinado(a)
3 *vt (cane, whip)* hacer silbar; **to s. its tail** *(of animal)* menear *or* agitar la cola
4 *vi (of dress, silk)* sonar al rozar; *(of cane, whip)* silbar
Swiss [swɪs] **1** *npl* **the S.** los suizos
2 *adj* suizo(a) ▫ ***S. army knife*** navaja *f* (suiza) multiusos; ***S. chard*** acelga *f*; ***S. cheese plant*** costilla *f* de hombre *m*; *Br* ***s. roll*** brazo *m* de gitano
Switch® [swɪtʃ] *n Br* **to pay by S.** pagar con tarjeta Switch ▫ ***S. card*** = tipo de tarjeta de débito
switch [swɪtʃ] **1** *n* (**a**) *(electrical)* interruptor *m* (**b**) *(in policy, opinion)* cambio *m*, viraje *m*; **to make a s.** hacer un cambio (**c**) *(stick)* vara *f*
2 *vt* (**a**) *(change)* cambiar (**to** a); *(transfer)* trasladar (**to** a); **to s. channels/jobs** cambiar de cadena/trabajo; **they switched their attention to something else** dirigieron su atención a otra cosa (**b**) *(exchange)* intercambiar
3 *vi (change)* cambiar (**to** a); **to s. to a new system** cambiar *or* cambiarse a un sistema nuevo; **to s. from gas to electricity** cambiar el gas por la electricidad, pasarse del gas a la electricidad
▸**switch off** **1** *vt sep (appliance, heating)* apagar
2 *vi* (**a**) *(of appliance, heating)* apagarse (**b**) *Fam (of person)* desconectar

▸**switch on 1** *vt sep (appliance, heating)* encender, *Am* prender; **it switches itself on** se enciende *or Am* prende solo
2 *vi* (**a**) *(of appliance, heating)* encenderse, *Am* prenderse (**b**) *(to watch TV)* encender *or Am* prender la televisión
▸**switch over** *vi* (**a**) *(change TV channel)* cambiar de cadena (**b**) *(change)* **to s. over to gas** pasarse *or* cambiar al gas
switchback ['swɪtʃbæk] *n* carretera *f* en zigzag
switchblade ['swɪtʃbleɪd] *n US* navaja *f* automática
switchboard ['swɪtʃbɔ:d] *n* centralita *f, Am* conmutador *m* ▫ ***s. operator*** telefonista *mf*
switch-hitter ['swɪtʃhɪtə(r)] *n US* (**a**) *(in baseball)* bateador(ora) *m,f* ambidextro(a) (**b**) *very Fam (bisexual)* bisexual *mf, RP* bi *mf*
Switzerland ['swɪtsələnd] *n* Suiza
swivel ['swɪvəl] **1** *n* cabeza *f* giratoria ▫ ***s. chair*** silla *f* giratoria
2 *vi* (*pt & pp* **swivelled,** *US* **swiveled**) girar
swizz [swɪz] *n Br Fam* timo *m*; **what a s.!** ¡qué robo!
swizzle stick ['swɪzəl'stɪk] *n* agitador *m*, varilla *f* de cóctel
swollen ['swəʊlən] **1** *pp of* **swell**
2 *adj (foot, ankle)* hinchado(a); *(gland)* inflamado(a); *(river)* crecido(a); *Fig* **to have a s. head** ser un(a) creído(a)
swollen-headed ['swəʊlən'hedɪd] *adj Fam* creído(a), engreído(a)
swoon [swu:n] **1** *n* desmayo *m*, desvanecimiento *m*; **to go** *or* **fall into a s.** desmayarse, desvanecerse
2 *vi* desmayarse, desvanecerse
▸**swoon over** *vt insep* deshacerse con, derretirse por
swoop [swu:p] **1** *n (of bird, plane)* (vuelo *m* en) picado *m*; *(of police)* redada *f*
2 *vi (of bird, plane)* volar en picado; *(of police)* hacer una redada; **the hawk swooped down on its prey** el halcón se lanzó en picado sobre su presa
swop [swɒp] = **swap**
sword [sɔ:d] *n* espada *f*; IDIOM **s. of Damocles** espada *f* de Damocles; IDIOM **to beat** *or* **turn swords into ploughshares** forjar de las espadas azadones, abrazar la paz; **to put sb to the s.** pasar a alguien por las armas ▫ ***s. dance*** danza *f* del sable
swordfish ['sɔ:dfɪʃ] *n* pez *m* espada
swordplay ['sɔ:dpleɪ] *n* esgrima *f*
swordsman ['sɔ:dzmən] *n* espadachín *m*
swordsmanship ['sɔ:dzmənʃɪp] *n* destreza *f* en el manejo de la espada
swordstick ['sɔ:dstɪk] *n* bastón *m* de estoque
swordtail ['sɔ:dteɪl] *n* xifo *m*
swore [swɔ:(r)] *pt of* **swear**
sworn [swɔ:n] **1** *adj* ***s. enemy*** enemigo(a) *m,f* encarnizado(a)
2 *pp of* **swear**
swot [swɒt] *Br Fam* **1** *n (studious pupil)* empollón(ona) *m,f, Méx* matado(a) *m,f, RP* traga *mf*
2 *vi* (*pt & pp* **swotted**) *(study hard)* empollar, *Méx* matarse (estudiando), *RP* tragar
▸**swot up on** *vt insep Br Fam (subject)* empollarse, *RP* tragarse
swum [swʌm] *pp of* **swim**
swung [swʌŋ] *pt & pp of* **swing**
sybarite ['sɪbəraɪt] *n Literary* sibarita *mf*
sybaritic [sɪbə'rɪtɪk] *adj Literary* sibarita
sycamore ['sɪkəmɔ:(r)] *n* (**a**) *Br* plátano *m* falso, sicomoro *m* (**b**) *US (plane tree)* plátano *m*
sycophancy ['sɪkəfænsɪ] *n Pej* adulación *f*
sycophant ['sɪkəfənt] *n Pej* adulador(ora) *m,f*
sycophantic [sɪkə'fæntɪk] *adj Pej* adulador(ora)
Sydney ['sɪdnɪ] *n* Sidney
syllabic [sɪ'læbɪk] *adj* silábico(a)
syllable ['sɪləbəl] *n* sílaba *f*
syllabub ['sɪləbʌb] *n* = postre dulce de crema o leche batida y vino
syllabus ['sɪləbəs] *n* programa *m* de estudios, currículo *m*
syllogism ['sɪlədʒɪzəm] *n Phil* silogismo *m*
sylph [sɪlf] *n* sílfide *f*
sylph-like ['sɪlflaɪk] *adj Hum (woman)* delgada; *(figure)* de sílfide
symbiosis [sɪmbaɪ'əʊsɪs] *n Biol* simbiosis *f inv*
symbiotic [sɪmbaɪ'ɒtɪk] *adj* simbiótico(a)
symbol ['sɪmbəl] *n* símbolo *m*
symbolic [sɪm'bɒlɪk] *adj* simbólico(a); **to be s. of sth** simbolizar algo
symbolically [sɪm'bɒlɪklɪ] *adv* simbólicamente, de forma simbólica
symbolism ['sɪmbəlɪzəm] *n Art* simbolismo *m*
symbolist ['sɪmbəlɪst] *n & adj Art* simbolista *mf*
symbolize ['sɪmbəlaɪz] *vt* simbolizar
symmetrical [sɪ'metrɪkəl] *adj* simétrico(a)
symmetrically [sɪ'metrɪklɪ] *adv* simétricamente
symmetry ['sɪmɪtrɪ] *n* simetría *f*
sympathetic [sɪmpə'θetɪk] *adj* (**a**) *(understanding)* comprensivo(a); *(compassionate)* compasivo(a) (**b**) *(favourably inclined)* **to be s. to a proposal/cause** simpatizar con una propuesta/causa; **he was s. to my request for a loan** se mostró abierto *or* dispuesto a concederme un préstamo; **a s. audience** un público bien dispuesto

Note that the Spanish word **simpático** is a false friend and is never a translation for the English word **sympathetic**. In Spanish **simpático** means both "nice, likeable, friendly" and "amusing, entertaining".

sympathetically [sɪmpə'θetɪklɪ] *adv (with understanding)* comprensivamente; *(in favourable light)* con indulgencia
sympathize ['sɪmpəθaɪz] *vi* (**a**) *(show sympathy)* compadecerse (**with** de) (**b**) **to s. (with sth/sb)** *(understand)* comprender (algo/a alguien); *(agree)* estar a favor (de algo/alguien)
sympathizer ['sɪmpəθaɪzə(r)] *n (political)* simpatizante *mf*
sympathy ['sɪmpəθɪ] *n* (**a**) *(pity, compassion)* compasión *f*; *Formal* **you have my deepest s.** le doy mi más sincero pésame (**b**) *(understanding)* comprensión *f*; **I have nothing but s. for you** te comprendo perfectamente; **to feel s. for sb** simpatizar con alguien (**c**) *(support)* apoyo *m*, solidaridad *f*; **to come out in s. with sb** declararse en huelga de solidaridad con alguien ▫ *Ind* ***s. strike*** huelga *f* de solidaridad *or* apoyo

Note that the Spanish word **simpatía** is a false friend and is never a translation for the English word **sympathy**. In Spanish **simpatía** means both "friendliness" and "affection".

symphonic [sɪm'fɒnɪk] *adj* sinfónico(a)
symphony ['sɪmfənɪ] *n Mus* sinfonía *f* ▫ ***s. orchestra*** orquesta *f* sinfónica
symposium [sɪm'pəʊzɪəm] (*pl* **symposia** [sɪm'pəʊzɪə]) *n* simposio *m*
symptom ['sɪm(p)təm] *n also Fig* síntoma *m*
symptomatic [sɪm(p)tə'mætɪk] *adj* sintomático(a) (**of** de)
synagogue ['sɪnəgɒg] *n* sinagoga *f*
synapse ['saɪnæps] *n Anat* sinapsis *f inv*
sync(h) [sɪŋk] *n Fam* sincronización *f*; **to be in/out of s. with** estar/no estar en sintonía con, *RP* sintonizar/no sintonizar el mismo canal que
synchronic [sɪŋ'krɒnɪk] *adj Ling* sincrónico(a)
synchronization [sɪŋkrənaɪ'zeɪʃən] *n* sincronización *f*
synchronize ['sɪŋkrənaɪz] *vt* sincronizar
synchronized ['sɪŋkrənaɪzd] *adj* sincronizado(a) ▫ ***s. swimming*** natación *f* sincronizada
syncopate ['sɪŋkəpeɪt] *vt Mus* sincopar
syncopation [sɪŋkə'peɪʃən] *n Mus* síncopa *f*
syndicalism ['sɪndɪkəlɪzəm] *n Pol* sindicalismo *m* (revolucionario)
syndicate 1 *n* ['sɪndɪkət] *Com* agrupación *f*; **crime s.** organización *f* criminal
2 *vt* ['sɪndɪkeɪt] *Journ* **her column is syndicated to all the major newspapers** su columna aparece en los principales periódicos; **syndicated columnist** = columnista que publica simultáneamente en varios medios
syndication [sɪndɪ'keɪʃən] *n Journ* = producción independiente para su publicación conjunta por diferentes medios
syndrome ['sɪndrəʊm] *n Med & Fig* síndrome *m*
synergy ['sɪnədʒɪ] *n* sinergia *f*
synod ['sɪnəd] *n Rel* sínodo *m*

synonym ['sɪnɪnɪm] *n* sinónimo *m*

synonymous [sɪ'nɒnɪməs] *adj* sinónimo(a) (**with** con)

synonymy [sɪ'nɒnəmɪ] *n* sinonimia *f*

synopsis [sɪ'nɒpsɪs] (*pl* **synopses** [sɪ'nɒpsi:z]) *n* sinopsis *f inv*, resumen *m*

synovitis ['saɪnəvaɪtɪs] *n Med* sinovitis *f inv*

syntactic(al) [sɪn'tæktɪk(əl)] *adj* sintáctico(a)

syntax ['sɪntæks] *n Ling* sintaxis *f inv* ▫ *Comptr* ***s. error*** error *m* de sintaxis

synth [sɪnθ] *n Fam* sintetizador *m*

synthesis ['sɪnθɪsɪs] (*pl* **syntheses** ['sɪnθɪsi:z]) *n* síntesis *f inv*

synthesize ['sɪnθəsaɪz] *vt* sintetizar

synthesizer ['sɪnθəsaɪzə(r)] *n* sintetizador *m*

synthetic [sɪn'θetɪk] **1** *npl* **synthetics** fibras *fpl* sintéticas
2 *adj* sintético(a)

syphilis ['sɪfɪlɪs] *n* sífilis *f inv*

syphilitic [sɪfɪ'lɪtɪk] *adj* sifilítico(a)

syphon = **siphon**

Syria ['sɪrɪə] *n* Siria

Syrian ['sɪrɪən] *n & adj* sirio(a) *m,f*

syringe [sɪ'rɪndʒ] **1** *n* jeringuilla *f*
2 *vt (ears)* destaponar

syrup ['sɪrəp] *n (of sugar)* almíbar *m*; *(medicinal)* jarabe *m*

syrupy ['sɪrəpɪ] *adj (smile, music)* almibarado(a)

SYSOP ['sɪsɒp] *n Comptr* (*abbr* **Systems Operator**) operador *m* del sistema

system ['sɪstəm] *n* (**a**) *(structure, method)* sistema *m*; **there's no s. to it** no sigue ningún método, no es nada sistemático; **all systems go** ¡allá vamos!, ¡vamos allá! ▫ ***system(s) engineering*** ingeniería *f* de sistemas
(**b**) **the S.** *(established order)* el sistema; **you can't beat the s.** no hay forma de burlar al sistema
(**c**) *Anat, Physiol* sistema *m*; **digestive s.** aparato *m* digestivo; **nervous s.** sistema *m* nervioso; *Fam* **it was a shock to the s.** fue todo un trauma; IDIOM *Fam* **to get sth/sb out of one's s.** quitarse *or Am* sacarse algo/a alguien de la cabeza
(**d**) *Comptr* sistema *m* ▫ ***systems analysis*** análisis *m inv* de sistemas; ***systems analyst*** analista *mf* de sistemas; ***s. date*** fecha *f* del sistema; ***s. disk*** disco *m* de sistema; ***s. folder*** carpeta *f* del sistema; ***s. software*** software *m* de sistema

systematic [sɪstə'mætɪk] *adj* sistemático(a)

systematically [sɪstə'mætɪklɪ] *adv* sistemáticamente

systematize ['sɪstəmətaɪz] *vt* sistematizar

systemic [sɪs'temɪk] *adj Biol & Med* sistémico(a)

T

T, t [ti:] *n* **(a)** *(letter)* T, t *f* **(b)** IDIOM **that's you to a T** *(of impersonation)* es clavado a ti; **it suits me to a T** me viene como anillo al dedo

t *(abbr* **ton(s)**) tonelada(s) *f(pl)* *(Br = 1.016 kilos, US = 907 kilos)*

ta [tɑ:] *exclam Br Fam* gracias

tab [tæb] *n* **(a)** *(on garment)* etiqueta *f*; IDIOM *Fam* **to keep tabs on sth/sb** vigilar de cerca algo/a alguien **(b)** *(on typewriter, word processor)* tabulador *f*; **t. (key)** tecla *f* de tabular, tabulador *m* ▫ ***t. character*** tabulador *m* **(c)** *US Fam (bill)* cuenta *f*; **put it on my t.** apúntemelo en la cuenta; **to pick up the t.** *(at restaurant)* pagar (la cuenta); *(of company)* correr con los gastos **(d)** *Fam (of LSD)* pasti *f*, pastilla *f*, *RP* pepa *f*

Tabasco® [tə'bæskəʊ] *n* **T. (sauce)** tabasco *m*

tabby ['tæbɪ] *n* **t. (cat)** gato *m* atigrado

tab-delimited ['tæbdi:'lɪmɪtɪd] *adj Comptr* separado(a) por tabuladores

tabernacle ['tæbənækəl] *n* *(church)* tabernáculo *m*; *(on altar)* sagrario *m*

table ['teɪbəl] **1** *n* **(a)** *(furniture)* mesa *f*; **to lay** *or* **set the t.** poner la mesa; **to clear the t.** recoger la mesa; **at t.** a la mesa ▫ ***Br t. football*** *Esp* futbolín *m*, *Am* futbolito *m*; ***t. lamp*** lámpara *f* de mesa; ***t. licence*** = permiso para la venta de bebidas alcohólicas sólo con la comida; ***t. linen*** mantelería *f*; ***t. manners*** modales *mpl* (en la mesa); ***t. mat*** salvamanteles *m inv*; ***t. napkin*** servilleta *f*; ***t. salt*** sal *f* de mesa; ***t. tennis*** ping-pong *m*, tenis *m* de mesa; ***t. tennis bat*** pala *f* de ping-pong; ***t. wine*** vino *m* de mesa

(b) *(of facts, figures)* tabla *f*; **league t.** (tabla *f* de) clasificación *f* (de la liga); **t. of contents** índice *m*; *Math* **twelve times t.** tabla *f* (de multiplicar) del doce

(c) IDIOMS **the offer is still on the t.** la oferta está aún sobre la mesa; *Fam* **to drink sb under the t.** dejar a alguien tumbado(a) bebiendo *or Am* tomando, aguantar la bebida mucho más que alguien; **to turn the tables on sb** cambiarle *or* volverle las tornas a alguien

2 *vt* **to t. a motion/proposal** *Br (present)* someter a discusión una moción/propuesta; *US (postpone)* posponer la discusión de una moción/propuesta

tableau ['tæbləʊ] *n* cuadro *m*, escena *f*

tablecloth ['teɪbəlklɒθ] *n* mantel *m*

table d'hôte menu [tæblə'dəʊt'menju:] *n* menú *m* del día

tableland ['teɪbəllænd] *n Geog* meseta *f*, altiplano *m*

tablespoon ['teɪbəlspu:n] *n* *(utensil)* cuchara *f* de servir; *(measurement)* cucharada *f* (grande)

tablespoonful ['teɪbəlspu:nfʊl] *n* cucharada *f* (grande)

tablet ['tæblɪt] *n* **(a)** *(pill)* comprimido *m*, pastilla *f* **(b)** *(inscribed stone)* lápida *f*; IDIOM **to be set in** *or* **written on tablets of stone** ser inamovible **(c)** *(bar) (of soap)* pastilla *f*; *(of chocolate)* tableta *f* **(d)** *Comptr* tableta *f*

tableware ['teɪbəlweə(r)] *n* servicio *m* de mesa, vajilla *f*

tabloid ['tæblɔɪd] *n* *(newspaper)* diario *m* popular *or* sensacionalista *(de formato tabloide)*; **the t. press, the tabloids** la prensa popular *or* sensacionalista; *Pej* **t. journalism** periodismo *m* sensacionalista

taboo [tə'bu:] **1** *n (pl* **taboos***)* tabú *m*

2 *adj* tabú

tabular ['tæbjʊlə(r)] *adj* **in t. form** en forma tabular

tabulate ['tæbjʊleɪt] *vt* *(arrange in table)* tabular

tabulator ['tæbjʊleɪtə(r)] *n* tabulador *m*

tachograph ['tækəgrɑ:f] *n Aut* tacógrafo *m*

tachometer [tæ'kɒmɪtə(r)] *n Aut* tacómetro *m*

tachycardia [tækɪ'kɑ:dɪə] *n Med* taquicardia *f*

tacit ['tæsɪt] *adj* tácito(a)

tacitly ['tæsɪtlɪ] *adv* tácitamente

taciturn ['tæsɪtɜ:n] *adj* taciturno(a), retraído(a)

tack¹ [tæk] **1** *n* **(a)** *(small nail)* tachuela *f* **(b)** *(thumbtack)* chincheta *f* **(c)** *Naut* bordada *f*; *Fig* **to change t.** cambiar de enfoque

2 *vt* **(a)** *(fasten) (with nail)* clavar; *(with thumbtack)* sujetar con chincheta; *Fig* **to t. sth on** *(add)* añadir algo a posteriori **(b)** *(in sewing)* **to t. up a hem** hilvanar un dobladillo

3 *vi Naut* dar bordadas

tack² *n (saddle, harness, bridle)* arreos *mpl*

tackiness ['tækɪnɪs] *n* **(a)** *(stickiness)* pegajosidad *f* **(b)** *Fam (tastelessness)* chabacanería *f*, mal gusto *m*

tackle ['tækəl] **1** *n* **(a)** *(equipment)* equipo *m*; **(fishing) t.** aparejos *mpl* de pesca

(b) *(challenge) (in soccer, hockey)* entrada *f*; *(in rugby, American football)* placaje *m*; **sliding t.** *(in soccer)* entrada *f* en plancha; **late t.** *(in soccer)* entrada *f* a destiempo

(c) *Br Fam Hum* **(wedding) t.** vergüenzas *fpl*

(d) *(position in American football)* tackle *m*

2 *vt* **(a)** *(deal with)* abordar; *(confront)* enfrentarse a; **to t. sb about sth** *(confront)* plantear algo a alguien, abordar a alguien para tratar algo

(b) *(in soccer, hockey)* entrar a; *(in rugby, American football)* hacer un placaje a

3 *vi* *(in soccer, hockey)* hacer una entrada; *(in rugby, American football)* hacer un placaje

tacky ['tækɪ] *adj* **(a)** *(sticky)* pegajoso(a) **(b)** *Fam (tasteless) (person, dress)* ordinario(a), *Esp* hortera, *Méx* gacho(a), *Col* corroncho(a); *(behaviour)* impresentable, *Esp* cutre

tact [tækt] *n* tacto *m*, discreción *f*

tactful ['tæktfʊl] *adj* discreto(a), diplomático(a)

tactfully ['tæktfʊlɪ] *adv* discretamente, con tacto

tactic ['tæktɪk] *n* táctica *f*; **tactics** táctica *f*; **to change one's tactics** cambiar de táctica

tactical ['tæktɪkəl] *adj* táctico(a) ▫ ***Pol t. voting*** voto *m* útil

tactically ['tæktɪklɪ] *adv* tácticamente

tactician [tæk'tɪʃən] *n* táctico(a) *m,f*

tactile ['tæktaɪl] *adj* táctil

tactless ['tæktlɪs] *adj* falto(a) de tacto, indiscreto(a)

tactlessly ['tæktlɪslɪ] *adv* indiscretamente, sin tacto alguno

tactlessness ['tæktlɪsnɪs] *n* indiscreción *f*, falta *f* de tacto

tad [tæd] *n Fam* **a t.** un poquitín, un pelín, *Am* un chiquitín; **a t. short** un poquitín *or* pelín *or Am* chiquitín corto

tadpole ['tædpəʊl] *n* renacuajo *m*

Tadzhikistan, Tajikistan [tædʒɪkɪ'stɑ:n] *n* Tayikistán

taekwondo [taɪkwɒn'dəʊ] *n* taekwondo *m*

taffeta ['tæfɪtə] *n* tafetán *m*

taffy ['tæfɪ] *n US* caramelo *m* de melaza

tag [tæg] **1** *n* **(a)** *(label)* etiqueta *f* ▫ ***Gram t. question*** cláusula *f* final interrogativa **(b)** *(game)* **to play t.** jugar a pillarse *or* al corre que te pillo

2 *vt (pt & pp* **tagged***)* **(a)** *(label)* etiquetar **(b)** *(in baseball)* = eliminar entre bases a un jugador tocándole con la bola

▸**tag along** *vi* pegarse; **to t. along with**

sb pegarse a alguien
▸**tag on** *vt sep* añadir (a posteriori)
tagliatelle [tæglɪə'telɪ] *n* tallarines *mpl*
Tagus ['teɪgəs] *n* **the T.** el Tajo
tahini [tə'hi:nɪ] *n* tahín *m*, = pasta de semillas de sésamo
Tahiti [tə'hi:tɪ] *n* Tahití
Tahitian [tə'hi:ʃən] *n & adj* tahitiano(a) *m,f*
tai chi [taɪ'tʃi:] *n* tai-chi *m*
tail [teɪl] **1** *n* (**a**) *(of bird, fish, plane)* cola *f*; *(of mammal, reptile)* rabo *m*, cola *f*; *(of shirt)* faldón *m*; **tails, t. coat** frac *m* ▫ ***t. end*** *(of conversation, movie)* final *m*
(**b**) **tails** *(of coin)* cruz *f*, *Chile, Col* sello *m*, *Méx* sol *m*, *RP* seca *f*
(**c**) *Fam (person following a criminal)* perseguidor(ora) *m,f*; **to put a t. on sb** hacer seguir a alguien
(**d**) *Fam (buttocks)* trasero *m*
(**e**) *US very Fam (woman)* **a piece of t.** una chorba, *Méx* una vieja, *RP* una piba
(**f**) IDIOMS **with his t. between his legs** con el rabo entre las piernas; **to be on sb's t.** pisarle los talones a alguien; *Fam* **to turn t.** salir corriendo *or Esp* por piernas; **it's a case of the t. wagging the dog** es una situación en la que el que menos pinta es el que tiene la sartén por el mango
2 *vt Fam (follow)* seguir a todas partes
▸**tail away** = **tail off**
▸**tail back** *vi (of traffic)* formar caravana
▸**tail off** *vi (of attendance)* decrecer; *(of performance)* decaer; *(of demand, interest)* disminuir; *(of voice)* desvanecerse
tailback ['teɪlbæk] *n Aut* caravana *f*
tailboard ['teɪlbɔ:d] *n Aut* puerta *f* trasera
tailgate ['teɪlgeɪt] *Aut* **1** *n* puerta *f* trasera
2 *vt Esp* conducir *or Am* manejar pegado a, pisar los talones a
tailless ['teɪllɪs] *adj* sin cola
taillight ['teɪllaɪt] *n Aut* luz *f* trasera
tailor ['teɪlə(r)] **1** *n* sastre *m*; **t.'s (shop)** sastrería *f* ▫ ***t.'s dummy*** maniquí *m*
2 *vt (suit)* confeccionar; *Fig (speech, policy)* adaptar (**to** a)
tailored ['teɪləd] *adj (tailor-made)* hecho(a) a medida; *(fitted)* entallado(a)
tailor-made ['teɪləmeɪd] *adj (suit)* hecho(a) a medida; *Fig (product)* diseñado(a) a medida *or* ex profeso; **the job was t. for her** el trabajo parecía hecho a su medida
tailpiece ['teɪlpi:s] *n* (**a**) *(of plane)* cola *f* (**b**) *(concluding part)* coletilla *f*, colofón *m*
tailpipe ['teɪlpaɪp] *n US Aut* tubo *m* de escape
tailplane ['teɪlpleɪn] *n Av* plano *m* de cola
tailspin ['teɪlspɪn] *n Av* barrena *f*; *Fig* **to go into a t.** entrar en barrena
tailwind ['teɪlwɪnd] *n* viento *m* de cola
taint [teɪnt] **1** *n* impureza *f*, contaminación *f*; *Fig* tara *f*
2 *vt (contaminate)* contaminar; *Fig* manchar
tainted ['teɪntɪd] *adj (meat)* contaminado(a); *Fig (reputation)* manchado(a)
Taiwan [taɪ'wɑ:n] *n* Taiwán
Taiwanese [taɪwə'ni:z] *n & adj* taiwanés(esa) *m,f*
Tajikistan = **Tadzhikistan**

TAKE [teɪk] **1** *vt* (*pt* **took** [tʊk], *pp* **taken** ['teɪkən]) (**a**) *(grasp)* tomar, agarrar, *Esp* coger; **let me t. your coat** dame el abrigo; **to t. hold of sth** agarrar algo; **to t. sb's arm, to t. sb by the arm** tomar *or Esp* coger a alguien del brazo; **to t. sb in one's arms** tomar *or Esp* coger en brazos a alguien; **he took the ball on his chest** paró la pelota con el pecho; **to t. the opportunity to do sth** aprovechar la oportunidad para hacer algo
(**b**) *(remove, steal)* tomar, *Esp* coger; **to t. sth from sb** quitarle *or Am* sacarle algo a alguien; **she took an envelope from her pocket** sacó un sobre del bolsillo; **the music is taken from an opera by Puccini** la música está sacada de una ópera de Puccini; *Math* **t. six from ten** resta seis a diez; **to t. sth out of sth** sacar algo de algo; **to t. the credit for sth** apuntarse el mérito de algo
(**c**) *(capture) (town)* tomar; *Pol (seat)* conquistar; *(chess piece)* comer(se); **to t. first prize/the first set** ganar el primer premio/el primer set; **to t. power** hacerse con el poder; **to t. sb prisoner** hacer prisionero a alguien
(**d**) *(record) (temperature, notes)* tomar; **to t. sb's details** tomar los datos de alguien; **to t. a letter** tomar nota de una carta; **to t. sb's pulse** tomar el pulso a alguien
(**e**) *(earn) (money)* hacer
(**f**) *(bring, lead, carry)* llevar; **don't forget to t. your keys (with you)** no te olvides de llevarte *or Esp* coger las llaves; **to t. flowers to sb, to t. sb flowers** llevarle flores a alguien; **to t. sb home/to a restaurant** llevar a alguien a casa/a un restaurante; **this road will t. you to their house** esta carretera te llevará hasta su casa; *Fam* **I can't t. you anywhere** no se te puede llevar a ningún sitio *or* sacar de casa; **I will t. my business elsewhere** no volveré a comprar aquí; **she took me shopping** me llevó de compras; **to t. the dog for a walk** sacar a pasear al perro; **her job takes her all over the world** su trabajo le hace viajar por todo el mundo; **to t. sb to court** llevar a alguien a juicio; **this takes the total to 250** esto sube el total a 250; **if you can get the money we'll t. it from there** si consigues el dinero, entonces veremos
(**g**) *(tolerate) (heat, pressure)* soportar, aguantar; **he can/can't t. his drink** sabe/no sabe beber; **she can't t. criticism/a joke** no sabe aguantar una crítica/broma; **I can't t. being treated like this** no soporto que me traten así; **I can't t. (it) any more** no lo aguanto más
(**h**) *(accept)* aceptar; *(blame, responsibility)* asumir; **will you t. a cheque?** ¿se puede pagar con cheque?; **does this machine t. pound coins?** ¿esta máquina acepta monedas de una libra?; **my car only takes diesel** mi coche sólo funciona con gasóleo; **this bus takes fifty passengers** en este autobús caben cincuenta pasajeros; **t. my advice and don't do it** sigue mi consejo y no lo hagas; **she is unable to t. your call** ahora no puede contestarle; **do you want milk? — I'll t. it as it comes** ¿quieres leche? – me da igual, como te venga mejor; **I t. people as they come** *or* **as I find them** acepto a las personas por lo que son; **t. it or leave it!** ¡lo tomas o lo dejas!; **you can t. it from me that...** créeme cuando te digo que...; **t. that!** *(when hitting sb)* ¡toma ésa!
(**i**) *(react to)* **to t. sth well/badly** tomarse algo bien/mal; **to t. sth/sb seriously** tomar algo/a alguien en serio; **to t. sth the wrong way** malentender algo; **I don't know how to t. her** no sé qué pensar de ella
(**j**) *(assume)* **I t. it that...** supongo que...; **can I t. it (that) you no longer need me?** ¿debo suponer que ya no me necesitas?; **you'll be leaving early, I t. it** te irás pronto, imagino; **we took her to be your sister** pensábamos que era tu hermana; **he is generally taken to be the favourite for the job** se supone que es el favorito para conseguir el trabajo
(**k**) *(require) (effort, dedication, strength)* requerir; **it took four of us to carry him** hicimos falta cuatro para llevarlo; **it takes courage to...** hace falta valor para...; **how long does it t.?** ¿cuánto tiempo lleva *or Am* demora?; **learning a language takes a long time** aprender un idioma lleva mucho tiempo; **it took me an hour to get here** tardé *or Am* demoré una hora en llegar; **I won't t. long** no tardaré *or Am* demoraré mucho; **this verb takes the subjunctive** este verbo lleva subjuntivo; **that will t. some explaining** eso va a ser complicado de explicar; **he didn't t. much convincing** no costó mucho convencerlo; **he's got what it takes** tiene lo que hay que tener; IDIOM *Fam Pej* **it takes one to know one!** ¡mira quién fue a hablar!
(**l**) *(consume) (tablet, medicine)* tomar; **to t. drugs** tomar drogas; **do you t. sugar in your tea?** ¿tomas el té con azúcar?; *Formal* **we will t. tea in the garden** tomaremos el té en el jardín
(**m**) *(wear) (shoe size)* calzar; *(dress size)* usar
(**n**) *(buy)* comprar; **I'll t. the red one** me quedo con el rojo; **we t. the Guardian** compramos el Guardian
(**o**) *Br (rent) (holiday home, apartment)* alquilar, *Méx* rentar
(**p**) *(get on) (bus, train, plane, road)* tomar, *Esp* coger; **I decided not to t. the car** decidí no ir en coche *or Am* carro *or Chile, RP* auto, *Esp* decidí no coger el coche; **t. the first turning on the left** gira por la primera a la izquierda
(**q**) *(adopt) (precautions, measures)* tomar; **to t. legal advice** consultar a un abogado; **I t. the view that...** yo soy de la opinión de que...
(**r**) *(use as example)* **t. the Germans...** los alemanes, por ejemplo,...; **to t. sth as an example** tomar algo como ejemplo
(**s**) *(have)* **to t. a bath** darse un baño; **to t.**

a break descansar; **to t. a holiday** tomarse unas vacaciones; **to t. a look at sth** echar un vistazo a algo; **to t. a seat** sentarse, tomar asiento; **to t. a walk** dar un paseo

(**t**) *Educ (exam, subject, course)* hacer; **he takes them for English** *(teaches them)* les da inglés

(**u**) *Sport (penalty)* lanzar; *(corner)* lanzar, botar; **to t. a throw-in** sacar *or* lanzar de banda

(**v**) *(make)* **to t. a photograph of sb/sth** hacer *or* sacar una fotografía a alguien/algo

(**w**) *(negotiate) (bend)* tomar; *(fence)* saltar

(**x**) *(start to suffer from)* **to t. fright** asustarse; **to be taken ill** ponerse enfermo(a)

(**y**) *(show)* **to t. an interest in sth/sb** interesarse por algo/alguien; **to t. pity on sb** apiadarse *or* compadecerse de alguien

(**z**) *(have sex with)* poseer

2 *vi (be successful) (of fire)* prender; *(of plant cutting)* arraigar; *(of dye)* agarrar, *Esp* coger; *(of innovation)* cuajar; **the graft didn't take** el injerto fue rechazado

3 *n* (**a**) *(recording) (of film, music)* toma *f*; *Fig* **what's your t. on events?** ¿cuál es tu versión de los hechos?

(**b**) *(money)* recaudación *f*; IDIOM *Fam* **to be on the t.** llenarse los bolsillos, *Esp* engordar el bolsillo

▸**take after** *vt insep (resemble)* parecerse a

▸**take against** *vt insep (come to dislike)* tomar *or Esp* coger manía a

▸**take along** *vt sep* llevar

▸**take apart** *vt* (**a**) *(dismantle) (machine, engine)* desmontar (**b**) *(criticize) (argument)* destrozar; *(person)* vapulear (**c**) *(defeat easily)* destrozar

▸**take away 1** *vt sep (remove)* quitar, *Am* sacar; *Math* restar (**from** de); **to t. sth away from sb** quitar *or Am* sacar algo a alguien; **guards, t. him away!** ¡guardias, llévenselo!

2 *vi* (**a**) *Br (of food)* **is it to eat in or to t. away?** ¿es para comer aquí o para llevar? (**b**) *(detract)* **to t. away from the pleasure/value of sth** restar placer/valor a algo

▸**take back** *vt sep* (**a**) *(return)* devolver; **I'll t. you back to your house** te llevaré de vuelta a tu casa; **that takes me back to my childhood** eso me hace volver a la infancia; **that photo takes me back** esa foto me trae muchos recuerdos (**b**) *(accept again) (former employee)* readmitir; *(faulty goods)* admitir (devolución de); **she's a fool to t. him back** es tonta por dejarle volver (**c**) *(withdraw) (remark)* retirar; **t. that back!** ¡retira eso!

▸**take down** *vt sep* (**a**) *(remove) (from shelf)* bajar; *(poster, curtains)* quitar, *Am* sacar (**b**) *(lower)* **to t. down one's trousers** bajarse los pantalones (**c**) *(dismantle) (tent, scaffolding)* desmontar; *(wall, barricade)* desmantelar; *(decorations, Christmas tree)* quitar, *Am* sacar (**d**) *(lengthen) (hem)* sacar; *(skirt)* alargar (**e**) *(record)* anotar, apuntar; *(notes)* tomar

▸**take for** *vt sep* **I took him for somebody else** lo tomé por *or* lo confundí con otro; **what do you t. me for?** ¿por quién me tomas?

▸**take in** *vt sep* (**a**) *(lead, carry) (person)* conducir dentro; *(harvest, washing)* recoger (**b**) *(orphan)* acoger; *(lodgers)* admitir; **the police have taken him in for questioning** la policía se lo ha llevado para interrogarlo

(**c**) *(garment)* meter

(**d**) *(include)* abarcar, cubrir; **the tour takes in all the major sights** el recorrido cubre todos los principales puntos de interés

(**e**) *(understand)* asimilar; **to t. in the situation** hacerse cargo de la situación; **it's a lot to t. in all at once** es mucho como para asimilarlo todo de golpe

(**f**) *US (watch) (movie, play)* ir a ver

(**g**) *(deceive)* engañar, embaucar

(**h**) *(ingest) (food, liquid)* ingerir

▸**take off 1** *vt sep* (**a**) *(remove) (lid, sheets)* quitar, *Am* sacar; **to t. off one's clothes/make-up** quitarse *or Am* sacarse la ropa/el maquillaje; **to t. sth off sb** quitar *or Am* sacar algo a alguien; **t. your feet off the table!** ¡quita *or Am* saca los pies de la mesa!; **the contaminated product was taken off the shelves** retiraron el producto contaminado de las tiendas; **he never took his eyes off us** no apartó la mirada de nosotros; **he took £10 off (the price)** rebajó 10 libras (del precio); **to t. sth off sb's hands** quitar *or Am* sacar algo de las manos a alguien; **to t. years off sb** *(of clothes, diet)* quitar *or Am* sacarle a alguien años de encima

(**b**) *(lead) (person)* llevar; **to t. oneself off** retirarse

(**c**) *(mimic)* imitar

(**d**) *(not work)* **to t. the day off** tomarse el día libre; **he suggested that I t. some time off work** me sugirió que me tomara unos días de vacaciones

(**e**) *Sport (player)* sustituir; **to t. a player off** sustituir a un jugador

2 *vi* (**a**) *(leave) (of plane)* despegar, *Am* decolar; *Fam (of person)* marcharse, irse

(**b**) *Fam (succeed)* empezar a cuajar; **it never took off** nunca cuajó

▸**take on** *vt sep* (**a**) *(accept) (task, responsibility, work)* aceptar (**b**) *(confront) (problem, opponent)* enfrentarse a; **I'll t. you on at chess!** ¡te desafío a una partida de ajedrez! (**c**) *(load up) (supplies)* reponer; *(fuel)* repostar; *(passengers)* recoger (**d**) *(hire) (worker)* contratar (**e**) *(acquire)* tomar, adquirir; **her face took on an anxious appearance** su cara tomó una apariencia de ansiedad

▸**take out** *vt sep* (**a**) *(remove)* sacar; **he took a gun out of his pocket** sacó una pistola del bolsillo; **to t. money out of one's account** sacar dinero de la cuenta; **her job really takes it out of her** su trabajo la deja totalmente agotada; **to t. it out on sb** pagarla *or* desahogarse con alguien; *Br* **I tried to t. him out of himself** *(cheer up)* intenté animarle

(**b**) *(invite) (person)* sacar; **to t. sb out for a meal/to a restaurant** llevar a alguien a comer/a un restaurante

(**c**) *(delete) (passage of text)* suprimir

(**d**) *(destroy)* liquidar, eliminar; *Fam (kill)* asesinar a, *Esp* cepillarse a

(**e**) *(obtain) (licence)* sacarse; *(insurance policy)* contratar, suscribir; *(advert)* poner; *(injunction)* obtener; **to t. out a subscription** suscribirse; **I had to t. out a loan to pay for my studies** tuve que pedir un préstamo para pagarme los estudios

▸**take over 1** *vt sep* (**a**) *(become responsible for)* hacerse cargo de; **I'll t. over the driving if you like** ya conduciré *or Am* manejaré yo si quieres (**b**) *(take control of) (place)* tomar; *(company)* absorber, adquirir; *(government, country)* apoderarse de

2 *vi* (**a**) *(assume power)* tomar el poder; *(in job)* tomar posesión (**b**) *(relieve)* tomar el relevo (**from** de)

▸**take through** *vt sep (explain)* **to t. sb through sth** explicar algo a alguien

▸**take to** *vt insep* (**a**) *(go to)* **to t. to one's bed** meterse en la cama; **to t. to the hills** echarse al monte; **protesters took to the streets** los manifestantes se echaron a la calle (**b**) *(adopt habit of)* **to t. to doing sth** adquirir la costumbre de hacer algo, empezar a hacer algo; **to t. to drink** darse a la bebida (**c**) *(like)* **I took to them** me cayeron bien; **I've taken to Canada** le he tomado *or Esp* cogido cariño a Canadá; **I don't t. kindly to that sort of treatment** no me sabe nada bien que me traten así

▸**take up** *vt sep* (**a**) *(carry)* subir

(**b**) *(lead) (person)* llevar, subir

(**c**) *(pick up, take hold of)* agarrar, *Esp* coger

(**d**) *(lift) (carpet, floorboards, paving stones)* levantar

(**e**) *(shorten) (skirt, hem)* subir, acortar

(**f**) *(accept) (challenge, offer, suggestion)* aceptar; **to t. sb up on an offer** aceptar una oferta de alguien; **I'll t. you up on that!** ¡te tomo la palabra!

(**g**) *(address) (subject, problem)* discutir (**with** con); *(cause)* adoptar; **I am taking the matter up with the authorities** voy a informar *or CAm, Méx* reportar del asunto a las autoridades; **can I t. you up on that last point?** ¿podría pedirle que me explicara con más detalle ese úlitmo punto?

(**h**) *(assume) (position)* tomar; *(post, duties)* asumir

(**i**) *(continue with) (tune, song)* retomar; **she paused and I took up the story** hizo una pausa y yo continué con la historia; **we t. up the story just after...** retomamos la historia justo después de...

(**j**) *(hobby, studies)* **she's taken up fencing/psychology** ha empezado a practicar esgrima/estudiar psicología

(**k**) *(occupy) (space, time, attention)* ocupar; **most of the document is taken up with tables of statistics** la mayor parte del documento está lleno de tablas estadísticas

▸**take upon** *vt sep* **she took it upon herself to tell him my secret** decidió por su cuenta contarle mi secreto

▸**take up with** *vt insep (become friendly with)* trabar amistad con

takeaway ['teɪkəweɪ] *Br* **1** *n (food)* comida *f* para llevar; *(restaurant)* establecimiento *m* de comida para llevar
2 *adj (food)* para llevar

take-home pay ['teɪkhəʊm'peɪ] *n* salario *m* neto

taken ['teɪkən] **1** *adj* (**a**) *(occupied)* **is this seat t.?** ¿está ocupado este asiento? (**b**) *(impressed)* **I was very t. with him/it** me impresionó mucho
2 *pp of* **take**

takeoff ['teɪkɒf] *n* (**a**) *(imitation)* imitación *f*; **to do a t. of sb** imitar a alguien (**b**) *(of plane)* despegue *m*, *Am* decolaje *m* (**c**) *(of economy, campaign)* despegue *m*

takeout ['teɪkaʊt] *US* **1** *n (food)* comida *f* para llevar
2 *adj (food)* para llevar

takeover ['teɪkəʊvə(r)] *n* (**a**) *Com (of company)* absorción *f*, adquisición *f* ▫ ***t. bid*** oferta *f* pública de adquisición (de acciones), OPA *f* (**b**) *Pol* ocupación *f*

taker ['teɪkə(r)] *n* **there were no takers** nadie aceptó la oferta; **any takers?** ¿hay alguien interesado?

take-up ['teɪkʌp] *n (of share offer)* grado *m* de aceptación; *(of benefits)* número *m* de solicitudes

taking ['teɪkɪŋ] *n* **it's yours for the t.** está a tu disposición; *Com* **takings** recaudación *f*

talc [tælk] *n* talco *m*

talcum powder ['tælkəm'paʊdə(r)] *n* polvos *mpl* de talco

tale [teɪl] *n* (**a**) *(story)* historia *f*; *(legend)* cuento *m*; **she lived to tell the t.** vivió para contarlo; **t. of woe** drama *m* personal (**b**) *(lie)* cuento *m*, patraña *f*; **to tell tales (about sb)** contar patrañas (sobre alguien)

talent ['tælənt] *n* (**a**) *(ability)* talento *m*, dotes *fpl* (**for** para); **she has a t. for music** tiene talento *or* dotes para la música (**b**) *(person with ability)* talento *m* ▫ *Mus & Sport* ***t. scout*** *or* ***spotter*** cazatalentos *mf inv* (**c**) *Br Fam (attractive people)* ganado *m*, titis *mpl*

talented ['tæləntɪd] *adj* con talento

talisman ['tælɪzmən] *n* talismán *m*

TALK [tɔ:k] **1** *n* (**a**) *(conversation)* conversación *f*, charla *f*, *CAm, Méx* plática *f*; **to have a t. with sb** hablar con alguien; **it's women's t.** son cosas de mujeres; **that's the sort of t. we usually hear from the government** esa es la típica forma de hablar del gobierno; **all this t. is getting us nowhere** tanto hablar no nos lleva a ninguna parte; **I don't believe what they said, I think it's just t.** no me creo lo que dijeron, no son más que habladurías; IDIOM *Fam* **to be all t. (and no action)** hablar mucho (y no hacer nada) ▫ *TV & Rad* ***t. show*** programa *m* de entrevistas
(**b**) **talks** *(negotiations)* conversaciones *fpl*
(**c**) *(gossip)* habladurías *fpl*; *(speculation)* especulaciones *fpl*; **there is some t. of his returning** se dice que va a volver; **it's the t. of the town** es la comidilla local
(**d**) *(lecture)* conferencia *f*, charla *f*
2 *vt* (**a**) *(speak) (a language)* hablar; *Fam* **we're talking serious money** hablamos de un montón de *Esp* pasta *or Am* plata; **to t. nonsense** *or Br* **rubbish** decir tonterías; **to t. politics** hablar de política; **to t. (common) sense** hablar con sensatez *or* con sentido común; **to t. (some) sense into sb** hacer entrar en razón a alguien; **she can t. her way out of anything** sabe salir con palabras de cualquier situación; IDIOM *US* **to t. a blue streak** hablar como una cotorra; IDIOM *US Fam* **to t. turkey** hablar de cosas serias
(**b**) *(convince)* **to t. sb into/out of doing sth** persuadir a alguien para que haga/para que no haga algo; **she talked me into it** me convenció; **she wanted to tell them, but I talked her out of it** quería contárselo, pero la convencí para que no lo hiciera
3 *vi* (**a**) *(speak)* hablar, *Am* conversar, *Méx* platicar (**to/about** con/de); **to make a prisoner t.** hacer hablar a un prisionero; **can we t. a moment?** ¿podríamos hablar *or Am* conversar *or Méx* platicar un momento?; **we're not talking (to each other)** *(have fallen out)* no nos hablamos; **once we got talking, I started to like her** una vez que empezamos a hablar *or Am* conversar *or Méx* platicar, comenzó a gustarme; **what are you talking about?** ¡pero qué dices!; **I don't know what you're talking about** no sé de qué me hablas; **she knows what she's talking about** sabe de lo que habla; **t. about stupid/luck!** ¡qué estúpido/suerte!; **to t. of** *or* **about doing sth** hablar de hacer algo; **talking of embarrassing situations,...** hablando de situaciones embarazosas,...; **I'm talking to you, young man!** ¡le hablo a usted, jovencito!; **to t. to oneself** hablar solo; *Fam* **now you're talking!** ¡así se habla!; *Fam* **YOU can t.!, look who's talking!, you're a fine one to t.!** ¡mira quién fue a hablar!; **to t. big** farolear; **to t. dirty** decir obscenidades; **to t. tough** hablar con contundencia
(**b**) *(gossip)* murmurar, *Esp* cotillear (**about** sobre); **people will t. if we do that** si hacemos eso la gente murmurará
(**c**) *(give lecture)* dar una conferencia (**on** sobre)

▸**talk at** *vt insep* **he doesn't so much talk TO you as AT you** más que hablarte te suelta su monólogo

▸**talk back** *vi* responder, replicar

▸**talk down 1** *vt sep* (**a**) *(detract from)* menospreciar (**b**) *(coax)* **air traffic control talked him down** la torre de control le dio instrucciones por radio sobre cómo aterrizar; **the policeman talked him down from the top of the building** el policía le convenció para que no saltara desde lo alto del edificio
2 *vi* **to t. down to sb** hablar con aires de superioridad a alguien

▸**talk out** *vt sep (resolve)* **we need to t. out our problems** tenemos que hablar hasta encontrar una solución a nuestros problemas

▸**talk over** *vt sep* hablar de, tratar de

▸**talk round 1** *vt insep (problem, issue)* eludir
2 *vt sep Br (convince)* convencer

▸**talk through 1** *vt insep* IDIOM *Fam* **to t. through one's hat** hablar sin conocimiento de causa
2 *vt sep* (**a**) *(explain)* **to t. sb through sth** explicarle algo a alguien (**b**) *(discuss in detail)* discutir en detalle

▸**talk up** *vt sep (chances, possibility)* exagerar

talkative ['tɔ:kətɪv] *adj* hablador(ora), locuaz

talker ['tɔ:kə(r)] *n* hablador(ora) *m,f*; **he's not much of a t.** no habla mucho, es más bien reservado

talking ['tɔ:kɪŋ] **1** *n* **there's too much t.** se habla demasiado; **leave the t. to me** deja que hable yo
2 *adj* ***t. book*** audiolibro *m*, = cinta *f* grabada con la lectura de un libro; ***t. point*** tema *m* de conversación; *Fam* ***t. shop*** = sitio u organización donde se habla mucho y se hace poco

talking-to ['tɔ:kɪŋtu:] *(pl* **talking-tos**) *n Fam* sermón *m*, *Esp* rapapolvo *m*; **to give sb a t.** echarle a alguien un buen sermón *or Esp* rapapolvo

tall [tɔ:l] **1** *adj* alto(a); **how t. are you?** ¿cuánto mides?; **I'm six foot t.** mido un metro ochenta; **the building is sixty metres t.** el edificio mide sesenta metros de altura; IDIOM **that's a t. order** eso es mucho pedir; **a t. story** un cuento chino
2 *adv* **to walk** *or* **stand t.** ir *or* andar con la cabeza bien alta

tallboy ['tɔ:lbɔɪ] *n* cómoda *f* alta

Tallin ['tælɪn] *n* Tallin

tallow ['tæləʊ] *n* sebo *m*

tally ['tælɪ] **1** *n* cuenta *f*; **to keep a t. of sth** llevar la cuenta de algo ▫ *Naut* ***t. clerk*** medidor(ora) *m,f*, controlador(ora) *m,f* de carga
2 *vi (of figures, report)* encajar, concordar

tally-ho ['tælɪ'həʊ] *exclam* ¡hala! *(en caza)*

Talmud ['tælmʊd] *n* **the T.** el Talmud

talon ['tælən] *n* garra *f*

tamarind ['tæmərɪnd] *n* tamarindo *m*

tambourine [tæmbə'ri:n] *n Mus* pandereta *f*

tame [teɪm] **1** *adj* (**a**) *(not wild or vicious)* manso(a); *(domesticated)* domesticado(a) (**b**) *(unadventurous)* soso(a)
2 *vt (animal)* domesticar; *Fig (emotion)* dominar

tamely ['teɪmlɪ] *adv (accept, agree to)* dócilmente; **t. worded** pusilánime, blando(a)

tamer ['teɪmə(r)] *n* domador(ora) *m,f*

Tamil ['tæmɪl] **1** *n* (**a**) *(person)* tamil *mf* (**b**) *(language)* tamil *m*
2 *adj* tamil

tamp [tæmp] *vt* **to t. (down)** *(earth)* apisonar; *(tobacco)* apretar

▸**tamper with** ['tæmpə(r)] *vt insep (lock)* intentar forzar; *(documents, records)* manipular, falsear; *(product)* manipular

tamper-proof ['tæmpəpru:f] *adj* imposible de manipular

tampon ['tæmpɒn] *n* tampón *m*

tan[1] [tæn] *n Math* (*abbr* **tangent**) tangente *f*

tan[2] **1** *n* (**a**) *(colour)* marrón *m* claro (**b**) *(from sun)* bronceado *m*, moreno *m*

2 *adj (colour)* marrón claro

3 *vt* (*pt & pp* **tanned**) (**a**) *(leather)* curtir; *Fam* **to t. sb, to t. sb's hide** dar una paliza *or Esp* zurra a alguien (**b**) *(of sun) (skin)* broncear, tostar

4 *vi (of person, skin)* broncearse, ponerse moreno(a)

tandem ['tændəm] *n (bicycle)* tándem *m*; *Fig* **to do sth in t. (with sb)** hacer algo en conjunto *or* al alimón (con alguien)

tandoori [tæn'dʊərɪ] *n* tandori *m*, = método indio de asar la carne en un horno de barro ▫ ***t. chicken*** pollo *m* (al) tandori

tang [tæŋ] *n (taste)* sabor *m* fuerte; *(smell)* olor *m* penetrante

tanga ['tæŋgə] *n* tanga *m*

tangent ['tændʒənt] *n Math* tangente *f*; IDIOM **to go off at a t.** irse por las ramas

tangential [tæn'dʒenʃəl] *adj Formal* tangencial (**to** a)

tangentially [tæn'dʒenʃəlɪ] *adv Formal* tangencialmente, de manera tangencial

tangerine [tændʒə'ri:n] **1** *n (fruit, colour)* mandarina *f*

2 *adj (colour)* naranja, anaranjado

tangible ['tændʒɪbəl] *adj* tangible, palpable ▫ *Fin* ***t. assets*** (activo *m*) inmovilizado *m*

tangibly ['tændʒɪblɪ] *adv* claramente

Tangier(s) [tæn'dʒɪə(z)] *n* Tánger

tangle ['tæŋgəl] **1** *n (of threads, hair)* maraña *f*, lío *m*; *also Fig* **to be in a t.** estar hecho(a) un lío; **to get into a t.** enredarse; *Fig* hacerse un lío

2 *vt* **to get tangled up (in sth)** quedarse enredado(a) (en algo); *Fig* verse involucrado(a) (en algo)

▸**tangle with** *vt insep Fam (quarrel, fight with)* buscarse un lío con

tangled ['tæŋgəld] *adj* enredado(a), enmarañado(a)

tango ['tæŋgəʊ] **1** *n* (*pl* **tangos**) *(dance)* tango *m*

2 *vi* bailar el tango; IDIOM *Fam* **he may have started it, but it takes two to t.** puede que haya empezado él, pero tiene que haber sido cosa de dos

tangy ['tæŋɪ] *adj (taste)* fuerte; *(smell)* penetrante

tank [tæŋk] *n* (**a**) *(container)* depósito *m*; *(on truck, train)* cisterna *f* (**b**) *Mil* tanque *m*, carro *m* de combate; IDIOM *Fam* **to be built like a t.** estar cuadrado(a), ser una mula (**c**) ***t. top*** *(garment)* chaleco *m* de lana

▸**tank along** *vi Fam* ir a toda máquina *or Esp* pastilla

tankard ['tæŋkəd] *n* jarra *f*, bock *m*

tanked up ['tæŋkt'ʌp] *adj Br Fam* **to get t.** agarrarse *or Esp* cogerse un pedo, *Méx* ponerse una peda

tanker ['tæŋkə(r)] *n (ship) (in general)* buque *m* cisterna; *(for oil)* petrolero *m*; *(truck)* (camión *m*) cisterna *f*

tankful ['tæŋkfʊl] *n (of petrol)* depósito *m* lleno; **half a t.** medio depósito

tanned [tænd] *adj* moreno(a), bronceado(a); **to be t.** estar moreno(a) *or* bronceado(a)

tanner ['tænə(r)] *n* curtidor(ora) *m,f*

tannery ['tænərɪ] *n* curtiduría *f*, tenería *f*

tannic acid ['tænɪk'æsɪd] *n* tanino *m*

tannin ['tænɪn] *n* tanino *m*

tanning studio ['tænɪŋ'stju:dɪəʊ] *n* centro *m* de bronceado

tannoy® ['tænɔɪ] *n Br* (sistema *m* de) megafonía *f*; **over the t.** por megafonía

tantalize ['tæntəlaɪz] *vt* poner los dientes largos a (**with** con)

tantalizing ['tæntəlaɪzɪŋ] *adj* sugerente

tantalizingly ['tæntəlaɪzɪŋlɪ] *adv* de forma sugerente; **they came t. close to winning** estuvieron a punto de *or Esp* en un tris de ganar

tantamount ['tæntəmaʊnt] *adj* equivalente; **to be t. to** equivaler a

tantrum ['tæntrəm] *n* rabieta *f*; **to throw a t.** agarrar *or Esp* coger una rabieta

Tanzania [tænzə'nɪə] *n* Tanzania

Tanzanian [tænzə'nɪən] *n & adj* tanzano(a) *m,f*

Taoism ['taʊɪzəm] *n* taoísmo *m*

tap[1] [tæp] **1** *n* (**a**) *Br (faucet)* grifo *m*, *Chile, Col, Méx* llave *f*, *RP* canilla *f*; **on t.** *(of beer)* de barril; *Fig* **to be on t.** *(of person, thing)* estar disponible ▫ ***t. water*** agua *f* del grifo *or Chile, Col, Méx* de la llave *or RP* de la canilla (**b**) *(listening device)* **to put a t. on the phone** intervenir *or* pinchar el teléfono

2 *vt* (*pt & pp* **tapped**) (**a**) *(tree)* sangrar; *(resources)* aprovechar, explotar; *Fam* **to t. sb for money** sacar dinero a alguien (**b**) *(phone)* intervenir, pinchar

tap[2] **1** *n* (**a**) *(light blow)* golpecito *m*; **to give sth a t.** darle un golpecito a algo; **to give sb a t. on the shoulder** darle un golpecito en el hombro a alguien; **we heard a t. at the door** alguien llamó con suavidad a la puerta (**b**) *(dancing)* **t. (dancing)** claqué *m* ▫ ***t. dancer*** bailarín(ina) *m,f* de claqué

2 *vt* (*pt & pp* **tapped**) dar un golpecito a; **I tapped him on the shoulder** le di un golpecito en el hombro

3 *vi* **to t. at** *or* **on the door** llamar suavemente a la puerta; **to t. on the window** dar unos golpecitos en la ventana; **she was tapping away at the computer** estaba venga a teclear en *Esp* el ordenador *or Am* la computadora

tap-dance ['tæp'dɑ:ns] *vi* bailar claqué

tape [teɪp] **1** *n* (**a**) *(ribbon)* cinta *f*; **(adhesive** *or Fam* **sticky) t.** cinta adhesiva; *Sport* **the (finishing) t.** (cinta *f* de) meta *f*; **t. (measure)** cinta *f* métrica (**b**) *(for recording, cassette)* cinta *f* (magnetofónica); **on t.** en cinta ▫ *Comptr* ***t. backup*** copia *f* de seguridad en cinta; ***t. deck*** pletina *f*, platina *f*, *Am* casetera *f*; ***t. recorder*** grabadora *f*, *Esp* casete *m*; ***t. recording*** grabación *f* (magnetofónica)

2 *vt* (**a**) *(stick with tape)* pegar con cinta adhesiva; IDIOM **I've got him/it taped** lo tengo controlado *or Esp* pillado (**b**) *(record)* grabar

3 *vi* grabar

taper ['teɪpə(r)] **1** *n (candle)* candela *f*

2 *vi* estrecharse; *(to a point)* acabar en punta

▸**taper off** *vi (of object)* estrecharse; *(of production, numbers, demand)* disminuir

tape-record ['teɪprɪkɔ:d] *vt* grabar (en cinta)

tapered ['teɪpəd] *adj (table leg, stick)* en punta; *(clothes)* estrecho(a)

tapestry ['tæpɪstrɪ] *n (cloth)* tapiz *m*; *(art)* tapicería *f*; *Fig (of fields)* manto *m*, tapiz *m*; *Fig (of characters)* cuadro *m*; **life's rich t.** las cosas de la vida

tapeworm ['teɪpwɜ:m] *n* tenia *f*, solitaria *f*

tapioca [tæpɪ'əʊkə] *n* tapioca *f*

tapir ['teɪpɪə(r)] *n* tapir *m*

tappet ['tæpɪt] *n Aut* taqué *m*

tapping ['tæpɪŋ] *n (sound)* golpeteo *m*

taproot ['tæpru:t] *n* raíz *f* principal *or* primaria

taps [tæps] *n US Mil (at funeral)* toque *m* de difuntos; *(at night)* toque *m* de retreta *f*

tar [tɑ:(r)] **1** *n* (**a**) *(substance)* alquitrán *m* (**b**) *Old-fashioned Fam (sailor)* marinero *m*

2 *vt* (*pt & pp* **tarred**) alquitranar; **to t. and feather sb** emplumar a alguien; IDIOM **we have all been tarred with the same brush** nos han metido a todos en el mismo saco

taramasalata [tærəmæsə'lɑ:tə] *n* taramasalata *f*, = paté de huevas de pescado, especialmente bacalao, de color rosado

tarantula [tə'ræntjʊlə] *n* tarántula *f*

tardily ['tɑ:dɪlɪ] *adv Formal (late)* tardíamente; *(slowly)* lentamente

tardiness ['tɑ:dɪnɪs] *n Formal (delay)* tardanza *f*, *Am* demora *f*; *(slowness)* lentitud *f*

tardy ['tɑ:dɪ] *adj Formal (late)* tardío(a); *(slow)* lento(a)

tare [teə(r)] *n Com (weight of vehicle)* tara *f*; *(weight allowance for vehicle)* carga *f* máxima autorizada

target ['tɑ:gɪt] **1** *n* (**a**) *(of attack, joke)* blanco *m*, objetivo *m*; *(in archery, shooting)* diana *f*, blanco *m*; **he had become an easy t. for the press** se había convertido en un blanco fácil para la prensa ▫ *TV, Rad & Com* ***t. audience*** audiencia *f* a la que está orientada la emisión; *Ling* ***t. language*** lengua *f* de destino *or* llegada; *Com* ***t. market*** mercado *m* objeto *or* objetivo; *Sport* ***t. practice*** prácticas *fpl* de tiro (**b**) *(aim, goal)* objetivo *m*, meta *f*; **to set oneself a t.** trazarse una meta; **to be on t.** ir según lo previsto; **to be on t. to do sth** ir camino de hacer algo

2 *vt* (**a**) *(aim)* **to t. sth at sth** *(missile)* apuntar algo hacia *or* a algo; *Fig (campaign, TV programme, benefits)* destinar algo a algo (**b**) *(aim at)* apuntar a, tener como objetivo; **she has been targeted as the best person for the job** ha sido elegida *or*

designada como la persona ideal para el puesto

tariff ['tærɪf] *n* (**a**) *(tax)* arancel *m* ▫ ***t. barrier*** *or* ***wall*** barrera *f* arancelaria (**b**) *(price list)* tarifa *f*

tarmac® ['tɑːmæk] **1** *n* (**a**) *(asphalt)* asfalto *m* (**b**) *Av (runway)* pista *f*

2 *vt (pt & pp* **tarmacked***)* asfaltar

tarmacadam® [tɑːmə'kædəm] *n* asfalto *m*

tarn [tɑːn] *n* laguna *f* (de montaña)

tarnish ['tɑːnɪʃ] **1** *vt (metal, reputation)* empañar

2 *vi (of metal)* empañarse, deslucirse

tarot ['tærəʊ] *n* tarot *m* ▫ ***t. card*** carta *f* de(l) tarot

tarpaulin [tɑː'pɔːlɪn] *n* lona *f* impermeable

tarragon ['tærəgən] *n* estragón *m*

tarry ['tærɪ] *vi Literary* demorarse

tarsus ['tɑːsəs] *n Anat* tarso *m*

tart [tɑːt] **1** *n* (**a**) *(cake) (large)* tarta *f*, pastel *m*, torta *f*; *(small)* pastelillo *m* (**b**) *Fam Pej (promiscuous woman)* zorra *f*; *(prostitute)* fulana *f*, *Méx* piruja *f*, *RP* reventada *f*

2 *adj (in taste)* agrio(a); *Fig (in tone)* áspero(a)

▸**tart up** *vt sep Fam (room, building)* remozar; **to t. oneself up** emperifollarse

tartan ['tɑːtən] *n* tartán *m*, tela *f* escocesa; **t. tie** corbata *f* de tela escocesa

Tartar ['tɑːtə(r)] *n* tártaro(a) *m,f*

tartar ['tɑːtə(r)] *n (on teeth)* sarro *m*

tartar(e) sauce ['tɑːtə'sɔːs] *n* salsa *f* tártara

tartaric acid [tɑː'tærɪk'æsɪd] *n* ácido *m* tartárico

tartly ['tɑːtlɪ] *adv* ásperamente

tartness ['tɑːtnɪs] *n (of flavour)* acidez *f*; *Fig (of remark)* aspereza *f*, acritud *f*

tarty ['tɑːtɪ] *adj Fam (clothes)* de fulana; **t. woman** mujerzuela *f*, *Esp* pelandusca *f*, *Méx* piruja *f*

task [tɑːsk] **1** *n* tarea *f*; **to take sb to t. for (doing) sth** reprender a alguien por (haber hecho) algo

2 *vt Com* **to t. sb to do sth** encomendar a alguien la tarea de hacer algo

taskforce ['tɑːskfɔːs] *n Mil* destacamento *m*; *Fig (committee)* equipo *m* de trabajo

taskmaster ['tɑːskmɑːstə(r)] *n* **he is a hard t.** es muy exigente

Tasmania [tæz'meɪnɪə] *n* Tasmania

Tasmanian [tæz'meɪnɪən] *n & adj* tasmano(a) *m,f* ▫ ***T. devil*** diablo *m* de Tasmania

Tasman Sea ['tæzmən'siː] *n* **the T.** el Mar de Tasmania

tassel ['tæsəl] *n* borla *f*

TASTE [teɪst] **1** *n* (**a**) *(flavour)* sabor *m*, gusto *m* (**of** a); **(sense of) t.** (sentido *m* del) gusto; IDIOM **it left a bad** *or* **bitter t. in my mouth** me dejó un mal sabor de boca ▫ *Anat* ***t. bud*** papila *f* gustativa

(**b**) *(sample)* **to have a t. of sth** probar algo; **I'll just have a t. of the ice cream** sólo quiero un poquito de helado; **now that I've had a t. of success, I want more** ahora que ya he saboreado el éxito, quiero más; **a t. of things to come** una muestra de lo que vendrá; IDIOM **to give sb a t. of their own medicine** pagar a alguien con su misma moneda

(**c**) *(liking, preference)* afición *f*, gusto *m* (**for** por); **to acquire** *or* **develop a t. for sth** aficionarse a algo; **I've got a t. for some olives** me apetecen *or Col, Méx, Ven* me provocan *or Méx* se me antojan unas olivas; **I've lost my t. for sweet things** ha dejado de gustarme el *or* lo dulce; **her t. in furniture/men** su gusto en cuestión de muebles/hombres; **add sugar to t.** añada azúcar a su gusto; **it's a matter of t.** es una cuestión de gustos; **I have expensive tastes** tengo gustos caros; **he's a bit short for my t.** es un poco bajo para mi gusto; **classical music is more to my t.** me va más la música clásica; **violent films are not to my t.** las películas violentas no son de mi gusto

(**d**) *(judgement)* gusto *m*; **they have awful** *or* **no t.** tienen un gusto malísimo; **in bad** *or* **poor t.** de mal gusto; **everything was in the best possible t.** todo era de un gusto exquisito

2 *vt* (**a**) *(detect flavour of)* notar (un sabor a); **can you t. the thyme?** ¿notas el (sabor a) tomillo?; **I can't t. my food because of my cold** con este resfriado la comida no me sabe a nada

(**b**) *(sample)* probar; *(of expert taster)* degustar; *(wine)* catar; *Fig* **to t. success/despair** probar el éxito/la desesperación; *Fig* **to t. freedom** disfrutar de la libertad

3 *vi* saber, tener sabor (**of** *or* **like** a); **it tastes delicious** sabe delicioso; **it tastes fine to me** a mí me sabe bien

---

tasteful ['teɪstfʊl] *adj* de buen gusto

tastefully ['teɪstfəlɪ] *adv* con buen gusto

tasteless ['teɪstlɪs] *adj* (**a**) *(food)* insípido(a) (**b**) *(remark, clothes)* de mal gusto

tastelessly ['teɪstlɪslɪ] *adv* sin gusto, con mal gusto

taster ['teɪstə(r)] *n* (**a**) *(person)* catador(ora) *m,f* (**b**) *(sample)* **would you like a t.?** ¿te gustaría probarlo? (**c**) *(foretaste)* muestra *f*, anticipo *m*

tasting ['teɪstɪŋ] *n* degustación *f*; **wine t.** cata *f* de vinos

tasty ['teɪstɪ] *adj* (**a**) *(delicious)* sabroso(a), rico(a) (**b**) *Fam (good-looking)* bueno(a), *Esp* apetitoso(a); *(good) Esp* estupendo(a), *Andes, Carib* chévere, *Méx* padre, *RP* bárbaro(a)

tat [tæt] *n Fam* baratijas *fpl*

ta-ta [tə'tɑː] *exclam Br Fam Esp* ¡chao!, *Am* ¡chau!

tattered ['tætəd] *adj* andrajoso(a)

tatters ['tætəz] *npl* **to be in t.** *(of clothes)* estar hecho(a) jirones; *Fig (ruined)* haber quedado arruinado(a)

tattle ['tætəl] **1** *n* habladurías *fpl*, chismes *mpl*

2 *vi* chismorrear, *Am* chismear, *Col, Méx* chismosear

tattoo¹ [tə'tuː] *(pl* **tattoos***) n* (**a**) *(on drum)* retreta *f* (**b**) *(military show)* = espectáculo con bandas militares

tattoo² **1** *n (pl* **tattoos***) (design)* tatuaje *m*

2 *vt* tatuar

tattooist [tə'tuːɪst] *n* tatuador(ora) *m,f*

tatty ['tætɪ] *adj Fam* ajado(a), *Esp* sobado(a)

taught [tɔːt] *pt & pp of* **teach**

taunt [tɔːnt] **1** *n (words)* pulla *f*

2 *vt* mofarse de, hacer mofa de

taunting ['tɔːntɪŋ] **1** *n* pullas *fpl*

2 *adj* hiriente, burlón(ona)

Taurus ['tɔːrəs] *n (sign of zodiac)* tauro *m*; **to be (a) T.** ser tauro

taut [tɔːt] *adj also Fig* tenso(a)

tauten ['tɔːtən] **1** *vt* tensar

2 *vi* tensarse

tautness ['tɔːtnɪs] *n* tensión *f*

tautological [tɔːtə'lɒdʒɪkəl], **tautologous** [tɔː'tɒlədʒəs] *adj* tautológico(a)

tautology [tɔː'tɒlədʒɪ] *n* tautología *f*

tavern ['tævən] *n Literary* taberna *f*

tawdry ['tɔːdrɪ] *adj (conduct, motive)* oscuro(a), sórdido(a); *(decor, jewellery)* de oropel

tawny ['tɔːnɪ] *adj* leonado(a) ▫ ***t. owl*** cárabo *m*

tax [tæks] **1** *n (levy)* impuesto *m*, tributo *m*; *(taxation)* impuestos *mpl*; **to pay t.** ser un/una contribuyente, pagar impuestos; **before/after t.** antes/después de impuestos ▫ ***t. allowance*** mínimo *m* exento, tramo *m* (de ingresos) libre de impuestos; ***t. avoidance*** elusión *f* fiscal; ***t. bracket*** banda *f* impositiva, tramo *m* impositivo; ***t. collector*** recaudador(ora) *m,f* de impuestos; ***t. cut*** reducción *f* fiscal; *Br* ***t. disc*** *(on vehicle)* pegatina *f* del impuesto de circulación; *Fam* ***t. dodge*** trampa *f* para engañar a Hacienda; *Fam* ***a t. dodger*** un defraudador fiscal; ***t. evasion*** fraude *m or* evasión *f* fiscal; ***t. exile*** *(person)* exiliado(a) *m,f* fiscal; ***t. haven*** paraíso *m* fiscal; *Br* ***t. inspector*** inspector(ora) *m,f* de Hacienda; ***t. incentive*** incentivo *m* fiscal; ***t. relief*** desgravación *f* fiscal; ***t. return*** declaración *f* de la renta; ***t. system*** sistema *m* impositivo; ***t. year*** año *m* fiscal

2 *vt* (**a**) *Fin (goods, income)* gravar; *(people)* cobrar impuestos a

(**b**) *(resources, patience, knowledge)* poner a prueba

(**c**) *Formal (accuse)* **he was taxed with having lied** se le imputó haber mentido

taxable ['tæksəbl] *adj* gravable, imponible ▫ ***t. income*** ingresos *mpl* sujetos a gravamen, ≃ base *f* imponible

taxation [tæk'seɪʃən] *n (system)* fiscalidad *f*, sistema *m* fiscal *or* tributario; **an increase in t.** un aumento de los impuestos

tax-deductible ['tæksdɪ'dʌktɪbəl] *adj* desgravable

tax-free ['tæks'friː] **1** *adj* libre de impuestos

2 *adv* sin pagar impuestos

taxi ['tæksɪ] **1** *n* taxi *m* ▫ ***t. driver*** taxista

mf; ***t.*** *Br* ***rank*** *or US* ***stand*** parada *f* de taxis
2 *vi (of aircraft)* rodar

taxicab ['tæksɪkæb] *n* taxi *m*

taxidermist ['tæksɪdɜ:mɪst] *n* taxidermista *mf*

taxidermy ['tæksɪdɜ:mɪ] *n* taxidermia *f*

taximeter ['tæksɪmi:tə(r)] *n* taxímetro *m*

taxing ['tæksɪŋ] *adj* difícil, arduo(a)

taxman ['tæksmæn] *n* **the t.** *(tax authority)* el fisco, Hacienda *f*

taxonomic [tæksə'nɒmɪk] *adj* taxonómico(a)

taxonomy [tæk'sɒnəmɪ] *n* taxonomía *f*

taxpayer ['tækspeɪə(r)] *n* contribuyente *mf*

TB [ti:'bi:] *n (tuberculosis)* tuberculosis *f inv*

tbsp (*abbr* **tablespoon** *or* **tablespoonful**) cucharada *f* (grande)

t-cell ['ti:sel] *n Med* célula *f* T

TCP® [ti:si:'pi:] *n* (*abbr* **trichlorophenylmethyliodosalicyl**) = compuesto antiséptico y desinfectante, utilizado para pequeñas heridas, limpieza de la boca, etc.

TCP/IP *n Comptr* (*abbr* **transmission control protocol/Internet protocol**) TCP/IP *m*

TD [ti:'di:] *n* (*abbr* **touchdown**) ensayo *m*

te [ti:] *n Mus* si *m*

tea [ti:] *n* **(a)** *(plant, drink)* té *m*; *(herbal infusion)* infusión *f*, té *m*; *(cup of tea)* (taza *f* de) té *m*; IDIOM **not for all the t. in China** ni por todo el oro del mundo ▫ ***t. bag*** bolsita *f* de té; ***t. break*** descanso *m* para el té; ***t. caddy*** lata *f* de té; ***t. chest*** caja *f* para embalaje; ***t. cloth*** trapo *m or* paño *m* de cocina; ***t. cosy*** cubretetera *m*; ***t. dance*** = baile con merienda a media tarde; ***t. leaves*** *(dry)* hojas *fpl* de té; *(in bottom of cup)* posos *mpl* de té; ***a t. party*** una reunión para tomar el té; ***t. rose*** rosa *f* de té; ***t. service*** *or* ***set*** servicio *m* de té; ***t. strainer*** colador *m (pequeño)*; ***t. towel*** trapo *m or* paño *m* de cocina, *RP* repasador *m*; ***t. tray*** bandeja *f* para el té; ***t. trolley*** carrito *m*, *Esp* camarera *f*
(b) *Br (evening meal)* cena *f*; **to ask sb to t.** invitar a alguien a cenar
(c) *(afternoon meal)* **(afternoon) t.** merienda *f*; **to have** *or Formal* **take t.** merendar

teacake ['ti:keɪk] *n Br* bollito *m* de pasas

teach [ti:tʃ] (*pt & pp* **taught** [tɔ:t]) **1** *vt* enseñar; **to t. sb sth, to t. sth to sb** enseñar algo a alguien; **to t. sb (how) to do sth** enseñarle a alguien a hacer algo; **I t. Spanish** enseño español, doy clases de español; **he taught me Spanish at school** me daba clase de español en el colegio; **she taught herself to play the piano** aprendió (ella) sola a tocar el piano; *US* **to t. school** ser profesor(a); *Fig* **to t. sb a lesson** darle una lección a alguien; *Fam* **that'll t. him!** ¡así aprenderá!; *Fam* **that'll t. you to go around telling lies!** ¡eso te enseñará a ir por ahí contando mentiras!; **to t. sb a thing or two** *(advise)* enseñarle a alguien alguna que otra cosa; *(punish)* darle una buena lección a alguien; IDIOM **to t. one's grandmother to suck eggs** enseñar a orar a un monje, darle lecciones al que se las sabe todas
2 *vi (be a teacher, give classes)* dar clase(s)

teacher ['ti:tʃə(r)] *n* profesor(ora) *m,f*; *(at primary school)* maestro(a) *m,f*; **she's a good t.** sabe enseñar, es una buena profesora; **French t.** profesor(ora) de francés ▫ *US* ***t.'s college*** escuela *f* de magisterio; ***t.'s pet*** favorito(a) *m,f* del profesor; ***t. training*** formación *f* pedagógica *or* de profesorado; *Br* ***t. training college*** escuela *f* de magisterio

teaching ['ti:tʃɪŋ] *n* **(a)** *(profession, action)* enseñanza *f*, docencia *f* ▫ ***t. hospital*** hospital *m* clínico *or* universitario; ***t. practice*** prácticas *fpl* de enseñanza; ***t. staff*** profesorado *m*, personal *m* docente **(b)** *(doctrine)* enseñanza *f*

teacup ['ti:kʌp] *n* taza *f* de té

teak [ti:k] *n* teca *f*

teal [ti:l] *n* **(a)** *(duck)* cerceta *f* **(b)** *(colour)* azul *m* ánade *(verdoso)*

team [ti:m] *n (of players, workers)* equipo *m*; *(of horses)* tiro *m*; *(of oxen)* yunta *f*; **a t. effort** una labor de equipo ▫ ***t. game*** juego *m* de equipo; ***t. player*** buen(a) trabajador(ora) *m,f* en equipo; ***t. spirit*** espíritu *m* de equipo; *Sport* ***t. talk*** charla *f (con todo el equipo)*; ***t. time trial*** *(in cycling)* contrarreloj *f* por equipos

▸**team up** *vi* unirse (**with** a)

team-mate ['ti:mmeɪt] *n Sport* compañero(a) *m,f* de equipo

teamster ['ti:mstə(r)] *n US* camionero(a) *m,f*; **the Teamsters (Union)** = sindicato norteamericano de camioneros

teamwork ['ti:mwɜ:k] *n* trabajo *m* en *or* de equipo

teapot ['ti:pɒt] *n* tetera *f*

tear¹ [tɪə(r)] *n* lágrima *f*; **it brought tears to his eyes** hizo que se le saltaran las lágrimas; **in tears** llorando; **to burst into tears** echar(se) *or* romper a llorar; **it will end in tears** acabará mal ▫ *Anat* ***t. duct*** conducto *m* lacrimal; ***t. gas*** gas *m* lacrimógeno

tear² [teə(r)] **1** *n (in material)* desgarrón *m*; *(of muscle)* desgarro *m*
2 *vt* (*pt* **tore** [tɔ:(r)], *pp* **torn** [tɔ:n]) **(a)** *(rip)* rasgar; **to t. sth in two** *or* **in half** romper algo en dos; **to t. a muscle** tener un desgarro muscular; *also Fig* **to t. sth to pieces** hacer trizas algo; *Fig* **to t. sb to pieces** hacer trizas a alguien; **the party was torn by infighting** el partido se hallaba dividido por las luchas internas; **she was torn between going and staying** tenía unas dudas tremendas sobre si irse o quedarse; IDIOM *Br Fam* **that's torn it!** ¡estamos *Esp* apañados *or Am* fritos!
(b) *(snatch)* arrancar; **she tore the bag out of his hands** le arrancó el bolso de las manos
3 *vi* **(a)** *(of material)* rasgarse; *(of muscle)* desgarrarse
(b) to t. at sth *(rip)* desgarrar algo
(c) *(move quickly)* **to t. along/past/away** ir/pasar/alejarse muy deprisa

▸**tear apart** *vt sep (person)* destruir; *(party, country)* desmembrar; *(criticize)* poner *or* tirar por los suelos

▸**tear away** *vt sep* **(a)** *(remove by tearing)* arrancar **(b)** *(move away)* **to t. oneself away from sth** despegarse de algo; **I couldn't tear him away from the television** no lograba despegarlo del televisor

▸**tear down** *vt sep (building, statue)* derribar; *(poster)* arrancar

▸**tear into** *vt insep* **to t. into sb** *(physically)* arrojarse sobre alguien; *(verbally)* arremeter contra alguien

▸**tear off 1** *vt sep (detach by tearing)* arrancar
2 *vi (run away)* salir pitando

▸**tear out** *vt sep* arrancar; *Fig* **to t. one's hair out** tirarse de los pelos

▸**tear up** *vt sep (document, photo)* romper, rasgar; *(plant, floorboards)* arrancar

tearaway ['teərəweɪ] *n* alborotador(ora) *m,f*, *Esp* elemento(a) *m,f*

teardrop ['tɪədrɒp] *n* lágrima *f*

tearful ['tɪəfʊl] *adj (person)* lloroso(a); *(goodbye, reunion)* lacrimoso(a)

tearfully ['tɪəfəlɪ] *adv* entre lágrimas, lacrimosamente

tearing ['teərɪŋ] *adj Fam* **to be in a t. hurry** tener muchísima prisa, *Am* tener muchísimo apuro

tearjerker ['tɪədʒɜ:kə(r)] *n Fam* **it's a real t.** *(film, book)* es lacrimógeno *or Chile* cebollero a más no poder

tearjerking ['tɪədʒɜ:kɪŋ] *adj Fam* lacrimógeno(a), *Chile* cebollero(a)

tearoom ['ti:ru:m] *n* salón *m* de té

tearstained ['tɪəsteɪnd] *adj* **her face was t.** tenía un rastro de lágrimas en la cara

tease [ti:z] **1** *n (person) (joking)* guasón(ona) *m,f*, bromista *mf*; *(sexually)* coqueto(a) *m,f*
2 *vt* tomar el pelo a (**about** por)
3 *vi* bromear; **I was only teasing!** ¡sólo era una broma!

▸**tease out** *vt sep (information)* sonsacar, extraer

teaser ['ti:zə(r)] *n Fam (problem)* rompecabezas *m inv*

teashop ['ti:ʃɒp] *n* salón *m* de té

teasing ['ti:zɪŋ] *n* burlas *fpl*, pitorreo *m*

teaspoon ['ti:spu:n] *n (utensil)* cucharilla *f*; *(measurement)* cucharadita *f* (de las de café)

teaspoonful ['ti:spu:nfʊl] *n* cucharadita *f* (de las de café)

teat [ti:t] *n (of animal)* teta *f*; *(of feeding bottle)* tetina *f*, tetilla *f*

teatime ['ti:taɪm] *n (in afternoon)* hora *f* del té; *(in evening)* hora *f* de la cena *or* de cenar

techie ['tekɪ] *n Fam Comptr (person)* experto(a) *m,f* en informática

technical ['teknɪkəl] *adj* técnico(a) ▫ *Br Educ* ***t. college*** escuela *f* de formación profesional; *Sch* ***t. drawing*** dibujo *m* técnico; ***t. foul*** *(in basketball)* (falta *f*) técnica *f*; ***t. hitch*** fallo *m* técnico, *Am* falla técnica; ***t. knockout*** *(in boxing)* K.O. *m* técnico; ***t.***

merit (in ice skating) mérito *m* técnico; *Comptr* ***t. support*** soporte *m* técnico

technicality [teknɪ'kælɪtɪ] *n* detalle *m* técnico; **he was acquitted on a t.** lo absolvieron por un defecto de forma

technically ['teknɪklɪ] *adv* técnicamente; **t., they are still married** en puridad *or* teóricamente siguen casados

technician [tek'nɪʃən] *n* técnico(a) *m,f*

Technicolor® ['teknɪkʌlə(r)] *n* tecnicolor® *m;* **in T.** en tecnicolor®

technique [tek'ni:k] *n* técnica *f*

techno ['teknəʊ] *n (music)* tecno *m*

technobabble ['teknəʊbæbəl] *n Fam* jerga *f* tecnológica, *Esp* palabros *mpl* técnicos

technocrat ['teknəkræt] *n* tecnócrata *mf*

technocratic [teknə'krætɪk] *adj* tecnocrático(a)

technological [teknə'lɒdʒɪkəl] *adj* tecnológico(a)

technologically [teknə'lɒdʒɪklɪ] *adv* tecnológicamente

technology [tek'nɒlədʒɪ] *n* tecnología *f*

technophile ['teknəfaɪl] *n* partidario(a) *m,f* de las nuevas tecnologías

technophobe ['teknəfəʊb] *n* enemigo(a) *m,f* de las nuevas tecnologías

technophobia [teknə'fəʊbɪə] *n* rechazo *m* de las nuevas tecnologías

teddy ['tedɪ] *n* (**a**) *(toy)* **t. (bear)** osito *m* de peluche (**b**) *(underwear)* body *m*

tedious ['ti:dɪəs] *adj* tedioso(a)

tediously ['ti:dɪəslɪ] *adv* de forma tediosa

tediousness ['ti:dɪəsnɪs] *n* tedio *m*

tedium ['ti:dɪəm] *n* tedio *m*

tee [ti:] *n (in golf) (peg)* tee *m; (area)* salida *f* (del hoyo), tee *m* ❑ ***t. peg*** tee *m;* ***t. shot*** golpe *m* de salida

▸**tee off 1** *vi (in golf)* dar el primer golpe
2 *vt sep Fam (annoy)* mosquear, *Esp* poner negro(a)

▸**tee up 1** *vt sep (in golf)* colocar en el tee
2 *vi* colocar la bola en el tee

tee-hee ['ti:'hi:] *exclam Fam* ¡ja, ja, ja!

teem [ti:m] *vi* (**a**) *(rain)* **it was teeming (down)** llovía a cántaros (**b**) **to t. with** *(insects, ideas)* rebosar de

teeming ['ti:mɪŋ] *adj (streets)* atestado(a); *(crowds)* numeroso(a)

teen [ti:n] **1** *n* adolescente *mf*
2 *adj* (de) adolescente ❑ ***t. idol*** ídolo *m* juvenil

teenage ['ti:neɪdʒ] *adj (person)* adolescente; *(fashion, literature)* juvenil

teenager ['ti:neɪdʒə(r)] *n* adolescente *mf*

teens [ti:nz] *npl* adolescencia *f;* **to be in one's t.** ser (un) adolescente

teen(s)y ['ti:n(z)ɪ] *adj Fam* chiquitín(ina), *Esp* pequeñín(ina); **a t. bit of...** un poquitín *or Am* un chiquitín de...

teen(s)y-ween(s)y ['ti:n(z)ɪ'wi:n(z)ɪ] *adj Fam* chiquitín(ina), *Esp* pequeñín(ina); **a t. bit of...** un poquitín *or Am* un chiquitín de...

teeny-bopper ['ti:nɪbɒpə(r)] *n Fam* fan *f* quinceañera

teepee = **tepee**

teeshirt ['ti:ʃɜ:t] *n* camiseta *f, Chile* polera *f, RP* remera *f*

teeter ['ti:tə(r)] *vi* tambalearse; *Fig* **to t. on the brink of** tambalearse al borde de

teeth [ti:θ] *pl of* **tooth**

teethe [ti:ð] *vi* **to be teething** estar echando los dientes

teething ['ti:ðɪŋ] *n* dentición *f* ❑ ***t. ring*** mordedor *m; Fig* ***t. troubles*** *(of project)* problemas *mpl* de partida

teetotal [ti:'təʊtəl] *adj* abstemio(a)

teetotaller, *US* **teetotaler** [ti:'təʊtələ(r)] *n* abstemio(a) *m,f*

TEFL ['tefəl] *n* (*abbr* **teaching English as a foreign language**) enseñanza *f* del inglés como idioma extranjero

Teflon® ['teflɒn] *n* teflón® *m*

Teh(e)ran [teə'rɑ:n] *n* Teherán

tel (*abbr* **telephone**) tel

telebanking ['telɪbæŋkɪŋ] *n* banca *f* telefónica, telebanca *f*

telecast ['telɪkɑ:st] **1** *n* emisión *f* (televisiva)
2 *vt* televisar, emitir por televisión

telecommunications ['telɪkəmju:nɪ'keɪʃənz] *n* telecomunicaciones *fpl* ❑ ***t. satellite*** satélite *m* de telecomunicaciones

telecommute ['telɪkəmju:t] *vi* teletrabajar, trabajar desde casa por *Esp* ordenador *or Am* computadora

telecommuting ['telɪkə'mju:tɪŋ] *n* teletrabajo *m*

teleconference ['telɪ'kɒnfərəns] *n* teleconferencia *f*

teleconferencing ['telɪ'kɒnfərənsɪŋ] *n* teleconferencias *fpl*

telefax ['telɪfæks] *n* fax *m inv,* telefax *m inv*

telegenic [telɪ'dʒenɪk] *adj* telegénico(a)

telegram ['telɪgræm] *n* telegrama *m*

telegraph ['telɪgrɑ:f] **1** *n (system)* telégrafo *m; (message)* telegrama *m* ❑ ***t. pole*** poste *m* telegráfico; ***t. wire*** tendido *m* telegráfico
2 *vt* telegrafiar

telegraphic [telɪ'græfɪk] *adj* telegráfico(a)

telegraphy [tə'legrəfɪ] *n* telegrafía *f*

telekinesis ['telɪkɪ'ni:sɪs] *n* telequinesia *f,* telequinesis *f*

telemarketing ['telɪmɑ:kɪtɪŋ] *n Com* telemarketing *m,* ventas *fpl* por teléfono

telepathic [telɪ'pæθɪk] *adj* telepático(a); **they have a t. understanding** tienen telepatía

telepathy [tɪ'lepəθɪ] *n* telepatía *f*

telephone ['telɪfəʊn] **1** *n* teléfono *m;* **to be on the t.** *(talking)* estar al teléfono; *(have a telephone)* tener teléfono; **to get sb on the t.** contactar con alguien por teléfono; **to get on the t. to sb** llamar a alguien por teléfono, *Am* hablar a alguien; **to discuss sth on** *or* **over the p.** discutir algo por teléfono; **a t. conversation** una conversación telefónica; **a t. message** un mensaje telefónico ❑ *Com* ***t. banking*** telebanca *f,* banca *f* telefónica; ***t. bill*** factura *f* del teléfono; ***t. book*** guía *f* telefónica, listín *m* de teléfonos, *Am* directorio *m* de teléfonos; ***t. booth/box*** cabina *f* telefónica; ***t. call*** llamada *f* telefónica, *Am* llamado *m;* ***t. directory*** guía *f* telefónica, listín *m* .de teléfonos, *Am* directorio *m* de teléfonos; ***t. exchange*** central *f* telefónica; ***t. line*** línea *f* de teléfono; ***t. number*** número *m* de teléfono
2 *vt* **to t. sb** telefonear a alguien, llamar a alguien (por teléfono), *RP* hablar a alguien por teléfono
3 *vi* telefonear, llamar (por teléfono)

telephonic [telə'fɒnɪk] *adj* telefónico(a)

telephonist [tɪ'lefənɪst] *n Br* telefonista *mf*

telephoto lens ['telɪ'feʊtəʊ'lenz] *n* teleobjetivo *m*

teleprinter ['telɪprɪntə(r)] *n* teletipo *m,* teleimpresor *m*

Teleprompter® ['telɪprɒmptə(r)] *n US* teleapuntador *m*

telesales ['telɪseɪlz] *npl Com* televentas *fpl,* ventas *fpl* por teléfono

telescope ['telɪskəʊp] **1** *n* telescopio *m; Naut* catalejo *m*
2 *vi* plegarse (como un telescopio)

telescopic [telɪ'skɒpɪk] *adj* (**a**) *(relating to vision)* telescópico(a) ❑ ***t. sight*** *(of rifle)* mira *f* telescópica (**b**) *(expanding) (ladder)* extensible; *(umbrella)* plegable

teleshopping ['telɪʃɒpɪŋ] *n Com* telecompra *f*

teletext ['telɪtekst] *n TV* teletexto *m*

telethon ['telɪθɒn] *n* maratón *m* benéfico televisivo

Teletype® ['telɪtaɪp] *n* teletipo *m*

televangelist [telɪ'vændʒəlɪst] *n* predicador *m* evangelista televisivo

televise ['telɪvaɪz] *vt* televisar

television [telɪ'vɪʒən] *n* televisión *f;* **on (the) t.** en *or* por (la) televisión; **to watch t.** ver la televisión; **it makes good t.** es muy televisivo; **the t. industry** el sector de la televisión, la industria televisiva ❑ ***t. camera*** cámara *f* de televisión; *Br* ***t. licence*** = certificado de haber pagado el impuesto que autoriza a ver la televisión, con el que se financian las cadenas públicas; ***t. programme*** programa *m* de televisión; ***t. screen*** pantalla *f* de televisión; ***t. set*** televisor *m,* (aparato *m* de) televisión *f*

televisual [telɪ'vɪʒʊəl] *adj* televisivo(a)

teleworker ['telɪwɜ:kə(r)] *n* teletrabajador(ora) *m,f*

teleworking ['telɪwɜ:kɪŋ] *n* teletrabajo *m*

telex ['teleks] **1** *n* télex *m inv*
2 *vt (message)* enviar por télex

TELL [tel] (*pt & pp* **told** [təʊld]) **1** *vt* (**a**) *(say to, inform)* decir; **to t. sb sth, to t. sth to sb** contarle algo a alguien; **I am delighted to be able to t. you that you have passed** tengo el placer de comunicarle que ha aprobado; **I told**

myself not to worry me dije que no tenía que preocuparme; **to t. sb about sth** contar algo a alguien; *Formal* **to t. sb of sth** relatar algo a alguien; **to t. sb how to do sth** decir *or* explicar a alguien cómo hacer algo; **to t. sb (that)...** decir *or* contar a alguien que...; **can you t. me the way to the station?** ¿me puede decir cómo se va a la estación?; **a sign telling us where the toilets are** un cartel indicando dónde están los servicios; **his expression told us the answer** la expresión de su cara nos reveló la respuesta; **what does this reaction t. us about her character?** ¿qué nos revela su reacción sobre su personalidad?; **to t. the time** *(of clock)* indicar *or* dar la hora; **she hasn't learned to t. the time yet** todavía no ha aprendido a leer las horas; **they t. the time using sundials** utilizan relojes de sol para saber la hora; **to t. sb the time** *(of person)* decir la hora a alguien; **we are told that...** se dice que...; **t. me, do you come here often?** dime, ¿vienes mucho por aquí?; **I told you so!** ¡te lo dije!; **I can't t. you how grateful I am** no sabes lo agradecido que estoy; **don't t. me you've forgotten!** ¡no me digas que te has olvidado!; **don't t. me, she's late** no hace falta que me lo digas, no ha llegado todavía; **I'll t. you one thing** *or* **something...** te voy a decir una cosa...; **you're telling me!** ¡a mí me lo vas a contar!; **let me t. you, I was frightened!** te confieso que estaba asustado; *Fam Ironic* **t. me about it!** *(I know)* ¡dímelo a mí!; *Fam* **(I'll) t. you what, let's have a cup of tea** oye *or Méx* ándale *or RP* dale, vamos a tomarnos un té; *Fam* **t. you what** mira, verás

(**b**) *(story, joke, secret)* contar; **to t. the truth/a lie** decir la verdad/una mentira; **to t. (you) the truth...** a decir verdad...; **she tells it like it is** dice las cosas claramente; *Fam Ironic* **t. me another!** ¡no me vengas con cuentos!, *Esp* ¡a otro perro con ese hueso!

(**c**) *(order)* **to t. sb to do sth** decir a alguien que haga algo; **do as you are told!** ¡haz lo que te dicen *or* mandan!; **a sign telling us not to enter** un cartel prohibiéndonos la entrada; **I'm not asking you, I'm telling you!** no es una petición *or Am* pedido, ¡es una orden!; **she wouldn't be told** no hacía caso de lo que le decían

(**d**) *(discern) (attitude, mood)* ver, saber; **can you t. what this says?** ¿puedes leer lo que pone aquí?; **can you t. how long it will take?** ¿sabes cuánto te llevará?; **we couldn't t. if he was angry or not** no se sabía si estaba enfadado *or Am* enojado o no; **you can t. (that) she's lived abroad** se nota que ha vivido en el extranjero; **there's no telling what she'll do next** no hay manera de saber qué hará a continuación; **as** *or* **so far as I can t.** por lo que yo sé

(**e**) *(distinguish)* distinguir (**from** de); **to t. two people/things apart** distinguir entre dos personas/cosas; **to t. right from wrong** distinguir lo que está bien de lo que está mal; **I can't t. the difference** no veo la diferencia

(**f**) *Pol (count)* escrutar; *Fig* **all told** en total

2 *vi* (**a**) *(reveal secret)* **please don't t.!** ¡no te chives!; **I'm not telling!** ¡no te lo voy a contar!; **that would be telling!** ¡eso sería contar demasiado!

(**b**) *(discern)* **how can you t.?** ¿cómo lo sabes?; **it's difficult** *or* **hard to t.** es difícil de saber; **it's too early to t.** es demasiado pronto para saberlo; **you could t. by** *or* **from her expression that she was annoyed** se veía que estaba enfadada *or Am* enojada por su cara; **you never can t.** nunca se sabe

(**c**) *(have effect)* hacerse notar; **his inexperience told against him** su inexperiencia le perjudicó; **the hard work was starting to t. on her** el intenso trabajo comenzaba a afectarla

(**d**) *Literary (speak)* **he told of distant lands** nos habló de tierras distantes

▸**tell off** *vt sep Fam (scold)* **to t. sb off (about/for)** reñir *or* regañar *or Am* rezongar a alguien (por)

▸**tell on** *vt insep Fam (inform on)* chivarse de, *Méx* soplar a, *RP* botonear a

---

teller ['telə(r)] *n* (**a**) *(of votes)* escrutador(ora) *m,f* (**b**) *Fin (in bank)* cajero(a) *m,f*

telling ['telıŋ] **1** *n (of story)* narración *f*, relato *m*; **it loses nothing in the t.** no pierde nada al contarlo

2 *adj* (**a**) *(blow, contribution)* decisivo(a); *(argument)* contundente (**b**) *(revealing)* revelador(ora)

tellingly ['telıŋlı] *adv* (**a**) *(decisively)* de forma decisiva (**b**) *(revealingly)* de forma reveladora

telling-off ['telıŋ'ɒf] *n Fam* bronca *f*; **to give sb a t.** echar una bronca a alguien

telltale ['telteıl] **1** *n (person)* chivato(a) *m,f*

2 *adj (sign, odour)* revelador(ora)

telly ['telı] *n Br Fam* tele *f*; **on (the) t.** en *or* por la tele ❑ ***t. addict*** teleadicto(a) *m,f*

telnet ['telnet] *n Comptr* telnet *m*

temazepam® [tə'mæzəpæm] *n* temazepán *m*

temerity [tı'merıtı] *n* osadía *f*, atrevimiento *m*; **to have the t. to do sth** tener la osadía de hacer algo

temp [temp] *Fam* **1** *n* trabajador(ora) *m,f* temporal (administrativo(a)); **to be a t.** hacer trabajo temporal de administrativo

2 *vi* hacer trabajo temporal de administrativo(a)

temper ['tempə(r)] **1** *n* (**a**) *(character)* carácter *m*; *(mood)* humor *m*; **to be in a good/bad t.** estar de buen/mal humor; **to keep one's t.** mantener la calma; **to lose one's t.** perder los estribos; **to have a short t.** tener mal genio; **tempers were rising** los ánimos se estaban caldeando; *Fam* **t., t.!** ¡calma, calma! (**b**) *(bad mood)* mal humor; **to be in a t.** estar de mal humor; **to fly into a t.** ponerse hecho(a) una furia ❑ ***t. tantrum*** rabieta *f*

2 *vt* (**a**) *(steel)* templar (**b**) *(action)* moderar, mitigar

tempera ['tempərə] *n* témpera *f*

temperament ['temprəmənt] *n* temperamento *m*

temperamental [temprə'mentəl] *adj (person)* temperamental; *Fig (machine)* caprichoso(a)

temperamentally [temprə'mentəlı] *adv* de forma temperamental, temperamentalmente; **to be t. unsuited to sth** no tener el temperamento adecuado para algo, no tener madera de algo

temperance ['tempərəns] *n* (**a**) *(moderation)* moderación *f*, sobriedad *f* (**b**) *(abstinence from alcohol)* abstinencia *f* (del alcohol) ❑ *Hist* ***t. movement*** liga *f* antialcohólica

temperate ['tempərət] *adj* (**a**) *Geog (climate, zone)* templado(a) ❑ ***t. zones*** zonas *fpl* templadas (**b**) *(language, criticism)* moderado(a)

temperately ['tempərətlı] *adv* con moderación, moderadamente

temperature ['temprətʃə(r)] *n* (**a**) *(heat, cold)* temperatura *f* (**b**) *(of body)* temperatura *f*; **to take sb's t.** tomar la temperatura a alguien; **to have** *or* **to run a t.** tener fiebre; **to have a t. of 100** tener casi 38 de fiebre

tempered ['tempəd] *adj (steel)* templado(a)

tempest ['tempıst] *n Literary* tempestad *f*

tempestuous [tem'pestjʊəs] *adj* tempestuoso(a), tormentoso(a)

template ['templeıt] *n also Comptr* plantilla *f*

temple[1] ['tempəl] *n (place of worship)* templo *m*

temple[2] *n (side of head)* sien *f*

tempo ['tempəʊ] (*pl* **tempos**) *n Mus* tempo *m*; *Fig* **to up the t.** incrementar el ritmo

temporal ['tempərəl] *adj* (**a**) *(power)* temporal, terrenal (**b**) *Gram* temporal

temporarily [tempə'rerılı] *adv* temporalmente

temporary ['tempərərı] *adj* temporal; *(office, arrangement, repairs)* provisional ❑ ***t. job*** trabajo *m* temporal; *Comptr* ***t. storage*** almacenamiento *m* temporal; ***t. work*** trabajo *m* temporal *or* eventual

temporize ['tempəraız] *vi Formal* procurar ganar tiempo

tempt [tem(p)t] *vt* tentar; **to t. sb into doing sth** tentar a alguien a hacer algo; **I'm tempted to accept** me siento tentado de aceptar; **to t. fate** *or* **providence** tentar (a) la suerte

temptation [tem(p)'teıʃən] *n* tentación *f*

tempting ['tem(p)tıŋ] *adj* tentador(ora)

temptingly ['tem(p)tıŋlı] *adv* de un modo tentador

temptress ['tem(p)trıs] *n Literary* seductora *f*, mujer *f* fatal

ten [ten] **1** *n* (**a**) *(number)* diez *m* (**b**) IDIOMS **they're t. a penny** los hay a patadas; **t. to one he'll find out** me apuesto el cuello a que lo descubrirá

2 *adj* diez; **the T. Commandments** los Diez Mandamientos; *see also* **eight**

tenable ['tenəbəl] *adj* sostenible

tenacious [tə'neɪʃəs] *adj* tenaz

tenaciously [tə'neɪʃəslɪ] *adv* tenazmente, con tenacidad

tenacity [tə'næsɪtɪ] *n* tenacidad *f*

tenancy ['tenənsɪ] *n Law (right)* arrendamiento *m*, alquiler *m*; *(period)* periodo *m* de alquiler ▫ ***t. agreement*** contrato *m* de alquiler *or* arrendamiento

tenant ['tenənt] *n (of house)* inquilino(a) *m,f*; *(of land)* arrendatario(a) *m,f* ▫ ***t. farmer*** agricultor(ora) *m,f* arrendatario(a)

tench [tentʃ] *n* tenca *f*

tend[1] [tend] *vt (look after)* cuidar (de)

▸**tend to** *vt insep (look after)* atender a

tend[2] *vi (be inclined)* tender (**towards** hacia); **to t. to do sth** soler hacer algo; **the number of road accidents tends to increase in summer** el número de accidentes de tráfico tiende a incrementarse en verano; **I t. to agree (with you)** yo me inclino a pensar lo mismo (que usted); **I t. to think (that)...** me inclino a pensar (que) ...

tendency ['tendənsɪ] *n (trend)* tendencia *f*; *(leaning)* inclinación *f*; **to have a t. to (do) sth** tener tendencia a (hacer) algo

tendentious [ten'denʃəs] *adj Formal* tendencioso(a)

tender[1] ['tendə(r)] *n* (**a**) *Naut* barcaza *f* (**b**) *Rail* ténder *m*

tender[2] *adj* (**a**) *(gentle, affectionate)* cariñoso(a), afectuoso(a) (**b**) *(sore)* muy sensible; *Fig* **at the t. age of...** a la tierna edad de... (**c**) *(meat)* tierno(a)

tender[3] **1** *n Com (bid)* oferta *f*; **to make** *or* **put in a t.** hacer *or* presentar una oferta; **to put sth out to t.** sacar a concurso algo

2 *vt Formal (offer) (one's services, money)* ofrecer; **to t. one's resignation** presentar la dimisión

3 *vi Com* **to t. for a contract** presentarse a una licitación de contrata

tenderfoot ['tendəfʊt] *n US (novice)* novato(a) *m,f*, principiante *mf*

tenderhearted [tendə'hɑːtɪd] *adj* bondadoso(a)

tenderize ['tendəraɪz] *vt (meat)* ablandar

tenderizer ['tendəraɪzə(r)] *n (instrument)* maja *f*, maza *f (para ablandar la carne)*; *(substance)* ablandador *m*

tenderloin ['tendəlɔɪn] *n* solomillo *m*

tenderly ['tendəlɪ] *adv (affectionately)* cariñosamente, afectuosamente

tenderness ['tendənɪs] *n* (**a**) *(affection)* ternura *f*, cariño *m* (**b**) *(soreness)* **there's still some t.** todavía está muy sensible (**c**) *(of meat)* blandura *f*, terneza *f*

tendinitis, tendonitis [tendə'naɪtɪs] *n Med* tendinitis *f inv*

tendon ['tendən] *n Anat* tendón *m*

tendril ['tendrɪl] *n Bot* zarcillo *m*

tenement ['tenɪmənt] *n* **t. (building)** bloque *m* de apartamentos *or Esp* pisos *or Am* departamentos ▫ ***t. flat*** apartamento *m*, *Esp* piso *m*, *Am* departamento *m*

tenet ['tenɪt] *n* principio *m*, postulado *m*

tenfold ['tenfəʊld] **1** *adj* **a t. increase** un aumento por diez

2 *adv* diez veces

ten-gallon hat ['tengælən'hæt] *n* sombrero *m* de vaquero (de copa alta)

Tenn. *(abbr* **Tennessee***)* Tennessee

tenner ['tenə(r)] *n Fam* (**a**) *Br (ten-pound note)* billete *m* de diez libras (**b**) *US (ten-dollar note)* billete *m* de diez dólares

tennis ['tenɪs] *n* tenis *m*; **to play t.** jugar al tenis ▫ ***t. ball*** pelota *f* de tenis; ***t. club*** club *m* de tenis; ***t. court*** pista *f or* cancha *f* de tenis; *Med* ***t. elbow*** codo *m* de tenista; ***t. player*** tenista *mf*; ***t. racquet*** *or* ***racket*** raqueta *f* de tenis; ***t. shoe*** zapatilla *f* de tenis

tenon ['tenən] *n* espiga *f* ▫ ***t. saw*** serrucho *m* (de costilla)

tenor ['tenə(r)] *n* (**a**) *Mus* tenor *m* ▫ ***t. clef*** clave *f* de do en cuarta; ***t. sax(ophone)*** saxo *m* tenor (**b**) *(content, sense)* tenor *m*

tenosynovitis ['tenəʊsaɪnə'vaɪtɪs] *n Med* tenosinovitis *f inv*

tenpin bowling ['tenpɪn'bəʊlɪŋ] *n Br* bolos *mpl*; **to go t.** ir a jugar a los bolos

tense[1] [tens] *n Gram* tiempo *m*; **in the present/future t.** en (tiempo) presente/futuro

tense[2] **1** *adj* (**a**) *(nervous) (person, atmosphere, situation)* tenso(a) (**b**) *(physically) (person, muscles)* tenso(a); **my neck was very t.** tenía el cuello muy tenso

2 *vt* tensar; **to t. oneself** ponerse tenso(a)

3 *vi* tensarse, ponerse tenso(a)

▸**tense up** *vi* ponerse tenso(a)

tensely ['tenslɪ] *adv (nervously)* tensamente

tensile strength ['tensaɪl'streŋθ] *n Phys* resistencia *f* a la tracción, resistencia *f* última

tension ['tenʃən] *n* tensión *f*

ten-spot ['tenspɒt] *n US Fam* billete *m* de diez dólares

tent [tent] *n* tienda *f* de campaña, *Am* carpa *f* ▫ ***t. peg*** piqueta *f*, clavija *f*; ***t. pole*** mástil *m* (de tienda *or Am* carpa)

tentacle ['tentəkəl] *n* tentáculo *m*

tentative ['tentətɪv] *adj (person)* vacilante, titubeante; *(arrangement, conclusions)* provisional

tentatively ['tentətɪvlɪ] *adv (hesitantly)* con vacilación, con titubeo; *(provisionally)* provisionalmente

tenterhooks ['tentəhʊks] *npl* **to be on t.** estar sobre ascuas; **to keep sb on t.** tener a alguien sobre ascuas

tenth [tenθ] **1** *n* (**a**) *(fraction)* décimo *m*, décima parte *f* (**b**) *(in series)* décimo(a) *m,f* (**c**) *(of month)* diez *m*

2 *adj* décimo(a); *see also* **eighth**

tenuous ['tenjʊəs] *adj (connection)* tenue; *(argument)* flojo(a); *(comparison)* traído(a) por los pelos

tenuously ['tenjʊəslɪ] *adv* tenuemente; **her remarks were only t. connected with the discussion** sus comentarios sólo tenían una vaga relación con lo que se discutía

tenure ['tenjə(r)] *n (of land)* arriendo *m*; *(of office)* ocupación *f*; *Univ* titularidad *f*; **to have t.** ser profesor(ora) numerario(a) *or* titular

tepee, teepee ['tiːpiː] *n* tipi *m*, tienda *f* india

tepid ['tepɪd] *adj also Fig* tibio(a); **to be t.** *(of water)* estar tibio(a)

tequila [tə'kiːlə] *n* tequila *m* ▫ ***t. sunrise*** tequila sunrise *m*

terabyte ['terəbaɪt] *n Comptr* terabyte *m*

terbium ['tɜːbɪəm] *n Chem* terbio *m*

tercentenary [tɜːsen'tiːnərɪ] *n* tricentenario *m*

TERM [tɜːm] **1** *n* (**a**) *(word, expression)* término *m*; **a t. of abuse** un insulto; **a t. of endearment** un apelativo cariñoso; **in economic/real terms** en términos económicos/reales; **in terms of salary/pollution** en cuanto a salario/contaminación; **consider it in terms of the environmental damage it will cause** considera el daño medioambiental que causará; **I was thinking in terms of around £30,000** estaba pensando en algo en la región de las 30.000 libras; **in his terms, this is unacceptable** según su manera de ver las cosas, esto es inaceptable; **I must object in the strongest terms** quiero hacer constar mi más enérgica protesta; **I told her in no uncertain terms** se lo dije en términos claros

(**b**) *(relations)* **I'm on good/bad terms with her** me llevo bien/mal con ella; **we're on good/bad terms** nos llevamos bien/mal; **to be on friendly terms with sb** llevarse bien con alguien; **they aren't on speaking terms** no se hablan; **to come to terms with sth** llegar a aceptar algo

(**c**) *(conditions)* **terms** *(of contract)* términos *mpl*, condiciones *fpl*; **he offered me favourable terms** me ofreció unas condiciones favorables; **terms of employment** condiciones de contrato; **terms of payment** condiciones *fpl* de pago; **terms of reference** *(of commission)* competencias *fpl*; *(of report)* ámbito *m*; **I'll do it, but on my (own) terms** lo haré, pero yo fijaré las condiciones; **to compete on equal** *or* **the same terms** competir en condiciones de igualdad

(**d**) *(period)* **a t. of imprisonment, a prison t.** un período de reclusión; **he was given a five-year prison t.** fue condenado a cinco años de reclusión; **t. (of office)** *(of politician)* mandato *m*; **her pregnancy has reached (full) t.** (ella) ha salido de cuentas; **in the long/short/medium t.** a largo/corto/medio plazo ▫ *Fin* ***t. insurance*** seguro *m* de vida limitado al plazo contratado

(**e**) *Sch & Univ (of three months)* trimestre *m*; *(of four months)* cuatrimestre *m* ▫ *US Univ* ***t. paper*** trabajo *m* trimestral

(**f**) *Math* término *m*

(**g**) *Law (duration of contract)* vigencia *f*

2 *vt* denominar, llamar; **I would t. their**

remarks irrelevant yo calificaría sus comentarios de irrelevantes

terminal ['tɜːmɪnəl] **1** *n* (**a**) *Elec (of battery)* polo *m* (**b**) *(rail, bus, air)* terminal *f* (**c**) *Comptr* terminal *m* ▫ ***t. emulation*** emulación *f* de terminal
2 *adj (phase, illness)* terminal ▫ *Phys* ***t. velocity*** velocidad *f* terminal *or* límite

terminally ['tɜːmɪnəlɪ] *adv* **to be t. ill** estar en la fase terminal de una enfermedad; **t. ill patient** enfermo(a) *m,f* terminal

terminate ['tɜːmɪneɪt] **1** *vt* (**a**) *(contract)* rescindir; *(project)* suspender (**b**) *(pregnancy)* interrumpir
2 *vi* (**a**) *(of contract)* finalizar (**b**) *(of bus, train)* **the train terminates here** esta es la última parada del tren

termination [tɜːmɪ'neɪʃən] *n* (**a**) *(of contract)* rescisión *f*; *(of project)* suspensión *f* (**b**) *Med* **t. (of pregnancy)** interrupción *f* (del embarazo)

terminological [tɜːmɪnə'lɒdʒɪkəl] *adj* terminológico(a)

terminology [tɜːmɪ'nɒlədʒɪ] *n* terminología *f*

terminus ['tɜːmɪnəs] *n (of bus)* última parada *f*, final *m* de trayecto; *(of train)* estación *f* terminal

termite ['tɜːmaɪt] *n* termes *m inv*, termita *f*

termtime ['tɜːmtaɪm] *n* periodo *m* lectivo

tern [tɜːn] *n* charrán *m* común

Terr (*abbr* **Terrace**) = nombre que recibe una calle con casas adosadas

terrace ['terɪs] *n* (**a**) *(outside cafe, hotel)* terraza *f* (**b**) *(on hillside)* terraza *f* (**c**) *Br* **the terraces** *(in sports ground)* las gradas (**d**) *Br (of houses)* hilera *f* de casas adosadas ▫ ***t. house*** casa *f* adosada

terraced ['terɪst] *adj* (**a**) *(hillside)* en terrazas (**b**) *Br (house, row)* adosado(a)

terracotta ['terə'kɒtə] *n* terracota *f*

terra firma ['terə'fɪrmə] *n* tierra *f* firme

terrain [tə'reɪn] *n* terreno *m*

terrapin ['terəpɪn] *n* tortuga *f* acuática

terrestrial [tɪ'restrɪəl] *adj* terrestre

terrible ['terɪbəl] *adj (shocking)* horrible, terrible; *(of poor quality)* horroroso(a); **to feel t.** *(ill, guilty)* encontrarse fatal; **I had a t. time finding a parking space** lo pasé fatal para encontrar estacionamiento; **I'm t. at French** se me da fatal el francés

terribly ['terɪblɪ] *adv* (**a**) *(badly)* horriblemente, fatal (**b**) *Fam (very)* tremendamente; **I'm t. sorry** no sabes cuánto lo siento; **I'm not t. interested** no es que me interese demasiado

terrier ['terɪə(r)] *n (dog)* terrier *m*; *Fig (persistent person)* batallador(ora) *m,f*

terrific [tə'rɪfɪk] *adj Fam (food, book, weather)* genial, *Carib, Ecuad, Perú* chévere, *Méx* padre, *RP* bárbaro(a); *(amount, size, speed)* tremendo(a); *Ironic* **that's just t.!** ¡mira qué bien!, ¡pues sí que estamos apañados!

terrifically [tə'rɪfɪklɪ] *adv Fam (very)* tremendamente; **t. exciting** superemocionante; **t. fast** superrápido; **it was t. hot** hacía un calor tremendo; **they get along t. (well)** se llevan fantásticamente

terrified ['terɪfaɪd] *adj* aterrorizado(a), aterrado(a); **to be t. of sb/sth** tener terror a alguien/algo; **to be t. of doing sth** tener terror a hacer algo; **he was t. of offending his father** le daba terror el que pudiera ofender a su padre

terrify ['terɪfaɪ] *vt* aterrar, aterrorizar

terrifying ['terɪfaɪɪŋ] *adj* aterrador(ora)

terrine [tə'riːn] *n* terrina *f*, tarrina *f*

territorial [terɪ'tɔːrɪəl] *adj* (**a**) *Pol* territorial ▫ *Br* ***the T. Army*** = cuerpo militar de reservistas voluntarios que reciben instrucción en su tiempo libre; ***t. waters*** aguas *fpl* territoriales (**b**) *(animal, person)* **it's/he's very t.** tiene un gran sentido de la territorialidad

territory ['terɪtərɪ] *n* territorio *m*; *Fig (area of activity)* ámbito *m*

terror ['terə(r)] *n (fear)* terror *m*; **to live in t. of (doing) sth** tener terror a (hacer) algo, vivir aterrorizado(a) pensando en la posibilidad de (hacer) algo; **a reign of t.** un imperio del terror; *Fam* **that child is a t.** ese niño es un demonio *or* diablo

terrorism ['terərɪzəm] *n* terrorismo *m*

terrorist ['terərɪst] **1** *n* terrorista *mf*
2 *adj* terrorista; **a t. attack/group** un atentado/grupo terrorista

terrorize ['terəraɪz] *vt* aterrorizar

terror-stricken ['terəstrɪkən], **terror-struck** ['terəstrʌk] *adj* aterrado(a); **to be t.** estar aterrado(a)

terry ['terɪ] *n* **t. (towelling** *or US* ***cloth)*** *(material)* toalla *f* de rizo

terse [tɜːs] *adj* tajante, seco(a)

tersely ['tɜːslɪ] *adv* tajantemente

terseness ['tɜːsnɪs] *n* sequedad *f*

tertiary ['tɜːʃərɪ] *adj Educ* superior ▫ ***t. education*** enseñanza *f* superior

Terylene® ['terɪliːn] *n Br* fibra *f* Terilene; **a T. shirt** una camiseta de fibra Terilene

TESL ['tesəl] *n* (*abbr* **teaching English as a second language**) enseñanza *f* del inglés como segunda lengua

TESOL ['tiːsɔl] *n* (*abbr* **teaching English to speakers of other languages**) enseñanza *f* del inglés a hablantes de otras lenguas

TESSA ['tesə] *n Br Fin* (*abbr* **tax-exempt special savings account**) = plan de ahorro que permite unos máximos anuales de inversión y de capitalización de intereses exentos de tributación fiscal

test [test] **1** *n* (**a**) *(trial, check)* prueba *f*; **to put sth/sb to the t.** poner algo/a alguien a prueba; **to pass the t.** superar la prueba; **to stand the t. of time** resistir la prueba del tiempo ▫ ***t. ban*** suspensión *f* de pruebas nucleares; *Law* ***t. case*** resolución *f* judicial que sienta jurisprudencia; ***t. drive*** prueba *f* de carretera; ***t. flight*** vuelo *m* de prueba; ***t. pilot*** piloto *mf* de pruebas; ***t. tube*** probeta *f*; ***t. tube baby*** niño(a) *m,f* probeta
(**b**) *(examination)* examen *m*, control *m*; **(driving) t.** examen *m* de *Esp* conducir *or Am* manejar; **eye t.** revisión *f* de la vista; **blood t.** análisis *m inv* de sangre; **French t.** prueba *f or* control *m* de francés ▫ ***t. paper*** *(exam)* examen *m*, test *m*
(**c**) *(in cricket)* **t. (match)** encuentro *m* internacional de cinco días
2 *vt* (**a**) *(examine) (pupil)* examinar; *(sight, hearing)* revisar; **to t. sb's knowledge** poner a prueba los conocimientos de alguien; **to t. sb for drugs/Aids** hacer a alguien la prueba antidoping/del sida
(**b**) *(try out) (object, system)* probar; IDIOM **to t. the water(s)** tantear el terreno
3 *vi* **to t. for Aids** hacerse la prueba del sida; **to t. positive/negative** *(for drugs, Aids)* dar positivo/negativo

▸**test out** *vt sep (idea, scheme)* poner a prueba

testament ['testəmənt] *n* (**a**) *Law (will)* testamento *m* (**b**) *(tribute)* testimonio *m*; **to be a t. to** dar testimonio de (**c**) *Rel* **the Old/New T.** el Antiguo/Nuevo Testamento

testate ['testeɪt] *adj Law* testado(a)

test-bed ['testbed] *n* banco *m* de pruebas

test-drive ['testdraɪv] *vt Aut* probar en carretera

tester ['testə(r)] *n (person)* probador(ora) *m,f*; *(sample)* muestra *f*

testes ['testiːz] *pl of* **testis**

testicle ['testɪkəl] *n Anat* testículo *m*

testicular [tes'tɪkjʊlə(r)] *adj* testicular

testify ['testɪfaɪ] *Law* **1** *vt* **to t. that...** testificar *or* atestiguar que...
2 *vi* testificar, declarar (**for/against** a favor de/en contra de); *Fig* **to t. to sth** *(be proof of)* atestiguar algo

testily ['testɪlɪ] *adv* irritadamente

testimonial [testɪ'məʊnɪəl] *n* (**a**) *(character reference)* referencias *fpl* (**b**) *Sport* **t. (match)** partido *m* de homenaje

testimony ['testɪmənɪ] *n Law* testimonio *m*; **to bear t. to sth** atestiguar algo

testing ['testɪŋ] **1** *n (of machine, bridge)* prueba *f* ▫ ***t. ground*** campo *m* de pruebas
2 *adj (problem)* difícil, arduo(a); **these have been t. times** han sido tiempos difíciles

testis ['testɪs] (*pl* **testes** ['testiːz]) *n Anat* testículo *m*

testosterone [tes'tɒstərəʊn] *n Biol* testosterona *f*

testy ['testɪ] *adj (person, mood)* irritable; *(tone, manner)* susceptible; **to be t.** *(by nature)* ser irritable; *(temporarily)* estar irritable *or* irritado(a)

tetanus ['tetənəs] *n Med* tétanos *m inv*

tetchily ['tetʃɪlɪ] *adv* con susceptibilidad

tetchiness ['tetʃɪnɪs] *n* susceptibilidad *f*

tetchy ['tetʃɪ] *adj Fam* susceptible, irritable; **to be t.** estar susceptible

tête-à-tête ['tetə'tet] *n* conversación *f* a solas

tether ['teðə(r)] **1** *n (for tying animal)* correa *f*, atadura *f*
2 *vt (animal)* atar

tetrahedron [tetrə'hi:drən] *n Geom* tetraedro *m*

Teutonic [tju:'tɒnɪk] *adj* teutón(ona)

Tex (*abbr* **Texas**) Texas, Tejas

Texan ['teksən] *n & adj* tejano(a) *m,f*

Texas ['teksəs] *n* Texas, Tejas

Tex-Mex ['teks'meks] *adj* tex-mex, = típicamente mejicano con toques de Texas

text [tekst] *n* texto *m* ▫ *Comptr* ***t. editor*** editor *m* de textos; *Comptr* ***t. file*** archivo *m* de texto; *Comptr* ***t. wrap*** contorneo *m* de texto

textbook ['tekstbʊk] *n* libro *m* de texto; *Fig* **a t. example** un ejemplo modélico *or* de libro

textile ['tekstaɪl] **1** *n* tejido *m*; **textiles** *(industry)* la industria textil

2 *adj* textil

textual ['tekstjʊəl] *adj* textual

texture ['tekstʃə(r)] *n* textura *f*

textured ['tekstʃəd] *adj* texturizado(a)

TGWU [ti:dʒi:dʌbəljə'ju:] *n* (*abbr* **Transport and General Workers' Union**) = el mayor sindicato británico, que acoge a trabajadores de diversos sectores de la industria

Thai [taɪ] **1** *n* (**a**) *(person)* tailandés(esa) *m,f* (**b**) *(language)* tailandés *m*

2 *adj* tailandés(esa)

Thailand ['taɪlænd] *n* Tailandia

thalamus ['θæləməs] *n Anat* tálamo *m*

thalidomide [θə'lɪdəmaɪd] *n* talidomida *f*

thallium ['θælɪəm] *n Chem* talio *m*

Thames [temz] *n* **the T.** el Támesis

THAN [ðæn, *unstressed* ðən] **1** *conj (in general)* que; *(with numbers, amounts)* de; **he's taller t. me** es más alto que yo; **he was taller than I had expected** era más alto de lo que me esperaba; **she stands a better chance of winning t. she did last year** tiene más posibilidades de ganar (de las) que (tuvo) el año pasado; **I'd rather die t. admit that** antes morirme que admitir eso; **no sooner had I arrived t. I realized she wasn't there** nada más llegar me di cuenta de que no estaba allí; **he is more t. a friend** es más que un amigo; **more/less t. ten** más/menos de diez; **more t. once** más de una vez

2 *prep US* **different t.** diferente de

thank [θæŋk] *vt* dar las gracias a; **I thanked everybody** se lo agradecí a todo el mundo; **to t. sb for sth** agradecer algo a alguien, dar las gracias a alguien por algo; **to t. sb for doing sth.** agradecer a alguien que haya hecho algo, dar gracias a alguien por haber hecho algo; **t. God!** ¡gracias a Dios!; **t. God they didn't see us!** ¡menos mal que no nos vieron!; **t. you** gracias; **t. you very much** muchas gracias; **no, t. you** no, gracias; **t. you for coming** gracias por venir; **t. you for all your help** gracias por vuestra ayuda; *Ironic* **I'll t. you to mind your own business!** te agradecería que te ocuparas de tus asuntos; **we have Michael to t. for this** esto se lo tenemos que agradecer a Michael; *Ironic* esto ha sido cosa de Michael; **he won't t. you for that** eso le va a sentar muy mal; **he won't t. you for disturbing him** le va a sentar muy mal que lo molestes, como lo molestes se va a acordar de ti

thankful ['θæŋkfʊl] *adj* agradecido(a); **to be t. that...** dar gracias de que...

thankfully ['θæŋkfəlɪ] *adv* afortunadamente

thankless ['θæŋklɪs] *adj* ingrato(a)

thanks [θæŋks] **1** *npl* gracias *fpl*; **I'd like to express my t. to...** me gustaría expresar mi agradecimiento *or* gratitud a...; **words of t.** palabras *fpl* de agradecimiento; **to give t. to sb for sth** darle a alguien las gracias por algo; **give him my t.** dale las gracias de mi parte; **t. to him/to his help** gracias a él/a su ayuda; **no t. to you/them!** a pesar de ti/ellos

2 *exclam* **t.!** ¡gracias!; **t. very much** muchas gracias; **t. for all your help** gracias por vuestra ayuda; **no t.** no, gracias; **t. for coming** gracias por venir; *Ironic* **t. for nothing!** ¡gracias por nada!; *Ironic* **t. a lot!** ¡muchas gracias!

thanksgiving [θæŋks'gɪvɪŋ] *n* agradecimiento *m*; *US* **T. (Day)** día *m* de acción de gracias *(el cuarto jueves de noviembre)*

thank you ['θæŋkju:] *n* agradecimiento *m*; **to say t. to sb** dar las gracias a alguien; **t. letter** carta *f* de agradecimiento; *see also* **thank**

THAT [ðæt] **1** *demonstrative adj (pl* **those** [ðəʊz]) *(masculine)* ese; *(further away)* aquel; *(feminine)* esa; *(further away)* aquella; **t. man standing in front of you** ese hombre (que está) delante de ti; **t. man right at the back** aquel hombre del fondo; **compare t. edition with these two** compara esa edición con estas dos; **later t. day** ese mismo día (más tarde); **t. woman I met** esa mujer que conocí; **we went to t. restaurant by the river** fuimos a ese restaurante que hay al lado del río; **t. one** *(masculine)* ése; *(further away)* aquél; *(feminine)* ésa; *(further away)* aquélla; **at t. time** en aquella época; **t. fool of a teacher** ese *or* aquel profesor tan tonto; *Fam* **t. sister of yours is nothing but trouble** esa hermana tuya no da más que problemas; *Fam* **well, how's t. leg of yours?** a ver, ¿cómo va esa pierna?; **what about t. drink you owe me?** ¿qué pasa con esa copa que me debes?

2 *demonstrative pron (pl* **those**) *(in near to middle distance) (indefinite)* eso; *(masculine)* ése; *(feminine)* ésa; *(further away) (indefinite)* aquello; *(masculine)* aquél; *(feminine)* aquélla; **give me t.** dame eso; **this is new and t.'s old** éste es nuevo y ése es viejo; **t.'s my husband over there** ése es mi marido; **what's t.?** ¿qué es eso?; **who's t.?** *(pointing)* ¿quién es ése/ésa?; *(who are you?)* ¿quién es?; **who's t. at the back in the blue coat?** ¿quién es aquél del fondo con el abrigo azul?; **is t. all the luggage you're taking?** ¿es ése todo el equipaje que llevas?; **is t. you, Julie?** *(on phone)* ¿eres tú, Julie?; **is t. you screaming, John?** ¿eres tú el que grita, John?; **t.'s where he lives** ahí es donde vive; **t.'s why we lost** por eso perdimos; **you say you disagree... why is t.?** dices que no estás de acuerdo... ¿por qué?; **t. was a delicious meal!** ¡qué comida más deliciosa!; **1967, t. was a great year** 1967, ¡qué año aquél!; **t. was two years ago** eso fue hace dos años; **I've got some gloves like t.** tengo unos guantes como ésos; *Formal* **a storm like t. of ten years ago** una tormenta como la de hace diez años; *Formal* **t. which has no explanation** aquello que no tiene explicación; **t.'s strange/terrible!** ¡qué raro/terrible!, ¡es extraño/terrible!; **t.'s true** es verdad; **take your medicine, t.'s a good boy!** sé bueno y tómate la medicina; **t.'s the French (for you)!** ¡así son los franceses!; **t. is (to say)** esto es; **t.'s all** eso es todo; **t.'s enough of t.!** ¡ya basta!; **t.'s more like it!** ¡así está mejor!; **t.'s it** *(it's over)* eso es todo; **t.'s it, I'm leaving!** *(expressing anger)* ¡ya no aguanto más, me marcho!; **t.'s right!, t.'s it!** *(that's correct)* ¡eso es!; **t.'s t.!** ¡ya está!; **we locked the door, and t. was t.** cerramos la puerta, y eso fue todo; **all t. about my family** lo de *or* aquello de mi familia; *Fam* **they were very friendly and (all) t.** fueron muy amables y todo eso; **for all t. I still love her...** por mucho que la quiera...; **can you run as fast as t.?** ¿puedes correr así de deprisa?; **it was a long journey and a tedious one at t.** fue un viaje largo y, encima, tedioso; **what do you mean by t.?** ¿qué quieres decir con eso?; **with t. she turned and left** con eso, dio media vuelta y se marchó

3 *adv* (**a**) *(in comparisons)* así de; **t. high** así de alto; **can you run t. fast?** ¿puedes correr así de deprisa?; **t. many** tantos(as); **t. much** tanto

(**b**) *(so, very)* tan; **it isn't t. good** no es tan bueno; **is she t. tall?** ¿tan alta es?; **I'm not t. keen on it** no me entusiasma demasiado; *Fam* **he's t. stupid (t.) he...** es tan estúpido que...; **there weren't t. many there** no había muchos; **I haven't played this game t. much** no he jugado demasiado a este juego

4 [*unstressed* ðət] *relative pron*

> El pronombre relativo **that** puede omitirse salvo cuando es sujeto de la oración subordinada.

(**a**) *(introducing subordinate clause)* que; **the letter t. came yesterday** la carta que llegó ayer; **the letters t. I sent you** las cartas que te envié; **you're the only person t. can help me** eres la única persona que puede ayudarme; **the reason t. I'm telling you** la razón por la que te lo digo

(**b**) *(with following preposition)* que; **the envelope t. I put it in** el sobre en que lo guardé; **the woman t. we're talking about** la mujer de quien *or* de la que estamos hablando; **the person t. I gave it to** la persona a quien *or* a la que se lo di;

the people t. I work with la gente con la que trabajo
(**c**) *(when)* que; **the last time t. I saw him** la última vez que lo vi; **the day t. I left** el día (en) que me fui
5 *[unstressed* ðət] *conj*

> **that** se puede omitir cuando introduce una oración subordinada.

(**a**) *(introducing subordinate clause)* que; **she said t. she would come** dijo que vendría; **I'll see to it t. everything is ready** me ocuparé de que todo esté listo; **my opinion is t. you should stay** opino que debes quedarte; **the fact t. he told you** el hecho de que te lo contara
(**b**) *Formal (so that)* **let's explain, t. she might understand our actions** expliquémonos para que así comprenda nuestras acciones
(**c**) *Literary (in exclamations)* **t. it should have come to this!** ¡que hayamos tenido que llegar a esto!; **oh t. it were possible!** ¡ojalá fuese posible!

thatch [θætʃ] **1** *n (on roof)* paja *f*; *Fam (of hair)* mata *f*
2 *vt (roof)* cubrir con paja; **thatched cottage** casa *f* de campo con techo de paja; **thatched roof** techo *m* de paja

thatcher ['θætʃə(r)] *n* techador(ora) *m,f*, chamicero(a) *m,f*

Thatcherism ['θætʃərɪzəm] *n* thatcherismo *m*

thaw [θɔ:] **1** *n* deshielo *m*; *Fig* **a t. in relations** una mejora de las relaciones
2 *vt (snow, ice)* fundir, derretir; *(food)* descongelar
3 *vi* (**a**) *(to melt) (of snow, ice)* derretirse, fundirse; *(of food)* descongelarse (**b**) *(of person, manner)* relajarse
▸**thaw out 1** *vt sep (food)* descongelar
2 *vi (of lake)* deshelarse; *(of food)* descongelarse; *(of person) (in front of fire)* entrar en calor

THE *[before consonant sounds* ðə, *before vowel sounds* ðɪ, *stressed* ði:] *definite article* (**a**) *(singular) (masculine)* el; *(feminine)* la; *(plural) (masculine)* los; *(feminine)* las; **t. book** el libro; **t. table** la mesa; **t. books** los libros; **t. tables** las mesas; **t. cold water** el agua fría; **t. same thing** la misma cosa; **to/from t. airport** al/del aeropuerto; **t. good/beautiful** *(as concepts)* lo bueno/bello; **t. impossible** lo imposible; **I'll see him in t. summer** lo veré en verano; **later in t. week** esta semana (más adelante); **she's got t. measles/t. flu** tiene (el) sarampión/(la) gripe *or Am* gripa; **I've been t. president of this company for many years** he sido (el) presidente de esta compañía durante muchos años; **t. best** el/la mejor; **t. longest** el/la más largo(a); **I like this one t. most** éste es el que más me gusta
(**b**) *(specifying)* **t. reason I asked is...** el motivo de mi pregunta es...; **I was absent at t. time** yo no estaba en ese momento; **t. Europe of today** la Europa actual; **t. minute I saw her** en cuanto la vi; **it hit me on t. head** me golpeó en la cabeza; *Fam* **how's t. knee?** ¿qué tal esa rodilla?; *Fam* **t. wife's been ill** la *Esp* parienta *or Am* vieja *or RP* doña ha estado enferma
(**c**) *(denoting class, group)* **t. poor/blind** los pobres/ciegos; **t. French** los franceses; **t. tiger is threatened with extinction** el tigre está en peligro de extinción; **t. Wilsons** los Wilson
(**d**) *(with musical instruments)* **to play t. piano** tocar el piano
(**e**) *(with titles)* **Edward t. Eighth** *(written Edward VIII)* Eduardo Octavo *(escrito Eduardo VIII)*; **Catherine t. Great** Catalina la Grande
(**f**) *(proportions, rates)* **to be paid by t. hour** cobrar por horas; **15 kilometres to t. litre** 15 kilómetros por *or* el litro; **200 pesetas to t. pound** 200 pesetas por libra
(**g**) *(in exclamations)* **t. arrogance/stupidity of it!** ¡qué arrogancia/estupidez!; **t. lucky devil!** ¡qué suertudo(a)!; *Fam* **he's gone and borrowed my car, t. cheeky so-and-so!** ¡el muy caradura se ha ido y se ha llevado mi coche
(**h**) *[stressed* ði:] **not THE Professor Brown?** ¿no será el famosísimo Profesor Brown?; **it's THE car for the nineties** es el coche *or Am* carro *or Chile, RP* auto de los noventa; **it's THE place to be seen** es el lugar de moda
(**i**) *(in comparisons)* **t. sooner t. better** cuanto antes, mejor; **t. less we argue, t. more work we'll get done** cuanto menos discutamos, más trabajaremos; **I was all t. more puzzled by his calmness** lo que más me extrañaba era su tranquilidad; **she felt all t. better for having told him** se sentía mucho mejor por habérselo dicho; **I feel none t. worse for t. experience** a pesar de la experiencia me siento perfectamente
(**j**) *(with dates)* **t. ninth of June** el nueve de junio; **t. sixties** los sesenta; **t. eighteen hundreds** el siglo diecinueve; **she arrived on t. Friday** llegó el viernes
(**k**) *(enough)* **she hasn't got t. time/money to do it** no tiene (el) dinero/(el) tiempo para hacerlo

theatre, *US* **theater** ['θɪətə(r)] *n* (**a**) *(building, art)* teatro *m*; **he has spent his life in the t.** ha consagrado su vida al (mundo del) teatro ▫ ***t. company*** compañía *f* de teatro; ***t. critic*** crítico(a) *m,f* teatral *or* de teatro (**b**) *US (for movies)* cine *m* (**c**) *Br Med* **(operating) t.** quirófano *m* (**d**) *Mil* **t. of war** escenario *m* de guerra

theatre-goer, *US* **theater-goer** ['θɪətəgəʊə(r)] *n* aficionado(a) *m,f* al teatro

theatrical [θɪ'ætrɪkəl] *adj also Fig* teatral ▫ ***t. agent*** agente *mf* teatral; ***t. company*** compañía *f* teatral

theatricality [θɪætrɪ'kælɪtɪ] *n* teatralidad *f*

theatrically [θɪ'ætrɪklɪ] *adv also Fig* teatralmente; *Fig* **to behave t.** hacer mucho teatro

thee [ði:] *pron Literary or Rel* te; *(after preposition)* ti

theft [θeft] *n* robo *m*; *(less serious)* hurto *m*

theftproof ['θeftpru:f] *adj (vehicle, door)* a prueba de robo, antirrobo

THEIR ['ðeə(r)] *possessive adj* (**a**) *(singular)* su; *(plural)* sus; **t. dog** su perro; **t. parents** sus padres; **we went to t. house** *(not yours or ours)* fuimos a casa de ellos; **it wasn't THEIR idea!** ¡la idea no fue de ellos!; **we were upset at t. mentioning it** nos sentó muy mal que lo mencionaran; **t. understanding was that we would share the cost** ellos habían entendido que compartiríamos los costos
(**b**) *(for parts of body, clothes) (translated by definite article)* **t. eyes are blue** tienen los ojos azules; **they both forgot t. hats** los dos se olvidaron el sombrero; **they washed t. faces** se lavaron la cara; **they put t. hands in t. pockets** se metieron las manos en los bolsillos; **someone stole t. clothes** alguien les robó la ropa
(**c**) *(indefinite use)* su; **somebody called but they didn't leave t. name** ha llamado alguien, pero no ha dejado su nombre; **someone's left t. umbrella** alguien se ha dejado el paraguas

theirs ['ðeəz] *possessive pron* (**a**) *(singular)* el suyo *m*, la suya *f*; *(plural)* los suyos *mpl*, las suyas *fpl*; **our house is big but t. is bigger** nuestra casa es grande, pero la suya es mayor
(**b**) *(used attributively) (singular)* suyo *m*, suya *f*; *(plural)* suyos *mpl*, suyas *pl*; **this book is t.** este libro es suyo; **a friend of t.** un amigo suyo
(**c**) *(indefinite use)* **if anyone hasn't got t. they can use mine** si alguien no tiene el suyo, puede usar el mío

theism ['θi:ɪzəm] *n Rel* teísmo *m*

THEM [ðem, *unstressed* ðəm] **1** *pron* (**a**) *(direct object)* los *mpl*, las *fpl*; **I hate t.** los odio; **I like t.** me gustan; **kill t.!** ¡mátalos!; **I can forgive their son but not THEM** puedo perdonar a su hijo, pero no a ellos
(**b**) *(indirect object)* les; **I gave t. the book** les di el libro; **I gave it to t.** se lo di; **give it to t.** dáselo
(**c**) *(after preposition)* ellos *mpl*, ellas *fpl*; **I'm thinking of t.** estoy pensando en ellos; **it was meant for you, not for THEM** iba dirigido a ti, no a ellos; **we must avoid seeing things in terms of t. and us** debemos evitar ver las cosas en términos de ellos por un lado y nosotros por el otro
(**d**) *(as complement of verb* **to be***)* ellos *mpl*, ellas *fpl*; **it's t.!** ¡son ellos!; **it was t. who did it** fueron ellos los que lo hicieron; **the decor isn't really t.** la decoración no va mucho con ellos
(**e**) *(indefinite use)* **if anyone comes, tell t. ...** si viene alguien, dile que...
2 *adj Fam (considered incorrect) (those)* esos; **give us one of t. sweets** dame uno de esos caramelos

thematic [θɪ'mætɪk] *adj* temático(a)

thematically [θɪ'mætɪklɪ] *adv* por temas, temáticamente

theme [θi:m] *n* (**a**) *(subject)* tema *m*, asunto *m* ▫ ***t. park*** parque *m* temático (**b**) *(in literature, music)* tema *m* ▫ *TV & Rad* ***t. song*** *or* ***tune*** sintonía *f*

themed [θi:md] *adj (restaurant, bar, evening)* temático(a)

themselves [ðəm'selvz] *pron* (**a**) *(reflexive)* se; **they've hurt t.** se han hecho daño; **they'll soon feel t. again** en breve se volverán a sentir los de siempre
(**b**) *(emphatic)* ellos *mpl* mismos, ellas *fpl* mismas; **they told me t.** me lo dijeron ellos mismos
(**c**) *(after preposition)* **they were all by t.** estaban ellos solos; **they were talking about t.** estaban hablando de sí mismos; **they did it all by t.** lo hicieron ellos mismos *or* ellos solos; **they shared the money among t.** se repartieron el dinero

THEN [ðen] **1** *adv* (**a**) *(at that time)* entonces; **it was better t.** era mejor entonces; **I'll be back on Monday – I'll see you t.** volveré el lunes – nos veremos entonces; **before t.** antes (de eso); **by t.** para entonces; **from t. on** desde entonces, a partir de entonces; **just** *or* **right t.** justo entonces; **since/until t.** desde/hasta entonces; **I decided to tell them t. and there** decidí decírselo en aquel momento; **he was sacked t. and there** lo despidieron en el acto
(**b**) *(next)* luego; **what t.?** y luego, ¿qué?
(**c**) *(in addition)* luego; **and t. there's the cost** y luego está el costo; **it must have cost a million and t. some** debe haber costado un millón largo; **t. again, but t.** pero por otra parte
(**d**) *(in that case)* entonces; **t. stop complaining** pues deja de quejarte; **if you don't like it, t. choose another one** si no te gusta, elige otro; **all right, t.** bueno, *Esp* vale, *or Arg* dale *or Méx* órale
(**e**) *(so, therefore)* entonces; **are you coming, t.?** entonces ¿qué?, ¿vas a venir?; **you already knew, t.?** entonces, ¿ya lo sabías?; **if x = 2, t. y = 6** si x = 2, y = 6
2 *adj* **the t. President** el entonces presidente

thence [ðens] *adv Formal* (**a**) *(from there)* de allí, de ahí; **we went to Paris and t. to Rome** fuimos a París y de ahí a Roma (**b**) *(because of that)* de ahí

thenceforth [ðens'fɔ:θ], **thenceforward** [ðens'fɔ:wəd] *adv Formal* desde entonces (en adelante)

theocracy [θi:'ɒkrəsɪ] *n* teocracia *f*

theodolite [θi:'ɒdəlaɪt] *n* teodolito *m*

theologian [θi:ə'ləʊdʒən] *n* teólogo(a) *m,f*

theological [θi:ə'lɒdʒɪkəl] *adj* teológico(a)

theology [θi:'ɒlədʒɪ] *n* teología *f*

theorem ['θɪərəm] *n Math* teorema *m*

theoretical [θi:ə'retɪkəl] *adj* teórico(a)

theoretically [θi:ə'retɪklɪ] *adv (relating to theory)* en la teoría, teóricamente; *(hypothetically)* en teoría, teóricamente; **it's t. possible** en teoría es posible

theoretician [θi:ərɪ'tɪʃən] *n* teórico(a) *m,f*

theorist ['θi:ərɪst] *n* teórico(a) *m,f*

theorize ['θi:əraɪz] *vi* teorizar

theory ['θi:ərɪ] *n* teoría *f*; **in t.** en teoría

therapeutic [θerə'pju:tɪk] *adj also Fig* terapéutico(a)

therapist ['θerəpɪst] *n* terapeuta *mf*

therapy ['θerəpɪ] *n* terapia *f*; **to be in t.** *(psychotherapy)* recibir tratamiento psíquico

THERE [ðeə(r), *unstressed* ðə(r)] **1** *pron* **t. is/are** hay; *Fam* **t.'s a few things I'm not happy with** hay unas cuantas cosas con las que no estoy muy contento; **t. was plenty of food** había mucha comida; **t. was a bang** hubo una explosión; **t. were no apples** no había manzanas; **t. were several explosions** hubo varias explosiones; **t. will be** habrá; **t. must be a reason** tiene que haber una razón; **t.'s a page missing** falta una página; **t. are** *or Fam* **t.'s two apples left** quedan dos manzanas; **t. isn't any – yes, t. is!** no hay – sí que hay; **t. are four of us** somos cuatro; **t.'s no doubt that...** no cabe duda de que...; **I don't want t. to be any arguing** no quiero que discutamos; **t.'s no denying it...** no se puede negar...; **t.'s no going back now** ya no podemos dar marcha atrás; **now t.'s a surprise!** ¡vaya sorpresa!; **t.'s a good dog!** ¡buen perro!; **close the window for me, t.'s a dear!** sé bueno y cierra la ventana; **t. appears** *or* **seems to be a problem** parece que hay un problema; **t. comes a time when...** llega un momento en que...; **t. followed a period of calm** siguió un periodo de calma; **t. remains the prospect of...** queda la posibilidad de...; **t. once lived** *or* **was a princess...** *(in children's stories)* érase una vez una princesa...
2 *adv* (**a**) *(referring to place)* ahí; *(more distant) (at precise point)* allí; *(more vaguely)* allá; **give me that book t.** dame ese libro de ahí; **I'm going t. tomorrow** voy para allá mañana; **I've never been t.** no he estado nunca; **when will we get t.?** *(arrive)* ¿cuándo llegaremos?; **you'll get t. eventually** *(succeed)* al final lo conseguirás; *(understand)* al final lo entenderás; **we went to Paris and from t. to Rome** fuimos a París, y de allí a Roma; **somewhere near t.** por allí cerca; **out/in t.** allí fuera/dentro; **put it over t.** ponlo ahí; **up/down t.** ahí arriba/abajo; **do we have time to get t. and back?** ¿tenemos tiempo de ir (allí) y volver?; **it's ten miles t. and back** hay diez millas entre la ida y la vuelta; **I decided to tell them t. and then** decidí decírselo en aquel momento; **he was sacked t. and then** lo despidieron en el acto; *Fam* **hi, t.!** ¡hola!; **hey! you t.!** ¡oye, tú!; **t. they are!** ¡ahí están!; **t. she goes!** ¡va por ahí!; **t. he goes again, complaining about the food!** ¡ya está otra vez quejándose de la comida!; **t. goes the phone again!** ¡otra vez el teléfono!; **t. go our chances of winning!** ¡adiós a nuestras oportunidades de ganar!; **I lost, but t. you go** perdí, pero qué le vamos a hacer; **t. you go** *or* **are!** *(when giving sb sth)* ¡ahí tienes!; **t. (you go** *or* **are), I told you so** ¿ves?, ya te lo dije; *Fig* **I've been t. (before)** *(experienced that)* ya sé lo que es eso
(**b**) *(present)* **most of my family were t.** estaba (ahí) la mayoría de mi familia; **they're not t.** no están (ahí); **the opportunity is t. if we can take it** la oportunidad está ahí, si sabemos aprovecharla; **is anybody t.?** ¿hay alguien ahí?; **who's t.?** *(after knock on door)* ¿quién es?; **is Paul t.?** *(on phone)* ¿está Paul?; *Fam* **he's not all t.** no está bien de la cabeza; **she was t. for me when I needed her** estuvo a mi lado cuando la necesité
(**c**) *(at that point)* **we'll stop t. for today** lo dejamos aquí por hoy; **I'll have to ask you to stop t.** tengo que pedirle que lo deje ahí; **t.'s the difficulty** ahí está la dificultad; **I agree with you t.** en ese punto estoy de acuerdo contigo; *Fam* **t. you have me!, you've got me t.!** *(I don't know the answer)* ¡ahí me has pillado *or Am* agarrado!
(**d**) **there again** *adv* por otra parte
3 *exclam* **t. now, that's done!** ¡hala, ya está!; **t., t.! don't worry!** ¡venga, no te preocupes!

thereabouts ['ðeərə'baʊts] *adv* (**a**) *(with place)* **(or) t.** (o) por ahí (**b**) *(with number, quantity, distance)* **50 people, or t.** más o menos 50 personas, 50 personas o por ahí

thereafter [ðeər'ɑ:ftə(r)] *adv Formal* en lo sucesivo, a partir de ahí

thereby ['ðeəbaɪ] *adv Formal* así, de ese modo; IDIOM **t. hangs a tale!** y el asunto tiene miga

therefore ['ðeəfɔ:(r)] *adv* por (lo) tanto, por consiguiente; **I think, t. I am** pienso, luego existo

therein [ðeə'rɪn] *adv* (**a**) *Formal & Law (inside)* en el interior, dentro (**b**) *Formal (in that point)* ahí; **t. lies the problem** ahí radica el problema

thereof [ðeə'rɒv] *adv Formal* de éste/ésta/esto; **the principal disadvantage t. is...** la principal desventaja de esto es...

thereon [ðeə'rɒn] *adv Formal & Law* en él/ella/ello; **the property and all the buildings t.** el terreno y todos los inmuebles sitos en él

thereto [ðeə'tu:] *adv Formal & Law* a él/ella/ello

thereunder [ðeə'rʌndə(r)] *adv Formal & Law* bajo él/ella/ello

thereupon [ðeərə'pɒn] *adv Formal* acto seguido

therm [θɜ:m] *n Phys* termia *f*

thermal ['θɜ:məl] **1** *n Met* corriente *f* de aire ascendente, (corriente *f*) térmica *f*
2 *adj* térmico(a) ▫ *Phys* ***t. conductivity*** conductividad *f or* conductancia *f* calorífica; ***t. energy*** energía *f* térmica; ***t. imaging***

imagen *f* or visualización *f* térmica; *Comptr* **t. paper** papel *m* térmico; *Geol* **t. springs** aguas *fpl* termales; **t. underwear** ropa *f* interior térmica

thermionic [θɜːmaɪˈɒnɪk] *adj Phys* termoiónico(a)

thermocouple [ˈθɜːməʊkʌpəl] *n Phys* termopar *m*

thermodynamic [θɜːməʊdaɪˈnæmɪk] *adj Phys* termodinámico(a)

thermodynamics [θɜːməʊdaɪˈnæmɪks] *n Phys* termodinámica *f*

thermoelectric [θɜːməʊɪˈlektrɪk] *adj Phys* termoeléctrico(a)

thermometer [θəˈmɒmɪtə(r)] *n* termómetro *m*

thermonuclear [θɜːməʊˈnjuːklɪə(r)] *adj* termonuclear

thermopile [ˈθɜːməʊpaɪl] *n Phys* termopila *f*, pila *f* termoeléctrica

Thermos® [ˈθɜːməs] *n* **T. (flask)** termo *m*

thermostat [ˈθɜːməstæt] *n* termostato *m*

thermostatically [θɜːməʊˈstætɪklɪ] *adv* por termostato

thesaurus [θɪˈsɔːrəs] *n* diccionario *m* de sinónimos

THESE [ðiːz] **1** *adj* estos(as); **t. ones** éstos(as); **t. ones here** éstos de aquí; *Fam* **I met t. Germans** conocí a unos alemanes; *Fam* **he used to wear t. funny trousers** solía llevar unos pantalones bien raros

2 *pron* éstos(as); **t. are the ones I want** éstos son los que quiero; **t. here** éstos de aquí

thesis [ˈθiːsɪs] (*pl* **theses** [ˈθiːsiːz]) *n* tesis *f inv*

thespian [ˈθespɪən] *n Literary* actor *m*, actriz *f*

THEY [ðeɪ] *pron* (**a**) *(personal use)* ellos *mpl*, ellas *fpl* *(usually omitted, except for contrast)*; **they're Scottish** son escoceses; **t. like red wine** les gusta el vino tinto; **who are t.?** *(pointing)* ¿quiénes son ésos?; **THEY haven't got it!** ¡ellos no lo tienen!; **t. alone know** sólo ellos lo saben

(**b**) *(indefinite use)* **nobody ever admits they've lied** la gente nunca reconoce que ha mentido; **they're going to cut interest rates** van a reducir los tipos *or Am* las tasas de interés; **t. say (that)...** dicen que...

they'd [ðeɪd] = **they had, they would**

they'll [ðeɪl] = **they will, they shall**

they're [ðeə(r)] = **they are**

they've [ðeɪv] = **they have**

thiamin [ˈθaɪəmɪn] *n* tiamina *f*

thick [θɪk] **1** *n* **in the t. of the forest** en la espesura del bosque; **in the t. of it** *or* **of things** en primera línea; IDIOM **through t. and thin** para lo bueno y para lo malo

2 *adj* (**a**) *(in size)* grueso(a); **the wall is a metre t.** el muro tiene un metro de espesor

(**b**) *(mist, smoke)* denso(a); *(forest)* espeso(a); *(hair)* poblado(a); *(beard)* poblado(a), tupido(a); *(accent)* acusado(a), marcado(a); **a voice t. with emotion** una voz quebrada por la emoción; **the air was t. with smoke** un humo espeso invadía el aire; **the snow was t. on the ground** había una espesa capa de nieve (en el suelo); *Fig* **to be t. on the ground** *(plentiful)* ser abundante

(**c**) *(soup, paint, sauce)* espeso(a)

(**d**) *Fam (stupid)* corto(a), lerdo(a); IDIOM **to be as t. as two short planks** *or* **a brick** no tener dos dedos de frente

(**e**) *Br Fam (unreasonable)* **that's a bit t.!** ¡eso es un poco fuerte!; **it's a bit t. expecting us to take them to the airport!** ¡me parece demasiado *or* el colmo que esperen que los llevemos al aeropuerto!

(**f**) IDIOMS **to have a t. skin** tener mucha correa *or* mucho aguante *(ante críticas o insultos)*; *Fam* **to give sb a t. ear** dar a alguien un coscorrón; *Fam* **they're as t. as thieves** son uña y carne, *Esp* están a partir un piñón

3 *adv* **to cut the bread t.** cortar el pan en rebanadas gruesas; **to spread the butter t.** untar mucha mantequilla; *Fam* **to lay it on a bit t.** cargar las tintas; **to come t. and fast** llegar a raudales

thicken [ˈθɪkən] **1** *vt (sauce)* espesar

2 *vi (of fog, smoke, sauce)* espesarse; IDIOM *Hum* **the plot thickens** la cosa se complica

thicket [ˈθɪkɪt] *n* matorral *m*

thickhead [ˈθɪkhed] *n Fam* burro(a) *m,f*, *Esp* tarugo(a) *m,f*

thick-headed [θɪkˈhedɪd] *adj Fam* (**a**) *(stupid)* burro(a), *Esp* tarugo(a) (**b**) *(groggy)* atontado(a)

thickie [ˈθɪkɪ], **thicko** [ˈθɪkəʊ] *n Fam* burro(a) *m,f*, tarugo(a) *m,f*

thickly [ˈθɪklɪ] *adv* (**a**) *(in thick pieces)* **t. cut slices of cheese** lonchas de queso gruesas; **to spread butter t.** untar una gruesa capa de mantequilla (**b**) *(speak)* con la voz quebrada

thickness [ˈθɪknɪs] *n* (**a**) *(of wall, lips, layer)* grosor *m* (**b**) *(of forest, hair, beard)* espesura *f*; *(of sauce)* consistencia *f*

thicko = **thickie**

thickset [ˈθɪkˈset] *adj (person)* chaparro(a)

thick-skinned [ˈθɪkˈskɪnd] *adj Fig* **to be t.** tener mucha correa *or* mucho aguante *(ante críticas o insultos)*

thief [θiːf] (*pl* **thieves** [θiːvz]) *n* ladrón(ona) *m,f*

thieve [θiːv] *vt & vi* robar

thieving [ˈθiːvɪŋ] **1** *n* robo *m*

2 *adj* ladrón(ona)

thigh [θaɪ] *n* muslo *m*

thighbone [ˈθaɪbəʊn] *n* fémur *m*

thimble [ˈθɪmbəl] *n* dedal *m*

thimbleful [ˈθɪmbəlfʊl] *n* dedal *m*, chorrito *m*

thin [θɪn] **1** *adj* (**a**) *(not thick)* delgado(a), fino(a); *(person, face, arm)* delgado(a); *(paper, slice, layer)* fino(a); *(blanket, clothing)* ligero(a), fino(a): **to grow** *or* **become thinner** *(person)* adelgazar; IDIOM **to be as t. as a rake** estar como un *or* hecho(a) un palillo

(**b**) *(sparse) (hair, beard)* ralo(a), escaso(a); *(crowd, vegetation)* escaso(a), disperso(a); *(fog, mist)* ligero(a), tenue

(**c**) *(soup)* claro(a); *(paint, sauce)* aguado(a)

(**d**) *(voice)* atiplado(a)

(**e**) IDIOMS **he had vanished into t. air** había desaparecido como por arte de magia; **they saw this demand as the t. end of the wedge** consideraron que esta demanda era sólo el principio (y luego pedirían más) ; **to have a t. skin** ser muy susceptible; **to have a t. time (of it)** estar en horas bajas; **to be t. on the ground** *(scarce)* ser escaso(a)

2 *adv* **to slice sth t.** cortar algo en rodajas finas; **to spread sth t.** *(butter, jam)* untar una capa fina de algo; **our resources are spread very t.** los recursos que tenemos son insuficientes

3 *vt* (*pt & pp* **thinned**) *(paint)* diluir, aclarar; *(sauce)* aclarar, aguar

4 *vi (of crowd)* dispersarse; *(of fog, mist)* despejarse; **his hair is thinning** está empezando a perder pelo

▸**thin out 1** *vt sep (plants)* aclarar, entresacar

2 *vi (of traffic)* disminuir; *(of crowd)* dispersarse; *(of trees)* hacerse menos denso(a)

thine [ðaɪn] *Literary & Rel* **1** *adj* tu

2 *pron* tuyo

THING [θɪŋ] *n* (**a**) *(object)* cosa *f*; *Fam* **what's that t.?** ¿qué es eso *or Esp* ese chisme *or CAm, Carib, Col* esa vaina?; **I don't like sweet things** no me gusta el dulce; **he kept his painting things in a box** guardaba sus cosas de pintar en una caja; **let's wash up the breakfast things** vamos a lavar los cacharros *or Méx* trastes del desayuno; *Fam* **we need one of those modem things** necesitamos un módem de esos; **my/your things** *(clothes)* mi/tu ropa; *(belongings)* mis/tus cosas; **to be just the t.** *or* **the very t.** venir de perlas *or* al pelo; IDIOM *Hum* **things that go bump in the night** fantasmas *mpl*

(**b**) *(action, remark, fact)* cosa *f*; **that's a t. I very rarely do** eso es algo que yo casi nunca hago; **a terrible t. has happened** ha ocurrido algo terrible; **that was a nice t. to do/say!** ¡qué amable!; **that was a silly t. to do/say** hacer/decir eso fue una tontería; **of all the stupid things to do!** ¡a quién se le ocurre hacer una cosa así!; **it's not an easy t. to do** no es fácil de hacer, no es fácil hacerlo; **the important t. is that...** lo importante es que...; **the first/next t. we need to do is...** lo primero/lo siguiente que tenemos que hacer es...; **it's the only t. we can do** es lo único que podemos hacer; **he did the right/wrong t.** hizo lo que debía/lo que no debía; **let's forget the whole t.** olvidémoslo; **the t. to do/realize is...** lo que hay que hacer/entender es...; **the t. that annoys me is...** lo que me da rabia es...; *Fam* **he's obsessed with this abseiling t.** está obsesionado con eso del rappel; **and another t., why were you late?** y, otra cosa, ¿por qué llegaste tarde?; **that's quite another t.** *or* **another t. altogether** eso es algo completamente distinto; **it's the done t. to curtsy** se hace una reverencia, hay que hacer una reverencia; **smoking at work isn't the done t.** en el trabajo no se fuma; **that's now a t. of the past** eso ha pasado a la historia; **it's just one of those things** son cosas que pasan; **all things considered,** *Br* **taking one t. with another** teniendo todo en cuenta; **all (other) things being equal** en condiciones normales; **in all things** siempre, en toda ocasión; **he bought me a spade, of all things!** me regaló una pala, ¡tiene cada ocurrencia!; *Fam* **they tortured us and things** nos torturaron y eso; **for one t.** para empezar; **if there's one t. you should avoid...** lo que hay que evitar a toda costa; **it's one t. to admire him, quite another to vote for him** una cosa es admirarlo y otra muy distinta votar por él; **what with one t. and another** entre unas cosas y otras; **it's been one t. after another** *(we've been busy)* no hemos parado; *(we've had lots of problems)* hemos tenido miles de problemas; **if it's not one t. it's another** cuando no es una cosa, es otra; **the t. is,...** el caso es que..., lo que pasa es que...; **the t. about** *or* **with her is...** lo que pasa con ella es que...; **she usually does her own t.** normalmente va a lo suyo; **you're imagining things** eso son imaginaciones tuyas; **to know a t. or two (about)** saber bastante (de); **I could teach him a t. or two (about)** a ése podría enseñarle yo unas cuantas cosas (de); **there's no need to make a (big) t. out of** *or* **about it** no es para tanto, no hay que darle tanta importancia; **let's take one t. at a time** tomémonos las cosas con calma, veamos las cosas una por una

(**c**) **things** *(situation)* las cosas; **things are going badly** las cosas van mal; **the way things are at the moment** tal y como están las cosas; *Fam* **how are things (with you)?, how's things?** ¿qué tal van las cosas?, ¿cómo te va?; **things aren't what they used to be** las cosas ya no son lo que eran; **I can make things difficult/easy for you if...** te puedo hacer la vida imposible/más fácil si...; **you take things too seriously** te tomas las cosas demasiado en serio

(**d**) *(anything)* **they didn't eat a t.** no comieron nada; **I don't have a t. to wear** no tengo qué *or* nada que ponerme; **she didn't say/couldn't see a t.** no dijo/veía nada; **I don't know a t. about algebra** no tengo ni idea de álgebra; **there isn't a t. we can do about it** no podemos hacer nada

(**e**) *Fam (person, animal)* **(the) poor t.!** ¡(el) pobre!; **she's a clever little t.** es una chica *or Arg* piba *or Méx* chava muy lista; **you lucky t.!** ¡vaya suerte que tienes!; **you silly t.!** ¡qué bobo(a) eres!

(**f**) *(monster)* cosa *f*, monstruo *m*

(**g**) *Fam (strong feelings)* **she has a t. about...** *(likes)* le mola cantidad *or* le priva...; *(dislikes)* le tiene manía a...; **she's got a t. about tidiness/punctuality** es muy maniática con la limpieza/puntualidad

(**h**) *(fashion)* **the latest t. in shoes** lo último en zapatos; **these hats are quite the t. at the moment** estos sombreros están muy de moda

(**i**) *(interest)* **classical music is my t.** lo mío es la música clásica

(**j**) *Fam (penis)* pito *m*, *Esp* cola *f*, *Chile* pico *m*, *Méx* pájaro *m*

---

thingummy [ˈθɪŋəmɪ], **thingumajig** [ˈθɪŋəmɪdʒɪg], **thingumabob** [ˈθɪŋəmɪbɒb], **thingy** [ˈθɪŋɪ] *n Fam (object)* cacharro *m*, *Esp* chisme *m*, *CAm, Carib, Col* vaina *f*, *RP* coso *m*; *(person)* fulanito(a) *m,f*, mengano(a) *m,f*

THINK [θɪŋk] **1** *n* **to have a t. about sth** pensarse algo; **I'll have a t. and let you know tomorrow** me lo pensaré y te lo diré mañana; IDIOM *Fam* **you've got another t. coming!** ¡estás muy equivocado(a)!

2 *vt* (*pt & pp* **thought** [θɔːt]) (**a**) *(have in mind)* **to t. (that)...** pensar que...; **what are you thinking?** ¿en qué estás pensando?; **to t. evil/kind thoughts** tener pensamientos malévolos/benévolos; **"what an idiot", I thought (to myself)** "menudo idiota", pensé (para mis adentros); **let me t. what I can do to help** a ver (que piense) cómo podría ayudar; **I can't t. who could have done it** no se me ocurre quién puede haberlo hecho; **did you t. to bring any money?** ¿se te ha ocurrido traer algo de dinero?; IDIOM **I couldn't** *or* **I could hardly hear myself t.** el ruido era ensordecedor

(**b**) *(believe, have as opinion)* creer, pensar; **to t. (that)...** creer que...; **he thinks (that) he knows everything** se cree que lo sabe todo; **I t. (that) I'll have a nap** creo que me voy a echar una siesta; **do you t. (that) I could borrow your bike?** ¿me prestas tu bici?; **I thought we could maybe watch a film** ¿qué te parece la idea de ver una película?; **she's upstairs, I t.** creo que está arriba; **all this is very sad, don't you t.?** todo esto es muy triste, ¿no crees?; **what do you t., should I accept?** ¿tú qué crees?, ¿debería aceptar?; **that's what** YOU **t.!** eso es lo que tú te crees; **I t. so** creo que sí; **I t. not** no creo; **he hadn't arrived, or so I thought** no había llegado, o así lo creía yo; **I thought so, I thought as much** ya me lo figuraba; **we'll be there by nine, I should t.** yo creo que estaremos allí a las nueve; **I shouldn't t. so** no creo; **anyone would t. she was asleep** cualquiera hubiera creído que está dormida; **what do you t. you are doing?** pero, ¿qué haces?; **who does she t. she's kidding?** ¿a quién pretende engañar?; **who do you t. you are?** ¿quién te has creído que eres?; **I thought it (to be) a bit expensive** me pareció un poco caro; **I t. it important to remember that...** considero importante recordar que...; **do you t. me a fool?** ¿me tomas por tonto?; **it is thought that...** se cree que...; **he is thought to have escaped through the window** se cree que escapó por una ventana; **they were thought to be rich** se les creía *or* consideraba ricos

(**c**) *(imagine)* imaginarse; **t. what we could do with all that money!** ¡imagínate lo que podríamos hacer con todo ese dinero!; **I (really) can't t. what/where/why...** no se me ocurre qué/dónde/por qué...; **it's better than I had thought possible** es mejor de lo que creía posible; **who'd have thought it!** ¡quién lo hubiera pensado!; **to t. (that) he's only twenty!** ¡y pensar que sólo tiene veinte años!

(**d**) *(expect)* creer, esperarse; **it was easier than I thought** fue más fácil de lo que creía *or* me esperaba; **you'd t.** *or* **you would have thought they'd have waited!** ¡podían haber esperado!; **I should t. so too!** ¡faltaría más!

3 *vi* pensar; **let me t....** déjame que piense..., a ver...; **I did it without thinking** lo hice sin darme cuenta; **sorry, I didn't t.** *or* **I wasn't thinking** perdona, no me di cuenta; **she has to learn to t. for herself** tiene que aprender a pensar por sí misma; **we would ask you to t. again** le pediríamos que reconsiderase su decisión; **if you t. I'll help you do it, you can t. again!** ¡vas listo si crees que te voy a ayudar!; **to t. ahead** planear con anticipación; **to t. aloud** pensar en voz alta; **do as you t. best** haz lo que te parezca mejor; **I was going to protest, but thought better of it** iba a protestar, pero después lo pensé mejor; *Fam* **to t. big** ser ambicioso(a); **to t. on one's feet** improvisar, discurrir sobre la marcha; **to t. (long and) hard about sth** pensarse algo muy bien; **I wasn't thinking straight** no estaba yo en mis cabales; **it makes you t.** da que pensar

▸**think about** *vt insep* (**a**) *(consider, reflect upon)* pensar en; **to t. about a problem** reflexionar sobre un problema; **to t. about doing sth** pensar en hacer algo; **it's quite cheap when you t. about it** si lo piensas bien, sale bastante barato; **thinking about it, you may be right** 7ahora que lo pienso, puede que tengas razón; **I'll t. about it** me lo pensaré; **all she ever thinks about is men** sólo piensa en los hombres; **I'd t. twice** *or* **again about that, if I were you** yo, en tu lugar, me lo pensaría dos veces; **that will give them something to t. about** eso les dará qué pensar

(**b**) *(take into account)* tener en cuenta; **I've got my family to t. about** debo tener en cuenta a mi familia

(**c**) *(have opinion about)* opinar de, pensar de; **what do you t. about my new dress?** ¿qué te parece mi vestido nuevo?

▸**think back** *vi* **thinking back, I don't know how I managed** la verdad es que no sé cómo pude hacerlo; **to t. back to sth** recordar algo

▸**think of** *vt insep* (**a**) *(consider, reflect upon)*

come to t. of it, I DID see her that night ahora que caigo *or* que lo pienso, sí que la vi aquella noche; **just t. of it . . . a holiday in the Caribbean!** ¡imagínate. . . unas vacaciones en el Caribe!

(**b**) *(have in mind)* pensar en; **to t. of doing sth** pensar en hacer algo; **what were you thinking of giving her?** ¿qué estabas pensando regalarle?; **what (on earth) were you thinking of when you said that?** ¿cómo (demonios) se te ocurrió decir una cosa así?

(**c**) *(take into account)* pensar en, tener en cuenta; **you've thought of everything!** ¡has pensado en todo!; **I can't t. of everything!** ¡no puedo ocuparme de *or* estar en todo!

(**d**) *(recall)* recordar; **I can't t. of the answer** no se me ocurre cuál es la respuesta

(**e**) *(find, come up with) (idea, solution, excuse, name)* **t. of a number** piensa un número; **I can't t. of anyone who could help** no se me ocurre quién podría ayudar; **I hadn't thought of that** no se me había ocurrido; **whatever will they t. of next!** ¡qué se les ocurrirá ahora!

(**f**) *(have opinion about)* opinar de, pensar de; **what do you t. of my new dress?** ¿qué te parece mi vestido nuevo?; **to t. well/badly of sb** tener buena/mala opinión de alguien; **I try to t. the best of people** trato de ver el lado bueno de la gente; **I t. an awful lot of you** me pareces una persona fantástica; **I t. of you as a friend** te considero un amigo; **I t. of it as my duty** lo considero mi obligación; **I don't t. much of the idea** la idea no me parece muy buena; **I didn't t. much of her behaviour** su comportamiento no me pareció nada bien

▸**think out** *vt sep* meditar; **their strategy has been well thought out** han meditado mucho su estrategia

▸**think over** *vt sep* reflexionar sobre, pensar sobre; **I'll t. it over** me lo pensaré

▸**think through** *vt sep* pensar *or* meditar bien

▸**think up** *vt sep* idear; *(excuse)* inventar; **where did you get that idea? — I just thought it up** ¿de dónde has sacado esa idea? — se me ocurrió así por las buenas

---

thinker ['θɪŋkə(r)] *n* pensador(ora) *m,f*

thinking ['θɪŋkɪŋ] **1** *n* (**a**) *(process of thought)* pensamiento *m*; **to do some t.** pensar un poco (**b**) *(opinion)* opinión *f*, parecer *m*; **to my (way of) t.** en mi opinión

2 *adj* **the t. man's cover girl** una belleza con cerebro; **to put on one's t. cap** estrujarse el cerebro, devanarse los sesos

think-tank ['θɪŋktæŋk] *n* grupo *m* de expertos, equipo *m* de cerebros

thinly ['θɪnlɪ] *adv* **to spread sth t.** extender una capa fina de algo; **to slice sth t.** cortar algo en rodajas finas; **t. populated** escasamente poblado(a); **t. disguised** *(criticism, emotions, description)* mal disimulado(a)

thinner ['θɪnə(r)] *n* disolvente *m*

thinness ['θɪnnɪs] *n* (**a**) *(of person, face, arms)* delgadez *f*; *(of paper, slice, layer)* finura *f*; *(of blanket, clothing)* ligereza *f* (**b**) *(of liquid)* fluidez *f*

third [θɜ:d] **1** *n* (**a**) *(fraction)* tercio *m*

(**b**) *(in series)* tercero(a) *m,f*; **Edward the T.** *(written)* Eduardo III; *(spoken)* Eduardo tercero

(**c**) *(of month)* tres *m*; **the t. of May** el tres de mayo; **we're leaving on the t.** nos vamos el (día) tres

(**d**) *Mus* tercera *f*

(**e**) *(third gear)* tercera *f*; **in t.** en tercera

(**f**) *Br Univ* **to get a t.** *(in degree)* = licenciarse con la nota mínima en la escala de calificaciones

2 *adj* tercero(a); *(before masculine singular noun)* tercer; **the t. century** el siglo tercero *or* tres; **I was t. in the race** llegué el tercero en la carrera; *Med* **t. degree burns** quemaduras *fpl* de tercer grado; *Fam* **to give sb the t. degree** someter a alguien a un duro interrogatorio ▫ ***t. estate*** estado *m* llano, tercer estado *m*; *Aut* ***t. gear*** tercera *f* (marcha *f*); *Law* ***t. party*** tercero *m*; ***t. party cover*** seguro *m* a terceros; *Gram* ***t. person*** tercera persona *f*; **in the t. person** en tercera persona; ***the T. World*** el Tercer Mundo

thirdly ['θɜ:dlɪ] *adv* en tercer lugar

third-rate ['θɜ:d'reɪt] *adj (mediocre)* de tercera (categoría)

third-world ['θɜ:d'wɜ:ld] *adj* del tercer mundo, tercermundista

thirst [θɜ:st] **1** *n* sed *f*; *Fig* **the t. for knowledge** la sed de conocimientos

2 *vi Fig* tener sed (**for** de)

thirstily ['θɜ:stɪlɪ] *adv* con avidez

thirsty ['θɜ:stɪ] *adj* sediento(a) (**for** de); **to be t.** tener sed; *Fam* **all this talking is t. work** tanto hablar da sed

thirteen [θɜ:'ti:n] *n & adj* trece *m*; *see also* **eight**

thirteenth [θɜ:'ti:nθ] **1** *n* (**a**) *(fraction)* treceavo *m*, treceava parte *f* (**b**) *(in series)* decimotercero(a) *m,f* (**c**) *(of month)* trece *m*

2 *adj* decimotercero(a); *(before masculine singular noun)* decimotercer; *see also* **eleventh**

thirties ['θɜ:ti:z] *npl* (años *mpl*) treinta *mpl*; *see also* **eighties**

thirtieth ['θɜ:tɪɪθ] **1** *n* (**a**) *(in series)* trigésimo(a) *m,f* (**b**) *(of month)* treinta *m*; **(on) the t. of May** el treinta de mayo; **we're leaving on the t.** nos vamos el (día) treinta

2 *adj* trigésimo(a)

thirty ['θɜ:tɪ] *n & adj* treinta *m*; *see also* **eighty**

thirty-first ['θɜtɪ'fɜst] **1** *n* (**a**) *(in series)* trigésimo(a) *m,f* primero(a) (**b**) *(of month)* treinta y uno *m*

2 *adj* trigésimo(a) primero(a); *(before masculine singular noun)* trigésimo primer

thirty-one ['θɜtɪ'wʌn] **1** *n* treinta y uno *m*

2 *adj* treinta y uno(a); *(before masculine noun)* treinta y un

THIS [ðɪs] **1** *demonstrative adj* (*pl* **these** [ði:z]) este(a); **t. one** éste(a); **t. book** este libro; **t. question** esta pregunta; **t. book here** este libro de aquí; **I saw him t. morning** lo he visto esta mañana; **the meeting is t. Tuesday** la reunión es este martes; **stop that t. instant!** ¡para ahora mismo!; **by t. time, it was already too late** para entonces ya era demasiado tarde; *Fam* **t. leg of mine is killing me!** ¡esta pierna me está matando!; *Fam* **I met t. German** conocí a un tipo alemán; *Fam* **he used to wear t. funny hat** llevaba siempre un sombrero muy raro

2 *demonstrative pron* (*pl* **these**) éste(a); *(indefinite)* esto; **what's t.?** ¿qué es esto?; **who's t.?** ¿quién es éste?; **t. is Jason Wallace** *(introducing another person)* te presento a Jason Wallace; *(introducing self on telephone)* soy Jason Wallace; *(said by news reporter)* **t. is Jason Wallace for CNN** Jason Wallace para la CNN; **t. is Radio Four** Radio Cuatro; **t. is ridiculous!** ¡esto es ridículo!; **t. is what she told me** eso es lo que ella me dijo; **t. is where I live** aquí es donde vivo, vivo aquí; **t. is why I'm worried** por eso estoy preocupado; **t. is it!** *(when arriving somewhere)* ¡ya estamos aquí!; *(before doing sth)* ¡ha llegado el momento de la verdad!; *(expressing agreement)* ¡exacto!; **is t. all the luggage you're taking?** ¿ese éste todo el equipaje que llevas?; **listen to t.** escucha esto; **drink some of t.** toma un poco (de esto); **what's (all) t. I hear about you resigning?** ¿qué es eso de que vas a dimitir?; **they seem disappointed... why is t.?** parecen decepcionados, ¿por qué será?; **at t., he started laughing** entonces empezó a reírse; **we had expected to finish before t.** esperábamos terminar antes; **I've got some gloves like t.** tengo unos guantes como estos; **do it like t.** hazlo así; **in a case like t.** en un caso así; *Fam* **we talked about t. and that** *or* **t., that and the other** hablamos de todo un poco

3 *adv* **t. high/far** tan alto/lejos; *(gesturing with hands)* así de alto/lejos; **about t. much** más o menos así; **it was t. much bigger** era un tanto así más grande; **t. much is certain,...** esto es cierto,...; **I can tell you t. much,...** una cosa es segura,...

---

thistle ['θɪsəl] *n* cardo *m*

thither ['ðɪðə(r)] *adv* **to run hither and t.** correr de aquí para allá

tho' [ðəʊ] *conj, adv* = **though**

thong [θɒŋ] *n* (**a**) *(for fastening)* correa *f* (**b**) *(underwear, swimming costume)* tanga *m* (**c**) *US (sandal)* chancleta *f*, chancla *f*

thoracic [θə'ræsɪk] *adj Anat* torácico(a)

thorax ['θɔ:ræks] *n Anat* tórax *m inv*

thorium ['θɔ:rɪəm] *n Chem* torio *m*

thorn [θɔ:n] *n* espina *f*; *Fig* **to be a t. in sb's flesh** *or* **side** no dar tregua a alguien

thorny ['θɔ:nɪ] *adj also Fig* espinoso(a)

thorough ['θʌrə] *adj (search, person)* minucioso(a); *(knowledge)* profundo(a); **to do** *or* **make a t. job of it** hacerlo con mucho esmero; **a t. scoundrel** un perfecto canalla

thoroughbred ['θʌrəbred] *n & adj (horse)* purasangre *m*

thoroughfare ['θʌrəfeə(r)] *n* vía *f* (pública)

thoroughgoing ['θʌrəgəʊɪŋ] *adj (search, revision, inspection)* minucioso(a), concienzudo(a); *(knowledge)* profundo(a)

thoroughly ['θʌrəlɪ] *adv* (**a**) *(with thoroughness)* minuciosamente, concienzudamente; *(to rinse)* a fondo, completamente; **to wash sth t.** lavar algo bien lavado; **to cook sth t.** cocinar algo bien hecho (**b**) *(entirely)* completamente; **I can t. recommend it** lo recomiendo de todo corazón

thoroughness ['θʌrənɪs] *n* minuciosidad *f*

THOSE [ðəʊz] *(plural of* **that**) **1** *adj* esos(as); *(further away)* aquellos(as); **t. ones** ésos(as); *(further away)* aquéllos(as); **t. ones over there** aquellos de allí; **t. men in front of you** esos hombres que están delante de ti; **t. men right at the back** aquellos hombres del fondo; **t. parcels that were at the bottom of the bag got crushed** los paquetes del fondo de la bolsa se aplastaron; *Fam* **t. sisters of yours are nothing but trouble** esas hermanas tuyas no dan más que problemas; *Fam* **how are t. eyes of yours?** ¿cómo van esos ojos?

2 *pron* ésos(as); *(further away)* aquéllos(as); **t. over there** aquéllos de allá; **t. are my children over there** aquéllos de allá son mis hijos; **what are t.?** ¿qué son esos?; **t. requiring assistance should stay here** los que *or* quienes necesiten ayuda, que se queden aquí; **their leader was amongst t. killed** su jefe se encontraba entre los fallecidos; **the hardest years were t. after the war** los años más duros fueron los que siguieron a la guerra; **I've got some gloves like t.** tengo unos guantes como esos; *Formal* **floods like t. of ten years ago** unas inundaciones como las de hace diez años; **t. of us who remember the war** aquéllos *or* los que recordamos la guerra; **t. of us who were present** los que estuvimos presentes; **t. were the days** ¡qué tiempos aquellos!

---

thou [ðaʊ] *pron Literary & Rel* tú

though [ðəʊ] **1** *conj* aunque; **t. I say so myself** aunque no esté bien que yo lo diga; **strange t. it may seem** aunque parezca raro; **even t. you'll laugh at me** aunque te rías de mí; **as t.** como si

2 *adv* sin embargo; **he's not very clever — he's good-looking t.** no es muy listo — pero es guapo

thought [θɔːt] **1** *n* (**a**) *(thinking)* pensamiento *m*; *(idea)* idea *f*; **that's** *or* **there's a t.!** ¡qué buena idea!; **it's quite a t.!** *(pleasant)* ¡sería genial!; *(unpleasant)* ¡sería horrible!; **what a kind t.!** ¡qué detalle tan amable!; **the mere t. of it** sólo (de) pensar en ello; **I didn't give it another t.** no me lo pensé dos veces; **without a t. for his own safety** sin reparar *or* sin pararse a pensar en su propia seguridad; **what are your thoughts on the matter?** ¿qué es lo que piensas del asunto?; **our thoughts are with you at this difficult time** pensamos mucho en ti en este difícil trance; **I can't bear the t. that...** no puedo soportar la idea de que..., no soporto pensar que...; **the t. had crossed my mind** ya se me había pasado por la cabeza

(**b**) *(reflection)* reflexión *f*; **after much t.** tras mucho reflexionar; **to give a great deal of t. to sth** reflexionar mucho sobre algo; **she was deep** *or* **lost in t.** estaba sumida en sus pensamientos

(**c**) *(intention)* **I had no t. of offending you** no tenía intención de ofenderte; **you must give up all thought(s) of seeing him** olvida la idea de verlo; **it's the t. that counts** la intención es lo que cuenta

2 *pt & pp of* **think**

thoughtful ['θɔːtfʊl] *adj* (**a**) *(pensive) (person)* pensativo(a), meditabundo(a); *(book, writer)* serio(a) (**b**) *(considerate)* considerado(a), atento(a)

thoughtfully ['θɔːtfəlɪ] *adv* (**a**) *(pensively)* pensativamente, con aire pensativo *or* meditabundo (**b**) *(considerately)* consideradamente

thoughtfulness ['θɔːtfʊlnɪs] *n (consideration)* consideración *f*; **she was touched by his t. in remembering her birthday** le llegó al alma que tuviera el detalle de acordarse de su cumpleaños

thoughtless ['θɔːtlɪs] *adj* desconsiderado(a) (**of** con)

thoughtlessly ['θɔːtlɪslɪ] *adv* (**a**) *(inconsiderately)* desconsideradamente, con falta de consideración (**b**) *(rashly)* sin pensar, sin preocuparse

thoughtlessness ['θɔːtlɪsnɪs] *n (lack of consideration)* falta *f* de consideración, desconsideración *f*

thought-out ['θɔːt'aʊt] *adj* **well/poorly t.** *(plan, scheme)* bien/mal meditado(a)

thought-provoking ['θɔːtprəvəʊkɪŋ] *adj* intelectualmente estimulante

thousand ['θaʊzənd] **1** *n* **a** *or* **one t.** mil; **three t.** tres mil; **thousands of people** millares *or* miles de personas; **in thousands** a millares; *Fam* **to have a t. and one things to do** tener mil cosas que hacer; **she's one in a t.** hay pocas como ella

2 *adj* mil; **a t. years** mil años

thousandth ['θaʊzənθ] **1** *n* (**a**) *(fraction)* milésima *f*, milésima parte *f* (**b**) *(in series)* milésimo(a) *m,f*

2 *adj* milésimo(a)

thrall [θrɔːl] *n Literary* **to be in t. to sb/sth** ser esclavo(a) de alguien/algo; **to hold sb in t.** tener a alguien esclavizado(a)

thrash [θræʃ] **1** *vt* (**a**) *(beat)* dar una paliza a (**b**) *Fam (defeat)* dar una paliza a (**c**) *Br Fam (car) Esp* conducir *or Am* manejar a lo bestia

2 *n* (**a**) *(music)* ***t. metal*** thrash *m* (**b**) *Br Fam (party)* fiestón *m*, jolgorio *m*

▸**thrash about, thrash around 1** *vt sep* **to t. one's arms and legs about** agitar con violencia los brazos y las piernas

2 *vi (move furiously)* agitarse *or* revolverse (con violencia)

▸**thrash out** *vt sep (solution)* alcanzar por fin; **they are still thrashing out an agreement** todavía están luchando por alcanzar un acuerdo

thrashing ['θræʃɪŋ] *n* (**a**) *(beating)* **to give sb a t.** dar una paliza a alguien; **to get a t.** llevarse una paliza (**b**) *Fam (defeat)* paliza *f*; **to give sb a t.** dar una paliza a alguien; **to get a t.** recibir una paliza

thread [θred] **1** *n* (**a**) *(of cotton, nylon)* hilo *m*; **a (piece of) t.** un hilo; IDIOM **to hang by a t.** pender de un hilo; **to lose the t. of the conversation** perder el hilo de la conversación (**b**) *(of screw, bolt)* rosca *f*

2 *vt (needle)* enhebrar; *(beads)* ensartar; **to t. one's way between the desks** avanzar sorteando las mesas

threadbare ['θredbeə(r)] *adj (clothes, carpet)* raído(a); *Fig (argument, joke)* trillado(a)

threads [θredz] *npl Fam (clothes)* trapos *mpl*; *(man's suit)* traje *m*

threat [θret] *n* amenaza *f*; **to make threats against sb** amenazar a alguien, lanzar amenazas contra alguien; **under t.** amenazado(a)

threaten ['θretən] **1** *vt* amenazar; **to t. to do sth** amenazar con hacer algo; **to t. sb with sth** amenazar a alguien con algo; **the species is threatened with extinction** la especie está amenazada de extinción *or* en peligro de extinción

2 *vi* amenazar

threatening ['θretənɪŋ] *adj* amenazante, amenazador(ora)

threateningly ['θretənɪŋlɪ] *adv (look)* con aire amenazador; *(say)* en tono amenazador

three [θriː] **1** *n* tres *m inv*

2 *adj* tres; **t. cheers for...** tres hurras por... ▫ ***the T. Kings*** los Reyes Magos; *Br* ***the t. Rs*** la lectura, la escritura y la aritmética; ***the T. Wise Men*** los Reyes Magos; *see also* **eight**

three-cornered [ˌθriː'kɔːnəd] *adj* triangular ▫ ***t. hat*** sombrero *m* de tres picos

three-course meal ['θriːkɔːs'miːl] *n* comida *f* con primer y segundo platos, y postre

three-D ['θriː'diː] **1** *n* **in t.** en tres dimensiones

2 *adj* tridimensional, en 3-D

three-day event ['θriːdeɪə'vent] *n Sport* prueba *f or* concurso *m* de tres días

three-dimensional ['θriːdaɪ'menʃənəl] *adj* tridimensional

threefold ['θriːfəʊld] **1** *adj* **a t. increase** un aumento triplicado *or* por tres

2 *adv* tres veces; **to increase t.** triplicarse

three-legged ['θriː'legɪd] *adj (stool)* de tres patas ▫ ***t. race*** = carrera por parejas con un pie atado

three-line whip ['θriːlaɪn'wɪp] *n Br Pol* = despacho enviado a un diputado por su portavoz de grupo en el que le recuerda la gran importancia de determinada votación y la obligatoriedad de su asistencia a la misma

three-piece ['θri:pi:s] *adj* ***t. suit*** terno *m*; ***t. suite*** tresillo *m*, sofá *m* y dos sillones

three-ply ['θri:plaɪ] *adj (wood)* de tres capas; *(wool)* de tres hebras

three-pointer ['θri:'pɔɪntə(r)] *n (in basketball)* triple *m*

three-point turn ['θri:pɔɪnt'tɜ:n] *n Aut* cambio *m* de sentido con marcha atrás

three-quarters [θri:'kwɔ:təz)] **1** *pron (amount)* tres cuartos *mpl*, tres cuartas partes *fpl*

2 *npl (in rugby)* tres cuartos *mfpl*

3 *adv* **t. full/finished** lleno/terminado en sus tres cuartas partes

threescore ['θri:skɔ:(r)] *adj Literary* sesenta; **t. (years) and ten** setenta (años)

threesome ['θri:səm] *n* trío *m*; **we went as a t.** fuimos los tres juntos

three-wheeler [θri:'wi:lə(r)] *n (car)* automóvil *m* de tres ruedas; *(tricycle)* triciclo *m*

thresh [θreʃ] *vt* trillar

threshing ['θreʃɪŋ] *adj* ***t. floor*** era *f*; ***t. machine*** trilladora *f*

threshold ['θreʃhəʊld] *n also Fig* umbral *m*; **to cross the t.** franquear el umbral; **to be on the t. (of)** estar en el umbral *or* en puertas (de)

threw [θru:] *pt of* **throw**

thrice [θraɪs] *adv Literary* tres veces

thrift [θrɪft] *n* ahorro *m*, frugalidad *f* ◻ *US* ***t. shop*** *or* ***store*** = tienda perteneciente a una entidad benéfica en la que normalmente se venden artículos de segunda mano

thriftless ['θrɪftlɪs] *adj* derrochador(ora)

thrifty ['θrɪftɪ] *adj (person)* ahorrativo(a); *(meal, habits)* frugal

thrill [θrɪl] **1** *n (excitement)* emoción *f*; *(trembling)* estremecimiento *m*; **he gets a t. out of ordering people about** disfruta dando órdenes a la gente; **to do sth for the t. of it** hacer algo por gusto; **thrills and spills** emoción y aventura

2 *vt* encantar, entusiasmar

3 *vi Literary* estremecerse (**to** con)

thrilled [θrɪld] *adj* encantado(a), contentísimo(a); **he was t. with his present** estaba entusiasmado con su regalo; **I'm t. for you** me alegro muchísimo por ti; *Fam* **to be t. to bits** estar loco(a) de contento

thriller ['θrɪlə(r)] *n (novel)* novela *f* de suspense; *(film)* película *f* de suspense

thrilling ['θrɪlɪŋ] *adj* apasionante, emocionante

thrive [θraɪv] (*pt* **thrived** *or* **throve** [θrəʊv]) *vi (of person, plant)* medrar; *(of business)* prosperar; **to t. on other people's misfortunes** aprovecharse de las desgracias ajenas; **some people t. on stress** algunas personas se crecen con el estrés

thriving ['θraɪvɪŋ] *adj (plant)* lozano(a); *(person)* mejor que nunca; *(business)* próspero(a), floreciente

throat [θrəʊt] *n* **(a)** *(gullet)* garganta *f*; *(neck)* cuello *m*; **to grab sb by the t.** agarrar a alguien por el cuello; **to clear one's t.** carraspear, aclararse la garganta **(b)** IDIOMS *Fam* **to ram** *or* **shove sth down sb's t.** hacerle tragar algo a alguien; *Fam* **there's no need to jump down my t.!** ¡no hay motivo para que me eches así los perros!; *Fam* **they're always at each other's throats** siempre se están tirando los trastos (a la cabeza)

throaty ['θrəʊtɪ] *adj (cough, voice)* ronco(a)

throb [θrɒb] **1** *n (of heart)* palpitación *f*, latido *m*; *(of engine)* zumbido *m*

2 *vi* (*pt & pp* **throbbed**) *(of heart)* palpitar, latir; *(of engine)* zumbar; *(of drums)* retumbar; **my head is throbbing** me late la cabeza de dolor

throes [θrəʊz] *npl* **the t. of death, death t.** la agonía de la muerte; **we're in the t. of moving house** estamos pasando la agonía de mudarnos de casa

thrombosis [θrɒm'bəʊsɪs] *n Med* trombosis *f inv*

throne [θrəʊn] *n* trono *m*; **to be on the t.** reinar, ocupar el trono

throng [θrɒŋ] **1** *n* muchedumbre *f*, gentío *m*

2 *vt* atestar, abarrotar

3 *vi (gather)* aglomerarse, apelotonarse; **to t. round sb** apiñarse en torno a alguien; **people thronged to see the procession** la gente acudió en masa a presenciar la procesión

throttle ['θrɒtəl] **1** *n (in car)* estrangulador *m*; *(accelerator)* acelerador *m*; *(in plane)* palanca *f* de gases; **at full t.** a toda velocidad

2 *vt (strangle)* estrangular

▸**throttle back** *vi* desacelerar, reducir la velocidad

THROUGH [θru:] **1** *prep* **(a)** *(with place)* a través de; **to go t. a tunnel** atravesar un túnel, pasar a través de un túnel; **to go t. a door** pasar por una puerta; **we went t. Belgium** fuimos atravesando Bélgica; **they went** *or* **drove t. a red light** se saltaron un semáforo (en rojo); **the bullet went t. his heart** el proyectil le atravesó el corazón; **what was going t. your mind?** ¿en qué estabas pensando?; **she came in/looked t. the window** entró/miró por la ventana; **she cut t. the rope** cortó la cuerda; **I fell t. the ice into the freezing water** el hielo se rompió y caí al agua helada; **the ball flew t. the air** la pelota voló por los aires; **it took ages to get t. the crowd** nos llevó siglos atravesar la muchedumbre; **he wouldn't let me t. the door** no me dejaba pasar por la puerta; **to look t. a hole** mirar por un agujero; **put your finger t. this loop** mete el dedo por este agujero; **we walked t. the fields** atravesamos los campos a pie; **I wandered t. the streets** vagué por las calles

(b) *(from start to finish of)* **she looked after me t. those years** me cuidó durante aquellos años; **all t. his life** durante toda su vida; **halfway t. a book/a film** a mitad de un libro/una película; **three quarters of the way t. the race** a los tres cuartos de carrera, cuando llevaba recorridas tres cuartas partes de la carrera; **she cried right the way** *or* **the whole way t. the film** lloró durante toda la película; **to get t. sth** *(finish)* terminar algo; *(exams)* aprobar algo; **I don't know how I got t. those years** no sé cómo sobreviví aquellos años; **I'll have a look t. it** le echaré un vistazo; **they searched t. the files** revisaron los archivos; *Fam* **he's been t. a lot** ha pasado mucho

(c) *(by means of)* por; **to send sth t. the mail** mandar algo por correo; **I found out t. my brother** me enteré por mi hermano; **I got the job t. a friend** conseguí el trabajo por medio de un amigo; **they won t. sheer effort** ganaron a base de puro esfuerzo

(d) *(because of)* por; **t. ignorance/carelessness** por ignorancia/descuido; **I was late, but t. no fault of my own** llegué tarde, pero no fue por culpa mía

(e) *US (until)* **Tuesday t. Thursday** desde el martes hasta el jueves inclusive

2 *adv* **(a)** *(to other side)* **please come t.** pase, por favor; **the emergency services couldn't get t.** los servicios de emergencia no pudieron llegar hasta allí; **to get t. to the front** llegar hasta la parte de delante; **to get t. to the final** llegar *or* pasar a la final; **to go t.** *(of bullet, nail)* traspasar, pasar al otro lado; **I went t. into the living room** pasé a la sala de estar; **this train goes t. to Cambridge** este tren va hasta Cambridge; **to let sb t.** dejar pasar a alguien

(b) *(from start to finish)* **to sleep all night t.** dormir de un tirón; **we had to stop halfway t.** tuvimos que parar a mitad de camino; **to read a book right t.** leerse un libro de principio a fin; **she cried right the way** *or* **the whole way t.** no paró de llorar; **I've only had a quick look t.** sólo le he echado un vistazo; **I worked t. until midnight** trabajé sin parar hasta las 12 de la noche

(c) *(completely)* **to be wet t.** estar calado(a); **t. and t.** de pies a cabeza

(d) *(in contact)* **to get t. to sb** *(on phone)* conseguir contactar *or* comunicar con alguien; *Fam (make oneself understood)* comunicarse con alguien; **I'll put you t. to him** *(on phone)* le pongo *or* paso con él

3 *adj* **(a)** *(finished)* **to be t. (with sth/sb)** haber terminado (con algo/alguien)

(b) *(direct) Br* **no t. road,** *US* **no t. traffic** *(sign)* = señal de tráfico que indica carretera sin salida ◻ ***t. ticket*** billete *m or Am* boleto *m* directo; ***t. traffic*** tráfico *m* de paso; ***t. train*** tren *m* directo

throughout [θru:'aʊt] **1** *prep* **(a)** *(place)* por todo(a); **t. the country** por todo el país **(b)** *(time)* durante todo(a), a lo largo de todo(a); **t. her life** durante toda su vida; **t. the year** a lo largo del año

2 *adv* **(a)** *(place)* en su totalidad; **the house has been repainted t.** la casa se ha vuelto a pintar en su totalidad *or* de arriba abajo **(b)** *(time)* en todo momento; **she was silent t.**

estuvo callada en todo momento *or* todo el tiempo

throughput ['θru:pʊt] *n Com* rendimiento *m*

throve [θrəʊv] *pt of* **thrive**

THROW [θrəʊ] **1** *n* (**a**) *(of dice, darts)* tirada *f*; *(of ball, javelin, discus)* lanzamiento *m*; *(in wrestling)* derribo *m*; **it's my t.** *(in dice)* me toca tirar (a mí)

(**b**) *(cloth, cover)* = tela decorativa que se coloca sobre camas, sillones, etc.

(**c**) *Fam (item)* **they're £10 a t.** están a 10 libras

2 *vt* (*pt* **threw** [θru:], *pp* **thrown** [θrəʊn]) (**a**) *(with hands) (in general)* tirar, *Am* aventar; *(ball, javelin)* lanzar; **the rioters began throwing stones** los alborotadores empezaron a arrojar piedras; **she threw a six** *(with dice)* sacó un seis; **he threw 120/a bull's-eye** *(in darts)* hizo 120 puntos/diana; **to t. sb sth, to t. sth to sb** lanzarle algo a alguien; **to t. sth at sb/sth** tirarle algo a alguien/algo; **to t. a punch (at sb)** dar un puñetazo (a alguien); *Fig* **we won't solve the problem just by throwing money at it** no solucionaremos el problema sólo con dinero; **I was thrown across the room by the explosion** la explosión me lanzó al otro lado de la habitación; **she threw her arms around him** le echó los brazos al cuello; **to t. (sb) forwards/backwards** lanzar (a alguien) hacia delante/atrás; **they threw us in a dungeon** nos echaron en una mazmorra; **to t. sth in sb's face** arrojar algo a alguien en la cara; *Fig* echar en cara algo a alguien; **she threw her clothes on the floor** tiró *or Am* botó su ropa al suelo; **he threw her to the ground** la tiró al suelo; **to t. oneself off a bridge/under the table** tirarse de un puente/debajo de la mesa; **to t. oneself into** *(river)* tirarse a; *(chair)* tirarse en; *Fig (undertaking, work)* entregarse a; *Fig* **she threw herself at him** prácticamente se echó en sus brazos; *Fig* **she threw herself at his feet** se echó a sus pies; **to t. oneself on sb's mercy** ponerse a merced de alguien; *Fig* **to t. sth back in sb's face** echarle algo en cara a alguien; **we were thrown back on our own resources** tuvimos que valernos de nuestros recursos; **to t. money at sth** meter y meter dinero en algo; *Fig* **to t. good money after bad** tirar el dinero por la ventana; **to t. sb into confusion/a panic** sumir a alguien en la confusión/el pánico; *Fig* **to t. sth overboard** tirar *or Am* botar algo por la borda

(**b**) *Sport (in wrestling)* derribar; **the horse threw its rider** el caballo desmontó al jinete

(**c**) *(glance)* lanzar (**at** a)

(**d**) *(project) (image, shadow, voice)* proyectar; *Fig* **to t. doubt on sth** poner algo en duda; *Fig* **to t. light on sth** arrojar luz sobre algo

(**e**) *(turn on)* **to t. a switch** dar al interruptor

(**f**) *(have)* **to t. a fit** *(get angry)* ponerse hecho(a) una furia; **to t. a party** dar una fiesta

(**g**) *Fam (disconcert)* desconcertar

(**h**) *Fam (lose intentionally)* **he threw the match/fight** se dejó ganar

(**i**) *(in pottery)* tornear

3 *vi* **it's your turn to t.** te toca tirar; **he threw for 240 yards** *(in American football)* dio pases sumando un total de 240 yardas

▸**throw about, throw around** *vt sep* **the kids were throwing a ball about** los niños estaban jugando con una pelota; **stop throwing your toys around** deja ya de tirar los juguetes por todas partes; *Fig* **to t. money around** despilfarrar el dinero

▸**throw away** *vt sep* (**a**) *(discard)* tirar, *Am* botar (**b**) *(opportunity, life, money)* desperdiciar

▸**throw in** *vt sep* (**a**) *(into a place)* echar, tirar; IDIOM **to t. in one's hand** *or* **one's cards** *or* **the towel** tirar la toalla; *Fig* **he threw in his lot with the rebels** unió su destino al de los rebeldes (**b**) *(add)* añadir; *(include as extra)* incluir (como extra)

▸**throw off** *vt sep* (**a**) *(cold)* librarse de, deshacerse de (**b**) *(pursuer)* despistar (**c**) *(clothing)* quitarse rápidamente

▸**throw on** *vt sep (clothes)* ponerse

▸**throw out** *vt sep* (**a**) *(eject) (person)* echar; *(thing)* tirar; *(proposal)* rechazar; **to t. sb out of work** echar a alguien del trabajo (**b**) *(emit) (light, heat)* despedir

▸**throw over** *vt sep (partner)* abandonar

▸**throw together** *vt sep (assemble or gather hurriedly)* juntar a la carrera; *(make hurriedly)* pergeñar; **chance had thrown us together** el azar quiso que nos conociéramos

▸**throw up 1** *vt sep* (**a**) *(raise)* **to t. up one's hands** *(in horror, dismay)* echarse las manos a la cabeza (**b**) *(reveal) (facts, information)* poner de manifiesto (**c**) *(abandon) (career)* abandonar

2 *vi Fam (vomit)* devolver, echar la papilla

throwaway ['θrəʊəweɪ] *adj (disposable)* desechable; **a t. line** *or* **remark** un comentario insustancial *or* pasajero

throwback ['θrəʊbæk] *n Biol* regresión *f*, salto *m* atrás; *Fig* retorno *m*

throw-in ['θrəʊɪn] *n (in soccer)* saque *m* de banda

thrown [θrəʊn] *pp of* **throw**

thru [θru:] *prep & adv US Fam* = **through**

thrum [θrʌm] *vt* rasguear

thrush[1] [θrʌʃ] *n (bird)* tordo *m*, zorzal *m*

thrush[2] *n (disease)* candidiasis *f inv*

thrust [θrʌst] **1** *n* (**a**) *(with knife)* cuchillada *f*; *(in fencing)* estocada *f*; *(of army)* ofensiva *f* (**b**) *(of campaign, policy)* objetivo *m*; *(of argument)* sentido *m*, objetivo *m*; **the main t. of his argument was that...** lo que pretendía demostrar con su argumento era que... (**c**) *Av* empuje *m*

2 *vt* (*pt & pp* **thrust**) hundir (**into** en); **she t. the letter into my hands** me echó la carta en las manos; **he was suddenly t. into a position of responsibility** se vio de repente en un puesto de responsabilidad

2 *vi* **to t. at sth/sb** abalanzarse contra algo/alguien

▸**thrust aside** *vt sep* rechazar, apartar

▸**thrust forward** *vt sep (push forward)* empujar (hacia delante); *Fig* **to t. oneself forward** *(for job, to gain attention)* hacerse notar

▸**thrust on** *vt sep* **fame was t. on him** la fama le cayó encima; **he t. himself on them** tuvieron que cargar con él

▸**thrust out** *vt sep (one's arm, leg)* extender de golpe

▸**thrust upon** = **thrust on**

thrusting ['θrʌstɪŋ] *adj* agresivamente ambicioso(a)

thruway ['θru:weɪ] *n US Aut* autopista *f*

thud [θʌd] **1** *n* golpe *m* sordo

2 *vi* (*pt & pp* **thudded**) hacer un ruido sordo

thug [θʌg] *n* matón *m*

thuggery ['θʌgərɪ] *n* chulería *f*, matonismo *m*

thuggish ['θʌgɪʃ] *adj* chulesco(a), de matón

thumb [θʌm] **1** *n* (**a**) *(digit)* pulgar *m* ❑ ***t. index*** uñero *m*, índice *m* recortado (**b**) IDIOM **she's got him under her t.** lo tiene completamente dominado; *Fam* **he's all thumbs** es un torpe *or Esp* manazas; *Fam* **to give sb/sth the thumbs up** dar el visto bueno a alguien/algo; *Fam* **to give sb/sth the thumbs down** no dar el visto bueno a alguien/algo

2 *vt* **to t. one's nose at sb** hacerle burla a alguien; *Fam* **to t. a lift** *or* **ride** hacer dedo, *CAm, Méx, Perú* pedir aventón; **I thumbed a ride to Chicago** fui a Chicago a dedo; **a well thumbed book** un libro manoseado

3 *vi* **to t. through sth** hojear algo

thumbnail ['θʌmneɪl] *n* (**a**) *(of finger)* uña *f* del pulgar ❑ ***t. sketch*** reseña *f*, descripción *f* somera (**b**) *Typ* miniatura *f*

thumbprint ['θʌmprɪnt] *n* huella *f* del pulgar

thumbscrew ['θʌmskru:] *n Hist* empulgueras *fpl*

thumbtack ['θʌmtæk] *n US* chincheta *f*

thump [θʌmp] **1** *n (blow)* porrazo *m*; *(sound)* ruido *m* seco

2 *vt (hit)* dar un porrazo a; **he thumped his bag down on the floor** soltó la bolsa de golpe en el suelo

3 *vi* (**a**) *(on table, door)* golpear (**b**) *(make loud noise)* **I could hear him thumping around upstairs** lo oía dar fuertes pisadas en el apartamento *or Esp* piso de arriba (**c**) *(of heart)* **my heart was thumping** el corazón me latía con fuerza

▸**thump out** *vi Fam (of music)* sonar a todo volumen

thumping ['θʌmpɪŋ] *Fam* **1** *adj (very large)* enorme, tremendo(a)

2 *adv* **a t. great book/house** un pedazo de libro/casa, un libro/una casa de aquí te espero

thunder ['θʌndə(r)] **1** *n* truenos *mpl*; IDIOM **with a face like t.** con el rostro encendido por la ira

2 *vi* (**a**) *(during storm)* tronar; *(of guns, waves)* retumbar; **to t. along** *(of train, lorry)* pasar con estrépito (**b**) *(of speaker)* tronar, vociferar

thunderbolt ['θʌndəbəʊlt] *n* rayo *m*; *Fig (news)* mazazo *m*

thunderclap ['θʌndəklæp] *n* trueno *m*

thundercloud ['θʌndəklaʊd] *n* nube *f* de tormenta

thundering ['θʌndərɪŋ] *adj (very large)* tremendo(a), enorme; **to be in a t. rage** estar hecho(a) una furia

thunderous ['θʌndərəs] *adj (voice, applause)* atronador(ora)

thunderstorm ['θʌndəstɔːm] *n* tormenta *f*

thunderstruck ['θʌndəstrʌk] *adj* pasmado(a), atónito(a)

Thur (*abbr* **Thursday**) juev.

Thursday ['θɜːzdeɪ] *n* jueves *m inv*; *see also* **Saturday**

thus [ðʌs] *adv Formal* (**a**) *(in this way)* así, de este modo; **put your hands on your head, t.** ponga las manos sobre la cabeza de este modo (**b**) *(therefore)* por consiguiente; **he resigned, t. provoking great panic** dimitió, generando así el consiguiente revuelo (**c**) **t. far** *(up to now)* hasta el momento; *(up to here)* hasta aquí

thwack [θwæk] *n (blow, sound)* golpetazo *m*

thwart [θwɔːt] *vt (person, plan)* frustrar

thy [ðaɪ] *adj Literary & Rel* tu; **love t. neighbour** amarás al prójimo

thyme [taɪm] *n* tomillo *m*

thymus ['θaɪməs] *n Anat* **t. (gland)** timo *m*

thyroid ['θaɪrɔɪd] *Anat* **1** *n* **t. (gland)** (glándula *f*) tiroides *m inv*

2 *adj* tiroideo(a)

thyself [ðaɪ'self] *pron Literary & Rel* tú mismo; **for t.** para ti mismo

tiara [tɪ'ɑːrə] *n (jewellery)* diadema *f*; *(of Pope)* tiara *f*

Tibet [tɪ'bet] *n* (el) Tíbet

Tibetan [tɪ'betən] **1** *n* (**a**) *(person)* tibetano(a) *m,f* (**b**) *(language)* tibetano *m*

2 *adj* tibetano(a)

tibia ['tɪbɪə] *n Anat* tibia *f*

tic [tɪk] *n* tic *m*; **a nervous t.** un tic nervioso

tick[1] [tɪk] *n (parasite)* garrapata *f*

tick[2] *n Br Fam (credit)* **to buy sth on t.** comprar algo fiado

tick[3] **1** *n* (**a**) *(of clock)* tictac *m* (**b**) *Br Fam (moment)* momentín *m*, segundo *m*; *Br Fam* **I'll be with you in a t.!** ¡estoy contigo en un segundo! (**c**) *(mark)* marca *f*, señal *f* de visto bueno

2 *vi (of clock)* hacer tictac; **the minutes are ticking by** *or* **away** los minutos pasan; IDIOM *Fam* **I don't know what makes him t.** no sé qué es lo que le mueve

3 *vt (mark)* marcar

▸**tick off** *vt sep* (**a**) *(on list)* marcar con una señal de visto bueno (**b**) *Br Fam (reprimand)* echar una bronca a (**c**) *US Fam (irritate)* fastidiar

▸**tick over** *vi (of engine)* estar al ralentí; *(of business)* ir tirando

ticker ['tɪkə(r)] *n Fam (heart)* corazón *m*

ticker tape ['tɪkəteɪp] *n* = cinta continua de teletipos con información bursátil; **a t. parade** un desfile de recibimiento multitudinario

ticket ['tɪkɪt] **1** *n* (**a**) *(for train, plane, lottery)* billete *m*, *Am* boleto *m*; *(for theatre, cinema)* entrada *f*, *Am* boleto *m*; IDIOM *Fam* **it was just the t.!** ¡era justo lo que necesitaba! ▫ ***t. collector*** revisor(ora) *m,f*; ***t. inspector*** revisor(ora) *m,f*; ***t. office*** taquilla *f*, *Am* boletería *f*; ***t. tout*** reventa *mf*; ***t. window*** ventanilla *f* (**b**) *(for parking illegally, speeding)* multa *f*; **I got a (parking) t.** me pusieron una multa (de estacionamiento) (**c**) *(label)* **(price) t.** etiqueta *f* (de precio) (**d**) *Pol (list of candidates)* candidatura *f*; **she ran on an anti-corruption t.** se presentó bajo la bandera de la anticorrupción

2 *vt (goods)* etiquetar

ticking ['tɪkɪŋ] *n* (**a**) *(of clock)* tictac *m* (**b**) *Tex* terliz *m*, cutí *m (para colchones)*

ticking off ['tɪkɪŋ'ɒf] *n Br Fam (reprimand)* bronca *f*, *Esp* rapapolvo *m*, *Am* regaño *m*; **to give sb a t.** echar una bronca *or Esp* un rapapolvo *or Am* un regaño a alguien

tickle ['tɪkəl] **1** *n* cosquillas *fpl*; **to have a t. in one's throat** tener picor de garganta

2 *vt* (**a**) *(of person, garment)* hacer cosquillas a (**b**) *(amuse)* divertir; IDIOM **to t. sb's fancy** apetecer *or Col, Méx, Ven* provocar *or Méx* antojársele a alguien; IDIOM **to be tickled pink** estar encantado(a)

3 *vi (of wool, material)* picar; **stop tickling!** ¡deja de hacerme cosquillas!

ticklish ['tɪklɪʃ] *adj* (**a**) *(person)* **to be t.** tener cosquillas (**b**) *Fam (situation, problem)* delicado(a), peliagudo(a), *Méx* pelón

tick-tack-toe [tɪktæk'təʊ] *n US* tres en raya *m*

tidal ['taɪdəl] *adj* **the river is t. as far as Newtown** la marea llega hasta Newtown ▫ ***t. energy*** energía *f* mareomotriz; ***t. wave*** maremoto *m*

tiddler ['tɪdlə(r)] *n Br Fam (small fish)* pececillo *m*; *(child)* renacuajo(a) *m,f*, *Méx* cosita *f*, *RP* piojo *m*

tiddly ['tɪdlɪ] *adj Br Fam* (**a**) *(small)* minúsculo(a) (**b**) *(drunk)* achispado(a)

tiddlywinks ['tɪdlɪwɪŋks] *n* (juego *m* de la) pulga *f*

tide [taɪd] *n* (**a**) *(of sea)* marea *f*; **high/low t.** marea *f* alta/baja; **the t. is in/out** ha subido/bajado la marea (**b**) *Fig (of events)* rumbo *m*, curso *m*; **to go** *or* **swim against the t.** ir contra (la) corriente; **the rising t. of discontent** la creciente ola de descontento; **the t. has turned** se han vuelto las tornas; **to go** *or* **drift with the t.** dejarse llevar (por la corriente); **to swim with the t.** seguir la corriente

▸**tide over** *vt sep* **to t. sb over** *(of money)* sacar a alguien del apuro; **I lent him some money to t. him over till payday** le presté un poco de dinero para que llegara hasta el día de cobro

tidemark ['taɪdmɑːk] *n* (**a**) *(mark left by tide)* línea *f* de la marea (**b**) *Br Fam (in bath)* marca *f* de suciedad

tidily ['taɪdɪlɪ] *adv* ordenadamente

tidiness ['taɪdɪnɪs] *n (of room, habits)* orden *m*; *(of appearance)* pulcritud *f*, aseo *m*

tidings ['taɪdɪŋz] *npl Literary* nuevas *fpl*, noticias *fpl*

tidy ['taɪdɪ] **1** *adj* (**a**) *(room, habits)* ordenado(a); *(appearance)* arreglado(a), aseado(a); *(mind)* metódico(a) (**b**) *Fam (considerable)* considerable

2 *vt (room)* ordenar; *(garden, hair)* arreglar

▸**tidy away** *vt sep* recoger

▸**tidy up** *vi* recoger

tie [taɪ] **1** *n* (**a**) *(link)* lazo *m*, vínculo *m* ▫ ***t. beam*** tirante *m* (**b**) *(item of clothing)* corbata *f* ▫ ***t. clip*** pasador *m* de corbata, pasacorbatas *m inv* (**c**) *Sport (draw)* empate *m*; *(match)* eliminatoria *f*, partido *m* de clasificación (**d**) *US Rail* traviesa *f*

2 *vt* (**a**) *(shoelace, piece of string)* atar; **to t. sth to sth** atar algo a algo; **to t. a knot** atar *or* hacer un nudo (**b**) IDIOMS **to have one's hands tied** *(have no alternative)* tener las manos atadas; **he was tied to his desk** estaba atado a su trabajo; **she felt tied by a sense of duty** se sentía obligada por sentido del deber

3 *vi (in race, contest)* empatar

▸**tie back** *vt sep (hair, curtains)* recoger

▸**tie down** *vt sep (immobilize)* atar; *Fig* **children t. you down** los hijos atan mucho; *Fig* **I don't want to be tied down to a specific date** no quiero comprometerme a una fecha concreta

▸**tie in** *vi (of facts, story)* encajar, concordar

▸**tie on** *vt* (**a**) *(attach)* atar (**b**) *US Fam* **to t. one on** *(get drunk)* agarrarse una buena (curda), *Méx* ponerse una peda

▸**tie up** *vt sep* (**a**) *(animal, parcel)* atar; *(boat)* amarrar; *Fig (deal)* cerrar; **my capital is tied up in property** tengo mi capital invertido en bienes inmuebles (**b**) *Fig* **to be tied up** *(busy)* estar muy ocupado(a)

tie-break(er) ['taɪbreɪk(ər)] *n (in tennis)* tie-break *m*, muerte *f* súbita; *(in quiz, competition)* desempate *m*

tied cottage ['taɪd'kɒtɪdʒ] *n Br* = casa de campo alquilada por un agricultor a sus trabajadores

tie-dyed ['taɪdaɪd] *adj* = que ha sido atado antes de ser teñido para conseguir cierto efecto

tie-in ['taɪɪn] *n* (**a**) *(link)* relación *f* (**with** con) (**b**) *Com* **a movie/TV t.** = un producto a veces promocional relacionado con una nueva película/programa televisivo

tie-pin ['taɪpɪn] *n* alfiler *m* de corbata

tier [tɪə(r)] *n* (**a**) *(of theatre)* fila *f*; *(of stadium)* grada *f* (**b**) *(of wedding cake)* piso *m* (**c**) *(administrative)* nivel *m*

TIFF [tɪf] *n Comptr* (*abbr* **tagged image file format**) TIFF *m*

tiff [tɪf] *n Fam* riña *f*, desavenencia *f*

tig [tɪg] *n (game)* **to play t.** jugar a pillarse *or* al corre que te pillo

tiger ['taɪgə(r)] *n* tigre *m* ▫ ***t. economy*** tigre *m* asiático; ***t. lily*** lirio *m* naranja, azucena *f* atigrada; ***t. moth*** mariposa *f* tigre

tight [taɪt] **1** *adj* (**a**) *(clothes)* ajustado(a), estrecho(a); *(knot, screw)* apretado(a); *(bend)* cerrado(a); *(restrictions)* severo(a); **to be a t. fit** *(of clothes)* quedar muy justo(a); **to keep a t. hold on sth** tener algo bien agarrado; **we're a bit t. for time** vamos un poco cortos *or* justos de tiempo; IDIOM **to be in a t. spot** *or* **corner** estar en un aprieto; IDIOM **to run a t. ship** llevar el timón con mano firme; **to work to a t. schedule** trabajar con un calendario estricto
(**b**) *(race, finish)* reñido(a); *Fam* **money's a bit t. at the moment** ahora estoy un poco justo de dinero
(**c**) *Fam (mean)* agarrado(a), roñoso(a)
(**d**) *Fam (drunk)* mamado(a), pedo
(**e**) ***t. end*** *(in American football)* tight end *m*
2 *adv (hold, squeeze)* con fuerza; *(seal, shut)* bien; **hold t.!** ¡agárrate fuerte!; **sleep t.!** ¡que descanses!

tight-arsed ['taɪt'ɑːst], *US* **tight-assed** ['taɪt'æst] *adj very Fam (repressed)* estrecho(a)

tighten ['taɪtən] **1** *vt (screw, knot)* apretar; *(rope)* tensar; *(restrictions, security)* intensificar; *(conditions, rules)* endurecer; **to t. one's grip on** *(rope, handle)* asir con más fuerza; *Fig* **he tightened his grip on the organization** incrementó su control sobre la organización; *also Fig* **to t. one's belt** apretarse el cinturón
2 *vi (of knot)* apretarse; *(of grip)* intensificarse; *(of rope)* tensarse

▸**tighten up** *vt sep (screw)* apretar; *(restrictions, security)* intensificar

tightfisted ['taɪt'fɪstɪd] *adj Fam* agarrado(a), rata

tight-knit ['taɪt'nɪt] *adj (community)* muy integrado(a)

tight-lipped ['taɪt'lɪpt] *adj* **to be t. (about sth)** *(silent)* no soltar prenda (sobre algo); *(angry)* estar enfurruñado(a) (por algo)

tightly ['taɪtlɪ] *adv (hold, squeeze)* con fuerza; *(seal, close)* bien

tightness ['taɪtnɪs] *n (of link, clothing)* estrechez *f*; *(of regulations, security)* rigidez *f*

tightrope ['taɪtrəʊp] *n* cuerda *f* floja; *Fig* **to be walking a t.** estar en la cuerda floja ▫ ***t. walker*** funambulista *mf*

tights [taɪts] *npl (nylon, silk)* medias *fpl*, pantis *mpl*; *(woollen)* leotardos *mpl*, *Col* medias *fpl* veladas, *RP* cancanes *mpl*

tightwad ['taɪtwɒd] *n Fam* rata *mf*, roñoso(a) *m,f*

tigress ['taɪgrɪs] *n* tigresa *f*

'til [tɪl] = **until**

tilde ['tɪldə] *n* tilde *f (sobre la ñ)*

tile [taɪl] **1** *n (on roof)* teja *f*; *(on floor)* baldosa *f*; *(on wall)* azulejo *m*
2 *vt (put tiles on) (roof)* tejar; *(floor)* embaldosar; *(walls)* alicatar

tiled [taɪld] *adj (roof)* de tejas; *(floor)* embaldosado(a); *(wall)* alicatado(a)

tiling ['taɪlɪŋ] *n (tiles) (on floor)* embaldosado *m*; *(on wall)* azulejos *mpl*

till[1] [tɪl] *vt (field)* labrar

till[2] *n (cash register)* caja *f* (registradora); IDIOM **to be caught with one's hand** *or* **fingers in the t.** ser atrapado haciendo un desfalco

till[3] = **until**

tiller ['tɪlə(r)] *n (on boat)* caña *f* del timón

tilt [tɪlt] **1** *n* (**a**) *(angle)* inclinación *f* (**b**) *(speed)* **at full t.** a toda marcha
2 *vt also Fig* inclinar; **to t. one's head** inclinar la cabeza
3 *vi* (**a**) *(incline)* inclinarse; **to t. backwards/forwards** inclinarse hacia delante/hacia atrás ▫ *Comptr* ***t. and swivel base*** *(of monitor)* base *f* inclinable y giratoria
(**b**) *(joust)* **to t. at windmills** arremeter contra molinos de viento

▸**tilt over** *vi (lean)* inclinarse

timber ['tɪmbə(r)] *n (wood)* madera *f* (de construcción); **t.!** ¡árbol va! ▫ ***t. line*** límite *m* superior de la vegetación arbórea; ***t. merchant*** maderero *m*; ***t. wolf*** lobo *m* gris

timbered ['tɪmbəd] *adj (house)* de madera; *(land)* arbolado(a)

timbre ['tæmbə(r)] *n Mus* timbre *m*

TIME [taɪm] **1** *n* (**a**) *(in general)* tiempo *m*; **space and t.** el espacio y el tiempo; **t. is getting on** no queda mucho tiempo; **I spend most of my t. filling in forms** paso casi todo el tiempo rellenando impresos; **he wants some t. to himself** quiere tener tiempo para él; **now that my t. is my own** ahora que tengo todo el tiempo del mundo; **t.'s up!** ¡se acabó el tiempo!; **as t. goes by** *or* **on I find myself becoming more and more intolerant** a medida que pasa el tiempo me vuelvo más intolerante; *Literary* **for all t.** por siempre jamás; **in t.** *(eventually)* con el tiempo; **in t. for sth/to do sth** a tiempo para algo/para hacer algo; **I was just in t. to see it** llegué justo a tiempo para verlo; **in good t.** *(early)* con tiempo; **all in good t.!** cada cosa a su (debido) tiempo, todo se andará; **she'll do it in her own good t.** lo hará a su ritmo; **he did it in his own t.** *(out of working hours)* lo hizo fuera de las horas de trabajo; *(at his own pace)* lo hizo a su aire *or* ritmo; **in no t. at all, in next to** *or* **less than no t.** en un abrir y cerrar de ojos; **she is the greatest tennis player of all t.** es la mejor tenista de todos los tiempos; **over** *or* **with t.** con el tiempo; **given t., I'll succeed** si me dan tiempo lo conseguiré; **to have (the) t. to do sth** tener tiempo para hacer algo; **when I have** *or* **I've got (the) t.** cuando tenga tiempo; **to have all the t. in the world** tener todo el tiempo del mundo; **I've a lot of t. for him** me cae muy bien; **I've no t. for him** no me cae nada bien; **I've a lot of/no t. for her novels** me encantan/no me gustan sus novelas; **there's no t. to lose** no hay tiempo que perder; **I've taken a lot of t. over it** le he dedicado mucho tiempo; **she took her t. (doing it)** se tomó su tiempo (para hacerlo); **take your t.!** ¡tómate tu tiempo!; **you took your t.!** ¡has tardado *or Am* demorado mucho!; **it takes t.** lleva su tiempo; **to take t. off work** tomarse tiempo libre; **to take t. out (from sth/to do sth)** sacar tiempo (de algo/para algo); **she took t. out from her studies** interrumpió sus estudios; *Fig* **to be in a t. warp** seguir anclado(a) en el pasado; *Fam* **to do** *or* **serve t.** *(go to prison)* pasar una temporada a la sombra; **to have t. on one's hands** tener tiempo de sobra; **we have t. on our side, t. is on our side** el tiempo está de nuestro lado; **if I had my t. over again** si pudiera vivir otra vez; **(only) t. will tell** el tiempo lo dirá; **t. is of the essence** hay que actuar rápidamente; PROV **t. is a great healer, t. heals all wounds** el tiempo todo lo cura; PROV **t. is money** el tiempo es oro; PROV **t. flies** el tiempo vuela; PROV **t. flies when you're having fun** el tiempo vuela cuando lo estás pasando bien; PROV **t. and tide wait for no man** el paso del tiempo es inexorable ▫ ***t. bomb*** bomba *f* de relojería; *Fig* **to be sitting on a t. bomb** estar (sentado(a)) sobre un volcán; ***t. machine*** máquina *f* del tiempo; ***t. off*** tiempo *m* libre
(**b**) *(period)* **during their t. in office** durante el tiempo que pasaron en el poder; **after my t. in Italy** después de estar en Italia; **there were more good times than bad times** hubo más épocas buenas que malas; **to take a long t. over sth/to do sth** tomarse mucho tiempo para algo/para hacer algo; **a long t. ago** hace mucho tiempo; **some t. ago** hace algún tiempo; **a short t. later** poco (tiempo) después; **after a t.** después de un tiempo; **all the t.** *(frequently)* constantemente, todo el rato; *(all along)* en todo momento; **for a t.** durante un tiempo; **for a long t.** mucho tiempo; **I had to wait for a short t.** tuve que esperar un rato; **the fighting lasted only a short t.** la pelea duró poco tiempo; **that's the best meal I've had for** *or* **in a long t.** es la mejor comida que he tomado en (mucho) tiempo; *US Fam* **to make t. with sb** *(chat up)* intentar ligar *or RP* tranzar con alguien, *Col* intentar levantar a alguien; *(embrace, pet) Esp* darse el lote, *Am* manosearse; **for some t.** durante bastante tiempo; **I've been coming here for some t. now** vengo aquí desde hace algún tiempo; **it won't start for some t. yet** todavía falta tiempo para que empiece; **for the t. being** por ahora, por el momento; **in a short t.** *(soon)* dentro de poco; *(quickly)* en poco tiempo; **in three weeks' t.** dentro de tres semanas; **in record t.** *(very quickly)* en un tiempo récord; **most of the t.** la mayor parte del tiempo, casi todo el tiempo; **the whole t.** todo el tiempo
(**c**) *(age)* época *f*; **at the t. of the First World War** en la época de la Primera Guerra Mundial; **in Roman times** en tiempos de los romanos; **in times gone by/to come** en tiempos pretéritos/futuros; **in times of war** en tiempos de guerra; **she is one of the best artists of our time(s)** es una de las mejores artistas

de nuestra época; **times are changing** los tiempos están cambiando; **times were hard in those days** aquellos fueron tiempos duros; **to be ahead of one's t.** estar por delante de su tiempo, ser un adelantado de su tiempo; **the invention was ahead of its t.** ese invento se adelantó a su tiempo; **to be behind the times** no andar con los tiempos; **that was before my t.** *(before I was born)* eso fue antes de nacer yo; **he grew old before his t.** envejeció antes de tiempo *or* prematuramente; **she was a good singer in her t.** en sus tiempos fue una gran cantante; **she's seen a few things in her t.** ella ha visto unas cuantas cosas en su vida; **since** *or* **from t. out of mind** desde tiempos inmemoriales; **to move with the times** ir con los tiempos; **t. was when...** hubo un tiempo en que... ❑ ***t. capsule*** = recipiente que contiene objetos propios de una época y que se entierra para que futuras generaciones puedan conocer cómo se vivía entonces

(**d**) *(moment)* momento *m*; **at that t.** en aquel momento *or* entonces; **at that t. of (the) year** por aquellas fechas; **it's cold for the t. of year** hace frío para esa época del año; **at this t. of night** a estas horas de la noche; **I didn't know it at the t.** en aquel momento *or* entonces no lo sabía; **at the present t., at this t.** en el momento presente; **at the same t.** al mismo tiempo; **we arrived at the wrong t.** llegamos en un momento inoportuno; **at all times** en todo momento; **smoking is not allowed at any t.** está prohibido fumar (en todo momento); **at any one** *or* **given t.** en un momento dado; **at no t.** en ningún momento; **at one t., it was different** hubo un tiempo en que era distinto; **at some t. or other** alguna vez; **at my t. of life** a mi edad; **any t. now** en cualquier momento; **by that t.** para entonces; **by the t. we arrived** (para) cuando llegamos; **from that t. (onwards)** desde entonces (en adelante); **from the t. we arrived to the t. we left** desde que llegamos hasta que nos fuimos; **this t. next year** el año que viene por estas fechas; **it's t. for a change** es hora de cambiar; **the t. is ripe for...** es un momento propicio para...; **the t. for talking is past** la ocasión de hablar ya ha pasado; **the t. has come to...** ha llegado la hora de...; **when the t. comes (to...)** cuando llegue el momento (de...), llegado el momento (de...); **our t. has come** ha llegado nuestra hora; **and about t. too!, not before t.!** ¡ya era hora!; **it's about** *or* **high t.!** ¡ya era hora!; **it's about** *or* **high t. (that) you told her!** ¡ya era hora de que se lo dijeras!; **this is neither the t. nor the place for such remarks** no es ni el lugar ni el momento para ese tipo de comentarios; **this is no t.** *or* **hardly the t. to have second thoughts** este no es momento para volverse atrás; **there's no t. like the present** no dejes para mañana lo que puedas hacer hoy

(**e**) *(on clock)* hora *f*; **what's the t.?, what t. is it?** ¿qué hora es?; **what t. does it start?** ¿a qué hora empieza?; **what t. (of day) suits you?** ¿a qué hora te viene bien?; **what t. do you** *Br* **make it** *or US* **have?** ¿qué hora tienes?; **the t. is six o'clock** son las seis (en punto); **it's 6.30 local t.** son las 6:30, hora local; *Fam* **is that the t.!, look at the t.!** ¡qué tarde es!, ¡qué tarde se me ha hecho!; **it's t. for bed/to get up** es hora de irse a la cama/de levantarse; **it's t. we left** es hora de que nos vayamos; **have you got the t. (on you)?** ¿tienes hora?; **this t. tomorrow** mañana a estas horas; **see you next week, same t., same place** nos vemos la semana que viene, en el mismo lugar, a la misma hora; **between times** el resto del tiempo; **on t.** a la hora en punto; **to be on t.** llegar a la hora; *Br* **t., please!** *(in pub)* ¡vamos a cerrar!; **to keep good t.** *(of clock)* estar siempre en hora; IDIOM **I wouldn't give him the t. of day** a él no le daría ni la hora *or* ni los buenos días; PROV **there's a t. and a place for everything** todo tiene su momento y su lugar ❑ *Ind* ***t. card*** tarjeta *f (para fichar)*; *Ind* ***t. clock*** reloj *m (de fichar)*; ***t. difference*** diferencia *f* horaria; ***t. frame*** plazo *m* de tiempo; ***t. lag*** lapso *m*; ***t. limit:*** **there's a t. limit of three weeks** hay un plazo de tres semanas; **there's no t. limit** no hay límite de tiempo; ***t. lock*** sistema *m* de apertura retardada; *Ind* ***t. sheet*** ficha *f* de horas trabajadas; ***t. signal*** señal *f* horaria; ***t. switch*** temporizador *m*; ***t. trial*** *(in cycling)* contrarreloj *f*; ***t. zone*** huso *m* horario, franja *f* horaria

(**f**) *(occasion)* vez *f*; **do you remember the t. I broke my leg?** te acuerdas de la vez que me rompí la pierna?; **there are times when I wish I had never been born** hay ocasiones en las que desearía no haber nacido; **you can borrow it any t.** tómalo prestado cuando quieras; *Fam* **thanks — any t.** gracias — para eso estamos; **at times** a veces; **one at a t., please** de uno en uno, por favor; **he went down the stairs three at a t.** bajó las escaleras de tres en tres; **let's look at your comments one at a t.** examinemos tus comentarios uno por uno; **I often heard nothing from her for months at a t.** a menudo pasaban meses enteros sin que supiera nada de ella; **he does the same thing every t.** siempre hace lo mismo; **every** *or* **each t. she looks at me** cada vez que me mira; **I don't like these foreign cheeses, give me cheddar every t.** no me gustan esos quesos extranjeros, donde esté el cheddar que se quite todo lo demás; **from t. to t.** de vez en cuando, de cuando en cuando; **(the) last t. I was here...** la última vez que estuve aquí...; **next t.** la próxima vez; **I had to tell him a second t.** se lo tuve que repetir; **I'll let you off this t.** (por) esta vez no te castigaré; **t. and (t.) again, t. after t.** una y otra vez; **third t. lucky** a la tercera va la vencida

(**g**) *(experience)* **to give sb a hard t.** hacer pasar a alguien un mal rato; **to have a good/bad t.** pasárlo bien/mal; **I had a hard t. convincing them** me costó mucho convencerlos; **to have the t. of one's life** pasarlo en grande

(**h**) *(in race)* tiempo *m*; **she recorded the fastest t. in the world this year** hizo el tiempo récord de este año

(**i**) *Ind* **to get paid t. and a half** cobrar una vez y media el sueldo normal

(**j**) *Rad TV (airtime)* tiempo *m* de emisión

(**k**) *(in multiplication)* **four times two is eight** cuatro por dos son ocho; **three times as big (as)** tres veces mayor (que); *Fig* **the food here is ten times better than it used to be** la comida de aquí es diez veces mejor que antes

(**l**) *Mus* tiempo *m*, compás *m*; **in 3/4 t.** al compás de tres por cuatro; **to sing in t. to** *or* **with the music** cantar al compás de la música; **to sing out of t.** cantar descompasadamente; **the drums are out of t.** la batería está descompasada; **to beat t.** llevar el ritmo *or* compás; **to keep t.** seguir el ritmo *or* compás ❑ ***t. signature*** compás *m*

2 *vt* (**a**) *(meeting, visit)* programar; **the bomb was timed to go off at 7.30** la bomba estaba programada para estallar a las 7:30; **I timed my holidays to coincide with the World Cup** programé mis vacaciones para que coincidieran con los mundiales

(**b**) *(remark, action)* **well timed** oportuno(a); **badly timed** inoportuno(a); **she timed the punchline beautifully** la pausa que hizo dió un gran efecto al chiste; **he timed his pass perfectly** hizo el pase en el momento exacto

(**c**) *(person, race)* cronometrar; **the winner was timed at 9.87 seconds** el ganador hizo un tiempo de 9,87 segundos; **I timed how long it took to get there** cronometré el tiempo que llevó llegar hasta allí

---

time-and-motion study [taɪmən'məʊʃən'stʌdɪ] *n* = estudio del aprovechamiento del tiempo en una empresa para mejorar la productividad

time-consuming ['taɪmkənsju:mɪŋ] *adj* **a t. task** una tarea que lleva mucho tiempo; **to be t.** llevar mucho tiempo

time-honoured ['taɪmɒnəd] *adj* ancestral

timekeeper ['taɪmki:pə(r)] *n* (**a**) *Sport* cronometrador(ora) *m,f* (**b**) **to be a good t.** *(of clock, watch)* ser preciso(a); **I have always been a good t.** siempre soy puntual

timekeeping ['taɪmki:pɪŋ] *n* (**a**) *Ind (in factory)* control *m* de puntualidad (**b**) *(punctuality)* puntualidad *f*; **good/poor t.** mucha/poca puntualidad

time-lapse ['taɪmlæps] *adj* ***t. photography*** = montaje cinematográfico formado por planos tomados a intervalos regulares para mostrar procesos lentos como el crecimiento de una planta

timeless ['taɪmlɪs] *adj* eterno(a)

timeliness ['taɪmlɪnɪs] *n* oportunidad *f*

timely ['taɪmlɪ] *adj* oportuno(a)

time-out ['taɪmaʊt] *n Sport* tiempo *m* muerto; *Fig* descanso *m*

timepiece ['taɪmpi:s] *n* reloj *m*

timer ['taɪmə(r)] *n (device)* temporizador *m*

time-saving ['taɪmseɪvɪŋ] *adj (device, method)* que ahorra tiempo

timescale ['taɪmskeɪl] *n* plazo *m* (de tiempo)

time-served ['taɪmsɛ:vd] *adj (trained)* formado(a), experto(a)

time-share ['taɪmʃeə(r)] *n* multipropiedad *f*, copropiedad *f*

timespan ['taɪmspæn] *n* plazo *m*

timetable ['taɪmteɪbəl] **1** *n (for buses, trains, school)* horario *m*; *(for event, project)* programa *m*; **to work to a t.** trabajar con unos plazos determinados
 2 *vt* programar

time-wasting ['taɪmweɪstɪŋ] *n* pérdida *f* de tiempo

timeworn ['taɪmwɔ:n] *adj (custom, phrase)* gastado(a); *(person, face)* desgastado(a)

timid ['tɪmɪd] *adj* tímido(a)

timidity [tɪ'mɪdɪtɪ] *n* timidez *f*

timidly ['tɪmɪdlɪ] *adv* tímidamente

timing ['taɪmɪŋ] *n* **(a)** *(of announcement, election)* (elección *f* del) momento *m*, oportunidad *f*; **the t. of the visit was unfortunate** la fecha de la visita fue desafortunada **(b)** *(of remark, action)* **how's that for t.! we've finished one day before the deadline** ¡qué precisión! hemos terminado un día antes de la fecha límite; **her remarks were good/bad t.** sus comentarios vinieron en buen/mal momento **(c)** *(of musician)* compás *m*, (sentido *m* del) ritmo *m*; **the comedian's t. was perfect** el humorista hizo un uso perfecto de las pausas y del ritmo

timorous ['tɪmərəs] *adj* timorato(a), temeroso(a)

timpani ['tɪmpənɪ] *npl Mus* timbales *mpl*

tin [tɪn] *n* **(a)** *(metal)* estaño *m* ▫ ***t. can*** lata *f*; ***t. hat*** *(of soldier)* casco *m* (de acero); ***t. mine*** mina *f* de estaño; ***t. plate*** hojalata *f*; ***t. soldier*** soldadito *m* de plomo; ***t. whistle*** flautín *m* **(b)** *(mould)* molde *m*; **cake t.** molde *m (para bizcocho, plum-cake, etc)* **(c)** *(container)* lata *f*, *Am* tarro *m* ▫ ***t. opener*** abrelatas *m inv*

tincture ['tɪŋktʃʊə(r)] *n* **(a)** *Med* tintura *f* ▫ ***t. of iodine*** tintura *f* de yodo **(b)** *(trace) (of colour, flavour)* toque *m*

tinder ['tɪndə(r)] *n* yesca *f*

tinderbox ['tɪndəbɒks] *n Fig* **the country is a t.** el país es un polvorín

tine [taɪn] *n* diente *m*

tinfoil ['tɪnfɔɪl] *n* papel *m* (de) aluminio

ting [tɪŋ] **1** *n* tintineo *m*
 2 *vi* tintinear

ting-a-ling ['tɪŋəlɪŋ] *n & adv* tilín *m*

tinge [tɪndʒ] **1** *n (of colour, emotion)* matiz *m*
 2 *vt* **tinged with** *(colour)* con un matiz de; *(emotion)* teñido(a) de

tingle ['tɪŋgəl] **1** *n (physical sensation)* hormigueo *m*; *(of fear, excitement)* estremecimiento *m*
 2 *vi* **my hands are tingling** siento un hormigueo en las manos; **to t. with fear/excitement** estremecerse de miedo/emoción

tingling ['tɪŋglɪŋ] *n (of skin)* hormigueo *m*

tininess ['taɪnɪnɪs] *n* pequeñez *m*

tinker ['tɪŋkə(r)] **1** *n* quincallero(a) *m,f*, chamarilero(a) *m,f*; *Fam* **he doesn't give a tinker's damn** *or Br* **cuss** le importa un rábano
 2 *vi* enredar (**with** con)

▸**tinker about** *vi* enredar (**with** con)

tinkle ['tɪŋkəl] **1** *n* **(a)** *(of bell)* tintineo *m*; *Br Fam* **I'll give you a t.** *(on phone)* te daré un toque *or* telefonazo, *Méx* te pego un grito **(b)** *Fam (act of urinating)* **to have a t.** hacer pipí
 2 *vi (of bell)* tintinear

tinned [tɪnd] *adj Br (food)* de lata

tinnitus ['tɪnɪtəs] *n Med* zumbido *m* de oídos

tinny ['tɪnɪ] *adj (sound)* metálico(a)

tinpot ['tɪnpɒt] *adj Br Fam (dictator, regime, company)* de pacotilla, *Esp* de tres al cuarto

tinsel ['tɪnsəl] *n* espumillón *m*

tinsmith ['tɪnsmɪθ] *n* hojalatero(a) *m,f*

tint [tɪnt] **1** *n (colour)* matiz *m*; *(in hair)* tinte *m*
 2 *vt (hair)* teñir

tiny ['taɪnɪ] *adj* diminuto(a), minúsculo(a); **a t. bit** un poquitín

tip[1] [tɪp] **1** *n (end)* punta *f*; **on the tips of one's toes** de puntillas; IDIOM **to have sth on the t. of one's tongue** tener algo en la punta de la lengua; *Fig* **the t. of the iceberg** la punta del iceberg; **to be honest to the tips of one's fingers** ser honrado a carta cabal
 2 *vt (pt & pp* **tipped) it was tipped with steel** tenía la punta de acero

▸**tip down** *vi Fam (rain)* caer chuzos de punta, *Méx* llover duro, *RP* caer soretes de punta

▸**tip in** *vt sep Typ* cortar y pegar

tip[2] **1** *n* **(a)** *(payment)* propina *f* **(b)** *(piece of advice)* consejo *m*
 2 *vt (pt & pp* **tipped) (a)** *(give money to)* dar (una) propina a **(b)** *(predict)* **to t. a winner** pronosticar quién será el ganador; **to t. sb for promotion** pronosticar que alguien será ascendido(a)

tip[3] **1** *n (for unwanted goods)* vertedero *m*; *Fam* **this room's a t.!** ¡esta habitación es una pocilga *or Méx* un mugrero *or RP* un chiquero!
 2 *vt (pt & pp* **tipped) (a)** *(pour)* verter **(b) to t. the scales at 95 kg** *(weigh)* pesar 95 kg; IDIOM **to t. the scales** *or* **balance (in sb's favour)** inclinar la balanza (a favor de alguien)

▸**tip off** *vt sep (warn)* avisar, prevenir

▸**tip out** *vt sep* vaciar

▸**tip over 1** *vt sep* volcar
 2 *vi* volcarse

▸**tip up 1** *vt sep* inclinar
 2 *vi* inclinarse

tip-off ['tɪpɒf] *n* **(a)** *(warning)* soplo *m* **(b)** *(in basketball)* salto *m* inicial

tipped [tɪpt] *adj (cigarette)* con boquilla

Tippex®, **tippex** ['tɪpeks] **1** *n* Tipp-Ex® *m*, corrector *m*
 2 *vt* **to t. sth out** borrar algo con Tipp-Ex®

tipple ['tɪpəl] *Fam* **1** *n (drink)* bebida *f* preferida; **what's your t.?** ¿qué bebes *or Am* tomas?
 2 *vi* beber, empinar el codo, *Am* tomar

tipster ['tɪpstə(r)] *n* pronosticador(ora) *m,f*

tipsy ['tɪpsɪ] *adj* achispado(a); **to be t.** estar achispado(a)

tiptoe ['tɪptəʊ] **1** *n* **on t.** de puntillas
 2 *vi* caminar *or Esp* andar de puntillas; **to t in/out** entrar/salir de puntillas

tiptop ['tɪptɒp] *adj* inmejorable, perfecto(a); **in t. condition** en inmejorables condiciones

tirade [taɪ'reɪd] *n* invectiva *f*, diatriba *f*

tire[1] *US* = **tyre**

tire[2] ['taɪə(r)] **1** *vt* cansar, fatigar
 2 *vi* cansarse, fatigarse; **to t. of (doing) sth** cansarse de (hacer) algo

▸**tire out** *vt sep (exhaust)* agotar, fatigar

tired ['taɪəd] *adj* cansado(a), fatigado(a); **to be t.** estar cansado(a) *or* fatigado(a); **to be t. of (doing) sth** estar cansado(a) de (hacer) algo; *Fig* **a t. old cliché** un lugar común muy manido

tiredness ['taɪədnɪs] *n (fatigue)* cansancio *m*, fatiga *f*; *(of style, image, idea)* manido(a)

tireless ['taɪəlɪs] *adj* incansable, infatigable

tirelessly ['taɪəlɪslɪ] *adv* incansablemente, infatigablemente

tiresome ['taɪəsəm] *adj* pesado(a)

tiring ['taɪərɪŋ] *adj* agotador(ora)

Tirolean = **Tyrolean**

tissue ['tɪsju:] *n* **(a)** *Biol* tejido *m* ▫ ***t. culture*** cultivo *m* de tejidos **(b)** *(paper handkerchief)* kleenex® *m inv*, pañuelo *m* de papel; *Fig* **a t. of lies** una sarta de mentiras ▫ ***t. paper*** papel *m* de seda

tit[1] [tɪt] *n (bird)* ***blue t.*** herrerillo *m*; ***coal t.*** carbonero *m* garrapinos

tit[2] *n* **t. for tat** donde las dan, las toman; **to give sb t. for tat** pagar a alguien con la misma moneda

tit[3] *n very Fam* **(a)** *(breast)* teta *f*; IDIOM *Br* **to get on sb's tits** hincharle las pelotas a alguien **(b)** *(idiot) Esp* gilipollas *mf inv*, *Am* pendejo(a) *m,f*, *RP* boludo(a) *m,f*

titan ['taɪtən] *n Fig* gigante *m*

titanic [taɪ'tænɪk] *adj (conflict, struggle)* titánico(a), descomunal

titanium [taɪ'teɪnɪəm] *n Chem* titanio *m*

titbit ['tɪtbɪt] *n (snack)* tentempié *m*, refrigerio *m*; *Fig* **a t. of gossip** un chismorreo *or Esp* cotilleo; **a t. of information** una noticia jugosa

titch [tɪtʃ] *n Br Fam (small person)* renacuajo(a) *m,f*

titchy ['tɪtʃɪ] *adj Br Fam* diminuto(a), minúsculo(a)

tit-for-tat ['tɪtfə'tæt] *adj Fam (killing)* en represalia

tithe [taɪð] *n Hist* diezmo *m*

titillate [ˈtɪtɪleɪt] *vt* excitar

titillating [ˈtɪtɪleɪtɪŋ] *adj* excitante

titillation [tɪtɪˈleɪʃən] *n* provocación *f*, excitación *f*

titivate [ˈtɪtɪveɪt] *vt Fam (person, room)* arreglar; **to t. oneself** arreglarse, acicalarse

titivation [tɪtɪˈveɪʃən] *n Fam* arreglo *m*

title [ˈtaɪtəl] **1** *n* (**a**) *(of book, chapter)* título *m* ▫ ***t. page*** portada *f (página interior)*; *Cin & Th* ***t. role*** = personaje cuyo nombre da título a la película/obra; *Mus* ***t. track*** *(of album)* canción *f* que da título al disco (**b**) *(of person)* título *m* (**c**) *Sport* título *m* ▫ ***t. fight*** combate *m* por el título (**d**) *(book)* título *m* (**e**) *Law (to property)* título *m* de propiedad ▫ ***t. deed*** escritura *f*, título *m* de propiedad (**f**) *Cin & TV* **the titles** los títulos (de crédito)

2 *vt* titular

titled [ˈtaɪtəld] *adj (person)* con título nobiliario

titleholder [ˈtaɪtəlhəʊldə(r)] *n Sport* campeón(ona) *m,f*

titration [taɪˈtreɪʃən] *n Chem* titulación *f*, análisis *m* volumétrico

titter [ˈtɪtə(r)] **1** *n* risilla *f*

2 *vi* reírse tontamente

tittle-tattle [ˈtɪtəltætəl] *Fam* **1** *n* habladurías *fpl*, chismes *mpl*

2 *vi* chismorrear, *Am* chismear, *Col, Méx* chismosear

titty [ˈtɪtɪ] *n Fam* teta *f*, *Esp* dominga *f*, *Méx* chichi *f*, *RP* lola *f*

titular [ˈtɪtjʊlə(r)] *adj* nominal

tizz [tɪz], **tizzy** [ˈtɪzɪ] *n Fam* **to get into a t.** ponerse histérico(a)

T-junction [ˈtiːdʒʌŋkʃən] *n* intersección *f* en forma de T

TKO [tiːkerˈəʊ] *n (abbr* **technical knockout**) *(in boxing)* K.O. *m* técnico

TLC [tiːelˈsiː] *n Fam (abbr* **tender loving care**) cariño *m*

TM [tiːˈem] *n* (**a**) *(abbr* **trademark**) marca *f* registrada (**b**) *(abbr* **transcendental meditation**) meditación *f* trascendental

TN *(abbr* **Tennessee**) Tennessee

TNT [tiːenˈtiː] *n Chem (abbr* **trinitrotoluene**) TNT *m*

TO [tuː, *unstressed* tə] **1** *prep* (**a**) *(towards)* a; **to go to France** ir a Francia; **to go to church/to school** ir a misa/al colegio; **to go to bed/to the toilet** ir a la cama/al cuarto de baño; **to point to sth** señalar algo; **the road to Rome** la carretera de Roma; **to the front** hacia el frente; **to the left/right** a la izquierda/derecha; **to the north/south** al norte/sur; **she had her back to us** nos daba la espalda; **to travel from country to country** viajar de un país a otro

(**b**) *(touching)* **to stick sth to sth** pegar algo a algo; **he held her to his breast** la apretó contra su pecho; **she put her ear to the wall** pegó la oreja a la pared, puso la oreja contra la pared

(**c**) *(until)* hasta; **open from 9 to 5** abierto de 9 a 5; **from here to the capital** de aquí a la capital; **everything from paintbrushes to easels** de todo, desde pinceles hasta caballetes; **to this day** hasta el día de hoy; **a year to the day** hoy hace exactamente un año; **to count (up) to ten** contar hasta diez; **the total has risen to fifty** el total ha ascendido hasta cincuenta; **there were twenty to thirty people there** había entre veinte y treinta personas; **they starved to death** murieron de hambre; **she nursed me back to health** sus cuidados me devolvieron la salud; **it drove me to despair** me llevó a la desesperación; **it was smashed to pieces** se rompió en pedazos

(**d**) *(when telling the time)* **it's ten to (six)** son (las seis) menos diez, *Am* faltan diez para las seis

(**e**) *(with indirect object)* a; **to give sth to sb** dar algo a alguien; **give it to me** dámelo; **what did he do to you?** ¿qué te hizo?; **to be nice to sb** ser amable con alguien; **to speak to sb** hablar con alguien; **a threat to us** una amenaza para nosotros

(**f**) *(regarding)* **how did they react to that?** ¿cómo reaccionaron ante eso?; *Fam* **what's it to you?** ¿y a ti qué?

(**g**) *(with result)* **to my surprise/joy** para mi sorpresa/alegría; **to my horror, I discovered that...** cuál no sería mi horror al descubrir que...; **it is to our advantage** redunda en beneficio nuestro; **is it to your liking?** ¿es de su agrado?

(**h**) *(in opinion of)* para; **to me, she's telling the truth** para mí que dice la verdad; **it seems to me that...** me parece (a mí) que...; **$1,000 is nothing to her** para ella mil dólares no son nada

(**i**) *(compared with)* **that's nothing to what it was last year** eso no es nada comparado con cómo fue el año pasado; **they had ten players to our eleven** ellos tenían diez jugadores, mientras que nosotros teníamos once

(**j**) *(expressing a proportion)* a; **by six votes to four** por seis votos a cuatro; **forty miles to the gallon** cuarenta millas por galón (de combustible), ≃ 7 litros a los 100 km; **there are 140 pesetas to the dollar** un dólar equivale a 140 pesetas

(**k**) *(at the same time as)* **to dance to music** bailar al compás de la música; **she entered to the sound of cheers** fue recibida con ovaciones

(**l**) *(for)* para; **suppliers to the Royal Family** proveedores de la Casa Real; **he has a whole desk to himself** tiene una mesa entera para él; **To Sue** *(on envelope)* (Para) Sue

(**m**) *(of)* **the key to the front door** la llave de la puerta de entrada; **it has a dangerous look to it** tiene aspecto peligroso; **I can't see the funny side to it** no le veo la gracia

(**n**) *(involved in)* **there's an element of danger to it** tiene un elemento de peligro; **there's a lot to the book** es un libro con mucha enjundia; **there's nothing to it** es facilísimo

(**o**) *(in invitations)* a; **to invite sb to dinner** invitar a alguien a cenar

(**p**) *(in honour of)* **a toast to sb** un brindis por alguien; **dedicated to...** dedicado(a) a...

(**q**) *(in betting odds)* **twelve to one** doce a uno

2 *adv* **to push the door to** cerrar la puerta del todo; **to and fro** de aquí para allá; **to go to and fro** ir y venir (de un lado para otro)

3 *particle* (**a**) *(with the infinitive)* **to go** ir; **I have a lot to do** tengo mucho que hacer; **I have nothing to do** no tengo nada que hacer; **there's also the expense to consider** también hay que considerar el gasto que supone; **I have/want to go** tengo que/quiero ir; **I want him to know** quiero que lo sepa; **I was the first person to do it** yo fui la primera persona que lo hizo; **to be honest...** sinceramente,...; **I hope to be finished by tomorrow** espero terminar mañana; **I hope I live to see it finished** espero vivir para verlo terminado; **I woke up to find myself in a cell** al despertar me encontré en una celda; **she's old enough to go to school** ya tiene edad para ir al colegio; **it's too hot to drink** está demasiado caliente para beberlo; **I was reluctant to ask her** me resistía a preguntarle; **it's unlikely to happen** es improbable que ocurra; **an attempt to do sth** un intento de hacer algo; **to have reason to do sth** tener motivos para hacer algo; **to be betrayed like that, it's so upsetting!** una traición así... ¡me ha dolido tanto!

(**b**) *(representing verb)* **I want to** quiero (hacerlo); **you ought to** deberías hacerlo; **I was told to** me dijeron que lo hiciera; **have you phoned them? — I've tried to** ¿les has llamado? — lo he intentado; **will you be going? — I hope to** ¿irás allí? — eso espero; **can you come to my party? — I'd love to** ¿quieres venir a mi fiesta? — me encantaría

(**c**) *(in order to)* para; **he came to help me** vino a ayudarme; **I'm going to visit my aunt** voy a visitar a mi tía; **it is designed to save fuel** está diseñado para ahorrar combustible

(**d**) *(forming future tense)* **wages are to be cut** se van a recortar los salarios; **he was never to be seen again** nunca se lo volvió a ver; **government to cut interest rates** *(newspaper headline)* el gobierno recortará los tipos *or Am* las tasas de interés

(**e**) *(in orders)* **I told them to do it** les dije que lo hicieran; **you are not to do that** no debes hacer eso

toad [təʊd] *n* (**a**) *(animal)* sapo *m* (**b**) *Fam Pej (person)* gusano *m* (**c**) *Br Culin* **t. in the hole** *(sausage in batter)* = salchichas rebozadas en harina, huevo y leche

toadstool [ˈtəʊdstuːl] *n* seta *f* venenosa, *Chile, Méx, RP* hongo *m* venenoso

toady [ˈtəʊdɪ] *Fam* **1** *n* pelotillero(a) *m,f*, *Col* cepillero(a) *m,f*, *Méx* lambiscón(ona) *m,f*, *RP* chupamedias *mf inv*

2 *vi* **to t. to sb** hacer la pelota a alguien, *Col* pasar el cepillo a alguien, *Méx* lambisconear a alguien, *RP* chupar las medias a alguien

toast [təʊst] **1** *n* (**a**) *(toasted bread)* pan *m* tostado; **a slice** *or* **piece of t.** una tostada ▫ ***t. rack*** portatostadas *m inv* (**b**) *(tribute)* brindis *m inv*; **to drink a t. to sb** hacer un brindis a la salud de alguien; **he was the t. of New York** todo el mundo lo admiraba en Nueva York

2 *vt* (**a**) *(bread)* tostar; **toasted cheese** tostada *f* de queso; **toasted sandwich** sándwich *m* (caliente) (**b**) *(tribute)* brindar a la salud de

toaster ['təʊstə(r)] *n* tostador *m*

toastie ['təʊstɪ] *n Br Fam* sándwich *m* (caliente)

toasting-fork ['təʊstɪŋfɔːk] *n* = tenedor largo para tostar

toastmaster ['təʊstmɑːstə(r)] *n* maestro *m* de ceremonias

tobacco [tə'bækəʊ] *n* tabaco *m* ▫ ***t. pouch*** petaca *f*

tobacconist [tə'bækənɪst] *n* estanquero(a) *m,f*; *Br* **t.'s (shop)** estanco *m*, *Chile, RP* quiosco *m*, *Méx* estanquillo *m*

toboggan [tə'bɒgən] **1** *n* tobogán *m* *(trineo)*

2 *vi* tirarse por el tobogán *(en pista de nieve)*

tobogganing [tə'bɒgənɪŋ] *n* **to go t.** tirarse en tobogán *(en pista de nieve)*

toccata [tə'kɑːtə] *n Mus* tocata *f*

tod [tɒd] *n Br Fam* **to be on one's t.** estar más solo que la una, *RP* estar solitari

today [tə'deɪ] **1** *n* (**a**) *(this day)* hoy *m*; **a week from t.** dentro de una semana; **as from t.** a partir de hoy; **t.'s date/paper** la fecha/el periódico de hoy (**b**) *(this era)* hoy *m*

2 *adv* (**a**) *(on this day)* hoy; **t. is Tuesday, it's Tuesday t.** hoy es martes; **a week ago t.** hace (hoy) una semana (**b**) *(in this era)* hoy

toddle ['tɒdəl] *vi (of infant)* dar los primeros pasos; *Fam* **he toddled off** se largó

toddler ['tɒdlə(r)] *n* niño(a) *m,f* pequeño(a) *(que aprende a caminar)*

toddy ['tɒdɪ] *n* **(hot) t.** = ponche hecho con licores, azúcar, agua caliente, zumo de limón y especias

to-die-for [tə'daɪfɔː(r)] *adj Fam* **it's t.** está que te mueres

to-do [tə'duː] (*pl* **to-dos**) *n Fam* revuelo *m*

toe [təʊ] **1** *n* (**a**) *(of foot)* dedo *m* del pie; *(of sock, shoe)* puntera *f*; **big t.** dedo *m* gordo del pie; **little t.** meñique *m* del pie (**b**) IDIOMS **to be on one's toes** estar alerta; **to keep sb on his/her toes** no dar tregua a alguien; **to make sb's toes curl** *(with embarrassment)* hacer que alguien se muera de vergüenza *or Am* pena; *(with pleasure)* hacer que alguien se derrita de gusto; **to tread** *or* **step on sb's toes** meterse en el terreno de alguien

2 *vt* **to t. the line** acatar las normas, portarse como es debido

toecap ['təʊkæp] *n* puntera *f*

toehold ['təʊhəʊld] *n (in climbing)* punto *m* de apoyo; *Fig* **to gain a t. in the market** lograr introducirse en el mercado

toenail ['təʊneɪl] *n* uña *f* del pie ▫ ***t. clipper(s)*** cortauñas *m inv*

toerag ['təʊræg] *n Br Fam* sinvergüenza *mf*

toff [tɒf] *n Br Old-fashioned Fam* pijo(a) *m,f*, *Méx* fresa *mf*, *RP* copetudo(a) *m,f*

toffee ['tɒfɪ] *n (small sweet)* (caramelo *m* de) tofe *m*; *(substance)* caramelo *m*; IDIOM *Br Fam* **he can't sing for t.** no tiene ni idea de cantar ▫ ***t. apple*** manzana *f* de caramelo

toffee-nosed ['tɒfɪ'nəʊzd] *adj Br Fam Pej* presumido(a), engreído(a)

tofu ['tɒfuː] *n Culin* tofu *m*

tog [tɒg] *n (of duvet)* = unidad de medida del grado de aislamiento térmico

▸**tog out** (*pt & pp* **togged**) *vt sep Br Fam* vestir; **to t. oneself out** vestirse

toga ['təʊgə] *n* toga *f*

TOGETHER [tə'geðə(r)] **1** *adv* (**a**) *(in general)* juntos(as); **t., we earn over $120,000** entre los dos ganamos más de 120.000 dólares; **t. with** junto(a) con; **all t.** todos juntos; **we were t. at university** íbamos juntos a la universidad; **to act t.** obrar al unísono; **to add/mix two things t.** sumar/mezclar dos cosas; **to bang two things t.** hacer chocar dos cosas; **to get t. again** *(of couple, partners)* volver a juntarse; **the spectators were packed t. inside the stadium** los espectadores abarrotaban el estadio; **to stick sth back t.** volver a pegar algo

(**b**) *(at the same time)* al mismo tiempo, a un tiempo; **pull both levers t.** acciona las dos palancas al mismo tiempo; **all t. now!** *(when singing)* ¡todos juntos!; *(when pulling, pushing)* ¡todos a una!

2 *adj Fam (well-balanced)* equilibrado(a)

togetherness [tə'geðənɪs] *n* unidad *f*, unión *f*

toggle ['tɒgəl] **1** *n (on coat)* botón *m* de trenca ▫ *Comptr* ***t. switch*** = tecla o botón que permite activar o desactivar una función

2 *vi Comptr* = activar o desactivar una función con la misma tecla; **you can t. between the two applications** puedes pasar de una aplicación a otra pulsando una tecla

▸**toggle off** *vt sep Comptr* desactivar utilizando una tecla

▸**toggle on** *vt sep Comptr* activar utilizando una tecla

Togo ['təʊgəʊ] *n* Togo

Togolese [təʊgə'liːz] *n & adj* togolés(esa) *m,f*

togs [tɒgz] *npl Br Fam (clothes)* ropa *f*

toil [tɔɪl] **1** *n Literary* esfuerzo *m*

2 *vi (work hard)* trabajar con afán; **to t. away at sth** esforzarse mucho en algo; **to t. up a hill** escalar penosamente una montaña

toiler ['tɔɪlə(r)] *n* trabajador(ora) *m,f* incansable

toilet ['tɔɪlɪt] *n* (**a**) *(room) (in house)* cuarto *m* de baño, retrete *m*; *(in public place)* servicio *m*, servicios *mpl*, *Am* baños *mpl*, *Chile, RP* toilette *f*; *(object)* váter *m*, inodoro *m*; **to go to the t.** *(in house)* ir al baño; *(in public place)* ir al servicio *or Am* al baño *or Chile, RP* a la toilette; IDIOM *Br Fam* **to go down the t.** *(of plan, career, work)* irse al garete; *Br Fam Fig* **that's our holidays down the t.!** ¡nuestras vacaciones *Esp* a la porra *or Am* por el piso *or RP* a la miércoles! ▫ ***t. bowl*** taza *f* (del retrete); ***t. paper*** papel *m* higiénico, *Chile* confort *m*; ***t. roll*** rollo *m* de papel higiénico; ***t. seat*** asiento *m* del váter; ***t. tissue*** papel *m* higiénico

(**b**) *Old-fashioned (washing and dressing)* aseo *m* personal ▫ ***t. bag*** bolsa *f* de aseo; ***t. soap*** jabón *m* de tocador; ***t. water*** (agua *f* de) colonia *f*

toiletries ['tɔɪlɪtrɪz] *npl* artículos *mpl* de tocador

toilette [twɑː'let] *n Old-fashioned* aseo *m*; **to perform one's t.** asearse

toilet-train ['tɔɪlɪttreɪn] *vt* enseñar a ir al baño

toke [təʊk] *n Fam* calada *f (a un canuto)*; **to have a t. (on a joint)** dar una calada a un canuto, *Méx* dar una fumada a un churro, *RP* dar una pitada a un porro

token ['təʊkən] **1** *n* (**a**) *(indication)* señal *f*, muestra *f*; **as a t. of respect** como señal *or* muestra de respeto; **by the same t.** de la misma manera (**b**) *(for vending machine)* ficha *f*; *(paper)* vale *m*

2 *adj (resistance, effort, gesture)* simbólico(a); **I don't want to be the t. woman on the committee** no quiero estar en la comisión para cubrir el porcentaje femenino

tokenism ['təʊkənɪzm] *n* = política que consiste en tomar medidas puramente simbólicas

Tokyo ['təʊkɪəʊ] *n* Tokio

told [təʊld] *pt & pp of* **tell**

tolerable ['tɒlərəbəl] *adj* (**a**) *(pain, discomfort)* soportable, tolerable (**b**) *(behaviour, effort)* aceptable

tolerably ['tɒlərəblɪ] *adv* aceptablemente; **t. well** aceptablemente *or* razonablemente bien

tolerance ['tɒlərəns] *n* tolerancia *f*; **to have a high/low t. for sth** ser muy/poco tolerante con algo

tolerant ['tɒlərənt] *adj* tolerante (**of** con)

tolerantly ['tɒlərəntlɪ] *adv* con tolerancia

tolerate ['tɒləreɪt] *vt* tolerar

toleration [tɒlə'reɪʃən] *n* tolerancia *f*

toll[1] [təʊl] *n* (**a**) *(charge)* peaje *m* ▫ ***t. bridge*** puente *m* de peaje; ***t. road*** carretera *f* de peaje (**b**) *(of dead, injured)* **the disease had taken its t.** la enfermedad había hecho estragos; **the death t. has risen to 100** el número de víctimas ha ascendido a 100

toll[2] **1** *vt (bell)* tañer

2 *vi (of bell)* doblar; **to t. for the dead** tocar a muerto

tollbooth ['təʊlbuːθ] *n* cabina *f (donde se paga el peaje)*

tollbridge ['təʊlbrɪdʒ] *n* puente *m* de peaje

toll-free [təʊl'friː] *US* **1** *adj* ***t. number*** (número *m* de) teléfono *m* gratuito

2 *adv (call)* gratuitamente

Tom [tɒm] *n* IDIOM *Fam* **any T., Dick or Harry** cualquier mequetrefe ❑ ***T. Collins*** *(drink)* = cóctel hecho con ginebra, limón, soda y azúcar

tom [tɒm] *n Fam* gato *m* (macho)

tomahawk [ˈtɒməhɔːk] *n* hacha *f* india

tomato [təˈmɑːtəʊ, *US* təˈmeɪtəʊ] (*pl* **tomatoes**) *n* tomate *m*, *Méx* jitomate *m* ❑ ***t. juice*** *Esp* zumo *m or Am* jugo *m* de tomate *or Méx* jitomate; ***t. ketchup*** ketchup *m*, catchup *m*; ***t. plant*** tomatera *f*; ***t. purée*** concentrado *m* de tomate *or Méx* jitonate; ***t. sauce*** *(for pasta)* (salsa *f* de) tomate *or Méx* jitomate; *(ketchup)* (tomate) ketchup *m*, catchup *m*; ***t. soup*** crema *f* de tomate *or Méx* jitomate

tomb [tuːm] *n* tumba *f*

tombola [tɒmˈbəʊlə] *n* tómbola *f*

tomboy [ˈtɒmbɔɪ] *n* marimacho *m*

tomboyish [ˈtɒmbɔɪɪʃ] *adj* marimacho(a)

tombstone [ˈtuːmstəʊn] *n* lápida *f*

tomcat [ˈtɒmkæt] *n* gato *m* (macho)

tome [təʊm] *n Formal* tomo *m*, volumen *m*

tomfool [ˈtɒmfʊl] *adj (idea, suggestion)* tonto(a)

tomfoolery [tɒmˈfuːlərɪ] *n Fam* tonterías *fpl*, *Esp* niñerías *fpl*

tommygun [ˈtɒmɪgʌn] *n* metralleta *f*

tommy-rot [ˈtɒmɪrɒt] *n Br Fam Old-fashioned* tontería *f*, disparate *m*

tomography [təˈmɒgrəfɪ] *n Med* tomografía *f*

tomorrow [təˈmɒrəʊ] **1** *n* **(a)** *(day after today)* mañana *m*; **the day after t.** pasado mañana; **t. is another day** mañana será otro día; IDIOM *Fam* **she was eating like there was no t.** comía como si se fuese a acabar el mundo **(b)** *(future)* mañana *m*, futuro *m*

2 *adv* **(a)** *(on day after today)* mañana; **see you t.** ¡hasta mañana!; **t. morning/ evening** mañana por la mañana/tarde **(b)** *(in future)* mañana; **what will the world be like t.?** ¿cómo será el mundo en el futuro?

tom-tom [ˈtɒmtɒm] *n Mus* tam-tam *m inv*

ton [tʌn] *n (weight)* tonelada *f* (aproximada) *(Br = 1.016 kilos, US = 907 kilos)*; *Fam* **this suitcase weighs a t.** esta maleta pesa una tonelada *or* un quintal; *Fam* **tons of...** *(lots of)* montones de...

tonal [ˈtəʊnəl] *adj* **(a)** *Mus* tonal **(b)** *(of colour)* tonal

tonality [təˈnælɪtɪ] *n* **(a)** *Mus* tonalidad *f* **(b)** *(of colour)* tonalidad *f*

tone [təʊn] **1** *n* **(a)** *(sound)* tono *m*; *(on phone)* señal *f*, tono *m*; **speak after the t.** hable después de la señal; **t. of voice** tono *m* de voz; **don't talk to me in that t. of voice!** ¡no me hables en ese tono! ❑ ***t. language*** lengua *f* tonal **(b)** *(quality of sound)* timbre *m* **(c)** *(colour)* tono *m* **(d)** *(mood)* tono *m*; **to raise/lower the t.** *(of place, occasion)* elevar/bajar el tono **(e)** *Mus* tono *m*

2 *vt (muscles, body)* tonificar, entonar; *(skin)* tonificar

▸**tone down** *vt sep (colour)* rebajar el tono de; *Fig (remarks)* bajar el tono de

▸**tone in** *vi (harmonize)* ir bien, armonizar (**with** con)

▸**tone up** *vt sep (muscles, body)* tonificar, entonar

tone-deaf [təʊnˈdef] *adj* **to be t.** tener mal oído

toneless [ˈtəʊnlɪs] *adj (voice)* inexpresivo(a)

toner [ˈtəʊnə(r)] *n* **(a)** *(for printer)* tóner *m* ❑ ***t. cartridge*** cartucho *m* de tóner **(b)** *(for skin)* tónico *m*

Tonga [ˈtɒŋgə] *n* Tonga

Tongan [ˈtɒŋgən] **1** *n* **(a)** *(person)* tongano(a) *m,f* **(b)** *(language)* tongano *m*

2 *adj* de Tonga, tongano(a)

tongs [tɒŋz] *npl (for coal, heavy objects)* tenazas *fpl*; *(for food, smaller objects)* pinzas *fpl*; **a pair of t.** unas tenazas/pinzas; **(curling) t.** *(for hair)* tenacillas *fpl* de rizar

tongue [tʌŋ] *n* **(a)** *(in mouth)* lengua *f*; **to stick one's t. out** sacar la lengua; IDIOM **hold your t.!** ¡cierra la boca!; IDIOM **have you lost your t.?** ¿se te ha comido la lengua el gato?; IDIOM **to get one's t. round sth** llegar a pronunciar algo; IDIOM **to say sth t. in cheek** decir algo en broma ❑ ***t. twister*** trabalenguas *m inv* **(b)** *(of land)* lengua *f*; *(of shoe)* lengüeta *f* **(c)** *(of flame)* lengua *f* **(d)** *(language)* idioma *m*, lengua *f*

tongue-lashing [ˈtʌŋlæʃɪŋ] *n* reprimenda *f*, bronca *f*; **to give sb a t.** echar una reprimenda *or* bronca a alguien

tongue-tied [ˈtʌŋtaɪd] *adj* mudo(a); **to be t.** quedarse mudo(a)

tonic [ˈtɒnɪk] **1** *n* **(a)** *(medicine)* tónico *m*, reconstituyente *m*, *Fig* **it was a real t. to see her again** fue tonificante volver a verla **(b)** *(drink)* **t. (water)** (agua *f*) tónica *f* **(c)** *Mus* tónica *f*

2 *adj Mus* tónico(a)

tonight [təˈnaɪt] *n & adv* esta noche

tonnage [ˈtʌnɪdʒ] *n Naut (of ship)* tonelaje *m*

tonne [tʌn] *n* tonelada *f* (métrica)

tonsil [ˈtɒnsəl] *n* amígdala *f*; **to have one's tonsils out** operarse de las amígdalas

tonsillectomy [tɒnsɪˈlektəmɪ] *n Med* amigdalectomía *f*

tonsillitis [tɒnsɪˈlaɪtɪs] *n Med* amigdalitis *f inv*

tonsure [ˈtɒnsjʊə(r)] *n* tonsura *f*

TOO [tuː] *adv* **(a)** *(excessively)* demasiado; **it's t. difficult** es demasiado difícil; **t. many** demasiados; **I've got one t. many** tengo uno de más; **t. much** demasiado; **you're t. kind** es usted muy amable; **I know her all** *or* **only t. well** la conozco demasiado bien; **I'd be only t. pleased to help** estaré encantado de ayudar; *Fam* **t. right!** ¡desde luego!

(b) *(also)* también

(c) *(moreover)* además; **it was a great performance, and by a beginner, t.!** fue una actuación brillante, sobre todo para un principiante

(d) *(very, especially)* demasiado, muy; **he's not t. well today** no se encuentra muy *or* demasiado bien hoy; **I'm not t. sure about it** no estoy seguro del todo

(e) *US Fam (for emphasis)* **I'm not a nationalist! — you are t.!** ¡no soy nacionalista! – ¡claro que no! *or* Esp ¡no, qué va!

took [tʊk] *pt of* **take**

tool [tuːl] *n* **(a)** *(implement)* herramienta *f*; **(set of) tools** herramienta *f* ❑ ***t. bag*** bolsa *f* de herramientas; ***t. belt*** cinturón *m* de herramientas; ***t. box*** caja *f* de herramientas; *Comptr* paleta *f* de herramientas; ***t. kit*** juego *m* de herramientas; ***t. shed*** cobertizo *m* para los aperos **(b)** *(means, instrument)* instrumento *m* **(c)** *very Fam (penis)* nabo *m*, pija *f*, *Chile* pico *m*, *Méx* pájaro *m*

▸**tool up** *vt sep* **(a)** *(factory)* equipar **(b)** *Fam* **to be tooled up** *(carrying gun)* ir armado(a)

toolmaker [ˈtuːlmeɪkə(r)] *n* fabricante *m* de herramientas

toot [tuːt] **1** *n* bocinazo *m*

2 *vt (horn, trumpet)* tocar

tooth [tuːθ] (*pl* **teeth** [tiːθ]) *n* **(a)** *(of person, saw)* diente *m*; *(molar)* muela *f*; *(of comb)* púa *f*; *(of gear wheel)* piñón *m*; **(set of) teeth** dentadura *f*; **to cut a t.** echar un diente; **he had a t. out** le sacaron una muela ❑ ***t. decay*** caries *f inv*; ***the t. fairy*** ≃ el ratoncito Pérez

(b) IDIOMS **to lie through one's teeth** mentir como un/una bellaco(a); **in the teeth of opposition** haciendo frente a la oposición; **armed to the teeth** armado(a) hasta los dientes; **to fight t. and nail** luchar con uñas y dientes; *Fam* **to get one's teeth into sth** hincar el diente a algo; *Fam* **I'm fed up to the back teeth with him** estoy hasta la coronilla de él; **to set sb's teeth on edge** *(of noise)* dar dentera a alguien; *(of habit, behaviour)* poner enfermo(a) a alguien

toothache [ˈtuːθeɪk] *n* dolor *m* de muelas

toothbrush [ˈtuːθbrʌʃ] *n* cepillo *m* de dientes

toothless [ˈtuːθlɪs] *adj (person, animal)* desdentado(a); *(law, organization)* inoperante, ineficaz

toothpaste [ˈtuːθpeɪst] *n* dentífrico *m*, pasta *f* de dientes

toothpick [ˈtuːθpɪk] *n* palillo *m* (de dientes)

toothsome [ˈtuːθsəm] *adj Hum (food, dish)* sabroso(a), apetitoso(a)

toothy [ˈtuːθɪ] *adj* **a t. grin** una sonrisa que enseña todos los dientes

tootle [ˈtuːtəl] *vi Fam* **(a)** *(on trumpet, flute)* **she was tootling away on a trumpet** estaba tocando la trompeta **(b)** *(in car)* **I'm just tootling into town** sólo voy a acercarme al centro

tootsy, tootsie [ˈtuːtsiː] *n Fam* **(a)** *(in children's language) (toe)* dedito *m* del pie **(b)** *(term of address)* cariño *m*

top[1] [tɒp] *n (spinning toy)* peonza *f*, trompo *m*

TOP² [tɒp] **1** *n* (**a**) *(highest part)* parte *f* superior, parte *f* de arriba; *(of tree)* copa *f*; *(of mountain)* cima *f*; *(of sb's head)* coronilla *f*; *(of bus)* piso *m* superior; *(of list)* cabeza *f*; *(of table, bed)* cabecera *f*; **at the t. of the page** en la parte superior de la página; **at the t. of the stairs/building** en lo alto de la escalera/del edificio; **at the t. of the street** al final de la calle; **right at the t.** arriba del todo; **to be (at the) t. of the class/league** ser el primero/la primera de la clase/liga; **to be (at the) t. of the list of things to do** encabezar la lista de cosas que hacer; **she is at the t. of her profession** se encuentra en la cima de su profesión; IDIOM *Br* **to be at the t. of the tree** haber llegado a la cima; **at the t. of one's voice** a grito pelado; IDIOM **life at the t.** la vida en las altas esferas; **from t. to bottom** de arriba abajo; **from t. to toe** de la cabeza a los pies; **let's take it from the t.!** desde el principio; **fill my glass up right to the t.** lléname el vaso hasta el borde *or* hasta arriba; **the corruption goes right to the t.** la corrupción se extiende hasta los más altos niveles; **off the t. of my/his** *etc* **head** *(at a guess)* a ojo; *(without thinking)* así de repente; *(without preparation)* improvisadamente; **I can't say off the t. of my head** así de repente no sabría decir; IDIOM **over the t.** *(excessive)* exagerado(a); **to go over the t.** *Mil* entrar en acción; *Fig* pasarse de la raya; IDIOM *Fam* **he's got nothing up t.** es un cabeza de chorlito *or* un cabeza hueca; *Fig* **to make it to** *or* **reach the t.** llegar a la cumbre

(**b**) *(lid)* tapa *f*; *(of bottle, tube)* tapón *m*; *(of pen)* capucha *f*

(**c**) *(upper surface)* superficie *f*

(**d**) *(garment) (T-shirt)* camiseta *f*, *Chile* polera *f*, *Méx* playera *f*, *RP* remera *f*; *(blouse)* blusa *f*; *(of pyjamas, bikini)* parte *f* de arriba

(**e**) *(of vegetable)* parte *f* de arriba

(**f**) *Fam (topspin)* = efecto que se obtiene al golpear la pelota por la parte de arriba

(**g**) *(in baseball)* **at the t. of the fifth (inning)** en la primera parte del quinto turno de bateo

(**h**) *Fam Old-fashioned* **it's the tops** *(excellent)* es pistonudo(a)

(**i**) **on top** *adv* encima; IDIOM **to be on t.** dominar el juego; IDIOM **to come out on t.** salir victorioso(a); *Fam Fig* **he's getting a bit thin on t.** se está quedando calvo

(**j**) **on top of** *prep (above)* encima de, sobre; *(in addition to)* además de; **on t. of everything else** encima de todo; IDIOM **to be on t. of sth** tener algo bajo control; IDIOM **to be** *or* **feel on t. of the world** estar en la gloria; **you mustn't let things get on t. of you** no debes dejar que las cosas te agobien

(**k**) **tops** *adv Fam (at the most)* como máximo, como mucho

2 *adj* (**a**) *(highest)* de más arriba, más alto(a); *(in pile)* de encima; *(layer)* superior; *(rung)* último(a); **the t. part of sth** la parte superior de algo; **the t. right-hand corner of the page** la esquina superior derecha de la página; **they are in the t. half of the league** se encuentran en la primera mitad de la clasificación de la liga; **our t. priority** nuestra prioridad absoluta; *Fig* **out of the t. drawer** *(upper-class)* de alta extracción social; *(top-quality)* de primera (clase); *Fig* **the t. rung of the ladder** el nivel más alto del escalafón ❑ ***t. coat*** *(of paint)* última mano *f*; ***t. copy*** original *m*; ***t. deck*** *(of bus)* piso *m* superior *or* de arriba; ***t. floor*** último piso; *Aut* ***t. gear*** *(fourth)* cuarta *f*, directa *f*; *(fifth)* quinta *f*, directa *f*; *Fig* **the Bulls moved into t. gear** los Bulls metieron la directa; ***t. hat*** sombrero *m* de copa; *Sport* ***t. scorer*** *(in basketball, American football, rugby)* máximo(a) anotador(ora) *m,f*; *(in soccer, hockey)* máximo(a) goleador(ora) *m,f*; ***t. security prison*** cárcel *f* de alta seguridad; ***t. speed*** velocidad *f* máxima; *also Fig* **at t. speed** a toda velocidad

(**b**) *(best)* mejor; *(major)* más importante; **t. quality products** productos de primera calidad; **a t. sprinter** un esprínter de primera línea; **t. executive** alto(a) ejecutivo(a) *m,f*; **a t. job** un alto puesto; **one of London's t. restaurants** uno de los mejores restaurantes de Londres; **one of America's t. earners** una de las personas que más dinero gana de América; **to get t. marks** obtener *or* sacar las mejores notas; **my t. choice** mi primera opción; **the t. people** *(in society)* la flor y nata; *(in an organization)* los jefes; **the t. ten** *(in general)* los diez mejores; *(in music charts)* el top diez, los diez primeros; **she came t. in history** fue la mejor en historia; IDIOM *Fam* **to be t. dog** *or US* **t. banana** ser el mandamás; *US Fam* **to pay t. dollar (for sth)** pagar un pastón *or Méx* un chorro de lana *or RP* un vagón de guita (por algo); **to be on t. form** estar en plena forma ❑ *Fam* ***the t. brass*** *(army officers)* los altos mandos; ***t. management*** altos directivos; *Br* ***the t. table*** la mesa de honor

3 *vt* (*pt & pp* **topped**) (**a**) *(place on top of)* cubrir (**with** de); **ice cream topped with hazelnuts** helado con avellanas por encima; **to t. it all** para colmo

(**b**) *(exceed)* superar, sobrepasar; *(an offer)* mejorar; **t. that!** ¡toma ya!

(**c**) *(be at top of) (list, class)* encabezar; **to t. the bill** encabezar el cartel; **to t. the charts** *(of record, singer)* estar *or* ir a la cabeza de las listas de éxitos

(**d**) *(cut ends off)* **to t. and tail beans** cortarle los extremos a las *Esp* judías verdes *or Chile* porotos verdes *or Col* habichuelas *or Méx* ejotes *or RP* chauchas

(**e**) *Br Fam (kill)* asesinar a, *Esp* cargarse a; **to t. oneself** matarse

(**f**) *Literary (reach summit of) (hill, rise)* coronar

▸**top off** *vt sep (round off)* poner la guinda a

▸**top up** *vt sep (glass, tank)* rellenar, llenar; *(sum of money)* complementar; **can I t. your beer up for you?** ¿te pongo más cerveza?; *Fam* **shall I t. you up?** ¿te lleno?

topaz ['təʊpæz] *n* topacio *m*

top-down [tɒp'daʊn] *adj* **a t. management style** un estilo de dirección jerárquico

top-drawer ['tɒp'drɔ:(r)] *adj (excellent)* de primera (clase)

top-dressing ['tɒp'dresɪŋ] *n (fertilizer)* fertilizante *m* superficial

top-flight ['tɒpflaɪt] *adj* de altos vuelos

top-heavy ['tɒp'hevɪ] *adj (structure)* sobrecargado(a) en la parte superior; *Fig (organization)* con demasiados altos cargos

topiary ['təʊpɪərɪ] *n* jardinería *f* ornamental

topic ['tɒpɪk] *n* tema *m*, asunto *m*

> Note that the Spanish word **tópico** is a false friend and is never a translation for the English word **topic**. In Spanish **tópico** means "cliché".

topical ['tɒpɪkəl] *adj* (**a**) *(relating to present)* actual, de actualidad (**b**) *Med* tópico(a)

topicality [tɒpɪ'kælɪtɪ] *n* actualidad *f*

topically ['tɒpɪklɪ] *adv* (**a**) *(relating to present)* **...he said t.** ...dijo con una referencia muy de actualidad (**b**) *Med* tópicamente

topknot ['tɒpnɒt] *n (hairstyle)* moño *m*, *Méx* chongo *m*, *RP* rodete *m*

topless ['tɒplɪs] *adj (person)* en topless; *(beach, bar)* de topless

top-level ['tɒp'levəl] *adj* de alto nivel

topmast ['tɒpmɑ:st] *n Naut* mastelero *m*

topmost ['tɒpməʊst] *adj* superior, más alto(a); *(in pile)* de encima

top-notch ['tɒp'nɒtʃ] *adj Fam* de primera

topographic(al) [tɒpə'græfɪk(əl)] *adj* topográfico(a)

topography [tə'pɒgrəfɪ] *n* topografía *f*

topology [tə'pɒlədʒɪ] *n Geom* topología *f*

toponymy [tə'pɒnəmɪ] *n* toponimia *f*

topper ['tɒpə(r)] *n Fam (hat)* sombrero *m* de copa

topping ['tɒpɪŋ] *n (for pizza)* ingrediente *m*; **cake with cream t.** pastel *m* con *Esp* nata *or Am* crema de leche encima

topple ['tɒpəl] **1** *vt (person, structure, government)* derribar

2 *vi (of person, government)* derrumbarse

▸**topple over** *vi (of pile, person)* venirse abajo

top-quality ['tɒp'kwɒlətɪ] *adj* de primera (clase)

topsail ['tɒpseɪl] *n Naut* gavia *f*

top-secret ['tɒp'si:krɪt] *adj* altamente confidencial

topside ['tɒpsaɪd] *n (cut of beef)* redondo *m*

topsoil ['tɒpsɔɪl] *n* (capa *f* superficial del) suelo *m*

topspin ['tɒpspɪn] *n* = efecto que se obtiene al golpear la pelota por la parte de arriba

topsy-turvy [tɒpsɪ'tɜ:vɪ] *adj (untidy)* manga por hombro; *(confused)* enrevesado(a); **the whole world's turned t.** el mundo entero está patas arriba

Torah ['tɔ:rə] *n Rel* **the T.** la tora

torch [tɔ:tʃ] **1** *n* (**a**) *(burning stick)* antorcha *f*; IDIOM **to carry a t. for sb** estar

enamorado(a) *or* prendado(a) de alguien (**b**) *Br (electric light)* linterna *f*
2 *vt* incendiar

torchbearer ['tɔːtʃbeərə(r)] *n* portador(ora) *m,f* de la antorcha; *Fig (leader)* abanderado(a) *m,f*

torchlight ['tɔːtʃlaɪt] *n* **by t.** con luz de linterna ▫ ***t. procession*** procesión *f* de antorchas

tore [tɔː(r)] *pt of* **tear**

torment 1 *n* ['tɔːment] tormento *m*; **to be in t.** sufrir
2 *vt* [tɔː'ment] *(cause extreme suffering to)* atormentar; *(annoy)* hacer rabiar a

tormentor [tɔː'mentə(r)] *n* torturador(ora) *m,f*

torn [tɔːn] *pp of* **tear**

tornado [tɔː'neɪdəʊ] (*pl* **tornadoes**) *n* tornado *m*

Toronto [tə'rɒnteʊ] *n* Toronto

torpedo [tɔː'piːdəʊ] **1** *n* (*pl* **torpedoes**) *Naut* torpedo *m* ▫ ***t. boat*** (barco *m*) torpedero *m*
2 *vt also Fig* torpedear

torpid ['tɔːpɪd] *adj Formal* aletargado(a)

torpor ['tɔːpə(r)] *n* letargo *m*

torque [tɔːk] *n* (**a**) *Phys* par *m* de torsión; *Aut* par *m* motor ▫ ***t. wrench*** llave *f* dinamométrica *or* de torsión (**b**) *(necklace)* torque *m*, torques *f inv*

torrent ['tɒrənt] *n* torrente *m*; **it's raining in torrents** llueve torrencialmente; **a t. of abuse** un torrente de insultos

torrential [tə'renʃəl] *adj* torrencial

torrid ['tɒrɪd] *adj (weather)* tórrido(a); *(affair)* ardiente, apasionado(a) ▫ *Geog* ***t. zone*** zona *f* tórrida

torsion ['tɔːʃən] *n Tech* torsión *f*

torso ['tɔːsəʊ] (*pl* **torsos**) *n* torso *m*

tort [tɔːt] *n Law* agravio *m*, acto *m* civil ilícito

tortoise ['tɔːtəs] *n* tortuga *f* (terrestre)

tortoiseshell ['tɔːtəsʃel] *n* carey *m*; **t. (cat)** = gato con manchas negras y marrones

tortuous ['tɔːtjʊəs] *adj (path)* tortuoso(a); *(explanation)* enrevesado(a)

torture ['tɔːtʃə(r)] **1** *n* tortura *f*; *Fig* **it was sheer t.!** ¡fue una auténtica tortura!, ¡fue un tormento! ▫ ***t. chamber*** cámara *f* de torturas
2 *vt* torturar; *Fig* atormentar

Tory ['tɔːrɪ] *Br* **1** *n* Tory *mf*, miembro *m* del partido conservador británico
2 Tory, del partido conservador británico

tosh [tɒʃ] *n Br Fam Esp* chorradas *fpl*, *Am* güevadas *fpl*; **don't talk t.!** ¡no digas *Esp* chorradas *or Am* güevadas!

toss [tɒs] **1** *n* (**a**) *(of ball)* lanzamiento *m*; *(of head)* sacudida *f*; **to decide sth on the t. of a coin** decidir algo a cara o cruz *or Chile, Col* cara o sello *or Méx* águila o sol *or RP* cara o seca; **to argue the t.** discutir inútilmente (**b**) IDIOM *Br very Fam* **he couldn't give a toss** le importa un carajo, *Méx* le vale madre
2 *vt (ball)* lanzar; *(salad)* remover; **to t. sth to sb** echar algo a alguien; **to t. a coin** echar a cara o cruz *or Chile, Col* cara o sello *or Méx* águila o sol *or RP* cara o seca; **to t. one's head** sacudir la cabeza; **to t. a pancake** dar la vuelta a una crepe lanzándola por el aire; **the ship was tossed by the sea** el mar sacudía *or* zarandeaba el barco
3 *vi* **to t. (up) for sth** jugarse algo a cara o cruz *or Chile, Col* cara o sello *or Méx* águila o sol *or RP* cara o seca; **to t. and turn in bed** dar vueltas en la cama

▸**toss about, toss around** *vt sep (ball)* lanzar; *(ship)* zarandear; *Fig (idea)* barajar

▸**toss aside, toss away** *vt sep* tirar; *Fig (person)* deshacerse de

▸**toss off** *vt sep* (**a**) *Fam (write quickly)* escribir rápidamente (**b**) *Br Vulg (masturbate)* **to t. oneself off** hacerse una paja; **to t. sb off** hacerle una paja a alguien

▸**toss out** *vt sep* tirar

▸**toss up** *vi* decidir a cara o cruz *or Chile, Col* cara o sello *or Méx* águila o sol *or RP* cara o seca

tosser ['tɒsə(r)], **tosspot** ['tɒspɒt] *n Br very Fam Esp* gilipollas *mf inv*, *Am* pendejo(a) *m,f*, *RP* boludo(a) *m,f*

toss-up ['tɒsʌp] *n* **to have a t.** decidir a cara o cruz *or Chile, Col* cara o sello *or Méx* águila o sol *or RP* cara o seca; *Fam* **it's a t. between the bar and the cinema** igual vamos al bar que vamos al cine; **it's a t. whether he'll say yes or no** lo mismo dice que sí o dice que no

tot [tɒt] *n* (**a**) *(child)* niño(a) *m,f* pequeño(a) (**b**) *(of whisky, rum)* dedal *m*, taponcito *m*

▸**tot up** (*pt & pp* **totted**) *vt sep* sumar

total ['təʊtəl] **1** *n* total *m*; **in t.** en total
2 *adj* (**a**) *(number, cost)* total (**b**) *(complete)* total; **it was a t. failure** fue un rotundo fracaso; **she had t. recall of the events** recordaba los acontecimientos en detalle ▫ *Astron* ***t. eclipse*** eclipse *m* total
3 *vt* (*pt & pp* **totalled,** *US* **totaled**) (**a**) *(amount to)* ascender a (**b**) *(count up)* sumar (**c**) *Fam (car)* cargarse, *Esp* jeringar, *Méx* dar en la madre, *RP* hacer bolsa

▸**total up** *vt sep* sumar

totalitarian [təʊtælɪ'teərɪən] *adj* totalitario(a)

totalitarianism [təʊtælɪ'teərɪənɪzəm] *n* totalitarismo *m*

totality [təʊ'tælɪtɪ] *n* totalidad *f*, conjunto *m*

totally ['təʊtəlɪ] *adv* totalmente, completamente

tote[1] [təʊt] *n (in betting)* totalizador *m*

tote[2] **1** *n US* ***t. bag*** bolsa *f* (de la compra)
2 *vt Fam (carry)* pasear, cargar con; *(gun)* portar

totem ['təʊtəm] *n* (**a**) *(in Native American culture)* tótem *m* ▫ ***t. pole*** tótem *m* (**b**) *(symbol)* símbolo *m*

totemic [təʊ'temɪk] *adj (symbolic)* simbólico(a)

totter ['tɒtə(r)] *vi (of person, government)* tambalearse; **to t. in/out** entrar/salir tambaleándose

tottering ['tɒtərɪŋ] *adj* tambaleante

totty ['tɒtɪ] *n Br Fam (attractive women)* tías *fpl* buenas, *Méx* viejas *fpl* bien buenas, *RP* tipazas *fpl*

toucan ['tuːkæn] *n* tucán *m*

TOUCH [tʌtʃ] **1** *n* (**a**) *(act of touching)* toque *m*; *(lighter)* roce *m*; **I felt a t. on my arm** noté que me tocaban el brazo; **at the t. of a button** con sólo apretar un botón; **it was t. and go whether...** no era seguro si...; **it was t. and go for a while, but eventually they won** durante un rato parecía que iban a perder, pero al final ganaron ▫ ***t. football/rugby*** = modalidad de fútbol americano o de rugby en la que en lugar de placar, basta con tocar al contrario; *Comptr* ***t. screen*** pantalla *f* táctil
(**b**) *(sense, feel)* tacto *m*; **I found the light switch by t.** encontré el interuptor de la luz al tacto; **hard/soft to the t.** duro(a)/blando(a) al tacto
(**c**) *(finesse, skill)* **he has great t.** juega con mucha finura; **she writes with a light t.** escribe con un estilo ágil; **he's lost his t.** ha perdido facultades
(**d**) *(detail)* toque *m*; **there were some nice touches in the film** la película tenía algunos buenos detalles
(**e**) *(small amount)* toque *m*, pizca *f*; **a t. (too) strong/short** un poquito fuerte/corto; **a t. of flu/frost** una ligera gripe *or Am* gripa/helada; **there was a t. of irony in his voice** había una nota de ironía en su voz
(**f**) *(communication)* **to be/get in t. with sb** estar/ponerse en contacto con alguien; **to keep** *or* **stay in/lose t. with sb** mantener/perder el contacto con alguien; **we'll be in t.** estaremos en contacto; **I'm in t. with my feelings** estoy en contacto con mis sentimientos; **to be in t./out of t. with public opinion** estar/no estar al corriente de la opinión del hombre de la calle; **to be in t./out of t. with events** estar/no estar al corriente de los acontecimientos; **the government are out of t.** el gobierno ha perdido el contacto con los ciudadanos; **to keep sb in t. with a situation** mantener a alguien informado de una situación; **to lose t. with reality** desconectarse de la realidad
(**g**) *(in soccer, rugby)* **the ball has gone into t.** la pelota ha salido a lateral; **to find t., to kick the ball into t.** *(in rugby)* sacar la pelota a lateral; **to kick for t.** *(in rugby)* patear a lateral ▫ ***t. judge*** *(in rugby)* juez *m* de lateral; ***t. kick*** *(in rugby)* puntapié *m* a lateral; ***first t.*** *(in soccer)* primer toque *m*; **he controlled the ball with his first t.** controló la pelota al primer toque
2 *vt* (**a**) *(physically)* tocar; *(more lightly)* rozar; **she touched my arm, she touched me on the arm** me tocó (en) el brazo; **can you t. your toes?** ¿puedes tocarte los dedos de los pies?; **I didn't t. him!** ¡no lo toqué!; **I never t. wine** nunca pruebo el vino; **she didn't even t. her dinner** ni tocó la cena; *Fig* **everything he touches turns to gold** convierte en oro todo lo que toca; **to be touched with**

genius tener momentos geniales; **to t. bottom** *(of ship, economy)* tocar fondo; IDIOM **to t. a (raw) nerve** poner el dedo en la llaga; IDIOM *Br Fam* **t. wood!** ¡toquemos madera!
(**b**) *(affect)* afectar; **the law can't t. her** la ley no puede tocarla
(**c**) *(emotionally)* conmover
(**d**) *(equal)* **his paintings can't t. those of Miró** sus cuadros no son comparables a los de Miró; **there's nothing to t. it** no tiene rival
(**e**) *(reach) (speed, level)* llegar a, alcanzar
3 *vi* **our legs were touching** nuestras piernas se rozaban; **don't t.!** ¡no toques eso!

▸**touch down** *vi* (**a**) *(of plane)* aterrizar (**b**) *(in rugby) (score try)* marcar un ensayo

▸**touch for** *vt sep Fam (ask for)* **can I t. you for $10?** ¿me dejas 10 dólares?

▸**touch off** *vt sep (cause to start)* desencadenar

▸**touch on** *vt insep* tocar, mencionar

▸**touch up** *vt sep* (**a**) *(picture, make-up)* retocar (**b**) *Br Fam (molest)* manosear, sobar

▸**touch upon** *vt insep* = **touch on**

touchdown ['tʌtʃdaʊn] *n* (**a**) *(of plane)* aterrizaje *m* (**b**) *(in American football)* ensayo *m*

touché [tu:'ʃeɪ] *exclam (in fencing)* ¡touché!; *Hum & Fig* ¡touché!, ¡es verdad!

touched [tʌtʃt] *adj* (**a**) *(emotionally moved)* conmovido(a) (**b**) *Fam (mad) Esp* tocado(a), del ala, *Am* zafado(a)

touchiness ['tʌtʃɪnɪs] *n (of subject)* carácter *m* espinoso *or* peliagudo; *(of person)* susceptibilidad *f*

touching ['tʌtʃɪŋ] *adj (moving)* conmovedor(ora)

touchingly ['tʌtʃɪŋlɪ] *adv* de un modo conmovedor; **t., he always remembered her birthday** era conmovedor cómo siempre se acordaba de su cumpleaños

touchline ['tʌtʃlaɪn] *n (in soccer, rugby, hockey)* línea *f* de banda

touchpaper ['tʌtʃpeɪpə(r)] *n* mecha *f (de fuego artificial)*

touch-sensitive ['tʌtʃ'sensɪtɪv] *adj Comptr* táctil ▫ ***t. screen*** pantalla *f* táctil

touchstone ['tʌtʃstəʊn] *n* piedra *f* de toque

touch-tone telephone ['tʌtʃtəʊn-'teləfəʊn] *n* teléfono *m* de tonos *or* de marcado por tonos

touch-type ['tʌtʃtaɪp] *vi* mecanografiar al tacto

touchy ['tʌtʃɪ] *adj (subject)* espinoso(a), peliagudo(a); *(person)* susceptible

tough [tʌf] **1** *n* matón *m*
2 *adj* (**a**) *(unyielding) (material)* resistente, fuerte; *(meat, skin, rule, policy)* duro(a)
(**b**) *(person) (strong)* resistente, fuerte; *(hard)* duro(a); **a t. guy** un tipo duro; **to get t. (with sb)** ponerse duro (con alguien); IDIOM *Fam* **to be as t. as old boots** ser fuerte como un roble, ser duro(a) como el acero
(**c**) *(difficult)* difícil; *(unfair)* injusto(a); **it's t. on you** no es justo; **to be t. on sb** ser duro(a) con alguien; **we had a t. time convincing her to agree** nos costó Dios y ayuda convencerla; *Fam* **t. luck!** ¡mala suerte!; *Vulg* **t. shit!** ¡te jodes *or Méx* chingas! ▫ ***t. love*** = el amor paterno que en ocasiones requiere dureza en beneficio de los hijos
3 *adv* **to act t.** hacerse el/la duro(a)
4 *exclam Fam* ¡mala suerte!

▸**tough out** *vt sep (crisis, period of time)* aguantar, resistir; **to t. it out** aguantar el temporal

toughen ['tʌfən] *vt* endurecer; **toughened glass** vidrio *m* reforzado

▸**toughen up 1** *vt sep (person)* hacer más fuerte; *(rules, policy)* endurecer
2 *vi (of person)* hacerse más fuerte

toughie ['tʌfɪ] *n Fam* (**a**) *(person)* matón(ona) *m,f* (**b**) *(question)* **that's a bit of a t.** qué pregunta más difícil

toughness ['tʌfnɪs] *n* (**a**) *(of material)* resistencia *f*; *(of meat, skin, conditions)* dureza *f* (**b**) *(of person) (strength)* fortaleza *f*; *(hardness)* dureza *f* (**c**) *(difficulty)* dureza *f*

toupee ['tu:peɪ] *n* bisoñé *m*

tour [tʊə(r)] **1** *n* (**a**) *(of tourist)* recorrido *m*, viaje *m*; *(by entertainer, sports team)* gira *f*; **to go on a t.** *(of tourist)* hacer un recorrido turístico; **to go on t.** *(of entertainer, sports team)* irse de gira; **t. of inspection** (recorrido *m* de) inspección *f* ▫ ***t. guide*** *(person)* guía *mf* turístico(a); ***t. operator*** tour operador *m*, operador *m* turístico
(**b**) *Mil* **t. of duty** período *m* de servicio en el extranjero
(**c**) *Sport (circuit)* circuito *m*
(**d**) *(in cycling)* vuelta *f*; **the T. de France** el Tour de Francia; **the T. of Italy** el Giro de Italia; **the T. of Spain** la Vuelta a España
2 *vt (country, hospital)* recorrer; *(of entertainer, sports team)* ir de gira por
3 *vi (of tourist)* hacer turismo; *(of entertainer, sports team)* estar de gira

tour de force ['tʊədə'fɔ:s] *n* tour de force *m*, creación *f* magistral

touring ['tʊərɪŋ] *adj (sports team, theatre company)* de gira; *(exhibition, play)* itinerante ▫ *Sport* ***t. car*** turismo *m* de competición

tourism ['tʊərɪzəm] *n* turismo *m*

tourist ['tʊərɪst] *n* turista *mf* ▫ ***t. attraction*** atracción *f* turística; *Av* ***t. class*** clase *f* turista; ***t. guide*** *(person)* guía *mf* turístico(a); ***t. (information) office*** oficina *f* de (información y) turismo; ***t. route*** ruta *f* turística; ***t. season*** temporada *f* turística; *Fam* ***t. trap*** sitio *m* para turistas

touristy ['tʊərɪstɪ] *adj Fam (place)* muy turístico; *(activity)* típico(a) de turistas

tournament ['tʊənəmənt] *n* torneo *m*

tourney ['tʊənɪ] (*pl* **tourneys**) *n* (**a**) *US Sport* torneo *m* (**b**) *Hist* torneo *m*

tourniquet ['tʊənɪkeɪ] *n Med* torniquete *m*

tousle ['taʊzəl] *vt* revolver

tousled ['taʊzəld] *adj (hair)* revuelto(a)

tout [taʊt] **1** *n* **(ticket) t.** reventa *mf*
2 *vt (tickets)* revender; *(goods)* tratar de vender
3 *vi* **to t. for custom** tratar de captar clientes

tow [təʊ] **1** *n* **to give sth/sb a t.** remolcar algo/a alguien; **on t.** *(sign)* vehículo remolcado; *Fam* **to have someone in t.** llevar a alguien detrás ▫ ***t. truck*** grúa *f (automóvil)*
2 *vt* remolcar, llevar a remolque; **the car was towed away** la grúa se llevó el coche

TOWARD(S) [tə'wɔ:d(z)] *prep* hacia; **to point t. sth** señalar hacia algo; **his attitude t. this issue** su actitud con respecto a este asunto; **her feelings t. me** sus sentimientos por *or* hacia mí; **there has been some progress t. an agreement** se ha producido un avance hacia la consecución de un acuerdo; **they behaved strangely t. us** se comportaron de un modo extraño con nosotros; **to contribute t. the cost of...** contribuir al costo de...; **it counts t. your final mark** cuenta para la nota final; **we're getting t. spring** ya falta poco para la primavera; **15% of the budget will go** *or* **be directed t. improving safety** el 15% del presupuesto estará dedicado a mejoras en la seguridad; **this money can go t. your new bicycle** aquí tienes una contribución para tu nueva bicicleta; **it went a long way t. appeasing them** contribuyó en gran manera a calmarlos; **we are working t. this goal** estamos trabajando para conseguir ese objetivo

towbar ['təʊbɑ:(r)] *n (on car)* barra *f* de remolque

towel ['taʊəl] **1** *n* toalla *f*; IDIOM **to throw in the t.** tirar la toalla ▫ ***t. rail*** toallero *m*
2 *vt* (*pt & pp* **towelled,** *US* **toweled**) **to t. oneself (down** *or* **dry)** secarse (con la toalla)

towelling, *US* **toweling** ['taʊəlɪŋ] *n* toalla *f*; **t. bathrobe** albornoz *m*

tower ['taʊə(r)] **1** *n* (**a**) *(building, pile)* torre *f*; IDIOM **she's a t. of strength** es un apoyo sólido como una roca ▫ *Br* ***t. block*** torre *f*, bloque *m* alto *(edificio)* (**b**) *Comptr* **t. (system)** torre *f*
2 *vi* **to t. above** *or* **over sth** elevarse por encima de algo; **to t. above** *or* **over sb** verse mucho más alto que alguien

towering ['taʊərɪŋ] *adj* colosal

tow-headed ['taʊhedɪd] *adj* rubio(a)

towline ['təʊlaɪn] *n* cuerda *f* para remolcar

town [taʊn] *n (big)* ciudad *f*; *(smaller)* pueblo *m*; **to go into t.** ir al centro (de la ciudad); **it's situated out of t.** está en las afueras (de la ciudad); **he's out of t.** está fuera (de la ciudad); IDIOM *Fam* **to go to t.** *(in celebration)* tirar la casa por la ventana; *(in explanation, description)* explayarse ▫ ***t. centre*** centro *m* urbano; ***t. clerk*** secretario(a) *m,f* del ayuntamiento; ***t. council*** ayuntamiento *m*; *Br* ***t. councillor*** concejal(ala) *m,f*; ***t. crier*** pregonero *m*; ***t. hall*** ayuntamiento *m*; ***t. house*** *(terraced house)* casa *f* adosada; *(not in country)* casa *f* de la ciudad; ***t. planner*** urbanista *mf*; ***t. planning*** urbanismo *m*

town-dweller ['taʊndwelə(r)] *n* habitante *mf* de ciudad, urbanita *mf*

townee, townie ['taʊni:] *n Fam* urbanita *mf, RP* bicho *m* de ciudad

townscape ['taʊnskeɪp] *n* paisaje *m* urbano

townsfolk ['taʊnzfəʊk] *npl* habitantes *mpl*, ciudadanos *mpl*

township ['taʊnʃɪp] *n* (**a**) *(in US)* ≃ municipio *m* (**b**) *Formerly (in South Africa)* = área urbana reservada para la población negra

townsman ['taʊnzmən] *n* ciudadano *m*

townspeople ['taʊnzpi:pəl] *npl* ciudadanos *mpl*

townswoman ['taʊnzwʊmən] *n* ciudadana *f*

towpath ['təʊpɑ:θ] *n* camino *m* de sirga

towrope ['təʊrəʊp] *n* cuerda *f* para remolcar

toxaemia, *US* **toxemia** [tɒk'si:mɪə] *n Med* toxemia *f*

toxic ['tɒksɪk] *adj Med* tóxico(a) ▫ *Med* ***t. shock syndrome*** síndrome *m* del shock tóxico

toxicity [tɒk'sɪsɪtɪ] *n* toxicidad *f*

toxicology [tɒksɪ'kɒlədʒɪ] *n* toxicología *f*

toxin ['tɒksɪn] *n* toxina *f*

toy [tɔɪ] **1** *n* juguete *m* ▫ ***t. dog*** perro *m* faldero, perrito *m*; ***t. shop*** juguetería *f*; ***t. soldier*** soldadito *m* de juguete

2 *vi* **to t. with sb** jugar con alguien; **to t. with an idea** darle vueltas a una idea; **to t. with sb's affections** jugar con los sentimientos de alguien

toyboy ['tɔɪbɔɪ] *n Fam* amiguito *m*, = amante muy joven

TQM [ti:kju:'em] *n Com* (*abbr* **total quality management**) gestión *f* de calidad total

trace [treɪs] **1** *n* (**a**) *(sign)* rastro *m*, pista *f*; **there was no t. of them** no dejaron ningún rastro; **without t.** sin dejar rastro (**b**) *(small amount)* rastro *m*, huella *f* ▫ *Chem* ***t. element*** oligoelemento *m*

2 *vt* (**a**) *(draw)* trazar; *(with tracing paper)* calcar (**b**) *(track) (person)* seguir la pista *or* el rastro a; *(phone call)* localizar; *Fig (development, history)* trazar (**c**) *(find)* encontrar

▸**trace back** *vt sep* **this practice can be traced back to medieval times** esta costumbre se remonta a tiempos medievales

traceable ['treɪsəbəl] *adj* localizable

tracer ['treɪsə(r)] *n Mil* **t. (bullet)** bala *f* trazadora

tracery ['treɪsərɪ] *n Archit* tracería *f*

trachea [trə'ki:ə] (*pl* **tracheae** [trə'kii:]) *n Anat* tráquea *f*

tracheotomy [trækɪ'ɒtəmɪ] *n Med* traqueotomía *f*; **to perform a t. (on sb)** hacer una traqueotomía (a alguien)

trachoma [trə'kəʊmə] *n Med* tracoma *m*

tracing ['treɪsɪŋ] *n (picture, process)* calco *m* ▫ ***t. paper*** papel *m* de calcar *or* de calco

track [træk] **1** *n* (**a**) *(single mark)* huella *f*; *(set of marks)* rastro *m*; **tyre tracks** rodada *f*; **to keep t. of sb** seguirle la pista a alguien; **to keep t. of** *(movements, developments)* estar al tanto de; **I've lost t. of her** le he perdido la pista; **I've lost t. of how much money I've spent** he perdido la cuenta del dinero que llevo gastado; **I lost t. of the time** no me daba cuenta de qué hora era; IDIOM *Fam* **to make tracks** pirarse, largarse; **to put** *or* **throw sb off the t.** despistar a alguien; **to stop sb in his tracks** hacer que alguien se pare en seco

(**b**) *(path)* senda *f*, camino *m*; *Fig* **to be on the right/wrong t.** ir por (el) buen/mal camino

(**c**) *(for race)* pista *f* ▫ ***t. cycling*** ciclismo *m* en pista; ***t. events*** atletismo *m* en pista, carreras *fpl* de atletismo; ***t. and field*** atletismo *m*; ***t. record*** *(previous performance)* historial *m*, antecedentes *mpl*; ***t. shoes*** zapatillas *fpl* de deporte

(**d**) *(on record, CD)* corte *m*, canción *f*

(**e**) *(of tank, tractor)* oruga *f*

(**f**) *(railway line)* vía *f*; IDIOM **from the wrong side of the tracks** de origen humilde

(**g**) *US Sch* = cada una de las divisiones del alumnado en grupos por niveles de aptitud

(**h**) *Fam* **trackts** *(injection marks)* marcas *fpl* de jeringuillas

(**i**) *Comptr* pista *f*

2 *vt* rastrear

3 *vi Cin* hacer un travelling

▸**track down** *vt sep (locate)* localizar, encontrar

trackball ['trækbɔ:l] *Comptr n* trackball *f*, seguibola *f*

tracked [trækt] *adj (vehicle)* de oruga

tracker dog ['trækə'dɒg] *n* perro *m* rastreador

tracking ['trækɪŋ] *n* (**a**) *(following) (of person, plane, satellite)* seguimiento *m* ▫ ***t. device*** dispositivo *m* de seguimiento; *Cin* ***t. shot*** travelling *m*; ***t. station*** *(for satellites)* estación *f* de seguimiento (**b**) *US Sch* = sistema de división del alumnado en grupos por niveles de aptitud (**c**) *Comptr* tracking *m*, espacio *m* entre palabras

tracklist ['træklɪst] *n (of CD, cassette)* lista *f* de canciones

trackpad ['trækpæd] *Comptr n* trackpad *m*

tracksuit ['træks(j)u:t] *n* chándal *m*, *Chile, Col, RP* buzo *m*, *RP* jogging *m* ▫ ***t. top*** chaqueta *f* de chándal; ***t. trousers*** *or* ***bottoms*** pantalones *mpl* de chándal

tract[1] [trækt] *n* (**a**) *(of land)* tramo *m* (**b**) *Anat* **respiratory t.** vías *fpl* respiratorias; **digestive t.** tubo *m* digestivo

tract[2] *n (pamphlet)* panfleto *m*

tractable ['træktəbəl] *adj Formal (person, animal)* dócil, manejable

traction ['trækʃən] *n (force)* tracción *f*; *Med* **to have one's legs in t.** tener la pierna en alto *(por lesión)* ▫ ***t. engine*** locomotora *f* de tracción

tractor ['træktə(r)] *n (vehicle)* tractor *m* ▫ *Comptr* ***t. feed*** alimentación *f* automática de papel *(por arrastre)*

trad [træd] *n Fam* **t. (jazz)** jazz *m* tradicional

trade [treɪd] **1** *n* (**a**) *(commerce)* comercio *m* (**in** de) ▫ ***t. agreement*** acuerdo *m* comercial; ***t. association*** asociación *f* gremial; *Econ* ***t. cycle*** ciclo *m* económico; ***t. deficit*** déficit *m* comercial; ***t. discount*** descuento *m* comercial; ***t. embargo*** embargo *m* comercial; ***t. fair*** feria *f* (de muestras); ***t. gap*** déficit *m* de la balanza comercial; ***t. journal*** publicación *f* gremial *or* del sector; ***t. name*** *(of product)* nombre *m* comercial; *(of company)* razón *f* social; *Com* ***t. price*** precio *m* del mayorista al minorista; ***t. route*** *(of ship)* ruta *f* comercial; ***t. secret*** secreto *m* de la casa; *Geog* ***t. winds*** vientos *mpl* alisios

(**b**) *(swap)* intercambio *m*; **to do a t.** hacer un intercambio

(**c**) *(profession)* oficio *m*; **he's an electrician by t.** su oficio es el de electricista; **people in the t.** la gente del oficio, los profesionales ▫ ***t. union*** sindicato *m*; *Br* ***the Trades Union Congress*** = confederación nacional de sindicatos británicos; ***t. unionism*** sindicalismo *m*; ***t. unionist*** sindicalista *mf*

2 *vt* **to t. sth (for sth)** intercambiar algo (por algo); **to t. places with sb** cambiarse de sitio con alguien; **to t. insults/blows** intercambiar insultos/golpes

3 *vi* (**a**) *(buy and sell)* comerciar (**b**) *(exchange)* intercambiar, trocar

▸**trade in** *vt sep* entregar como parte del pago

▸**trade off** *vt sep* sacrificar (**against** por)

▸**trade on** *vt insep (exploit)* aprovecharse de

traded option ['treɪdɪd'ɒpʃən] *n Fin* = opción negociada en un mercado financiero

trade-in ['treɪdɪn] *n Com* = artículo de segunda mano que se entrega como parte del pago

trademark ['treɪdmɑ:k] *n Com* marca *f* comercial *or* registrada; *Fig* sello *m* personal; **he was there with his t. cigar** estaba ahí con su característico puro

trade-off ['treɪdɒf] *n* **there is a t. between speed and accuracy** al aumentar la velocidad se sacrifica la precisión, y viceversa

trader ['treɪdə(r)] *n* comerciante *mf*

tradesfolk ['treɪdzfəʊk], **tradespeople** ['treɪdzpi:pəl] *npl* comerciantes *mpl*

tradesman ['treɪdzmən] *n* pequeño comerciante *m*, tendero *m*; **tradesmen's entrance** entrada *f* de servicio

tradeswoman ['treɪdzwʊmən] *n* pequeña comerciante *f*, tendera *f*

trading ['treɪdɪŋ] *n* (**a**) *Com* comercio *m* ▫ *Br* ***t. estate*** polígono *m* industrial; ***t. partner*** socio(a) *m,f* comercial; ***t. post*** = establecimiento comercial en zonas remotas o de colonos; ***t. stamp*** cupón *m*, vale *m* (**b**) *(on Stock Exchange)* compraventa *f* de acciones

tradition [trə'dɪʃən] *n* tradición *f*

traditional [trəˈdɪʃənəl] *adj* tradicional

traditionalist [trəˈdɪʃənəlɪst] *n & adj* tradicionalista *mf*

traditionally [trəˈdɪʃənəlɪ] *adv* tradicionalmente

traduce [trəˈdju:s] *vt Formal* calumniar, difamar

traffic [ˈtræfɪk] *n* **1** **(a)** *(vehicles)* tráfico *m*; **road/air t.** tráfico *m* rodado/aéreo ▫ ***t. calming (measures)*** medidas *fpl* para reducir la velocidad del tráfico; *US* ***t. circle*** rotonda *f*, *Esp* glorieta *f*; ***t. cone*** cono *m* de señalización; *Fam* ***t. cop*** policía *m or Esp* guardia *mf* de tráfico; ***t. island*** refugio *m*, isleta *f*; ***t. jam*** atasco *m*, embotellamiento *m*; *Br* ***t. lights*** semáforo *m*; ***t. police*** policía *f* de tráfico; ***t. policeman*** policía *m* de tráfico; *Br* ***t. warden*** = agente que pone multa por estacionamiento indebido **(b)** *(trade) (in drugs, slaves)* tráfico *m* (**in** de)

2 *vt* traficar con

3 *vi* traficar (**in** en)

trafficker [ˈtræfɪkə(r)] *n* traficante *mf* (**in** de)

trafficking [ˈtræfɪkɪŋ] *n* tráfico *m* (**in** de)

tragacanth [ˈtrægəkænθ] *n* tragacanto *m*

tragedian [trəˈdʒi:dɪən] *n* **(a)** *(actor)* (actor *m*) trágico *m* **(b)** *(writer)* trágico(a) *m,f*, dramaturgo(a) *m,f*

tragedienne [trədʒi:dɪˈen] *n (actress)* (actriz *f*) trágica *f*

tragedy [ˈtrædʒɪdɪ] *n also Th* tragedia *f*

tragic [ˈtrædʒɪk] *adj* trágico(a) ▫ *Th* ***t. hero*** héroe *m* trágico; *Th* ***t. irony*** ironía *f* trágica

tragically [ˈtrædʒɪklɪ] *adv* trágicamente

tragicomedy [trædʒɪˈkɒmədɪ] *n Th* tragicomedia *f*

trail [treɪl] **1** *n* **(a)** *(of smoke, blood)* rastro *m*; *(of animal, person)* rastro *m*, huellas *fpl*; **to pick up the t.** encontrar el rastro; **to be on the t. of sb/sth** estar sobre la pista de alguien/algo **(b)** *(path)* camino *m*, senda *f* ▫ ***t. bike*** moto *f* de trial *or* motocross

2 *vt* **(a)** *(drag)* arrastrar **(b)** *(follow)* seguir la pista de **(c)** *(in competition, game)* ir por detrás de

3 *vi* **(a)** *(drag)* arrastrar **(b)** *(move slowly)* avanzar con paso cansino; **to t. in and out** entrar y salir con desgana **(c)** *(be losing)* ir perdiendo **(d)** *(of vine, plant)* trepar

▸**trail along** *vi (walk slowly)* caminar con desgana

▸**trail away, trail off** *vi* ir debilitándose

trailblazer [ˈtreɪlbleɪzə(r)] *n* innovador(ora) *m,f*, pionero(a) *m,f*

trailblazing [ˈtreɪlbleɪzɪŋ] *adj* innovador(ora), pionero(a)

trailer [ˈtreɪlə(r)] *n* **(a)** *(vehicle)* remolque *m*, tráiler *m* **(b)** *US (caravan)* caravana *f*, roulotte *f* ▫ ***t. park*** camping *m* para caravanas *or* roulottes **(c)** *Cin (for film)* avance *m*, tráiler *m*

train [treɪn] **1** *n* **(a)** *(means of transport)* tren *m*; **by t.** en tren; **the t. times** el horario de trenes; **the t. journey took 3 hours** el viaje en tren duró tres horas ▫ ***t. driver*** conductor(ora) *m,f* del tren, maquinista *mf*; ***t. set*** tren *m* de juguete, *Esp* ≃ Ibertrén *m*; ***t. station*** estación *f* de tren **(b)** *(series)* concatenación *f*, serie *f*; **t. of thought** pensamientos *mpl* **(c)** *(retinue)* séquito *m* **(d)** *(of dress)* cola *f*

2 *vt* **(a)** *(person)* formar, adiestrar; *(animal, ear)* adiestrar, educar; *(in sport)* entrenar; **to t. sb for sth/to do sth** adiestrar a alguien para algo/para hacer algo **(b)** *(gun, telescope)* dirigir (**on** hacia) **(c)** *(plant)* dirigir el crecimiento de

3 *vi* **(a)** *(study)* estudiar; **to t. as a nurse/teacher** estudiar para (ser) enfermero(a)/maestro(a) **(b)** *Sport* entrenar(se) (**for** para)

trained [treɪnd] *adj (person)* experto(a), cualificado(a); *(animal)* entrenado(a); *Hum* **her husband is very well t.!** ¡qué marido tan apañado tiene!

trainee [treɪˈni:] *n* aprendiz(iza) *m,f*; *(at lawyer's, accountant's)* becario(a) *m,f (en prácticas)*

trainer [ˈtreɪnə(r)] *n* **(a)** *(of athletes, racehorses)* entrenador(ora) *m,f*; *(of sports team)* preparador(ora) *m,f* físico **(b)** *Av* **t. (aircraft)** avión *m* de entrenamiento **(c)** *(shoe)* zapatilla *f* de deporte

training [ˈtreɪnɪŋ] *n (for job)* formación *f*; *(in sport)* entrenamiento *m*; **to be in t.** estar entrenando; **to be out of t.** estar desentrenado(a) ▫ ***t. course*** cursillo *m* de formación; ***t. ground*** campo *m* de entrenamiento; ***t. officer*** jefe(a) *m,f* de formación

trainload [ˈtreɪnləʊd] *n* **a t. of...** un tren cargado de...

trainspotter [ˈtreɪnspɒtə(r)] *n Br* = aficionado a los trenes que se dedica a apuntar y coleccionar el número del modelo de las locomotoras

trainspotting [ˈtreɪnspɒtɪŋ] *n Br* = afición consistente en apuntar y coleccionar números de modelos de locomotoras

traipse [treɪps] *vi Fam* dar vueltas y vueltas, *Esp* estar en danza; **to t. round the shops** patearse las tiendas

trait [treɪt] *n* rasgo *m*

traitor [ˈtreɪtə(r)] *n* traidor(ora) *m,f*

traitorous [ˈtreɪtərəs] *adj Literary* traicionero(a)

trajectory [trəˈdʒektərɪ] *n* trayectoria *f*

tram [træm], **tramcar** [ˈtræmkɑ:(r)] *n Br* tranvía *f*

tramline [ˈtræmlaɪn] *n* **(a)** *Br (in road)* carril *m* de tranvía **(b)** **tramlines** *(in tennis)* líneas *fpl* laterales **(c)** *Fam* **tramlines** *(on arm)* marcas *fpl* de jeringuillas

trammel [ˈtræməl] *vt (pt & pp* **trammelled**, *US* **trammeled**) *(hinder)* obstaculizar, poner trabas a

tramp [træmp] **1** *n* **(a)** *(vagabond)* vagabundo(a) *m,f* **(b)** *US Fam (immoral woman)* fulana *f*, *Méx* piruja *f*, *RP* reventada *f* **(c)** *(boat)* **t. (steamer)** carguero *m* **(d)** *(walk)* caminata *f*

2 *vt* **to t. the streets** recorrer a pie las calles

3 *vi* caminar con pasos pesados, marchar; **she tramped up the road** subió la carretera caminando con pasos pesados

trample [ˈtræmpəl] **1** *vt* pisotear; **they were trampled to death** murieron pisoteados

2 *vi also Fig* **to t. on sth/sb** pisotear algo/a alguien

trampoline [træmpəˈli:n] *n* cama *f* elástica

tramway [ˈtræmweɪ] *n* carril *m* de tranvía

trance [trɑ:ns] *n* trance *m*; **to go into a t.** entrar en trance

tranche [trɒnʃ] *n Fin* bloque *m*, paquete *m*

trannie, tranny [ˈtrænɪ] *n Fam* **(a)** *Br (abbr* **transistor radio**) radio *f* **(b)** *(abbr* **transvestite, transexual**) travesti *mf*, *Esp* travestí *mf*

tranquil [ˈtræŋkwɪl] *adj* tranquilo(a)

tranquillity, *US* **tranquility** [træŋˈkwɪlɪtɪ] *n* tranquilidad *f*

tranquillize, *US* **tranquilize** [ˈtræŋkwɪlaɪz] *vt (with drug)* sedar

tranquillizer, *US* **tranquilizer** [ˈtræŋkwɪlaɪzə(r)] *n* tranquilizante *m*

tranquilly [ˈtræŋkwɪlɪ] *adv* tranquilamente

transact [trænˈzækt] *vt (business, deal)* hacer, llevar a cabo

transaction [trænˈzækʃən] *n* transacción *f*

transatlantic [trænzətˈlæntɪk] *adj* transatlántico(a)

transceiver [trænˈsi:və(r)] *n Comptr* transceptor *m*

transcend [trænˈsend] *vt* ir más allá de, superar

transcendent [trænˈsendənt] *adj* trascendente

transcendental [trænsenˈdentəl] *adj* trascendental ▫ ***t. meditation*** meditación *f* trascendental

transcontinental [trænzkɒntɪˈnentəl] *adj* transcontinental

transcribe [trænˈskraɪb] *vt* transcribir

transcript [ˈtrænskrɪpt] *n* transcripción *f*

transcription [trænzˈkrɪpʃən] *n* transcripción *f*

transducer [trænzˈdju:sə(r)] *n Elec* transductor *m*

transept [ˈtrænsept] *n* nave *f* lateral del crucero

transexual [trænˈseksʊəl] *n & adj* transexual *mf*

transfer **1** *n* [ˈtrænsfɜ:(r)] **(a)** *(move) (of employee, department, prisoners)* traslado *m*; *(of money, funds)* transferencia *f*; *(of sports player)* traspaso *m*; **t. of power** traspaso *m* de poderes; *Sport* **to be on the t. list** ser transferible ▫ *Sport* ***t. fee*** (ficha *f* de) traspaso *m*; ***t. lounge*** *(in airport)* sala *f* de tránsito; ***t. passengers*** pasajeros *mpl* en tránsito; *Comptr* ***t. speed*** velocidad *f* de transmisión

(b) *(sticker)* calcomanía *f*

(c) *US (ticket)* = billete válido para efectuar un transbordo a otro autobús, tren, etc.

2 *vt* [træns'fɜː(r)] *(employee, department, prisoners)* trasladar; *(funds)* transferir; *(sports player, power)* traspasar; *(attention, affection)* trasladar; *(phone call)* pasar; transferir; **I'll t. you** *(caller)* le paso
3 *vi* *(within organization)* trasladarse; *(between planes, trains)* hacer transbordo

transferable [trænz'fɜːrəbəl] *adj* transferible; **not t.** intransferible ▫ *Pol* ***t. vote*** voto *m* transferible

transference [trænz'fɜːrəns] *n* (**a**) *(of money, funds)* transferencia *f*; **t. of power** traspaso *m* de poderes (**b**) *Psy* transferencia *f*

transfiguration [trænzfɪgə'reɪʃən] *n Formal* transfiguración *f*

transfigure [trænz'fɪgə(r)] *vt Formal* transfigurar

transfix [trænz'fɪks] *vt (pierce)* atravesar; *Fig* **they were transfixed with fear** estaban paralizados por el miedo

transform [trænz'fɔːm] *vt* transformar

transformation [trænzfə'meɪʃən] *n* transformación *f*

transformer [trænz'fɔːmə(r)] *n Elec* transformador *m*

transfusion [trænz'fjuːʒən] *n* **(blood) t.** transfusión *f* (de sangre)

transgenic [trænz'genɪk] *adj* transgénico(a)

transgress [trænz'gres] *Formal* **1** *vt (law)* transgredir, infringir
2 *vi* (**a**) *(violate law)* infringir la ley (**b**) *(sin)* pecar

transgression [trænz'greʃən] *n Formal* (**a**) *(violation of law)* transgresión *f* (**b**) *(sin)* pecado *m*

transgressor [trænz'gresə(r)] *n* transgresor(ora) *m,f*

transience ['trænzɪəns] *n* transitoriedad *f*

transient ['trænzɪənt] *adj* pasajero(a), transitorio(a)

transistor [træn'zɪstə(r)] *n Elec* transistor *m* ▫ ***t. radio*** transistor *m*

transit ['trænzɪt] *n* (**a**) *(passing)* tránsito *m*; **in t.** en tránsito ▫ ***t. camp*** campo *m* provisional; ***t. lounge*** *(at airport)* sala *f* de tránsitos; ***t. visa*** visado *m or Am* visa *f* de tránsito (**b**) *US (transport)* transporte *m*

transition [træn'zɪʃən] *n* transición *f* ▫ *Chem* ***t. element*** elemento *m* de transición; ***t. period*** período *m* de transición

transitional [træn'zɪʃənəl] *adj* de transición

transitive ['trænzɪtɪv] *adj Gram* transitivo(a)

transitory ['trænzɪtərɪ] *adj* transitorio(a)

translatable [trænz'leɪtəbəl] *adj* traducible

translate [trænz'leɪt] **1** *vt* (**a**) *(language)* traducir (**from/into** de/a) (**b**) *(convert)* **how will we t. these ideas into action?** ¿cómo podemos llevar estas ideas a la práctica?
2 *vi (of person)* traducir; *(of word, expression)* traducirse (**as** por); **this word doesn't t.** esta palabra no tiene traducción

translation [trænz'leɪʃən] *n* traducción *f*

translator [trænz'leɪtə(r)] *n* traductor(ora) *m,f*

transliterate [trænz'lɪtəreɪt] *vt Ling* transliterar

transliteration [trænzlɪtə'reɪʃən] *n Ling* transliteración *f*

translucent [trænz'luːsənt] *adj* translúcido(a)

transmissible [trænz'mɪsəbəl] *adj* transmisible

transmission [trænz'mɪʃən] *n* (**a**) *(of information, disease)* transmisión *f* (**b**) *(of TV, radio programme)* programa *m*, emisión *f* (**c**) *Aut* transmisión *f* ▫ ***t. shaft*** árbol *m* de transmisión

transmit [trænz'mɪt] **1** *vt* (**a**) *(information, disease, sense of unease)* transmitir (**to** a) (**b**) *TV & Rad (TV, radio programme)* transmitir
2 *vi* transmitir

transmitter [trænz'mɪtə(r)] *n (emitter)* emisora *f*; *(relay station)* repetidor *m*

transmute [trænz'mjuːt] *vt Formal* transmutar, transformar

transnational ['trænznæʃənəl] *adj* transnacional

transom ['trænsəm] *n (above door)* dintel *m*, travesaño *m*; **t. (window)** montante *m*

transparency [trænz'pærənsɪ] *n* (**a**) *(of material)* transparencia *f*; *Fig (of process)* transparencia *f* (**b**) *(photographic slide)* diapositiva *f* (**c**) *(for overhead projector)* transparencia *f*

transparent [træns'pærənt] *adj* transparente; *Fig* **a t. lie** una mentira flagrante

transparently [trænz'pærəntlɪ] *adj* **it's was t. obvious that...** está clarísimo que...; **a t. mendacious reply** una respuesta de una mendacidad flagrante

transpire [træns'paɪə(r)] **1** *vt (become apparent)* **it transpired that...** se supo que...
2 *vi (happen)* ocurrir, pasar

transplant 1 *n* ['trænsplɑːnt] *Med* trasplante *m* ▫ ***t. operation*** operación *f* de trasplante; ***t. surgery*** cirugía *f* de trasplantes
2 *vt* [trænz'plɑːnt] (**a**) *Med (organ)* trasplantar (**b**) *(population)* trasladar

transplantation [trænsplɑː'n'teɪʃən] *n* trasplante *m*

transponder [træns'pɒndə(r)] *n Rad* transponedor *m*

transport 1 *n* ['trænspɔːt] (**a**) *(of people, goods)* transporte *m*; **road/rail t.** transporte por carretera/ferrocarril; **have you got t.?** ¿tienes alguna forma de venir? ▫ *Br* ***t. café*** ≃ bar de carretera; ***t. costs*** gastos *mpl* de transporte; ***t. system*** sistema *m* de transportes (**b**) *Literary (rapture)* **to be in a t. of delight** no caber en sí de gozo (**c**) *Mil (ship, plane)* vehículo *m* de transporte
2 *vt* [træns'pɔːt] (**a**) *(people, goods)* transportar (**b**) *Hist (as punishment)* deportar

transportable [træns'pɔːtəbəl] *adj* transportable

transportation [trænspɔː'teɪʃən] *n* (**a**) *(of people, goods)* transporte *m* (**b**) *Hist (as punishment)* deportación *f*

transporter [træns'pɔːtə(r)] *n (vehicle)* camión *m* para el transporte de vehículos

transpose [træns'pəʊz] *vt* (**a**) *(words)* invertir (**b**) *Typ* transponer (**c**) *(music)* transportar

transsexual [træn(z)'seksjʊəl] *n* transexual *mf*

transubstantiation [trænsəbstænʃɪ'eɪʃən] *n Rel* transubstanciación *f*

Transvaal ['trɑːnzvɑːl] *n* **the T.** la región de Transvaal

transverse ['trænzvɜːs] *adj* transversal

transvestite [trænz'vestaɪt] *n* travestido(a) *m,f*, travesti *mf*, *Esp* travestí *mf*

trap [træp] **1** *n* (**a**) *(in hunting) & Fig* trampa *f*; **to set a t.** tender *or* poner una trampa (**for** a); **to walk** *or* **fall straight into the t.** caer en la trampa (**b**) *Fam (mouth)* **shut your t.!** ¡cierra el pico!; **to keep one's t. shut** no decir ni mu, mantener cerrado el pico (**c**) *(vehicle)* carrito *m*, carretón *m* (**d**) *(in clay pigeon shooting)* lanzaplatos *m inv* (**e**) *(in greyhound racing)* cajón *m* de salida
2 *vt* (*pt & pp* **trapped**) *(animal, person)* atrapar; **she was/felt trapped in a loveless marriage** estaba/se sentía atrapada en un matrimonio sin amor; **some air was trapped in the pipe** se formó una cámara de aire en la tubería; **to t. sb into saying/doing sth** engañar a alguien para que diga/haga algo

trapdoor ['træpdɔː(r)] *n* trampilla *f* ▫ ***t. spider*** migala *f or* migale *f* albañil

trapeze [trə'piːz] *n* trapecio *m* ▫ ***t. artist*** trapecista *mf*

trapezium [trə'piːzɪəm] (*pl* **trapeziums** *or* **trapezia** [trə'piːzɪə]), *US* **trapezoid** ['træpəzɔɪd] *n Geom* trapecio *m*

trapper ['træpə(r)] *n (hunter)* trampero *m*

trappings ['træpɪŋz] *npl (of power, success)* parafernalia *f*

Trappist ['træpɪst] *n* trapense *mf* ▫ ***T. monk*** monje *m* trapense

trash [træʃ] **1** *n* (**a**) *(worthless objects)* bazofia *f*, basura *f*; *Fam* **that book/film is a load of t.** ese libro/esa película es pura bazofia; **he's talking t.** no dice más que bobadas *or* estupideces (**b**) *US (refuse)* basura *f*; **to put sth in the t.** tirar algo a la basura ▫ *US* ***t. can*** cubo *m* de la basura; *Comptr* papelera *f* (de reciclaje) (**c**) *Fam (people)* gentuza *f*; **he's just t.** no es más que escoria
2 *vt Fam* (**a**) *(vandalize)* destrozar (**b**) *(criticize)* poner *or* tirar por los suelos, *Esp* poner a parir, *Méx* viborear, *RP* dejar por el piso

trashed [træʃt] *adj Fam (drunk)* pedo, mamado(a); *(on drugs)* colocado(a), *Esp* flipado(a), *Col* trabado(a), *Méx* pingo(a), *RP* falopeado(a)

trashy ['træʃɪ] *adj Fam* de pacotilla, *Esp* cutre, *Col* corroncho(a), *Méx* gacho(a), *RP* groncho(a)

trauma ['trɔːmə] *n* (**a**) *Med* traumatismo *m* (**b**) *(psychological, emotional)* trauma *m*

traumatic [trɔ:'mætɪk] *adj* traumático(a)

traumatize ['trɔ:mətaɪz] *vt* traumatizar

travail ['træveɪl] *n Literary* penalidad *f*, calamidad *f*

travel ['trævəl] **1** *n* viajes *mpl*; **on my travels** en mis viajes; **t. broadens the mind** viajando se amplían horizontes, viajando se hace uno más abierto ❑ ***t. agency*** agencia *f* de viajes; ***t. agent*** empleado(a) *m,f* de una agencia de viajes; ***t. book*** libro *m* de viajes; ***t. brochure*** folleto *m* turístico; ***t. documents*** documentación *f* para el viaje; ***t. expenses*** gastos *mpl* de viaje; ***t. insurance*** seguro *m* de (asistencia en) viaje; ***t. sickness*** mareo *m*; ***t. writer*** autor(ora) *m,f* de libros de viajes

2 *vt* (*pt & pp* **travelled,** *US* **traveled**) *(road, country)* viajar por; **they had to t. a long way** tuvieron que viajar desde muy lejos

3 *vi* (**a**) *(of person, animal, aircraft)* viajar; *(of car)* circular; **to t. by air** *or* **by plane** viajar en avión; **to t. by land/sea** viajar por tierra/por mar; **to t. overland** viajar por tierra; **news travels fast round here** por aquí las noticias vuelan; **after graduating she travelled around South America** después de graduarse viajó por América del Sur

(**b**) *(of sound, light, electricity)* propagarse; **the electricity travels along this wire** la electricidad circula *or* se desplaza por este cable

(**c**) **it doesn't t. well** *(of wine, humour)* no es fácilmente exportable

(**d**) *Fam (go fast)* ir a toda pastilla *or Méx* hecho la raya *or RP* a todo lo que da

(**e**) *(in basketball)* hacer pasos

travelator, travolator ['trævəleɪtə(r)] *n* tapiz *m* deslizante, pasillo *m* móvil

traveller, *US* **traveler** ['trævələ(r)] *n* (**a**) *(in general)* viajero(a) *m,f* ❑ *Br **t.'s cheque**, US **t.'s check*** cheque *m* de viaje (**b**) *Br* **(new age) t.** = persona que vive en una tienda o caravana sin lugar fijo de residencia y que lleva un estilo de vida contrario al de la sociedad convencional

travelling, *US* **traveling** ['trævəlɪŋ] **1** *n* (**a**) *(in general)* viajes *mpl*; **I love t.** me encanta viajar ❑ ***t. bag*** bolsa *f* de viaje; ***t. companion*** compañero(a) *m,f* de viaje; ***t. expenses*** gastos *mpl* de viaje; ***t. rug*** manta *f* de viaje (**b**) *(in basketball)* pasos *mpl*

2 *adj (performer)* ambulante ❑ ***t. folk*** *or* ***people*** gentes *fpl* itinerantes; ***t. salesman*** viajante *m* (de comercio)

travelogue, *US* **travelog** ['trævəlɒg] *n (film)* documental *m* sobre viajes

travel-sick ['trævəlsɪk] *adj* mareado(a); **to feel t.** estar mareado(a)

traverse [trə'vɜ:s] **1** *vt* (**a**) *Literary (cross)* atravesar, cruzar (**b**) *(in skiing, mountaineering)* atravesar en diagonal

2 *vi (in skiing, mountaineering)* atravesar en diagonal

travesty ['trævəstɪ] **1** *n* parodia *f* burda

2 *vt* parodiar (burdamente)

travolator = **travelator**

trawl [trɔ:l] **1** *n* (**a**) *(net)* red *f* de arrastre (**b**) *Fig (search)* rastreo *m*; **he had a t. through the records** hizo un rastreo de los archivos

2 *vt* (**a**) *(sea)* hacer pesca de arrastre en (**b**) *(search through)* rastrear

3 *vi* (**a**) *(fish)* hacer pesca de arrastre (**b**) *(search)* **to t. through sth** rebuscar en *or* rastrear algo

trawler ['trɔ:lə(r)] *n (ship)* (barco *m*) arrastrero *m*

trawl-net ['trɔ:lnet] *n* red *f* de arrastre, traína *f*

tray [treɪ] *n* bandeja *f*

treacherous ['tretʃərəs] *adj (person, road)* traicionero(a)

treacherously ['tretʃərəslɪ] *adv* de forma traicionera, a traición

treachery ['tretʃərɪ] *n* traición *f*

treacle ['tri:kəl] *n* melaza *f*

treacly ['tri:klɪ] *adj* (**a**) *(sweet)* meloso(a) (**b**) *(sentimental)* meloso(a), sensiblero(a)

tread [tred] **1** *n* (**a**) *(sound of footstep)* pisadas *fpl*, pasos *mpl*

(**b**) *(of tyre)* banda *f* de rodadura, dibujo *m*

(**c**) *(of stair)* peldaño *m*, escalón *m*

2 *vt* (*pt* **trod** [trɒd], *pp* **trodden** ['trɒdən]) *(ground, grapes)* pisar; *(path)* recorrer; **to t. sth underfoot** pisotear algo; **to t. dirt into the carpet** ensuciar la *Esp* moqueta *or Am* alfombra con suciedad pegada al zapato; **to t. the boards** *(appear on stage)* pisar las tablas; **to t. water** flotar moviendo las piernas; *Fig* estar en un punto muerto

3 *vi* caminar (pesadamente); **they trod wearily home** con paso cansino regresaron a casa; **to t. on/in sth** pisar algo; **to t. on sb's toes** pisar (el pie) a alguien; *Fig* meterse en los asuntos de alguien; *Fig* **to t. carefully** *or* **warily** ir *or* andar con pies de plomo

treadle ['tredəl] *n* pedal *m*

treadmill ['tredmɪl] *n (in gym)* tapiz *m* rodante, cinta *f* de footing *or* de correr; *Hist (in prison)* noria *f*; *Fig (routine)* rutina *f*

treason ['tri:zən] *n* traición *f*

treasonable ['tri:znəbəl] *adj (offence, act)* de alta traición

treasure ['treʒə(r)] **1** *n also Fig* tesoro *m*; **his works are a t. house of language** sus obras son una mina *or* un tesoro de la lengua ❑ ***t. hunt*** juego *m* de las pistas, caza *f* del tesoro

2 *vt* apreciar mucho, tener en gran estima; **my most treasured possession** mi más preciado bien

treasurer ['treʒərə(r)] *n* tesorero(a) *m,f*

treasure-trove ['treʒətrəʊv] *n Law* tesoro *m* encontrado; *Fig* tesoro *m*

treasury ['treʒərɪ] *n* tesorería *f*; **the T.** *(in UK)* ≃ (el Ministerio de) Hacienda *f*; **the Department of the T.** *(in US)* ≃ (el Ministerio de) Hacienda *f* ❑ *Fin **t. bonds*** bonos *mpl* del tesoro

treat [tri:t] **1** *n* (**a**) *(pleasure)* placer *m*; **to give oneself a t.** darse un capricho; **you've got a real t. in store** te espera *or Esp* aguarda una agradable sorpresa; IDIOM *Fam* **it worked a t.** *(of plan)* funcionó a las mil maravillas; IDIOM *Fam* **to go down a t.** ir de maravilla

(**b**) *(gift)* regalo *m*; **it's my t.** *(I'm paying)* yo invito

2 *vt* (**a**) *(person, material)* tratar; **to t. sth as a joke** tomarse algo a broma; **to t. sb like an idiot** tomar a alguien por imbécil, tratar a alguien como a un(a) imbécil; **you t. this place like a hotel!** ¡te comportas como si esto fuera un hotel!

(**b**) *(give as a present)* **to t. sb to sth** invitar a alguien a algo; **I'll t. you** te invito; **to t. oneself to sth** darse el capricho de comprarse algo; *Ironic* **she treated us to one of her tantrums** nos deleitó con una de sus rabietas

(**c**) *(patient, illness)* tratar; **to t. sb for sth** tratar a alguien de algo

3 *vi Formal (negotiate)* negociar (**with** con)

treatable ['tri:təbəl] *adj* tratable, curable

treatise ['tri:tɪz] *n* tratado *m*

treatment ['tri:tmənt] *n (of patient, matter)* tratamiento *m*; *(of prisoner, animal)* trato *m*; **his t. of the prisoners** el trato que daba a los prisioneros; **preferential t.** trato *m* de favor; **to be given** *or* **undergo t.** *(patient)* recibir tratamiento; *(sewage, material)* ser tratado(a); IDIOM *Fam* **to give sb the t.** *(beating)* dar una paliza *or Esp* un buen repaso a alguien

treaty ['tri:tɪ] *n* tratado *m* ❑ ***the T. of Rome*** el Tratado de Roma

treble ['trebəl] **1** *n* (**a**) *Mus (person, voice)* soprano *m*, tiple *m*; *(on hi-fi)* agudos *mpl* (**b**) *(in darts)* triple *m* (**c**) *(bet)* = apuesta acumulada a tres caballos de diferentes carreras

2 *adj (triple)* triple; **t. six** *(when reading numbers)* seis seis seis ❑ *Mus **t. clef*** clave *f* de sol

3 *vt (value, number)* triplicar

4 *vi* triplicarse

tree [tri:] *n* (**a**) *(plant)* árbol *m*; IDIOM **to get to the top of the t.** llegar a lo más alto; IDIOM *Fam* **to be out of one's t.** *(crazy)* estar como una cabra; *(drunk)* estar como una cuba; *(on drugs)* tener un buen colocón ❑ ***t. fern*** helecho *m* arbóreo; ***t. frog*** rana *f* de San Antonio; ***t. house*** cabaña *f* (en la copa de un) árbol; ***t. of knowledge*** árbol *m* de la ciencia; ***t. of life*** árbol *m* de la vida; ***t. line*** límite *m* superior de la vegetación arbórea; ***t. surgeon*** arboricultor(ora) *m,f*; ***t. trunk*** tronco *m* (de árbol)

(**b**) *Comptr* árbol *m* ❑ *Math & Ling **t. diagram*** (diagrama *f* en) árbol *m*

treeless ['tri:lɪs] *adj* sin árboles

tree-lined ['tri:laɪnd] *adj* bordeado(a) de árboles

treetop ['tri:tɒp] *n* copa *f* de árbol; **in the treetops** en las copas *or* en lo alto de los árboles

trek [trek] **1** *n (long walk)* caminata *f*; *(long journey)* largo camino *m*; *Fam* **it's quite a t. into town** hasta el centro hay un buen trecho *or Esp* una buena tirada

2 *vi* **to t. over the hills** recorrer las montañas; **to t. home** recorrer el largo camino hasta casa; *Fam* **to t. to the shops** darse una caminata hasta las tiendas

trekking ['trekɪŋ] *n* senderismo *m*, excursionismo *m*; **to go t.** hacer senderismo *or* excursionismo

trellis ['trelɪs] *n* espaldar *m*, guía *f*

trellis-work ['trelɪswɜ:k] *n* enrejado *m*

tremble ['trembəl] **1** *n* temblor *m*; *Br* **to be all of a t.** estar temblando como un flan

2 *vi (vibrate)* temblar; **his hands were trembling** le temblaban las manos; **she spoke in a trembling voice** hablaba con (la) voz temblorosa; **to t. with fear** temblar de miedo

tremendous [trɪ'mendəs] *adj* (**a**) *(big) (amount, size, noise)* tremendo(a); **you've been a t. help** has sido de una ayuda enorme (**b**) *(excellent) (book, holiday, writer)* extraordinario(a), *Esp* estupendo(a), *Andes, Carib* chévere, *Méx* padre, *RP* bárbaro(a); **we had a t. time** lo pasamos de maravilla *or Esp* estupendamente

tremendously [trɪ'mendəslɪ] *adv (very)* enormemente, tremendamente

tremolo ['treməlǝʊ] *n Mus* trémolo *m*

tremor ['tremə(r)] *n* (**a**) *(of person)* temblor *m*; **she spoke with a t. in her voice** hablaba con (la) voz temblorosa (**b**) *(earthquake)* temblor de tierra

tremulous ['tremjʊləs] *adj* trémulo(a)

trench [tren(t)ʃ] *n* (**a**) *(ditch)* zanja *f* (**b**) *Mil* trinchera *f* ❑ ***t. coat*** trinchera *f*; ***t. foot*** = afección de los pies producida por la estancia prolongada en terreno húmedo; ***t. warfare*** guerra *f* de trincheras

trenchant ['tren(t)ʃənt] *adj* mordaz

trencherman ['trentʃəmən] *n Hum* tragaldabas *mf inv*

trend [trend] *n* tendencia *f*; **the latest trends in fashion** las últimas tendencias de la moda; **the t. is towards decentralization** se tiende a la descentralización; **to set/start a t.** establecer/iniciar una tendencia

trendsetter ['trendsetə(r)] *n* pionero(a) *m,f*

trendy ['trendɪ] *Br Fam* **1** *n Pej (person)* modernillo(a) *m,f*, *RP* modernoso(a) *m,f*

2 *adj (clothes, style)* de moda; *(person)* moderno(a); *(bar, district)* de moda; **it's very t. to do that** está de moda hacer eso

trepidation [trepɪ'deɪʃən] *n Formal* inquietud *f*, miedo *m*

trespass ['trespəs] *vi* (**a**) *Law* entrar sin autorización (**b**) *Rel* **to t. against** pecar contra

▸**trespass on** *vt insep (sb's property)* entrar sin autorización en; *(sb's privacy, business)* inmiscuirse en

trespasser ['trespəsə(r)] *n Law* intruso(a) *m,f*; **trespassers will be prosecuted** *(sign)* prohibido el paso (bajo sanción)

tresses ['tresɪz] *npl Literary (hair)* melena *f*, cabellera *f*

trestle ['tresəl] *n* caballete *m* ❑ ***t. table*** mesa *f* de caballetes

tri- [traɪ-] *pref* tri-

triad ['traɪæd] *n* (**a**) *(trio)* tríada *f*, terna *f* (**b**) *(Chinese secret society)* **T. (Society)** triada *f* china

triage ['tri:ɑ:ʒ] *n* selección *f* de prioridades *(en la atención a víctimas de guerra, catástrofes, etc.)*

trial ['traɪəl] **1** *n* (**a**) *Law* juicio *m*; **to be on t. (for)** estar siendo juzgado(a) (por); **to bring sb to t., to put sb on t.** llevar a alguien a juicio; **to come** *or* **go to t.** ir a juicio; **t. by jury** juicio *m* con jurado; *Fam Pej* **t. by television** juicio *m* paralelo (en los medios)

(**b**) *(test)* ensayo *m*, prueba *f*; **on t.** a prueba; **t. and error** ensayo *m* y error, tanteo *m*; **by t. and error** probando hasta dar con la solución ❑ *Fin* ***t. balance*** balance *m* de comprobación; ***t. offer*** *(of product)* oferta *f* especial de lanzamiento; ***t. period*** período *m* de prueba; ***t. run*** ensayo *m*; ***t. separation*** *(of married couple)* separación *f* de prueba

(**c**) *(ordeal)* suplicio *m*, calvario *m*; **my boss is a real t.!** ¡aguantar a mi jefe es un verdadero suplicio *or* calvario!; **trials and tribulations** las penas y desventuras, las tribulaciones

2 *vt (test)* probar

triangle ['traɪæŋgəl] *n* triángulo *m*

triangular [traɪ'æŋgjʊlə(r)] *adj* triangular

triangulation [traɪæŋgjʊ'leɪʃən] *n* triangulación *f* ❑ ***t. point*** *or* ***pillar*** vértice *m* geodésico

Triassic [traɪ'æsɪk] **1** *n* **the T.** el triásico

2 *adj* triásico(a)

triathlon [traɪ'æθlɒn] *n Sport* triatlón *m*

tribal ['traɪbəl] *adj* tribal

tribalism ['traɪbəlɪzəm] *n Pol* tribalismo *m*

tribally ['traɪbəlɪ] *adv* por tribus

tribe [traɪb] *n* tribu *f*

tribesman ['traɪbzmən] *n* miembro *m* de una tribu

tribespeople ['traɪbzpi:pəl] *n* miembros *mpl* de una tribu

tribeswoman ['traɪbzwʊmən] *n* mujer *f* de una tribu

tribulation [trɪbjʊ'leɪʃən] *n Formal* tribulación *f*

tribunal [tr(a)ɪ'bju:nəl] *n Law* tribunal *m*

tribune ['trɪbju:n] *n Hist* **t. of the people** tribuno *m* (de la plebe)

tributary ['trɪbjʊtərɪ] **1** *n (of river)* afluente *m*

2 *adj (stream)* tributario(a)

tribute ['trɪbju:t] *n* (**a**) *(homage)* tributo *m*; **to pay t. to** rendir tributo a (**b**) **to be a t. to sth** *(indication of)* hacer honor a algo, ser el mejor testimonio de algo; **that the project succeeded is a t. to his organizational skills** el éxito del proyecto hace honor a su talento organizativo

trice [traɪs] *n* **in a t.** en un santiamén

tricentenary [traɪsen'ti:nərɪ] *US* **tricentennial** [traɪsen'tenɪəl] *n* tricentenario *m*

triceps ['traɪseps] *n Anat* tríceps *m inv*

trick [trɪk] **1** *n* (**a**) *(ruse, deceitful behaviour, by magician)* truco *m*; *(practical joke)* broma *f*; **to play a t. on sb** gastar una broma a alguien; **my memory is/my eyes are playing tricks on me** la memoria/la vista me juega malas pasadas; **to obtain sth by a t.** conseguir algo con engaños; **a nasty t.** una jugarreta; **t. or treat** = frase que pronuncian los niños que van de casa en casa en la noche de Halloween cuando se les abre la puerta ❑ ***t. cyclist*** acróbata *mf* del monociclo; *Fam (psychiatrist)* psiquiatra *mf*; ***t. photography*** fotografía *f* trucada; ***t. question*** pregunta *f* con trampa

(**b**) *(knack, system)* truquillo *m*; **there's a special t. to it** tiene su truquillo

(**c**) *(in card game)* mano *f*, baza *f*; **to take** *or* **make a t.** ganar una mano *or* una baza

(**d**) *Fam (prostitute's client)* cliente *m*; **to turn a t.** hacer una carrera

(**e**) IDIOMS **he's been up to his old tricks again** ha vuelto a las andadas, ha vuelto a hacer de las suyas; **that should do the t.** esto debería servir; **she knows all the tricks** se las sabe todas; **the tricks of the trade** los trucos del oficio; **every t. in the book** todos los trucos habidos y por haber, toda clase de estratagemas; **she doesn't miss a t.** no se le pasa una; *Fam* **how's tricks?** ¿qué pasa?, *Esp* ¿cómo lo llevas?

2 *vt (person)* engañar; **to t. sb into doing sth** engañar a alguien para que haga algo; **to t. sb out of sth** quitar *or Am* sacarle algo a alguien a base de engaños; **to t. sth out of sb** *(admission, information)* sacar algo a alguien con malas artes

trickery ['trɪkərɪ] *n* engaños *mpl*, trampas *fpl*; **by t.** con malas artes

trickiness ['trɪkɪnɪs] *n (of question)* dificultad *f*

trickle ['trɪkəl] **1** *n* (**a**) *(of blood, water) (thin stream)* hilo *m*, reguero *m*; *(drops)* goteo *m* (**b**) *(of complaints, letters)* goteo *m*; **enquiries had slowed to a t.** ya sólo se atienden unas pocas consultas

2 *vt (liquid)* derramar un hilo de

3 *vi* (**a**) *(of liquid)* **water/blood trickled down** corría un hilo de agua/sangre (**b**) **to t. in/out** *(of people)* ir entrando/saliendo poco a poco; **news is beginning to t. through** la noticia está empezando a filtrarse

trickle-down theory ['trɪkəl'daʊnθɪərɪ] *n* = teoría según la cual la riqueza de unos pocos termina por revertir en toda la sociedad

trickster ['trɪkstə(r)] *n* timador(ora) *m,f*

tricky ['trɪkɪ] *adj* (**a**) *(task, situation, subject)* delicado(a); *(question)* difícil; **this is where things start to get t.** aquí es donde la cosa empieza a complicarse (**b**) *Fam* **he's a t. customer** es un elemento de cuidado *or* un pájaro (de cuenta)

tricolour, *US* **tricolor** ['trɪkələ(r)] *n* bandera *f* tricolor

tricorn(e) ['traɪkɔ:n] *n* **t. (hat)** tricornio *m*

tricycle ['traɪsɪkəl] *n* triciclo *m*

trident ['traɪdənt] *n* tridente *m*

tried-and-tested ['traɪdən'testɪd] *adj* probado(a)

triennial [traɪ'enɪəl] **1** *n* trienio *m*
2 *adj* trienal

trier ['traɪə(r)] *n Fam* **to be a t.** tener mucho tesón

trifle ['traɪfəl] *n* (**a**) *(insignificant thing)* nadería *f*; **a t. wide/short** un poquito ancho(a)/corto(a) (**b**) *Br Culin* = postre de frutas en gelatina y bizcocho cubiertas de crema y *Esp* nata *or Am* crema de leche

▸**trifle with** *vt insep* jugar con; **a person not to be trifled with** una persona que hay que respetar

trifling ['traɪflɪŋ] *adj* insignificante

trig [trɪg] *n* (**a**) *Math Fam* trigonometría *f* (**b**) ***t. point*** vértice *m* geodésico

trigger ['trɪgə(r)] **1** *n* (**a**) *(of gun)* gatillo *m*; *Fam* **to be t. happy** tener el gatillo demasiado ligero ❑ ***t. finger*** *(index finger)* (dedo *m*) índice *m* (**b**) *(of change, decision)* factor *m* desencadenante, detonante *m*
2 *vt (reaction)* desencadenar

▸**trigger off** *vt sep* desencadenar

trigonometry [trɪgə'nɒmɪtrɪ] *n Math* trigonometría *f*

trike [traɪk] *n Fam (tricycle)* triciclo *m*

trilateral [traɪ'lætərəl] *adj (figure)* de tres caras, trilátero(a); *(talks)* trilateral

trilby ['trɪlbɪ] *n Br* sombrero *m* de fieltro

trill [trɪl] **1** *n* trino *m*
2 *vi* trinar

trillion ['trɪljən] *n Br* (10^{18}) trillón *m*; *US* (10^{12}) billón *m*; *Fam* **I've got trillions of things to do!** ¡tengo millones de cosas que hacer!

trilogy ['trɪlədʒɪ] *n* trilogía *f*

trim [trɪm] **1** *n* (**a**) *(of hair, hedge)* recorte *m*; **to give sth a t.** recortar algo; **to give sb a t.** recortar el pelo a alguien (**b**) **to be/keep in t.** *(keep fit)* estar/mantenerse en forma (**c**) *(decoration, finish) (on clothes)* ribetes *mpl*; *(on car)* embellecedores *mpl*, *Chile* tapas *fpl*, *RP* tazas *fpl*
2 *adj* (**a**) *(neat)* aseado(a) (**b**) **to have a t. figure** *(of person)* tener buen tipo
3 *vt* (*pt & pp* **trimmed**) (**a**) *(cut) (hair, hedge, text, expenditure)* recortar; *(meat)* quitar *or Am* sacar la grasa a (**b**) *(decorate)* ribetear (**with** con)

▸**trim away** *vt sep* recortar, quitar

▸**trim down** *vt sep (text, expenditure)* recortar; *(company)* racionalizar

▸**trim off** *vt sep* recortar

trimaran ['traɪməræn] *n* trimarán *m*

trimester ['traɪmestə(r)] *n* trimestre *m*

trimming ['trɪmɪŋ] *n* (**a**) *(on clothes)* adorno *m*; *(on edge)* ribete *m* (**b**) *Culin* **turkey with all the trimmings** pavo con la guarnición clásica *(patatas asadas, coles de bruselas, caldo de carne, etc)*

Trinidad and Tobago ['trɪnɪdædəntə'beɪgəʊ] *n* Trinidad y Tobago

Trinidadian [trɪnɪ'dædɪən] **1** *n* trinidense *mf*
2 *adj* de Trinidad, trinidense

Trinity ['trɪnɪtɪ] *n Rel* trinidad *f* ❑ ***T. Sunday*** (día *f* de la) Trinidad *f*

trinket ['trɪŋkɪt] *n* baratija *f*, chuchería *f*

trio ['tri:əʊ] (*pl* **trios**) *n* trío *m*

trip [trɪp] **1** *n* (**a**) *(journey)* viaje *m*; **a t. into town** una salida al centro de la ciudad; **a t. to the beach** una excursión *or* salida a la playa
(**b**) *(causing stumble)* zancadilla *f* ❑ *Tech* ***t. hammer*** martinete *m*; ***t. wire*** = cable tendido para hacer tropezar a quien pase
(**c**) *Fam (on drugs)* viaje *m*, flipe *m*; **to have a good/bad t.** tener un buen/mal viaje
(**d**) *Fam (experience)* **to be on a guilt t.** sentirse muy culpable; **to be on a power t.** estar ebrio de poder
(**e**) *Mus* ***t. hop*** trip hop *m*
2 *vt* (*pt & pp* **tripped**) (**a**) *(cause to stumble)* poner la zancadilla a
(**b**) *(switch)* hacer saltar
3 *vi* (**a**) *(stumble)* tropezar
(**b**) *(step lightly)* brincar, danzar; **to t. off the tongue** *(of word, name)* pronunciarse fácilmente
(**c**) *Fam (on drugs)* **to be tripping** ir puesto(a), *Esp* flipar, *Col* ir pingo(a), *Méx* ir trabado(a), *RP* ir falopeado(a)

▸**trip along** *vi* caminar a saltitos

▸**trip out** *vi Fam (after taking drugs)* ir puesto(a), *Esp* flipar, *Col* ir pingo(a), *Méx* ir trabado(a), *RP* ir falopeado(a)

▸**trip over 1** *vt insep* tropezar con
2 *vi* tropezar

▸**trip up 1** *vt sep* (**a**) *(cause to fall)* poner la zancadilla a (**b**) *(cause to make mistake)* confundir
2 *vi (stumble)* tropezar

tripartite [traɪ'pɑ:taɪt] *adj* tripartito(a)

tripe [traɪp] *n* (**a**) *Culin* mondongo *m*, *Esp* callos *mpl*, *Chile* chunchules *mpl* (**b**) *Fam (nonsense)* tonterías *fpl*, bobadas *fpl*; **what a load of t.!** ¡qué montón de tonterías!

triple ['trɪpəl] **1** *adj* triple ❑ ***t. axle*** *(in figure skating)* triple axle *m*; ***t. crown*** *(in rugby)* triple corona *f*; ***t. jump*** triple salto *m*; ***t. jumper*** saltador(ora) *m,f* de triple salto; *Mus* ***t. time*** compás *m* ternario
2 *adv* **t. the amount (of)** el triple (de)
3 *vt* triplicar, multiplicar por tres
4 *vi* triplicarse, multiplicarse por tres

triplet ['trɪplɪt] *n (child)* trillizo(a) *m,f*

triplicate ['trɪplɪkət] *n* **in t.** por triplicado

tripod ['traɪpɒd] *n* trípode *m*

Tripoli ['trɪpəlɪ] *n* Trípoli

tripper ['trɪpə(r)] *n Br* excursionista *mf*

trippy ['trɪpɪ] *adj Fam* rarísimo(a)

triptych ['trɪptɪtʃ] *n Art* tríptico *m*

trishaw ['traɪʃɔ:] *n* rickshaw *m* de tres ruedas

trite [traɪt] *adj* manido(a)

triumph ['traɪəmf] **1** *n* triunfo *m*; **in t.** triunfalmente
2 *vi* triunfar (**over** sobre)

triumphal [traɪ'ʌmfəl] *adj* triunfal ❑ ***t. arch*** arco *m* de triunfo

triumphalism [traɪ'ʌmfəlɪzəm] *n* triunfalismo *m*

triumphalist [traɪ'ʌmfəlɪst] *adj* triunfalista

triumphant [traɪ'ʌmfənt] *adj* triunfante

triumphantly [traɪ'ʌmfəntlɪ] *adv* triunfalmente, con aire triunfal

triumvirate [traɪ'ʌmvɪrɪt] *n* triunvirato *m*

trivet ['trɪvɪt] *n (on table)* salvamanteles *m inv (de metal)*

trivia ['trɪvɪə] *npl* trivialidades *fpl* ❑ ***t. quiz*** concurso *m* de preguntas triviales

trivial ['trɪvɪəl] *adj* trivial

triviality [trɪvɪ'ælɪtɪ] *n* trivialidad *f*, banalidad *f*

trivialize ['trɪvɪəlaɪz] *vt* trivializar

trod [trɒd] *pt of* **tread**

trodden ['trɒdən] *pp of* **tread**

troglodyte ['trɒglədaɪt] *n* troglodita *mf*

Trojan ['trəʊdʒən] *Hist* **1** *n* troyano(a) *m,f*
2 *adj* troyano(a) ❑ ***T. Horse*** caballo *m* de Troya; ***the T. War*** la guerra de Troya

troll [trəʊl] *n* troll *m*, trasgo *m*

trolley ['trɒlɪ] (*pl* **trolleys**) *n* (**a**) *Br (for food, luggage)* carrito *m*; IDIOM *Fam* **to be off one's t.** *(mad)* estar chalado(a) *or Col, Méx* zafado(a) *or RP* rayado(a) ❑ *Br Fam Hum* ***t. dolly*** *(air hostess)* azafata *f*, *CAm, Méx* aeromoza *f* (**b**) *US* ***t. (car)*** tranvía *m*

trolleybus ['trɒlɪbʌs] *n* trolebús *m*

trollop ['trɒləp] *n Old-fashioned or Hum (promiscuous woman)* fulana *f*, *Esp* pendón *m*

trombone [trɒm'bəʊn] *n Mus* trombón *m*

trombonist [trɒm'bəʊnɪst] *n Mus* trombonista *mf*

troop [tru:p] **1** *n* (**a**) *Mil (unit) (of cavalry)* escuadrón *m*; *(of armoured cars)* batería *f*; **troops** *(soldiers)* tropas *fpl* ❑ ***t. ship*** buque *m* de transporte militar (**b**) *(of people)* grupo *m*, batallón *m* (**c**) *(of Scouts)* tropa *f*
2 *vt Br* **to t. the colour** desfilar ceremonialmente con la bandera
3 *vi* **to t. along/off** marchar/marcharse con paso cansino; **to t. in/out** entrar/salir con paso cansino

trooper ['tru:pə(r)] *n* (**a**) *(soldier)* soldado *m (de caballería o división acorazada)*; IDIOM *Fam* **to swear like a t.** jurar como un carretero (**b**) *US (policeman)* policía *mf*

trope [trəʊp] *n Lit* tropo *m*

trophy ['trəʊfɪ] *n* trofeo *m* ❑ *Fam* ***t. wife*** = esposa joven de un hombre maduro de la que éste hace ostentación

tropic ['trɒpɪk] *n* trópico *m*; **the tropics** *(region)* los trópicos ❑ ***T. of Cancer*** trópico *m* de Cáncer; ***T. of Capricorn*** trópico *m* de Capricornio

tropical ['trɒpɪkəl] *adj* tropical ❑ ***t. rainforest*** selva *f* tropical

troposphere ['trɒpəsfɪə(r)] *n* troposfera *f*

Trot [trɒt] *n Br Fam Pol* trotskista *mf*

trot [trɒt] **1** *n* trote *m*; **at a t.** al trote; **to break into a t.** echar a trotar; *Fam* **on the t.** *(consecutively)* seguidos(as), uno(a) detrás de otro(a)
2 *vi* (*pt & pp* **trotted**) (**a**) *(of horse)* trotar (**b**) *(of person)* correr a paso lento; **I'll just t.**

over to the office with this voy un momento a la oficina con esto

▸**trot out** *vt sep Fam (excuses, information)* salir con

trots [trɒts] *npl Fam* **to have the t.** estar suelto(a), tener *Esp* cagalera *or RP* cagadera

Trotskyism ['trɒtskɪɪzəm] *n* trotskismo *m*

Trotskyist ['trɒtskɪɪst], **Trotskyite** ['trɒtskɪaɪt] *n & adj* trotskista *mf*

trotter ['trɒtə(r)] *n Culin (of pig)* pata *f*, manita *f*

troubadour ['tru:bədɔ:(r)] *n Hist* trovador *m*

TROUBLE ['trʌbəl] **1** *n* (**a**) *(problem)* problema *m*; *(problems)* problemas *mpl*; **what's** *or* **what seems to be the t.?** ¿cuál es el problema?; **the plane developed engine t.** el avión tuvo problemas con el motor; **I've had back t.** he tenido problemas de espalda; *Fam* **man/woman t.** mal *m* de amores; **her troubles are over** se han acabado sus problemas; **the t. is that...** el problema es que...; **the t. with answerphones/Jane is that...** el problema de los contestadores/con Jane es que...; **he won without too much t.** no tuvo demasiados problemas para ganar; **to have t. with sth/sb** tener problemas con algo/alguien; **to have t. doing sth** tener dificultades para hacer algo; **I had t. convincing them** me costó convencerlos; **it has been nothing but t.** no ha traído (nada) más que problemas; **to be in t.** *(in difficulty)* tener problemas; **I'm in t. with the police** tengo problemas con la policía; **I'm in t. with my dad** mi padre está muy enfadado *or Am* enojado conmigo; **you'll be in t.** *or* **there will be t. if they find out** como se enteren, te la vas a ganar; **that's asking for t.** está/estás/*etc* buscando problemas; **to cause t.** crear *or* dar *or* causar problemas; **to get into t.** meterse en líos; **to get sb into t.** *(cause to be in bad situation)* meter a alguien en un lío; *Old-fashioned Euph (make pregnant)* dejar a alguien en estado; **to get out of t.** salir de un apuro; **to get sb out of t.** sacar a alguien de un apuro; **my leg has been giving me t.** la pierna me ha estado molestando; **you're heading for t.** vas a tener problemas; **to keep** *or* **stay out of t.** no meterse en líos; **to keep sb out of t.** evitar que alguien se salga del buen camino; **to make t.** causar problemas; **to mean t. (for sb)** traer problemas a alguien; *Fam* **here comes t.!** ¡mira quién está aquí!; PROV **a t. shared is a t. halved** contando las cosas uno se siente mejor

(**b**) *(inconvenience)* molestia *f*; **(it's) no t.** no es molestia; **the dog is no t.** el perro no es ninguna molestia; **if it isn't too much t.** si no es demasiada molestia; **it's more t. than it's worth** no merece la pena el esfuerzo; **it's not worth the t.** no merece la pena; **to go to the t. of doing sth** tomarse la molestia de hacer algo; **you shouldn't have gone to all that** *or* **to so much t.** no deberías haberte tomado tantas molestias; **to put sb to a lot of t.** causarle muchas molestias a alguien; **to take the t. to do sth** tomarse la molestia de hacer algo; **to take a lot of t. over sth** esmerarse en algo

(**c**) *(disorder, violence)* conflictos *mpl*; **we don't want any t.** no queremos problemas; **to be looking for t.** estar buscando pelea; **crowd t.** disturbios; **the Troubles** *(in Northern Ireland)* los problemas (de Irlanda del Norte) ▫ ***t. spot*** punto *m* conflictivo

2 *vt* (**a**) *(worry)* preocupar, inquietar; **to t. oneself about sth** preocuparse por alguien

(**b**) *(inconvenience, bother)* molestar; **to be troubled by an injury** tener una lesión; *Formal* **may I t. you for a match** *or* **to give me a match?** ¿sería tan amable de darme un fósforo?

(**c**) **to t. (oneself) to do sth** tomarse la molestia de hacer algo

troubled ['trʌbəld] *adj* (**a**) *(person, look)* preocupado(a), inquieto(a) (**b**) *(period, region)* agitado(a)

trouble-free ['trʌbəlfri:] *adj (installation, operation)* sencillo(a), sin complicaciones; *(stay, holiday, period)* tranquilo(a)

troublemaker ['trʌbəlmeɪkə(r)] *n* alborotador(ora) *m,f*

troubleshooter ['trʌbəlʃu:tə(r)] *n* (**a**) *(for organizational problems)* = experto contratado para localizar y resolver problemas financieros, estructurales, etc (**b**) *(for machines)* técnico(a) *m,f* (en averías)

troubleshooting ['trʌbəlʃu:tɪŋ] *n* (**a**) *(for organizational problems)* localización *f* de problemas (**b**) *(for machines)* reparación *f* de averías (**c**) *Comptr* resolución *m* de problemas

troublesome ['trʌbəlsəm] *adj* problemático(a)

trough [trɒf] *n* (**a**) *(for food)* comedero *m*; *(for drink)* abrevadero *m* (**b**) *(of wave)* seno *m*; *(on graph)* depresión *f* (**c**) *(in weather front)* banda *f* de bajas presiones (**d**) *(low point)* mala racha *f*

trounce [traʊns] *vt* aplastar, arrollar

troupe [tru:p] *n (of actors, dancers)* compañía *f*

trouper ['tru:pə(r)] *n* (**a**) *Th* miembro *m* de una compañía (de teatro) (**b**) *Fam* **he's a real t.** siempre da la cara, se puede contar con él

trouser press ['traʊzə'pres] *n* prensa *f* para pantalones, percha *f* planchadora

trousers ['traʊzəz] *npl* (**a**) *(garment)* pantalones *mpl*; **a pair of t.** unos pantalones (**b**) IDIOMS *Fam* **she's the one who wears the t.** ella es la que lleva los pantalones en casa; *Fam* **he was caught with his t. down** lo pillaron en bragas

trouser suit ['traʊzə'su:t] *n* traje *m* de chaqueta y pantalón *(para mujer)*

trousseau ['tru:səʊ] *n* ajuar *m*

trout [traʊt] (*pl* **trout**) *n* (**a**) *(fish)* trucha *f* (**b**) *Br Fam (woman)* **(old) t.** (vieja) bruja *f*

trowel ['traʊəl] *n (for gardening)* pala *f* de jardinero, desplantador *m*; *(for building)* llana *f*, paleta *f*

Troy [trɔɪ] *n* Troya

truancy ['tru:ənsɪ] *n Sch* absentismo *m* escolar

truant ['tru:ənt] *n Br* niño(a) *m,f* que hace novillos *or Méx* se va de pinta *or RP* se hace la rabona; **to play t.** hacer novillos, *Méx* irse de pinta, *RP* hacerse la rabona

truce [tru:s] *n also Fig* tregua *f*; **to call a t.** hacer una tregua

truck [trʌk] **1** *n* (**a**) *(lorry)* camión *m* ▫ ***t. driver*** camionero(a) *m,f*; *US* ***t. farm*** huerto *m*; ***t. stop*** bar *m* de carretera (**b**) *(rail wagon)* vagón *m* de mercancías (**c**) *Fam (dealings)* **I'll have no t. with him/it** no pienso tener nada que ver con él/ello

2 *vt (goods)* transportar en camión

3 *vi US (drive a truck) Esp* conducir *or Am* manejar un camión

trucker ['trʌkə(r)] *n US (lorry driver)* camionero(a) *m,f*

trucking ['trʌkɪŋ] *n* transporte *m* en *or* por carretera ▫ ***t. company*** empresa *f* de transporte en *or* por carretera

truckle ['trʌkəl] **1** *n* ***t. bed*** carriola *f (cama)*

2 *vi* **to t. to sb** someterse a alguien; **to t. to sth** ceder ante algo

truculence ['trʌkjʊləns] *n* agresividad *f*

truculent ['trʌkjʊlənt] *adj* agresivo(a), airado(a)

> Note that the Spanish word **truculento** is a false friend and is never a translation for the English word **truculent**. In Spanish **truculento** means "horrifying, terrifying".

trudge [trʌdʒ] **1** *n (long walk)* caminata *f*

2 *vt (streets, land)* patear, recorrer fatigosamente

3 *vi* caminar fatigosamente; **to t. along/through/over** marchar/cruzar/pasar fatigosamente

TRUE [tru:] **1** *adj* (**a**) *(factually correct)* cierto(a); **is that t.?** ¿es eso cierto *or* verdad?; **it is t. that...** es cierto *or* verdad que...; **this is especially t. of boys** esto es especialmente cierto en el caso de los chicos; **the same is t. of other countries** lo mismo ocurre en otros países; **if t.** en caso de ser cierto(a); **how** *or* **too t.!** ¡cuánta razón llevas or tienes!; **she has no experience — t., but...** no tiene experiencia — cierto *or* es verdad, pero...; **t. or false?** ¿verdadero o falso?; **to come t.** *(of wish)* hacerse realidad, realizarse; **this holds** *or* **is t. for...** esto vale para...; **as long as this remains t....** mientras siga siendo el caso; *Fam* **he's so stupid it's not t.** es tonto como él solo; PROV **there's many a t. word spoken in jest** a veces las cosas más serias se dicen en broma ▫ ***t. story*** historia real

(**b**) *(real) (reason, feelings, owner)* verdadero(a); **the t. horror of his crimes** el verdadero horror de sus crímenes; **she discovered her t. self** se descubrió a sí misma; **in t. British style, he said he**

didn't mind en un estilo genuinamente británico dijo que no le importaba ▫ ***t. love*** amor *m* verdadero; ***t. north*** norte *m* geográfico
(**c**) *(genuine)* verdadero(a); **a t. friend/gentleman** un verdadero amigo/caballero; **it is not a t. vegetable** no es realmente una verdura
(**d**) *(faithful)* leal, fiel; **a t. believer** un creyente fiel; **to be t. to sb** ser leal a alguien; **to be t. to oneself** ser fiel a sí mismo; **she was t. to her principles** era fiel a sus principios; **he was t. to his word** cumplió su palabra *or* lo prometido; **t. to life** fiel a la realidad; **t. to form** *or* **type** como era de esperar
(**e**) *(accurate)* exacto(a); *(picture, reflection)* acertado(a); **his aim was t.** acertó, dio en el blanco
(**f**) *(level, straight)* derecho(a)
2 *n* **out of t.** torcido(a)

true-blue [tru:blu:] *Br* **1** *n* conservador(ora) *m,f* acérrimo(a)
2 *adj (loyal)* leal; **a t. Tory** un conservador acérrimo

truffle ['trʌfəl] *n* (**a**) *(fungus)* trufa *f* (**b**) *(chocolate)* trufa *f*

truism ['tru:ɪzəm] *n* perogrullada *f*

truly ['tru:lɪ] *adv* verdaderamente, realmente; **I'm t. sorry** lo siento en el alma, de verdad que lo siento; **yours t.** *(at end of letter)* atentamente; *Fam (myself)* este menda, un servidor

trump [trʌmp] **1** *n (in cards)* triunfo *m*; **what's trumps?** ¿(en) qué pintan?; **spades are trumps** pintan picas; IDIOM **she played her t. card** jugó su mejor baza *or* el as que escondía en la manga; IDIOM *Fam* **she turned up trumps** dio la sorpresa
2 *vt* (**a**) *(in cards)* ganar arrastrando (**b**) *(surpass)* superar

trumped-up ['trʌmptʌp] *adj* falso(a)

trumpet ['trʌmpɪt] **1** *n* trompeta *f* ▫ ***t. call*** toque *m* de trompeta; *Fig* llamamiento *m* a la movilización
2 *vt (success, achievements)* pregonar
3 *vi (of elephant)* barritar

trumpeter ['trʌmpɪtə(r)] *n* trompetista *mf* ▫ ***t. swan*** cisne *m* trompetero

truncate [trʌŋ'keɪt] *vt* truncar; **it was published in a truncated form** fue publicado en una versión abreviada

truncheon ['trʌn(t)ʃən] *n Br* porra *f*

trundle ['trʌndəl] **1** *vt (push)* empujar lentamente
2 *vi* (**a**) *(of vehicle)* rodar (**b**) *Fam (of person)* arrastrarse; **I have to t. off home now** ahora me toca pegarme la caminata hasta casa

trunk [trʌŋk] *n* (**a**) *(of tree, body)* tronco *m* ▫ *Br Tel* ***t. call*** conferencia *f*, llamada *f or Am* llamado *m* de larga distancia; *Br Aut* ***t. road*** carretera *f* troncal (**b**) *(case)* baúl *m* (**c**) *US (of car)* maletero *m*, *CAm, Méx* cajuela *f*, *RP* baúl *m* (**d**) *(of elephant)* trompa *f* (**e**) **trunks** *(swimming costume)* bañador *m (de hombre)*, *RP* malla *f*

truss [trʌs] **1** *n Med* braguero *m*
2 *vt (tie up)* atar

▸**truss up** *vt sep* atar

trust [trʌst] **1** *n*
(**a**) *(belief)* confianza *f*; **a position of t.** un puesto de confianza *or* responsabilidad; **he put his t. in them** depositó su confianza en ellos; **to take sth on t.** dar por cierto algo
(**b**) *Law (agreement, organization)* fideicomiso *m*; **a charitable t.** una fundación benéfica; **in t.** en fideicomiso ▫ *Fin* ***t. fund*** fondo *m* fiduciario *or* de fideicomiso
(**c**) *Com (group of companies)* trust *m*
2 *vt* (**a**) *(believe in)* confiar en; **I don't t. her/the data** no me fío de ella/de los datos; **to t. sb's judgement** fiarse de la opinión de alguien; **he can't be trusted** no se puede uno fiar de él, no es de fiar; **to t. sb to do sth** confiar en que alguien haga algo; **you can't t. this motorbike to start first time** no es seguro que esta moto arranque a la primera; **to t. sb with sth** confiar algo a alguien; **I would t. him with my life** tengo plena confianza en él; **she can't be trusted with a credit card** tiene mucho peligro con las tarjetas de crédito; *Fam* **t. him to say that!** ¡típico de él!; IDIOM *Fam* **I wouldn't t. him as far as I could throw him** yo no me fío de él (ni) un pelo
(**b**) *Formal* **to t. (that)...** confiar en que...; **I t. (that) you arrived home safely** confío en que llegaría a casa perfectamente
3 *vi* **to t. in sb/sth** tener confianza *or* confiar en alguien/algo; **to t. to luck** confiar en la suerte

trusted ['trʌstɪd] *adj* de confianza

trustee [trʌs'ti:] *n* (**a**) *(of fund, property)* fideicomisario(a) *m,f*, administrador(ora) *m,f* fiduciario(a) (**b**) *(of charity, institution)* miembro *m* del consejo de administración

trusteeship [trʌs'ti:ʃɪp] *n* (**a**) *(of fund, property)* fideicomiso *m*, administración *f* fiduciaria (**b**) *(of charity, institution)* administración *f* fiduciaria

trustful ['trʌstfʊl], **trusting** ['trʌstɪŋ] *adj* confiado(a)

trustworthiness ['trʌstwɜ:ðɪnɪs] *n* fiabilidad *f*, honradez *f*

trustworthy ['trʌstwɜ:ðɪ] *adj (person)* fiable, de confianza, *Am* confiable; *(source)* fidedigno(a), fiable, *Am* confiable

trusty ['trʌstɪ] *adj Literary or Hum* fiel, leal

truth [tru:θ] *n* verdad *f*; **to tell the t.** decir la verdad; **to tell you the t., I can't remember** a decir verdad *or* si quieres que te diga la verdad, no me acuerdo; **if the t. be told,...** a decir verdad,..., para ser sinceros,...; **the t. will out** la verdad siempre se descubre ▫ *Fam* ***t. drug*** suero *m* de la verdad

truthful ['tru:θfʊl] *adj (person)* sincero(a); *(story)* veraz, verídico(a)

truthfully ['tru:θfʊlɪ] *adv* con sinceridad, sinceramente; **I can t. say that...** puedo asegurar, sin temor a equivocarme, que...

truthfulness ['tru:θfʊlnɪs] *n* verdad *f*; **in all t.** con toda sinceridad

TRY [traɪ] **1** *n* (**a**) *(attempt)* intento *m*; **good t., you nearly did it!** ¡bien, casi lo conseguiste!; **to give sth a t.** intentar algo; **let's give that new bar a t.** a ver qué tal está ese nuevo bar; **to have a t. at doing sth** probar a hacer algo; **it's worth a t.** merece la pena intentarlo
(**b**) *(in rugby)* ensayo *m* ▫ ***t. line*** línea *f* de marca
2 *vt* (**a**) *(sample)* probar; **I'll t. anything once** estoy dispuesto a probar todo una vez
(**b**) *(attempt)* intentar; **to t. to do sth**, *Fam* **to t. and do sth** tratar de *or* intentar hacer algo; **t. putting it here** prueba a ponerlo aquí; **you should t. being nice to people for once** deberías intentar ser amable con la gente por una vez; **have you tried the drugstore?** ¿has probado en la farmacia?; **have you tried Steve?** ¿le has preguntado a Steve?; **I tried my best** *or* **hardest** lo hice lo mejor que pude
(**c**) *(attempt to open) (door, window, lock)* probar a abrir
(**d**) *Law (case)* ver; *(person)* juzgar
(**e**) *(test, person, patience)* poner a prueba; **I've decided to t. my luck at acting** he decidido probar suerte como actriz; **this machine would t. the patience of a saint!** ¡con esta máquina hay que tener más paciencia que un santo!
3 *vi* intentarlo; **he didn't really t.** no lo intentó de veras; **the Rangers weren't trying very hard** los Rangers no estaban esforzándose mucho; **you must t. harder** debes esforzarte más; **I'll t. again later** *(on phone)* volveré a intentarlo más tarde; **just you t.!** ¡inténtalo y verás!; *Fam* **you couldn't do it if you tried!** ¡no podrías hacerlo en la vida!; **t. as I might, I couldn't do it** por mucho que lo intenté, no pude hacerlo

▸**try for** *vt insep* intentar conseguir; **we're trying for a baby** estamos intentando tener un hijo

▸**try on** *vt sep* (**a**) *(clothes)* probarse; **why don't you t. this skirt on for size?** ¿por qué no te pruebas esta falda a ver si te queda bien?; *Fig* **t. this on for size** *(idea)* ¿qué te parece? (**b**) *Fam* **the children tried it on with their teacher** los niños pusieron a prueba al profesor; **stop trying it on with me!** ¡conmigo eso no va a colar!; **she's just trying it on** está probando a ver si cuela

▸**try out** *vt sep (method, machine)* probar; **to t. sth out on sb** probar algo con alguien

▸**try out for** *vt insep US* ser seleccionado(a) para

trying ['traɪɪŋ] *adj (person, experience)* difícil; **these are t. times** corren tiempos duros

try-out ['traɪaʊt] *n* prueba *f*; **he was given a t.** le hicieron una prueba

tryst [trɪst] *n Literary* cita *f* amorosa

tsar [zɑ:(r)] *n* zar *m*

tsarina [zɑː'riːnə] *n* zarina *f*

tsarist ['zɑːrɪst] *n & adj* zarista *mf*

tsetse ['t(s)etsɪ] *n* **t. (fly)** mosca *f* tse-tsé

T-shirt ['tiːʃɜːt] *n* camiseta *f*, *Chile* polera *f*, *RP* remera *f*

tsk [tɒsk] *exclam* ¡vaya (por Dios)!

tsp (*abbr* **teaspoon(ful)**) cucharadita *f* (de las de café)

T-square ['tiːskweə(r)] *n* escuadra *f* en forma de T

TT ['tiː'tiː] **1** *n* (*abbr* **teetotaller**) abstemio(a) *m,f*

2 *adj* (*abbr* **teetotal**) abstemio(a)

Tuareg ['twɑːreg] **1** *n* (*person*) tuareg *mf*; **the T.** (*people*) los tuaregs

2 *adj* tuareg

tub [tʌb] *n* (**a**) (*for washing clothes*) tina *f* (**b**) (*bath*) bañera *f*, *Am* tina *f*, *Am* bañadera *f* (**c**) (*for ice-cream*) tarrina *f* (**d**) *Fam* (*boat*) cascarón *m*

tuba ['tjuːbə] *n Mus* tuba *f*

tubby ['tʌbɪ] *adj Fam* (*person*) rechoncho(a)

tube [tjuːb] *n* (**a**) (*pipe, container*) tubo *m*; IDIOM *Fam* **to go down the tubes** irse a pique (**b**) *Br Fam* **the t.** (*underground railway*) el metro, *RP* el subte ▫ ***t. train*** tren *m* de metro (**c**) *US Fam* (*TV*) **the t.** la tele

tuber ['tjuːbə(r)] *n Bot* tubérculo *m*

tubercular [tjʊ'bɜːkjʊlə(r)] *adj Med* tuberculoso(a)

tuberculin [tjʊ'bɜːkjʊlɪn] *n Med* tuberculina *f*

tuberculosis [tjʊbɜːkjʊ'ləʊsɪs] *n Med* tuberculosis *f inv*

tuberculous [tjʊ'bɜːkjʊləs] *adj Med* tuberculoso(a)

tubing ['tjuːbɪŋ] *n* (*tubes*) tuberías *fpl*; **a piece of rubber/glass t.** un tubo de goma/vidrio

tub-thumping ['tʌbθʌmpɪŋ] *adj* encendido(a)

tubular ['tjuːbjʊlə(r)] *adj* (**a**) (*tube-shaped*) tubular ▫ *Mus* ***t. bells*** campanas *fpl* tubulares (**b**) *US very Fam* (*excellent*) genial, *Esp* dabuten, *Andes, Carib* chévere, *Col* tenaz, *Méx* padrísimo(a)

tubule ['tʃuːbjuːl] *n Anat* túbulo *m*

TUC [tiːjuː'siː] *n* (*abbr* **Trades Union Congress**) = confederación nacional de sindicatos británicos

tuck [tʌk] **1** *n* (**a**) (*in sewing*) pinza *f*, pliegue *m* (**b**) *Br Fam* (*food*) chucherías *fpl*, golosinas *fpl* ▫ ***t. box*** fiambrera *f*; ***t. shop*** (*in school*) puesto *m* de golosinas

2 *vt* **to t. one's trousers into one's socks** remeterse los pantalones en los calcetines; **he tucked his briefcase under his arm** se encajó la cartera bajo el brazo; **to t. sb up in bed** arropar a alguien en la cama; **to t. sth into a drawer** guardar algo en un cajón

▸**tuck away** *vt sep* (**a**) (*hide*) esconder (**b**) *Fam* (*eat*) papear, manducar

▸**tuck in 1** *vt sep* (**a**) (*sheets*) remeter; **t. your shirt into your trousers** (re)métete la camisa por dentro de los pantalones (**b**) (*children in bed*) arropar

2 *vi Fam* (*eat*) papear *or* manducar sin cortarse; **t. in!** ¡come, come!

▸**tuck into** *vt insep Fam* (*meal*) papear *or* manducar con ganas

tucker ['tʌkə(r)] *n Fam* (*food*) papeo *m*, *Méx, RP* papa *f*, *RP* morfi *m*

tuckered-out [tʌkə'daʊt] *adj Fam* (*exhausted*) rendido(a), molido(a)

Tudor ['tjuːdə(r)] **1** *n Hist* **the Tudors** los Tudor ▫ ***T. rose*** rosa *f* de los Tudor

2 *adj* Tudor

Tue(s) (*abbr* **Tuesday**) mart.

Tuesday ['tjuːzdɪ] *n* martes *m inv*; *see also* **Saturday**

tuft [tʌft] *n* (*of hair*) mechón *m*; (*of grass*) mata *f*

tug [tʌg] **1** *n* (**a**) (*pull*) tirón *m*; **to give sth a t.** dar un tirón a algo ▫ *Fam* ***t. of love*** enfrentamiento *m* por amor; ***t. of war*** (*game*) = juego en el que dos equipos tiran de una soga; *Fig* lucha *f* a brazo partido (**b**) *Naut* remolcador *m*

2 *vt* (*pt & pp* **tugged**) (**a**) (*rope, handle*) tirar de (**b**) *Naut* remolcar

3 *vi* **to t. at sth** dar un tirón a algo

tugboat ['tʌgbəʊt] *n* remolcador *m*

tuition [tjʊ'ɪʃən] *n* clases *fpl* (**in** de) ▫ ***t. fees*** matrícula *f*

tulip ['tjuːlɪp] *n* tulipán *m* ▫ ***t. tree*** tulipero *m*

tulle [tjuːl] *n* tul *m*

tum [tʌm] *n* (*in children's language*) tripita *f*, barriga *f*, *Chile* guata *f*

tumble ['tʌmbəl] **1** *n* (*fall*) caída *f*, revolcón *m*; **to take a t.** (*of person*) caer, caerse; (*of prices*) caer en picado ▫ ***t. turn*** (*in swimming*) vuelta *f* de campana, giro *m* sobre sí mismo(a)

2 *vi* (*of person*) caer, caerse; (*of prices*) caer en picado; **the kids tumbled out of the bus** los niños salieron del autobús en tropel; **the clothes tumbled out of the cupboard when I opened it** la ropa se cayó a la vez del armario al abrirlo

▸**tumble down** *vi* desmoronarse

▸**tumble to** *vt insep Fam* caer en (la cuenta de), percatarse de

tumbledown ['tʌmbəldaʊn] *adj* (*house*) ruinoso(a), en ruinas

tumble-drier [tʌmbəl'draɪə(r)] *n* secadora *f*

tumble-dry [tʌmbəl'draɪ] *vt* secar (en la secadora)

tumbler ['tʌmblə(r)] *n* (*glass*) vaso *m*

tumbleweed ['tʌmbəlwiːd] *n* planta *f* rodadora

tumescent [tjʊ'mesənt] *adj Formal* tumefacto(a)

tummy ['tʌmɪ] *n Fam* tripita *f*, barriga *f*, *Chile* guata *f*; **to have (a) t. ache** tener dolor de tripa *or* de barriga *or Chile* de guata ▫ ***t. button*** ombligo *m*

tumour, *US* **tumor** ['tjuːmə(r), *US* 'tuːmər] *n Med* tumor *m*

tumult ['tjuːmʌlt] *n* tumulto *m*

tumultuous [tjʊ'mʌltjʊəs] *adj* tumultuoso(a); **t. applause** aplausos *mpl* enfervorecidos

tuna ['tjuːnə, *US* 'tuːnə] *n* atún *m* ▫ ***t. fish*** atún *m*; *US* ***t. melt*** = tostada de atún con queso fundido por encima

tundra ['tʌndrə] *n* tundra *f*

tune [tjuːn] **1** *n* (**a**) (*melody*) melodía *f*; **I can't sing in t.** desafino al cantar; **to be out of t.** (*of instrument*) estar desafinado(a); (*of person*) desafinar (**b**) IDIOMS **to be in t. with one's surroundings** estar a tono con el entorno; **to call the t.** llevar la batuta; **to the t. of** por valor de

2 *vt* (*musical instrument*) afinar; (*engine*) poner a punto; (*TV, radio*) sintonizar

▸**tune in** *vi Rad & TV* **to t. in to sth** sintonizar (con) algo; **make sure you t. in next week** vuelva a sintonizarnos la próxima semana

▸**tune up** *vi* afinar

tuneful ['tjuːnfʊl] *adj* melodioso(a)

tunefully ['tjuːnfʊlɪ] *adv* melodiosamente

tuneless ['tjuːnlɪs] *adj* sin melodía

tunelessly ['tjuːnlɪslɪ] *adv* sin melodía, desafinadamente

tuner ['tjuːnə(r)] *n Rad & TV* sintonizador *m*

tungsten ['tʌŋstən] *n Chem* tungsteno *m* ▫ ***t. lamp*** lámpara *f* de tungsteno; ***t. steel*** acero *m* de tungsteno

tunic ['tjuːnɪk] *n* túnica *f*

tuning ['tjuːnɪŋ] *n* (**a**) (*of musical instrument*) afinamiento *m*, afinación *f* ▫ ***t. fork*** diapasón *m* (**b**) (*of car engine*) puesta *f* a punto

Tunis ['tjuːnɪs] *n* Túnez (*ciudad*)

Tunisia [tjuː'nɪzɪə] *n* Túnez (*país*)

Tunisian [tjuː'nɪzɪən] *n & adj* tunecino(a) *m,f*

tunnel ['tʌnəl] **1** *n* túnel *m* ▫ ***t. vision*** visión *f* en túnel; *Fig* estrechez *f* de miras

2 *vt* (*pt & pp* **tunnelled,** *US* **tunneled**) **to t. one's way out of prison** escapar de la cárcel haciendo un túnel

3 *vi* abrir un túnel; **to t. through/under sth** abrir un túnel a través de/por debajo de algo

tunny ['tʌnɪ] *n Br* atún *m* ▫ ***t. fish*** atún *m*

tuppence ['tʌpəns] *n Br* (**a**) (*coin*) moneda *f* de dos peniques (**b**) IDIOMS *Fam* **it isn't worth t.** no vale un pimiento, no vale nada; *Fam Old-fashioned* **she doesn't give** *or* **care t.** le importa un comino

tuppenny ['tʌpənɪ] *adj Br* de dos peniques; IDIOM *Fam* **I couldn't give a t. damn** me importa un comino

Tupperware® ['tʌpəweə(r)] *n* Tupperware® *m*

turban ['tɜːbən] *n* turbante *m*

turbid ['tɜːbɪd] *adj* turbio(a)

turbine ['tɜːbaɪn] *n* turbina *f*

turbo-charged ['tɜːbəʊtʃɑːdʒd] *adj* turbo *inv*

turbo-charger ['tɜːbəʊtʃɑːdʒə(r)] *n* turbo *m*, turbocompresor *m*

turbofan ['tɜːbəʊfæn] *n* turboventilador *m*

turbojet ['tɜːbəʊdʒet] *n (engine, plane)* turborreactor *m*

turboprop ['tɜːbəʊprɒp] *n (engine)* turbopropulsor *m*, turbohélice *f*; *(plane)* avión *m* turbopropulsado

turbot ['tɜːbət] *n* rodaballo *m*

turbulence ['tɜːbjʊləns] *n* turbulencia *f*

turbulent ['tɜːbjʊlənt] *adj* turbulento(a)

turd [tɜːd] *n Fam* (**a**) *(excrement)* cagada *f*, mierda *f* (**b**) *(person) Esp* gilipollas *mf inv*, *Am* pendejo(a) *m,f*, *RP* boludo(a) *m,f*

tureen [tjʊə'riːn] *n* sopera *f*

turf [tɜːf] **1** *n* (**a**) *(surface)* césped *m*; **a piece of t.** un tepe (**b**) *(peat)* (tepe *m* de) turba *f* (**c**) *Fam (territory)* territorio *m* (**d**) **the t.** *(horse racing)* las carreras de caballos ▫ *Br* ***t. accountant*** corredor *m* de apuestas

2 *vt* cubrir de césped

▸**turf out** *vt sep Br Fam (person)* echar; *(unwanted item)* tirar, *Am* botar

turgid ['tɜːdʒɪd] *adj (style)* ampuloso(a)

Turk [tɜːk] *n* turco(a) *m,f*

Turkey ['tɜːkɪ] *n* Turquía

turkey ['tɜːkɪ] (*pl* **turkeys**) *n* (**a**) *(bird)* pavo(a) *m,f*, *Méx* guajolote *m* ▫ ***t. buzzard*** gallinazo *m* común; ***t. cock*** pavo *m*, *Méx* guajolote *m*; ***t. hen*** pava *f*; ***t. vulture*** gallinazo *m* común (**b**) *Fam (bad play, film)* fracaso *m* (**c**) *US Fam* **to talk t.** ir al grano

Turkish ['tɜːkɪʃ] **1** *n (language)* turco *m*

2 *adj* turco(a) ▫ ***T. bath*** baño *m* turco; ***T. carpet*** alfombra *f* turca; ***T. coffee*** café *m* turco; ***T. delight*** delicias *fpl* turcas, = dulce gelatinoso recubierto de azúcar en polvo

Turkmen ['tɜːkmen] *n & adj (person)* turcomano(a) *m,f*

Turkmenistan [tɜːkmenɪ'stɑːn] *n* Turkmenistán

turmeric ['tɜːmərɪk] *n* cúrcuma *f*

turmoil ['tɜːmɔɪl] *n* (estado *m* de) confusión *f or* agitación *f*; **the country is in (a) t.** reina la confusión en el país; **his mind was in t.** tenía la mente trastornada

TURN [tɜːn] **1** *n* (**a**) *(of wheel, screw)* vuelta *f*; **the meat is done to a t.** la carne está en su punto

(**b**) *(change of direction)* giro *m*; *(in road, river)* curva *f*; **to make a left t.** girar a la derecha; **no right t.** *(on sign)* prohibido girar a la derecha; **at the t. of the year/century** a principios de año/siglo; *Fig* **at every t.** a cada paso; **he was by turns charming and rude** se mostraba alternativamente encantador y maleducado; **my luck is on the t.** mi suerte está cambiando; **to take a t. for the better/worse** cambiar a mejor/peor; **events took an unexpected t.** los acontecimientos tomaron un cariz *or* rumbo inesperado; **a dangerous t. of events** un giro peligroso de los acontecimientos; *Br* **he has a good t. of speed** tiene una buena punta de velocidad; **the t. of the tide** el cambio de marea; *Fig* el punto de inflexión ▫ *US Aut* ***t. signal*** intermitente *m*

(**c**) *(in game, sequence)* turno *m*; **it's my t.** me toca a mí; **to miss a t.** *(in game)* perder un turno; **you can take** *or* **have your t. on the video game first** puedes jugar tú primero con el videojuego; **to take turns (at doing sth)**, *Br* **to take it in turns (to do sth)** turnarse (para hacer algo); **I, in t., told her** yo, a mi vez, se lo dije a ella; **they asked each of us in t. our name** nos preguntaron el nombre a uno detrás de otro; **to speak** *or* **talk out of t.** decir una inconveniencia

(**d**) *Fam (fit)* ataque *m*; **it gave me quite a t.** *(fright)* me dio un buen susto; **she had a funny t.** *(felt faint)* le dio un mareo

(**e**) *Th* número *m*

(**f**) *(service)* **to do sb a good t.** hacer un favor a alguien; PROV **one good t. deserves another** amor con amor se paga

(**g**) *(tendency)* **people of a religious t. of mind** personas con tendencias religiosas ▫ ***t. of phrase*** modo *m* de expresión

(**h**) *Old-fashioned (stroll)* **to take a t. in the park** dar un paseo por el parque

2 *vt* (**a**) *(cause to move) (wheel, handle, dial)* girar; *(page)* pasar; *(key, omelette)* dar la vuelta a; **t. the sofa to face the door** gira el sofá y déjalo mirando hacia la puerta; **t. the control to "off"** pon el mando en la posición "apagado"; **to t. one's head/eyes** volver la cabeza/la vista; IDIOM **success has turned her head** el éxito se le ha subido a la cabeza; IDIOM **she was the sort of woman who turned heads** era un monumento de mujer

(**b**) *(direct)* **I turned my gaze on them** dirigí la mirada hacia ellos; *also Fig* **to t. one's back on sb** volver la espalda a alguien; **they turned their guns on us** nos apuntaron con sus armas; **they turned their anger on us** dirigieron su ira hacia nosotros; **I turned my attention/thoughts** *or* **mind to...** centré mi atención/mis pensamientos en...; **to t. the conversation to...** encauzar la conversación hacia...

(**c**) *(go round, past)* **to t. the corner** doblar *or Am* voltear la esquina; *Fig* superar la crisis; **she's turned forty** ha cumplido cuarenta años; **it has just turned six o'clock** acaban de dar las seis (en punto)

(**d**) *(twist)* **to t. one's ankle** torcerse un tobillo

(**e**) *(change, convert)* **to t. sth into sth** convertir algo en algo; **to t. sth green/black** poner *or* volver algo verde/negro

(**f**) *(perform) (cartwheel, somersault)* dar, hacer

(**g**) *(on lathe)* tornear

3 *vi* (**a**) *(rotate) (of wheel, planet, key)* girar; **the earth turns on its axis** la Tierra gira sobre su eje

(**b**) *(change direction) (of person)* volverse; *(of tide)* empezar a bajar/subir; **the car turned into/up/down a side street** el vehículo se metió por una calle lateral; **to t. (to the) right/left** *(of person, car)* torcer *or* doblar a la derecha/izquierda; *(of road, path)* girar a la derecha/izquierda; **t. to page 12** *(said by teacher)* id a la página 12; *(on page)* continúa en la página 12; **she turned to** *or* **towards me, she turned to face me** se volvió hacia mí; **to t. to sb (for help/advice)** acudir a alguien (en búsqueda *or Esp* busca de ayuda/consejo); **I had no one to t. to** no tenía a quién acudir *or* recurrir; **he turned to drugs** se refugió en las drogas; **we now t. to the issue of funding** vamos a pasar al tema de la financiación; **my thoughts often t. to this subject** pienso en este asunto a menudo; *Fig* **he can t. on a** *Br* **sixpence** *or US* **dime** tiene muy buen golpe de cintura, es capaz de girar muy bruscamente

(**c**) *(change) (of weather, luck)* cambiar; *(of leaves)* cambiar de color; *(of game)* dar un giro; **the mood turned from optimism to despair** los ánimos pasaron del optimismo a la desesperación; **our optimism turned to despair** nuestro optimismo se tornó en desesperación

(**d**) *(become)* **to t. blue** *(change colour)* ponerse azul; **her fingers had turned blue (with cold)** se le habían puesto los dedos azules (de frío); **it has turned cold** *(of weather)* hace más frío; **to t. nasty** *(of person)* ponerse agresivo(a); *(of situation, weather)* ponerse feo(a); **to t. pale** empalidecer; **to t. professional** hacerse profesional; **to t. red** *(of sky, water)* ponerse rojo(a), enrojecer; *(of person)* ponerse colorado(a); **to t. sour** *(of milk)* cortarse, agriarse; *(of relationship)* deteriorarse; **he turned traitor and told the enemy their plan** les traicionó contando su plan al enemigo; **he's an actor turned politician** es un actor que se metió a político

(**e**) *(of milk)* cortarse, agriarse

▸**turn about** *vi* girar

▸**turn against 1** *vt insep* volverse contra

2 *vt sep* volver contra

▸**turn around** = **turn round**

▸**turn away 1** *vt sep (refuse entry)* prohibir la entrada a; *(reject)* rechazar

2 *vi* **she turned away from him** *(rotated whole body)* le volvió la espalda; *(looked away)* desvió la mirada; **to t. away from sb/sth** *(reject, abandon)* volver la espalda a alguien/algo

▸**turn back 1** *vt sep* (**a**) *(person)* hacer volver (**b**) *(reset)* **to t. the clocks back** atrasar los relojes; *Fig* retroceder en el tiempo, regresar al pasado (**c**) *(sheets, blankets)* **to t. back the covers** abrir la cama

2 *vi* volver; **t. back to page 12** *(said by teacher)* id a la página 12; *(on page)* continúa en la página 12; *Fig* **we can't t. back now** ahora no podemos volvernos atrás

▸**turn down** *vt sep* (**a**) *(volume, radio, heat)* bajar (**b**) *(with clothes)* **to t. one's collar down** bajarse el cuello (**c**) *(request, application, person, job)* rechazar

▸**turn forward** *vt sep (clocks)* adelantar

▸**turn in 1** *vt sep* (**a**) *(lost property)* entregar; *(person)* entregar a la policía; **to t. oneself in** entregarse (**b**) *(results)* dar; **she turned in a fantastic performance** tuvo una actuación brillante

2 *vi Fam* irse a dormir

▸**turn into** *vt insep (become)* convertirse en; **autumn turned into winter** al otoño siguió el invierno

▸**turn off 1** *vt insep (leave) (road, path)* salir de

2 *vt sep* (**a**) *(water, gas)* cerrar; *(light, TV, engine)* apagar (**b**) *Fam (cause to lose excitement)* cortar el rollo a; **it really turns me off** me corta el rollo totalmente

3 *vi* (**a**) *(leave road, path)* salir (**b**) *(switch off)* apagarse

▸**turn on 1** *vt sep* (**a**) *(water, gas)* abrir; *(light, TV, engine)* encender, *Am* prender; *Pej* **to t. the charm on** hacerse el(la) encantador(ora); **she knows how to t. the tears on** puede ponerse a llorar cuando le conviene; **Ríos really turned it on in the second set** Ríos sacó todo su talento a relucir en el segundo set (**b**) *Fam (excite)* entusiasmar; *(sexually)* poner cachondo(a) a, excitar; **whatever turns you on** sobre gustos no hay nada escrito, si eso le/te/*etc* hace ilusión

2 *vt insep* (**a**) *(attack)* volverse contra (**b**) *(depend on)* **it all turns on…** todo depende de…

3 *vi* (**a**) *(switch on)* encenderse, *Am* prenderse (**b**) *Fam (take drugs)* drogarse

▸**turn out 1** *vt sep* (**a**) *(eject) (person)* echar; **t. the jelly out onto a plate** volcar la gelatina en un plato (**b**) *(pocket, container)* vaciar (**c**) *(light)* apagar; *(gas)* cerrar (**d**) *(produce)* producir; **to be well turned out** *(of person)* ir muy arreglado(a)

2 *vi* (**a**) *(appear, attend)* acudir, presentarse (**b**) *(result)* salir; **to t. out well/badly** salir bien/mal; **it has turned out nice today** hoy hace un buen día; **he turned out to be a cousin of mine** resultó ser primo mío; **it turns out that…** resulta que…; **as it turns out…** resulta que…

▸**turn over 1** *vt sep* (**a**) *(flip over)* dar la vuelta a; *(page)* volver; **to t. sth over (in one's mind)** dar vueltas a algo; IDIOM **to t. over a new leaf** hacer borrón y cuenta nueva (**b**) *(hand over)* **to t. sth/sb over to sb** entregar algo/a alguien a alguien (**c**) *Fam (rob)* **our house got turned over** nos entraron a robar en casa; **the old lady was turned over** atracaron a la anciana (**d**) *Fin* facturar

2 *vi* (**a**) *(of person)* darse la vuelta; *(of car)* volcarse (**b**) *Aut* **keep the engine turning over** deja el motor encendido *or Am* prendido (**c**) *(move to next page)* pasar la página (**d**) *(change TV channels)* cambiar de cadena

▸**turn round 1** *vt sep* (**a**) *(car, table)* dar la vuelta a (**b**) *(economy, situation, company)* enderezar (**c**) *(question, sentence)* dar la vuelta a (**d**) *(finish, get done)* terminar, hacer; *Com* **to t. round an order** procesar un pedido

2 *vi (of wheel)* girar, dar vueltas; *(of car)* dar la vuelta; *(of person)* darse la vuelta; *Fig* **you can't just t. round and say you're not interested any more** no puedes agarrar *or Esp* coger y decirme que ya no te interesa; *Fig* **before you could t. round** en un santiamén

▸**turn up 1** *vt sep* (**a**) *(trousers)* meter (de abajo); **to t. one's collar up** subirse el cuello (**b**) *(volume, radio, heat)* subir (**c**) *(discover)* encontrar

2 *vi (of person)* presentarse, aparecer; *(of lost object)* aparecer; **to t. up late** llegar *or* presentarse tarde; **something is sure to t. up** seguro que algo aparecera

---

turnabout ['tɜ:nəbaʊt] *n (in situation, opinion)* vuelco *m*, giro *m*

turnaround ['tɜ:nəraʊnd] *n* (**a**) *(in situation, opinion)* vuelco *m*, giro *m* (**b**) *Com* ***t. time*** tiempo *m* de espera *(de pedidos)*

turncoat ['tɜ:nkəʊt] *n Esp* chaquetero(a) *m,f*, *Am* oportunista *mf*, *RP* camaleón *m*

turner ['tɜ:nə(r)] *n (lathe operator)* tornero(a) *m,f*

turning ['tɜ:nɪŋ] *n* (**a**) *(off road) (in country)* giro *m*, desviación *f*; *(in town)* bocacalle *f* (**b**) ***t. circle*** *(of car)* (capacidad *f* de) giro *m*; ***t. point*** *(in events)* punto *m* de inflexión, momento *m* decisivo

turnip ['tɜ:nɪp] *n* nabo *m*

turnkey ['tɜ:nki:] **1** *n (pl* **turnkeys***)* *(jailer)* carcelero(a) *m,f*

2 *adj Comptr* listo(a) para ser utilizado(a)

turn-off ['tɜ:nɒf] *n* (**a**) *(on road)* salida *f*, desviación *f* (**b**) *Fam* **it's a t.** es un corte de rollo, *Méx* es un bajón, *RP* es una pálida, *Ven* es un aguaje

turn-on ['tɜ:nɒn] *n Fam* **it's a t. for her/him** *(sexually)* le vuelve loco, *Esp* le pone a cien

turnout ['tɜ:naʊt] *n* (**a**) *(attendance)* concurrencia *f*, asistencia *f* (**b**) *(for election)* (índice *m* de) participación *f* (**c**) *US (off road)* apartadero *m*

turnover ['tɜ:nəʊvə(r)] *n* (**a**) *Com* volumen *m* de negocio, facturación *f* (**b**) *Culin* **apple t.** = especie de empanada de hojaldre rellena de compota de manzana (**c**) *Sport (in basketball, American football)* pérdida *f*

turnpike ['tɜ:npaɪk] *n US (road)* autopista *f* de peaje

turnstile ['tɜ:nstaɪl] *n* torniquete *m*, torno *m* (de entrada)

turntable ['tɜ:nteɪbəl] *n (for record)* plato *m*, giradiscos *m inv*

turn(-)up ['tɜ:nʌp] *n* (**a**) *Br (on trousers)* vuelta *f* (**b**) *Fam* **what a t. for the books!** ¡eso sí que es una sorpresa!

turpentine ['tɜ:pəntaɪn] *n* trementina *f*

turpitude ['tɜ:pɪtju:d] *n Formal* bajeza *f*, vileza *f*

turps [tɜ:ps] *n Fam* trementina *f*

turquoise ['tɜ:kwɔɪz] **1** *n* (**a**) *(colour)* (azul *m*) turquesa *m* (**b**) *(stone)* turquesa *f*

2 *adj* turquesa

turret ['tʌrɪt] *n* (**a**) *(on building)* torrecilla *f* (**b**) *(on tank, warship)* **(gun) t.** torreta *f*

turtle ['tɜ:təl] *n* (**a**) *(aquatic animal)* tortuga *f* (marina); IDIOM **to turn t.** *(of ship)* volcar ▫ ***t. soup*** sopa *f* de tortuga (**b**) *US (tortoise)* tortuga *f*

turtledove [tɜ:təl'dʌv] *n* tórtola *f*

turtleneck ['tɜ:təlnek] *n* cuello *m* alto; **t. (sweater)** suéter *m or Esp* jersey *m* de cuello alto

Tuscan ['tʌskən] *adj* toscano(a)

Tuscany ['tʌskənɪ] *n* (la) Toscana

tush [tʊʃ] *n US Fam (buttocks)* trasero *m*

tusk [tʌsk] *n* colmillo *m*

tussle ['tʌsəl] *also Fig* **1** *n* pelea *f*; **to have a t. with sb** tener una pelea con alguien

2 *vi* **to t. (with sb for sth)** pelearse (con alguien por algo)

tussock ['tʌsək] *n* mata *f*

tut [tʌt], **tut-tut** [tʌt'tʌt] **1** *vi* quejarse *(con un chasquido de la lengua)*

2 *exclam* ¡vaya (por Dios)!

tutelage ['tju:təlɪdʒ] *n Formal* tutela *f*

tutor ['tju:tə(r)] **1** *n* (**a**) *Br (at university)* tutor(ora) *m,f* (**b**) *(private teacher)* **(private) t.** profesor(ora) *m,f* particular

2 *vt* **to t. sb in French** dar clases particulares de francés a alguien

tutorial [tjʊ'tɔ:rɪəl] *n* (**a**) *Br Univ* tutoría *f* (**b**) *Comptr* tutorial *m*

tutti-frutti ['tu:tɪ'fru:tɪ] *adj (ice-cream)* de tutti frutti

tutu ['tu:tu:] *n* tutú *m*

Tuvalu [tu:'vɑ:lu:] *n* (las islas) Tuvalu

tux [tʌks] *n US Fam* esmoquin *m*

tuxedo [tʌk'si:dəʊ] *(pl* **tuxedos***)* *n* esmoquin *m*

TV [ti:'vi:] *n* (**a**) *(television)* televisión *f*; **on (the) TV** en *or* por (la) televisión; **to watch TV** ver la televisión ▫ ***TV dinner*** = menú completo precocinado y congelado que sólo necesita calentarse en el mismo envase; ***TV movie*** telefilm(e) *m*; ***TV programme*** programa *m* de televisión (**b**) *very Fam (abbr* **transvestite***)* travesti *mf*, travestido(a) *m,f*

TVP [ti:vi:'pi:] *n Culin (abbr* **textured vegetable protein***)* proteína *f* vegetal texturizada, = alimento proteínico a base de soja texturizada que se utiliza como sustituto de la carne

twaddle ['twɒdəl] *n Fam* tonterías *fpl*, sandeces *fpl*

twain [tweɪn] *n Literary* dos *m*; IDIOM **… and ne'er the t. shall meet** …y están condenados a no entenderse

twang [twæŋ] **1** *n (sound)* sonido *m* vibrante; **nasal t.** entonación *f* nasal

2 *vt (string)* pulsar; *(guitar, banjo)* tañer, pulsar las cuerdas de

3 *vi (of string)* producir un sonido vibrante

twat [twæt] *n Vulg* (**a**) *(woman's genitals)* *Esp* conejo *m*, *Col* cuca *f*, *Méx* paloma *f*, *RP* concha *f*, *Ven* cuchara *f* (**b**) *(person)* *Esp* gilipollas *mf inv*, *Am* pendejo(a) *m,f*, *RP* boludo(a) *m,f*

tweak [twi:k] **1** *n* (**a**) **to give sb's ear a t.** dar a alguien un tirón de orejas (**b**) *Fam* **to give sth a t.** *(text, computer programme)* hacer un pequeño ajuste en algo

2 *vt* (**a**) *(nose, ear)* pellizcar (**b**) *(text, computer programme)* ajustar

twee [twi:] *adj Br Fam Pej* cursi

tweed [twi:d] *n Tex* tweed *m*; **tweeds** *(suit)* traje *m* de tweed

tweet [twi:t] **1** *n* pío *m*, gorjeo *m*
2 *vi* piar, gorjear

tweeter ['twi:tə(r)] *n (hi-fi speaker)* altavoz *m* de agudos

tweezers ['twi:zəz] *npl* pinzas *fpl*; **a pair of t.** unas pinzas

twelfth [twelfθ] **1** *n* **(a)** *(fraction)* doceavo *m*, doceava parte *f* **(b)** *(in series)* duodécimo(a) *m,f* **(c)** *(of month)* doce *m*
2 *adj* duodécimo(a) ▫ ***T. Night*** noche *f* de Reyes; *see also* **eleventh**

twelve [twelv] *n & adj* doce *m*; *see also* **eight**

twelve-hour clock ['twelvaʊəklɒk] *n* reloj *m* de doce horas

twelve-inch ['twelvɪntʃ] *n (record)* maxisingle *m*

twelve-tone ['twelvtəʊn] *adj Mus* dodecafónico(a)

twenties ['twenti:z] *npl* (años *mpl*) veinte *mpl*; *see also* **eighties**

twentieth ['twentɪɪθ] **1** *n* **(a)** *(fraction)* veinteavo *m*, vigésima parte *f* **(b)** *(in series)* vigésimo(a) *m,f* **(c)** *(of month)* veinte *m*
2 *adj* vigésimo(a); *see also* **eleventh**

twenty ['twentɪ] *n & adj* veinte *m*; *see also* **eighty**

twenty first ['twentɪ'fɜ:st] **1** *n* **(a)** *(in series)* vigésimo(a) primero(a) **(b)** *(of month)* veintiuno *m* **(c)** *Fam (birthday, celebration)* vigésimo primer cumpleaños; **it's Jim's t.** Jim cumple veintiuno
2 *adj* vigésimo(a) primero(a); *(before masculine singular noun)* vigésimo primer; *see also* **eleventh**

twenty-four-hour clock [twentɪ'fɔ:raʊə'klɒk] *n* reloj *m* de veinticuatro horas

twenty-one ['twentɪ'wʌn] **1** *n* **(a)** *(number)* veintiuno *m* **(b)** *US (card game)* veintiuna *f*
2 *adj* veintiuno(a); *(before masculine singular noun)* veintiún

twenty-twenty vision ['twentɪ'twentɪ'vɪʒən] *n* vista *f* perfecta

twerp [twɜ:p] *n Fam* memo(a) *m,f*, lerdo(a) *m,f*

twice [twaɪs] *adv* dos veces; **t. as big as…** el doble de grande que…; **t. as slow** el doble de lento(a); **it would cost t. as much** costaría el doble; **he's t. your age** te dobla en edad, tiene el doble de años que tú; **t. over** dos veces; **to think t. before doing sth** pensárselo dos veces antes de hacer algo; **he didn't have to be asked t.** no hubo que pedírselo dos veces

twiddle ['twɪdəl] **1** *vt (knob, dial)* dar vueltas a, girar; IDIOM **to t. one's thumbs** holgazanear
2 *vi* **to t. with sth** juguetear *or* trastear con algo

twig[1] [twɪg] *n (small branch)* ramita *f*

twig[2] *(pt & pp* **twigged**) *Br Fam* **1** *vt (realize)* darse cuenta de, *Esp* coscarse
2 *vi (realize)* darse cuenta, *Esp* coscarse; **to t. to sth** darse cuenta de algo, *Esp* coscarse de algo

twiglet ['twɪglɪt] *n (small twig)* ramita *f*

twilight ['twaɪlaɪt] *n* crepúsculo *m*; **at t.** al ponerse el sol ▫ ***t. world*** mundo *m* nebuloso; ***t. zone*** *(of city)* barrio *m* marginal, *Fig* mundo *m* nebuloso

twilit ['twaɪlɪt] *adj* en penumbra

twill [twɪl] *n* sarga *f*

twin [twɪn] **1** *n (identical)* gemelo(a) *m,f*; *(non-identical)* mellizo(a) *m,f* ▫ ***t. brother*** hermano *m* gemelo; ***t. sister*** hermana *f* gemela
2 *adj (paired)* parejo(a) ▫ ***t. beds*** camas *fpl* gemelas; ***t.-engine(d) aircraft*** (avión *m*) bimotor *m*; ***t. town*** ciudad *f* hermanada; ***t. tub*** *(washing machine)* lavadora *f* de doble tambor
3 *vt (pt & pp* **twinned**) *(towns)* hermanar; **Glasgow is twinned with…** Glasgow está hermanada con…

twin-cam ['twɪnkæm] *adj Aut* de doble árbol de levas

twine [twaɪn] **1** *n (string)* cordel *m*
2 *vt* **the creeper had twined itself round the tree** la enredadera se había enroscado *or* enrollado alrededor del árbol; **to t. one's arms around sth/sb** rodear algo/a alguien con los brazos

twinge [twɪndʒ] *n (of pain)* punzada *f*; **a t. of conscience** un remordimiento (de conciencia); **a t. of guilt** una sensación de culpa; **a t. of envy** un arrebato de envidia

twinkle ['twɪŋkəl] **1** *n* **(a)** *(of stars, lights)* parpadeo *m* **(b)** *(of eyes)* brillo *m*; IDIOM *Hum* **when he was just a t. in his father's eye** cuando aún ni siquiera había nacido
2 *vi* **(a)** *(of star, light)* parpadear **(b)** *(of eyes)* brillar

twinkling ['twɪŋklɪŋ] *n* IDIOM **in the t. of an eye** en un abrir y cerrar de ojos

twinset ['twɪnset] *n Br* conjunto *m* de suéter y rebeca

twirl [twɜ:l] **1** *n (movement)* giro *m*, vuelta *f*; *Fam* **give us a t.!** ¡date la vuelta, que te veamos!
2 *vt* hacer girar; **he twirled his moustache** se retorció el bigote
3 *vi (of person)* **to t. round** dar vueltas sobre sí mismo(a)

twirly ['twɜ:lɪ] *adj* retorcido(a)

twist [twɪst] **1** *n* **(a)** *(action)* **to give sth a t.** retorcer algo; **with a t. of the wrist** con un giro de muñeca ▫ *Tech* ***t. drill*** broca *f* helicoidal
(b) *(bend)* **twists and turns** *(of road)* vueltas *fpl* y revueltas; *Fig (of events)* avatares *mpl*; IDIOM *Br Fam* **to be/go round the t.** estar/volverse majara *or Col, Méx* zafado(a) *or RP* rayado(a); IDIOM *Br Fam* **to drive sb round the t.** volver majara *or* enloquecer a alguien
(c) *(in story, plot)* giro *m* inesperado
(d) *(piece)* **a t. of lemon** un trozo de peladura de limón; **a t. of paper** un papelito, un trocito de papel
(e) *(dance)* twist *m*; **to do the t.** bailar el twist
2 *vt* **(a)** *(thread, rope)* retorcer; **to get twisted** *(of rope, cable)* retorcerse; **to t. one's ankle** torcerse el tobillo; **to t. sb's arm** retorcerle el brazo a alguien; *Fig* presionar a alguien
(b) *(turn) (lid, handle)* girar, dar vueltas a; IDIOM **to t. the knife (in the wound)** remover la herida
(c) *(sb's words, meaning of text)* tergiversar
3 *vi* **(a)** *(bend) (of smoke)* elevarse en espirales; *(of road)* torcer; **the road twists back on itself** la carretera gira en redondo; **to t. and turn** *(of road)* serpentear
(b) *(turn)* girar
(c) *(dance)* bailar el twist

▸**twist off 1** *vt sep (lid)* desenroscar
2 *vi (of lid)* desenroscarse

twisted ['twɪstɪd] *adj also Fig* retorcido(a) ▫ *Comptr* ***t. pair*** par *m* trenzado

twister ['twɪstə(r)] *n* **(a)** *Br Fam (dishonest person)* embaucador(ora) *m,f* **(b)** *US (tornado)* tornado *m*

twist-off ['twɪstɒf] *adj* de rosca

twit [twɪt] *n Br Fam* memo(a) *m,f*, lerdo(a) *m,f*

twitch [twɪtʃ] **1** *n* **(a)** *(pull)* tirón *m* **(b)** *(tic)* **to have a nervous t.** tener un tic nervioso
2 *vt (pull)* dar un tirón a
3 *vi (of face)* contraerse

twitchy ['twɪtʃɪ] *adj Fam* tenso(a), nervioso(a)

twitter ['twɪtə(r)] **1** *n* **(a)** *(of birds)* gorjeo *m* **(b)** *Fam* **to be in a t.** *(excited)* estar agitado(a)
2 *vi* **(a)** *(of bird)* gorjear **(b)** *Fam (of person)* parlotear; **to t. on** *or* **away** no parar de darle a la lengua, *Esp* no parar de rajar

'twixt [twɪkst] *prep Literary* entre

two [tu:] **1** *n (pl* **twos**) dos *m*; **to break/fold sth in t.** romper/doblar algo en dos; **to walk in twos, to walk t. by t.** caminar de dos en dos; IDIOM **to put t. and t. together** atar cabos; *Fam* **that makes t. of us** ya somos dos; **it takes t. to start a fight/an argument** no hay pelea/discusión si dos no quieren; IDIOM **to be t. of a kind** ser tal para cual
2 *adj* dos; **a drink or t.** alguna que otra copa, un par de copas; IDIOM **for t. pins** por menos de nada; IDIOM *Fam* **in t. ticks** en un segundito; IDIOM **there are no t. ways about it** *(there's no argument)* no hay más que hablar; *(there's no avoiding it)* no hay vuelta de hoja; *see also* **eight**

two-bit ['tu:'bɪt] *adj US Fam (insignificant)* de tres al cuarto, *RP* de morondanga

two-by-four ['tu:baɪ'fɔ:(r)] *n* tablón *m* alargado de dos por cuatro *(pulgadas de grosor y anchura respectivamente)*

two-dimensional ['tu:daɪ'menʃənəl] *adj* **(a)** *(shape)* bidimensional **(b)** *Pej (character, film)* superficial, plano(a)

two-edged ['tu:edʒd] *adj (blade, remark)* de doble filo; IDIOM **to be a t. sword** ser un arma de doble filo

two-faced ['tu:'feɪst] *adj Fam* falso(a)

twofold ['tu:fəʊld] **1** *adj* doble; **a t. plan** un doble plan; **a t. rise** una subida del doble,

una duplicación
2 *adv* dos veces; **to increase t.** duplicarse
two-handed ['tu:'hændɪd] *adj* (**a**) *(sword, axe)* para dos manos (**b**) *(saw)* con dos mangos
two-horse race ['tu:hɔ:s'reɪs] *n Fig* mano a mano *m*
two-legged ['tu:'legɪd] *adj* bípedo(a)
twopence ['tʌpəns] = **tuppence**
twopenny ['tu:penɪ] = **tuppenny**
two-piece ['tu:pi:s] *adj* ***t. suit*** traje *m*; ***t. swimsuit*** biquini *m*
two-pin ['tu:pɪn] *adj (plug, socket)* de dos clavijas
two-ply ['tu:plaɪ] *adj* de doble hoja, de dos capas
two-seater ['tu:'si:tə(r)] *n* (**a**) *(plane)* (avión *m*) biplaza *m* (**b**) *(car)* biplaza *m*
twosome ['tu:səm] *n* dúo *m*
two-step ['tu:step] *n (dance)* = baile de salón con un ritmo de 2 por 4
two-stroke ['tu:strəʊk] *adj* de dos tiempos
two-time ['tu:taɪm] *vt Fam* **to t. sb** pegársela a alguien
two-timer [tu:'taɪmə(r)] *n Fam* infiel *mf*
two-tone ['tu:təʊn] *adj* (**a**) *(in colour)* bicolor, de dos colores (**b**) *(in sound)* de dos notas
two-way ['tu:weɪ] *adj* ***t. mirror*** cristal *m* espejo *or* de efecto espía; ***t. radio*** aparato *m* emisor y receptor de radio; ***t. street*** calle *f* de doble sentido
TX (*abbr* **Texas**) Texas, Tejas
tycoon [taɪ'ku:n] *n* magnate *m*
tyke [taɪk] *n* (**a**) *(dog)* chucho *m* (**b**) *Br Fam (rough person)* bruto(a) *m,f*, *Esp* basto(a) *m,f* (**c**) *US Fam (naughty child)* pilluelo(a) *m,f*, *Esp* pillastre(a) *m,f*
tympanum ['tɪmpənəm] *n Anat* tímpano *m*
type [taɪp] **1** *n* (**a**) *(kind)* tipo *m*, clase *f*; **that t. of thing** ese tipo de cosas; **you know the t. of thing I mean** ya sabes a lo que me refiero
(**b**) *(person)* **an athletic/intellectual t.** un individuo atlético/intelectual; **she's the thoughtful t.** es de esta (clase de) gente (que es) atenta; **he's not the t. to complain** no es de los que se quejan; **your t. are all the same!** ¡los de tu clase sois todos iguales!; *Fam* **he's not my t.** no es mi tipo
(**c**) *Typ* tipo *m* (de imprenta); **in bold t.** en negrita
2 *vt* (**a**) *(with typewriter)* escribir a máquina, mecanografiar; *(with word processor)* escribir *or* introducir en el *Esp* ordenador *or Am* la computadora
(**b**) *(classify)* clasificar
3 *vi* escribir a máquina, mecanografiar
▸**type out** *vt sep* escribir a máquina, mecanografiar
▸**type up** *vt sep* escribir a máquina, mecanografiar
typecast ['taɪpkɑ:st] *(pt & pp* **typecast***) vt* encasillar
typeface ['taɪpfeɪs] *n* tipo *m*, letra *f*
typescript ['taɪpskrɪpt] *n* copia *f* mecanografiada
typeset ['taɪpset] *vt* componer
typesetter ['taɪpsetə(r)] *n* (**a**) *(person)* tipógrafo(a) *m,f* (**b**) *Comptr* filmadora *f*
typewriter ['taɪpraɪtə(r)] *n* máquina *f* de escribir
typewritten ['taɪprɪtən] *adj* escrito(a) a máquina, mecanografiado(a)
typhoid ['taɪfɔɪd] *n Med* **t. (fever)** fiebre *f* tifoidea
typhoon [taɪ'fu:n] *n* tifón *m*
typhus ['taɪfəs] *n Med* tifus *m inv*
typical ['tɪpɪkəl] *adj* típico(a); **on a t. day** en un día normal; **isn't that t. (of him/her)!** ¡típico (de él/ella)!; **in t. fashion** como es costumbre, como de costumbre
typically ['tɪpɪklɪ] *adv* típicamente; **to act t.** comportarse como de costumbre; **t., this would cost around $500** normalmente esto costaría unos 500 dólares
typify ['tɪpɪfaɪ] *vt (exemplify)* tipificar; *(sum up)* caracterizar
typing ['taɪpɪŋ] *n (by typewriter)* mecanografía *f*; *(by word processor)* introducción *f* (de datos) en el *Esp* ordenador *or Am* la computadora ▫ ***t. error*** error *m* mecanográfico; ***t. paper*** papel *m* para escribir a máquina; ***t. pool*** sección *f* de mecanografía; ***t. speed*** velocidad *f* de mecanografiado
typist ['taɪpɪst] *n* mecanógrafo(a) *m,f*
typo ['taɪpəʊ] *n Fam* error *m* tipográfico
typographic(al) [taɪpə'græfɪkəl] *adj* tipográfico(a)
typography [taɪ'pɒgrəfɪ] *n* tipografía *f*
typology [taɪ'pɒlədʒɪ] *n* tipología *f*
tyrannical [tɪ'rænɪkəl] *adj* tiránico(a)
tyrannize ['tɪrənaɪz] *vt* tiranizar
tyrannosaurus [tɪrænə'sɔ:rəs] *n* tiranosaurio *m*
tyrannous ['tɪrənəs] *adj* tiránico(a)
tyranny ['tɪrənɪ] *n* tiranía *f*
tyrant ['taɪrənt] *n* tirano(a) *m,f*
tyre, *US* **tire** ['taɪə(r)] *n* neumático *m*, rueda *f*, *Am* llanta *f*, *Arg* goma *f* ▫ ***t. chain*** cadena *f (para la nieve)*; ***t. gauge*** manómetro *m*; ***t. marks*** rodada *f*; ***t. pressure*** presión *f* de los neumáticos *or* de las ruedas
tyro ['taɪrəʊ] *n* principiante *mf*
Tyrol [tɪ'rɒl] *n* Tirol
Tyrolean, Tirolean [tɪrə'lɪən] **1** *n* tirolés(esa) *m,f*
2 *adj* tirolés(esa) ▫ ***T. hat*** sombrero *m* tirolés
tzar, tzarina *etc* = **tsar, tsarina** *etc*

U

U, u [juː] *n (letter)* U, u *f* ▫ ***U bend*** sifón *m*; ***U boat*** submarino *m (alemán)*; ***U turn*** *(in car)* cambio *m* de sentido; *Fig* giro *m* radical *or* de 180 grados; ***to do a U turn*** *(in car)* cambiar de sentido; *Fig* dar un giro radical *or* de 180 grados

UAE [juːeɪ'iː] *n* (*abbr* **United Arab Emirates**) EAU *mpl*

UB40 [juːbiː'fɔːtɪ] *n Br* (*abbr* **Unemployment Benefit form 40**) ≃ cartilla *f* de desempleado

ubiquitous [juː'bɪkwɪtəs] *adj* ubicuo(a)

ubiquitousness [juː'bɪkwɪtəsnɪs], **ubiquity** [juː'bɪkwɪtɪ] *n Formal* ubicuidad *f*

UCAS ['juːkæs] *n Br* (*abbr* **Universities and Colleges Admissions Service**) = centro de admisiones y matriculaciones universitarias

UDA [juːdiː'eɪ] *n* (*abbr* **Ulster Defence Association**) Asociación *f* para la Defensa del Ulster, = organización paramilitar norirlandesa partidaria de la permanencia en el Reino Unido

udder ['ʌdə(r)] *n* ubre *f*

UDI [juːdiː'aɪ] *n Pol* (*abbr* **Unilateral Declaration of Independence**) declaración *f* unilateral de independencia

UDR [juːdiː'ɑː(r)] *n Formerly* (*abbr* **Ulster Defence Regiment**) = regimiento del ejército británico estacionado en Irlanda del Norte

UEFA [juː'eɪfə] *n* (*abbr* **Union of European Football Associations**) UEFA *f* ▫ ***the U. Cup*** la Copa de la UEFA

UFO ['juːfəʊ, juːef'əʊ] (*pl* **UFOs**) *n* (*abbr* **unidentified flying object**) OVNI *m*

ufologist [juː'fɒlədʒɪst] *n* ufólogo(a) *m,f*

Uganda [juː'gændə] *n* Uganda

Ugandan [juː'gændən] *n & adj* ugandés(esa) *m,f*

ugh [ʌχ] *exclam* ¡puaj!

ugli (fruit)® ['ʌglɪ(fruːt)] *n* = tipo de cítrico caribeño híbrido de pomelo, naranja y mandarina

ugliness ['ʌglɪnɪs] *n* (**a**) *(in appearance)* fealdad *f* (**b**) *(of mood, situation)* carácter *m* desagradable

ugly ['ʌglɪ] *adj* (**a**) *(in appearance)* feo(a); IDIOM **as u. as sin** más feo(a) que Picio; **fascism once again reared its u. head** una vez más el fantasma del fascismo ha vuelto a asomar ▫ *Fig* ***u. duckling*** patito *m* feo (**b**) *(unpleasant)* desagradable; **things were taking an u. turn** las cosas se estaban poniendo muy feas; **to be in an u. mood** estar de muy mal humor

UHF [juːeɪtʃ'ef] *n Rad* (*abbr* **ultrahigh frequency**) UHF *m or f*

uh-huh [ʌ'hʌ] *exclam Fam* ¡ajá!

UHT [juːeɪtʃ'tiː] *adj* (*abbr* **ultra heat treated**) ***U. milk*** leche *f* uperisada *or* UHT

UK [juː'keɪ] (*abbr* **United Kingdom**) **1** *n* RU

2 *adj* del Reino Unido

ukulele [juːkə'leɪlɪ] *n* ukelele *m*

Ukraine [juː'kreɪn] *n* Ucrania

Ukrainian [juː'kreɪnɪən] **1** *n* (**a**) *(person)* ucraniano(a) *m,f* (**b**) *(language)* ucraniano *m*

2 *adj* ucraniano(a)

ulcer ['ʌlsə(r)] *n (in stomach)* úlcera *f*; *(in mouth, on body)* llaga *f*, *Spec* úlcera *f*

ulcerate ['ʌlsəreɪt] **1** *vt* ulcerar

2 *vi* ulcerarse

ulceration [ʌlsə'reɪʃən] *n* ulceración *f*

ulcerous ['ʌlsərəs] *adj* ulceroso(a)

ulna ['ʌlnə] *n Anat* cúbito *m*

Ulster ['ʌlstə(r)] *n* el Ulster

Ulsterman ['ʌlstəmən] *n* = hombre natural o habitante del Ulster

Ulsterwoman ['ʌlstəwʊmən] *n* = mujer natural o habitante del Ulster

ulterior [ʌl'tɪərɪə(r)] *adj* **u. motive** motivo *m* encubierto

ultimate ['ʌltɪmət] **1** *n Fam* **the u. in hi-fi equipment** el último grito *or Esp* el no va más en alta fidelidad

2 *adj* (**a**) *(last) (responsibility, decision)* final, último(a) (**b**) *Fam (supreme, best)* **the u. deterrent** la medida disuasoria *or Am* disuasiva definitiva; **the u. holiday** las vacaciones soñadas; **the u. humiliation** la mayor de las humillaciones, el colmo de la humillación

ultimately ['ʌltɪmətlɪ] *adv* (**a**) *(finally)* finalmente, en última instancia (**b**) *(basically)* básicamente; **u. it's a question of how much we can afford** en esencia se trata de cuánto podemos permitimos

ultimatum [ʌltɪ'meɪtəm] *n* ultimátum *m*; **to deliver** *or* **issue an u.** dar un ultimátum

ultra- ['ʌltrə] *pref* ultra-

ultraconservative [ʌltrəkən'sɜːvətɪv] *adj (in politics)* ultraconservador(ora), muy de derechas; *(in morals, dress)* muy tradicional

ultrahigh frequency ['ʌltrəhaɪ'friːkwənsɪ] *n Rad & Phys* frecuencia *f* ultraalta

ultramarine [ʌltrəmə'riːn] *n & adj* azul *m* de ultramar

ultramodern [ʌltrə'mɒdən] *adj* ultramoderno(a)

ultrasonic [ʌltrə'sɒnɪk] *adj Phys & Med* ultrasónico(a)

ultrasound ['ʌltrəsaʊnd] *n Phys & Med* ultrasonido *m* ▫ ***u. scan*** ecografía *f*; ***u. scanner*** aparato *m* de ecografía

ultraviolet [ʌltrə'vaɪələt] *adj* ultravioleta

um [ʌm] *Fam* **1** *exclam* ¡hum!, ¡mm!

2 *vi* **to um and aah** titubear

umber ['ʌmbə(r)] **1** *n (pigment)* tierra *f* de sombra; *(colour)* pardo *m* oscuro

2 *adj* pardo(a) oscuro(a)

umbilical cord [ʌm'bɪlɪkəl'kɔːd] *n* cordón *m* umbilical

umbilicus [ʌm'bɪlɪkəs] *n Anat* ombligo *m*

umbrage ['ʌmbrɪdʒ] *n* **to take u. (at sth)** sentirse ofendido(a) (por algo)

umbrella [ʌm'brelə] *n* paraguas *m inv*, *Col* sombrilla *f*; *Fig* **under the u. of...** al amparo de..., bajo la protección de... ▫ ***u. group*** *or* ***organization*** organización *f* aglutinante; ***u. stand*** paragüero *m*

umpire ['ʌmpaɪə(r)] **1** *n (in tennis)* juez *mf* de silla; *(in cricket, baseball)* árbitro(a) *m,f*

2 *vt* arbitrar

umpteen [ʌmp'tiːn] *adj Fam* **to have u. things to do** tener montones de cosas que hacer; **I've told you u. times** te lo he dicho mil veces

umpteenth [ʌmp'tiːnθ] *adj Fam* enésimo(a); **for the u. time** por enésima vez

UN [juː'en] *n* (*abbr* **United Nations**) ONU *f*

unabashed [ʌnə'bæʃt] *adj* descarado(a); **to be u. (by** *or* **at)** no sentir vergüenza *or Am* pena (de *or* por)

unable [ʌn'eɪbəl] *adj* **to be u. to do sth** *(owing to lack of skill, knowledge)* ser incapaz de hacer algo; *(owing to lack of time, money)* no poder hacer algo

unabridged [ʌnə'brɪdʒd] *adj* integro(a)

unacceptable [ʌnək'septəbəl] *adj* inaceptable, inadmisible

unaccompanied [ʌnə'kʌmpənɪd] **1** *adj* (**a**) *(child)* no acompañado(a) (**b**) *(violin, singer)* solo(a), sin acompañamiento

2 *adv* (**a**) **to travel u.** viajar solo(a) (**b**) **to play/sing u.** tocar/cantar sin acompañamiento

unaccomplished [ʌnə'kʌmplɪʃt] *adj (unimpressive)* mediocre

unaccountable [ʌnəˈkaʊntəbəl] *adj* (**a**) *Formal (not answerable)* **to be u. (to sb)** no tener que rendir cuentas (a alguien) (**b**) *(puzzling)* inexplicable; **for some u. reason** por alguna razón inexplicable

unaccounted for [ʌnəˈkaʊntɪdˈfɔː(r)] *adj* sin contabilizar; **there are several people still u.** siguen sin aparecer varias personas; **that leaves a further $2000 still u.** con eso nos quedan aún 2.000 dólares que no aparecen

unaccustomed [ʌnəˈkʌstəmd] *adj* (**a**) *(unused)* **to be u. to sth** no estar acostumbrado(a) a algo (**b**) *(not usual)* inusual, desacostumbrado(a)

unacknowledged [ʌnəkˈnɒlɪdʒd] **1** *adj* no reconocido(a)
2 *adv* **to go u.** *(of talent, achievement)* no ser reconocido(a)

unadulterated [ʌnəˈdʌltəreɪtɪd] *adj* (**a**) *(food)* natural, no adulterado(a) (**b**) *(joy)* absoluto(a)

unadventurous [ʌnədˈventʃərəs] *adj* *(person)* poco atrevido(a), convencional; *(decision, choice)* poco arriesgado(a)

unaffected [ʌnəˈfektɪd] *adj* (**a**) *(sincere) (person, style, joy)* espontáneo(a) (**b**) *(not touched, damaged)* **he was u.** no se vio afectado; **most of the city was u. by the earthquake** la mayor parte de la ciudad no se vio afectada por el terremoto

unaffiliated [ʌnəˈfɪlieɪtɪd] *adj* no afiliado(a)

unafraid [ʌnəˈfreɪd] *adj* **to be u. of sth/sb** no temer algo/a alguien

unaided [ʌnˈeɪdɪd] *adv* sin ayuda

unalloyed [ʌnəˈlɔɪd] *adj Formal* puro(a)

unaltered [ʌnˈɔːltəd] *adj* **to remain u.** *(of weather, opinion)* permanecer igual

unambiguous [ʌnæmˈbɪgjʊəs] *adj* explícito(a), claro(a)

unambitious [ʌnæmˈbɪʃəs] *adj (person, project)* poco ambicioso(a)

un-American [ʌnəˈmerɪkən] *adj (not typical of America)* poco americano(a); *(against America)* antiamericano(a) ❑ *Pol* ***u. activities*** actividades *fpl* antiamericanas

unanimity [juːnəˈnɪmɪtɪ] *n* unanimidad *f*

unanimous [jʊˈnænɪməs] *adj* unánime; **they were u. in condemning the plan** condenaron unánimemente el plan

unanimously [jʊˈnænɪməslɪ] *adv* unánimemente; **she was elected u.** fue elegida por unanimidad

unannounced [ʌnəˈnaʊnst] **1** *adj (arrival)* no anunciado(a)
2 *adv* **to arrive u.** llegar sin previo aviso

unanswerable [ʌnˈɑːnsərəbəl] *adj (argument)* incontestable, irrefutable; **the question is u. without further information** sin más datos la pregunta es imposible de contestar

unanswered [ʌnˈɑːnsəd] **1** *adj (question, letter)* no contestado(a)
2 *adv* **to go u.** *(of question, letter)* quedar sin respuesta

unappealing [ʌnəˈpiːlɪŋ] *adj* poco atractivo(a)

unappetizing [ʌnˈæpɪtaɪzɪŋ] *adj* poco apetitoso(a)

unappreciated [ʌnəˈpriːʃɪeɪtɪd] *adj (effort, contribution)* no reconocido(a); **to feel u.** sentirse poco valorado(a)

unappreciative [ʌnəˈpriːʃɪətɪv] *adj (audience, response)* poco agradecido(a)

unapproachable [ʌnəˈprəʊtʃəbəl] *adj (person, manner)* inaccesible

unarmed [ʌnˈɑːmd] *adj* desarmado(a) ❑ ***u. combat*** combate *m* sin armas

unashamed [ʌnəˈʃeɪmd] *adj* descarado(a); **he was completely u. about it** no le dio ninguna vergüenza *or Am* pena

unasked [ʌnˈɑːskt] *adj (advice)* no solicitado(a); **to do sth u.** hacer algo por propia iniciativa, hacer algo sin que se lo pidan a uno; **the question remained u.** la pregunta seguía sin formularse

unassailable [ʌnəˈseɪləbəl] *adj* (**a**) *(castle, position)* inexpugnable; **she had built up an u. lead** había cobrado una ventaja inalcanzable (**b**) *(argument, theory)* irrebatible

unassuming [ʌnəˈsjuːmɪŋ] *adj* modesto(a)

unattached [ʌnəˈtætʃt] *adj* suelto(a); **to be u.** *(without partner)* no tener pareja

unattainable [ʌnəˈteɪnəbəl] *adj* inalcanzable

unattended [ʌnəˈtendɪd] *adj* desatendido(a); **to leave sth u.** dejar algo desatendido(a); **to leave sb u.** dejar solo(a) a alguien

unattractive [ʌnəˈtræktɪv] *adj* poco atractivo(a)

unauthorized [ʌnˈɔːθəraɪzd] *adj* no autorizado(a)

unavailable [ʌnəˈveɪləbəl] *adj* (**a**) *(information, services)* no disponible; *(product)* agotado(a), no disponible; **to be u.** *(of telephone number)* no estar disponible (**b**) *(person)* no disponible

unavailing [ʌnəˈveɪlɪŋ] *adj (effort)* inútil, vano(a)

unavoidable [ʌnəˈvɔɪdəbəl] *adj* inevitable

unavoidably [ʌnəˈvɔɪdəblɪ] *adv* inevitablemente; **we were u. delayed** nos fue imposible llegar a la hora

unaware [ʌnəˈweə(r)] *adj* (**a**) *(ignorant)* ignorante; **to be u. of sth** no ser consciente de algo (**b**) *(uninformed)* **to be politically/environmentally u.** no estar concienciado políticamente/medioambientalmente, no tener conciencia política/medioambiental

unawares [ʌnəˈweəz] *adv* **to catch sb u.** agarrar *or Esp* coger a alguien desprevenido(a)

unbalance [ʌnˈbæləns] *vt* desequilibrar

unbalanced [ʌnˈbælənst] *adj* (**a**) *(mentally)* desequilibrado(a) (**b**) *(report)* sesgado(a), parcial (**c**) *(diet)* poco equilibrado(a)

unbearable [ʌnˈbeərəbəl] *adj* insoportable

unbearably [ʌnˈbeərəblɪ] *adv* insoportablemente

unbeatable [ʌnˈbiːtəbəl] *adj (team, position)* invencible, imbatible; *(product, value, price)* insuperable

unbeaten [ʌnˈbiːtən] *adj* invicto(a)

unbecoming [ʌnbɪˈkʌmɪŋ] *adj (behaviour)* impropio(a) (**to** de); *(dress)* poco favorecedor(ora)

unbeknown(st) [ʌnbɪˈnəʊn(st)] *adv* **u. to me** sin mi conocimiento

unbelief [ˈʌnbɪliːf] *n Formal (religious)* descreimiento *m*

unbelievable [ʌnbɪˈliːvəbəl] *adj* increíble

unbelievably [ʌnbɪˈliːvəblɪ] *adv* increíblemente; **u., he didn't even say hello** fue increíble, ni siquiera saludó

unbeliever [ʌnbəˈliːvə(r)] *n Formal (religious)* no creyente *m,f*, descreído(a) *m,f*

unbelieving [ʌnbɪˈliːvɪŋ] *adj (listeners, eyes)* incrédulo(a)

unbend [ʌnˈbend] **1** *vt* enderezar
2 *vi (of person)* relajarse

unbending [ʌnˈbendɪŋ] *adj* inflexible

unbias(s)ed [ʌnˈbaɪəst] *adj* imparcial

unbidden [ʌnˈbɪdən] *adv Formal* sin querer, de forma espontánea; **they arrived u.** vinieron sin ser invitados

unblinking [ʌnˈblɪŋkɪŋ] *adj* impasible

unblock [ʌnˈblɒk] *vt* (**a**) *(sink, pipe)* desatascar (**b**) *(road)* desbloquear

unbolt [ʌnˈbəʊlt] *vt* abrir el cerrojo de

unborn [ʌnˈbɔːn] *adj* **generations yet u.** generaciones venideras ❑ ***u. child*** niño *m* (aún) no nacido

unbosom [ʌnˈbʊzəm] *vt Literary* confesar, desahogar

unbound [ʌnˈbaʊnd] *adj* (**a**) *(untied)* desatado(a), suelto(a) (**b**) *(book, pages)* sin encuadernar

unbounded [ʌnˈbaʊndɪd] *adj* ilimitado(a), sin límites

unbowed [ʌnˈbaʊd] *adj* erguido(a); **their heads remained u.** mantuvieron la cabeza erguida *or* bien alta; **they emerged from the struggle, bloody but u.** salieron maltrechos de la lucha pero con la moral intacta

unbreakable [ʌnˈbreɪkəbəl] *adj* (**a**) *(plate, toy)* irrompible (**b**) *(spirit, alliance)* inquebrantable

unbridled [ʌnˈbraɪdəld] *adj (passion, aggression)* desatado(a)

unbroken [ʌnˈbrəʊkən] *adj* (**a**) *(intact)* intacto(a) (**b**) *(uninterrupted)* ininterrumpido(a) (**c**) *(undefeated)* incólume

unbuckle [ʌnˈbʌkəl] *vt* desabrochar (la hebilla de)

unburden [ʌnˈbɜːdən] *vt* **to u. one's conscience** descargar la conciencia; **to u. oneself to sb** desahogarse con alguien

unbusinesslike [ʌnˈbɪznɪslaɪk] *adj* poco profesional

unbutton [ʌnˈbʌtən] *vt* desabrochar, desabotonar; **to u. one's shirt** desabrocharse la camisa

unbuttoned [ʌn'bʌtənd] *adj* (**a**) *(shirt)* desabrochado(a), desabotonado(a) (**b**) *(relaxed, informal)* informal, desenfadado(a)

uncalled-for [ʌn'kɔːldfɔː(r)] *adj* **to be u.** *(of behaviour, remark)* estar fuera de lugar; **that was totally u.!** ¡eso estaba totalmente fuera de lugar!, ¡eso fue una salida de tono!

uncannily [ʌn'kænɪlɪ] *adv* asombrosamente; **u. accurate** de una precisión asombrosa

uncanny [ʌn'kænɪ] *adj (coincidence, similarity, resemblance)* asombroso(a), extraño(a); *(knack, ability)* inexplicable

uncap [ʌn'kæp] *vt (pen)* quitar *or Am* sacar la capucha a

uncared-for [ʌn'keədfɔː(r)] *adj* desamparado(a), abandonado(a)

uncaring [ʌn'keərɪŋ] *adj* desafecto(a), indiferente; **an u. mother** una madre poco afectuosa

unceasing [ʌn'siːsɪŋ] *adj* incesante

unceasingly [ʌn'siːsɪŋlɪ] *adv* incesantemente, sin cesar

uncensored [ʌn'sensəd] *adj* sin censurar, íntegro(a)

unceremonious [ʌnserɔ'məʊnɪəs] *adj* brusco(a), poco ceremonioso(a)

unceremoniously [ʌnserə'məʊnɪəslɪ] *adv* sin contemplaciones

uncertain [ʌn'sɜːtən] *adj* (**a**) *(doubtful, unclear)* incierto(a); **to be u. about sth** no estar seguro(a) de algo; **it is u. if...** no se sabe si...; **it is u. whether they will succeed** no es seguro *or* no está claro que vayan a lograrlo; **in no u. terms** en términos bien claros (**b**) *(unconfident)* vacilante, inseguro(a); **to be u. of oneself** no estar seguro(a) de sí mismo(a)

uncertainty [ʌn'sɜːtəntɪ] *n* (**a**) *(doubt)* duda *f* (**b**) *(insecurity)* incertidumbre *f*

unchain [ʌn'tʃeɪn] *vt* desencadenar

unchallenged [ʌn'tʃælɪndʒd] **1** *adj (assumption, accusation)* no cuestionado(a)
2 *adv* **to let sth pass u.** dejar pasar algo

unchanged [ʌn'tʃeɪndʒd] *adj* igual, sin cambios; **to remain u.** no haber cambiado

unchanging [ʌn'tʃeɪndʒɪŋ] *adj* inmutable

uncharacteristic [ʌnkærəktə'rɪstɪk] *adj* atípico(a), poco característico(a) (**of** de)

uncharitable [ʌn'tʃærɪtəbəl] *adj* mezquino(a)

uncharted [ʌn'tʃɑːtɪd] *adj* desconocido(a), inexplorado(a)

unchecked [ʌn'tʃekt] **1** *adj* (**a**) *(not restrained)* incontrolado(a) (**b**) *(not verified)* sin comprobar
2 *adv* **to go u.** *(of corruption, epidemic)* avanzar sin freno

unchristian [ʌn'krɪstʃən] *adj* poco cristiano(a)

uncircumcised [ʌn'sɜːkəmsaɪzd] *adj (penis, person)* incircunciso(a)

uncivil [ʌn'sɪv(ɪ)l] *adj* maleducado(a), descortés

uncivilized [ʌn'sɪvɪlaɪzd] *adj (behaviour)* poco civilizado(a), incivilizado(a); *(tribes, peoples)* primitivo(a), sin civilizar; *(regions)* sin civilizar; **at an u. hour** a una hora intempestiva

unclaimed [ʌn'kleɪmd] *adj (money, baggage)* no reclamado(a); **to go u.** *(of money, baggage)* no ser reclamado por nadie

unclasp [ʌn'klɑːsp] *vt (one's hands)* separar; *(buckle, brooch)* desabrochar

unclassifiable [ʌnklæsɪ'faɪəbəl] *adj* inclasificable

unclassified [ʌn'klæsɪfaɪd] *adj* (**a**) *(not secret)* desclasificado(a), no confidencial (**b**) *(uncategorized)* sin clasificar

uncle ['ʌŋkəl] *n* tío *m* ▫ *US* ***U. Sam*** el Tío Sam; *Fam Pej* ***U. Tom*** = persona de raza negra que tiene una actitud sumisa ante los blancos

unclean [ʌn'kliːn] *adj* (**a**) *(dirty)* sucio(a); **to feel u.** sentirse sucio(a) (**b**) *(sinful) (thoughts, food)* impuro(a)

unclear [ʌn'klɪə(r)] *adj* poco claro(a); **it's still u. who will win** aún no está claro quién va a ganar; **I'm still u. about what happened** todavía no tengo muy claro lo que pasó

unclog [ʌn'klɒg] *vt* desatascar

unclothed [ʌn'kləʊðd] *adj* desvestido(a), desnudo(a)

uncluttered [ʌn'klʌtə(d)] *adj* despejado(a)

uncoil [ʌn'kɔɪl] **1** *vt* desenrollar
2 *vi* desenrollarse

uncombed [ʌn'kəʊmd] *adj* despeinado(a)

uncomfortable [ʌn'kʌmftəbəl] *adj* (**a**) *(physically)* incómodo(a); **to be** *or* **feel u.** estar incómodo(a) (**b**) *(uneasy)* **to be** *or* **feel u.** sentirse incómodo(a); **there was an u. silence** se produjo un silencio embarazoso *or* incómodo

uncomfortably [ʌn'kʌmftəblɪ] *adv* (**a**) *(in physical way)* incómodamente, sin comodidad (**b**) *(uneasily)* incómodamente, embarazosamente; **this sounds u. close to...** esto tiene un alarmante parecido con...

uncommitted [ʌnkə'mɪtɪd] *adj* (**a**) *(voter)* indeciso(a) (**b**) *(funds)* no comprometido(a)

uncommon [ʌn'kɒmən] *adj* inusual

uncommonly [ʌn'kɒmənlɪ] *adv* (**a**) *(infrequently)* inusualmente; **not u.** con relativa frecuencia (**b**) *Formal (extremely)* extraordinariamente

uncommunicative [ʌnkə'mjuːnɪkətɪv] *adj* reservado(a), poco comunicativo(a)

uncomplicated [ʌn'kɒmplɪkeɪtɪd] *adj* sencillo(a)

uncomplimentary [ʌnkɒmplɪ'mentərɪ] *adj* poco elogioso(a)

uncomprehending [ʌnkɒmprɪ'hendɪŋ] *adj* **to be u. of sth** no entender algo; **with an u. look** con cara de no haber comprendido

uncompromising [ʌn'kɒmprəmaɪzɪŋ] *adj (person, opposition)* intransigente; *(honesty)* inquebrantable

uncompromisingly [ʌnkɒmprə'maɪzɪŋlɪ] *adv* sin ambages, de manera inquebrantable

unconcealed [ʌnkən'siːld] *adj* indisimulado(a), manifiesto(a)

unconcerned [ʌnkən'sɜːnd] **1** *adj* indiferente; **to be u. about sth** no preocuparse por algo
2 *adv* **to watch/wait u.** mirar/esperar con indiferencia

unconditional [ʌnkən'dɪʃənəl] *adj* incondicional ▫ ***u. surrender*** rendición *f* incondicional

unconditionally [ʌnkən'dɪʃənəlɪ] *adv (to support)* incondicionalmente; *(to surrender, accept)* sin condiciones; **to agree u.** estar de acuerdo de todas todas

unconfirmed [ʌnkən'fɜːmd] *adj* no confirmado(a)

unconnected [ʌnkə'nektɪd] *adj* inconexo(a), sin relación; **to be u.** no estar relacionado(a), no tener relación; **two u. facts** dos hechos independientes

unconscionable [ʌn'kɒnʃənəbəl] *adj Formal* desmesurado(a), desorbitado(a)

unconscious [ʌn'kɒnʃəs] **1** *n Psy* **the u.** el inconsciente
2 *adj* (**a**) *(not awake)* inconsciente; **to be u.** estar inconsciente; **to become u.** quedarse inconsciente (**b**) *(unintentional)* inintencionado(a); **to be u. of sth** no ser consciente de algo (**c**) *Psy* inconsciente; **the u. mind** el inconsciente

unconsciously [ʌn'kɒnʃəslɪ] *adv* inconscientemente

unconsciousness [ʌn'kɒnʃəsnɪs] *n* inconsciencia *f*; **he lapsed into u.** perdió el conocimiento, se quedó inconsciente

unconstitutional [ʌnkɒnstɪ'tjuːʃənəl] *adj* inconstitucional, anticonstitucional

unconstitutionally [ʌnkɒnstɪ'tjuːʃənəlɪ] *adv* inconstitucionalmente

uncontaminated [ʌnkən'tæmɪneɪtɪd] *adj* sin contaminar

uncontested [ʌnkən'testɪd] *adj (right, superiority)* indisputado(a); *Pol* **u. seat** escaño *m* con un solo candidato

uncontrollable [ʌnkən'trəʊləbəl] *adj (rage, excitement, situation)* incontrolable; *(desire, urge)* irrefrenable; *(laughter)* incontenible; **their children are quite u.** a sus hijos no hay forma de controlarlos

uncontroversial [ʌnkɒntrə'vɜːʃəl] *adj* anodino(a), nada polémico(a)

unconventional [ʌnkən'venʃənəl] *adj* poco convencional

unconvinced [ʌnkən'vɪnst] *adj* **to be u. (of sth)** no estar convencido(a) (de algo); **I remain u.** sigo sin convencerme

unconvincing [ʌnkən'vɪnsɪŋ] *adj* poco convincente

uncooked [ʌn'kʊkt] *adj* crudo(a)

uncool [ʌn'kuːl] *adj Fam (unfashionable)* poco enrollado(a), *Méx* nada suave, *RP* nada copado(a), *Ven* aguado(a); **what an u. thing to do!** ¡qué mal *Esp* rollo *or Am* onda!

uncooperative [ʌnkəʊ'ɒpərətɪv] *adj* **to be u.** no estar dispuesto(a) a cooperar

uncoordinated [ʌnkəʊ'ɔ:dɪneɪtɪd] *adj* (**a**) *(efforts)* descoordinado(a) (**b**) *(person)* falto(a) de coordinación, torpe

uncork [ʌn'kɔ:k] *vt* descorchar

uncorroborated [ʌnkə'rɒbəreɪtɪd] *adj* no confirmado(a)

uncountable [ʌn'kaʊntəbəl] *adj Gram* incontable

uncouple [ʌn'kʌpəl] *vt (railway carriage)* desenganchar

uncouth [ʌn'ku:θ] *adj* basto(a)

uncover [ʌn'kʌvə(r)] *vt* (**a**) *(remove cover from)* destapar (**b**) *(discover) (evidence, plot)* descubrir

uncovered [ʌn'kʌvəd] *adj* destapado(a)

uncritical [ʌn'krɪtɪkəl] *adj* poco crítico(a); **to be u. of sb/sth** no ser crítico(a) con alguien/algo

uncross [ʌn'krɒs] *vt (legs)* descruzar

uncrossed [ʌn'krɒst] *adj Br (cheque)* sin cruzar

uncrowned [ʌn'kraʊnd] *adj* sin corona; **the u. king of movie directors** el rey de los directores de cine

UNCTAD ['ʌŋktæd] *n* (*abbr* **United Nations Conference on Trade and Development**) UNCTAD *f*

unction ['ʌŋkʃən] *n* (**a**) *Formal (of manner)* untuosidad *f*, empalago *m* (**b**) *Rel* unción *f*; **extreme u.** extremaunción *f*

unctuous ['ʌŋktjʊəs] *adj Pej* untuoso(a), empalagoso(a)

uncultivated [ʌn'kʌltɪveɪtɪd] *adj* (**a**) *(land)* sin cultivar (**b**) *(person)* inculto(a)

uncultured [ʌn'kʌltʃəd] *adj* inculto(a)

uncured [ʌn'kjʊəd] *adj (meat, fish)* fresco(a)

uncut [ʌn'kʌt] *adj* (**a**) *(gem)* en bruto (**b**) *(text, film)* íntegro(a)

undamaged [ʌn'dæmɪdʒd] *adj* intacto(a)

undated [ʌn'deɪtɪd] *adj* no fechado(a)

undaunted [ʌn'dɔ:ntɪd] *adj* imperturbable; **to be u. by sth** no amilanarse *or* arredrarse por algo

undead [ʌn'ded] *npl* **the u.** *(the living)* los vivos; *(zombies, vampires)* los muertos vivientes

undecided [ʌndɪ'saɪdɪd] *adj* (**a**) *(question, problem)* sin resolver; **that's still u.** todavía está por decidir (**b**) *(person)* indeciso(a); **to be u. about sth** estar indeciso(a) sobre algo

undefeated [ʌndɪ'fi:tɪd] *adj* invicto(a)

undefended [ʌndɪ'fendɪd] *adj* indefenso(a); *(goal)* desguarnecido(a), vacío(a)

undemanding [ʌndɪ'mɑ:ndɪŋ] *adj (job)* fácil, que exige poco esfuerzo; *(person)* poco exigente

undemocratic [ʌndemə'krætɪk] *adj* antidemocrático(a)

undemonstrative [ʌndɪ'mɒnstrətɪv] *adj* reservado(a)

undeniable [ʌndɪ'naɪəbəl] *adj* innegable

undeniably [ʌndɪ'naɪəblɪ] *adv* innegablemente

UNDER ['ʌndə(r)] **1** *prep* (**a**) *(beneath)* debajo de, bajo; *(with verbs of motion)* bajo; **u. the table/the stairs** debajo de la mesa/las escaleras; **to walk u. a ladder** pasar por debajo de una escalera; **to look at sth u. the microscope** mirar algo al microscopio; *Fig* escudriñar algo; **I was born u. Aries** nací bajo el signo de Aries

(**b**) *(less than)* menos de; **in u. ten minutes** en menos de diez minutos; **a number u. ten** un número menor que diez; **he's u. thirty** tiene menos de treinta años; **children u. (the age of) five** niños menores de cinco años; **he's two u. par** *(in golf)* está dos bajo par

(**c**) *(controlled by)* **he has a hundred men u. him** tiene cien hombres a su cargo; **Spain u. Franco** la España de Franco; **u. the Conservatives** bajo el gobierno conservador; **I work u. a German** mi jefe es alemán; **she came u. his influence** él empezó a influenciarla

(**d**) *(subject to)* **to be u. anaesthetic** estar bajo los efectos de la anestesia; **to be u. the impression that…** tener la impresión de que…; **to be u. orders to do sth** tener órdenes de hacer algo; **to be u. pressure** estar bajo presión; **to be u. suspicion** ser sospechoso(a); **to be u. threat** estar amenazado(a); **u. these conditions/circumstances** en estas condiciones/circunstancias

(**e**) *(in the process of)* **he's u. attack** están atacándolo; **u. construction/observation** en construcción/observación; **the matter is u. investigation** se está investigando el asunto; **to be u. treatment (for)** estar en tratamiento (contra); **to be u. way** *(of meeting, campaign)* estar en marcha; **to get u. way** *(of meeting, campaign)* ponerse en marcha, arrancar

(**f**) *(as a result of)* **it snapped u. the strain** se rompió por la presión

(**g**) *(according to)* según; **u. the terms of the agreement** según el acuerdo

(**h**) *(using)* **u. a false name** con un nombre falso; **published u. the title of…** publicado con el título de…

(**i**) *(in classifications)* **this item comes u. overheads** esta cifra va con los gastos generales; **I filed it u. "pending"** lo archivé bajo el epígrafe de "asuntos pendientes"

2 *adv* (**a**) *(underneath)* debajo; *(underwater)* bajo el agua; **to go u.** *(of ship, company)* hundirse; IDIOM **when I'm six feet u.** cuando esté criando malvas

(**b**) *(less)* **for £5 or u.** por 5 libras o menos; **children of seven and u.** niños menores de ocho años; **he's two u.** *(in golf)* está dos bajo par

(**c**) *(anaesthetized)* anestesiado(a), bajo los efectos de la anestesia

---

under-21 ['ʌndətwentɪ'wʌn] *adj* sub-21

underachiever [ʌndərə'tʃi:və(r)] *n* = persona que rinde por debajo de sus posibilidades

under-age [ʌndə'reɪdʒ] *adj* **to be u.** ser menor de edad ▫ ***u. drinking*** consumo *m* de alcohol por menores; ***u. sex*** relaciones *fpl* sexuales entre menores

underarm ['ʌndərɑ:m] **1** *adj (hair)* de las axilas; *(deodorant)* para las axilas

2 *adv* **to throw a ball u.** = lanzar una bola soltándola con el brazo por debajo de la altura del hombro

underbelly ['ʌndəbelɪ] *n (vulnerable part)* bajo vientre *m*; **the soft u. of Europe/the economy** el punto flaco de Europa/la economía

underbody ['ʌndəbɔ:dɪ] *n* (**a**) *(of animal)* parte *f* inferior (**b**) *(of car)* bajos *mpl*

undercapitalization [ʌndəkæpɪtəlaɪ'zeɪʃən] *n Fin* descapitalización *f (parcial)*

undercapitalize [ʌndə'kæpɪtəlaɪz] *vt Fin* descapitalizar *(parcialmente)*

undercarriage ['ʌndəkærɪdʒ] *n Av* tren *m* de aterrizaje

undercharge [ʌndə'tʃɑ:dʒ] *vt* cobrar de menos

underclass ['ʌndəklɑ:s] *n* clase *f* marginal

underclothes ['ʌndəkləʊðz] *npl* ropa *f* interior

underclothing ['ʌndəkləʊðɪŋ] *n* ropa *f* interior

undercoat ['ʌndəkəʊt] *n* primera mano *f (de pintura)*

undercook [ʌndə'kʊk] *vt* dejar poco hecho(a); **to be undercooked** no estar lo suficientemente hecho(a)

undercover 1 *adj* ['ʌndəkʌvə(r)] *(agent, investigation)* secreto(a)

2 *adv* [ʌndə'kʌvə(r)] **to work u.** trabajar de incógnito

undercurrent ['ʌndəkʌrənt] *n* (**a**) *(in sea)* corriente *f* submarina (**b**) *(of emotion, unrest)* corriente *f* subyacente

undercut ['ʌndəkʌt] (*pt & pp* **undercut**) *vt Com* **to u. the competition** vender a precios más baratos que los de la competencia

underdeveloped [ʌndədɪ'veləpt] *adj (economy, country)* subdesarrollado(a); *(body)* poco desarrollado(a)

underdevelopment [ʌndədɪ'veləpmənt] *n (of economy, country)* subdesarrollo *m*; *(of body)* falta *f* de desarrollo

underdog ['ʌndədɒg] *n* (**a**) *(in contest)* = competidor o equipo considerado probable perdedor; **England are the underdogs** Inglaterra lleva las de perder (**b**) *(in society)* **the u.** los débiles y oprimidos

underdone [ʌndə'dʌn] *adj* poco hecho(a)

underdressed [ʌndə'drest] *adj* no lo suficientemente elegante; **in my shorts I felt distinctly u.** con aquellos pantalones cortos tenía la sensación de no ir vestido para la ocasión

underemphasize [ʌndə'remfəsaɪz] *vt* restar importancia a

underemployed [ʌndərɪm'plɔɪd] *adj (skills, resources)* infrautilizado(a); *(workforce, person)* subempleado(a)

underemployment [ʌndərɪm'plɔɪmənt] *n (of skills, resources)* infrautilización *f*; *(of workforce, person)* subempleo *m*

underestimate 1 *n* [ʌndə'restɪmɪt] infravaloración *f*
2 *vt* [ʌndə'restɪmeɪt] infravalorar, subestimar

underestimation [ʌndərestɪ'meɪʃən] *n* infravaloración *f*

underexposed [ʌndərɪk'spəʊzd] *adj Phot* subexpuesto(a)

underexposure [ʌndərɪk'spəʊʒə(r)] *n Phot* subexposición *f*

underfed [ʌndə'fed] *adj* desnutrido(a), malnutrido(a)

underfelt ['ʌndəfelt] *n Br* = protección de fieltro colocada debajo de las *Esp* moquetas *or Am* alfombras

underfloor ['ʌndəflɔ:(r)] *adj* ***u. heating*** calefacción *f* por debajo del suelo

underfoot [ʌndə'fʊt] *adv* **it's wet u.** el suelo está mojado; **to trample sth u.** pisotear algo

underfunded [ʌndə'fʌndɪd] *adj* infradotado(a), corto(a) de fondos

underfunding [ʌndə'fʌndɪŋ] *n* escasez *f* de fondos

undergarment ['ʌndəgɑ:mənt] *n Formal* prenda *f* (de ropa) interior

undergo [ʌndə'gəʊ] (*pt* **underwent** [ʌndə'went], *pp* **undergone** [ʌndə'gɒn]) *vt (change)* experimentar; *(test)* ser sometido(a) a; *(pain)* sufrir; **to u. treatment** *(of patient)* recibir tratamiento

undergrad ['ʌndəgræd] *n Fam* universitario(a) *m,f (sin licenciatura)*

undergraduate [ʌndə'grædjʊɪt] *n* estudiante *mf* universitario(a) *(sin licenciatura)*

underground ['ʌndəgraʊnd] **1** *n* (**a**) *Br (railway system)* metro *m*, *RP* subte *m* (**b**) *(resistance movement)* resistencia *f* (clandestina)
2 *adj* (**a**) *(cables, passage)* subterráneo(a) (**b**) *(movement, newspaper)* clandestino(a) (**c**) *(avant-garde)* underground
3 *adv (to work, live)* bajo tierra; *Fig* **to go u.** pasar a la clandestinidad

undergrowth ['ʌndəgrəʊθ] *n* maleza *f*

underhand(ed) [ʌndə'hænd(ɪd)] *adj* turbio(a), poco honrado(a)

underlay ['ʌndəleɪ] *n Br (for carpet)* refuerzo *m (debajo de las Esp moquetas o Am alfombras)*

underlie [ʌndə'laɪ] (*pt* **underlay** [ʌndə'leɪ], *pp* **underlain** [ʌndə'leɪn]) *vt* subyacer tras *or* bajo

underline [ʌndə'laɪn] *vt also Fig* subrayar

underling ['ʌndəlɪŋ] *n Pej* subordinado(a) *m,f*

underlying [ʌndə'laɪɪŋ] *adj* subyacente

undermanned [ʌndə'mænd] *adj (factory)* sin personal suficiente, escaso(a) de personal; *(ship)* con tripulación insuficiente

undermanning [ʌndə'mænɪŋ] *n (of factory)* insuficiencia *f* de personal

undermentioned ['ʌndəmenʃənd] *adj Formal* abajo mencionado(a) *or* citado(a)

undermine [ʌndə'maɪn] *vt (weaken)* minar, socavar

undernamed [ʌndə'neɪmd] *Formal* **1** *adj* abajo citado(a)
2 *n* **the u.** los(as) abajo citados(as)

underneath [ʌndə'ni:θ] **1** *n* parte *f* inferior *or* de abajo
2 *prep* debajo de, bajo; *(with verbs of motion)* bajo; **he crawled u. the fence** se arrastró por debajo de la valla
3 *adv* debajo; **u., he's quite shy** en el fondo es muy tímido

undernourished [ʌndə'nʌrɪʃt] *adj* desnutrido(a)

undernourishment [ʌndə'nʌrɪʃmənt] *n* desnutrición *f*

underpaid [ʌndə'peɪd] *adj* mal pagado(a)

underpants ['ʌndəpænts] *npl* calzoncillos *mpl*, *Chile* fundillos *mpl*, *Col* pantaloncillos *mpl*, *Méx* calzones *mpl*, *Méx* chones *mpl*

underparts ['ʌndəpɑ:ts] *npl (of animal)* parte *f* inferior; *(of car)* bajos *mpl*

underpass ['ʌndəpɑ:s] *n (for cars, pedestrians)* paso *m* subterráneo

underpay [ʌndə'peɪ] *vt* pagar mal

underpayment [ʌndə'peɪmənt] *n* pago *m* insuficiente

underperform [ʌndəpə'fɔ:m] *vi* rendir por debajo de sus posibilidades

underperformance [ʌndəpə'fɔ:məns] *n* bajo rendimiento *m*

underpin [ʌndə'pɪn] (*pt & pp* **underpinned**) *vt (support)* sustentar

underplay [ʌndə'pleɪ] *vt* restar importancia a; **to u. the importance of sth** restar importancia a algo

underpopulated [ʌndə'pɒpjʊleɪtɪd] *adj* poco poblado(a)

underprepared [ʌndəprɪ'peəd] *adj* poco preparado(a)

underpriced [ʌndə'praɪst] *adj* demasiado barato(a)

underprivileged [ʌndə'prɪvɪlɪdʒd] *adj* desfavorecido(a)

underproduction [ʌndəprə'dʌkʃən] *n Econ* producción *f* insuficiente

underqualified [ʌndə'kwɒlɪfaɪd] *adj* **to be u.** no estar suficientemente cualificado(a)

underquote [ʌndə'kwəʊt] *vt* presupuestar más barato que

underrate [ʌndə'reɪt] *vt* subestimar, infravalorar

underrepresented [ʌndəreprə'zentɪd] *adj* infrarrepresentado(a)

underripe [ʌndə'raɪp], **underripened** [ʌndə'raɪpənd] *adj* verde, poco maduro(a)

underscore [ʌndə'skɔ:(r)] *vt (emphasize)* subrayar, poner de relieve

undersea 1 *adj* ['ʌndəsi:] submarino(a)
2 *adv* [ʌndə'si:] bajo el mar

underseal ['ʌndəsi:l] *n Br* anticorrosivo *m*

under-secretary [ʌndə'sekrətrɪ] *n* subsecretario(a) *m,f*

undersell [ʌndə'sel] *vt (product, goods)* malvender, malbaratar; *Fig* **to u. oneself** minusvalorarse, infravalorarse; **(we are) never knowingly undersold** vendemos más barato que nadie

undersexed [ʌndə'sekst] *adj* con la libido baja

undershirt ['ʌndəʃɜ:t] *n US* camiseta *f*

undershoot [ʌndə'ʃu:t] *vt Av* **to u. the runway** aterrizar antes del comienzo de la pista

underside ['ʌndəsaɪd] *n* parte *f* inferior

undersigned [ʌndə'saɪnd] **1** *adj* abajo firmante
2 *n* **we the u.** los abajo firmantes

undersized [ʌndə'saɪzd] *adj* demasiado pequeño(a)

underskirt ['ʌndəskɜ:t] *n* enaguas *fpl*

underspend [ʌndə'spend] **1** *n Fin* superávit *m* (de gastos)
2 *vt* gastar por debajo de

understaffed [ʌndə'stɑ:ft] *adj* **to be u.** no tener suficiente personal

UNDERSTAND [ʌndə'stænd] (*pt & pp* **understood** [ʌndə'stʊd]) **1** *vt* (**a**) *(comprehend)* entender, comprender; *(language)* entender; **they u. each other** se entienden mutuamente; **I can u. her being upset** entiendo que esté molesta; **what do you u. by this word?** ¿qué entiendes por esta palabra?; **what I can't u. is why...** lo que no llego a entender es por qué...; **is that understood?, do you u.?** ¿entendido?; **I tried to make myself understood** intenté hacerme entender
(**b**) *(believe, assume)* entender; **I u. that...** tengo entendido que...; **are we to u. that ...?** ¿quiere eso decir que...?, ¿debemos entender (con eso) que...?; **it was understood that few of us would survive** se entendía *or* se daba por sabido que pocos sobreviviríamos; **I understood her to mean that...** yo entendí que lo que quería decir era...; **he is understood to have left her his fortune** se entiende que le dejó a ella su fortuna; **as I u. it...** según yo lo entiendo,...; **so I u.** eso parece; **to give sb to u. that...** dar a entender a alguien que...
2 *vi* entender, comprender

understandable [ʌndə'stændəbəl] *adj* comprensible; **their u. reluctance to participate** su lógica falta de disposición a tomar parte

understandably [ʌndə'stændəblɪ] *adv* comprensiblemente; **u. (enough), he was very annoyed** como es lógico *or* natural, estaba muy enojado

understanding [ʌndə'stændɪŋ] **1** *n* (**a**) *(comprehension)* comprensión *f*, entendimiento *m*; **she has a good u. of electronics** entiende mucho de electrónica; **it's beyond all u.** no tiene ninguna lógica, es incomprensible
(**b**) *(interpretation)* interpretación *f*; **that**

wasn't my u. of what we agreed no era así como yo interpretaba lo que habíamos acordado
(**c**) *(sympathy)* comprensión *f*
(**d**) *(agreement)* acuerdo *m*; **to come to** *or* **to reach an u.** llegar a un acuerdo; **to have an u. with sb** tener un acuerdo con alguien; **on the u. that...** a condición de que...
2 *adj* comprensivo(a)

understated [ʌndə'steɪtɪd] *adj (clothes, design)* discreto(a); *(performance)* sobrio(a), comedido(a)

understatement [ʌndə'steɪtmənt] *n* **that's an u.!** ¡eso es quedarse corto!; **it would be an u. to call it bad** llamarlo malo es quedarse corto, malo es poco: era más que malo

understood [ʌndə'stʊd] *pt & pp of* **understand**

understudy ['ʌndəstʌdɪ] *n Th* (actor(triz) *m,f*) suplente *mf*

undersubscribed [ʌndəsəb'skraɪbd] *adj Fin* no totalmente suscrito(a)

undertake [ʌndə'teɪk] (*pt* **undertook** [ʌndə'tʊk], *pp* **undertaken** [ʌndə'teɪkən]) *vt* emprender; **to u. responsibility for sth** asumir la responsabilidad de algo; **to u. to do sth** encargarse de hacer algo

undertaker ['ʌndəteɪkə(r)] *n* encargado(a) *m,f* de una funeraria; **the u.'s** *(company)* la funeraria

undertaking [ʌndə'teɪkɪŋ] *n* (**a**) *(enterprise)* empresa *f*, proyecto *m* (**b**) *(promise)* compromiso *m*; **we had their solemn u. that they would do it** se comprometieron solemnemente a realizarlo

under-the-counter ['ʌndəðə'kaʊntə(r)] **1** *adj* ilícito(a)
2 *adv* bajo cuerda, de forma ilícita

underthings ['ʌndəθɪŋz] *npl* ropa *f* interior

undertone ['ʌndətəʊn] *n* (**a**) *(low voice)* voz *f* baja; **in an u.** en voz baja (**b**) *(hint, suggestion)* tono *m*

undertook *pt of* **undertake**

undertow ['ʌndətəʊ] *n* resaca *f*

underuse 1 *n* [ʌndə'ju:s] infrautilización *f*
2 *vt* [ʌndə'ju:z] infrautilizar

underutilize [ʌndə'ju:tɪlaɪz] *vt* infrautilizar

undervalue [ʌndə'vælju:] *vt also Fig* infravalorar

underwater 1 *adj* ['ʌndəwɔ:tə(r)] submarino(a)
2 *adv* [ʌndə'wɔ:tə(r)] **to swim u.** bucear

underwear ['ʌndəweə(r)] *n* ropa *f* interior

underweight [ʌndə'weɪt] *adj* **to be u.** *(of person)* estar muy flaco(a)

underwhelmed [ʌndə'welmd] *adj Fam* defraudado(a), desilusionado(a)

underwired [ʌndə'waɪəd] *adj (bra)* reforzado(a)

underworld ['ʌndəwɜ:ld] *n* (**a**) *(in mythology)* **the U.** el Hades (**b**) *(of criminals)* **the u.** el hampa

underwrite ['ʌndəraɪt] (*pt* **underwrote** [ʌndə'rəʊt], *pp* **underwritten** [ʌndə'rɪtən]) *vt* (**a**) *Fin* asegurar (**b**) *(pay for)* financiar

underwriter ['ʌndəraɪtə(r)] *n Fin (in insurance)* asegurador(ora) *m,f*

undeserved [ʌndɪ'zɜ:vd] *adj* inmerecido(a)

undeserving [ʌndɪ'zɜ:vɪŋ] *adj* indigno(a); **to be u. of sth** no merecer algo

undesirable [ʌndɪ'zaɪərəbəl] **1** *n* indeseable *mf*
2 *adj* indeseable; **it has u. side-effects** tiene efectos secundarios no deseados

undetected [ʌndɪ'tektɪd] **1** *adj* no detectado(a)
2 *adv* **to go u.** no ser detectado(a); **to remain u.** seguir sin ser detectado(a)

undetermined [ʌndɪ'tɜ:mɪnd] *adj* indeterminado(a); **to be u.** *(of cause)* no estar determinado(a)

undeterred [ʌndɪ'tɜ:d] **1** *adj* **to be u. by sth** no desanimarse por algo
2 *adv* **he carried on u.** siguió sin arredrarse

undeveloped [ʌndɪ'veləpt] *adj* (**a**) *(unexploited)* no desarrollado(a); **u. land** tierra *f* sin explotar (**b**) *Phot* sin revelar

undies ['ʌndɪz] *npl Fam* ropa *f* interior

undigested [ʌnd(a)ɪ'dʒestɪd] *adj also Fig* no digerido(a)

undignified [ʌn'dɪgnɪfaɪd] *adj* poco digno(a), indecoroso(a)

undiluted [ʌndaɪ'lu:tɪd] *adj* (**a**) *(liquid)* no diluido(a) (**b**) *(pleasure)* puro(a), absoluto(a)

undiminished [ʌndɪ'mɪnɪʃt] *adj* no disminuido(a); **to remain u.** no haber disminuido

undiplomatic [ʌndɪplə'mætɪk] *adj* poco diplomático(a)

undisciplined [ʌn'dɪsɪplɪnd] *adj* indisciplinado(a)

undisclosed [ʌndɪs'kləʊzd] *adj* no revelado(a)

undiscovered [ʌndɪs'kʌvəd] **1** *adj* sin descubrir
2 *adv* **to go/remain u.** estar/permanecer sin descubrir

undiscriminating [ʌndɪs'krɪmɪneɪtɪŋ] *adj* **to be u.** no hacer distinciones, no distinguir

undisputed [ʌndɪs'pju:tɪd] *adj* indiscutible

undistinguished [ʌndɪs'tɪŋgwɪʃt] *adj* mediocre

undisturbed [ʌndɪs'tɜ:bd] *adj (sleep)* tranquilo(a); **the tomb had lain u. for centuries** la tumba había permanecido intacta durante siglos; **she left his papers u.** dejó sus papeles tal como estaban

undivided [ʌndɪ'vaɪdɪd] *adj* **he gave me his u. attention** me prestó toda su atención

undo [ʌn'du:] (*pt* **undid** [ʌn'dɪd], *pp* **undone** [ʌn'dʌn]) *vt* (**a**) *(mistake)* corregir; *(damage)* reparar (**b**) *(knot)* deshacer; *(button)* desabrochar; *(parcel, zip)* abrir; *(shoelaces)* desatar (**c**) *Comptr (command)* deshacer

undock [ʌn'dɒk] **1** *vt (spacecraft)* desacoplar
2 *vi (of spacecraft)* desacoplarse

undoing [ʌn'du:ɪŋ] *n* perdición *f*; **greed was his u.** la codicia fue su perdición

undone [ʌn'dʌn] *adj* (**a**) *(loose) (jacket, buttons)* desabrochado(a); *(shoelaces)* desatado(a); **to come u.** *(of jacket, buttons)* desabrocharse; *(of shoelaces)* desatarse (**b**) *(incomplete)* sin hacer; **to leave sth u.** dejar algo sin hacer

undoubted [ʌn'daʊtɪd] *adj* indudable

undoubtedly [ʌn'daʊtɪdlɪ] *adv* indudablemente

undramatic [ʌndrə'mætɪk] *adj* poco dramático(a)

undreamed-of [ʌn'dri:mdɒv], **undreamt-of** [ʌn'dremtɒv] *adj* inimaginable

undress [ʌn'dres] **1** *n* **in a state of u.** desvestido(a), desnudo(a)
2 *vt* desvestir, desnudar
3 *vi* desvestirse, desnudarse

undressed [ʌn'drest] *adj* (**a**) *(person)* desnudo(a), desvestido(a); **to get u.** desvestirse, desnudarse (**b**) *(wound)* sin vendar (**c**) *(salad)* sin aderezar *or Esp* aliñar

undrinkable [ʌn'drɪŋkəbəl] *adj* imbebible, intragable

undue [ʌn'dju:] *adj* excesivo(a) ❑ *Law* ***u. influence*** influencia *f* indebida

undulate ['ʌndjʊleɪt] *vi* ondular

undulating ['ʌndjʊleɪtɪŋ] *adj* ondulante

undulation [ʌndjʊ'leɪʃən] *n* ondulación *f*

unduly [ʌn'dju:lɪ] *adv* excesivamente

undying [ʌn'daɪɪŋ] *adj* eterno(a)

unearned [ʌn'ɜ:nd] *adj (reward, punishment)* inmerecido(a) ❑ *Fin* ***u. income*** rendimientos *mpl* del capital, renta *f* no salarial

unearth [ʌn'ɜ:θ] *vt* (**a**) *(buried object)* desenterrar (**b**) *(information, secret)* descubrir

unearthly [ʌn'ɜ:θlɪ] *adj* (**a**) *(supernatural)* sobrenatural (**b**) *Fam (ridiculous, extreme)* **at an u. hour** a una hora intempestiva; **an u. din** *or* **racket** un ruido espantoso; **for some u. reason** por algún motivo incomprensible

unease [ʌn'i:z], **uneasiness** [ʌn'i:zɪnɪs] *n* inquietud *f*, desasosiego *m*; **there was some u. at the announcement of the new appointment** el anuncio del nuevo nombramiento ha generado cierto descontento; **there was an air of u. in the room** se respiraba cierto malestar en la sala

uneasily [ʌn'i:zɪlɪ] *adv* con inquietud; **they eyed each other u. across the room** se miraron inquietos *or* incómodos cada uno desde un lado de la habitación

uneasy [ʌn'i:zɪ] *adj (person)* inquieto(a); *(sleep)* agitado(a); *(silence)* tenso(a); **to be u. (about sth)** estar inquieto(a) (por algo); **I was u. about leaving all the work to them** no me quedaba tranquilo dejándoles todo el trabajo; **he seemed u. with this decision** no parecía conforme con esta decisión; **an u. peace** una paz precaria

uneconomic [ʌniːkəˈnɒmɪk] *adj (unprofitable)* carente de rentabilidad, antieconómico(a)

uneconomical [ʌniːkəˈnɒmɪkəl] *adj (wasteful, inefficient)* ineficaz desde el punto de vista económico, poco rentable

unedifying [ʌnˈedɪfaɪɪŋ] *adj (unpleasant)* nada edificante

uneducated [ʌnˈedjʊkeɪtɪd] *adj* inculto(a)

unemotional [ʌnɪˈməʊʃənəl] *adj (person)* frío(a), insensible

unemployable [ʌnɪmˈplɔɪəbəl] *adj* **to be u.** no ser apto(a) para trabajar

unemployed [ʌnɪmˈplɔɪd] **1** *npl* **the u.** los desempleados, los parados, *Am* los desocupados

2 *adj* (**a**) *(person)* desempleado(a), parado(a), *Am* desocupado(a); **to be u.** estar en (el) paro (**b**) *(resources)* sin utilizar

unemployment [ʌnɪmˈplɔɪmənt] *n* desempleo *m*, paro *m*, *Am* desocupación *f*; **u. stands at 10 percent** la tasa de desempleo *or* de paro *or Am* la desocupación se sitúa en el 10 por ciento ▫ ***u. benefit*** *or US* ***compensation*** subsidio *m* de desempleo *or Am* de desocupación; *US* ***u. insurance*** seguro *m* de desempleo *or Am* de desocupación

unending [ʌnˈendɪŋ] *adj* interminable

unendurable [ʌnɪnˈdjʊərəbəl] *adj* insoportable

unenforceable [ʌnɪnˈfɔːsəbəl] *adj (rule, law)* imposible de hacer cumplir

unenlightened [ʌnɪnˈlaɪtənd] *adj (person, decision)* retrógrado(a)

unenlightening [ʌnɪnˈlaɪtnɪŋ] *adj* poco ilustrativo(a)

unenterprising [ʌnˈentəpraɪzɪŋ] *adj* poco emprendedor(ora)

unenthusiastic [ʌnɪnθjuːzɪˈæstɪk] *adj (reaction, response)* tibio(a); *(person)* poco entusiasta

unenviable [ʌnˈenvɪəbəl] *adj* desagradable, nada envidiable

unequal [ʌnˈiːkwəl] *adj* desigual; **an u. struggle** una lucha desigual; **he was u. to the challenge** no estuvo a la altura de lo exigido

unequalled [ʌnˈiːkwəld] *adj* sin par

unequivocal [ʌnɪˈkwɪvəkəl] *adj Formal* inequívoco(a)

unequivocally [ʌnɪˈkwɪvəklɪ] *adv Formal* inequívocamente, de modo inequívoco

unerring [ʌnˈɜːrɪŋ] *adj* infalible

UNESCO [juːˈneskəʊ] *n* (*abbr* **United Nations Educational, Scientific and Cultural Organization**) UNESCO *f*

unethical [ʌnˈeθɪkəl] *adj* poco ético(a)

uneven [ʌnˈiːvən] *adj* (**a**) *(not level) (surface, road)* irregular (**b**) *(not regular) (breathing, pulse)* irregular (**c**) *(not consistent) (performance, quality)* desigual

unevenly [ʌnˈiːvənlɪ] *adv (divided, spread)* de forma desigual; **to be u. matched** no estar de igual a igual, tener niveles muy distintos

uneventful [ʌnɪˈventfʊl] *adj* sin incidentes

uneventfully [ʌnɪˈventfʊlɪ] *adv* sin incidentes

unexceptionable [ʌnɪkˈsepʃənəbəl] *adj* irreprochable

unexceptional [ʌnɪkˈsepʃənəl] *adj* mediocre; **to be u.** no tener nada de especial

unexciting [ʌnɪkˈsaɪtɪŋ] *adj* anodino(a), insulso(a)

unexpected [ʌnɪksˈpektɪd] *adj* inesperado(a)

unexpectedly [ʌnɪksˈpektɪdlɪ] *adv* inesperadamente, de forma inesperada; **her parents arrived u.** sus padres se presentaron de improviso; **an u. high number of...** un número sorprendentemente elevado de...

unexplained [ʌnɪksˈpleɪnd] *adj* inexplicado(a)

unexploited [ʌnɪksˈplɔɪtɪd] *adj* sin explotar

unexplored [ʌnɪksˈplɔːd] *adj* inexplorado(a)

unfailing [ʌnˈfeɪlɪŋ] *adj (hope, courage)* firme, inconmovible; *(punctuality)* infalible; *(patience, good humour)* inagotable

unfailingly [ʌnˈfeɪlɪŋlɪ] *adv* indefectiblemente

unfair [ʌnˈfeə(r)] *adj* injusto(a); **it was u. of them to do that** fue una injusticia que hicieran eso; **it's so u.!** ¡no es justo!; **to be u. to sb** ser injusto con alguien ▫ *Com* ***u. competition*** competencia *f* desleal; *Ind* ***u. dismissal*** despido *m* improcedente

unfairly [ʌnˈfeəlɪ] *adv* injustamente

unfairness [ʌnˈfeənɪs] *n* injusticia *f*

unfaithful [ʌnˈfeɪθfʊl] *adj (spouse)* infiel; **to be u. (to sb)** ser infiel (a alguien)

unfaithfulness [ʌnˈfeɪθfʊlnɪs] *n* infidelidad *f*

unfamiliar [ʌnfəˈmɪlɪə(r)] *adj* extraño(a), desconocido(a); **to be u. with sth** no estar familiarizado(a) con algo; **I'm u. with that theory** desconozco esa teoría

unfamiliarity [ʌnfəmɪlɪˈærɪtɪ] *n* desconocimiento *m* (**with** de), falta *f* de familiarización (**with** con); **the u. of their surroundings** lo desconocido del entorno

unfashionable [ʌnˈfæʃənəbəl] *adj* pasado(a) de moda; **to be u.** no estar de moda; **to become u.** pasar de moda

unfasten [ʌnˈfɑːsən] *vt (knot)* desatar, deshacer; *(door)* abrir; **to u. one's belt** desabrocharse el cinturón

unfathomable [ʌnˈfæðəməbəl] *adj* insondable; **why he did it is quite u.** por qué lo hizo es algo totalmente inexplicable

unfavourable, *US* **unfavorable** [ʌnˈfeɪvərəbəl] *adj* desfavorable

unfavourably, *US* **unfavorably** [ʌnˈfeɪvərəblɪ] *adv* desfavorablemente

unfazed [ʌnˈfeɪzd] *adj Fam* **he was u. by the experience** la experiencia no hizo mella en él

unfeeling [ʌnˈfiːlɪŋ] *adj (person)* insensible; *(remark, attitude)* falto(a) de sensibilidad

unfettered [ʌnˈfetəd] *adj (person)* desembarazado(a) (**by** de); *(imagination)* desbocado(a)

unfinished [ʌnˈfɪnɪʃt] *adj* inacabado(a); **to leave sth u.** dejar algo sin terminar; **u. business** asuntos pendientes

unfit [ʌnˈfɪt] *adj* (**a**) *(unsuitable)* inadecuado(a), inapropiado(a); **he's an u. person to be left in charge of children** es una persona a la que no se puede confiar el cuidado de un niño; **to be u. for sth** no ser apto(a) para algo; **u. for human consumption** no apto(a) para el consumo humano (**b**) *(in poor physical condition)* bajo(a) de forma; *(injured)* lesionado(a)

unfitted [ʌnˈfɪtɪd] *adj (unsuitable)* **to be u. for sth/to do sth** no reunir las condiciones para algo/para hacer algo

unflagging [ʌnˈflægɪŋ] *adj (enthusiasm, support)* infatigable; *(interest)* inagotable

unflappable [ʌnˈflæpəbəl] *adj* impasible, imperturbable

unflattering [ʌnˈflætərɪŋ] *adj (clothes)* poco favorecedor(ora); *(description, remark)* nada elogioso(a)

unfledged [ʌnˈfledʒd] *adj* (**a**) *(bird)* sin plumas (**b**) *(person)* novato(a), bisoño(a)

unflinching [ʌnˈflɪntʃɪŋ] *adj (resolve, courage)* a toda prueba; *(loyalty, support)* inquebrantable

unfold [ʌnˈfəʊld] **1** *vt* (**a**) *(newspaper, map)* desdoblar (**b**) *(arms)* descruzar; *(wings)* desplegar (**c**) *(story, proposal)* revelar

2 *vi (of story, events)* desarrollarse

unforced [ʌnˈfɔːst] *adj (natural)* espontáneo(a) ▫ *Sport* ***u. error*** error *m* no forzado

unforeseeable [ʌnfəˈsiːəbəl] *adj* imprevisible

unforeseen [ʌnfɔːˈsiːn] *adj* imprevisto(a)

unforgettable [ʌnfəˈgetəbəl] *adj* inolvidable

unforgivable [ʌnfəˈgɪvəbəl] *adj* imperdonable

unforgiving [ʌnfəˈgɪvɪŋ] *adj* implacable

unforthcoming [ʌnfɔːθˈkʌmɪŋ] *adj (person)* reservado(a); **to be u. with information/assistance** ser reacio(a) a dar información/prestar ayuda; **to be u. about sth** no dar muchos detalles sobre algo

unfortunate [ʌnˈfɔːtjənɪt] *adj* (**a**) *(unlucky) (person, mistake)* desafortunado(a); *(accident, event)* desgraciado(a) (**b**) *(regrettable) (choice, remark)* desafortunado(a); **he has an u. manner** sus maneras son bastante lamentables

unfortunately [ʌnˈfɔːtjənɪtlɪ] *adv* desgraciadamente, por desgracia

unfounded [ʌnˈfaʊndɪd] *adj* infundado(a)

unfreeze [ʌnˈfriːz] **1** *vt* (**a**) *(defrost)* descongelar (**b**) *Fin (prices, wages)* descongelar

2 *vi* descongelarse

unfriendliness [ʌn'frendlınıs] *n (of person)* antipatía *f*; *(of reception)* hostilidad *f*

unfriendly [ʌn'frendlı] *adj (person)* arisco(a), antipático(a); *(reception)* hostil; **to be u. to sb** ser antipático(a) con alguien

unfrock [ʌn'frɒk] *vt (priest)* expulsar del sacerdocio

unfulfilled [ʌnfʊl'fıld] *adj (promise)* incumplido(a); *(desire, ambition)* insatisfecho(a); *(potential)* desaprovechado(a); **to feel u.** sentirse insatisfecho(a)

unfunny [ʌn'fʌnı] *adj* **to be u.** no tener ninguna gracia

unfurl [ʌn'fɜ:l] **1** *vt (flag, sails)* desplegar
2 *vi* desplegarse

unfurnished [ʌn'fɜ:nıʃt] *adj* sin amueblar ▫ ***u. accommodation*** vivienda *f* sin amueblar

ungainly [ʌn'geınlı] *adj* desgarbado(a), torpe

unget-at-able [ʌnget'ætəbəl] *adj Fam (place, person)* inaccesible

ungodly [ʌn'gɒdlı] *adj* impío(a), blasfemo(a); *Hum* **at an u. hour** a una hora intempestiva

ungovernable [ʌn'gʌvənəbəl] *adj* (**a**) *(people, country)* ingobernable (**b**) *(feelings)* incontrolable

ungracious [ʌn'greıʃəs] *adj* descortés

ungrateful [ʌn'greıtfʊl] *adj* desagradecido(a)

ungrudging [ʌn'grʌdʒıŋ] *adj* sincero(a); **to be u. in one's praise/support** no escatimar elogios/apoyo

unguarded [ʌn'gɑ:dıd] *adj* (**a**) *(place)* desprotegido(a) (**b**) *(remark)* imprudente; **in an u. moment** en un momento de despiste

unhallowed [ʌn'hæləʊd] *adj Rel (ground)* no consagrado(a)

unhampered [ʌn'hæmpəd] *adj* libre (**by** de)

unhand [ʌn'hænd] *vt Literary* soltar

unhappily [ʌn'hæpılı] *adv* (**a**) *(unfortunately)* desgraciadamente (**b**) *(sadly)* tristemente

unhappiness [ʌn'hæpınıs] *n* infelicidad *f*, desdicha *f*

unhappy [ʌn'hæpı] *adj* (**a**) *(sad) (person, childhood, marriage)* infeliz; *(day, ending, face)* triste; **to be u.** *(of person)* ser infeliz (**b**) *(worried)* **I'm u. about leaving the child alone** me preocupa dejar al niño solo (**c**) *(not pleased, not satisfied)* **to be u. with sth** estar descontento(a) *or* no estar contento(a) con algo (**d**) *(unfortunate) (choice, state of affairs)* desgraciado(a), desafortunado(a)

unharmed [ʌn'hɑ:md] *adj (person)* indemne, ileso(a); *(object)* intacto(a)

UNHCR [ju:eneıtʃsi:'ɑ:(r)] *n (abbr* **United Nations High Commission for Refugees**) ACNUR *m*

unhealthily [ʌn'helθılı] *adv* de forma poco saludable

unhealthy [ʌn'helθı] *adj* (**a**) *(ill)* enfermizo(a); *(appearance)* desmejorado(a); *(diet, lifestyle)* poco saludable, poco sano(a); *(conditions, surroundings, climate)* insalubre; **it's u. to stay indoors all day** no es sano estar encerrado en casa todo el día (**b**) *(unwholesome)* insano(a), malsano(a)

unheard-of [ʌn'hɜ:dɒv] *adj* inaudito(a); **that was u. in my youth** eso era impensable cuando yo era joven

unheeded [ʌn'hi:dıd] *adj* desoído(a), desatendido(a); **to go u.** ser ignorado(a), caer en saco roto

unhelpful [ʌn'helpfʊl] *adj (person)* poco servicial; *(criticism, advice)* poco constructivo(a)

unhesitating [ʌn'hezıteıtıŋ] *adj (support)* decidido(a); *(reply)* inmediato(a)

unhindered [ʌn'hındəd] **1** *adj* **he was u. by any doubts** no tuvo ninguna duda
2 *adv* **to work u.** trabajar sin estorbos

unhinged [ʌn'hındʒd] *adj (mad)* trastornado(a)

unhip [ʌn'hıp] *adj Fam Esp* nada enrollado(a), *Méx* nada suave, *RP* nada copado(a), *Ven* aguado(a)

unhitch [ʌn'hıtʃ] *vt (unfasten)* desenganchar

unholy [ʌn'həʊlı] *adj* (**a**) *(evil)* profano(a); *(words)* blasfemo(a); *(thoughts)* impuro(a) ▫ ***u. alliance*** alianza *f* contra natura (**b**) *Fam* **an u. mess/noise** un desorden/ruido espantoso

unhook [ʌn'hʊk] *vt* (**a**) *(trailer)* desenganchar; *(window)* abrir (**b**) *(garment)* desabrochar

UNHRC [ju:eneıtʃɑ:'si:] *n (abbr* **United Nations Human Rights Commission**) UNHRC *f*

unhurried [ʌn'hʌrıd] *adj* pausado(a)

unhurt [ʌn'hɜ:t] *adj* ileso(a); **to be u.** *(after accident)* salir ileso

unhygienic [ʌnhaı'dʒi:nık] *adj* antihigiénico(a)

uni ['ju:nı] *n Br Fam* universidad *f*

unicameral [ju:nı'kæmərəl] *adj* unicameral

UNICEF ['ju:nısef] *n (abbr* **United Nations International Children's Emergency Fund**) UNICEF *m or f*

unicellular [ju:nı'seljʊlə(r)] *adj Biol* unicelular

unicorn ['ju:nıkɔ:n] *n* unicornio *m*

unicycle ['ju:nısaıkəl] *n* monociclo *m*

unidentifiable [ʌnaıdentı'faıəbəl] *adj* imposible de identificar

unidentified [ʌnaı'dentıfaıd] *adj* no identificado(a) ▫ ***u. flying object*** objeto *m* volador no identificado

unidirectional [ju:nıdı'rekʃənəl] *adj* unidireccional

unification [ju:nıfı'keıʃən] *n* unificación *f* ▫ ***U. Church*** Iglesia *f* de la Unificación

uniform ['ju:nıfɔ:m] **1** *n* uniforme *m*; **to be in u.** ir de uniforme, ir uniformado(a)
2 *adj (colour, size)* uniforme; *(temperature)* constante

uniformed ['ju:nıfɔ:md] *adj* uniformado(a)

uniformity [ju:nı'fɔ:mıtı] *n* uniformidad *f*

uniformly ['ju:nıfɔ:mlı] *adv* uniformemente

unify ['ju:nıfaı] **1** *vt* unificar
2 *vi* unificarse

unilateral [ju:nı'lætərəl] *adj* unilateral ▫ ***U. Declaration of Independence*** declaración *f* unilateral de independencia

unilaterally [ju:nı'lætərəlı] *adv* unilateralmente

unimaginable [ʌnı'mædʒınəbəl] *adj* inimaginable

unimaginative [ʌnı'mædʒınətıv] *adj* **to be u.** *(of person)* tener poca imaginación; *(of book, meal, choice)* ser muy poco original, no tener originalidad

unimpaired [ʌnım'peəd] *adj* indemne; **her faculties remained u.** no había perdido facultades

unimpeachable [ʌnım'pi:tʃəbəl] *adj (character)* irreprochable; *(source)* fidedigno(a)

unimpeded [ʌnım'pi:dıd] *adj* libre, sin trabas

unimportant [ʌnım'pɔ:tənt] *adj* poco importante; **to be u.** no importar

unimpressed [ʌnım'prest] *adj* **to be u. by sth** no quedar convencido(a) con algo

unimpressive [ʌnım'presıv] *adj (performance)* mediocre; *(person)* insignificante

unimproved [ʌnım'pru:vd] *adj* (**a**) *(condition)* **to be u.** no haber mejorado (**b**) *(land)* agreste

uninflected [ʌnın'flektıd] *adj Gram* no flexivo(a)

uninformed [ʌnın'fɔ:md] *adj* desinformado(a); **to be u. about sth** no estar informado(a) de algo

uninhabitable [ʌnın'hæbıtəbəl] *adj* inhabitable

uninhabited [ʌnın'hæbıtıd] *adj* desierto(a)

uninhibited [ʌnın'hıbıtıd] *adj* desinhibido(a)

uninitiated [ʌnı'nıʃıeıtıd] **1** *npl* **to the u.** para los profanos (en la materia)
2 *adj* no iniciado(a), profano(a)

uninspired [ʌnın'spaıəd] *adj* poco inspirado(a)

uninspiring [ʌn'ınspaıərıŋ] *adj* anodino(a)

unintelligible [ʌnın'telıdʒıbəl] *adj* ininteligible

unintended [ʌnın'tendıd] *adj* no deseado(a)

unintentional [ʌnın'tenʃənəl] *adj* intencionado(a); **it was u.** fue sin querer

unintentionally [ʌnın'tenʃənəlı] *adv* sin querer; **the scene is u. comic** la escena resulta cómica sin pretenderlo

uninterested [ʌn'ıntrestıd] *adj* poco interesado(a); **he was completely u.** no le interesaba en absoluto

uninteresting [ʌn'ıntrestıŋ] *adj* falto(a) de interés, anodino(a)

uninterrupted [ʌnıntə'rʌptıd] *adj* constante, ininterrumpido(a); **their affair continued u. for several years** su aventura continuó varios años; **to work u.** trabajar sin interrupciones *or* sin ser interrumpido(a)

uninterruptible [ʌnɪntəˈrʌptəbəl] *adj Comptr* ***u. power supply*** sistema *f* de alimentación ininterrumpida

uninvited [ʌnɪnˈvaɪtɪd] **1** *adj (comment, advice)* no solicitado(a); **there were a few u. guests** algunos de los presentes no habían sido invitados

2 *adv* **to arrive u.** llegar sin haber sido invitado(a)

uninviting [ʌnɪnˈvaɪtɪŋ] *adj (place)* inhóspito(a); *(food)* nada apetitoso(a); *(prospect)* desagradable

union [ˈju:njən] *n* (**a**) *(of countries)* unión *f*; **the U.** *(in UK)* el Reino Unido; *(in US)* los Estados Unidos ❑ ***U. flag, U. Jack*** bandera *f* del Reino Unido (**b**) *(marriage)* enlace *m* (**c**) *Ind* sindicato *m* ❑ ***u. card*** carnet *m* de sindicato; ***u. official*** sindicalista *mf*, dirigente *mf* sindical; ***u. shop*** = empresa o fábrica en que la afiliación sindical es obligatoria

unionism [ˈju:njənɪzəm] *n* (**a**) *(trade unionism)* sindicalismo *m* (**b**) *(in Northern Ireland)* unionismo *m*

unionist [ˈju:njənɪst] *n* (**a**) *(trade unionist)* sindicalista *mf* (**b**) *(in Northern Ireland)* unionista *mf*

unionize [ˈju:njənaɪz] **1** *vt* sindicar

2 *vi* sindicarse

unionized [ˈju:njənaɪzd] *adj* sindicado(a)

unique [ju:ˈni:k] *adj* único(a); **to be u. to** ser exclusivo(a) de

uniquely [ju:ˈni:klɪ] *adv* excepcionalmente

uniqueness [ju:ˈni:knɪs] *n* singularidad *f*

unisex [ˈju:nɪseks] *adj* unisex

UNISON [ˈju:nɪsən] *n* = sindicato británico de funcionarios

unison [ˈju:nɪsən] *n* **in u.** al unísono

unit [ˈju:nɪt] *n* (**a**) *(subdivision)* unidad *f*; **the course is divided into six units** el curso consta de seis unidades *or* partes ❑ *Fin* ***u. of account*** unidad *f* de cuenta; ***u. of measurement*** unidad *f* de medida; *Br Fin* ***u. trust*** fondo *m* de inversión mobiliaria (**b**) *(section, department) (in hospital)* unidad *f*, servicio *m*; *(in army)* sección *f*, unidad *f* (**c**) *(item of furniture)* **(kitchen) u.** módulo *m* (de cocina) (**d**) *Com (item)* unidad *f* ❑ ***u. cost*** costo *m or Esp* coste *m* por unidad; ***u. price*** precio *m* por unidad; ***u. pricing*** precio *m* al peso

Unitarian [ju:nɪˈteərɪən] *n & adj Rel* unitarista *mf*

Unitarianism [ju:nɪˈteərɪənɪzəm] *n Rel* unitarismo *m*

unitary [ˈju:nɪtərɪ] *adj* unitario(a)

unite [ju:ˈnaɪt] **1** *vt* unir

2 *vi* unirse

united [ju:ˈnaɪtɪd] *adj* (**a**) *(joined)* unido(a); **to present a u. front** presentar un frente común; **to be u. in grief** estar unidos por el dolor (**b**) *(in proper names)* ***the U. Arab Emirates*** los Emiratos Árabes Unidos; ***the U. Kingdom (of Great Britain and Northern Ireland)*** el Reino Unido (de Gran Bretaña e Irlanda del Norte); ***the U. Nations*** las Naciones Unidas; ***the U. States (of America)*** los Estados Unidos (de América)

unit-linked [ˈju:nɪtˈlɪŋkt] *adj Fin* de renta variable

unity [ˈju:nɪtɪ] *n* unidad *f*; PROV **u. is strength** la unión hace la fuerza

universal [ju:nɪˈvɜ:səl] *adj* universal; **the bombing met with u. condemnation** el atentado fue condenado de forma unánime; **this practice is now almost u.** esta práctica es hoy prácticamente generalizada ❑ ***u. coupling*** *or* ***joint*** junta *f* universal; ***u. suffrage*** sufragio *m* universal

universally [ju:nɪˈvɜ:səlɪ] *adv* universalmente

universe [ˈju:nɪvɜ:s] *n* universo *m*

university [ju:nɪˈvɜ:sɪtɪ] *n* universidad *f*; **to be at u.** estar en la universidad ❑ *Br* ***u. professor*** catedrático(a) *m,f* de universidad; ***u. student*** (estudiante *mf*) universitario(a) *m,f*; ***u. town*** ciudad *f* con universidad

UNIX [ˈju:nɪks] *n Comptr* (*abbr* **Uniplexed Information and Computing System**) UNIX *m*

unjam [ʌnˈdʒæm] *vt* desatascar

unjust [ʌnˈdʒʌst] *adj* injusto(a)

unjustifiable [ʌndʒʌstɪˈfaɪəbəl] *adj* injustificable

unjustified [ʌnˈdʒʌstɪfaɪd] *adj* injustificado(a)

unjustly [ʌnˈdʒʌstlɪ] *adv* injustamente

unkempt [ʌnˈkem(p)t] *adj (hair)* revuelto(a); *(beard, appearance)* descuidado(a)

unkind [ʌnˈkaɪnd] *adj (unpleasant)* antipático(a), desagradable; *(uncharitable)* cruel; *(thought, remark)* mezquino(a); **to be u. (to sb)** ser antipático(a) *or* desagradable (con alguien); **the years since his death have been u. to his reputation** en los años transcurridos desde su muerte su reputación se ha visto mermada

unkindly [ʌnˈkaɪndlɪ] *adv (harshly)* con dureza, duramente; **to behave u. towards sb** estar desagradable con alguien; **it wasn't meant u.** no iba con mala intención

unkindness [ʌnˈkaɪndnɪs] *n (of person)* antipatía *f*; *(of comment, manner)* mezquindad *f*

unknowingly [ʌnˈnəʊɪŋlɪ] *adv* inconscientemente, inadvertidamente

unknown [ʌnˈnəʊn] **1** *n* (**a**) *(person)* desconocido(a) *m,f* (**b**) **the u.** *(place, things)* lo desconocido (**c**) *Math* la incógnita

2 *adj* desconocido(a); **such cases are not u.** esos casos se dan; IDIOM **he's an u. quantity** es una incógnita ❑ ***the U. Soldier*** el soldado desconocido

3 *adv* **u. to the rest of us** sin que lo supiéramos los demás

unlace [ʌnˈleɪs] *vt* desatar

unladylike [ʌnˈleɪdɪlaɪk] *adj* impropio(a) de una señora

unlawful [ʌnˈlɔ:fʊl] *adj* ilegal, ilícito(a) ❑ *Law* ***u. assembly*** reunión *f* ilícita; *Law* ***u. killing*** homicidio *m*

unleaded [ʌnˈledɪd] **1** *n* gasolina *f or RP* nafta *f* sin plomo

2 *adj* ***u. petrol*** gasolina *f or RP* nafta *f* sin plomo

unleash [ʌnˈli:ʃ] *vt (dog)* soltar; *Fig (forces, criticism)* desencadenar

unleavened [ʌnˈlevənd] *adj* ***u. bread*** pan *m* ázimo

unless [ʌnˈles] *conj* a no ser que, a menos que; **don't move u. I tell you to** no te muevas a no ser que *or* a menos que yo te lo mande; **u. I hear to the contrary** en tanto no se me indique lo contrario; **u. I'm mistaken** si no me equivoco

unlike [ʌnˈlaɪk] **1** *prep* **to be u. sb/sth** no parecerse a alguien/algo; **he's not u. his sister** se parece bastante a su hermana; **it's u. him to do such a thing** no es propio de él hacer algo así; **it's u. you to turn down the offer of a free meal** tú no eres de los que rechazan una invitación a comer; **u. his father,...** a diferencia de su padre,...

2 *adj* distinto(a), diferente

unlikelihood [ʌnˈlaɪklɪhʊd] *n* improbabilidad *f*

unlikely [ʌnˈlaɪklɪ] *adj* (**a**) *(not likely to happen)* improbable; **it's u. to happen** no es probable que suceda; **he's u. to do it** no es probable que lo haga; **in the u. event of an accident** en el caso improbable de un accidente (**b**) *(not likely to be true)* inverosímil; **u. as it may seem,...** aunque parezca inverosímil,...

unlimited [ʌnˈlɪmɪtɪd] *adj* (**a**) *(supply, funds, patience)* ilimitado(a), sin límites; **to be u.** no tener límite; **with u. mileage** *(of hired car)* sin límite de kilometraje (**b**) *Br Com (liability)* ilimitado(a); *(company)* de responsabilidad ilimitada

unlined [ʌnˈlaɪnd] *adj* (**a**) *(paper)* sin rayas (**b**) *(garment)* sin forro

unlisted [ʌnˈlɪstɪd] *adj* (**a**) *Fin* ***u. company*** compañía *f* que no cotiza en bolsa; ***u. securities*** títulos *mpl* no cotizados (**b**) *US (phone number)* que no figura en la guía (telefónica)

unlit [ʌnˈlɪt] *adj (fire, cigarette)* sin encender, *Am* sin prender; *(place)* sin iluminar

unload [ʌnˈləʊd] **1** *vt (boat, gun, goods)* descargar; *Fig* **he always unloads his problems onto me** siempre me viene con sus problemas

2 *vi (of lorry, ship)* descargar

unlock [ʌnˈlɒk] **1** *vt (door)* abrir; *Fig (mystery)* desvelar; **the door was unlocked** la puerta no estaba cerrada con llave *or* no tenía echada la llave

2 *vi (of door)* abrirse

unlooked-for [ʌnˈlʊktfɔ:(r)] *adj (unexpected)* inesperado(a), imprevisto(a)

unloose [ʌnˈlu:s], **unloosen** [ʌnˈlu:sən] *vt* aflojar; **he unloosened his tie** se aflojó la corbata

unlovable [ʌnˈlʌvəbəl] *adj* desagradable

unloved [ʌnˈlʌvd] *adj* **to feel u.** no sentirse querido(a)

unlovely [ʌnˈlʌvlɪ] *adj* poco atractivo(a), nada agraciado(a)

unluckily [ʌnˈlʌkɪlɪ] *adv* por desgracia, desgraciadamente

unlucky [ʌnˈlʌkɪ] *adj (person)* sin suerte; *(coincidence)* desafortunado(a); *(day)* funesto(a), aciago(a); *(number, colour)* que da mala suerte; **to be u.** *(have bad luck)* tener mala suerte; *(bring bad luck)* traer *or* dar mala suerte; **I was u. enough to miss the train** tuve la mala suerte de perder el tren

unmade [ˈʌnmeɪd] *adj (bed)* deshecho(a), sin hacer

unmanageable [ʌnˈmænɪdʒəbəl] *adj (person)* rebelde, díscolo(a); *(situation)* ingobernable; *(hair)* rebelde

unmanly [ʌnˈmænlɪ] *adj (effeminate)* poco viril; *(cowardly)* pusilánime

unmanned [ʌnˈmænd] *adj (spacecraft)* no tripulado(a); *(lighthouse)* automático(a)

unmannerly [ʌnˈmænəlɪ] *adj* grosero(a), descortés

unmapped [ʌnˈmæpt] *adj* sin cartografiar; **we are now entering u. territory** entramos ahora en territorio sin explorar

unmarked [ʌnˈmɑːkt] *adj* **(a)** *(without scratches, cuts) (person)* incólume; *(object, surface)* inmaculado(a) **(b)** *(unidentified) (grave)* sin lápida; **u. (police) car** coche *m* (de policía) camuflado **(c)** *(uncorrected)* sin corregir **(d)** *Br Sport* desmarcado(a)

unmarried [ʌnˈmærɪd] *adj (person)* soltero(a); **an u. couple** una pareja no casada, una pareja de hecho

unmask [ʌnˈmɑːsk] *vt (criminal)* desenmascarar; *(plot)* descubrir

unmentionable [ʌnˈmenʃənəbəl] *adj (subject)* vedado(a), innombrable

unmercifully [ʌnˈmɜːsɪfʊlɪ] *adv* sin piedad, despiadadamente

unmet [ʌnˈmet] *adj (target, requirement)* no cumplido(a); *(quota)* no cubierto(a)

unmindful [ʌnˈmaɪndfʊl] *adj* **to be u. of sth** *(unaware)* no ser consciente de algo; *(uncaring)* hacer caso omiso de algo; **we are not u. of the risk you are undertaking** somos conscientes del riesgo que corres

unmissable [ʌnˈmɪsəbəl] *adj* imprescindible; **this movie is u.** nadie debe perderse esta película

unmistakable [ʌnmɪsˈteɪkəbəl] *adj* inconfundible

unmistakably [ʌnmɪsˈteɪkəblɪ] *adv* indudablemente, sin lugar a dudas; **an u. Russian accent** un acento ruso inconfundible

unmitigated [ʌnˈmɪtɪgeɪtɪd] *adj (disaster, failure)* completo(a), absoluto(a)

unmoved [ʌnˈmuːvd] **1** *adj* **she was u. by his appeal** su llamamiento no logró conmoverla

2 *adv* **to watch/listen u.** observar/escuchar impertérrito(a)

unnamed [ʌnˈneɪmd] *adj* no mencionado(a)

unnatural [ʌnˈnætjərəl] *adj* **(a)** *(abnormal)* anormal, antinatural; **it's u. to...** no es normal... **(b)** *(affected)* afectado(a)

unnaturally [ʌnˈnætjərəlɪ] *adv* **(a)** *(abnormally)* anormalmente; **she was u. quiet that evening** no era normal lo callada que estaba aquella noche **(b)** *(affectedly)* con poca naturalidad

unnecessarily [ʌnnesɪˈserɪlɪ] *adv* innecesariamente; **we don't want to worry them u.** no queremos preocuparles sin necesidad; **they died u.** murieron en vano

unnecessary [ʌnˈnesɪsərɪ] *adj* innecesario(a); **it's quite u.** *(declining help, favour)* no hace falta

unnerve [ʌnˈnɜːv] *vt* poner nervioso(a), desconcertar

unnerving [ʌnˈnɜːvɪŋ] *adj* desconcertante

unnoticed [ʌnˈnəʊtɪst] **1** *adj* inadvertido(a)

2 *adv* **to pass** *or* **go u.** pasar desapercibido(a) *or* inadvertido(a).

UNO [juːenˈəʊ] *n* (*abbr* **United Nations Organization**) ONU *f*

unobservant [ʌnəbˈzɜːvənt] *adj* **to be u.** ser poco observador(ora)

unobserved [ʌnəbˈzɜːvd] *adv* **to do sth u.** hacer algo sin ser visto(a); **to pass** *or* **go u.** pasar desapercibido(a)

unobstructed [ʌnəbˈstrʌktɪd] *adj (exit, view)* despejado(a)

unobtainable [ʌnəbˈteɪnəbəl] *adj* **to be u.** *(of product)* no poderse obtener, ser inasequible; *(on phone)* no estar disponible

unobtrusive [ʌnəbˈtruːsɪv] *adj* discreto(a)

unoccupied [ʌnˈɒkjʊpaɪd] *adj* **(a)** *(person)* desocupado(a) **(b)** *(seat)* libre; *(house)* desocupado(a) **(c)** *(territory)* no ocupado(a)

unofficial [ʌnəˈfɪʃəl] *adj* extraoficial; **to be u.** no ser oficial; **in an u. capacity** extraoficialmente, de forma oficiosa ▫ *Ind* ***u. strike*** huelga *f* no apoyada por los sindicatos

unofficially [ʌnəˈfɪʃəlɪ] *adv* extraoficialmente, de forma no oficial

unopened [ʌnˈəʊpənd] *adj* sin abrir

unopposed [ʌnəˈpəʊzd] **1** *adj* **to be u.** no tener oposición

2 *adv* **to go u.** no encontrar oposición; **to be elected u.** salir elegido(a) sin oposición

unorganized [ʌnˈɔːgənaɪzd] *adv* **(a)** *(disorganized)* desorganizado(a) **(b)** *(workforce)* sin sindicar

unorthodox [ʌnˈɔːθədɒks] *adj* poco ortodoxo(a)

unpack [ʌnˈpæk] **1** *vt (suitcase)* deshacer; *(box, contents)* desembalar

2 *vi* deshacer el equipaje

unpaid [ʌnˈpeɪd] *adj* **(a)** *(work, volunteer)* no retribuido(a) ▫ ***u. leave*** baja *f* sin sueldo **(b)** *(bill, debt)* impagado(a)

unpalatable [ʌnˈpælətəbəl] *adj* **(a)** *(food)* intragable **(b)** *(truth)* desagradable, crudo(a)

unparalleled [ʌnˈpærəleld] *adj (growth, decline, disaster)* sin precedentes; *(success)* sin igual; **a place of u. beauty** un lugar de una belleza incomparable

unpardonable [ʌnˈpɑːdənəbəl] *adj* imperdonable

unparliamentary [ʌnpɑːlɪˈmentərɪ] *adj (behaviour, language)* contrario(a) a la cortesía parlamentaria

unpatriotic [ʌnpeɪtrɪˈɒtɪk] *adj* antipatriótico(a)

unperturbed [ʌnpəˈtɜːbd] **1** *adj* **to be u. by sth** no ser afectado(a) por algo

2 *adv* **to remain u.** permanecer impasible

unpick [ʌnˈpɪk] *vt (stitches, hem)* descoser

unpin [ʌnˈpɪn] *vt (sewing)* quitar los alfileres a; *(label)* quitar

unplaced [ʌnˈpleɪst] *adj (in race) (horse, dog)* no colocado(a); *(athlete)* fuera de los puestos de honor

unplanned [ʌnˈplænd] *adj (result, visit)* imprevisto(a); **an u. pregnancy** un embarazo no planeado

unplayable [ʌnˈpleɪəbəl] *adj (shot, ball)* imposible de golpear; *(serve)* imposible de restar; **the pitch was u.** el terreno de juego no estaba en condiciones

unpleasant [ʌnˈplezənt] *adj* desagradable; **there's no need to be so u. about it!** ¡no hace falta ponerse así (de desagradable *or* antipático) por ello!

unpleasantly [ʌnˈplezəntlɪ] *adv* desagradablemente

unpleasantness [ʌnˈplezəntnɪs] *n* **the u. of...** lo desagradable de...; **to cause u.** provocar mal ambiente; **I could have done without the u. over the tickets** no hacía falta ponerse así (de desagradable *or* antipático) por lo de los billetes

unplug [ʌnˈplʌg] (*pt & pp* **unplugged**) *vt* desenchufar

unplugged [ʌnˈplʌgd] *adj (acoustic)* desenchufado(a), acústico(a)

unplumbed [ʌnˈplʌmd] *adj (depths of knowledge)* insondable

unpolished [ʌnˈpɒlɪʃt] *adj* **(a)** *(shoes, surface)* deslustrado(a) **(b)** *(imperfect) (performance)* deslucido(a); *(style)* tosco(a)

unpolluted [ʌnpəˈluːtɪd] *adj* no contaminado(a), limpio(a)

unpopular [ʌnˈpɒpjʊlə(r)] *adj (politician, decision)* impopular; **an u. child** un niño con pocos amigos; **to make oneself u.** granjearse enemistades; **he was u. with his colleagues** sus compañeros no le tenían mucho aprecio

unpopularity [ʌnpɒpjʊˈlærɪtɪ] *n* impopularidad *f*

unpractical [ʌnˈpræktɪkəl] *adj* poco práctico(a)

unprecedented [ʌnˈpresɪdentɪd] *adj* sin precedente(s); **to an u. degree** hasta un punto inusitado; **such a situation is u.** una situación así no tiene precedentes

unpredictable [ʌnprɪˈdɪktəbəl] *adj* imprevisible, impredecible

unpredictably [ʌnprəˈdɪktəblɪ] *adv* de manera imprevisble *or* impredecible

unprejudiced [ʌnˈpredʒʊdɪst] *adj (unbigoted)* sin prejuicios, libre de prejuicios; *(unbiased)* imparcial; **to be u.** *(unbigoted)* no tener prejuicios; *(unbiased)* ser imparcial

unpremeditated [ʌnpriːˈmedɪteɪtɪd] *adj* sin premeditación; **to be u.** no ser premeditado(a)

unprepared [ʌnprɪˈpeəd] *adj (speech)* improvisado(a); **to be u. for sth** *(not ready)* no estar preparado(a) para algo; *(not expecting)* no esperarse algo

unprepossessing [ʌnpriːpəˈzesɪŋ] *adj* poco atractivo(a)

unpresentable [ʌnprɪˈzentəbəl] *adj* impresentable

unpretentious [ʌnprɪˈtenʃəs] *adj* modesto(a), sencillo(a)

unprincipled [ʌnˈprɪnsɪpəld] *adj* sin principios; **to be u.** no tener principios

unprintable [ʌnˈprɪntəbəl] *adj (offensive)* impublicable

unproductive [ʌnprəˈdʌktɪv] *adj (land, work)* improductivo(a); *(meeting, conversation, effort)* infructuoso(a)

unprofessional [ʌnprəˈfeʃənəl] *adj* poco profesional

unprofessionally [ʌnprəˈfeʃənəlɪ] *adv* con poca profesionalidad

unprofitable [ʌnˈprɒfɪtəbəl] *adj (company)* poco rentable; *(meeting)* infructuoso(a), poco productivo(a)

unpromising [ʌnˈprɒmɪsɪŋ] *adj* poco prometedor(ora)

unpronounceable [ʌnprəˈnaʊnsəbəl] *adj* impronunciable

unprotected [ʌnprəˈtektɪd] *adj* desprotegido(a) ▫ ***u. sex*** sexo *m* sin protección *or* sin preservativo

unprovoked [ʌnprəˈvəʊkt] *adj* espontáneo(a), no provocado(a)

unpublished [ʌnˈpʌblɪʃt] *adj* inédito(a)

unpunctual [ʌnˈpʌŋktjʊəl] *adj* impuntual, poco puntual

unpunctuality [ʌnpʌŋktjʊˈælɪtɪ] *n* impuntualidad *f*, falta *f* de puntualidad

unpunished [ʌnˈpʌnɪʃt] **1** *adj* impune
2 *adv* **to go u.** quedar impune

unputdownable [ʌnpʊtˈdaʊnəbəl] *adj Fam (book)* absorbente, que se lee de una sentada

unqualified [ʌnˈkwɒlɪfaɪd] *adj* **(a)** *(doctor, teacher)* sin titulación; **I'm quite u. to talk about it** no estoy cualificado para hablar de ello **(b)** *(support)* incondicional; *(success, disaster)* completo(a), sin paliativos

unquestionable [ʌnˈkwestjənəbəl] *adj* indiscutible, indudable

unquestionably [ʌnˈkwestjənəblɪ] *adv* indiscutiblemente, indudablemente

unquestioning [ʌnˈkwestjənɪŋ] *adj (trust, obedience)* ciego(a); *(support)* incondicional

unquestioningly [ʌnˈkwestjənɪŋlɪ] *adv (to trust, obey)* ciegamente; *(to support)* incondicionalmente

unquote [ʌnˈkwəʊt] *adv* **quote u.** entre comillas

unravel [ʌnˈrævəl] *(pt & pp* **unravelled,** *US* **unraveled) 1** *vt* **(a)** *(wool)* desenredar **(b)** *(plot, mystery)* desentrañar
2 *vi* **(a)** *(of wool)* desenredarse; *(of garment)* deshilacharse **(b)** *(of plan)* desbaratarse; *(of mystery)* desentrañarse

unread [ʌnˈred] *adj* **(a)** *(book, leaflet)* sin leer **(b)** *(person)* inculto(a), poco leído(a)

unreadable [ʌnˈriːdəbəl] *adj* ilegible

unreal [ʌnˈrɪəl] *adj* **(a)** *(illusory, imaginary)* irreal **(b)** *Fam (unbelievable)* increíble; **this is u.!** ¡esto es de lo que no hay! **(c)** *Fam (excellent) Esp* guay, *Andes, Carib* chévere, *Méx* padre, *RP* bárbaro(a)

unrealistic [ʌnrɪəˈlɪstɪk] *adj* poco realista; **it's u. to expect any news so soon** no sería realista esperar que hubiera noticias tan pronto

unreality [ʌnrɪˈælɪtɪ] *n* irrealidad *f*

unreasonable [ʌnˈriːzənəbəl] *adj* **(a)** *(person)* poco razonable, irrazonable; **he was being totally u.** no estaba siendo nada razonable **(b)** *(demand)* absurdo(a), disparatado(a); *(price)* exorbitante, desorbitado(a)

unreasonably [ʌnˈriːzənəblɪ] *adv (to behave)* de forma poco razonable; *(to demand)* de forma absurda; **not u.** no sin razón

unrecognizable [ʌnrekəgˈnaɪzəbl] *adj* irreconocible

unrecognized [ʌnˈrekəgnaɪzd] **1** *adj (talent, government)* no reconocido(a)
2 *adv* **to go u.** *(of talent, famous person)* pasar desapercibido(a)

unrecorded [ʌnrɪˈkɔːdɪd] *adj* no registrado(a)

unredeemed [ʌnrɪˈdiːmd] *adj* **(a)** *Rel (unsaved)* irredento(a) **(b)** *Fin (bond)* sin cobrar; *(pawned item)* sin desempeñar

unreel [ʌnˈriːl] *vt* desenrollar

unrefined [ʌnrɪˈfaɪnd] *adj* **(a)** *(sugar, oil)* sin refinar **(b)** *(person, taste)* poco refinado(a)

unregenerate [ʌnrɪˈdʒenərət] *Formal* **1** *n* persona *f* contumaz *or* incorregible
2 *adj* contumaz, incorregible

unregistered [ʌnˈredʒɪstəd] *adj (worker, immigrant)* sin papeles; *(voter)* no inscrito(a)

unrelated [ʌnrɪˈleɪtɪd] *adj* **(a)** *(events)* inconexo(a) **(b)** *(people)* no emparentado(a)

unreleased [ʌnrɪˈliːst] *adj (song, record)* inédito(a); *(film)* sin estrenar

unrelenting [ʌnrɪˈlentɪŋ] *adj* implacable

unreliable [ʌnrɪˈlaɪəbəl] *adj (watch, car, machine, equipment)* poco fiable; *(method)* inseguro(a); *(memoirs, source of information)* poco fidedigno(a), poco fiable; *(person)* informal

unrelieved [ʌnrɪˈliːvd] *adj (boredom, ugliness)* absoluto(a); *(pain)* sin alivio

unremarkable [ʌnrɪˈmɑːkəbəl] *adj* corriente

unremitting [ʌnrɪˈmɪtɪŋ] *adj* incesante, continuo(a)

unrepeatable [ʌnrɪˈpiːtəbəl] *adj* **(a)** *(words)* irrepetible, irreproducible **(b)** *(offer)* irrepetible

unrepentant [ʌnrɪˈpentənt] *adj* impenitente; **to be u. (about)** no arrepentirse (de)

unreported [ʌnrɪˈpɔːtɪd] **1** *adj* **an u. incident/problem** un incidente/problema del que no se ha informado *or CAm, Méx* reportado
2 *adv* **many crimes go u.** muchos delitos no se denuncian *or CAm, Méx* reportan

unrepresentative [ʌnreprɪˈzentətɪv] *adj* no representativo(a) **(of** de)

unrepresented [ʌnreprɪˈzentɪd] *adj* no representado(a), sin representación

unrequited love [ˈʌnrɪkwaɪtɪdˈlʌv] *n* amor *m* no correspondido

unreserved [ʌnrɪˈzɜːvd] *adj* **(a)** *(praise, support)* sin reservas; **she was u. in her praise** no escatimó elogios **(b)** *(seat, table)* libre, no reservado(a)

unreservedly [ʌnrɪˈzɜːvɪdlɪ] *adv (to recommend, praise, support)* sin reservas; *(to apologize)* profusamente

unresolved [ʌnrɪˈzɒlvd] *adj* sin resolver

unresponsive [ʌnrɪˈspɒnsɪv] *adj* indiferente **(to** ante); **the patient was u. to the treatment** el paciente no respondió al tratamiento

unrest [ʌnˈrest] *n (unease)* malestar *m*; *(disturbances)* desórdenes *mpl*, disturbios *mpl*; *(in labour relations)* conflictividad *f*

unrestricted [ʌnrɪˈstrɪktɪd] *adj* ilimitado(a), absoluto(a)

unrewarding [ʌnrɪˈwɔːdɪŋ] *adj (financially)* poco rentable; *(intellectually)* ingrato(a), poco gratificante

unripe [ʌnˈraɪp] *adj* verde; **to be u.** estar verde

unrivalled, *US* **unrivaled** [ʌnˈraɪvəld] *adj (person, brilliance, beauty)* incomparable; **to be u.** ser inigualable

unroll [ʌnˈrəʊl] **1** *vt* desenrollar
2 *vi* desenrollarse

unromantic [ʌnrəˈmæntɪk] *adj* poco romántico(a)

unruffled [ʌnˈrʌfəld] *adj (person, manner)* sereno(a), imperturbable; *(water surface)* en calma

unruliness [ʌnˈruːlɪnɪs] *n (of children, mob, behaviour)* rebeldía *f*, falta *f* de disciplina

unruly [ʌnˈruːlɪ] *adj (children, mob, behaviour)* revoltoso(a); *(hair)* rebelde

unsaddle [ʌnˈsædəl] *vt (horse)* desensillar

unsafe [ʌnˈseɪf] *adj* **(a)** *(dangerous)* peligroso(a); **it's u. to eat** no se puede comer **(b)** *(at risk)* inseguro(a), en peligro **(c)** *Law (conviction, verdict)* infundado(a)

unsaid [ʌnˈsed] *adj* **to leave sth u.** no decir algo; **it's better left u.** mejor no decirlo

unsalted [ʌn'sɔ:ltɪd] *adj* sin sal

unsatisfactory [ʌnsætɪs'fæktərɪ] *adj* insatisfactorio(a); **this result was u. for all concerned** el resultado no satisfizo a ninguna de las partes; **an u. explanation** una explicación poco convincente

unsatisfied [ʌn'sætɪsfaɪd] *adj* insatisfecho(a); **to be u. with sth** no estar satisfecho(a) con algo

unsatisfying [ʌn'sætɪsfaɪɪŋ] *adj (explanation)* insatisfactorio(a); *(ending, meal)* decepcionante; *(experience)* poco gratificante

unsaturated [ʌn'sætʃəreɪtɪd] *adj Chem* insaturado(a), no saturado(a)

unsavoury, *US* **unsavory** [ʌn'seɪvərɪ] *adj (person, reputation)* indeseable

unsay [ʌn'seɪ] *vt* desdecirse de, retractarse de

unscathed [ʌn'skeɪðd] *adj* **(a)** *(person) (physically)* ileso(a); *(reputation)* indemne, intacto(a) **(b)** *(building)* intacto(a)

unscheduled [ʌn'ʃedju:ld] *adj* no programado(a), imprevisto(a)

unscientific [ʌnsaɪən'tɪfɪk] *adj* poco científico(a)

unscramble [ʌn'skræmbəl] *vt* **(a)** *(decode) (code, message)* descifrar; *(TV signals)* descodificar **(b)** *Fam (thoughts)* desenmarañar

unscrew [ʌn'skru:] **1** *vt* **(a)** *(remove screws from)* desatornillar, destornillar **(b)** *(twist off)* desenroscar

2 *vi (of lid, cap)* desenroscarse

unscripted [ʌn'skrɪptɪd] *adj (speech, remark)* improvisado(a)

unscrupulous [ʌn'skru:pjʊləs] *adj* sin escrúpulos

unsealed [ʌn'si:ld] *adj* abierto(a)

unseasonable [ʌn'si:zənəbəl] *adj* atípico(a) para la época del año

unseat [ʌn'si:t] *vt also Fig* derribar

unseeded [ʌn'si:dɪd] *adj Sport* que no es cabeza de serie

unseemly [ʌn'si:mlɪ] *adj* indigno(a)

unseen [ʌn'si:n] *adj* invisible; **u. by the guards** sin ser visto por los guardias ▫ *Br Sch* ***u. translation*** traducción *f* directa sin preparación

unselfconscious [ʌnself'kɒnʃəs] *adj* natural

unselfish [ʌn'selfɪʃ] *adj* desinteresado(a), generoso(a)

unselfishly [ʌn'selfɪʃlɪ] *adv* desinteresadamente, con generosidad

unselfishness [ʌn'selfɪʃnɪs] *n* generosidad *f*

unsentimental [ʌnsentɪ'mentəl] *adj* desapasionado(a)

unsettle [ʌn'setəl] *vt (make nervous)* desasosegar, intranquilizar

unsettled [ʌn'setəld] *adj* **(a)** *(restless)* inquieto(a) **(b)** *(unresolved)* sin resolver **(c)** *(unpaid)* sin pagar **(d)** *(weather)* inestable

unshackle [ʌn'ʃækəl] *vt* desencadenar; *Fig* liberar

unshak(e)able [ʌn'ʃeɪkəbəl] *adj (belief, determination)* inquebrantable

unsheathe [ʌn'ʃi:ð] *vt (sword)* desenvainar

unsightly [ʌn'saɪtlɪ] *adj* feo(a), horrible

unsigned [ʌn'saɪnd] *adj* **(a)** *(contract)* sin firmar **(b)** *(band)* sin contrato

unskilful, *US* **unskillful** [ʌn'skɪlfʊl] *adj* torpe, desmañado(a)

unskilled [ʌn'skɪld] *adj (worker)* no cualificado(a); **he is u. at such work** se le da mal ese tipo de trabajos

unsmoked [ʌn'sməʊkt] *adj* fresco(a), sin ahumar

unsociable [ʌn'səʊʃəbəl] *adj* insociable

unsocial [ʌn'səʊʃəl] *adj Br* **to work u. hours** trabajar a deshoras

unsold [ʌn'səʊld] *adj* sin vender; **to remain u.** seguir sin venderse

unsolicited [ʌnsə'lɪsɪtɪd] *adj* no solicitado(a); **the advice was u.** nadie había pedido ese consejo

unsolved [ʌn'sɒlvd] *adj* sin resolver; **the crime remains u.** el crimen sigue sin resolverse

unsophisticated [ʌnsə'fɪstɪkeɪtɪd] *adj (person)* sencillo(a); *(method, technology)* simple

unsound [ʌn'saʊnd] *adj* **(a)** *(health)* frágil; *Law* **to be of u. mind** no estar en plena posesión de las facultades mentales **(b)** *(building)* defectuoso(a) **(c)** *(decision, advice)* desacertado(a); *Fin (investment)* poco seguro(a)

unsparing [ʌn'speərɪŋ] *adj* **to be u. of one's time/in one's efforts** no escatimar tiempo/esfuerzo

unspeakable [ʌn'spi:kəbəl] *adj (conditions, squalor)* inefable; *(pain)* indecible

unspeakably [ʌn'spi:kəblɪ] *adv* indescriptiblemente, extraordinariamente

unspecified [ʌn'spesɪfaɪd] *adj* sin especificar

unspoiled [ʌn'spɔɪld], **unspoilt** [ʌn'spɔɪlt] *adj (countryside, beach)* virgen

unspoken [ʌn'spəʊkən] *adj (fear)* oculto(a), no expresado(a); *(threat)* velado(a); *(agreement)* tácito(a)

unsporting [ʌn'spɔ:tɪŋ], **unsportsmanlike** [ʌn'spɔ:tsmənlaɪk] *adj* antideportivo(a)

unstable [ʌn'steɪbəl] *adj* **(a)** *(structure, government)* inestable **(b)** *(person)* inestable **(c)** *(currency, prices)* inestable **(d)** *Chem (compound)* inestable

unsteadily [ʌn'stedɪlɪ] *adv (to move, walk)* con paso inseguro; *(to speak)* con voz temblorosa

unsteady [ʌn'stedɪ] *adj (table, chair)* inestable, inseguro(a); *(hand, voice)* tembloroso(a); **he was u. on his feet** se tambaleaba

unstinting [ʌn'stɪntɪŋ] *adj (praise, effort)* generoso(a), pródigo(a); **to be u. in one's praise (of sb/sth)** no escatimar elogios (a alguien/algo)

unstitch [ʌn'stɪtʃ] *vt* descoser; **to come unstitched** descoserse

unstoppable [ʌn'stɒpəbəl] *adj* imparable

unstressed [ʌn'strest] *adj Ling* no acentuado(a), sin acento

unstructured [ʌn'strʌktʃəd] *adj (essay, plan)* deslavazado(a), poco estructurado(a); *(meeting)* sin agenda fija

unstuck [ʌn'stʌk] *adj Fam* **to come u.** *(of person)* fracasar, *Esp* darse un batacazo; *(of plan)* irse al carajo *or Esp* al garete

unstudied [ʌn'stʌdɪd] *adj (natural)* natural, espontáneo(a)

unstuff [ʌn'stʌf] *vt Comptr* descomprimir

unsubstantiated [ʌnsəb'stænʃɪeɪtɪd] *adj (accusation, rumour)* no probado(a)

unsubtle [ʌn'sʌtəl] *adj* poco sutil

unsuccessful [ʌnsək'sesfʊl] *adj (person)* fracasado(a); *(attempt, project)* fallido(a); **to be u.** *(of person, project)* no tener éxito, fracasar; **your application has been u.** no ha sido seleccionado para el puesto

unsuccessfully [ʌnsək'sesfəlɪ] *adv* sin éxito

unsuitable [ʌn's(j)u:təbəl] *adj (person)* poco indicado(a), inadecuado(a) **(for** para); *(choice, time)* inoportuno(a), inconveniente **(for** para); **this film is u. for children** esta película no está recomendada para niños

unsuitably [ʌn's(j)u:təblɪ] *adv* inadecuadamente

unsuited [ʌn's(j)u:tɪd] *adj* **to be u. to sth** ser poco indicado(a) para algo

unsung [ʌn'sʌŋ] *adj* **to go u.** no ser reconocido(a), no tener ningún eco; **u. hero** héroe *m* olvidado

unsupported [ʌnsə'pɔ:tɪd] *adj* **(a)** *(statement, charges)* infundado(a) **(b)** *(structure)* **to be u.** no tener apoyo

unsure [ʌn'ʃʊə(r)] *adj* inseguro(a); **to be u. of** *or* **about sth** tener dudas acerca de algo; **to be u. of oneself** no tener seguridad en uno(a) mismo(a), sentirse inseguro(a)

unsurpassed [ʌnsə'pɑ:st] *adj* sin igual, insuperable; **to be u. (in** *or* **at sth)** ser insuperable (en algo)

unsuspected [ʌnsəs'pektɪd] *adj* insospechado(a); **her treason was u. by her superiors** sus superiores nunca sospecharon de su traición

unsuspecting [ʌnsəs'pektɪŋ] *adj* confiado(a)

unsweetened [ʌn'swi:tənd] *adj (without sugar)* sin azúcar; *(without sweeteners)* sin edulcorantes

unswerving [ʌn'swɜ:vɪŋ] *adj* inquebrantable

unsympathetic [ʌnsɪmpə'θetɪk] *adj* **(a)** *(lacking sympathy)* poco comprensivo(a) **(to** con) **(b)** *(not favourable)* **they are u. to such requests** suelen rechazar ese tipo de peticiones **(c)** *(unlikable)* antipático(a)

unsystematic [ʌnsɪstə'mætɪk] *adj* poco sistemático(a)

untainted [ʌn'teɪntɪd] *adj* impoluto(a); **u. by corruption** sin mancha de corrupción

untalented [ʌn'tæləntɪd] *adj* sin talento

untamed [ʌn'teɪmd] *adj (animal)* salvaje; *(wilderness)* agreste
untangle [ʌn'tæŋgəl] *vt (hair, ropes)* desenredar, desenmarañar; *(mystery)* desentrañar; *(confusion)* aclarar
untapped [ʌn'tæpt] *adj* sin explotar
untarnished [ʌn'tɑːnɪʃt] *adj* intachable
untempered [ʌn'tempəd] *adj* sin templar
untenable [ʌn'tenəbəl] *adj* insostenible
untested [ʌn'testɪd] *adj* que no ha sido puesto(a) a prueba; **to be u.** no haber sido puesto(a) a prueba
unthinkable [ʌn'θɪŋkəbəl] **1** *n* **the u.** lo impensable, lo inimaginable; **to think the u.** pensar lo impensable
2 *adj* impensable
unthinking [ʌn'θɪŋkɪŋ] *adj* irreflexivo(a)
unthinkingly [ʌn'θɪŋkɪŋlɪ] *adv* irreflexivamente, de forma irreflexiva
unthought-of [ʌn'θɔːtɒv] *adj* **an u. possibility** una posibilidad en la que no se había pensado
untidily [ʌn'taɪdɪlɪ] *adv* desordenadamente; **he was u. dressed** iba muy desaliñado *or* descuidado
untidiness [ʌn'taɪdɪnɪs] *n (of place, work)* desorden *m*; *(of person)* descuido *m*, desaliño *m*
untidy [ʌn'taɪdɪ] *adj (person, place, work)* desordenado(a); **to be u.** estar desordenado(a)
untie [ʌn'taɪ] *vt* desatar; **to u. a knot** desatar *or* deshacer un nudo
until [ʌn'tɪl] **1** *prep* hasta; **u. ten o'clock** hasta las diez; **open from 9 u. 5** abierto de 9 a 5; **u. now/then** hasta ahora/entonces; **not u. tomorrow** hasta mañana, no
2 *conj* hasta que; **u. she gets back** hasta que vuelva; **we waited u. the rain stopped** esperamos a que escampara; **he won't come u. he's invited** no vendrá mientras no lo invitemos; **can I leave? — not u. the bell rings** ¿puedo irme? — cuando suene el timbre
untimely [ʌn'taɪmlɪ] *adj (inconvenient)* inoportuno(a); *(death)* prematuro(a)
untiring [ʌn'taɪərɪŋ] *adj* incansable
unto ['ʌntuː] *prep Literary* a
untogether [ʌntə'geðə(r)] *adj Fam (disorganized)* desordenado(a), desorganizado(a); *(emotionally unstable)* inestable
untold [ʌn'təʊld] *adj (wealth, beauty)* inconmensurable; *(suffering)* indecible; **u. millions were lost in such speculation** millones y millones se perdieron con toda aquella especulación
untouchable [ʌn'tʌtʃəbəl] *n & adj* intocable *mf*
untouched [ʌn'tʌtʃt] *adj* intacto(a); *(countryside, beach)* virgen; **u. by human hand** no tocado(a) por la mano del hombre; **he left the meal u.** dejó la comida intacta
untoward [ʌntə'wɔːd] *adj Formal (unlucky)* desafortunado(a); *(unusual)* inusual, fuera de lo común
untrained [ʌn'treɪnd] *adj* (**a**) *(person)* sin preparación; **to the u. eye/ear** para el ojo/oído poco avezado (**b**) *(animal)* sin adiestrar
untranslatable [ʌntrænz'leɪtəbəl] *adj* intraducible
untried [ʌn'traɪd] *adj* (**a**) *(untested)* **to be u.** *(of system, person)* no haber sido puesto(a) a prueba (**b**) *Law (person, case)* pendiente de juicio
untroubled [ʌn'trʌbəld] *adj* tranquilo(a), despreocupado(a); **to be u. (by)** no estar afectado(a) (por)
untrue [ʌn'truː] *adj* (**a**) *(false)* falso(a) (**b**) *(unfaithful)* desleal (**to** a); **he has been u. to his principles** no ha sido fiel a sus principios; **to be u. to one's spouse** ser infiel al cónyuge, no serle fiel al cónyuge
untrustworthy [ʌn'trʌstwɜːðɪ] *adj (person)* indigno(a) de confianza; *(information)* poco fiable
untruth [ʌn'truːθ] *n Formal* falsedad *f*
untruthful [ʌn'truːθfʊl] *adj (person)* embustero(a), mentiroso(a); *(story, reply)* falso(a)
untruthfully [ʌn'truːθfʊlɪ] *adv* con mentiras, con falsedad
untuned [ʌn'tjuːnd] *adj* desafinado(a)
untutored [ʌn'tjuːtəd] *adj (person)* sin estudios; *(eye)* no avezado(a)
untypical [ʌn'tɪpɪkəl] *adj* atípico(a) (**of** de)
unusable [ʌn'juːzəbəl] *adj* inutilizable, inservible
unused [ʌn'juːzd] *adj* (**a**) *(not in use)* sin usar (**b**) *(never yet used)* sin estrenar (**c**) [ʌn'juːst] **to be u. to sth** no estar acostumbrado(a) a algo
unusual [ʌn'juːʒʊəl] *adj (not common)* inusual; *(strange)* extraño; **it's u. to have snow at this time of year** no es normal que nieve en esta época del año; **an u. occurrence** un hecho insólito; **it's not u. for him to take two hours for lunch** no es nada raro que tarde dos horas en almorzar; **it's u. of her not to notice** es raro que no se dé cuenta; **it's nothing if not u.** es cuando menos extraño
unusually [ʌn'juːʒʊəlɪ] *adv (abnormally)* insólitamente; *(very)* extraordinariamente
unutterable [ʌn'ʌtərəbəl] *adj Formal* indescriptible
unvaried [ʌn'veərɪd] *adj* monótono(a), uniforme
unvarnished [ʌn'vɑːnɪʃt] *adj* sin barnizar; *Fig* **the u. truth** la verdad desnuda
unveil [ʌn'veɪl] *vt (statue, plaque)* descubrir; *Fig (product, plan)* revelar, desvelar
unveiling [ʌn'veɪlɪŋ] *n (of statue, plaque)* descubrimiento *m*, inauguración *f*; *Fig (of product, plan)* revelación *f*
unverifiable [ʌnverɪ'faɪəbəl] *adj* inverificable
unversed [ʌn'vɜːst] *adj* poco ducho(a) *or* versado(a) (**in** en)
unvoiced [ʌn'vɔɪst] *adj* (**a**) *Ling* sordo(a) (**b**) *(unspoken)* no expresado(a); **an u. fear** un temor oculto
unwaged [ʌn'weɪdʒd] *Br* **1** *npl* **the u.** los desempleados, *Am* los desocupados
2 *adj (not earning money)* desempleado(a), *Am* desocupado(a)
unwanted [ʌn'wɒntɪd] *adj (attentions, responsibility, baby)* no deseado(a); *(clothes, trinkets)* desechado(a); **to feel u.** sentirse rechazado(a)
unwarranted [ʌn'wɒrəntɪd] *adj* injustificado(a)
unwary [ʌn'weərɪ] *adj* incauto(a)
unwashed [ʌn'wɒʃt] *adj* sucio(a), sin lavar; *Hum* **the great u.** la plebe
unwatchable [ʌn'wɒtʃəbəl] *adj* insoportable
unwavering [ʌn'weɪvərɪŋ] *adj (loyalty, support)* inquebrantable; *(gaze)* fijo(a); *(concentration)* intenso(a)
unwelcome [ʌn'welkəm] *adj (visit, visitor)* inoportuno(a); *(news)* desagradable; **to make sb feel u.** hacer que alguien se sienta incómodo
unwell [ʌn'wel] *adj* indispuesto(a), enfermo(a); **to be u.** estar indispuesto(a) *or* enfermo(a); **to look u.** tener mal aspecto
unwholesome [ʌn'həʊlsəm] *adj (food, climate)* insalubre
unwieldy [ʌn'wiːldɪ] *adj (tool)* poco manejable; *(object)* aparatoso(a); *(system)* aparatoso(a)
unwilling [ʌn'wɪlɪŋ] *adj* reacio(a); **to be u. to do sth** ser reacio(a) a hacer algo
unwillingly [ʌn'wɪlɪŋlɪ] *adv* a regañadientes, de mala gana
unwillingness [ʌn'wɪlɪŋnɪs] *n* reticencia *f*
unwind [ʌn'waɪnd] (*pt & pp* **unwound** [ʌn'waʊnd]) **1** *vt* desenrollar
2 *vi* (**a**) *(of string, wool)* desenrollarse (**b**) *Fam (relax)* relajarse
unwise [ʌn'waɪz] *adj* imprudente; **an u. choice** una mala elección; **it would be u. to ignore this advice** no sería prudente desoír este consejo
unwisely [ʌn'waɪzlɪ] *adv* imprudentemente, con mal criterio
unwitting [ʌn'wɪtɪŋ] *adj* involuntario(a)
unwittingly [ʌn'wɪtɪŋlɪ] *adv* sin querer, involuntariamente
unwonted [ʌn'wəʊntɪd] *adj Formal (not customary)* desacostumbrado(a), inusitado(a)
unworkable [ʌn'wɜːkəbəl] *adj* impracticable
unworldly [ʌn'wɜːldlɪ] *adj* (**a**) *(spiritual)* espiritual (**b**) *(naive)* ingenuo(a)
unworried [ʌn'wʌrɪd] *adj* despreocupado(a)
unworthy [ʌn'wɜːðɪ] *adj* indigno(a) (**of** de); **the subject is u. of further attention** el tema no merece mayor atención
unwrap [ʌn'ræp] (*pt & pp* **unwrapped**) *vt* desenvolver

unwritten [ʌn'rɪtən] *adj (language, law)* no escrito(a); *(agreement)* tácito(a), verbal

unyielding [ʌn'ji:ldɪŋ] *adj (person, attitude)* inflexible; *(opposition)* férreo(a); *(resistance)* pertinaz

unyoke [ʌn'jəʊk] *vt* quitar el yugo a, desuncir; *Fig* liberar

unzip [ʌn'zɪp] *(pt & pp* **unzipped***) vt* **(a)** *(clothes, bag)* abrir la cremallera *or Am* el cierre de; **to u. one's trousers** bajarse la cremallera *or Am* el cierre de los pantalones **(b)** *Comptr* descomprimir

---

UP [ʌp] **1** *adv* **(a)** *(with motion)* hacia arriba; **to come/go up** subir; **the sun has come up** ha salido el sol; **prices have gone up** los precios han subido; **to go up north** ir hacia el norte; **to go up to Canada** subir *or* ir a Canadá; **the bird flew up into the sky** el pájaro se elevó en el cielo; **up you get!** ¡levántate!; **she jumped up** dio un salto; **the path leads up into the forest** el camino lleva al bosque; **to pick sth up** recoger algo; **to put one's hand up** levantar la mano; **to put a poster up** pegar un cartel; **I ran up** subí corriendo; **could you take this suitcase up?** *(upstairs)* ¿podrías subir esta maleta?; **we took the** *Br* **lift** *or US* **elevator up** subimos en ascensor; *Fig* **the economy is on its way up again** la economía está recuperándose; **to jump up and down** pegar brincos; **she was pacing up and down** caminaba de arriba a abajo; *Fig* **I've been a bit up and down since the divorce** he tenido bastantes altibajos después del divorcio

(b) *(with position)* arriba; **up above** arriba; **up here/there** aquí/allí arriba; **up in the sky/mountains** en el cielo/las montañas; *Fam* **people are friendlier up North** la gente del norte es más simpática; **further up** más arriba; **from 3,000 metres up** a partir de 3.000 m de altitud; **place it bottom up** colócalo boca abajo; **which way up does it go?** ¿cuál es la parte de arriba?; **it's up there with the best performances of all time** se encuentra entre las mejores interpretaciones de todos los tiempos; IDIOM *Fam* **he's a bit funny up there** está un poco tocado del ala *or Am* zafado(a)

(c) *(ahead)* **to be one goal/five points up** ir ganando por *or* de un gol/cinco puntos; **to be three up with two to play** *(in golf)* ir ganando por tres hoyos cuando quedan dos por jugar; **he went two sets up** se puso dos sets por delante

(d) up against *prep* **put it up against the wall** colócalo contra la pared; **to be up against sth** *(confronted with)* enfrentarse a algo; **they came up against stiff opposition** encontraron una fuerte oposición; **to be up against it** tenerlo muy difícil

(e) up to *prep (until, as far as)* hasta; **up to now** hasta ahora; **up to £100 a week** hasta 100 libras semanales; **up to the age of seven** hasta los siete años; **up to fifty people may have died** pueden haberse producido hasta cincuenta muertes; **the water came up to their necks** el agua les llegaba hasta el cuello; **to go up to sb** acercarse a alguien; **I'm up to here (with)** *(work, things to do)* estoy hasta arriba (de); *(fed up)* estoy hasta la coronilla (de)

(f) up to *prep (equal to)* **he's not up to the job** no está a la altura del puesto; **I don't feel up to it** no me siento en condiciones de hacerlo; **it's not up to its usual standard** no es tan bueno como de costumbre; *Fam* **it's not up to much** *(not very good)* no es gran cosa

(g) up to *prep (doing)* **what have you been up to?** ¿qué has estado haciendo?; **I'm sure he's up to something!** ¡estoy seguro de que prepara algo!; **what are the children up to?** ¿qué están tramando los niños?

(h) up to *prep (indicating responsibility, decision)* **it's up to you to do it** te corresponde a ti hacerlo; **it's up to you whether you tell her** depende de ti si se lo dices o no; **shall we tell her? — it's up to you** ¿se lo decimos? — como tú quieras; **if it was up to me, I'd sell it** si dependiera de mí, lo vendería

(i) up until *prep* hasta

2 *prep* **(a)** *(with motion)* **to climb up a hill** subir una colina; **to go up the stairs** subir las escaleras; **I ran up the hill** subí la colina corriendo; **we swam up the river** nadamos río arriba; **to walk up the street** caminar *or Esp* andar por la calle; **I got water up my nose** me entró agua por la nariz; **he stuffed the cushion up his sweater** se metió el almohadón en el suéter; **she paced up and down the corridor** recorría el pasillo de arriba a abajo; **supermarkets up and down the country** los supermercados de todo el país; *Vulg* **up yours!** ¡que te den por culo!

(b) *(with position)* **up a tree/ladder** en lo alto de un árbol/una escalera; **my room is up the stairs** mi habitación está arriba; **halfway up the mountain** a mitad de camino hacia la cumbre de la montaña; **she lives up the street from me** vive en la misma calle que yo

3 *adj* **(a)** *(higher)* **prices/sales are up** los precios/las ventas han subido; **unemployment is at 10 percent, up 1 percent on last year** la tasa de desempleo es del diez por ciento, un uno por ciento mayor que la del año pasado

(b) *(out of bed)* **he isn't up** no está levantado, no se ha levantado; **I was up all night** pasé toda la noche levantado; **I was up at six** me levanté a las seis; **to be up and about** *(in morning)* estar levantado(a); *(after illness)* estar recuperado(a)

(c) *(visible)* **the sun is up** ya ha salido el sol

(d) *(optimistic)* optimista

(e) *(tied)* **I prefer you with your hair up** me gustas más con el pelo recogido

(f) *Fam (wrong)* **what's up?** ¿qué pasa?; **what's up with you/him?** ¿qué te/le pasa?; **something's up** algo pasa *or* ocurre; **there's something up with the TV** le pasa algo a la tele

(g) *Fam* **what's up?** *(what's happening)* ¿qué pasa?; *US (as greeting)* ¿qué (te) cuentas?

(h) *(finished)* **your time's up** se te ha terminado el tiempo; **the two weeks were nearly up** ya casi habían transcurrido las dos semanas

(i) *(functioning)* **how long before the network's up again?** ¿cuándo va a volver a funcionar la red?; **to be up and running** *(of machine, project)* estar en marcha

(j) *Br (being repaired)* **the road is up at the moment** la carretera está en obras

(k) *Fam (on trial)* **he was up before the magistrate on Wednesday** el juez vio su causa el miércoles; **he was up for theft** lo juzgaron por robo

(l) *Fam (informed)* **to be (well) up on sth** estar (muy) enterado de algo

(m) *Fam (ready)* **tea's up!** ¡el té está listo!

(n) *(intended, available)* **that is not up for negotiation** eso no es negociable; **to be up for re-election** presentarse a la reelección; **to be up for sale** estar en venta; *Fam* **I'm up for it if you are** si tú te apuntas yo también

(o) *(level)* **to be up with the leaders** estar entre los líderes; **we're currently up with the target** de momento estamos cumpliendo nuestros objetivos

4 *n* **life's ups and downs** los altibajos de la vida; IDIOM **to be on the up and up** *Br (improving)* ir a mejor; *US Fam (honest)* ser legal *or Am* recto(a)

5 *vt (pt & pp* **upped***)* **(a)** *Fam (increase) (price)* subir; *(offer)* mejorar; **to up the tempo** acelerar el ritmo

(b) IDIOM *Fam* **to u. stakes** *or* **sticks** *(move house)* levantar el campamento

6 *vi Fam* **to up and leave** *or* **go** agarrar *or Esp* coger y marcharse

7 *exclam* **up the Rovers!** ¡ánimo Rovers!, ¡aúpa Rovers!

---

up-and-coming ['ʌpənd'kʌmɪŋ] *adj* prometedor(ora)

upbeat [ʌp'bi:t] *adj (optimistic)* optimista

upbraid [ʌp'breɪd] *vt* recriminar; **to u. sb for sth** recriminar algo a alguien

upbringing ['ʌpbrɪŋɪŋ] *n* crianza *f*, educación *f*

upchuck ['ʌptʃʌk] *vi Fam* devolver, echar la papilla

upcoming ['ʌpkʌmɪŋ] *adj* próximo(a)

up-country 1 *adj* ['ʌpkʌntrɪ] del interior **2** *adv* [ʌp'kʌntrɪ] tierra adentro

update 1 *n* ['ʌpdeɪt] *also Comptr* actualización *f*

2 *vt* [ʌp'deɪt] *also Comptr* actualizar; **to u. sb on sth** poner a alguien al corriente de algo

upend [ʌp'end] *vt* **(a)** *(turn upside down)* poner boca abajo; **she upended the contents of the box over the table** derramó el contenido de la caja sobre la mesa **(b)** *(knock over)* derribar

up-front [ʌp'frʌnt] **1** *adj* **(a)** *Fam (frank)* claro(a), franco(a) **(b)** *Com (costs)* inicial **2** *adv (to pay)* por adelantado

upgrade 1 *n* ['ʌpgreɪd] *Comptr* actualización *f*; **memory u.** ampliación *f* de memoria
2 *vt* [ʌp'greɪd] *(improve)* modernizar; *(promote)* ascender; *Comptr* actualizar
upheaval [ʌp'hi:vəl] *n* trastorno *m*, conmoción *f*; **political u.** conmoción política; **emotional u.** trastornos emocionales
uphill 1 *adj* ['ʌphɪl] *(road)* cuesta arriba; *(struggle)* duro(a), arduo(a)
2 *adv* [ʌp'hɪl] cuesta arriba
uphold [ʌp'həʊld] (*pt & pp* **upheld** [ʌp'held]) *vt (opinion, principle)* defender; *(decision)* apoyar, corroborar; **to u. the law** hacer respetar la ley
upholstered [ʌp'həʊlstəd] *adj* tapizado(a)
upholsterer [ʌp'həʊlstərə(r)] *n* tapicero(a) *m,f*
upholstery [ʌp'həʊlstərɪ] *n* (**a**) *(filling)* relleno *m*; *(covering)* tapicería *f* (**b**) *(craft)* tapicería *f*
UPI [ju:pi:'aɪ] (*abbr* **United Press International**) UPI *f*, = agencia internacional de prensa
upkeep ['ʌpki:p] *n* mantenimiento *m*
upland ['ʌplənd] **1** *n* **the upland(s)** las tierras altas
2 *adj* de las tierras altas
uplift 1 *n* ['ʌplɪft] subida *f* de ánimo; **to give sth/sb an u.** animar algo/a alguien
2 [ʌp'lɪft] *vt (emotionally)* animar, levantar el espíritu a; **to feel uplifted** sentirse muy animado(a)
uplifting [ʌp'lɪftɪŋ] *adj* estimulante
uplighter ['ʌplaɪtə(r)] *n* = lámpara o luz diseñada o colocada de manera que ilumina hacia arriba
upload ['ʌpləʊd] *vt Comptr* cargar, subir
up-market ['ʌpmɑ:kɪt] *adj* de categoría
upmost = **uppermost**
upon [ə'pɒn] *prep* en, sobre; **autumn is nearly u. us** ya casi estamos en otoño, tenemos el otoño a la vuelta de la esquina; **suddenly, the dogs were u. us** de pronto, teníamos a los perros encima; **u. realizing what had happened...** al darse cuenta de lo ocurrido...; *Old-fashioned* **u. my word!** ¡caramba!; **thousands u. thousands** miles y miles
upper ['ʌpə(r)] **1** *n* (**a**) *(of shoe)* empeine *m*; IDIOM *Fam* **to be on one's uppers** estar sin un centavo *or Esp* duro (**b**) *Fam (drug)* estimulante *m*, excitante *m*
2 *adj* superior; **the u. echelons of society/the army** los escalones más altos del escalafón social/militar; **the u. reaches** *or* **waters of the Nile** el curso alto del Nilo; IDIOM **to gain the u. hand** tomar la delantera; IDIOM **to have the u. hand** llevar ventaja ▫ *Met* ***u. atmosphere*** atmósfera *f* superior; *Typ* ***u. case*** mayúsculas *fpl*; ***u. class*** clase *f* alta; *Pol* ***the U. House*** la cámara alta; ***u. limit*** límite *m* superior, tope *m*; *Comptr* ***u. memory*** memoria *f* superior; *Formerly* ***U. Volta*** el Alto Volta

upper-class [ʌpə'klɑ:s] *adj* de clase alta
upper-crust [ʌpə'krʌst] *adj Fam (person, accent)* de clase alta, *Esp* de postín
uppercut ['ʌpəkʌt] *n (in boxing)* uppercut *m*; **left/right u.** uppercut de izquierda/derecha
uppermost ['ʌpəməʊst], **upmost** ['ʌpməʊst] *adj (in position)* superior; *Fig* **it was u. in my mind** era una cuestión prioritaria para mí
uppity ['ʌpɪtɪ] *adj Fam* creído(a), engreído(a); **to get u.** darse aires
upright ['ʌpraɪt] **1** *n (beam)* poste *m*, montante *m*
2 *adj* (**a**) *(vertical)* vertical, derecho(a) ▫ ***u. piano*** piano *m* vertical (**b**) *(honest)* honrado(a)
3 *adv* **to put/place sth u.** poner/colocar algo derecho
uprising ['ʌpraɪzɪŋ] *n* levantamiento *m*
uproar ['ʌprɔ:(r)] *n (noise)* alboroto *m*; *(protest)* escándalo *m*, polémica *f*; **the meeting was in an u.** se armó un gran alboroto en la reunión
uproarious [ʌp'rɔ:rɪəs] *adj (noisy)* escandaloso(a); *(funny)* divertidísimo(a)
uproariously [ʌp'rɔ:rɪəslɪ] *adv (to laugh)* a carcajadas; **u. funny** divertidísimo(a), hilarante
uproot [ʌp'ru:t] *vt (plant, person)* desarraigar
UPS [ju:pi:'es] *n Comptr* (*abbr* **uninterruptible power supply**) SAI *m*
ups-a-daisy = **oops-a-daisy**
upset 1 *n* ['ʌpset] (**a**) *(disturbance)* trastorno *m*; **to have a stomach u.** tener el estómago mal (**b**) *(surprise)* resultado *m* inesperado (**c**) *US* ***u. price*** precio *m* mínimo de subasta
2 *vt* [ʌp'set] (*pt & pp* **upset**) (**a**) *(liquid, container)* tirar, volcar (**b**) *(person)* disgustar; **the least thing upsets him** se disgusta por cualquier cosa; **to u. oneself** disgustarse (**c**) *(plans, schedule)* trastornar, alterar
3 *adj* [ʌp'set] (**a**) *(unhappy)* disgustado(a); **to be u. about sth** estar disgustado por algo (**b**) **to have an u. stomach** tener el estómago mal
upsetting [ʌp'setɪŋ] *adj* desagradable
upshot ['ʌpʃɒt] *n* resultado *m*; **what was the u. of it all?** ¿cómo terminó *or* acabó la cosa?, ¿en qué quedó la cosa?
upside down ['ʌpsaɪd'daʊn] **1** *adj* al *or* del revés
2 *adv* **to hang u.** *(of person, animal)* colgar cabeza abajo; **to turn sth u.** poner algo del revés; *Fig (house, life)* poner algo patas arriba
upstage [ʌp'steɪdʒ] **1** *adv Th (move)* hacia el fondo de la escena; **to be** *or* **stand u. of sb** estar en segundo plano respecto a alguien
2 *vt Th & Fig* dejar en segundo plano
upstairs 1 ['ʌpsteəz] *adj* de arriba; **the u. apartment/bathroom** el apartamento/cuarto de baño de arriba
2 [ʌp'steəz] *adv* arriba, **to come/go u.** subir (la escalera); **he lives u.** vive en el apartamento *or Esp* piso de arriba; IDIOM *Fam* **he hasn't got much u.** tiene la cabeza llena de *Esp* serrín *or Am* aserrín

upstanding [ʌp'stændɪŋ] *adj (honest)* honrado(a), recto(a)
upstart ['ʌpstɑ:t] *n* advenedizo(a) *m,f*
upstate *US* **1** *adj* ['ʌpsteɪt] del norte del estado; **u. New York** el norte del estado de Nueva York
2 *adv* [ʌp'steɪt] al norte del estado
upstream ['ʌpstri:m] *adv* río arriba; **u. of the village** más arriba del pueblo por el curso del río
upstroke ['ʌpstrəʊk] *n* (**a**) *(in engine)* movimiento *m* ascendente, *Spec* carrera *f* ascendente (**b**) *(in writing)* trazo *m* hacia arriba
upsurge ['ʌpsɜ:dʒ] *n* aumento *m*, incremento *m* (**in** de)
upswing ['ʌpswɪŋ] *n (improvement)* mejora *f*, alza *f* (**in** en)
uptake ['ʌpteɪk] *n Fam* **to be quick/slow on the u.** ser/no ser muy espabilado(a)
uptight [ʌp'taɪt] *adj Fam* (**a**) *(nervous)* tenso(a) (**about** por) (**b**) *(strait-laced)* estrecho(a)
up-to-date [ʌptə'deɪt] *adj (news, information)* reciente, actualizado(a); *(method, approach)* moderno(a); **to bring sb u. (on sth)** poner a alguien al día (sobre algo)
up-to-the-minute ['ʌptəðə'mɪnɪt] *adj (modern, fashionable)* a la última; *(recent)* al día
uptown *US* **1** *adj* ['ʌptaʊn] *(bus, traffic)* periférico(a); *(bar, club)* de las afueras; *(area)* residencial; **u. New York** las afueras de Nueva York
2 *adv* [ʌp'taʊn] a las afueras
upturn ['ʌptɜ:n] *n* mejora *f* (**in** de)
upturned ['ʌptɜ:nd] *adj* (**a**) *(bucket, box) (face down)* boca abajo; *(on its side)* volcado(a) (**b**) *(nose)* respingón(ona)
upward ['ʌpwəd] **1** *adj (direction)* hacia arriba; *(movement)* ascendente ▫ *Comptr* ***u. compatibility*** compatibilidad *f* con versiones anteriores; ***u. mobility*** ascenso *m* en la escala social
2 *adv* = **upwards**
upwardly mobile ['ʌpwədlɪ'meʊbaɪl] *adj* = que va ascendiendo en la escala social
upwards ['ʌpwədz] *adv* hacia arriba; **to look u.** mirar hacia arriba; **from $100 u.** a partir de 100 dólares; **u. of** por encima de
upwind 1 *adj* ['ʌpwɪnd] del lado que sopla el viento
2 *adv* [ʌp'wɪnd] contra el viento
Urals ['jʊərəlz] *npl* **the U.** los Urales
uranium [jʊ'reɪnɪəm] *n Chem* uranio *m*
Uranus [jʊ'reɪnəs, 'jʊrənəs] *n (planet)* Urano
urban ['ɜ:bən] *adj* urbano(a) ▫ ***u. guerrilla*** guerrillero(a) *m,f* urbano(a); ***u. legend*** *or* ***myth*** leyenda *f* popular; ***u. renewal*** remodelación *f* urbana; ***u. sprawl*** aglomeración *f* urbana
urbane [ɜ:'beɪn] *adj* cortés, comedido(a)
urbanity [ɜ:'bænɪtɪ] *n Formal* cortesía *f*, comedimiento *m*

urbanization [ɜ:bənaɪˈzeɪʃən] *n (process)* urbanización *f*

urbanized [ˈɜ:bənaɪzd] *adj* urbanizado(a)

urchin [ˈɜ:tʃɪn] *n (child)* pilluelo(a) *m,f*, golfillo(a) *m,f*

Urdu [ˈʊədu:] *n* urdu *m*

urea [jʊˈrɪə] *n Biochem* urea *f*

ureter [jʊˈri:tə(r)] *n Anat* uréter *m*

urethra [jʊˈri:θrə] *n Anat* uretra *f*

urethritis [jʊrɪˈθraɪtɪs] *n Med* uretritis *f inv*

urge [ɜ:dʒ] **1** *n* impulso *m*, deseo *m* irresistible; **to have** *or* **feel an u. to do sth** sentir la necesidad de hacer algo; **sexual urges** impulsos sexuales
2 *vt* **(a)** *(encourage)* **to u. sb to do sth** instar a alguien a hacer algo; **she urged caution** instó a ser cautos
(b) *(recommend)* rogar, pedir encarecidamente; **I strongly u. you to accept** le ruego *or* le pido encarecidamente que acepte
(c) *(goad, incite)* **he urged his men into battle** incitó a sus hombres a entrar en batalla; **to u. a horse forward** espolear a un caballo
3 *vi* **to u. for sth** instar a algo; **he urged against a hasty decision** instó a no tomar una decisión apresurada

▸**urge on** *vt sep* alentar, animar; **to u. sb on to do sth** animar a alguien a hacer algo

urgency [ˈɜ:dʒənsɪ] *n* urgencia *f*; **there was a note of u. in his voice** había un tono apremiante en su voz; **it's a matter of u.** es muy urgente; **as a matter of u.** urgentemente, con la mayor urgencia

urgent [ˈɜ:dʒənt] *adj* urgente; **it needs some u. repairs** necesita repararse urgentemente; **in an u. tone of voice** con un tono de voz apremiante; **to be in u. need of sth** necesitar algo urgentemente; **this is u.** es urgente

urgently [ˈɜ:dʒəntlɪ] *adv* urgentemente

uric [ˈjʊrɪk] *adj Biochem* úrico(a) ▫ ***u. acid*** ácido *m* úrico

urinal [jəˈraɪnəl] *n* urinario *m*

urinary [ˈjʊərɪnərɪ] *adj Anat* urinario(a) ▫ ***u. infection*** infección *f* urinaria; ***u. tract*** aparato *m* urinario

urinate [ˈjʊərɪneɪt] *vi* orinar

urination [jʊərɪˈneɪʃən] *n* micción *f*

urine [ˈjʊərɪn] *n* orina *f*

urinogenital [jʊərɪnəʊˈdʒenɪtəl], **urogenital** [jʊərəʊˈdʒenɪtəl] *adj Physiol* urogenital

URL [ju:ɑ:ˈrel] *n Comptr (abbr* **uniform resource locator***)* URL *m*

urn [ɜ:n] *n* **(a)** *(decorative)* urna *f* **(b)** *(for ashes)* urna *f* (cineraria) **(c)** *(for tea)* = recipiente grande de metal con un grifo para el té

urologist [jʊˈrɒlədʒɪst] *n* urólogo(a) *m,f*

urology [jʊˈrɒlədʒɪ] *n Med* urología *f*

urticaria [ɜ:tɪˈkeərɪə] *n Med* urticaria *f*

Uruguay [ˈjʊərəgwaɪ] *n* Uruguay

Uruguayan [jʊərəˈgwaɪən] *n & adj* uruguayo(a) *m,f*

US [ju:ˈes] *(abbr* **United States***)* **1** *n* EE.UU. *mpl*
2 *adj* estadounidense

US [*stressed* ʌs, *unstressed* əs] *pron* **(a)** *(direct object)* nos; **they hate us** nos odian; **they like us** les gustamos; **she forgave our son but not** US perdonó a nuestro hijo, pero no a nosotros
(b) *(indirect object)* nos; **she gave us the book** nos dio el libro; **she gave it to us** nos lo dio; **give it to us** dánoslo
(c) *(after preposition)* nosotros; **they are thinking of us** están pensando en nosotros; **it was meant for them, not for** US iba dirigido a ellos, no a nosotros
(d) *(as complement of verb* **to be***)* nosotros; **it's us!** ¡somos nosotros!; **it was us who did it** fuimos nosotros los que lo hicimos; **the decor isn't really us** la decoración no va mucho con nosotros
(e) *Br Fam (me)* **lend us a fiver** préstame cinco libras; **let's have a go** déjame probar

USA [ju:esˈeɪ] *n* **(a)** *(abbr* **United States of America***)* EE.UU. *mpl* **(b)** *(abbr* **United States Army***)* ejército *m* de los Estados Unidos

usable [ˈju:zəbəl] *adj* utilizable; **it's no longer u.** ya no sirve

USAF [ju:eseɪˈef] *n (abbr* **United States Air Force***)* fuerzas *fpl* aéreas de los Estados Unidos

usage [ˈju:sɪdʒ] *n* **(a)** *(use)* uso *m* **(b)** *(custom)* uso *m*, costumbre *f* **(c)** *Gram* uso *m*

USB [ju:esˈbi:] *n Comptr (abbr* **Universal Serial Bus***)* USB *m*

USE **1** *n* [ju:s] **(a)** *(utilization)* uso *m*, utilización *f*; **drug u.** consumo de drogas; **to make (good) u. of sth** hacer (buen) uso de algo, aprovechar algo; **to put sth to (good) u.** dar buen uso a algo, aprovechar algo; **for staff u. only** sólo para empleados; **it is intended for u. as an analgesic** está pensado para usarse como analgésico; **to be in u.** estar en uso, usarse; **to come into u.** empezar a usarse; **not to be in u., to be out of u.** *(of method, site)* estar en desuso; **out of u.** *(sign)* no funciona; **to go out of u.** dejar de usarse; **directions** *or* **instructions for u.** instrucciones de uso
(b) *(ability, permission to use)* **he lost the u. of his arm** se le quedó un brazo inutilizado; **she has full u. of her faculties** está en plena posesión de sus facultades; **to have the u. of the bathroom** poder usar el cuarto de baño
(c) *(usefulness)* **to be of u.** ser útil; **can I be of any u. to you?** ¿te puedo ser útil en algo?; **do you have any u. for this box?** ¿usas esta caja para algo?; *Ironic* **a lot of u. you were!** ¡sí que ayudaste mucho!; **it's not much u.** no sirve de mucho; **it's (of) no u.** no sirve de nada; **it's (of) no u. to me** no me sirve para nada; **it's no u., I can't do it!** ¡es inútil, no puedo hacerlo!; **it's** *or* **there's no u. crying** llorar no sirve de nada; *Fam* **he's no u.** es un inútil; IDIOM **to be no u. to man nor beast** ser un inútil completo; **we'll find a u. for it** ya le encontraremos alguna utilidad *or* uso; **to have no u. for sth** no tener necesidad de algo; **we have no u. for lazy workers here** aquí no nos hacen falta holgazanes; **being able to do karate must be nice — it has its uses** ¡qué bien, saber hacer kárate! – tiene su utilidad; *Hum* **your husband's well-trained, making us a cup of tea — he has his uses** tienes bien amaestrado a tu marido, nos ha preparado el té – sí, no es tan malo como parece; **what's the u. of** *or* **what u. is worrying?** ¿de qué sirve preocuparse?
(d) *(sense) (of word)* uso *m*
2 *vt* [ju:z] **(a)** *(utilize)* usar, utilizar; **to explain to sb how to u. sth** explicar a alguien cómo usar algo; **this cup has been used** esta taza está usada; **can I u. the toilet?** ¿puedo ir al cuarto de baño?; **to u. force/diplomacy** hacer uso de la fuerza/la diplomacia; **u. a bit of imagination!** ¡échale un poco de imaginación!; **he used every means at his disposal** empleó todos los medios a su alcance; **it may be used in evidence against you** se puede utilizar como prueba contra usted; **u. your head!** ¡piensa un poco!; *Fam* **I could u. some help carrying these boxes** no me vendría mal que alguien me ayudara a cargar estas cajas; *Fam* **I could u. some sleep** no me vendría mal dormir un poco
(b) *(make the most of)* aprovechar; **he used the time well** aprovechó bien el tiempo
(c) *(exploit)* utilizar; **I feel I've been used** me siento utilizado
(d) *(consume) (drugs)* consumir
(e) *(run on) (petrol, electricity)* funcionar con
(f) *(finish) (food, drink)* acabar; *(money)* gastar; *(resources, supply, ideas)* agotar; **u. by Nov 2001** *(on packaging)* consumir antes del fin de nov 2001
(g) *Formal (treat)* tratar
3 *v aux* **used to** [ˈju:stə]

> As an auxiliary verb, always found in the form **used to**. Translated in Spanish either by a main verb in the imperfect or by the imperfect of **soler** plus an infinitive.
> Como verbo auxiliar, aparece siempre en la forma **used to**. Se traduce al español por el verbo principal en pretérito imperfecto, o por el pretérito imperfecto de **soler** más infinitivo.

we used to live abroad antes vivíamos en el extranjero; **you used to be able to leave your door unlocked all night** antes se podía dejar la puerta sin cerrojo toda la noche; **I used not to** *or* **didn't u. to like him** antes no me caía bien; **I used to eat there a lot** acostumbraba a *or* solía comer allí muy a menudo, **do you travel much? – I used to** ¿viajas mucho? – antes sí; **people don't tip like they used to** la gente ya no da tanta propina como antes; **things aren't what they used to be** las cosas ya no son lo que eran

▸**use up** *vt sep (finish) (food, fuel)* acabar; *(money)* gastar; *(resources, supply, ideas)* agotar

use-by date ['ju:zbaɪdeɪt] *n Com* fecha *f* de caducidad

used [ju:zd] *adj* (**a**) *(second-hand)* usado(a); **a u. car** un coche *or Am* carro *or Chile, RP* auto usado *or* de segunda mano
(**b**) *(exploited)* **to feel u.** sentirse utilizado(a)
(**c**) [ju:st] *(accustomed)* **to be u. to (doing) sth** estar acostumbrado(a) a (hacer) algo; **I'm not u. to being told what to do** no estoy acostumbrado a que me digan lo que tengo que hacer; **to get u. to sth/sb** acostumbrarse a algo/alguien; **it takes a bit of getting u. to** cuesta un poco acostumbrarse

useful ['ju:sfʊl] *adj (person, addition, gadget, accessory)* útil; *(idea, suggestion)* útil, provechoso(a); *(advice, experience)* útil, valioso(a); **it will come in very u.** va a venir muy bien; **to make oneself u.** ayudar; **to be u. with one's fists** saber valerse con los puños ▫ ***u. life*** vida *f* útil

usefully ['ju:sfəlɪ] *adv (profitably)* provechosamente

usefulness ['ju:sfʊlnɪs] *n* utilidad *f*; **it has outlived its u.** ha dejado de ser útil

useless ['ju:slɪs] *adj* (**a**) *(not useful)* inservible; **to be u.** *(of system, method)* no servir para nada; **to be worse than u.** no servir de nada (**b**) *(incompetent)* **to be u. (at sth)** ser un/una inútil (para algo); **to be u. when it comes to spelling** ser un inútil *or* un negado para la ortografía (**c**) *(futile)* inútil; **it would be u. to try** de nada serviría intentarlo, sería inútil intentarlo

uselessly ['ju:slɪslɪ] *adv* inútilmente

Usenet ['ju:znet] *n Comptr* Usenet *f*

user ['ju:zə(r)] *n* (**a**) *(of road, dictionary)* usuario(a) *m,f* (**b**) *Comptr* usuario(a) *m,f* ▫ ***u. agent*** agente *m* de usuario; ***u. group*** grupo *m* de usuarios; ***u. ID*** nombre *m* de usuario; ***u. interface*** interfaz *m or f* de usuario; ***u. name*** nombre *m* de usuario (**c**) *Fam (of drugs)* consumidor(ora) *m,f*

user-friendly [ju:zə'frendlɪ] *adj also Comptr* de fácil manejo

usher ['ʌʃə(r)] **1** *n* (**a**) *(in theatre, cinema)* acomodador *m* (**b**) *(in court)* ujier *m* (**c**) *(at wedding)* = persona encargada de indicar a los invitados dónde deben sentarse
2 *vt* **to u. sb in** hacer pasar a alguien; **to u. sb out** acompañar a alguien afuera; *Fig* **to u. sth in** abrir las puertas a algo

usherette [ʌʃə'ret] *n (in cinema, theatre)* acomodadora *f*

USIA [ju:esaɪ'eɪ] *n (abbr* **United States Information Agency**) = agencia estadounidense de noticias

USM [ju:es'em] *n* (**a**) *(abbr* **United States Mail**) = servicio estadounidense de correos (**b**) *(abbr* **United States Mint**) = organismo estadounidense encargado de la fabricación de billetes y monedas, *Esp* ≃ Fábrica *f* Nacional de Moneda y Timbre

USN [ju:es'en] *n (abbr* **United States Navy**) armada *f* estadounidense

USP [ju:es'pi:] *n Com (abbr* **unique selling point** *or* **proposition**) rasgo *m* distintivo (del producto)

USPGA ['ju:espi:dʒi:'eɪ] *n (abbr* **United States Professional Golfers Association**) *(organization)* PGA *f* estadounidense; *(tournament)* torneo *m* de la PGA estadounidense

USS [ju:es'es] *n Naut (abbr* **United States Ship**) = título que precede a los nombres de buques de la marina estadounidense

USSR [ju:eses'ɑ:(r)] *n Formerly (abbr* **Union of Soviet Socialist Republics**) URSS *f*

usual ['ju:ʒʊəl] **1** *n Fam (in bar)* **the u.** lo de siempre
2 *adj* habitual, acostumbrado(a); **it's the u. problem** es el problema de siempre; **at the u. time/place** a la hora/en el sitio de siempre; **you're not your u. cheery self today** hoy no estás tan alegre como de costumbre; **it's not u. for him to be this late** no suele llegar tan tarde; **earlier/later than u.** más pronto/tarde de lo normal; **more/less than u.** más/menos que de costumbre; **as is u. in these cases** como suele ocurrir en estos casos; **as u.** como de costumbre; *Fam* **as per u.** como de costumbre

usually ['ju:ʒʊəlɪ] *adv* habitualmente, normalmente; **I'm u. in bed by ten** normalmente *or* habitualmente estoy en la cama antes de las diez, suelo estar en la cama antes de las diez; **are they u. this late?** ¿llegan siempre así de tarde?; **he was more than u. polite** estuvo más amable que de costumbre

usufruct ['ju:zjʊfrʌkt] *n Law* usufructo *m*

usurer ['ju:ʒərə(r)] *n* usurero(a) *m,f*

usurious [ju:'zjʊərɪəs] *adj* de usura, abusivo(a)

usurp [ju:'zɜ:p] *vt* usurpar

usurper [jʊ'zɜ:pə(r)] *n* usurpador(ora) *m,f*

usury ['ju:ʒʊrɪ] *n* usura *f*

UT *(abbr* **Utah**) Utah

utensil [ju:'tensəl] *n* utensilio *m*; **kitchen utensils** utensilios de cocina

uterine ['ju:təraɪn] *adj Anat* uterino(a)

uterus ['ju:tərəs] *n Anat* útero *m*

utilitarian [ju:tɪlɪ'teərɪən] **1** *n (in philosophy)* utilitarista *mf*
2 *adj* (**a**) *(approach)* pragmático(a); *(design)* funcional, práctico(a) (**b**) *(in philosophy)* utilitarista

utilitarianism [ju:tɪlɪ'teərɪənɪzəm] *n* utilitarismo *m*

utility [ju:'tɪlɪtɪ] *n* (**a**) *(usefulness)* utilidad *f* ▫ *Sport* ***u. player*** jugador(ora) *m,f* comodín *or* polivalente; *Comptr* ***u. program*** utilidad *f*; ***u. room*** = cuarto utilizado para planchar, lavar, etc; *Austr* ***u. truck/vehicle*** camioneta *f* (**b**) *(company)* **(public) u.** servicio *m* público (**c**) *US* **utilities** *(service charges)* servicio *m*

utilization [ju:tɪlaɪ'zeɪʃən] *n* utilización *f*, empleo *m*

utilize ['ju:tɪlaɪz] *vt* utilizar

utmost ['ʌtməʊst] **1** *n* **to the u.** al máximo; **she did her u. to persuade them** hizo todo lo que pudo para convencerlos
2 *adj* (**a**) *(greatest)* sumo(a); **with the u. contempt** con el mayor desprecio; **it is of the u. importance that...** es de suma importancia que...; **with the u. ease** con suma facilidad (**b**) *(furthest)* **the u. ends of the earth** los últimos confines de la tierra

utopia [ju:'təʊpɪə] *n* utopía *f*

utopian [ju:'təʊpɪən] *n & adj* utópico(a) *m,f*

utter[1] ['ʌtə(r)] *adj* total, completo(a); **it's u. madness** es una auténtica locura; **the movie is u. garbage** la película es una verdadera porquería

utter[2] *vt (cry)* lanzar, dar; *(word)* decir, pronunciar; **he didn't u. a sound for the rest of the journey** no dijo esta boca es mía durante el resto del viaje

utterance ['ʌtərəns] *n* (**a**) *(act)* pronunciación *f*, mención *f*; **to give u. to sth** manifestar *or* expresar algo (**b**) *(words spoken)* expresión *f* (**c**) *Ling* unidad *f* de habla

utterly ['ʌtəlɪ] *adv* completamente, totalmente; **I u. detest it** lo odio con toda mi alma

uttermost ['ʌtəməʊst] = **utmost**

UV [ju:'vi:] *adj Phys (abbr* **ultra-violet**) ultravioleta ▫ ***UV radiation*** radiación *f* ultravioleta; ***UV rays*** rayos *mpl* ultravioleta

UVF [ju:vi:'ef] *n (abbr* **Ulster Volunteer Force**) Fuerza *f* de Voluntarios del Ulster, = organización paramilitar norirlandesa partidaria de la permanencia en el Reino Unido

uvula ['ju:vjələ] *n Anat* úvula *f*

uvular ['ju:vjələ(r)] *adj Anat, Ling* uvular

uxorious [ʌk'sɔ:rɪəs] *adj Formal* sometido a la esposa, esclavo de la esposa

Uzbek ['ʊzbek] *n & adj* uzbeko(a) *m,f*

Uzbekistan [ʊzbekɪ'stɑ:n] *n* Uzbekistán

V

V, v [vi:] *n* **(a)** *(letter)* V, v *f* ▫ ***V sign*** *(for victory)* uve *f* de la victoria; *(as insult)* = gesto ofensivo que se forma mostrando el dorso de los dedos índice y corazón en forma de uve a la persona insultada **(b)** *(abbr* **very***)* muy **(c)** *(abbr* **versus***)* contra **(d)** *(abbr* **verse***)* *(pl* **vv***)* versículo *m*

V *Elec* *(abbr* **volt***)* V; **240 V** 240 V

V & A [vi:ən'eɪ] *n* *(abbr* **Victoria and Albert***)* = el museo Victoria and Albert de Londres

VA *n* **(a)** [vi:'eɪ] *US* *(abbr* **Veterans Administration***)* = organismo estadounidense que se ocupa de los veteranos de guerra **(b)** *(abbr* **Virginia***)* Virginia

vac [væk] *n Br Fam* vacas *fpl*, vacaciones *fpl*

vacancy ['veɪkənsɪ] *n* **(a)** *(position, job)* (puesto *m*) vacante *f*; **to fill a v.** cubrir una vacante **(b)** *(at hotel)* habitación *f* libre; **no vacancies** *(sign)* completo

vacant ['veɪkənt] *adj* **(a)** *(seat, space)* libre; *(job)* vacante; **to be v.** *(of seat, space)* estar libre ▫ ***v. possession*** propiedad *f* libre de inquilinos **(b)** *(expression, look)* vacío(a), inexpresivo(a)

vacantly ['veɪkəntlɪ] *adv (absentmindedly)* distraídamente

vacate [və'keɪt] *vt Formal (seat, apartment)* dejar libre; *(room, building)* desalojar; *(one's post)* dejar vacante

vacation [və'keɪʃən] **1** *n* **(a)** *US (holiday)* vacaciones *fpl*; **to take a v.** tomarse unas vacaciones; **to be on v.** estar de vacaciones; **to go on v.** irse de vacaciones **(b)** *Univ* vacaciones *fpl*

2 *vi US* pasar las vacaciones; *(in summer)* veranear

vacationer [və'keɪʃənə(r)] *n US* turista *mf*; *(in summer)* veraneante *mf*

vaccinate ['væksɪneɪt] *vt Med* vacunar (**against** contra)

vaccination [væksɪ'neɪʃən] *n Med* vacunación *f*

vaccine ['væksi:n] *n Med* vacuna *f*

vacillate ['væsɪleɪt] *vi* vacilar, titubear (**between** entre)

vacillation [væsɪ'leɪʃən] *n* vacilación *f*, titubeos *mpl*

vacuity [və'kju:ɪtɪ], **vacuousness** ['vækjʊəsnɪs] *n* vacuidad *f*

vacuous ['vækjʊəs] *adj (remark, book, person)* vacuo(a), vacío(a); *(look, expression)* vacío(a), vago(a)

vacuum ['vækjʊm] **1** *n* **(a) v. (cleaner)** aspiradora *f*, aspirador *m* **(b)** *Phys* vacío *m*; *Fig* **it doesn't exist in a v.** no tiene lugar aisladamente ▫ ***v. brake*** freno *m* de vacío; ***v. flask*** termo *m*; *Elec* ***v. tube*** tubo *m* de vacío

2 *vt* pasar la aspiradora por, aspirar

3 *vi* pasar la aspiradora, aspirar

vacuum-clean ['vækjʊmkli:n] *vt* pasar la aspiradora por

vacuum-packed ['vækjʊm'pækt] *adj* envasado(a) al vacío

vagabond ['vægəbɒnd] *n* vagabundo(a) *m,f*

vagaries ['veɪgərɪz] *npl* **the v. of…** los avatares *or* caprichos de…

vagina [və'dʒaɪnə] *n* vagina *f*

vaginal [və'dʒaɪnəl] *adj* vaginal ▫ ***v. smear*** frotis *m inv* vaginal

vaginitis [vædʒɪ'naɪtɪs] *n Med* vaginitis *f inv*

vagrancy ['veɪgrənsɪ] *n Law* vagabundeo *m*

vagrant ['veɪgrənt] *n* mendigo(a) *m,f*, vagabundo(a) *m,f*

vague [veɪg] *adj* **(a)** *(ill-defined, unclear) (idea, feeling)* vago(a); *(shape, outline)* vago(a), borroso(a); **I haven't the vaguest idea** no tengo ni la más remota idea; **he was rather v. about it** no precisó mucho; **to bear a v. resemblance to sth/sb** parecerse *or* recordar vagamente a algo/alguien **(b)** *(person, expression)* distraído(a)

vaguely ['veɪglɪ] *adv* vagamente; **I v. remember him** lo recuerdo vagamente; **she v. resembles her aunt** recuerda *or* se parece vagamente a su tía

vagueness ['veɪgnɪs] *n* vaguedad *f*, imprecisión *f*

vain [veɪn] **1** *n* **in v.** en vano

2 *adj* **(a)** *(conceited)* vanidoso(a), vano(a) **(b)** *(hopeless)* vano(a) **(c)** *Literary (empty, worthless)* vano(a)

vainglorious [veɪn'glɔ:rɪəs] *adj Literary* vanaglorioso(a)

vainly ['veɪnlɪ] *adv* **(a)** *(conceitedly)* vanidosamente, con vanidad **(b)** *(hopelessly)* en vano

vainness ['veɪnnɪs] *n* *(hopelessness)* inutilidad *f*

vale [veɪl] *n Literary* valle *m*; *Fig* **v. of tears** valle de lágrimas

valediction [vælɪ'dɪkʃən] *n Formal* despedida *f*

valedictory [vælɪ'dɪktərɪ] **1** *n US Univ* discurso *m* de despedida

2 *adj (speech)* de despedida

valence *US* = **valency**

Valencia [və'lensɪə] *n* Valencia

Valencian [və'lensɪən] *n & adj* valenciano(a) *m,f*

valency ['veɪlənsɪ], *US* **valence** ['veɪləns] *n Chem* valencia *f*

valentine ['væləntaɪn] *n* **(a)** *(person)* novio(a) *m,f* ▫ ***V.'s Day*** día *m* de San Valentín, día *m* de los enamorados **(b)** *(card)* **v. (card)** = tarjeta para el día de los enamorados

valet ['væleɪ] **1** *n* **(a)** *(manservant)* ayuda *m* de cámara **(b)** *(in hotel)* valet *m*, mozo *m* de hotel ▫ ***v. parking*** servicio *m* de aparcacoches

2 *vt (car)* lavar y limpiar

Valhalla [væl'hælə] *n* *(in Scandinavian mythology)* Walhalla *m*

valiant ['vælɪənt] *adj Literary* valeroso(a), valiente

valiantly ['vælɪəntlɪ] *adv* valerosamente, valientemente

valid ['vælɪd] *adj (excuse, argument, reason, point)* válido(a); *(licence, contract)* en vigor; **v. for six months** válido *or* valedero(a) durante seis meses; **no longer v.** caducado(a)

validate ['vælɪdeɪt] *vt* **(a)** *(theory)* validar **(b)** *(document, ticket)* dar validez a **(c)** *(contract)* validar, dar validez a

validation [vælɪ'deɪʃən] *n* validación *f*

validity [və'lɪdɪtɪ] *n* validez *f*

valise [væ'li:z] *n US (small suitcase)* maleta *f* de fin de semana

Valium® ['vælɪəm] *n* valium® *m*

valley ['vælɪ] *(pl* **valleys***)* *n* valle *m*

valour, *US* **valor** ['vælə(r)] *n Literary* valor *m*

valuable ['væljʊəbəl] **1** *n* **valuables** objetos *mpl* de valor

2 *adj* valioso(a)

valuation [væljʊ'eɪʃən] *n* **(a)** *(act)* tasación *f* **(b)** *(price)* valoración *f*

value ['vælju:] **1** *n* **(a)** *(worth)* valor *m*; **to the v. of…** hasta un valor de…; **of great/little v.** muy/poco valioso(a); **of no v.** sin valor; **to be of v.** tener valor; **to be good/poor v. (for money)** tener buena/mala relación calidad-precio; **to increase/decrease in v.** aumentar/disminuir de valor; **to set a v. on sth** poner precio a algo; **to make a v. judgment** hacer un juicio de valor

(**b**) *(principle)* **values** valores *mpl*
2 *vt* (**a**) *(evaluate)* valorar, tasar; **to get sth valued** pedir una valoración de algo
(**b**) *(appreciate)* apreciar; **he values your friendship highly** valora (en) mucho tu amistad

value-added tax ['vælju:ædɪd'tæks] *n* impuesto *m* sobre el valor añadido *or Am* agregado

valued ['vælju:d] *adj (friend)* estimado(a), apreciado(a); *(contribution)* valioso(a)

valueless ['væljʊlɪs] *adj* sin valor

valuer ['væljʊə(r)] *n* tasador(ora) *m,f*

valve [vælv] *n* (**a**) *Anat & Tech* válvula *f* (**b**) *Mus* pistón *m* (**c**) *Elec* válvula *f*

vamoose [və'mu:s] *vi US Fam* **v.!** ¡largo *or* fuera (de aquí)!

vamp [væmp] *n Fam* vampiresa *f*

▸**vamp up** *vt sep Br (refurbish)* arreglar, redecorar

vampire ['væmpaɪə(r)] *n* vampiro *m* ▫ ***v. bat*** vampiro *m*

van[1] [væn] *n* (**a**) *Aut* camioneta *f*, furgoneta *f* ▫ ***v. driver*** conductor(ora) *m,f* de camioneta (**b**) *Br Rail* furgón *m*

van[2] = **vanguard**

vanadium [və'neɪdɪəm] *n Chem* vanadio *m*

Vancouver [væn'ku:və(r)] *n* Vancouver

vandal ['vændəl] *n* vándalo *m*, gamberro(a) *m,f*

vandalism ['vændəlɪzəm] *n* vandalismo *m*, gamberrismo *m*

vandalize ['vændəlaɪz] *vt* destrozar adrede

vane [veɪn] *n* (**a**) *(for indicating wind direction)* veleta *f* (**b**) *(of propeller, turbine)* paleta *f*

vanguard ['væŋgɑ:d] *n* vanguardia *f*; **to be in the v.** ir en vanguardia, estar a la vanguardia

vanilla [və'nɪlə] *n* vainilla *f*; **v. ice-cream** helado *m* de vainilla ▫ ***v. pod*** vainilla *f (fruto)*

vanish ['vænɪʃ] *vi* desaparecer; **to v. into thin air** esfumarse

vanishing ['vænɪʃɪŋ] *adj* IDIOM **to do a v. act** *(disappear)* desaparecer ▫ ***v. cream*** crema *f* (hidratante) de día; ***v. point*** punto *m* de fuga

vanity ['vænɪtɪ] *n* vanidad *f* ▫ ***v. bag*** *or* ***case*** bolsa *f* de aseo; ***v. publishing*** edición *f* propia *(costeada por el autor)*; ***v. unit*** lavabo *m or Am* lavamanos *m inv* empotrado

vanquish ['væŋkwɪʃ] *vt Literary* vencer, derrotar

vantage point ['vɑ:ntɪdʒ'pɔɪnt] *n* atalaya *f*; *Fig* posición *f* aventajada

Vanuatu [vænu:'ætu:] *n* Vanuatu

vapid ['væpɪd] *adj* anodino(a), insustancial

vapor = **vapour**

vaporize ['veɪpəraɪz] **1** *vt* evaporar
2 *vi* evaporarse

vapour, *US* **vapor** ['veɪpə(r)] *n* vapor *m* ▫ ***v. trail*** *(from plane)* estela *f*

variability [veərɪə'bɪlɪtɪ] *n* variabilidad *f*

variable ['veərɪəbəl] **1** *n* variable *f*
2 *adj* variable ▫ *Com* ***v. costs*** costos *mpl or Esp* costes *mpl* variables; *Fin* ***v. interest rate*** tipo *m or* tasa *f* de interés variable

variance ['veərɪəns] *n* (**a**) *(difference)* discrepancia *f*; **to be at v. with sth/sb** discrepar de algo/alguien (**b**) *(in statistics)* varianza *f*

variant ['veərɪənt] **1** *n* variante *f*
2 *adj* alternativo(a); **v. spelling** variante *f* ortográfica

variation [veərɪ'eɪʃən] *n* variación *f*; **there is considerable v. between individuals** hay gran variación *or* grandes diferencias de un individuo a otro; **variations on a theme** variaciones sobre un tema

varicose vein ['værɪkəʊs'veɪn] *n Med* variz *f*, vena *f* varicosa

varied ['veəri:d] *adj* variado(a)

variegated ['veərɪgeɪtɪd] *adj* abigarrado(a), colorido(a)

variety [və'raɪətɪ] *n* (**a**) *(diversity)* variedad *f*; **a v. of reasons** diversos motivos; **for v.** para variar; PROV **v. is the spice of life** en la variedad está el gusto (**b**) *(of plant)* variedad *f* (**c**) *Th* variedades *fpl* ▫ ***v. show*** espectáculo *m* de variedades

varifocals [veərɪ'fəʊkəlz] *npl* lentes *fpl* progresivas

various ['veərɪəs] *adj (different)* diversos(as), diferentes; *(several)* varios(as); **at v. times** en distintas ocasiones

variously ['veərɪəslɪ] *adv* **v. described as a hero and a bandit** descrito por unos como héroe y por otros como bandido

varmint ['vɑ:mɪnt] *n US Fam (animal)* bicho *m*; *(person)* sabandija *f*

varnish ['vɑ:nɪʃ] **1** *n* (**a**) *(for wood, oil painting)* barniz *m* (**b**) *Br (for nails)* esmalte *m* (de uñas)
2 *vt* (**a**) *(wood, painting)* barnizar (**b**) *Br* **to v one's nails** darse esmalte en las uñas

▸**varnish over** *vt sep Fig* maquillar

varsity ['vɑ:sɪtɪ] *n* (**a**) *US (university team)* equipo *m* universitario (**b**) *Br Fam Old-fashioned* universidad *f* ▫ ***v. match*** encuentro *m* universitario

vary ['veərɪ] **1** *vt* variar
2 *vi* variar (**in** de); **opinions v.** hay diversas opiniones; **attitudes v. greatly** las actitudes varían mucho; **how often do you go? — it varies** ¿con qué frecuencia va? – depende

varying ['veərɪɪŋ] *adj* diverso(a), variado(a)

vascular ['væskjʊlə(r)] *adj Biol* vascular ▫ ***v. disease*** enfermedad *f* vascular

vas deferens ['væs'defərənz] *n Anat* conducto *m or* vaso *m* deferente

vase [vɑ:z] *n* jarrón *m*

vasectomy [və'sektəmɪ] *n Med* vasectomía *f*

Vaseline® ['væsəli:n] *n* vaselina *f*

vasoconstrictor [veɪzəʊkən'strɪktə(r)] *n Med* vasoconstrictor *m*

vasodilator [veɪzəʊdaɪ'leɪtə(r)] *n Med* vasodilatador *m*

vassal ['væsəl] *n* (**a**) *Hist* vasallo(a) *m,f* (**b**) *(dependent person)* súbdito(a) *m,f*; *(dependent nation)* estado *m* satélite

vast [vɑ:st] *adj* (**a**) *(area)* vasto(a); **it's a v. country** es un país inmenso (**b**) *(majority, number)* inmenso(a); *(improvement)* enorme; *(difference)* abismal; **v. sums of money** enormes *or* incalculables sumas de dinero

vastly ['vɑ:stlɪ] *adv* enormemente; **it's v. different/superior** es infinitamente distinto/superior

vastness ['vɑ:stnɪs] *n* inmensidad *f*

VAT [vi:eɪ'ti:, væt] *n* (*abbr* **value-added tax**) IVA *m*

vat [væt] *n (container)* tina *f*, cuba *f*

Vatican ['vætɪkən] *n* **the V.** el Vaticano ▫ ***V. City*** Ciudad *f* del Vaticano

vaudeville ['vɔ:dəvɪl] *n Th* vodevil *m*

vault[1] [vɔ:lt] *n* (**a**) *Archit* bóveda *f* (**b**) *(cellar)* sótano *m* (**c**) *(for burial)* cripta *f* (**d**) *(of bank)* cámara *f* acorazada

vault[2] **1** *n (in gymnastics) (event)* salto *m* de caballo; *(jump)* salto *m*
2 *vt* saltar; **to v. over sth** saltar por encima de algo
3 *vi* saltar

vaulted ['vɔ:ltɪd] *adj (ceiling)* abovedado(a)

vaulting horse ['vɔ:ltɪŋ'hɔ:s] *n* plinto *m*, caballo *m* sin arcos

vaunt [vɔ:nt] *vt Formal* alardear de, hacer alarde de; **his much vaunted reputation as…** su tan cacareada reputación de…

VC [vi:'si:] *n* (**a**) (*abbr* **Vice-Chairman**) vicepresidente(a) *m,f* (**b**) *Br Mil* (*abbr* **Victoria Cross**) ≃ medalla *f* al mérito militar (**c**) (*abbr* **Vietcong**) Vietcong *m*

VCR [vi:si:'ɑ:(r)] *n* (*abbr* **video cassette recorder**) (aparato *m* de) vídeo *m or Am* video *m*

VD [vi:'di:] *n* (*abbr* **venereal disease**) enfermedad *f* venérea

VDU [vi:di:'ju:] *n Comptr* (*abbr* **visual display unit**) monitor *m*

veal [vi:l] *n* (carne *f* de) ternera *f* blanca

vector ['vektə(r)] *n Math, Med* vector *m*

VE day [vi:'i:deɪ] *n* = fecha que marca el triunfo aliado en Europa el 8 de mayo de 1945

veep [vi:p] *n US Fam* vicepresidente(a) *m,f*

veer ['vɪə(r)] *vi* torcer, girar; **to v. to the left/right** torcer a la izquierda/derecha; *Fig* **the party has veered to the left** el partido ha dado un giro a la izquierda

▸**veer round** *vi (of wind)* cambiar de dirección

veg [vedʒ] *n Br Fam* verduras *fpl*; **meat and two v.** carne con dos tipos de verdura

▸**veg out** *vi Fam* rascarse la barriga, *Esp* tocarse las narices

vegan ['vi:gən] *n & adj* vegetariano(a) *m,f* estricto(a) *(que no come ningún producto de origen animal)*

vegeburger ['vedʒɪbɜ:gə(r)] *n* hamburguesa *f* vegetariana

vegetable ['vedʒtəbəl] *n* (**a**) *(plant)* hortaliza *f*; **vegetables** verdura *f*, verduras *fpl*; **eat up your vegetables** cómete la verdura ❑ ***v. garden*** huerto *m*; ***v. kingdom*** reino *m* vegetal; ***v. marrow*** = especie de calabacín *or Chile, RP* zapallito *or Méx* calabacita de gran tamaño; ***v. matter*** materia *f* vegetal; ***v. oil*** aceite *m* vegetal; ***v. patch*** huerto *m* (**b**) *(brain-damaged person)* vegetal *m*

vegetarian [vedʒɪ'teərɪən] *n & adj* vegetariano(a) *m,f*

vegetarianism [vedʒɪ'teərɪənɪzəm] *n* vegetarianismo *m*

vegetate ['vedʒɪteɪt] *vi* vegetar

vegetation [vedʒɪ'teɪʃən] *n* vegetación *f*

vegetative ['vedʒɪtətɪv] *adj Med (condition)* vegetativo(a)

veggie, veggy ['vedʒɪ] *n Fam* (**a**) *(vegetarian)* vegetariano(a) *m,f* (**b**) *(vegetable)* **veggies** verdura *f*, verduras *fpl*

vehemence ['vi:ɪməns] *n* vehemencia *f*

vehement ['vi:ɪmənt] *adj* vehemente

vehemently ['vi:ɪməntlɪ] *adv* vehementemente, con vehemencia

vehicle ['vi:ɪkəl] *n also Fig* vehículo *m*; **the movie was conceived as a v. for his comic talent** la película se concibió como un trampolín para su talento cómico ❑ *Br **V. Registration Document*** permiso *m* de circulación

vehicular [vɪ'hɪkjʊlə(r)] *adj* de vehículos ❑ ***v. access*** acceso *m* para vehículos; ***v. traffic*** tráfico *m* de vehículos *or* rodado

veil [veɪl] **1** *n* velo *m*; **a v. of smoke** una cortina de humo; *Rel* **to take the v.** tomar los hábitos, hacerse monja; IDIOM **to draw a v. over sth** correr un tupido velo sobre algo; *Fig* **under a v. of secrecy** rodeado(a) de un halo de secreto *or* misterio
2 *vt* cubrir con un velo; *Fig* **veiled in secrecy** rodeado(a) de un halo secreto *or* misterio

veiled [veɪld] *adj* (**a**) *(wearing veil)* con velo; **to be v.** llevar velo (**b**) *(threat, reference)* velado(a)

vein [veɪn] *n* (**a**) *(in body)* vena *f*; *(of leaf)* nervio *m* (**b**) *(in rock)* filón *m*, veta *f*; *(in wood, marble)* veta *f* (**c**) IDIOMS **in a lighter v.** en un tono más ligero; **in a similar v.** en la misma vena, en el mismo tono

velar ['vi:lə(r)] *adj Anat, Ling* velar

Velcro® ['velkrəʊ] *n* velcro® *m*

vellum ['veləm] *n* pergamino *m*, vitela *f*; **v. (paper)** papel *m* pergamino

veld(t) [velt] *n* veld *m*, = altiplano estepario sudafricano

velocity [vɪ'lɒsɪtɪ] *n* velocidad *f*

velodrome ['velədrəʊm] *n* velódromo *m*

velour [və'lʊə(r)] **1** *n* veludillo *m*, velvetón *m*
2 *adj* de veludillo, de velvetón

velum ['vi:ləm] *n Anat* velo *m* del paladar

velvet ['velvɪt] *n* terciopelo *m*; **v. jacket** chaqueta de terciopelo; IDIOM **an iron hand in a v. glove** mano dura bajo un manto de aparente bondad

velveteen ['velvɪti:n] *n* pana *f* lisa

velvety ['velvɪtɪ] *adj* aterciopelado(a)

venal ['vi:nəl] *adj Formal* venal, corrupto(a)

venality [vi:'nælɪtɪ] *n Formal* venalidad *f*

vendetta [ven'detə] *n* vendetta *f*; **to carry on a v. against sb** llevar a cabo una campaña para destruir a alguien

vending machine ['vendɪŋmə'ʃi:n] *n* máquina *f* expendedora

vendor ['vendɔ:(r)] *n* vendedor(ora) *m,f*; *Law* parte *f* vendedora

veneer [və'nɪə(r)] *n* (**a**) *(of wood)* laminado *m*, chapa *f* (**b**) *Fig (appearance)* fachada *f*, pátina *f*

venerable ['venərəbəl] *adj* venerable

venerate ['venəreɪt] *vt* venerar

veneration [venə'reɪʃən] *n* veneración *f*

venereal [vɪ'nɪərɪəl] *adj* venéreo(a) ❑ ***v. disease*** enfermedad *f* venérea

Venetian [vɪ'ni:ʃən] **1** *n* veneciano(a) *m,f*
2 *adj* veneciano(a) ❑ ***V. blind*** persiana *f* veneciana

Venezuela [venə'zweɪlə] *n* Venezuela

Venezuelan [venə'zweɪlən] *n & adj* venezolano(a) *m,f*

vengeance ['vendʒəns] *n* venganza *f*; **to take v. on sb** vengarse de alguien; *Fig* **the problem has returned with a v.** el problema se ha presentado de nuevo con agravantes

vengeful ['vendʒfʊl] *adj* vengativo(a)

venial ['vi:nɪəl] *adj (sin)* venial; *(error)* leve

Venice ['venɪs] *n* Venecia

venison ['venɪsən] *n* (carne *f* de) venado *m*

Venn diagram [ven'daɪəgræm] *n Math* diagrama *m* de Venn

venom ['venəm] *n also Fig* veneno *m*

venomous ['venəməs] *adj* venenoso(a); *(look, criticism)* envenenado(a), ponzoñoso(a)

venous ['vi:nəs] *adj Med* venoso(a)

vent [vent] **1** *n* (**a**) *(opening)* (orificio *m* de) ventilación *f*; *Fig* **she gave v. to her feelings** se desahogó, dio rienda suelta a sus sentimientos (**b**) *(in jacket, skirt)* abertura *f* (**c**) *(of bird, fish)* cloaca *f*, ano *m*
2 *vt* **she vented her anger on him** descargó su ira sobre él

ventilate ['ventɪleɪt] *vt* (**a**) *(room)* ventilar; *(blood)* oxigenar (**b**) *Fig (subject)* airear

ventilation [ventɪ'leɪʃən] *n* ventilación *f* ❑ ***v. shaft*** *(in mine)* pozo *m* de ventilación

ventilator ['ventɪleɪtə(r)] *n* (**a**) *(in building)* ventilador *m* (**b**) *Med* respirador *m*

ventral ['ventrəl] *adj* ventral

ventricle ['ventrɪkəl] *n Anat* ventrículo *m*

ventriloquism [ven'trɪləkwɪzəm] *n* ventriloquía *f*

ventriloquist [ven'trɪləkwɪst] *n* ventrílocuo(a) *m,f* ❑ ***v.'s dummy*** muñeco *m* de ventrílocuo

venture ['ventʃə(r)] **1** *n* (**a**) *(undertaking)* aventura *f*, iniciativa *f* ❑ *Br **V. Scout*** = scout de entre 16 y 20 años, ≃ pionero(a) *m,f* (**b**) *(in business)* empresa *f*, operación *f* ❑ *Fin **v. capital*** capital *m* de riesgo
2 *vt* (**a**) *(stake, life)* arriesgar; **to v. to do sth** aventurarse a hacer algo; PROV **nothing ventured, nothing gained** el que no se arriesga no pasa la mar (**b**) *(comment)* aventurar **to v. a suggestion** aventurarse a sugerir algo
3 *vi* aventurarse

▸**venture forth** *vi Literary* aventurarse

▸**venture on, venture upon** *vt insep* aventurarse en, meterse en

▸**venture out** *vi* aventurarse a salir

venturesome ['ventʃəsəm] *adj (person)* audaz; *(action)* arriesgado(a)

venue ['venju:] *n (for meeting)* lugar *m*; *(for concert)* local *m*, sala *f*; *(for sports match)* estadio *m*

Venus ['vi:nəs] *n* (**a**) *(goddess)* Venus *f* (**b**) *(planet)* Venus *m* (**c**) ***V. flytrap*** dionea *f*, atrapamoscas *f inv*

veracity [və'ræsɪtɪ] *n Formal* veracidad *f*

veranda(h) [və'rændə] *n* porche *m*, galería *f*

verb [vɜ:b] *n* verbo *m*

verbal ['vɜ:bəl] **1** *adj* verbal ❑ ***v. abuse*** insultos *mpl*; *Fam **v. diarrhoea*** verborrea *f*; **to have v. diarrhoea** hablar por los codos, enrollarse como las persianas
2 *n Br Fam (insults)* insultos *mpl*, improperios *mpl*; **to give sb some v.** poner a alguien de vuelta y media, poner a alguien como un trapo

verbalize ['vɜ:bəlaɪz] *vt* expresar con palabras

verbally ['vɜ:bəlɪ] *adv* de palabra

verbatim [vɜ:'beɪtɪm] **1** *adj* literal
2 *adv* literalmente

verbena [vɜ:'bi:nə] *n* verbena *f (planta)*

verbiage ['vɜ:bɪɪdʒ] *n* palabrería *f*, verborrea *f*

verbose [vɜ:'bəʊs] *adj* verboso(a), prolijo(a)

verbosity [vɜ:'bɒsɪtɪ] *n* verbosidad *f*, verborrea *f*

verdant ['vɜ:dənt] *adj Literary* verde

verdict ['vɜ:dɪkt] *n Law & Fig* veredicto *m*; **to return a v. of guilty/not guilty** pronunciar un veredicto de culpabilidad/inocencia; **to reach a v.** llegar a un veredicto final; **what's your v. on the play?** ¿qué le ha parecido la obra?, ¿qué opinión le merece la obra?

verdigris ['vɜ:dɪgri:] *n* cardenillo *m*, verdín *m*

verdure ['vɜ:djə(r)] *n Literary* verdor *m*

verge [vɜ:dʒ] *n* (**a**) *(edge)* borde *m*, margen *m*; *Br (of road)* arcén *m*, *Méx* acotamiento *m*, *RP* banquina *f* (**b**) *Fig (threshold)* **on the v. of...** al borde de...; **to be on the v. of doing sth** estar a punto de hacer algo

▸**verge on** *vt insep* rayar en; **verging on...** rayano(a) *or* rayando en; **she was verging on hysteria** estaba al borde de la histeria

verger ['vɜ:dʒə(r)] *n (in Church of England)* sacristán *m*

verifiable [verɪ'faɪəbəl] *adj* verificable

verification [verɪfɪ'keɪʃən] *n (confirmation)* confirmación *f*; *(checking)* verificación *f*, comprobación *f*

verify ['verɪfaɪ] *vt (confirm)* confirmar; *(check)* verificar, comprobar

verisimilitude [verɪsɪ'mɪlɪtju:d] *n Formal* verosimilitud *f*

veritable ['verɪtəbəl] *adj Formal* verdadero(a)

verity ['verɪtɪ] *n Literary* verdad *f*

vermicelli [vɜ:mɪ'tʃelɪ] *n* fideos *mpl*

vermilion [və'mɪljən] **1** *n* bermellón *m*
2 *adj* bermejo(a)

vermin ['vɜ:mɪn] *npl* (**a**) *(insects)* bichos *mpl*, sabandijas *fpl*; *(bigger animals)* alimañas *fpl* (**b**) *(people)* escoria *f*, gentuza *f*

verminous ['vɜ:mɪnəs] *adj* (**a**) *(infested) (person)* piojoso(a), lleno(a) de piojos (**b**) *(disgusting)* detestable

vermouth ['vɜ:məθ] *n* vermú *m*, vermut *m*

vernacular [və'nækjʊlə(r)] **1** *n Ling* lengua *f* vernácula; *(spoken language)* lenguaje *m* de la calle; **in the local v.** en el habla local
2 *adj* vernáculo(a)

vernal ['vɜ:nəl] *adj Astron* ***v. equinox*** equinoccio *m* de primavera *or Spec* vernal

verruca [və'ru:kə] *n Med* verruga *f (especialmente en las plantas de los pies)*

versatile ['vɜ:sətaɪl] *adj (person)* polifacético(a); *(object)* polivalente; **a v. player** un jugador polivalente

versatility [vɜ:sə'tɪlɪtɪ] *n (of person)* carácter *m* polifacético; *(of object)* polivalencia *f*

verse [vɜ:s] *n* (**a**) *(poetry)* poesía *f*, verso *m*; **written in v.** escrito en verso ▫ ***v. drama*** teatro *m* en verso; ***v. translation*** traducción *f* en verso (**b**) *(stanza)* estrofa *f* (**c**) *(of Bible)* versículo *m*

versed [vɜ:st] *adj* **to be (well) v. in sth** estar (muy) versado(a) en algo

version ['vɜ:ʃən] *n* versión *f*; **the deluxe/economy v.** *(of car, computer)* el modelo de lujo/económico; **he gave us his v. of events** nos dio su versión de los hechos

verso ['vɜ:səʊ] *n Typ (of page)* verso *m*

versus ['vɜ:sɪz] *prep Law & Sport* contra

vertebra ['vɜ:tɪbrə] (*pl* **vertebrae** ['vɜ:tɪbri:]) *n Anat* vértebra *f*

vertebral column ['vɜ:tɪbrəl'kɒləm] *n Anat* columna *f* vertebral

vertebrate ['vɜ:tɪbrət] *n & adj* vertebrado(a) *m,f*

vertex ['vɜ:teks] (*pl* **vertices** ['vɜ:tɪsi:z]) *n Math* vértice *m*

vertical ['vɜ:tɪkəl] **1** *n* vertical *f*
2 *adj* vertical ▫ *Com* ***v. integration*** integración *f* vertical; *Comptr* ***v. justification*** justificación *f* vertical; *Comptr* ***v. orientation*** orientación *f* vertical; *Av* ***v. take-off (and landing)*** despegue *m or Am* decolaje *m* (y aterrizaje) vertical

vertically ['vɜ:tɪklɪ] *adv* verticalmente

vertiginous [vɜ:'tɪdʒɪnəs] *adj Formal* vertiginoso(a)

vertigo ['vɜ:tɪgəʊ] *n Med* vértigo *m*

verve [vɜ:v] *n* nervio *m*, energía *f*

VERY ['verɪ] **1** *adv* (**a**) *(extremely)* muy; **v. good/little** muy bueno/poco, buenísimo/poquísimo; **it isn't v. difficult** no es muy difícil; **I'm v. sorry** lo siento mucho; **there's nothing v. special about it** no tiene nada demasiado especial; **v. much** mucho; **I v. much hope you'll come and visit us** espero de verdad que vengáis a visitarnos; **it v. much depends** depende mucho; **did you like it? — v. much so** ¿te gustó? — muchísimo; **was it good? — yes, v./not v.** ¿fue bueno? — sí, mucho/no mucho; **are you hungry? - yes, v./not v.** ¿tienes hambre? - sí, mucha/no mucha; **how v. annoying/stupid!** ¡qué fastidio/estupidez más grande!; *Rel* **the V. Reverend John Green** el reverendo John Green ▫ *Rad* ***v. high frequency*** frecuencia *f* muy alta
(**b**) *(emphatic use)* **the v. first/best** el primero/el mejor de todos; **I did my v. best** me esforcé al máximo; **we're the v. best of friends** somos amiguísimos; **the v. latest technology** lo ultimísimo en tecnología; **the v. next day** precisamente el día siguiente; **the v. same day** justo ese mismo día; **my v. own bike** una bici sólo para mí; **I v. nearly died** estuve a punto de *or Esp* en un tris de morir; **at the v. least/latest** como muy poco/muy tarde; **at the v. most** como máximo; **I'm telling you for the v. last time** esta es la última vez que te lo digo
2 *adj (emphatic use)* **you're the v. person I was looking for** eres precisamente la persona a quien estaba buscando; **this is the v. thing for the job** esto es precisamente lo que necesitábamos; **in this v. house** en esta misma casa; **by its v. nature** por su propia naturaleza; **at the v. top of the mountain** en lo más alto de la montaña; **at the v. beginning** al principio del todo; **this v. day** este mismo día; **those were his v. words** esas fueron sus palabras exactas; **she's the v. opposite of me** es opuesta a mí en todo; **the v. fact that you lied to me** precisamente el hecho de que me mintieras; **the v. thought of it was enough to turn my stomach** sólo de pensarlo se me revolvía el estómago

vesicle ['vesɪkəl] *n Med* vesícula *f*

vespers ['vespəz] *n Rel* vísperas *fpl*

vessel ['vesəl] *n* (**a**) *Naut* buque *m*, navío *m* (**b**) *(receptacle)* vasija *f*, recipiente *m* (**c**) *Anat* vaso *m*

vest [vest] **1** *n* (**a**) *Br (sleeveless shirt) & Sport* camiseta *f* de tirantes *or Am* breteles (**b**) *US (waistcoat)* chaleco *m*
2 *vt Formal* **to v. sth in sb** conferir algo a alguien; **by the power vested in me...** por los poderes que se me han conferido...; **to v. sb with sth** investir a alguien con *or* de algo

vested ['vestɪd] *adj* **to have a v. interest in sth** tener un interés personal en algo; **the v. interests in society** los poderes establecidos de la sociedad *or* del sistema

vestibule ['vestɪbju:l] *n* vestíbulo *m*

vestige ['vestɪdʒ] *n* vestigio *m*

vestigial [ves'tɪdʒɪəl] *adj* (**a**) *Formal (remaining)* residual (**b**) *Biol (tail)* vestigial

vestments ['vestmənts] *npl Rel* vestiduras *fpl* (sacerdotales)

vestry ['vestrɪ] *n Rel* sacristía *f*

vet[1] [vet] *n* veterinario(a) *m,f*

vet[2] (*pt & pp* **vetted**) *vt (person)* someter a investigación; *(application)* investigar; *(book, film, speech)* inspeccionar, examinar

vet[3] *n US Mil Fam (veteran)* excombatiente *mf*, veterano(a) *m,f*

vetch [vetʃ] *n* arveja *f*

veteran ['vetərən] **1** *n Mil* excombatiente *mf*, veterano(a) *m,f*; *Fig* veterano(a) *m,f*
2 *adj* veterano(a) ▫ ***v. car*** coche *m* antiguo *or* de época *(fabricado antes de 1905)*

veterinarian [vetərɪ'neərɪən] *n US* veterinario(a) *m,f*

veterinary ['vetərɪnərɪ] *adj* veterinario(a) ▫ ***v. medicine*** veterinaria *f*; *Br* ***v. surgeon*** veterinario(a) *m,f*

veto ['vi:təʊ] **1** *n* (*pl* **vetoes**) veto *m*; **right** *or* **power of v.** derecho *m* de veto; **to impose a v. on sth** vetar algo
2 *vt* vetar

vetting ['vetɪŋ] *n* investigación *f* (del historial) personal

vex [veks] *vt (annoy)* molestar, disgustar; *(anger)* enfadar, *Am* enojar

vexation [vek'seɪʃən] *n (annoyance)* disgusto *m*, molestia *f*; *(anger)* enfado *m*, *Am* enojo *m*

vexatious [vek'seɪʃəs] *adj Formal* molesto(a), enojoso(a)

vexed [vekst] *adj* (**a**) *(annoyed)* molesto(a), disgustado(a); *(angry)* enfadado(a), *Am* enojado(a) (**b**) *(much debated)* **a v. question** una cuestión controvertida

vexing ['veksɪŋ] *adj (annoying)* molesto(a); *(infuriating)* enojoso(a)

VGA [vi:dʒi:'eɪ] *Comptr* (*abbr* **video graphics array**) VGA; **Super V.** Super VGA

VHF [vi:eɪtʃ'ef] *adj Rad* (*abbr* **very high frequency**) VHF *f*

VHS [vi:eɪtʃ'es] *n* (*abbr* **video home system**) VHS *m*

via ['vaɪə] *prep* (**a**) *(travel)* vía (**b**) *(using)* a través de

viability [vaɪə'bɪlɪtɪ] *n* viabilidad *f*

viable ['vaɪəbəl] *adj* viable

viaduct ['vaɪədʌkt] *n* viaducto *m*

vial ['vaɪəl] *n Pharm* ampolla *f*, vial *m*; *(of perfume)* frasquito *m*

vibes [vaɪbz] *npl Fam* (**a**) *(feelings)* vibraciones *fpl*, *Esp* rollo *m*, *Am* onda *f*; **I got good/bad v. from that place** aquel lugar me daba buenas/malas vibraciones *or Esp* buen/mal rollo *or Am* buenas/malas ondas (**b**) *(vibraphone)* vibráfono *m*

vibrancy ['vaɪbrənsɪ] *n (of sound)* vibración *f*, sonoridad *f*; *(of colours)* intensidad *f*, viveza *f*; *(of scene, city)* animación *f*; *(of personality)* pujanza *f*

vibrant ['vaɪbrənt] *adj (sound)* vibrante, sonoro(a); *(colour)* vivo(a), brillante; *(scene, city)* animado(a); *(personality)* pujante

vibraphone ['vaɪbrəfəʊn] *n* vibráfono *m*

vibrate [vaɪ'breɪt] *vi* vibrar

vibration [vaɪ'breɪʃən] *n* vibración *f*

vibrato [vɪ'brɑːtəʊ] *n Mus* vibrato *m*

vibrator [vaɪ'breɪtə(r)] *n* vibrador *m*

vicar ['vɪkə(r)] *n (in Church of England)* párroco *m* ▫ ***V. of Christ*** *(pope)* vicario *m* de Cristo

vicarage ['vɪkərɪdʒ] *n (in Church of England)* casa *f* del párroco

vicarious [vɪ'keərɪəs] *adj* indirecto(a); **to get v. pleasure from sth** disfrutar de algo de forma indirecta, disfrutar de algo sin tomar parte en ello

vicariously [vɪ'keərɪəslɪ] *adv* indirectamente

vice[1] [vaɪs] *n (immorality)* vicio *m* ▫ ***v. ring*** red *f* de delincuencia; ***the V. Squad*** la brigada antivicio

vice[2], *US* **vise** *n (for wood or metalwork)* torno *m or* tornillo de banco

vice-chairman [vaɪs'tʃeəmən] *n* vicepresidente *m*

vice-chairwoman [vaɪs'tʃeəwʊmən] *n* vicepresidenta *f*

vice-chancellor [vaɪs'tʃɑːnsələ(r)] *n Br (of university)* ≃ rector(ora) *m,f*

vice-consul [vaɪs'kɒnsəl] *n* vicecónsul *mf*

vice-president [vaɪs'prezɪdənt] *n* vicepresidente(a) *m,f*

viceroy ['vaɪsrɔɪ] *n* virrey *m*

vice versa [vaɪs'vɜːsə] *adv* viceversa

vicinity [vɪ'sɪnɪtɪ] *n* cercanías *fpl*, inmediaciones *fpl*; **in the v.** en las cercanías; **a sum in the v. of £25,000** una cantidad que ronda las 25.000 libras

vicious ['vɪʃəs] *adj* **(a)** *(violent) (blow, kick, attack)* brutal; *(struggle, fight)* feroz; *(person)* cruel **(b)** *(malicious, cruel) (comment, criticism)* despiadado(a); *(gossip)* malintencionado(a); *(person)* cruel; **a v. circle** un círculo vicioso

viciously ['vɪʃəslɪ] *adv (to attack, kick)* brutalmente, con saña; *(to criticize)* despiadadamente; *(to gossip)* con mala intención

viciousness ['vɪʃəsnɪs] *n (of attack, person)* brutalidad *f*, saña *f*; *(of animal)* ferocidad *f*; *(of criticism)* crueldad *f*; *(of gossip)* mala intención *f*

vicissitude [vɪ'sɪsɪtjuːd] *n Formal* vicisitud *f*

victim ['vɪktɪm] *n* víctima *f*; **flood/earthquake victims** víctimas *or* damnificados de la inundación/del terremoto; **to be the v. of** ser víctima de; **to fall v. to sb's charms** caer rendido(a) ante los encantos de alguien

victimization [vɪktɪmaɪ'zeɪʃən] *n* persecución *f*, trato *m* injusto

victimize ['vɪktɪmaɪz] *vt* perseguir, tratar injustamente; **he was victimized at school** en la escuela se metían con él

victimless ['vɪktɪmlɪs] *adj* ***v. crime*** delito *m* sin víctima *or* sin dolo

victor ['vɪktə(r)] *n* vencedor(ora) *m,f*

Victoria Cross [vɪk'tɔːrɪə'krɒs] *n* = la más alta condecoración militar británica

Victorian [vɪk'tɔːrɪən] *n & adj* victoriano(a) *m,f*

Victoriana [vɪktɔːrɪ'ɑːnə] *npl* antigüedades *fpl* de la época victoriana

victorious [vɪk'tɔːrɪəs] *adj* victorioso(a); **to be v. over sb** triunfar sobre alguien

victory ['vɪktərɪ] *n* victoria *f*; **v. celebrations** celebración de la victoria

victuals ['vɪtəlz] *npl Old-fashioned (food)* vituallas *fpl*

video ['vɪdɪəʊ] **1** *n (pl* **videos**) **(a)** *(medium)* vídeo *m, Am* video *m*; **to have sth on v.** tener algo (grabado) en vídeo *or Am* video ▫ ***v. camera*** cámara *f* de vídeo *or Am* video; ***v. disc*** videodisco *m*; ***v. game*** videojuego *m*; *Fam* ***v. nasty*** = película de vídeo *or Am* video violenta y pornográfica

(b) *(cassette)* cinta *f* de vídeo *or Am* video ▫ ***v. cassette*** cinta *f* de vídeo *or Am* video; ***v. shop*** *or US* ***store*** videoclub *m*

(c) *(recorder)* (aparato *m* de) vídeo *m or Am* video *m* ▫ ***v. (cassette) recorder*** (aparato *m* de) vídeo *m or Am* video *m*

(d) *Comptr* vídeo *m, Am* video *m* ▫ *Comptr* ***v. accelerator*** acelerador *m* de vídeo *or Am* video; ***v. adapter*** adaptador *m* de vídeo *or Am* video; ***v. board*** placa *f* de vídeo *or Am* video; ***v. card*** tarjeta *f* de vídeo *or Am* video; ***v. RAM*** memoria *f* de vídeo *or Am* video

2 *vt* **(a)** *(with VCR)* grabar (en vídeo *or Am* video)

(b) *(with camera)* hacer un vídeo *or Am* video de

videoconference ['vɪdɪəʊkɒnfrəns] *n* videoconferencia *f*

videoconferencing ['vɪdɪəʊkɒnfrənsɪŋ] *n* videoconferencias *fpl*

video-on-demand ['vɪdɪəʊɒndə'mɑːnd] *n* vídeo *m or Am* video *m* a la carta

videophone ['vɪdɪəʊfəʊn] *n* videoteléfono *m*

videotape ['vɪdɪəʊteɪp] **1** *n* cinta *f* de vídeo *or Am* video

2 *vt* **(a)** *(record)* grabar (en vídeo *or Am* video) **(b)** *(film)* hacer un vídeo *or Am* video de

videotext ['vɪdɪəʊtekst] *n* videotexto *m*

video-wall ['vɪdɪəʊwɔːl] *n* panel *m* de pantallas de vídeo *or Am* video

vie [vaɪ] *(pt & pp* **vied** [vaɪd], *continuous* **vying**) *vi* **to v. with sb (for sth/to do sth)** rivalizar con alguien (por algo/para hacer algo); **to v. for control of sth** disputarse el control de algo, competir por hacerse con el control de algo

Vienna [vɪ'enə] *n* Viena

Viennese [vɪə'niːz] *n & adj* vienés(esa) *m,f*

Vietnam [vjet'næm] *n* Vietnam ▫ ***the V. War*** la guerra de Vietnam

Vietnamese [vjetnə'miːz] **1** *n* **(a)** *(person)* vietnamita *mf* **(b)** *(language)* vietnamita *m*

2 *npl* **the V.** los vietnamitas

3 *adj* vietnamita

view [vjuː] **1** *n* **(a)** *(sight)* vista *f*; **to come into v.** empezar a verse, aparecer; **to disappear from v.** dejar de verse, perderse de vista; **in v.** a la vista; **in full v. of** delante de, a la vista de; **on v.** expuesto(a) al público; **out of v.** fuera de la vista

(b) *(scene, prospect)* vista *f*; **a room with a v.** una habitación con vistas; **you're blocking my v.** no me dejas ver; **to have a good v. of sth** tener una buena vista de algo

(c) *(opinion)* opinión *f*; **to take the v. that...** ser de la opinión de que...; **in my v.** en mi opinión, a mi parecer

(d) *(way of considering)* visión *f*, perspectiva *f*; **I take a very serious v. of this matter** me tomo este asunto muy en serio; **to take the long v. of sth** mirar algo desde una perspectiva amplia; **in v. of...** teniendo en cuenta...; **in v. of the fact that...** teniendo en cuenta que...

(e) *(intention)* **with this in v.** teniendo esto en cuenta; **with a v. to doing sth** con vistas a hacer algo

2 *vt* **(a)** *(inspect, look at)* ver

(b) *(consider)* ver, considerar; **she viewed it as a mistake** lo veía *or* consideraba un error; **he was viewed with some suspicion by the leadership** la directiva no se fiaba de él; **to v. sth with horror/delight** contemplar algo con horror/placer

viewdata ['vjuːdeɪtə] *n* videotexto *m*

viewer ['vjuːə(r)] *n* **(a)** *TV* telespectador(ora) *m,f*, televidente *mf* **(b)** *(for slides)* visor *m*

viewfinder ['vjuːfaɪndə(r)] *n Phot* visor *m*

viewing ['vjuːɪŋ] *n* **(a)** *(of movie, TV programme)* **the movie stands up to repeated v.** la película no pierde cuando se vuelve a ver; **for home v.** para ver en casa; **this programme is essential v.** no te debes/se debe perder este programa **(b)** *(of house)* visita *f*

viewpoint ['vjuːpɔɪnt] *n* punto *m* de vista

vigil ['vɪdʒɪl] *n* vigilia *f*; **to keep v.** *Rel* observar la vigilia; *(guard, watch)* mantenerse alerta

vigilance ['vɪdʒɪləns] *n* vigilancia *f* ▫ *US* ***v. committee*** patrulla *f* vecinal

vigilant ['vɪdʒɪlənt] *adj* alerta

vigilante [vɪdʒɪ'læntɪ] *n* miembro *m* de una patrulla vecinal

vigilantly ['vɪdʒɪləntlɪ] *adv* atentamente

vignette [vɪn'jet] *n Phot* viñeta *f*; *Fig (picture)* escena *f*; *(in writing)* estampa *f*

vigor *US* = **vigour**

vigorous ['vɪgərəs] *adj* **(a)** *(strong and healthy)* vigoroso(a) **(b)** *(energetic)* enérgico(a); *(lifestyle)* dinámico(a); *(exercise)* intenso(a) **(c)** *(forceful)* fuerte

vigorously ['vɪgərəslɪ] *adv* enérgicamente

vigour, *US* **vigor** ['vɪgə(r)] *n (of person)* vigor *m*; *(of denial, criticism)* rotundidad *f*, fuerza *f*

Viking ['vaɪkɪŋ] *n & adj* vikingo(a) *m,f*

vile [vaɪl] *adj* **(a)** *(despicable)* vil **(b)** *Fam*

(awful) horroroso(a), espantoso(a); **to be in a v. temper** estar de un humor de perros
vilification [vɪlɪfɪˈkeɪʃən] *n Formal* vilipendio *m*
vilify [ˈvɪlɪfaɪ] *vt Formal* vilipendiar, denigrar
villa [ˈvɪlə] *n (in country)* villa *f*; *(in town)* chalé *m*
village [ˈvɪlɪdʒ] *n* pueblo *m*; *(smaller)* aldea *f* ❑ ***v. green*** terreno *m* comunal; ***v. hall*** = centro cultural y social de un peublo; ***v. idiot*** tonto(a) *m,f* del pueblo; ***v. life*** la vida en el pueblo
villager [ˈvɪlɪdʒə(r)] *n* lugareño(a) *m,f*
villain [ˈvɪlən] *n* **(a)** *(scoundrel)* canalla *mf*, villano(a) *m,f* **(b)** *Th & Cin* malo(a) *m,f*; *Hum* **the v. of the piece** el malo de la película **(c)** *Br Fam (criminal)* maleante *mf*
villainous [ˈvɪlənəs] *adj* vil, infame
villainy [ˈvɪlənɪ] *n Formal* villanía *f*, infamia *f*
Vilnius [ˈvɪlnɪəs] *n* Vilna, Vilnius
vim [vɪm] *n Fam* brío *m*, ganas *fpl*
vinaigrette [vɪnəˈgret] *n* (salsa *f*) vinagreta *f*
vindaloo [vɪndəˈluː] *n* vindaloo *m*, = plato indio muy picante y especiado a base de carne o pescado
vindicate [ˈvɪndɪkeɪt] *vt* **(a)** *(decision, action)* justificar **(b)** *(person)* dar la razón a
vindication [vɪndɪˈkeɪʃən] *n* **(a)** *(of decision, action)* justificación *f* **(b)** *(of person)* rehabilitación *f*
vindictive [vɪnˈdɪktɪv] *adj* vengativo(a)
vindictively [vɪnˈdɪktɪvlɪ] *adv* de un modo vengativo
vindictiveness [vɪnˈdɪktɪvnɪs] *n* afán *m* de venganza; **that was sheer v.!** ¡eso no eran más que ganas de vengarse!
vine [vaɪn] *n (in vineyard)* vid *f*; *(decorative)* parra *f* ❑ ***v. leaf*** hoja *f* de parra
vinegar [ˈvɪnɪgə(r)] *n* vinagre *m*
vinegary [ˈvɪnəgərɪ] *adj (taste)* a vinagre, avinagrado(a)
vineyard [ˈvɪnjəd] *n* viñedo *m*
vino [ˈviːnəʊ] *n Fam* vinito *m*, *Esp* morapio *m*
vintage [ˈvɪntɪdʒ] *n (crop)* cosecha *f*; *Fig* **a v. year for comedy** un año excepcional en cuanto a comedias ❑ ***v. car*** coche *m* antiguo *or* de época *(de entre 1919 y 1930)*; ***v. wine*** vino *m* de gran reserva
vintner [ˈvɪntnə(r)] *n Formal* vinatero(a) *m,f*
vinyl [ˈvaɪnəl] *n* vinilo *m*
viola [vɪˈəʊlə] *n* viola *f*
violate [ˈvaɪəleɪt] *vt* **(a)** *(rule, law, agreement)* violar **(b)** *(woman, tomb)* violar
violation [vaɪəˈleɪʃən] *n* **(a)** *(of rule, law, agreement)* violación *f*; **to be in v. of sth** violar algo **(b)** *(in basketball)* violación *f*
violence [ˈvaɪələns] *n* violencia *f*; **to resort to v.** recurrir a la violencia; **to do v. to sth** dañar algo
violent [ˈvaɪələnt] *adj (place, person, death, film)* violento(a); *(emotions)* intenso(a), fuerte; **to take a v. dislike to sb** tomar *or Esp* coger una enorme antipatía a alguien; **to get** *or* **become v.** *(of person, situation)* ponerse violento(a)
violently [ˈvaɪələntlɪ] *adv* violentamente; **to disagree v.** estar fuertemente en desacuerdo; **to be v. ill** vomitar muchísimo
violet [ˈvaɪələt] **1** *n* **(a)** *(plant)* violeta *f* **(b)** *(colour)* violeta *m*
2 *adj* **v.(-coloured)** (de color) violeta
violin [vaɪəˈlɪn] *n* violín *m* ❑ ***v. case*** estuche *m* de violín
violinist [vaɪəˈlɪnɪst] *n* violinista *mf*
violoncellist [vaɪələnˈtʃelɪst] *n* violonchelista *mf*
violoncello [vaɪələnˈtʃeləʊ] *n* violonchelo *m*
VIP [viːaɪˈpiː] *n (abbr* **very important person**) VIP *mf*; **to get V. treatment** recibir tratamiento de persona importante ❑ ***V. lounge*** sala *f* VIP
viper [ˈvaɪpə(r)] *n* víbora *f*
virago [vɪˈrɑːgəʊ] *n Literary* virago *f*
viral [ˈvaɪrəl] *adj Med* vírico(a), viral
virgin [ˈvɜːdʒɪn] **1** *n* virgen *mf*; **the (Blessed) V.** la (Santísima) Virgen ❑ ***V. Birth*** Inmaculada Concepción *f*; ***the V. Islands*** las Islas Vírgenes
2 *adj* virgen ❑ ***v. forest*** selva *f* virgen
virginal [ˈvɜːgɪnəl] *adj* virginal
Virginia [vəˈdʒɪnjə] *n* Virginia
virginity [vəˈdʒɪnɪtɪ] *n* virginidad *f*; **to lose/keep one's v.** perder/conservar la virginidad
Virgo [ˈvɜːgəʊ] *n (sign of zodiac)* virgo *m*; **to be (a) V.** ser virgo
virile [ˈvɪraɪl] *adj* viril
virility [vɪˈrɪlɪtɪ] *n* virilidad *f*
virologist [vɪˈrɒlədʒɪst] *n Med* virólogo(a) *m,f*
virology [vaɪˈrɒlədʒɪ] *n Med* virología *f*
virtual [ˈvɜːtjʊəl] *adj* **(a)** *(near total)* virtual; **the v. extinction of the wild variety** la práctica desaparición de la variedad silvestre; **it's a v. impossibility** es virtualmente imposible; **the organization was in a state of v. collapse** la organización se hallaba prácticamente al borde del hundimiento **(b)** *Comptr* virtual ❑ ***v. memory*** memoria *f* virtual; ***v. reality*** realidad *f* virtual; ***v. reality game*** juego *m* de realidad virtual
virtually [ˈvɜːtjʊəlɪ] *adv* virtualmente, prácticamente
virtue [ˈvɜːtjuː] *n* virtud *f*; **by v. of** en virtud de; IDIOM **to make a v. of necessity** hacer de la necesidad una virtud; **it has the added v. of being quicker** cuenta con la virtud añadida de ser más rápido(a); PROV **v. is its own reward** la satisfacción del deber cumplido es en sí misma una recompensa
virtuosity [vɜːtjʊˈɒsɪtɪ] *n* virtuosismo *m*
virtuoso [vɜːtjʊˈəʊzəʊ] *(pl* **virtuosos** *or* **virtuosi** [vɜːtjʊˈəʊziː]) *n Mus* virtuoso(a) *m,f*; *also Fig* **a v. performance** una actuación virtuosa
virtuous [ˈvɜːtjʊəs] *adj* virtuoso(a)
virulence [ˈvɪr(j)ʊləns] *n (of disease, attack, hatred)* virulencia *f*
virulent [ˈvɪr(j)ʊlənt] *adj* virulento(a)
virus [ˈvaɪrəs] *n Med & Comptr* virus *m inv*
visa [ˈviːzə] *n* visado *m*, *Am* visa *f*
visage [ˈvɪzɪdʒ] *n Literary* rostro *m*, semblante *m*
vis-à-vis [ˈviːzɑːviː] *prep (in comparison with)* en comparación con, frente a; *(in relation to)* en relación con, con relación *or* respecto a
viscera [ˈvɪsərə] *npl Anat* vísceras *fpl*
visceral [ˈvɪsərəl] *adj Formal* visceral
viscose [ˈvɪskəʊs] *n* viscosa *f*
viscosity [vɪsˈkɒsɪtɪ] *n* viscosidad *f*
viscount [ˈvaɪkaʊnt] *n* vizconde *m*
viscountess [ˈvaɪkaʊntɪs] *n* vizcondesa *f*
viscous [ˈvɪskəs] *adj* viscoso(a)
vise *US* = **vice**
Vishnu [ˈvɪʃnuː] *n* Visnú
visibility [vɪzɪˈbɪlɪtɪ] *n* visibilidad *f*; **v. was down to a few yards** no se veía más allá de unos pocos metros
visible [ˈvɪzɪbəl] *adj* visible ❑ *Econ* ***v. exports*** exportaciones *fpl* visibles; *Phys* ***v. spectrum*** espectro *m* visible
visibly [ˈvɪzɪblɪ] *adv* visiblemente
Visigoth [ˈvɪzɪgɒθ] *n Hist* visigodo(a) *m,f*
vision [ˈvɪʒən] *n* **(a)** *(eyesight)* visión *f*, vista *f*; **to have good/poor v.** estar bien/mal de la vista **(b)** *(plan)* concepto *m*, imagen *f*; **man/woman of v.** hombre *m*/mujer *f* con visión de futuro **(c)** *(apparition)* visión *f*, aparición *f*; **to have** *or* **see visions** ver visiones; **I had visions of being left homeless** ya me veía en la calle **(d)** *TV & Cin* ***v. mixer*** ingeniero(a) *m,f* de imagen
visionary [ˈvɪʒənərɪ] *n & adj* visionario(a) *m,f*
visit [ˈvɪzɪt] **1** *n* visita *f*; **this is my first v. to New York** esta es la primera vez que vengo a Nueva York; **to pay sb a v.** hacer una visita a alguien; **to be on a v.** estar de visita
2 *vt* visitar
3 *vi* **to be visiting** estar de visita
▸**visit on** *vt sep Literary* **to v. sth on sb** infligir algo a alguien
▸**visit with 1** *vt insep US Fam* charlar *or CAm, Méx* platicar con
2 *vt sep Literary* **to v. sb with sth** castigar a alguien con algo
visitation [vɪzɪˈteɪʃən] *n Formal* **(a)** *(official visit)* visita *f* oficial **(b)** *(of vengeance, punishment)* azote *m*, castigo *m* **(c)** *(supernatural)* aparición *f*
visiting [ˈvɪzɪtɪŋ] **1** *n* ***v. card*** tarjeta *f* de visita; ***v. hours*** horas *fpl* de visita; *Law* ***v. rights*** *(of divorced parent)* derecho *m* de visita (a los hijos)
2 *adj (team)* visitante ❑ ***v. lecturer*** profesor(ora) *m,f* invitado(a)
visitor [ˈvɪzɪtə(r)] *n (guest, in hospital)* visita *f*; *(tourist)* turista *mf*, visitante *mf* ❑ ***visitors'***

book libro *m* de visitas; *Br Formerly* ***v.'s passport*** pasaporte *m* provisional

visor ['vaɪzə(r)] *n (of helmet, cap)* visera *f*

vista ['vɪstə] *n* vista *f*, panorama *m*; *Fig* horizonte *m*

visual ['vɪʒʊəl] *adj* visual ▫ ***v. aids*** medios *mpl* visuales; ***the v. arts*** las artes plásticas; *Comptr* ***v. display unit*** monitor *m*

visualize ['vɪʒʊəlaɪz] *vt (picture)* visualizar; *(foresee)* prever

visually ['vɪʒʊəlɪ] *adv* visualmente; **the v. handicapped** las personas con discapacidades visuales

vital ['vaɪtəl] *adj* **(a)** *(essential)* vital; *Fig* **the v. ingredient** el ingrediente esencial; **of v. importance (to...)** de vital importancia (para...) ▫ ***v. organ*** órgano *m* vital; ***v. statistics*** *(of country)* datos *mpl* demográficos; *Hum (of woman)* medidas *fpl* **(b)** *(vigorous)* vital, lleno(a) de vida

vitality [vaɪ'tælɪtɪ] *n* vitalidad *f*

vitally ['vaɪtəlɪ] *adv* **supplies are v. needed** se necesitan suministros urgentemente; **v. important** de importancia vital

vitamin ['vɪtəmɪn, *US* 'vaɪtəmɪn] *n* vitamina *f*; **with added vitamins** enriquecido(a) con vitaminas ▫ ***v. deficiency*** insuficiencia *f* vitamínica; ***v. tablet*** comprimido *m* vitamínico

vitiate ['vɪʃɪeɪt] *vt Formal* **(a)** *(spoil quality, effect)* menoscabar, perjudicar **(b)** *(make invalid)* viciar

viticulture ['vɪtɪkʌltʃə(r)] *n* viticultura *f*

vitreous ['vɪtrɪəs] *adj* ***v. enamel*** esmalte *m* (vítreo); *Anat* ***v. humour*** humor *m* vítreo

vitrify ['vɪtrɪfaɪ] **1** *vt* vitrificar
2 *vi* vitrificarse

vitriol ['vɪtrɪəl] *n* **(a)** *(acid)* vitriolo *m* **(b)** *(vicious remarks)* causticidad *f*; **a stream of v.** un torrente de comentarios cáusticos *or* corrosivos

vitriolic [vɪtrɪ'ɒlɪk] *adj* cáustico(a), corrosivo(a)

vituperation [vɪtju:pə'reɪʃən] *n Formal* vituperios *mpl*

vituperative [vɪ'tju:pərətɪv] *adj Formal* injurioso(a)

viva ['vaɪvə] *n Univ* **v. (voce)** *(of thesis)* defensa *f* de la tesis; *(after written exam)* examen *m* oral

vivacious [vɪ'veɪʃəs] *adj* vivaracho(a), vivaz

vivacity [vɪ'væsɪtɪ] *n* vivacidad *f*

vivid ['vɪvɪd] *adj (description, memory, impression)* vívido(a); *(imagination)* muy vivo(a); *(colour)* vivo(a)

vividly ['vɪvɪdlɪ] *adv (to remember, describe)* vívidamente

vividness ['vɪvɪdnɪs] *n (of colour)* viveza *f*; *(of image, memory)* carácter *m* vívido

viviparous [vɪ'vɪpərəs] *adj Zool* vivíparo(a)

vivisection [vɪvɪ'sekʃən] *n* vivisección *f*

vixen ['vɪksən] *n* zorra *f*

viz [vɪz] *adv* (*abbr* **videlicet**) a saber

vizier [vɪ'zɪə(r)] *n* visir *m*

VJ day [vi:'dʒeɪdeɪ] *n* = fecha que marca la victoria aliada sobre Japón el 15 de agosto de 1945

VLF [vi:el'ef] (*abbr* **very low frequency**) VLF

V-neck ['vi:nek] **1** *n* suéter *m or Esp* jersey *m or Col* saco *m or RP* pulóver *m* de (cuello de) pico
2 *adj* **V-neck(ed)** de (cuello de) pico

VOA [vi:əʊ'eɪ] *n* (*abbr* **Voice of America**) = cadena de radio exterior estadounidense

vocab ['vəʊkæb] *n Fam* vocabulario *m*

vocabulary [və'kæbjʊlərɪ] *n* vocabulario *m*

vocal ['vəʊkəl] **1** *n Mus* **vocals** voces *fpl*; **on vocals** como vocalista
2 *adj* **(a)** *(music)* vocal ▫ *Anat* ***v. cords*** cuerdas *fpl* vocales **(b)** *(outspoken)* vehemente, explícito(a); **a v. minority** una minoría muy ruidosa; **to be very v. in one's criticism** expresar las críticas muy a las claras

vocalic [vəʊ'kælɪk] *adj Ling* vocálico(a)

vocalist ['vəʊkəlɪst] *n Mus* vocalista *mf*

vocalize ['vəʊkəlaɪz] *vt* expresar, manifestar

vocally ['vəʊkəlɪ] *adv* vehementemente, explícitamente

vocation [vəʊ'keɪʃən] *n* vocación *f*; **to have a v. (for sth)** tener vocación (para algo)

vocational [vəʊ'keɪʃənəl] *adj (course, qualification)* de formación profesional ▫ ***v. guidance*** orientación *f* profesional; ***v. training*** formación *f* profesional

vocative ['vɒkətɪv] *Gram* **1** *n* vocativo *m*
2 *adj* vocativo(a)

vociferous [və'sɪfərəs] *adj* ruidoso(a), vehemente

vociferously [və'sɪfərəslɪ] *adv* ruidosamente, vehementemente

vodka ['vɒdkə] *n* vodka *m*

vogue [vəʊg] *n* moda *f* **(for** de); **to be in v.** estar en boga

voice [vɔɪs] **1** *n* **(a)** *(of person)* voz *f*; **to raise/lower one's v.** levantar/bajar la voz; **at the top of one's v.** a voz en grito; *also Fig* **to make one's v. heard** hacerse oír; **to lose one's v.** quedarse afónico(a); **to be in fine v.** *(of singer)* tener bien la voz ▫ ***v. box*** laringe *f*; *Comptr* ***v. mail*** correo *m* de voz; *Comptr* ***v. recognition*** reconocimiento *m* de voz
(b) *Gram* **active/passive v.** voz activa/pasiva
(c) IDIOMS **the v. of reason** la voz de la razón; **with one v.** unánimemente; **to give v. to one's feelings** expresar *or* manifestar los sentimientos; **these reforms would give small parties a v.** estas reformas darían voz a los partidos minoritarios
2 *vt* **(a)** *(opinion, feelings)* expresar
(b) *Ling (consonant)* sonorizar

voiced [vɔɪst] *adj Ling* sonoro(a)

voiceless ['vɔɪslɪs] *adj Ling* sordo(a)

voice-over ['vɔɪs'əʊvə(r)] *n Cin & TV* voz *f* en off

voiceprint ['vɔɪsprɪnt] *n* espectrograma *m*

void [vɔɪd] **1** *n* vacío *m*
2 *adj* **(a)** *(empty)* **v. of** carente de **(b)** *Law (deed, contract)* **(null and) v.** nulo(a) y sin valor **(c)** *(in cards)* **to be v. in hearts** no tener ningún corazón

voile [vwɑ:l] *n* gasa *f*

vol *n* (*abbr* **volume**) **(a)** *(sound)* vol. **(b)** *(book)* vol.

volatile ['vɒlətaɪl] *adj* **(a)** *(person)* temperamental **(b)** *(situation, economy, market)* inestable, muy cambiante **(c)** *Chem* volátil **(d)** *Comptr* ***v. memory*** memoria *f* volátil

volatility [vɒlə'tɪlɪtɪ] *n* **(a)** *(of person)* carácter *m* temperamental **(b)** *(of situation, economy)* inestabilidad *f* **(c)** *Chem* volatilidad *f*

vol-au-vent ['vɒləʊvɒŋ] *n* volován *m*

volcanic [vɒl'kænɪk] *adj* volcánico(a)

volcano [vɒl'keɪnəʊ] (*pl* **volcanoes**) *n* volcán *m*

vole [vəʊl] *n* ratón *m* de campo

volition [və'lɪʃən] *n Formal* **of one's own v.** por propia voluntad

volley ['vɒlɪ] **1** *n* (*pl* **volleys**) **(a)** *(of gunfire)* ráfaga *f*; *(of blows, stones)* lluvia *f*; *(of insults)* torrente *m* **(b)** *(in tennis, soccer)* volea *f*; **half-v.** *(in tennis)* media volea *f*
2 *vt (in tennis, soccer)* volear, golpear de volea; **to v. the ball** golpear la pelota de volea

volleyball ['vɒlɪbɔ:l] *n* voleibol *m*, balonvolea *m*

volt [vəʊlt] *n Elec* voltio *m*

voltage ['vəʊltɪdʒ] *n Elec* voltaje *m*

volte-face ['vɒltfɑ:s] *n* viraje *m or* giro *m* radical

voltmeter ['vəʊltmi:tə(r)] *n Elec* voltímetro *m*

volubility [vɒljʊ'bɪlɪtɪ] *n* locuacidad *f*

voluble ['vɒljʊbəl] *adj* locuaz

volubly ['vɒljʊblɪ] *adv* con locuacidad

volume ['vɒlju:m] *n* **(a)** *Geom* volumen *m* **(b)** *(capacity)* capacidad *f* **(c)** *(amount) (of trade)* volumen *m*; *(of traffic)* intensidad *f* **(d)** *(of sound)* volumen *m*; **to turn the v. up/down** *(on TV, radio)* subir/bajar el volumen ▫ ***v. control*** mando *m* del volumen **(e)** *(book)* volumen *m*; IDIOM **to speak volumes (for)** decir mucho (de)

voluminous [və'lju:mɪnəs] *adj* voluminoso(a)

voluntarily [vɒlən'terɪlɪ] *adv* voluntariamente

voluntary ['vɒləntərɪ] *adj* voluntario(a); **to do v. work** trabajar como voluntario(a) ▫ ***v. muscle*** músculo *m* de contracción voluntaria; ***v. redundancy*** despido *m* voluntario; *Br* ***V. Service Overseas*** = agencia de voluntariado para la cooperación con países en vías de desarrollo; ***v. work*** voluntariado *m*, trabajo *m* voluntario; ***v. worker*** voluntario(a) *m,f*

volunteer [vɒlən'tɪə(r)] **1** *n* voluntario(a) *m,f*

2 *vt* **(a)** *(information, advice)* ofrecer (voluntariamente); **he volunteered his services** ofreció sus servicios; **to v. to do sth** ofrecerse a hacer algo **(b)** *(suggest)* **"he might be at home," someone volunteered** "puede que esté en casa", se atrevió a sugerir alguien

3 *vi* ofrecerse (voluntariamente)

▸**volunteer for** *vt insep* ofrecerse voluntario(a) para

voluptuous [və'lʌptjʊəs] *adj* voluptuoso(a)

vomit ['vɒmɪt] **1** *n* vómito *m*

2 *vt & vi* vomitar

voodoo ['vu:du:] *n* vudú *m*

voracious [və'reɪʃəs] *adj* voraz

voraciously [və'reɪʃəslɪ] *adv (to eat, read)* vorazmente

voracity [və'ræsɪtɪ] *n* voracidad *f*

vortex ['vɔ:teks] (*pl* **vortices** ['vɔ:tɪsi:z]) *n* torbellino *m*, remolino *m*; *Fig* vorágine *f*

votary ['vəʊtərɪ] *n* **(a)** *Rel* devoto(a) *m,f* **(b)** *Formal (follower, enthusiast)* incondicional *mf*

vote [vəʊt] **1** *n (choice)* voto *m*; *(voting)* votación *f*; **to put sth to the v., to take a v. on sth** someter algo a votación; **to have/get the v.** tener/obtener derecho de voto; **they got 52 percent of the v.** obtuvieron un 52 por ciento de los votos ❑ ***v. of confidence*** voto de confianza; ***v. of no confidence*** moción *f* de censura; ***v. of thanks:* to propose a v. of thanks for sb** pedir el agradecimiento para alguien

2 *vt* **(a)** *(in ballot)* **to v. Communist** votar a los comunistas; **to v. yes/no** votar a favor/en contra; **to v. to do sth** votar hacer algo; **to v. a proposal down** rechazar una propuesta en votación **(b)** *(elect, depose)* **to v. sb in** elegir a alguien (en votación); **to v. sb out** rechazar a alguien (en votación); **to v. sb into office** votar a alguien para que ocupe un cargo; **to v. sb out of office** votar para que alguien sea relevado de su cargo; **to v. sb off a committee** expulsar a alguien de un comité por votación **(c)** *(propose)* **I v. (that) we go** voto por ir **(d)** *(declare)* **they voted the holiday a success** coincidieron en que las vacaciones habían sido un éxito

3 *vi* votar (**for/against** por/en contra de); **to v. on sth** someter algo a votación; IDIOM **to v. with one's feet** desmarcarse, hacer boicot

voter ['vəʊtə(r)] *n* votante *mf*

voting ['vəʊtɪŋ] **1** *n* votación *f* ❑ ***v. booth*** cabina *f* electoral

2 *adj (member)* con voto

votive ['vəʊtɪv] *adj Rel* votivo(a) ❑ ***v. offering*** exvoto *m*

▸**vouch for** [vaʊtʃ] *vt insep (person)* responder de; *(quality, truth)* dar fe de

voucher ['vaʊtʃə(r)] *n* vale *m*, cupón *m*; **(gift) v.** vale *m* de regalo

vouchsafe [vaʊtʃ'seɪf] *vt Literary* conceder; **to v. to do sth** dignarse a hacer algo; **to v. an answer** dignarse a dar una respuesta

vow [vaʊ] **1** *n Rel* voto *m*; *(promise)* promesa *f*; **to make a v. to do sth** prometer solemnemente hacer algo; **to take a v. of poverty/silence** hacer voto de pobreza/silencio

2 *vt* prometer solemnemente, jurar; **to v. to do sth** jurar hacer algo

vowel ['vaʊəl] *n* vocal *f* ❑ ***v. shift*** cambio *m* vocálico; ***v. sound*** sonido *m* vocálico

vox pop [vɒks'pɒp] *n Br Fam* encuesta *f* en la calle

voyage ['vɔɪɪdʒ] *n* viaje *m (largo, marítimo o espacial)*

voyager ['vɔɪɪdʒə(r)] *n Literary* viajero(a) *m,f*

voyeur [vɔɪ'jɜ:(r)] *n* voyeur *mf*

voyeuristic [vɔɪjɜ:'rɪstɪk] *adj* voyeurista

VP (*abbr* **Vice-President**) vicepresidente(a) *m,f*

VPL [vi:pi:'el] *n Fam Hum* (*abbr* **visible panty line**) marca *f* de las bragas

VR [vi:'ɑ:(r)] *n* (*abbr* **virtual reality**) VR

VRAM ['vi:ræm] *n Comptr* (*abbr* **video random access memory**) VRAM *f*

VRML [vi:ɑ:rem'el] *n Comptr* (*abbr* **virtual reality modelling language**) VRML *m*

vs (*abbr* **versus**) contra

v-shaped ['vi:ʃeɪpt] *adj* en forma de V *or* de cuña

VSO [vi:es'əʊ] *n Br* (*abbr* **Voluntary Service Overseas**) = agencia de voluntariado para la cooperación con países en vías de desarrollo

VT (*abbr* **Vermont**) Vermont

VTOL [vi:ti:əʊ'el] *n Av* (*abbr* **vertical take-off and landing**) despegue *m or Am* decolaje *m* (y aterrizaje) vertical

VTR [vi:ti:'ɑ:(r)] *n TV* (*abbr* **video tape recorder**) (aparato *m* de) vídeo *m or Am* video *m*

vulcanize ['vʌlkənaɪz] *vt* vulcanizar ❑ ***vulcanized rubber*** caucho *m* vulcanizado

vulgar ['vʌlgə(r)] *adj* **(a)** *(rude)* vulgar, grosero(a); **don't be v.!** ¡no seas grosero! **(b)** *(in poor taste)* ordinario(a), chabacano(a) **(c)** *Math* ***v. fraction*** fracción *f*, quebrado *m* **(d)** *(popular)* ***V. Latin*** latín *m* vulgar

vulgarian [vʌl'geərɪən] *n* chabacano(a) *m,f*, ordinario(a) *m,f*

vulgarism ['vʌlgərɪzəm] *n* **(a)** *(coarse expression)* palabra *f* vulgar *or* malsonante, palabrota *f* **(b)** *(mistaken usage)* vulgarismo *m*

vulgarity [vʌl'gærɪtɪ] *n* **(a)** *(rudeness)* vulgaridad *f*, grosería *f* **(b)** *(poor taste)* ordinariez *f*, chabacanería *f*

vulgarization [vʌlgəraɪ'zeɪʃən] *n* vulgarización *f*

vulgarize ['vʌlgəraɪz] *vt* vulgarizar

vulgarly ['vʌlgəlɪ] *adv* **(a)** *(coarsely)* vulgarmente, groseramente **(b)** *(popularly)* vulgarmente

vulnerability [vʌlnərə'bɪlɪtɪ] *n* vulnerabilidad *f*

vulnerable ['vʌlnərəbəl] *adj* vulnerable (**to** a)

vulpine ['vʌlpaɪn] *adj* zorruno(a)

vulture ['vʌltʃə(r)] *n* buitre *m*

vulva ['vʌlvə] *n* vulva *f*

vv **(a)** (*abbr* **versus**) contra **(b)** (*abbr* **vice versa**) viceversa

W

W, w ['dʌbəlju:] *n* (**a**) *(letter)* W, w *f* (**b**) *(abbr* **west**) O

W *Elec (abbr* **watts**) W

WA *(abbr* **Washington**) Washington

WAAC [wæk] *n Hist (abbr* **Women's Army Auxiliary Corps**) = sección femenina del ejército británico durante la Segunda Guerra Mundial

WAAF [wæf] *n Hist (abbr* **Women's Auxiliary Air Force**) = sección femenina de las fuerzas aéreas británicas durante la Segunda Guerra Mundial

wacko ['wækəʊ] *n & adj Fam* pirado(a) *m,f*, *Am* zafado(a) *m,f*, *RP* rayado(a) *m,f*

wacky ['wækɪ] *adj Fam (person, behaviour, dress sense)* estrafalario(a); *(sense of humour, comedian)* estrambótico(a) ❑ *Hum* ***w. baccy*** *(marijuana)* maría *f*, hierba *f*; *(hashish)* chocolate *m*, costo *m*

wad [wɒd] *n* (**a**) *(of cotton)* bolita *f* (**b**) *(of paper)* taco *m* (**c**) *(of bank notes)* fajo *m*

wadding ['wɒdɪŋ] *n (for packing)* relleno *m*

waddle ['wɒdəl] *vi (of duck)* caminar, *Esp* andar; *(of person)* caminar *or Esp* andar como un pato, anadear

wade [weɪd] *vi (in water)* caminar en el agua; **to w. across a stream** vadear un riachuelo; *Fig* **to w. in** entrometerse

▸**wade into** *vt insep Fig (task)* acometer; *(person)* arremeter contra

▸**wade through** *vt insep* (**a**) *(water)* caminar por (**b**) *Fig (paperwork)* leerse

wader ['weɪdə(r)] *n* (**a**) *(bird)* (ave *f*) zancuda *f* (**b**) **waders** *(boots)* botas *fpl* altas de agua

wafer ['weɪfə(r)] *n* (**a**) *(biscuit)* barquillo *m* (**b**) *Rel* hostia *f*

wafer-thin [weɪfə'θɪn] *adj* muy fino(a); *Fig (majority)* ajustado(a)

waffle¹ ['wɒfəl] *n (food)* gofre *m* ❑ ***w. iron*** gofrera *f*

waffle² *Br Fam* **1** *n (wordiness)* verborrea *f*; *(in written text) Esp* paja *f*, *Am* palabrerío *m*

2 *vi* enrollarse

▸**waffle on** *vi* enrollarse

waft [wɒft] **1** *vt* llevar, hacer flotar

2 *vi* flotar

wag¹ [wæg] **1** *n (action)* meneo *m*; **with a w. of its tail** meneando la cola

2 *vt* (*pt & pp* **wagged**) menear, agitar; **to w. one's finger at sb** advertir a alguien con el dedo

3 *vi* menearse; *Fam* **tongues will w.** van a correr rumores

wag² *n Fam (joker)* bromista *mf*, guasón(ona) *m,f*

wage [weɪdʒ] **1** *n (pay)* **wage(s)** salario *m*, sueldo *m*; **daily w.** jornal *m* ❑ ***w. claim*** reivindicación *f* salarial; ***w. cut*** recorte *m* salarial; ***w. differential*** diferencia *f* salarial; ***w. earner*** asalariado(a) *m,f*; ***w. freeze*** congelación *f* salarial; ***w. packet*** *(envelope)* sobre *m* de la paga; *(money)* salario *m*

2 *vt* **to w. war (on)** librar una guerra (contra); **to w. a campaign against smoking** emprender una campaña contra el tabaco

wager ['weɪdʒə(r)] *Formal* **1** *n* apuesta *f*

2 *vt* apostar, apostarse

waggish ['wægɪʃ] *adj (sense of humour, remark)* jocoso(a); *(person)* guasón(ona)

waggle ['wægəl] *Fam* **1** *vt* menear

2 *vi* menearse

wag(g)on ['wægən] *n* (**a**) *(horse-drawn)* carro *m*; IDIOM *Fam* **to be on the w.** *(of alcoholic)* haber dejado de beber *or Am* tomar ❑ ***w. train*** caravana *f* de carretas (**b**) *Br Rail* vagón *m*

wagonload ['wægənləʊd] *n* vagón *m* (cargado)

wagtail ['wægteɪl] *n* lavandera *f*

wah-wah ['wɑ:wɑ:] *n Mus* wah-wah *m*; **w. pedal** pedal *m* del wah-wah

waif [weɪf] *n* niño(a) *m,f* abandonado(a); **waifs and strays** niños *mpl* desamparados

waif-like ['weɪflaɪk] *adj* frágil

wail [weɪl] **1** *n (of person)* quejido *m*, gemido *m*; *(of siren)* sonido *m*, aullido *m*

2 *vi (of person)* gemir; *(of siren)* sonar, aullar

wailing ['weɪlɪŋ] **1** *n (of people, children)* quejidos *mpl*, gemidos *mpl*; *(of siren)* aullido *m*

2 *adj* **w. children** niños gimiendo; **w. sirens** sirenas aullando ❑ ***the W. Wall*** el Muro de las Lamentaciones

wainscot ['weɪnskɒt], **wainscotting** ['weɪnskɒtɪŋ] *n* zócalo *m* de madera

WAIS ['dʌbəlju:eɪaɪ'es] *n Comptr (abbr* **wide area information search**) = sistema de búsquedas en Internet basado en UNIX

waist [weɪst] *n* cintura *f*

waistband ['weɪstbænd] *n* cinturilla *f*

waistcoat ['weɪstkəʊt] *n Br* chaleco *m*

waist-deep ['weɪst'di:p] *adj* **to be w. in mud** estar metido(a) en el barro hasta la cintura

waistline ['weɪstlaɪn] *n* cintura *f*; **to watch one's w.** cuidar la línea

WAIT [weɪt] **1** *n* espera *f*; **we had a long w.** esperamos mucho; **it was worth the w.** mereció la pena esperar; **to lie in w. for sb** acechar a alguien

2 *vt* (**a**) *(wait for)* **I'm waiting my chance** estoy esperando mi oportunidad; **you must w. your turn** debes esperar tu turno (**b**) *US (serve at)* **to w. table(s)** ser camarero(a) *or Am* mesero(a) *or RP* mozo(a) (**c**) *US Fam (delay)* **don't w. dinner for me** no me esperes para cenar

3 *vi* (**a**) *(in general)* esperar; **I'm waiting to use the phone** estoy esperando para llamar por teléfono; **to w. for sth/sb** esperar algo/a alguien; **w. for me!** ¡espérame!; **a parcel was waiting for me when I got back** cuando volví había un paquete esperándome; **to w. for sth to happen** esperar a que ocurra algo; **to w. for sb to do sth** esperar que alguien haga algo; **it was worth waiting for** merecía la pena esperar; **what are you waiting for, ask him!** ¿a qué esperas? ¡pregúntale!; **what are we waiting for, let's start!** ¿a qué esperamos? ¡empecemos!; *Fam* **w. for it!** *(before sth happens)* ¡espera!; *(before telling sb sth)* ¡agárrate!; **to keep sb waiting** tener a alguien esperando, hacer esperar a alguien; **w. a minute** *or* **second!** ¡espera un momento!; **we must w. and see** tendremos que esperar a ver (qué pasa); **I can't w. to see her** estoy impaciente por verla; *also Ironic* **I can hardly w.** estoy impaciente; **I can hardly w. till they get here** estoy impaciente por que lleguen; **w. till you hear what I just did!** ¿a que no adivinas lo que acabo de hacer?; **(just) you w.!** ¡espera y verás!; **repairs while you w.** *(sign)* arreglos en el acto

(**b**) *(be postponed)* **can't it w.?** ¿no puede esperar?; **it will have to w. until tomorrow** tendrá que esperar hasta mañana

(**c**) *(serve) Br* **to w. at table** ser camarero(a) *or Am* mesero(a) *or RP* mozo(a)

▸**wait about, wait around** *vi* esperar

▸**wait behind** *vi* quedarse atrás

▸**wait in** *vi Br* quedarse en casa esperando, esperar en casa

▸**wait on** *vt insep* (**a**) *(serve)* servir; **to w. on sb hand and foot** traérselo todo en bandeja a alguien (**b**) *(wait for)* esperar

▸**wait out** *vt sep* **we waited out the storm** esperamos a que pasara la tormenta

▸**wait up** *vi* (**a**) *(stay up)* **to w. up for sb** esperar a alguien levantado(a) (**b**) *US (hold on)* **w. up!** ¡un momento!

waiter ['weɪtə(r)] *n* camarero *m, Am* mesero *m, Cuba* dependiente *m, RP* mozo *m*

waiting ['weɪtɪŋ] *n* espera *f; Br Aut* **no w.** *(sign)* = prohibido detenerse; **they are playing a w. game** están dejando que transcurra el tiempo a ver qué pasa ▫ ***w. list*** lista *f* de espera; ***w. room*** sala *f* de espera

waitress ['weɪtrɪs] *n* camarera *f, Am* mesera *f, Cuba* dependienta *f, RP* moza *f*

waive [weɪv] *vt* **(a)** *(rights, claim)* renunciar a **(b)** *(rule)* no aplicar

waiver ['weɪvə(r)] *n (document)* renuncia *f;* **to sign a w.** firmar una renuncia, renunciar por escrito

wake[1] [weɪk] *n (of ship)* estela *f; Fig* **in the w. of sth** a raíz de algo; *Fig* **to follow in sb's w.** seguir los pasos de alguien

wake[2] *n (on night before funeral)* velatorio *m, Am* velorio *m*

wake[3] (*pt* **woke** [wəʊk], *pp* **woken** ['wəʊkən]) **1** *vt* despertar

2 *vi* despertarse

▸**wake up 1** *vt sep* despertar

2 *vi* despertarse; *Fig* **w. up!** ¡espabila!; *Fig* **to w. up to the truth** abrir los ojos a la realidad

wakeful ['weɪkfʊl] *adj* **(a)** *(sleepless)* desvelado(a); **to be w.** estar desvelado(a); **to have a w. night** pasar la noche en vela **(b)** *(vigilant)* alerta; **to be w.** estar alerta

waken ['weɪkən] *vt & vi* despertar

wakey ['weɪkɪ] *exclam Fam* **w., w.!** ¡despierta ya!, ¡arriba!

waking ['weɪkɪŋ] *adj* de vigilia, sin dormir; **w. hours** horas *fpl* que uno pasa despierto, horas *fpl* de vigilia

Wales [weɪlz] *n* (País *m* de) Gales

WALK [wɔ:k] **1** *n* **(a)** *(short)* paseo *m; (long)* caminata *f;* **it's a ten-minute w. away** está a diez minutos a pie (de aquí); **to go for** *or* **take a w.** (ir a) dar un paseo; **to go on a w.** hacer una marcha; **to take the children/dog for a w.** sacar a los niños de paseo; sacar a pasear al perro; *US Fam* **take a w.!** ¡vete a paseo!

(b) *(gait)* andares *mpl,* manera *f* de caminar *or Esp* andar

(c) *(speed)* **at a w.** al paso, paseando; **to slow to a w.** reducir el paso *(y continuar caminando)*

(d) *(path)* paseo *m,* sendero *m;* **there's an interesting forest w. there** hay una ruta de senderismo interesante en ese bosque

(e) *(profession, condition)* **people from all walks of life** gente de toda condición

(f) *Sport* marcha *f*

2 *vt* **(a)** *(cover on foot)* caminar, *Esp* andar, recorrer caminando *or* a pie *or Esp* andando; **I walked the three miles to the station** caminé las tres millas que hay hasta la estación; **to w. it** *(go on foot)* ir a pie; **the baby can w. a few steps** el bebé or *Andes* la guagua or *RP* el nene da algunos pasos; **to w. the plank** = caminar por un tablón colocado sobre la borda hasta caer al mar; **to w. the streets** caminar por las calles; *Euph (of prostitute)* hacer la calle

(b) *(accompany)* **to w. sb home** acompañar a alguien a casa; **to w. the dog** sacar *o* pasear al perro

(c) *Br Fam (win easily)* ganar con mucha facilidad *or Esp* de calle; *(exam)* aprobar con la gorra *or RP* de taquito; **to w. it** *(win easily)* llevárselo con mucha facilidad *or Esp* de calle; *(in exam)* aprobar con la gorra *or RP* de taquito

(d) *(move)* **we walked the wardrobe into the room** llevamos el armario a la habitación adelantando un lado y después el otro

3 *vi* **(a)** *(move on foot)* caminar *or Esp* andar; *(for exercise, pleasure)* pasear, caminar; **let's w. instead of taking the train** vamos caminando *or Esp* andando en lugar de en tren; **we walked back** volvimos caminando; **I was walking down the street** iba caminando or *Esp* andando por la calle; **to w. home** ir caminando or *Esp* andando a casa; **she walked right past me** pasó por mi lado; **to w. up** *or* **over to sb** acercarse a alguien; *US* **w.** *(sign)* = señal que autoriza a los peatones a cruzar; *US* **don't w.** *(sign)* = señal que prohíbe cruzar a los peatones; IDIOM **to be walking on air** estar en el séptimo cielo, estar más feliz que unas castañuelas

(b) *(in baseball)* = avanzar a una base cuando el pítcher comete cuatro bolas

▸**walk about, walk around** *vi* pasear

▸**walk away** *vi* irse (caminando *or Esp* andando); *Fig* **she walked away (unharmed) from the accident** salió ilesa del accidente; IDIOM **you can't just w. away from the problem** no puedes lavarte las manos así; *Fig* **to w. away with a prize** salir premiado(a), llevarse un premio; *Fig* **they walked away with the championship** se hicieron con el título de campeones

▸**walk by** *vi* pasarse

▸**walk in** *vi* entrar

▸**walk in on** *vt insep* **I walked in on them** los pillé *or Am* agarré

▸**walk into** *vt insep* **(a)** *(enter)* entrar en; *(difficult situation)* meterse en; *Fig (trap)* caer en **(b)** *(collide with)* chocar con **(c)** *(obtain easily) (job)* conseguir fácilmente

▸**walk off 1** *vt sep* **we walked off our dinner** fuimos a dar un paseo para bajar la cena; **I'm going to see if I can w. off my headache** voy a dar un paseo a ver si se me quita or *Am* saca el dolor de cabeza

2 *vi* marcharse; **to w. off with sth** *(steal, win easily)* llevarse algo

▸**walk out** *vi* salir; *Ind (go on strike)* ponerse *or* declararse en huelga; **they walked out of the talks** abandonaron la mesa de negociaciones; **to w. out on sb** *(leave)* dejar *or* abandonar a alguien; **to w. out on a deal** abandonar un pacto

▸**walk out with** *vt insep Br Old-fashioned* salir con

▸**walk over** *vt insep Fam* **to w. all over sb** *(treat badly)* pisotear a alguien; *(defeat easily)* dar una paliza a

▸**walk through 1** *vt insep (practise)* practicar, ensayar

2 *vt sep* **to w. sb through sth** *(show how to do)* enseñar algo a alguien

walkabout ['wɔ:kəbaʊt] *n (of politician)* paseo *m* entre la multitud

walker ['wɔ:kə(r)] *n* caminante *mf; Sport* marchador(ora) *m,f*

walkies ['wɔ:kɪz] *npl Br Fam* **to go (for) w.** *(with dog)* sacar a pasear al perro

walkie-talkie [wɔ:kɪ'tɔ:kɪ] *n Rad* walkie-talkie *m*

walk-in cupboard ['wɔ:kɪn'kʌbəd] *n (for clothes)* armario *m* vestidor; *(for food)* despensa *f*

walking ['wɔ:kɪŋ] **1** *n* **(a) I like w.** me gusta caminar; **we do a lot of w.** caminamos *or Esp* andamos mucho; **it's within w. distance** se puede ir caminando *or* a pie *or Esp* andando; **within five minutes' w. distance** a cinco minutos a pie; IDIOM *Fam* **to give sb their w. papers** poner a alguien de patitas en la calle ▫ ***w. frame*** andador *m;* ***w. shoes*** botas *fpl* (de senderismo); ***w. stick*** bastón *m* **(b)** *Sport* marcha *f* atlética

2 *adj* **at w. pace** al paso, paseando; *Fam* **she's a w. encyclopedia** es una enciclopedia ambulante *or* andante; **the w. wounded** los heridos que aún pueden caminar

Walkman® ['wɔ:kmən] *n* walkman® *m*

walk-on (part) ['wɔ:kɒn'pɑ:t] *n Cin & Th* papel *m* de figurante

walkout ['wɔ:kaʊt] *n (strike)* huelga *f; (from meeting)* abandono *m* (en señal de protesta)

walkover ['wɔ:kəʊvə(r)] *n* **(a)** *Fam (easy win)* paseo *m;* **it was a w.** fue un paseo *or* pan comido **(b)** *(win by default)* victoria *f* por incomparecencia (del contrario)

walkup ['wɔ:kʌp] *n US (building)* edificio *m* sin ascensor

walkway ['wɔ:kweɪ] *n (between buildings)* pasadizo *m,* pasaje *m*

wall [wɔ:l] *n* **(a)** *(interior)* pared *f; (exterior, freestanding)* muro *m; (partition)* tabique *m; (of garden, around building)* tapia *f; (of town, city)* muralla *f;* ▫ ***w. bars*** espalderas *fpl;* ***w. chart*** (gráfico *m*) mural *m;* ***w. cupboard*** alacena *f;* ***w. hanging*** tapiz *m;* ***w. painting*** pintura *f* mural; ***W. Street*** Wall Street **(b)** *(of artery, stomach)* pared *f* **(c)** *(in soccer)* barrera *f* **(d)** IDIOMS **a w. of silence** un muro de silencio; **to go to the w.** irse al traste; *Fam* **to drive sb up the w.** hacer que alguien se suba por las paredes; **walls have ears** las paredes oyen

▸**wall in** *vt sep (surround with wall)* tapiar; *(enclose)* encerrar

▸**wall off** *vt sep* separar con un muro

▸**wall up** *vt sep* condenar, tapiar

wallaby ['wɒləbɪ] *n* wallaby *m,* valabí *m*

wallah ['wɔ:lə] *n Br Old-fashioned Fam* señor(ora) *m,f*

walled [wɔ:ld] *adj (garden, enclosure)* tapiado(a); *(city)* amurallado(a)

wallet ['wɒlɪt] *n* **(a)** *(for money, cards)* cartera *f* **(b)** *(for documents)* carpeta *f*

walleyed ['wɔ:laɪd] *adj* (**a**) *(with clouded eye)* con leucoma (**b**) *(with squint)* bizco(a), estrábico(a)

wallflower ['wɔ:lflaʊə(r)] *n (plant)* alhelí *m*; IDIOM **to be a w.** no tener con quien bailar

Walloon [wɒ'lu:n] *n & adj* valón(ona) *m,f*

wallop ['wɒləp] *Fam* **1** *n* tortazo *m*, golpetazo *m*, *Méx* madrazo *m*; **to give sb/sth a w.** dar un tortazo a alguien/algo

2 *vt* dar un tortazo *or* golpetazo a

walloping ['wɒləpɪŋ] *Fam* **1** *n* paliza *f*

2 *adv (for emphasis)* **a w. great pay rise** *Esp* una subida de sueldo de aquí te espero, *Am* un aumento de sueldo que para qué te cuento

wallow ['wɒləʊ] **1** *n* **to have a w. in sth** *(bath, mud)* revolcarse en algo; *(self-pity)* recrearse or regodearse en algo

2 *vi* revolcarse; **to w. in self-pity** recrearse *or* regodearse en la autocompasión

wallpaper ['wɔ:lpeɪpə(r)] **1** *n* (**a**) *(on walls)* papel *m* pintado (**b**) *Comptr* papel *m* tapiz

2 *vt* empapelar

wall-to-wall ['wɔ:ltəwɔ:l] *adj* ***w. carpeting*** *Esp* enmoquetado *m*, *Esp* moqueta *f*, *Am* alfombra *f*; *Fig* ***w. coverage*** cobertura *f* total

wally ['wɒlɪ] *n Br Fam (idiot)* idiota *mf*, *Esp* chorra *mf*

walnut ['wɔ:lnʌt] *n* (**a**) *(nut)* nuez *f* (**b**) *(tree, wood)* nogal *m*

walrus ['wɔ:lrəs] *n* morsa *f* ❑ ***w. moustache*** mostacho *m*

waltz [wɔ:lts] **1** *n* vals *m*

2 *vi* bailar el vals; *Fam* **she waltzed into the room** entró en la habitación como si tal cosa; *Fam* **to w. off with sth** largarse con algo

waltzer ['wɔ:ltsə(r)] *n (fairground ride)* látigo *m*

WAN ['dʌbəlju:'eɪ'en] *n Comptr (abbr* **wide area network**) red *f* de área extensa

wan [wɒn] *adj (face, person)* macilento(a), pálido(a); *(smile)* lánguido(a)

wand [wɒnd] *n* varita *f*

wander ['wɒndə(r)] **1** *n* vuelta *f*; **to go for a w.** ir a dar una vuelta

2 *vt (streets, world)* vagar por

3 *vi* (**a**) *(roam, stray)* vagar (**around** por); **she had wandered from the path** se había alejado del camino; **to w. off** alejarse, apartarse (**b**) *(verbally, mentally)* distraerse; **to w. from the subject** desviarse del tema, divagar; **my thoughts were wandering** mi mente empezaba a divagar

wanderer ['wɒndərə(r)] *n* trotamundos *mf inv*; IDIOM **the w. returns!** ¡vuelve el hijo pródigo!

wandering ['wɒndərɪŋ] *adj (person, life)* errante, errabundo(a); *(tribe)* nómada ❑ ***w. Jew*** *(plant)* tradescantia *f*

wanderlust ['wɒndəlʌst] *n* pasión *f* por viajar

wane [weɪn] **1** *n* **to be on the w.** *(of moon)* ir menguando; *Fig (of popularity, enthusiasm, power)* ir decayendo

2 *vi* (**a**) *(of moon)* menguar (**b**) *(of popularity, enthusiasm, power)* ir decayendo

wangle ['wæŋgəl] *vt Fam* agenciarse; **he wangled it so that...** se las arregló *or Esp* apañó para que...; **could you w. me a ticket?** *Esp* ¿podrías pillarme una entrada?, *Am* ¿podrías comprarme un boleto?

wank [wæŋk] *Br Vulg* **1** *n* **to have a w.** hacerse una paja

2 *vi* hacerse una paja

▸**wank off** *Br Vulg* **1** *vt sep* **to w. sb off** hacer una paja a alguien; **to w. oneself off** hacerse una paja

2 *vi* hacerse una paja

wanker ['wæŋkə(r)] *n Br Vulg Esp* gilipollas *mf inv*, *Am* pendejo(a) *m,f*, *RP* pelotudo(a) *m,f*

wannabe ['wɒnəbi:] *n Fam* aprendiz(iza) *m,f*; **Brad Pitt wannabes** Brad Pitts de pacotilla

WANT [wɒnt] **1** *n* (**a**) *(need, poverty)* necesidad *f*; *Formal* **to be in w. of sth** carecer de algo ❑ *US* ***w. ad*** demanda *f*

(**b**) *(lack)* falta *f*, carencia *f* (**of** de); **for w. of anything better to do** a falta de algo mejor que hacer; **for w. of a better word** a falta de una palabra mejor; **it wasn't for w. of trying** no será porque no lo intentamos

2 *vt* (**a**) *(wish, desire)* querer; **to w. to do sth** querer hacer algo; **I w. to say how grateful I am** deseo expresar mi gratitud; **to w. sb to do sth** querer que alguien haga algo; **I don't w. you watching** no quiero que miréis; **I w. the room cleaned by tomorrow** quiero la habitación limpia mañana; *Fam* **w. a drink?** ¿quieres una bebida?; **she knows what she wants** sabe lo que quiere; **that's the last thing we w.!** ¡sólo nos faltaba eso!; **I w. my money back** quiero que me devuelvan mi dinero; **how much do you w. for it?** ¿cuánto quieres por él?; **what do you w. in a man/out of life?** ¿qué buscas en los hombres/la vida?; **what does he w. with** *or* **of me?** ¿qué quiere de mí?; **what do you w. with an exercise bike?** ¿para qué quieres una bicicleta estática?

(**b**) *(need)* necesitar; **it wants a bit more salt** necesita un poco más de sal; **the lawn wants cutting** hay que cortar el césped; **she wants taking down a peg or two** necesita que le bajen los humos; *Fam* **you w. your head seeing to!** ¡tú estás mal de la cabeza!; **you w. to be careful with him** deberías que tener cuidado con él; *Fam* **you don't w. to do that** es mejor que no hagas eso

(**c**) *(seek)* **she's wanted by the police (for questioning)** la busca la policía para interrogarla; **the boss wants you in her office** el jefe te llama a su despacho; **you're wanted on the phone** te llaman por teléfono; **will I be wanted tomorrow?** ¿me necesitarán mañana?; **I know when I'm not wanted** sé perfectamente cuándo estoy de más; **wanted, a good cook** *(advertisement)* se necesita buen cocinero; **wanted** *(sign above photo of criminal)* se busca

(**d**) *(wish to have sex with)* desear

3 *vi* **he wants for nothing** no le falta de nada

▸**want in** *vi Fam* (**a**) *(wish to come in)* querer entrar (**b**) *(wish to participate)* querer participar (**on** en)

▸**want out** *vi Fam* (**a**) *(wish to go out)* querer salir (**b**) *(no longer wish to participate)* querer salirse (**of** de)

---

wanted ['wɒntɪd] *adj* buscado(a) por la policía

wanting ['wɒntɪŋ] *adj* **he is w. in intelligence** le falta inteligencia; **to be found w.** no dar la talla

wanton ['wɒntən] *adj* (**a**) *(unjustified)* injustificado(a), sin sentido; *(cruelty)* gratuito(a) (**b**) *(unrestrained)* descontrolado(a); *(sexually)* lascivo(a)

war [wɔ:(r)] *n* guerra *f*; **to be at w. (with)** estar en guerra (con); **to go to w. (with/over)** entrar en guerra (con/por); *Fig* **a w. of words** una batalla dialéctica, un combate verbal; IDIOM *Fam* **you look as if you've been in the wars** parece que volvieras de la guerra ❑ ***w. baby*** niño(a) *m,f* de la guerra; ***w. bride*** novia *f* de la guerra; ***w. correspondent*** corresponsal *mf* de guerra; ***w. crime*** crimen *m* de guerra; ***w. criminal*** criminal *mf* de guerra; ***w. cry*** grito *m* de guerra; ***w. dance*** danza *f* de guerra; ***w. games*** *Mil* maniobras *fpl*; *(with model soldiers)* juegos *mpl* de estrategia (militar); ***w. memorial*** monumento *m* a los caídos (en la guerra)

warble ['wɔ:bəl] **1** *n* trino *m*

2 *vi* trinar

warbler ['wɔ:blə(r)] *n* ***garden w.*** curruca *f* mosquitera; ***melodious w.*** zarcero *m* común; ***reed w.*** carricero *m* común; ***wood w.*** mosquitero *m* silbador

ward [wɔ:d] *n* (**a**) *(in hospital)* sala *f* (**b**) *(electoral division)* distrito *m* electoral (**c**) *Law* **w. of court** pupilo(a) *m,f* bajo tutela

▸**ward off** *vt sep (blow)* rechazar, parar; *(danger, evil spirits)* ahuyentar; *(illness)* prevenir

warden ['wɔ:dən] *n* (**a**) *(of park)* guarda *mf* (**b**) *(of institution, hostel)* guardián(ana) *m,f*, vigilante *mf* (**c**) *US (of prison)* director(ora) *m,f*, alcaide(esa) *m,f*

warder ['wɔ:də(r)] *n Br (in prison)* vigilante *mf*

wardrobe ['wɔ:drəʊb] *n* (**a**) *(cupboard)* armario *m*, ropero *m* (**b**) *(clothes)* guardarropa *m*; **to have a large w.** tener un amplio guardarropa (**c**) *Th (costumes)* vestuario *m* ❑ ***w. master*** (encargado *m* del) guardarropa *m*; ***w. mistress*** (encargada *f* del) guardarropa *f*

wardroom ['wɔ:dru:m] *n Naut* sala *f* de oficiales

warehouse ['weəhaʊs] *n* almacén *m* ❑ ***w. club*** = almacén de venta al por mayor en el que sólo pueden comprar los socios; ***w. party*** fiesta *f* en una nave

wares [weəz] *npl* mercaderías *fpl*, mercancías *fpl*

warfare ['wɔːfeə(r)] *n* guerra *f*; **modern/guerrilla w.** la guerra moderna/de guerillas

warhead ['wɔːhed] *n* ojiva *f*

warhorse ['wɔːhɔːs] *n Fig* **an old w.** un veterano, un perro viejo

warily ['weərılı] *adv* cautelosamente

wariness ['weərınıs] *n* cautela *f*, precaución *f*

warlike ['wɔːlaık] *adj* agresivo(a), belicoso(a)

warlock ['wɔːlɒk] *n* brujo *m*

warlord ['wɔːlɔːd] *n* señor *m* de la guerra

warm [wɔːm] **1** *adj* **(a)** *(iron, oven, bath)* caliente; *(water, soup)* templado(a); *(weather)* cálido(a); *(garment)* de abrigo; **it's w.** *(of weather)* hace calor; **to be w.** *(of person)* tener calor; **to get w.** *(of person)* entrar en calor; *(of room, water)* calentarse; **you're getting warmer** *(in guessing game)* caliente, caliente ▫ *Comptr* ***w. boot*** arranque *m* en caliente; *Met* ***w. front*** frente *m* cálido
(b) *(welcome, colour)* cálido(a); *(person)* afectuoso(a)
2 *vt* calentar; **to w. oneself by the fire** calentarse al lado del fuego
3 *vi* **to w. to sb** *(take liking to)* tomar afecto *or* cariño a alguien
4 *n* **come into the w.** ven, que aquí se está calentito; **to give sth a w.** calentar algo

▸**warm up 1** *vt sep (food)* calentar; **this will w. you up** esto te hará entrar en calor, esto hará que entres en calor
2 *vi* **(a)** *(of dancer, athlete)* calentar **(b)** *(of engine room)* calentarse **(c)** *(of party)* animarse

warm-blooded [wɔːm'blʌdıd] *adj* de sangre caliente

warm-hearted [wɔːm'hɑːtıd] *adj* cariñoso(a), amable

warmly ['wɔːmlı] *adv* **(a)** *(retaining heat)* **w. dressed** abrigado(a) **(b)** *Fig (to applaud)* calurosamente; *(to thank)* de todo corazón

warmonger ['wɔːmʌŋgə(r)] *n* belicista *mf*

warmth [wɔːmθ] *n* **(a)** *(heat)* calor *m* **(b)** *(of welcome)* calidez *f*, calor *m*; *(of person's character)* calidez *f*, afectuosidad *f*; *(affection)* cariño *m*

warm-up ['wɔːmʌp] *n (of dancer, athlete)* calentamiento *m*

warn [wɔːn] *vt* **(a)** *(caution)* advertir; **to w. sb about sth** advertir a alguien de algo; **he warned her not to go** le advirtió que no fuese; **stop that, I'm warning you!** ¡te lo advierto, vale ya!; **you have been warned!** ¡quedas advertido! **(b)** *(alert, inform)* avisar, advertir; **she had been warned in advance** la habían avisado de antemano

▸**warn against 1** *vt insep* **to w. against (doing) sth** desaconsejar (hacer) algo
2 *vt sep* **to w. sb against sth** prevenir a alguien contra algo; **to w. sb against doing sth** prevenir a alguien contra algo

▸**warn of** *vt insep* avisar de

▸**warn off** *vt sep* detener, hacer echarse atrás; **to w. sb off doing sth** tratar de disuadir a alguien de hacer algo

warning ['wɔːnıŋ] *n* **(a)** *(caution)* advertencia *f*, aviso *m*; **to give sb a w.** hacer una advertencia a alguien ▫ ***w. shot*** disparo *m* de aviso; ***w. sign*** señal *f* de alarma; *Aut* ***w. triangle*** triángulo *m* de peligro **(b)** *(advance notice)* aviso *m*; **we need a few day's w.** necesitamos que nos avisen con unos días de antelación; **without w.** sin previo aviso

warp [wɔːp] **1** *vt* **(a)** *(wood, metal)* alabear, combar **(b)** *(person, mind)* corromper, pervertir
2 *vi (of wood, metal)* alabearse, combarse

warpaint ['wɔːpeınt] *n* **(a)** *(of warrior)* pintura *f* de guerra **(b)** *Fam Hum (make-up)* pinturas *fpl*, maquillaje *m*

warpath ['wɔːpɑːθ] *n* IDIOM *Fam* **to be on the w.** estar en pie de guerra

warped [wɔːpt] *adj* **(a)** *(wood, metal)* alabeado(a), combado(a) **(b)** *(person, mind)* degenerado(a), pervertido(a); *(sense of humour)* retorcido(a)

warplane ['wɔːpleın] *n* avión *m* de guerra

warrant ['wɒrənt] **1** *n* **(a)** *Law* mandamiento *m or* orden *f* judicial; **a w. for sb's arrest** una orden de arresto contra alguien **(b)** *Mil* ***w. officer*** ≃ subteniente *mf* **(c)** *Formal (justification)* justificación *f*
2 *vt (justify)* justificar; *(deserve)* merecer, hacerse acreedor(ora) de

warrantable ['wɒrəntəbəl] *adj Formal (justifiable)* justificable; **to be w.** estar justificado(a)

warrantee [wɒrən'tiː] *n Com* titular *mf* de una garantía

warrantor [wɒrən'tɔː(r)] *n Com* garante *mf*

warranty ['wɒrəntı] *n Com* garantía *f*; **under w.** en garantía

warren ['wɒrən] *n (of rabbit)* red *f* de madrigueras; *Fig* laberinto *m*

warring ['wɔːrıŋ] *adj* beligerante, enfrentado(a)

warrior ['wɒrıə(r)] *n* guerrero(a) *m,f*

Warsaw ['wɔːsɔː] *n* Varsovia ▫ *Formerly* ***W. Pact*** Pacto *m* de Varsovia

warship ['wɔːʃıp] *n* buque *m* de guerra

wart [wɔːt] *n* verruga *f*; IDIOM **a biography of Margaret Thatcher, warts and all** una biografía de Margaret Thatcher que muestra lo bueno y lo menos bueno

warthog ['wɔːthɒg] *n* facóquero *m*, jabalí *m* verrugoso

wartime ['wɔːtaım] *n* tiempos *mpl* de guerra; **in w.** en tiempos de guerra

wary ['weərı] *adj* cauteloso(a), precavido(a); **to be w. of sth/sb** recelar de algo/alguien

was [wɒz] *pt of* **be**

Wash *(abbr* **Washington***)* Washington

wash [wɒʃ] **1** *n* **(a)** *(action)* lavado *m*; **to have a w.** lavarse; **to give sth a w.** lavar algo; **give the floor a good w.** friega bien el suelo; **give your hands a w.** lávate las manos; **to do a w.** lavar la ropa, *Esp* hacer la colada; **your shirt is in the w.** *(is going to be washed)* tu camisa está para lavar; *(is being washed)* tu camisa está lavándose; IDIOM **it will all come out in the w.** *(be all right)* todo se arreglará
(b) *(from boat)* estela *f*
(c) *Art* = fina de agua o acuarela
2 *vt* **(a)** *(clean)* lavar; *(floor)* fregar; **to w. oneself** lavarse; **to w. one's face/one's hands** lavarse la cara/las manos; **to w. the dishes** fregar *or* lavar los platos
(b) *(carry)* **the cargo was washed ashore** el mar arrastró el cargamento hasta la costa; **he was washed overboard** un golpe de mar lo tiró *or Am* botó del barco
(c) IDIOMS **to w. one's hands of sb/sth** desentenderse de alguien/algo, lavarse las manos en relación con alguien/algo; **to w. one's dirty linen in public** sacar a relucir los trapos sucios
3 *vi* **(a)** *(wash oneself)* lavarse; IDIOM *Fam* **that won't w.!** *(won't be believed)* ¡eso no va a funcionar *or Esp* colar! **(b)** *(of sea, tide)* **to w. against sth** romper contra algo; **I let the music w. over me** me dejé llevar por la música

▸**wash away** *vt sep* **(a)** *(bridge)* arrastrar **(b)** *(dirt)* quitar, *Am* sacar

▸**wash down** *vt sep* **(a)** *(clean with water)* lavar bien **(b)** *(food)* regar, rociar

▸**wash off 1** *vt sep* lavar, quitar *or Am* sacar lavando
2 *vi* lavarse

▸**wash out** *vt sep* **(a)** *(cup, bottle)* enjuagar **(b)** *(cause to be cancelled)* hacer suspenderse

▸**wash up 1** *vt sep* **(a)** *Br (clean)* fregar, lavar **(b)** *(bring ashore) (of sea)* arrastrar hasta la playa
2 *vi* **(a)** *Br (do dishes)* fregar *or* lavar los platos **(b)** *US (have a wash)* lavarse

washable ['wɒʃəbəl] *adj* lavable

washbasin ['wɒʃbeısən] *n* lavabo *m*, *Am* lavamanos m inv

washboard ['wɒʃbɔːd] *n* tabla *f* de lavar

washbowl ['wɒʃbəʊl] *n (small)* palangana *f*; *(large)* barreño *m*

washcloth ['wɒʃklɒθ] *n US (face cloth)* toallita *f* (para la cara)

washday ['wɒʃdeı] *n* día *m* de lavar la ropa *or Esp* de la colada

washed-out [wɒʃt'aʊt] *adj* **(a)** *(person)* extenuado(a) **(b)** *(fabric)* descolorido(a) **(c)** *(sports event)* suspendido(a) por el mal tiempo

washed-up [wɒʃt'ʌp] *adj Fam* **to be (all) w.** *(of person)* estar acabado(a); *(of plan)* haberse ido al carajo *or Esp* al garete

washer ['wɒʃə(r)] *n* **(a)** *(washing machine)* lavadora *f*, *RP* lavarropas *m inv* **(b)** *(for screw)* arandela *f*; *(rubber)* zapata *f*, junta *f*

washer-dryer ['wɒʃə'draıə(r)] *n* lavadora-secadora *f*

washerwoman ['wɒʃəwʊmən] *n* lavandera *f*

washhouse ['wɒʃhaʊs] *n* lavadero *m*

washing ['wɒʃɪŋ] *n* (**a**) *(action)* **to do the w.** lavar la ropa ▫ ***w. line*** cuerda *f* de tender la ropa; ***w. liquid*** detergente *m*; ***w. machine*** lavadora *f*, *RP* lavarropas *m inv*; ***w. powder*** jabón *m or* detergente *m* (en polvo); ***w. soda*** sosa *f* para lavar (**b**) *(dirty clothes)* ropa *f* sucia; *(clean clothes)* ropa *f* limpia

Washington (DC) ['wɒʃɪŋtən('di:'si:)] *n* Washington (DC) *(capital federal)*

washing-up [wɒʃɪŋ'ʌp] *n Br* **to do the w.** fregar *or* lavar los platos ▫ ***w. bowl*** barreño *m* para lavar los platos; ***w. liquid*** lavavajillas *m inv (detergente)*

washout ['wɒʃaʊt] *n Fam* fracaso *m*, desastre *m*

washrag ['wɒʃræg] *n US (face cloth)* toallita *f* (para la cara)

washroom ['wɒʃru:m] *n US* lavabo *m*, baño *m*

washstand ['wɒʃstænd] *n* aguamanil *m*, palanganero *m*

wasn't [wɒznt] = **was not**

WASP [wɒsp] *n (abbr* **white Anglo-Saxon Protestant**) WASP *mf*, = persona de raza blanca, origen anglosajón y protestante

wasp [wɒsp] *n* avispa *f*; **wasps' nest** avispero *m*

waspish ['wɒspɪʃ] *adj* mordaz, hiriente

wastage ['weɪstɪdʒ] *n* desperdicio *m*, despilfarro *m*

waste [weɪst] **1** *n* (**a**) *(of money, time)* pérdida *f*, derroche *m*; *(of effort)* desperdicio *m*; **to go to w.** desperdiciarse; *Fam* **to be a w. of space** ser un/una inútil
(**b**) *(unwanted material)* desechos *mpl*; *(radioactive, toxic)* residuos *mpl*; **household w.** basura *f* ▫ ***w. bin*** cubo *m* de la basura; ***w. disposal unit*** trituradora *f* de basuras; ***w. matter*** residuos *mpl*; ***w. pipe*** tubo *m* de desagüe (**c**) **wastes** *(desert)* erial *m*, desierto *m* ▫ ***w. ground*** descampados *mpl*
2 *adj (heat, water)* residual; *(fuel)* de desecho ▫ ***w. paper*** papel *m* usado; ***w. product*** *Ind* producto *m or* material *m* de desecho; *Physiol* excrementos *mpl*
3 *vt* (**a**) *(squander) (money, energy)* malgastar, derrochar; *(time)* perder; *(opportunity, food)* desperdiciar; **this wine would be wasted on them** no sabrían apreciar este vino; **stop wasting my time!** ¡deja ya de hacerme perder el tiempo!; **she wasted no time (in) telling me** le faltó tiempo para decírmelo; PROV **w. not, want not** no malgastes y nada te faltará
(**b**) *Fam (kill) Esp* cargarse, *Am* sacar de en medio
▸**waste away** *vi* consumirse

wastebasket ['weɪstbɑ:skɪt] *n* papelera *f*, *Arg, Méx* cesto *m*, *Méx* bote *m*; *Comptr* papelera

wasted ['weɪstɪd] *adj* (**a**) *(effort, opportunity)* desperdiciado(a), desaprovechado(a) (**b**) *Fam (drunk)* mamado(a), cocido(a); *(on drugs)* colocado(a), *Esp* flipado(a), *Col* trabado(a), *Méx* pingo(a), *RP* falopeado(a)

wasteful ['weɪstfʊl] *adj* **to be w.** *(of process, practice)* ser un despilfarro; *(of person)* ser despilfarrador(ora)

wastefulness ['weɪstfʊlnɪs] *n* despilfarro *m*

wasteland ['weɪstlænd] *n* yermo *m*, erial *m*

wastepaper [weɪst'peɪpə(r)] *n* papeles *mpl* viejos ▫ ***w. basket*** *or* ***bin*** papelera *f*, *Arg, Méx* cesto *m*, *Méx* bote *m*

waster ['weɪstə(r)] *n Fam (idle person)* inútil *mf*

wasting disease ['weɪstɪŋdɪ'zi:z] *n* = enfermedad debilitante que consume los tejidos

wastrel ['weɪstrəl] *n Literary* holgazán(ana) *m,f*

WATCH [wɒtʃ] **1** *n* (**a**) *(timepiece)* reloj *m* ▫ ***w. chain*** correa *f* de reloj
(**b**) *(period of guard duty)* turno *m* de vigilancia; *(guard)* guardia *f*; **to be on w.** estar de guardia; **make sure you're on the w. for** *or* **you keep a w. out for any houses for sale** estate al tanto por si ves alguna casa en venta; **to keep w.** hacer la guardia; **we kept him under close w.** lo teníamos bien vigilado; **to keep a close w. on sth/sb** vigilar de cerca algo/a alguien
2 *vt* (**a**) *(observe)* mirar, observar; *(film, game, programme, video)* ver; **to w. television** ver la televisión; **w. this!** ¡mira!; *Fam* **I don't believe you'll do it — just w. me!** no me creo que lo vayas a hacer — ¿que no?, ¡mira!; **we are being watched** nos están observando; **to w. sb doing** *or* **do sth** ver *or* observar a alguien hacer algo; **I watched her prepare the meal** la miraba mientras preparaba la comida; **w. her run!** ¡mira cómo corre!; **I spent the afternoon watching the clock** me pasé la tarde mirando el reloj; **w. this space for more details** les seguiremos informando; **we have to w. the time** tenemos que estar al tanto de la hora
(**b**) *(keep an eye on) (children, luggage)* vigilar; **I'll have to w. myself, to make sure I don't tell them** tendré que tener cuidado para que no se me escape delante de ellos
(**c**) *(be careful of)* tener cuidado con; **w. (that) you don't get your clothes dirty!** ten cuidado de no mancharte la ropa!; **w. what you're doing with that knife!** ¡a ver qué haces con ese cuchillo!; **you'd better w. your back** ándate con cuidado; **w. your language!** ¡cuidado con ese lenguaje!; **I've been watching my weight recently** vigilar últimamente he estado vigilando mi peso; *Fam* **w. it!** ¡ojo (con lo que haces)!; *Fam* **w. yourself!** *(be careful)* ¡ten cuidado!
3 *vi* mirar, observar; **you w., they'll never agree to it** ya verás como no acceden
▸**watch for** *vt insep (opportunity)* esperar, aguardar
▸**watch out** *vi* tener cuidado; **w. out!** ¡cuidado!; **to w. out for sth** estar al tanto por si aparece algo; **w. out for sharp bends in the road** ten cuidado que en la carretera hay curvas cerradas; **w. out for this horse in tomorrow's race** fíjate en ese caballo en la carrera de mañana
▸**watch over** *vt insep* vigilar

watchable ['wɒtʃəbəl] *adj* (**a**) *(viewable)* **some scenes are barely w.** hay escenas que apenas se pueden ver (**b**) *Fam (enjoyable)* **it's quite w.** se deja ver muy bien

watchcase ['wɒtʃkeɪs] *n* estuche *m* del reloj

watchdog ['wɒtʃdɒg] *n* (**a**) *(dog)* perro *m* guardián (**b**) *(organization)* organismo *m* regulador

watchful ['wɒtʃfʊl] *adj* vigilante, alerta; **under the teacher's w. eye** bajo la atenta mirada del profesor

watching ['wɒtʃɪŋ] *adj* ***w. brief*** *Law* = seguimiento de un caso por una parte no interesada; *Fig* papel *m* de observador(ora)

watchmaker ['wɒtʃmeɪkə(r)] *n* relojero(a) *m,f*

watchman ['wɒtʃmən] *n* vigilante *m*

watchnight ['wɒtʃnaɪt] *n Rel* ***w. service*** *(on Christmas Eve)* misa *f* del gallo; *(on New Year's Eve)* = misa ofrecida a medianoche del 31 de diciembre

watchspring ['wɒtʃsprɪŋ] *n* muelle *m* real, resorte *m* principal

watchstrap ['wɒtʃstræp] *n* correa *f* del reloj

watchtower ['wɒtʃtaʊə(r)] *n* atalaya *f*

watchword ['wɒtʃwɜ:d] *n* consigna *f*

WATER ['wɔ:tə(r)] **1** *n* (**a**) *(liquid, element)* agua *f*; **to be under w.** *(flooded)* estar inundado(a); *Formal* **to pass w.** *(urinate)* orinar; *Med* **w. on the brain** hidrocefalia *f*; *Med* **w. on the knee** derrame *m* sinovial en la rodilla ▫ ***w. bed*** cama *f* de agua; ***w. beetle*** escarabajo *m* de agua; ***w. bird*** ave *f* acuática; ***w. biscuit*** galleta *f* (cracker) sin sal; ***w. blister*** ampolla *f*; *Br* ***w. board*** = organismo responsable del suministro de agua; ***w. bottle*** cantimplora *f*; ***w. buffalo*** búfalo *m* de agua; *Br* ***w. butt*** contenedor *m* *(para recoger el agua de lluvia)*; ***w. cannon*** cañón *m* de agua; ***w. chestnut*** castaña *f* de agua; ***w. clock*** clepsidra *f*; *Old-fashioned* ***w. closet*** retrete *m*; ***w. cooler*** refrigerador *m* del agua; ***w. gauge*** indicador *m* del nivel del agua, ***w. hammer*** golpe *m* de ariete; ***w. heater*** calentador *m* de agua; *Br Old-fashioned* ***w. ice*** *(sorbet)* sorbete *m*; ***w. jump*** *(in horseracing, athletics)* ría *f*; ***w. level*** nivel *m* del agua; ***w. lily*** nenúfar *m*; ***w. main*** cañería *f* principal; ***w. meadow*** = prado en la proximidad de un río inundado con frecuencia; ***w. meter*** contador *m* del agua; ***w. mill*** molino *m* de agua; *US* ***w. moccasin*** mocasín *m* de agua; ***w. nymph*** náyade *f*; ***w. pipe*** tubería *f or* cañería *f* del agua; ***w. pistol*** pistola *f* de agua; ***w. pollution*** contaminación *f* del agua; ***w. polo*** waterpolo *m*; ***w. power*** energía *f* hidráulica; ***w. pump*** bomba *f* de agua; ***w. rat*** rata *f* de agua; *Br* ***w. rates*** tarifa *f* del agua; ***w.***

shortage escasez *f* de agua; ***w. skiing*** esquí *m* acuático; ***w. snake*** serpiente *f* de agua; ***w. softener*** descalcificador *m*; ***w. sports*** deportes *mpl* acuáticos; ***w. supply*** suministro *m* de agua; ***w. table*** nivel *m* freático; ***w. tank*** depósito *m* de agua; ***w. torture*** = tortura consistente en dejar caer gotas de agua sobre la cabeza de la víctima; ***w. tower*** depósito *m* de agua; ***w. vapour*** vapor *m* de agua; *Br* ***w. vole*** rata *f* de agua; ***w. wheel*** noria *f*; ***w. wings*** manguitos *mpl*, flotadores *mpl*

(**b**) **waters** *(of country, river, lake)* aguas *fpl*; *Fig* **to enter uncharted waters** navegar por mares desconocidos

(**c**) *(of spring)* **to take the waters** tomar las aguas

(**d**) *(of pregnant woman)* **her waters broke** rompió aguas

(**e**) *(of fabric)* aguas *fpl*

(**f**) IDIOMS **it's like w. off a duck's back** por un oído le entra y por el otro le sale; **to spend money like w.** gastar dinero a manos llenas; **that's all w. under the bridge now** todo eso es agua pasada; **a lot of w. has passed** *or* **flowed under the bridge since then** ha llovido mucho desde entonces; **the argument doesn't hold w.** ese argumento no se tiene en pie; **to keep one's head above w.** mantenerse a flote

2 *vt* (**a**) *(fields, plants)* regar

(**b**) *(horse)* dar de beber a

3 *vi (of eyes)* llorar, empañarse; **my eyes are watering** me lloran los ojos; **it makes my mouth w.** me hace la boca agua

▸**water down** *vt sep (dilute)* aguar, diluir; *Fig (criticism, legislation)* atenuar, dulcificar

water-based ['wɔːtəbeɪst] *adj* al agua

waterborne ['wɔːtəbɔːn] *adj* (**a**) *(goods) (by sea)* transportado(a) por mar; *(by river)* transportado(a) por río (**b**) *(disease)* transmitido(a) por el agua

watercolour ['wɔːtəkʌlə(r)] *n Art* acuarela *f*

watercolourist ['wɔːtəkʌlərɪst] *n* pintor(ora) *m,f* de acuarelas, acuarelista *mf*

water-cooled ['wɔːtəkuːld] *adj* refrigerado(a) por agua

watercourse ['wɔːtəkɔːs] *n (river)* curso *m* de agua

watercress ['wɔːtəkres] *n* berros *mpl*

water-diviner ['wɔːtədɪvaɪnə(r)] *n* zahorí *mf*

watered-down ['wɔːtəd'daʊn] *adj Fig* suavizado(a), descafeinado(a)

waterfall ['wɔːtəfɔːl] *n (small)* cascada *f*; *(larger)* catarata *f*

waterfowl ['wɔːtəfaʊl] (*pl* **waterfowl**) *n* ave *f* acuática

waterfront ['wɔːtəfrʌnt] *n (promenade)* paseo *m* marítimo; **a w. development** = viviendas u oficinas frente al mar, a un río o a un lago

waterhole ['wɔːtəhəʊl] *n* bebedero *m (natural)*

watering can ['wɔːtərɪŋ'kæn] *n* regadera *f*

watering hole ['wɔːtərɪŋ'həʊl] *n* (**a**) *(for animals)* bebedero *m (natural)* (**b**) *Fam (bar)* bar *m*

waterline ['wɔːtəlaɪn] *n* línea *f* de flotación

waterlogged ['wɔːtəlɒgd] *adj (shoes, clothes)* empapado(a); *(land)* anegado(a); *(pitch)* (totalmente) encharcado(a)

Waterloo [wɔːtə'luː] *n* IDIOM *Br* **to meet one's W.** conocer el amargo sabor de la derrota

watermark ['wɔːtəmɑːk] *n (in paper)* filigrana *f*

watermelon ['wɔːtəmelən] *n* sandía *f*

watermill ['wɔːtəmɪl] *n* molino *m* de agua

waterproof ['wɔːtəpruːf] **1** *n* impermeable *m*

2 *adj* impermeable

3 *vt* impermeabilizar

water-repellent ['wɔːtərəpelənt] *adj* hidrófugo(a)

water-resistant ['wɔːtərɪzɪstənt] *adj (watch)* sumergible; *(fabric)* impermeable

watershed ['wɔːtəʃed] *n* (**a**) *Geog* (línea *f*) divisoria *f* de aguas (**b**) *(turning point)* momento *m* decisivo *or* de inflexión (**c**) *Br TV* **the (nine o'clock) w.** = las nueve de la noche, hora antes de la cual no se recomienda la emisión de programas no aptos para niños

waterside ['wɔːtəsaɪd] *n* ribera *f*, orilla *f*

water-ski ['wɔːtəskiː] *vi* hacer esquí acuático

water-skiing ['wɔːtəskiːɪŋ] *n* esquí *m* acuático; **to go w.** hacer esquí acuático

water-soluble ['wɔːtə'sɒljʊbəl] *adj* soluble en agua

waterspout ['wɔːtəspaʊt] *n* tromba *f* marina

watertight ['wɔːtətaɪt] *adj* (**a**) *(seal)* hermético(a); *(compartment)* estanco(a) (**b**) *(argument, alibi)* irrefutable

waterway ['wɔːtəweɪ] *n* curso *m* de agua navegable

waterworks ['wɔːtəwɜːks] *n* (**a**) *(for treating water)* central *f* de abastecimiento de agua (**b**) *Br Euph (urinary system)* **how are the w.?** ¿tiene problemas al orinar? (**c**) IDIOM *Fam* **to turn on the w.** *(cry)* ponerse a llorar (con ganas)

watery ['wɔːtərɪ] *adj* (**a**) *(like water)* acuoso(a); **he ended in a w. grave** se lo llevó el mar, el mar fue su tumba (**b**) *(soup, beer)* aguado(a) (**c**) *(eyes)* lloroso(a), acuoso(a) (**d**) *(colour)* pálido(a), claro(a); *(light)* tenue

watt [wɒt] *n Elec* vatio *m*

wattage ['wɒtɪdʒ] *n Elec* potencia *f* en vatios

wattle ['wɒtəl] *n* zarzo *m* ▫ ***w. and daub*** adobe *m*

wave [weɪv] **1** *n* (**a**) *(of water)* ola *f*; IDIOM **to make waves** alborotar, armar jaleo ▫ ***w. energy*** *or* ***power*** energía *f* de las olas

(**b**) *(gesture)* saludo *m* (con la mano); **to give sb a w.** *(in greeting)* saludar con la mano; *(in farewell)* decir adiós con la mano

(**c**) *(rush, movement) (of troops, crime)* oleada *f*; *(of emotion)* arranque *m*

(**d**) *(in hair)* onda *f*

(**e**) *Phys* onda *f*

2 *vt* (**a**) *(flag, stick)* agitar; **to w. one's arms about** agitar los brazos; **to w. goodbye to sb** decir adiós a alguien con la mano; **to w. a magic wand** tener una varita mágica y agitarla

(**b**) **to have one's hair waved** ondularse el pelo

3 *vi* (**a**) *(of person)* saludar (con la mano); **to w. to sb** *(in greeting)* saludar a alguien con la mano; *(in farewell)* decir adiós con la mano

(**b**) *(of flag)* ondear; *(of branches)* agitarse

▸**wave aside** *vt insep (objection, criticism)* rechazar, desechar

▸**wave off** *vt sep* despedir (diciendo adiós con la mano)

▸**wave on** *vt sep* **to w. sb on** hacer señales con la mano a alguien de que continúe (la marcha)

waveband ['weɪvbænd] *n Rad* banda *f* de frecuencias

waveform ['weɪvfɔːm], **waveshape** ['weɪvʃeɪp] *n Phys* forma *f* de onda

wavelength ['weɪvleŋθ] *n Rad* longitud *f* de onda; IDIOM **we're not on the same w.** no estamos en la misma onda

wavelike ['weɪvlaɪk] *adj* ondulado(a)

waver ['weɪvə(r)] *vi (of person)* vacilar, titubear; *(of voice)* temblar; *(of courage)* flaquear

waverer ['weɪvərə(r)] *n* indeciso(a) *m,f*

wavy ['weɪvɪ] *adj* ondulado(a)

wax[1] [wæks] **1** *n* (**a**) *(for candles, polishing)* cera *f* ▫ ***w. paper*** papel *m* de cera (**b**) *(in ear)* cera *f*, cerumen *m*

2 *vt* (**a**) *(polish)* encerar (**b**) **to have one's legs waxed** hacerse la cera en las piernas

wax[2] *vi* (**a**) *(of moon)* crecer; **to w. and wane** tener altibajos (**b**) *(become)* **to w. lyrical (about)** ponerse lírico(a) *or* poético(a) (hablando de)

waxed [wækst] *adj (cloth, paper)* encerado(a)

waxen ['wæksən] *adj (complexion)* céreo(a)

waxwing ['wækswɪŋ] *n* ampelis *m inv*

waxwork ['wækswɜːk] *n* **w. (dummy)** figura *f* de cera; **waxworks** museo *m* de cera

waxy ['wæksɪ] *adj* céreo(a)

WAY [weɪ] **1** *n* (**a**) *(route) also Fig* camino *m*; **the w. to the station** el camino de la estación; **could you tell me the w. to the toilet?** ¿me podría decir dónde está el servicio?; **we went back the w. we came** volvimos por donde habíamos venido; **investment is the w. forward for our company** la inversión es el futuro de nuestra empresa; **the w. in** la entrada; **the w. out** la salida; **to ask the w.** preguntar cómo se va; **we couldn't find a w. across the river** no encontramos un lugar por dónde vadear el río; **to find one's w. to a place** llegar a un sitio; **how did this book find its w. here?** ¿cómo ha venido a parar aquí este libro?; *Fig* **to find a w. out of** *or* **around a problem** encontrar la solución a un problema; *Br Aut* **give w.** *(sign)* ceda el paso; *Br Aut* **to give w. to sb/sth** ceder el paso a alguien/a algo; *(give in)* ceder ante alguien/algo; **our excitement gave w. to nervousness** nuestra ilusión dio paso al nerviosismo; **to give w.** *(break)* ceder; **to go the wrong w.** equivocarse de camino; **I'm going your w., I'll give you a ride** voy en la misma dirección que tú, te llevo; *Fig* **she can go her own (sweet) w.** puede hacer lo que le venga en gana; **the two companies have decided to go their separate ways** las dos empresas han decidido irse cada una por su lado; **my girlfriend and I have gone our separate ways** mi novia y yo lo hemos dejado; **their latest plan went the w. of all the others** su último plan corrió la misma suerte que los demás; **to know one's w. about** *or* **around** *(area)* conocer la zona; *(job, subject)* conocer el tema; **to lead the w.** mostrar el camino; *Fig* marcar la pauta; **to lose one's w.** perderse; *Fig* despistarse; **to make one's w. to a place** dirigirse a un lugar; **we made our own w. there** fuimos cada uno por nuestra cuenta; **to make one's w. through the crowd** abrirse paso entre la multitud; *Fig* **to make one's w. in the world** abrirse camino en el mundo; *also Fig* **to make w. for sb/sth** dejar vía libre a alguien/algo; **to show sb the w.** indicar el camino a alguien; **he ate his w. through two loaves of bread** devoró dos barras de pan; *also Fig* **to be in the w.** estar en medio; **am I in your w.?** ¿te estorbo?; **that table is in the w. of the door** esa mesa bloquea la puerta; **a barrier blocked our w.** una barrera nos impedía el paso; *also Fig* **to get in the w.** ponerse en medio; **to stand in sb's w.** cerrar el paso a alguien; *Fig* interponerse en el camino de alguien; **I won't let anything stand** *or* **get in the w. of our victory** no dejaré que nada se interponga en nuestro camino hacia la victoria; **on the w.** *(during journey)* en el camino; **we saw them on the w. to the station** les vimos camino de la estación; **I can take you there, it's on my w.** te puedo llevar, me queda de camino; **I'm on my w.!** ¡(ya) voy!; **he was on his w. to Seville** iba camino de Sevilla; **I bought a paper on my w. home** compré un periódico camino de casa; **close the door on your w. out** cierra la puerta cuando salgas; **monetarist ideas are on the** *or* **their w. out** las ideas monetaristas están pasando de moda; **he reached the final, beating two former champions on** *or* **along the w.** alcanzó la final, derrotando a dos antiguos campeones en el camino; **they've got a baby on the w.** van a tener un bebé; **elections are on the w.** va a haber elecciones; **there's a postcard on its w. to you** te he mandado una postal; **he's on the w. to recovery** está en vías de recuperación; **she is well on the w. to success** va camino del éxito; **we're well on the w. to finishing the project** el proyecto está bien avanzado; **I must be on my w.** debo irme ya; **we were soon on our w. again** nos pusimos de camino al poco rato; **out of the w.** *(isolated)* retirado(a), apartado(a); **it's out of my w., but I'll take you there** no me queda de camino, pero te llevaré allí; *also Fig* **to get out of the w.** quitarse *or Am* sacarse de en medio; **get out of my w.!** ¡quítate *or Am* sácate de en medio!; **I'd rather get the hard part out of the w. first** preferiría quitarme *or Am* sacarme de en medio primero la parte difícil; *also Fig* **to keep out of the w.** mantenerse alejado(a); **stay out of my w.** mantente alejado(a) de mí; IDIOM **to go the w. of all flesh** pasar a mejor vida; *Fig* **he went out of his w. to help her** se esforzó por ayudarla ❑ *US Rail* ***w. station*** apeadero *m*

(b) *(distance)* **it's quite a w. to the station** hay un buen camino hasta la estación; **to go a part of/all the w.** hacer parte del/todo el camino; **a quarter of the w. through the film** al cuarto de película; **move a little w. forwards** muévete un poco hacia delante; **we've walked a long w. today** hemos caminado mucho hoy; **to be a long w. from...** estar muy lejos de...; *Fig* **we have come a long w. since then** hemos progresado mucho desde entonces; **we've still got a long w. to go, we have a w. to go yet** todavía nos queda mucho camino por delante; **a little of this polish goes a long w.** este betún cunde mucho; **you have to go a long w. back to find a better player** habría que remontarse a muchos años atrás para encontrar un jugador mejor; **to be a little/long w. off** *(in distance)* estar un poco/muy lejos; *(when guessing)* ir un poco/muy descaminado(a); **my birthday is still a long w. off** todavía queda mucho tiempo para mi cumpleaños; **her apology went a long w. towards healing the rift** sus disculpas contribuyeron en buena medida a cerrar la brecha; **it is the best, by a long w.** es, con mucho, el mejor; **she has come all the w. from Australia** ha venido ni más ni menos que desde Australia; **I've come all this w. for nothing** he recorrido todo este camino para nada; **he ran all the w. to the top** subió corriendo hasta arriba del todo; **she took her complaint all the w. to the president** llevó su queja hasta el mismísimo presidente; **I read the article all the w. through** leí el artículo de principio a fin; **they range all the w. from Catholics to Buddhists** van desde católicos hasta budistas; *Fam* **did you go all the w.?** *(have sex)* ¿llegaste a hacerlo?; IDIOM **I'm with you all the w.** tienes todo mi apoyo

(c) *(direction)* dirección *f*; **this/that w.** por aquí/allí; **which w...?** ¿en qué dirección...?; **which w. is the station?** ¿por dónde se va a la estación?; **which w. did you come here?** ¿por dónde viniste?; **it is unclear which w. they will vote in the presidential elections** no está claro por quién votarán en las elecciones presidenciales; **which w. up does it go?** ¿se pone hacia arriba o hacia abajo?; **your sweater is the wrong w. round** llevas el suéter del revés; **you've put the slides in the wrong w. round** has puesto las diapositivas al revés; **turn it the other w. round** dale la vuelta; **to look the other w.** *(in opposite direction)* mirar hacia el otro lado; *(ignore sth)* hacer la vista gorda; *Fam* **down our w.** donde vivo yo; **if the chance comes your w.** si se te presenta la ocasión; **I don't like the w. things are going** no me gusta cómo van las cosas; **things are going our w.** las cosas nos están saliendo bien; **I was expected to win but the vote went the other w.** se esperaba que ganara yo, pero ganó el otro candidato; **we split the money three ways** dividimos el dinero en tres partes

(d) *(manner, method)* manera *f*, modo *m*, forma *f*; **he spoke to me in a threatening w.** me habló de modo *or* de forma amenazante; **in the same/this w.** de la misma/ de esta manera; **in such a w. that...** de tal manera *or* modo *or* forma que...; **this/that w.** así; **to find a w. of doing sth** hallar la manera de hacer algo; **to go about sth the wrong w.** hacer algo de forma equivocada; **do it the w. I told you** hazlo (tal y) como te dije; **I don't like the w. he interrupts me all the time** no me gusta cómo me interrumpe *or* su forma de interrumpirme todo el rato; **it's fascinating the w. it can change colour** es fascinante cómo cambia de color; **that's always the w. with young children** esto pasa siempre con niños pequeños; **that's the w.!** ¡así se hace!; **she prefers to do things her (own) w.** prefiere hacer las cosas a su manera; **let's try it your w.** hagámoslo a tu manera; **have it your w., then!** venga pues, como tú quieras; **you can't have it all your (own) w.** no te puedes salir siempre con la tuya; **in her own w. she's quite nice** a su manera es bastante simpática; **the system works both ways** el sistema presenta inconvenientes, pero también ventajas; **you can't have it both ways** o una cosa o la otra, pero no puedes tenerlo todo; **there's no w. of knowing** no se puede saber; **there's no w. I can help** me es imposible ayudar; **that's no w. to treat your brother!** ¡no trates así a tu hermano!; **one w. or another** *(somehow or other)* de un modo u otro; **I don't mind one w. or the other** me da igual; **it's old and unreliable, but I wouldn't have it any other w.** es viejo y poco fiable, pero no lo cambiaría por ningún otro; **w. of life** *(lifestyle)* modo *m* de vida; **it has become a w. of life to them** se ha convertido en un hecho cotidiano para ellos; **to my w. of thinking, the w. I see it** para mí, a mi parecer; **he doesn't mean to be rude, it's just his w.** no pretende ser grosero, es simplemente su manera de ser; *US Fam* **w. to go!** ¡bien hecho! ❑ ***ways and means*** métodos *mpl*; **there are ways and means of...** existen maneras de...; *US Pol* ***ways***

and means committee = comisión presupuestaria de la Cámara de Representantes estadounidense
(**e**) *(habit, custom)* **the ways of our ancestors** las costumbres de nuestros antepasados; **I don't like her and her city ways** no me gustan ni ella ni sus costumbres urbanas; **to change one's ways** enmendarse, enmendar la plana; **to get used to sb's ways** acostumbrarse a la manera de ser de alguien; **to get into the w. of doing sth** acostumbrarse a hacer algo; **these things have a w. of happening to me** estas cosas siempre me pasan a mí; **as is the w. with these events...** como suele ocurrir en estos acontecimientos...
(**f**) *(street)* calle *f*; **over** *or* **across the w.** enfrente
(**g**) *(respect)* sentido *m*; **in a w.** en cierto sentido; **in every w.** en todos los sentidos; **in more ways than one** en más de un sentido; **in many ways** en muchos sentidos; **in no w.** de ningún modo; **in one w.** en cierto sentido; **in some ways** en ciertos sentidos; **I hope I have helped, in some small w.** espero haber ayudado de alguna manera o de otra; **there are no two ways about it** no hay duda alguna *or* lugar a dudas
(**h**) *(state, condition)* **to be in a good/bad w.** *(of business)* marchar bien/mal; **to be in a b. way** *(of person)* estar mal
(**i**) *(skill, talent)* **he has a w. with children** se le dan bien los niños; **she has a w. with words** tiene un pico de oro
(**j**) *(wish)* **he got his (own) w.** se salió con la suya; **if I had my w....** si por mi fuera; *Fam* **to have one's (wicked) w. with sb** hacer el amor *or Esp* hacérselo con alguien
(**k**) **by the way** *adv* a propósito, por cierto
(**l**) **by way of** *prep (via)* **we went by w. of Amsterdam** fuimos por *or* vía Amsterdam, pasamos por Amsterdam; **by w. of an introduction/a warning** a modo de introducción/advertencia
(**m**) **in the way of** *prep* **we don't have much in the w. of food** no tenemos mucha comida; **what do you have in the w. of desserts?** ¿qué postres tienen?
(**n**) **no way** *adv Fam* **can I borrow it? — no w.!** ¿me lo dejas? — ¡ni hablar! *or Esp* ¡de eso nada!; *US* **we're getting married — no w.!** *(expressing surprise)* nos vamos a casar — ¡no fastidies *or* me digas!; **no w. am I going to help them** ni de casualidad les voy a ayudar
2 *adv Fam* mucho; **w. ahead/behind** mucho más adelante/atrás; **the German is w. ahead/behind** el alemán va muy destacado/retrasado; **their technology is w. ahead of/behind ours** su tecnología es mucho más avanzada/retrasada que la nuestra; **w. back in the 1920s** allá en los años 20; **we go w. back** nos conocemos desde hace mucho (tiempo); **w. down south** muy al sur; **w. off in the distance** muy a lo lejos; **your guess was w. out** ibas muy desencaminado; **it's w. past my bedtime** normalmente a estas horas ya llevaría dormido un buen rato; **it was w. too easy** fue exageradamente fácil; **she drinks w. too much** bebe or *Am* toma muchísimo más de lo que debería

---

wayfarer ['weɪfeərə(r)] *n* caminante *mf*

waylay [weɪ'leɪ] (*pt & pp* **waylaid** [weɪ'leɪd]) *vt (attack)* atracar, asaltar; *Fig (stop)* abordar, detener

way-out [weɪ'aʊt] *adj Fam* extravagante

wayside ['weɪsaɪd] *n* borde *m* de la carretera; IDIOM **to fall by the w.** irse a paseo

wayward ['weɪwəd] *adj* rebelde, desmandado(a)

waywardness ['weɪwədnɪs] *n* rebeldía *f*

WBA ['dʌbəlju:bi:'eɪ] *n* (*abbr* **World Boxing Association**) Asociación *f* Mundial del Boxeo

WBC ['dʌbəlju:bi:'si:] *n* (*abbr* **World Boxing Council**) Consejo *m* Mundial del Boxeo

WBO ['dʌbəlju:bi:'əʊ] *n* (*abbr* **World Boxing Organization**) Organización *f* Mundial del Boxeo

WC ['dʌbəlju:'si:] *n* (*abbr* **water closet**) váter *m*, retrete *m*

WCC ['dʌbəlju:si:'si:] (*abbr* **World Council of Churches**) = asamblea ecuménica de iglesias, excluida la católica romana

---

WE [wi:] *pron* (**a**) *(first person plural)* nosotros(as) *(usually omitted, except for contrast)*; **we're Scottish** somos escoceses; **we like red wine** nos gusta el vino tinto; **WE haven't got it!** ¡nosotros no lo tenemos!; **w. alone know** sólo lo sabemos nosotros; **as we say in England** como decimos en Inglaterra; **as we saw in Chapter 5** como vimos en el Capítulo 5; **we Spanish are...** (nosotros) los españoles somos...
(**b**) *Formal (first person singular) (used by royalty)* nos; **we do not agree** no estamos de acuerdo; *Hum* **I hope he was using the royal "we"** espero que no nos estuviera incluyendo a todos nosotros
(**c**) *Fam (second person singular)* **we don't want you getting your clothes dirty, do we?** no te vayas a ensuciar la ropa, ¿eh?; **and how are we today?** ¿cómo estamos hoy?

WEA ['dʌbəlju:i:'eɪ] *n Br* (*abbr* **Workers' Educational Association**) = asociación para la educación de adultos

weak [wi:k] *adj* (**a**) *(physically) (person)* débil; *(structure)* endeble, frágil; **to grow w.** debilitarse; **to have a w. heart** estar mal del corazón; *Old-fashioned* **the weaker sex** el sexo débil; *Fig* **she went w. at the knees** le empezaron a temblar las piernas ▫ *Phys* ***w. nuclear force*** fuerza *f* nuclear débil; *also Fig* ***w. spot*** punto *m* débil *or* flaco
(**b**) *(emotionally, intellectually)* débil; **one of the weaker students in the class** uno de los alumnos más flojos de la clase; **to be w. at physics** estar flojo en física; **in a w. moment** en un momento de debilidad ▫ ***w. point*** punto *m* débil *or* flaco
(**c**) *(currency)* débil; *(excuse, reasoning, case)* flojo(a), pobre
(**d**) *(tea, coffee)* flojo(a); *(beer)* suave; *(alcoholic drink)* poco(a) cargado(a)

weaken ['wi:kən] **1** *vt* debilitar; **to w. sb's hold on power** socavar la posición de poder de alguien; **this weakens your case** esto hace que tu argumentación se tambalee; **to w. sb's resolve** hacer flaquear a alguien
2 *vi* debilitarse; **to w. in one's resolve (to do sth)** flaquear (a la hora de hacer algo)

weak-kneed [wi:k'ni:d] *adj Fig* débil de carácter, pusilánime

weakling ['wi:klɪŋ] *n* enclenque *mf*, canijo(a) *m,f*

weakly ['wi:klɪ] *adv* débilmente

weakness ['wi:knɪs] *n* (**a**) *(lack of strength) (of person)* debilidad *f*; *(of structure, defences)* endeblez *f*, fragilidad *f* (**b**) *(of leadership)* fragilidad *f*, debilidad *f*; **w. of character** falta *f* de personalidad (**c**) *(of argument, reasoning)* pobreza *f* (**d**) *(weak point)* punto *m* débil, defecto *m*; **to have a w. for sth/sb** *(liking)* sentir *or* tener debilidad por algo/alguien

weak-willed ['wi:k'wɪld] *adj* sin fuerza de voluntad

weal [wi:l] *n (mark on skin)* señal *f*, verdugón *m*

wealth [welθ] *n* (**a**) *(riches)* riqueza *f* ▫ ***w. tax*** impuesto *m* sobre el patrimonio (**b**) *(large quantity)* abundancia *f*, profusión *f*

wealthy ['welθɪ] **1** *npl* **the w.** los ricos
2 *adj* rico(a), pudiente

wean [wi:n] *vt (baby)* destetar; *Fig* **to w. sb from** *or* **off a bad habit** quitar *or Am* sacarle una mala costumbre a alguien

weapon ['wepən] *n* arma *f*

weaponry ['wepənrɪ] *n* armamento *m*

WEAR [weə(r)] **1** *n* (**a**) *(clothing)* ropa *f*; **evening/casual w.** ropa de noche/de sport
(**b**) *(use)* uso *m*; **it still has a bit more w. left in it** todavía debería durar una temporada; **to get a lot of w. out of sth** aprovechar mucho algo
(**c**) *(damage)* **w. (and tear)** deterioro *m*, desgaste *m*
2 *vt* (*pt* **wore** [wɔ:(r)], *pp* **worn** [wɔ:n]) (**a**) *(garment, glasses, perfume)* llevar; *(seat belt, watch)* llevar (puesto(a)); **what are you going to w. (to the wedding)?** ¿qué te vas a poner (para la boda)?; **I've got nothing to w. to the wedding** no tengo nada que ponerme para la boda; **to w. black** ir de negro; **to w. a beard** llevar barba; **to w. one's hair long** llevar el pelo largo
(**b**) *(expression)* **she wore a frown** frunció el ceño; **he wore a bemused expression** tenía una expresión de perplejidad
(**c**) *(erode)* desgastar; **to w. a hole in sth** terminar haciendo un agujero en algo
(**d**) *Fam (accept)* **she won't w. it** por ahí no va a pasar
3 *vi* **this sweater is starting to w. at**

the elbows este suéter está comenzado a desgastarse en los codos; **to w. thin** *(of clothes)* gastarse, desgastarse; **that excuse is wearing thin** esa excusa ya no sirve; **that joke is wearing thin** esa broma ha dejado de tener gracia; **my patience is wearing thin** se me está acabando la paciencia; **to w. well** *(of clothes, person, movie)* envejecer bien

▸**wear away 1** *vt sep* gastar, desgastar
2 *vi* desgastarse

▸**wear down 1** *vt sep* **(a)** *(erode)* gastar, desgastar **(b)** *(tire)* agotar, extenuar; **he tried to w. his opponent down** intentó agotar a su rival
2 *vi* desgastarse

▸**wear off** *vi (of pain, effect)* pasar; *(of enthusiasm, novelty)* desvanecerse

▸**wear on** *vi (of time)* transcurrir, pasar

▸**wear out 1** *vt sep* **(a)** *(clothes)* gastar, desgastar; *(batteries)* gastar **(b)** *(person)* agotar; **to w. oneself out** agotarse
2 *vi (of clothes)* gastarse, desgastarse; *(of batteries)* gastarse

▸**wear through 1** *vt sep* agujerear
2 *vi* agujerearse; **my sweater has worn through at the elbows** se me ha agujereado el suéter

---

wearer ['weərə(r)] *n* **wearers of glasses** los que llevan gafas; **these gloves protect the w. from getting burned** estos guantes protegen al que los lleva puestos de quemaduras

wearily ['wɪərɪlɪ] *adv (to walk)* cansinamente; *(to lean, sit down)* con aire de cansancio; *(to sigh)* fatigosamente

weariness ['wɪərɪnɪs] *n* cansancio *m*, fatiga *f*

wearing ['weərɪŋ] *adj (tiring)* fatigoso(a); *(annoying)* exasperante; **to be w. on the nerves** sacar de quicio

wearisome ['wɪərɪsəm] *adj (boring)* tedioso(a); *(tiring)* fatigoso(a); *(annoying)* exasperante

weary ['wɪərɪ] **1** *adj* cansado(a); **to be w. of sth** estar hastiado(a) de algo; **to grow w. of sth** hartarse de algo
2 *vt* **(a)** *(tire)* fatigar, cansar **(b)** *(annoy)* hartar
3 *vi* cansarse, hartarse **(of** de**)**

weasel ['wi:zəl] *n* comadreja *f* ▫ *Fam* ***w. words*** palabras *fpl* evasivas

weather ['weðə(r)] **1** *n* tiempo *m*; **what's the w. like?** ¿qué (tal) tiempo hace?; **the w. is good/bad** hace buen/mal tiempo; **in this w.** con este tiempo; **w. permitting** si el tiempo lo permite; IDIOM **to keep a w. eye open for sth** estar atento(a) a algo; IDIOM **to make heavy w. of sth** hacer una montaña de algo; IDIOM **to be/feel under the w.** *(ill)* estar/encontrarse pachucho(a) ▫ ***w. forecast*** pronóstico *m* meteorológico *or* del tiempo; ***w. forecaster*** meteorólogo(a) *m,f*; ***w. map*** mapa *m* del tiempo; ***w. report*** información *f* meteorológica; ***w. station*** estación *f* meteorológica
2 *vt (rock)* erosionar; *Fig* **to w. the storm** capear el temporal
3 *vi (of rock)* erosionarse

weatherbeaten ['weðəbi:tən] *adj (person, face)* curtido(a); *(cliff, rock)* erosionado(a)

weatherboard ['weðəbɔ:d] *n* tabla *f* superpuesta

weather-bound ['weðəbaʊnd] *adj (ships, planes, people)* detenido(a) por el mal tiempo; *(port, town, airport)* paralizado(a) por el mal tiempo

weathercock ['weðəkɒk] *n* veleta *f*

weathered ['weðəd] *adj (face)* curtido(a); *(wall)* deteriorado(a) por las inclemencias del tiempo

weathergirl ['weðəgɜ:l] *n* mujer *f* del tiempo

weathering ['weðərɪŋ] *n Geol* erosión *f*

weatherman ['weðəmæn] *n* hombre *m* del tiempo

weatherproof ['weðəpru:f] *adj* resistente (a las inclemencias del tiempo)

weathervane ['weðəveɪn] *n* veleta *f*

weave [wi:v] **1** *n (pattern)* tejido *m*
2 *vt (pt* **weaved** or **wove** [wəʊv], *pp* **weaved** or **woven** ['wəʊvən]) tejer; **to w. the threads together** entretejer los hilos; *Fig* **a skilfully woven plot** una trama muy bien urdida
3 *vi* **(a)** *(make cloth)* tejer **(b)** *(move)* **to w. through the traffic** avanzar zigzagueando entre el tráfico

weaver ['wi:və(r)] *n* tejedor(ora) *m,f*

weaving ['wi:vɪŋ] *n* tejeduría *f*

web [web] *n* **(a)** *(of spider)* telaraña *f*, tela *f* de araña; *Fig (of lies, intrigue)* trama *f* **(b)** *(of duck, frog)* membrana *f* interdigital **(c)** *Comptr* **the W.** la Web ▫ ***w. browser*** navegador *m*; ***w. page*** página *f* web; ***w. server*** servidor *m* web; ***w. site*** sitio *m* web; ***w. space*** espacio *m* web

webbed [webd] *adj (foot)* palmeado(a)

webbing ['webɪŋ] *n (on chair, bed)* cinchas *fpl*

web-footed [web'fʊtɪd] *adj (bird)* palmípedo(a); *(animal)* con membrana interdigital

Webmaster ['webmɑ:stə(r)] *n Comptr* administrador(a) *m,f* de sitio web, webmaster *mf*

Wed *(abbr* **Wednesday)** mier.

we'd [wi:d] = **we had, we would**

wed [wed] *(pt & pp* **wedded) 1** *vt* **(a)** *(marry)* casarse con; **lawfully wedded wife** legítima esposa; **lawfully wedded husband** legítimo esposo **(b)** *(combine, link)* **to w. sth to sth** casar *or* enlazar algo con algo; **to be wedded to** *(an idea, principle)* aferrarse a; *(one's work)* entregarse en cuerpo y alma a
2 *vi* desposarse, casarse

wedding ['wedɪŋ] *n* boda *f*, *Andes, RP* matrimonio *m* ▫ ***w. anniversary*** aniversario *m* de boda *or Andes, RP* matrimonio; ***w. breakfast*** banquete *m* de bodas *or Andes, RP* matrimonio; ***w. cake*** tarta *f or* pastel *m* de boda, *Andes, RP* torta *f* de matrimonio; ***w. day*** día *m* de la boda *or Andes, RP* el matrimonio; ***w. dress*** traje *m* de novia; ***w. march*** marcha *f* nupcial; ***w. night*** noche *f* de bodas; ***w. reception*** banquete *m* de boda *or Andes, RP* matrimonio; ***w. ring*** alianza *f*

wedge [wedʒ] **1** *n* **(a)** *(for door, wheel)* cuña *f*, calzo *m*; *(of cake)* trozo *m*; IDIOM **it has driven a w. between them** los ha enemistado **(b)** *Br Fam (money) Esp, RP* guita *f*, *Am* plata *f*, *Méx* lana *f* **(c)** *(golf club)* cucharilla *f*
2 *vt (insert)* encajar; **to w. a door open** calzar una puerta para dejarla abierta; **to be wedged between two things** estar encajado(a) *or* encajonado(a) entre dos cosas; **to be wedged into sth** estar encajado(a) en algo

wedlock ['wedlɒk] *n Law* matrimonio *m*; **to be born out of w.** nacer fuera del matrimonio

Wednesday ['wenzdɪ] *n* miércoles *m inv*; *see also* **Saturday**

wee[1] [wi:] *adj Irish & Scot Fam* pequeño(a), chiquito(a); **a w. bit** un poquito; **the w. small hours** la madrugada

wee[2] *Br Fam* **1** *n* **to do** *or* **have a w.** *(urinate)* hacer pipí
2 *vi* hacer pipí

weed [wi:d] **1** *n* **(a)** *(plant)* mala hierba *f* **(b)** *(weak person) (physically)* debilucho(a) *m,f*; *(lacking character)* blandengue *mf* **(c)** *Fam* **the w.** *(tobacco)* el tabaco, *Esp* el fumeque **(d)** *Fam (marijuana)* hierba *f*, maría *f*
2 *vt (garden)* escardar

▸**weed out** *vt sep Fig (people, applications)* descartar; *(mistakes)* eliminar

weeding ['wi:dɪŋ] *n* escarda *f*, limpieza *f* de las malas hierbas; **to do the w.** escardar, limpiar las malas hierbas

weedkiller ['wi:dkɪlə(r)] *n* herbicida *m*

weedy ['wi:dɪ] *adj Pej (person)* enclenque

week [wi:k] *n* semana *f*; **next w.** la semana que viene; **last w.** la semana pasada; **every w.** todas las semanas; **during the w.** *(not at weekend)* entre semana; **once/twice a w.** una vez/dos veces a la semana; **a three/four day w.** una semana laboral de tres/cuatro días; **within a w.** en el plazo de una semana; **in a w., in a w.'s time** dentro de una semana; **I haven't seen her for** *or* **in weeks** no la he visto desde hace semanas; **w. in w. out** semana tras semana; **tomorrow/Tuesday w.** de mañana/del martes en ocho días

weekday ['wi:kdeɪ] *n* día *m* entre semana, día *m* laborable; **weekdays only** sólo laborables

weekend [wi:k'end] *n* fin *m* de semana; *Br* **at** *or US* **on the w.** el fin de semana ▫ ***w. break*** vacaciones *fpl* de fin de semana

weekly ['wi:klɪ] **1** *adj* semanal
2 *adv* semanalmente
3 *n (newspaper)* semanario *m*

weeknight ['wi:knaɪt] *n* noche *f* de entre semana

weeny ['wi:nɪ] *adj Fam* chiquitín(ina), chiquitito(a)

weep [wi:p] **1** *n* **to have a good w.** desahogarse llorando
2 *vt* (*pt & pp* **wept** [wept]) **to w. tears of joy/anger** llorar de alegría/rabia
3 *vi* (**a**) *(of person)* llorar (**for/over** por); **it's enough to make you w.** es como para echarse a llorar; **to w. with joy** llorar de alegría (**b**) *(of wound, sore)* supurar

weeping ['wi:pɪŋ] **1** *n* llanto *m*
2 *adj* lloroso(a) ▫ ***w. willow*** sauce *m* llorón

weepy ['wi:pɪ] *Fam* **1** *n (book, film)* obra *f* lacrimógena *or Chile* cebollera
2 *adj (book, film, ending)* lacrimógeno(a), *Chile* cebollero(a); **to be w.** *(of person)* estar lloroso(a)

weevil ['wi:vɪl] *n* gorgojo *m*

wee(-)wee ['wi:wi:] *n Fam* **to do a w.** *(urinate)* hacer pipí

weft [weft] *n Tex* trama *f*

weigh [weɪ] **1** *vt* (**a**) *(measure)* pesar; **to w. oneself** pesarse (**b**) *(consider)* sopesar; **he weighed his words carefully** midió bien sus palabras; **to w. one thing against another** sopesar una cosa frente a otra, contraponer una cosa a otra (**c**) *Naut* **to w. anchor** levar anclas
2 *vi* pesar; **it weighs 2 kilos** pesa 2 kilos; **how much do you w.?** ¿cuánto pesas?; **it's weighing on my conscience** me pesa en la conciencia; **her experience weighed in her favour** su experiencia inclinó la balanza a su favor

▸**weigh down** *vt sep* cargar; **all the extra equipment was weighing me down** todo el equipo adicional me pesaba mucho; *Fig* **to be weighed down with grief** estar abrumado(a) por la pena

▸**weigh in** *vi* (**a**) *(of boxer, jockey)* pesarse; **to w. in at...** dar un peso de... (**b**) *Fam (join in)* meter *Esp* baza *or Am* la cuchara

▸**weigh out** *vt sep* pesar

▸**weigh up** *vt sep (situation, chances)* sopesar

weighbridge ['weɪbrɪdʒ] *n* báscula *f* de puente

weigh-in ['weɪɪn] *n (in boxing, horse racing)* pesaje *m*

weight [weɪt] **1** *n* (**a**) *(of person, object)* peso *m*; **they're the same w.** pesan lo mismo; **to lose w.** adelgazar, perder peso; **to put on** *or* **gain w.** engordar, ganar peso; **to have a w. problem** tener un problema de peso
(**b**) *(for scales, of clock)* pesa *f*; **weights and measures** pesos *mpl* y medidas; **to lift weights** levantar pesas ▫ ***w. training*** gimnasia *f* con pesas
(**c**) *(load)* peso *m*, carga *f*
(**d**) IDIOMS **that's a w. off my mind** me he quitado *or Am* sacado un peso de encima; **to carry w.** influir, tener peso; **to lend w. to an argument** dar consistencia a un argumento; **to take the w. off one's feet** descansar un rato; **she tends to throw her w. about** *or* **around** tiende a abusar de su autoridad; **she threw her w. behind the candidate/project** utilizó su influencia para apoyar al candidato/el proyecto
2 *vt* (**a**) *(make heavier)* cargar
(**b**) *(bias)* **the system is weighted in his favour** el sistema se inclina a su favor

▸**weight down** *vt sep* sujetar *(con un peso)*

weighting ['weɪtɪŋ] *n Br Fin* ponderación *f*; **London w.** *(in salary)* plus *m* salarial por residencia en Londres

weightless ['weɪtlɪs] *adj* ingrávido(a)

weightlessness ['weɪtlɪsnɪs] *n* ingravidez *f*

weightlifter ['weɪtlɪftə(r)] *n* levantador(ora) *m,f* de pesas

weightlifting ['weɪtlɪftɪŋ] *n* halterofilia *f*, levantamiento *m* de pesas; **to do w.** levantar pesas

weightwatcher ['weɪtwɒtʃə(r)] *n* persona *f* a dieta

weighty ['weɪtɪ] *adj* (**a**) *(load, object)* pesado(a) (**b**) *(problem, matter)* grave; *(reason)* de peso

weir [wɪə(r)] *n* presa *f*

weird [wɪəd] *adj* extraño(a), raro(a); **one of his w. and wonderful schemes** uno de sus descabellados y maravillosos planes

weirdness ['wɪədnɪs] *n* extravagancia *f*, rareza *f*

weirdo ['wɪədəʊ] (*pl* **weirdos**) *n Fam* bicho *m* raro

welcome ['welkəm] **1** *n* bienvenida *f*
2 *adj* (**a**) *(person)* bienvenido(a); *(news, change)* grato(a); **I don't feel w. here** siento que no soy bienvenido(a) aquí; **a cold beer is always w. on a day like this** una cerveza fresquita siempre sienta bien en días así; **to make sb w.** ser hospitalario(a) con alguien; **to give sb/sth a warm w.** dar una calurosa acogida a alguien/algo; **thank you very much — you're w.!** muchas gracias — ¡de nada! *or* ¡no hay de qué!; **you're always w.** siempre serás bienvenido; **you're w. to borrow it** cógelo prestado cuando quieras; **he's w. to it** es todo suyo
(**b**) *(in greetings)* **w. home!** ¡bienvenido a casa!; **w. to Mexico!** ¡bienvenido(a) a México!
3 *vt (person)* dar la bienvenida a; *(news, change)* acoger favorablemente; **we w. this change** este cambio nos parece muy positivo; **to w. the opportunity to do sth** alegrarse de tener la oportunidad de hacer algo

welcoming ['welkəmɪŋ] *adj (person, attitude)* afable, hospitalario(a) ▫ ***w. committee*** comité *m* de bienvenida

weld [weld] **1** *n* soldadura *f*
2 *vt* soldar

welder ['weldə(r)] *n* soldador(ora) *m,f*

welding ['weldɪŋ] *n* soldadura *f*

welfare ['welfeə(r)] *n* (**a**) bienestar *m* ▫ ***the w. state*** el estado del bienestar; ***w. work*** trabajo *m* social (**b**) *US (social security)* **to be on w.** recibir un subsidio del Estado

well[1] [wel] *n* (**a**) *(for water, oil)* pozo *m* (**b**) *(for lift, stairs)* hueco *m*

▸**well up** *vi (of tears)* brotar

WELL[2] *(comparative* **better** *superlative* **best) 1** *adj* **to be w.** estar bien; **to get w.** ponerse bien; **how are you? – w., thank you** ¿cómo estás? – bien, gracias; **it is just as w.** menos mal; **that's all very w., but...** todo eso está muy bien, pero...
2 *adv* (**a**) *(satisfactorily)* bien; **to speak w. of sb** hablar bien de alguien; **I did as w. as I could** lo hice lo mejor que pude; **to be doing w.** *(after operation)* irse recuperando; **w. done!** ¡bien hecho!; **you would do w. to say nothing** harías bien en no decir nada; **to come out of sth w.** salir bien parado(a) de algo; **he apologized, as w. he might** se disculpó, y no era para menos; **very w.!** *(OK)* ¡muy bien!, *Esp* ¡vale!, *Arg* ¡dale!, *Méx* ¡órale!
(**b**) *(for emphasis)* bien; **I know her w.** la conozco bien; **it is w. known that...** todo el mundo sabe que...; **it's w. worth trying** bien vale la pena intentarlo; **she's w. able to look after herself** es muy capaz de valerse por sí misma; **I can w. believe it** no me extraña nada; **I am w. aware of that** soy perfectamente consciente de eso; **w. before/after** mucho antes/después; **to leave w. alone** dejar las cosas como están
(**c**) *(also)* **as w.** también; **as w. as** *(in addition to)* además de
(**d**) *Br Fam (very)* **the club was w. cool** la disco era supergenial *or Esp* superguay *or Méx* de poca; **w. hard** superduro
3 *exclam* **w., who was it?** ¿y bien? ¿quién era?; **w., here we are (at last)!** bueno, ¡por fin hemos llegado!; **w., w.!** ¡vaya, vaya!; **w. I never!** ¡caramba!; **w., that's life!** en fin, ¡así es la vida!

we'll [wi:l] = **we will, we shall**

well-acquainted [weləˈkweɪntɪd] *adj* muy familiarizado(a) (**with** con); **they are w. (with one another)** se conocen bien

well-adjusted [weləˈdʒʌstɪd] *adj (person)* equilibrado(a)

well-advised [weləd'vaɪzd] *adj* sensato(a), prudente; **you'd be w. to stay indoors today** hoy lo mejor sería no salir de casa

well-appointed [weləˈpɔɪntɪd] *adj (house, room)* bien acondicionado(a)

well-argued [wel'ɑ:gju:d] *adj* bien argumentado(a)

well-balanced [wel'bælənst] *adj (person, diet)* equilibrado(a)

well-behaved [welbɪ'heɪvd] *adj* (bien) educado(a); **to be w.** portarse bien

wellbeing [wel'bi:ɪŋ] *n* bienestar *m*

well-born [wel'bɔ:n] *adj* de buena familia, de noble cuna

well-bred [wel'bred] *adj* (bien) educado(a)

well-built [wel'bɪlt] *adj (building)* bien construido(a); *(person)* fornido(a)

well-chosen [wel'tʃəʊzən] *adj* acertado(a)

well-connected ['welkəˈnektɪd] *adj* bien relacionado(a), con buenos contactos; **to be w.** tener buenos contactos

well-defined [weldɪ'faɪnd] *adj (outline, shape)* nítido(a); *(fear, problem, features, types)* bien definido(a); *(path)* bien marcado(a)

well-deserved [weldɪ'zɜ:vd] *adj* (bien) merecido(a)

well-designed [weldɪ'zaɪnd] *adj* bien diseñado(a)

well-developed [weldɪ'veləpt] *adj* muy desarrollado(a)

well-disposed [weldɪs'pəʊzd] *adj* **to be w. towards sb** tener buena disposición hacia alguien

well-done [wel'dʌn] *adj (steak)* pasado(a), muy hecho(a)

well-dressed [wel'drest] *adj* elegante; **to be w.** ir bien vestido(a)

well-earned [wel'ɜ:nd] *adj* (bien) merecido(a)

well-educated [wel'edjʊkeɪtɪd] *adj* culto(a), instruido(a)

well-endowed [welɪn'daʊd] *adj Fam Hum (woman)* pechugona, con una buena delantera; *(man)* muy bien dotado (por la madre naturaleza)

well-established [welɪ'stæblɪʃt] *adj (principle, procedure)* establecido(a); *(custom, tradition)* arraigado(a); *(company)* de sólida reputación

well-fed [wel'fed] *adj* bien alimentado(a)

well-formed [wel'fɔ:md] *adj Ling* bien construido(a)

well-founded [wel'faʊndɪd] *adj (suspicion, fear)* fundado(a)

well-groomed [wel'gru:md] *adj* arreglado(a), aseado(a)

wellhead ['welhed] *n* manantial *m*

well-heeled [wel'hi:ld] *adj Fam* adinerado(a)

well-hung [wel'hʌŋ] *adj very Fam (man)* con un buen paquete, *RP* bien armado

wellie = **welly**

well-informed [welɪn'fɔ:md] *adj* (bien) informado(a) (**about** de)

wellington ['welɪŋtən] *n Br* **wellingtons, w. boots** botas *fpl* de agua *or Méx, Ven* de caucho *or RP* de goma

well-intentioned [welɪn'tenʃənd] *adj* bienintencionado(a)

well-judged [wel'dʒʌdʒd] *adj* bien calculado(a)

well-kept [wel'kept] *adj (garden)* cuidado(a); *(secret)* bien guardado(a)

well-known [wel'nəʊn] *adj* conocido(a), famoso(a)

well-liked [wel'laɪkt] *adj* querido(a), apreciado(a)

well-loved [wel'lʌvd] *adj* muy querido(a)

well-made [wel'meɪd] *adj* bien hecho(a)

well-mannered [wel'mænəd] *adj* con buenos modales, educado(a)

well-matched [wel'mætʃt] *adj (opponents)* igualado(a); **they're a w. couple** hacen buena pareja

well-meaning [wel'mi:nɪŋ] *adj* bienintencionado(a)

well-meant [wel'ment] *adj* bienintencionado(a)

well-nigh ['welnaɪ] *adv* casi, prácticamente

well-off [wel'ɒf] *adj Br (wealthy)* acomodado(a), rico(a); *Fig* **you don't know when you're w.** no sabes lo afortunado que eres

well-oiled [wel'ɔɪld] *adj* **(a)** *(machinery)* bien engrasado(a); *Fig* **the party's w. electoral machine** la perfecta maquinaria electoral del partido **(b)** *Fam (drunk)* como una cuba, *Méx, RP* remamado(a)

well-ordered [wel'ɔ:dəd] *adj* ordenado(a)

well-paid [wel'peɪd] *adj* bien pagado(a)

well-placed [wel'pleɪst] *adj* bien situado(a)

well-preserved [welprɪ'zɜ:vd] *adj (object, building)* bien conservado(a); *Fig* **to be w.** *(of person)* conservarse bien

well-read [wel'red] *adj* leído(a), que ha leído mucho

well-rounded [wel'raʊndɪd] *adj* **(a)** *(figure)* torneado(a), curvilíneo(a) **(b)** *(education)* completo(a); *(personality)* equilibrado(a)

well-spoken [wel'spəʊkən] *adj* bienhablado(a)

wellspring ['welsprɪŋ] *n* **(a)** *(spring, fountain)* manantial *m* **(b)** *Literary* fuente *f* inagotable

well-stacked [wel'stækt] *adj Fam (woman)* pechugona, con una buena delantera

well-stocked [wel'stɒkt] *adj (cupboard, shop)* bien surtido(a)

well-thought-of [wel'θɔ:tɒv] *adj* prestigioso(a)

well-thumbed [wel'θʌmd] *adj (book)* manoseado(a), ajado(a)

well-timed [wel'taɪmd] *adj* oportuno(a)

well-to-do ['weltədu:] *adj* acomodado(a), próspero(a)

well-travelled, *US* **well-traveled** [wel'trævəld] *adj (person)* que ha viajado mucho

well-trodden [wel'trɒdən] *adj* trillado(a)

well-turned [wel'tɜ:nd] *adj (phrase)* bien construido(a)

well-versed [wel'vɜ:st] *adj* **to be w. in sth** estar muy ducho(a) *or* versado(a) en algo

wellwisher ['welwɪʃə(r)] *n* simpatizante *mf*, admirador(ora) *m,f*

well-woman clinic ['wel'wʊmən'klɪnɪk] *n* = clínica de atención y orientación sanitaria y ginecológica para la mujer

well-worn [wel'wɔ:n] *adj* **(a)** *(garment)* gastado(a) **(b)** *(argument)* manido(a)

well-written [wel'rɪtən] *adj* bien escrito(a)

welly ['welɪ] *n Br Fam* **(a) w.(-boot)** bota *f* de agua *or Méx, Ven* de caucho *or RP* de goma **(b)** *(effort)* **give it some w.!** ¡con ganas!, ¡échale ganas!

Welsh [welʃ] **1** *npl (people)* **the W.** los galeses

2 *n (language)* galés *m*

3 *adj* galés(esa) ▫ ***W. dresser*** aparador *m*; ***W. rarebit*** tostada *f* de queso fundido

welsh [welʃ] *vi* no cumplir

▸**welsh on** *vt insep (debt)* no pagar; *(agreement)* no cumplir

Welshman ['welʃmən] *n* galés *m*

Welshwoman ['welʃwʊmən] *n* galesa *f*

welt [welt] *n (mark on skin)* señal *f*, verdugón *m*

welter ['weltə(r)] *n* **a w. of...** un barullo de...

welterweight ['weltəweɪt] *n Sport* peso *m* wélter *m*

wench [wentʃ] *n Old-fashioned or Hum* moza *f*

wend [wend] *vt Literary* **they wended their way homewards** con paso lento pusieron rumbo a casa

went [went] *pt of* **go**

wept [wept] *pt & pp of* **weep**

we're [wɪə(r)] = **we are**

were [wɜ:(r)] *pt of* **be**

weren't [wɜ:nt] = **were not**

werewolf ['wɪəwʊlf] *n* hombre *m* lobo

west [west] **1** *n* oeste *m*; **to the w. (of)** al oeste (de); **the W. of Spain** el oeste de España; **the W.** Occidente

2 *adj* **(a)** *(direction, side)* oeste, occidental; **w. London** la parte oeste *or* el oeste de Londres ▫ ***w. wind*** viento *m* de poniente *or* del oeste

(b) *(in names)* ***W. Africa*** África Occidental; ***W. African*** africano(a) *m,f* occidental; ***the W. Bank*** Cisjordania; ***the W. Country*** el suroeste de Inglaterra; ***the W. End*** *(of London)* = zona de Londres famosa por sus comercios y teatros; *Formerly* ***W. Germany*** Alemania Occidental; ***W. Indian*** antillano(a) *m,f*; ***the W. Indies*** las Antillas; ***the W. Side*** = el barrio oeste de Manhattan; ***W. Virginia*** Virginia Occidental

3 *adv* hacia el oeste, en dirección oeste; **it's (3 miles) w. of here** está (a 3 millas) al oeste de aquí; **to face w.** dar *or* mirar al oeste; **to go w.** ir hacia el oeste; *Fig (of TV, car)* romperse, estropearse

westbound ['westbaʊnd] *adj (train, traffic)* en dirección oeste; **the w. carriageway** el carril que va hacia el oeste

westerly ['westəlɪ] **1** *n (wind)* viento *m* de poniente *or* del oeste

2 *adj (direction)* hacia el oeste; **the most w. point** el punto más occidental; **w. wind** viento *m* de poniente *or* del oeste

western ['westən] **1** *n (film)* película *f* del oeste, western *m*; *(novel)* novela *f* del oeste

2 *adj* occidental; **w. Spain** la España occidental ▫ ***W. Europe*** Europa occidental; ***the w. hemisphere*** el hemisferio occidental; ***the W. Isles*** *(of Scotland)* las Hébridas; ***W. Samoa*** Samoa Occidental; ***W. Samoan*** samoano(a) *m,f* occidental; ***the W. world*** el mundo occidental, Occidente

westerner ['westənə(r)] *n* occidental *mf*

westernization [westənaɪ'zeɪʃən] *n* occidentalización *f*

westernize ['westənaɪz] *vt* occidentalizar

westernized ['westənaɪzd] *adj* occidentalizado(a)

westernmost ['westənməʊst] *adj* más occidental

Westminster [west'mɪnstə(r)] *n (as seat of administration)* Westminster, el parlamento británico

westward ['westwəd] *adj & adv* hacia el oeste

westwards ['westwədz] *adv* hacia el oeste

wet [wet] **1** *adj* (**a**) *(damp)* húmedo(a); *(soaked)* mojado(a); **to be w.** *(damp)* estar húmedo(a); *(soaked)* estar mojado(a); *(of ink, paint)* estar fresco(a); **to get w.** mojarse; **w. paint** *(sign)* recién pintado; IDIOM **to be w. behind the ears** *(inexperienced)* estar un poco verde, ser novato(a) ▫ *Fig* ***w. blanket*** aguafiestas *mf inv*; *Fam* ***w. dream*** polución *f* nocturna, *Am* orgasmo *m* nocturno; ***w. fish*** pescado *m* fresco; ***w. nurse*** nodriza *f*, ama *f* de cría *or* de leche; ***w. suit*** traje *m* de submarinismo
(**b**) *(rainy)* lluvioso(a); **it's w. outside** fuera está lloviendo; **a w. weekend** un fin de semana pasado por agua; IDIOM *Fam* **to look like a w. weekend** estar amuermado(a) *or Méx* apachurrado(a) *or RP* embolado(a) *or Ven* aguado(a)
(**c**) *Br Fam (feeble)* soso(a)
2 *vt* (*pt & pp* **wet** or **wetted**) *(dampen)* humedecer; *(soak)* mojar; **to w. the bed** mojar la cama, orinarse en la cama; **to w. oneself** mearse encima; IDIOM *Fam* **to w. one's whistle** mojarse el gaznate
3 *n* (**a**) *(dampness)* humedad *f*; *(rain)* lluvia *f*; **come in out of the w.** pasa, no te quedes ahí, que está lloviendo
(**b**) *Br Pol* conservador(ora) *m,f* moderado(a)
(**c**) *Br Fam (feeble person)* pusilánime *mf*, soso(a) *m,f*

wetback ['wetbæk] *n US Fam Pej* espalda *mf* mojada

wetland ['wetlænd] **1** *n* **wetlands** marisma *f*, terreno *m* pantanoso
2 *adj* de las marismas, de los pantanos

wet-look ['wetlʊk] *adj (fabric)* satinado(a); *(hair gel)* brillante

wetness ['wetnɪs] *n* humedad *f*

WEU ['dʌbəlju:i:'ju:] *n (abbr* **Western European Union**) UEO *f*

we've [wi:v] = **we have**

whack [wæk] **1** *n* (**a**) *(blow)* tortazo *m*, *Esp* porrazo *m*, *Méx* madrazo *m* (**b**) *Fam (share)* parte *f*
2 *vt* (**a**) *(hit)* dar un tortazo *or Esp* porrazo *or Méx* madrazo a; **to w. sb on** *or* **over the head** dar un tortazo *or Esp* porrazo *or Méx* madrazo a alguien en la cabeza (**b**) *US Fam (murder)* liquidar, *Esp* cepillarse, *Esp* cargarse

whacked [wækt] *adj Fam (exhausted)* reventado(a), molido(a)

whacking ['wækɪŋ] *adv Fam* **a w. great increase/fine** un incremento/una multa bestial

whacko = **wacko**

whacky = **wacky**

whale [weɪl] *n* (**a**) *(mammal)* ballena *f* ▫ ***w. oil*** aceite *m* de ballena; ***w. shark*** tiburón *m* ballena (**b**) *Fam (as intensifier)* **we had a w. of a time** nos lo pasamos bomba

whalebone ['weɪlbəʊn] *n* ballena *f (material)*

whaler ['weɪlə(r)] *n (person, vessel)* ballenero *m*

whaling ['weɪlɪŋ] *n* caza *f* de ballenas ▫ ***w. industry*** industria *f* ballenera; ***w. ship*** (barco *m*) ballenero *m*

wham [wæm] *Fam* **1** *vt* (*pt & pp* **whammed**) estampar, pegar un golpe con
2 *vi* estamparse, pegarse un golpe
3 *exclam* ¡zas!

wharf [wɔ:f] (*pl* **wharves** [wɔ:vz]) *n* embarcadero *m*

WHAT [wɒt] **1** *adj* (**a**) *(in questions)* qué; **w. sort do you want?** ¿qué tipo quieres?; **tell me w. books you want** dime qué libros quieres; **w. colour/size is it?** ¿de qué color/talla es?; **w. good is that?** ¿de qué sirve eso?; **w. time are they arriving?** ¿a qué hora llegarán?
(**b**) *(in relative constructions)* **he took w. little I had left** tomó *or Esp* cogió lo poco que me quedaba; **I'll give you w. money I have** te daré todo el dinero que tengo
2 *pron* (**a**) *(in questions)* qué; **w. do you want?** ¿qué quieres?; **he asked her w. she wanted** le preguntó qué quería; **w. are you doing here?** ¿qué haces aquí?; **w.'s that?** ¿qué es eso?; **w.'s your phone number?** ¿cuál es tu (número de) teléfono?; **w. are the main reasons?** ¿cuáles son las principales razones?; **w.'s to be done about this problem?** ¿qué podemos hacer para resolver este problema?; **w. did I tell you?** ¿qué te dije?; **w. will people say?** ¿qué va a decir la gente?; **w. do I care?** ¿y a mí qué me importa?; **w. did it cost?** ¿cuánto costó?; **w.'s she called?** ¿cómo se llama?; **w.'s the Spanish for "dog"?** ¿cómo se dice "dog" en español?; **w.'s he/she/it like?** ¿cómo es?; *Fam* **w.'s in it for me?** ¿y yo qué gano con eso?; *Fam* **w.?** *(pardon?)* ¿qué?; **I'm resigning — w.?** voy a dimitir — ¿qué (dices)?; **that's an increase of, w., 50 per cent** es un incremento de, vamos a ver, el 50 por ciento; **w. about the money I lent you?** ¿y el dinero que te presté?; **w. about me?** ¿y yo qué?; **we've bought all her presents, now w. about his?** hemos comprado todos los regalos de ella, ¿qué hacemos con los de él?; **w. about a game of bridge?** ¿te apetece *or Col, Méx, Ven* te provoca *or Méx* se te antoja echar una partida de bridge?; **w. about this shirt here?** ¿qué te parece esta otra camisa?; **w. if they find out?** ¿y qué pasa si se enteran?; **w. if I come too?** ¿y qué tal si voy yo también?; **if that doesn't work, w. then?** y si eso no funciona, ¿qué?; *Fam* **d'you think I'm mad or w.?** ¿te crees que estoy loco o qué?; *Fam* **now is that clever or w.?** no está nada mal, ¿eh?; *Fam* **so w.?, w. of** *or* **about it?** ¿y qué?; *Fam* **you w.?** *(pardon?)* ¿qué?; *(expressing surprise, indignation)* ¿qué (dices)?; **I sold it — you did w.?** lo vendí — ¿hiciste qué?; *Fam* **paper, pens, pencils, and w. not** *or* **w. have you** papel, bolígrafos, lápices y todo *or Esp* y toda la pesca
(**b**) *(relative)* qué; **I don't know w. has happened** no sé qué ha pasado; **they can't decide w. to do** no consiguen decidir qué hacer; **she told me w. she knew** me contó lo que sabía; **it is w. is known as an aneurism** es lo que se conoce como aneurisma; **w. is more,...** (lo que) es más,...; **w. is most remarkable is that...** lo más sorprendente es que...; **w. I like is a good detective story** lo que más me gusta son las novelas policíacas; **guess w.!** ¡adivina qué!; **I know w., let's watch a video** tengo una idea, pongamos un vídeo *or Am* video; **I'll tell you w., why don't we go out for a meal?** escucha, ¿por qué no salimos a comer?; **I'll tell you w., it may be expensive, but it will never let you down** te voy a decir una cosa, puede que sea caro, pero no te fallará; **w. with having to look after the children and everything...** entre tener que cuidar a los niños y todo eso...; IDIOM *Fam* **he knows what's w.** tiene la cabeza *Esp* sobre los hombros *or Am* bien puesta
(**c**) **w. for?** *(for what purpose)* ¿para qué?; *(why)* ¿por qué?; **w.'s that for?** ¿para qué es eso?; **w. did he do that for?** ¿por qué hizo eso?; **tell me w. you're crying for** dime por qué lloras; IDIOM *Fam* **to give sb w. for** darle a alguien para el pelo
(**d**) *(in exclamations)* **w. an idea!** ¡menuda idea!; **w. a fool he is!** ¡qué tonto es!; **w. a lot of people!** ¡cuánta gente!; **w. a shame!** ¡qué vergüenza *or Am* pena!; **w. a beautiful view!** ¡qué vista tan bonita!; **w. an odd thing to say!** ¿por qué habrá dicho eso?; **w. nonsense!** ¡tonterías!, ¡qué tontería!
3 *exclam* **w., you didn't check the dates?** ¿qué? ¿que no comprobaste las fechas?; **w., aren't you interested?** ¿qué (pasa)?, ¿no te interesa?; **w. next (I ask myself)!** ¡(me pregunto) con qué saldrán ahora!

---

what-d'ye-call-her ['wɒtjəkɔ:lə(r)] *n Fam (person)* fulanita *f*, menganita *f*

what-d'ye-call-him ['wɒtjəkɔ:lɪm] *n Fam (person)* fulanito *m*, menganito *m*

what-d'ye-call-it ['wɒtjəkɔ:lɪt] *n Fam (thing)* como se llame *m*, *Esp* chisme *m*, *CAm, Carib, Col* vaina *f*, *RP* coso *m*

whatever [wɒt'evə(r)] **1** *pron* **do w. you like** haz lo que quieras; **give him w. he wants** dale lo que quiera; **w. it is, w. it may be** sea lo que sea; **w. happens** pase lo que pase; **w. you do, don't tell Eric** hagas lo que hagas, no llames a Eric; **it's a quasar, w. that is** es un cuásar, pero no me preguntes más *or* sea lo que sea eso; **w. you say** *(expressing acquiescence)* lo que tú digas; **w. does that mean?** ¿y eso qué significa?; **w. are they doing?** ¿qué es lo que hacen?; **w. next!** ¡lo que faltaba!

2 *adj* (**a**) *(no matter what)* **I regret w. harm I may have done** pido disculpas por el daño que pueda haber ocasionado; **w. doubts I had were gone** todas mis dudas se habían disipado, las pocas dudas que me quedaban se habían disipado; **pay w. price they ask** paga el precio que sea; **if, for w. reason,...** si por cualquier razón *or* motivo,..., si por la razón *or* el motivo que sea,... (**b**) *(emphatic)* **for no reason w.** sin motivo alguno; **none/nothing w.** absolutamente ninguno(a)/nada

whatnot ['wɒtnɒt] *n* (**a**) *Fam* **...and w.** ...y cosas así, ...y cosas por el estilo (**b**) *(ornament shelf)* rinconera *f*

what's-her-face ['wɒtsəfeɪs], **what's-his-face** ['wɒtsɪzfeɪs], **what's-its-face** ['wɒtsɪtsfeɪs] *n Fam* = **what-d'ye-call-her/him/it**

what's-her-name ['wɒtsəneɪm], **what's-his-name** ['wɒtsɪzneɪm], **what's-its-name** ['wɒtsɪtsneɪm] *n Fam* = **what-d'ye-call-her/him/it**

whatsit ['wɒtsɪt] *n Fam* chirimbolo *m*, *Esp* chisme *m*

whatsoever [wɒtsəʊ'evə(r)] *adj* **for no reason w.** sin motivo alguno; **none/nothing w.** absolutamente ninguno(a)/nada

wheat [wi:t] *n* trigo *m*; IDIOM **to separate** *or* **sort out the w. from the chaff** separar la paja del grano *or* las churras de las merinas ▫ ***w. germ*** germen *m* de trigo

wheaten ['wi:tən] *adj (loaf, roll)* de trigo

wheatfield ['wi:tfi:ld] *n* trigal *m*

wheatsheaf ['wi:tʃi:f] *n* gavilla *f* de trigo

wheedle ['wi:dəl] *vt* **to w. sth out of sb** sacar algo a alguien con halagos; **to w. sb into doing sth** hacerle zalamerías a alguien para que haga algo

wheel [wi:l] **1** *n* (**a**) *(on car, trolley)* rueda *f*; *Tech (on machine)* manivela *f*, válvula *f*; **the w. of fortune** la rueda de la fortuna ▫ ***w. clamp*** cepo *m*; ***w. clamping*** = práctica de inmovilizar automóviles mal estacionados con un cepo; ***w. spin*** derrapaje *m*

(**b**) *(for steering) (of car)* volante *m*, *Andes* timón *m*; *(of boat)* timón *m*; **to be at** *or* **behind the w.** ir al volante

(**c**) IDIOMS **to set the wheels in motion** ponerse manos a la obra; **the w. has come full circle** volvemos a estar donde empezamos; **there are wheels within wheels** hay muchos entresijos

2 *vt (push) (bicycle, cart)* empujar, hacer rodar

3 *vi* (**a**) *(turn)* girar, dar vueltas; *(of vultures)* volar en círculo; *(of marching soldiers)* girar en redondo

(**b**) *Fam* **to w. and deal** *(scheme, negotiate)* andarse con chanchullos *or* tejemanejes

▸**wheel in** *vt sep (trolley, person in wheelchair)* meter; *Fam (produce)* traer

▸**wheel out** *vt sep (trolley, person in wheelchair)* sacar; *Fam (produce)* utilizar

▸**wheel round** *vi* darse la vuelta, girar sobre los talones

wheelbarrow ['wi:lbærəʊ] *n* carretilla *f*

wheelbase ['wi:lbeɪs] *n Aut* distancia *f* entre ejes, batalla *f*

wheelchair ['wi:ltʃeə(r)] *n* silla *f* de ruedas ▫ ***w. access*** acceso *m* para minusválidos

-wheeled [wi:ld] *suf* **two/three/***etc* **-w.** de dos/tres/*etc* ruedas

wheeler-dealer ['wi:lə'di:lə(r)] *n Fam* chanchullero(a) *m,f*, *Esp* trapichero(a) *m,f*

wheeler-dealing ['wi:lə'di:lɪŋ] *n Fam* chanchullos *mpl*, tejemanejes *mpl*

wheelhouse ['wi:lhaʊs] *n (on boat)* timonera *f*, caseta *f* del timón

wheelie ['wi:lɪ] *n Fam* **to do a w.** *(on bicycle, motorbike)* hacer el caballito ▫ ***w. bin*** contenedor *m* de basura

wheeling ['wi:lɪŋ] *n Fam* **w. and dealing** chanchullos *mpl*, tejemanejes *mpl*

wheelwright ['wi:lraɪt] *n* carretero(a) *m,f*

wheeze [wi:z] **1** *n* (**a**) *(noise)* resuello *m*, resoplido *m* (**b**) *Br Fam (trick)* truco *m*, trampa *f*

2 *vi (breathe heavily)* resollar, resoplar

wheezily ['wi:zɪlɪ] *adv* resollando

wheezy ['wi:zɪ] *adj* que resuella, que resopla

whelk [welk] *n* bu(c)cino *m*

whelp [welp] **1** *n* (**a**) *(dog)* cachorro *m* (**b**) *(person)* mocoso(a) *m,f*

2 *vi* tener cachorros

WHEN [wen] **1** *adv* cuándo; **w. will you come?** ¿cuándo vienes?; **tell me w. it happened** dime cuándo ocurrió; **w. will it be ready?** ¿(para) cuándo estará listo?; **since w. do you tell me what to do?** ¿desde cuándo me das órdenes?; **until w. can you stay?** ¿hasta cuándo te puedes quedar?; *Fam* **say w.!** *(when pouring drink)* dime basta

2 *conj* (**a**) *(with time)* cuando; **I had just gone to bed w. the phone rang** acababa de acostarme cuando sonó el teléfono; **tell me w. you've finished** avísame cuando hayas terminado; **the day w. Kennedy was shot** el día en que mataron a Kennedy; **w. I was a boy...** cuando era un niño, de niño; **what's the good of talking w. you never listen?** ¿de qué sirve hablarte si nunca escuchas?; **w. using this device, care must be taken to...** al utilizar este aparato hay que tener cuidado de...; **w. finished, it will be the highest building in Mexico City** una vez que *or* cuando sea completado, será el edificio más alto de la Ciudad de México; **w. compared with other children of his age** comparado con otros niños de su edad

(**b**) *(whereas)* cuando; **she said it was black, w. it was really white** dijo que era negro, cuando en realidad era blanco

(**c**) *(considering that)* cuando; **how can you say that w. you don't even know me?** ¿cómo puedes decir eso cuando ni siquiera *or* si ni siquiera me conoces?

whence [wens] *adv Literary* de dónde

whenever [wen'evə(r)] **1** *conj* (**a**) *(every time that)* cada vez que; **I go w. I can** voy siempre que puedo; **w. possible** siempre que sea posible (**b**) *(no matter when)* **come w. you like** ven cuando quieras; **on her birthday, w. that is** en su cumpleaños, que no sé cuando cae

2 *adv (referring to unspecified time)* cuando sea; **Sunday, Monday, or w.** el domingo, el lunes o cuando sea (**b**) *(in questions)* cuándo; **w. did you find the time to do all that?** ¿de dónde sacaste tiempo para hacer todo eso?

WHERE [weə(r)] **1** *adv (in questions)* dónde; **w. are you going?** ¿adónde *or* dónde vas?; **w. does he come from?** ¿de dónde es?; **w. should I start?** ¿por dónde debería empezar?; **w. am I?** ¿dónde estoy?; **tell me w. she is** dime dónde está; **tell me w. to go** dime adónde ir; **w. did I go wrong?** ¿en qué *or* dónde me equivoqué?; **w. do you see the company in ten years' time?** ¿dónde crees que estará la compañía dentro de diez años?; **w. did you get that idea?** ¿de dónde has sacado esa idea?; **w. would we be if...?** ¿dónde estaríamos si...?; **now, w. was I?** veamos, ¿por dónde iba?

2 *conj* (**a**) *(in general)* donde; **I'll stay w. I am** me quedaré donde estoy; **go w. you like** ve a donde quieras; **the house w. I was born** la casa donde *or* en que nací; **near w. I live** cerca de donde vivo; **they went to Paris, w. they stayed a week** fueron a París, donde permanecieron una semana; **that is w. you are mistaken** ahí es donde te equivocas; **I've reached the point w. I no longer care** he llegado a un punto en el que ya no me importa; **I can see w. this line of argument is leading** ya veo adónde nos lleva esta lógica; **I am prepared to sack people w. necessary** estoy dispuesto a despedir gente cuando haga falta; **w. there is disagreement, seek legal advice** en caso de disputa, pide asesoría jurídica

(**b**) *(whereas)* mientras (que); **w. most people see a cruel dictator, she sees a man who cares about his country** mientras (que) la mayoría de la gente ve a un dictador cruel, ella ve a un hombre que se preocupa por su país

whereabouts **1** *npl* ['weərəbaʊts] *(location)* **nobody knows her w., her w. are unknown** está en paradero desconocido

2 *adv* [weərə'baʊts] *(where)* dónde; **w. in Los Angeles?** ¿de/en qué parte de Los Ángeles?

whereas [weə'ræz] *conj* (**a**) *(on the other hand)* mientras que (**b**) *Law* considerando que

whereat [weə'ræt] *conj Formal* **the bell rang, w. he rose to leave** sonó la campana y se dispuso a salir

whereby [weə'baɪ] *adv Formal* por el/la cual

wherefore [weə'fɔː(r)] *Formal* **1** *conj* por qué

2 *n* **the whys and wherefores** el cómo y el porqué

wherein [weə'rɪn] *adv Formal* donde; **the issue w. they found most agreement** el asunto en el que más de acuerdo estaban

whereof [weə'rɒf] *pron Formal* del que, de la que

wheresoever [weəsəʊ'evə(r)] *adv Formal* allá donde, dondequiera que

whereupon [weərə'pɒn] *conj Literary* tras lo cual

wherever [weə'revə(r)] **1** *conj* (**a**) *(everywhere that)* allá donde, dondequiera que; **I see him w. I go** vaya donde vaya, siempre lo veo; **I corrected the mistakes w. I could** corregí los errores que pude; **w. possible** (allá) donde sea posible

(**b**) *(no matter where)* dondequiera que; **we'll go w. you want** iremos donde quieras

2 *adv* (**a**) *(referring to unknown or unspecified place)* en cualquier parte; **at home, in the office, or w.** en casa, en la oficina o donde sea; **it's in Antananarivo, w. that is** está en Antananarivo, dondequiera que quede eso

(**b**) *(in questions)* **w. can he be?** ¿dónde puede estar?; **w. has he gone?** ¿adónde ha ido?; **w. did you get that idea?** ¿de dónde has sacado esa idea?

wherewithal ['weərwɪðɔːl] *n* **the w. (to do sth)** los medios (para hacer algo)

whet [wet] (*pt & pp* **whetted**) *vt* (**a**) *(tool, blade)* afilar (**b**) *(appetite)* despertar, abrir; *Fig* **to w. sb's appetite (for sth)** despertar el interés en alguien (por algo)

WHETHER ['weðə(r)] *conj* (**a**) *(referring to doubt, choice)* si; **I don't know w. it's true** no sé si es verdad; **I was unsure w. to go or stay** no estaba seguro de si ir o quedarme; **the decision w. to go or stay is yours** la decisión de ir o quedarte es tuya; **I doubt w. they'll agree** dudo que vayan a estar de acuerdo; **I don't know w. or not to tell them** no sé si contárselo o no

(**b**) *(no matter if)* **w. it's you or me doesn't matter** no importa que seas tú o que sea yo; **she won't come, w. you ask her or I do** no vendrá, se lo pidas tú o se lo pida yo; **w. she comes or not, we shall leave** nos iremos, venga ella o no; **w. or not this is true** sea eso verdad o no

whetstone ['wetstəʊn] *n* piedra *f* de afilar

whew [hjuː] *exclam* (**a**) *(expressing relief, fatigue)* ¡uf! (**b**) *(expressing astonishment)* ¡hala!

whey [weɪ] *n* suero *m*

whey-faced ['weɪfeɪst] *adj* pálido(a)

WHICH [wɪtʃ] **1** *adj* (**a**) *(in questions)* qué; **w. colour do you like best?** ¿qué color te gusta más?; **w. books have you read?** ¿qué libros has leído?; **w. way do we go?** ¿hacia dónde vamos?; **w. country would you rather go to?** ¿a qué país preferirías ir?; **he asked her w. colour she preferred** le preguntó qué color prefería; **w. one?** ¿cuál?; **w. ones?** ¿cuáles?

(**b**) *(in relative constructions)* **I was there for a week, during w. time...** estuve allí una semana, durante la cual...; **she came at noon, by w. time I had left** llegó a mediodía, pero para entonces yo ya me había marchado

2 *pron* (**a**) *(in questions) (singular)* cuál; *(plural)* cuáles; **w. have you chosen?** ¿cuál/cuáles has escogido?; **w. of the two is prettier?** ¿cuál de las dos es más bonita?; **w. of you is going?** ¿cuál de vosotros va?; **he asked her w. she preferred** le pregunté cuál prefería; **it's red or blue, but I've forgotten w.** es rojo o azul, ya no me acuerdo de cuál; **I can never remember w. is w.** nunca me acuerdo de cuál es cuál

(**b**) *(relative)* que; **the house w. is for sale** la casa que está en venta; **this is the one w. I mentioned** éste es el que mencioné; **the house, w. has been empty for years** la casa, que lleva años vacía

(**c**) *(referring back to whole clause)* lo cual; **he's getting married, w. surprises me** se va a casar, lo cual *or* cosa que me sorprende; **she was back in London, w. annoyed me** estaba de vuelta en Londres, lo cual me molestó; **I met an old school friend, w. was nice** me encontré con un antiguo compañero de colegio, lo que estuvo bien; **she said she'd be on time, w. I doubt** dijo que llegaría a la hora, lo que dudo

(**d**) *(with prepositions)* **the house of w. I am speaking** la casa de la que estoy hablando; **the countries w. we are going to** los países a los que vamos a ir; **the town w. we live in** la ciudad en (la) que vivimos; **I have three exams, the first of w. is tomorrow** tengo tres exámenes, el primero de los cuales es mañana; **I made several suggestions, most of w. were rejected** hice varias sugerencias, la mayoría de las cuales fueron rechazadas; **I was shocked by the anger with w. she said this** me sorprendió el enfado *or Am* enojo con (el) que dijo esto; **after w. he went out** tras lo cual, salió

whichever [wɪtʃ'evə(r)] **1** *adj* **take w. book you like best** toma *or Esp* coge el libro que prefieras; **w. way we do it there'll be problems** lo hagamos como lo hagamos habrá problemas; **w. way you look at it** lo mires como lo mires

2 *pron* **take w. you prefer** toma el que prefieras; **w. you choose, it will be a bargain** elijas el que elijas, será una ganga; **the 30th or the last Friday, w. comes first** el día 30 o el último viernes, lo que venga antes

whiff [wɪf] *n (smell)* olorcillo *m* (**of** a); **she caught a w. of it** le llegó el olorcillo; *Fig* **a w. of scandal** un tufillo a escándalo

whiffy ['wɪfɪ] *adj Fam* maloliente, apestoso(a)

Whig [wɪg] *n Hist* liberal *mf*, whig *mf*

WHILE [waɪl] **1** *n* (**a**) *(time)* rato *m*; **a short** *or* **little w.** un rato; **a good w., quite a w.** un buen rato; **it happened a w. ago** ocurrió hace bastante tiempo; **after a w.** después de un rato; **all the w.** todo el rato; **for a w.** (durante) un rato; **I haven't been there for a w.** hace tiempo que no he estado ahí; **in a w.** dentro de un rato; **it's the first time in a w. that I've had the chance** es la primera vez en mucho tiempo que he tenido la oportunidad; **once in a w.** de vez en cuando

(**b**) *(effort)* **it's not worth my w.** no (me) merece la pena; **I'll make it worth your w.** te recompensaré

2 *conj* (**a**) *(during the time that)* mientras; **I fell asleep w. reading** me quedé dormido mientras leía; **I met her w. in Spain** la conocí (cuando estaba) en España; **it won't happen w. I'm in charge!** ¡esto no ocurrirá mientras yo esté al cargo!; **if you're going to the shop, could you get me some apples w. you're there?** ya que vas a la tienda, ¿por qué no me traes unas manzanas?; **you may as well clean the bathroom w. you're at it** ya que estás en ello podrías aprovechar para limpiar el baño

(**b**) *(although)* si bien; **w. I admit it's difficult,...** si bien admito que es difícil,...; **the exam, w. difficult, was not impossible** el examen, aunque difícil, no fue imposible

(**c**) *(whereas)* mientras que; **one wore white, w. the other was all in black** uno iba de blanco, mientras que el otro vestía todo de negro

▸**while away** *vt sep (hours, evening)* pasar; **to w. away the time** matar *or* pasar el rato

whilst [waɪlst] *conj Br* = **while**

whim [wɪm] *n* capricho *m*; **to do sth on a w.** hacer algo por capricho

whimper ['wɪmpə(r)] **1** *n* gimoteo *m*; *Fig* **without a w.** sin rechistar

2 *vi* gemir, gimotear

whimsical ['wɪmzɪkəl] *adj (person, behaviour)* caprichoso(a); *(remark, story)* curioso(a), inusual

whimsy ['wɪmzɪ] *n* capricho *m*

whine [waɪn] **1** *n* (**a**) *(of person, animal)* gemido *m* (**b**) *(of machine)* chirrido *m*

2 *vi* (**a**) *(in pain)* gimotear (**b**) *(complain)* quejarse (**about** de)

whinge [wɪndʒ] *vi Br Fam (complain)* quejarse (**about** de)

whinger ['wɪndʒə(r)] *n Br Fam Esp* quejica *mf*, *Am* quejoso(a) *m,f*

whinny ['wɪnɪ] **1** *n* relincho *m*

2 *vi* relinchar

whiny ['waɪnɪ] *adj (voice)* quejumbroso(a)

whip [wɪp] **1** *n* (**a**) *(for punishment)* látigo *m*; *(for horse)* fusta *f*; IDIOM **to have the w. hand** tener la sartén por el mango (**b**) *Br*

Parl (person) = encargado de mantener la disciplina de un partido político en el parlamento; **to break the w.** romper la disciplina de voto

2 *vt* (*pt & pp* **whipped**) (**a**) *(lash, hit)* azotar; *(horse)* fustigar; *Fig* **he whipped the crowd into a frenzy** exaltó al gentío (**b**) *Culin* batir; **whipped cream** *Esp* nata *f or Am* crema *f* de leche montada (**c**) *Fam (defeat)* dar una soberana paliza a (**d**) *Fam (steal)* mangar, afanar

▸**whip off** *vt sep (clothes)* quitarse, *Am* sacarse

▸**whip out** *vt sep* sacar rápidamente

▸**whip round** *vi (turn quickly)* darse la vuelta rápidamente, *Méx* voltearse rápidamente

▸**whip up** *vt sep* (**a**) *(provoke)* **to w. up one's audience** entusiasmar al público; **to w. up support (for sth)** recabar apoyo (para algo) (**b**) *Fam (meal)* **I'll w. you up something to eat** te prepararé algo de comer

whipcord ['wɪpkɔ:d] *n (cloth)* pana *f (diagonal)*

whiplash ['wɪplæʃ] *n Med* **w. (injury)** esguince *m* cervical *(lesión cervical por acción de la inercia)*

whipper-in [wɪpə'rɪn] *n (in hunting)* montero(a) *m,f* de traílla

whippersnapper ['wɪpəsnæpə(r)] *n Fam* mocoso(a) *m,f*

whippet ['wɪpɪt] *n* lebrel *m*

whipping ['wɪpɪŋ] *n* azotes *mpl*; **to give sb a w.** *(punish)* azotar a alguien; *Fam (defeat)* dar una soberana paliza a alguien ▫ ***w. boy*** cabeza *mf* de turco; ***w. cream*** *Esp* nata *f or Am* crema *f* de leche líquida para montar

whippoorwill ['wɪpəwɪl] *n* chotacabras *m o f inv* americano(a)

whipround ['wɪpraʊnd] *n Fam* **to have a w. (for sb)** hacer una colecta (para alguien)

whirl [wɜ:l] **1** *n* remolino *m*; **a w. of activity** un torbellino de actividad; **the social w.** el torbellino de la vida social; **my head's in a w.** tengo una gran confusión mental; *Fam* **let's give it a w.** probémoslo

2 *vt* **to w. sth/sb around** hacer girar algo/a alguien

3 *vi (of dust, smoke, leaves)* arremolinarse; *(of person)* girar vertiginosamente; **my head's whirling** me da vueltas la cabeza

▸**whirl along** *vi (of car, train)* avanzar rápidamente

▸**whirl round** *vi* volverse *or* darse la vuelta rápidamente

whirlpool ['wɜ:lpu:l] *n* remolino *m*

whirlwind ['wɜ:lwɪnd] *n* torbellino *m* ▫ ***w. romance*** romance *m* arrebatado; ***w. tour*** visita *f* relámpago

whir(r) [wɜ:(r)] **1** *n (of helicopter, fan, machine)* zumbido *m*, runrún *m*; *(of bird's wings)* aleteo *m*

2 *vi* zumbar

whisk [wɪsk] **1** *n* (**a**) *Culin* batidor *m* (manual) (**b**) **(fly) w.** matamoscas *m inv* (**c**) *(of tail)* sacudida *f*; *(of broom)* golpe *m*

2 *vt* (**a**) *(eggs)* batir (**b**) *(move quickly)* **she whisked the crumbs onto the floor** sacudió las migas al suelo; **he was whisked into hospital** lo llevaron al hospital apresuradamente or a toda prisa

3 *vi (move quickly)* **she whisked past me** pasó zumbando a mi lado

▸**whisk away, whisk off** *vt sep* llevarse rápidamente

whisker ['wɪskə(r)] *n* (**a**) *(hair)* **whiskers** *(of cat, mouse)* bigotes *mpl*; *(of man)* patillas *fpl* (**b**) IDIOMS *Fam* **to win by a w.** ganar por un pelo; **within a w. (of)** a punto (de), *Esp* en un tris (de)

whisky, *US* **whiskey** ['wɪskɪ] *n* whisky *m*

whisper ['wɪspə(r)] **1** *n* susurro *m*; **to speak in a w.** hablar en voz baja *or Am* despacio; **and remember, not a w. of it to anyone!** y recuerda, ¡ni una palabra a nadie!; **I've heard whispers that...** he oído rumores de que...

2 *vt* **to w. sth to sb** susurrar algo a alguien; **it is being whispered that...** se rumorea que...

3 *vi* (**a**) *(speak in low voice)* susurrar; **stop whispering at the back of the class!** ¡vale ya de cuchichear ahí atrás! (**b**) *(of wind)* **the wind was whispering in the trees** el viento susurraba entre los árboles

whispering ['wɪspərɪŋ] *n (of people, voices)* cuchicheo *m* ▫ ***w. campaign*** campaña *f* de difamación

whist [wɪst] *n* whist *m* ▫ ***w. drive*** torneo *m* de whist

whistle ['wɪsəl] **1** *n* (**a**) *(noise)* silbido *m* (**b**) *(musical instrument)* pífano *m*, flautín *m*; *(of referee, policeman)* silbato *m*, pito *m*

2 *vt (tune)* silbar

3 *vi* silbar; **the bullet whistled past his ear** la bala le pasó silbando junto al oído; IDIOM *Fam* **he can w. for his money** puede esperar sentado su dinero

whistle-blower ['wɪsəlbləʊə(r)] *n (informer)* confidente *mf*

whistle-stop tour ['wɪsəlstɒp'tʊə(r)] *n* **a w. of Europe** un recorrido rápido por Europa

Whit [wɪt] *n* Pentecostés *m* ▫ ***W. Sunday*** domingo *m* de Pentecostés

whit [wɪt] *n* **not a w.** ni pizca; **it won't make a w. of a difference** va a dar exactamente igual

white [waɪt] **1** *n* (**a**) *(colour)* blanco *m* (**b**) *(person)* blanco(a) *m,f* (**c**) *(of egg)* clara *f* (**d**) *(of eyes)* blanco *m*

2 *adj* blanco(a); **to turn** *or* **go w.** ponerse blanco(a), empalidecer; IDIOM **(to show the) w. feather** (demostrar) falta *f* de agallas; **w. with fear** pálido(a) de miedo; IDIOM **w. as a ghost** *or* **sheet** blanco(a) como la nieve ▫ ***w. admiral*** *(butterfly)* ninfa *f* de bosque; ***w. ant*** termita *f*; ***w. blood cell*** glóbulo *m* blanco, leucocito *m*; ***w. chocolate*** chocolate *m* blanco; ***w. Christmas*** Navidades *fpl* blancas; ***w. coffee*** café *m* con leche; *Physiol* ***w. corpuscle*** glóbulo *m* blanco, leucocito *m*; *Astron* ***w. dwarf*** enana *f* blanca; *Fig* ***w. elephant*** mamotreto *m* inútil; ***W. Ensign*** = bandera de los barcos de la marina británica; ***w. fish*** pescado *m* blanco; ***w. flag*** bandera *f* blanca; ***w. flour*** harina *f* (refinada); ***w. goods*** *(linen)* ropa *f* blanca; *(kitchen appliances)* línea *f* blanca (de electrodomésticos); ***w. heat*** calor *m* blanco, rojo *m* blanco; ***w. hope*** gran esperanza *f*; ***w. horses*** *(on wave)* cabrillas *fpl*; *US* ***the W. House*** la Casa Blanca; *Com* ***w. knight*** = persona o entidad que salva a una empresa de la quiebra o de ser absorbida; ***w. lead*** albayalde *m*; ***w. lie*** mentira *f* piadosa; ***w. light*** luz *f* blanca; ***w. magic*** magia *f* blanca; ***a w. man*** un hombre blanco; ***w. meat*** carne *f* blanca; ***w. noise*** ruido *m* blanco; *Parl* ***w. paper*** libro *m* blanco; ***w. pepper*** pimienta *f* blanca; ***w. pudding*** = morcilla blanca a base de sebo y avena; ***w. sauce*** (salsa *f*) bechamel *f*, *Chile, Col, RP* salsa *f* blanca; ***w. slavery*** trata *f* de blancas; ***w. spirit*** aguarrás *m*; ***w. stick*** bastón *m* de ciego; ***w. sugar*** azúcar *f* blanquilla; ***w. tie*** *(formal dress)* frac *m* y *Esp* pajarita blanca *or Méx* corbata de moño blanca *or RP* moñito blanco; *US Fam Pej* ***w. trash*** gentuza *f* blanca; ***w. water*** aguas *fpl* bravas; ***w. water rafting*** descenso *m* de aguas bravas; ***w. wedding*** boda *f or Andes, RP* matrimonio de blanco; ***w. whale*** beluga *f*

whitebait ['waɪtbeɪt] *n* pescadito *m*; **deep-fried w.** pescaditos *mpl* fritos

whitebeam ['waɪtbi:m] *n* serbal *m* (de montaña)

whiteboard ['waɪtbɔ:d] *n* pizarra *f* blanca

white-collar worker ['waɪt'kɒlə'wɜ:kə(r)] *n* oficinista *mf*, administrativo(a) *m,f*

whited ['waɪtɪd] *adj Literary* ***w. sepulchre*** sepulcro *m* blanqueado

whitefaced ['waɪtfeɪst] *adj* pálido(a)

white-haired ['waɪt'heəd] *adj* canoso(a)

Whitehall ['waɪthɔ:l] *n* = nombre de la calle de Londres donde se encuentra la administración central británica que por extensión se utiliza para referirse al gobierno británico

white-hot ['waɪt'hɒt] *adj* candente

white-knuckle [waɪt'nʌkəl] *adj* ***w. ride*** atracción *f* que pone los pelos de punta

whiten ['waɪtən] **1** *vt* blanquear

2 *vi* ponerse blanco(a)

whitener ['waɪtnə(r)] (**a**) *(in toothpaste, detergent)* blanqueador *m* (**b**) *(for tea, coffee)* sucedáneo *m* de leche

whiteness ['waɪtnɪs] *n* blancura *f*

white-out ['waɪtaʊt] *n* = pérdida total de visibilidad durante una tormenta de nieve

whitethroat ['waɪtθrəʊt] *n* curruca *f* zarcera

whitewash ['waɪtwɒʃ] **1** *n* (**a**) *(paint)* cal *f*, lechada *f* (**b**) *Fam (cover-up)* encubrimiento *m*

2 *vt* (**a**) *(wall, fence)* encalar (**b**) *Fam (cover up)* encubrir

whitewood ['waɪtwʊd] *n* madera *f* blanca

whitey [ˈwaɪtɪ] (*pl* **whiteys**) *n Fam Pej* blanco(a) *m,f*

whither [ˈwɪðə(r)] *adv Literary* adónde

whiting [ˈwaɪtɪŋ] *n (fish)* pescadilla *f*

whitish [ˈwaɪtɪʃ] *adj* blancuzco(a), blanquecino(a)

whitlow [ˈwɪtləʊ] *n Med* panadizo *m*

Whitsun [ˈwɪtsən] *n* Pentecostés *m*

whittle [ˈwɪtəl] *vt (carve)* tallar; *(sharpen)* sacar punta a, pelar

▸**whittle away 1** *vt sep* **his savings had been gradually whittled away** sus ahorros se habían visto mermados gradualmente; **their rights were being whittled away** poco a poco les iban despojando de sus derechos
 2 *vi* **inflation had whittled away at their savings** la inflación ha ido mermando sus ahorros

▸**whittle down** *vt sep* **to w. sth down** ir reduciendo algo; **to be whittled down to** quedar reducido(a) a

whizz [wɪz] **1** *n* (**a**) *Fam (expert)* genio *m* (**at** de); **a computer w.** un genio de la informática ▫ ***w. kid*** joven *mf* prodigio (**b**) *Br very Fam (amphetamines)* anfetas *fpl*
 2 *vi (of bullet)* zumbar, silbar; *(of person, car)* ir corriendo, ir zumbando; **a bullet whizzed past her ear** una bala le pasó silbando junto al oído; **to w. past** pasar zumbando; **he whizzed through the work** hizo el trabajo a toda velocidad

WHO [ˈdʌbəlju:eɪtʃˈəʊ] *n* (*abbr* **World Health Organization**) OMS *f*

WHO [hu:] *pron* (**a**) *(in questions) (singular)* quién; *(plural)* quiénes; **w. is it?** ¿quién es?; **w. are they?** ¿quiénes son?; **w. with?** ¿con quién?; **w. is it for?** ¿para quién es?; **I asked w. it was for** pregunté para quién era; **w. should I ask?** ¿a quién debo preguntar?; **w. am I to criticize?** ¿quién so yo para criticar?; **why did she do it? – w. knows?** ¿por qué lo hizo? – ¿quién sabe?; **w. did you say was there?** ¿quién has dicho que estaba allí?; **I met someone called Paul Major – Paul w.?** conocí a alguien llamado Paul Major – ¿Paul qué?; **w. does he think he is?** ¿quién se cree que es?; **I haven't quite worked out who's w. in the office yet** todavía no tengo muy claro quién es quién en la oficina; **who's w.** *(book)* = libro que contiene información sobre gente famosa; **the meeting was like a who's w. of British politics** la reunión concentró a todo el que es alguien en la política británica
 (**b**) *(relative)* que; **the people w. came yesterday** las personas que vinieron ayer; **it is I w. did it** fui yo el que lo hizo; **those w. have already paid can leave** los que ya hayan pagado pueden marcharse; **Louise's father, w. is a doctor, was there** estuvo allí el padre de Louise, que es médico

whoa [wəʊ] *exclam (to horse)* ¡so!; *(to person)* ¡quieto(a)!

whodun(n)it [hu:ˈdʌnɪt] *n Fam (book)* novela *f* de *Esp* suspense *or Am* suspenso; *(film)* película *f* de *Esp* suspense *or Am* suspenso *(centrada en la resolución de un caso de asesinato)*

whoever [hu:ˈevə(r)] *pron* (**a**) *(anyone that)* quienquiera; **w. finds it may keep it** quienquiera que *or* quien lo encuentre, puede quedarse con ello
 (**b**) *(the person or people who)* **w. wrote that letter** el que escribió esa carta; **w. is responsible will be punished** sea quien sea el responsable será castigado
 (**c**) *(no matter who)* **tell w. you like** díselo a quien quieras *or* a quien te dé la gana; **w. you are, speak!** habla, quienquiera que seas; **w. it is, don't let them in** sea quien sea, no le abras; **it's by George Eliot, w. he was** es de un tal George Eliot, que no sé quien es; *Fam* **ask Simon or Chris or w.** pregúntale a Simon, a Chris o a quien sea
 (**d**) *(in questions)* **w. can that be?** ¿quién puede ser?; **w. heard such nonsense!** ¡habráse visto tamaña tontería!

WHOLE [həʊl] **1** *n* totalidad *f*; **the w. of the village/month** todo el pueblo/el mes; **the w. is greater than the sum of the parts** el todo es más grande que la suma de sus partes; **as a w.** en conjunto; **on the w.** en general
 2 *adj* (**a**) *(entire, intact)* entero(a); **he swallowed it w.** se lo tragó entero; **to last a w. week** durar toda una semana *or* una semana entera; **we have a w. range of products** tenemos toda una gama de productos; **the w. day** todo el día, el día entero; **that's the w. point** de eso se trata; **that's not the w. story** ahí no acaba la historia *or* todo; **I find the w. affair most worrying** me parece todo muy preocupante; **all she does is complain the w. time** no hace otra cosa que quejarse todo el tiempo; **to tell the w. truth** decir toda la verdad; **the w. world** todo el mundo ▫ ***w. milk*** leche *f* entera; *US Mus* ***w. note*** semibreve *f*; *Math* ***w. number*** número *m* entero; *US* ***w. wheat flour*** harina integral
 (**b**) *Fam* **the w. lot of you** todos vosotros; **for a w. lot of reasons** por un montón de razones; **it's a w. lot better than the last one** es mucho mejor que el último
 3 *adv (completely)* completamente; **it gives a w. new meaning to the word "charity"** concede un significado completamente nuevo a la palabra "caridad"

wholefood [ˈhəʊlfu:d] *n* alimentos *mpl* integrales ▫ ***w. restaurant*** restaurante *m* macrobiótico

wholegrain [ˈhəʊlgreɪn] *adj (bread, flour)* integral

wholehearted [həʊlˈhɑ:tɪd] *adj (support, agreement)* incondicional, sin reservas

wholeheartedly [həʊlˈhɑ:tɪdlɪ] *adv (to support, agree)* incondicionalmente, sin reservas

wholemeal [ˈhəʊlmi:l] *adj* ***w. bread*** pan *m* integral; ***w. flour*** harina *f* integral

wholesale [ˈhəʊlseɪl] **1** *n Com* compraventa *f* al por mayor, *Am* mayoreo *m*
 2 *adj* (**a**) *(price, dealer)* al por mayor (**b**) *(rejection)* rotundo(a); *(slaughter)* indiscriminado(a)
 3 *adv* (**a**) *Com* al por mayor (**b**) *(reject)* rotundamente

wholesaler [ˈhəʊlseɪlə(r)] *n* mayorista *mf*

wholesome [ˈhəʊlsəm] *adj* sano(a), saludable; **a w. family image** una imagen de familia feliz y unida

wholewheat [ˈhəʊlwi:t] *adj* integral ▫ ***w. bread*** pan *m* integral

wholly [ˈhəʊllɪ] *adv* enteramente, completamente

whom [hu:m] *pron*

> En la actualidad, sólo aparece en contextos formales. **Whom** se puede sustituir por **who** en todos los casos salvo cuando va después de preposición.

Formal (**a**) *(in questions) (singular)* quién; *(plural)* quiénes; **w. did you see?** ¿a quién viste?; **to w. were you speaking?** ¿con quién estabas hablando?; *Formal* **to w. it may concern** a quien pueda interesar
 (**b**) *(relative)* que; **the woman w. you saw** la mujer que viste; **the man to w. you gave the money** el hombre al que diste el dinero; **somebody to w. he could talk** alguien con quien pudiera hablar; **the person of w. we were speaking** la persona de la que hablábamos; **the men, both of w. were quite young,...** los dos hombres, que eran bastante jóvenes,...

whomever [hu:ˈmevə(r)] *pron Formal* quienquiera; **I will contact w. we need for this** hablaré con quien sea necesario para esto

whoop [wu:p] **1** *n* grito *m*, alarido *m*
 2 *vi (shout)* gritar

whoopee [wʊˈpi:] *Fam* **1** *n* **to make w.** *(have fun)* pasarlo genial *or Esp* teta *or Méx* de pelos; *(have sex)* echar un polvo, *Méx* echarse un caldito ▫ ***w. cushion*** = cojín de goma que emite el sonido de un pedo
 2 *exclam* ¡yupi!, ¡yuju!

whooping cough [ˈhu:pɪŋˈkɒf] *n* tos *f* ferina

whoops [wʊps] *exclam* ¡huy!

whoops-a-daisy [ˈwʊpsədeɪzɪ] *exclam* ¡huy!

whoosh [wʊʃ] **1** *n (of plane)* zumbido *m*; *(of air)* ráfaga *f*; *(of water)* chorro *m*
 2 *vi (of plane)* pasar zumbando; *(of water)* salir a chorro

whopper [ˈwɒpə(r)] *n Fam* (**a**) *(huge thing)* enormidad *f*, *Esp* pasada *f* (de grande) (**b**) *(lie) Esp* trola *f*, *Esp* bola *f*, *Am* cuento *m*

whopping [ˈwɒpɪŋ] *adj Fam* **w. (great)** enorme

whore [hɔ:(r)] *n Fam* puta *f* ▫ ***w. house*** casa *f* de putas, burdel *m*

▸**whore after** *vt sep* ir *or* andar detrás de

whorl [wɔ:l] *n* (**a**) *(on leaf)* verticilo *m* (**b**) *(on shell)* espira *f* (**c**) *(on finger)* espiral *f*

whortleberry [ˈwɜ:təlberɪ] *n* arándano *m*

whose [hu:z] **1** *possessive pron (in questions)*

(singular) de quién; *(plural)* de quiénes; **w. are these gloves?** ¿de quién son estos guantes?; **tell me w. they are** dime de quién son

2 *possessive adj* **(a)** *(in questions) (singular)* de quién; *(plural)* de quiénes; **w. daughter are you?** ¿de quién eres hija?; **w. fault is it?** ¿de quién es la culpa? **(b)** *(relative)* cuyo(a); **the pupil w. work I showed you** el alumno cuyo trabajo te enseñé; **the man to w. wife I gave the money** el hombre a cuya esposa entregué el dinero

whosoever [hu:səʊ'evə(r)] *pron Formal* quienquiera

WHY [waɪ] **1** *adv* **(a)** *(in questions)* por qué; **w. didn't you say so?** ¿por qué no lo dijiste?; **w. not?** ¿por qué no?; **w. not tell him?** ¿por qué no se lo dices?; **w. get angry?** ¿para qué enfadarse *or Am* enojarse?; **give me that! — w. should I?** ¡dame eso! — ¿por qué?; **w. is it (that) you're always late?** ¿por qué (razón) llegas siempre tarde?; **answer the phone, Rob — w. me?** contesta el teléfono, Rob — ¿por qué yo?; **w. oh w. didn't you say so earlier?** ¿pero por qué no lo has dicho antes?

(b) *(in suggestions)* por qué; **w. don't you phone him?** ¿por qué no lo llamas?; **w. don't I come with you?** ¿y si voy contigo?

2 *conj (relative)* por qué; **I'll tell you w. I don't like her** te diré por qué no me gusta; **that is w. I didn't say anything** (es) por eso (por lo que) no dije nada; **I'm not coming, and this is w.** no vengo, y éste es el porqué; **she's an Aries, which is w. she's so impulsive** es Aries, por eso es tan impulsiva; **the reason w. she can't come** la razón por la que no puede venir; **tell me the reason w.** dime la razón *or* por qué

3 *npl* **the whys and wherefores (of sth)** el cómo y por qué (de algo)

4 *exclam* **w., it's** *or* **if it isn't David!** ¡vaya, si es David!; **w., certainly!** ¡claro que sí!

WI *n* **(a)** ['dʌbəlju:'aɪ] *Br (abbr* **Women's Institute**) = asociación de mujeres del medio rural que organiza diversas actividades **(b)** *(abbr* **Wisconsin**) Wisconsin

wick [wɪk] *n* **(a)** *(of lamp, candle)* pabilo *m* **(b)** IDIOM *Br Fam* **she gets on my w.** me saca de mis casillas **(c)** IDIOM *very Fam* **to dip one's w.** mojar (el churro), meterla en caliente, *RP* mojar el bizcocho

wicked ['wɪkɪd] **1** *adj* **(a)** *(evil)* perverso(a), malo(a); *(dreadful)* horroroso(a), horrible; **a w. sense of humour** un sentido del humor muy pícaro; **it was a w. thing to do** esas cosas no se hacen, fue una mala pasada **(b)** *Fam (appalling)* asqueroso(a) **(c)** *Fam (excellent)* genial, *Esp* guay, *Andes, Carib* chévere, *Col* tenaz, *Méx* muy padre

2 *exclam Fam (excellent)* ¡genial!, *Esp* ¡guay (del Paraguay)!, *Esp* ¡chachi!, *Andes, Carib* ¡chévere!, *Col* ¡tenaz!, *Méx* ¡muy padre!

3 *npl* **(there's) no peace** *or* **rest for the w.!** ¡a trabajar tocan!

wickedness ['wɪkɪdnɪs] *n* maldad *f*, perversidad *f*

wicker ['wɪkə(r)] *n* mimbre *m*; **w. chairs** asientos *mpl* de mimbre

wickerwork ['wɪkəwɜ:k] *n (baskets)* cestería *f*

wicket ['wɪkɪt] *n* **(a)** *(in cricket) (stumps)* palos *mpl*; *(pitch)* = parte del terreno de juego desde donde se lanza hasta donde se batea; IDIOM *Br Fig* **to be on a sticky w.** verse en un apuro *or* aprieto **(b)** *(gate)* portillo *m*

wicketkeeper ['wɪkɪtki:pə(r)] *n (in cricket)* cátcher *mf*

wide [waɪd] **1** *adj* **(a)** *(broad)* ancho(a); *(plain, area)* amplio(a); *(ocean)* vasto(a); *(grin, smile)* amplio(a); **it's 4 metres w.** tiene 4 metros de ancho; **how w. is it?** ¿qué ancho tiene?, ¿cuánto mide de ancho?; **to get wider** ensancharse; **in the whole w. world** de todo el ancho mundo; **her eyes were w. with surprise** abrió mucho los ojos sorprendida ▫ *Comptr* ***w. area network*** red *f* de área extensa; *Br Fam* ***w. boy*** pájaro *m* de cuenta, vivales *m inv*; ***w. receiver*** *(in American football)* receptor *m*, receiver *m*

(b) *(range, experience, gap)* amplio(a), extenso(a); *(variation)* amplio(a); *(support, publicity, appeal)* generalizado(a); *(aims)* muy diversos(as); **to take a wider view** tomar una perspectiva más amplia

(c) *(off target)* **to be w.** ir *or* salir desviado(a)

2 *adv* **(a)** *(fully)* **to open sth w.** *(eyes, mouth)* abrir algo mucho; *(door)* abrir algo de par en par; **open w.!** *(said by dentist)* ¡abra bien la boca!; **his mouth was w. open** se quedó boquiabierto(a); **the tournament is still w. open** el torneo sigue muy abierto; **to be w. open to criticism** estar muy expuesto(a) a la crítica; **he spread his arms w.** extendió del todo los brazos; **w. apart** muy separado(a); **she stood with her legs w. apart** estaba de pie *or Am* parado(a) con las piernas muy abiertas; **to be w. awake** estar completamente despierto(a)

(b) *(off target)* **the shot went w.** el tiro salió desviado; **his guess was w. of the mark** su conjetura estaba totalmente descaminada

wide-angle ['waɪd'æŋgəl] *adj Phot* ***w. lens*** gran angular *m*

wide-bodied ['waɪd'bɒdɪd] *adj (aircraft)* de fuselaje ancho

wide-eyed ['waɪdaɪd] *adj* con los ojos muy abiertos *or* como platos

widely ['waɪdlɪ] *adv* **(a)** *(generally)* en general; **she is w. expected to resign** en general se espera que dimita; **w. known** ampliamente conocido; **it is w. believed that...** existe la creencia generalizada de que... **(b)** *(at a distance)* **w. spaced** muy espaciado(a) **(c)** *(a lot)* **to read w.** leer de todo; **to travel w.** viajar mucho; **opinions differ w.** hay muchas y muy diversas opiniones

widen ['waɪdən] **1** *vt (road, garment)* ensanchar, ampliar; *(influence, limits)* ampliar, extender; *(scope)* ampliar

2 *vi (of river)* ensancharse; *(of gap)* acrecentarse

▸**widen out** *vi* ensancharse

wide-ranging [waɪd'reɪndʒɪŋ] *adj* amplio(a), extenso(a)

widescreen ['waɪdskri:n] *adj Cin* en cinemascope, de pantalla ancha ▫ ***w. TV*** televisión *f* panorámica *or* de pantalla ancha

widespread ['waɪdspred] *adj* extendido(a), generalizado(a)

widget ['wɪdʒɪt] *n* **(a)** *(in beer can)* = mecanismo adherido al fondo de una lata de cerveza que hace que tenga espuma al servirla **(b)** *Fam (manufactured item)* cacharro *m*, *Esp* chisme *m*, *CAm, Carib, Col* vaina *f*, *RP* coso *m*

widow ['wɪdəʊ] **1** *n* **(a)** *(person)* viuda *f*; **she was left a w. at the age of thirty** quedó viuda a los treinta (años) ▫ ***w.'s peak*** *(hair)* = pico de pelo en la frente; ***w.'s pension*** pensión *f* de viudedad; ***w.'s weeds*** luto *m* **(b)** *Typ* viuda *f*

2 *vt* **to be widowed** enviudar, quedarse viudo(a)

widowed ['wɪdəʊd] *adj* viudo(a)

widower ['wɪdəʊə(r)] *n* viudo *m*

widowhood ['wɪdəʊhʊd] *n* viudez *f*, viudedad *f*

width [wɪdθ] *n* **(a)** *(dimension)* anchura *f* **(b)** *(in swimming pool)* ancho *m*

widthways ['wɪdθweɪz], **widthwise** ['wɪdθwaɪz] *adj & adv* a lo ancho

wield [wi:ld] *vt* **(a)** *(sword)* blandir, empuñar; *(pen)* manejar **(b)** *(power, influence)* ejercer

wife [waɪf] *(pl* **wives** [waɪvz]) *n* mujer *f*, esposa *f*; *Fam* **the w.** *Esp* la parienta, *Am* la vieja, *RP* la doña

wifely ['waɪflɪ] *adj* de esposa, conyugal

wife-swapping ['waɪfswɒpɪŋ] *n Fam* intercambio *m* de parejas

wig [wɪg] *n* peluca *f*

wigging ['wɪgɪŋ] *n Br (scolding)* regañina *f*

wiggle ['wɪgəl] **1** *n* meneo *m*

2 *vt* menear

3 *vi* menearse

wiggly ['wɪglɪ] *adj Fam (line)* ondulado(a)

wigwam ['wɪgwæm] *n* tipi *m*, tienda *f* india

wilco ['wɪlkəʊ] *exclam Tel* ¡enterado!

WILD [waɪld] **1** *n* **in the w.** *(of animal)* en estado salvaje; **in the wilds of Alaska** en los remotos parajes de Alaska

2 *adj* **(a)** *(not domesticated) (plant)* silvestre; *(animal)* salvaje; *(countryside)* agreste; ***w. beast*** fiera *f*, bestia *f* salvaje; IDIOM **(to send sb on) a w. goose chase** (enviar a alguien a hacer) una búsqueda inútil; *Fam* **w. horses wouldn't make me do that** no lo haría *Esp* ni a tiros *or Am* ni que me maten ▫ ***w. boar*** jabalí *m*; ***w. flowers*** flores *fpl* silvestres; ***w. mushroom*** seta *f* silvestre; ***w. rice*** arroz *m* silvestre; ***the W. West*** el salvaje oeste (americano)

(**b**) *(unrestrained) (fury, passion)* salvaje; *(enthusiasm, applause, life)* descontrolado(a), desenfrenado(a); *(person)* descontrolado(a); *(party)* desenfrenado(a), loco(a); *(tackle)* violento(a); *(shot)* alocado(a); *(hair)* rebelde; *(promise, rumour, accusation)* descabellado(a); *(imagination)* desbordante; *(fluctuations)* extremo(a); **w. eyes** ojos *mpl* desorbitados; **she has a w. look in her eyes** tiene una mirada rebelde; **to drive sb w.** poner a alguien fuera de sí; **to go w.** *(get angry)* ponerse hecho una furia; **the audience went w. (with excitement)** el público se desmelenó *or* enfervorizó; **it is beyond my wildest dreams** es mejor de lo que jamás habría soñado

(**c**) *(stormy) (wind)* furioso(a); *(weather, day, night)* borrascoso(a)

(**d**) *(random) (estimate)* descabellado(a); **it was just a w. guess** fue un intento de acertar al tuntún

(**e**) *(in cards)* **sevens are w.** los siete son comodines ▫ ***w. card*** *Comptr* comodín *m*; *Sport (player)* = deportista invitado a tomar parte en una competición a pesar de no haberse clasificado; *(in American football)* = equipo que se clasifica para la fase final sin ganar su grupo

(**f**) *Fam (enthusiastic)* **to be w. about sb/sth** estar loco(a) por alguien/algo; **I'm not w. about it** no me entusiasma mucho

(**g**) *Fam (excellent)* alucinante

(**h**) *Fam (strange, unusual)* **(that's) w.!** ¡(qué) alucinante!

3 *adv* **to grow w.** *(of plant)* crecer silvestre; **to run w.** *(of children, criminals)* descontrolarse; **they allowed the garden to run w.** descuidaron el jardín; **she allowed her imagination to run w.** dio rienda suelta a su imaginación

---

wildcat ['waɪldkæt] *n* (**a**) *(animal)* gato *m* montés (**b**) *Ind* ***w. strike*** huelga *f* salvaje

wildebeest ['wɪldəbi:st] (*pl* **wildebeest** or **wildebeests**) *n* ñu *m*

wilderness ['wɪldənɪs] *n* desierto *m*, yermo *m*; *Fig* **his years in the w.** los años que pasó en el ostracismo

wildfire ['waɪldfaɪə(r)] *n* **to spread like w.** extenderse como un reguero de pólvora

wildfowl ['waɪldfaʊl] (*pl* **wildfowl**) *n* aves *fpl* de caza

wildlife ['waɪldlaɪf] *n* flora *f* y fauna *f* ▫ ***w. park*** parque *m* natural; *TV* ***w. programme*** programa *m* sobre la naturaleza

wildly ['waɪldlɪ] *adv* (**a**) *(to behave)* descontroladamente; *(to cheer, applaud)* enfervorizadamente, vehementemente; **to rush about w.** ir de aquí para allá como un/una loco(a) (**b**) *(at random)* al azar (**c**) *(for emphasis) (expensive, funny, enthusiastic)* enormemente, tremendamente; **w. inaccurate** disparatado(a); **w. exaggerated** exageradísimo(a)

wildness ['waɪldnɪs] *n* (**a**) *(of country, animal)* estado *m* salvaje (**b**) *(of applause)* fervor *m*, vehemencia *f*; *(of ideas, words)* extravagancia *f*, excentricidad *f* (**c**) *(of wind, waves)* furia *f*, violencia *f*

wiles [waɪlz] *npl* artimañas *fpl*, encantos *mpl*

wilful, *US* **willful** ['wɪlfʊl] *adj* (**a**) *(stubborn)* obstinado(a), tozudo(a) (**b**) *(deliberate)* premeditado(a), deliberado(a) ▫ *Law* ***w. murder*** asesinato *m* premeditado

wilfully, *US* **willfully** ['wɪlfəlɪ] *adv* (**a**) *(stubbornly)* obstinadamente, tozudamente (**b**) *(deliberately)* deliberadamente

wilfulness, *US* **willfulness** ['wɪlfʊlnɪs] *n* (**a**) *(stubbornness)* obstinación *f*, tozudez *f* (**b**) *(deliberateness)* premeditación *f*, deliberación *f*

will[1] [wɪl] **1** *n* (**a**) *(resolve, determination)* voluntad *f*; **the w. to live** las ganas de vivir; **to show good w.** demostrar tener buena voluntad; **with the best w. in the world** con la mejor voluntad del mundo; **he imposed his w. on them** les impuso su voluntad; **this computer has a w. of its own** este *Esp* ordenador *or Am* la computadora hace lo que le da la gana; **he had to do it against his w.** tuvo que hacerlo contra su voluntad; **at w.** a voluntad; **to fire at w.** abrir fuego *or* disparar a discreción; PROV **where there's a w. there's a way** quien la sigue, la consigue

(**b**) *Law* testamento *m*; **the last w. and testament of...** la última voluntad de...; **to leave sb sth in one's w.** dejar algo en herencia a alguien; **to make one's w.** hacer testamento

2 *vt* (**a**) *(urge)* **he was willing her to win** deseaba vehementemente que ganara; **she was willing herself to do it** apeló a toda su fuerza de voluntad para hacerlo

(**b**) *Formal (wish)* desear

(**c**) *(leave in one's will)* **to w. sth to sb** legar algo a alguien

3 *vi Formal* **as you w.** como guste; **if you w.** si lo prefiere

---

WILL[2] *modal aux v*

> En el inglés hablado, y en el escrito en estilo coloquial, el verbo **will** se contrae de manera que **I/you/he** *etc* **will** se transforman en **I'll, you'll, he'll** *etc*. La forma negativa **will not** se transforma en **won't**.

(**a**) *(expressing future tense)* **I'll do it tomorrow** lo haré mañana; **it won't take long** no llevará or *Am* demorará mucho tiempo; **I'll be forty tomorrow** mañana cumpliré cuarenta; **persuading the parents w. be difficult** va a ser difícil convencer a los padres; **the programme w. have finished by then** el programa ya habrá acabado para entonces; **you'll write to me, won't you?** me escribirás, ¿verdad?; **you won't forget, w. you?** no te olvides, por favor; **w. you be there? – yes I w./no I won't** ¿vas a ir? – sí/no; **w. anyone be there? — I w.** ¿habrá alguien allí? — yo sí

(**b**) *(expressing wish, determination)* **I won't allow it! — oh yes you w.** ¡no lo permitiré! — ya lo creo que sí; **you w. stop shouting at once!** ¡callaos ahora mismo!; **w. you help me?** ¿me ayudas?; **she won't let me see him** no me deja verlo; **it won't open** no se abre; **won't you sit down?** ¿no se quiere sentar?; **w. you have another chocolate?** ¿quiere otro bombón?; **be quiet for a minute, w. you?** estate callado un momento, ¿quieres?; **she WILL insist on doing everything herself, so it's hardly surprising she's exhausted** no me sorprende nada que esté agotada, siempre insiste en hacerlo todo ella; **WILL you go away!** ¡quieres hacer el favor de irte!

(**c**) *(expressing general truth)* **the restaurant w. seat a hundred people** el restaurante puede albergar a cien personas; **the male w. usually return to the nest within hours** el macho volverá al nido a las pocas horas; **one moment she'll be angry, the next she'll be all smiles** en un instante pasa de estar enfadada *or Am* enojada a muy contenta; **the truth w. out** la verdad siempre se descubre; **accidents w. happen** le puede pasar a cualquiera; **these things w. happen** son cosas que pasan

(**d**) *(conjecture)* **you'll be tired** debes de estar cansado; **they'll be home by now** ya deben de haber llegado a casa; **that'll be the electrician** debe de ser el electricista; **you w./won't have heard the news** has/no has debido de oír las noticias

(**e**) *(when saying price)* **that'll be £15, please** son 15 libras, por favor

---

willful, willfully etc *US* = **wilful, willfully** etc

willie ['wɪlɪ] *n Br Fam (penis)* pilila *f*, pito *m*

willies ['wɪlɪz] *npl Fam* **to have the w.** tener canguelo *or Col* culillo *or Méx* mello *or RP* cagazo; **this place gives me the w.** este lugar me da canguelo *or Col* culillo *or Méx* mello *or RP* cagazo

willing ['wɪlɪŋ] *adj (assistant)* muy dispuesto(a); *(accomplice)* voluntario(a); **she was a w. participant** participó de muy buena gana; **to be w. to do sth** estar dispuesto(a) a hacer algo, hacer algo de buena gana; **God w.** si Dios quiere; **to show w.** mostrar buena disposición

willingly ['wɪlɪŋlɪ] *adv* de buena gana, gustosamente; **I would w. help** ayudaría gustoso

willingness ['wɪlɪŋnɪs] *n* buena disposición *f*; **w. to compromise** disposición a alcanzar un compromiso

will-o'the-wisp [wɪləðə'wɪsp] *n* (**a**) *(light)* fuego *m* fatuo (**b**) *(elusive aim)* quimera *f*

willow ['wɪləʊ] *n* **w. (tree)** sauce *m* ▫ ***w. pattern*** *(on pottery)* = diseño de cerámica en colores azules sobre fondo blanco en el que suele aparecer un paisaje chino con un sauce

willowy ['wɪləʊɪ] *adj (person)* cimbreante

willpower ['wɪlpaʊə(r)] *n* fuerza *f* de voluntad

willy ['wɪlɪ] *n Br Fam (penis)* pito *m*, *Esp* pilila *f*

willy-nilly ['wɪlɪ'nɪlɪ] *adv* (**a**) *(like it or not)* a la fuerza, quieras o no (**b**) *(haphazardly)* a la buena de Dios

wilt [wɪlt] *vi* (**a**) *(of plant)* marchitarse (**b**) *(of person)* flaquear, resentirse

Wilts (*abbr* **Wiltshire**) (condado *m* de) Wiltshire

wily ['waɪlɪ] *adj* astuto(a), taimado(a)

wimp [wɪmp] *n Fam (physically)* debilucho(a) *m,f*; *(lacking character)* blandengue *mf*

▸**wimp out** *vi Br Fam* rajarse; **to w. out of sth/doing sth** rajarse de algo/de hacer algo

wimpish ['wɪmpɪʃ], **wimpy** ['wɪmpɪ] *adj Fam* blandengue

WIN [wɪn] **1** *n* victoria *f*, triunfo *m*; **my lottery w. changed my life** ganar la lotería cambió mi vida

2 *vt* (*pt & pp* **won** [wʌn]) *(battle, race, prize, election)* ganar; *(popularity, recognition)* obtener, ganar; *(confidence, love)* ganarse; *(contract, order, scholarship, victory)* obtener, conseguir; *(parliamentary seat)* obtener, sacar; **to w. an argument** salir victorioso(a) en una discusión; **to w. money off** *or* **from sb** ganarle dinero a alguien; **it won us the election/a lot of friends** nos hizo ganar la elección/un montón de amigos; *Fam* **you can't w. them all, you w. some you lose some** a veces se gana y a veces se pierde

3 *vi* ganar; **Chile are winning 2-0** Chile gana por dos a cero; **she always wins at chess** siempre gana al ajedrez; *Fam* **you (just) can't w.** no hay forma de salir ganando; *Fam* **I can't w., if I do it my way she gets annoyed, if I do it her way she accuses me of copying her** con ella es imposible ganar, si lo hago a mi manera se enfada *or Am* enoja, si lo hago a la suya me acusa de copiarle; **OK, you w.!** de acuerdo *or Esp* vale, tú ganas

▸**win back** *vt sep* recuperar

▸**win out** *vi (succeed)* triunfar

▸**win over, win round** *vt sep* convencer, ganarse (el apoyo de)

▸**win through** *vi (succeed)* triunfar

▸**win through to** *vt insep (qualify for)* clasificarse para

---

wince [wɪns] **1** *n (of pain)* mueca *f* de dolor; *(of embarrassment)* gesto *m* de bochorno

2 *vi (with pain)* hacer una mueca de dolor; *(with embarrassment)* hacer un gesto de bochorno

winch [wɪntʃ] **1** *n* torno *m*, cabrestante *m*; *Naut* manubrio *m*

2 *vt* levantar con un torno *or* cabrestante

wind¹ [wɪnd] **1** *n* (**a**) *(air current)* viento *m*; **to sail into** *or* **against the w.** navegar contra el viento ▫ ***w. chimes*** = colgante de laminillas de metal, madera, etc. que con el aire se entrechocan y dan un sonido agradable; ***w. cone*** manga *f* (catavientos); ***w. energy*** energía *f* eólica; ***w. farm*** parque *m* eólico; ***w. gauge*** anemómetro *m*; *Mus* ***w. instrument*** instrumento *m* de viento; ***w. machine*** ventilador *m* (de atrezo); ***w. power*** energía *f* eólica; ***w. tunnel*** túnel *m* aerodinámic; ***w. turbine*** aerogenerador *m*

(**b**) *(breath)* aliento *m*, resuello *m*; **let me get my w. back** deja que recupere el aliento

(**c**) *(abdominal)* gases *mpl*, flatulencia *f*; **to break w.** soltar una ventosidad; **the boy's got w.** el niño tiene gases

(**d**) IDIOMS *Fam* **to put the w. up sb** meter miedo a alguien; **to sail close to the w.** lindar con lo prohibido; **to take the w. out of sb's sails** bajar la moral a alguien; **to wait and see which way the w. is blowing** esperar a ver por dónde van los tiros; **to get w. of sth** enterarse de algo; **a w. of change** aires *mpl* de cambio; **to be in the w.** avecinarse

2 *vt* (**a**) **to w. sb** *(with punch)* dejar a alguien sin respiración; **to be winded** *(after falling)* quedarse sin respiración (**b**) *(baby)* hacer que eructe

wind² [waɪnd] (*pt & pp* **wound** [waʊnd]) **1** *vt* (**a**) *(thread, string)* enrollar; **to w. sth into a ball** hacer un ovillo con algo (**b**) *(handle)* dar vueltas a; *(clock, watch)* dar cuerda a; **to w. a tape on/back** pasar rápidamente/rebobinar una cinta

2 *vi (of path, river)* serpentear, zigzaguear; **the road winds up/down the hill** la carretera sube/baja la colina haciendo eses

▸**wind down 1** *vt sep* (**a**) *(car window)* bajar, abrir (**b**) *(reduce) (production)* ir reduciendo; *(company)* ir reduciendo la actividad de

2 *vi* (**a**) *(of party, meeting)* ir concluyendo (**b**) *Fam (of person)* relajarse

▸**wind round** *vt sep* **to w. sth round sth** enrollar algo alrededor de algo; IDIOM *Fam* **she's got him wound round her little finger** lo tiene en un puño, hace con él lo que quiere

▸**wind up 1** *vt sep* (**a**) *(car window)* subir, cerrar (**b**) *(toy, clock)* dar cuerda a (**c**) *(bring to an end) (meeting, business)* concluir (**d**) *Fam (tease)* vacilar, tomar el pelo a; *(annoy)* mosquear

2 *vi* (**a**) *(end speech, meeting)* concluir (**b**) *Fam (end up)* terminar; **we wound up in the same bar** terminamos en el mismo bar

windbag ['wɪndbæg] *n Fam* charlatán(ana) *m,f*

windborne ['wɪndbɔːn] *adj (pollen, seeds)* transportado(a) por el viento

windbreak ['wɪndbreɪk] *n* pantalla *f* contra el viento

windcheater ['wɪndtʃiːtə(r)] *n (jacket)* cazadora *f*, *Chile, RP* campera *f*, *Méx* chamarra *f*

windchill factor ['wɪndtʃɪlfæktə(r)] *n* = enfriamiento de la temperatura producido por el viento

winder ['waɪndə(r)] *n* (**a**) *(on watch)* cuerda *f* (**b**) *(on car door)* manivela *f*

windfall ['wɪndfɔːl] *n* (**a**) *(of fruit)* fruta *f* caída (**b**) *(of money)* dinero *m* caído del cielo ▫ *Fin* ***w. profits*** *(of company)* beneficio *m* inesperado; ***w. tax*** = impuesto sobre beneficios excepcionales obtenidos por una empresa (p. ej. tras un proceso privatizador)

winding ['waɪndɪŋ] *adj (path, stream)* serpenteante, zigzagueante ▫ ***w. staircase*** escalera *f* de caracol

winding-sheet ['waɪndɪŋʃiːt] *n Literary* sudario *m*, mortaja *f*

windlass ['wɪndləs] *n* torno *m*, molinete *m*

windmill ['wɪndmɪl] *n* molino *m* de viento

window ['wɪndəʊ] *n* (**a**) *(of house)* ventana *f*; *(of vehicle)* ventana *f*, ventanilla *f*; *(of shop)* escaparate *m*, *Am* vidriera *f*, *Chile, Col, Méx* vitrina *f*; *(at bank, ticket office)* ventanilla *f* ▫ ***w. box*** jardinera *f*; ***w. cleaner*** *(person)* limpiacristales *mf inv*; *(liquid)* limpiacristales *m inv*; ***w. frame*** marco *m* de ventana; ***w. ledge*** alféizar *m*, antepecho *m*; ***w. seat*** *(in room)* asiento *m* junto a una ventana; *(on train, plane)* asiento *m* de ventana

(**b**) *Comptr* ventana *f*

(**c**) IDIOMS **to provide a w. on sth** dar una idea de algo; **w. of opportunity** período *m* favorable; *Fam* **that's my holiday out of the w.** ya me he quedado sin vacaciones

window-dresser ['wɪndəʊdresə(r)] *n (in shop)* escaparatista *mf*

window-dressing ['wɪndəʊdresɪŋ] *n* (**a**) *(in shop)* escaparatismo *m* (**b**) *(ornamentation)* decoración *f*

windowpane ['wɪndəʊpeɪn] *n* vidrio *m or Esp* cristal *m* (de ventana)

window-shopping ['wɪndəʊʃɒpɪŋ] *n* **to go w.** ir a ver escaparates

windowsill ['wɪndəʊsɪl] *n* alféizar *m*, antepecho *m*

windpipe ['wɪndpaɪp] *n* tráquea *f*

windscreen ['wɪndskriːn], *US* **windshield** ['wɪndʃild] *n* parabrisas *m inv* ▫ ***w. wiper*** limpiaparabrisas *m inv*

windsock ['wɪndsɒk] *n* manga *f* (catavientos)

windstorm ['wɪndstɔːm] *n* vendaval *m*

windsurf ['wɪndsɜːf] *vi* hacer windsurf

windsurfing ['wɪndsɜːfɪŋ] *n* el windsurf; **to go w.** ir a hacer windsurf

windswept ['wɪndswept] *adj (hillside, scene)* azotado(a) por el viento; **w. hair** pelo *m* revuelto por el viento

wind-up ['waɪndʌp] *n Fam* vacilada *f*, tomadura *f* de pelo; **this has to be a w.!** ¡esto no puede ir en serio!, ¡me están tomando el pelo!

windward ['wɪndwəd] *adj* de barlovento ▫ ***the W. Islands*** las Islas de Barlovento

windy¹ ['wɪndɪ] *adj* (**a**) *(day)* ventoso(a); *(place)* expuesto(a) al viento; **it's w.** hace viento (**b**) *(rhetoric, speech)* lleno(a) de verborrea

windy² ['waɪndɪ] *adj (road)* serpenteante, zigzagueante

wine [waɪn] **1** *n* vino *m*; **red/white w.** vino tinto/blanco ▫ ***w. bar*** bar *m* *(de cierta elegancia, especializado en vinos y con una pequeña carta de comidas)*; ***w. bottle*** botella *f* de vino; ***w. cellar*** bodega *f*; ***w. cooler***

refrescador *m* de vino; ***w. grower*** viticultor(ora) *m,f*; ***w. gum*** ≃ gominola *f*; ***w. list*** carta *f* de vinos; ***w. tasting*** cata *f* de vinos; ***w. vinegar*** vinagre *m* de vino
2 *vt* **to w. and dine sb** agasajar a alguien

wineglass ['waɪnglɑːs] *n* copa *f* de vino

winepress ['waɪnpres] *n* lagar *m*

winery ['waɪnərɪ] *n US* bodega *f*

wineskin ['waɪnskɪn] *n Hist* odre *m*, pellejo *m* de vino

wing [wɪŋ] **1** *n* (**a**) *(of bird, plane)* ala *f*; IDIOM **to take sb under one's w.** poner a alguien bajo la propia tutela, apadrinar a alguien; IDIOM **to spread** *or* **stretch one's wings** emprender el vuelo ❑ ***w. case*** *(of insect)* élitro *m*; ***w. chair*** sillón *m* de orejas; ***w. collar*** cuello *m* de esmoquin; ***w. commander*** ≃ teniente *mf* coronel de aviación; ***w. nut*** palomilla *f*
(**b**) *Br (of car)* aleta *f* ❑ ***w. mirror*** (espejo *m*) retrovisor *m* lateral
(**c**) *(of building, hospital)* ala *f*
(**d**) *(in soccer, hockey, rugby) (area)* banda *f*; *(player)* extremo *mf*, lateral *mf* ❑ ***w. back*** *(in soccer)* carrilero(a) *m,f*; ***w. forward*** *(in rugby)* ala *m* delantero
(**e**) *(in theatre)* **the wings** los bastidores; **to be waiting in the wings** *(of actor)* esperar entre bastidores; *Fig* esperar su oportunidad
(**f**) *Pol* **the left/right w.** la izquierda/derecha; **the political w. of the IRA** el brazo político del IRA
(**g**) *Br (in RAF)* **a fighter/bomber w.** un ala de cazas/bombarderos
2 *vt* (**a**) *(injure) (bird)* herir en el ala; *(person)* herir en el brazo
(**b**) *Fam (improvise)* **to w. it** improvisar
(**c**) *(fly) (of bird)* **to w. its way towards** volar hacia; *Fig* **my report should be winging its way towards you** mi informe *or CAm, Méx* reporte ya está en camino

wingding ['wɪŋdɪŋ] *n US Fam* fiestorro *m*, *Am* pachanga *f*

winged [wɪŋd] *adj (insect)* con alas, alado(a)

winger ['wɪŋə(r)] *n (in soccer, rugby)* extremo *mf*

wingless ['wɪŋlɪs] *adj (insect)* sin alas

wingspan ['wɪŋspæn] *n* envergadura *f* (de alas)

wink [wɪŋk] **1** *n* guiño *m*; **to give sb a w.** guiñarle un ojo a alguien; *Fam* **I didn't sleep a w.** no pegué ojo; **in the w. of an eye** en un abrir y cerrar de ojos; IDIOM **to tip sb the w.** poner sobre aviso a alguien
2 *vi* (**a**) *(of eye)* guiñar, hacer un guiño (**b**) *(of star, light)* titilar

▸**wink at** *vt insep (person)* guiñar a, hacer un guiño a; *Fig (abuse, illegal practice)* hacer la vista gorda ante

winker ['wɪŋkə(r)] *n Br Aut* (luz *f*) intermitente *m*

winkle ['wɪŋkəl] *n (mollusc)* bígaro *m*

▸**winkle out** *vt sep Fam* **to w. sth out of sb** sacarle *or* extraerle algo a alguien

winkle-picker ['wɪŋkəlpɪkə(r)] *n Br Fam* zapato *m* puntiagudo

winnable ['wɪnəbəl] *adj* **to be w.** poderse ganar

winner ['wɪnə(r)] *n (of prize)* ganador(ora) *m,f*; *(of lottery)* acertante *mf*; *(of competition)* vencedor(ora) *m,f*, ganador(ora) *m,f*; **this book will be a w.** este libro será un éxito; **to be on to a w.** tener un éxito entre manos; **to score the w.** anotar el tanto de la victoria; **w. takes all** el que gana se lo lleva todo

winning ['wɪnɪŋ] **1** *adj* (**a**) *(victorious) (team, person)* ganador(ora), vencedor(ora); *(goal)* de la victoria; *(ticket, number)* premiado(a) ❑ ***w. post*** meta *f*; ***w. streak*** racha *f* de suerte (**b**) *(attractive)* encantador(ora), atractivo(a)
2 *npl* **winnings** ganancias *fpl*

winnow ['wɪnəʊ] *vt (grain)* aventar

wino ['waɪnəʊ] (*pl* **winos**) *n Fam (alcoholic)* borracho(a) *m,f* (indigente)

winsome ['wɪnsəm] *adj* encantador(ora), atractivo(a)

winter ['wɪntə(r)] **1** *n* invierno *m*; **in (the) w.** en invierno ❑ ***w. break*** vacaciones *fpl* de invierno; ***w. clothing*** ropa *f* de invierno; ***w. garden*** jardín *m* de invierno; ***the W. Olympics*** los Juegos Olímpicos de invierno; ***w. solstice*** solsticio *m* de invierno; ***w. sports*** deportes *mpl* de invierno
2 *vi* pasar el invierno

wintergreen ['wɪntəgriːn] *n* gaulteria *f*

winterize ['wɪntəraɪz] *vt US (car, home)* preparar para el invierno

wintertime ['wɪntətaɪm] *n* invierno *m*

wint(e)ry ['wɪntərɪ] *adj* (**a**) *(weather)* invernal (**b**) *(smile)* gélido(a), glacial

wipe [waɪp] **1** *n* (**a**) *(action)* **to give sth a w.** limpiar algo con un paño, pasar el paño a algo (**b**) *(moist tissue)* toallita *f* húmeda
2 *vt* (**a**) *(table, plate)* pasar un paño por *or* a; **to w. one's nose** limpiarse la nariz; **he wiped his hands on the towel** se secó las manos con la toalla; **to w. one's shoes on the mat** limpiarse los zapatos en el felpudo; IDIOM *Fam* **to w. the floor with sb** dar un buen repaso *or* una buena paliza a alguien (**b**) *(recording tape)* borrar

▸**wipe away** *vt sep (tears)* enjugar; *(mark)* limpiar, quitar, *Am* sacar

▸**wipe down** *vt sep* pasar un trapo a, limpiar

▸**wipe off 1** *vt sep* limpiar; **she wiped the oil off her hands** se limpió *or* quitó or *Am* sacó el aceite de las manos; IDIOM *Fam* **that'll w. the smile off his face!** ¡eso le borrará la sonrisa de la cara!
2 *vi (of stain)* irse, quitarse

▸**wipe out** *vt sep* (**a**) *(erase) (memory)* borrar; *(debt)* saldar; *(lead)* hacer desaparecer, borrar (**b**) *(destroy) (family, species)* hacer desaparecer; *(disease)* erradicar; *(enemy)* aniquilar; *Fam* **he was wiped out in the last financial crash** lo perdió todo con la última crisis financiera (**c**) *Fam (exhaust)* **I was** *or* **felt wiped out** estaba molido

▸**wipe up** *vt sep* limpiar

wipeout ['waɪpaʊt] *n Fam* (**a**) *(in surfing)* caída *f* (**b**) *(failure)* debacle *f*

wiper ['waɪpə(r)] *n Aut* limpiaparabrisas *m inv*

wire ['waɪə(r)] **1** *n* (**a**) *(in general)* alambre *m*; *(electrical)* cable *m* ❑ ***w. brush*** cepillo *m* de púas metálicas; ***w. fence*** alambrada *f*; ***w. mesh*** malla *f or* tela *f* metálica; ***w. netting*** tela *f* metálica; ***w. wool*** estropajo *m* de aluminio
(**b**) *US (telegram)* telegrama *m*
(**c**) IDIOMS *Fam* **we got our wires crossed** tuvimos un cruce de cables y no nos entendimos; **the contest went right down to the w.** el desenlace del concurso no se decidió hasta el último momento
2 *vt* (**a**) *(house)* cablear, tender el cableado de; *(plug, appliance)* conectar el cable a; **to w. sth to sth** *(connect electrically)* conectar algo a algo (con un cable); *(attach with wire)* sujetar algo a algo con un alambre
(**b**) *(send telegram to)* mandar un telegrama a; **to w. money to sb** mandar un giro telegráfico a alguien

▸**wire up** *vt sep* cablear

wirecutters ['waɪəkʌtəz] *npl* cizallas *fpl*; **a pair of w.** unas cizallas

wired [waɪəd] *adj Fam* (**a**) *(highly strung)* tenso(a) (**b**) *(after taking drugs)* muy acelerado(a), *Esp* espídico(a)

wire-haired [waɪə'heəd] *adj (dog)* de pelaje duro *or* áspero

wireless ['waɪəlɪs] *n Old-fashioned* **w. (set)** radio *f*

wirestripper ['waɪəstrɪpə(r)] *n* pelacables *m inv*

wiretap ['waɪətæp] *US* **1** *n* escucha *f* telefónica
2 *vt* intervenir

wiretapping ['waɪətæpɪŋ] *n US* intervención *f* de la línea

wiring ['waɪərɪŋ] *n (electrical)* instalación *f* eléctrica

wiry ['waɪərɪ] *adj* (**a**) *(hair)* basto(a) y rizado(a) *or Méx* quebrado (**b**) *(person)* fibroso(a)

Wis (*abbr* **Wisconsin**) Wisconsin

wisdom ['wɪzdəm] *n (knowledge)* sabiduría *f*; *(judgement)* sensatez *f*, cordura *f* ❑ ***w. tooth*** muela *f* del juicio

-wise [waɪz] *suf Fam (with reference to)* **health-/salary-w.** en cuanto a la salud/al salario

wise [waɪz] *adj* (**a**) *(knowledgeable)* sabio(a); **a w. man** un sabio; *Fam Pej* **a w. guy** un sabelotodo; *Fam* **so who's the w. guy who left the light on?** ¿y quién ha sido el guapo que se ha dejado la luz encendida *or Am* prendida?; **the Three W. Men** los Reyes Magos; IDIOM **to be w. after the event** verlo todo claro a posteriori; **to be none the wiser** no haber sacado nada en claro (**b**) *(sensible)* sensato(a), prudente; **it wouldn't be w. to do it** no sería aconsejable hacerlo (**c**) *Fam (aware)* **to get w. to a fact** percatarse de un hecho; **to get w. to sb** calar a alguien

▸**wise up** *vi Fam* **to w. up to sb** calar a alguien; **to w. up to the fact that...** aceptar el hecho de que...; **w. up!** ¡espabílate!

wiseacre ['waɪzeɪkə(r)] *n* sabelotodo *mf*, sabihondo(a) *m,f*

wiseass ['waɪzæs] *n US very Fam* sabelotodo *mf or Esp* listillo(a) *m,f* de mierda

wisecrack ['waɪzkræk] *Fam* **1** *n* chiste *m*, salida *f* ingeniosa
2 *vi* soltar un chiste *or* una salida ingeniosa

wisely ['waɪzlɪ] *adv (sensibly)* sensatamente

WISH [wɪʃ] **1** *n* (**a**) *(desire)* deseo *m*; **my greatest w. is to...** mi mayor deseo es...; **his last** *or* **dying w.** su última voluntad; **I got my w.** conseguí mi deseo; **to have no w. to do sth** no tener ningún deseo de hacer algo; **I've no great w. to see them suffer** no tengo ganas particulares de verles sufrir; **to make a w.** pedir un deseo; **to do sth against sb's wishes** hacer algo en contra de los deseos de alguien; *Hum* **your w. is my command** tus deseos son órdenes; **number one on my w. list would be...** lo que más desearía sería...
(**b**) *(greeting)* **they send you their best wishes** te envían saludos *or CAm, Col, Ecuad* saludes; **(with) best wishes** *(in letter, on card)* un saludo cordial *or* afectuoso
2 *vt* (**a**) *(want)* desear, querer; **to w. to do sth** desear *or* querer hacer algo; **those people wishing to leave early should inform me** aquéllos que deseen salir antes deben informarme; **I don't w. to sound greedy, but...** no quiero parecer codicioso, pero...; **do you w. me to leave?** ¿desea que me vaya?; **I wished myself somewhere else** deseé haber estado en alguna otra parte; **it is to be wished that she succeeds** sería deseable que tuviera éxito; **to w. sb luck/a pleasant journey** desear a alguien suerte/un buen viaje; **I don't w. you any harm** no te deseo ningún mal; **wishing you a Merry Christmas** *(on card)* Felices Navidades; **to w. sb well** desear a alguien lo mejor; **I wouldn't w. that on anyone** no se lo deseo a nadie
(**b**) *(want something impossible, unlikely)* **I w. (that) I had seen it!** ¡ojalá lo hubiera visto!; **I w. (that) I hadn't left so early** ojalá no me hubiera marchado tan pronto; **when will it be ready? — I w. I knew!** ¿cuándo estará listo? — ¡ojalá lo supiera!; **I w. (that) I was younger** ¡ojalá fuera más joven!; **I w. (that) you were going to be there** ¡ojalá pudieras estar allí!; **I w. you'd stop doing that!** ¡quieres hacer el favor de dejar eso!; **I w. you'd pay attention!** ¿por qué no prestas atención?; **no doubt she wishes (that) she had told them earlier** se arrepintió de no habérselo dicho antes; **I wished (that) I would never have to see him again** deseé no tener que volver a verle nunca más; **w. you were here!** *(on postcard)* te echo de menos, *Am* te extraño
3 *vi* **to w. for sth** *(want)* desear algo; *(by magic)* pedir algo; **it was the best birthday I could have wished for** fue el mejor cumpleaños que podría haber soñado nunca; **what more could you w. for?** ¿qué más se puede pedir *or* desear?; **as you w.** como quieras; **if you w.** si usted quiere; *Fam* **I think she fancies me — you w.!** creo que le voy — ¡ya te gustaría!

▸**wish away** *vt sep* **you can't just w. your problems away** no puedes esperar que desaparezcan tus problemas como por arte de magia

wishbone ['wɪʃbəʊn] *n* espoleta *f (hueso de ave)*

wishful ['wɪʃfʊl] *adj* **that's just w. thinking** no son más que ilusiones

wish-fulfilment ['wɪʃfʊlfɪlmənt] *n Psy* realización *f* de deseos subconscientes

wishing well ['wɪʃɪŋwel] *n* pozo *m* de los deseos

wishy-washy ['wɪʃɪ'wɒʃɪ] *adj Fam* vacilante

wisp [wɪsp] *n (of straw)* brizna *f*; *(of hair, wool)* mechón *m*; *(of smoke)* voluta *f*; *(of cloud)* jirón *m*

wispy ['wɪspɪ] *adj (hair)* ralo(a), a mechones; *(clouds)* tenue

wisteria [wɪs'tɪərɪə] *n* glicinia *f*

wistful ['wɪstfʊl] *adj* nostálgico(a)

wistfully ['wɪstfʊlɪ] *adv* con nostalgia

wit [wɪt] **1** *n* (**a**) *(intelligence, presence of mind)* inteligencia *f*, lucidez *f*; **he hasn't the w. to see it** no tiene la lucidez suficiente para verlo; **to have quick wits** tener rapidez mental; **to have lost one's wits** haber perdido la razón; **to have/keep one's wits about one** ser/estar espabilado(a); **to collect** *or* **gather one's wits** poner en orden las ideas; **to be at one's w.'s end** estar al borde de la desesperación; **to live by one's wits** ser un pícaro; **to scare sb out of his wits** dar un susto de muerte a alguien
(**b**) *(humour)* ingenio *m*, agudeza *f*
(**c**) *(witty person)* ingenioso(a) *m,f*
2 *vi Law or Formal* **to w.,...** a saber,...

witch [wɪtʃ] *n* bruja *f* ▫ ***w. doctor*** hechicero *m*, curandero *m*; ***w. hazel*** *(tree)* ocozol *m* americano; *(lotion)* liquidámbar *m*

witchcraft ['wɪtʃkrɑːft] *n* brujería *f*

witch-hunt ['wɪtʃhʌnt] *n* caza *f* de brujas

WITH [wɪð] *prep* con; **w. me** conmigo; **w. you** contigo; **w. himself/herself** consigo; **does it have all the software w. it?** ¿viene con todo el software?; **to travel/work w. sb** viajar/trabajar con alguien; **he is staying w. friends** se queda con *or* en casa de unos amigos; **Tom Cruise stars w. Nicole Kidman in a new film** Tom Cruise protagoniza junto con Nicole Kidman una nueva película; **she came in w. a suitcase** entró con una maleta en la mano; **he's in bed w. a cold** está en cama con un resfriado; **a girl w. blue eyes** una chica de ojos azules; **the man w. the beard** el hombre de la barba; **a house w. no garden** una casa sin jardín; **covered w. snow** cubierto de nieve; **she was trembling w. cold** temblaba de frío; **payments vary w. age** los pagos varían con *or* según la edad; **he greeted them w. a smile** les recibió con una sonrisa *or* sonriendo; **I've been w. the company for ten years** llevo *or Méx, Ven* tengo diez años en la compañía; **we're w. Chemical Bank** tenemos nuestras cuentas en el Chemical Bank; **to part w. sth** desprenderse de algo; **I was left w. nobody to talk to** me quedé sin nadie con quien hablar; **I started off w. nothing** cuando comencé no tenía nada; **w. the elections only a week away...** a una semana de las elecciones...; **w. Brazil out of the competition, Italy are now favourites** con Brasil eliminado, Italia es la favorita; **w. all her faults, I still like her** a pesar de todos sus defectos, sigo queriéndola; **it improves w. age** mejora con la edad; **w. that, she left** y con eso, se marchó; **away w. them!** ¡que se los lleven!; **off to bed w. you!** ¡a la cama!; **this problem will always be w. us** siempre tendremos este problema; **the wind is w. us** tenemos el viento a favor; **I'm w. you** *(I support you)* estoy contigo; **they voted w. the government** votaron con el gobierno; **I'm not w. you** *(I don't understand)* no te sigo; **how are things w. you?** ¿qué tal te van las cosas?; *Fam* **what's w. you today?** *(what's wrong?)* ¿qué te pasa hoy?; *Fam* **what's w. the long face?** ¿a qué viene esa cara tan larga?; *Fam* **to be w. it** *(fashionable) (person)* ser enrollado(a) *or Méx* suave *or RP* copado(a); *(clothing)* estar en la onda; *Fam* **I'm not really w. it today** *(alert)* hoy no estoy muy allá

withdraw [wɪð'drɔː] *(pt* **withdrew** [wɪð'druː], *pp* **withdrawn** [wɪð'drɔːn]) **1** *vt* (**a**) *(troops, offer)* retirar; *(product)* retirar del mercado; *(support, funding)* retirar; *(statement, accusation)* retirar, retractarse de
(**b**) *(money)* sacar (**from** de)
2 *vi* retirarse; **to w. in favour of sb** dejar paso a alguien; **she withdrew into herself** se encerró en sí misma

withdrawal [wɪð'drɔːəl] *n* (**a**) *(of troops, offer)* retirada *f*; *(of product)* retirada *f* del mercado; *(of support, funding)* retirada *f*; *(of statement, accusation)* retirada *f* ▫ ***w. method*** coitus *m inv* interruptus, marcha *f* atrás; ***w. symptoms*** síndrome *m* de abstinencia (**b**) *(from bank)* reintegro *m*; **to make a w.** efectuar un reintegro ▫ ***w. slip*** justificante *m* de reintegro

withdrawn [wɪð'drɔːn] *adj (person)* retraído(a)

wither ['wɪðə(r)] *vi (of plant)* marchitarse; *(of limb)* atrofiarse; **to w. away** marchitarse; *Fig* **to w. on the vine** quedar(se) en agua de borrajas

withered ['wɪðəd] *adj (plant)* marchito(a); *(limb)* atrofiado(a)

withering ['wɪðərɪŋ] *adj (look)* fulminante; *(tone)* mordaz

withers ['wɪðəz] *npl (of horse)* cruz *f*

withhold [wɪð'həʊld] *(pt & pp* **withheld** [wɪð'held]) *vt (consent, help)* negar (**from** a); *(money)* retener (**from** a); *(information, the truth)* ocultar (**from** a)

within [wɪð'ɪn] **1** *prep* (**a**) *(inside)* dentro de; **problems w. the party** problemas en el seno del partido
(**b**) *(not beyond)* **he lives w. a few kilometres of the city centre** vive a pocos kilómetros del centro; **w. a radius of ten miles** en un radio de diez millas; **it's w. walking distance (of)** se puede ir caminando *or Esp* andando (desde); **accurate to w. 20cm** con un margen de precisión de 20 cm; **it is well w. her abilities** es más que capaz de hacerlo, puede hacerlo de sobra; **w. the law** dentro de la legalidad; **w. limits** dentro de un orden, hasta cierto punto; **w. reason** dentro de lo razonable; **w. sight** a la vista; IDIOM *Fam* **to come w. an inch of doing sth** estar a punto de *or Esp* en un tris de hacer algo
(**c**) *(time)* en menos de; **w. an** *or* **the hour** en menos de una hora; **w. hours of the announcement** a las pocas horas del anuncio; **w. the past few minutes we have learnt that...** en los últimos minutos hemos sabido que...; **w. the next five years** *(during) (in future)* durante los próximos cinco años; *(in past)* durante los cinco años siguientes; *(before end of)* dentro de un plazo de cinco años; **they died w. a few days of each other** murieron con pocos días de diferencia
2 *adv* **from w.** desde dentro

WITHOUT [wɪð'aʊt] **1** *prep* sin; **you look better w. a beard** estás mejor sin barba; **w. any money/difficulty** sin dinero/dificultad; **a journey w. end** un viaje sin fin; **w. doing sth** sin hacer algo; **I did it w. their knowledge** lo hice sin que lo supieran; **I took it w. them realizing** me lo llevé sin que se dieran cuenta; **w. wishing to sound ungrateful,...** sin querer parecer un desagradecido,...; **it's hard enough as it is, w. you distracting me** ya es lo suficientemente difícil como para que me distraigas; **it's not w. its attractions** no deja de tener sus atractivos; **he left w. so much as a goodbye** se marchó sin ni siquiera decir adiós; **I wouldn't be w. my mobile phone** no podría pasar sin mi teléfono móvil; **to do** *or* **go w. sth** pasar sin algo; **it goes w. saying that...** huelga decir que...
2 *adv* (**a**) *(not having)* **do you want milk in your coffee? — I prefer it w.** ¿quieres leche en el café? – mejor no; **those w. will be left to fend for themselves** los que se queden sin nada tendrán que valerse por sí mismos
(**b**) *Formal (outside)* **from w.** desde fuera

withstand [wɪð'stænd] *(pt & pp* **withstood** [wɪð'stʊd]) *vt* soportar, aguantar

witless ['wɪtlɪs] *adj (person, remark)* necio(a), simple; **to scare sb w.** helar la sangre en las venas a alguien

witness ['wɪtnɪs] **1** *n* (**a**) *(in trial)* testigo *mf*; **to call sb as w.** llamar a alguien a testificar; **w. for the defence/prosecution** testigo de descargo/de cargo ▫ ***w. box*** *or* ***stand*** estrado *m* del testigo (**b**) *(to marriage, contract)* testigo *mf* (**c**) *(testimony)* **to bear w. (to sth)** *(of person)* dar testimonio (de algo); *(of facts)* dar fe *or* cuenta (de algo)
2 *vt (scene)* ser testigo de, presenciar; **recent years have witnessed a rapid growth in exports** en los últimos años se ha visto un rápido crecimiento de las exportaciones; **to w. sb's signature** firmar en calidad de testigo de alguien
3 *vi Law* **to w. to sth** dar testimonio de algo

witter ['wɪtə(r)] *vi Fam* **to w. (on)** parlotear

witticism ['wɪtɪsɪzəm] *n* ocurrencia *f*, agudeza *f*

wittily ['wɪtɪlɪ] *adv* ingeniosamente

wittingly ['wɪtɪŋlɪ] *adv (intentionally)* adrede, intencionadamente

witty ['wɪtɪ] *adj* ingenioso(a), agudo(a)

wives [waɪvz] *pl of* **wife**

wizard ['wɪzəd] *n* (**a**) *(sorcerer)* brujo *m*, mago *m* (**b**) *Fam (genius)* genio *m*

wizardry ['wɪzədrɪ] *n* (**a**) *(sorcery)* brujería *f*, magia *f* (**b**) *Fam (skill)* genialidad *f*

wizened ['wɪzənd] *adj* marchito(a), arrugado(a)

wizz = **whizz**

wk *(abbr* **week**) semana *f*

WNW *(abbr* **west-north-west**) ONO

WO *(abbr* **Warrant Officer**) ≃ subteniente *mf*

wobble ['wɒbəl] **1** *n* tambaleo *m*
2 *vi (of chair, table)* cojear, bailar; *(of jelly)* temblar, agitarse; *(of voice)* temblar

wobbly ['wɒblɪ] **1** *n* IDIOM *Br Fam* **to throw a w.** ponerse como una fiera *or Esp* hecho(a) un basilisco *or Méx* como agua para el chocolate
2 *adj (chair, table)* cojo(a); *(shelf, ladder)* tambaleante; **to be w. (on one's legs)** tambalearse, caminar con paso inseguro

wodge [wɒdʒ] *n Fam* (**a**) *(of paper, banknotes)* fajo *m* (**b**) *(of bread, cake)* cacho *m*

woe [wəʊ] *n Literary* infortunio *m*, desdicha *f*; **he gave me a tale of w.** me contó una sarta de desgracias; *Old-fashioned* **w. betide you** ¡ay de ti!

woebegone ['wəʊbɪgɒn] *adj (look, expression)* desconsolado(a)

woeful ['wəʊfʊl] *adj* (**a**) *(sad)* apesadumbrado(a), afligido(a) (**b**) *(terrible)* penoso(a), deplorable; **w. ignorance** una ignorancia supina

woefully ['wəʊfʊlɪ] *adv* (**a**) *(sadly)* apesadumbradamente, con pesadumbre (**b**) *(extremely)* terriblemente, extremadamente

wog [wɒg] *n Br very Fam* = término generalmente ofensivo para referirse a una persona que no es de raza blanca, especialmente afrocaribeños

wok [wɒk] *n* wok *m*, = sartén china con forma de cuenco

woke [wəʊk] *pt of* **wake**[3]

woken ['wəʊkən] *pp of* **wake**[3]

wold [wəʊld] *n* llanura *f* ondulada

wolf [wʊlf] *(pl* **wolves** [wʊlvz]) *n* (**a**) lobo *m* ▫ ***w. cub*** lobezno *m*, lobato *m*; ***w. pack*** jauría *f* de lobos; ***w. spider*** licosa *f*, araña *f* corredora; ***w. whistle*** silbido *m (como piropo)*
(**b**) IDIOMS **to earn enough to keep the w. from the door** ganar lo suficiente como para ir tirando; **to throw sb to the wolves** arrojar a alguien a las fieras; **a w. in sheep's clothing** un lobo con piel de cordero; **to cry w.** dar una falsa voz de alarma

▸**wolf down** *vt sep* tragar, engullir

wolfhound ['wʊlfhaʊnd] *n* perro *m* lobo

wolfish ['wʊlfɪʃ] *adj (appearance)* lobuno(a); *(appetite)* feroz

wolverine ['wʊlvəri:n] *n* glotón *m*

woman ['wʊmən] *(pl* **women** ['wɪmɪn]) *n* (**a**) *(adult female)* mujer *f*; **a young w.** una chica; **an old w.** una señora mayor, una anciana; **don't be such an old w.!** *(said to man)* ¡no seas tan quejica!; **I'm a busy/lucky w.** soy una mujer muy ocupada/afortunada; *Fam* **I can't stand the w. myself** a ésa es que no la aguanto; *Br Old-fashioned* **my (dear** *or* **good) w.!** ¡mi querida señorita!; **a w.'s hat/bicycle** un sombrero/una bicicleta de mujer; **a w.'s watch** un reloj de señora; **the women's 100 metres** los 100 metros femeninos; **w. of the streets** *(prostitute)* mujeres *fpl* de la calle; **a w. of the world** una mujer de mundo, una mujer con mucho mundo; **a w. of the people** una mujer del pueblo; **she's a w. of her word** es una mujer de palabra; **she's a w. of few words** es mujer de pocas palabras; **she's just the w. for the job** es la mujer indicada (para el trabajo); **the w. of the moment** la figura del momento; **to be one's own w.** ser dueña de sí mismo ▫ ***w. driver*** conductora *f*; ***women's lib*** *or* ***liberation*** la liberación de la mujer; ***women's magazine*** revista *f* femenina; ***the women's movement*** el movimiento feminista; ***women's page*** páginas *fpl* femeninas; *Euph* ***women's problems*** *(gynaecological)* problemas *mpl* femeninos; ***women's rights*** los derechos de las mujeres
(**b**) *(individual, person)* persona *f*; **any w.** cualquiera; **few women** poca gente
(**c**) *(wife)* mujer *f*; *Fam (girlfriend)* novia *f*; *Fam* **to have w. trouble** tener problemas de faldas *or RP* polleras; **the w. in my life** la mujer de mi vida

womanhood ['wʊmənhʊd] *n* (**a**) *(maturity)* edad *f* adulta *(de mujer)*; **to reach w.** hacerse mujer (**b**) *(femininity)* femin(e)idad *f* (**c**) *(women collectively)* las mujeres

womanish ['wʊmənɪʃ] *adj (effeminate)* afeminado(a)

womanizer ['wʊmənaɪzə(r)] *n* mujeriego *m*

womankind [wʊmən'kaɪnd] *n* las mujeres, la mujer

womanly ['wʊmənlɪ] *adj* femenino(a)

womb [wu:m] *n* matriz *f*, útero *m*

wombat ['wɒmbæt] *n* wombat *m*

women ['wɪmɪn] *pl of* **woman**

womenfolk ['wɪmɪnfəʊk] *n* mujeres *fpl*

won [wʌn] *pt & pp of* **win**

WONDER ['wʌndə(r)] **1** *n* **(a)** *(miracle)* milagro *m*; **to work** *or* **do wonders** hacer milagros; **it has worked** *or* **done wonders for my confidence** ha mejorado muchísimo mi seguridad en mí mismo; **it's a w. (that) he hasn't lost it** es un milagro *or* es increíble que no lo haya perdido; **the w. (of it) is that...** lo increíble (del asunto) es que...; **no w. the plan failed, it's little** *or* **small w. (that) the plan failed** no es de extrañar que el plan haya fracasado; **I broke it — no w.!** lo rompí — ¡no me sorprende *or* extraña!; **the Seven Wonders of the World** las Siete Maravillas del Mundo; *Fam* **the band were a one-hit w.** fue un grupo de un éxito; **ah, the wonders of modern technology!** ¡ah!, ¡qué maravilla la tecnología moderna!; IDIOM *Hum* **wonders will never cease!** ¡vivir para ver! ▫ ***w. child*** niño(a) *m,f* prodigio; ***w. drug*** droga *f* milagrosa

(b) *Fam (person)* **thanks, you're a w.!** ¡gracias, eres una maravilla!

(c) *(astonishment)* asombro *m*; **they were filled with w.** se quedaron asombrados; **in w.** con asombro

2 *vt* **(a)** *(ask oneself)* preguntarse; **I w. how they did it/what she means** me pregunto cómo lo hicieron/qué quiere decir; **I w. if** *or* **whether I could ask you a favour?** ¿te importaría hacerme un favor?; **I w. if** *or* **whether you could help me?** ¿te importaría ayudarme?; **I was wondering if** *or* **whether you were free tonight** se me ocurre que quizá no tengas nada que hacer esta noche; **it made me w. if** *or* **whether she was telling the truth** me hizo cuestionarme si decía o no la verdad; **one wonders whether...** me pregunto si...

(b) *(be surprised that)* **I w. (that) they didn't ring earlier** me sorprende que no hayan llamado antes; **I don't w. (that) they got into trouble** no me sorprende que se hayan metido en líos

3 *vi* **(a)** *(be curious)* **will she come, I w.?** me pregunto si vendrá; **can they win? — I w.** me pregunto si pueden ganar; **why do you ask? — I was just wondering** ¿por qué lo preguntas? — por curiosidad; **it makes you w.** te hace pensar; **it set me wondering** me dio que pensar; **where are they? — in the garden, I shouldn't w.** ¿dónde están? — en el jardín, imagino; **to w. about sth** *(motives)* preguntarse por algo; **I've been wondering about what to do** me he estado preguntando qué debo hacer; **I w. about her sometimes** *(don't understand her)* hay veces que no la entiendo; *(don't trust her)* a veces no sé si fiarme de ella; **some players have wondered out loud about the manager's tactics** algunos jugadores han criticado abiertamente las tácticas del entrenador

(b) *(be amazed)* asombrarse (**at** de); **you can't help but w. at their sheer cheek** no deja de asombrar su descaro

wonderful ['wʌndəfʊl] *adj* maravilloso(a); **to have a w. time** pasárselo de maravilla; **you passed? that's w.!** ¿aprobaste? ¡qué bien!

wonderfully ['wʌndəfʊlɪ] *adv* maravillosamente, de maravilla

wondering ['wʌndərɪŋ] *adj* pensativo(a)

wonderland ['wʌndəlænd] *n* paraíso *m*

wonderment ['wʌndəmənt] *n* asombro *m*; **to watch in w.** observar asombrado(a) *or* con asombro

wondrous ['wʌndrəs] *adj* maravilloso(a)

wonky ['wɒŋkɪ] *adj Br Fam (wheel, floorboards)* flojo(a); *(table)* cojo(a), *Am* chueco(a)

won't [wəʊnt] = **will not**

wont [wəʊnt] *Formal* **1** *n* costumbre *f*; **as is his w.** como acostumbra

2 *adj* **to be w. to do sth** ser dado(a) a hacer algo

wonted ['wəʊntɪd] *adj Formal (customary)* acostumbrado(a)

woo [wu:] *vt* **(a)** *(woman)* cortejar **(b)** *(supporters, investors)* atraer

wood [wʊd] *n* **(a)** *(material)* madera *f*; *(for fire)* leña *f*; **made of w.** de madera ▫ ***w. alcohol*** alcohol *m* metílico; ***w. carving*** *(object)* talla *f* (en madera); ***w. engraving*** xilografía *f*; ***w. pulp*** pasta *f* de papel; ***w. stain*** tinte *m* para la madera

(b) *(forest)* bosque *m*; **the woods** el bosque ▫ ***w. anemone*** anémona *f* de los bosques; ***w. nymph*** ninfa *f* de los bosques, dríada *f*

(c) *(in golf)* madera *f*; **a 3/5 w.** una madera del 3/5

(d) *(in bowls)* bolo *m*

(e) IDIOMS **she can't see the w. for the trees** los árboles no le dejan ver el bosque; **we're not out of the woods yet** todavía no hemos salido del túnel

woodbine ['wʊdbaɪn] *n (plant)* madreselva *f*

woodchuck ['wʊdtʃʌk] *n* marmota *f* de Norteamérica

woodcock ['wʊdkɒk] *n* chocha *f* perdiz

woodcut ['wʊdkʌt] *n* grabado *m* en madera, xilografía *f*

woodcutter ['wʊdkʌtə(r)] *n* leñador(ora) *m,f*

wooded ['wʊdɪd] *adj* cubierto(a) de árboles, boscoso(a)

wooden ['wʊdən] *adj* **(a)** *(made of wood)* de madera ▫ ***w. horse*** caballo *m* de madera; *Fam Hum* ***w. overcoat*** *(coffin)* traje *m* de madera; ***w. spoon*** cuchara *f* de palo; *Sport* cuchara de madera; *Sport* **to get the w. spoon** ser el farolillo rojo **(b)** *(actor, performance)* acartonado(a)

wooden-headed [wʊdən'hedɪd] *adj Fam* estúpido(a)

woodland ['wʊdlənd] *n* bosque *m*

woodlark ['wʊdlɑ:k] *n* totovía *f*

woodlouse ['wʊdlaʊs] (*pl* **woodlice** ['wʊdlaɪs]) *n* cochinilla *f*

wood(s)man ['wʊd(z)mən] *n (woodcutter)* leñador *m*; *(forest officer)* guarda *m* forestal; *(inhabitant)* hombre *m* del bosque

woodpecker ['wʊdpekə(r)] *n* pájaro *m* carpintero

woodpigeon ['wʊdpɪdʒən] *n* paloma *f* torcaz

woodpile ['wʊdpaɪl] *n* montón *m* de leña

woodruff ['wʊdrʌf] *n* asperilla *f*, reina *f* de los bosques

woodscrew ['wʊdskru:] *n* tornillo *m* para madera

woodshed ['wʊdʃed] *n* leñera *f*

woodwind ['wʊdwɪnd] *n Mus (section of orchestra)* sección *f* de (instrumentos de) viento de madera ▫ ***w. instrument*** instrumento *m* de viento de madera

woodwork ['wʊdwɜ:k] *n* **(a)** *(craft)* carpintería *f* **(b)** *(of house, room)* madera *f*, carpintería *f*; **they hit the w. three times** *(in soccer)* estrellaron tres disparos contra los palos; IDIOM **to come** *or* **crawl out of the w.** salir de las sombras, surgir de la nada

woodworm ['wʊdwɜ:m] *n* carcoma *f*

woody ['wʊdɪ] *adj* **(a)** *(countryside)* boscoso(a), arbolado(a) **(b)** *(plant)* leñoso(a) **(c)** *(taste, smell)* a madera

woof [wʊf] *exclam (of dog)* ¡guau!

woofer ['wʊfə(r)] *n (hi-fi speaker)* altavoz *m* *or Am* altoparlante *m or Méx* bocina *f* de graves

wool [wʊl] **1** *n* lana *f*; IDIOM *Fam* **to pull the w. over sb's eyes** embaucar *or Esp* dar el pego a alguien

2 *adj (jacket)* de lana

woollen ['wʊlən] **1** *adj (dress)* de lana

2 *npl* **woollens** prendas *fpl* de lana

woolly ['wʊlɪ] **1** *adj* **(a)** *(sweater)* de lana **(b)** *(idea, theory)* confuso(a)

2 *npl Fam (garment)* **woolies** ropa *f* de lana

Woolsack ['wʊlsæk] *n Br* **the W.** = escaño que ocupa el presidente de la cámara de los lores

woozy ['wu:zɪ] *adj Fam (dazed)* aturdido(a), atontado(a)

wop [wɒp] *n very Fam* = término despectivo para referirse a personas de origen italiano, *RP* tano(a) *m,f*

Worcester(shire) sauce ['wʊstə(ʃə)-'sɔ:s] *n* salsa *f* Perrins®

WORD [wɜ:d] **1** *n* **(a)** *(in general)* palabra *f*; **what's the w. for "bottle" in German?** ¿cómo se dice "botella" en alemán?; **I didn't understand a w. (of it)** no entendí ni una (sola) palabra; **it is written as one w.** se escribe (todo) junto; **in a w.** en una palabra; **in other words** en otras palabras; **she said it in her own words** lo dijo con sus propias palabras; **not in so many words** no con esas palabras; *Fig* **I had to explain it to him in words of one syllable** se lo tuve que explicar muy clarito; **I can't put it into words** no lo puedo expresar con palabras; **he's a man of few words** es hombre de pocas palabras; **without a w.** sin mediar palabra; **w. for w.** *(to repeat, quote)* al pie de la letra; *(to translate)* palabra por palabra; **I couldn't get a w. in (edgeways)** no pude abrir la boca *or Esp* meter baza; **don't say** *or* **breathe a w. about it** no digas ni una palabra; **take my w. for it** te lo aseguro; **I'll take your w. for it** daré por cierto lo que (me) dices; **I took him at his w.** me fié de su palabra; **it was too ridiculous for words** no se puede imaginar nada más ridículo; **I'm too disappointed for words** no te puedes imaginar lo decepcionado que estoy; *Old-fashioned* **(upon) my w.!** ¡Virgen Santa!; **are you annoyed? — annoyed isn't the w.!** ¿estás enfadado *or Am* enojado? – ¡enfadado *or Am* enojado es poco!; **the W. (of God)** la palabra de Dios; **the printed/ written w.** la palabra impresa/escrita ▫ ***w. association*** asociación *f* de ideas a través de las palabras; *Comptr* ***w. count*** cuenta *f* de palabras; ***w. game*** juego *m or* pasatiempo *m* a base de palabras; *Gram* ***w. order*** orden *m* de las palabras; ***w. play*** juegos *mpl* de palabras; *Comptr* ***w. processing*** tratamiento *m* de textos; *Comptr* ***w. processor*** procesador *m* de textos; *Comptr* ***w. wrap*** autorretorno *m*

(**b**) *(remarks, conversation)* **to have a w.** *or* **a few words with sb** hablar con alguien; **could I have a quick w.?** ¿podríamos hablar un momento?; *Fam* **to have words with sb** *(argue)* discutir con alguien; **to have a w. in sb's ear** hablar con alguien en privado; **you're putting words into my mouth** me estás atribuyendo cosas que no he dicho; **I'd like to say a w. about punctuality** querría hacer un comentario sobre la puntualidad; **you've taken the words (right) out of my mouth** me has quitado *or Am* sacado la palabra de la boca; **she wants a w. with you** quiere hablar contigo; **he never has a good w. for anyone** nunca tiene buenas palabras para nadie; **to put in a good w. for sb** decir algo en favor de alguien; **a w. of advice, a w. to the wise** un consejo; **a w. of caution** un consejo; **a w. of encouragement** unas palabras de aliento; **to say a w. of thanks to sb** decir unas palabras de agradecimiento a alguien; **a w. of warning** una advertencia

(**c**) *(news)* **w. of the scandal was leaked to the press** se filtraron a la prensa noticias del escándalo, **we got w. of the decision from an inside source** nos enteramos de la decisión por una fuente interna; **I left w. with reception that I'd be back late** dejé dicho en recepción que volvería tarde; **to put the w. about** *or* **around** *or* **out that...** hacer circular la voz de que...; **to receive** *or* **have w. from sb** tener noticias de alguien; **we have received** *or* **had no w. from them** no hemos sabido nada de ellos, no hemos tenido noticias suyas; **to send sb w. of sth** avisar a alguien de algo; **they sent w. to say that they were safe** enviaron un mensaje diciendo que estaban a salvo; **to spread** *or* **pass the w.** correr la voz; **the w. is that..., w. has it that...** se rumorea que...; **the w. is out that Bob and Liz are to divorce** se rumorea que Bob y Liz se van a divorciar; **w. got around that there were going to be redundancies** corrió la voz de que iba a haber despidos; **by w. of mouth** de palabra

(**d**) *(promise)* palabra *f*; **he broke** *or* **went back on his w.** no cumplió con su palabra; **I give you my w., you have my w.** te doy mi palabra; **I give you my w. that I won't tell anyone** te doy mi palabra de que no se lo diré a nadie; **I always keep my w.** yo siempre mantengo mi palabra; **to take sb at their w.** fiarse de la palabra de alguien; **w. of honour** palabra *f* de honor

(**e**) *(command)* **do it as soon as you receive w. from headquarters** hazlo tan pronto como recibas órdenes del cuartel general; **to give sb the w.** avisar a alguien; **just say the w. and I'll do it** no tienes más que pedirlo, y lo haré; **start running at my w.** comenzad a correr cuando os lo diga

(**f**) **words** *(lyrics)* letra *f*; **I'm learning my words** estoy aprendiendo mi papel; **he forgot his words** se olvidó de lo que tenía que decir

2 *vt* expresar; *(in writing)* redactar; **a carefully-worded letter** una carta muy bien medida

---

word-blindness ['wɜːdblaɪndnɪs] *n* dislexia *f*

wording ['wɜːdɪŋ] *n* **to change the w. of sth** redactar algo de otra forma; **the w. was ambiguous** estaba redactado de forma ambigua

word-perfect [wɜːd'pɜːfɪkt] *adj* al dedillo

wordsearch ['wɜːdsɜːtʃ] *n (puzzle)* sopa *f* de letras

wordsmith ['wɜːdsmɪθ] *n* artífice *mf* de la palabra

wordy ['wɜːdɪ] *adj* verboso(a)

wore [wɔː(r)] *pt of* **wear**

WORK [wɜːk] **1** *n* (**a**) *(labour)* trabajo *m*; **w. in progress** *(sign)* trabajos en curso; **to be at w. (on sth)** estar trabajando (en algo); **to be at w.** *(workplace)* estar en el trabajo; **men at w.** *(sign)* obras; **you can see his Cubist influences at w. in this painting** en este cuadro se observan *or* se ponen de manifiesto sus influencias cubistas; **to get to w.** *(begin working)* ponerse a trabajar; *(arrive at workplace)* llegar al trabajo; **to go to w.** *(begin working)* ponerse a trabajar; *(go to workplace)* ir al trabajo; **she put** *or* **set them to w. cleaning the kitchen** los puso a trabajar limpiando la cocina; **when do you start/ finish w.?** ¿cuándo comienzas/acabas de trabajar?; **they have finished w. on the new bus station** ya han acabado las obras de la nueva estación de autobuses; **the house needs a lot of w.** la casa necesita muchas reformas; PROV **all w. and no play (makes Jack a dull boy)** no conviene obsesionarse con el trabajo ▫ ***w. camp*** campo *m* de trabajo; ***the w. ethic*** la ética del trabajo; ***w. study*** estudio *m* de trabajo; ***w. surface*** superficie *m* de trabajo

(**b**) *(employment)* trabajo *m*, empleo *m*; **to look for/find w.** buscar/encontrar empleo *or* trabajo; **I'm looking for secretarial w.** busco (un) trabajo de secretaria; **I started w. at the age of sixteen** comencé a trabajar a los dieciséis (años); **to be in w.** tener trabajo; **to be out of w.** no tener trabajo, estar parado(a) ▫ ***w. experience*** *(previous employment)* experiencia *f* laboral; *Br (placement)* prácticas *fpl* (laborales); ***w. permit*** permiso *m* de trabajo

(**c**) *(effort)* esfuerzo *m*; **to put a lot of w. into sth** poner mucho esfuerzo en algo; **it will take a lot of w.** costará mucho trabajo; **take the w. out of doing the washing-up!** ¡olvídese del trabajo de fregar!

(**d**) *(tasks)* trabajo *m*; **to have w. to do** tener trabajo (que hacer); **let's get down to w.!** ¡manos a la obra!; IDIOM **to have one's w. cut out** tenerlo bastante difícil; IDIOM **to make quick** *or* **short w. of sth** despachar algo en seguida; IDIOM **it's all in a day's w.** es el pan nuestro de cada día; **good** *or* **nice w.!** ¡buen trabajo!

(**e**) *(product, achievement)* obra *f*; **a w. of art** una obra de arte; **is this all your own w.?** ¿lo has hecho todo tú mismo?; **this is the w. of a professional killer** ha sido obra de un asesino a sueldo

(**f**) *(research)* trabajo *m*

(**g**) *Ind* **a cement works** una fábrica *or Am* planta de cemento, una cementera; **£300 ex works** 300 libras más gastos de envío; **works outing** excursión *f* anual (de los trabajadores de una empresa) ▫ ***works council*** comité *m* de empresa

(**h**) **works** *(construction)* obras *fpl*

(**i**) **works** *(mechanism)* mecanismo *m*

(**j**) *Fam* **the works** *(everything)* todo; **to give sb the works** *(beating)* dar una paliza a alguien; *(luxury treatment)* tratar a alguien a cuerpo de rey

(**k**) *Fam* **works** *(drug paraphernalia)* material *m* (para ponerse)

(**l**) *Phys* trabajo *m*

2 *vt* (**a**) *(hours, days)* trabajar; **I w. a six-day week** trabajo seis días a la semana; **to w. one's passage** pagarse el pasaje trabajando en el barco

(**b**) *(cause to do labour)* **to w. sb hard** hacer trabajar mucho a alguien; **to w. sb/ oneself to death** matar a alguien/ matarse a trabajar

(**c**) *(operate) (machine)* manejar, hacer funcionar; **the machine is worked by turning this handle** la máquina se acciona girando esta manivela; **do you know how to w. this VCR?** ¿sabes manejar este vídeo *or Am* video?

(**d**) *(bring about) (miracle, cure)* hacer, obrar; **to w. a change on sth/sb** operar un cambio en algo/alguien; **the landscape**

soon worked its magic on us el paisaje no tardó *or Am* demoró en cautivarnos; **to w. oneself into a frenzy** ponerse frenético(a); **I'll w. it** *or* **things so that they pay in advance** lo arreglaré de forma que paguen por adelantado

(**e**) *(move)* **to w. one's hands free** lograr soltarse las manos; **he worked his way to the front of the crowd** se abrió paso hasta el frente de la multitud; **to w. one's way through a book** ir avanzando en la lectura de un libro; **she worked her way up through the company** fue progresando en la compañía a base de trabajo

(**f**) *(do work in)* **I w. the north of the town** cubro la zona norte de la ciudad

(**g**) *(exploit) (mine, quarry)* explotar; *(land)* labrar

(**h**) *(shape) (clay, metal, dough)* trabajar; **to w. sth into sth** transformar algo en algo

3 *vi* (**a**) *(of person)* trabajar; **I w. as a translator** trabajo de *or* como traductor; **to w. for sb** trabajar para alguien; **to w. for oneself** trabajar por cuenta propia; **to w. towards an agreement** trabajar para alcanzar un acuerdo; **she works with disabled people** trabaja con discapacitados; *Ind* **to w. to rule** hacer huelga de celo; **we worked until we dropped** trabajamos hasta el agotamiento

(**b**) *(function) (of machine, system)* funcionar; **my brain was working frantically** mi cerebro estaba trabajando a tope; **it works off** *or* **on solar power** funciona con energía solar

(**c**) *(have effect) (of medicine)* hacer efecto; *(of plan, method)* funcionar; **the sax solo doesn't really w.** el solo de saxo no queda nada bien; IDIOM **to w. like magic** *or* **a charm** funcionar de maravilla

(**d**) *(count)* **her age works against her/in her favour** la edad juega en su contra/en su favor

(**e**) *(move)* **the screw worked loose** el tornillo se soltó

▸**work at** *vt insep (try to improve)* intentar mejorar

▸**work in** *vt sep (include)* añadir, incluir; **w. the butter in slowly** ve incorporando la mantequilla poco a poco

▸**work into** *vt sep (include)* añadir, incluir; **w. the butter into the flour** mezcla la mantequilla con la harina

▸**work off** *vt sep* (**a**) *(get rid of)* **he worked off 5 kilos** perdió 5 kilos haciendo ejercicio; **she worked off her anger** desahogó su enfado *or Am* enojo

(**b**) *(debt)* trabajar para amortizar

▸**work on 1** *vt insep* (**a**) *(try to improve)* **to w. on sth** trabajar en algo

(**b**) *(try to influence)* **I'll w. on my brother to see if I can get him to help us** trabajaré a mi hermano para que nos ayude

(**c**) *(base oneself on)* **to w. on the assumption that...** partir de la base de que...

2 *vi (continue to work)* seguir trabajando

▸**work out 1** *vt sep* (**a**) *(cost, total)* calcular; *(plan)* elaborar; *(compromise)* llegar a; *(details)* precisar; **to w. out the answer** dar con la solución; **she won't tell us the answer, so we'll have to w. it out for ourselves** no quiere decirnos la respuesta, por lo que la tendremos que sacar por nosotros mismos; **to w. out how to do sth** dar con la manera de hacer algo; **I finally worked out what was going on** al final conseguí entender lo que pasaba; **we need to w. out who does what** necesitamos establecer quién hace qué; **I can't w. out where I went wrong** no consigo descubrir dónde me he equivocado; **we need to w. out a way of letting them know** tenemos que idear una manera de decírselo; **I've got it all worked out** lo tengo todo planeado; **I'm sure we can w. this thing out** estoy seguro de que lo podemos arreglar; **I can't w. her out** no consigo entenderla

(**b**) *(solve)* **it'll all w. itself out** todo se arreglará

(**c**) *(complete)* **I can't start my new job until I've worked out my notice** no puedo empezar mi nuevo trabajo hasta que no cumpla mis obligaciones contractuales con el que tengo ahora

2 *vi* (**a**) *(of problem, situation)* **it all** *or* **things worked out in the end** al final todo salió bien; **to w. out well/badly (for sb)** salir bien/mal (a alguien); **how are things working out with your new boyfriend?** ¿qué tal te van las cosas con tu nuevo novio?; **my new job isn't really working out** mi nuevo trabajo no está resultando

(**b**) *(total)* salir; **it works out a bit more expensive** sale un poco más caro; **it works out at $150 each** sale a 150 dólares por cabeza

(**c**) *(exercise)* hacer ejercicios

▸**work over** *vt sep Fam (beat up)* dar una paliza a

▸**work up** *vt sep* (**a**) *(acquire, build up)* **to w. up enthusiasm/interest for sth** ir entusiasmándose con/interesándose por algo; **to w. up the courage to do sth** reunir el valor para hacer algo; **I've worked up an appetite after all that walking** después de tanto caminar me ha entrado el apetito; **I worked up a sweat on the exercise bike** sudé mucho en la bicicleta estática

(**b**) *(upset)* **to be worked up (about sth)** estar alterado(a) (por algo); **to get worked up (about sth), to w. oneself up (about sth)** alterarse (por algo); **to w. oneself up into a frenzy** ponerse frenético(a)

(**c**) *(develop)* **she worked the notes up into an article** convirtió las notas en un artículo

▸**work up to 1** *vt insep* prepararse *or Am* alistarse para

2 *vt sep* **I'm working myself up to asking her out** me estoy mentalizando para pedirle salir

---

workable ['wɜːkəbəl] *adj* factible

workaday ['wɜːkədeɪ] *adj* corriente, de todos los días

workaholic [wɜːkə'hɒlɪk] *n Fam* **to be a w.** estar obsesionado(a) con el trabajo

workbag ['wɜːkbæg] *n* bolsa *f* de la labor

workbasket ['wɜːkbɑːskɪt] *n* cesta *f* de la labor, costurero *m*

workbench ['wɜːkbentʃ] *n* banco *m* de carpintero

workbook ['wɜːkbʊk] *n* libro *m* de ejercicios

workbox ['wɜːkbɒks] = **workbasket**

workday ['wɜːkdeɪ] *n US* jornada *f* laboral

worked [wɜːkt] *adj* trabajado(a), elaborado(a); **a w. example** *(in textbook)* un ejemplo resuelto

worker ['wɜːkə(r)] *n* trabajador(ora) *m,f*; **to be a fast/slow w.** trabajar rápido/lento ❑ ***w. ant*** hormiga *f* obrera; ***w. bee*** abeja *f* obrera; ***w. participation*** participación *f* (de los trabajadores) en la empresa; ***w. priest*** sacerdote *m or* cura *m* obrero

workfare ['wɜːkfeə(r)] *n US* = trabajos para la comunidad o cursos de formación de carácter obligatorio para desempleados con subsidio

workforce ['wɜːkfɔːs] *n* (**a**) *(working population)* población *f* activa (**b**) *(employees)* trabajadores *mpl*, mano *f* de obra

workhorse ['wɜːkhɔːs] *n* (**a**) *(horse)* caballo *m* de tiro (**b**) *(person)* burro *m* de carga; *(machine)* principal herramienta *f*

workhouse ['wɜːkhaʊs] *n Hist* = institución pública en la que los pobres trabajaban a cambio de comida y albergue

work-in ['wɜːkɪn] *n (by employees)* encierro *m*

working ['wɜːkɪŋ] **1** *n* (**a**) *(operation) (of machine)* funcionamiento *m*

(**b**) **workings** *(mechanism)* mecanismo *m*, maquinaria *f*

2 *adj (person)* con trabajo, trabajador(ora); **to have a w. knowledge of French** tener un conocimiento básico de francés; **to be in w. order** funcionar bien ❑ ***w. agreement*** acuerdo *m* tácito; *Fin* ***w. capital*** capital *m* disponible; ***the w. class*** la clase trabajadora *or* obrera; ***w. clothes*** ropa *f* de trabajo; ***w. conditions*** condiciones *fpl* de trabajo; ***w. day*** jornada *f* laboral; ***w. hours*** horario *m* de trabajo; ***w. hypothesis*** hipótesis *f inv* de trabajo; ***w. life*** vida *f* laboral; ***w. lunch*** almuerzo *m* de trabajo; ***w. majority*** mayoría *f* suficiente; ***w. model*** prototipo *m*; ***w. party*** comisión *f* de trabajo; ***w. population*** población *f* activa; ***w. week*** semana *f* laboral

working-class ['wɜːkɪŋ'klɑːs] *adj* de clase trabajadora *or* obrera

workload ['wɜːkləʊd] *n* cantidad *f* de trabajo

workman ['wɜːkmən] *n* obrero *m*; PROV **a bad w. always blames his tools** = es lo de que yo no vine a luchar con los elementos

workmanlike ['wɜːkmənlaɪk] *adj* competente, profesional

workmanship ['wɜːkmənʃɪp] *n* confección *f*, factura *f*; **a fine piece of w.** un trabajo de excelente factura

workmate ['wɜːkmeɪt] *n Br* compañero(a) *m,f* de trabajo

work-out ['wɜːkaʊt] *n* sesión *f* de ejercicios

workplace ['wɜ:kpleɪs] *n* lugar *m* de trabajo

workroom ['wɜ:kru:m] *n* taller *m*

worksheet ['wɜ:kʃi:t] *n (detailing work plan)* hoja *f* de trabajo; *(of exercises)* hoja *f* de ejercicios

workshop ['wɜ:kʃɒp] *n also Educ* taller *m*

workshy ['wɜ:kʃaɪ] *adj* perezoso(a)

workspace ['wɜ:kspeɪs] *n* espacio *m* de trabajo

workstation ['wɜ:ksteɪʃən] *n Comptr* estación *f* de trabajo

worktop ['wɜ:ktɒp] *n (in kitchen)* encimera *f*

work-to-rule [wɜ:ktə'ru:l] *n Ind* huelga *f* de celo

workwear ['wɜ:kweə(r)] *n* ropa *f* de trabajo

WORLD [wɜ:ld] **1** *n* (**a**) *(the earth)* mundo *m*; **the best/biggest in the w.** el mejor/más grande del mundo; **workers of the w., unite!** proletarios del mundo, ¡uníos!; **to go round the w.** dar la vuelta al mundo; **to sail round the w.** circunnavegar el mundo; **to see the w.** ver mundo; **the w. over, all over the w.** en todas partes; **people from all over the w.** gente de todas partes ▫ ***the W. Bank*** el Banco Mundial; ***w. champion*** campeón(ona) *m,f* mundial; ***w. championship(s)*** campeonato *m* mundial, campeonatos *mpl* mundiales; ***W. Council of Churches*** Concilio *m* Mundial de las Iglesias; ***the W. Cup*** *(of soccer)* el Mundial (de fútbol), los Mundiales (de fútbol); *(of cricket, rugby, basketball)* el Mundial, el Campeonato del Mundo; ***W. Fair*** Exposición *f* Universal; ***W. Health Organization*** Organización *f* Mundial de la Salud; ***w. language*** lenguaje *m* universal; ***w. map*** mapamundi *m*; ***w. music*** música *f* étnica; ***w. power*** *(country)* potencia *f* mundial; ***w. record*** récord *m* mundial *or* del mundo; ***W. Series*** Serie *f* Mundial, = final a siete partidos entre los dos campeones de las ligas de béisbol en Estados Unidos; ***W. Service*** *(of BBC)* = división de la BBC que emite programas para el extranjero; ***W. Trade Organization*** Organización *f* Mundial del Comercio; ***W. War One/Two*** la Primera/Segunda Guerra Mundial; ***the W. Wide Web*** la (World Wide) Web; ***W. Wildlife Fund*** Fondo *m* Mundial para la Naturaleza

(**b**) *(sphere of activity)* mundo *m*; **the literary/business w.** el mundo literario/de los negocios

(**c**) *(kingdom)* **the animal/plant w.** el mundo animal/vegetal

(**d**) *(society)* **to create a better w.** crear un mundo mejor; **to come down in the w.** venir a menos; **to go up in the w.** prosperar; **a man of the w.** un hombre de mundo; **the w. at large** el mundo en general ▫ ***w. view*** visión *f* del mundo

(**e**) *(for emphasis)* **there's a w. of difference between the two parties** los dos partidos no tienen nada que ver (el uno con el otro); **that will do you the** *or* **a w. of good** te vendrá la mar de bien; **I'd give the w. to...** daría cualquier cosa *or* lo que fuera por...; **you mean (all) the w. to me** lo eres todo para mí; **she thinks the w. of him** lo quiere como a nada en el mundo; **they carried on for all the w. as if nothing had happened** siguieron tranquilamente como si nada hubiera pasado; **I wouldn't do that for anything in** *or* **all the w.** no lo haría ni por todo el oro del mundo; **nothing in the w. can stop them** nada en el mundo los detendrá; **what/where/who in the w....?** ¿qué/dónde/quién demonios...?

(**f**) IDIOMS *Fam Hum* **all the w. and his wife** *or* **her husband were there** todo Dios estaba allí; **to watch the w. go by** ver a la gente pasar; **they are worlds apart** media un abismo entre ellos/ellas; **he's not long for this w.** le queda poco, está con un pie en la tumba; **the w. is your oyster** el mundo es tuyo; **to bring a child into the w.** traer un niño al mundo; *Literary* **to come into the w., to enter this w.** venir al mundo; **what is the w. coming to?** ¿adónde vamos a ir a parar?; **he wants to have the best of both worlds** él quiere tenerlo todo (y eso no es posible); **he's got the w. at his feet** tiene el mundo a sus pies; **she lives in a w. of her own** vive en su propio mundo; **love makes the w. go round** el amor lo puede todo; **to set the w. alight** *or* **on fire** causar sensación; **in the next w.** en el otro mundo; **in this w. and the next** en esta y en la próxima vida; **multinationals like the General Motors of this w.** las multinacionales como la General Motors; *Fam* **it's out of this w.** es una maravilla

2 *adj (peace, economy, statesman)* mundial; *(history)* del mundo, mundial

world-beater ['wɜ:ldbi:tə(r)] *n (sportsperson)* fuera de serie *mf*; *(product)* producto *m* fuera de serie

world-class ['wɜ:ldklɑ:s] *adj Sport* de talla mundial *or* internacional; *Ironic* de tomo y lomo

world-famous ['wɜ:ld'feɪməs] *adj* mundialmente famoso(a)

worldliness ['wɜ:ldlɪnɪs] *n* sofisticación *f*, mundanería *f*

worldly ['wɜ:ldlɪ] *adj (person)* mundano(a); *(pleasure)* mundano(a), terrenal ▫ ***w. goods*** bienes *mpl* terrenales; ***w. wisdom*** gramática *f* parda

worldly-wise ['wɜ:ldlɪ'waɪz] *adj* **to be w.** tener mucha experiencia de *or* en la vida

world-weary ['wɜ:ldwɪərɪ] *adj* hastiado(a) (del mundo)

worldwide ['wɜ:ldwaɪd] **1** *adj* mundial

2 *adv* en todo el mundo

worm [wɜ:m] **1** *n* (**a**) gusano *m*; *(earthworm)* lombriz *f* (de tierra); **to have worms** *(intestinal)* tener lombrices (**b**) *Comptr* gusano *m (virus informático)* (**c**) IDIOMS **he's a w.** es un miserable *or* un gusano; **the w. has turned!** ¡finalmente el perro enseña los dientes!; **a w.'s eye view** una visión en profundidad

2 *vt* (**a**) *(cat, dog)* administrar vermífugos a (**b**) *(wriggle)* **she wormed her way out of the situation** logró salir del paso; *Pej* **to w. oneself into sb's favour/confidence** ganarse el favor/la confianza de alguien (**c**) *(extract)* **to w. a secret out of sb** sonsacar un secreto a alguien

wormcast ['wɜ:mkɑ:st] *n* = cúmulo dejado por una lombriz de tierra

worm-eaten ['wɜ:mi:tən] *adj (wood)* carcomido(a); *(fruit)* agusanado(a)

wormhole ['wɜ:mhəʊl] *n* (**a**) *(in wood, fruit)* agujero *m* de gusano (**b**) *Astron* agujero *m* de gusano

worn [wɔ:n] *pp of* **wear**

worn out [wɔ:n'aʊt] *adj* (**a**) *(person)* agotado(a), extenuado(a) (**b**) *(object)* gastado(a)

worried ['wʌrɪd] *adj* preocupado(a); **a w. expression** una expresión de preocupación; **I'm w. that I won't remember** me preocupa que se me olvide; **to be w. (about)** estar preocupado(a) (por); **to be w. sick** *or* **to death** estar muerto(a) de preocupación

worriedly ['wʌrɪdlɪ] *adv* con preocupación

worrier ['wʌrɪə(r)] *n* **to be a w.** preocuparse por todo

worrisome ['wʌrɪsəm] *adj* preocupante

worry ['wʌrɪ] **1** *n* preocupación *f*; **it's causing me a lot of w.** me tiene muy preocupado; **that's the least of my worries** eso es lo que menos me preocupa ▫ ***w. beads*** = sarta de cuentas que se manipula para calmar los nervios

2 *vt* (**a**) *(cause anxiety to)* preocupar; **it doesn't w. me** no me preocupa; **to w. oneself sick (about sth)** angustiarse (por algo) (**b**) *(of dog) (sheep)* perseguir, acosar; *(bone)* jugar con

3 *vi* preocuparse (**about** de); **not to w.!** ¡no pasa nada!; **don't (you) w. about me** no te preocupes por mí; **I'll pay it back next week – no, don't w. about it!** te lo pago la semana que viene – ¡no te preocupes!; **there's** *or* **it's nothing to w. about** no hay de qué preocuparse

▸**worry at** *vt insep (bone)* jugar con; *(scab)* tocarse; *(problem)* darle vueltas a

worrying ['wʌrɪɪŋ] *adj* preocupante

worryingly ['wʌrɪɪŋlɪ] *adv* preocupantemente, de forma preocupante; **w., there has been no improvement** es muy preocupante que no haya habido ninguna mejora

worrywart ['wʌrɪwɔ:t] *n US Fam Esp* angustias *mf inv*, *Am* angustiado(a) *m,f*

WORSE [wɜ:s] **1** *n* **there was w. to come, w. was to follow** lo peor no había llegado aún; **I've seen w.** he visto cosas peores; **a change for the w.** un cambio a peor

2 *adj (comparative of* **bad***)* peor (**than** que); **there's nothing w. than...** no hay nada peor que...; **it's w. than we thought** es peor de lo que pensábamos; **the video is now w. than useless** el vídeo *or Am* video ya no vale para nada; **to get w.** empeorar; **the wind got w.** el viento comenzó a soplar con más fuerza; **the rain got w.** comenzó a llover más fuerte; **it could have been w.** podría haber sido peor; **rubbing your eyes will only make them w.** frotándote los ojos no arreglas nada; **it only made things w.** sólo empeoró las cosas; **to go from bad to w.** ir de mal en peor; **I'm none the w. for the experience** me siento perfectamente a pesar de la experiencia; **he's lost a couple of kilos but he's none the w. for it** le ha sentado muy bien perder un par de kilos; **so much the w. for them!** ¡peor para ellos!; **she was the w. for drink** estaba bastante bebida; *Fam* **to be the w. for wear** estar para el arrastre; *Fam* **it was none the w. for wear** tampoco estaba tan mal; **and, what's w.,...** y, lo que es peor, ...; *Fam* **I can't go, w. luck!** ¡no puedo ir, por desgracia!

3 *adv (comparative of* **badly***)* peor; **you could do (a lot) w. than accept their offer** harías bien en aceptar su oferta; **he may not be terribly handsome, but you could do (a lot) w.** puede que no sea de lo más guapo, pero los hay peores; **I don't think any w. of her for it** no tengo peor concepto de ella por eso; **he is w. off than before** *(in less good situation)* las cosas le van peor que antes; *(poorer)* está peor económicamente que antes; **I'm $100 w. off than before** tengo 100 dólares menos que antes

worsen ['wɜːsən] *vt & vi* empeorar

Worship ['wɜːʃɪp] *n* **His/Her W.** *(referring to judge)* Su Señoría; **His W. the Mayor** el excelentísimo señor alcalde

worship ['wɜːʃɪp] **1** *n (of deity)* adoración *f* (**of** de), culto *m* (**of** a); *(of person)* adoración *f* (**of** por); **place of w.** templo *m*

2 *vt* (*pt & pp* **worshipped,** *US* **worshiped**) *(deity)* adorar, rendir culto a; *(person)* adorar; *(money)* rendir culto a

WORST [wɜːst] **1** *n* **the w.** lo peor; *(plural)* los peores; **he's the w. of them all** es el peor de todos; **the ones that refuse to cooperate are the w.** los que se niegan a cooperar son los peores; **that's the w. I've ever played** nunca había jugado tan mal; **the w. that could happen** lo peor que podría suceder; **the w. of it is that...** lo peor de todo es que...; **he's prepared for the w.** está preparado para lo peor; **the w. is yet to come** lo peor está aún por llegar; **the w. is over** ya ha pasado lo peor; **she's at her w. in the mornings** la mañana es su peor momento del día; **an example of communism at its w.** un ejemplo de lo peor del comunismo; **at (the) w.** en el peor de los casos; **he brings out the w. in me** saca lo peor de mí; IDIOM **if it** *or* **the w. comes to the w.** en el peor de los casos; *Fam Hum* **do your w.!** ¡aquí te espero!, ¡ven a por mí si puedes!; **we have taken all possible precautions, so let the hurricane do its w.!** hemos tomado todas las precauciones posibles, ¡ya puede venir el huracán!; **she got** *or* **had the w. of it** *(in quarrel, fight)* se llevó la peor parte

2 *adj (superlative of* **bad***)* peor; **the w. book** el peor libro; **the w. film** la peor película; **his w. mistake** su error más grave; **the w. one** el/la peor; **the w. ones** los/las peores; **the w. thing was...** lo peor fue...; **this is a w. case scenario** esto es lo que ocurriría en el peor de los casos

3 *adv (superlative of* **badly***)* peor; **the North has been w. hit by the storms** el Norte ha sufrido los peores efectos de las tormentas; **w. of all,...** y lo que es peor,...; **the elderly are the w. off** *(in least good situation)* los ancianos son los que peor están; *(poorest)* los ancianos son los que menos dinero tienen; **he came off w.** se llevó la peor parte, fue quien salió peor parado

4 *vt Old-fashioned* derrotar

worsted ['wʊstɪd] *n Tex* estameña *f*

WORTH [wɜːθ] **1** *n* valor *m*; **give me $30 w. of gasoline** póngame 30 dólares de gasolina *or RP* nafta; **a week's w. of fuel** combustible para una semana; **men of such w. are few and far between** hombres tan valiosos se pueden contar con los dedos de la mano; **to get one's money's w.** sacar partido al *or* del dinero; **you should know your own w.** deberías saber lo que vales; **she has proved** *or* **shown her w.** ha desmostrado su valía

2 *prep* **(a)** *(having a value of)* **to be w. £150/a lot of money** valer 150 libras/ mucho dinero; **how much is it w.?** ¿qué valor tiene?; **prizes w. $10,000** premios por valor de 10.000 dólares; **is it really w. all that money?** ¿vale la pena pagar ese precio?; **it was (well) w. the money we paid for it** justificó el dinero que pagamos por él; **it must be w. a fortune** debe costar *or* valer una fortuna; **this watch is w. a lot to me** tengo muchísimo aprecio a este reloj; *Fam* **can I borrow your bike? — what's it w.?** ¿me prestas tu bici? —¿a cambio de qué?; *Fam* **he's w. at least 50 million** tiene por los menos 50 millones; **he was pulling for all he was w.** tiraba con todas sus fuerzas; **we exploited the loophole for all it was w.** aprovechamos el vacío legal al máximo; **that's my opinion, for what it's w.** esa es mi opinión, si sirve de algo; **for what it's w., we wouldn't have won anyway** total, para lo que importa, no hubiéramos ganado de ninguna manera; IDIOM **it's not w. the paper it's written on** es papel mojado; IDIOM **you're w. your weight in gold** vales tu peso en oro

(b) *(meriting)* **it's w. it** merece *or* vale la pena; **it isn't w. it** no merece *or* vale la pena; **her achievement was w. a mention in the local paper** su logro mereció una mención en el periódico local; **it was w. a try** mereció *or* valió la pena intentarlo; **the museum is w. a visit** merece *or* vale la pena visitar el museo; **it was (well) w. the effort** el esfuerzo (ciertamente) mereció *or* valió la pena; **this book is not w. buying** no merece *or* vale la pena comprar este libro; **he isn't w. crying about** no merece *or* vale la pena que llores por él; **it's w. reading the instructions first** conviene leer primero las instrucciones; **it's w. remembering/ mentioning that...** cabe recordar/ mencionar que...; **it's w. thinking about** es algo a tener en cuenta

worthless ['wɜːθlɪs] *adj* **to be w.** *(thing)* no valer nada, no tener ningún valor; **he's completely w.** es un perfecto inútil

worthlessness ['wɜːθlɪsnɪs] *n* falta *f* de valor, insignificancia *f*

worthwhile [wɜːθ'waɪl] *adj* **to be w.** merecer *or* valer la pena; **this makes it all w.** esto hace que valga la pena

worthy ['wɜːðɪ] **1** *n* **the town worthies** los notables *or* las fuerzas vivas de la ciudad

2 *adj (person, life)* virtuoso(a); *(winner)* digno(a), merecido(a); **it's for a w. cause** es para una causa justa; **to be w. of sth** merecer algo; **other features w. of mention are...** otras características dignas de mención son...; **w. of the name** que se precie; **it isn't w. of him** eso le desmerece; **w. of respect** digno(a) de respeto

wotcha ['wɒtʃə] *exclam Br Fam* ¡qué tal!, ¡qué pasa!, *CAm, Col, Méx* ¡qué hubo!

WOULD [wʊd] *modal aux v*

> En el inglés hablado, y en el escrito en estilo coloquial, el verbo **would** se contrae de manera que **I/you/he** *etc* **would** se transforman en **I'd, you'd, he'd** *etc.* La forma negativa **would not** se transforma en **wouldn't**.

(a) *(expressing conditional tense)* **she w. come if you invited her** si la invitases, vendría; **had he let go** *or* **if he had let go, he w. have fallen** si (se) hubiera soltado, se habría caído; **it w. be too dangerous** sería demasiado peligroso; **they w. never agree to such conditions** nunca aceptarían unas condiciones así; **w. you do it? – yes I w./no I wouldn't** ¿lo harías? - sí/no; **you wouldn't do it, w. you?** tú no lo harías, ¿verdad?; **I w. if I could** lo haría si pudiera

(b) *(in reported speech)* **she told me she w. be there** me dijo que estaría allí; **I said I w. do it** dije que lo haría; **I asked him to leave, and he said he w./but he said he wouldn't** le pedí que se marchara, y dijo que sí/pero dijo que no

(c) *(expressing wish, determination)* **I wouldn't do it for anything** no lo haría por nada del mundo; **I w. like to know** me gustaría saberlo; **she wouldn't let me speak to him** no me dejaba hablar con él; **they wouldn't say who did it** no querían decir quién lo había hecho; **what w. you have me do?** ¿qué quieres que haga?; **the wound wouldn't heal** la herida no cicatrizaba

(d) *(in polite requests)* **w. you pass the mustard please?** ¿me pasas la mostaza, por favor?; **w. you let me know as soon**

as possible? ¿me lo podrías decir cuanto antes?; **w. you like a drink?** ¿te apetece *or Andes, Méx, Ven* te provoca *or Méx* se te antoja tomar algo?; **w. you mind if I smoked?** ¿te importaría que fumara?; **be quiet, w. you!** haz el favor de callarte, ¿quieres?; **you wouldn't let me borrow your bike, w. you?** ¿no te importaría dejarme prestada tu moto, no?; **I'll do it — w. you?** lo haré yo – ¿de verdad?

(**e**) *(expressing polite opinion)* **I w. suggest that...** yo sugeriría que..., **it's not what I w. have hoped for** no es lo que había esperado; **I w. have thought you w. know the answer** alguien como tú debería saber la respuesta; **I wouldn't have said that was the way to do it, actually** me parece que esa no es la manera de hacerlo

(**f**) *(expressing preference)* **I'd rather go later** preferiría ir más tarde; **I'd sooner** *or* **just as soon not tell them** preferiría no contárselo

(**g**) *(expressing advice)* **I'd let the boss know about it** yo se lo diría al jefe; **I wouldn't take any notice of her** yo no le haría ningún caso

(**h**) *(expressing conjecture)* **why w. he say such a thing?** ¿por qué habrá dicho algo así?; **w. that be my pencil you're using?** ¿no será ese lápiz que estás usando el mío?; **he was a tall man with a red beard — that w. be Phil** era un hombre alto con barba roja – debió ser Phil; **that w. have been before your time** eso debe de haber sido antes de tu época; **I wouldn't know** no sé

(**i**) *(for emphasis)* **you WOULD insist on going!** ¡pero tú tenías que insistir en ir!; **it WOULD have to happen today of all days!** ¡y precisamente tenía que ocurrir hoy!; **I forgot – you w.** se me olvidó – ¡hombre, cómo no!; **they w. say that!** ¡qué iban a decir si no!

(**j**) *(expressing past habit)* **she w. often return home exhausted** solía volver agotada a casa; **there w. always be some left over** siempre sobraba algo

(**k**) **would that** *conj Literary* ¡ojalá!; **w. that she were mine!** ¡ojalá fuera mía!

---

would-be ['wʊdbi:] *adj* **a w. actor/politician** un aspirante a actor/político

wouldn't [wʊdnt] = **would not**

wound[1] [wu:nd] **1** *n* herida *f*

2 *vt also Fig* herir

wound[2] [waʊnd] *pt & pp of* **wind**[2]

wounded ['wu:ndɪd] **1** *npl* **the w.** los heridos

2 *adj* herido(a); **to be w.** estar herido(a)

wounding ['wu:ndɪŋ] *adj* hiriente

wove [wəʊv] *pt of* **weave**

woven ['wəʊvən] *pp of* **weave**

wow [waʊ] *Fam* **1** *vt* encandilar

2 *exclam* ¡hala!, *RP* ¡uau!

WP ['dʌbəlju:'pi:] *n Comptr* (**a**) *(abbr* **word processor**) procesador *m* de textos (**b**) *(abbr* **word processing**) tratamiento *m* de textos

WPC ['dʌbəlju:pi:'si:] *n Br (abbr* **woman police constable**) agente *f* de policía

wpm ['dʌbəlju:pi:'em] *(abbr* **words per minute**) palabras *fpl* por minuto

WRAC [ræk] *n Br (abbr* **Women's Royal Army Corps**) = sección femenina del ejército británico

WRAF [ræf] *(abbr* **Women's Royal Air Force**) = sección femenina de las fuerzas aéreas británicas

wraith [reɪθ] *n Literary* espectro *m*

wrangle ['ræŋgəl] **1** *n* disputa *f*

2 *vi* pelear, reñir (**about** *or* **over** por)

wrangling ['ræŋglɪŋ] *n* riñas *fpl*, disputas *fpl*

wrap [ræp] **1** *n* (**a**) *(shawl)* chal *m* (**b**) *(cover)* envoltorio *m*; IDIOM **to keep sth under wraps** mantener algo en secreto; IDIOM **to take the wraps off** sacar a la luz (**c**) *Cin* **it's a w.** se acabó (**d**) *Fam (of drugs)* papelina *f* (**e**) *(sandwich)* = tipo de bocadillo o sándwich doblado por la mitad

2 *vt (pt & pp* **wrapped**) envolver (**in** con); **she wrapped the bandage round his head** le puso la venda alrededor de la cabeza; **she wrapped her arms around him** lo estrechó entre sus brazos, lo rodeó con sus brazos; **she wrapped her legs around him** lo rodeó con sus piernas; *Fig* **wrapped in mystery** rodeado(a) de misterio

▸**wrap up 1** *vt sep* (**a**) *(parcel, present)* envolver; *Fig* **to be wrapped up in sth** *(absorbed)* estar absorto(a) en algo (**b**) *Fam (bring to an end)* poner punto final a

2 *vi (dress warmly)* abrigarse

wraparound ['ræpəraʊnd] **1** *n* (**a**) *(skirt)* falda *f or RP* pollera *f* cruzada; *(blouse)* blusa *f* cruzada (**b**) *Comptr* contorneo *m*

2 *adj (skirt, blouse)* cruzado(a)

wrapper ['ræpə(r)] *n* envoltorio *m*

wrapping ['ræpɪŋ] *n* envoltura *f*, envoltorio *m* ▫ ***w. paper*** papel *m* de envolver

wrath [rɒθ] *n Literary* ira *f*

wreak [ri:k] *vt* **to w. havoc (on)** causar estragos (en); **to w. vengeance on sb** vengarse de alguien

wreath [ri:θ] *n (of flowers)* corona *f* (de flores)

wreathe [ri:ð] *vt* coronar; **to be wreathed in mist/cloud** estar envuelto(a) en bruma/nubes; **to be wreathed in smiles** ser todo sonrisas

wreck [rek] **1** *n* (**a**) *(remains) (of ship)* restos *mpl* del naufragio; *(of car, train, plane)* restos *mpl* del accidente (**b**) *(destruction) (of ship)* naufragio *m*, hundimiento *m*; *(of career)* ruina *f*; *(of hopes)* derrumbe *m* (**c**) *US (car accident)* accidente *m* de coche *or Am* carro (**d**) *(person)* **to be a physical w.** estar destrozado(a) físicamente; *Fig* **to be a nervous w.** tener los nervios destrozados

2 *vt (ship)* hundir; *(car, room, house)* destrozar; *(plans, hopes, happiness)* dar al traste con; *(marriage, career)* destruir, arruinar; **to w. one's health** destrozarse la salud

wreckage ['rekɪdʒ] *n (of ship)* restos *mpl* del naufragio; *(of car, train, plane)* restos *mpl* del accidente

wrecked [rekt] *adj Fam* (**a**) *(exhausted)* molido(a), hecho(a) polvo (**b**) *(drunk)* mamado(a); **to get w.** agarrarse un pedo *or Esp* una melopea (**c**) *(on drugs)* colocado(a), *Esp* flipado(a), *Col* trabado(a), *Méx* pingo(a), *RP* falopeado(a)

wrecker ['rekə(r)] *n* (**a**) *US (salvage vehicle)* grúa *f* (**b**) *(saboteur)* saboteador(ora) *m,f*

wren [ren] *n* chochín *m*

wrench [rentʃ] **1** *n* (**a**) *(pull)* tirón *m*; *(to ankle, shoulder)* torcedura *f*; *Fig* **it was a w. to leave** me partía el corazón tener que irme (**b**) *(spanner)* llave *f*; *(adjustable spanner)* llave *f* inglesa

2 *vt* **to w. one's ankle/one's shoulder** torcerse un tobillo/un hombro; **to w. sth out of sb's hands** arrancarle algo a alguien de las manos

▸**wrench away** *vt sep* arrancar, despegar

wrest [rest] *vt* **to w. sth from sb** arrebatar *or* arrancar algo a alguien

wrestle ['resəl] **1** *vt* **to w. sb to the floor** *or* **ground** tumbar *or* derribar a alguien

2 *vi* (**a**) *(fight, in sport)* luchar (**with** con) (**b**) *(struggle)* **to w. with a problem** lidiar con un problema; **to w. with one's conscience** batallar *or* debatirse con la conciencia

wrestler ['reslə(r)] *n* luchador(ora) *m,f* (de lucha libre)

wrestling ['reslɪŋ] *n* lucha *f* libre ▫ ***w. match*** combate *m* de lucha libre; *Fig* combate *m*

wretch [retʃ] *n* miserable *mf*, desgraciado(a) *m,f*; *Fig* combate *m*

wretched ['retʃɪd] *adj* (**a**) *(very bad) (weather, state, conditions)* horrible, pésimo(a); *(life, childhood)* miserable, desdichado(a) (**b**) *(unhappy)* abatido(a) (**c**) *(for emphasis)* **I can't find the w. umbrella!** ¡no encuentro el maldito paraguas!

wretchedness ['retʃɪdnɪs] *n* (**a**) *(of surroundings)* inmundicia *f*; *(of life, childhood)* desdicha *f* (**b**) *(unhappiness)* abatimiento *m*

wriggle ['rɪgəl] **1** *vt (toes)* menear; **to w. one's way out of a situation** lograr escurrir el bulto (de una situación)

2 *vi* **to w. (about)** menearse; **to w. through a hole** conseguir colarse por un agujero; **to w. out of sth/of doing sth** escaquearse de algo/de hacer algo

wriggly ['rɪglɪ] *adj* serpenteante

wring [rɪŋ] *(pt & pp* **wrung** [rʌŋ]) *vt (clothes)* escurrir, estrujar; **to w. one's hands** retorcerse las manos; *Fam* **I'd like to w. his neck** me gustaría retorcerle el pescuezo; *Fig* **to w. sth from sb** lograr sacarle *or* extraerle algo a alguien

▸**wring out** *vt sep (clothes)* escurrir, estrujar; **to w. the water out of sth** escurrir el agua a algo; **to w. a confession/the truth out of sb** lograr sacarle una confesión/la verdad a alguien

wringer ['rɪŋə(r)] *n* escurridor *m* de rodillos; IDIOM *Fam* **to put sb through the w.** hacer pasar un mal trago a alguien

wringing ['rɪŋɪŋ] *adj* **to be w. (wet)** estar empapado(a)

wrinkle ['rɪŋkəl] **1** *n* (**a**) *(in cloth, skin)* arruga *f* (**b**) *Fam (tip, hint)* truquillo *m*
2 *vi* arrugarse

wrinkled ['rɪŋkəld] *adj* arrugado(a)

wrinkly ['rɪŋklɪ] **1** *n Br Fam (old person)* vejestorio *m*, *Esp* pureta *mf*, *Méx* ruco(a) *m,f*
2 *adj* arrugado(a)

wrist [rɪst] *n* muñeca *f* ▫ *Comptr* ***w. rest*** apoyamuñecas *m inv*, reposamuñecas *m inv*

wristband ['rɪstbænd] *n (on sleeve)* puño *m*; *(sweatband)* muñequera *f*

wristwatch ['rɪstwɒtʃ] *n* reloj *m* (de pulsera)

writ [rɪt] *n Law* mandato *m* judicial; **to serve a w. on sb** entregar un mandato judicial a alguien

WRITE [raɪt] (*pt* **wrote** [rəʊt], *pp* **written** ['rɪtən]) **1** *vt* (**a**) *(answer, letter, software, music)* escribir; *(will)* redactar; **to w. (sb) a cheque/prescription** extender un cheque/una receta (a nombre de alguien); **she had guilt written all over her face** su rostro era el vivo retrato de la culpabilidad
(**b**) *US (send letter to)* **to w. sb** escribir a alguien
(**c**) *Comptr (CD-ROM)* grabar; **w. the changes to disk** guarda los cambios en el disco duro
2 *vi* escribir; **I am writing regarding the matter of my pension** *(in letter)* me dirijo a usted en relación a mi pensión; **I w. (for a living)** soy escritor(ora); **to w. for a newspaper** escribir *or* colaborar en un periódico; **to w. in ink/pencil** escribir con tinta/a lápiz; *Br* **to w. to sb** escribir a alguien; IDIOM *Fam* **it's/he's nothing to w. home about** no es nada del otro mundo

▸**write away for** *vt insep* **to w. away (to sb) for sth** escribir (a alguien) pidiendo algo

▸**write back** *vi* responder, contestar *(por carta)*

▸**write down** *vt sep* (**a**) *(make note of)* escribir, anotar (**b**) *Fin* rebajar, amortizar

▸**write in 1** *vt sep* (**a**) *(name, answer)* escribir (**b**) *US Pol* = en las elecciones, votar por un candidato que no aparece en la papeleta escribiendo su nombre
2 *vi (send letter)* escribir

▸**write into** *vt sep* **this speech was written into the play specially for her** este parlamento fue añadido a la obra especialmente para ella; **he has a guarantee written into his contract that...** su contrato incorpora una garantía que...

▸**write off 1** *vt sep* (**a**) *(debt)* condonar
(**b**) *Fam (car)* cargarse, *Méx* dar en la madre, *RP* hacer bolsa
(**c**) *(person)* descartar; **we wrote the plan off as a waste of time** descartamos el plan por ser una pérdida de tiempo, **to w. sb off as a has-been** considerar que alguien está acabado
2 *vi* **to w. off (to sb) for sth** escribir (a alguien) pidiendo algo

▸**write out** *vt sep* (**a**) *(instructions, recipe)* escribir, copiar; *(cheque)* extender; **w. it out neatly** pásalo a limpio
(**b**) *(remove from script)* **to w. sb out of a programme** eliminar a alguien de un programa

▸**write up** *vt sep* (**a**) *(notes, thesis)* redactar; *(diary, journal)* poner al día
(**b**) *(review)* **the movie was written up in the paper** la película fue reseñada en el periódico

write-off ['raɪtɒf] *n* (**a**) *(of debt)* condonación *f* (**b**) *Fam (car)* siniestro *m* total

write-protected ['raɪtprə'tektɪd] *adj Comptr* protegido(a) contra escritura

writer ['raɪtə(r)] *n (by profession)* escritor(ora) *m,f*; *(of article, book)* autor(ora) *m,f* ▫ ***w.'s block*** bloqueo *m* mental *(al escribir)*; ***w.'s cramp*** calambre *m* en la muñeca *(de escribir)*

write-up ['raɪtʌp] *n (review)* crítica *f*; *(report)* artículo *m*, informe *m*, *CAm, Méx* reporte *m*

writhe [raɪð] *vi* retorcerse; **to w. in agony** *or* **pain** retorcerse de dolor; **to w. with embarrassment** morirse de vergüenza *or Am* pena

writing ['raɪtɪŋ] *n* (**a**) *(action)* escritura *f*; *(profession)* literatura *f*; **at the time of w.** en el momento de escribir estas líneas ▫ ***w. case*** recado *m* de escribir; ***w. desk*** escritorio *m*; ***w. materials*** objetos *mpl* de papelería *or* escritorio; ***w. pad*** bloc *m* de notas; ***w. paper*** papel *m* de escribir
(**b**) *(handwriting)* letra *f*, escritura *f*; **her w. is terrible** tiene muy mala letra; **I can't read his w.** no entiendo su letra
(**c**) *(written words)* escritura *f*; **in w.** por escrito; IDIOM **the w. is on the wall for him** tiene los días contados
(**d**) *(literature)* literatura *f*; **I enjoy his w.** me gusta cómo escribe, me gusta lo que escribe; **his later writings** sus últimos escritos; **the collected writings of...** las obras completas de...

written ['rɪtən] **1** *adj* escrito(a) ▫ ***w. consent*** consentimiento *m* por escrito; ***w. examination*** examen *m* escrito; ***the w. word*** la palabra escrita
2 *pp of* **write**

WRNS [renz] *n Br* (*abbr* **Women's Royal Naval Service**) = sección femenina de la marina británica

WRONG [rɒŋ] **1** *n (immoral actions)* mal *m*; **we have suffered many wrongs** hemos sufrido muchos males; **to know right from w.** distinguir el bien del mal; **he can do no w.** lo hace todo bien; **I have done no w.** no he hecho ningún mal; **to do sb (a) w.** agraviar a alguien; **to right a w.** deshacer un entuerto; **to be in the w.** tener la culpa; PROV **two wrongs don't make a right** vengándose no se consigue nada
2 *adj* (**a**) *(morally bad)* malo(a); **stealing is w.** robar está mal; **it was w. of you not to tell me** hiciste mal en no decírmelo; **it's w. that their work should go unrewarded** no está bien *or* no es justo que no se recompense su trabajo; **I hope you're not marrying me for the w. reasons** espero que tengas buenos motivos para casarte conmigo
(**b**) *(incorrect, mistaken)* erróneo(a), incorrecto(a); **to be w.** *(of person)* estar equivocado(a); *(of answer)* ser erróneo(a); **my watch is w.** mi reloj va mal; **I was w. about the date/her** me equivoqué con respecto a la fecha/a ella; **you are w. in thinking** *or* **to think that...** te equivocas si piensas que...; **that's the w. one, it's this one** no es ése, es éste; **you chose the w. one** elegiste mal; **that's the w. answer** *(in quiz)* respuesta incorrecta; *(that's not what I wanted to hear)* mal contestado; **they made the w. decision** tomaron la decisión equivocada; **don't get the w. idea** no te equivoques; **you have the w. number** *(on phone)* se ha equivocado (de número); **they kidnapped the w. person** los secuestradores se equivocaron de víctima; **to drive on the w. side of the road** conducir *or Am* manejar por el lado contrario de la carretera; **I did/said the w. thing** hice/dije lo que no debía; **we took a w. turning** nos equivocamos de giro; **it went down the w. way** *(of food, drink)* se me/le/*etc* atragantó; **to go about it the w. way** hacerlo mal; **they took what I said the w. way** se tomaron a mal lo que dije; IDIOM **to back the w. horse** apostar por el perdedor; IDIOM **to catch sb on the w. foot** *Esp* coger *or Am* agarrar a alguien desprevenido(a); IDIOM **to start** *or* **get off on the w. foot** empezar con mal pie
(**c**) *(inappropriate) (place, climate)* inadecuado(a); **you chose the w. moment** no escogiste el momento oportuno; **he's the w. person for this job** no es la persona adecuada *or* indicada para este trabajo; **doing that would send out the w. signal** si hiciéramos eso daríamos una impresión equivocada; **it's the w. time of year to go skiing** no es la época del año para ir a esquiar; IDIOM **it wasn't her fault, she was just in the w. place at the w. time** no fue culpa suya, simplemente estaba en el lugar y momento equivocados
(**d**) *(amiss)* **what's w.?** ¿qué pasa?; **what's w. with you?** ¿qué te pasa?; **what's w. with liking jazz?** ¿qué tiene de malo que me/te/*etc* guste el jazz?; **is anything w.?** ¿pasa algo?; **there's nothing w. with the motor** el motor está perfectamente; **there's nothing w. with liking jazz** no tiene nada de malo que me/te/*etc* guste el jazz; **there's something w. with this machine** a este aparato le pasa algo; **he has something w. with his heart** su corazón no está bien; **something feels w.** da la impresión de que algo está mal; IDIOM *Fam* **to be w. in the head** estar *Esp* chiflado(a) *or Am* zafado(a) *or RP* rayado(a)
(**e**) *(undesirable)* **to live on the w. side of town** vivir en uno de los barrios malos de la ciudad; **to mix with the w. people**

mezclarse con malas compañías; **we don't want this information to fall into the w. hands** no queremos que esta información caiga en malas manos

3 *adv* (**a**) *(morally)* mal; **he admitted he had done w. to...** admitió que había hecho mal en...

(**b**) *(incorrectly)* mal; **I got the date w.** me equivoqué de fecha; **sorry, I got it w., it's on Tuesday** perdona, me equivoqué, es el martes; **you've got it all w., it's just a joke** lo has entendido mal, no es más que una broma; **don't get me w., I like her** no me malentiendas, (ella) me cae bien; **to go w.** *(of machine, watch)* estropearse; *(of plan)* salir mal; *(make mistake)* equivocarse; **it's simple, you can't go w.** es sencillo, no te puedes equivocar; **things started to go w. that morning** las cosas comenzaron a estropearse aquella mañana; **where did our relationship go w.?** ¿dónde ha fallado nuestra relación?; **to guess w.** no acertar, equivocarse; **if you thought that, you thought w.** si pensaste eso, pensaste mal

4 *vt* agraviar, tratar injustamente

wrongdoer ['rɒŋdu:ə(r)] *n* malhechor(ora) *m,f*

wrongdoing ['rɒŋdu:ɪŋ] *n (immoral actions)* desmanes *mpl*; *(crime)* delito *m*, delincuencia *f*

wrong-foot [rɒŋ'fʊt] *vt* (**a**) *(in tennis, soccer) Esp* coger *or Am* agarrar a contrapié a (**b**) *(opponent, critic)* despistar

wrongful ['rɒŋfʊl] *adj* injusto(a) ▫ ***w. arrest*** detención *f* ilegal; ***w. dismissal*** despido *m* improcedente

wrongfully ['rɒŋfʊlɪ] *adv* injustamente

wrong-headed [rɒŋ'hedɪd] *adj* empecinado(a)

wrongly ['rɒŋlɪ] *adv* (**a**) *(unjustly)* injustamente (**b**) *(incorrectly)* erróneamente

wrote [rəʊt] *pt of* **write**

wrought [rɔ:t] *(pt & pp of* **work**) *adj Literary or Old-fashioned* **the damage w. by the hurricane** los daños acarreados *or* ocasionados por el huracán; **the changes w. by the weather** los cambios originados por el estado del tiempo

wrought-iron ['rɔ:t'aɪən] *adj* de hierro forjado

wrought-up ['rɔ:t'ʌp] *adj* **to be w. (about sth)** estar muy alterado(a) (por algo)

wrung [rʌŋ] *pt & pp of* **wring**

WRVS ['dʌbəlju:ɑ:vi:'es] *n (abbr* **Women's Royal Voluntary Service**) = organización británica de voluntarias para ayuda a los necesitados y en estados de emergencia

wry [raɪ] *adj* irónico(a), socarrón(ona)

wryly ['raɪlɪ] *adv* irónicamente, con socarronería

WSW (*abbr* **west-south-west**) OSO

wt (*abbr* **weight**) peso *m*

WTO (*abbr* **World Trade Organization**) OMC *f*

wuss [wʊs] *n Fam (physically)* debilucho(a) *m,f*; *(lacking character)* blandengue *mf*

WV (*abbr* **West Virginia**) Virginia Occidental

WW (*abbr* **World War**) WWI/II la Primera/Segunda Guerra Mundial

WWF ['dʌbəlju:dʌbəlju:'ef] *n (abbr* **World Wildlife Fund, Worldwide Fund for Nature**) WWF *m*

WWW *n Comptr* (*abbr* **World Wide Web**) WWW *f*

WY (*abbr* **Wyoming**) Wyoming

WYSIWYG ['wɪzɪwɪg] *n Comptr (abbr* **What You See Is What You Get**) WYSIWYG, = se imprime lo que ves

X

X, x [eks] *n (letter)* X, x *f*; **for x number of years** durante un número x de años, durante x años; *Br Formerly* **X (certificate) film** película *f* para mayores de 18 años

x-axis ['eksæksɪs] *n Math* eje *m* de abscisas, abcisa *f*

X-chromosome ['ekskrəʊməsəʊm] *n Biol* cromosoma *m* X

xenon ['zenɒn] *n Chem* xenón *m*

xenophobe ['zenəfəʊb] *n* xenofobia *f*

xenophobia [zenə'fəʊbɪə] *n* xenofobia *f*

xenophobic [zenə'fəʊbɪk] *adj* xenófobo(a)

Xerox® ['zɪərɒks] **1** *n* fotocopia *f*, xerocopia *f*

2 *vt* fotocopiar

XL (*abbr* **extra large**) XL, (talla *f*) muy grande

Xmas ['krɪsməs, 'eksməs] *n (abbr* **Christmas**) Navidad *f*

x-rated [eksreɪtɪd] *adj Fam* fuerte

X-ray ['eksreɪ] **1** *n (radiation)* rayo *m* X; *(picture)* radiografía *f*; **to have an X.** hacerse una radiografía ▫ ***X. examination*** examen *m* por rayos X; ***X. eyes*** rayos *mpl* X en los ojos

2 *vt* radiografiar

xylophone ['zaɪləfəʊn] *n* xilófono *m*, xilofón *m* Y

Y

Y, y [waɪ] *n (letter)* Y, y *f*

yacht [jɒt] *n (sailing boat)* velero *m*; *(large private boat)* yate *m* ▫ ***y. club*** club *m* náutico; ***y. race*** regata *f*

yachting ['jɒtɪŋ] *n* (navegación *f* a) vela *f*; **to go y.** practicar la vela, hacer vela

yachtsman ['jɒtsmən] *n (in race)* tripulante *m*; *(round-the-world)* navegante *m*

yachtswoman ['jɒtswʊmən] *n (in race)* tripulante *f*; *(round-the-world)* navegante *f*

yack [jæk] *Fam* **1** *n* **to have a y.** charlar, darle a la sinhueso, *CAm, Méx* platicar

2 *vi* charlar, darle a la sinhueso, *CAm, Méx* platicar

yah [jɑː] *exclam Br Fam* ¡sí!

yahoo [jə'huː] *exclam Fam* ¡yupi!

yak [jæk] *n* yak *m*, yac *m*

Yale® [jeɪl] *n* ***Y. key*** llave *f* plana; ***Y. lock*** cerradura *f* de cilindro

yam [jæm] *n* **(a)** *(vegetable)* ñame *m* **(b)** *US (sweet potato)* batata *f*, *Esp* boniato *m*, *Am* camote *m*

Yank [jæŋk] *n Br Fam* yanqui *mf*, gringo(a) *m,f*

yank [jæŋk] *Fam* **1** *n* **to give sth a y.** dar un tirón a algo

2 *vt* **to y. the door open** abrir la puerta de un tirón; **to y. sth out/off** arrancar algo de un tirón

Yankee ['jæŋkɪ] *Fam* **1** *n* **(a)** *Br (person from the USA)* yanqui *mf*, gringo(a) *m,f* **(b)** *US (person from north-eastern USA)* = estadounidense procedente del nordeste del país

2 *adj Br* yanqui, gringo(a)

yap [jæp] *(pt & pp* **yapped***)* *vi* **(a)** *(of dog)* ladrar *(de forma aguda)* **(b)** *Fam (of person)* parlotear, *Esp* chacharear

yappy ['jæpɪ] *adj (dog)* ladrador(ora)

yard¹ [jɑːd] *n (measurement)* yarda *f (0,914 m)*

yard² *n* **(a)** *(of house, school)* patio *m*; *(of farm)* corral *m* **(b)** *US (garden)* jardín *m* ▫ ***y. sale*** = venta de objetos particulares en el jardín de una casa **(c)** *(for working)* taller *m (al aire libre)*; **(ship) y.** astillero *m* **(d)** *(for storage)* almacén *m*, depósito *m (al aire libre)*; **(builder's) y.** almacén de materiales de construcción

yard-arm ['jɑːdɑːm] *n Naut* penol *m*

yardstick ['jɑːdstɪk] *n (standard)* patrón *m* (de medida)

yarmulka, yarmulke [jɑː'mʊlkə] *n* casquete *m* judío *(para la cabeza)*

yarn [jɑːn] *n* **(a)** *Tex* hilo *m* **(b)** *Fam (story)* batallita *f*; **to spin a y.** contar batallitas

yarrow ['jærəʊ] *n* milenrama *f*

yashmak ['jæʃmæk] *n* velo *m* musulmán

yaw [jɔː] *vi (of ship, aircraft)* guiñar, hacer una guiñada

yawn [jɔːn] **1** *n* **(a)** *(of tiredness, boredom)* bostezo *m* **(b)** *Fam (boring thing)* pesadez *f*, *Esp* latazo *m*

2 *vi* **(a)** *(of person)* bostezar **(b)** *(of chasm)* abrirse

y-axis ['waɪæksɪs] *n Math* eje *m* de ordenadas, ordenada *f*

Y-chromosome ['waɪkrəʊməsəʊm] *n Biol* cromosoma *m* Y

yds *(abbr* **yards***)* yardas *fpl*

ye [jiː] **1** *pron Literary* = **you**

2 *definite article Literary or Hum* = **the**

yea [jeɪ] **1** *n* **yeas and nays** votos *mpl* a favor y en contra; **y. or nay** sí o no

2 *adv Literary* = **yes**

yeah [jeə] *Fam* **1** *adv* sí ; **oh y.?** *(in disbelief, challenging)* ¿ah, sí?

2 *exclam* ¡sí!; *Ironic* **y., right!** ¡sí, claro!, ¡ya, claro!

year [jɪə(r)] *n* **(a)** *(of calendar)* año *m*; **in the y. 1931** en el año 1931; **this y.** este año; **last y.** el año pasado; **next y.** el año que viene; **every y.** todos los años; **twice a y.** dos veces al año; **to earn $30,000 a y.** ganar 30.000 dólares al año; **he got five years** *(prison sentence)* le cayeron cinco años; **for many years** durante muchos años; **y. in y. out** año tras año; **over the years** con el paso de los años; **years ago** hace años; IDIOM *Fam* **since the y. dot** desde tiempos de Maricastaña, *Esp* desde el año catapún; *Rel or Old-fashioned* **y. of grace** *or* **our Lord** año de gracia *or* de nuestro Señor; **it's years since I saw him, I haven't seen him for** *or* **in years** hace años que no lo veo; *Comptr* **y. 2000 compliant** adaptado al *or* a prueba del efecto 2.000

(b) *(in age)* año *m*; **to be ten years old** tener diez años; **to look years older/younger** parecer mucho más mayor/joven; **from his earliest years** desde temprana edad; **it takes years off you** *(of dress, hairstyle)* te quita *or Am* saca años de encima, te hace parecer más joven; **it put years on him** lo avejentó, le echó años encima; **to be getting on in years** empezar a hacerse viejo(a)

(c) *(at school, university)* curso *m*; **she was in the y. above/below me** iba un curso por encima/por debajo de mí

yearbook ['jɪəbʊk] *n* anuario *m*

yearling ['jɪəlɪŋ] *n* **(a)** *(animal)* añal *m* **(b)** *(in horse racing)* potranco(a) *m,f*

yearlong ['jɪəlɒŋ] *adj* de un año; **a y. wait** una espera de un año

yearly ['jɪəlɪ] **1** *adj* anual

2 *adv* anualmente, cada año; **twice y.** dos veces al año

yearn [jɜːn] *vi* **to y. for sth/to do sth** anhelar algo/hacer algo

yearning ['jɜːnɪŋ] *n* anhelo *m* **(for** por**)**

year-on-year ['jɪərɒnjɪə(r)] **1** *adj* interanual

2 *adv (to increase)* interanualmente

year-round ['jɪəraʊnd] **1** *adj* de todo el año

2 *adv* todo el año

yeast [jiːst] *n* levadura *f*

yeasty ['jiːstɪ] *adj* **(a)** *(taste, smell)* a levadura **(b)** *(frothy)* espumoso(a)

yell [jel] **1** *n* grito *m*; **to give a y.** dar un grito

2 *vt & vi* gritar

yellow ['jeləʊ] **1** *n* amarillo *m*

2 *adj* **(a)** *(in colour)* amarillo(a); **to turn** *or* **go y.** amarillear, ponerse amarillo ▫ ***y. card*** *(in soccer, rugby)* tarjeta *f* amarilla; *Med* ***y. fever*** fiebre *f* amarilla; ***y. line*** *(on road)* línea *f* amarilla; *Tel* ***the Y. Pages*** las páginas amarillas; *US* ***y. ribbon*** = cinta amarilla que simboliza la bienvenida a los que regresan sanos y salvos a casa; ***the Y. River*** el río Amarillo; ***the Y. Sea*** el mar Amarillo **(b)** *Fam (cowardly)* gallina, *Esp* cagueta; **to have a y. streak** ser un(a) gallina *or Esp* cagueta

3 *vi* amarillear, ponerse amarillo(a)

yellow-belly ['jeləʊbelɪ] *n Fam* gallina *mf*, *Esp* cagueta *mf*

yellowhammer ['jeləʊhæmə(r)] *n* escribano *m* cerillo

yellowish ['jeləʊɪʃ], **yellowy** ['jeləʊɪ] *adj* amarillento(a)

yelp [jelp] **1** *n* aullido *m*

2 *vi* aullar

Yemen ['jemən] *n* Yemen

Yemeni ['jemənɪ] *n & adj* yemení *mf*

yen¹ [jen] *(pl* **yen***)* *n (Japanese currency)* yen *m*

yen² *n Fam* **to have a y. for sth/to do sth** tener muchas ganas de algo/de hacer algo

yeoman ['jəʊmən] *n Mil* alabardero *m* ▫ ***y. of the guard*** = alabardero de la casa real británica

yep [jep] *exclam Fam* ¡sí!

Yerevan [jerə'væn] *n* Ereván

yes [jes] **1** *n* sí *m*

2 *adv* sí; **he said y.** dijo que sí; **didn't you hear me? – y., I did** ¿no me has oído? – sí; **you didn't give it to me — y., I did!** a mí no me lo diste – sí que te lo di; **y.?** *(to sb waiting to speak)* ¿sí?; *(answering phone)* ¿sí?, *Esp* ¿diga?, *Esp* ¿dígame?, *Am* ¿aló?, *Carib, RP* ¿oigo?, *Méx* ¿bueno?, *RP* ¿hola?

yes-man ['jesmæn] *n* adulador(ora) *m,f*, cobista *mf*

yesterday ['jestədeɪ] **1** *n* ayer *m*; *Fam* **he's y.'s man** está acabado(a)

2 *adv* ayer; **the day before y.** anteayer; **y. morning/evening** ayer por la mañana/ por la tarde

yesteryear ['jestəjɪə(r)] *n Formal & Literary* el ayer; **of y.** de antaño

YET [jet] **1** *adv* **(a)** *(still)* todavía, aún; **I haven't finished (just) y.** todavía *or* aún no he terminado; **don't go (just) y.** no te vayas todavía *or* aún; **it'll be some time y. before we finish** todavía *or* aún tardaremos *or Am* demorarermos en acabar; **it may y. happen** puede que todavía *or* aún ocurra; **it's the best y.** es el mejor hasta el momento; **our worst result y.** nuestro peor resultado por el momento; **they have y. to be convinced** todavía *or* aún están sin convencer; **the best is y. to come** todavía *or* aún no hemos visto lo mejor; **I'll catch her y.!** ¡ya la atraparé!; **there's hope for me y.!** ¡todavía *or* aún me quedan esperanzas!; **as y.** hasta ahora, por el momento; **not (just) y.** todavía *or* aún no; **y. again** una vez más; **y. more** todavía *or* aún más; **y. another mistake** otro error más

(b) *(in questions)* ya; **have they decided y.?** ¿han decidido ya?

2 *conj* aunque, sin embargo; **small y. strong** pequeño aunque fuerte; **and y. I like him** y, sin embargo, me gusta

yeti ['jetɪ] *n* yeti *m*

yew [ju:] *n* **y. (tree)** tejo *m*

Y-fronts® ['waɪfrʌnts] *n* slip *m*, eslip *m*

YHA ['waɪeɪtʃ'eɪ] *(abbr* **Youth Hostels Association)** Asociación *f* de Albergues Juveniles

Yid [jɪd] *n Fam* = término ofensivo para referirse a un judío, *RP* ruso(a) *m,f*

Yiddish ['jɪdɪʃ] **1** *n* yiddish *m*

2 *adj* yiddish

yield [ji:ld] **1** *n* **(a)** *(of field)* cosecha *f*; *(of mine, interest)* rendimiento *m* **(b)** *Fin (profit)* beneficio *m*

2 *vt* **(a)** *(results, interest)* proporcionar; **to y. a profit** proporcionar beneficios **(b)** *(territory)* ceder; *(right)* conceder

3 *vi* **(a)** *(surrender)* rendirse **(to** a); **to y. to temptation** ceder a la tentación **(b)** *US* **y.** *(traffic sign)* ceda el paso

yin and yang ['jɪnənd'jæŋ] *n* el yin y el yang

yippee [jɪ'pi:] *exclam* ¡yupi!, ¡viva!

YMCA ['waɪemsi:'eɪ] *n (abbr* **Young Men's Christian Association)** ACJ *f*, Asociación *f* Cristiana de Jóvenes *(que regenta hostales económicos)*

yo [jəʊ] *exclam Fam* ¡hola!, ¡qué pasa!

yob [jɒb], **yobbo** ['jɒbəʊ] *n Br Fam* gamberro *m*

yobbish ['jɒbɪʃ] *adj Br Fam (behaviour)* gamberro(a)

yodel ['jəʊdəl] *vi* cantar a la tirolesa

yoga ['jəʊgə] *n* yoga *m*

yog(h)urt ['jɒgət] *n* yogur *m*

yoke [jəʊk] **1** *n* **(a)** *(for oxen) & Fig* yugo *m* **(b)** *(for carrying)* balancín *m*

2 *vt (oxen)* uncir (al yugo); *Fig* **to be yoked to...** estar uncido al yugo de...

yokel ['jəʊkəl] *n Pej or Hum* paleto(a) *m,f*

yolk [jəʊk] *n* yema *f* (de huevo) ▫ *Zool* ***y. sac*** saco *m* vitelino, membrana *f* vitelina

Yom Kippur [jɒmkɪ'pʊə(r)] *n Rel* Yom Kippur *m*

yonder ['jɒndə(r)] *adv* **(over) y.** allá

yonks [jɒŋks] *npl Br Fam* **I haven't done that for y.** hace un montón de tiempo que no hago eso; **y. ago** hace la tira *or Méx* un chorro *or RP* un toco (de tiempo)

yoo-hoo ['ju:hu:] *exclam* ¡eh!, ¡yuju!

yore [jɔ:(r)] *n Literary* **in days of y.** antaño

Yorks *(abbr* **Yorkshire)** (condado *m* de) Yorkshire

Yorkshire ['jɔ:kʃə(r)] *n* Yorkshire ▫ ***Y. pudding*** = masa horneada de harina, huevos y leche que se sirve con el rosbif; ***Y. terrier*** Yorkshire terrier *m*

YOU [ju:] *pron*

> In Spanish, the formal form **usted** takes a third person singular verb and **ustedes** takes a third person plural verb. In many Latin American countries, **ustedes** is the standard form of the second person plural **(vosotros)** and is not considered formal. Note also that in some of those countries **usted** is used in the second person singular **(tú)** and is likewise not considered formal.

(a) *(subject) (usually omitted in Spanish, except for contrast) (singular)* tú, *Nic, RP* vos; *(plural)* vosotros(as); *(formal: singular)* usted; *(formal: plural)* ustedes; **y. seem happy** *(singular)* pareces feliz; *(plural)* parecéis felices; *(formal: singular)* parece usted feliz; *(formal: plural)* parecen ustedes felices; **do y. like red wine?** *(singular)* ¿te gusta el vino tinto?; *(plural)* ¿os gusta el vino tinto?; *(formal: singular)* ¿le gusta el vino tinto?; *(formal: plural)* ¿les gusta el vino tinto?; **have YOU got it?** *(singular)* ¿lo tienes tú?; *(plural)* ¿lo tenéis vosotros?; *(formal: singular)* ¿lo tiene usted?; *(formal: plural)* ¿lo tienen ustedes?; **y. alone know** *(singular)* sólo lo sabes tú; *(plural)* sólo lo sabéis vosotros; *(formal: singular)* sólo lo sabe usted; *(formal: plural)* sólo lo saben ustedes; **y. Spanish are...** vosotros los españoles sois...; **come here, y. two!** ¡venid aquí, vosotros dos!

(b) *(direct object) (singular)* te; *(plural)* os; *(formal: singular)* lo *m*, la *f*; *(formal: plural)* los *mpl*, las *fpl*; **they hate y.** *(singular)* te odian; *(plural)* os odian; *(formal: singular)* le odian; *(formal: plural)* les odian; **they like y.** *(singular)* les gustas; *(plural)* les gustáis; *(formal: singular)* les gusta; *(formal: plural)* les gustan; **I can understand your son but not YOU** a tu hijo lo entiendo, pero a ti no

(c) *(indirect object) (singular)* te; *(plural)* os; *(formal: singular)* le; *(formal: plural)* les; **I gave y. the book** te/os/le/les di el libro; **I told y.** *(singular)* te lo dije; *(plural)* os lo dije; *(formal: singular & plural)* se lo dije

(d) *(after preposition) (singular)* ti; *(plural)* vosotros(as); *(formal: singular)* usted; *(formal: plural)* ustedes; **I'm thinking of y.** *(singular)* pienso en ti; *(plural)* pienso en vosotros; *(formal: singular)* pienso en usted; *(formal: plural)* pienso en ustedes; **with y.** *(singular)* contigo; **it was meant for them, not for YOU** era para ellos, y no para ti/vosotros/usted/ustedes

(e) *(impersonal)* **y. don't do that kind of thing** esas cosas no se hacen; **y. never know** nunca se sabe; **this account gives y. a higher rate of interest** esta cuenta da un tipo *or Am* una tasa de interés más alto; **exercise is good for y.** es bueno hacer ejercicio; **y. have to be careful with him** hay que *or* uno tiene que tener cuidado con él

(f) *(as complement of verb* **to be***)* **oh, it's y.!** *(singular)* ¡ah, eres tú!; *(plural)* ¡ah, sois vosotros!; **it was y. who did it** *(singular)* fuiste tú quien lo hiciste; *(plural)* fuisteis vosotros quienes lo hicisteis; *(formal: singular)* fue usted quien lo hizo; *(formal: plural)* fueron ustedes quienes lo hicieron; **that hat's not really y.** ese sombrero no va contigo

(g) *(with interjections)* **poor old y.!** ¡pobrecito!; **y. idiot!** ¡idiota!; **hey, y. with the beard!** ¡eh, tú, el de la barba!; **don't y. forget!** ¡no te olvides!

(h) *(in apposition)* **y. men are all the same!** ¡todos los hombres sois iguales!

(i) *(with imperative)* **y. sit down here** *(singular)* tú siéntate aquí; *(plural)* vosotros sentaos aquí; **don't y. dare!** ¡ni se te ocurra!

you'd [ju:d] = **you had, you would**

you-know-who [ju:nəʊ'hu:] *n* **he was talking to y.** estaba hablando ya sabes con quién

you'll [ju:l] = **you will, you shall**

young [jʌŋ] **1** *npl* **(a)** *(people)* **the y.** los jóvenes

(b) *(animals)* crías *fpl*

2 *adj* **(a)** *(person, animal)* joven; **she's (two years) younger than me** es (dos años) menor que yo; **y. man** chico *m*, joven *m*; **now listen to me, y. man!** ¡escúchame bien, jovencito!; **y. woman** chica *f*, joven *f*; **y. lady** joven *f*; **y. people** los jóvenes, la gente joven; **when I was a y. man** cuando era joven; **y. in spirit** *or* **at heart** joven de espíritu; **in his younger days** en su juventud; **he's y. for his age** *(immature, youthful)* parece más joven *or* aparenta ser más joven de lo que es; **she's y. for her**

year (at school, university) va adelantada de curso; **you're only y. once** sólo se es joven una vez en la vida; **I'm not getting any younger** me estoy haciendo mayor; **the night is y.!** ¡la noche es joven! ▫ *Fig* ***y. blood*** savia *f* nueva; ***y. offender*** delincuente *mf* juvenil; ***y. offender institution*** centro *m* para delincuentes juveniles; ***Y. Turk*** radical *mf*
(**b**) *(appearance, style)* juvenil
(**c**) *(vegetables, wine)* joven

youngish ['jʌŋɪʃ] *adj* más bien joven

youngster ['jʌŋstə(r)] *n* joven *mf*

YOUR [jɔ:(r)] *possessive adj* (**a**) *(with singular possession)* tu; *(formal)* su; **y. house** tu/su casa; **y. books** tus/sus libros; **what's y. name?** ¿cómo te llamas?; *(formal)* ¿cómo se llama?; **we took y. car** *(not his or hers)* nos llevamos tu/su coche; **it wasn't YOUR idea!** ¡no fue idea tuya/suya!; **we were upset at y. mentioning it** nos sentó mal que lo mencionaras/mencionara; **what was y. understanding?** ¿cómo lo interpretaste/interpretó?
(**b**) *(with plural possession)* vuestro(a), *Am* su; *(formal)* su; **y. house** vuestra/su casa; **y. books** vuestros/sus libros; **what are y. names?** ¿cómo os llamáis?; *(formal)* ¿cómo se llaman?; **we took y. car** *(not ours or theirs)* nos llevamos vuestro/su coche; **it wasn't YOUR idea!** ¡no fue idea vuestra/suya!; **we were upset at y. mentioning it** nos disgustó que lo mencionarais/mencionaran; **what was y. understanding?** ¿cómo lo interpretasteis/interpretaron?
(**c**) *(for parts of body, clothes) (translated by definite article)* **did you hit y. head?** ¿te has/se ha dado un golpe en la cabeza?; **you forgot y. hat** te olvidaste/se olvidó el sombrero; **why did you put y. hand in y. pocket?** ¿por qué te has/se ha metido la mano en el bolsillo?; **someone stole y. clothes** alguien te/le ha robado la ropa; **y. eyes are beautiful** tienes/tiene unos ojos preciosos
(**d**) *(impersonal)* **you should buy y. ticket first** hay que comprar el billete *or Am* boleto *m* antes; **you have to take y. chances** hay que aprovechar las oportunidades; **smoking is bad for y. health** el tabaco perjudica la salud; *Fam* **y. average Frenchman** el francés medio; *Fam* **it was not y. usual holiday in the sun** no fueron las típicas vacaciones al sol

you're [jɔ:(r)] = **you are**

yours [jɔ:z] *possessive pron*

> In Spanish, the forms **tuyo(a)**, **suyo(a)** and **vuestro(a)** require a definite article in the singular and in the plural when they are the subject of the phrase.

(**a**) *(of one person) (singular)* tuyo(a) *m,f*; *(plural)* tuyos(as) *m,fpl*; *(formal: singular)* suyo(a) *m,f*; *(formal: plural)* suyos(as) *m,fpl*; **my house is big but y. is bigger** mi casa es grande, pero la tuya/suya es mayor; **this book is y.** este libro es tuyo/suyo; **these books are y.** estos libros son tuyos/suyos; **a friend of y.** un amigo tuyo/suyo; **it wasn't our fault, it was YOURS** no fue culpa nuestra, sino vuestra; **y. is the work I admire most** tu obra es la que más admiro; **where's that brother of y.?** ¿dónde está *or* anda ese hermano tuyo?; **y. (sincerely/faithfully)** atentamente
(**b**) *(of more than one person) (singular)* vuestro(a) *m,f*; *(plural)* vuestros(as) *m,fpl*; *(formal: singular)* suyo(a) *m,f*; *(formal: plural)* suyos(as) *m,fpl*; **this book is y.** este libro es vuestro/suyo; **these books are y.** estos libros son vuestros/suyos

yourself [jɔ:'self] *pron* (**a**) *(reflexive)* te; *(formal)* se; **have you hurt y.?** ¿te has hecho daño?; *(formal)* ¿se ha hecho daño?; **you'll soon feel y. again** en breve te volverás a sentir el/la de siempre; *(formal)* en breve se volverá a sentir el/la de siempre
(**b**) *(emphatic)* tú mismo *m*, tú misma *f*; *(formal)* usted mismo *m*, usted misma *f*; **did you do all the work y.?** ¿has hecho todo el trabajo tú solo?; *(formal)* ¿ha hecho todo el trabajo usted solo?; **you told me y.** me lo dijiste tú mismo; *(formal)* me lo dijo usted mismo; **you don't seem y. today** hoy no se te nota nada bien; **just be y.** *(act naturally)* sé tú mismo, actúa con naturalidad; *Fam* **I'll have a brandy... and y.?** yo voy a tomar un coñac... ¿y tú?
(**c**) *(after preposition)* ti; *(formal)* usted; **did you do this by y.?** ¿lo has hecho tú solo?; *(formal)* ¿lo ha hecho usted solo?; **do you live by y.?** ¿vives solo?; **did you buy it for y.?** ¿te lo has comprado para ti?; *(formal)* ¿se lo ha comprado para usted?; **did I hear you talking to y.?** ¿estabas hablando solo?
(**d**) *Fam (oneself)* **you can hurt y. doing that** te puedes hacer daño al hacer eso

yourselves [jɔ:'selvz] *pron*

> In many Latin American countries, **se/ustedes** is the standard form of the second person plural and is not considered formal.

(**a**) *(reflexive)* os; *(formal)* se; **have you hurt y.?** ¿os habéis hecho daño?; *(formal)* ¿se han hecho daño?; **you'll soon feel y. again** en breve os volveréis a sentir los de siempre; *(formal)* en breve se volverán a sentir los de siempre
(**b**) *(emphatic)* vosotros mismos *mpl*, vosotras mismas *fpl*; *(formal)* ustedes mismos *mpl*, ustedes mismas *fpl*; **you told me y.** me lo dijisteis vosotros mismos; *(formal)* me lo dijeron ustedes mismos; **you don't seem y. today** hoy no se os nota nada bien; *(formal)* hoy no se les nota nada bien
(**c**) *(after preposition)* vosotros *mpl*, vosotras *fpl*; *(formal)* ustedes *mfpl*; **did you do this by y.?** ¿lo habéis hecho vosotros solos?; *(formal)* ¿lo han hecho ustedes solos?; **did you buy it for y.?** ¿os lo habéis comprado para vosotros?; *(formal)* ¿se lo han comprado para ustedes?; **did I hear you talking to y.?** ¿estabais hablando solos?; *(formal)* ¿estaban hablando solos?; **share the money among y.** repartíos el dinero; *(formal)* repártanse el dinero

youth [ju:θ] *n* (**a**) *(period)* juventud *f*; **in his early y.** en su(primera) juventud (**b**) *(young man)* joven *m* (**c**) *(young people)* juventud *f* ▫ ***y. club*** club *m* juvenil; *Br* ***y. custody centre*** = centro preventivo y de formación para delincuentes juveniles; ***y. hostel*** albergue *m* juvenil; ***y. hosteller*** cliente(a) *m,f* de un albergue juvenil; *Br* ***Y. Training Scheme*** = plan de formación y ocupación para jóvenes en búsqueda del primer empleo

youthful ['ju:θfʊl] *adj (person)* joven; *(looks, enthusiasm)* juvenil

youthfulness ['ju:θfʊlnɪs] *n* juventud *f*

you've [ju:v] = **you have**

yowl [jaʊl] **1** *n* aullido *m*, chillido *m*
2 *vi* aullar, chillar

yo-yo ['jəʊjəʊ] *(pl* **yo-yos**) *n* yoyó *m*; **to go up and down like a y.** no parar de subir y bajar

yr *(abbr* **year**) año *m*

yrs (**a**) *(abbr* **years**) años *mpl* (**b**) *Fam (abbr* **yours**) *(in letter writing)* atte.

YTS [waɪti:'es] *n Br (abbr* **Youth Training Scheme**) = plan de formación y ocupación para jóvenes en búsqueda del primer empleo

ytterbium [ɪ'tɜ:bɪəm] *n Chem* iterbio *m*

yttrium ['ɪtrɪəm] *n Chem* itrio *m*

yuan [ju:'æn] *n (Chinese currency)* yuan *m*

yucca ['jʌkə] *n* yuca *f*

yuck [jʌk] *exclam Fam* ¡puaj!, ¡aj!

yucky ['jʌkɪ] *adj Fam* asqueroso(a)

Yugoslav ['ju:gəʊslɑ:v] *n & adj* yugoslavo(a) *m,f*

Yugoslavia [ju:gəʊ'slɑ:vɪə] *n* Yugoslavia

Yugoslavian [ju:gəʊ'slɑ:vɪən] *adj* yugoslavo(a)

yuk [jʌk] *exclam Fam* ¡puaj!, ¡aj!

yukky ['jʌkɪ] *adj Fam* asqueroso(a)

Yule [ju:l] *n Old-fashioned & Literary* Natividad *f*, Navidad *f*

yuletide ['ju:ltaɪd] *n* Navidad *f*

yum(-yum) [jʌm('jʌm)] *exclam Fam* ¡ñam, ñam!, *RP* ¡miam, miam!

yummy ['jʌmɪ] *adj Fam* rico(a)

yup [jʌp] *exclam Fam* ¡sí!

yuppie ['jʌpɪ] *n Fam* yupi *mf*; **a y. restaurant** un restaurante de yupis ▫ ***y. flu*** la gripe *or Am* gripa del yupi *(encefalomielitis miálgica)*

yuppify ['jʌpɪfaɪ] *vt (place)* convertir en yupi

YWCA [waɪ'dʌbəlju:si:'eɪ] *n (abbr* **Young Women's Christian Association**) ACJ *f*, Asociación *f* Cristiana de Jóvenes *(que regenta hostales económicos)*

Z

Z, z [zed, *US* zi:] *n (letter)* Z, z *f*
Zaire [zɑ:'ɪə(r)] *n Formerly* Zaire
Zairean [zɑ:'ɪərɪən] *n & adj* zaireño(a) *m,f*
Zambia ['zæmbɪə] *n* Zambia
Zambian ['zæmbɪən] *n & adj* zambiano(a) *m,f*
zany ['zeɪnɪ] *adj Fam (humour, movie)* disparatado(a); *(person) Esp* chiflado(a), *Am* zafado(a), *RP* rayado(a)
zap [zæp] *(pt & pp* **zapped**) *Fam* **1** *vt* **(a)** *(destroy, disable)* fulminar **(b)** *Comptr (delete)* borrar
2 *vi (change TV channels)* zapear, hacer zapping
zapper ['zæpə(r)] *n Fam (TV remote control)* mando *m* a distancia, telemando *m*
zeal [zi:l] *n* celo *m*
zealot ['zelət] *n* fanático(a) *m,f*
zealotry ['zelətrɪ] *n* fanatismo *m*
zealous ['zeləs] *adj* celoso(a)
zealously ['zeləslɪ] *adv* celosamente
zebra ['zi:brə, 'zebrə] *n* cebra *f* ▫ *Br Aut* ***z. crossing*** paso *m* de cebra
zed [zed], *US* **zee** [zi:] *n* **(a)** *(letter)* zeta *f* **(b)** IDIOM *Fam* **to catch some zeds** dormir un rato, *Esp* echar un sueñecito, *Am* echarse una siestita
Zeitgeist ['zaɪtgaɪst] *n* espíritu *m*
Zen [zen] *n* zen *m* ▫ ***Z. Buddhism*** budismo *m* zen
zenith ['zenɪθ] *n Astron & Fig* cenit *m*; **she was at the z. of her influence** su influencia estaba en el punto más alto
zephyr ['zefə(r)] *n Literary* céfiro *m*
zeppelin ['zepəlɪn] *n* zepelín *m*
zero ['zɪərəʊ] **1** *n (pl* **zeros**) cero *m*; **22 degrees below z.** 22 grados bajo cero; *Fam* **his chances are z.** no tiene ninguna posibilidad ▫ *Astron* ***z. gravity*** gravedad *f* cero, ingravidez *f*; *Mil* ***z. hour*** hora *f* cero; *Mil* ***z. option*** opción *f* cero
2 *adj Fam* nulo(a); **to have z. charm** no tener el más mínimo encanto
3 *vi* **to z. in on sth** *(of weapon)* apuntar hacia algo; *(of person)* centrarse en algo
zero-rated ['zɪərəʊreɪtɪd] *adj Fin (for VAT)* con una tasa de IVA del 0 por ciento
zest [zest] *n* **(a)** *(eagerness)* entusiasmo *m*; **he set about the task with real z.** emprendió la tarea con muchas ganas *or* con mucho brío; **to add z. to sth** dar emoción a algo **(b)** *Culin (of orange, lemon)* peladura *f*
zestful ['zestfʊl] *adj (enthusiastic)* brioso(a), entusiasta
zesty ['zestɪ] *adj* **(a)** *(piquant)* fuerte **(b)** *(enthusiastic)* brioso(a), entusiasta
zeugma ['zɔɪgmə] *n Gram* zeugma *m*
ziggurat ['zɪgʊræt] *n* zigurat *m*
zigzag ['zɪgzæg] **1** *n* zigzag *m*
2 *vi (pt & pp* **zigzagged**) zigzaguear
zilch [zɪltʃ] *n Fam* **there's z. on TV** no hay nada de nada en la tele
zillion ['zɪljən] *n Fam Hum* millón *m*, montón *m*; **I have told you a z. times** te lo he dicho tropecientas *or Méx* chorrocientas *or RP* chiquicientas mil veces; **zillions of** montones de, mogollón de
Zimbabwe [zɪm'bɑ:bweɪ] *n* Zimbabue
Zimbabwean [zɪm'bɑ:bweɪən] *n & adj* zimbabuense *mf*
Zimmer frame ['zɪməfreɪm] *n* andador *m* ortopédico
zinc [zɪŋk] *n* cinc *m*, zinc *m* ▫ ***z. ointment*** ungüento *m* de cinc; ***z. oxide*** óxido *m* de cinc; ***z. white*** blanco *m* de cinc
zing [zɪŋ] *n* **(a)** *(sound)* silbido *m* **(b)** *Fam (vitality)* chispa *f*
zinnia ['zɪnɪə] *n Bot* cinnia *f*
Zionism ['zaɪənɪzəm] *n* sionismo *m*
Zionist ['zaɪənɪst] *n & adj* sionista *mf*
zip [zɪp] **1** *n* **(a)** *Br* **z. (fastener)** cremallera *f*, *Am* cierre *m* **(b)** *Fam (vigour)* nervio *m*, brío *m* **(c)** *US* ***z. code*** código *m* postal **(d)** *US Fam (nothing)* nada, cero *m* patatero; **the score was four-z.** iban cuatro a cero
2 *vt (pt & pp* **zipped**) *Comptr* comprimir
3 *vi* **to z. past** *(of car, bullet)* pasar zumbando
▸**zip through** *vt insep Fam* **I zipped through the last chapters** me liquidé *or Esp* cepillé en un momento los últimos capítulos
▸**zip up 1** *vt sep (clothes, bag)* cerrar la cremallera *or Am* el cierre de
2 *vi* cerrarse con cremallera *or Am* cierre
zipper ['zɪpə(r)] *n US* cremallera *f*, *Am* cierre *m*
zippy ['zɪpɪ] *adj Fam* animado(a)
zircon ['zɜ:kɒn] *n Geol* circón *m*
zirconium [zɜ:'kəʊnɪəm] *n Chem* circonio *m*
zit [zɪt] *n Fam* grano *m*
zither ['zɪðə(r)] *n Mus* cítara *f*
zodiac ['zəʊdɪæk] *n* zodiaco *m*, zodíaco *m*
zombie ['zɒmbɪ] *n* zombi *mf*
zonal ['zəʊnəl] *adj* por zonas, zonal
zone [zəʊn] **1** *n* **(a)** *(area, sector)* zona *f*; **z. defence** *(in basketball)* defensa *f* en zona **(b)** *Fam Sport* **to be in the z.** estar totalmente concentrado(a)
2 *vt (town, area)* dividir en zonas
zonked (out) [zɒŋkt('aʊt)] *adj Fam* **to be z.** *(exhausted)* estar molido(a) *or* hecho(a) polvo; *(drugged)* colocado(a), *Esp* flipado(a), *Col* trabado(a), *Méx* pingo(a), *RP* falopeado(a); *(drunk)* estar mamado(a) *or* pedo
zoo [zu:] *(pl* **zoos**) *n* zoo *m*, zoológico *m*
zoological [zʊə'lɒdʒɪkəl] *adj* zoológico(a) ▫ ***z. garden(s)*** parque *m* zoológico
zoologist [zʊ'ɒlədʒɪst] *n* zoólogo(a) *m,f*
zoology [zʊ'ɒlədʒɪ] *n* zoología *f*
zoom [zu:m] **1** *n* **(a)** *(noise)* zumbido *m* **(b)** *Phot* ***z. lens*** zoom *m*
2 *vi* **to z. along/past** ir/pasar zumbando *or* a toda velocidad
▸**zoom in** *vi Cin TV* enfocar en primer plano
▸**zoom off** *vi* salir pitando
▸**zoom out** *vi Cin TV* cambiar de primer plano a plano general
zoot suit ['zu:tsu:t] *n Fam* traje *m* años cuarenta *(con chaqueta larga de hombreras)*
zucchini [zu:'ki:nɪ] *(pl* **zucchini** *or* **zucchinis**) *n US* calabacín *m*
Zulu ['zu:lu:] *n & adj* zulú *mf*
zygote ['zaɪgəʊt] *n Biol* zigoto *m*, cigoto *m*

Esta obra se terminó de imprimir y encuadernar en enero de 2002
en Gráficas Monte Albán, S.A. de C.V., Fraccionamiento
Agro-Industrial La Cruz, Querétaro, Qro.

La edición consta de 10 000 ejemplares